国家出版基金项目

现代经济学大典

A Dictionary of Modern Economics

[上　卷]

主　编　洪银兴
副主编　逄锦聚　顾海良　林　岗
　　　　刘　伟　黄泰岩

中国财经出版传媒集团
经 济 科 学 出 版 社

图书在版编目(CIP)数据

现代经济学大典:全2册/洪银兴主编. —北京:经济科学出版社,2015.5
ISBN 978-7-5141-5813-7

Ⅰ.①现… Ⅱ.①洪… Ⅲ.①经济学-研究-中国 Ⅳ.①F120.2

中国版本图书馆CIP数据核字(2015)第120679号

责任编辑:吕 萍 柳 敏 李晓杰 于 源 于海汛 段小青 周秀霞
宋 涛 于潇潇 孙丽丽 李 林 李一心 王晶晶
责任校对:徐领弟 徐领柱 靳玉环 杨 海
责任印制:李 鹏

现代经济学大典(上、下卷)
主 编 洪银兴
副主编 逄锦聚 顾海良 林 岗
刘 伟 黄泰岩
经济科学出版社出版、发行 新华书店经销
社址:北京市海淀区阜成路甲28号 邮编:100142
总编部电话:010-88191217 发行部电话:010-88191522
网址:www.esp.com.cn
电子邮件:esp@esp.com.cn
天猫网店:经济科学出版社旗舰店
网址:http://jjkxcbs.tmall.com
北京联兴盛业印刷股份有限公司印装
787×1092 16开 124.5印张 4420000字
2016年6月第1版 2016年6月第1次印刷
ISBN 978-7-5141-5813-7 定价:968.00元(上、下卷)
(图书出现印装问题,本社负责调换。电话:010-88191502)

《现代经济学大典》编委会

分 主 编

政治经济学 逄锦聚 林 岗 刘 灿

转型经济学 刘 伟 范从来 黄桂田

制度经济学 黄少安

发展经济学 郭熙保 赵晓雷

世界经济与国际经济学 庄宗明

资源与环境经济学 李晓西

经济学方法论 顾海良

国民经济学 林木西

产业经济学 金 碚

财政学 贾 康 高培勇

金融经济学 王广谦 刘锡良

区域经济学 刘志彪 吴福象

经济统计学 邱 东

计量经济学 李子奈 史代敏

中文审校 徐超丽 张丽娟

英文译名校译 陈智琦 郑江淮

总 目 录

上 卷

下 卷

出版说明

波澜壮阔的中国改革与发展，使我国快速跃升为世界第二大经济体，彻底改变了十几亿中国人的命运，深刻影响了世界经济的格局和未来，从而被世人称为"中国奇迹"。

"中国奇迹"，是中国共产党领导全国人民在前无古人的伟大改革与发展实践中探索中国特色社会主义道路的结果，创新中国特色社会主义理论的结果，构建中国特色社会主义制度的结果，坚定了我们的道路自信、理论自信和制度自信。

正因为有了这种自信，我们以中国改革与发展的实践为背景，以中国经济学的理论发展为线索，以解读中国奇迹之"谜"为己任，编写这部《现代经济学大典》（以下简称《大典》）。

《大典》的定位是对中国改革与发展的成功实践做出理论总结和概念提炼；特色是突出反映中国改革与发展30多年来中国经济学的研究成果；目的是把中国经济学推向世界，让中国道路、中国理论、中国制度以中国话语为世界所知、所享。

总结30多年来中国改革与发展的成功经验，其中最重要的一条就是实事求是、解放思想、创新发展。可以说，改革开放以来是中国的经济学理论创新最多、发展最快、成果最丰富的时期。中国改革与发展的实践提出经济学理论创新的问题和需求，而经济学的每一个理论创新又进一步推动中国改革与发展实践的不断深化。根植于中国广袤大地上的经济学创新，一是马克思主义经济学中国化的理论成果，因而《大典》在词条选择上力求体现开拓当代中国马克思主义经济学新境界，在阐述上力求继承与发展的结合；二是对中国改革与发展实践经验提炼和总结的理论成果，因而《大典》在词条选择上力求充分彰显中国特色，在阐述上力求理论与实践的结合；三是借鉴吸收国外经济学的科学成果，因而《大典》在词条选择上力求反映经济学的一般概念和规律，在阐述上力求中国化与国际化的统一。

《大典》的宗旨是展示当代中国经济学研究进展和理论创新。记录和总结中国经济学家的理论贡献，重点不在"引进来"，而在"走出去"，因此，《大典》没有安排专门的西方经济学专题。这种安排的客观依据是，中国改革与发展，不是在西方经济学的理论指导下取得成功的。当然，不排除在相关学科中充分吸收国外经济学的范畴。《大典》展示的中国经济学研究成果表明，中国特色的社会主义经济理论、经济制度、发展道路是中国经济成功之源。基于这种考虑，《大典》在词条的选择阐述上，力图在反映中国改革与发展的辉煌历程和经济学领域的丰硕成果基础上，建立中国特色、中国风格、中国气派的经济学学术话语体系。

中国改革与发展只有进行时，没有完成时。实践在发展，经济理论也随之不断创新。《大典》的编纂在2010年起步，编纂期间，党的十八大、十八届三中、四中全会和习近平总书记的系列重要讲话，把中国经济学的理论创新推到了新的高度。同时，中国经济发展进入"新常态"。《大典》的编纂不仅总结过去经济学的创新，还要跟踪中国改革与发展新阶段的新特点，特别是要反映党的十八大、十八届三中、四中全会和习近平总书记系列讲话的新精神、新理论。为此，《大典》不仅通过增加新词条的方式，而且还在已有的词条中融入了体现党的十八大以来新发展的经济思想，尤其是习近平总书记系列重要讲话的精神。这就保证了《大典》能够全面、准确、及时反映当前中国经济学各领域研究的最前沿的学术水平。

现在已经出版的各类经济学辞典有很多，《大典》的出版不只是新增加一本经济学辞典，而是要有特色。《大典》之所以要取名为大典，就是要体现大典的含义：一是"典籍"。《大典》囊括了经济学各个学科，涉及理论经济学和应用经济学两个一级学科门类的14个学科或领域，涵盖了中国经济学发展的各重要领域。当然，限于篇幅，所选的词条不可能求全，一些常识性的、内容没有发生根本变化的词条没有选入。同时，为避免重复，不同学科或领域交叉共有的词条只在一处出现。二是"成书"。《大典》对各个词条不是一般的名词解释，而是要突出"论"。尤其是对改革开放以来出现的新概念，以及反映经济学创新的概念作为学术论文来写。系统介绍其创新发展的来龙去脉，按照理论渊源、演变及评论逐步展开。以历史和发展的视角对已有经济思想和理论进行深入挖掘和论述。每个词条后面都提供参考和延伸阅读的书目。从一定意义上说，《大典》是现代经济学的百科全书。三是"工具"。《大典》的写作努力做到专业性与通俗性相结合、理论性与知识性相结合，既能满足专业人士的学术研究需要，又能满足社会大众普及经济学知识的需要。

《大典》的编委会成员都是伴随着中国改革与发展成长起来的新一代经济学家。改革开放开始时他们都是风华正茂的年轻经济学者，他们亲身参与了中国改革与发展各个阶段的经济研究，对中国改革与发展和经济学创新有着切身感受和感悟。成立《大典》编委会时，他们都是处于经济学教学科研第一线的各个领域学科带头人，其中许多人分别是国务院学位委员会经济学科评议组成员、中国社会科学院学部委员、教育部社会科学委员会经济学部委员、教育部高等学校经济学学科教学指导委员会委员，以及教育部长江学者特聘教授等。出版社聘请他们直接主持并亲自撰写相关词条，目的是要使《大典》更具权威性，打造一部影响力大、综合水平高的传世之作。

尽管我们做了很多努力，力求实现上述初衷，但限于水平，编写这样一部工程浩大的经典之作，肯定还有许多不足和缺憾，欢迎读者批评指正。

本书为2010年国家出版基金项目成果，其编撰得到了国家新闻出版广电总局、财政部、国家统计局的领导，以及教育部中国特色社会主义经济建设协同创新中心的高度重视和大力支持，在此一并表示衷心感谢。

经济科学出版社

2015年10月

目　　录

政治经济学

三、社会主义经济

转型经济学

制度经济学

发展经济学

世界经济与国际经济学

一、世界经济

二、国际贸易

资源与环境经济学

经济学方法论

一、经济学的方法论

二、经济学的分析方法

三、多学科结合的方法论

政治经济学

一、政治经济学一般理论

政治经济学
Political Economy

政治经济学是一门研究社会经济关系和经济运动规律的科学。

"政治经济学"一词，最早是由法国的重商主义者蒙克莱田1615年提出来的，他在《献给国王和王太后的政治经济学》一书中，首次使用了"政治经济学"一词。蒙克莱田在"经济学"之前加上"政治"修饰语，只是表明他所论述的经济问题已经超出原有的"家庭管理"的范围，涵盖了整个国家和社会。政治经济学作为一门独立的科学，是随着资本主义生产方式的产生和发展而逐渐形成的。其后，又在不同的社会经济条件下有了进一步的发展。从政治经济学的发展史看，随着经济和社会实践的发展和变化，政治经济学的研究对象、研究方法以及体系内涵也在不断变化。

早期的政治经济学是重商主义经济学，这一学说最早对资本主义生产方式进行了理论探讨。重商主义者反对古代思想家和中世纪经院哲学家维护自然经济、反对货币财富的观点，把研究的重心放在商品货币关系上，这在经济思想发展史上是一大进步。但是，由于重商主义把研究范围仅仅限于流通领域，只描述了经济过程的表面现象，因而只是"政治经济学的前史"。真正的政治经济学的诞生，是经济理论研究从流通领域转向生产领域的时候开始的，这就是古典政治经济学。

法国重农学派最早开始从生产领域研究经济问题，其代表人物魁奈把农业看成是生产"纯产品"（剩余价值）的唯一生产部门，对"纯产品"的研究，已使政治经济学的研究从流通领域转向生产领域。但是，资本主义生产方式不是在农业领域，而是在工业领域，其典型国家是英国，因而古典政治经济学在英国逐渐发展起来。英国资产阶级古典政治经济学的首创者是威廉·配第，亚当·斯密是集大成者，大卫·李嘉图最终完成。古典政治经济学克服了重商主义的缺陷，研究了资本主义生产方式下经济关系的内在联系，提出了劳动创造价值等重要观点，并接触到剩余价值生产这一资本主义生产的实质。据认为，英国的詹姆斯·斯图亚特在1767年发表了《政治经济学原理》（*Principles of Political Economy*）一书，是第一位把"政治经济学"作为书名的经济学家。1776年，亚当·斯密发表了具有深远影响的名著《国民财富的原因和性质研究》，虽然这部书的书名中没有"政治经济学"这一用语，但其内容却是一部典型的政治经济学著作。在这部书的行文中也是以"政治经济学"这一用语来表示用以考察人们物质生产与交换及分配规律的系统理论，譬如，其中的第四篇题目就叫作"论政治经济学的各种体系"。

18世纪末期，随着资本主义生产关系的确立，无产阶级同资产阶级的矛盾日益尖锐，为了维护资本主义制度，政治经济学的发展从古典阶段走向了庸俗化阶段。庸俗政治经济学在英国的代表人物是马尔萨斯，在法国的代表人物是萨伊，他们把斯密经济理论中的庸俗成分系统化；稍后，英国的约翰·穆勒和麦克库洛赫，把李嘉图的经济学庸俗化。庸俗政治经济学的最显著特点是只研究资本主义生产关系的外部联系，鼓吹资产阶级利益的合理性和资本主义生产方式的永恒性，积极为资产阶级的利益辩护，掩盖资本主义社会的矛盾。

与此同时，针对资本主义发展所出现的各种社会矛盾，一些政治经济学家开始揭露资本主义的弊端，批判资本主义制度，如瑞士的西斯蒙第、法国的蒲鲁东等。但是他们对资本主义的批判是站在小商品生产者的立场上进行的，他们认为当时社会存在的种种弊病都是源于资本主义制度，消除弊病就应该让社会退回到小商品经济的社会中去。由于这些学说代表小资产阶级利益，被称为"小资产阶级政治经济学"。

19世纪中叶，马克思主义政治经济学诞生，政治经济学无论是从代表的阶级利益上看，还是从研究方法上看，都发生了根本性的变化，政治经济学的内涵也因此发生了革命性的变化。马克思主义政治经济学，是由马克思、恩格斯批判地继承资产阶级古典政治经济学的科学成分，在同资产阶级庸俗政治经济学的斗争中以及对小资产阶级政治经济学批判的基础上创立的。马克思主义政治经济学运用辩证唯物主义和历史唯物主义这一科学的世界观和方法论，研究了资本主义生产方式及与之相适应的生产关系和交换关系，创立了科学的劳动价值论和剩余价值理论，深刻揭示了资本主义经济制度的内部结构、本质特征、运动规律及发展趋势，指出资本主义的历史发展为人类更高级的社会创造了物质基础，阐明了人类社会将在资本主义创造的巨大生产力基础上，向共产主义社会转变。马克思主义政治经济学鲜明地代表了无产阶级利益，因此也被称为"无产阶级政治经济学"。

由于时代的原因，马克思、恩格斯创立政治经济学时，主要是以自由竞争资本主义为研究对象，在此后的160多年里，马克思主义政治经济学随着社会经济实践的不断发展而发展。

在"十月革命"前后，列宁、布哈林、普列汉诺夫等运用马克思主义经济学的基本原理和方法，对垄断资本主义进行了系统深入的研究，提出了政治经济学关于“帝国主义时代”的理论，并对如何在经济落后国家建设社会主义进行了初步探索。斯大林等结合苏联实际，提出了以计划经济为特征的“社会主义政治经济学”理论。

以毛泽东为代表的中国共产党人把马克思主义的普遍真理与中国革命的具体实践相结合，探索并提出了新民主主义和社会主义建设理论，推动了马克思主义政治经济学的发展。邓小平、江泽民、胡锦涛为代表的中国共产党人在改革开放和现代化建设的历史条件下继续深入探索马克思主义理论中国化的道路，在总结改革开放和社会主义现代化建设实践经验的基础上，形成了中国特色社会主义理论体系，为建设中国特色社会主义提供理论指导，进一步丰富和发展了马克思主义政治经济学。

在第二次世界大战后的资本主义国家，马克思主义政治经济学也得到了长足发展，出现了许多国际上知名的马克思主义政治经济学学派，如以美国的保罗·巴兰、保罗·斯威齐、约翰·福斯特为代表的“每月评论学派”；以美国的塞缪尔·鲍尔斯、大卫·科茨为代表的“社会积累结构学派”；以美国的伊曼纽尔·沃勒斯坦为代表的“世界体系学派”；以美国约翰·罗默为代表的“理性选择的马克思主义”、以法国米歇尔·阿列塔、阿莱茵·李佩兹等为代表的“调节学派”；以日本宇野弘藏、伊藤诚为代表的“宇野学派”；伊曼纽尔、弗兰克和萨米尔·阿明为代表的“中心—外围”理论、“不平等发展理论”等。

在马克思主义政治经济学诞生与发展的同时，庸俗政治经济学面对不断激化的资本主义矛盾和马克思主义对资本主义生产方式的尖锐批判，采取了掩盖矛盾的方法，继续为资本主义辩护。他们力求把作为社会科学的政治经济学“去社会性”，把它变为重点研究个体消费者与厂商在完全竞争市场中的行为的学科。这样，就把一直以来无论是马克思主义政治经济学还是资产阶级政治经济学都作为中心问题对待的经济利益关系排除到政治经济学的视野之外，政治经济学不再研究经济关系的内在本质，而是仅仅去理解和解释社会经济现象之间的数量关系。其结果就是把资本主义生产方式运动的结果都归咎于自然规律，并宣称自然规律是不能违反的。这样就达到了论证资本主义生产方式的天然合理性，从而为资本主义制度辩护的目的。

伴随着政治经济学研究对象和方法的变化，政治经济学名称也发生了变化。为了使政治经济学去社会性，资产阶级经济学家逐渐把政治经济学中的“政治”这个修饰语去掉，并模仿一些自然科学学科的构词方法，创造了“经济学”这个用语。新古典经济学的主要奠基者之一斯坦利·杰文斯就主张把“我们科学的陈旧麻烦的名字”，也就是“政治经济学”改为“经济学”。一般认为在西方经济学中，最早在著作名称上去掉“政治”这个词的有影响力的人物是马歇尔，他在1890年出版的《经济学原理》中不再使用“政治经济学”这个称呼。但也有人认为杰文斯才是第一个使用《经济学原理》（1905）作为书名的经济学家，而马歇尔在1890年出版的著作命名为《工业经济学》，之后在其他版本中才改为《经济学原理》。尽管如此，在西方主流经济学中，无论是微观经济学还是宏观经济学，也还偶尔使用政治经济学这个用语指代作为社会经济系统理论的学科。

20世纪60年代，经济学界出现了一股回归“政治经济学”名称的思潮。这是与这一时期经济学发展的进程有关。自从政治经济学被新古典学派改为经济学后，它的研究方向就集中于研究市场活动，而把政治与制度作为分析前提，对经济活动的研究就变成了考察如何提高效率实现最优化的问题。到20世纪60年代，西方经济学的发展出现了两个不同分支，它们都是以“制度”为研究对象，这与西方主流经济学以市场机制为研究对象有明显的不同，人们把这种复兴统称为“新政治经济学”（New Political Economy 或 New Political Economics）。新政治经济学中的一个分支是运用新古典经济学方法研究政治问题，代表人物如20世纪60年代的詹姆斯·布坎南，他创立了“公共选择理论”，这一分支研究的问题已经超出了经济学领域，有人也称之为“经济学的帝国主义”，意思是经济学研究方法已经渗透到各个领域。新政治经济学的另一个分支是运用新古典经济学方法，研究企业制度、产权制度、制度变迁等问题，代表人物有罗纳德·科斯、道格拉斯·诺斯、奥利弗·威廉姆森等人，他们被称为“新制度经济学派”。这些学派虽然也被称为新“政治经济学”，但是，它们与早期的政治经济学已截然不同。

20世纪以来中国新民主革命的胜利和社会主义建设的成就，都是马克思主义与中国革命具体实践相结合的成果。因此，在今天的中国经济学语境中，政治经济学特指马克思主义经济学。

参考文献：
许涤新：《政治经济学辞典》，人民出版社1980年版。
［英］约翰·伊特韦尔、默里·米尔盖特、彼得·纽曼：《新帕尔格雷夫大辞典》第3卷，经济科学出版社1996年版。
［美］斯坦利·L·布鲁、兰迪·R·格兰特：《经济思想史》，北京大学出版社2009年版。
［英］M. C. 霍华德、J. E. 金：《马克思主义经济学史》，中央编译出版社2003年版。

（逄锦聚　刘凤义）

古典政治经济学

Classical Political Economy

古典政治经济学产生于17世纪中叶，完成于19世纪60年代。古典政治经济学是资本主义生产方式处于上升时期的经济理论，它代表着新兴资产阶级的利益，反映了新兴资产阶级反对封建桎梏，要求按照资本主义生产方式发展社会生产力的要求。为了论证资本主义生产方式的合理性，资产阶级古典经济学家在一定程度上深入到资本主义生产方式内部，研究了资本主义生产关系的内部联系，他们的理论具有一定科学性，对于科学的政治经济学的建立起到了奠基的作用。古典政治经济学中的科学内容成为马克思主义政治经济学的重要思想来源。

古典政治经济学理论与它以前的重商主义不同在于它开始从生产领域研究资本主义生产方式。重商主义是资本原始积累时期的经济思想，它还停留在流通领域观察经济活动，因此，它还只抓住了假象，不能对各种经济现象给予科学的认识。马克思指出，"真正的现代经济学科学，只是当理论研究从流通过程转向生产过程的时候才开始。"(《马克思恩格斯文集》第7卷，人民出版社2009年版，第376页)古典政治经济学从生产领域研究资本主义生产方式，体现出以下特点：第一，它体现出对物质生产过程规律的认识要求，并且开始尝试通过建立范畴从理论上把握经济规律。古典政治经济学的主要内容都是与生产活动相联系的。第二，它触及到了资本主义社会内部不同阶级之间的利益对立。马克思说，古典政治经济学的"最后的伟大的代表李嘉图，终于有意识地把阶级利益的对立、工资和利润的对立、利润和地租的对立当作他的研究的出发点"(《马克思恩格斯文集》第5卷，人民出版社2009年版，第16页)。第三，它试图从整体上理解资本主义生产方式的构成。古典政治经济学对价值范畴的研究、对社会再生产的研究、对利润率下降规律的研究等都体现着古典政治经济学从整体上把握社会经济机体的观念。第四，它以运动、循环的观念把握资本主义经济活动。古典政治经济学提出的各个关于生产补偿的范畴，如固定资本、流动资本、魁奈经济表等都体现了社会再生产的循环性质。这些特点构成了古典政治经济学与19世纪中叶以后兴起的庸俗政治经济学的本质区别。

马克思指出，"古典政治经济学在英国从威廉·配第开始，到李嘉图结束，在法国从布阿吉尔贝尔开始，到西斯蒙第结束。"(《马克思恩格斯全集》第31卷，人民出版社1998年第2版，第445页)"我所说的古典政治经济学，是指从威廉·配第以来一切这样的经济学，这种经济学与庸俗经济学相反，研究了资产阶级生产关系的内部联系。"[《马克思恩格斯文集》第5卷，人民出版社2009年版，第99页(注)]古典政治经济学的最重要的代表人物包括英国的威廉·配第、亚当·斯密、大卫·李嘉图，法国的布阿吉尔贝尔、弗朗索瓦·魁奈、让·沙·西斯蒙第。他们在资本主义发展初期的不同阶段上各自对资本主义生产方式进行了考察，从不同方面揭示了资本主义生产方式的特征。亚当·斯密和大卫·李嘉图的经济理论是古典政治经济学的核心。

威廉·配第(William Petty)是古典政治经济学的先驱和奠基者。他的主要经济著作有：《赋税论》(1691)，《爱尔兰的政治解剖》(1691)，《政治算数》(1690)，《货币略论》(1695)。配第认为：土地是财富之母，劳动是财富之父。他将劳动划分为两类：一类是生产金银的劳动；而另一类则是生产其他普通商品的劳动。他认为，不仅普通商品的价值取决于劳动，而且货币的价值量也是由劳动量所决定的，这就克服了重商主义的错误见解。他还在此基础上论述了工资、地租、利息以及货币等经济范畴。这为古典经济学的劳动价值论和分配理论的创立奠定了基础，也对后来古典政治经济学的建立产生了巨大的影响。除此之外，配第作为经济统计学之父，较早就提出了如何计算流通中货币，这对后来的货币理论发展都给予了启发。

亚当·斯密(Adam Smith)出生于苏格兰爱丁堡地区，被誉为经济学之父。他的主要著作有《道德情操论》(1759)和《国民财富的性质和原因的研究》(1776)。《国民财富的性质和原因的研究》简称《国富论》，是一部具有划时代意义的经济学巨著。

亚当·斯密首次系统的创立了分工理论，并且以劳动分工为起点展开了他的政治经济学研究。他认为，分工不仅使得劳动生产力的大幅度提高得以实现，也使得大规模的交换成为可能。在亚当·斯密看来，几乎所有的财富的增长都是由于分工带来的。亚当·斯密在论述完分工带来的好处以后就分析了分工的起因和限制条件。亚当·斯密认为分工的起因可以归结于人类倾向于交换的天性，在"看不见的手"(Invisible Hand)的引导下进行分工合作，从而增加公共利益。亚当·斯密把交易作为分工的前提和原因，认为货币的出现是为了减少交易中的麻烦，流通手段和交换媒介是货币的基本职能。他分析了货币流通量规律，认为一个国家流通中的货币量决定于需要流通的商品总价值量。他从节约流通费用的角度出发，主张以纸币代替金属货币行使流通职能。

亚当·斯密的价值理论是古典政治经济学的核心内容和理论基础。但亚当·斯密的价值理论具有多元性。第一，亚当·斯密在经济思想史上首次明确区分了使用价值和交换价值，并提出了著名的价值悖论：使用价值大的物品往往交换价值小，交换价值大的东西往往使用价值小。第二，亚当·斯密继承了威廉·配第的劳动价值论，认为商品的真实价格或价值是由生产这件商品所耗费的劳动决定的。在进行商品交换的时候，是按照两种商品所含的劳动量进行等价交换的，此时劳动充当了交换价值的真实尺度。亚当·斯密还认为在现实生活中劳动量是一个难以衡量的抽象概念，因此人们常常使用货币来代替劳动量来衡量物品的价值。第三，亚当·斯密认为劳动价值论只适用资本积累和土地私有没有出现的远古社会。而在先进社会中，资本所有者可以通过资本的价值增殖而获得利润，土地所有者可以通过土地所有权而获得地租。因此，劳动产品不能归劳动者独享，商品的价格应该由三部分组成，即工资，地租和利润。第四，亚当·斯密认为以工资、地租和利润为基础的价格是物品的自然价格。市场价格围绕着自然价格上下波动。长期来看，自然价格和市场价格是相等的。亚当·斯密价值论的多元性，形成了历史上著名的价值悖论。

亚当·斯密开创性地把社会分为资本家、工人和土地所有者三个阶级，并建立起其著名的"斯密教条"式的分配理论，即对于产品的分配规则是工人通过劳动得到工资，资本家通过资本得到利润，土地所有者通过土地得到地租。劳动的产品构成劳动的自然报酬或自然工资。在资本出现以后，利润是资本家凭借资本对于劳动产品的一种扣除。地租是土地所有者凭借土地对使用土地生产出的劳动产品的必要扣除，或"作为因使用土地而支付的价格"。

亚当·斯密把资本定义为总资产中"用来创造收入的部分"，并按照资本的使用方法把资本分为流动资本和固定资本两类。亚当·斯密认为资本主义生产顺利进行的前提条件是资本积累。实现资本积累的途径是节俭。资本积累可推动更大的劳动量，增加年产品的价值，可扩大市场规模，带来更加精细的分工，从而促进国民财富的增长。亚当·斯密还进一步严格界定了国民财富的概念，认为只有用总收入减去维持固定资本和流动资本费用的纯收入才能代表一个国家的财富。

亚当·斯密主张政府只履行三种职能：军事安全防卫、司法行政建设和维持公共工程与公共机构。其必要的国防开支、司法开支、公共工程和公共机构的开支来源于赋税。为了有效保障经济生活的正常进行和政府开支，亚当·斯密提出了著名的税收四原则：每个国家的国民都必须按照各自在国家保护下所获得收入的比例缴纳赋税，即公平原则；每个国民应当完纳的赋税必须是确定的，即确定原则；各种赋税征收的日期和方式必须给予纳税者最大的便利，即便利原则；一切赋税的征收要尽可能等于最终国家得到的收入，即经济原则。

亚当·斯密主张自由放任的经济政策，反对各式各样的封建特权，重商主义提倡的垄断经营权，影响自由择业的学徒规章，限制土地和财产自由买卖的规定和继承法，以及形形色色的地方关卡和关税。"看不见的手"定理是亚当·斯密自由放任的政策主张的理论基础，经典表述是："每一个人都不断地竭力为他所能支配的资本找到最有利的使用方法……在这种场合，也像在许多其他场合一样，他被一只看不见的手引导着，去达到一个他无意追求的目的。虽然这并不是他有意要达到的目的，可是对社会来说并非不好。他追求自己的利益，常常能促进社会的利益，比有意这样去做更加有效。"（亚当·斯密，2001）

大卫·李嘉图（David Ricardo）的主要著作有：《黄金价格》（1809），《黄金的高价是银行纸币贬值的明证》（1810），《答伯赞克特先生关于金价委员会报告的实际观感》（1811），《论低价谷物对资本利润的影响》（1815），《关于一种经济稳定的通货的建议》（1816），《关于农业的保护》（1822），《建立国家银行的计划》（1823）。最著名的著作是1817年的《政治经济学及赋税原理》。

李嘉图的研究方法以抽象研究方法而著称。李嘉图的经济学体系就是抽象演绎出商品、货币、信用、资本、税收、工资、地租和利润等一系列经济学概念、范畴以及它们之间的各种关系。这种方法使得李嘉图的理论能够深入到当时经济的运行机理中去，得到深刻的结论。自从抽象方法在李嘉图时代被提升到了一个新的高度以后，就开始逐步占领经济学方法论的高地，在经济学研究中迅速成为主流。李嘉图的分析方法虽然充满了这样或是那样的缺陷，但是在整体上仍然是进步的、成功的。李嘉图被马克思称之为英国古典政治经济学的完成者，他的研究方法和研究成果无愧为古典政治经济学上的高峰。

李嘉图接受了亚当·斯密劳动价值的概念，并按照交换价值的来源把商品分为两类：第一类是劳动不能任意增加其数量的稀有物品，如珍奇古玩等；第二类是劳动能够增加其数量的普通商品。李嘉图把第二类商品作为自己的研究重点。在劳动价值量的决定方面，李嘉图坚持劳动价值量是由劳动时间决定的。首先，李嘉图看到了复杂劳动比同时间内的简单劳动形成了更多的价值。其次，李嘉图认识到了决定商品价值的劳动应该是社会必要劳动或是社会一般劳动，而不是个人的劳动。这个贡献对于劳动价值论和古典政治经济学来说都是极其重要的。最后，李嘉图否定了亚当·斯密关于工资决定价值以及工资、利润和地租三者共同决定价值的观点。这样，李嘉图就坚持了一元劳动价值论，而与亚当·斯密的多元价值理论区分开来。

李嘉图的分配理论是李嘉图的政治经济学的核心理论，主要分析工资、利润和地租的来源、数量以及它们之间的关系。李嘉图认为劳动的自然价格与劳动创造的价值无关，而与维持自身和家庭的生活必需品的价值有关。所以，劳动与资本交换是按照劳动的自然价格进行的。工资是围绕着劳动的自然价格上下变动的，工资不可能长久地偏离自然价格。从利润的来源看，李嘉图把利润看做是劳动创造价值的一部分。在利润量决定问题上，李嘉图坚持等量资本获得等量利润原则。李嘉图认为地租不是来自于土地的绝对肥沃程度，而是来自于土地之间的相对肥沃程度的差别。由于资本家之间的竞争，使得这一部分超额利润转移到了土地所有者手中。因此，所有资本家都只能获得平均利润，而土地所有者获得超额利润，即地租。马克思对李嘉图的分配理论给予了高度评价，指出"最后的伟大的代表李嘉图，终于有意识地把阶级利益的对立、工资和利润的对立、利润和地租的对立当作他的研究的出发点"(《马克思恩格斯文集》第5卷，人民出版社2009年版，第16页)。

根据政府融资时可选择使用的两种手段，发行债券和提高税收，李嘉图提出了"李嘉图等价原理"。他认为，政府现期发行的债券是要用以后的税收来还的，当期的减税意味着以后赋税的提高，现期发行的债券意味着以后更繁重的税收。所以，政府在融资时选择发行债券和提高税收两种手段是等价的。李嘉图等价原理说明，发行国债对于经济没有影响，减税等财政措施不能够刺激经济增长。

李嘉图提出的比较优势分工原理为国际间的自由贸易提供了理论基础。他认为，即使是生产率再低的国家都可以按照自己的比较优势参与国际分工，提高自身的福利。比较优势原理不仅是李嘉图主张实行自由贸易反对《谷物法》在理论上的有效武器，而且作为主流的国际贸易理论地位近1个世纪，直到按照资源禀赋进行分工的贸易原理在19世纪末20世纪初提出以后，李嘉图的比较优势原理才受到了挑战。

在货币问题上，李嘉图认为金银货币价值量和其他商品一样，都是由其生产过程中付出的劳动量决定的。对于一国来说，商品价格不但受到商品价值的影响，还受到货币价值的影响。如果商品价值不变，货币价值与商品价格就会呈现出反向变化的关系。即货币价值上升，商品价值降低；货币价值降低，商品价值升高。李嘉图还进一步认识到，在流通领域之内，金银铸币和纸币受到不同规律的支配。由于纸币本身没有价值，它只是代表它的面额在执行流通职能，如果流通领域内的纸币数量增加，那么每一张纸币代表的价值就下降，物价就会升高；如果流通中的纸币数量减少，那么每一张纸币代表的价值就上升，物价就会降低。

布阿吉尔贝尔(Pierre Le Pesant, sieur de Boisguillebert)是法国古典政治经济学的创始人。主要著作有：《法国详情》(1695)；《谷物论》(1704)；《论财富、货币和赋税的性质》(1704)；《法国的辩护书》(1704)等。

布阿吉尔贝尔在论述实际经济问题过程中，提出了若干对他所处的时代来说是先进的、富有独创精神的理论观点，从而对政治经济学的形成作出了重要贡献。他反对重商主义，认为货币只是交换的媒介而非财富，因此，不需要过度积累金银。布阿吉尔贝尔强调农业是一国财富的主要来源，应当支持农产品的自由贸易。只有农业存在剩余产品才能推动劳动分工和财富积累。农产品是投资者和劳动者共同劳动的成果，而非自然的赐予。对农业过度征税会导致耕种者和投资者受损，进而破坏整个国家的经济发展。布阿吉尔贝尔指出，在产品交换过程中交换价格应该与生产该产品所发生的费用成比例。所有商品都应当按照价格比例交换，这样才能实现有序的流通，从而保证国家利益。

西斯蒙第(Jean Charles Léonard Sismondi)生于瑞士的法语区，是法国思想家之一。西斯蒙第在他著作的前半期是亚当·斯密学说的热烈信徒，出版了《论商业财富》(1803)。但在后期则转变成为斯密和李嘉图的古典政治经济学的批判家，出版了《政治经济学新原理》(1819)。由于在西斯蒙第之后法国没有出现像他这样有影响力的古典政治经济学家，所以有人将西斯蒙第称为法国古典政治经济学的完成者。

西斯蒙第认为经济学的出发点是最大限度地满足人们的消费需求。消费是最有目的性的，生产、分配和交换都是为了保证消费的目的而进行的。西斯蒙第指出，在资本主义世界中，生产力无限扩大与消费能力相对缩小的矛盾是基本矛盾。他认为制约消费能力扩大的最重要的因素并不是消费的欲望，而是支付能力。如果资本的收入不足以购买奢侈品，而劳动的收入不足以购买生活必需品，那么生产和需求将出现不协调，资本主义的再生产将停止，资本主义社会将陷入危机。因此，他反对李嘉图关于"资本主义不会普遍过剩"的观点。西斯蒙第把资本主义的经济危机归因于资本主义制度。他认为自由竞争制度将导致让小生产者破产和工人失业。因此，他主张抛弃资本主义的工业化生产方式，回到小生产的时代。为此，西斯蒙第提出了经济浪漫主义的改革纲领，希望政府支持小生产阶级的生产。

从古典政治经济学开始，经济学成为一门独立的学科体系。古典政治经济学的研究方法和分析范式为后来的经济理论奠定了基础。随着资本主义经济的发展和知识的进步，经济学家们的观点和争论越来越多，但他们都会在古典政治经济学的理论中寻求启发和认同。古典政治经济学研究了资本主义生产关系的内部联系，确立了劳动价值论的基础，阐释了资本主义的生产与分配的方式。它的"最后的伟大的代表李嘉图，终于有意识地把阶级利益的对立、工资和利润的对立、利润和地租的对立当作他的研究的出发点"(《马克思恩格斯选集》第 2 卷,人民出版社 1995 年版,第 106 页)。但是由于这些理论都把资本主义制度视为永恒的、自然的社会制度,因此,无法阐释资本主义社会的根本矛盾,最终被新的理论所取代。

参考文献:

《马克思恩格斯全集》第 31 卷,人民出版社 1998 年第 2 版。
《马克思恩格斯文集》第 5 卷、第 7 卷,人民出版社 2009 年版。
《马克思恩格斯全集》第 23 卷,人民出版社 1975 年版。
《马克思恩格斯选集》第 2 卷,人民出版社 1995 年版。
马克思:《政治经济学批判》,人民出版社 1976 年版。
[美]布鲁:《经济思想史》,机械工业出版社 2003 年版。
[英]李嘉图:《政治经济学及赋税原理》,商务印书馆 1962 年版。
[英]威廉·配第:《配第经济著作选集》,商务印书馆 1997 年版。
[意]瓦吉、[澳]格伦尼维根:《简明经济思想史》,长春出版社 2009 年版。
[英]约翰·伊特韦尔、默里·米尔盖特、彼得·纽曼:《新帕尔格雷夫经济学大辞典》,经济科学出版社 1996 年版。
[法]西斯蒙第:《政治经济学新原理》,商务印书馆 1981 年版。
[英]亚当·斯密:《国民财富的性质和原因的研究》,陕西人民出版社 2001 年版。
晏智杰:《古典经济学》,北京大学出版社 1998 年版。
晏智杰:《西方经济学说史》,北京大学出版社 2002 年版。

(张世晴)

马克思主义政治经济学
Marxist Political Economy

马克思主义政治经济学,从狭义上讲是指由马克思恩格斯创立的研究资本主义生产方式及其与之相适应的生产关系和交换关系,揭示人类社会发展一般规律的科学。从广义上讲,马克思主义政治经济学还包括为后人继承和发展了的政治经济学。中国特色社会主义经济理论是当代中国的马克思主义政治经济学。

马克思、恩格斯运用辩证唯物主义和历史唯物主义的世界观和方法论,批判地继承了英国古典政治经济学的科学成分,全面深刻地揭示了资本主义生产方式的内在矛盾及其发展趋势,实现了政治经济学发展史上的革命性变革。马克思主义政治经济学是"马克思理论最深刻、最全面、最详细的证明和运用"(《列宁选集》第 2 卷,人民出版社 1972 年版,第 588 页),是马克思主义三个主要组成部分之一。

马克思主义政治经济学创立于 19 世纪中叶。第一次产业革命推动了社会生产力的巨大发展和生产关系的深刻变革,随着资本主义的发展,资本主义生产方式所固有的基本矛盾充分暴露出来,周期性的经济危机的爆发,为马克思深入剖析资本主义生产方式的内在结构提供了可能。与此同时,无产阶级与资产阶级之间的矛盾日益尖锐起来,无产阶级在反对资产阶级的斗争中也逐渐认识到"组织起来"和选择科学的思想理论作指导的必要性。由此,马克思主义政治经济学作为代表独立力量的无产阶级利益的政治经济学便应运而生。

马克思主义政治经济学是一座宏伟的理论大厦,《资本论》是马克思主义政治经济学最重要的经典之作。1858 年 11 月,马克思曾计划将经济学分六册写作:资本;地产;雇佣劳动;国家;对外贸易;世界市场。其中第一册分成四篇:资本;资本的竞争;信用;股份资本。第一篇《资本一般》又分为三章:资本的生产过程;资本的流通过程;两者的统一,或资本和利润、利息。这三章后来成为了全部著作分为三卷《资本论》的基础。1867 年 9 月,《资本论》第 1 卷在德国汉堡正式出版,其余各卷在 1883 年马克思逝世以后由恩格斯整理出版。《资本论》是一个由劳动价值论、剩余价值理论、工资理论、资本积累理论、危机理论、资本循环周转和社会再生产理论、平均利润和生产价格理论、分配理论等组成的严密而完整的理论体系(详见有关词条)。它科学地揭示出资本主义生产的全部秘密,揭示了剩余价值的来源,发现了"现代资本主义生产方式和它所产生的资产阶级社会的特殊的运动规律。"(《马克思恩格斯选集》第 3 卷,人民出版社 1972 年版,第 574 页)在此基础上,马克思恩格斯对未来社会即共产主义社会(初级阶段是社会主义社会)进行了科学的预测。

马克思主义政治经济学是阶级性、科学性的统一。它既是一门反映客观规律的科学,又是无产阶级政党领导革命和建设,制定纲领、路线和政策的依据。列宁说:"这一理论……把严格的和高度的科学性和革命性结合起来,并且不是偶然地结合起来,而是把二者内在地和不可分割地结合在这个理论本身中。……目的是帮助被压迫阶级去进行他们已在实际进行的经济斗争。"(《列宁选集》第 1 卷,人民出版社 1972 年版,第 81 页)

从马克思主义政治经济学创立至今,人类社会已经走过了 160 多年的历程,但马克思主义政治经济学所揭示的基本原理,如历史唯物主义基本原理、人类社会发展一般规律的基本原理、商品生产与商品交换的基本原理、社会化大生产的基本原理等,依然放射着真理的光芒,是指导社会主义经济建设的理论指南。

马克思主义政治经济学本质上是一门历史的科学、发展的科学和开放的科学,它善于吸收人类文明的一切有益成果,随着时代、实践的发展而不断丰富和发展,与时俱进是其活的灵魂、精髓和理论品质。恩格斯指出:“我们的理论是发展的理论,而不是必须背得烂熟并机械地加以重复的教条。”(《马克思恩格斯全集》第36卷,人民出版社1975年版,第584页)列宁说:“我们决不把马克思的理论看做某种一成不变的和神圣不可侵犯的东西;恰恰相反,我们深信:它只是给一种科学奠定了基础,社会主义者如果不愿落后于实际生活,就应当在各方面把这门科学向前推进。”(《列宁专题文集——论马克思主义》,人民出版社2009年版,第96页)。

19世纪末20世纪初,资本主义进入帝国主义即垄断资本主义阶段,列宁分析了当时垄断资本主义的新特征,创立了帝国主义理论,把马克思主义政治经济学发展到了新的阶段。在列宁之后,斯大林根据苏联的实践,对社会主义经济建设的一系列规律作了新的概括,于1952年出版了《苏联社会主义经济问题》。

在中国社会主义革命和建设的实践中,以毛泽东为代表的中国共产党人和中国人民在新的历史条件下提出了许多关于社会主义经济建设的新理论,丰富和发展了马克思主义政治经济学。以邓小平、江泽民、胡锦涛、习近平等为代表的中国共产党人和中国人民在改革开放和现代化建设的实践中,创造性地继承发展了马克思主义政治经济学,形成了中国特色社会主义经济理论,成为中国特色社会主义理论体系的重要组成部分,是当代中国的马克思主义政治经济学。

时代和实践发展永无止境,马克思主义政治经济学的创新发展永无止境。坚持与时俱进的理论品质,不断站到时代和实践发展的最前沿,吸收人类文明的一切有益成果,研究和科学回答时代和实践发展中提出的新情况和新问题,是马克思主义政治经济学永葆生机活力的内在要求和庄严的历史使命。

参考文献:

《马克思恩格斯选集》第3卷,人民出版社1972年版。
《马克思恩格斯全集》第36卷,人民出版社1975年版。
马克思:《资本论》第1卷,人民出版社2004年版。
马克思:《资本论》第3卷,人民出版社1975年版。
《列宁选集》第1卷,人民出版社1972年版。
《列宁选集》第2卷,人民出版社1972年版。
《列宁专题文集——论马克思主义》,人民出版社2009年版。
[英]约翰·伊特韦尔、默里·米尔盖特、彼得·纽曼:《新帕尔格雷夫大词典》第3卷,经济科学出版社1996年版。
逄锦聚、洪银兴、林岗、刘伟:《政治经济学》第5版,高等教育出版社2013年版。

(李萍　盖凯程)

广义政治经济学
Political Economy in Broad Sense

建立广义政治经济学体系的构想,最先由恩格斯提出。恩格斯在《反杜林论》中明确提出了创造广义政治经济学的问题。他指出:“政治经济学作为一门研究人类各种社会进行生产和交换并相应地进行产品分配的条件和形式的科学,——这样广义的政治经济学尚待创造。”(《马克思恩格斯选集》第3卷,人民出版社1995年版,第492页)因此,根据恩格斯的定义,广义政治经济学就是指研究人类社会中支配物质生活资料的生产、交换以及与之相适应的产品分配规律的科学。也就是说,广义政治经济学研究的是人类各种社会形态,既包括前资本主义也包括资本主义及其以后的社会形态,从而与只限于资本主义生产方式研究的狭义政治经济学相对应,其创立者和奠基者是马克思和恩格斯。

在马克思和恩格斯以前,政治经济学只限于对资本主义生产方式进行理论分析,但是这种研究显然是不够的。对于发生在这一生产方式之前的或者在比较不发达国家内部和这一生产方式同时并存的一些生产方式,同样也应该作出研究和比较。马克思和恩格斯正是在批判资产阶级政治经济学、创立马克思主义政治经济学的过程中,从具体分析社会生产总过程的生产、分配、交换和消费各方面的人与人之间的关系入手,不仅深入系统地研究了资本主义生产方式,而且研究了资本主义以前的各种社会形态及其生产方式,并对未来的共产主义社会的生产方式和生产关系作了科学的预见和论述。由于研究了一定社会经济形态的特殊规律,并在此基础上又确立了为数不多的、适合于一切社会经济形态的最普遍的规律,因而马克思和恩格斯成为广义政治经济学的开拓者和奠基者。

一方面,马克思、恩格斯着重考察了资本主义经济制度,创立了专门研究资本主义生产方式的狭义政治经济学,即政治经济学的资本主义部分。例如,在《资本论》1~4卷特别是前三卷中,马克思运用从抽象到具体的方法对资本主义生产方式及其生产关系的主要特征与运动规律进行了全面、系统与深入的研究,分析了资本主义生产方式产生、发展与走向灭亡的历史过程与发展趋势。从总体上看,《资本论》包括了当时所有的关于资本主义生产方式发生和发展的经济科学的东西,成为马克思主义狭义政治经济学的经典巨著。另一方面,马克思、恩格斯实际上也开始了创立广义政治经济学的探索工作,为构造广义政治经济学奠定了坚实的科学基础与理论基础。例如,在《资本主义生产以前的各种形式》这部研究广义政治经济学的珍贵著作中,马克思就主要论述了存在于资本主义生产以前的亚细亚、古代和日耳曼这三种生产方式及其发展趋势。

马克思、恩格斯逝世后,列宁、斯大林、毛泽东等马克思主义者对各个社会经济形态又作了进一步的研究,特别是根据社会主义革命和社会主义建设的实践,对社会主义社会的基本特征及其经济运动规律作了深刻阐述,成为社会主义政治经济学的奠基者。中国共产党人带领人民在改革开放和现代化建设新的历史条件下,坚持和发展马克思列宁主义、毛泽东思想,不懈探索创造的中国特色社会主义理论,大大丰富了马克思主义的广义政治经济学。

参考文献:
《马克思恩格斯选集》第3卷,人民出版社1995年版。
马克思:《资本论》第1卷、第2卷、第3卷,人民出版社1995年版。
[英]约翰·伊特韦尔、默里·米尔盖特、彼得·纽曼:《新帕尔格雷夫大词典》第3卷,经济科学出版社1996年版。

(柳欣　王璐)

物质资料的生产
Production of Subsistence Material Means

物质资料生产是人类从事的改造自然,获取物质生活资料的过程。人类社会要生存、发展,必须有吃、穿、住等物质生活资料,因此,以获取物质生活资料为目的的生产活动是人类社会最基本的实践活动,人类社会的其他一切活动都是以物质资料生产活动为基础的。

物质资料生产作为人类社会最基本的实践活动,对于人类社会具有极为重要的作用,它是人类社会存在和发展的基础。"任何一个民族,如果停止劳动,不用说一年,就是几个星期,也要灭亡"(《马克思恩格斯选集》第4卷,人民出版社1972年版,第368页)。人类的物质资料生产活动还是人类发展其他各种社会活动的先决条件。只有当劳动生产率有了一定程度的提高,人们所生产的物质资料除了满足生产者自身的需要外,还有一定的剩余时,才有可能使一部分人脱离物质生产劳动,而专门从事政治、文化、科学、教育等活动。可见,物质资料生产作为人类社会存在和发展的基础,对于人类社会的一切其他活动起着决定性的作用。

物质资料生产过程的要素即生产要素,是人们进行物质资料生产所必须具备的各种条件和因素。人们为了实现物质资料的生产而进行的劳动过程,必须具备三个简单的生产要素:劳动者的劳动、劳动资料和劳动对象。

劳动就是指有劳动能力和劳动经验的人通过付出自己的体力和脑力,来改造客观自然物质,使其成为适合人类需要的物质的有目的的活动。

劳动对象是指人们把自己的劳动加于其上的一切东西,也就是劳动加工的对象。劳动对象有两类:一类是没有经过人类劳动加工的自然界原有的物品,如开采中的石油、采伐中的原始森林、捕捞中的天然鱼类等;另一类是经过人类劳动加工的生产物,如纺纱用的棉花、建房用的砖瓦、冶炼用的矿石等,这类生产物通常称为原料和材料。随着科学技术的不断发展,劳动对象的范围不断扩大,越来越多的自然物被作为劳动对象,新的原材料也不断出现。

劳动资料(或劳动手段),是人们用来影响或改变劳动对象的一切物质资料,也就是把人的劳动传导到劳动对象上的物件。劳动资料中最主要的就是生产工具,此外还包括各种容器,如导管、桶、瓶等。广义的劳动资料还包括劳动过程中所必要的各种物质条件,如厂房、仓库、道路、土地等。

生产过程中的劳动资料和劳动对象的总和就是生产资料,它是任何社会中人们进行物质资料生产必备的物质条件。人们总是借助于生产资料,通过自己的劳动生产出劳动产品。任何劳动产品都是劳动过程中三个简单生产要素相互结合和相互作用的结果。

社会生产过程是指处于一定社会生产关系中的劳动者,运用劳动资料直接或间接地作用于劳动对象,创造出物质财富或使用价值的过程。如果抽象掉生产过程的社会性质,那么社会生产过程就表现为一般劳动过程。"劳动过程是人以自身的活动为中介、调整和控制人和自然之间物质变换的过程。"(《资本论》第1卷,人民出版社2004年版,第208页)

劳动者的劳动、劳动资料和劳动对象,之所以是劳动过程的简单生产要素,是因为它们是劳动过程最抽象、最一般、最基本,从而最有普遍适用性的生产要素。随着社会生产和劳动过程的发展,在劳动过程"简单要素"中蕴涵的知识以及在知识基础上形成的科技、管理等作用愈加突出。在现代社会化大生产的劳动过程中,科学技术、经营管理、经济信息、生产知识等的作用更加重要。

在现实社会中,人们在进行物质资料生产时,不可能是孤立地、同别人毫无联系地进行。因此,不仅有人与自然界的关系,还有人们之间的社会关系。这样,任何劳动过程总是带有一定的社会性质,社会生产关系不同,社会生产过程的性质也不同。马克思指出:"就劳动过程只是人和自然之间的单纯过程来说,劳动过程的简单要素是这个过程的一切社会发展形式所共有的。但劳动过程的每个一定的历史形式,都会进一步发展这个过程的物质基础和社会形式。这个一定的历史形式,达到一定的成熟阶段就会被抛弃,并让位于较高级的形式。"(《资本论》第3卷,人民出版社2004年版,第1000页)

参考文献:
《马克思恩格斯选集》第4卷,人民出版社1972年版。
马克思:《资本论》第1卷、第3卷,人民出版社2004年版。
《列宁选集》第1卷,人民出版社1972年版。
逄锦聚、洪银兴、林岗等:《政治经济学》,高等教育出版社2009年版。
卫兴华:《政治经济学概论》,经济科学出版社2010年版。

(谢思全　刘凤义)

生产力
Productivity

生产力也称社会生产力、劳动生产力,指劳动者利用生产资料进行物质资料生产的能力。生产力是人们改造和征服自然的能力,它反映了人和自然界之间的关系。马克思说:"摆在面前的对象,首先是物质生产。"(《马克思恩格斯选集》第2卷,人民出版社1995年版,第1页)物质资料的生产是人类社会存在和发展的基础。

生产力的实现,即人类的生产活动首先是一个劳动过程。马克思说:"劳动过程的简单要素是:有目的的活动或劳动本身,劳动对象和劳动资料。"(《资本论》第1卷,人民出版社2004年版,第208页)劳动对象和劳动资料统称为生产资料,是生产力的物质因素,劳动者则是生产力中人的因素。

具有一定的生产经验(或科学知识)及劳动技能的劳动者,是生产力的主体,在生产过程中发挥着主导作用。劳动过程是劳动者耗费自己的体力和脑力改变自然物,使之适合人类需要的有目的的活动。劳动资料是由劳动者发明、使用并不断改进的,是人类劳动经验和劳动技能的体现。生产过程中的物化因素必须与劳动者结合才能形成现实的生产力,并在此过程中革新生产技术,推进社会生产力。列宁说:"全人类的首要的生产力就是工人,劳动者。"(《列宁选集》第3卷,人民出版社1995年版,第821页)马克思说:"最强大的一种生产力是革命阶级本身。"(《马克思恩格斯选集》第1卷,人民出版社1995年版,第194页)

劳动对象是指被劳动加工于其上以形成人类需要的使用价值的自然物质对象。它包括两类:一类是天然的劳动对象,如原始森林、地下矿产;另一类是已经被劳动加工过的劳动对象,如制作家具所用的木材、用于冶炼的矿石。这种经过人们加工过的劳动对象称为原材料。随着生产的发展和科学技术的进步,许多以往不能作为劳动对象的物质也能为人类所用,同时对劳动对象的加工方法和利用程度也不断发展,有力地提高了整个生产力的水平。

劳动资料是人们用来影响和改变劳动对象的一切物质手段。它包含劳动工具、生产所用容器以及土地、厂房、仓库和道路等。生产力中具有决定意义的物质因素,是劳动工具、机器和机器的综合体。马克思说,正是这些东西才是"生产的骨骼系统和肌肉系统"(《资本论》第1卷,人民出版社2004年版,第210页)。创造和使用生产工具是人区别于动物的标志,是人类劳动过程中所独有的特征。生产工具,是包括从落后的手工工具到现代自动化的各种机器设备,是所有能够用于加工劳动对象的工具的统称。它是人类改造自然的物质标志,是生产力发展水平的客观尺度。正如马克思所说"各种经济时代的区别,不在于生产什么,而在于怎样生产,用什么劳动资料生产。"(《资本论》第1卷,人民出版社2004年版,第210页)劳动资料不仅是衡量人类劳动力发展的标志,也是衡量社会经济发展阶段的标志。"手推磨产生的是封建主为首的社会,蒸汽磨产生的是工业资本家为首的社会。"(《马克思恩格斯选集》第1卷,人民出版社1995年版,第142页)

组成生产力的劳动者、劳动资料和劳动对象是不断变化的,从而推动着生产力的发展。科学技术是影响上述生产条件的一个最重要的因素。马克思说:"大工业把巨大的自然力和自然科学并入生产过程,必然大大提高劳动生产率。"(《马克思恩格斯选集》第2卷,人民出版社1995年版,第207页)

一方面,科学技术的发展体现在生产力中物质因素和人的因素的发展,科学理论知识凝结并物化于生产资料中,使得劳动生产力大幅度提高。科学理论知识被劳动者普遍的掌握,使得劳动者科学文化水平大大提高,进一步转化为生产经验和劳动技能并最终推动劳动生产力的提高。另一方面,分工协作、组织管理相关领域的科学技术成果,提高了生产社会化水平并作用于生产力的实现过程。马克思说:"劳动生产力是由多种情况决定的,其中包括:工人的平均熟练程度,科学的发展水平和它在工艺上应用的程度,生产过程的社会结合,生产资料的规模和效能,以及自然条件。"(《资本论》第1卷,人民出版社2004年版,第53页)

生产力是生产中最活跃最革命的要素,是不以人们的主观意志为转移的、客观的物质力量,是推动人类社会发展的最终决定力量。它不断地变化、提高,从而推动着人类社会从低级到高级发展。它的发展必然引起生产力与生产关系的矛盾发展和激化，导致生产关系的变革。列宁说："人类社会的发展也是受物质力量即生产力的发展所制约的。"

参考文献：
《马克思恩格斯选集》第1卷、第2卷，人民出版社1995年版。
马克思：《资本论》第1卷，人民出版社2004年版。
《列宁选集》第1卷、第3卷，人民出版社1995年版。

（何自力）

劳动生产力
Productivity of Labor

劳动生产力是指劳动者利用和改造自然、从事物质生活资料生产的能力。劳动生产力可以用劳动生产率度量。

劳动生产率是指劳动者在一定时期内创造的劳动成果与所消耗的劳动的比率，反映生产者生产产品的效率，表示劳动量和产量之间的关系。劳动生产率的高低也可以通过同一劳动量所推动的生产资料量的多少反映出来。一般来说，劳动生产率的高低同一定量劳动所推动的生产资料量成正比，即劳动生产率的提高意味着一定量的活劳动可以推动更多的物化劳动。

劳动生产力是由多种情况决定的，其中包括"工人平均熟练程度，科学的发展水平和它在工艺上应用的程度，生产过程的社会结合，生产资料的规模和效能，以及自然条件。"（《资本论》第1卷，人民出版社2004年版，第53页）在提高劳动生产率过程中，以上诸要素既各自发挥自己的作用，又存在着相互联系和相互促进的关系。

在现代社会生产中，科学技术越来越成为影响劳动生产力的关键因素，因为科学技术的发展，不仅会改变劳动工具，也必然影响到工人的平均熟练程度、生产资料的规模和效能，甚至会改变自然条件，从而使人们生产物质财富的能力迅速提高。马克思说："固定资本的发展表明，一般社会知识，已经在多么大的程度上变成了直接的生产力，从而社会生活过程的条件本身在多么大的程度上受到一般智力的控制并按照这种智力得到改造。它表明，社会生产力已经在多么大的程度上，不仅以知识的形式，而且作为社会实践的直接器官，作为实际生活过程的直接器官被生产出来"（《马克思恩格斯全集》第46卷下，人民出版社1982年版，第219～220页）。当前科学技术的发展，电子计算机、智能机器人等在生产中的应用，证明了马克思的科学结论。

劳动生产率的提高具有重要意义。如果抽象掉生产的社会形式，劳动生产力的提高是社会进步的重要体现，它意味着同一劳动时间，人们可以生产出更多的物质产品，满足人们更多地需要；或者生产相同数量的物质产品，可以用更少的时间，从而节约人类劳动。但是，在资本主义社会，提高社会劳动生产率是资本家实现相对剩余价值生产的途径。正是在追逐剩余价值的驱使下，资本主义"无所顾及地按照几何级数推动人类劳动生产率的发展"（《资本论》第3卷，人民出版社2004年版，第292页）。社会主义制度建立后，"必须要把创造高于资本主义的社会结构的根本任务提到首要地位，这个根本任务就是：提高劳动生产率"（《列宁选集》第3卷，人民出版社1995年版，第490页）。只有大大提高劳动生产率，才能充分显示社会主义制度的优越性，不断提高人民的物质文化生活水平，实现社会主义生产目的，保证社会主义制度取得最后胜利。

马克思根据劳动生产力的形成条件，把劳动生产力划分为劳动的自然生产力和劳动的社会生产力。前者是受自然制约的劳动生产力；后者是劳动的社会条件所引起的生产力。

劳动的自然生产力是指利用自然资源和自然力如瀑布、风力等而产生的生产力。在农业（或采矿业）中，劳动的自然条件作用最为明显。马克思指出："撇开社会生产的不同发展程度不说，劳动生产率是同自然条件相联系的。这些自然条件都可以归结为人本身的自然（如人种等）和人的周围的自然。外界自然条件在经济上可以分为两大类：生活资料的自然资源，例如土壤的肥力，渔产丰富的水等等；劳动资料的自然资源，如奔腾的瀑布、可以航行的河流、森林、金属、煤炭等等。"（《资本论》第1卷，人民出版社2004年版，第586页）由于劳动的自然生产力不同，同量劳动会生产出较多或较少的产品或使用价值。这种差额会形成级差收入，在土地私有制下则会形成级差地租。劳动的自然生产力是人类不可缺少的生产要素，人类必须尊重自然，充分认识人类对于自然的依赖性，劳动的自然生产力一旦遭到破坏就无法挽回。因此需要改变那种蔑视自然，完全从人类利益的角度对待自然的态度。保护生态系统，使自然生产力能够得以延续并永恒地发挥生产力作用。

劳动的社会生产力是指由于人们在生产中的社会结合（分工协作、生产组织等）而形成的生产力。马克思在分析协作时指出，工人作为社会工人通过协作不仅提高了个人生产力，而且也创造了一种生产力。"这种生产力是由协作本身产生的。"（《资本论》第1卷，人民出版社1975年版，第366页）

劳动的社会生产力的主要影响因素：（1）社会分工。社会分工的发展具有两种不同的形式和结果。一种是从集中化的生产中产生社会分工，即企业内部的分工转化为社会分工、企业之间的分工；另一种形式是在现有生产的基础上创造新的分工关系，即创造原来没有的生产，这一点在当代科技革命的发展过程中表现最为突出，一系列中小型高科技企业的建立，利用新的技术发明，生产和提供以往并不存在的新产品和服务。(2)生产组织。不同形式的生产一体化提高了劳动生产率。其表现有三种：第一种是建立在专业化基础上的生产集中(主要是横向一体化)；第二种是以一定的社会分工转化为企业内部的分工为特点的集中(主要是纵向一体化)；第三种是跨行业、跨部门的"混合联合"，这是一种混合一体化。正是通过这些不同形式的一体化，企业规模得以扩大，有利于增强企业的市场竞争力和应付市场环境变化的能力。

劳动生产力的提高与商品价值量的关系。劳动生产力的提高与使用价值数量成正比，与单位商品的价值量则成反比，即"劳动生产力越高，生产一种物品所需要的劳动时间就越少，凝结在该物品中的劳动量就越小，该物品的价值就越小。相反地，劳动生产力越低，生产一种物品的必要劳动时间就越多，该物品的价值就越大。可见，商品的价值量与实现在商品中的劳动量成正比地变动，与这一劳动的生产力成反比地变动"(《资本论》第1卷，人民出版社2004年版，第53～54页)。在价值规律作用下，商品生产者相互竞争，力求通过改进技术提高劳动生产率，使个别劳动时间低于社会必要劳动时间，在商品交换中获得更大的好处，这样就引起生产一定量商品所耗费的劳动减少，使单位商品价值量降低。

在资本主义制度下，剩余价值规律是资本主义基本经济规律，劳动生产力的提高不是为了生产更多使用价值，也不是为了节约劳动，而是为了最大限度地获取剩余价值。"劳动生产力的提高，我们在这里一般是指劳动过程中的这样一种变化，这种变化能缩短生产某种商品的社会必需的劳动时间，从而使较小量的劳动获得生产较大量使用价值的能力"(《资本论》第1卷，人民出版社2004年版，第366页)。在资本主义制度下，无论是历史上发展起来的社会劳动生产力，还是自然条件下形成的劳动生产力，都表现为资本的生产力。技术的发明、机器的应用，都是以能否增加剩余价值，而不是以能否节约劳动为界限。

马克思设想在未来社会中，生产资料公有制代替了私有制，社会生产目的是满足人们日益增长的物质文化生活的需要。劳动生产力的提高与劳动者的根本利益是一致的。科学日益被自觉地应用于技术方面，一切生产资料因为作为社会的生产资料被自觉地节约使用，"一个社会阶层把劳动的自然必然性从自身上解脱下来并转嫁给另一个社会阶层的可能性越小，社会工作日中用于物质生产的必要部分就越小，从而用于个人的自由活动，脑力活动和社会活动的时间部分就越大"(《资本论》第1卷，人民出版社2004年版，第605页)。劳动生产力的提高，为每个人的自由全面发展提供了物质基础。

参考文献：
《列宁选集》第3卷，人民出版社1995年版。
《马克思恩格斯全集》第23卷、第25卷，人民出版社1972年版。
《马克思恩格斯全集》第46卷下，人民出版社1982年版。
马克思：《资本论》第1卷，人民出版社2004年版。
马克思：《资本论》第3卷，人民出版社1975年版。
《列宁全集》第34卷，人民出版社1975年版。
逄锦聚、洪银兴、林岗、刘伟：《政治经济学》，高等教育出版社2008年版。

(周立群　刘凤义)

社会生产力
Social Productivity

社会生产力是指具有一定生产经验和劳动技能的劳动者和他们所使用的生产资料结合起来，在物质资料生产过程中把自然界物质改造成为适合自己需要的物质生活资料的力量。社会生产力体现的是生产过程中人与自然的关系，它反映着人类在生产过程中利用和改造自然界，并获得适合自己需要的物质资料的能力。

社会生产力的构成，包括生产的主观因素和客观因素，其中主观因素是指有一定生产经验、劳动技能和科学知识，能够从事物质资料生产的劳动者。在生产力中劳动者的因素具有特别重要的地位，它是生产力中发挥能动作用的力量。离开了劳动者的劳动，所有劳动资料和劳动对象，都是一堆死的东西。特别是劳动资料中的生产工具，它是由劳动者制造出来，并且要由劳动者加以运用，不仅手工工具、简单的机械工具如此，即使是高度自动化的机器设备和自动化生产线，也是由劳动者制造出来，并由劳动者在生产过程中运用的。所以，劳动者是社会生产的主体，是在生产力中起主导作用的因素，人类之所以能够支配、利用和改造自然界，关键在于人的能动的活动。

生产力中客观因素是生产资料，即人们在生产过程中所使用的劳动资料和劳动对象的总和。在生产资料中，作为劳动资料重要构成部分的生产工具对于生产力的发展有着特殊的作用。生产力的发展，首先是从生产工具的发展变革开始的。生产力发展的状况集中表现在生产工具的发展与变革上。生产工具不仅是社会生产力发展水平和生产力性质的最主要的标志，而且也是划分经济发展时期的主要标志。马克思说："各种经济时代的区别，不在于生产什么，而在于怎样生产,用什么劳动资料生产。”(《资本论》第1卷,人民出版社2004年版,第210页)劳动对象作为生产过程中劳动加工的对象,它的数量和质量是决定生产力的重要因素。数量充足、质量良好、品位高级、性能优异的原料和材料,是提高社会生产力的重要条件,特别是在现代化生产过程中,劳动对象的范围日益扩大。

社会生产力的发展主要体现在生产力性质的变化和生产力水平的提高两个方面。生产力性质是指生产力的质的规定性,它是由劳动资料,特别是生产工具的性质所决定的。人类在社会生产中所使用的生产工具,从早期的石器、铜器、铁器,到近代的蒸汽机、内燃机、电动机,乃至现代的自动化机器体系,标志着生产力性质的逐渐变化。生产力水平是指生产力的量的规定,如产品总量和按人平均的产品数量、各种生产工具发展的水平及其在社会生产中的数量和比例、生产力的分布状况、能源动力的利用程度等,它表明生产力水平的高低。生产力的状况就是生产力的质和量的综合体现,它是人类社会发展中具有决定性的物质力量。反映生产力状况的一个重要综合性标志,是劳动生产率的高低。劳动生产率指劳动者生产某种产品的生产效率或能力。它通常有两种表示方法:一是以单位劳动时间内生产的产品数量来表示;二是以生产单位产品所耗费的劳动时间来表示。单位劳动时间内生产的产品数量越多,或生产单位产品所耗费的劳动时间越少,劳动生产率就越高;反之,则劳动生产率越低。劳动生产率的水平,取决于各种经济、技术乃至自然的因素。劳动生产率的提高,是社会生产力发展的重要表现。

社会生产力是推动人类社会发展的根本动力和决定性力量,它决定着人类社会的生产关系。社会生产关系是决定人类社会经济形态和社会面貌的直接原因,政治经济学在对社会生产关系进行考察时,必须结合社会生产力的性质、状况,认识一定社会生产关系的原因及运动规律。

社会生产力固然有其自身内在的发展规律性,但是,生产力的发展也受到社会生产关系和经济体制的重大影响,适合生产力状况的生产关系和经济体制,能够促进生产力的发展;反之,则会阻碍生产力的发展。

参考文献:
马克思:《资本论》第1卷,人民出版社2004年版。
《马克思恩格斯全集》第23卷、第25卷、第46卷,人民出版社1972年版。
《马克思恩格斯选集》第3卷,人民出版社1972年版。
斯大林:《列宁主义问题》,人民出版社1955年版。
逄锦聚、洪银兴、林岗、刘伟:《政治经济学》,高等教育出版社2008年版。
卫兴华:《政治经济学概论》,经济科学出版社2010年版。
[英]戴维·麦克莱伦:《马克思传》,中国人民大学出版社2006年版。

(谢思全)

生产关系
Relations of Production

生产关系是人们在物质资料生产过程中形成的社会关系。马克思主义唯物史观认为,人们在生产劳动过程中形成双重关系,即人与自然的关系和人与人的关系。人与自然的关系是人们通过体力和脑力的支出从自然界获取物质产品的过程中与自然界发生的关系,它是社会生产的物质内容,表现为生产力。人与人的关系是人们在同自然界进行物质变换以获取物质资料过程中相互之间结成的社会联系,它是生产的社会形式,表现为生产关系。人类的生产活动从来都是社会生产,因此他们在同自然界进行物质变换的过程中,彼此间必然要形成一定的联系,因此,生产关系是不以人的意志为转移而存在的客观的社会联系。在生产力与生产关系二者的关系中,生产力是最活跃最革命的因素,生产关系是相对稳定的,生产力的发展和变化决定生产关系的发展和变革,生产关系对生产力具有反作用,它能促进或延缓生产力的发展,生产关系一定要适合生产力状况,这是人类社会发展共有的客观规律。

生产关系的内容有狭义和广义之分。狭义生产关系是指在直接生产过程中所发生的人与人之间的相互联系;广义生产关系除包括直接生产过程中的关系之外,还包括人们在社会再生产过程结成的分配关系、交换关系和消费关系。马克思说“它们构成一个总体的各个环节、一个统一体内部的差别”(《马克思恩格斯选集》第2卷,人民出版社1995年版,第17页)。在广义生产关系中,直接生产过程中所发生的人与人的关系是其他各种关系的基础,因为在社会再生产过程中,生产是基础和起点,生产决定着物质产品的分配,进而决定着产品的交换和消费。分配、交换和消费对物质产品的生产活动具有反作用,或者推动,或者阻碍生产活动的进行。

生产关系的基础是生产资料所有制。生产资料所有制是人对物的占有关系,实质上它是通过对物的占有而发生的人与人之间的关系。生产资料所有制的性质决定着生产关系的性质,决定人们在生产中的地位和相互关系。生产资料归谁所有,由谁支配,不仅决定直接生产过程中人与人的关系,而且决定着分配关系、交换关系和消费关系。不同的生产资料所有制形式决定人们在生产中的地位及其相互关系的差异,进而决定劳动产品的分配方式的差异,生产关系、分配关系、交换关系和消费关系的差异体现社会经济形态的差异。

生产关系同人类的生产活动一起产生,随着生产力的发展而发展变化。在人类社会历史上,相继出现过原始共产主义、奴隶制、封建制、资本主义和社会主义五种社会生产关系。在原始社会中,不存在私有财产,不存在阶级和剥削,生产关系以原始的生产资料公有制为基础。奴隶社会、封建社会和资本主义社会的共同特征是生产资料由少数人占有,并凭借其无偿占有广大劳动者的劳动成果,即剥削与被剥削的关系。社会主义社会的生产关系是以生产资料公有制为基础,能够满足社会化大生产的根本要求。

生产关系总和构成一定社会的经济基础,在这个基础之上,有着由政治、法律制度及与之相适应的意识形态构成的社会上层建筑。一定的经济基础与上层建筑的统一形成一个社会的社会形态是辩证统一的关系,经济基础是第一性的,是上层建筑的根源,上层建筑是适应经济基础的需要而产生并为经济基础服务的,经济基础的性质决定上层建筑的性质,有什么样的经济基础,必有什么样的上层建筑。经济基础的变化发展决定着上层建筑的变化发展。上层建筑变化发展的方向由经济基础决定,当某种经济基础向上发展的时候,它的上层建筑也处于前进之中;当某种经济基础走向没落的时候,它的上层建筑也日渐腐朽。经济基础的根本质变决定全部上层建筑也必然或迟或快地发生根本质变;经济基础的部分质变也决定上层建筑要发生部分质变。正如马克思所指出的:“物质生活的生产方式制约着整个社会生活、政治生活和精神生活的过程”(《马克思恩格斯选集》第2卷,人民出版社1995年版,第32页)。恩格斯说:“经济学所研究的不是物,而是人和人之间的关系”(《马克思恩格斯选集》第2卷,人民出版社1995年版,第44页)。

参考文献:

《马克思恩格斯选集》第2卷,人民出版社1995年版。

(何自力)

生产资料所有制

Ownership of Production Means

生产资料所有制是马克思主义政治经济学的重要范畴,它反映的是人们在物质生活资料的生产过程中,对生产资料的占有情况,它决定着社会成员在物质生产过程中的相互关系,它构成整个社会经济关系的基础。

人类物质生产活动是在一定的社会关系中进行的、由人作用于自然客体的过程。马克思指出,“在分配是产品的分配之前,它是(1)生产工具的分配,(2)社会成员关于各类生产之间的分配……产品的分配显然只是这种分配的结果。”(《马克思恩格斯全集》第30卷,人民出版社1995年版,第37页)在生产之前,某个人或某个团体,要先占有某个确定的自然客体,而排斥别人或别的集团占有,“一般说来,人(不论是孤立的,还是社会的)在作为劳动者出现之前,总是作为所有者出现”(《马克思恩格斯全集》第26卷,人民出版社1995年版,第416页),占有生产资料是人们进行生产的前提,“一切生产都是个人在一定社会形式中并借这种社会形式进行的对自然的占有。在这个意义上,说所有制(占有)是生产的一个条件,那是同义反复”(《马克思恩格斯选集》第2卷,人民出版社1972年版,第90页),“在没有任何所有形式的地方就根本谈不到任何生产,因此,也谈不到任何社会。”(《马克思恩格斯选集》第2卷,人民出版社1972年版,第90页)

生产承担者对物质生产条件的关系,包括生产资料的所有关系(归属与处置)、占有关系、支配使用关系和收益享受关系。这些经济关系一旦以一定的法律形式确认和保证,就表现为生产资料的所有权、占有权、支配权、使用权、收益权和处分权,它们统称为产权或财产权。所有权是指生产资料的归属,谁成为该生产资料的所有者,谁就有权按照自己的意志和利益占有、支配、使用和处分该生产资料而排斥他人的干预或侵占。占有权是对该生产资料事实上的控制,但无权自由处分它,“实际的占有……发生在对这些条件的能动的、现实的关系中,也就是实际上把这些条件变为自己的主体活动的条件”(《马克思恩格斯全集》第30卷,人民出版社1995年版,第486页)。支配权是指对该生产资料管理和调度的权利。使用权是指直接运用该生产资料从事生产经营活动的权利。占有权、支配权和使用权统称为经营权。收益权就是凭借该生产资料取得剩余产品的权利。处分权是对该生产资料的最终处置,如把该生产资料出售、转让或销毁等。在这几种权利中,所有权是最根本的权利,谁对生产资料拥有所有权,谁就有了占有、支配、使用和处分该生产资料的权利,同时也获得由此带来的经济利益。

一般来说,生产资料所有制包含的各种权利是统一的,但有时也会相互分离。在集所有、占有、支配、使用、收益和处分于一体的时候,所有者主体同时又是生产主体,直接占有、支配、使用和处分其所有的生产资料。在所有制内部,他只和自己打交道。在社会经济关系上,他与众多同样是独立的所有者,独立的经济主体发生关系,这是一种相互的交换和竞争的关系,不存在谁占有谁,谁支配谁的问题。在所有、占有、支配、使用、收益和处分权分离的条件下,虽然对外而言,不同所有制主体之间仍然是一种互相的等价交换和市场竞争关系,但对同一所有制内部来说就完全不同了:所有者一般并不实际占有生产资料,更不具体支配和使用生产资料,他拥有对生产资料的所有权,他可以按照自己的意志，凭借法律所赋予的权利，选择生产资料的实际占有者、支配者和使用者，再赋予他们相应的权利或条件，让他们去实际管理、运用、操作属于他所有的生产资料；他决定着或主要决定着由他们实际占有、支配、使用生产资料所产生的经济收益的分配权力。

在人类社会的发展过程中，生产资料可能归个人所有，归某个阶级或社会集团所有，或是归整个社会所有，概括来说，生产资料所有制的存在形态包括私有制和公有制。

生产资料私有制是生产资料由私人占有的所有制形式，合法占有生产资料的主体在社会中处于私人地位，他所占有的生产资料，由法律承认和保护归他私人所有。在私有制经济中，利益的实现依据是个人所有权(股权)的大小，按个人资产在集合体总资产中的份额取得相应的收益。在历史进程中出现的奴隶主所有制、封建主所有制和资产阶级所有制都是私有制，以个体劳动为基础的个体所有制也属于私有制。私有制本身经历了一个从较低级阶段到较高级阶段的过程：私有制起源于原始社会末期，家庭作为生产单位占有生产资料，其后经过长期的社会发展和变革，封建主所有制替代了奴隶主所有制，资产阶级所有制替代了封建主所有制。私有制的这种变更，促进了生产力的发展，尤其在资本主义时期，生产力获得了飞跃式发展，并由此创造了人类的现代文明社会。

生产资料公有制是生产资料由劳动者共同占有的形式，合法占有生产资料的主体在社会中处于与私人相对立的公共体地位，所占有的生产资料亦由法律承认、保护，归公共整体所有。原始公社所有制和社会主义所有制是历史发展进程中出现过的公有制形式。

原始公社是人类历史上第一个社会形态，原始公社所有制是最初的所有制形式。由于原始公社时期的生产力水平极度低下，人们只能靠集体劳动生存，共同占有生产资料，平均分配有限的劳动产品。

现阶段的生产资料公有制是指生产资料和劳动产品归联合起来的劳动者共同所有或公共占有的社会主义所有制，我国宪法明确规定“中华人民共和国的社会主义经济制度的基础是生产资料的社会主义公有制，即全民所有制和劳动群众集体所有制。”全民所有制是社会全体成员共同占有生产资料的一种公有制形式，在全民所有制范围中，全体社会成员在生产资料所有关系上是平等的，都是全民所有的生产资料的主人，从而保证他们在劳动上具有平等的权利。集体所有制是由一部分劳动者共同占有和支配一定范围的生产资料，实行自主经营自负盈亏的一种公有制形式。集体所有制同全民所有制都是劳动者共同占有生产资料的公有制形式，都排除了依靠生产资料所有权无偿占有他人劳动的剥削关系，因此都是社会主义性质的。

混合所有制是指两种或两种以上的所有制形式的联合或结合形式，也可以指投资主体多元化的企业资本组织形式，即一个企业的出资人由不同的所有制投资主体构成，国有、集体、个体私营、外资等各种所有制投资主体在一个企业内部融为一体，形成以股份制为主要实现形式的混合所有制形式。混合所有制可以分为三种类型：一是公有制与私有制混合；二是公有制与个体经济的混合；三是公有制经济内部国有企业与集体企业的混合。混合所有制的性质是由其中占支配地位的生产资料所有制形式的性质决定的。

生产资料所有制随着生产力的发展而变化。随着生产力的发展和生产社会化程度的提高，要求建立与它相适应的生产资料所有制，新的更能够促进生产力发展的生产资料所有制代替阻碍生产力发展的过时的生产资料所有制，是不以人的意志为转移的社会生产力发展的必然结果。“一切所有制关系都经历了经常的历史更替、经常的历史变更”(《马克思恩格斯选集》第1卷，人民出版社1972年版，第265页)，“所有制关系中的每一次变革，都是同旧的所有制关系不再相适应的新生产力发展的必然结果”(《马克思恩格斯选集》第1卷，人民出版社1972年版，第218页)。

参考文献：

《马克思恩格斯全集》第30卷，人民出版社1995年版。

《马克思恩格斯全集》第4卷、第22卷、第26卷、第37卷、第46卷，人民出版社1995版。

《马克思恩格斯选集》第1卷、第2卷，人民出版社1972年版。

马克思：《政治经济学批判》，人民出版社1955年版。

(段文斌)

生产关系一定要适合生产力状况的规律
Law of Production Relations being Suitable for the State of Productivity

生产力和生产关系的有机统一，构成社会生产方式，它们是社会生产不可分割的两个方面，生产力是社会生产的物质内容，生产关系是社会生产的社会形式，它们之间是对立统一的关系。生产力决定生产关系，生产关系反作用于生产力，生产关系一定要适合生产力的状况。

生产关系一定要适合生产力发展状况的规律是由马克思揭示的社会基本规律之一，它是反映生产关系和生产力之间内在的、本质的必然联系的规律，是在一切社会形态中发生作用，决定社会向前发展的客观经济规律。人类历史上一切社会形态更替、生产关系的变革,最终都是由这一规律的作用引起的,它既决定着同一社会形态内部初级阶段向高级阶段的发展,也决定着人类社会由低级形态向高级形态的推进。

生产力决定生产关系,概括地说表现在两个方面:第一,生产力的状况决定生产关系的性质。生产力是生产关系形成的前提和基础,生产关系是适应生产力发展的要求建立起来的,是生产力的发展形式,所以,它的性质必须适应生产力的状况。有什么样的生产力,就有什么样的生产关系。历史上任何一种生产关系的出现和变革,归根到底都是由社会生产力的发展状况决定的,都是社会生产力发展的结果。第二,生产力的发展变化决定着生产关系的发展变化以及生产关系所能变化的程度。生产关系必须而且只能适应生产力发展需要而发展变化,新的生产关系只有在适应生产力发展的客观要求时才能确立和巩固。如果超越了现有的生产力状况而人为地过早地变革生产关系,由于它会阻碍甚至破坏生产力的发展,因而不可能长久保持下去。总之,一种生产关系的灭亡,另一种生产关系的产生,是以生产力的发展要求为基础,取决于生产力发展的实际状况。正如马克思所明确指出:“无论哪一个社会形态,在它所能容纳的全部生产力发挥出来以前,是决不会灭亡的;而新的更高的生产关系,在它的物质存在条件在旧社会的胎胞里成熟以前,是决不会出现的。”(《马克思恩格斯选集》第2卷,人民出版社1995年版,第33页)

在生产力和生产关系的相互关系中,最根本的方面是生产力决定生产关系,但生产关系也不只是消极被动地适应生产力的发展,它一旦形成,便会积极地反作用于生产力。当生产关系适合生产力发展的要求时,就能够有力地推动生产力发展;当生产关系不适合生产力发展的要求时,就会阻碍甚至破坏生产力的发展,无论这种生产关系是陈旧的还是“超前”的。当然,生产关系对生产力具有反作用,生产关系的反作用只能加速或者延缓生产力的发展,而不能改变生产力运动的固有规律。生产力会在它自身内部矛盾的作用推动下向前发展。

生产关系一定要适合生产力的状况,这是因为:在社会生产中,生产力是最活跃、最革命的因素,经常处于变化和发展之中,而生产关系同生产力相比,则具有相对的稳定性。社会生产的发展,是以生产力的发展变化为起点,在其作用下促使生产关系由量变到质变。一般的情况是:当一种适合生产力发展要求的生产关系建立起来后,在一定时期内同生产力状况是基本相适应的,可以促进生产力的发展;随着生产力的发展,必然会使原来同生产力状况相适应的生产关系变得不相适应了,此时生产关系在相对稳定中也会发生部分的、某些方面的重要变化,以适合生产力发展状况;当生产力发展到一定阶段,原来的生产关系再也容纳不下生产力的发展,以致原来作为促进生产力发展的形式,变成生产力发展的桎梏,于是它们之间的矛盾达到了尖锐的程度,这就要求对旧的生产关系进行根本变革,要求以新的生产关系代替旧的生产关系。生产关系不能过分长久地落后于生产力,不适合生产力发展要求的过时的生产关系,迟早要被适合生产力发展要求的新的生产关系所代替。当然,调整和变革后的新的生产关系也不可能永远是新的,随着生产力的进一步发展,它又会不适应或不完全适应生产力发展的要求,二者又要发生新的矛盾。在生产力和生产关系之间,矛盾是不断产生又不断解决,从而推动人类社会的不断向前发展,这是一个川流不息,万古常新的辩证发展过程。

生产关系适合生产力发展状况的规律要求:第一,生产关系的变革必须同生产力性质的变化相适应。也就是说,只有全社会主要生产部门已普遍地用新的生产工具代替旧的生产工具,生产力的性质发生了质的飞跃时,生产关系才具备了根本变革的客观物质基础。如果生产工具只是量的增多而无质的飞跃,生产关系根本变革的客观条件还是不成熟的。第二,生产关系的具体形式即经济体制,必须同生产力的发展状况相适应。适合生产力性质的生产关系只有在选择了恰当的经济体制时,才能更好地发挥其对生产力发展的促进作用。第三,在一定的经济体制下,必须选择与之相适应的经济运行机制。经济运行机制是联结生产力运动和生产关系运动的综合机制。只有实现经济运行机制的合理化,生产关系与生产力才能有机结合起来,推动经济发展和社会进步。

生产关系一定要适合生产力发展状况这一规律的作用,并不是任何时候都能顺利实现的。因为生产关系本质上是人们之间的物质利益关系,要变革他,必然会引起既得利益者的抵制和反对。在阶级社会中,生产力的发展提出改变旧的过时的生产关系的要求,是与统治阶级的根本利益相抵触的,必然会遭到他们的拼命抵抗,此时,就需要代表生产力发展要求的先进阶级,通过阶级斗争和社会革命,摧毁社会腐朽势力的抵抗,变革旧的生产关系,建立和发展新的生产关系,为生产力的迅速发展扫清阻碍。在社会主义制度下,由于剥削阶级的消灭,人们之间没有根本的利害冲突,以生产资料公有制为主、多种所有制经济共同发展的社会主义初级阶段的生产关系,从根本上适合生产力的性质。随着生产力的发展,社会主义生产关系和生产力之间虽然也存在着矛盾,但是这种矛盾一般不会发展为对抗性的矛盾,可以在社会主义制度范围内,通过改革实现社会主义生产关系自身调整和完善,以适应生产力发展的要求。

参考文献：
《马克思恩格斯选集》第 2 卷，人民出版社 1995 年版。
宋涛：《马克思主义经济理论全书》，吉林人民出版社 1992 年版。
卫兴华：《政治经济学概论》，经济科学出版社 2010 年版。
宋涛：《政治经济学教程》第六版，中国人民大学出版社 2004 年版。
逄锦聚：《政治经济学》，高等教育出版社 2002 年版。
卫兴华、林岗：《马克思主义政治经济学原理》，人民出版社 1999 年版。

（何自力）

经济规律
Economic Laws

规律是现象间的本质联系，列宁指出："规律是现象中同一的东西"（《列宁全集》第 55 卷，人民出版社 1990 年版，第 126 页）。在社会经济发展过程中经济现象的各种联系中，内在的本质的联系对经济现象的发展和变化起着决定的作用，经济规律就是社会经济发展过程中社会经济现象间客观的内在的本质的必然的联系。经济规律是经济现象中共同的、普遍的和经常起作用的东西，表现着经济发展过程的本质和客观必然性。马克思将经济规律发生作用具有的必然性描绘为："强制地为自己开辟道路"（《马克思恩格斯全集》第 23 卷，人民出版社 1972 年版，第 92 页）。

经济规律同自然规律一样，具有不以人的意志为转移的客观必然性，是客观过程的内在联系。不管人们主观上是否认识经济规律，它总是客观存在和必然发生作用的。经济规律的存在和发生作用不以人们的主观意志为转移，而是取决于一定的经济条件。这里所说的经济条件，主要是指社会生产关系，即人们在直接生产过程中围绕生产资料而形成的一定的必然的联系，它的状况由生产力决定，不是由人们的主观意志来决定的。经济规律是在一定的经济条件的基础上产生和发生作用的，有什么样的经济条件，就会相应地产生什么样的经济规律。列宁说："马克思把社会运动看做受一定规律支配的自然历史过程，这些规律不仅不以人的意志、意识和意图为转移，反而决定人的意志、意识和意图"（《列宁选集》第 1 卷，人民出版社 1995 年版，第 33 页）。

经济规律有着与自然科学规律不同的特点，即具有历史性。经济规律不是永恒不变的。经济规律是在一定的社会经济条件的基础上产生的，有什么样的社会经济条件，就有什么样的经济规律，随着社会经济条件的变化，经济规律的作用形式会发生变化，旧的经济规律也会被新的经济规律所取代。旧的经济规律退出历史舞台，并不是被消灭，而是由于出现了新的社会经济条件而失去效力。新的经济规律的出现，并不是由人们的意志创造出来，而是在新的社会经济条件的基础上产生的。例如，只要存在资本主义生产关系，剩余价值规律和其他资本主义经济规律就必然存在和起作用；而在社会主义生产关系确立后，资本主义经济规律就必然退出历史舞台，代之以社会主义的基本经济规律。

经济现象是形形色色的，反映经济现象的本质联系的经济规律也是多种多样的，概括起来讲，主要有四类：(1)在一切社会经济形态中起作用的共有经济规律，它反映人类各个社会经济形态经济发展过程的某些共同本质，如生产关系一定要适合生产力状况的规律。(2)在几个社会经济形态中起作用的共有经济规律，它表现为几个社会经济形态中存在的某种经济的某些共同性质，如商品经济的基本规律——价值规律。(3)在某一社会形态中起作用的或在其特定阶段、特定过程中发生作用的特有经济规律，它表现某一社会经济形态经济发展过程的特殊性质，例如剩余价值规律、资本积累的一般规律，都是资本主义社会形态特有的经济规律。(4)在某一社会形态的一定阶段起作用的特有经济规律，例如，资本主义的垄断阶段的垄断利润规律，社会主义社会的按劳分配规律，共产主义社会的按需分配规律等。

一般来说，存在于同一社会经济形态中的诸多经济规律构成这一社会经济形态的经济规律体系，其中起主导作用并决定该社会生产的本质及其发展方向的经济规律是基本经济规律。基本经济规律这一概念是斯大林在 1952 年发表的《苏联社会主义经济问题》一书中首先提出来的。与其他经济规律不同，基本经济规律是一个在社会形态中起主导作用的经济规律，它决定社会生产发展的一切主要方面和一切主要过程，体现着某一社会经济形态的最基本的特征，决定着该社会经济发展的性质和方向，制约着其他经济规律的作用方向和作用程度，其他经济规律的存在和作用对基本经济规律的作用方式和实现程度有着重要的影响。资本主义社会的基本经济规律是剩余价值规律，是资本家阶级支配和剥削雇佣劳动者这一资本主义生产关系内在本质的必然体现，该规律决定着资本主义生产方式的性质和运动方向，影响着资本主义的生产、交换、分配和消费过程，决定着资本主义生产方式产生、发展和灭亡的历史必然性。

承认规律的客观性质，并不否认人的意志的作用，意志虽然对规律本身不发生作用，但可以对客观世界发展的过程发生作用。经济规律具有客观性，但人们在经济规律面前可以发挥主观能动性，人们可以认识和利用经济规律。与自然规律不同，经济规律起作用的结果，总是直接涉及人们的物质利益。因此，在阶级社会中，发现和利用经济规律是有阶级背景的，是有局限性的。在生产力水平很低的原始社会和以生产资料私有制为基础的剥削阶级社会中，经济规律常常作为一种自发的力量支配着人们的行动。建立在生产资料私有制基础上的资本主义社会生产力虽然有了高度的发展，但人们的自觉作用被限制在十分狭小的范围内，经济规律仍是自发地起作用。建立在生产资料公有制基础上的社会主义社会，使得人们有可能自觉地利用经济规律来为社会主义革命和社会主义建设服务。恩格斯谈到当社会占有了生产资料，社会生产内部的无政府状态将为有计划地自觉地组织所代替的社会主义社会时指出："人们自己的社会行动的规律，这些直到现在都如同异己的、统治着人们的自然规律一样而与人们相对立的规律，那时就将被人们熟练地运用起来，因而将服从他们的统治。"(《马克思恩格斯全集》第20卷，人民出版社1971年版，第308页)

参考文献：

《马克思恩格斯全集》第20卷、第23卷，人民出版社1972年版。

《列宁选集》第1卷、第38卷，人民出版社1972年版。

《列宁全集》第55卷，人民出版社1990年版。

许涤新：《中国大百科全书(经济学卷)》，中国大百科全书出版社1988年版。

陈岱孙：《市场经济百科全书》，中国大百科全书出版社1998年版。

(何自力)

经济基础与上层建筑
Economic Foundation and Superstructure

经济基础与上层建筑是马克思在运用历史唯物主义观点阐述社会的结构时提出的两个概念。经济基础是指占统治地位的生产关系的总和，其中，生产资料的所有制是经济基础的核心；上层建筑是指建立在一定经济基础之上，并与之相适应的政治法律等制度、组织、机构和相应的社会意识形态。上层建筑包括两个方面：一是政治法律制度及相应的机构，如军队、警察、法庭、监狱、政府机构以及政党、社会团体等。二是与一定经济基础相适应的社会意识形态，它是在一定经济基础上产生的思想、理论的体系，包括政治法律思想、宗教、道德、哲学、艺术等。

政治上层建筑为思想上层建筑的传播和实现提供保证，它一经建立就会强烈地影响思想上层建筑；思想上层建筑为政治上层建筑提供理论依据和精神指导，政治上层建筑是在一定思想理论指导下自觉建立起来的，它是思想、精神的物质附属物。在上层建筑体系中，政治上层建筑直接反映自己的经济基础的要求，占有主导地位。其中，国家政权是上层建筑的核心。

经济基础与上层建筑的统一，构成一定的社会形态。社会形态是具体的、历史的，迄今为止，人类已经历的有原始社会、奴隶社会、封建社会、资本主义社会和社会主义社会等形态。每一种社会形态都是特定经济基础和上层建筑的矛盾统一体，经济基础发生变化和更替，上层建筑也会随之发生变化和更替，因此，任何社会形态都有它自己产生、发展和灭亡的历史。而且，在每种社会形态里，既有占统治地位的经济基础和上层建筑，同时也存在着旧社会遗留下来的生产关系和意识形态的残余；有时还会产生新的生产关系和新的社会意识形态的萌芽。

在经济基础与上层建筑的相互关系中，一方面，经济基础决定上层建筑。第一，经济基础决定上层建筑的产生。经济结构是基础，政治的、思想的上层建筑都根源于或产生于经济基础。第二，经济基础决定上层建筑的性质。有什么样的经济基础，就有什么样的上层建筑。谁在生产关系领域居于统治地位，谁就必然在政治和思想领域居于统治地位。经济基础决定上层建筑的性质是就决定其根本性质而言的。不同国家、民族、地区，由基本相同的经济基础所决定的上层建筑又有所不同。但上层建筑的根本性质，尤其是国家的根本性质总是由经济基础的性质所决定的。第三，经济基础决定上层建筑的变化发展。经济基础变了，上层建筑也要随之发生变革。经济基础不仅推动上层建筑的变化发展，而且决定了上层建筑变化发展的方向。

另一方面，上层建筑也反作用于经济基础，上层建筑并不是消极地去适应经济基础的发展，它对经济基础具有反作用。这种反作用主要表现为它为经济基础服务，具体包括：(1)在服务的方向上，上层建筑一经出现，就表现出"保护自己"和"排除异己"的倾向，即促进自己的经济基础形成、巩固和发展，但对旧的经济基础和上层建筑的残余进行排除和打击；(2)在服务的方式上，上层建筑是通过对社会生活、经济生活的控制来为经济基础服务的。政治上层建筑试图直接控制人们的行为，而思想上层建筑则通过影响人们的思想来控制人们的行为，以达到服务于经济基础的目的；(3)在服务的性质上，上层建筑表现出两种相反的性质，即当上层建筑与自己的经济基础相适应时，就会促进生产力的发展，从而推动社会进步；当它不适应经济基础时，就会对经济基础起破坏作用，并阻碍生产力的发展和整个社会的进步。

把经济基础的决定作用绝对化，忽视或抹杀上层建筑的反作用，会犯历史机械论的错误。但夸大上层建筑的反作用，则会陷入历史唯心主义。

经济基础与上层建筑的相互作用构成了社会形态的矛盾运动。在人类社会历史上，当一个新的社会形态处于上升阶段时，新建立的上层建筑通常与经济基础基本相适应，虽有矛盾，但可以通过自我调整来解决。当某种社会经济形态处于没落阶段时，生产关系已经不适应生产力的发展，上层建筑便与由生产力发展所引起的经济基础变革要求之间形成尖锐对立。这一矛盾通常不能在这个社会制度范围内加以解决，必须通过强制性的社会革命来摧毁旧的经济基础和上层建筑，以新的经济基础代替旧的经济基础，以新的上层建筑代替旧的上层建筑，从而使二者重新相互适应。这样，社会经济形态就实现了新旧更替，进入到一个更高级的社会形态。这一矛盾运动是社会发展的根本动力。

经济基础与上层建筑的相互作用及其矛盾运动体现了它们之间内在的、本质的、必然的联系，这就是上层建筑一定要适应经济基础状况的客观规律。认识和遵循这一规律具有重要的理论意义和实践意义。第一，这一规律是在人类社会的每一个社会形态和每一个社会形态的不同发展阶段普遍起作用的规律。生产力和生产关系的矛盾运动，经济基础与上层建筑的矛盾运动，两者相互制约、交互作用。生产力和生产关系的矛盾运动是经济基础与上层建筑矛盾的根源，并决定和制约着经济基础和上层建筑的矛盾及其发展变化；经济基础和上层建筑的矛盾又影响生产力和生产关系的矛盾与发展。只有解决经济基础和上层建筑的矛盾，改变旧的上层建筑，才能消灭旧的生产关系，从而使生产力和生产关系的矛盾得以解决。第二，这一规律是无产阶级政党制定政策、推行改革的理论依据。社会主义的经济基础与上层建筑之间的矛盾是客观存在的。经济改革就是改变生产关系中不适应生产力的部分，政治改革就是改变上层建筑中不适应经济基础的环节和方面，以推动社会主义市场经济的健康发展。

参考文献：
《马克思恩格斯全集》第2卷，人民出版社1972年版。
李秀林等：《辩证唯物主义和历史唯物主义原理》，中国人民大学出版社1995年版。
孙怀仁等：《经济学大辞典·政治经济学卷》，上海辞书出版社1994年版。
张卓元：《政治经济学大辞典》，经济科学出版社1998年版。

（陈国富）

社会生产方式
Mode of Social Production

人类社会为了生存和发展，必须通过生产活动获取所需要的物质生活资料。而生产物质资料的方式，就是社会生产方式，它是生产力和生产关系的有机结合与对立统一。

在马克思的著作中，生产方式这一用语在不同背景下有着不同的含义。大致包括：（1）指劳动的方式，即在物质资料生产过程中的具体的技术性的生产方法或劳动方式；（2）指生产的社会形式，即作为一定社会生产关系总和的社会经济形态或社会经济制度；（3）指由于社会生产力与生产关系的统一使社会生产表现出的外部形态。不过，目前在大多情况下，政治经济学理论都是在社会生产力与生产关系的统一这一含义上使用"社会生产方式"这一用语的。

生产力和生产关系是社会生产不可分割的两个方面，社会生产的这两个方面存在着有机的必然联系，在社会生产中，生产力是生产的物质内容，而生产关系则是生产的社会形式。生产力和生产关系之间是对立统一关系，这种对立统一关系，首先表现为生产力决定生产关系。这种决定表现在以下两个方面：第一，生产力决定生产关系的性质。一定的生产力状况要求一定性质的生产关系与它相适应，不同性质的生产关系，是依据不同的生产力状况而建立起来的。人类历史上出现过各种类型的、性质各不相同的生产关系，每一种生产关系的出现，每一次生产关系的变革，都是由一定的生产力发展状况所决定和引起的。第二，生产力的发展和变化，决定着生产关系的发展和变革。生产关系必须而且只能适应生产力的现有状况而发展变化。如果超越现有生产力状况，人为地过早地变革生产关系，反而不利于生产力的发展。

在生产力和生产关系的对立统一关系中，最根本的方面是生产力决定生产关系。但是，生产关系并不是消极被动地由生产力所决定，它又对生产力起巨大的反作用，影响着生产力的发展。这种反作用表现在两个方面：一方面，当生产关系同生产力发展的要求相适应，适合生产力的状况时，就能推动社会生产力的发展。但这并不意味着生产力能自然而然地顺利发展，要将这种可能性变为现实性，还取决于建立起能够充分发挥这种先进生产关系的优越性的经济体制，并采取符合实际的促进生产力发展的措施。另一方面，当生产关系不适合生产力的状况时，就对生产力的发展起阻碍作用。但是，当一种落后的生产关系尚未被先进生产关系取代之前，如果对旧的生产关系的某些方面和环节进行局部的调整，也有可能在一定时期使生产力有一定程度的发展。

生产关系一定要适应生产力的状况。这表明：第一，生产力作为社会生产中最活跃、最革命的因素，总是在不断发展变化的，而生产力的发展变化，客观上要求不适应生产力状况的过时的生产关系发生相应的变革，为生产力的发展开辟道路。生产关系不能过分长久地落后于生产力，不适合生产力发展要求的旧的过时的生产关系，迟早要被适合生产力发展要求的新的生产关系所代替，建立适合生产力状况的新型的生产关系。第二，新的生产关系只能适应生产力发展的客观要求而建立和发展。社会生产的发展变化，总是由生产力的发展变化开始的，然后才有生产关系发生相应的发展变化。如果生产关系的变革不符合生产力发展的客观要求，同样会阻碍生产力的发展，因而这种生产关系也不可能长久地保持下去。生产方式的发展和变革，是生产方式内部生产力与生产关系对立统一矛盾运动的结果。

总之，一种生产关系的灭亡，另一种生产关系的产生，都是以生产力的发展程度为基础，都取决于生产力发展的实际状况。正如马克思所明确指出："无论哪一个社会形态，在它所能容纳的全部生产力发挥出来以前，是决不会灭亡的；而新的更高的生产关系，在它的物质存在条件在旧社会的胞胎里成熟以前，是决不会出现的。"（《马克思恩格斯选集》第 2 卷，人民出版社 1995 年版，第 33 页）生产关系一定要适应生产力的状况，这是人类社会发展的普遍规律，它在一切社会形态中都存在和发生作用，它决定着人类社会由低级形态向高级形态的发展，决定着从一种旧的生产关系向另一种新的生产关系的过渡，也决定着同一社会形态内部由低级阶段向高级阶段的发展。

生产方式的发展和变革，是生产方式内部生产力与生产关系对立统一矛盾运动的结果。生产力是生产方式内部最活跃的因素，生产力要求与之相适应的生产关系。当一种适合生产力状况的生产关系确立以后，就能有力地促进生产力的发展。这时在生产力和生产关系之间虽然也存在矛盾，但这是二者基本相适合中的一般矛盾，从而使生产方式保持相对的稳定性。随着生产力的进一步发展，当原有的生产关系逐渐老化，变得与生产力的发展状况基本不相适合，乃至阻碍生产力的发展时，就要求变革陈旧的生产关系，建立新的生产方式。而新的生产方式一旦建立起来以后，生产关系又与生产力状况在新的基础上基本相适合，从而使生产力和生产关系之间开始了新的矛盾运动。生产力和生产关系之间这种川流不息的矛盾运动，逐步推动着社会生产方式从一个阶段发展到另一个新的阶段。人类社会迄今已经历了五种社会生产方式，即原始生产方式、奴隶生产方式、封建生产方式、资本主义生产方式、社会主义生产方式。

参考文献：

《马克思恩格斯全集》第 23 卷、第 25 卷、第 30 卷、第 36 卷、第 42 卷、第 46 卷，人民出版社 1972 年版。

《马克思恩格斯选集》第 2 卷，人民出版社 1995 年版。

马克思：《资本论》第 1 卷，人民出版社 2004 年版。

《列宁选集》第 1 卷，人民出版社 1972 年版。

逄锦聚、洪银兴、林岗、刘伟：《政治经济学》，高等教育出版社 2008 年版。

卫兴华：《政治经济学概论》，经济科学出版社 2010 年版。

（谢思全）

社会分工

Social Division of Labor

社会分工是以劳动分工为基础的，劳动分工是指生产不同产品的劳动，或者生产同一产品生产过程中不同工序的独立化。劳动分工包括自然分工和社会分工。自然分工是指按照性别、年龄等纯自然、生理条件等形成的分工，人类社会早期在原始氏族或者家庭内部成员之间的分工，属于自然分工。当然，自然分工不仅仅存在于原始社会，在农业社会自然经济条件下家庭成员之间往往也存在着按年龄、性别等自然条件形成的分工。即使是现代社会劳动分工已经很发达，但仍然存在性别分工。不过随着劳动条件和劳动资料的改进，特别是生产自动化、信息化程度的提高，纯生理意义上的自然分工在生产过程中的地位逐渐下降。自然分工作为分工的简单形式，是同低生产力水平相适应的，这种分工形式，有利于发挥个人自然条件的特长，便于人们积累劳动技能和经验，因而促进了生产力的提高。但自然分工有很大的局限性，它不能在更大范围和多种类型的劳动中实行，随着社会生产力的发展，逐渐产生了社会分工。

社会分工是指人们在共同劳动过程中，由于生产力发展而逐渐形成的劳动分化或独立化。人类社会发展到原始社会末期，逐渐产生了三次社会大分工，并对经济社会产生了深刻影响。对此，恩格斯在《家庭、私有制和国家的起源》一书中有过深刻的阐述。第一次社会大分工使游牧业从农业中分离出来，促进了交换，这推动了社会生产力的发展，使劳动者的劳动有了剩余，阶级关系随之出现。第二次社会大分工是手工业从农业中分离出来，这进一步促进了商品交换，提高了社会劳动生产力，从而使奴隶劳动的剩余进一步增加，大规模使用奴隶的经济条件已经具备，家庭成为社会经济单位，氏族制度进一步瓦解，奴隶制作为一种社会制度被巩固下来。第三次社会大分工是出现了专门从事商品交换的商人阶层，这不仅促进了贸易，而且促进了财富的货币化，随着私有制和阶级的产生，国家也随之出现。随后，在人类社会发展进程中，社会分工演变为城乡分工、脑力劳动和体力劳动分工、部门之间分工以及部门内部分工等。

社会分工的迅速发展是从资本主义时期开始的，因为资本主义生产方式是社会化大生产，商品生产和交换成为普遍形式，以家庭为单位的小生产被以企业为单位的社会化生产形式所代替。资本主义社会的分工从简单协作发展为工场手工业内部分工，进而又发展为机器大工业的生产。机器大工业实行更细化的企业内部分工，有力地促进了生产的专业化，迅速提高了劳动生产力。

伴随着资本主义制度的发展，分工逐渐跨越国界，形成了不同国家之间的国际分工。国际分工主要包括垂直分工、水平分工和产业内分工（或称之“网络分工”）三种类型。垂直分工是指在社会生产过程中有相互衔接关系的不同部门之间的分工，如织布部门其上游是纺织业，其下游是印染业、服装业等，在垂直分工中，一个部门为另一个部门提供生产条件。资本主义从产生到第二次世界大战以前，发达国家与发展中国家主要以垂直分工为主。水平分工，是指属于同一类产业的各部门之间的分工，例如在制造业内部，化工、冶金、机械等不同部门之间的分工，它们在生产上有某些共同特征，但又有各自的生产范围，生产出各不相同的使用价值。第二次世界大战后，国际分工从垂直分工向水平分工方向发展（李琮，2000）。产业内分工是指在跨国公司生产中，同一产业根据不同国家在零部件生产上的不同优势形成的分工，比如发达国家生产汽车的跨国公司，在本国生产发动机等核心部件，在其他国家的子公司生产其他零部件等。20 世纪 80 年代以来，随着经济全球化的不断加强，以跨国公司为载体的产业内分工获得新的发展。

社会分工对经济社会产生重要影响，一方面，它会提高劳动生产率，推动技术进步；另一方面，在一定的社会生产关系作用下，也会对劳动者的社会地位、职业分布、技能发展等带来影响。早在中国的春秋时期，管仲就注意到了分工与社会发展的关系，他将职业划分为士、农、工、商，并主张各职业集中居住在固定区域，从而大致确定了中国延续数千年的分工结构。西方较早研究分工的代表人物是柏拉图，他稍晚于管仲，主张按人的天性进行社会分工，强调分工是划分社会等级的基础并按分工原则设计理想国。

真正从经济学意义上研究社会分工问题，是从英国古典经济学家那里开始的。随着资本主义制度的诞生，经济学家开始研究社会分工与劳动生产率提高、经济增长以及国际竞争之间的关系。例如，威廉·配第阐述了伦敦城市通过分工和专业化，在提高效率、节约运输费用方面的好处；魁奈、杜尔阁也分析了分工的重要性，杜尔阁还把社会分工的扩大同不平等联系起来。

斯密是古典经济学家中分工理论的集大成者，他在《国富论》开篇就指出：“劳动生产力上最大的增进，以及运用劳动时所表现的更大的熟练、技巧和判断力，似乎都是分工的结果。”（亚当·斯密，1972）他以著名的“制造扣针的例子”，分析了分工如何提高劳动生产率、增加社会财富。斯密的分工理论，对后来的经济学家产生了深远影响。继斯密之后，第一个对分工理论具有创造性贡献的当属马克思。斯密虽然是系统阐述分工理论的经济学家，但他没有区分社会分工和工场内部分工，在斯密看来，社会分工和企业内部分工的区别似乎只是观察者主观上的一种区分。对此，马克思指出，社会分工和工场内部分工是客观存在，并从六个方面对两种分工进行了系统区分：（1）在社会分工中，每个生产者的产品都是作为商品独立存在；而在工场手工业的分工中，局部工人的产品不是商品，成为商品的是他们的共同产品。（2）社会分工以不同的劳动部门的商品交换为媒介；而工场手工业中各局部劳动间的联系则以劳动力商品卖给同一资本家为前提。（3）社会分工以生产资料分散在不同的生产者手里为前提；而工场手工业内的分工是以生产资料积聚在同一资本家手里为条件。（4）社会分工中社会劳动的分配是靠价值规律的自发调节；而在工场手工业内部，工人各职位的分布按计划保持一定的比例关系。（5）社会分工不承认任何权威，只承认竞争的权威；而工场手工业内部则以资本家对工人的绝对权威为前提（《资本论》第 1 卷，人民出版社 2004 年版，第 410 ~ 413 页）。

马克思之所以能够对社会分工和工场内分工作出这种区分，是源于他的唯物辩证法这一科学方法。他认为，分工不单纯是一种技术现象，还与社会经济关系紧密相连。一方面，分工有利于改进技术，提高劳动生产率；另一方面，在不同社会制度下，分工对劳动者的影响不同。在资本主义制度下，分工会使劳动者的技能片面化发展，而社会主义制度下，分工和协作逐渐从自发性质变成自觉性质，向着有利于人的全面发展方向迈进。斯密只研究了分工的技术性质，而分工对社会生产关系的影响则淡出了他的视野。马克思对两种分工的区别不仅有利于进一步研究不同分工在资源配置中的不同作用，而且便于深入研究不同分工对经济关系产生的不同影响，比如在资本主义社会，社会分工直接反映资本家之间的关系；而工场内部劳动者的分工则加强了资本家对雇佣劳动者的统治关系。

在以新古典经济学为代表的现代西方主流经济学中，分工理论却长期遭到冷遇。马歇尔虽然在他的《经济学原理》中，阐述了分工问题，但他仍然继承斯密传统，从资源配置一般角度分析社会分工对效率的影响。由于对分工的分析难以用数学模型表达，所以，马歇尔之后的多数经济学家，几乎不再研究分工问题，他们认为报酬递增是源于规模经济，而不是分工和专业化的结果，分工与技术作为经济学分析的既定前提或外生变量来处理。与马歇尔传统不同，1928 年杨格在一篇论文中提出了与主流经济学不同的分工理论，他认为递增报酬并不是由企业或产业部门的规模经济产生的,分工和专业化才是源泉。他提出递增报酬的实现依赖于劳动分工的演进、市场大小决定分工程度,但市场大小也受分工程度所制约,需求和供给是分工的两个侧面。杨格这篇论文在分工理论上产生了重要影响,但他仍然是从市场效率层面研究分工问题,只不过在研究方法上与新古典经济学有所区别。

社会分工对经济社会影响的重要性,是一个不争的事实,如何深化分工理论的研究,始终是经济学中一个令人关注的主题。

参考文献:

马克思:《资本论》第1卷,人民出版社2004年版。

[英]亚当·斯密:《国民财富的性质和原因的研究》上卷,商务印书馆1972年版。

[英]马歇尔:《经济学原理》(上),商务印书馆1964年版。

杨小凯:《当代经济学与中国经济》,中国社会科学出版社1997年版。

[美]阿林·杨格:《报酬递增与经济进步》,载于《经济社会体制比较》1996年第2期。

[美]罗纳德·科斯:《企业的性质》,引自路易斯·普特曼、兰德尔·克罗茨纳:《企业的经济性质》,上海财经大学出版社2000年版。

许涤新:《政治经济学辞典》,人民出版社1980年版。

李琮:《世界经济新编》,经济科学出版社2000年版。

(刘凤义)

社会经济发展阶段

Development Stages of Social Economy

社会经济发展阶段是根据人类历史发展不同时期所表现出的代表性特征,对社会历史时期的划分。在经济思想史上,关于社会经济发展阶段的研究中,最具代表性人物有斯密、李斯特、马克思、布兰德和美国经济学家罗斯托,其中马克思的社会经济发展阶段理论最为丰富和深刻。

18世纪,英国古典政治经济学的代表人物亚当·斯密在《国民财富的性质和原因的研究》一书中,就沿用古希腊罗马时代方法,对人类社会的经济发展阶段进行划分,即将人类经济发展过程划分为狩猎、游牧、农耕和商业四个阶段(亚当·斯密,1997)。

19世纪中叶,德国历史学派的先驱F. 李斯特在对英国古典学派的批判中,提出自己的经济发展阶段说。他强调,一国的经济政策必须适应本国国民经济的发展阶段。李斯特将社会经济发展阶段分为:(1)狩猎状态;(2)游牧状态;(3)农耕状态;(4)农工状态;(5)农工商状态。这是在斯密的三阶段划分的基础上,加上了后两个阶段。李斯特的经济发展阶段论是为振兴德国产业资本、实行保护关税政策提供理论依据(李斯特,1983)。其后的历史学派代表人物希尔德·布兰德以财货的流通形态为标志将经济发展阶段分为:(1)实物经济;(2)货币经济;(3)信用经济。他的"实物经济"是指物物交换的经济;"货币经济"是指近代市民社会,包含有资本主义经济一切特征的经济阶段。尽管这种划分在理论上没有实质贡献,但他提出的"实物经济"和"货币经济"概念,却一直被沿用。

第二次世界大战之后,美国经济学家罗斯托(W. W. Rostow)提出经济发展理论,提出了世界各国经济发展要经历的六个阶段:(1)"传统社会",这个阶段主要依靠手工劳动,因此农业居于首位。(2)"起飞"准备阶段,即从传统社会向"起飞"阶段过渡的时期。这一时期,近代科学知识在工、农业中开始得到应用。(3)"起飞"阶段,即产业革命的早期。这一时期,新的技术在工、农业中得到推广和应用,工业中的主导部门迅速增长,农业劳动生产率空前提高。(4)"成熟"阶段,现代科学技术得到普遍推广和应用,经济持续增长,新工业部门迅速发展,国际贸易迅速增加。(5)"高额群众消费"阶段,主导部门开始转到耐用消费品生产上。(6)"追求生活质量"阶段,主导部门是服务业与环境改造事业。他认为"起飞"和"追求生活质量"是两个关键性阶段。他认为,美国现处于"追求生活质量"的阶段,第三世界国家则处于"起飞"阶段。罗斯托以知识的应用为视角所作的划分,在一定程度上揭示了社会经济发展的技术特征和消费特征(罗斯托,1962)。

马克思关于社会经济发展阶段的划分是一个多维的理论体系。马克思曾经分别以生产力、生产关系和人的发展为视角对社会经济发展进行划分。

(1)从生产力的角度考察人类社会经济形态,并对社会经济发展阶段进行划分是马克思一贯坚持的思想。在马克思主义的经济学中,生产工具不仅是时代生产力水平的标志,也是时代生产关系和社会形态发展水平的标志。"手推磨产生的是封建主的社会,蒸汽磨产生的是工业资本家的社会。"(《马克思恩格斯选集》第1卷,人民出版社1972年版,第108页)"生产方式的变革,在工场手工业中以劳动力为起点,在大工业中以劳动资料为起点。"(《马克思恩格斯全集》第23卷,人民出版社1972年版,第408页)"动物遗骸的结构对于认识已经绝迹的动物的机体有重要的意义,劳动资料的遗骸对于判断已经消亡的社会经济形态也有同样重要的意义。"(《资本论》第1卷,人民出版社1975年版,第204页)从生产工具的角度,马克思提出社会经济发展阶段分期的思想:"按照制造工具和武器的材料,把史前时期划分为石器时代、青铜时代和铁器时代。”(《马克思恩格斯全集》第44卷,人民出版社1972年版,第211页)这样,按生产工具的标准,社会经济发展阶段就可以概括为:以石器为标志的游牧社会,以铜器和铁器为标志的农业社会,以机器为标志的工业社会和以智能工具为标志的信息社会。

(2)从生产关系的角度考察人类社会经济形态,并对其进行阶段划分是马克思思想的一个基本特征。以所有制关系为标准,马克思阐述了所有制形态演进的顺序:“部落所有制”形态、“古代公社所有制和国家所有制”形态、中世纪“封建的或等级的所有制”形态、现代“纯粹私有制”形态,人类社会发展的趋势是未来“无产阶级的占有制”形态。马克思指出,“古典古代社会、封建社会和资产阶级社会”是依次更替的。在《政治经济学批判(序言)》中,马克思将经济社会形态划分理论概括为:“大体说来,亚细亚的、古代的、封建的和现代资产阶级的生产方式可以看做是社会经济形态演进的几个时代。”(《马克思恩格斯选集》第2卷,人民出版社1972年版,第83页)

按照马克思的理解,原始社会没有私有制,人们采取共产制生活方式。到了原始社会后期,父权制家族逐渐取代偶婚制家族,私有制逐渐产生和发展起来,阶级关系出现了。这样,从公社所有制形式就派生出以奴隶制为基础的古典古代社会。古典古代社会里,土地是最主要的生产资料,奴隶制经济是其自然基础。在奴隶制所创造的生产力以及其内部孕育的封建制因素的共同作用下,封建制度最终得以确立。按照马克思的理解,封建社会所有制形式包括农奴制、自由农民的小土地所有制和行会所有制,其中,农奴制是西欧封建社会最主要的所有制形式。在封建社会末期,在行会制度和家庭工业中萌生了资本主义经济。资产阶级社会是以雇佣劳动、生产资料资本家私人占有为主要特征的社会。马克思指出,随着资本主义积累的发展,生产的社会化程度必然越来越高,最终达到资本主义私人占有的生产关系所不能容纳的地步;而无产阶级的贫困化程度也必然达到奋起反抗的地步,到那时资本主义就走完了它的旅程,必然进入新的历史阶段。可见,原始社会、古典古代社会、封建社会、资产阶级社会和共产主义社会之间存在着依次更替的演进关系。

(3)从人的发展角度考察社会经济发展形态,马克思将人类社会的分期概括为三大社会经济形态,即人的依赖关系、物的依赖关系、个人全面发展三个阶段。

马克思认为,人的本质就在于自由自觉的劳动,但异化劳动的出现及其扬弃是人类社会发展不可避免的过程,因此异化劳动的不同形式决定了人类历史的发展阶段。

因此,以异化劳动为根据,马克思将人类社会的发展划分为三个阶段:未发生异化劳动的阶段、劳动异化阶段、异化劳动被扬弃的阶段。在《1857~1858年经济学手稿》中,马克思对社会经济发展阶段进行概括:“人的依赖关系(起初完全是自然发生的),是最初的社会形态,在这种形态下,人的生产能力只是在狭窄的范围内和孤立的地点上发展着。以物的依赖性为基础的人的独立性,是第二大形态,在这种形态下,才形成普遍的社会物质变换,全面的关系,多方面的需求以及全面的能力体系。建立在个人全面发展和他们共同的社会生产能力成为他们的社会财富这一基础上的自由个性,是第三个阶段。”(《马克思恩格斯全集》第46卷上,人民出版社1979年版,第104页)

与按生产关系标准所形成的五大社会经济形态相对应,人的发展的第一形态一般是指前资本主义社会,包括原始社会、古典古代社会和封建社会,第二形态主要是指资产阶级社会,第三形态则是指共产主义社会。

马克思认为,社会经济的发展如同自然的进程和自然的历史一样,其发展过程具有客观规律性,是一个不以人的意志为转移的运动过程。

参考文献:

《马克思恩格斯全集》第1卷、第13卷、第23卷、第44卷,人民出版社1972年版。

《马克思恩格斯选集》第2卷,人民出版社1972年版。

《马克思恩格斯全集》第46卷上,人民出版社1979年版。

[英]亚当·斯密:《国民财富的性质和原因的研究》,商务印书馆1997年版。

[德]李斯特:《政治经济学的国民体系》,商务印书馆1983年版。

[美]罗斯托:《经济成长的阶段》,商务印书馆1962年版。

(陈国富)

社会经济形态
Socio-economic Formation

社会经济形态,又称社会经济制度,它是指人类社会发展一定历史阶段上占主体地位的生产关系的总和,是体现社会生产关系性质的基本经济制度,具有特殊的质的规定性。马克思在《政治经济学批判》序言中指出:“人们在自己生活的社会生产中发生一定的、必然的、不以他们的意志为转移的关系,即同他们的物质生产力的一定发展阶段相适合的生产关系。这些关系的总和构成社会的经济结构,即有法律的和政治的上层建筑树立其上并有一定的社会意识形态与之相适应的现实基础。”(《马克思恩格斯选集》第2卷,人民出版社1972年版,第82页)可见,在马克思那里,社会经济形态、社会经济结构和社会经济制度都是指的一定社会生产关系的总和。

社会经济形态的发展是一个客观历史过程。每个社会经济形态都有它自身发展的规律性。不同社会经济形态的更迭,是生产关系一定要适合生产力状况规律作用所推动的。任何一种社会经济形态的先进与落后,最根本的在于它与一定历史时期的社会生产力发展状况是否相适应,是促进还是阻碍生产力的发展。随着社会生产力的发展,社会经济形态由低级阶段向高级阶段逐渐发展演变。按照社会生产关系的发展演变顺序,人类社会已经经历了五种基本社会经济形态,即原始社会、奴隶社会、封建社会、资本主义社会和共产主义社会,它们是人类社会从低级到高级演进的自然历史过程。

原始社会是人类历史上第一个社会经济形态。原始社会的极其低下的社会生产力,决定了人们必须联合起来与自然界做斗争,共同劳动,因而生产资料和劳动产品属于原始公社范围内的成员共同所有,实行生产资料原始公社公有制和平均分配方式。原始社会末期,随着生产力的发展,剩余产品的出现以及由此而来的财产占有的不平等,逐渐产生了奴隶制的生产资料私有制,使用奴隶进行生产,最终导致原始社会解体,过渡到奴隶社会。

奴隶社会是人类历史上第一个以私有制为基础的剥削社会经济形态。在奴隶社会里,奴隶主不仅占有生产资料,而且直接占有生产劳动者——奴隶本身,奴隶遭受极其残酷的剥削。到了奴隶社会的末期,随着生产力的进一步发展,奴隶反抗奴隶主的斗争和封建经济关系的萌芽与发展,导致奴隶社会解体,人类社会逐渐进入封建社会经济形态。

封建社会是封建地主占有土地等基本生产资料,通过地租形式剥削农民的经济形态。在封建社会里,农民在人身上依附于地主,租种地主的土地,缴纳高额地租,遭受地主的剥削。封建社会末期,随着商品经济的迅速发展,资本主义经济关系逐渐产生和发展,最终通过新兴资产阶级的革命斗争,过渡到资本主义经济形态。

资本主义社会是资产阶级占有生产资料,并通过雇佣劳动制度剥削雇佣工人所创造的剩余价值的经济形态。资本主义生产的实质是剩余价值的生产。资本主义的基本矛盾是生产的社会化与生产资料资本主义私人占有制的矛盾,这个矛盾的尖锐激化,导致资本主义私有制必然被与生产社会化性质相适应的社会主义公有制所代替,过渡到社会主义经济形态。

社会主义社会是共产主义社会的第一阶段,社会主义经济形态的特征是实行生产资料社会主义公有制和按劳分配方式,劳动者成为社会的主人和生产资料的主人,生产目的是为了满足社会成员的物质文化需要,实现共同富裕。随着社会生产力的高度发展和产品的极大丰富,社会主义社会将过渡到共产主义社会经济形态的高级阶段,即共产主义社会。共产主义社会是在社会生产力有了高度发展,物质产品充分涌流的基础上,实行单一的生产资料共产主义公有制和按需分配方式,全体社会成员都得到全面发展,阶级也完全消灭。共产主义社会是人类最进步、最美好的社会经济形态。

社会经济形态的发展是一个不以人们的意志为转移的有规律的从低级形态到高级形态发展的自然历史过程,人类社会经济形态的发展也充分证明了这一内涵的科学性。

在一定历史时期的某个社会中,既可以只有一种性质的社会生产关系,也可能存在几种不同性质的生产关系。在含有多种生产关系的社会中,必然有一种占有统治地位或占优势的生产关系。这种占有统治地位的生产关系支配着其他生产关系,决定了整个社会的基本特征,成为这个社会经济形态的主要标志。如在资本主义社会,资本主义生产关系占统治地位,同时还有个体小生产者经济结构和封建经济结构的残余。在我国,社会主义社会处于初级阶段,公有制已成为主体,同时多种所有制经济共同发展,公有制为主体、多种所有制经济共同发展是社会主义初级阶段的基本经济制度。

参考文献:

《马克思恩格斯全集》第 23 卷、第 25 卷、第 36 卷、第 42 卷、第 46 卷,人民出版社 1972 年版。

《马克思恩格斯选集》第 2 卷、第 3 卷、第 4 卷,人民出版社 1972 年版。

马克思:《资本论》第 1 卷,人民出版社 2004 年版。

逄锦聚、洪银兴、林岗、刘伟:《政治经济学》,高等教育出版社 2008 年版。

卫兴华:《政治经济学概论》,经济科学出版社 2010 年版。

(谢思全　陈国富)

社会经济结构

Socio-economic Structure

社会经济结构指人类社会发展到一定阶段上占主导地位的生产关系的总和,即社会的经济基础或经济制度。

马克思在《政治经济学批判》序言中提出了“社会的经济结构”这一范畴。他指出,人类在社会生产过程中,必然相互结成不以他们意志为转移的一定的社会经济关系,即与他们的物质生产力的发展水平相适应的生产关系。生产关系的基础是生产资料的所有制关系。这种生产关系的总和构成“社会的经济结构”,它们是社会的现实基础,在它上面形成一定的政治的上层建筑和意识形态。列宁指出:“在这以前,社会学家在错综复杂的社会现象中总是难于分清重要现象和不重要现象(这就是社会学中的主观主义的根源),找不到这种划分的客观标准。唯物主义提供了一个完全客观的标准,它把生产关系划为社会结构,并使人有可能把主观主义者认为不能应用到社会学上来的重复性这个一般科学标准,应用到这些关系上来。……一分析物质的社会关系……立刻就有可能看出重复性和常规性,把各国制度概括为社会形态这个基本概念。”(《列宁选集》第1卷,人民出版社1995年版,第8页)

马克思指出:“生产关系总和起来就构成所谓社会关系,构成所谓社会,并且是构成一个处于一定历史发展阶段上的社会,具有独特的特征的社会。”(《马克思恩格斯选集》第1卷,人民出版社1995年版,第345页)马克思用生产关系来说明社会形态的基础结构和“骨骼”,同时也探究适合于这种关系的上层建筑,使骨骼有血有肉。只有把生产关系(经济基础)与上层建筑统一起来,才能构成“有血有肉”的社会形态。列宁说:“马克思也推翻了那种把社会看做可按长官的意志(或者说按社会意志和政府意志,反正都一样)随便改变的、偶然产生和变化的、机械的个人结合体的观点,探明了作为一定生产关系总和的社会经济形态这个概念,探明了这种形态的发展是自然历史过程,从而第一次把社会学放在科学的基础之上。”(《列宁选集》第1卷,人民出版社1995年版,第10页)

在马克思主义的理论中,社会经济结构成为区分人类历史上不同社会经济形态的标准,也是区分同一社会形态不同发展阶段的标准。马克思主义根据主要的社会经济结构的质的规定性,将人类社会区分为五种基本社会经济形态:原始公社制的、奴隶占有制的、封建制的、资本主义的、共产主义的社会经济形态。同一种社会经济结构发生的部分质变,使一种社会经济形态区分为不同的发展阶段。如资本主义社会经济结构的部分质变使资本主义社会区分为自由竞争的资本主义阶段与垄断的资本主义阶段;共产主义社会经济结构的发展中的部分质变,使共产主义社会区分为初级阶段(社会主义)和高级阶段(共产主义)。

一定历史时期的社会既可以只包含一种社会经济结构,也可以包含几种社会经济结构。在含有多种社会经济结构的社会中,必然有一种占有统治地位或占优势的社会经济结构。这种占有统治地位的社会经济结构支配着其他社会经济结构,这种经济结构决定了整个社会的基本特征,成为这个社会经济形态的主要标志。如在资本主义社会,不但有资本主义的经济结构,还有个体小生产者经济结构和封建经济结构的残余。

但新旧社会经济结构的并存意味着它们之间的矛盾和冲突不可避免。例如,在封建生产方式没落与资本主义生产方式产生的时期,新兴的资本主义经济结构与没落的封建经济结构之间的激烈斗争。在中国新民主主义革命取得胜利、无产阶级夺取政权以后至生产资料所有制的社会主义改造基本完成以前的过渡时期,社会主义的经济结构和资本主义的经济结构之间就存在谁战胜谁的激烈斗争。在整个过渡时期,社会经济结构及其主要矛盾的分析是中国共产党在过渡时期的总路线的科学依据。

社会经济结构的这一内涵阐明了社会经济形态的发展是一个不以人们的意志为转移的有规律的从低级形态到高级形态发展的自然历史过程,人类社会经济形态的发展也充分证明了这一内涵的科学性。

但是在近期的经济学文献中,社会经济结构也被赋予另一种内涵,即是指国民经济中不同的经济成分、不同的产业部门以及社会再生产各个方面在组成国民经济整体时相互的适应性、量的比例及排列关联的状况。

由于经济结构以一定的形式把生产的主观条件与客观物质条件结合起来,成为现实的生产力,因此,经济结构可以进一步分解为生产力结构和生产关系结构。生产力结构可以分为劳动力结构、科学技术结构、生产的专业化协作结构、生产力的地区结构、生产的技术结构、规模结构和自然资源结构等。

根据社会经济结构的系统性特点,还可以对社会生产总体的生产结构、分配结构、交换结构和消费结构内部作更细的划分。这些结构决定了一个社会的政治结构和文化结构,构成政治结构和文化结构的现实基础。

参考文献:
《马克思恩格斯选集》第1卷、第2卷、第13卷,人民出版社1995年版。
《马克思恩格斯全集》第6卷,人民出版社1979年版。
马克思:《资本论》第1卷,人民出版社1975年版。
《列宁选集》第1卷,人民出版社1995年版。
许涤新:《政治经济学辞典》,人民出版社1980年版。

(陈国富)

社会经济制度

Socio-economic Institution

社会经济制度也称社会经济结构,它是一定社会生产关系的总和。社会经济制度是划分不同社会形态的主要标准。马克思是第一个以一定社会的经济制度为研究对象的经济学家。

马克思认为，人们要进行社会生产，必须结成一定的社会关系，这种社会关系的形式是由人类从事物质生活资料生产的方式所决定的。物质资料的生产方式在社会生活的一切方面起决定性作用，是社会发展的决定力量。马克思指出："物质生活的生产方式制约着整个社会生活、政治生活和精神生活的过程。"（《马克思恩格斯选集》第 2 卷，人民出版社 1972 年版，第 82 页）即有什么样的物质资料的生产方式，就有什么样的政治制度、社会思想和社会文化，从而有什么样的社会。"人们在自己生活的社会生产中发生一定的、必然的、不以他们的意志为转移的关系，即同他们的物质生产力的一定发展阶段相适合的生产关系。这些关系的总和构成社会的经济结构，即有法律的和政治的上层建筑树立其上并有一定的社会意识形态与之相适应的现实基础。"（《马克思恩格斯选集》第 2 卷，人民出版社 1972 年版，第 82 页）马克思所用的方法是从社会生活的各种领域中划分出经济领域来，从一切社会关系中划分出生产关系来，并把它当作决定其余一切关系的基本的原始的关系。把各种社会关系和社会意识归结为由生产关系决定，并把它们建立在生产关系这一现实基础之上，这就使人们有可能科学地阐释政治生活、法律行为、思想意识等的根源。

社会生产的形式即"生产关系"和社会生产的物质内容即生产力是相互联系、相互制约的两个方面，它们共同构成社会生产方式的统一体。而一定社会的生产关系的总和称为社会的经济基础，与特定的经济基础相联系的国家、法律制度和意识形态则被称为上层建筑，二者共同构成一个社会的经济形态。生产关系的总和（即经济基础）是社会形态的"骨骼"，但马克思也研究适合于这种生产关系的上层建筑，从而使骨骼有血有肉。这是马克思所揭示的人类社会的基本矛盾，也是他所确立的历史唯物主义的制度观。

马克思认为，人类社会的基本矛盾及其运动是社会经济制度变革的基本力量。由于生产力始终是积极的活泼的力量，而生产关系和上层建筑具有相对稳定性，并且能够反作用于生产力和经济基础，因此它们之间的矛盾不可避免。但生产力的发展会强制性地为自己开辟道路，并推动生产关系和上层建筑的变革。因此，马克思认为，社会的经济制度具有历史相对性，人类社会是一个由低级到高级的发展过程，原始社会、奴隶社会、封建社会、资本主义社会、社会主义社会和共产主义社会是人类社会依次经历的各个阶段。它是一个不以人们意志为转移的有规律的自然历史过程。

马克思在揭示人类社会的基本矛盾运动规律时，还注重这些矛盾所表现出来的阶级关系。人类社会的基本矛盾要以社会主体（阶级）为载体，因此生产力与生产关系、经济基础与上层建筑的矛盾运动必然表现为阶级关系和阶级斗争。因此社会经济制度的变革通常需要借助阶级之间的斗争来实现。由于社会发展不仅是一个量变的过程，还需要质变来实现社会经济制度的飞跃，社会革命通常是社会经济制度完成质变所必须经历的历史过程。

马克思重点考察的是资本主义经济制度，但他着眼于整个人类社会。马克思的生产关系和经济基础等范畴并不仅仅是经济学概念，而是经济学、社会学与哲学概念的统一。

在西方思想家中，对社会经济制度的理解基本是围绕"Institution"一词而展开的。制度学派的代表人物康芒斯（John R. Commons）侧重强调制度的功能性定义，即"制度的简单扼要的定义是集体行动控制个体行动"（康芒斯，1997）。它的作用在于对个体行动进行"抑制、解放和扩张"（康芒斯，1997）。他提出以"交易"作为分析经济制度的基本范畴，并把交易划分为三种类型：（1）买卖的交易（Bargaining Transaction），即平等人之间的交换关系；（2）管理的交易（Managerial Transaction），即上下级之间的命令和服从的关系；（3）额度的交易（Rationing Transaction），即政府与公民之间的关系，这种交易不是针对某个特定的下属，而是对所有下属的一般性的规定（康芒斯，1997）。例如，由上级机构制定的政策、法规等，这些东西具体体现为经济变量时，就是对下属机构或个人的经济权利、财富或购买力的限额配给。三类交易类型几乎覆盖了人与人之间的所有经济活动领域，如市场、企业和国家。

新制度经济学也强调经济制度的功能性定义，但新制度经济学家通常是在"交易费用"的范畴下来界定社会经济制度的。舒尔茨（T. W. Schultz）认为，经济制度的作用在于为经济增长提供某种服务，具体包括：降低交易费用、改变经济活动参与者之间的风险分布、让职能组织和个人之间建立收入流的联系、确立公共物品和服务的生产与分配框架等。由于每一类这样的服务都有需求，因而可以用供求方法来分析。由于制度的供求关系可以运用均衡分析方法，那么制度的变革也就可纳入制度非均衡的分析框架。潜在获利机会的存在意味着制度不均衡，如果在现行制度安排下无法获取潜在利益，制度安排就可能被创新，即改变旧制度或创新制度。

比较而言，马克思主义政治经济学注重从总体上定义社会经济制度，但制度经济学和新制度经济学侧重从微观"交易"层面定义社会经济制度；马克思主义政治经济学将社会经济制度视为一种社会经济结构，但制度经济学和新制度经济学则将社会经济制度视为一种行为规范的集合；马克思主义政治经济学强调社会经济制度下利益关系的本质属性，而制度经济学和新制度经济学则强调社会经济制度作为游戏规则的形式属性；马克思主义政治经济学强调社会经济制度所表现出来的阶级关系，而制度经济学和新制度经济学则强调社会经济制度所表现出来的“个体间关系”。

参考文献：

《马克思恩格斯选集》第 2 卷、第 3 卷，人民出版社 1972 年版。

马克思：《资本论》，人民出版社 1975 年版。

［美］康芒斯：《制度经济学》上册，商务印书馆 1997 年版。

张卓元：《政治经济学大辞典》，经济科学出版社 1998 年版。

Schultz, T. W., Institutions and the Rising Economic Value of Man, *American Journal of Agriculture Economics*, 50 December, 1968.

（陈国富）

自然经济

Natural Economy

自然经济是与商品经济（参见商品经济）对应的范畴，通常是指自给自足的经济。具体分析，自然经济的这一范畴一般用来指出有以下特点的经济形式：第一，指自给自足的农民家庭经济，这种自给自足家庭的存在是以农民家庭作为独立的经济单位为前提的。第二，指劳动者为了向自己家庭和剥削者直接提供使用价值而生产的经济。“生产或者是为了生产者本身的直接消费，或者是为了他的封建领主的直接消费。”（《马克思恩格斯选集》第 3 卷，人民出版社 1972 年版，第 441 页）“地主和贵族对于从农民剥削来的地租，也主要是自己享用，而不是用于交换。”（《毛泽东选集》第 2 卷，人民出版社 1952 年版，第 618 页）在这种经济中，劳动者的劳动在自然形式上就是社会劳动（即不需通过交换即为社会所承认的劳动）。为剥削者而生产的部分，或者是劳动的自然形式，即劳役地租；或者是产品的自然形式，即实物地租。第三，指在村社制度下，自我完成再生产的经济单位，即一个经济单位的自给自足。马克思指出：“……自然经济，也就是说，经济条件的全部或绝大部分，还是在本经济单位中生产的，并直接从本经济单位的总产品中得到补偿和再生产。此外，它还要以农村家庭工业和农业相结合为前提”（《马克思恩格斯文集》第 7 卷，人民出版社 2009 年版，第 899 页）。这段话可称为是自然经济的政治经济学解释。列宁进一步补充了马克思的论点，他指出：“在自然经济下，社会是由许多单一的经济单位（宗法式的农民家庭、原始村社、封建领地）组成的，每个这样的单位从事各种经济工作，从采掘各种原料开始，直到最后把这些原料制造成消费品。”（《列宁全集》第 3 卷，人民出版社 1959 年版，第 17 页）

在资本主义社会之前人类社会几千年的历史中，自然经济长期作为社会基本的经济形式而存在。在自然经济的社会经济形式中，也存在以出售剩余产品为内容的商品交换和小手工业为内容的商品生产，这些构成了存在于以自然经济为主的社会中的小商品经济。但是，在资本主义以前的社会里，小商品经济并不构成社会上主体的经济形式，它们只存在于社会的缝隙之中，成为自然经济的补充。

总体上看，自然经济是在社会分工不够发展，以手工劳动为生产技术条件下的社会生产方式，它是直接以获取使用价值为目的的生产活动。这一生产力水平决定了在自然条件下经济单位生产规模狭小，自给自足，生产技术的来源主要依靠劳动者自身生产实践中经验的直接积累，和家庭对这些经验的代代相传，因此，技术进步缓慢，使生产力长期停留在手工劳动水平。自然经济还具有生产单位之间彼此分散、孤立闭塞的性质。伴随生产力的进一步发展，劳动生产率的提高，自然经济形式对生产力发展的束缚也越来越显现出来。同时，在社会内部，以交换价值为目的的商品经济开始较快地发展，商品经济在资本主义形态下达到了发达的水平，最终使商品经济取代自然经济成为社会占主导的经济形式。

参考文献：

《马克思恩格斯全集》第 3 卷、第 25 卷，人民出版社 1976 年版。

《马克思恩格斯选集》第 3 卷，人民出版社 1995 年版。

《列宁全集》第 3 卷，人民出版社 1959 年版。

《毛泽东选集》第 2 卷，人民出版社 1991 年第 2 版。

《马克思恩格斯文集》第 7 卷，人民出版社 2009 年版。

（景维民）

商品

Commodity

商品是用来交换的劳动产品，它是在生产资料属于不同所有者和存在社会分工条件下劳动产品所具有的社会形式。马克思指出，“资本主义生产方式占统治地位的社会的财富，表现为‘庞大的商品堆积’，单个的商品表现为这种财富的元素形式。”（《资本论》第 1 卷，人民出版社 2004 年版，第 47 页）商品作为资本主义经济的细胞和元素形式，构成了马克思分析资本主义生产方式的逻辑起点。

商品具有使用价值和价值两个因素或两重属性。

商品的使用价值是它能够满足人们某种需要的有用性，它来自商品体的物质属性，“离开了商品体就不存在”(《资本论》第1卷,人民出版社2004年版,第48页)。使用价值同人们取得它所耗费的劳动多少没有关系,在人们使用或消费它的过程中才得到实现,在任何社会都构成社会财富的物质内容,它本身不反映社会生产关系。一种商品体可能有多种使用价值。但在劳动产品采取商品这一社会形式时,它们的使用价值不是供生产者自己消费,而是通过交换供商品生产者以外的他人消费。

商品作为用来交换的劳动产品,这就决定了用于交换是商品的另一重属性。商品作为交换他人劳动产品的手段,使它成为有交换价值。交换价值首先表现为一种商品同另一种商品相交换的量的关系或比例。两种商品相交换,不管交换的比例如何,总是表示它们之间存在一种相等的关系,这说明在两种不同的物品具有某种本质上相同的内容,使它们可以相等。这种共同的内容不是它们的使用价值,也不是它们的效用,因为,互相交换的商品在使用价值上是不一样的,而不同的使用价值或效用之间无法进行一般的比较。使两种商品相等的原因是因为它们都是无差别的人类劳动的凝结,它构成商品价值的实体。因此,价值是凝结在商品中的无差别人类劳动。商品价值作为凝结的劳动,体现了商品价值的客观性。

商品的价值量是包含在商品中的无差别人类劳动的数量。劳动是用时间来衡量的,因此价值量也是用劳动时间来衡量的。决定价值量的劳动时间不是自然意义上的劳动时间,而是社会必要劳动时间。社会必要劳动时间是在现有的社会正常的生产条件下,在社会平均的劳动熟练程度和劳动强度下制造某种使用价值所需要的劳动时间。在同样社会必要劳动时间内生产出来的商品,就具有相同的价值量。有关商品价值量的一些问题涉及个别劳动时间与社会必要劳动时间、简单劳动与复杂劳动,以及单位商品价值量与劳动生产率等之间的关系。

一切商品,作为价值,在质的方面是相同的,在量的方面又都由各自生产所耗费的社会必要劳动时间所决定。因此,商品可以互相比较,按一定的比例进行交换,具有交换价值,即一定量某种使用价值可以与一定量另外某种使用价值相交换。人们互相交换商品,从形式上看,是在彼此交换一定量的有用物,是物与物的关系;但从实际内容看,则是生产之间互相交换各自在生产上所耗费的劳动,因此,价值是商品生产者彼此交换劳动的社会形式,它体现着商品生产者之间在社会生产中所结成的社会生产关系。

在商品经济中,使用价值同时又是交换价值的物质承担者。商品的使用价值,是一种社会使用价值,不仅要看商品体的自然属性是否对人们有用,而且还要看它是否被社会所承认,是否有人愿意同它交换。交换价值是价值的表现形式,价值是隐藏在交换价值背后的实际内容,价值只通过交换价值才能表现出来。因此,商品的两个因素,一个是使用价值,另一个是表现为交换价值的价值。商品既是一个有用物,又是一个价值物。使用价值是商品体的自然属性,价值则是商品的社会属性。商品是使用价值和价值的矛盾统一体,使用价值与价值之间的关系是对立统一关系。统一性表现在没有使用价值的商品就没有价值,两者共存于商品之中。对立性表现在商品的使用价值和价值互相排斥,商品的本质是价值,但直接表现出的只是使用价值。任何人如果要获得商品的价值就必须放弃它的使用价值,否则就不能得到商品的价值。使用价值与价值的矛盾构成商品的内部矛盾。

参考文献:

马克思:《资本论》第1卷,人民出版社2004年版。

[英]约翰·伊特韦尔、默里·米尔盖特、彼得·纽曼:《新帕尔格雷夫大词典》第2卷,经济科学出版社1996年版。

逄锦聚、洪银兴、林岗、刘伟:《政治经济学》,高等教育出版社2008年版。

(段文斌)

价值
Value

价值是凝结在商品中无差别的一般人类劳动,它是商品的社会属性,体现着商品生产者相互交换劳动的社会关系。

生产商品的劳动分为具体劳动和抽象劳动。抽象劳动是指撇开劳动具体形式的无差别的一般人类劳动。抽象劳动的凝结形成商品的价值。抽象劳动是劳动的社会属性,是商品经济特有的历史范畴。马克思说:“如果把商品的使用价值撇开,商品体就只剩下一个属性,即劳动产品这个属性。可是劳动产品在我们手里也已经起了变化。如果我们把劳动产品的使用价值抽去,那么也就是把那些使劳动产品成为使用价值的物质组成部分和形式抽去。它们不再是桌子、房屋、纱或别的什么有用物。它们的一切可以感觉到的属性都消失了。它们也不再是木匠劳动、瓦匠劳动、纺纱劳动,或者其他某种一定的生产劳动的产品了。随着劳动产品的有用性质的消失,体现在劳动产品中的各种劳动的有用性质也消失了,因而这些劳动的各种具体形式也消失了。各种劳动不再有什么差别,全都化为相同的人类劳动,抽象人类劳动。现在我们来考察劳动产品剩下来的东西。它们剩下的只是同一的幽灵般的对象性,只是无差别的人类劳动的单纯凝结,即不管以哪种形式进行的人类劳动力耗费的单纯凝结。这些物现在只是表示,在它们的生产上耗费了人类劳动力,积累了人类劳动。这些物,作为它们共有的这个社会实体的结晶,就是价值——商品价值。……可见,使用价值或财物具有价值,只是因为有抽象人类劳动体现或物化在里面。”(《资本论》第1卷,人民出版社2004年版,第50~51页)

因为价值是凝结在商品中无差别的一般人类劳动,所以商品的价值量是用它所包含的“形成价值的实体”即劳动的量来计量,而劳动本身的量又表现为劳动时间,这样商品的价值量就由劳动时间来度量。但是,决定商品的价值量的劳动时间不是个别劳动时间,而是社会必要劳动时间。个别劳动时间是指不同生产条件的商品生产者实际耗费在同一种商品上的各自的劳动时间。社会必要劳动时间是指“在现有的社会正常的生产条件下,在社会平均的劳动熟练程度和劳动强度下,制造某种使用价值所需要的劳动时间”(《资本论》第1卷,人民出版社2004年版,第52页)。其中,“现有的社会正常的生产条件”是指某一生产部门大多数产品生产已经达到的技术水平与设备先进程度,是生产的客观条件。“平均的劳动熟练程度和劳动强度”是指生产部门内部生产者平均的技术熟练程度与工作强度,是生产的主观条件。显然,个别劳动时间不可能决定商品的价值量。原因在于个别商品生产者的技术可能先进,可能落后;个人生产技术可能熟练,可能不熟练;工作强度可能高,可能低;甚至生产者可能勤奋,可能偷懒。如果是以个别劳动时间来决定商品的价值量,那么就可能导致同一种商品却有着不同的价值量,甚至鼓励落后与偷懒,制约社会生产力的发展。如果是以社会必要劳动时间来决定商品的价值量,那么不仅可以确保以单个商品作为该种商品的平均样本的方式确定一个统一的价值量,而还可以形成一种竞争机制,推动社会生产力发展。这种竞争机制可以理解为当个别劳动时间大于社会必要劳动时间,个别劳动耗费就会有一部分得不到补偿,进而在竞争中处于不利地位,甚至企业破产;当个别劳动时间小于社会必要劳动时间,个别劳动耗费除了得到全部补偿之外还可以获得额外的收益,进而在竞争中处于有利地位。因此,竞争机制将激励个别生产者革新技术,降低成本,最终导致社会必要劳动时间整体下降,提高生产效率。

商品的价值量随着社会必要劳动时间的变化而变化,社会必要劳动时间又与劳动生产率(也称劳动生产力)相关。因此,商品的价值量也与劳动生产率密切相关。劳动生产率是指劳动者在一定时间内生产某种使用价值的效率,其高低受到生产者熟练程度、技术水平、生产资料的质量以及生产环境等多种因素影响。劳动生产率与商品的价值量成反比是二者之间最为基本的关系。马克思说:“生产商品所需要的劳动时间随着劳动生产力的每一变动而变动。……劳动生产力越高,生产一种物品所需要的劳动时间就越少,凝结在该物品中的劳动量就越小,该物品的价值就越小。相反地,劳动生产力越低,生产一种物品的必要劳动时间就越多,该物品的价值就越大。可见,商品的价值量与体现在商品中的劳动量成正比,与这一劳动的生产力成反比。”(《资本论》第1卷,人民出版社2004年版,第53~54页)

抽象劳动形成商品的价值。马克思说:“一切劳动,从一方面看,是人类劳动力在生理学意义上的耗费;作为相同的或抽象的人类劳动,它形成商品的价值。”(《资本论》第1卷,人民出版社2004年版,第60页)由此可见,抽象劳动体现了商品生产者相互交换劳动的社会关系,是商品生产所特有的范畴。

价值是商品的社会属性,作为抽象劳动凝结了特定的社会关系,它只可能通过交换才能得以表现。因此,价值的这种相对表现就是价值形式。价值形式随着商品交换的发展而不断发展,经历了简单价值形式、扩大价值形式、一般价值形式与货币形式四个阶段。

参考文献:

马克思:《资本论》第1卷,人民出版社2004年版。

(何自力)

货币及其职能
Money and It's Functions

货币,是从商品交换中分离出来固定充当一般等价物的特殊商品。货币的产生是商品生产和商品交换发展的必然结果,是商品经济矛盾发展的必然产物;只有社会的劳动才能使一种特定的商品从商品世界中分离出来,成为一般等价物,成为货币。马克思说:“作为价值尺度并因而以自身或通过代表作为流通手段来执行职能的商品,是货币。”(《资本论》第1卷,人民出版社2004年版,第152页)因此,货币无非是一种固定充当一般等价物的特殊商品,体现着商品生产者之间的社会关系。这就是货币的本质。

货币形式是货币的表现形式。自开始形成到目前为止,货币主要有三种形式:非贵金属货币形式、贵金属货币形式和纸币。

贵金属货币形式:在货币形成初期,牲畜、皮毛、布、粮食、贝壳等非贵金属都曾固定充当过一般等价物,当这些非贵金属固定充当一般等价物时,不再是一般物品,而是货币。

金属货币形式:随着商品经济的进一步发展,黄金、白银成为货币的最佳表现形式,在相当长的历史阶段取得了代表货币的独占权。金银能够固定充当一般等价物,取得直接代表社会劳动的特权地位,并不是金银有什么神秘的地方,而是由于它的自然属性,使它最适合充当货币材料。马克思说:“金银天然不是货币,但货币天然是金银。”(《资本论》第1卷,人民出版社2004年版,第108页)金银作为货币形式,起初是条块状的,即大小不等的、重量和成色不一的、呈条块形状的金和银。在每次交易过程中都要验成色、称重量,很麻烦;因此,随着商品交换的发展,块状贵金属货币逐渐为铸币所代替。

纸币货币形式:纸币是用于代替铸币的货币形式。铸币在流通过程中不断磨损,致使其实际价值与面额价值不一致,但是仍按照原来的面额价值流通;金银等贵金属的铸币存在和它们的价值实体完全分离了。因此,相对来说没有价值的东西,例如纸票,就能代替金银等贵金属来执行货币的职能。到商品流通发展到一定阶段,纸币便作为国家发行并强制流通的货币符号出现。马克思说:“纸币是金的符号或货币符号。纸币同商品价值的关系只不过是:商品价值观念的表现在一个金量上,这个金量则由纸象征地可感觉地体现出来。”(《资本论》第1卷,人民出版社2004年版,第151页)

20世纪70年代后,由于电子计算机的广泛应用,一种新型货币形式——电子货币出现。所谓电子货币就是指由电子计算机的操作而代替现金流通的无纸化货币。货币形式虽然随着商品经济的发展发生了很多具体变化,但是其作为固定充当一般等价物的特殊商品的本质不会改变。

货币的职能是由货币的本质决定的,是货币本质的具体体现。在商品经济中,货币一般具有五种职能,即价值尺度、流通手段、贮藏手段、支付手段和世界货币。价值尺度和流通手段是货币的最基本的职能;货币的其他职能,是随着商品经济内在矛盾的发展而逐步出现和发展起来的。

价值尺度,即衡量其他一切商品价值量大小的尺度,是货币的首要职能。货币之所以能够作为价值尺度来衡量商品的价值量,是因为货币本身也是商品,也凝结着一般的人类劳动。马克思说:“货币作为价值尺度,是商品内在的价值尺度即劳动时间的必然表现形式。”(《资本论》第1卷,人民出版社2004年版,第114页)货币执行价值尺度职能,是表现其他商品的价值,因此并不需要在商品的旁边摆上现实的货币,而只要给商品贴个价格标签就可以了。马克思说:“货币在执行价值尺度的职能时,只是想象的或观念的货币。”(《资本论》第1卷,人民出版社2004年版,第116页)

流通手段是货币的第二个基本职能。货币充当流通手段,就是货币在商品交换中起媒介作用。货币的中介作用使物物直接交换分裂为卖和买两个相互联系又相互分离的过程;而在这个过程中,价值首先由商品形态转化为货币形态,再由货币形态转化为商品形态。货币之所以具有流通手段的职能,是因为货币是商品独立出来的价值。马克思说:“货币作为流通手段的运动,实际上是商品本身的形式的运动。”(《资本论》第1卷,人民出版社2004年版,第138页)

贮藏手段是指货币退出流通领域,被人们当作独立的价值形态和社会财富的一般代表加以保存的职能。货币能够成为储藏手段,是因为货币是价值和社会财富的一般代表,可以无限制地被保存起来,并随时换取任意商品。马克思说:“贮藏货币的欲望按其本性是没有止境的。”(《资本论》第1卷,人民出版社2004年版,第156页)当作贮藏手段的货币,必须是足值的货币。

支付手段是指货币用来清偿债务,或支付赋税、租金、工资等的职能。随着商品流通的发展,使商品的让渡同商品价格的实现在时间上分离开来的关系也发展起来,即出现赊买现象。在延期支付货款时,货币就执行支付手段的职能。

世界货币在世界范围内作为一般支付手段、一般购买手段和一般财富手段的绝对社会化身执行职能。世界货币的职能是国际贸易发展的结果,它的最主要的职能,是作为支付手段平衡国际贸易差额。

货币的五种职能是逐步发展起来的,是相互联系的。货币首先要完成价值尺度的职能,然后才能执行流通手段的职能。这两个基本职能的发展,才产生储藏货币的欲望和必要。而只有一定量的货币贮藏,才能发挥货币支付手段的作用。世界货币则是以货币的各种职能在国内的存在和发展为前提的。货币的五种职能,充分反映了货币作为一般等价物的本质。

参考文献:
马克思:《资本论》第1卷,人民出版社2004年版。
逄锦聚:《政治经济学》,高等教育出版社2009年版。
吴振坤:《政治经济学简明教程》,中共中央党校出版社1988年版。

(何自力)

价值形式
Form of Value

价值形式是商品价值表现的形式。价值是凝结在商品中的抽象人类劳动,它无法自己表现自己。商品价值作为商品生产者的社会关系,一种商品的价值只有通过与其他商品的交换才能相对地表现出来,价值的这种相对表现被称为价值形式。研究价值形式的目的在于揭示货币的起源,“探讨商品价值关系中包含的价值表现,怎样从最简单的最不起眼的样子一直发展到炫目的货币形式。”(《马克思恩格斯文集》第5卷,人民出版社2009年版,第62页)

伴随着商品交换的历史发展,价值形式的发展经历了四个阶段:简单的或偶然的价值形式、总和的或扩大的价值形式、一般价值形式和货币形式。

简单价值形式是指一种商品的价值只是偶然地表现在另一种商品上,可以表示为:x 量商品 A = y 量商品 B,或 x 量商品 A 值 y 量商品 B,比如 20 码麻布 = 1 件上衣。马克思说“一切价值形式的秘密都隐藏在这个简单的价值形式中。”(《马克思恩格斯文集》第 5 卷,人民出版社 2009 年版,第 62 页)在价值表现形式的等式中,左右两端两种不同商品的地位、作用是不同的。以“20 码麻布 = 1 件上衣”这一简单价值形式为例,在这一价值形式中,麻布是主动的,通过使自己与上衣相等,使自己的价值属性得到表现,因此,它处于相对价值形式;上衣是被动的,成了表现麻布这一商品价值的材料,处于等价形式。相对价值形式和等价形式是价值形式的两极,二者相互依存,互为条件,缺一不可。同时,它们又相互对立,相互排斥,处于价值形式的两极。一种商品在同一价值表现中,不能同时既处于相对价值形式,又处于等价形式。使用价值不同的两种商品之所以能按着一定比例交换,是因为它们都是抽象劳动的凝结,是同质的;从数量上看,二者耗费的劳动量相同。

由于交换的偶然性,简单价值形式的价值表现从质与量上都是不充分的,一种商品的价值只是偶然地表现在另一商品的使用价值上,价值作为无差别的人类劳动凝结这一质的同一性,还没有真正体现出来。这种价值表现形式是人类早期交换实践的表现,那时,交换不是人们的经常性行为,只是偶然的活动,劳动产品只是由于这种偶然的交换才事实上作为商品存在的。随着社会分工的扩大和剩余产品的增多,商品交换成为经常性的活动,进入交换的产品种类和范围不断扩大。这一实践的发展推动了价值形式的进一步发展,从简单价值形式发展到扩大的价值形式。

总和的或扩大的价值形式是指一种商品的价值表现在一系列商品上。用公式表示如下:

$$\text{20 码麻布}\begin{cases} = \text{1 件上衣} \\ = \text{半吨铁} \\ = \text{10 磅茶叶} \end{cases}$$

在总和或扩大的价值形式中,商品的价值经常地表现在一系列商品上,处在等价形式上的商品是无穷的系列。从性质上看,它证明了价值是与商品使用价值无关的东西,商品价值作为无差别人类劳动凝结的性质得到真正体现。从量上看,价值的表现更加充分,消除了等价交换中价值量表现的偶然性。扩大的价值形式的缺点在于,从相对价值形式看,每一个商品的价值表现是一个无穷系列。没有统一的价值表现。从等价形式看,还没有一个公认的一般形式,这不利于商品交换的顺利进行,这些在实践上就表现为商品交换矛盾。随着商品交换矛盾的加深,扩大的价值形式发展到一般价值形式。

一般等价形式是指一切商品的价值都统一地表现在某一种特定的商品上。这种特定的商品从商品世界中分离出来,充当着所有商品的一般等价物,形式如下:

$$\left.\begin{array}{r} \text{1 件上衣} = \\ \text{半吨铁} = \\ \text{10 磅茶叶} = \end{array}\right\} \text{20 码麻布}$$

在一般价值形式中,商品价值的表现是简单的,都表现在同一商品上;商品界的价值表现也是统一的,所有的商品都用同一商品表现自身价值。由于商品界有了一般价值形式,所有的商品都作为使用价值存在,只有充当一般等价物的商品作为价值存在,这样,价值才真正取得了与其他使用价值不同的独立存在形式。

一般价值形式克服了扩大价值形式的缺陷,促进了商品交换的发展,但是在这一阶段上,作为商品价值表现的一般等价物还没有固定在某一商品上,还因时因地而异,因而仍给商品交换的扩大带来一定的困难。例如,历史上,贝壳、兽皮等都曾充当过一般等价物,但是,它们的物质属性使它们执行一般等价物职能时存在着价值分割和度量的困难。商品交换的这些矛盾要求一般等价物不仅是统一的,而且便于价值分割和度量。随着交换的发展,金银等贵金属因其物质属性上的优点,逐步取代了其他商品稳定地占有了一般等价物的地位,当贵金属固定地充当一般等价物时,价值形式就从一般价值形式发展到货币形式。

货币形式是指一般等价物固定在某一种特定的商品如黄金或白银上,这种商品就成为货币。把一般价值形式中的麻布换成黄金,就得到:

$$\left.\begin{array}{r} \text{1 件上衣} = \\ \text{半吨铁} = \\ \text{10 磅茶叶} = \end{array}\right\} \text{1 克黄金}$$

货币形式实质上就是一般价值形式,不同的是充当一般等价物的商品固定地由贵金属来承担。黄金、白银由于其体积小价值大、不易腐蚀、便于保存携带、质地均匀、易于分割等自然特性,天然地适合货币,因此货币商品就最终地固定在黄金或白银上。可见,货币是商品交换发展到一定阶段的产物,是商品内在矛盾的必然结果。

对价值形式的分析阐明了价值表现的基本结构,从价值形式的发展过程中揭示了货币的起源,揭开了货币的神秘面纱。“价值形式的发展过程同时也是等价形式的谜的性质的发展过程,这一等价形式之谜由一般等价形式融合在某种商品的自然形态上而完成,最终作为货币之谜表现出来。”(久留间鲛造、宇野宏藏等编,1989)

参考文献：
《马克思恩格斯文集》第5卷，人民出版社2009年版。
[日]久留间鲛造、宇野弘藏等：《资本论辞典》，南开大学出版社1989年版。

（张彤玉）

价格
Price

价格是商品价值的货币表现。价值是凝结在商品中的人类抽象劳动，商品的价值不可能由商品本身加以体现，只能通过与其他商品的交换中，通过一定的价值形式才能表现出来。在价值形式发展过程中的很长一段时期，商品的价值只能通过一系列特殊的等价物形式表现出来。只有当价值形式发展到货币形式后，各种商品才统一地用货币这种一般等价物来表现自己的价值。货币执行价值尺度职能时，就把商品的价值表现为价格。因而，"商品在金上的价值表现——x量商品A＝y量货币商品——是商品的货币形式或它的价格。"（《马克思恩格斯文集》第5卷，人民出版社2009年版，第115页）

根据价值规律，商品的价值由生产商品的社会必要劳动时间决定，商品交换按着价值量实行等价交换。价值的实体是凝结在商品中的抽象劳动，而价格则只是价值的货币表现。价格作为商品价值的外在表现形式，本身就包含了价格与价值背离的可能性。价格虽以价值为基础，反映价值变化，但这并不能保证价格与价值在量上经常保持一致。这是因为，价格的变化不仅取决于商品价值的变化，还受货币自身价值以及供求关系的影响。

商品价值量由生产商品的社会必要劳动时间决定。社会必要劳动时间又会随劳动生产力的变化而变动。劳动生产力越高，生产单位商品所需要的社会必要劳动时间越少，从而商品的价值量就越少；反之，商品的价值量就越大。因此，商品的价值量与体现在商品中的劳动量成正比，与生产商品的劳动生产力成反比。商品价值量的变化使它们的价格也相应地变化。

货币自身价值变动也会影响价格。在商品价值量不变的情况下，如果货币价值不变，则商品价值量与价格呈同方向变动；如果货币价值下降，商品的价格会上升；若货币价值提高，商品价格会下降。如果在货币价值发生变化时，商品的价值量也发生变化，随着两者的变动方向和变动幅度的多种情况组合，商品价格就会发生多种形式的变化。如果货币价值和商品价值同方向，同比例变动，则商品的价格不变。如果商品和货币的价值不能保持等比例且同方向的变化，它们当中任何一方的价值变化都会引起价格的变化。

价格的变化还受商品供求关系的影响。当商品供不应求时，价格就会上涨并高于其价值，吸引生产者增加商品供给；反之，价格就会下降乃至低于其价值，从而减少供给。最终只有在供求平衡时，价格与价值才一致。但是，这并非意味着供求决定价格和价值。"供给和需求只调节着市场价格的一时的变动。供给和需求可以说明为什么一种商品的市场价格会涨到它的价值以上或降到它的价值以下，但决不能说明这个价值本身。"（《马克思恩格斯全集》第16卷，人民出版社1964年版，第131页）相反，商品供求关系是由商品的市场价值调节和决定的。

总之，商品价格只是商品价值的货币表现，价格由价值决定；同时价格又受供求关系、货币自身价值等因素影响，价格的现实运动有不同于价值的特殊性。

在资本主义发展过程中，价格的价值基础发生了两个转变。在自由竞争资本主义阶段，商品价值转化为生产价格。商品价格的价值基础不再是价值，而是转变为生产价格。生产价格由商品生产中资本家耗费的成本价格加上平均利润构成。生产价格形成的条件是在资本自由转投的情况下部门之间资本的竞争。资本为了追求较高的利润率，会从利润率低的部门向利润率高的部门转移，从而造成各个部门产品市场供求关系和价格的变动，使各个部门不同的利润率趋于平均化。平均利润率是剩余价值总额与社会总资本的比率。平均利润率的产生使各个部门的商品不再按照价值出售，而是按着能使资本获得平均利润的价格出售，也就是按照生产价格出售。生产价格的形成使得价值规律的表现有了新的形式，即市场价格围绕生产价格上下波动。

垄断资本主义阶段，垄断价格取代了生产价格成为市场价格的价值基础。垄断价格是指垄断组织凭借其垄断地位制定的，能使它们最大限度获取垄断利润的价格。垄断价格是资本主义发展到垄断阶段的产物，垄断组织操纵着经济生活的各个方面，垄断使各生产部门间的资本流动受到阻碍，商品的市场价格受到控制从而形成垄断价格。

垄断价格是由生产成本加上垄断利润构成，一般比生产价格要高。垄断价格主要分为垄断高价和垄断低价。垄断高价出现在销售环节，是指垄断组织在销售商品时大大超过商品价值或生产价格的价格。垄断低价出现在原料采购阶段，是指垄断组织向非垄断企业或者小生产者购买原材料，人为规定的低于商品价值或生产价格的价格。垄断组织制定垄断高价或垄断低价，是为了获得比一般利润更高的垄断利润。

垄断组织凭借垄断价格获取垄断利润，其来源主要有两个：一是来自垄断组织内部工人创造的剩余价值。垄断组织垄断了先进的生产技术和优越的生产条件，可以保持较高的劳动生产率，能够产生超过一般企业的剩余价值额。二是从垄断组织外部转移来的价值和剩余价值。包括垄断高价出售产品，低价采购投入品占有的非垄断组织工人所创造剩余价值的一部分；通过国民收入再分配，将一部分社会价值和剩余价值转化为垄断企业的垄断利润；通过对外经济关系，占有别国特别是不发达国家一部分剩余劳动。垄断价格的存在没有否定价值规律，而是使价值规律的表现形式发生了新变化，即市场价格围绕垄断价格上下波动。

参考文献：

《马克思恩格斯文集》第5卷，人民出版社2009年版。

《马克思恩格斯全集》第16卷，人民出版社1964年版。

宋涛：《"资本论"辞典》，山东人民出版社1988年版。

魏埙：《魏埙论著选集》，陕西人民出版社1998年版。

（张彤玉）

商品流通与货币流通
Commodity Circulation and Money Circulation

商品流通是以货币为媒介的商品交换过程。与物物交换不同，货币的出现把商品交换分裂为买和卖两个相互联系但又相互分离的过程。这个过程包含着价值形态的两个变化：商品转化为货币（W—G），货币转化为商品（G—W）。因而，以货币为媒介的商品交换形式就是：W—G—W。某种商品的价值形态从商品变成货币时，总是存在另一种商品在价值形态上发生与之相反的变化，即从货币形式又变成商品。因而，"每个商品的形态变化系列所形成的循环，同其他商品的循环不可分割地交错在一起。这全部过程就表现为商品流通。"（《马克思恩格斯文集》第5卷，人民出版社2009年版，第133～134页）在商品流通过程中，运动的第一个阶段W—G是商品运动中的关键阶段，正是通过这个阶段，商品被实现为价值，取得被社会所承认的一般价值形式。在第二个阶段上，商品作为价值最终在所需要的使用价值上得到实现。

商品流通打破了物物交换条件下交换受到的个人和地方限制，扩大了商品交换的种类、数量和地域范围，促进了人类劳动的物质变换。同时，也形成了一系列不受流通当事人控制的社会联系。

商品流通包含着危机的可能性。货币执行流通手段的职能，使买和卖在时间和空间上出现了分离，这样，商品流通有可能中断进而出现经济危机的可能性。但正如马克思指出的："这些形式包含着危机的可能性，但仅仅是可能性。这种可能性要发展为现实，必须有整整一系列的关系，从简单商品流通的观点看，这些关系还根本不存在。"（《马克思恩格斯文集》第5卷，人民出版社2009年版，第135～136页）只有在资本主义生产关系下，流通中买和卖的对立性才使危机的爆发具有了现实基础。

商品流通的运动，使货币不断地离开它的起点，从一个商品占有者手中转到另一个商品占有者手中，这种由于商品流通引起货币在商品生产者之间的转手运动。马克思指出，"货币流通应从三个方面来考察：（1）运动的形式本身，运动所经历的路线（运动的概念）；（2）流通的货币量；（3）货币完成自身运动的速度，流通速度。"（《马克思恩格斯全集》第46卷上，人民出版社1979年版，第134页）

商品流通是货币流通的原因。商品流通是由买卖两个对立的运动阶段构成的，商品生产为买而卖，目的是通过商品交换获取自己需要的使用价值。商品运动的W—G过程引起货币从买者转到卖者手里。因而商品流通的结果是使货币不断离开它的出发点不再回来。因此，"商品流通直接赋予货币流通的运动形式，就是货币不断地离开起点，就是货币从一个商品所有者手里转到另一个商品所有者手里，或者说，就是货币流通。"（《马克思恩格斯文集》第5卷，人民出版社2009年版，第137页）货币流通是商品本身运动的反映。"货币流通不过是商品形态变化的表现，或者说，不过是社会的物质变换所借以实现的形式变换的表现。"（《马克思恩格斯全集》第13卷，人民出版社1962年版，第126页）货币流通与商品流通又是不同的，表现在：（1）货币流通方向与商品流通方向相反；（2）在商品流通中，不论是在W—G还是G—W阶段的位置变换，都使商品离开流通，进入消费；而货币位置的变换后仍处于流通过程，始终不断地在流通领域内发挥作用。"货币的使命就是要留在流通中充当流水车轮；充当周而复始地进行流通的永动机。"（《马克思恩格斯全集》第46卷上，人民出版社1979年版，第150页）

货币流通的规模决定于商品流通的规模。一定时期内执行流通手段职能的货币量，"一方面取决于流通的商品世界的价格总额，另一方面取决于这个商品的世界的互相对立的流通过程流动的快慢，这种流动决定着同一些货币能够实现价格总额的多大部分。但是，商品的价格总额又决定于每种商品的数量和价格。这三个因素，即价格的变动、流通的商品量、货币的流通速度，可能按不同的方向和不同的比例变动，因此，待实现的价格总额以及受价格总额制约的流通手段量，也可能有多种多样的组合。"（《马克思恩格斯文集》第5卷，人民出版社2009年版，第144页）若商品价格不变，流通的商品量增加，或者货币流通速度降低，或二者兼有，流通中所需货币量就会增加；反之，流通商品量减少或货币流通速度增加，流通中所需货币量将减少。总之，流通所需要的货币量与商品价格总

额(商品一般价格水平与待售商品数量的乘积)成正比,与货币的流通速度成反比,这就是货币流通规律,用公式表示:

$$\frac{\text{一定时期内流通}}{\text{中所需货币量}}=\frac{\text{商品一般价格水平}\times\text{商品数量}}{\text{同一单位货币的流通速度}}$$

如果考虑到货币的支付手段的职能,上述公式还应当把赊销商品价格总额、到期支付总额、彼此双方抵消支付总额等因素考虑进去。用公式表示:

$$\frac{\text{一定时期内流通}}{\text{中所需的货币量}}=\frac{\frac{\text{待实现的商}}{\text{品价格总额}}-\frac{\text{赊销商品}}{\text{价格总额}}+\frac{\text{到期支付}}{\text{价格总额}}-\frac{\text{互相抵消的}}{\text{支付总额}}}{\text{同一单位货币的流通速度}}$$

流通中所需货币量除了决定于流通商品价格总额和货币的平均流通速度外,还决定于货币本身的价值。在贵金属货币流通下,由于贵金属本身也是商品,具有价值,因而流通中所需货币量可以自动调节。纸币是代表金属货币执行流通手段职能的,因此"纸币流通的特殊规律只能从纸币是金的代表这种关系中产生。这一规律简单说来就是:纸币的发行限于它象征地代表的金(或银)的实际流通的数量。"(《马克思恩格斯文集》第 5 卷,人民出版社 2009 年版,第 150 页)若纸币发行和贵金属没有任何关系,当其发行超过流通中所需货币量时会引起纸币贬值和通货膨胀。

参考文献:
《马克思恩格斯文集》第 5 卷,人民出版社 2009 年版。
《马克思恩格斯全集》第 46 卷上,人民出版社 1979 年版。
《马克思恩格斯全集》第 13 卷,人民出版社 1962 年版。
宋涛:《"资本论"辞典》,山东人民出版社 1988 年版。
[日]久留间鲛造、宇野弘藏等:《资本论辞典》,南开大学出版社 1989 年版。

(张彤玉)

商品经济
Commodity Economy

商品经济是直接以交换,获取交换价值为生产目的的经济形式。商品经济包括商品生产和商品交换两方面的内容。商品经济产生和发展有两个历史条件。一是社会分工,即社会劳动划分和独立化为不同的部门和行业。在社会分工条件下,各行业的生产者的生产活动是单方面的,为了满足自身在生产和生活方面的多种需要,需要相互交换劳动产品。二是生产资料和劳动产品归于不同的所有者,因此,他们有着各自独立的经济利益。不同的生产资料和劳动产品所有者,不能无偿占有其他人的产品,任何人要取得其他人的产品,必须通过等价交换的方式,即把自己的产品作为商品来交换。以上两个条件,决定了劳动产品必然成为不同生产者之间相互交换其劳动的物质载体、决定了商品生产和商品交换必然成为不同生产者之间经济交往关系的实现形式。

商品经济首先是在私有制条件下发展起来的。在长期的历史中,奴隶社会、封建社会都存在有商品经济,只是到了资本主义社会商品经济才发展成为社会上占统治地位的经济形式。在以公有制为主体、多种经济成分并存的社会主义社会,由于各种不同的所有制形式是各种具有独立经济利益的不同经济实体,即使同是国有经济,不同的企业也是作为独立经营的经济实体相互之间以及与其他各种所有制形式的经济实体发生关系,所以,在当前的社会主义社会,商品经济仍是占主体地位的经济形式。

商品经济的基本经济规律是价值规律,即商品的价值量由生产商品的社会必要劳动时间决定,商品交换以价值量为基础,实行等价交换。在商品交换中,商品的价值以货币形式表现为商品的价格。但是,商品的价格并不总是与价值一致的,由于供求的原因,商品的价格会与价值相背离,围绕价值上下波动。但这不是对价值规律的否定,而是价值规律的作用形式。价值规律在以私有制为基础的商品经济中的作用,主要是调节劳动和生产资料在社会各生产部门之间的分配,促进商品生产者改进生产技术、改善经营管理和提高劳动生产率。在价值规律的作用下,小生产者会因生产条件不同而发生经济上的两极分化。

私人劳动与社会劳动的矛盾,是以私有制为基础的简单商品经济的基本矛盾。一方面,在以私有制为基础的商品经济中,生产是生产者自己的事情。商品生产者根据自己对市场的判断组织生产,生产什么、生产多少和怎样生产,因此劳动带有私人性质,是私人劳动。另一方面,由于社会分工,每个商品生产者的劳动都是社会总劳动的一部分,因而劳动带有社会性质,是社会劳动。私人劳动与社会劳动的矛盾表现为:第一,私人劳动不能保证必然能够转化为社会劳动;第二,私人劳动不一定在数量上能够全部表现为社会劳动。如果私人劳动不能顺利地转化为社会劳动,那么就会给商品生产者的再生产和生活带来困难。私人劳动与社会劳动之间的矛盾是私有制为基础的商品经济各种矛盾的根源,它决定着商品经济产生和发展的全过程。

商品经济按其所体现的经济关系不同,可分为简单商品经济、资本主义商品经济和社会主义商品经济。原始社会末期,随着手工业和商人的发展,产生了初具规模的商品经济,人们通过交换所需的商品来实现生产经营活动,这种商品经济以及几千年后直至机器化大生产普及之前的商品经济被归为"小商品经济",以区别于现代商品经济。

这一时期的商品经济具有如下特点:一是生产商品的主要目的是为了满足自身的需要,而不是像资本主义商品经济那样通过不断进行商品交换来获取利润;二是在特定的封建生产关系下,通过商品交换获得的利益很少被用于扩大再生产,而是用于购田置地,阻碍了商品经济进一步扩大的可能;三是商品生产的规模受到风俗文化和自然经济的抵制而难以扩大,从而这一时期的商品经济仅仅生长于自然经济的缝隙之中,作为自然经济的补充而存在。

资本主义产生以后,在追求剩余价值的利益驱动下使用机器进行生产,使得商品的生产与交换规模不断扩大,商品经济不断发展。这一时期,通过商品生产和交换获得剩余价值不断用于资本积累,使得资本主义再生产是在扩大再生产基础上进行,推动了商品经济的迅速发展。

资本主义商品经济与小商品经济的主要区别是:首先,商品生产与交换的目的是为了获得利润,于是,不断进行的生产扩展,极大地推动了商品经济的发展。其次,建立在机器大工业技术基础之上的生产,提高了劳动生产率,为商品交换的扩大提供了可能。再次,由于商品的生产与交换需要调动社会大量的资源与部门,因而出现了生产社会化的要求,在此情况下,商品经济的发展开始提高市场在经济中的重要地位,因此,高度发展了的商品又被称作"市场经济"。

在社会主义的历史时期,商品经济究竟应当加以限制还是使之发展,是社会主义建设的一个重大问题。在相当长的时期内,由于人们在认识上划不清社会主义商品经济同资本主义商品经济的界限,因而往往忽视甚至歧视商品经济和价值规律的作用,从各个方面限制商品经济的发展。中国社会主义建设和国际共产主义运动的经验都表明,限制商品经济的做法对于社会主义经济的发展是不利的。只有充分发展商品经济,才有利于社会主义生产的发展和人民需要的满足。

商品经济的巨大发展,是社会经济发展不可逾越的历史阶段,进行现代化建设,也必须有商品经济的充分发展。任何国家在其社会经济发展的历史中,不仅必然会由自然经济发展到商品经济,而且必然要经历一个商品经济充分发展的阶段。一般来说,商品经济在资本主义生产方式下得到了充分的发展,而我国的社会主义社会,是在生产力和商品经济落后的条件下,逾越了资本主义的充分发展阶段而建立起来的。过去,包括我国在内的一些社会主义国家曾试图逾越商品经济充分发展的阶段,但实践证明这是不可行的。我们必须摆脱教条主义和有关传统观念的束缚,努力探索在社会主义制度下充分发展商品经济的途径,让商品经济发展推动与实现我国的现代化事业。

参考文献:
马克思:《资本论》第1卷,人民出版社2004年版。
肖卫平:《市场经济与商品经济辨析》,载于《经济问题》1993年第4期。
黄学昆:《商品经济定义新探》,载于《经济纵横》1986年第9期。
集思:《有关商品经济、市场经济和计划经济含义的部分资料》,载于《改革》1992年第4期。
潘永强、黄忆君:《关于〈原理〉教材中一个基本理论问题的探讨——与逄锦聚教授商榷》,载于《当代经济研究》2008年第2期。
胡乐宁:《价值规律是商品经济的基本经济规律吗》,载于《经济问题》1991年第8期。
卫兴华:《商品经济与社会主义商品经济》,载于《高校理论战线》1995年第4期。

(景维民)

产品经济

Product Economy

产品经济是相对于自然经济(参见自然经济)和商品经济(参见商品经济)的一种经济形式,在这种经济形式里,劳动产品不用于生产者之间的直接交换,而是直接按照整个社会的需要进行有计划的生产和分配。马克思设想未来社会的产品经济需要具备以下三个条件:一是生产力高度发达,局部社会劳动与整个社会劳动、个别劳动时间与社会必要劳动时间的差别已经消失;二是建立了单一的全民所有制,生产者或经济单位消除了由所有制关系所带来的经济利益上的差别;三是国家消亡,商品经济在世界范围内不复存在。这三个条件意味着,只有在全世界建立起了共产主义制度之后,产品经济这种经济形式才能被普遍采用。

产品经济的基本特征包括:(1)在生产力高度发展的基础上,实行单一的全民所有制形式,把整个社会当作是一个大企业,已经得到全面发展的劳动者在全社会范围内与生产资料直接结合。(2)在社会生产的形式上,商品生产和商品交换已经让位于产品生产和产品交换,由社会中心组织直接的社会劳动、直接的社会生产和产品分配,个人消费品的分配价值实行"等量劳动领取等量产品"的原则。(3)在社会调节体系上,社会中心的自觉调节取代了价值规律的自发调节,社会生产的有计划发展取代了无政府状态。

对产品经济比较全面的论述来源于马克思和恩格斯。他们关于产品经济的思想的来源有二:一是对托马斯·莫尔及其以后的空想社会主义思想家的继承吸收;二是在分析批判资本主义的过程中直接从其对立面引出对未来社会经济运行形式的设想。两位伟大的革命导师在创立马克思主义的过程中,曾对未来社会主义社会和共产主义社会的经济形态进行过一些概略的预测性阐述。马克思指出："在一个集体的、以共同占有生产资料为基础的社会里，生产者并不交换自己的产品；耗费在产品上的劳动，在这里也不表现为这些产品的价值，不表现为它们所具有的某种物的属性，因为这时同资本主义社会相反，个人的劳动不再经过迂回曲折的道路，而是直接地作为总劳动的构成部分存在着。"（《马克思恩格斯文集》第3卷，人民出版社2009年版，第433～434页）"它（社会——引者注）必须按照生产资料来安排生产计划，这里特别是劳动力也要考虑在内。各种消费品的效用（它们被相互衡量并和制造它们所必需的劳动量相比较）最后决定这一计划。人们可以非常简单地处理这一切，而不需要著名的'价值'插手其间。"（《马克思恩格斯选集》第3卷，人民出版社1995年版，第660～661页）

产品经济与其他两种社会经济运行形态有着明显的区别。产品经济中的劳动产品已不是彼此分散孤立的生产者个人劳动的结果，而是在普遍的社会分工和协作基础上社会结合劳动的结果，生产也不再是以满足生产者的个人需要为目的，而是以直接满足整个社会的需要为目的，这区别于自给自足经济。产品经济也不同于商品经济。商品中包含的私人劳动只有通过交换，实现为价值才能转化为社会劳动，而产品经济中社会成员的个人劳动一开始就成为直接的社会劳动，社会可以通过计算产品所包含的社会劳动量，而不必要通过迂回的商品交换途径。同时，在产品经济中，劳动产品是按照社会成员的需要由社会直接进行分配的，也不必要通过生产者之间的相互交换。总之，自然经济是与落后的社会生产力水平相适应的经济形态；商品经济是以社会化大生产为生产力基础的，是人类社会发展至今最基本的一种经济形态；产品经济是以生产力高度发达为基础的，并以全社会经济利益的一致性为前提，它是马克思对未来共产主义社会的设想。真正把产品经济理论具体化并付诸实践的是列宁。在苏俄的战时共产主义时期，工业占有和决策的集中已经达到相当的高度。企业实行高度集中的管理，产品全部由相应的管理局支配，企业所需的劳动力则由劳动义务制解决。在农业方面，实行国家对粮食的垄断和余粮收集制，即对农民生产的粮食和其他农副产品实行义务摊派强制征收。在分配方面，实行实物配给制，国家根据统一的标准配给食品和日用工业品，没有自由贸易。当然，这还不是纯粹形态上的产品经济，在纯粹形态上的产品经济中，整个社会经济的运行就像一个大工厂，全部国家经济机构将变成一整架大机器，变成一个使几万人都遵照一个计划工作的经济机体。

事实上，产品经济并不等于社会主义本身，而仅仅是社会主义经济运行的一种可能的形式。列宁早已认识到了这一点，当战时共产主义的尝试失败后，列宁提出了建立在商品经济基础上的新经济政策。但在此之后的传统社会主义理论，却教条地把产品经济当作社会主义本身加以固守。南斯拉夫第一个把商品经济选作社会主义经济的运行形式，创立了市场社会主义的新模式，在当时情况，这种做法被批判为修正主义和资本主义复辟。时至今日，把产品经济当作社会主义本身加以固守的观点仍然广泛存在着，认为在社会主义的初级阶段可以把商品经济作为社会主义的经济运行形式，但进入发达阶段后，只能采取产品经济的运行形式。这种观点为其自身设下了一个陷阱，从而不能正视产品经济本身所带来的不良后果。

在国际社会主义运动史中，社会主义建设实践具有七十多年的历史，虽然没有一个国家采用纯粹形态的产品经济形式，但其经济运行基本上保留了产品经济的主要特征，从而产品经济的不现实性所带来的弊端明显可见：一是经济运行低效；二是政治腐败和超经济的剥削。这种传统的社会主义经济模式不顾本国社会生产力的实际水平，盲目追求单一的全民所有制形式，排斥和限制商品生产和商品交换，用指令性的实物计划替代市场机制和价值规律的调节，导致国民经济失去了活力。历史的经验表明：商品经济的充分发展是社会主义发展不可逾越的阶段，超越现阶段生产力水平所达到的高度，企图用产品经济的形式来组织社会主义经济活动，是不切实际的空想。

新中国成立以来的社会主义建设实践也是在曲折中前进的。由全民所有制理论、有计划按比例发展规律、社会主义基本经济规律等组成的产品经济理论曾一度占据统治地位，并在我国社会主义经济建设初期被固守地套用，产生了消极的影响。产品经济理论体系是计划经济体制借以建立的理论基础，服务于产品计划经济体制。我国经济体制改革以后，以社会主义商品经济、社会主义市场经济取代了计划经济体制，从而产品经济的一系列理论已不能适应于现阶段社会主义经济建设的需要，产品经济作为马克思对未来共产主义社会的设想，在很大程度上成了一种阻碍观念更新的巨大保守力量。

参考文献：
《马克思恩格斯文集》第3卷，人民出版社2009年版。
《列宁全集》第27卷，人民出版社1990年版。
《马克思恩格斯选集》第3卷，人民出版社1995年版。
陈德第、李轴、库桂生：《国防经济大辞典》，军事科学出版社2001年版。
何盛明：《财经大辞典·上卷》，中国财政经济出版社1990年版。
吕时达、张忠修、聂景廉等：《简明经济学辞典》，甘肃人民出版社1986年版。
刘树成：《现代经济词典》，江苏人民出版社2005

年版。
时鉴、王胜运、孙启周:《共产党员知识辞典》,红旗出版社 1991 年版。
舒华鲁:《产品经济及其陷阱》,载于《汉江论坛》1993 年第 3 期。
王焕良、潘英才、李明:《社会主义市场经济呼唤政治经济学摒弃产品经济的理论体系》,载于《辽宁师范大学学报(社科版)》1993 年第 5 期。

(景维民)

市场经济
Market Economy

市场经济这一用语是指以市场作为资源配置基础手段的经济运行体系。经济学界对于市场经济有着不同的理解。一种观点把市场经济与资本主义私有制相联系,认为市场经济是一种以资本主义私有制为基础的、完全由市场自发调节的经济运行制度。在他们看来,私有财产制度是市场经济运行的内在要素和首要原则。例如,著名的《简明不列颠百科全书》在给资本主义条目下定义时说,资本主义"亦称自由市场经济或自由企业经济,是以生产资料大多为私人所有,主要通过市场的作用来指导生产和分配收入的"。戴维·W·皮尔斯主编的《现代经济学词典》对市场经济的解释是:"一种经济制度,在这种经济制度下,有关资源配置和生产的决策是以价格为基础的,而价格则是由生产者、消费者、工人和生产要素所有者之间资源交换产生的。这种经济的决策是分散的决策,也就是说,经济决策是由该经济的一些组织和个人各自独立决定的,而不是由中央计划当局决定的。"这种解释本身虽然并没有突出资本主义私有制,但它把市场经济看做是一种经济制度,并在进一步说明时认为,市场经济通常包含着生产资料私人所有制。《现代日本经济事典》认为,市场经济有三项基本原则:(1)私有财产制度;(2)契约自由原则;(3)自我负责精神。其中第一个原则"私有财产制度是市场经济制度中最有代表性的制度。"

另一种观点强调市场经济作为一种经济运行机制和资源配置方式的性质。按照这种观点,所谓市场经济,就是主要通过市场机制来配置资源的经济组织形式。例如,诺贝尔经济学奖获得者萨缪尔森和诺德豪斯在其合著的《经济学》第 13 版中给市场经济下的定义是:"市场经济是一种有关资源配置的经济组织,在这种组织形式中,生产什么,怎么生产和为谁生产的问题主要是由市场的供求关系决定的,厂商以追求利润最大化为动力来购买投入、进行生产和出售产品,而拥有要素收入的居民户则决定市场上的商品需求。厂商的供给和居民户需求的相互作用决定着物品的价格和数量。……简而言之,市场经济是一种价格、市场、盈利和亏损以及激励的体系,他决定生产什么、怎么生产和为谁生产的问题。"格林沃尔德主编的《现代经济词典》对市场经济条目作了这样的解释:"一种经济组织方式,在这种方式下,生产什么样的商品,采用什么方法生产以及生产出来以后谁将得到他们等问题,都依靠供求力量来解决。"(格林沃尔德,1983)

目前,人们在使用"市场经济"用语时普遍认为它不是一种社会经济制度,而是一种资源配置手段和经济运行方式。它本身与资本主义私有制并没有内在的必然联系,既可以建立在资本主义私有制的基础上,也可以建立在社会主义公有制基础上。市场机制是社会生产全过程的内在的本体的机制,各种商品、服务及各种生产要素都能在市场上自由流动,依靠市场供求力量形成均衡价格,并通过价格等市场信号和优胜劣汰的竞争机制,使市场主体形成动力和压力,让资源得到有效配置,以最大限度地满足各种社会需求。

市场经济在资源配置中的优势在于,首先,在市场机制的作用下,通过竞争、价格杠杆以及优胜劣汰的选择,可以自动、灵活的引导生产要素在部门和企业之间的自由流动,较好地实现资源的优化配置,保证资源配置的高效率。其次,市场机制作用下的信息结构是横向的,企业间的信息传递通过价格机制进行,价格是企业从事市场活动的指示器,企业可以根据价格的变化自动地调整经营方向和投资方向,使资源得到最充分的利用。另外,市场经济在实现资源优化配置的过程中,还能通过平均利润率有效调节总供给与总需求的平衡,实现社会的均衡发展。

市场机制之所以能够发挥这样的功能,在于各个市场活动主体受到利益的激励和约束。它们对自身利益的追求是市场机制发挥导向功能的契机。市场活动的主体都是独立的利益主体,它们出于对自身经济利益的考虑,不得不根据市场供求的变化及由此引起的市场价格变动,不断地配置和重组资源存量与增量,将资金和生产要素由亏损的或获利少的部门和企业转投到获利多的部门和企业。可见,正是市场本身所具有的比较利益原则,促使了资源利用的节约和供给结构与需求结构的适应,从而达到资源配置的优化。市场经济是以市场主体追求私利的动机驱动下实现资源配置过程的,因此市场经济在配置资源过程中,必然存在着因私利驱使而产生的局限性,主要体现在:难以完全实现个人利益与社会利益的统一。这主要是因为,商品经济的基本矛盾决定了市场经济中商品生产者的个人利益与社会利益既存在一致性又存在差别性。在单纯的市场调节下,商品生产者和经营者有可能采取牺牲社会利益的办法来增进自身利益,而且必然偏好投资于盈利大、见效快的行业,从而一些非营利性而又为社会发展所必需的公用事业就难以得到相应的发展。

市场经济固有的生产无政府性，使之运行带有盲目性和波动性。商品使用价值与价值之间矛盾的进一步发展，表现为商品与货币、价值与价格、供给与需求等一系列矛盾。价格时而高于价值、时而低于价值的变化所导致的商品生产者从自身利益出发对生产的调整，必然会造成供求波动，而供求波动又会造成新的价格波动。这种波动既能推动商品经济向前发展，又带有自发性、盲目性和不确定性，可能会带来破坏和浪费。

市场经济导致收入差距扩大，甚至会引起阶级分化。市场经济作为一个大竞技场，优胜者发财致富，失利者亏本破产，这已经成为常见现象。经济发展的历史证明，市场经济按照生产资料的占有者和控制者的利益解决所谓经济效率问题，因此不能自动解决社会公平问题。

参考文献：

《简明不列颠百科全书》第9卷，中国大百科全书出版社1985年版。

《现代日本经济事典》，中国社会科学出版社1982年版。

Paul Samuelson and William Nordhaus, *Economics*, 13th ed. New York: McGraw Hill, 1989, P. 77.

［美］格林沃尔德：《现代经济词典》，商务印书馆1983年版。

胡培兆：《现代市场经济的现代性》，载于《经济学家》2006年第2期。

赵东昌：《浅析市场经济的涵义》，载于《大庆社会科学》1994年第4期。

吴振坤：《关于市场经济几个基本理论问题的研究》，载于《特区经济》1993年第8期。

（景维民）

资源配置

Resource Allocation

资源配置是指在经济运行过程中，各种现实的资源（如资本、劳动力、技术、自然资源等）在社会不同部门之间的分配和不同方向上的使用。

对于除劳动以外等其他资源而言，它们只有与人类劳动相结合，处于人类劳动能力可支配和利用的情况下才构成资源。因此，马克思将经济资源归结为社会劳动时间，相应地，资源配置也就是社会总劳动时间的配置。马克思说：“一切节约归根到底都归结为时间的节约。正像单个人必须正确地分配自己的时间，才能以适当的比例获得知识或满足对他的活动所提出的各种要求一样，社会必须合乎目的地分配自己的时间，才能实现符合社会全部需要的生产。因此，时间的节约，以及劳动时间在不同的生产部门之间有计划的分配，在共同的基础上仍然是首要的经济规律。这甚至在更高的程度上成为规律。”（《马克思恩格斯文集》第8卷，人民出版社2009年版，第67页）

马克思把资源配置的最优化归结为每个生产部门分配的劳动时间是社会必要劳动时间，所以，实现资源配置的目标，要求各个部门按照社会必要劳动时间进行生产。“要想得到与各种不同的需要量相适应的产品量，就要付出各种不同的和一定数量的社会总劳动量。这种按一定比例分配社会劳动的必要性，决不可能被社会生产的一定形式所取消，而可能改变的只是它的表现形式，这是不言而喻的。自然规律是根本不能取消的。在不同的历史条件下能够发生变化的，只是这些规律借以实现的形式。”（《马克思恩格斯文集》第10卷，人民出版社2009年版，第289页）

在市场经济中，产品中包含的社会必要劳动时间不能直接计算和确定，不论生产还是交换都需要价值来执行衡量职能，资源配置主要通过价值规律来调节社会总劳动时间在各个部门的分配。“在社会劳动的联系体现为个人劳动产品的私人交换的社会制度下，这种劳动按照比例分配所借以实现的形式，正是这些产品的交换价值。”（《马克思恩格斯文集》第10卷，人民出版社2009年版，第289页）这种市场配置资源方式的主要特征是：独立的市场主体是资源配置的直接决策者，经济决策是分散进行的，各个不同的市场主体的分散决策通过市场供求联系在一起，形成总体的经济活动。生产要素在企业间自由流动，生产规模和结构决定于市场需求。资源配置是通过市场价格与竞争机制进行调节的。

在马克思、恩格斯所预见的未来社会中，商品关系消失，人们的劳动直接是社会劳动，人们同他们的劳动和劳动产品的社会关系，无论是在生产上还是分配上，都是简单明了的。同时，社会也能直接计算出各个部门所需要的社会劳动时间。“人们可以非常简单地处理这一切，而不需要著名的‘价值’插手其间”（《马克思恩格斯文集》第9卷，人民出版社2009年版，第327页），在这种情况下，资源配置是通过国民经济有计划发展来实现的。在生产资料的社会化和由此而来的管理的社会化的基础上，每一个别行业的生产以及这种生产的增加都不再通过价值规律和市场机制调节，而是直接由社会需要调节和控制，由社会“按照一个统一的大的计划协调地配置自己的生产力。”（《马克思恩格斯文集》第9卷，人民出版社2009年版，第313页）

参考文献：

《马克思恩格斯文集》第8卷、第9卷、第10卷，人民出版社 2009 年版。
马克思:《资本论》第 3 卷,人民出版社 2004 年版。
[美]哈里·布雷弗曼:《劳动与垄断资本——二十世纪中的退化》,商务印书馆 1979 年版。
逄锦聚、洪银兴、林岗、刘伟:《政治经济学》第四版,高等教育出版社 2009 年版。
《马克思主义政治经济学概论》编写组:《马克思主义政治经济学概论》,人民出版社 2011 年版。

(何自力)

价值规律
Law of Value

价值规律的基本内容是商品的价值量,是由生产商品的社会必要劳动时间决定的,商品交换以价值量为基础,实行等价交换。价值规律包含着以下两个方面的基本要求:其一是商品的价值量由社会必要劳动时间所决定。关于这一内容已经在"价值"词条中进行了分析。正如马克思所说:"只是社会必要劳动量,或生产使用价值的社会必要劳动时间,决定该使用价值的价值量。"(《资本论》第 1 卷,人民出版社 2004 年版,第 52 页)其二是商品交换中按照价值量进行等价交换。为什么在商品交换中要进行等价交换呢?因为商品生产者是在社会分工条件下进行生产的,社会分工虽然使得生产者得以专业化并提高了生产效率,但是同时生产者也被束缚在单一的生产活动之中,而其需求却必然是多样化的,这样生产者就必须用自己的劳动产品来交换其他生产者的劳动产品。那么,在放弃自己生产的商品进而获得他人的商品的交换过程中,其交换的比例关系就必然要求由社会必要劳动时间所决定的价值量来确定。正如马克思所说:"体现在商品世界全部价值中的社会的全部劳动力,在这里是当作一个同一的人类劳动力,虽然它是由无数单个劳动力构成的。……一种商品的价值同其他任何一种商品的价值的比例,就是生产前者的必要劳动时间同生产后者的必要劳动时间的比例。作为价值,一切商品都只是一定量的凝固的劳动时间。"(《资本论》第 1 卷,人民出版社 2004 年版,第 52 ~ 53 页)

价值规律要求商品的价值量由生产商品的社会必要劳动时间决定,而其中的"社会必要劳动时间"又包括两重含义。社会必要劳动时间的第一重含义是指"在现有的社会正常的生产条件下,在社会平均的劳动熟练程度和劳动强度下,制造某种使用价值所需要的劳动时间"(《资本论》第 1 卷,人民出版社 2004 年版,第 52 页)。社会必要劳动时间的第二重含义是指社会总劳动量按一定的比例用来生产某种商品所耗费的社会必要劳动时间。马克思说:"不仅在每个商品的生产上使用必要的劳动时间,而且在社会总劳动时间中,也只把必要的比例量使用在不同类的商品上。这是因为条件仍然是使用价值。但是,如果说个别商品的使用价值取决于该商品是否满足一种需要,那么,社会产品总量的使用价值就取决于这个总量是否适合于社会对每种特殊产品的特定数量的需要,从而劳动是否根据这种特定数量的社会需要按比例分配在不同的生产领域。在这里,社会需要,即社会规模的使用价值,对于社会总劳动时间分别在各个特殊领域生产的份额来说,是有决定意义的。但这不过是已经在单个商品上表现出来的同一规律,也就是:商品的使用价值,是它的交换价值的前提,从而也是它的价值的前提。这一点,只有在这种比例的破坏商品的价值,从而使其中包含的剩余价值不能实现的时候,才会影响到必要劳动和剩余劳动之比。……这个特殊部门消耗的社会劳动已经过多;就是说,产品的一部分已经没有用处。因此,只有当全部产品是按必要的比例进行生产时,它们才能卖出去。社会劳动时间可分别用在各个特殊生产领域的份额的这个数量界限,不过是整个价值规律进一步发展的表现,虽然必要劳动时间在这里包含着另一种意义。"(《资本论》第 3 卷,人民出版社 2004 年版,第 716 ~ 717 页)对于社会必要劳动时间的两重含义而言,第一重含义的社会必要劳动时间是在生产同种商品的不同生产者之间通过平均化形成的,强调的是同一生产部门内部单个商品价值的决定问题,而第二重含义的社会必要劳动时间则是在生产不同种商品的生产者之间形成的,强调社会总劳动时间在不同生产部门之间的数量与分配比例。两重含义的社会必要劳动时间共同决定着商品的价值量。

伴随着价值形式演变至货币形式之后,商品的价值就都通过货币来表现。因此,商品价值的货币表现就是价格。价格以价值为基础,并且反映价值的变化。因为价格是以商品与货币进行交换的比例来反映商品价值,所以商品的供求关系必然会对价格产生影响。这使得商品的价格受到供求关系的影响有可能偏离价值。马克思说:"随着价值量转化为价格,这种必然的关系就表现为商品同在它之外存在的货币商品的交换比例。这种交换比例既可以表现商品的价值量,也可以表现比它大或小的量,在一定条件下,商品就是按这种较大或较小的量来让渡的。可见,价格和价值量之间的量的不一致的可能性,或者价格偏离价值量的可能性,已经包含在价格形式本身中。"(《资本论》第 1 卷,人民出版社 2004 年版,第 122 ~ 123 页)虽然,价格可能偏离价值,但是价格的波动以价值为基础。价格以价值为中心上下波动不仅不是对价值规律的否定,而且正是价值规律存在和发生作用的表现形式。马克思说:"但这并不是缺点,相反地,却使这种形式成为这样一种生产方式的适当形式,在这种生产方式下,规则只能作为没有规则性的盲目起作用的平均数规律来为自己开辟道路。”(《资本论》第 1 卷,人民出版社 2004 年版,第 123 页)

价值规律作为商品经济的基本规律在以下三个方面发挥着作用。其一是价值规律自动调节社会劳动在各个生产部门的配置。其二是价值规律激励生产者研发新技术,改善管理,提高劳动生产率,进而在竞争获得优势,并且推动社会生产力的发展。其三,价值规律通过竞争机制最终导致商品生产者优胜劣汰,两极分化。

参考文献:
马克思:《资本论》第 1 卷,人民出版社 2004 年版。
马克思:《资本论》第 3 卷,人民出版社 2004 年版。

(何自力)

市场机制
Market Mechanism

市场机制是指在市场经济运行中通过供求和价格变动、市场竞争等途径,来调节经济运行和实现资源配置的作用过程。

市场机制主要包括价格机制、供求机制和竞争机制。

价格机制是市场经济运行中最基础的机制。价格是市场调节的信号。市场主体中的生产者和消费者为了实现自身利益目标而进行决策的基本依据,就是市场价格信号。市场价格不仅受供求关系的影响,而且反过来影响供求关系。价格水平的变化,引导生产者和消费者行为的变动。价格水平上升,既会增加供给,又会抑止需求;价格水平下降,则会增加需求,同时减少供给。这样,价格与供求就构成了市场机制中的一组联动关系,这种联动关系的实现,又必须以市场竞争为条件。价格影响供给,要以生产者的相互竞争为条件;价格影响需求,也要以消费者的相互竞争为条件。所以,在市场机制中,价格处于核心的地位。从这样的意义上讲,市场机制的作用也可以归结为价格机制的作用。

供求机制是与价格机制紧密联系、共同发挥作用的机制。商品的价格不仅要反映价值,而且还要反映供求关系。供过于求的商品,价格会低于价值,供小于求的商品价格会高于价值。这种机制会促使商品生产者努力适应市场需求的变化,引导生产要素的合理流向,提高资源配置效率。

竞争机制反映了各种市场主体为了实现自身利益目标而发生的相互排斥甚至相互冲突的利益关系,是市场经济的内在动力。在市场经济中,“独立的商品生产者互相对立,他们不承认任何别的权威,只承认竞争的权威,只承认他们互相利益的压力加在他们身上的强制。”(《马克思恩格斯文集》第 5 卷,人民出版社 2009 年版,第 412 页)在市场经济中,生产者之间的竞争主要表现为每个生产者都尽量扩大自己的市场占有份额,将其他生产者从市场交易中排斥出去。消费者之间的竞争主要表现为每个消费者都力争使自己的需要首先得到充分满足,将其他消费者从市场交易中排斥出去。生产者和消费者之间的竞争主要表现为生产者总是力求把商品卖得贵一点,消费者总是力求压低商品价格。

市场竞争的结果,一方面可以优化资源配置,使有限的资源更好地满足消费者的需要;另一方面则会导致商品生产者优胜劣汰。一些按高于价值的价格出售的商品生产者必将获利,一些按低于价值的价格出售的商品生产者必将亏损。长期获利的生产者将生存,长期亏损的生产者必将被淘汰。为了求得生存和发展,商品生产者之间必然在适应市场和提高效率上展开竞争,努力提高技术,改善管理,提高效率,由此市场竞争还会鼓励创新,推动生产力的发展。

但是,市场机制并不是万能的。它所具有的功能的发挥是有条件的。价格是市场机制的核心。只有在那些可以用价格度量的领域内,市场机制才能充分有效地发挥作用。而且,由于市场价格随着供求状况的变化进行波动,具有短期性和滞后性的特点,因此,市场机制的调节作用往往会造成生产经营者的短期性和市场反应的滞后性。市场机制还存在盲目性的弊端,造成经济波动、资源浪费、环境污染等外部不经济现象,使社会经济不能协调发展。

参考文献:
《马克思恩格斯文集》第 5 卷,人民出版社 2009 年版。
逄锦聚、洪银兴、林岗、刘伟:《政治经济学》第四版,高等教育出版社 2009 年版。
马工程重点教材编写组:《马克思主义政治经济学概论》,人民出版社 2011 年版。

(何自力)

商品拜物教
Commodity Fetishism

商品拜物教是商品经济下社会生产关系特有的外部形态在人们头脑中产生的社会意识,它是指在商品经济中劳动产品作为价值存在和运动,使得人们把价值当作一种超自然的物来认识和对待而抱有的思想意识。在商品经济中,价值的运动不仅不受商品生产者的掌握和控制,而且反过来支配生产者的活动乃至影响商品生产者的命运,这样就使价值的运动在商品生产者面前成为一种超自然的力量,商品生产者对它无能为力，只能受它的支配，由此产生的对商品及其运动的神秘感，马克思称这种神秘感为商品拜物教。

马克思对商品拜物教及其原因的分析是建立在社会存在决定社会意识这一历史唯物主义基本原理之上的。商品拜物教观念是人们的思想意识对商品经济特有生产关系中的社会经济现象的歪曲反映。商品经济是人类社会生产的一个阶段，在这个阶段，劳动产品是作为商品生产出来的，即作为交换手段生产出来的，生产商品时所耗费的劳动表现为商品的价值，劳动产品是作为价值的载体来运动的。商品生产者在以私有制为基础的社会分工条件下进行生产，他们在商品生产中事实上的社会劳动性质、生产者之间因社会分工而形成的社会联系被私人劳动的形式所掩盖，因此，为实现相互间的社会联系，他们把劳动产品当作商品，使生产商品的劳动成为价值，通过与其他生产者的商品进行交换以实现这种联系。可见，在商品经济中，商品生产者之间在生产中的联系是通过物与物之间的关系来实现的。在交换过程中，价值不是表现为生产中劳动的凝结，而是表现为商品所固有的属性，这样，原本是生产者之间因社会分工而形成的生产联系，现在却表现为不同商品之间物与物之间的联系。当这一事实在人的头脑中进行反映时，人们会认为价值是商品物质属性，但是这种属性又不能用劳动产品的物质属性加以解释，因而价值在人们观念成为一种超自然的物。这就是商品拜物教形成的客观基础。对此，马克思指出，“商品形式的奥秘不过在于：商品形式在人们面前把人本身劳动的社会性质反映成劳动产品本身的物的性质，反映成这些物的天然社会属性，从而把生产者同总劳动的社会关系反映成存在于生产者之外的物与物之间的社会关系。”（《资本论》第 1 卷，人民出版社 2004 年版，第 89 页）马克思进一步指出，“这只是人们自己的一定的社会关系，但它在人们面前采取了物与物的关系的虚幻形式。”（《资本论》第 1 卷，人民出版社 2004 年版，第 89 ~ 90 页）马克思把这种虚幻形式在人们头脑中的反映，称为拜物教。所谓商品拜物教，就是劳动产品作为价值在人们头脑中产生的虚幻形式。

商品拜物教是在商品生产者自身的实践中所产生的。在商品经济关系下，商品生产关系所形成的各种经济范畴对于商品生产者来说是既定的和天然的。在这样的环境下进行生产，生产者首先关心的是自己的商品与其他生产者商品的交换比例，“当这些比例由于习惯而逐渐达到一定的稳固性时，它们就好像是由劳动产品的本性产生的。”（《资本论》第 1 卷，人民出版社 2004 年版，第 92 页）可见，人们价值的认识首先是从对交换价值的数量的认识开始的。商品生产的私人劳动性质使无论是个别生产者还是总体生产者都不能自觉地保持按照社会必要劳动时间要求生产比例进行生产，因而，商品价值的运动在商品生产者面前形成了不可把握的变化。这就产生了商品生产者对商品、价值等范畴的神秘感；商品交换的要求，产生了货币以承担和执行价值的职能，这样就使价值从商品界中独立出来，在货币身上有了自己独立的存在和体现。能否转化成货币，成为任何商品生死攸关的事情，这就加深了商品拜物教观念，并且使商品拜物教观念进一步发展为货币拜物教，在人们的观念中把货币置于一个至高无上的地位。

商品拜物教观念的形成，一方面是由于人们认识论方面的原因。对于商品生产的当事人来说，他们在商品经济的环境下，每天与呈现在社会经济表面的现象形态打交道，在现象形态上，大量表面的和偶然的因素支配着商品价格的运动，使他们不仅看不到价值、价格这些范畴是一定社会关系的反映，甚至连价值是凝结在商品中的人类劳动这一点也不能清楚地认识。另一方面，更主要的是阶级的原因。资产阶级古典政治经济学研究了价值的实体、价值量等范畴，并且提出了劳动是价值的原因这一原理。但是在他们那里，价值仍是作为劳动产品固有的属性加以对待的，他们从来没有研究，甚至从来没有提出过这样的问题，劳动为什么表现为价值，可见，即使是在经济学史上作出科学贡献的古典政治经济学也仍带着商品拜物教的观念。古典政治经济学的这种局限性来自于他们的阶级立场，在古典政治经济学看来，资本主义生产方式是人类天然的、永恒的生产方式，因此，在这种生产方式中特有的，成为普遍现象的商品、价值范畴也就是天然的，这样，他们就看不清价值是商品经济中人与人之间生产关系的体现。

对商品的拜物教性质及其秘密的揭示是马克思经济学的一大发现，它指出了人们对商品经济运动所持有的各种错误观念的社会根源、阶级基础以及认识论原因。运用同样的思想方法，马克思还揭示了货币拜物教、资本拜物教等在资本主义生产方式表面现象在人们头脑中的错误反映，通过对这些错误观念及其理论表现的分析、批判，马克思建立起以辩证唯物主义和历史唯物主义为哲学世界观、以对社会生产关系的分析为中心的科学的理论经济学大厦，使得到处充满神秘色彩的经济学真正地建立在科学的基础之上。

参考文献：
马克思：《资本论》第 1 卷，人民出版社 2004 年版。

（张俊山）

生产商品的劳动二重性
Duality of the Labor Embodied in Commodities

生产商品的劳动的二重性指生产商品的劳动一方

面是具体劳动;另一方面是抽象劳动。生产商品的劳动的二重性学说是马克思的价值理论中的一个关键性、基础性意义的组成部分。马克思的政治经济学研究继承了威廉·配第、亚当·斯密、大卫·李嘉图等所代表的古典政治经济学的科学成分,并运用辩证唯物主义和历史唯物主义世界观、方法论,把他们所提出的劳动价值论推进到一个更科学、更严密的层次,使劳动价值论成为作为政治经济学大厦的基石的剩余价值理论的基础。

古典政治经济学最重要的科学功绩,是从他们对资本主义经济的观察中发现了劳动创造价值的原理。威廉·配第最初论证了劳动价值论。配第说,"假定让一百个人在十年中生产谷物,又让同数的人在同一时期生产白银。我认为白银的纯产量就是谷物全部纯收获量的价格。"(威廉·配第,1965)"假如一个人在能够生产一蒲式耳谷物的时间内,将一盎司白银从秘鲁的银矿中运来伦敦,那么,后者便是前者的自然价格。如果发现了新的更丰富的银矿,因而获得二盎司白银和以前获得一盎司白银同样容易,那么,在其他条件相等的情况下,现在谷物一蒲式耳十先令的价格,和以前一蒲式耳五先令的价格,是一样便宜。"(威廉·配第,1965)但是,在配第那里,还没有明确价值概念,他把生产谷物的劳动与生产、运输白银的劳动相比较,用以说明由于包含等量劳动,而使谷物值这么多的白银。斯密更明确、直截了当地提出了劳动价值论的思想,他指出,"任何一个物品的真实价格,即要取得这个物品实际上所付出的代价,乃是获得它的辛苦和麻烦。"(亚当·斯密,1965)"只有劳动才是价值的普遍尺度和正确尺度,换言之,只有用劳动作标准,才能在一切时代和一切地方比较各种商品的价值。"(亚当·斯密,1965)"一般地说,二日劳动的生产物的价值二倍于一日劳动的生产物,而两点钟劳动的生产物的价值二倍于一点钟的劳动生产物,这是很自然的。"(亚当·斯密,1965)李嘉图认同斯密的这些论述,他指出,"这是政治经济学上一个极端重要的学说。"(李嘉图,1965)尽管无论斯密还是李嘉图对于劳动形成价值比早期经济学家有了更明确的认识,但是,他们始终没有解释为什么同一劳动既创造了商品的使用价值又创造了商品的交换价值。劳动的概念在他们那里仍然是混沌的整体。

马克思对劳动价值论的发展直接表现在他首先批判地论证了劳动的二重性原理,指出了形成商品价值的劳动的特有属性。马克思指出,"一切劳动,从一方面看,是人类劳动力在生理学意义上的耗费;作为相同的或抽象的人类劳动,它形成商品价值。一切劳动,从另一方面看,是人类劳动力在特殊的有一定目的的形式上的耗费;作为具体的有用劳动,它生产使用价值。"(《资本论》第1卷,人民出版社2004年版,第60页)具体劳动是联系到它的有用效果来考察的劳动,又称有用劳动。每一种有用劳动都是特定种类的生产活动,这种生产活动是由它的目的、操作方式、对象、手段和结果决定的。正是由于商品是由不同的具体劳动生产出的,有着不同的有用性,它们之间才有着互相交换的必要。作为商品生产前提条件的社会分工正是"多种的、按照属、种、科、亚种、变种分类的有用劳动的总和。"(《资本论》第1卷,人民出版社2004年版,第55页)有用劳动与生产的物质条件结合所进行的物质生产活动是人类社会生存、发展的永恒条件。抽象劳动,是撇开劳动的具体形式,单纯作为人类劳动耗费进行考察时的劳动,作为抽象劳动,它是人的脑、肌肉、神经、手等的生产耗费,它抽掉了各种具体劳动的特质,使人类劳动取得了一种共同性。在这种共同性上,各种劳动可以比较和互换。具体劳动和抽象劳动构成了生产商品劳动的统一整体,具体劳动反映的是商品所包含的劳动的质,反映的是怎样劳动、什么劳动的问题;抽象劳动则是在抽掉劳动的质的基础上,反映商品中包含的劳动的量,反映的是劳动多少、劳动时间多长的问题。

马克思认为,生产商品的劳动的二重性学说是非常重要的,"这一点是理解政治经济学的枢纽"(《资本论》第1卷,人民出版社2004年版,第55页)。劳动二重性学说的提出,明确了形成价值和使用价值的劳动的不同性质,说明了为什么同一劳动过程会有两方面的结果,它明确、科学地说明了存在于商品经济的使用价值与价值运动不一致的各种现象,使价值源泉唯一性得到了证明,把劳动价值论建立在坚实的科学基础之上。运用劳动二重性原理,马克思解释了劳动生产率变动与单位商品价值量变动的关系、解释了商品生产过程中同时发生着的旧价值的转移和新价值创造的两个不同过程,解释了劳动力价值的下降与工人阶级生活水平之间变动的不一致,进而解释了劳动生产率提高与剩余价值率之间关系等重要理论问题。劳动二重性学说的提出,使商品经济中的价值现象得到了准确地把握,它使整个政治经济学变得清晰、准确,也为政治经济学的其他理论奠定了一个很好的基础。

马克思在论述古典政治经济学在劳动价值论上的缺陷时指出,"古典政治经济学在任何地方也没有明确地和十分有意识地把体现为价值的劳动同体现为产品使用价值的劳动区分开来。当然,古典政治经济学事实上是这样区分的,因为它有时从量的方面,有时从质的方面来考察劳动。"[《资本论》第1卷,人民出版社2004年版,第98页(注)]在古典政治经济学那里,社会生产的资本主义形式被看做是人类社会生产的自然的、永恒的形式,价值、货币、资本、利润等就被看做是天然的经济物,劳动形成价值被看做是劳动的天然属性,因此,也就意识不到为什么劳动形成价值,怎样的劳动形成价值这个问题。

马克思能够超越古典政治经济学，明确提出关于劳动二重性学说，是以他在哲学世界观和思想方法方面实现的革命性变革为基础的。马克思恩格斯在19世纪40年代的研究，创立了辩证唯物主义和历史唯物主义的哲学世界观，这就使他们可以用全新的观点重新审视政治经济学以往的成果。马克思把资本主义生产方式看做是在历史上生产力发展到一定阶段上与之相适应的生产方式，资本主义社会中运动着的各种经济范畴不过是资本主义生产关系赋予人类物质生产的特有社会形式。因此，只有从这种特有社会形式下的生产关系分析，才能深入了解社会经济中存在着的各种范畴。商品生产在资本主义生产方式下成为普遍的生产形式，商品经济所包含的社会生产关系也是在资本主义生产方式下得到充分的展开，这就为充分认识商品、价值等范畴创造了客观条件。在商品经济中，劳动产品是作为商品生产出来的，尽管它带有一般劳动产品的物质属性，但是对于它的生产者来说商品具体的物质属性怎样是无所谓的，只要它能够作为交换价值的物质承担者而存在。对于商品生产者来说，商品对他来说用途只有一个——作为交换手段换取他人的劳动产品。这样，在交换中商品分裂成二重物，对商品所有者来说，商品作为具体劳动过程形成的使用价值一面被抽象掉了，商品作为人类一般劳动的凝结物这一属性被突出出来。商品交换使商品生产者的劳动化为社会同一的无差别人类劳动，使抽象劳动成为独立的范畴，成为商品经济中有着特有运动规律的特有客体。尽管在各个时代一般的体力、脑力支出都是人类生产劳动的共同特征，但是，只是在商品经济条件下，劳动产品的普遍交换才使抽象劳动作为独立的范畴存在，使人们有可能认识它，从而区分生产中的抽象劳动和具体劳动。商品经济的充分发展，展示了商品作为具体劳动和抽象劳动二重性的产物的性质，但是，还需要一定的主观条件才能认识生产商品劳动的二重性，这一主观条件就是要认识到商品生产的历史特殊性。马克思和恩格斯创立的辩证唯物主义和历史唯物主义世界观提供给经典作家这种认识的主观条件。他们看到商品经济的历史特殊性，从这种特殊性去分析人类劳动一般在这种特殊的生产方式中的社会形式，从而发现了人类劳动在商品经济下被展开为二重性质，把人类劳动中抽象的体力、脑力支出独立出来，成为商品生产者之间关系形成的客观基础。因此，劳动的二重性是与商品经济的普遍化相联系的，抽象劳动被独立出来成为与商品经济相联系的特有历史范畴。

参考文献：

马克思：《资本论》第1卷，人民出版社2004年版。

[英]威廉·配第：《赋税论》，引自王亚南：《资产阶级古典政治经济学选辑》，商务印书馆1965年版。

[英]亚当·斯密：《国民财富的性质和原因的研究》，引自王亚南：《资产阶级古典政治经济学选辑》，商务印书馆1965年版。

[英]大卫·李嘉图：《政治经济学及赋税原理》，引自王亚南：《资产阶级古典政治经济学选辑》，商务印书馆1965年版。

（张俊山）

劳动价值论

Labor Theory of Value

劳动价值论是关于商品价值由无差别的一般人类劳动，即抽象劳动所创造的理论。

劳动决定价值这一思想最初由英国古典经济学家威廉·配第提出，亚当·斯密和大卫·李嘉图对发展这一思想做出了巨大贡献。威廉·配第认为，劳动是价值的源泉，但劳动并不是它所生产的使用价值即物质财富的唯一源泉，劳动是财富之父，土地是财富之母（威廉·配第，1662；1672）。亚当·斯密区分了使用价值和交换价值、价值和市场价格、简单劳动和复杂劳动，提出了一般社会劳动决定商品价值的理论和"看不见的手"的理论（亚当·斯密，1776）。大卫·李嘉图甚至认识到决定商品价值量的是社会必要劳动量，他考察了剩余价值生产，认为产品的全部价值是由工人创造的，分析了资本主义社会阶级对立关系在分配领域的表现，揭示了资本家与工人的对立（大卫·李嘉图，1821）。古典经济学家的这些分析为马克思创立劳动价值论奠定了基础。但是，由于他们不懂得劳动二重性理论，所以不懂得什么劳动创造价值，不理解社会必要劳动量是如何决定价值的；不能明确区分价值和交换价值，不是从生产商品中所耗费的劳动来解释价值，而是从该商品所换来的另一种商品包含的劳动量来解释该商品的价值。因此，在价值的形式、价值的本质、价值的源泉和价值量的决定等重大理论问题的认识上出现了混乱和错误。同时也由于当时政治经济条件的制约和他们自身的局限，他们只停留于对资本主义表面现象的观察，不能彻底揭示资本主义生产方式内在的矛盾。

马克思继承了亚当·斯密、李嘉图理论的科学成分，创立了马克思主义的劳动价值论。马克思主义的劳动价值论的基本内容主要包括：(1)商品具有二因素，价值与使用价值一起共同构成商品的实体；(2)劳动二重性决定商品的两因素，具体劳动创造使用价值，抽象劳动创造价值，价值是人类劳动一般即抽象劳动的产物，体现人们之间的社会关系；(3)商品价值量决定于生产商品的社会必要劳动时间，以此为基础进行商品等价交换；(4)价格是价值的表现形式，价格围绕价值波动;(5)劳动力创造价值和剩余价值,剩余价值理论是在劳动价值论基础上创立的(逄锦聚等,2005)。

马克思主义的劳动价值论是马克思主义政治经济学理论的基石。它第一次确定了什么样的劳动形成价值,为什么形成价值以及怎样形成价值,阐明了具体劳动和抽象劳动在商品价值形成中的不同作用,从而揭示了剩余价值的真正来源。在劳动价值论的基础上,马克思创立了资本主义条件下的剩余价值理论、工资理论、积累理论、资本循环周转和社会再生产理论、分配理论和周期危机理论,揭示了资本主义社会最终将为更加美好的未来社会(共产主义社会的初级阶段是社会主义社会)所取代的必然趋势,同时对未来社会进行了预测和展望。所以马克思主义的劳动价值论是指导无产阶级革命的理论。

马克思主义的劳动价值论是在对资本主义条件下商品生产、商品交换的分析中得出的,但它包含了关于商品生产、商品交换和市场经济发展最一般最基本的理论。马克思在阐述劳动价值论过程中所阐述的商品使用价值的数量和质量的规定性,商品价值实体和价值量的规定性,特别是关于价值规律的理论,等等,都是对商品生产、商品交换和市场经济发展一般规律的揭示。这些理论不仅适应于资本主义社会条件下的市场经济,也适应于包括社会主义条件下的市场经济在内的一切市场经济。这是马克思劳动价值论产生以来虽然遭到来自资产阶级各个方面的攻击和否定,但依然放射真理光芒的根本原因所在(逄锦聚、洪银兴、林岗、刘伟,2009)。

但是,实践在不断发展,人类社会在不断前进,特别是第二次世界大战以后,与科技革命相伴随的经济信息化和全球化,使全球经济具有了许多新的特点。改革开放以来,中国社会经历了从计划经济体制向市场经济体制的伟大转变。我国社会主义市场经济的实践历程,与马克思经典作家在深刻剖析和揭示资本主义基本矛盾之后,对未来社会所进行的预期有很多的不同。社会主义市场经济条件下社会劳动的内容和社会财富积累的方式也与马克思经典作家的论述发生了深刻的变化:社会主义条件下生产性劳动的范围在扩大、科技等生产要素的作用在加强、按劳分配与按生产要素分配的关系在发展,等等。面对这些新的变化和由此引起的一些新问题,必须深化对在社会主义市场经济条件下的劳动和劳动价值论的认识和研究继承和发展马克思主义的劳动价值论,不仅对于在新的历史条件下坚持和发展整个马克思主义理论体系,而且对于指导我国社会主义实践的健康发展,都具有重要意义。

深化对马克思主义劳动价值论的认识,要着力研究如下问题:

第一,深化对创造价值的劳动的认识,对生产性劳动做出新的界定。马克思在《资本论》等著作中,在考察生产性劳动的一般或抽象性质,认为物质生产领域的劳动才是生产性劳动并创造价值,而绝大部分非物质生产领域的劳动属于非生产性劳动不创造价值的基础上,进一步考察了资本主义条件下的生产性劳动,认为在资本主义条件下,劳动是生产性的,还是非生产性的,并不是取决于劳动的一般性质,而是取决于劳动能否为资本家带来剩余价值,只有创造剩余价值的劳动才是生产性劳动。在社会主义市场经济条件下,生产资料所有制关系发生了变化,社会生产的根本目的也发生了变化,因此对于社会主义市场经济条件下生产性劳动,也需要做出新的认识和界定。

第二,深化对科技人员、经营管理人员在社会生产和价值创造中所起作用的认识。马克思在《资本论》中关于“总体工人”的理论中,对脑力劳动(包括科技人员和管理者的劳动)给予了肯定,认为这些劳动也是创造价值的劳动,但他重点研究的是物质生产领域的体力劳动。在当今社会,在科技创新和知识创新越来越重要的条件下,科技劳动和管理劳动等脑力劳动,不仅作为一般劳动在价值创造中起着重要的作用,而且作为更高层次的复杂劳动创造的价值要大大高于简单劳动。因此,应充分肯定科技人员、经营管理人员在创造价值中付出的劳动,在收入分配方面使他们的劳动报酬与其劳动贡献相对称,以充分调动和发挥他们的积极性和创造性。

第三,深化对价值创造与价值分配关系的认识。价值创造与价值分配是相互联系又有区别的范畴。价值创造属于生产领域的问题,而价值分配是属于分配领域的问题。价值创造是价值分配的前提和基础,没有价值创造也就没有价值分配。但价值分配又不仅仅取决于价值创造。在实际经济生活中,价值分配首先是由生产资料所有制关系所决定的,体现一定的生产关系,有什么样的生产资料所有制关系,就有什么样的分配关系。

参考文献:

《马克思恩格斯文集》第5卷,人民出版社2009年版。

[英]威廉·配第:《赋税论》,华夏出版社2006年版;《政治算术》,中国社会科学出版社2010年版。

[英]亚当·斯密:《国民财富的性质和原因的研究》,陕西人民出版社2001年版。

[英]大卫·李嘉图:《政治经济学及赋税原理》,光明日报出版社2009年版。

逄锦聚等:《马克思劳动价值论的继承与发展》,经济科学出版社2005年版。

逄锦聚、洪银兴、林岗、刘伟:《政治经济学》,高等教育出版社2009年版。

《马克思主义基本原理概论》,高等教育出版社 2010 年修订版。

（逄锦聚）

私人劳动和社会劳动
Individual Labor and Social Labor

私人劳动与社会劳动是反映商品生产中劳动特有社会性质的一对范畴。人类的物质生产过程是一个由劳动所推动的、按照人类需要而进行的对自然进行改造的物质过程,但是,在不同的社会生产关系下,人类的物质生产会有着不同的社会形式,从而使得在这种社会形式下进行的劳动具有反映该社会条件的性质。商品经济是人类物质生活资料生产在社会分工和生产资料私有制条件下所具有的社会形式,私人劳动和社会劳动即是这些社会条件所赋予生产劳动的特有社会性质。

商品生产是社会分工条件下进行的,社会分工是人类社会生产发展到一定程度的产物,从生产力的角度讲,社会分工使各个生产者专注于某一产品的生产,生产者可以在专门的生产中积累生产经验,促进生产技能的精湛、劳动工具的专门化,这些都有助于提高劳动生产率、提高产品质量,以及产品种类的增多。社会分工也使生产者之间形成了商品经济中特有的关系,“社会分工使商品所有者的劳动成为单方面的,又使他的需要成为多方面的。”(《马克思恩格斯文集》第 5 卷,人民出版社 2009 年版,第 127 页)因此,在社会分工条件下,生产者是彼此为对方劳动,这样就使社会生产者事实上组成一个相互联系的劳动整体。在这个劳动整体中,每个人的劳动从性质上是社会总体劳动的一部分,是社会劳动。

商品生产又是以生产资料私有制为条件的,生产资料的私有制把构成社会总劳动的生产者总体分割成许许多多表面上互不相干的独立的生产者。在这种形式下,生产什么、怎样生产、生产多少等问题都是由每个生产者自己决定的私事,生产者在自己的决策下进行生产,表面上与其他人没有关系。因此,他们从事的是私人劳动。

但是,生产者表面上从事的彼此分离的私人劳动并不能否定事实上他们之间因社会分工而作为互相联系的社会总劳动的一部分存在的事实。这样,就构成了商品经济中劳动的互相依存又互相矛盾的两个方面——私人劳动和社会劳动。私人劳动和社会劳动是商品经济中生产劳动同时具有的两方面性质,同时,这两个方面又是互相矛盾的,商品生产劳动直接的私人形态使他们的劳动不能直接被证明是社会总劳动的一部分,从而也就不能保证社会对他们劳动的承认。劳动的私人形态使生产者在生产之时无法体现其社会性质,他们只能通过把自己的产品当作价值与其他商品等同,从而证明自己用在商品生产上的劳动同其他商品中包含的劳动一样,是社会总劳动的一部分。因此,生产商品劳动的这两重性质决定了劳动产品是作为价值生产的,以价值的形式表明投在商品生产上的劳动是作为社会劳动的构成部分。这样,生产者之间彼此为对方劳动的关系,通过商品之间彼此作为价值发生关系而迂回地表现出来。

劳动的私人形态不仅使生产商品的劳动必须以价值的形式来表明自己是社会总劳动中的一部分,同时,仍是劳动的私人形态也为商品实现为价值设置了障碍,使得以私人形态的投入商品生产的劳动不能自动地、必然地体现为社会劳动。私人劳动在生产商品时所耗费的劳动,它的具体物质形态是否是为社会所需要的形态,从而其产品是否适应社会的需要。私人按照自己的生产技术和劳动强度等所决定的劳动生产率进行生产,所耗费的劳动是否符合社会普遍的、一般的耗费水平,即社会必要劳动时间。即使在前两项都符合社会要求的情况下,由许多商品生产者所决定的投入某一商品的劳动总量是否与社会总劳动中要求投入这种生产的劳动总量是否相符。所有这些,在私人劳动的情况下是不能自觉地加以保证的,在不能从劳动的物质形态和劳动的投入水平、投入数量上与社会要求相一致的情况下,私人劳动就不会顺利地实现为社会劳动。生产者的劳动不能实现为社会劳动,也就意味着生产者不能用自己的劳动换取他人的劳动产品,而他自己的劳动产品对他来说没有使用价值,他是把它们当作价值生产出来的,但是,不能实现为社会劳动的劳动就不是形成价值的劳动,在这种情况下,他的劳动产品也不能作为价值来发挥作用。在这种情况下,生产者劳动中私人劳动和社会劳动就在性质上处于尖锐的对立状态。这时,正如马克思所说的,“摔坏的不是商品,但一定是商品所有者。”(《马克思恩格斯文集》第 5 卷,人民出版社 2009 年版,第 127 页)

私人劳动和社会劳动的矛盾是由商品经济存在的社会条件所决定的,它们反映着商品经济中社会生产关系的本质,伴随着商品经济的始终;私人劳动和社会劳动的矛盾赋予了劳动产品以商品、价值的形式,使人与人的关系体现为物的运动,赋予了商品经济以特有的外部形态;私人劳动和社会劳动的矛盾既推动着商品的运动,同时也决定着商品运动遇到的困难。因此,私人劳动和社会劳动的矛盾是商品经济的基本矛盾。

参考文献：

《马克思恩格斯文集》第 5 卷,人民出版社 2009 年版。

（张俊山）

简单劳动和复杂劳动
Simple Labor and Complex Labor

简单劳动和复杂劳动是马克思在论述劳动的二重性中抽象劳动性质时提出的概念。马克思认为,"商品价值体现的是人类劳动本身,是一般人类劳动的耗费。"(《资本论》第1卷,人民出版社2004年版,第57页)这种一般人类劳动耗费反映着各种劳动的共同性,所以,它是按照任何一种普通劳动过程的耗费所衡量的劳动,"它是每个没有任何专长的普通人的机体平均具有的简单劳动力的耗费。"(《资本论》第1卷,人民出版社2004年版,第58页)抽象劳动是在商品交换关系作用于形成的经济范畴,它反映着占商品社会最大多数、最普遍的劳动之间的交换关系,因而,抽象劳动是不同类型简单劳动交换中体现出来的劳动的量的规定性。但是,在商品经济中并不是所有的劳动形式在同样长时间内对人类劳动的耗费都是相同的,有些劳动因其本身的复杂性,使得从事这些劳动的劳动者在同样长时间内要支出更多的体力、脑力耗费,这种劳动被称为复杂劳动。马克思认为,在商品交换中"比较复杂的劳动只是自乘的或不如说多倍的简单劳动。"(《资本论》第1卷,人民出版社2004年版,第58页)

简单劳动和复杂劳动这一对范畴并不是对于各种劳动的复杂程度差别的一般概括或描述,它们是马克思在说明商品经济中等量劳动相交换的原理的过程中所提出的概念。这一对范畴反映的是在商品交换过程中体现出来的,并与商品交换相关联的劳动复杂程度问题,它的意义在于说明不同商品生产因劳动复杂程度不同而引起的在交换过程中表现出的对等量劳动相交换这一原则的背离。商品经济存在的条件是社会分工和生产资料的私有制,因此,简单劳动和复杂劳动这两种劳动首先是存在于社会分工所形成不同商品生产之中。社会分工使不同的生产者专注于不同的产品生产,在各种产品的生产中,对一般大多数产品来说,生产者都可以在掌握其生产技术条件下,按照普通人的劳动支出能力进行相应的生产。这样,等量劳动时间生产的不同商品基本上包含有等量的劳动,这类商品就可以按照它们的社会必要劳动时间相互进行等价交换,生产这类商品的劳动就属于简单劳动的范畴。也有一些商品,其生产技术过程相对复杂,因而在生产中需要从内涵上投入更多的体力、脑力(譬如,精神的专注所带来的体力和脑力较多的支出),它们的生产在同样时间需要耗费生产者更多的劳动。这种更多的劳动支出是以劳动的复杂性为前提的,这种更为复杂的劳动往往不是任何一个没有专长的人所能从事的,需要一定的学习和培训过程。这种因劳动的复杂性而导致同样时间支出更多体力和脑力的商品生产劳动,就属于复杂劳动的范畴。简单劳动和复杂劳动是投在不同商品生产上的劳动,劳动的复杂性带来的相等时间内劳动支出的不同,使得在交换中一定时间复杂劳动的产品可以与多倍时间的简单劳动产品相等。这一结果是以从事两类劳动的生产者生产不同的产品并且相互以商品关系相对待为前提的,离开这种关系就无从谈复杂劳动在同时长时间内创造更多的价值。

简单劳动和复杂劳动是与商品交换关系相关联的范畴,是为解释商品交换过程中的现象规律而提出的,因此,这对范畴有着自己特定的背景和意义,不能任意地用这对范畴解释非商品交换关系中的分配现象。

在生产过程内部劳动分工中,劳动者从事的局部劳动,每个劳动者的劳动成果都不能独立地作为商品存在。马克思指出,"工场手工业分工的特点是什么呢?那就是局部工人不生产商品。变成商品的只是局部工人的共同产品。"(《资本论》第1卷,人民出版社2004年版,第411页)因此,在生产过程内部,劳动者之间不存在商品交换关系,他们个人的劳动并不形成价值,形成价值的是作为社会生产力的总体劳动。在这种场合就不能使用简单劳动和复杂劳动的范畴解释每个劳动者创造的价值多少,因为作为局部劳动他们每个人都不创造价值。

简单劳动与复杂劳动是反映不同商品生产之间劳动复杂性差别的范畴,不能把它们用在任意场合,更不能任意地用它们来解释收入分配的差别。上面提到,在生产过程内部分工场合不能使用简单劳动和复杂劳动这对范畴来解释问题,当然更不能用来解释企业主收入问题。在资本主义生产方式中,企业主的管理活动具有二重性,一方面是制造产品的社会劳动过程的需要;另一方面是资本价值增殖过程的需要。而后一方面则是管理的本质,因而也是收入分配的决定性因素。因此,应当用剩余价值理论解释企业主收入问题,而不能用复杂劳动解释企业主收入问题。

对于政治经济学中简单劳动和复杂劳动范畴的理解,还应注意不应把简单劳动与复杂劳动等同于体力劳动与脑力劳动。人类的任何劳动都是体力脑力劳动的统一,从劳动分工的角度讲,体脑劳动的分工,只是把劳动过程中脑力劳动的一部分内容从劳动过程中分离出去,成为专门一部分人的劳动内容。体力劳动中仍离不开精神、思想的力量。脑力劳动的内容范围十分广泛,其中相当一部分不属于生产性劳动,因而与政治经济学中简单劳动和复杂劳动范畴所指的经济环境相距甚远,不在一个领域。在生产领域内部,同一生产组织内部不同成员相互之间不以商品关系相对待,而且,在生产领域内部也有许多脑力劳动是属于执行生产关系职能的活动,因此,其中的分配结果更不能用简单劳动和复杂劳动差别来解释。体力劳动与脑力劳动之间的关系内涵十分丰富，比简单劳动和复杂劳动范畴内容要丰富得多。把体力劳动与脑力劳动的关系等同于简单劳动与复杂劳动的关系就会掩盖前一对概念中所包含的丰富的社会关系、历史原因等内容。

参考文献：
马克思：《资本论》第1卷，人民出版社2004年版。

（张俊山）

生产劳动和非生产劳动
Productive Labor and Nonproductive Labor

对生产劳动和非生产劳动的划分，包括根据一般劳动过程中劳动性质的区分和根据特定生产方式下的劳动性质的划分两方面的内容。

从一般意义的劳动过程来看，凡是生产物质产品即使用价值的有用劳动都是生产劳动。“在劳动过程中，人的活动借助劳动资料使劳动对象发生预定的变化。过程消失在产品中。它的产品是使用价值，是经过形式变化而适合人的需要的自然物质。劳动与劳动对象结合在一起。……如果整个过程从其结果的角度，从产品的角度加以考察，那么劳动资料和劳动对象表现为生产资料，劳动本身则表现为生产劳动”，这是“从简单劳动过程的观点得出的生产劳动的定义。”（《马克思恩格斯文集》第5卷，人民出版社2009年版，第211页）随着社会分工的发展，劳动过程的分工不断细化。物质产品的生产越来越是在分工协作下完成的，单个劳动不再生产完整的产品，而是由处于分工不同阶段上的劳动者共同生产。从总体劳动过程来看，在没有其他劳动者的协作下，单个劳动者生产具有完整的使用价值的产品已越来越不可能，因此，“上面从物质生产性质本身得出的关于生产劳动的最初定义，对于作为总体来看的总体工人始终是正确的，但对于总体中的每一个单个成员来看，就不再适用了。”（《资本论》第1卷，人民出版社2004年版，第582页）这时，尽管单个劳动者不再独立生产完整的产品，但是，作为总体工人的一部分他的劳动仍然是生产使用价值的生产性劳动。

在资本主义生产方式中，生产劳动与非生产劳动的划分又包含了社会生产关系的因素。资本主义生产的本质是剩余价值生产，因此，按照资本主义的观念，生产劳动是指能生产剩余价值的劳动。“只有为资本家生产剩余价值或者为资本的自行增殖服务的工人，才是生产工人。……生产工人的概念决不只包含活动和效果之间的关系，工人和劳动产品之间的关系，而且还包含一种特殊社会的、历史地产生的生产关系。这种生产关系把工人变成资本增殖的直接手段。”（《资本论》第1卷，人民出版社2004年版，第582页）“用来生产商品的劳动必须是有用劳动，必须生产某种使用价值，必须表现为某种使用价值。所以，只有表现为商品，也就是表现为使用价值的劳动，才是同资本交换的劳动。”（《马克思恩格斯全集》第26卷Ⅰ，人民出版社1972年版，第431页）在这里，既然生产劳动是和资本交换，并生产剩余价值的劳动，那么非生产劳动就是和收入相交换的劳动。“什么是非生产劳动……那就是不同资本交换而直接同收入即工资或利润交换的劳动（当然也包括同那些靠资本家的利润存在的不同项目，如利息和地租交换的劳动）”（《剩余价值理论》第1册，人民出版社1975年版，第148页）。马克思强调指出，生产劳动和非生产劳动的区分，同劳动的物质规定性从而劳动产品的物质规定性（即特殊的使用价值）本身毫无关系。在资本主义生产关系下，生产劳动把客观劳动条件转化为资本，并把客观劳动条件的所有者转化为资本家；它是表现劳动能力在资本主义生产过程中所具有的关系和方式的一个范畴，是资本主义存在的必要条件。因此，“同一种劳动可以是生产劳动，也可以是非生产劳动”，关键在于用于交换的劳动是否改变了交换双方的经济关系。

与社会劳动的发展相适应，人们对生产劳动的认识也经历了一个发展的过程。比如在民以食为天的古代，重农学派认为只有农业劳动才是生产劳动，错误地把工业劳动视为非生产劳动。在资本的原始积累阶段，对外贸易给国家带来大量金银财富的国度，因此，重商主义认为只有商业贸易活动，尤其是对外贸易活动才是创造国民财富的生产劳动。在资本积累基本完成，资本主义进入工场手工业的时代，代表新兴资产阶级利益的古典经济学家如亚当·斯密等，虽然科学地把工农业劳动都纳入生产劳动的范畴，但却把不固定的和物化在可以捉摸的物品上的服务劳动统统视为非生产劳动，从而错误地区分了两种劳动的概念。马克思区分了物质生产一般和在特定生产关系下的物质，从而摆脱了古典政治经济学的局限性，分别指出了在物质生产一般和生产的资本主义形式下生产劳动和非生产劳动的含义。马克思特别提出了，资本主义生产劳动是指在资本主义关系下和生产资本相交换并能生产剩余价值的有用劳动（有用劳动指生产使用价值），包括从物质生产总过程来看的所有雇佣劳动；非生产劳动是指不能生产剩余价值的劳动，即使这种劳动也能生产使用价值（譬如，仆役的劳动）。正如马克思所说，“从资本主义生产的意义上说，生产劳动是这样一种雇佣劳动，它同资本的可变部分（花在工资上的那部分资本）相交换，不仅把这部分资本（也就是自己劳动能力的价值）再生产出来，而且，除此之外，还为资本家生产剩余价值。仅仅由于这一点，商品或货币才转化为资本，才作为资本生产出来。”（《剩余价值理论》第1册,人民出版社1975年版,第300页)马克思区分两者的目的是为了分析与资本相交换的劳动是如何生产剩余价值的,以及对资本积累的影响因素,由此揭示资本主义生产关系的产生和发展过程。

关于社会主义生产劳动和非生产劳动的划分,我国经济学界一直存在分歧和争论,焦点在于生产劳动是否包括非物质生产部门的劳动。根据新中国成立以来我国理论界对生产劳动概念的不同认识,大体上可以概括为三种意见:一种意见认为,人们所从事的物质资料的劳动是生产劳动,即所谓"窄派"的意见;一种意见认为,体现一定生产关系的劳动是生产劳动,即所谓"宽派"的意见;还有一种意见认为,生产劳动有两个概念,一个是体现人和自然之间的关系的概念;另一个是体现生产关系本质的概念,即所谓"中派"的意见。关于生产劳动的"宽派"与"窄派"之争,实质上是如何认识社会主义条件下的劳动生产性问题;或者说,是什么劳动创造社会财富(包括物质财富和精神财富)的问题。虽然马克思没有专门研究过社会主义生产劳动的问题,但根据马克思划分资本主义生产劳动和非生产劳动的标准可知,社会主义生产劳动的规定应该与社会主义生产目的的规定是一致的。因此,社会主义的生产劳动就是指为了充分满足劳动者的物质和文化生活需要而在社会主义生产关系下进行的生产劳动。

参考文献:
马克思:《资本论》第1卷、第2卷、第3卷,人民出版社2004年版。
《剩余价值理论》第1册,人民出版社1975年版。
《马克思恩格斯全集》第26卷Ⅰ,人民出版社1972年版。
《马克思恩格斯文集》第5卷,人民出版社2009年版。

(柳欣　王璐)

体力劳动和脑力劳动
Manual Labor and Mental Labor

马克思在研究资本主义生产关系时指出,劳动是人和自然之间的过程,是人以自身的活动来引起、调整和控制人和自然之间的物质变换的过程。"单个人如果不在自己的头脑的支配下使自己的肌肉活动起来,就不能对自然发生作用。正如在自然机体中头和手组成一体一样,劳动过程把脑力劳动和体力劳动结合在一起了。"(《资本论》第1卷,人民出版社2004年版,第582页)劳动划分为体力劳动和脑力劳动,其中,体力劳动是劳动者以消耗体力为主的劳动,它是任何社会存在和发展的基本条件。相应地,脑力劳动则是劳动者以消耗脑力为主的劳动。体力劳动和脑力劳动的分离,专门的脑力劳动的出现是人类社会发展到一定阶段的产物,是伴随着生产资料私有制和阶级的出现而产生的。

从原始公社制向奴隶制过渡的过程中,脑力劳动逐步从体力劳动中分离开来,并发展到对抗的对立状态,这种分离是劳动生产力有一定发展又不充分发展的历史产物。在原始社会,由于生产力水平低下,人的劳动不能提供剩余产品,同一共同体内有劳动能力的人都要参加生产活动即繁重的体力劳动,不可能有专门从事脑力劳动的成员。当生产力有了一定发展、劳动能够提供一定数量的剩余产品时,开始了体力劳动与脑力劳动的分离,表现为广大的奴隶、农奴、手工业者终生从事繁重的体力劳动,而奴隶主、封建主及依附于他们的特权阶层完全脱离生产劳动,一部分人作为知识分子得以专门从事科学文化以及管理社会共同事务之类的脑力劳动。这就是"从事单纯体力劳动的群众同管理劳动、经营商业和掌管国事以及后来从事艺术和科学的少数特权分子之间的大分工。这种分工的最简单的完全自发的形式,正是奴隶制。"(《马克思恩格斯选集》第3卷,人民出版社1972年版,第221页)这种分离有利于生产力和科学文化的发展,在历史上是一大进步。但在阶级社会中,脑力劳动和体力劳动的差别体现着阶级对立关系,智力活动被少数特权分子所垄断,成为剥削和奴役体力劳动者的一种特权。而且,由于奴隶制和封建制经济的基础是自然经济,社会生产依靠手工劳动,所以当时的脑力劳动没能在物质生产中形成独立的力量。

资本主义以生产剩余价值为目的,工人在资本家的指挥和监督下劳动。随着以分工协作为技术基础的工场手工业的发展,资本对协作劳动的管理、监督和调节发展成为劳动过程的必要条件。当协作规模扩大,资本家就把直接和经常监督单个工人和工人小组的职能交给了特定的雇佣工人,他们以监督工作为固定专职而摆脱了体力劳动,从而他们的劳动就具有脑力劳动的性质。工场手工业进一步强化了由特定雇佣工人承担管理、监督和调节劳动过程这一资本职能,资本主义机器大工业则加深并完成了物质生产过程中体力劳动与脑力劳动的分离。科学应用于生产并与直接的生产劳动相分离,导致脑力劳动与体力劳动的分离表现为科学技术人员和有别于资本家的生产管理人员与单纯从事直接生产活动的体力劳动者的分离。这种分离固然大大提高了劳动生产力,并为科学和知识的发展创设条件,但这些进步是通过使工人完全从属于资本、并使工人本身的智力和专业的发展受到压制来实现的,因而具有阶级对立的性质。随着资本主义机器大工业的发展,科学应用于生产的规模扩大、速度加快,在雇佣工人从事的体力劳动中,智力因素的比重随之增大,作用越来越重要,资本对劳动者的文化水平的要求越来越高。但是,只要存在着资本主义制度,就必然存在体力劳动与脑力劳动的分离和对立。

社会主义社会废除了私有制和剥削，建立了生产资料的社会主义公有制，劳动者成为生产的主人，消除了脑力劳动和体力劳动的对抗，使两类劳动者之间不再体现阶级对立关系而只体现社会分工。但在社会主义社会的一定时期，生产力的发展还不能完全排除手工劳动和重体力劳动，脑力劳动同体力劳动的分工依然存在，脑力劳动者和体力劳动者在劳动条件和文化技术水平等方面还存在差别。这种差别依然具有旧的社会分工的特点，这是社会生产力还没有充分发展、科学文化和教育还没有达到使社会每个成员得到全面发展程度的结果。但这种差别已消除了阶级对立的性质，从事脑力劳动和体力劳动的都是社会主义劳动者，他们之间的分工建立在生产资料社会主义公有制基础上，以发展社会生产力、提高人民的物质、文化生活水平为共同目的；区分的意义只是为了更深入更专业地进行劳动过程，提高总体劳动效率。随着社会主义现代化建设的进展，繁重的体力劳动必将逐步被机器代替，脑力劳动与体力劳动在生产过程中的有机结合将越来越紧密，脑力劳动将不断扩大在经济和社会生活中的活动领域，智力作为决定生产力发展因素的作用将大大加强。特别是在科学技术日新月异并深刻影响人类历史发展的现时代，必须充分肯定脑力劳动者在创造历史活动中的巨大作用，同时又必须充分肯定体力劳动者的历史作用。只要存在脑力劳动和体力劳动的社会分工，就必须同时肯定脑力劳动者和体力劳动者的历史作用，而不能将两者的作用简单对立起来。

改革开放以来，我国生产力有了很大提高，各项事业有了很大进步。但从经济结构和劳动方式看，我国仍然是一个农业人口占很大比重、在很大程度上依靠手工劳动的农业国，还需要很长一段时间去实现工业化和生产的社会化、市场化和现代化。与此相联系并受此影响，现阶段我国劳动群众的构成表现出一个重要特点，即脑力劳动者（知识分子）的比重小，体力劳动者和半体力劳动者的比重大。一方面，知识分子所占比重小这一特点，使我国在以科学技术和人才为实质的现代国际竞争中处于不利地位，制约了我国经济和社会发展。这就要求我们要大力发展教育事业，努力提高劳动群众的科学文化素质，充分发挥知识分子作为第一生产力的开拓者和社会主义精神文明建设主力军的作用，这是对知识分子的历史创造作用的充分肯定。另一方面，体力劳动者和半体力劳动者所占比重大这一特点，又要求我们对他们的重要地位和现实作用予以充分肯定。广大工人和农民群众是工农业生产的主力军，也是社会主义精神文明建设的主力军，当代中国的社会发展离不开亿万普通劳动群众的辛苦劳动和无私奉献。因此，现阶段我们必须全面、客观地认识和看待知识分子与其他普通群众创造历史的作用；既要充分发挥广大知识分子的积极性，也要充分发挥亿万工农群众的积极性。当然，随着社会生产力的发展，劳动者全面发展并在生产劳动中表现自己全部体力和脑力的能力所需的社会经济条件也将愈益充分。到了共产主义社会，随着社会全体成员才能的全面发展和劳动生产力的提高，脑力劳动与体力劳动的分离和差别将最终消失。

参考文献：

马克思：《资本论》第1卷、第2卷、第3卷，人民出版社2004年版。

《马克思恩格斯选集》第3卷，人民出版社1972年版。

（柳欣　王璐）

劳动生产率
Labor Productivity

劳动生产率是指劳动者在一定时期内创造的劳动成果与所消耗的劳动的比率，反映生产者生产产品的效率，表示劳动量和产量之间的关系。劳动生产率的高低也可以通过同一劳动量所推动的生产资料量的多少反映出来。一般来说，劳动生产率的高低同一定量劳动所推动的生产资料量成正比，即劳动生产率的提高意味着一定量的活劳动可以推动更多的物化劳动。

劳动生产率按其计算的范围可分为：(1)个人劳动生产率，指按照直接生产者个人的劳动耗费和产量的关系计算的劳动生产率；(2)企业劳动生产率，指按照企业所有人员的劳动耗费和产量关系计算的劳动生产率；(3)社会劳动生产率，是从社会角度考察计算单位产品所耗费的社会平均必要劳动量。社会劳动生产率反映着社会生产的先进和落后程度。

劳动生产率按其决定的条件可分为：(1)劳动的社会生产率，是指由社会生产力的发展程度所决定的生产率；(2)劳动的自然生产率，是指由劳动的自然条件所决定的生产率。马克思说："在农业中（采矿业中也一样），问题不只是劳动的社会生产率，而且还有由劳动的自然条件决定的劳动的自然生产率。"（《资本论》第1卷，人民出版社1975年版，第864页）由于劳动的自然生产率不同，同量劳动会生产出较多或较少的产品或使用价值。这种差额，在商品生产条件下会形成级差收入，在土地私有制下则会形成级差地租。

劳动生产率的状况是由社会生产力的发展水平决定的。具体说，决定劳动生产率高低的因素主要有：(1)劳动者的平均熟练程度。劳动者的平均熟练程度越高，劳动生产率就越高。劳动者的平均熟练程度不仅指劳动实际操作技术，而且也包括劳动者接受新的生产技术手段，适应新的工艺流程的能力。(2)科学技术的发展程度。科学技术越是发展，而且越是被广泛地运用于生产过程，劳动生产率也就越高。(3)生产过程的组织和管理。主要包括生产过程中劳动者的分工、协作和劳动组合，以及与此相适应的工艺规程和经济管理方式。(4)生产资料的规模和效能。主要指劳动工具有效使用的程度，对原材料和动力燃料等利用的程度。(5)自然条件。主要包括与社会生产有关的地质状态、资源分布、矿产品位、气候条件和土壤肥沃程度等。在提高劳动生产率过程中，以上诸要素既各自发挥自己的作用，又存在着相互联系和相互促进的关系。科学技术的发展能够引起熟练程度的提高、生产组织管理水平的提高、生产资料质量和数量的提高以及利用和改造自然条件能力的提高等。从总的发展趋势看，劳动生产率随着社会生产的发展而不断提高。

在商品经济条件下，劳动生产率直接影响着单位的商品价值量。从部门平均劳动生产率来看，劳动生产率的高低同单位商品价值量的大小成反比。劳动生产率越高，同一时间内生产的使用价值就越多，单位商品中包含的劳动时间就越少，从而商品的价值量就越少。反之，商品的价值量就越大。但是，“不管生产力发生了什么变化，同一劳动在同样的时间内提供的价值量总是相同的”(《资本论》第1卷，人民出版社2004年版，第60页)。就是说，同一劳动时间，无论劳动生产率怎样变化，它仍然是原来的劳动时间，在相同的劳动时间中形成的总价值是相同的。从个别企业的劳动生产率来看，个别生产者生产商品的劳动生产率提高时，他的商品中包含的个别劳动时间就会低于社会必要劳动时间，而商品的价值是由社会必要劳动时间决定的，这样，个别劳动就相当于倍加的社会劳动，在同样的时间内，它所创造的价值要多于同样社会平均劳动所创造的价值。

美国管理学家杜拉克对提高劳动生产率这一问题的观点有如下三方面：(1)清晰的定义任务；(2)专注于所定义的任务，即“专心一致的完成任务”；(3)正确合理的评价任务。评价任务的尺度选择不当，就不能表明正确的价值观念，其后果是完成任务的人积极性的消退，误导群体的认知观念。只有正确和合理的评价标准，才能具有很好的导向作用，激发群体的内在动力，从而提高工作效果和效率。

劳动生产率的提高具有重要意义。在资本主义社会，提高企业的劳动生产率成为资本家追逐超额剩余价值的主要手段。提高社会劳动生产率是资本家实现相对剩余价值生产的途径。正是在追逐剩余价值的驱使下，资本主义“无所顾及地按照几何级数推动人类劳动生产率的发展”(《资本论》第3卷，人民出版社2004年版，第292页)。使生产力以前所未闻的速度和规模迅速发展起来。生产力的发展与资本主义生产关系产生深刻的矛盾，而这一矛盾的不断深化必然导致资本主义的灭亡。在社会主义制度下，根本的任务是发展社会生产力，而提高劳动生产率是生产力发展的综合体现，列宁指出：无产阶级在夺取政权以后，“必须要把创造高于资本主义的社会结构的根本任务提到首要地位，这个根本任务就是：提高劳动生产率”(《列宁选集》第3卷，人民出版社1995年版，第490页)。只有大大提高劳动生产率，才能充分显示社会主义制度的优越性，不断提高人民的物质文化生活水平，实现社会主义生产目的，保证社会主义制度取得最后胜利。

参考文献：

《马克思恩格斯全集》第23卷、第25卷，人民出版社1972年版。

《列宁全集》第34卷，人民出版社1963年版。

马克思：《资本论》第1卷，人民出版社2004年版。

马克思：《资本论》第3卷，人民出版社2004年版。

逄锦聚、洪银兴、林岗、刘伟：《政治经济学》，高等教育出版社2008年版。

《列宁选集》第3卷，人民出版社1995年版。

（周立群）

劳动的自然生产力
Natural Productivity of Labor

劳动的自然生产力是指利用自然资源和自然力如瀑布、风力等而产生的生产力，是由劳动的自然条件所决定生产力。在农业(或采矿业)中，劳动的自然条件决定劳动自然生产力。由于劳动的自然生产力不同，同量劳动会生产出较多或较少的产品或使用价值。这种差额，在商品生产条件下会形成级差收入，在土地私有制下则会形成级差地租。自然生产力就是客观存在于自然界同时又与人类的生产活动密切相关，并直接或间接影响生产活动的各种自然力量的总和，是自然界的自然力和生产力的统称。自然生产力主要包括生物本身的生长或转化力、生物生长环境条件方面的光、热、气、水等因素的量及相互之间的转化力、土地数量肥力或土地中适宜于作物的生长的各因素的量及其相互之间的转化力三种要素，并表现为两个层次即自然界的自然力和自然界的生产力。自然力是劳动的自然生产力的根源和基础，生产力是劳动的自然生产力的主体和核心。

劳动的自然生产力的特征：(1)劳动的自然生产力作为一种自然力，其形成是自发的，其作用的发生是盲目的，但却具有必然性和规律性。(2)劳动的自然生产力作为一种生态生产力，具有生态系统的整体性特征。生态生产力是一个综合起作用的总的生产力，它不是自然力和生物生产力的简单相加，而是它们的有机整合。(3)劳动的自然生产力作为一种自然力，但不包括自然破坏力。自然破坏力是自然力的一种，如地震、海啸、台风、雷电等，由于它们不进入生产过程反而是一种破坏生产的力量，因而，不能属于劳动的自然生产力范畴。

劳动的自然生产力的作用：(1)劳动的自然生产力是人类赖以生存的前提条件。马克思指出，劳动“首先是人和自然之间的过程，是人以自身的活动来中介、调整和控制人和自然之间的物质变换的过程”(《资本论》第1卷，人民出版社2004年版，第207～208页)，而劳动过程是制造使用价值的有目的的活动，是为了人类的需要而占有自然物，是人和自然之间的物质变换的一般条件，是人类生活的永恒的自然条件。(2)劳动的自然生产力是人类发展的保证。马克思指出：“撇开社会生产的不同发展程度不说，劳动生产率是同自然条件相联系的。这些自然条件都可以归结为人本身的自然(如人种等)和人的周围的自然。外界自然条件在经济上可以分为两大类：生活资料的自然资源，例如土壤的肥力、渔产丰富的水，等等；劳动资料的自然资源，如奔腾的瀑布、可以航行的河流、森林、金属、煤炭，等等。”(《资本论》第1卷，人民出版社2004年版，第586页)如果人类的生态足迹破坏了自然资源的存量，削弱了自然的再生产能力，那么最终自然再生产将滞后于人口再生产和物质资料再生产，自然生产力将阻碍和制约社会生产力的可持续发展。(3)劳动的自然生产力是人类文明进步的重要标志。人类正从工业文明向生态文明迈进，在这个过程中，我们必须重新认识人类与自然之间的关系，尊重自然，爱护环境，重视自然生产力。

正确认识劳动的自然生产力的意义。长期以来人们对于劳动的自然生产力没有给予充分的重视，没有将其纳入社会生活之中。事实上，自从人类的活动作用于自然，人类史与自然史就融为了一体，自然运动变化的状态与运动规律由于人的参与显得复杂多变，因此我们必须正确树立对待自然的态度。(1)必须尊重自然，充分认识人类对于自然的依赖性，劳动的自然生产力一旦遭到破坏就无法挽回。改变那种蔑视自然，完全从人类利益的角度对待自然的态度。保护生态系统，使自然生产力能够得以延续。(2)劳动的自然生产力真正转化成生产力需要中介。社会组织形式、资源配置和科学技术等是劳动的自然生产力转化成生产力的中介，能否合理地配置资源是现代社会发展的必要条件。(3)劳动的自然生产力是人类不可缺少的生产要素，随着对这一问题认识的深入，各国对于自然生产力的保护十分重视。保护本国的资源，廉价获取他国的资源已成为发达国家的战略。一些发展中国家通过出卖资源获得发展经济的资金，导致环境破坏，贫国更加贫困。正确利用市场机制，合理利用劳动的自然生产力，已成为政府宏观调控的任务。(4)科学技术的应用创造了大量财富，也加剧了人与自然的矛盾，科学技术对自然生产力也有破坏作用。因此，应该理智地对待科学技术的作用，发挥其积极作用并抑制其消极作用。

参考文献：
马克思：《资本论》第1卷，人民出版社2004年版。
马克思：《资本论》第3卷，人民出版社1975年版。
逄锦聚、洪银兴、林岗、刘伟：《政治经济学》，高等教育出版社2008年版。

(周立群)

劳动的社会生产力
Social Productivity of Labor

劳动的社会生产力是指由于人们在生产中的社会结合(分工协作、生产组织等)而形成的生产力。马克思在分析协作时指出，工人作为社会工人通过协作不仅提高了个人生产力，而且也创造了一种生产力，从而使生产力得到提高。“不论在一定情况下结合工作日怎样达到生产力的这种提高：……结合工作日的特殊生产力都是劳动的社会生产力或社会劳动的生产力。这种生产力是由协作本身产生的。”(《资本论》第1卷，人民出版社2004年版，第382页)人类的物质生产活动从来都是以社会的方式进行的，所以，劳动总是社会的劳动，因此，马克思常用“劳动生产力”、“社会劳动生产力”、“劳动的社会生产力”、“直接社会的、社会化的劳动生产力”等概念，来表达同生产力有关的含义。但是，在特定场合针对所研究的问题，“劳动的社会生产力”又用来指由劳动的社会结合而产生的生产力。

劳动的社会生产力的发展具有连续性、顺序性、速度性等特点，总是按照自身的顺序由低级向高级发展，人们不能自由选择这种或那种生产力。在原始社会、奴隶社会和封建社会，劳动的社会生产力发展比较缓慢。资本主义大机器生产出现以后，社会生产力发展速度大大加快。马克思、恩格斯在19世纪40年代曾指出：“资产阶级在它的不到一百年的阶级统治中所创造的生产力，比过去一切世代创造的全部生产力还要多，还要大。”(《马克思恩格斯选集》第1卷，人民出版社1972年版，第256页)19世纪末20世纪初以来，由于科学技术迅速发展，新的生产部门层出不穷，劳动生产率成倍、几十倍、几百倍地提高，社会生产总量迅速扩大，劳动的社会生产力发展速度明显地表现出越来越快的趋势。

在资本主义制度下，劳动的生产力表现为资本的生产力。马克思说："在固定资本中，劳动的社会生产力表现为资本固有的属性；它既包括科学的力量，又包括生产过程中社会力量的结合，最后还包括从直接劳动转移到机器即死的生产力上的技巧。"（《马克思恩格斯全集》第46卷下，人民出版社1980年版，第229页）因此，劳动的社会生产力的发展，不是以增加物质财富为目的，不是一般的节约活劳动，而是通过在同样时间内生产更多的使用价值，降低单位商品的价值量，从而缩短工人的必要劳动时间，相对延长剩余劳动时间，以取得更多的剩余价值，实现资本的增殖。这就是说，在资本主义制度下，劳动社会生产力的增长，使资本致富，也就是使资本支配劳动的权力更加增大，使资本的生产力增长。

劳动的社会生产力的主要影响因素：(1)社会分工。社会分工的发展具有两种不同的形式和结果。一种是从集中化的生产中产生社会分工，即企业内部的分工转化为社会分工、企业之间的分工。这里存在双重的结果，一方面，一部分生产从原有的企业内部分离出来了，由另外一些独立的企业来承担，因此原来的企业在生产内容上变小了；另一方面，也正是由于原有企业的生产专业化加强了，为生产规模的扩大和集中的发展创造了条件，企业可能变得更大了，对于经营从原来一个企业内部分离出来的项目的企业来说也是如此。社会分工发展的另一种形式是在现有生产的基础上创造新的分工关系，即创造原来没有的生产，这一点在当代科技革命的发展过程中表现最为突出，一系列中小型高科技企业的建立，利用新的技术发明，生产和提供以往并不存在的新产品和服务。(2)生产组织。混合一体化使企业规模得以扩大，它在内容和结果上总是表现为三种：第一种是建立在专业化基础上的生产集中(主要是横向一体化)，美国的微软公司、英特尔公司都是这种典型代表。而且这种形式的集中和垄断是集中和垄断的主要形式；第二种是以一定的社会分工转化为企业内部的分工为特点的集中(主要是纵向一体化)。第三种就是第二次世界大战后出现的所谓跨行业、跨部门的"混合联合"，这是一种混合一体化。正是通过这些不同形式的一体化，使企业规模得以扩大。企业规模的扩大，有利于进行技术的开发和创新，有利于提高市场占有率；企业资产总量的增大，有利于实现资产形式的多样化，有利于增强企业的市场竞争力和应付市场环境变化的能力。特别是在市场竞争日趋激烈的情况下，企业规模的扩大，有利于把相对较大的资本投入到技术开发和广告宣传上去。

劳动社会生产力是由多种情况决定的，其中包括：工人的平均熟练程度，科学地发展水平及其在工艺上的应用状况，生产过程的社会结合方式，生产资料的规模和效能，以及自然条件等。特别是科学技术知识的作用，随着社会的进步，越来越具有重要的地位。马克思说："固定资本的发展表明，一般社会知识，已经在多么大的程度上变成了直接的生产力，从而社会生活过程的条件本身在多么大的程度上受到一般智力的控制并按照这种智力得到改造。它表明，社会生产力已经在多么大的程度上，不仅以知识的形式，而且作为社会实践的直接器官，作为实际生活过程的直接器官被生产出来。"（《马克思恩格斯全集》第46卷下，人民出版社1980年版，第219～220页）当前科学技术的发展，电子计算机、智能机器人等在生产中的应用，证明了马克思的科学结论。

在社会主义制度下，劳动的社会生产力的提高，科学技术的发展，具有特别重要的意义。它是新制度战胜旧制度的根本保证，是新制度优越于旧制度的重要表现。当前，世界先进的劳动的社会生产力，是以信息科学和生命科学为核心的高新技术生产力。中国提高劳动的社会生产力的途径是发展那些能够反映出当前世界科技革命与现代生产力发展的特点和趋势的生产力，以及能够有效地推动中国实现工业化和经济的市场化、社会化、现代化任务的生产力。

参考文献：
马克思：《资本论》第1卷，人民出版社2004年版。
《马克思恩格斯选集》第1卷，人民出版社1972年版。
《马克思恩格斯全集》第46卷下，人民出版社1980年版。

（周立群）

消费力
Consumption Power

所谓消费力，是指一定时期内消费者的消费能力。马克思说："消费的能力是消费的条件，因而是消费的首要手段，而这种能力是一种个人才能的发展，一种生产力的发展。"（《马克思恩格斯全集》第46卷下，人民出版社1980年版，第225页）从理论上说，消费力可以分为个人消费力和社会消费力两种形式，社会消费力是个人消费力的总和，它们决定于社会的分配关系。因此，社会消费力是指在一定的生产关系下消费者受整个社会关系特别是分配关系的支配所具有的消费能力，其大小不直接决定于社会生产力的水平，而直接决定于所有制和分配的性质。就像马克思说明资本主义社会消费力时指出的，"社会消费力既不是取决于绝对的生产力，也不是取决于绝对的消费力，而是取决于以对抗性的分配关系为基础的消费力；这种分配关系，使社会上大多数人的消费缩小到只能在相当狭小的界限以内变动的最低限度。这个消费力还受到追求积累的欲望的限制，受到扩大资本和扩大剩余价值生产规

模的欲望的限制。”(《资本论》第3卷,人民出版社1975年版,第272~273页)

生产力与消费力存在互动关系。一方面,发展生产力、发展生产的能力,既是发展消费的能力,又是发展消费的资料;另一方面,提高消费力实际上也是提高生产力,因为消费使最基本的生产力——劳动者得到发展,从而有利于生产力的发展。在这里,发展生产力与发展消费能力、发展消费资料是同步的。马克思是把消费力的发展看做是生产力的发展,把发展消费能力和发展消费资料看做是发展生产力的途径,把消费能力的发展看做是个人才能的发展。经济社会越是发展到现阶段,消费力的这一意义就越是重要。根据马克思关于消费需要层次包括生存、享受、发展三个层次需要的理论,发展消费就体现个人才能的发展,就是生产力的发展。所以,发展消费已成为现代推动生产力发展的重要途径。

在具有社会属性的消费关系中,经济利益是根本的、主要的。它不但贯穿于生产、分配、交换之中,而且最终通过消费体现出来。在生产、分配、交换和消费组成的生产关系体系中,消费关系的内容相当广泛。例如,包括社会消费与个人消费的关系,消费者占有和支配消费对象的关系,职工和农民的消费关系,脑力劳动者和体力劳动者的消费关系,富裕户与困难户的消费关系,以及不同地区、年龄、性别、职业、宗教信仰等消费者之间的消费关系等。除了这些消费关系外,还有涉及时间序列的当前消费与未来消费的关系,近期消费与长远消费的关系,提前消费与延期消费的关系,以及反映这些关系的储蓄、收入、价格与消费的关系等。此外,消费关系除了集中体现在经济方面,也还反映在意识形态以及政治、法律制度等上层建筑方面。特别是,由于消费活动的主题具有不同的人生观、幸福观、价值观,以及不同的消费方式、消费心理、消费习惯等,从而形成不同的消费关系。当国家和社会采用法律、行政等手段保护消费者利益、指导消费者科学地进行消费时,就形成国家和社会与消费者之间的法律关系、行政关系。在消费过程中,除了消耗物质产品外,还消耗精神产品,对这些精神产品的消费也反映着一种消费关系。

而且,消费关系不是一成不变的。它随着社会生产力、生产关系的变化而变化,并受到一定上层建筑的制约。社会主义的消费关系不同于资本主义的消费关系,社会主义各国的消费关系也不完全一样,一个国家在不同历史时期也有着不同的消费关系。因此,消费关系是社会的、历史的产物,随着社会生产力的发展和社会的进步,也会不断变化并逐步完善。

参考文献:
《马克思恩格斯全集》第46卷下,人民出版社1980年版。
马克思:《资本论》第1卷、第2卷、第3卷,人民出版社1975年版。
《马克思恩格斯选集》第2卷,人民出版社1972年版。

(柳欣 王璐)

生产和消费的关系
the Relationship between Production and Consumption

生产与消费之间存在着的辩证关系包括:第一,生产决定消费。生产为消费提供对象,生产出消费的方式;生产决定消费水平、消费方式并为消费创造动力,没有生产就没有消费。生产不仅创造消费的对象,第二,消费对生产有重大的反作用。消费创造出新的生产需要,为生产提供动力和目的。马克思说:“消费在观念上提出生产的对象,作为内心的意象、作为需要、作为动力和目的。消费创造出还是在主观形式上的生产对象。没有需要,就没有生产。而消费则把需要再生产出来。”(《马克思恩格斯选集》第2卷,人民出版社1972年版,第94页)具体地说,人们在消费产品的过程中,产生新的需要,给生产提供了新的要求,为再生产提供了动机和目的。消费也为生产创造出新的劳动力,并提高劳动力的质量,提高劳动者的生产积极性,提高劳动生产率。因此,没有消费需要就没有生产,而要进行生产就必须根据社会消费需要来进行。正因为消费具有重大的作用,人们不能人为地抑制消费,而应当根据生产力的发展逐步提高消费水平,使消费和生产协调发展。

在再生产过程中,生产和消费都可以成为起点。消费作为起点,是因为消费提供生产的动机、生产的目的;有消费才有人去生产,只有消费扩大了才能扩大生产,只有消费层次提高了才能提高生产层次。这就明确指出了消费对生产从而对经济发展的拉动作用。消费是人们为了满足生产和生活的需要而对物质资料的使用和消耗,包括生产消费与生活消费。生产消费是指生产过程中对生产资料,包括劳动手段、劳动对象及生产的其他物质条件资料等的消耗,广义地说,也包括生产过程对劳动力的消耗,生产消费本身包含在生产活动之中;生活消费是指人们为实现个人的生存和发展需要而对各种物质生活资料的消费,生活消费是恢复和发展劳动力必不可少的条件,是保证再生产过程不断进行的前提。通常所说的消费,一般是指生活消费。

马克思在分析社会资本再生产时,又将消费资料划分为必要消费资料和奢侈消费资料两大类。其中,必要消费资料是工人阶级用来满足基本生活需要的消费品,它是构成资本家阶级消费的一部分;奢侈消费资料是只进入资本家阶级而工人阶级和一般劳动者享受不到的消费品。根据马克思的观点，消费者的消费取决于它所分配的收入份额，而收入的分配又取决于生产条件的分配情况。“消费资料的任何一种分配，都不过是生产条件本身分配的结果。”（《马克思恩格斯选集》第3卷，人民出版社1972年版，第13页）

消费作为生产活动的归宿，对生产活动起着反作用。在市场经济条件下，消费与投资一起成为社会需求的重要组成部分，是再生产可以进行的社会条件。

传统的增长方式突出投资的拉动作用而忽视消费的拉动作用，其后果是：一方面供给跟不上投资需求；另一方面产能过剩导致增长效益下降；更重要的是妨碍民生改善和人民生活水平的提高。

消费行为包括消费者的消费需求产生的原因、消费者满足自己的消费需求的方式、影响消费者选择的有关因素等。消费活动作为人们的一种有意识有目的的活动，其行为主要体现在不同的消费关系中，比如生活消费过程中的自然因素之间、人与人相互之间，以及人们与自然之间发生的各种关系。一般来说，生活消费过程既是人们同消费对象发生关系的自然过程，又是人们之间发生一定的社会关系的社会过程。因此，在这个双重性质的消费过程中，必然会发生三种形式的消费关系，即：（1）自然消费关系，即消费中的各种自然因素之间的关系，如食品营养成分与寿命、健康之间的关系；（2）社会消费关系，即消费中的社会因素之间的关系，如个人消费与社会集体消费的关系；（3）自然社会消费关系，即消费中的自然因素与社会因素之间的关系，如消费者与环境的关系。

参考文献：

《马克思恩格斯选集》第2卷，人民出版社1972年版。
《马克思恩格斯选集》第3卷，人民出版社1972年版。
马克思：《资本论》第1卷、第2卷、第3卷，人民出版社2004年版。

（柳欣　王璐）

二、资本主义经济

资本主义
Capitalism

资本主义是在商品经济发达的条件下形成的以雇佣劳动关系为中介无偿占有他人创造的剩余价值为基础的生产方式。在这种生产方式中，作为能够在经济运动中不断增殖的价值额的资本，是私有财产的最基本、最主要的形式。这也就是这种生产方式被冠以“资本主义”之名，而这种财产的所有人被称为“资本家”的原因。与资本主义前的经济形态相比，资本主义具有这样三个基本特征：（1）商品生产发展到很高的程度，以致商品货币关系覆盖了社会关系的各个领域，市场成为按社会需要资源配置的主要手段。（2）与生产资料相分离但具有人身自由的劳动者的劳动力被纳入商品的范围。劳动者与资本家之间通过劳动力这种特殊商品的买卖，形成了雇佣劳动关系。劳动力的买卖具有不同的商品所有者之间平等和自由的交易的性质，但这种平等和自由对于工人来说只是形式上的，因为他们自由得一无所有，不将劳动力出卖给资本家就无法生存。平等和自由的形式掩盖着的是资本家阶级对工人阶级的统治。（3）通过对工人劳动力的使用，最大限度地榨取剩余价值（利润）从而实现无止境的资本增殖，是资本主义经济的绝对规律。同时具备这三个特征，是判别一种经济形态是否为资本主义的先决条件。但是，西方主流经济学者由于各种原因，却给资本主义以许多片面以致错误的定义，最常见的是称资本主义为“市场社会”或“自由市场”。按米尔顿·弗里德曼的说法，这是“直接提供经济自由的那种组织”（弗里德曼，1962）。此外，还有西方学者将资本主义经济制度“还原”为各种经济行为人之间的“合同”，证明资本主义是一种节约交易费用的契约体系（威廉姆森，1985）。所有这些关于资本主义的片面或错误的说法，都对体现在上述第2和第3个特征上的资本主义的阶级统治和剥削的性质视而不见或避而不谈。

资本主义是随着生产力的发展，在封建社会末期发展起来的。资本主义首先在西欧地区出现。在这个地区，奴隶制时代的城市在罗马帝国因“蛮族入侵”而崩溃的过程中走向衰落。在封建社会早期，封建领地上自给自足的农奴家庭经济构成全部经济的基础。后来，随着生产发展，剩余产品增多，集市贸易繁盛起来。商贩和逃亡农奴集聚于集市，城市重新发展起来。城市的形成促进了分工和商品货币关系的发展。14～15世纪，造船和航海术以及其他交通技术的发展，导致海外贸易规模快速扩大。在大规模海外贸易带来的巨额货币财富的刺激下，航运业出现了最初的股份企业；通过对家庭手工业进行集中控制而聚集大量商品的包买商制度流行起来；城市手工业作坊也冲破封建行规的限制而发生分化，开始转化为雇工经营的工场；一些小生产者合伙经营性质的采矿和冶炼行业的生产组织，也因需求的增长而以雇工经营的方式扩大生产。这样，在地中海沿岸的某些城市出现了规模较大的雇工经营的工场，形成了资本主义的萌芽。这一时期海外贸易的主要产品是呢绒纺织品。这类产品的生产规模不断扩大，产生了对羊毛等原材料的巨大需求。在这种需求形成的货币收益的诱惑下，英国和西欧大陆国家的一些封建领主剥夺农奴的份地，将其变为牧场，开始了从15世纪最后30多年直至19世纪初才在整个欧洲完成的资本原始积累过程。除了对本国劳动者的剥夺之外,货币资本的原始积累还包含着对美洲土著的种族灭绝、在亚洲由西欧各国政府武力公然支持的大规模贩毒和制毒、由非洲到北美的奴隶贩卖等血泪斑斑的殖民掠夺。这个过程一方面使巨额的货币财富集中到少数人手中,为开办大规模的资本主义工场准备了物质条件;另一方面又造成劳动者与生产资料的分离,使他们沦为出卖自己的劳动力的自由劳动者,从而为开办大规模的资本主义工场准备了人身条件。

在原始积累奠定的基础上,资本主义生产方式逐渐取代了封建生产方式。17~18世纪,荷兰、英国和法国相继爆发资产阶级革命,确立了资产阶级的政治统治。从18世纪30年代到19世纪初,欧美各国先后完成了工业革命,实现了由手工生产到机器生产的过渡。产业革命的完成标志着资本主义制度的最终确立。资本主义制度的形成,解放了为封建制度所束缚的社会生产力。马克思和恩格斯在《共产党宣言》中说:"资产阶级在它的不到一百年的阶级统治中创造的生产力,比过去一切世代创造的生产力还要多,还要大。自然力的征服,机器的采用,化学在工业和农业中的运用,轮船的行驶,铁路的通行,电报的使用,整个整个大陆的开垦,河川的通航,仿佛用法术从地下呼唤出来的大量人口——过去哪一个世纪料想到在社会劳动里蕴藏有这样的生产力呢?"(《马克思恩格斯选集》第1卷,人民出版社1995年版,第277页)到19世纪末20世纪初,资本主义经历了从自由竞争阶段到垄断阶段或帝国主义阶段的转变。在自由竞争阶段,由于个别资本的规模还较小,任何资本家还没有影响市场供求关系的实力,不同资本家之间追求最大利润的竞争十分激烈。竞争促进了生产力的发展,加速了资本积累,同时造成资本家的分化,引起资本和生产的集中,而资本和生产的集中发展到一定程度就会导致垄断,形成控制了某个部门或数个部门的生产从而可以左右市场形势的垄断资本。这种垄断资本与银行资本的结合,形成了渗透到社会经济各个领域的金融资本。各国垄断资本集团为了争夺产品市场和原材料供应地,扩大资本输出范围,在20世纪发动了两次世界大战。原始积累时期的血腥的殖民政策和种族灭绝、两次世界大战以及两次战后的许多次大规模的局部战争,说明了对外扩张和侵略是资本主义与生俱来的恶行。

在资本主义发展的历史上,周期性的经济危机是一个无法摆脱的噩梦。虽然资产阶级及其国家机器做了很大努力企图熨平经济周期、消除危机,而且这种努力也不是毫无成效(第二次世界大战前后开始在欧美实行的政府干预和社会福利制度在一定范围内减轻了危机造成的社会灾难的严重性),但周期和危机终归还是无法消除。从1825年英国的第一次全面经济危机、20世纪30年代的大萧条到2008年的世界金融危机,危机总是同资本主义相伴而行。这是由资本主义生产方式固有的基本矛盾即生产的社会化与生产资料的私人占有的矛盾决定的。资本主义生产方式是以发达的商品货币经济为基础的,处于社会分工体系的各个分支上的生产者都是在为交换生产商品,或者说是为他人或为社会对特定使用价值的需要进行生产。但是,由资本主义私有制决定的资本家的生产目的或者说资本主义的绝对规律,却是追求最大的剩余价值即利润,也就是追求资本价值的尽可能的增殖,而使用价值的生产只不过是实现这种追求的手段。在资本主义的绝对规律的支配下,资本家一方面尽力增加积累、扩大生产规模;另一方面又尽力提高剥削程度,压低劳动者的工资,结果造成生产能力相对于社会的有支付能力的需要的严重过剩,最终引发危机。

马克思主义经典作家曾断言,虽然资本主义生产方式使人类社会的生产力获得空前的发展,但由于其内在矛盾的作用,它最终会被一种能够克服这种矛盾的新的生产方式即共产主义(社会主义)所取代。第一次世界大战后苏联的出现,第二次世界大战后一批社会主义国家的产生和社会主义阵营的形成,曾经为这种论断的正确性提供了有力的佐证。但是,随着20世纪90年代苏联和东欧社会主义国家的解体,这一论断的正确性遭到广泛的怀疑以致否定。但是,资本主义是"历史的终结"的妄言余音未了,2008年全球经济危机爆发了。这又一次证明了马克思对资本主义基本矛盾和这种生产方式的历史局限性的分析的正确性。当然,这不是说资本主义很快就要灭亡了。在可以预见的未来,资本主义还会存在下去,因为,"无论哪一个社会形态,在它所能容纳的全部生产力发挥出来以前,是决不会灭亡的;而新的更高的生产关系,在它的物质存在条件在旧社会的胎胞里成熟以前,是决不会出现的。"(《马克思恩格斯选集》第2卷,人民出版社1995年版,第33页)资产阶级国家在一次又一次的危机冲击和工人运动的压力下,尤其是在20世纪30年代的大危机之后,已对资本主义经济体制做了许多改良,如国家干预和社会福利体系的建立。虽然这些改良没有触动资本主义生产方式的根基,不可能克服资本主义的基本矛盾,但也确实将一些新制度的因素引入到资本主义社会之中,为未来的社会变革一点一点准备着条件。这也是以新自由主义为思想代表的资产阶级保守派敌视这些社会改良,说它们损害了个人自由和私人产权,宣称要回到19世纪那种纯粹的资本主义去的原因。

参考文献:

《马克思恩格斯选集》第1卷,人民出版社1995年版。
《马克思恩格斯选集》第2卷,人民出版社1995年版。
《马克思恩格斯文集》第5卷、第6卷、第7卷,人民出版社 2009 年版。
《列宁选集》第 2 卷,人民出版社 1995 年版。
厉以宁:《资本主义的起源》,商务印书馆 2006 年版。
[法]保罗·芒图:《十八世纪产业革命——英国近代大工业初期的概况》,商务印书馆 1983 年版。
[美]米尔顿·弗里德曼:《资本主义与自由》,商务印书馆 2009 年版。
[美]奥利弗·E·威廉姆森:《资本主义经济制度》,商务印书馆 2009 年版。

(林岗)

资本主义私有制
Private Ownership of Capitalism

资本主义私有制,即生产资料的资本主义私有制,或称资产阶级私有制。马克思和恩格斯给这种所有制以这样的定义:"现代的资产阶级私有制是建筑在阶级对立上面,建筑在一些人对另一些人的剥削上面的生产和产品占有的最后而又最完备的表现。"(《马克思恩格斯选集》第 1 卷,人民出版社 1972 年版,第 265 页)其基本内容是:劳动者与生产资料相分离,生产资料归资本家占有,资本家通过与劳动者之间的雇佣关系,控制生产过程并占有劳动成果,剥削劳动者的生产的剩余价值,使自己的财产以资本的形式不断增殖。资本主义的生产资料私有制实际上也就是劳动者与生产资料相结合的资本主义形式,它与资本主义的直接生产过程中形成的资本家与工人之间以雇佣劳动为前提的剥削关系是等价的概念。仅仅从法律意义上的物权来看待生产资料所有制,从而仅仅将资本主义所有制定义为"生产资料归私人所有",是对资本主义所有制的不完整的理解。应当看到,这里的物具有"资本"的社会形式,私人物权的主体即"资本家"的社会规定性要由包括雇佣劳动和剩余价值生产在内的直接生产过程中的社会关系来界定(林岗,1986)。

资本主义的生产资料私有制是资本主义社会最基本的经济特征。作为直接生产过程中的社会经济关系,这种生产资料所有制是包括流通和分配关系在内的整个资本主义经济关系的基础。在资本主义社会,最普遍也是最基础的生产关系,就是资本家占有生产资料,劳动者沦为劳动力商品的出卖者,前者通过雇佣劳动关系即对后者的劳动力的购买,在生产过程中将劳动力作为可变资本与不变资本(生产资料)结合起来,无偿地为自己生产剩余价值,使自己的资本增殖。

在许多资本主义国家历来就存在一些"国有经济",而且在第二次世界大战之后这种经济在西方国家一度还有所增加。但是对于整个资本主义经济而言,资本主义私有制依然是其最重要最广泛的经济基础。而且,资本主义国家是为资产阶级利益服务的,国有经济的出现是为了更好地维护资产阶级的权利。恩格斯这样说明过资本主义国有制的性质:"现代国家,不管它的形式如何,本质上都是资本主义的机器,资本家的国家,理想的总资本家。它越是把更多的生产力据为己有,就越是成为真正的总资本家,越是剥削更多的公民。工人仍然是雇佣劳动者,无产者。资本主义并没有消灭,反而被推到了顶点。"(《马克思恩格斯选集》第 3 卷,人民出版社 1995 年版,第 629 页)从第二次世界大战后的实际情况来看,资本主义的国有企业实际上是维护私有经济的工具,是资本主义私人经济正常运行的保障和辅助。在经济危机时期,资本主义国家的政府往往通过国有化来使某些经营面临严重困难的大型私有企业免于破产,危机过去之后又重新将其私有化。

至于在资本主义国家广泛存在的股份制,虽然具有"社会资本"的形式,但其形成的基础也仍然是资本主义私有制。马克思指出:"那种本身建立在社会生产方式的基础上并以生产资料和劳动的社会集中为前提的资本,在这里直接取得了社会资本(即那些直接联合起来的个人资本)的形式,并且它的企业也表现为社会企业,而与私人企业相对立。这是作为私人财产的资本在资本主义本身范围内的扬弃。"(《马克思恩格斯文集》第 7 卷,人民出版社 2009 年版,第 494 ~ 495 页)在股份公司中,实际执行职能的资本家转化为单纯的经理,资本所有者转化为单纯的所有者,由此产生资本所有权和资本职能的分离。由于这种分离,利润和利息表现为对他人剩余劳动的单纯占有。马克思指出:"这种占有之所以产生,是因为生产资料已经转化为资本……已经作为他人的财产,而与一切在生产中实际进行活动的个人(从经理一直到最后一个短工)相对立。"(《马克思恩格斯文集》第 7 卷,人民出版社 2009 年版,第 495 页)这就是说,资本主义社会的股份公司是以资本主义私有制为基础的。

资本主义私有制是随着封建所有制关系逐渐落后于生产力的发展水平而产生的,它在一定历史发展阶段促进了社会生产力的发展,但随着生产资料越来越集中在极少数资产者手中,资本主义社会的基本矛盾——生产资料私人占有与生产社会化之极的矛盾日益激化。这最终必然会导致资本主义私有制度的灭亡。资本主义社会所创造的自身掘墓人——无产阶级的根本任务,就是消灭私有制。不仅工人阶级要改变自身被剥削的命运就必须消灭资本主义私有制,而且资本主义私有制的消灭和社会主义公有制的建立是与社会化大生产的需要相适应的必然的历史发展趋势。马克思和恩格斯在《共产党宣言》中说:"共产党人可以把自己的理论概括为一句话:消灭私有制。"(《马克思恩格斯选集》第 1 卷,人民出版社 1995 年版,第 286 页)

参考文献：
《马克思恩格斯选集》第 1 卷，人民出版社 1972 年版。
《马克思恩格斯选集》第 2 卷，人民出版社 1995 年版。
《马克思恩格斯文集》第 5 卷、第 6 卷、第 7 卷，人民出版社 2009 年版。
恩格斯：《反杜林论》，引自《马克思恩格斯选集》第 3 卷，人民出版社 1995 年版。
林岗：《所有制的含义、结构和基础》，载于《学习与探索》1986 年第 2 期。
丁为民：《发达资本主义国家的所有制结构》，引自高峰：《现代资本主义的经济关系和运行特征》，南开大学出版社 2000 年版。
Kramer, D. C. , *State Capital and Private Enterprise*, London, New York: Routledge, 1988.

（林岗）

货币转化为资本

Transformation of Money into Capital

货币是资本的最初表现形式，商品流通是资本的起点。每一个新资本最初都是作为货币出现在市场上，经过一定社会经济过程这个货币才会转化为资本。

货币转化为资本所经历的过程的初始阶段和最终阶段都是在商品流通中进行的，“必须根据商品交换的内在规律加以说明，因此等价物的交换应该是起点。”（《马克思恩格斯文集》第 5 卷，人民出版社 2009 年版，第 193 页）一定数量的货币，是资本的最初表现形式，这些货币要成为资本必须经过流通领域，但是具有决定意义的价值增殖并不发生在流通领域，在这个领域所进行的只能是等价交换。货币之所以能转化为资本，前提条件是劳动力这一具有特殊使用价值（进行劳动，创造价值）的商品的出现。在市场上，货币所有者按价值购买劳动力和生产资料，然后将它们投入生产，生产出的最终商品也要按它们的价值出售，但此时出售最终商品获得的货币收入大于他最初拥有的货币量。买和卖都是遵循了价值规律进行的等价交换，所有的价值增殖只能发生在生产领域，即发生在劳动力商品使用价值的耗费过程中。因此，要转化为资本的货币，它必须进入流通领域，但是价值增殖不是发生在货币本身，在这个流通领域中货币承担的依然是支付手段和购买手段的职能，它能转化为资本的关键就在于它能在流通领域购买到具有能够创造出比自身价值更大的价值的商品——劳动力商品。

参考文献：
《马克思恩格斯文集》第 5 卷，人民出版社 2009 年版。

（徐玉立）

资本总公式

General Formula for Capital

资本总公式是：G（货币）—W（商品）—G′（更多的货币）。这是资本运动最一般因而也是最抽象的形式。这个公式概括了产业资本、商业资本和生息资本等各类资本的运动形式，反映了各类资本运动的共同特征，即通过运动实现价值增殖，即赚取比原来的 G 更多数量的货币 G′。此外，G—W—G′这一资本总公式在说明货币是资本最初的表现形式的同时，又将资本运动与商品流通（W—G—W）相区别，从而把资本与货币的区别鲜明地体现出来。首先，作为货币的货币和作为资本的货币具有不同的流通形式。商品流通中，起点和终点都是商品，中介是货币。而作为资本的货币流通的起点和终点都是货币，只是数量不同的货币，中介是商品。其次，二者运动的目的不同。商品流通中货币支出是为了获得货币所有者所需要的使用价值，进行使用价值的消费，而在资本运动中作为资本的货币是为了实现价值增殖，是为了获得剩余价值。

资本总公式包含了一个内在的矛盾，即商品流通中的等价交换原则与资本在运动中发生的价值增殖之间的矛盾，或者说从资本总公式的形式来看，其运动与价值理论、价值规律相矛盾。要解决这一矛盾就要说明在价值规律或者等价交换原则的基础上资本价值的增殖问题。马克思的劳动力商品理论、资本主义生产过程理论解决了这个问题。剩余价值生产即资本的增殖，是由于资本所有者购买到了劳动力这一具有特殊使用价值的商品，通过该商品在生产中的使用即劳动而实现。正是劳动力商品的出现，才使货币成为资本，而在资本总公式中看不见消耗劳动力商品的使用价值的过程，即生产过程。

参考文献：
《马克思恩格斯文集》第 5 卷，人民出版社 2009 年版。

（徐玉立）

劳动力商品

Labor-power Commodity

劳动力商品指在市场上作为买卖对象的劳动力。劳动力可以理解为“活的人体中存在的、每当他生产某种使用价值时就运用的体力和智力的总和”（《马克思恩格斯文集》第 5 卷，人民出版社 2009 年版，第 195 页）。它成为供买卖的商品必须具备两个前提条件：第一，劳动力占有者“是自由人，能够把自己的劳动力当作自己的商品来支配”；第二，“他没有别的商品可以出卖，自由得一无所有，没有任何实现自己劳动力所必需的东西。”（《马克思恩格斯文集》第 5 卷，人民出版社 2009 年版，第 197 页）只有在资本主义制度下才会具备以上两个条件,因而劳动力商品是一个历史的范畴。货币转化为资本的必要前提就是劳动力成为商品,所以说劳动力商品也是资本主义生产的特有现象。

劳动力商品同其他商品一样,也具有使用价值和价值二重属性。

劳动力的价值是由生产和再生产劳动力商品所需要的生活资料的价值决定的。它包括三个部分:(1)在正常情况下维持劳动者本人所必需的生活资料的价值,用以维持他的劳动力的再生产。(2)劳动者养育子女所必需的生活资料的价值,用以延续劳动力商品的供给。(3)劳动者掌握一定的劳动技能所必需的教育和训练费用,用以满足资本主义生产对具备一定的技术和文化知识的劳动力的要求。劳动力价值的最低限度"是劳动力承担者即人每天得不到就不能更新他的生命过程的那个商品量的价值,也就是维持身体所必不可少的生活资料的价值"(《马克思恩格斯文集》第5卷,人民出版社2009年版,第201页)。与其他商品价值不同的是,劳动力商品的价值还受到社会发展水平、历史传统和生活习惯等因素的影响。劳动力价值在不同国家或同一国家的不同时期是不同的、可变的,但在一定国家的一定时期,它又是可以测定的。

劳动力的使用价值是劳动,其独特性在于:通过劳动力商品的消费即进行生产劳动能创造出价值,并能创造出比它自身价值更大的价值。这种超过劳动力价值的价值就是剩余价值。所以,劳动力商品是价值的源泉,也是剩余价值的源泉,是一种特殊的商品。而资本家购买劳动力,正是看中了劳动力商品的这个特殊使用价值。只有买到了劳动力这个特殊商品,他才能通过无偿占有劳动创造的剩余价值而实现资本增殖。另外,劳动力商品的使用价值只有在实际的生产过程中通过劳动现实地作用于其他生产资料时才能发挥出来,因此,在进入生产过程之前,这一使用价值只是作为一种能力和创造价值的可能性存在着。

参考文献:
《马克思恩格斯文集》第5卷,人民出版社2009年版。

(徐玉立)

雇佣劳动
Wage Labor

雇佣劳动指劳动力所有者把自身的劳动力作为商品出卖给资本家并提供剩余价值的劳动。雇佣劳动是资本主义生产方式所特有的,"资本主义时代的特点是,对工人本身来说,劳动力是归他所有的一种商品形式,因而他的劳动具有雇佣劳动的形式。"(《马克思恩格斯文集》第5卷,人民出版社2009年版,第198页)与资本相对,雇佣劳动和劳动力商品是同一事物的两面。当工人的劳动具有雇佣劳动的形式,劳动产品的商品形式才普遍化。商品交换的发展和货币流通的扩大,使财产占有上的两极分化日益严重,逐渐导致劳动具有雇佣劳动的特征。而资本的原始积累过程,更加迅速地剥夺了大部分人的生产资料,使越来越多的人沦为不得不依靠出卖自身劳动力来维持生存的无产者,成为受雇于资本家的工人,从事雇佣劳动。资本家通过雇佣无产者生产所获得的剩余价值的积累,为生产力的发展提供了更多的可能。伴随着机器大工业时代的到来,雇佣劳动也成了资本主义社会占统治地位的劳动形式,成为资本主义生产方式的特有属性和基本特征。

雇佣劳动是打着公平交易幌子的隐蔽剥削形式。在奴隶社会,奴隶是作为奴隶主的财产存在的,是奴隶主的所有物,其剥削形式是对奴隶从人身到劳动成果的完全占有。在封建社会,农奴有部分人身自由,为自身生存所需从事的劳动和为地主从事的劳动存在明显界限。进入资本主义社会,劳动力成为商品,工人享有完全的人身自由。"劳动力的买和卖在流通领域或商品交换领域的界限以内进行的……那里占统治地位的只是自由、平等、所有权和边沁。"(《马克思恩格斯文集》第5卷,人民出版社2009年版,第204页)流通领域的形式上的平等,掩盖了资本家在生产领域对工人的剥削。

雇佣劳动同资本在资本主义生产方式下是对立统一的。一方面,雇佣劳动同资本相互依存。资本购买不到劳动力商品就无法产生,劳动力成为商品使得劳动具有雇佣劳动的形式,因此雇佣劳动是资本存在的前提。反之,如果没有资本的原始积累以及剩余价值的积累,雇佣劳动也就不能出现并持续进行,故雇佣劳动又以资本的存在为前提。另一方面,雇佣劳动同资本相互对立。资本所有者和雇佣劳动者在根本利益上是截然对立的,他们分属社会的两大阶级:资产阶级和无产阶级。雇佣劳动创造的价值包括工资和剩余价值,二者之间具有此消彼长的关系。

参考文献:
《马克思恩格斯文集》第5卷,人民出版社2009年版。
《马克思恩格斯选集》第1卷,人民出版社1995年版。

(徐玉立)

剥削
Exploitation

剥削是对他人劳动或劳动成果的无偿占有,即社会上一些人或集团凭借他们对生产资料的垄断,无偿地占有那些没有或者缺少生产资料的人或集团的剩余劳动和剩余产品的社会现象。

剥削是一个历史范畴，是在社会生产力发展到一定阶段发生的现象。在生产力非常低下的人类早期社会中，个人脱离原始公社无法独立谋生，公社的存在是个人生存的前提，因而必然实行公有制，不存在私有财产。同时，人们除了满足自身基本的生存需要之外，也很少有剩余产品，因而不存在剥削他人的可能。原始社会晚期出现了畜牧业从农业中分离出来的第一次大分工，生产力有了提高，人们的生产劳动不仅能维持自身生存所需，还有了剩余产品，这不仅使得个人有可能脱离公社，最终导致生产资料私有制的形成和财产占有不平等现象的出现，而且也使得无偿占有他人的剩余劳动或剩余产品成为可能。

在私有制和剥削的基础上，产生了不同的社会阶级。迄今的阶级社会历史可分为三个阶段：奴隶社会、封建社会和资本主义社会。剥削存在于所有这三个阶段，区别在于榨取剩余劳动或剩余产品的具体形式。在奴隶社会，奴隶主不仅占有生产资料而且占有奴隶的人身，完全丧失自由的奴隶受到最残暴的剥削，不仅他们的全部剩余劳动产品为奴隶主占有，而且满足生存需要的必要劳动产品也由奴隶主掌管和分配。在封建社会，地主阶级占有土地这一最基本的生产资料，并凭借这种占有剥削农民，以劳役地租、实物地租或货币地租的形式强占农民创造的剩余产品，但农民有了必要产品的支配权。在奴隶制和封建制条件下，劳动者创造的全部产品或付出的全部劳动中的必要部分与被剥削者占有的剩余部分的界限是一目了然的。

在资本主义社会，劳动者人身自由但是却一无所有，只能依靠出卖劳动力维持生存。资本家购买他们的劳动力用于生产活动，占有工人生产的产品，从出售这些产品后取得的商品价值额中扣除用于购买劳动力的花费，最终以利润的形式占有工人创造的剩余价值。由于资本主义条件下的剥削是以劳动力的买卖这种公平自愿的市场交易为前提的，而且资本家支付给工人的工资表面看起来像是对工人在生产过程中付出的全部劳动的补偿，较之奴隶社会和封建社会的露骨的剥削，这种剥削具有很大的欺骗性和隐蔽性。马克思的剩余价值学说，在完善古典经济学的劳动价值论的基础上，以科学地区分劳动力和劳动入手，通过对资本主义生产过程的深入解剖，说明利润的本质是资本家无偿占有的工人创造的剩余价值，揭示了资本主义制度的剥削本质。这样一种科学的真理，就像日心说曾遭到宗教势力的反对一样，当然会遭到资产阶级的反对。作为资本主义的辩护士的西方主流经济学家，试图以各种方式将资本主义制度的剥削本质掩盖起来。这种努力的现代版本，就是包含在标准的新古典微观经济学教科书中的要素价格理论或功能分配理论。这种理论将资本主义的分配关系，说成是各种物质生产要素与产品之间的技术关系，否认其人与人之间、阶级与阶级之间剥削关系的本质。

20 世纪 70 年代出现于英国和美国的所谓“分析的马克思主义学派”的某些学者，试图“超越”马克思对资本主义剥削的分析，采用新古典的个人主义的方法论原则，提出一种不以劳动价值论为基础并适用于一切剥削现象的一般理论。按照这些人的主要代表约翰·罗默的说法，马克思的生产资料占有上的不平等导致剥削的论点是可以接受的，但劳动力买卖和剩余产品的存在都不是剥削的必要条件。按照他所建立的合作博弈模型的思路，在一个由比如说 A 和 B 两个群体参与的没有积累的生存性经济中，如果群体 A 带着人均社会资产退出可以使其生活状况改善，则 A 在经济体中是受 B 剥削的。反过来说，如果 B 在同样的条件下退出会使其成员的状况恶化，则 B 是这个经济体中的剥削者。罗默（Roemer，1981）的这种分析，使得剥削成为一个无论与历史还是现实都毫无关系的空泛而贫乏的范畴。在此基础上，他又宣布剥削对于揭示资本积累的源泉是个多余的概念，认为谈论剥削不如直接讨论私人在生产资料占有上的差别。通过对所谓“置盐定理”（日本学者置盐信雄提出的利润和资本积累由对工人的剥削来解释的定理，后来森岛通夫将这一定理表述为：“当且仅当利润为正，就存在对劳动的剥削”）的曲解，罗默甚至认为，“一切商品都受剥削。”他以石油为例说明，在用商品生产商品的经济中，如以石油作为价值计量物，那么，可以在生产一定量的石油所耗费的石油量小于这个耗费量的意义上证明：当且仅当石油被剥削，利润为正。他据此断言，生产出高于自身价值的剩余价值并不是劳动力商品的独有特性，实际上任何商品都具有这种功能。罗默（1982）等人之所以得出这样一系列错误看法，根本的原因是他忘记了马克思的一个基本的方法论原则：剥削是历史地形成的人与人的社会关系，而不是投入与产出之间的技术关系。在这一点上，罗默一类“马克思主义者”，与他们批判的新古典经济学如出一辙。

参考文献：

《马克思恩格斯文集》第 5 卷，人民出版社 2009 年版。

《马克思恩格斯选集》第 4 卷，人民出版社 1995 年版。

余文烈：《分析学派的马克思主义》，重庆出版社 1993 年版。

［英］杰弗·霍奇森：《资本主义，价值和剥削——一种激进理论》，商务印书馆 1990 年版。

Morishima, M., *Marx's Economics*, Cambridge University Press, 1973.

Roemer, J. E., *Analytical Foundations Marxian Economic Theory*, Cambridge University Press, 1981.

Roemer, J. E., *A General Theory of Exploitation and Class*, Harvard University Press, 1982.

（林岗）

必要劳动和剩余劳动

Necessary Labor and Surplus Labor

必要劳动是指劳动者再生产自己的劳动力价值，或者说是生产他的必要生活资料的价值的劳动（劳动力价值或必要生活资料的价值参见“劳动力商品”），是剩余劳动的对称。劳动者为了维持自身劳动力再生产所必需消费的生活资料就是必要产品。剩余劳动是劳动者超出必要劳动的界限所从事的劳动。剩余劳动是劳动生产力发展的结果，也是扩大社会生产和推动社会进步的物质基础。

必要劳动和剩余劳动都是由劳动时间来衡量的。当劳动者的全部劳动时间一定时，必要劳动时间和剩余劳动时间之间存在此消彼长的对立关系。必要劳动时间越短，则剩余劳动时间越长。必要劳动时间在全部劳动时间中所占的比例取决于社会生产力水平，在生产力水平极其低下的原始社会，几乎全部劳动时间都用于生产维持生活所需的必要产品，从而全部劳动都是必要劳动。以后，伴随着生产力的发展，必要劳动时间日益相对缩短，剩余劳动时间日益相对延长。必要劳动时间的长短还受到历史和道德的因素影响。此外，在存在阶级剥削的社会，必要劳动时间和剩余劳动时间的划分还取决于相互对抗的阶级力量的对比。显然，剩余劳动绝不可能成为劳动者的全部劳动，因为剩余劳动是必要劳动的函数，必要劳动一方面是劳动者的存在基础；另一方面也是不断为剥削者提供可供剥削的劳动力的前提，从而对剥削者来说也是必要的。

必要劳动和剩余劳动的对立统一关系在不同的生产关系下具有不同的性质。在阶级社会，这种对立关系具有对抗性，一切剥削者都试图尽可能多地榨取劳动者的剩余劳动，而一切被剥削者都为尽可能维护自身的利益而与剥削者抗争甚至发起革命。在社会主义制度下，公有制为主体，阶级对立不再是社会的主要矛盾，必要劳动和剩余劳动的对立关系不再具有阶级对抗性。在社会主义公有制经济中，劳动者的全部劳动产品要划分为两个部分，即满足社会公共需要的部分和满足劳动者个人需要的部分。因此，从劳动者个人的角度来看，他的全部劳动仍然分为剩余劳动和必要劳动两个部分。剩余劳动用于公有生产资料的积累和扩大再生产，以及包括社会管理费用、公共生活设施建设和社会保障（养老、医疗等）方面的支出。对于劳动者来说，剩余劳动和他们的必要劳动一样，最终也是为了满足自身日益增长的物质文化需要。

参考文献：

《马克思恩格斯文集》第5卷，人民出版社2009年版。
《马克思恩格斯选集》第3卷，人民出版社1995年版。

（徐玉立）

剩余价值

Surplus Value

剩余价值是资本主义社会特有的范畴，是雇佣工人在生产过程中创造的、超过其劳动力价值的那部分被资本家无偿占有的价值。剩余价值是解剖资本主义社会经济的不朽巨著《资本论》的核心范畴，马克思通过围绕剩余价值的生产、实现、分配展开的研究建立了政治经济学的基础理论——剩余价值学说。剩余价值学说和历史唯物主义一起，构成马克思的两个伟大的科学发现。

从预付资本投入及产品价值的角度看，剩余价值就是产品价值超过生产过程中消耗掉的生产资料和劳动力的价值而形成的余额。在资本主义的生产过程中，雇佣工人的工作日分为必要劳动时间和剩余劳动时间两部分，必要劳动时间创造相当于劳动力价值的价值，剩余劳动时间创造剩余价值。剩余价值的资本化形成资本积累过程。剩余价值是资本主义社会一切剥削收入的最终源泉，它通过竞争，以平均利润、利息、地租等形式，在不同的资本家之间，在资本主义生产总过程中执行不同职能的资本家集团（产业资本、商业资本和银行资本）之间，以及资本家和地主之间进行分配。

生产剩余价值是资本主义生产方式的绝对规律。“剩余价值的生产是资本主义生产的决定的目的，同样，富的程度不是由产品的绝对量来计量的，而是由剩余产品的相对量计量的。”（《马克思恩格斯文集》第5卷，人民出版社2009年版，第265页）资本的本性就是为了价值增殖，获得剩余价值。而资本家作为人格化的资本，他的存在价值就是追求剩余价值，榨取剩余价值是他的唯一动机和目的，剩余价值生产是资本主义生产的实质。

剩余价值生产有两种方式，即绝对剩余价值生产和相对剩余价值生产。绝对剩余价值生产是指资本家通过延长工人工作日的长度获取剩余价值的生产方式。工人的工作日分为必要劳动时间和剩余劳动时间两个部分，资本家购买工人一天的劳动，在必要劳动时间不变的条件下，他会采用延长工作日，从而延长剩余劳动时间的方法来榨取更多的剩余价值。马克思说：“把工作日延长，使之超出工人只生产自己劳动力价值的等价物的那个点，并由资本占有这部分剩余劳动，这就是绝对剩余价值的生产。”（《马克思恩格斯全集》第23卷，人民出版社1972年版，第557页）在资本主义发展的早期,延长工作日是资本家为获得更多绝对剩余价值所采取的主要方式。此外,资本家还可以通过提高劳动强度的方式来变相地延长工作日。在工作日长度不变的条件下提高劳动强度可以使工人在单位时间内创造的价值增加,若劳动力价值不变,那么必要劳动时间就缩短了,剩余劳动时间则被延长了。同延长工作日长度一样,这种方法也会使工人进行更多的劳动,消耗更多的脑力和体力,因此也是绝对剩余价值生产的一种方法。

相对剩余价值生产是指资本家在工作日长度不变的条件下,通过缩短必要劳动时间,相应地延长剩余劳动时间以获得更多剩余价值的生产方式。缩短必要劳动时间是通过提高劳动生产率,从而降低工人及其家人生存所必需的生活资料和生产这些生活资料的生产资料的价值实现的。在现实中,劳动生产率的提高总是从个别企业开始的,由于采用新的生产技术或管理方式,个别企业可以将自己生产的产品价值降低到社会价值以下,从而获得超额剩余价值。但超额剩余价值只是暂时的,当先进的生产技术和管理方式被其他企业模仿并采用,商品的社会价值也就随之下降,原本个别企业所获得的超额剩余价值就转化为所有企业都能获得的相对剩余价值。追求超额剩余价值是个别企业改进生产技术和管理方式、提高劳动生产率的动机,而所有资本主义企业竞相提高劳动生产率的结果,就是相对剩余价值的形成。相对剩余价值生产虽然不需要延长工作日长度或提高劳动强度,但实际上劳动生产率的提高也导致了工人的劳动为资本家创造了更多的剩余价值,是资本家加重对工人阶级剥削的一种形式。

绝对剩余价值生产和相对剩余价值生产是资本主义剩余价值生产的两种基本方法,二者既有区别又相互联系。从本质上来看,二者都是通过延长工人的剩余劳动时间来增加工人创造的剩余价值量,都是资本家剥削工人的手段。但二者也存在一定的区别。绝对剩余价值生产是相对剩余价值生产的起点,也是资本主义剥削的基础,是资本主义发展初期资本家榨取剩余价值所采用的主要方法。随着资本主义经济的不断发展,先进的科学技术和管理方式使生产力水平大幅提高,相对剩余价值生产逐渐代替绝对剩余价值生产,成为资本家追求更多剩余价值的主要方法。在这种情况下,即便工作日缩短,剩余价值率也可能不变甚至提高。在现实的资本主义经济运行中,绝对剩余价值生产和相对剩余价值生产通常是相互结合在一起的。

在相对剩余价值的生产中,个别资本家提高企业的劳动生产率的直接动机,并不是降低劳动力的价值,而是追求超额剩余价值。个别企业采用新技术,提高劳动生产率,可以缩减生产商品的个别劳动时间,使商品的个别价值低于社会价值,但仍然可以按照社会价值销售商品。于是,个别企业的资本家就会比其他资本家获得更多的剩余价值。个别资本家由于提高企业的劳动生产率,使自己的商品的个别价值低于社会价值而多得的一部分剩余价值,叫作超额剩余价值。超额剩余价值是个别资本家获得的,而且只是暂时的。因为资本主义竞争条件下所有资本家都在努力改进自己的生产条件,以期获得超额剩余价值。个别企业的先进技术必然逐渐普及,会使整个部门的技术水平和劳动生产率得到提高。当先进的生产条件成为一般的生产条件后,便导致商品的社会价值下降,个别价值和社会价值之间的差额消失,原来的超额剩余价值也就不存在了。虽然超额剩余价值不存在了,但由于社会劳动生产率的普遍提高,引起工人所必需的生活资料的价值下降,从而劳动力的价值下降了。于是,工人的必要劳动时间便缩短,剩余劳动时间则相应地延长。结果是,虽然超额剩余价值在个别资本家那里消失了,但整个资本家阶级却普遍获得了相对剩余价值。

剩余价值率是指剩余价值和可变资本的比率。在资本主义生产过程中,资本家投入不变资本(c)和可变资本(v),经过生产过程生产出的产品价值(c+v+m)。其中,剩余价值m是因可变资本购买的劳动力的使用即劳动而产生的,工人以工资的形式获得v的部分,而m被资本家无偿占有。剩余价值m和不变资本v的比值,就是剩余价值率。它表现了资本家对工人的剥削程度,因此也被称为剥削率。马克思说:“剩余价值率是劳动力受资本剥削的程度或工人受资本家剥削的程度的准确表现。”(《马克思恩格斯文集》第5卷,人民出版社2009年版,第252页)用m′表示剩余价值率,其表示方法有两种:

$$m' = \frac{\text{剩余价值}}{\text{可变资本}} = \frac{m}{v}$$

$$m' = \frac{\text{剩余劳动}}{\text{必要劳动}} = \frac{\text{剩余劳动时间}}{\text{必要劳动时间}}$$

这两个公式将同一个比率表现在不同的形式上,“一种是对象化劳动的形式,另一种是流动劳动的形式。”(《马克思恩格斯文集》第5卷,人民出版社2009年版,第251~252页)资本家通常可以用延长劳动时间、提高劳动强度、提高劳动生产率等方法来提高剩余价值率。

剩余价值量是指在资本主义企业内全部雇佣工人剩余劳动创造的剩余价值总量,等于一个工人一个工作日内所提供的剩余价值乘以雇佣工人的人数。换句话说,剩余价值量取决于可变资本量的大小和剩余价值率的高低。用M表示剩余价值量,V表示可变资本的总量,剩余价值量的公式可写为:

$$M = \frac{m}{v} \cdot V = m' \cdot V$$

由这个公式可以看出,剩余价值率越高或者说剥削程度越强，雇佣的工人人数越多，资本家获得的剩余价值量就越大。假定劳动力价值不变，当平均剥削程度下降即剩余价值率降低时，资本家可以通过增加工人数量来弥补剩余价值量的减少，同样的，当雇佣工人人数减少时，资本家可以通过提高对工人的剥削强度来维持剩余价值量。随着资本的积累和资本主义经济的不断发展，一方面，由于科技的不断进步，生产中所使用的机器设备等不变资本的比例不断增加，可变资本在全部资本中所占的比例下降，单位资本所雇佣的工人人数相对地减少，也即资本有机构成提高了；另一方面，科技创新和技术进步提高了劳动生产率，降低了劳动力的再生产费用，因而缩短了必要劳动时间，剩余价值率得以提高。若可变资本的减少同剩余价值率的提高按照同一比例进行，那么剩余价值量会保持不变，如果二者变化的比例不同，那么资本家获得的剩余价值量则可能会增加或减少。

参考文献：
《马克思恩格斯文集》第5卷，人民出版社2009年版。
《马克思恩格斯选集》第3卷，人民出版社1995年版。
《列宁选集》第2卷，人民出版社1995年版。
《马克思恩格斯全集》第23卷，人民出版社1972年版。

（王婷　徐玉立）

劳动过程和价值增殖过程
Labor Process and the Surplus Value Production Process

劳动过程是指劳动者有目的地使用生产资料、改变劳动对象、创造产品的过程，“是人以自身的活动来中介、调整和控制人和自然之间的物质变换的过程”（《马克思恩格斯文集》第5卷，人民出版社2009年版，第207页）。劳动过程包含三个简单的要素，即有目的的活动或劳动本身、劳动对象和劳动资料。“在劳动过程中，人的活动借助劳动资料使劳动对象发生预定的变化。过程消失在产品中。它的产品是使用价值，是经过形式变化而适合人的需要的自然物质。劳动与劳动对象结合在一起。劳动对象化了，而对象被加工了。”（《马克思恩格斯文集》第5卷，人民出版社2009年版，第211页）

劳动过程作为人和自然物质变换的一般条件，是人类社会的一切形式所共同的，但劳动者和生产资料结合方式的差异将人类社会分为了性质不同的阶段。劳动过程总是在一定的社会生产关系中进行，是社会生产过程的物质内容，在不同的社会形式下体现着不同的特点。资本主义以前的简单商品经济中，劳动者各自占有一定数量的生产资料，并且拥有自己的劳动，因此劳动产品也是归他自己所有的，其生产过程是劳动过程和价值形成过程的统一。

在资本主义商品经济条件下，资本家占有全部生产资料，失去了生产资料的劳动者只能向资本家出卖自己的劳动，这种劳动过程的特点是工人的劳动和劳动产品全部归资本家所有。这一过程既是商品生产的过程，又是资本实现价值增殖的过程，即资本家剥削工人的过程。在这一过程中，工人的劳动一方面转移生产资料中的旧价值；另一方面又将自己的劳动凝结到产品中形成新价值。如果工人劳动创造的新价值恰好等于资本家付给他的劳动力价值，那么这个过程仅是单纯的价值形成过程，但资本家组织生产的首要目的是获得剩余价值，因此资本家会使工人的劳动时间超过生产劳动力价值的界限，以剥削工人劳动创造的剩余价值，实现预付资本价值的增殖。“价值增殖过程不外是超过一定时点而延长了的价值形成过程。”（《马克思恩格斯文集》第5卷，人民出版社2009年版，第227页）

资本主义生产是以追求剩余价值而进行的商品生产，这个过程具有二重性，它既是具体劳动创造使用价值的劳动过程，又是资本价值增殖的过程。资本主义生产过程就是劳动过程和价值增殖过程的统一，劳动过程是价值增殖过程的手段，而价值增殖是资本主义生产的根本目的。

参考文献：
《马克思恩格斯文集》第5卷，人民出版社2009年版。

（王婷）

资本主义社会生产力发展的三个阶段
Three Development Phases of Capitalist Productivity

马克思在《资本论》中考察资本主义的生产力发展时，将资本主义社会的生产力发展分为了简单协作、分工和工场手工业、机器和大工业三个阶段。

“许多人在同一生产过程中，或在不同的但互相联系的生产过程中，有计划地一起协同劳动，这种劳动形式叫作协作。”（《马克思恩格斯文集》第5卷，人民出版社2009年版，第378页）协作可以分为简单协作和复杂协作，二者的区别在于是否以分工为前提。

简单协作是许多劳动者在不以分工为前提的条件下进行的协同劳动，是协作的初级形式，是资本主义社会劳动力生产发展的第一个阶段。简单协作以单个劳动者的个人技艺为基础，并没有在生产技术上进行改进，但这种简单协作可以摆脱个人劳动的局限性，体现出了明显的优点：第一，简单协作使单个劳动者根本无法完成的大型劳动项目成为可能，如盖房子、兴建大型水利工程等；第二，许多劳动者共同劳动可以使用相同的劳动场所并交替使用劳动工具，节省了生产资料；第三，协作可以抵消不同劳动者之间的技术差异，使每个工人的个人劳动具有社会平均劳动的性质，保证一般剩余价值率的实现；第四，协作还可以使工人产生竞争心理，提高单个劳动者的生产效率。总而言之，协作将单个劳动者结合起来，创造出了超过个人生产能力的集体生产力。协作总是同较大规模的生产结合在一起，是资本主义生产方式的基本形式。

资本主义生产力发展的第二阶段是以分工和工场手工业为主要标志的。分工指人类劳动的分化和劳动形式的独立化，可分为自然分工、社会分工和个别分工。自然分工是基于生理基础按照性别和年龄进行的分工；社会分工是在物质生产过程中不同社会劳动部门之间及各部门内部的分工；个别分工则是在企业内部不同劳动者分别执行生产的不同职能而产生的分工。工场手工业是以手工劳动为基础、以分工为主要特征的资本主义工业生产形式。这种生产形式在资本主义生产的发展史上经历了比较长的时期，它从 16 世纪中叶到 18 世纪晚期在欧洲一直占据着统治地位。工场手工业内部的分工一方面使工人专业化，成为局部工人；另一方面促进了生产工具的专业化、专门化，为机器的产生创造了条件。分工的出现和工场手工业的迅速发展大大提高了资本主义的劳动生产率，使相对剩余价值生产得到发展，加强了资本对劳动的剥削。

资本主义生产力发展的第三个阶段是以机器和大工业为标志的。机器大工业是指以广泛使用机器生产代替手工劳动为特征的资本主义工业。英国从 18 世纪 60 年代开始进行产业革命，随后在 19 世纪的法国、德国、美国也相继完成了产业革命，机器大工业是产业革命的产物。在资本主义机器大工业的时代，机器代替了手工工具，机械化劳动代替了手工劳动，劳动生产力得到了迅猛的发展，同时也大大提高了相对剩余价值生产的规模和范围，使相对剩余价值生产成为资本家加强对工人剥削的主要手段。由于机器的使用可以不受时间的限制，因此资本家通过倒班的形式变相地延长工作日，强化了绝对剩余价值的生产。机器的使用不仅排斥了大量成年男劳动力，而且由于机器操作简单，资本家还可以雇佣大量工资低廉的童工和女工。同时，高效率的机器工厂使小生产者在竞争中破产，被迫加入到雇佣工人的行列，产业后备军变得更加庞大。机器大工业促进了社会生产力的发展，增加了社会财富，同时也创造了更多的剩余价值，扩大了资本的剥削范围，进一步扩大和巩固了资产阶级的统治。

资本主义社会的生产力从简单协作经过分工和工场手工业向机器大工业发展的过程，同时是资本生产关系从发生走向成熟的过程。在这个过程的简单协作和工场手工业阶段，工人掌握较复杂的生产技能，所使用的生产工具则比较简单，因而具有一定的自主性和独立性，离开资本家的工场，还有独立谋生的可能。到了机器大工业阶段，操作日益简化，工人离开了机器就无法进行生产活动，沦为机器体系的器官和附属物，资本对工人的统治因而确立并巩固。马克思将这个过程称为劳动对资本由“形式的隶属”转变为“现实的隶属”。到了 19 世纪末 20 世纪初，随着流水线生产方式的采用和推广，工人对自动运行的机器体系的依附空前强化，劳动对资本的现实隶属随之进一步深化。

参考文献：
《马克思恩格斯文集》第 5 卷，人民出版社 2009 年版。

（王婷）

资本
Capital

资本是资本主义社会的基本的财产形式，它表现为一个能够不断地在运动中实现自身增殖的价值额。商品生产和发达的商品流通是资本产生的历史前提，商品流通产生了货币，而货币正是资本的最初表现形式，是每个价值增殖过程的起点和终点。但是货币本身并不就是资本，作为商品流通媒介的货币和作为资本的货币是不同的，只有当持有货币的资本家在市场上能够雇佣到出卖自己劳动力的自由工人的时候，也就是说，只有能够购买到劳动力这种特殊商品的时候，货币才转化为资本。劳动力是具有特殊使用价值的商品，它的使用价值就是能够劳动。而劳动是创造价值的源泉，并且它在生产过程中创造出来的新价值大于劳动力商品本身的价值，因此它能为预付资本带来一个价值增量，即剩余价值。可见，资本是依靠剥削工人带来剩余价值而增殖的价值。

在经济生活中，资本总是表现为一定的物，但物本身并不天生是资本，只有当它们成为资本家的私人财产，并用来作为剥削雇佣工人的手段、生产出剩余价值时才成为资本。所以从本质上说，资本是被物的外壳所掩盖的资产阶级和无产阶级之间剥削与被剥削的关系。然而，作为一种生产关系的资本体现为物这种情况，容易使人产生一种错觉，似乎这些物品本身天然就是资本。历史上和当代的资产阶级经济学者把资本说成是同生产工具一起出现的、超越历史的范畴，否认资本是特定历史条件的产物，从而将资本主义解释成为一种永恒的社会制度。马克思深刻地批判了这种谬论，指出：“黑人就是黑人。只有在一定的关系下，他才成为奴隶。纺纱机是纺棉花的机器。只有在一定的关系下，它才成为资本。脱离了这种关系，它也就不是资本了。”（《马克思恩格斯选集》第 1 卷，人民出版社 1972 年版，第 362 页）所以资本不是物，而是在人类社会的一定历史发展阶段形成的生产关系，它体现在一个物上,并赋予这个物以特有的社会性质。

19 世纪后期,为了否定马克思的《资本论》的科学价值,掩盖资本所包含的剥削关系,维克塞尔等资产阶级经济学家发动了一场所谓的“边际主义革命”,提出了一套将资本等同于物质生产要素的生产理论和资本理论,将资本家对工人的剥削荒谬地归结为物质投入与产出之间的技术关系。边际主义者将李嘉图等人提出的土地边际报酬递减的规律引申到生产理论中,认为各种生产要素的价格由它们各自的边际产品所决定,资本的价格等于资本的边际产品或边际报酬,而资本的价格也就是利润率(资本市场供求均衡的条件下,利润率等于利息率)。因此,利润率的变动是与资本边际产品的变动同方向的。边际主义者据此得出一个重要的推论:如果物质资本的边际生产率较低,则可以由减少物质资本和相应增加其他要素(例如劳动)的投入来提高利润,这意味着资本—劳动比例(人均资本)是可调的,即生产的技术类型(资本密集或劳动密集的程度)可以根据要素价格而加以选择。这同时还意味着利润率或利率与资本—劳动比例成反向的单调变化,即资本—劳动比越高,则资本的边际生产率即利润率越低。

新古典的这个资本理论包含着无法消除的逻辑矛盾。20 世纪 50 年代英国经济学家琼·罗宾逊对这些矛盾的质疑(Robinson, J. 1953),在西方经济学界引发了历时多年的“资本论争”。这场论争围绕两个问题展开:(1)由异质的各种物质投入构成的资本总额的度量问题。在新古典的生产函数中,劳动和土地这类生产要素是按它们固有的计量单位来加总的,但物质资本包括计量单位不同的多种投入品,因而只能按这些投入品的价格才能得出作为对全部资本的度量的价格总额。边际学派的代表人物维克塞尔曾感觉到这种做法的问题。他指出:借助价格来将异质的资本品加总,由于价格是变动的,所以难以对不同时期的物质资本总额进行比较(Wicksell, K. 1901)。但是,这还不是对新古典经济学在资本度量问题上面临的致命问题的清楚表述。关键的问题是:既然已将资本的价格即利润率定义为资本的边际产品,那就只有在事先知道资本的边际产品即利润率的条件下,才能得出资本的价格总额,但在新古典的生产函数理论中,资本的边际产品是在资本总额已知条件下得出的。这显然是一种毫无意义的循环论证。这个逻辑上的困难,最早是就社会总资本的加总提出来的,但单个厂商所拥有的异质投入品的加总显然也会遇到一样的困难。(2)技术转换和“资本倒流”(Capital Reversing)问题。除加总问题的困难之外,罗宾逊还指出:实际经济中存在利润率提高导致重新采用资本—劳动比例较低的落后技术的“奇异现象”,这与资本边际收益递减条件下的理性的技术类型选择假设相抵触,指出工资和利润率等“金融”因素决定技术选择,而不是相反。英国学者斯拉法在发表于 20 世纪 60 年代初的《用商品生产商品》一书中说明,利润率和工资率的变化引起的价格的正常涨跌,反过来会以一种单调的方式引起资本量的变化。这意味着工资率和利润率的变化,有可能和要素的边际生产力变化没有什么关系。罗宾逊等人因此还作出了利润率和工资率的变化取决于资本家阶级和工人阶级的力量对比这样的具有马克思主义色彩的判断。对于“资本论争”,新古典综合派的代表萨缪尔森的总结是:新古典经济学家关于选择资本更加密集的技术导致利润率(资本的边际产品)下跌的理论,不可能是普遍适用的(Samuelson, P. , 1966)。这实际上承认了新古典边际生产率理论和资本理论的破产。通过这场论争,西方国家的一些经济学家认为边际主义的总资本概念早就应当抛弃,他们或主张回到古典经济学,或认为应当转向对历史和现实的经验的研究。但是,迄今为止,新古典的资本理论仍然是西方主流经济学标准教科书的重要内容。其中的原因不难想见:这种早就被证明是错误的资本理论,是作为在西方社会占统治地位的资产阶级的意识形态说教保留下来的。

参考文献:

《马克思恩格斯文集》第 5 卷、第 6 卷、第 7 卷,人民出版社 2009 年版。

[英]琼·罗宾逊:《资本积累论》,商务印书馆 1963 年版。

[英]P. 斯拉法:《用商品生产商品》,商务印书馆 2009 年版。

Robinson, J. , The Production Function and Theory of Capital, *Review of Economic Studies*, 21(2), 1953.

Samuelson, P. , A Summing up, *Quarterly Journal of Economics*, 80(4), 1966.

Wicksell, K. , *Lectures on Political Economics* (1901), Vol. 1, London: Ruotledge, 1934.

(林岗)

不变资本和可变资本

Constant Capital and Variable Capital

马克思根据资本的不同组成部分在价值增殖过程中所起的不同作用,把资本划分为不变资本和可变资本。

不变资本是以生产资料形式存在的那一部分生产资本。在劳动过程中,“转变为生产资料即原料、辅助材料、劳动资料的那部分资本,在生产过程中并不改变自己的价值量。因此,我们把它称为不变资本部分,或简称为不变资本”(《马克思恩格斯文集》第 5 卷,人民出版社 2009 年版,第 243 页)。不变资本的性质决定了它不是价值增殖的源泉,而只是资本家实现价值增殖必不可少的手段。由于使用价值和在生产过程中的消耗情况各不相同,不同的生产资料价值转移的方式也不同,主要可以分为两种类型:一类是生产资料中的原料、辅助材料、燃料等。这类生产资料会在一次生产过程中被完全消耗掉,它们的价值也是一次全部地转移到新产品中去。另一类是机器、厂房、设备等可以重复使用的劳动资料,它们的使用价值不是在一次生产过程中全部消耗掉,而是在不断反复的多次劳动过程中逐渐被磨损,它们的价值是被逐渐地转移到新产品中去的。虽然生产资料不能创造新价值,但这并不排除它的组成部分发生价值变动的可能性。因为生产资料的价值量取决于生产它所耗费的社会必要劳动时间,如果这个社会必要劳动时间发生变化,那么已经进入劳动时间的机器、厂房、设备等的价值也会随之变化。生产资料的价值变化是发生在它们作为生产资料执行资本职能的过程以外的,所以"不会改变生产资料作为不变资本的性质"。(《马克思恩格斯文集》第 5 卷,人民出版社 2009 年版,第 244 页)

可变资本是资本家用于购买劳动力的那一部分资本。劳动力在生产过程中,不仅能够创造出补偿劳动力价值的价值,而且能创造出剩余价值,使资本增值。马克思区别不变资本与可变资本时指出:"资本的这两个组成部分,从劳动过程的角度看,是作为客观因素和主观因素,作为生产资料和劳动力相区别的;从价值增值过程的角度看,则是作为不变资本和可变资本相区别的。""转化为劳动力的那部分资本,在生产过程中改变自己的价值。它再生产自身的等价物和一个好过这个等价物而形成的余额,剩余价值。这个剩余价值本身是可以变化的,是可大可小的。这部分资本从不变量不断转化为可变量。因此,我把它称为可变资本部分,或简称为可变资本。"(《马克思恩格斯文集》第 5 卷,人民出版社 2009 年版,第 243 页)

与不变资本不同,可变资本在生产过程中不存在价值转移问题,因为劳动力的价值已经以工资形式支付给工人,并被工人消费掉,不可能转移到新产品中去。这部分劳动力的价值可由工人的劳动再生产出来。工人的劳动具有二重性:作为具体劳动,它改变生产资料的物质形态,使一种使用价值变成另一种使用价值,并将消耗掉的生产资料价值转移到新产品中去;作为抽象劳动,它创造出新价值,这个新价值既包括劳动力价值的等价,用来补偿劳动力的价值,还包含超过劳动力价值的价值,即剩余价值,从而使这部分资本量发生了变化。所以马克思把它称为可变资本。

马克思指出不变资本在生产过程中只是转移旧价值,而只有可变资本才创造新价值,明确地揭示出了剩余价值的来源。随着劳动生产率的发展,单个劳动者在同一劳动时间内所使用的生产资料的数量在不断地增加,不变资本在全部资本中所占的比重也随之不断提高,但"不变资本和可变资本之间比例的变动也不会影响它们在职能上的区别。"(《马克思恩格斯文集》第 5 卷,人民出版社 2009 年版,第 244 页)

参考文献:
《马克思恩格斯文集》第 5 卷,人民出版社 2009 年版。

（王婷　李晓晨）

资本主义工资
Capitalism Wages

资本主义工资是雇佣工人出卖劳动力得到的收入,是劳动力价值或价格的转化形式。

劳动力是人的劳动能力,是人的体力和脑力的总和;而劳动则是工人运用生产资料对劳动对象进行加工的过程,是劳动能力的运用和发挥。劳动力的存在以健康的人的生存为条件,而劳动的存在则必须以生产资料和劳动力的结合为条件。劳动力在一定条件下可以成为商品,而劳动在任何条件下都不能成为商品。这是因为:(1)任何商品在出卖之前,应该有独立的存在,而劳动没有。当工人和资本家在劳动力市场上发生关系时,劳动还没有开始;而当工人进入工厂开始劳动时,劳动力的支配使用权已属于资本家,工人的劳动是在资本家监督管理下进行的,已不能被工人当作商品出卖。(2)商品的价值是一般人类劳动的凝结,价值量的大小由劳动时间多少来决定。如果劳动是商品,也有价值,那么劳动的价值由劳动来决定,这是同义语反复,毫无意义。(3)如果说劳动是商品,那么必然进入要么否定价值规律、要么否定剩余价值规律的矛盾境地,而无论是价值规律还是剩余价值规律,都是资本主义社会的重要经济规律,是不能被否定的。

实际上,资本家购买的是工人的劳动力,付给工人的工资是劳动力的价值,用货币表示就是劳动力的价格,但是,资本家是在工人劳动之后,按劳动时间(计时)或劳动成果(计件)支付工资的,因而从表面上看,似乎工人出卖的不是劳动力而是劳动,资本家付给工人的工资不是劳动力的价值或价格,而是劳动的价值或价格。劳动力价值或价格采取了资本主义工资形式后,表现为劳动的价值或价格,造成了工人全部劳动都是有酬劳动的假象,抹杀了必要劳动时间和剩余劳动时间的区别,是资本主义无偿占有工人剩余劳动的剥削关系变得模糊不清。马克思把劳动力和劳动区分开来,指明工人出卖的是劳动力,而不是劳动,从根本上揭露了工资的实质,把工资理论建立在科学的基础上。这是马克思对政治经济学的一个重大贡献。资产阶级经济学的杰出代表斯密、李嘉图,由于不能把劳动和劳动力区分开来，从而把工资看做是劳动的报酬。这样不仅歪曲了剩余价值的来源，而且还同他们的劳动价值理论相矛盾，使古典政治经济学陷入困境。以后的资产阶级庸俗经济学者，利用古典经济学派的错误观点，把工资看做是全部劳动的报酬，鼓吹劳动得工资，资本得利润，土地得地租，各得其所，从而否定了剥削的存在。

在经济活动的表象中，劳动力的机制或价格转化为劳动的价值或价格。这主要是由雇佣劳动制度的运行机制造成的。在雇佣劳动制度下，工人在劳动结束后才能得到工资，很自然地把工资看做是劳动的报酬，人们没有意识到工资只是全部劳动时间创造的价值中相当于劳动力价值的那部分，因而工资就掩盖了必要劳动与剩余劳动、有酬劳动与无酬劳动的区分。其次，人们把工资看做全部劳动的报酬，还在于工资的多少是随着劳动时间的长短、劳动强度的大小、劳动复杂程度的高低而转移的；而工人们也把提供劳动的多少、难易，作为获取报酬的尺度。由此可见，把工资看做是劳动的报酬，是自发地作为流行的思维形式产生的，是一种掩盖了工资的本质的错觉。古典经济学的错误观点即来自这种错觉，而包括当代新古典微观经济学在内的庸俗经济学，则企图利用这种错觉来掩盖剥削。

在资本主义的现实经济生活中，工资采取各种各样的具体形态。可以将这些工资形态分为两类，即计时工资和计件工资。计时工资就是按一定时间单位支付的工资。如日工资、月工资等。计件工资则是按照工人在一定时间内所完成的产品的件数或操作的次数支付的工资，是计时工资的转化形式。计时和计件这两种工资形式，迄今一直是资本主义社会中占主要地位的工资形式。

在资本主义的长期发展过程中，工资制度即工资形成的社会机制和相关的立法发生了一系列变化。在资本主义发展的初期，英国等老牌资本主义国家，劳动立法的主要目的，是强迫失去土地的农民成为雇佣工人。到了18世纪后期，随着工业革命的完成，资本主义剥削大大强化，以至于劳动时间的道德和自然、年龄和性别、昼和夜的界限，统统被摧毁了。这遭到了工人群众的激烈抵抗，形成日益强大的工人运动。在工人运动的压力下，同时也为了避免过度剥削造成的劳动力再生产萎缩这一不利于资本主义发展的后果，英、法等国资产阶级政府先后颁布了新的工厂法，对工作时间加以限制，在劳动安全等方面也作了规定。20世纪30年代，世界性经济危机引起严重的社会危机，西方各国不得不再次改革劳动工资制度。如在美国，1933年制定的《全国产业复兴法》，规定了5天工作制，要求雇主必须遵守每周40小时的最高工时，并赋予工人组织工会和与资方谈判签约的权利；1935年通过的《瓦格纳法案》进一步强化了有关的一系列法律规定；1938年又通过了《公平劳工标准法》，规定了最低工资水平。虽然由于资本家的反对，《瓦格纳法案》后来做了很大修改，但国家协调下的劳资双方集体谈判的工资制度毕竟确立起来了。第二次世界大战之后，几乎所有发达资本主义国家都制定了最低工资法，确立了工会的合法性和权利，推行劳资集体协议的工资制度。劳资集体谈判形成的劳动报酬协议，涉及工资类别、工资级别、工资标准、奖金和津贴、劳动条件以及协议适用期限等。这种制度缓和了劳资冲突，减少了罢工，有利于形成保障资本主义经济稳定发展的社会环境，同时也维护了工人的利益。当然，这只是维护了工人作为劳动力出卖者的利益，工人阶级被剥削的地位并没有因此改变，劳资双方的利益冲突并未消除。事实上，劳资集体谈判陷入僵局的情况时有发生，工会往往不得不诉诸罢工。20世纪80年代后期以来，随着新自由主义政策的推行，西方各国工会的力量普遍被削弱，劳资集体谈判制度受到很大冲击。这个问题在美国显得尤为突出。美国国家劳动关系委员会的功能只是监督选举工会代表，没有强制企业接受集体协商的权力，对雇主拒绝集体协商、协商后不守信用、歧视工会会员等不当行为缺乏必要的惩罚和管制措施。《瓦格纳法》原本就受到有利于资方的其他法案的制约，而且缺少实施保障，现在实效就更小了。美国工会化比例从1954年最高纪录的35%降至2009年的12.3%，私人部门降至7.2%。美国工会化比例下降主要是资方的抵制造成的，而新自由主义政策支持了资方的这种行为。1989～2010年，美国的劳动生产率增长了62.5%，而工人人均小时报酬却只增长了12%（崔学东，2012）。这是新自由主义政策削弱工会力量的结果。

在西方资本主义国家，还存在一种被称为“分享制”的工资制度。这是工人从企业利润或收益中按一定比例提取报酬的工资制度。在工人分享利润的情况下，工人仍然有固定工资，但还有奖金，奖金总额按在集体谈判时事先商定的比例从利润中提取。在工人分享收益的情况下，工资总额按在集体谈判中决定的比例从企业收益中提取。分享制使工人的收入与企业经营的效益挂钩，工资随企业经营状况的变化而变化，而且在实行这种制度的企业中工人的地位较稳定，有了解企业财务状况的一定权利。其直接效应是在工人中造成资本家是伙伴的感觉，从而减少了劳资双方的摩擦。但是，据英国一些学者和机构的调查，这种工资制度的另一个效应，是与没有实行分享制的企业相比，实行这种制度的企业中的就业量增加但工资总额较低。这说明，企业主可以利用这种制度，用较少的可变资本推动更多的劳动。一些西方学者将分享制称为不同于资本主义经济的“分享经济”，但英国的一些调查中，大多数员工在回答有关的问卷时，都拒绝把分享制看成是取代资本主义工资制度的东西。这说明，工人对自己的雇佣劳动者的地位，以及分享制作为资本主义工资变种的性质，是有清楚的认知的。

职工持股计划（Employee Stock-Ownership Plan，缩写为ESOP）是一种与分享制相关的工资形式。在1978年财政法的基础上，英国推行以股票的形式让职工分享利润的制度。有关法律规定，股票要由信托机构保留两年之后才能变现，若享受了免税优惠则要在信托机构保留7年。ESOP具有与分享制类似的"激励"效应。20世纪80年代以来，许多西方国家都推行了ESOP。这种制度的本质，是为资本积累而延期支付工资。越来越多的不景气的公司利用这种制度使自己走出困境，很多新建的公司也将这种制度当作克服创业阶段遇到的困难的手段。虽然职工因这种制度具有了小股东的身份，但仍然是从属于资产阶级的雇佣劳动者。在90年代以来的新自由主义推动的金融自由化的背景下，职工持股更成为日益脱离实体经济而急剧膨胀的金融垄断资本积累的条件之一。工人不仅在车间作为雇佣劳动者被剥削，而且作为股东在股市上被掠夺。

参考文献：
《马克思恩格斯文集》第5卷，人民出版社2009年版。
马克思：《工资、价格和利润》，引自《马克思恩格斯选集》第2卷，人民出版社1995年版。
张泽荣：《当代资本主义分配关系研究》，经济科学出版社1994年版。
韩保江：《现代西方收入制度的变迁》，引自高峰：《现代资本主义的经济关系和运行特征》，南开大学出版社2000年版。
崔学东：《新自由主义导致全球劳资关系不断恶化》，载于《红旗文稿》2012年第20期。

（林岗）

资本主义的简单再生产和扩大再生产
Simple and Expanded Reproduction of Capitalism

资本主义简单再生产是指工人在生产过程中创造出来的剩余价值全部用于资本家个人消费，生产在原有的规模上重复进行。资本主义扩大再生产是指资本家不是把剩余价值全部用于个人消费，而是把其中一部分剩余价值转化为新的资本，用来购买追加的生产资料和劳动力，使生产规模在日益增大的条件下重复进行。

资本主义简单再生产具有这样一些特点：（1）资本家付给工人的工资即可变资本，是工人自己创造的。资本家开办企业，雇佣工人进行生产，并支付给他们工资。如果单独、孤立地从一次生产过程来看，资本家支付给工人的工资，好像是掏自己腰包里的货币给工人发工资，这就造成了一种假象，似乎是资本家在养活工人。但如果把生产过程看做是不断重复、不断更新的再生产过程，就不难发现资本家支付给工人的工资，只不过是工人在以前的生产过程中所创造的价值的一部分，因为工人在拿到工资的时候，他们以前生产的产品已被资本家卖掉并转化为货币了，资本家把产品价值中相当于剩余价值的部分据为己有，而相当于可变资本的部分则用来支付工资。工人创造的新价值不仅包含了自己的工资，还有一部分作为剩余价值，供资本家享用。所以，并不是资本家养活了工人，恰恰相反，是工人靠自己的劳动，既创造了可变资本，养活了自己，同时又为资本家创造了剩余价值，养活了资本家。（2）可变资本是工人创造的，且全部预付资本都是工人创造的剩余价值转化而来的。资本家的全部预付资本，不管它最初是通过劳动积攒起来的，还是通过继承得到的，经过一定时期以后，统统都会变成积累起来的剩余价值。假如某个资本家有10万元资本，每年能带来2万元剩余价值，在简单再生产的条件下，这2万元剩余价值每年全部被资本家用于个人消费。这样经过5年以后，资本家一共消费掉了10万元，与原有的资本量正好相等。实际上已经把原来的资本全部消费掉了。但5年后资本家手里还有10万元资本。显然，这10万元资本不是别人的，正是由工人在5年里所创造的全部剩余价值转化而来的，是剩余价值的资本化。可见，资本家的全部资本都是靠剥削工人的劳动得来的。从一次生产过程来看，资本家给工人以工资，工人则给资本家以劳动力，双方的关系似乎是一种平等的买卖关系。但是，从反复进行的再生产过程来看，这种所谓"平等的买卖关系"只不过是一个形式，一种假象。因为，资本家这一次用来购买劳动力的资本，不过是他们上一次从工人身上榨取来的剩余价值的一部分，他们是用从工人那里剥削来的钱，再来购买工人的劳动力，资本家什么东西也没有拿出来。因此，这种所谓的平等交换，只是形式上的，实际上是无偿占有。（3）劳动力的再生产也从属于资本，是资本主义再生产的必要条件。劳动力的再生产就是工人用工资购买各种消费资料以满足自己生活的需要，这种个人消费是在生产过程以外进行的。如果孤立地从一次生产过程来看，工人的个人消费好像完全是他自己的事情，同资本主义生产无关。但是，如果从再生产的角度来考察，工人进行个人消费，不过是为了恢复消耗了的劳动力，以便继续出卖给资本家，使资本主义再生产得以不断进行。可见，工人的个人消费的实质是为资本家再生产出可供剥削的劳动力，因而也是资本主义再生产的必要条件。所以，工人虽然可以自由地把劳动力出卖给这个或那个资本家，但他在出卖劳动力以前，在经济上是隶属于整个资产阶级的。

总之，从再生产过程看，工人不仅创造了剩余价值，而且创造了可变资本；不仅创造了可变资本，而且创造了全部资本。资本主义简单再生产的上述特点，说明资本主义再生产过程不仅再生产出商品，再生产出剩余价值，而且还再生产出资本主义生产关系，也就是说，一方面再生产出资本家；另一方面再生产出雇佣工人。所以，资本主义再生产是物质资料再生产和资本主义生产关系再生产的统一。

资本主义扩大再生产的目的是获取更多的剩余价值。所以，资本积累既是剥削工人的结果，又是进一步扩大对工人剥削的手段。资本主义扩大再生产，不仅是物质资料的扩大再生产，而且也是资本主义生产关系的扩大再生产，其特点在于：(1)用于扩大再生产的追加资本，从一开始就全部是资本化的剩余价值。(2)用于扩大再生产的追加资本，不仅是剥削工人创造的剩余价值的结果，而且是扩大占有更多的剩余价值的手段。

资本主义扩大再生产可分为外延扩大再生产和内涵扩大再生产两种基本形式。外延扩大再生产，即增加生产要素的量而引起的生产规模的扩大。内涵扩大再生产则是指提高生产要素使用效率使产出增加，从而使生产规模扩大。在资本主义扩大再生产中，外延扩大再生产与内涵扩大再生产总是交错结合在一起，有时一种形式为主导另一种形式只是以一种因素而存在，有时两种形式互相结合同时进行。

在资本主义扩大再生产的情况下，资本家把剥削来的剩余价值不是全部用于个人消费，而是把其中的一部分合并到他原有资本中去，用来购买追加的生产资料和劳动力，使生产在扩大的规模上进行。资产阶级及其代言人经常向人们宣扬说，资本家的资本是靠他们自己或其祖先的“辛勤劳动”而积攒起来的。其实，从追加资本的起源看，它没有一个价值原子不是由别人的没有报酬的劳动生出。当然，有些资本家的原始资本即起初拿来从事资本主义剥削活动的资本，可能包含有某些个人劳动的因素(譬如，他以前是一个小手工业者)，但是，这一部分资本同以后在扩大再生产过程中依靠剥削剩余价值而积累起来的资本相比，其数量微不足道，可以忽略不计。况且，即使是这么一点儿原始资本，由于资本家的个人消费，也早就被他吃光用尽了。

参考文献：
《马克思恩格斯文集》第5卷、第6卷，人民出版社2009年版。

（李晓晨）

资本有机构成
Organic Composition of Capital

资本的构成可以从物质形式和价值形式两个方面考察。一方面，从物质形式上看，资本由一定数量的生产资料和劳动力构成，两者的比例由生产的技术水平决定。这种由生产技术水平决定的生产资料和劳动力之间的量的比例，叫作资本的技术构成。另一方面，从价值形式上看，资本由一定数量的不变资本和可变资本构成，不变资本和可变资本之间的比例，叫作资本的价值构成。资本的技术构成和价值构成之间存在着内在的有机联系，一般情况下，资本技术构成的变化会引起价值构成的变化。这种由资本技术构成决定并且反映资本技术构成变化的资本的价值构成，叫作资本的有机构成。随着资本主义的发展，资本有机构成有不断提高的趋势，即全部资本中不变资本所占的比重增大，可变资本的比重减少。

资本技术构成的高低既然决定着资本有机构成的高低，所以，在一个国家的不同发展阶段、不同生产部门、不同企业，或者不同的国家，由于生产技术水平跟与之相联系的资本技术构成不同，资本有机构成的高低也各不相同。但是，通常所考察的资本有机构成，一般都是指一个生产部门的资本平均有机构成，或是指一个国家的社会资本的平均有机构成。把一个生产部门中各个企业的资本有机构成加以平均，就是该生产部门总资本的平均有机构成；把一个国家中各个生产部门的资本有机构成加以平均，就是该国家的社会资本的平均有机构成。一个国家或一个生产部门的资本有机构成，不可能长期不变，而是呈现不断提高的趋势。因为，资本家为了追逐尽可能多的利润和在激烈的竞争中保存自己，击败对手，总是竭力改进生产技术，采用新的生产设备，提高劳动生产率。劳动生产率提高意味着每个工人在一定时间内所推动的生产资料数量相应增多，意味着资本技术构成的提高。而资本技术构成的提高，反映在资本价值构成上，不变资本部分所占比重相对增多，可变资本部分所占比重相对减少，从而导致社会的或部门的资本平均有机构成逐步提高。同时，资本积累、资本积聚和资本集中的发展，为采用先进技术，使用新型的生产设备创造了条件，这样又对资本有机构成的提高起着促进的作用。因此，资本平均有机构成的逐步提高，既是资本家在竞争中追逐更多利润的结果，又是资本积累的必然后果。

资本有机构成的逐步提高，并不排斥随着总资本的增长，可变资本绝对量继续有所增加，但是，在总资本中，可变资本所占的比重却会相对地逐步减少。因此，在资本有机构成提高的条件下，随着资本总额的增长，全部资本中不变资本所占的部分逐步递增，可变资本所占的部分逐步递减,从而资本对劳动力的需求也相对减少,结果必然形成资本主义制度所特有的相对人口过剩,从而加深了无产阶级贫困化。

马克思所建立的资本有机构成学说,为解释资本主义相对人口过剩,解决与社会资本再生产、平均利润、绝对地租相关的问题奠定了理论前提。

参考文献:
《马克思恩格斯文集》第5卷,人民出版社2009年版。

(李晓晨)

资本积累及其一般规律

Capital Accumulation and Its General Law

资本积累是剩余价值转化为资本,即剩余价值的资本化。资本家把从雇佣劳动那里剥削来的剩余价值的一部分用于个人消费,另一部分转化为资本,用于购买扩大生产规模所需追加的生产资料和劳动力。可见,剩余价值是资本积累的源泉,资本积累则是资本主义扩大再生产的前提条件。

资本积累是资本主义扩大再生产的源泉,剩余价值是资本积累的源泉。资本积累的规模与剩余价值的量成正比,资本家占有的剩余价值越多,资本积累的规模就越大;而资本积累的规模越大,资本家可以获得的剩余价值也就越多。资本积累的实质是资本家将其无偿占有的剩余价值的一部分再转化为资本,用来购买追加的生产资料和劳动力,扩大生产规模,从而进一步无偿地占有更多的剩余价值。

驱使资本家进行资本积累的是两种力量:(1)对剩余价值的无限贪欲和追求是积累的内在动力。资本是自行增殖的价值,价值增殖是资本的内在冲动。(2)竞争则是积累的外在压力。为了在竞争中站住脚并力求取胜,资本家就必须增强经济实力,这就需要改进技术、更新设备、扩大规模。所以,资本积累和扩大再生产是资本主义发展的必然趋势。

在剩余价值分为积累基金和消费基金的比例一定的条件下,资本积累量取决于剩余价值的绝对量,因而一切决定剩余价值的因素,都会影响资本积累规模,这些因素有:(1)劳动力的剥削程度。对劳动力的剥削程度越高,同量的可变资本获得的剩余价值就越多,从而积累的数量也就越多。资本家除了用提高劳动强度,延长劳动时间的办法来提高对劳动力的剥削程度外,还通过压低工人的工资来达到这一目的,这实际上是把工人的一部分必要消费基金转化为积累基金。(2)社会劳动生产率的水平。当社会劳动生产率提高时,商品的价值就会降低,这会从以下几方面影响资本积累的规模。首先,由于社会劳动生产率的提高,生活资料的价值降低,从而使劳动力商品的价值降低,同时提高了剩余价值率,有利于扩大积累规模。其次,在社会劳动生产率提高时,由于劳动力和生产资料价值下降,同量资本便可以购买更多的劳动力和生产资料,于是就可以生产出更多的剩余价值,从而就增加了资本积累的数量。再次,随着社会劳动生产率的提高和商品价值的下降,同量剩余价值表现为更多的商品,这样,资本家就可以在不减少甚至增加他的个人消费的情况下,增加资本积累的数量。最后,在劳动生产率提高条件下,当更新原有的生产资料时,可由效率更高和价格更便宜的生产资料代替旧有的生产资料,从而资本家可以获得超额剩余价值或相对剩余价值。(3)所用资本和所费资本之间的差额。所用资本就是指在生产中发挥作用的全部劳动资料的价值;所费资本则是指每次生产过程中耗费掉并转移到新产品中去的劳动资料的价值。投入生产中的劳动资料,并不是在一次生产过程中全部被消耗掉,它们的价值也只是一部分一部分地转移到新产品中去。这样,在所用资本和所费资本之间便形成了一个差额。所用资本和所费资本的差额表明,劳动资料在其使用过程中,它的价值的一部分虽已转移,但它的使用价值并没有改变,仍然在生产中完整地发挥作用。在劳动资料照常发挥作用条件下,资本家可以把每年转移的劳动资料价值作为折旧基金提取出来,并把收回的折旧基金在更新劳动资料之前暂时作为积累基金使用。因此,所用资本和所费资本的差额越大,对资本积累就越是有利。(4)预付资本量的大小。在剥削程度一定的条件下,剩余价值决定于被剥削的工人人数。如果不变资本和可变资本的比例不变,则随着预付资本数量的增大,资本所雇佣、剥削的工人人数随之增加,资本家能够剥削到的剩余价值数量也会增加,从而资本积累的数量也会增加。

资本积累的发展,导致了资本主义社会的两极分化:一方面是资产阶级手中的财富和资本日益增长;另一方面大量的工人失业,生活条件恶化。马克思这样表述资本积累的一般规律:“社会的财富即执行职能的资本越大,它的增长的规模和能力越大,从而无产阶级的绝对数量和他们的劳动生产力越大,产业后备军也就越大。可供支配的劳动力同资本的膨胀力一样,是由同一些原因发展起来的。因此,产业后备军的相对量和财富的力量一同增长。但是同现役劳动军相比,这种后备军越大,常备的过剩人口也就越多,他们的贫困同他们所受的劳动折磨成反比。最后,工人阶级中贫苦阶层和产业后备军越大,官方认为需要救济的贫民也就越多。这就是资本主义积累的绝对的、一般的规律。”(《马克思恩格斯文集》第5卷,人民出版社2009年版)资本积累的一般规律揭示了资本积累引起的资产阶级的财富积累和无产阶级的贫困积累的内在必然联系。它是对资本积累理论的科学总结,也是对资本积累过程对无产阶级命运影响的科学概括,它深刻地揭示了资本主义积累过程的阶级对抗性。

在资本积累过程中,个别资本是通过资本的积累、积聚和集中这些形式增大的,从而使社会财富有利于集中在少数资本家手中。同时,随着资本积累的发展,资本家必然要不断改进技术,提高劳动生产率,从而使资本有机构成发生变化,使可变资本在总资本中的比率越来越小。而资本有机构成的不断提高,要求扩大个别资本的规模,从而更加剧了社会财富的集中。可见,资本积累过程从资产阶级方面来说,就是资本规模扩大和社会财富集中的过程,就是资本有机构成不断提高的过程。从工人阶级方面来说,资本有机构成不断提高的过程,就是他们沦为失业者和陷于贫困的过程。因为,随着资本积累的增长和资本总额的增加,可变资本的绝对量虽然也会增加,但由于资本有机构成的提高,可变资本的相对量则日益下降。而且,当有些部门或企业采用新的技术设备,迅速提高资本有机构成时,资本对劳动力的需求还会绝对减少。同时由于机器的广泛使用,大批妇女儿童走进工厂,破产农民和手工业者及一部分中小资本家也加入了雇佣劳动者的行列,使得无产阶级队伍不断增长。这两种完全对立的趋势,必然出现相对过剩人口,造成大批工人失业,使无产阶级陷于贫困。可见,相对过剩人口是资本积累发展的必然产物,同时也是资本积累的杠杆,甚至成为资本主义生产方式存在和发展的一个条件。所以,资本积累的过程,资本有机构成提高的过程,就是产业后备军的形成过程,就是社会财富创造者无产阶级的贫困过程。

马克思正是通过资本积累进程中资本有机构成作用机制的分析,揭示了资本主义积累的一般规律,概括地说,执行职能的资本越大,产业后备军也就越大,由于失业和贫困而需要救济的贫民也就越多。由于这一规律的作用,资本主义社会两极分化现象日益发展。"这一规律制约着同资本积累相适应的贫困积累。因此,在一极是财富的积累,同时在另一极,即在把自己的产品作为资本来生产的阶级方面,是贫困、劳动折磨、受奴役、无知、粗野和道德堕落的积累。"

资本主义积累一般规律尖锐地揭露在资本主义制度下无产阶级同资产阶级之间利益的根本对立和不可克服的内在矛盾,指出了无产阶级要从根本上改变自己的地位就必须推翻资本主义制度。

参考文献:
《马克思恩格斯文集》第5卷,人民出版社2009年版。

(李晓晨)

相对过剩人口和产业后备军
Relative Overpopulation and Industrial Reserve Army

随着资本积累的增长和资本有机构成的提高,必然出现两种完全对立的趋势:一方面,资本对劳动力的需求日益相对地甚至绝对地减少;另一方面,劳动力的供给却在迅速地增加。这不可避免地造成大批工人失业,产生相对过剩人口。资本主义失业是由于相对过剩人口的出现。相对过剩人口,是在资本主义制度下表现出的特有的人口规律。

资本主义相对过剩人口有流动的过剩人口、潜在的过剩人口和停滞的过剩人口三种基本形式。(1)流动的过剩人口。流动的过剩人口主要指城市和工业中心临时失业的工人。这些工人时而就业、时而失业,具有流动性。这是由于有的部门和企业因生产萎缩,或因采用新技术,或因资本转移,随时都要解雇工人。与此同时,另一些部门和企业却因生产发展需要吸收一部分工人。这种流动过剩人口还随着资本主义再生产周期的循环而表现为,在危机阶段,失业人口增加,到复苏高涨阶段,许多失业人口又被资本所吸收。(2)潜在的过剩人口。潜在的过剩人口是指农业过剩人口。资本主义农业的发展,使越来越多的个体农民破产;同时,随着农业资本有机构成的提高,机器的广泛使用,对农业劳动力的需求也相对地甚至绝对地减少。这就在农村中形成了大量的相对过剩人口。这部分过剩人口,是资本主义企业大量廉价劳动力的重要来源。(3)停滞的过剩人口。停滞的过剩人口是由于过度劳动而早衰,或者是缺少资本家所需要的文化技术,往往经过多次失业以后,很难再找到正式的工作。他们没有固定的职业,只有依靠从事家内劳动和打零工等勉强维持生活。他们的劳动很重。"它的特点是劳动时间最长而工资最低。"(《马克思恩格斯全集》第23卷,人民出版社1972年版,第705页)此外,还有一部分人处于相对过剩人口的最底层,他们是需要救济的贫民及其子女、孤儿及丧失劳动力和各种迫于生计的流浪者。

相对过剩人口是资本主义生产方式发展的必然结果,同时也是资本主义生产方式存在的必要条件。这是因为,资本主义生产的发展是周期性的,相对过剩人口的存在可以随时调节和满足生产周期变动对劳动力的需求。例如,在危机期间,大量工人被解雇,被抛进失业大军;在生产走向高涨时,又从失业大军中随时吸收所需的工人。马克思指出:"过剩的工人人口形成一支可供支配的产业后备军,它绝对地隶属于资本,就好象它是由资本出钱养大的一样。过剩的工人人口不受人口实际增长的限制,为不断变化的资本增殖需要创造出随时可供剥削的人身材料。"(《马克思恩格斯全集》第 23 卷,人民出版社 1972 年版,第 692 ~ 693 页)同时,产业后备军的存在大大增加了资本的权力,为资本家加强对在业工人的剥削和统治提供了有利条件。资本家经常用失业的威胁,迫使在业工人提高劳动强度和延长劳动时间,接受更加苛刻的劳动条件,更加听命于资本,并且压低他们的工资。“雇佣工人阶级的一部分被迫无所事事,不仅迫使它的另一部分从事过度劳动,使单个资本家发财致富,而且同时也有利于资本家阶级。”(《马克思恩格斯全集》第 49 卷,人民出版社 1972 年版,第 242 页)。另一方面,在业工人的过度劳动,又进一步缩小了资本对劳动力的需求,使更多的工人失业,扩大后备军队伍,更有利于保证资本家获得廉价劳动力,使工资的变动被限制在绝对符合资本的剥削欲和利润欲的界限之内。决定工资变动的,不是工人人口的绝对数量的增减,而是工人阶级分为现役军和后备军的比例的变动,是过剩人口相对量的增减,是过剩人口时而被吸收时而被游离的程度。

参考文献:

《马克思恩格斯文集》第 5 卷,人民出版社 2009 年版。

《马克思恩格斯全集》第 23 卷、第 49 卷,人民出版社 1972 年版。

(李晓晨)

资本原始积累

Primitive Accumulation of Capital

资本原始积累是指生产者和生产资料分离的历史过程,即新兴资产阶级和资产阶级化的封建贵族使用暴力剥夺农民的土地,加速从封建制生产方式向资本主义生产方式转变的历史过程。

资本主义生产方式的确立,必须具备两个基本条件:(1)存在大批有人身自由的失去生产资料的劳动者,他们只能依靠出卖劳动力为生;(2)开办工厂、矿山等资本主义企业所必需的大量货币财富集中在少数人手中。这两个条件是通过资本原始积累创造出来的。

在封建社会内部,通过自然经济的解体和小商品生产者的分化,已经在一定范围内形成了这两个条件,产生了资本主义生产关系的萌芽。但是,如果单单依靠小生产者的分化来发展资本主义,那将是一个十分缓慢的过程,无论如何也不能适应 15 世纪末以来地理大发现所造成的新的世界市场的贸易需求。新兴资产阶级便使用掠夺的手段,加速生产者同生产资料相分离的过程。这个分离过程从 15 世纪末起,一直延续到 19 世纪初。因为这个分离过程发生在资本主义生产方式确立之前,所以叫作原始积累。

所有资本主义国家都经历过资本原始积累的过程。尽管各国所采用的方式有所不同,但本质一样,都是通过暴力手段,迫使小生产者和生产资料相分离,并把生产资料和财富集中到资本家手里。所以,对小生产者的土地的剥夺,形成全部资本原始积累过程的基础。这个过程在英国具有最典型的形式,即历史上有名的圈地运动。被剥夺了土地的广大农村居民,突然被抛出传统的惯常生活轨道,不可能一下子就适应新的生产关系的秩序,他们大批地变成乞丐、盗贼和流浪者。为了使他们接受雇佣劳动制度的规律,刚登上历史舞台的新兴资产阶级政府,使用了严酷的暴力。从 19 世纪末和整个 16 世纪,西欧各国都先后颁布一系列惩治流浪者的血腥法律,强迫他们驯服地走进新兴的手工业工场。

最初的货币财富积累,同样是通过强盗式的劫掠途径来进行的。早在 15 ~ 16 世纪的重商主义时期,新兴的资产阶级就远涉重洋,搜刮货币财富。“他们走到哪里,哪里就变得一片荒芜,人烟稀少。”(《马克思恩格斯全集》第 23 卷,人民出版社 1972 年版,第 820 页)这些强盗们恣意残杀土著居民,实行种族灭绝,掠夺黄金和财物,贩卖奴隶,进行掠夺性的殖民地贸易,等等。所有这一切,使“巨额财产象雨后春笋般地增长起来,原始积累是在不预付一个先令的情况下进行。”(《马克思恩格斯全集》第 23 卷,人民出版社 1972 年版,第 821 页)为了对外进行侵略和掠夺,资产阶级政府还在国内增加税捐,发行公债。公债又成了原始积累的最强有力的手段之一。国家实际上并没有付出什么,他们贷出的金额又变成了容易转让的公债券,这些公债券所起的作用和同量现金一样,转化为资本。这一切使资产阶级手中积聚了大量财富,为发展资本主义生产积累了货币资本。这个过程,绝不是像资产阶级经济学家所描写的那样,是一个田园诗式的过程,而是一个长期的、一系列暴力和劫夺的过程,它“是用血和火的文字载入人类编年史的”(《马克思恩格斯文集》第 5 卷,人民出版社 2009 年版,第 783 页)。

参考文献:

《马克思恩格斯文集》第 5 卷,人民出版社 2009 年版。

[英]迈克尔·佩罗曼:《资本主义的诞生——对古典政治经济学的一种诠释》,广西师范大学出版社 2001 年版。

《马克思恩格斯全集》第 23 卷,人民出版社 1972 年版。

(吴晓迪)

资本主义占有规律

Law of Capitalist Appropriation

资本主义占有规律即资本家无偿占有工人创造的

剩余价值的规律。

资本主义的占有在形式上是以商品所有权为根据的等价交换,内容是资本对工人劳动的无偿占有。商品的等价交换意味着,不同的商品生产者在市场上以权利平等的所有者的身份相互对待,他们之间的交换遵循等价原则,即实行等量劳动相交换。在资本主义商品生产条件下,资本家在劳动市场上购买劳动力,一般来说也是按等价交换规律即商品生产的所有权规律进行的。在资本主义再生产条件下,购买劳动力的等价交换仅仅在外表上是等价交换,因为,第一,用来交换劳动力的那部分资本本身只是不付等价物而占有别人的剩余价值的一部分;第二,这部分资本不仅必须由它的生产者即工人来补偿,而且在补偿时还要加上新的剩余价值。劳动力的不断买卖是形式,其内容则是资本家总是用他不付等价物而占有别人的已经物化的剩余劳动的一部分,来不断换取更大量的别人的剩余劳动。所以,资本主义占有规律的特点,是以等价交换为形式,而以无偿占有并且不断扩大这种占有为实质。马克思将这种通过形式上的等价交换实现的对剩余价值的不断的无偿占有,称为"商品生产的所有权规律转化为资本主义的占有规律。"

参考文献:
《马克思恩格斯文集》第5卷,人民出版社2009年版。

(林岗)

产业资本及其循环与周转

Circulation and Turnover of Industrial Capital

产业资本是指物质生产部门的资本,即投在工业、矿业、农业、交通运输业和建筑业等部门中的资本。产业资本是资本的基本形式,其最本质的特征是生产剩余价值,资本主义社会的全部剩余价值都是在这个部门中创造出来的。"因此,产业资本决定了生产的资本主义性质;产业资本的存在,包含着资本家和雇佣工人之间的阶级对立的存在。"(《马克思恩格斯文集》第6卷,人民出版社2009年版,第66页)产业资本在运动中,要依次经过购买生产资料和劳动力、生产产品、售卖产品三个阶段,相应地采取货币资本、生产资本和商品资本三种职能形式,最后,带着剩余价值,以增大了的数量回到货币资本的形式上。随着资本主义的发展,商品资本和货币资本的一部分从产业资本运动中分离出来,转化为商业资本和借贷资本。同时,在前资本主义社会附属于奴隶制和封建制生产关系的商业资本和生息资本,也转而从属于产业资本,为产业资本生产剩余价值服务。商业资本和生息资本从产业资本那里以商业利润和利息等形式分的一部分剩余价值。

资本循环是指产业资本依次经历三个阶段,并相对应地采取三种不同的职能形式,使其价值得到增殖,最后又回到原来出发点的运动。产业资本循环要经历购买、生产和售卖三个阶段。资本价值在循环过程中采取货币资本、生产资本和商品资本这三种职能形式。资本循环可以用公式 $G—W_{Pm}^{A}<\cdots P\cdots W'—G'$ 表示。其中,G—W 为对生产资料(Pm)和劳动力的购买阶段,P 为生产阶段,W′—G′为产品的销售阶段。

资本循环是流通过程和生产过程的统一。其中,生产过程起决定性作用,剩余价值就是在这个过程中生产出来的;流通过程既是为剩余价值生产做准备的过程,又是剩余价值实现的过程。资本循环是一个连续的、不间断的过程,资本只有不断地从一个阶段转入另一个阶段,从一种形态转化为另一种形态,其循环才能顺利进行,资本的运动在任何一个阶段受阻,循环就会中断。资本循环顺利进行的条件,是资本按一定比例分为三个部分,分别执行货币资本、生产资本和商品资本三种职能。

资本周转是指产业资本周而复始不断重复的循环。资本完成一次周转需要一定的时间。资本周转时间是资本价值在生产过程和流通过程中持续运动的时间,等于生产时间和流通时间之和,其中生产时间起着重要作用。资本周转速度可以用资本在一定时间内的周转次数来表示。在资本周转中,由于生产资本的各组成部分周转方式不同,其周转速度也不同。固定资本周转时间长、速度慢;流动资本周转时间短、速度快。在资本周转中,预付资本不同组成部分的平均周转,叫预付资本总周转。资本周转速度对剩余价值的生产和流通有重要影响。资本周转速度的快慢,对于剩余价值的生产和实现有着重大的影响。资本周转一般按年计算。资本周转速度越快,剩余价值率一定,预付资本在一年内执行职能的次数就越多,同一笔资本所带来的剩余价值就越多。此外,周转速度快还可以节约预付资本,尤其是节约流动资本。

参考文献:
《马克思恩格斯文集》第6卷,人民出版社2009年版。

(冯志轩)

固定资本和流动资本

Fixed Capital and Circulating Capital

固定资本和流动资本是根据周转方式的不同来划分的同一资本的两个不同的组成部分。固定资本是指用于购置机器、设备、厂房等劳动资料的那部分资本。它是不变资本的一部分。在其寿命期内它的物质形式全部加入劳动过程,但因使用而逐渐磨损。它的价值按其磨损程度,一部分一部分地转移到新产品价值中去,并随着产品的出卖而作为折旧以货币形式回到资本家手中。在劳动资料执行职能的全部时间内,未转移的那部分价值仍附着在劳动资料的物质形态上。在劳动资料使用的寿命期内,它原有的全部价值最终会分摊到反复进行的生产过程中产生的全部产品包含的每一件产品中。

流动资本是指以原材料、燃料、辅助材料和劳动力的形式存在的那部分生产资本。其中用于购买原材料、燃料和辅助材料的那部分生产资本,是不变资本的另一个部分。它的物质形态全部加入劳动过程,并在一次生产过程中全部消耗掉。它的价值是一次全部转移到新产品价值中去,并随着产品的出卖而进入流通过程和完成周转,以货币形式回到资本家手中。流动资本中用来购买劳动力的那部分生产资本,则是可变资本。它的价值不是转移到新产品中去,而是再生产出来并包含在新产品价值中,并随着产品的出卖而进入流通过程和完成周转,最后以货币形式回到资本家手中。仅就它的价值进入流通过程和完成周转的方式来说,与用于购买原材料、燃料和辅助材料的那部分不变资本相同,所以也列入流动资本范畴。

固定资本和流通资本的区别主要是:第一,二者价值转移方式不同。每一次生产中,固定资本的物质要素是逐渐被消费,它的价值也是逐渐地、一部分一部分地转移到产品中去。而流动资本的物质要素则是一次全部被消费,它的价值也是一次全部被转移到产品中去。由于价值转移发生在生产过程中,能够被区分为固定资本和流动资本这样两个部分的,只有生产资本。第二,在固定资本周转一次的时间内,流动资本可以进行多次周转。因此当产品进入流通过程时,只有转移到商品中去的那一部分固定资本的价值才进入流通,而其余的部分则仍然保存在原有的使用形态上。至于流动资本就不同了,既然它的价值是全部一次转移到商品中去,因而商品进入流通过程时,它的价值也就全部进入流通。第三,投在固定资本上的货币,是一次全部垫付出去,而后在固定资本整个发挥作用的期间内逐次收回。投在流动资本上的资本价值,虽然也是一次全部垫付出去,但一次全部收回。第四,要使生产过程进行,则生产过程中就必须不断有流动资本的各种要素和固定资本的各种要素。流动资本的各种要素,需要不断地购买和替换;而固定资本的各种要素则不同,他们在整个发挥作用的期间内是无须购买和替换的。

参考文献:
《马克思恩格斯文集》第6卷,人民出版社2009年版。

(冯志轩)

社会总资本的再生产和流通
Reproduction and Circulation of Aggregate Social Capital

社会总资本是所有单个资本的总和,又称社会资本。许多个别资本通过相互交错、互为条件的循环运动,结成一个有机的整体,构成社会总资本。

社会总资本的运动同个别资本的运动一样,采取货币资本、生产资本和商品资本的形式。但是,个别资本的运动只包括生产和资本流通,而不包括个人消费和一般商品流通。无论资本家还是工人的个人消费,以及他们购买消费品的一般商品流通行为,都不属于个别资本运动的范围。但是,在社会总资本的运动中,资本家和工人用货币购买消费品的过程,就是生产消费品的资本家将他们的商品资本转化为货币资本的过程。因此,研究社会总资本的再生产,要以社会总产品即社会总资本在一年内发挥职能所提供的全部产品,亦即社会总商品资本为出发点。

社会资本再生产的核心问题是社会总产品的实现问题。同单个商品一样,社会总产品从价值形态上划分为c、v、m三个部分,其中c是中补偿消耗掉的不变资本的价值,v是补偿可变资本的价值,m是剩余价值,v+m是新创造的价值。从物质上,社会总产品按其最终用途可划分为生产资料和消费资料两个类别,与此相适应,社会生产也划分为生产生产资料的第一部类(Ⅰ)和生产消费资料的第二部类(Ⅱ)。社会总产品的实现问题,就是它的各个组成部分如何在价值和使用价值两个方面得到补偿的问题。价值补偿,即社会总产品中代表c、v、m这三个部分价值的商品都能够卖出去,从商品形态转化为货币形态。物质补偿,即社会总产品生产中所消耗的各种物质资料能够从市场上买到再生产所需要的生产资料和消费资料,从货币形态又转化为商品形态。社会总产品的这两种补偿,要受社会总产品两大部类相互之间比例的制约。这种比例又称为社会总产品的实现条件。

在简单再生产条件下,工人所创造的全部剩余价值都被资本家用于个人消费,再生产只是在原有规模上重复进行,社会总产品实现的基本条件是第一部类的可变资本家的剩余价值,应该等于第二部类的不变资本,即Ⅰ(v+m)=Ⅱc。也就是说,第一部类一年内生产的生产资料,除补偿它自身的消耗之外,剩下的价值量为Ⅰ(v+m)的生产资料,能够补偿第二部类消耗的价值量为Ⅱc的生产资料;而第二部类一年内生产的产品,除了满足本部类资本家和工人的消费需要之外,还应当向第一部类的资本家和工人提供价值为Ⅱc的消费资料。当这个条件得到满足时,两大部类的全部产品都按价值售出,消耗的生产资料全部得到替换,消费需要全部得到满足,社会资本的简单再生产得以正常进行下去。从这一基本条件还可以引申出两个条件：(1)第一部类一年生产的生产资料，在实物和价值上都应当同两大部类消耗的生产资料相等，即 $\mathrm{I}(c+v+m)=\mathrm{I}c+\mathrm{II}c$；(2)第二部类生产的消费资料，在实物和价值上同两大部类的工人和资本家对消费资料的需求相等，即 $\mathrm{II}(c+v+m)=\mathrm{I}(v+m)+\mathrm{II}(v+m)$。

在扩大再生产条件下，资本家的剩余价值不是全部用于个人消费而是有一部分转化为资本，用以购买追加的生产资料和劳动力，使生产在扩大的规模上进行。扩大再生产的前提是：(1)第一部类中代表可变资本和剩余价值的那部分产品，必须大于第二部类的不变资本，即 $\mathrm{I}(v+m)>\mathrm{II}c$。这就是说，第一部类生产的全部生产资料，不仅能够补偿两大部类已经消耗的生产资料，而且还有剩余来满足两大部类扩大再生产对追加生产资料的需要，即 $\mathrm{I}(c+v+m)>\mathrm{III}c+\mathrm{II}c$。(2)第二部类中代表不变资本和剩余价值的那部分产品，必须大于两个部类的可变资本及资本家个人消费的剩余价值 $\left(\frac{m}{x}\right)$ 的总和，即 $\mathrm{II}(c+v+m)>\mathrm{I}\left(v+\frac{m}{x}\right)+\mathrm{II}\left(v+\frac{m}{x}\right)$。因为，只有这样才能满足因追加劳动力而增加的对消费资料的需要。由这两个前提容易推知扩大再生产条件下社会总产品或社会总商品资本的实现条件：(1) $\mathrm{I}(c+v+m)=\mathrm{I}(c+\Delta c)+\mathrm{II}(c+\Delta c)$，其中 Δc 代表追加的不变资本（生产资料）；(2) $\mathrm{II}(c+v+m)=\mathrm{I}\left(v+\Delta v+\frac{m}{x}\right)+\mathrm{II}\left(v+\Delta v+\frac{m}{x}\right)$，其中 Δv 代表追加的可变资本（消费资料）。

在资本主义条件下，由于存在生产社会化与生产资料私有制的矛盾，上述社会资本再生产的条件并不能自动保持，而是经常遭到破坏。

参考文献：

《马克思恩格斯文集》第6卷，人民出版社2009年版。

（林岗）

利润、利润率和平均利润

Profit, Rate of Profit, and Average Profit

利润是产业资本带来的、表现为全部预付资本产物的价值增加额，是剩余价值的转化形式。不同部门和行业资本家之间的竞争，使得这些部门的利润具有平均化的趋势。

剩余价值实质上是可变资本的产物，但在资本主义经济生活的表象上，尤其是在作为这种表象的资产阶级的观念上，剩余价值仅是可变资本的产物。作为全部预付资本的观念上的产物，剩余价值取得了转化利润的转化形式。于是商品价值构成的公式 $W=c+v+m$，便转化为 $W=k+p$，$k=c+v$，称为成本价格。成本价格的形成，抹杀了不变资本和可变资本的区别，使得生产过程中的价值变化看起来是由总资本引起的。同时，由于劳动力价格已经转化为工资形式，工人的劳动似乎也得到了全部报酬。这样，利润这个神秘化的形式就必然会从资本主义生产方式中产生出来。剩余价值转化为利润，资本的一切部分都表现为利润的源泉，这就把资本的各个部分的不同作用、资本对雇佣劳动的剥削关系掩盖了。

利润率的定义为：$P'=\frac{M}{C+v}=\frac{m'\cdot v\cdot n}{C+v}=m'\cdot\frac{v}{C+v}\cdot n$，其中 P' 为利润率，M 为年剩余价值，C 为一年中使用的全部不变资本，v 为一次周转过程中使用的可变资本（假定它在每次周转中数量不变），$C+v$ 为总资本，m' 为剩余价值率（假定它在每次周转中不变），n 为年周转次数。有这样一些影响利润率的因素：(1)剩余价值率。在资本有机构成不变的情况下，剩余价值率越高，剩余价值量就越多，从而利润率也就越高，否则相反。可见，利润率与剩余价值率成正比例。因此，凡是能提高剩余价值率的方法，同时也就是提高利润率的方法。(2)资本有机构成。在剩余价值率不变的情况下，资本有机构成不同，利润率也会不同。资本有机构成越低，同量资本用在可变资本的部分越多，从而雇佣的工人越多，创造的剩余价值也越多，因此利润率也越高，否则相反。可见，资本有机构成的高低与利润率的高低是按相反的方向变动的，资本有机构成的提高，会引起利润率的下降。(3)资本周转速度。在剩余价值率和资本有机构成一定的条件下，在一年中资本周转速度越快，同量资本所带来的剩余价值量就越多，从而年利润率就越高。反之，资本周转速度越慢，年利润率就越低。可见，资本周转速度与年利润率成正比例。(4)不变资本的节省。不变资本在生产过程中只转移旧价值，并不创造新价值。但是，不变资本的节省与利润率的高低有关：一方面，不变资本的节省可以使资本价值构成降低，从而使用同量资本能够使用更多的劳动力，榨取更多的剩余价值；另一方面，不变资本的节省还可以减少商品价值中由生产资料转移过来的部分，从而降低商品的生产成本。这两者都会使利润率提高。为了节省不变资本，资本家往往利用社会化大生产的条件，把生产资料集中起来由集中的劳动者共同使用；同时，也可以通过延长劳动时间来相对节省不变资本的开支，还可以靠牺牲工人的健康和安全来节省劳动条件的费用。(5)原料价格的变动。原料价格上涨，生产成本提高，预付总资本增加，利润率下降；原料价格下跌，生产成本降低，预付总资本减少，利润率提高。所以，原料价格的变动与利润率成反比例。

由于不同产业部门的资本有机构、周转速度等的差别,投在不同产业部门的利润率是会有差别的。但是,投入等量的预付资本,在不同部门获得不同的利润,这与利润作为预付总资本的产物这一规定相矛盾,也与资本主义制度下的实际情况不相符。因为,在资本主义经济中,各部门的资本家不论从事哪一种商品的生产和经营,都要求大体上比例于他们的预付资本量而获得相应的利润。这个矛盾是通过资本家在部门间的竞争解决的。

在资本主义自由竞争中,既有部门内部的竞争,又有各部门之间的竞争,部门内部的竞争形成商品的社会价值和部门利润率。在此基础上,等量资本要求等量利润,必然引起资本在部门之间的竞争,即不同产业部门的资本为争夺更有利的投资场所而进行的竞争。这种竞争,既表现为资本从利润率低的部门向利润率高的部门的转移,也表现为新增资本向利润率较高部门的投入。资本在各部门之间的自由转移和投入,引起各部门商品的供求关系以及价格的变动,结果使各部门不同的利润率转化成全社会的一般利润率,即平均利润率。按照平均利润率归资本家占有的利润,叫作平均利润,它等于预付资本价值乘以平均利润率。

平均利润率和平均利润的形成过程,也就是不同部门的资本家通过竞争而重新瓜分剩余价值的过程。平均利润率形成以后,不同部门的资本家所得到的平均利润,就不一定恰好等于本部门劳动者创造的剩余价值。其中资本有机构成高的部门,所得到的平均利润要大于本部门创造的剩余价值;而资本有机构成低的部门,所得到的平均利润则小于本部门所创造的剩余价值;只有资本有机构成为平均水平的部门,所得到的平均利润与本部门创造的剩余价值基本一致。除产业资本要获得平均利润外,商业资本作为社会总资本再生产过程不可缺少的职能资本,也参加平均利润率的形成,也要获得平均利润。平均利润总和必然等于剩余价值总和。平均利润作为利润的转化形式,是继剩余价值转化为利润之后,剩余价值表现形式的第二次转化。这种转化在使资本关系进一步神秘化的同时,也反映出全体资本家的阶级利益的一致性。

参考文献:
《马克思恩格斯文集》第7卷,人民出版社2009年版。

(马慎萧)

生产价格
Production Price

利润转化为平均利润,价值也就相应地转化为生产价格。所谓生产价格,就是成本价格与平均利润之和。

假设资本有机构成不同的三个部门,存在着不同的利润率,经过它们之间的竞争和资本的自由转移,这些不同的利润率转化为平均利润率。由于平均利润率的形成,三个部门的资本家都得到了平均利润;各个部门的商品都形成了相应的生产价格,商品都按生产价格出售。在这种情况下,资本有机构成较低的部门,平均利润低于其创造的剩余价值,因而生产价格也低于其价值;而资本有机构成较高的部门,平均利润高于其创造的剩余价值,因而生产价格也高于其价值;只有在资本有机构成居平均水平的部门,平均利润才与其创造的剩余价值相一致,因而生产价格等于其价值。

价值转化为生产价格是资本主义生产发展到一定高度的产物,是资本主义社会化大生产和发达商品经济条件下价值规律的具体表现形式。正如马克思指出的:"商品按照它们的价值或接近于它们的价值进行交换,比那种按照它们的生产价格进行交换,所要求的发展阶段要低得多。而按照它们的生产价格进行的交换,则需要资本主义的发展达到一定的高度。"(《马克思恩格斯文集》第7卷,人民出版社2009年版,第197~198页)在简单商品经济的条件下,商品只能按价值进行交换;在资本主义发展初期,商品也只是在较大范围内按社会价值进行交换;只有到机器大工业阶段,资本主义关系取得统治地位以后,形成了自由竞争的环境,资本和劳动力可以在各部门之间自由转移,利润才能转化为平均利润,从而价值才能转化为生产价格。

价值转化为生产价格后,商品市场价格就不再是以商品价值为中心而是以生产价格为中心而上下波动。这并不是说价值规律不起作用了,而只是其作用的表现形式发生了变化。其实,生产价格和价值的一定背离,并不是对价值规律的否定,恰好相反,只有用价值规律才能说明这种背离。(1)从个别部门看,资本家所得的平均利润与工人创造的剩余价值可能不一致,但从全社会来看,整个资产阶级所得的平均利润总额和整个工人阶级创造的剩余价值总额是一致的。(2)从个别部门来看,生产价格和价值有差异,但从全社会来看,生产价格总额与价值总额是相等的。(3)价值的变化会反映到生产价格的变化上,价值量的增减影响着生产价格的提高或降低。

参考文献:
《马克思恩格斯文集》第7卷,人民出版社2009年版。

(马慎萧)

价值转形问题
Problem of Value Transformation

马克思在《资本论》第3卷中研究了剩余价值转化为利润之后进一步分析了利润的平均化问题，说明争取最大利润的欲望驱使资本在不同部门转移导致利润率趋于平均化即等量资本获得等量利润。由于各个生产部门的资本有机构成不同，等量资本获得等量利润是与商品按价值交换相矛盾的。因为，在利润率平均化的情况下，商品不再按价值交换，而是按生产价格（生产成本加平均利润）交换。马克思指出，生产价格只是价值的转化形式，价值规律并未因利润平均化而失效。他给出的理由是：利润的平均化不过是剩余价值在不同资本家之间的再分配，因而，第一，全社会的商品的生产价格总和仍然等于价值总和；第二，全社会的利润总和仍然等于剩余价值总和。但是，马克思在用一个包括5个部门的数字例子来论证这两个总量相等时，商品按生产价格计算，而生产成本仍按价值计算。尽管他意识到，生产资料和工人的生活资料要从市场上以生产价格购买，应该将价值形式的成本转化为生产价格形式的成本，但没有来得及说明成本如何由价值形式转变为生产价格形式。这就是所谓价值转形问题。一百多年来，经济学家提出的各种价值转形理论和模型，或者试图解决这个问题，从而完善劳动价值论和马克思的剩余价值学说；或者企图证明转化是不可能的，从而达到否定劳动价值论和剩余价值学说的目的。

鲍特凯维兹（Ladislaus von Bortkiewicz）采用杜冈·巴拉诺夫斯基（Mikhail Ivanovych Tugan-Baranovsky）的部类划分方法：第一部类为生产资料生产；第二部类为工人消费资料生产；第三部类为资本家消费资料生产，利用简单再生产条件：

$$c_1+v_1+s_1=c_1+c_2+c_3$$
$$c_2+v_2+s_2=v_1+v_2+v_3$$
$$c_3+v_3+s_3=s_1+s_2+s_3$$

提出价值转形模型：

$$(1+r)(c_1p_1+v_1p_2)=(c_1+c_2+c_3)p_1$$
$$(1+r)(c_2p_1+v_2p_2)=(v_1+v_2+v_3)p_2$$
$$(1+r)(c_3p_1+v_3p_2)=(s_1+s_2+s_3)p_3$$

这里的符号采用米克的规定。c_1、c_2、c_3分别为三个部类的不变资本，v_1、v_2、v_3分别为三个部类的可变资本，s_1、s_2、s_3分别为三个部类的剩余价值，p_1、p_2、p_3分别为三个部类的价值生产价格转化系数，r为利润率。该方程组包括三个方程和四个未知变量。为了使方程组有唯一解，他假设第三部类的生产价格与价值相等。运用这个模型，鲍特凯维兹只能得到马克思所说的两个总量相等中的一个，而无法同时得出两个总量均等。

在鲍特凯维兹之后，许多马克思主义经济学家继续对这个问题作了探讨。斯威齐（Paul M. Sweezy）和温特尼茨（J. Winternitz）分别在鲍特凯维兹的三个方程的基础上，用生产价格总和等于价值总和的假设代替鲍特凯维兹的第三部类生产价格与价值相等的假设。米克（R. L. Meek，1956，1973）则分别假设第二部类的资本有机构成等于全社会的平均资本有机构成，以及全社会利润总和等于全社会剩余价值总和。塞顿（Francis Seton）提出n个部门的价值转形模型。为了使价值转形方程组有唯一解，他假设其中一个部门的资本有机构成为中等构成，大致相当于鲍特凯维兹的假设。鲍特凯维兹、斯威齐、温特尼茨、米克等人分别采用了这样三个假设：第一，$r[\sum(c_ip_1+v_ip_2)]=E(\sum v_i)$，即利润总额等于剩余价值总额；第二，$a_1p_1+a_2p_2+a_3p_3=a_1+a_2+a_3$，即生产价格总额等于价值总额；第三，$p_j=1$，即假定一个部类为黄金生产业。其中，E为剩余价值率，$a_1=c_1+v_1+s_1$，$a_2=c_2+v_2+s_2$，$a_3=c_3+v_3+s_3$。米克在比较了这些假设之后指出，这三个假设条件都可以选择，但采用不同的假设条件，可以得到不同的价值转形模型。米克称这些假设条件为“不变的条件”，经济学界称这些条件为“不变性假设”或“不变性准则”。按照米克的观点，各种“不变性假设”同样好，这些不同模型就同样好，因而价值向生产价格转化具有不确定性和随意性。但是，任何价值转形理论和模型，必须证明本理论的假设条件是必然成立的和唯一正确的，而不仅是多种可能成立的假设条件之一，才可能是科学的。在一般情况下，鲍特凯维兹、米克和塞顿的假设不成立。斯威齐和温特尼茨没有证明自己的假设是必然成立的和唯一正确的。

置盐信雄（Okishio）用时间序列通过无穷多次迭代得到利润率和生产价格，即按照马克思的价值形式的成本定义来计算生产价格，然后用得到的生产价格表示成本，再次得到生产价格。一直这样迭代下去，就可以收敛于一组“鲍特凯维兹价格”。赛克（Shaikh）提出的方法，与置盐信雄的方法类似。但是，与鲍特凯维兹一样，使用迭代方法也不能同时得到马克思提出的两个总量均等，而只能得到其中一个。在赛克的研究中，利润总额不等于价值总额。赛克认为这种偏差是由奢侈品价格对价值的偏离和奢侈品工业的规模决定的。他证明，在平衡增长的条件下，剩余价值与利润的偏差是同奢侈品行业中价值与价格的偏离成比例的。但是，实际经济与他所假设的平衡状态是不同的，因而其结论在实际经济中难以成立。而且，迭代法不适用于解决简单再生产条件下的转型问题。

杜梅尼尔（Dumenil）、弗利（Foley）等人提出了对转型问题的“新解释”。他们将马克思提出的价格总额等于价值总额的论断改为净产品的价格总额（相当于产品价值中的新增价值部分）等于其价值总额，同时将工资定义为工人在生产过程终了时得到的货币工资，认为根本不应当将工资看做一组商品，工资是可以按现有价格购买任何商品的一笔钱。他们认为有这样两条假设，任何一组价值都可以转换为相应的一组价格，同时马克思提出的两个总量相等的论断也可以成立。杜梅尼尔和弗利认为，在他们的解释中，价值总额与一定时期内净产品生产耗费的活劳动相联系，这不仅避免了重复计算，而且与马克思关于价值是活劳动的凝结的观点是一致的。而将工资定义为工人以货币形式获得的全部名义工资，则避免了商品价值偏离价格对按商品价格计算的剥削率的影响（因为用价格表示的剥削率依赖于工人购买的商品的种类），能够准确地反映资本家对工人在生产过程中实际付出的劳动的无偿占有。此外，他们还认为，按以前的方法，如果工人将部分工资储蓄起来，剩余价值就无法计算，而按他们的方法则不会有这个问题。对于“新解释”，在马克思主义经济学界也存在异议。辛哈（Sinha，1997）认为，“新解主义”用货币工资表示可变资本，用净产品定义剥削率是错误的。莫斯利（Moseley，1993）认为弗利没有克服斯拉法的错误，原因是不变资本和可变资本的定义方式不同，不变资本和可变资本不必由价值转化为生产价格。

我国学者也提出自己的价值转形模型。白暴力提出了平分余量法。丁堡骏则认为，当要素按价值计算改变为要素按生产价格计算，利润总和等于剩余价值总和；把按时间顺序依次进行的各个动态过程作为一个总体来看，生产价格总额等于价值总额。沈民鸣提出，只要各部类资本有机构成不同，就无法同时满足价值形式的再生产条件和平均利润条件。价值转形不仅是将资本和成本由价值形式转变为生产价格形式的问题，而且是同时满足生产价格形式的再生产条件和平均利润条件的问题，同时，也是在资本家之间分配总剩余价值的问题，这三者等价。《资本论》各卷不矛盾，只是第二卷和第三卷形式上存在矛盾，这个矛盾可以解决，解决过程就是价值转形。生产过程中耗费的劳动满足价值形式的再生产条件，流通过程中交换产品满足生产价格形式的再生产条件，资本家在流通过程中开始分配总剩余价值时，生产过程已经结束，生产中耗费的劳动不可能变化，因此，利润总和等于剩余价值总和，生产价格总和等于价值总和必然成立，不是假设条件。在此基础上提出，简单再生产条件下的两部类、三部类和四部类价值转形模型，考虑奢侈品生产和货币材料生产的价值转形模型，多部门价值转形模型，扩大再生产价值转形模型。同时提出，不仅考虑资本，而且考虑土地所有权的二次价值转形，以及考虑其他因素的多次价值转形。

出于否定劳动价值论的目的，美国新古典综合派的代表萨缪尔森（Samuelson）抽象掉生产关系，抽象掉作为生产价格基础的价值，企图利用生产技术条件（实物条件）直接得到生产价格，断言劳动价值论是不必要的，价值转形是不必要的迂回。森岛通夫（Morishima）则认为，在联合生产和有技术选择的条件下，可以放弃劳动价值论。斯蒂德曼（Steedman）认为，物质生产条件和实际工资可以决定利润率和生产价格，马克思的价值转形是多余的，应该放弃劳动价值论。一些持马克思主义立场的经济学家反驳了萨缪尔森等人的观点。例如，赖布曼（Laibman）认为，剩余价值率和利润率的本质，是通过价值与生产价格关系，表现资本对雇佣劳动的剥削关系。德赛（Desai）批评萨缪尔森说劳动价值论没有必要，是对马克思经济学的故意歪曲，并指出斯蒂德曼等人用新李嘉图学派的实物生产条件代替价值理论来决定价格和利润率，是不理解劳动价值理论的结果。

参考文献：

《马克思恩格斯全集》第25卷，人民出版社1974年版。

[英]米克：《劳动价值学说的研究》，商务印书馆1979年版。

[美]斯威齐：《资本主义发展论》，商务印书馆1997年版。

[美]扬·斯梯德曼：《价值问题的论战》，商务印书馆1990年版。

胡代光：《西方经济学者关于马克思的“价值转形”问题的争论》，引自《马克思主义经济学与西方经济学比较研究》第3卷，中国人民大学出版社2009年版。

白暴力：《价值直接基础或价值转化形式》，西北工业大学出版社1986年版。

丁堡骏：《转形问题研究》，载于《中国社会科学》1999年第5期。

沈民鸣：《论简单再生产条件下的价值转形问题》，载于《当代经济究》2005年第5期。

沈民鸣：《奢侈品生产的价值转形中的“两个等于”问题》，载于《马克思主义研究》2008年第8期。

沈民鸣：《资本主义生产总过程的数学分析》，经济科学出版社2009年版。

Bortkiewicz, L. von., *On the Correction of Marx's Fundamental Theoretical Construction in the Third Volume of Capital*, Jahr. fur Nationalokonomie Statistik, 1907, 34 (3).

Duménil, G., *a Valeur aux prix de production*, Paris: Economica, 1980.

Duménil, G., Beyond the Transformation Riddle: a Lablour Theory of Value, *Science and Society*, 1983, 47 (4), Winter.

Foley, D., The Value of Money, the Value of Labor Power and the Marxiam Transformation Problem, *Rewiew of*

Radical Political Economics, 1982, 14.

Okishio, N., Value and Production Price, *Koke University Economic Review*, 1974(20).

Seton, F., The Transformation Problem, *Review Economic Study*, 1957, 25(6).

Shaikh, A., Masrx's Theory of Value and the "Transformation Oroblem", In Ed. J. Schwartz, *The Subtle Anatomy of Capitalism*, Sanat Monica: Goodyear, 1977.

Sweezy, P. M., *The Theory of Capitalist Development*, New York: Oxford University Press, 1942.

Winternitz, J., Value and Price: A Solution of the So-Called Transformation Problem, *Economic Journal*, Vol. 58, 1948.

Meek, R., 1956, Some Notes on the Transformation Problem, Econ. J., March, 66; Reprinted in Meek, R. Economics and Ideology and Other Essays, *Studies in the development of economic thought*, London: Chapman and Hall, 1967.

Bortkiewicz, L. von, *Wertrechnung und Preisrechnung im Marxschen System*. Erster Artikel, Archiv für Sozialwissenschaft und Sozialpolitik, 23, 1906.

Samuelson, P. A., Wages and Interest: A Modern Dissection of Marxian Economic Models, *American Economic Review*, Vol. 47, Dec, 1957.

Morishima, M. and F. Seton, Aggregation in Leontief Matrices and the Labour Theory of Value, *Econometrica*, 1961, 29.

Laibman, D., Values and Prices of Production: The Political Economy of the Transformation Problem, *Science & Society*, 1973/1974, 37(4).

Desai, M., *Marxian Economics*, Littlefield, Adams & Co., 1979.

Sinha, A., The Transformation Problem: A Critique of the 'New Solution', *Review of Radical Political Economics*, 1997, 29(3).

Moseley, F., Marx's Logical Method and the Transformation Problem, In *Marx's Method in 'Capital': A Reexamination*, Moseley (ed.). Atlantic Highlands: N. J. Humanities Press, 1993.

（沈民鸣）

利润率趋向下降的规律

Law of Diminishing Rate of Profit

又称平均利润率（一般利润率）趋向下降的规律，这一规律概括了平均利润率随社会资本有机构成提高而下降的趋势。

在资本主义制度下，随着资本积累的不断增长，资本家为了提高剥削程度和追逐超额利润，为了在竞争中战胜对手，争相采用先进的技术设备以提高劳动生产率，从而在企业、部门乃至整个社会的资本中，可变资本同不变资本相比，同被它推动的总资本相比，会日益相对减少，因而活劳动所创造的剩余价值同所使用的总资本价值的比率即利润率，也必然趋向下降。一般利润率日益下降的趋势，只是劳动的社会生产力日益发展在资本主义生产方式下所特有的表现。

利润率的下降和绝对利润量的增加是同时发生和由同一些原因引起的。在实际的资本积累过程中，随着社会生产力的发展，社会总资本不断扩大，虽然社会资本的有机构成会提高，但是，可变资本的绝对量会增加，资本所支配的劳动大军会扩大，资本对雇佣劳动的剥削程度也会提高，从而资本所榨取的利润绝对量也必然会增加。利润率的下降和利润量的增长同时产生于资本积累过程，是资本积累所引起的两重结果。所以，利润率下降规律是利润率的下降和绝对利润量的同时增加的二重性的规律。

在资本主义经济发展进程中，利润率的下降只是一种缓慢发生的趋势，因为存在阻碍利润率下降的多种因素。起反作用的因素主要有：劳动剥削程度的提高；工资被压低到劳动力的价值以下；不变资本的物质要素变得便宜；相对过剩人口的存在使劳动力价格便宜；对外贸易的发展；股份资本只作为生息资本来使用，不参加一般利润率的平均化过程；等等。

利润率趋向下降的规律使资本主义的剩余价值生产和剩余价值实现、生产扩大和价值增值、在人口过剩同时存在的资本过剩等各种矛盾更加尖锐。这些矛盾的发展，是资本主义基本矛盾即生产的社会化与生产资料的私人占有的矛盾加深的表现。经济危机是这些矛盾尖锐化的结果，也是这些矛盾暂时的强制的解决。利润率趋向下降的规律表明了资本主义生产方式对生产力发展的限制，显示了这种生产方式的历史暂时性。

参考文献：

《马克思恩格斯文集》第7卷，人民出版社2009年版。

（马慎萧）

超额利润

Excess Profit

超额利润是商品的个别生产价格低于社会生产价格的差额。

在剩余价值规律的作用下，资本家们千方百计地使其商品的个别生产价格低于社会生产价格，因为他们不仅想要获得平均利润，而且想要得到超额利润。“事实上，一个资本家或一定生产部门的资本，在对他直接雇用的工人的剥削上特别关心的只是:或者通过例外的过度劳动,或者通过把工资降低到平均工资以下的办法,或者通过所使用的劳动的额外生产率,可以获得一种额外利润,即超出平均利润的利润”(《马克思恩格斯文集》第7卷,人民出版社2009年版,第219页)。此外,某些不具备自由竞争条件的生产部门的资本主义企业,可以不把它们的商品价值转化为生产价格,从而不把它们的利润转化为平均利润,如存在土地私有权的垄断和经营垄断的农场、矿山之类的企业。

在攫取超额利润的各种方法中,资本家主要是采取提高劳动生产率的方法。个别资本主义企业采用新技术,使劳动生产率高于本部门的平均水平,从而降低其产品的个别生产价格,以便获得超额剩余价值。当大多数企业都采用新技术,劳动生产率普遍提高时,商品的社会生产价格随之降低,个别企业的超额利润便会消失。但资本家对超额利润的追逐,又会促使他们采用更新的生产技术,进一步提高劳动生产率。

参考文献:
《马克思恩格斯文集》第7卷,人民出版社2009年版。

（齐畅）

商业资本和商业利润
Commercial Capital and Commercial Profit

在资本主义生产方式下,商业资本从属于产业资本,是产业资本循环中一部分流通资本(商品资本和货币资本)的独立化,它的运动形式是产业资本循环的销售阶段的转化形式。

由于社会分工,产业资本家不是将自己的产品直接卖给消费者,而是先卖给商人,再由商人转手卖给消费者。虽然资本的一般运动形式 G—W—G′也适用于商业资本,但对产业资本家来说是商品的出售生产出来的商品(W—G′),对商人来说,却是购进商品(G—W)。商品被购进后又原样卖出去(W—G′)。可见,商业资本运动过程的特殊性,在于商人预付的货币资本的活动范围仅限于 G—W—G′,而不包括生产过程。“因此,就资本的总再生产过程来说,现在要考察的只是商人预付的货币资本,这种货币资本是专门用于买卖商品的,因而只采取商品资本和货币资本的形式,而从来不采取生产资本的形式,并且总是处在资本的流通领域中”(《马克思恩格斯全集》第25卷,人民出版社1974年版,第305页)。

商业资本虽然只是在流通领域执行商品价值实现的职能,但由于它能缩短流通时间,增加社会总资本中直接用于物质资料生产上的资本,因而能间接地增加剩余价值的生产和提高利润率。同时,由于商业资本有助于市场的扩大,能促进产业资本之间的分工和扩大经营规模,因而有利于提高产业资本的生产效率和增加资本的积累,促进资本主义的发展。

商业资本作为一种职能资本,它在流通领域中担任实现商品的价值和剩余价值的职能,因此它也必须得到一部分平均利润。商业资本在商品流通领域中所获得的利润,叫作商业利润。商业利润从表面上看,是贱买贵卖的结果,是从商品的购销差价中得来的。但是,正如马克思指出的:“因为商人资本本身不生产剩余价值,所以很清楚,以平均利润形式归商人资本所有的剩余价值,只是总生产资本所生产的剩余价值的一部分。”(《马克思恩格斯全集》第25卷,人民出版社1974年版,第314页)这就是说,商业利润的真正来源,是产业工人在生产过程中所创造的剩余价值的一部分,是由产业资本家让渡给商业资本家的一部分平均利润。因为商业资本职能的独立化,分担了产业资本的一部分职能,因此产业资本家就不能独占产业工人所创造的全部剩余价值,必须把其中的一部分让渡给商业资本家。同时,由于商业资本家集中从事商业活动,使产业资本家可以将节省下来的流通费用,用来增大生产资本,从而可以带来更多的剩余价值,这比起产业资本家自己从事商业活动来,不仅可以减少利润的损失,而且会提高平均利润率的水平。所以,产业资本家愿意让渡一部分剩余价值,以便于商业资本家去独立经营商品流通活动。

商业利润反映着商业资本家和产业资本家共同瓜分剩余价值的关系以及商业资本家剥削产业工人和商业雇员的关系。商业店员同产业工人一样,也是劳动力的出卖者,他们虽然不创造价值和剩余价值,但却为商业资本家实现商品的价值和剩余价值。

参考文献:
《马克思恩格斯文集》第7卷,人民出版社2009年版。
《马克思恩格斯全集》第25卷,人民出版社1974年版。

（齐畅）

银行资本和银行利润
Bank Capital and Bank Profit

银行资本是指资本家为经营银行获取利润所投入的自有资本和通过各种途径集中到银行的货币资本。从资本所有权看,银行资本由两部分构成:一部分是银行资本家投入银行的自有资本,这在银行资本中占很小比例;另一部分是借入资本,是从银行外部吸收的存款,这在银行资本构成中占很大比例。从形式上看,银行资本也可分为两部分:一是现金;二是有价证券。有价证券包括两部分:一部分是商业票据(汇票);另一部分是公债券、国库券、各种股票和不动产抵押票据等。

银行资本在资本主义经济中起着重要作用。

(1)充当信用中介,通过吸收存款,集中社会的闲散资金,将其贷放给职能资本家使用。作为信用中介的银行资本,不仅使闲置的资金得到利用,而且克服了职能资本家之间直接借贷的局限,加速了资本周转,成为资本积累的有力杠杆。(2)充当支付中介,以转账等形式为职能资本家办理结算业务,节约了流通领域所需的现金,减少了流通费用。贷款利息高于存款利息的差额,扣除经营银行业务的费用之后,便构成银行利润。产业资本家和商业资本家利用银行贷款作为资本,从事剩余价值生产或剩余价值实现的经营,将剩余价值的一部分,以利息形式支付给银行资本家。银行资本的利润,从表面上看来自存贷利差,但其最终来源是产业工人创造的剩余价值。银行资本也参与利润平均化,也要求等量资本获得等量利润。

银行资本家参与瓜分产业工人创造的剩余价值,是通过剥削银行雇员的剩余劳动而实现的。银行雇员的劳动同商业雇员的劳动一样,不能创造价值和剩余价值,但是,银行雇员的劳动作为货币支付和货币借贷的中介活动,是剩余价值生产和实现所必要的活动。银行雇员以自己的中介性服务活动实现产业工人所创造的剩余价值的一部分,而银行资本家则无偿占有了银行雇员在剩余劳动时间内实现的剩余价值。

银行资本对借贷资本家而言,只是货币资本的所有权,而并不会自行增殖,但借贷资本家可以凭借这种所有权获得利息;这部分货币资本以借贷形式到了职能资本家手中以后,就变成了实际执行资本职能的增殖手段,能够生产或实现剩余价值。银行资本的运动公式是 G—G′(G+g),g 代表利息。因为这个公式省略掉了职能资本运用借贷资本的过程,于是造成一种假象,似乎不经过任何生产过程与流通过程,货币本身可以生出更多的货币,这进一步掩盖了资本价值增殖的真实过程。

19 世纪末 20 世纪初以来,随着资本主义经济中生产的集中和垄断的发展,银行资本和产业资本结合起来成为金融垄断资本,这使得银行由信用中介,变为万能的垄断者。少数金融寡头不仅支配着整个社会的大部分货币资本,而且直接或间接地控制着社会经济的许多重要领域。20 世纪七八十年代以来,在西方各国推行新自由主义政策的背景下,随着政府监管的放松,银行对信贷业务和投资业务的兼营即混业经营发展迅速,金融资本借助于各种金融衍生工具形式的虚拟资本,出现脱离实际经济而恶性膨胀的趋势。在当代,金融资本的许多活动已与信用中介和支付中介无关,而实际上是赌博性质的对他人财富的肆无忌惮的掠夺。

参考文献:
《马克思恩格斯文集》第 7 卷,人民出版社 2009 年版。

(齐畅)

虚拟资本和现实资本
Fictitious Capital and Real Capital

现实资本即实际资本,是指在生产和流通领域,以货币资本、生产资本和商品资本的形式,发挥榨取和实现剩余价值的职能的资本。虚拟资本则是指能定期带来收入的有价证券形式的资本,包括企业股票、企业债券、政府债券,等等。从广义来讲,还包括没有黄金保证的银行券和不动产抵押等。这类有价证券所以成为资本,原因在于它们是现实资本的所有权证书,持券者凭证券可取得定期收益,并且可以在证券市场上自由买卖,实现价值增殖。它们之所以被称为虚拟资本,是因为:第一,股票等有价证券的持有人购买这些证券之后,他们付出的货币转到证券发行人手里,被用在了生产或非生产的用途上。他们所得到的有价证券只是资本所有权的一纸凭证,或者说是"现实资本的纸制复本"。第二,股票等有价证券虽然具有价格,但自身没有价值,其价格是资本化的有价证券的预期收入,是按预期收入除以银行利息率的公式计算出来的,或者说幻想出来的。马克思在《资本论》第 3 卷中研究银行资本和信用的发展时,首次提出了与现实资本相区别的虚拟资本的概念,并说明了它的性质和作用。

虚拟资本是生息资本发展的必然结果,是随资本主义信用的发展而产生的。生息资本是通过资本使用权的有期转让,凭资本所有权来获取利息的,也就是靠资本所有权的债权证明书来获取定期收入。这样,人们便把任何凭所有权取得的定期收入都幻想成一定量货币资本带来的利息,结果就使有价证券等一切所有权证书都成为一定量资本的代表,从而形成虚拟资本。虚拟资本同借贷资本有区别,虚拟资本是以票证作为生息资本,借贷资本是以货币作为生息资本,但它们都是资本主义借贷关系的产物。

由于能够给持有人带来收益,并可以按一定价格转让,有价证券成为借贷资本的重要投资对象。这样,借贷资本的积累就在很大程度上表现为对有价证券的投资,而且会因有价证券的价值的虚拟性而与现实资本的积累。举例来说,证券交易所里的股票行情与银行利率成反比,在利率随现实资本的平均利润率下降而下降的情况下,股票价格却会上涨。而且,股票行情还经常因各种谣传和非经济因素的影响而涨跌,这与现实资本价值的变化更是风马牛不相及。

虚拟资本的运动越是脱离实际资本运动,其虚拟程度就越高。据此,可以将存在于当代的各种形式的虚拟资本划分为虚拟程度由低至高的四个层次。(1)公司股票、公司债券以及房地产等与现实资本关系较密切的虚拟资本。其中公司股票和公司债券的价格的虚拟性是明显的,而房地产价格的虚拟性则是由其中包含的土地价格(资本化的地租)赋予的。这个层次的虚拟资本的增殖运动虽然与现实资本的积累相脱节,但它们所代表的现实资本是客观存在着的,而且现实资本的增殖运动会对这些虚拟资本的价格涨跌产生一定的影响,例如银行利息一定,公司分红的多少一般会引起股票的涨跌。(2)政府发行的各种非生产性的债券(政府发行债券筹集到的资金有生产性和非生产性两种用途。若是前一种用途,如增加国有企业的资金,那么由此形成的国债券与一般企业债券没有区别,应划归第一层次的虚拟资本)。在西方资本主义社会,国家发行债券筹集到的资金主要用于非生产性的开支,如行政管理发生的各种费用、军费、社会福利等。这种债券并不代表执行生产经营职能的现实资本,因为,由发债得来的资金被政府花掉,已不复存在。这种虚拟资本的价值受政府财政收入的影响,与现实资本的运动没有关联。(3)证券化的虚拟资产组合。如将较高信用等级的债券与信用等级较低的次级债券"打包",形成一个资产组合,以它为抵押发行新债券。这个新债券是在原有债券基础上形成的,是虚拟资本的虚拟资本。在西方国家包括银行对企业的长期贷款利息、房屋抵押贷款利息、消费信贷利息、养老年金等在内的一切收入流都可以加以证券化,并通过"打包"形成新的虚拟资本。这种虚拟资本又可以再次被打包,衍生出下一级的虚拟资本。从单个的银行或非银行金融机构的角度来说,资产组合证券化是一种减少风险的技术。但是,这种技术在整个金融系统中的广泛运用,使得虚拟资本与现实资本之间的联系几乎无法追溯,为金融投机和欺诈的猖獗创造了条件,反而加大了金融系统的债务违约风险,会造成冲击整个国民经济的危机。(4)金融衍生品。这是各种虚拟资本中虚拟程度最高的类型,包括证券和外汇等金融资产的期货和各类指数期货。其中,证券和外汇等金融资产的期货只是对未来的买卖及成交价的承诺,不仅与这些金融资产代表的现实资产没有关系,而且与这些金融资产当前的虚拟价格也没有多少关系,其虚拟程度因而远超证券化的虚拟资产组合。不过,证券和外汇等金融资产期货毕竟还表现为具体的资产所有者之间的交易,而指数期货和期权则与任何资产所有人之间的具体交易活动毫无关系。利息率期货、股票指数期货以至于物价指数期货等,都不代表任何一种证券,与任何一个实际资产没有任何可以追溯的关联,只是一些统计数字。指数交易是在没有任何交易物的情况下进行的,本质上是对指数涨跌的赌博,因而被戏称为"赌场资本主义"(Casino Capitalism)。

构成虚拟资本的票据、证券,是资本主义的信用工具,可以加速资本的周转和转移,促使资本集中和股份公司的发展,可广泛利用社会上各种闲散货币,满足扩大生产的需要。但它们又是资本主义信用投机的工具,会形成资产泡沫,造成虚假繁荣,加速经济危机的爆发。在以美国为代表的西方资本主义国家,20世纪60年代金融垄断资本为了规避监管而推出的金融创新,随着新自由主义的金融深化政策的实行,80年代以后迅猛发展,90年代趋于鼎盛。美国的各种虚拟资本的价格总额在90年代已超过其实际GDP的数倍。2008年开始的全球经济危机的主要诱发因素,就是西方发达资本主义国家虚拟资本背离现实资本的过度膨胀。

参考文献:

《马克思恩格斯文集》第7卷,人民出版社2009年版。

刘骏民:《从虚拟资本到虚拟经济》,山东人民出版社1998年版。

(林岗)

资本主义地租

Capitalist Rent

一切形态的地租都是以土地所有权的存在为前提的,都是土地所有权在经济上的实现,但是,不同性质的地租则和不同形式的土地所有制相联系。要研究资本主义的地租,首先必须了解资本主义的土地所有制形式。资本主义的土地所有制,是资本主义关系在农村中发展的结果。在按资本主义方式经营的农业经济中,土地所有权完全同经营权相分离,并且同人身依附关系相分离,这是资本主义区别于封建土地所有制的特点。因为只有在这样一种土地制度下,农业中才会同时出现三个互相依存但又互相对立的阶级:地主、农业资本家和农业工人。土地所有者尽管完全脱离农业的组织和经营,但他凭借对土地这种农业的基本生产资料的所有权却能够瓜分到农业资本家从农业工人身上榨取来的剩余价值。农业资本家必须依照契约的规定向地主缴纳租金,否则,地主便不允许他使用土地。所以,资本主义地租的实质是农业工人创造的剩余价值,是剩余价值的一种转化形式及分割形式。资本主义地租与封建地租不同,它不是被剥削的劳动者剩余劳动的全部,而只是其中的一部分。凡是自然力能被垄断,并保证使用它的产业资本家能够得到超额利润的地方,其土地所有者就会以地租形式,从经营生产的产业资本家手里夺走这部分超额利润。

资本主义地租根据它的产生条件和原因,可以区分为级差地租和绝对地租。级差地租是由于耕种较优等土地而获得的超额利润的转化形式。土地的等级差别只是级差地租产生的条件,而以土地有限性为前提的经营垄断才是它产生的原因。由于土地经营垄断限制了资本向农业的投入,农产品的社会生产价格不得不由劣等地产品的个别生产价格决定。这样,较优等地的产品的个别生产价格低于社会生产价格的差额,便形成一种稳定的超额利润，并转化为级差地租。

绝对地租是由土地私有权的垄断产生的，只要租种土地就必须缴纳的地租。它与土地的好坏和生产率的差别无关。绝对地租产生的条件是农业资本有机构成低于工业等部门，农产品的生产价格因而低于其价值。由于土地私有权垄断的存在，农产品价值超过生产价格（即剩余价值超过平均利润）而带来的超额利润，就不参加或不完全参加利润的平均化过程，成为绝对地租的源泉。

参考文献：
《马克思恩格斯文集》第7卷，人民出版社2009年版。

（齐畅）

级差地租
Differential Rent

级差地租是由于耕种较优等土地而获得的超额利润的转化形式。级差地租分级差地租Ⅰ和级差地租Ⅱ。前者以土地肥沃程度不同和土地距离市场或交通线远近不同为条件，后者以对土地的连续追加投资所形成的劳动生产率的差别为条件。

级差地租Ⅰ是指雇佣工人在肥沃程度较高或位置较好的土地上创造的超额利润转化的地租。它是并列地投入等级不同的地块的各个资本具有不同生产率的结果。造成这种不同结果的条件，一是土地肥沃程度的差别；二是土地位置的差别。

土地的肥沃程度，并不全都是自然形成的，也不是一成不变的。影响土地肥沃程度的不仅有自然因素，也有社会经济因素。但是，无论土地的肥力怎样变化，在一定时期内和一定的技术条件下，不同地块的肥沃程度都是有差别的。这种差别必然使投入面积相等的不同地块的等量资本，有着不同的生产率。

不同地块距离市场、车站、码头的远近不同，交通条件也会有所不同，因而农产品和农用生产资料的运输费用也不尽相同。距离远，或者交通条件差，运输费用就较高；距离近，或者交通条件好，运输费用就比较低。土地位置的差别和土地肥沃程度的差别一样，也是相对的和可变的，但不论位置差别发生怎样的变化，差别本身总是存在的。运输费用是成本价格的一部分，因而要影响农产品的个别生产价格。与农产品的社会生产价格要由劣等地的生产条件来决定一样，其运输费用方面也要由地理位置和交通条件最差的土地来决定。这样，农产品的生产价格，就要加入作为运输费用的资本和这部分资本的平均利润。位置有利的农场由于运输费用较少，农产品的个别生产价格低于社会生产价格，就可以获得超额利润。这也属于级差地租Ⅰ。

土地肥沃程度不同和土地位置的差别这两个形成级差地租Ⅰ形成的条件，在同一块土地上往往是结合在一起的。一块土地，可以是肥沃程度较高但位置不利，也可以是位置有利但肥沃程度较低。但是，只要土地的位置和肥沃程度存在着差别，就有形成级差地租Ⅰ的条件。随着资本主义的发展，粮食需要增加和交通运输条件改善，不仅有肥力更差和位置更差的土地加入耕作，也有肥力更高和位置变优的土地加入耕作。而只要耕地面积扩大了，各级土地之间的差别增大了，地租总额也就会增加。

级差地租Ⅱ是指由于连续追加投资于同一块土地而具有的不同生产率所产生的超额利润转化而来的地租。所谓连续追加投资具有不同生产率的差别，指的是连续投资的生产率与决定农产品社会生产价格的劣等地的生产率相比较而言的差别。在资本主义社会，随着社会对农产品需求的增长，在耕地有限的条件下，仅靠开垦新的耕地已经不能满足需要，于是农业便越来越采取集约化的耕作方法。所谓集约化，就是把资本连续投在同一块土地上，采用新技术、新设备等，提高单位面积产量。在通常的情况下，连续追加的投资，会产生不等的生产率。但只要追加投资的生产率高于劣等地原有投资的生产率，就会带来超额利润。这种超额利润如果被地主作为地租拿走，就成为级差地租Ⅱ。

与级差地租Ⅰ不同，由追加投资带来的超额利润即级差地租Ⅱ，并不立即全部转化为租金流入土地所有者手中。在一般情况下，地租的数量在农业资本家和土地所有者之间订立契约时就已确定。所以在租约有效期内，由追加投资带来的超额利润，就归农业资本家所有。但是，一旦租约期满，土地所有者就会考虑到土地上现有投资的利益，在重订租约时提高地租。于是，这部分超额利润就会部分或全部转化为级差地租Ⅱ，落入土地所有者手中。至于形成级差地租Ⅱ的这部分超额利润，在多大程度上归土地所有者占有，最终取决于租地资本家与土地所有者之间的斗争。

级差地租Ⅱ与级差地租Ⅰ的区别在于，前者以不同地块的肥力和位置的差别为条件，后者以同一地块上连续投资的生产率的差别为条件。在看到这种区别的同时，还应当注意它与级差地租Ⅰ的联系和一致性。一方面，从历史发展过程来看，级差地租Ⅰ是级差地租Ⅱ的基础和出发点，在资本主义初期，农业耕作的特点是采取粗放的经营方法，而不是集约经营。农业生产的增长主要是靠扩大耕地面积，由此而产生的级差地租，是级差地租Ⅰ。后来，随着城乡资本主义的发展，对粮食等农产品的需要不断增长，但扩大耕地面积越来越困难；同时，随着科学技术的进步，在同一块土地上追加投资获得超额利润成为可能。因此，农业生产的增加，就转而主要靠对已耕土地的追加投资，实行集约经营。这样,级差地租Ⅱ就在级差地租Ⅰ的基础上迅速发展起来。另一方面,从每个时期内地租形成的现实运动来看,级差地租Ⅰ也是级差地租Ⅱ的基础和出发点。这是因为,级差地租Ⅱ的形成,要以土地肥沃程度的差别和位置的差别为前提条件。在同一块土地上追加投资能否产生级差地租Ⅱ,以及能够提供多少,都要取决于追加投资的生产率与劣等地投资生产率之间差别的大小。追加投资的生产率越高,级差地租Ⅱ就越多;反之,则越少。

级差地租Ⅰ和级差地租Ⅱ,并没有本质的差别。它们的实质都是超额利润,都是来自农产品的社会生产价格与个别生产价格的差额,都是投入土地的相等的各个资本量具有不等的生产率的结果。只不过在级差地租Ⅰ的情况下,是把资本分投到不同的土地上;而在级差地租Ⅱ的场合,则是把资本连续投到同一土地上。在实际生活中,级差地租Ⅰ和级差地租Ⅱ也是难以分开的。只有在租约期满以前,从资本家的递加投资所生出的超额利润中才能辨别出级差地租Ⅱ。而当租约期满以后,由追加投资引起的经济效果,尤其是那些比较有永久性的土地改良,就会合并到土地的自然丰度中去。这时,级差地租Ⅱ就分辨不出来了。

通过对级差地租Ⅱ的分析,可以看出,由于追加投资所生出的超额利润会转化为级差地租Ⅱ交给土地所有者,因而,租佃资本家对于在租期以内不能实现自己经济效果的投资,即需要经过很长时间才能受益的投资,不感兴趣。他不愿进行永久性的土地改良措施,而是在租期以内,尽量掠夺土地,土地的生产能力会因此受到严重的破坏。

参考文献:
《马克思恩格斯文集》第7卷,人民出版社2009年版。

（李沛杨）

绝对地租
Absolute Rent

考察级差地租时,我们是假定劣等地不支付地租。但实际上,即使对不提供级差地租的劣等地,地主也要收取一定的地租,这种地租与土地的优劣及连续投资的生产率的高低是没有关系的。这样一种优、中、劣各级土地都必须交付的并在概念上与级差地租相区别的地租,叫作绝对地租。由于租用劣等土地不缴纳级差地租,但要缴纳绝对地租,绝对地租就成为包括级差地租在内的全部地租的基础。

绝对地租的产生,是由于土地所有权垄断的存在。在存在土地所有权的情况下,即使最劣的土地,如果不缴纳地租,土地所有者则宁可让其荒芜也不会白白地让别人去耕种。由于绝对地租的存在,农产品的市场价格就要上涨到由劣等地的生产条件所决定的社会生产价格以上,只有这样,经营劣等地的资本家才能除了补偿生产费用并取得平均利润以外,还有一个余额作为绝对地租缴纳给土地所有者。正如马克思所说:“如果最坏土地A——虽然它的耕种会提供生产价格——不提供一个超过生产价格的余额,即地租,就不可能被人耕种,那么,土地所有权就是引起这个价格上涨的原因。土地所有权本身已经产生地租。”(《马克思恩格斯全集》第25卷,人民出版社1974年版,第851页)

为什么农产品的市场价格可以超过其社会生产价格而形成一个余额?这个问题需要在价值规律的基础上,从分析农业的资本有机构成入手来解决。在资本主义发展的一定阶段,由于各种原因,农业生产技术的装备落后于工业,农业部门的资本有机构成比工业部门低。因此,同样大的投资,在农业中所创造的剩余价值要大于工业。但农业资本家所实际得到的剩余价值只能是相当于工业中的平均利润,因而全部农产品中的总剩余价值要大于总平均利润,农产品的总价值要大于总生产价格。而农产品价值和生产价格之间的这种差额,就是绝对地租的源泉。因此,绝对地租也是农业工人所创造的剩余价值的一部分,而并不是农产品价值以上的附加额。

农业中资本有机构成低于工业从而价值大于生产价格,只是提供了形成绝对地租的基础或可能,而不是其原因。在农业中,由于土地所有权的存在,人们不能随便在农业中投资,资本向农业自由转移受到了阻碍。在这种情况下,由土地所有权的垄断所决定的缴纳地租的必要,使得农产品必须在生产价格以上按价值出卖,从而超过平均利润的剩余价值部分就不会参加全社会的利润平均化过程,而是留在农业中作为绝对地租交给土地所有者。

由此可见,农业中资本有机构成低于社会的平均资本有机构成,是农业中能够形成超额利润即绝对地租实现的条件。而土地所有权的垄断,是保留这一超额利润于农业部门并使之转化为绝对地租的根本原因。

参考文献:
《马克思恩格斯文集》第7卷,人民出版社2009年版。
《马克思恩格斯全集》第25卷,人民出版社1974年版。

（李沛杨）

垄断地租
Monopoly Rent

在资本主义制度下,除了存在级差地租和绝对地租这两种基本地租形式外,还存在着垄断地租。所谓垄断地租,是指由独特自然条件的土地上所获得的超额利润所构成的地租。

在分析地租和垄断价格的关系时，要区别两种情况：一种情况是由于产品或土地本身有垄断价格的存在，从而产生地租；另一种情况则是因为有地租存在，所以产品才按垄断价格出售。通常所说的垄断价格，是指由于第一种情况的垄断价格而产生的垄断地租。这种垄断地租产生的条件是某种土地的特殊优越性和稀少性；其产生的原因是对这种土地的资本主义经营垄断。例如，某些地块具有特殊的自然条件，在这种地块上能够生产某些特别名贵而又非常稀少的产品。而社会对这些产品的需求又十分强烈，因此，这类产品就可以按照不仅大大超过生产价格而且也超过其价值的垄断价格来出卖。这种垄断价格"只由购买欲和支付能力决定，而与一般生产价格或产品价值所决定的价格无关。"（《马克思恩格斯全集》第25卷，人民出版社1974年版，第873页）所以，这里讲的垄断价格与一般市场价格不同。它不是以垄断资本的存在为前提，而是以对特殊土地的经营垄断为前提。这种垄断价格所产生的超额利润，与土地所有权无关。土地所有权在这里的作用和在级差地租中的作用一样，只决定这个超额利润要归土地所有者占有，并转化为垄断地租。因此，这是垄断价格产生地租。

第二种情况中垄断价格的含义，与上述一般意义上的垄断价格不同。这是指由于土地所有权垄断的存在和支付绝对地租的必要，致使农产品价值超过其生产价格的部分没有参加利润的平均化，从而使农产品能够经常按照高于其生产价格的价格出售。这就是所谓地租产生垄断价格。

垄断地租与级差地租和绝对地租是不同的，级差地租和绝对地租是资本主义土地所有制下常见的两种地租形式，而垄断地租是资本主义生产关系下的一种特殊现象。使垄断地租得以形成的超额利润产生的原因是资本对某种自然条件特别有利的、特别稀少的土地经营权的垄断，而超额利润转化为垄断地租的原因是土地私有权的垄断。

参考文献：
《马克思恩格斯文集》第7卷，人民出版社2009年版。
《马克思恩格斯全集》第25卷，人民出版社1974年版。

（李沛杨）

土地价格和土地资本化
Land Price and Capitalization of Land

在资本主义社会里，土地所有者凭借土地所有权，不仅可以通过出租土地获得地租，而且还可以按一定价格出卖土地而获得货币收入。但是，土地本身是自然物，不是劳动产品，因而没有生产中消耗的社会必要劳动这个意义上的价值。那么，土地的价格是如何决定的呢？它是由地租决定的。由于凭借土地所有权能够获得地租收入，因此当某个人把这个地租的获取权转让给另一个人时，自然要索取相应的代价，这就是土地价格。实际上，决定土地价格的是地租，土地价格不过是地租的资本化。资本主义生产关系条件下的地租，与生息资本的利息一样，都是财产所有者按时获得的货币收益。这样，土地就被看做是资本的一种形式。也可以说，土地被想象为资本，地租则被视为这个想象的资本的利息。因此，土地价格的决定与有价证券价格的决定是类似的，土地因而也具有虚拟资本的性质。具体地说，土地价格相当于这样一笔资本的价值，如果把它存入银行，每年的利息收入相当于这块土地地租的收入。因此，土地价格取决于两个因素：一是地租的多少；二是利息率的高低。土地价格与地租成正比，而与利息率成反比，即土地价格 $=\frac{\text{地租}}{\text{利息率}}$。

随着资本主义的发展，土地价格有上涨的趋势。地价上涨的原因，首先是地租有增长的趋势；其次，由于资本有机构成的不断提高，利润率趋向下降，从而利息率也随之呈现出下降的趋势。这两个因素都刺激了地价的上涨。地价的上涨，就意味着资本家在购买土地上要耗费更多的资本，减慢了资本积累的速度，不利于生产的发展。此外，由于地价上涨所带动的房租的上涨，使得劳动人民要把越来越多的收入用于支付房租。地价的上涨和地租的上涨一样，表明土地所有者对工人和广大劳动人民剥削的加强。

参考文献：
《马克思恩格斯文集》第7卷，人民出版社2009年版。

（李沛杨）

资本主义土地所有制
Land Ownership of Capitalism

资本主义土地所有制是以资本主义剥削关系为基础的土地私有制，即凭借土地的私人所有权，以地租的形式同资本家一起瓜分雇佣工人创造的剩余价值的土地所有制形式。

在资本主义土地所有制条件下，土地所有权同土地的经营权相分离，土地所有者不直接经营土地，而由产业资本家承租和经营，受雇于资本家的工人在租来的土地上从事实际的生产活动。工人创造的剩余价值要在地主和资本家之间分为地租和利润。因此，资本主义土地所有制不仅包含着地主和资本家这两个剥削阶级与工人之间对立的利益关系，而且包含着产业资本家与地主阶级之间的利益对立。在租用土地进行经营活动的资本家看来，地主是坐收渔利的寄生虫，是社会生产的无用的累赘。因此，在资本主义发展的初期，一些激进的资产阶级经济学家曾主张对地租征收高额税金,甚至要求实行土地国有化。当然,这些主张并不会被全面付诸实施,因为如果真这样做,会带来对整个资本主义私有制的冲击。事实上,迄今为止还没有一个资本主义国家实行过全部土地的国有化。

在封建社会末期,由于商品经济的发展,引起小商品生产者的分化,在农业中便出现了资本主义的萌芽。随着资本主义的发展,资本主义生产关系不仅在工业中占据统治地位,而且渗透到农业中。在资本主义发展的前期,由于各种原因,农业生产技术的装备落后于工业,农业部门的资本有机构成比工业部门低。因此,同样大的投资,在农业中所创造的剩余价值要大于工业。但农业资本家所实际得到的剩余价值只相当于工业中的平均利润,因而全部农产品中的总剩余价值要大于总平均利润,农产品的总价值要大于总生产价格。而农产品价值和生产价格之间的这种差额在资本主义土地所有制条件下转化为绝对地租,而绝对地租成为包括级差地租在内的全部地租的基础。

随着资本主义社会生产力的发展,在西方发达国家,农业生产技术日益先进,农业中资本有机构成逐步提高,达到甚至超过了工业中资本有机构成的水平。这样,原先作为绝对地租源泉的超额利润就消失了,绝对地租成为对资本家的平均利润的扣除。由于投资于农业得不到平均利润,以租地为条件投入农业的资本日益减少。这使得资本主义农业中土地租佃经营的范围不断缩小,农业中的经营方式和阶级结构发生了很大变化。在当代西方发达资本主义国家,劳动者自有土地、自己耕种的家庭农场以及资本家自有土地、雇工经营的资本主义农场所占比例很大,农业雇佣工人在全部雇佣工人中所占的比重很低,18～19 世纪那种租地农场很少。这意味着传统的资本主义土地所有制在农业中处于萎缩状态。

参考文献:
《马克思恩格斯文集》第 7 卷,人民出版社 2009 年版。

(林岗)

建筑地段地租
Rent of Building Sites

建筑地段的地租是承租人为建造各种建筑物而租用土地向土地所有者支付的地租。建筑地段地租与农业地租相比,具有如下主要特点:第一,位置对级差地租具有决定性的影响。位置好的地段,如大城市的繁华地区、紧靠交通枢纽的土地,其地租要比偏僻地区的地租高得多。第二,土地所有者有明显的"被动性",他的被动性表现在坐享其成上,比如,邻近修建了道路或地铁,他就会提高地租。第三,垄断价格在许多情况下占优势。某些具有特殊优越条件的地方,如适于建海港、码头、车站、铁路的特殊地段,有瀑布、温泉、地热、独特景观、名胜古迹的特殊地块,以及城市的金融、商业、文化中心等,由于这些土地的经营者的产品、服务的垄断价格或垄断性的经济收入,垄断地租占有明显的优势。

随着社会经济的发展,建筑地段的地租有提高的趋势。这是因为,随着人口的增长,对住房的需求不断增大,从而使地租上涨,而且,随着工业的发展,固定资本的增加(这种固定资本或者合并在土地中,或者建立在土地上,如所有工业建筑物、铁路、货栈、工厂建筑物、船坞等),必然会导致建筑地段的土地所有者提高地租。对建筑地段的需求的增大,会提高作为空间和地基的土地的价格。土地所有者会借此肆意提高地价,从而使地租上涨。

建筑地段地租的增长,会推动房地产投机的发展。在迅速发展的城市内,建筑投机的真正对象是地租,而不是房屋。建筑地段的地租往往隐含在建筑物的价格之中。房屋附着于土地,与土地联成一体,房租中隐含地租,房价和地价连在一起,这个地租或地价的实体就是房屋价格(成本 + 平均利润 + 超额利润)中的超额利润。因此,在考察房价(或其变形房租)时,不应仅核算房屋的成本和平均利润,无视房屋基地必然带来的超额利润。随着城市的迅速发展,某些土地处于新形成的工商业中心地段,这会突然增大超额利润从而形成高额地租。事实上,建筑本身的利润是较小的;建筑业主的主要利润,是通过巧妙地选择和利用建筑地点,凭借地租的上涨而取得的。投机者主要不是通过营造房屋赚钱,而是在地租和地价的不断上涨中获取暴利。房地产投机活动的加强,反过来又推动了建筑地段地租的进一步上涨。

参考文献:
《马克思恩格斯文集》第 7 卷,人民出版社 2009 年版。

(林岗)

矿山地租
Rent of Mines

矿山地租是资本家为租用矿山而向矿山所有者缴纳的地租。矿山地租的决定方法,和农业地租是完全一样的。矿山地租同样包括各种地租形式。

(1)矿山的级差地租。各个矿山的蕴藏丰度是不同的,地理位置的好坏也不一样,但矿产品的社会生产价格要由劣等生产条件的个别生产价格决定。这样,中等和优等矿山的生产就可以获得超额利润,形成级差地租。

(2)矿山的绝对地租。在技术条件比较落后的条件下,采矿业所需原料极少,不变资本的支出也相应减少,因而其资本有机构成低于加工工业的资本构成,从而低于社会平均资本构成,这就使矿产品的价值高于其社会生产价格。由于存在着土地所有权的垄断,限制了对矿山的自由投资和竞争,从而使矿产品能够按高于生产价格的价值出卖,获得超额利润,并转化为绝对地租。

(3)矿山的垄断地租。某些稀有珍贵的矿产品,还会按照大大高于价值和生产价格的垄断价格出售,从而使土地所有者获得垄断地租。

参考文献:
《马克思恩格斯文集》第7卷,人民出版社2009年版。

(林岗)

资本主义经济危机
Economic Crisis of Capitalism

资本主义经济危机,是指由资本主义经济的固有矛盾周期性地造成的经济的严重衰退和混乱。每当危机发生时,大量剩余商品堆积仓库,生产剧烈缩减,国民经济增长速度大幅下滑,大量企业倒闭,失业人数激增,信用关系破坏,股票、债券和其他有价证券的行情暴跌。与上述现象相伴随的另一种现象是:在危机时期,由于工厂倒闭、工人失业,劳动群众感到必需品极度缺乏,他们的需要比其他任何时候更难得到满足。生产能力相对于劳动人民的有实际支付能力的需求而言的严重过剩,是资本主义经济危机的本质特征。在经济思想史上,马克思是第一个对资本主义经济危机进行科学的理论概括的经济学家。事实上,正是1857~1858年的世界经济危机直接催生了他的不朽著作《资本论》的写作。马克思在1857年11月6日为《纽约论坛报》写的一篇社论中,准确地预言了这场危机。由于认为危机可能引起无产阶级革命,他加紧了政治经济学著作的写作。他在写给恩格斯的信中说:"我现在发狂似的总结我的经济学研究,为的是在洪水到来之前把一些基本问题搞清楚"。从1857年8月至1858年6月,他经常通宵达旦地工作,"多半都工作到早晨四点钟",而马克思的研究工作是"双重的",即"写完政治经济学原理"和研究"当前的危机"(《马克思恩格斯〈资本论〉书信集》,人民出版社1976年版,第111、113、119页)。

马克思在《资本论》第1卷第1篇中讨论商品生产的一般性质时,就已经指出简单商品流通中已经潜伏着经济危机的可能性。因为,人们生产商品不是为了自用,而是为了出售,产品找不到买主始终是作为一种现实的可能性存在的。但是,在存在商品流通的前资本主义社会,这种可能性并没有转化为覆盖整个社会生产的产品过剩即经济危机。因为,当时占统治地位的是自给自足的自然经济,商品生产所占的比重不大,商品买卖的脱节和支付连锁关系的破坏,虽然对某些商品生产者会发生影响,但不至于牵动整个社会经济。而且,小商品生产者生产商品的目的,是换取他人的产品以满足自身的需要,生产规模一般不会脱离自身需要的范围而盲目扩大。

在资本主义条件下,社会经济的基本矛盾即社会化生产与资本主义私有制之间的矛盾使上述可能变为现实。资本主义基本矛盾的首要表现是以利润最大化为目标的资本主义生产有无限扩大的趋势与劳动人民有支付能力的需求相对缩小之间的矛盾,即生产和消费之间的矛盾。资本主义的生产目的不是使用价值,不是满足社会的实际需要,而是追求最大利润和无止境的资本价值增殖,这种追求是不受社会的实际需要的直接限制的。为了追求最大利润,一方面,资本家之间竞争激烈,都力求改进技术,提高资本有机构成,扩大生产规模,整个社会的各种商品的生产能力不断增大;另一方面,在资本主义生产方式下,各种提高劳动生产率、扩大资本积累和生产规模的手段,同时又是绝对剩余价值和相对剩余价值的生产手段,它们强化了对工人的剥削,使得资产阶级在新创造的价值中以利润的形式所占的比重日益增大,而占社会人口多数的工人阶级以工资的形式所占的比重则相应地日益下降,这最终会使整个社会的有支付能力的消费需求相对于不断扩大的生产而处于严重不足状态。而这种生产能力相对过剩的发展趋势,表现在社会生产不同部门的比例关系上,就是生产资料生产部门与生活资料生产部门之间的比例趋向于失调。这是资本主义基本矛盾的另一个表现,即个别企业生产的有组织性、有计划性和整个社会生产无政府状态之间的矛盾。在整个社会的资本有机构成提高和投资规模盲目扩大刺激下,生产资料生产部门的发展脱离消费品最终需求的限制而以更快的速度进行,从而会引起投资品相对于资本家的投资意愿来说的过剩。在消费品和投资品都趋于过剩的情况下,产品销售日益困难,于是利润率趋向下降的规律突破各种起反作用的因素的束缚而凸显,整个社会的投资因而减少。随着投资减少,不仅会出现劳动力过剩,还会出现资本过剩,而资本过剩又成为引发大规模金融投机的条件。虽然过剩的产能可以通过信用扩张而暂时释放,但信用泡沫最终还是会被产能过剩的进一步发展所吹破。事实上,各种金融投机活动的超常繁荣,往往是经济危机发生的前兆。在有支付能力的需求不足的条件下形成的脆弱的信用链条一旦绷断,大量产品过剩、大量企业破产、大量工人失业的经济危机就爆发了。

资本主义经济危机是一种周期出现的现象,资本主义的再生产也就具有了周期的性质。典型的资本主义再生产周期包括危机、萧条、复苏、高涨四个阶段。危机是上一个周期的终点,又是下一个周期的起点。在危机之后的萧条阶段,生产下降幅度趋缓,继而处于停滞状态,仍有大量工人失业。到了复苏阶段,生产逐渐恢复到危机前的水平,大规模的固定资产更新开始进行,市场渐趋活跃,利润率回升,失业率下降。当社会生产超过危机前的最高水平时,经济进入高涨阶段。在这个阶段,生产迅速增长,与之相伴的是信用的扩张以及商业投机和金融投机的极度活跃,形成超过有支付能力的实际需要的虚假购买力。在高涨阶段末期,随着各种资产泡沫的破裂,虚假的购买力消失,资本主义经济的各种矛盾再一次激化,于是发生新一轮经济危机。资本主义危机的周期性的物质基础,是大规模的固定资本更新。而这种固定资本的更新往往伴随着技术创新所导致的新的产业部门的形成和发展。新的经济活动领域的开辟,使社会的生产空间和消费空间扩大,增加就业岗位,吸纳了相对过剩人口,增大有支付能力的需求,使经济走出危机。

1825 年,在西方资本主义国家发生了第一次危机。直到第二次世界大战之前,每隔 8 ~ 10 年,西方国家就会发生一次全面的危机,其中至今令西方社会谈虎色变的是 20 世纪 30 年代席卷世界的大危机。第二次世界大战之后,由于政府干预经济和社会福利制度的建立,危机的社会后果不像过去那么惨烈,但危机始终未能消除。2008 年起始于金融领域的危机,几乎同时将欧美所有主要资本主义国家卷入。这是第二次世界大战后继 1957 ~ 1958 年危机、1973 ~ 1975 年危机、1982 ~ 1983 年危机之后发生的第四次世界性的经济危机。事实表明,只要资本主义存在,其固有矛盾就必然导致危机。

关于经济危机问题,马克思在《资本论》中并无专章论述,而是贯穿于该书的全部三卷之中。除了在第 1 卷第 1 篇说明货币流通条件下危机的可能性之外,第 1 卷第 7 篇还讲到了危机中工人失业和贫困的急剧增长。第 2 卷第 9 章论述了危机的物质基础。第 2 卷第 3 篇分析了再生产比例关系的破坏与危机的关系。在第 3 卷第 15 章论述利润率趋向下降的规律时,马克思又对经济危机的根源和发生机制做了进一步的论述。将所有这些论述综合起来,才能形成系统的马克思主义的危机理论。但是,后来的一些使用马克思的概念框架来分析经济危机的学者,往往强调《资本论》某一处的论述,对危机作出片面的解释。例如,米哈伊尔·杜冈·巴拉诺夫斯基在 20 世纪初发表的有关英国经济危机的著作认为,《资本论》第 3 卷关于生产无限制扩大与有支付能力的消费需求不足之间的矛盾的论述与第 2 卷阐述社会总产品实现的理论有矛盾。他提出了一个自己的再生产图式,强调社会再生产比例的破坏是危机的根源(杜冈·巴拉诺夫斯基,1901)。同时期的卡尔·考茨基在《新时代》杂志上发表的文章《危机理论》,反驳了杜冈·巴拉诺夫斯基,主张危机源于消费不足,即认为危机是生产水平与工人消费之间存在巨大差额的结果(Kautsky,1902)。亨瑞克·格罗斯曼在 20 世纪 20 年代末发表的著作,则试图以利润率趋向下降的规律为依据来说明资本主义生产发展的不可持续或局限性(Grossman,1929)。这三种对马克思危机理论的片面理解和发挥,在当代西方学者和政治家中仍有影响。比例失调论是欧洲社会民主党左派的收入和劳资关系政策的依据之一,格罗斯曼的思路则被克瑞斯·哈曼用来解释第二次世界大战之后经济繁荣及其终结(Harman,1984)。而在美国激进经济学代表人物巴兰和斯威齐的著作中,则可以看到消费不足论的明显影响(保罗·巴兰、保罗·斯威齐,1966)。

参考文献:

《马克思恩格斯〈资本论〉书信集》,人民出版社 1976 年版。

《马克思恩格斯文集》第 5 卷、第 6 卷、第 7 卷,人民出版社 2009 年版。

[俄]杜冈·巴拉诺夫斯基:《周期性工业危机:英国危机史概论》,商务印书馆 1982 年版。

[美]保罗·巴兰、保罗·斯威齐:《垄断资本》,商务印书馆 1977 年版。

Kautsky, K., *Krisentheorien*, Die Neue Zeit, 1902, 20.

Harman, C., *Explaining the Crisis*, London: Bookmarks, 1984.

Grossman, H., *The Low of Accumulation and Breakdown of the Capitalist System: Being also Theory of Crises*, London: Pluto, 1929.

(林岗)

滞胀
Stagflation

滞胀是指经济停滞和通货膨胀并存的经济现象。“滞胀”这个词,在英文中是 Stagflation,由停滞(Stagnation)和通货膨胀(Inflation)两词合起来构成。

在资本主义的历史上,物价上涨时期往往经济繁荣、失业率较低或下降,而经济衰退或萧条时期的特点则是物价下跌、失业增加。西方经济学家据此认为,失业率上升和通货膨胀率增大不可能同时发生。但是,自 20 世纪 60 年代末、70 年代初以来,西方各主要资本主义国家出现了经济停滞和物价持续上涨同时发生的情况。这表明,第二次世界大战后西方各国采用的凯恩斯主义干预措施,即根据经济增长率的变化趋势相机采取扩张或收缩的财政和货币政策,已经逐渐失去效力，不能使经济走出危机和衰退。

在这种情况下，传统的凯恩斯经济理论和政策论在西方主流经济学界遭到质疑和批评。例如，供给学派试图复活为凯恩斯所否定的萨伊定律（供给创造需求），强调经济滞胀的原因是国家干预，认为政府的管制范围太宽（对金融行业的管制、最低工资限制及加强工会谈判力量的政策等），因维持社会福利而对企业征收的赋税太高，增加了企业的经营成本，减少了企业利润，导致企业减少产出从而引起失业，同时企业通过加价转嫁增加的成本又会引起通货膨胀。因此，供给学派主张通过放松政府监管、较少税收、削减社会福利来减少企业生产成本、增加企业盈利，为企业扩大生产规模提供足够的激励。

凯恩斯学派也对原有的理论加以充实和修正。一些被称为后凯恩斯主义者的经济学家认为，凯恩斯关于在经济中存在非自愿的闲置资源条件下，就业与总需求之间存在同向变化的对称关系的理论并没有错，问题在用凯恩斯在《货币和就业通论》中提到的另一个论点，即工资和商品价格对供求因素的变化的非对称性（总需求的提高导致商品价格和工资上涨，但总需求下降时，商品价格下跌，但工资却并不下降，而是出现就业减少的情况），对凯恩斯理论加以完善和充实。后凯恩斯主义根据这一论点做出的推论是：工资的黏性和刚性，是导致扩张总需求的政策使物价上涨却不能使产量和就业相应增加的原因；而工会势力的存在和谈判力量的强大，是劳动市场的供求机制对工资水平的调节失效，工资呈黏性和刚性罪魁；工会对下调工资的抵制，使就业不能增加；而它定期提高工资的要求则成为形成成本推动型物价上涨的原因。后凯恩斯主义主张在继续使用总量调控手段的同时，实行收入政策，将工资增长与劳动生产率挂钩，终止工资和物价交替上涨的螺旋。除了供应学派和后凯恩斯主义之外，在西方学者中，还有一种对滞胀的“结构主义”解释：初级产品（能源、原材料和粮食）生产部门的涨价导致制造业部门的产品价格上涨，而为了限制涨价而采取的紧缩措施导致制造业生产缩减和失业。这些学者建议建立石油等初级产品的国家储备，稳定初级产品的价格。在上述三种关于滞胀的理论中，供应学派和后凯恩斯理论占主要地位，对实际政策的影响较大，因为它们主张以牺牲工人的利益为代价来消除滞胀，迎合了当时已成气候的保守主义思潮（新自由主义）。

在美国，被称为激进学派的一批马克思主义经济学者，对滞胀提出了完全不同于西方主流经济学的解释。他们认为滞胀的根源在于垄断资本势力的发展。垄断资本能够以生产大幅度减少和大规模失业为代价来维持垄断价格和高利润率。垄断资本的产品定价原则是资本家能够满足其积累需要的目标利润额。在单位产品的实际利润低于目标利润额时，垄断资本宁可通过限制产量促使产品价格提高以保证垄断利润目标的实现。因此，是垄断势力的发展一方面导致减产和失业；另一方面又使得物价上涨。激进学派针对西方主流经济学的观点指出，滞胀调价下的通货膨胀，是一种利润推进型的通货膨胀，而不能将其归咎于工会。他们以统计数据说明，工人的实际工资无论在经济扩张还是收缩时期都是下降的。而且，从20世纪40年代中期到70年代，美国的工会会员人数在不断下降，工会会员在非农业劳动力中所占比例从1945年的35.5%下降到1972年的26.7%（霍华德·J·谢尔曼，1984）。可见，很难说工会势力已经强大到有能力使工资水平维持向上刚性的地步。由于滞胀问题的根源在于垄断势力，实行凯恩斯总量政策不仅不会使问题得到解决，而且还会加重问题。激进经济学派中有的学者提出，对1000多家美国垄断资本主义企业实行国有化，是从根本上解决滞胀问题的办法。

20世纪80年代，在治理“滞胀”的政策实践中，英美等国采用了具有明显的新自由主义色彩的政策，如严格控制货币供应量，放松政府对金融部门的管制，国有企业私有化，对资本家减税，削减社会福利等。同时，还采取了加强各国在国际金融和国际贸易方面的协调、建立了原油等初级产品储备等措施。这些措施在一段时期内取得了一定效果。1983年起，主要发达国家先后走出滞胀陷阱，通货膨胀率下降，经济开始复苏。但是，新自由主义政策的效力是被西方主流经济学和主流媒体夸大了的。20世纪90年代的景气，主要是以计算机和互联网在社会生活的各个方面的广泛运用为特征的新产业革命拓宽了生产和消费空间的结果。90年代之后，随着新自由主义政策的进一步推行，资本主义固有的矛盾逐渐被重新激化，最终导致从2008年开始的全球性经济危机。这次危机的规模和持续时间，都不亚于70年代发生的以滞胀为特征的危机和衰退。这表明，与凯恩斯主义相对立的新自由主义，也不是根治资本主义痼疾的灵丹妙药，资本主义制度固有的各种矛盾不是变换政策就可以消除的。

参考文献：

［美］霍华德·J·谢尔曼：《停滞膨胀》，商务印书馆1984年版。

颜鹏飞、张彬：《凯恩斯主义经济政策评述》，武汉大学出版社1997年版。

冯金华、徐长生：《后凯恩斯主义理论的发展》，武汉大学出版社1998年版。

Brown, E., *A Century of Pay*, George Allen & Unwin, 1968.

Corwall, J., *The Condition of Economic Recovery: a Post-Keynesian Analysis*, Oxford: Blackwell, 1983.

Kaldor, N., Inflation and Recession in the World Economy, *Economic Journal*, 86(*December*), 1976.

Pasinetti, L. and Lloyd, P. eds., Structural Change, *Economic Interdependence and World Development*, Vol. 3. Macmillan, 1987.

Scitovsky, T., Market Power and Inflation, *Economica*, 45(179), August, 1978.

Weintraub, S., *Capitalism's Inflation and Unemployment Crisis*, Reading, MA: Addison-Wesley, 1978.

（林岗）

垄断资本主义
Monopoly Capitalism

垄断资本主义是在生产和资本高度集中基础上形成的继自由竞争之后的资本主义发展阶段。西方国家的资本主义在19世纪末20世纪初从自由竞争阶段发展到了垄断阶段。

垄断以市场和资本的集中为基础。生产和资本的集中，一方面是资本主义竞争过程中高效率的大生产取代低效率的小生产、小资本遭到大资本吞并的结果；另一方面是资本主义银行资本以及股份公司和证券市场发展的结果。生产和资本的集中发展到一定程度，就会出现垄断。在垄断资本主义条件下，少数大资本家通过各种形式的垄断组织，把一个或几个经济部门的大部分商品的生产和销售掌握在自己手中，通过规定垄断价格、控制原料来源和销售市场，以获得超过竞争条件下平均利润的高额垄断利润。垄断组织有多种形式，包括：(1)短期价格协议；(2)旨在划分销售市场和规定产量及价格的卡特尔（法语Cartel的音译，意为协议或同盟）；(3)在销售产品和采购原料方面实行联合的组织辛迪加（法语Syndicat的音译，意为组合）；(4)作为垄断的高级形式的托拉斯（英语Trust的音译），即在生产上密切相关的上下游企业按股份制方式合成的垄断企业；(5)最为复杂的垄断形式是康采恩（德语Konzern的音译），即分属不同部门的许多企业以一个实力最雄厚的企业为核心联合而成的企业集团。应当指出的是，所有这些形式的垄断虽然削弱了竞争的力量，但是都不可能完全消除竞争。因为，在资本主义经济中，除了占统治地位的垄断资本和垄断组织以外，还存在着大量的中小企业，它们之间仍然存在竞争。而且，在垄断基础上还产生了新的更加复杂、更加剧烈的竞争，即垄断组织内部（如卡特尔或辛迪加内部争夺销售或采购份额的竞争）、垄断组织之间、垄断企业与局外企业之间的竞争。事实上，垄断和竞争并存是当代资本主义的常态。

马克思主义理论界对垄断资本主义的研究，可以追溯到马克思的《资本论》。马克思在《资本论》第1卷中分析资本的集中和集聚时已经指出过，竞争和信用的发展必然导致资本的集中。恩格斯在编辑《资本论》第3卷时，以英国的联合制碱托拉斯集中了全国碱的生产为例，说明“竞争已经为垄断所代替”，勾画出当时资本主义的最新发展的一些重要特征：“它在一定部门中造成了垄断，因而要求国家的干涉。它再生产出一种新的金融贵族，一种新的寄生虫——发起人、创业人和徒有其名的董事；并在创立公司、发行股票和进行股票交易方面再生产出了一整套投机和欺诈活动。”恩格斯还指出，垄断“已经最令人鼓舞地为将来由整个社会即全民族来实行剥夺做好了准备”（《马克思恩格斯文集》第7卷，人民出版社2009年版，第496～497页）。

按照马克思经济学的基本原理和恩格斯的提示，第一次世界大战前，一些当时的马克思主义理论家对垄断资本主义进行了研究。在这些理论家中，首先应当提及的是鲁道夫·希法亭。他在概括自己的研究成果时说：“‘现代’资本主义的特点是集中过程，这些过程一方面表现为由于卡特尔和托拉斯的形成而‘扬弃自由竞争’，另一方面表现为银行资本和产业资本之间越来越密切的关系”，“由于这种关系资本便采取自己最高和最抽象的形式，即金融资本形式”（鲁道夫·希法亭，1994）。虽然列宁认为希法亭的《金融资本》一书在货币理论上有错误，并且有某种调和马克思主义和机会主义的倾向，但仍称赞该书对资本主义发展的新阶段“做了一个极有价值的理论分析。”（《列宁选集》第2卷，人民出版社1995年版，第583页）除了希法亭等马克思主义者之外，英国的自由主义学者霍布森也对资本集中和垄断问题作了有价值的研究。在希法亭和霍布森的研究成果的基础上，列宁进一步加深和完善了马克思主义理论界对垄断资本问题的研究，在《帝国主义是资本主义的最高阶段》一书中总结出19世纪末20世纪初垄断阶段的资本主义即帝国主义的主要特征：(1)生产和资本的集中发展到这样高的程度，以致造成了在经济生活中起决定作用的垄断组织；(2)银行资本和工业资本已经融合起来，在这个“金融资本”的基础上形成了金融寡头；(3)与商品输出不同的资本输出有了特别重要的意义；(4)瓜分世界的资本家国际垄断同盟已经形成；(5)最大资本主义列强已把世界上的领土分割完毕。在这五个基本经济特征中，垄断是起基础作用的最重要的特征，列宁称之为帝国主义的经济实质。其他特征都是垄断的表现与结果。就当代的资本主义经济而言，虽然随着世界反法西斯战争以及原殖民地国家争取民族解放和民族独立的斗争的胜利，上述的5个特征中的(4)和(5)已不存在，但前3个特征无疑仍然适用于当代资本主义。

第二次世界大战前后，苏联马克思主义经济学界研究垄断资本的文献多数是阐释和论证列宁的理论。

波兰学者米哈伊尔·卡莱兹基在20世纪30年代后期发表的文章《国民收入分配的决定》中,通过对寡头垄断和垄断市场结构下定价方式的分析,说明垄断程度(垄断企业在成本之上加高价格的能力)对国民收入在工人阶级与资产阶级之间的分配起着决定性的作用,并将垄断对分配的影响与有效需求不足联系起来(Kalecki,1971)。这篇文章在澄清了他自己的理论与凯恩斯理论的区别的同时,试图完善马克思主义经济学对危机和经济周期的解释,对垄断资本主义的研究贡献了新的见解。

美国学者斯威齐在1942年出版的《资本主义发展论》,依据马克思关于资本主义积累过程矛盾的原理,对垄断资本主义经济运行的机理做了比较深入和具体的分析,细化和丰富了列宁关于垄断资本的论述。该书还在某些方面完善了关于垄断资本主义的特征的理论概括。例如关于资本输出,斯威齐指出,资本输出固然是由国内的有效需求不足、有利的投资机会减少引起,但国内的有效需求不足和投资机会减少又是追求低成本(劳动和原材料及运输成本)驱动的资本输出的结果(保罗·斯威齐,1942)。斯威齐在与巴兰合著的《垄断资本》一书中,试图为垄断资本的研究提供更多新东西。斯威齐和巴兰认为,垄断资本主义的特征就大公司取代市场竞争而成为价格的制定者。这使得垄断企业获得的经济的经济剩余的绝对量和在总产品中所占的比重都不断提高,从而使利润率趋向下降的规律为"经济剩余增长的规律"所取代。他们所谓的"经济剩余",与马克思所说的剩余价值不同,等于全部财产收入(利润、利息、地租等)、非生产性服务业从业人员的报酬、政府和教会的收入等的总和。在他们看来,垄断资本主义的最大问题在于,无论在投资上还是消费上都不能使经济剩余全部被吸纳。因此,垄断资本主义经济势必趋于停滞(保罗·巴兰、保罗·斯威齐,1966)。

除了斯威齐等人的著作,哈里·布雷弗曼的《劳动和垄断资本》一书分析了垄断资本主义条件下劳动过程和劳资关系的变化,探讨了垄断资本主义条件下的技术变革对工作的性质、工人阶级的构成(阶层分化)、工人心理状况、工人的经济组织和斗争形式的影响(布雷弗曼,1974)。这为垄断资本主义的研究做出了重要贡献。但是,西方马克思主义经济学者在对垄断资本条件下社会经济结构变化和工人阶级状况的研究方面,有分量的成果还不多。20世纪80年代科林和苏敦研究了跨国公司与垄断的关系,认为由于各国工会难以统一对抗跨国公司,以及各国政府竞相以优惠政策吸引外资,跨国公司的垄断势力加强,削弱了西方国家工会的力量,压低了工资,提高了劳动强度,使得国民收入中利润所占比重上升,有效需求下降,加重了80年代后期资本主义国家的经济萧条(Cowling and Sugden,1987)。

参考文献:
《马克思恩格斯文集》第5卷、第7卷,人民出版社2009年版。
《列宁选集》第2卷,人民出版社1995年版。
[德]鲁道夫·希法亭:《金融资本——资本主义最新发展的研究》,商务印书馆1994年版。
[美]保罗·斯威齐:《资本主义发展论——马克思主义政治经济学原理》,商务印书馆2009年版。
[美]保罗·巴兰、保罗·斯威齐:《垄断资本》,商务印书馆1977年版。
[美]哈里·布雷弗曼:《劳动和垄断资本》,商务印书馆1979年版。
Kalecki, M., *Selected Essays on the Dynamics of the Capitalist Economy* (1933-1970), Cambridge University Press, 1971.
Kalecki, M., The Determination of Distribution of the National Income, *Econometrica*, 6, 1938.
Cowling, K. and Sugden, R., *Transitional Monopoly Capitalism*, Brighton: Wheatsheaf, 1987.

(林岗)

金融资本和金融寡头
Financial Capital and Financial Oligopoly

20世纪初期,在工业垄断资本形成的基础上,银行垄断资本也迅速发展起来。这时银行的作用发生了根本变化,从普通的借贷关系中介人变成了控制工业企业融资活动,乃至整个国民经济的万能的垄断者。大银行资金实力雄厚、信用度高、竞争力强,可以给大企业提供大量借贷资金,而大企业也乐于将闲置的暂时不用的巨额货币资本存入大银行。这样,大银行和大企业之间逐渐形成了较为固定的金融关系,银行家还借此掌握了企业资金往来和经营情况,能对企业进行及时的有效的监督和控制,甚至左右企业的命运。在此基础上,工业和银行业的垄断资本互相渗透,彼此融合或混合生长,形成了金融资本。

金融资本在经济领域中进行统治的主要手段是"参与制"。所谓参与制,是指垄断资本家通过收买和持有一定数量股票的办法来实现对企业的控制。金融资本还通过参与制实行多层次的控制。金融资本通过控股掌握了某个垄断企业之后,又以它为"母公司"去购买其他公司的股票,把这些公司变成"子公司",实现第二层的控制。"子公司"又可采取同样的办法去控制"孙公司"。这样,一层又一层的控制形成了垄断统治的多层结构。除了参与制之外,金融资本还可以通过发行有价证券、创办新企业、改组中小企业、组织各种垄断组织等办法来获取高额利润和实现垄断统治。

在金融资本形成的过程中,在主要资本主义国家也都形成了少数控制着银行又控制工业的最大资本家和资本家集团,即"金融寡头"。金融寡头实现了在经济领域里的垄断统治之后,不可避免地要把其触角伸展到社会生活的各个领域,特别是国家的政治经济生活中去,因为只有这样才能保证和扩大金融寡头对经济的垄断和控制。金融寡头对国家机器的渗透与控制,主要是通过人事参与、实行"个人联合"来实现的。这种个人联合,可以采取收买政府高级官员或议员的办法,也可以用直接派人或亲自出马担任政府职务的办法来达到目的。"今天是部长,明天是银行家;今天是银行家,明天是部长"(《列宁全集》第29卷,人民出版社1995年版),就是这种个人联合的生动写照。金融资本通过个人联合参与政务,实现了少数垄断寡头对整个国家从经济到政治的全面统治。

20世纪80年代以来,随着新自由主义政策在西方国家的推行,西方资本主义国家放松了银行监管,在社会福利领域实行私有化政策,为金融资本的急剧膨胀创造了条件。由于这种急剧膨胀主要是借助制造各种虚拟资本性质的金融产品实现的,金融垄断资本的积累规模产生了脱离和超越工业资本以加速度进行的趋向。这一方面加强了金融垄断资本对工商业垄断企业的控制,同时也造成整个国民经济的金融化。美国是这方面的典型。1980年,美国的金融资产与GDP之比为158%,而到2010年,则猛增到420%,金融部门利润占到全部企业利润的45%。2009年美国GDP为14.7万亿美元,而实物经济约为2.77万亿美元,仅占GDP的1/5。以美国为首的西方发达国家的金融资本不但控制了本国社会生活的各个领域,而且企图借助于某些作为其代理人的贸易组织和国际金融机构,迫使发展中国家开放货币和资本市场,将它们的垄断统治延伸到世界各国。

参考文献:
《列宁选集》第2卷,人民出版社1995年版。
[德]鲁道夫·希法亭:《金融资本——资本主义最新发展的研究》,商务印书馆1994年版。

(王娜)

商品输出和资本输出
Commodity Export and Capital Export

商品输出是指自由资本主义国家的工业加工品到殖民地国家的市场倾销,获取高额利润。商品输出是资本主义的自由竞争阶段的特征。在这个阶段,商品输出不仅是西方资本主义国家过剩产能的出路,也是它们对外经济掠夺的手段。其主要表现是掠夺殖民地的原材料和侵占殖民地的销售市场,把掠夺的原材料运到本国进行加工,然后再出售到殖民地市场以获得高额的利润。这种经济掠夺以军事侵略开路。到了垄断阶段,西方列强对殖民地的经济掠夺方式有了变化,除了商品输出,资本输出具有越来越重要的作用。第二次世界大战之后,对发展中国家的资本输出的重要性,已经大大超过商品输出。

资本输出的重要性增大的原因在于:第一,由于资本主义内在矛盾的深化,在生产过剩的同时,利润率随着积累规模的扩大不断下降,导致日益严重的资本过剩,因而资本家力图在国外为自己的资本寻找出路。第二,国内劳动力供给的不足,用工成本的上升,也促使资本家将投资转到劳动力供给充沛、剩余价值率和利润率较高的原殖民地或发展中国家。第三,国际竞争的加剧,也迫使帝国主义国家不得不加速输出资本,以保证扩大市场和垄断原料来源。第四,随着经济全球化的不断发展,国际分工扩大和深化,出现许多跨国经营的垄断资本集团,这也导致资本在国际间的转移和流动大大增加。第五,交通运输、邮电通讯等方面的科学技术的进步,也为资本主义生产向世界范围扩大创造了物质条件。

资本输出有两种基本形式:借贷资本输出和生产资本输出。借贷资本输出即把货币资本贷给其他国家的政府或企业,又称间接投资。生产资本输出即直接在其他国家投资兴办企业,又称直接投资。20世纪六七十年代以后,随着大型跨国公司的发展,直接投资在资本输出中的比重日益增大。在国外尤其是发展中国家设厂就地生产,不仅可以利用当地的廉价劳动力和原材料,还可以逃避所在国的关税壁垒及其他限制,增大企业利润。另外,还可以将生产污染转移到国外,规避本国环境保护法规的限制。除了借贷资本输出和生产资本输出之外,从20世纪末开始,随着虚拟资本在西方国家的膨胀,在各国货币市场和资本市场间频繁进出的短期资本,也日益活跃。在许多情况下,这种短期资本输出成为发达国家的金融资本对发展中国家进行掠夺的新手段。

参考文献:
《列宁选集》第2卷,人民出版社1995年版。

(林岗)

帝国主义
Imperialism

在现代的政治经济学文献中,帝国主义是指继自由竞争阶段之后出现的以生产的集中和垄断为基础的资本主义的发展阶段。

帝国主义一词原本的意义是指一个民族或国家通过武力征服形成对其他民族或国家的政治统治和经济掠夺。我国古代历史上以嬴政为代表的秦国统治集团统一六国,西方古代历史上罗马帝国持续进行的大规模武力征伐,等等,从广义上说,都可以用"帝国主义"来概括。在西方资本主义发展的初期(包括资本原始积累时期和英国产业革命前后),帝国主义主要是指西欧各国对还处在前资本主义发展阶段的美洲、非洲和亚洲国家进行侵略和建立殖民地的政策。

在19世纪后期和20世纪初,资本主义由自由竞争阶段发展到垄断阶段,各国垄断资本集团之间争夺发展空间的斗争愈演愈烈,战争的阴云密布世界。这时,在西方的报纸和社会舆论中,"帝国主义"常常被用来指称资本主义国家之间争夺势力范围的冲突。在新旧两个大陆的经济学和政治学文献中,帝国主义这个概念也使用得越来越频繁。英国自由派学者约翰·阿特金森·霍布森最早将"帝国主义"作为一个和资本主义工业发展相联系的理论概念来使用。他在《现代资本主义的演变》、《帝国主义》等著作中指出,19世纪末工业生产的集中及其导致的金融垄断寡头的形成,以及由此导致的工人的谈判力量的削弱,造成有支付能力需求不足和富人的过度储蓄,因而富人需要到海外为自己的储蓄寻求投资场所。他进而认为,现代帝国主义扩张是由为资本主义工业寻找市场的压力造成的。"这些市场首先是投资的市场,其次是推销国内工业剩余产品的市场。在资本的集中走得最远和实行严格的保护制度的地方,这种压力必然是最强烈的。"(Hobson,1906)他由此得出的结论是:帝国主义的政治结构是资本主义经济制度的结果。作为一个资产阶级改良派学者,霍布森认为只要改变收入分配政策,就可以消除过度储蓄和对外扩张。

与霍布森同一时期的德国的马克思主义学者鲁道夫·希法亭,在《金融资本》一书中对帝国主义的经济基础做了极有价值的研究,奠定了马克思主义的帝国主义理论的基础。他在概括自己的研究成果时说:"'现代'资本主义的特点是集中过程,这些过程一方面表现为由于卡特尔和托拉斯的形成而'扬弃自由竞争';另一方面表现为银行资本和产业资本之间越来越密切的关系","由于这种关系资本便采取自己最高和最抽象的形式,即金融资本形式"(鲁道夫·希法亭,1910)。除了希法亭之外,其他马克思主义理论家也得出了一些研究成果。例如,波兰的罗萨·卢森堡试图从宗主国的资本积累对前资本主义生产占优势的殖民地国家的依赖,来说明帝国主义国家为争夺殖民地而推行军国主义主义政策的根源。她认为宗主国资本家剥削的剩余价值要靠殖民地的农民和小受工业者的购买来实现,并断言世界的非资本主义环境一旦消失,资本主义制度就会崩溃(罗萨·卢森堡,1906)。再如俄国的尼古拉·布哈林,将第一次世界大战中出现的国家垄断资本主义视为"有组织的资本主义",认为竞争、危机和生产的无政府状态将在资本主义国家内部消失而只存在于世界市场(尼古拉·布哈林,1918)。

列宁借鉴霍布森和希法亭的研究成果,在1916年写成了马克思主义的经典著作《帝国主义是资本主义的最高阶段》,全面地阐述了垄断资本主义的经济特征,论证了帝国主义的历史地位。列宁指出:"帝国主义最深厚的基础就是垄断。这是资本主义的垄断,也就是说,这种垄断是从资本主义生长起来并且处在资本主义、商品生产和竞争的一般环境里,同这种环境始终有无法解决的矛盾。"(《列宁选集》第2卷,人民出版社1995年版,第660页)按照列宁的概括,垄断资本主义的四种主要形式或四种主要表现是:第一,垄断是从发展到很高阶段的生产集中生长起来的,指的是资本家的垄断同盟卡特尔、辛迪加、托拉斯;第二,垄断导致加紧强占最重要的原料产地,尤其是能源原材料等基础工业部门所需要的原料产地;第三,垄断是从银行生长起来的,银行已经由普通的中介企业变成了万能的统治者,少数大银行与工业资本融合为金融资本,金融寡头垄断的最突出表现是给现代资产阶级社会中所有一切经济机构和政治机构罩上了一层依附关系的密网;第四,垄断是从殖民政策生长起来的,并在无数旧的动机之外,又增加了争夺原料产地、争夺资本输出、争夺势力范围直到争夺一般经济领土的动机。在世界已经被瓜分完毕的时候,垄断地占有殖民地和重新瓜分世界的战争不可避免地在资本主义各国之间发生了,这种斗争最终演变为世界大战。

列宁指出:垄断"必然产生停滞和腐朽的趋向"。这里的"停滞"主要是指垄断对技术进步的阻碍。对此,列宁的解释是:"当然,在资本主义制度下,垄断决不能完全地、长久地排除世界市场上的竞争","用改良技术的办法可能降低生产费用和提高利润,这种可能性是促进着变化的。但是垄断所固有的停滞和腐朽的趋势仍旧在发挥作用,而且在某些工业部门,在某些国家,在一定时期,这种趋势还占上风"(《列宁选集》第2卷,人民出版社1995年版,第660~661页)。关于"腐朽",列宁的解释是:"垄断,寡头统治,统治趋向代替了自由趋向,极少数最富强的国家剥削越来越多的弱小国家,——这一切产生了帝国主义的这样一些特点,这些特点使人必须说帝国主义是寄生的或腐朽的资本主义。帝国主义的趋势之一,即形成为'食利国'、高利贷国的越来越显著,这种国家的资产阶级越来越依靠输出资本和'剪息票'为生。如果以为这一腐朽趋势排除了资本主义的迅速发展,那就错了。不,在帝国主义时代某些工业部门,某些资产阶级阶层,某些国家,不同程度地时而表现出这种趋势,时而又表现出那种趋势。整个说来,资本主义的发展比从前要快得多,但是这种发展不仅一般地更不平衡了,而且这种不平衡还特别表现在某些资本最雄厚的国家(英国)的腐朽上。"(《列宁选集》第2卷,人民出版社1995年版,第684~685页)列宁的这些论述对于研究第二次世界大战之后的世界资本主义发展,无疑仍然具有现实意义。

第二次世界大战之后,美国作为主要战胜国和经济实力最强的国家,在资本主义世界取得了霸主的地位。布雷顿森林会议重构了国际货币体系,美元取代英镑而成为世界货币。20世纪70年代,美国凭借霸权单方面宣布美元与黄金脱钩,布雷顿森林体系解体,美元成为最主要的储备货币,美国金融垄断资本集团因此获得了巨大的利益。只要开动印钞机,作为垄断金融资本代理人的美国政府就能创造出任意数量的被称为美元的纸片,用它在世界市场上任意索取财富。而且,由于别国将美元当作储备货币,至少在短期内美联储不必过于担心印钞会导致国内通胀。在这种情况下,美国逐渐演变成世界上最大的食利国。冷战结束之后,美国金融垄断资本从政府背后走了出来,通过放松银行管制和金融衍生工具创新,公然与美联储共享世界货币的发行权,制造了大量"垃圾货币",直接向世界各国索取贡赋,从而使得自己的资本积累能力超越实体经济的限制而爆发式地增大。这又使得它们可以从融资这个源头上控制跨国公司,使美国金融寡头在技术、产品、价格、市场、原料和能源等方面的垄断地位继续维持下去。同时,这也使得美国政府可以打造出世界上最强大的武力,用以镇压对有利于美国霸权的国际经济秩序的挑战。美国这个全球性金融帝国的形成,可以说是帝国主义的腐朽趋势在第二次世界大战结束以来,特别是冷战结束之后的历史发展进程中的新的集中表现。

第二次世界大战前马克思主义学者对帝国主义的研究主要集中在作为世界资本主义中心的西方发达资本主义国家。战后,作为资本主义世界体系外围的发展中国家在这种研究中日益得到关注,在理论上取得了一些重要成果。多斯·桑托斯等依附论者将列宁提出的帝国主义理论作为分析框架,研究了后殖民主义时代西方垄断资本控制独立之后的前殖民地国家的新形式,他们的理论被看做帝国主义理论的补充,因此被称为"新帝国主义论"。这种理论认为,帝国主义包括了互为条件的两个方面:向外扩张的中心和作为扩张对象的外围;列宁的帝国主义理论研究了中心扩张和统治世界的过程,依附论则研究这种扩张的后果,分析垄断资本主义的世界性扩张对外围国家经济和社会结构变化的影响,以及外围的变化对世界资本主义积累总进程的影响,并说明外围对中心的依附形式的变化。

参考文献:
《列宁选集》第2卷,人民出版社1995年版。
[德]鲁道夫·希法亭:《金融资本——资本主义最新发展的研究》,商务印书馆1997年版。
[德]罗萨·卢森堡:《资本积累论》,生活·读书·新知三联书店1959年版。
[俄]尼古拉·布哈林:《世界经济和帝国主义》,中国社会科学出版社1983年版。
[巴西]特奥托尼奥·多斯桑托斯:《帝国主义与依附》,社会科学文献出版社1999年版。
[英]安东尼·布鲁厄:《马克思主义的帝国主义理论》,求实出版社1984年版。
Hobson, J. A., *The Evolution of Modern Capitalism*, London: Walter Scott Publishing, 1906.
Hobson, J. A., *Imperialism: a Study* (1902), University of Michigan Press, 1965.

(林岗)

民主社会主义
Democratic Socialism

民主社会主义是一种主张在保留资本主义制度框架的基础上,通过议会政治进行社会改良的意识形态。民主社会主义产生于19世纪末20世纪初,是当时第二国际的领导人放弃无产阶级革命和共产主义理想,是国际共产主义运动蜕变为资产阶级社会改良运动的产物。1899年,伯恩斯坦在《社会主义的前提和社会民主党的任务》一书中,首次提出"民主社会主义"的概念。1951年6月,社会党国际成立时通过的原则宣言《民主社会主义的任务与目标》,明确提出了以"民主社会主义"作为自己的奋斗纲领,公开反对马克思主义的科学社会主义。

民主社会主义在理论基础上宣扬多元性,否定马克思主义的指导思想的地位,自称既接受人道主义的启示,又发端于宗教原则,也使用一些马克思主义的词句,实质上是各种实用主义观点的大杂烩。政治上,认为资本主义国家阶级关系已发生根本变化,否认阶级和阶级斗争,反对无产阶级专政,主张多党制,鼓吹通过议会多数掌握国家权力,建立所谓的民主社会。经济上,否认资本主义剥削,主张建立以私有制为主体包括部分国有制和合作制的"混合经济",并实行国家干预和计划化,同时还主张改革税制,扩大公民经济权利和社会福利,进行收入和财富的再分配,以实现经济平等。

20世纪80年代末90年代初,在新自由主义思潮和保守政治势力的冲击下,西方民主社会主义发生了向右的转型。英国工党的政治纲领中放弃了国有化和计划化,强调个人的责任和市场的作用,并附和保守党的削减社会福利的主张。这种政策主张的理论依据是被称为克林顿和布莱尔的导师的学者安东尼·吉登斯提出的"第三条道路",即介于新自由主义与凯恩斯主义和传统福利国家的中间道路。根据"第三条道路"理论制定的改革措施主要有:养老金由政府管理转为私有化,工作保障转为"工作能力构建"(技能培训),实行对贫困家庭减免所得税或发放生活津贴等济贫性质的政策。在养老金私有化问题上,许多民主社会主义的政客与保守派政客完全一致,积极地迎合了金融垄断资本发展虚拟经济的要求。

民主社会主义挂着社会主义的旗号,也反映了资本主义条件下工人群众和其他劳动人民改变不公正的社会现实的某些愿望,但从根本上说是维护资本主义制度的,因而民主社会主义的本质是资产阶级的改良主义。在20世纪90年代发生的"苏东剧变"中,民主社会主义被戈尔巴乔夫等人用作瓦解社会主义制度的理论工具。这充分表明了这种理论的反社会主义的本质。

参考文献:

[德]E. 伯恩斯坦:《社会主义的前提和社会民主党的任务》,三联书店1958年版。

[英]安东尼·吉登斯:《第三条道路:社会民主主义的复兴》,北京大学出版社2000年版。

[俄]亚·雅科夫列夫:《"改革新思维"与苏联之命运》,吉林人民出版社1992年版。

(林岗)

资本主义模式

Modes of Capitalism

资本主义模式是指资本主义制度的具体实现形式,即资本主义经济体制的类型。由各国的不同文化传统和社会条件决定,同样实行资本主义制度的国家,形成了不同的经济体制模式。一般认为,当今的资本主义经济体制有三个,即盎格鲁—萨克逊模式、莱茵资本主义模式和东亚模式。

"盎格鲁—萨克逊模式"又称英美模式,以个人主义和自由主义为基本理论依托,强调个人利益至上和私人产权的神圣性,突出自由竞争和放任自由,尤其强调劳动者所得应由劳动力市场的供求决定;公司注重短期目标的实现,证券市场在公司投融资中起着举足轻重的作用。这种模式可以说是资本主义制度的"原生态",资本对劳动的压迫和剥削较少限制和掩饰。在20世纪七八十年代,随着新自由主义思潮的流行,尤其是随着英国的撒切尔和美国的里根等西方保守主义势力代表当政,该模式的特征趋于强化。他们主张削减富人缴纳的赋税、放松政府管制、削弱工会的势力、减少社会福利、实行国有企业私有化。

"莱茵模式"则是以莱茵河畔的德国、法国等为代表的主要存在于欧洲大陆国家的经济社会发展模式,以德国的社会市场经济最为典型。"社会市场经济之父"路德维希·艾哈德在《来自竞争的繁荣》一书中阐述了社会市场经济的基本内涵(艾哈德,1957)。该模式主张在国家所制定的秩序框架下实现竞争;强调社会公平性与集体的利益,制定了一整套严格的劳工权利和福利制度,劳工组织如工会拥有直接参与企业管理和决策的权利(在德国的大企业,劳资共同管理和决策是强制实施的制度);公司更注重长期发展,公司之间或公司与银行之间往往联系紧密,因此证券市场的作用相对较小。按照法国学者米歇尔·阿尔贝尔的说法,莱茵模式的典型是"社会市场经济","这是一种建立在企业自由与竞争之上的经济,但是,市场在这种经济中只是一个繁荣经济的工具,目标却带有社会性质,即在社会各阶层之间公平分配这种繁荣。"根据阿尔贝尔的比较,作为莱茵模式典型的德国在社会经济的公平和效率两个方面都优于作为盎格鲁—萨克逊模式典型的美国(阿尔贝尔,1991)。

第二次世界大战之后,在东亚发展出一种与西方不同的资本主义模式。其特征是:在经济上,倡导"经济优先主义",采取出口导向战略,并坚持通过政府主导来追赶欧美国家,加快向现代化迈进;在政治上,实行所谓"贤明型威权主义"的政治体制,并辅之以专家治国和依法治国措施,强调实行议会民主制的渐进性。20世纪60年代后东亚经济保持了持续高速增长的记录。特别是以亚洲"四小龙"(韩国、中国香港、新加坡、中国台湾地区)和东南亚新兴工业化国家(印度尼西亚、马来西亚,泰国、菲律宾等)为代表的亚洲经济实体,取得了异乎寻常的快速增长,1965~1995年的30年里实际年平均增长速度超过了5%。在人均收入高速增长的同时,东亚地区的福利也得到了极大的改善,绝对贫困人口大幅度下降,人均寿命大幅度增加,国民受教育程度和消费水平迅速提高,许多指标接近或者超过工业化国家的水平。这一现象被西方社会称为"东亚奇迹"。1993年9月,世界银行发表了题为《东亚的奇迹:经济增长和政府政策》的研究报告。从此,东亚模式成为概括这些经济体区别于西方的共同特征的流行概念。

参考文献:

[德]路德维希·艾哈德:《来自竞争的繁荣》,商务印书馆1983年版。

世界银行:《东亚的奇迹:经济增长和政府政策》,1993年9月。

[法]米歇尔·阿尔贝尔:《资本主义反对资本主义》,社会科学文献出版社1999年版。

Lazonick, W. , *Business Organization and the Myth of the Market Economy*, Cambridge University Press, 1991.

（王娜）

经理式资本主义
Managed Capitalism

经理式资本主义是指由于股份公司的发展和股权的分散而出现的职业经理人在企业管理中起主导作用的现象。

在资本主义经济中，那些既不是由家族控制、也不是由银行家控制的股份制企业，由于资本所有权变得极为分散，单个股东对企业管理决策的影响力很小，而且大多数股东也不具备管理企业的责任心和专业知识。尽管通过董事会，他们对企业管理的重大决定有否决权，但对企业管理很少能提出正面的意见。事实上，对于多数股东来说，公司只不过是收入来源，持有股票和在银行存款取息并无区别，他们对企业管理的态度十分淡漠。与这些分散的股东不同，支薪经理在管理系统中占据了关键位置，既从事短期经营活动，又做出长远决策，具有对企业的较大范围的实际控制权。到 20 世纪中期，在美国，以管理为终生职业的支薪经理已经成为负责经营大型多单位企业的关键人物，而这些企业支配着美国主要的经济部门，职业经理们因而成为对美国经济最有影响力的集团。因此，这种由经理人员控制的股份制企业被称为经理式企业，这种企业普遍存在并对经济产生重要影响的资本主义经济被称为经理式资本主义。在经理式资本主义条件下，企业的所有权与控制权发生了分离。马克思在写作《资本论》时，已经对这个问题进行过理论分析。他指出，在股份公司中，实际执行职能的资本家转化为单纯的经理，资本所有人转化为单纯的所有者，由此产生资本所有权和资本职能的分离，利润和利息由于这种分离表现为对他人剩余劳动的单纯占有（《马克思恩格斯文集》第 7 卷，人民出版社 2009 年版，第 27 章）。

较早注意到“经理资本主义”现象的美国旧制度主义的代表人物凡勃伦指出，所有权与控制权发生了分离使得公司的行为发生了变化，并认为资本主义的性质也因此发生了变化（Veblen, 1924）。此后，伯利和米恩斯等人对这个问题做了更为深入的研究。他们认为，经理资本主义将使企业采取更有利于社会的行为方式，即企业决策将不仅顾及资本所有者的利益，而且会考虑其他利益相关者和社会舆论（Berle, 1955; Minns, 1980）。这种看法第二次世界大战后在许多学者中流行。在这些学者中，甚至有人将经理资本主义与社会主义联系起来。例如，伯纳姆认为，“经理革命”可以成为实行国家所有制下的经理控制的条件（Burnham, 1945）。但是，对所有权与控制权分离的后果也存在许多负面的看法。有学者认为，这种现象表明技术官僚集团成为东西方社会（即社会主义和资本主义社会）的工业生活中不可避免的东西，而这种组织会形成自身的利益，有可能做出危害社会的事情（加尔布雷思，1967）。此外，还有人认为，经理为了追求个人权势以及高额薪水和津贴，会滥用公司的资源，扩大企业的规模，降低企业的效率，使企业利润水平维持在股东可以容忍的低水平上（Williamson, 1964）。也有学者持相反的观点，认为竞争的市场结构会迫使经理提高企业的效率，即便在垄断条件下投资人也可以通过股票买卖来左右经理的行为（Alchin and Kessel, 1962）。直到现在，在经理的“管理自由”到底有多大及其后果究竟怎样的问题上，西方学者中并无统一的看法。

经理式资本主义的出现，只是资本主义企业管理体制的变化，而不意味着资本主义的基本经济制度发生了变化。职业经理对企业的控制权是有限度的，企业的最终控制权还是在资本所有者手中。在美国等西方国家，一个十分普遍的现象是，多数大公司的高层职业经理人本身就出自大股东阶层，即便少数出身“寒门”的高层职业经理人，也往往通过获得股份期权等途径，最终也由打工者变为资本家。美国的马克思主义经济学家巴兰和斯威齐认为，“‘所有权和控制权的分离’是事实。但是没有理由从这一点得出结论说一般的经理部门是同一般的所有权不发生关系的。恰好相反，经理们是在最大的所有主当中的”，“他们的作用是充当所有大规模财产的保护人和发言人。他们远远不是一个单独的阶级，而实际上构成了有产阶级的领导阶层”；“这并不是说经理们按其经理身份并没有与别人不同的利益。像有产阶级的其他部分一样，他们是有自己的利益的。但是由此引起的利益冲突是经理们与小财产所有主之间的冲突，而不是经理们与大财产所有主之间的冲突。”他们指出，公司大股东实际上并不追求股息的现期最大化，而是既要求有合理的股息，又要求将相当数量的利润用于再投资以使股票价值稳步增长，这使得他们与职业经理人成为同盟者；对于少数最大的股东来说，反正自己的大部分收入要储蓄起来，而以持有公司股票的形式进行储蓄具有明显的好处（巴兰、斯威齐，1977）。可见，“经理式资本主义”并没有改变资本主义的本质。不过，它说明资本所有者对于生产和经营管理来说是多余的，从而将资产阶级不劳而获的寄生性鲜明地显现出来。

参考文献：

《马克思恩格斯文集》第 7 卷第 27 章，人民出版社 2009 年版。

[美]保罗·巴兰、保罗·斯威齐：《垄断资本》，商务印

书馆 1977 年版。
[美]约翰·肯尼思·加尔布雷思:《新工业国》,上海人民出版社 2010 年版。
Alchin, A. A. and Kessel, R. A., Competition, Monopoly and the Pursuit of Pecuniary Gain, In *National Bureau Committee for Economic Research*, *Aspect of Labour Economics*, Princeton University Press, 1962.
Baumaol, W. J., *Business Behavior*, *Value and Growth*, New York: Macmillan, 1959.
Berle, A. A., *The Twentieth-Century Capitalist Revolution*, London: Macmillan, 1955.
Berle, A. A. Jr., *Power without Property*, New York: Harcourt, Brace, 1955.
Burnham, J. S., *The Managerial Revolution*, Harmondsworth, Penguin Press, 1945.
Friedman, M., *Essays in Positive Economics*, University of Chicago Press, 1953.
Minns, R., *Pension Funds and British Capitalism*, London: Heinemann, 1980.
Williamson, O. E., *The Economics of Discretionary Behavior*, Englewood Cliffs, NJ: Prentice-Hall, 1964.
Veblen, T., *Absentee Ownership and Business Enterprise in Recent Times*, London: George Allen & Unwin, 1924.

（林岗）

福特主义
Fordism

福特主义原本是指 20 世纪初发端于美国福特汽车工厂的依托流水线进行大规模生产的工业模式。20 世纪 70 年代末期,一些西方学者将这种生产方式与社会、经济和政治作为一个统一的整体加以研究,将其视为资本主义生产方式的一种特殊历史形式。意大利共产党的领导人安东尼奥·葛兰西最早使用了"福特主义"这个概念(葛兰西,1925)。

福特主义生产方式出现的背景是 20 世纪最初几十年间美国经济的发展。在此期间,美国从以农业、手工业为基础的经济体发展成为大规模工业化生产的经济体,形成了具有严密和复杂的内部分工的巨型生产组织。这一转变引出了一系列公共政策、经济和政治制度以及社会治理机制方面的变化。

福特主义生产方式特点是移动的流水线。在福特汽车厂的生产线上,每个工人只需完成简单、重复的操作,工人就像零部件一样可以互换。这使得劳动生产率提高了 10 倍,汽车价格下降了一半以上。20 世纪 20 年代和 30 年代,通用汽车公司通过营销和组织创新,特别是建立多事业部(M 型)组织结构和彻底分权化的管理控制结构,进一步强化了福特主义生产方式。在 M 型结构中,每个重要的事业部都服务于一个单独的产品市场。在每个事业部内部,都实行福特主义生产方式。福特主义生产方式的核心假设是,生产活动应简化到第 N 级,每一级受上一级控制;管理和控制的任务应分派给专业人员;决策之职应由管理层负责。这就需要大批中层管理人员和专业人员,他们的工作是收集、整理大量的数据,为高层管理者协调生产经营活动、配置资源和制定战略服务。

在福特生产方式下,工人的技能严重退化,劳动演变为对人的折磨。但是,随着劳动生产率的大幅提高,在剩余价值率和利润率提高的情况下,工人的收入也有了增加的可能。工人争取提高工资的能力,取决于他们的政治力量。这种政治力量是由产业工会凝聚起来的。20 世纪 30 年代,在政府的协调下,劳工组织与巨型生产组织进行了工资谈判。到 20 世纪 50 年代,与大规模生产的普遍化相伴随,产业工会在每个发达资本主义经济中都成为不容忽视的重要政治力量。工会的诉求,不仅体现在劳工法律中,也体现在公共政策中。工会是第二次世界大战后以充分就业和社会保障为目标的凯恩斯主义福利国家政策的积极支持者。

福特主义生产方式的成功推广,使美国的经济实力空前提高,在资本主义世界中取代欧洲老牌资本主义国家而占据霸主地位。第二次世界大战后,资本主义国家之间的竞争,促使美国福特主义在全世界范围内被引进和推广。20 世纪 50 年代以来,随着福特主义生产模式在世界范围内的扩散,30 年代世界经济危机中一度崩溃的世界市场得以恢复。生产、国际贸易和金融体系日益国际化,新的国际分工的形成与发展,大规模生产和大规模消费之间的相互促进,使资本主义世界开始了长达近 20 年经济增长的黄金时期。尽管各国福特主义时代的资本主义与美国还有一些差异,但福特主义还是表现出一种超越民族特点的统一性。

20 世纪 70 年代以来,福特主义的内在缺陷由于外部一系列条件的变化不断显性化,生产和消费之间的良性循环已不复存在。企业组织内部极度的等级制劳动分工造成的劳动积极性的低落即"负激励"问题,使得通过劳动过程的进一步分解来提高劳动生产率日益困难。巨型的福特式企业的固定资本投资庞大,延长了资本的周转时间并增大了风险,使利润率趋向下降的规律的作用得到加强。工会力量的强大使工资呈刚性,资本家要想以减少工资的方式抑制利润率的下降已越来越困难。商品市场饱和以及消费模式向多样化转变,使建立在标准化产品基础上的大规模生产的优势削弱,企业获取高额利润的能力下降。因实行国家干预政策和福利国家制度而不断增加的社会开支,也经常面临难以为继的窘境。布雷顿森林体系的崩溃,使各国经济面临更加不稳定的国际环境。所有这一切因素,使福特主义面临危机,引发了发达资本主义国家从20世纪下半叶到90年代上半叶近20年的经济结构调整。

参考文献:

[意]安东尼奥·葛兰西:《狱中札记》,人民出版社2000年版。

Aglietta, M. A., *Theory of Capitalist Regulation: the US Experience*, London: Verso, 1979.

Boyer, R. & Saillard, Y., *Regulation Theory*, London & New York: Routledge, 2002.

Jessop, B., Fordism and Post-Fordism: A Critical Reformulation, in Storper, M. & Scott, A. C. J., *Pathways to Industrialization and Regional Development*, London: Routledge, 1992.

Hounshell, D. A., *From the American System to Mass Production, 1800-1932: The Development of Manufacturing Technology in the United States*, Johns Hopkins University Press, 1984.

Williams, K., Colin, H. and Williams, J., Ford Versus Fordism: The Beginning of Mass Production? *Work, Employment & Society*, Vol. 6, No. 4, 1992.

Smith, T., *Technology and Capital in the Age of Lean Production*, New York: State University of New York Press, 2000.

（谢富胜）

后福特主义
Post-Fordism

在美国面临着"福特主义危机"的同时,意大利、法国、德国等欧洲国家的某些地区和日本,却出现了与美国的利润下降相反的局面。在对这些国家和地区的研究中,一些学者指出福特主义正处在向后福特主义的演变过程之中,并区分了后福特主义的两种模式,即建立在中小企业之间动态分工网络基础上的"柔性专业化"模式和作为核心的大企业控制多层次分包企业网络的"精益生产"模式。

柔性专业化是作为福特主义生产方式基础的细密和僵硬的分工的替代物出现的。它适应了消费和生产技术的一系列新变化。这些变化主要是:(1)以大批量、标准化方式生产出来的产品的市场趋于饱和,消费者越来越追求产品的个性化和多样化,消费时尚的变化越来越频繁,许多消费品的生命周期缩短。(2)计算机技术的革命产生的柔性多功能技术在制造业的应用,使各种数字化的通用加工平台越来越多地取代高度专业化的机器设备。有了这种加工平台,通过编写新的程序就可生产新的产品,结果是范围经济相对于规模经济的优势凸显出来。短周期产品的生产线也可像长周期标准化产品的生产线一样,以较低的成本生产产品,而且产品是多样的。(3)随着柔性生产技术的日益成熟,采用这种技术的成本一直在快速下降,不仅是实力雄厚的大企业,而且很多小企业也能采用这些技术。

柔性技术的采用,使得工人在生产过程中具有一定的自主性。因此,工人在生产过程中的一定范围的自我管理,成为企业实行计算机技术支持的柔性专业化的生产组织的一个特点。在这种生产方式下,工人的责任心提高了,工人之间的合作加强了,生产过程中发生的问题解决较少受多层级的官僚化管理决策系统的妨碍。在意大利北部和其他地方某些行业的企业中,由熟练工人进行的中小批量生产,取代了由非熟练工人进行的大规模标准化产品的生产。劳动过程是由对质量负责的生产团队自我管理的,这种安排既减少了管理僵化造成的效率损失,又提高了劳动生产率。此外,借助于互联网技术,通过长期形成的信任关系稳定地联系在一起的小企业,形成柔性的区域网络组织。

由于一系列历史偶然因素,战后日本占主导的企业从来没有完全采用福特主义。丰田汽车公司的总工程师大野耐一通过20多年的努力,把全面质量管理(TQM)、精益制造、适时供货(JIT)和以价格为基础的成本计算法结合在一起,发展出所谓"丰田生产方式"即"精益生产方式"。精益生产的主要目标是减少所有不能增加产品最终价值的间接劳动,包括监督活动、质量控制、维护工作和清理工作等。通过各种工作轮训将车间工人培养成能自我管理的多技能的劳动者,来减少这些岗位。在劳动过程中,多技能的工人将对质量的关注、机器的维护和清理工作结合在一起,对如何处理在生产中出现的问题具有一定的自主性和积极性。同时,通过将研发、生产和销售等部门的代表组成自主性的工作团队,在这三个部门之间建立起紧密的联系,提高了工艺创新和产品创新的速度。实行这种生产方式的企业,主要注意力集中在与其核心竞争力相关的生产领域,而其他生产领域都通过各种形式(签订供销合同、兴办合资经营的配套企业)外包给其他企业。

精益生产理论认为,最大利润来自于为特定消费者的特定需求提供产品或劳务。企业采用各种信息技术和组织创新来详细地追踪消费者的行为并予以及时反应,从而以更短的生产周期、更低的存货水平向消费者提供多品种的产品。生产者、供应商和销售商之间建立起了信息和技术共享的网络。依托这个网络,消费者的需求信息一经获得,就传递到成品生产线,成品生产线需要的不同零部件信息传递到那些生产半成品的企业，经过它们又传递给原材料和其他投入的供应商。在前后相继的各个生产阶段，都进行直接由下一阶段的需要决定的“及时生产”。

在精益生产方式下，随着信息资源越来越掌握在一线工作区域，工作团队的自主权增加，企业内部的信息协调发生了从集中处理到分散处理的转换。先进信息技术的采用也有助于打破分隔设计、生产、营销和管理等专业部门的等级制障碍，从而使这些部门中的任何一个人员，不需要经过等级制的纵向渠道就可以相对容易地获得其他部门的信息。精益生产方式强调跨专业团队的作用，要求团队成员从工作开始到结束都要在一起工作。这样，传统的M型管理和控制结构不断削弱并趋于扁平化。

后福特主义生产方式的发展，在一定程度上克服了福特主义的弊端，促进了资本主义社会生产力的发展。在实行这种生产方式的企业中，工人的劳动条件有了改善。但是，也有西方学者指出，后福特主义生产方式的推行从总体上对工人阶级产生了一些不利的影响：(1)由于在生产过程中运用计算机控制和互联网技术，对人数较少的高技能劳动者的需要，排斥由福特生产方式造就的大量低技能的劳动者，从而会导致失业的增加。(2)多层次集中管理的福特主义大规模劳动组织，被在规模较小的团队合作基础上形成的分散决策的生产经营体系取代，使得产业工会在工人中的影响下降。这些不利影响只是结构转化过程中的暂时现象，还是已经成为资本主义生产方式的持久特征？对这个问题还没有成为定论的统一答案。后福特主义生产方式在其进一步的发展中会对资本主义经济的运行模式以及社会的其他方面产生怎样的影响，还有待观察。但是，有一点是确定的：这种生产组织是社会生产力进步的产物，但它形成的社会条件仍然是资本主义的雇佣劳动制度。

参考文献：

Piore, M. J. & Sabel, C. , *The Second Industrial Divide*, New York: Basic Books, 1984.

Amin, A. (ed), *Post-Fordism: A Reader*, *Cambridge*: Blackwell, 1994.

Jessop, B. , *Regulationist Perspective on Fordism and Post-Fordism*, London: Edward Elgar Publishing, 2001.

Harrison, B. , *Lean and Mean*, The Guilford Press, 1994.

Kenney, M. & Florida, R. , *Beyond Mass Production: The Japanese System and Its Transfer to the U. S.* , Oxford University Press, 1993.

Smith, T. , *Techhnology and Capital in the Age of Lean Production*, State University of New York Press, 2000.

（谢富胜）

依附论
Dependency Theory

依附理论最早出现于20世纪50年代的拉丁美洲。这类理论试图说明历史上曾作为西方发达国家殖民地的发展中国家的经济和社会发展依附于西方的新特点，研究当代资本主义积累运动在不发达国家的特殊表现形式。依附理论的思想渊源可以追溯到马克思和恩格斯对落后国家资本主义发展的分析，列宁对落后国家特别是俄国资本主义发展的研究以及以列宁为代表的帝国主义理论。此外，在各种依附理论身上，还可以看到哲学结构主义、社会学整体主义的影响。

依附论者的观点具有一些基本的共同之处，如主张历史—结构方法和阶级分析方法，将外围国家（发展中国家）对中心国家（发达国家）的依附与外围国家的内在社会结构的分析结合起来，研究外部结构与内部结构的相互作用，试图揭示世界上富国与穷国之间的差距拉大的原因，探讨资本主义在当代发展中国家的发展是否仍然具有历史的进步性，即是否能够推动生产力的发展并使这些国家走上社会主义道路。但是，依附论者并没有一个一致的理论体系，不同学者的观点有很大的差异。依附论可分为四个流派，即以劳尔·普雷维什为代表的结构主义依附论，以多斯桑托斯为主要代表的新马克思主义流派，以费尔南多·恩里克·卡多佐为主要代表的“依附的发展论”，以安德烈·冈德·弗兰克为代表的“不发达的发展论”。

结构主义依附论是在曾担任拉丁美洲经济委员会主席的普雷维什提出的“中心—外围”理论基础上形成的依附论学派。20世纪50～60年代，拉丁美洲国家经济陷入经济萧条的困境，拉丁美洲经济委员会以西方主流经济学为依据的一系列政策主张明显失效。这迫使普雷维什等与拉丁美洲经济委员会有关的经济学家进行理论上的反思。作为这种反思的结果，普雷维什提出了“中心—外围”理论。在他看来，世界经济是由占支配地位的工业发达国家作为“中心”，居于被支配地位的生产初级产品的发展中国家作为“外围”（或边缘）而构成的国际经济关系体系。依据这样一种结构主义的观点得出的结论是，中心与外围之间在分享技术进步成果方面的不平等、国际贸易比价上的不合理和国际收入方面的不公正，使得中心能够不断吸吮外围的收入并维持其霸权地位，外围国家的经济发展因而受到阻滞。结构主义者据此提出的政策主张是：通过国家干预，实行进口替代和工业化，改变国内的二元经济结构，改革不合理的国际经济秩序来发展民族经济（普雷维什，1981）。在结构主义依附论的文献中，可以看到马克思列宁主义的影响，但结构主义论者并不宣称自己是马克思列宁主义者，也没有提出过实行社会主义革命的主张。

有的依附论者在研究中将列宁提出的帝国主义理论作为分析框架，所以他们的理论被看做帝国主义理论的补充和有机组成部分，因此被称为“新帝国主义论”。这种理论认为，帝国主义包括了互为条件的两个方面：向外扩张的中心和作为扩张对象的外围；列宁的帝国主义理论研究了中心扩张和统治世界的过程，依附论则研究这种扩张的后果，分析垄断资本主义的世界性扩张对外围国家经济和社会结构变化的影响，以及外围的变化对世界资本主义积累总进程的影响，并说明了外围对中心的依附形式的变化。

多斯桑托斯指出，历史上存在着殖民地依附、工业—金融依附两种形式，而第二次世界大战后又出现了第三种依附形式，即工业—技术依附。工业—技术依附的特点就是跨国公司在外围国家进行直接投资，投资领域是与其国内市场相联系的工业部门。这些依附形式的本质都是中心国家的垄断资本对外围国家劳动人民的剥削。在工业—技术依附形式下，发展中国家的工业不仅受到中心国家技术垄断的限制，而且生产结构适应跨国公司获取最大利润的要求而与本国的需要脱节，受到西方发达国家商品市场和资本市场以及国际收支状况的制约，经常出现国际收支逆差。传统部门与现代工业部门并存的二元结构以及资本密集的现代工业部门排斥劳动，一方面压低了工资，提高了对工人的剥削程度；另一方面造成失业，从而限制了国内市场容量，而大量的经济剩余作为跨国资本的利润汇出，又使国内市场进一步缩小，从而导致对西方发达国家依赖程度的加深。在依附于中心的发展进程中，外围国家与发达国家的贫富差距不断拉大，同时国内的贫富差距也不断扩大。可见，依附不仅规定了发展中国家与发达国家的不平等的国际经济关系，也塑造着这些国家的内部经济结构。不仅如此，依附实际上还制约着外围国家的社会政治结构。外围国家民族资本主义的发展之所以在后殖民主义时代仍然步履蹒跚，是因为这些国家民族资产阶级受到本国封建势力与帝国主义结成的同盟的压制，无法完成资产阶级民主革命的任务。因此，他们认为，依附性发展必然导致深刻的政治冲突和社会矛盾激化，主张通过社会主义寻求发展。

由于20世纪70年代以后拉美国家的国际贸易条件有所改善，经济发展速度加快，有的依附论者认为依附与发展不是对立的现象，而是同时发生的过程，提出在依附于中心的情况下外围国家也能发展的理论，即依附性发展论。他们指出，西方资本主义本身是发展的，应当将对这种发展的研究与对拉丁美洲国家发展的研究结合起来，特别是要注意国际分工的变化和跨国公司的出现对拉美国家的影响。他们认为，随着外资不断投向外围国家的制造业部门，外国直接投资成了这些国家的工业化的推手，工业化不再是一场对帝国主义的斗争，因而外围在对中心的依附中求得发展变得可能了。除了这一基本观点之外，这派依附论者还强调将世界资本主义的一般发展趋势与外围各国的特殊的自然条件、社会条件、政治条件以及所处社会发展阶段结合起来，即将外因和内因结合起来，认为只有这样才能对各国的依附性社会的特征做出正确的解释。

在一段时间里，依附性发展论曾被认为是对包括结构主义依附论和新帝国主义论在内的依附理论的完善。但是，20世纪80年代后半期到21世纪初一些拉美国家迈进中等收入门槛后，经济重新处于停滞状态，金融危机频发，通胀水平高起，社会矛盾激化，不得不以接受西方国家的新自由主义政策为代价来获取救助。这些情况表明，依附性发展是有极大的局限性的。虽然依附性发展论所强调的外国直接投资对本国工业化的促进作用是客观存在的，但是，引进外资的目的是建立起独立的民族工业体系，舍此而安于依附下的发展只能加深依附，不但永远改变不了从属于西方发达国家的外围地位，而且会使国内各种矛盾激化。

不发达的发展论是20世纪50年代后期出现的依附理论的一个派别。这种依附论是以这样一个基本判断为前提的：在世界资本主义体系中，目前还没有一个发展中国家能够摆脱从属于西方的地位，使自己的经济接近发达工业国的水平。根据这个判断，弗兰克提出了“不发达的发展论”。这一理论的要点是：在世界资本主义体系中，中心和外围之间的国际经济关系也具有资本主义所固有的剥削和压迫的性质，西方垄断资本对发展中国家的剥削是中心国家发达的重要条件之一，因而可以说中心国家的发达是以外围国家的不发达为条件的。在这种情况下，只要还处在世界资本主义体系之中，除了居于依附的地位，发展中国家别无选择。只有通过社会主义革命，脱离世界资本主义体系，才能真正摆脱西方的压迫和剥削（Frank，1967）。应当说，虽然弗兰克的论述切中了问题的要害，但他关于资本主义在第三世界没有任何历史进步性的看法，确实也有失极端。这个看法遭到了一些学者的非议。

参考文献：

［阿根廷］劳尔·普雷维什：《外围资本主义——危机与改造》，商务印书馆1990年版。

［巴西］特奥托尼奥·多斯桑托斯：《帝国主义与依附》，社会科学文献出版社1999年版。

［埃及］萨米尔·阿明：《不平等的发展》，商务印书馆1990年版。

Amin, S., Underdevelopment and Dependence in Black Africa, *Journal of Modern Africa*, 10, 1972.

Cardoso, F. H., Dependency and Development in Latin America, *New Left Review* 74, 1972.

Frank, A. G., *Capitalism and Underdevelopment in Latin America. History Studies of Chile and Brazil.* New York, London, 1967.

（林岗）

资本主义国家的社会福利制度
Capitalist Welfare System

西方资本主义国家的社会福利制度，是指缓和资本主义的社会冲突、保障资本主义社会安全的一些法律制度和政策措施，涉及劳动保护和劳动仲裁、最低工资、失业救济、养老、医疗、住房、教育、防止种族和性别歧视、保护生态等方面。这些法律制度和政策措施，是于19世纪后期至今的近200年时间里，作为对周期性的经济危机和各种严重的社会冲突的反映而逐步形成的。

社会福利制度的滥觞于19世纪80年代俾斯麦在德意志帝国实行的老年退休金等社会计划。90年代，新西兰的自由主义者引进退休金、劳动保护和劳动仲裁等制度，并将其范围不断扩大。1906～1911年，执政的英国自由党制定和推行了工伤、养老、失业和医疗保险制度。尽管各国的福利制度有不少相似之处，但社会福利制度的实行在每个国家都有其特殊的历史背景。在美国，20世纪30年代的大萧条引发了建立社会福利制度的社会改良运动。30年代以前，这个运动只限于某些州和地区。旧制度经济学派的代表康芒斯为威斯康星州的社会和劳动立法所做的工作，在很多方面成了罗斯福新政以及此后的改革的模板。

美国的社会福利制度在罗斯福新政中成型。新政立法主要包括：劳资集体谈判制度、建立农业补贴机制、资助扶持小企业的信贷计划、失业救济、工伤赔偿和社会救济，以及通过公共工程增加就业。在这些立法的基础上，逐步形成了美国的福利制度。这一制度为大多数人的收入规定了底线，在维持总需求和防止收入不平等加大方面，发挥了积极作用。在新政以后，社会福利的范围逐步扩展到消费安全、广告真实性、工作场所安全、劳资关系中的平权行动和反歧视及环境保护等领域。各种社会管制机构成为社会福利制度的一个重要部分。与其他发达资本主义国家相比，美国社会保障的水平比较低，尤其是在劳工权利方面。

在英国，贝弗里奇计划和凯恩斯宏观经济学，为战后的社会福利制度的确立制定了蓝图，利用广泛的社会保险提供了一张社会安全网，这包括国家卫生服务制度、免费公共教育和家庭津贴体制。但是和其他一些实行社会福利制度的国家一样，福利和退休金津贴从来没有被设定在一个足以消除贫困的标准上。这些津贴是根据经济情况调查结果而确定的，并没有实现所谓社会福利的广泛性原则，存在歧视穷人的现象。

瑞典是西方资本主义福利国家的典型，其社会福利制度是在劳工运动和社会民主党的政治影响下形成的，对社会成员提供"从摇篮到坟墓"的包括各种社会保障和充分就业的福利。新西兰可以说是另一个典范。从1935年年末到1949年年底，第一个工党政府实施了一系列社会福利政策：通过引入农业出口担保定价，以及产业管制和利用进口控制解决国际收支问题，稳定了收入，恢复了宏观平衡；迅速扩大了住房、教育和医疗等方面的社会保障范围，集体谈判和工会也发展起来。澳大利亚在工党的推动下，也实行了相似的措施，包括基本工资制度、养老金和伤残退休金、战争或平民遗孀养老金及儿童保险基金、失业津贴和其他津贴。

由于社会福利制度是以不触动资本主义的基本制度和资产阶级的根本利益为前提建立起来的，虽然它可以缓和资本主义的各种社会矛盾，减轻由于这些矛盾激化而爆发的经济危机和其他社会冲突所造成的危害，但它不可能消除资本主义的矛盾及其导致的经济危机和其他社会弊病。事实上，在社会福利制度普遍建立之后，经济危机并没有在西方世界消失，与资本主义相伴随的剥削、压迫和贫富鸿沟及其他不公正的社会现象也没有消失。但是，在资产阶级中的保守派看来，这种社会改良侵犯了神圣不可侵犯的私人财产权和个人自由（实质上是无限制地剥削劳动者的自由），是对资产阶级的利益的损害，因而必欲除之而后快。20世纪70年代之后，由于资本主义固有矛盾在受到社会福利制度的有限抑制之后重新激化，出现了滞胀等严重的社会经济危机。资产阶级保守派借助自己掌握的理论工具（如各种新自由主义的经济理论）和舆论工具，将资本主义固有矛盾导致的社会危机归咎于社会福利制度，并欺骗民众说只要削减社会福利、取消国家干预，就可以走出危机。作为垄断资产阶级代表的保守政治势力，就是在这样的背景下上台执政的。20世纪80～90年代，在所有西方资本主义国家中，政府支出减少、税收削减、解除国家管制、劳工组织的影响力不断削弱，社会福利收缩，社会保障私有化成为趋势。

在美国，社会保障私有化始于里根政府，主要内容是削减福利开支、提高工资税和退休年龄，尤其是将养老金体制从确定给付体制转向确定提取体制。前者采取社会统筹方式，雇员退休后每月领取的养老金数额是既定的；后者是雇员将缴存的养老储蓄直接转入个人账户，并委托养老基金、共同基金和保险公司等机构投资者管理，进入股票证券市场。雇员最终的退休收入是不确定的，取决于工人缴存的退休储蓄规模，以及个人账户的投资组合在资本市场上的收益状况。克林顿在任期间，美国经历了空前的证券市场泡沫，争夺社会保障资本成为金融机构业务扩张的主要目标。华尔街呼吁推进社会保障私有化,以便更多的退休储蓄进入资本市场,同时要求放松金融管制,以便通过直接控制的非银行金融机构制造金融衍生工具,分散和转移信贷风险,获取暴利。于是,美国国会于1999年通过了《国家金融服务现代化法》,废除了"罗斯福新政"时期颁布的抑制金融资本投机、分割投资和商业银行业务的《格拉斯—斯蒂格尔法》,为金融资本扩张扫除了法律障碍。小布什上任后,打出"所有权社会"的旗号,宣扬个人的经济自由和独立取决于对住房、企业、医疗和金融资产的私人所有权,而不应依赖国家转移支付,把社会保障私有化扩大到医疗、教育和住房领域。这种私有化方案的实质,是继续制造资产价格泡沫,为华尔街金融垄断寡头的脱离实体经济发展的"一夜暴富"式的资本增殖和积累创造条件。

尽管养老金投资加上雇员持股,使工人也有资本所得收入,但没有改变工人雇佣劳动者的地位,而是加剧了贫富分化。1989~2007年,美国从富到贫的1%、9%、10%、20%、20%、40%家庭的股票资产价值分别增加了36.8%、44.3%、10.5%、6.5%、1.5%和0.5%。从家庭净财富分布看,2007年最富有的1%、9%的美国家庭所占比重分别为34.6%、38.5%,其余90%的家庭只占26.9%。上述三类家庭净金融资产的比重分别为42.7%、40.2%和17.1%。普通工薪阶层来自金融资产的收益比重微乎其微。社会保障私有化使教育、医疗、养老、住房成本变得日益高昂,同时劳动者的实际工资由于工会力量的削弱而持续下降,工薪阶层的境况并没有因为有了私人所有权而有多大改善(崔学东,2012)。

从20世纪80年代后期到整个90年代,西方主要资本主义国家都在不同程度上实行了类似于美国的社会福利政策。由于这种政策压低了劳动者的实际收入从而抑制了利润下降的趋势,并为信贷扩张和吹大资产泡沫创造了条件,刺激了投资,使得这些国家的经济在一段时间内由停滞转为增长。这种"政绩"是以牺牲劳动者的利益为代价取得的。而且,其效力是被夸大了的。尤其是20世纪最后10年的景气,不应归因于资产阶级政客推行的新自由主义政策。这主要是以计算机和互联网为基础的新的产业革命造成的。这场新的产业革命在开辟新的生产部门的同时,导致原有工业部门的大规模的固定资产更新,使失业率下降,同时扩大了资本家的投资空间,增加了他们的盈利机会。事实上,保守派实行新自由主义政策的最大"政绩",是为2008年开始的席卷全球的金融危机埋下祸根。在这次危机中,工薪阶层的养老储蓄损失惨重,数百万家庭因次贷失去住房。而这次危机之所以没有引致20世纪30年代大危机那样严重的社会灾难,在很大程度上是因为在民众的抵制下保守派社会福利制度的措施还不够彻底,社会福利制度仍然在西方社会存在。

参考文献:

崔学东:《新自由主义导致全球劳资关系不断恶化》,载于《红旗文稿》2012年第20期。

[匈牙利]卡尔·波兰尼:《巨变:当代政治与经济的起源》,社会科学文献出版社2013年版。

Furniss, N. and Tilton T., *The Case for the Welfare State*, Indiana University Press, 1977.

Offe, C., *The Contradiction of the Welfare State*, London: Hutchinson, 1984.

James O'Connor, *The Fiscal Crisis of the State*, New York: St. Martin's Press, 2002.

(林岗)

垄断价格
Monopoly Price

垄断价格是指在资本主义发展到垄断阶段之后,垄断企业和垄断组织为获取垄断超额利润而在一定范围内加以操纵的高于产品的生产价格或价值的销售价格。这是垄断资本主义阶段的商品市场价格的主要形态。

马克思在《资本论》中使用了垄断价格的概念,但其意义与上述定义有所不同。他在第3卷中提到的"自然的垄断或人为的垄断",是指某些稀缺的自然资源例如土地的所有权和经营权造成的垄断(这里的"自然垄断"与西方经济学的产业组织理论所说的由规模收益递增的技术原因引起的自然垄断意义不同)。他主要是在土地产品价格的意义上来讨论垄断价格的。他说,如果利润平均化的过程受到垄断的障碍,"特别是遇到土地所有权的障碍,以致有可能形成一个高于受垄断影响的商品的生产价格和价值的垄断价格,那么,由商品价值规定的界限也不会因此消失。某些商品的垄断价格,不过是把其他商品生产者的一部分利润,转移到具有垄断价格的商品上。"(《马克思恩格斯文集》第7卷,人民出版社2009年版,第975页)在马克思看来,垄断价格在一般商品市场上只是一种偶然现象。这些看法反映了他写作《资本论》的历史背景。那时,资本主义还处在自由竞争阶段,垄断资本对经济生活的统治还未形成。不过,马克思的论述还是为其后继者研究垄断资本主义条件下的价格现象提供了基本思路。

在垄断资本主义条件下,在自由竞争阶段作为市场价格波动中心的生产价格,为垄断企业所操纵的垄断价格所代替。这种价格是由商品的生产成本和垄断利润构成的。垄断价格又分为两种类型:垄断的销售价格和垄断的采购价格。垄断的销售价格是垄断企业出售商品的价格，即垄断的卖方价格。由于垄断阻碍了资本在部门间的自由流动，卖方之间的竞争受到抑制，在独家垄断的极端情况下这种竞争甚至不存在，这样，垄断企业就可以将自己所要实现的利润目标规定得高于自由竞争条件下的平均利润，这使得垄断的销售价格高于存在较充分的竞争条件下的生产价格。垄断的销售价格与生产价格之间的差额，就是垄断超额利润。垄断的采购价格，即垄断的买方价格。垄断企业在向非垄断企业和小生产者采购原材料等中间产品时，会发生买方竞争缺失而卖方竞争激烈的情况，垄断企业因此有可能将自己所要购买的产品的价格压低到存在比较充分的买方竞争时的生产价格之下。如果其他条件不变，由垄断的采购价格导致的生产成本的减少，也会成为垄断超额利润的源泉。由垄断价格得来的垄断超额利润，与竞争条件下由于采用先进技术减少了产品生产的个别劳动时间而带来的超额利润，显然具有不同的性质。后者为技术进步提供激励，最终会导致整个部门以致整个社会的劳动生产力提高。而前者非但对技术进步没有激励作用，反而有可能导致技术的停滞。在实际中，大型企业常常由于实力雄厚，既在本行业中采用了较先进的技术，又居于可以影响市场供求关系的垄断地位，因而其垄断价格中的超额利润可能同时包含竞争性的部分和垄断性的部分。垄断企业规定的价格之所以被称为垄断价格，就是因为这个价格中包含着不仅与技术进步无关而且阻碍技术进步的、纯粹由垄断定价权产生的垄断性的超额利润。列宁在《帝国主义是资本主义的最高阶段》中用制瓶机专利被垄断企业收买并加以封存的实例说明："在规定了（即使是暂时地）垄断价格的范围内，技术进步因而也是其他一切进步的动因，前进的动因，就在一定程度上消失了；其次在经济上也就有可能人为地阻碍技术进步。"（《列宁选集》第2卷，人民出版社1995年版，第660页）

在西方资本主义国家，垄断企业对产品销售价格的操控是通过所谓"价格领导制"实现的。企业在制定产品价格时表面上是各自为政，实际上是由最大的垄断企业定价，其他企业仿效。领导定价的垄断企业在规定销售价格时，通常先确定自己的利润率（通常高于平均利润率）目标，然后在单位产品生产成本之上加上按这个目标计算出的单位产品利润量（单位产品生产成本乘以目标利润率），即以"成本加价"的方式得出产品的价格。但是，垄断企业或由若干企业形成的卡特尔等形式的垄断组织对价格的操控并不是任意的。因为，垄断事实上不可能完全消除竞争，同一行业中不同垄断寡头之间的竞争，不同的垄断价格同盟之间的竞争，局外企业的竞争，外国垄断企业的竞争，替代品生产商的竞争，都会形成对垄断价格水平的制约。此外，消费者的支付能力以及价格的需求弹性（需求变动率与价格变动率之比）对市场需求规模的影响，也对垄断企业定价形成约束。

在马克思主义经济学界，垄断价格与价值规律的相互关系在很长时期内一直是为学者所关注的重要问题。鲁道夫・希法亭在《金融资本》一书中说，价值规律是通过竞争为自己开辟道路的，"如果垄断消除了竞争，那么它们就消除了客观的价格规律能够借以实现的唯一手段，价格不再是一个客观决定的量……成了任意的和偶然的东西而不是不依赖于当事人的意志和意识的独立的和必然的东西。因此，马克思集中理论的实现，即垄断联合，看来要废除马克思的价值理论。"（鲁道夫・希法亭，1997）这种看法遭到不少人反对。从20世纪50年代初以来我国学者发表的文献来看，多数人对这个问题的认识是：虽然商品垄断价格背离其价值，但整个社会的全部商品的价格总额依然等于其价值总额。得出这一看法的依据，是我们一开头引用过的马克思关于土地产品垄断价格的看法。根据马克思的这个看法，垄断价格中包含的垄断超额利润来自价值和剩余价值的转移。这种转移的来源包括：消费者因按垄断高价购买产品多支付的价值，局外企业因按垄断高价购买垄断企业产品损失的利润，非垄断的供货商和小生产者按垄断低价出售商品让渡给垄断企业的收益。可见，垄断价格是垄断资本主义条件下对价值和剩余价值实行有利于垄断资本的再分配的杠杆。

美国马克思主义经济学家保罗・斯威齐20世纪70年代发表的《资本主义发展论》一书也对垄断价格与价值的关系发表过自己的看法。他一方面认为，由于垄断企业可以通过控制产量操纵价格，价格的决定具有随意性，垄断价格和价值的差异不是像生产价格和价格的差异那样服从于什么一般的法则，要寻求一个可以和价值理论和生产价格理论并驾齐驱的垄断价格理论是徒劳无益的，但另一方面又指出，"价值量关系受垄断所干扰；价值质关系却不然。换句话说，垄断的存在，本身并没有改变商品生产的基本社会关系，即通过个人劳动产物的私自交换来组织生产。它也没有改变商品的基本同度量性，那就是，事实上每个商品各自代表社会总劳动力的某一部分时间，或者用马克思的术语来说，每个商品是一定量抽象劳动的凝结物。这是一个重要论点，因为它意味着，即使在垄断条件下，尽管价值规律暗含的准确的数量关系不复适用，我们仍然可以用劳动时间单位来衡量和比较各种商品以及商品的总额。"（保罗・斯威齐，2000）。这也是对希法亭垄断定价废除价值理论的说法的一种反驳。

20世纪80年代以后，我国学者对垄断价格与生产价格和价值的关系的研究，采取了不同于斯威齐的研究路线，试图发现垄断价格决定的客观规律或一般法则，取得了一些值得注意的结果。例如，魏埙提出，垄断价格包括垄断市场价格和垄断生产价格两个范畴;垄断条件下的"市场价格也可以称之为垄断市场价格",并认为"由于垄断部门利润的平均化,形成了垄断部门范围内的生产价格即垄断生产价格。这种垄断生产价格作为价值基础调节着垄断企业产品的市场价格"。(魏埙,1980,1986)高峰等学者进一步认为,垄断价格既属于价值转化范畴,也属于价值形式范畴。作为价值表现形式的垄断价格即为垄断市场价格,属于具体的市场价格范畴,是可以直接观察到的经验事实,它们才是垄断企业直接制定和操纵的复杂价格体系。而作为价值转化形式的垄断价格可称为垄断生产价格,属于抽象的价值转化范畴,是垄断市场价格的基础和调节者,是在垄断市场价格背后起作用的客观力量,不能同垄断企业直接制定和操纵的价格体系混为一谈。他们认为,分清垄断生产价格对价值的偏离与垄断市场价格对垄断生产价格的偏离这两重不同层次的偏离,是建立完整严密的垄断价格理论体系不可或缺的内容。(高峰,1996;高峰、陈聚祉,1998)

马克思主义经济学家是在对垄断资本的基本性质研究的基础上来探讨垄断价格的。与此不同,19世纪后期以来成为西方国家经济学主流的新古典理论,是在没有关于垄断的系统理论的条件下开始研究垄断价格的。最早分析垄断及其价格的是"边际革命"的"先知"安东尼·奥古斯丁·古诺(Cournot)。1838年他对寡头垄断和双边垄断进行的数学分析,至今仍然是西方主流经济学教科书的内容。20世纪30年代,美国经济学家爱德华·张伯伦和英国经济学家琼·罗宾逊分别提出了"垄断竞争理论"和"不完全竞争理论",用"产品差别"来定义垄断,并从这种差别引起的价格差异引出垄断价格的概念。有差别的产品可以依据自身的某些特征来区别,如独特的专利特征、商标、商号、包装或货柜特征;也可以依据产品的质量、设计、颜色及风格的奇特之处以及产品销售条件的不同来区别。按照张伯伦的观点,任何一个经营与别人不同商品的生产者或销售者,都是市场上的垄断者。(张伯伦,1933;琼·罗宾逊,1933)按照这种垄断定义,可以说任何商品的生产者或销售者都是垄断者。这显然是荒唐的。直到接受了受到过马克思主义经济学熏陶的米哈尔·卡莱茨基提出的寡头垄断经济和垄断程度(生产集中程度)决定寡头定价权的理论,琼·罗宾逊等人才找到了分析与完全竞争相区别的市场结构的正确的理论基础。按照卡莱茨基的思路发展起来的垄断定价理论认为,垄断程度的大小主要依赖于行业的集中程度、企业间有效共谋的程度、该行业的进入条件以及工会的影响力。由于企业是垄断寡头,因而能够根据生产成本确定产品的价格。若设产品价格是P,单位产品的成本是C,资本家所要求的利润率是r,则单位产品的定价方程式为$P=C+rC$,即产品的价格等于基本成本加上一定的利润额。其中资本家所要求的利润率r的大小取决于该企业垄断程度的大小。从定价方程式上可以看出,价格P的高低取决于生产的基本成本和垄断程度r的大小(Kalecki,1938)。现在,在作为当代西方主流经济学重要分支的产业组织理论中,生产集中度等概念已经成为分析各种非完全竞争的市场结构的基础。由产业组织理论研究得出的垄断定价对社会福利产生不利影响的结论,成为西方各国反垄断立法的理论根据。但是,西方各国的反垄断政策应当说收效甚微,因为事实上西方各国企业规模持续扩大和生产集中程度持续提高的垄断发展趋势并未受到遏制。

参考文献:
《马克思恩格斯文集》第7卷,人民出版社2009年版。
《列宁选集》第2卷,人民出版社1995年版。
[德]鲁道夫·希法亭:《金融资本》,商务印书馆2009年版。
[美]爱德华·张伯伦:《垄断竞争理论》,华夏出版社2009年版。
[美]琼·罗宾逊:《不完全竞争经济学》,商务印书馆1961年版。
[美]保罗·斯威齐:《资本主义发展论》,商务印书馆1997年版。
魏埙:《关于垄断价格问题》,载于《南开学报》1980年第1期。
魏埙:《再论垄断价格问题》,载于《南开学报》1986年第5期。
高峰:《发达资本主义经济中的垄断与竞争》,南开大学出版社1996年版。
高峰、陈聚祉:《垄断价格理论研究的重要贡献——评"垄断价格机理研究"》,载于《经济评论》1998年第1期。
Cournot, A. A., *Research into the Mathematical Principles of the Theory of the Weath*(1838), *Trans. N. T Bacon*, Macmillan, 1929.
Kalecki, M., The Determination of Distribution of the National Income, *Econometrica*, 6, 1938.

(林岗　林光彬)

新自由主义
Neoliberalism

自由主义是在西方资本主义社会占主导地位的意识形态。它产生于17世纪的英国资产阶级革命,是一种反映新兴资产阶级反封建诉求的,集哲学、政治学和经济学为一体的理论体系。这种理论体系在18世纪发生的法国大革命和美国独立战争之后的西方资本主义国家取得了主流地位。后来的学者将17~18世纪的自由主义称为古典自由主义。英国的大卫·洛克、亚当·斯密是古典自由主义的理论代表。他们在天赋人权的名义下强调个人自由以及私人产权的神圣不可侵犯,认为个人为追求私利进行的自发市场交易可以导致整个社会的福利的增进,主张限制政府的权力,实行"放任自由"的经济政策。就反对封建的政治统治和经济垄断而言,这些理论和政策主张具有巨大的进步意义。但是,虽然古典自由主义者以"天赋人权"来论证个人自由,他们所要保障的却并不是包括整个社会的所有人的自由,而主要是资产阶级发财致富的自由。为了资产阶级的这种自由,他们无视被剥削的工人和其他劳动阶级的自由。事实上,英国的古典自由主义者大多是资本主义早期发展过程中惩治流浪者的血腥立法的支持者,而这种立法在确立资本主义的社会秩序从而保障资本家发财的自由的同时,剥夺了无产者的自由。而且,他们作为神圣的私人产权的捍卫者,却不反对通过圈地剥夺农民的份地这种公然侵夺他人产权的行为。相反在这些方面,古典自由主义者是主张国家有所作为的,而并不排斥政府干预。古典自由主义所强调的自由,包括法律面前人人平等、代议制民主和市场自由等,不仅只是形式上的,而且覆盖范围也是十分狭隘的,因为这类自由并不保障公民免受剥削和阶级压迫的自由,更不能保障他们免受失业、贫困、饥饿、无知、疾病折磨的自由。而这些不在古典自由主义视野内的自由,即便按照古典自由主义自己的逻辑,也应当是"天赋人权"的必然衍生物。由此可见,自由主义作为资产阶级的意识形态,对于大多数作为被剥削的劳动者的社会成员来说,从一开始就是虚伪的。

19 世纪后期到 20 世纪初,资本主义的社会矛盾激化,周期性的危机造成巨大的社会灾难,资产阶级的统治受到日益高涨的工人运动的冲击,社会主义苏联的建立更是使资产阶级的统治受到从未有过的威胁。在这种情况下,对资本主义进行改良的主张在自由主义者中间出现了,例如李嘉图社会主义者约翰·斯图亚特·穆勒关于赤贫的体力劳动者的选择自由比奴隶多不了多少的看法,马歇尔关于公民权利应当从法律和政治领域延伸的观点。20 世纪 30 年代之后,将改良派自由主义付诸实施的两个著名人物是梅纳德·凯恩斯和威廉·贝弗利奇。前者主张通过国家干预经济,弥补市场调节的不足,消除商业周期,实现充分就业;后者主张通过政府的转移支付,建立社会福利制度,减少贫困现象。这两个人都自称是自由主义者,而且凯恩斯明确声明自己属于"有教养"的资产阶级。按照改良派自由主义的逻辑,国家干预和社会福利的实施是使公民的自由从法律和政治领域延伸到经济和社会领域,因而是对自由主义的发展。但是,由于国家干预和社会福利加强了国家的权力,改良的自由主义被一些保守的资产阶级学者视为对自由主义的背叛。这类保守派后来被称为新自由主义者。其实,新自由主义并不新,因为新自由主义者的理想就是使自由主义从改良派那里回归到古典自由主义的原教旨上去。所谓新自由主义之"新",只是因为它为原教旨自由主义提供了一些新的理论"证明",以及批判了改良派自由主义推行的国家干预和社会福利以及苏联社会主义计划经济制度。

新自由主义作为一种社会经济理论和政治思潮的兴起,可以追溯到 20 世纪 30 年代经济学界关于社会主义经济计划的大论战。这场论战是由被某些人当作新自由主义鼻祖的路德维希·冯·米塞斯和他的弟子弗里德里希·冯·哈耶克挑起的。在这场论战中,他们试图证明在社会主义经济中无法进行经济核算,资源配置效率注定低下,只有自发的市场交易才是资源配置的有效手段。米塞斯认为,既然社会主义无法进行经济核算,实行国家干预不过是以解决问题的名义造成问题(Mises,1920,1929)。哈耶克则断言计划会导致政府权力的膨胀,将剥夺公民的自由,因而是一条"通向奴役的道路"(哈耶克,1944)。这些看法虽然包含一些关于市场作为资源配置必要手段的有价值的论点,但由于过于极端,不仅为当时经济学界和知识界的多数人反对,而且也为 30 年代西方资本主义国家的大危机和苏联工业化进程的迅猛推进所驳斥。第二次世界大战之后一段时间内西方国家宏观经济调节和福利国家建设取得的成效,也否定了哈耶克的理论。为此,哈耶克曾在西方知识界声名狼藉。但是,哈耶克及其追随者并未停止活动。1947 年,在一个靠卖肉鸡发家的美国富翁资助下,成立了以哈耶克为领袖的国际思想同盟——朝圣山协会,将经济学、哲学、政治学等领域的新自由主义精英网罗于麾下,为反对凯恩斯主义和福利国家、复兴古典自由主义而制造理论依据。后来获得诺贝尔经济学奖的不少经济学家,都是这个协会的会员。

围绕反对国家干预和削减社会福利,以朝圣山协会会员为骨干的新自由主义学者,提出了一些有影响的理论并形成学派。哲学家卡尔·波普(Popper,1952)提出的自由主义的认识论,是新自由主义的哲学基础。他认为世界充满不确定性,人们无法得到所有问题的准确答案,只能在自发的试错过程中摸索,因而社会制度的发展无规律可循,也不能设计。根据这种观点,他批判了柏拉图、黑格尔和马克思三个思想家的社会政治哲学,认为正是他们的思想构成扼杀个人自由的现代极权主义的来源,是所谓"开放社会的敌人"。哈耶克(Hayek,1976)也阐发了类似的思想,认为"自生自发秩序"是自由的保障,任何对社会进程加以控制或指导的企图都会导致自由丧失以致文明毁灭。这种社会哲学的矛头直指改良派自由主义和社会主义，为“朝圣山精英”奉为圭臬。现代货币学派的米尔顿·弗里德曼(1962)则试图证明经济波动完全是政府的金融和财政政策造成的，鼓吹只要按固定比例发行货币就能使经济稳定运转。他还写了《资本主义与自由》一书，对肯尼迪总统在就职演说中所说“不要问国家为你做了什么，而问你能为国家做什么”进行批判，将个人自由与集体利益对立起来，否定政府对社会经济生活的干预。詹姆斯·布坎南(Buchanan，1975)的公共选择理论试图“重新构思社会契约论”，主张对政府的财政收支加以严厉限制，为削减社会福利制造理论根据。道格拉斯·诺斯之类的新制度主义经济学者，则力图在交易费用理论的基础上，证明英美的社会制度是世界上最有效率的“政治市场”，认为落后国家只有引进这种政治制度才能摆脱对低效率发展路径的依赖(诺斯，1992)。

20世纪70年代以美国为首的西方国家发生滞胀，凯恩斯主义失效。80年代之后，以撒切尔、里根为代表的西方资产阶级保守派政治家趁机上台执政，上述一度遭冷遇的新自由主义理论转化为新自由主义的政策，例如供给经济学成为里根的竞选纲领。综合英美两国的情况，新自由主义的国内政策主要包括：(1)私有化，即把公有的土地、基础设施和企业卖给私人投资者，将部分政府提供的社会福利私有化。在撒切尔治下的英国，私有化由国有企业、共用部门一直扩大到社会福利部门，甚至监狱和护照发放都成了私有化的对象，整个80年代有600亿英镑的国有资产卖给了私人。政府民用事业单位就业人数到90年代中期，已从原先的77万人减少到5万。(2)放宽或取消政府对私人企业的监管，允许私人投资进入以前由政府垄断经营的部门，取消对银行混业经营的限制。(3)削减社会福利支出，以便削弱工会的谈判力量，迫使劳动者接受较低的工资。例如里根时期，根据所谓经济复兴计划通过的预算支出法案，1982年削减支出325亿美元，1983年削减440亿美元，1984年继续削减514亿美元，削减的政府支出主要是社会福利项目，包括事业保险、住房补贴、伤残补贴、家庭补贴、学生补贴、食品补贴等。(4)对富人减税。在里根治下的美国，连续大幅度对富人减税。根据《经济复兴》税法，1981年10月之后的33个月内，所得税共减少25%。利息和红利的最高税率从1982年起减少20%，资本收益税从80%减少到20%，厂房和机器设备的法定折旧期也大幅度下调。1983财政年度减税927亿美元，1984年一个财政年度就减少所得税1400亿美元。这些减少的税收大部分转变成了大资本家的收入。这一系列新自由主义政策的推行，在西方发达资本主义国家产生了一系列消极的社会经济后果：(1)导致有效需求减少，阻碍了经济增长。美国经济学家大卫·科茨根据经济合作和发展组织以及美国经济分析局和劳工统计局的数据说明，1973～1999年西方主要资本主义国家的实际GDP增长率低于1950～1973年，1973～1999年的劳动生产率低于1948～1973年。20世纪90年代一段时间内的经济较快增长，主要是由信息技术的发展和应用带来的，与新自由主义政策没有多大关联。(2)加剧了贫富两极分化。在美国，1973～1992年，20%的高收入家庭的平均收入增加了20%，而20%的低收入家庭则减少了12%。1980年美国公司高级经理平均收入是普通工人的42倍，1999年提高到419倍。(3)制造泡沫经济，刺激虚拟经济的发展，形成虚假的繁荣。放松金融监管使得大量货币离开实体经济，流入金融部门，导致金融衍生工具花样翻新，吹涨各种经济泡沫，包括股市泡沫、房地产泡沫、互联网泡沫、新经济泡沫等，最终导致2008年开始的金融危机和长期经济萧条。

以美国为首的西方发达国家还借经济全球化之机，利用各种国际经济组织，将新自由主义推行到发展中国家。所谓“华盛顿共识”，就是新自由主义的国际版。20世纪50～70年代，拉美国家普遍实施进口替代型工业化发展模式，期间以美国为首的西方发达国家向拉美国家发放了巨额贷款，拉美国家累积了巨额债务。80年代，拉美国家经济发展内外环境恶化，相继爆发了两次严重的债务危机，同时经历了长达10余年的恶性通货膨胀，经济发展面临严重困难。西方债权国家和国际金融组织趁机提出的救助方案，带有一系列新自由主义性质的附加条件。在此背景下，1990年，美国国际经济研究所在华盛顿召开了一次讨论80年代中后期以来拉美经济调整和改革的研讨会。出席会议的有美国政府官员、企业界人士、经济学家、国际金融机构代表和拉美国家的政府官员。会议得出了指导拉美经济改革的10条政策主张，并得到世界银行的支持。由于上述国际机构的总部和美国财政部都在华盛顿，加之会议在华盛顿召开，因此这一共识被称作“华盛顿共识”。这个共识的10点政策主张是：(1)财政纪律。预算赤字应该被严格控制，直至国家不必用征收通货膨胀税的方式来弥补财政赤字。(2)调整公共支出优先次序。支出应该从那些政治敏感领域撤出，重新配置到那些经济收益较高且潜在地有助于改善收入分配的领域。(3)税收改革。包括扩大税基和降低边际税率，其目的是增强激励，提高收入水平的平等性。(4)利率自由化。(5)竞争性汇率。(6)贸易自由化。数量性贸易限制应该被迅速取消，而代之以关税，同时关税应该逐渐降低，直到统一的低关税水平10%(或至多达到20%)。(7)外国直接投资便利化。阻碍外国公司进入本国市场的各种壁垒应该被取消，外国公司和本国公司应该被允许在同等条件下进行竞争。(8)私有化。国有企业部门实现私有化。(9)放松管制。(10)产权保护。这10点内容可以概括为市场化、私有化、削减财政赤字以遏制通胀三个方面。“华盛顿共识”先后在玻利维亚、墨西哥、巴西、阿根廷以及波兰、爱沙尼亚、保加利亚、泰国等被推广。然而，拉美经济不见好转，反而陷入更加困难的境地，经历了所谓“失落的十年”。1997 年，按照“华盛顿共识”改革的东南亚数个国家爆发前所未有的金融危机，不得不改弦易辙。与此同时，依据“华盛顿共识”政策建议改革的拉丁美洲国家、俄罗斯和东欧国家的收入水平急剧下降，资本外流，经济“疲软”，国民经济持续下滑。俄罗斯 1991 年的市场改革导致了随后 10 年的经济负增长。阿根廷这个完全按照“华盛顿共识”方案进行改革的国家，经济社会危机不断，沦落为拉丁美洲最贫困的国家之一。这一切使“华盛顿共识”名誉扫地。2003 年 9 月，华盛顿共识的起草人约翰·威廉姆森写了《从改革日程表到被毁坏的品牌名称》一文。在此文中，威廉姆森简要地回顾了“华盛顿共识”的历史，认为根据变化了的情况，“华盛顿共识”应停止存在，“华盛顿共识”一词也应从词汇中抹去。2004 年，他又撰文指出“华盛顿共识”不过是里根—撒切尔政策的继续罢了。他说：“私有化是玛格丽特·撒切尔首相个人对全世界经济政策的贡献，我所开列的 10 条改革建议是进一步把新自由主义学说（以朝圣山协会为核心支持者）具体化”。

新自由主义得势于 20 世纪 80 年代，其巅峰期是 1990 ~ 1997 年，时值苏联东欧社会主义国家解体。有些人据此断言这是新自由主义的胜利。然而，正如约瑟夫·斯蒂格利茨指出的：“但我认为这个推论有误。毕竟当时所有发达国家中，到处都有恐惧撒切尔及里根自由市场教条的动向，并代之以‘新民主党’或‘新工党’的政策。”在他看来，新自由主义政策时兴的原因是：“冷战期间，发达工业国家不敢放手采用这些可能对贫民造成重大伤害的政策，因为东西分裂的冷战时期，若是西方国家失败，就会将其他国家驱赶到东方阵营。但是，柏林墙倒塌后，这些国家已别无选择，即便是风险极大的政策，也可肆无忌惮地加诸贫民头上。不过，这种观点不但无情，也很反智。”因为，“一个号称自律的市场经济，可能演化为黑手党资本主义及黑手党政治体制。不幸的是，在世界许多地方，这已成为事实。”他指出：“吾人常误以为私有化、自由化甚至宏观稳定都是改革目标，也因而制定各种量表来评断各国的私有化的速度有多快。这完全无视私有化其实只是便宜行事的事实，即将公有财产私下转让给亲朋好友，然后等着他们回报贿赂。但我们从未见过任何一种量表，来记录有多少人被推入贫困，有多少工作被裁减，或暴力的提升，或不安全感、无力感的提升。”（斯蒂格利兹、波兰尼，2013）但是，损害多数人利益来满足少数富人欲求的政策是不可能长久的。随着 2008 年席卷世界的金融和经济危机的爆发，资本主义社会的各种矛盾再次激化，虽然新自由主义理论的影响还会长期存在，但它已经在政治上失势。

参考文献：

李其庆：《全球化与新自由主义》，广西师范大学出版社 2003 年版。

［英］大卫·洛克：《政府论》，商务印书馆 2009 年版。

［美］约瑟夫·斯蒂格利兹、卡尔·波兰尼：《巨变：当代政治与经济的起源》序言，社会文献出版社 2013 年版。

［英］亚当·斯密：《国民财富及其性质的研究》，商务印书馆 2009 年版。

［英］弗里德里希·冯·哈耶克：《通往奴役之道路》，京华出版社 2000 年版。

［美］米尔顿·弗里德曼：《资本主义与自由》，商务印书馆 2009 年版。

［美］道格拉斯·诺思：《制度、制度变迁和经济绩效》，上海三联书店 1995 年版。

Buchanan, J., *The Limits of Liberty*, University of Chicago Press, 1975.

Hayek, F., *Law, Legislation and Liberty*, The University of Chicago Press, 1976.

Mises, L. E. von, Economic Calculation in the Socialist Commonwealth, In *Collectivist Economy Planning: Critical Studies on the Possibility of Socialism*, Ed. By F. Von Hayek, Routledge & Sons, 1920.

Marshail, T. H., *Citizenship and Social Class*, Cambridge University Press, 1950.

Popper, K. R., *The Open Society and It's Enemies*, Routledge & Kegan Paul, 1952.

（林岗　林光彬）

国家垄断资本主义

State Monopoly Capitalism

马克思主义经济学说明当代资本主义特征时所使用的概念，通常指私人垄断资本与资产阶级的国家相结合而形成的资本主义，其实质是垄断资本直接控制和利用国家政权，通过国家直接参与社会资本的再生产过程，干预和调节社会经济生活，进行对外扩张，以保证垄断资本获得高额垄断利润及社会经济生活的正常运转。列宁等人较早提出和使用了这一概念。

国家垄断资本主义的产生和发展。利用国家干预和调节社会经济生活，是资本主义长期的重要手段。在重商主义阶段，新兴资产阶级就曾通过航海法、谷物法、学徒法、专卖制度等为实现资本增殖和统治提供保障。马克思在《资本论》中，不仅详细描述了资本主义国家的议会通过实施劳工法、工厂法和废除谷物法在深化劳动对资本的隶属、确立资本主义生产方式中的作用,而且在论述股份公司的产生及其活动时,指出"它在一定部门中造成了垄断,因而引起国家的干涉。"(《马克思恩格斯全集》第46卷,人民出版社2003年第2版,第497页)但是,这时国家对经济的作用仅限于保证经济正常运行的一般外部条件,并没有对经济进行重大的直接干预。

第一次世界大战前,出现了国家垄断资本主义的萌芽形式。主要表现为各主要资本主义国家开始直接干预经济活动,为了准备战争,扩大财政预算,增加军事采购,由国家投资或以国有化方式,兴建或扩建钢铁厂、造船厂及其他军工厂。第一次世界大战加速了国家垄断资本主义的发展。为了动员和集中力量支持战争,各交战国纷纷设立战时经济管制机构,对各重要部门的生产、原料分配、劳动力调度、运输工具的使用、重要生活必需品的分配及贸易、金融、物价、工资等实行国家直接控制和强制性的调节。政府增加税收,增发通货和公债,并通过军事订货、给予津贴和贷款等方式资助私人垄断组织、发展国有企业。列宁根据这些事实,指出"帝国主义战争大大加速和加剧了垄断资本主义变为国家垄断资本主义的过程。"(《列宁选集》第3卷,人民出版社1972年版,第171页)不过这种国家垄断资本主义带有军事的性质,列宁称为"军事国家垄断资本主义"(《列宁选集》第3卷,人民出版社1972年版,第162页)。战争结束后,随着各国解除战时经济管制,战时经济向和平经济过渡,国家对经济的干预和调节有所减弱。

1929~1933年爆发了震撼资本主义世界的经济大危机。为了摆脱危机,各主要资本主义国家先后宣布停止金本位制,采用管理通货制度,运用财政、货币杠杆,颁发各种经济法令,设立各种经济管制机构,对资本主义再生产过程进行调节。20世纪30年代的大危机表明,在垄断资本主义条件下,单靠私人垄断资本的力量和资本主义的市场机制,已经不能维持社会资本再生产的正常运转。为了保证垄断资本的高额利润和维护资本主义制度的生存,国家开始直接参与社会资本再生产过程,对经济实行全面干预。第二次世界大战结束后,各国为了防止30年代那样的大危机重演,美国为了加强军备,加强经济实力,西欧各国和日本为了恢复和发展经济,国家垄断资本主义不仅没有削弱,而是进一步发展。特别是在50年代以后,随着第三次科技革命的到来,国家垄断资本主义更加广泛和持续地发展起来。

国家垄断资本主义的原因。资产阶级国家干预经济的日益加强,是任何当代经济学家都不能否定的现实。但是,对于这一重要现象,不同的经济学家却有着不同的判断和解释。多数马克思主义学者在马克思生产方式理论的基础上,把它归结为资本主义基本矛盾运动的必然产物,是资本主义发展的一个新阶段。认为,随着生产高度社会化同私人垄断占有形式这一基本矛盾的进一步加深,垄断资本主义的各种矛盾日益深化和凸显。主要表现在:资本主义生产同消费之间的矛盾更加扩大,生产发展日益受到市场容量的限制;社会化大生产的发展和新产业领域的开拓,需要巨额的投资,同个别垄断组织资本量相对有限的矛盾日益突出;生产社会化和现代科学技术的发展同私人垄断组织单纯追求自身眼前利益的矛盾趋于尖锐化;现代科学技术和生产,需要大批科技、管理人才和熟练劳动力,个别垄断组织则无力或不愿承担相应的培养教育;随着社会生产力的发展,全球化、国际化同民族市场的狭隘界限的矛盾不断加强。因此,垄断组织越来越需要借助国家的力量,利用财政和货币政策,采取兴办国有企业、扩大政府投资、政府消费、实施经济计划、国家资本输出、建立国际和地区经济组织等形式,直接和间接干预经济活动,缓和各种矛盾。国家垄断资本主义就是在上述一系列矛盾作用下形成并确立统治的。

在西方经济学中,凯恩斯经济学和新古典综合派是利用国家干预经济的主要解释者和提倡者,尽管他们并没有使用国家垄断资本主义而代之以混合经济的概念。从这一意义上说,凯恩斯经济学和新古典综合派既是国家垄断资本主义的产物,也是它的推动者。凯恩斯经济学和新古典综合派通常利用市场失灵理论解释国家干预从而国家垄断资本主义产生的原因。西方经济学的发展表明,与对国家干预的原因的研究感兴趣一样,一些新自由主义学派对国家干预的限制甚至否定的研究同样感兴趣,各色政府失灵理论就是这种研究的成果。这些理论对20世纪80年代以来西方国家经济作用的削弱从而国家垄断资本主义的演变发挥了重要的催化作用。

国家垄断资本主义的意义。有学者认为,国家垄断资本主义作为国家与私人垄断资本的结合体,使结合体的两个方面都呈现出新变化(仇启华等,1980)。由国家垄断资本主义所体现的资本主义生产关系的局部调整和资本主义国家职能的重大变化,在一定时间内,对缓和经济社会矛盾,弥补市场缺陷,保障经济运行和社会发展,提高社会生产力,推动经济发展,发挥了重大作用。因此,很多学者从国家垄断资本主义的具体形式(有多种分类,主要包括国家所有制经济、国家调节政策和经济计划等内容)的角度探索了国家垄断资本主义推动经济增长的内在机制。同时,也引发了人们对国家垄断资本主义条件下国家的基本形式、职能、社会功能、制度边界、全球化背景下国家的主权等问题的研究。

但是,最值得关注的是马克思主义学者对国家垄断资本主义条件下生产关系的局部调整的历史意义的讨论。一些学者在马克思资本扬弃理论的基础上，进一步研究了国家垄断资本主义在资本主义生产方式演变中的意义。指出，资本主义基本矛盾在资本内部表现为私人资本与社会资本的二重性及其矛盾，这一矛盾运动推动了资本形成由私人资本到股份资本，再到垄断资本和国家垄断资本的转化。国家垄断资本主义作为具有资本自我肯定和自我否定双重属性的资本扬弃的结果，固然在一定程度、时间和范围内巩固了资本的统治，但同时社会主义和社会资本也无时无刻、辩证地在资本主义内部得到发展，从而进一步体现了社会主义代替资本主义的历史必然性。

尽管马克思主义学者看到国家垄断资本主义对资本的限制和约束作用，但他们始终认为，国家垄断资本主义并没有改变资本的本质，并没有消除资本主义的固有矛盾，只是使这些矛盾在市场中的表现（总供给和总需求的矛盾）得到缓和，却使这些矛盾本身更加深化。西方经济学界关于市场失灵和政府失灵理论的争论，就是上述矛盾在资产阶级经济学家头脑中肤浅、片面和扭曲的反映。而发生在20世纪70年代中期、以滞胀为特征的世界范围的经济危机，就是这些固有矛盾累积并最后爆发的结果。

国家垄断资本主义的历史地位。20世纪80年代以来，作为对凯恩斯经济学和新古典综合派的反动，在发达资本主义国家中，自由主义思潮卷土重来。在这种思潮的影响下，一些国家的政府纷纷推行去国家干预、缩减税收和福利、国有企业私有化、金融市场自由化等政策，绵延了一个多世纪的资本扬弃趋势似乎由此逆转，竞争性的市场经济似乎重新恢复活力。日本左派经济学家伊藤诚指出，和苏东事变一样，这是对社会主义的又一沉重打击，社会主义的前途又增添了新的变数。如何看待国家垄断资本主义的历史地位，是当代马克思主义学者必须回答的问题。

目前关于这一问题的解释有三种：其一，国家垄断资本主义只是垄断资本主义所采取的一种体制，而不是一个新的发展阶段。有学者认为，国家垄断资本主义从广义上说是帝国主义阶段的一个组成部分，是在世界历史总危机时期不得不采取的一种体制，不能说它是资本主义发展的一个新阶段；滞胀作为国家垄断资本主义体制不可避免的现象，表明了这一体制的崩溃（大内力，1986）。还有学者根据国家与经济的关系等特征，探讨了20世纪以来美国的调节主义体制与自由主义体制交替演变的过程和原因（Kotz，2003）。其二，国家垄断资本主义并没有消亡，在新自由主义条件下，只是改变了存在的具体形式。它说明，国家垄断资本主义已经长期存在，只不过在其之上覆盖了新自由主义的意识形态和某些新的经济事实（Zhang Tongyu，Ding Weimin，Chen Ying，2010）。其三，2008年以来发生的世界范围的金融危机和随之出现在某些发达西方国家中的主权债务危机和财政危机，突出地表现出资本主义生产方式正在逐渐丧失其历史合理性，资本主义正逐渐失去自我调节创新的能力和空间，促使国家垄断资本主义向超国家垄断资本主义转变。因此，深入探究此次金融危机的成因和后果，可能会对认识和解决国家垄断资本主义的历史地位问题有所帮助。

参考文献：

《马克思恩格斯全集》第46卷，人民出版社2003年版。

《列宁选集》第3卷，人民出版社1972年版。

［苏］谢·阿·达林等：《第二次世界大战后美国国家垄断资本主义》，生活·读书·新知三联书店1975年版。

［美］保罗·巴兰、保罗·斯威奇：《垄断资本》，商务印书馆1977年版。

仇启华、谢德源、黄苏：《国家垄断资本主义是垄断资本主义生产关系的部分质变》，载于《南开学报》1980年第1期。

高峰、丁为民、何自力等：《发达资本主义国家的所有制研究》，清华大学出版社1998年版。

Huber, E. and Stephens, J. D., *Development and Crisis of the Welfare State: Parties and Policies in Global Markets*, Chicage: University of Chicage Press, 2001.

Kotz, D. M., Neoliberalism and the Social Structure of Accumulation Theory of Long-Run Capital Accumulation, *Review of Radical Political Economics*, 2003, 35(3).

Poulantzas, N., *State, Power, Socialism*, London: New Left Books, 1978.

Wolff, Richard D., Limiting the State versus Expanding It: A Criticism of this Debate, in Vlachou, Andriana (eds), *Contemporary Economic Theory, Radical Critiques of Neoliberalism*, London: Macmillan Press Ltd, 1999.

Zhang Tongyu, Ding Weimin, Chen Ying, *The New Stage of Capitalism: A Marxist Update on Its Evolution*, London: Canut International Publishers, 2010.

（丁为民）

三、社会主义经济

科学社会主义

Scientific Socialism

科学社会主义是以无产阶级解放运动为研究对象，研究无产阶级解放运动发展规律的科学。科学社会主义由马克思和恩格斯在19世纪40年代创立，有广义和狭义之分。广义的科学社会主义指马克思主义的整体，包括哲学、政治经济学和科学社会主义三个组成部分；狭义的科学社会主义指马克思主义的三个组成部分之一，即同马克思主义哲学、政治经济学相并列的科学社会主义。

空想社会主义(又称乌托邦社会主义，Utopian Socialism)是科学社会主义重要的思想来源。空想社会主义学说最早见于16世纪托马斯·莫尔的《乌托邦》一书，盛行于19世纪初期的西欧，主要代表人物有法国的圣西门、傅立叶和英国的欧文。这个时期的空想社会主义批判矛头直接对准资本主义制度；理论上提出了经济状况政治制度的基础，私有制产生阶级和阶级剥削等观点，并用这种观点去分析历史和现状，从而预测到资本主义制度的剥削本质；在设计未来社会蓝图时以大为原型，摒弃了平均主义和苦修苦练的禁欲主义，他们企图建立"人人平等，个个幸福"的新社会。这些思想对启发和提高工人阶级觉悟起到重要的作用。但是空想社会主义只是一种不成熟的理论，反映了正在成长中无产阶级最初的、还不明确的愿望，他们不能揭示资本主义的根本矛盾和发展规律，不认识无产阶级的历史使命，所以他们的社会主义只能是一种无法实现的空想。当无产阶级成长为独立的政治力量时就需要有一个在科学基础上建立的革命理论来代替它。

科学社会主义的产生有其社会基础和阶级基础。19世纪40年代，资本主义生产方式在西欧先进国家已占统治地位，随着资本主义的发展，资本主义内部矛盾日益尖锐，无产阶级反对资产阶级的斗争日益高涨。马克思、恩格斯在40年代参加工人运动和实际斗争并且从事科学研究的基础上，完成了阶级立场和世界观的转变，唯物史观和剩余价值理论的两大理论发现为科学社会主义奠定了坚实的理论基础。马克思和恩格斯周密地研究了资本主义生产方式的矛盾，批判地继承了18世纪三大空想社会主义者法国圣西门、C. 傅立叶和英国的R. 欧文的思想成果，创立了唯物史观和剩余价值论，使社会主义从空想变为科学。1848年《共产党宣言》发表，标志着科学社会主义的诞生。1867年马克思的《资本论》和1875年的《哥达纲领批判》，马克思和恩格斯对科学社会主义的理论进行了深刻的论证。经过欧洲1848年革命、1871年巴黎公社革命和19世纪后半叶工人运动的实践检验，科学社会主义的基本原则又得到了丰富和发展。

《资本论》对科学社会主义的重大贡献，集中起来说，就是它从经济学上科学论证了历史唯物主义，以剩余价值学说为科学社会主义的产生提供了理论基础。在《资本论》以前，马克思曾在多部著作中对社会形态的发展问题做过许多不同的论证。如马克思在《1844年经济学哲学手稿》中，在"社会形态"范畴的最初形态上，使用过"社会状态"的概念。马克思在《德意志意识形态》中，仍然没有形成社会经济形态的概念，但马克思在创造了历史唯物主义和辩证唯物主义的理论前提之后，就对人类发展的历史进程进行了分析，特别是对全世界历史发展的最重要阶段作出初步表述，从人类社会历史发展一般规律的角度，揭示出由一种社会制度向另一种社会制度过渡的历史必然性，在此基础上，提出并初步论证了从资本主义向社会主义和共产主义过渡的历史必然性问题。但总的说来，这种论证还提得非常抽象，只用了最一般的概念和说法。对这个问题的科学论证，是由《资本论》完成的。首先，《资本论》以博大精深的经济学内容和周密分析，表明了科学社会主义和政治经济学的内在联系。科学社会主义关于社会发展的结论和政治事件的预言，必须有经得起考验的经济学的论据和论证。如果缺乏根据经济分析的事实，只是根据逻辑的推论，这样的政治结论和预言就只能是乌托邦的幻想。其次，《资本论》运用唯物辩证法对资本主义生产方式及其相应的生产关系和交换关系进行了深刻的分析，揭示了这个社会的活动规律和发展规律，科学论证了社会主义和共产主义到来的历史必然性、资本主义社会阶级斗争的鲜明特点和无产阶级在世界历史伟大转折中的历史使命，把这一历史必然性建立在科学的劳动价值论和剩余价值理论基础之上。这样，就彻底地克服了空想社会主义的缺陷，使社会主义从空想变成科学。

关于"科学社会主义"一词，马克思、恩格斯最初在阐述自己的学说时使用的是"共产主义"，而不是"社会主义"的术语。在《共产党宣言》宣言中，马克思恩格斯说："当我们写《共产党宣言》时，我们不能把他叫作社会主义宣言。在1847年，所谓社会主义者，一方面是指各种空想社会主义体系的信徒……另一方面是指形形色色的社会庸医，他们凭着各种各样的补缀办法，自称要消除一切社会弊病而毫不危及资本和利润。……可见，在1847年，社会主义是中等阶级的运动，而共产主义是工人阶级的运动。当时，社会主义，至少在大陆上，是'上流社会'，而共产主义却恰恰相反。"(恩格斯：《共产党宣言》，1890年德文版，序言)究竟什么是科学社会主义，恩格斯有一个简单的定义，"就是无产阶级运动的理论表现"，或者是"关于无产阶级解放的条件的学说。"随着形势的发展和革命斗争的需要，19世纪中叶以后，马克思、恩格斯较少使用"共产主义"而较多地使用"社会主义"的术语。为了区别空想社会主义，提出了"科学社会主义"的概念。恩格斯在1872年5月至次年1月写成的《再论蒲鲁东和住宅问题》一文中，提出了"德国科学社会主义"和"德国科学社会主义的精神"的用语；1887年6月，恩格斯在《卡尔·马克思》中指出，马克思是"第一个给社会主义，因而也给现代整个工人运动提供了科学基础的人"(《马克思恩格斯文集》第3卷，人民出版社

2009年版,第451页)。1880年,恩格斯在《社会主义从空想到科学的发展》中指出,马克思的"两个伟大的发现——唯物主义历史观和通过剩余价值揭开资本主义生产秘密……由于这些发现,社会主义变成了科学。"(《马克思恩格斯选集》第3卷,人民出版社1995年版,第740页)恩格斯阐述了无产阶级运动的理论表现即科学社会主义的任务,指出由于马克思的两个伟大发现——唯物史观和剩余价值,社会主义变成了科学。

科学社会主义理论科学地论证了"两个必然",即资本主义必然灭亡和社会主义必然胜利,为工人阶级的觉醒、国际共产主义运动的兴起和人类解放事业的发展提供了科学的思想武器,同时也揭示出人类历史和社会主义发展的历史必然性。科学社会主义不是一成不变的教条。它在指导实践的过程中,又要接受实践的检验,随着实践的发展而不断扩展、不断深化、不断丰富、不断完善。马克思恩格斯对"两个必然"的思想就进行了重要的修正和完善。马克思在《〈政治经济学批判〉序言》中说,"无论哪一个社会形态,在它所能容纳的全部生产力发挥出来以前,是决不会灭亡的;而新的更高的生产关系,在它的物质条件在旧社会的胎胞里成熟以前,是决不会出现的。"(《马克思恩格斯选集》第2卷,人民出版社1995年版,第33页)

科学社会主义理论包含马克思恩格斯关于无产阶级革命和无产阶级专政的思想,也包含对未来社会基本特征的预测。马克思恩格斯认为未来社会"是以生产力的巨大增长和高度发展为前提的","因为如果没有这种发展,那就只会有贫穷、极端贫困的普遍化",而推动未来社会生产力发展的基础是生产资料的社会占有。基于未来社会生产力发展的状况,马克思恩格斯对未来社会的基本特征进行了论述。他们认为未来社会同资本主义社会的根本差别是生产资料所有制,未来社会"在实行全部生产资料公有制(先是单个国家实行)的基础上组织生产";未来社会是实行公有制基础上的按劳分配,并逐步向按需分配过渡;未来社会按照社会需要有计划地调节社会生产,一旦社会占有了生产资料,商品生产就将被消除,而产品对生产者的统治也将随之消除。社会生产内部的无政府状态将被有计划的自觉的组织所代替;未来社会是每个人都得到自由全面发展的社会。同时又保证每个生产者个人最全面的发展的这样一种经济形态。正如《共产党宣言》中所指出的那样,"代替那存在着阶级和阶级斗争对立的资产阶级旧社会的,将是这样一个联合体,在那里,每个人的自由发展是一切人的自由发展的条件。"(《马克思恩格斯全集》第39卷,人民出版社1971年版,第189页)

马克思恩格斯的科学社会主义理论提出了关于未来社会发展阶段的设想。在《哥达纲领批判》中,马克思认为在经历了由资本主义社会向共产主义社会的革命转变时期即过渡时期之后,共产主义社会将有两个发展阶段:共产主义的第一阶段和共产主义的高级阶段,共产主义社会的第一阶段是实现共产主义的必经阶段,"我们这里所说的共产主义社会,它不是在它自身基础上已经发展了的,恰恰相反,是刚刚从资本主义社会中产生出来的,因此它在各方面,在经济、道德和精神方面都还带着它脱胎出来的那个旧社会的痕迹。"(《马克思恩格斯全集》第25卷,人民出版社1971年版,第18页)在这个发展阶段,新的公有制的生产关系虽然已经建立,但生产力的发展水平还不够高,而且生产力的发展将是一个长期的过程;社会所能提供的物质和文化产品还不能满足人们日益增长的需要;工农、城乡、体脑之间的差别还存在;劳动对大多数人来说还是谋生的手段;等等。

中国特色社会主义理论体系,是科学社会主义在当代中国的新发展。1982年,中国共产党第十二次全国代表大会提出"把马克思主义的普遍真理同中国的具体实际结合起来,走自己的道路,建设有中国特色的社会主义"的思想。时隔十年,1992年中国共产党第十四次全国代表大会指出,建设有中国特色社会主义这个理论,第一次比较系统地初步回答了中国这样的经济文化比较落后的国家如何建设社会主义、如何巩固和发展社会主义的一系列基本问题,用新的思想、观点,继承和发展了马克思主义。1997年,中国共产党第十七次全国代表大会提出了中国特色社会主义理论体系的科学命题,明确指出:"中国特色社会主义理论体系,就是包括邓小平理论、'三个代表'重要思想及科学发展观等重大战略思想在内的科学理论体系。"这一理论体系在新的时代条件下系统回答了什么是社会主义、怎样建设社会主义等重大理论实际问题,科学地阐明了中国特色社会主义的思想路线、发展道路、发展阶段、根本任务、发展动力、发展战略、依靠力量、国际战略、领导力量等重大问题。中国特色社会主义理论体系丰富和发展了马克思恩格斯的科学社会主义思想,赋予其鲜活的时代特征和新的内涵。

社会主义初级阶段理论是建设有中国特色社会主义理论的基石,是科学社会主义在中国改革实践中新发展的基本理论。社会主义初级阶段理论指出,社会主义是共产主义的初级阶段,社会主义初级阶段是社会主义的不发达阶段。从经济上来说,社会主义初级阶段是逐步摆脱不发达状况,实现工业化和经济的社会化、市场化、现代化不可逾越的相当长的历史阶段。社会主义初级阶段社会的主要矛盾是人民日益增长的物质文化需要同落后的社会生产之间的矛盾,根本任务是解放和发展生产力。进入21世纪新阶段,我国发展呈现一系列新的阶段性特征,主要是:经济实力显著增强,同时生产力水平总体上还不高,自主创新能力还不强,长期形成的结构性矛盾和粗放型增长方式尚未根本改变;社会主义市场经济体制初步建立,同时影响发展的体制机制障碍依然存在,改革攻坚面临深层次矛盾和问题,等等。这表明,我国仍处于并将长期处于社会主义初级阶段的基本国情没有变,社会主要矛盾没有变。当前我国发展的阶段性特征,是社会主义初级阶段基本国情在新世纪新阶段的具体表现,立足于社会主义初级阶段这个最大的实际,坚持发展仍是解决我国所有问题的关键这个重大战略判断,以经济建设为中心,发挥经济体制改革牵引作用,推动生产关系同生产力、上层建筑同经济基础相适应,推动经济社会持续健康发展。

参考文献:
恩格斯:《共产党宣言》,1890 年德文版。
《马克思恩格斯全集》第 39 卷,人民出版社 1971 年版。
《马克思恩格斯全集》第 25 卷,人民出版社 1971 年版。
马克思:《资本论》第 1 卷、第 2 卷、第 3 卷,人民出版社 2004 年版。
《马克思恩格斯文集》第 3 卷,人民出版社 2009 年版。
顾海良:《马克思主义发展史》,中国人民大学出版社 2009 年版。
李昆明:《马克思主义基本原理研究报告(2010 ~ 2012)》,人民出版社 2013 年版。
程恩富:《马克思主义经济思想史》,东方出版中心 2006 年版。
中国共产党第十二次、第十四次、第十七次、第十八次全国代表大会公报。

(刘灿)

中国特色社会主义经济理论
Economic Theory of Socialism with Chinese Characteristics

中国特色社会主义经济理论,是中国共产党人带领人民在社会主义建设实践中,坚持和发展马克思列宁主义、毛泽东思想,不懈探索创造的指导中国特色社会主义经济建设和发展的科学理论。

中国特色社会主义经济理论从探索到形成和完善,经历了长期艰苦的探索过程。

以毛泽东为核心的中国共产党第一代领导集体带领全党全国各族人民建立了新中国,并对中国社会主义建设的道路和规律进行了探索,取得了社会主义革命和建设的伟大成就,积累了宝贵经验,为当代中国一切发展进步奠定了根本制度基础。以邓小平为核心的党的第二代中央领导集体,面对 10 年"文化大革命"造成的危难局面,带领全党全国各族人民,坚持解放思想、实事求是,以巨大的政治勇气和理论勇气,科学评价毛泽东同志和毛泽东思想,彻底否定"以阶级斗争为纲"的错误理论和实践,作出把党和国家工作中心转移到经济建设上来,实行改革开放的历史性决策,确立社会主义初级阶段基本路线,吹响走自己的路、建设中国特色社会主义的时代号角,开创改革开放伟大事业,创立邓小平理论,指引全党全国各族人民在改革开放的伟大征程上阔步前进。以江泽民为核心的党的第三代中央领导集体带领全党全国各族人民继承、发展开创改革开放伟大事业,并成功推向 21 世纪。从中共十三届四中全会到十六大,受命于重大历史关头的党的第三代中央领导集体,高举邓小平理论伟大旗帜,坚持改革开放、与时俱进,在国内外政治风波、经济风险等严峻考验面前,依靠党和人民,捍卫中国特色社会主义,创建社会主义市场经济新体制,开创全面开放新局面,推进党的建设新的伟大工程,创立"三个代表"重要思想,继续引领改革开放的航船沿着正确方向破浪前进。党的十六大以来,以胡锦涛为总书记的党中央以邓小平理论和"三个代表"重要思想为指导,顺应国内外形势发展变化,抓住重要战略机遇期,发扬求真务实、开拓进取精神,坚持理论创新和实践创新,着力推动科学发展、促进社会和谐,完善社会主义市场经济体制,在全面建设小康社会实践中坚定不移地把改革开放伟大事业继续推向前进(胡锦涛,2007)。

中国特色社会主义经济理论是马克思主义经济理论中国化、时代化的集中体现,这一理论包括十个方面的主要内容(逄锦聚,2009):

关于改革方向、目标、道路的理论。始于 1978 年的改革开放是决定中国命运的关键抉择,是新的历史条件下的伟大革命。随着改革开放的深入,关于社会主义改革开放的理论实现了一系列创新,这些理论不仅包括改革开放的必要性、必然性,改革的性质、目标,而且包括改革开放的内容、道路、方略,由此形成了我国社会主义改革的理论体系,丰富和发展了马克思主义关于社会主义在实践中不断发展和完善的学说。

关于什么是社会主义和社会主义本质的理论。改革开放的实践,不仅说明社会主义不意味着贫穷,贫穷不是社会主义,而且使人们认识到"社会主义的本质,是解放生产力,发展生产力,消灭剥削,消除两极分化,最终达到共同富裕"(《邓小平文选》第 3 卷,人民出版社 1993 年版,第 373 页),同时认识到,推动科学发展,促进社会和谐,实现人的全面发展,是社会主义的本质属性和要求。这些认识反映在经济理论上包括三个相互联系的重要方面:一是促进社会和谐,实现人的全面发展,是社会主义的本质属性和根本目的;二是消灭剥削,消除两极分化,最终达到共同富裕,是社会主义的本质属性和根本要求;三是解放生产力,发展生产力,是社会主义的本质属性和根本手段。这些理论是在实践基础上的重大创新,使马克思主义关于什么是社会主义和社会主义本质的理论在原有的基础上前进了一大步。

社会主义初级阶段理论。在几十年社会主义探索的基础上，在改革开放的进程中提出了社会主义初级阶段的科学范畴，并做出中国仍处于社会主义初级阶段的论断，这是依据我国的基本国情提出来的。社会主义初级阶段，是特指在我国生产力水平落后、商品经济不发达条件下建设社会主义必然要经历的阶段，包括两层含义：第一，就我国的社会性质来看，它已经是社会主义社会，因此，我们必须坚持而不能离开社会主义，这与过渡时期有着本质的区别；第二，就我国社会主义社会成熟程度来看，它还处在社会主义初级阶段，仍然没有从根本上摆脱贫穷落后的状态，我们必须认清这一点，决不能超越这个阶段。社会主义初级阶段的这两层含义是相辅相成的。社会主义是基本前提，初级阶段是发展程度。社会主义初级阶段的理论，是对长期社会主义建设经验的总结，是对马克思主义科学社会主义理论的丰富和发展。社会主义初级阶段理论的确立，初步解决了经济文化落后的国家建设社会主义所面临的新课题，为进一步科学认识什么是社会主义，怎样建设社会主义奠定了基础，为制定正确的路线、方针和政策提供了根本依据。

社会主义初级阶段基本经济制度的理论。在社会主义初级阶段理论的基础上，进一步形成了社会主义初级阶段基本经济制度的理论，提出，由生产力的发展水平所决定，我国不可能实行单一的生产资料公有制，而必须实行公有制为主体，多种所有制经济共同发展的基本经济制度。同时提出，“公有制实现形式可以而且应当多样化”、“国有经济控制国民经济命脉，对经济发展起主导作用”。在此基础上，进一步提出：“毫不动摇地巩固和发展公有制经济，毫不动摇地鼓励、支持、引导非公有制经济发展，坚持平等物权，形成各种所有制经济平等竞争、相互促进的新格局。”（胡锦涛，2007）社会主义初级阶段基本经济制度理论的确立，指明了现阶段中国经济制度的根本性质和特点，为中国特色社会主义的发展奠定了可靠的理论基础。

社会主义初级阶段分配制度理论。在社会主义初级阶段理论和社会主义初级阶段基本经济制度理论的基础上，形成了社会主义初级阶段分配制度理论，主要包括：一是按劳分配为主体、多种分配方式并存是社会主义初级阶段的分配制度；二是坚持按劳分配为主体，资本、技术和管理等生产要素参与分配的原则；三是坚持效率与公平的统一，创造机会公平，整顿分配秩序，既反对平均主义，又防止收入差距过大，国民收入初次分配和再分配都要处理好效率和公平的关系，再分配更加注重公平；四是保护合法收入，调节过高收入，取缔非法收入；五是鼓励一部分地区和个人靠诚实劳动和合法经营先富起来，先富起来的地区和个人要帮助后富的地区和个人，最终实现全社会的共同富裕，使全体人民共享发展的成果。社会主义初级阶段分配制度理论，丰富发展了马克思主义分配理论，对调动劳动者积极性，保证改革开放和现代化建设事业的顺利发展具有重要意义。

社会主义市场经济理论。在经济文化相对落后的基础上建设社会主义，不但不能取消商品生产商品交换，反而必须大力发展市场经济，建立和完善社会主义市场经济体制。有了这样的认识为基础，市场经济与公有制相容的问题、计划和市场都是资源配置手段等重大理论也都取得了突破，社会主义市场经济体制的基本框架也随着改革的深化逐步明晰。所有这些，打破了长期束缚人们思想的桎梏，使马克思主义关于商品经济的理论在新的历史条件下获得了新的发展和创新，成为改革开放和建立社会主义市场经济体制的重要指导理论。

社会主义微观经济理论。企业是国民经济的细胞。在社会主义市场经济条件下，企业、个人和农户家庭都是微观经济主体。企业是独立的法人，拥有自主经营、自负盈亏的生产经营权；深化国有企业公司制股份制改革，建立健全现代企业制度；深化垄断企业改革，引入竞争机制；推进集体企业改革，发展多种形式的集体经济、合作经济；推进公平准入，改善融资条件，破除体制障碍，促进个体私营经济和中小企业发展；以现代产权制度为基础，发展混合所有制经济等。社会主义微观经济理论的形成，丰富发展了马克思主义的微观经济理论，为我国的企业改革提供了理论指导。

经济发展理论。在改革开放进程中，在继承马克思主义发展思想的同时，以马克思主义的世界观和方法论为指导，集中亿万人民的智慧，汲取世界各国在发展问题上的经验教训，提出以科学发展观统领经济社会发展的战略思想。科学发展观，第一要义是发展，核心是以人为本，基本要求是全面协调可持续，根本方法是统筹兼顾。它明确了中国现代化建设的道路、发展模式和发展战略，进一步回答了什么是发展、为什么发展、怎样发展的重大问题，赋予马克思主义关于发展的理论以新的时代内涵和实践要求，是对马克思主义关于发展的理论的丰富和发展，是马克思主义的世界观和方法论在发展问题上的集中体现。在科学发展观的指导下，形成了实现科学发展的一系列理论，包括：提高自主创新能力，建设创新型国家理论；转变经济发展方式理论；产业结构优化升级理论；统筹城乡发展，推进社会主义新农村建设理论；能源资源节约和生态保护，增强可持续发展能力理论；区域协调发展理论等。这些理论为我国国民经济的科学发展提供了重要指导和保证。

对外开放的理论。一是坚持“引进来”和“走出去”相结合，充分利用国际国内两个市场、两种资源，以开放促改革促发展，完善内外联动、互利共赢、安全高效的开放型经济体系;二是经济全球化作为一个客观进程,具有二重性,要形成经济全球化条件下参与国际经济合作和竞争新优势;三是转变贸易方式,促进国际收支基本平衡,注重防范国际经济风险;四是要正确处理对外开放同独立自主、自力更生的关系,维护国家经济安全。在这种对外开放理论的指导下,我国对外开放日益扩大,取得了举世瞩目的成就。

社会主义宏观经济理论。改革开放以来,我们继承马克思主义理论,借鉴西方经济理论,并将这些理论结合我国社会主义市场经济实际,创新形成了适合我国国情的宏观经济理论,包括:计划与市场关系理论,国民经济宏观经济运行和宏观经济分析理论,国民经济结构分析理论,宏观调控模式、目标、手段理论,政府职能及其转变理论等。这些理论丰富发展了马克思主义宏观经济理论,为我国改革开放进程中国民经济持续协调健康发展提供了理论支持和保证。

中国特色社会主义经济理论是中国特色社会主义理论体系的重要组成部分,为中国特色社会主义道路、中国特色社会主义制度的形成和发展提供重要理论基础。

中国特色社会主义道路,是实现社会主义现代化的必由之路,是创造人民美好生活的必由之路。中国特色社会主义道路,就是在中国共产党领导下,立足基本国情,以经济建设为中心,坚持四项基本原则,坚持改革开放,解放和发展社会生产力,巩固和完善社会主义制度,建设社会主义市场经济、社会主义民主政治、社会主义先进文化、社会主义和谐社会,建设富强民主文明和谐的社会主义现代化国家。

中国特色社会主义理论体系,是指导党和人民沿着中国特色社会主义道路实现中华民族伟大复兴的正确理论。我们党坚持把马克思主义基本原理同中国具体实际结合起来,在推进马克思主义中国化的历史进程中产生了两大理论成果。一大理论成果是毛泽东思想。毛泽东思想是马克思列宁主义在中国的运用和发展,系统回答了在一个半殖民地半封建的东方大国,如何实现新民主主义革命和社会主义革命的问题,并对建设什么样的社会主义、怎样建设社会主义进行了艰辛探索,以创造性的内容为马克思主义宝库增添了新的财富。另一大理论成果是中国特色社会主义理论体系。中国特色社会主义理论体系是包括邓小平理论、“三个代表”重要思想以及科学发展观等重大战略思想在内的科学理论体系,系统回答了在中国这样一个十几亿人口的发展中大国建设什么样的社会主义、怎样建设社会主义,建设什么样的党、怎样建设党,实现什么样的发展、怎样发展等一系列重大问题,是对毛泽东思想的继承和发展。

中国特色社会主义制度,是当代中国发展进步的根本制度保障,集中体现了中国特色社会主义的特点和优势。我们推进社会主义制度自我完善和发展,在经济、政治、文化、社会等各个领域形成一整套相互衔接、相互联系的制度体系。人民代表大会制度这一根本政治制度,中国共产党领导的多党合作和政治协商制度、民族区域自治制度以及基层群众自治制度等构成的基本政治制度,中国特色社会主义法律体系,公有制为主体、多种所有制经济共同发展的基本经济制度,以及建立在根本政治制度、基本政治制度、基本经济制度基础上的经济体制、政治体制、文化体制、社会体制等各项具体制度,符合我国国情,顺应时代潮流,有利于保持党和国家活力、调动广大人民群众和社会各方面的积极性、主动性、创造性,有利于解放和发展社会生产力、推动经济社会全面发展,有利于维护和促进社会公平正义、实现全体人民共同富裕,有利于集中力量办大事、有效应对前进道路上的各种风险挑战,有利于维护民族团结、社会稳定、国家统一(胡锦涛,2011)。

中国特色社会主义经济理论是发展的开放的理论。实践发展永无止境,认识真理永无止境,理论创新永无止境。我国的改革开放和现代化建设实践是不断前进的,指导这种实践的理论也要不断前进。中国特色社会主义道路必将在党和人民的创造性实践中不断拓展,中国特色社会主义制度必将在深化改革、扩大开放中不断完善。这一过程必将为理论创新开辟广阔前景。在新的历史条件下坚持马克思主义,关键是要及时回答实践提出的新课题,为实践提供科学指导。我们要准确把握世界发展大势,准确把握社会主义初级阶段基本国情,深入研究我国发展的阶段性特征,及时总结党领导人民创造的新鲜经验,重点抓住经济社会发展的重大问题,作出新的理论概括,永葆科学理论的旺盛生命力。

参考文献:
《邓小平文选》第3卷,人民出版社1993年版。
胡锦涛:《高举中国特色社会主义伟大旗帜 为夺取全面建设小康社会新胜利而奋斗》,人民出版社2007年版。
胡锦涛:《在庆祝中国共产党成立90周年大会上的讲话(2011年7月1日)》,人民出版社2011年版。
逄锦聚:《改革开放与经济学理论创新》,载于《经济学家》2009年第1期。

(逄锦聚)

马克思主义政治经济学在苏联的发展
Development of Marxist Political Economy in Soviet Union

马克思主义政治经济学是由马克思、恩格斯创立的,运用辩证唯物主义和历史唯物主义的方法,研究人类社会经济关系，尤其是资本主义社会经济关系，揭示它们运动、发展规律的学说。马克思主义政治经济学创立于19世纪中叶，它产生以后，在世界范围内得到了广泛传播，其中苏联不仅是马克思主义政治经济学的传播沃土，而且在这里第一次被付诸实践，并在实践中得到进一步发展，取得了重大的成果。马克思主义政治经济学在苏联的发展可以大致分为兴起、发展和衰落三个阶段。

普列汉诺夫是最早将马克思主义引入俄国的思想家，被誉为“俄国马克思主义之父”。他早先是一个民粹主义者，反对当时占支配地位的政治恐怖主义路线，是最早倾全力于城市工人工作的民粹派鼓动家之一。1878年，普列汉诺夫公开运用马克思主义捍卫其观点，即俄国公社的公社土地占有制是并将继续是俄国占统治地位的生产方式。1882年，他所翻译并由马克思作序的《共产党宣言》出版。次年，普列汉诺夫发表了其第一篇反对民粹主义的长篇论文，并在日内瓦组建了劳动解放社。劳动解放社是19世纪晚期俄国马克思主义的领导中心，它的权威出版物有助于俄国马克思主义正统观念的确立，概略地提出了1914年之前运动的长期战略。普列汉诺夫认识到俄国多类型混杂的社会经济结构具有独特的、病态发展的特点，因而坚持革命必须分两个阶段进行，加之俄国无产阶级政党在人数上相对较少，在思想意识上较为落后，普列汉诺夫要求社会民主党的知识界在使工人阶级具有组织性、觉悟性和凝聚力方面发挥重要作用。

作为具有创建和权威的马克思主义理论家，普列汉诺夫是将马克思成熟思想表述为辩证唯物主义的第一人。他认为这种辩证的和唯物的方法阐明并统一了一切知识，于是他成为将该方法运用于政治学、经济学和哲学的先驱者之一。普列汉诺夫相信以辩证方式加以运用的经济决定论是一种完美的世界观，强烈反对任何通过输入其他哲学要素来“改良”马克思主义的企图，是马克思主义“一元论”的主要捍卫者。

继普列汉诺夫将马克思主义引入俄国之后，马克思主义政治经济学开始在俄国和苏联得到广泛传播和发展，这一时期的主要代表人物有列宁、布哈林和斯大林。

列宁是俄国继普列汉诺夫之后的马恩事业与学说的继承者，是全世界无产阶级和劳动人民的革命导师和伟大领袖，他亲自领导了俄国十月革命，是苏联的缔造者。他对马克思主义的继承和发展被普遍称为“列宁主义”，是马克思主义与俄国革命具体实践相结合的产物。

19世纪末20世纪初，世界资本主义发展到帝国主义阶段，列宁在新的历史条件下，运用马克思主义的世界观和方法论研究了资本主义发展的新情况新特点，提出了帝国主义时代无产阶级和被压迫民族解放的新理论和新策略，将马克思主义推进到列宁主义阶段。

19世纪末，列宁为了探索俄国革命的发展道路，对俄国资本主义的发展状况进行了深入的研究。他在《俄国资本主义的发展》一书中，为了考察作为资本主义发展条件的市场发展程度，对马克思主义的再生产理论进行了发展。他在《俄国资本主义的发展》一书中，论证了社会总产品的实现条件及其与市场关系的重要原理；分析了社会生产两大部类在资本主义发展过程中变化的必然趋势，对生产资料优先增长的原理作了科学论证。在该著作中，列宁围绕有关市场问题的争论，彻底揭露和批判了民粹派和“合法马克思主义者”的错误观点，全面论述和大力发展了马克思主义的社会资本再生产理论，并论证了俄国资本主义发展中具备了无产阶级革命的条件。20世纪初，列宁在领导俄国资产阶级民主革命的过程中，十分重视农民的土地问题，他以社会主义革命理论为指导，在马克思地租理论的基础上，给俄国社会民主党制定了正确的土地纲领。1901～1907年，列宁写作了《土地问题和“马克思的批评家”》一书，该书是列宁在与俄国和西欧修正主义者有关土地理论问题的斗争中，写成的一部重要的马克思主义著作，捍卫并发展了马克思的地租理论。

在第一次世界大战期间，列宁通过对19世纪末20世纪初各发达资本主义国家经济中出现的新情况进行考察和分析，发现了资本主义自由竞争必然走向垄断的发展规律，得出了帝国主义最深厚的经济基础就是垄断的结论，从而创立了完整科学的帝国主义理论。列宁的帝国主义理论，突破了马克思、恩格斯关于社会主义要在多个发达资本主义国家同时取得胜利的结论，提出“经济和政治发展的不平衡是资本主义的绝对规律”，并由此得出“社会主义可能在少数甚至在单独一个资本主义国家内首先取得胜利”（《列宁选集》第2卷，人民出版社1995年版，第554页）的新论断。列宁创立的帝国主义学说，对马克思主义政治经济学做出了具有划时代意义的贡献。1915年，列宁在《革命的无产阶级和民族的自决权》一书中，明确提出了压迫民族和被压迫民族，他认为，解决一切殖民地问题和民族问题，不能从抽象的理论出发，而应当从实践出发。他揭示了被压迫的根源，提出了帝国主义与被压迫民族之间的对立和矛盾不可调和的论断，指出民族解放运动是无产阶级社会主义革命的同盟军。这是列宁在帝国主义时代对马克思主义关于民族殖民地理论的重要发展，对加强无产阶级社会主义革命和民族解放运动的团结具有十分重要的意义。

第一次世界大战后的政治经济危机，促进了国际无产阶级革命的迅速发展。这一时期，列宁将马克思主义无产阶级革命的一般原理同俄国实践相结合，提出并系统论证了无产阶级举行城市武装起义的理论，解决了无产阶级在俄国如何夺取政权的理论依据问题。此外，从第一次世界大战爆发到十月革命胜利前后，列宁撰写了大量关于国家与革命的著作，其中最重要的是《国家与革命》一书，书中根据无产阶级革命的新经验全面论述和发展了以无产阶级专政为精髓的马克思主义国家理论。列宁在国家理论方面主要的贡献在于：运用马克思主义唯物史观的方法，在理论与实践的结合上深刻阐明了无产阶级专政理论在马克思主义全部学说中的地位和作用，进一步发展了马克思主义关于无产阶级专政的学说，探讨了马克思主义关于共产主义发展阶段和国家消亡的经济基础的理论。

列宁把马克思主义基本原理同俄国实际及所处时代的特征相结合，领导并取得了十月革命的伟大胜利，在俄国成功地建立了第一个社会主义国家。在社会主义经济建设的过程中，又根据当时的国情与生产力发展水平，提出了“新经济政策”，即通过市场和商品交换使小农经济和资本主义经济活跃起来，再通过国家资本主义把它们引向社会主义道路，这是社会主义实践中最早利用资本主义做法、市场机制手段以及对外开放政策奠定社会主义物质基础的成功尝试。这一实践，突破了社会主义制度与商品经济不能兼容的传统思想，为后来社会主义国家探索商品经济发展奠定了基础。

与列宁同时期的另一位马克思主义者是布哈林，他是苏联的政治理论家、革命家、思想家和经济学家。作为布尔什维克运动早期的理论家之一，布哈林在共产主义革命思想的形成和发展方面扮演了重要角色，对布尔什维克的理论和实践做出了重大贡献。布哈林修正了经典的马克思革命方案，他在扩大原有的社会与革命理论体系方面、在把马克思以后的世界发展和俄国革命经验纳入原有理论体系方面所做的努力，实际上创立了一个与原来大不相同的、实质上崭新的革命学说。马克思和恩格斯所考虑的，主要是最先进资本主义国家的无产阶级革命问题；而布哈林则把无产阶级革命的概念，扩大到经济社会发展水平各不相同的国家的许多其他革命运动形式。不仅如此，布哈林在修改经典的马克思革命方案时，比马克思或恩格斯更加强调有意识的领导作用，他放弃了传统马克思关于具备最低限度经济发展水平和拥有无产阶级多数的先决条件，而代之以作为革命主要决定因素的共产党行动。

列宁逝世后，斯大林面对20世纪中期战争与革命的新时代特征和苏联在经济文化落后基础上进行建设的实际，在苏联受到强大资本主义国家包围的严峻形势下，领导苏联人民为发展社会主义经济进行了积极和大胆的探索。斯大林依据马克思在经济发达国家基础上对社会主义的构想，实行了高度集中的计划经济体制，在全民所有制和集体所有制两种公有制形式的基础上，实行了一系列加速工业化和农业集体化的措施，并创立了社会主义的苏联模式。在这一模式下，国家工业化得到很快的发展，为保证卫国战争的胜利奠定了物质基础。斯大林依据马克思关于社会主义经济思想，结合苏联社会主义建设的实践经验，亲自组织编写了第一本包括社会主义部分的《政治经济学教科书》，这本书在苏联及各社会主义国家得到了广泛传播，为各国的无产阶级革命和社会主义建设事业提供了理论依据。在组织编写《政治经济学教科书》过程中，斯大林就社会主义经济建设中的许多问题发表了自己的见解，形成了《苏联社会主义经济问题》这一重要理论著作。在这部著作中，斯大林关于社会主义经济规律的客观必然性的分析，关于生产关系要适应生产力性质这一贯穿一切社会形态并具有普遍作用的规律的论述，关于社会主义仍然存在商品经济的观点，关于价值规律在社会主义商品经济中是客观存在的规律的结论等，对探索社会主义经济规律有着重要的指导意义，也是对马克思主义政治经济学的重大发展。当然，由于斯大林并没有觉察到高度集中的计划经济体制的弊端，没有意识到社会主义模式的多样性问题，对后来社会主义阵营探索社会主义经济发展模式产生了消极影响。

随着经济的发展，高度集中的计划经济体制的弊端逐渐暴露出来，苏联出现了经济发展缓慢、经济效益低下等现象。遗憾的是斯大林逝世后，赫鲁晓夫、勃列日涅夫等苏联领导人，并没有结合苏联实际，运用发展的和创新的马克思主义政治经济学推进苏联经济建设，使高度集权、僵化的经济体制得不到改革，导致经济发展缓慢，削弱了国家的经济实力。继勃列日涅夫以后的戈尔巴乔夫提倡所谓“新思维”，走上了抛弃和反对马克思主义的道路，结果导致1991年苏联解体，彻底放弃了马克思主义政治经济学的指导地位，这在马克思主义政治经济学发展历史上也是一个重大损失。

参考文献：

《马克思恩格斯选集》第2卷，人民出版社1972年版。

《列宁选集》第3卷，人民出版社1995年版。

蔡中兴、高永国：《马克思主义发展经济学若干思考》，复旦大学出版社1997年版。

顾海良、张雷声：《20世纪国外马克思主义经济思想史》，经济科学出版社2006年版。

顾海良：《马克思主义发展史》，中国人民大学出版社2009年版。

郭继严：《马克思主义发展史》，中国人民大学出版社1989年版。

汝信：《世界哲学年鉴(1988～1990)》，上海人民出版社 1991 年版。
吴仁彰:《苏联东欧剧变与马克思主义》,世界知识出版社 1998 年版。
中南财经大学:《经济科学学科词典》,经济科学出版社 1987 年版。
庄福龄:《马克思主义在社会主义胜利中发展》,引自《马克思主义史》第 3 卷,人民出版社 1996 年版。

(景维民)

社会主义经济制度的建立

Establishment of Socialist Economic System

社会主义经济制度是以生产资料公有制为主要特征的一种经济制度。20 世纪,有部分国家人民在马克思主义理论的指导下,根据本国的具体历史条件建立并发展了这一制度。

马克思在《资本论》中,揭示了资本主义经济关系的内在规律和资本主义制度发展的必然趋势,并对未来共产主义制度取代资本主义制度的历史内涵进行了初步的科学推论和描述。马克思认为,资本主义生产方式极大地推动着生产力的发展,它不仅使生产资料日益集中、规模扩大,而且促使劳动日益社会化。“生产资料的集中和劳动的社会化,达到了同它们的资本主义外壳不能相容的地步。这个外壳就要炸毁了。”(《马克思恩格斯文集》第 5 卷,人民出版社 2009 年版,第 874 页)资本主义生产方式“愈是在一切有决定意义的生产部门和一切在经济上起决定作用的国家里占统治地位,并从而把个体生产排挤到无足轻重的残余地位,社会化生产和资本主义占有的不相容性,也必然愈加鲜明地表现出来”(《马克思恩格斯文集》第 3 卷,人民出版社 2009 年版,第 551 页)。正是由于这种生产力与生产关系的矛盾运动,使资本主义走向反面,资本主义经济制度必然为“一个集体的、以共同占有生产资料为基础的社会”所代替(《马克思恩格斯全集》第 19 卷,人民出版社 1963 年版,第 20 页)。

马克思、恩格斯把未来社会称为共产主义社会,他们认为共产主义社会在漫长的发展过程中要经历两个阶段:共产主义第一阶段即社会主义社会,共产主义高级阶段即真正的共产主义社会。在共产主义第一阶段即社会主义社会,经济制度的主要特征是:实行全部生产资料的公有制;实行有计划的生产,商品生产将消除;实行按劳分配的分配制度;消除了阶级和阶级对立,国家的政治职能也将消失。同时他们也指出,社会主义社会“是刚刚从资本主义社会中产生出来的,因此它在各方面,在经济、道德和精神方面都还带着它脱胎出来的那个旧社会的痕迹”(《马克思恩格斯全集》第 25 卷,人民出版社 2001 年版,第 18 页)。马克思和恩格斯还探讨了建立社会主义制度的途径。在他们看来,社会主义制度的建立,只有通过阶级斗争即无产阶级革命才可能实现,“无产阶级将取得国家政权,并且首先把生产资料变为国家财产”(《马克思恩格斯全集》第 19 卷,人民出版社 1963 年版,第 242 页)。

马克思、恩格斯的理论对 19 世纪和 20 世纪的无产阶级革命斗争及社会主义运动产生了深远的影响。1917 年 11 月 7 日(俄历 10 月 25 日),以列宁为首的布尔什维克党领导俄国工人阶级,联合贫苦农民和士兵举行武装起义,推翻了资产阶级临时政府,夺取了政权,建立了历史上第一个社会主义国家,并于 1922 年宣告成立苏维埃社会主义共和国联盟(苏联)。十月革命的历史意义之一,在于开创了人类探索建立社会主义制度、建设社会主义经济的历史过程。

在苏联建立社会主义经济制度的初期,曾经先后实行过战时共产主义政策(1918 ~ 1920)和新经济政策(1921 年后)。战时共产主义政策的主要经济内容是在农村实行余粮征集制;对工业企业实行国有化;取消商品货币关系,不仅生产资料实行实物供给制,而且消费资料也实行统一配售;对于有劳动能力的人实行义务劳动制等。实行战时共产主义政策既有客观原因,即为应对当时外国武装干涉和国内战争、保卫新生苏维埃政权的现实需要,也跟执政党急于通过政权的强制力来实行共产主义的生产和分配原则这种主观认识上的失误有关。在实践中,战时共产主义政策在短期内对于取得战争胜利发挥了重要作用,但在较长时间中影响了工农关系和城乡关系,使国民经济缺乏活力,制约了生产力发展。列宁及时地总结了战时共产主义政策的得失,认为“准备向共产主义过渡(要经过多年的准备工作),需要经过国家资本主义和社会主义一系列过渡阶段”(《列宁全集》第 33 卷,人民出版社 1957 年版,第 39 页)。他提出由战时共产主义转向和平建设时期实行以发展商品经济为主要特征的新经济政策。新经济政策与战时共产主义政策最主要的区别,就在于要充分利用商品货币关系,利用市场,实行经济核算制、租借制和租让制。在国民经济中除了社会主义国有经济和合作社经济成分外,允许个体经济、私人资本主义经济和国家资本主义经济成分存在。用粮食税代替余粮征集制。列宁认为,“新经济政策并不改变工人国家的实质,然而却根本改变了社会主义建设的方法和形式”(《列宁选集》第 4 卷,人民出版社 1972 年版,第 631 页)。列宁去世后,斯大林在加速实现国家工业化、保证重工业优先发展的同时,采取各种措施限制、排挤及最终消灭资本主义经济成分和个体经济成分,以确立社会主义公有制经济在国民经济一切部门中的统治地位。1936 年 12 月,斯大林宣布苏联已经建成社会主义。当时苏联的社会主义经济制度,曾经在苏联实现工业化、奠定国民经济的物质技术基础并赢得反法西斯战争的胜利过程中表现出了优越性,但在长期的经济建设过程中,这种以单一的公有制、高度的中央集权和严格的计划经济为特征的经济体制日益表现出严重的生产力低效率的弊端。第二次世界大战以后,被人们称为“斯大林模式”的苏联经济制度在排斥市场机制、否定基层生产者的生产经营自主权和劳动者的物质利益等方面固守了长期的僵化,最终导致20世纪90年代初苏联的解体,社会主义运动遭遇了严重的挫折。

社会主义经济制度在中国的建立与苏联不同,体现了中国的特殊性。1949年前的旧中国是一个半殖民地半封建的社会,经济十分落后。在帝国主义、官僚资本主义和封建主义的压迫排挤下,旧中国既缺乏建立资本主义制度的国际条件也缺乏国内条件。中国的出路在于首先必须进行新民主主义革命,推翻帝国主义、官僚资本主义和封建主义的统治,建立无产阶级领导的人民民主专政的政权;然后再运用国家政权的力量,逐步实现新民主主义到社会主义的转变,建立社会主义经济制度。新中国成立后,经过了1949~1956年的过渡时期。过渡时期在经济结构上的特征是多种经济成分并存,国家引导不同经济主体发展国民经济。过渡时期的基本任务就是努力实现“国家工业化和对农业、手工业、资本主义工商业的社会主义改造”,以建立起公有制为主体的社会主义经济制度。

中国建设社会主义经济制度主要通过以下途径:第一,没收官僚资本,将其转变为社会主义国家财产。旧中国的官僚资本是由大地主、大买办的政治代表利用政权力量采取经济掠夺方式而形成的,是一种依附于帝国主义的又具有浓厚封建买办色彩的国家垄断资本主义经济成分。新中国对其采取了无偿没收的政策。同时,对帝国主义在华资产,通过军管、征用、征购和转让的方式将其变为国家财产。第二,通过国家资本主义形式改造民族资本主义工商业。国家资本主义有多种形式。一般经过从初级形式的收购产品、批购零销,中级形式的加工订货、统购包销、经销代销,到高级形式的公私合营,包括个别企业的公私合营和全行业的公私合营。在实行全行业公私合营后,资本家保留少量定息,企业的生产经营活动纳入国家计划。1966年,随着资本家定息的取消,公私合营企业就转变为完全的全民所有制企业。第三,通过合作化的道路改造个体农民和个体工商户的个体私有制。对个体农业的改造是在自愿互利、典型示范和国家帮助的原则下,采取三个互相衔接的步骤和形式来实现的。这就是“由社会主义萌芽的互助组,进到半社会主义的合作社,再进到完全社会主义的合作社”。通过农业生产合作社,建立起生产资料归集体成员共同所有的农村集体经济组织,基本上改变了个体农民的生产方式。对个体工商户的社会主义改造,其原则与对小农经济的改造一样,在生产和流通领域建立以集体所有制为基础,实行集体生产、统一经营、自负盈亏的合作社。到1956年年底,对个体农民和个体工商户的社会主义改造基本完成。

通过过渡时期的社会主义改造,中国基本完成了从新民主主义社会到社会主义社会的转变,建立起以生产资料公有制为基础的社会主义经济制度。但由于在这一过程中,对公有制及其实现形式和计划经济的认识产生了偏差,出现了急于求成、盲目求纯,片面追求公有制的高级形式,人为限制商品经济和市场机制的做法,在一定程度上违背了生产关系一定要适合生产力性质的规律,由此形成的计划经济体制也出现了权力过分集中、效率长期低下的弊病,以致在很长时间内阻碍了生产力发展。尽管如此,社会主义经济制度的建立,为中国彻底摆脱贫穷落后的面貌、独立自主地实现工业化和现代化奠定了基础。1978年以后,中国进行了改革开放,探索建立了社会主义市场经济体制,形成了社会主义初级阶段的基本经济制度,即以公有制经济为主体、多种所有制经济共同发展的经济制度,使中国经济走上了一条快速、稳定发展的道路。到2011年,中国已成为经济总量世界排名第二、进出口总额世界排名第二、出口总额世界排名第一的国家。中国改革开放的实践说明,只要把马克思主义的普遍真理同各国的具体实践结合起来,社会主义就具有强大的生命力。

参考文献:

《马克思恩格斯文集》第3卷、第5卷,人民出版社2009年版。

《马克思恩格斯全集》第19卷,人民出版社1963年版。

《马克思恩格斯全集》第25卷,人民出版社2001年版。

《列宁全集》第33卷,人民出版社1957年版。

《列宁选集》第4卷,人民出版社1972年版。

《建国以来重要文献选编》第四册,中央文献出版社1993年版。

许涤新:《政治经济学词典》下,人民出版社1981年版。

编写组:《马克思主义政治经济学概论》,人民出版社、高等教育出版社2011年版。

(陈维达)

重建个人所有制

Reestablishment of Individual Ownership

马克思在《资本论》第1卷第24章论述“资本主义积累的历史趋势”中指出,“从资本主义生产方式产生的资本主义占有方式,从而资本主义的私有制,是对个人的以自己劳动为基础的私有制的第一个否定。但资本主义生产由于自然过程的必然性,造成了对自身的否定。这是否定的否定。这种否定不是重新建立私有制,而是在资本主义时代的成就的基础上,也就是说,在协作和对土地及靠劳动本身生产的生产资料的共同占有的基础上,重新建立个人所有制。”(《资本论》第1卷,人民出版社2004年版,第874页)

关于马克思的“重建个人所有制”思想,理论界存在很大争论,有人认为马克思所说的重建个人所有制是指在生产资料公有制基础上的生产资料个人所有制;有人认为是指生产资料公有制基础上的消费品个人所有制。还有人认为重建个人所有制有双重含义:第一是指联合起来的个人对生产资料的所有制;第二是指消费品的个人所有制。马克思提出重建“个人所有制”后,杜林首先对马克思的这一观点提出质疑,认为马克思在否定之否定的基础上,建立了生产资料的公有制,却同时还要建立个人所有制,这种既是个人的又是公有的所有制的状态是一个混沌世界,杜林说:“马克思先生安于他那既是个人又是社会的所有制的混沌世界,却让他的信徒们自己去解这个深奥的辩证法之谜”(《马克思恩格斯选集》第3卷,人民出版社1995年版,第472页)。对于杜林的这一质疑,恩格斯在《反杜林论》中进行了反驳,认为杜林并没有真正理解“个人所有制”的含义,杜林把个人所有制理解为已经被资本主义私有制消灭了的个人的、以自己劳动为基础的私有制,这和共产主义阶段以公有制为基础的个人所有制有着本质的区别。恩格斯进一步指出,“社会所有制涉及土地和其他生产资料,个人所有制涉及产品,那就是涉及消费品”(《马克思恩格斯选集》第3卷,人民出版社1995年版,第473页),可见,恩格斯在反驳杜林的同时,将重建“个人所有制”解释为消费资料的个人所有制,而生产资料依然属于公有制。此后包括苏联和我国改革开放之前,都依据恩格斯的解释将重建“个人所有制”理解为消费资料的个人所有制。继杜林之后,19世纪俄国自由主义民粹派代表米海洛夫斯基对马克思关于重建“个人所有制”的观点也提出了类似杜林的批评,对此列宁在《什么是“人民之友”以及他们如何攻击社会民主主义者?》中反驳了米海洛夫斯基,其理由也是基于恩格斯关于“个人所有制”的解释。因而国内有学者基于恩格斯和列宁等的观点认为“个人所有制”是消费资料的“个人所有制”:在资本主义私有制被社会主义公有制替代以后,劳动者除了消费资料,不占有任何财产,而且在生产的产品中,除了部分产品用于再生产外,其他的产品用于劳动者个人全面发展。党的十一届三中全会以后,我国学界对马克思关于重建“个人所有制”的讨论仍在进行,多数认为“个人所有制”是指生产资料的“个人所有制”,它和生产资料公有制是辩证统一的关系。

要理解在未来的“自由人联合体”,以及在公有制的基础上建立“个人所有制”,需要理解马克思关于个人全面发展和社会全面发展的辩证关系。马克思认为个人的发展是社会发展的基础,没有个人的发展就没有社会的发展,但是个人的发展又依赖社会发展,没有社会发展的个人也得不到发展。从人类社会发展的历史来看,个人与社会的依赖性关系是不断演化的,随着社会的发展,个人的生存发展能力和独立性会不断提升,因而马克思把个人的发展划分为三个阶段:第一阶段是人对统治者的依赖阶段,主要包括原始社会、奴隶社会和封建社会,人身自由得不到保障;第二阶段为人对物的依赖阶段,主要是资本主义阶段,此时虽然个人获得了行动自由,但却失去了一切物质生产资料,被迫为资本家劳动,依然不是全面的自由;第三阶段为人的全面自由发展阶段,此时的人才是全面自由的人,只有全面自由发展的人才能组成“自由人联合体”,才能在公有制的基础上建立真正的个人所有制。

从生产资料所有制角度考察,生产资料公有制基础上的生产资料“个人所有制”需要经历一个“否定之否定”的过程。第一个否定是资本主义私有制否定个人的、以自己劳动为基础的私有制,这种否定有其进步意义,它促进了生产力的发展。但是资本主义固有的、不可调和的矛盾决定了资本主义私有制必然要被共产主义公有制所代替,这又是一个“否定”,并在此基础上建立“个人所有制”。因此,用以否定资本主义私有制的只能是生产资料公有制及建立在生产资料公有制基础上的“个人所有制”,只要生产资料公有制确定了,消费资料“个人所有制”也就确定了,而消费资料“个人所有制”是不能否定资本主义生产资料私有制的。所以,对马克思提出的重建个人所有制可以理解为在占有方式上,生产资料由社会直接占有,使每个劳动者个人都享有运用公有生产资料进行生产的权利。

生产资料公有制和生产资料的“个人所有制”相统一的原理可对现阶段的社会主义建设提供理论指导,个人所有制应该体现劳动者个人在社会主义公有制中的主体地位,充分发挥劳动者的积极性、主动性和创造性,这样才能发挥我国社会主义公有制的优越性。有人将“个人所有制”理解为股份制。既然马克思通过联合起来的“个人所有制”否定了资本主义私有制,如果“个人所有制”就是股份制,那么股份制和资本主义私有制就有着本质的区别。实际并非如此,股份制虽然采取了社会资本的形式,但依然没有改变资本主义私有制的性质,因为它没有改变资本对雇佣劳动的支配关系,反而强化了资本的控制力量。因此,“个人所有制”和私有制或股份制有着本质的区别。

参考文献:

马克思:《资本论》第1卷、第3卷,人民出版社2004年版。
《马克思恩格斯全集》第3卷,人民出版社1972年版。

《共产党宣言》,中央编译出版社 1998 年版。
胡钧:《胡钧自选集》,中国人民大学出版社 2007 年版。
卫兴华:《卫兴华经济文选》第 1 卷,中国时代经济出版社 2011 年版。

(段文斌)

生产资料所有制社会主义改造
Socialist Transformation of the Production Means Ownership System

生产资料所有制社会主义改造是指中国在建立社会主义经济制度的过渡时期使个体经济和民族资本主义经济转变为社会主义公有制经济所采取的基本途径和基本方式。具体指对农业、手工业进行社会主义改造使个体所有制转变为社会主义集体所有制,对资本主义的民族工商业进行社会主义改造使资本主义私人所有制转变为社会主义全民所有制。

从中华人民共和国成立到社会主义公有制在全国基本建立有一个过渡时期(1949～1956),中国共产党为过渡时期制定的总路线是实现国家工业化和对农业、手工业、资本主义工商业的社会主义改造(简称为一化三改造)。社会主义改造的实质就是有步骤地把生产资料私有制改造成社会主义公有制。在当时的历史条件下,就是要把多种经济成分并存的经济结构改变为社会主义公有制经济为主体的结构。

由于旧中国半封建半殖民地的性质,当时中国经济极为落后,小农经济和私营经济是国民经济的主体,民族资本主义经济不发达,帝国主义在中国的资本、官僚资本和封建地主经济则是作为对小农经济和民族资本主义经济的掠夺者而存在的。因此中国要建立社会主义经济制度,就必须采取不同的途径和方式。新中国成立后,通过没收官僚资本和帝国主义在中国资本,将其改变为社会主义国家所有制即全民所有制经济;在农村则通过土地改革没收了地主阶级的土地,按耕者有其田的原则分给农民,实现了个体农民土地所有制。但要建立公有制,对于个体经济和民族资本主义经济则不能采取没收或剥夺的方式。

农业和手工业个体经济是劳动者的私有制,按照马克思主义不能剥夺劳动者的原则,只能对它们进行社会主义改造。恩格斯曾经指出:“当我们掌握了国家政权的时候,我们绝不会用暴力去剥夺小农(不论有无报偿,都是一样),象我们将不得不如此对待大土地所有者那样。我们对于小农的任务,首先是把他们的私有生产和私人占有变为合作社的生产和占有,但不是采用暴力,而是通过示范和为此提供社会帮助。”(《马克思恩格斯选集》第 4 卷,人民出版社 1972 年版,第 309～310 页)土地改革后如汪洋大海般的小农经济,生产力仍然十分落后,农民缺乏抵御自然灾害的能力,在发展过程中还有重新出现两极分化的可能性,因此中国共产党提出了把农民逐步组织起来,引导他们走互助合作的道路方针。中国的农业合作化大体采取了三个步骤:第一步,根据自愿互利的原则,组织仅仅带有社会主义萌芽的、几户或十几户的农业生产互助组;第二步,在自愿互利和互助组的基础上,组织以土地入股和统一经营为特点的半社会主义性质的初级农业生产合作社;第三步,在自愿互利和初级社的基础上,组织完全社会主义性质的高级农业生产合作社。通过这一过程,变农村的个体私有制为社会主义集体所有制。对个体手工业和个体商户等个体工商户的社会主义改造,其原则与对小农经济的改造一样。在具体做法上,首先在流通领域建立以生产资料私有制为基础的独立生产、联合经营的手工业供销小组或供销合作社,然后逐步发展到生产领域建立以生产资料公有制为基础,实行集体生产、统一经营、自负盈亏的手工业生产合作社。到 1956 年年底,对个体农民和个体工商户的社会主义改造基本完成。

中国的民族资产阶级具有两面性,新中国成立之初,民族工商业发展对于恢复和发展国民经济具有重要意义,所以不采取没收的办法,而是采取利用、限制、改造的赎买政策。在具体做法上主要是通过国家资本主义形式来改造民族资本主义工商业。国家资本主义有多种形式,经过从初级形式的国家收购产品、批购零销,中级形式的加工订货、统购包销、经销代销,到高级形式的公私合营,包括个别企业的公私合营和全行业的公私合营。在实行全行业公私合营后,资本家只拿年息 5% 的定息,这就实现了马克思和列宁曾经设想、其他社会主义国家未能实行的对资产阶级的和平赎买,资本主义企业基本上转变为社会主义全民所有制企业。1966 年,随着资本家定息的取消,公私合营企业就转变为完全的全民所有制企业。

中国在 20 世纪 50 年代进行的社会主义改造,为社会主义经济制度的确立扫清了道路。但是,由于当时在有关社会主义公有制的理论与实践方面受到苏联及斯大林理论的影响较大,在社会主义改造过程中,“左”的思想倾向比较严重,具体表现为:一是推进过程和时间过快,1952 年 9 月中央曾提出从现在开始用 10～15 年的时间基本上完成到社会主义的过渡,实际上从 1952 年下半年至 1956 年,仅仅用了 4 年时间就完成了对农业、手工业和资本主义工商业的社会主义改造。二是片面追求公有制的“一大二公三纯”,即公有制经济规模越大越好、公有化程度越高越好、公有制成分越纯越好,完全排斥了非公有制经济。1958 年,在农村成立了所谓集“工农商学兵”为一体、既是基层政权组织又是生产经营组织的人民公社;在城市,则基本取消了私营经济。在城市公有制经济内部,实行了高度集中的计划经济体制。农村人民公社的产品,要在国家计划的框架内进入流通,产品和生产要素都不允许自由进入市场,也不能自由定价。这种单一的所有制结构以及高度集中的计划经济体制违背了生产关系要适应生产力性质的规律,造成了国民经济没有活力、生产力效率低下的局面。1978 年以后,随着中国改革开放的进行,单一的所有制结构逐渐被公有制经济为主体、多种所有制经济共同发展的基本经济制度所取代,高度集中的计划经济体制也被社会主义市场经济体制所取代。

参考文献:

《马克思恩格斯选集》第 4 卷,人民出版社 1972 年版。
《毛泽东选集》第 5 卷,人民出版社 1977 年版。
许涤新:《政治经济学词典》下,人民出版社 1981 年版。
宋原放:《简明社会科学辞典》,上海辞书出版社 1982 年版。
编写组:《马克思主义政治经济学概论》,人民出版社、高等教育出版社 2011 年版。
刘诗白:《政治经济学》,西南财经大学出版社 2010 年版。
程恩富、徐惠平:《政治经济学》第三版,高等教育出版社 2007 年版。

(陈维达)

社会主义公有制
Socialist Public Ownership

社会主义公有制是生产资料归全体人民所有或劳动者集体所有的经济制度,是社会主义生产关系和社会主义制度的基础,也是社会主义社会区别于其他社会形态的主要标志之一。

社会主义公有制取代资本主义私有制,是马克思主义理论的重要结论。这一结论是马克思、恩格斯"完全而且仅仅根据现代社会的经济运动规律得出的"(《列宁全集》第 21 卷,人民出版社 1959 年版,第 51 页)。马克思、恩格斯认为资本主义的发展一方面创造了巨大的生产力并使生产力日益社会化;另一方面资本主义私人所有制又成为这一生产力的桎梏。生产力与生产关系这种矛盾运动的结果必然是生产资料公有制取代资本主义私有制。马克思主义认为,社会主义公有制摆脱了资本主义私有制的局限,与生产资料和劳动的社会性相适应,它不仅能够消除生产无政府状态,可以按照社会的需要对生产进行有计划的调节;而且可以实现劳动者与生产资料的直接结合,消除资本对生产者的统治,也就消除了剥削制度,"使每一个社会成员都能够完全自由地发展和发挥他的全部力量和才能"(《马克思恩格斯选集》第 1 卷,人民出版社 1995 年版,第 237 页)。因此,社会主义公有制能够极大地解放生产力,"保证一切社会成员有富足的和一天比一天充裕的物质生活"(《马克思恩格斯选集》第 3 卷,人民出版社 1995 年版,第 633 页)。

社会主义公有制是社会主义经济制度的基础,它决定着社会主义生产关系的其他方面,也决定着社会主义经济运行的基本性质。在马克思恩格斯的设想中,以生产资料公有制为基础的社会,商品生产将被取消,实行计划经济,以旧的分工为基础的城市与乡村的对立以及阶级差别也会被消灭。但相对于共产主义的高级阶段,共产主义的第一阶段即社会主义阶段"由于是刚刚从资本主义社会中产生出来的,因此它在各方面,在经济、道德和精神方面都还带着它脱胎出来的那个旧社会的痕迹"(《马克思恩格斯全集》第 25 卷,人民出版社 2001 年版,第 18 页)。生产资料公有制会先采取国家所有制的形式,消费品的分配实行按劳分配,劳动还是谋生的手段。至于社会主义公有制具体的实现形式和运行机制,马克思、恩格斯虽然提出了一些原则的构想,但并没有去具体推断。由于社会主义制度基本上是在生产力不发达的国家建立起来的,因此各社会主义国家的实践与马克思、恩格斯的设想有许多不同。

中国在建立社会主义经济制度的过程中,通过没收帝国主义在中国的资产和官僚资本,对资本主义民族工商业进行社会主义改造建立了社会主义全民所有制;通过对个体农业和个体工商户进行社会主义改造建立了社会主义集体所有制。这两种公有制形式长期成为中国生产资料公有制的基本形式,并成为国民经济的主体。全民所有制是全体人民的生产资料公有制,其范围主要包括全体人民共有的自然资源、企事业单位资产、公共基础设施和公共产品、属于全体人民共享的公共福利和社会财富等。全民所有制采取国家所有制的形式,全民所有制的国有经济支配着国家的主要经济资源和自然资源,掌握着国家的经济命脉,在整个国民经济中发挥着主导作用。全民所有制的国有企业曾经是国家工业产品、国民收入和国家财政收入的主要来源,是国家经济建设的主要物资技术基础。集体所有制是部分劳动群众的生产资料公有制,其范围主要是集体成员共同所有的土地、森林等自然资源以及用于集体生产的生产资料和公共设施等。集体所有制分为城镇集体经济和农村集体经济。城镇集体经济主要包括手工业、商业和服务业中的合作社、合作工厂及其他合作组织。农村集体经济主要是农业生产合作社,在 1958 ~ 1982 年是人民公社,1982 年后实行土地集体所有基础上的家庭联产承包责任制。全民所有制和集体所有制具有公有化程度和范围的区别,由此也决定了它们在生产、分配、交换和消费关系方面具有不同的特点,其产权形式和经营管理体制也相应有所不同。

在中国,社会主义公有制的实现形式和运行机制在国家实行改革开放的前后有较大的区别。1978 年改革开放前,中国实行权力高度集中的计划经济体制,在这种体制中,所有制结构简单,除公有制经济外,基本不存在非公有制经济;公有制形式单一,仅有全民所有制和集体所有制两种形式;公有制经济的运行完全由计划调节,国家限制市场机制在资源配置和再生产各个环节中的调节作用。全民所有制企业即国有企业相当于国家行政部门的下属机构,是计划的执行者,没有生产经营自主权,也没有独立的经济利益。农村集体所有制经济在人民公社制度下实行"三级所有、队为基础"(公社、生产大队、生产小队三级所有,以生产小队的经济核算为基础)的经济管理制度,但不允许生产单位的剩余产品直接进入市场,市场机制不能对农产品生产和流通发挥调节作用。这种体制抑制了生产力发展的积极性,造成了国民经济长期的低效率。改革开放后,基于对社会主义初级阶段的认识和对生产关系一定要适应生产力性质这一马克思主义基本原理的理解,中国在明确了经济体制改革的目标是建立社会主义市场经济体制之后,逐步形成了以公有制为主体、多种所有制经济共同发展的基本经济制度,对马克思主义基础理论和社会主义运动进行了重大创新。

中国的改革开放所形成的社会主义公有制经济不仅适应现阶段生产力发展水平,而且与市场经济相兼容。其主要特征是:第一,公有制经济不再是国民经济中唯一的所有制成分,而是在保持主体地位的条件下,与非公有制经济并存。公有制经济主体在市场经济中与其他所有制经济主体在法律地位上完全是平等的,具有平等的权利和义务。第二,公有制经济主要不是指公有制企业,而是指公有资本,包括国有资产和集体资产。公有资本在运行中可以与非公有资本相互结合形成混合所有制经济。第三,公有制的实现形式多样化。公有制的实现形式指公有制经济所采取的具体经营方式和组织形式,包括一定的产权组织形式和经营管理方式。这些实现形式是伴随着生产力组织形式的多样化而产生和发展的。改革后的公有制实现形式包括承包制、租赁制、股份合作制、委托经营制等,股份制已经成为公有制的主要实现形式。第四,公有制经济可以实行所有权与经营权分离的资产管理体制。除了农村集体经济中实行以土地的家庭承包经营为基础、统分结合的双层经营体制外,国有企业按照产权清晰、权责明确、政企分开、管理科学的原则构建现代企业制度。第五,公有制经济的主体地位及主导作用不等于公有制经济在所有经济领域和产业中都占据绝对优势,而主要是体现在对国民经济的命脉拥有控制力,并对整体经济运行的过程、状态和方向能够发挥重要的引导和支配作用。公有制经济可以在合理的布局和结构范围内进行有进有退的战略性调整。

参考文献:

《列宁全集》第 2 卷,人民出版社 1959 年版。

《马克思恩格斯选集》第 1 卷,人民出版社 1995 年版。

《马克思恩格斯选集》第 3 卷,人民出版社 1995 年版。

许涤新:《政治经济学词典》下,人民出版社 1981 年版。

编写组:《马克思主义政治经济学概论》,人民出版社、高等教育出版社 2011 年版。

刘诗白:《政治经济学》,西南财经大学出版社 2010 年版。

《马克思恩格斯全集》第 25 卷,人民出版社 2001 年版。

(陈维达)

高度集中的计划经济体制(苏联模式)
Highly Centralized Planned Economy (Soviet Model)

高度集中的计划经济体制(苏联模式)的主要特征是指令型计划。在这种体制下,在资源分配、生产、交换以及消费等各方面,通过国家制订计划来进行管理。

列宁去世后,在斯大林领导下先后强制推进农村集体化运动和优先发展重工业的社会主义国家工业化,并在此基础上建立起高度集中的计划经济体制。在斯大林亲自领导下,由苏联科学院经济研究所编写的《政治经济学教科书》把国家所有制和由国家机关组织实施的计划经济列为社会主义最基本的经济特征,即"社会主义经济 = 国有制 + 计划经济"。

经济学对高度集中计划经济体制的认识,是随着计划经济实践经验的积累和经济科学本身的发展而逐渐深化的。20 世纪初,新古典经济学家对集中计划经济的可行性进行经济学论证,帕累托(Vilfredo Pareto)和巴罗内(Enrico Barone)在新古典经济学信息充分、不存在交易成本、制度安排与效率高低无关的假设前提下证明:计划经济条件下的资源配置和市场制度条件下资源配置的本质是相同的,都是求解一组经济均衡方程,以求得各种稀缺资源的相对价格,只不过求解的方法不同。只要中央计划机关求解这一联立方程组,据此确定各种稀缺资源的价格,并使各个生产单位按照能够反映资源稀缺程度的相对价格进行交换和安排生产,经济计划就可以达到市场竞争所导致的同样效率。因此他们认为,社会主义的计划经济具有可行性。

20 世纪 30 年代关于计划经济是否具有可行性的论战达到一个高潮。一方是社会主义的同情者,泰勒(Fred M. Taylor)、勒纳(Abba P. Lerner)、兰格(Oskar Ryszard Lange)等,他们提出,通过计划机关模拟市场的“竞争解决法”。兰格在帕累托论述的基础上提出,在还不具备快速求解资源配置方程组的技术手段的情况下,可以由计划机关用与竞争性市场机制相同的“试错法”,按照供求情况来调整价格。兰格模式的实质是由中央计划机关来模拟市场,并根据供求情况调整价格,企业则根据价格信号决定生产什么和生产多少。另一方是奥地利学派的经济学家米塞斯(Ludwig von Mises)和哈耶克(Friedrich von Hayek),他们认为,在资源配置过程中,市场价格和竞争机制的作用是至关重要的。由于社会主义国家并不存在市场机制,中央计划权威的信息不完全和知识不完备,以及消费者选择的不确定性,计划机关不可能准确计算价格和确立激励机制,也就不可能合理配置资源。而且,在中央计划权威控制之下的模拟竞争,不可能代替真实的竞争,取得与竞争性市场相同的绩效。

高度集中的计划经济体制(苏联模式)具有以下特征:一是生产资料社会主义公有制。苏联在 20 世纪 30 年代形成生产资料公有制的两种形式,即全民所有制(国家所有制)和集体所有制。全民所有制是社会主义计划经济体制财产制度的核心范畴,是社会主义国家实行计划调拨、统包统配、统收统支的根基。二是经济决策权高度集中于国家手中。自 20 年代末期开始,苏联对经济管理体制进行了多次改革和调整,使管理决策权日益集中,国家直接管理着最主要的社会经济活动,通过下达详细的指令性计划指标,把基层生产单位生产经营活动几乎所有的决策权,都集中在中央手中。指令性计划无所不在、无所不包,成了计划体制下苏联经济生活的一大特色。特别是把价格也纳入了指令性计划的轨道,对几乎所有的产品或实物直接进行调拨,或实行长期的固定的计划价格,使价格仅仅作为计算工具,失去了其市场功能。三是国民经济片面发展。苏联自 30 年代形成了一种卡农业、压消费、高积累、轻视轻工业、优先发展重工业特别是军事工业的经济发展战略。斯大林认为,实现工业化对于加快国家的现代化进程、提高国防能力、加强经济独立、奠定社会主义物质基础有着重要的战略意义,因此不惜采用一切手段来开展社会主义工业化运动。

社会主义国家长期实行高度集中的计划经济体制的一条最根本的教训是,在社会主义建设过程中,教条式地理解马克思主义,不充分考虑本国的具体国情。苏联模式,是以马克思和恩格斯所设想的未来理想社会的原则为依据的,但是却忽视了理想社会实现的国际和国内条件,特别是社会经济文化条件。具体来看,第一,计划经济运行的客观条件不具备。计划经济的实质是把整个社会组织成为单一的大工厂,由中央计划机关用行政手段配置资源,要求用一套预先编制的计划来组织经济活动。主观编制的计划能否反映客观实际,达到资源优化配置的要求,以及能否严格准确的执行,是决定这一配置方式成败的关键。第二,单一的所有制结构不符合当时大多数社会主义国家的国情。在社会生产力相对落后的状况下,盲目追求“一大二公”,急于向共产主义过渡,严重超越生产力发展水平,破坏了生产力的发展。在单一公有制形式下,国家把所有权和经营管理权集于一身,企业几乎失去一切自主权,外无竞争压力,内无提高劳动生产率的动力,也就没有了活力。片面地强调国家、集体的利益,而忽视甚至牺牲个人利益,大大限制了劳动者积极性的发挥。第三,导致了经济活动的低效率。把计划经济同价值规律、商品经济对立起来。这种经济管理体制排斥价值规律和市场调节,阻碍资源的合理配置和有效利用,难以建立起有效的激励机制、约束机制和竞争机制,从而导致低质低效、高消耗高浪费,经济发展速度急剧下降。这样一种外延式扩大再生产的粗放型发展战略,为后来的社会主义建设埋下了隐患,带来严重的后遗症,致使苏联模式一步步走向衰落。20 世纪 90 年代初,随着苏联的解体、东欧社会主义国家转轨及中国确立经济体制改革目标——社会主义市场经济体制,高度集中的计划经济体制退出了历史舞台。

参考文献:

逄锦聚、洪银兴、林岗、刘伟:《政治经济学》,高等教育出版社 2009 年版。

吴敬琏:《当代中国经济改革教程》,上海远东出版社 2010 年版。

[英]伊特韦尔等:《新帕尔格雷夫经济学大辞典》,经济科学出版社 1996 年版。

许涤新:《简明政治经济学辞典》,人民出版社 1983 年版。

张卓元:《政治经济学大辞典》,经济科学出版社 1998 年版。

《经济研究》、《经济学动态》编辑部:《建国以来政治经济学重要问题争论(1949 ~ 1980)》,中国财政经济出版社 1981 年版。

[波兰]奥斯卡·兰格:《社会主义经济理论》,中国社会科学出版社 1981 年版。

[英]弗里德里希·哈耶克:《个人主义与经济秩序》,生活·读书·新知三联书店 2003 年版。

[美]约瑟夫·熊彼特:《资本主义、社会主义与民主》,商务印书馆 1999 年版。

(刘恒)

社会主义经济中的价值规律
Law of Value in Socialist Economy

价值规律是商品生产和商品交换的基本经济规律。即商品的价值量取决于社会必要劳动时间,商品按照价值相等的原则互相交换。在社会主义社会中,由于社会主义经济是在公有制基础上的有计划的商品经济,因此,社会主义市场经济必须自觉依据和运用价值规律,以促进社会主义经济的发展。

斯大林在《苏联社会主义经济问题》中阐释了社会主义经济中价值规律及其地位、作用的观点。价值规律是商品生产的基本规律,社会主义条件下存在商品和商品生产,价值规律就一定要起作用。但斯大林认为,价值规律在社会主义制度下是受到严格限制的。价值规律只对流通起调节作用,而对生产不起调节作用,只有影响作用。所以,在苏联的斯大林时期,在自觉偏离价值规律意义上的所谓自觉利用价值规律,一个典型形式是压低农产品价格,使其低于价值,抬高工业品价格使其高于价值。两者交换实现农产品价值向工业品的转移。

关于价值规律在社会主义经济中的地位,有两种典型的观点:一种认为社会主义经济是公有制基础上的计划经济,主要受社会主义基本经济规律和有计划按比例发展规律的调节,价值规律只是一种从属的规律,仅仅起着补充的作用,有些人甚至认为它是一种异己的力量,须加以限制。这种观点曾长期占主导的地位,并对实际工作造成了很大的消极影响。另一种观点认为价值规律是对整个社会主义经济生活起调节作用的重要规律。但是由于持这种观点的学者所理解的价值规律是与商品经济脱离的时间节约规律,所以在20世纪50年代并没有被人们所接受,甚至被斥为"修正主义"。我国在经济建设中对价值规律作用的认识,在相当长的一个时期中,是以否认和扭曲价值规律作用占主导地位的。直到1978年以后才被社会普遍接受。

1978年,孙冶方发表了著名的《千规律,万规律,价值规律第一条》一文,1980年他又再次撰文强调价值规律是在任何社会化大生产中根本不能取消的规律。他对价值规律的作用概括为三个方面:价值规律就是商品(产品)价值由社会平均必要劳动时间决定的规律,必须强调价值规律的节约时间的作用;价值规律是商品(产品)交换比例由价值调节的规律,必须强调价值规律的等价交换原则;由上述两种作用产生的实现对生产的调节和对社会生产力的比例的分配(孙冶方,1982)。

后来,我国经济学术界比较一致的看法是价值规律起着经济核算的作用,即斯大林所说"影响"生产的作用。价值规律以第一含义的社会必要劳动时间为尺度,通过对商品生产经营者的物质利益的影响,督促企业加强经济核算,改善经营管理,提高技术水平,力图把本企业生产的商品所耗费的个别劳动时间降低到社会必要劳动时间以下,众多企业你追我赶降低劳动耗费的结果,便是社会劳动生产率和经营效益的提高。

但是,对于价值规律能否调节生产、发挥经济杠杆的作用这个问题,我国经济界和经济学界却存在长期的争论。论争的主要观点有三类:一是价值规律对生产资料生产起调节作用,从而也对社会主义经济生产发挥全面的调节作用;二是价值规律在一定范围内和一定程度上对生产发挥调节作用,特别是国家不直接进行计划管理的范围内,价值规律起着主要的调节作用;三是价值规律对生产不起调节作用,只起影响作用。后一种观点已在1978年以后被大多数人陆续放弃。

价值规律只有通过价格才能发生作用。在社会主义经济条件下,自觉利用价值规律的前提是价格在市场上形成,而不能把国家定价看做是自觉利用价值规律。市场价值调节着供求关系,或者说,调节着一个中心,供求的变动使市场价格围绕着这个中心发生变动,这种机制只可能存在于市场中,国家定的价格不存在这种波动机制,因而不可能实现价值规律要求。如果要讲自觉性,那只能是在价格在市场上形成的条件下,自觉地预测到价格趋向价值的方向并对价格的波动进行指导,或者限定价格波动的幅度,防止价格的暴涨暴跌,远离价值。

随着我国20世纪80年代后期开始的几轮社会主义价格体制改革,尤其是社会主义市场经济体制的建立,价值规律开始通过价格机制、供求机制、竞争机制、风险机制等相互作用发挥市场调节和配置资源的作用,我国各种商品、生产要素和资源价格也更加能够反映市场的供求关系及其稀缺程度、更加有利有效地发挥价值规律调节作用。当然,目前我国仍然存在某些重要生产要素和自然资源价格扭曲的问题,需要进一步深化价格体制改革。

参考文献:
[苏]斯大林:《苏联社会主义经济问题》,人民出版社1971年版。
孙冶方:《把计划和统计工作放在价值规律基础上》,载于《经济研究》1956年第6期。
顾准:《试论社会主义制度下商品生产和价值规律》,载于《经济研究》1957年第3期。
孙冶方:《论价值》,载于《经济研究》1959年第9期。
谷书堂、杨玉川、周冰:《我国对社会主义经济中价值规律问题研究的过去、现在和将来》,载于《经济研究》1985年第5期。
孙冶方:《社会主义经济的若干问题(续集)》,人民出版社1982年版。

(王雪苓)

社会主义基本经济规律

Basic Economic Laws of Socialism

社会主义基本经济规律是建立在社会主义生产资料公有制基础上,反映社会主义经济中生产和需要之间的本质联系,揭示社会主义经济的主要矛盾运动的规律,表明社会主义生产的本质及发展的方向、发展的动力和发展的主要过程。

马克思主义经典著作揭示了社会主义生产发展具有同资本主义生产根本不同的性质和目的,社会主义生产目的是人及其需要,是充分保证社会全体成员的福利和使他们获得自由的全面发展。这一生产目的反映了社会主义生产方式具有同资本主义生产方式根本不同的本质。1952 年,斯大林在《苏联社会主义经济问题》中第一次提出:社会主义基本经济规律的主要特点和要求,可以大致表述如下:用在高度技术基础上使社会主义生产不断增长和不断完善的办法,来保证最大限度地满足整个社会经常增长的物质和文化的需要。斯大林批判了雅罗申科"为生产而生产"的观点,指出跟满足社会需要脱节的生产是会衰退和灭亡的。他认为,一个社会形态只能有一个规律作为它的基本经济规律;这一规律的意义在于它决定这一生产方式发展的一切最重要的方面,决定它的矛盾发展的全部过程。根据斯大林的表述,社会主义基本经济规律的内容包括社会主义生产的目的和达到这一目的的手段。

一个社会的生产目的,不是人们主观意志的产物,而是由社会生产的客观经济条件,主要是由生产资料所有制以及劳动者同生产资料结合的方式决定的。社会主义经济制度的建立,使社会生产目的发生了根本的变化。由于生产资料公有制代替了资本主义私有制,广大劳动者在社会范围或者集体范围内,联合起来成为生产资料的共同主人。在社会总的计划指导下,生产资料和劳动力在一定意义上是直接结合起来发生作用,这种生产过程的产品,作为劳动者联合劳动的成果,属于劳动者所共有,为劳动者的利益服务。这就决定了社会主义生产的目的,是满足劳动人民经常增长的物质和文化需要。恩格斯认为,在公有制社会里,通过社会生产,不仅可能保证一切社会成员有富足的和一天比一天充裕的物质生活,而且还可能保证他们的体力和智力获得充分的自由的发展和运用。列宁也指出,社会主义生产是为了充分保证社会全体成员的福利和使他们获得自由的全面发展。斯大林在总结苏联社会主义建设实践的基础上,指出社会主义生产的目的是最大限度地满足整个社会经常增长的物质和文化的需要,是人及其需要,即满足人的物质和文化的需要。"如果以为社会主义能够在贫困的基础上,在缩减个人需要和把人们的生活水平降低到穷人生活水平的基础上建成,那就愚蠢了。……马克思主义的社会主义,不是要缩减个人需要,而是要竭力扩大和发展个人需要,不是要限制或拒绝满足这些需要,而是要全面地充分地满足有高度文化的劳动人民的需要"(《斯大林选集》下,人民出版社 1979 年版,第 338 ~ 339 页)。社会主义生产的这种目的表明,社会主义生产的实质,是以劳动者联合体为主体的,为了劳动者及其需要而进行的生产。

按照恩格斯的有关阐述,劳动者物质文化需要指的是,在社会主义制度下,通过有计划地利用和进一步发展现有的巨大生产力,在人人都必须劳动的条件下,生活资料、享受资料、发展和表现一切体力和智力所需的资料,都将同等地、愈益充分地交归社会全体成员支配。社会主义劳动者为了满足享受的需要和发展体力、智力的需要,必须在满足自己的生存需要之外,尚有充裕的并且日益扩大的消费服务,有科学、文化、教育事业的日益巨大的发展;还必须使自己在从事劳动之外,有更多的可以自由支配的时间,这种时间不被直接生产劳动所吸收,而是用于娱乐和休息,从而为自由活动和发展开辟广阔天地。劳动者对于满足这些需要提出多大的要求和可能满足到何种程度,则是由社会生产力发展的水平决定的。

任何社会的生产目的和达到目的的手段都是密切联系的,有什么样的生产目的,就有与之相适应的实现其目的的手段。从根本上说,它们都是生产资料所有制的性质决定的。在社会主义条件下,生产目的是满足人民日益增长的物质文化需要,这就要求生产出数量多、质量好、品种规格适合的商品,包括越来越多的高质量的消费性服务,给劳动者更多的可以自由支配的时间,因而达到这个目的的手段只能是:在高度技术基础上使社会主义生产不断增长和不断完善。

社会主义基本经济规律决定社会主义生产、交换、分配、消费各方面的本质联系,决定社会主义生产方式的方向,它在社会主义经济规律体系中起着主导和决定的作用。社会主义的生产、分配、交换、消费各个方面除了服从它们自身固有的经济规律外,其作用都要受到社会主义基本经济规律的制约,为此无论是社会生产各部门比例的安排,生产的方向和布局,交换的深度、广度和方式,价格的形成和变动,还是国民收入和个人消费品的分配,消费水平和消费构成的确定,都必须把满足劳动者不断增长的物质文化需要作为出发点和归宿点。社会主义经济发展的方向,同样是由社会主义基本经济规律决定的。社会主义生产在高度技术基础上不断增长和不断完善,社会主义的物质基础不断加强,社会主义的生产关系日益完善和发展,会给将来社会主义逐步向共产主义的发展准备物质和社会条件。

社会主义基本经济规律是在整个社会主义历史阶

段始终存在并发生作用的经济规律。但是,在社会主义发展的不同阶段上,由于社会主义的物质基础和生产关系的成熟程度的不同,它的作用范围和程度也有所不同。

参考文献:

[苏]斯大林:《苏联社会主义经济问题》,人民出版社1971年版。

《斯大林选集》下,人民出版社1979年版。

于光远:《关于社会主义经济的几个基本理论问题》,载于《科学社会主义》1994年第1期。

蒋学模:《关于社会主义基本经济规律的几个问题》,载于《学术月刊》1961年第6期。

北方13所高校:《政治经济学(社会主义部分)》,陕西人民出版社1992年版。

(王雪苓)

社会主义初级阶段
Primary Stage of Socialism

社会主义初级阶段是指我国生产力落后、商品经济不发达条件下建设社会主义必然要经历的特定阶段,即从1956年社会主义改造基本完成到21世纪中叶社会主义现代化基本实现的整个历史阶段。

马克思曾最早提出未来的共产主义社会将包括两个阶段(《马克思恩格斯文集》第3卷,人民出版社2009年版,第435页),其中"第一阶段"实际上就是指以生产资料公有和按劳分配为主要特征的社会主义社会。列宁在十月革命胜利后,针对俄国生产力落后的实际,进一步提出了"初级形式的社会主义"(《列宁选集》第4卷,人民出版社1972年版,第142页)、"发达的社会主义"(《列宁全集》第30卷,人民出版社1957年版,第426页)、"完全的社会主义"(《列宁选集》第4卷,人民出版社1972年版,第486页)等概念。但是,这仍然是一般的构想,当时还缺乏足够的实践经验来作出科学的概括。

经过多年对社会主义的艰苦探索,1981年中国共产党十一届六中全会通过的决议首次提出了初级阶段社会主义的科学范畴,并作出了"中国仍处在社会主义初级阶段"的论断。这是根据我国的基本国情提出来的,是对马克思主义科学社会主义理论的丰富和发展。1987年8月29日,邓小平在中共十三大召开前夕指出:"党的十三大要阐述中国社会主义是处在一个什么阶段,就是处在初级阶段,……一切都要从这个实际出发。"(《邓小平文选》第3卷,人民出版社1993年版,第252页)我国之所以仍然处于社会主义初级阶段,一方面,我国已经建立起了社会主义制度;另一方面,人口多,底子薄,人均国民生产总值仍居于世界后列。社会主义初级阶段生产关系的主要特征是,在以公有制为主体的前提下发展多种经济成分,在以按劳分配为主体的前提下实行多种分配方式。

社会主义初级阶段,它不是泛指任何国家进入社会主义都会经历的起始阶段,而是特指我国在生产力落后,商品经济不发达条件下建设社会主义客观必然要经历的特定阶段。我国从20世纪50年代生产资料私有制的社会主义改造完成,到社会主义现代化的实现,至少需要上百年时间,都属于这个阶段。社会主义初级阶段包括两层含义:第一,我国社会已经是社会主义社会。我们必须坚持而不能离开社会主义。第二,我国的社会主义还在初级阶段。我们必须从这个实际出发,而不能超越这个阶段。

社会主义基本经济制度建立以后,虽然生产力与生产关系、经济基础与上层建筑之间的矛盾仍然是社会的主要矛盾,但其主流已不表现为阶级矛盾。党的十五大报告对社会主义初级阶段的主要矛盾作出了新的概括,即"在社会主义初级阶段,我国在经济、政治、文化和社会生活多方面存在着种种矛盾,阶级矛盾由于国际国内因素还将在一定范围内长期存在,但社会的主要矛盾是人民日益增长的物质文化需要同落后的社会生产之间的矛盾。"

社会主义初级阶段的主要矛盾决定了社会主义初级阶段的根本任务。我国社会主义初级阶段的主要矛盾贯穿于社会生活的各个方面,决定了在整个社会主义初级阶段的根本任务是集中力量发展生产力。准确把握社会生产力的发展趋势和要求,坚持以经济建设为中心,采取切实的措施,不断促进生产力的发展,是当代中国的首要任务。

我国社会主义初级阶段的发展战略是"三步走"。第一步,从1981~1990年实现国民生产总值比1980年翻一番,解决人民的温饱问题;第二步,从1991年到20世纪末,使国民生产总值再增长1倍,人民生活达到小康水平;第三步,到21世纪中叶,人均国民生产总值达到中等发达国家水平,人民生活比较富裕,基本实现现代化。20世纪末,又提出了再分三个阶段实现"三步走"战略第三步的战略构想。

在21世纪,我国社会主义现代化建设取得了新的重大进展。国内生产总值已连续超过意大利、英国、法国、德国、日本,居世界第2位。载人航天飞行等一些重要领域的科技水平已经走在世界前列。民主政治建设稳步推进。文化建设也取得了新的重大进步。但是,我们也要清醒地看到,我国仍然处在社会主义初级阶段的事实没有改变。人民日益增长的物质文化需要同总体上落后的社会生产之间的矛盾仍然是我国社会的主要矛盾,人民生活总体上还处于低水平的、不全面的、发展很不平衡的小康阶段,还面临着经济发展的自主创新能力不强、长期形成的结构性矛盾和粗放型增长方式未根本改变、经济增长的资源环境代价过大等若干深层次重大问题,劳动就业、社会保障、收入分配、教育卫生、居民住房、安全生产、司法和社会治安等方面关系群众切身利益的问题仍然较多等。所以,我国的社会现代化建设仍然要立足社会主义初级阶段这个最大的实际。正如邓小平所说,“基本路线要管一百年,动摇不得。”(《邓小平文选》第3卷,人民出版社1993年版,第370~371页)

参考文献:
《马克思恩格斯文集》第3卷,人民出版社2009年版。
《列宁选集》第2卷,人民出版社1995年版。
《毛泽东选集》第2卷,人民出版社1991年版。
《毛泽东文集》第7卷、第8卷,人民出版社1999年版。
《邓小平文选》第2卷,人民出版社1994年版。
《邓小平文选》第3卷,人民出版社1993年版。
《江泽民文选》第2卷,人民出版社2006年版。
编写组:《毛泽东思想和中国特色社会主义理论体系概论》,高等教育出版社2008年版。
逄锦聚、洪银兴、林岗、刘伟:《政治经济学》第五版,高等教育出版社2013年版。
《改革开放三十年重要文献选编》上,中央文献出版社2008年版。

(丁任重　黄世坤)

社会主义初级阶段的基本经济制度
Basic Economic System at the Primary Stage of Socialism

社会主义初级阶段的基本经济制度指中国改革开放后形成的以公有制经济为主体、多种所有制经济共同发展的经济制度。

经济制度是社会生产关系的总和。生产资料所有制在经济制度中是最核心、最主要的部分。它决定着经济制度的其他方面和其他关系,也决定了经济制度的基本性质。在马克思主义经典理论中,无产阶级革命胜利之后,应“使整个社会直接占有一切生产资料——土地、铁路、矿山、机器等,让它们供全体成员共同使用,并为了全体成员的利益而共同使用。”(《马克思恩格斯文集》第4卷,人民出版社2009年版,第752页)其依据是,社会主义生产关系是在资本主义生产力高度发达的基础上产生的。这种单一的公有制是与没有商品货币关系的计划经济同时存在的。但在实践中,社会主义制度都是在生产力不发达的国家中建立的。对于这些不发达的国家来说,社会主义经济制度的建立为生产力的发展开辟了道路,它适应生产力而不能超越生产力。中国处于社会主义初级阶段的国情说明,发展市场经济是不能逾越的一个历史阶段,市场机制在资源配置和社会再生产中有积极的调节作用,计划与市场是可以结合并必须结合的;在这样一个阶段,生产资料所有制结构不可能是单一的而必须是多元的,公有制经济必然要在一个相当长的历史时期里与非公有制经济共同存在、共同发展。正是基于这样的认识,1986年9月,中国共产党十二届六中全会提出要在公有制为主体的前提下发展多种经济成分;1997年10月,中国共产党第十五次全国代表大会首次提出公有制为主体、多种所有制经济共同发展,是我国社会主义初级阶段的一项基本经济制度。以后历届党代表大会都坚持了这项制度。《中华人民共和国宪法》第六条、第七条、第十一条也作出了相应的法律规定。随着改革开放的进行,基本经济制度得以确立。

公有制为主体、多种所有制经济共同发展的社会主义初级阶段的基本经济制度,包含如下内容:第一,坚持公有制经济为主体的社会主义性质,其主体作用体现在国有经济控制国民经济,对经济发展起主导作用。第二,公有制经济不仅包括国有经济和集体经济,也包括混合所有制经济中的公有成分;公有制经济的实现形式是多样的,一切反映社会化生产规律的经营方式和组织形式都可以大胆利用。第三,非公有制经济是社会主义市场经济的重要组成部分,国家鼓励、支持、引导非公有制经济发展,并依法保护个体经济、私营经济、外资经济的合法收入和财产。这一基本经济制度的建立是对马克思主义理论和社会主义实践的重大创新,它奠定了在经济领域实行全面改革和全方位开放、从高度集中的计划经济体制转变为充满活力的社会主义市场经济体制的基础,极大地调动了中国人民发展生产力的积极性。

社会主义初级阶段基本经济制度的提出是中国特色社会主义理论和实践的重大突破。公有制为主体、多种所有制经济共同发展的基本经济制度,是中国特色社会主义制度的重要支柱,也是社会主义市场经济体制的根基。公有制经济和非公有制经济都是社会主义市场经济的重要组成部分,都是我国经济社会发展的重要基础。在新的形势下,坚持和完善基本经济制度就是要必须毫不动摇地巩固和发展公有制经济,坚持公有制主体地位,发挥国有经济主导作用,不断增强国有经济活力、控制力、影响力;必须毫不动摇鼓励、支持、引导非公有制经济发展,激发非公有制经济活力和创造力。要完善产权保护制度,积极发展混合所有制经济,推动国有企业完善现代企业制度,支持非公有制经济健康发展。

参考文献:
《马克思恩格斯文集》第4卷,人民出版社2009年版。
《邓小平文选》第3卷,人民出版社1993年版。

编写组:《马克思主义政治经济学概论》,人民出版社、高等教育出版社 2011 年版。
刘诗白:《政治经济学》,西南财经大学出版社 2010 年版。
宋涛:《政治经济学教程》第九版,中国人民大学出版社 2011 年版。
程恩富、徐惠平:《政治经济学》第三版,高等教育出版社 2007 年版。
中国共产党第十八届三中全会:《中共中央关于全面深化改革若干重大问题的决定》。

(陈维达)

社会主义商品生产和商品经济
Socialist Commodity Production and Commodity Economy

商品经济是商品生产和商品交换的组合。社会主义商品经济是有计划的商品经济,它是继以简单商品经济和资本主义商品经济之后出现的新的商品经济形态。社会主义商品经济是我国经济体制改革进程中提出的一个重要范畴,在中国正式提出社会主义市场经济理论以前,对经济改革起过重要的导向作用。

马克思和恩格斯曾经认为,在社会主义社会里,一切生产资料都将是社会全体成员的公有财产,整个社会将是一个统一的生产单位和统一的分配单位。因此劳动产品将不再是用来交换的商品,耗费在产品生产上的劳动也不再表现为价值。

列宁根据俄国十月革命后最初几年的实践经验,指出在从资本主义到社会主义的过渡时期,由于多种经济成分同时并存,为了沟通城市和乡村、工业和农业的经济联系,还有必要保留商品生产和商品交换。

斯大林根据实践经验,在《苏联社会主义经济问题》一书中提出:第一,苏联还存在着全民的生产和集体农庄生产两种基本形式,在这种条件下,商品生产和商品流通还应当作为国民经济的必要的和有用的因素保存下来;第二,社会主义商品生产是没有资本家参加的特种的商品生产,它不会发展为资本主义,而是为发展和巩固社会主义事业服务的;第三,在苏联社会主义经济中,只有消费品才是商品,至于国营企业的生产资料,它是由社会主义国家在自己的企业之间进行分配的,只保留商品的形式或外壳,实质上已经不是商品了;第四,商品生产的经济规律即价值规律,在社会主义制度下仍然是不以人们的意志为转移的客观规律,但是,价值规律只在商品流通的一定范围内保持着调节者的作用,它对社会主义生产已没有调节作用。

关于生产资料不是商品和价值规律对社会主义生产没有调节作用,长期以来一直都有争议。在我国,1956 年前大多数经济学者依据斯大林《苏联社会主义经济问题》一书的观点,认为社会主义之所以存在商品生产,主要是由两种社会主义公有制形式(即全民所有制和集体所有制)的并存决定的。随着我国社会主义建设的推进和理论研究的深入,许多学者认为只从两种公所有制并存不能全面说明社会主义商品生产存在的原因。有学者分别从按劳分配关系和经济核算关系来论证社会主义制度下商品生产存在的必然性。认为社会成员之间的"商品买卖"是由"各尽所能,按劳取酬"的生产分配关系决定的,国营企业之间的"商品买卖"是由"以收抵支,按盈取奖"的经济核算关系决定的(骆耕漠,1956)。还有学者认为,社会主义制度下,商品生产的存在是由于生产力发展水平还不够高。在社会主义阶段生产力的发展还没有达到足以消灭工农之间、城乡之间、脑力劳动和体力劳动之间的差别,也就是说,在社会主义阶段直接社会化的劳动还不够成熟,因此,不但个别劳动者之间的劳动效果具有很大的差别,即使个别经济单位(国营企业和人民公社)之间的劳动生产率也是很不同的。这时直接计算劳动时间还不可能,这就依然有必要通过商品交换把个别劳动转化为社会平均劳动,个别劳动还有必要通过价值的形式转化为社会总劳动的一部分,也就是必须通过价值这种迂回曲折的方法来计算劳动消耗,从而社会产品还有必要通过商品的形式提供给社会,还有必要保留商品生产和商品流通。

在社会主义社会,存在着广泛而细密的社会分工,在所有制方面,存在着生产资料和产品的全民所有制和集体所有制,在初级阶段还有其他非公有制经济成分并存,全民所有制内部由于实行所有权和经营权的适当分开,各个企业成为自主经营、具有局部经济利益的相对独立的经济实体,这两个条件正好满足商品经济存在的条件,决定了商品经济必然存在。

商品经济存在于历史上许多社会,不是社会主义所特有。社会主义商品经济同其他社会的商品经济有着共同点,主要表现在:商品都是使用价值和价值的统一,商品的价值量都是由社会必要劳动时间决定的,它们之间的交换都要遵循等价交换的原则等。但是,与其他社会的商品经济比较,社会主义商品经济又具有根本不同的性质和特点。马克思说,商品生产和商品流通是极不相同的生产方式都具有的现象,尽管它们在范围和作用方面各不相同。因此,只知道这些生产方式所共有的抽象的商品流通范畴,还是根本不能了解这些生产方式的不同特征,也不能对这些生产方式作出判断。

1984 年,中国共产党十二大三中全会指出,社会主义经济是在公有制基础上的有计划的商品经济。这是我国在 20 世纪 80 年代形成的对社会主义经济性质的阶段性认识,是对马克思主义经济学理论的创新,成为80年代中国经济改革的纲领性文件，为当时的全面经济体制改革提供了新的理论指导。

有计划的商品经济命题的提出基于如下认识：由于社会主义初级阶段生产力不发达，在以公有制为基础的社会主义经济中，全社会范围内按计划分配社会总劳动必须借助价值来间接计算，必然要求将计划与商品经济有机结合，而计划和市场作为不同的调节手段共同作用于国民经济的运行。有计划的商品经济形态虽然介于自然经济和产品经济之间，但又因其公有制性质显著区别于资本主义商品经济。

对社会主义经济是有计划的商品经济的认识，经历了一个曲折发展的过程。早在20世纪50～60年代，国家领导人刘少奇、陈云，经济学家孙冶方、卓炯等就认识到社会主义具有商品经济的性质，并提出市场调节的思想。党的十一届三中全会以后进一步明确了以经济建设为中心的思想。1978年以后，理论界针对计划经济的弊端，先后提出：社会主义经济要实行计划调节与市场调节相结合；以计划经济为主，市场调节为辅；1984年，提出社会主义经济是公有制基础上的有计划的商品经济；1987年，提出社会主义有计划的商品经济应该是计划与市场内在统一的体制，计划与市场都是覆盖全社会的。

在中共十二届三中全会通过的《关于经济体制改革的决定》中，确立了我国经济发展的目标是建立"社会主义商品经济"。社会主义商品经济命题的提出基于如下认识：由于社会主义初级阶段生产力不发达，在以公有制为基础的社会主义经济中，全社会范围内按计划分配社会总劳动必须借助价值来间接计算，必然要求将计划与商品经济有机结合，而计划和市场作为不同的调节手段共同作用于国民经济的运行。社会主义商品经济形态虽然介于自然经济和产品经济之间，但又因其公有制性质显著区别于资本主义商品经济。这一命题突破了把计划经济同商品经济对立起来的传统观念，认识到商品经济的充分发展是社会经济发展不可逾越的阶段，是实现我国经济现代化的必要条件，并明确提出社会主义计划经济必须自觉依据和运用价值规律。这种认识的形成总结了新中国成立以后，尤其是改革开放以后至20世纪80年代中国和其他社会主义国家经济建设的经验和教训，科学地发展了马克思主义政治经济学理论，为中国经济体制从社会主义计划经济最终向社会主义市场经济的转型，做出了积极而富有意义的探索，并成为社会主义市场经济理论的直接来源。

1992年，中国共产党的第十四次全国代表大会，首次明确提出"中国经济体制改革的目标是建立社会主义市场经济体制"，实现了马克思主义政治经济学理论的又一次飞跃。

参考文献：

［苏］斯大林：《苏联社会主义经济问题》，人民出版社1971年版。

李晓玉：《近年来有关社会主义商品经济问题讨论综述》，载于《江西社会科学》1989年第6期。

吴航、刘航：《改革开放前社会主义商品经济理论的探索与争鸣》，载于《生产力研究》2010年第4期。

宋涛：《论社会主义有计划的商品经济》，载于《教学与研究》1985年第6期。

宋承先：《马克思、斯密、凯恩斯与有计划的商品经济》，载于《世界经济文汇》1986年第6期。

何建章：《社会主义经济是有计划的商品经济》，载于《社会科学》1984年第11期。

卓炯：《自觉地运用价值规律就是有计划的商品经济》，载于《学术月刊》1985年第2期。

洪银兴：《30年经济转型：发展中国特色社会主义》，载于《南京大学学报》2008年第3期。

骆耕漠：《社会主义制度下的商品和价值问题》，科学出版社1956年版。

（王雪苓　程民选）

计划调节与市场调节

Regulation via Central Planning and Regulation via Markets

计划调节与市场调节作为理论命题，是社会主义的商品经济理论命题的逻辑延伸，正式提出于1987年10月中国共产党第十三次全国代表大会的报告。报告中指出，经济体制改革的任务就是要善于运用计划调节和市场调节这两种形式和手段。这就明确了计划调节与市场调节，都是调节国民经济运行的形式和具体手段。

为实现计划与市场作为经济调节手段在国民经济中的共同作用，其指导原则是计划与市场的结合。关于计划与市场相结合的实质，主要存在三种不同的理解：

其一，计划经济是社会主义的根本经济制度，其对立面是市场经济，而市场调节作为经济运行的调控机制虽然不同于市场经济，但与计划经济不是相同层面的概念，因此不能结合。所以计划与市场的结合仅限于国民经济运行的调节机制，应将这种结合理解为"计划调节"与"市场调节"的结合，而不能解释为"计划经济"与"市场调节"的结合，更不能理解为"计划经济"与"市场经济"的结合。

其二，社会主义经济是公有制基础上的计划经济，改革只是要革除原有计划体制的弊端，而不是改掉计划经济。计划经济与市场调节相结合，正是肯定了这一点。并且，我们所要实行的计划经济不是那种排斥商品经济和市场调节的原有模式,计划调节同市场调节相结合,作为实现计划经济的形式,其内容已经包含在计划经济同市场调节相结合的提法之内。

其三,计划与市场的结合实质上是计划经济与商品经济的结合。计划机制和市场机制的关系,实际上是计划经济和商品经济关系的具体体现。商品经济是社会主义经济不可逾越的发展阶段,在商品经济中就必然要发挥价值规律的作用,计划的实现应以市场为基础,前者完全寓于后者之中。

关于计划与市场相结合的方式,自计划与市场相结合的原则提出以后,理论界对它的讨论也异常热烈,提出了多种结合"方式",诸如板块式、渗透式、胶合式、有机式、形式内容式、层次分工式、纵向式、强弱式、宏观微观式等。其中最有代表性的观点是"板块式结合"、"胶合式结合"和"渗透式结合"。

关于计划与市场相结合的具体形式,大体上有三种形式,即指令性计划、指导性计划和市场调节。上述三种结合形式的具体运用和比例关系,根据不同所有制性质和不同企业、不同社会生产环节和领域、不同产业和产品而有所不同。

指令性计划是指社会主义国家对主要经济活动以命令形式下达的计划,它具有强制性和约束力。有学者将指令性计划进一步划分为强制型指令性计划和协议型指令性计划两种形式。所谓强制型指令性计划是指国家凭其政权以命令的形式下达的计划,它具有明显的强制性,不考虑市场、价值规律的作用。而协议型指令性计划是指国家经济部门通过合同协议关系沟通国家与企业、企业与企业之间的经济联系而形成的经济计划。订立协议的双方按照等价交换原则,在充分考虑市场机制作用的基础上,明确各自的经济权力、经济责任和经济利益,使国家计划寓于经济合同之中。它的特点是既可以使计划与市场有机紧密地结合起来,避免强制型指令性计划的主观随意性,又能保证责权利三者统一,承认企业自主权,便于企业建立自我激励和自我约束机制,同时避免行政部门不必要的干预。

指导性计划是社会主义国家对某些产品的经营活动实行一定额度的计划,或主要运用经济政策、经济杠杆来保证主要国民经济活动实现的计划。有学者将其进一步划分为投资就业型指导性计划和宏观调整型指导性计划两种形式。投资就业型指导性计划,即采取传统的财政、货币政策,以增加国家公共支出和信贷来刺激投资和消费的计划。与投资就业型指导性计划相反,宏观调整型指导性计划不是靠传统的财政、信贷政策来刺激就业和消费,而是在不增加更多投资的情况下,通过宏观经济调整政策,逐步调整利率、汇率和价格、工资,以理顺经济关系,调整产业结构来增加供给。

计划调节的缺陷主要表现在:首先,计划调节由政府行政部门下达,具有强制性,容易影响企业和个人生产的积极性;其次,计划调节具有宏观性,政府由于掌握的信息不完全、判断不准确、联系不及时等原因,甚至发生主观性的错误,从而在计划工作中出现失误,那么就会影响国民经济的发展,带来巨大的损失。此外,计划调节以实现宏观效益、总体效益和长期效益为目标。如果微观发展目标与宏观发展目标相一致,那么在计划调节下,微观效益和宏观效益都能得到增进。如果微观发展目标与宏观发展目标不一致,那么在计划调节下,在实现宏观效益的同时,必须牺牲一定的微观效益,这也会影响到企业和个人的积极性。

市场调节即通过价值规律自发地调节经济的运行,调节社会劳动力和生产资料在各个部门的分配,调节生产和流通,通过市场上的价格机制、竞争机制和供需关系的相互影响,来实现生产要素和资源的配置,通常被认为是一种事后调节。市场调节的主体是各种生产者和消费者,调节的手段则是价格等经济杠杆,调节的程序是从微观到宏观,调节的基点是个人利益和群体利益。

市场调节,是通过市场上价格的自发波动,以影响商品的供求关系来对经济活动的调节。它具有两个特点:第一,自发性。由于这种市场调节不受宏观调控影响,商品生产者的决策也不受外界行政命令的干预,它的生产完全通过市场机制即市场价格、供给与需求之间的相互作用来决定,一切经济活动仅受价值规律任意支配,完全由市场自发来调节。第二,盲目性。盲目性根植于自发性,由于自发性作用不受任何调控限制,也无计划指导,每个商品生产者都拥有决策权,都可以根据自己所拥有的生产资料而各自为战,一旦市场有信号反映就竞相生产,缺乏对社会总需求的准确认知,社会生产处于盲目的无政府状态。

计划调节与市场调节相结合,就是要求在国家总体计划指导和经济法规、法则约束下,通过市场供求关系和价格变动完成对经济活动的调节。这种类型的市场调节的社会经济基础是生产资料公有制占主导地位,市场调节的活动范围是全社会,调节的力度在不同领域依据其不同对象强弱不等,调节的法则是价值规律、供求规律、货币流通规律和经济政策、经济法规、经济杠杆的统一。因此,它也具有两个特点:一是平衡性。即它避免了自发性和盲目性,市场比较平稳。二是宏观效益性。即它一方面使市场调节的作用得到充分发挥;而另一方面又避免了自由盲目型市场调节所造成的部分企业、部门获利而整个社会宏观效益低下的弊病,从而使市场调节的宏观效益大大增加。

参考文献:
林子力:《社会主义经济调节理论探讨》,载于《经济研究》1980 年第 11 期。
刘国光:《中国经济体制改革中计划与市场的关系问

题》,载于《财贸经济》1981 年第 1 期。
袁文平:《计划与市场结合中政府与国有企业的经济关系》,载于《财经科学》1990 年第 6 期。
刘诗白:《论计划与市场相结合》,载于《经济纵横》1991 年第 5 期。
蒋学模:《论计划调节与市场调节的结合》,载于《经济研究》1979 年第 8 期。
薛暮桥:《计划调节与市场调节》,载于《经济管理》1980 年第 10 期。
薛暮桥:《计划经济与商品经济 计划调节与市场调节》,载于《改革》1988 年第 1 期。
陈秀山、雷达:《计划机制与市场机制调节功能的比较分析》,载于《经济社会体制比较》1991 年第 2 期。

(程民选 刘嘉)

社会主义市场经济
Socialist Market Economy

社会主义市场经济即社会主义制度下的市场经济,也就是在社会主义国家宏观调控下使市场在资源配置中起决定作用的经济。

认识社会主义市场经济,在理论上要把握三个要点:一是,社会主义市场经济强调的是在社会主义制度下发展市场经济,而不是强调市场经济的性质,市场经济作为在几种不同社会制度下都存在的资源配置方式和经济体制,并不存在资本主义与社会主义性质的区分。二是,市场决定资源配置是市场经济的一般规律,市场经济本质上就是市场决定资源配置的经济,发展社会主义市场经济,健全社会主义市场经济体制必须遵循这条规律。三是,市场在资源配置中起决定性作用,并不是起全部作用,发展社会主义市场经济,还必须坚持发挥社会主义制度的优越性,发挥政府宏观调控的积极作用。

社会主义制度下之所以必须发展市场经济,建立和完善社会主义市场经济体制,是由以下因素决定的:第一,生产力的发展水平和社会分工。社会主义社会生产力,虽然在社会主义初级阶段还不够发达,但毕竟达到了一定水平,社会分工比较细化,这是市场经济存在的前提。第二,经济利益的差异。社会主义制度的建立,虽然使国家、集体、劳动者个人三者利益从根本上说具有一致性,但由于劳动还是谋生的基本手段,所有制也还存在多种形式,物质利益的差别依然长期存在,这就决定了社会主义生产关系的各个环节,无论是生产、交换还是分配、消费,都必须采取商品生产、商品交换的形式即市场经济的形式。第三,理论和实践都证明,市场配置资源是最有效率的形式。社会主义制度下发展市场经济可以极大地促进社会生产力的发展,极大地增强社会主义国家的综合国力,极大地提高人民的生活水平。

社会主义经济制度建立之后,实行什么样的资源配置方式,是计划经济还是市场经济?对此,经历了长期的探索过程。马克思曾设想未来社会将有计划地组织全社会的生产和经济活动。在后人对社会主义探索过程中,曾形成一种观念,认为:市场经济是资本主义特有的经济形式,搞社会主义只能实行计划经济。受这种观念的影响,加上其他一些原因,中国在 1978 年以前,实行的基本上是计划经济体制,1978 年中国共产党十一届三中全会以后,随着改革开放的展开,经过反复探索,从 1992 年开始,确认中国社会主义初级阶段的经济是社会主义市场经济,要大力发展社会主义市场经济,建立和完善社会主义市场经济体制。

社会主义市场经济既具有市场经济一般的本质规定性,如具有法人地位和经营自主权的市场主体,发达的市场和完善的市场体系,充分发挥作用的市场机制等,同时,由社会主义初级阶段生产力发展状况和基本经济制度所决定,又具有自身的特点:

第一,社会主义市场经济建立在公有制为主体、多种所有制经济共同发展的基本经济制度基础上。迄今为止的西方发达市场经济,都是建立在生产资料的私有制基础上。而中国的社会主义市场经济,建立在公有制为主体、多种所有制经济共同发展的基本经济制度基础上。这是一个十分突出的特点。

第二,社会主义市场经济与以按劳分配为主体、多种分配形式并存的分配制度结合在一起,实行共同富裕的社会主义目标。建立在私有制基础上的市场经济的分配关系,通行的是按资分配原则,分配的结果,往往容易导致两极分化。而在中国发展社会主义市场经济,在收入分配中无论是初次分配还是再分配都要兼顾效率和公平,在再分配中更加注重公平。对于由于种种原因出现的收入差距扩大的趋势,国家运用各种经济政策手段进行调节。由此可以保证在大力发展市场经济的同时,防止个人收入过分悬殊,逐步实现共同富裕。

第三,社会主义市场经济发展的方向服从社会主义发展的大目标。社会主义的根本目的是发展生产力,满足人民日益增长的物质和文化需要。社会主义国家将通过科学的宏观调控,有效的政府治理,使社会主义市场经济的发展服从社会主义发展的大目标,为人民生活的提高服务,为社会主义制度的巩固和发展服务。

要大力发展社会主义市场经济,必须紧紧围绕使市场在资源配置中起决定性作用,深化经济体制改革,坚持和完善基本经济制度,加快完善现代市场体系、宏观调控体系、开放型经济体系,加快转变经济发展方式,加快建设创新型国家,推动经济更有效率、更加公平、更可持续发展。

参考文献:
《中共中央关于全面深化改革若干重大问题的决定》(2013 年 11 月 12 日中国共产党第十八届中央委员会第三次全体会议通过),载于《人民日报》2013 年 11 月 16 日。
习近平:《关于〈中共中央关于全面深化改革若干重大问题的决定〉的说明》,载于《人民日报》2013 年 11 月 16 日。
逄锦聚、洪银兴、林岗、刘伟:《政治经济学》第五版,高等教育出版社 2013 年版。

(逄锦聚)

市场决定资源配置和政府更好发挥作用

Market Play the Decisive Role in the Resource Allocation and Goverment Exert its Role more Effectively

1992 年,中共十四大明确了建立社会主义市场经济体制的改革目标,并把社会主义市场经济定义为:市场在国家宏观调控下对资源配置起基础性作用。经过十五大、十六大、十七大直到 2012 年的十八大,这个理论界定一直是指导我国经济体制市场化改革的指导思想。十八届三中全会将市场对资源配置所起的作用改为决定性作用,这是对在资源配置中市场和政府作用的新定位。这个新定位的必要性,理论和实践都证明,市场配置资源是最有效率的形式。市场决定资源配置是市场经济的一般规律,市场经济本质上就是市场决定资源配置的经济。市场对资源配置由起基础性作用改为决定性作用的基础性条件现在已经具备。就如习近平总书记所说,现在,我国社会主义市场经济体制已经初步建立,市场化程度大幅度提高,我们对市场规律的认识和驾驭能力不断提高,宏观调控体系更为健全,主客观条件具备,我们应该在完善社会主义市场经济体制上迈出新的步伐。作出"使市场在资源配置中起决定性作用"的定位,有利于在全党全社会树立关于政府和市场关系的正确观念,有利于转变经济发展方式,有利于转变政府职能,有利于抑制消极腐败现象。

市场对资源配置起"决定性"作用同过去所起的基础性作用的区别,可以从市场与政府的调控关系中得到区分。原来的定义是市场在国家的宏观调控下对资源配置起基础性作用,在这里实际上存在两个层次的调节,即国家调节市场和市场调节资源配置。市场在这里起基础性调节作用。而现在提市场对资源配置起"决定性作用",意味着不再存在两个层次的调节,市场不再是在政府调节下发挥调节作用,而是自主地对资源配置起决定性作用。在原来的市场起基础性作用定义中,政府需要预先调控市场,并时时调控市场。而在市场起决定性作用时,宏观调控不需要时时刻刻地进行,只是在反映宏观经济失衡的失业率和通货膨胀率超过上限或下限时才进行。这就给市场作用留下了很大的空间。

市场配置资源的机制是市场规则、市场价格和市场竞争。明确市场对资源配置起决定性作用就意味着完全由市场机制决定生产什么、怎样生产、为谁生产,而不应该再有政府的决定作用。市场决定资源配置突出的是市场的自主性。这种自主性不仅表现为市场自主地决定资源配置的方向,同时也表现为市场调节信号即市场价格也是自主地在市场上形成,不受政府的不当干预。

确认市场对资源配置起决定性作用只是明确我国经济体制改革的新方向,决不意味着一放开市场作用就能实现资源配置的高效率。就如习近平总书记所说:我国的市场经济由计划经济转型而来,市场体系和市场秩序的混乱现象更为严重,难以实现市场配置资源的有效性。显然,秩序混乱的市场决定的资源配置不可能达到帕累托最优。就我国现阶段来说,完善市场机制主要涉及以下三个方面:

一是规范市场秩序。主要涉及两个方面:第一,建立全国统一市场。市场配置资源需要在全国统一市场上进行。其基本要求是不存在市场分割,要素自由流动,企业自由流动,产品和服务自由流动;不存在市场歧视,各类市场主体平等地进入各类市场并平等地获取生产要素;不存在市场特殊,各个地区的市场体制和政策统一。第二,建立公平开放透明的市场规则。这是提高市场调节效果、降低市场运行成本的重要途径。市场公平的原则包括权利平等,机会均等,公平交易,规则公平。在这种公平竞争的市场上,企业自由进出市场,消费者自由选择,要素自由流动,交易等价交换。市场在这样的公平竞争的市场环境下配置资源,就能达到效率目标。

二是完善市场体系。市场体系是资源有效配置的载体。转向市场决定资源配置的特征性要求是:资本、土地、劳动力、技术等生产要素都要进入市场,只有在各种要素都进入市场系统并在市场上自由流动,才可能有现实的市场决定资源配置。各个要素市场上的供求调节各种要素的价格,从而调节各种生产要素所有者得到的报酬,才可能有效配置各种资源。

三是培育充满活力的市场主体。充满活力的市场主体是市场配置资源的微观基础。我国建立起了公有制为主体多种所有制经济共同发展的基本经济制度,这是建立社会主义市场经济的所有制基础,但要在市场决定资源配置的框架下实现效率目标,不仅需要各类企业成为市场主体,还要充满市场活力。这种活力有赖于以下几个方面的制度建设:(1)硬化企业的预算约束。改革必须从打破地方政府对企业的保护和优惠入手,真正硬化企业的预算约束,使企业两只眼睛都盯着市场。(2)规范和保护产权。所有权是市场经济的前提和根本。保护市场参与者的合法权益,从根本上说就是保护其产权。在中国特色社会主义基本经济制度框架内,所要建立的产权制度,必须明确公有制经济财产权不可侵犯,非公有制经济财产权同样不可侵犯。国家不只是要保护国有资产,还要保护各种所有制经济产权和合法利益,甚至还要保护农民的土地财产权。在创新驱动成为经济发展的主要方式后,产权保护不只是保护物质资产产权,还要保护知识产权。(3)建立现代企业制度,随着市场经济的发展,自主经营的企业在市场上获取更多的资源将依赖于其现代企业制度的建设。包括建立健全归属清晰、权责明确、保护严格、流转顺畅的现代产权制度;健全协调运转、有效制衡的公司法人治理结构;建立职业经理人制度,更好地发挥企业家的作用。

以上完善市场机制的各个方面是使市场有效发挥决定性作用的基础。其中任何一个方面的完善都需要政府推动,因而要更好地发挥政府的作用。

市场在资源配置中起决定性作用和更好发挥政府作用,是不可分割的整体。中国特色社会主义市场经济体制的"特色",正在于把市场在资源配置中的决定性作用和更好地发挥政府作用这两个方面有机地统一起来。两者之间,不仅是互相联系、互相作用的,而且是互为条件、互为因果的。

在改革方向上明确市场对资源配置起决定性作用后,政府要着力推进两个方面改革:一是通过自身的改革退出市场作用的领域。凡是市场机制能有效调节的经济活动,一律取消政府审批;资本、土地、劳动力、技术等生产要素都要进入市场,而不再留在政府调节系统。充分放开包括市场价格和利率在内的市场调节信号。二是承担起完善市场机制建设及市场规范的职能。建设完善的市场体系,建立有效的契约制度和产权制度,建立公平交易,公平竞争的市场规则,建设法治化的营商环境。改革市场监管体系,解决政府干预过多和监管不到位问题。推动全国统一开放市场建设,包括打破地方保护、打破市场的行政性垄断和地区封锁、打破城乡市场分割等。

在社会主义市场经济中,明确市场对资源配置的决定性作用不能放大到不要政府作用,也更不能像新自由主义认为的那样不要政府。原因是在现代经济中,政府与市场不完全是相互替代的关系。现代发展经济学家针对过去的发展经济学家把政府和市场看做是可供选择的资源配置机制的观点指出:"更为有益的是把政府当作构成经济体制的必要要素,它的作用在于有时可以替代其他制度因素,有时则是其他制度的补充。在政策制定的过程中,国家和市场的互补关系必须予以重视"(迈耶、斯蒂格利茨,2003)。凡是市场能做的,比政府做得更好的都交给市场。但不能把市场决定资源配置放大到决定公共资源的配置。全社会的资源除了进入市场的市场资源外,还有公共资源。公共资源是未明确私人所有的资源,涉及没有明确私人所有权的自然资源,政府的法律和政策资源,公共财政提供的公共性投资和消费需求等。公共资源的配置不能由市场决定,原因是公共资源配置是要满足公共需求,遵循公平原则,只能由政府决定。

对于我们这样的仍然处于社会主义初级阶段的发展中国家来说,发展仍然是硬道理。推动发展理应是政府的重要职能。但长期以来政府推动发展的效率和质量不高,究其原因,主要就在于对各级政府的单一的GDP考核和片面追求GDP的增长,促使政府利用行政手段配置资源,没有充分发挥甚至压制了市场在配置资源方面的效率功能。现在国家明确纠正单纯以经济增长速度评定政绩的偏向,同时要求取消优惠政策、大幅度减少审批项目,这就为各级政府摆脱原有发展方式的束缚,充分发挥市场配置资源的决定性作用提供了空间。在此前提下,各级政府还需要承担必要的推动发展的任务。例如,推动城乡发展一体化和城镇化,发展创新驱动型经济,经济结构调整,生态和环境建设,发展开放型经济,等等。

综合各种理论界定,可以大致明确政府和市场的边界:市场决定不了的,如涉及国家安全和生态安全的由政府决定;市场失灵的,如公平分配,环境保护方面政府干预;市场解决不了的,如涉及全国重大生产力布局、战略性资源开发和重大公共利益等项目由政府安排;市场调节下企业不愿意进入的,如公共性、公益性项目由政府安排。在这样一些领域政府不只是进入,而且应该充分并且强有力的发挥作用。以上发展任务和克服市场失灵都需要政府公共资源的配置来推动和实现。政府配置公共资源主要是政策路径,其中包括利用收入分配政策促进社会公平主义;通过产业政策和负面清单引导产业结构转型升级;通过财政和货币政策调节宏观经济运行。

在市场对资源配置起决定性作用后,更好发挥政府作用的一个重要标志是政府行为本身也要遵守市场秩序。政府职能的错位,政府权力的滥用都会引起市场秩序的混乱。政府超越了所应该拥有的权限,直接介入了企业的微观经营活动,可能造成企业行为机制的扭曲。而且政府也会失灵。官僚主义、寻租、行政垄断可以说是对政府失灵的主要说明。

在推动发展方面,政府作用不能孤立进行,需要同市场机制结合作用。现阶段的经济发展突出在两个方面:一是结构调整;二是创新驱动。经济结构尤其是产业结构调整主要依靠市场来调节。市场有效配置资源的重要机制是优胜劣汰。只要打破地方保护,利用市场机制调节产业结构就能有效淘汰落后的和过剩的产能。但是对我们这样的发展中大国来说,经济结构的调整不能只是靠市场,产业结构的转型升级需要国家的产业政策来引导,尤其是前瞻性培育战略性新兴产业还是需要政府的引导性投资。再就创新驱动来说,市场竞争能够提供创新的压力,技术创新也需要市场导向。但市场配置的是已有资源的问题,而创新驱动需要驱动非物质资源的创新要素,需要创造新的要素,仅仅靠市场不能完全解决创新驱动问题,需要国家推动创新驱动:一是国家实施重大科学创新计划;二是国家要对技术创新与知识创新两大创新系统进行集成;三是国家要对孵化新技术提供引导性投资;四是国家要建立激励创新的体制和机制。所有这些政府推动行为固然由世界科技发展方向为导向,但在每个发展阶段都必须重视市场导向。

在克服市场失灵方面,政府作用要尊重市场决定的方向。市场决定资源配置必然是资源流向高效率的地区,高效率的部门,高效率的企业。坚持公平竞争的市场规则运行能够保证结果的效率,但不能保证结果的公平,由此产生的贫富分化反映为市场失灵。社会主义市场经济的运行既有效率目标又有公平目标,政府有责任促进社会公平正义,克服这种市场失灵,以体现社会主义的要求。为了保证市场配置资源的效率,政府贯彻公平目标的作用主要不是进入同一个层面,也就是不进入资源配置领域,而是进入收入分配领域,依法规范企业初次分配行为,更多地通过再分配和主导社会保障解决公平问题。即使要协调区域发展,政府也是在不改变资源在市场决定下的流向的前提下利用自己掌握的财政资源和公共资源按公平原则进行转移支付,或者进行重大基础设施建设为吸引发达地区企业进入不发达地区创造外部条件。

在提供公共服务方面,政府作用要尊重市场规律,利用市场机制。必须由政府提供的公共服务,并非都要由政府部门生产和运作,有许多方面私人部门生产和营运更有效率。政府通过向私人部门购买服务的方式可能使公共服务更为有效、更有质量。例如,推进城乡发展一体化的重要方面是推进基本公共服务的城乡均等化,在广大的农村城镇所要提供的基本公共服务不可能都由政府包揽,也可采取购买服务的方式。筹集公共资源也是这样。城市建设的资金可以由政府为主导建立透明规范的城市建设投融资机制,其中包括地方政府通过发债等多种方式拓宽城市建设融资渠道,允许社会资本通过特许经营等方式参与城市基础设施投资和运营。再如,保护环境的政府干预行为也可利用排污收费和排污权交易之类的市场方式。

参考文献:

习近平:《中共中央关于全面深化改革若干重大问题的决定》的说明。

习近平:《切实把思想统一到党的十八届三中全会精神上来》,载于《求是》2014 年第 1 期。

[美]斯蒂格利茨:《不平等的代价》,机械工业出版社 2013 年版。

洪银兴:《市场秩序和规范》,上海人民出版社 2007 年版。

卫兴华:《坚持社会主义市场经济的改革方向》,载于《光明日报》2013 年 11 月 7 日。

[美]迈耶、斯蒂格利茨:《发展经济学前沿未来展望》,中国财政经济出版社 2003 年版。

(洪银兴)

社会主义经济体制改革
Socialist Economic Reform

社会主义经济体制改革是指社会主义国家由计划经济体制向市场经济体制转变的根本性变革。

20 世纪 70 年代末和 80 年代初,各个实行计划经济体制的社会主义国家先后开始了经济改革。苏联及其他东欧国家实行的市场经济改革实质上是全面转向资本主义,不能算是社会主义经济体制改革。中国的经济体制改革在确认所处的阶段还是社会主义初级阶段的基础上改革基本制度,发展社会主义市场经济,属于社会主义经济制度的自我完善。

社会主义经济体制改革,源于社会主义传统计划经济体制阻碍了生产力的发展。以苏联高度中央集权的计划经济体制为代表,传统社会主义计划经济体制从根本上排斥市场和市场机制的调节作用,实行单一的公有制,政府用行政手段全面控制经济,从而导致经济没有竞争、没有活力、没有应有的效率,严重阻碍了社会主义生产力的发展。社会主义经济体制改革本质上就是解放生产力、发展生产力。马克思主义经典作家从来没有把贫穷等同于社会主义,当然,也没有把社会主义经济等同于市场经济,所以,社会主义经济体制改革从一开始就需要理论创新和实践创新。

我国经济体制改革的理论基石,首先是明确我国处于社会主义初级阶段,改革就是发展生产力,贫穷不是社会主义,因此经济改革的重要内容是建立公有制为主体多种所有制经济共同发展的基本经济制度。其次是明确建立社会主义市场经济体制的改革目标,使市场机制对资源配置起基础性调节作用。社会主义经济体制改革是一项复杂的系统工程,涉及产权制度、财税体制、金融体制、流通体制、分配体制、外汇管理体制、价格体制、企业制度和宏观调控体系等诸多方面的改革。改革的方向和目标是要实现向市场经济体制的全面转轨。社会主义国家的经济体制改革并不是一帆风顺的,是充满艰难和曲折的。这不仅因为市场化改革本身既是机遇又是严峻的挑战,而且市场化进程也会全面而深刻地触动既定的体制和制度。所以,社会主义国家以建立市场经济体制为目标的经济改革,必须突破既有体制和观念的障碍,甚至要突破既有的意识形态和制度的障碍。西方的经济理论认为,市场经济是建立在全面的私有产权基础之上的。中国特色的社会主义市场经济体制打破了西方经济理论中的这个命题。中国走了市场化的道路,但却并没有走私有化的道路。中国的社会主义市场经济体制改革,经历了由放权让利,实行有计划的商品经济;到开始实行国有经济的产权改革,建立社会主义市场经济体制;再到全面深化社会主义市场经济体制改革等几个基本的发展阶段,已经初步建立起了以公有制为主体、多种所有制经济共同发展;以按劳分配和按要素分配相结合的多种分配方式并存;以基于市场调节的宏观调控体系的建立和逐步完善的具有中国特色的社会主义市场经济体制。毫无疑问,中国特色社会主义市场经济体制的建立及其所取得的成就,是对世界经济发展的重大贡献。

市场经济是人类社会迄今为止最有效率的资源配置方式,但其自身的缺陷和风险也是客观存在的。如收入分配不公和收入分配差距拉大,权力寻租的腐败严重,市场交易中的诚信与道德的缺失,发展中不平衡、不协调、不可持续问题突出,等等。这些问题的产生,有改革不彻底的原因,也有某些改革方式选择或运用不当的原因,还有政治体制改革和法制建设滞后的原因等,而这些问题的解决,也只有通过进一步深化改革开放,更加深入全面地建成中国特色社会主义市场经济体制加以解决。

中国走了以经济建设为主的渐进式改革的道路。中国的渐进式改革主要体现在:一是以社会主义制度不变和政治稳定为前提的经济体制改革;二是在所有制、分配方式和价格体制的改革上不是一改到底,而是循序渐进,坚持了市场化而非私有化的改革导向;三是坚持政党和政府对经济体制改革的领导作用,以增量改革为突破口,用先试点、后推广的办法,有序地推进经济体制的全面转轨。中国的渐进式改革,要实现的是建设有中国特色的社会主义市场经济体制目标。

中共中央十八大明确提出,新阶段经济体制改革既要有更大的勇气,又要有智慧。坚决破除一切妨碍科学发展的思想观念和体制机制弊端,构建系统完备、科学规范、运行有效的制度体系,使各方面制度更加成熟、更加定型。十八届三中全会《关于全面深化改革若干重大问题的决定》强调,改革的核心问题是处理好政府和市场的关系,第一次明确提出市场在资源配置中的决定性作用和更好发挥政府作用。既要进一步完善市场经济,又要着力解决政府“越位、错位和缺位”的问题,限制和规范政府的权力,大幅度减少政府对资源的直接配置,推动资源配置依据市场规则、市场价格、市场竞争实现效益最大化和效率最优化,让市场机制的调节更加广泛和深入的发挥作用。紧紧围绕使市场在资源配置中起决定性作用,深化经济体制改革的重点任务是坚持和完善基本经济制度,加快完善现代市场体系、宏观调控体系、开放型经济体系,加快转变经济发展方式,加快建设创新型国家,推动经济更有效率、更加公平、更可持续发展。

参考文献:

丁任重:《转型与发展:中国市场经济进程分析》,中国经济出版社2003年版。

张维迎:《市场的逻辑》,世纪出版集团、上海人民出版社2010年版。

杨瑞龙:《社会主义经济理论》,中国人民大学出版社2008年版。

毛增余:《斯蒂格利茨与转轨经济学》,中国经济出版社2005年版。

胡锦涛:《中共中央十八大政治报告》,人民出版社2012年版。

《中共中央关于建立社会主义市场经济体制若干问题的决定》,人民出版社1993年版。

中国共产党第十八届三中全会:《中共中央关于全面深化改革若干重大问题的决定》。

(戴歌新)

国有经济战略性调整
Strategic Adjustments of State-Owned Economy

国有经济战略性调整是指国有经济在国民经济全局中的布局调整。根据“有进有退”,“有所为有所不为”的方针,通过调整国有经济在各个行业、各个部门的分布,以改变国有经济过去分布过于宽泛、资源配置效率低下、竞争力弱化的困境,从而使国有经济在关系国家安全和国民经济命脉的重要行业和关键领域占有支配地位(江泽民,1997)。最终全面提高国有经济在整个国民经济中的控制力和影响力。

对国有经济布局的战略性调整,是中国渐进式市场化改革的特例。中国的改革一开始就没有像苏联东欧那样对国有经济实行全面、彻底的私有化。中国对国有经济的改革,从激发国有企业的活力到调整国有经济在整个国民经济中的布局,也经历了一个曲折的过程。在中国,国有经济的改革作为经济体制改革的中心环节,受到非常谨慎的对待和推进。中国国有经济的改革从放权让利开始(1978),到实行承包制(1987),再到推行股份制(1992),都是在不改变国有经济根本的产权属性的前提下,通过改变国有企业的经营方式或产权结构等,以实现国有企业的某种企业制度的创新,来达到提高国有企业活力和效率的目的,但没有从根本改变国有经济在整体素质、整体竞争力和整体资源配置等方面的弱势状态。因此,自1997年以后,在中共中央十五大以后,国有经济的改革从搞活单个国有企业全面转入了从宏观上调整国有经济布局的新阶段。提出了“抓大放小”、“有进有退”的战略方针,促使国有经济从中小企业、从竞争性领域、从非战略性行业等退出,收缩战线,增强或集中进入关系国家安全和国民经济命脉的重要行业和关键领域。

对国有经济的战略性调整,首先涉及绝大部分在竞争性领域的中小国有企业的产权转让,通过产权转让,改变产权属性,一方面,国家回收了这部分国有资产,国有经济也从这些竞争性领域实现了退出;另一方面,也扩大了非公有制经济的市场占有份额。其次涉及大中型国有企业的改制与改组,即在公司化改造的总体目标之下,通过国有经济的资产流动和重组,以达到改善国有资产的配置结构和国有企业的组织结构,从而做强做大国有经济的目的。对国有经济的战略性调整,在操作层面面临两个关键问题:一是国有经济布局调整的范围问题;二是如何体现国有资产转让中的公平与公正的问题。根据国务院国有资产监督管理委员会《关于推进国有资本调整和国有企业重组的指导意见》(2006)的有关规定,对国有经济进行战略性调整:一是要推进国有资本向重要行业和关键领域集中,这里的重要行业和关键领域主要包括:涉及国家安全的行业,重大基础设施和重要矿产资源,提供重要公共产品和服务的行业,以及支柱产业和高新技术产业中的重要骨干企业等,以增强国有经济控制力,对需要由国有资本控股的企业,要区别不同情况实行绝对控股和相对控股;二是对于不属于重要行业和关键领域的国有资本,按照有进有退、合理流动的原则,可实行依法转让;三是要积极稳妥地推进,规范操作,切实防止国有资产流失。

中国中央级国有企业(简称“央企”)的做强做大,既大大提升了国有经济的控制力和影响力,又彰显了国有经济战略性调整的重大意义。但是,国有经济战略性调整下的有选择的、集中的大发展,同时也暴露出了一些新的问题。这些问题集中体现在两个方面:一是一些大型或特大型国有企业的行业垄断问题;二是国有经济与民营经济发展的关系问题,即在国有经济强势扩张或垄断的趋势下民营经济发展空间被挤压的问题。尽管国家在战略层面已经明确提出了要打破国有经济的某些垄断局面,要毫不动摇地大力发展民营经济,但在现实中解决这些问题仍有很大的障碍。如果国有经济的垄断带有较强的行政色彩和某种利益结构的固化趋势,如果国有经济的垄断确实限制了民营经济在某些行业的必要发展、限制了必要的市场竞争、降低了资源配置的效率,那就有必要进一步深化经济体制改革,根据十八大的要求,推动国有资本更多投向关系国家安全和国民经济命脉的重要行业和关键领域,不断增强国有经济活力、控制力、影响力。

参考文献:
吴敬琏等:《国有经济的战略性改组》,中国发展出版社1998年版。
国资委:《关于推进国有资本调整和国有企业重组的指导意见》(2006)。
江泽民:《中共中央十五大政治报告》,人民出版社1997年版。
丁任重:《转型与发展:中国市场经济进程分析》,中国经济出版社2003年版。
刘树成:《现代经济词典》,凤凰出版社、江苏人民出版社2005年版。

(戴歌新)

公有制的主体地位和国有经济的主导作用
Dominant Position of Public Ownership and the Leading Role of State-owned Economy

公有制为主体多种所有制经济共同发展是社会主义初级阶段的基本经济制度。其中公有制为主体是社会主义的基本要求。所谓公有制为主体地位,其具体体现在:公有资产在社会总资产中占优势;国有经济控制国民经济命脉,对经济发展起主导作用。公有制的主体地位:一是就全国而言,公有制在整个经济中应占主体地位,有的地方、有的产业可以有所差别;二是公有资产占优势,既要有量的优势,更要注重质的提高。“国有经济为主导”是就其在国民经济发展中,对国民经济的性质和发展方向所起的作用而言的。其主导作用主要体现在控制力上,对关系国民经济命脉的重要行业和关键领域,国有经济必须占支配地位。

改革开放以来,我国非公有制经济发展较快,相比之下,由于种种原因,公有制企业所占比重则呈逐年下降的趋势。明确公有制为主体是资产概念而不是单纯的企业概念,意味着在调整所有制结构过程中,公有制企业在一定时期、一定程度上的下降是必要的,而且公有资产不一定都在公有企业中经营,也可以在包括非公有制资产的混合所有制企业中经营,即使目前某些地方或某个行业公有制经济和非公有制经济所占比重有所差别,公有制的主体地位也没有动摇。实践证明,只要坚持公有制为主体,国家控制国民经济命脉,国有经济的控制力和竞争力得到增强,在这个前提下,国有经济比重减少一些,不会影响我国的社会主义性质。

坚持公有制的主体地位就是坚持社会主义制度,毫不动摇地巩固和发展公有制经济,是坚持和完善基本经济制度的一个重要方面,因此可以说坚持公有制的主体地位是为了解决基本经济关系方面的问题。

"公有制为主体"是指国家和集体所有的资产在社会总资产中占优势,因此,公有和国有并不是完全等同的概念。公有制经济不仅包括国有经济和集体经济,还包括混合所有制经济中的国有成分和集体成分。公有制经济并不一定非要采取纯粹的国有经济形式不可,因此坚持公有制的主体地位并不能等同坚持国有经济的主导作用。

坚持国有经济的主导地位,就是坚持国有经济控制国民经济命脉,对关系国民经济命脉的重要行业和关键领域,国有经济必须占支配地位,在其他领域,可以通过资产重组和结构调整以加强重点,提高国有资产的整体质量,因此可以说坚持国有经济的主导作用是为了解决经济发展方面的问题。

公有制为主体和国有经济主导地位两者之间也存在一定联系。首先,坚持公有制为主体必须发挥国有经济的主导作用。为了巩固和增强公有制的主体地位必须增强国有经济活力、控制力和影响力,坚持国有经济的主导作用则是公有制主体地位的重要表现。其次,以公有制为主体和以国有经济为主导都是宏观概念。1993 年通过的《关于建立社会主义市场经济体制若干问题的决定》指出,"就全国来说,公有制在国民经济中应占主体地位,有的地方、有的产业可以有所差别。"1999 年通过的《中共中央关于国有企业改革和发展若干重大问题的决定》强调,"在经济发展的不同阶段,国有经济在不同产业和地区的比重可以有所差别,其布局要相应调整。"

为了巩固和发展公有制经济和社会主义初级阶段的基本经济制度,必须抛弃从数量上来理解公有制为主体的传统观念,尽快实现由"数量型公有制主体"向"质量型公有制主体"转变,即在公有资产在社会总资产中占优势的形势下,努力使公有制经济不断提高整体素质和生产要素的合理配置,注重结构优化和规模效益,加强科学管理,加速技术进步(董耀鹏,2000)。

我国《宪法》第七条规定:"国有经济,即社会主义全民所有制经济,是国民经济中的主导力量。国家保障国有经济的巩固和发展。"十八大报告提出:"推动国有资本更多投向国家安全和国民经济命脉的重要行业和关键领域,不断增强国有经济活力、控制力、影响力。"要发挥国有经济的主导作用,要做到以下几个方面:

第一,国有经济要在关系国民经济命脉的重要行业和关键领域占支配地位,支撑、引导和带动社会经济的发展,实现国家宏观调控目标中发挥关键作用。第二,从战略上调整国有经济布局,必须把产业结构优化升级和所有制结构的调整完善结合起来,坚持有进有退,有所为有所不为,从而提高国有经济的整体素质。第三,要着眼于搞好整个国有经济,抓好大的,放活小的,对国有企业实施战略性重组。国有经济对国民经济控制力的发挥,不仅可以通过国有独资企业的作用来实现,还可以通过国有企业之间的兼并、联合及重组等形式,形成由国家控股和参股的混合所有制形式的企业来实现。

2013 年,中共十八届三中全会通过的《中共中央关于全面深化改革若干重大问题的决定》中指出:"支持非公有制经济健康发展。非公有制经济在支撑增长、促进创新、扩大就业、增加税收等方面具有重要作用。坚持权利平等、机会平等、规则平等,废除对非公有制经济各种形式的不合理规定,消除各种隐性壁垒,制定非公有制企业进入特许经营领域的具体办法。鼓励非公有制企业参与国有企业改革,鼓励发展非公有资本控股的混合所有制企业,鼓励有条件的私营企业建立现代企业制度。"这为非公有制经济的健康发展创造了公平竞争的环境,拓展了非公有制经济发展的领域;并且有利于进一步深化国有企业的改革,推动公有制经济与非公有制经济的协调发展。

公有制为主体与多种所有制经济共同发展是社会主义初级阶段基本经济制度不可分割的两个方面。公有制为主体不意味着可以削弱非公有制的竞争力,更不应该形成对非公有制经济的垄断地位。公有制和非公有制应该平等竞争。国家的经济体制和经济政策对各种所有制经济应该一视同仁。

参考文献:

江泽民:《高举邓小平理论伟大旗帜,把建设有中国特色社会主义事业全面推向二十一世纪——在中国共产党第十五次全国代表大会上的报告》,载于《人民日报》1997 年 9 月 12 日。

程恩富、侯惠勤、辛向阳:《学习实践科学发展观》,中央文献出版社 2008 年版。

赵华荃:《关于公有制主体地位的量化分析和评价》,载于《当代经济研究》2012 年第 3 期。

董耀鹏:《社会主义国有经济控制力研究》,载于《中共中央党校》2000 年第 5 期。

《中共中央关于全面深化改革若干重大问题的决定》,人民出版社 2013 年版。

(陈师)

社会主义公有制的实现形式

Forms for Materializing Socialist Public Ownership

社会主义公有制的实现形式是指社会主义公有制资产在经济运行过程中的具体组织形式与经营方式。

按照传统观念,社会主义公有制只有两种基本实现形式:一是全民所有制;二是集体所有制。全民所有制是公有制的高级形式,集体所有制是公有制的低级形式,并要逐步过渡到全民所有制。改革开放以来,我国在坚持和完善社会主义初级阶段基本制度的前提下,积极探索多种有效的公有制实现形式。出现了公有制实现形式的多样化,即在传统的全民所有制和集体所有制两种形式之外,又涌现出了包含股份制、股份合作制等的混合所有制。

党的十五大报告明确指出,“公有制实现形式可以而且应当多样化,一切反映社会化生产规律的经营方式和组织形式都可以大胆利用,要努力寻找能够极大促进生产力发展的公有制实现形式。”(江泽民,1997)这表明,公有制的实现形式必须有利于经济的发展及生产力的进步。

所有制与所有制实现形式在内涵上是有区别的。所有制作为一种经济制度,其核心是生产资料的归属问题,主要反映了人与人之间在生产资料占有方面的经济关系,具有稳定性和不变性。所有制实现形式的核心则是生产资料如何运营及收益的分配问题,主要反映了生产资料的占有、管理、支配方式等在微观层面上的具体体现,因而具有可变性和多样性。因此,相对于所有制,所有制实现形式具有相对独立性,同一种所有制可以有多种实现形式,不同所有制也可以采取同一种实现形式(魏礼群,2003)。社会主义公有制是本质属性,强调的是与资本主义私有制的对立,具有稳定性,而公有制实现形式是公有制具体操作问题,强调的是资产的经营方式和组织形式,具有多样性。公有制实现形式无论采取何种形式,都不能影响社会主义公有制本质。因此,在社会主义条件下,公有制形式不可能一成不变,随着社会发展的不同阶段,生产力水平、经济体制特征的变化,公有制形式也必然要变化,特别是社会主义市场经济体制下,公有制具体形式更是丰富多彩(刘诗白,1997)。

社会主义公有制实现形式可以而且应当多样化,是经济体制改革理论上的一个重大突破,具有客观必然性,这一方面是因为社会主义初级阶段生产力发展水平的多层次性和不平衡性,而社会主义市场经济的运行和发展也要求我国公有制实现形式应当而且可以多样化。探索多种公有制实现形式,是实现公有制与市场经济有机结合的有效途径,现代市场经济必然导致不同经济成分之间及同一经济成分内部形成多元化的利益主体和产权主体,这就要求我们必须变革传统的公有制实现形式,大力发展产权清晰的股份制及其他公有制实现形式,如股份合作制等(吴敬琏,2003)。在公有制基础上发展市场经济,探寻公有制的多种实现形式,不但没有否定公有制,反而是为了更好地巩固公有制的主体地位,能够更好地实现公有制与市场经济的结合。

随着改革实践的不断深入,我国对公有制多种有效实现形式特别是股份制的认识不断深化。1992 年邓小平在南方谈话中明确提出“三个有利于的标准”,取得了股份制改革试点的巨大成就。1992 年中共十四大明确提出了建立“现代公司制度”的国有企业改革方向。1993 年中共十四届三中全会通过的《中共中央关于建立社会主义市场经济体制若干问题的决定》中指出:“按照现代企业制度的要求,现有的全国性行业总公司要逐步改组为控股公司。”1997 年中共十五大明确提出国有企业的改革方向是走股份制道路,建立公有制为主体的混合所有制经济,为股份制可以作为公有制的一种实现形式的探索奠定了科学的理论基础。

1999 年中共十五届四中全会提出:“国有大中型企业尤其是优势企业,宜于实行股份制的,要通过规范上市、中外合资和企业相互参股等,改为股份制企业,发展混合所有制经济。”2002 年中共十六大报告指出:“国有企业是我国国民经济的支柱,要深化国有企业改革,进一步探索公有制特别是国有制的多种有效实现形式。”2003 年中共十六届三中全会进一步强调指出:“要坚持公有制主体地位和发挥国有经济主导作用,积极推行公有制的多种有效实现形式,加快调整国有经济布局和结构。要适应经济市场化不断发展的趋势,进一步增强公有制经济的活力,大力发展国有资本、集体资本和非公有资本等参股的混合所有制经济,实现投资主体多元化,使股份制成为公有制的主要实现形式。”

参考文献:

江泽民:《高举邓小平理论伟大旗帜,把建设有中国特色社会主义事业全面推向二十一世纪——中国共产党第十五次全国代表大会报告》,载于《人民日报》1997 年 9 月 12 日。

魏礼群:《积极推行公有制的多种有效实现形式》,载于《求是》2003 年第 21 期。

马克思:《资本论》第 1 卷,人民出版社 1975 年版。

刘诗白:《所有制和所有制实现形式在概念内涵上要加以区分》,载于《经济学家》1997 年 6 月。

吴敬琏:《当代中国经济改革》,上海远东出版社 2003 年版。

《中共中央关于完善社会主义市场经济体制若干问题的决定》,人民出版社 2003 年版。

胡锦涛:《高举中国特色社会主义伟大旗帜为 全面建设小康社会新胜利而奋斗——中国共产党第十七次全国代表大会报告》,人民出版社 2007 年版。

(陈师)

混合所有制经济

Mixed Ownership Economy

混合所有制经济是一种企业资本组织形式,是国有资本、集体资本、非公有资本等不同所有制经济成分按照一定原则融合在一起，进行联合生产或经营的企业产权形式。在混合所有制企业，无论资本来源是公有或私有，都已融合成企业法人财产，各利益主体通过治理结构形成了一种混合的、复杂的产权安排。

大力发展混合所有制经济，是中国共产党根据马克思历史唯物主义和辩证唯物主义指导我国社会主义经济建设的必然结果和重要创新。马克思、恩格斯曾指出未来社会“生产资料转归公有”（《马克思恩格斯选集》第4卷，人民出版社2012年版，第87页）的大方向，但又认为，特定的所有制形式及其结构归根结底取决于生产力的发展（《马克思恩格斯选集》第1卷，人民出版社2012年版，第222页）。列宁在十月革命后实践“战时共产主义政策”经验教训的基础上，根据“俄国幅员如此辽阔，情况如此复杂，社会经济结构的所有这些不同的类型都互相错综地交织在一起”（《列宁选集》第4卷，人民出版社2012年版，第490页）的实际，提出了多种经济成分并存及租借制、租让制、合作制等多种产权结构形式并存的“新经济政策”，促进了俄国（苏联）经济快速恢复。中国自1978年改革开放以后，为推动生产力发展，“逐步消除所有制结构不合理对生产力的羁绊”，“出现了公有制实现形式多样化和多种经济成分共同发展的局面”。随着生产力发展和“社会经济结构”变化，我国基本经济制度的所有制实现形式也必然相应发展变化。

中国共产党提出混合所有制经济概念及对它的理论认识经历了一个逐步深化的过程。1993年中共十四届三中全会提出，“随着产权的流动和重组，财产混合所有的经济单位越来越多，将会形成新的财产所有结构。”这是第一次提出“混合所有”概念，但还没有将它视为一种所有制形式。1997年中共十五大提出，“公有制经济不仅包括国有经济和集体经济，还包括混合所有制经济中的国有成分和集体成分”。这是第一次提出“混合所有制经济”概念，它被承认为一种独立的所有制形式。1999年党的十五届四中全会在“积极探索公有制的多种有效实现形式”中提出，“国有大中型企业尤其是优势企业，宜于实行股份制的，要通过规范上市、中外合资和企业互相参股等形式，改为股份制企业，发展混合所有制经济，重要的企业由国家控股”。混合所有制经济正式被明确为我国公有制的重要实现形式，并强调“重要企业由国家控股”，同时讲清了股份制与混合所有制经济的关系。2007年党的十七大则明确混合所有制经济要“以现代产权制度为基础”。在历次探索的基础上，2013年中共十八届三中全会再次取得认识上的全方位突破。以此为标志，中国共产党关于混合所有制经济的理论认识和政策主张形成一个较为完整的体系。

混合所有制经济的理论与政策概括起来主要有：第一，在混合所有制经济的地位上，十八届三中全会提出它“是我国基本经济制度的重要实现形式”。这是对十五届四中全会提出混合所有制经济是公有制有效实现形式的重要发展，对于各种所有制经济平等竞争合作、共同获得发展机会奠定了强有力的思想认识基础。第二，在组成成分上，混合所有制经济是由国有资本、集体资本、非公有资本等交叉持股、相互融合形成的所有制形式，而非任何经济成分的联合。第三，混合所有制经济在政策框架上有三个“允许”，即允许更多国有经济和其他所有制经济发展成为混合所有制经济，国有资本投资项目允许非国有资本参股，允许混合所有制经济实行企业员工持股，形成资本所有者和劳动者利益共同体。三个“允许”具有极强的现实针对性，为推进国有企业做大做强和拓展非公有制企业发展空间，解决现实中存在的国有经济与民营经济的矛盾、收入分配矛盾等问题，提供了新的政策通道。第四，在参股经济成分的地位与作用上，不仅强调“重要企业由国家控股”，也“鼓励发展非公有资本控股的混合所有制企业”。两者结合，既有助于维护公有制的主体地位，又在制度设计上保证了各类经济成分在市场机制中的平等地位。第五，发展混合所有制经济，要鼓励非公有制企业参与国有企业改革，这表明混合所有制经济不仅本身是改革的产物，它又成为全面深化改革的重要突破口。

积极发展混合所有制经济在我国具有重要的意义：第一，有利于国有资本放大功能、保值增值、提高竞争力。第二，有利于各种所有制资本取长补短、相互促进、共同发展。它为各类资本大规模聚合运作和生产要素最优配置开拓了更为广阔的空间。第三，混合所有制为实现政企分开创造了良好的产权条件，有利于进一步完善社会主义市场经济体制，真正使市场在资源配置中起决定性作用。第四，“形成资本所有者和劳动者利益共同体”的提出，有利于构建社会主义市场经济条件下新型劳资关系，形成劳资利益共同体的利益关系新格局。第五，它在理论上突破了“国进民退”与“国退民进”非此即彼的传统思维框架。它表明，在社会主义市场经济条件下，各类经济主体不是相互区别、相互排斥，而是可以和应该在市场机制作用下共存共赢、融合共进。

参考文献：

《马克思恩格斯文集》第1卷，人民出版社2009年版。

《马克思恩格斯选集》第4卷，人民出版社2012年版。

《列宁选集》第4卷，人民出版社2012年版。

《邓小平文选》第3卷，人民出版社1993年版。

《江泽民文选》第3卷，人民出版社2006年版。

《改革开放三十年重要文献选编》上、下，中央文献出版社2008年。

《中共中央关于全面深化改革若干重大问题的决定》，人民出版社2013年版。

（丁任重　黄世坤）

现代产权制度

Modern Property Rights System

产权即财产权，它是以所有权为核心的一组权力，包括占有权、使用权、收益权、支配权。产权制度是产权关系的制度化，是规范和协调主体在财产占有行为方面的规则、准则。经济活动总是在一定的经济制度构架中进行的，经济制度是影响经济活动及其结果的一个重要因素。与市场经济相联系，现代产权制度就是现代市场经济中的一种基础性的经济制度。

产权、产权制度，其概念和思想源于现代产权理论。现代产权理论主要研究产权制度的作用和功能，研究如何通过界定、变更和安排新的产权结构来降低交易费用，提高经济效率，改善资源配置，增加经济福利。实际上在古典经济学中，就包含着丰富的财产权思想。虽然关于古典经济学有没有产权理论学界还有不同认识，但是，古典经济学特别是亚当·斯密分析的自由竞争的市场经济条件下，私有产权是形成自由竞争市场经济社会秩序的根本动力，人们在追求自身利益最大化的同时，客观上形成了整个社会经济的协调。这些思想反映在斯密关于“经济人”和看不见的手的分析之中。在新古典经济学理论中，关于产权的问题并未占重要的地位。新古典经济学是在一种给定的资源稀缺的条件下研究各经济主体如何在一种完全竞争的环境中以及价格和技术约束下的理性选择，从而实现资源配置的效率。财产权作为制度前提被排除在正统的微观经济学和标准的福利经济学分析之外。产权理论始于1937年科斯发表的经典之作《企业的性质》，但实际上直到1960年科斯发表的《社会成本问题》之后，才把产权纳入经济学的体系。

产权经济学文献中所定义的“产权”及产权制度，是从人与人之间的行为关系出发的。“产权是一种通过社会强制而实现的对某种经济物品的多种用途进行选择的权利”。配杰威齐说，“产权是因为存在着稀缺物品和其他特定用途而引起的人们之间的关系；”“产权详细表明了人与人之间的相互关系中，所有的人都必须遵守的与物相对应的行为准则，或承担不遵守这种准则的处罚成本。”产权设定的意义在于，为人们利用财产的行为设定了一定的边界，它允许权利在法律准许的范围内支配财产，并承担相应支配结果的权利。

产权制度调节的对象是财产利益关系，它通常表现为法律制度，是法律对产权的确认和保障。财产权制度具有多层次性，这是由社会经济关系或生产关系的多层次性决定的。这种多层次性的财产权制度，可以归结为对财产的基本制度的法律规定，对经济组织及运行过程中财产权行使的法律规定这两个层次。就人类社会某一特定发展阶段来说，客观上存在着某种占主导地位的财产所有权形式，它决定与制约着其他非主导的财产权形式和派生的财产形式，是社会一定发展阶段的经济、政治和意识形态、上层建筑的基础。这种占主导地位的财产所有权形式，就是财产权的基本制度，马克思把它称为一种“普照之光”。从一个社会的生产关系体系来看，它就是被称为生产关系的基础或基础性生产关系的所有制。

在一个社会确立的基本财产制度框架内，产权制度作为规范和协调主体在财产占有行为及利益关系方面的规则、准则，它是形成人们经济行为合理性和经济生活有序化的重要的法权基础。可以说，这一层次的产权制度是市场经济得以顺利运行的润滑剂。具体来讲，它有以下几个功能：一是经济激励功能。激励功能是以“经济人”追求自身利益最大化的行为假设为前提的。产权制度的激励功能就是指通过法律确认和保护的财产占有主体，可以使用产权来谋取自身的利益，并且使这种利益不断地内在化。二是资源配置功能。当资源不存在稀缺性因而人们在占有使用资源上并不存在利益矛盾时，财产权的界定并不重要。而当稀缺性出现时，争夺生产资源的冲突迫使各主体之间都要寻求一种社会稳定秩序以确认资源的归属，以保护人们对资源的稳定利用。因此，通过法律而确认保护的财产权制度，一开始就是为了资源配置的需要。三是行为约束功能。产权的约束功能有两层意思：一是由产权的排他性而产生的对非产权主体的约束，即排除他人的侵占、盗窃等行为，保障排他性产权关系的建立。二是对产权主体行为的约束，即通过主体权利和责任的界定，使外在的责任内在化。四是经济预期功能。一个社会所建立的对财产所有权充分保护的法律制度，会有力地鼓励人们增加财富，有效地利用资源，从而促进社会经济的发展。在存在外部环境的不确定性和风险的情况下，只有当社会持续而稳定地保护产权，人们才会普遍地从事财富的积累，谋划长期的经济活动。

建立健全与社会主义市场经济相适应的现代产权制度，是深化经济体制改革的一项重要任务。中国的经济体制改革，始于1978年在农村推行家庭联产承包责任制，土地的所有权与经营权的分离已经涉及“产权”问题；而后国有企业改革的措施主要是“放权让利”、“利改税”，以及在国有大中型企业中推行“承包制”和股份制试点，这些改革虽然没有明确的以现代产权理论为背景，但在所有制与产权以及所有权与经营权的两权分离问题上作出了有益探索。1992年，党的十四届三中全会明确了建立社会主义市场经济体制的改革目标，提出了建立现代企业制度的改革任务。

1999年，中共中央作出了《关于国有企业改革和发展若干重大问题的决定》，提出了“推进国有企业战略性改组”；2000年颁布了《国有大中型企业建立现代企业制度和加强管理的基本规范（试行）》等文件，这些重大政策决定逐步深入产权制度改革这个层面。2000年年初，中央又提出了《关于促进和引导民间投资的若干意见》。2002年11月召开的党的十六大，明确提出了“实行投资主体多元化”，“放宽国内民间资本的市场准入领域”的政策主张。到这时，构建与社会主义市场经济相适应的现代产权制度的改革思路已基本清晰。2003年，十六届三中全会通过了《中共中央关于完善社会主义市场经济体制若干问题的决定》，明确提出了要建立健全现代产权制度的问题。该《决定》指出：“产权是所有制的核心和主要内容，包括物权、债权、股权和知识产权等各类财产权。建立归属清晰、权责明确、保护严格、流转顺畅的现代产权制度，有利于维护公有财产权，巩固公有制经济的主体地位；有利于保护私有财产权，促进非公有制经济发展；有利于各类资产的流动和重组，推动混合所有制经济发展；有利于增强企业和公众创业创新的动力，形成良好的信用基础和市场秩序。这是完善基本经济制度的内在要求，是构建现代企业制度的重要基础。要依法保护各类产权，健全产权交易规则和监管制度，推动产权有序流转，保障所有市场主体的平等法律地位和发展权利。”2013年11月，十八届三中全会通过了《中共中央关于全面深化改革若干重大问题的决定》，该《决定》提出：“完善产权保护制度。产权是所有制的核心。健全归属清晰、权责明确、保护严格、流转顺畅的现代产权制度。公有制经济财产权不可侵犯，非公有制经济财产权同样不可侵犯。国家保护各种所有制经济产权和合法利益，保证各种所有制经济依法平等使用生产要素、公开公平公正参与市场竞争、同等受到法律保护，依法监管各种所有制经济。”

完善社会主义市场经济体制与构建现代产权制度，需要一个整体性制度架构。这个整体性制度架构，在核心价值取向上，要坚持马克思的所有制和财产权思想的价值观，即社会公正与人的全面发展；在制度功能上，要保护各类主体产权的排他性，激励产权主体的理性行为，规范不同主体之间的权利义务关系，实现资源的有效配置；在制度构建上，需要在宪法层面、财产立法层面、行政法律法规层面和经济调节层面的多层次制度设计，并要处理好市场配置资源与政府协调的关系，政府在产权结构和收益分配上应该积极有为。

与社会主义市场经济相适应，现代产权制度的基本要求即是“归属清晰、权责明确、保护严格、流转顺畅”，具体来讲，包括：（1）明确界定产权主体。产权界定的含义：一是对财产权的归属如所有权归谁所有作出明确的界定；二是对产权体系内的各种权利如占有、使用、收益和处分等权利的分割作出明确的界定，明确界定由权利分割而产生的各权利主体的产权边界及权能范围。产权的清晰界定有利于解决信息和激励问题，降低交易成本，并对经济运行的效率产生积极影响；清晰的产权归属，也是产权交易和资源有效配置的基础。（2）责权明确，责任与权利的相互制衡。现代产权制度不仅要求归属清晰，而且要求财产权利、利益、责任和义务要相互统一。一切利用产权得到权力、获取利益的人，都要担负相应的责任，不能让某些主体单方面受益或获得较多的利益，而让别人去承担责任或负较大的责任。责权明确以及相互制衡是对产权主体行为的约束机制。（3）严格保护产权，维护各类权利主体的合法权益。现代产权制度必须建立产权保护的法律制度，即通过完备、有力度的法律制度对物权、债权、股权和知识产权等各类财产权一律给予法律上的严格保护，确保产权主体的合法权益。依法建立健全保护严格的现代产权制度，还包括依照国家的基本大法《宪法》，保护公民的私人财产权利及其合法财产收益，这将有利于释放一切劳动、知识、技术、管理和资本的活力，有利于各类生产要素在创造社会财富的过程中充分发挥作用。保护严格的现代产权制度，应当明确各种不同所有制的产权都受法律的严格保护，这是坚持公有制为主体、多种所有制经济共同发展的基本经济制度的需要。要通过产权保护的法律制度，使公有制经济财产权和非公有制经济财产权同样不可侵犯，保护各种所有制经济产权和合法利益，保证各种所有制经济依法平等使用生产要素、公开公平公正参与市场竞争。（4）促进产权交易，实现资源优化配置。产权交易即产权的流通转让，是产权制度的重要功能，一项可交易的产权才有其市场价值，才能实现资源配置的功能。产权交易既包括所有权的转让如国有企业的整体性出售，也包括产权分割情况下使用权的流转如农村土地承包经营权的市场流转。产权流转顺畅，有利于发展国有资本、集体资本和非公有资本等参股的混合所有制经济，有利于发挥市场机制的作用，实现资源的优化配置，有利于完善国有资本有进有退、合理流动的机制，进一步推动国有资本更多地投向关系国家安全和国民经济命脉的重要行业和关键领域。

参考文献：

[美]阿尔奇安：《新帕尔格雷夫经济学大词典》，经济科学出版社1996年版。

[美]配杰威齐：《产权与经济理论：近期文献的 ·个综述》，引自《财产权利与制度变迁》，上海三联书店1994年版。

刘伟、李风圣：《产权通论》，北京出版社1998年版。

刘灿等：《中国的经济改革与产权制度创新研究》，西南财经大学出版社2007年版。

岳福斌、张宇:《建立健全现代产权制度的背景、目标、意义》,载于《中国特色社会主义研究》2004 年第 3 期。

常修泽:《论建立与社会主义市场经济相适应的现代产权制度》,载于《宏观经济研究》2004 年第 1 期。

中国共产党第十四届三中全会:《中共中央关于完善社会主义市场经济体制若干问题的决定》。

中国共产党第十八届三中全会:《中共中央关于全面深化改革若干重大问题的决定》,人民出版社 2013 年版。

(刘灿)

现代市场体系

Modern Market System

现代市场体系是指与现代市场经济相适应的、市场功能完备、市场机制能够得以充分发挥的各类市场相互联系和相互作用的有机整体。它包括由消费品和生产资料等构成的商品市场及由资本市场、劳动力市场、技术市场、信息市场、房地产市场等构成的生产要素市场。

随着社会主义市场经济体制的不断改革与推进,中国市场体系改革与建设大体上经历了从商品市场建设为主,到推进要素市场建设为主的两大历史阶段。

第一阶段是从 1979 ~ 1999 年。首先是 1978 ~ 1992 年进行的流通市场化改革,为培育和发展市场体系奠定了重要的物质基础、制度基础和观念基础。1984 年,中共十二届三中全会做出了关于经济体制改革的决定,经济体制改革的重点开始由农村转移到城市。1987 年,中共十三大报告提出:新的经济运行机制,总体上来说应当是"国家调节市场,市场引导企业"的机制。这一阶段,以所有权与经营权分离的原则推进国有企业改革,以"调放结合"的原则推进价格改革,开始把生产要素纳入市场体系建设,进一步缩小了计划管理特别是指令性计划管理的范围。其次是从 1992 ~ 1999 年的市场体系配套发展阶段。中共十四大明确提出建立社会主义市场经济体制的改革目标,肯定了市场对资源配置的基础性作用。随后在 1993 年 11 月,中共十四届三中全会通过了《关于建立社会主义市场经济体制若干问题的决定》,把十四大提出的经济体制改革的目标和基本原则加以具体化,制定了社会主义市场经济体制的总体规划,提出建立全国统一开放的市场体系,以实现城乡市场紧密结合,国内市场与国际市场相互衔接,促进实现资源优化配置的目标。党的十四届三中全会通过的《关于建立社会主义市场经济体制若干问题的决定》中,明确提出了培育和发展市场体系的任务:"当前要着重发展生产要素市场,规范市场行为,打破地区、部门的分割和封锁,反对不正当竞争,创造平等竞争的环境,形成统一、开放、竞争、有序的大市场。"

第二阶段是进入 21 世纪以来。2002 年,党的十六大报告指出,要健全现代市场体系。党的十六届三中全会通过的《中共中央关于完善社会主义市场经济体制若干问题的决定》中,再一次强调完善社会主义市场经济体制的主要任务之一是建设统一、开放、竞争、有序的现代市场体系。建立现代市场体系有助于进一步完善以公有制为主体、多种经济成分共同发展的基本经济制度,有助于形成城乡经济、区域经济协调发展的良性机制,有助于完善宏观调控体系,有助于市场机制的充分发挥。2007 年,党的十七大报告进一步指出,"加快形成统一、开放、竞争、有序的现代市场体系,发展各类生产要素市场,完善反映市场供求关系、资源稀缺程度、环境损害成本的生产要素和资源价格形成机制,规范发展行业协会和市场中介组织,健全社会信用体系"。党的十八届三中全会通过的《中共中央关于全面深化改革若干重大问题的决定》中指出"建设统一开放、竞争有序的市场体系,是使市场在资源配置中起决定性作用的基础。必须加快形成企业自主经营、公平竞争,消费者自由选择、自主消费,商品和要素自由流动、平等交换的现代市场体系,着力清除市场壁垒,提高资源配置效率和公平性。"

现代市场体系不是各种市场的简单相加,而是统一、完整、竞争、开放、运动的立体型的大系统。它包括八个紧密联系的子系统,即:一是市场主体系统,指参与市场交易活动的生产经营者、生产要素提供者、消费者和中间商。其中,主要是指各类企业,各类企业都必须是自主经营、自负盈亏、自我发展、自我约束的法人实体和市场竞争的主体。它们能够自主地参加市场活动,根据市场信号进行生产经营决策。二是市场客体系统,指进入市场的能够自由流动的各种商品、服务和生产要素,它们是市场活动的物质基础。它们必须是货真价实的和供略大于求的。三是市场机制系统,主要有价格机制、供求机制、竞争机制等,其中价格机制是核心。在国家宏观控制下,市场机制对资源配置起基础性调节作用,促使国民经济协调发展。四是市场类别系统,从平面看,市场体系由四类市场组成。一类是商品市场,包括消费品市场和生产资料市场;二类是生产要素市场,如劳动力市场、技术市场、金融市场、房地产市场等;三类是服务市场,这是指第三产业提供的各种服务作为商品进行交易的市场,如运输市场、旅游市场、娱乐市场等;四类是特殊市场,包括产权交易市场、拍卖市场等。五是市场法规系统,为了保证现代市场经济高效有序地运行,必须健全市场法规。这包括规范市场主体,制约市场客体,维护市场秩序,加强宏观调控,完善社会保障,健全涉外经济等方面的法规。六是市场宏调系统,为了克服单纯市场调节的局限性,必须加强政府的宏观调控。政府必须根据经济规律的要求,采取各种措施,从总体上对国民经济各部门、各地区、各企业和社会再生产各环节进行调节和控制,以促进国民经济健康发展和社会全面进步。七是市场服务系统,这是指各种市场中介组织,如会计师、审计师、律师事务所、仲裁机构、计量和质量认证机构、信息咨询机构、资产评估机构及行业协会、商会等,发挥其服务、沟通、公证、监督、协调等作用。八是市场载体系统,这是指市场的各种基础设施,它为市场主体的活动提供物质条件,如场地、铺位、仓库、水电、交通、通讯等(王季林,1997)。

我国要建设的社会主义市场体系的基本特征在于它的统一性、开放性、竞争性和有序性。统一是指市场体系的有效衔接和运行规则在全国范围内必须一致;开放是指市场体系不仅要对内开放,还应面向国际市场对外开放,促进资源自由流动并积极参与国际竞争和分工合作,充分利用国际国内两个市场、两种资源;竞争是市场机制发挥作用不可缺少的条件,充分的竞争有利于形成合理的市场价格从而引导资源的合理配置,这是市场经济有效性的根本保证。有效的市场竞争必须实现竞争的公平性、相对充分性及有序性;市场秩序是人们在市场经济中人与人之间关系的制度化和规范化,市场有序意味着市场结构的均衡性、市场运行的稳定性及市场行为的有规则性。现代市场体系所要求的统一、开放、竞争和有序四个特征的实质是相互依存、辩证统一的整体,既不可也不能将其割裂开来,必须在大力发展和培育各类市场主体及市场主体赖以生存发展的空间即市场体系的基础上通过体制创新协调推进(李春明,2004)。

党的十八届三中全会的《关于建立社会主义市场经济体制若干问题的决定》开宗明义地确立"市场在资源配置中起决定性作用",其意义非常重大,将引导我国建立起消除条块分割、向所有市场主体开放、消除垄断和行政干预、在法治基础上实现有序竞争的统一市场。市场体系是市场经济的基础,只有建立统一开放、竞争有序的市场体系,才能扫除不利于当前中国经济社会发展与繁荣的各种弊端,才能让各种生产要素在市场条件下充分利用与有效发挥作用,促进社会财富增长,让全体人民分享发展成果(徐印州,2013)。

参考文献:
王季林:《论现代市场体系》,载于《经济评论》1997 年第 4 期。
李春明:《完善有序运行的现代市场体系》,载于《求是》2004 年第 2 期。
陈勇军:《中国现代市场体系改革三十年》,载于《企业经济》2009 年第 3 期。
徐印州:《没有现代市场体系就没有社会主义市场经济》,载于《南方日报》2013 年 12 月 9 日。
《中共中央关于全面深化改革若干重大问题的决定》,人民出版社 2013 年版。

(陈师)

市场准入制度
Market Access System

市场准入制度是有关国家和政府准许公民和法人进入市场,从事商品生产经营活动的条件和程序规则的各种制度和规范的总称。它是商品经济发展到一定历史阶段,随着市场对人类生活的影响范围和程度日益拓展和深化,为了保护社会公共利益的需要而逐步建立和完善的。市场准入制度是国家对市场进行干预的基本制度,它作为政府管理的第一环节,既是政府管理市场的起点,又是一系列现代市场经济条件下的一项基础性的、极为重要的经济法律制度。市场准入制度是国家对市场主体资格的确立、审核和确认的法律制度,包括市场主体资格的实体条件和取得主体资格的程序条件。其表现是国家通过立法,规定市场主体资格的条件及取得程序,并通过审批和登记程序执行。

市场准入制度是个多层次的制度体系,包括以下三个层面的制度:(1)一般市场准入制度。这是市场经营主体进入市场,从事市场经营活动都必须遵守的一般条件和程序规则。(2)特殊市场准入制度。这是规定市场经营主体进入特殊市场从事经营活动所必须具备的条件和程序规则的制度。(3)涉外市场准入制度。一国对外国资本进入国内市场而规定的各种条件和程序规则及一国对本国资本进入国际市场而规定的各种条件和程序规则,形成涉外市场准入制度。

"市场准入"一词在当前有两种基本含义:其一,它是在世界贸易组织(WTO)法律框架下确立的一种特殊的国际贸易法原则,其含义基本等同于"市场自由开放",即"(主体或交易对象)可自由地进入某国市场",相当于英文中的"Free Market Access Rule"。其二,"市场准入"是指调控或规制市场主体和交易对象进入市场的有关法律规范的总称。这是"市场准入"一词被引入我国以后延伸发展出来的含义。如 2001 年 4 月《国务院关于整顿和规范市场经济秩序的决定》第二条第(四)款第 5 项指出"规范中介机构的行为,实行中介机构市场准入制度"。在这一含义下,它是政府对市场和国民经济进行调控的一种制度安排,主要涉及市场运行和管理方面的制度,属于经济法与行政法、国际经济法等领域交叉部分的课题。它既包括国内市场准入的内容,也包括一国对外市场准入的内容,其最终目的是要实现一国市场的健康稳定发展。综上所述,“市场准入”第一种定义,从经济学的角度说,是指主体和交易对象被政府准许进入市场的程度和范围;第二种定义,从法律角度说,是“市场准入制度”的简称,它是指国家规制市场主体和交易对象进入市场的有关法律规范的总称(刘丹、侯茜,2005)。

市场准入具有以下特征:(1)市场准入是一种市场壁垒,一种进入特定市场的法律或政策壁垒,形成壁垒的主体主要是政府。(2)市场准入具有消极性。在实行市场准入的领域,以限制或禁止进入为常态,只有取得政府的许可、特许或履行其他审批才得以进入。(3)市场准入具有“门槛性”,主要集中于进入特定市场时的规制。

随着社会主义市场经济体制的逐步建立,从20世纪80年代初期至今,我国的市场准入制度演变大致可以分为这样三个时期:(1)企业登记制度恢复时期(1982~1988):这一时期的主要特点是:第一,重新恢复了对工商企业的登记制度,并允许个体工商户在国家法律和政策允许的范围内经营工业、手工业、建筑业、交通运输业、商业、饮食业、服务业、修理业及其他行业;第二,对工商企业(主要是中外合资企业)的市场准入作了具体的规定。这些法规的颁布与实施,对鼓励个体私营经济的发展、吸引外资和促进经济发展创造了条件。但由于受传统体制和观念的影响,当时的制度安排主要是进行营业登记,没有赋予工商企业民事主体地位,工商企业不具有法人地位。(2)企业法人制度确立时期(1988~1992):1988年国务院相继颁布了《中华人民共和国中外合作经营企业法》、《中华人民共和国企业法人登记管理条例》和《中华人民共和国私营企业暂行条例》,这些法规的颁布标志着我国企业登记开始从营业登记向企业法人登记转变。具体特点有:第一,对具备法人条件的各类企业(包括全民所有制企业、集体所有制企业、联营企业、三资企业、私营企业及其他依法需要企业法人登记的企业等),都要求办理企业法人登记;第二,对企业法人条件、资格,以及审批与登记作了明确规定,并对企业法人的注册资金、监督管理和对登记工作人员的监督等方面也作了相应的规定;第三,对私营企业的主要类型、开办条件及其义务作了规定。1990年国家工商局发布《企业法人的法定代表人审批条件和登记管理暂行规定》,对企业法人的审批与登记作了进一步明确规定。从此,我国的企业登记制度便朝着完善的企业法人登记管理制度发展,并为市场主体准入制度的建立和完善奠定了重要的基础。(3)市场准入制度的逐步完善(1993年至今):1993年《中华人民共和国公司法》的颁布与实施,标志着与社会主义市场经济体制相适应的市场准入制度初步形成。作为市场准入制度的核心内容,《公司法》的意义在于:第一,确立了真正的法人机制。它所指的市场主体,一是能够独立支配公司财产,二是能够独立地承担民事责任(也是财产责任);第二,确立了市场主体之间的平等原则,即公司按责任进行划分,与股东性质和所有制没有直接关系;第三,《公司法》确认了股权的概念,且股权可以转让,从而为按市场机制实现资源配置最优化提供了可能;第四,《公司法》还对市场主体的行为、内部制度进行了规范。毫无疑问,《公司法》为建立统一、系统化的市场准入制度奠定了重要的基础(盛世豪,2001)。

市场准入制度是政府对经济实施管理的重要组成部分,市场准入制度的合理与否对经济发展具有重要影响,制度的松紧程度直接影响着市场主体进入市场的成本和难易程度,完善市场准入是建立完善市场经济,扫除各种壁垒,建立统一的国内大市场的重要环节。市场准入制度的研究伴随着国际经济的一体化,已经远远超出了国际经济法的范畴。目前从理论和实践中的含义和研究来看,市场准入已不仅仅是早期狭义的、单纯的市场进入、企业的工商登记、条件与标准,它还涉及一国的开放程度及测量、市场壁垒的设置、投资环境的改善、市场的监管、国家的微观管理与宏观调控等,形成了具有内在有机联系的一个独立的制度群。

2013年中共十八届三中全会通过的《中共中央关于全面深化改革若干重大问题的决定》中指出:“实行统一的市场准入制度,在制定负面清单基础上,各类市场主体可依法平等进入清单之外领域。探索对外商投资实行准入前国民待遇加负面清单的管理模式。推进工商注册制度便利化,削减资质认定项目,由先证后照改为先照后证,把注册资本实缴登记制逐步改为认缴登记制。推进国内贸易流通体制改革,建设法治化营商环境。”

参考文献:

海珠区市场监管体系建设试点工作办公室:《市场监管体系研究报告》,2012年12月。

刘丹、侯茜:《中国市场准入制度的现状及完善》,载于《商业研究》2005年第12期。

盛世豪:《试论我国市场准入制度的现状与改革取向》,载于《中共浙江省委党校学报》2001年第3期。

封延会、贾晓燕:《论我国市场准入制度的构建》,载于《山东社会科学》2006年第12期。

《中共中央关于全面深化改革若干重大问题的决定》,人民出版社2013年版。

Laurence G. C. Kaplan, Stimulating Europe to Regulate Culture, *Emory International Law Review*, Spring, 1994.

(陈师)

行政垄断
Administrative Monopoly

行政性垄断是指由某个行政部门通过部门条例或规章的形式授予经营主体——企业或兼有营利性活动的行政机构的垄断性权力，表现为以直接或间接的方式，通过对市场的干预，主要包括进入壁垒的设置和对价格的管制获得特殊的便利和优势，从而形成不同程度垄断势力与地位的状况。行政垄断是垄断的一种。垄断一般分为市场的垄断和人为的垄断。市场的垄断指利用技术专利、企业规模和企业竞争力获得的市场垄断力量，而行政垄断是一种人为垄断，它本质上是行政主体超出合理行为边界而将行政权力作用于市场关系以实现其利益的最大化的行为，行政权力介入是垄断的根源。

行政垄断具有以下特征：首先，从行为主体看，行政性垄断行为的实施者是政府及其所属部门，而非市场中的经营者或竞争主体。其次，从形成原因及对竞争的作用情况看，行政性垄断是行为主体通过行政手段将行政管理权直接或间接地作用于经济竞争活动而产生的，它的优势来源是行政权力，而非经济性因素。最后，从危害结果看，使市场自身的运行规则屈从于行政干预，丧失其优化资源配置的基本功能。

行政垄断具体包括地区行政性垄断、行政强制交易、行政干涉企业经营行为、行政性公司滥用优势行为等。从表现形式上看，行政垄断主要表现为地区垄断和行业垄断。地区垄断是指地方政府等行政主体利用地方行政权力建立市场壁垒的行为；行业垄断是指行业管理部门等行政主体出于保护特定行业的企业及其经济利益而限制或排斥其他行业进入竞争的行为。从作用方式上看，行为垄断主要分为直接行政垄断和间接行政垄断。直接行政垄断是指行为主体直接不当干预市场竞争，如干预企业经营自主权行为。间接行政垄断指受行政权力保护的公用企业等享有垄断地位的经营者滥用优势，实施限制竞争的行为。

“行政垄断”是中国经济转型背景下的一个特殊概念。改革开放以来，社会主义市场经济体制初步建立，市场竞争不断规范。但是，在体制转型过程中，由于传统计划经济体制的影响，加上相关的法律法规尚不完善，旧体制中的官本位权力机制，寄生于新旧体制转轨缝隙中，不健全的市场机制为其寻找到了新的生存环境。各行政主体利用手中的行政权力，分割、封锁市场，以本部门、本地区企业为利益载体，追求本位利益的最大化从而形成了行政垄断。

行政垄断的负面效应在于：

破坏市场有序竞争，阻碍市场体系的建成。行政垄断以行政权力配置资源和对不同企业差别待遇，扭曲了资源配置方式，破坏了竞争机制的正常作用，阻碍了企业间的自由公平竞争，降低了经济运行效率。“条块分割”和地区封锁限制了地区间的要素流动和市场竞争，阻碍了全国性统一市场的形成。行政垄断造成的地区间市场壁垒限制了各地、各企业间的比较优势发挥，阻碍统一、开放、竞争、有序的现代市场体系的形成。

造成社会福利损失和社会不公。由于成本软约束和缺乏市场竞争压力，行政垄断行业偏好将企业内部消耗转嫁给消费者。从微观层面上，行政垄断必然损害经营者合法权益，破坏消费者自由选择商品服务的权利，导致产品和服务质量低劣等问题。从宏观层面上，作为企业与政府利益勾连的产物，行政垄断非但无法增加社会财富，反而提高了社会成本，减少了消费者剩余，导致社会福利净损失。

行政主体滥用行政权力促成行政垄断的过程本身就是一个权力寻租的过程，本质上是一种权钱交易和掠夺性腐败。其后果就是引致企业谋求利润最大化的关键在于通过行贿取得行政垄断的庇护，而非通过改进技术水平和改善管理来进行正当的合法竞争，进而导致腐败滋生，破坏社会风气。

中国共产党十八届三中全会《中共中央关于全面深化改革若干重大问题的决定》提出“经济体制改革是全面深化改革的重点，核心问题是处理好政府和市场的关系，使市场在资源配置中起决定性作用和更好发挥政府作用”，并提出“进一步破除各种形式的行政垄断。”紧紧围绕使市场在资源配置中发挥决定性作用和更好发挥政府作用，通过深化政治体制改革和行政管理体制改革，铲除行政垄断的体制根基，加速反垄断立法，强化监管职能，将行政性垄断纳入其中予以法律性调适，合理界定行政主体干预经济的合法性范围和作用边界，杜绝滥用行政垄断的行为。破除行政垄断，消解抑制市场机制的行政力量，铲除市场秩序混乱的因素，保持市场竞争活力，是新时期我国面临的迫切课题。

参考文献：

丁任重：《转型与发展：中国市场经济进程分析》，中国经济出版社 2004 年版。

胡汝银：《竞争与垄断：社会主义微观经济分析》，三联书店 1988 年版。

戚聿东：《中国经济运行中的垄断与竞争》，人民出版社 2004 年版。

胡鞍钢、过勇：《从垄断市场到竞争市场：深刻的社会改革》，载于《改革》2002 年第 1 期。

崔弘树：《中国行政垄断的经济分析》，载于《浙江社会科学》2003 年第 3 期。

《中共中央关于全面深化改革若干重大问题的决定》，人民出版社 2013 年版。

（盖凯程）

政府管制
Government Regulation

政府管制是具有法律地位的、相对独立的政府管制者或机构,依照一定的法规对被管制者(包括个人和组织)所采取的一系列行政管理和监督行为。在一定意义上,政府管制是政府向社会提供的一种特殊公共产品。

政府管制主要分为经济性管制和社会性管制两大类型。经济性管制是指在自然垄断和存在信息不对称的领域,为防止发生资源配置低效率和确保利用者的公平利用,政府机关用法律权限,通过许可和认可等手段对企业的进入和退出、价格、服务等有关行为加以管制。社会性管制是以保障劳动者和消费者的安全、健康、卫生、环境保护、防止灾害为目的,对产品和服务的质量和伴随它们而产生的各种活动制定一定标准,并禁止特定行为的管制(植草益,1992)。

政府管制制度的特殊性在于,它是一种面对市场经济微观主体的行政法律制度,即政府行政机构通过法律授权,对市场主体的某些特殊行为进行限制和监督。政府管制作为行政法律制度,无疑具有一种强制力。而其于微观经济绩效之影响的优劣则取决于行政立法、执法及执法监督的质量。中国现有的政府管制制度对维护市场秩序、保障消费者和社会利益、促进产业的发展都产生了一定的推动作用。但由于政企不分、政事不分依然存在,某些政府机构运用其所掌握的行政权力维护本部门、本行业的利益的现象时有发生。

政府管制是政府利用强制性的政治资源供给的一种特定的制度,其基本功能是通过界定参与者的成本或收益而规范其行为。20世纪后半期以来,政府管制理论有了诸多新的进展,特别是对自然垄断行业的政府管制有较多的研究成果,这些研究成果反映了政府管制理论的演变和政府管制改革的国际经验。70年代以来,西方国家放松对电信、航空、铁路、电力等自然垄断行业的管制成为一种趋势。实践证明,竞争机制的引入并没有出现传统理论所推断的效率损失,而是明显地改善了自然垄断行业的经营效率和服务质量,提高了整个社会的福利水平。放松管制的政策取向来自三个方面的理论进展:一是可竞争市场理论,该理论认为,只要政府放松进入管制,新企业进入市场的潜在竞争威胁自然会迫使产业内原有垄断企业提高效率(Baumol,Panzar,Willig,1982)。二是公共选择学派的发展为政府管制行为失效奠定了理论基础,如“政府失灵”理论、不对称信息理论的提出,使人们注意到了政府管制的实际效果可能会大大地偏离政府的管制目标(布坎南,1988;斯蒂格勒,1990;植草益,1992)。三是动态竞争理论日益受到瞩目,被认为有可能是政府管制政策改变的理论基础,该理论认为在动态竞争条件下,高市场份额和集中度是竞争者效率差异的后果,所以政府应当适当放松管制,鼓励合法高效的企业兼并(Stigler,1971)。政府放松管制的政策取向还受到了经济全球化发展的推动,西方发达国家的许多产业已经国际化,政府管制在运用市场集中度判定市场机构时必须考虑到国际市场,传统上的从一个国家的国内市场来考察市场集中度和垄断性的观点受到了世界市场发展的冲击。

20世纪90年代中后期,随着我国推进国有经济的战略性调整,自然垄断行业的改革也逐步深入,但目前我国国有经济在邮电通讯、铁路航空、金融保险、城市公用事业等领域仍占垄断地位,就这些国有公共企业自身而言,政府管制的不到位和行业垄断是两大顽症,并没有得到根本解决。从我国国有企业改革的整体情况看,自然垄断行业的改革是滞后的,放松管制和引入竞争机制是市场化改革和满足消费者福利的必然要求;从自然垄断产业组织效率和国内市场开放后产业的竞争力看,又需要政府以一定的管制来实现这些行业的产业集中度,遏制无效率的过度竞争。这样,决定了改革决策者要不断地在这两者之间寻找到均衡点。

党的十八届三中全会提出了经济体制改革是全面深化改革的重点,核心问题是处理好政府和市场的关系,使市场在资源配置中起决定性作用和更好发挥政府作用。其中,更好发挥政府的作用包括:科学的宏观调控和有效的政府治理。三中全会认为,这是发挥社会主义市场经济体制优势的内在要求。因而,要真正搞好中国的政府管制,必须切实转变政府职能,深化行政体制改革,创新行政管理方式,增强政府公信力和执行力,建设法治政府和服务型政府。通过不断健全宏观调控体系,全面正确履行政府职能,优化政府组织结构,提高科学管理水平,实现政府管制的科学性和有效性。

参考文献:
丹尼尔·史普博:《管制与市场》,上海三联书店和上海人民出版社1999年版。
植草益:《微观规制经济学》,中国发展出版社1992年版。
王俊豪:《政府管制经济学导论——基本理论及其在政府管制实践中的应用》,商务印书馆2001年版。
余晖:《政府管制与行政改革》,载于《中国工业经济》1997年第5期。
余晖:《中国的政府管制制度》,载于《改革》1998年第3期。
[美]布坎南:《自由、市场与国家》,北京经济学院出版社1988年版。
[美]斯蒂格勒:《价格理论》,北京经济学院出版社1990年版。

Dolorme, Robert, Regulation as an Analytical Perspective: The French Approach, In Atle Midttun, Eirik Svindland, eds. *Approaches and Dilemma in Economic Regulation: Politic, Economics and Dynamics*, New York: Palgrave, 2001.

Burgess, Jr. G. H., *The Economics of Regulation and Antitrust*, New York, Harper Collins College Publishers, 1995.

Baunol, W. J., Panzar, J. C. and Willig, R. D., *Contestable Markets and the Theory of Indstrial Structure*, New York: Harcourt Brace Jovanovich, Inc, 1982.

Stigler, G. J., The Theory of Economic Regulation, *Bell Journal of Economics and Management Science*, 2, 1971.

（吴垠）

自然垄断行业改革
Reform of Natural Monopoly Industries

自然垄断行业是指由于规模或范围经济效益、资源稀缺性和成本弱增性等因素的存在，导致提供产品服务的企业被限定为一家或者少数几家企业的行业。自然垄断行业的基本含义是在一个行业内由一家企业垄断经营最有效率，这是由自然垄断企业的成本条件及所面临的需求特征所决定的。从历史维度和制度视角看，自然垄断的内涵规定性和外延规定性是随着时代与社会发展而不断演变的。在我国，属基础产业和城市公用事业的电力、电信、铁路、民航、邮政、高速公路、天然气管道运输、城市自来水、燃煤气供给等都是有自然垄断性的垄断行业。

20世纪70年代以来，以放松管制和引入竞争为特征的自然垄断行业改革成为一种世界潮流。西方发达国家自然垄断行业改革的目标是对国有企业的民营化以及建立竞争性的市场体制。第二次世界大战后，英美等国经历了国有化高潮，国有化程度在基础设施和公用事业部门的比重较高，如国家所有的航空公司、电讯公司、天然气公司、电力公司、铁路公司等。在自然垄断行业，国有化措施的效率主要是提高了产业的集中度，提供了实现规模经济的条件。70年代发达国家经济增长的内外部环境发生了巨大变化，经济滞胀，国有企业比较优势逐步丧失，促使其开启了以私有化为特征的自然垄断行业改革。在垄断行业如民航、电信、铁路等，消除市场禁入，开放市场，引入竞争，政府逐步出让，转售一部分股权甚至全部股权，主动变成小股东或者全面退出。实践证明，发达国家放松对电信、航空、铁路、电力等自然垄断行业的管制有效克服了国有企业政企不分的缺陷，形成了所有权与控制权的合理关系，减轻了政府的财政负担。竞争机制的引入明显地改善了自然垄断行业的经营效率和服务质量，提高了整个社会的福利水平。

我国自然垄断不同于发达国家由于行业本身特点所形成的自然垄断行业，而是在传统计划经济下由政府行政配置资源形成的，带有行政垄断的色彩。因此，除具有自然垄断的一般特征外，还具有自己的特殊性。

发达国家自然垄断行业改革政策倾向是寻求一个行业绩效所需要的集中度和规模分布，关注的是该行业的技术特征和市场规模，内含的前提是成熟和完善的市场经济体制，因此并不涉及所有制结构和企业制度（即体制因素）对市场结构及行业绩效的影响。

我国自然垄断行业主要是国有制垄断，而政企间因资产所有权关系而具有利益联系。在这些自然垄断行业，有两种主要的因素在影响企业绩效：一是由于行政垄断造成的进入壁垒，使企业能获得高额垄断利润；二是在政府长期行政保护下不求进取，服务质量低下，缺乏创新动力，并将低效经营的结果向社会转嫁。不同的企业制度具有不同的技术效率，低效率的企业垄断地位的维持依靠政府行政干预。国有企业的技术低效率会由于政府的政策性或制度性保护导致进入管制壁垒的发生。在不改变行业内所有制结构和企业制度的前提下，放松管制的结果并不必然会提高市场竞争性。

因此，我国自然垄断行业改革不仅仅是开放市场、引入竞争，还必须选择一个合理的所有制结构，进行所有制改革。这种改革是我国自然垄断行业改革的重要内容和核心部分。在这些部门推进所有制改革，要解决好三个层次的问题：第一个问题是，如何界定、配置和保护国家在这些部门已经投入并形成的数额巨大的专用性沉没资本；第二个问题是，对于一个有竞争性的市场结构，何为一个适当的所有制结构；第三个问题是，在这些部门，原国有资本如何退出、非国有资本如何进入。

十八届三中全会《中共中央关于全面深化改革若干重大问题的决定》提出“国有资本继续控股经营的自然垄断行业，实行以政企分开、政资分开、特许经营、政府监管为主要内容的改革”。

中国自然垄断行业改革的特殊局限在于自然垄断和行政垄断的同一，政企分开的自然垄断行业改革首先涉及的是政府职能的转换：取消或改造计划体制下的行政“监管”，推进市场化，减少行政垄断；同时对有合理性的垄断行业，建立比较完善的政府监管体制，加强市场经济条件下的政府管制。这两个方面的内容加起来，也就是政府职能的“转型”。

改革开放后我国自然垄断行业改革的基本趋向是尽可能地引入竞争机制。随着市场结构进一步向竞争性方向发展，国有企业制度改革和国有资本管理体制改革提上议事日程。在我国自然垄断行业，进一步的改革将涉及两个方面的重要内容：一是垄断行业国有企业的组织形式即企业制度形式；二是垄断行业国有企业的治理方式。

自然垄断行业国有企业改革不是简单的非国有化和民营化，而是根据自然垄断行业的经营业务的性质，分层次、多环节地分类推进。在自然垄断行业中的网络环节（基础性和关键性）应保持国有经济和国有企业的主体，同时根据不同行业特点实行网运分开、放开竞争性业务。具体而言：

对于提供公共品的行业，如国防、军工、某些公共教育与卫生项目及基础研究和重大应用研究项目等，一般以政府企业为主。治理结构类似于政府机构内部的管理机构。

作为自然垄断行业的主体运营商的国有企业，如中国电信、中国电力，通过立法使之成为特殊法人企业，建立标准的公司治理结构，并在法律上明确政府与企业的关系。对特殊法人企业，政府可以通过设定利润目标、限价、规定产量、销售渠道和对象、规定产品质量标准等手段来加以管制。

在竞争性领域，组建以国有产权为主体、产权多元化股份公司，是一种有效的制度选择。在实现所有权与控制权分离和委托代理的基础上，建立起有效的内部治理结构，保证民间资本无障碍进入、平等竞争，形成多元产权主体。

参考文献：
王俊豪：《政府管制经济学导论——基本理论及其在政府管制实践中的应用》，商务印书馆 2001 年版。
刘灿：《我国自然垄断行业改革研究：管制与放松管制的理论与实践》，西南财经大学出版社 2005 年版。
胡汝银：《竞争与垄断：社会主义微观经济分析》，三联书店 1988 年版。
胡鞍钢、过勇：《从垄断市场到竞争市场：深刻的社会改革》，载于《改革》2002 年第 1 期。
《中共中央关于全面深化改革若干重大问题的决定》，人民出版社 2013 年版。

（盖凯程）

现代企业制度

Modern Enterprise System

现代企业制度是指以市场经济为基础，以完善的企业法人制度为主体，以有限责任制度为核心，以公司企业为主要形式，以产权清晰、权责明确、政企分开、管理科学为条件的新型企业制度，其主要内容包括：企业法人制度、企业自负盈亏制度、出资者有限责任制度、科学的领导体制与组织管理制度。

现代股份公司是现代企业制度的典型形式。股份公司制发展的历史最早可以追溯到中世纪。近代公司的发展大致开始于 15 世纪末，止于 18 世纪末。现代公司的发展大致经历了三个阶段：第一阶段是 18 世纪末到 19 世纪中期；第二阶段是 19 世纪中叶到第二次世界大战以前；第三阶段是第二次世界大战以后。19 世纪中叶以后欧美经济的发展，呈现出一部现代公司制企业的发展史，以股份公司为代表的现代工商企业迅速发展，使这些企业积聚了巨大的资本实力和技术实力，占领了很高的市场份额，并成为主宰和控制国民经济的核心力量。现代企业的成长是伴随着企业规模的扩张、所有权与管理权分离和内部管理层级制的形成而进行的，这一过程在美国从 19 世纪 50 年代开始，到 20 世纪 50 年代基本完成。随着这一过程的完成，现代企业制度在欧美国家市场经济体系中基本成熟，并取得它的基本特征：（1）企业的主要形式是有限责任公司和股份有限公司；（2）公司制企业的特点是资本来源的广泛化和股份化；（3）有限责任制普遍确立，出资人对企业只负有限责任；（4）公司作为独立法人拥有独立的财产权；（5）所有权与经营权相分离，以所有者与经营者之间的委托代理关系形成公司治理结构。

我国计划经济体制下的国有企业没有现代企业的基本特征，它只是政府主管部门下属的一个生产单位或工厂。现代企业制度理论和实践是在国有企业改革实践的基础上形成和发展起来的，在这一过程中不仅引进和吸收了现代企业理论中的有益部分，同时也对我国国有企业改革经验积累进行了理论概括。1992 年，我国经济体制改革的目标确定为建立社会主义市场经济体制，并明确把现代企业制度作为社会主义市场经济体制的微观基础。国有企业建立现代企业制度，是发展社会化大生产和市场经济的必然要求；现代企业制度的主要形式是公司制，基本特征是产权清晰、权责明确、政企分开、管理科学；在实行现代企业制度的国有企业中，国家按投入企业的资本额享有所有者权益，对企业的债务承担有限责任，不直接干预企业经营活动，对经营者实行激励、约束和监督；企业自主经营，自负盈亏，承担企业资产保值、增值的责任。

1992 年以后，以建立现代企业制度为目标的国有企业改革基本上是沿着四个路径推进的。一是界定国有企业的产权和确立企业法人财产权；二是把现有国有企业改造成股份有限公司和有限责任公司；三是国有资产重组与产权转让；四是在企业内部建立规范的公司治理结构。

从我国企业制度演变的过程看，现代企业制度是指适应现代社会化大生产和社会主义市场经济体制要求的一种企业制度，也是具有中国特色的一种企业制度。十四届三中全会把现代企业制度的基本特征概括为“产权清晰、权责明确、政企分开、管理科学”十六个字。1999年9月党的十五届四中全会再次强调要建立和完善现代企业制度，并再次概括了现代企业制度的基本特征是："产权清晰、权责明确、政企分开、管理科学"。(1)产权明晰是指企业中的国有资产所有权属于国家，国家作为企业的出资者是企业中国有资产的所有者，拥有出资者所有权，企业拥有包括国家在内的出资者投资形成的全部企业法人财产权，从而在所有权与经营权分离的基础上，进而在企业中形成出资者所有权与企业法人财产权的分离。(2)权责明确是指企业以其全部法人财产，依法自主经营，自负盈亏，照章纳税，对出资者承担资产保值增值责任；出资者按照向企业的投资额享有所有者权益，即资产受益、重大决策和选择管理者的权利。企业破产时，出资者只以其向企业的投资额对企业债务承担有限责任。(3)政企分开是指政府不直接干预企业的生产经营活动。企业也不能不受所有者约束，损害所有者权益。企业按照市场需求自主地组织生产经营，提高劳动生产率和经济效益，并在市场竞争中优胜劣汰。(4)管理科学是指企业建立科学的企业领导体制和组织管理制度，调节所有者、经营者和职工之间的关系，形成激励和约束相结合的经营机制。

经过多年的改革，国有企业总体上已建立起与社会主义市场经济相适应的现代企业制度。在以经济体制改革为重点全面深化改革的新阶段，推动国有企业完善现代企业制度是一项重要的任务，其核心是要构建一个协调运转、有效制衡的公司法人治理结构。公司法人治理结构在实践中指由所有者、董事会和高级经理人员三者组成的一种组织结构和制度安排，它通过科学的配置法人内部各个机构即股东会、董事会和经理层的职权，在企业内部建立起相互独立、相互制约、相互配合的机制，形成所有权与控制权分离情况下的权利制衡。国有企业属于全民所有，是推进国家现代化、保障人民共同利益的重要力量，实践证明，改进国有企业的治理可以有效地提高它们的效率，将是一项有价值的公共目标。经济合作与发展组织(OECD)于2004年发布了《OECD国有企业公司治理指引》，给其成员经济体和其他经济体的政府提出了改善国有企业公司治理的建议，包括政府应努力表现为一个了解情况的、负责任的、积极的所有者，并能制定明确而一致的所有权政策；所有权组织应确保国有企业的治理能够自主和负责任的以必要的专业程度和有效力的方式予以贯彻；政府和国有企业应该承认其他股东的权利，并确保他们得到公平待遇和平等获得公司信息；所有权主体应确保国有企业履行对利益相关者的责任；国有企业应提供所有重大事务方面的信息，重点是关系到所有者的国家和公众利益的重大事务；国有企业董事会要有适当的权威和受托责任，其组成人员要具备必要的能力和充分的独立性。该指引体现了现代市场经济国家政府管理国有企业的有益经验。在全面深化改革的新时期，适应市场化、国际化新形势，我国国有企业应以政企分开和政资分开、建立长效激励约束机制、规范经营决策、资产保值增值、公平参与竞争、提高企业效率、增强企业活力、承担社会责任为重点，进一步深化改革，完善现代企业制度。

参考文献：

［美］A. A. 小艾尔弗雷德、D. 钱德勒：《看得见的手——美国企业的管理革命》，商务印书馆1987年版。

吴敬琏：《现代公司与企业改革》，天津人民出版社1994年版。

张道根：《现代企业制度的国际比较》，上海译文出版社1994年版。

邓荣霖：《现代企业制度概论》，中国人民大学出版社1995年版。

刘灿：《现代股份公司的产权关系与治理结构研究》，西南财经大学出版社1996年版。

经济合作与发展组织：《OECD国有企业公司治理指引》，中国财政经济出版社2005年版。

《中共中央关于全面深化改革若干重大问题的决定》，人民出版社2013年版。

（刘灿）

农村基本经营制度

Basic Rural Operation System

农村基本经营制度，是指在确保农村土地归集体所有的前提下，农民以家庭为单位向集体承包土地等生产资料，实行集体与农户统分结合的双层管理体制。具体而言，集体与农户签订承包合同，按照农户的家庭规模和劳动力数量，把土地和其他生产资料承包给农户，农户则根据承包合同规定的权限独立进行经营决策；在完成国家税收、定购和集体提留之后，农户可以享受剩余经营成果。其通俗说法是"家庭联产承包责任制"。

为适应重工业优先发展战略的要求，我国于1958年在农村建立起了人民公社体制。在这种体制之下，农民缺乏必要的激励机制，并且没有退出人民公社的权利，因而导致农业生产效率极为低下。到1978年改革开放前夕，全国仍有2.5亿农村人口未解决温饱问题，农村经济到了崩溃的边缘。在这种情况下，1978年11月，安徽省凤阳县凤梨公社小岗村的18户农民率先通过"大包干"实行了包产到户。1979年秋收，小岗村实现了大丰收，一举结束了20多年吃"救济粮"的历史。小岗村的制度变革引起了广泛争论，批评之声也不绝于耳。

1980年5月31日，邓小平同志在与中共中央负责工作人员的谈话中，公开肯定了小岗村的"大包干"做法。此后，家庭联产承包责任制开始被各方面所接受。到1981年10月，实行家庭责任制的生产队占到全国生产队总数的45.1%。1982年1月1日，中共中央批转了《全国农村工作会议纪要》，指出"目前农村实行的各种责任制，包括小段包工定额计酬，专业承包联产计酬，联产到劳，包产到户、到组，包干到户、到组等，都是社会主义集体经济的生产责任制。不论采取什么形式，只要群众不要求改变，就不要变动"（中共中央文献研究室，2008）。在改革之初，家庭承包责任制主要包括三种形式：包工到组、包产到户和包干到户。由于包干到户在解决农户激励问题上最为有力，因而在较短时期内就成为家庭联产承包责任制的主要形式（蔡昉等，2008）。1983年中共中央下发文件，指出联产承包制是党领导下我国农民的伟大创造，是马克思主义农业合作化理论在我国实践中的新发展。到1983年年底，全国约有97.7%的生产队、94.2%的农户采用了家庭责任制。1984年国家颁布的新《宪法》明确规定农村集体经济组织拥有土地所有权。1991年11月29日，中共十三届八中全会通过了《中共中央关于进一步加强农业和农村工作的决定》，提出"把以家庭联产承包为主的责任制、统分结合的双层经营体制，作为我国乡村集体经济组织的一项基本制度长期稳定下来，并不断巩固充实……这种双层经营体制，在统分结合的具体形式和内容上有很大的灵活性，可以容纳不同水平的生产力，具有广泛的适应性和旺盛的生命力。这是我国农民在党领导下的伟大创造，是集体经济的自我完善与发展，绝不是解决温饱问题的权宜之计，一定要长期坚持，不能有任何的犹豫和动摇"（中共中央文献研究室，2008）。此后，党一再强调稳定和完善"以家庭承包经营为基础、统分结合的双层经营体制"，并将其作为"党的农村政策的基石"。

为避免由于地权频繁变动而损害农民的土地投资积极性，中共中央于1984年提出土地承包期15年不变，1993年又提出延长承包30年，并提倡"增人不增地，减人不减地"。2003年3月1日正式实施的《中华人民共和国土地承包法》明确了农户对于承包地的使用权和收益权，同时赋予农民以土地转让权，并再次重申耕地承包期为30年，从而赋予了广大农民充分而有保障的土地承包经营权。随着农村经济的发展，土地承包规模过小而影响农业经营收益的问题日益突出。为适应农村经济社会发展要求，2008年10月中共十七届三中全会通过的《中共中央关于推进农村改革发展若干重大问题的决定》指出："按照依法自愿有偿原则，允许农民以转包、出租、互换、转让、股份合作等形式流转土地承包经营权，发展多种形式的适度规模经营。有条件的地方可以发展专业大户、家庭农场、农民专业合作社等规模经营主体。土地承包经营权流转，不得改变土地集体所有性质，不得改变土地用途，不得损害农民土地承包权益"（中共中央文献研究室，2008）。总体而言，以家庭承包经营为基础、统分结合的双层经营体制，是适应中国社会主义市场经济体制、符合农业生产特点的基本经营制度，是党的农村工作的基石，必须毫不动摇地坚持。

家庭联产承包责任制在保证土地归集体所有的前提下，实行宜统则统、宜分则分的双层管理体制，充分发挥了集体的优越性和农户的积极性。家庭联产承包责任制作为农村经济体制改革的产物，结束了极端平均主义的人民公社体制，使农民获得了农业生产自主权和剩余索取权，从而极大地提高了广大农民从事农业生产的积极性，推动农业进入了一个超常规发展的"黄金时期"，广大农民的生活水平也得到显著提高。统计数据显示，我国粮食产量从1978年的3.05亿吨增加到1984年的4.07亿吨，农民同期收入增长了2.69倍（国家统计局，2006）。林毅夫（1992）研究认为，从生产队体制向家庭责任制的转变，是1978～1984年我国农业产出增长的主要源泉。与此同时，家庭联产承包责任制使农村形成了一定的资金积累，并且解放了农村劳动力，从而为20世纪80年代乡镇企业的兴起创造了条件。更为重要的是，家庭联产承包责任制作为我国经济体制改革的开端，它的成功实践为此后经济体制改革的顺利推进打下了坚实的基础。

家庭联产承包责任制是我国农村经济体制改革过程中一次重大的制度变迁，30多年来，随着生产力的发展和农村改革的深入推进，它几经调整，依然是我国农村最基本的生产经营制度。中共中央第十七大报告明确把这一制度概括为农村基本经营制度。党的十七届三中全会作出的《中共中央关于推进农村改革发展若干重大问题的决定》，进一步明确指出："以家庭承包经营为基础、统分结合的双层经营体制，是适应社会主义市场经济体制、符合农业生产特点的农村基本经营制度，是党的农村政策的基石，必须毫不动摇地坚持"。中共中央十八大报告明确了进一步坚持和完善农村基本经营制度的基本方向，即"坚持和完善农村基本经营制度，依法维护农民土地承包经营权、宅基地使用权、集体收益分配权，壮大集体经济实力，发展多种形式规模经营，构建集约化、专业化、组织化、社会化相结合的新型农业经营体系。"（胡锦涛，2012）

农村基本经营制度是我国30多年来农村经济改革的经验总结和理论概括。坚持和完善农村基本经营制度：一是要坚持农村土地农民集体所有，农民家庭是集体土地承包经营的法定主体，这是农民土地承包经营权的根本，也是农村基本经营制度的根本。二是稳定现有土地承包关系并保持长久不变，这是维护农民土地承包经营权的关键；把农民土地承包经营权分为承包权和经营权,实现承包权和经营权分置并行,这是坚持和完善农村基本经营制度的原则底线和着力点。三是在坚持和完善最严格的耕地保护制度前提下,赋予农民对承包地占有、使用、收益、流转及承包经营权的抵押、担保权能,在依法自愿有偿原则下积极引导土地有序流转,大力发展适度规模经营,提高农民组织化程度。四是要加快构建以农户家庭经营为基础、合作与联合为纽带、社会化服务为支撑的立体式复合型现代农业经营体系。广大承包农户是我国农业生产经营的重要基础和数量最多的主体,新型经营主体是引领农业现代化的依靠力量。要坚持农户家庭经营的基础性地位,加快培育种养大户、家庭农场、农民合作社、产业化龙头企业、农业社会化服务组织等新型农业经营主体;加快构建公益性与经营性服务相结合、专项服务与综合服务相协调的新型农业社会化服务体系,提高农业生产经营集约化、专业化、组织化、社会化水平。

参考文献:

蔡昉、王德文、都阳:《中国农村改革与变迁:30 年历程和经验分析》,格致出版社、上海人民出版社 2008 年版。

杜润生:《中国农村体制变革重大决策纪实》,人民出版社 2005 年版。

国家统计局:《中国统计年鉴(2006)》,中国统计出版社 2006 年版。

黄季焜等:《制度变迁与可持续发展:30 年中国农业与农村》,格致出版社、上海人民出版社 2008 年版。

林毅夫:《中国的农村改革与农业增长》(原载于《美国经济评论》1992 年第 1 期),引自《制度、技术与中国农业发展》,格致出版社、上海三联书店、上海人民出版社 2008 年版。

姚洋:《中国农地制度:一个分析框架》,载于《中国社会科学》2002 年第 2 期。

周其仁:《中国农村改革:国家和所有权关系的变化——一个经济制度变迁史的回顾》,载于《中国社会科学季刊》1994 年夏季卷。

中共中央文献研究室:《改革开放三十年重要文献选编》,中央文献出版社 2008 年版。

《中共中央关于全面深化改革若干重大问题的决定》,人民出版社 2013 年版。

胡锦涛:《中共中央第十八次代表大会报告》,2012 年。

中共中央、国务院:《关于加大改革创新力度加快农业现代化建设的若干意见》(新华社 2015 年 2 月 1 日)。

《中共中央关于推进农村改革发展若干重大问题的决定》,2008 年。

(白永秀　王颂吉)

土地承包经营权流转
Transferring Land Contract and Management Rights

"土地承包经营权流转"是指在家庭承包制的制度框架下,依照依法、自愿、有偿的原则,在不改变土地所有权性质、不改变土地的农业用途、不损害农民利益、不超过承包期剩余期限的原则下,通过承包取得的土地承包经营权可以依法采取转包、出租、互换、转让等方式进行流转。

这一概念最早于 1995 年提出,《国务院批转农业部关于稳定和完善土地承包关系意见的通知》中明确提出"建立土地承包经营权流转机制"。2007 年颁布的《中华人民共和国物权法》第一百二十八条规定,"土地承包经营权人依照农村土地承包法的规定,有权将土地承包经营权采取转包、互换、转让等方式流转。流转的期限不得超过承包期的剩余期限。未经依法批准,不得将承包地用于非农建设。"至此,土地承包经营权流转得到了国家法律层面的认定。

土地承包经营权流转政策的演变经历了三个阶段。

第一阶段(1984 ~ 1992):土地承包经营权流转政策起步阶段。1984 年中央 1 号文件规定"鼓励土地承包向种田能手集中。社员在承包期内,因无力耕种或转营他业而要求不包或少包土地的,可以将土地交给集体统一安排,也可以经集体同意,由社员自找对象协商转包,但不能擅自改变向集体承包合同的内容"。1986 年中央 1 号文件明确提出要发展适度规模经营,"随着农民向非农产业转移,鼓励耕地向种田能手集中,发展适度规模的种植专业户"。1987 年,国务院批准北京顺义,江苏常州、无锡、苏州,广东南海进行适度规模经营试点和山东平度进行"两田制"试点。1992 年国家全面废除了粮油的票证供给制度,促使农村剩余劳动力大规模流向沿海地区,进而促进了土地承包经营权的进一步流转。

第二阶段(1993 ~ 2003):土地承包经营权流转政策发展阶段。1993 年 11 月中国共产党十四届三中全会通过的《中共中央关于建立社会主义市场经济体制若干问题的决定》提出"允许土地使用权依法有偿转让。也允许少数经济比较发达的地方,本着群众自愿原则,可以采取转包、入股等多种形式发展适度规模经营"。1995 年 3 月,《国务院批转农业部关于稳定和完善土地承包关系意见的通知》明确提出"建立土地承包经营权流转机制,在坚持土地集体所有权和不改变土地农业用途的前提下,经发包方同意,允许承包方在承包期内,对承包标的依法转包、转让、互换、入股"。2002 年颁布的《中华人民共和国农村土地承包法》规范了发包方与承包方在土地流转中的关系。

第三阶段(2004年至今):土地承包经营权流转政策发展的新时期。从2004年开始,中央连续10年出台聚焦"三农"问题的1号文件,持续性地改善了土地承包经营权流转的宏观制度环境。此后,无论是农户自发的,村集体经济组织的,还是乡镇政府主导的土地流转都出现了较快的发展势头。2005年11月,农业部颁布的《农村土地承包经营权流转管理办法》对土地承包经营权流转的原则、当事人权利、流转方式、流转合同、流转管理等做了具体规定,将农村土地承包经营权流转管理纳入法制轨道。2008年10月中国共产党十七届三中全会通过的《中共中央关于推进农村改革发展若干重大问题的决定》进一步明确提出,"加强土地承包经营权流转管理和服务,建立健全土地承包经营权流转市场,按照依法自愿有偿原则,允许农民以转包、出租、互换、转让、股份合作等多种形式流转土地承包经营权,发展多种形式的适度规模经营"。2013年1月中央1号文件《中共中央、国务院关于加快发展现代农业进一步增强农村发展活力的若干意见》对此又做了细化,提出"抓紧研究现有土地承包关系保持稳定并长久不变的具体实现形式,完善相关法律制度。引导农村土地承包经营权有序流转,鼓励和支持承包土地向专业大户、家庭农场、农民合作社流转,发展多种形式的适度规模经营。结合农田基本建设,鼓励农民采取互利互换方式,解决承包地块细碎化问题","规范土地流转程序,逐步健全县乡村三级服务网络,强化信息沟通、政策咨询、合同签订、价格评估等流转服务"。2013年11月党的十八届三中全会作出的《中共中央关于全面深化改革若干重大问题的决定》再次定调,"稳定农村土地承包关系并保持长久不变,在坚持和完善最严格的耕地保护制度前提下,赋予农民对承包地占有、使用、收益、流转及承包经营权抵押、担保权能,允许农民以承包经营权入股发展农业产业化经营。鼓励承包经营权在公开市场上向专业大户、家庭农场、农民合作社、农业企业流转,发展多种形式规模经营。"

我国现行土地承包经营权流转大体包括六种方式:一是转包。承包方将部分或全部土地承包经营权以一定期限转给同一集体经济组织的其他农户从事生产经营。二是出租。承包方将部分或全部土地承包经营权以一定期限租赁给他人从事农业生产经营,出租期限和租金由双方约定。三是互换。承包方之间为了方便耕作或者各自需要,对属于同一集体经济组织的承包地块进行交换,同时交换相应的土地承包经营权。四是转让。承包方有稳定的非农职业或有稳定的收入来源,经发包方同意,将部分或全部土地承包经营权让渡给其他从事农业生产经营的农户,由其履行相应土地承包合同的权利和义务。五是土地入股。承包方以土地承包经营权为股份共同组建合作社,控股主体利益共享、风险分担,入股农户享有对经营实体的管理权和决策权,合作社实行按土地保底和按效益分红的方式。六是反租倒包。由农村集体经济组织出面把农户的承包地反租过来,集中连成一片,给予农户适当的经济补偿,再把土地承包进行转租或发包给农户、个人或企业单位。在农业现代化和农村经济改革新的背景下,需要进一步探索土地承包经营流转的多种形式。

土地承包经营权流转是在家庭联产承包责任制基础上对农村土地产权制度的深化改革。土地承包经营权流转的意义:一是通过对土地承包经营权的法律界定释放其权能,这涉及生产关系问题;二是通过土地经营权的优化配置,集聚农村分散的土地要素,推进农业生产的规模经营,这涉及生产力发展问题;三是带动农民致富,在完善现有农村土地集体所有的基础上,土地承包经营权的流转是实现农民的土地财产权利的重要途径。

参考文献:

《国务院批转农业部关于稳定和完善土地承包关系意见的通知》,中华人民共和国住房和城乡建设部官方网站,2006年11月1日,http://www.mohurd.gov.cn/wjfb/200611/t20061101_155422.html。

《中共中央关于一九八四年农村工作的通知》,载于《人民日报》1984年6月12日。

《中共中央关于一九八六年农村工作的部署》,载于《人民日报》1986年2月23日。

《中共中央关于建立社会主义市场经济体制若干问题的决定》,引自《十四大以来重要文献选编》,人民出版社1996年版。

袁铖:《农村土地承包经营权流转:实践、政策与法律三维视角研究》,载于《宏观经济研究》2011年第12期。

《中共中央关于推进农村改革发展若干重大问题的决定》,中华人民共和国中央人民政府官方网站,2008年10月19日,http://www.gov.cn/jrzg/2008-10/19。

顾钰民:《论土地承包经营权》,载于《复旦学报(社会科学版)》2009年第5期。

《中共中央关于全面深化改革若干重大问题的决定》,人民出版社2013年版。

《中共中央国务院关于加快发展现代农业进一步增强农村发展活力的若干意见》,人民出版社2013年版。

(白永秀　吴丰华)

农村土地产权制度

Rural Land Property Rights System

农村土地产权制度是指权利人在其权利存在的土地上,为实现其土地利用和收益依法行使对土地的所有权、使用权、转让权和收益权等权利的一套制度安排。中国农村产权制度是在农村土地集体所有制基础上产生的,它体现了实行家庭联产承包责任制以来农村土地制度改革的成果,是农村基本经营制度的基础和核心。

新中国成立以来中国农村土地产权制度变迁经历了四次历史阶段。

第一阶段是国有化和私有化并存时期(1947～1952)。1947年中共中央颁布实施了《中国土地法大纲》,1950年中共中央又颁布了《土地改革法》。如1947年的《中国土地法大纲》第1条规定:“废除封建性及半封建性剥削的土地制度,实行耕者有其田的土地制度”;1950年的《土地改革法》第10条规定:“所有没收和征收得来的土地和其他生产资料,除本法规定收归国家所有者外,均由乡农民协会接受,统一地、公平合理地分配给无地少地及缺乏其他生产资料的贫困农民所有”。这两项法律(或制度)确立了农村土地国有和私有的混合制度,实现了农民(尤其是贫民)“耕者有其田”的革命目的。依据相关的统计资料,1949～1953年农林牧渔业总产值分别到达了326亿元、384亿元、420亿元、461亿元、510亿元,出现了连续增产的好局面。

第二阶段是合作化时期(1953～1958)。农村土地部分国有和部分私有后,农业生产率有所上升,但是由于单个农民拥有的农业生产资料和农业技能较少,不能满足农业生产的需要。在此情况下,局部地区出现了农业生产互助组,这可以看做是一种诱致性制度变迁。此时,国家在观察到了互助组的成功实践后以正式农业组织的形式肯定了农民群众的这一创新。随后,在“自愿互利、典型示范、国家帮助”政策引导下,农民发展了农业合作初级社、高级社。

1955年11月9日全国人大通过了《农业生产合作社示范章程(草案)》,到1956年,全国基本实现了初级合作化,农民将土地等主要生产资料作股入社,由合作社实行统一经营,实行按农民劳动和入股土地等生产资料分配。1956年6月30日,全国人大一届三次会议又通过了《高级农业生产合作社示范章程》,该章程第14条规定:“社员的土地转为合作社集体所有,取消土地报酬”。到1958年,合作化进入高级社阶段。农民私有的土地、耕畜、大型农具等主要生产资料以及土地上附属的私有塘、井等水利设施,被一起转为合作社集体所有;取消土地入股,实行按劳分配。至此,农村土地从个体农民所有转变为集体所有。

第三阶段是人民公社时期(1958～1978)。1958年,全国推行“政社合一”的人民公社制,自留地、零星果树等都变为公有,一个月内即结束了农民土地私有制,所有权与经营权统一归于人民公社。从1959年开始,中国农村在人民公社制度下开始实行“三级所有,队为基础”的政策,确定了农村土地以生产队为基本所有单位的制度,并且恢复了社员的自留地制度。1963年中央又规定社员宅基地都归生产队集体所有,一律不准出租和买卖,归各户长期使用;宅基地上的附着物永远归社员所有,但宅基地的所有权仍归生产队所有。至此,农村土地集体所有制的财产结构基本形成,即“三类农地”(农业用地、非农建设用地包括宅基地、自留地)、一个财产归属(集体所有制)、一个权利主体(集体组织享有对其财产的占有、使用、收益和处分的全部权利),农民在不动产土地上没有任何属于私人的财产权利。

农村土地从农民私有到合作社公有再到人民公社公有,经过三个阶段的制度变迁后我国农村土地所有权的公有体系即集体所有制形成,这一变迁过程实际上影响了随后形成的土地公有制的特征。农村土地公有制,不仅是当时完成生产资料所有制社会主义改造从而构建社会主义制度基础的需要,也是用公有制的计划经济手段实现国家工业化的需要。从合作社到人民公社不断公有化的过程中,土地的集体所有成为国家控制农村经济资源,积累工业化资金的一种有效形式。在这种集体所有制下,土地的控制权实际上掌握在国家手中,所有权内含的占有、使用、收益、处分等权能极大地受到了国家意志的限制。所有权主体虚置(名义主体是三级所有的农村集体经济组织,实际主体是国家)和所有权权能的弱化是“政社合一”的人民公社集体所有制的实际状态,这种产权制度安排难以在农村生产力主体(即劳动者)中建立有效的激励机制,它也是我国农村经济绩效从1959～1978年长时期低效徘徊的重要原因。

第四阶段是家庭联产承包责任制时期(1978年至今)。人民公社制度由于没有解决激励问题,极大地压抑了农村经济活力和生产力的释放,在人民公社后期,低下的农业生产率已经不能满足人们对生存的需要。登姆赛茨(1967)在论述产权形成的原因时认为产权的形成是组织中的人对新制度产生的预期收益和成本而调整自身行为的结果。新制度的形成也是如此。20世纪60年代初期,个别地方的农民就自发地开始了新制度的探索,如广西龙胜县、甘肃临夏、河南和安徽的一些县市已经出现了借地和包干到户的现象。随后,由于农业政策失误和“天灾人祸”的影响,中央政府进行了政策调整,国家逐渐放松了对农村经济的管制,允许农民、地方政府进行各种提高农业生产率的试验。1978年11月24日,小岗村18位农民以敢为天下先的胆识,按下18颗红手印,搞起“大包干”生产责任制,揭开了中国农村土地制度改革的序幕。1978年,由试点带动,全国开始推行家庭联产承包责任制。1982年和1983年的中央1号文件提出要实行生产责任制,特别是联产承包制,实行政社分开。从此,以统一经营、集中劳动为特征的土地制度被集体所有、家庭经营联产承包责任制所代替。

集体所有制为基础的家庭承包经营制度是我国的农村土地产权制度的基本模式。这种产权制度安排保留了土地所有权属于集体(即村集体经济组织)所有,集体依法组织土地发包和对土地进行再调整,特定范围内的农民在保证国家和集体利益的前提下通过承包合同等形式按人口比例平均分配土地以获取承包地,国家对土地承包经营权进行严格的规定和控制。

农村改革的成果和以土地的家庭承包经营为核心的农村土地产权制度在国家法律层面上得到充分肯定。1986 年制定的《民法通则》首次提出了农户的承包经营权的概念,并把承包经营权作为一种与财产所有权有关的一项财产权予以保护。1993 年宪法修正案将《宪法》中"农村人民公社、农业生产合作社"的条款改为"农村中的家庭联产承包为主的责任制",正式用根本大法形式确立了家庭联产承包责任制的法律地位,肯定了农村中的家庭联产承包为主的责任制是社会主义劳动群众集体所有制经济。

从 20 世纪 80 年代中期开始,随着农村经济改革的深化、农业产业结构的调整和规模经营及剩余劳动力向非农产业的转移,家庭联产承包责任制的缺陷开始显现出来。例如,由于农户对土地承包经营权缺乏长期稳定的预期和产权激励问题使得农民对土地的长期投资不足;分散经营和对使用权的限制无法在更大范围实现土地资源的流转和合理配置。从 80 年代中期到 2000 年前后,家庭联产承包责任制的产权解释在国家法律层面上有过几次重要的调整,政策调整的重心主要放在解决土地承包经营权的长期性和流转上。1988 年 4 月,第七届全国人大常委会对 1982 年的《宪法》修正案规定:"任何组织或者个人不得侵占、买卖或者以其他形式非法转让土地。土地的使用权可以依照法律的规定转让"。这是在法律上首次确认土地使用权可以转让。1993 年 11 月,中共中央、国务院发出《关于当前农业和农村经济发展的若干政策措施》,决定在原有的耕地承包期到期以后,再延长 30 年不变;提倡在承包期内"增人不增地,减人不减地"。2002 年国家颁发了《中华人民共和国农村土地承包法》,该法规定"农村土地承包后,土地的所有权性质不变,承包地不得买卖"。"通过家庭承包取得的土地承包经营权可以依法采取转包、出租、互换、转让或者其他方式流转。"该法还规定土地承包经营权流转"不得改变土地所有权的性质和土地的农业用途"。《土地承包法》明确规定了农村土地承包采取农村集体经济组织内部的家庭承包方式;国家依法保护农村土地承包关系的长期稳定,标志着从法律上明确了未来一段时期内农村土地产权政策的基本走向。随后,国家颁布实施了一系列相关法律法规。2007 年颁布实施的《中华人民共和国物权法》第一次在财产权制度上确认了农村土地集体所有权基础上产生的土地承包经营权、建设用地使用权和宅基地使用权是同样受法律保护的物权。

在新的历史时期,全面深化经济体制改革和激发各类经济主体发展新活力是新一轮农村改革的主题。中共中央十八大提出,"坚持和完善农村基本经营制度,依法维护农民土地承包经营权、宅基地使用权、集体收益分配权,壮大集体经济实力,发展农民专业合作和股份合作,培育新型经营主体,发展多种形式规模经营,构建集约化、专业化、组织化、社会化相结合的新型农业经营体系。"十八届三中全会作出的《中共中央关于全面深化改革若干重大问题的决定》进一步提出了要"赋予农民更多财产权利。保障农民集体经济组织成员权利,积极发展农民股份合作,赋予农民对集体资产股份占有、收益、有偿退出及抵押、担保、继承权。保障农户宅基地用益物权,改革完善农村宅基地制度,选择若干试点,慎重稳妥推进农民住房财产权抵押、担保、转让,探索农民增加财产性收入渠道。建立农村产权流转交易市场,推动农村产权流转交易公开、公正、规范运行。"至此,构建与社会主义市场经济相适应的农村土地产权制度的基本框架已经清晰,这就是:(1)坚持农村土地农民集体所有,明确界定集体所有权的行使主体及其权能。(2)坚持集体所有制基础上土地承包关系长久不变,集体土地承包权属于农民家庭,依法保障农民对承包地占有、使用、收益、流转及承包经营权抵押、担保权利。(3)农村土地集体所有制的有效实现形式是土地承包经营权主体同经营权主体的分离,以落实集体所有权、稳定农户承包权、放活土地经营权为主线构建以农户家庭经营为基础、合作与联合为纽带、社会化服务为支撑的立体式复合型现代农业经营体系。(4)构建农村产权流转交易的市场体系,通过土地经营权流转,促进农业的集中与规模经营,发展农村新型经济组织与经营主体。(5)赋予农民完整的土地财产权,明确土地承包经营权、宅基地使用权是法律赋予农民的合法财产权利,农民的土地财产权利包括排他的使用权、独享的收益权及自由的转让权,并以此获得财产性收入,并分享土地长久的增值收益。

参考文献:

周其仁:《中国农村改革国家和所有权关系的变化(上、下)——一个经济制度变迁史的回顾》,载于《管理世界》1995 年第 3 期、第 4 期。

《新中国五十年统计资料汇编》,中国统计出版社 1999 年版。

杜润生:《杜润生自述:中国农村体制改革重大决策纪实》,人民出版社 2008 年版。

《中国共产党第十八次全国代表大会公报》。

《中共中央关于全面深化改革若干重大问题的决定》，人民出版社 2013 年版。

（刘灿）

农村合作经济

Rural Cooperative Economy

农村合作经济是农村劳动者或者农村生产经营单位，为着共同的经济目标，在自愿互助和平等互利的基础上联合起来从事农业经济活动的一种社会经济形式。其基本的组织形式是合作社。

合作经济是近代社会的产物，是人类社会发展到资本主义阶段才出现的。将合作经济思想具体运用于合作社的实践，并取得巨大成功的是英国的"罗虚代尔公平先锋社"，其创立了一套切实可行、公平合理的办社原则，后来被称之为"罗虚代尔原则"。1966 年国际合作社联盟第 23 届大会通过决议，将罗虚代尔原则归纳为六项，并改称合作社原则。1995 年，国际合作社联盟第 31 次代表大会将合作社原则进一步修订为七项，即自愿和开放的社员原则、社员民主管理原则、社员经济参与原则、自主和自立原则、教育培训和信息原则、合作社间的合作原则和关心社区原则。

农村合作经济在中国的出现，最早可以追溯到民国时期，如华洋义赈会在河北香河创办合作社，梁漱溟在山东邹平创办合作社，晏阳初在河北定县创办合作社等。这些社会力量创办的农民合作社，对促进当时农村经济发展、缓解农村贫困发挥了一定作用。

毛泽东早在《湖南农民运动考察报告》中，就强调了农民合作的重要性，主张农民要以积极的合作来保护自身的利益，而农民实现自救的最好手段就是组织合作社。土地革命时期，他积极引导革命根据地的广大农民群众开展农业互助合作运动，把广大的个体农民组织到劳动互助社和耕田队中来。抗日战争时期，毛泽东全面阐述了农民合作社问题，进一步深化和发展了农民合作理论。在当时的陕甘宁边区已经出现了如农业劳动互助社、消费合作社、运输合作社、信用合作社等，对组织农民发展生产，改善群众生活，团结各阶层人民支持抗日战争，建立统一战线起到了积极作用。解放战争时期，以毛泽东为代表的中国共产党人的农民合作理论进一步走向成熟。1947 年颁布《中国土地法大纲》，开始在中国农村进行彻底的土地改革。为了保障人民军队的战争供给和改善人民生活，在农民自愿原则的基础上将农民组织起来，发展各种形式的农民互助合作组织，以提高农业的劳动生产率。在解放战争即将胜利的前夕，毛泽东又提出了通过合作社把个体经济引导上集体化和现代化道路的任务，并进一步明确了合作社的性质。新中国成立前在各根据地和解放区所进行的合作社实践，为新中国成立后开展农村合作化运动积累了经验。

新中国成立以后，随着全国范围土地改革的进行，实现了农民对土地的所有权，广大农民也在自愿互利的基础上建立了农业生产互助组。互助组一般分为临时互助组和常年互助组。互助组在一定程度上解决了农户生产中劳力、畜力和农具不足的困难，限制了土地出租、雇工剥削的发展。1953 ~ 1955 年，在农业生产互助组的基础上，实行了土地入股、统一经营的初级农业生产合作社。在初级社阶段，社员土地作股入社，统一经营；耕畜与大型农具等生产资料统一使用；社员参加集体组织的生产劳动，所取得的收入包括劳动报酬和土地报酬等。初级社是个体农民从农业生产互助组到高级农业生产合作社的过渡形式，1956 年党的七届六中全会提出应该注意在有条件的地方，有重点地试办高级农业生产合作社。很快，在全国范围内掀起了由初级社转入高级社的热潮，将入社农民私有的土地无偿转归集体所有，耕畜、大型农具按正常价格由高级社收买转为集体所有。高级社收入扣除生产费用、税金等外，按照按劳分配原则分配。高级社在全国实现人民公社化后即告结束。从 1958 年下半年开始，我国农村生产经营组织的变革进入到了人民公社化时期。农村人民公社实行"三级所有、队为基础"的制度和"政社合一"体制，超越了农村生产力发展水平。人民公社时期的集体经济组织已经不是真正意义上的农民合作经济组织，它背离了合作经济的原则，背离了农民的意愿和利益。

改革开放以后，我国农村广泛实行了家庭联产承包责任制，即在农村土地集体所有权不变的前提下，由农户承包经营集体土地。这种制度一方面克服了分配中的平均主义，管理集中，经营方式单一等弊端；另一方面又发扬了农业合作化以来的集体经济的优越性，实行统分结合，双层经营。在以家庭承包经营为基础，统分结合的双层经营体制基础上，我国农业和农村发展取得了举世瞩目的成就。然而，随着农村市场经济的发展，在市场竞争不断加剧的情况下，小规模、分散化的农户也面临极大的风险和挑战。解决问题的根本出路，就是要提高农民的组织化程度，途径之一就是把分散生产和经营的农民组织起来，组成各种形式的农民专业合作经济组织，共同参与市场竞争，共同抵御市场风险。在这样的背景下，各种形式的新型农民专业合作经济组织如农村专业技术协会、专业合作社、股份合作社等在我国农村广泛发展起来。

农村专业合作经济组织是农村经济组织制度的一种创新，其主要特点是在不改变农民家庭经营的基础上，农民自愿地在某个生产领域进行联合，或者是在同一产业内的某些生产环节进行合作。进入 21 世纪，中国农村合作经济进入了改革开放以来最活跃的创新、发展时期，也亟须法律的规范。2006 年 10 月 31 日《中华人民共和国农民专业合作社法》颁布和实施，这是我国农民专业合作社建设与发展史上的一个重要的里程碑。它在法律上明确赋予了农民专业合作社的市场主体地位，从法律制度上规定了农民专业合作社的框架及基本原则，对于引导和促进农民专业合作社依法大力发展具有重大的现实意义和深远的历史意义。为确保这一法律的贯彻落实，又相继颁布了《农民专业合作社登记管理条例》、《农民专业合作社示范章程》、《农民专业合作社财务会计制度（试行）》等法规条例。

在新的历史时期，全面深化改革和激发农村合作经济是新一轮农村改革的重点。十七届三中全会通过的《中共中央关于推进农村改革发展若干重大问题的决定》指出："培育农民新型合作组织"；"按照服务农民、进退自由、权利平等、管理民主的要求，扶持农民专业合作社加快发展，使之成为引领农民参与国内外市场竞争的现代农业经营组织。"十八届三中全会通过的《中共中央关于全面深化改革若干重大问题的决定》指出："鼓励农村发展合作经济，扶持发展规模化、专业化、现代化经营，允许财政项目资金直接投向符合条件的合作社，允许财政补助形成的资产转交合作社持有和管护，允许合作社开展信用合作。"这就为我国农村合作经济指明了进一步发展的方向，必将强有力地推动我国农村合作经济广泛而深入的发展。

参考文献：

《中共中央关于推进农村改革发展若干重大问题的决定》，人民出版社 2008 年版。

《中共中央关于全面深化改革若干重大问题的决定》，人民出版社 2013 年版。

刘诗白：《试论农业家庭生产方式》，载于《经济研究》1985 年第 8 期。

陈岱孙：《中国经济百科全书》上册，中国经济出版社 1991 年版。

杜吟棠：《我国农民合作组织的历史和现状》，载于《经济研究参考》2002 年第 25 期。

张晓山：《农民专业合作社的发展趋势探析》，载于《管理世界》2009 年第 5 期。

International Encyclopedia of Civil Society, Springer-Verlag New York Inc. ,2010.

（程民选　王罡）

新型农业经营体系

New Agricultural Operation System

新型农业经营体系是我国针对农业生产经营方式改革提出的总体构想。新型农业经营体系是对以家庭承包经营为基础、统分结合的双层经营体制的继承、丰富和发展，着力在"统"和"分"两个层次推进农业经营体制机制创新，以加快农业经营方式的"两个转变"。即在"分"的层面上，家庭经营向采用先进科技和生产手段方向转变，增加技术、资本等生产要素投入，着力提高集约化、专业化水平；在"统"的层面上，集体经营向专业大户、家庭农场、农民合作社、农业企业等经营服务体系转变，通过多元化、多层次、多形式的合作经营或者纵向协调组织，着力提高组织化、社会化程度。

新型农业经营体系中，"新型"意指对传统农业经营方式的创新和发展；"农业经营"涵盖广义农业概念下种植业、林业、畜牧业、渔业、副业中，生产、加工和销售各环节，以及各类生产性服务；"体系"主要是指在相关制度环境下，各类农业经营主体及其相互关系构成的系统。因此，新型农业经营体系可以理解为：在坚持农村基本经营制度的前提下，适应现代市场经济要求的各类农产品生产、加工、销售和生产性服务的新型农业经营主体及其关系的总和。其重点是大力培育专业大户、家庭农场、农民合作社、农业企业等新型农业经营主体，积极稳妥发展多种形式的农业规模经营，加强农业社会化服务。

20 世纪 80 年代初，在经济体制改革过程中，中国农村逐步建立起以家庭承包经营为基础、统分结合的双层经营体制，极大地调动了农民积极性和解放发展了农村生产力，为改革开放以来中国农业和农村的历史性变化提供了坚实制度基础。在这一制度基础上，我国农业农村发展虽然取得了举世瞩目的成就，但也还存在整体上规模化、组织化程度偏低的问题。当前，中国农业正经历由传统农业向现代农业加快转型，农业生产方式从传统小农生产向社会化大生产加快转变的新阶段。随着工业化、城镇化的快速发展及现代农业建设的快速推进，新形势下农业生产经营也面临一些新挑战：一是大量农村劳动力转移到城镇和工业部门，农村空心化、农民老龄化等问题日益凸显，"谁来种"的问题越来越紧迫。二是小生产与大市场不能有效对接，农产品价格剧烈波动、畸高畸低，谷贱伤农、菜贵伤民的现象越发频繁，"种什么"的问题亟须回答。三是我国人多地少，绝大多数农户承包经营的耕地不成规模，生产效率低，抵御风险能力弱，迫切需要提高农业生产的组织化程度，构建农业生产的社会化服务体系，"怎么种"的问题非常迫切。

解决这些问题，客观上要求创新农业经营体制机制，加快培育多元化新型农业经营主体，大力发展农业社会化服务，提高农业生产组织化程度，加快构建新型农业经营体系。2012 年，党的十八大报告中提出，"坚持和完善农村基本经营制度，依法维护农民土地承包经营权、宅基地使用权、集体收益分配权，壮大集体经济实力,发展农民专业合作和股份合作,培育新型经营主体,发展多种形式规模经营,构建集约化、专业化、组织化、社会化相结合的新型农业经营体系”。2013年,在《中共中央关于全面深化改革若干重大问题的决定》中进一步明确,“加快构建新型农业经营体系。坚持家庭经营在农业中的基础性地位,推进家庭经营、集体经营、合作经营、企业经营等共同发展的农业经营方式创新。坚持农村土地集体所有权,依法维护农民土地承包经营权,发展壮大集体经济。稳定农村土地承包关系并保持长久不变,在坚持和完善最严格的耕地保护制度前提下,赋予农民对承包地占有、使用、收益、流转及承包经营权抵押、担保权能,允许农民以承包经营权入股发展农业产业化经营。鼓励承包经营权在公开市场上向专业大户、家庭农场、农民合作社、农业企业流转,发展多种形式规模经营”。这就为坚持和完善农村基本经营制度、创新农业经营体系指明了方向和提出了新的要求。

新型农业经营体系的核心内涵是“四化”:即集约化、专业化、组织化、社会化。集约化相对粗放而言,是通过不断提高土地生产率和劳动生产率,以求在较小面积的土地上获得较高产量和收入的一种集经济效益、生态效益、社会效益为一体的农业经营方式。专业化相对兼业户或外出务工人员兼业化而言,其发展方向是专业大户、家庭农场。组织化相对分散经营而言,既包括横向上农户的联合与合作,农民专业合作社和专业协会属于此类,旨在提高农户进入市场的能力;也包括纵向上产业链条的延伸,“公司+农户”的模式属于这一类,旨在降低市场风险。社会化相对个体经营而言,突出表现在农业社会化服务对农业生产过程的广泛参与。

构建新型农业经营体系,基础在于清晰界定承包经营权的产权边界和加强产权保护,坚持农村土地集体所有权,依法维护农民的土地承包经营权,发展壮大集体经济,使土地资源向富有效率的新型经营主体集中,加快构建以家庭经营为基础、合作与联合为纽带、社会化服务为支撑的立体式复合型现代农业经营体系,从而实现生态效益、社会效益和经济效益的结合。

参考文献:

胡锦涛:《坚定不移沿着中国特色社会主义道路前进为全面建成小康社会而奋斗》(在中国共产党第十八次全国代表大会上的报告),人民出版社2012年版。

《中共中央关于全面深化改革若干重大问题的决定》,人民出版社2013年版。

新华社:《十八大报告解读:如何理解新型农业经营体系?》,中华人民共和国中央人民政府网,2013年1月11日,http://www.gov.cn/jrzg/2013-01/11/content_2309702.htm。

陈锡文:《构建新型农业经营体系刻不容缓》,载于《求是》2013年第22期。

韩长赋:《新型农业经营体系如何着力》,载于《决策与咨询》2013年第8期。

杨继瑞:《构建新型农业经营体系的思考》,载于《重庆日报》2013年4月12日。

赵海:《新型农业经营体系的含义及其构建》,载于《中国县域经济报》2013年5月27日。

(程民选　刘嘉)

农业现代化
Agricultural Modernization

“三农”问题在中国的社会主义现代化时期具有“重中之重”的地位。中共中央在1982～1986年连续五年,2004～2014年连续十一年发布以“三农”(农业、农村、农民)为主题的中央1号文件,2015年中央1号文件对加大改革创新力度加快农业现代化建设作出部署。

习近平同志在2013年12月中央农村工作会议上的讲话中指出:农业还是“四化同步”的短板,农村还是建成小康社会的短板。中国要强,农业必须强;中国要美,农村必须美;中国要富,农民必须富。

从20世纪80年代开始以发展乡镇企业为标志推进了农村工业化和城镇化。其对“三农”发展的带动作用表现在,以非农化解决农业问题,以城市化解决农村问题,以劳动力转移解决农民问题。其效果非常明显,一是工业化进程大大加快,农业在GDP中的比重降到10%,标志着中国已经由农业国转变为工业国;二是城镇化进程大大加快,城镇人口超过了50%,标志着中国进入了城市化的中期阶段;三是农业、农民和农村的发展水平也比过去大大提高。“三农”对国家经济发展的贡献突出表现在:为发展非农产业贡献了劳动力,贡献了市场,贡献了土地;同时也为国家贡献了剩余农产品。以占世界9%的耕地供养了占世界21%的人口,基本上解决了13亿人口的温饱问题。

但是,目前农业劳动生产率的提高基本上还只是剩余劳动力转移的效应,农民收入的增加主要靠的是农业经营以外收入的增长,农业收入仍然太低。中国的贫困人口绝大部分在农村,按照1196元的贫困标准,中国有贫困农村人口3597万人,占农村总人口的3.8%。如果按照世界银行人均1.25美元的标准预算,中国农村贫困人口仍有1.5亿。与其他产业相比,农业仍然是弱势产业。其突出表现:第一,农业技术落后,农业生产主要依靠劳动技能,劳动的附加值低;第二,提供的农产品基本上是初级产品,不是最终产品,因此其市场价格低;第三,农业生产受自然条件影响大,市场不稳定,价格波动大。

虽然已有的非农化途径对“三农”发展有明显的带动作用,但是其对“三农”的负面作用也很明显,一是过度吸纳了土地、劳动力等农业发展要素。二是工业和城市由于得到“三农”的支持而发展更快,因此工农差距、城乡差距不但没有缩小,还在进一步扩大,突出反映在:一是农业生产方式落后,农产品不能满足人民群众日益增长的需求;二是农民收入太低,农民消费能力太低,三是农村居民的生活条件严重落后于城市。

中国特色的社会主义道路包括四化同步的现代化道路,即中国特色新型工业化、信息化、城镇化、农业现代化四化同步。但现实的现代化进程总是以工业化来领头的,因此不可避免地会出现农业现代化落后于工业现代化进程的状况。在历史进程中工业化可能会丢弃“三农”,而在工业化基础上的现代化就不能丢弃“三农”。就如习近平总书记所说,即使将来城镇化达到70%以上,还有四五亿人在农村。农村绝不能成为荒芜的农村、留守的农村、记忆中的故园。城镇化要发展,农业现代化和新农村建设也要发展,同步发展才能相得益彰。

根据木桶原理,现代化的整体水平最终是由“短板”决定的。农业、农民和农村的发展状况成为四化同步的短板。因此现代化的核心问题是克服二元结构,包括城乡二元结构、工农业二元结构,使农业和农村进入一元的现代化经济。在新的历史起点上推进“三农”现代化,不能只是靠非农化和城镇化,而是要直接以农业、农民和农村为发展对象。当我国全面小康社会即将建成并开启基本实现现代化进程时,必须要补上这块短板。

中国要强,农业必须强。做强农业,就要实现农业现代化。目标涉及两个方面:一是从根本上改变其落后的生产方式和经营方式,不只是提高劳动生产率,还要提高包括资本、劳动、土地在内的全要素生产率,从而提高农民收入,走产出高效、产品安全、资源节约、环境友好的现代农业发展道路;二是基于农业在国民经济中的基础地位,农业现代化要满足全社会现代化进程中不断增长的对农产品的量和质的需要。

习近平同志对农业现代化有个重要指示:农业出路在现代化,农业现代化关键在科技进步。我们必须比以往任何时候都更加重视和依靠农业科技进步,走内涵式发展道路。矛盾和问题是科技创新的导向。要适时调整农业技术进步路线,加强农业科技人才队伍建设,培养新型职业农民。

长期以来,农业发展理论可以概括为“农业剩余”范式。人们一般从农业提供剩余(剩余产品、剩余劳动力)角度研究农业发展。与此相应,农业技术进步就是增加产量,增加剩余。应该说,这种从增加农业剩余意义上的技术进步还是需要的,特别是涉及的粮食安全问题还有个粮食产量总量增长的要求。但是,这种发展范式的农业不可能改变其弱势产业的地位。原因是,农业生产主要依靠劳动技能,劳动的附加值低;提供的农产品基本上是初级产品,不是最终产品,市场价格低。农业生产受自然条件影响大,市场不稳定,价格波动大。

从现阶段传统农产品的供给能力和人民群众对农产品的需求来看,更为突出的是改善农产品品质和扩大农产品品种。例如,过去居民只是消费米面解决温饱问题,而现在居民消费牛奶,安全营养的绿色作物。这意味着农业技术现代化的重点需要转到“农产品品质”范式,发展优质、高效、高附加值农业。这种发展范式下的农业可能改变自身的弱势地位。

发展现代农业的基本途径是科技创新。农业科技创新大致有两方面内容:一是机械创新;二是生物创新。农业发展转向“农产品品质”范式,必然带动农业技术创新重点的改变。

我国过去农业技术创新的重点是机械创新,也就是推进农业机械化。我国目前机械创新的能力较强,机械创新成果的应用可以让更多的农民从土地上转移出来,并且增加农业剩余和节省劳动力。但是在我国这样的农业人口众多的大国,其成果应用在很大程度上受到就业压力的抵制。现实中拖拉机在许多地方不是被用于耕田,而是用于跑运输。在农业剩余劳动力充分转移后,这种状况可能会改变。

与农业转向“农产品品质”范式相适应,农业技术创新的重点需要转向生物技术创新。一方面,提供培育优良品种,改进农产品品质和提高农产品附加值的新技术,这种创新使农产品在品种、品质和附加值上都能提升;另一方面,提供农业生态治理的技术,这利于环境和生态等方面的可持续发展,代表农业现代化的方向。但相比机械创新,生物创新的能力严重不足,难以满足日益增长的社会需求。因此,生物技术创新越来越成为农业技术创新的重点。

农业现代化的另一个重要问题是谁来种田问题。习近平总书记指出:中国是有十三亿人口的大国,中国人的饭碗任何时候都要牢牢端在自己手上。我们的饭碗应该主要装中国粮。

我国已有的非农化对增加农业剩余有明显的正面效应,但非农化实际上包含了农业人力资本的非农化。农村流出去的是人力资本,留下来的是低人力资本含量的劳动力。农业中从业人员以女性、高年龄、低文化程度为主。这也导致了农业中使用世世代代相传的传统技术的状况,在发展现代农业,推广现代农业技术时,留在农村的劳动力的知识和技术水平就不够了,没有足够的人力资本投入,就不可能实现农业技术现代化。这就是说农民增收的重要前提是提高农业中人力资本存量。

现阶段在“农产品品质”范式下发展农业，而且重在生物技术创新，现有的生产要素无力承担这方面要求，可行的途径是在农业中引入现代生产要素。其中最为突出的：一是科技要素；二是人力资本要素。这样，谁来种田就涉及两个方面：

一是谁来进行农业技术创新。对农业的科技要素投入包括农业科技的研究、研发、推广和应用等各个环节的投入。根据现代农业发展的“品质范式”要求，农民所需要的科技要素是可以直接采用的现代科技的投入品，如优良品种、现代农药和肥料、现代农业机械、种植和培育技术。因此，由政府引导的农业科技投入的对象就有个结构问题，科技投入就不能或者说主要不是直接给农民。科技投入对象突出在高等院校和科研机构的农业科技研究和研发的投入，这是农业技术进步的基础。

由农业生产周期长和季节性要求高、受自然条件影响大的特征所决定，农业中的新技术的采用是有风险的。小本经营的农民有厌恶技术风险的行为。因此，农业中的新技术需要有推广和示范的过程，而且示范和推广的费用不可能由农民支付。政府要承担起对农业新技术示范推广的职能。政府对农民采用新技术提供补贴，使农民获取低价的甚至免费的科技和教育供给，同时激励农业科技人员深入农村推广新技术、新品种，帮助农民解决技术难题。

二是谁来从事农业生产。通常认为，农业中引入人力资本要素就是对农民进行人力资本投资，主要是提高农业劳动者的受教育程度。应该说这是必要的。但是目前留在农业中的从业人员以女性、高年龄、低文化程度为主，那么，仅仅对留在农业中的农民进行投资，提高其教育水平是远远不够的。发展现代农业的主体是现代农民。现代农业所需要的具有较高人力资本含量的高素质劳动力需要从农业和农村外部引入。因此，对农业的人力资本投资更需要突出迁徙途径。既要激励流出农业和农村经过在城市和非农部门的人力资本投资的劳动力回到农业，也要激励包括大学生在内的城市中的创新创业人才进入农村和农业部门，从而在农业中形成与现代农业技术相适合的人力资本结构。其中包括有知识、有创新精神的农民，称职的科研和技术人员，有远见的公共行政管理人员和企业家。在此基础上需要完善职业培训政策，提高培训质量，造就一支适应现代农业发展的高素质职业农民队伍。

中国要富，农民必须富。只有农民富裕了，才有人去种田。现代要素投入农业是由投资推动的。现代生产要素投入农业的主要激励因素是农业投入收益率。如果等量资本在农业得不到等量收益，如果农业的比较收益太低，就不会有外部的资本投入农业。富裕农民，从而实现农业现代化的基础是农业经营、组织制度的现代化。

第一是培育农业经营主体。农业长期落后，一个重要原因是其分散的小规模经营。就如马克思所说，“小块土地所有制按其性质来说排斥社会劳动生产力的发展、劳动的社会形式、资本的社会积聚、大规模的畜牧和对科学的累进的应用”。(《资本论》第3卷，人民出版社2004年版，第912页)改革开放初期的联产承包责任制在当时是制度创新，但在当前形势下已经不足以解决问题。因此，农业组织制度创新，最为重要的是在已有的家庭承包经营的基础上，通过土地流转和农业分工，培育新型农业经营主体。其中包括专业大户、家庭农场、农业合作社、农业企业等新型经营主体。

第二是农民成为市场主体。分散居住、分散经营的农民无论是在计划关系，还是在市场关系中都缺乏谈判能力，没有力量保护自己合法的权益。因此，提高农户的组织化程度，使其有组织的参与市场活动，这是培育农村市场主体的关键。在市场经济条件下，提高农业投入收益率的一个重要途径是保证农业的市场收益，从而提高农民获取现代要素的能力。这就要求完善农产品流通，并在价格机制上等价交换，保证农民获取符合价值规律要求的价格收益，从而提高农民的购买力。这需要改革农产品的流通机制，降低农产品的交易成本。只有当农民参与的销售组织(合作社)承担农产品销售，才可能保证农民获得应有的市场收益。在农村实行联产承包责任制改革后的今天谈农民合作组织，不是过去的生产合作社，是为农户提供流通和金融服务的合作组织，如信贷合作社、流通合作社等。农户参与的合作组织进入市场，可以克服农户因分散而产生的市场不平等地位，提高讨价还价的谈判能力，克服农户人力资本存量较少、市场知识不足的缺陷，抗衡经济领域各环节“歧视性”价格，避免中间商的中间盘剥。

第三是完善农业产业组织。农业生产方式、耕作方式落后，根本原因是产业组织落后。目前的农业生产是在农产品产业链(价值链)中最低端、附加值最低的环节中进行的。现在农业收益低，主要原因是农产品以初级产品进入市场，在市场上没有地位，附加值很低。只有当农业产业组织由初级产品向中间产品乃至最终产品延伸，才可能真正提高农业收益。因此农业组织制度创新的重要方面是，推进农业生产的工厂化，扩大农业生产过程的分工，延伸农产品加工链。农民提供给市场的农产品是经过加工的农产品，也就是附加了加工价值的农产品，才可能有较高的收益。在此基础上才能真正形成市场化农业，实现市场导向，重视专业化、特色化，根据市场导向调整农业结构。

第四是改革农村土地制度，保证农民的资产收益。

农民得到财产性收益才能富裕起来。农民的资产主要在地产(尽管还只是使用权)和房产。这就要求土地资产和房产流动、转让和被征用都应该得到足额的补偿或收益。农民有条件利用商业化的资产吸引现代生产要素进入农业。如以土地交易和土地入股等途径获取资产收益。

在目前的市场条件和农民的收入水平下,单纯靠市场途径不可能提高农业收益,即使是坚持等价交换,也不可能有效解决现代要素引入农业问题。这就要求各个方面向农业提供在等价交换以外的支持。尤其是建立工业反哺农业、城市支持农村的反哺机制。这是对农业对工业化和城市化所作出的贡献的补偿。

参考文献:

中共中央、国务院:《关于加大改革创新力度加快农业现代化建设的若干意见》(2015 年 2 月 1 日)。

国务院发展研究中心推进社会主义新农村建设研究课题组:《新农村调查》,载于《中国经济报告》2007 年第 7 期。

陈锡文:《全面小康需统筹城乡发展》,载于《中国经济导报》2003 年 9 月 9 日。

洪银兴:《“三农”现代化的现代途径》,经济科学出版社 2009 年版。

马克思:《资本论》第 3 卷,人民出版社 2004 年版。

(洪银兴)

社会主义新农村建设
Construction of Socialist New Rural Areas

社会主义新农村建设是指在社会主义制度下,按照新时代的要求,对农村进行经济、政治、文化和社会等方面的建设,最终实现把农村建设成为经济繁荣、设施完善、环境优美、文明和谐的社会主义新农村的目标。

新中国成立以后,党就提出过建设社会主义新农村。1956 年一届人大三次会议讨论通过了《高级农业生产合作社示范章程》,《人民日报》配发的社论指出,该章程是我国社会主义新农村建设的一部法规。1960 年二届人大二次会议讨论通过《全国农业发展纲要》,当时主管农业工作的谭震林副总理在给人大会议的报告中明确地指出,这是引导广大农民群众建设社会主义新农村的纲领。此后,党的文件中曾经多次使用过“建设社会主义新农村”这样的提法。进入 21 世纪我国提出的“建设社会主义新农村”,时代背景和内涵都和以前有很大的区别。现阶段建设社会主义新农村,是党中央根据我国经济社会发展的新阶段特点,特别是针对我国城乡发展不协调的突出矛盾,为了尽快解决“三农”问题。党的十六大明确提出统筹城乡经济发展的要求,十六届三中全会进一步明确了这一要求。在十六届四中全会上,胡锦涛总书记提出了“两个趋向”的重要论断:“纵观一些工业化国家的发展历程,在工业化初始阶段,农业支持工业、为工业提供积累资金是带有普遍性的趋向;但在工业化达到相当程度以后,工业反哺农业、城市支持农村,实现工业与农业、城市与农村协调发展,也是带有普遍性的趋向。”(胡锦涛,2006)《中共中央国务院关于推进社会主义新农村建设的若干意见》作为中共中央的 1 号文件全文播发。文件中提出要扎实稳步推进社会主义新农村建设。

21 世纪我国重新关注“三农”问题,并把建设社会主义新农村提到战略高度,具有鲜明的时代意义:(1)提出的新农业的发展思路,是确保我国现代化建设顺利推进的必然要求。国际经验表明,工农城乡之间的协调发展,是现代化建设成功的重要前提。世纪之交,我国农业发展除了受资源约束外,更严重的是受市场需求不足的制约,党中央及时提出我国农业和农村经济发展进入了一个新阶段,中心任务是进行农业结构的战略性调整,增加农民收入,“跳出农业发展农业”成为新的发展思维,统筹城乡发展成为了新的思想认识。(2)建设社会主义新农村,是全面建设、小康社会的重点任务。全面建设小康社会的奋斗目标,其重点在农村,难点也在农村。建设现代农业、发展农村经济、增加农民收入是全面建设小康社会的重大任务。(3)倡导城乡和谐,是构建社会主义和谐社会的重要基础。社会和谐离不开广阔农村的社会和谐。当前,我国农村社会关系总体是健康、稳定的,但也存在一些不容忽视的矛盾和问题。通过推进社会主义新农村建设,加快农村经济社会发展,有利于更好地维护农民群众的合法权益,缓解农村的社会矛盾,减少农村不稳定因素,为构建社会主义和谐社会打下坚实基础。

“社会主义新农村建设”体现了经济建设、政治建设、文化建设、社会建设四位一体,是一个承前启后的综合概念,它涵盖了以往国家处理城乡关系、解决“三农”问题的政策内容,是为改善农村生产生活条件,提高农民生活福利水平和农村自我发展能力,为促进城乡协调发展,按照生产发展、生活宽裕、乡风文明、村容整洁、管理民主的要求,以形成新农民、新社区、新组织、新设施、新风貌为目标,以加强农村道路、水电、水利等生产生活基础设施建设,促进农村教育、卫生等社会事业发展为主要内容的新型农村综合建设计划。最终目标是要把农村建设成为经济繁荣、设施完善、环境优美、文明和谐的社会主义新农村。

中国共产党十六届五中全会通过《“十一五”规划纲要建议》将社会主义新农村建设的总体要求概括为“20 字”目标,提出要按照“生产发展、生活宽裕、乡风文明、村容整洁、管理民主”的要求,扎实推进社会主义新农村建设。(1)生产发展,是新农村的物质基础前提。新农村建设的首要任务是发展生产。农业是农村的产业基础,生产发展指的是农业的现代化,以粮食生产为中心的农业综合生产能力的提高。加大科学技术在农业的推广应用,实现农业增长方式的转变;注意调整农村经济结构,协调粮食与其他作物的比例,确保粮食安全;另外,协调农业与非农产业的关系。(2)生活宽裕,是新农村建设目标的保证。要达到生活宽裕的目标,首先要通过开辟各种增收渠道,增加农民收入,特别是农民的现金收入。同时在新农村建设过程中,政府要通过公共财政补贴,帮助农民建立起包括合作医疗、农村养老保障等在内的农村社会保障体系。除此之外,还需改善和农村市场体系,形成新的流通方式,这是新农村建设中不可或缺的方面。(3)乡风文明,是提高农民整体素质的必然。乡风文明本质上是农村精神文明建设问题,内容包括文化、风俗、法制、社会治安等诸多方面。使广大农民过上丰富多彩的精神文化生活,是新农村建设的重要任务。同时移风易俗是乡风文明的表现之一,抛弃传统陋习,崇尚文明、崇尚科学,倡导家庭和睦、民风淳朴、互助合作、稳定和谐的新观念和生活方式。(4)村容整洁,是改善农民生存状态的需要。新农村建设中“村容整洁”的要求,最主要的是为农村地区提供更好的生产、生活、生态条件。但对农村硬件改善的同时,发展农村公共事业等软件也是该要求之一。所以新农村建设绝不是简单的村镇建设。要深化对统筹城乡经济社会发展的认识扎实推进社会主义新农村建设、小城镇建设。同时在整治村容的过程中,要尊重农民的意愿,根据当地经济发展水平量力而行,避免形象工程,严禁短视行为和破坏生态的现象出现。(5)管理民主,是健全村民自治制度的基础。目前,我国农村地区实行村民自治制度,但村民在自治中存在或多或少的问题,新农村建设目标之一管理民主,显示了对农民群众政治权利的尊重和维护。转变乡镇政府的职能,乡镇政府要担负起农村地区的管理和服务职能,同时要进一步扩大农村基层民主,完善村民自治制度,真正让农民群众大家做主,才能调动农民群众的积极性,真正建设好社会主义新农村。

新农村建设的“新”主要体现在:产业发展要形成“新格局”,农民生活水平要实现“新提高”,乡风民俗要倡导“新风尚”,乡村面貌要呈现“新变化”,乡村治理要健全“新机制”。现阶段社会主义新农村建设的标准主要包括以下几方面:(1)缩小城乡发展差距,实现以农村为中心的经济发展;(2)增加农民收入,提高农民的发展能力;(3)进行农村制度的变革,建立新的激励结构。

参考文献:

胡锦涛:《省部级主要领导干部建设社会主义新农村专题研讨班讲话》,载于《人民日报》2006年3月5日。

李连仲:《社会主义新农村建设的理论和实践》,经济科学出版社2007年版。

孙君、王佛全:《专家观点:社会主义新农村建设的权威解读》,人民出版社2006年版。

翟虎渠、梅方权:《社会主义新农村建设高层论坛文集》,中国农业科学技术出版社2007年版。

瞿振元、李小云、王秀清:《中国社会主义新农村建设研究》,社会科学文献出版社2006年版。

孙津、北京师范大学中国农民问题研究中心:《中国农民问题:新农村建设与农民问题调查》,团结出版社2006年版。

贺雪峰:《乡村的前途:新农村建设与中国道路》,山东人民出版社2007年版。

方明、刘军:《新农村建设政策理论文集》,中国建筑工业出版社2006年版。

(任保平)

按劳分配

Distribution According to Work

按劳分配是指社会在对社会总产品作了各项必要的扣除之后,按照劳动者提供的劳动数量和质量来分配个人消费品的制度。在19世纪中后期,马克思在深刻剖析资本主义生产关系和分配关系的同时,全面考察了前人的理论成果,批判了空想社会主义者关于未来社会分配问题的错误观点,吸收了其中的合理成分,创立了科学的按劳分配理论。在马克思设想的未来社会里,个人消费品的分配原则是按劳分配。有关马克思的按劳分配思想及其理论,集中体现在1875年的《哥达纲领批判》一文中。

马克思在《哥达纲领批判》这一文献中,对未来社会的设想第一次明确区分了共产主义社会的第一阶段和高级阶段,并提出第一阶段即社会主义社会实行按劳分配原则、高级阶段则实行“各尽所能,按需分配”原则。马克思指出,“我们这里所说的是这样的共产主义社会,它不是在它自身基础上已经发展了的,恰好相反,是刚刚从资本主义社会中产生出来的,因此它在各方面,在经济、道德和精神方面都还带着它脱胎出来的那个旧社会的痕迹。”(《马克思恩格斯选集》第3卷,人民出版社1972年版,第10页)马克思在这里强调了共产主义的第一个阶段还带着“旧社会的痕迹”,保留了旧式分工,生产力水平还不够高,物质财富还未充分涌流,劳动仍是谋生的手段,个人还不可能得到自由全面的发展,因此,为充分发挥劳动者的积极性,促进生产力的发展，还须实行按劳分配原则，而不能实行共产主义高级阶段的按需分配。

马克思强调，按劳分配是按劳动者提供的劳动量分配个人消费品。“每一个生产者，在做了各项扣除以后，从社会方面正好领回他所给予社会的一切。他所给予社会的，就是他个人的劳动量。例如，社会劳动日是由所有的个人劳动小时构成的，每一个生产者的个人劳动时间就是社会劳动日中他所提供的部分，就是他在社会劳动日里的一部分。他从社会方面领得一张证书，证明他提供了多少劳动（扣除他为社会基金而进行的劳动），而他凭这张证书从社会储存中领得和他所提供的劳动量相当的一份消费资料。他以一种形式给予社会的劳动量，又以另一种形式全部领回来。”（《马克思恩格斯选集》第3卷，人民出版社1972年版，第10～11页）这是等量劳动相交换的过程，实质上也就是按劳分配的过程，这是我们在马克思著作中所看到的对于按劳分配的最详细、最经典的论述，这段话强调了按劳分配的关键是以劳动者提供给社会的劳动（包括劳动数量和质量）为尺度来分配个人消费品，虽然没有出现“按劳分配”的字样，但这已经标志着按劳分配理论的正式形成。

实行按劳分配需要具备以下几个前提条件：首先，按照马克思的设想，按劳分配的一个重要前提是在全社会范围内实现了生产资料公有制，从而使全体劳动者平等地占有和使用生产资料，消除了由于生产条件占有的不同造成的劳动者在分配上的差别，使劳动真正成为决定个人消费品分配的唯一因素，即劳动者除了个人的消费资料，没有任何东西可以成为个人的财产，除了自己的劳动，谁都不能提供其他任何东西。因此，按劳分配所依据的劳动排除了任何客观因素如土地、机器等生产资料的影响，只包括劳动者自身脑力和体力的支出。当然，由于劳动者的个人天赋等条件的不同，因而他们的劳动所得也是有差别的。进一步地，作为分配尺度的劳动，不是劳动者实际支出的个别劳动，而是劳动者在平均熟练程度和平均劳动强度下生产单位使用价值所耗费的社会平均活劳动。复杂劳动是倍加的简单劳动。随着社会经济的发展、劳动生产率的提高，劳动者能够分配到的消费品也将逐步增加。

其次，马克思还设想按劳分配的一个重要的社会经济条件或社会背景是商品货币关系已经消亡，劳动者的劳动无论其特殊用途有何不同，从一开始就成为直接的社会劳动，而不需要著名的“价值”插手其间。马克思指出，在商品货币关系消失以后，一种形式的一定量劳动和另一种形式的同量相交换，劳动者不需要商品货币的中介，而是直接凭借劳动券来参与分配。

再次，进行按劳分配的社会总产品必须进行一定的扣除。马克思强调，进行按劳分配的社会总产品不是全部社会总产品，而是必须进行各项必要的扣除：（1）用于补偿耗费的生产资料的部分；（2）用来扩大生产的追加部分；（3）用来应付不幸事故及自然灾害的后备基金或保障基金；（4）和生产没有关系的一般管理费用，即用于行政管理的费用；（5）用来满足共同需要的部分，如学校、保健设施等；（6）为丧失劳动能力的人等设立的基金。

按劳分配的主要内容和基本要求是：（1）在全社会范围内，社会在对社会总产品做了各项必要的扣除之后，以劳动者提供的劳动（包括劳动数量和质量）为唯一的尺度分配个人消费品，实行按等量劳动领取等量报酬的原则。有劳动能力的社会成员都必须参加劳动，多劳多得、少劳少得、不劳动者不得食。（2）按劳分配所依据的劳动排除任何客观因素，如土地、机器等生产资料的影响，只包括劳动者自身脑力与体力的支出，个人消费品的分配职能以劳动为尺度。（3）作为分配尺度的劳动，不是劳动者实际付出的个别劳动，而是劳动者在平均熟练程度和平均劳动强度下生产单位使用价值所耗费的社会平均劳动。

按劳分配是社会主义分配制度和利益关系的基础，它对于社会主义经济制度的形成与发展，对于提高社会主义经济的运行效率具有十分重要的意义。实行按劳分配，可以排除凭借对生产资料的占有而占有他人劳动成果的可能，从而对实现共同富裕的目标具有深远的历史意义；实行按劳分配，把劳动者的劳动和报酬直接联系起来，实现劳动平等和报酬平等，激发劳动者从物质利益上关心自己劳动成果的劳动积极性，从而对实现社会分配的公平与公正以及促进社会生产力的发展具有重大的现实意义。基于此，实行按劳分配乃是人类历史上分配制度的一场深刻革命。

现实中的社会主义实践，经历了20世纪近一个世纪的曲折发展。其中，中国的社会主义实践迄今仍处在社会主义初级阶段，实行社会主义公有制为主体、多种所有制经济共同发展的基本经济制度，以及社会主义市场经济体制。由此，一方面决定了按劳分配是社会主义生产方式的内在要求；另一方面决定了现实中按劳分配的实现过程和实现形式与马克思的设想有着明显的差别，体现出如下特点：

首先，按劳分配是我国收入分配的主体分配方式，而不是唯一分配方式。现行社会主义公有制为主体、多种所有制经济共同发展的基本经济制度，决定了我国实行以按劳分配为主体、多种分配方式并存的分配制度，即整个社会除按劳分配这一主体分配方式外，还有按资本、技术等生产要素分配的非按劳分配方式的存在。

其次，按劳分配受市场机制的调节，通过三个阶段实现，而不是直接表现为社会劳动。在社会主义市场经济条件下，国家与劳动者之间存在一个企业层次，形成劳动者、企业、国家在劳动提供、价值实现，以及收入分配和消费品购买的三个阶段的转换过程，即第一阶段劳动者的个别劳动构成的企业总劳动经过商品交换的“惊险跳跃”转换为社会劳动实现其价值；第二阶段企业销售产品取得收入后，依据各劳动者的实际劳动贡献支付其劳动报酬，因而，劳动者的收入与所在企业的经营状况密切相关；第三阶段劳动者将其所得用于储蓄或消费，后者在商品市场上购买消费品以实现个人消费。

最后，按劳分配主要采取货币工资形式实现，而不是通过劳动券直接进行实物分配。在社会主义市场经济条件下，按劳分配的基本实现形式是工资，此外，还有奖金和津贴两种补充形式。工资是劳动者为自己的劳动所创造价值的货币表现，是按劳分配实现的主要形式；奖金是对劳动者提供的超额劳动的报酬，津贴则是对从事劳动强度大、工作条件差、工作任务重和有损健康的劳动者提供的劳动补充报酬，后两者都是按劳分配实现的辅助形式。坚持和贯彻按劳分配原则，还要加快工资制度的改革，建立起适应社会主义市场经济体制要求的企业工资制度和正常的工资增长机制。

参考文献：

《马克思恩格斯选集》第3卷，人民出版社1972年版。

《马克思恩格斯全集》第23卷，人民出版社1972年版。

《马克思恩格斯全集》第19卷，人民出版社1972年版。

《马克思恩格斯全集》第46卷上，人民出版社1972年版。

《马克思恩格斯全集》第4卷，人民出版社1965年版。

《马克思主义政治经济学概论》编写组：《马克思主义政治经济学概论》，人民出版社、高等教育出版社2011年版。

逄锦聚等：《政治经济学》，高等教育出版社2009年版。

（李萍）

按要素贡献分配

Distribution According to Factors Contribution

按要素贡献分配是指生产要素所有者凭借要素所有权，按照生产要素在生产中的贡献参与收入分配的制度。按要素贡献分配是现代市场经济中基本的收入分配制度。要素即是生产要素，主要包括劳动、资本、土地、技术、管理等。

在现代经济生活中，生产是指投入各种生产要素（主要包括劳动、资本、土地、技术、管理等生产要素）、产出商品和服务的过程。生产活动高度依赖于各种要素的投入，而投入要素的数量、质量和协作水平决定着产出的数量和质量。可以说，生产活动带有显著的多要素协作生产的特征，各种参与生产协作的要素都在一定程度上对产出作出了相应的贡献。

关于要素对生产的贡献，学术界存在着争议。代表性的观点有两种：一种观点认为要素对生产的贡献是指对产出的物质财富的贡献，而不是对生产的商品价值的贡献。这种观点的核心是坚持劳动价值论，认为商品价值是一般人类劳动的凝结，只有活劳动才能创造价值，非劳动要素不创造价值，但非劳动要素对生产的物质财富（即使用价值）作出了贡献。另一种观点认为，生产要素虽然可以划分为劳动要素和非劳动要素，但只要参与了生产协作，无论是劳动要素还是非劳动要素，都对生产的商品价值作出了贡献。这种观点的核心是坚持要素价值论，认为参与协作生产的各种要素共同创造了价值和财富。

需要强调指出的是，价值创造与价值分配、按要素贡献分配和生产要素是否创造价值是两个不能混淆的问题。劳动是价值创造的唯一源泉，但是除了劳动以外的各种生产要素也对价值创造发挥了作用，是劳动创造价值不可缺少的物质条件。在社会主义市场经济条件下，生产要素所有者之所以参与分配，这是生产资料所有权在分配上的体现，是对生产要素在劳动创造价值过程中发挥协同作用的确认，换言之，没有生产要素的协作，劳动创造价值就不能实现。但这并不意味着生产要素创造了价值。各种收入的价值源泉归根结底都在于劳动者的抽象劳动所创造的价值。

按要素贡献分配作为中国社会主义市场经济的一项重要的收入分配制度，是改革开放和长期探索实践的结果。由于改革以前计划分配制度没能有效贯彻按劳分配原则，没能做到真正意义上的“按劳分配”，实际上搞成了“平均主义”分配，严重阻碍了社会生产力的发展。针对这种情况，我国经济理论界本着“解放思想、实事求是”的精神，在1977～1978年先后举行了四次按劳分配理论讨论会，重新肯定了按劳分配的重要作用，在理论上逐渐澄清了对按劳分配的错误认识。1978年，中国共产党第十一届三中全会明确指出，按劳分配、多劳多得是社会主义的分配原则，绝不允许把它当作资本主义原则来反对。

随着市场化改革的推进，中国出现了多种所有制经济并存和分配形式的多样化，理论界对分配制度改革进行了广泛热烈的讨论。1987年，中国共产党十三大报告明确提出，社会主义初级阶段的分配方式不可能是单一的。我们必须坚持的原则是，以按劳分配为主体，其他分配方式为补充。除了按劳分配这种主要方式和个体劳动所得以外，企业发行债券筹集资金，就会出现凭债权取得利息。随着股份经济的产生，就会出现股份分红。企业经营者的收入中，包含部分风险补偿。私营企业雇用一定数量劳动力，会给企业主带来部分非劳动收入。以上这些收入，只要是合法的，就应当允许。

20世纪90年代初，邓小平同志南方谈话和党的十四大召开以后，中国明确了建立社会主义市场经济体制的改革目标，理论上对收入分配的认识也得到了进一步的深化。1993年，党的十四届三中全会通过的《中共中央关于建立社会主义市场经济体制若干问题的决定》指出，个人收入分配要坚持以按劳分配为主体、多种分配方式并存的制度。国家依法保护法人和居民的一切合法收入和财产，鼓励城乡居民储蓄和投资，允许属于个人的资本等生产要素参与收益分配。随着资本等非劳动生产要素在我国分配领域中所占比例迅速上升，理论上需要对按生产要素分配予以阐释。1997年，党的十五大报告提出，坚持按劳分配为主体、多种分配形式并存的制度。把按劳分配和按生产要素分配结合起来，允许和鼓励资本、技术等生产要素参与收益分配。

2002年，党的十六大报告提出，确立劳动、资本、技术和管理等生产要素按贡献参与分配的原则，完善按劳分配为主体、多种分配方式并存的分配制度。2007年，党的十七大报告进一步指出，要坚持和完善按劳分配为主体、多种分配方式并存的分配制度，健全劳动、资本、技术、管理等生产要素按贡献参与分配的制度。十六大报告把按要素贡献分配确立为一项收入分配的原则，十七大报告把按要素贡献分配进一步确立为一项收入分配制度，是坚持和完善按劳分配为主体、多种分配方式并存的分配制度的体现。十八大报告强调要完善劳动、资本、技术、管理等要素按贡献参与分配的初次分配机制。

按要素贡献分配是符合社会主义初级阶段基本国情的一项收入分配制度。按要素贡献分配的基本要求是：(1)参与分配的主体是要素所有者，依据是要素所有权。(2)分配的客体是各种生产要素协同劳动创造出来的财富，既包括物质形态的财富，也包括价值形态的财富。(3)分配的标准是生产要素在生产过程中的实际贡献。(4)实现的机制是市场机制。在市场经济中，生产要素按贡献参与分配是通过市场机制来实现的，要素市场的供求状况、商品市场的价格波动等因素，对各种要素所获得的收入会产生显著的影响。

按要素贡献分配遵循的是市场经济的通行法则，即平等交易、市场定价、按贡献分配。这种分配制度有利于调动各种要素所有者参与生产的积极性，有利于生产要素的优化配置，有利于促进生产力和经济社会的发展。

参考文献：

谷书堂、蔡继明：《按贡献分配是社会主义初级阶段的分配原则》，载于《经济学家》1989年第2期。

卫兴华：《评否定按劳分配思潮中的几种观点》，载于《高校理论战线》1991年第1期。

赖德胜：《对按生产要素分配问题的剖析》，载于《中州学刊》1999年第3期。

白暴力：《剥削与劳动价值论研讨会综述》，载于《中国特色社会主义研究》2002年第2期。

吴宣恭：《产权、价值与分配的关系》，载于《当代经济研究》2001年第2期。

《马克思主义政治经济学概论》编写组：《马克思主义政治经济学概论》，人民出版社、高等教育出版社2011年版。

卫兴华、张宇：《社会主义经济理论》，高等教育出版社2007年版。

逄锦聚等：《政治经济学》，高等教育出版社2009年版。

（陈志舟）

社会主义初级阶段的个人收入分配
Income Distribution of Primary-Stage Socialism

我国社会主义初级阶段的个人收入分配，实行按劳分配为主体、多种分配方式并存的分配制度。

改革开放前，我国经济理论界把按劳分配当作社会主义分配的唯一原则，不承认按生产要素分配的合理性。这源于对我国尚处在社会主义初级阶段的国情认识不清，没有认识到生产关系、分配制度必须与生产力发展水平相适应。改革开放以来，我们逐渐认识、探索和建立起与社会主义初级阶段国情相适应的个人收入分配制度，即实行按劳分配为主体、多种分配方式并存的分配制度，将按劳分配与按要素贡献分配有机结合。进一步说，按劳分配为主体包括两层含义：在公有制经济中，劳动者的按劳分配收入在个人收入总额中占主体地位；在整个社会分配方式中，按劳分配为主体，决定社会主义初级阶段分配的基本性质。而多种分配方式并存，则主要是指在坚持按劳分配为主体的同时，允许按照资本、知识、技术、信息、管理、土地和其他自然资源等生产要素分配，它们与按劳分配共同存在于社会主义市场经济中。

在社会主义初级阶段的个人收入分配，之所以必须坚持按劳分配为主体、多种分配方式并存的分配制度，把按劳分配和按生产要素分配结合起来，主要理由是：

第一，以公有制为主体、多种所有制经济共同发展的基本经济制度决定了我国必须实行按劳分配为主体、多种分配方式并存的分配制度。在生产关系中，生产资料所有制形式是生产关系的基础，它决定了生产关系的其他方面。分配关系是生产关系的一部分，生产资料的所有制形式决定了分配关系，分配关系和分配制度要与特定阶段的所有制形式相适应。分配方式是由生产方式决定的，一个社会的分配制度是由该社会的基本经济制度决定的。在社会主义初级阶段，我国实行以公有制为主体、多种所有制经济共同发展的基本经济制度，这就决定了在社会主义初级阶段要实行以按劳分配为主体、多种分配方式并存的分配制度。

第二，社会主义市场经济体制要求实行以按劳分配为主体、多种分配方式并存的分配制度。分配制度是经济体制的一部分，经济体制必将在一定程度上影响和决定着收入分配制度。改革开放以来，我国探索和建立了社会主义市场经济体制，需要发展劳动、资本、土地、技术、信息等要素市场，发挥市场对资源配置的决定性作用，以提高资源配置效率。在商品生产过程中，劳动创造价值，而且随着科学技术和“知识经济”的发展，掌握科学技术、拥有知识的劳动所创造的价值越来越大，这就要求实行以按劳分配为主体的制度。同时，由于资本、土地、技术、管理、信息等要素是商品生产不可缺少的重要条件，这些要素在生产中也作出了贡献，这就需要各种要素按贡献参与收入分配，获取相应的要素报酬，以调动要素所有者的积极性，优化要素配置。总之，实行按劳分配为主体、多种分配方式并存的分配制度，把按劳分配与按生产要素贡献参与分配相结合，是社会主义市场经济体制的必然要求。

第三，社会主义初级阶段实行按劳分配为主体、多种分配方式并存的分配制度，归根结底是由生产力的发展状况决定的。生产力决定生产关系，分配关系是生产关系的一部分，因此，生产力发展水平决定了相应的分配关系和分配制度。当前，我国社会主义初级阶段的生产力发展具有不平衡、多层次和水平不高的特征，这是我国当前分配方式呈现多样化的最深层次原因。实行按劳分配为主体、多种分配方式并存的分配制度，适合我国社会主义初级阶段的生产力发展水平，有利于调动广大社会成员的积极性，充分利用各种生产要素，实现经济资源的优化配置和充分利用。

社会主义初级阶段的个人收入分配实行按劳分配为主体、多种分配方式并存的分配制度，把按劳分配与生产要素按贡献参与分配相结合，具有重要的意义。实行按劳分配为主体，保障了劳动者的权益，有利于维护广大劳动者的切身利益和调动他们的创造积极性，提高劳动生产率。同时，实行多种分配方式并存，各种生产要素按贡献参与收入分配，保障了各种要素所有者的权益，有利于调动各种要素所有者的积极性，有利于优化生产要素的配置，提高全社会的资源配置效率，从而让一切劳动、技术、管理和资本的活力竞相迸发，让一切创造社会财富的源泉充分涌流，推动经济发展与社会进步。

社会主义初级阶段的个人收入分配实行按劳分配为主体、多种分配方式并存的分配制度，要处理好效率和公平的关系，初次分配和再分配都要兼顾效率和公平，再分配要更加注重公平，形成合理有序的收入分配格局。

首先，健全初次分配制度，着重保护劳动所得，努力实现劳动报酬增长和劳动生产率提高同步，提高劳动报酬在初次分配中的比重。初次分配作为整个收入分配制度中最具基础性的组成部分，和再分配一样都要兼顾效率和公平，因而，在初次分配领域也需处理好政府和市场的关系。

在一般情况下，政府不干预由市场形成的初次分配环节。然而，我国初步建立社会主义市场经济体制以来，分配制度面临许多新问题新挑战，其中既有要素市场发育不足的原因，也有政府行为不够到位的问题。鉴于此，在深入推进要素市场化改革进程中，政府尚需在保障公平竞争、加强市场监管、维护市场秩序、弥补市场失灵等方面负起责任。为此，与劳动要素市场相关的一系列制度完善的举措，包括健全工资决定和正常增长机制，完善最低工资和工资支付保障制度，完善企业工资集体协商制度等，都应沿着市场机制调节、企业自主分配、平等协商确定、政府监督指导的原则向前推进。而改革机关事业单位工资和津贴补贴制度，完善艰苦边远地区津贴增长机制，原本就在政府宏观政策范畴之中。与此同时，还要进一步地健全资本、知识、技术、管理等由要素市场决定的报酬机制，明确和充分发挥由市场决定要素价格、按贡献参与分配机制的合理性及其重要作用。

除劳动以外的其他要素如何在初次分配中参与公平分配，完善增加居民财产性收入的体制机制，也是健全社会主义初级阶段多种分配方式并存制度创新性的重要问题。而扩展投资和租赁服务等途径，优化上市公司投资者回报机制，保护投资者尤其是中小投资者合法权益等举措，都会成为多渠道增加居民财产性收入的重要渠道。

其次，健全再分配制度，完善以税收、社会保障、转移支付为主要手段的再分配调节机制。合理运用税收政策工具，减轻中低收入者税负，加大对高收入者税收调节力度；不断健全公共财政体系，提高公共服务支出在财政支出中的比重，建设和完善城乡人力资源社会保障公共服务体系，推进城乡公共服务均等化，大力增加转移性收入，完善一般性转移支付增长机制，重点增加对革命老区、民族地区、边疆地区、贫困地区的转移支付，并清理、整合、规范专项转移支付以发挥更好的效益。

建立公共资源出让收益合理共享机制，包括国有土地、海域、森林、矿产、水等公共资源出让机制，出让收益也须主要用于公共服务支出。同时，创新慈善事业发展机制，既要重视不断加强和改进政府为主安排的慈善事业，尤其是救助帮扶困难群体的制度，也要和积极培育社会慈善组织更好地结合起来，广泛调动人民群众和社会各界参与公益事业的积极性,完善慈善捐助减免税制度,支持慈善事业发挥扶贫济困积极作用。

最后,规范收入分配秩序,完善收入分配调控体制机制和政策体系,建立个人收入和财产信息系统,保护合法收入,调节过高收入,清理规范隐性收入,取缔非法收入,增加低收入者收入,扩大中等收入者比重,努力缩小城乡、区域、行业收入分配差距,逐步形成橄榄形分配格局。为此,要通过健全法律法规,强化政府监管,加大执法力度,重视信息监测等方式,在体制机制的进一步创新上保障公开透明、公正合理的收入分配秩序的形成和规范。

参考文献:

《马克思恩格斯文集》第 8 卷,人民出版社 2009 年版。

《邓小平文选》第 3 卷,人民出版社 1993 年版。

江泽民:《全面建设小康社会,开创中国特色社会主义事业新局面——在中国共产党第十六次全国代表大会上的报告》,人民出版社 2002 年版。

胡锦涛:《高举中国特色社会主义伟大旗帜,为夺取全面建设小康社会新胜利而奋斗》,人民出版社 2007 年版。

习近平:《中共中央关于全面深化改革若干重大问题的决定》,人民出版社 2013 年版。

《中共中央关于全面深化改革若干重大问题的决定》(辅导读本),人民出版社 2013 年版。

赵人伟、李实等:《中国居民收入分配再研究》,中国财政经济出版社 1999 年版。

逄锦聚等:《政治经济学》,高等教育出版社 2009 年版。

《马克思主义政治经济学概论》编写组:《马克思主义政治经济学概论》,人民出版社、高等教育出版社 2011 年版。

（李萍）

公平与效率
Equity and Efficiency

公平最初是一个伦理学的概念,但对公平的研究广泛地见诸于伦理学、经济学、哲学、政治学、法学和社会学等多个学科。对公平的理解包含有公正、平等、合理、正义等含义。古希腊的亚里士多德把公平、公正、平等联系在一起,对不同领域的公平作了较为详细的划分,将公平划分为法律公平、政治公平、道德公平等。近代英国功利主义哲学家边沁和穆勒提出了功利主义哲学的公平观,他们认为,一个社会如果能够给最大多数人带来最大程度的幸福,也就是能给所有人带来最大的效用净值,那它便是公平和合理的。经济自由主义的代表人物哈耶克认为,自由放任的市场经济秩序就是公正的,反之即为不公正。当代美国政治哲学家罗尔斯提出了两个著名的正义原则,对公平理论作出了重要贡献:第一,与其他所有人一样,每个人都应该平等地享有一系列广泛的基本权利与自由,包括选举权与被选举权、言论自由、结社自由、思想自由、拥有财产的自由、不受非法任意拘捕和搜查的自由等(自由平等原则)。第二,社会和经济不平等应满足两个条件:在机会平等的条件下,所有地位和职务对所有人开放(机会平等原则);不平等必须对社会中最弱势的人最为有利(差异原则)(约翰·罗尔斯,1988)。

马克思主义认为,不同的时代有不同的公平观,没有超越时空的公平原则。“希腊人和罗马人的公平观认为奴隶制是公平的;1789 年资产者阶级的公平规则要求废除被宣布为不公平的封建制度。在普鲁士的容克看来,甚至可怜的专区法也是破坏永恒公平的。所以,关于永恒公平的观点不仅是因时因地而变,甚至也因人而异……”(《马克思恩格斯全集》第 18 卷,人民出版社 1992 年版,第 310 页)。马克思认为,在同一个时代,不同社会集团、不同的阶级会有不同的公平观。针对资本主义社会的不平等,马克思认为,重要的不是消灭不平等本身,而是消灭产生不平等的经济基础,即消灭资本主义的生产资料私有制,建立社会主义的生产资料公有制。

在现代经济学中,公平通常被理解为公正、平等,是经济活动的主体对经济事物、经济过程和经济活动结果的一种价值判断。因为涉及价值判断,所以公平属于规范经济学的范畴。由于价值判断的分歧,经济学家们对公平的认识和定义充满争议。尽管公平是一个复杂、多维而又充满分歧的范畴,但我们对公平内涵的把握可以从一个三维视角来理解,即起点公平、过程公平和结果公平。

起点公平,即参与经济活动的当事人之间所拥有的资源和生产要素是均等的,当事人之间拥有相等或相当的劳动能力、资本、土地以及其他资源、生产要素和条件。

过程公平(或者叫规则公平、机会公平),即经济活动过程中的游戏规则、程序是公平、公正的,这意味着当事人参与经济活动的权利和机会是均等的,即机会公平或机会均等。

结果公平,即经济活动的当事人获得了均等的收入分配结果,从绝对意义讲,可以理解为当事人之间的收入分配结果完全相同,不存在收入差距(这可以被称为“毫不含糊的公平”)。如果放宽对结果公平的理解,收入分配的结果比较均等(而不是绝对均等)也可以看做宽泛意义的结果公平。

在现代经济学中,效率是指社会利用现有资源进行生产所提供的效用满足程度,它不是生产多少产品的简单的物量概念，而是一个社会效用或社会福利概念。如果利用现有资源进行生产所提供的效用满足程度越高，效率也就越高。效率通常包含以下三层含义：

技术效率，又被称为生产效率，它是指生产活动中根据各种资源的物质技术联系，建立起符合生产条件性质的经济关系，合理地组织各种生产活动，充分有效地利用资源，提供尽可能多的产出。

资源配置效率，这是经济学上用得最为普遍的含义，它不仅包括企业内部的资源配置效率，而且包括整个社会要素和产品的有效配置是否实现最优。这一效率概念的具体标准就是帕累托效率原则。19 世纪末，意大利经济学家帕累托将最有效率的状态描述为：如果资源在某种配置下不可能由重新组合生产和分配来使一个人或多个人的福利增加，而不使其他人的福利减少，那么这种配置就是最有效率状态。这种状态被称为帕累托最优状态。

制度效率，是指某种制度安排能够在成本最小化的状态下运行。新制度经济学关注制度运行的效率，它说明了任何一种制度运行都是有成本的，对于完成同样的交易，或者说资源流动和配置，人们总是寻找运行成本最低的制度。制度运行的成本又被称为交易成本，交易成本的高低是衡量效率的重要标准。

在很多关于经济事务的决策中，公平与效率会发生冲突，人们通常会面临这样的两难选择：是以效率为主要目标，还是以公平为主要目标，抑或两者并重？是牺牲公平换取效率，还是牺牲效率换取公平？面对这样的两难选择，经济学家们的观点大致可以归纳为三种：

效率优先。这种观点认为，效率是与自由不可分割的，而这种自由是市场机制正常运行从而实现资源配置效率的前提条件。如果追求公平牺牲了自由，必将破坏市场机制的正常运行，由此损害效率，那么这种公平就是不可取的。如果人们的所得是靠“公平”而不是靠努力来决定，社会将缺乏激励人们努力工作、增加产出的机制，社会将面临巨大的效率损失。

公平优先。这种观点认为，公平本来是人们的天赋权利，竞争引起的收入差距是对这种权利的侵犯。不仅如此，人们在市场上本来就没有在同一条起跑线上开展竞争，各人拥有的资源和条件不同，竞争引起的收入差距不是由勤奋和懒惰造成的，因而是不公平的。再者，市场本身并不公平，一些经济因素如市场中的垄断和非经济因素如对性别、种族、年龄、宗教信仰等的歧视也影响着人们的收入，而由此产生的贫富差距是不公平的。

公平与效率的兼顾。这种观点认为，收入过度不平等不是一件好事情，而收入完全均等也不是一件好事情。市场自发形成的收入分配有可能过分不平等而令人难以接受，但市场机制又有利于促进经济效率，因而兼顾效率与公平的途径是通过政府适度干预来弥补市场缺陷，改善收入分配的平等状况。

实际上，公平与效率之间既非相互替代，也非互不相关的关系，而是相辅相成、相互促进的关系。一方面，公平与否以及公平程度的高低对于效率的高低有着重要的甚至是决定性的影响；另一方面，效率的高低同样也影响着分配公平。改革开放以来，中国共产党在探索中国特色的社会主义发展道路的实践过程中逐渐形成了国民收入分配应坚持公平和效率并重的重要思想。但是，公平与效率并重并不否定相机选择的必要性和合理性。具体地说，在不同时期国民收入分配的不同领域面临的主要问题可能不同，如果在初次分配领域不公平问题特别突出，那么初次分配强调公平就是必要和合理的；如果在初次分配领域平均主义特别突出，那么初次分配强调效率就是必要和合理的；如果在再分配领域不公平问题特别突出，那么再分配强调公平就是必要和合理的。不要把初次分配和再分配中公平与效率的关系对立起来，一定时期、一定条件下效率优先或者公平优先也不应该被认为必须要以牺牲另一方作为代价。正确处理好收入分配中公平与效率之间的关系，必须把握两者的辩证统一关系，把两者有机地结合起来。

在收入分配中处理好效率与公平的关系，是关系改革、发展和稳定的重大问题。初次分配和再分配都要兼顾效率和公平，再分配要更加注重公平。在初次分配环节，要完善劳动、资本、技术、管理等要素按贡献参与分配的初次分配机制，消除因体制机制带来的规则不公平和权利不公平，增进市场竞争中的机会公平。在再分配环节，要加快健全以税收、社会保障、转移支付为主要手段的再分配调节机制，强化政府对收入分配的调节职能，加大再分配调节力度，着力解决收入分配差距较大问题，使发展成果更多更公平地惠及全体人民。

参考文献：

《马克思恩格斯全集》第 18 卷，人民出版社 1972 年版。

［美］阿瑟·奥肯：《平等与效率》，四川人民出版社 1988 年版。

［美］约翰·罗尔斯：《正义论》，中国社会科学出版社 1988 年版。

［美］约翰·罗尔斯：《作为公平的正义——正义新论》，三联书店 2002 年版。

［美］保罗·A·萨缪尔森、［美］威廉·D·诺德豪斯：《经济学》第 18 版，人民邮电出版社 2008 年版。

刘国光：《向实行效率与公平并重的分配原则过渡》，载于《中国特色社会主义研究》2003 年第 5 期。

胡鞍钢：《促进公平经济增长，分享改革发展成果》，清华大学出版社 2004 年版。

逄锦聚等:《政治经济学》,高等教育出版社 2009 年版。

(陈志舟)

让一部分人先富起来
Allowing Some People to Become Prosperous

让一部分人先富起来,以带动全体人民共同富裕,这是党中央和邓小平同志根据中国的特殊国情,在经济政策和社会发展道路上所作出的战略选择,也是我国现代化建设战略步骤和战略布局的重要组成部分。

让一部分人先富起来的思想最早是中国改革开放的总设计师邓小平同志提出来的。1978 年 12 月,在中共中央工作会议上,邓小平在《解放思想,实事求是,团结一致向前看》这篇报告里提出了一个深刻影响中国的"大政策"。邓小平指出,在经济政策上,要允许一部分地区、一部分企业、一部分工人农民,由于辛勤努力成绩大而收入先多一些,生活先好起来。一部分人生活先好起来,就必然产生极大的示范力量,影响左邻右舍,带动其他地区、其他单位的人们向他们学习。这样,就会使整个国民经济不断地波浪式地向前发展,使全国各族人民都能比较快地富裕起来。这就是后来他反复阐释的"先富"与"共同富裕"的理论。

1983 年 1 月 12 日,邓小平同国家计委、国家经委和农业部门负责同志谈话时指出,农业文章很多,我们还没有破题,农村、城市都要允许一部分人先富裕起来,勤劳致富是正当的。一部分人先富裕起来,一部分地区先富裕起来,是大家都拥护的新办法,新办法比老办法好。1984 年 10 月,邓小平"允许一部分人先富起来"的思想写进了《中共中央关于经济体制改革的决定》。该《决定》指出,只有允许和鼓励一部分地区、一部分企业和一部分人依靠勤奋劳动先富起来,才能对大多数人产生强烈的吸引和鼓舞作用,并带动越来越多的人一浪接一浪走向富裕。1985 年 9 月 23 日,邓小平在中国共产党全国代表会议上的讲话中强调,鼓励一部分地区、一部分人先富裕起来,也正是为了带动越来越多的人富裕起来,达到共同富裕的目的。

邓小平提出的"让一部分人先富起来"的思想逐步成为我国改革开放和现代化建设战略的组成部分,是中国改革总体思路在解决动力、途径和实现根本目标等问题上的一次重大突破。邓小平之所以提出"让一部分人先富起来"的思想,主要是为了打破当时盛行的平均主义和"大锅饭",打破旧经济体制的禁锢,调动劳动者的生产积极性,解放和发展生产力,从而实现共同富裕这一社会主义的根本目的。这一政策不仅符合我国各地生产力发展严重不平衡的现状,也有利于在社会主义初级阶段的中国,在商品经济尚不发达、客观条件千差万别、人们的能力和贡献有大有小的情况下,迅速增加社会财富,提高人民生活水平。实践证明,这是一项正确的、符合我国基本国情的"大政策"。

"让一部分人先富起来"的思想经过改革开放和现代化建设实践,逐步发展为"先富"带动"后富",最终实现共同富裕的思想。早在 20 世纪 80 年代后期,邓小平就已经意识到了贫富不均的问题,从"两个大局讲话"到"南方谈话",侧重点已经从强调"先富论"转向强调"共富论"。1992 年邓小平在南方谈话中指出,走社会主义道路,就是要逐步实现共同富裕。社会主义制度就应该而且能够避免两极分化。解决的办法之一,就是先富起来的地区多交点利税,支持贫困地区的发展。2002 年 11 月,党的十六大报告提出了"全面小康"的概念,强调要缩小地区、城乡、各阶层之间的差距,加快中西部地区、农村地区的发展。一年后,中共十六届三中全会明确提出了"以人为本"的科学发展观。2004 年 3 月,在十届全国人大二次会议上,改革开放发展思路中的一个重要命题——"先富论",拓展为"共同富裕"。2007 年 10 月,党的十七大报告进一步强调要走共同富裕道路,促进人的全面发展,做到发展为了人民、发展依靠人民、发展成果由人民共享。2012 年 11 月,党的十八大报告再次提出,要加大再分配调节力度,着力解决收入分配差距较大问题,使发展成果更多更公平惠及全体人民,朝共同富裕方向稳步前进。

让一部分人先富起来,先富带动后富,逐步实现共同富裕,这是社会主义的本质要求。社会主义的本质,是解放生产力,发展生产力,消灭剥削,消除两极分化,最终达到共同富裕。"先富"是一部分地区,一部分人以诚实劳动、合法经营为手段先富起来。让一部分人先富起来具有示范、帮助和带动作用。第一,示范作用。一部分人先富起来,可以发挥示范作用,影响左邻右舍,使他们向先富者学习。第二,帮助作用。先富起来的地区和个人可以通过向国家纳税等途径和措施帮助相对落后地区的人们,帮助其地区经济的发展。第三,带动作用。先富地区的人可以为落后地区的人们提供经济发展的空间、机会和手段,给他们创造就业机会,带动该地区的发展。允许一部分地区、一部分人先富,是承认在发展经济的过程中存在收入差别和富裕程度差别,但并不是收入差距越大越好。如果搞两极分化,不仅违背了社会主义的原则,违背了我们共产党人的原则,而且民族矛盾、区域矛盾、阶级矛盾都会激化,中央和地方的矛盾也会激化,整个社会就有可能陷入动荡。因此,先富、后富、共富三部曲体现的当是先富要帮后富,先富要带后富,"先富"只是手段、途径、方法,"共富"才是目的;没有先富就不能实现共富,但先富必须服从和服务于共富这个根本目标。

共同富裕是社会主义的本质规定和奋斗目标,是邓小平提出建设有中国特色社会主义理论的重要内容之一。共同富裕并不等于同时富裕、同步富裕、同等富裕。奔向富裕是一个有先有后、有快有慢逐步实现的过程，要求所有人、所有地区同时、同步、同等富裕起来是不切实际的，必须允许一部分人、一部分地区先富起来。如果离开先富谈共富，在目前的生产力水平下，只能回到平均主义的老路上去，导致共同的贫穷；如果离开共富谈先富，就可能导致两极分化，偏离社会主义的目标。

改革开放以来，我们打破了平均主义，打破了“大锅饭”，允许一部分人、一部分地区先富起来，从而充分调动了人民群众和各个方面的积极性，解放和发展了社会生产力，进而引起经济生活、社会生活、工作方式和精神状态的全面而深刻的变化。中国人民的生活水平有了巨大提高，实现了从温饱不足到整体小康的历史性飞跃。从1978～2010年，中国人均国内生产总值快速增加，从约200美元提高到4000多美元，农村居民人均纯收入从134元提高到5919元，增加了43倍，城镇居民人均可支配收入从343元提高到19109元，增加了54倍。不过，伴随着中国经济的快速发展，中国居民收入差距也不断扩大，中国居民收入分配的基尼系数从1978年的0.317上升到2010年的0.481，城乡区域发展差距和居民收入分配差距比较突出。因此，当前要努力推动先富带动后富，先富帮助后富，逐步实现共同富裕。

参考文献：

邓小平：《解放思想，实事求是，团结一致向前看》，引自《邓小平文选》第2卷，人民出版社1994年版。

《中共中央关于经济体制改革的决定》，人民出版社1984年版。

《邓小平文选》第3卷，人民出版社1994年版。

邓小平：《建设有中国特色的社会主义》，引自《邓小平文选》第3卷，人民出版社1993年版。

江泽民：《全面建设小康社会，开创中国特色社会主义事业新局面——在中国共产党第十六次全国代表大会上的报告》，人民出版社2002年版。

胡锦涛：《高举中国特色社会主义伟大旗帜，为夺取全面建设小康社会新胜利而奋斗——在中国共产党第十七次全国代表大会上的报告》，人民出版社2007年版。

胡锦涛：《坚定不移沿着中国特色社会主义道路前进为全面建成小康社会而奋斗——在中国共产党第十八次全国代表大会上的报告》。

《十八大报告辅导读本》，人民出版社2012年版。

青连斌：《辩证看待“先富”与“共富”》，载于《半月谈》2005年12月12日。

国家统计局：《国民经济和社会发展统计公报》（1978；2010）电子版，参见国家统计局官方网站 http://www.stats.gov.cn/。

人民网：《国家统计局首次公布2003至2012年中国基尼系数》，2013年1月18日。参见人民网官方网站 http://politics.people.com.cn/。

（李萍　陈志舟）

共同富裕
Common Prosperity

“共同富裕”以社会生产力的发展和社会主义公有制为基础，体现消灭剥削、消除两极分化、全体人民共同分享经济社会发展成果的社会主义本质。

从历史的角度看，古今中外都能找到共同富裕思想的痕迹，只不过在不同历史阶段，对其构成元素的表现形式理解不同而已。中国传统经济思想把“既富且均”看做经济生活的合乎理想的状态。古人求“富”思想的最大的特征是以富国为中心的，鸦片战争后，近代经济思想虽然仍以富国为中心，但这种求富一改古代简单再生产的活动，要求在现代技术和生产力的基础上实现生产的社会化，对“富家”（私家求富）已不像传统经济思想那样担心和歧视了；求“均”的经济思想，有“均地”论、“均利”论和“均财”论，均的要求最突出地表现在土地的分配占有方面，这也是历代农民起义斗争的强烈经济诉求（赵靖，2002）。同样，西方古希腊、古罗马时代由于受奴隶制度的支配，财富分配极为悬殊，人们纷纷追求对未来完美国家憧憬的目标，柏拉图集政治、伦理、哲学、教育、文艺为一体在《理想国》中提出了一个恢宏系统的理想国家方案，开创了以后作为各种社会政治理想所寄托的乌托邦社会方案的先河。到了近代的资本主义工业化时代，古典经济学的财富分配思想比较注重生产要素的收入分配功能，亚当·斯密指出财富的源泉是人类劳动与分工的一般结果，并最早正确阐明了资本主义社会的阶级结构，对劳动、资本和土地三种要素的收入效应进行了分析，对后继者在此领域的研究起着奠基性作用，无论是对功能分配理论，还是规模分配理论的影响是颇为深刻的（胡寄窗，1991）。另外，16～19世纪初的空想社会主义学说以批判资本主义制度，宣传理想的社会主义制度为特征，尤其抨击了资本主义在财富占有、分配上的不公平现象；但是这种道义上的义愤和谴责却不能科学地揭示出资本主义分配不公背后隐藏的社会矛盾及其规律。在对空想社会主义分配思想批判和继承之后，马克思、恩格斯创立了科学的按劳分配理论，这是从人类历史变化的客观规律出发，揭示社会生产性质对分配方式、过程及其结果的支配，以及受其自身客观规律的支配必然取代资本主义分配制度，是在劳动者创造的社会财富中，做了必要的扣除之后，以劳动量为尺度分配个人消费品的社会主义分配制度；这是在对未来新社会的描述中体现出消灭剥削、消除压迫，实现各尽所能、多劳多得的分配思想，实际上已经蕴含着共同富裕的理念（陈岱孙，1981）。正如恩格斯明确指出，在建立了适应生产力发展的生产资料的社会占有（社会主义公有制）条件下“通过社会生产，不仅可能保证一切社会成员有富足的和一天比一天充裕的物质生活，而且还可能保证他们的体力和智力获得充分的自由的发展和运用”（《马克思恩格斯选集》第3卷，人民出版社1972年版，第322页）。马克思主义创始人关于未来社会财富的生产和分配的思想，对后来人们探寻新的社会制度框架下广大人民群众共享财富成果产生了重大影响，尤其在中国的传播、继承、创新和发展形成了邓小平理论中关于“共同富裕”的思想。

“共同富裕”思想是由邓小平在改革开放时期，建设中国特色社会主义道路中明确提出来的，在《邓小平文选》第3卷集中论述了关于共同富裕的思想，其基本内容可以概括为：（1）在总结新中国成立后至改革开放前这段历史，提出了“社会主义的特点不是穷，而是富，但这种富是人民共同富裕”的著名论断。（2）在针对中国社会主义发展中出现的平均主义现象，指出“要让一部分地方先富裕起来，搞平均主义不行”；因此，共同富裕不是退回到平均主义，也不是同步富裕、同时富裕。（3）在共同富裕的实现路径上，反复提到“一部分地区、一部分人可以先富起来，带动和帮助其他地区、其他的人，逐步达到共同富裕”的哲学思维；因此，共同富裕是先富带后富，波浪式推进、渐进性完成的过程。（4）在社会主义与资本主义的本质区别上，总结出“社会主义最大的优越性就是共同富裕，这是体现社会主义本质的一个东西”（《邓小平文选》第3卷，人民出版社1993年版，第364页）。

受限于时代背景，邓小平之前的马克思主义经典作家们把精力主要放在解决“共同”的问题上，而邓小平则将“共同”和“富裕”两个问题同时结合起来，体现了生产力与生产关系、效率与公平的辩证统一；“共同富裕”作为邓小平理论体系的核心范畴之一，它涵盖了邓小平理论中的重大和主要问题，贯穿于整个理论体系的始终，并实现了对马克思主义理论体系的整体推进。随着建设中国特色社会主义实践的不断推进以及邓小平理论寓于实践的特性，决定了邓小平共同富裕思想会进一步发展。

目前虽然在理论上对共同富裕的认识已基本达成了共识，但在理论与实践结合的层面上，仍需要把握以下几个着力点，着重深入地研究；而且随着实践的变化，这种认识也应该进一步深化：

第一，社会生产力的发展——实现“共同富裕”的必要条件。在社会主义市场化改革进程中，中国所处的阶段性特征决定了其所有制结构是以生产资料社会主义公有制为主体，但非公有制经济仍然存在和发展，其目的是为了促进社会生产力的发展，实际上是解决“让一部分人先富起来”的问题，为最终实现共同富裕打下基础；同时，共同富裕又为解放和发展生产力提供了广阔的前景。因此，共同富裕的实现是一个渐进的过程，在这个过程中会经历不同的阶段，而这种阶段的划分是以生产力的发展水平为表征的，例如，解决温饱问题、实现整体小康水平和建成全面小康社会等。有理由相信，随着社会主义市场化改革进程的深入，还会不断演绎出实现共同富裕的各种阶段性目标，而这些阶段性目标都统一于中国特色社会主义建设的历史进程之中。这使得“共同富裕”的实现有了具体的支撑点和操作路径，而不再是遥不可及的“理想”蓝图。

第二，生产资料社会主义公有制——实现“共同富裕”的充分条件。“共同富裕”意蕴的公平与效率的历史逻辑起点是以社会主义公有制为基础的，而公有制也需要生产力的发展才能在现实中更好地寻求多种实现形式且发挥其优势，并为实现共同富裕提供制度基础。所以，在现实中是不存在抽象的财富分配和共同富裕，它们总是同特定的经济制度和社会关系结合在一起，而共同富裕的基本属性规定了只能和社会主义公有制结合起来才能具有充分的实现条件。因此，中国在推进社会主义市场化改革进程中，所产生的“一部分人先富起来”很容易，但从现在居民收入差距持续扩大来看，长时间没有解决的是怎样实现“先富带后富、最终共同富裕”的初衷设想。这除了有赖于收入分配体制的深入改革、经济社会政策的干预以及宏观调控的弥补之外，关键的是应从所有制结构上来直面这一问题，处理好“公有制”与“非公有制”之间的关系（刘国光，2011）。同时，深化国有企业改革，遏制垄断行业过高收入，使国有经济真正成为走共同富裕道路的基石。

第三，市场机制与政府调控的交织——“共同富裕”的实现机制。在市场配置资源的机制运行中会产生收入差距扩大的现象，而市场本身对收入差距扩大制约的失灵决定了政府调控的必要性。只有在社会主义公有制为主体、多种所有制共同发展的制度架构下，政府调控才能更好地服务于共同富裕这一目标，以寻求共同富裕实现的各种具体方式。事实上，“共同富裕”的实现机制涉及的是“公平”与“效率”的权衡，这将贯穿于共同富裕的整个实现过程中。当然，公平与效率的主次地位并不是一成不变的，它们会根据生产力发展水平进行转化，其地位的变化预示着实现共同富裕各阶段目标的差异性，并要求有相应的实现机制与之匹配，这也决定了“共同富裕”实现机制的多样性。因此，寻求不同发展阶段上“共同富裕”有效地实现机制将是中国特色社会主义建设中的一个重大理论与实践问题。

第四,"共同富裕"对精神文明建设具有凝聚作用。"共同富裕"是当前中国在建设市场经济过程中的一面理想信念的旗帜,因为一方面,在较低生产力水平下,肯定人们追求物质利益的动力就越重要;而"共同富裕"内含着打破平均主义,激励人们依靠诚实经营、劳动致富的精神动力,这是对我国经济活动中曾出现的平均主义、"大锅饭"现象下无视人们对物质利益正当追求的彻底否定。另一方面,对个人物质利益的追求也不能脱离了"共同富裕"这一理想信念,否则,会造成在实际工作中的急功近利、重先富轻后富的现象,以至于忽视全体人民共享改革发展的成果,酿成贫富悬殊、两极分化,偏离社会主义的本质。因此"共同富裕"成为人们在中国市场经济条件下以物质利益为驱动时,凝聚理想信念的精神资源,在实现全体人民物质上共同富足时,保持精神上共同富有,促使经济社会全面协调可发展具有永续动力。

参考文献:
《马克思恩格斯选集》第3卷,人民出版社1972年版。
《邓小平文选》第3卷,人民出版社1993年版。
陈岱孙:《政治经济学史》上、下册,吉林人民出版社1981年版。
胡寄窗:《西方经济学说史》,立信会计出版社1991年版。
刘国光:《关于国富、民富和共同富裕问题的一些思考》,载于《经济研究》2011年第10期。
赵靖:《中国经济思想通史(修订本)》,北京大学出版社2002年版。

(王朝明　徐成波)

社会主义和谐社会
Harmonious Socialist Society

社会主义和谐社会,是中国共产党提出的要在社会主义制度基础上建立的全体人民各尽其能、各得其所、共同建设、共同享有、诚信友爱、充满活力、民主法治、公平正义、稳定有序、人与自然和谐相处的社会状态,体现了中国特色社会主义的本质属性。

社会主义和谐社会这一概念的提出,有其深远的思想渊源。

"和谐"思想早见于《国语》,用以阐述王朝的兴衰之道。和的思想在中国古代多见之于人际关系,如"和为贵"、"兼相爱"。古人主张和谐但是不应同一,即"和而不同"。在处理人与自然的关系上提倡天道、人道和自然相类相通的"天人合一"。和谐还需要把握恰当的度,提倡"中和为美"、"和出于适"等。同时,思想家们把和谐观念引入社会制度的建构上,提出"天下为公"、"大同社会",并尝试建立一个小农经济的平均主义社会制度(如太平天国)。这些理想和尝试有一定的局限性,但对科学的提出和谐社会的概念提供了先验的思想资源。

社会和谐是人类共同的理想,西方社会和谐思想始于古希腊时期,发展于近代启蒙运动。毕达哥拉斯学派和赫拉克利特把和谐作为哲学的根本范畴,研究什么是和谐、和谐产生的原因。莱布尼茨研究了和谐秩序的形成,黑格尔把和谐看做一个不断解决矛盾的过程。苏格拉底、柏拉图提出理想国的构想;亚里士多德认为社会分层之间的协调可以达到和谐。约翰·洛克和孟德斯鸠都曾提出通过社会契约或者分权制衡也有可能达到和谐。18世纪,和谐观念出现在经济学领域,如康替龙和魁奈。亚当·斯密在《国富论》中把和谐表述为各等级之间的协调。罗尔斯提出经济和谐源于平等原则之下的效率与差等,公平正义是实现社会和谐的重要原则。19世纪中叶亨利·C·凯里和佛雷德里克·巴斯夏提出反对贸易保护主义,主张自由贸易通向"经济和谐"的自由经济思想,但后来经济学家们对此"经济和谐"争议颇多。

"和谐社会"的概念是空想社会主义先驱者托马斯·莫尔提出的,19世纪西欧空想社会主义运动兴起,和谐社会成了一种普遍的价值追求,如傅立叶的"和谐制度"、欧文的"新和谐公社"实验、威廉·魏特林的"和谐与自由的保证"等。他们设想的和谐社会是全社会协作生产、自由发展、权利平等、按劳分配、福利保障等,预示了未来新社会发展的蓝图。但这些设想脱离现实,以"不成熟的理论"为指导(《马克思恩格斯全集》第19卷,人民出版社1972年版,第210页),没有现实的经济基础,以失败告终。

马克思、恩格斯用唯物史观和剩余价值学说改造了空想社会主义理论,把生产力与生产关系、经济基础与上层建筑的矛盾运动作为社会发展的根本动力,创立了科学社会主义。他们认为人类最终可以实现人的全面自由发展和社会的和谐,即呈现为新的"自由人联合体"。在这个联合体里,"每个人的自由发展是一切人的自由发展的条件"(《马克思恩格斯选集》第1卷,人民出版社1972年版,第273页),是共产主义联合体即共产主义的和谐社会。这是社会主义和谐社会的重要理论来源。

以胡锦涛同志为首的第四代中央领导集体以马克思主义为指导,在总结了中国共产党各时期领导集体的理论文献和改革开放二十多年的经验基础上提出了构建社会主义和谐社会的任务。2004年中共十六届四中全会首次提出"构建社会主义和谐社会"的重要思想,2005年胡锦涛发表重要讲话,详细阐述了构建社会主义和谐社会的基本特征、重要原则和意义。2006年十六届六中全会审议通过了《中共中央关于构建社会主义和谐社会若干重大问题的决定》,对今后一个时期构建社会主义和谐社会做出全面部署，这是构建社会主义和谐社会具有重大指导意义的纲领性文件。

社会主义和谐社会理论的主要内容可以概括为以下三个方面：

第一，社会主义和谐社会的科学内涵和总体特征。民主法治、公平正义、诚信友爱、充满活力、安定有序、人与自然和谐相处是社会主义和谐社会的科学内涵和总体特征。民主法治，就是社会主义民主得到充分发扬，依法治国基本方略得到切实落实，各方面积极因素得到广泛调动；公平正义，就是社会各方面的利益关系得到妥善协调，人民内部矛盾和其他社会矛盾得到正确处理，社会公平和正义得到切实维护和实现；诚信友爱，就是全社会互帮互助、诚实守信，全体人民平等友爱、融洽相处；充满活力，就是能够使一切有利于社会进步的创造愿望得到尊重，创造活动得到支持，创造才能得到发挥，创造成果得到肯定；安定有序，就是社会组织机制健全，社会管理完善，社会秩序良好，人民群众安居乐业，社会保持安定团结；人与自然和谐相处，就是生产发展，生活富裕，生态良好。这些基本特征是相互联系、相互作用的，需要在全面建设小康社会的进程中全面把握和体现(胡锦涛，2005)。这六个方面体现了人与人、人与社会、人与自然关系的和谐，同时也是构建社会主义和谐社会的总体要求。

第二，构建社会主义和谐社会的意义。中国正处于转型期，社会发展滞后于经济增长，社会中出现了一些不和谐的现象，此时提出构建社会主义和谐社会是一项关系最广大人民的根本利益、关系巩固党执政的基础和国家的长治久安的伟大事业，对我国实现富强、民主、文明的社会主义现代化和建成全面小康社会的宏伟目标、大力推进和完善民生建设、创新社会管理体制促进社会文明建设、增强民族凝聚力和抗风险能力、应对来自国际环境的各种挑战和风险、更好地维护国家主权、安全和实现国家利益都具有重要的理论意义和现实意义。

第三，构建社会主义和谐社会的基本原则和主要任务。构建社会主义和谐社会，必须坚持以人为本、科学发展、改革开放、民主法治、正确处理改革发展稳定的关系、坚持在党的领导下全社会共同建设的基本原则。社会和谐是人类共同的追求，中国共产党从未停止构建社会主义和谐社会的探索，但是明确提出构建社会主义和谐社会的重要任务还是第一次，即要逐步推进社会主义民主法制更加完善、城乡和区域发展差距扩大的趋势得到根本扭转、城乡公共服务体系均衡发展、社会就业比较充分、全民素质明显提高、创新型国家基本建成、资源利用效率显著提高、生态环境得到有效保护、建设更加美丽的中国。这些主要目标和任务分别反映了民主法治、公平正义、诚信友爱、充满活力、安定有序、人与自然和谐相处的总要求。

构建社会主义和谐社会的思想是对共产党执政规律、社会主义建设规律和人类社会发展规律系统认识的深化，是对我国改革、发展经验的科学总结，是我们党执政理念和能力的升华，丰富和发展了中国特色社会主义理论。新时期以来，尤其是中国共产党十六大以后，随着实践发展的需要，促进社会和谐还有值得进一步深入认识和研究的问题，主要是：

第一，促进社会和谐，充分实现中国特色社会主义的优越性。党中央明确提出“社会和谐是中国特色社会主义的本质属性”，旨在解决市场经济条件下社会主义科学发展道路问题，这为化解社会矛盾，体现中国特色社会主义优越性提供了可能性，但还要在实践中寻求多样化的实现方式。因此，在推进和谐社会的建设中采取什么样的具体手段和途径，充分实现中国特色社会主义的优越性则是一个值得大力研究的重大理论及实践问题。

第二，促进社会和谐，大力保障和改善民生。民生建设是促进社会和谐的重点，从多谋民生之利、多解民生之忧出发，不仅要改变城乡二元结构、统筹城乡一体化发展；而且要在如何建立覆盖城乡居民的社会保障体系和基本公共服务制度，如何推进城乡教育均衡发展，如何促进和谐劳动关系、实现更高质量就业，如何构建国民基本医疗制度和公共卫生体系，如何切实满足困难家庭获得保障性房，如何构建中国特色的养老保障体系等一系列老百姓最关心、最直接、最现实的民生问题上深入研究、着力解决。因此，在保障和改善民生过程中怎样才能促进社会和谐还有待进一步深化认识，指导实践。

第三，促进社会和谐，深化“社会体制的改革和创新”。在当前经济社会发展“一条腿长、一条腿短”的情况下，党中央提出“加快推进社会体制改革”的任务是对改革内涵和发展规律认识的深化，是促进社会和谐的重要保证，目的在于协调社会体制改革中的各种利益关系，防范国内外各种风险，把矛盾化解在基层、化解在萌芽状态。在具体实践中要围绕如何构建中国特色社会管理体制机制、社会组织体制、社会基本公共服务体系，着力提高引领社会、组织社会、管理社会、服务社会的能力等方面改革创新，才能最大限度增加和谐因素、最大限度减少不和谐因素，从而更好地坚持社会主义改革发展的方向。

第四，促进社会和谐，增强社会创造活力和激发人们创新积极性。促进社会和谐，在推进理论创新、制度创新、科技创新、文化创新及加快建设创新型国家的过程中，如何增强全社会全民族的创造活力和激发人们的创新积极性是当今社会发展面临的重大课题。这不仅是涉及中国的经济发展和科技进步的关键，也是关系到不断推进中国社会主义制度自我完善和发展的重要因素。因此,要完善创新机制、肯定创新劳动、保护创新成果、宽容创新挫折、增强自主创新能力,尤其在收入分配中体现创新活动的价值,充分调动人们创新的主动性积极性,努力形成全体人民各得其所而又和谐相处的局面。

参考文献:
《马克思恩格斯选集》第1卷,人民出版社1972年版。
胡锦涛:《在省部级主要领导干部提高构建社会主义和谐社会能力专题研讨班上的讲话》,2005年2月。
胡锦涛:《坚定不移沿着中国特色社会主义道路前进,为全面建成小康社会而奋斗》,2012年11月。
李培林:《和谐社会十讲》,社会科学文献出版社2006年版。
鲁友章、李宗正:《经济学说史》,人民出版社1983年版。
张岱年:《中国哲学大辞典》,上海世纪出版股份有限公司2011年版。
《中共中央关于加强党的执政能力建设的决定》,2004年9月。
《中共中央关于构建社会主义和谐社会若干重大问题的决定》,2006年10月。

(王朝明　李中秋)

宏观经济调控体系
Macroeconomic Regulation

社会主义宏观经济调控,是具有社会主义制度的特定内涵,并区别于西方凯恩斯主义与新自由主义的,以政府实施政策措施以调节中国特色社会主义市场经济运行的调控模式。

在社会主义市场经济中,商品和服务的供应及需求是受价值规律和市场机制所影响的。市场经济带来经济增长,但会引发通货膨胀,而高潮后所跟随的衰退会使经济停滞甚至倒退,这种周期波动对社会资源及生产力都构成严重影响。所以,社会主义宏观经济调控将着重以整体社会的经济运作,通过人为调节供给与需求,来达至宏观经济管理之目标。

根据刘瑞(2006)的考证,宏观调控这一提法的形成经历了从"宏观调节"到"宏观控制"再到"宏观调控"的过程。宏观调节最早正式提出是在1984年10月20日发表的《中共中央关于经济体制改革的决定》一文中。该文件指出:越是搞活经济,越要重视宏观调节,越要善于在及时掌握经济动态的基础上综合运用价格、税收、信贷等经济杠杆,以利于调节社会供应总量和需求总量、积累和消费等重大比例关系,调节财力、物力和人力的流向,调节产业结构和生产力的布局,调节市场供求,调节对外经济往来,等等。

1985年9月初,"巴山轮会议"召开。这次关于宏观经济管理的国际研讨会,中国经济学家第一次讨论了"宏观调控"。会上,1981年度诺贝尔经济学奖获得者詹姆斯·托宾根据世界银行关于中国经济情况的简报尖锐地指出:中国面临发生严重通货膨胀的危险,并建议中国应当采取"三紧"政策,即紧的财政政策、货币政策和收入政策(魏佳宁,2008)。"巴山轮会议"的讨论,也促使中国高层领导坚定了加强宏观调控的信念、展开了改革开放宏观调控的序幕。但这一时期的宏观调控还不能视为市场经济条件下的宏观调控,它带有经济转轨期的调控特色,并且经济学界主要将这一时期的调控视为对1984年的经济过热和1988年的经济过热两个不同的经济周期的控制,这轮宏观调控的整个过程还不能完全体现社会主义市场经济条件下宏观调控的特征。

1992年邓小平南方谈话和十四大的召开,社会主义市场经济体制改革目标正式确立,这对经济的刺激效果很快显现出来。从1992年第二季度开始,中国经济开始迅速升温。根据1992年上半年的经济运行的趋势和特点,中国提出了为了防止通货膨胀、预防经济过热,应对宏观经济进行"早期微调"的思路。这标志着,中国宏观调控对通货膨胀的持续关注。

1994年,中共中央把"抓住机遇、深化改革、扩大开放、促进发展、保持稳定"确定为当年经济工作的基本方针。中央政府在加强宏观调控的同时,出台了财税、金融、外汇等一系列的宏观配套改革措施,包括:财税体制方面实行了分税制改革;金融体制方面成立了三家政策性银行,把四家国有专业银行转变为国有商业银行,实现了政策性金融和商业性金融的分离;外汇管理体制实施了汇率并轨,并确定了有管理的浮动汇率;外贸体制也进行了改革等。服从于社会主义市场化改革的调控体系逐渐建立起来。

在宏观调控和宏观配套改革措施的双重作用下,从1995年第二季度开始,物价走势开始回落,到1996年,零售物价指数上涨幅度下降到6.1%,居民消费价格指数上涨幅度下降到8.3%,而同期国内生产总值增长率仍维持在10%(魏加宁,2008),中国经济成功实现了"软着陆"。但此时中国的有效需求不足和亚洲金融危机的外部冲击,使"软着陆"成功的中国面临通货紧缩的风险,宏观调控政策又开始了"反紧缩"的实践。

1998年,中国在东南亚金融危机的背景下,提出了"保8"目标,并为此提出了一系列扩大内需的政策措施,包括实行积极的财政政策,每年增发1000亿元国债,进行大规模基础设施建设等。这一宏观调控进程一直延续到2002年,积极的财政政策才开始有领导和学者提出应逐步淡出。但当年,财政赤字仍然大幅度增加,国债发行额猛增。

2003~2004年,中国经济已经出现过热苗头。货币、信贷、投资均增长较快，中央政府提出要把好两道"闸门"：一个是严格控制信贷；再一个是严格控制土地——启动了"地根调控"。另外，一些"行政性调控"和"产业政策调控"也相继出台以遏制经济过快增长。刘树成(2005)认为，从2003年开始的新一轮经济周期是我国社会主义市场经济体制初步建立后的第一个周期，同时此次宏观调控也是我国社会主义市场经济体制初步建立后的第一次控速降温的宏观调控，此轮宏观调控主要在六个相对独立的领域重点展开，分别是固定资产投资调控、节能减排、土地调控、农业与价格调控、房地产调控和国际收支调控(黄伯平，2008)。其调控结果是，积极的财政政策直到2005年终于开始淡出，经济增长速度有所控制，宏观调控政策开始由积极转向稳健。

从2007年开始，席卷西方国家的次贷危机、欧债危机等国际金融、经济危机成为影响中国宏观经济调控的重要外部环境。反危机、保增长、调结构、扩内需成为这一时期宏观调控的主题，调控的主线除了转变发展方式中所强调的优化需求结构、产业结构与要素投入结构这三块内容，还有与之相关的收入分配结构、体制结构调节等(中国经济增长与宏观稳定课题组，2010)。此外，考虑到后危机时代中国在体制转轨、结构变迁及对外开放方面的新特点，中国宏观调控也会有相应的调整。后危机时代中国宏观调控的新思维可概括如下：(1)把握宏观调控的主线：突出供给管理，加快结构调整；(2)完善宏观调控的基础：推进市场化改革；(3)转移宏观调控的重心：从工业化到城市化；拓宽宏观调控的视野：关注世界发展的中国因素，加强国际政策协调(中国经济增长与宏观稳定课题组，2010)。

总结改革开放至今，中国宏观调控的特征如下：

从调控的目标看，以治理经济过热为主要内容的紧缩型调控比治理紧缩的扩张型调控要多。这表明：一方面，由总量扩张所造成的经济过热成为中国宏观经济运行的常态，这是和中国处在工业化、城市化快速发展阶段，以及几年上一个台阶的GDP赶超有较大关系，而背后则是国有企业、地方政府、银行机构，乃至宏观调控当局的内在扩张冲动。另一方面，鉴于过热是常态，宏观调控的主要目的就是收缩。并且，考虑到不同区域产业等的结构性特征很明显，收缩就不是一刀切，而是有针对性，有保有压，有扶有控，从而呈现结构性调控(或收缩)的特点。总体而言，总量扩张与结构收缩是中国宏观调控的最大特点(中国经济增长与宏观稳定课题组，2010)。

从调控手段来看，中国逐渐形成了以财政、货币、价格政策为主导的内生性宏观调控体系和针对市场主体与执行部门的行政手段为主导的外生性宏观调控体系两大块(吴超林，2001；黄伯平，2008)。比较好地兼顾了经济手段、行政手段和法律手段在调控中的作用。

从调控取向看，中国逐渐从需求管理逐步过渡到需求与供给管理并重的阶段。刘伟、苏剑(2007)认为供给管理政策可以克服需求管理政策在我国宏观调控方面的局限性，有助于中国经济增长的长期均衡。

党的十八大报告指出：要健全现代市场体系，加强宏观调控目标和政策手段机制化建设。由此可见，社会主义宏观经济调控将围绕建成更加完善的社会主义市场经济体制和全面建成小康社会，实现中华民族伟大复兴的"中国梦"的目标，逐渐形成中国特色和中国模式下的调控制度、体系。党的十八届三中全会报告进一步指出应健全宏观调控体系。现阶段，宏观调控的主要任务是保持经济总量平衡，促进重大经济结构协调和生产力布局优化，减缓经济周期波动影响，防范区域性、系统性风险，稳定市场预期，实现经济持续健康发展。健全以国家发展战略和规划为导向、以财政政策和货币政策为主要手段的宏观调控体系，推进宏观调控目标制定和政策手段运用机制化，加强财政政策、货币政策与产业、价格等政策手段协调配合，提高相机抉择水平，增强宏观调控前瞻性、针对性、协同性。形成参与国际宏观经济政策协调的机制，推动国际经济治理结构完善。这就为形成中国特色的宏观调控体系指明了方向。

参考文献：

刘瑞：《宏观调控的定位、依据、主客体关系及法理基础》，载于《经济理论与经济管理》2006年第5期。

魏加宁：《改革开放以来我国宏观调控的历程》，载于《百年潮》2008年第5期、第6期。

刘树成：《论中国的宏观经济调控》，载于《经济与管理研究》2005年第4期。

黄伯平：《宏观调控的理论反思》，载于《社会科学研究》2008年第3期。

中国经济增长与宏观稳定课题组：《后危机时代的中国宏观调控》，载于《经济研究》2010年第11期。

吴超林：《宏观调控的制度基础与政策边界分析——一个解释中国宏观调控政策效应的理论框架》，载于《中国社会科学》2001年第4期。

刘伟、苏剑：《供给管理与我国现阶段的宏观调控》，载于《经济研究》2007年第2期。

(吴垠)

中国的对外经济开放
China's Open Economy

中国的对外经济开放，是指大力发展和不断加强对外经济技术交流，积极参与国际交换和国际竞争，以生产和交换的国际化取代闭关自守和自给自足,促进经济的变革,使我国经济结构由封闭型经济转变为开放型经济,促进国民经济健康快速的发展的过程。这一过程一方面是指国家积极主动地扩大对外经济交往;另一方面是指放宽政策,放开或者取消各种限制,不再采取封锁国内市场和国内投资场所的保护政策,发展开放型经济。从最初提出对外开放,到利用国内外两种资源、两个市场,再到今天互利共赢开放战略的提出,中国经历了"部分让利"、"互利"到"共赢"的三个发展阶段。经过多年的对外开放的实践,不断总结经验和完善政策,我国的对外开放由南到北、由东到西层层推进,基本上形成了"经济特区——沿海开放城市——沿海经济开放区——沿江和内陆开放城市——沿边开放城市"这样一个宽领域、多层次、有重点、点线面结合的全方面对外开放新格局。至此,我国的对外开放城市已遍布全国所有省区,我国真正进入了改革开放新时代。

从中国对外经济开放的认识和历程来看,20世纪80年代,邓小平顺应经济全球化趋势,主持制定了对外开放的基本国策,中国参与经济全球化的进程由此启动。这一时期,中国解决了为什么要对外开放的问题,即中国实行对外开放是总结国内外历史经验的必然结果;是社会化大生产和经济生活国际化的客观要求;也是发展社会主义市场经济的内在要求;更是实现社会主义现代化的必然条件。无论什么国家,要发展壮大,都必须把自己融入世界发展的大潮中去,闭关自守只能导致落后;中国的发展离不开世界,实行对外开放,符合当今时代特征和世界经济技术发展规律,是加快我国现代化建设的必然选择。邓小平指出:"我们的根本问题就是要坚持社会主义的信念和原则,发展生产力,改善人民生活,为此就必须开放。否则,不可能很好地坚持社会主义"(《邓小平文选》第3卷,人民出版社1993年版,第44页)。他强调对外开放是一项长期持久的政策。"我们现行的方针政策不会有任何变化,开放政策只会更加开放。不但20世纪如此,中国达到中等发达国家水平以后还会如此,以后更是如此"(《邓小平文选》第3卷,人民出版社1993年版,第98~99页)。邓小平的对外开放观体现了经济全球化内在蕴含的全球视野和战略思维。在邓小平看来,我们不要拘泥于意识形态和社会制度的差别,要善于同各种类型的国家打交道。基于此,他提出了全方位开放的思想:"开放是对世界所有国家开放,对各种类型的国家开放"(《邓小平文选》第3卷,人民出版社1993年版,第139页)。他强调:"一个是对西方发达国家的开放……一个是对苏联和东欧国家的开放……还有一个是对第三世界发展中国家的开放……所以,对外开放是三个方面,不是一个方面"(《邓小平文选》第3卷,人民出版社1993年版,第235页)。邓小平还提出了趋利避害的对外开放原则。这一原则是由经济全球化的双重性所决定的。一方面,中国会从对外开放政策中得到很大的好处,"我们要向资本主义发达国家学习先进的科学、技术、经营管理方法及其他一切对我们有益的知识和文化"(《邓小平文选》第3卷,人民出版社1993年版,第237页)。另一方面,他又清醒地看到,"开放政策是有风险的,会带来一些资本主义的腐朽东西"(《邓小平文选》第3卷,人民出版社1993年版,第260页)。基于此,邓小平提出了对外开放必须坚持的原则:趋利避害。他指出:"建设一个国家,不要把自己置于封闭状态和孤立地位。要重视广泛的国际交往,同什么人都可以打交道。在打交道的过程中趋利避害"(《邓小平文选》第3卷,人民出版社1993年版,第274页)。趋利避害后来成为我们党应对经济全球化的一个重要原则。

20世纪90年代,在经济全球化迅猛发展的条件下,中国制定开放政策时必须按照国际通行规则办事,通过制度创新、政策创新来适应外部环境从而提高国际竞争力。关于对外开放的功能和作用,江泽民同志提出对外开放应作为我国经济社会发展"新的强大动力"(江泽民,2006),明确提出了"以开放促改革促发展"(江泽民,2006)。这一时期我国对外开放的内容更加明确:大力发展对外贸易,特别是发展出口贸易;积极引进国外先进技术设备,特别是有助于企业技术改造的适用的先进技术;积极合理有效地利用外资,特别是更加积极地吸引外商直接投资,兴办中外合资、中外合作与外商独资企业;积极开展对外承包工程与劳务合作;发展对外经济技术援助与多种形式的互利合作;设立经济特区和开放沿海城市,以带动内地开放;等等。

进入21世纪新阶段,胡锦涛提出了"推动经济全球化朝着均衡、普惠、共赢的方向发展",集中反映了关于经济全球化的思考和认识。"均衡、普惠、共赢"与江泽民提出的"平等、互惠、共赢、共存"一脉相承,同时又根据经济全球化的新发展新特征作出了新的概括,体现了继承与创新的统一。"均衡",强调国际社会应该共担责任、共同努力,主动促进对世界经济失衡的有序调整,使世界经济均衡稳定发展。这是应对经济全球化的根本之策。"普惠",强调各国应该坚持互利合作,加强协调配合,促进世界普遍繁荣,使世界经济发展成果惠及各国人民,使各国特别是广大发展中国家普遍受益。这是应对经济全球化的价值目标。"共赢",强调各国应加强合作,在互利互惠、取长补短中实现共同发展。这是应对经济全球化的有效途径。"均衡、普惠、共赢"的理念反映在对外开放政策上,就是实施互利共赢的开放战略(许先春,2009)。其中,"互利"是国际经济交往的基础,体现了国际经济交往中资源配置效率提升所带来的非零和博弈的结果,是交易双方愿意长期交易的经济保障。"共赢"则在互利的基础上更进一步,要求交易双方能够更加公平地共享开放红利,实现双方的协调发展。互利是开放的基础,而共赢则是开放的理想目标。中国互利共赢的新开放战略是在经济全球化不断深化、中国日益成为世界经济大国的背景下提出的,它为中国解决对外开放中出现的一系列新的现实问题提供了战略指导,它要求我们必须统筹国内发展和对外开放,正确认识中国对外开放的收益和成本,实现对外开放由数量扩张向质量提高的转变,兼顾本国发展和他国利益(陈继勇,2009)。

我国在"十二五"规划中还提出了坚持扩大开放与区域协调发展相结合,协同推动沿海、内陆、沿边开放,形成优势互补、分工协作、均衡协调的区域开放格局的对外开放新主张。尤其是要优化对外贸易结构、培育出口竞争新优势、继续稳定和拓展外需,加快转变外贸发展方式,推动外贸发展从规模扩张向质量效益提高转变、从低成本比较优势向综合竞争优势转变。坚持"引进来"和"走出去"相结合,利用外资和对外投资并重,提高安全高效地利用两个市场、两种资源的能力,全面提升对外开放的水平。

党的十八届三中全会提出,为适应经济全球化新形势,必须推动对内对外开放相互促进、引进来和走出来更好结合,促进国际国内要素有序自由流动、资源高效配置、市场深度融合,加快培育参与和引领国际经济合作竞争新优势,以开放促改革。要放宽投资准入,加快自由贸易区建设,扩大内陆沿边开放。作为新时期的改革指南,中国的对外开放之路必将走得更加成熟稳健。

参考文献:
《邓小平文选》第3卷,人民出版社1993年版。
《江泽民文选》第3卷,人民出版社2006年版。
胡锦涛:《抓住机遇,全面合作,共同发展》,载于《人民日报》2005年4月22日。
许先春:《经济全球化与中国特色社会主义对外开放思想》,载于《北京行政学院学报》2009年第5期。
陈继勇:《中国互利共赢的对外经济开放战略》,载于《武汉大学学报(哲学社会科学版)》2009年第5期。

(吴垠)

经济特区

Special Economic Zone

经济特区,是指一国(地区)在特定区域划定一定的范围,在对外经济活动中采取较国内其他地区更加开放和灵活的特殊经济管理体制和政策,以优惠的措施、高效的管理、完备的基础服务设施,吸引外商投资、引进先进技术,从而达到一定经济目的的特殊经济地区。

世界上不同国家和地区在发展经济特区时采取的优惠政策存在差异,特区的种类和名称各不相同,如自由贸易区、对外贸易区、自由港、自由关税区、自由加工区、促进投资区,等等。历史上,经济特区的发展是与国际贸易的发展紧密联系在一起的。世界上第一个经济特区是意大利于1547年在里窝那湾创设的免税自由港,之后,许多国家纷纷仿效。第二次世界大战爆发前,世界上已有26个国家设立了75个以自由贸易为主的经济特区。第二次世界大战后,经济特区的发展步伐大大加快。特别是20世纪70年代以来,第三世界国家中有40多个国家和地区建立了经济特区80多个。当代最著名的是爱尔兰香农出口加工区、巴拿马科隆自由贸易区、墨西哥边境自由贸易区等。在1983年,世界上各种特区已发展到591个,分布在82个国家,其类型日益增多,业务范围日益扩大,产业形态从劳动密集型工业逐渐转向资本和技术密集型工业。

在改革开放中建立经济特区,是中国特色社会主义理论体系中的一个重要组成部分,是在新的历史时期马克思主义基本原理和中国实际相结合的最新成果。经济特区思想,至今仍然是我国社会主义建设的强大推动力量,成为中国特色社会主义理论体系的重要闪光点。其核心内涵包括:(1)指导思想上:利用资本主义经济体制中有用的东西为社会主义建设服务;(2)特区性质上:姓"社"不姓"资";(3)特区功能上:社会主义现代化建设窗口;(4)特区建设前提和保障上:坚持两手抓,搞好两个文明建设。

1979年4月30日,邓小平提出创建经济特区。1980年8月26日,我国正式设立经济特区。第五届全国人大常委会第十五次会议批准国务院提出的决定在广东省的深圳、珠海、汕头、厦门建立经济特区。1984年进一步开放大连、秦皇岛、天津、烟台、青岛、连云港、南通、上海、宁波、温州、福州、广州、湛江、北海14个沿海城市,实行经济特区的某些特殊政策。1988年,第七届全国人民代表大会审议通过决定将海南省辟为我国最大的省级特区,实行更为特殊的经济政策和经济管理体制。随着改革开放的深入,截至2011年,我国已相继批准设立了上海浦东新区综合配套改革试点、天津滨海新区综合配套改革试验区、成渝全国统筹城乡综合配套改革试验区、武汉城市圈全国资源节约型和环境友好型社会建设综合配套改革试验区、长株潭城市群全国资源节约型和环境友好型社会建设综合配套改革试验区、深圳市综合配套改革试点、沈阳经济区国家新型工业化综合配套改革试验区、山西省国家资源型经济转型综合配套改革试验区和厦门市深化两岸交流合作综合配套改革试验区9个国家级综合配套改革试验区。此外,国务院还决定设立2个"综合改革试验区”:义乌市国际贸易综合改革试点和温州市金融综合改革试验区。

经济特区的建立和发展,吸引了大量的外资和先进技术,吸收学习了国外的先进经营管理经验,它不仅大大提高了这些地区的经济发展水平,增强了区域市场竞争力,增加了就业机会,提高了收入水平,催生了新的产业结构和社会经济结构,更重要的是,“先行先试”的做法对全国(地区)经济发展形成重大的示范和辐射效应,在很大程度上带动了全国经济发展,拓展了中国走向世界的通道,开辟了世界了解中国改革开放政策的窗口,使得我国的对外开放、对外贸易不断走上新台阶。中国建设和发展经济特区的基本经验主要有:(1)提供优良投资环境,包括完善投资的物质环境和人际环境。前者包括适宜的生产环境、便利的交通条件和灵活的通讯设施等基础设施的建设完善等;后者包括政治条件(政治、社会、政策等的稳定和法制的健全)、管理水平(政府的效率等)、经营条件(货币和物价、外汇管制、金融、信息服务和自主权等状况)、人口素质和市场、政策优惠(税费等)等;(2)外引内联有机结合,发挥特区的技术、知识、管理和对外政策的“四个窗口”和对内、对外两个扇面辐射的“枢纽”效应;(3)探求建立一种灵活而有效地适应国际市场规律的新经济体制模式。在经济体制、企业管理体制、流通体制、价格体制、劳动人事制度和工资制度及财政金融体制等方面进行一系列改革。

经济特区不仅是我国对外开放的窗口,更重要的是我国市场经济体制构建的先期试验场,肩负着试验经济体制转型的历史重任。为实现对外开放,经济特区必须塑造特殊的经济环境和经济运行机制,这实际上同根本改革我国传统经济体制和构建新经济体制异曲同工。实践证明,特区建设的每一步进展,几乎都同改革旧体制、创造新体制相关联。特区试验的结果,不仅仅是在经济的迅速发展上,更为重要的是经济得以迅速发展的体制因素,即市场经济体制的构建与初步成型。

我国转型的一个重要特征是以渐进式为主的社会主义市场化改革进程。在局部地区,如经济特区引进市场经济发展因素,而非激进式全面推进市场化过程,从而留足更多的改革和转型的试验和选择机会。经济特区通过优先试验市场经济为共同体免费提供市场化经验和教训,起到示范作用。市场化最先仅在经济特区试验,试验的成败易于把握,特区的市场化进程易于控制。即便失败也不至于给共同体带来过大的损失。经济特区与非特地区分化后,出现了特区与非特地区共同体的内向交换市场,并通过反作用逐渐使共同体非特地区间出现交换关系、商品关系,并逐渐市场化。另外,经济特区由于享有与外部世界(尤其是港澳等)按照国际规则直接进行贸易往来的政策优势,这样特区便成为了连接内地共同体与外部世界的“市场中介”。世界市场经由特区向内地共同体渗透,从而内地间接地通过移植“外部市场”或由外部市场诱发内地实现市场内在化。

参考文献:

《邓小平文选》第2卷,人民出版社1994年版。

《邓小平文选》第3卷,人民出版社1993年版。

吴成荣等:《从经济特区的双重作用看它的未来地位》,载于《求是》1996年第8期。

罗海平等:《经济特区与市场经济的形成——基于市场起源论比较的理论启示》,载于《学习论坛》2011年第10期。

(盖凯程)

中国自由贸易试验区
China's Pilot Free Trade Zone

自由贸易区产生于全球多边和双边贸易自由化兴起的背景,它分为两种形式。按照关贸总协定(GATT)的定义,自由贸易区(Free Trade Area)可指国家或地区间通过缔约自由贸易协定(Free Trade Agreement)而形成的区域,缔约方相互减少或取消关税和非关税壁垒,消除大多数服务部门的市场准入限制,实现投资和贸易双重自由化。属于此类自由贸易区的包括中国—东盟自由贸易区、北美自由贸易区、欧盟—墨西哥自由贸易区等;按照《京都公约》的定义,自由贸易区(Free Trade Zone)又可指国家或地区内部消除关税和贸易配额,并对经济行政干预较少的区域,该区域一般具有便利的地理和交通优势,享受海关便利和特殊经济政策。属于此类自由贸易区的包括中国(上海)自由贸易试验区、科隆自由贸易区、阿联酋迪拜港自由港区等。

国家或地区间形成的自由贸易区能够有效地弥补WTO多边贸易体制的不足。在自由贸易区中,贸易参与方数量较少,协调成本较低,通过双边或多边协定的方式容易达成统一准则和意见,开展全面的经济合作;国家或地区内部的自由贸易区通过采取更加开放自由的经济政策和高效的管理方式,能够促进贸易和投资的繁荣,推动经济发展。

自由贸易区起源于欧洲。1228年法国马赛港在港区内开辟了自由贸易区,外国货物可以不征收任何税收,自由进出该区域。随后,德意志北部地区出现了吕贝克、汉堡和不来梅等城市组成的为促进贸易发展的汉萨同盟。1547年意大利热那亚湾的里窝那,即佛罗伦萨外港宣布成为自由港,成为世界上第一个被正式命名的自由港。工业革命之后,资本主义经济的繁荣及欧洲国家海外殖民扩张共同促进了贸易繁荣,带动了欧洲自由贸易区的发展。第二次世界大战以后，自由贸易区在世界各地纷纷建立，并逐步发展起来，20世纪70年代出现了商业贸易型自由贸易区和工业贸易型自由贸易区相互融合的趋势，自由贸易区逐渐发展成为集贸易、加工制造、物流、金融、仓储等功能于一体的综合自由贸易区。

自由贸易区的经济影响主要包括静态比较优势发挥和动态效率提升两个方面：一方面自由贸易区可以降低贸易壁垒，减少交易成本，充分发挥各国要素禀赋的静态比较优势。新一轮全球化趋势的主要推动力量是跨国公司的全球产业链布局，通过对各国要素禀赋的充分利用实现自身的国际竞争力。自由贸易区可以促进服务贸易、投资准入和市场规则的国际协同，加速全球产业链锻造，实现各国的就业增加和收入增长。另一方面，自由贸易区的制度创新和对境外投资者的吸引可以使其获得动态效率提升，进而以更高端的要素禀赋参与全球产业链重构。自由贸易区对境外投资的吸引和对全球产业链的深度融合可以通过引入竞争和技术溢出促进产业发展。随着更高级生产要素的不断积累，要素禀赋的变化会改变自身比较优势，实现从全球生产中的低附加值环节到高附加值环节的转变。

对于国家或地区内部的自由贸易区而言，在静态比较优势发挥和动态效率提升两个方面以外，自由贸易区关键的经济影响在于对境内区外地区的辐射效应。具体来说，首先，自由贸易区具有其他地区尚不具备的良好制度环境，制度创新可以成为境内区外未来发展的可推广经验。国际竞争力的提高和维持往往需要不断的制度变革，在大规模制度变迁风险极高的情况下，由局部到整体的制度优化十分必要。其次，自由贸易区政策优势所带来的经济发展会引致对境内区外其他地区的“后向联系”，促进国内整体经济发展。自由贸易区与全球产业链的有效联动不仅会带来自贸区内部的产业发展和竞争力提高，而且会通过提高对经济腹地产品需求而拉动境内区外其他地区的经济增长。最后，自由贸易区可以成为同全球化新趋势对接的有力窗口，促进境内区外其他地区同全球化的紧密联系。全球化新趋势在服务贸易、投资准入等方面提出的高标准可由自由贸易区先行对接，而境内区外其他地区以自由贸易区为窗口逐步适应其规则，进而为全国层面的整体规则同全球化新趋势有力契合奠定基础。

在次贷危机冲击影响以及中国经济转型发展需求的推动下，中国改革开放事业迎来了新的发展阶段。为了进一步有效地促进中国改革开放事业的顺利进展，中国政府以国家发展战略的高度积极地推动了上海自由贸易区的成立和建设。2013年9月29日挂牌的中国（上海）自由贸易试验区覆盖了上海外高桥保税区、外高桥保税物流园区、上海浦东机场综合保税区、洋山保税区，共计28.78平方公里。中国（上海）自由贸易试验区与其他自由贸易区的差异在于其目标定位并不仅仅限于对外经济交往领域，还承担着以开放推进国内改革的重任。

上海自贸区建设的总体目标是，经过2～3年的改革试验，加快转变政府职能，积极推进服务业扩大开放和外商投资管理体制改革，大力发展总部经济和新型贸易业态，加快探索资本项目可兑换和金融服务业全面开放，探索建立货物状态分类监管模式，努力形成促进投资和创新的政策支持体系，着力培育国际化和法治化的营商环境，力争建设成为具有国际水准的投资贸易便利、货币兑换自由、监管高效便捷、法制环境规范的自由贸易试验区，为中国扩大开放和深化改革探索新思路和新途径，更好地为全国服务。

中国（上海）自由贸易试验区建设，紧紧围绕面向世界、服务全国的战略要求和上海“四个中心”建设的战略任务，按照先行先试、风险可控、分步推进、逐步完善的方式，把扩大开放与体制改革相结合、把培育功能与政策创新相结合，形成与国际投资、贸易通行规则相衔接的基本制度框架。

从具体的经济领域来看，中国（上海）自由贸易试验区的改革开放领域涵盖投资、贸易、金融及监管体制和税收政策四个方面，允许区内货物进出自由，凡合乎国际管理的货物进出均畅通无阻，免予海关常规监管；允许区内投资自由，投资不会因国别差异带来行业限制与经营方式限制；允许区内金融自由，主要包括外汇自由兑换，资金出入与转换自由。

中国（上海）自由贸易试验区建设实践作为国家发展战略，在经济领域的战略目标是促使中国经济能够适应经济全球化和全球经济重构的新趋势，通过效率导向的制度改革，使中国经济获得可持续的经济增长动力。在社会领域的战略目标是实现政府职能和市场机制在社会各方面的有效分离与有机结合，促使中国政治组织和社会经济组织在社会中发挥各自的优势，启动新一轮的中国社会全面的制度改革和创新。

参考文献：

中华人民共和国国务院：《国务院关于印发中国（上海）自由贸易试验区总体方案的通知》。

袁志刚：《中国（上海）自由贸易试验区新战略研究》，上海人民出版社2013年版。

郭信昌：《世界自由港和自由贸易区概论》，北京航空学院出版社1987年版。

成思危：《从保税区到自由贸易区：中国保税区的改革与发展》，经济科学出版社2003年版。

（袁志刚）

开放型经济体系
Open Economy System

开放型经济是与封闭型经济相对立的概念,是指一国在经济全球化的环境下,主动、积极参与国际分工、国际交换和国际竞争,利用国际国内两种资源和两个市场发展本国经济。

开放型经济体系概念的提出,是与中国对外开放发展阶段密不可分的。自1978年党的十一届三中全会以来,在邓小平理论和“三个代表”重要思想指导下,中国始终把对外开放置于经济发展的重要战略地位,成为中国的一个长期基本国策。改革开放之初,中国对外开放的主要任务,就是要解决出口国际竞争力低下、外汇短缺的矛盾,对外开放的重点主要是千方百计扩大出口和引进外资,具有明显的“出口导向”特征。随着中国社会主义市场经济体制的建立,尤其是加入WTO以后,中国对外开放进入新的发展阶段,即由有限范围和有限领域内的开放,转变为全方位的开放;由以试点为特征的政策主导下的开放,转变为法律框架下可预见的开放;由单方面为主的自我开放,转变为与世界贸易组织成员之间的相互开放。中国经济全面而深入地融入了国际分工体系。中国由“出口导向型”经济转变为开放型经济。党的十七大报告进一步提出了要构建和完善“内外联动,互利共赢、安全高效的开放型经济体系”。与之前“开放型经济”的提法相比多了“体系”两个字,“开放型经济体系”的概念便由此而来。

“内外联动”是开放型经济体系的立足点,就是要把对外开放同促进国内经济发展方式转变结合起来,把加快经济发展方式与转变外贸发展方式联系起来,通过培育出口竞争新优势,优化进口结构等推动外贸发展从规模扩张向质量效益提高转变,从成本优势向综合竞争优势转变。“互利共赢”是开放型经济体系的理念,它意味着中国将在开放中推动和谐世界的建设,以自身的发展促进地区和世界的共同发展,在开展多双边经贸合作时更多考虑发展中国家的利益。“安全高效”是开放型经济体系运行的保障,是指正确处理开放和适度保护的关系,保证国家的经济安全;高效是指充分发挥比较优势,注重开放效益,提高中国经济竞争力。

构建中国开放型经济体系,在具体的实践中表现在如下几个方面。其一,在开放区域方面,要坚持扩大开放与区域协调平衡发展相结合,通过深化沿海开放、扩大内陆开放、加快沿边开放,协同推动沿海、内陆、沿边开放,形成优势互补、分工协作、均衡协调的区域开放格局。其二,在开放的领域方面,要不断扩大现代农业、高新技术产业、先进制造业、节能环保、新能源、现代服务业等领域的全面开放。其三,在开放的层次上,既要保持现有出口竞争优势,又要加快培育以技术、品牌、质量、服务为核心竞争力的新优势,提升劳动密集型出口产品质量和档次,扩大机电产品和高新技术产品出口;既要保持和进一步提升先进制造业的国际竞争力,又要大力发展服务贸易,在稳定和拓展旅游、运输、劳务等传统服务出口的同时,努力扩大文化、中医药、软件和信息服务、商贸流通、金融保险等新兴服务出口,稳步开放教育、医疗、体育等领域,引进优质资源,提高服务业国际化水平。其四,在开放的方式方面,实现促进外资、外贸、外经、外智和外包等各项业务相互渗透融合,实现“五外齐上、五外融合”,全面扩大开放。其五,在积极开展国际区域经济合作方面,既要利用多边体制推进贸易和投资自由化,又要积极推进和参与区域经济一体化合作。要进一步扩大同发达国家的交流合作,在区域合作中形成开放式的区域经济一体化体系。

党的十八大以来,为适应不断变化的经济全球化新形势,我国对外开放接连推出了一系列重大举措,特别是党的十八届三中全会《决定》提出了构建开放型经济新体制,是对开放型经济新体系的具体化,并主要包括四个方面的重要特征:第一是建立与服务业扩大开放相适应的新体制和新机制,这主要体现在外商投资管理体制与中国企业对外投资管理体制之中;第二是逐步建立与国际贸易新规则相接近、相适应的新体制和机制,以应对当前全球区域经济合作中正在酝酿的国际新规则;第三是建立具有支撑新体制的战略纵深和更优化的空间布局,使新体制具有更广泛的适应性与更大的国际经济合作空间;第四是逐步培育具有与海洋战略意义相适应的新体制、新机制,促进我国海洋经济建设并向海洋强国迈进。

参考文献:
胡锦涛:《高举中国特色社会主义伟大旗帜 为夺取全面建设小康社会新胜利而奋斗——在中国共产党第十七次全国代表大会上的报告》,人民出版社2007年版。
裴长洪、郑文:《中国开放型经济新体制的基本目标和主要特征》,载于《经济学动态》2014年第4期。
张二震、戴翔:《关于构建开放型经济新体制的探讨》,载于《南京社会科学》2014年第7期。
薛荣久:《我国开放型经济体系探究》,载于《国际贸易》2007年第12期。

(张二震 戴翔)

“走出去”战略
“Go Global”Strategy

“走出去”战略有广义和狭义之分,广义的“走出去"战略是指使中国企业的产品、服务、资本、技术、劳动力、管理以及中国企业本身走出国内市场,走进国际市场;而狭义的"走出去"战略,主要是指对外直接投资,即中国企业到海外投资设立企业。中国提出"走出去"战略,主要是指狭义上的"走出去"。

改革开放初期,中国的对外开放,主要是"引进来",即引进国外的资金、技术、先进设备等,使中国成为全球先进生产要素的聚集地。随着中国对外开放的深入,中国逐步步入双向开放新阶段。1992 年,江泽民同志在党的十四大报告中明确指出,要"积极扩大中国企业的对外投资和跨国经营"。1997 年,在党的十五大上,江泽民同志进一步提出:"更好地利用国内国外两个市场、两种资源,积极参与区域经济合作和全球多边贸易体系,鼓励能够发挥中国比较优势的对外投资"。2000 年初,江泽民总书记在中央政治局会议的讲话中,在全面总结中国对外开放经验的基础上,首次把实施"走出去"战略上升到"关系中国发展全局和前途的重大战略之举"的高度。2000 年 3 月,江泽民同志在全国人大九届三次会议上,把"走出去"战略提高到国家战略层面。2001 年公布的《国民经济和社会发展第十个五年计划纲要》明确提出实施"走出去"战略并指出:"鼓励能够发挥中国比较优势的对外投资,扩大国际经济技术合作的领域、途径和方式……支持有实力的企业跨国经营,实现国际化发展。健全对境外投资的服务体系,在金融、保险、外汇、财税、人才、法律、信息服务、出入境管理等方面,为实施'走出去'战略创造条件。完善境外投资企业的法人治理结构和内部约束机制,规范对外投资的监管"。2002 年,在党的第十六大报告中,江泽民同志提出:坚持"走出去"与"引进来"相结合的方针,全面提高对外开放水平。

胡锦涛同志对"走出去"战略非常重视,积极鼓励中国企业加快"走出去"。2003 年 10 月,党的第十六届三中全会通过的《关于完善社会主义市场经济体制的若干重大问题的决定》指出:继续实施"走出去"战略……为经济发展和社会全面进步注入强大动力。2007 年,党的十七大报告对"走出去"战略作出了全面部署,明确提出支持企业在研发、生产、销售等方面开展国际化经营。

自"走出去"战略提出到党的十八大召开,虽然越来越多的中国企业逐步走出国门,但真正具有国际影响力的跨国公司不多。党的十八大报告进一步指出,加快"走出去"步伐,增强企业国际化经营能力,培育一批世界水平的跨国公司。十八届三中全会进一步强调必须将引进来和走出去更好结合,进而进一步提升了"走出去"的战略高度,即"走出去"绝不应仅仅是并购和购买发展所需的能源、原材料,也不仅仅是基于消化内部的过剩产能,而应是通过资本输出带动全球贸易布局、投资布局、生产布局的重新调整,进而带动产品、设备和劳务输出,全面对接全球价值链,实现与世界各国经济的互利共赢。

2013 年中国国家主席习近平提出了"一带一路"战略构想,2015 年"一带一路"作为国家战略,已经进入实质操作阶段,开创了我国全方位对外开放的新格局。这也无疑为中国企业"走出去"增添了新内容。从开展交通基础设施和能源项目的合作到扩大与沿线国家的经贸网络,从成立亚洲基础设施投资银行到设立丝路基金,一系列举措将建设"一带一路"与落实投资项目紧密结合,为"走出去"注入新活力、提供新载体。

中国企业实施"走出去"战略不仅必要,而且可行。一方面,中国企业在走出去过程中不断积累经验,提升了防范风险的能力。另一方面,随着更多中国品牌做大做强,全球价值链布局能力和国际化经营能力不断提高,在技术、资金等生产要素方面已有明显的比较优势。截至 2014 年中国的外汇储备已经高达 3.84 万亿美元,通过对外投资,可以把外汇储备转变为海外资产,把外汇资产用到中国企业构建全球价值链的"刀刃上"。根据中国商务部统计的数据显示,截至 2014 年年底,中国累计非金融类对外直接投资 6463 亿美元,其中 2014 年全年累计实现非金融类对外直接投资 1028.9 亿美元,如果将中国企业在国(境)外利润再投资和通过第三地的投资计算在内,2014 年中国的对外投资规模约为 1400 亿美元,高于同年中国利用外资 200 亿美元,中国已成为资本净输出国。中国企业"走出去"前景光明。

参考文献:

江泽民:《全面建设小康社会,开创中国特色社会主义事业新局面——在中国共产党第十六次全国代表大会上的报告》,人民出版社 2002 年版。

江小涓:《战略性跨越——中国对外投资和跨国公司的成长》,载于《国际贸易》2000 年第 12 期。

习近平:《迈向命运共同体,开创亚洲新未来——在博鳌亚洲论坛 2015 年年会上的主旨演讲》,载于《人民日报》2015 年 3 月 29 日。

《中华人民共和国国民经济和社会发展第十个五年计划纲要》,人民网,2001 年 3 月 18 日,http://www.people.com.cn/GB/shizheng/16/20010318/419582.html。

《中共中央关于完善社会主义市场经济体制若干问题的决定》,人民出版社 2003 年版。

《中华人民共和国国民经济和社会发展第十二个五年规划纲要》,中央政府门户网站,2011 年 3 月 16 日,http://www.gov.cn/2011lh/content_1825838.htm。

《坚定不移沿着中国特色社会主义道路前进 为

全面建成小康社会而奋斗》,新华网,2012 年 11 月 8 日,http://www.xj.xinhuanet.com/2012-11/19/c_113722546.htm。

（张二震 戴翔）

科学发展观

Scientific Outlook on Development

发展观是关于发展的认识和基本观点,是关于发展的世界观和方法论。社会主义条件下的发展观不只是解决要不要发展的问题,更为重要的是解决发展什么、怎么发展及怎样发展得更好的问题。主要涉及三个方面的内容:一是发展的目的,以解决为什么要发展的问题;二是发展的条件、要素、源泉和手段,以解决怎么样发展的问题;三是发展成果的分配,以解决发展的动力问题。

经济发展是发展中国家的主题。从发展经济学的发展可以发现发展观演变。

第一代发展经济学家产生于 20 世纪 40 ~ 50 年代初,以哈罗德—多马模型为代表。其发展观有如下特点:发展的重点在 GDP 的快速增长,投资率决定经济增长率。发展的基本路径是工业化,即工业化和农业劳动力向工业部门转移是发展的关键。

第二代发展经济学家从 20 世纪 50 年代末开始至 90 年代。以库兹涅茨、索罗、罗默等为代表,其发展观明确认为增长不等于发展。其特点是,关注长期增长的能力,尤其是重视体现要素效率的全要素生产率。重视技术进步和制度要素,在淡化物质资本的同时人力资本受到重视。关注农业和农村发展。尤其是在罗马俱乐部敲响“世界末日”的丧钟,联合国环境与发展委员会指出工业化过程中产生环境危机和资源危机后,环境与可持续发展受到发展经济学的高度重视。

从 20 世纪 90 年代起到现在新一代发展经济学家的发展观的基本观点是增长的质量。世界银行 2000 年发布的《增长的质量》报告,将促进经济增长的政策与普及教育、加强环保、增加公民自由、强化反腐败措施相结合,使人民生活水平得到显著提高。阿马蒂亚・森提出人的现代化观点,认为经济发展应当最终归结到人们“是什么”和“做什么”,经济发展过程应当看做是人们权利的扩展过程。

我国现阶段经济社会发展状况和发展要求是科学发展观形成的现实依据。

新中国成立以后,面对一穷二白的农业大国,我国发动了国家工业化。毛泽东曾经把多快好省作为发展的总路线。1956 年毛泽东发表总结社会主义经济建设经验教训的《论十大关系》。在 20 世纪 60 年代调整国民经济时毛泽东也明确提出过国民经济综合平衡的思想。这些都可以看做是对我国经济发展观的最初探索。

1978 年召开的党的十一届三中全会拨乱反正,经济建设成为工作的重点,以改革开放为动力,经济发展进入快速发展的轨道,工业化和城市化进程加快,GDP 总量迅速增长。这就为科学发展观的形成提供了物质基础。

进入 21 世纪,我国开始全面建设小康社会,社会主义现代化建设进入了一个新的发展阶段。我国经济社会发展呈现出一系列新的阶段性特征。在经济发展上的突出矛盾是虽然我国经济保持平稳较快增长,但是长期积累的结构性矛盾和粗放型经济增长方式尚未根本改变,能源、资源、环境的瓶颈制约日益突出;虽然农村工业化和城市化进程加快,但是农业基础薄弱、农村发展滞后、农民收入不高问题突出;虽然我国科学技术作为第一生产力在经济社会发展中的作用越来越大,但是许多重要领域的核心技术和关键产品仍大量依靠进口,自主创新能力不强;虽然我国人民生活总体上达到小康水平,但城乡贫困人口和低收入人口尚有相当数量。虽然区域、城乡、经济社会的协调发展取得显著成绩,但发展不平衡、不协调和不可持续的现象依然存在,缩小发展差距和促进经济社会协调发展任务艰巨。科学发展观正是在深刻分析和把握我国发展的这种阶段性特征的基础上提出来的。

科学发展观的最初表述是胡锦涛同志在 2003 年 7 月 28 日的讲话中提出的:“坚持以人为本,树立全面、协调、可持续的发展观,促进经济社会和人的全面发展”。后来在党的十七大上胡锦涛同志又将科学发展观明确界定为:第一要义是发展,核心是以人为本,基本要求是全面协调可持续,根本方法是统筹兼顾。在党的十八大上,胡锦涛同志全面系统地阐述了科学发展观的科学内涵。

第一,发展是科学发展观的第一要义。这就是坚持聚精会神搞建设、一心一意谋发展,着力把握发展规律、创新发展理念、破解发展难题,实现科学发展,和谐发展,和平发展。

第二,以人为本是科学发展观的核心立场。以人为本不仅是发展的目标,也是发展的手段。作为发展的目标,就是要以实现人的全面发展为目标,从人民群众的根本利益出发谋发展、促发展,不断满足人民群众日益增长的物质文化需要。这同政治经济学中的社会主义生产目的是一致的。作为发展的手段,意味着发展要使人民群众得到看得见的利益,人民群众能够公平地分享发展的成果,让发展的成果惠及全体人民。

第三,全面协调可持续是科学发展观的基本要求。全面协调就是要全面落实经济建设、政治建设、文化建设、社会建设、生态文明建设五位一体总体布局,促进现代化建设各方面相协调,促进生产关系与生产力、上层建筑与经济基础相协调。可持续发展,就是要促进人与自然的和谐,实现经济发展和人口、资源、环境相协调,建设资源节约型、环境友好型社会,以保证经济社会永续发展。

第四,统筹兼顾是科学发展的根本方法。这就是统筹兼顾发展中的重大关系,涉及统筹城乡发展、区域发展、经济社会发展、人与自然和谐发展、国内发展和对外开放。同时要统筹改革发展稳定,统筹各方面利益关系,充分调动各方面积极性,努力形成全体人民各尽其能、各得其所而又和谐相处的局面。

科学发展观是立足社会主义初级阶段基本国情,总结我国发展实践,借鉴国外发展经验,适应新的发展要求提出的重大战略思想。从政治经济学分析,科学发展观体现了经济发展理论的时代化和中国化。

根据科学发展观,为了克服日益尖锐的 GDP 总量增长所伴有的矛盾,就有必要从根本上克服 GDP 崇拜,停止长期实施的投资推动的 GDP 赶超战略,需要转变经济发展的理念。其基本要求涉及三个方面:一是由追求 GDP 增长转向人民收入水平的提高,这反映由"强国"向"富民"的提升;二是人民公平合理地分享经济增长成果,保障和改善民生,促进社会公平正义;三是构建资源节约、环境友好的生产方式和消费方式,实现人与自然的和谐。显然,贯彻科学发展观的基本路径是转变经济发展方式,走上"生产发展,生活富裕,生态良好"的文明发展道路。

科学发展观的确立,反映了当代最新的发展理念,是对人类社会发展经验的深刻总结和高度概括,标志着经济发展进入新的阶段并进入新的发展轨道。

参考文献:
胡锦涛:《坚定不移沿着中国特色社会主义道路前进　为全面建成小康社会而奋斗》。
[美]杰拉尔德·迈耶、约瑟夫·斯蒂格利茨:《发展经济学前沿》,中国财政经济出版社 2003 年版。
[澳]海因茨·阿恩特:《经济发展思想史》,商务印书馆 1999 年版。
洪银兴:《转型经济学》,高等教育出版社 2007 年版。
郭熙保:《发展观的演变》,载于《学术月刊》1998 年第 1 期。

(洪银兴)

可持续发展战略
Strategy of Sustainable Development

可持续发展是指既满足当代人的需要,又不损害后代人满足需要的能力的发展。它是建立在社会、经济、人口、资源、环境相互协调和共同发展的基础上的一种发展。可持续发展战略,是指实现可持续发展的行动计划和纲领,是多个领域实现可持续发展的总称,它要求各方面的发展目标,尤其是社会、经济目标与生态、环境的目标相协调。联合国环境与发展大会(UNCED)于 1992 年提出并通过了全球的可持续发展战略——《21 世纪议程》,并且要求各国根据本国的情况,制定各自的可持续发展战略。

可持续发展的概念由来已久。1962 年,雷切尔·卡森(Rachel Carson)发表了著作《寂静的春天》,在世界范围内引发了人类关于发展观念上的争论。1972 年,受联合国人类环境会议秘书长斯特朗(M. Strong)委托,巴巴拉·沃德(Barbara Ward)和雷内·杜博斯(Rene Dubos)的《只有一个地球——对一个小小行星的关怀和维护》问世(巴巴拉·沃德、勒内·杜博斯:《只有一个地球:对一个小小行星的关怀和维护》,石油工业出版社 1981 年版),作为 1972 年在斯德哥尔摩召开的联合国人类环境会议提供的背景材料,材料由 40 个国家提供,并在 58 个国家 152 名专家组成的顾问委员会协助下完成的。同年,"罗马俱乐部"发表了有名的研究报告《增长的极限》,明确提出"持续增长"和"合理的持久的均衡发展"的概念(Donella H. Meadows, The Limits to Growth: a Report for the Club of Rome's Project on the Predicament of Mankind)。1972 年 6 月 5~16 日联合国人类环境会议在瑞典斯德哥尔摩举行。这是世界各国政府共同讨论当代环境问题、探讨保护全球环境战略的第一次国际会议。会议通过了《联合国人类环境会议宣言》,呼吁各国政府和人民为维护和改善人类环境,造福全体人民,造福后代而共同努力。1980 年国际自然保护同盟(IUCN)的《世界自然资源保护大纲》提出:"必须研究自然的、社会的、生态的、经济的以及利用自然资源过程中的基本关系,以确保全球的可持续发展"(国务院环境保护领导小组办公室,1982)。这是"可持续发展"一词最早在国际文件中出现。1981 年,布朗(Lester R. Brown)出版《建设一个可持续发展的社会》,提出以控制人口增长、保护资源基础和开发再生能源来实现可持续发展(Lester R. Brown, 1982)。1987 年,以布伦特兰夫人为首的世界环境与发展委员会(WECD)的成员向联合国大会提交《我们共同的未来》(Our Common Future),正式提出了"可持续发展"的概念和模式(世界环境与发展委员会,1997)。1989 年 5 月举行的第 15 届联合国环境署理事会期间,通过了《关于可持续发展的声明》。1992 年 6 月,在里约热内卢召开"联合国环境与发展大会",这是可持续发展思想形成的历程中,最具国际化意义的会议。会议通过了以可持续发展为核心的《里约环境与发展宣言》以及《21 世纪议程》等文件,明确把发展与环境密切联系在一起,使可持续发展走出了仅仅在理论上探索的阶段,提出了可持续发展的战略,并将之付诸为全球的行动(国家环境保护局译,1993)。

可持续发展涉及自然、环境、经济、社会及科技等多个方面,研究者对其有不同的定义。侧重生态方面的定义:国际生态学联合会(INTECOL)和国际生物科学联合会(IUBS)将可持续发展定义为"保护和加强环境系统的生产和更新能力"。侧重于社会方面的定义:由世界自然保护同盟(INCN)、联合国环境规划署(UNEP)和世界野生生物基金会(WWF)将可持续发展定义为"在生存于不超出维持生态系统涵容能力之情况下,改善人类的生活品质。"侧重于经济方面的定义:巴比尔(Barbier,1996)在其著作《经济、自然资源:不足和发展》中,把可持续发展定义为"在保持自然资源的质量及其所提供服务的前提下,使经济发展的净利益增加到最大限度"。皮尔斯(Pearce,1993)认为:"可持续发展是今天的使用不应减少未来的实际收入","当发展能够保持当代人的福利增加时,也不会使后代的福利减少"。

1987年,由布伦特兰夫人主持的世界环境与发展委员会将可持续发展定义为"既满足当代人的需要,又不损害后代人满足需要的能力的发展",这个定义被国际社会所普遍接受。1989年联合国环境发展会议(UNEP)专门为可持续发展的定义和战略通过了《关于可持续发展的声明》,认为可持续发展的定义和战略主要包括四个方面的含义:走向国家和国际平等;要有一种支援性的国际经济环境;维护、合理使用并提高自然资源基础;在发展计划和政策中纳入对环境的关注和考虑。

中国国务院环境保护委员会在1992年7月2日召开的第23次会议上决定,由国家计划委员会和国家科学技术委员会牵头,组织国务院各部门、机构和社会团体编制《中国21世纪议程——中国21世纪人口、环境与发展白皮书》(以下简称《中国21世纪议程》)。1993年4月完成了《中国21世纪议程》的第一稿,内容覆盖了中国人口、经济、社会、资源、环境的可持续发展战略、政策和行动框架。1994年3月25日国务院第16次常务会议讨论通过了《中国21世纪议程》,同时还制定了《中国21世纪议程优先项目计划》。1994年7月4日,国务院批准了中国的第一个国家级可持续发展战略——《中国21世纪人口、环境与发展白皮书》,首次把可持续发展战略纳入中国经济和社会发展的长远规划。1997年的党的十五大把可持续发展战略确定为中国"现代化建设中必须实施"的战略。2002年党的十六大把"可持续发展能力不断增强"作为全面建设小康社会的目标之一。2007年党的十七大提出"必须坚持全面协调可持续发展,建设资源节约型、环境友好型社会。"

参考文献:

[美]雷切尔·卡森:《寂静的春天》,上海译文出版社2007年版。

国际自然保护同盟:《世界自然资源保护大纲》,国务院环境保护领导小组办公室,1982年。

[美]巴巴拉·沃德、勒内·杜博斯:《只有一个地球:对一个小小行星的关怀和维护》,石油工业出版社1981年版。

《21世纪议程》,中国环境科学出版社1993年版。

刘培哲:《可持续发展理论与〈中国21世纪议程〉》,载于《地学前缘》1996年第3期。

世界环境与发展委员会:《我们共同的未来》,吉林人民出版社1997年版。

曾珍香、顾培亮、张闽:《可持续发展的概念及内涵的研究》,载于《管理世界》1998年第2期。

张志强、孙成权、程国栋、牛文元:《可持续发展研究:进展与趋向》,载于《地球科学进展》1999年12月。

《中国21世纪议程:中国21世纪人口、环境与发展白皮书》,中国环境科学出版社1994年版。

Donella H. Meadows, *The Limits to Growth: a Report for the Club of Rome's Project on the Predicament of Mankind*, New York: Universe Books, 1974.

Lester R. Brown, *Building a Sustainable Society*, W W Norton & Co Inc, 1982.

(沈坤荣　李怀建)

全面建设小康社会

Building a Moderately Prosperous Sociaty in all Respects

全面建设小康社会是21世纪前20年中国现代化建设的阶段性目标和行动指南,同时也是中国特色社会主义建设新的发展阶段和关键时期。

全面建设小康社会是与中国现代化建设的探索实践一脉相承的。早在1964年第三届全国人民代表大会上,中国就正式提出建设现代农业、现代工业、现代国防和现代科学技术的"四化"目标及其"两步走"的战略设想(《周恩来选集》下卷,人民出版社1984年版,第439页)。改革开放初期,邓小平重提"四化"建设目标,将它视为"我国今天最重要的新情况,最重要的新问题"(《邓小平文选》第2卷,人民出版社1994年版,第179页)。为与西方现代化区分,邓小平首次提出"小康之家"(邓小平,1994)的中国式现代化建设新概念。1982年中共十二大确定了分两个十年、至20世纪末建立小康社会的"两步走"战略部署;后根据现代化建设的实践成果,调整为现代化建设的"三步走"战略,并写入十三大报告;经过3个五年计划时期的努力,原定到2000年国民生产总值比1980年翻两番的任务于1995年提前完成,"三步走"发展战略中的前两步均已提前实现。因此,1997年中共十五大针对现代化建设的第三步——21世纪中叶实现基本现代化,提出了在21世纪前50年实施的“新三步走”战略(江泽民,2006),为全面建设小康社会的提出奠定了基础。

世纪之交,中国已经胜利实现现代化建设“三步走”战略目标的一、二步,人民生活水平总体达到了小康水平。然而,“现在达到的小康还是低水平的、不全面的、发展不平衡的小康”(江泽民,2006)。低水平指经济总量的人均水平低,不全面指发展性消费未得到有效满足、社会保障尚不健全、环境质量有待提高,不平衡指地区之间、城乡之间、各阶层之间发展水平存在差距。因此,为进一步巩固和发展初步建成的小康社会,全面建设小康社会的概念呼之欲出。根据迄今公开出版的文献,全面建设小康社会的提出最早出现于2000年(陈扬勇,2011)。当时,江泽民在全国党校工作会议上提出:“我们要在胜利完成第二步战略目标的基础上,开始实施第三步战略目标,全面建设小康社会并继续向现代化目标迈进”(中共中央文献研究室,2001)。随后,当年的中国共产党十五届五中全会把“全面建设小康社会”确定为新的发展目标和发展战略框架,制定了长达50年的“新三步走”战略。

基于中国国情的认识和判断、着眼于小康水平的全面发展和巩固,2002年中共十六大“提出一个鲜明的阶段性目标,也就是以21世纪头二十年为期,明确提出全面建设小康社会的目标”(江泽民,2006)。江泽民以“全面建设小康社会,开创中国特色社会主义事业新局面”为十六大报告的主标题,明确提出全面建设小康社会的奋斗目标并作出具体的战略部署,即“我们要在21世纪头二十年,集中力量,全面建设惠及十几亿人口的更高水平的小康社会”(江泽民,2006),这标志着全面建设小康社会理论的正式形成。

全面建设小康社会的奋斗目标包含经济、政治、文化和可持续发展四个方面:(1)国内生产总值到2020年力争比2000年翻两番,综合国力和国际竞争力明显增强,建成完善的社会主义市场经济体制,人民过上更加富足的生活;(2)社会主义民主更加完善,社会主义法制更加完备,依法治国的基本方略全面落实,人民的政治、经济和文化权益得到切实尊重和保障;(3)全民族的思想道德素质、科学文化素质和健康素质明显提高,形成比较完善的现代国民教育体系、科技和文化创新体系、全民健身和医疗卫生体系;(4)可持续发展能力不断增强,整个社会走上生产发展、生活富裕、生态良好的文明发展道路(中共中央文献研究室,2002)。因此,全面建设小康社会着眼于小康水平的全面性,不仅要“基本完成工业化”,而且还要“经济更加发展、民主更加健全、科教更加进步、文化更加繁荣、社会更加和谐、人民生活更加殷实”(江泽民,2006)。

全面建设小康社会的指标体系在20世纪90年代初小康指标体系基础上发展起来,是通过定量分析方法估计和衡量全面小康的建设实践进程的重要标准。其中,具有代表性的是国家统计局发布的分6大类、由23项指标构成的全面建设小康社会的指标体系及权重,并持续发布《中国全面建设小康社会进程监测》的年度报告。根据指标体系的测算,中国全面小康的建设具有区域发展不平衡的特征,预计东部地区将在2015年率先实现全面小康、进入实现基本现代化的新阶段。

全面建设小康社会继承和发扬了邓小平的小康社会理论。“小康”一词最早源于《诗经》“民亦劳止,讫可小康”,后孔子在《礼运》中以一种社会模式系统阐述它,体现了古代人民对一种理想社会的描述与追求。“小康”是邓小平理论中的重要概念,在《邓小平文选》中共出现约40次(吕书正,2002);它既是衡量人民生活水平提高的重要指标,也对经济发展的进程提出要求,同时还涵盖了整体社会发展水平和现代化阶段,对现代化建设的战略部署提供了理论指导意义。全面建设小康社会阶段性目标的提出,既同邓小平的战略构想和分阶段实现现代化的思想相衔接,也根据新的实际丰富和发展了社会主义初级阶段理论。作为一个鲜明的具有感召力的阶段性目标,它又具有凝聚人心、鼓舞斗志的理论指导意义,体现了中国特色社会主义理论体系既一脉相承又与时俱进的理论品格。

参考文献:

《周恩来选集》下卷,人民出版社1984年版。

《邓小平文选》第2卷、第3卷,人民出版社1994年版。

陈扬勇:《全面建设小康社会是怎样提出来的》,载于《中共中央党校校报》2011年第6期。

《江泽民文选》第2卷、第3卷,人民出版社2006年版。

江泽民:《全国建设小康社会,开创中国特色社会主义事业新局面》,人民出版社2002年版。

李培林、朱庆芳、张其仔等:《中国小康社会》,社会科学文献出版社2003年版。

中共中央文献研究室:《邓小平思想年谱》,中央文献出版社1998年版。

吕书正:《全面建设小康社会》,新华出版社2002年版。

卫兴华、洪银兴:《中国共产党经济思想史论(1921~1992)》,江苏人民出版社1994年版。

中共中央文献研究室:《论“三个代表”》,中央文献出版社2001年版。

中共中央文献研究室:《十三大以来重要文献选编》上、中、下,人民出版社1991年版。

中共中央文献研究室:《中共十三届四中全会以来历次全国代表大会中央全会重要文献选编》,中央文献出版社2002年版。

中共中央文献研究室:《中国共产党第十六次全国代表大会文件汇编》,人民出版社2002年版。

(沈坤荣 黄榕)

经济新常态

Economic New Normal

改革开放30多年来,我国经济增长速度的常态是高速增长。1979~2010年GDP增长率平均9.9%;其中大于10%的有17年。2011年的速度仍为9.2%,但2012年降为7.7%,2013年也是7.7%,2014年为7.4%。对此,习近平总书记指出:“我国发展仍处于重要战略机遇期,我们要增强信心,从当前我国经济发展的阶段性特征出发,适应新常态,保持战略上的平常心态。从长期看这种‘七上八下’的中高速增长速度将成为我国经济增长速度的新常态。”研究新常态的目的,是要寻求新常态下新的发展思路,主动适应新常态,实现经济发展的新突破。

一种经济状态成为常态一定是合乎规律的状态。只有带有经济发展新阶段特征的内在必然性的状态才能称为新状态。中国由低收入国家进入中等收入发展阶段,在经济形态上必然会产生出一系列与以往阶段不同的新常态。习近平总书记在2014年11月9日亚太经合组织工商领导人峰会开幕式上的演讲中把经济新常态概括为三个特点:一是从高速增长转为中高速增长;二是经济结构不断优化升级,第三产业、消费需求逐步成为主体;三是从要素驱动、投资驱动转向创新驱动。

经济增长速度新常态。转到中高速增长是我国进入中等收入发展阶段后的阶段性特征。我国GDP总量达到世界第二位。GDP基数扩大后不可能长久保持原来水平的高速增长。进入中等收入发展阶段后发展的目标同过去低收入阶段最大的区别是发展的目标更为广泛,不只是单一的经济增长目标。资源不能都用于增长,还需要用于教育、医疗卫生、环境治理等方面,速度下调是必要的。

转到中高速增长是由现阶段的潜在经济增长率决定的。所谓潜在经济增长率,是指一国在各种资源得到最优和充分配置条件下,所能达到的最大经济增长率。现阶段对潜在增长率的影响因素主要是经济结构、技术基础和资源的可持续供给。特别是在现阶段,人口红利正在消退,资源环境供给趋紧。由这些因素决定,我国现在是潜在增长率即中高速增长率。因此,明确中高速增长的新常态的意义在于,一不盲目追求高于潜在增长率的速度,二是现实增长率要使潜在增长率充分释放。当然,我国幅员辽阔,不同地区经济发展基础很不相同,因此不同地区有不同的潜在增长率。这也意味着中高速是全国的平均速度,不排除经济发展基础较好的地区高于全国平均速度,为全国的中高速作贡献。

尽管经济增长速度的新常态表现为速度下降,但不是说经济下行的压力都是新常态。例如世界经济不景气影响出口,实体经济领域企业普遍面临资金不足的压力,消费和投资需求不旺等方面的因素所产生的状态就不都是新常态。这种状态是短期的,需要通过一些有效的措施来改变的。更不能以新常态为由放弃推动经济增长的努力。

由高速增长转向中高速增长的新常态,看起来是减轻了速度的压力,实际上是增强了发展的压力,体现我国的发展理念由增长转向发展。从发展的角度研究新常态突出需要解决两个方面问题:一是中高速的速度需要可持续,否则就不能成为新常态。二是把速度调到中高速目的是要为调结构、转方式、惠民生留出空间,从而实现发展的其他方面目标。这意味着新常态不只是速度状态,中高速的新常态不是孤立的,它需要其他方面的新常态来支撑。包括发展战略新常态、发展方式新常态和发展动力常态。这意味着中高速增长的新常态是个系统,没有其他方面的新常态的支撑,中高速增长一不能持续,二不会有质量。

调结构成为发展战略的新常态。我国现有的产业结构还是低收入发展阶段与高速增长的常态相平衡的结构。一是产业结构制造业偏重,高消耗、高污染行业偏多。二是产业链处于低端,高科技产业的核心技术关键技术环节不在我国的居多,由此产生高产值,低附加值的常态。进入中等收入发展阶段后暴露出来的问题,一是资源环境的供给不可持续;二是难以满足人民群众更高的需求。因此与中高速增长新常态相平衡,成为新常态的调结构就涉及两个方面:一是产业结构向高端提升,突出发展服务业;二是产业链由中低端向高端提升,提高附加值。过去我国的结构调整基本上采取增量调整的方式,转向中高速增长的新常态后就有条件转向存量调整:一是凤凰涅槃,下决心淘汰过剩产能、污染产能和落后产能。从这一意义上说,由高速增长转向中高速增长实际上是结构性减速,高速增长减去这三个方面的产能就是中高速增长。二是腾笼换鸟。现在一些工业化地区,有限的土地等资源都被传统产业布满了,要想产业结构转型升级就需要腾出空间使现代服务业和高科技产业有更快的增长。

创新驱动成为转方式的新常态。由要素和投资驱动转向创新驱动,也就是提高科技进步对经济增长的贡献率。这是转变经济发展方式的新常态。它所要求的创新驱动要实,实就实在产业化创新。由此形成新的增长点,既包括前瞻性培育战略性新兴产业,又包括高科技产业化,实现工业化与信息化、绿色化的融合。按此要求,作为新常态的创新驱动本身也有方式转化的要求:一是由模仿和引进创新转向与开放式创新相结合的自主创新;二是由跟随创新转向与发达国家进入同一起跑线的引领创新;三是由技术创新转向科技创新,以市场为导向的技术创新,以科学发现为创新源头,实现产学研协同创新。这样,转向创新驱动发展方式的标志就包括:创新要素高度集聚并充满活力,人力资本投资成为投资的重点,孵化和研发新技术成为创新驱动的重点环节等。

惠民生成为发展动力的新常态。过去30多年中,中国经济增长可以归结为供给推动,效率优先的收入分配提供了发展动力。这也是改革开放以来中国快速增长之谜的一种解释。进入中等收入发展阶段后上述动力已经发挥到极致,现在供给推动力明显减退,外需也拉不动足够规模的经济增长。收入差距的扩大也使发展动力明显衰减。因此今后的发展动力需要转换。针对过去需求拉动力长期不足的问题,需要改变在低收入国家阶段实行主要依靠投资拉动经济增长的方式,转向依靠消费、投资、出口协调拉动,需要消费、投资、出口三驾马车均衡发力。其中尤其要突出消费的拉动作用。其原因,一是过去投资需求抑制消费需求,造成消费需求的欠账;二是在进入新的发展阶段后消费需求的作用将凸显出来。在新常态下消费需求的拉动力将突出表现在民生改善上。其中,收入是民生之源,就业是民生之本,教育是民生之基,再加上环境和生态的改善。人民群众从这些民生的改善中公平合理的分享到改革和发展的成果,就焕发出强大的支持和参与改革和发展的动力和活力。惠民生作为发展动力的新常态,不排斥投资需求。与改善民生相关的环境治理、公共服务等基础设施项目都需要投资拉动,这是服从于消费拉动的投资拉动。

总的来说,经济新常态是个系统,我国中高速增长的新常态已经形成,支撑中高速增长的新常态正在显现,只要这些新常态都能形成并发挥作用,我国的经济发展不仅可持续,而且是高质量的。

参考文献:

钟经文:《论中国经济发展新常态》,载于《人民日报》2014年7月28日。

郑新立:《新常态是新认识新概括,不是一个筐》,载于《人民日报》2015年1月7日。

吕政:《我国工业经济步入新常态》,载于《人民日报》2014年10月17日。

张占斌:《中国经济新常态的趋势性特征及政策取向》,载于《国家行政学院学报》2015年第1期。

(洪银兴)

宏观经济的合理区间
Appropriate Range of Macroeconomy Performance

宏观经济的合理区间是指,根据宏观经济运行相关影响因素的综合判断,确定宏观经济的主要指标处在一个合理的区间内,并将其作为政府进行科学宏观调控的目标取向和宏观调控政策运用的主要依据与要求。宏观经济的合理区间,既可以是处于上限和下限之间所形成的一个区间,如把经济增长率确定为7%~8%之间,也可以采用以某一点为中心上下浮动的区间,如确定7%左右的经济增长速度。只要经济增长速度在这个合理的区间内,具体高一点还是低一点都是可以的。但是,对于有的宏观经济指标,不一定都以上下限来确定合理区间,而是可以确定一个上限指标,形成一个向下变动的区间,如城镇失业率确定为4.5%以内,只要在不超过4.5%的区间内变动都是合理的;有的可以确定一个下限指标,形成一个向上变动的区间,如能耗强度下降3.1%以上,只要比下降3.1%更多都是合理的。

确定宏观经济的合理区间,是我国经济发展进入新常态的一个重要标志,也是宏观调控方式适应新常态、引领新常态的创新和提升。在以往宏观调控的目标选择上,多年来我国一直选择一个明确的经济增长速度如"保8%"作为调控目标,这在以往的发展阶段有其合理性。但是,随着经济发展阶段的转换,我国经济发展进入新常态的新形势和新任务下,面对复杂多变的国际和国内环境,特别是在市场对资源配置起决定性作用的社会主义市场经济新体制已基本确立的情况下,明确一个具体的经济增长速度作为调控目标就容易使宏观经济的运行偏离客观经济规律的要求,更会为政府频繁干预市场运行提供借口和条件,从而破坏社会主义市场经济新体制对市场与政府边界的规范,损害市场对资源的有效合理配置。

我国现阶段宏观经济的合理区间,是在对宏观经济主要指标相互关系科学认识基础上,依据我国经济运行的客观实际,遵循我国现阶段经济发展的规律,在综合考虑需要和可能,与全面建成小康社会的发展目标相衔接,与经济总量扩大和经济结构优化升级的要求相适应的情况下确定的。例如,从经济增长率合理区间的上下限确定来看,就需要综合考虑以下因素:一是国民经济和广大人民群众对通货膨胀率的承受能力。这样,经济增长率合理区间的上限,就要由通货膨胀率的下限决定,根据经验数据,经济过热时,通货膨胀率一般达到5%,物价的上涨,人民群众就难以承受,这时就需要进行宏观调控,降低经济增长的速度。例如,2015年我国确定的经济增长率为7%左右,通货膨胀率为3%左右。这是在消化前期宽松货币政策应对世界金融危机所形成的通货膨胀压力情况下主动降低经济增长速度的结果。二是国民经济和广大人民群众对失业率的承受能力。这样,经济增长率合理区间的下限,就要由失业率的上限来决定。我国是一个发展中的人口大国,就业压力巨大,而就业又是最大的民生,为了确保实现比较充分的就业,就需要一个最基本的经济增长速度,稳增长就是为了保就业。2015 年,我国实现 7% 左右的经济增长,就可以将城镇登记失业率控制在 4.5% 以内。三是经济发展的成果要使全体人民共享。人民群众要从经济发展中得到切身感受到的实惠,这是由我国经济发展的目的决定的,这就要求居民收入增长与经济发展同步。根据我国确定的发展目标,到 2020 年全面实现小康社会,要求居民收入比 2010 年翻一番。要达到这一目标,就需要我国的经济增长达到 7% 左右,从而确定了经济增长的下限。四是提升我国经济发展的质量。我国已进入中等收入国家行列,跨越"中等收入陷阱"是我国面临的重大历史任务,这就需要推动产业结构升级和实施创新驱动增长战略。在传统增长动力减弱和新的增长动力不足的经济换档期,我国就不得不主动下调经济增长的上限。五是资源环境的约束。经过 35 年的快速增长,我国资源环境的承受力已经接近或达到上限,高速增长已经不可持续,这就要求我国必须主动将经济的高速增长转向中高速增长,淘汰高消耗、高污染的落后产能,提出严格的能耗强度下降指标,以及实施严格的环境保护规制,既要金山银山,更要绿水青山。

宏观经济合理区间的确定,就为我国进行科学的宏观调控提供了基础和条件。这突出表现在:一是为市场对资源配置起决定性作用提供了体制保证,只要主要宏观经济指标在合理区间内,就不需要政府时时调控市场,从而给市场自主合理有效配置资源留出更多的空间。二是为政府干预经济设置了"识别区",只有当宏观经济运行超出宏观经济的合理区间,政府才可以实施紧缩或刺激的宏观调控政策,而在宏观经济的合理区间内,政府不再随意随时出手宏观调控,如果确有需要只是采取定向的微刺激。三是由于为政府干预经济划出了边界,就有助于各级政府简政放权、转变职能,实现政府治理现代化。四是由于政府的简政放权和转变职能,就可以为企业松绑,为创业提供便利,从而用政府权力的"减法",换取市场活力的"乘法"。

宏观经济合理区间的确定,就使我国现阶段的宏观调控具有了以下新的特征:一是增强了宏观经济主要指标的预测性和指导性。在社会主义市场经济体制下,宏观调控确定的增长目标一定是预测性、指导性的。这种预测性、指导性的增长目标,主要功能就是给出一个经济增长的方向,合理引导市场主体的预期,从而坚定经济增长的信心。在这种情况下,经济增长最终是 7.5% 还是 7.4%,就没有什么实际的意义。只要在合理区间内,经济运行都是健康的。二是增强了宏观调控政策的稳定性。在以往的宏观调控的体制下,为了 0.1 个百分点的差距,往往就需要调整宏观调控政策,甚至采取强刺激的措施。例如,2014 年我国经济增长确定为 7.5%,当第三季度开始增长速度掉到 7.5% 以下时,国内外就有人认为,中国经济失速了,中国需要采取强刺激措施,中国的宏观调控政策需要转向等。实际上,为了提高 0.1 个百分点,放弃宏观调控政策的稳定性,采取强刺激措施,就会累积风险,阻碍经济转型,就会损害经济的长期稳定持续发展。我国在 2014 年下半年,继续坚持宏观调控政策的连续性和稳定性,中国经济整体向好的基本面没有改变,仍然处在大有可为的战略机遇期。三是增强了经济增长的弹性。在以往的宏观调控体制下,经济增长目标调控呈现出刚性的特点,这不利于在复杂多变的国内外环境下进行科学的宏观调控。当今世界,技术进步日新月异,由此带来的产业变革不断发生;经济全球化使世界成为一个"地球村",任何一国的经济社会变化,以及国与国之间发生的区域冲突,都可能对世界经济带来严重的冲击和破坏;我国市场主体的多元化,以及由此决定的利益多元化,都会对经济增长带来这样或那样的影响;等等。这些影响因素,都要求宏观调控的经济增长目标应具有一定的弹性。

(黄泰岩)

创新驱动经济发展
Innovation-driven Economic Development

最早的创新思想可追溯到马克思在《资本论》中所提出的自然科学在技术进步中的作用。根据马克思的概括,"智力劳动特别是自然科学的发展"是社会生产力发展的重要来源(《资本论》第 3 卷,人民出版社 2004 年版,第 97 页)。

最早在经济上使用创新概念的是熊彼特。他在 20 世纪 20 ~ 30 年代发表的论著中多次提出创新概念。在他那里,创新即生产要素的新组合,包括五个方面的创新:第一,采用一种新的产品;第二,采用一种新的生产方法;第三,开辟一个新的市场;第四,掠取或控制原材料或半制成品的一种新的供应来源;第五,实现任何一种工业的新的组织。在此以后,创新理论随着科技进步和经济发展而逐渐演化。后来,弗里曼在解释创新概念时,把熊彼特的创新的内涵概括为新发明、新产品、新工艺、新方法或新制度第一次运用到经济中去的尝试。

最早将创新驱动作为一个发展阶段提出来的是波特,他把经济发展划分为 4 个阶段:第一阶段是要素驱动阶段;第二阶段是投资驱动阶段;第三阶段是创新驱动阶段;第四阶段是财富驱动阶段。其中企业具有消化吸收和创新改造外国先进技术的能力是一国产业达到创新驱动阶段的关键,也是创新驱动与投资驱动的根本区别。

我国在党的十八大明确提出经济发展转向创新驱动的发展战略,是要把创新作为经济发展的新动力,使经济发展更多依靠科技进步、劳动者素质提高和管理创新驱动。驱动经济发展的创新是多方面的,包括科技创新、文化创新、制度创新和商业模式的创新。其中科技创新是关系发展全局的核心。转向创新驱动,涉及经济发展方式的重大转变。

创新特别是科技创新可以成为转变经济发展方式的抓手,创新驱动就成为新的经济发展方式。这可以从以下四个方面对创新驱动的需求来说明:第一,现有的资源容量(尤其是能源和土地)难以支撑经济的持续增长,必须要寻求经济增长新的驱动力。显然,创新驱动可以在减少物质资源投入的基础上实现经济增长。当然,创新驱动不是不要投入物质资源,但它可以使投入的物质资源有更高的产出。第二,我国正在推进的工业化伴有严重的环境污染和生态平衡的破坏。控制环境污染,减少碳排放,以及修复被破坏的生态,需要依靠科技创新发展绿色技术,开发低碳技术、能源清洁化技术,发展循环经济,发展环保产业。第三,国家的竞争力在于其产业创新与升级的能力。产业结构优化升级需要有创新的新兴产业来带动。现在国际金融危机正在催生新的科技革命和产业革命,我国成为世界第二大经济体后,没有理由再错过新科技和产业革命的机会,需要依靠科技和产业创新,发展处于世界前沿的新兴产业,占领世界经济科技的制高点,从而提高产业的国际竞争力。第四,我国经济体大而不富,原因是许多中国制造的产品处于价值链的低端,核心技术、关键技术不在我们这里,品牌也不在我们这里。由此产生高产值低收益问题。要改变这种状况只能是转变发展方式,依靠创新驱动由中国制造转为中国创造,依靠原创性自主创新技术增加中国产品和服务的附加值,提高中国产品的品牌价值。

形成创新驱动的发展方式目标是要提高经济增长的质量和效益,培育技术、质量、品牌的竞争优势。驱动经济发展的创新是多方面的,包括科技创新,制度创新和商业模式的创新等。中共十八大明确提出,科技创新是提高社会生产力和综合国力的战略支撑,必须摆在国家发展全局的核心位置。

习近平同志2014年11月9日在亚太经合组织工商领导人峰会开幕式上的演讲中把从要素驱动、投资驱动转向创新驱动称为经济新常态的一个重要方面。这是转变经济发展方式的新常态。它所要求的创新驱动要实,实就实在产业化创新。由此形成新的增长点,既包括前瞻性培育战略性新兴产业,又包括高科技产业化,实现工业化与信息化、绿色化的融合。

创新驱动的发展方式不只是解决效率问题,更为重要的是依靠知识资本、人力资本和激励创新制度等无形要素实现要素的新组合,是科学技术成果在生产和商业上的应用和扩散,是创造新的增长要素。这就是依靠科技创新创造的新技术、新产品和新产业推动经济增长。

创新驱动作为发展战略本身也有个从外生向内生转变的问题。这就是转变技术进步的模式。我国已有的驱动经济增长的科技创新很大程度上是外生的。主要表现是:创新的先进技术大部分是引进和模仿的,创新的先进产业是加工代工型的。这种模式的技术创新基本上属于国外创新技术对我国的扩散,创新的源头在国外。采用的新技术,是国外已经成熟的技术。核心技术、关键技术不在我们这里。因此这种技术创新的意义在于缩短技术的国际差距,但不能进入国际前沿。转变创新驱动方式的基本要求是驱动经济增长的科技创新由外生转为内生。这就是立足于自主创新,形成具有自主知识产权的关键技术和核心技术。因此,创新驱动的着力点是以全球视野谋划和推动创新,提高原始创新、集成创新和引进消化吸收再创新能力。就如习近平所指出的,实施创新驱动发展战略,最根本的是要增强自主创新能力,最紧迫的是要破除体制机制障碍,最大限度解放和激发科技作为第一生产力所蕴藏的巨大潜能。

科技创新的内生性关键在于明确科技创新的源头,这个源头或者是对科学新发现所产生的原创性创新成果,或者是对引进的先进技术的再创新,从而形成拥有自主知识产权的核心技术和关键技术。

创新驱动经济发展是针对全社会而言的。因此,创新驱动不只是要求新发明在某个企业那里转化为新技术,更为重要的是自主创新成果及时地在全社会推广和扩散。知识和技术等创新要素不同于物质要素,其使用具有规模报酬递增的特点,因而创新不排斥新知识新技术的广泛采用。只有当全社会都能采用自主创新成果时才能谈得上驱动经济发展。根据熊彼特关于创新即创造性的毁灭过程,强化市场竞争机制,可以迫使各个企业竞相采用先进新技术;实施严格的知识产权保护制度,不只是保护创新者的权益,同时也能以这种机制推动技术创新成果(新技术)的扩散。除此以外,创新成果的全社会扩散机制还需要两个方面的建设:一是通过计算机和通信网络将新知识新技术数字化进行传播,从而形成"信息社会"。二是通过促进公众接受多种知识和技能的训练掌握学习的能力,从而形成"学习型社会"。

科技创新成为经济发展的主要动力是中国成为创新型国家的重要标志。其判断标准,首先是研究与开发费用在销售收入中所占比重,被称为创新型国家(OECD国家)的研发费用一般要占其GDP的2.3%以上,而对科技创新企业来说一般要达5%以上。其次是科技进步对经济增长的贡献率,发达国家一般已经达到70%~80%,甚至更高。最后是集聚创新要素,其中包括高端创新创业人才、科技企业家、科研和研发机构,以及风险和创业投资等。目前我国这方面的差距还很大。说明我国转向创新驱动发展方式还有个过程,但必须以此为目标推动发展方式的转变。

实施创新驱动的发展战略是个系统工程,既涉及知识创新,又涉及技术创新。实施创新驱动战略以人才为依托,不仅需要提高劳动者素质,更需要高端创新创业人才;既涉及经济发展方式的根本性转变,也涉及相应的经济体制的重大改革。既要发挥市场的调节作用,又要政府的积极介入。需要各个系统形成合力,促进创新资源高效配置和转化集成,把全社会的智慧和力量凝聚到创新发展上来。

参考文献:

马克思:《资本论》第3卷,人民出版社2004年版。

习近平:《2014年在中国工程院院士大会的讲话》。

胡锦涛:《坚定不移沿着中国特色社会主义道路前进 为全面建成小康社会而奋斗》,2012年11月8日。

[英]伊特韦尔等:《新帕尔格雷夫经济学大辞典》,经济科学出版社1996年版。

[美]库兹涅茨:《现代经济增长》,北京经济学院出版社1989年版。

OECD:《以知识为基础的经济》,机械工业出版社1997年版。

[美]迈克尔·波特:《国家竞争优势》,天下远见出版公司1996年版。

[美]埃德蒙·费尔普斯:《大繁荣》,中信出版社2013年版。

洪银兴:《科技创新与创新驱动型经济》,载于《管理世界》2011年第7期。

(洪银兴)

国家创新体系

National Innovation System

经济合作与发展组织(OECD)在总结知识经济时代特征时提出了国家创新体系的概念:创新需要使不同行为者(包括企业、实验室、科学机构与消费者)之间进行交流,并且在科学研究、工程实施、产品开发、生产制造和市场销售之间进行反馈。因此,创新是不同参与者和结构共同体大量互动作用的结果。把这些看成一个整体就称作国家创新体系(经济合作与发展组织,1997)。

科技创新包含知识创新和技术创新两个方面。根据中共十八大报告要求,加快建设国家创新体系主要涉及两个方面:一是着力构建以企业为主体、市场为导向、产学研相结合的技术创新体系;二是完善知识创新体系,强化基础研究、前沿技术研究、社会公益技术研究,提高科学研究水平和成果转化能力,抢占科技发展战略制高点。

技术创新以市场为导向。由市场决定其创新方向。但是,现代科技进步的特点和趋势是,科学新发现越来越成为科技创新的源头,而且原始创新的成果一般都是源自科学新发现转化的技术。因此企业的技术创新对大学提供知识创新成果的需求越来越强烈。其原因不只是企业创新需要从大学获取新知识,而且也需要通过大学获取国际最新的科学知识。依托大学利用国际最新科学发现进行技术创新,技术创新就可能在许多领域得到当今世界最新科学成果的推动。

服从于创新驱动经济发展战略,建设国家创新体系需要解决以下问题:

首先是提高知识创新能力。其途径包括:实施国家科技重大专项,突破重大技术瓶颈。加快新技术新产品新工艺研发应用。

其次是提高技术创新能力,其路径包括:加强技术集成和商业模式创新;实施知识产权战略,加强知识产权保护。

最后是解决好知识创新体系和技术创新体系的协同和集成。这是知识创新与技术创新的协同,也就是产学研的协同。这是科学家和企业家的协同。科学家的知识创新瞄准前沿技术,企业家的技术创新瞄准市场需求。两者协同就可以既有能力抢占科技发展的制高点,又可以使研发的新技术有商业化和产业化价值。这需要完善科技创新评价标准、激励机制、转化机制。

创新所要求的要素的新组合不仅仅是企业对已有要素的组合,而是要对创新的三方面工作(科学发现工作、对发明成果进行转化工作、采用新技术)进行新组合。这就是对知识创新和技术创新的新组合,形成大学和企业的合作创新,重要的是加快科技成果向现实生产力的转化。大学和企业共建的产学研创新平台和机制可以有效推进协同创新。

在产学研协同创新的平台中,知识创新和技术创新两个主体的合作不是一般的项目合作,而是以产业创新为导向的长期合作,因此可能实现大的技术跨越,甚至导致产业结构的革命性变化。而且,科学家和企业家共建的产学研协同创新平台是开放的,并不只是以进入平台的大学和科学家的科研成果作为孵化新技术的来源,进入平台的科学家还会根据企业家的需求利用国内外的创新成果为之提供科学思想,从而在平台上产生源源不断的新技术。科学新发现的价值就在于经过科学家和企业家的协同研发创新多种新技术。

政府介入创新最为重要的是对企业的技术创新与大学的知识创新两大创新系统的集成。集成创新即创新系统中各个环节之间围绕某个创新目标的集合、协调和衔接,从而形成协同创新。政府对包括产学研在内的创新系统进行整体协调和集成的主要方式是搭建产学研合作创新平台。正是在这一意义上,我国的产学研协同创新前需要加一个“政”字,即政产学研合作创新。

参考文献：

胡锦涛：《坚定不移沿着中国特色社会主义道路前进为全面建成小康社会而奋斗》，2012 年 11 月 8 日。

经济合作与发展组织：《以知识为基础的经济》，机械工业出版社 1997 年版。

何郁冰：《产学研协同创新的理论模式》，载于《科学学研究》2012 年第 2 期。

洪银兴：《创新型经济：经济发展的新阶段》，经济科学出版社 2010 年版。

（洪银兴）

转变经济增长方式
Transformation of Economic Growth Mode

经济增长方式转变是经济发展方式转变的重要方面。

经济增长一般是指一个国家或地区在一定时期（通常是 1 年）内包括产品和劳务在内的产出的增长。它侧重于数量的增长，包括经济总量扩张、速度加快和投入产出效率的提高。通常采用 GDP（国内生产总值）总量、GDP 增长率和人均 GDP 等指标衡量。对经济增长方式的评价涉及投入和效率的比较。

马克思当年分析的扩大再生产实际上就是经济增长。在他看来，扩大再生产区分为两种类型：外延的扩大再生产和内含的扩大再生产。两者的区别是："如果生产场所扩大了，就是外延上的扩大；如果生产资料效率提高了，就是在内含上的扩大"（《资本论》第 2 卷，人民出版社 2004 年版，第 192 页），马克思在另一处所作的区分是："在外延方面表现为在旧工厂之外添设新工厂……从内涵方面表现为扩充原有的生产规模"（《资本论》第 2 卷，人民出版社 2004 年版，第 192 页）。显然内含的扩大再生产就是内涵型增长方式，外延的扩大再生产就是外延型增长。外延增长主要是扩大生产资料规模，而内涵增长就是提高生产资料效率。

西方经济增长模型表明，影响经济增长的要素包括资本、劳动和土地，后来又增加一个要素即技术。丹尼森把对经济增长起作用的因素归结为五类：一是劳动投入在数量上的增加和质量上的提高；二是资本和土地投入在数量上的增加和质量上的提高；三是资源配置的改善；四是规模的经济；五是知识进展和它在生产上的应用。在他看来，资本、劳动和土地等投入要素质量的提高，及三～五类因素属于全要素生产率的范畴。全要素生产率指标就成为评价增长方式的重要指标。

诺贝尔经济学奖获得者西蒙·库兹涅茨给现代经济增长下的定义："一个国家的经济增长，可以定义为向它的人民供应品种日益增加的经济商品的能力的长期上升。这个增长中的能力，基于改进技术，以及它要求的制度和意识形态的调整"。这个定义指出的经济的增长能力，所包括的技术的进步、制度的优化和意识形态调整，可以看做是现代经济增长方式的三个方面。

经济增长方式基本上是根据经济增长源泉的差异区分的。经济增长来源于两个方面：一方面是要素投入的增长；另一方面是要素使用效率的提高。若经济增长主要靠要素投入的增长来推动，则可称为粗放型经济增长方式，若经济增长主要依靠要素使用效率的提高，则可称为集约型增长方式。一般说来，粗放型经济增长是在经济增长的初期阶段物质要素较为宽裕时常用的方式。以这种方式实现经济增长，消耗较高，成本较高，经济效益较低。经济增长进入一定阶段，物质资源不再宽裕，转向集约型经济增长方式的重要性就显现了。

转向集约型经济增长方式的核心是提高经济增长的质量和效率。第一，在投资推动增长的阶段，集约型增长方式不是排斥资本投入，但更为重视资本投入的效率。第二，从集约型增长考虑，提高要素投入对经济增长的贡献率，关键是提高投入要素的质量，如劳动者的素质、机器设备的技术水平、土地的肥力和矿产资源的品位。其中最为重要的是重视人力资本投资，提高劳动者素质。第三，集约型增长特别重视科技进步。在现阶段，经济增长将越来越取决于技术进步。科学技术不仅物化在劳动力、物质资本等有形生产要素上，还作为经济增长的独立要素起作用。在采用技术上也有粗放型和集约型之分。长期采用传统技术没有创新就属于粗放型方式，只有追求技术创新的技术进步才可以说转到了集约型方式。与此相应，资金投入的主要方向将是研究费用、开发费用、教育费用、技术革新和推广费用。概括起来，转变经济增长方式就是要由主要依靠增加物质资源消耗向主要依靠科技进步、劳动者素质提高、管理创新转变。

从经济发展方式看经济增长方式，转变经济增长方式就不只是转向集约型经济增长，还有以下三个转变：

第一，从经济增长的需求拉动力来划分，有投资拉动型、消费需求拉动型和出口带动型的经济增长方式。我国原有的经济增长方式主要依靠投资拉动，在沿海地区出口需求也起着很大拉动作用，消费需求相对于投资需求拉动力较弱。转变增长方式要求经济增长从主要依靠投资拉动转向消费、投资和出口协同拉动，其中尤其要突出消费拉动。其途径包括：首先通过收入分配制度培育居民的消费力。既要通过增加居民收入，解决有钱可消费问题，也要通过完善社会保障制度等途径，形成良好的消费预期，解决有钱敢消费问题。其次以消费方式的多样化，消费业态的扩展，消费模式的调整，发展消费经济。最后是发展服务经济，以服务为媒介引导和扩大消费需求。

第二,从经济增长的驱动力分析,我国原有的经济增长主要是物质资源投入驱动,转变经济增长方式要求转向创新驱动。面对土地、资源、环境供给不足的硬约束,要实现经济的持续快速增长,就需要改变依靠物质资源投入推动经济增长的方式,其基本路径是依靠科技进步和创新,以创新驱动经济增长。在当今经济全球化、网络化、信息化的条件下,我国有必要也有可能依靠科技进步与其他发达国家进入同一起跑线,抢占科技和产业的世界制高点。创新驱动的实质是科学技术成果转化为生产力。它需要以知识和人才为依托,以科学发现成果为前提,以发展拥有自主知识产权的新技术和新产品为着力点。特别是现阶段的竞争力以产业为度量单位,因此创新驱动经济增长以创新产业为标志,既创新战略性新兴产业,又以创新技术提升传统产业。显然,创新驱动的增长方式不只是解决效率问题,更为重要的是依靠知识资本、人力资本和激励创新制度等无形要素创造新的增长要素。因此,创新驱动的经济增长是比集约型增长方式更高层次更高水平的增长方式。

第三,从经济增长的成果分析,我国原有的经济增长方式基本上是数量型的,追求的是 GDP 的数量及其增长率。即使是效率评价也是以 GDP 数量作为产出与投入相比较。转变经济增长方式的目标是提高经济增长质量和效益,需要追求的是增长的质量指标,其中包括产出的附加价值,具体体现在企业利润和财政收入的增长上,体现在居民收入的增长上,体现在能源和资源消耗和碳排放的降低上。这种增长不是不要速度,而是实实在在和没有水分的增长,是有效益、有质量、可持续的增长,是有质量有效益可持续的速度,是质量和效益不断提高的速度。

基于以上增长方式的转变,经济增长就可能由单纯追求"快"转向"又好又快"的增长,实现速度与效率的统一,走上"生产发展,生活富裕,生态良好"的文明发展道路。

参考文献:
马克思:《资本论》第 2 卷,人民出版社 2004 年版。
吴敬琏:《中国增长模式抉择》,上海远东出版社 2009 年版。
王梦奎:《迈向新增长方式的中国》,社会科学文献出版社 2007 年版。
洪银兴:《论经济增长方式转变的基本内涵》,载于《管理世界》1999 年第 4 期。
刘伟:《经济发展和改革的历史性变化与增长方式的根本转变》,载于《经济研究》2006 年第 1 期。
刘世锦:《关于我国增长模式转型的若干问题》,载于《管理世界》2006 年第 6 期。
金碚:《科学发展观与经济增长方式转变》,载于《中国工业经济》2006 年第 5 期。

(洪银兴)

转变经济发展方式
Transformation of Economic Development Mode

我国在党中央的文件中最早提出的是转变经济增长方式。1995 年,党的十四届五中全会关于"九五"计划的建议明确提出了两个转变的指导思想:即"经济增长方式从粗放型向集约型转变","经济体制从传统的计划经济体制向社会主义市场经济体制转变"。经济增长方式及其转变的理论研究逐步引起了经济学界的高度重视。特别是党的十六大明确强调"转变经济增长方式",转变经济增长方式就成为贯彻科学发展观的重点。2007 年党的十七大报告进一步将"转变经济增长方式"改为"转变经济发展方式"。2011 年中共中央又明确"十二五"规划的主题是科学发展,主线是加快转变经济发展方式。

经济发展方式与经济增长方式的区别可以从经济发展与经济增长来看。一般说来,经济增长涉及的是依靠经济增长要素投入所实现的经济数量的增长,如经济增长率,收入增长率等。而经济发展不仅包括经济增长的内容,还包括经济增长质量的提高、经济结构的转型升级、科技创新和生态文明等。经济增长和经济发展虽然都追求个人所得和国民生产总值的提高,但经济增长关心的重点是物质方面的进步、生活水准的提高;而经济发展不仅关心国民生产总值的增长,更关心结构的改变,以及社会制度、经济制度、价值判断、意识形态的变革。因此,将转变经济增长方式改为转变经济发展方式,反映了我国经济发展新阶段发展理念的升华,具有重大而深远的意义。就如发展经济学家所指出的,增长不等于发展。经济发展的内涵比经济增长更广泛、更深刻,不仅包括经济增长,而且还包括国民的生活质量,以及整个社会经济技术结构和制度结构的总体进步。而且从发展角度看的增长更为重视的是其能力的提升。因此,经济发展方式比经济增长方式的内涵更为丰富,外延更为宽广。

毫无疑问,转变经济增长方式是转变经济发展方式的重要组成部分(详见经济增长方式转变词条)。从转变发展方式的视角看转变增长方式,其内容除了人们所一般认为的由粗放型经济增长转向集约型经济增长外,从转变经济发展方式考虑,转变经济增长方式还有两方面重要内容,这就是:经济增长由主要依靠投资、出口拉动向依靠消费、投资、出口协调拉动转变;经济增长由主要依靠物质要素投入转向创新驱动。所谓创新驱动指的是经济增长依靠技术进步、劳动者素质提高和管理创新,其中科技创新是关系国家发展全局的核心。

根据科学发展观,转变经济发展方式除了推进经济增长方式转变外还有更为丰富的内容:

首先,经济结构的战略性调整是加快转变经济发展方式的主攻方向。经济结构主要涉及产业结构、区域结构和城乡结构等。在发展中国家经济结构的调整和优化是发展的主题。我国已有的结构调整以工业化和城市化为导向,实现了农业大国向工业大国的转变。现在经济结构的突出问题,就产业结构来说,农业和农村相对落后;与此同时服务业尤其是现代服务业的发展水平明显偏低。为提高国民经济的整体发展能力,转变经济发展方式的一个重要方向是:由主要依靠第二产业带动向依靠三次产业协同带动转变。其中最为突出的是:一方面巩固农业在国民经济中的基础地位,推进三农现代化;另一方面加快发展服务业是当前调整产业结构的重点任务,提高第三产业增加值占GDP的比重。就制造业内部也有个结构调整的问题,主要涉及发展先进制造业和战略性新兴产业。

其次,是建设资源节约型、环境友好型社会。这是加快转变经济发展方式的重要着力点。经济发展不只是追求物质文明,还要追求生态文明。在经济发展的初期,顾不上环境和生态,甚至以掠夺资源和环境为代价谋求增长。现在的经济增长不仅遇到自然界限而且正在受到自然的惩罚。因此转变经济发展方式的重要着力点就是建立人和自然的和谐关系。既要节能减排,建设科学合理的能源资源利用体系,提高能源资源利用效率;又要开发和推广节约、替代、循环利用和治理污染的先进适用技术,还要保护土地和水资源,修复环境和生态。

最后,是推动城乡发展一体化。克服城乡二元结构是发展中国家发展的重点。我国已有的发展重在推进农村工业化和城市化。在此基础上发展的重点要逐步转向城乡发展一体化。这是解决农业、农村和农民问题的根本途径。城乡一体化发展就是要加大统筹城乡发展力度,增强农村发展活力,逐步缩小城乡差距,促进城乡共同繁荣。通过工业反哺农业、城市支持农村和多予少取放活方针,让广大农民平等参与现代化进程、共同分享现代化成果。

总的来说,转变经济发展方式就是要把推动发展的立足点转到提高质量和效益上来,使经济发展更多依靠内需特别是消费需求拉动,更多依靠现代服务业和战略性新兴产业带动,更多依靠科技进步、劳动者素质提高、管理创新驱动,更多依靠节约资源和循环经济推动,更多依靠城乡区域发展协调互动,不断增强长期发展后劲。要实现经济发展方式的转变关键是改革,破除阻碍转变经济发展方式转变的体制和机制,建立支持科学发展的体制和机制。

参考文献:
胡锦涛:《坚定不移沿着中国特色社会主义道路前进为全面建成小康社会而奋斗》。
周叔莲:《十七大为什么提出转变经济发展方式》,载于《中国党政干部论坛》2008年第2期。
汪同三:《转变经济发展方式:关系经济社会发展全局的战略任务》,载于《人民日报》2008年1月4日。
王小鲁、樊纲、刘鹏:《中国经济增长方式转换和增长可持续性》,载于《经济研究》2009年第1期。
简新华等:《中国经济结构调整和发展方式转变》,山东人民出版社2009年版。

(洪银兴)

经济结构调整

Adjustment of Economic Structure

一般来说,"结构"是指事物的各个构成部分的组合及其相互关系,经济结构最抽象的界定是指社会经济的各个构成部分的组合及其相互关系,这可以说是广义的经济结构。由于生产方式由生产力和生产关系构成,经济结构相应也划分为两大类:一是从生产关系来看的社会经济结构即生产关系的构成或社会经济基础的构成,包括所有制结构、生产过程关系结构、交换关系结构、分配关系结构、消费关系结构等;二是从生产力的角度来看的国民经济结构即整个国民经济活动的构成。这两大类可以说是狭义的经济结构。通常所说的经济结构主要是指国民经济结构。

国民经济结构的内容可以按照不同标准和需要进行分类,主要有两种分类方法:一是按照社会经济活动的生产、流通、分配、消费四个环节,国民经济结构可以分为生产结构、流通结构、分配结构、消费结构四小类,其中每一小类又可以再细分为更小的类型,例如,生产结构中包括产业结构、产品结构、劳动力结构、技术结构、投资结构、分工专业化协作结构、就业结构、规模结构、企业结构、生产的区域结构等;流通结构中包括市场结构、流通的产品结构、流通环节、渠道和方式结构、流通区域结构、进出口结构等;分配结构中包括国民收入的分配结构(初次分配和再分配结构及各自内部的分配结构)、积累(投资和储蓄)与消费的比例结构、积累基金分配结构、消费基金分配结构、分配形式结构等;消费结构中包括消费品种类和比重结构、消费方式结构、消费水平结构、消费主体结构、不同消费主体的消费对象结构等(需要指出的是,国民经济结构这四小类的划分与所有制结构、交换关系结构、分配关系结构、消费关系结构等社会经济结构类型划分的不同,主要在于前者是对社会经济活动的内容和特征的类型划分,后者则只是对生产、流通、分配、消费四个环节中的生产关系的划分)。二是依据社会经济活动的生产及产品的特征和空间分布情况,国民经济结构还可以划分为产业结构、城乡经济结构、地区经济结构等。

由于国民经济结构的形成和状况受到本国的经济发展、需求、供给、技术、制度、社会和国际等多方面因素的制约,而这些因素是不断变化的,因此经济结构也不是一成不变,而是随着各方面因素的变化而演进。影响经济结构的因素,既有直接因素,也有间接因素;既有经济因素,又有非经济因素;既有国内因素,又有国际因素;既有正面的影响,又有反面的影响;既有促进的作用,又有妨碍的作用。各种因素的作用都不是孤立的,而是互相联系、相互交织、互相制约、相互作用,共同地综合地影响和决定着经济结构的状况和变动。

国民经济结构可分为合理与不合理的经济结构、低级与高级的经济结构。所谓合理的经济结构是指各个构成要素的比例恰当、关系协调、能够促进经济发展和效率提高的结构;否则,就是不合理和不完全合理的经济结构。所谓高级的经济结构是指在特定的经济发展阶段中与更高生产力水平和更先进科学技术相适应的结构;否则,就是低级的或较低级的经济结构。一般而言,与更高发展阶段相适应的是更高级的经济结构。优化的经济结构是适合本国国情的、有效利用国际因素的、合理的、趋向高级化的、高效的经济结构。经济结构由不合理向合理、由低级向高级不断演进和优化的趋势,是国民经济结构变动的基本规律。

国民经济结构与经济发展关系密切。经济发展主要包括经济增长和结构改善,经济结构的状况及其变化,既是社会经济发展的基本内容,又是社会经济发展水平高低的主要标志,还是制约社会经济协调和持续发展、经济效益高低的决定性因素。区分不同经济时代的标志,不是经济增长速度的快慢,而是经济结构特别是产业结构的状况,如农业经济时代、工业经济时代、知识经济或信息网络经济时代区分的主要依据,就是产业结构的基本特征,农业经济时代是以农业为主导的经济时代,工业经济时代是以工业为主导的经济时代,知识经济或信息网络经济时代则是以知识产业、信息产业、现代服务业为主导的经济时代。经济结构的改善是比经济增长更为根本、更为重要的发展;经济结构的变迁,既是社会经济发展的结果,又是社会经济进一步发展的强大动力。优化的经济结构能够极大地促进社会经济高效快速发展,不合理的低层次的经济结构则严重妨碍社会经济发展。经济结构特别是产业结构的状况及其变化,对发展中国家显得更为重要、更加突出。因为,现在发展中国家比发达国家落后,主要不是落后在发展中国家的经济增长速度更慢,不少发展中国家的经济增长速度现在比发达国家还要快,主要是落后在经济结构的不合理和低层次;发展中国家要赶上甚至超过发达国家,不仅要加快经济增长,更重要、更根本的是要改善和提升经济结构。

经济结构调整是指通过市场机制和运用政府调控手段促进经济结构由不合理向合理、由低级向高级变化的经济活动,是经济结构演进和优化的重要途径。经济结构调整的目标是经济结构的优化升级,即实现合理化和高级化。经济结构调整的对象是各个构成部分的比例、相互关系和相关行为。经济结构调整的方式,首先是通过市场价格、供求和竞争优胜劣汰的作用,鼓励创新、技术进步和管理改进,推动生产新产品、优质产品、价廉物美产品、有需求产品的企业和新兴产业、高技术产业、产品供不应求的产业的发展,压缩、淘汰或更新改造生产陈旧过时、质次价高、供过于求产品的企业和落后产业,促进落后地区的发展;其次是政府制定发展规划,采用产业、地区、财政、金融、收入、人力等方面的经济政策和行政法律手段,健全市场体系,完善市场环境,规范市场行为,更好地发挥市场机制的作用,克服市场失灵,鼓励和支持先进企业、产业和地区的发展,扶持和帮助落后企业、产业、地区的发展或合理改造、限制、淘汰落后企业和产业。世界经济发展史表明,由于市场失灵的存在,经济结构的优化升级完全靠市场机制的作用是一个漫长的过程,甚至难以实现,所以应该适当发挥政府的调节作用,尤其是发展中国家,完全靠市场机制的作用,很难在经济结构上实现赶超发达国家的目标,政府的作用显得更为重要。但是,政府的作用又必须以市场的作用为基础,因为政府存在信息、利益、能力等多方面的局限性,可能产生严重的失误,政府失灵造成的危害可能比市场失灵造成的危害更大,主要靠政府的作用很难实现经济结构的优化升级。

参考文献:

马洪、孙尚清:《中国经济结构问题研究》,人民出版社1981年版。

孙尚清:《论经济结构对策》,中国社会科学出版社1984年版。

马建堂、贺晓东、杨开忠:《经济结构的理论、应用和政策》,中国社会科学出版社1991年版。

周振华:《现代经济增长中的结构效应》,上海三联书店1995年版。

周振华:《1997~1998年中国经济分析:结构调整》,上海人民出版社1999年版。

陆百甫:《大调整:中国经济结构调整的六大问题》,中国发展出版社1998年版。

郭克莎:《结构优化与经济发展》,广东经济出版社2001年版。

刘志彪:《经济结构优化论》,人民出版社2003年版。

林善炜:《中国经济结构调整战略》,中国社会科学出版社2003年版。

简新华:《中国经济结构调整和发展方式转变》,山东人民出版社 2009 年版。

（简新华）

城乡发展一体化
Urban-Rural Development Integration

城乡发展一体化,是指在城乡互动、互补与融合中实现城乡资源的合理配置和城乡发展的平等共享。

城乡发展一体化是一个相对概念,虽然在不同时代、不同阶段、不同国家、不同区域具有不同的特殊内容,有着一定的相对目标,但它是人类社会发展的一个永恒主题和动态的不断实现过程。从人类社会发展来看,以工业革命的出现为分水岭,先行的资本主义国家及后来的发展中国家在工业化、市场化、城市化和现代化的过程中,城乡关系发展先后都有一个从城乡差别与对立到消融与一体的历史转变过程。不同的是,发达资本主义各国以长达数百年的内蕴自发和循序渐进为特征,走过的是一条以市场导向为基础、同时辅以政府协调为助推力的城乡发展一体化路径;而 20 世纪以来的社会主义国家和“二战”后的一大批发展中国家在赶超乃至转型发展过程中,城乡关系发展多表征为政府主导、重工轻农、城乡差距拉大及至城乡发展两极化,并开始向城乡统筹发展的转折阶段。

从我国来看,新中国成立后,为尽快实现国家工业化战略目标,我国长期实行了中央集权计划经济体制下城乡分治的制度安排和政策,形成了城乡二元体制内生性的不平等、非均衡格局——城乡发展两极化,工业发展以牺牲农业发展为代价,农业、农村发展严重滞后于工业和城市,城乡内在关系在“城市偏向”政策下被人为割裂,城乡矛盾尖锐对立,城乡居民因政治、经济、社会权利的不平等带来了严重的城乡发展差距。改革开放后,随着家庭承包经营制度的推行、农产品流通体制的改革、乡镇企业和个体私营经济的发展、农村劳动力大规模跨地区跨行业的转移就业,城乡二元体制有所松动,农业生产成就举世瞩目,使工农城乡发展关系有所改善。但是,由于城乡分割的二元体制并没有完全消解,因而在城市利益集团的主导下,“三农”“改革参与权”被剥夺的新的发展的不平等,与城市偏向型政策惯性的叠加,诱导了资源、要素、资本仍流向效率和回报相对较高的城市,其后果是农业、农村继续落后于工业和城市,城乡居民权利与发展机会的种种新旧不平等将农民排斥在分享改革发展成果之外,致使城乡发展差距在一定意义上呈扩大之势,换句话说,在改革开放以来经济快速增长的同时城乡发展差距还在扩大。

针对城乡关系问题,马克思、恩格斯曾经在《德意志意识形态》、《共产党宣言》、《资本论》等一系列经典著作中,以历史的大视野扫描分析了城乡分离、城乡差别的形成与资本主义城乡尖锐对立的客观经济条件及其历史根源,深刻揭示了消除城乡对立、实现城乡融合与生产力发展水平和生产关系性质及其变革,包括分工的演化、大工业、城市化的发展和私有制转向公有制的内在关联、历史过程及其发展趋势的规律性。马克思、恩格斯早在《共产党宣言》中就已提出:“把工业和农业结合起来,促使城乡对立逐步消灭”,并强调“消灭城乡之间的对立是社会统一的首要条件,这个条件又取决于许多物质前提,而且一看就知道,这个条件单靠意志是不能实现的。”(《马克思恩格斯选集》第 1 卷,人民出版社 1972 年版,第 294 页)这个条件首先依赖于生产力水平的高度发展,已经达到“由社会全体成员组成的共同联合体来共同而有计划地尽量利用生产力,把生产发展到能够满足所有人的需要的规模;结束牺牲一些人的利益来满足另一些人的需要的状况;彻底消灭阶级和阶级对立;通过消除旧的分工,通过产业教育、变换工种,所有人共同享受大家创造出来的福利,通过城乡的融合,使社会全体成员的才能得到全面发展——这一切都将是废除私有制的最主要的结果。”这里,城乡融合则是指“结合城市和乡村生活方式的优点而避免两者的偏颇和缺点”(《马克思恩格斯选集》第 1 卷,人民出版社 1972 年版,第 240 页)。马克思恩格斯研究城乡关系的终极目标是实现城乡融合和人的全面而自由地发展。因此城乡关系的最高阶段是城乡融合,只有城乡融合才能解决城乡差距,城乡融合也就是城乡发展一体化。

在我国现阶段,城乡发展一体化具有新的特定含义,从根本上来看,它是指中国城乡关系要彻底打破体制性二元分割与对立的状态,通过制度重构和创新,核心问题是更进一步地探索、处理好政府和市场的关系,科学地厘清政府与市场的边界,更好地发挥市场和政府的作用,促进城乡互动、互补与融合中实现城乡资源的合理配置和城乡发展的平等共享。从实践来看,城乡发展一体化,是我国解决“三农”问题的根本途径,这一方面是由工业和农业之间、城市和农村之间内在的、必然的、有机的联系即相互依赖、相互补充、相互促进关系决定的;另一方面是由制约我国农业和农村发展的深层次矛盾即城乡二元体制长期存在决定的。具体地说,城乡发展一体化还包含两层基本含义:一是解决农业农村农民问题,不能就农业论农业,就农村论农村。当社会经济发展到一定阶段具备一定基础时,必须靠城市的带动、工业的反哺,通过以城带乡、以工促农来带动农村农业的发展,为经济结构内生性调整规律引导下进城农民的落户定居、就业和生活创造出与城市市民一样平等的制度环境和相应条件。二是城乡发展一体化绝不是城乡一样化,不是要消灭农村、农业和农民,而是指消除城乡体制性隔离,实行城乡统筹发展,大力改善农村的公共服务，积极支持农业现代化发展、加快传统农业向现代农业的转变，使留在农村的农民能够与城市市民一样平等地、有尊严地、体面地居住、就业和生活。

21 世纪以来，特别是中共十六大以来，党中央明确了要把解决好“三农”问题放在全党工作重中之重的位置，着力统筹城乡经济社会发展，加快形成城乡发展一体化新格局的指导思想。之后，党的十七大、十八大报告又相继做出了一系列强农惠农富农的制度安排和政策措施，从彻底免除农业税到推进乡镇机构改革，从实行对种粮农民生产的直接补贴到建立粮食最低收购价制度，从提出把国家基础设施建设和社会事业发展的重点放到农村到农村义务教育经费保障制度、新型农村合作医疗制度、农村最低生活保障制度、新型农村社会养老保险制度的建立，从全面推进集体林权制度改革到明确农村土地承包关系要保持稳定并长久不变，从大幅度提高农村扶贫标准，到分类指导城镇户籍制度改革政策的出台等，农业农村发展和农民增收状况都有了明显改观，城乡之间的经济社会关系也开始发生了积极变化。党的十八届三中全会《决定》进一步提出，城乡二元结构是制约城乡发展一体化的主要障碍。必须健全体制机制，形成以工促农、以城带乡、工农互惠、城乡一体的新型工农城乡关系，让广大农民平等参与现代化进程、共同分享现代化成果。

历数 21 世纪以来的中央一号文件已连续 12 年聚焦“三农”，特别是在中国经济发展步入新常态的背景下，抓住制约四化同步、全面实现小康社会进程的农民现代化、农业现代化、农村现代化这一最大短板，集中破解如何在经济增速放缓条件下继续强化农业基础地位、促进农民持续增收；如何在资源环境硬约束下保障农产品有效供给和质量安全、提升农业可持续发展能力；如何在城镇化深化发展情境下加快新农村建设等重大课题——以解决好地怎么种为导向加快构建新型农业经营体系，赋予农民更多财产权利，积极培育新型职业农民，探索农民增收的根本途径；以解决好地少水缺的资源环境约束为导向深入推进农业发展方式转变，以改革添动力，以法治作保障，走出中国特色新型农业现代化道路；以解决好城乡发展严重失衡、影响到小康社会建设进程为导向整体推进新农村建设，强化城乡统筹联动，推进城乡要素平等交换和公共资源均衡配置，推进城乡基本公共服务均等化，完善城镇化健康发展体制，实现城乡优势互补、协调发展和共同繁荣。

客观地讲，在我国这样一个拥有 13 亿人口的大国实现城乡发展一体化，是人类社会发展史上的伟大壮举，也是长期艰巨的历史任务。我们必须从思想、政策、制度建设等方面采取有效措施，牢固树立城乡一体化协调发展思想不动摇，明确推进城乡发展一体化是科学发展的重要内容，建立完善城乡发展一体化的体制机制，突出重点，稳步推进城乡发展一体化。首先，城乡发展一体化，要推进产业布局一体化，创新农业经营体制，提升农业对城乡发展一体化的支撑能力，促进城乡各个产业互动发展，实现农业现代化和新型工业化、信息化、城镇化同步发展。其次，城乡发展一体化，核心是城乡主体权利，构建全体居民共享发展成果的体制机制，赋予农民更多财产权利，形成造福百姓、富裕农民的利益格局，重点是拓展农民增收渠道，促进农民职业化发展，保障农民收入持续稳定合理地增长，尽快扭转城乡居民收入差距越拉越大的局面。再次，城乡发展一体化，重点是推进城乡要素平等交换和公共资源均衡配置，建立健全城乡一体化基础设施和公共服务体系。要建立健全统筹城乡基础设施和公共服务建设的体制机制，引导更多的现代生产要素流向农村，促进公共资源配置向农村倾斜，统筹城乡基础设施建设，推进城乡基本公共服务均等化。最后，城乡发展一体化，关键是完善城镇化健康发展体制机制，建立健全城乡一体化建设和管理体系，走中国特色新型城镇化道路，推进以人为核心的城镇化，推动大中小城市和小城镇协调发展，产城融合发展，促进城镇化和新农村建设协调推进。

参考文献：

《马克思恩格斯选集》第 1 卷，人民出版社 1972 年版。

《马克思恩格斯全集》第 3 卷，人民出版社 1960 年版。

《马克思恩格斯全集》第 4 卷，人民出版社 1958 年版。

习近平：《中共中央关于全面深化改革若干重大问题的决定》，人民出版社 2013 年版。

《中共中央关于全面深化改革若干重大问题的决定》（辅导读本），人民出版社 2013 年版。

陈锡文：《推动城乡发展一体化》，载于《求是》2012 年第 23 期。

韩俊：《农民工市民化实质是公共服务均等化》，载于《经济参考报》2013 年 2 月 4 日。

李萍等：《统筹城乡发展中的政府与市场关系研究》，经济科学出版社 2011 年版。

白永秀：《研究城乡发展一体化得出的 12 个结论》，载于《西部大开发》2013 年第 11 期。

张忠法：《新型城乡发展一体化的概念与途径》，载于《农民日报》2008 年 1 月 2 日。

张岩松：《统筹城乡发展和城乡发展一体化》，载于《中国发展观察》2013 年第 3 期。

（李萍、刘佳）

新型工业化道路

New Path to Industrialization

工业化一般是指工业（或者制造业、第二次产业）

在国民收入和劳动人口中所占的比重持续上升的过程。这是一个经济结构不断变化、人均国民收入和包括农业在内的劳动生产率不断提高、由以农业为主导的农业经济社会逐步向以工业为主导的工业经济社会转变的过程。工业化是产业结构演进的必然趋势,是绝大多数国家由贫穷落后走向发达繁荣的必由之路,是经济社会发展不可逾越的必经阶段。

工业化道路是指实现工业化的原则、方式和机制,要解决的是怎样实现工业化的问题。工业化道路正确与否是决定工业化成败的关键。具体来说,工业化道路的内容主要包括以下几个方面的选择:

第一,产业的选择,即重点和优先发展的产业、产业结构的类型及各种不同产业之间相互关系的确定和调整。第二,技术的选择,即工业发展中技术类型的采用,是选择高新技术,还是一般适用技术、传统技术;是运用多使用劳动力的技术,还是多使用资本的技术;是只顾技术进步、实现机械化、提高劳动生产率,还是兼顾技术进步和机械化与就业问题的解决。第三,资本筹集方式的选择,即确定通过什么方式或渠道筹集工业发展所需的资本,是来源于农业剩余的转移、对内外的掠夺,还是工业自身的积累、引进国外资本;是主要靠政府投资,还是民间投资;是主要通过银行贷款筹资,还是发行股票和债券融资等。第四,发动和推进力量的选择,即确定工业化进程是靠民间力量发动和推进,还是由政府发动和推进,或者两者相结合。第五,工业发展方式的选择,即工业发展是主要依靠粗放型的增长方式,还是主要采用集约型的增长方式;工业生产是以内涵扩大为主,还是外延扩大为主。第六,工业空间布局的选择,即工业生产是在资源、交通、市场、技术、融资、劳动力、社会经济政治制度等更有利的地方进行,还是在不利的地方开展;是分散,还是集聚。第七,实现机制的选择,即实现工业化的任务是通过市场机制的作用去实现,还是由计划机制的作用来完成,或者是以市场为基础,结合政府的宏观调控。第八,城市化发展模式的选择,即伴随工业化发展的是适度城市化、滞后城市化,还是过度城市化;是健康城市化,还是病态城市化。第九,处理工业化与资源环境关系方式的选择,即在发展工业的同时,是过度消耗和低效使用资源、造成资源浪费、严重污染环境,或者是先污染后治理、边污染边治理,还是节约资源、高效利用资源、保护环境、边发展边防止污染。第十,国际经济联系方式的选择,即工业化过程中是实行对外开放、发展外向型经济,还是闭关锁国或者对外封锁、发展内向型经济,或者外向型与外向型相结合;是以外向型经济为主,还是以内向型经济为主;是实行出口导向或进口替代,还是两者相结合;是以外需为主,还是以内需为主。

世界各国工业化发展的历史表明,工业化道路不是唯一的,也不是一成不变的,会随着经济社会条件的变化而变化。不同的国家、不同的社会发展阶段,不同的经济社会制度、民族历史、文化传统、资源禀赋、自然条件、比较优势,工业化道路也往往不相同。工业化道路可以按照不同的标准划分为各种不同类型。各个国家的工业化道路都各有特色、各不相同,如果仅以国别特点作为标准,可以把每一个国家的工业化道路细分为一种类型。但是,经济社会特征基本相同国家的工业化道路也类似,一般可以划分为同一类型。从世界工业化的历史来看,国际上有代表性的工业化道路主要有发达国家的工业化道路和传统计划经济国家的工业化道路。

发达国家的工业化道路是已经实现工业化的发达国家以往走过的工业化道路,是一条主要由民间力量发动、科学技术革命推进和通过市场机制实现的工业化道路。它是逐步由以粗放型增长方式为主转向以集约型增长方式为主、先以轻纺工业为主导后以重工业为主导、先工业化再信息化、重机械化轻就业、资本来源多样化、工业布局基本合理、工业化与城市化基本同步、工农和城乡差别先扩大后缩小、先污染后治理、外向型发展的工业化道路。这条传统的工业化道路,虽然具有能够发挥民间力量、科学技术革命、市场机制的作用、多渠道筹措资本、利用世界市场和资源、形成适合生产要素禀赋特点的产业结构和空间布局等长处,使西方发达国家成功地实现了工业化,成为发达的工业化国家,但也存在对外掠夺、始终不能有效解决就业和贫富两极分化问题、曾经造成严重的城乡对立、"城市病"和环境污染、经济危机相伴随等严重缺陷,是一条存在严重缺陷的成功之路。

传统计划经济国家的工业化道路是传统计划经济国家在经济转型以前走过的工业化道路,是一条主要依靠国家力量、由政府发动和通过计划推进、优先发展重工业、相当大的程度上依靠农业提供工业资本积累、以粗放型增长方式为主、过分追求高速度、工业布局的政治因素影响大、城市化进程比较缓慢或滞后、忽视环境保护和资源节约、被迫或片面强调自力更生、实行进口替代战略的工业化道路。这条道路,虽然使计划经济国家建立起了必要的工业基础,形成了比较完整的工业体系和国民经济体系,部分计划经济国家也基本实现了工业化,但存在不能发挥市场机制作用、没有充分利用民间力量、技术进步缓慢、主要通过工农业产品剪刀差筹集资本、牺牲农业发展、造成畸形产业结构、工业布局不太合理、没有发挥比较优势和后发优势、城市化进程比较缓慢或滞后、城乡差别长期存在甚至扩大、不能有效利用世界市场和国际资源、资源消耗高、先污染后治理、经济效益差等许多严重的弊端,没有给一个国家带来发达繁荣的工业化,应该说是一条不成功的工业化道路。中国传统的工业化道路基本上也是这条道路。

中国特色的新型工业化道路是中国进入新世纪时提出的一条新的工业化道路。从目标要求和优点来说，这是"一条科技含量高、经济效益好、资源消耗低、环境污染少、人力资源优势得到充分发挥的新型工业化路子"（江泽民，2002）。从主要内容和基本特征来看，这是一条以信息化带动、技术引进与自主创新相结合、以集约型增长方式为主、协调兼顾机械化与就业、通过不断调整力求产业结构优化、合理进行工业布局、资本来源多样化、与城镇化适度同步、以经济效益为中心、节约资源、保护环境、力求实现可持续发展、实行对外开放、发挥比较优势和后发优势、发展内外向结合型经济、民间和政府力量相结合、市场推动、政府导向型的工业化道路。这是经济知识化、信息化、全球化和市场化的必然要求，适应中国国情特别是克服人口资源环境严重制约的必要选择，落实科学发展规、实现全面、协调、可持续发展的必由之路。

参考文献：

[美]霍利斯·钱纳里等：《工业化和经济增长的比较研究》，上海人民出版社1995年版。

[美]约翰·科迪等：《发展中国家的工业化发展政策》，经济科学出版社1990年版。

张培刚：《农业与工业化》上、下卷，华中科技大学出版社2002年版。

陈佳贵等：《中国工业化现代化问题研究》，中国社会科学出版社2004年版。

国家经贸委：《专家谈走新型工业化道路》，经济科学出版社2003年版。

刘世锦等：《传统与现代之间——增长模式转型与新型工业化道路的选择》，中国人民大学出版社2006年版。

吕政、郭克莎、张其仔：《论我国传统工业化道路的经验与教训》，载于《中国工业经济》2003年第1期。

金培：《中国工业化经济分析》，中国人民大学出版社1994年版。

简新华、余江：《中国工业化与新型工业化道路》，山东人民出版社2009年版。

（简新华）

新型城镇化道路

New Path to Urbanization

城镇化或城市化（Urbanization）是指第二、第三次产业在城镇集聚，农村人口不断向非农产业和城镇转移，使城镇数量增加、规模扩大，城镇生产方式和生活方式向农村扩散、城镇物质文明和精神文明向农村普及，城乡差别不断缩小直至消失的经济、社会发展过程。"Urbanization"一词一般译为"城市化"，主要用于说明国外的乡村向城市转变的过程。由于"Urban"包含有城市（City）和镇（Town），世界上许多国家镇的人口规模比较小，有的甚至没有镇的建制，"Urbanization"往往仅指人口向"City"转移和集中的过程，故称"城市化"；中国设有镇的建制，人口规模不少与国外的小城市相当，人口不仅向"City"集聚，而且向"Town"转移，这也可以看成是"中国特色的城镇化"的一个特点，为了显示这种与外国的差别，有学者把中国的"Urbanization"译为"城镇化"。这里也采用上述用法，外国的或者一般而言的"Urbanization"称之为"城市化"，中国的"Urbanization"则称为"城镇化"。城市化是工业化的必然伴侣，也是经济社会发生巨大变革的过程，是任何国家由贫穷落后走向发达繁荣的必由之路，实现城市化也是发展中国家经济社会发展的主要任务之一。但只有合理、健康的城市化才能更好地促进工业化和经济社会的发展，不合理、病态的城市化则不利于工业化和经济社会的发展，怎样才能成功地实现合理健康的城市化，关键在于选择正确的城市化道路。

城镇化或城市化道路是指实现城市化的动力、机制、原则和方式，所要解决的是怎样实现合理健康城市化的问题。城市化道路决定着城市化的发动、推进、速度、水平、状态和成败，城市化道路的特征决定城市化的特征，城市化的后果得失或利弊大小，在很大程度上取决于城市化道路的正确合理与否。具体来说，城市化道路的内容主要包括以下几个方面的选择：

第一，城市化发展模式的选择。所谓城市化发展模式是指处理城市化与工业化，农业现代化和经济发展关系的方式。城市化需要产业支撑，城市化与工业化，农业现代化和经济发展关系密切、互为因果、相互制约，如何处理这种关系是实现合理健康城市化的首要问题。从国际经验来看，一般存在三种情况或者说三种不同的处理方式，即过度城市化、滞后城市化、适度同步城市化。前两种都是不合理的病态城市化，只有适度同步城市化才是合理的健康城市化。城市化发展模式的选择，实际上就是选择搞过度城市化、滞后城市化，还是适度同步城市化的问题。

第二，处理城乡关系方式的选择。城市化实际上是城乡关系变化和发展的过程，能否选择恰当的方式正确处理城乡关系，直接关系到能否有效实现合理健康的城市化。从国际经验来看，处理城乡关系大致上存在三种方式：一是偏向城市的方式，二是注重城乡协调发展的方式，三是先偏向城市后"反哺"农村的方式，处理城乡关系方式的选择，主要就是在这三种方式中的选择。

第三，城市规模结构的选择。城市在规模上有大中小和小城镇之分，城市规模结构就是各种不同规模城镇的构成情况。城市的规模结构状况是城市化状况的重要方面，其是否合理是影响城市化是否合理健康的重要因素。城市规模结构不同的城市化,存在大城市化、小城镇化和大中小城镇结合并举城镇化三种类型,这三种不同类型的城市化对城市化的总体状况的影响也不相同。城市规模结构的选择,实际上就是在这三种城市规模结构不同的城市化类型中的选择。

第四,城市空间布局的选择。城市在空间上的分布复杂而多样,城市的空间布局是城市化状况的重要方面,其是否合理也是影响城市化是否合理健康的重要因素。城市空间布局不同的城市化,存在网络式城市化、据点式城市化、据点式与网络式相结合型城市化或分散型城市化、集中型城市化、集中与分散相结合型城市化等类型。这些城市化类型具有不同的特征,适合于不同的城市化条件,对城市化的总体状况的影响也不相同。城市空间布局的选择,实际上就是在这几种城市化类型中的选择。

第五,处理人口城市化与土地城市化关系方式的选择。城市化是人口的城市化,同时也是土地的城市化,核心是人的城市化,只有两者协调推进,才能节约高效利用土地、实现健康城市化。如果人口城市化过度,会造成严重的"城市病",假若土地城市化过度,则会造成土地的浪费、危害粮食安全,所以必须选择正确的方式正确处理两者的关系、实现两者的协调。

第六,城市化实现机制的选择。城市化的过程是大量农民迁移到城市、城市人口大幅度增加的过程,必然要消耗资源,建设更多更大的城市,因此采用什么方式取得和使用城市化所需的资源、通过什么途径实现农民向城市的迁移,即选择什么样的机制推进城市化是实现城市化的关键,也是城市化道路的核心内容。城市化的实现机制决定着城市化的发动、推进速度、水平和状态。一般而言,城市化主要有三种不同的实现机制:一是市场型实现机制,也称民间发动和推进型或自下而上型,即依靠民间力量发动及推进城市化、通过市场机制实现人口流动并取得和配置城市化所需资源的机制。二是计划型实现机制,也称政府发动和推进型或自上而下型,即依靠政府力量发动及推进城市化、通过计划机制实现人口流动并取得和配置城市化所需资源的机制。三是市场与计划结合型实现机制,也称民间与政府相结合型或自下而上与自上而下相结合型,即同时依靠民间和政府力量发动及推进城市化、在以市场机制为基础的同时注意发展计划机制作用的方式实现人口流动并取得和配置所需资源的机制。城市化实现机制的选择,主要就是在这三种机制中的选择。

第七,城市发展方式的选择。城市化的过程也是城市发展的过程,采取什么方式发展城市,怎样规划、建设和管理城市,直接关系到城市化进程的快慢和成效。城市发展方式选择主要包括:城市发展的资金来源是单靠政府投入或民间投入,还是通过政府、民间、外资等多渠道,土地增值收益如何合理分配和使用;城市主要是搞外延式或粗放式发展,还是内涵式或集约式发展;城市建设和运转是节约资源、优化环境,还是浪费资源、污染环境;对城市发展是放任自流,还是严格限制,或者合理规划、积极引导支持;是急于求成,还是循序渐进等。

正确的城镇化道路应该是城市化与工业化、农业现代化和经济发展适度同步,注重城乡协调发展,城市规模结构是大中小城镇结合并举,城市空间布局是集中与分散相结合且尽可能形成城市群、带、网,人口城市化与土地城市化协调,实现机制是市场与计划有效结合的机制,通过多渠道筹措城市发展资金、采取内涵式和集约式发展、节约资源、优化环境、合理规划、积极引导、循序渐进的方式建设和管理城市的道路。只有选择正确的城镇化道路才能实现合理健康的城镇化。中国和世界城市化的经验表明,正确选择城镇化道路,必须从本国的国情出发,全面准确地把握本国的人口、资源、环境、工业、农业、城乡、发展阶段、经济结构、经济体制、历史和文化传统等各方面的实际情况,遵循城市化发展的规律。

中国城镇化是现代化的必由之路,是解决农业、农村、农民问题的重要途径,是扩大内需和增加就业的最大潜力,是经济结构调整优化的重要任务。2000 年 10 月 9 日,朱镕基在《关于制定国民经济和社会发展第十个五年计划建议的说明》中,首次提出"中国的城镇化不能照搬别国的模式,必须从自己的国情出发,走有中国特色的城镇化道路"。从原则要求上来说,中国特色城镇化道路应该是一条节约土地、环境不断优化、城镇规模结构和空间布局合理、城市功能完善、工农业良性互动、城乡协调发展的道路。针对当前中国城镇化存在的人口城镇化滞后于人口非农化和土地城镇化、半城镇化、被城镇化、房地产化、"鬼城"化、农业现代化滞后等问题,党的十八大和十八届三中全会"决定"强调必须要坚持走中国特色新型城镇化道路。新型城镇化与旧型城镇化相比,主要新在以人为核心,以提高质量为关键,以农民工市民化为首要任务,与工业化、信息化、农业现代化和服务化协调同步推进,工农城乡协调发展,两个非农化和城镇化协调,土地节约高效利用,城镇结构和空间布局合理、城镇化地区差异缩小,多渠道筹集城镇化资金,集约紧凑、智能高效、绿色低碳、文化传承、城镇建设和管理水平更高,以市场推动、政府促进,统筹规划、分类指导,积极、稳妥、有序、扎实地推进。

参考文献:

中共中央、国务院:《国家新型城镇化规划(2014 ~ 2020)》,载于《光明日报》2014 年 3 月 17 日。

王梦奎、冯并、谢伏瞻:《中国特色城镇化道路》,中国发展出版社 2004 年版。

张秉忱、陈吉元、周一星:《中国城市化道路宏观研究》,黑龙江人民出版社1995年版。

田雪源等:《人口大国城市化之路》,中国人口出版社1998年版。

辜胜阻、简新华:《当代中国人口流动与城镇化》,武汉大学出版社1994年版。

简新华、何志扬、黄锟:《中国城镇化与特色城镇化道路》,山东人民出版社2009年版。

费孝通:《我看到的中国农村工业化和城市化道路》,载于《浙江社会科学》1998年第7期。

汪光焘:《走中国特色的城镇化道路》,载于《求是》2003年第16期。

洪银兴:《城市化模式的新发展》,载于《经济研究》2001年第12期。

白南生:《中国的城市化》,载于《管理世界》2003年第11期。

周干峙:《走具有自己特色的城市化道路》,载于《城市发展研究》2006年第4期。

蔡继明、周炳林:《小城镇还是大都市:中国城市化道路的选择》,载于《上海经济研究》2002年第10期。

赵新平、周一星:《改革以来中国城市化道路及城市化理论研究述评》,载于《中国社会科学》2002年第2期。

(简新华)

转型经济学

转型经济学
Transition Economics

转型经济学是20世纪90年代迅速发展起来的以计划经济国家向市场经济转型实践为主要研究对象，以转型国家的转型目标、转型路径和转型绩效为主要研究内容的经济学分支。经济转型目标、转型路径以及转型绩效构成转型经济学的主要研究内容。

20世纪60～70年代起，原先实行苏联斯大林模式的社会主义经济体先后开始酝酿并推进经济改革，并于80年代在世界范围掀起了全面的经济转型浪潮，同时也涌现了一批专门以社会主义国家经济转型为研究对象的经济学家和相应的经济转型理论，其研究内容涉及对苏联模式的社会主义经济制度的批判，对经济转型方向和路径的研究。典型的转型经济理论有匈牙利经济学家科尔奈的短缺经济理论，波兰经济学家布鲁斯的分权理论和捷克斯洛伐克经济学家锡克的"第三条道路"理论。他们都从批判当时的社会主义计划经济体制入手分别提出社会主义国家经济改革和经济转型的方向。

与原先的社会主义国家产生转型经济理论相伴，西方经济学界产生了以"华盛顿共识"（Washington Consensus）为代表的转型经济理论，其核心思想是要迅速自由化、私有化和市场化。这种思想对早期的经济转型影响很大，但这一基于新古典经济学教科书形成的"共识"并没有像理论预期的那样使按其理论进行转型的国家的经济衰退得到改善，反而使其陷入了高通货膨胀的困难境地。由此，"华盛顿共识"遭到越来越多的质疑甚至是否定。诺贝尔经济学奖获得者斯蒂格利茨甚至提出"后华盛顿共识"（Post-Washington Consensus），倡导以"政府和市场互补"的发展范式取代"华盛顿共识"。一些经济学家在质疑"华盛顿共识"过程中对转型有了更为深刻的理解，逐步形成了自己的理论体系，其中最有代表性的有罗兰体系（Roland's System）、斯蒂格利茨体系（Stiglitz's System）、科勒德克体系（Kolodko's System）等，丰富了转型经济学的理论体系。

在经济转型的实践中，俄罗斯和东欧国家基于"华盛顿共识"选择了全面市场化和私有化的转型目标，其实质是全面转向资本主义经济制度。这些国家选择的是被称为"休克疗法"（Shock Therapy）的转型路径，即在短时间内迅速推翻原有计划经济制度，并根据一个预定的时间表进行一揽子改革，迅速建立起新的自由市场经济体制。就转型绩效分析，这种以激进的、一步到位的方式实现金融和贸易的自由化以及国有企业全面私有化的转型模式导致了这些国家多年的经济衰退和通货膨胀，使他们付出了沉重的代价。也正是基于这种现实产生了否定"华盛顿共识"的"后华盛顿共识"。

中国采取了不同于俄罗斯等国的转型目标和转型路径。就转型目标来说，基于处于社会主义初级阶段的基本国情，中国选择了转向社会主义市场经济体制的改革目标，并进而明确了建设中国特色社会主义的发展道路。就经济转型的路径来说，中国选择了渐进式的道路。渐进式转型指的是分步的、先易后难的、在一定阶段先实行双轨体制的制度变迁方式、逐步进行体制改革并最终实现社会主义市场经济的转型方式。这种转型方向明确、分步实施，因此摩擦较小，不但没有破坏生产力，反而促进了生产力的发展。中国的经济转型路径创造了中国长期持续发展的"中国奇迹"，其经济转型的绩效十分明显。中国经济转型的成功实践丰富和发展了转型经济学理论。

如果说计划经济转向市场经济是经济转型的第一阶段，那么转向市场经济后国家就进入了经济转型的第二个阶段，其目标是解决经济稳定和增长。针对大部分转型国家普遍出现的经济波动、通货膨胀、通货紧缩、失业、腐败等问题，1995年年初世界银行组织的关于第二次转型的讨论会提出了如下转型经济理论论题：第一个论题是转型国家的市场化与发展和稳定的依赖关系。需要通过改革财政制度、金融制度和汇率制度，完善宏观调控体制。第二个论题即建设现代企业。需要通过企业重组解决企业的低效率问题。第三个论题是法制建设。尤为突出的是通过法制建设克服转型阶段的腐败。同样，我国的转型经济理论研究也从体制的转型扩大到经济发展方式的转型。也就是说，中国的经济转型包括两个方面：一是经济体制向社会主义市场经济的转型，二是经济发展方式由粗放型向集约型的转型，中共十八大又进一步提出了转向创新驱动的要求。由于经济转型涉及经济利益的调整，我国经济转型理论又进一步关注改革、发展和稳定关系的研究，不仅涉及改革的进度和程度与人民群众的承受力的协调，还涉及宏观调控体系的完善和社会管理的创新。

中国30多年的改革和转型实践取得了明显的成就，但经济转型没有完成时，只有进行时。社会主义市场经济体制需要进一步完善，经济发展方式需要继续转型，社会管理需要进一步创新。这意味着，转型经济学作为一门新兴的学科，在我国不仅在对经济转型继续发挥作用，而且随着转型实践的发展其自身也还在不断完善和发展。在世界范围内，转型经济学吸引了来自新制度经济学、发展经济学、比较经济学、信息经济学、演化经济学等众多学者的关注，学术争鸣使转型经济学的理论体系不断丰富，也不断深化。然而，随着研究范式的不断多元化，转型经济学的理论分歧也越来越多，共识却越来越难以提炼。转型经济学要形成更为成熟的学科体系需要各理论派系更为深入的融合,在不同的理论体系中寻找通融点并逐步形成一体化的理论体系。与所有新兴交叉学科面临的问题一样,转型经济学既需要各个相关学科多方位的合作,又亟待创立起自己的学科语言和理论体系。

参考文献:

洪银兴:《转型经济学》,高等教育出版社2008年版。

吴敬琏:《当代中国经济改革教程》,上海远东出版社2010年版。

吴光炳:《转型经济学》,北京大学出版社2008年版。

樊纲:《改革的渐进之路》,中国社会科学出版社1992年版。

林毅夫、蔡昉、李周:《论中国经济改革的渐进式道路》,载于《经济研究》1993年第9期。

[美]斯蒂格利茨:《社会主义向何处去》,吉林人民出版社1999年版。

[比]热若尔·罗兰:《转型与经济学》,北京大学出版社2002年版。

王曙光:《转型经济学的框架变迁与中国范式的全球价值——纪念中国改革开放30周年》,载于《财经研究》2009年第5期。

G. W. Kolodko, *Post-communist Transition: The Thorny Road*, New York: University of Rochester Press, 2000.

J. Mcmillan and B. Naughton, How to Reform a Planned Economy: Lessons from China, *Oxford Review of Economic Policy*, Vol. 8, No. 1, Spring 1992.

(季曦 洪银兴)

转型经济学的研究范式

Research Paradigm of Transition Economics

20世纪90年代之后,由于苏联及东欧国家社会制度发生的剧变及"休克疗法"所带来的经济体制的巨大变革,社会主义国家经济体制转变的问题开始被人们所关注。对于中国与苏东国家所采取的不同的转轨方式,经济学家开始探讨其各自利弊,而中国经济所处的特殊发展阶段和特有的发展方式同样引起了学者的广泛注意,这都为转型经济学提供了基本的研究对象。总体说来,转型经济学的基本分析范式可以分为四类:基于新古典经济学的研究范式;基于新凯恩斯主义经济学的研究范式;基于新制度经济学的研究范式;基于政治经济学和发展经济学的研究范式。

首先是基于新古典经济学的研究范式。20世纪90年代前期,苏联和东欧国家在"华盛顿共识"这一原则的指导下,采用被称为"休克疗法"的激进改革策略进行了大规模经济改革,市场化、自由化和私有化基本实现,但是几乎无一例外地遭遇了大幅度的经济衰退。与此形成鲜明对照的是,没有遵循"华盛顿共识"的中国却在渐进式改革的道路上实现了经济的稳定增长。对此,新古典经济学派认为,中国的成功不具有普遍性,只能被归因于经济发展阶段落后,局部的经济体制改革不会产生大规模利益冲突,而苏东国家改革遭遇的挫折可以被归结为经济结构调整带来的巨大利益冲突,各国改革中的结构性因素以及初始状态是决定改革成败的重要因素。中国的渐进式改革尽管在改革初期阶段回避了利益冲突,却并未从根本上解决这一问题,因此并不能被视为是完美的,依然存在许多亟须解决的遗留问题,如产权改革等。不仅如此,由于微观经济体制之间存在相互依存的关系,可能会存在体制的"不协调成本",因此应当遵循"平行推进"的思路,即在所有领域同时积极推进改革。总体说来,采用基于新古典经济学理论的政策药方给苏东国家经济带来了短期的严重衰退,基于新古典经济学的研究范式在研究经济转型问题时也存在着某些缺陷:第一,新古典经济学是基于"需求—供给"的均衡模型分析市场运行,经济转型则更多地关注新的市场形成与制度结构的变化,两者在研究对象上存在着偏差。第二,从理论假设来看,在新古典经济学的理论框架里,制度是预先给定的,新古典经济学是研究给定制度下的企业利润最大化和个人效用最大化行为。新古典经济学作为一个理论体系,并不研究制度和经济转型,因此,将其作为转型经济学的研究范式存在着一定问题。

其次是基于新凯恩斯主义经济学的研究范式。新凯恩斯主义经济学继承了凯恩斯关于政府对经济的干预是保证市场经济有效运转必要条件的思想,强调转型过程中政府应发挥积极的作用,因此,基于新凯恩斯主义经济学的研究范式除了更加强调政府的作用之外,其他很多方面与基于新古典经济学的研究范式相似。斯蒂格利茨(2004)系统地论述了新凯恩斯主义经济学关于经济发展和转型的"后华盛顿共识"的主张,该共识大大加强了政府在经济转型中的作用。为使市场更好地发挥作用,政府必须采用多样化的政策工具。在保持宏观经济稳定方面,政府的主要政策目标和工具包括控制通货膨胀、治理预算赤字、稳定产量防止大幅衰退、促进长期增长、审慎推进金融体制改革等。在竞争政策方面主要有促进贸易自由化、在制度建设的基础上促进私有化、确定宏观管理和调控机制等。"后华盛顿共识"把转型与发展联系在一起,强调政府在转型过程中的作用,同时也强调竞争的作用,认为私有化只是手段而不是目标,在强调政府在转型过程中的作用时着重于阐述政府的政策工具。但是,基于新凯恩斯主义经济学的研究范式对政府在经济转型中所起作用的强调,依然是基于对市场内在缺陷的认识提出的,没有明确区分转型条件与市场条件下政府功能的本质不同。

再次是基于新制度经济学的研究范式。制度及其结构决定了人们在政治、经济和社会生活中的激励机制,制度变迁则决定了社会和经济组织演进的轨迹,历史进步和经济发展需要到制度变迁中去寻找原因,因而,用制度变迁和制度创新理论来解释、研究转型过程是一种常用方法。制度变迁理论最初遵循新古典经济学"需求—供给"的均衡分析范式,其后多转向老制度主义的演化分析方法,最近则多用演进博弈论的分析工具,这一理论强调了制度对经济发展的决定性作用,而且对制度变迁的研究正契合于社会主义国家进行体制改革的理论需要。因此,制度变迁理论在转型经济研究中备受推崇,被认为是非常有效的理论工具。随着新制度经济学的兴起和理论上越来越成熟,越来越多的学者使用新制度经济学及制度变迁理论研究苏东国家和中国的经济转型。新制度经济学强调制度安排对经济绩效的影响,通过成本—收益分析框架比较不同改革路径的成本与收益,成为这一范式下最主要的研究内容。从这一研究目的出发,改革的路径选择实质上可以被归结为以利益最大化为目标的理性人在一定的约束条件下寻求最优改革路径的问题,而最优的衡量标准则是改革成本最小。在这一思路的引导下,渐进式改革在与激进式改革的对比中占据了优势。事实证明,苏联和东欧国家激进式改革的倡导者严重低估了彻底否定从前的计划经济所带来的经济秩序混乱及由此产生的经济严重衰退,而中国的渐进式改革由于遵循从局部到整体,从体制外到体制内的思路,具有阻力较小的优点,因而被认为是改革的最优路径选择。基于成本—收益分析的方法研究经济转型并非没有缺陷,它要求有一个具有完全理性的行为主体能够准确衡量成本以及收益并做出相应的选择,这个行为主体一般情况下被假定为政府,但是由于经济利益最大化以及社会福利最大化都不能准确描述政府的目标,政府基于自身利益所做出的选择非常复杂,因此对代表政府利益的目标函数进行这样简单的假定并不适宜。总体说来,基于新制度经济学研究经济转型的范式仍然存在一定缺陷。首先,经济转型的内涵是体制模式的整体性转换,而制度变迁只是其内涵的一部分,除此以外还包括社会经济的存在方式、组织结构、利益关系,等等。如果只是将某一项具体的制度变迁独立于整体经济转型过程进行考虑,很容易确定变迁的主体并分析其成本与收益,但事实上在社会经济体制转型所带来的大规模制度变迁过程中,制度本身、制度选择所依赖的社会经济主体及其价值观念很难保持不变。在这种情况下,认为单独一项制度变迁可以独立于社会经济体制转型之外的前提假设就显得不切实际,这是基于新制度经济学的研究范式所必须加以考虑的问题。

最后是基于政治经济学与发展经济学的研究范式。使用这一研究范式的学者主要集中于政治经济学和发展经济学学科内。政治经济学的研究对象是生产关系,强调对社会经济组织与制度的研究,而转型经济学所关注的则是经济制度、政治制度以及文化和社会结构等领域。从这个意义上说,两者的研究对象较为一致,所以使用政治经济学的分析范式研究转型经济学有一定的优势。而发展经济学家则将转型问题作为经济发展的一种特殊类型或者特殊条件看待,转型问题实际上被归为发展经济学的一个部分或分支。在这一研究范式下,经济体制转轨与经济结构转型的双重转型得到了广泛关注,即一方面由传统农业和现代工业并存的二元经济结构向现代一元经济结构转型,另一方面由计划经济体制向市场经济体制转型,且二者相互影响和作用。这一研究范式借助政治经济学和发展经济学的研究视角对经济转型问题进行了剖析,特别是对经济发展转型与经济体制转轨的结合进行了研究,还对经济体制转轨动力机制做了研究,这些研究都具有一定深度,是其他分析范式所不曾涉及的。但是政治经济学分析范式的缺陷在于其强调定性地分析社会经济运动的全过程,在研究经济转型问题时缺乏具有较强可操作性的制度研究分析工具,因此在这一研究范式下进行的研究相对较少。而发展经济学本身仍被视为主流经济学在发展中国家的应用,并非是对新古典主义与凯恩斯主义理论范式的重建。

从转型经济学的发展历程可以看出,这一学科成长于市场化改革正式启动之后,并以全面解释现实经济生活中的体制转轨问题与结构转型问题为主要目的,在经历了持续的演变和沿革后,无论是学科范畴还是理论内涵都较诞生之初有了很大的扩展和深化。目前转型经济学已形成了较为主流的几种研究范式,每种研究范式以不同的经济理论为基础,研究重点各有侧重,在研究转型问题时各有优劣。因此,基于以上各种范式研究经济转型,综合各个范式的优点,从不同角度研究,仍然是可行的方法。

参考文献:

樊纲:《两种改革成本与两种改革方式》,载于《经济研究》1993 年第 1 期。

林毅夫、蔡昉、李周:《中国的奇迹:发展战略与经济改革》,上海三联书店、上海人民出版社 1994 年版。

王金承、宋智勇:《转型经济学研究的主题,范式与前景》,载于《当代财经》2009 年第 2 期。

马超、李冀、严汉平:《中国转型经济学的演进及研究范式述评》,载于《人文杂志》2010 年第 4 期。

景维民、黄秋菊:《转型经济学的学科定位与展望》,载于《东岳论丛》2010 年第 3 期。

[美]邹至庄:《中国经济转型》,中国人民大学出版社 2005 年版。

Jeffrey Sachs, Wing Thye Woo, Stanley Fischer, and Gordon

Hughes, Structural Factor in the Economic Microforms of China, Eastern Europe and Former Soviet Union, *Economic Policy*, Vol. 9, No. 18, Apr., 1994.

Stiglitz, Joseph E., *Post Washington Consensus Consensus*, IPD(Initiative for Policy Dialogue), New York: Columbia University, 2004.

（管汉晖）

经济转型

Economic Transition

对于"经济转型"，不同的人或者同一人在不同场合中指的是不同的事情。有人认为"经济转型"指的是基本经济制度的转变，即从计划经济向市场经济的转轨。有人认为"经济转型"是经济发展方式的转变，比如从粗放型发展方式到集约型发展方式的转变。有人认为"经济转型"指的是经济结构的升级。随着经济的发展，"经济转型"可能还会有别的定义。但不管是什么定义，它都意味着从一种状态向另一种状态的转变。实际上，在谈到"经济转型"时，一般应该包括如下方面的内容：(1)对目前的经济状态的认定；(2)对目标状态的确定；(3)"经济转型"的内容，即经济的哪些方面应该进行转型；(4)转型的路径。

在多数情况下，"经济转型"指的是从计划经济向市场经济的转型。按照所谓的"华盛顿共识"，此类经济转型包括10个方面的内容，但总结起来主要包括以下几个方面：(1)宏观经济稳定；(2)价格改革，包括商品和要素价格的改革；(3)企业改革；(4)政府职能转换，放松管制，保护私人产权。此类"经济转型"的可能方式有"激进型"和"渐进型"两种，苏联、东欧国家多数采用前者，中国和越南等国采用后者。需要指出的是，"华盛顿共识"推荐的是前者。近年来，由于中国在经济转轨的同时保持了长期的高速增长，"渐进型"改革逐步获得了学术界的认可。

经济发展方式的转换也是"经济转型"的一种。经济发展方式被认为主要有两种，即"集约型"和"粗放型"。"集约型"经济增长被认为是更多地依靠全要素生产率的增长来实现经济增长的，因此被认为有助于节约资源；"粗放型"经济增长指的是主要靠增加要素投入的方式实现的经济增长，这种增长方式被认为浪费资源，是低效率的、不可持续的。因此，多数人认为，经济发展方式应该由"粗放型"向"集约型"转变。但也有人不同意这种观点。比如，林毅夫和苏剑(2007)认为，一个经济的最优增长方式或者目标增长方式是使得该经济的成本实现最小化的增长方式，在中国这样的发展中国家，在发展的初期，提高全要素生产率的成本可能会很大，而生产要素尤其是劳动力相对来说比较便宜，所以要素积累型(也就是"粗放型")增长方式可能是最优的，所以目标经济发展方式可能不是"集约型"，而是"劳动密集型"("粗放型"或者"要素积累型"发展方式的一种)。

经济结构的转型是另一种形式的"经济转型"。这种转型指的是从低附加值产业中逐渐退出、逐渐进入高附加值产业的过程。世界各国随时都可能面对经济结构的转型。随着中国经济的发展和要素禀赋结构的变化，要素的相对稀缺度也在变化，因此有些产业在中国就不再具有比较优势，因此就需要进行经济结构的升级。目前，随着"民工荒"的出现和加剧，中国的劳动力成本急剧上升，原有的劳动密集型行业在我国已经不具备比较优势，因此需要淘汰；而中国经济的发展导致的劳动力素质的提高、资金的富裕、技术水平的提高，又使得中国经济在较高端产业中具备了比较优势。而在美国等发达国家，在全球金融危机的打击下，开始了所谓的"再工业化"，这实际上也是经济结构的转型。

参考文献：

林毅夫、苏剑：《论我国经济增长方式的转换》，载于《管理世界》2007年第11期。

（苏剑）

资源配置体制转型说

Theory of Resource Allocation System Transition

"资源配置体制转型说"是从资源配置角度对经济转型的一种界定，具体指的是从中央计划经济向自由市场经济的转型，也即市场化。

资源配置的转变历史上有两条主线，一条是从"自然经济"向"商品经济"的转变；一条是从"计划经济"向"市场经济"的转变。自然经济和商品经济是人类社会发展的两个阶段，是随着生产力的发展和社会分工的不断发达而自然发生的转变，是经济形式的转变。自然经济是一种自给自足的经济形式，资源只在各个分散和独立的经济单位中进行配置，不参与社会流通。商品经济是一种以交换为目的的经济形式，社会生产由分散的、孤立的和个别的方式转变为集中的、共同的和协作的方式，资源突破经济单位的内部配置而参与社会流动和交换，市场成为了配置资源的机制。

计划经济是以中央计划作为资源配置手段的一种经济体制，资源配置主要是通过行政权力、行政层次和行政机制来实现的，在很大程度上反映的是"计划者"的偏好。市场经济是以自由市场作为资源配置手段的一种经济体制，资源配置是通过市场自由交易而实现的，资源能够合理配置到更有效的地方。从计划经济向市场经济的转变是体制的转变。这个过程被认为是真正意义上的"转型"。

对实行计划经济体制的国家来说，转型分为两个阶段：第一阶段的主要内容和特征是通过放开的途径推进自由化和市场化；第二个阶段则主要以建设新体制、制定改革措施以保障经济稳定和促进经济增长为目标。世界银行 1996 年年度报告《从计划到市场》(*From Plan to Market*)认为经济转型完成的标志是：市场比重基本达到与之发展水平相当的市场经济国家的水平；基本肃清计划经济中国有企业改组和国有商业银行债务重组等体制遗留问题；形成保证市场经济稳定有序运行的社会基本条件，包括市场本身的条件、法律法规、管理和监督体系的完善以及社会主义民主政治的基本发展等。

关于中央计划体制和自由市场体制的资源配置效率的比较最早可以追溯至 20 世纪初。新古典经济学家帕累托和巴罗内基于新古典经济学的信息完全、不存在交易成本的假设论证了计划经济和市场经济对资源配置的同质性，并且指出其差异只是对资源价格求解方法的不同。他们的思想催生了后来的“市场社会主义”(Market Socialism)设想。在 20 世纪 20～30 年代的“社会主义论战”中，以奥地利经济学家米塞斯为代表的学者认为，市场价格和竞争机制对资源配置至关重要，而社会主义计划经济不存在市场机制，因此无法有效配置资源。而以波兰经济学家兰格为代表的学者认为中央计划可以通过计算机模拟市场获得价格信号并以此实现资源有效配置，这种设想被后来者称为“市场社会主义”。兰格的设想从理论上和实践上都被证明难以实现。20 世纪 80 年代以后，随着全球范围经济转型浪潮的掀起，经济学界也涌现了一批社会主义计划经济的反思者。以科尔奈、斯蒂格利茨和罗兰为代表的经济学家围绕计划经济资源配置的低效性展开了深入的研究并形成了自己的理论体系。他们的理论各有侧重，但存在着一个基本的共识，即计划手段难以有效配置资源且缺乏效率。

著名经济学家吴敬琏先生(2010)认为计划经济就是“由整个社会组织的单一的大工厂”，在这个大工厂内，由代表社会整体利益的中央计划机关用一套预先编制的计划来配置资源。因此“主观编制的计划能否反映客观实际，达到资源优化配置的要求，以及能否严格准确地执行”决定了是否能真正有效地配置资源。然而，实际中过高的信息成本使得计划编制者难以获得客观信息，“通过按层级制原则组织起来的社会全体成员”缺乏激励也不可能做到绝对忠实、认真、毫无偏颇地执行这些编制，必然造成经济的低效。中央机关虽然可以对资源的初始配置状况进行调整，但时滞性等因素使得调整过于缓慢，难以对实际的变化作出高效的反应，必然造成经济的低效。而在市场经济中，市场具有收集信息、提供激励、灵活调整的功能，与这些功能对应的是市场经济的成本低、创新强、效率高的特征。

确信自由市场经济比中央计划经济更能有效配置资源，从而更能推动经济增长并提高生活水平是推动体制转型的主要动力。20 世纪 80 年代以来，全球 30 多个国家陆续开展了由计划经济向市场经济的转型。中国自 1978 年经济改革以来，已经经历了 30 多年的市场转型期。中国的经济转型以 1993 年为分水岭可以划分为两个阶段。

第一阶段从 1978 年到 1993 年，转型的整体思路是“增量改革”。中国领导人把改革寄希望于非国有经济，通过鼓励和扶持民营企业、划定经济特区、建立经济体制改革综合实验区等战略实现改革重点从国有经济向非国有经济转移。这是一种有别于俄罗斯和东欧社会主义国家以改革现有国有企业为主的新战略，吴敬琏、樊纲等学者称之为“增量改革”。增量改革使非国有经济有了萌芽和生长的土壤，市场得以培育，国家垄断减少，民营企业增加，企业间的竞争加强，资源配置效率不断提高，经济逐步向计划外增长。增量改革使中国出现了计划经济和市场经济并存的“双轨制”，除了企业制度、价格外，生产资料分配、国家银行贷款率等都是“双轨制”。双轨制在减少改革阻力、稳定国有经济和实现帕累托改进等方面起到了积极的作用，但其带来的社会政治后果也备受世人关注。国有经济相比非国有经济享受特权，这一方面伤害了非国有经济的积极性和创造性，同时给社会创造了寻租的环境，滋生了行政人员的腐败。

第二阶段从 1993 年至今，转型的目标是“整体推进”。1993 年中共十四届三中全会以后，改革的重点转向了关键市场部门的规制和管理体系重建，比如财税体系、金融体系、外贸部门、社会保障体系等。和其他转型国家一样，这一阶段改革的重点旨在维持财政和金融政策的稳定、减少寻租腐败、促进保护公平竞争的监管环境的生成。中国这一阶段的改革取得了巨大的成功，通货膨胀得以遏制、价格趋于稳定、国有经济得以重组和精简、市场化程度不断加强，适应市场经济发展和国有部门急剧衰退的制度得以建立。尽管这阶段的改革比第一阶段更为广泛、深刻和彻底，但一些领域依然遗留了很多问题，比如金融体系仍然以国有银行主导、中央和地方的财政关系依然没有理顺、监管机构还未实质性的独立于政府管理机构等。由此导致的寻租腐败进一步严重，市场配置资源的有效性依然被扭曲。因此，要建立真正公平竞争、自由的市场经济体制，我们还任重道远。

党的十八届三中全会公报指出，“经济体制改革是全面深化改革的重点，核心问题是处理好政府和市场的关系，使市场在资源配置中起决定性作用和更好发挥政府作用”。从市场在资源配置中的起“基础性作用”到“决定性作用”的升级，彰显了我国新一届政府深化经济体制改革的决心。

参考文献：
吴敬琏：《当代中国经济改革教程》，上海远东出版社 2010 年版。
洪银兴：《转型经济学》，高等教育出版社 2008 年版。
林毅夫、蔡昉、李周：《论中国经济改革的渐进式道路》，载于《经济研究》1993 年第 9 期。
吴光炳：《转型经济学》，北京大学出版社 2008 年版。
B. Naughton, *The Chinese Economy: Transitions and Growth*, The MIT Press, 2007.
The World Bank, *World Development Report* 1996: *From Plan to Market*, World Bank and Oxford University Press, 1996.

（季曦）

青木昌彦经济转型理论

Masahiko Aoki's Theory of Economic Transition

青木昌彦（Masahiko Aoki，1938～）的比较制度分析使用博弈论的分析方法，对制度和制度变迁、激进制度转型与渐进制度转型、经济转型中政府的作用等问题进行了研究，他的理论成果在经济转型理论体系中占有重要位置。

青木昌彦在日本东京大学获得本科和硕士学位，在美国明尼苏达大学获得博士学位。他是斯坦福大学经济学教授，日本一桥大学大学院客座教授，瑞典皇家工程科学院外籍院士，曾于 1998 年获得国际熊彼特学会熊彼特奖，2005 年当选国际经济学会会长。他的主要研究领域是：博弈论和信息经济学、比较制度分析、公司治理结构和日本经济，是"比较制度分析"（Comparative Institutional Analysis，CIA）学派的代表人物之一，并且在公司治理理论方面有卓越贡献，是最早提出"内部人控制"概念的学者。他在 1985 年因《公司的合作博弈理论》一书获政治经济学 Suntory 奖；1990 年因《日本经济中的信息、激励与谈判》一书获日本学士院奖；他和钱颖一主编的《转轨经济中的公司治理结构——内部人控制和银行的作用》引起学术界的关注，"内部人控制"等论点被许多学者引用。他的重量级著作还包括《比较制度分析》、《转轨经济中的公司治理结构》、《政府在东亚经济发展中的作用——比较制度分析》等。

青木昌彦引入博弈论的分析方法，将制度定义为关于博弈重复进行的主要方式的共有信念的自我维系系统。此定义通过重复博弈把制度看成是一个动态进化博弈的产物，强调制度是对博弈均衡的概要表征或信息的浓缩。这里的制度既可能是与法律、法规一致的，也可能是与法律和法规相悖的；只要是一种影响人们行动的可自我维系的"共有信念"，它就是一种制度。制度必须具有以下 5 个要求：（1）制度的自我起源和自我实施——内生性要求；（2）制度发展遵从历史轨迹——路径依赖要求；（3）制度间的相互关联和相互依赖——复杂系统和有限理性要求；（4）竞争而诱致的制度变迁——适应性变化要求；（5）成文法与公共政策的作用——非决定论要求。

青木昌彦认为，制度具有既相互制约又相互补充的双重性质，并以此解释制度的稳定性或制度刚性问题。他分析了参与个体在不同域之间的互动，分析了一个域的均衡策略如何与同一域或不同域的其他参与人的均衡相互依存，从而用以解释制度的耐久性和多重均衡的存在性。他认为，制度变迁的动力来自于不同域之间的互动及其导致的认知和共有信念变化，制度变迁的诱因是自然资源、技术等因素导致原有制度体系无法与环境变化相协调，从而参与个体的策略发生变异进而导致变迁。

青木昌彦将经济体制看做复杂的进化系统，认为经济体制是一个由各种制度构成的集合体，其内部的各种制度之间存在密切的相关性和互补性。一个国家的经济体制、制度及结构的出现与存在，要求其他制度与之相适应，才能使整个体制系统和谐、有效地运行。如果某些制度的设计没有适应其他制度的要求，这些设计就会失败。因此，在体制内，一种结构的比重越高，选择与这种结构相适应的制度也就越合理。而各国各地区所特有的体制与制度，一方面依赖于历史，也就是过去和现存的制度，形成路径依赖；另一方面又随着外部环境的变化、科技的进步和外国不同体制的相互影响而发生着适应性演变。他认为以上两种因素成为构成不同国家或社会经济效率差异性的根源。

青木昌彦肯定了经济体制转轨的渐进式道路。他强调经济体制的均衡状态可能同时存在多个，导致不同国家出现各种各样的制度安排；同时，体制进化的方式根据初期状态的不同而出现差异，一旦采取了某种制度与演变方式，就很难打破原始体制而过渡到其他方式。因此，并不存在单一的最有效的经济体制，也不应要求所有经济都向理想化的完全市场模式靠拢。苏东国家在向市场经济过渡的初期，通过计划经济向市场经济的跳跃式过渡来建立市场经济体制，并没有取得预期的成果；相比之下，中国的渐进式（Gradualism）改革更为安全，同时也可以降低社会成本。

青木昌彦将政府看成是追求自身目标但又受到私人策略行为制约的参与人，指出应该以"市场增进论"来定位经济转型中政府的角色。青木昌彦将以往经济学界对东亚奇迹中政府作用的分析归纳为两种观点："亲善市场论"和"国家推进论"，认为这两种观点都将政府和市场看做资源配置的两个可以互相替代的机制，它们主要的区别是对市场缺陷的解决机制不同。"亲善市场论"认为民间部门能够解决绝大多数市场缺陷，市场化改革的过程不应受政府行为主体的干扰，而“国家推进论”则把政府干预作为主要工具。青木昌彦超越了这两个观点，提出了“市场增进论”，认为政府应被看成与经济体系相互作用的一个内在参与者，代表了一整套协调连贯的机制；政府制定的政策应该促进或补充民间部门的协调，而不是仅仅将政府和市场视为互斥的替代物。政府可运用各种政策工具如相机性租金、金融约束及延缓市场准入策略等，引导民间部门的协调和合作；政府政策并非旨在引入一种解决市场失灵的替代机制，而是以增强民间部门解决市场失灵的能力为目标。

基于对东亚经济的深入研究和对转轨经济的敏锐思考，青木昌彦对中国改革和发展中取得的成就和存在的问题进行了研究。他认为中国经济转型有非常显著的特点，如在转型过程中采取渐进方式，并在政治上保持了稳定，政府在过去几十年的政策基本是市场增进式的。中国经济转型过程中存在的问题在于，中国的经济增长还是采用了工业化早期的增长方式，转变增长方式是当务之急；中国经济离现代市场经济还有很大距离，多次调控失效的根源是制度问题，解决问题的关键是法治，应以国家权力来保护私有财产以及合同的执行。

青木昌彦的比较制度分析对制度和制度变迁，激进制度转型与渐进制度转型、制度变迁的演进理性主义和建构理性主义等问题进行了有益的思考，并为这些问题的解决提供了崭新的视角和较为成熟的分析框架。转型经济国家必须意识到，作为改革目标的市场经济体制，只有作为内生因素才能形成有效的制度安排。激进的转型安排可能会欲速则不达。制度是多样性的、复杂的进化系统，每个转型经济国家都可以走出独特的发展道路，构建最适合自己的制度安排，从而实现经济的成功转型和可持续发展。

参考文献：

［日］青木昌彦：《东亚经济发展中政府作用的新诠释：市场增进论》，载于《经济社会体制比较》1996 年第 5～6 期。

［日］青木昌彦、休·帕特里克：《日本主银行体制及其与发展中国家经济转轨中的相关性研究》，中国金融出版社 1998 年版。

［日］青木昌彦、金滢基、奥野—藤原正宽：《政府在东亚经济发展中的作用：比较制度分析》，中国经济出版社 1998 年版。

［日］青木昌彦、奥野正宽：《经济体制的比较制度分析》，中国发展出版社 1999 年版。

［日］青木昌彦：《比较制度分析》，上海远东出版社 2001 年版。

［日］青木昌彦、奥野正宽、冈崎哲二：《市场的作用、国家的作用》，中国发展出版社 2002 年。

Aoki, Masahiko and Hugh Patrick, *The Japanese Main Bank System: Its Relevance for Developing and Transforming Economies*, Oxford University Press, 1994.

Aoki, Masahiko, Okuno-Fujiwara, Masahiko, *Comparative Institutional Analysis: A New Approach to Economic Systems*, University of Tokyo Press, 1996.

Aoki, Masahiko, 2001. *Toward a Comparative Institutional Analysis*, Cambridge, MA: MIT Press.

（宋芳秀）

罗兰体系

Roland's System

热若尔·罗兰教授在转型经济学领域做出了杰出贡献，他的《转型与经济学》被称为转型经济学的全书，其理论体系被称为罗兰体系。

罗兰 1988 年获得比利时布鲁塞尔自由大学（Libre de Brexelles，简称 U. L. B）经济学博士学位，1996 年被评为 U. L. B 经济学教授，2001 年被美国加州大学伯克利分校聘为经济学教授，他还先后在伦敦经济学院、斯坦福大学、密歇根大学担任过访问教授。罗兰教授多年来一直致力于转型经济学研究，撰写了大量学术专著，代表作是《转型与经济学》。罗兰教授在《欧洲经济学》、《欧洲经济评论》、《转型经济学》、《美国经济评论》、《经济学季刊》、《政治经济学杂志》等学术刊物上发表了 100 多篇论文，并在多种法文刊物上发表了几十篇学术论文。罗兰教授于 1990～1995 年担任欧洲共同体委员会顾问，并于 1993～2000 年担任过两届世界银行顾问，他还曾担任欧洲科学基金会主席、欧洲经济联合大会主席。

罗兰教授认为，转型是大规模制度变迁的过程，而制度变迁是一个复杂的动态系统，它包括政治、市场和企业三个部分，其中政治约束决定了转型的策略；市场影响资源配置。大规模的制度变迁意味着旧制度的淘汰与退缩，以及新制度的产生与演化。在转型过程中，市场体制的一些基本要素，在各个国家是以不同的速度、不同的顺序，以及不同的条件、不同的形式出现的。因此，转型过程中市场经济体制呈现出一种非稳定状态或者说不稳定状态。政治因素在实际转型过程中扮演着重要的角色，例如俄罗斯私有化计划的主要依据不是经济的而是政治的，在波兰，政治约束条件在有关私有化和结构重组的问题上起了重要作用。相对于那种大爆炸式推进，渐进的改革方式可以被广泛地观察到，比如中国、匈牙利、斯洛文尼亚。渐进主义并没有导致经济混乱，相反导致了相对的整体经济绩效的好转。

罗兰教授认为，转型的重要性不仅因为它涉及了众多人口，还因为转型对于经济学是一个重大的挑战。

不同国家、不同的初始条件有不同的制度的演进道路和方式,改革的绩效也千差万别。经济转型催生了改革的政治经济学的新理论,主要有三个基本要素:

第一个要素是改革的总和不确定性(Aggregate Uncertainty)。改革的总和不确定性和"华盛顿共识"形成鲜明的对比。"华盛顿共识"强调改革将带来确定的效率改进。而改革的政治经济学的新理论则认为,即使转型有一个明确的目标,也没有公认的理论说明如何达到这个目标。转型这一大规模的制度变迁过程包含了无数经济代理人之间的许许多多的合作,这通常意味着多重均衡,没有人能够事先预知将被选择的均衡点。因此,转型结果存在着巨大的总和不确定性。转型过程就是经济活动代理人和政策制定者面对总和不确定性进行博弈决策的结果。

对于"华盛顿共识"来说,政治经济学强调的是利用早期机会之窗或"例外政治"时期尽可能快地推进改革。在新理论看来,这一策略可能是危险的,会使整个国家陷入低效率的难以自拔的境地。罗兰认为,应把重点放在保证全民对改革的持续的、不断增长的支持上。这意味着,他特别地强调改革的渐进方式。

第二个要素是改革的互补性。"华盛顿共识"一般来说拒绝任何局部改革。改革的政治经济学的新理论则认为,在改革的总和不确定性的情况下,一切取决于改革的顺序。尽管一些局部改革确实可能导致改革过程的停滞甚至不必要的倒退,以其他局部改革作为起点却可能产生动力效应推动进一步的改革。这特别适用于改革的互补性很强的情况。

第三个要素是政治约束,包括事前的政治约束与事后的政治约束。罗兰教授把事前的政治约束定义为阻碍改革决策的可行性的约束,而把事后的政治约束定义为决策已经制定并在看到结果以后的反作用和逆转约束。转型的一个重要问题,就是要在事前的政治约束,也就是说改革的可接受性,与事后的政治约束,也就是说改革的不可逆转性之间谋求一个均衡。这个均衡的实现取决于逆转成本、早期逆转的期权价值(Option Value of Early Reverse)以及改革所能带来的预期收益。早期逆转的期权值与总和不确定性紧密相关:早期逆转的期权值越高,总和不确定性越高。

大爆炸的高逆转成本从事后政治约束的角度看是一个优点,因为它降低了逆转已进行改革的可能性。从事前政治约束的角度看,高逆转成本可能与维持现状相比不具吸引力,甚至是不可接受的。而渐进改革在局部不确定决策后,多了一个早期逆转选择。另外,如果渐进改革的顺序正确,第一项改革不仅能够增加大多数人的收益,而且能给他们提供更多的关于未来改革的信息,大多数人就会有动力来进一步推进改革,产生进一步改革的动力效应,改革的互补性在这种动力效应下不再像"华盛顿共识"强调的那样绝对重要。一个很好的例子是中国的改革。中国首先在农业领域进行了局部改革,取得了良好的效果,这就使更多的人支持改革。

在动力效应与改革顺序方面,罗兰教授认为,渐进改革的重要意义在于第一项改革产生的动力效应。进一步改革的支持者来自于中产阶级,而中产阶级是随着新兴企业和部门发展起来的,他们是改革的支持力量。正确的改革顺序,应该是先发展这种私有部门,然后再进行国有部门的改革。如果改革的顺序恰当,在改革过程中就会不断地产生改革的受益者,他们会支持改革;如果改革的顺序不恰当,一开始就损害了大部分人的利益,这些人就会阻碍改革。罗兰教授还强调,新兴企业和部门的产生与发展,以及由此带来的改革结果,都需要时间。俄罗斯的政治领导人从一开始就很没有耐心,采取了一蹴而就的大规模私有化,把国有资产卖给国有企业的经理们,希望这些经理在购买这些资产后,成为进一步改革的支持者。然而,国有企业被大规模私有化之后,产生了寡头垄断集团。寡头垄断集团是改革的获益者,一旦他们获得了收益,变得非常强大以后,就演变成为反对改革的代言人,反对竞争,甚至反对政府对他们进行征税。

罗兰教授认为,转型中的现代微观经济理论建立在现代产业组织理论、合同理论和交易成本理论的基础之上,成功地研究转型经济,应把现代经济学的工具与某一个国家具体的政治背景、政治结构深刻地结合起来。在宏观制度环境很不完善的情况下,合同的制定和执行是困难的、低效的,这无疑会严重影响中东欧国家生产链条的完整性,当大爆炸式的改革带来失血过多时,经济的停滞甚至大幅滑坡将是致命打击。罗兰指出,中东欧国家在转型过程中产出的持续下降也与制度和执法有关。中国的商业自由化,一方面避免了生产链条的中断,同时市场化使得寻找新的合作伙伴成为可能。当时,中国的商业分为计划与市场两块。在计划的范围内通过指令性计划和原来的合作伙伴进行合作,但是在市场这一块,则给企业以自由寻找新的合作伙伴的权利。这就可以解释为什么它没有导致产出中断。中国改革的成功,表明产出的下降并不是必然的。在中国的价格双轨制中,它可以在现存的机构之间进行隐性的一次性的总补偿,具有帕累托改进的特性。此外,罗兰教授还认为,WTO对中国提供了制度支持,加入WTO对于中国融入世界经济,以及中国经济的发展会起到非常正面积极的作用。

参考文献:

[比]热若尔·罗兰:《转型与经济学》,北京大学出版社2002年版。

[比]热若尔·罗兰:《私有化:成功与失败》,中国人民大学出版社2011年版。

Roland, Gérard, *Transition and Economics: Politics, Markets and Firms.* Cambridge, MA: The MIT Press, 2000.

Roland, Gérard, The Political Economy of Transition, *Journal of Economic Perspectives*, Vol. 16, No. 1, 2002.

（宋芳秀）

斯蒂格利茨体系
Stiglitz's System

斯蒂格利茨体系是指美国著名经济学家约瑟夫·尤金·斯蒂格利茨（Joseph Eugene"Joe"Stiglitz，1943）的理论所形成的一套体系。约瑟夫·斯蒂格利茨是当代最负盛名的经济学家和新凯恩斯主义重要代表人物之一。他对许多重要的经济理论问题进行了开创性的研究，1979年他由于信息经济学的应用研究成果而获得约翰·贝茨·克拉克奖（John Bates Clark Medal），2001年由于在"充满不对称信息市场的分析"理论研究上的突出贡献而荣获诺贝尔经济学奖。

传统经济学认为，在自由的、不受管制的市场中，个人追求各自的利益会使整个社会的福利最大化。斯蒂格利茨认为现实世界并不是那么回事。相反，他认为，因为市场参与者不能得到充分的信息，市场的功能是不完善的，常常对人们的利益造成损害。所以政府和其他机构必须巧妙地对市场进行干预，以使市场正常运作。

斯蒂格利茨主要研究不完全和高成本信息怎样影响经济行为和市场均衡。所谓斯蒂格利茨体系，包括微观信息经济学理论及政府干预理论。

约瑟夫·斯蒂格利茨、乔治·阿克洛夫、迈克尔·斯彭斯由于对微观信息经济学（不对称信息市场）理论及其应用所作出的杰出贡献而获得了2001年的诺贝尔经济学奖。

斯蒂格利茨的不对称信息理论与阿克洛夫的"柠檬原理"及斯彭斯的劳动市场模型等相关理论构成了当代微观信息经济学的牢固基石。他们三位中，斯蒂格利茨对不对称信息经济学理论的贡献最大。

斯蒂格利茨多次强调假如不考虑信息的不对称性的话，那么经济学模型很可能是误导性的。微观信息经济学用博弈论来研究信息的不对称性，博弈论的意识贯穿微观信息经济学的始终。尽管博弈论方法不是微观信息经济学的唯一工具，但微观信息经济学是对博弈论的实际应用，力图促使人们从由于信息失真、信息阻滞，尤其是信息不对称而陷入的困境中解脱出来，让社会经济更好地运转。

斯蒂格利茨等的名著《竞争性保险市场的均衡》，可算是阿克洛夫与斯彭斯后续研究文献的最好拓展，堪称有关"逆向选择"的经典性论著，其中发现可能有"混同均衡"与"分离均衡"两种类型的均衡。斯蒂格利茨等对均衡的分类，已成为现代经济学中的公认标准，不仅是信息经济理论的标准概念，而且是现代微观经济学的典型概念。其理论观点在目前学术界一直保持着非凡的影响力。

斯蒂格利茨、阿克洛夫和斯彭斯的分析框架，构成了当代微观信息经济学理论的核心内容。不少经济学家运用并拓宽了三位学者原创的理论模型以分析组织与制度、货币政策与就业政策等宏微观经济学问题。他们关于市场和信息不对称的分析，对现代微观信息经济学理论具有巨大的导向性。其研究成果使人们能深入理解现实市场上的诸多现象，而这些现象在传统的新古典经济学理论中是难以被全面阐释的。同时，从其模型中还可看出，诸多社会规制的出现旨在消除信息不对称的负面影响。这一理论模型的应用范围极为广泛，从金融市场到产业组织乃至社会经济发展的各种问题。

斯蒂格利茨与西方其他经济学家一样，认为政府干预的主要作用是弥补市场失灵。因此，对市场失灵的研究就成为政府干预理论的一部分。传统的市场失灵理论，在承认市场竞争可以在某些条件下达到帕累托最优的同时，认为市场机制不能解决外部性、垄断、收入分配和公共品提供等问题，因此，政府干预的范围应限制在上述四个问题的范围之内。斯蒂格利茨对这种观点提出了挑战。他的独特之处在于，不仅从各种表面现象论证市场失灵，而且还触及了微观经济学的核心——福利经济学的基本原理，这就使他的理论有比较扎实的基础。

福利经济学是西方微观经济学的核心部分，正是福利经济学最终完成了对市场机制会导致帕累托最优的论证。这一论证建立在福利经济学两个基本定理的基础上，如果这两个定理成立，则政府干预的范围将被局限在上述狭隘的范围之内，市场将把余下的大部分事情做好。可见，福利经济学基本定理为限制政府干预提供了最有力的论据。而斯蒂格利茨则认为，这些定理都是建立在错误的假定之上，因此定理本身也是错误的。

福利经济学假定市场中的每个人具有完全信息，市场是完备的、完全竞争的；而斯蒂格利茨则认为这些假定都是错误的，即他认为市场是不完备的、信息是不完全的、竞争是不完全的。格林沃德和斯蒂格利茨（1986）以较复杂的数学模型证明，当市场不完备、信息不完全、竞争不完全时，市场机制不会自己达到帕累托最优，这就是格林沃德—斯蒂格利茨定理。此定理的深刻含义在于，由它所定义的市场失灵是以现实中普遍存在的不完全信息、不完全竞争、不完备市场为基础，因此市场失灵不再局限于外部性、公共产品等狭隘范围，而是无处不在的。这就为政府干预提供了广阔的潜在空间。为了弥补市场失灵，政府干预应该遍布各个经济部门和领域，而不仅仅是制定法规、再分配和提供公共品。

市场失灵的普遍性必然要求政府干预的普遍性。但西方经济学的流行观点是，政府本身也有失灵问题，政府干预经常是无效的。针对这一点，斯蒂格利茨提出了政府的经济职能理论。他认为，政府失灵并不比市场失灵更糟，而且这种失灵是可以被缓解乃至消除的；通过采取适当的政策，政府干预可带来帕累托改进。

斯蒂格利茨（1988）的实证研究表明，无论是统计数据还是具体事例，都不能证明政府效率比私营部门更低。也就是说，政府效率并不比市场更差。斯蒂格利茨还认为，政府不但不比市场效率差，而且由于政府的强制性职能，使它能做许多市场不能做的事件，因此政府在纠正市场失灵方面具有明显的相对优势。这些优势可分为四种：政府有征税权、政府有禁止权、政府有处罚权、节省交易费用。

斯蒂格利茨指出，尽管完全竞争模型在现实中并不存在，但市场经济中的有限竞争却可以起到传递信息、推动技术进步的作用。所以，在政府直接参与的公共汽车和公共部门中，应积极抑制垄断，鼓励开展竞争。而对于市场经济中普遍存在的资源配置无效率现象，斯蒂格利茨提出，政府的公共政策应主要定位于资源配置职能，通过发挥政府的再分配职能提高资源配置效率。

参考文献：

Michael Rothschild and Joseph E. Stiglitz, Increasing Risk: I. A definition, *Journal of Economic Theory*, Vol. 2, issue 3, 1970.

Michael Rothschild and Joseph E. Stiglitz, Increasing Risk II: Its Economic Consequences, *Journal of Economic Theory*, Vol. 3, issue 1, 1971.

Joseph E. Stiglitz, *Incentives and Risk Sharing in Sharecropping*, Oxford University Press, Vol. 41, No. 2, Apr. 1974.

Joseph E. Stiglitz, *Growth with Exhaustible Natural Resources: Efficient and Optimal Growth Paths*, Oxford University Press, Vol. 41, 1974.

Joseph E. Stiglitz, Alternative Theories of Wage Determination and Unemployment in LDC's: The Labor Turnover Model, *The Quarterly Journal of Economics*, 1974.

Joseph E. Stiglitz, The Theory of "Screening," Education, and the Distribution of Income, *American Economic Association*, Vol. 65, No. 3, Jun. 1975.

Joseph E. Stiglitz, Incentives, Risk, and Information: Notes Towards a Theory of Hierarchy, *The Bell Journal of Economics*, Vol. 6, No. 2, Autumn 1975.

Michael Rothschild and Joseph E. Stiglitz, *Equilibrium in Competitive Insurance Markets: An Essay on the Economics of Imperfect Information*, Oxford University Press, Vol. 90, No. 4, Nov. 1976.

Richard Arnott and Joseph E. Stiglitz, Moral Hazard and Nonmarket Institutions: Dysfunctional Crowding Out of Peer Monitoring, *American Economic Association*, Vol. 81, No. 1, Mar. 1991.

（冯科）

关于社会主义经济体制的大论战
Great Debate on Socialist Economic System

20 世纪 20 ~ 30 年代，在西方经济学界，以奥地利学派为主的经济学家对以生产资料公有制和中央计划为主要特征的传统社会主义经济是否具有合理性和可行性提出了质疑。奥地利学派的米塞斯（Ludwig Von Mises，1881 ~ 1973）于 1920 年发表了《社会主义国家的经济计算》（*Economic Calculation in the Socialist Commonwealth*）一文，引发了一场关于社会主义经济的学术大论战。

论战围绕实行生产资料公有制和经济计划为主的传统社会主义模式和波兰经济学家兰格（Oskar Lange，1904 ~ 1972）所提出的"计划模拟市场"为主的竞争性社会主义方案展开讨论，主要从资源配置效率与社会主义经济中的经济计算问题、一般均衡理论的适用性与传统社会主义经济中的信息问题，以及传统社会主义经济中的激励问题三个方面展开。

第一个方面是资源配置效率与社会主义经济中的经济计算问题。

米塞斯认为传统社会主义经济无法自行实现合理的经济计算。在自由市场经济中，由于企业中的每个人既是消费者又是生产者，因此在对所消费的商品进行评价的同时，也可以保证把生产用的物品用于其能获得最高产值的地方。而在生产资料公有制为基础的计划体系中，无法确定某一种产品是否需要，也不能确定生产它的过程中劳动和原材料是否存在浪费。同时，由于商品无法以货币来计算，难以制定出系统的经济计划。整个生产过程依靠官僚管理，导致生产决策仅仅体现中央计划者的需要而不体现消费者的需求。

针对米塞斯的质疑，兰格提出"计划模拟市场"的构想进行回应。兰格指出，在传统社会主义经济中，要进行合理的经济计算，价格虽是必不可少的，但是只要制定某种规则使生产者用尽可能最好的方式满足消费者的偏好，可以通过试错来达到与市场配置资源同样的结果。兰格认为，与市场经济中的价格发现机制相仿，这一过程在社会主义经济中也可以采用，即均衡价格由计划当局确定。他假设中央计划当局给生产要素（以及一切其他商品）制定临时价格，如果当局在管理生产过程时，对任何具体要素实际使用的价格评价太高或太低，这个事实会立即以无误的方式自我暴露，例如对任何要素估价太高会使该要素的存量在生产期末存在剩余，因此中央计划当局只要相应地降低价格，这一反复试错的过程最终将收敛到均衡价格。此外，兰格还指出，社会主义经济还存在其他优势，例如，可以实现更为合理的收入分配，平等化的分配可以提高社会福利；可以避免许多由外部性引发的社会浪费；国家供给商品可以避免私人垄断等。

第二个方面是一般均衡理论的适用性与传统社会主义经济中的信息问题。

除了对社会主义经济计算的理论可能提出质疑之外，奥地利学派及其他市场经济学家也对传统社会主义经济计划的可操作性提出挑战，其中，经济活动中的信息问题成为他们的主要着力点。论战中，罗宾斯（Lionel Robbins，1898～1984）和哈耶克（Friedrich von Hayek，1899～1992）指出，由于在求解瓦尔拉斯均衡解时会在信息方面遇到许多现实困难，因而在社会主义经济中，不具有进行合理经济计算的可能。罗宾斯认为，在社会主义经济中，用试错法来求瓦尔拉斯均衡需要在几百万个统计数据的基础上列出几百万个方程，统计数据又根据更多百万个个别产品进行计算，因此，到解出方程的时候，信息早已过时，需要重新计算。哈耶克指出，由于现实世界中的任何价格变化都会引发几百个相关价格出现不同程度的变动，因此，中央计划者无法迅速调整。相反，市场的价值在于它提供了一个自动和快速的信息机制，使得决策者能够迅速对市场信息做出反应。由此可见，市场经济学家论证的是分权体制下的经济决策比集权体制下的经济决策更具有信息优势。

然而，兰格提出的“竞争的市场社会主义模式”也引入了分散决策，一定程度上可以用竞争力量改善经济运行效率。“兰格模式”的实质是由中央计划机关来调整价格，企业根据价格信号决定生产什么和生产多少。由于中央计划者需要公布“要素价目表”，因而理论上看，信息传递是接近完全的，且在经济行为主体之间的分布是对称和均匀的。兰格认为，由于中央计划当局对整个经济体系的知识比任何私人企业家丰富得多，因此社会主义经济可以用一个时间短得多的试错来得出瓦尔拉斯均衡解。对此，哈耶克的回应是，社会主义经济中由于缺乏竞争压力，难以将成本降至最低，即难以使价格降至最低成本水平。同时对中央计划者而言，由于不掌握所有由个人分散掌握的知识，因而它们更多地只能依靠武断的方式来制订计划。因而，从信息的分散性出发，哈耶克实际上将论战引向了社会主义经济的激励问题。

第三个方面是传统社会主义经济中的激励问题。

米塞斯认为，与公有制基础上的社会主义经济相比，竞争性的市场经济中，各种要素的价格可以使企业家对其生产活动所花费的成本进行合理的经济计算，但是在现实中，由于存在着信息不对称、市场不完全等问题，逆向选择导致好的企业家会因为差的企业家的存在而蒙受损失。但是，社会主义经济中，企业家本身却可能缺乏激励，这一点取决于计划当局所制定的奖优罚劣的激励机制，而这种激励机制存在着标准不统一的问题：如果企业家面临一些独特的外部环境导致外部环境的不可比性，则不存在一个适用于所有企业家的客观评价标准。另一个问题是企业家越努力，好业绩出现的可能性越大，但是相应的评价标准会越高，而当企业家预测到努力工作将提高“评价标准”时，努力工作的积极性必然会下降。这种被称为“棘轮效应”的现象是伯利纳（Berliner，1952）分析苏联管理体制时提出的。

社会主义经济中另一个重要的问题是对管理者的激励。施莱弗和维什尼（Shleifer and Vishny，1994）认为，兰格及其以后的社会主义理论家提出来的社会主义模式都暗含着一个共同的假设前提，即政府和计划者总是以实现最高效率的资源配置为目标，事实上这一假设是不成立的。传统社会主义经济本质上是一套官僚体制，事实上兰格也看到了社会主义经济中存在国家官僚化的危险，他认为解决这一问题的关键在于政治生活的民主化。但是施莱弗和维什尼（1994）认为，无论是资本主义还是社会主义，民主程序都不会产生追求效率的政府目标。

关于社会主义经济的学术大论战产生了一系列理论成果，促进了对一般均衡理论的反思，对市场过程的理解，以及对经济制度尤其是比较经济制度的进一步认识。论战实质上是关于中央计划经济能否有效运行的争论，这场争论表明中央计划经济不能解决资源的合理配置问题。半个世纪后，正是出于提高经济效率的考虑，一些中央计划经济国家走上了经济改革之路。

参考文献：

［奥］路德维希·冯·米塞斯：《社会主义：经济与社会学的分析》，中国社会科学出版社 2008 年版。

［奥］弗里德里希·冯·哈耶克：《哈耶克文选》，江苏人民出版社 2007 年版。

［波］奥斯卡·兰格：《社会主义经济理论》，中国社会科学出版社 1981 年版。

［奥］路德维希·冯·米塞斯：《社会主义制度下的经济计算》，载于《现代国外经济学论文选》第九辑，商务印书馆 1986 年版。

［奥］路德维希·冯·米塞斯：《官僚体制·反资本主义的心态》，新星出版社 2007 年版。

杨日鹏、李黎：《哈耶克对兰格模式的批判》，载于《中央社会主义学院学报》2010 年第 2 期。

孙景宇:《奥地利经济学传统下的社会主义及其相关争论——"社会主义大论战"的反思与启示》,载于《制度经济学研究》2010 年第 2 期。

Berliner, J., *Factory and Manager in the Soviet Union*, Cambridge: MIT Press, 1957.

Shleifer, A., Vishny, R. Politicians and Firms, *Quarterly Journal of Economics*, Vol. 109, No. 4, Nov., 1994.

(管汉晖)

兰格的计划模拟市场模式
Lange's Model of Planned Simulating Market Economy

"兰格模式"是20 世纪30 年代波兰经济学家兰格提出的关于社会主义经济运行机制的理论与设想。奥斯卡·兰格(Oskar Lange,1904～1972),波兰著名经济学家,曾先后获得波兰科学院院士,海牙社会研究院名誉院士,法国第戎大学名誉博士,美国芝加哥大学和波兰华沙大学经济学教授,曾担任波兰国家经济委员会主席。主要著作有《社会主义经济理论》(*On the Economic Theory of Socialism*)、《价格的灵活性和就业》(*Price Flexibility and Employment*)、《社会主义政治经济学》(*The Political Economy of Socialism*)、《经济计量学导论》(*Introduction to Econometrics*)。

兰格模式提出于20 世纪30 年代,其背景是20 年代开始的东西方经济学者针对社会主义计划经济体制可行性的激烈论战。从30 年代初开始,兰格发表了一系列论文,阐述社会主义如何将生产资料公有制与市场价格结合起来,其主要研究成果1939 年被结集出版于《社会主义经济理论》一书。不同于马克思设想的取消市场机制,实行没有商品和货币的产品经济,也不同于当时苏联正在建立的高度集中的指令性计划经济,兰格提出的社会主义经济运行理论是一种用计划模拟市场的经济运行模式。兰格从一般均衡理论出发,证明了社会主义可以通过社会计划者模拟市场机制合理地运行,并提出一个兼具计划经济机制与自由市场机制特点的经济模式。

早期的兰格模式主要包括:(1)消费品市场价格由供求自发决定,属于自由市场机制。但生产资料价格是一种广义的计算价格,由计划进行调节。(2)生产资料价格按"试错法"调整,通过库存量调整价格,使供求趋于平衡,对市场进行模拟。(3)生产要素的组合必须使生产要素成本等于边际生产率,与市场经济不同,这一过程在国家计划下完成。(4)国家不直接控制供给与需求,不直接决定企业的生产内容和产品数量,交由市场机制调节。(5)积累率由国家决定,投资是国家银行的职能,利率由银行决定,不存在资金在企业和行业间的自由流动。(6)消费品价格与工人工资由市场供求关系决定。(7)为了使计划有效,需要采取经济手段和行政手段,但应该优先使用经济手段。只有当出现"骚动"和"变革"时,才可以使用行政手段来调节经济运行。

早期的兰格模式实质上是一个以价格为主要杠杆的计划经济机制和自由市场机制的混合经济体系,随着社会主义经济实践的丰富,从20 世纪50 年代后期开始,兰格对社会主义经济运行中存在的问题进行了进一步研究,充实了兰格模式的内容,具体包括:(1)关于计划决策权的分割。兰格认为一部分经济活动应该由国家集中决策,即关系到国计民生的重大决策应该由国家控制,另一部分则是企业的分散决策,凡是为保证计划的灵活性而制定的附属计划都应该由企业自行掌握。(2)关于投资决策的灵活性,兰格认为企业或者产业必须获得一定的投资自主权。当市场需求扩大时,企业有权自行购买机器或进行技术改造,这部分投资决策权应该由银行以信贷的方式提供给企业。(3)关于计划手段的有限性与实际经济运行的复杂性。兰格开创性地把科技成果应用于社会主义的计划管理中,把电子计算机、控制论、系统工程、运筹学、投入产出平衡表等科学技术与理论运用于国民经济宏观管理中。(4)关于社会主义公有经济的目的。兰格认为在社会主义公有经济中,企业活动的目的从属于公有经济计划规定的总目的,社会主义经济计划的制订,就是要把各个计划目的协调起来,逐步形成最高目的。

兰格计划模拟市场模式的提出有其开创性的贡献,是对传统社会主义计划经济模式的第一次突破。他提出的计划与市场、行政手段与经济手段、国家集中决策与社会分散决策结合等问题都有重要的理论意义。但是,兰格模式的缺陷也是明显的,首先,如市场经济学家所质疑的,中央计划手段的有限性和实际经济运行的复杂性之间存在着不适应,高昂的信息成本、计划调控可能存在的时滞等问题都会导致计划不可能模仿出逼真的类似市场分配资源的机制。其次,兰格模式是建立在理想化的假设之下的,他假设整个社会利益完全一致,不存在经济利益上的差别,并假设中央机关和企业目标一致,这与现实情况不吻合。此外,还存在对生产资料价格缺乏宏观指导,无法体现计划调节的作用,资金在不同部门间分配,缺乏必要的自由市场机制等问题。由此可见,兰格模式的开创性与局限性并存。

参考文献:

[英]布劳格、斯特奇斯:《世界重要经济学家词典》,经济科学出版社1986 年版。

[波]奥斯卡·兰格:《社会主义经济理论》,中国社会科学出版社1981 年版。

洪银兴:《当代东欧经济学流派》,中国经济出版社

1988 年版。
肖欣:《兰格模式及其理论意义》,载于《长白学刊》1987 年第 3 期。
吴奇:《兰格与兰格模式》,载于《世界经济》1989 年第 6 期。
罗卫东、蒋自强:《兰格模式与社会主义市场经济理论——社会主义市场经济理论的历史渊源》,载于《学术月刊》1994 年第 5 期。

(管汉晖)

布鲁斯的市场分权模式
Brus' Model of Decentralization

弗洛德席米尔・布鲁斯(Wlodzimierz Brus,1921 ~ 2007)是波兰著名经济学家,第二次世界大战前在华沙自由大学攻读经济学,50 年代任华沙大学经济学教授,同时还曾担任波兰计划委员会经济调查司司长、国家经济委员会副主席等职。1972 年以后,布鲁斯任英国格拉斯哥大学、牛津大学的客座教授和高级研究员。

布鲁斯关于社会主义经济理论的主要著作有:《社会主义经济的运行问题》(1961)、《社会主义的所有制与政治体制》(1975)、《社会主义的政治与经济》(1978)、《从马克思到市场:社会主义对经济体制的求索》(与 K. 拉斯基合著,1989)等。1979 年 12 月至 1980 年 1 月期间,布鲁斯曾来华就经济体制改革问题讲学。

布鲁斯在 1961 年出版的《社会主义经济的运行问题》一书中提出了"含有市场机制的计划经济模式"(Model of a Planned Economy with a Built-in Market Mechanism),又称"分权模式"或"布鲁斯模式"。

布鲁斯指出,经济模式是表示经济运行原则的抽象图示,它和表示生产关系类型的经济制度是不同的概念。关于社会主义经济运行模式的争论紧紧地围绕着两个相互关联的问题展开:计划和市场、集权和分权。划分不同经济模式的标准是不同层次经济主体及其决策方式。概括地说,社会主义经济包含三个层次的活动主体以及与之相对应的三类决策方式:第一类是通常由中央一级直接作出的根本性的宏观经济决策,涉及整个国民经济的战略问题,如经济增长速度、国民收入在积累和消费之间的分配比例、消费基金在公共消费和个人消费之间的分配比例、消费基金的分配原则等。第二类是在收入既定的条件下关于个人消费结构的决策以及关于职业选择和劳动岗位的决策,通常由分散的家庭或个人制定并通过市场实现。第三类决策被称作企业的"日常经济决策",主要涉及企业和部门的生产规模和结构、消耗的数量和结构、销售战略和原料供应、较小的投资、工资的具体形式等。布鲁斯认为,社会主义制度下集权和分权的界限取决于第三类决策是集中的还是分散的。如果第三类经济活动采取集中决策就是集权模式,采取分散决策则是分权模式。

集权模式的基本特征是:(1)一切经济决策——除了消费和就业范围的个人决策,即第二类决策——集中于中央一级,同时中央还有权决定实现这些决策的方式方法。(2)计划的等级性质和经济机关的纵向划分。(3)决策以命令的形式自上而下传达。(4)按实物(物质)单位进行经济核算和制订计划占支配地位。(5)货币在国营成分中起消极作用(但是在劳动市场和消费市场上具有积极作用)。布鲁斯指出,从实践来看,集权模式存在一系列弊端:生产缺乏灵活性,实现计划的成本过高,技术进步不足,激励的不足或冲突削弱了个人利益与社会利益的结合,国家机构和经济机构的官僚化。

分权模式——"包含市场机制的计划经济"——的基本特征在于经济决策是分级作出的。以中央和企业两级为例。中央一级负责在整个社会偏好的基础上制定国民经济总计划,而其他决策则由企业一级直接作出。具体来说,中央一级直接决策的领域包括国民收入分配和选择最重要的投资方向。就中央计划的内容和范围来说,分权模式与集权模式差别不大,计划的主要指标包括:生产和国民收入的增长速度;国民收入在积累和消费之间的分配;国民收入消费部分在社会消费和个人消费之间的分配;各地区和部门的生产结构;外贸的数量和结构,等等。但是,在实现计划的方式、企业决策与中央计划的结合方面,分权模式与集权模式存在着重大差别。集权模式中的中央计划指标是以命令形式作出的直接决策。而分权模式中的中央计划大多数指标都没有强制性质,在各级计划之间不存在形式上的等级依赖关系。企业计划不是中央计划的一个组成部分,不以中央计划为转移,而是按照赢利原则自主地进行活动,如自主地组织再生产过程,选择日常的生产目标和生产技术,在生产资料市场上自主地购买所需的生产要素,自由地选择销售方向和渠道,等等。与此相应,货币的积极作用不仅表现在消费品市场和劳动市场上,也存在于国有制内部。布鲁斯主张,"社会主义经济的运行体制应当尽可能以分权模式的原则为基础"。相对于集权模式,分权模式既保留了中央计划站在全社会宏观经济角度进行决策的优势,又利用了市场机制的优势。比如:市场机制在计划规定的比例和条件的限度内,使生产者与消费者直接挂钩,供给结构灵活地适应需求结构;追求最大限度利润的企业会合理利用生产要素,不断降低生产费用;分权模式创造了市场和生产之间的有效联系,能够满足扩大再生产过程中的平衡,也就是平衡增长的要求;分权模式使中央一级摆脱大量具体的烦琐的事务,有可能集中于重要问题和基本决策,提高计划的效率和合理性,等等。

不过,布鲁斯同时强调,分权模式"同通过市场的自发性来代替计划毫无共同之处,而是相反地,市场机制应当成为计划的工具"。价值规律并不是生产比例和交换比例的绝对的、普遍的调节者,而是在中央决策的范围内起作用。"分权模式的概念也应当包括'价格不取决于企业'这个原则"。价格是影响企业决策使之与计划相一致的基本工具,应该尽可能确切地反映社会偏好。只要存在企业利益与社会偏好不一致的情况或者垄断的情况,国家采取直接规定价格的方法或间接影响价格形成的方法(例如采用销售税)就是必不可少的。

虽然布鲁斯提出"在社会主义生产关系的范围内,不仅可能而且必须采用不同的模式",但是他当时认为模式问题只是"在于把计划和市场结合起来的方式,在于集中决策和分散决策的最优范围"。在后来的《从马克思到市场:社会主义对经济体制的求索》(与K. 拉斯基合著)等著作中,布鲁斯对自己提出的"包含市场机制的计划经济"以及受该理论影响的经济改革进行了反思,认为它们未能给社会主义经济带来实质性的变化。

参考文献:

[波]W. 布鲁斯:《社会主义的政治与经济》,中国社会科学出版社1981年版。

[波]弗·布鲁斯:《社会主义经济的运行问题》,中国社会科学出版社1984年版。

[波]W. 布鲁斯:《社会主义的所有制与政治体制》,华夏出版社1989年版。

[波]W. 布鲁斯、K. 拉斯基:《从马克思到市场:社会主义对经济体制的求索》,上海三联书店、上海人民出版社1998年版。

(方敏)

市场社会主义
Market Socialism

市场社会主义既是一种经济体制的理论概念或模式,也曾经是世界社会主义运动中一股重要思潮,也是对将近一个世纪以来倡导和探索社会主义与市场经济相结合的道路与模式的笼统称谓。当科学社会主义还是一种意识形态时,资产阶级理论家就对社会主义条件下经济能否有效运行产生了质疑。围绕社会主义经济能否实现资源有效配置等问题,诘难者与应答者、支持者与反对者展开了激烈的论战。尤其是当社会主义从理论变成现实后,伴随着其反市场理论在实践中所面临的困境日益突出,探索在社会主义条件下引入市场机制,成为过去一个多世纪里社会主义理论和实践发展中的核心问题,市场社会主义就是这种探索和实践的产物。

兰格模式的形成,是市场社会主义理论诞生的重要标志。19世纪末20世纪初一般均衡理论的首创者莱昂·瓦尔拉、著名意大利经济学家帕累托及其学生巴罗内、奥地利边际主义经济学家维塞尔(F. von Wieser),以及后来的美国经济协会会长弗·泰勒(Fred M. Taylor),在其各自的研究领域,先后表达了这样一种观点:社会主义条件下可以建立完全竞争机制,实现一般均衡价格体系,达到资源的有效配置,并提出运用"试错法"求出均衡方程解以实现资源最佳配置的方法。然而,也存在着与上述相反的另一派观点。1902年荷兰经济学家皮尔逊发表论文《社会主义的价值问题》,提出:社会主义制度下没有市场、没有交换,从而无法衡量产品的价值,不可能实现资源的配置。奥地利经济学家米塞斯也在1920年发表论文《社会主义制度下的经济计算问题》,认为社会主义没有货币,没有经济计算,一切都将在黑暗中摸索,因此认为"社会主义就是合理经济的破产"。自由主义经济学的头面人物哈耶克虽然在理论逻辑上并不否认社会主义条件下实现资源配置的可能性,但他否认社会主义经济核算"试错法"在实践中的可行性。认为:只有建立在生产资料私有制基础上的自由竞争市场才能有效地求解经济均衡,进行合理的资源分配。1935年哈耶克将皮尔逊、米塞斯与他自己的文章汇编出版了《集体主义的经济计划》,成为否定社会主义经济合理性的宣言书。针对米塞斯、哈耶克等人的观点,1936年波兰经济学家奥斯卡·兰格(Oskar Lange)在吸收巴罗内、泰勒等人思想的基础上,发表论文《社会主义经济理论》进行反驳,论证社会主义条件下进行经济计算、合理分配资源的可能性和现实性。认为:在没有市场的情况下,中央计划当局可以模拟市场竞争机能,采用分散决定的方法,即依靠市场竞争中供求的均衡作用来调节价格和产量的方法,进行资源配置的系统设想,形成了著名的"兰格模式"。

随着社会主义由一种社会政治理想变为现实的政治制度,资本主义阵营所诘难的社会主义经济计算问题或多或少成为事实。计划经济尤其是中央集权的指令经济被视为社会主义制度的基本特征,这时,如何看待国有化的生产资料公有制和以此为基础而实现的高度集中统一的中央计划经济模式,成为人们关注的热点。苏联依靠高投入维持的经济增长速度到20世纪60年代初就难以为继。于是一批经济学家在反思和批判这种中央集权的计划体制的基础上提出了改革理论。20世纪70年代,在苏联以阿别吉扬和扎斯拉斯卡娅为领袖的拥护改革的经济学家和社会学家,形成了"西伯利亚学派",对苏联的经济体制进行了分析、批判。指出:商品货币关系是高度分工的社会生产力的固有特征,市场是计划经济的必然属性,离开商品货币关系和市场机制的社会主义是不可想象的,经济集中控制、指令管理和行政体制与社会主义毫无共同之处。

与此同时,波兰经济学家弗·布鲁斯、捷克斯洛伐克经济学家奥塔·锡克、匈牙利科学院通讯院士亚诺什·科尔奈也以自己的理论分析影响了东欧社会主义国家的经济改革运动。1961年布鲁斯发表《社会主义经济中的市场》一书,提出"有调节的市场机制的计划经济模式"。三年后,锡克先后发表《社会主义制度下的商品货币关系》和《社会主义的计划与市场》,在分析传统社会主义经济体制弊端的基础上,描述了一种被称为"社会主义的计划性市场经济"模式,打破了"计划必须直接控制生产"的信条,指出了社会主义经济中计划与市场相结合的必要性。他在《第三条道路》中指出:"单靠市场和单靠没有市场的国民经济计划都不能保证经济的有效和符合社会长远利益的发展"。

1980年,匈牙利经济学家科尔奈出版《短缺经济学》一书,主张在计划经济内导入市场机制的模式。指出:集权经济中经常出现的消费资料和生产资料短缺的倾向,主要原因在于经济体制上企业对于国家的高度信赖和国家对于企业较高的父爱程度(家长式的干预和管束)。要消除短缺,必须从体制改革入手。为此,科尔奈提出,通过市场下的企业"硬约束预算"取代"软约束预算",从"模拟货币经济"转为"货币经济"以实现企业自身完善的社会主义经济改革。同时指出:市场调节并不能成为完善地调节经济的唯一手段,但是官僚主义的行政调节弊端更多,所以主张在很多领域用市场机制代替行政调节,要求尽可能地缩减行政调节范围尽力扩大市场调节范围。

20世纪80年代初,英国牛津大学研究院戴维·米勒提出并明确阐述了"市场社会主义"这一概念。此后,英国理论界对市场社会主义理论展开了热烈讨论,有关市场主导的市场社会主义理论的著作纷纷出现,其中伦敦经济学院教授爱斯特林和格兰德主编的《市场社会主义》成为当时颇具代表性的著作。长期从事苏联、东欧问题研究的诺夫教授在其《可行的社会主义经济》一书中提出了可行的社会主义经济模式。他认为:传统的社会主义以一些不切实际的假象为前提,因此,在理论上重建一个"能实际运行的可选择的模式",比仅仅指出现存社会的瑕疵要重要得多。其观点引起了托派理论家E. 曼德尔的反对,他认为,计划和市场是两种不同的资源配置方式,两者是相互排斥的,分别可以和不同的政治形态相结合。在他看来,随着资本主义的发展,企业发展中计划的比重将不断增大,市场的作用将不断缩小。他认为,在当今的资本主义国家,至少有80%的消费与物价无关而独立的发挥作用,货币和价格虽然被使用,但已不再是自由竞争的市场关系,从而为不经过市场而进行计划生产和分配提供了条件,为社会主义计划经济做好了准备。

20世纪90年代以后,西方掀起了新一轮市场社会主义辩论热潮。通过对苏东社会主义国家剧变原因及后果的思索与分析,西方左翼人士得出"自由资本主义不能够救欧洲"、"私有制挽救不了社会主义"的结论,并由此掀起了一股复兴社会主义、"重构社会主义理论模式"的浪潮。前期形态的市场社会主义,无论是兰格模式,还是布鲁斯模式或锡克模式,甚至后来的科尔奈模式,都是在传统公有制与计划经济的框架内运用市场,使计划模拟市场或市场与计划并存。新的社会主义市场理论则试图论证市场与公有制的有机结合在效率与平等上具有双重吸引力。当代市场社会主义者强调市场的主导作用,强调只有在市场无法奏效的地方才运用政府干预,在所有制问题上也很少有人主张国有经济,而是采用劳动合作组织形式"雇佣资本",突出分配平等要求或福利共享。这种市场社会主义已经脱离了传统社会主义的框架。在此期间,欧美发达国家左翼理论界出版了许多预测社会主义未来的专著,提出了各种各样有关未来社会主义发展的理论模式,这些不同模式的倡导者都将其理论模式直接命名为"市场社会主义"(Market Socialism),以表明其与"自由资本主义"以及"社会主义旧形式"的不同。这些市场社会主义模式如:法共中央委员保尔·博卡拉的开放型市场社会主义模式;法国《当代马克思》杂志主编雅克·比岱的"元结构的社会主义";美国芝加哥大学教授戴维·施韦卡特的经济民主的市场社会主义模式;美国加州大学戴维斯分校教授约翰·罗默设计的证券市场社会主义模式;美国西伊利诺斯大学教授詹姆斯·扬克提出的"实用的市场社会主义"等等。

由此可见,从兰格模式的产生至今,市场社会主义已经经历了70多年的演进历程,随着时代的发展和针对前人模式的缺陷,在批判当代资本主义经济和吸取社会主义经验教训的基础上,在与资本主义尤其是新自由主义学者和经典社会主义者的不休争论中,不断丰富和发展自己的理论体系,实现了一系列的重大理论创新。这一渐进化的发展历程,代表着计划和市场作为资源配置与经济组织的可选择模式,逐渐脱离与特定的社会政治制度必然联系的状态,曾经被视为水火不相容的市场机制和社会主义政治目标逐渐融合起来。

参考文献:

余文烈等:《市场社会主义——历史、理论与模式》,经济日报出版社2008年版。
吴宇辉:《市场社会主义——世纪之交的回眸》,经济科学出版社 2000 年版。
张宇:《市场社会主义的反思》,北京出版社 1999 年版。
景维民、田为民等:《经济转型中的市场社会主义——国外马克思主义的分析与实践》,经济管理出版社 2009 年版。
[波]奥斯卡·兰格:《社会主义经济理论》,中国社会科学出版社 1981 年版。
[捷]奥塔·锡克:《第三条道路》,人民出版社 1982 年版。
[美]约翰·罗默:《社会主义的未来》,重庆出版社 1997 年版。
[匈]亚诺什·科尔奈:《大转型》,载于《比较》第 17 辑,中信出版社 2005 年版。
[匈]亚诺什·科尔内:《短缺经济学》上、下卷,经济科学出版社 1986 年版。
[英]诺夫:《可行的社会主义经济》,中国社会科学出版社 1988 年版。
Von Mises, Economic Calculation in the Socialist Commonwealth, F. Hayek, *Collectivist Economic Planning*, London: Routledge and Kegan Paul. 1935.

(李秋红)

科尔奈与短缺经济学

Kornai and Economics of Shortage

亚诺什·科尔奈(Janos Kornai,又译作"科尔内")是著名的匈牙利经济学家,生于 1928 年,是匈牙利首先倡导改革的经济学家之一。他针对社会主义经济体制改革提倡宏观控制下的市场协调模式。这一模式的基础是科尔奈所提出的短缺经济理论。科尔奈对短缺理论的研究最早可以追溯到其 1957 年的专著《经济管理上的过度集中——以匈牙利轻工业经验为基础的批判性分析》。在这部专著中科尔奈对匈牙利轻工业部门中的短缺,特别是原料短缺问题进行了详细的考察;同时,短缺、库存、囤积、正常标准、压力经济和吸力经济等科尔奈后来著作中的一些基本范畴在这部著作中初露端倪(李振宁,1986)。1971 年,科尔奈发表《反均衡——经济系统理论与研究任务》,初步建立起一套与瓦尔拉斯一般均衡学派有很大差异的理论体系。

科尔奈对一般均衡理论的批评,主要是从这一理论的基本假定开始的。他承认,一般均衡理论重视分析供求关系、价格型信息以及追求如何达到经济活动的高效率,这些都是可取的。但是,这种理论不能成为现实经济的指导理论。因为,一般均衡理论的基本假定诸如市场上不存在垄断、只有价格这一种经济信息、各经济组织的决策动机和决策规则是划一的(只根据价格变动做出反应)、产品结构不变、各经济组织的组合方式不变等,是不符合经济现实的。恰恰相反,经济现实中的市场条件存在各种形式的垄断,供求双方不可能处于平等的竞争状态;经济信息除了价格型的以外还有非价格型的,例如生产企业的库存状况、消费者呼声,等等;决策动机和规则也是多样化的,生产企业的决策可能受到企业内部的销售科、生产计划科等不同部门利益的影响,也可能只根据库存变动而不管价格信号如何来加以调整;由于技术进步,会同时发生产品的渐进性发展和革命性变革;经济系统内各组织的存在状态和组合方式更不会是一成不变的,因而,市场上的均衡状态并不是一般情况。相反,由于这些因素的影响,无论是供给方面还是需求方面,最初愿望和实现的愿望并不总是一致的,消费者或许没有买到原先想买的那样多,生产者或许没有卖出原先想卖的那样多。于是,市场往往呈现不均衡的特征。

科尔奈详细讨论了市场上的"压力"与"吸力"概念。压力状态产生于需求不足,即销售愿望的扩张力强而购买愿望的扩张力弱,吸力状态则相反。压力和吸力状态分别对应于买方市场和卖方市场的概念(胡汝银,1987)。压力状态和吸力状态不是指暂时偏离均衡的上下波动,而是指持续地单向偏离供求均衡的两种状态,比如住房长期供不应求甚至日趋严重,这种商品的市场就处于吸力状态;而粮食长期供过于求甚至越来越多,这种商品的市场就处于压力状态。如果购买愿望和销售愿望的实际数值虽有偏离但趋势一致,那么此情形可视为动态均衡,比如汽车产量总是少于需求量 100 辆,随着需求减少生产也相应下降,这一差额既未扩大也未缩小,就属于这种均衡(卢中原,1985)。

他指出,在当时大多数社会主义国家中,"吸力"已经普遍地盛行了很长时间,而在大多数发达的资本主义国家中,"压力"已经普遍地盛行了很长时间。但他否定"吸力"是社会主义的必然伴随物以及"压力"是资本主义的必然伴随物,认为造成"压力"或"吸力"的直接原因并不是社会主义或资本主义,而是一定经济政策的结果。"在给定的所有制关系维持不变时,人们也可改变它们"。在科尔奈看来,吸力与人们对经济增长的急躁追求有关。

1980 年科尔奈发表《短缺经济学》,标志着其经济理论分析框架的正式形成。他认为,古典资本主义企业的运行主要受需求约束,而传统社会主义企业的运行主要受资源约束(科尔奈,1986);社会主义企业领导者本能的扩张冲动与数量冲动产生了几乎不可满足的对投资资源和当前生产投入的需求,同时由于国家对企业父爱主义所导致的预算约束软化等原因,这些需求不会因亏损或破产而受到限制,这些因素在导致社会主义经济中的生产力或快或慢持续增长的同时,也导致短缺及其持续不断的再生产。

科尔奈把社会主义经济运行和体制模式分为行政协调和市场协调两大类，以及两大类下的四个具体形态：直接的行政协调模式（IA 模式）、间接的行政协调模式（IB 模式）、无控制的市场协调模式（IIA 模式）和有宏观控制的市场协调模式（IIB 模式）（科尔奈，1986a）。

对于行政协调机制下的 IA 模式和 IB 模式而言，科尔奈认为它们的共同点在于都是依靠上下级隶属关系，通过纵向的信息流和行政的力量来协调企业的生产经营活动和商品的流通，控制经济的运行。区别在于，IA 模式下政府对企业下达的投入、产出等指标属于强制性、指令性命令，如有违背，企业将会受到惩罚；而 IB 模式下政府则是借助行政力量，通过一套经济杠杆来对企业行为进行间接调节，引导甚至迫使企业按照政府的意愿行事。

对于市场协调机制下的 IIA 模式和 IIB 模式而言，共同点在于都是通过企业间的横向信息流和市场力量来协调经济运行。区别在于在无控制的市场协调模式下，经济运行基本上是由市场机制的盲目作用所调节；在有宏观控制的市场协调模式下，是在市场调节的基础性作用上，由社会中心通过统一的和规范的宏观约束手段或经济参数手段调节经济，使之符合社会的宏观需要，并且认为需要对通讯、电力等公共部门进行直接管理。

结合匈牙利的社会主义改革实践，科尔奈对这四种模式进行了分析。他对直接的行政协调模式（IA 模式）的分析集中在《短缺经济学》一书中。首先，宏观层面上，由于整个社会经济活动受纵向信息流的协调，中央计划部门没有可能对种类繁多的各种产品的生产、流通和消费系统性一一作出计划；微观层面上，由于预算约束无法硬化，各种需求无限扩大，这导致经济中会同时存在严重短缺与滞存。其次，大量产品滞存和短缺，造成了大量社会资源的浪费；在企业的生产能力已经充分运用的情况下，指令性计划会促使企业继续增加产出，这导致社会平均成本提升，不利于资源的最佳配置。最后，IA 模式下，投资在“加大油门—紧急刹车”的作用下，经济增长不稳定，形成高度波动的周期性起伏，并导致结构性不平衡。

他认为要对 IA 模式进行彻底改革，事实上，匈牙利在 1968 年全部取消了一切正式的短期指令性目标。他认为匈牙利转变成了间接的行政协调模式（IB 模式），在这种模式下，国有企业的领导人仍是行政任命制，企业经营者的升职主要取决于上级的看法。对于企业而言，取悦上级远比取悦客户更重要，政府通过这种机制依然可以对企业施加强有力的影响；改革后虽然企业管理者与职工的奖金、福利与企业盈利挂钩，但由于存在一系列补贴和税收调节，企业的利润和利益留存并不取决于实际效益，而是取决于上级行政机构对企业的态度，这就形成了很强的垂直依赖；在价格体系方面，行政性定价依然占很大比重，国企的盈利主要取决于行政定价，这样企业盈利并不取决于横向的买卖双方的议价能力，而是依赖于纵向的同政府定价部门的议价能力；改革虽然赋予了企业部分投资决策权，但是行政力量通过对信贷和投资的补贴依然操控着企业的投资，并且由于企业留利能力有限，不得不依赖于政府官员掌控银行贷款分配和投资补贴的权力，政府因而实际上控制了投资在部门和企业间的分配权。

因此，科尔奈认为 IB 模式也不足取。但是，对于 IIA 模式，科尔奈认为，通过物质和精神进行激励的一般效率原则与按劳分配、团结、安全以及整体利益高于局部利益等在社会主义经济中发挥重要作用的伦理原则是相互矛盾的，市场机制并不能实现收入公平分配，市场自发竞争最后必然导致生产集中与垄断，无控制的市场协调模式不能实现微观经济效益和宏观经济效益的有机统一，因而也不能作为社会主义经济改革的目标。也正是效率原则和社会主义伦理原则之间的冲突使得 IIB 模式成为科尔奈所提倡的社会主义经济改革目标。科尔奈所提出的社会主义经济改革模式在我国改革过程中产生了深远的影响。

参考文献：

［匈］亚诺什·科尔内：《增长、短缺与效率——社会主义经济的一个宏观动态模型》，四川人民出版社 1986 年版。

［匈］亚诺什·科尔内：《短缺经济学》，经济科学出版社 1986 年版。

［匈］J. 科尔内、刘吉瑞、李红、吕凡、葛立成、张仁寿、何其钢：《匈牙利经济改革的若干经验教训》，载于《经济社会体制比较》1986 年第 4 期。

胡汝银：《供给、所有制关系与短缺原因分析——科尔内经济理论批判》，载于《世界经济文汇》1987 年第 2 期。

李振宁：《科尔内经济思想的精华》，载于《经济研究》1986 年第 9 期。

卢中原：《改革呼唤出来的经济理论家——科尔内及其经济学著作述评》，载于《读书》1985 年第 6 期。

（赵留彦）

短缺经济
Shortage Economy

短缺经济是匈牙利经济学家亚诺什·科尔奈在 1980 年出版的《短缺经济学》中提出的用于描述传统社会主义经济现象的概念。科尔奈运用非瓦尔拉均衡方法，以社会主义经济中普遍、长期存在的短缺现象为主线，以企业行为分析为重点，从生产、交换、分配和消费各个方面剖析了传统社会主义经济体制。

科尔奈认为,长期短缺是传统社会主义经济的常态,是其经济矛盾的集中表现形式,是传统社会主义经济体制中存在的基本问题之一,是大多数社会主义国家经济体制的一般抽象(科尔奈,1986)。在传统社会主义计划经济体制中,普遍存在着国民经济总量性和结构性的产品、资源、要素的供不应求现象。

科尔奈认为传统社会主义经济体制主要存在着四种形式的短缺现象:第一种是企业内部资源配置之间的短缺,是指在资源约束型经济中,企业得不到完成其计划所必需的投入品,其经济活动遇到了资源方面的限制,成为企业生产的"瓶颈"。第二种是水平短缺,即买者和卖者之间的横向短缺,是生产领域的短缺现象在流通领域的反映。水平短缺导致购买常常不是一次性活动,而是一个需要耗费时间、精力并不断进行选择的决策过程,在这个过程中,买者或者选择搜寻、等待和排队,或者实行强制替代。第三种是垂直短缺,是指在资源、产品和服务通过行政配给方式进行分配时,要求的数量超过可供分配的数量。垂直短缺既表现在生产资料领域,也表现在消费资料领域。在计划分配系统中,企业对投资、劳动力、原材料和土地的调拨要求,经常远超中央机构可能的分配量。第四种是社会生产能力的短缺。它是前三种短缺形式在宏观水平上的总体反映,是指全社会生产能力的利用已接近各种短缺资源形成的"瓶颈",缺少必要的生产能力储备,导致边际社会成本迅速递增。这四种形式的短缺现象是相互影响、相互联系的。正如科尔奈所说,短缺"像锁链那样环环相扣,从一个车间到另一个车间,或从一个企业到另一个企业。……短缺滋生短缺"。

短缺产生的原因可以分为直接原因和根本原因:摩擦与滞存"吸收"是产生短缺的直接原因,而软预算约束是产生短缺的根本原因。首先看摩擦与滞存"吸收"。卖者的预测误差、买者的动摇不定、买者的信息不完全、卖者调节的延滞和刚性等现象都属于经济运行中的摩擦。摩擦值越大,则短缺强度越大。在摩擦与短缺之间还存在一个"缓冲器"——滞存。滞存是指不能立刻使用的资源,又可以分为生产性滞存和非生产性滞存。生产性滞存是指在一定时期内可得到利用的滞存,非生产性滞存是指长期无法动用的滞存。生产性滞存对短缺强度产生着重要影响:在摩擦值既定的情况下,生产性滞存越大,短缺强度越小;同样,较大的摩擦值可由较多的生产性滞存抵消,以保持短缺强度不变。正如科尔奈所说,"生产性滞存可以充当使各种扰动不扩散的缓冲器。如果存在的是一个不适当的缓冲器,每一种摩擦都将更大地扩散"。

摩擦因素使任何经济体制都不能完全避免暂时、局部的短缺。但对于传统社会主义国家,短缺不是暂时的局部现象,而是长期、普遍的现象。对此,仅用一般的摩擦因素来解释还远不够,必须分析造成"吸收"的制度原因,即找到"不断从生产和交换中'吸走'生产性滞存的机制"。

再看软预算约束。科尔奈指出,企业在增加生产的过程中可能遇到三种约束:资源约束、需求约束和预算约束。古典资本主义企业的运行主要受需求约束,而传统社会主义企业的运行主要受资源约束,这种特征又与二者预算约束的软硬密切相关。古典资本主义企业有较硬的预算约束,如果没有偿债能力,企业迟早会破产,而传统社会主义企业则有软预算约束,即使亏损,企业也不会破产,它总会得到国家的帮助,比如接受追加贷款、减免税收、获得补贴、提高销售价格等,最终可以摆脱财务困境。

正是软预算约束支持着企业的数量冲动、囤积倾向和扩张冲动,使其不断地从生产和流通中吸走生产性滞存,从而导致短缺的持续出现。产生软预算约束的根源,在于社会主义经济中国家与企业的关系类似父母同子女的关系。科尔奈用"父爱主义"来形容国家对企业保护和企业对国家依赖的关系:"父爱主义是使预算约束软化的直接原因。如果这种软化发生,就必然导致与短缺相联系的若干现象"。

消除短缺现象的根本方法,是对传统社会主义经济运行体制进行改革,引入市场机制,以硬预算约束取代软预算约束,以货币经济取代半货币化经济。短缺经济理论对社会主义国家经济体制改革的理论和实践产生了重要影响。短缺与否及短缺的程度如何,是检验改革进程的重要标志之一。"如果在改革中,某个方面的短缺消失了,那么这就给我们输送了相当可靠的信号,即改革在那里成功了。如果短缺依然存在,这就告诉我们改革还没有深入到经济机体的内部"。

自20世纪70年代末以来,中国通过30多年的经济体制改革,从传统计划经济体制转变为具有中国特色的社会主义市场经济体制,在企业经营、投资消费、货币金融等领域产生了巨大的变革。在90年代中后期,中国"工业品的大量生产导致市场供应的相对过剩,卖方市场被买方市场所代替"(中国社会科学院工业经济研究所课题组,1999年),中国经济逐步告别了短缺时代,"改革开放前长期困扰我们的短缺经济状况已经从根本上得到改变"。

参考文献:

张卓元:《政治经济学大辞典》,经济科学出版社1998年版。
[匈]亚诺什·科尔内:《短缺经济学》上卷,经济科学出版社1986年版。
张首吉、杨源新、孙志武等:《党的十一届三中全会以来新名词术语辞典》,济南出版社1992年版。

[匈]亚诺什·科尔内:《短缺经济学》下卷,经济科学出版社 1986 年版。
张寄涛、钟朋荣:《短缺,社会主义经济在传统体制下的共同特征——科尔内"短缺经济学"研究之一》,载于《中南财经政法大学学报》1987 年第 1 期。
李振宁:《科尔内经济思想的精华》,载于《经济研究》1986 年第 9 期。
张寄涛、钟朋荣:《短缺条件下的经济运行——科尔内"短缺经济学"研究之二》,载于《中南财经政法大学学报》1987 年第 2 期。
[匈]亚诺什·科尔内:《理想与现实——匈牙利的改革过程》,中国经济出版社 1987 年版。
中国社会科学院工业经济研究所课题组:《告别短缺经济的中国工业发展》,载于《中国工业经济》1999 年第 5 期。
胡锦涛:《在纪念党的十一届三中全会召开 30 周年大会上的讲话》,人民出版社 2008 年版。

(段文斌)

需求约束型经济

Demand Constrained Economy

作为资源约束型经济的对称概念,需求约束型经济是由匈牙利经济学家亚诺什·科尔奈在《短缺经济学》(1980)中根据制约经济运行的主要因素和按经济体制运行特征进行分类而提出的一种经济类型,是指企业的运行乃至整个国家经济的运行中主要受需求因素约束的经济。一般说来,古典资本主义市场经济,即在凯恩斯国家干预政策等系统的国家干预实行以前的经济是这种经济类型较为纯粹的表现。资本主义经济如果发生运行障碍,主要是由需求约束造成的。

所谓需求约束,是指企业某种产品的生产增加和销售要受到社会上买者在既定价格下对这种产品需求的制约。科尔奈在《短缺经济学》一书中,在分析企业生产增长的约束时,划分了三种约束:资源约束、需求约束、预算约束。需求约束就是说经济中创造的新增价值没有被经济所吸收,简单地讲就是生产出来的产品销售受阻,使再生产受到了限制。在对凯恩斯主义之前没有国家干预的"纯粹"资本主义企业进行考察时,科尔奈认为它们通常受到市场的需求约束,并将这种没有国家干预的"纯粹"资本主义企业运行于其中的经济体制称为"需求约束型体制"。在这种体制下,需求约束比资源约束对生产活动更具限制力,经济运行以市场需求为推动力,一旦脱离市场需求,经济运行就会丧失内在动力而处于停滞或衰退状态。

同时需求约束也是一种间接约束。在这种约束下企业经济活动的运行过程是:与买者和用户直接接触的销售部门把社会要求信息传递给企业经理,企业经理依据这种信息作出生产计划,然后向生产部门下达生产任务和指示,生产部门根据指示决定是否生产,抑或增加生产还是减少生产。

需求约束型经济的表现是:(1)其特有状态是:遵守"第 i 种产品的销售≤买者对既定价格下 i 种产品的需求"这一原则,在需求约束的水平上,企业的一切生产销售计划由企业自主决定,预算约束往往较硬,企业完全自主经营,自负盈亏,其资金的运用不能超过资金的来源。(2)每种资源都存在滞存,企业不愁买不到它所需要的物资,资源约束对企业行为很少有效。(3)企业的主要困难在于产品的销售,需求约束是对企业最大的限制力,并几乎总是有效的,生产计划在资源约束内由企业根据需求约束的水平自主地制定。(4)需求约束型经济在投入存货和产出存货上的特点是:在全部正常存货里,正常投入存货所占的比重相对小些,正常产出存货所占的比重相对大些,购买不受供给约束,时间较短,初始销售受意图约束,时间较长。(5)需求约束型经济在购买过程和销售过程上的特点是:购买意图碰不到供给约束,可以立即实现,购买过程的时间较短;初始销售意图可能碰到需求约束,不得不修正多次,销售过程需要较长的时间。

市场经济尤其资本主义经济是典型的需求约束型经济,这是因为,在市场经济条件下,企业是自负盈亏独立于政府控制之外的经济活动的主体,尽可能多地追求收入最大化和稳定化是企业生存的条件和企业经营的动力。在市场经济下,约束企业乃至整个社会经济运行的是销售过程的长短及销售渠道的畅通,而这又最终取决于消费者的购买能力。消费者购买力形成的商品需求与生产者的生产量形成的商品供给之间有一定的差额,即需求相对不足。

消费者对消费支出的不足,表面上是因为消费者未来的预期收入过低或预期支出过高,以及消费者现期收入过低或现期非消费性支出过高,投资者对投资支出的不足,主要是因为预期利润率过低或利率过高,或受到税收制度、基础设施、人力资源、金融体制、政府政策等投资环境的不利影响。但是,其本质是在以利润为生产目的的生产活动中,生产活动的控制者力求限制直接生产者的收入水平,因而导致形成需求的收入不足。另外国外消费者对企业的需求不足,也会受到可贸易品相对比价不利、汇率过高、世界经济不景气等因素的影响。

而资本主义经济下需求一般是不足的,普遍存在生产过剩,极易导致通货紧缩、增长停滞和失业率提高。即使在经济高涨时期,也可能存在闲置的资源、生产能力及失业者。

在传统的计划经济体制下,我国"短缺经济"特征明显,经济增长主要受自然资源、资金等有效供给不足的约束。随着我国经济经过近30年的持续高速发展和近几年的宏观调控的初步成功,我国已实现了从计划体制转向市场经济体制,因而市场需求约束型经济也在我国出现,我国经济今后的持续增长将不得不受到市场需求的约束。

从一国的需求结构来看,需求总量由个人消费、投资、出口、增加库存、政府采购等总和构成,我国的需求不足可以从中反映出来。

从消费需求看,一方面,居民收入尤其是农村居民人均纯收入增长缓慢,劳动力失业和下岗人员增多,贫富差别扩大和收入不稳定因素增多,宏观总需求中最为重要的居民消费需求疲软,城镇与农村的消费出现断层,农村消费市场还有待培育。另一方面,经过多年高速发展,传统体制下的重复投资导致某些商品的供给能力过剩。城市居民消费在许多消费品特别是耐用消费品上已趋于饱和。新的消费热点出于制度和购买力等方面的原因还未充分形成。

投资方面,金融改革滞后,坏账呆账积累过多,中央银行加大监管力度,国有商业银行从原来的贷款冲动转向"惜贷",金融领域趋紧,而相对僵化的融资渠道难以将居民储蓄向有效率的投资项目转化。但特别在2000年后,政府的扩张性财政政策在一定程度上缓解投资需求不足,政府投资主要侧重于基础设施和能耗高的大型项目,引致需求能量巨大,有可能带动下一轮的经济过热。

不过总体上,中国现在仍处于需求约束型经济,有效需求不足,供过于求,生产相对过剩,典型的买方市场。

参考文献:
[匈]亚诺什·科尔内:《短缺经济学》,经济科学出版社1986年版。
何盛明:《财经大辞典》上卷,中国财政经济出版社1990年版。
刘树成:《现代经济词典》,凤凰出版社、江苏人民出版社2005年版。

(周立群)

资源约束型经济
Resource Constrained Economy

作为需求约束型经济的对称概念,资源约束型经济是由匈牙利经济学家亚诺什·科尔奈在《短缺经济学》(1980)中根据制约经济运行的主要因素,按经济体制运行特征进行分类而提出一种经济类型,是指企业的运行乃至整个国民经济的运行主要受资源限制的经济。

一个国家的经济发展状况,同本国资源丰缺程度及是否充分合理利用有密切关系。资源包括自然资源和经济资源,自然资源包括土地面积、地形、土壤、水源、矿藏以及气候等。经济资源包括一定数量和素质的人力、厂房设备、道路、桥梁及运输工具等劳动资料。任何经济发达国家都不能摆脱资源的约束,有的国家由于本国资源相对于需求来说相当贫乏,或者由于经济体制缺陷等原因,而使本国各种资源不能充分合理运用,以及技术设备条件、生产组织管理等各种复杂因素的制约而造成供给不足,在市场上则表现为商品和物资的短缺。传统社会主义经济体制下以指令性计划为主的经济是这种经济较为纯粹的表现。社会主义运行的常态就是有效需求得不到满足,因此始终对资源分配产生压力,存在资源约束。

资源约束,即企业生产活动中的实际投入要受到这些实际投入在瞬时可用数量的制约,是科尔奈在《短缺经济学》一书中,在分析企业生产增长的约束时所划分的三种约束(资源约束、需求约束、预算约束)中的一种。资源约束是物质性约束,对一个国家的整个国民经济而言,资源约束表现出一种经济体制运行的特征。科尔奈将传统的社会主义计划经济体制称为"资源约束型体制"。

资源约束型经济的表现有:

一是其特有状况:企业预算约束是软的,资源约束几乎总是有效,是对企业最大的限制力,而需求因素则不是经常有效,企业生产计划在需求约束内由上级在资源约束的水平上规定,经济活动由集中性指令控制,经常处于强制高速增长的气氛之中,盈亏由国家负担,普遍的现象是存在生产短缺。

二是无论在整个国民经济中,还是在企业或车间里,物资的短缺或滞存都可能同时出现,企业不愁商品没有销路,对企业生产扩大的有效约束不是需求,而是资金和投入品的短缺。

三是企业的主要困难在于初始购买意图能否实现,对企业生产扩大的有效约束是稀缺资源的"瓶颈"。

四是资源约束型经济在投入存货和产出存货上的特点在全部正常存货里,正常投入存货所占的比重相对大些,正常产出存货所占的比重相对小些。

五是资源约束型经济在购买过程和销售过程上的特点:购买者的初始购买意图可能碰到供给的约束,不得不修正多次,购买过程需要较长的时间;销售意图碰不到需求约束,可以立即实现,销售过程的时间较短。

科尔奈在理论上,对社会主义经济中普遍和长期存在的短缺现象进行分析,认为在传统社会主义经济运行的基本特征上,需求大于供给的负值是个无法缝合的缺口,从而其经济增长最终要受供给能力或资源存量的制约,是一种典型的资源约束型经济。

其原因在于：①计划指标的制定者是非理性的，导致计划失真。②计划制定者不考虑消费者的需求，排斥市场的信号作用，其计划的结果必然是产不对销，一方面是大量的产品积压，另一方面是产品供不应求，造成短缺与过剩并存，但总体上是短缺的局面。

资源约束型经济实际上是计划经济与短缺经济的代名词。同时也反映出，分析社会主义经济运行就必须抓住传统社会主义经济的基本问题——短缺。

科尔奈在其代表作《短缺经济学》中，系统地论述了传统社会主义宏观经济的微观基础以及在这一微观基础之上的宏观经济特征：

第一，在传统社会主义经济体制中，社会产品、资源和服务短缺，是普遍的长期经济现象。

第二，由于受到短缺的压力，企业具有力求增加产量（数量冲动）和力求扩大生产能力（扩张冲动）两种强烈的内在冲动。数量冲动和扩张冲动驱使企业力图尽可能多地积存投入品（囤积倾向）和尽可能多地争取投资（投资饥渴）。这些行为交织一起、互相推动，使企业的需求不断膨胀，加剧社会产品和资源的全面短缺。

第三，传统社会主义经济体制不存在迫使企业自愿抑制投入需求和扩张冲动的力量，因为企业的预算约束是软的。

第四，企业的软预算约束根源于传统社会主义经济体制中国家与企业之间的“父爱主义”关系。

第五，克服全面的长期的短缺现象的根本途径，是对传统社会主义经济体制进行改革，特别是要割断国家与企业之间的“父爱主义”关系，硬化企业的预算约束，进而改变现有企业的行为方式，最终有效地控制社会需求，从根本上杜绝短缺现象和与之共生的种种弊端。

中国作为社会主义国家，在新中国成立后很长一段时间，明显具有较严重的计划经济色彩，属于资源约束型经济，长期存在总需求膨胀、资金和物资短缺的矛盾，产能会受到资源的约束，属于卖方经济。

而1978年至20世纪末，这个时期中国经济正处于由计划向市场的转轨阶段，由于技术二元主义，使得重工业和轻工业的发展明显的不协调，资源在供给上也厚此薄彼，再加之预算的软约束，生产效率低下，1985年前后在石油等能源的供给上出现了不足。

辩证地讲，资源的约束在任何时期都存在，只是表现的程度不同，对整个宏观经济的影响也不一样。随着我国经济近30年的持续高速发展和近几年的宏观调控的初步成功，我国告别“短缺经济”，正向市场需求约束型经济迈进。

参考文献：

［匈］亚诺什·科尔内：《短缺经济学》，经济科学出版社1986年版。

韩双林、马秀岩：《证券投资大辞典》，黑龙江人民出版社1993年版。

马国泉、张品兴、高聚成：《新时期新名词大辞典》，中国广播电视出版社1992年版。

刘诗白、邹广严：《新世纪企业家百科全书》第5卷，中国言实出版社2000年版。

（周立群）

锡克模式——第三条道路

Ota Sik's Model：the Third Way

奥塔·锡克（Ota Sik）是捷克斯洛伐克著名经济学家，也是20世纪60年代捷克经济改革的领导人之一。1952年起，锡克历任捷共中央党校教授、科学院经济研究所所长等职。1963～1968年期间任政府经济改革委员会主席。1968年4月任政府副总理兼经济部部长。同年8月，苏军侵捷，锡克流亡瑞士，任教于圣·加伦大学。1981年春锡克曾来华访问讲学。

锡克关于社会主义经济理论的著作主要有：《社会主义的商品经济》（1958）、《经济—利益—政治》（1962）、《社会主义的计划和市场》（1965）、《捷克斯洛伐克的经济改革》（1969）、《民主和社会主义的经济》（1971）、《共产主义政权体系》（1975）、《第三条道路》（1972）、《人道的经济民主制》（1979）、《一种未来的经济体制》（1985）、《经济体制——比较、理论、批评》（1987）等。

作为最早探索计划和市场相结合的经济学家之一，锡克提出了一种既非资本主义，又区别于传统的苏联式经济体制的“第三条道路”。锡克认为，资本主义的利益矛盾不可克服，其宏观发展不受社会控制，生产结构与收入分配不相协调。与此同时，“以社会主义的尺度来衡量”，传统的苏联经济体制“只能看做是一种特殊的、以国家垄断方式加速工业化的过程”。这种体制在建设初期的外延式增长条件下有一定的积极作用，但是存在着严重的效率问题。社会主义经济改革必须彻底跳出苏联模式，建立具有如下特征的新体制：第一，资本集体化（锡克后来又进一步提出了“资本中立化”的概念，参见《一种未来的经济体制》等书）。第二，对宏观经济实行民主的方向性的计划管理。第三，保持市场的基本职能。第四，加强政治民主，实现真正的社会变革。

强调利益问题的核心作用是锡克对社会主义经济理论做出的突出贡献之一。“人们的需要和利益是经济活动的最主要的、最直接的和客观决定的动力”。“市场之所以不能被取代，不仅是因为在技术上存在着不可克服的困难。……其首要原因还在于：在‘社会主义阶段’，企业与社会之间仍存在着不可克服的利益矛盾”。因为劳动对大多数人来说还没有成为第一需要,还存在着僵化的劳动分工以及简单劳动和复杂劳动之分,劳动者必然要求在劳动量既定的情况下取得最大的收入,或者在收入既定的情况下尽可能减少劳动量。对于企业来说,同样也有利益问题。没有竞争的压力,没有成本的监督,企业的生产与社会需求之间的矛盾日益扩大,长期短缺造成的卖方市场进一步加剧了生产和消费之间的矛盾。他指出,兰格、布鲁斯等人对社会主义企业的利益问题没有给予足够的重视。因此,试图用更灵活的中央计划价格和现代化的电子计算机来解决利益问题只能是幻想。只有市场机制才能促使企业迅速而灵活地变更生产结构以适应消费者不断变化的需要,实现社会、集体、个人之间的利益协调。

虽然市场机制可以实现社会经济的微观平衡——产品的供求协调,但是市场本身存在许多消极因素,比如市场结构不完善(如垄断);市场信息只能反映在过去的生产和分配基础上出现的需求结构;市场不能预示社会经济发展的方向,也不能解决教育、文化、医疗、环境保护等社会长期发展问题。不过,市场机制最严重的问题是,它在资本主义制度下不能保证社会经济的宏观平衡。按照马克思的再生产理论,所谓宏观平衡是指生产资料和消费资料两大部类保持比例协调。如果说影响微观平衡的主要因素是需求结构的变化,那么影响宏观平衡的主要因素则是收入分配。比如,国民收入中利润增长得快,工资增长的慢,就会出现消费品生产过剩。消费资料生产部门因而会减少投资,引发生产资料生产过剩。生产资料部门进而也会缩减生产和就业,使得社会对生产资料和消费资料的需求进一步减少。资本主义的经济危机就是这样产生的。锡克指出,虽然这是马克思主义的常识,但是非马克思主义经济学家不承认这一点,以为市场机制可以解决问题,而过去的马克思主义经济学家犯了同样的逻辑错误,以为实现宏观平衡的出路在于取消市场。锡克提出:社会主义经济可以通过完善的市场机制实现微观平衡,同时通过宏观分配计划实现宏观平衡。

完善的市场机制首先要有竞争性的市场价格,即生产价格(生产成本加平均利润)。由于社会主义国家同样会出现垄断企业,在卖方市场的情况下,苏联和东欧国家经济改革采取的利润刺激手段只会造成比旧的计划体制下更大程度的不协调。因此,社会主义经济的市场机制必须促进竞争(如通过外贸引进竞争),反对垄断(如征收垄断税),并通过抑制需求和增加供给(如鼓励中小型企业的发展)建立买方市场。

同时,要发挥市场机制的作用,社会主义企业必须具有真正的独立性,即企业必须对生产和投资有决策权,对经营取得的利润有支配权。工人的收入应当同企业经营的成果发生联系。锡克提出,企业的日常决策由工人选举机构任命的经理和管理部门负责,长期基本决策(如企业结构、报酬制度等)则由选举产生并定期更换的工人自治委员会负责。工会主要关注劳动条件等劳动者的短期利益和社会文化方面的利益。

关于社会主义经济的宏观分配计划,锡克指出,它不仅不排斥市场机制,反而是以市场机制的积极作用为条件。它不像指令性计划那样直接控制和决定企业的一切微观活动,而是主要针对国民收入分配比例,即国民收入中积累和消费的比例、个人消费和社会消费的比例、积累的使用方向和生产的增长速度等。就计划的内容来看,主要包括两个方面:一是预测生产的增长,如计算需要增加的投资和劳动;二是决定产品的使用,如多少用于补偿性投资,多少用于纯投资(扩大再生产),多少用于个人消费,多少用于社会消费等。与此相对应,计划机构包括两个委员会:一个是生产委员会,一个是生活质量委员会。就计划的手段来看,不是依靠行政命令,而是把一系列经济参数作为调节手段,比如:规定工资和利润在国民收入中所占的比例(以控制社会的投资总量);规定税收在利润中所占的比例(以确定社会消费的规模);规定职工分红在利润中的比例;预测个人储蓄在工资中的比重,并规定消费信贷总额(以保持个人储蓄和消费信贷的平衡);保持利润中的储蓄和投资信贷的平衡等。通过宏观分配计划的调节,可以保持两大部类之间的平衡,使社会生产按规定的目标发展。

参考文献:

[捷]奥塔·锡克:《社会主义的计划和市场》,中国社会科学出版社 1982 年版。

[捷]奥塔·希克:《第三条道路》,人民出版社 1982 年版。

[捷]奥塔·希克:《共产主义政权体系》,江苏人民出版社 1982 年版。

[捷]奥塔·锡克:《经济—利益—政治》,中国社会科学出版社 1984 年版。

[捷]奥塔·锡克:《一种未来的经济体制》,中国社会科学出版社 1989 年版。

[捷]奥塔·锡克:《经济体制——比较、理论、批评》,商务印书馆 1993 年版。

[捷]奥塔·锡克:《奥塔·锡克教授谈经济体制改革》,载于《农村金融研究》1981 年第 11 期。

[美]D. R. 法斯费尔德:《奥塔·锡克论经济民主和人道主义》,载于《国外社会科学》1989 年第 9 期。

(方敏)

南斯拉夫自治社会主义模式
Yugoslavian System of Socialist Autonomy

“自治社会主义”是南斯拉夫从20世纪50年代开始建立的经济模式。南斯拉夫曾经短时间采取过苏联式的集中计划经济体制。后来因为与苏联的政治决裂以及计划经济在其国内民族问题的复杂背景下出现的矛盾，南斯拉夫开始对计划经济体制进行彻底的改革。1950年6月，南联邦议会颁布了《关于劳动集体管理国营经济企业及其更高级的联合组织的法令》，规定“劳动集体通过企业的工人委员会，以及联合几个经济单位的高级联合组织的工人委员会和管理委员会来管理这些企业。”这标志着南斯拉夫自治制度正式开始建立，并逐步将自治范围扩大到一切经济部门和所有的国家机关与社会事业单位。从60年代末开始，南斯拉夫又提出实行“联合劳动”原则。1971年，南联邦议会通过《宪法修正案》，要求经济部门在工人自治的基础上按联合劳动原则进行改组。1974年5月通过的南斯拉夫联邦新宪法和1976年11月通过的《联合劳动法》提出了社会主义自治的基本原则。

南斯拉夫自治社会主义模式的基础和前提是生产资料的社会所有制。从1950年起，卡德尔等人就对苏联模式中的国家所有制进行了批判，提出国家所有制只是公有制的初始形式，而非高级形式。国家所有制造成了官僚主义，使工人同自身的劳动条件和劳动成果异化，限制了劳动者的积极性，阻碍了技术进步和生产率的提高。根据马克思关于“自由人联合体”的设想，公有制是对一切生产资料所有制垄断形式的否定，即生产资料的非所有制。社会所有制意味着生产资料为全社会所有，为全体劳动者共同所有。它不是任何人的所有制，也不是国家或集团的所有制。它保证每个劳动者都拥有使用生产资料劳动的平等权利。

在社会所有制条件下，由于不存在生产资料所有制的垄断，劳动者为了能通过自己的劳动获得生活必需的消费资料，必须寻找自己与生产资料相结合的方式。社会化大生产的客观要求使他必须自觉地与其他劳动者联合起来，在联合劳动的基础上使用生产资料，并在共同支配劳动成果的范围内占有个人的消费资料。这就是所谓自治生产方式。

工人自治制度是南斯拉夫经济模式的标志。1950年6月颁布的第一个工人自治法令，规定各企业的工人选举工人委员会，工人委员会有权管理企业。按照该法令，工厂、矿井和所有其他国营企业都是由它们的工作人员代表社会共同体，根据国家经济计划来进行管理。工人委员会选举一个管理委员会，管理委员会批准由工人特殊委员选举的总经理。20世纪70年代又将工人自治制度进一步规范化，1971年和1974年分别作了两次宪法改革，1976年又颁布了《联合劳动法》。按照有关法律，自治的生产组织包括三个层次：一是所谓“联合劳动基层组织”，它是最基本的生产性单位（工厂、工厂的部门），独立地履行采购、生产和销售的职能，具有自己的成本—收益核算；二是所谓“劳动组织”，即通常所说的“企业”，它是若干“联合劳动基层组织”的联盟，并以“联合契约”来调节；三是各“劳动组织”自愿结成的或垂直，或水平，或混合的“联合劳动复合组织”。

在工人自治制度下，企业全体成员组成的工人集体构成经济决策的实体。企业的主要经济决策——联合劳动基层组织的营业计划、经济成果的分配、任命和监督联合劳动基层组织的领导等——由选举产生的自治机构——任期两年的工人委员会——负责。随着自治制度的发展，南斯拉夫从1952年起取消了中央统一的集中计划，采取只确定基本比例关系的社会计划。自治企业不仅可以独立制订自己的生产计划，而且可以自由地按当时的市场价格支付工人的工资和购买原料，在没有价格控制的情况下可以自由决定其产品的售价。不过，自治企业在制订计划的过程中必须遵守自治协议（企业间的规定原材料供应和产品销售的合同）和社会契约（企业与各级政府间的规定企业必须履行的税收等义务的合同）。

工人自治企业的业绩核算遵循所谓的“收入原则”。一个自治单位的净收入等于企业在一个计划期内的收益扣除原材料成本、折旧（由政府规定）以及各种支付义务（如各种费用、利息等）之后的剩余。企业的净收入加上向政府缴纳的税收等于企业的总收入。自治机构自行决定净收入如何在企业的基金（投资基金、储备基金、社会保障基金）和员工的总收入基金之间进行分配。20世纪70年代以前，法律规定企业可以自由决定如何在工人中分配剩余收入。70年代以后，员工收入基金（扣除税收和社会保障缴费之后）在员工之间的分配方式采取了“分数制”，并依据员工的受教育程度、承担的责任、业绩和在企业中的工龄将各个员工分出等级。进行最终的分配时，个人的收入取决于总收入基金的实际数额、所有员工的分数总和以及个人的分数。采取这种分配方式的目的在于：通过劳动者分享企业的剩余（体现实际的经济成果）而不是领取工资或薪金的方式实现社会主义的按劳分配原则。

南斯拉夫的经济模式又被称为“市场社会主义”或“分享式的市场经济”。它与当时被作为样板的苏联经济体制形成了鲜明的对比，在社会主义经济理论与实践方面独树一帜。但是，美国经济学家B. 沃德早在1958年就提出了对工人自治企业制度（沃德称其为“伊利里亚”企业）的质疑。假如自治企业的目标函数是最大化工人的平均收入，在相同的市场参数下，工人自治企业有可能通过比资本主义私人企业更低的产出、更少的就业、更高的资本密集度来实现自己的目标。同时，由于企业的积累归社会所有，自治企业的工人可能更愿意将企业的剩余用于个人收入分配，而不是再投资。而个人收入的增长趋势及其刚性就会成为加剧通货膨胀、增加失业的一个重要因素。对此，布鲁斯等人指出，南斯拉夫自治社会主义模式只是一种引进有限资本市场和劳动力市场的尝试，它不仅没有消除国有部门的“软预算约束”，而且还产生了“既不是市场也不是计划”的混乱。

参考文献：

［南］爱德华·卡德尔：《公有制在当代社会主义实践中的矛盾》，中国社会科学出版社 1980 年版。

［南］爱德华·卡德尔：《民主与社会主义》，人民出版社 1981 年版。

［南］米拉丁·科拉奇：《社会主义自治生产方式》，中国财政经济出版社 1981 年版。

［美］埃冈·纽伯格、威廉·达菲等：《比较经济体制——从决策角度进行的比较》，商务印书馆 1984 年版。

［南］米洛万·巴甫洛维奇：《南斯拉夫自治经济制度的产生与发展》，北京大学出版社 1985 年版。

［波］W. 布鲁斯、K. 拉斯基：《从马克思到市场：社会主义对经济体制的求索》，上海三联书店、上海人民出版社 1998 年版。

张利华、徐绍刚、张正安：《南斯拉夫自治社会主义理论研究》，中国社会科学出版社 2002 年版。

罗元铮：《南斯拉夫的社会主义自治制度》，载于《经济研究》1978 年第 12 期。

［南］M. 尼科利奇：《南斯拉夫社会主义自治发展的理论基础》，载于《国外社会科学》1982 年第 4 期。

［南］B. 霍瓦特：《劳动者自治经济》，引自［英］伊特韦尔等：《新帕尔格雷夫经济学大辞典》，经济科学出版社 1996 年版。

（方敏）

波兰型社会主义经济模型
Polish Model of Socialist Economy

波兰型社会主义经济模式是波兰在探索社会主义建设的新途径过程中产生的，兰格和布鲁斯的理论对它的建立起到了重要的作用。这个模式将国民经济发展的集中计划与基于工人的、部分基于合作社和地区自治的分散管理有机地结合起来。该模式认为国民经济管理的基础应当是自主的社会主义企业，利润是企业是否完成其经济任务的基本标准。同时，它还认为，价格是社会主义企业互相联系，以及它们与消费者和私人生产者（农民和手工业工人）联系的基本手段。在波兰发展的早期阶段，波兰型社会主义经济模式曾对波兰的经济发展起到了很大的推动作用，但该模式存在一个重大的缺陷，即它是在传统的计划经济框架内寻求改革之路，仅仅是通过引进某些市场机制修补僵化的计划经济，这个缺陷使得它无法解决波兰经济发展中的矛盾，不得不于 20 世纪末退出了历史的舞台。波兰型社会主义经济模型有以下特点：

首先，集中计划和分散管理。波兰社会主义经济模式的特点是将国民经济发展的集中计划与基于工人的、部分基于合作社和地区自治的分散管理相结合。这个模式的一个进一步特征是利用经济刺激作为实施国民经济计划的基本工具。集中计划包括了国民经济发展的一般路线，以及对整个国民经济有根本重要性，或者由于技术原因，其管理必须集中的那些领域。集中计划的主题是：国民收入在投资和消费之间的分配及与之有关的国民经济增长率、工资基金、居民的其他收入、为满足消费者需要而生产的商品价值、流通的通货数量等，都用以保证国民经济发展中的均衡。除此之外，集中计划还保证，国民经济必须按照符合国家最高权力机关所需要和希望的路线发展，所以投资应当集中计划。主要投资由中央直接计划；对整个经济意义较小的次要投资可由各部、全国委员会和企业计划，它们在中央计划规定的一般分配和指示的轮廓之内。国民经济计划包括国民经济基本商品的生产，如煤、钢和其他重要原料，肥料，机器，运输，设备，大宗消费品。其他商品的生产应当由自主的地区计划或直接由各个企业决定。国民经济计划还包括保证技术进步所需的基本手段（特别是以适当投资的形式）。在由于技术原因需要集中管理的生产部门中，例如在钢铁工业中，国民经济计划本身规定了生产技术的具体革新。

其次，管理的基础是自主的企业。波兰经济模式认为：国民经济管理的基础应当是自主的社会主义企业。这些企业应当作为实施共同社会任务的人群来工作，个人关心这些任务的成果并且用一种友好协作的感觉团结起来。在国营经济中，社会主义企业是属于全民财产的受托人，他们在国民经济计划和国家经济政策一般指示的轮廓内自主地管理这些财产。在合作社经济中，社会主义企业自己是财产所有者。不过有一点是清楚的，他们在一定程度上也应当被认为是民族事业的受托人，并在国民经济计划和国家一般经济政策的轮廓之内行动。因为小型私营生产——而且甚至直到一定规模的农业、手工业和小型地方工业中的小规模资本主义生产——还将在波兰继续存在一个长时间，国民经济计划必须引导并影响这些生产。实施国民经济计划，进行计划未包括的商品的生产，降低成本，引入技术进步，以及达到一个适当的利润水平，是国营和合作社两种社会主义企业的任务。实现这些任务首先应当基于工人们对企业利润的物质关心。利润应当变成判断企业是否完成它的社会经济任务的基本标准。社会主义企业之间的关系,一般的应当基于一种直接合同制度,它可能代替从上面分配的现行制度。从上面分配应当限于例外的情况,其中某些商品,特别是原料的短缺,不能靠提高价格来消除,因为国民经济计划的实施除价格政策外,需要更有选择性的手段。

最后是定价的原则。波兰经济模式认为,社会主义企业互相联系,以及它们与消费者和私人生产(农民和手工业工人)联系的基本手段应当是价格。换句话说,这些联系应当基于价值规律的作用。在此情况下,定价将成为指导国民经济的主要工具。定价必须留在国家手中,也就是在中央或地方当局手中,视某种产品的性质和一般经济重要性而定。对于整个国民经济有基本重要性的产品,其生产由国民经济计划直接控制,价格必须由中央当局规定。地区经济计划决定的产品,或计划不包括的产品,其价格可由地方当局规定。只有在例外情况下,在社会的或私营的小型工业中,有大量企业有效地互相竞争,价格才能靠市场机制自由决定。不过在这里,国家当局一定程度的控制是必要的。对于农业产品,物价部分地由国家通过国营和合作社商业组织采购决定,部分地由公开市场在农民和消费者之间的直接交易中决定。为了防止社会主义企业中产生垄断辛迪加,国家定价的原则也是非常有必要的。如果社会主义企业能确定它们的产品价格,它们就会靠提高价格来提高它们的利润,而不是靠增加产量、靠改进技术降低成本来提高利率。社会主义企业或它们的联合因而可能变成生产资料的垄断所有者,可能不再是属于全社会的财产和全社会利益的受托人。

波兰型社会主义经济模型是在传统的计划经济框架内寻求改革之路。而且波兰当局实施的一些改革措施并未触及传统社会主义经济体制的要害,仅仅是企图通过引进某些市场机制修补计划经济僵硬化的顽症。这种状况一直到20世纪80年代末期都没有根本性的变化。随着时间的前进,波兰经济体制改革也不断有所深化,但正是由于这一根本原因使得波兰经济中的矛盾始终不能得到彻底解决。波兰社会主义经济发展的历史也不得不于20世纪末结束。

参考文献:

[波]奥斯卡·兰格:《社会主义经济理论》,中国社会科学出版社1981年版。

中国社会科学院苏联东欧研究所:《波兰政治经济体制改革文献选编》,中国社会科学院苏联东欧研究所1985年版。

Adam Bromke, *East Europe in the Aftermath of Solidarity*, Columbia University Press, 1985.

Philip Hanson, *Ownership and Reform in Soviet/East European Survey*, Westview Press, 1989.

David Miller, *Market, State and Community: A Theoretical Foundation of Market Socialism*, Oxford University Press, 1989.

Wlodzimierz Brus, Kazimierz Laski, *From Marx to Market: Socialism in Search of an Economic System*, Clarendon Press, Oxford, 1989.

Hubert Gabrisch, *Economic Reform in East Europe and the Soviet Union*, Westview Press, 1989.

Jeffrey Sachs, *Poland's Jump to the Market Economy*, the MIT Press, 1993.

(冯科)

加速苏联经济发展战略
Accelerated Strategy of Economic Development in Soviet Union

戈尔巴乔夫在1985年召开的苏共中央四月全会上第一次正式提出了"加速发展战略"的经济发展构想。这一构想在随后召开的苏共二十七大中被予以正式通过,并作为指导苏联全国发展的战略总方针。这一战略构想顺应苏联当时社会经济加速发展的需要,因此也被称为"加速苏联经济发展战略"。

从这一战略的覆盖范围来看,它主要是针对当时苏联经济、政治、军事和外交等各方面工作的开展进行规划和指导。"加速苏联经济发展战略"的量化目标是以年平均4.7%的增长速度,使得苏联国民收入在20世纪末实现翻一番的水平,并争取苏联从经济、军事以及技术各方面实现先进科技的引进和运用,增强苏联自身综合实力的同时实现社会劳动生产率达到世界最高水平,即在20世纪末超过欧洲发达国家并接近美国的水平以便实现在21世纪与美国进行新一轮经济、技术和军事全方位较量的目标。

加速苏联经济发展战略的提出背景。早在20世纪30年代,苏联就形成了自己的一套经济发展模式和经济体制基本原则。然而随着苏联随后几十年社会政治经济形势的不断变化,固有的经济发展模式和体制已不能很好地适应时代的发展和需求,这导致70年代苏联经济增长速度持续下降。经济实力的下降使得美苏两国之间的差距日益拉大。不仅如此,当时日本的国民生产总值已经非常逼近苏联,这主要是由于苏联研制和采用新技术方面的落后,这亦使得苏联第二大国的地位岌岌可危。在这样内外因素的共同作用下,苏联面临了前所未有的巨大挑战。残酷的现实逼迫苏联必须采取有力的措施,迅速改变其经济、科技等方面落后的状态并维护其世界大国的地位。加速苏联经济发展战略的内容包括以下四个方面:

首先,提高经济增长速度是"加速战略"的核心。

戈尔巴乔夫在苏共二十七大所做的政治报告中提出,"加速国家社会经济发展是解决我们所有问题的关键";雷日科夫在苏共二十七大所做的经济报告中也提出,"速度问题过去和现在一直是党的经济政策的一个中心问题"。为此,苏联计划国民收入的增长速度从第十一个五年计划时期的3.1%提高到20世纪末的5%,国民收入和工业产值在20世纪末要增长1倍,"达到世界上最高的生产率水平"。

其次,全面贯彻集约化是"加速战略"的基础。戈尔巴乔夫在苏共二十七大所做的政治报告中提出,"加速不仅是指提高经济发展速度,其实质在于发展的新质量:在科学技术进步、经济结构改造、有效的管理、劳动组织和刺激形式的基础上尽一切可能使生产集约化。"为了贯彻集约化方针,苏共二十七大突出强调科技进步、结构调整和经济体制改革这几项关键性措施,同时还决定采取以下措施:一是规定第十二个五年计划期间,国民收入、工业产值和其他物质生产部门产值的增长额几乎全部要靠提高劳动生产率来取得;二是规定第十二个五年计划期间,要依靠节约来保证对其重要资源需求增长额的60%~65%,这就意味着要把节约变成满足对燃料、原料和其他物资的更多需求的基本来源;三是要进一步提高产品质量,规定在第十二个五年计划期间,高质量工业产品的比重大体要增长1倍;四是改善固定生产基金的利用,提高基金产值率。

再次,加快科技进步是"加速战略"的关键。苏共二十七大认为:要"在科学技术进步的基础上实现国民经济的改造"。为了加速科技进步,苏联计划采取如下措施:一是调整工业结构,加快新型工业的发展。具体来讲是指从传统产业(重化工)为主的一元工业结构向新老产业并举的多元工业结构转变;二是调整产品结构,实现从资源密集型向知识、技术密集型转变。为此,要超速发展机器制造业。在第十二个五年计划期间,机器制造业要增长40%~45%,比整个工业平均增长率高90%;机器制造业本身的设备更新系数提高到10%~12%,到1990年时设备至少要更新50%;在机器制造综合体中,首先要加快发展机床、计算机、仪表、电机等产品的生产;机器制造业产品的年更新率将由1985年的3.1%提高到1990年的13%,符合世界先进水平的产品比重相应地从29%提高到80%~95%,研制和掌握新机器的期限要缩短2/3~3/4。除此之外,该战略还包括广泛采用先进工艺、调整投资结构、完善科研生产一体化的组织形式以及提高科技人员的社会地位和待遇等多项内容。

最后,根本改革经济体制是"加速战略"的保证。苏联逐步制定了较为完整的经济体制改革方案。戈尔巴乔夫提出要实行"全面改革",即"要对经济关系和全部社会关系进行深刻的变革","要在所有战线——经济、社会、道德和政治战线开展斗争"。

"加速苏联经济发展战略"顺应当时苏联社会经济发展要求,该战略的制定和实行具有很强的探索和现实意义。但是"加速苏联经济发展战略"还是存在很多问题,例如没有谈及计划调节和市场调节的关系,对经济机制和管理体制的改革问题都描述的非常笼统等。

参考文献:
吴恩远:《论戈尔巴乔夫的"加速发展战略"》,载于《中国社会科学》2000年第5期。
赵玉龄:《苏联"加速发展战略"的背景、实质、问题和可行性》,载于《苏联东欧问题》1986第6期。
王崇杰:《苏联的加速发展战略与经济体制改革》,载于《当代世界社会主义问题》1986年第2期。
雷正、施芝:《苏共二十七大与加速发展战略》,载于《世界知识》1986年第10期。
王崇杰:《苏联的加速发展战略与经济体制改革》,载于《计划经济研究》1986年第7期。
黄石:《略述苏共二十七大的"加速发展战略"》,载于《今日苏联东欧》1986年第2期。
叶灼新:《浅议苏联加速社会经济发展战略》,载于《经济纵横》1987年第2期。
贾文华:《苏联的加速发展战略与东部地区开发》,载于《学术交流》1988年第4期。
罗肇鸿:《苏联调整经济发展战略》,载于《世界经济》1987年第1期。
王金存:《苏联社会主义经济七十年》,北京出版社1992年版。

(冯科)

美国自由市场经济模式
Free Market Economy Model of USA

自由市场经济也被称为市场经济或者是自由企业经济,是一种经济体系。在这种体系下产品和服务的生产及销售完全由自由市场的自由价格机制所引导。市场经济里并没有一个中央协调的体制来指引其运作,但是在理论上,市场将会通过产品和服务的供给和需求产生复杂的相互作用,进而达成自我组织的效果。

自由市场经济模式以亚当·斯密的古典政治经济学理论和18世纪中期英国工业革命的实践为理论依据,主张国家对私人企业尽可能少干预,实行自由经济、自由贸易;企业高风险、高利润;强调个人自由,反对国家制定经济发展规划。亚当·斯密在其著作《国富论》中是这样描述的:"借由追求他个人的利益,往往也使他更为有效地促进了这个社会的利益,而超出他原先的意料之外。我从来没有听说过有多少好事是由那些佯装增进公共利益而干预贸易的人所达成的。"美国从建国之初就选择了实行市场经济,200 多年来没有太大曲折。美国建立市场经济的步骤可以分为三个阶段:(1)从 18 世纪末到 19 世纪中后期,随着工业化和由农业国向工业国的转变,确立了自由竞争的市场经济体制。(2)19 世纪末 20 世纪初,自由竞争的市场经济向垄断的市场经济转变。(3)20 世纪 30 年代,特别是第二次世界大战以后,确立混合经济体制。

尽管很难说美国目前仍然是自由市场经济体制,但还是不难看出其以自由竞争为主基调的特色。美国作为自由市场经济的典型代表,其具体特征有以下几个:

一是企业享有比较充分的自主权。美国市场经济体制的基石,是自由企业制度。企业作为市场活动的独立主体,拥有比较完整、充分的权利,生产什么、生产多少和怎样生产等微观决策通常都是由企业自行决定。美国自由市场经济的重点是企业的自由。当然,企业的这种"自主性"是建立在较完备的法律基础上的。

二是市场是经济运行的中心环节,政府宏观调控活动集中在市场上。美国政府比较强调市场的合理性,注重限制垄断,保护竞争。美国通过了一系列的反托拉斯立法,以法律手段尽力为企业创造公平竞争的社会环境。最早的反托拉斯法是 1890 年通过的《谢尔曼法》,对托拉斯的行为做出了限制。其后 100 多年来,针对反托拉斯过程中的问题又通过了不少相关立法。另外,由于市场调节的有效与否取决于市场提供给企业的信号是否真实,美国政府把尽可能地让市场信号真实作为自己的一项重要职责,目标主要是反周期和反通货膨胀。

三是政府宏观调控手段偏重于财政政策与货币政策。美国政府对经济运行的介入和干预也是依法进行的,在法律授权的范围内,依据对市场总需求的分析,采用或松或紧的财政政策和货币金融政策。其直接目的是为了扩大或压缩市场上的有效需求,通过市场上供求总态势的变动,引导企业对市场做出反应的形式进行决策调整。相对而言,美国政府宏观调控手段不那么强调具体功能以及经济计划和产业政策。

四是体制关系的透明度较高。美国模式中,政府、市场和企业的相互关系以及各自地位一般都由明确的法律做出规定。尤其是政府的行为,都要以立法为依据。政府的宏观干预和调节,也必须落实到法律上,通过立法来贯彻执行,具有较高的公开性。

美国式自由市场经济模式在形成以来,受到其他资本主义国家的广泛肯定和模仿,但是 2008 年的金融危机之后,该模式的问题也逐渐凸显,不少学者认为这种自由市场经济带来的是虚假繁荣。其实早在 2002 年和 2007 年,欧洲的社会主义者和拉丁美洲的民粹主义者就曾经对美国经济模式提出质疑,称之为"牛仔资本主义",但当时一片繁荣的景象掩盖了批评之声。当美国发起金融风暴并拖累全球发展之时,美国政府不得不采取一些与自由资本主义相矛盾的"政府干预"措施救市。在 21 世纪的第一个十年里,像其他非自由市场经济模式不断遭遇挑战一样,美国式自由市场经济模式的问题也在不断显现。

参考文献:
何国臣:《世界主要发达国家市场经济模式评介》,载于《理论界》2000 年第 4 期。
李旭章:《三种主要市场经济模式的比较与借鉴》,载于《中国党政干部论坛》2011 年第 12 期。
李云燕:《循环经济运行机制:市场机制与政府行为》,科学出版社 2008 年版。
陶坚:《美国自由市场经济》,时事出版社 1995 年版。
[英]亚当・斯密:《国富论》,上海三联出版社 2009 年版。

(陶涛　吕玮栋)

法国计划引导下的市场经济模式
French Model of Market Economy under Indicative Planning

第二次世界大战后法国政府为恢复和重振国家经济,逐步建立起一个法国式的以资本主义国有化和计划化为特点的经济体制——计划引导下的市场经济模式。这种计划指导的内容主要是确定经济发展方向,规定中期目标和年均增长指标,提出重点发展的生产部门或项目,以及规定需要相应发展的设施和必须采取的基本措施。法国经济计划运行机制的经验在于:国家计划充分尊重市场竞争法则,并对市场机制起着一种补充和完善作用,计划不是政府的"指令",而是在市场机制作用的基础上,运用灵活多样的计划调节形式和手段,起着维护市场秩序和指导宏观经济发展的作用,力求把计划的长处与市场的长处有机地结合起来,以形成推动国民经济均衡、稳定发展的合力。

第二次世界大战后至 90 年代,法国政府共制定和实施了 11 个计划,每个计划一般为五年左右。这些计划的制订和实施主要呈现出以下特点:

一是指导性。这是法国计划化的根本特点。法国经济计划主要是确定指导性指标,如国内生产总值、工业、农业、进出口、总消费、总投资的增长率等,其计划指标只下达到部门,并只对部门和国有企业有某种约束力,对大量的私有企业并不要求强制执行,而只是提供信息,指导企业的决策。

二是在编制计划中,坚持协调原则。这被认为是法国计划调节体制的一大创举。所谓"协调",就是政府通过协调机构——计划总署下的现代化委员会,同工农商各界的代表共同讨论和协商制订计划,力求把各方面的利益要求以及未来的市场需求在某种程度上反映到计划中来,从而保证计划能顺利地加以贯彻。法国前总理巴尔曾说:“政府愿意保持和加强这种协调的做法,因为这是我国制订计划的基础”。法国有些学者因此把政府的经济计划称作“社会集体合同”。80年代初密特朗政府强调计划的“民主化”,实际上是进一步强调了“协调”的重要性。

三是计划过程强调经济预测。预测内容包括部门预测,即预测某个部门(如农业、工业、交通运输、能源、医疗卫生等)未来的供求趋向;“横向预测”,如预测生产的增长,都市化动向,消费趋势等;“全景预测”,如预测国际环境对法国的影响、国家对未来经济变化做出反应的能力、调整经济增长的内容,等等。通过提高经济预测的精确性和可靠性,法国政府保证了计划指导和市场调节互相适应、互相补充。

四是政府通过控制资金供给渠道实施经济计划。法国的经济计划虽然对企业没有强制性,但为了将私营经济纳入计划发展轨道,政府重视通过财政、金融、合同等手段来刺激企业的投资和生产活动。法国政府的公共开支和投资约占全国投资总额的50%,这对计划的实施产生了积极的作用。为了有效地使用金融手段实施计划,法国政府将中央银行和四大储蓄银行控制在自己手里,还通过在私人银行董事会中任命主要人员的方式,控制了许多重要的私人银行。由于整个银行系统完全由政府控制,私人资本市场受到严格限制,因而政府能够有力地影响银行的信贷业务活动,贯彻经济计划。

五是采用适合不同时期特点的灵活的计划形式。法国的计划调节范围和形式不是固定不变,而是在实践中不断发展和变化。前三个计划称之为现代化和装备计划(1947～1961年),注重经济部门的具体规划,计划范围比较狭窄。涉及的主要是工农业尤其是基础产业部门(能源、原材料、交通运输等)。从第四个计划(1962年)起,即进入经济高涨和对外全面开放时期,由于宏观经济平衡问题变得日益突出,计划调节开始越出部门范围,政府开始把国土整治和地区经济发展正式纳入国家计划,同时计划还扩及收入分配、就业、物价、住房和社会保障等社会问题。由此,法国计划便由部门计划发展成为包括经济和社会广泛内容的国家宏观计划,计划名称随之改为“经济和社会发展计划”。从第八个计划(1981年)起,为适应经济调整形势的需要,计划内容进一步扩大到科研、培训、文化教育和生态平衡等领域,使法国计划发展为包括经济、社会和文化教育等广泛内容的综合性计划,因此计划名称又改作“经济、社会和文化发展计划”。

法国的前五个计划(1947～1970年)取得了比较明显的成效,计划指标基本完成甚至超额完成,它对促进战后经济迅速恢复以及随后出现的持续20多年的均衡、高速增长发挥了重要作用。然而此后,法国的计划机制日益失灵,计划调节的作用大大减弱。因受1974～1975年资本主义经济危机的冲击,致使第六个计划(1971～1975年)后两年的指标未能完成。在国际经济环境多变的情况下,又使第七个计划(1976～1980年)的目标几乎全部落空。由此引起了公众对计划作用的怀疑,经济计划化模式出现危机。新的形势迫使法国政府对计划化模式进行改革,改革主要从以下几方面入手:(1)转向“战略性”计划形式。即计划不再规定宏观经济总量指标,而是注重描述经济前景及国家总体发展战略和目标,指明未来几年经济发展方向。(2)加强计划“民主化”。即强调计划的民主编制和监督。(3)加强“分权化”。即实行“权力下放”和扩大地方自主权。(4)实行计划“合同化”。所谓“合同化”,就是在“平等”、“自愿”的基础上,国家通过与地区或企业分别签署计划合同的方式共同实施国家计划项目。

参考文献:

车耳:《法国经济计划化的终结》,载于《欧洲》1998年第2期。

车耳:《法国经济计划执行情况简介》,载于《欧洲》1998年第2期。

车耳:《当前法国经济计划化的危机及国有企业的私营化》,载于《西欧研究》1987年第1期。

车耳、梁东昇:《法国经济计划化的指导性问题》,载于《河北学刊》1985年第3期。

齐人:《法国的经济计划》,载于《经济研究参考》1992年Z4期。

杨祖功:《法国的计划体制及其改革》,载于《法国研究》1985年第4期。

李玉平:《法国的经济计划运行机制与计划体制改革》,载于《西欧研究》1992年第3期。

郑世平:《美国和法国战后政府经济职能的表现形态和经济管理模式之比较》,载于《政治学研究》1986年第6期。

谢旭:《从指导性计划到战略性计划:对法国经验的再认识》,载于《经济研究参考》1992年Z7期。

(蒋云赟)

德国社会市场经济模式

German Model of Social Market Economy

德国的市场经济模式被称为“社会市场经济模式”,意味着它的根本特点正在于市场经济之前冠以的“社会”一词。一方面,该模式以法制为标志,强调公民的个人原则,又强调个人对社会的贡献原则;另一方面,该模式又维持着社会互助原则。社会市场经济可以被视作一个协调机制,其重要标志就是对于市场资源配置的非集中管理;在哪里、投入使用哪些资源以及怎样配置资源的决定是通过个体的交换意图的同时出现和自由实现而做出的。

第二次世界大战后,联邦德国第一任经济部长、后又曾担任联邦总理的路德维希·艾哈德在德国推行社会市场经济模式,对战后经济复苏发挥了巨大作用。这种经济模式的运行机制是通过提高消费者机会、刺激技术进步和创新、按劳分配收入和利润的方式来使市场中的各种力量自由发挥作用。最重要的是,它限制市场力量的过分积累,即这种模式在主张市场有序竞争的同时,强调社会责任,主张高税收高福利。在这种模式下,国家对资本的积累直接干预程度可能较小,但是政治体制严格确立了一整套劳工权利和福利措施,使得有组织的劳工拥有了一个颇有影响的市场和直接参与劳资谈判的能力。德国的市场经济模式主要有以下特征:

一是确立私有制为主体、多种所有制并存的基本经济制度。德国《基本法》第十四条明确规定保护私有制,但也并不排斥其他形式的所有制。《基本法》第十五条规定,在一定条件下,可以把私有土地、自然资源和生产资料转为公有。德国经济中存在的所有制形式包括:私人垄断所有制、非垄断性的资本主义所有制、小私有制、国际私人垄断所有制、国家垄断所有制、合作化所有制、工会所有制和国际国家垄断所有制。其中私人垄断所有制和国家垄断所有制起决定作用。

二是确立以自由竞争为基本原则、竞争秩序由政府负责规范的市场管理体制。在经济活动中,信奉社会市场经济理论,主张并实行有序的市场竞争,由市场力量自行调节经济活动;同时,在需要时由政府进行宏观调控和必要的干预。这两方面的结合是德国社会市场经济理论和实践的核心,其实质是建立在国家宏观调控下的资本主义市场经济。

三是确立独立的金融货币政策、由中央银行负责实施的金融管理体制。德国中央银行拥有相当大的独立性,并得到法律制度和体制机构上的保证。在法律方面,中央银行支持政府的经济政策,负责货币发行;中央银行有责任向政府提供货币政策问题的咨询和信息;政府必须邀请中央银行行长参加讨论有关货币政策;政府有权参加中央银行委员会会议,只有建议权,但没有表决权;中央银行有权参加政府的财政计划委员会和行情委员会会议,但也没有表决权;在挑选中央银行领导成员时,政府有建议权,从而可以施加一定的影响。此外,政府和中央银行共同通过联邦信贷业监督局对整个银行体系进行监督、控制,保证储户存款安全和银行正常业务,并监督银行活动不损害国民经济利益。

四是确立三级政府独立管理、分税征治的财政管理体制。具体做法是中央一级即联邦政府、州一级和地方(市、县)一级的三级政府独立管理运行体制,但各级政府的职能和任务不同。三级政府独立运行管理体制的特点是分税征治,保障各级政府管理运行的财政经费。

总的来说,德国社会市场经济体制的参与者主要有两个:政府和企业。政府可以采取直接干预(对价格进行控制、制定不同的政策)以及间接干预两种手段调整市场经济运行过程中的偏差。德国政府一直以强有力的政策措施来直接影响国内企业的产业积累率与劳动生产率。德国的企业主要以法人持股为主,公司实行共同决策的制度,吸收工人参与经营与管理。德国同时还十分重视储蓄,企业普遍实现了监事会制度。并且德国银行对企业的支持力度十分大。

任何一种市场模式得以正常运行,都是建立在一定原则规范的基础上的。德国社会市场经济模式的特点决定了德国经济模式得以顺利运行的原则包括以下两点:

首先,是自由与秩序并存。艾哈德将德国市场经济原则概括为自由与秩序,他认为“社会市场经济建立在自由和秩序原则的基础上,它们结合成一个不可分割的整体。”在政治和经济领域同时实行自由加秩序的原则,是德国社会市场经济模式取得成就的思想基础。

其次,是经济效率与公正兼顾的原则。德国人十分重视即使最终目标是实现社会公正,首先也要靠每个成员自身的努力奋斗,只有在个人能力达不到改变的前提下,社会才会伸出援助之手。

参考文献:
[美]戴维·柯茨:《资本主义的模式》,江苏人民出版社 2001 年版。
[德]迪特里希·迪克特曼、维克多·威尔佩特·皮尔:《德国社会市场经济:基础、功能、限制》,载于《德国研究》2001 年第 2 期。
[德]路德维希·艾哈德:《社会市场经济之路》,武汉大学出版社 1998 年版。
邱询旻:《美国、德国、日本经济模式比较研究与择优借鉴》,载于《财经问题研究》2003 年第 3 期。
裘元伦:《德国商会市场经济析论》,载于《欧洲》1998 年第 2 期。

(陶涛　吕玮栋)

福利国家的市场经济模式

Market Economy Model of Welfare States

福利国家的市场经济模式是资本主义国家 1929 ~ 1933 年经济危机,特别是第二次世界大战后,为了缓和社会矛盾保证资本主义生产方式协调运转,西方资本主义民主国家的以公共福利支出政策的调整(公共福利支出逐步超过国民生产总值的20%)为特征而形成的一种特殊的经济体制。以瑞典、丹麦、挪威、芬兰等国家为具体代表,在资本主义市场经济与社会主义计划经济之间选择了一条与众不同的中间道路。其核心本质是动用政府资源施行一系列社会保障政策。其理论渊源最早源于19世纪末的民族国家,如英国和德国颁布的一系列《济贫法》(英)、《疾病保险法》(德)等具有社会保障性质的法律法规,以及相关报告,如《贝弗里奇报告》,20世纪以来,英国的"人民预算"和美国的"罗斯福主义"将福利国家的理论诉诸实践。

福利国家的市场经济模式的本质是在市场经济这个基本的经济制度下加强政府的转移支付功能而形成的一种经济制度,该经济制度以市场经济和私有制为基础,以强化社会保障为政府的主要干预方式。哈罗德·威伦斯基对此定义:"福利国家的本质是政府保护收入、营养、健康、住房和教育的最低标准,确保每位公民的政治权利而非慈善。"在这种国家内,下述三点成为整个经济社会的最重要的特征:(1)保证个人和家庭一定量的最低收入;(2)使个人和家庭能够应付某些可能陷入危机的社会意外事故(如疾病、年老、失业);(3)不论其社会地位或阶级状况如何,保证向每一个公民提供一定许诺范围的最优社会服务。

虽然"福利国家"通常指具有高福利的国家,但实际上,在目前世界上,几乎所有国家都存在各种不同类型和程度的社会保障,因此都具有或多或少的福利国家的特征。在具体的经济模式方面,按照社会保障的强度,社会保障制度或曰福利国家的类型便可以分为如下三种:第一种类型是"自由主义"福利国家体制。在这种福利体制中居支配地位的是不同程度的社会救助,辅以少量的普救式转移支付或作用有限的社会保险计划。这一模式的典型代表是美国、加拿大和澳大利亚等。第二种类型是"保守主义"福利制度。该制度类型的特点是社会权利的资格以工作业绩为计算基础,即以参与劳动市场和社保缴费记录为前提条件;这类制度最初发生在德国并得到长期发展,而后扩展到整个欧洲大陆,目前包括奥地利、法国、德国和意大利等许多国家都属于这类国家。第三种是"社会民主主义"制度。资格的确认几乎与个人需求程度或工作表现无关,而主要取决于公民资格或长期居住资格。与其他两种制度相比,他们寻求相当水平的甚至能够满足新中产阶级品味的平等标准的服务和给付,而不是像有些国家那样只满足于最低需求上的平等,所以,这种制度的非商品化程度最强,给付最慷慨;主要存在于斯堪的纳维亚几个国家之中。

20世纪80年代后,由于70年代资本主义国家普遍爆发的经济危机,使得福利国家的理论受到了新自由主义的冲击。在全球化的进程中,资本、劳动力和工会的力量平衡被打破,资本所占据的势力再一次崛起,造成了福利国家的危机。

参考文献:
刘娟凤:《国家福利的基本理论》,载于《经济论坛》2011年第3期。
刘玉安:《福利国家与社会和谐:北欧模式探源》,载于《文史哲》2008年第5期。
郑秉文:《社会权利:现代福利国家模式的起源与诠释》,载于《山东大学学报(哲学社会科学版)》2005年第2期。
[日]广井良典:《福利国家与社会主义市场经济体制》,载于《社会保障研究》2005年第2期。

(徐佩玉)

日本政府主导型市场经济模式
Japanese Model of Government-Led Market Economy

日本政府主导型市场经济模式是以战后日本为代表的一种政府协调型的市场经济体制,是市场经济的典型代表之一。政府主导型市场经济模式指的是在自由市场经济的基础上,国家通过产业政策、计划调节、行政指导等手段,在资源配置方式、决策结构与过程乃至经济运行方向等方面实行较强的干预和战略导向。实行政府主导型市场经济模式的国家有日本、法国、韩国、新加坡、瑞典等国家,以日本最为典型。

美国学者约翰逊在比较美国和日本经济体制时指出,美国和日本都属于市场经济,但是他们对市场概念的理解有所不同。美国重视的是市场的效率(Efficient),而日本更重视效果(Effectiveness)。对市场概念理解的不同造就了日本独特的市场经济模式。日本政府主导型市场经济模式的主要特征包括五个方面:

第一,经济政策决策过程中形成了所谓"官产复合体"和"日本株式会社"的特殊结构,政府对企业活动乃至国民经济运行实施了体制性和结构性的深层介入。

第二,在政府与企业的关系方面,除了通过立法体现市场经济即法制经济这一特点外,政府主要运用产业政策、财政金融政策、计划调节和行政指导等从宏观方面调控企业乃至整个国民经济的发展方向与结构。约翰逊在其所著《通产省和日本的奇迹》一书中充分论述了以通产省为代表的日本政府经济官僚机构对经济运行与发展的强有力的导向作用。

第三,从历史实践看,日本政府干预的基本目标指向依次为追赶、超越和扩张。政府干预的基本理念是经济增长主义,尤其是以大企业为中心的经济增长主义。

第四,从企业与市场的关系看,日本遵从企业本位。企业是市场的主体,企业活动和企业间的竞争构成市场的基本内容。企业的活动要按照市场规律办事,市场信息是企业活动的杠杆。企业为获取高额利润,把竞争的侧重点放在最大限度地开发市场和扩大市场占有率方面,具体包括从商品角度的扩大和市场角度的开拓这两个方面。

第五,从企业制度看,日本大企业的股份制实行所有权与经营权分离,采取所谓公司本位主义的以终身雇佣制、年功序列工资制、企业工会等为基本内涵的日本式经营方式。

如果仅从政府干预资源配置的视角来理解,日本政府主导型市场经济模式的特征主要表现为两个方面。首先是运用产业政策诱导社会资源向政府调控的领域和方向配置。具体来说就是通过经济计划和产业政策,确定不同时期经济发展的重点和投资方向,对经济特别是企业决策进行强有力的干预和引导。例如20世纪50年代重点发展纤维等轻工业,到60年代重点发展钢铁和化学工业,从80年代转向重点发展电器机械和汽车业,到90年代发展电子机械和信息产业的选择,每一次转换选择,都是在政府产业政策的诱导下进行的。经济计划虽然是指导性的,不具有法律和行政上的约束力,但经验表明这种诱导性计划的作用是非常显著的。这与前述的"官产复合体"有关。

其次是政府对企业形成一种"保护"关系,保证企业投资和管理符合政府产业调控的方向。这种保护不仅表现在一系列政策指导上,还表现在政府官员"下凡"到企业任职等紧密的人际关系上。

日本实施政府主导型市场经济模式与其战后独特的国内外经济环境有关。相较于西方发达国家,第二次世界大战后的日本生产力水平低、商品经济不发达,没有形成完整的工业生产体系和完备的法律体系,现代企业制度也不成熟。政府部分地代替市场在经济发展和资源配置方面发挥作用与日本经济实行赶超战略、发挥后发优势是相容的,因此,日本政府主导型市场经济模式在成功地推动战后经济高速增长的同时也决定了它的局限性。随着日本经济赶超目标的实现以及外部环境与条件的变化,尤其是技术创新、知识创新内容与方式的变化,政府主导型市场经济模式的不适应性越益突出。

日本政府和学者均已认识到政府主导型市场经济模式的弊端。放松行政管制,更多发挥市场机制的作用,建立适应网络化时代需要的更加灵活、开放的市场经济,是目前日本经济改革的主要方向。比如在金融体制方面推进更加自由化、更加有选择性的金融体,推进银行、保险、证券等业务的自由化;在企业关系上,开始对束缚企业间竞争的序列关系进行改革;在企业经营方式上,对终身雇佣制进行改革,打破铁饭碗,鼓励人员流动和竞争;在对外开放上,鼓励外资进入日本,收购日本的企业和不良资产,等等。总之,政府在市场经济中的主导作用有所弱化。

参考文献:

[美]查默斯·约翰逊:《通产省与日本奇迹产业政策的成长(1925～1975)》,吉林出版集团2010年版。

那日苏:《战后日本崛起的思考》,湖南人民出版社2007年版。

宋绍英:《日本经济模式纲论》,载于《世界经济与政治》1998年第6期。

阎莉:《日本市场经济体制模式探讨》,载于《日本研究》1998年第4期。

（陶涛　吕玮栋）

混合经济
Mixed Economy

任何一个经济都要解决生产什么、怎么生产以及为谁生产三个基本问题。所谓"生产什么",指的是这个经济该生产什么产品,以及每种产品该生产多少;所谓"怎么生产",又分三个小问题,即谁来生产、使用何种资源、采用何种生产技术;"为谁生产"指的是经济活动的成果怎么分配的问题(萨缪尔森和诺德豪斯,2012)。"为谁生产"又包括两个小问题,一是生产成果在各种投入要素间如何分配,也就是生产出来的商品归谁所有;二是生产出来的产品最终由谁来消费或享用。

要解决这三个问题,有两种极端的方法。一是市场经济,二是计划经济。

在市场经济中,个人和企业根据价格信号做出生产和消费决策。企业追求利润,个人追求效用最大化。于是企业就会采用成本最低的方法生产,这就解决了"怎么生产"的问题;企业就会生产那些利润最大的商品,而利润最大的商品往往是能够给消费者带来较大效用从而价格较高的商品,这就解决了"生产什么"的问题;要素的相对价格体系决定了企业的生产成本,因此企业在决定了"怎么生产"的同时,也就解决了生产成果的分配或所有权问题;而商品价格信号又决定了生产成果由谁消费的问题。

与市场经济恰恰相反,在计划经济中,政府做出所有重大决策。政府占有绝大部分生产资料,拥有并直接经营大部分企业,生产成果归国家所有,且生产成果的配置也完全由政府决定。因此,在这一经济中,政府直接决定了生产什么、怎么生产和为谁生产三个基本问题。

在信息不完全、竞争不充分、产权不明晰、外部性、规模经济的问题存在的情况下,市场就无法完美运行。因此,就会出现"市场失灵"。但在现实经济中,由于信息不完全、激励问题等的存在,同样存在“政府失灵”。因此,纯粹的市场经济和纯粹的计划经济都有巨大的缺陷。

混合经济是一种市场调节与政府干预并存的经济组织方式。由于在经济运行中市场和政府相对重要性的不同,混合经济的性质往往也会不完全一样。有的经济中政府干预强一些,有的经济中市场的成分大一些。混合经济被认为能够结合市场与计划的优点,同时克服两者的缺陷。

混合经济的形成有其独特的经济现实背景。一方面,20 世纪 30 年代,资本主义国家出现了经济大萧条,凯恩斯(1936)认为是古典经济学对市场经济的理解出现了巨大问题,所以提出了政府调节。第二次世界大战期间和战后的经济表现支持了凯恩斯的理论,由此资本主义市场经济国家逐渐开始引入和加强政府调控,出现混合经济。另一方面,包括苏联和中国在内的几乎全部原计划经济国家都出现了严重的经济问题,主要表现形式是商品短缺,于是这些国家相继开始了市场导向的改革,逐渐在计划经济中引入市场的成分,这也形成了混合经济。到现在,世界上几乎所有国家采取的都是混合经济。

参考文献:

[英]约翰·梅纳德·凯恩斯:《就业、利息与货币通论》,商务印书馆 1983 年版。

[美]保罗·萨缪尔森、威廉·诺德豪斯:《萨缪尔森谈效率、公平与混合经济》,商务印书馆 2012 年版。

(苏剑)

华盛顿共识
Washington Consensus

转轨经济学是在 20 世纪 80 年代末期随着计划经济国家向市场经济体制的历史性过渡而出现的一门旨在研究这些国家的制度变迁特征、过渡路径选择以及经济过渡绩效的经济学分支,是将新古典经济学、新制度经济学、发展经济学、演化经济学以及比较经济制度学等经济学科的成果加以综合而应用到转轨问题研究的一种尝试。在计划经济国家转轨初期,来自西方的经济学家们基于传统的新古典经济学理论为这些国家开了药方,希望按照一种理想模式大规模地、迅速地、全面地建立起一套西方式的游戏规则体系,从而带动这些国家市场机制的完善和经济的繁荣。根据新古典教科书所达成的迅速私有化、市场化、自由化战略被称为经济转轨的“华盛顿共识”(Washington Consensus)。

“华盛顿共识”曾经是拉丁美洲发展中国家、东欧和苏联转轨经济国家在经济转型初期一致接受的政策模式,这种共识认为迅速的贸易与金融自由化以及经济私有化措施的有机结合,将克服不发达国家和转轨国家的经济停滞状态并将引发经济的持续增长。威廉姆森(Williamson,1990)曾经将所谓“华盛顿共识”归结为 10 个要素,这 10 个要素得到有影响的国际金融组织、政治团体以及专业经济学者的一致认同,大致包括:(1)财政纪律。预算赤字应该被严格控制,以至于国家不必用征收通货膨胀税的方式来弥补财政赤字。(2)公共支出优先性的转变。支出应该从那些政治敏感领域撤出,重新配置到那些经济收益较高且潜在地有助于改善收入分配的领域。(3)税收改革。税收改革包括扩大税基和降低边际税率,其目的是增强激励,在不降低可实现的经济繁荣程度的前提下提高收入水平的平等性。(4)金融自由化。金融自由化的最终目标是利率由市场来决定,但是实践表明,在市场缺乏信心的情况下,市场决定的利率往往可能过高,以至于对生产性企业和政府的财务偿还能力产生威胁。(5)汇率。各国需要统一的(至少是以贸易交易为目的)汇率体系,汇率应该维持在有足够竞争力的水平之上,以此刺激非传统部门的迅速增长,并保证这些出口部门在将来维持竞争能力。(6)贸易自由化。数量性贸易限制应该被迅速取消,而代之以关税,同时关税应该逐渐降低,直到统一的低关税水平 10%(或至多达到 20%)。(7)外国直接投资。阻碍外国公司进入本国市场的各种壁垒应该被取消,外国公司和本国公司应该被允许在同等条件下进行竞争。(8)私有化。国有企业部门应该实现私有化。(9)放松管制。政府应该取消那些阻碍新企业进入或限制竞争的各种管制措施,并保证所有管制措施都应该以安全性、环境保护和金融机构的审慎监管为标准进行重新审视。(10)产权。法律体系应该在不导致过高成本的前提下提供安全有效的产权保护,并应该在非正式部门提供同样的产权保护。这 10 个方面的“华盛顿共识”强调财政纪律和公共部门资源配置方式的改革,主张金融部门和贸易部门的自由化,主张对汇率、利率和外国投资放松政府管制,并强调国有企业的私有化和保护私人产权,其要旨仍在于自由化、私有化和市场化,是一种典型的经济自由主义共识。

“华盛顿共识”曾经在经济转轨的早期占据绝对优势,俄罗斯和东欧国家大部分按照这样的策略对经济制度和经济体系进行了大规模的私有化、市场化和自由化改革。这种改革模式有时又被称为“休克疗法”或者“震荡疗法”(Shock Therapy),这是一种以理想化的完美理念为引导的、基本原则性的、彻底的制度变迁模式,这种模式与法国革命中的雅各宾主义(激进共和主义)以及俄国革命中的布尔什维克主义(激进共产主义)在方法论和哲学根源上有极相似的地方。对这种经济制度变迁的模式,以哈耶克为代表的奥地利学派以及熊彼特、波普等学者都有过深刻的批判,但是这些犀利的批判因为没有融入主流经济学而未受到人们的足够关注。斯蒂格利茨认为,转轨中的休克疗法的深层根源是冷战遗留下来的"道德热情"和对冷战"胜利"的陶醉,他们试图一劳永逸地建立起一个"新的、干净的、纯粹的私人所有制市场经济",这种思想是雅各宾式和布尔什维克式的狂风骤雨式的社会变革模式的翻版。与改革的西方顾问所承诺的"即将到来的俄罗斯经济的繁荣"相对比的,是俄罗斯(以及东欧大部分转轨国家)经济绩效和经济规模的严重下降。

苏联和东欧国家经济转轨的实践促使西方很多学者对"华盛顿共识"进行反思。现在很多学者都认识到,"华盛顿共识"对于经济转轨的认识未能超出新古典教科书的想象力,它对于经济转轨的复杂过程和约束条件缺乏足够的研究。在"华盛顿共识"中忽视了信息在经济转轨中的制约作用,信息的连续性使得保持原有组织结构的稳定性成为必要。"华盛顿共识"忽视了制度变迁所必须经历的"过程",把制度变迁看成是瞬间的彻底的转变,而实际上,制度变迁是一个累积性的、适应性的过程,是一个不断试错和不断学习的过程。"华盛顿共识"忽视了经济转轨中制度的重要性,实际上,在经济转轨中,价格的自由化和产权的私有化只是一部分,宪政规则和游戏规则(即广义上的制度)的大规模改变才是经济转轨最重要的部分,而宪政规则和游戏规则的改变以及人们对于规则变化的适应与认同都需要时间。"华盛顿共识"还忽视了经济转轨中当旧有的经济秩序和政治秩序被打破而新的秩序尚未建立的时候,可能大量出现寻租行为和机会主义行为,这些行为构成对于政治程序的大规模破坏并导致民众对未来的秩序重建缺乏信心。"华盛顿共识"对于经济转轨中的"路径依赖"问题缺乏深刻的认识,试图瞬间彻底切断与旧有制度和秩序的联系的做法是乌托邦式的理想主义,制度变迁中路径依赖的存在提醒我们采取更现实的成本更小的变迁路径。"华盛顿共识"低估了经济转轨中文化和意识形态的作用,不同的文化传统和意识形态可能导致和要求完全不同的变迁路径,而增强对于经济转轨中文化差异性和路径多元性的认识,是转轨经济学的重要的反思之一。

综上所述,"华盛顿共识"是一种新自由主义的政策框架,强调财政纪律和货币纪律,主张金融和贸易的自由化以及国有部门的私有化,这些包含着强烈的经济自由主义的价值倾向的政策主张,在20世纪80年代以来曾经普遍被发展中国家和转轨经济国家奉为经济发展和经济转轨的圭臬。同时,"华盛顿共识"的基本理念已经成为受雇于国际货币基金或世界银行的巨大经济学家群体心目中的"正统经济学"(Orthodox Economics),换言之,只有美国式的学术价值理念和经济政策倾向才代表着正统的主流的经济学知识,而那些在理论和政策上反对或漠视"华盛顿共识"的人则被视为蒙昧愚钝。但是20世纪90年代传统计划国家激进式经济转轨的经济绩效以及频繁发生在发展中国家、新兴市场经济国家和转轨经济国家的全球性金融危机,使得学术界和决策者对"华盛顿共识"的神圣性和合理性产生了怀疑。90年代后期,由于信息理论和交易成本理论以及制度分析的新发展,经济学家逐渐建立了新的替代"华盛顿共识"的分析框架,现在即使是新古典经济学家也普遍接受这样的理念,即尽管市场仍然是导致资源配置最大化和社会福利最大化的最有效社会机制,但是市场参与者之间的信息不对称、信息不完美以及不可避免的交易成本极大地限制了市场效率并导致严重的市场失败,对信息不对称、交易成本、外部性、市场失败以及制度安排的重要性的认识已经成为主流经济学理论的重要观念,而这些理念在"华盛顿共识"中是没有地位的。经济发展和经济转轨以及包含在其中的金融自由化进程,本质是一个复杂的制度变迁过程,是一场深刻的社会转型(Social Transformation),而不仅仅是一个以宏观经济变量来衡量的技术性增长问题。

参考文献:

Ben Fine, *Development Policy in the Twenty-first Century: Beyond the Post-Washington Consensus*, London & New York: Routledge Ltd, 2001.

Dewatripont, M. & G. Roland, Transition as a Process of Large Scale Institution Change, In D. Kreps & K. Wallis, *Advances in Economics and Econometrics: Theory and Applications*, Cambridge University Press, 1996.

G. Roland: *Politics, Markets and Firms: Transition & Economics*, Cambridge, MA. 2000.

J. McMillan: Markets in Transition, In D. Kreps & K. Wallis, *Advances in Economics and Econometrics: Theory and Applications*, Cambridge University Press, 1996.

Grzegorz W. Kolodko, *Post-Communist Transition: The Thorny Road*, University of Rochester Press, Chapter 2, 2000.

J. Ssachs, *Poland's Jump to the Market Economy*, Cambridge, MA, MIT, 1993.

Joseph E. Stiglitz, *Wither Reform? Ten Years of the Transition*, Paper Prepared for the Annual Bank Conference on Development Economics, Washington D.C., World Bank, 1999.

John Williamson, What Washington Means by Policy Reform, In John Williamson, *Latin American Adjustment: How Much has Happened?* Washington, D.C., Institute for International Economics, 1990.

Williamson, John, Why Did Output Fall in Eastern Europe, In L. Somogyi, ed., *The Political Economy of the Transition Process in Eastern Europe*, Aldershot: Edward Elgar, 1993.

John Williamson, *Democracy and the Washington Consensus*, World Development 21, 1993.

（王曙光）

后华盛顿共识

Post-Washington Consensus

中央计划经济向市场经济的转轨堪称20世纪90年代最引人注目的经济事件。在经历大规模制度变迁的近30个原中央计划经济中，由于政治经济背景和制度变迁路径选择的差异，各国市场化转型的程度并不相同。根据国际货币基金组织的观点，经济转轨包含以下要素（IMF, 2000）：（1）自由化（Liberalization）：允许大部分价格由自由市场决定，降低那些使得本国与全球市场经济价格结构相隔离的贸易壁垒；（2）宏观经济稳定（Macroeconomic Stabilization）：将通货膨胀控制在一定范围之内，避免在自由化之后爆发恶性通货膨胀，缓解过度需求局面，严格控制政府预算规模，控制货币和信贷的增长，强调货币和财政政策纪律，维持国际收支的可持续性和基本平衡；（3）重构和私有化（Restructuring and Privatization）：创造强有力的金融部门，改革企业制度，逐步将企业所有权转移到私人手中；（4）法律和制度改革（Legal and Institutional Reforms）：重新定位政府在经济中的作用，建立市场经济法律规则，引入适当竞争政策。国际货币基金组织认为，在经济转轨的四个要素中，自由化和宏观经济稳定可以以较快的速度实施，小规模企业的私有化也可以在较短的时间内实现，但是大型企业的私有化和法律制度改革则应该在经济转轨过程的稍晚阶段进行，并应花费较长时间。从制度主义的观点来看，向市场经济转轨应该是一个包含不同层面经济行为的长期过程，在这个过程中，新的制度安排（Institutional Arrangement）是成功转型的关键要素。市场经济不仅要求政府管制的自由化和产权的私有化，而且要求足够的制度架构来支撑市场经济的正常运行。从这个意义上来说，经济转轨就必须以一种渐进的方式来进行，因为制度建设（Institutional Building）是一个长期的渐进过程，新的组织的创建、新的法律规则的制定以及不同经济主体的行为变迁，都需要花费较长的时间。科勒德克（Kolodko, 2000）从这种制度主义观点出发，得出与国际货币基金相似的结论，即一般而言，只有自由化和稳定化政策可以以一种较为激进的方式来进行，但是即使如此，也并不表明这是一个理所当然的结论，是否以激进方式推进自由化和稳定化取决于金融稳定的程度和一定的政治环境。

20世纪90年代前期，拉丁美洲发展中国家、东欧以及苏联转轨国家基本按照“华盛顿共识”进行了广泛的经济改革和经济转轨，其中包括金融和贸易的自由化以及国有企业的大规模私有化运动。这场毁誉参半、成败参半的运动促使经济学家对“华盛顿共识”和西方新古典经济学教条进行反思。在这些反思中，对于信息不对称和市场失败问题的考察、对于制度变迁的“过程”的重新认识、对于经济发展和经济转轨中建立宪政规则和市场法治规则重要性的认识、对于市场经济中关键性制度安排和社会秩序的重新估价，对于国家和政府在经济发展和经济转轨中的角色和功能的重新定位、对于计划经济向市场经济转轨时期大规模机会主义和寻租行为的认识、对于制度变迁的路径依赖以及对于文化传统和意识形态在制度变迁路径选择中的作用的认识，是信息经济学、制度经济学和转轨经济学对现代经济理论的重要贡献，这些理念深化了经济学家对经济发展和经济转轨支撑要素的理解，深化了对于市场机制和政府功能的理解，对传统的新古典经济学正统理念形成了极有价值的重构。这些思想，可以归结为“后华盛顿共识”（Post-Washington Consensus）。“后华盛顿共识”为发展中国家和转轨国家金融自由化的路径选择和次序设计提供了丰富的启示。

在系统反思“华盛顿共识”的基础上，经济学家增添了新的10条内容：（1）除其他方式外，通过维持财政纪律来提高储蓄水平；（2）将公共支出转化为方向明确的社会支出；（3）除其他方式之外，通过引进经济上敏感的土地税来改革税收体系；（4）加强银行的监管；（5）维持竞争性汇率，使得汇率在保持浮动的同时作为名义锚发挥作用；（6）实施区域内贸易自由化；（7）除其他方式外，通过私有化和放松管制（包括劳动力市场）来建立竞争性市场经济体系；（8）为所有经济主体明确界定产权；（9）建立关键性的制度，诸如独立的中央银行，强大的预算部门，独立而廉洁的司法部门，以及担负生产性使命的企业代理人制度；（10）提高教育支出，将教育支出倾斜到初级和中等教育。新的10条共识被称为“后华盛顿共识”，与原有的“华盛顿共识”相比较，这些共识在基本原则和政策趋向上并没有重大区别，但是新的共识正确地强调了制度建设在经济改革和经济转轨中的重要性，注意到了建立关键性的组织和制度以及提高制度质量在整个制度变迁过程中的巨大作用。

“后华盛顿共识”是在系统反思“华盛顿共识”的基础上形成的转轨经济学理论，是关于经济转轨路径与指导思想的全面超越与提升，对新古典经济学也进行了重要的修正。斯蒂格利茨指出，在20世纪80年代末期和90年代早期在美国财政部、国际货币基金组织、世界银行以及其他拥有一定影响力的思想库之间所达成的所谓"华盛顿共识",是一种被20世纪80年代拉丁美洲发展中国家的经验所误导的理念,正因为如此,其他面临着完全不同经济使命和挑战的国家从来没有从这种共识中获得令人满意的答案。"华盛顿共识"告诉这些转轨经济国家只要将大规模国有企业私有化并维持相应的金融指标和宏观经济指标,经济增长就会启动而且不断持续下去。这种建立在新古典经济学信条基础之上的过于乐观主义的共识,在整个转轨过程中遭到越来越多的否定和抨击。斯蒂格利茨甚至质疑所谓"华盛顿共识"是否真正存在,事实上,不管在学术界、国际金融组织以及各国决策者中间,这样的"共识"并非是一种实际存在,这些教条体系并没有统一的标准的定义,而且即使赞成这些教条的不同实践者也往往以各自的理解强调其中某一个侧面或重点,因此尽管某些学者将这些教条体系归纳为所谓"华盛顿共识",但是对这些政策合宜性的共识从来就不曾存在过。"华盛顿共识"的失误部分应该归结为新古典经济学对于经济转轨过程中制度建设的重要性的忽视,在缺失重要的组织和制度的情形下,即使经济基本指标保持良好状态,经济转轨也难以顺利推进;制度和组织的演进是较为缓慢的一种制度变迁,但是在"真实世界"中,制度和组织对于经济绩效的影响至为深远,而新古典经济学恰恰忽视了"真实世界"中制度和组织的重要性。著名经济学家诺斯对此发表评论说:"西方新古典经济学理论缺乏对制度的分析,因此在对经济绩效的源泉进行分析的时候往往不得要领。毫不夸张地说,尽管新古典理论花费很大力气研究有效的要素和产品市场的运作,但是很少有经济学家理解那些对市场创造非常重要的制度要求(Institutional Requirement),因为他们仅仅想当然地认为这些制度本来已经存在。为了维持经济增长,为使有效的要素和产品市场的运作成为可能,就必须建立一系列的政治和经济制度,这些制度可以提供低成本的交易以及值得信任的承诺,从而使得市场可以有效运作"。苏联和东欧转轨经济国家在改革过程中出现大规模经济滑坡和经济动荡的原因之一是,在旧有的传统计划经济体制和相应的组织制度被废除之后,新的适应于市场经济的组织制度却难以在短时期内迅速建立,因而大规模的经济与金融的自由化以及狂风暴雨式的私有化运动是在一种"制度真空"(Institutional Vacuum)的状态下运作,因而不可避免地造成经济主体的行为紊乱和预期紊乱,从而导致整个经济发生严重衰退。

科勒德克(2000)在总结"华盛顿共识"缺陷的时候,提出该共识所忽视的8个要素,这些要素也理所当然地形成"后华盛顿共识"中的必要组成部分:(1)转轨经济缺乏自由市场经济所必需的组织架构;(2)转轨经济中金融中介较弱,难以有效配置私人资产;(3)转轨经济在私有化之前缺乏对国有企业的商业化;(4)转轨经济中企业管理不善导致管理者难以在放松管制的经济中实施有效的公司治理;(5)转轨经济中缺乏竞争政策有效实施所必需的制度设施;(6)转轨经济的法律框架和司法体系不完善,不能有效实施税收征管和企业合同;(7)地方政府效率低下,难以承担和处理地区发展所面临的挑战;(8)转轨经济国家缺乏非政府组织(Nongovernmental Organizations,NGOs)来支持新兴市场经济和市民社会发挥功能。在存在严重制度缺失的情况下,转轨国家的制度变迁难以达到新古典经济学教条所预期的各种目标。经济转轨的制度主义观点强调在市场化、自由化和私有化过程中重视制度和组织的建设,重视转轨国家在不同社会历史环境和文化背景下形成的特殊路径依赖特征,对转轨国家的制度变迁具有重要的指导意义。

参考文献:

Douglass C. North, *The Contribution of New Institutional Economics to an Understanding of the Transition Problem*, WIDER Annual Lectures 1, Helsinki: United Nations University World Institute for Development Economics Research, March, 1997.

Grzegorz W. Kolodko, *Post-Communist Transition: The Thorny Road*, University of Rochester Press, 2000.

IMF, Transition Economies: An IMF Perspective on Progress and Prospects, An IMF Issues Brief, November 3, 2000.

John Williamson, The Washington Consensus Revisited, In Louis Emmerij, *Economic and Social Development into the 21th Century*, Washington, D. C.: Inter-American Development Bank, 1997.

Joseph E. Stiglitz, *Economic Science, Economic Policy and Economic Advice*, Conference Paper, Annual Bank Conference on Development Economics on Knowledge for Development, Washington, D. C.: The World Bank, April 20 and 21, UNDP (United Nations Development Program), 1996, Human Development Report 1996, New York: Oxford University Press, 1998.

Joseph E. Stiglitz, *More Instruments and Broader Goals: Moving Toward the Post-Washington Consensus*, WIDER Annual Lectures 2, Helsinki: United Nations University World Institute of Development Economics Research, January, 1998.

Joseph E. Stiglitz, *Wither Reform? Ten Years of the Transition*, Paper Prepared for the Annal Bank Conference on Development Economics, Washington, D. C., World Bank, 28-30 April, 1999.

Timothy J. Yeager, *Institutions*, *Transition Economics and Economic Development*, Westview Press, 1999.

Grzegorz W. Kolodko, *Post-Communist Transition: The Thorny Road*, University of Rochester Press, 2000.

（王曙光）

北京共识
Beijing Consensus

"北京共识"最先由美国《时代》周刊高级编辑、美国著名投资银行高盛公司资深顾问、清华大学兼职教授乔舒亚·库珀·雷默（Joshua Cooper Ramo）于2004年5月7日在伦敦《金融时报》上提出，其后英国外交政策研究中心全文发表了他撰写的《北京共识》研究报告。"北京共识"的提出在国内外产生了重大影响。

"北京共识"是在中国国内经过20多年的改革和发展取得重大成就的背景下提出的。同时，相较于中国取得的巨大成就，20世纪80年代左右与中国大约同时起步并展开国内政治经济改革的前计划经济国家，包括俄罗斯，苏联加盟共和国，以及东欧诸国，加上一直遵循西方自由主义经济学说发动改革的拉美国家等等，其经济绩效却始终不尽如人意。在国内外诸多关注中国的新闻报道和理论文章中，《北京共识》是较为系统化和理论化的文章。

"北京共识"是作为对"华盛顿共识"的回应而提出的。"华盛顿共识"在本质上所反映的是以美国为代表的西方意识形态对于转型国家乃至于所有发展中国家所具有的强大影响力，在20世纪90年代被作为灵丹妙药得到了大多数转型国家的知识分子和激进改革势力的追捧和实施。然而由于奉行"华盛顿共识"所安排的休克式疗法，一些前计划经济向市场经济转型的苏联加盟共和国、俄罗斯和东欧诸国经历了十余年的灾难性的经济衰退，与此同时，以"华盛顿共识"为主要内涵的新自由主义在拉美也遭遇失效，而与此形成鲜明对比的中国经济的蓬勃发展，促成了"北京共识"的提出。

雷默认为中国的新发展方针是由取得平等、和平的高质量增长的愿望推动的。它推翻了私有化和自由贸易这样的传统思想，有足够的灵活性，不相信对每一个问题都采取统一的解决办法。"北京共识"的定义是锐意创新和试验，积极地捍卫国家边界和利益，越来越深思熟虑地积累不对称投放力量的手段。它既讲求实际，又是意识形态，它反映了几乎不区别理论与实践的中国古代哲学观。

在雷默看来，"北京共识"包括指导发展中国家的三个定理：

一是创新主导增长，允许试验和失败。利用创新减少改革中的摩擦损失，创新主导增长模式，知识引导的变化（相对于意识形态引导的变化）已经成为改革后的中国的基本组成部分，其形式是经济学家所说的全要素生产率的快速增长。创新社会有一种允许试验与失败的环境气氛，允许极其重要的经济部门转型、变革、从而能承受发展所带来的冲击。在这方面，邓小平的两点主张极其重要：（1）允许试验和失败；（2）发展过程中政策行动的结果通常难以预料。

二是持续、公平发展，追求稳定和平等。超越人均国内生产总值的衡量尺度，而把重点放在生活质量上。将可持续性和平等性作为首要考虑而非奢谈的发展模式，努力创造一种有利于持续与公平发展的环境。改变中国发展模式、多关心可持续发展、将改革延伸至落伍人群。追求稳定的改革。

三是自主自决，捍卫国家主权和利益，强调欠发达国家对强权的牵制，积极发展非对称国防，利用战略杠杆牵制强权，中国非对称的战略和军事努力的目的是避免冲突。

其中，创新和试验是"北京共识"的灵魂，强调解决问题应因事而异，灵活应对，不求统一标准。雷默认为，北京共识与邓小平的务实思想密切相关，即实现现代化的最佳途径是"摸着石头过河"，而不是试图采取休克疗法，实现大跃进。

国内外学者对"北京共识"存在着很多争议。总体来看，"北京共识"只是基于雷默观察和经验归纳基础上形成的观点，它们并不具备系统性，同时也缺少应有的在理论上的纵深视野。此外，"共识"一词是一个霸权型的语言，"共识"的基本意义是广泛认可的或一致同意的解决方案。"北京共识"还只是一个想法，不是一个概念或思想。美国的"耶鲁全球化"网站有篇文章认为过去十年间，出现了太多的共识，共识一词不再是具有任何意义的可信赖的标识。雷默提出的"北京共识"存在很多不确定性，同时文章中存在一些很多矛盾缺陷，被一些学者所批评。然而毋庸置疑的是，"北京共识"作为对当今世界形势的分析思路，值得人们的关注。

参考文献：

［英］哈尔珀：《北京共识》，中港传媒出版有限公司2011年版。

黄平、崔之元：《中国与全球化：华盛顿共识还是北京共识》，社会科学文献出版社2005年版。

［美］乔舒亚·雷默：《为什么要提出"北京共识"?》，引自俞可平、黄平、谢曙光、高健：《中国模式与"北京共识"：超越华盛顿共识》，社会科学文献出版社2006年版。

俞可平：《中国模式：经验与鉴戒》，引自俞可平、黄平、谢曙光、高健：《中国模式与"北京共识"：超越华盛顿共识》，社会科学文献出版社2006年版。

庄俊举:《"北京共识"与中国模式研究》,引自俞可平、黄平、谢曙光、高健:《中国模式与"北京共识":超越华盛顿共识》,社会科学文献出版社2006年版。

Dirlik, A., *Beijing Consensus: Beijing "Gongshi": Who Recognizes Whom and to What End?* Position Paper, Globalization and Autonomy Online Compendium (http://www.globalautonomy.ca), January, 2006.

Huang Y., Debating China's Economic Growth: The Beijing Consensus or the Washington Consensus, *The Academy of Management Perspectives*, 2010, 24(2).

Huang Y., Rethinking the Beijing Consensus, *Asia Policy*, 2011, 11(1).

Joshua Cooper Ramo, The Beijing Consensus, The Foreign Policy Centre, London, May 2004.

Kennedy S., The Myth of the Beijing Consensus, *Journal of Contemporary China*, 2010, 19(65).

Yao, Yang, The End of Beijing Consensus, *Foreign Affairs*, Vol. 2, 2010.

(王曙光)

中国经济体制改革方向

Direction of China's Economic System Reform

中国经济体制改革方向是指经济体制从传统计划经济向社会主义市场经济方向的转变。

中国经济体制改革始于20世纪70年代末。党的十一届三中全会重新确立了"解放思想、实事求是"的思想路线,把党的工作重心转移到经济建设上来。邓小平同志提出,"正确地改革同生产力迅速发展不相适应的生产关系和上层建筑","使人民不断增长的物质文化生活需要能够逐步得到满足"。

经济体制改革首先在农村推行,通过联产承包责任制的实行,充分调动了农民的生产积极性,提高了农业生产效率,改革取得了显著成效。在农村改革取得巨大成就的基础上,1984年召开的党的十二届三中全会通过了《中共中央关于经济体制改革的决定》,这是中国共产党历史上第一个关于经济体制改革的文件。《决定》指出,"加快改革步伐,推动以城市为重点的整个经济体制的改革。"《决定》首次将"商品经济"概念引入社会主义经济体系,明确提出,"改革计划体制,首先要突破把计划经济同商品经济对立起来的传统观念,明确认识社会主义计划经济必须自觉依据和运用价值规律,是在公有制基础上的有计划的商品经济"。这是社会主义经济理论的重大突破。此后,改革围绕扩大企业自主权、增强企业活力,以及建立合理的价格体系等方面展开,取得了较好的成效。

1989年出现了经济过热和政治风波,改革的步伐有所减缓。1992年,邓小平南方谈话再一次明确了社会主义也可以搞市场经济。"计划多一点还是市场多一点,不是社会主义与资本主义的本质区别。计划经济不等于社会主义,资本主义也有计划;市场经济不等于资本主义,社会主义也有市场。计划和市场都是经济手段。"这次讲话掀起了新的改革浪潮,改革进入整体推进阶段。随后,1993年中共十四届三中全会通过《关于建立社会主义市场经济体制若干问题的决定》,提出了在20世纪末初步建立起社会主义市场经济体制的目标,明确了"整体推进,重点突破"的战略,并就财税体制、金融体制、外汇管理体制、企业体制和社会保障体系等改革的重点方面拟定了方案。经过十年的努力,社会主义市场经济体制初步建立。

2002年召开的党的十六大标志着中国进入全面建设小康社会的新阶段;加入WTO意味着中国进入全面对外开放的新阶段。面对新的机遇和挑战,改革进入进一步深化的攻坚时期。在2002~2012年的10年里,巩固市场配置资源的基础性地位,鼓励支持和引导非公有制经济的发展,深入推进国有企业和垄断性行业的改革,以及财税、金融、收入分配等体制机制的深化改革。同时,更加强调协调统筹城乡发展、改善和保障民生、环境保护等领域的改革。在完善社会主义市场经济体制、转变经济发展方式、应对全球金融危机挑战等方面取得了较大的成就。

2013年,党的十八届三中全会通过了《中共中央关于全面深化改革若干重大问题的决定》,提出了经济体制改革的核心问题是处理好政府和市场的关系,使市场在资源配置中起决定性作用和更好地发挥政府作用。要坚持和完善基本经济制度,加快完善现代市场体系、宏观调控体系、开放型经济体系,加快转变经济发展方式,加快建设创新型国家,推动经济更有效率、更加公平、更可持续发展。经济体制改革是全面深化改革的重点,全面深化改革的总目标是完善和发展中国特色社会主义制度,推进国家治理体系和治理能力现代化。

中国经济体制改革内容涉及经济社会各个方面,是一场全面而深刻的变革。邓小平曾指出:"改革的性质同过去的革命一样,也是为了扫除发展社会生产力的障碍,使中国摆脱贫穷落后的状态","改革是中国的第二次革命"。然而,改革没有改变全社会的性质,没有推翻社会主义的基本制度,是社会主义制度的自我完善和发展。改革通过循序渐进、有步骤、分阶段的方式推进,在避免原有利益格局受到急剧冲击的前提下,采取"增量改革"、"边际演进"的策略。市场的力量和益处通过"涓滴"效应和"墨渍"效应,逐渐在传统体制内渗透和扩散,从而为向社会主义市场经济体制的全面转型创造了水到渠成的条件。渐进式改革是符合中国国情的改革之路。

经济体制改革对中国经济社会的发展具有重大

意义。在理论层面,改革以马克思列宁主义、毛泽东思想为指导,总结了一系列包括邓小平理论、"三个代表"重要思想、科学发展观等重大战略思想,建立和完善了中国特色社会主义理论体系。社会主义市场经济理论是马克思主义基本原理与中国具体实践的有机结合,是对马克思政治经济学的继承和发展,对世界经济理论的发展做出了重要贡献。在实践层面,改革30多年来,国家的综合国力和人民的生活水平发生了翻天覆地的变化。中国经济保持了长时间的高速增长,成长为世界第二大经济体,创造了人类经济史上的奇迹,受到全世界的广泛关注。同时,改革不仅在经济增长上的成就举世瞩目,在政治、文化、社会等各个方面也取得了辉煌成果。不仅寻求经济体制改革本身的"纵向深入",而且还注重经济体制改革与政治体制改革、文化体制改革、社会体制改革的"横向协同"。总而言之,中国经济体制改革推动了经济快速增长,防止了经济的剧烈波动,保持了社会的稳定与和谐发展。

中国经济体制改革进行至今仍存在许多不完善之处。例如,国有企业尤其是垄断行业的国有企业改革滞后,资源配置效率低下;民营企业等非公有制经济发展受限;行政体制改革滞后,政府职能不明晰;金融系统市场化程度较低;基本民生制度仍不完善;二元体制分割,城乡发展差异较大;东、中、西部地区差距明显,区域发展不平衡;经济增长依赖要素投入,经济发展质量不高。而要解决这些问题,根本的出路还在于改革。

参考文献:
《邓小平文选》第二卷、第三卷,人民出版社1994年版。
《中共中央关于经济体制改革的决定》,人民出版社1984年版。
《中共中央关于建立社会主义市场经济体制若干问题的决定》,人民出版社1993年版。
《中共中央关于全面深化改革若干重大问题的决定》,人民出版社2013年版。
林毅夫:《发展战略与经济改革》,北京大学出版社2004年版。
刘伟:《改革与发展的经济学分析刘伟文集1995～2004》,北京大学出版社2005年版。
中国社会科学院经济体制改革30年研究课题组:《论中国特色经济体制改革道路(上)》,载于《经济研究》2008年第9期。
中国社会科学院经济体制改革30年研究课题组:《论中国特色经济体制改革道路(下)》,载于《经济研究》2008年第10期。
吴敬琏:《体制变迁50年》,载于《资本市场杂志》1999年第11期。
厉以宁:《思想解放、理论创新、经济改革——纪念中国改革开放三十年》,载于《经济研究导刊》2009年第14期。

(张辉)

行政性分权和经济性分权
Administrative Decentralization and Economic Decentralization

分权是指从中央政府及其机构,向中央政府的部或机构的地域单位、附属单位或各级政府,准自治性的公共当局或公司,全区域性的、地区性的或职能性的管理当局,或非政府的私人企业或自愿组织,关于计划、管理、资源的筹集和分配等方面的责任转移。许多国家特别是发展中国家政府在改革过程中对分权进行了不同程度的尝试,根据这些尝试,可以把分权分为以下几个层次或类型:权力转移(Devolution)、授权(Delegation)和私有化(Privatization)。

分权有行政性分权和经济性分权之分。1977年,美国比较经济学家伯恩斯坦(Morris Bornstein)指出,在东欧经济改革的讨论中,所谓从中央机构向下分权有两种不同的概念:一是"行政性分权"(Administrative Decentralization),一是"经济性分权"(Economic Decentralization);前者的目标是改进原有的行政管理方法,使之更为有效;后者的目标则是走向有政府规则的市场经济(Regulated Market Economy)。其他西方学者也对分权做过区分,例如希尔曼(H. F. Schurmann)在1966年指出,社会主义经济中的分权有两种形态,其中"分权Ⅰ"是把决策权一直下放到生产单位,"分权Ⅱ"则只把决策权下放到下级行政单位。他认为,在1956年中国开始考虑进行体制改革时,"分权Ⅰ"的想法占优势;1957年决定进行"分权Ⅰ"和"分权Ⅱ"混合型改革;1958年实际执行的,则是"分权Ⅱ"改革。

关于行政性分权,国际上普遍采用的是伯恩斯坦的定义。它具体是指:不改变原来行政机关对生产单位进行的微观干预而仅仅在行政系统内的各层次间作些权力调整。与它相对立的是经济性分权,或者叫做市场性分权(Market-oriented Decentralization),是指在改变行政系统职能的同时,把微观决策权还给面向市场的企业,行政机关主要从事财政收支、信贷收支和外汇收支等宏观总量的管理,并主要通过市场中介进行间接调节。在微观管理方面,各级政府及非政府管理机构只能设立对全社会都适用的规则,按这个规则进行管理,而不是对企业微观决策进行"一户一律"式的个别干预。经济性分权和行政性分权是两种完全不同的分权方式。

行政性分权的改革可以追溯至20世纪50年代。苏联、民主德国、一些东欧国家和中国均进行过行政性分权。社会主义国家之所以进行行政性分权改革，是因为高度集权的计划经济体制存在严重弊端。其一是中央政府企图用一个周密的指令性计划来控制整个国民经济活动，但由于信息收集、整理和集中上的异常困难和利益关系上的原因，经常使得中央计划与实际的社会需求相脱离，造成社会资源的浪费和经济效率的低下。其二是由于这种高度集权的体制否定了地方、企业和劳动者个人独立的经济利益和决策权力，因而极大地压抑了地方政府、企业和个人的生产积极性、主动性和创造性，造成了体制运行的僵滞。因此，通过“权力下放”来克服过分集权的行政性分权便成为各国改革的首选。

我国分别于20世纪50年代末、20世纪70年代初及以1978年为始进行了三次以向地方政府“放权让利”为核心的行政性分权改革。对于行政性分权改革的效果，我国理论界的大多数学者持否定态度。第一个对“体制下放”思路提出批评的经济学家是孙冶方，他在1961年指出：经济管理体制的中心问题，不是中央与地方政府之间的权力应该如何划分，而是“作为独立核算单位的企业的权力、责任和它们同国家的关系问题，也即是企业的经营管理权问题”。虽然行政性分权在改变中央集权的经济体制、调动地方政府发展经济的积极性以及提高生产效率等方面起到一定作用，但这种分权改革仅仅是权力在不同层次的政府间的转移，本质上仍然是计划经济模式，因此无法从根本上解决传统体制中的经济效率低下和活力不足问题。而与此同时，行政性分权还带来了一系列问题，如分权在很大程度上扭曲了地方政府的行为，导致地方保护主义，阻碍全国统一市场的形成；地方政府盲目投资，重复建设严重；在历次分权改革过程中，缺乏相应的制度规范；在分权改革过程中，多次出现“一放就乱、一收就死”，导致宏观经济失控及部门结构与地区经济结构失衡；企业依然受到地方政府的行政干预，无法成为合格的市场经济主体等。我国进行的分权改革，尤其是1978年后的分权改革兼具行政性分权与经济分权的特征。随着改革的深入，越来越多的人认识到，改革取得的成就主要应该归功于经济性分权即市场机制的引入。

参考文献：

[美]埃莉诺·奥斯特罗姆、拉里·施罗德、苏珊·温：《制度激励与可持续发展——基础设施政策透视》，三联书店上海分店2000年版。

吴敬琏、刘吉瑞：《论竞争性市场体制》，中国财政经济出版社1991年版。

《社会主义产权制度与产权理论》课题组：《矛盾与前景——行政性分权与市场取向相结合的改革战略》，载于《改革》1991年第6期。

吴敬琏：《当代中国经济改革教程》，上海远东出版社2010年版。

孙冶方：《关于全民所有制经济内部的财经体制问题》，引自《孙冶方选集》，山西人民出版社1984年版。

Morris Bornstein, *Eastern-European Economies Post-Helsinki*, Washington D. C.: US Government Publishing Office, 1977.

H. F. Schurmann, *Ideology and Organization in Communist China*, Berkeley: University of California Press, 1966.

（蒋云赟）

激进式转型和休克疗法

Radical Transition and Shock Therapy

对经济转轨国家制度变迁的路径选择和经济绩效进行系统阐释是转型经济学中非常活跃的一个研究领域。经济转型是经济从一种均衡状态向另一种均衡状态的转变，在经济的转型过程中，各种新旧因素相互干扰，增加了影响因素的多样性，使得经济转型具有了选择性。激进式转型是一种跳跃性的制度变迁方式，它旨在短时间内完成大规模的整体性制度变革，实行政治体制和经济体制同时转轨，转轨的具体目标模式是以西方市场经济模式为样板的。它认为改革中各种因素是相互影响、相互制约的，局部的、支离破碎的改革容易造成各类因素之间的相互抵消，改革应该大刀阔斧，整体推进，快速完成，以缩短两种体制和两种结构并存的时间，减少既得利益集团的阻力。

激进式转型认为稳定宏观经济是条件、经济自由化是核心，产权的私有化是基础。在政策指向上：第一，私人产权必须得到确立，只有私人产权的确立，企业才有可能对市场信息做出及时的反应，为此，必须大规模的关闭国有经济部门，建立以私有制为基础的混合经济；第二，价格要能对市场的供给和需求做出及时的调整，只有实现价格自由化，价格信号才能对经济增长起到促进和引导作用；第三，在经济转型的目标上，必须与世界经济实现充分的一体化，在外汇和贸易方面与世界市场相接轨，汇率调整到市场出清水平。

激进式转型的批评者们指出：第一，在经济转型中，最大的成本不在于探索建立新体制付出的人力和财力，而是政治风险，由于激进式转型容易造成既得利益集团的反对和抵制，从而带来政治上的不稳定，政治秩序的动荡和混乱必然会引起经济生活的无序与衰退（樊纲，1993）。第二，诸如文化传统、思维模式、风俗习惯和道德观念的改变等不可能是一蹴而就的，需要一个长时间培育与引导的过程，与此同时，这些东西与正式制度的变迁之间有着密切关系，制度的变化最终需要为社会成员在心理上所理解和认同，因此非正式制度的变迁就不可能是“激进”的。第三,保守的政治哲学认为,人对社会信息的处理能力是有限的,不可能事先设计好具体的、整体推进的蓝图,社会变迁只能是演进的,而不是大规模突变的。

厉以宁反对使用激进式和渐进式来划分经济转型,认为二分法在一定程度上成为转型实践得不到合理解释的根源(厉以宁,1996);卢新波认为体制转轨是一项特殊的制度变迁,其进程是正式制度与非正式制度共同作用的结果,前者可以通过“激进”式手段完成,但后者却是一个“渐进”的过程,俄罗斯的制度变迁整体上虽然是激进式的,但也包括“渐进”的成分,中国的改革虽然被认为是渐进式的,但诸如价格闯关、福利分房制度却包括“激进”因素。过于关注二分法,势必不能对后发国家的市场化进程做出合乎逻辑的判断,也不能对转型国家的未来趋势做出科学的分析和预测。

概言之,选择激进式改革路径的国家应该尽量减少社会各利益集团之间的矛盾和冲突,降低以至于消除社会政治震荡,避免大规模的经济滑坡与宏观经济混乱,尽力维持整个过渡过程的稳定性和连续性,要充分考虑好改革安排的时序性和改革利益的调控性。同时注意将综合性的、一揽子的理性设计与局部的灵活调整统一起来,将激进式的正式制度安排与渐变式的非正式制度安排结合起来,将快速化的人为设计、政府安排与市场机制本身的演化路径统筹起来,既要大刀阔斧,又要循序渐进,既要整体推进,又要因地、因时制宜,实现渐进与适度的激进相结合,突破单纯“激进式”或单纯“渐进式”改革的局限。

激进式改革的重要方法是休克疗法。休克疗法原是医学上临床使用的一种方法,指通过某种手段使患者休克,进而达到治疗的目的。美国哈佛大学经济学家杰弗里·萨克斯(Jeffrey Sachs)最早提出将休克疗法应用于对玻利维亚恶性通货膨胀的治理中,在取得成功后,又主张将其运用到计划经济向市场经济的体制转轨中,从而赋予了休克疗法更多的内涵。在具体措施上包括取消价格管制、紧缩货币政策、限制政府支出、加快汇率改革、加快私有化进程、改革税收制度、取消补贴、推进贸易自由化、接轨国际社会等诸多内容。对于经济转轨而言,休克疗法是一剂烈药,它对社会经济生活的影响是全面的、深刻的,短期内集中显现的,它是在否定现行体制基础上重新导入一种新体制。

休克疗法源于西方的新古典经济学,倡导通过一步到位式的激进方法实现从计划经济向市场经济的转轨,即萨克斯所谓的“长痛不如短痛”、“深渊不能分二步跨过”,尽可能减少政府对经济活动的干预,扩大企业的经营自主权。激进式改革受到了包括伯格(Berg, A.)、凯文·墨菲(Murphy, K.)、莱亚德(Layard, R.)、胡永泰(Woo, W.)、弗里曼(Frydman, R.)、杨小凯(Yang, X.)和鲍依科(Boycko, M.)在内的经济学家的推崇。

休克疗法又称“大爆炸”的改革理论,其主要依据在于:(1)经济改革是一个系统工程,改革中各组成部分之间必然会发生一定程度的促进与抵触作用,改革需要整体推进,不能总是在原有存量基础上小修小补,裹足不前;(2)在一些实施计划经济体制的国家里,政府行政体系的力量相当庞大,积重难返,转而需要培植另一种力量,即通过市场机制的孕育和发挥来进行消解,自由化和市场化应该成为改革的主要方向和实现转轨的重要路径;(3)转轨是规则的再造,新的游戏规则必须尽可能迅速、清晰、规范地建立起来,填补旧体制消失而产生的真空。局部改革的结果必然是新旧体制并存,由于两种体制设计的基础、运行的动力、实现的目标均大相径庭,体制间张力较大,同时,新旧体制并存会生成大量的“模糊地带”,诱发寻租活动,将社会中部分生产性努力扭曲为分配性努力,经济活动的无效性增加;(4)俄罗斯、东欧国家经济增长率低,经济结构严重扭曲,宏观经济严重失衡,价格体系严重扭曲,通货膨胀居高不下,严峻的经济现实需要实行迅速的体制转轨(陈耀庭、雷达,1998)。

休克疗法主要包括三个方面的内容:(1)稳定化,主张通过严厉的紧缩性货币政策和财政政策抑制社会总需求,遏制恶性通货膨胀。具体操作上包括政府大幅度削减补贴,不再通过预算赤字向经营不佳的国有企业提供补贴;大幅度提高利率,改变长期存在的名义正利率、实际负利率的状况;限制工资的过快增长。(2)自由化,倡导市场和价格机制在资源配置中的基础性作用,通过“一步到位”式的价格改革实现价格自由化。具体包括放开大多数商品和劳务的价格,使其由市场供给与需求自发调节;放开金融市场,使利率充分反映资金的供求状况;取消长期实行的外贸垄断,鼓励企业、个人自由从事进出口贸易;放弃外汇管制,使本国货币成为国际可兑换货币。(3)私有化,通过归还、出售、租赁、股份制改造等产权制度改革,将国有经济民营化,最终塑造和确立市场经济的主体,增强经济活动的激励,提高生产率和利润(陆南泉,2010)。事实上,在很多选择休克疗法的国家,在政策层面均存在“西化”倾向,不仅效仿西方市场经济国家,还通过向西方国家全面开放国内市场,以争取西方国家的贷款。

显然,休克疗法作为一种激进式的改革模式,迥异于渐进式改革,它是在否定既有利益集团的前提下,通过再塑新的利益集团,以求得对新制度、新体制和新机制的支持,它主张尽可能让国有企业私有化,各类企业都成为市场中平等竞争的主体;而渐进式改革先确保原有的国有企业、然后再向私有部门开放市场,国有企业是先入者,私有企业是后入者,二者在市场中初始的地位是不平等的,在承认这种不平等的前提下,通过国有企业部分私有化或者拆分部分垄断企业实现在体制内引入竞争。因此,休克疗法是一种存量改革,它同时在经济、政治等多个领域展开,是将原有的体制彻底推翻,而渐进式改革是一种增量改革,是局部式的,主要是在经济领域展开,是在原有体制边际意义上的改革,可见二者的主要区别不在于改革的目标和内容,而在于改革的顺序和力度。

“休克疗法”于20世纪80年代较早在玻利维亚得以实践,这种激进式的治疗方法短期内给经济带来了阵痛,出现“充满眼泪的河谷”,但最终在控制通货膨胀、稳定经济增长、消化巨额外债等方面均取得了显著疗效。萨克斯认为,东欧国家与玻利维亚的情况有很大的相似性:都存在恶性通货膨胀、经营不善的国有经济部门、严重的预算赤字、巨额外债,于是萨克斯很快又将其休克疗法在东欧兜售。所不同的是,玻利维亚的休克疗法属于危机管理手段,是经济处于严重不均衡情况下采取的应急措施,而东欧的休克疗法则具有显著的经济转轨色彩,其目的在于实现从中央计划向市场运行的转变(孔田平,2005)。不可否认,在玻利维亚的激进式改革中,民众承受了绝大部分的成本,一度陷入失业和贫困,改革的成本没有在全社会公平分担,社会结构趋于畸形。

1992年休克疗法在俄罗斯正式拉开序幕,政府放开了90%的消费品价格和80%的生产资料价格,但效果却不尽人意,价格闸门的骤然放开导致了物价水平的飙升,强力推行的私有化造成国有资产的大量流失,速成式的外贸改革迫使俄罗斯重新陷入“以能源换食品”的困境,财政体制失灵、货币流通失控。出现只有“休克”而无“治疗”的现象,不仅没有形成有效的新体制,相反还造成了经济的混乱无序以及长期性衰退,经济增长表现为“L型曲线”。由于休克疗法试图以突击的速度进入资本主义,容易滋生强制性等扭曲的社会经济形态,由于私有化全面打破了原有的生产组织方式,而新的生产组织方式不可能在短期内建成,因此以私有化为突破点的转轨国家,在转轨过程中都出现了社会经济的动荡和通货膨胀的急剧上升。在经济转轨的实践中,休克疗法在多数国家并没有达到预期的效果,有些国家甚至已放弃原来采用的激进措施而重新采用“渐进转换、全面调整、自力更生”的渐进手段,有些国家则仍在实践工作中对休克疗法进行重新认识和修正,出现了所谓“修正的休克疗法方案”(陈耀庭、雷达,1998)。一些学者将激进式改革的成败归结为“初始条件”的差异,认为不同国家转型过程中的路径选择的成功与否和其历史传统无法割裂,显示出强烈的“路径依赖”特性,由于初始条件的巨大差异,激进式改革并不总是能够成功复制(谢作诗,2002)。

对于休克疗法,学术界褒贬不一,它既创造了在玻利维亚和波兰成功转轨的成功奇迹,也留下了东欧以及俄罗斯至今难以弥合的创伤。由于休克疗法试图以突击的速度进入资本主义,容易滋生强制性等扭曲的社会经济形态,由于私有化全面打破了原有的生产组织方式,而新的生产组织方式不可能在短期内建成,因此以私有化为突破点的转轨国家,在转轨过程中都出现了社会经济的动荡和通货膨胀的急剧上升。事实表明,在苏联和东欧大型企业私有化以后,补贴仍然是增加的,但政府的征税能力却下降了,于是转而寻求印钞的方式来补贴,休克疗法与抑制通货膨胀的初衷背道而驰(林毅夫,2010)。在经济转轨的实践中,休克疗法在多数国家并没有达到预期的效果,有些国家甚至已放弃原来采用的激进措施而重新采用“渐进转换、全面调整、自力更生”的渐进手段,有些国家则仍在实践工作中对休克疗法进行重新认识和修正,出现了所谓“修正的休克疗法方案”(陈耀庭、雷达,1998)。

休克疗法不适合于中国。其原因在于:(1)中国是一个典型的二元经济国家,农村中存在大量的剩余劳动力,经济转轨的过程事实上也是二元经济向一元经济蜕变的过程,劳动力由农业向工业的转移成为其关键性环节,但是现代工业部门对传统农业部门剩余劳动力的吸收是一个长期的过程,这就决定了中国的经济转轨不可能一蹴而就;(2)快速的私有化在政策设计的起点上是公平的,但是在运行中可能会出现扭曲,俄罗斯通过向每个公民发放国产券来实现国有企业资产的私有化,但是这一做法本身仍然没有改变公民作为虚拟所有者的事实,国产券的变现使得“权力转化为资产”;(3)休克疗法的成功与否对于“初始条件”有着极为严格的要求,其在玻利维亚能够获得成功,其重要因素在于它借助了完善高效的市场经济体系,而中国当时的现实是市场主体缺位,市场经济体制残缺不全,宏观经济低效僵化,脱离客观条件的约束,强行推行休克疗法只能适得其反(谢作诗,2002)。

参考文献:

陈耀庭、雷达:《经济转轨的模式、突破点和速度的中外比较》,载于《中国人民大学学报》1998年第1期。

樊纲:《两种改革成本与两种改革方式》,载于《经济研究》1993年第1期。

厉以宁:《转型发展理论》,同心出版社1996年版。

谢作诗:《转轨国家转轨的初始条件、转轨方式与经济绩效》,载于《世界经济研究》2002年第4期。

孔田平:《从中央计划经济到市场经济:波兰案例》,载于《俄罗斯中亚东欧研究》2005年第1期。

林毅夫:《渐进改革的逻辑》,载于《资本市场》2010年第4期。

陆南泉:《对俄罗斯经济转轨若干重要问题的看法》,载于《经济社会体制比较》2010 年第 2 期。

(杨继军)

渐进式转型

Gradual Transition

渐进式转型是在不破坏旧体制的条件下,通过培植新体制因素以达到体制切换,而过渡到市场经济的一种转型方式。渐进式改革的支持者们包括罗兰(Roland,G.)、麦金农(Mckinnon,R.)、诺顿(Naughton,B.)、缪瑞尔(Murrell,P.)、钱颖一、科勒德克(Kolodko,G.)、麦克米伦(Mcmillan,J.)、阿吉翁(Aghion,P.)、魏尚进和林毅夫等在内的众多经济学家。

渐进式转型体现了演进主义和经验主义的特点,其理论依据有:第一,演化经济学将信息问题置于核心地位,强调参与选择的组织和个人都受信息不完全的约束,不可能对现在或未来一览无余,只能利用有限的信息逐步摸索前进。第二,保守的政治学认为实践性知识不同于技术性知识,没有固定的规则和程序,无法言传身教,在大规模的制度变迁过程中,原有的知识存量将无法发挥作用,因此人们不可能完整把握社会变革的完整性过程,人们更多的是在整个制度变迁中"边干边学",并通过"试错"来反馈和调整。第三,交易成本理论认为渐进改革中的每一步制度变迁都发生在旧有体制危机最严重、机会成本最低的场合,重新签约的交易成本较低,并且由于渐进改革的局部性、边际性和盈利性,净收益为负值的时间较短,产出比较容易恢复(樊纲,1993)。第四,渐进式改革由于不是骤然剥夺既得利益者的所有利益,且采用新体制所带来的经济增量可以部分补偿那些在改革中利益受损者的利益,从而能够减少或者分解改革的阻力。此外,渐进式转型的支持者认为人们的工作方式、政府的功能定位、市场体制的建立与发育都需要一段时间,社会中的非正规制约通常会以不同的方式嵌入到正规制约中,而包含着政治、传统和行为准则的非正规制约源于社会生活,变化缓慢,所以转型应该逐步推进,步步为营。

渐进式改革的方案是:第一,渐进式改革属于增量改革,资源配置方式的转变不是从资产存量的配置开始,而是在资产增量的基础上引入市场机制,新的资源配置方式不是在所有的经济领域同时开始发挥作用,而是在新发展起来的部门中率先发挥作用,例如允许国有企业在完成政府下达的指标后,多余的增量部分可以自主决定收益分配、国有企业中的工人可以采用"老人老办法、新人新办法"。第二,先外围改革,后触及核心,对市场的利用是从传统的计划体制之外开始,逐步深入到计划经济体制内部,例如在我国的市场化改革中,允许计划调拨之外发展自由市场、允许国有经济之外发展非国有经济,体制外因素发展所带来的"竞争效应"、"示范效应"又会促进体制内部的改革,继而成为体制内改革的动力。第三,渐进式改革是先试点,后推广的方式,即改革是分领域、分部门、分地区实现的,由点到面逐步展开,对于每项改革,先在小范围内试点,不断总结经验,如果实践证明是成功的,就全面推广。如果失败了,危害只能发生在局部领域,不会引起全社会的不稳定,从而避免了大的全局性的失误(邹东涛、刘欣,2003)。不仅如此,局部范围改革的成功还可以消除人们对于市场化改革的怀疑,为改革扫清人们思想上的障碍。中国的经济转型就是遵循了从农村到城市、从沿海到内地、从非国有经济到国有经济、从增量到存量,最后实现经济体制整体转换的独特道路。

渐进式改革的基本特征有:第一,渐进式的改革在一个较长的时期中采取"双轨制的方式"。双轨制包括所有制的双轨制(国有与非国有),部门结构的双轨制(市场化部门与非市场化部门同时并存)以及区域结构的双轨制(不同地区的市场化程度不同)。第二,体制内改革与体制外改革相结合,既保持了旧体制的合理成分,也为新体制的成长创造了一个良好的空间。第三,政府推进与民间自发相结合的改革方式。政府作为改革的设计者制定政策和法令,不断调整改革的方向与路径。在发挥政府作用的同时,充分发挥民间自发式改革的作用。第四,整体推进与重点突破相结合。青木昌彦认为经济体制是由一系列制度组成的制度集合,这些制度之间具有互补性,它们之间相互支持,相互结合,共同维持着经济体制的运行。这样经济的转型必须从整体性出发,局部必须服从于整体,如果局部背离了整体,就会使改革处于无序状态(邹东涛、刘欣,2003)。

渐进式改革反映了制度变迁的强制性和诱致性的统一,它在自上而下强制推进改革的同时,充分发挥了自发性改革和基层单位的主动性与创造性,表现在:改革的发动虽然是自上而下的,但这很大程度上也是大多数人诉求的一种反映;改革是在统一领导下进行的,但各具体部门、地区和单位的改革措施、内容和步骤却各种各样;改革中提倡大胆创新、大胆试验,有意识地默许局部的越轨行为,并在实践证明是合理的情况下加以普遍推广;改革中没有完美的、精确的设计、计算和规划,"摸着石头过河"成为其普遍的指导原则(赛晓序,2004)。

渐进式改革旨在结束经济体制长期扭曲和双轨运行的局面,避免经济过渡时期内传统体制的复归和经济矛盾长期累积而发生经济体系的全面危机。渐进式的社会制度变迁方式及道路的选择,不仅有利于充分利用已有的组织资源和保持制度创新过程中制度的相对稳定与有效衔接，而且也可以避免大的社会动荡和资源浪费，避免以私有化为中心的改革方式所带来的资产存量再分配过程中出现的不公平以及由此而产生的冲突，并在使每个社会团体都可以从短期或长期中得到改革收益的基础上，最终使改革成为大多数人的共识以及一个不可逆转的过程。

与东欧和俄罗斯激进式的休克疗法相比，中国"摸着石头过河"的渐进式改革无疑是一场伟大的胜利。但西方学者认为中国的经济体制改革成了"四不像"，事实表明，中国虽没有采取苏联以及原东欧国家那样激进的大爆炸式的改革，没有按照西方主流经济学开出的药方服药，渐进式的改革在现实中取得了巨大成就（李绍荣、程磊，2009）。当然渐进式改革也存在一定的弊端，渐进改革在降低社会震荡和社会摩擦的同时也使得经济体系长期处于扭曲的状态，双重体制的长期并存和经济主体预期不稳定导致长期中的经济增长和经济效率受到损害。林毅夫等认为，这种"试验推广"的局部性改革方式尽管在某种程度上降低了改革风险，保证了整个改革过程的可控制性和稳健性，但是局部性改革本身的推广依赖于国家对不同领域和不同地区的强制性与行政性的隔离与割裂，在不同地区和不同经济部门人为造成了竞争机会和市场环境的不平等，割裂了市场机制的整体性，导致不同地区和经济领域的发展与改革的非均衡性与收入不均等（林毅夫、蔡昉、李周，1993）。

参考文献：
樊纲：《两种改革成本与两种改革方式》，载于《经济研究》1993 年第 1 期。
李绍荣、程磊：《渐进式与休克疗法式改革的比较分析》，载于《北京大学学报》2009 年第 11 期。
林毅夫、蔡昉、李周：《论中国经济改革的渐进式道路》，载于《经济研究》1993 年第 9 期。
赛晓序：《论中国式渐进改革的特点及优势》，载于《济南大学学报》2004 年第 1 期。
邹东涛、刘欣：《中国渐进式改革的理论基础和实践方式》，载于《云南大学学报》2003 年第 4 期。

（杨继军）

转型成本
Transition Cost

社会为经济转型所支付的代价，构成经济转型的成本。对转型成本概念存在狭义和广义的理解。狭义的理解强调成本即国民收入的损失（樊纲，1993）。对转型成本的广义理解既包括上述国民收入的损失，也包括诸如社会成员的抱怨、怠工、社会动乱及战争等造成的社会福利的损失（盛洪，1994）。

转型成本的构成可以作进一步的细分。刘世锦根据转型的时间过程，将改革成本分为"准备阶段成本"、"过渡阶段成本"和"完善阶段成本"（刘世锦，1993）。宋德勇、罗传建、景维民和孙景宇则根据成本的具体性质把转型成本划分为以下两种：一是调整成本，即打破旧体制建立新体制的成本（宋德勇，2000；罗传建，2001；景维民和孙景宇，2008）。调整成本又可以分为三类：改革旧体制的成本；建立新体制的成本和中间成本（转型过程所发生的成本）。二是延误成本，就是社会延误转型所需承担的各种代价。樊纲根据发生原因及特点将转型成本区分为"实施成本"和"摩擦成本"。实施成本是指转型过程开始之后一切由"信息不完全"、"知识不完全"和"制度预期不稳定"所造成的经济效率损失，是完成旧体制下向新制度过渡所必需的设计、创新、磨合过程所造成的经济损失，即实施新制度的交易成本（含转型进程中新旧体制间的不协调成本）。摩擦成本则是指由于制度变迁的非帕累托性质造成的利益（经济利益和非经济利益）重新分配而导致的社会上某些利益集团的抵触和反对所引起的经济损失。这是非经济领域的混乱、摩擦、动荡影响到生产过程所引起的损失（樊纲，1993）。

一般认为激进式的转型可能在开始时出现较大的"震荡"从而导致较大的经济损失，但若其能在较短时间内完成转型，损失会迅速减小。而渐进式转型则因经济长时期处在资源配置信号扭曲的状态、而可能导致经济损失的总额较大。所以可以认为转型的实施成本是转型激进程度的减函数，或者是一种转型方式所需时间的增函数。也就是说，改革的速度越快，改革所需的时间越少，资源配置信号扭曲越能尽快纠正，社会越能较快地建立起新的体制以使人们尽快地形成关于新制度的"知识"，并在此基础上形成新的稳定预期，经济所面临的损失就会越小，反之则越大。仅就实施成本大小而言，激进转型方式优于渐进转型方式。

摩擦成本实质上是转型的政治阻力。摩擦源自转型的利益再分配，同反对转型的言论和行为相联系。一般认为，其他条件给定，摩擦成本是转型激进程度的增函数，或者说是转型所需时间长度的减函数。也就是说，给定转型过程所面临的各种具体条件，改革方式越激进，越能迅速地打破旧体制从而改变原有的既得利益关系，旧体制下的既得利益阶层越是不会轻易接受，转型就越会遇到较大的社会阻力。这就会引起更激烈的社会冲突，摩擦成本也就较大。而渐进转型是逐步地改变利益关系，每一步转型所遇到的社会阻力会较小，引发的社会冲突也就较小，较容易受到控制，所需付出的摩擦成本也就较小。事实上，渐进转型不仅在每一步所需付出的代价较小，而且从整个改革过程看,其所付出的摩擦成本"总额"也较小。所以一般认为,激进改革的摩擦成本大于渐进改革。

转型成本对于转型方式的选择十分重要。根据成本—收益分析,经济转型的预期净收益等于转型的预期收益减去转型成本。只有当经济转型的预期净收益大于零时,进行经济转型才是合理的。由于经济转型的预期收益只受体制初态和终态的影响,而与转型方式无关;而转型成本则直接取决于转型方式的选择。所以对经济转型方式的选择的问题也就转化为如何实现转型成本最小化的问题。

直观来看,实施成本与转型方式的关系使人们更倾向于激进的转型,而摩擦成本的存在则会促使人们选择采取渐进的方式。事实上人们是在各自特殊的社会经济条件下对两种转型成本进行综合考虑比较之后才能做出转型方式的选择。樊纲的主要发现如下:(1)一个经济在旧体制下的增长越低,人们的既得利益就越小,转型遇到的社会阻力就越小,摩擦成本也越小。若一个经济在旧体制下仍能不断增长,改革旧体制的阻力就会较大,摩擦成本也就较大,推进迅速转型就越困难。如果在旧体制下经济未彻底恶化之前开始转型,一个社会就可能选择"渐进改革"道路。而如果一味拖延改革企图保留无效率的旧体制,最终结果可能是发生"剧变"。(2)给定其他条件,转型经济人均所获外部援助增加,支付补偿的能力随之增强,转型面临的摩擦成本因此下降,社会选择激进式转型道路的可能性加大。反之,转型经济选择渐进道路的可能性上升。然而,如果一个经济具备在内部首先发展新体制成分的条件,在其他条件相同的情况下,人们一般将会更倾向于选择渐进式的转轨道路。因为转型过程中新体制的成长可以不断提供增长的"收入增量",为旧体制的转轨提供必要的补偿,从而减少摩擦成本。

参考文献:

樊纲:《两种改革成本与两种改革方式》,载于《经济研究》1993 年第 1 期。

樊纲:《渐进改革的政治经济学分析》,上海远东出版社 1996 年版。

景维民、孙景宇:《转型经济学》,经济管理出版社 2008 年版。

李新、刘军梅:《经济转型比较制度分析》,复旦大学出版社 2009 年版。

刘世锦:《经济体制创新的条件、过程和成本》,载于《经济研究》1993 年第 3 期。

罗传建:《论经济转型的成本》,载于《江汉论坛》2001 年第 5 期。

盛洪:《中国的过渡经济学》,格致出版社、上海三联书店、上海人民出版社 2009 年版。

宋德勇:《经济转型问题研究》,华中理工大学出版社 2000 年版。

王跃生:《不同改革方式下的改革成本与收益的再讨论》,载于《经济研究》1997 年第 3 期。

吴光炳:《转型经济学》,北京大学出版社 2008 年版。

张军:《"双轨制"经济学:中国的经济改革(1978 ~ 1992)》,上海三联书店、上海人民出版社 2006 年版。

张旭昆:《制度变迁的成本—收益分析》,载于《经济理论与经济管理》2002 年第 5 期。

[美]热若尔·罗兰:《转型与经济学》,北京大学出版社 2002 年版。

Luiz Carlos Bresser Pereira and Jairo Abud, Net and Total Transition Costs: The Timing of Economic Reform, *World Development*, Vol. 25, No. 6, June 1997.

(董斌)

边际改革
Marginal Reform

边际改革,通常称为增量改革,是指在原有的计划经济体制内,让市场机制在资产增量的配置上发挥作用,从而使市场经济的增量部分不断扩大,计划经济的存量比重相对缩小,最终实现体制的转换(林毅夫、蔡昉和李周,1993)。中国渐进式经济改革的主要特征之一就是增量改革。

与激进式改革注重对存量资产进行改革不同,渐进式改革是从边际改革开始的。即资源配置方式的转变不是从对资产存量的配置开始,而是在资产增量的配置上率先引入市场机制。这样,新的资源配置方式率先在改革部门的增量中,以及改革过程中发展起来的新增部门中发挥作用。随着增量部分的比重逐渐增加,而计划经济的存量部分比重相对萎缩,再一步步从增量调整过渡到存量调整,最终实现经济体制的转轨。

我国市场化进程中重要的两项改革,价格改革和国有企业改革均是采用边际改革的途径。中国主要采用价格双轨制的形式进行价格改革,而价格双轨制的核心就是边际改革。而在国有企业改革中,由于在传统计划经济体制下国有企业是国民经济的主体,如果改革初始就对国有企业存量进行调整,必将造成社会产出的大幅下降。为了避免这一严重后果,中国国有企业改革因此沿着边际改革的路径进行。首先我们积极发展以乡镇企业为代表的非公有制经济,在边际上引入市场经济因素,逼迫国有企业改革。并且在维持国有经济存量的同时,采用放权让利、扩大企业自主权以及承包租赁等方法调整国有企业增量(例如在国有企业承包制中,企业按合同上交利润包干或递增包干任务后,就有权根据一定比例提取利润留成。在市场双轨制存在的条件下,这部分增量的配置将按市场机制进行,从而能够取得改善激励机制和提高效率的成效)。在条件充分具备的时候再通过股份制的方法对国有企业存量进行调整,最终稳定有序地完成国有企业改革。事实上,中国的经济改革大多在边际上发生,基本上都属于增量改革。

由于边际改革主要是对资产增量进行调整,可以在不触及计划经济体制下既得利益者利益的前提下,改善一部分人乃至大部分人的收益(例如,农村承包制在不损害城市居民利益的情况下,使得所有农民受益),所以边际改革具有"帕累托改进"的性质,避免了一部分人利益增加的同时另一部分人利益受损的问题。樊纲指出,越接近于"帕累托改进"的体制改革,越容易进行,所引起的利益摩擦和社会震动也越小,是一种能够顺利进行的改革。所以边际改革容易得到相关各方的接受而较易实施,也是我国改革战略的首选(樊纲,1991)。

其次,林毅夫、蔡昉和李周指出,边际改革有利于维持改革过程中稳定与速度之间的平衡。在实行边际改革的过程中,整个国民经济可分为两类部门,第一类部门是率先进行改革的部分,市场机制在其中发挥较重要的作用;而第二类部门在改革中则相对滞后,计划机制和行政命令在其中起较大作用。在现实的改革进程中,第二类部门起到了一种维持稳定的作用。例如,国有企业的存在吸纳了大量城镇职工就业并进行社会福利分配,避免了公开失业以及由此造成的社会冲突。而且当恶性通货膨胀出现时,稳定政策又能够最有效地在这类部门发挥作用。而第一类部门则由于其预算约束较硬,主要靠市场机制调节,当政府执行非改革性质的稳定政策时,它能够在调整的过程中继续增长,维持了必要的发展速度(林毅夫、蔡昉和李周,1993)。

边际改革模式在改革初期确实取得了成功,其实际效果明显地优于"休克疗法"。但是其自身仍然存在着一些问题。

首先,由于上述两类部门的存在和交替发挥作用,边际改革就形成一种"进两步退一步"的改革推进方式。这种改革方式从经济效率的角度来看并不是最优的,它仅仅是特定历史条件下一种次优的选择。因此边际改革进行到一定程度后势必为更深层次的存量改革所取代。如果仅仅停留在增量改革,这种不彻底的改革就很容易在原有制度框架中失去激励能力,以致进入收益递减阶段(林毅夫、蔡昉和李周,1993)。此时若要维持改革的收益,就只得继续加大增量改革的力度,由此增量与存量之间双重机制并行格局也日益加重(邹薇、庄子银,1995)。

其次,边际改革是以双轨制为前提的。而在双轨制条件下经济当事人存在着通过寻租获得收益的机会,易形成既得利益集团。这些利益集团在改革过程中会表现出很强的"最大限度维持自身的既得利益"的倾向,会阻挠规范化的市场机制的建立,使改革停留在严重扭曲的双轨形态。这导致的结果是,改革的第一阶段体现为体制内的增量模式和外围制度改造;而第二阶段的存量改革在利益集团产权偏好束缚下逐步演变成"边际效益递减"的痛苦历程(江曙霞,董保民和张小博,2006)。更严重的是,在旧体制中享有特权的人以及利用双轨制投机致富的既得利益者,希望独占改革带来的收益,而将改革成本向广大民众转嫁。如果我们今后的改革不能够打破双轨的僵局,使得各利益集团能够合理地分摊改革成本、承担改革的代价,那么反对规范化市场经济的力量,便会使改革进程无限期地拖延下去,最终把改革引向绝境(杨开杰、柳树滋,1998)。

参考文献:

樊纲:《改革、开放与增长——〈中国经济论坛〉1990 年学术论文集》,上海三联书店 1991 年版。

樊纲:《渐进改革的政治经济学分析》,上海远东出版社 1996 年版。

江曙霞、董保民、张小博:《产出吸引、制度演进与增量改革的产权边界》,载于《经济研究》2006 年第 9 期。

景维民、孙景宇:《转型经济学》,经济管理出版社 2008 年版。

李新、刘军梅:《经济转型比较制度分析》,复旦大学出版社 2009 年版。

林毅夫、蔡昉、李周:《论中国经济改革的渐进式道路》,载于《经济研究》1993 年第 9 期。

盛洪:《中国的过渡经济学》,格致出版社、上海三联书店、上海人民出版社 2009 年版。

宋德勇:《经济转型问题研究》,华中理工大学出版社 2000 年版。

吴光炳:《转型经济学》,北京大学出版社 2008 年版。

杨开杰、柳树滋:《增量渐进改革模式的得与失》,载于《琼州大学学报(社会科学版)》1998 年第 4 期。

张军:《"双轨制"经济学:中国的经济改革(1978 ~ 1992)》,上海三联书店、上海人民出版社 2006 年版。

邹薇、庄子银:《中国改革过程的性质、特征与动态优化》,载于《经济研究》1995 年第 9 期。

[美]热若尔·罗兰:《转型与经济学》,北京大学出版社 2002 年版。

John Mcmillan and Barry Naughton, How to Reform a Planned Economy: Lessons from China, *Oxford Review of Economic Policy*, Vol. 8, No. 1, Spring 1992.

(董斌)

巴尔采罗维奇计划
Balcerowicz Plan

巴尔采罗维奇,生于1947年,1970年毕业于华沙计划和统计学院,1974年在纽约圣约翰大学获得MBA学位,1975年在中央计划和统计学院获得博士学位。巴尔采罗维奇在经济问题上造诣很深,有独到见解,并有广泛的著述,其代表性论著有《企业和经济体制:组织适应性和技术创新》(1986年)、《波兰经济改革概述》(1989年)、《论苏联型体制的可改革性》(1989年)、《苏联型经济体制、改革后的体制和创新》(1990年)。1989年9月,巴尔采罗维奇成为波兰第一届非共产党政府的副总理和财政部长,同时也是内阁经济委员会主席。当时波兰经济形势严峻,商品匮乏,物价飞涨,国内生产总值下滑,外债高筑。巴尔采罗维奇接受了美国经济学家萨克斯的建议,对波兰经济采取"休克疗法",也称作"巴尔采罗维奇计划"。1997~2000年6月,再次担任副总理兼财政部长,同时为内阁经济委员会主席。2001年1月,被任命为波兰国家银行行长。

巴尔采罗维奇计划旨在进行对波兰进行根本性的体制变革,以便实现以下两个主要目标:第一个目标是稳定经济,遏制通货膨胀,为了达成这一目标,要综合运用预算政策、收入政策和货币政策;第二个目标是集中力量改变国民经济结构,加速企业层面的改革,把未得到利用的资产向经济效益好的企业转移。具体措施包括:冻结工资、减少货币投放量、减少补贴、削减开支、平衡财政预算、提高利率、抑制需求、取消税收优惠、停付外债;争取外援;改变所有制结构,实行国营企业私有化,创办企业完全自由;改革国家财务制度、银行体制、开辟资金市场;建立劳动力市场,实行贸易自由化,在汇率政策上采取单一盯住美元的固定汇率制度,并与收入政策一起构成经济稳定计划的名义锚,最终建立接近于高度发达国家的市场体制。在所有的改革内容中,国有企业私有化、改革银行体制成为其关键(天平,1991)。

在巴尔采罗维奇计划下,1990年波兰政府成立所有制改造部,开始了大规模的私有化之路,有竞争力的国有企业在股份制改造后,通过资本市场将这些股份出售给个人、机构投资者;缺乏竞争力的国有企业则被出售、配给、转让、并购。1995年,波兰开始实施整体私有化计划,建立了15家国民投资基金,波兰每个成年公民可以象征性地购买一份私有化证,每张证可以换一家基金的一股。采用这种方式,旨在将国有财产比较公平地分配给公民,在保证私有化顺利进行的同时,防止极少数人的暴富和腐败(楼夷,2004)。关于国有企业的私有化,后来的波兰副总理兼财政部长科勒德克就认为,私有化的基本问题是寻求所有者的问题,国家是一个力量强大的主体,但作为企业主,国家不能保证高效率以及预算硬约束。但是私有化需要有控制和监督体系,有成熟规范的资本市场,私有化本身并不能保证对资产的正确配置。在吸引外资,争取外援的同时,把经济体制转换看成是一个内部变化的过程,强调经济体制自上而下的变化。

为了改善波兰银行业总体的运营效率,帮助本国银行建立现代管理制度,波兰于1993年开始对银行业进行体制改革,其核心内容在于银行业的私有化与对外开放。政府一方面通过在股票市场上将国有银行的小部分股权出售给众多投资者,另一方面将本国银行和外国战略投资者进行"配对",由后者向前者补充资本,进行内部治理改革和风险管理,重新规范该银行的信贷行为。1993年波兰的87家商业银行中,仅10家由外资控股;到了2003年,商业银行总数缩减为60家,由外资控股的则增加到46家,外资所占股份超过80%。不可否认,银行私有化并由外资主导存在一定的风险,但当时在波兰国内投资者没有足够资金的情况下,如果不引进外资银行,银行改革势必缓慢进行,所以选择大规模引进外资银行实为无奈之举。但是由于波兰银行监管部门的严格监管,最终保证了外资银行的有效性。

巴尔采罗维奇计划在实施中面临的一个两难问题是:高通货膨胀和财政赤字需要政府削减公共支出,限制信贷,冻结工资增长,但这样做会加剧失业和经济衰退,最终招致政治上的压力,迫使政策制定者转而实施反衰退措施,增加社会保障支出,降低失业率,政策制定者需要在高通货膨胀和失业率之间做出权衡,最终,波兰经济转轨的政策者们选择了前者。巴尔采罗维奇坦言:"我们不得不实行严厉的紧缩政策,才最终稳定了宏观经济,而稳定政策的时机、政策组合和先后顺序都至关重要,这是一个试错学习的过程。"

巴尔采罗维奇计划在解决波兰一些积重难返的问题上初见成效,这主要表现在:在实施激进式转型的国家,波兰经济转型衰退期最短,仅仅持续了不到三年,1992年便实现了2.6%经济增长,成为中东欧地区最早实现经济恢复增长的国家,1994年,波兰成为第一个国民生产总值超过转型前水平的转型国家。成功控制了恶性通货膨胀,实现了经济的持续增长,结束了短缺现象,经济开放度增加,经济结构得以调整,人民生活得以提高,价格成为引导资源配置、影响企业行为的重要因素,贸易自由化有助于引进竞争、打破垄断、同时有利于发挥本国的比较优势,促进本国竞争力提高。波兰由此被称为"展翅翱翔的中欧之鹰",以相对优异的成绩从转轨中毕业。巴尔采罗维奇计划初见成效其原因是多重的,例如国营企业改革从"小私有化"入手,将小型的商业和服务业首先实现私有化,而后全面铺开,同时采取了"靓女先嫁"的政策,把那些经营状况较好的企业,在征得职工同意后,或拍卖,或转让,实现私有化(刘建辉,2006)。

波兰经济转轨成功的启示:第一,经济体制是一个相互关联的系统,转轨需要各部分之间的相互协调配合,稳定化、私有化、自由化以及制度化需要相互衔接,经济自由化有利于资源的合理配置,有利于市场主导的竞争经济秩序的形成,消除短缺,私人部门的发展与国有企业的私有化是并行不悖的两个方面。第二,社会转轨需要建立某种必要的社会保障制度,转轨所带来的失业率增加不可避免,但好的政策不应该是限制裁员,而是努力为创造新的劳动机会提供更好的调节,尤其是在建立小型企业和服务业方面。第三,波兰经济转轨的模式不是完全的自由市场经济,而是具有一定程度国家干预的市场经济,转轨中国家计划的重要性下降,但它仍然是经济改革的推动者、市场经济秩序的建立者和基础设施的提供者。

巴尔采罗维奇计划的实施也产生了一些负面效应,付出了巨大的社会代价,出现了"转轨性衰退",在计划实施的初期经济持续衰退,失业人数增加,当时的总统经济顾问库罗夫斯基教授指责政府轻视经济萧条的后果,并且有意识地同意出现萧条,想通过萧条来实现改革道路。一些学者也认为巴尔采罗维奇奉行的是自由主义的政策,没有考虑到转移支付的增加在很大程度上将抑制收入分配的不公,社会保障严重不足,一方面现有的社会保障支出不能得到公平、合理的利用,另一方面政府财政困难使得政府不能向社会保障网提供足够的资金(孔田平,2005)。同时由于政策也酿成了公共财政危机,转轨时期政府收入的锐减与支出的猛增是转轨时期共同面临的问题,教育、文化、卫生保健、公共交通财政支出压力较大。

参考文献:

孔田平:《从中央计划经济到市场经济:波兰案例》,载于《俄罗斯中亚东欧研究》2005年第1期。

刘建辉:《波兰,一个转型奇迹的解读》,载于《经济》2006年第4期。

楼夷:《波兰转轨的回顾与反思》,载于《财经》2004年8月26日。

天平:《波兰政府副总理、财政部长——莱舍克·巴尔采罗维奇》,载于《苏联东欧问题》1991年第6期。

(杨继军)

南斯拉夫的工人自治
Workers' Self-Management in Yugoslavia

南斯拉夫的工人自治,是指曾经在南斯拉夫实行的由工人来治理企业、治理社会事业乃至治理国家的社会、经济和政治体制。

南斯拉夫的工人自治可分为"企业自治(1950~1963)"、"社会自治(1963~1971)"和"联合劳动(1971~1980年初)"三个阶段。在"企业自治"阶段,自治制度仅限于工厂企业范围。在"社会自治"阶段,自治范围扩大到一切经济部门和所有国家机关与社会事业单位。在"联合劳动"阶段,劳动者不仅要通过工人委员会来管理工厂的事务,而且要通过代表团来管理国家和社会事务,使文化、教育、科学、保健等社会事业与物质生产相结合,并为发展物质生产服务。

在"联合劳动"阶段,工人自治涉及三级联合劳动组织,包括"联合劳动基层组织"(生产和自治的基层单位,相当于小厂或大厂的车间)、"联合劳动组织"(由若干个联合劳动基层组织联合组成,相当于大厂或总厂)和"联合劳动复合组织"(由若干个联合劳动组织联合组成,相当于联合企业)。

工人自治的最基本活动体现在联合劳动基层组织这一级。基层组织的治理涉及工人大会、工人委员会、管理委员会、经理和工人监督组织等机构或主体。

工人大会是联合劳动基层组织的最高权力机关,一切重大问题都得经全体工人大会讨论决定。工人委员会是工人大会的代表机构,由工人大会以无记名投票方式选出;不足30名工人的基层组织不成立工人委员会,而由全体工人行使工人委员会的职能。重大问题的决定,工人委员会都必须提交全体工人大会批准。管理委员会是工人委员会的日常执行机构,对工人委员会负责,由工人委员会以不记名投票方式从全体职工中选举产生。

经理实行公开招聘制度。招聘委员会提出招聘建议,由工人委员会决定和任命。经理的职权是:根据工人委员会和管理委员会的决定,负责组织和领导日常业务工作,组织企业的经营管理和完成生产计划,贯彻有关法令和主管部门的各项规定。经理下设相应的办事人员或机构,协助经理处理日常生产业务。

工人监督委员会由全体工人大会直接选举产生,也由工人大会直接罢免。凡工人委员会、管理委员会的委员和业务管理机构人员都不得选入工人监督委员会。工人监督委员会是独立工作的,它的任务是检查和揭露企业中违法和侵犯工人自治权利的现象。

联合劳动组织和联合劳动复合组织也设有工人委员会。联合劳动组织的工人委员会由各基层组织选出的同等数量的代表组成;复合组织的工人委员会由各联合劳动组织选出的同等数量的代表组成。联合劳动组织和复合组织也都设有经理,其职权、任免办法与基层组织的经理相同。联合劳动组织和复合组织还设有业务领导机构,由各联合劳动基层组织经理和联合劳动组织经理组成。

一个联合劳动组织内的各基层组织之间、一个联合劳动复合组织内的各劳动组织之间都订立自治协议,规定它们之间联合劳动和资金的办法、相互间的责任和义务、收入分配、产品价格等方面的基数和尺度。在各层劳动组织之间强调互相支援的原则。如某组织发展缓慢或发生亏损,其他组织有义务借给资金助其脱困。受援组织有义务制定措施,尽快解决问题。同时,生产组织同各级政权机关之间、各共和国之间又订立社会契约,以保证整个社会有计划地协调发展。如果生产组织损害社会利益,或不执行法定义务,地方、共和国议会可在其职权范围内,按法律规定的条件和程序,解散该组织的工人委员会。

在"联合劳动"阶段,南斯拉夫还在全国范围建立了各种类型的自治利益共同体。每个利益共同体都由有关事业部门的代表和生产部门的代表组成,他们共同协商决定劳动的自由交换。

工人自治"贯穿于南斯拉夫社会生活各个领域,成为南斯拉夫对内政策的根本路线,构成南斯拉夫社会经济制度和政治制度的基础"(杨元格,1978)。南斯拉夫的工人自治,形成了一种独特的社会主义制度模式,它是南共在批判苏联模式的基础上根据南斯拉夫国情重新解读和应用马列主义基本原理的产物,有其深刻的历史、政治、经济和观念的背景。其一,随着战后南斯拉夫经济的恢复,苏联模式集中过多过死的做法,助长了官僚主义,影响了群众积极性,阻碍了经济的发展。对此南共把战时自治方面的经验加以总结,认为工人自治更适合于经济发展。其二,南斯拉夫是一个多民族且民族矛盾复杂、尖锐的国家。实行自治制度,有利于在平等的基础上解决民族间的矛盾和平衡相互关系,保持联邦的统一。其三,1948 年苏南冲突,使得南斯拉夫面临来自苏联集团的政治压力、经济封锁和军事威胁。为此,南不得不依靠工人,动员人民的力量,实行自治制度,以渡过难关。其四,南共认为自治思想根源于马克思、列宁的学说,这些学说包括"关于无产阶级自己解放自己的思想"、"关于国家消亡的学说"、"关于建立自由生产者联合体的思想"、"关于自治是向生产资料社会主义所有制高级形式过渡的必要步骤的思想"、"关于吸收全体劳动人民参加管理国家的思想"和"关于工人管理就能防止官僚主义的产生的思想"(刘霏,2011)。

南共探索的以工人自治为基础的自治制度,在特定的历史国情条件下显示出了优越性,调动了广大人民的积极性,促进了生产力的发展。20 世纪 80 年代初,自治制度已经使南斯拉夫这个 30 年前欧洲最落后的国家步入中等发达国家行列。但进入 80 年代以后,南自治制度的一系列弊端也开始暴露出来。首先,南斯拉夫没有根据新的形势建立和健全宏观经济管理制度,基本建设投资规模过大,经济结构失调。其次,南共联盟中央领导不力,不能有效地从宏观上对自治的正确发展实施统一领导,内部缺乏必要的集中统一。最后,地区之间的经济差距拉大,地方主义和民族主义势力抬头,民族矛盾加深和激化,社会动荡不安。对此,南联邦进行一些加强中央权力的调整,但效果不彰。1991 年,在西方国家的怂恿和干预下,南斯拉夫最富庶的斯洛文尼亚和克罗地亚宣布独立,南斯拉夫正式走向解体。

苏联东欧社会经济问题专家诺夫教授对南斯拉夫的工人自治进行了评论。他指出南工人自治的多方面缺陷,包括:(1)工人委员会的权力实际上是有限制的,要受到国家规定的限制,也要受到共产主义同盟者的干预;(2)在收入分配上工人自治企业存在工资膨胀的内在机制;(3)工人自治企业中工人参与决策的动力不足;(4)工人自治企业存在过度投资的倾向;(5)工人自治企业没有破产机制,决策失误无人负责;(6)工人自治企业倾向于更少雇佣工人,导致高失业;(7)地方自治导致地方保护盛行,国内市场分割,商品和要素流动困难;(8)自治企业受制于各种临时监督、价格冻结、进口限制、外汇波动、收入分配干涉等各种影响,自主余地不大;(9)南斯拉夫是过度分权有害的例子,中央未能协调好地方利益,未能扮演好宏观调控、协调经济布局和秩序的角色(A. 诺夫,1991)。

南斯拉夫自治经济体制最终失败的原因是,"自治经济体制本身存在着一系列无法解决的深刻矛盾。其主要矛盾是生产资料的社会所有制与产品、收入的集体或集团占有制之间的矛盾,并由此造成宏观经济调控不力,市场机制不能发挥应有的作用,经济决策和经济生活混乱,超前经济发展战略与经济管理体制和政策不协调等。而其独特的国情、企业管理混乱、政纪不严、党风不正等则加剧了经济、政治、民族和社会的危机"(陈华山,1996)。

参考文献:

[英]A. 诺夫:《可行的社会主义经济学》,华夏出版社 1991 年版。

陈华山:《试析原南斯拉夫"自治"经济体制最终失败的原因》,载于《东欧中亚研究》1996 年第 4 期。

陈新明:《南斯拉夫自治社会主义的失败——关于集权与分权关系的思考》,载于《当代世界与社会主义》2008 年第 6 期。

刘霏:《南斯拉夫的自治制度及其经验教训》,载于《社科纵横(新理论版)》2011 年第 3 期。

罗元铮:《南斯拉夫的社会主义自治制度》,载于《经济研究》1978 年第 12 期。

庞川:《南斯拉夫的自治制度》,载于《经济管理》1980 年第 7 期。

许俊基、李直、朱世良:《南斯拉夫的社会主义自治制度》,载于《辽宁大学学报(哲学社会科学版)》1978年第5期。

杨元格:《南斯拉夫的社会主义自治制度》,载于《世界经济》1978年第2期。

张利华:《南斯拉夫社会主义自治道路的经验教训》,载于《当代世界社会主义问题》1994年第4期。

(路瑶)

霍瓦特的“工人管理企业”模型
Worker's Self-Management Enterprises of Harvat

霍瓦特的“工人管理企业”模型,是霍瓦特提出的一种企业制度,它是霍瓦特所描述的一种符合马克思基本意图的社会主义经济制度模式中的基本企业制度,是后者的基础。

霍瓦特在其1982年的著作《社会主义政治经济》(*The Political Economy of Socialism*)中,运用西方新古典经济理论,结合社会主义的发展实践,试图提出一种符合马克思基本意图的社会主义经济理论和经济制度模式(霍瓦特,2001)。霍瓦特指出,社会主义的基本制度由资本属于全社会所有的社会所有制和由工人进行管理的微观组织组成,其中“工人管理企业”是这个制度的基础。“工人管理企业”模型的所有制基础是生产资料社会所有制,它使剥削成为不可能。

霍瓦特指出,社会主义企业的双重目标——在履行效率的同时实现决策上的民主最大化——并非自动兼容和容易实现的,相反需要运用六个组织原则来维持二者的一致。这六个组织原则是:

第一,最基本的组织单位的确定原则。组织单位越大,越不容易实现决策民主化。为了最大化民主,必须确定最基本的组织单位,它不是企业,而是具备四个特征的“劳动单位”。这四个特征是:(1)参与决策是直接的;(2)决策的过程和达成的决策是透明的;(3)工作的同质性排除了非公正性和永久性的多数人的强制的可能;(4)因为前三个特征,所以操纵意见的可能性受到限制。

第二,决策权的分配原则。即当一个劳动单位的决策实质上影响到其他劳动单位的利益时,就应该把决策权授予上一个更高的组织层次。

第三,决策者负责的原则。即进行决策的个人和机构应当承担决策的责任,即权利必须与制裁相一致。

第四,决策执行的独立原则。即决策的执行(行政工作和管理)是专业能力的事情,而与民主无关。

第五,利益领域和专业领域分离的原则。利益领域包括政策决策,专业领域包括专业工作和日常事务的行政管理;前者代表价值判断,后者代表技术执行。在利益领域,应用一人一票制;在专业领域,投票是按能力加以权衡。

第六,组织内部冲突化解的制度化原则。应在整个体制中建设一种控制和解决冲突的制度化装置,既保护个人利益免于受集体考虑不周的伤害,也防止集体利益受个人不正当行为的侵害。

这六个组织原则的头两个保证了民主,其次的三个原则保证了效率,最后一个原则使二者相兼容。

原则上,所有决策都在尽可能低的层次上做出。只有当决策影响到其他劳动单位的利益时,才在劳动单位之上的层次做出。大多数日常决策都在劳动单位的层次上做出,这些决策是:工作岗位的分配,工作条件,社会优先权,剩余的分配,就业和解雇,冲突的解决,等等。另一些政策决策可以授权给工人委员会。此外,还有一类问题是至关重要的,只能由整个劳动共同体在全体会议上或通过全体投票来决定,包括:合并,根本性的组织重组,重大投资项目,宪章和各种法令的通过,等等。

一个劳动单位的人数在10~200之间,它在全体会议上制定决策,并选举在工人委员会中代表本单位的主席。工人委员会还包括代表“职能利益”的理事会主席,后者通过全体投票选举产生。

工人委员会的理事会仅有咨询职能,但它增进了内部沟通、理解和决策参与,结合技术知识和政治统筹考虑,不仅使技术知识得到开发,而且获得了宝贵的社会经验。此外,理事会可以向外部寻求咨询。

工人委员会参考其理事会和其他委员会的推荐后通过决策。最重要的委员会是执行委员会,其总经理由工人委员会任命。工人委员会的主席是执行委员会的天然委员,其他委员由部门的负责人和企业的秘书组成,他们是经工人委员会推荐由总经理任命的。劳动单位经总经理同意后任命本经济单位的经理。总经理的任期通常为4年,任命是有条件的,取决于他完成发展规划的表现。

工人管理企业中存在两类冲突:一是个人可能被集体行动所伤害(或者为代表集体的决策所伤害),二是集体利益可能受到不负责任的个人行为的损害。申述委员会处理第一类冲突,工作责任委员会处理第二类冲突。前者可由劳动共同体的全体成员选举产生,后者可由工人委员会选举产生,两个委员会独立行使其职权。特殊情况下,可向一个名为“自我管理的公共律师事务所”的外部机构上诉。

申述委员会和工作责任委员会的主席,依照职权成为监事会的成员。监事会由全体投票产生,或者由工人委员会选举产生,它是工人控制和监督经理行为的组织机构。监事会向工人委员会提出建议,并为工人委员会准备报告,但它在其他方面是独立的。监事会不仅有助于发现权力滥用和违规行为,而且有助于保护积极进取的管理层免遭谣言中伤。

最后一个重要机构是仲裁委员会。当冲突双方在解释规则方面出现分歧,或没有规则可遵循时,仍然需要确定什么是正确和公平的,这就是仲裁委员会的职能。仲裁委员会的决定有约束力,它也监督选举。

有三种反对工人管理的典型意见:第一种认为自我管理将使纪律松弛;第二种认为工人委员会缺乏像董事会那样的行动能力;第三种认为工人将所有利润用于工资分配,会降低经济增长率。霍瓦特指出三种意见都不成立。第一,有证据表明自我管理组织中工人和经理的有效权力都得到提高,虽然强制性权威随着等级制的消亡而消亡,但专业性权威在自我管理组织中仍然保留甚至加强。第二,工人委员会比董事会更加优越,因为工人委员会对企业问题非常熟悉,并有浓厚的兴趣去寻找解决方案,而董事会成员只是股东的代理人,对企业缺乏了解和兴趣。第三,决定经济增长的不是利润而是投资,现实中工人管理经济通常伴随过度投资和经济过热。

霍瓦特发现工人管理企业也暴露了许多问题,包括:(1)在讨论上的时间浪费;(2)混淆立法工作和行政工作,并导致责任不明;(3)对控制的误解,例如把技术性和日常的决策当作战略性决策,反对给予执行委员会酌情处置权等;(4)决策和责任的不对称;(5)朝令夕改或不一致的决策;(6)对公正和团结的误解——可能导致弱势的工人蒙冤,或者导致有责任的经理没有受到惩罚;(7)完全分离政治工作和行政工作的不可能性——不称职的经理更倾向于在企业内外拉帮结派,既窒息了工人管理,又窒息了效率;(8)因分权而产生了分崩离析;(9)冲突加剧;(10)个人和集体为各自的私利而滥用民主程序;(11)无效率和国家主义的危险。

不过霍瓦特对工人管理企业模型的未来表示乐观。他指出,自我管理是一种激进的变革,不可避免会犯错误和存在学习的过程,只有当合适的习惯和传统形成之后,才能指望这种组织有效地运转。一旦第一代人通过了从幼稚园阶段开始自我管理的经历,社会将会更好地解决上述的问题。

参考文献:

[克]勃朗科·霍瓦特:《社会主义政治经济学:一种马克思主义的社会理论》,吉林人民出版社2001年版。

陈东琪:《霍瓦特的自治社会主义经济模式》,载于《世界经济》1986年第12期。

史东明:《勃朗科·霍尔瓦特的经济发展观》,载于《山西高等学校社会科学学报》2006年第9期。

(路瑶)

诺夫的"集权国营公司"和"自治社会化企业"
Nove's Centralized State Corporations and Autonomous Socialized Enterprises

"集权国营公司"和"自治社会化企业"是诺夫(Alec Nove)提出的两种企业模型,它们在诺夫设想的可行的社会主义模式中不可或缺,各自发挥独特的功能。所谓集权国营公司,就是由中央监督管理的国营企业,或称中央集权的国营公司;所谓自治社会化企业,就是有充分自治权的国有企业,在其中管理部门向工人负责。

诺夫教授是国际上知名的社会主义问题专家。1983年他在系统分析经典社会主义理论和总结国际社会主义实践经验教训的基础上,在其著作《可行的社会主义经济学》(*The Economics of Feasible Socialism*)中,提出了富有影响的"可行的社会主义模式"(诺夫,1991)。根据诺夫的观点,可行的社会主义具有以下特征:(1)不走极端,不搞空想,不牵强附会,称得上是社会主义,并能行之有效,在50年左右可望建成;(2)经济上社会公有制占统治地位,同时有政治民主和经济民主;(3)国家仍需存在,并履行重要的政治经济功能;(4)政治上实行多党制的民主政治,国会定期选举;(5)多种所有制经济成分并存,但公有制占主导;(6)分工、市场、价格、竞争、外贸等仍然存在并发挥重要功能。这里,集权国营公司和自治社会化企业是可行社会主义经济中的重要且不可或缺的经济成分,发挥各自独特的功能。

根据诺夫的观点,可行的社会主义需要存在几个集权国营公司。这些公司包括银行、其他信托单位和内部联系密切的大型单位,或者是垄断性的部门,或者是两者兼而有之。最明显的例子是发电网。电网公司要汇集服务区域用电单位的需求信息,并汇集服务区域所有供电单位的供应能力信息,根据一定的优化原则,形成对发电单位的供电指令。这样的决策,各发电站的经理和工人,对发电多少,什么时间发电,都无权决定。类似的例子,还有铁路网、大型钢铁联合企业、石油化工联合企业,这些都是大型企业,而且都是等级式的组织形式。例如,北海和阿拉斯加的石油,需要有密切协调的投资活动与生产活动,涉及钻井、铺管、泵送、打井维修、炼油设备、管理油罐汽车等许多单位。这些活动,即使在资本主义市场经济之下,也是由大公司管理的,这些公司是纵向联系的,而不是横向联系。考虑大公司的官僚主义的非效率,必须推测这些大公司在组织规模上或信息规模上存在很强的经济性。

诺夫指出,有些大公司会拥有强有力的垄断地位,可能是技术上存在规模经济的结果,或者是一些趋向于自然垄断的公用事业单位(电力、电话、邮政和公共交通等)。但是垄断或缺少竞争,为坑害顾客和造福经营者大开方便之门。对此,需要做出专门安排,例如可以采取一种三方监督的办法——要求经理部门向用户负责、向国家负责,也向劳动大军负责。其次,还需要确定一个效率标准。这个标准既要充分考虑到社会经济的外部条件,也要考虑到制度要素及其职责与目的。

在诺夫设想的可行社会主义中,自治社会化企业是第二类经济主体。它们是国有企业及公用事业。因为依托财政资金,所以它们是大企业。诺夫指出,在国家集权和自治社会化企业之间做出截然区分,有时候是困难的。确定自治范围与国家集权的分界线的可能最好方法,一个是由生产单位自己决定生产的范围,另一个是公司总部来决定。这需要权衡集权计划管理的好处和不分权的代价。

社会化企业与合作社企业的相同点是,经理都是由选出的委员会任命,对委员会负责,或者是对工人全体会议负责。在竞争条件下,社会化企业与合作化企业区别是明显的。前者的生产资料不属于工人,国家对生产资料的使用决策,负有一部分的责任;对于债务,也是如此。至于合作社,则可自由处理其财产,并自由决定,进行清算。在所得的分配上和对税收的责任上,两者也有不同。并且制造行业的合作社,通常是小型的,社会化企业则通常是大型的。

在诺夫设想的可行社会主义经济模式中,集权国营公司、自治社会化企业和合作社在多种所有制成分中占主导地位,私有企业处于从属地位。诺夫认为,除了集权国营公司外,其他企业都应该实行自主经营、自主管理。为了保证企业有效管理和合理运行,必须让工人参与管理,并在企业管理中起重要作用。为了使工人尽可能多地直接参与企业的管理,企业规模应尽可能小。

根据诺夫设想,集权国营公司和自治社会化企业是国家实施计划管理的重要途径。首先,中央计划人员直接通过银行系统(属于集权国营公司),监督各地分权投资,避免重复,也避免地方兴办不健全的项目。其次,中央要管理电力、石油、铁路这些全国性生产活动(也属于集权国营公司),发挥重要作用。最后,一项重要工作授权于自治及自治部门时,要订立章程,规定当情况失去平衡时,或出现社会上不合理现象时,中央保留其干预的权力。除了计划管理之外,国家还应通过信贷政策、价格政策、利润分配政策、投资政策、收入政策、外贸政策等对经济实行宏观调控,从而引导包括集权国营公司和社会化企业在内的各种经济成分的健康发展。

在诺夫的可行社会主义中,市场和竞争扮演不可或缺的重要角色,包括集权国营公司和自治社会化企业在内的经济主体的有效运行,必须以市场和竞争的存在为前提。但诺夫也提醒说要制定规章,防止错误的竞争出现。竞争对自治社会化企业的影响是,如果生产决定权在生产单位这一级,那么经营管理部门就起了重要作用,代替了工人代表。

对于经济主体的经营失败,诺夫指出,需要根据不同的所有制采取不同的办法。对于集权国营公司,它们是中央管理的,所以这是政府的责任,由政府来纠正。这些部门的工人,对盈亏情况不负赔偿责任。对他们要确定效率标准,但很不容易。对于社会化企业则更棘手,那里经理部门要对劳动大军负责。有两种情况都难以处理。一种是经理部门制定产销政策,在实行中失败了——这时难以要求工人负责;另一种情况是经理部门的意见被工人否决,而这正是亏本的原因所在——这时工人不负责不合理。诺夫建议后一种情况下应使工人对亏损负责,少得工资,其比例应与盈利时的奖金相似。

关于收入分配,诺夫指出,在社会化企业里,实行奖金与利润挂钩的办法,给参与管理的人以物质利益,虽会引起摩擦,却是合乎需要的。诺夫还指出,应让劳动力市场机制发挥作用,工人应有选择职业的自由,企业应有决定工资多少的权力,彼此展开竞争,让劳动力供求、工人技术水平、劳动能力、工作条件等共同影响工资水平。当然,劳动市场放开可能引起收入差异。诺夫指出,集权国营企业、社会化企业、合作社企业三者的收入水平,不应差别太大,以免形成社会压力。国营部门和社会化部门,举行全国工资洽谈,定出工资级别,是合乎情理的。合作社因其性质不同,则有较大的决定自由,如差别过于悬殊,可用累进税缩小之。可以实行租金、租借、一次支付等办法,调整因天然优势而出现的差异。对于土地及矿产,这办法尤其适用,对农场的租金和税收,可因土地估价不同而有所差异。

对于南斯拉夫工人管理企业的失业问题和工人动力不足问题,诺夫提出了两个补救方法。一是明确规定工种的工资系数,它以利润为基础,建立起一种温和的红利制度。这样会减少工人对额外用工的反对意见,或消除这种意见。第二个方法是,建立某种服务年限的红利方法,把它与长期利润水平挂钩,或与资产总值挂钩,在退休或调动时,付给工人。

参考文献:

[英]A. 诺夫:《可行的社会主义经济学》,华夏出版社1991年版。

黄新华:《诺夫“可行的社会主义经济模式”探析》,载于《马克思主义研究》2000年第1期。

彭必源:《诺夫的社会主义分配思想》,载于《湖北三峡学院学报》1997年第2期。

杨建文:《诺夫和他的〈可行的社会主义经济学〉》,载于《苏联东欧问题》1984年第5期。

(路瑶)

锡克的“资本中立化”公司模型

Sik’s Corporate Model of Neutralized Capital

“资本中立化”公司模型，是捷克斯洛伐克经济改革理论家锡克（Ota Sik）在1979年的著作《人道的经济民主制》（*For a Humane Economic Democracy*）中提出的一种新型企业所有制模式，旨在解决社会主义国家所有制企业的低效率问题，并推荐这种模式作为传统社会主义国家所有制改革的目标模式（锡克，1989）。

锡克认为，传统国家所有制下，存在工资收入和利润利益之间的对立，广大劳动者和企业领导者的利益与企业效益没有关联，他们的积极性、主动性和创造性未能得到发挥。同时，决定企业重大决策的政治官僚阶层由于缺乏具体的经济知识、信息、直接的利益和明确的责任等，无法做出恰当的科学决策。资本中立化模式旨在解决利益一致性、劳动者能动性和决策科学性等问题。

所谓中立化资本（Neutralized Capital），是介于国家资本和私人资本之间的一种资本形式。这种资本形式的核心内容是：企业的每一个职工都拥有对企业部分资产的最终所有权；企业资产既不抽象地属于唯一的国家，也不再实在地属于单一的个人，而是同时属于企业的所有职工。根据锡克，“资本中立化就是建立这样一种财产形式，这种形式使一个企业的资本财产不再同单个人发生联系，也不再能在单个人之间进行分配。财产的承担者是某个已有的或新建立的公司的当时的生产集体。这个叫做财产管理机构的集体无权在自己内部分配资本。这个集体只是由选出的委员会对资本进行由法律（章程）规定的管理的利益基础。财产管理机构以委托方式来管理财产，把它交给企业经营管理机构来有效地生产使用。单个人对资本的占有权，以及个人的资本积累和与此相联系的影响不可能再发生。依靠这样中立化的资本来发挥职能的企业，我们称之为合作公司。”“在一个合作公司中，生产集体同时就是一个生产机构，它按照一定的方式进行组织生产、管理生产、分配、合作等等。这种生产组织我们称为企业经营管理机构。”“合作公司由财产管理机构和企业经营管理机构组成。两者的社会基础是当时的生产集体（全体职工），它是唯一有权选举、监督甚至撤销两个机构的机关”（锡克，1989）。

具体说，企业的每个职工除了得到工资之外，还得到一定的资本份额，例如得到有利润分红权利的证券或其他有价票证，形成职工有效地使用和扩大生产基金的利益。当然，每个职工不仅要得到现有资本价值的相应份额，还应得到一份扩大资本投资的价值份额，也就是得到由这些投资产生的利润的分红。对现有资本份额的分配可以采取极差式的分配方法，例如按照在该企业工作的年限等。企业资本，采用这样或那样的发展形式就将变成集体所有制资本，这种企业资本不应集中（官僚化）。企业职工（或称共同占有者）应当像了解利润份额的预期增长情况一样，不断了解有关资本的安排和使用情况，并通过企业的主席团（企业的工人委员会）来对资本的扩大施加影响。证券不能买卖。某个职工到别的企业工作，他的证券就将保证他从原企业得到一定的款项，这笔款项在经济上要有明文规定（例如规定支付证券价值的一半或其他百分比）。职工死亡，证券自动收归企业（不包括支付给继承人的赔偿）。职工退休，虽然取消了他要求得到新的证券的权利，但是仍要支付他的证券所享受的那部分用于消费的利润份额（20% ~ 30%）（锡克，1989）。

锡克指出，资本中立化模式区别于一种职工对企业集体资本的个人的共同所有权（这种所有权通过个人的有价证券即凭证来体现），后一模式下与个人相联系的资本会引起劳动力转移的困难，因为归还和支付凭证时，在职工自愿更换劳动场所的情况下，各个公司的不同的资本价值既会妨碍更换劳动场所，也会引起投机性很大的更换公司的行为。而前者是对个人中立的资本模式，可以克服工资收入者的资本异化，并且与必需的劳动力转移不发生冲突。而且中立化的资本并不意味着排除在经济上关心资本的最佳使用。由于合作公司成员占有使用资本而产生的一定的利润份额，因而引起在经济上对资本效率的关心。

长期以来，社会主义经济理论对“资本”这个术语讳莫如深，总是将它与资本主义挂钩，而一直使用“资金”这个术语来称谓社会主义下的对应物，并且忽视对资本收益率和报酬率的研究。锡克提出资本中立化的概念，是为了鼓励人们积累和投资，关心资本收益率，同时又避免资本成为剥削劳动和知识的手段，因此这个概念受到了关注。此外，锡克所宣称的“股份合作制的模式既能避免资本主义企业的剥削，又能避免工人自治企业在资本积累上的缺陷”，则有待于进一步研究（荣敬本，1989）。

锡克的资本中立化所有制模式，实质上是一种系统的股份合作制思想，即劳动者共同拥有生产资料、共同劳动。这种模式试图通过股份合作制的安排，来重建劳动者主体地位和主体作用，从而克服传统国家所有制下劳动者能动性不足的弊端（杨长永，1999）。这个模式对社会主义的国家所有制改革产生重要影响，成为国家所有制改革的目标模式之一，对我国所有制改革也有重要的影响。

锡克的资本中立化设想，从经济主体的角度来认识传统社会主义国家所有制效率低下的原因，其理论基础是经济民主化思想（杨长永，1999）。所谓经济民主化，锡克认为，就是经济体制的设计从广大人民群众的根本利益出发，切实落实他们对于生产资料的所有权,确保他们充分行使经济管理的权力。这样,既保证了广大人民群众的主体地位,从而消灭了异化的阴影,又能够充分发挥人民群众的积极性、主动性和创造性,从而提高了经济决策的科学性。这种民主化借助于个人需求刺激和利益刺激,必然换取经济主动性,其结果不是降低效率,而是提高效率,并且会使生产发展更加人道化:生产的民主化、效率化和人道化将成为经济体制改革的口号,并且是改革的基本标准。

锡克的"资本中立化"模式与罗马尼亚的"劳动者入股"的共同点是,它们都是在批判传统国家所有制和国营企业制度的基础上,从建立股份制企业的角度出发、对社会主义国营企业制度改革的探索。但两者在"股金来源与性质"、"股份限额和股民资格的限制"、"股息和红利的分配"、"股份的变迁和终止"、"管理与决策机制"等五方面存在显著差异。与现代市场经济条件下股份制企业对比,"资本中立化"企业制度尚存在"总体目标模式设计不正确"、"具体目标模式有问题"、"缺乏有效的风险和责任机制"、"职工持股不能进入市场交易"等根本缺陷(陶涛,1997)。

参考文献:

[捷]奥塔·锡克:《一种未来的经济体制》,中国社会科学出版社1989年版。

荣敬本:《中译本序》,引自锡克:《一种未来的经济体制》,中国社会科学出版社1989年版。

陶涛:《奥塔·锡克的"中立资本"与罗马尼亚的"劳动者入股"企业制度比较研究》,载于《今日东欧中亚》1997年第4期。

杨长永:《锡克的中立资本理论及其启示》,载于《计划与市场》1999年第4期。

(路瑶)

俄罗斯东欧中亚国家的私有化
Privatization in Russia, Eastern European Countries and Central Asian Countries

国有企业私有化是俄罗斯、东欧和中亚国家经济转型的一个中心议题。作为向市场经济过渡的基本手段,各国都普遍实行了私有化。但对私有化的解释和实施私有化的模式、进程和绩效,各国却存在着一些差异。

有分析认为,俄罗斯、东欧和中亚国家选择通过国有企业私有化来实现经济转轨,主要有两方面的原因(俞思念,1999;李新和刘俊梅,2009)。首先是政治方面的原因,即通过私有化完成社会转型的基础性转变。俄罗斯、东欧和中亚国家私有化的首要动因即是源于政治考虑,即摧毁公有制社会的经济基础,形成强大的既得利益集团和私有者阶层,以保证社会转变进程的不可逆转。正如利普顿和萨克斯所说,私有化是为政治民主奠定基础的最好方式(Lipton and Sachs,1992)。其次是经济方面的原因,即通过私有化向市场经济过渡。俄罗斯、东欧和中亚国家希望通过私有化进程,改造传统所有制,完善企业产权结构,最终提高企业生产效率,从而实现向市场经济体系的转轨。

许新指出,俄罗斯、东欧和中亚国家国有企业的私有化主要分为狭义私有化和广义私有化两种。狭义私有化是指将国有企业或其一部分出售给私人,转变成私有企业。广义私有化又称为非国有化,是指出售国有企业的部分资产或股权,使之转变为混合所有制企业。这种私有化形式还包括国有企业所有权不变的前提下经营权向私人的转移(许新,2003)。

俄罗斯、东欧和中亚国家实行私有化的主要模式有两种:转型经济特有的证券私有化模式和相对规范的货币私有化模式。证券私有化模式是指政府以发放"私有化证券"的方式,无偿地把国有资产分配给企业职工和公民,此种模式又称为大众私有化。这种私有化模式无法保证资源优化配置,其政治目的高于经济目的。俄罗斯、东欧和中亚国家中,俄罗斯、捷克、立陶宛和蒙古等国以这种模式作为主要的私有化方式,而阿尔巴利亚、亚美尼亚、格鲁吉亚、哈萨克斯坦、摩尔多瓦、斯洛文尼亚、罗马尼亚、乌兹别克斯坦、乌克兰、保加利亚、白俄罗斯、波兰、爱沙尼亚和拉脱维亚等国将其作为私有化的辅助模式。匈牙利、马其顿和塔吉克斯坦则原则上不采用这种模式。在采用这种模式的国家中,证券私有化的实施也存在着对企业职工优惠程度大小的不同。

货币私有化模式是指通过出售企业全部或部分股份而有偿地转让国有资产。这种模式克服了证券私有化的缺陷,克罗地亚、马其顿、罗马尼亚、斯洛伐克和匈牙利等国均以这种模式作为私有化的主要手段。但是货币私有化模式也会面临国内原始资本不足的困难。为了解决这一难题,各国采取了优惠出售、国有股份抵押贷款和向外国人出售等多种不同的做法。

俄罗斯东欧和中亚国家的私有化发展是很不平衡的。东欧国家实行私有化时间最早,而俄罗斯和中亚国家则相对滞后,而且各国私有化进程也各具特点。东欧国家中,捷克的私有化进程始于1990年,至1996年已基本结束,捷克实现国有企业私有化的主要形式有:(1)财产退还。即将1948~1955年没收的财产退还给居民("大退还"),并把1955年以后收归国有的小商店、饭馆和作坊退还给原主人("小退还")。(2)小私有化。即将小型国有企业通过出售或租赁的方式私有化。(3)大私有化。即以直接出售或拍卖股份的方式对大中型国有企业进行私有化。(4)投资券私有化。即通过向公民发放投资券的方式,解决原始资本不足的难题,加快大中型国有企业的私有化。波兰的私有化也始于1990年,分为大私有化和小私有化。小私有化始于1989年年末,主要是以租赁、承包和出售的方式对商业系统进行私有化。大私有化始于1990年,主要采用直接私有化(将国有企业出售、出租和转让经营权)和资本私有化(对国有企业股份制改造,在资本市场出售其股票)两种方式。同时为了加速私有化进程,波兰政府通过向公民发放股份证,建立国民投资基金的方式,对大中型国有企业实行大众私有化。波兰的私有化进程也于1998年基本结束。匈牙利的私有化开始于1990年,亦于1998年基本完成。由于不愿采用无偿的大众私有化方式,匈牙利私有化的突出特点是将大量国有企业向外国投资者出售。其私有化进程可分为三个阶段:(1)小私有化和部分大私有化;(2)深化大私有化;(3)银行系统私有化。罗马尼亚国有企业私有化分两步进行:第一步是对国有企业进行改组,为私有化做准备。第二步是实行私有化。罗马尼亚国有企业的私有化具体方式是:30%资产无偿分配给本国公民,实施大众私有化计划;70%的资产有偿转让,其中鼓励员工购买本公司全部股份。

在开展私有化较迟的国家中,乌克兰于1992年开始国有企业私有化,其进程可分为三个阶段:第一阶段为非竞争方式私有化阶段,即企业员工租赁或赎买本企业。第二阶段为大规模证券私有化阶段。第三阶段转入货币私有化阶段,对国有大中型企业进行招标拍卖。至2002年乌克兰的私有化进程基本完成。白俄罗斯的私有化始于1994年,主要采用大众私有化方式。而波罗的海三国(立陶宛、拉脱维亚和爱沙尼亚)独立后也相继开始国有企业私有化进程。三国私有化的第一步是归还私产。即归还1940(加盟苏联)至1990年间被没收的私人财产。第二步是主要通过公开拍卖和认购股票的方式私有化国有企业。三国的私有化进程发展很快,至1998年已经基本达到预期目标。哈萨克斯坦的私有化始于1991年,经历了三个阶段。第一阶段为针对国有小企业的非国有化阶段,也称集体私有化阶段。第二阶段为普遍私有化阶段。对小私有化进行深化规范,对大私有化实行大众私有化("库邦私有化")和个案私有化相结合的方式进行推进。第三阶段则针对大型国有企业实施个案私有化。至1998年,私有经济已占据哈萨克斯坦经济的主体地位。乌兹别克斯坦也于1994年开始私有化,主要方式为大众私有化。而外高加索三国(格鲁吉亚、亚美尼亚和阿塞拜疆)因战争和内乱的原因,私有化进展较慢且不均衡。

俄罗斯于1992年开始大规模私有化改造。其策略是先小私有化和大私有化齐头并进,后重点推进大私有化。小私有化的方式主要是拍卖、投标、贱卖租赁资产和股份制,至1993年已基本完成。大私有化经历三个阶段:(1)1992~1994年的证券私有化阶段。俄罗斯的证券私有化分为以下三步实施:一是大型国有企业的股份制改造;二是发放私有化证券;三是私有化证券通过拍卖市场购买企业股票。(2)1994~1996年的货币私有化阶段,即通过股份制改造,按照市场价格出售国有企业资产。(3)1997年以后的个案私有化阶段。即停止大规模私有化,改为有选择地、个别地进行国有企业的股份制改造。重点转向提高企业生产效率。至2000年,俄罗斯宏观所有制结构改造已基本完成。

随着俄罗斯、东欧和中亚国家私有化进程的完成,私有化对经济绩效的影响愈发显现。理论上,吉尔法松建立两部门充分就业一般均衡模型,发现私有化可以通过提升效率来增加国民经济产出(Gylfason, 1998)。汉森通过非完全竞争一般均衡模型指出,广泛的分散产权对微观经济效率有积极影响,可能会引致较高的累计产出(Hansen, 1997)。在宏观实证研究方面,伯克维茨和德容在分析俄罗斯各地区改革政策与经济增长的关系时,发现实施大规模私有化的地区会产生更多的新企业,从而促进了经济增长(Berkowitz and DeJong, 2003)。而班尼特、詹姆斯、埃斯特林和欧嘉对27个转轨经济体的私有化数据进行分析后发现,大规模的证券私有化是最有益于经济增长的私有化模式(Bennett, James, Estrin and Urga, 2004)。在微观经验研究中,厄尔和埃斯特林对俄罗斯在1994年完成大规模私有化后的300家企业进行分析,发现私人所有制对企业业绩仅有微弱的正面影响(Earle and Estrin, 1997)。而弗莱德曼、海赛和拉帕茨斯基(Frydman, Hessel and Rapaczynski, 1999)运用捷克、匈牙利和波兰209个中型企业在1994年的调查资料发现,外部人私有化对收入和生产率有正面影响,而内部人私有化有助于减少失业。另外私有化对削减成本没有影响。格罗斯菲尔德和尼维特考察了波兰企业截至1994年的大样本数据,发现私有化企业的投资额度更高,增长更快(Grosfeld and Nivet, 1997)。而玛辛欣和温伯格研究捷克的资料后发现,相比于货币私有化的企业,证券私有化的企业的初始效益一般较差。在控制内生性后,证券私有化的企业的业绩表现更差一些(Marcinèin and van Wijnbergen, 1997)。近来,克罗蒂和乔博总结了以往关于俄罗斯东欧和中亚国家转型经济的经验研究,发现总体而言私人所有企业的经营绩效好于国有企业。而在私人企业中外部投资者控制的企业比内部人控制的企业业绩好;经理通过MBO方式控制的企业要比通过大众私有化获得控制权的企业业绩好(Crotty and Jobome, 2004)。简而言之,俄罗斯东欧和中亚国家转型经济的微观实证研究倾向于支持私有化有助于提高企业经营业绩这一论断。但是不同的私有化方式对企业业绩的影响是显著不同的。综上所述,众多研究表明俄罗斯、东欧和中亚国家的私有化进程总体而言有助于提高企业业绩,促进经济增长。

参考文献:

景维民、孙秋鹏:《俄罗斯与东欧国家的私有化评析》,载于《南开经济研究》2001 年第 2 期。

李新、刘军梅:《经济转型比较制度分析》,复旦大学出版社 2009 年版。

许新:《转型经济的产权改革》,社会科学文献出版社 2003 年版。

俞思念:《东欧各国私有化与经济转轨评析》,载于《当代世界社会主义问题》1999 年第 3 期。

John Bennett, Saul Estrin, James Maw and Giovanni Urga, Privatization Methods and Economic Growth in Transition Economies, Center for Economic Policy Research Discussion Paper, No. 4291, 2004.

Jo Crotty, Gregory O. Jobome, Corporate Governance in Transition Economies: A Synthesis of the Evidence, Aston Business School Research Papers, No. 0402, 2004.

Daniel Berkowitz, David N. DeJong, Policy Reform and Growth in Post-Soviet Russia, *European Economic Review*, Vol. 47, No. 2, April 2003.

John S Earle, Saul Estrin, After Voucher Privatization: The Structure of Corporate Ownership in Russian Manufacturing Industry, Center for Economic Policy Research Discussion Paper, No. 1736, 1997.

Irena Grosfeld, Jean-François Nivet, Wage and Investment Behaviour in Transition: Evidence from A Polish Panel Data Set, Center for Economic Policy Research Discussion Paper, No. 1726, 1997.

Thorvaldur Gylfason, Privatization, Efficiency and Economic Growth, Center for Economic Policy Research Discussion Paper, No. 1844, 1998.

Roman Frydman, Cheryl Gray, Marek Hessel and Andrzej Rapaczynski, When Does Privatization Work? The Impact of Private Ownership on Corporate Performance in the Transition Economies. *Quarterly Journal of Economics*, Vol. 114, No. 4, November 1999.

Nico A. Hansen, Privatization, Technology Choice and Aggregate Outcomes, *Journal of Public Economics*, Vol. 64, No. 3, June 1997.

David Lipton, Jeffrey D. Sachs, Prospects for Russia's Economic Reforms, *Brookings Papers on Economic Activity*, Vol. 1992, No. 2, 1992.

Anton Marcinèin, Sweder van Wijnbergen, The Impact of Czech Privatization Methods on Enterprise Performance Incorporating Initial Selection-bias Correction, *Economics of Transition*, Vol. 5, No. 2, November 1997.

(董斌)

价格自由化
Price Liberalization

价格自由化,又称价格放开,是指将政府定价商品的定价权下放给企业,由行政性定价转变为市场调节定价,是价格形成机制的根本变化。价格自由化是转型的一个关键的组成部分,因为它是引进市场机制的必要条件(罗兰,2002)。马克思的价值规律理论就明确要求价格在市场上形成。

中国的价格放开主要发生在 1979 年以后进行的经济体制改革过程中。其主要有两种形式:(1)有指导地放开,即实行国家指导价,企业可以在国家规定的幅度内制定价格;(2)完全放开,即实行市场调节价,企业可以根据成本及供求情况自主地决定价格。改革开放以来,在建立新经济体制过程中,价格改革是继农村实行家庭联产承包责任制改革之后的改革突破口。中国价格改革核心和主要内容就是价格自由化,即改革价格管理体制,从行政定价体制转变为市场定价体制。

中国的以价格放开为主的价格改革实践可以总结如下(张卓元,2008;许光建,2008)。

中国价格改革也即价格自由化的进程,可以划分为四个阶段:第一阶段,1979 ~ 1984 年,以调为主,以放为辅;第二阶段,1985 ~ 1991 年,以放为主,以调为辅;第三阶段,1992 ~ 2000 年,初步建立社会主义市场经济价格体制;第四阶段,从 2002 年至今,以全球化为背景深化价格改革。每一阶段都有主要的价格改革措施。

第一阶段,1979 ~ 1984 年。以调整不合理价格体系为主,为此后较大规模放开价格创造条件。具体的,1979 年国家大幅度提高农产品收购价格;随后提高主要副食品销售价格;在这期间,对一些重要工业品价格也进行了调整。

第二阶段,1984 ~ 1991 年。以放开价格为主,消费品价格逐步放开。1985 年国家把多年对粮油实行的统购价加超购加价这两种国家定价模式,改为国家定价和市场价并存。由于逐步放开工农业消费品价格,因此在社会商品零售总额中,市场调节价比重相应地逐步提高。与此同时,随着价格改革的深化,1984 ~ 1991 年实行生产资料价格双轨制顺利并为市场价格单轨制,生产资料双轨价并为市场单轨价。在价格改革的良好态势下,中央决定 1988 年价格改革闯关,价格改革的总方向是:少数重要商品和劳务价格由国家管理,绝大多数商品价格放开,由市场调节;以转换价格形成机制,逐步实现"国家调控市场,市场引导企业"。但是这一政策引发了严重的通货膨胀,原定的价格改革方案被迫推迟实施。价格改革"闯关"失败,价格改革的步伐被迫放缓。这一失败的最重要教训是，在通货膨胀抬头的条件下，价格改革是难以顺利推进的。

第三阶段，1992～2001年。从狭义价格改革扩展为广义的即包括生产要素价格市场化的价格改革。中国实物商品和劳务价格的市场化改革，即通常被称为狭义的价格改革，到1997年已基本完成。无论是社会商品零售总额，还是工业生产资料销售总额和农副产品收购总额，市场调节价的比重均已超过80%，市场价格体制已基本确立。这一阶段的主要任务就是从狭义价格改革扩展为广义的包括生产要素价格市场化的价格改革，基本确立以市场形成价格为主的市场价格体制。

第四阶段，2002年至今。除了继续对极少数重要商品和服务价格进行调整，这一阶段价格改革的主要内容包括：继续放开价格，完善市场形成价格机制；有升有降，继续调整理顺价格体系；与国际市场的接轨。

经过30年的以价格自由化为主的价格改革，我国已经基本建立起由市场形成为主的价格体制，市场机制已经在价格形成中发挥着基础性作用，过去那种严重扭曲的行政性价格体系已经不复存在，价格体系的灵活性显著提高，除了极少数直接涉及城乡居民基本生活的公用事业和公益性产品或服务，绝大部分产品或服务的价格都能够相当灵活地反映国内国际市场供求关系的变化，成为资源配置的基础机制，对我国的经济发展和改革开放发挥了十分重要的作用。

价格自由化在显著改善资源配置的同时，也具有再分配效应，产生受益者和受损者。实践中，高收入者会偏爱价格分配机制，而低收入者则可能更偏好数量配给机制。所以价格自由化很可能要面临政治约束。摆脱价格自由化政治约束的可能途径之一，就是局部价格自由化。但是经济学家普遍认为，局部价格自由化会导致经济上的扭曲，即所谓的局部自由化陷阱。如果所有价格不是一起放开，就会产生资源配置的扭曲。墨菲、施莱弗和维什尼建立模型论证，在计划供货不能保证执行的情况下，局部价格自由化可能导致重大的资源转移。即使与中央计划相比，这也可能降低资源配置的效率。由于局部价格自由化会造成效率的损失，所以处理政治约束的合理方式是完全放开价格的同时补偿受损者（Murphy, Shleifer and Vishny, 1992）。

中共十八届三中全会在确认市场对资源配置起决定性作用时，明确提出，价格改革的进一步方向是价格在市场上形成。凡是能由市场形成价格的都交给市场，政府不进行不当干预。

参考文献：

［美］热若尔·罗兰：《转型与经济学》，北京大学出版社2002年版。

樊纲：《渐进改革的政治经济学分析》，上海远东出版社1996年版。

景维民、孙景宇：《转型经济学》，经济管理出版社2008年版。

李新、刘军梅：《经济转型比较制度分析》，复旦大学出版社2009年版。

盛洪：《中国的过渡经济学》，格致出版社、上海三联书店、上海人民出版社2009年版。

宋德勇：《经济转型问题研究》，华中理工大学出版社2000年版。

温桂芳：《价格改革30年：回顾与思考》，载于《财贸经济》2008年第11期。

吴光炳：《转型经济学》，北京大学出版社2008年版。

许光建：《价格改革30年的回顾与展望》，载于《中国国情国力》2008年第9期。

张军：《“双轨制”经济学：中国的经济改革（1978～1992）》，上海三联书店、上海人民出版社2006年版。

张卓元：《中国价格改革三十年：成效、历程与展望》，载于《经济纵横》2008年第12期。

Maxim Boycko, When Higher Incomes Reduce Welfare: Queues, Labor Supply, and Macroeconomic Equilibrium in Socialist Economies, *Quarterly Journal of Economics*, Vol. 107, No. 3, August 1992.

David Lipton, Jeffrey D. Sachs, Prospects for Russia's Economic Reforms, *Brookings Papers on Economic Activity*, Vol. 1992, No. 2, 1992.

Kevin M. Murphy, Andrei Shleifer and Robert W. Vishny, The Transition to a Market Economy: Pitfalls of Partial Reform, *Quarterly Journal of Economics*, Vol. 107, No. 3, August 1992.

（董斌）

价格双轨制

Dual-Track Price System

价格双轨制是中国经济体制从计划经济向市场经济过渡过程中一种特殊的价格管理制度。其核心是对同一商品同时实行两种不同的定价机制，一种是在国家经济计划内的行政性定价（计划内价格），另一种则是在国家经济计划外的市场供求调节定价（计划外价格）。在中国的改革进程中，价格双轨制主要是指生产资料价格双轨制。

具体的，在价格双轨制的制度安排下国有企业生产产品的一部分仍然服从政府计划安排，即一方面按照较低的计划价格购买投入品，一方面按照较低的计划价格在政府的计划范围内供给产品。另一部分则几乎完全按照市场经济的原则行事，即一方面按照较高的市场价格购买投入品,一方面按照较高的市场价格在市场中销售其产品。

一般认为,在1984年9月3~10日于浙江省德清县莫干山召开的第一次全国中青年经济科学工作者讨论会上,华生研究组(华生、何家成、蒋跃等)、田源、张维迎对价格双轨制理论及1985年中央确定的“放调结合,小步前进”的价格改革基本方针,做出了开创性的贡献。

张卓元指出,既然生产体系改革的目标就是缩小国家的指令性计划,逐渐给予企业生产什么、生产多少的决策权,那么国家就应该让企业有权自行采购和销售一部分原材料和产品。而这部分自由生产和自由购销必须要有自由价格相配合才有实际意义。因此生产资料价格双轨制是中国实行渐进式改革不可避免的选择,是从高度集中的行政命令经济体制向社会主义市场经济体制平稳过渡的一种有效途径(张卓元,2009)。

张军进一步指出,在价格双轨制下,企业更愿意选择较高的自由价格,存在着隐瞒计划内产出,将计划内产出转向计划外销售的强烈动机。随着时间的推移,计划产出会不断地减少,使得整个经济逐步靠近市场经济。事实上中国生产资料工业20世纪80年代中期开始实行双轨制价格,到90年代初即顺利向市场单轨价过渡。简而言之,在中国工业部门的改革初期,市场机制正是通过生产资料价格双轨制从边际上进入整个经济中的(张军,2006)。

价格双轨制的本质是局部价格自由化。价格自由化在显著改善资源的配置的同时,也具有再分配效应,产生受益者和受损者。事实上高收入者会偏爱价格分配机制,而低收入者则可能更偏好数量配给机制。所以价格自由化很可能要面临政治约束。摆脱价格自由化政治约束的可能途径之一,就是局部价格自由化。但是经济学家普遍认为,局部价格自由化会导致经济上的扭曲,即所谓的局部自由化陷阱。

根据经济学原理,如果所有价格不是一起放开,就会产生资源配置的扭曲。墨菲、施莱弗和维什尼通过模型论证,在计划供货不能保证执行的情况下,局部价格自由化可能导致较大的资源转移。即使与中央计划相比,这也可能降低资源配置的效率(Murphy, Shleifer and Vishny, 1992)。赫尔曼也认为,局部改革会使少数成功者得到大量的集中收益(这种收益源自局部改革中得到的租金),而使多数失败者分散承担转型的损失(Hellman, 1998)。

由于局部价格自由化会造成效率的损失,所以处理政治约束的合理方式是完全放开价格同时补偿受损者。但是罗兰指出,因为在一些情况下筹款补贴受损者仍可能会产生极高的扭曲成本,这种方法并不总是可行。价格双轨制则提供了一种改善效率同时并不产生受损者的有效途径。价格双轨制的要点就是在计划轨道上把生产和价格冻结在某一既定水平;而在市场轨道上实行边际自由化,企业以市场价格出售所有剩余产品,获取全部利润。这种双轨价格自由化,既摆脱了价格自由化的政治约束,又避免了局部自由化陷阱,是一种有效的价格自由化的渐进方式(罗兰,2002)。

进一步,伯德和袁志刚等先后建立了一般均衡模型对价格双轨制的效率进行了考察。他们的共同结论是,当计划定额保证执行时,价格双轨制下生产者存在着最优均衡。具体的,由于双轨制下每个企业的每一项投入和生产都至少在边际上参与市场交易,那么这些企业的行为就与市场经济中的企业完全一致,从而可以实现效率最优(Byrd, 1987;袁志刚,1994)。刘遵义、钱颖一和罗兰也给出了价格双轨制效率的一般均衡分析。他们指出无论初始状态如何,价格双轨制总是可以实现资源配置的帕累托改进。而且市场效率的条件在价格双轨自由化和完全自由化下是相同的。值得强调的是,价格双轨制实现帕累托改进的一个重要前提是计划轨被严格执行(Lau, Qian and Roland, 1997)。

李伟运用769家国有企业1981~1989年期间的资料,实证分析了中国的改革特别是价格双轨制对资源配置效率的影响。他发现在此期间企业要素的边际生产率,特别是劳动和原材料投入的边际生产率均有显著的改进。这些改进,特别是劳动投入生产率的改进,充分显示了双轨自由化所带来的资源配置的改进。另外,李伟还发现企业的要素生产率在此期间平均每年增长4.68%,而真实产出平均每年增长6.4%。这一证据也说明80年代早期实行的价格双轨制,与其他增加竞争、改善资源配置的改革一起,显著地改善了企业绩效(Li, 1997)。另外,罗兰和沃迪尔利用模型还证明价格双轨制能够消除转型初期通常会发生的严重产出下降,这一点从中国与东欧和独联体国家的转型实践中也可以清楚地看出(Roland and Verdier, 1999)。

正如罗兰所总结的,“价格双轨制是以帕累托改进的方式实施价格自由化的一个具体机制。双轨制的优点在于,它建立在既存的计划机构之上,保持了经济当事人的既得利益。它通过在经济中局部保持现状,提供了隐蔽的一次总付的转移支付,用以补偿改革的潜在受损者,同时通过边际上的放开,绝对地改善潜在受益者的状况。因此双轨制是处理转型的政治约束问题的创造性方法”(罗兰,2002)。

对双轨制一个重要的批评是,它为“官倒”等腐败现象提供了温床。所谓官倒,是指掌管生产资料调拨和定价的某些政府官员把商品从计划轨转移到市场轨,利用两轨间较大的价差获取私利的套利活动。这种转移活动可分为两类:(1)通过在市场上转售计划轨的投入品而获取追加租金;(2)把一部分计划内的产出在市场转售而获取差价。这种寻租活动的存在,也许会换取政府官员和国企经理对改革的支持,但是必然会引起对改革结果不公正、不合理的公愤。另外,双轨制的实行意味着新旧体制要在较长时期内并存,也就是说效率低下的旧有体制在相当长时间内还将继续发挥重要作用。这不仅会继续降低社会的资源配置效率,而且还存在着旧有体制复归、转型逆转的可能性。

从中国经济改革的历程来看,双轨制虽然最早出现于价格改革领域,但是很多领域内的改革方式都具有"双轨过渡"的特征。例如,产权改革中国有经济之外非国有经济的发展;就业体制中的"老人老办法,新人新办法";以及对外开放中的经济特区等等。双轨制一方面最大限度地降低了转型对原有体制的冲击,同时又引入新的体制提高资源配置效率,从而在新体制日趋完善和旧体制相对萎缩中完成体制转换,较好地解决了改革与稳定的关系。很多经济学家据此认为,中国经济改革路径最重要的特征之一就是"双轨制"。诺顿强调体制上的双轨制使得中国经济逐步获得了"来自计划外的增长"(Naughton,1994)。樊纲则直接将这种双轨制称为"体制双轨",并认为体制双轨的最重要作用是促进非国有经济的成长,通过较长时间的双轨过渡,完成经济转型(樊纲,1996)。杨瑞龙则进一步指出,价格双轨制的核心是增量改革,即在原有的计划经济体制内,让市场机制在资产增量配置上发挥作用,从而使增量部分不断扩大,计划经济的存量比重逐步缩小(杨瑞龙,2012)。

如上所述,价格双轨制理论不仅对中国经济转轨产生重要的历史性影响,其增量改革思想对中国其他领域的改革也起到了启发作用,并对世界其他国家类似改革具有借鉴意义。有研究报告,毛里求斯遵循与中国相类似的双轨策略而取得良好的经济增长(Rodrik,2000)。

作为中国经济转轨过程中重要的创新性制度安排,价格双轨制理论于2011年11月26日获得第四届中国经济理论创新奖。

参考文献:

[美]热若尔·罗兰:《转型与经济学》,北京大学出版社2002年版。

樊纲:《走向市场(1978~1993)》,上海人民出版社1994年版。

樊纲:《渐进改革的政治经济学分析》,上海远东出版社1996年版。

华生、何家成、蒋跃、高梁、张少杰:《论具有中国特色的价格改革道路》,载于《经济研究》1985年第2期。

景维民、孙景宇:《转型经济学》,经济管理出版社2008年版。

李新、刘军梅:《经济转型比较制度分析》,复旦大学出版社2009年版。

盛洪:《中国的过渡经济学》,格致出版社、上海三联书店、上海人民出版社2009年版。

宋德勇:《经济转型问题研究》,华中理工大学出版社2000年版。

吴光炳:《转型经济学》,北京大学出版社2008年版。

杨瑞龙:《价格双轨制的核心——增量改革》,载于《当代财经》2012年第1期。

袁志刚:《非瓦尔拉斯均衡理论及其在中国经济中的应用》,上海三联书店1994年版。

张军:《"双轨制"经济学:中国的经济改革(1978~1992)》,上海三联书店、上海人民出版社2006年版。

张卓元:《中国价格改革三十年:成效、历程与展望》,载于《经济纵横》2008年第12期。

William A. Byrd, The Impact of the Two-Tier Plan/Market System in Chinese Industry, *Journal of Comparative Economics*, Vol. 11, No. 3, September 1987.

William A. Byrd, Plan and Market in the Chinese Economy: A Simple General Equilibrium Model, *Journal of Comparative Economics*, Vol. 13, No. 2, June 1989.

Joel S. Hellman, Winners Take All: The Politics of Partial Reform in Postcommunist Transition, *World Politics*, Vol. 50, No. 2, January 1998.

Lawrence J. Lau, Yingyi Qian and Gérard Roland, Pareto-Improving Economic Reforms through Dual-Track Liberalization, *Economics Letters*, Vol. 55, No. 2, 29 August 1997.

Wei Li, The Impact of the Chinese Reform on the Performance of Chinese State-Owned Enterprises, 1980-1989, *Journal of Political Economy*, Vol. 105, No. 5, October 1997.

Kevin M. Murphy, Andrei Shleifer, and Robert W. Vishny, The Transition to a Market Economy: Pitfalls of Partial Reform, *Quarterly Journal of Economics*, Vol. 107, No. 3, August 1992.

Barry Naughton, Chinese Institutional Innovation and Privatization from Below, *American Economic Review*, Vol. 84, No. 2, May 1994.

Dani Rodrik, Institution for High-Quality Growth: What They Are and How to Acquire Them, *Studies in Comparative International Development*, Vol. 35, No. 3, September 2000.

Gérard Roland, Thierry Verdier, Transition and the Output Fall, *Economics of Transition*, Vol. 7, No. 1, March 1999.

(董斌)

放权让利的改革
Granting Decision-Making Power to Enterprises and Allowing Them to Keep More Profit

放权让利包括两个方面的含义：一是在管理权限上，政府将一部分经营管理权交给企业，扩大企业的自主权；二是在分配关系上，国家向企业让出一部分利润，将财政在国民收入分配格局中所占的份额让给企业。中国在改革过程中采取了多种形式的放权让利。农村的基本形式是家庭联产承包责任制，而城市放权让利的主要形式包括：对地方政府和企业扩大调控权或生产经营自主权，第一步、第二步利改税，地方财政包干等。本词条关注政府对企业的放权让利，第一步、第二步利改税参见“利改税”词条，财政包干参见“财政经济学”卷的相关词条。

在计划经济体制下，国家集宏观决策和微观决策于一身，财政上实行统收统支，并通过行政指令直接管理企业的生产经营活动，国家成为一个大的工厂，而企业退化为生产部门。这种体制在我国社会主义建立的初期对于国民经济的恢复和发展曾经起到积极作用。然而随着社会主义经济建设的不断推进，其弊端也日益凸显：企业成为国家行政管理的附属物，处于无权、无责的地位，抑制了企业和劳动者的积极性。

向企业放权让利的改革思路，最早可以追溯到1956年毛泽东主席发表的《论十大关系》和同年召开的中共八大的《政治报告》。其目的是改变按照列宁的“国家辛迪加”模式建立起来的集中计划体制造成的权力过于集中到中央，国有企业实际上只是进行成本核算的成本中心因而缺乏活力的局面。然而，由于1957年政治气候的改变，1958年的经济管理体制改革并未落实扩大企业自主权，而是向地方政府下放企业管理权（吴敬琏，2008）。

改革之前，企业留利水平很低，企业经营自主权十分有限，经营机制僵化，企业和职工的积极性、主动性和创造性受到严重压抑。1978年，中国工业总产值构成中，全民所有制工业企业占80%，集体所有制工业企业占20%，因而经济体制改革的重点是国有企业。国营企业的收益分配政策由计划经济时代的统收政策和有限的企业留利政策，转变为改革中的让利政策。

1978年12月13日，邓小平在中央工作会议上所作的重要讲话《解放思想，实事求是，团结一致向前看》中指出：“现在我国的经济管理体制，权力过于集中，应该有计划地大胆下放，……应该让地方和企业、生产队有更多的经营管理的自主权。”同年12月22日，中共十一届三中全会通过的决定提出，把党和国家的工作重点转移到社会主义现代化建设上来，集中精力发展社会生产力，并提出对国家经济管理体制和经营管理方式进行调整和改革。会议还指出：现在我国经济管理体制的一个严重缺点是权力过于集中，应该有领导地大胆下放，让地方和工农业企业在国家统一计划的指导下有更多的经营管理自主权。

中国企业的放权让利试点早于中共十一届三中全会。1978年10月，四川省选择了重庆钢铁公司、成都无缝钢管厂、江宁机床厂、四川化工厂、新都县氮肥厂、南充绸厂等6户企业进行扩大自主权试点，成为国有企业改革乃至整个城市经济体制改革起步的标志。1979年2月12日，四川省委批转了省经委党组《关于扩大企业权力，加快生产建设步伐的试点意见》，批准对四川化工厂等100户企业进行扩大自主权试点。

1979年4月开始，中央政府进行扩大企业自主权的改革。同年5月25日，国家经委、财政部、外贸部、中国人民银行、国家物资总局、国家劳动总局6个部门联合发出通知，确定在首都钢铁公司、北京内燃机总厂、北京清河毛纺厂、天津自行车厂、天津动力机厂、上海汽轮机厂、上海柴油机厂、上海彭浦机器厂等8户企业进行企业改革试点。

1979年7月13日，国务院发布了《关于扩大国营工业企业经营管理自主权的若干规定》、《关于国营企业实行利润留成的规定》、《关于开征国营工业企业固定资产税的暂行规定》、《关于提高国营工业企业固定资产折旧率和改进折旧费使用办法的暂行规定》、《关于国营工业企业实行流动资金全额信贷的暂行规定》等5个文件。根据不同行业、不同企业的具体情况，确定不同的利润留成比例。企业用利润留成建立生产发展基金、集体福利基金和职工奖励基金。文件主要内容包括：逐步提高固定资产折旧率、实行固定资产有偿占用制度、实行流动资金全额信贷制度、鼓励企业发展新产品、企业有权向中央或地方有关主管部门申请出口自己的产品并按国家规定取得外汇分成、企业有权按国家劳动计划指标择优录用职工、减轻企业额外负担等。1979年年底，试点企业扩大到4200个，1980年发展到6000个，约占全国预算内工业企业数的16%、产值的60%、利润的70%（周叔莲，1998）。1984年5月10日，国务院制定了《关于进一步扩大国营工业企业自主权的暂行规定》，在生产经营计划、产品销售、价格、物资选购、资金使用、资产处理、机构设置、人事劳动管理、工资资金、联合经营10个方面，给企业以应有的权力。

放权让利的改革未能实现国有企业的产权明晰化，因为它局限于国有企业制度中的经济性层面，而没有触及国有企业制度中的行政性层面（韩朝华，2003）。在不改革国有制“财产权”关系前提下的“分权”，有着其自身的局限性。分权制改革的结果就形成了这样一种特殊的经济体制：国有经济内部各基层单位、地方政府、国有企业、国家银行，有了“自主权”，而"约束"仍然是"软的"(樊纲,1994)。

从财政分配体制的两个主要方面,即中央与地方和国家与企业的利益调整来看:在预算管理体制上中央政府与地方政府实行"分灶吃饭",形成中央与地方资金分流;在国家与企业的分配关系上实行企业留利,形成政府与企业的资金分流。这些资金分流状况,在不断扩大地方和企业的利益范围的同时,导致国家,特别是中央财政的利益范围急剧缩小。这种状况既造成了投资和消费的急剧膨胀,也使得中央财政失去了对全国经济的宏观调控和制约地方、企业资金运用方向的物质力量(李燕,1989)。

随着改革的推进,放权让利表现出如下问题:(1)放权让利对计划体制进行改革,虽然弱化了传统的高度集中的手段,但是又不能及时建立新的体制手段。(2)放权让利作为对传统体制高度行政化的一种改革,虽然弱化了中央行政指令控制,但是同时又强化了地方政府的行政指令控制。通过中途截留和收缴企业的某些权和利,地方政府成为基本决策主体和经济职能中心的诸侯经济,实质就是构造新的地域型政企合一实体(陈文科,1992)。(3)国有经济内部的放权让利和各基层单位自主权的扩大,导致了改革初期历次高额通货膨胀的发生(樊纲,1994)。(4)放权让利也带来了财政收入不能与经济发展、物价变动同步增长等一系列问题,使财政收入占国民收入的比重大幅度下降,1988 年由 1979 年的 31.9% 下降到 19.2%。与此同时,预算外资金增长迅猛,由 1979 年的 453 亿元增长到 1988 年的 2270 亿元,相当于国家财政预算收入的比例由"五五"时期的 39.2% 上升到 92.4%。这造成了国家有限财力的急剧分散,国家直接支配的资金和物资越来越少,使国家财政所承担的各种职能,因财力不足而无法正常发挥(李燕,1989)。

鉴于 1979 年和 1980 年相继出现 170.6 亿元和 127.5 亿元的财政赤字,中共中央提出了增加财政收入、减少财政赤字的要求。各地为了落实财政上缴任务,在扩权试点的基础上,对工业企业试行利润包干的经济责任制。1987 年开始全面推广企业承包,到当年年底,78% 的全国预算内全民所有制企业实行了承包制。然而,由于固有的缺陷,承包制并没有实现让企业既负盈也负亏的目标,更没有实现政企分开和企业间的公平竞争。到 20 世纪 80 年代末和 90 年代初,以企业承包的方式进行放权让利,已不再被认为是国有企业改革的好办法。

参考文献:

陈文科:《论作为改革过渡形式的放权让利》,载于《江汉论坛》1992 年第 3 期。

樊纲:《"软约束竞争"与中国近年的通货膨胀》,载于《金融研究》1994 年第 9 期。

韩朝华:《明晰产权与规范政府》,载于《经济研究》2003 年第 2 期。

李燕:《初探财政"放权让利"的时机选择》,载于《中央财政金融学院学报》1989 年增刊第 3 期。

吴敬琏:《对国有企业的"放权让利"》,载于《中欧商业评论》2008 年第 8 期。

周叔莲:《二十年来中国国有企业改革的回顾与展望》,载于《中国社会科学》1998 年第 6 期。

(吴凯)

利改税

Reform of Replacement of Profit by Tax

1983 年和 1984 年分两步实施的利改税,是中国国有企业改革过程中调整国家与国营企业利润分配关系的一项重大措施,其核心内容是将所得税引入国营企业利润分配领域,把国营企业向国家上交利润改为按照国家规定的税种、税率缴纳税金,税后利润全部留归企业。

利改税的试点大体上可以分为两个阶段:第一阶段是从 1979 年起,在湖北省光化县、广西壮族自治区柳州市、上海市和四川省的部分国营企业中开展对国营企业征收所得税的试点,即"利改税"的试点。第二阶段是从 1980 年第四季度起扩大"利改税"的试点。

1982 年,《关于第六个五年计划的报告》提出国营大中型企业要分两步走:第一步,实行税利并存,即在企业实现的利润中,先征收一定比例的所得税和地方税,税后利润以多种形式在国家和企业之间合理分配。这一步在"六五"计划期间就开始实施。第二步,在价格体系基本趋于合理的基础上,再根据盈利的多少征收累进所得税。

1983 年 4 月 24 日,国务院下发《国务院批转财政部关于全国利改税工作会议的报告和〈关于国营企业利改税试行办法〉的通知》,指出:实行利改税,一定要保证做到国家得大头,企业得中头,个人得小头。企业留利,从全国来说,基本上维持现在的水平。《关于国营企业利改税试行办法》自当年 1 月 1 日起实行,征税工作自 6 月 1 日开始办理。具体内容包括:(1)凡有盈利的国营大中型企业(包括金融保险组织)均根据实现的利润,按 55% 的税率交纳所得税。(2)凡有盈利的国营小型企业,应当根据实现的利润,按八级超额累进税率交纳所得税。(3)营业性的宾馆、饭店、招待所和饮食服务公司,都交纳 15% 的所得税,国家不再拨款。企业税后有盈有亏的,由商业主管部门调剂处理。(4)国营企业归还各种专项贷款时,经财政部门审查同意后,可用交纳所得税之前该贷款项目新增的利润归还。今后企业向银行申请专项贷款时,必须有 10% ~30% 的自有资金用于贷款项目。(5)实行利改税以后，遇有价格调整、税率变动，影响企业利润时，除变化较大，并经国务院专案批准，允许调整递增包干上交基数和递增比例，或固定上交比例，或调节税税率，或定额包干上交数以外，一律不作调整。（6）企业税后留用的利润应当合理分配使用。

1983年4月29日，财政部发布了《关于对国营企业征收所得税的暂行规定》，自当年6月1日起，国营企业开始普遍推行“利改税”制度，征税时间从当年1月1日起计算。国营企业所得税税率分为比例税率和超额累进税率两种。大中型企业适用比例税率，税率为55%。饮食服务行业、营业性的宾馆、饭店、招待所，适用比例税率，税率为15%。小型企业、县以上供销社，适用7%～55%的8级超额累进税率。

到1983年年底，全国实行“利改税”的国营工业、交通、商业企业共有107145户，占盈利国营企业的92.7%。这些企业1983年共实现利润633亿元，比1982年增长了11.1%（刘佐，2004）。至此，国营企业“利改税”第一步改革取得了成功，并为下一步改革提供了经验，奠定了基础。鉴于1983年实行的“利改税”第一步改革取得了很好的效果，国务院决定，从1984年第四季度开始，进行“利改税”的第二步改革，从税利并存逐步过渡到完全的以税代利，将企业与国家的分配关系用法令的形式固定下来。

1984年8月10日，财政部向国务院报送了《关于在国营企业推行利改税第二步改革的报告》和《国营企业第二步利改税试行办法》，同年9月18日国务院同意后批转，从当年10月1日起试行。《关于在国营企业推行利改税第二步改革的报告》的主要内容是：（1）城市维护建设税、房产税、土地使用税和车船使用税等4个地方税，保留税种，暂缓开征。（2）对于已经实行利润递增包干等办法的企业，要区别情况进行处理。（3）要加强对“利改税”第二步改革的领导。（4）要严格执行国家的价格政策，防止物价波动。（5）要帮助企业推行内部经济责任制。（6）要严格财政、税务监督。

《国营企业第二步利改税试行办法》的主要内容包括：（1）将现行的工商税按照纳税对象划分为产品税、增值税、盐税和营业税；将“利改税”第一步改革设置的所得税和调节税加以改进；增加资源税、城市维护建设税、房产税、土地使用税和车船使用税。其中，城市维护建设税、房产税、土地使用税和车船使用税，保留税种，暂缓开征。（2）核定调节税税率时，以企业1983年实现的利润为基数，在调整由于变动产品税、增值税、营业税税率和开征资源税而增减的利润以后，作为核定的基期利润。核定的调节税税率，自1985年起执行。（3）国营小型盈利企业按照新的8级超额累进税率缴纳所得税以后，一般由企业自负盈亏，国家不再拨款。但在核定基数时，对于税后利润较多的企业，国家可以收取一定数额的承包费。（4）营业性的宾馆、饭店、招待所和饮食服务公司，都按新的8级超额累进税率缴纳所得税。（5）军工企业、邮电企业、民航企业、外贸企业、农牧企业、劳改企业和少数经过批准试行上交利润递增包干等办法的企业，暂不按新办法缴纳所得税和调节税，但应按有关规定缴纳其他各税。

1984年9月18日，国务院发布了《中华人民共和国产品税条例（草案）》、《中华人民共和国增值税条例（草案）》、《中华人民共和国盐税条例（草案）》、《中华人民共和国营业税条例（草案）》、《中华人民共和国资源税条例（草案）》、《中华人民共和国国营企业所得税条例（草案）》和《国营企业调节税征收办法》，上述税收法规均自当年10月1日起施行。1978～1993年，通过对我国税制进行全面改革，初步建成了一套适应有计划的社会主义商品经济要求的，内外有别的，包括37个税，以流转税、所得税类税收为主体，其他税种相配合的新税制体系。

第二步利改税是新中国成立以来第四次、改革开放以来第一次全面税制改革，经过这次税制改革及其逐步完善，我国初步建立了适应有计划的社会主义商品经济的税收制度。从1978～1993年16年间，通过两步“利改税”，中国税制改革的成效主要表现在以下5个方面：第一，重新建立了多税种、多环节征收的复合税制体系，初步适应了中国改革开放以后多种经济成分、多种经营方式、多种流通渠道、多种分配方式并存的经济状况，税收已经深入到社会再生产的绝大部分环节，可以对社会生产和生活进行较为广泛的、有效的调节。第二，通过推行“利改税”，建立了国营企业所得税制度，突破了30多年来国营企业只能向国家上缴利润而不能缴纳所得税的禁区，促使国营企业向着独立的商品生产者和经营者的方向迈出了重要的一步，配合了国营企业的改革。第三，流转税发挥了重要的经济杠杆作用。第四，地方税制度的恢复和加强，不仅有利于加强地方财政，也有利于国家税收制度的完善和加强中央财政。第五，税收的职能作用得到了较为充分的发挥。总之，这套税制的建立，从理论上，实践上突破了长期以来封闭型税制的约束，转向开放型税制；突破了统收统支的财力分配的关系，重新确立了国家与企业的分配关系；突破了以往税制改革片面强调简化税制的框子，注重多环节、多层次、多方面地发挥税收的经济杠杆作用，由单一税制转变为复合税制。这些突破使中国的税制建设开始进入健康发展的新轨道，与国家经济体制、财政体制改革的总体进程协调一致，并为1994年分税制改革打下了良好的基础（刘佐，2004）。

1983年开始的两步“利改税”规范了政府和企业的分配关系，然而由于价格体制改革刚刚开始，价格体系不合理，造成企业间的税负不公平（于吉，2008）。针对两步利改税中暴露出来的价格、税收、信贷等宏观体制不配套的问题,1984～1985年,国家开始酝酿以价格、税收、财政为中心的配套改革。但是,这一时期出现了严重的投资、信贷失衡,因此,这一改革方案虽由国务院讨论通过并得到中央批准,却最终未能推开,在价格、外汇等方面,采取了双轨制的过渡办法,而企业改革的重心则转向推广承包制(马建堂,2008)。

参考文献:
刘佐:《国营企业"利改税"及其历史意义》,载于《税务研究》2004年第10期。
马建堂:《三十年巨变——国有企业改革进程简要回顾与评述》,引自《中国经济50人看三十年:回顾与分析》,中国经济出版社2008年版。
于吉:《国企改革回顾与展望》,载于《企业管理》2008年第9期。

(吴凯)

国有资产管理体制
State-Owned Asset Management System

国有资产管理体制是一个国家以国有资产所有权为基础,确保国有资产保值和增值,并实现对国家经济的调控功能而进行的组织机构设置,组织机构的内部责、权、利划分以及调控管理国有资产的基本规则和方法,是国家所有制的具体形式。

国有资产管理体制是国家社会经济制度极为重要的组成部分,也是一个世界性的问题。第二次世界大战后到20世纪70年代,西方国家国有经济得到很大发展,这为探索国有资产管理提供了实践基础和理论成果;新中国成立至今,国有经济一直占据社会主义国民经济的主导地位,因此,中国在国有资产管理的实践和理论研究方面,都取得了丰富的经验和成果。

国有资产管理的主体也称为国有资产产权主体,是由享有国有资产各项产权权能的多个主体构成,包括国家、法人和自然人等。国有资产的终极所有权(归属权)属于国家,而由所有权所派生出来的占有权、支配权和使用权以及收益分配、监督等权能,因为国家这一终极所有者的特殊性而呈现多元化,并具有一定的历史性。我国在管理国有资产的实践中,基本形成了国有资产的三元主体:国有资产监督管理机构,由各级政府设置的国有资产监督管理委员会和政府授权的其他部门和机构构成,行使对国有资产的所有权和监督权,并从根本上掌握国有资产收益分配权,这说明,国务院及各级地方政府是国有资产的所有权主体;国有资产运营机构,包括各级各类的国有资产经营公司,比如国有资产经营公司、投资公司、国有控股公司等,它们一般以资本运营为手段,对国家所授权范围内的国有资产具体行使资产受益、重大决策、产权转让等权利,所以,国有资产运营机构是国有资产的占有权和支配权主体,在某种情况下,也是使用权主体;国家出资企业,即国家出资的国有独资企业、国有独资公司以及国有资本控股公司和国有资本参股公司,它们以国有资产保值增值和效益最大化为目标,向国家及所有其他投资者负责,可见,国家出资企业是相关国有资产使用权的主体,也是相应的收益分配权主体。

国有资产管理的客体即国有资产管理的对象,包括终极所有权归属国家的一切资产,其分类有经营性国有资产、非经营性国有资产以及资源性国有资产等。

国有资产管理的目标一般有两类:一是在维护国有资产安全的基础上,保证国有资产的保值或者增值,从而为国家增加收入;二是实现对宏观经济的调控目标,比如调整产业结构、促进国民经济优化,实现资源的有序、合理利用,有效提供公共服务等。

国有资产管理的内容,一是基础管理。国有资产的基础性管理是国家作为出资人,对国有资产基本状况进行全面、准确掌握,并把握其动态变化趋势的基础工作,是防止国有资产流失的前提条件。主要工作包括对国有资产产权进行界定和登记,对国有资产存量进行及时的更新评估并加以统计,为进一步的动态管理提供基本依据。

二是动态管理。国有资产的保值增值,是借助于动态管理来实现的,后者主要包括四项内容:第一,国有资产投资立项管理,指国有资产管理机构将国有资本投放到市场,以实现其投资目标的行为。国有资产的投资,一般可以采取直接投资或者间接投资和委托投资等办法,具体包括用于新建项目投入、新企业开办和股份投资等国有资本金投入支出的管理,例如,政府基本建设投资,为了调整产业结构或者为了对重点行业和企业形成政府控股而进行的国家投资,为了实现保值增值而向新成立企业投资或者向股份制企业配股或增资等国有资产投资项目等进行审查批准等。国有资本投资立项管理与私人投资一样,需要提出项目建议书、进行可行性研究、编制项目设计任务书,并开展项目评估和通过设计任务书,最后正式立项等环节。第二,国有资产的经营管理,是对国家所拥有的资产,在投资立项后的具体实施阶段,按照市场规则和国家投资的目标,主要以法律手段和经济手段对国有资产进行经营性管理的活动。其具体方式则根据国家资本参与经营的不同形式,比如承包制、股份制和合作制等等,分别采取相应的管理手段。第三,国有资产收益管理,是指对国家作为国有资产的所有者,依据国有资产所有权及其派生的占有权等相关产权权能而应当获得相应收益及其分配的管理工作。国有资产收益包括企业应交收益和企业留存收益,前者分为企业应交国家利润、股份有限公司的国家股股利、有限责任公司国家出资者分取的红利、国有企业产权转让收入、国家股股权转让收入等，而企业留存收益则是企业税后留利中属于国家所有者的部分。第四，国有资产评估管理，是指按照国有资产管理的目标和一定程序，对国有资产价值及其预期效益作出评定和估量的活动。具体包括编报国有资产统计报表、编写国有资产经营情况年度报告以及进行国有资本经营绩效评价等，最终对一定经营期限的国有资本运行效益进行比较全面和科学的定量和定性分析，以此为根据作出公正、准确的评估。

世界各国均有一定数量的国有资产，国外国有资产管理积累了值得借鉴的成功经验。这些经验包括：

设立专门机构对国有资产行使所有者职责。意大利、巴西和俄罗斯以及英国，在其国有资产比重较大的阶段，都设有专门机构针对国有资产行使经营者选择、财务控制和重大决策等权利；国有资产比重很小的国家，如韩国，则设立专门机构行使国家所有权，并随着国有企业的发展情况不断调整管理办法；而瑞典、法国以及德国和美国，即使国有资产出资人职责由不同机构分散行使，也能确保有具体的部门承担不同性质和行业的所有者职能；甚至，在国有企业私有化过程中，意大利、德国等都设有专门机构代表国家负责有关事宜，确保国有资产在推出过程中的安全和保值。

选择合适的国有资产管理模式。国外国有资产管理，形成了两种基本模式，一种是“三层次模式”，其特点在于在政府和企业之间，设立国有资产产权经营机构，比如国有控股公司，由政府授权，给予后者通过对子公司的产权管理来实现国有资产保值和增值的权利。新加坡、意大利、英国和西班牙等国，都采取这种模式。“三层次模式”比较适合于竞争性国有企业，而且，居于中间层的国有控股公司，趋于专业型、较小规模的，效率更高；另一种是“两层次模式”，即政府直接对国有企业行使产权管理和经营，不设中间层。在这种模式下，国有企业作为经营主体，在应对市场变化方面因其灵活性而更具有效率。美国、加拿大以及法国、德国和巴西采用这种模式。

市场化的管理方式。国外对国有资产的管理，不是通过行政干预来行使国家所有权，而是通过对国有企业建立合理的治理结构和严格的绩效考核体系实现。合理的治理结构包括：(1)政府在不干预企业日常经营的前提下，能充分了解公司状况；(2)企业能从人才市场吸引高级管理人员；(3)企业决策民主、高效。比如，瑞典吸取“英美模式”和“德国模式”的优点，创立了国有企业经营者无权选择审计人的规定，新加坡的审计、提名与薪酬委员会制度，还有广泛存在于各国的独立董事制度等，都在很大程度上保证了国有资产管理的效率。国有企业绩效考核评价体系，则是借助于市场评价，把绩效和职位聘任结合起来，实现对国有企业决策和管理者的适当激励约束。其一般做法包括三个环节，首先，根据国有企业的特征，确定绩效考核指标；其次，设定管理者薪酬与绩效挂钩的具体规则；最后，对外公布国有企业的绩效表现，促使公众舆论对国有企业的经营者产生无形的激励约束作用。

参考文献：

李忠信、王吉发：《国有资产管理新论》，中国经济出版社2004年版。

李松森、孙晓峰：《国有资产管理》，东北财经大学出版社2010年版。

陈少晖、廖添土：《国有资产管理：制度变迁与改革模式》，社会科学文献出版社2010年版。

《中共中央第十六次代表大会报告》。

《中共中央关于全面深化改革若干重大问题的决定》，2013年11月18日。

（杨慧玲）

国有资产管理体制改革
Reform of State-Owned Asset Management System

国有资产管理体制改革，是国家以产权为基础，在经济体制转型过程中为提高国有资产经营的经济和社会效益，对国有资产管理的机构设置、管理权限划分和调控管理方式等方面进行的综合性改革。借鉴国外国有资产管理的有益经验，立足于我国国情和国有资产管理的现状，我们面临着进一步推进政府职能改革，继续调整国有经济的布局和结构，深化国有资产管理体制改革的重大任务。

市场经济发达国家的国有经济资产总量不大，一般不超过社会总资产的10%，并且主要分布在政府功能领域，采用政府部门直接管理国有资产或“国有控股公司”的方式管理（胡家勇，2002）。中国的国有资产管理则是随着社会主义国有资产的形成而逐步建立的，并随着社会主义国有经济和市场经济的发展而逐步加强、逐步完善的。在传统的高度集中的计划体制和统收统支的财政管理体制下，企业作为一个生产单位，没有产权和产权主体，其生产经营活动都由行政主管部门的计划指令决定。政府主管部门对国营企业的生产规模、投资安排、资产使用、技术改造等都实行计划管理，导致企业生产经营自主权小，缺乏活力。相应地，国有资产管理体制的特点是政资不分、政企不分。

放权让利和承包经营的改革暴露出忽视资本所有权、政府的行政管理职能与资本管理职能没有很好地区分开、企业只负盈不负亏、企业的短期行为等问题。为了适应市场经济发展的要求，解决企业经营积极性低和吃国家“大锅饭”的弊端，特别是为了使企业逐步实现自主经营、自负盈亏，理顺国家与企业之间的产权关系，国有资产的管理体制和管理方式进行了一系列改革,如建立国有资产管理机构、采取多种形式的资产经营方式、有计划地在全国开展清产核资等。

中共中央第十六次代表大会提出了构建与社会主义市场经济相适应的国有资产管理体制的基本框架,即"在坚持国家所有的前提下,充分发挥中央和地方两个积极性。国家要制定法律法规,建立中央政府和地方政府分别代表国家履行出资人职责,享有所有权权益,权利、义务和责任相统一,管资产和管人、管事相结合的国有资产管理体制。关系国民经济命脉和国家安全的大型国有企业、基础设施和重要自然资源等,由中央政府代表国家履行出资人职责。其他国有资产由地方政府代表国家履行出资人职责。中央政府和省、市(地)两级地方政府设立国有资产管理机构。继续探索有效的国有资产经营体制和方式。各级政府要严格执行国有资产管理法律法规,坚持政企分开,实行所有权和经营权分离,使企业自主经营、自负盈亏,实现国有资产保值增值。"国有资产管理体制改革的核心是进一步理顺产权关系,在此基础上实现政资分离,政企职责分开,实行所有权与经营权分离,使国有企业成为拥有独立法人财产权的市场竞争主体。国有资产管理体制分为三个层次:中央政府是国有资产所有者的总代表,地方各级人民政府对管辖范围内的国有资产行使所有者权能;各级国有资产监督管理委员会是经国务院及各级政府授权履行出资人职责的特设机构,即国有资产出资人代表;各级政府授权、委托的国有资产经营公司,投资公司,跨行业、跨地区的大型企业集团或公司,以产权所有者代表的身份经营国有资产产权;企业法人对投入企业的国有资产负有保值、增值的责任。

国有资产管理体制改革的过程可以划分为以下三个阶段:

一是1978~1988年的政企分开阶段。与中国经济体制改革的渐进性相适应,以政企分开改革为主,几乎没有涉及宏观层面的国有资产管理体制,没有明确区分国家作为社会经济管理者和国有资产所有者的双重身份。1988年8月,国务院成立国家国有资产管理局,将政府的国有资产管理职能与社会经济管理职能分离。1988年8月31日,国家机构编制委员会通过的《国有资产管理局"三定"方案》指出:国有资产管理局,"应行使国家赋予的国有资产所有者的代表权、国有资产监督管理权、国家投资和收益权、资产处置权"。随后各省市都设立了国有资产管理局,统一行使对中国境内外全部国有资产的管理职能。国家国有资产管理局的成立,标志着我国国有资产管理正式由多部门管理步入专业化管理时代,标志着宏观层面新的国有资产管理体制初创阶段的开始,但国有资产局仍属于政府的行政机构。

二是1988~2002年的政资分开阶段。随着国家国有资产管理局的设立,逐步开始进行政资分开的改革。1993年11月14日,中共十四届三中全会通过的《中共中央关于建立社会主义市场经济体制若干问题的决定》,明确"对国有资产实行国家统一所有、政府分级监管、企业自主经营的体制",并提出"政府的社会经济管理职能和国有资产所有者职能分开的原则,积极探索国有资产管理和经营的合理形式和途径",首次提出了政资分开的概念。

1993年12月29日,第八届全国人大常委会第五次会议通过的《中华人民共和国公司法》明确规定公司实行权责分明、管理科学、激励和约束相结合的内部管理体制。1994年7月24日,国务院发布《国有企业财产监督管理条例》,第五条规定:"企业财产属于全民所有,即国家所有。国务院代表国家统一行使对企业财产的所有权。"该条例的颁布与实施,标志着国有企业财产监管体系的初步建立。1998年推进的政府机构改革,撤销了国有资产管理局,其职能被并入财政部。同年成立中共中央大型企业工作委员会,1999年被中共中央企业工作委员会所取代。

三是2002年至今的资企分开阶段,即国资委国有股东权与公司法人财产权分开的国有资产管理体制全面创新阶段。

20世纪80年代末至90年代在改革实践方面,深圳和上海等地在国有资产管理方面进行了不同程度的探索。2002年11月8日,中共十六大报告提出要深化国有资产管理体制改革,"国家要制定法律法规,建立中央政府和地方政府分别代表国家履行出资人职责,享有所有者权益,权利、义务和责任相统一,管资产和管人、管事相结合的国有资产管理体制",变"统一所有,分级管理"为"统一所有,分级行使所有权"。十六大要求中央和省、市(地)两级地方政府设立国有资产监督管理机构。2003年3月10日,十届全国人大批准新一轮机构改革,决定设立国务院国有资产监督管理委员会。2003年4月6日,国家国有资产监督管理委员会(以下简称"国资委")挂牌成立,是国务院直属正部级特设机构,同时撤销中共中央企业工作委员会。国资委的成立,第一次在中央政府层面上做到了政府的公共管理职能与国有资产出资人职能的分离。到2004年,各省市都相应组建了国资委。各级国资委分别代表国家履行出资人职责,由此建立起管资产和管人、管事相结合、权利义务和责任相统一的国有资产管理体制,为实现出资人职责到位、权利到位奠定了基础,可以认为国有资本出资人初步到位,这标志着国有资产管理体制和国企改革进入新阶段。

2007年9月,国务院发布《关于试行国有资本经营预算的意见》,标志我国开始正式建立国有资本经营预算制度。2007年10月15日,中共十七大报告提出,深化国有企业公司制股份制改革,健全现代企业制度,优化国有经济布局和结构,增强国有经济活力、控制力、影响力。深化垄断行业改革,引入竞争机制,加强政府监管和社会监督。加快建设国有资本经营预算制度。完善各类国有资产管理体制和制度。2008 年10 月 28 日,第十一届全国人民代表大会常务委员会第五次会议通过《中华人民共和国企业国有资产法》,为国资委出资人职能的重新回归奠定了法治基础。

各级国资委的成立,从体制上确定和加强了所有者或出资人的职能。一是在机构设置上,实现了"政资分开"、"政企分开",弱化了过去行政部门对企业的干预。二是国有资产监管得到了切实加强,在很大程度上解决了国有企业"多头管理、无人负责"的状况(马建堂,2008)。三是国资委管理的中央企业数量不断下降,而竞争力不断增强。中央企业数量从 2003 年国资委成立时的 196 家下降到 2011 年 117 家。2002 ~ 2011 年,国资委监管的中央企业资产总额从 7.13 万亿元增加到 28 万亿元;营业收入从 3.36 万亿元增加到 20.2 万亿元。"十一五"期间的年均国有资产保值增值率达到 115%。一批国有企业实现了从"中国 500 强"到"世界 500 强"的跨越,38 家中央企业入围 2011 年世界 500 强。

为了坚持和完善"公有制为主体、多种所有制经济共同发展的基本经济制度",中国共产党十八届三中全会做出的《中共中央关于全面深化改革若干重大问题的决定》在完善国有资产管理体制方面提出了从以管企业为主转到以管资本为主的思路。《决定》指出:"完善国有资产管理体制,以管资本为主加强国有资产监管,改革国有资本授权经营体制,组建若干国有资本运营公司,支持有条件的国有企业改组为国有资本投资公司。国有资本投资运营要服务于国家战略目标,更多投向关系国家安全、国民经济命脉的重要行业和关键领域,重点提供公共服务、发展重要前瞻性战略性产业、保护生态环境、支持科技进步、保障国家安全。"

参考文献:
胡家勇:《构建国有资产管理新体制》,载于《经济学动态》2002 年第 1 期。
马建堂:《三十年巨变——国有企业改革进程简要回顾与评述》,引自《中国经济 50 人看三十年:回顾与分析》,中国经济出版社 2008 年版。
郑海航:《中国国有资产管理体制改革二十年的理论与实践》,载于《经济与管理研究》2008 年第 11 期。

(吴凯　杨慧玲)

国有控股公司
State-Owned Holding Company

国有控股公司是指通过持有其公司达到决定性表决权的股份,而对该公司进行经营控制,并主要从事资本经营及其他生产经营的国有企业。

2008 年第十一届全国人民代表大会常务委员会第五次会议通过的《中华人民共和国国有资产管理法》第三条、第四条规定,"国有资产属于国家所有即全民所有。国务院代表国家行使国有资产所有权。""国务院和地方人民政府依照法律、行政法规的规定,分别代表国家对国家出资企业履行出资人职责,享有出资人权益。国务院确定的关系国民经济命脉和国家安全的大型国家出资企业,重要基础设施和重要自然资源等领域的国家出资企业,由国务院代表国家履行出资人职责。其他的国家出资企业,由地方人民政府代表国家履行出资人职责。"第五条规定,"本法所称国家出资企业,是指国家出资的国有独资企业、国有独资公司,以及国有资本控股公司、国有资本参股公司。"

国家设立国有控股公司是为了适应建立现代企业制度的需要,推进政企分开,逐步建立国有资产管理、监督、营运体系和机制;通过向国有控股公司授权经营,确保出资人到位,确保国有资产及其权益不受侵犯。国家可以通过制订有关国有控股公司的法律法规,规范其组织和行为(唐海滨等,2002)。

国有控股公司可以分为两种类型:一种是纯粹型控股公司,它不直接从事生产经营活动,而是通过全部或部分拥有其他公司或企业的股份或股权,而对其他公司或企业实行控制。另一种是混合型控股公司,它主要通过股份持有控制子公司,又直接进行一部分生产经营活动。这种控股公司投入全资子公司、控股子公司、参股子公司的资本总额,必须超过注册资本金的50% 以上,用于直接生产经营的资本总额只能小于公司注册资本金的 50%。在对子公司的关系上,它行使的是出资者权利,而在直接生产经营活动中,它还享有法人财产权。在授权一些企业集团的核心公司作为国有控股公司时,为了保持生产经营的稳定,可以设立混合型控股公司。但要通过制定章程,防止母子公司之间发生不规范的竞争。

我国在国有资产管理体制改革中,国有控股公司一般通过以下六种方式组建:(1)对直属企业较多的专业经济部门在剥离其政府行政职能以后,授权其行使所属企业国有资产所有权职能,改组为国有控股公司;(2)由政府将行业性总公司所属企业的国有产权授予总公司行使,把它改造为国有控股公司;(3)大型集团公司可以通过向其他企业参股或对紧密层企业授权发展成为国有控股公司;(4)扶持一批大型、特大型企业,使之发展成为国有控股公司;(5)对经济实力强的各类投资公司,可以通过存量国有资产授权或增扩股的方式进行改造,使其成为中介性的国有控股公司;(6)将现有存量国有资产按一定量和范围进行授权,组建新的国有控股公司。这样,国有控股公司一般包括三种情况,即国家投资公司、大型国有集团控股公司和地区国有控股公司(刘国良,岳公侠,1994)。

国有控股公司的产生有着历史必然性。首先,从规模经济和多元化经营的动因看,国有控股公司的产生是生产力发展和资本集中的必然趋势。由于我国许多主导产业和名牌产品的生产集中度低,规模效益小。因此,要迅速改变这一格局,只有通过市场竞争和政策导向,"抓大放小"或"壮大并小",发展大型和特大型的国有控股公司系统,才能适应生产社会化和经营现代化的需要。其次,从公司制度进化的动因看,国有控股公司的产生是现代公司形态演变和发达的一般趋势。在我国,它的出现是直接借鉴和利用西方经济文明的结果,是将占主导地位的国有经济与发达的现代公司相结合的一种发展趋势和有效形式。再次,从国际竞争和跨国经营的动因看,国有控股公司的产生是不发达或发达国家参与竞争的共同趋势。当今世界围绕资源、资本、技术、市场、信息人才的国际竞争日益激烈,跨国公司的地位和作用日趋增强,国际经济的区域性和集团性日益明显。在这种形势下,中国仅有少数像联想集团那样的小型跨国经营的控股公司,是远远不够的。加快发展具有跨国经营和国际竞争力的国有控股公司势在必行。第四,从国有资产管理体制改革的动因看,国有控股公司的产生是各国构建新型国有资本营运体系的普遍趋势。我国为了实现体制转型,有条件的国有企业也应采取国有股份制及控股公司的做法(程恩富,1998)。

建立国有控股公司管理监督出资者所有权,是第二次世界大战以后特别是60年代后西方国家探索管理国有资产有效途径的一种较为普遍的做法,其目的是在政府不得直接参与的某些竞争性行业领域,借助现代公司制度建立一种尽可能弱化政府干预,强化企业经营责任和建立市场激励机制的国有资产管理体制。国外大多数国有控股公司主要是充当政府与企业之间的中介媒体,执行政府参与企业管理的职能。第二次世界大战后,许多国家纷纷组建国有控股公司。欧洲一些国家如意大利、奥地利、瑞典等率先建立了大规模的国有控股公司。六七十年代,亚洲和非洲许多发展中国家也不断组建国有控股公司,如赞比亚、孟加拉、印度、菲律宾、新加坡等。从国外的经验来看,国有控股公司基本上可以分为两类:一类国有控股公司是完全为了盈利目标而建立的,如新加坡淡马锡控股公司,它是纯粹的经济实体,基本按《公司法》运作;另一类国有控股公司的组建,其目的就是为了使政府更有效地调控经济,管理国有企业,实现就业和稳定经济等社会目标,如意大利伊里公司等,这些国有控股公司主要是作为政府调控经济的工具而出现的,追求盈利等商业目标只是处于从属的地位,因而具有浓厚的政治色彩,但却不同于行政机关,它们受国家专门法律和公司章程约束,其地位与一般的私人公司(包括控股公司)也是不同的。

参考文献:

程恩富:《关于国有控股公司的几个问题》,载于《光明日报》1998年4月12日。

华国庆:《国有控股公司组建若干法律问题探讨》,载于《中外法学》1998年第2期。

《关于组建国有控股公司中加强国有资产管理的指导意见》,1995年。

刘国良、岳公侠:《控股公司组建与运作问题研究会述要》,载于《人民日报》1994年9月23日。

唐海滨等:《如何看待国有控股公司》,载于《中国经济时报》2002年12月28日。

曾建平:《国有控股公司发展中的几个重要问题》,载于《发展研究》2005年第7期。

郑海航等:《国有资产管理体制与国有控股公司研究》,经济管理出版社2010年版。

(谢地　李冠华)

国有独资公司和国有独资集团公司
Wholly State-Owned Company and Wholly State-Owned Group Company

我国《公司法》第一章总则中第六十五条规定,国有独资公司是指国家单独出资、由国务院或者地方人民政府授权本级人民政府国有资产监督管理机构履行出资人职责的有限责任公司。国有独资公司符合有限责任公司的一般特征:股东以其出资额为限对公司承担责任,公司以其全部法人财产对公司的债务承担责任。但同时国有独资公司是一种特殊的有限责任公司,其特殊表现为该有限责任公司的股东只有一个——国家。这是《公司法》为适应建立现代企业制度的需要,结合我国的实际情况而制定的。

国有独资公司是一种国家所有的有限责任公司,其财产出资人是国家这个特殊的主体,财产所有权属于国家,在追求盈利的同时,担负着执行国家经济政策、实行国家计划、调节社会经济结构和运行的特殊使命。根据《公司法》规定,国务院确定的生产特殊产品的公司或属于特定行业的公司,应当采取国有独资公司形式。

国有独资公司的特殊性在于:

第一,全部资本由国家投入。公司的财产权源于国家对投资财产的所有权。国有独资公司是一种国有企业。

第二,股东只有一个。作为国有独资公司的股东,国家授权投资的机构(如国家设立的国有资产投资公司)或者国家授权的部门(如国家的国有资产管理部)是唯一的投资主体和利益主体。它不同于由两个以上国有企业或其他国有单位共同投资组成的公司。尽管后者各方投资的所有权仍属于国家,公司资本的所有制性质未发生变化,但公司的投资主体及股东却为多个,具有多个不同的利益主体。

第三,公司投资者承担有限责任。虽然国有独资企业的投资者是国家,但国家仅以其投入公司的特定财产金额为限对公司的债务负责,而不承担无限责任。这不同于个人独资企业。

第四,性质上属于有限责任公司。国有独资公司按公司形式组成,除投资者和股东人数与一般公司不同外,其他如公司设立、组织机构、生产经营制度、财务会计制度等均与有限责任公司的一般规定与特征相同或相近。只是我国《公司法》规定,国有独资公司下不设股东会,由国家授权投资的机构或国家的授权部门授权公司董事会行使股东大会的部分职权,决定公司的重大事项,但公司的合并、分立、解散、增减资本和发行债券,必须由国家授权投资的机构或者国家授权的部门决定。同时,公司实行有限责任制,对公司经营所产生的债务,股东——国家仅以投入的资本为限承担责任,当其债务额超过投入的资本额,即经营亏损时,其超出(亏损)部分国家不再承担责任。

国有独资公司,顾名思义只能由国家投资兴办,而且不是所有的国有单位和机构都可以无限制地投资设立。依据公司法规定,只有国务院确定的生产特殊产品的公司或者属于特定行业的公司,才能采取国有独资公司的形式。因为这类企业不便于其他投资者参与投资,持有股份。而且随着体制改革的逐步深化,国家投资范围的适当缩小,特别是随着国家逐步从竞争投资领域中的退出,国有独资公司的适用范围将大为减少。

1996年年初纳入国家级现代制度改革试点的100户国有企业中,改组为国有独资公司企业为73家,占已批准试点方案90户企业的81%,并且多数改组的国有独资公司享有政府授予的"代行出资者权利"(刘长才、周殿昆,1996)。就中央政府曾选择的100户大型或特大型国有企业进行现代企业制度改革的试点来看,2000年已有11户改造成股份有限公司;6户改造成有限责任公司;69户采取国有独资公司形式,占69%。与此同时,各地也选择了2343户国有企业进行试点,其中540户改造成股份有限公司,占总数的23%;540户改造成有限责任公司,也占总数的23%;909户采取国有独资公司,占总数的38.8%。也就是说,大多数试点的国有企业采取了国有独资公司的形式(剧锦文,2000)。2006年,国务院国有资产监督管理委员会发布不同产权结构国有企业情况的信息,从结构上看,国有独资企业、公司一共63038户,户数占比52.86%,国有独资企业或公司在数量上占据我国国有企业半壁江山。然而国有企业是否应该采取国有独资公司形式各有争议,多数意见认为国有独资公司关系国民经济全局,必须认真对待。原来公司法有关国有独资公司的规定对国有企业改革起到了积极推动的作用,认为目前公司法也应该继续为改革的深入提供制度支持。立法最后还是保留了国有独资公司内容并在相关制度安排上得到完善。

国有独资集团公司,是指由国家授权投资的机构或者国家授权的部门投资设立的有限责任公司为了适应市场经济和社会化大生产的客观需要而组建的一种具有多层次组织结构的经济组织联合体。它是由紧密联合的核心层、半紧密联合层以及松散联合层组成,其核心层是自主经营、独立核算、自负盈亏、照章纳税、能够承担经济责任、具有法人资格的经济实体。

目前,我国国有经济的财产组织形式主要有国有企业、国有独资公司、国家控股公司、国家参股公司、国家投资的其他类型的企业等五种。国有独资的集团公司是介于上述五种类型之间的一种混合经济形式。从其规范的公司制企业而言,可以视为国有独资公司,因为公司的唯一出资者是国家;从其企业规模及其产业组合关系而言,又可以视之为集团公司。

组建国有独资的集团公司,有利于打破条块分割,促进企业组织结构合理化,按照市场经济要求和公司制企业组织原则,发展社会化、专业化生产协作,实现生产要素的优化组合和资源的合理配置,形成合理的经济规模,增强企业经济技术实力,提高集团公司在国内外市场中的竞争能力。通过这种经济联合形式,改变传统计划经济体制条件下企业对国家政府的依附和依赖,在深化企业改革参与市场竞争中不断发展壮大国有经济,掌握国家经济命脉,继续在国民经济中发挥基础和支柱作用。

国有独资集团公司的法律地位,与有限责任公司和股份有限公司一样,是建立在财产的最终所有权与法人财产权相分离的理论基础之上的。国有独资的集团公司的出资者是国家,即由国家授权投资的机构或者国家授权的部门依照法律、行政法规的规定所形成的法人实体的经济联合,也包括将原来国家授权投资的机构或者国家授权的部门投资建设的特大型企业,通过改革按其工作性质分工所形成的若干独立法人实体所组建起来的经济联合。集团公司的财产最终所有权属于国家,并由国家授权的投资机构或者国家授权部门行使所有权以及实施监督管理。法人财产权是国家出资诸如企业额的资本金及企业在经营过程中负债所形成的财产,法人财产权肯定了企业对法人财产依法拥有的独立支配的权利,它没有改变企业财产在法律上的最终归属,没有改变生产资料属于国家所有的公有制性质,只是改变了公有制经济的实现形式,赋予了集团公司真正独立处分财产的权利。就出资人而言，国家按期投入资本额享有所有者的权益，包括资产收益、重大决策和选择管理者等权利，以及企业破产后国家仅以其投入资本额对公司债务承担有限责任；就集团公司而言，在政企分开的前提下，以资产为联系纽带形成企业的法人治理结构，根据市场需求组织生产经营，独立核算、自主经营、自负盈亏、自担风险（赵秀峰，1996）。

2003年中国共产党十六届三中全会提出，必须加快国有经济布局和结构，完善国有资本有进有退、合理流动的机制，进一步推动国有资本更多地投向关系国家安全和国民经济命脉的重要行业和关键领域，发展具有国际竞争力的大公司大企业集团。根据这一战略性思想，国有企业围绕做强做大主业，积极开展调整重组，缩短管理链条，改制分离辅业，释放了国有资本的活力。在企业自愿的基础上，一些产业关联度高、具有优势互补和战略协同效应的国有企业进行了联合重组，增强了国有资本的影响力和控制力。国有资本进一步向重要行业和关键领域集中，目前，国有资本在电信、电力等行业的比重占90%以上。中央企业重组整合力度不断加大，截至2012年5月，中央企业户数由2003年国务院国资委成立之初的196家调整重组到2012年的115家，其中是国有独资集团公司的有85家。

形成合理的国有资产结构，是保持和提升国有经济对国民经济控制力的重要途径。"十一五"到"十二五"期间，我国加快了国有资产向国民经济重要行业和关键领域集中的进程，使国有经济在国民经济重要行业的实力有了大幅增强，一批以国有独资公司和集团公司为主要形式的中央企业的产业控制力不断提升。进入新世纪以来，国际经济正处于产业结构变革的重要时期，我国正处于产业结构调整的关键时期，引导国有资本向重大装备制造行业、战略性新兴产业、现代服务业尤其是生产性服务业、基础设施等公共产品领域以及民生领域集聚，保持和增强国有经济控制力，显得十分重要而紧迫。国有独资公司和国有独资集团公司将继续承担增强国民经济实力和结构布局调整的重大任务。

参考文献：

刘长才、周殿昆：《对"国有独资、授权经营"现象的反思及改进建议》，载于《经济研究》1996年第11期。

陆敬武：《试论国有独资公司董事会制度》，中国政法大学出版社2010年版。

国资委规划发展局课题组：《我国国有经济布局和结果调整若干重大问题的研究》，2006年。

剧锦文：《国有独资何处去》，载于《上市公司》2000年第11期。

赵秀峰：《关于组建国有独资集团公司的探讨》，载于《甘肃理论学刊》1996年第3期。

《中华人民共和国公司法》。

《中华人民共和国国有资产管理法》。

（谢地　李冠华）

国有企业改革
State-Owned Enterprise Reform

国有企业改革是指为适应社会主义市场经济体制的要求，对传统国有企业在体制、机制以及管理制度等方面进行的综合性改革。其中心环节和核心内容是建立现代企业制度，增强国有企业活力，提高国有企业的经济效益。本词条对"国营企业"和"国有企业"不做严格区别。

新中国成立之初，我国国民经济基础非常薄弱，经济结构严重畸形，集中力量建立完整的工业体系、着重发展重工业，成为特定历史环境下的必然选择。除了没收、接管旧政府和官僚买办资本的工商企业、外国资本的在华企业、对民族资本实施"利用、限制、改造、赎买"外，国家还集中人力物力，直接投资兴建了大量国有工业企业，并使其迅速肩负起国家工业化的历史重任。

1954年9月，新中国的第一部宪法第六条规定："国营经济是全民所有制的社会主义经济，是国民经济中的领导力量和国家实现社会主义改造的物质基础。国家保证优先发展国营经济。"从此正式确定了国营经济的主导地位，国营企业的建立及作用基本上以法律的形式确定下来。1956年社会主义改造完成之后，国有企业在国民经济中占据了基础性地位，国有经济占工业总产值的80%（刘凤义，2010）。国有工厂的计划及专业分工，奠定了新中国的工业基础，为1978年改革开放以后的国有企业发展及中国产业竞争力提高创造了前提条件。

1978年前，在高度集中的计划经济体制下，国营企业的管理体制的调整本质上都是政府系统内行政权力的调整，主要体现为中央和地方之间行政权力的上收与下放、集权与放权的交替变换，企业改变的只是隶属关系，产权结构、激励机制都没有明显改变（马建堂，2008）。始于1978年的中国经济体制改革，主要是从扩大企业自主权、调整国家与企业之间的利益分配关系开始，国有企业改革始终是整个经济体制改革的中心环节。随着改革的深入，国有企业逐步实现了从政府行政机关的附属向市场主体的转变。这一过程，大体经历了如下四个阶段：

第一个是扩大企业经营自主权阶段（1979～1984年），这个时期的改革，是我国经济体制由传统的计划经济体制向有计划的商品经济体制过渡，逐渐引入市场机制在资源配置中的调节作用,以国营企业为主体,以放权让利为主要内容的改革。沿着"简政放权、减税让利"的改革思路,先后采取了扩大企业自主权试点、推行经济责任制、两步"利改税"等改革措施。

第二个是实行两权分离阶段(1984~1993年),这一阶段的改革以承包经营责任制为重点,实行企业所有权与经营权适当分离,确立企业的市场主体地位。1984年10月20日,中共十二届三中全会通过的《关于经济体制改革的决定》提出了政企职责分开和所有权与经营权分离的改革原则。1992年10月12日,中共十四大确立了建立社会主义市场经济的经济体制改革目标,并首次将全民所有制企业由过去的"国营企业"改称为"国有企业"。国有企业推行承包经营责任制,扩大企业经营自主权,调动了企业和职工的积极性。但企业包盈不包亏的问题,助长了企业重生产、轻投资、拼设备等短期行为。

第三个是建立现代企业制度阶段(1993~2002年),这一阶段以建立现代企业制度为重点,实行规范的公司制改革,转化企业经营机制,探索公有制的多种有效实现形式。我国国有企业改革在进入建立现代企业制度的阶段,才从单纯的扩权让利转变为制度创新(周叔莲,1998)。

1993年11月14日,中共十四届三中全会作出了《关于建立社会主义市场经济体制若干问题的决定》,第一次提出国有企业改革的方向是建立现代企业制度,并指出现代企业制度的特征是:产权清晰、权责明确、政企分开、管理科学。从此,我国国有企业改革进入制度创新阶段。

为应对1997年东亚金融危机的冲击,中共十五届一中全会提出:用3年左右的时间使大多数国有大中型亏损企业扭亏增盈,摆脱困境;到2000年,使大多数国有大中型骨干企业基本建立现代企业制度。到2000年年底,目标基本实现。1997年国有及国有控股大中型工业企业为16874户,其中亏损的为6599户,占39.1%。到2000年年底,亏损户为1800户,减少近3/4。国有企业的经济效益明显提高,国有企业的科技开发能力、市场竞争能力和抗御风险能力明显增强,国有经济在国民经济中更好地发挥了主导作用(于吉,2008)。

第四个是国有资产管理体制改革阶段(2002年至今),这一阶段以深化国有资产管理体制改革为重点,实行政资分开,推进企业体制、技术和管理创新。

建立和完善国有资产监督管理体制,是巩固壮大国有经济的基础,也是继续深化国有企业改革的前提。2002年至今,是以国有资产管理体制改革推动国有企业改革发展阶段。这个阶段以党的十六大为开端。2002年11月8日,中共十六大报告提出,继续调整国有经济的布局和结构,改革国有资产管理体制,国家要制定法律法规,建立中央政府和地方政府分别代表国家履行出资人职责,享有所有者权益,权利、义务和责任相统一,管资产和管人、管事相结合的国有资产管理体制。进一步探索公有制特别是国有制的多种有效实现形式,大力推进企业的体制、技术和管理创新。2003年3月,十届全国人大一次会议通过了政府机构改革方案,国务院成立了国有资产监督管理委员会(以下简称"国资委")。到2004年6月,全国31个省(区、市)和新疆生产建设兵团国资委全部组建。

中国经济改革呈现渐进特征,国有企业改革相应呈现三个特征:第一,增量改革逐步向存量改革过渡。通过集体经济、个体经济和私营经济快速增长,以实现对存量进行改革的目的。第二,从局部改革逐步向整体改革推进。通过给予地方政府更多的自主权,对国有企业改革的方式进行试验,逐步积累经验之后,才在更大范围推广。第三,采取先易后难的方式,逐步实施放权让利、企业经济责任制、建立现代企业制度等。

参考文献:

刘凤义:《中国国有企业60年:理论探索与政策演进》,载于《经济学家》2010年第1期。

马建堂:《三十年巨变——国有企业改革进程简要回顾与评述》,引自《中国经济50人看三十年:回顾与分析》,中国经济出版社2008年版。

于吉:《国企改革回顾与展望》,载于《企业管理》2008年第9期。

周叔莲:《二十年来中国国有企业改革的回顾与展望》,载于《中国社会科学》1998年第6期。

(吴凯)

企业本位论
Enterprise Standard Theory

蒋一苇1980年在《中国社会科学》发表了《企业本位论》一文,就社会主义制度下企业的性质以及国家与企业的关系首次提出了"企业本位论"这一概念,并创立了"企业本位论"学说。蒋一苇在该文中指出:"我们认为政权组织(包括中央和地方)应当和经济组织分离,改变为从经济组织的外部来领导和监督经济组织活动,而不作为经济组织内部的上层机构直接发挥指挥与管理的作用。我们认为,国民经济组织既不能把全国经济作为一个单一的经济单位,也不能按行政区划分解为若干地方单位,而只能以企业(包括工业企业、商业企业、农业企业等等)作为基本的经济单位。企业在国家统一领导和监督下,实行独立经营、独立核算,一方面享受应有的权利,另一方面确保完成对国家应尽的义务。这种看法可以说是企业本位论"(蒋一苇,1980)。

"企业本位论"是有关社会主义制度下企业的性质、企业与国家关系的学说。该学说的核心论点有四个：

一是企业是现代经济的基本单位。由血统关系组成的氏族是原始社会生产的基本单位，家庭是封建社会生产的基本单位，而企业是资本主义社会生产的基本单位。社会主义社会不但不能取消商品生产，还应当大力发展商品生产，由商品生产而形成的企业的若干特征，在社会主义制度下也必然还会存在，它不仅不会与社会主义的基本原则相违背，而且会促进社会主义生产关系的完善和社会主义经济的发展。所以，社会主义经济的基本单位仍然是企业，而且是具有独立性的企业。这类企业应具有以下特征：(1)企业是从事生产的经济组织。它集聚一群生产劳动者（包括体力劳动者和脑力劳动者），为共同的生产目的而协作劳动。(2)它从事的是商品生产，它的产品必须能满足一定的社会需要。(3)在极其广泛而复杂的社会需要中，它只承担一定的分工任务，根据专业分工的特点，在技术上自成一个独立的生产体系。(4)它通过交换和其他生产单位以及消费者发生经济联系。(5)它具有独立的经济权益，并为取得自身的利益而积极努力。(6)为了取得更多、更大的利益，它主动积极发展和壮大自己的生产力。(7)它是整个社会经济的基本单位。企业在客观上构成了社会经济力量的基础，社会生产力是所有企业生产力的总和。社会主义企业与资本主义企业的区别在于企业所体现的生产关系。商品经济的生产关系并非资本主义所特有的，商品经济可以是资本主义的生产关系，也可以是非资本主义的生产关系。在资本主义制度下，企业具有资本主义的特征，反映了私有制的特征，而社会主义的企业具有公有制的特征。

二是企业必须是一个能动的有机体。作为现代经济基本单位的企业，决不能是一块块缺乏能动性的砖头，而应当是一个个具有强大生命力的能动有机体。国民经济力量的强弱不仅取决于它所拥有的企业数量，更重要的还取决于企业这个经济细胞活力的大小。这需给予企业适当的自我扩充、自我发展的条件，即对于劳动力、劳动条件、劳动对象这些要素，企业都应当有增减权和选择权。从劳动对象来说，企业生产什么、生产多少，除了接受国家安排的任务外，应当发挥主观能动作用去承担计划外的任务，并且应当主动预测市场需要的发展变化，积极开发新品种或提高产品质量水平，以满足新的需要。作为劳动对象的原材料，除了依靠国家按计划供应外，还应当有市场的来源，允许企业向其他企业进行计划外的订货，并且对任何方面供应的材料，有选择权和一定条件下的增减权。从劳动手段来说，企业应当有扩建、改建厂房和生产设施的一定自主权，有增减和选择设备和工具的自主权。从劳动力来说，企业对职工也应当有选择权和增减权。对新职工可以择优录用，对多余的职工可以裁减。至于被裁减职工的生活问题，则应当由国家以社会保险的方式予以保证，不应当由企业包干。

三是企业应当具有独立的经济利益。在社会主义历史阶段，要大力发展商品生产以丰富社会主义的物质基础。既然要发展商品生产，就必然要充分利用价值规律，按照客观经济规律运用经济的手段来管理经济。这首先必须使企业具有独立的经济利益，这是企业的内在动力。企业的生产经营活动无疑是为了全体劳动人民的利益，或称国家利益、社会利益，但企业作为商品生产的基本单位，必然要有其独立的经济利益，劳动者个人所得要和企业集体对社会贡献的大小相联系，这才能更完整地贯彻按劳分配的原则。

四是社会主义制度下国家与企业的关系。社会主义国家具有经济职能，即组织与管理社会主义的国民经济。随着社会主义社会的发展，国家的经济职能将日益成为主要的任务。国家管理经济的方式分为行政手段和经济手段两种。所谓行政手段是指国家政权机关用下达指令的办法指挥下属经济单位的经济活动。所谓经济手段是指国家运用经济利害的后果来影响和控制经济单位的活动。前者是在一个独立的经济体内部运用的管理手段，后者则是从外部对一个独立的经济体运用的管理手段。在社会主义制度下，企业是具有独立经济利益的基本经济单位，因此国家应采用经济的方式管理企业，即国家的政权组织和经济组织应当分离，国家应当从外部领导和监督经济组织，而不是作为经济组织内部的上层机构，直接指挥经济单位的日常活动。因而，就经济方面而言，国家与企业之间不应当是行政的隶属关系（某些特殊的如军工系统、交通运输系统等必须由国家直辖的部门除外），而是一种经济关系。这是"企业本位论"的中心思想。这种经济关系，实质上是社会总体劳动者与企业局部劳动者之间的关系的体现。在经济利益上，国家代表着总体劳动者的整体与长远利益，企业则代表着局部劳动者的局部与眼前利益。但这只是相对而言，整体利益与局部利益是矛盾统一体，两者在利益上具有一致性，国家作为领导的一方，企业作为被领导的一方，这是局部利益必须服从整体利益的表现。具体的，国家对企业的领导和管理所采取的经济手段有以下几种方式：制定经济政策，指导和约束企业的经济活动，使企业不脱离社会主义的轨道；实行经济立法，通过法律保护企业与职工的正当权益，并监督企业执行国家的政策、法令，处理国家与企业、企业与企业之间的经济纠纷；制定经济计划，指导企业经济的发展；运用经济杠杆调节和控制企业的经济活动。

"企业本位论"与以高度集中管理的计划经济体制理论为基础的"国家本位论"是根本对立的。这种根本对立表现在：（1）“企业本位论”强调企业是直接的商品生产者和经营者，是国民经济的细胞，是经济组织的基本单位。而“国家本位论”则主张国家本身就是经济组织的基本单位。（2）“企业本位论”从承认企业是独立的商品生产者和经营者这个本性出发，强调企业应当是“独立经营”的经济实体，这不是从国家那里“分权”的问题，而是企业本来就有的权利。而“国家本位论”则认定国家是全国这个单一庞大的经济组织内部的上层机构，应当由国家来对其分支机构（企业）进行直接指挥和直接管理。（3）“企业本位论”遵循商品经济的客观规律，强调企业应当独立核算、自负盈亏。而“国家本位论”把全国作为一个单一的经济实体，国家是经济组织的基本单位，因此主张统一核算、国负盈亏。

“企业本位论”这一概念提出的背景是党的十一届三中全会的召开。在这次会议上，与会同志对我国当时经济体制存在着许多不能适应国民经济高速度发展和实现四个现代化的情况形成共识，由此提出我国要进行经济体制改革。但这一改革涉及的问题面极广，而且一环套一环，牵一发则动全身，因此，明确现行体制问题的症结何在，改革应从何处入手等问题对改革的成效会产生重大影响。

我国当时的经济管理体制是以苏联为蓝本的“苏式体制”。该体制的特点是由国家直接管理和指挥整个国民经济和企业的活动，实行“计划大包揽，财政大包干，物资大统配，劳资大统一”。在新中国成立初期，我国国民经济基础极其薄弱，工业在国民经济中的比重很低，重工业几乎是空白，在这种情况下开始进行较大规模的社会主义经济建设，采取苏联经济体制的模式，实行国家高度集中的领导，从当时的主客观条件来说，是必要的。实践经验也证明，在第一个五年计划期间，我国经济的发展是卓有成效的。但随着经济建设的进一步发展，“苏式体制”的极大弱点就逐渐暴露出来。在这一体制中，作为直接发挥生产力作用的基本单位——企业，几乎全部经营管理活动都要听命于国家，缺乏自主性，由此产生了种种弊病：由于国家计划不周，造成国民经济的比例失调，基本建设战线过长；企业在生产中单纯追求某些指标，重产值、产量，轻质量，不考虑销售与用户要求，材料和各种消耗浪费严重；物资一边积压一边缺乏；工资奖励平均化，职工用铁饭碗吃大锅饭；服务质量差；行政管理拖沓迟缓，官僚主义现象严重等。这些弊病的出现，并不完全是由于国家行政指令执行中存在偏差，更关键的是由于体制本身存在弱点。从采取“苏式体制”的各国实践中可以发现，上述这些弊病不仅出现在我国，同样也出现在东欧各国以及苏联本身，这些国家都先后进行了经济体制改革。虽然各国由于政治、经济条件不一样，改革所采用的做法、进程不一样，取得的成效也不一样，但有一点是共同的，即都在寻找调动企业积极性的途径。

我国也意识到在当时的经济体制中，最突出、最根本的问题是，作为社会主义经济基本单位的企业不能发挥应有的主动积极性。经济体制改革应当从社会主义企业入手，以此为基准，再进而研究整个国民经济的组织与管理，这样才能使经济体制的改革有一个牢靠的基础和依据，因此，扩大企业权限成为普遍的呼声。但是，以蒋一苇为代表的一些学者认为把问题归结为权限的大小，只说明了问题的现象，并未深入到问题的本质。他们认为企业是经济组织，不是一级行政组织，不能把中央与地方的权限概念套用在企业身上。因此，对于如何发挥企业的主观积极性这一问题，不应把中央、地方、企业视为相同性质的三级组织，在考虑中央与地方的分权问题同时，适当考虑扩大企业这一级的权限。作为社会主义企业，它和国家（包括中央或地方）之间是存在着如何规定权利与义务的问题的。但这个“权利”决不同于行政上下级之间的“权限”。企业的权利与义务，决定于企业本身的性质。它是由企业这一经济组织的特性所派生的，它是客观经济规律所要求的、固有的东西，不是由主观意志来任意决定扩大或者缩小的问题。因此，有关在社会主义制度下，企业应当是个什么性质的组织，它和资本主义企业有什么本质的区别，它和社会主义国家之间是什么关系，企业与企业之间、企业与消费者之间又是什么关系等问题成为人们深入思考、热烈讨论的问题，“企业本位论”这一学说正是在这样的背景下提出的。

“企业本位论”的提出引起了理论界的巨大反响，也得到高层决策者的重视，它对中国建立社会主义市场经济体制发挥了重要作用。在随后30多年的经济体制改革进程中，扩大或确立企业自主权一直是改革中的热点问题。有关企业改革的种种措施，包括放松政府对企业的行政性管制，允许企业拥有某种生产计划权、调配权、计划外增产部分产品的定价权，实行利润留成，恢复奖金制度，确认企业的商品生产者地位，允许企业进入要素市场，实行股份制改革，直到建立现代企业制度，优化公司治理结构等，贯穿的一条主线就是调整国家与企业的经济关系，使企业成为生产主体、市场主体、产权主体，这正是“企业本位论”的核心思想。

参考文献：

蒋一苇：《“企业本位论”刍议——试论中国社会主义制度下企业的性质及国家和企业的关系》，载于《经济管理》1979年第6期。

蒋一苇：《企业本位论》，载于《中国社会科学》1980年第1期。

蒋一苇：《蒋一苇经济文选》，中国时代经济出版社

2010 年版。
柳随年:《关于我国经济体制改革方向的探讨》,载于《经济研究》1980 年第 1 期。
姚先国:《“企业本位论”反思》,载于《中国工业经济》2004 年第 4 期。
赵国良:《论“企业本位论”的历史地位》,载于《中国工业经济》1996 年第 6 期。

(卞志村)

所有权与经营权的“两权分离”
Separation of Ownership and Management

所有权与经营权的“两权分离”是把国家作为国有生产资料所有者的权力同全民所有制企业作为相对独立的商品生产经营者所拥有的经营自主权加以适当分离的一种管理制度和管理原则。

1894 年,马克思在《资本论》第三卷《资本主义生产的总过程》中指出,由于股份公司的成立,“实际执行职能的资本家转化为单纯的经理”,“在股份公司内,职能已经同资本所有权相分离”,这里所说的“职能”,即运用资本的经营权。1932 年,贝利和米恩斯出版《现代公司与私有产权》一书,最早提出现代公司已经发生了“所有与控制的分离”,公司实际已由职业经理组成的“控制者集团”所控制,由此引发人们对于公司治理的研究(Berlie and Means,1932)。

改革前的计划经济体制下,政企不分、企业缺乏活力,由此中国的经济学家们提出了“两权分离”理论。1961 年,孙冶方提出社会主义制度下,生产资料的所有权同占有权、使用权和支配权是可以分离的(孙冶方,1979)。1957 年,骆耕漠提出集体所有制是“内公外私”的观点(骆耕漠,1957)。1959 年,又提出“大全民”中有“小全民”的独特观点(骆耕漠,1959)。改革之后,萧灼基第一次提出了在全民所有制经济为主导的前提下,生产资料所有权与经营权进行分离(萧灼基,1981)。

中国实行经济体制改革之前,“两权分离”并不成功。全民所有制企业长期处在高度集中的计划体制和统收统支的财政管理体制下,生产经营活动都决定于行政主管部门的计划指令,生产经营自主权小,缺乏企业活力,存在着被动经营和吃国家“大锅饭”的弊端。

1978 年 12 月中共十一届三中全会以来,经济体制改革首先从扩大企业的生产经营权限入手。随着改革的推进,全民所有制企业逐步向相对独立的商品生产经营者转变,其自主经营权也较之以前有了明显的扩大。1984 年 10 月 20 日,中共十二届三中全会通过的《中共中央关于经济体制改革的决定》指出:“过去国家对企业管得太多太死的一个重要原因,就是把全民所有同国家机构直接经营企业混为一谈。根据马克思主义的理论和社会主义的实践,所有权同经营权是可以适当分开的。”首次提及并加以详细阐明了“两权分离”的思想。

1987 年 10 月 25 日,中共十三大报告指出:“实行所有权与经营权分离,把经营权真正交给企业,理顺企业所有者、经营者和生产者的关系,切实保护企业的合法权益,使企业真正做到自主经营,自负盈亏,是建立有计划商品经济体制的内在要求。”报告同时还指出“目前实行的承包、租赁等多种形式的经营责任制,是实行两权分离的有益探索,应当在实践中不断改革和完善。”《中华人民共和国民法通则》和《中华人民共和国全民所有制工业企业法》为国营企业的财产所有权属国家和财产经营权归企业的两权分离原则提供了法律依据。

我国政府和国营企业间的根本问题,不在于财产所有权和经营权的分离,而在于产权关系上的国家所有权和企业所有权的分离。必须在国营企业作为法人权利主体的基础上把企业所有权依法从传统的政企不分的国家所有制中分离独立出来,建立起以企业为权利主体的商品市场竞争经济关系,来取代传统的以国家为权利主体的集权垄断经济关系(陈颖源,1994)。

20 世纪 90 年代之后,改革的侧重点由单纯的扩权让利,转移到转换企业经营机制。为了促进企业转换经营机制,除了改进和完善企业承包经营责任制以外,还进行了税利分流和股份制的试点。股份制试点则始于 1984 年,北京天桥商场率先成为股份公司,以后广州、上海等地也有少数企业进行股份制试点。

1993 年 11 月 14 日,中国十四届三中全会通过的《中共中央关于建立社会主义市场经济体制若干问题的决定》提出:建立现代企业制度,是发展社会化大生产和市场经济的必然要求,是我国国有企业改革的方向。国有企业实行公司制,是建立现代企业制度的有益探索。规范的公司,能够有效地实现出资者所有权与企业法人财产权的分离,有利于政企分开、转换经营机制,企业摆脱对行政机关的依赖,国家解除对企业承担的无限责任;也有利于筹集资金、分散风险。

1993 年 12 月 29 日,第八届全国人大常委会第五次会议通过《中华人民共和国公司法》,第四条规定“公司股东作为出资者按投入公司的资本额享有所有者的资产受益、重大决策和选择管理者等权利。公司享有由股东投资形成的全部法人财产权,依法享有民事权利,承担民事责任。公司中的国有资产所有权属于国家。”

“两权分离”对于改革我国的国有企业有着积极的作用,如有利于明晰产权关系、有利于政企分开、有利于明确所有者和经营者的责权利等。然而,“两权分离”只是改革企业、重塑企业经营机制的必要条件,而不是充分条件;没有相应的制度安排和市场条件,两权分离未必能达到预期的结果（方福前，1993）。因此，国企改革初期的"两权分离"模式并未取得好的效果。一方面，缺乏简单而廉价的监督手段，即充分信息（林毅夫、蔡昉、李周，1997）；另一方面，从"委托—代理"的角度看，难以对国有企业的经营者进行有效激励。而股份制的主张则把"两权分离"推向了更高境界。股份制为我国的国企改革提供了一条可供选择的两权分离思路，即资本的法律所有权与经济所有权的分离（杨瑞龙，1996）。"法人所有权"则借贬低"出资者所有权"来反对政府干预国企，然而简单地撇开国家对国营企业的所有权并不能解决问题。

参考文献：
陈颖源：《两权分离是国家所有权和企业所有权的分离》，载于《北京大学学报（哲学社会科学版）》1988年第6期。
陈颖源：《企业改革·法人·财产所有权》，载于《经济研究》1994年第3期。
方福前：《论企业改革、两权分离与市场经济》，载于《改革》1993年第3期。
林毅夫、蔡昉、李周：《充分信息与国有企业改革》，上海三联书店、上海人民出版社1997年版。
骆耕漠：《社会主义制度下的商品和价值问题》，科学出版社1957年版。
骆耕漠：《关于从社会主义向共产主义过渡的问题》，载于《新建设》1959年第8期。
孙冶方：《社会主义经济的若干理论问题》，人民出版社1979年版。
萧灼基：《关于改革经济管理体制的若干设想》，载于《北京大学学报（哲学社会科学版）》1981年第5期。
杨瑞龙：《现代企业产权制度》，中国人民大学出版社1996年版。
《马克思恩格斯全集》第二十五卷，人民出版社2008年版。
A. Berlie and G. Means, *The Modern Corporation and Private Property*, New York: MacMillan, 1932.

（吴凯）

企业承包经营责任制
Contract Managerial Responsibility System for Enterprises

企业承包经营责任制是企业经营责任制的一种主要形式，是在坚持企业的社会主义全民所有制基础上，按照所有权与经营权分离的原则，以承包经营合同形式，确立国家与企业的责权利关系，使企业做到自主经营、自负盈亏的经营管理制度。

党的十一届三中全会以来，我国从改革国家与企业分配关系入手，对企业改革先后实行了企业基金、利润留成和利改税制度。这一系列改革措施的目的是通过不断扩大企业财力，赋予企业与其作为独立的商品生产者地位相适应的财权，改变长期以来国家对企业统得过死、集中过多的局面，以增强企业活力。实践证明，财税改革力图通过税法税则的规定，形成一个宏观间接管理的、比较规范的基础，一方面使国家与企业的分配关系趋于规范化；另一方面税收杠杆的调节功能为企业创造一个公平的竞争环境，促进"两权分离"，把企业推向自主经营、自负盈亏的轨道，有效地解决企业的经营机制问题，是我国企业经营体制改革的总方向。但在20世纪80年代，由于我国价格体系严重扭曲、计划体制等其他方面的改革也不配套，市场环境不好，加之缺乏科学的宏观管理，试图以规范化的办法解决国家与企业的分配关系，不能适应企业间千差万别的情况，容易在不同行业和有机构成不同的企业之间造成苦乐不均。特别是实行完全的以税代利，对企业没有明确的利润目标和任务要求，又没有系统的考核指标，不能有效调动企业和职工增产增收的积极性。因此，为了寻找一个与当时企业外部环境相适应、过渡性的企业管理制度，1987年年初财政部对国家近几年的经济体制改革进行了认真反思。吉林、石家庄等地在利改税基础上实行的目标利润承包责任制以及有些企业试行的盈亏包干制度，在增强企业活力、提高经济效益等方面显示出的优越性，使政府认识到承包制是在各种利益关系不稳定的条件下求得相对稳定的一种办法，它既能使企业有明确的责权利，又能在处理国家、集体和个人的利益关系方面保持一种灵活的调节机制。在1987年年初的省长会议上，姚依林副总理代表国务院就实行多种形式的承包经营责任制作了重要讲话，肯定了企业承包的具体形式，提出了推行承包经营责任制的总体要求以及"包死基数、确保上缴、超收多留、歉收自补"的十六字方针。

1987年4月企业承包责任制在全国就开始全面推广，半年以后80%以上的全民所有制企业采取了不同方式的承包经营责任制。中型企业比较集中的上海，则全部实行了承包制。

1988年国务院颁布了《全民所有制工业企业承包经营责任制暂行条例》，该条例成为企业承包经营的重要法律保障，标志着我国企业经营机制的改革步入了法制轨道。该条例对实行承包经营责任制的目的和原则，企业承包的内容和形式，承包经营合同和合同双方的权利义务，承包企业经营者及其收入等重大问题做出了原则性的规定。依照《全民所有制工业企业承包经营责任制暂行条例》的规定，实行承包经营责任制，必须坚持以下原则：一是所有权和经营权分离原则。这是承包制的理论依据，也是商品经济的客观要求。在国家享有企业所有权的前提下，通过承包的形式，把经营权交给企业，使企业真正做到自主经营、自负盈亏；二是兼顾国家、企业、经营者和职工利益的原则。既要保证向国家上交，又要给企业留有后劲，充分调动企业经营者和生产者的积极性；三是责、权、利相结合的原则。在承包的内容、利益分配等方面，明确发包方和承包方各自的职责、权利和义务；四是依法承包的原则。在承包过程中要严格依法办事，不得违反法律、法规和政策，并接受政府有关部门的监督；五是全面审计监督的原则。对承包经营的企业，由国家审计机关及其委托的其他审计组织对合同双方及企业经营者进行审计，以保证国家的有效监督。

在坚持上述原则的同时，实行企业承包责任制还必须符合以下法律要求：第一，承包内容的法律要求。即确定国家与企业的分配关系，包上交国家利润，增强企业自我发展能力；包完成技术改造任务；实行工资总额同经济效益挂钩，逐步改善职工生活。第二，承包合同的法律要求。承包合同是企业经营者代表承包企业与政府指定的有关部门（发包方），按照平等、自愿和协商的原则订立的明确双方权利义务的协议。承包合同一经签订，即具有法律效力，除因国家政策的重大调整或不可抗力的情况外，任何一方不得任意变更或解除合同。第三，承包企业经营者的法律要求。企业经营者是承包企业的厂长或经理，是企业的法定代表人，对企业全面负责。企业经营者必须具备两个条件：一是符合《全民所有制工业企业厂长工作条例》规定的厂长应具备的条件，二是符合招标规定的其他条件。第四，承包企业内部管理的法律要求。（1）坚持企业领导体制的改革，实行厂长负责制。（2）按照责、权、利相结合的原则，建立和完善经济责任制，搞好内部承包。（3）搞好劳动工资制度的改革，确定适合本企业的工资、奖励形式，使职工劳动所得同本人的劳动成果紧密挂钩。经营者的年收入，视承包经营合同完成情况，可高于本企业职工年平均收入的1～3倍。对于贡献突出的，还可适当高一些。经营者完不成承包合同时，相应扣减其收入，直至只保留本人基本工资的一半。（4）按照《企业法》规定加强民主管理，健全职工代表大会制度，充分发挥工会组织的作用，切实保障职工的主人翁地位和职工的民主权利。（5）严格遵守国家物价政策，不私自涨价或变相涨价。全面提高管理水平，不断提高经济效益。第五，企业资金分账制度的法律要求。实行承包制的企业，实行资金分账制度，划分国家资金和企业资金，分别列账。国家资金即承包前企业占用的全部固定资产和流动资金，企业资金即承包期间企业留利投入形成的固定资产和补充的流动资金，以及企业自有资金。

1988年4月17日，财政部制定《全民所有制工业企业推行承包经营责任制有关财务问题的规定》，对承包的范围、承包基数的确定、超承包目标利润的分配、收支两条线办法、承包基数的调整以及归还贷款等问题规定了具体的财务处理办法，并对承包企业可能出现的弄虚作假、擅自涨价等不正当行为，规定了一些防范措施。

1990年4月13日，农业部通过了《乡镇企业承包经营责任制规定》，为在乡（区、镇）村集体企业、农民股份合作企业、农民在城镇举办的集体企业和乡镇企业主管部门管理的其他集体企业实行企业承包经营责任制提供了法律保障。

1992年12月27日，国务院生产办公室、国家体改委联合印发了《关于"八五"期间进一步完善企业承包经营责任制的意见》。

企业承包经营责任制在形式上采取的仍是包死基期利润、超收部分按比例分成的做法，但和实物型的或单项指标的传统承包责任制相比有如下进步：（1）企业的法人地位更明确。实行承包经营责任制一般是由国家或地方委托一个部门（如企业的主管部门）代表企业的财产所有者，在一定期限内（一般4～5年）通过合同并经法律公证，将企业的经营权交给集团或个人的承包经营者，这就较好地明确了所有者和经营者的责、权、利，进一步确立了企业的法人地位。（2）以价值型的综合性指标承包代替了实物型的或单项价值型的指标承包。传统承包主要是承包实物量或利润等单项指标。企业承包经营责任制则是以完成税利为核心的经济效益指标，实行技术进步、增强企业后劲的资产增值指标以及产品的创优和开发等指标为其主要内容，这就促使企业眼睛向内，加强核算、全面挖潜。（3）在分配结构上采取了新的办法，即基数利润国家得大头，超收部分企业得大头。基数利润核定后，数年不变。实现基数利润，国家和企业分配关系按现行的规定处理，确保国家得大头和既得的收入。超过基数利润的增长部分，以企业得大头（例如国家得三、企业得七）为原则按比例分成。这就使企业扩大了可自主支配的留利，增强了自我改造和积累能力。（4）经营者的产生一般根据企业的不同情况，分别采取聘任、选聘、招聘的办法，从而扩展了经营者的产生途径。

在实践中，全民所有制大中型工业企业实行的承包经营责任制主要采用了以下五种形式：（1）"双保一挂"（或双包一挂）。"双保"是：一保上交税利，完不成包干指标的要用自有资金补足；二保"七五"期间国家已经批准的技术改造项目。"一挂"是工资总额和实现税利挂钩。这种办法一定四年不变，企业仍按现行税法上交税金，年终同财政结算，按承包合同给企业兑现。（2）上交利润递增包干。即企业上交产品税（或增值税）后，在核定上交利润基数的基础上，逐年按规定的递增率向财政上交利润。（3）上交利润基数（或纳税目标）包干，超收分成。即确定企业上交利润基数，超收部分按规定进行比例分成或分档分成。有的是先由企业按现行办法纳税，年终同财政结算，超目标部分退给企业，也有的是直接留给企业。(4)微利、亏损企业的利润包干或亏损包干。根据企业的不同情况确定包干基数，有的超收(或减亏)全部留给企业，有的按规定比例分成。(5)行业投入产出包干。这种方法主要在石油、煤炭、石化、冶金、有色、铁道、邮电和民航等八个行业实行。

企业承包经营责任制的优越性主要有以下几点：(1)坚持了企业改革的社会主义方向。承包制首先就是坚持公有制。同时，又针对旧的管理体制责任不明的缺陷，按照所有权与经营权可以适当分离的理论，以择优委托为原则，把全民所有制企业的经营权与管理权委托给企业，使企业既坚持了社会主义全民所有制的性质，又具有社会主义商品生产者和经营者的活力。(2)承包经营责任制使国家、企业、个人三者利益相结合。即在保证国家财政收入稳定增长的同时，又兼顾了企业自我发展和个人利益的增加。(3)有助于理顺国家与企业的关系。实行承包经营责任制，使国家和企业的关系由直接管理向间接管理迈近了一步。由放权让利到推行承包制，政府把包揽的事情逐步放给了企业，政府对企业由过去的直接管理转向以契约合同为纽带的间接管理，在一定程度上促进了政企分开和政府职能的转变。(4)承包经营责任制有助于提高企业的经营效率。一方面，承包经营责任制使企业承包者的责、权、利相统一，在承包合同中明确规定了承包者的权利和义务。改变了过去只有责任和义务而没有权利的局面，使承包者和生产者在承担责任的同时，有了经营权利和经营之后的利润所得，有利于充分调动经营者和广大劳动者生产经营的积极性。另一方面，企业承包经营责任制将竞争机制引入企业。承包者的竞争有利于造就新一代企业家，生产者的竞争有利于提高企业的经济效益，降低原料燃料的内耗，克服企业内部机构臃肿的弊端等问题，以降低生产成本。(5)承包经营责任制在一定程度上解决了我国社会主义初级阶段社会总供给小于社会总需求的矛盾。承包制的施行，竞争机制的引入，有利于新产品开发、科学技术的应用、人才的合理流动，从而使劳动生产率提高，社会总供给增加，能更好地满足人民物质文化生活需要。

但承包经营责任制在我国实行一段时间之后，问题逐渐暴露出来，主要集中在以下几方面：(1)缺少计算承包基数的科学标准，导致企业“苦乐不均”、怨声载道。(2)承包制大大刺激了承包者的短期行为。例如，为了提高自己的利润分成，有的承包者采取了杀鸡取卵的办法，不维修设备，不提折旧或者少提折旧，将折旧变成利润，使国有资产流失，对企业的设备造成了损害。(3)加大了政企分开与理顺各种经济关系的难度。承包制难以使企业获得充分的自主经营权，实现政企分开和企业间的平等竞争。另外，在承包制下，发包者和承包者之间的产权界定非常模糊，承包者拥有企业资产的经营权，也拥有了部分剩余控制权和剩余索取权，使得发包者与承包者之间的利益冲突加剧，双方侵权的行为更容易发生。

参考文献：

丁学东：《推行企业承包经营责任制的回顾与展望》，载于《会计研究》1988 年第 6 期。

国务院：《全民所有制工业企业承包经营责任制暂行条例》，1998 年 2 月 27 日。

国务院生产办公室、国家体改委：《关于“八五”期间进一步完善企业承包经营责任制的意见》，1991 年 12 月 27 日。

卢中原、郭庆、方加春：《关于企业参保责任制的调查与思考》，载于《中国工业经济》1987 年第 6 期。

倪所冠、刘祝余：《关于承包经营责任制的实践与思考》，载于《会计研究》1988 年第 1 期。

农业部：《乡镇企业承包经营责任制规定》，1990 年 8 月 13 日。

徐德岭、刘凤歧：《企业承包经营责任制几个问题的思考》，载于《天津师大学报》1990 年第 5 期。

（卞志村）

转换企业经营机制
Transformation of the Enterprise Operation Mechanism

企业经营机制是指企业在一定生产关系和各种外部条件作用下，正确处理人、财、物之间的关系和责、权、利之间的关系，使上述关系互相结合、互相协调、互相促进，从而保障企业各种生产经营活动有效运作的一种机能。转换企业经营机制的实质是要明确企业的各项权利和责任，使企业从计划经济体制转化为市场经济机制，这是建立现代企业制度的重要基础和重要内容。

企业经营机制具有如下特征：(1)先天性。什么类型的经济形体产生什么类型的经营机制，经济形体的健康与否会对企业的经营机制造成影响。(2)本质性。经营机制既不同于企业的各种业务活动，也不同于企业的各种行为。前者是企业经营的各种现象，后者是经营机制的外部表现，它只表现在企业的运动状态中，而企业经营机制则是企业内部各种经济关系的产物，它在任何时候都存在并发挥作用。(3)系统性。企业作为一个系统，由许多分系统、子系统组成。相应地，企业经营机制则既有一个相互联系的统一机制，又有一些反映各子系统结构和运行原理，以及各种制约关系的具体机制，如产销机制、成长机制、动力机制、约束机制等。(4)功能性。企业经营机制必然产生自己特有的功能或机能，功能的大小、强弱是通过功能力来反映的，其中动力功能和约束功能是较主要的功能。

国有企业经营机制转换是我国建立社会主义市场经济体制改革的必然趋势和中心环节。由于我国过去实行高度集中的计划经济体制，国家对所有的国有企业特别是大中型企业，实行税收统支，使得它们要完全按照政府机关下达的各项指标从事经济活动。国有企业没有自己独立从事经济活动的权利，不用承担任何经济责任，缺乏进取的动力机制。这容易造成企业管理松散，生产效率低下，经济效益不高甚至亏损的状况。因此，进行国有企业经营机制的转变是我国经济体制改革的重点。从1979年起，国有大中型企业开始了以放权让利为内容的改革进程。这方面改革基本是在原有的计划经济体制框架内进行，并不能完全解决国有企业存在的问题。1984年，党的十二届三中全会通过的"中共中央关于经济体制改革的决定"，明确提出了社会主义经济"是公有制基础上的有计划的商品经济"的论断，同时指出国有企业改革的目标是："要使企业真正成为相对独立的经济实体，成为自主经营、自负盈亏的社会主义商品生产者和经营者，具有自我改造和自我发展能力，成为具有一定权利和义务的法人。"随后，国有大、中型企业改革有了长足的进展，特别是1987年国务院做出了普遍推广承包经营责任制的决定，国有大、中型企业有了一定的自主权，企业经营状况有所改进。1991年党的十三届七中全会和"八五"发展纲要，提出了把转换国有企业经营机制作为深化改革的突破口，并把它作为增强企业活力与生机的关键。这抓住了实现国有企业改革目标的要害和途径，即明确了要搞好国有企业特别是大中型企业，一定要转换企业经营机制；要搞好国有企业，使其充满活力和生机，必须在事实上而不是在口头上赋予它作为商品生产者和经营者必需的一切权利，以便它能根据市场经济发展的要求，自主地作出经营决策，自动地走向市场，自觉地参与竞争。

1992年7月23日，国务院第106次常务会议讨论通过《全民所有制工业企业转换经营机制条例》（以下简称《条例》），该《条例》是我国国有企业开展经营机制转换的指导性文件。《条例》体现了《企业法》的立法精神和基本原则，《条例》依据《企业法》进一步明确了全民所有制企业的法律地位和政企职责分开的原则，具体界定了企业经营权以及政府与企业的关系，同时对《企业法》的一些原则性规定作了具体的表述和延伸，使之更具有针对性和可操作性。《条例》的指导思想是：从长远看，增强企业活力，提高企业经济效益，不能单纯依靠减税让利和增加国家投资，而主要应当依靠加快转换企业经营机制和转变政府职能，把企业推向市场，充分调动、发挥企业和职工的积极性。根据这一指导思想，《条例》在保证国家对企业财产所有权的前提下，围绕落实企业经营自主权，规定企业享有14条经营权，这是对《企业法》的进一步细化。同时，《条例》也规定了企业要建立完善企业监督约束机制，落实企业自负盈亏的责任；政府要转变政府职能，改革国家管理企业的方式；培育和发展市场体系，建立和完善社会保障制度。

我国国有企业转换经营机制的目标是使企业适应市场经济的要求，成为依法自主经营、自负盈亏、自我发展、自我约束的商品生产和经营单位，成为独立享有民事权利和承担民事义务的企业法人。

我国国有企业转换经营机制必须遵循下列原则：(1)坚持党的基本路线；(2)坚持政企职责分开，保障国家对企业财产的所有权，企业财产保值、增值，落实企业的经营权；(3)坚持责、权、利相统一，正确处理国家和企业、企业和职工的关系，贯彻按劳分配的原则，把职工的劳动所得与劳动成果联系起来；(4)发挥中国共产党的基层组织在企业中的政治核心作用，坚持和完善厂长（经理）负责制，全心全意依靠工人阶级；(5)坚持深化企业改革与推进企业技术进步、强化企业管理相结合；(6)坚持在建设社会主义物质文明的同时，建设社会主义精神文明，建设有理想、有道德、有文化、有纪律的职工队伍。

转变政府职能，实行政企分开是企业经营机制转换的前提。这要把政府和企业在社会经济生活所承担的功能切实地区分开来。社会主义国家的政府功能是领导和组织社会经济生活，这种功能既由政府作为上层建筑理应为经济基础服务这种关系决定，又由政府作为国有企业资产所有者这种关系决定。这两层关系决定了政府应当依法保障国家行使对企业资产所有权，发挥其领导和组织社会经济活动职能，这意味着政府一方面要放开微观，不直接干涉企业内部事务，把属于企业的权利真正交给企业；另一方面，从宏观上搞好规划协调、监督和服务。

完善市场体系是企业经营机制转换的条件。市场是促使企业获得活力和生机的策源地，在社会主义商品经济发展中，市场对企业生产经营活动的调节，要通过市场体系及其功能来实现。市场体系对企业的调节主要体现在三个方面：通过调节社会经济总量来影响企业的生产经营活动；通过调节经济利益来影响企业的生产经营活动；通过传导经济信息来影响企业生产经营活动。

落实企业经营自主权是转换企业经营机制的关键。企业经营权是指企业对国家授予其经营管理的财产（以下简称企业财产）享有占有、使用和依法处分的权利。根据《条例》规定，企业在经营中应享有以下权利：(1)生产经营决策权。企业根据国家宏观计划指导和市场需要，自主做出生产经营决策，生产产品并为社会提供服务。(2)产品、劳务定价权。企业生产的日用工业消费品,除国务院物价部门和省级政府物价部门管理价格的个别产品外,由企业自主定价。(3)产品销售权。企业可以在全国范围内自主销售本企业生产的指令性计划以外的产品,任何部门和地方政府不得对其采取封锁、限制和其他歧视性措施。(4)物资采购权。企业对指令性计划供应的物资,有权要求与生产企业或者其他供货方签订合同。企业对指令性计划以外所需的物资,可以自行选择供货单位、供货形式、供货品种和数量,自主签订订货合同,并可以自主进行物资调剂。(5)进出口权。企业可以在全国范围内自行选择外贸代理企业从事进出口业务,并有权参与同外商的谈判。(6)投资决策权。企业依照法律和国务院有关规定,有权以留用资金、实物、土地使用权、工业产权和非专利技术等向国内各地区、各行业的企业、事业单位投资,购买和持有其他企业的股份。经政府有关部门批准,企业可以向境外投资或者在境外开办企业。(7)留用资金支配权。企业在保证实现企业财产保值、增值的前提下,有权自主确定税后留用利润中各项基金的比例和用途,报政府有关部门备案。(8)资产处置权。企业根据生产经营的需要,对一般固定资产可以自主决定出租、抵押或者有偿转让;对关键设备、成套设备或者重要建筑物可以出租,经政府主管部门批准也可以抵押、有偿转让。法律和行政法规另有规定的除外。(9)联营、兼并权。企业按照自愿、有偿的原则,可以兼并其他企业,报政府主管部门备案。(10)劳动用工权。企业按照面向社会、公开招收、全面考核、择优录用的原则,自主决定招工的时间、条件、方式、数量。企业的招工范围,法律和国务院已有规定的,从其规定。企业从所在城镇人口中招工,不受城镇内行政区划的限制。(11)人事管理权。企业按照德才兼备、任人唯贤的原则和责任与权利相统一的要求,自主行使人事管理权。(12)工资、奖金分配权。企业的工资总额依照政府规定的工资总额与经济效益挂钩办法确定,企业在相应提取的工资总额内,有权自主使用、自主分配工资和奖金。(13)内部机构设置权。企业有权决定内部机构的设立、调整和撤销,决定企业的人员编制。企业有权拒绝任何部门和单位提出的设置对口机构、规定人员编制和级别待遇的要求,法律另有规定和国务院有特殊规定的,从其规定。(14)拒绝摊派权。企业有权拒绝任何部门和单位向企业摊派人力、物力、财力。企业可以向审计部门或者其他政府有关部门控告、检举、揭发摊派行为,并要求作出处理。

参考文献:

国务院:《全民所有制工业企业转换经营机制条例》,1992年7月23日。

李建中:《国有制企业:改革与发展》,陕西人民出版社1995年版。

厉志海:《论企业经营机制的转换》,载于《中国工业经济》1999年第7期。

刘霭馨:《社会主义市场经济与转换企业经营机制》,经济管理出版社1994年版。

王东升:《转换企业经营机制的几点思考》,载于《理论学习》1995年第6期。

吴光辉:《转变企业经营机制是搞好国有企业的关键》,载于《科学社会主义》1992年第5期。

袁炳玉:《转换企业经营机制200问》,中国法制出版社1992年版。

中共中央宣传部宣传局城市宣传处:《转换企业经营机制百题问答》,沈阳出版社1993年版。

(卞志村)

股份制改革

Stock Reform

股份制亦称“股份经济”是以入股方式将分散的、属于不同人所有的生产要素集中起来,统一使用、合伙经营、自负盈亏、按股分红的一种经济组织形式。股份制的基本特征是生产要素的所有权与使用权分离,在保持所有权不变的前提下,把分散的使用权转化为集中的使用权。

股份制对经济发展具有巨大的促进作用,主要表现在:(1)加速资本集中。股份制通过发行股票,可以把不同形式、种类的资本在较短的时间内组合在一起,形成资本集聚,充分发挥社会资本的力量。(2)有助于企业规模的扩大。由于股份制公司可以在较短的时间内集中大量资本,因此可以在经济发展过程中兴办中小资本无力筹建的诸如修建铁路、开凿运河等大型建设项目,较好地满足生产和建设资金的需求,为经济发展奠定物质基础,使生产规模惊人地扩大。因此,股份制公司的出现适应了社会化大生产的客观要求,极大地促进了生产力的发展。(3)提高经营绩效。股份公司实行的是经营权和所有权两权分离的管理制度,这种制度安排一方面使公司的经营权由职业的经营管理人员掌控,他们通晓现代企业管理知识,具有良好的专业素质和较高的管理水平,这突破了业主制企业和合伙制企业由资本所有者来经营企业的局限性,有利于提高股份公司的资本有机构成和劳动生产率,使其获得更多的超额利润,从而提高企业的经营绩效;另一方面使企业形成一整套规范、科学、先进的制衡机制,拥有适应现代社会化大生产要求的、科学合理的企业法人治理结构。其权力相对独立的股东大会、董事会、监事会和经营管理层,在企业的所有者、经营者甚至生产者之间形成了权责分明、相互制约的关系,这为建立“产权归属清晰、权责明确、保护严格、流转顺畅”的现代企业制度奠定了良好基础。

股份制改革一般是指非股份制企业通过设立股份或发行股票来筹集资本，按照股份制公司的要求，对公司管理结构、资本结构、业务结构、人员结构等进行分拆、整合以及内部的优化组合，以达到设立规范股份有限公司的目的。在我国，股份制改革主要指把原来的全民所有制（或集体所有制）的国有企业改造成所有权和经营权分离、国家作为所有者控股、经理层作为经营者管理企业的股份制企业。在此基础上，有选择、有条件地推动一部分股份制企业向社会公众发行股票，发挥股票市场的融资功能，接受公众股东的监督。改革的经济基础是社会主义市场经济，因此改革是在坚持公有制为主体、国有经济为主导的前提下进行的，所要建立的股份制企业主要是通过对原有公有制，特别是国有企业进行改造重组后的股份制企业。

我国的股份制改革是一个不断实践和探索的过程，对于股份制内涵的认识也有一个不断成熟的过程。在30多年的改革历程中，我国有关股份制内涵进行了两次大讨论：

第一，有关股份制"姓社、姓资"问题的大讨论。1984年上半年，世界银行提出中国可以借鉴国外股份制的经验，实行"社会主义合股所有制"的思路，这给中国理论界带来了很大启发。1984年10月中共中央做出《关于经济体制改革的决定》之后，一些理论工作者首先提出可以将股份制作为搞活全民所有制大中型企业的一种有效形式，并从理论上做了初步论证。中国股份制改革理论奠基者、被称为"厉股份"的北京大学厉以宁教授发表了题为《我国所有制改革的设想》的文章，全文论述在国有企业中开展以实行股份制为主要形式的所有制改革的必要性。他的建议得到部分经济学家和国有企业的积极响应，但一些学者认为实行股份制是试图用资本主义股份公司取代社会主义公有制，由此引发了一场"姓社、姓资"的大讨论。到20世纪90年代，各种争议才渐趋明朗并形成以下共识：（1）股份制经济与资本主义经济产生的经济条件不同。（2）股份制经济与资本主义经济是两个不同的范畴：股份制是一种现代社会经济运行的组织形式，属于经济运行层次的范畴，股份制不隶属于某一特定的制度形态，不应给股份制贴上"社"或"资"的标签。

第二，有关股份制"姓公、姓私"的大讨论。概括起来，这次讨论中主要有四种比较有代表性的看法：（1）认为股份制是私有的，反对发展股份制；（2）认为股份制是公有的，应该大力发展；（3）认为股份制是中性的，应以控股者的性质判断股份公司的性质，如果是公有产权控股，那么该公司是公有性质；如果是私人产权控股，该公司则是私有性质；（4）认为股份制既不是公有制，也不是私有制，而是共有制。到了20世纪90年代末期，国内经济学界关于股份制"姓公、姓私"的争论基本形成了共识：股份制体现多个投资主体的责权利关系，即法人财产的权责关系；"姓公、姓私"是由出资人的性质决定的，法人财产本身是一种混合所有制，没有"公、私"之分，并比较一致地肯定了股份制对我国企业改革的积极作用，同时也提出完善其功能作用的一些有价值的建议。

我国国有企业改革从1978年开始至今，经历了五个阶段。第一阶段（1978～1984年）为放权改革，主要是扩大企业经营自主权；第二阶段（1984～1986年）为利税改革，主要是用利改税来调整国家与企业的分配关系；第三阶段（1987～1990年）为分权改革，主要是用承包制来实行企业所有权与经营权的分离；第四阶段（1991～1993年）为机制改革，主要是转换企业经营机制；第五阶段（1993年至今）为制度改革，主要是要在国有企业建立"产权清晰、权责明确、政企分开、管理科学"的现代企业制度。前四个阶段的改革虽在一定程度上解决了国有企业问题，但并不彻底，国有企业在市场竞争中仍无法摆脱困境。导致这一问题的原因是多方面的，其中最根本的原因是改革指导思想的偏差。国有企业改革应包括产权结构优化的改革、管理体制自主化的改革、公共部门非垄断化的改革等，其中产权结构优化的改革起着决定性作用。但当时人们一方面未能充分地解放思想，社会主义等同于完全公有制（全民所有制和集体所有制）的思想在相当长时间内影响深远，股份制被认为是私有制的产物，人们对股份制改革缄口不谈；另一方面，人们也未意识到产权结构优化是改革的核心，没有认识到如果不触动企业的产权制度，只改革企业表面的利益分配关系，如同隔靴搔痒，改革不可能取得成功这一经济规律。因此，长期以来我国国有企业改革一直侧重于管理体制的改革，忽视产权结构优化的改革，将公有制与公有制的实现形式混同起来，从而导致企业所有制阻碍了企业生产力的发展。

股份制是反映社会化生产规律的经营方式和组织形式，它本身没有公有或私有之分，关键是看谁掌握控股权。国家掌握控股权的股份制企业是能够极大促进生产力发展的公有制实现形式，因而具有明显的公有性，并且能有利于扩大公有资本的支配范围和增强公有制的主体作用。而从股份制的实施来看，它既可以明晰产权，解决政资不分、政企不分的矛盾，又具有较强的激励机制、约束机制、资产保值增值机制等制度优势。

我国的股份制改革经历了三个阶段：

一是1984～1990年，我国经历了改革开放后国有企业股份制改革的第一次高潮。1984年7月，我国第一家股份公司——北京天桥百货股份有限公司的诞生，标志着改革开放后我国股份制改革的正式起步。1984年10月，党的十二届三中全会通过的《中共中央关于经济体制改革的决定》指出："全民所有制经济巩固和发展决不应以限制和排斥其他经济形式发展为条件,坚持多种经济形式和经营方式的共同发展,是我们长期的方针,是社会主义前进的需要。"1986 年 12 月,国务院发布了《关于深化企业改革增强企业活力的若干规定》,首次正式提出:"各地可以选择少数有条件的全民大中型企业,进行股份制试点"。这些方针的确立,为国有企业实行股份制改革铺开了道路,带来了我国股份制改革实践的大飞跃。1984~1986 年,一些地方开始按照中央的部署,有选择地确定一部分企业进行了股份制试点,少数企业向社会发行股票,多数企业向本企业内部职工发行股票和债券,迎来了改革开放后我国股份制改革的第一次发展高潮。但到了 1987 年,股份制试点初次遇到阻力,有人提出股份制就是私有制,全民企业实行股份制就是资产私有化。而实践中,随着我国股份制试点企业的迅速增多,由于缺乏必要的认识和经验,缺乏立法、管理措施及相应的监督机制,试点企业法制建设相对滞后,试点做法很不规范等问题逐步显现,加大了不少人对股份制的怀疑。在这种情况下许多已制定的股份制试点方案被搁浅,已经试点的企业进退两难,股份制试点进入改革开放后第一次低潮时期。1987 年 10 月党的十三大的召开为股份制改革带来了转机,十三大报告指出:"改革中出现的股份制形式,包括国家控股和部门、地区、企业间参股以及个人入股,是社会主义企业财产的一种组织方式,可以继续试行。"同年,《国务院关于加强股票、债券管理的通知》、《证券柜台交易暂行规定》、《上海市股票管理暂行办法》等一系列规定出台。此后,我国出现了一批向社会公开发行股票比较规范的股份制企业,证券市场的培育有了实质性的进展,股份制试点企业迅速增多,1988 年试行股份制的大中型国有企业达 6000 多家。1989 年 6 月到 1990 年上半年,股份制改革出现了较大的波动。1989 年证券市场价格暴涨暴跌造成了大量的投机行为,从而引起部分人对股份制改革和股票市场的怀疑和反对,股份制改革再次陷入低潮。

二是 1991~1997 年,我国股份制改革迎来了改革开放后第二次发展高潮。1990 年、1991 年,上海、深圳两市经批准先后开办了专门的证券交易所,这是我国股份制改革进程中采取的重大举措。同时,股份制试点突破了只向国内法人和自然人发行股票的禁区,1991 年 11 月 30 日向国外法人和自然人发行 B 种股票,中国的股份制改革跨出了走上国际市场的第一步。随后,1992 年春,邓小平同志在南方谈话中再次肯定了股份制,股份制试点又迈出了新步子。1992 年 10 月召开的党的十四大,确立了社会主义市场经济目标模式,从而进一步明确了国有企业改革的方向,企业改革进入攻坚阶段。根据十四大的指导思想,国家体改委与有关部门联合下发了《股份制企业试点办法》、《股份有限公司规范意见》和《有限责任公司规范意见》,并相应颁布了 15 个配套法规,准备在规范现有股份制企业的基础上,有重点地建立一批规范化的股份有限责任公司。另外,国务院还组织成立了证券委员会和中国证券监督管理委员会,进一步规范证券市场的发展,促进股份制改革的健康良性发展。1993 年 11 月,党的十四届三中全会通过的《中共中央关于建立社会主义市场经济体制若干问题的决定》,明确指出国有企业实行公司制是建立现代企业制度的有益探索,而股份有限公司是公司制的重要形式。在这一系列的政策支持下,我国股份制改革又一次掀起了的高潮。

三是 1997 年至今,我国股份制改革迎来改革开放后第三次发展高潮。1997 年 9 月,江泽民总书记在十五大报告中对国有企业推行股份制,建立现代企业制度予以充分肯定,确立了股份制的地位。这是对我国近 20 年来有关股份制理论的探索和实践的总结。十五大后,全国各地兴起了第三轮企业股份制改革热潮,促进了国有企业的制度创新、结构调整和国有经济的整体搞活。1999 年 9 月,党的十五届四中全会进一步提出:"国有资本通过股份制可以吸引和组织更多的社会资本,放大国有资本的功能,提高国有经济的控制力、影响力和带动力。国有大中型企业尤其是优势企业,宜于实行股份制的,要通过规范上市、中外合资和企业互相参股等形式,改为股份制企业。"至此,国家关于股份制改革的政策已从试点、积极试行到可以搞,进一步发展成为积极推行,国有企业股份制改革也开始成为深化国有企业改革的必然趋势和主要形式。2004 年,为促进国有企业转换经营机制,推动国有经济战略性调整,增强国有经济的控制力和影响力,国务院国有资产监督管理委员会作出了加快 189 家中央企业股份制改革步伐的决定。2005 年 5 月 9 日,中国证监会推出首批四家股权分置改革试点公司,从而启动了我国上市公司的股权分置改革,开始解决我国股份公司内部股权不平等,国有股权流动受限制等问题,进一步完善了我国股份制改革发展的市场条件。2006 年中央经济工作会议进一步提出要大力推进中央企业特别是一般性竞争行业中央企业的股份制改革。2007 年全国经济体制改革工作会进一步指出,在国企改革方面,对国有企业继续推行股份制改革,抓紧落实促进非公有制经济发展的政策;对大型国有企业,总的方向是股份制改革,通过采取上市、吸纳社会资金等多种方式,使得绝大多数企业的投资主体多元化,而不再是单一的国有资本。总之,中国国有企业改革进程坚定不移地走向了一条发展股份制的道路。

参考文献:

马克思:《资本论》第 1~3 卷,人民出版社 2009 年版。
曹凤岐:《股份制与现代企业制度》,企业管理出版社

2000 年版。

程恩富:《社会主义企业运行轨迹的描述——兼与厉以宁同志商榷之四》,载于《财经研究》1990 年第 2 期。

郭克莎:《国企改革理论的重大进展——关于“使股份制成为公有制主要实现形式”的讨论综述》,载于《新视野》2004 年第 3 期。

黄泽华:《中国股份制改革三十年回眸》,载于《中国报道》2008 年第 7 期。

李晓西等:《改革开放 30 年重大理论问题的讨论与进展》,载于《财贸经济》2008 年第 11 期。

厉以宁、马国川:《股份制是过去三十年中最成功的改革之一》,载于《读书》2008 年第 6 期。

刘鸿儒:《我国股份制改革历程的回顾》,载于《百年潮》2009 年第 3 期。

魏民:《对否定国有企业股份制观点的几点质疑》,载于《求实》1992 年第 6 期。

袁浩:《股份制改革与中国公有制主体地位》,载于《经济研究导刊》2009 年第 10 期。

张卓元:《“十五大”报告对社会主义经济理论的重要贡献》,载于《经济研究》1997 年第 10 期。

The World Bank China Department, State Enterprise Management and Organization Reform Issues and Option (mimeo), International Symposium on State Enterprise Management and Organization. Beijing, Oct. 11-16, 1996.

O. E. Williamson, The Theory of the Firm as Governance Structure: from Choice to Contract, *Journal of Economic Perspectives*, Vol. 16, No. 3, 2002.

(卞志村)

经济转型绩效
Economic Transition Performance

经济转型绩效主要体现在以下三个大方面:一是体制转变的绩效,即从计划经济向市场经济转变的顺利程度;二是经济增长绩效,即是否实现长期、持续的经济增长;三是经济稳定绩效,即在经济转型过程中要避免高通胀和大量财政赤字。

中东欧和俄罗斯,在经济转轨初期出现了产量下降,通胀率高企,失业严重,实际工资普遍下降,贫困化现象大量存在,居民健康急剧恶化,以及两极分化等严重问题。中东欧及独联体国家转型初期经济衰退的原因主要有以下方面:一是原有体制积累的矛盾在转型初期集中爆发,增加了经济运行的困难;二是伴随的政治体制变革引发了政局动荡;三是苏联及东欧等国原有的国内的分工体系随着东欧剧变及苏联解体而瓦解,生产及贸易联系中断产生了严重的负面影响;四是激进的转型战略加重了宏观经济运行的恶化。但转型20 多年后,中东欧和俄罗斯经济转型都取得了一定成就。一是私有经济已占主导地位。目前,中东欧私营部门占国内生产总值的比重基本都超过了 75%。二是经济决策分散化。在经济转型过程中,转型国家基本都解散了中央计划当局,加快国有企业改造步伐,促进私营经济的发展,经济决策日益分散化。三是资源配置实现了市场化。转型国家基本都放开了绝大多数商品和劳务的价格,价格的功能得到了恢复,促进了资源的合理配置,为经济运行提供适当的价格信号。四是初步建立市场经济的制度框架。转型国家基本都建立了适应市场经济的统计、会计和审计制度,建立了现代的税制、银行体系和股票交易所,市场经济的基础设施趋于完备。五是人民生活水平得到提升。目前,转型国家基本都恢复了经济增长,人民生活水平有了很大提高,经济增长的效率得到了改善。转型国家经济进入复苏性增长的原因主要有三个方面:一是政局逐渐平稳;二是宏观经济运行趋于稳定,为机构改革与制度建设提供了坚实基础;三是市场经济体制构建取得进展。

中国在转轨后实现了“增长奇迹”,主要有以下几个方面:一是在经济增长方面,实现了 30 余年长期、持续、快速、平稳增长,平均增长率在 10% 左右。二是在物价方面,基本实现了经济高增长条件下的低通胀。三是在就业方面,实现了农村大量潜在失业人口的就业,“人口红利”突出。四是民生事业取得了长足进步,社会保障体系建设成效明显,居民收入大幅度提高。对于中国经济保持快速增长,原国家体改委主任陈锦华系统总结了中国的基本经验:(1)从中国国情和实际出发选择改革道路,渐进式改革被实践证明是成功的,脱离国情、急于求成就会把改革引向歧路;(2)建设社会主义初级阶段的基本经济制度,从战略上调整国有经济布局,健全与市场经济相适应的宏观调控体系;(3)正确处理改革、发展和稳定的关系,改革要紧紧围绕经济发展进行;(4)正确处理计划和市场的关系,有效发挥政府在促进经济发展中的作用。不过有的学者指出,中国渐进式转型随时间收益递减而成本递增,风险不断累积,如投资效率低下与金融风险累积、社会公正和腐败问题严重、贫富差距逐渐增大等。洪银兴认为,在中国的 GDP 总量达到世界第二后有必要对经济发展方向重新定位,推动经济大国向经济强国转变,实现经济发展方式的根本性转变,主要包括:经济发展目标的转型,即由追求 GDP 总量增长转向人民收入增长;科技进步路径的转型,即由跟随转向引领,由引进创新转为自主创新;参与经济全球化战略转型,即由比较优势转向竞争优势,摈弃出口导向,着力推进产业创新。

总之,经济转型的绩效既要看其经济社会的总体进步情况,也要看其市场经济体制各方面的构建情况;

既要看其短期转型的绩效,也要看其长期转型的绩效,从经济增长及其持续性、人民生活水平及其幸福度、市场经济体制建立及完善、民主法治等多个维度来判断其转型的成效。

参考文献:
陈锦华:《中国经济转轨20年的基本经验》,载于《经济界》1999年第5期。
常志霄:《"经济转型"与发展绩效:分析与比较》,载于《世界经济研究》1997年第3期。
程伟:《计划经济国家转轨异同及其绩效》,载于《经济社会体制比较》2004年第5期。
景维民、张慧君:《转型经济的绩效、成因及展望》,载于《南开经济研究》2003年第1期。
孔田平:《中东欧经济转型的成就与挑战》,载于《经济社会体制比较》2012年第2期。
林水源:《中央计划经济国家向市场经济转轨的三种政策模式及其不同绩效》,载于《世界经济》1994年第11期。
洪银兴:《成为世界经济大国后的经济发展方式转型》,载于《当代经济研究》2010年第12期。
姚先国、郭东杰:《世界转型经济绩效差异的比较制度分析》,载于《世界经济与政治》2004年第5期。

(许立成)

经济转型绩效评价

Performance Evaluation of Economic Transition

在经济转型绩效评价中,主要是对转型成本、转型条件、转型约束、转型时机等进行评价,探索经济转型不同绩效背后的逻辑。

一是对转型成本的评价。樊纲认为,体制变革的成本可以划分为"实施成本"和"摩擦成本",而不同的改革成本与改革方式、改革的激进程度的关系是不同的。一般来说,激进改革实施成本较低,而摩擦成本较高;渐进改革则实施成本较高,而摩擦成本较低。因此在经济转型中,选取哪种方式作为改革的路径,需要综合考虑这两种成本。这其中,旧体制的状态或改革的"初始条件"、"外援"条件、"新体制经济"成长的环境这三个条件对改革成本影响较大。总的来说,改革成本越小,经济转型的绩效越大。

二是对转型条件的评价。谢作诗等认为,一国在转型前有两类初始条件,一类与转型相关,如渐进主义提到的所有国家都面临劳动激励不足、技术效率低下、产业结构失衡等,这一类初始条件必须结合转型方式一起才能影响经济绩效;另一类与转型无关,如激进主义提到的中国面临的是经典的发展问题,而俄罗斯面临的是成熟经济的结构调整问题,这一类初始条件可以独立地影响经济绩效。在转型过程中,苏联采用的是价格完全自由化,属于"存量调整",而中国注重"增量调整",典型的是价格双轨制。由于俄罗斯重工业资本密集度高,即使进行"增量调整"经济绩效也不会有实质改善,所以其经济绩效较差具有事前决定性质,由其初始条件决定,与转型方式无关;而中国具备"增量调整"的条件,如果进行"存量调整",由于改革初期国有经济比重大,经济将不可避免的下滑,因而中国的经济绩效与转型方式相关。

三是对转型约束的评价。吕炜认为,体制转型和成长转型是转型时期经济面临的双重约束。转型时期能否实现经济增长,关键在于对新旧体制转换过程中产生的利益冲突如何处置。这主要涉及两个层次的选择问题:一是转型路径与发展战略的选择与搭配问题,二是改革政策与增长政策的选择与搭配问题。转型时期的经济增长分为回顾性增长和前瞻性增长,前者指对旧体制资源存量的利用而获得的增长,可以有效避免转型前期的负增长和动荡,后者指新体制整体效率得到发挥,是建立市场机制后逐步形成的稳定性收益。俄罗斯转型前期出现的严重的资本稀缺和经济衰退原因在于不适当的转型路径和政策安排导致回顾性增长丧失。而中国采用渐进改革路径和非均衡发展战略,实现了中国经济增长方式的转型,城市化水平的迅速提高,并在商业发展的基础上,工业化步入了新阶段。

四是对转型时机的评价。靳涛认为,激进式改革策略和渐进式改革策略是在不同转型时机下,由不同转型国家转型总成本的态势和变化趋势的差异而应采取的不同形式。二者由于是不同转型时机和阶段下采取的不同策略,并没有可比性。从计划体制向市场体制的转型方式取决于社会各级主体对新制度的预期效用变化和在利益驱使下所表现出的利益冲突和矛盾积累程度,转型和改革的激进程度取决于原计划体制内部的矛盾积累程度。中国持续的高增长说明了中国原有制度的矛盾不突出,也就没有采取相对激进转型策略的内在要求和必要。

在现有的学术文献中,还存在大量对中国经济转型绩效的具体评价。具体来说,主要有以下几个方面:

一是对中国转型时期行业体制发展的评价。江小涓认为,改革是可以渐进的,非国有经济的大量进入并不是改革启动和保持增长的必要条件,但随着改革的推进,产权改革和形成竞争性的产权市场成为渐进改革合乎逻辑的内在要求;渐进改革方式具有普遍意义,其他转型国家改革前国有经济占绝对优势的所有制结构和垄断性的生产结构,不会成为与渐进式改革不相容的初始条件;渐进式改革与激进式改革的区别是相对的,用规则标准衡量区别清晰,用行为标准和绩效标准衡量区别就变得模糊不清;对两种改革方式优劣的评判,还需要更长时间的实践检验和能容纳主要事实、合乎逻辑的理论分析。

二是对中国转型时期货币政策的评价。中国货币政策及其宏观调控体系研究课题组认为,由于中国采取的是渐进式改革策略,新旧体制的平行与交叉运行中会产生一些特殊问题和矛盾,为实施货币政策和宏观调控带来较多制约因素。主要有:(1)渐进式改革过程中长期双轨经济体制的并存产生较多乱象;(2)市场体系不健全,导致市场信号混乱,市场导向功能失灵,产生不公平竞争;(3)企业改革进展缓慢,经营机制未得到根本转变,容易对中央银行的货币供应形成"倒逼";(4)政府职能转变困难,行政干预阻力较大;(5)地方经济分割,地方保护主义和本位主义严重,货币政策实施易受地方政府干扰;(6)思想认识上的缺陷,使得人们容易扭曲市场行为,践踏市场规范。

三是对中国经济转型期的政府行为的评价。沈坤荣认为,在计划经济体制下主要是中央政府依据储蓄规模和投资规模来推动经济增长,随着中国经济转型,由于市场经济体制尚未真正建立,不完全的计划和不完全的市场同时对资源配置起作用,地方政府的作用不断增强,尤其是分权化的财政体制改革,使地方政府在推动本地经济增长中起了关键作用,并进而推动整个国民经济的增长。不过这种分权式经济增长方式,容易导致重复建设,并且容易带来很大的"道德风险",因此具有一定的过渡性。

四是对中国经济转型期融资制度绩效的评价。张宗新认为,在经济转型过程中中国的融资体制改革取得了阶段性成果,但仍存在一定扭曲,集中表现在以国有经济为导向的融资格局同现实经济增长格局之间的严重不相称。国家控制的融资制度安排在转型期间可以在储蓄动员方面发挥比较优势,并在金融体系创造大量金融剩余,维持了转型期宏观经济的稳定。但这种制度安排在很大程度上造成了融资效率的损耗,主要表现为融资上向国有企业倾斜,导致金融资源的逆向配置,使得国有企业融资过度而民营企业融资不足,并造成国有企业效率的低下,从而致使现实经济增长率低于潜在经济增长率。

五是对中国经济转型中企业家制度能力的评价。项国鹏等认为,中国经济的转型实质是一种制度变迁,对中国企业家创业造成双重影响:既激发了创业激情、创业能力和提供了丰富的创业机会,同时也制造了大量的制度性创业约束,转型经济的"中间制度"性使得企业成长面临较高的制度环境和市场环境的双重不确定性。在转型经济的制度约束下,企业家为促进企业成长,不断实施制度创新,突破各种外部及内部制度性约束,这样的能力就叫作企业家制度能力,主要有外部正式制度创新能力、外部非正式制度创新能力和内部制度创新能力等三类。中国企业家应大力增强制度能力,适应转型经济所导致的特殊制度环境。

总的来说,对经济转型绩效的评价,涉及经济活动的方方面面,并没有一个完整的评价标准。在实践中,要根据不同国家的初始条件、改革策略进行具体的评价,用历史、辩证的眼光来分析经济转型的绩效。

参考文献:

樊纲:《两种改革成本与两种改革方式》,载于《经济研究》1993年第1期。

江小涓:《体制转轨与产业发展相关性、合意性以及对转轨理论的意义》,载于《经济研究》1999年第1期。

靳涛:《经济体制转型策略的决定机制与内在逻辑——激进与渐进转型策略的回顾与再思索》,载于《数量经济技术经济研究》2006年第3期。

吕炜:《转轨时期的经济增长原理——基于转轨实践、中国的样本和经济史的研究》,载于《经济社会体制比较》2004年第3期。

沈坤荣:《中国经济转型期的政府行为与经济增长》,载于《管理世界》1998年第2期。

项国鹏、李武杰、肖建忠:《转型经济中的企业家制度能力:中国企业家的实证研究及其启示》,载于《管理世界》2009年第11期。

谢作诗、杨绍江:《初始条件、转轨方式与经济绩效——一个评述》,载于《当代财经》2002年第9期。

张宗新:《经济转型期融资制度绩效的经济解析》,载于《管理世界》2002年第10期。

《中国货币政策及其宏观调控体系研究》课题组:《我国经济体制改革转轨时期的货币政策研究》,载于《中央财政金融学院学报》1996年第6期。

周冰、靳涛:《经济体制转型方式及其决定》,载于《中国社会科学》2005年第1期。

(许立成)

改革进展指数

Index of Reform Progress

改革进展指数,是指以市场经济为标杆的改革进展程度,主要体现为经济转型的广度和深度,表明改革的进展和推进程度。在目前,研究中国改革进展指数主要有两类:

一是市场化指数。樊纲等从2003年开始编写中国各地区市场化进程相对指数。他们认为,市场化是指中国从计划经济向市场经济过渡的体制改革,不是简单的一项规章制度的变化,而是一系列经济、社会、法律乃至政治体制的变革。它是由五个方面共25个指标和分指标构成的一个指标体系,并运用主成分分析法这个计量经济学中处理这类问题较为成熟也较为广泛使用的方法加以分析计算形成的一个指数。相对指数的含义就在于:它并不是表明各地区本身"离纯粹的市场经济还有多远”,而只是在比较各地区在朝市场经济过渡的进程中谁的市场化改革程度相对更高一些,谁相对更低一些,原因是什么。不是在比较各个地区离市场经济有多近或多远,而是在比较各地区在市场化改革进程上的相对程度。目前,该指数已经编写到2009年。他们还利用中国各省份市场化进程相对指数,定量考察了市场化改革对全要素生产率和经济增长的贡献。研究的结果显示,从1997~2007年,市场化进程对经济增长的贡献达到年均1.45个百分点。市场化改革推进了资源配置效率的改善,这一时期全要素生产率的39.2%是由市场化贡献的。他们认为中国的市场化转型道路还没有完成,中国经济的可持续增长有赖于进一步推进市场化改革。

另外,康继军等从4个方面、以19个指标为基础构造了衡量中国经济转型即经济体制市场化进程的制度变量——市场化相对指数,以此描绘了中国经济体制的市场化进程。在此基础上,将该市场化指数作为制度变量,运用协整理论和动态建模方法建立了一个经济增长的动态分析模型。实证研究的结果证实了1978~2003年间经济体制的市场化改革确实促进了中国经济增长,同时也证实了资本和劳动仍然是经济增长的主要因素,较好地模拟了市场化改革影响下中国经济增长的变化规律。不过,康继军等人编制的指数并不是连续编写。

二是金融市场化指数。庄晓玖将金融自由化定义为利率自由化、信贷控制放松、进入壁垒降低、银行自治加强、银行产权多元化、证券市场改革、资本和经常账户开放等7个方面的综合反映。通过对中国金融改革过程中上述7个方面的各项措施进行评估,采取主成分分析法进行数据综合,构建出了从1982~2006年的中国金融自由化指数,认为中国金融自由化程度在不断加深。

参考文献:

樊纲、王小鲁、马光荣:《中国市场化进程对经济增长的贡献》,载于《经济研究》2011年第9期。

樊纲、王小鲁、张立文、朱恒鹏:《中国各地区市场化相对进程报告》,载于《经济研究》2003年第3期。

康继军、张宗益、傅蕴英:《中国经济转型与增长》,载于《管理世界》2007年第1期。

庄晓玖:《中国金融市场化指数的构建》,载于《金融研究》2007年第11期。

(许立成)

中国道路之争

Debate of the Chinese Road

改革开放以来,中国经济发展取得了举世瞩目的成就,形成了独特的“中国道路”。众多学者从不同的角度对中国经济增长奇迹进行了阐述分析,试图总结出一般性的规律,拓展现有的经济学理论。主要有以下观点:

一是比较优势论,代表人物是林毅夫。他较早地分析中国改革的道路和经验。认为中国改革具有以下四个特征:(1)做大蛋糕;(2)增量改革;(3)试验推广;(4)非激进改革。认为中国改革道路的普遍意义在于:(1)渐进式改革最接近于帕累托改进;(2)渐进改革具有内在逻辑上的有序性和不可逆性;(3)渐进式改革能使“分两步跨越同一条鸿沟”成为现实;(4)渐进式改革有利于保持改革过程中速度和稳定两种要求之间的平衡。中国改革成功的重要保障是采取了一条代价低、风险小,又能及时带来收益的道路。

二是中性政府论,代表人物是姚洋。认为中国的成功依赖于中国的中性政府。中性政府追求的是整个社会的经济增长,追求的是增加全体人民的利益而不是特定集团的利益。在一定条件下,政府可以成为一个中性政府并采取有利于经济增长的政策,而且平等的社会更易于产生这样的政府。从实践来看,中国改革初期增长共识的形成、价格双轨制和国有企业改革三个例子说明,当中国政府遇到不同社会阶层的利益冲突时所采取的行动是中性政府的行动,即有利于社会整体的利益而不是个别群体的利益。中国政府能够成为中性政府,主要原因是吸取1949~1978年间的历史教训、平等的社会基础和意识形态方面的调整。尽管在某种意义上中国当时的历史和政治背景是独特的,但其核心经验仍适用于所有发展中国家。

三是劳动力转移论,代表人物是李扬等。认为中国的转轨经济具有独特的增长模式,其典型特征就是持续的高储蓄率和高投资率,剩余劳动力由农业向工业(工业化)、由农村向城市(城市化)、由国有向非国有(市场化)的持续转移是我国经济能够长期、高速增长的关键,而高储蓄率和高投资率既是这种增长模式的必然结果,也是劳动力得以持续转移乃至这种增长模式得以维持的关键原因。为了防止效率低下的金融部门阻碍劳动力的转移,在开放经济条件下,引入纯粹金融意义的国际直接投资也就成为了必然。与此同时,本国金融部门也将持有一个规模逐步扩大的外汇储备。

四是分权论,代表人物有张军、王永钦、高鹤等。他们从分权式改革的视角全面地分析了中国的发展道路,认为这个逻辑框架不仅能够分析中国前期改革的成功,也能够解释目前浮现的诸多社会经济问题。政治集权下的经济分权给地方政府提供了发展经济的动力,尤其是完成了地方层面的市场化和竞争性领域的民营化,以及地方性基础设施的建设。但是,内生于这种激励结构的相对绩效评估又造成了城乡和地区间收入差距的持续扩大、地区之间的市场分割和公共事业的公平缺失等问题。由于中国的渐进式分权改革在很大程度上可以看做一个中央政府主导和控制下的机制设计问题,所以,在认清中国分权式改革的得失的基础上,正确地设计合理的改革方略,对于下一阶段改革的成功是至关重要的。如此,中国就可能走出一条独特的大国发展道路。

五是政治经济学论,代表人物有洪银兴等。认为我国30年的改革开放是发展中国特色社会主义的成功探索和伟大实践。改革开放以来,经济体制、经济社会形态、经济开放度和经济发展方式的转型是对中国特色社会主义发展道路的成功探索。中国发展的实质是社会主义本质在当代中国实现形式,中国发展的成功是中国特色社会主义的成功。中国的发展道路体现了社会主义的本质及其基本特征,彰显了社会主义本质实现的中国个性。同时,中国的发展体现了改革开放以来世界和中国的时代精神和进步内容,具有明显的当代性,也因此具有历史性。

六是国家能力论,代表人物有景维民等。他们将国家制度能力界定为国家制定、实施和推动制度变迁的能力。它体现为三个方面,即国家相对独立自主地界定自身目标偏好,形成有效规则、政策的能力;国家将已形成的规则、政策加以推行,影响微观经济主体行为和宏观经济运行绩效的能力;国家根据内外环境变化,适应性地推动制度变迁,使其与经济发展条件相契合的能力。认为强大而有效的国家制度能力成为推动中国体制变革与经济发展的关键因素,也是理解中国经济发展的关键变量。

不过,也有的学者对中国经济增长提出质疑。如黄亚生通过对比分析中国、印度和巴西的经济发展历史,认为以高度集中的政治体制、高速的经济增长率以及独特的儒家文化传统等特征构成的所谓的中国道路,手段、方法不独特,所取得的经济成绩也不独特,甚至它所带来的问题都不独特。真正促使中国经济在短期内快速崛起并且持续较长时间增长的原因是"软件设施",即自由的经济政策和制度、金融自由化,以及对教育特别是基础教育的投资。吴敬琏也认为,以强有力的政府控制整个社会经济体系为特征的中国增长模式虽然具有一定优势,但行政干预的功效不应夸大,政府介入微观经济活动存在极大危险。在下一步改革中,一方面,要从一个由行政权威控制的计划经济转变成一个自由交换的经济;另一方面,要从行政命令支配的经济、政府机关和党政官员的自由裁量权特别大的命令经济,转变为一个规则透明、公正执法的法治经济。

总的来说,中国经济增长的"奇迹"引起了世界的关注。尽管中国道路没有得到绝大多数经济学家的广泛认同,但是它本身已成为一种现象、一种说法,对于它的争论还将持续下去,内容也将不断丰富。

参考文献:

高鹤:《财政分权、经济结构与地方政府行为——一个中国经济转型的理论框架》,载于《世界经济》2006年第10期。

胡乐明、刘志明、张建刚:《国家资本主义与"中国模式"》,载于《经济研究》2009年第11期。

洪银兴:《30年经济转型:发展中国特色社会主义》,载于《南京大学学报》2008年第3期。

黄亚生:《中国模式到底有多独特——基于中国、印度、巴西经济数据的比较分析》,载于《深圳大学学报(人文社科版)》2012年第1期。

景维民、黄秋菊:《国家制度能力与经济转型:理解中国模式的政治经济维度》,载于《南开学报》2011年第1期。

李扬、殷剑峰:《劳动力转移过程中的高储蓄、高投资和中国经济增长》,载于《经济研究》2005第2期。

林毅夫、蔡昉、李周:《中国的奇迹:发展战略与经济改革》,上海人民出版社1999年版。

王永钦、张晏、章元、陈钊、陆铭:《中国的大国发展道路——论分权式改革的得失》,载于《经济研究》2007年第1期。

吴敬琏:《"中国模式"会成为全球榜样吗?》,载于《中国改革》2010年第10期。

杨开忠、陶然、刘明兴:《解除管制、分权与中国经济转轨》,载于《中国社会科学》2003年第3期。

姚洋:《中性政府——对转型期中国经济成功的一个解释》,载于《经济评论》2009年第3期。

张军:《中国30年经济转型的经验与思考》,载于《新远见》2009年12期。

(许立成)

转型性危机

Transitional Crisis

转型性危机,主要是指转型改变了原有的经济模式,从而给经济发展带来巨大的挑战,如经济增长快速下滑或剧烈波动、收入分配差距扩大、失业大量增加、腐败加剧等。

一是导致经济失衡。吴敬琏认为,在经济转型中经常面临内外两个方面的失衡:内部失衡主要表现在投资与消费的失衡,过度投资而消费相对不足,造成如产能过剩、最终需求不足等经济问题;外部失衡主要表现在国际贸易和收支的双顺差,造成贸易摩擦和贸易条件变差、出口产品贱卖等。内外部的失衡在宏观经济中集中表现为货币的过量供应,进而导致房地产、股票、收藏品等资产泡沫的形成,通货膨胀快速上升。中长期来看,还将导致金融体系的脆弱,当遇到内外部冲击时易出现严重的系统性风险。

二是对原国有企业带来强烈冲击。李培林认为，在经济转型中国有企业面临的困难除了自身经营体制上的问题，还有为整个经济的稳定转型付出的沉重的"社会成本"，包括由于缺乏社会化的社会保障制度，承担了本应由国家对离退休职工提供的保障基金；由于缺乏与市场经济配套的失业保险制度，解决了本应由社会政策和社会再分配制度解决的就业和失业问题；由于外部社会服务功能萎缩，使得服务功能在国有企业中内部化，导致国有企业功能泛化；为了稳定全社会的物价水平，国有企业产生了"政策性亏损"。转型经济的制度结构下，身份的模糊性及产权关系的不明晰等造成国有企业追求的目标是相互矛盾的多重目标，而遵循的运行机制是相互摩擦的双轨制，导致国有企业效率低下。国有企业呈现非经济特征，从而使得其在市场经济中出现危机。

三是导致企业的过度进入。张军等认为，在经济转轨初期，计划管制的放松和厂商生产的自由化，市场的扩张与发展往往表现为新兴厂商的过度进入，一方面促进了经济的增长和企业效率的提高，但另一方面也造成了显著的社会成本，造成资源的不经济配置，如降低了厂商在市场上的平均存活率，这种后果在俄罗斯及东欧国家表现为市场发展初期大批的企业和银行不断破产倒闭，在中国表现为企业尤其是国有企业20世纪90年代以来持续不断的亏损增长。同时，企业的过度进入将市场上可能存在的用于产生和维持"信誉"的经济租金降为零，导致厂商倾向于追求短期生产目标，使得市场在资源配置方面存在被"逆淘汰"的困扰。

四是导致收入差距扩大。李实等认为，在传统计划经济体制向市场经济体制转化的过程中，主要通过改变原有的个人收入的决定机制来影响收入分配。随着所有制改革的推进，在工资决定的计划体制和机制外出现了收入决定的市场机制，个人收入除了表现为工资外，还表现为资本的收入和经营风险的收入。资本收入的出现拉开了"有产者"和"无产者"之间的收入差距，经营风险收入导致"有产者"之间的收入差距。同时，国有企业激励机制的改革打破了企业内部平均主义的分配方式，并加速了整个经济的市场化进程，对国有经济形成一种外部的竞争压力，使得国有企业出现了分化，不同企业职工间的收入差距扩大。

五是带来城市贫困。胡景北认为，计划经济时期不但将城乡二元经济的互动计划化，还通过政府手段将二元经济的划分政治化，实现了城市特权，从而维持了城市的全部就业，掩盖了城市生产率的低下，并将低生产率形成的城市贫困转嫁至农村，加剧了农村贫困。随着中国经济的转型，城市的低生产效率逐渐暴露，剥夺农民的城市就业所代表的和禁止农民生产工业产品所保证的两类被压抑的城市失业问题逐步爆发，同时，随着城市人口地域流动的政治限制被消除，农村人口与城市人口形成就业竞争，使得禁止农民进入城市劳动市场所保证的城市就业问题被激发，计划经济下积聚的巨大的失业和贫困潜能造就了中国城市贫困问题暴露的突发性和恶化的快速性，给社会带来了沉重压力。

六是政府出现失灵和失范。杨君昌、赵奉军等认为，经济转型期政府失灵和失范主要表现在以下方面：(1)对企业实行行政管理，造成企业对市场供需条件变化作出弱反应，影响资源配置的效率，同时行政管理下的多级代理问题使得代理成本增大，并可能出现"代理人的内部人控制"问题。(2)实行并制造垄断，使内部人控制问题加剧，造成社会效率损失。(3)产生资源寻租、准入寻租、逃税寻租等寻租活动，滋生腐败土壤。(4)政府对市场失灵的盲目干预，扭曲了市场的资源配置作用，造成比市场失灵更坏的结果。(5)借市场经济之名，行计划经济之实，主要追求产值和产量指标以实现计划的增长，造成国民经济比例严重失调。(6)利用市场经济的"灰色"特征，如双轨制和配额制等，以权谋私。要解决这些问题，关键在于最大限度地利用市场，发挥市场配置资源的作用，并加强民主和法制的建设。

七是导致垄断和腐败。胡鞍钢等认为，行政垄断是经济转型后旧体制遗留下来的问题，主要有地区垄断和行业垄断，是腐败的一个重要表现形式，来源于政府的主动创租行为。行业垄断造成了巨大的经济损失，在中国行业垄断造成的租金主要有：(1)垄断价格中体现出来的社会福利损失；(2)行业垄断部门巧立名目非法收取的各项费用，将自身低效运营的成本和发展的投资强加给广大消费者。行业垄断造成的巨额租金为这些垄断行业的低效运营和维持较高的工资水平提供了充足的资金，同时还消耗了大量国家应得的财政收入。不过李捷瑜、黄宇丰等学者认为，中国企业在经济转型过程中通过贿赂，一方面可以帮助企业减少官员的掠夺，从而促进企业增长；另一方面可以帮助企业绕开管制或获取难以得到的资源而促进企业增长。这说明在中国经济转型期腐败更多反映在调整资源配置上，企业为了自身发展而将贿赂作为一种策略。所以，要打击腐败，不仅要从腐败方着手，关键还在于完善不合理或缺失的经济制度，降低行贿方的激励。

总的来说，转型性危机体现为计划经济体制向市场经济体制转轨中出现的各类具体问题，这其中既有经济问题，也有民生问题，还有政治问题。解决这些问题，需要从实际出发，以市场经济、法治社会为目标，逐步、渐进解决，防止出现系统性的经济社会危机。

参考文献：

过勇、胡鞍钢：《行政垄断、寻租与腐败——转型经济的腐败机理分析》,载于《经济社会体制比较》2003年第2期。
胡景北:《经济发展过程中的城市贫困——以中国为背景的分析》,载于《学术界》2004年第2期。
李捷瑜、黄宇丰:《转型经济中的贿赂与企业增长》,载于《经济学(季刊)》2010年第4期。
李培林:《中国国有经济转型的社会学思考》,载于《管理世界》1995年第1期。
李实、赵人伟、张平:《个人收入差距的有序扩大与经济转型的内在联系》,载于《经济研究》1998年第4期。
李实、佐藤宏:《经济转型的代价——中国城市失业、贫困、收入差距的经验分析》,中国财政经济出版社2004年版。
吴敬琏:《中国经济转型的困难与出路》,载于《中国改革》2008年第2期。
杨君昌:《论经济转轨时期的政府失灵》,载于《财经研究》1998年第11期。
张军、威廉·哈勒根:《转轨经济中的"过度进入"问题——对"重复建设"的经济学分析》,载于《复旦学报》1998年第1期。
赵奉军:《转轨经济中的"掠夺之手"》,载于《当代经济研究》2003年第3期。

(许立成)

经济转型的阶段性
Stages of Economic Transition

经济转型的阶段性,是指经济转型在不同的阶段具有不同的任务。经济转型的阶段性表现为经济发展理念、战略、措施、要素等的阶段性,也表现为制度变迁的阶段性。

一是经济转型中利益关系的阶段性。樊纲认为,中国经济转型实质上是一种利益关系的变革,改革转型的难题不在于表面上的体制摩擦,而在于这种摩擦背后的利益摩擦。中国经济社会的转型在于社会各种利益集团"公共选择"的结果,在这一过程中,每个人的选择都是有理性的,但公共选择却可能出现"悖论"的结果。要设计出切实可行的改革路径,就必须深刻地把握中国改革过程的基本机制,深刻地把握具有力量优势的社会行为主体集合对特定制度安排的需求,深刻地把握实际力量对比关系及其变动的方向、规模和范围,根据实际的和潜在的社会需求来决定改革方案和改革思路的供给,最大限度地提高改革设计资源的社会使用效率和社会效益。

二是经济转型中产权方式的阶段性。田国强认为,在市场与政府制度环境不完善情况下,不同的经济制度环境将会给出不同的最优所有权安排,即当经济自由化与市场化程度很低、处于中间阶段及接近于正常时,国家所有权、集体所有权及私人所有权分别为最优的所有权安排。集体所有权安排在转型与发展过程中是一个不可避免的中间产权安排,会在转型过程中长期存在,这也解释了乡镇企业为何成为中国经济增长的主要动力等问题。研究表明,只有当经济制度环境得到适当改变,才能有效地变换产权所有制安排形式。

三是经济转型中制度变迁的阶段性。杨瑞龙通过考察具有独立利益目标与拥有资源配置权的地方政府在我国向市场经济体制过渡中的特殊作用,提出了"中间扩散型制度变迁方式"的理论假说,认为一个中央集权型计划经济的国家有可能成功地向市场经济体制渐进过渡的现实路径是:由改革之初的供给主导型制度变迁方式逐步向中间扩散型制度变迁方式转变,并随着排他性产权的逐步确立,最终过渡到需求诱致型制度变迁方式,从而完成向市场经济体制的过渡。

四是经济转型中经济形态的阶段性。李曙光等认为,经过30多年的经济改革,中国经济发生了三个变化:从供给型经济转向需求型经济,从封闭和半封闭的经济转向开发型的经济,从温饱型经济转向小康型经济。目前中国所处的经济改革阶段具有以下特征:(1)将在高速经济增长条件下推进;(2)将在工业化和产业结构升级的过程中推进;(3)将在政府宏观调控下进行;(4)将在全球化推动下进行;(5)将在金融风险等压力下步步推进;(6)最终将在制度变迁尤其是法治环境确立的条件下完成。

五是经济转型中发展模式的阶段性。任保平等认为,目前我国经济发展总体上是一种"以物为本"的传统发展模式。这种模式通过高投入和扩大规模的路径来实现,以高成本和低效益、较大的经济波动性、生态环境严重破坏为基本特征。在中国21世纪经济发展的实践中,要通过行政体制创新、经济体制创新以及体制的综合创新来实现由"以物为本"的传统发展模式向"以人为本"的现代经济发展模式转型。在生产方式上,建立低耗能、轻污染的生产方式;在消费方面,倡导文明健康的消费方式;在技术选择上,围绕环境保护和降低资源消耗建立新的技术创新体系;在经济发展评价方面,建立经济效益、生态效益相结合的综合评价体系。

六是经济转型中经济结构的阶段性。胡鞍钢等认为,中国经济从二元结构正转向四元结构:1840~1948年为从传统农业解体到城乡二元经济社会结构的漫长演变阶段;1949~1977年为计划经济体制下的城乡二元经济社会机构分割和强化阶段;1978~1991年农村改革和农村工业化迅速发展所伴随的二元经济社会结构开始解体并逐步转向三元经济社会结构,即农业部门、乡镇企业部门、城镇正规部门;1992年之后建立和完善社会主义市场经济体制和城市化迅速发展所伴随的四元经济社会结构,即农村农业部门、城市工业部门、乡镇企业部门和城镇非正规经济部门。面对新的四元结构,中国未来发展的基本方向是城乡一体化、城市内部一体化、农村内部一体化,即经济社会一体化、趋同化和现代化,这要求不断促进农业现代化、农村工业集聚化、农民工市民化、城乡居民基本公共服务均等化,真正实现"共同富裕"的社会主义现代化。

七是经济转型中增长方式的阶段性。黄秋菊等认为,中国经济增长的下一步应体现包容性增长。包容性增长体现了公平与正义的科学内涵,是一种利益共享式增长、和谐式增长和复杂的综合性系统。在经济转型深化阶段,中国经济社会深层次的矛盾也日渐凸显,不确定性和风险越来越多,扭曲和失衡越来越大,利益分化对体制变革的阻滞效应越来越明显。中国经济社会问题的解决需要以包容性增长理念为引导,切实转变经济发展方式。首先要建立包容性市场经济,进一步调整经济结构,转变增长方式;改革收入分配制度,形成国家、居民、企业之间的合理分配关系;节能减排,增加可持续发展能力。其次要建立包容性制度体系,推动制度创新;政府要通过信息公开、政府问责制来公开透明地履行公共责任;强化风险意识,增强对经济全球化风险的应变能力。此外要建立包容性文化,吸收各种文化中的有益精髓,作为互相发展的动力,顺利迈向包容性增长。

八是经济转型中生产要素作用的阶段性。赵曙明等认为,在中国经济转型中,要从依靠资源投入增长转向加大人力资本投资。无论是理论上还是实践上,人力资本在经济增长中的作用日益增加,现代经济增长方式转型的核心是依靠科教和劳动者素质的提高来促进经济增长。世界经济发展历程表明,经济增长中人力资本的作用大于物质资本的作用,教育投资作为人力资本投资的主要部分是经济发展的输入源,人力资本一旦形成并有效运用会对经济发展产生直接乃至决定性作用。我国经济增长转型的最终目标是进入"创新推动"的集约型增长阶段,其中最主要因素是人力资本积累的增加;人力资本投资中最基本的教育投资对经济增长的贡献巨大。因此,强化人力资本投资应该成为我国经济长期发展的一项基本国策,通过强化人力资本投资、加大教育投资力度、重视职业培训等方式,积极推行人力资本依托型经济增长。

总的来说,主要体现为四个转变(洪银兴,2008):(1)经济体制的转型,即通过经济改革由计划经济转向市场经济;(2)经济社会形态的转型,即通过经济发展使经济社会由传统状态转向现代状态;(3)经济开放度的转型,即通过融入全球化使经济由封闭状态转向开放状态;(4)经济发展方式的转型,即经济发展由以物为本转向以人为本,经济增长由粗放转向集约。经济转型在不同的阶段有着不同内涵,需要审时度势,选择最为科学、最为合理、最为可行的经济转型道路。

参考文献:

樊纲:《论改革过程》,引自盛洪:《中国的过渡经济学》,上海人民出版社 1994 年版。

洪银兴:《30 年经济转型:发展中国特色社会主义》,载于《南京大学学报》2008 年第 3 期。

黄秋菊、景维民:《经济转型与包容性增长的关联度》,载于《改革》2011 年第 9 期。

胡鞍钢:《从经济指令计划到发展战略规划:中国五年计划转型之路(1953～2009)》,载于《中国软科学》2010 年第 8 期。

胡鞍钢、马伟:《现代中国经济社会转型:从二元结构到四元结构》,载于《清华大学学报》2012 年第 1 期。

李曙光:《中国的经济转型:成乎? 未成乎?》,载于《战略与管理》2003 年第 3 期。

任保平、钞小静:《论中国经济发展新阶段的经济发展模式转型》,载于《福建论坛(人文社会科学版)》2007 年第 7 期。

唐任伍、王宏新:《宪政经济:中国经济改革与宪政转型的制度选择》,载于《管理世界》2004 年第 2 期。

田国强:《一个关于转型经济中最优所有权安排的理论》,载于《经济学(季刊)》2001 年第 1 期。

杨瑞龙:《我国制度变迁方式转换的三阶段论——兼论地方政府的制度创新行为》,载于《经济研究》1998 年第 1 期。

赵曙明、陈天渔:《经济增长方式转型与人力资本投资》,载于《江苏社会科学》1998 年第 1 期。

(许立成)

制度经济学

制度经济学
Institutional Economics

制度经济学是一个非常宽泛的术语。在一般意义上，制度经济学的研究都是“为了揭示制度本身产生和演变的规律以及制度与资源配置、经济增长等之间相关性的内在机理”（黄少安，2008）。所以，广义上讲，制度经济学是指“分析经济问题至少不把经济制度、政治制度和法律制度排除在分析范围以外的经济学，也就是包含制度分析的经济学”（黄少安，2008）。

总体上讲，制度经济学有两大主题：一是研究制度本身的产生、演变；二是研究制度与经济活动（资源配置、经济增长、收入分配等）之间的关系。第一个主题关注制度本身，采用经济学的理论、工具和方法研究制度本身的起源、产生、变迁或演变等问题。比如，制度到底是如何起源的？制度是如何发生变化的？制度是演化的还是构建的？如果是构建的，构建的主体是谁？为什么构建？如何构建？如果是演化的，是否存在主体？如何演化？演化遵循什么样的规律？第二个主题关注制度与资源配置、经济增长和收入分配等的关系。制度如何影响资源配置？制度促进或者阻碍经济增长的机理是什么？制度如何影响经济主体的行为，又如何通过经济主体的行为影响经济绩效？几乎所有的制度经济学——无论是马克思主义经济学还是旧制度经济学、新制度经济学和新古典制度经济学，都关注这两个主题中的一部分或几部分的问题。

制度经济学的发展大体上可以分为两条主线：一条主线是从空想社会主义对资本主义制度的批判和对社会主义制度的构想到马克思经济学体系，进而延伸到苏联、东欧经济学以及中国关于经济体制改革的经济学；另一条主线是德国历史学派到美国老制度经济学派，到新制度经济学，再到新古典制度经济学。

第一条主线的制度经济学可以分为四个阶段：第一个阶段是空想社会主义对资本主义制度的批判和社会主义制度的构想，代表人物有法国的圣西门（Claude-Henri de Rouvroy, Comte de Saint-Simon）、傅立叶（Charles Fourier）和英国的欧文（Robert Owen），他们虽然不是一个完整意义上的制度经济学派，却是马克思经济学的重要思想来源。第二个阶段是以《资本论》为代表的马克思经济学，代表人物就是马克思和恩格斯，他们对资本主义制度进行了系统研究和“解剖”，目的是批判资本主义制度，论证资本主义向社会主义过渡的必然性（更详细的内容见“马克思主义经济学的制度理论”）。第三个阶段是马克思之后苏联以及东欧其他国家关于社会主义经济体制、计划经济等的论述，代表人物包括苏联的列宁、布哈林、斯大林等，波兰的奥斯卡·兰格（Oskar Lange）、卡莱茨基（Michal Kalecki）、布鲁斯（W. Blues）、捷克斯洛伐克的奥塔·锡克（Ota Sik）、考斯塔（Jiri Kosta）、匈牙利的科尔奈（Janos Kornai）等，他们的经济思想涉及到社会主义与市场关系的争论、关于公有制和计划经济是否可行的争论以及社会主义国家经济体制改革的论述等；第四个阶段就是中国自20世纪70年代末80年代初改革开放之后对中国经济体制改革的经济学研究，包括中国经济学家和世界经济学界，对中国经济转型、计划经济与市场经济关系、公有制与私有制关系、农村基本经济制度和经营制度、土地产权制度、国有企业改革、财政体制改革、金融体制改革等各方面重大制度变迁问题的研究。

第二条主线的制度经济学大体上也可以分为四个阶段：第一个阶段从德国历史学派到老制度经济学派，主要是以凡勃伦（Thorstein B. Veblen）、康芒斯（John Rogers Commons）、米契尔（Wesley Mitchell）为代表的美国老制度学派，分析制度变革与经济社会发展的关系，反对将制度作为既定前提（更详细的内容见“旧制度经济学”）；第二阶段是老制度经济学派向新制度经济学过渡阶段的制度经济学，以20世纪30～40年代贝利（Adolf A. Berle）和米恩斯（Gardiner C. Means）为代表，他们共同发表了《现代公司与私有财产》，从社会和企业结构角度分析资本主义经济问题，将经济制度微观化为企业制度，分析了现代公司的两权分离问题；第三个阶段是20世纪50年代以加尔布雷斯（John Kenneth Galbraith）为代表的“新制度经济学”（Neo-institutional Economics），研究权力和权力结构、集团利益和不同集团的利益冲突以及经济的不同组织结构（更详细的内容见“新制度经济学”）；第四个阶段是从20世纪30年代开始，60年代之后迅速发展并产生广泛影响的“新古典制度经济学”（Neoclassical Institutional Economics），以科斯（Ronald Coase）、诺思（Douglass C. North）、阿尔钦（Armen Albert Alchian）、德姆塞茨（Harold Demsetz）、威廉姆森（Oliver Williamson）、奥斯特罗姆（Elinor Ostrom）等为代表，他们把“制度分析”引入了新古典经济学，使得新古典经济学告别了无制度分析（制度被假定为既定前提），从而发展了新古典经济学（更详细的内容见“新古典制度经济学”）。

当然，这两条主线也并非毫无联系或完全独立。比如，对中国经济体制改革的经济学研究就既有马克思主义经济学的制度理论，又有新古典制度经济学。同时，在这两条主线之外还有其他制度经济学，比如瑞典学派的制度经济学思想。

考察制度经济学各个不同分支和流派，可以把制度经济学的内容归结为七个方面：制度起源理论、制度比较与选择理论、制度变迁理论、企业理论、制度及其变迁与经济增长、国家理论和意识形态理论（黄少安,2008)。不同的制度经济学分支或流派对这些问题的阐述不同,但是基本上都可以包括在这些方面之中。制度起源理论主要探讨制度为什么发生、怎样发生等问题;制度比较与选择理论主要研究制度之间的差别,哪种制度优、哪种制度差,制度比较的标准是什么,为什么选择这种制度而不是那种制度等;制度变迁理论主要是讨论制度是如何发生变化的、为什么发生变化、谁推动制度发生变化等;企业理论是从微观层次讨论企业的产权结构、公司治理、企业与市场之间的关系、企业的本质等;制度与经济增长之间的关系主要讨论制度是促进还是阻碍经济增长,什么样的制度促进经济增长,什么样的制度阻碍经济增长等;国家理论讨论国家的本质、国家的规模和范围、国家的形成等;意识形态理论则讨论非正式制度与资源配置和经济增长之间的关系,意识形态的变化等问题(黄少安,2008)。

总之,制度经济学是一个宽泛的术语,内容极其广泛,各个流派虽然没有形成统一的框架,但是研究的问题基本上都是围绕制度及制度对经济的影响展开的。

参考文献:

[美]贝利、米恩斯:《现代公司与私有财产》,商务印书馆 2005 年版。

[美]凡勃伦:《有闲阶级论——关于制度的经济研究》,商务印书馆 1964 年版。

黄少安:《经济学为什么和怎样研究制度——关于制度经济学研究对象、目的和一般理论框架的梳理》,载于《学术月刊》2009 年第 5 期。

黄少安:《制度经济学》,高等教育出版社 2008 年版。

黄少安:《罗纳德·科斯与新古典制度经济学》,载于《经济学动态》2013 年第 11 期。

[美]康芒斯:《制度经济学》,商务印书馆 1962 年版。

[美]科斯等:《财产权利与制度变迁:产权学派与新制度学派译文集》,上海三联书店、上海人民出版社 1994 年版。

[美]诺思:《制度、制度变迁与经济绩效》,格致出版社、上海人民出版社、上海三联书店 2008 年版。

盛洪:《现代制度经济学》上、下册,北京大学出版社 2003 年版。

[美]威廉姆森:《资本主义经济制度》,商务印书馆 2002 年版。

[美]约翰·德罗巴克、约翰·奈:《新制度经济学前沿》,经济科学出版社 2003 年版。

[英]杰弗里·M·霍奇逊:《制度经济学的演化》,北京大学出版社 2012 年版。

(黄少安　李增刚)

马克思主义经济学的制度理论
Institutional Theory in Marxist Economics

马克思主义经济学本质上就是一个制度经济学的框架和体系,对资本主义制度的批判和对未来社会的构想及其资本主义制度向社会主义制度过渡的理论,都是制度经济学。马克思主义经济学是以马克思、恩格斯的政治经济学为基础的经济学流派,既包括马克思、恩格斯等的政治经济学,也包括受马克思、恩格斯影响的苏联、东欧和中国等社会主义国家的经济学研究。

以马克思的《资本论》、恩格斯的《家庭、私有制和国家的起源》为代表的著作从本质上看就是一个制度经济学的体系。《资本论》的核心是论述资本主义制度的不合理性,剖析资本主义制度的问题,以及资本主义向社会主义社会过渡的历史必然性。劳动价值论、剩余价值论是理论基础。劳动价值论的本质在于分析价值或者财富是由劳动创造的,资本家占有工人所创造的价值就是不合理的;剩余价值论表明了工人所创造的价值或财富在多大程度上被资本家占有。由于资本家占有工人劳动产品,所导致的收入分配不均,即资本家财富的积累和工人贫困的积累,就会导致资本主义的经济危机。经济危机的结果必然是资本主义制度的灭亡和新社会的建立。马克思和恩格斯关于人类社会制度演变(原始社会、奴隶社会、封建社会、资本主义社会和共产主义社会)的分析,特别是采用生产力与生产关系、经济基础与上层建筑的矛盾与辩证统一规律来解释,揭示了制度变迁或制度演化的一般理论。还有恩格斯以马克思的研究为基础写成的《家庭、私有制和国家的起源》论述家庭形式的演变以及现代家庭的起源、论述了共有、公有制度的起源以及共有和公有制度向私有制度的演变、论述了国家的起源等,虽然是对典型或个别制度起源的论述,但是所依据的是马克思的生产力与生产关系、经济基础与上层建筑之间关系的一般原理,也能够揭示制度起源与制度演变的一般规律。马克思和恩格斯之后,共产国际、列宁、布哈林、斯大林等对资本主义向社会主义过渡规律的研究,对社会主义经济建设时期制度的研究,以及东欧社会主义国家学者关于社会主义经济改革的研究,也都可以看做制度经济学。比如布哈林的《过渡时期经济学》,论述了从资本主义向共产主义过渡时期经济建设的问题;斯大林关于社会主义所有制、按劳分配和计划经济的论述;波兰经济学家奥斯卡·兰格关于社会主义可行性的研究;匈牙利经济学家科尔奈关于社会主义体制的研究,等等。

马克思和恩格斯探讨了多种制度的起源问题,如货币的起源、家庭的起源与演变、共有产权和私有产权的起源、国家的起源,等等。虽然涉及不同制度的起源,但他们所一贯采用的基本理论思路就是生产力与生产关系、经济基础与上层建筑关系的理论,即特定的生产关系和上层建筑都是生产力发展到一定阶段的产物,当特定的生产关系不适应生产力发展的时候,当上层建筑不适应经济基础的时候,生产关系或上层建筑就必须要变革。更一般地说,制度的起源或变迁源于生产力的发展。比如,马克思对货币起源的分析,他认为研究货币起源需要从商品交换价值形式的演变入手,理解了价值形式的变化就自然理解了货币的起源(马克思,1972)。他认为,价值形式有“简单的、个别的或偶然的价值形式”、“总和的或扩大的价值形式”、“一般价值形式”和“货币形式”。在人类社会的早期,用于交换的剩余产品很少,商品交换仅是非常偶然的事情,在物物交换中,一种商品的价值表现为另一种商品的价值。随着剩余产品的增多,一种产品能够跟多种产品交换,该种产品的价值就表现在其他许多种产品的价值上,即扩大的价值形式。随着生产力的发展,交易的日益频繁,人们就将商品的价值表现固定在某一种商品上,即出现了一般价值形式。当这种表现其他商品价值的商品固定在金或银等上的时候,就出现了货币。所以,第一,货币的起源是生产力不断发展的结果;第二,货币的起源经历了长期的逐渐演变的过程;第三,马克思在货币起源过程的分析中,实际上假定了私有产权——至少是公有产权或共有产权的存在,因为不同的原始人或部落之间在看到别的原始人或部落生产出了剩余产品之后,可以抢夺而不是交换,但是马克思分析的出发点是交换。从这个意义上讲,货币作为一种制度的起源并非最初制度的起源,而是在其他制度或产权关系已经存在下新制度的出现。

马克思主义经济学认为,人类社会的演变从原始社会到奴隶社会、封建社会、资本主义社会,再到社会主义社会和共产主义社会,根本的原因在于生产力与生产关系、经济基础与上层建筑的矛盾。制度的选择属于生产关系、上层建筑范畴。不同的国家或地区选择不同的制度、一个国家或地区在不同的历史时期选择不同的制度,根本的标准是这种制度是否适应生产力的发展。这样,制度的优劣也就体现在所选择的制度是否适应生产力的发展上。在人类社会早期的原始共产主义制度,后来的奴隶社会、封建社会以及资本主义社会都是与当时的生产力水平相适应的,而社会主义社会或共产主义社会也必须建立在与其相适应的生产力基础上。很明显,判断一项制度的优劣,就在于其能否促进生产力发展。能够促进生产力发展的,就是适合的制度;阻碍生产力发展的,就是不适合的制度。所以,在马克思主义经济学看来,原始社会、奴隶社会、封建社会、资本主义社会,甚至社会主义社会或共产主义社会,没有优劣之分,只有适合不适合当时生产力水平的问题,只有能否促进生产力发展的问题(黄少安,2008)。

马克思主义经济学的制度变迁理论包括主体、动力、效率评价等方面。制度变迁的理论基础是生产力与生产关系、经济基础与上层建筑之间关系的理论;制度变迁的主体是阶级;变迁的内动力是生产力与生产关系、经济基础与上层建筑的矛盾,变迁的外动力是各阶级为了实现自身的利益;制度变迁的效率从宏观上讲就是生产力标准,即作为生产关系的制度变迁能否促进生产力的发展(黄少安,2008)。

马克思的企业理论包括企业的本质与起源、企业的边界、企业的内部组织与权利结构以及企业制度演变等。在马克思看来,企业是一种协作生产的组织,具有协作效率。企业是生产力发展到一定阶段、技术条件要求协作式生产组织模式出现而产生的,企业的产生是为了生产成本的节约,是生产效率的提高,包括资本生产效率、劳动生产率等。企业的边界则是由生产力的水平决定的,是生产力与生产关系之间的关系决定的。在企业的内部组织结构和权利结构上,马克思认为资本雇佣劳动,资本家与工人之间具有权威等级关系,工人虽然是财富的创造者,但是仅仅获得财富的一部分,而其中的大部分被资本家占有。在企业制度演变上,马克思考察了手工作坊与工场制度、工厂制度以及股份公司制度等,认为这是生产力发展的结果(黄少安,2008)。

马克思主义经济学的国家理论包括国家起源理论、国家本质理论等。马克思主义经济学认为,国家是阶级矛盾不可调和的产物,是一个阶级压迫另一个阶级的工具。所以,在人类社会随着生产力的发展,出现了剩余产品、出现了阶级之后,不同阶级之间的利益冲突不可避免,国家的出现就是为了调和这种利益冲突,而这种调和只不过是为了一个阶级的利益不惜牺牲另一个阶级的利益。

所以,马克思主义经济学从本质上就是制度经济学,它有丰富的制度经济学的理论、命题和假说。虽然马克思主义经济学没有宣称自己就是制度经济学,但是要研究制度经济学,马克思主义经济学是不可以绕过的。

参考文献:

《家庭、私有制和国家的起源》,引自《马克思恩格斯选集》第4卷,人民出版社1972年版。

马克思:《资本论》第1卷,人民出版社1972年版。

[俄]布哈林:《过渡时期经济学》,生活·读书·新知三联书店1981年版。

洪银兴等:《当代东欧经济学流派》,中国经济出版社1988年版。

黄少安:《产权经济学导论》,山东人民出版社1995年版。

黄少安:《制度经济学》,高等教育出版社 2008 年版。
林岗:《马克思主义与制度分析》,经济科学出版社 2001 年版。
吴宣恭等:《产权理论比较——马克思主义与西方现代产权学派》,经济科学出版社 2000 年版。

(黄少安　李增刚)

旧制度经济学
Old Institutional Economics

旧(老)制度经济学形成于 19 世纪末 20 世纪初,以凡勃伦(Veblen, T. B.)、康芒斯(Commons, J. R.)和米契尔(Mitchell, W. C.)等为代表。到 20 世纪 30 年代,由于资本主义大危机,凯恩斯经济学的兴起,旧制度经济学的影响力越来越小。旧制度经济学是美国真正意义上最早的经济学。旧制度经济学不是一个严格的、具有统一理论框架的经济学派别,但是他们强调"制度"和"制度因素"在社会经济发展中的作用,强调社会、政治和经济制度或结构在经济生活中的重要性。

凡勃伦是旧制度经济学的创始人,是旧制度经济学最重要的代表人物,其代表性著作有:《有闲阶级论》(1899)、《企业论》(1904)、《工程师和价格制度》(1921)、"经济学为什么不是一门演化的科学"(1898)等。凡勃伦以本能说来定义制度,以演化论来分析制度的演进和变化,以资本主义制度作为研究、分析和批判的对象。他认为"制度实质上就是个人或社会对有关的某些关系或某些作用的一般思想习惯;而生活方式所有构成的是,在某一时期或社会发展的某一阶段流行的制度的综合,因此从心理学的方面来说,可以概括地把它说成是一种流行的精神态度或一种流行的生活理论"(凡勃伦,1964)。凡勃伦将制度定义为思想习惯,而思想习惯又是由人类的本能形成的,所以制度是由本能决定的、受本能支配的。凡勃伦认为经济学应该是一门演化的科学,他将达尔文主义和生物进化论运用于制度发展演变的研究,认为制度既然是由本能决定的思想习惯,就不可能在短时间内发生迅速的变化,但是它并非不能够变化,而是逐渐演变,逐渐演化,这种演化符合优胜劣汰,是一个自然淘汰的过程,是人类应付外界环境的心理变化过程。由于制度是逐渐演化的,未来制度演化的规律和形式,就是不可预期的。这成为后来演化经济学和演化制度经济学的基础。

凡勃伦认为,资本主义制度存在着各种各样的矛盾,需要进行改革。他分析了两种制度:一是满足人类物质生活的生产技术制度,二是私有财产制度。这两种制度在社会经济发展的不同阶段具有不同的形式。在资本主义制度下,生产技术制度的目的是无限制地生产商品,而私有财产制度的目的是资本家实现利润最大化,这就出现了生产和利润之间的矛盾。凡勃伦提出了"有闲阶级"(Leisure Class)、"既得利益者"(Vested Interests)和"不在所有者"(Absentee Ownership)等概念,他们主要是一些垄断阶级和金融寡头,他们不事生产却占有社会财富的绝大部分。他们已经形成了一个强大的阶级,控制国家和政府、攫取利益。凡勃伦写到"利润的追求是以掠夺为目的的国家政策的起因。积聚了大宗财富以后,一方面将促使政府扩大编制,把积累的部分拿到手,另一方面将为使用这些收入造成广大、显著的机会",政府已经"变成了企业组织的一个部门,受企业家意见的支配"(凡勃伦,1964)。为了改变这种状况,凡勃伦设想用一个由工程师、科学家和技术专家组成的"技术人员委员会"来取代"企业经营",以便促进机器的利用和社会生产的发展(傅殷才,1996)。

康芒斯是旧制度经济学早期的代表人物,是社会法律学派的创始人(傅殷才,1996),代表性著作有:《资本主义的法律基础》(1924)、《制度经济学》(1934)、《集体行动经济学》(1950)。康芒斯以稀缺性作为研究的出发点,认为稀缺性不仅是冲突的根源,而且也是合作、同情、公道和私有财产的依据,如果没有稀缺性,就不会有自私、伦理、财产权等问题。由于存在稀缺性,人们之间就存在利益冲突,经济学的目标不是消灭冲突,而是要在利益冲突中建立秩序,通过集体行动控制个体行动,减少冲突。稀缺性不仅导致冲突还造成人们之间的依存,从而他以冲突、依存和秩序作为研究的出发点。康芒斯认为,经济学研究的基本单位必须包括"冲突、依存和秩序"这三个方面。经过长期研究,他认为,只有"交易"才能够将三者结合起来。所谓交易,是一种合法控制权的转移单位。交易包括"买卖的交易"、"管理的交易"和"限额的交易",买卖的交易,是指通过在法律上平等的人们自愿的同意,转移财富的所有权;管理的交易,用法律上的上级命令创造财富;限额的交易是由法律上的上级指定、分配财富的负担和利益。以此为基础,康芒斯把"交易"作为制度经济学的基本单位。

康芒斯在将交易确定为制度经济学的基本单位之后,将制度定义为"集体行动控制个体行动",它们"指出个人能或不能做,必须这样或必须不这样做,可以做或不可以做的事,由集体行动使其实现"(康芒斯,1962),进而他将制度详细解释为"业务规则"和"组织机构"。"制度——这三种类型的交易合在一起成为经济研究上的一个较大的单位,根据英美的惯例,这叫作'运行中的机构'。这种运行中的机构,由业务规则使得他们运转不停;这种组织,从家庭、公司、工会、同业协会、直到国家本身,我们称之为制度"。(康芒斯,1962)

在康芒斯的分析中,法律制度是解决人们之间利益冲突的最重要制度,它不仅先于经济制度存在而且决定着经济制度的变化,资本主义制度本质上是一种法律制度。他认为,习惯标准经常变化,缺乏精确性,容易导致个体之间的利益冲突,但是美国最高法院、劳动及商事仲裁法庭等有组织的团体通过判例将习俗精确化,逐渐形成"业务规则"、"合理价值"、"合理标准"与"合法程序"等,成为决定一个社会发展的法律制度。

米契尔是制度经济学早期的主要代表人物,是凡勃伦的学生。米契尔的研究继承了凡勃伦的许多观点和方法。米契尔是美国经验统计学派的创始人,一生从事有关经济周期及其统计资料的研究和搜集,特别是创办了美国国家经济研究局(NBER),提出了总量分析,为宏观经济学的形成和发展奠定了经验基础,"影响并启示了凯恩斯宏观经济学的产生";他强调制度对总量分析的重要性,可以称为"总量的制度经济学"(霍奇逊,2012)。

米契尔等早在1921年就提出了在经济衰退或经济危机时期扩大政府公共开支的重要性,比凯恩斯《就业、利息和货币通论》的发表早十五年。他认为,"时机恰当并且判断正确的公共工程支出,有助于减少经济衰退"(霍奇逊,2012)。他在就任美国经济学会主席的演讲中,提出了经济学进行总量研究以及制度对总量研究重要性的观点,认为,"经济学家要研究的是总量行为,因此,使人们行为标准化的制度就为合理的归纳打开了方便之门",具体来说就是,制度影响个体行为,通过制度使个体的行为标准化是经济学进行总量研究的基础,如果要对一个国家的经济进行总量研究,必须以统一规范的制度为前提(霍奇逊,2012)。

米契尔将货币看做最重要的制度,多次强调货币是"整个文化中最强有力的制度之一"。他在研究经济周期的时候也提出制度决定经济周期的观点,"经济周期是由历史特定的制度性框架中潜在力量及其互动决定的。经济周期不能由既定个人的行为来解释,而应由互动的、不断演进的主体来解释,他们在持久且自我强化的制度中被联系起来"(霍奇逊,2012)。

旧(老)制度经济学派在美国经济学发展中的影响在20世纪30年代初达到顶峰,后来由于资本主义经济大危机和凯恩斯主义经济学的形成,影响力逐渐减弱。到20世纪40年代,随着康芒斯在1945年去世、米契尔在1948年去世,旧(老)制度经济学不复存在。

参考文献:
[美]凡勃伦:《有闲阶级论——关于制度的经济研究》,商务印书馆1964年版。
[美]康芒斯:《制度经济学》上册,商务印书馆1962年版。
傅殷才:《制度经济学派》,武汉出版社1996年版。
黄少安:《制度经济学》,高等教育出版社2008年版。
[英]杰弗里·M·霍奇逊:《制度经济学的演化》,北京大学出版社2012年版。

(黄少安　李增刚)

新制度经济学
New Institutional Economics

新制度经济学是指20世纪50年代之后以凡勃伦等的旧(老)制度经济学为基础的、采用制度结构分析方法、对新古典经济学和凯恩斯主义经济学进行批评的"异端"经济学分支。他们对主流经济学不满,认为主流经济学无法解释或解决资本主义社会发展中的问题;采用制度结构分析,强调制度的重要性;分析资本主义社会的经济结构、企业制度等。主要的代表人物有美国著名经济学家加尔布雷思(John Kenneth Galbraith)、格鲁奇(Allan G. Gruchy)和瑞典的缪尔达尔(Gunnar Myrdal)等。

加尔布雷思是当代美国最著名的经济学家之一,他虽然没有获得过诺贝尔经济学奖,但是他的名声和影响力远远超过许多诺贝尔经济学奖得主。加尔布雷思深受凡勃伦的影响,对凡勃伦推崇有加。曾经有学者这样评价加尔布雷思:"亚当·斯密教他懂得了政治经济学的重要性,马歇尔给他提供了古典经济学基础,约翰·穆勒使他懂得经济学是可以调和的,他最为倾心的经济学家——凡勃伦赋予他以讥讽的眼光来看待现代的'丰裕社会',而凯恩斯则是他的支柱"(傅殷才,1996)。加尔布雷思虽然长期担任政府部门的重要职务,但是其作为经济学家仍然出版了大量的学术著作,如《美国资本主义:抗衡力量的概念》(1952)、《富裕社会》(1958)、《新工业国》(1967)、《经济学和公共目标》(1973)、《不确定的年代》(1976)等。他的著作中提出的许多概念,如"抗衡力量"、"富裕社会"、"新工业国"、"二元系统"、"专家组合"、"传统智慧"、"信念解放"等,被许多学者和公众接受。加尔布雷思许多著作销售量超过数百万册,对美国公众的影响深远,被称为美国重要的公共知识分子之一。

在《美国资本主义:抗衡力量的概念》中,加尔布雷思提出了"抗衡力量"的概念和理论。他认为,资本主义国家的市场经济不是完全竞争的,是典型的寡头市场,寡头具有一定的垄断力量,在一定程度上能够控制市场价格、获得垄断利润,但是这并不必然导致垄断,因为会形成并存在与之抗衡的力量:工会、合作社组织、买方或卖方的大公司和新出现的资本主义联合组织等。通过这种抗衡力量就可以对抗资本主义垄断的形成。在《富裕社会》中,加尔布雷思提出了资本主义国家已经进入"全民福利国家"时期。富裕社会的特点是:(1)"收入均等化",贫富悬殊消除;(2)社会福利,包括社会保险、失业救济、卫生保健、家庭补助、养老金以及住房建筑、教育、文化活动等社会服务和设施;(3)"充分就业";(4)"经济安全",消除了整个社会危机的可能性以及个人可能遭受的经济不稳定的影响。在《新工业国》中,加尔布雷思认为少数大公司所生产的产品占有市场的绝大部分,他们组成"工业社会"或"工业系统",决定着现代美国社会经济的性质,资本将不再是短缺的,对工业的控制权力将从资本家手中转到"专家组合"手中,"专家"将成为最难获得的生产要素;企业的目标不再是追求利润最大化,而是希望企业获得极大的成功,维持企业的稳定、经济增长和技术进步,"生产者主权"将替代"消费者主权",消费者购买什么、购买多少,是由生产者生产什么、生产多少来决定,而不是生产者根据消费者的需求来生产;工业企业对银行的依赖将大大下降,工业企业不再依赖银行;经济演进的过程和经济生活的各个方面是由技术发展决定的,技术的发展具有必然性。加尔布雷思还提出了"新社会主义"的设想,认为资本主义和社会主义会逐渐趋同或接近,资本主义国家中的计划系统和市场系统同时发挥作用,两个系统的权力会趋近"均等化"。

加尔布雷思所提出的许多理论和观点对美国社会的发展产生了重要的影响。他继承了老(旧)制度经济学对主流经济学的不满,关注社会制度——包括各方面的制度——对经济增长和经济发展的作用和影响。但是,加尔布雷思一直被视为"异端",不被主流经济学接受,因为无论其研究方法还是理论观点,都与主流经济学不同。这也可能就是其虽然影响巨大而没有获得诺贝尔经济学奖的原因。

缪尔达尔是瑞典著名经济学家,1974 年诺贝尔经济学奖得主。从 20 世纪 30 年代开始,他研究的兴趣转向了政治问题,他积极参与政治,从理论经济学家转变成了一位政治经济学家,他自称为制度主义者。从此以后,他研究的主要内容是对政治的、社会的和经济的现象的内在联系进行分析,如对美国黑人问题的调查研究,对南亚和东南亚国家政治经济问题的研究等(李增刚,2002)。缪尔达尔的制度经济学是与他对发展中国家问题的研究分不开的。他对主流经济学不满,认为主流经济学太过抽象,脱离实际,为简化研究所设计的变量较少,主流经济学在理论上存在偏见,比如自由贸易、利益协调、市场功能神话、反对政府干预以及采用均衡概念等。

他在 1940 年出版的《人口:民主问题的危机》(*Population:a Problem for Democracy*)中,提出了实行均等化社会改革的主张;在 1944 年出版的《美国的两难困境:黑人问题与现代民主》(*An American Dilemma:the Negro Problem and Modern Democracy*)中,研究了美国社会的平等问题,强调现实而中肯地分析种族关系和经济问题。从 20 世纪 50 年代之后,缪尔达尔使用制度分析方法研究发展中国家或不发达国家的贫困问题和均等化社会改革问题以及发达国家和不发达国家的平等问题。他在 1968 年出版的《亚洲的戏剧:南亚国家贫困问题研究》(*Asian Drama:an Inquiry into the Poverty of Nations*)中,试图在经济、政治、制度、文化、习俗等广泛层面上揭示欠发达国家贫困的根源。他指出,"经济迅速扩张的障碍是巨大的,其严重性绝不可低估。这些障碍基本上是由现有制度和观念中存在的低效率、教条僵化和不平等造成的,是由这种制度和观念中包含的经济和社会权力关系造成的"(缪尔达尔,2001)。在 1970 年出版的《世界贫困的挑战》(*The Challenge of World Poverty:a World Anti-poverty Program in Outline*)中,他分析了发展中国家需要进行五个方面的社会改革:经济均等化、农业改革、节制生育、教育改革和权力关系改革。这些方面实际上强调了发展中国家摆脱贫穷和落后、实现经济发展必须进行的制度变革。

阿兰·格鲁奇是美国新制度经济学的重要代表之一,他引导和参与创办了美国演进经济学会(Association for Evolutionary Economics)、制度思想学会(Association for Institutional Thought)和《经济问题》杂志(Journal of Economic Issues)。他对美国从凡勃伦一直到加尔布雷思的制度经济学代表人物的思想、研究方法、主要理论等进行了系统的评论,并试图以此为基础来重构经济学,代表性著作有:《现代经济思想:美国的贡献》(1947)、《比较经济制度》(1966)、《当代经济思想:新制度经济学的贡献》(1972)和《经济学的重构:制度经济学的理论基础分析》(1987)。他被认为是当之无愧的"美国制度经济史学家"(The Leading Historian of Institutional Economics)。他提出了"机能整体"(Holistic)方法和文化主义方法等,认为经济社会不是静态均衡的,而是不断动态演进的,提出了经济学必须从静态均衡范式向动态演进范式过渡。他一方面不完全接受凡勃伦等老制度经济学家的观点和方法,另一方面又沿着老制度经济学反主流的传统,将经济、政治、文化等各方面作为一个整体研究的思路行进。

格鲁奇认为,制度经济学主要研究经济制度的产生、发展及其作用,制度既包括家庭、国家、工会等组织,也包括社会心理、行为动机和思维方式等。由于生产者和消费者都受到文化的影响,因此解释经济活动就不能够离开对文化的研究,对文化的研究,将文化与政治、法律、社会、心理等各方面结合起来,是制度经济学区别于传统经济学的一个主要特征,因此制度经济学家在研究经济学时采用的是文化的方法,将经济制度视作社会—文化整体制度的一部分。他将制度经济学的方法论称作"文化主义方法论",把经济制度视作历史—文化的产物,而不是假设的、理想化的、高度竞争的产物。以其对制度经济学和经济制度的研究为基础,格鲁奇提出了经济改革的目标是"缩小混合经济中传统的工业部门与新兴的工业部门之间的差距",经济改革的主张包括:税收政策改革、货币政策改革、收入政策改革、制度改革等(傅殷才,1996)。

格鲁奇在《比较经济制度》(1966)中,则是采用制度经济学来评价世界上所有的资本主义和社会主义国家的经济制度(Economic System)。格鲁奇将制度在最一般的意义上定义为"构成统一整体的各个项目相互依存或相互影响的综合体或图式","制度的发展和演变……要求人们注意根本改变这些制度的力量和这些变化中的制度的运动方向"(格鲁奇,1985)。世界上所有国家的经济制度可以分为:(1)成熟的资本主义经济模式,如美国、英国;(2)成熟的民主社会主义经济模式,如瑞典、挪威;(3)发展的独裁主义的社会主义或共产主义的经济模式,如苏联;(4)不发达经济,如中国、印度、非洲等的经济。格鲁奇认为,这些不同类型的经济制度各有优缺点,不同的经济制度是逐渐趋同的,不过这种趋同会受到思想、政治和文化因素的影响(傅殷才,1996)。

除了加尔布雷思、缪尔达尔和格鲁奇之外,新制度经济学还有很多代表,如海尔布伦纳(R. Heilbriner)、鲍尔丁(Kenneth Ewart Boulding)等。

参考文献:

[美]阿兰·G·格鲁奇:《比较经济制度》,中国社会科学出版社1985年版。

傅殷才:《制度经济学派》,武汉出版社1996年版。

黄少安:《制度经济学》,高等教育出版社2008年版。

[美]加尔布雷思:《富裕社会》,江苏人民出版社2009年版。

[美]加尔布雷思:《加尔布雷思文集》,上海财经大学出版社2006年版。

[美]加尔布雷思:《经济学和公共目标》,商务印书馆1980年版。

[美]加尔布雷思:《美国资本主义:抗衡力量的概念》,华夏出版社2008年版。

李增刚:《缪尔达尔的制度经济思想及其比较研究》,载于《山西财经大学学报》2002年第5期。

[瑞典]缪尔达尔:《反潮流:经济学批判论文集》,商务印书馆1992年版。

[瑞典]缪尔达尔:《世界贫困的挑战:世界反贫困大纲》,北京经济学院出版社1991年版。

[瑞典]缪尔达尔:《亚洲的戏剧》,首都经贸大学出版社2001年版。

Dillard Dudley, The Contributions of Allan G. Gruchy to Institutional Economics, *Journal of Economic Issues*, Vol. XXV, No. 2, June 1991.

(黄少安　李增刚)

新古典制度经济学
Neoclassical Institutional Economics

新古典制度经济学,即以科斯、诺思、福格尔、威廉姆森、奥斯特罗姆等为代表的"新制度经济学(New Institutional Economics)"。"新古典制度经济学"这个名称比"新制度经济学"更合适,因为它既能够揭示或反映其特征及其与新古典经济学的关系,又能够在表述上与以加尔布雷斯为代表的"新制度经济学(Neo-institutional Economics)"区别开来。

新古典制度经济学虽然有对新古典经济学的批评,如假定市场交易成本为零、对企业的黑箱化处理等,但是其目的不是为了否定新古典经济学,而是为了完善它、发展它。所以,新古典制度经济学把"制度分析"引入了新古典经济学,使得新古典经济学告别了无制度分析(制度被假定为既定前提),从而发展了新古典经济学。

作为新古典制度经济学的开创者,科斯将"制度分析"引入了新古典经济学,重新构建了制度经济学与正统经济学的关系,实现了二者的联姻。新古典经济学坚持自由主义、经济人假设和成本—收益分析方法,坚持以资源配置为分析主题,是秉承自由主义经济学以来的正统,从而把以往的制度经济学视为非正统或异端。科斯把自由主义、个人主义和功利主义的方法论引入了制度分析,使得制度分析建立在个体行为分析的基础上和经济人假设前提下,而且认为:制度及其选择是影响资源配置效率的,这种影响的机制就是交易成本及其变化,因而成本收益分析方法自然就引入了。人们通过比较交易成本高低而对制度进行的选择就是对资源配置方式的选择,资源配置也就自然成为了制度经济学的研究主题。由于科斯的这些工作,制度经济学从基本方法论、基本假设、分析方法和分析主题的意义上就完全纳入到正统的新古典主义框架内了。同时,科斯也认为,已有的新古典经济学分析资源配置却无视制度的影响、而把制度作为分析的前提(主要是指假定市场机制无摩擦即交易成本为零)是不符合现实的,制度不仅有成本(交易成本),而且不同制度的交易成本不同,因此,相对于资源配置而言,制度的选择很重要。于是,科斯建立了一般化的"交易成本"范畴,发展了成本收益分析方法——交易成本分析方法,把交易成本作为比较和分析不同制度优劣的标准,使得制度的比较和选择在很大程度上成为可能。由于科斯的这些工作,使得新古典经济学对资源配置的分析多了一个重要的维度——制度是影响资源配置的重要因素，实际上发展了新古典经济学。原来的新古典经济学是在假定制度一定前提下人们如何进行选择，科斯可以说是放松了“制度一定”的假设，进而分析人们如何对制度进行选择，分析制度选择行为及其对资源配置的影响。以往的制度经济学对新古典经济学其实也是多有批判甚至不屑一顾的，新古典经济学更是看不起制度经济学，认为其不是科学。由于科斯的工作，重新构建了二者之间的关系，可以说二者联姻了，相互接纳了，都得到了发展。制度经济学被纳入到了新古典框架内（不过仍然是制度经济学），成为正统经济学的一部分。正是由于这个原因，以科斯为代表的新古典制度经济学得到了正统经济学或主流经济学的认可，从而科斯在 1991 年、诺思和福格尔在 1993 年、威廉姆森和奥斯特罗姆在 2009 年分别获得了诺贝尔经济学奖。

新古典制度经济学与以往制度经济学的最大不同就是有了一个理论体系。这一体系大体由以下几个基本构件组成：（1）交易成本理论；（2）制度起源理论；（3）制度比较与选择理论；（4）制度变迁与经济增长理论；（5）国家和意识形态理论；（6）企业理论；（7）公司治理理论；（8）企业生命周期与企业制度演变理论；（9）法经济学；（10）环境经济学。

罗纳德·科斯是新古典制度经济学的创始人，是美国芝加哥大学法学院资深教授，1991 年诺贝尔经济学奖得主。其理论贡献可以归结为四个相互联系的理论：交易成本理论、产权理论——明晰产权的重要性和限度、企业理论、制度比较和选择理论——科斯定理。（1）交易成本理论。科斯的交易成本理论细分为相互联系的几个层面，即交易成本概念或范畴、交易成本（大于零）的假设、交易成本假说和交易成本分析方法。这四个层面的“交易成本”具有不同的意义而又有机地联系在一起。科斯发现现实中人与人的交易，不管用什么方式或者在什么规则下，都有成本，尤其发现在市场机制中，人们搜寻信息、谈判、签约等，都是有成本的，于是，在“交易”和“成本”、“生产成本”等概念的基础上，创建了“交易成本”这一概念，用以概括和描述现实中一种普遍的现象，这一概念被一般化了，而且得到广泛运用，成为整个新古典制度经济学的核心范畴，有着巨大的描述或表达力；作为一个基本假设，它直接否认了新古典经济学既有的“市场交易成本等于零或市场机制无摩擦”的假设，其实也被一般化为“所有的交易方式或制度都有交易成本”，意味着对人们行为和资源配置分析的前提和内容都将发生变化，经济学将对人们的制度选择行为及其对资源配置的影响进行分析；科学理论是以理论假说的形式存在的，包括假定前提、概念、概念之间的逻辑运动即推理和结论，而结论必须具有可检验性。交易成本理论可以说是一个标准的经济学理论假说；交易成本分析作为一种经济学的分析方法，对于经济学的发展而言，是意义最重要的，不仅整个新古典制度经济学的众多理论组成部分依靠这一方法联系起来，而且扩展到了经济学的其他领域，甚至其他学科也运用。（2）产权理论。科斯是把产权界定与交易和交易成本联系起来的。首先，如果产权不界定，交易就无法进行，即界定产权是交易的前提。不过科斯的“产权”不只是“所有权”，而是包括所有权在内的一束权利，这一束权利是可以分离组合和分别界定清楚的；其次，不界定产权会导致资源使用的低效率和无序状态（导致公地悲剧）。科斯著名的案例就是在《美国联邦通讯委员会》中分析的无线电频率的产权界定问题；再次，强调不同的产权安排或配置会带来不同的资源配置效率（除非市场交易成本等于零）；最后，揭示了产权与外部性的关系。产权视角下的外部性问题本质上是通过界定产权从而把外部性内部化以节约成本或增加收益的问题。（3）企业理论。科斯分析了四个问题：“企业是什么即企业的性质”、“企业为什么产生及企业的起源”、“企业的最优规模或边界在哪”和“企业是怎样组织和运作起来的即企业的组织结构”。（4）制度比较与选择理论——科斯定理。所谓的科斯定理，实际上就是揭示产权安排、交易成本高低与资源配置效率高低之间内在关系的一个理论假说或理论概括。科斯的开创性贡献为新古典制度经济学的发展提供了最重要的理论构件，并且为现代法经济学奠基，也改变了现代环境经济学的分析思路和分析框架。界定是否属于“新古典制度经济学”的标准就是：其理论是否运用交易成本分析方法分析交易成本、制度安排与资源配置的关系。

在科斯的引领下，出现了一大批追随者，有许多取得了重大成就，如诺思（Douglass C. North）、福格尔（Robert W. Fogel）、威廉姆森（Oliver E. Williamson）、奥斯特罗姆（Elinor Ostrom）、阿尔钦（Armen Alchian）、德姆塞兹（Harold Demsetz）、哈特（Oliver Hart）、青木昌彦（Masahiko Aoki）、格雷夫（Avner Greif）、巴泽尔（Yorum Barzel）、莱维特（Steven D. Levitt）、德隆·阿西莫格鲁（Daron Acemoglu）等。

道格拉斯·诺思是新制度经济学、新经济史学的重要创始人之一，1993 年诺贝尔经济学奖得主。诺思是最早的将制度采用新古典经济学的思路和方法进行内生分析的经济学家，他不但提出了制度重要的一般性命题，还提出了并非所有的制度都有效的命题，并内生分析了制度创新和制度变迁的机理。早在 20 世纪 60 年代，诺思在研究美国经济史时，就提出了制度在美国经济增长中起重要作用的观点，并提出了分析制度创新和制度变迁的一般理论框架，这体现在《制度变迁与美国经济增长》一书中。后来，他又研究了西欧经济兴起的原因，出版了《西方世界的兴起》，提出了“制度总是有效的”。到20世纪80年代，随着研究的深入，诺思放弃了这个观点，因为他发现并非所有的制度都是有效的，而且有些“无效”的制度会长期存在，这集中体现了《经济史中的结构与变迁》中。到20世纪90年代初，他为了解释“无效”的制度为什么会存在而且还会长期存在，发展出了包括产权理论、国家理论和意识形态理论三位一体的制度变迁理论，即《制度、制度变迁与经济绩效》。1993年诺思在获得诺贝尔经济学奖之后，又开始了新的研究领域，因为他发现采用新古典经济学对制度变迁和制度创新问题的解释总是存在一些不足，他引入了学习、认知、有限理性、演化等来解释制度变迁的原因，其实在《制度、制度变迁与经济绩效》中就已经包含着相关的思想。所以，诺思对制度经济学的贡献可以概括为三个方面：一是采用制度经济学来研究经济史，开创了新经济史学，其实是对经济史进行解释；二是提出并证明了制度对经济增长和经济发展起重要作用的观点，在这一点上他虽然与科斯的结论一致，但是采用不同的方法得出的，诺思是在对美国、欧洲经济增长和经济发展的历史进行研究时提出这一观点的；三是对制度的内生分析，从最早的新古典经济学的分析，到构建包含产权理论、国家理论和意识形态理论的制度变迁理论，一直到引入学习、认知行为、演化、有限理性的制度变迁理论，都是试图更好、更全面地理解制度变迁，即把制度内生化，而不是看做外生给定。

威廉·福格尔是新经济史学的开创者之一，他提出的“反事实假定”推翻了“历史不能假定”的金科玉律，得出了许多令人振奋的结论。早在1960年，他就出版了《美国太平洋铁路：不成熟企业实例》，在1962年发表了“美国经济增长中铁路研究的数量方法：一些初步发现的报告”，1964年出版了《铁路与美国经济增长：计量经济史论文集》，被视作计量历史学诞生的标志(马克·布劳格，2003)。在这些著作和论文中，他把新古典经济理论和统计推理原理结合在一起，提出了一个反事实的问题：假如没有铁路，美国的经济增长会怎样？整个20世纪60年代，福格尔基本上都集中于铁路与美国经济增长以及新经济史学方法论的研究，既包括对自己观点的辩护和深化，也包括对新经济史学方法论的辩护和解释。直到60年代末、70年代初，其研究逐渐转向美国南部经济以及奴隶制问题，标志性成果就是他在1971年与恩格尔曼(Engerman，S. L.)合作发表了“奴隶制的相对效率：1860年美国南部和北部农业的比较”。1974年，他出版了《黑暗的年代：美国黑奴制经济学》。在这部著作中，他们推翻了“黑奴制没有效率”的传统观点，认为黑奴制的垮台不是因为没有效率，而是因为南北战争这样的超经济力量。这部著作同样引起了广泛关注和争论。诺贝尔经济学奖委员会发布的公告中提到了福格尔三个领域的突出贡献：一是对铁路和美国经济增长关系的研究；二是对黑奴经济学的研究；三是对经济人口统计学，特别是人类长期死亡率的研究。但是，最能够反映其新经济史成就的还是前两项研究。他所建立的“计量史学”和“反事实假定”对制度经济学的研究产生了重要的影响。

奥利佛·威廉姆森是“新制度经济学”的命名者，是科斯开创性研究的重新发现者。正如没有科斯就没有威廉姆森一样，也许没有威廉姆森就“没有”科斯(Coase，1992；黄少安，2013)。威廉姆森的著述主要集中于交易费用为基础的企业理论。威廉姆森(Williamson，1971；1975；1985)承袭了科斯从交易费用角度对企业性质的分析。他发展了“交易费用”概念，分析了“交易费用”的决定因素，构建了“交易费用经济学”(TCE)的分析框架。他在人的机会主义和有限理性假定基础上，以资产专用性、不确定性和交易频率作为决定和刻画交易费用高低的影响因素。机会主义动机表明人们只要有机会就会以不诚实或欺骗的方式追求自身利益，会为了追求自身利益而不惜牺牲其他人的利益，是有可能为了利己而损人的；资产专用性是指一种资产可转作其他用途的程度，或者由其他主体使用而不损失其价值的程度；不确定性表明，在交易过程中存在各种偶然的因素，既包括事前不确定性，也包括事后不确定性，这并非交易各方能够预测到的；交易频率表明了交易发生的次数，有些交易频繁发生，有些交易偶然发生。由于市场交易是有成本的，而企业内部的科层制度和集中决策可以避免、节省或降低市场价格发现、谈判、签约和履约的成本，降低谈判失败的风险。这解释了企业存在和企业纵向一体化的原因。然而，企业也并非越大越好、越大越有效率，因为通过企业组织交易活动本身也存在成本。威廉姆森认为，由于机会主义行为和有限理性以及信息不对称等，企业的权威或决策者可能会滥用职权，也可能由于企业内部交易的复杂性而超出了权威决策者的能力，从而在企业内部出现租金攫取或耗散。因此，企业规模会受到限制，这就解释了企业的边界问题。威廉姆森提出的“交易费用经济学”深化了人们对交易费用的理解，使交易费用成为一种可以进行科学分析的工具，从而为采用这一方法进行实证研究和科学分析奠定了基础；威廉姆森提出的“资产专用性”等概念已经成为现代企业理论、契约理论的基础性概念。威廉姆森的理论还得到了许多经验研究的支持。有学者在对纵向一体化影响因素各种理论实证研究的综述中指出，“从交易费用分析所得出的几乎所有预言好像都可以从现实证据中得出。特别是当研究的是生产商和供应商之间的后向一体化时，几乎没有在统计上有意义的结果与交易费用分析得出的预言不一致”(Lafontaine and Slade，2007)。

埃莉诺·奥斯特罗姆主要集中于公共事务治理的研究，提出了市场与政府之外的第三种治理：自主治理，重点是通过大量的案例研究提出了成功的自主治理必须具备的条件，并因此而在2009年成为第一位获得诺贝尔经济学奖的女性经济学家。面对大量的公共事务(Commons)，像湖泊、森林、地下水、海洋资源、运河、灌溉系统等，可能会造成的集体行动困境、公地悲剧等，传统的解决方法是私有化和政府集中控制管理。然而，奥斯特罗姆认为，这与现实不符，因为许多公共事务既没有私有化也没有政府控制，也得到了很好的治理，而有些公共事务在私有化或政府控制后不仅没有解决好反而造成了更严重的问题。世界上存在许多公共事务是自主组织和自主治理的，奥斯特罗姆在大量分析成功和不成功的自主治理的案例之后，提出了成功的自主治理需要具备的条件：(1)对公共资源本身的边界以及有权使用公共资源的个人和家庭必须明确界定；(2)规定占用时间、地点、技术和资源单位数量的占用规则必须与当地条件以及所需要的劳动、物资和资金的供应规则一致；(3)绝大多数受规则影响的个人应该能够参与对规则的修订；(4)监督者要么是占用者本人，要么是对占用者负责任者；(5)违反规则者会受到其他占用者、有关官员或者他们两者的分级制裁；(6)占用者和他们的官员能够迅速地通过低成本的论坛来解决占用者之间或占用者与官员之间的冲突；(7)占用者设计的规则不会受到外部政府权威的挑战；(8)存在一个多层次的分权组织，对占用、供应、监督、强制执行、冲突解决和智力活动等进行组织(Ostrom，1990)。成功案例都具有上述八个方面的特征，而失败或不成功的案例则只具有其中的一部分特征。在20世纪90年代之后，奥斯特罗姆开始研究实际案例中所得出结论的一般化问题。她借鉴了博弈论和实验经济学的成果和研究方法，特别是检验自主治理模式中人类行为的普遍性，并试图在人为的可控制条件下复制或再现田野发现的情形。奥斯特罗姆的研究为寻求市场和政府之外的自主治理找到了理论依据。

参考文献：

[美]埃莉诺·奥斯特罗姆：《公共事务的治理之道》，上海三联书店2000年版。

[美]道格拉斯·诺思、罗伯斯·托马斯：《西方世界的兴起》，华夏出版社1999年版。

黄少安：《制度经济学》，高等教育出版社2008年版。

黄少安：《罗纳德·科斯与新古典制度经济学》，载于《经济学动态》2013年第11期。

[美]科斯等：《财产权利与制度变迁》，上海三联书店、上海人民出版社1994年版。

[美]科斯等：《契约经济学》，经济科学出版社2003年版。

[美]科斯：《论生产的制度结构》，引自盛洪：《现代制度经济学》上册，北京大学出版社2003年版。

李增刚：《寻求政府与市场之间的经济治理》，载于《国际经济评论》2009年第6期。

[英]马克·布劳格：《凯恩斯以后的100位著名经济学家》，商务印书馆2003年版。

[美]诺思：《经济史中的结构与变迁》，上海三联书店、上海人民出版社1994年版。

[美]诺思：《理解经济变迁过程》，中国人民大学出版社2008年版。

[美]诺思：《制度、制度变迁与经济绩效》，格致出版社、上海人民出版社、上海三联书店2008年版。

[美]诺思、瓦利斯、温格斯特：《暴力与社会秩序：诠释有文字记载的人类历史的一个概念性框架》，格致出版社、上海人民出版社、上海三联书店2013年版。

盛洪：《现代制度经济学》上、下册，北京大学出版社2003年版。

[美]斯蒂文·G·米德玛：《科斯经济学——法与经济学和新制度经济学》，格致出版社、上海人民出版社、上海三联书店2010年版。

[美]威廉姆森：《治理机制》，中国社会科学出版社2001年版。

[美]威廉姆森：《资本主义经济制度》，商务印书馆2002年版。

[美]威廉姆森、马斯滕：《交易成本经济学——经典名篇选读》，人民出版社2008年版。

[美]威廉姆森：《反托拉斯经济学——兼并、协约和策略行为》，经济科学出版社1999年版。

张宇燕：《"假如没有……"》，载于《读书》1994年第1期。

Coase, R. , The Nature of the Firm, *Economica* (Blackwell Publishing), 4(16), 1937.

Coase, R. , The Problem of Social Cost, *Journal of Law and Economics*, Vol. 3, Oct. 1960.

Coase, R. , The Institutional Structure of Production, *American Economic Review*, 82(4), 1992.

Fogel, Robert W. and S. L. Engerman, *Time on the Cross: The Economics of American Negro Slavery*, Little, Brown & Co. , 1974.

Fogel, Robert W. , *Railroads and American Economic Growth: Essays in Econometric History*, John Hopkins University Press, 1964.

John N. Drobak and John V. C. Nye, Introduction, *Frontiers of New Institutional Economics*, Academic Press, 1997.

Lafontaine, F. and M. Slade, Vertical Integration and Firm Boundaries: The Evidence, *Journal of Economic Literature*, 45(3), 2007.

Ostrom, Elinor, *Governing the Commons: The Evolution of*

Institutions for Collective Action, Cambridge University Press, 1990.

Williamson, O., *Markets and Hierarchies*, Free Press, 1975.

Williamson, O., *The Economic Institutions of Capitalism*, Free Press, 1985.

Williamson, O., *The Mechanisms of Governance*, Oxford University Press, 1996.

Williamson, O., The New Institutional Economics: Taking Stock, Looking Ahead, *Journal of Economic Literature*, 38(3), September 2000.

（黄少安　李增刚）

制度演化经济学

Institutional Evolutionary Economics

制度经济学在制度重要这个问题已经达成共识，无论是旧制度经济学、新制度经济学还是新古典制度经济学。然而，对制度的生成和变化却一直没有达成一致意见，有学者将不同观点归结为建构论和演化论（黄少安，2007）；也有学者将制度经济学视作演化的经济学（霍奇逊，2007）。制度演化理论至少可以追溯到凡勃伦（国内学者张旭昆追溯到亚当·斯密，见张旭昆，2001）为代表的旧（老）制度经济学（霍奇逊，2007，2011），从20世纪80年代之后随着演化经济学、演化博弈论以及行为经济学等的发展，制度演化理论迅速发展，以道格拉斯·诺思（Douglass North）、青木昌彦（Aoki, M.）、斯密德（Schmid, A. A.）、霍奇逊（Hodgson, G. M.）、肖特（Scotter, A.）、萨金（Sugdon, R.）、格雷夫（Greif, A.）、阿西莫格鲁（Acemoglu, D.）、鲍尔斯（Bowles, S.）、金迪斯（Gintis, H.）等为代表。制度演化经济学把制度的起源和变化都看做演化的结果，即便是构建的也要遵循演化的规律，否则构建出来的制度难以得到有效实施。

制度的生成是制度演化理论研究的一个重点。演化博弈论以“惯例”（Conventions）作为研究制度生成的对象，认为惯例是自我实施的，理解了惯例这种制度自我实施的机理，也就能够理解其他由第三方实施的制度。他们从大群体的行为协调入手，分析了在缺乏第三方实施力量的情况下，群体内分散决策的个体如何相互协调，从而形成制度。安德鲁·肖特、培顿·扬（H. Peyton Young）、萨金、青木昌彦等对制度生成的研究都采用了演化博弈论。安德鲁·肖特认为，制度的出现主要是为了解决人类社会中普遍存在的“囚徒困境”和其他协调博弈问题。如果一个社会经常面临某种囚徒困境博弈的话，那么一个有效率的做法就是演化出某种行为规则，以避免反复出现的囚徒困境低效率。“归根结底，通过制度的演化，人类社会（Social World）从一种无序的自然状态演变为有序的现代社会。这是一个随机的过程，以至于我们所观察到的实际发生的一切仅仅是制度转轮的一次轮回。唯一的问题是，这个轮子是否具有偏斜”（肖特，2003）。培顿·扬以交通规则中“靠右边行驶”这一具体制度的产生并推广说明了制度的生成。他认为，这是一个典型的演化博弈过程，是一个协调博弈（Coordination Game）问题。假如有两个驾车人反向行驶在同一条道路上，双方都希望通过道路，为了避免交通事故的发生，双方的策略选择最好是相同的，要么都靠右行驶，要么都靠左行驶。在最初车辆比较少的时候，靠右行驶或靠左行驶似乎都不成问题，在不同的地区或国家之间也不需要达成一致的惯例，可能有的地区或国家是靠右行驶，有的则是靠左行驶。随着人们旅行的距离越来越远，驾车到另一个国家或地区的时候，必须要了解其靠左还是靠右行驶的惯例，这样就在不同国家或地区逐渐达成了一致，即大多数国家都选择了“靠右行驶”，并且最终“靠右行驶”成为大多数国家正式的交通规则。那么，人们为什么在最初选择的是靠右行驶而不是靠左行驶？按照演化博弈论的分析，这可能是源于偶然因素，甚至可能只是非常微小的随机冲击（扬，2004）。另外，青木昌彦也从演化博弈论的角度强调了制度的起源是内生的。他认为，制度是“关于博弈重复进行的主要方式的共有信念的自我维持系统”；制度“是人类为了对付复杂环境而必然产生的结构”，它“不是由什么人有意设计的，而是那些适应环境、社会变化的新结构不断被发现，而更为理想的结构被保存下来，即在所谓‘适应性进化’的过程中产生的”（青木昌彦和奥野正宽，1999）。

制度的演化是制度演化理论讨论的另一个重点。他们认为，制度的变化不是人们有意设计出来的，而是在自我实施的过程中自发演化的。诺思从20世纪90年代初期就提出从认知、学习、行为经济学等角度研究制度的演化，提出了共享心智模型。他认为，制度就是人们在相互认同的过程中，稳定下来的相互模仿、学习乃至交流的共享心智模式，一旦新的环境或认知改变了个体的心智模式，这种改变就会通过信息反馈等反映到共享层面，影响其他个体的心智模式，如果是正反馈，被其他个体接受，那么这种共享心智模式就发生变化，即制度的演化；如果是负反馈，不能够被其他个体接受，那么这种共享心智模式就保持不变。所以，制度的演化是每个个体的学习、认知、环境等各方面共同作用的结果（董志强，2008）。诺思的这一共享心智模型启发了后来从行为经济学角度研究制度演化，如青木昌彦和斯密德等研究（周业安，2004）。

从演化博弈论的角度看，制度是一个博弈均衡，每个主体按照制度行动是占优策略，在其他主体不改变策略的情况下，自己也不改变策略，所以制度是自我实施的；制度的演化也是自我实施的。因为环境的变化会改变每个主体的受益受损情况，进而影响每个主体的策略选择，进而导致博弈均衡的变化。但是，博弈演化的结果可能会有多重均衡，而多种均衡的选择具有随机性，可能是偶然因素的影响，也可能是个别主体错误选择的结果，因为人们的选择一旦做出就不具有可逆性，即路径依赖，结果就可能是多种多样的制度（青木昌彦，2001；董志强，2008）。

格雷夫认为，无论是共享心智模型还是演化博弈角度的制度演化理论，都是制度的外生演化，因为他们都认为制度的演化是由于环境等的外部变化引起的，是对外部环境变化所做出的适应性反应、调整和变迁。格雷夫总结出了一个内生制度变迁模型（格雷夫，2008）。他提出了两个新的概念来解释内生制度变迁：准参数（Quasi-parameter）和制度强化（Institutional Reinforcement）。格雷夫是这样定义准参数的："当我们研究短期中的制度自我实施性时，可以把博弈情景中的相关方面看成参数，在长期则可以把这些方面看成是内生决定的变量。一种方式内生地变化而且有着这类效应的参数，我们称之为准参数"（格雷夫，2008）。他认为，制度所包含的准参数的变化有可能会强化或者削弱这个制度。如果制度所包含的准参数的变化会导致相关行为在更大的范围内自我实施，就是不断强化的；如果制度所包含的准参数的变化导致相关行为在更小的范围内自我实施，就是不断弱化的。不断强化的制度保持制度的稳定；不断弱化的制度会导致此前自我实施的行为不再发生，进而导致制度变迁。既然格雷夫将准参数的变化看做是内生的，那么准参数变化所导致的制度的强化或弱化必然就是内生的，因此制度的稳定或变化都是内生的。

桑塔菲研究院（Santa Fe Institute）的鲍尔斯、金迪斯等是从生物基因、文化、偏好、行为演化的角度来研究制度的演化。他们改变了研究制度演化只考虑社会方面的特征，增加了生物或物理方面的特征。他们认为，人类制度和行为的演化，既与基因演化有关，也与文化演化有关，而基因的演化又会受到制度和文化演化的影响，"基因分布会影响文化演化，同时群体中文化传播的特性也会影响基因演化"，所以这就构建出了一个制度、文化、基因共同演化的理论框架。比如，他们通过生物学的实验证明，制度与偏好是共生演化的，"制度型构偏好，偏好型构制度"。桑塔菲研究院的这种制度演化理论正在通过生物学、社会学的实验得到越来越多的证明，并已经开始对政策制定、选择等的研究产生影响。

制度演化经济学实际上在探讨制度经济学的基本问题，即制度到底如何生成、如何变化。他们提出的制度演化论与新（古典）制度经济学的制度构建论并非相互替代，而是相互补充，因为制度可以分为不同的层次和类型，有些制度是演化的，有些制度是建构的。不过，在探讨制度的起源特别是元制度的起源以及非正式制度的变化时，演化论可能更具有说服力；在探讨一定制度背景下某些新的具体制度的形成和变化特别是正式制度的形成和变化时，构建论可能更有说服力（黄少安，2007）。

参考文献：

［美］H. 培顿·扬：《个人策略与社会结构：制度的演化理论》，上海人民出版社、上海三联书店 2004 年版。

［美］安德鲁·肖特：《社会制度的经济理论》，上海财经大学出版社 2003 年版。

董志强：《制度及其演化的一般理论》，载于《管理世界》2008 年第 5 期。

［美］格雷夫：《大裂变》，中信出版社 2008 年版。

黄少安：《制度经济学中六个基本理论问题的新解》，载于《学术月刊》2007 年第 1 期。

［英］霍奇逊：《经济学是如何忘记历史的：社会科学中的历史特性问题》，中国人民大学出版社 2008 年版。

［英］霍奇逊：《演化与制度》，中国人民大学出版社 2007 年版。

［英］霍奇逊：《制度经济学的演化》，北京大学出版社 2012 年版。

刘和旺：《行为经济学视角下的制度演化理论》，载于《经济学动态》2005 年第 11 期。

［日］青木昌彦：《比较制度分析》，上海远东出版社 2001 年版。

［日］青木昌彦、奥野正宽：《经济体制的比较制度分析》，中国发展出版社 1999 年版。

张旭昆：《制度演化分析的历史回顾》，载于《经济学动态》2001 年第 9 期。

周业安：《制度演化理论的新发展》，载于《教学与研究》2004 年第 4 期。

（李增刚）

产权经济学
Property Rights Economics

产权经济学是指以罗纳德·科斯、道格拉斯·诺思、奥利弗·威廉姆森等人为代表的新制度主义经济学家的一系列研究工作所形成的学派，该学派是从产权结构或产权制度的角度研究资源配置效率的，研究如何通过界定、变更产权安排，构建或维持一个交易费用较低、运行效率较高的产权制度。

产权经济学的研究对象是制度，尤其是产权制度，关注的目标是资源配置效率。其研究方法包括交易成本分析、制度分析以及边际分析、均衡分析等新古典经济学分析方法。研究的主要领域包括企业产权和治理、产权激励和约束功能对微观主体行为的影响、产权与经济增长等。可以说,产权经济学将制度、人的动机和行为、意识形态、资源配置等联系了起来。

与"产权经济学"相联系的还有"交易成本经济学"、"新制度经济学"、"所有权经济学"等称谓。

对于"所有权经济学"中的所有权而言,有广义和狭义之分。广义的所有权等于"产权",即对资产或财产的全部权利,而狭义的所有权只是财产权利中的归属权,是广义所有权中的一个子项。如果是广义的所有权,那么所谓的"所有权经济学"就等同于"产权经济学"。

20世纪70年代,新制度经济学再度兴起,奥利弗·威廉姆森的交易成本理论是对科斯企业理论的重要发展和范式化。产权经济学在威廉姆森那里被称为"交易成本经济学",这是以其核心内容或核心范畴来命名的。产权经济学的全部分支或理论内容,都建立在"交易成本学说"的基础之上,或者说,都是这一学说的运用。把产权经济学称为"交易成本经济学"就是以其最重要和显著的标志来标识。科斯(Coase,1937)指出,市场中交易成本的存在使得即便在产权完全界定的前提下,资源的配置也往往不能完全由市场来引导,当市场机制的交易成本比较高时,由企业内交易来替代市场,企业中的权威决定资源配置。而威廉姆森(Williamson,1975)在组织研究中发展了交易成本的概念,强调交易成本决定了组织内交易或是市场交易。而交易的性质可由交易发生的频率、交易资产的专用性以及经济环境参数不确定性与行为风险三个方面来加以界定,不同性质的交易会产生不同的交易成本,因此,应该用不同的契约形式加以规制,进而确立具体的组织形态。

另外,威廉姆森也把自科斯以来制度经济学的新发展称为"新制度经济学",逐步为制度经济学者们所接受(Coase,1984;1998;North,1986;Williamson,1975,2000)。相对于旧制度经济学而言,新制度经济学有以下几个创新(黄少安,1995):"第一,方法论上的创新——坚持逻辑实证主义方法论,把传统微观经济学的边际均衡分析方法与制度分析方法结合起来。第二,研究主题的确立——以资源配置为主题,改变了其他制度经济学主题变幻不定的状况。第三,基本范畴的创新——创立了'交易费用'范畴,并使之成为核心范畴。"对于新制度经济学和旧制度经济学之间的联系和差别,马修斯曾作了精炼的概括,"第一,制度是重要的;第二,制度的决定问题可以用经济理论的工具进行分析"(Matthews,1986),前者对两个学派来说都是贯穿始终的核心,后者则体现了新制度经济学与旧制度经济学的主要差别。所有的制度经济学实质上都是关于产权的经济学(黄少安,2010)。而科斯(Coase,1998)甚至认为,如果把法律、社会体系、文化以及技术进步(作用于信息成本——交易成本主要组成成分)等的影响加入到交易成本分析中去的话,那么所有经济学都可以称为新制度经济学亦即产权经济学。

参考文献:

黄少安:《产权经济学导论》,山东人民出版社1995年版。

黄少安:《制度经济学实质上都是关于产权的经济学》,载于《经济纵横》2010年第9期。

Coase, Ronald, The Nature of the Firm, *Economica*, 4(6), 1937.

Coase, Ronald, The New Institutional Economics, *Journal of Institutional and Theoretical Economics*, 140, 1984.

Coase, Ronald, The New Institutional Economics, *American Economic Review*, 88(2), 1998.

Matthews, R. C. O., The Economics of Institutions and the Sources of Economic Growth, *Economic Journal*, 96(4), 1986.

North, Douglass, The New institutional Economics, *Journal of Theoretical and Institutional Economics*, 142, 1986.

Williamson, Oliver E., *Markets and Hierarchies, Analysis and Antitrust Implications: A Study in the Economics of Internal Organization*, New York: Free Press, 1975.

Williamson, Oliver E., The New Institutional Economics: Taking Stock, Looking Ahead, *Journal of Economic Literature*, 38(3), 2000.

(黄少安 孙涛)

新政治经济学
New Political Economy

简单说,新政治经济学是指:在研究经济问题(经济增长、经济发展、资源配置等)时至少不把政治、制度、法律、意识形态等排除在外,并采用经济学的假设、原理和工具内生分析政治、制度、法律、意识形态等方面,横跨经济学和政治学的一门交叉学科(李增刚,2008)。

许多经济学家对"新政治经济学"给出了定义。阿伦·德雷泽(Allan Drazen)认为,新政治经济学"主要是以运用现代经济分析的正规技术工具来考察政治学对经济学的重要性来定义。运用现代经济分析,不仅仅体现在运用数学方法这种形式化的意义上,而且表现为它还是概念性的,它运用最优化、激励和约束等概念来考察政治现象"(阿伦·德雷泽,2003);佩尔森(Torsten Persson)和塔贝里尼(Guido Tabellini)认为,政治经济学就是"借助经济学的基本工具为政策选择建立模型,并将其视为理性人之间的策略性互动作用的均衡结果"(佩尔森和塔贝里尼,2007);圣—保罗

(Gilles Saint-Paul)认为,新政治经济学的主要目标是解释实际经济政策,将其视为内生,认为政策是由政治机制决定的,反映了社会中最具实力集团的利益(Gilles Saint-Paul,2000);贝斯利(Timothy Besley)认为,"新政治经济学的目标是理解政策领域中出现的重要问题",不是"经济学家对政治领域的殖民",而是将分析问题的能力扩展到经济决策和政治决策(Timothy Besley,2004)。从这些定义可以看出,新政治经济学:一是运用经济学的理论和工具研究传统的政治学问题;二是研究政治和经济的相互影响,特别是政治、制度、意识形态等对经济增长和经济发展的影响。

新政治经济学之所以是"新"的,主要是相对于古典政治经济学、新古典经济学和马克思主义政治经济学而言的。新政治经济学试图恢复古典政治经济学的主题,至少要将政治与经济结合起来讨论而不是为了构筑经济学的精致模型而放弃政治因素;新政治经济学是对新古典经济学理论和方法研究领域的拓展,拓展到对政治现象的解释,特别是采用经济人假定、方法论个人主义和政治作为交易的基本前提来研究,将选民、政治家、官员、政党、利益集团等都看做是追求自身利益最大化的主体,政治本质上就是这些追求自身利益最大化的主体之间相互博弈的结果。新政治经济学属于现代西方经济学的范畴,对传统的马克思主义政治经济学有所借鉴,但是在概念、方法论、基本理论等方面完全不同。

新政治经济学起源于20世纪五六十年代,在20世纪七八十年代得到迅速发展。从理论上讲,主要是经济学理论和工具的发展,一是理性预期理论和宏观经济学微观基础的建立,需要对政治主体的行为进行分析,并将其模型化;二是博弈论和委托代理理论的发展,为刻画政治主体之间的相互博弈进而解释公共政策形成的机制奠定了基础。从现实需要讲,20世纪70年代之后出现的滞胀、布雷顿森林体系崩溃、发展中国家的主权债务危机、欧盟中央银行的建立与统一的货币政策等问题需要给出解释。从统计技术上讲,采用数据刻画政治因素,如透明国际(Transparency International)的腐败感觉指数(Corruption Perception Index),为研究政治与经济之间的关系奠定了实证基础。

关于新政治经济学与制度经济学之间的关系,由于不同学者对新政治经济学范围的界定不同而有不同观点。一种观点认为,新政治经济学属于制度经济学的一个分支,比如德罗巴克(John Drobak)和奈(John Nye)就持这种观点(德罗巴克和奈,2003);另一种观点认为,新政治经济学包括新制度经济学,因为新政治经济学关注的领域比新制度经济学宽泛,如政治过程、政治影响经济增长的机制等。如果将新政治经济学从广义上来解释,应该包括新制度经济学;如果将新制度经济学从广义上解释,则包括新政治经济学。所以,新政治经济学与制度经济学或新制度经济学存在研究主题等的相互交叉关系,而在研究方法和采用的基本理论上存在共性,如把所有政治主体和经济主体都看做经济人、遵循方法论的个人主义和将政治视作交易、博弈论、委托代理理论是重要的分析工具等。

参考文献:

[美]阿伦·德雷泽:《宏观经济学中的政治经济学》,经济科学出版社2003年版。

[美]德罗巴克和奈:《新制度经济学前沿》,经济科学出版社2003年版。

李增刚:《新政治经济学导论》,上海人民出版社2008年版。

[美]佩尔森、塔贝里尼:《政治经济学:对经济政策的解释》,中国人民大学出版社2007年版。

[美]吉恩·M·格罗斯曼、埃尔赫南·赫尔普曼:《特殊利益政治学》,上海财经大学出版社2009年版。

Gilles Saint-Paul, The New Political Economy: Recent Books by Allen Drazen and by Torsten Persson and Guido Tabellini, *Journal of Economic Literature*, Vol. XXXVIII, Dec. 2000.

Timothy Besley, The New Political Economy, http://econ.lse.ac.uk/staff/tbesley/papers/keyneslecturetext.pdf, Nov. 8, 2004.

(李增刚)

制度分析方法

Institutional Analysis Methods

制度博弈分析。博弈论在制度分析中的运用主要集中在以下几个方面:其一,将博弈规则视为制度,研究既定博弈规则(或制度)下的博弈结果。这类研究通常将制度视为外生给定,主要研究和比较不同制度(例如,产权)的资源配置效率问题;其二,也是将博弈规则视为制度,但是它不研究既定规则下的博弈结果,相反,它研究为达至某一博弈结果所需要的有效的博弈形式。这类研究体现在机制设计理论中;其三,由于博弈存在多重均衡,仅仅依靠原有博弈规则并不能预测具体的博弈结果,制度作为一种内生于博弈的制度化规则或者达至某一均衡策略的共有信念,能够指导参与者采用某一均衡策略,从而降低博弈的不确定性,以解决参与者之间的策略协调问题。这类研究将制度视为内生于博弈过程的均衡现象,尝试通过博弈论来阐释制度得以自我实施的微观动机;其四,也是将制度视为内生于博弈过程的均衡现象,但是,它放松了经典博弈有关个体完全理性的假设,通过某种选择过程、变异过程和复制过程来研究某项制度的生成。这种研究集中在制度的演化博弈分析中，通常将制度视为个体间的某些均衡属性（黄凯南，2010）。

把博弈论作为研究方法和分析工具应用于制度变迁理论研究，目前主要有两种方法：第一种是进化博弈论法。经济学中的进化博弈论是在生物学的进化博弈论的基础上产生、发展起来的。它将人类的经济活动和竞争性经济行为同生物的进化相类比，研究人类经济行为中的策略和行为方式的均衡，以及向均衡状态调整、收敛的过程与性质；第二种是重复博弈论法。它运用更精细的均衡概念，如子博弈精炼均衡来分析历史与现实中的制度选择与变迁过程（韩毅，2002）。

制度计量分析。利用大量数据，运用计量方法，寻找制度和经济绩效间相关性的实证分析，以论证制度对经济绩效至关重要这个命题，为制度变迁理论提供强有力的数据支持，可以称之为制度的实证分析。为制度变迁理论提供强有力的数据支持，要对制度和经济绩效间的相关性进行计量分析，首先要找到衡量这两个变量的指标和数据。对制度和经济绩效间相关性的研究方法也各异，这涉及样本大小、衡量指标、工具变量的选取以及计量方法的运用等技术性问题。制度的定量分析主要是对制度成本和收益的测量。由于经济系统的复杂性，各种变量之间往往具有互为因果的关系，经济增长是由多种因素相互作用形成的，很难直接测量出制度的绩效。因此，定量分析的一个重要工作便是寻找合适的代理变量和工具变量来描述制度的绩效（黄少安，2007）。

因此，相关实证分析中也存在如下问题：一是正确处理计量分析中遗漏变量问题，并尽力避免对制度测度的主观性；二是寻找制度的外生性差异作为工具变量当作当前经济绩效决定因素的来源是十分困难的，因为“真正意义上”的制度外生变量并不存在；三是利用跨国数据、单个国家数据的相关研究，以及通过宏观数据、微观数据对制度的分析都存在这样或那样的不足，要根据不同研究内容选择恰当的数据类型，或将多种数据结合起来分析（孙圣民，2008）。

制度的网络分析。社会网络的基本思想来源于法国古典社会学家涂尔干（Émile Durkheim），认为社会成员所处的社会位置塑造了他们的认同和行为。格兰诺维特（Mark Granovetter）继承并发展了古典社会学中所蕴含的有关社会网络的基本思想，通过对关于经济行动的“不充分社会化”和“过度社会化”这两种极端观点的批判，指出了忽视社会网络机制的弊端，并以此为基础，对威廉姆森（Oliver Williamson）基于交易费用理论建构的关于市场治理结构的新制度主义经济学的解释发出了挑战（甄志宏，2009）。

经济社会学家指出，在交易中，关系网络的存在不容忽视，人们的交易关系受到社会结构的限制，这种社会结构可能是制度、社会关系或者是其他因素。从经济制度角度的视角看，交易中的契约作用尤其受到社会学家们的关注。不过，关系网络是一把双刃剑，一方面它确实可以解决正式制度难以解决的信任、忠诚问题，可以有效地调节市场交易，节省交易费用，但另一方面它也存在着局限性。网络核心成员的离开，促使市场理性化的制度安排以及过度嵌入都会导致经济交易的负面作用。一旦有突发的社会、组织结构变动就会极大影响着那些过度依赖嵌入关系的交易者，导致交易水平的下降。

新经济社会学反对新制度经济学从效率的角度来解释制度形成的做法，格兰诺维特和斯威德伯格（Swedberg）认为，经济制度并不是看起来的那种客观的外在现实，而是一种缓慢的社会互动的结果。如果人们一直坚持或频繁地以某种方式行事，这种方式就会成为合理的处理方式，最终也就成为制度（Mark Granovetter and Richard Swedberg，1992）。

网络是社会成员互动的主要渠道，经济制度的社会构建在某种意义上就是社会网络的互动构建。总体上说，制度的网络构建过程包括三个层面的过程：第一，经济网络的个体层面包括经济活动的参与者，他们总是生活在一定关系网络之中，并首先受到来自网络结构的影响——各类现存的社会结构及行为方式对行为者的认知过程产生影响，对他们灌输关于社会及商业交往的相关规则、规范等知识，包括各种做事的“正确方式”、社会成员的角色规范以及对那些违规者的惩罚制度。第二，个体被“灌输”、“教化”的过程，这本身也是个体不断解释并试图改变周围网络结构的过程。第三，前两个过程实质上可以视为个人及社会结构间的谈判过程。通过与网络结构的不断互动、磨合，行动单元在观念、价值上不断趋同，其交往关系也趋于稳定（朱国宏、桂勇，2005）。

比较制度分析。比较制度分析是随着历史制度分析和转轨经济学发展起来的。它试图解答为什么不同经济间存在各种制度安排，制度多样性对公共政策的启示是什么（青木昌彦、曹莉、王信，1997）。比较制度分析沿着以下两条线索展开：第一条主要运用了演化博弈论，研究变异、模仿和随机试验组成的演化力量如何影响相互作用的个人特定属性的长期均衡分布；第二条线索历史的比较制度分析。历史的比较制度分析在本质上是历史的，它所揭示的是历史在制度产生、存在和变迁中的作用，与以往的制度史研究不同，历史的比较制度分析是在博弈论的分析框架下运用历史经验的归纳性分析方法研究制度选择与制度变迁（韩毅，2002）。

制度分析在比较制度分析中居于核心位置，青木昌彦认为比较制度分析是对现行的各种制度进行比较分析，并对此做了系统分析：第一，制度是共有理念的自我维持系统。制度作为共有理念的自我维持系统，其实质是对博弈均衡的概要表述，或信息浓缩，它作为许多可能的表征形式之一，起着协调参与人理念的作用；第二，制度分析的基本单位是域。域包括两个要素：一是参与人集合，二是每个参与人所面临的技术上和意识上可行的行动集合；第三，制度是内生的。均衡制度是一种社会构建的现实，因而它必然内生于域之中。它通过其简要表征——默契的或符号的——协调着参与人的理念；第四，制度的形式是多种多样的。制度的形式主要有：管制制度、社会规范及规则和惯例；第五，制度的作用是制约参与人的行为，通过协调人们的理念来控制参与人的行动决策规则。

参考文献：

黄凯南：《主观博弈论与制度内生演化》，载于《经济研究》2010 年第 4 期。

韩毅：《比较经济体制研究的新方法：历史的比较制度分析》，载于《经济社会体制比较》2002 年第 1 期。

黄少安：《制度经济学中六个基本理论问题新解》，载于《学术月刊》2007 年第 1 期。

孙圣民：《制度变迁与经济绩效关系研究新进展》，载于《经济学动态》2008 年第 10 期。

甄志宏：《网络、制度和文化：经济社会学研究的三个基本视角》、载于《江海学刊》2009 年第 4 期。

朱国宏、桂勇：《经济社会学导论》，复旦大学出版社 2005 年版。

[日]青木昌彦、曹莉、王信：《比较制度分析：起因和一些初步的结论》，载于《经济社会体制比较》1997 年第 1 期。

卓越：《新制度经济学的新发展：历史比较制度分析》，载于《经济学家》2006 年第 6 期。

何自力：《比较制度分析评述》，载于《经济学动态》2001 年第 8 期。

Mark Granovetter and Richard Swedberg, *The Sociology of Economic Life*, Boulder: Westview, 1992.

（孙圣民）

制度的分类和层次
Types and Levels of Institutions

制度就是一系列的行为规则，它激励和约束人的行为。许多经济学家都给“制度”下过定义。道格拉斯·诺思（Douglas North）认为，制度是一系列被制定出来的规则、守法程序和行为的道德伦理规范，它旨在约束追求主体福利或效用最大化的个人行为（诺思，1991）；舒尔茨（Theodore Schultz）将制度定义为涉及社会、政治及经济的行为规则（舒尔茨，1994）；拉坦（Vernon W. Ruttan）将制度定义为一套被用于支配特定的行为模式与相互关系的行为规则（拉坦，1994）；林毅夫将制度定义为一系列人为设定的、能够约束、规范人们的相互行为、帮助他们形成对别人行动预期的行为规则（林毅夫，2000）。梅纳德和谢里（Claude Menard and Mary M. Shirley）认为，制度是“人类设计出来降低不确定性并控制其环境的成文与不成文的规则、规范和约束”（Claude Menard and Mary M. Shirley, 2005）。菲吕博顿和瑞切特认为，“无论如何，……制度将被定义为一组正式和非正式的规则，以及规则的执行安排”（菲吕博顿、瑞切特，2006）。肖特（Andrew Schotter）认为，“一个社会制度是一种社会行为的规则，它被所有社会成员所赞同，它规定了特定的反复出现的情况下的行为，它是自我维持的，或者是被某个外在的权威所维持的”（肖特，2003）；青木昌彦（Aoki, Masahiko）从博弈论的角度将制度定义为“关于博弈如何进行的共有信念的一个自我维持系统”（青木昌彦，2001）。老制度经济学家凡勃伦（Thorstein B. Veblen）、康芒斯（John Rogers Commons）对制度的定义与新制度经济学不完全相同。凡勃伦认为“制度实质上就是个人或社会对有关的某些关系或某些作用的一般思想习惯”（凡勃伦，1964）；康芒斯将制度定义为集体行动制约个人行动的一系列行为准则。马克思虽然没有给制度下明确的定义，但是从其对资本主义制度、所有制等的分析可以看出，他是将制度视为一系列的总括多方面的规则（黄少安，1995）。综合上面各种制度的定义，可以得出：制度就是在一定社会范围内激励和约束行为主体的一系列规则。

不同学者从不同角度将制度划分为多种类型。诺思（2008）将制度划分为正式制度和非正式制度；柯武刚和史漫飞（2000）将制度划分为内在制度和外在制度。从制度发生作用的方式可以划分为正式制度和非正式制度。正式制度主要是通过国家法律、行政法规、政府政策和命令等形式表现出来，由人有意识地设计并有组织加以保障实施的规则；非正式制度不是由人有意设计、制定出来的，而通常是自然而然演化出来的，其实施也不是有组织的，而是依靠非正式的实施机制来保障。正式制度如各种法律法规、国家政策、行政命令等；非正式制度如各种习俗、道德伦理规范。现代国家，正式制度越来越多，对人们的约束力越来越大；不过，非正式制度对人们行为的约束同样重要，任何一个社会都离不开非正式制度的约束。正式制度与非正式制度有可能一致，也有可能不一致。一致的时候，正式制度常常会得到自我实施，实施成本较低；不一致的时候，正式制度可能会被违反，实施成本较高，结果要么是正式制度发生变迁，要么是非正式制度被放弃。

根据制度的起源，制度可以划分为内在制度和外在制度。内在制度是指在社会中通过渐进式反馈和调整的演化过程而发展起来的，体现了过去曾经最有益于人类的各种解决办法，是随经验演化而来的规则，诸如习惯、伦理道德、礼仪习俗等；外在制度是由统治共同体的政治权力机构自上而下地设计出来、强加于社会并付诸实施的，它不是自然演化出来的，如各种法律法规、政策等。内在制度与非正式制度、外在制度与正式制度有相同的地方，但是也有区别，主要是它们的实施机制不同。非正式制度一般是自我实施的，而内在制度可以自我实施，也可以由第三方强制实施。当然，制度还可以有其他类型的划分，比如经济制度、政治制度、文化制度的划分等。

制度可以有不同的层次。诺思和戴维斯划分为制度环境和制度安排（林毅夫称为制度结构）。诺思等认为，制度环境是一系列用来建立生产、交换和分配基础的基本的政治、社会和法律基础规则；而制度安排则是支配经济单位之间可能合作或竞争的方式的一种安排。制度环境比较抽象化，可以看做是制度安排生成的基础，即制度安排是在一定的制度环境下形成的，比如人们达成一项具体的制度安排时需要依据一定的制度或规则，这就是制度环境。所以，制度环境是比制度安排更高层次的制度。林毅夫将制度安排看做是“在特定领域约束人们行为的一组行为规则；而制度结构是指经济社会中所有制度安排的总和，它包括组织、法律、习俗和意识形态”（林毅夫，2000）。林毅夫的制度结构与诺思等的制度环境基本上是等同的。

威廉姆森（Williamson，2000）将制度划分为四个层次（见图1）：社会分析的最高层次（第一层次）是社会嵌入层次（Social Embeddedness Level），包括规范、习俗、道德观念、传统、宗教等，该层次的制度变化非常缓慢。第二层次是制度环境层次，部分是演进的结果，但主要是人为设计的，它超出了非正式约束层次，而主要是正式约束，包括宪法、法律、产权。第三层次是治理制度，威廉姆森认为，虽然第二层次规定了产权，但是还不包括能够发挥良好作用的界定契约和实施契约的法律体系，大部分的契约安排和争端解决都是各方之间讨价还价的结果，因此这需要博弈参与。在以上三个层次的基础上，才可能保证交易进行，而这就是社会分析的第四个层次，即新古典经济学所谓的供求平衡——形成交易价格和交易量。

还有学者提出了元制度、立宪制度或制度的制度作为较高层次的制度。元制度是最高层次的制度，即人类社会最初的制度，如果将人类社会的制度向上无限推延，就涉及到制度的制度、制度的制度的制度……，这是一个无限论证的问题。有些学者将语言看做“元制度”，即语言可能是人类社会最初的制度，因为无论何种形式的语言，人和人之间首先要能够交流，这便是最初的制度。立宪制度和具体操作层次的制度是立宪经济学的划分。布坎南（James Buchannan，1990）将人类的行为划分为立宪层次和具体操作层次，相应的制度就划分为立宪制度和具体操作层次的制度。具体操作层次的制度在建立或形成时总要依据一定的规则，这便是立宪规则，相对于具体操作层次的制度是较高层次的制度。

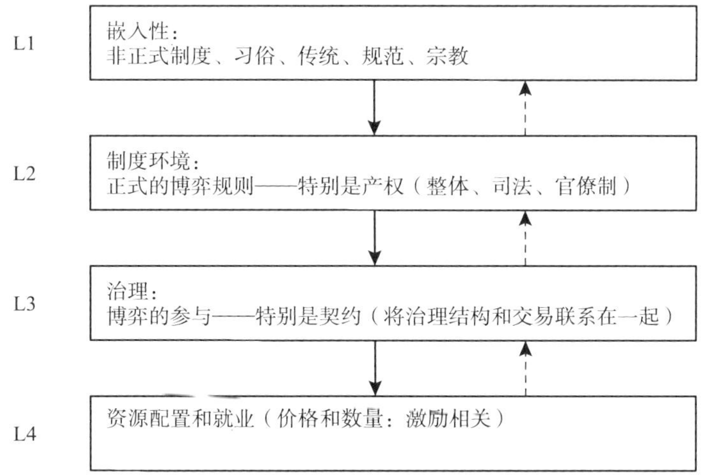

图1 制度的层次

总之，制度就是一系列的行为规则，它激励和约束人类的行为。制度有各种不同的类型和不同的层次，在研究制度及相关问题时，可以从不同的类型和制度入手。

参考文献：

［美］安德鲁・肖特：《社会制度的经济理论》，上海财经大学出版社2003年版。

［美］道格拉斯・诺思：《经济史中的结构与变迁》，上海三联书店、上海人民出版社1991年版。

［美］道格拉斯・诺思：《制度、制度变迁与经济绩效》，格致出版社、上海三联书店、上海人民出版社2008年版。

［美］凡勃伦：《有闲阶级论》，商务印书馆1964年版。

［美］菲吕博顿、［德］瑞切特：《新制度经济学》，上海人民出版社2006年版。

黄少安：《产权经济学导论》，山东人民出版社1995年版。

黄少安：《制度经济学》，高等教育出版社2008年版。

［美］康芒斯：《制度经济学》，商务印书馆1964年版。

［德］柯武刚、史漫飞：《制度经济学》，商务印书馆2000年版。

［美］拉坦：《诱致性制度变迁理论》，引自科斯等：《财产权利与制度变迁》，上海三联书店、上海人民出版社1994年版。

林毅夫：《再论制度、技术与中国农业发展》，北京大学出版社2000年版。

［日］青木昌彦：《比较制度分析》，上海远东出版社2001年版。

［美］舒尔茨：《制度与人的经济价值的不断提高》，引自科斯等：《财产权利与制度变迁》，上海三联书店、上海人民出版社1994年版。

Buchanan, James M., The Domain of Constitutional Economics, *Constitutional Political Economy*, Vol. 1, No. 1, 1990.

Claude Menard and Mary M. Shirley, Introduction, *Handbook of New Institutional Economics*, Springer, 2005.

Williamson, Oliver E., The New Institutional Economics: Taking Stock, Looking Ahead, *Journal of Economic Literature*, Vol. 38, No. 3, Sep. 2000.

（李增刚）

科斯定理

Coase Theorem

科斯1910年出生于英国米德尔塞克斯，1932年自伦敦经济学院毕业后，他曾执教于伦敦经济学院和芝加哥大学等高校。在芝加哥大学，他还担任了《法律和经济学》杂志的编辑（1964～1982年）（史蒂文・N・S・钱，1996）。科斯一生发表的论文屈指可数，其中最能代表他学术贡献的论文是1937年发表的《企业的性质》和1960年发表的《社会成本问题》，它们一起成为新制度经济学的经典，而且还开创了法学的一支新流派——经济分析法学（科斯，1990）。

科斯在《企业的性质》一文，从最一般的意义上分析了"企业是什么"、"为什么生产"、"为什么其规模会扩大或缩小"、"企业规模的边界在哪里"等问题。科斯紧紧围绕交易和交易费用来阐述企业性质和企业产生的原因。对企业性质的一般概括是：企业是生产要素的交易组织，确切的是劳动与资本的长期的权威性的契约关系。企业之所以取代市场，是因为市场交易存在交易费用，而企业内部交易能在一定范围内节省交易费用（黄少安，1994）。科斯于1960年发表的《社会成本问题》，被国际经济学界公认为现代产权理论的经典之作。他例举"失散的牛群损害邻近农民的庄稼"论证了其基本结论：如果交易费用为零，那么法律对权利的初始界定就与最后的权利安排无关，因为人们可以在没有交易费用的情况下就如何取得、划分和组合各种权利进行谈判，其结果总能使产出达到最大。这一结论被斯蒂格勒（George Stigler）概括为"科斯定理"（张军，1992）。

"科斯定理"这一术语并非科斯本人而是斯蒂格勒在其《价格理论》一书中首先使用的。对科斯定理的传统解释主要有三个：从微观经济学中心思想，自由交换使资源配置达到帕累托有效的角度，科斯定理认为，法定权利的最初分配从效率角度上看是无关紧要的，只要这些权利能自由交换；除自由交换之外，还必须具备一些其他的条件，才能使市场有效地配置资源。条件之一是关于交易成本的概念。由于强调了"交易成本"，科斯定理认为，法定权利的最初分配从效率角度看是无关紧要的，只要交换的交易成本为零；垄断是市场机制失灵的一种形式，如果强调"市场机制失灵论"，科斯定理认为，法定权利的最初分配从效率角度来看是无关紧要的，只要这些权利能够在完全竞争的市场进行交换（罗伯特・D・库特，1996）。斯蒂格勒用下列词汇表述了科斯定理："……在充分竞争条件下，私人成本和社会成本相等"，"权利的界定是市场交易的一个基本前提……而最终结果（产值最大化）却与法律判决无关"，这便是科斯定理的精髓。科斯在《社会成本问题》中以更多的篇幅详细而明白无误地重述了这一观点，说明这一结果取决于零交易费用的假定（科斯，1992）。

科斯定理应该是由三个定理组成的"定理组"。科斯第一定理，如果市场交易费用为零，不管权利初始安排如何，当事人之间的谈判都会导致那些使财富最大化的安排，即市场机制会自动地驱使人们谈判，使资源配置实现帕累托最优。科斯第二定理，在交易费用大于零的世界里，不同的权利界定，会带来不同效率的配置。也就是说，由于交易是有成本的，不同的产权制度下，交易成本不同，从而对资源配置的效率有不同的影响，所以，为了优化资源配置，法律制度对产权的初始安排和重新安排的选择是重要的。科斯第三定理，由于制度本身的生产不是无代价的，因此，生产什么制度，怎样生产制度的选择将导致不同的经济效率（黄少安，2004）。

因此，在科斯定理中，交易成本的大小是关键所在。要实现合作，除了要激励人们合作外，还要克服交易成本的障碍。即使人们基于理性自然而然地选择合作，也需要克服交易成本的障碍。所谓规范的科斯定理指的是：立法以消除阻碍私人合作的障碍（Cooter & Ulen，2003），即法律的建立要尽量消除阻碍人们之间进行合作的各种交易成本，尽量减少各种产生交易成本因素的作用。交易成本的来源有三个方面：一是搜寻成本，就是找到交易对手的成本；二是讨价还价协商成本；三是达成协议之后，为了履行协议所支付的成本，特别是违约救济成本。这些交易成本在每一个环节上都可能存在，都可能导致交易无法完成。所以，立法的一个重要目的就是尽量减少交易成本。这正是规范的科斯定理所着重强调的。如降低交易成本就是合同法的一个基本目的。合同法的基本立法思想就是提供一个基本的合同框架，交易双方不必就每一条条款都进行谈判，双方基于这个基本框架来形成合作即可。

科斯定理也存在缺陷。第一，基本方法论的矛盾。把第一定理与第二和第三定理联系起来考察，方法论的矛盾就更加明显和尖锐了。首先，方法论是既一致又不一致的矛盾。第二定理和第三定理与第一定理比较，方法论基本好像既一致，又不一致，这本身就是矛盾；其次，如果第二和第三定理与第一定理的方法论完全一致，也存在方法论矛盾，因为第一定理的方法论基础是正统经济学的，与它完全一致就是与科斯等宣称的逻辑实证主义方法论完全矛盾；最后，如果第二和第三定理的方法论始终是逻辑实证主义，可以实现与科斯等宣称的方法论一致，但是与第一定理的方法论则完全矛盾，即变得完全不一致。

第二，效率标准的含混。首先，接受与自己宣称的方法论不相适应的帕累托效率标准。科斯既然否定了"零交易费用假设"，那么，也就应该同时否定了与之相对应的帕累托最优标准。可是科斯定理中却沿用了本来应该被自己宣称的方法论所否定的帕累托标准；其次，产权制度效率与资源配置效率的关系没有理清楚。科斯并没有分别建立并界定"产权制度效率"和"资源配置效率"这两个概念，也没有明确地解释二者的关系，这就说明理论内在的缺损，难免使人感觉到科斯将二者等同起来。而且容易误认为科斯将交易费用视为资源配置效率的唯一决定因素，因为科斯的表述提供了这种误读的可能性。

第三，缺乏有效的分配理论的支持。科斯定理缺乏有效的分配理论的支持，是只论效率而不涉及公平，对产权安排与财富分配的相关性及由此引起的效率变化缺乏应有的解释。首先，科斯第一定理忽视零交易费用条件下，产权初始界定与公平和效率相关。科斯第一定理的内容及其表述只涉及产权初始安排与产值最大化的关系，显然忽视产权在法律上的初始界定与公平关系；其次，科斯第二定理和第三定理忽视正交易费用条件下，产权安排与公平和效率相关。科斯同样忽视正交易费用条件下产权安排对财富分配及其公平状况的影响。

参考文献：

史蒂文·N·S·钱：《科斯，罗纳德·哈里》，引自伊特韦尔：《新帕尔格雷夫大辞典》第1卷，经济科学出版社1996年版。

［美］罗伯特·D·库特：《科斯定理》，引自伊特韦尔：《新帕尔格雷夫大辞典》第1卷，经济科学出版社1996年版。

［美］科斯：《企业、市场与法律》，上海三联书店1990年版。

黄少安：《论企业的性质和企业规模的变动——对科斯有关理论的质疑》，载于《学术研究》1994年第1期。

张军：《科斯与科斯定理——记1991年诺贝尔经济学奖获得者》，载于《世界经济文汇》1992年第1期。

［美］科斯：《〈社会成本问题〉注释》，载于《经济译文》1992年第4期。

黄少安：《产权经济学导论》，经济科学出版社2004年版。

威廉姆森：《交易费用经济学：契约关系的规制》，引自陈郁：《企业制度与市场组织：交易费用经济学文选》，上海三联书店1996年版。

魏建：《法经济学分析范式的演变历程及其方向判断》，载于《学术月刊》2006年第7期。

张五常：《关于新制度经济学》，引自科斯等：《契约经济学》，经济科学出版社1999年版。

Ronald H. Coase, The Nature of the Firm, *Economica*, Vol. 4, No. 16, 1937.

Ronald H. Coase, The Problem of Social Cost, *Journal of Law and Economics*, Vol. 3, No. 1, 1960.

Ronald H. Coase, The Institutional Structure of Production, Alfred Nobel Memorial Prize Lecture in Economic Sciences, 1991.

Cooter, R. and T. Ulen, *Law and Economics* (*4rd Ed.*), Pearson Education, Inc., Publishing, 2003.

（黄少安　孙圣民　魏建）

交易费用
Transaction Costs

交易费用学说的创立。交易费用是现代产权经济学的基本的、核心的范畴。交易费用理论是整个现代产权理论大厦的基础。交易费用起因于所有权的转移,或更一般地说,起因于财产所有权的转移。他们是分散的所有权、私人财产和交易的产物。在一个完全集中决策的集体经济中,将不存在交易成本,它将为管理成本所代替(于尔格·尼汉斯,1996)。诺斯(Douglass C. North)详细地考察了经济中交易费用的来源。交易费用主要产生于:度量一种商品或服务的多种有价值的维度;保护个人的产权;整合社会中分散的知识;实施合约(诺斯,2008)。

"交易费用"概念是由科斯(R. H. Coase)创立的。对整个交易费用理论的建立,科斯也做出了首要贡献。他1937年发表在《经济学》杂志的《企业的性质》一文,标志着"交易费用"范畴的创立和交易费用理论的初步形成。他在《企业的性质》把"交易"作为经济活动的基本单位,而且已经认识到交易方式的多样性就是资源配置方式的多样性,结论性地认为:"市场的运行是有成本的,通过形成一个组织,并允许某个权威(一个企业家)来支配资源,就能节约某些市场运行成本。"科斯断然否定了"市场交易费用为零"的假设。当然,之所以能否定,是因为现实中市场交易费用普遍存在的事实。

"交易费用为零"其实只是传统微观经济学暗含的假设。这些更基本的假设有三个:第一,经济活动主体的单一经济人的人格假设。第二,经济人是完全理性的。第三,经济人的活动环境或规则即经济制度——市场经济是给定的。

交易费用理论的基本内容。科斯并没有对"交易费用"概念本身下严格的定义。阿罗(Kenneth J. Arrow)将"交易费用"定义为"经济制度的运行费用"。不过阿罗的定义,没能使人们就定义本身直接得到更多的具体信息,人们还是不能因此具体知道交易费用到底是什么。但这并不影响人们对交易费用范畴的理解和使用。如果要下定义的话,无非是说"交易费用是为了完成交易所需要的费用"。

科斯并没有专门分析交易费用产生的原因。但是科斯首先赋予"交易"以稀缺性。既然"交易"是稀缺的,不是随时随地可以无代价实现的,必须具备一定的条件。那么,满足这些交易条件所花费的资源就是交易的代价。因此,科斯实际上已经揭示了交易费用产生的根本原因——交易本身的稀缺。威廉姆森(Oliver Williamson)在科斯的基础上扩展了交易费用的分析,比较深刻地分析了"交易费用产生的原因"或"决定市场交易费用的因素"。他将这些因素做了区分和归纳,分成两组:第一组为"交易因素",尤其指市场的不确定性和潜在的交易对手的隐私,以及交易的技术结构——指交易物品的技术特性,包括资产专用性程度、交易频率等;第二组为"人的因素"——有限理性和机会主义,这组因素实际上涉及交易主体的人格假设。

威廉姆森对交易费用决定因素的概括是有道理的,但是,仍难尽如人意,需要在确认交易稀缺性的基础上,从交易主体、交易环境和交易客体三个方面及其相互关系上去说明交易费用产生和变化的原因,是在科斯和威廉姆森分析基础上的进一步认识。任何交易者,都是有限理性的、具有机会主义动机和行为的经济人,交易环境总是充满不确定因素,交易对象技术结构上常常具有一定的"专用性",因此,交易费用总是因为这些因素的支配而上升、高昂,直接交易者因不能接受过高的交易费用而放弃交易。不同交易方式的可选择性可以为交易者降低交易费用提供一定的余地,但是不能改变交易的稀缺性,交易总是要付出代价甚至很高的代价的。

交易费用理论的基本缺陷。交易费用范畴建立的理论贡献无疑是巨大的。但是,"交易费用"范畴并非已经完善,其已有内容中也有值得商榷之处,从而使"交易费用"作为一种分析方法,其理论功能受到局限。

第一,有缺陷的"交易费用"范畴与它在理论体系中的地位不相称,其局限主要是在三个方面:(1)外延的不确定性。外延太广泛,甚至漫无边际,以致难以确定其边界。"交易费用"被定义为经济制度的"运行费用",也就是人们在特定制度中从事交易活动时耗费在人与人的关系上的成本。交易活动的领域和形式多种多样,这里的"交易费用"的外延不能确定只是在特定产权制度下完成特定交易的不同的费用项目,如信息费用。谈判费用、签约费用等难以确定。(2)难以计量。难以计量的第一个因素就是前面指出的"外延无法确定"。第二个因素是交易费用的许多项目是难以计量的。第三个因素是生产成本与交易成本有时难以分开。(3)产生原因的分析不彻底。科斯虽然赋予了"交易"以稀缺性,为揭示交易费用产生的根本原因奠定了基础,但他并没有意识到交易的稀缺性就是交易费用产生的根本原因。威廉姆森分析了决定市场交易费用上升的几个因素,但是,他并没有明确地将所揭示的几个因素与稀缺联系起来,也没有推广到其他交易类型中去。

第二,误解交易费用与企业产生和规模变动的相关度——夸大"交易费用"的解释力。其局限主要表现在两个方面:(1)企业的产生是否归因于交易费用。纵观《企业的性质》全文的分析,科斯是将交易费用视为企业性质的唯一决定因素。企业是一个需要企业家进行管理的生产组织。而科斯只将它视为取代市场的交易组织。只要认识到企业的基本功能是生产,就容易理解,企业的产生并不归因于市场交易费用的存在。即使科斯关于企业的定义符合现实,可以认定科斯关于企业产生原因的结论基本成立,但是科斯的论证过程仍然存在逻辑矛盾。(2)企业规模是多变量的函数。从科斯对企业规模变动的分析方法上可以看出,他将交易费用视为企业规模变动的唯一决定因素。任何一种市场结构背景下,决定企业规模的都不仅仅是交易费用,而且,随着市场结构变化,决定企业规模变动的因素也是变化的。

参考文献:

[美]于尔格·尼汉斯:《交易成本》,引自伊特韦尔:《新帕尔格雷夫大辞典》第4卷,经济科学出版社1996年版。

[美]道格拉斯·C·诺思:《理解经济变迁过程》,中国人民大学出版社2008版。

[美]奥利弗·C·威廉姆森:《资本主义经济制度》,商务印书馆2002年版。

黄少安:《产权经济学导论》,经济科学出版社2004年版。

Ronald H. Coase, the Nature of the Firm, *Economica*, Vol. 4, No. 16, 1937.

(黄少安　孙圣民)

制度均衡与非均衡

Institutional Equilibrium and Non-Equilibrium

科斯(Ronald H. Coase)在分析企业的性质时,引入边际均衡分析方法来分析在企业和市场两种制度之间进行选择的问题。西奥多·W·舒尔茨(Theodore W. Schultz)将制度供求分析置于了均衡框架之中,建立了制度均衡的理论模型。制度均衡是这样一种状态,即在行为者的谈判力量及构成经济交换总体的一系列合约谈判给定时,没有一个行为者会发现将资源用于再建立协约是有利可图的。这一状态并不意味着,每个人对现有规则和合约都满意,只是改变合约参加者的成本和收益的做法是不值得的,现存的制度制约、确定和创立了均衡(诺思,1994)。对制度均衡与非均衡的研究,除了使用新古典价值理论的分析方法外,还可以利用博弈论,如非合作博弈、进化博弈、主观博弈框架等分析方法。价格理论从静态角度分析供求两侧的市场均衡,而博弈论从微观主体之间互动的角度将制度刻画为纳什均衡。

制度均衡可以从三种意义或三个层面上定义:

第一,单项制度的供求均衡和非均衡。这是把微观经济学的供求均衡分析方法引入制度分析,认为制度的功能是提供某种服务。制度生产者生产制度也就是提供这种服务,是制度供给者。对这种制度服务的需求者也就是制度需求者。当一种制度的供给与需求,也就是对某种制度性服务的供给和需求相等时,该项制度(市场)就处于均衡状态。否则,就是制度非均衡状态。新制度经济学家只定义和分析了这种制度均衡和非均衡。

第二,制度的结构性均衡与非均衡。几乎任何社会的制度都不是单一的,都包括多层次、多方面、多种类的制度。经济制度中也有层次、种类的区分。即使产权制度,也是多种形式的。我们将制度的多层次、多方面、多种类及相互关系定义为"制度结构"。制度结构,相对于"单项制度"来说,显然具有宏观的意义,但是,它不是与个量相对而言的总量,也不与微观严格对称。任何一个特定的考察范围(国家、地区、行业领域、组织)内,都有一个制度结构。该结构的各层次、各方面、各种类的制度之间相互协调、互补,各自地位相对确定而稳定。这种状态被定义为"制度结构均衡",否则,就是制度结构非均衡。这种制度结构的均衡与非均衡类似于国民经济的结构性均衡与非均衡。

第三,制度从利益和力量对比上体现出来的均衡和非均衡。任何一种制度都是一种权力和利益的分配格局,而且,任何一种制度所作用的范围和对象,就人来说,都不是一个阶层(或阶级)和群体,而是不同的阶层和群体,他们受制、又受益于一种制度。如果考察制度结构,这种情况就更复杂,一个人或一个群体或一个阶级的权力和利益可能与多种制度相关。那么,在一项制度或一种制度结构下,社会各阶级、各群体、各个人之间就有一个利益关系的状况和力量(主要指经济实力)的对比。当利益关系比较协调或者利益矛盾处于温和状态,或者即使有利益矛盾,但是各自的利益所得与其力量相对称,其中某些阶层或个人想改变利益分配格局,但是,自身力量决定了他无力改变,只好接受既有格局时,就被认为是处于制度均衡——利益和力量上的均衡。如果利益矛盾激化,各阶层、各群体或个人的力量与其所获得或能够获得的利益不对称时,就被认为制度处于非均衡状态。

制度均衡是制度稳定的基础或条件。均衡的制度肯定是稳定的。但是制度的非均衡不等于制度的变迁。制度的非均衡只能说明制度处于非稳定状态,具有了变迁的可能性,但是,并不等于制度的变迁。制度的均衡或非稳定状态是制度的稳定与变迁之间的过渡阶段。制度的非均衡是制度变迁的必要条件,却不是充分条件。变迁只可能在非均衡状态下发生,而非均衡不一定导致更不等于变迁。至于从非均衡到变迁有多长时间,非均衡发展到什么程度才发生变迁,还取决于复杂的因素。

参考文献:

[美]西奥多·W·舒尔茨:《制度与人的经济价值的不断提高》,引自科斯、阿尔钦、诺斯等:《财产权利与制度变迁》,上海三联书店1994年版。

[美]道格拉斯·C·诺思:《制度、制度变迁与经济绩

效》,上海三联书店 1994 年版。
聂辉华:《制度均衡:一个博弈论的视角》,载于《管理世界》2008 年第 8 期。
丁利:《从均衡到均衡:制度变迁的主观博弈框架》,载于《制度经济学研究》2005 年第 3 期。
黄少安:《产权经济学导论》,经济科学出版社 2004 年版。
Ronald H. Coase, The Nature of the Firm, *Economica*, Vol. 4, No. 16, 1937.

（黄少安 孙圣民）

制度变迁
Institutional Change

变迁一般是对构成制度框架的规则、准则和实施的组合所作的边际调整。一个制度框架的总体稳定性使得跨时间和空间的复杂交换成为可能（诺斯，1994）。制度变迁的理论问题主要有:什么是制度的变迁与稳定;制度变迁有没有主体,可能有哪些主体;制度变迁的动力或原因是什么,经济增长和技术进步与制度创新是什么关系;制度变迁有哪些方式;怎么样评价制度的经济价值或效率等（Anver Greif and David D. Laitin, 2004; Daron Acemoglu, Simon Johnson and James Robinson, 2005）。

制度变迁主体。制度变迁既是有主体的,又不取决于主体的偏好,而是取决于客观因素。任何制度都是由人设计或安排的,总是以不同的规则形式存在。即使是非正式规则,也是由人加以选择并内化到意识中的。制度的变迁,无非是人否定、扬弃某些规划,制订或选择新的规则。因此,制度变迁总是有主体的。制度变迁主体并不一定是制度变革运动,特别是大规模运动的领导者,也不一定是某种制度的直接设计者或摧毁者。只要是有意识地推动制度变迁或者对制度变迁施加影响的单位,都是制度变迁的主体。制度变迁主体可以是政府,可以是一个阶级,一个企业或别的组织,也可以是一个自愿组成的或紧密或松散的团体,也可以是个人。政府、领袖当然可以是制度变迁主体,但是,每个普通人也同样可以是制度变迁主体。他们只要主动表现了对既有制度的不满意和对新制度的向往,对制度变迁施加了影响,成为了变迁主体。

制度变迁的动力。变迁的原因是相对价格的变化或偏好的变化。相对价格的变化在偏好的变化中起一定的作用。也就是说,相对价格在一段时期的根本变化,会改变人们的行为模式,也会改变人们对构成行为标准的方面进行合理化解释。但是,一项重大制度变迁本身是不可能完全通过相对价格的变化来解释的。制度通过降低我们向信念支付的价格,使得观念、教义以及意识形态成为制度变迁的重要来源（诺思，1994）。

制度变迁总是需要动力的,不管动力来自内部还是外部。我们把制度变迁的动力分为内动力和外动力,或者称为制度变迁的内动因和外动因。把变迁主体的作用从理论上抽象掉,单纯考察制度内部,可以发现有一种力量推动着制度变迁。这种力量就是制度变迁的内动力。历史唯物主义揭示了这种动力:制度,特别是经济制度与生产力发展的内在矛盾。这种矛盾就是经济制度的动力源。当原有制度不再适应生产力发展的要求时,制度就必然要发生变迁,只是时间迟早问题。制度变迁的外动力是变迁主体从事变迁的动力,也就是制度变迁主体发生制度变迁的动因或动机。事实上,内动力和外动力从来都是共同作用、推动制度变迁。按照辩证唯物主义的原理,可以将二者的关系表述为:内动力是制度变迁的依据,外动力是制度变迁的条件。外动力是主体追求利益的力量。

制度变迁的方式。制度变迁的方式不是单一的,对多样的变迁方式,可以从不同角度进行划分。

渐进式变迁与突进式变迁,这是从制度变迁的速度划分的。诺斯认为,变迁的进程主要是渐进式的。渐进的变迁是指,交易的双方（至少是交易双方中的一方）为从交易中获取某些潜在收益而再签约（诺斯，1994）。所谓渐进式变迁,就是变迁过程相对平稳、没有引起较大的社会震荡、新旧制度之间的轨迹平滑、衔接较好的变迁方式。这种变迁方式的特征决定了,从启动变迁到完成变迁需要较长时间。突进式变迁,也可以称为激进性变迁或革命式变迁,还被比喻为"休克疗法"。是相对渐进式变迁而言的。也就是在短时间内、不顾及各种关系的协调、采取果断措施进行制度创新或变革的方式。

诱致性变迁与强制性变迁。诱致性制度变迁指的是现行制度安排的变更或替代,或者是新制度安排的创造,它由个人或一群（个）人,在响应获利机会时自发倡导、组织和实行。强制性制度变迁指的是由政府法令和法律引入和实行。诱致性制度变迁必须由某种在原有制度安排下无法得到的获利机会引起。然而,强制性制度变迁可以纯粹因在不同选民集团之间对现有收入进行再分配而发生（林毅夫，1994）。

制度变迁的效率。对制度变迁进行效率评价,可以从宏观和微观两个角度进行。这里评价的是实际实现的效率,而不是预期的或希望的效率,或者可能的效率。效率评价必然包含价值判断,有更好更坏的判断标准。所谓微观效率评价,就是立足于单个制度变迁主体的成本—收益评价。对于任何一个变迁主体来说,其所支付的代价越低,而从变迁中所获得的收益越多,效率就越高。对制度变迁的宏观效率评价,既包括成本与收益的比较和对经济增长的影响,又包括公平度。宏观效率评价中的成本—收益比较与微观层次的成本—收益比较还有所不同。微观层次上只比较私人成本和私人收益，而宏观层次上的比较是社会为制度变迁所支付总成本和所获的总收益。

制度变迁的成本评价，包括两个阶段：第一阶段是制度变迁过程中的成本，只从变迁过程来说，成本越低，效率越高；第二阶段，制度建成后的运行阶段。一项制度变迁，其变迁过程中虽然花费较少，但是建成后，人们在其活动都倍感麻烦，交易成本很高，因此不能认为这一制度变迁是高效的。要提高制度变迁的效率，从成本方面来说，不仅要力争降低变革过程的成本，而且要尽量使新制度的运行成本降低。

制度变迁过程。制度变迁的一个周期就是一次制度变迁的全过程，一般都有以下几个阶段：第一，认识变迁条件、发现变迁机会或通过变迁而获利的机会。这也就是制度变迁的启动或开始。第二，组织变迁集团。政府、团体（一群人）都需要进行必要的组织，才能形成一个变迁主体，即使单个人，也需要经过一些组织安排，才能转化为变迁主体。第三，确定变迁目标。也就是确立新制度的目标模式。制度变迁是特定主体有意识的行为，一旦形成变迁意识，就会确定变迁目标，否则，制度变迁就没有方向。目标确定过程也是对各种信息的收集、加工的过程和发明、创造的过程。当然，此时还只是理论设计。第四，设计和选择变迁方案。这是确定了目标之后的事情。第五，实施变迁。选定了变迁方案之后，就是按照既定方案实施制度变迁。这是制度变迁的实际和直接的操作阶段。第六，完成、检验变迁，修补和完善新制度。这是制度变迁周期的最后阶段（黄少安，2004）。

参考文献：

林毅夫：《关于制度变迁的经济学理论：诱致性变迁与强制性变迁》，引自陈昕：《财产权利与制度变迁》，上海三联书店 1994 年版。

黄少安：《产权经济学导论》，经济科学出版社 2004 年版。

［美］道格拉斯·C·诺思：《制度、制度变迁与经济绩效》，上海三联书店 1994 年版。

Anver Greif and David D. Laitin, A Theory of Endogenous Institutional Change, *American Political Science Review*, Vol. 98, No. 4, Nov. 2004.

Daron Acemoglu, Simon Johnson and James Robinson, Institutions as the Fundamental Cause of Long-Run Growth, *Handbook of Economic Growth*, in Philippe Aghion and Steve Durlauf (eds.), Amsterdam: North Holland, 2005, Vol. 1, Part 1. NBER Working Paper, No. w10481.

（黄少安　孙圣民）

制度创新与制度互补
Institutional Innovation and Institutional Complementation

制度创新是制度变迁的一个重要环节，它指创建一种新的制度安排，较之于现有的制度安排，这种新的制度安排能够更好地使得外部性内部化。诺思较早提出了“制度创新模型”。他将制度区分为制度环境和制度安排，指出在制度创新过程中，制度环境可视为外生不变量，而制度创新则主要指制度安排的变化（诺思，1994）。威廉姆森（Williamson，2000）将制度分为四个层级：第一层级指对内嵌于各种习俗、传统和社会文化的制度；第二层级是指各种诸如宪政、法律和产权等正式的制度环境；第三层级是指针对各种具体交易形成的治理制度；第四层级是指在上述三个层级下的资源配置制度。相应的，可以将制度创新分为四个层次：一是社会文化制度创新；二是宪政、法律和产权等正式制度创新；三是治理制度创新；四是资源配置制度创新。文特森·奥斯特罗姆将制度创新分为三个层次：一是立宪层次，是指对协调社会经济活动最基础的宪政规则进行创新；二是集团行动层次，是指落实宪政规则的各种具体政策和法规的制度进行创新；三是操作层次，是指对各种具体的制度安排进行创新。

导致制度创新的原因可以概括如下：一是技术进步引致的制度创新。正如纳尔逊（2005）强调的，技术进步的速度和特征受到支撑它的制度结构的影响，制度创新也是强烈地以新技术在经济体系中是否和怎样被接受为条件的。有效利用新的生产方法或新的技术产品需要一个新制度来协调和提高成员间的新技能，这是一种典型的技术驱动型的制度创新模式。新技术可能会降低制度的实施成本，使得原先无法实施或者实施成本过大的制度得以实施，这是一种成本驱动型的制度创新模式（e. g. Pelikan，2003）。我们很容易在大量产权经济学的经典文献中找到这种制度创生和变迁模式，许多产权的界定和重新界定都源自技术条件的变化；二是相对价格的变化导致了制度创新。当相对价格发生变化了，原有制度下的外部性可能增强，这使得参与者发现更新制度是有利的，可能促使制度创新；三是偏好变化导致的制度创新。偏好的变化会导致参与者行动或策略的变化，原有的制度均衡可能被打破，促使参与者寻找新的制度均衡；四是认知变化导致的制度创新。个体的认知模型决定了其对互动环境的信息编码、抽象和解码等规则，它塑造了个体的学习规则等。一旦个体的认知模型发生变化，个体的偏好和策略都可能发生变化，这会导致原先制度的失衡，促使参与者寻找新的制度。

制度创新成功的条件包括：一是新制度能够获得更多的潜在收益，而且预期收益必须大于预期成本；二是在集体行动中必须能够较为成功地克服“搭便车”的行为；三是能够排除原制度下利益集团的阻挠；四是必须存在制度创新的“第一行动团体”或者制度创新企业家。

社会制度是一个系统，它是由相互影响又相互互补的制度单元构成的。在许多情况下，制度间呈现互补性。青木昌彦和奥野正宽（2005）将制度互补性定义为“在一个经济体中，一个制度的存在成为另一个制度存在的理由”。他们指出，“构成经济体制的诸项制度是在漫长的历史过程中，在对已有制度进行修改的基础上逐渐形成的，而这大大提高了制度间的互补性”。他们进一步阐释，当考虑到制度间的相互依赖、相互兼容以及共同发挥作用，制度系统则是一个较为复杂的社会系统，每一个制度都以其他制度为外部条件。青木昌彦指出，“具有互补性的体制的均衡点一般来说是不可能按照帕累托意义来排序的。而且，就算可以按照帕累托效率来排序的话，那么当它向另一平衡点过渡时，构成体制的各项制度必须同时而且整齐地进行变更，而这样的情况现实中很难发生。在这种情况下，各个均衡点被认为在局部范围内是最优和稳定的，因此必须一个一个地比较分析这些均衡点”。

制度创新和制度互补性共同构成了制度变迁的复杂性。由于制度的互补性，制度变迁具有较强的路径依赖，某一种制度创新会通过制度的互补性而引起制度系统的结构性变化，制度变迁是复杂系统的演变过程。

参考文献：

［美］道格拉斯·C·诺思：《制度、制度变迁与经济绩效》，上海三联书店 1994 年版。

［美］纳尔逊：《作为经济增长驱动力的技术与制度的协同演化》，引自约翰·福斯特、斯坦科·梅特卡夫：《演化经济学前沿：竞争、自组织与创新政策》，高等教育出版社 2005 年版。

［日］青木昌彦、奥野正宽：《经济体制的比较制度分析》，中国发展出版社 2005 年版。

Pelikan, P., Bringing Institutions into Evolutionary Economics: Another View with Links to Changes in Physical and Social Technologies, *Journal of Evolutionary Economics*, Vol. 13, 2003.

（黄凯南）

路径依赖

Path Dependence

路径依赖性问题由戴维（Paul David）1985 年提出，后来经过阿瑟（W. Brian Arthur）和诺思（Douglass C. North）等学者的发展，被广泛运用于政治学、社会学、经济学、管理学等学科，成为理解社会经济系统演化的重要概念。20 世纪 90 年代，路径依赖概念被广泛应用于制度变迁、社会学和政治学研究。诺斯首开把路径依赖概念应用于制度变迁研究的先河（尹贻梅、刘志高、刘卫东，2011）。路径依赖——从过去衍生而来的制度和信念影响目前选择的路径——在这种灵活性中起着关键作用（诺思，2008）。路径依赖类似于物理学中的惯性，事物一旦进入某一路径，就可能对这种路径产生依赖。这是因为，经济生活与物理世界一样，存在着报酬递增和自我强化的机制。这种机制使人们一旦选择走上某一路径，就会在以后的发展中得到不断的自我强化。诺斯试图解释世界不同地区之间发展程度的差别或绩效差距，他认为，阿瑟提出的技术变迁的机制也适用于制度。他提出，制度变迁受多种形式的报酬递增制约，制度矩阵相互依赖的网产生了大量的递增报酬，导致不可预期的结果可能会产生。因此，制度的相互依赖可以定义为：达到今天的制度的过程是相关的，并限制着未来的选择。诺思认为，由于经济和政治的相互作用和文化遗产的影响，制度变迁可能比技术变迁更复杂。他提到经济史中的路径依赖与发展差距有关：由于所有国家不是平等发展的，一般来说，那些欠发达国家赶不上发达国家，因而历史是路径依赖的。针对后社会主义国家，他提出，路径依赖，即过去的制度框架，使当前各种制度的选择受到影响，可能被锁定在某种制度路径中（黄少安，2008）。

阿瑟提出，一些小的历史事件可能导致一种技术战胜另一种技术。诺思沿着他提出的线索来阐述观点，考察了两种产生报酬递增的竞争性技术。他认为，一些小的事件可能会使一种技术比另一种技术更有优势，因此，这种技术将脱颖而出并保持垄断地位，与被抛弃的那种技术相比，一项成功的创新也可能会被证明是低劣的。阿瑟论述过四种自我加强的机制：大规模组织或固定成本、学习效应、协作效应和适应性预期。这些自我加强机制的结果会导致四个特性：乘数均衡、可能的无效率、锁闭和路线依赖性——小的事件和偶然情形的结果一旦使解决方案处于优势，它就会产生一条特定的路线。

有两种力量型塑制度变迁的路线：一种是报酬递增，另一种是以明显的交易费用为特征的不完全市场。尽管阿瑟的技术分析是与第一种力量共生的，但是阿瑟和戴维都没有明确分析第二种。诺思认为，在一个不存在制度报酬递增和完全竞争的世界里，制度是无关紧要的。但是，在报酬递增的情况下，制度则是重要的，阿瑟的四个自我增强的机制是适用的。

在报酬递增的情况下，制度是重要的，它将型塑经济的长期演化路径。只要相应的市场是竞争性的，甚至只要交易费用大致接近于零，经济增长的长期路径就是有效的。但是,如果市场是不完全的,信息的回馈是分割的,且交易费用又是十分显著的,那么,被不完全信息回馈和意识形态所修改的行为人的主观模型将型塑制度变迁的路径。这样,不同的路径会出现,低绩效也会长期驻存,而且行为人由历史过程得来的感知也将型塑他们的选择。事实上,由于制度框架存在报酬递增,其变迁过程是渐进式的,而且,它由正规与非正规制约以及实施变迁的缓慢演进所构成。

技术变迁与制度变迁是社会与经济演进的基本核心,这两者都呈现出路线依赖性的特征,用一个单一的模型能否解释技术变迁与制度变迁?它们的确有很多相似的地方,报酬递增是这两者的基本要素。由于正规与非正规制约之间存在着复杂的相互联系,因而在制度环境中的选择是复杂的。因此,在制度情形中,无论是锁闭还是路线依赖性都比在技术情形中复杂。政治与经济的相互作用,众多在影响制度变迁方面有不同谈判力量的行为人,以及导致许多非正规制约得以存在的文化传统,都加剧了这种复杂性。制度矩阵的报酬递增特征及行动者的补偿性主观模型表明,尽管具体的短期路线是无法预期的,长期的总体方向却是较可预测的和较难逆转的。路径依赖性来自于报酬递增机制,它能巩固曾经给出的路径的方向(诺思,1994)。

总之,诺斯将路径依赖的研究拓展到了社会发展方面。诺斯的研究揭示出,路径依赖的形成不仅仅是历史偶然事件或小事件引起的,而更多是由行动者的有限理性以及制度转换的较高的交易成本所引起的,并认为由于经济、政治的交互作用和文化遗产的制约,制度变迁比技术变迁更复杂(曹瑄玮、席酉民、陈雪莲,2008)。

参考文献:
尹贻梅、刘志高、刘卫东:《路径依赖理论研究进展评析》,载于《外国经济与管理》2011 年第 8 期。
[美]道格拉斯·C·诺思:《理解经济变迁过程》,中国人民大学出版社 2008 年版。
黄少安:《制度经济学》,高等教育出版社 2008 年版。
[美]道格拉斯·C·诺思:《制度、制度变迁与经济绩效》,上海三联书店 1994 年版。
曹瑄玮、席酉民、陈雪莲:《路径依赖研究综述》,载于《经济社会体制比较》2008 年第 3 期。

(孙圣民)

制度绩效
Institutional Performance

制度在社会中起着根本性的作用,它们是决定长期经济绩效的基本因素。如果建立一个关于变迁的动态理论,就必须建立在制度变迁模型的基础上(Daron Acemoglu,Simon Johnson and James Robinson,2005;孙圣民,2008)。

在理解一个经济的绩效时,政治与经济之间具有内在的联系,一系列制度制约决定了一个政治经济体制的运作方式。政治团体不仅通过界定和实施产权决定一个经济的基本激励结构,而且在现代世界中,政府在国民总产值中的份额,以及由它实施的各种管制,也是决定经济绩效好坏的关键问题(诺思,1994)。由于经济规则是由政治团体制定和实施的,产权是很难有效的。即使有效的产权被设计出来,它们仍然具有非常高的监督和实施成本,这反映为负激励特性。在许多情形下,非正规制度可能会发展出来以减轻这些负激励。正式制度、非正式制度和它们的实施特征决定了经济绩效;虽然正式制度可以通过法令改变,但是,非正式制度在短期内却是难以改变的,其实施特征也只能加以不完全地控制。

绩效较差的经济的制度矩阵不能为提高生产率的活动提供激励,原因在于:第一,在现存制度结构下有既得利益的组织;第二,分散的知识需要一个复杂的制度和组织的结合体,以建立有效的产品和要素市场。

理想的经济模型由一系列经济制度组成,这些制度为个人和组织从事生产性活动提供激励。产权能导致有效的价格体系,建立产权是必需的一步,但关键在于建立产权的具体过程。交易成本是被交易的物品的成本和实施合约的成本,因此必须设计出一种产权体系,能在产品和劳务的生产和交换中降低交易成本。改善经济绩效意味着必须降低生产成本和交易成本,关键在于变更制度以实现这一目标。为实现这一目标,可以发展统一的度量体系,进行技术研究以更好地度量交易成本,改进对产权的界定。建立有效的司法体系以降低合约实施的成本。构建制度,整合社会中分散的知识,监督和度量协议以解决争议。

诺思(Douglass C. North)认为要改善经济绩效,有四条建议:第一,提高经济绩效的一个必要条件是清楚地理解经济绩效差的原因。度量不同要素和产品市场上的交易费用是关键的第一步。获得了这些信息,才能够把经济绩效差的原因追溯到制度和组织结构上。第二,为了改善制度结构,必须先清楚地理解这一制度结构的来源。不仅要清楚地理解构成现存制度的信念结构,也要清楚地理解信念体系在多大程度上受到制度变迁的影响。第三,面对发达国家的竞争,不发达国家需要整合对经济低成本运作不可或缺的分散知识。为保持竞争力,多种政府干预在短期内是必不可少的。第四,提高经济绩效需要一个可行的政体,它能够构建必要的经济制度并保证制度的有效实施(诺思,2008)。

诺思同时强调,出现在西方世界的制度,如产权和司法体系，是不能够被原封不动地复制到发展中国家的。关键在于创造激励结构，而不是对西方制度的盲目模仿。

参考文献：
孙圣民：《制度变迁与经济绩效关系研究新进展》，载于《经济学动态》2008 年第 10 期。
[美]道格拉斯·C·诺思：《制度、制度变迁与经济绩效》，上海三联书店 1994 年版。
[美]道格拉斯·C·诺思：《理解经济变迁过程》，中国人民大学出版社 2008 版。
Daron Acemoglu, Simon Johnson and James Robinson, Institutions as the Fundamental Cause of Long-Run Growth, *Handbook of Economic Growth*, in Philippe Aghion and Steve Durlauf (eds.), Amsterdam: North Holland, 2005, Vol. 1, Part 1. NBER Working Paper, No. w10481.

（孙圣民）

制度失灵
Institutional Failure

制度是规范参与者行为的规则，政府设计的强制性的制度更是如此，如果制度达不到调整参与者行为的目的，就是制度失灵（李振宇、黄少安，2002）。从制度演进的角度，也可以将制度失灵定义为：一种制度的演进由于外力的干预而偏离了它自发演进的轨道，从而失去它应有的功能（朱海就，2010）。还有观点认为制度失灵指那些功能不良的制度以及构想拙劣的规则和章程，限制或是阻碍了市场机制发挥作用而达不到最优状态（Franklin Lopez，2005）。假定制度运行产生的结果可以用像效用、净产出、增长之类的标准衡量，或者用通常的标准——社会净福利的水平来衡量，失灵的程度可以用净损失来衡量，那么我们可以给出制度失灵的一般定义，即在一定的技术条件下，既定制度在运行过程中或制度变迁中效率低下，造成社会福利的损失。

在经济人的假设下，制度的作用是通过影响制度接受者的成本—收益来实现的。在一项制度实施后，制度接受者就会根据收益最大化的原则来调整其行为。如果这种调整是符合制度设计的本意的，则制度是有效的；如果制度的实施并没有改变（或基本上没有改变）接受者最优化原则下的行为方式，制度失灵就是必然的。原因在于：一方面，尽管制度本身从社会的角度来说是公平合理的，但影响了既得利益集团的利益，既得利益集团通过讨价还价，从而使制度的执行效果不理想；另一方面，制度本身就存在不合理性，没有执行的空间或者有更理想的制度选择可以替代它。

根据现存制度集合的运行和制度变迁过程中的效率，把制度失灵分为结构性失灵和变迁性失灵两类。如果一项具体的正式制度与一项可替代的制度相比较对社会产生较少的净收益，结构性失灵就会发生。失去的净收益表明了结构失灵的大小。更好的制度集合可以通过理论和实证分析观测到。新制度经济学运用交易费用和寻租分析法，比较可替代的制度集合下的净收益，以分析结构性失灵的可能性和大小。在一定时期内，当制度结构变迁过程和一个可替代的过程相比达到一个相对低的净收益累计集合，变迁性失灵就会出现。对于变迁性失灵，新制度经济学依靠更高水平的交易成本，例如诺思（Douglass C. North）用政治交易成本或者组织集体行动成本解释变迁过程的差异（Khan，M. H.，1995）。

上述分析暗含了一个假设条件，即任何问题都可以通过制度的创新或者变迁来解决，这与现实不太相符。完全清晰地划分制度失灵的类型，必须通过分析导致制度失灵的原因和制度失灵的程度来进行，据此，我们可以把制度失灵分为绝对性制度失灵和相对性制度失灵两类。绝对性制度失灵，是指在一定技术条件下，现行制度没有有效运行，通过一定范围内的制度变迁也不能使其得到改善，即制度无论做出怎样的规定或改变，都不能产生预期的效果。这种制度从一开始就注定是无效的。相对性制度失灵，是指现行制度本身存在缺陷，对其进行一定程度的创新或者变迁可以实现更高水平的社会福利。换句话讲，这种制度可以通过进一步的优化更好地实现既定的目标。相对性制度失灵是制度选择的问题，通过合适的制度变迁就可以得到解决。而绝对性制度失灵则是真正意义上的制度无效，对此，应该通过技术创新来解决。不仅制度可以作为规范人们行为的措施，技术在一定条件下也可以达到规范和调整人们行为的目的。当制度失灵或者说制度不能达到预期目的时，采用技术创新的方式是一个必然的选择。

参考文献：
李振宇、黄少安：《制度失灵与技术创新——农民焚烧秸秆的经济学分析》，载于《中国农村观察》2002 年第 5 期。
朱海就：《危机、复苏与制度失灵》，载于《社会科学战线》2010 年第 2 期。
Khan, M. H., State Failure in Weak States: A Critique of New Institutionalist Explanations. In: Harriss, J., Hunter, J. and Lewis, C. (eds.), *New Institutional Economics and Third World Development*, London: Routledge, 1995.
Franklin Lopez, Sustainable Development and Institutional Failure the Case of Ecuador, *The Independent Review*, Vol. IX, No. 3, 2005.
Mercuro, Nicolas and Steven G. Medema, *Economics and*

the Law: From Posner to Post-Modernism, Princeton, N. J. :Princeton University Press,1997.

（孙圣民）

秩序与自发秩序
Order and Spontaneous Order

早在亚当·斯密的《国富论》中就谈到秩序问题，斯密关注的一个重要问题就是，在没有政府的干预下，秩序是如何从自主个体的交互作用生出的。哈耶克明确地界定了“秩序”的概念。哈耶克认为“所谓的‘秩序’是指这样一种事态，其间，无数且各种各样的要素之间的相互关系是极为密切的，所以我们可以从我们对整体中的某个空间部分或某个时间部分（Some Spatial or Temporal Part）所做的了解中学会对其余部分做出正确的预期，或至少是学会做出颇有希望被证明为正确的预期”（哈耶克，2000）。因此，秩序的一个重要功能便是能够为人们的经济活动提供一个较为稳定的预期，从而协调人们之间的经济活动。

在深入探讨秩序问题之前，首先要了解哈耶克对于理性的区分。因为哈耶克的秩序观是建立在理性观的基础上。哈耶克区分了两种类型的理性：建构理性和进化理性。建构理性主义认为人类的理性能够创造和理解所有文明成果，因而，一切诸如道德、宗教、法律、语言、文字、货币和市场等一切的社会制度都源于人类有意识的发明和设计，都是人类根据理性原则精心设计的产物。因此，建构理性是一种唯理主义，认为个体理性推理是所有知识来源的基础，理性是超越任何经验知识的先验存在，所有的知识都可以借助个体的理性推理而演绎出来。在建构理性主义者看来，人类只应当相信那种能够通过被理性证明的东西，而所谓非理性或未被理性充分理解的事物要么在理性的重新检验下获得存在的合法性，要么就被抑制和铲除。进化理性主义则认为，人类的理性不是先验存在的，而是在漫长的生物和文化演化中演进出来，它不是孤立或超越所有历史文化背景的，而是内嵌于各种习俗、惯例、法律、制度、语言、历史等文化制度中的。不同的文化制度将型构或演化出不同的理性内涵，理性本身是内嵌于一个更为宏大的演化过程中，并且也和其他知识共同演化。因而，理性并不具备构成其他知识来源的优先权。一旦意识到人类理性的这种局限和困境，我们便不能像建构理性主义者那样将人类所有的难题都寄希望于个体理性，我们不能抛弃所有未被理性证明或理性不及的传统，更不能武断地依赖理性去建构未来。诸如道德、语言、法律和市场等社会制度也就不是由人类理性预先设计的，而是由人类在长期的社会互动过程中演化而来的。因此，进化理性弱化了个体理性对认识和改造世界的能力，转向对个体间社会互动过程的重视（黄凯南，2008）。

在上述建构理性和进化理性研究的基础上，哈耶克区分了两种类型的秩序：“人造秩序”（Artificial Order）和“自发秩序”（Spontaneous Order）。“人造秩序”是基于建构理性主义的秩序观，它指人们为实现某些具体的目的而可以设计和创造出来的秩序，源自人们理性的建构。因此，“人造秩序”有明确的建构者以及建构目标。“自发秩序”则是基于进化理性主义的秩序观，它认为秩序是人们行动的产物，而非人理性设计的结果，这种社会秩序的形成是“它们的要素在应对其即时性环境的过程中遵循某些规则所产生的结果。”（哈耶克，2000）。这种秩序是由所有社会成员长期社会互动中演化而来的，而非人类精心设计的结果。

“自发秩序”具备如下一些特征：第一，它是演化的结果而非理性设计的结果，即自发秩序的形成过程是人们在互动过程中受到个体选择和群体选择的作用而演化生成的；第二，它不具有直接的“目的性”。由于自发秩序不是由建构者设计形成的，因此，它不带有“目的性”或“意图”；第三，它具有抽象性，在许多情况下，自发秩序表现为一种抽象而非具体的秩序。

在哈耶克看来，自发秩序的生成机制由两个部分构成，一是人们对某些行为规则的普遍遵循，二是个人对具体情势的调适。或者说自发秩序是由规则支配下的个体在互动过程中适应性生成的。显然，如果想确保一个秩序是有助益的（例如，有利于个体利益或较好地利用个人分散知识），该秩序必须允许个人在普遍规则支配下能够较为自由地对其当下所面对的环境进行调适。因此，自由是确保秩序有效性的必要条件，也是哈耶克研究的核心问题。但是，自由得以实施的必要条件是必须依赖于所谓的一般性规则，亦即哈耶克一贯主张的“法治下的自由”。此外，竞争也是确保自由的重要条件。因此，哈耶克认为“自由、一般性规则和竞争”是确保秩序有助益的必要条件（邓正来，2003），其中一般性规则是最为重要的。可见，哈耶克强调规则遵循机制在很大程度上比个人调适机制更加重要。在这个意义上，社会科学理论的研究对象应从“行动”转向“规则”。尽管哈耶克论述了道德、产权、法律、宪政等规则系统对于自发秩序的重要性，但并没有对“什么样的规则对于扩展秩序是适当的”提供一个普适化的说明。这固然是由于哈耶克坚持认为人类不具备解答上述问题的理性，其沉默也许是避免陷入理性建构主义的明智选择。尽管无法对适当规则进行普适化的定义，但并不意味着我们不能对其进行研究。哈耶克进一步指出，文化进化或社会进化能够对“适当的”规则做出选择。因此，针对“秩序扩展所依凭的规则系统”的生成和变化，哈耶克是从文化进化这一更为宏大的视角来解释。这说明当我们在论述产权、法律、宪政等规则的生成和演变时必须采用文化进化的解释逻辑(黄凯南,2005)。

参考文献:
邓正来:《自由主义社会理论》,山东人民出版社 2003 年版。
[英]哈耶克:《个人主义与经济秩序》,三联书店 2003 年版。
黄凯南:《认知理性与个体主义方法论的发展》,载于《经济研究》2008 年第 7 期。
黄凯南:《秩序的停滞与扩展》,载于《制度经济学研究》2005 年第 4 期。

(黄凯南)

语言与制度
Language and Institution

语言是人类赖以生存的工具之一,除开其交际功能,从社会的角度看,语言也是一种社会制度(索绪尔,1980)。事实上,语言不仅是一种制度,甚至是一种"纯"制度。准确地说,语言是一种使所有其他制度成为可能的"元"制度(韦森,2005;张卫国,2008),开始和结束所有其他制度的制度,没有语言,将没有其他制度,没有语言,人们无法理解制度(Searle,2005)。

语言作为制度,并不是指语言的立法制度,而是把语言本身同其他制度同等对待,分两种情况:一是指不同语言作为不同的制度,其效率是不同的。例如,在表达同一事物上,不同的语言简洁度不同;二是指同一种语言在发生(制度)变迁的前后,效率也是不同的。这种变迁也包括意义不变的情况下,表达方式的改变。语言是一种特殊的制度,我们还可以假定,在其所表达的意义不变的情况下,语言表达方式的改变(包括不同词语的选择和排列组合)是一种既定语言制度下的次级规则(制度)变动(张卫国,2008)。从这个意义上说,制约经济人个体在其语言词汇集中选择不同词语的规则也是一种制度。因为,制度是在特定范围内约束人们之间行为的一系列规则。而作为一种制度,语言主要规范人们的言说行为,在某种程度上,也能界定、调整人们之间权利关系或利益,进而有可能影响经济绩效。

把语言看做一种制度安排,涉及一个效率评价的问题。新制度经济学认为,判断一种制度是否有效率,要看它能否有效地降低交易成本。按照经济学原理和制度经济学目前的理论推理,理论上,有效率的语言制度安排好像应该有这样的特点(张卫国,2008):如果以纯粹交流为目的,在确保意义表达清晰的前提下,能使人们以最少的词语表达出最多的信息,并且能使人们有一个共同的认识(即,即使在不同的语言之间,不应该存在着词语无法对等而表达不清的概念)。其中,格莱斯(Grice)合作原则中的四要素——真实准则、适量准则、关联准则和方式准则——至少是有效率的语言制度安排所应该遵循的。

作为制度的语言变迁具有两个不同的演化路径。一是作为一种旨在降低交易成本的制度,语言趋于融合,朝着语言单一制方向发展;二是作为人类民族文化的象征符号,语言努力地维持自身的多样化。一般意义上的制度,在收敛与发散上,与语言非常类似。一方面,在市场全球化和信息通信技术的影响下某些制度安排出现了一定的趋同;另一方面,我们仍然可以观察到显著的制度多样性。青木昌彦(2001)在分析制度的多样性时曾考虑:尽管各种各样的制度互补性使得制度安排倾向于稳固和具有惰性,制度会不会以相同的方式对环境变化做出反应?换言之,不同区域的制度安排是否会多少变得大致类似?不论我们是否愿意,全球性制度安排会不会走向均质化?在分析了整体性制度的典型化事实及全球制度安排自组织方式的多样性之后,青木昌彦(2001)认为,全球范围内的制度多样性在国家间市场联系加强和通信信息技术革命条件下仍将继续存在;在全球范围演进的整体性制度安排远不会演化成一种凌驾于国家制度和地域性制度之上的单一和均质的状态。它更应体现为一种复杂的结构,起源并演化于不同域的制度,在亚国家、国家或跨国家层面上以竞争或互补方式相互作用。语言(作为制度)的多样性和一般意义的制度多样性则稍有不同:作为制度,语言规范人们的言语行为,而一般制度规范人们的经济或社会行为。不过,语言变迁在收敛和发散过程中存在着生存区和融合区(Breton,1998;张卫国,2011),对比语言的变迁和一般性制度的变迁,可以对制度趋同有新的认识,进而有可能找出避免那些无效率制度的均质化的方法。

总之,语言对经济学的制度分析尤为重要。鲁宾斯坦(2004)曾认为,"经济理论是人们对在人类相互作用中的常规性进行解释的一种尝试,而人类相互作用中的最基本的、非物理性的常规性就是自然语言。经济理论仔细地分析了社会体制的设计;语言——从部分意义上讲——也是一种交流的机制。经济学试图将社会制度解释为从某些函数的最优化过程中所衍生出的常规性,这一点可能对语言也是适用的"。从这个层面上说,语言是制度经济学和语言经济学共同关注的话题。

参考文献:
[美]鲁宾斯坦:《经济学与语言》,上海财经大学出版社 2004 年版。
[日]青木昌彦:《比较制度分析》,上海远东出版社 2001 年版。

[瑞]索绪尔:《普通语言学教程》,商务印书馆1980年版。

韦森:《从语言的经济学到经济学的语言》,引自韦森:《经济学与哲学:制度分析的哲学基础》,上海人民出版社2005年版。

张卫国:《作为人力资本、公共产品和制度的语言》,载于《经济研究》2008年第2期。

张卫国:《语言,及其起源与变迁:一种制度经济学的解释》,载于《制度经济学研究》2011年第4期。

Breton, A., An Economic Analysis of Language, in Albert Breton (ed.), *Economic Approaches to Language and Bilingualism*, Department of Public Works and Government Services, Canada, 1998.

Searle, J., What Is an Institution, *Journal of Institutional Economics*, 1(1), 2005.

(张卫国)

新古典制度经济学国家理论

Theory of State of Neoclassical Institutional Economics

在科斯(Ronald H. Coase)看来,政府不过是一个"超级企业",同所有企业一样,都是作为市场的替代机制出现的。诺思(Douglass C. North)在《经济史中的结构与变迁》一书中,研究了国家如何利用其暴力资源来进行产权界定、税收与保护的交换等基本活动,提出了一个完整的新古典国家理论。这是新古典制度经济学中关于国家的最全面的分析,新古典制度经济学的国家理论通常以此为代表。诺思把国家看成是一个以保护和公正来换取税收和租金的特殊企业,在暴力的使用上拥有比较优势,具有"经济人"的人格特征。

国家的性质。关于国家的存在有两种解释:契约理论与掠夺或剥削理论。国家的契约理论有悠久的历史。契约理论认为,国家是公民达成契约的结果,它要为公民服务。由于契约限定着每个人相对他人的活动,因而它对经济增长来说是十分重要的。契约理论对能促进经济增长的有效率的产权的发展做出了解释。巴泽尔(Yoram Barzel)认为当契约执行缺乏保证时,那些在暴力上有比较优势的个人或团体作为第三方来保证契约的执行,从而促进了分工和交易的扩大以及产出的增加。国家作为第三方是一种契约执行机制。国家掠夺或剥削理论认为,国家是某一集团或阶级的代理者,它的作用是代表该集团或阶级的利益,向其他集团或阶级的成员榨取收入。掠夺性的国家将界定一套产权,使权力集团的收益最大化,而无视它对社会整体福利的影响(诺思,1994)。奥尔森(Mancur Olson)认为国家源于流窜匪帮向常驻匪帮的演变,更接近于掠夺论。

契约论拓展了交换的逻辑,强调了国家在使社会福利最大化方面的作用,但忽视了国家内部的各集团在追求自身利益最大化时所产生的负面影响。掠夺或剥削论,强调了作为某个阶级或集团的代表人的国家,对其他阶级或集团的成员的掠夺和榨取,但忽视了掠夺者出于长期掠夺的考虑,而对被掠夺资源予以的保护。位于两个端点上的国家是极不稳定的非常态,诺斯提出的"暴力潜能"分配功能理论将国家置于了一种更稳定的一般形式(黄少安,2008)。

国家的特征。诺思构造了一个有关国家的新古典理论。认为具有一个福利或效用最大化的统治者的国家模型具有三个基本特征,其一是说明统治者与选民的交换过程,其他两个是说明确定交换要素的条件。

第一,国家为获取收入,以一组服务——我们称之为保护——与公正作交换。由于提供这些服务存在着规模经济,因而作为一个专门从事这些服务的组织,它的社会总收入大于每一个社会个体自己保护自己拥有的产权的收入。

第二,国家像一个带有歧视性的垄断者,为使国家收入最大化,它将选民分为各个集团,并为每一个集团设计产权。

第三,由于总是存在着能提供同样服务的潜在竞争对手,国家受制于其选民的机会成本。它的对手是其他国家,以及现存政治经济单位中可能成为潜在统治者的个人。因而,统治者垄断权力的程度是各个不同选民集团替代度的函数(诺思,1994)。

国家的目的。国家的业务主要集中在两个方面:一是规模地提供保护,以节约经济体中的个体自我提供保护的成本,二是为了经济中个体之间的契约提供规则并保证其履行,从而降低交易费用促进经济增长,从这两个方面来讲国家对于人类社会的发展和进步是不可或缺的。但是国家也会利用暴力优势来谋取自身利益的最大化。国家的目标函数通常包括权力、税收、租金、统治者的个人声望等。国家在界定产权的时候需要在自身利益最大化和社会产出最大化两个目标之间进行权衡。国家可能选择有效率的产权制度来促进经济增长,也可能为了自身的利益来选择无效率的产权制度破坏经济增长,社会产出最终取决于国家在这两个目的间权衡并相应分配暴力的结果。国家在两个极端目的间徘徊而不是驻留在某一端点,这正是新古典制度经济学的国家理论和以往国家理论的不同(黄少安,2008)。

诺思认为,一个国家的增长过程是内在不稳定的。国家负责界定产权并对由此造成的增长和衰退负责,因为不同的产权制度会带来不同的产出效果。国家作为一个通过提供保护和执行契约来获利的自利组织,其界定产权的目的是为了获取更多的收益。也就是降低保护成本和提高征税的效率。同时国家界定产权受成本—收益函数的约束,只有当界定一项产权的收益大于其成本时,国家才会提供这种服务。

影响国家产权界定成本的因素包括:技术因素,产权的界定需要相应的技术支持;交易费用因素,既定技术下,测量、判定一项产权的成本过高时,国家通常不愿意提供产权界定;社会成本,当界定保护一项产权的社会成本过高并转而影响到统治者自身的利益时,国家通常不会提供产权界定和保护;意识形态,意识形态因素会影响到统治者产权界定的选择;利益集团,利益集团会影响到国家的政治经济制度,使国家按照有利于特定利益集团的方式来制定政策、进行收入再分配。

国家为获取税收而提供产权保护,但也会为了统治者的利益来没收财产,破坏产权。影响国家保护产权的因素包括:统治者的统治期限,国家愿意通过提供产权保护来换取税收而不是直接抢劫获利,是考虑到如果统治周期足够长,税收收入就会大于抢劫所得;交易费用,交易费用主要是统治者监督臣民、征税的成本;统治者的知识水平,受知识水平所限,许多统治者意识不到产权保护和经济增长之间的关系,他们更愿意剥夺私人产权;社会结构,一般来说,社会结构越多元化,国家对产权的保护越强;政治制度,一般认为民主制度比专制制度更有利于产权保护。

总之,统治者出于个人利益最大化的目的来界定和保护产权,其个人利益构成中,既包括权力,也包括收入。诺思指出,国家需要在使统治者收入最大化的产权结构和降低交易费用的产权结构之间进行权衡。当统治者的个人私利与社会利益一致的时候,保护产权的制度才会出现。

参考文献:

黄少安:《制度经济学》,高等教育出版社 2008 年版。

[美]道格拉斯·C·诺思:《经济史中的结构与变迁》,上海人民出版社 1994 年版。

[美]巴泽尔:《国家理论》,上海财经大学出版社 2006 年版。

Ronald H. Coase, The Nature of the Firm, *Economica*, Vol. 4, No. 16, 1937.

Mancur Olson, Dictatorship, Democracy and Development, *The American Political Science Review*, Vol. 87, No. 3, 1993.

(黄少安 孙圣民)

意识形态理论
Theory of Ideology

卡尔·曼海姆(Karl Mannheim)认为意识形态应表述为群体意识形态,指由个人组成的群体,做出相似的反应(卡尔·曼海姆,2000)。每个个体只参与意识形态的某些片断,而意识形态作为一个整体,却不是个体思想的简单加总。在诺思的《经济史中的结构与变迁》中,意识形态理论是被作为交易费用理论和国家理论的补充而提出的,意识形态被认为是正式制度安排的"节约成本机制"和"润滑剂",变迁与稳定需要一个意识形态理论,并以此来解释新古典理论的个人主义理性计算所产生的这些偏差(孙圣民,2006)。

意识形态,在新古典制度经济学中是作为与法律、规则等正式制度相对立的非正式制度出现的,是对人们的行为进行约束的一整套习惯、准则和行为规范,表现为一套由伦理、道德、价值观等构成的信念体系。这套信念体系约束、调整着人们的行为,使人们可以超越新古典经济学的经济人的自利算计。如果不考虑意识形态因素,将很难理解社会中人们的行为表现(黄少安,2008)。

意识形态的本质。当我们认识到我们每个人的生活是由"普通"的知识来指导以及这些知识是理性的时候,意识形态就努力使个人和团体的行为方式理性化。意识形态是普遍存在的,但并不适用于任何阶级。重要的是,应强调意识形态的以下三个方面:第一,意识形态是种节约机制,通过它,人们认识到了他们所处的环境,并被一种"世界观"导引,从而使决策过程简单明了。第二,意识形态不可避免地与个人在观察世界时所持的道德、伦理评价互相交织在一起。也就意味着有一种非此即彼的选择观念——即在相互对立的理性和意识形态中作出选择。第三,当人们的经验与其思想不相符时,他们就会改变其意识观点。实际上,他们试图去发展一套"适合"于其经验的新的理性。

人们在改变其意识形态之前,其经验与意识之间的矛盾必须有一定的积累。相对价格的单独变化可能不会改变人们的观念及据此所作的决策,但有悖于人们理性的持续的变化或影响人们幸福的根本性变化,将迫使人们改变其意识形态。

意识形态的改变。每个人的意识形态有一个固有的部分,即关于"制度"公平或公正的评判。当这个评判超出个人所面临的交换的特定条件时,这些条件在评价这个制度的公平性方面是非常关键的。诺斯提出了有关相对价格的四种选择,这些相对价格会改变个人对制度公平性的看法,并导致他(或她)的意识形态的改变:第一,产权的改变,否定了个人对其过去一直拥有的资源的权利,而这些权利已被人们作为习惯或公正予以承认(例如,公共土地的圈定)。第二,在要素市场或产品市场上,交换的条件偏离了人们认同的公平交换的比率。第三,在劳动力中,一个特殊的集团的相对收入状况发生了偏离。第四,信息成本降低的结果是,使人们相信不同的或更优惠的交换条件具有优势。

意识形态的功能。第一,意识形态具有节约交易成本的功能。意识形态是一种自我实施机制,它对人们行为的约束是出于人们"这样做是不对的"的信念。第二,意识形态有助于人们克服搭便车行为,采取集体行动。在一个集体中,一种共同拥有的价值观使得人们的行为有了共同的准则,从而减少信息费用与谈判费用,使决策过程简化。当所有的成员抱定"不行动是不对的"信念时,就会采取集体行动,从而,搭便车现象被克服。第三,意识形态具有强烈的激励功能。在"做是有意义的"的信念的激励下,人们愿意采取某种看起来对他全无益处的行为,为了某种目标来奉献自己的时间、精力、财富甚至生命(黄少安,2008)。

成功意识形态的特点。不管意识形态是证明现存的产权结构和交换条件的合理、公正,还是抨击现存的结构不公,它必须具有以下特点才是成功的。意识形态是由相互关联的、包罗万象的世界观构成,它必须解释,现存的产权结构和交换条件是如何成为更大的体制的组成部分的。成功的意识形态必须是灵活的,以便能得到新的团体的忠诚拥护,或者当外在条件发生变化时得到旧的团体的忠诚拥护。任何一个成功的意识形态必须克服搭便车问题,其基本目的在于促进一些群体不再按简单的、个人的成本与收益的计算来行事。

如果占支配地位的意识形态的目标是使人们相信现存的规则与正义是共存的,相应地,要使人们出于一种道德感来遵守这些规则,那么,成功的反意识形态的目标就是,不仅使人们确信不公正是现行体制的一个不可或缺的部分,而且使人们确信只有通过参与改变现行体制的活动,一个公正的体制才能到来(诺思,1994a)。

在《制度、制度变迁与经济绩效》中,诺思强调制度变迁有两个源泉,即要素相对价格的变动与行为者偏好(包括意识形态)的变化。将意识形态因素引入行为者的主观模型中,将行为者意识形态的变化作为制度变迁的另一个源泉。诺思在《理解经济变迁过程》等随后的研究中,将认知模式纳入自己有限理性的研究中,并借鉴认知科学的内容,提出在任何有组织的信仰体系中,都可以发现与理性互补的信仰的存在。而所谓有组织的信仰体系,诺斯指的是宗教、官方意识形态这样的体系。

参考文献:

[德]卡尔·曼海姆:《意识形态与乌托邦》,商务印书馆2000年版。

孙圣民:《制度变迁视角的意识形态理论分析》,载于《经济评论》2006年第6期。

黄少安:《制度经济学》,高等教育出版社2008年版。

[美]道格拉斯·C·诺思:《经济史中的结构与变迁》,上海人民出版社1994a年版。

[美]道格拉斯·C·诺思:《制度、制度变迁与经济绩效》,上海三联书店1994b年版。

[美]道格拉斯·C·诺思:《理解经济变迁过程》,中国人民大学出版社2008年版。

(孙圣民)

财产、产权与法权
Property,Property Rights and Legal Rights

在产权经济学中,财产(Property)作为产权(Property Rights)的客体,是与产权主体绝对或相对分离、能够被人们拥有、对人们有用的、稀缺的客观对象,也是人们建立产权关系的客观基础。人拥有财产包括人与物的关系,但是人与物的权利关系并不等同于物本身。财产本身并不是主体意志和权利关系。作为客体,它是人们建立或设置权利的对象,体现产权主体的意志。另外,随着主体设置权利的主观需要、客观经济社会环境以及技术条件的变化,财产的范围和外延是动态变化的。作为财产必须同时具备四个条件(黄少安,1995;2008):第一,是独立或相对独立于产权主体的意志而存在的对象。财产必须是与财产主体分离或相对分离,独立于主体的意志而存在。例如,可设置权利关系的普通物品是独立于主体的,而劳动力这一财产类型则是相对独立于主体的。第二,能够被人们所拥有、控制和利用的对象。作为客观存在的对象,能否为人们所拥有、控制和利用,取决于人类的能力,这种能力是随着科技发展、文明提升、社会进步不断提高,因此,财产的范围是动态扩展的。第三,对人们而言,是具有使用价值的对象。有用性是针对财产设置权利的一个基本前提。财产的有用性条件也蕴含着财产外延发生变动的可能。第四,具有稀缺性。没有稀缺性的客观对象不是财产,因为对于它们而言,无法或没有必要设置权利。稀缺性的变化也会使财产的外延发生变化。

德姆塞茨(Demsetz,1964;1966;1967)较早对产权的概念等基本理论问题进行专门研究并有明确观点,他认为"产权是社会的工具,其意义来自于这样一个事实:在一个人与他人做交易时,产权有助于他建立那些他可以坚持的合理预期,而这些预期可以在一个社会的法律、习惯、道德方面找到表达"(Demsetz,1967),而且意识到"产权传达的是自己或他人受益或受损的权利"(Demsetz,1967)是重要的。德姆塞茨的这一定义一是强调产权的行为性,即强调产权是被允许通过采取某种行动获得利益的权利;二是强调产权的社会关系性质,认为产权是社会的工具;三是强调产权的规制方式可以是正式的法律,也可以是非正式的社会规范。

阿尔钦在《产权:一个经典的注释》中也认为:"产

权是一个社会所强制实施的选择一种经济品的使用的权利”（阿尔钦，1991）。他进一步阐明，任何社会个人的产权不仅拥有受到法律保护的权利，还有受到“由礼节、社会习惯和放逐法的力量所支持的”传统影响（Alchian，1977）。这和德姆塞茨的认识是一脉相承的。

弗鲁博顿和佩杰威齐（Furubotn and Pejovich，1972）把产权的定义归结为：“产权不是关于人与物之间的关系，而是指由于物的存在和使用而引起的人们之间一些被认可的行为性关系，……社会中盛行的产权制度便可以描述为界定每个个体在稀缺资源利用方面的地位的一组经济和社会关系。”这已经是一个比较全面和科学的定义了，既概括了现代西方产权经济学家从不同角度给产权下的定义，也与罗马法、习惯法以及现代法律对产权的定义基本上一致。另外，在后续的研究中，弗鲁博顿等人进一步阐述了产权的组成，“在这个世界里，资产的所有权被理解为包括使用资产的权利，改变资产的形式和性质的权利以及转让所有或部分资产的权利”，而且，“所有权是一种排他权，但是所有权并非是一种不受限制的权利”（弗鲁博顿和芮切特，2000）。

法经济学家斯密德也从与弗鲁博顿相仿的角度给出了产权的一个定义，他认为“产权说明的是与一种资源或任何行动路线有关的人与人之间的关系。这种人与人的关系，与说明人与物的关系有所不同”（斯密德，1987）。

马克思的所有制理论（实质上是他的产权理论）中对产权也基本上做出了类似的定义。对“财产”或“所有制关系”的定义实质上就是对产权或产权关系的定义，强调的是人与人之间建立在物的基础上的经济权利关系，从来都认为财产（其实是财产关系或产权）只能在一定的人与人之间的关系中才存在。但是马克思不像现代西方产权经济学家那样，把产权关系限定在私人或个人之间的狭窄范围之内。他重点考察的是资本主义私有制前提下的私人产权制度，但并不认为私人产权是唯一合理或有效率的产权，而认为应该历史地看待不同形态的产权和产权制度。

纵观上述各种定义，所谓产权，简而言之：就是对财产的权利，亦即对财产的广义的所有权——包括归属权、占有权、支配权和使用权；它是人们（主体）围绕或通过财产（客体）而形成的经济权利关系；其直观形式是人对物的关系，实质上都是产权主体（包括公有主体和私有主体）之间的关系（黄少安，1995）。

产权与法权（Legal Rights）是客观的经济权利与其在法律上的硬化形式之间的关系。一般直觉上认为，产权是经济关系的法律形式或法律硬化形式，也就是说，产权本身不是客观的经济关系，而是这种关系的法律形式，只有在法律意义上才存在产权，产权就是法权或法律意义上的权利。不过，这种观点否认了产权关系作为经济关系的客观性，颠倒了产权关系与法律关系（法律意义上的财产权利关系）的次序。

既然产权是主体对财产的一组以利益为目的的行为性权利，那么，无论是产权主体的行为和利益，还是产权的客体即财产，都独立或可以独立于法律而存在。法律中充满了财产权利的概念和条文，但是权利和利益并非是法律臆造出来的，它本身就是客观存在的经济关系，法律上的概念只是它在意识形态上的反映。当然，法律上的权利界定对客观经济关系不仅有反映的作用，也有保护、规范和调整的作用，产权获得法权形式，使产权更明确、更规范，使产权矛盾解决更有依据和更有效。可以说法权是产权的法律硬化形式。

客观的产权关系是社会经济关系的核心组成部分，属于经济基础范畴。当这种客观的产权关系获得法律上的认可和保护时，就成为具有法定意义的权利关系，即产权获得了法权的形式。法权属于上层建筑或意识形态，必须以客观的产权为基础和反映对象，没有客观上的产权关系，就不会有相应的法权存在。但是，产权却不一定都及时地、充分地获得法权形式。不过，即便如此，它照样客观存在着。因此，产权与法权的逻辑序列是，先有产权然后才可能有法权。产权是法权的本源，法权是产权的反映。

法律上的财产权利制度必然以现实的产权关系及其发展的趋势为依据。一种产权结构和制度的产生、存在和改变根本上并不取决于法律，而是取决于生产力因素及其与生产关系的矛盾运动。

参考文献：

黄少安：《产权经济学导论》，山东人民出版社 1995 年版。

黄少安：《制度经济学》，高等教育出版社 2008 年版。

［美］弗鲁博顿、［德］芮切特：《新制度经济学：一个交易费用分析范式》，上海人民出版社 2006 年版。

［美］斯密德：《财产、权力和公共选择：对法和经济学的进一步思考》，上海人民出版社 2006 年版。

［美］阿尔钦：《产权，一个经典的注释》，引自科斯等：《财产权利和制度变迁》，上海三联书店 1994 年版。

Alchian, Armen A., *Economic Forces at Work*, Indiannapolis: Liberty Press, 1977.

Demsetz, H., The Exchange and Enforcement of Property Rights, *Journal of Law and Economics*, 7, 1964.

Demsetz, H., Some Aspects of Property Rights, *Journal of Law and Economics*, 9, 1966.

Demsetz, H., Toward a Theory of Property Rights, *American Economic Review*, 57(2), 1967.

Furubotn, Eirik G. and Svetozar Pejovich, Property Rights and Economic Theory: A Survey of Recent Literature, *Journal of Economic Literature*,10(4),1972.

（黄少安　孙涛）

产权性质
Nature of Property Rights

关于产权的属性(Nature of Property Rights),张五常(Cheung,1983)认为任何生产投入要素都是一种私有财产,如果在合理的限制范围内,那么它的所有者有以下权利:“(1)排除他人以保证自己能独立决定如何使用它们的权利;(2)从使用中索取排他性收入的权利;(3)转让财产(包括劳动)或与他认为适合的任何人进行交换的权利。这种交换权即意味着契约权,而产权可通过广泛多样的契约安排来进行交易。”当然,这些权利之所以得到交换,对所有者来说,都是为了追求高收入这个目标,而这种契约的选择将为交易费用所制约。

产权作为人们之间围绕其客体——财产而建立的一系列经济权利关系,内在地具有排他性、有限性、可交易性、可分解性、行为性等性质(黄少安,1995)。

产权的排他性是指人与人之间对财产的权利实际上构成竞争,对特定财产的特定权利只能有一个主体。一个主体要阻止别的主体进入特定财产权利的领域,保护特定的财产权利。这就是产权的排他性。“在我们的分析的背后有一个重要的思想是由所有权带来的一个关键的权利是能排除其他人使用资产”(Hart & Moore,1990)。

产权有限性具体包括两方面的含义:一是指任一产权与其他产权之间,必须有清晰的界限;二是指任一产权必须有限度。前者指不同产权之间的界限或界区,后者是指特定权利的数量大小或范围,“一个主体期望共同体能够保护自己行为不受他人干涉,倘若这些行为不是自己权利的设定所禁止的”(Demsetz,1967)。

产权的可交易性指产权在不同主体之间的转手和让渡,从而实现经济权利的流转,“一个私有产权体系很难用几句话来定义,……重要的相关概念是个体对那些被赋予的稀缺资源(包括思想)施加控制,并且这种控制的权利是可出售的或转让的”(Demsetz,1966)。

产权的可分解性是指特定财产的各项产权可以分属于不同主体的性质,可分解性包括权能的可分工性和所包含利益内容的可分割性。

产权的行为性就是产权主体在财产权利的界区内有权做什么,不做什么,有权阻止别人做什么,必须做什么等性质,是针对产权权能而言的。正如德姆塞茨所言,“一个产权主体获得其他主体的认同,并允许他以特定的方式行动”(Demsetz,1967)。

产权分离(Separation of Property Rights)与产权的可分解性相联系。产权分离表现在以下几个方面(黄少安,1995):其一,特定财产的产权,从理论上说,是一束权利的集合,可以分解为不同的子项,而且,在不同经济社会条件下,根据不同需要,可以做不同的划分。所有权、占有权、支配权和使用权,只是一般性划分。现实中的产权细分程度和权项的具体内容,是随着社会分工和生产力的发展而变动的。社会分工的广化和深化,具体到产权权能的分工行使上,就要求产权做相应的分解。社会分工越发达,产权行使的分工就越细,产权的划分越细,权项越多,就越有可能获得分工的比较收益。

其二,特定财产的不同项产权,可以合一于一个主体,也可以分离,分离又有不同的分离方式和组合关系。例如,可以分离出其中的一项或几项。每一种分离方式和组合方式,就形成一种结构,不同的分离组合关系即意味着不同的微观产权结构。

其三,决定产权分离组合的因素不是人的主观意志,而是三个方面的相对状况:一是原产权主体所拥有的产权与其自身产权行使能力的相对状况;二是原有产权主体的产权量及其对应的资产量与资产营运的必要规模的相对状况,当自己所拥有的资产及其产权太少,不足以投入经营,例如不足以创办一个企业时,就会与别人联合投资,从而很可能其资产的部分产权就会分离出去,由别人(自然人或法人,如企业)代理;三是自己行使全部产权所能实现的收益与由别人代理所能实现的收益相比较。

产权分离的重要研究是贝利和米恩斯(Berle and Means,1932)对股份制公司所有权与控制权分离的论证。与大公司技术边界的日益扩展相伴随的是股权的日益分散。而股权日益分散造成股东权力弱化,最终造成所有权与控制权相分离。“拥有控制企业正式权利的人……事实上仅能对企业管理层施加有限的权威。有时,这些企业的所有者根本没法进行控制——所以有所谓所有权和控制权之间的分离”(Hansmann,1988)。实际上,更早的两权分离及其可能引发问题的论述可以追溯到亚当·斯密那里,他指出,人们不像对待自己的那样关心别人的钱,这使得合资企业中的所有者的利益与管理者的利益相分离,“因此,疏忽和浪费在这些企业的管理事务中总是多少存在的”(Smith,1776)。

产权的功能(Function of Property Rights)是产权界定社会经济关系进而影响经济运行的有关机制。这些机制包括微观层面、宏观层面还有中观层面。这些机制是内生于产权的基本属性之中。只要有产权或实施了产权,产权就会产生相应的作用或具备相应的功能。产权的功能主要体现在以下几个方面:

第一,减少不确定性。产权减少不确定性的功能是相对于没有产权或者产权没有明确界定两种情况而言。人们确立或设置产权,或者把原来不明晰的产权明晰化,都可以使不同资产的不同产权之间边界确定,使不同的主体对不同的资产有不同的、确定的权利。这样就会使人们的经济交往环境比较确定,大家都比较明白自己和别人的选择空间。

第二,外部性内部化。德姆塞茨(Demsetz,1967)指出"产权的首要功能就是为完成一个更大程度的外部性内部化提供激励"。外部性问题可以归结为对以外部性形式表现出来的新的产权设置或界定问题。而一旦这种新的权利得到了界定,谁是其拥有者就变得明确,也就是对外部性设置了产权。一旦这种产权设置起来,外部性就被内部化了,不再是外部损害或外部效益了。对外部损害和外部效益的任何界定,本质上都是对产权的界定。就外部损害来说,如果损害者有权利制造损害而不承担赔偿责任,对他来说这就是一种权利,如果通过法律或其他形式确认了这种权利,对他来说,就不是外部性了。而同时,对于受害者来说,如果已经做出这样的权利界定,他就没有阻止损害和索赔的权利,那么,其蒙受的损失就不是外部损失,而是其经济活动所必须支付的代价,是一种内在成本或私人成本了。外部性内部化的条件包括:"(1)产权界定得足够清晰,以及(2)交易自由"(弗鲁博顿和芮切特,2006)。特别值得注意的是,"禁止产权的调整,禁止建立可供交易的所有权,是外部成本和收益内部化的主要障碍"(Demsetz,1967)。

第三,激励和约束功能。产权的激励功能来源于其利益内容,应该说产权所包含内容中几乎所有权利都指向于收益权。任何一个产权主体,其可以行使的权能和利益是相对应的。产权的激励功能就在于使产权主体的努力程度与其产权收益或预期收益相匹配。基于产权的有限性,产权也就同时具有了对产权主体的约束功能。因为产权的权能空间是界区的,这在确定了其选择集合的同时,也限制了其作用空间。因为产权的利益是有限度的,因而在确认和保证其可以得到什么的同时,也确定了他的利益边界,限制了他不可以得到更多的东西。

第四,资源配置和收入分配功能。所谓产权的资源配置是指产权安排或产权结构直接形成资源配置状况或驱动资源配置状态改变或影响对资源配置的调节。而产权之所以具有收入分配功能,是因为产权本身包含着利益内容,要么本身就是收入或可转化为供人们享用的各种物品,要么是获取各种形式收入的依据。权利是一种手段,社会依此控制和协调人类的相互依赖性,解决人们的利益分配问题。"由于权利安排对经济运行和效果有影响,选择权利就是选择利益"(斯密德,2006)。

参考文献:

黄少安:《产权经济学导论》,山东人民出版社 1995 年版。

[美]弗鲁博顿、[德]芮切特:《新制度经济学:一个交易费用分析范式》,上海人民出版社 2006 年版。

[美]斯密德:《财产、权力和公共选择:对法和经济学的进一步思考》,上海人民出版社 2006 年版。

Berle, A. A. and G. C. Means, *The Modern Corporation and Private Property*, New York: Macmillan, 1932.

Cheung, Steven N. S., The Contractual Nature of the Firm, *Journal of Law and Economics*, 26(1), 1983.

Demsetz, H., Some Aspects of Property Rights, *Journal of Law and Economics*, 9, 1966.

Demsetz, H., Toward a Theory of Property Rights, *American Economic Review*, 57(2), 1967.

Hansmann, H., Ownership of the Firm, *Journal of Law, Economics, and Organization*, 4, 1988.

Hart, Oliver and John Moore, Property Rights and the Nature of the Firm, *Journal of Political Economy*, 98(6), 1990.

Smith, Adam, *An Inquiry into the Nature and Causes of the Wealth of Nations* 2 Vols., Oxford: Oxford University Press, 1976[1776].

(黄少安　孙涛)

产权、制度与经济增长
Property Rights, Institutions and Economic Growth

产权与经济增长。经济增长,库兹涅茨(Simon Smith Kuznets)将其定义为"向人们提供种类繁多的经济产品的能力的长期上升,而这种不断增长的能力是建立在先进技术以及所需要的制度和思想意识的相应调整的基础上的。"根据这一定义,我们可以发现,经济增长的核心因素是制度和技术。而在有关经济增长的诸多模型中,制度因素一直被看成是增长的外生变量而排除在模型之外,诺思用建立在产权理论基础上的制度理论来说明经济增长。随着经济发展,经济关系越来越复杂,不确定因素也越多。同时,人类认识环境、预测环境的能力和技术也在不断提高。但是,不确定性却依然存在。人们总是在通过各种途径和手段,设计出一些约束人们经济活动的规则和制度,力求减少不确定性。产权规则属于重要的经济制度,无疑具有减少不确定性的作用。可以说,人们设置产权、设计种种产权规则等等,都具有对付不确定性和复杂性,以克服人类理性不完全的功能。在一般情况下,通过设置或明晰产权可以减少不确定性,起到稳定而长久的激励作用,从而提高效率(黄少安,2004)。

制度与经济增长。斯密(Adam Smith)以来,经济学家一直把专业化和劳动分工的发展、生产技术的提高以及由此产生的市场规模扩大看成是经济增长的原因。但是,用劳动分工和生产函数来解释经济增长并不尽如人意,因为在经济绩效中,总有一部分“剩余因素”得不到说明。诺思认为出现解释不了的“剩余因素”的原因,是经济学家在构造他们的模型时,忽略了在专业化和劳动分工发展的情况下,生产要素交易所产生的费用,而这些交易费用是制度建立的基础。专业化和劳动分工的发展会增大交易费用,而不会自动导致降低交易费用的制度产生。结果,逐渐增大的交易费用会阻碍专业化和劳动分工的进一步发展,导致经济衰退。而制度的建立是为了减少交易成本,减少个人收益与社会效益之间的差异,激励个人和组织从事生产性活动,最终导致经济增长。因此,制度是一系列正式约束和非正式约束组成的规则网络,它约束着人们的行为,减少专业化和分工发展带来的交易费用的增加,解决人类所面临的合作问题,创造有效组织运行的条件(李飞,1992)。

诺思认为,新古典经济学增长理论和新增长理论中所有解释增长的因素都是经济增长本身,而不是增长的原因。以这些因素来解释经济增长,等于是用增长解释增长,不能够洞悉增长的真正原因。对经济增长原因的探悉,必须回到制度因素上来,将制度作为内生变量来解释经济增长。不同制度下,劳动分工范围、要素积累水平及技术进步能力会存在不同,并最终影响到经济增长水平。制度对经济增长作用的机理,主要表现在:

第一,制度影响劳动分工水平。斯密把劳动分工作为经济增长的源头,并指出分工受到市场范围的限制。随着市场范围的扩大,分工趋于深入,生产率提高。但是市场扩大和分工深入的过程,不能避免地会受到制度的影响。主要表现在:不同的制度下分工和交换活动的交易费用不同。许多国家通过法律来规范人们的商业活动,并有相对完善的货币、金融及市场交易制度,这使得陌生人之间的交易很容易展开。而另一些国家却缺乏这样的制度,人们间的交易活动只能限制在熟人网络里,无法形成匿名市场,结果分工和交易的范围被大大限制;不同的制度下人们参与分工的收益不同。人们之所以愿意参与分工和交易,是因为分工给他们带来了收益。通过分工和交换,他们发现自己获得的财富增加了而不是减少了。

第二,制度影响资本投入和积累水平。制度影响资本投入和积累水平,从而持续地影响经济增长。人们投入资本进行生产,是因为对利润的预期。不同的制度下,对财产的保护程度不同,人们关于投资收益的预期不同,因此投资水平和社会产出水平也就不同。要素投入水平的降低,不但会影响到当期产出,而且会由于要素积累水平的降低而持续地影响到经济增长水平。

第三,制度影响人力资本的投资和积累水平。不同制度下,劳动力的投入水平不同。制度具有激励作用,不同制度对劳动者的激励程度不同,会导致不同的劳动力投入水平和物质要素的产出水平;不同制度下,教育和人力资本投资水平不同。

第四,制度影响生产要素流向。不同制度会导致生产要素在不同部门间的边际报酬不同,影响资源在部门间的配置。在同样要素积累水平下,一个国家的生产要素主要流向生产部门还是非生产性部门,会使经济增长水平产生根本差异。制度决定了资源配置的主导者;制度影响一个社会的寻租程度;制度影响人力资本的流向。

第五,制度影响人们解决冲突的方式。在稀缺性的约束下,社会既是一个资源配置的系统,更是一个由稀缺性引发的冲突解决系统。不同的制度规定了人们解决冲突的不同方式,从而影响到经济增长的成果能否被保持。

制度对经济增长的促进作用,不但需要在机理上做出解释,而且需要被历史经验所证实。20 世纪 50 ~ 60 年代在美国兴起的历史计量学对检验“制度促进经济增长”这一命题做出了重要的贡献(黄少安,2008)。例如,阿西莫格鲁(Daron Acemoglu)等通过跨国数据的经验分析和案例研究,对世界各国历史上贫富反转、殖民地起源、欧洲兴起等的讨论,论证了制度对经济增长至关重要的基本命题。并提出经济制度的差异,是国与国之间经济增长率和繁荣程度差异的主要来源。

参考文献:

黄少安:《产权经济学导论》,经济科学出版社 2004 年版。

李飞:《诺斯〈制度、制度变迁与经济实绩〉介绍》,载于《经济社会体制比较》1992 年第 2 期。

[美]道格拉斯·C·诺思:《经济史中的结构与变迁》,上海人民出版社 1994 年版。

黄少安:《制度经济学》,高等教育出版社 2008 年版。

Acemoglu, Daron, Simon Johnson and James A. Robinson, Reversal of Fortune: Geography and Institutions in the Making of the Modern World Income Distribution, *Quarterly Journal of Economics*, Vol. 117, No. 4, 2002.

Acemoglu, Daron, Simon Johnson and James A. Robinson, The Colonial Origins of Comparative Development: An Empirical Investigation, *American Economic Review*, Vol. 91, No. 5, 2001.

Acemoglu, Daron, Simon Johnson and James A. Robinson, The Rise of Europe: Atlantic Trade, Institutional Change, and Economic Growth, *American Economic Review*, Vol. 95, No. 3, 2005.

（黄少安　孙圣民）

产权制度与收入分配
Property Rights System and Income Distribution

产权是个人对他们所拥有的劳动、物品和服务的占有权利。占有是法律规则、组织形式、实施及行为规范的函数——也就是说，它是制度框架的函数（诺思，1994）。产权之所以具有收入分配功能，是因为产权本身包含着利益内容，要么本身就是收入或可转化为供人们享用的各种物品，要么是获取各种形式的收入的依据。

产权的分配功能主要体现在以下几个方面：

第一，产权在不同主体之间的划分，本身就是收入或获取收入手段的分配。

第二，产权是收入分配的基本依据。生产是人类的必然性活动。而生产是各种生产要素相结合的过程，对生产的结果总是要进行分配。依据什么分配呢？只能是按各种生产要素的不同产权进行分配，谁是生产要素的产权主体，谁就获得相应的收入，产权越多，分得的收入越多。无论是按资分配，还是按劳分配，本质上都是按生产要素的产权分配。而这种生产要素的产权是在生产之前就必须界定的，更是在收入分配之前就得到了界定。

当然不能反过来认为，凡是收入分配都以产权为依据，任何主体的收入都是依其产权而获得的。有些收入分配并不以产权为依据，例如，国家依据政治权力参与国民收入分配（即财政分配），政府官员利用政治权力谋取灰色收入，等等。但是，从社会总体情况看，产权是基本的分配依据。

第三，产权的界定和明晰有助于收入分配规范化。既然产权本身就是收入或获取收入的基本依据，那么，对产权的划分和明确也就是对收入或收入依据的划分和明确。只要产权规则是明确的，收入分配就是规范的。只要产权能够得到保护，收入分配就能正常进行，收入也就得到了保护。只要产权的划分是合理的，收入分配就基本上是合理的。如果收入分配不合理，也基本上归结为产权划分不合理，纠正或改善分配不合理，也可以从调整产权入手。当然，也可以不调整产权的划分而调整不同生产要素产权在收入分配中的权重或生产要素的价格。例如，提高劳动者工资，并没有改变劳动力产权的归属，却也起到调整收入分配的作用（黄少安，2004）。如果收入分配不合理，会导致收入差距的扩大，国家保护产权的成本增加，原因是：首先，在一个收入差距过大的国家里，通常存在着严重的犯罪行为和暴力冲突，影响产权安全；其次，随着阶层间收入差距的拉大，他们之间的隔阂和对立情绪会变得日益严重，一个阶层会逐渐丧失理解和关心另一个阶层的动力和能力，他们之间的冲突和暴力侵害活动增加，严重时还会引起大规模骚乱甚至起义和内战，破坏经济增长。

参考文献：

［美］道格拉斯·C·诺思：《制度、制度变迁与经济绩效》，上海三联书店1994年版。

黄少安：《产权经济学导论》，经济科学出版社2004年版。

黄少安：《制度经济学》，高等教育出版社2008年版。

李鹏：《关于产权制度与收入分配关系的理论比较》，载于《求实》2011年第6期。

（黄少安　孙圣民）

产权公域与产权邻域
Public Domain of Property Rights and Adjacent Domain of Property Rights

产权公域是指不同产权主体的权能范围或作用空间的交叉部分；产权邻域是指不同产权主体的权能范围相邻的区域。它们与产权主体的行为和产权的行为性相关。

不同的产权主体在行使各自产权权能的时候，可能会出现他们的作用空间部分或全部交叉（重叠）的情况。比如，在一条河中，甲有权在河里航行，乙有权在河里捕鱼，丙有权在河里种植水稻。同样是这条河，有三个不同的产权主体，他们的不同产权的作用空间是交叉或重叠的，这条河就构成了他们的产权公域。在产权公域中，不同产权主体的行为可能会相互影响，成为外部性产生的可能空间。但是，产权公域不一定会产生外部性，也不是公共产品，也不是公有产权或共有产权。产权公域是不同的产权及不同的产权主体在原有产权得到划分和确认的前提下，产权权能范围的交叉和重叠；公有产权是众多的社会成员共同组成一个产权主体，拥有某种财产的权利，比如国有资产的产权是公有产权，归全体人民共同所有；共有产权是一些主体对某种财产拥有权利，不同主体之间没有竞争性和排他性，比如集体所有的财产归集体的全体成员所有。因此，产权公域所指的是对应产权的财产，即产权的对象或标的，它既可以是私有产权的共同对象或标的，也可以是公有产权的共同对象或标的，还可以是公有产权和私有产权的共同对象或标的，关键是这种产权对象或标的是交叉的或重复的。

不同的产权主体在产权明晰的前提下，存在着相邻或邻近的产权权能行使或作用范围的情况。比如，稻田边上的养猪场，稻田和养猪场的产权主体是明晰的，其产权也是明晰的，但是稻田的产权主体行使产权可能会影响到养猪场的产权主体行使产权，稻田喷洒农药可能会让猪生病；同样，养猪场的产权主体行使产权可能也会影响到稻田的产权主体,养猪场排放的废水可能会成为稻田的肥料。产权邻域所指的对象是对应不同产权的财产,但是由于这种财产可能是相邻的或邻近的,从而具有相互影响的可能性。产权邻域所对应的产权不是公有产权,而是私有产权和共有产权。对于公有产权,无所谓邻域的问题;产权邻域可能发生在私有产权之间,也可能发生在共有产权之间,还可能发生在私有产权与共有产权之间。

既然存在产权公域和产权邻域,就存在发生外部性的可能性,并可能产生出新的权利或产权问题。可以以外部损害(外部不经济)为对象,分为三种情形来讨论(外部经济可以进行相同的讨论,不再详述):

第一种情形:有产权公域或邻域,并不意味着同时就存在外部损害,但是随着条件的变化可能会产生外部损害,产生新的产权或权利问题。比如,在产权公域所讨论的河流的例子中,船夫在河里航行跑运输、渔民在河里养鱼捕鱼、农夫在河里种水稻,一开始产权清晰,相互没有影响。但是,随着条件的变化,比如船夫采用了更大的船只,排放的废水和废气等污染河流,导致鱼死亡,渔民无鱼可捕或者捕鱼的成本提高,更大的船只还意味着占用更宽的河道,减少了农夫种植水稻的面积。这就在船夫、渔夫和农夫之间的产权公域内产生了外部性,即船夫行使航运的产权行为影响了渔夫和农夫的产权。

第二种情形:在产权初始界定和产权主体行使其产权之前,一些因素或权利就客观存在或必然存在,但是在产权初始界定时,却没有考虑到,从而没有界定其产权,以至于后来这些因素成为相对于原有产权来说的外部性。比如在一家工厂开办之前其可能对水、空气等造成的污染,居民意识不到或感觉不到,但是工厂对水、空气等可能造成污染是客观存在的,在工厂开办之后,这种损害可能就会出现,从而出现产权或权利问题。

第三种情形:外部损害原来就有,产权公域或产权邻域的各产权主体可能知道,但是不予关注,因为量太小或者可以避免,或者无需作为一种权利提出来;也可能因为损害太小,人们凭已有的手段发现不了,不会作为一种权利提出来;也可能量很大,但是凭既有认识能力发现不了,也不会作为一种权利提出来。比如,工厂对周围居民的损害,在刚开始的时候对水和空气的污染可能就已经存在,但是量很小,人们感觉不到,或者虽然感觉到但是没有意识到其危害的严重程度,认为提出来比较麻烦(可能耗费的成本小于收益)而没有提出来。

因此,在产权公域与产权邻域内虽然一开始产权界定清晰,但是随着条件的变化等,可能会出现新的产权或权利问题。

参考文献:
[美]巴泽尔:《产权的经济分析》,上海人民出版社、上海三联书店 1997 年版。
黄少安:《产权经济学导论》,山东人民出版社 1995 年版。
黄少安:《制度经济学》,高等教育出版社 2008 年版。

(黄少安　李增刚)

外部性与产权界定

Externality and Definition of Property Rights

"外部性"是经济学的一个成熟的概念。产权经济学认为,外部性问题之所以会出现,原因在于产权的界定不清晰,或者说,本来产权是界定清晰的,但是由于条件的变化等出现了新的产权或权利,而这种新的产权或者权利需要界定,一旦产权界定清晰,外部性问题就不存在了。比如,甲的行为侵害了乙的利益,可以看做是甲的行为具有负外部性。但是,一旦法律规定甲有权侵害乙,那么就不能够说甲的行为具有负外部性了,因为乙没有权利不受甲的侵害,乙要想不受侵害就只能够远离甲,离开甲乙双方的产权邻域或产权公域;相反,一旦法律规定乙有权不受甲的侵害,甲如果侵害乙,那么乙就有权要求甲停止侵害或者要求甲对侵害进行赔偿。因此,只要产权界定清晰,外部性问题就可以内部化,或者说就无所谓外部性问题了。与外部性相关的产权界定不清晰之所以会出现,大致有三种不同的情形:一是造成外部性的主体与受外部性影响的主体在一开始的时候不存在外部性问题,随着外部条件的变化,出现了外部性;二是一方影响另一方的情形一开始就客观存在,但是双方都没有意识到,或者一方虽然意识到了但是故意回避了(通常是造成负外部性或者受正外部性影响的一方);三是一方影响另一方的情形一开始就存在,但是不严重,或者量非常小,不值得进行讨论(即讨论是不划算的),但是由于影响越来越严重或者量越来越多,使得讨论该影响变得值得了。

那么如何解决外部性问题?科斯(R. H. Coase)在1960 年发表的《社会成本问题》中针对庇古通过征收和补贴来解决外部性问题的观点提出了问题的相互性观点,认为外部损害和避免外部损害这两个问题是相互的,避免造成外部损害会损害造成外部损害一方的利益。比如,甲的生产活动给乙造成损害,如果为了避免负外部性禁止甲损害乙就损害了甲的利益。基于此,科斯认为,问题的关键不在于允许继续损害还是避免继续损害,关键是避免较大的损害,也就是说,到底是允许甲有权损害乙还是乙有权不让甲继续损害,关键是允许甲继续损害乙给乙造成的损害和避免甲继续损害乙给甲造成的损害哪个更大。如果允许甲继续损害乙给乙造成的损害大于避免甲继续损害乙给甲造成的损害,就避免甲继续损害乙,禁止甲的行为,赋予乙不受甲侵害的产权或权利;如果允许甲继续损害乙给乙造成的损害小于避免甲继续损害乙给甲造成的损害,就允许甲继续损害乙,赋予甲继续侵害乙的产权或权利。通过赋予实施外部性一方产权或者赋予受外部性影响的一方产权,即通过产权界定,外部性内部化,也就无所谓外部性问题了。所以,从产权经济学的意义上说,外部性内部化本质上就是把处于外部状态的权利或责任内部化,使之有明确的主体。

参考文献:
黄少安:《产权经济学导论》,经济科学出版社2004年版。
[美]科斯:《社会成本问题》,引自科斯等:《财产权利与制度变迁》,上海三联书店、上海人民出版社1994年版。
Coase, R. H., The Problem of Social Cost, *Journal of Law and Economics*, Vol. 3, Oct. 1960.

(黄少安　李增刚)

私人成本和社会成本
Private Cost and Social Cost

私人成本是指生产者或消费者在生产或消费一种物品时所施加给自己应该承担的成本,也是指为了选择某一选项而必须放弃其他最高价值选项(即机会成本)。社会成本则是与私人成本相对的概念,它是指经济主体在做出经济决策时,该决策引起的所有成本不是由决策者自己承担,而是有一部分由别人来承担。通俗地讲,决策者自己承担的成本是私人成本,而社会成本则是指私人成本加上别人承担的成本。

西斯蒙第较早就提出"社会成本"的概念。在1929年出版的《政治经济学新原理》中,西斯蒙第指出,社会成本是企业应负担由于工人失业、废物的流失等所造成的对别人和社会的一种损害。他明确主张企业不仅应当考虑自身的生产成本,还应该考虑给社会带来的成本,认为这种成本应该由企业承担。随后大量的经济学家开始关注私人成本与社会成本的冲突,并提出各自解决方案。其中,庇古税是解决私人成本与社会成本差异重要的方案。

在庇古看来,必须对造成社会成本的经济主体进行征税,他强调损害者必须对被损害者进行赔偿。庇古认为,社会成本与私人成本的不一致导致了"外部性",即某一生产者或消费者的行为直接影响到另一生产者或消费者的成本或收益,而这种成本或收益不是通过价格机制来传递的,并且有某一方参与者并不接受这种引致成本或收益的行动(庇古,1920)。"外部性"又分为"正外部性"和"负外部性"。由于经济主体无法从其有益他人的行动中获得报酬,"正外部性"会减弱该行动者的积极性,同样地,由于行动者不用为其损害他人的行动付出代价,"负外部性"会增加该行动者的积极性。因此,"正外部性"会产生激励不足,"负外部性"则会产生激励过度,它们都会对激励产生扭曲。庇古认为,社会资源的最优配置应该是企业的生产成本和社会成本之和达到最小化,而不单单是企业生产成本的最小化。

科斯在著名的《社会成本问题》一文中,从"交易成本"来揭示"社会成本"。科斯认为,社会成本是指私人成本加上交易成本。当交易成本为零时,私人成本等于社会成本,反之,当交易成本大于零时,社会成本与私人成本不一致。但是,不同于庇古,科斯认为,损害与被损害之间存在相互性(Reciprocal Nature of the Problem)。在产权初始配置时,判定损害者必须对被损害者进行赔偿实际上也是对损害者的损害。因此,科斯不赞同庇古认为一定要对造成损害的个体或企业进行征税。他认为,在设计和选择社会产权格局时,必须考虑总的效果。

在科斯的启发下,大量经济学家从制度的视角来解决私人成本与社会成本冲突的问题,即通过构建制度来降低交易成本,从而促使私人成本与社会成本的差异最小化。

参考文献:
[英]阿瑟·塞西尔·庇古:《福利经济学》,华夏出版社2007年版。
[美]科斯:《企业、市场与法律》,上海三联书店、上海人民出版社1990年版。

(黄凯南)

公地悲剧与反公地悲剧
Tragedy of the Commons and Tragedy of Anti-Commons

"公地悲剧"是指公共资源被过度利用(Overuse),公共资源是指在消费上具有竞争性但不具有排他性的产品,如公海、公共牧场等。反公地悲剧是指如果很多人都对一种资源具有排他性权利,则会导致该资源使用不足(Underuse)。

"公地悲剧"是美国学者哈丁(G. Hardin)提出来的。1968年,哈丁在《科学》(Science)上发表了《公地悲剧》,认为公共资源由于在消费上具有竞争性但是却无法有效排他,使得这些资源被过度利用、过度开采,最终导致其生产力的下降,甚至消失。他举了"公共牧场"的例子进行分析。比如有一个公共牧场,有100个牧民共同放牧奶牛,能够维持牧场可再生或者可持续发展的奶牛数量为 100 头,每个牧民放养一头奶牛。这样,100 个牧民共同从公共牧场中获益。对任何一个牧民来讲,自己增加放养一头奶牛,自己的收益增加一倍(从一头奶牛增加为两头),但是成本却是由 100 个牧民共同承担(比如每个牧民奶牛的重量下降 1%)。每个牧民都如此行事,就会使牧场上奶牛的数量增加到 200 头,甚至更多,最终的结果就是公共牧场由于放养的奶牛数量过多而失去了可再生能力,无法持续发展,所有的牧民都遭殃。哈丁认为,人类共同生活的地球就像一个公共牧场一样,每个国家或地区或者每个人都希望从地球上尽可能地开采或者开发,最终也会导致人类赖以生存的地球的毁灭。这实际上也是集体行动的困境,每个人都从自身利益出发,结果是导致了对整个集体成员不利的局面。

如何来解决公地悲剧问题?归纳起来,大体有四种做法。(1)界定产权,使“无主地”或者公共资源分配给每个人,这样就不会存在个别人搭其他人便车的问题,每个人只能够在自己的牧地上放牧,就不会造成资源的过度利用,因为个别人对自己拥有资源的过度利用会导致不可长期使用,这可以看做是产权或制度的起源。(2)政府或者第三方干预,政府或者第三方规定每个共同使用者使用的程度或数量,对过度使用者进行惩罚,从而避免个别人的搭便车。(3)自我实施的契约,所有有权共同使用的主体签订契约,保证契约的自我实施,形成相互监督机制。(4)道德或者意识形态约束,通过良好的意识形态或者道德教育,避免搭便车或者占集体的便宜。在这四种做法中,最主要的是界定产权,避免权利真空,避免公共资源的过度利用。

1998 年,黑勒(M. Heller)等在研究生物医药产业专利问题时发现,生物医药产业的许多专利分散在不同的专利人手中,一种生物医药药品的制造和销售需要从许多专利人手里购买多种不同的专利,这些不同的专利人分别要价,而且要价很高,结果使得可能制造出来的药品价格非常昂贵,而且即使价格不昂贵,药品的最终制造商也要跟所有的专利权人交易,会导致交易成本非常高昂,或者只要有一个专利权人不同意销售专利或者找不到,这种药品就无法生产出来。它与“公地悲剧”不同,描述的是产权界定清晰并且归属不同的产权所有者拥有时,资源无法得到充分利用或者有效利用的情形,被称为“反公地悲剧”。可以举一个非常简单的例子来描述这种情形,比如有一栋房子,归多个人共同所有,每个人都拥有这栋房子的产权,如果每个人都给这栋房子安装一个门锁,并且只有所有产权共有人共同开锁时,大门才可以打开,结果很可能就是该栋房子无法被利用或者利用不足,因为所有产权主体同时开锁的可能性非常小。所有人都具有排他性权利,资源的使用也具有排他性,但可能具有竞争性也可能不具有竞争性,结果是资源得不到充分利用或者利用严重不足。

如何来解决反公地悲剧问题?大体上有两种做法。一是产权整合,将分属不同产权主体的产权整合到一个或少数几个产权主体手中,避免不同产权主体之间的相互推诿;二是产权明晰,将每个主体的产权及其价值界定清楚,通过市场明确其产权价值,从而避免各个产权主体之间的乱出价等。

参考文献:

Hardin, G., The Tragedy of the Commons, *Science*, 162(3859), 1968.

Heller, Michael, The Tragedy of the Anticommons: Property in the Transition from Marx to Markets, *Harvard Law Review*, 111, 1998.

Heller, M. and R. Eisenberg, Can Patents Deter Innovation? The Anticommons in Biomedical Research, *Science*, 280, 1998.

(李增刚)

先占原理
Pre-Occupation Principle

先占原理是指最先占有无主的动产或不动产者取得该财产的所有权。这是私有产权起源或形成的一种理论或观点。所谓无主物是指从来未被任何个人或团体所有的物品,它包括动产和不动产,动产如飞禽、野兽;不动产如荒地、荒山、岛屿等。

可以设想,在人类社会的早期,所有的自然资源,包括土地、山林、果实、飞禽走兽、鱼虾等,都不归任何人占有或所有,这实际上是无产权状态。随着人类社会的发展,资源或者有利的生存条件出现稀缺,最先发现、占有并使用某种或某个有利生存条件者,就开始保护这种有利的生存条件,避免其他人进入或占有,这时人们就具有了最初“所有权”的概念或意识。这种先占者取得所有权在国家出现之前,可能仅仅是一种习惯或惯例。在国家出现之后,这种习惯或惯例就逐渐成为习惯法,进而形成成文法。

先占原理符合经济学的帕累托改进原则,是对无主或者还没有被利用资源的利用。第一,先占的对象是无主物,无主物是从来没有被任何人占有、使用或所有的财物,要么还没有人发现,要么虽然有人发现了但是还没有意识到其价值,要么虽然曾经被人所有但又被抛弃了,无主物是没有被任何人占有或使用的,所以先占者取得该物的所有权、占有权和使用权等没有损害任何人的利益。比如,占有和开发从未开发和利用的荒地、荒山,不会损害任何人的利益。第二,占有者之所以会占有、使用进而取得所有权是因为可以从中获得收益，比如对废弃物的捡拾、对尚未开垦土地的开发利用等，占有并不是仅仅为了取得所有权，而是通过占有可以为占有者带来收益。第三，先占原理能够激励人们发现、开发和利用未被开发和利用的资源。所以，“先占取得所有权”是在未损害任何人福利的情况下提高了先占者的福利，是典型的帕累托改进；同时又能够激励人们发现、开发和利用未被开发和利用的资源，能够促进整体社会福利的提高。

在人类社会发展的过程中，先占原理为许多国家所采用。罗马法最先规定了“无主物归先占者所有”，后来日耳曼法也规定了先占制度。中国历史上从先秦时期一直到民国都规定了“先占取得所有权”，例如秦简《田律》就明确规定了在官府允许的时间、空间内开垦荒原、砍伐林木以及渔猎物的所有权；1929 ~ 1931年国民政府颁布的《民法》规定“以所有之意思，占有无主之动产者，取得其所有权”（杨峰，2006）。现在其他国家，如德国、日本、俄罗斯以及英美法系国家，也都承认先占取得财产所有权，比如《德国民法典》规定，“自主占有无主动产的人取得此物的所有权”；英美法系国家承认通过占有而立即获得产权的三种情形：(1)取得抛弃物；(2)发现没有现实占有人的物，且该物的主人又不能找到；(3)将野生动物归己占有（劳森和拉登，1998）。

新中国成立后，对先占原理持一种相对模糊的观点，认为所有的无主物全部都应该归国家所有，而不应该归任何个人所有，比如不归任何集体和个人所有的荒山、林地、荒滩、荒岛等归国家所有。《民法通则》第79条规定“所有人不明的埋藏物、隐藏物，归国家所有”；《物权法》不仅没有承认“先占原则”，而且对于遗失物、埋藏物、隐藏物等明确规定无主物归国家所有。然而，在实际生活中，先占原理一直在发挥作用，比如捡拾废品者在垃圾场捡拾的废品是谁捡拾归谁所有，荒地是谁开垦归谁占有和使用。

在国际社会，许多未被任何国家占有、开发和利用的资源，有人主张“先占”原则，也有人主张共同财产原则。针对尚未被任何国家或个人占有、使用的岛、礁、海、滩等，首先发现、占有的国家或地区取得所有权，但是这种发现和占有不是法律行为，而是法律事实，就是必须实际占有，要么有居民、要么进行了开发利用；如果仅仅是发现而没有实际占有或使用，不能够算作是占有或先占；如果是曾经被占有但是占有了一段时间又放弃了，可以视作没有实际占有。现在，国际社会争议比较大的区域，如南极、月球、太空等，在人类的地球上能够开发和利用的资源越来越稀缺的背景下，先占原理已经成为许多发达国家取得所有权的根据。当然，许多发展中国家提出对于南极、月球和太空等属于人类的共同财产，不属于任何国家。这就涉及到“先占原理”中的实际占有和使用的问题，如果仅仅是口头上宣称占有或所有而没有或者没有能力或者不能够实际占有和使用，口头上的宣称是没有价值的，宣称为人类的共同财产也是没有价值的，因为已经实际占有者给宣称的国家以共同所有权对这些国家也没有意义。

参考文献：
杨峰：《先占的历史考察与制度功能》，载于《法学杂志》2006 年第 3 期。
[英]F. H. 劳森、B. 拉登：《财产法》第二版，中国大百科全书出版社 1998 年版。
张继孟：《罗马法的先占取得原理及其现实意义》，载于《法律科学》1989 年第 5 期。
甘露：《南极主权问题及其国际法依据探悉》，载于《复旦学报》2011 年第 4 期。

（李增刚）

机制设计理论
Mechanism Design

机制设计理论本质上是通过制度的构建或选择，建立符合人们的价值取向或目标的激励和约束机制。因此，它也是制度经济学的重要组成部分。机制设计理论较早可以追溯到 20 世纪 30 年代的“社会主义大论战”。哈耶克和米塞斯主张社会主义计划经济在理论上行不通，因为缺乏市场经济竞争机制，计划经济不可能获得维持经济运转的信息。兰格和勒纳则主张如果企业能够根据边际成本定价来确定生产水平，在一定条件下，计划经济则是一种有效配置资源的机制。这次论证给赫维茨（Leonid Hurwicz）留下了深刻的印象，促使他关注并研究机制设计问题。

机制设计首先由赫维茨（Hurwicz，1960）在《资源配置的最优化和信息有效性》一文中提出。赫维茨将机制设计定义为一个交流系统（Communication System），即参与者相互发送信息或者将信息发给一个中心，由一个预定的规则针对每一种信息情况分配一个结果。而机制设计则是“对于任意给定的一个经济或社会目标，在自由选择、自愿交换、信息不完全等分散化决策条件下，能否设计以及怎样设计出一个经济机制，使经济活动参与者的个人利益和设计者既定的目标一致”（Hurwicz，1973）。因此，机制设计理论实际可以被视为是博弈论和社会选择理论的运用，它有时也被称为“反向博弈理论”（Reverse Game Theory），即研究如何构建一个博弈形式（Game Form）而有效达到某一特定的社会目标。

机制设计较为关注信息效率，即为了实现特定社会目标而构建的机制所需要的信息量，也就是机制运行的信息成本问题。机制设计要求能够以较低的信息成本获得有关消费者、生产者以及其他参与者的私人信息。在任何经济机制中,信息的传递都是需要耗费成本的,因此,对于机制设计者来讲,信息空间的维数越小则成本越低。

其中,"激励兼容"、"显示原理"(Revelation Principle)和"执行原理"(Implementation Theory)是机制设计理论较为重要的概念。激励兼容是由赫维茨首先提出来(Hurwicz,1973),它指在一个机制下,如果真实地揭示自己私人信息是参与者的占有策略均衡,这个机制就是激励兼容。"显示原理"是由迈尔森(Myerson,1979)提出来的,它指任何一个社会规则如果能够被一个间接机制所执行,那么一定存在一个直接的显示机制,这个显示机制能够使得每个参与人真实地显示自己信息。通过显示原理,机制设计的复杂性能够被减弱,缩小了搜寻最优机制的范围。"执行原理"是由马斯金(Maskin,1977)提出来的,能够找到一种机制,该机制博弈下的均衡结果符合特定的社会目标(例如,帕累托最优等于社会最优概念)。

当前,机制设计理论被广泛运用于契约理论、拍卖理论、最优税收、垄断定价等领域。

参考文献:

田国强:《经济机制理论:信息效率与激励理论》,载于《经济学季刊》2003年第2期。

Hurwicz,L.,The Design Of Mechanisms For Resource Allocation,*American Economic Review*,Papers and Proceedings,63(2),1973.

Maskin,E.,Nash,Equilibrium and Welfare Optimality,*Review of Economic Studies*,Vol. 66,1999.

Myerson,R.,Incentive-Compatibility and the Bargaining Problem,*Econometrica*,Vol. 47,1979.

(黄凯南)

公司治理理论
Corporate Governance Theory

尽管亚当·斯密早在《国富论》中就已经论述了由于所有权和经营权分离而产生的代理问题,并主张建立有效的制度安排来解决所有者和经营者的利益冲突,现代公司治理理论的发展则始自伯利和米恩斯1932年出版的《现代公司和私有财产》。伯利和米恩斯指出,现代公司的所有权和控制权是分离的,在现实的经济活动中,通常是管理者而非所有者拥有控制权,而管理者与所有者的利益是有冲突的,管理者在追求自身利益最大化的同时经常会损害到所有者或股东的利益,因此,必须创造一种机制从股东利益最大化的视角来实现股东对经营者的监督和制衡。随后,公司治理受到越来越多的重视,公司治理的理论也从传统的股东治理发展到利益相关者共同治理(例如,维夫斯,2006)。

所谓的公司治理是指,在委托代理和信息不对称条件下公司的所有者(委托人)对经营者(代理人)的激励和约束。公司治理结构是激励和约束的制度安排。它使激励和约束手段与行为规则化、稳定化,使委托人和代理人对自己责、权、利都明确且预期稳定。公司治理的目标,就是通过责、权、利的分配,从而有效地激励和约束,使经营者最大限度地为所有者的最大化目标服务而同时实现自己的目标,即实现二者的激励相容(黄少安,2003,2008)。而公司治理作为问题提出的前提条件是:第一,公司资产的所有权与经营权分离,从而在所有者与经营者之间形成了以委托代理关系为特征的契约关系。如果两权合一,不存在治理问题;第二,委托人与代理人效用函数往往不一样,同时二者之间存在信息不对称,这导致了代理人经常会以损害股东利益为代价而使自己获利,而如何降低这种代理成本是公司治理的核心问题;第三,合同是不完全的,即种种道德风险行为不可缔约或者不可证实。当合同不完全时,如果没有存在信息不对称,通常所有权的安排能够解决专用性投资效率问题。但是,如果存在信息不对称,仅仅依靠所有权的配置是不行的,还必须合理安排控制权,即许多公司治理机制。

随着理论的发展,一些学者提出公司治理不局限于股东对经营者的制衡,还涉及到广泛的利益相关者,包括股东、债权人、供应商、雇员、政府和社区等与公司有利益关系的集团,认为公司治理应该从原先的股东治理转向利益相关者共同治理。例如,以布莱尔(Blair,1995)为代表的学者认为公司目标应该是创造的财富最大化,讨论公司治理不应该以所有权为起点,必须重视其他利益相关者(包括工人、供应商、债权人等),他们也分享剩余收益并承担剩余风险。提出了利益相关者理论,并由此推论出共同治理理论,认为所有的利益相关者都共同参与公司治理。而且,这一理论特别强调人力资本的重要性,从而强调其所有者在公司治理中的地位。

有的学者对利益相关者理论和共同治理理论提出如下质疑:一是公司治理是否有主体?如果有主体和客体,那么,依据共同治理理论,所有利益相关者都是治理主体,那么治理客体是谁?谁治理谁?二是公司作为不同要素所有者的契约联结,是否所有的签约者或利益相关者的实质性地位都是平等的?不同生产要素的稀缺性或相对重要性是否一样?在现实中仍然是资本本位。在公司治理结构中,资本所有者仍然是处于主导地位。高素质的管理者或经营者及科技人员,确实相对重要性已经非常高,在公司中的作用越来越大,因而在公司治理中的地位需要或已经发生改变。但是有一个重要的现象必须给予重点关注:不管人力价值有多大，必须转化为像物质资本一样的股本，即使人力资本股本化，人力资本所有者作为公司的股东，才改变了其在公司治理结构中单纯作为人力所有者的地位；三是如果说利益相关者都参与公司治理，那么如何界定利益相关和利益相关度？四是利益相关者分享公司的收益和承担相应的风险，不一定是剩余收益和剩余风险。例如，债权人、供应商、劳动者等利益相关者得到的收益不是剩余收益，承担的风险不是剩余风险；五是如果由利益相关推出共同治理，那么，与公司利益相关的主体没法确定有多少，即使确定了，也不会是一个小数。如果他们都参与公司治理，不知道该如何构建公司治理结构，按什么原则确定他们参与公司治理的限度或权利。这个治理结构的组织成本也许是非常大的，难以保证公司运作给利益相关者带来更大的利益。实际上，共同治理从经济学意义上是不可实施的（黄少安，2003，2008）。

参考文献：

［西］泽维尔·维夫斯：《公司治理：理论与经验研究》，中国人民大学出版社 2006 年版。

黄少安：《公司治理与共同治理理论评析》，载于《山东社会科学》2003 年第 3 期。

黄少安：《制度经济学》，高等教育出版社 2008 年版。

Blair，Margaret，*Ownership and Control：Rethinking Corporate Governance for the 21st Century*，Washington：the Brookings Institution，1995.

（黄少安　黄凯南）

企业理论

Theory of the Firm

企业是经济学中最重要的研究对象之一，新古典经济学假定企业为“黑箱”，把其定义为以盈利为目的的一个独立的经济活动单位。在马克·布劳格看来最早的企业理论是古诺于 19 世纪 30 年代的论述，企业被界定为利润最大化，受制于技术和需求的单位（Blaug，1980）。它的典型定义是“一种技术性关系，可以描述每一单位的投入（或生产要素）所能产生的最大产出量，被界定为系列的专门知识”（Samuelson，1970）。

在新古典制度经济学的视野中，企业相对于市场和其他组织而言，更是一种制度安排。尽管科斯试图寻找企业的定义，但他清楚地意识到划定范围的困难。科斯（Coase，1937）在《企业的性质》一文的脚注中表述到：“要划一条很明确的界线来确定是否存在或不存在一个企业是不可能的”。张五常（Cheung，1983）也认为“他（科斯）关心企业并不像关心被不同方式组织起来的生产和交换活动那样多。实际上，他集中关注通过价格信号的指挥和通过企业家的指挥”。张五常也认为自己所举的“苹果园主和养蜂人之间订立了让蜜蜂为其果树授粉的契约”的例子足以轻而易举地驳倒几乎所有的关于企业的定义（三种可能的方式都是契约而非企业）。格罗斯曼和哈特（Grossman and Hart，1986）、哈特和莫尔（Hart and Moore，1990）认为企业是其拥有资产的有机组合（例如机器、存货等）。德姆塞茨（Demsetz，1997）盛赞从新古典经济学的企业到科斯意义上的企业是一次“平静的革命”。无论是对交易成本的第一次涉及，还是蕴含着不完全契约的初步思想，科斯的《企业的性质》都可以看做是新制度经济企业理论以及其他企业理论的工作母机（Workhorse）。

企业的性质是新制度经济学理论大厦的立论根本。在科斯看来，企业是价格机制的替代物，他引述到“（企业）就像一桶酪乳中凝结着一块块黄油一样，是无意识协调的大海（指市场）中有意识力量的小岛”（Coase，1937）。在企业外部，价格变动引导生产，这是通过一系列的市场交易来协调的。在企业内部，与交易相关的复杂的市场结构被企业家的权威所替代。“建立企业有利可图的一个主要原因似乎是，价格机制本身是有成本的。通过价格机制‘组织’生产的一个最明显的成本就是发现相关价格的成本”（Coase，1937）。随着专门出售这种价格信息的人的出现，这一成本可能会下降，但是不会消除。价格机制的成本还应该包括为市场上进行的每一笔交易所进行的谈判等，它同样不能被完全消除。在其他条件相同时，科斯（Coase，1937）认为“企业规模在如下情况下将趋于更大：（1）组织成本越低，且随着被组织的交易的增多，成本上升得越慢。（2）企业家犯错误的可能性越小，且随着被组织的交易的增加，失误增加得越少。（3）企业规模越大，生产要素的供给价格下降得越多（或上升得越少）”。

张五常（Cheung，1983）认为企业规模是模棱两可的，如果养蜂人按工资契约受雇佣，则仅是一个企业，但如果出租蜂箱（签订蜂箱租赁契约），则是两个企业。他追问：“这是不是意味着企业的数量因此也是企业的规模取决于契约形式的选择？”他的回答是：“一旦契约的替代能确定，则企业的规模也能确定。”

克莱因等（Klein et. al.，1978）则认为“他（科斯）关于企业内部的交易与在市场的交易之间的基本区分往往过于简单。许多长期契约关系（如特许权）模糊了市场和企业之间的界限”。科斯（Coase，1988）回应道，他在《企业的性质》中已经表达了这种疑虑，即不可能划出严格的界限以确定是否存在企业，“可能还有其他的方向，这有点像雇主和雇员、委托人和代理人之间是否有关系的法律问题”（Coase，1937）。

现代企业理论（主要是新制度经济学的企业理论）发展主线可以认为是从完全契约到不完全契约理

论。完全契约理论主要包括团队生产理论、契约理论、委托代理理论与机制设计理论等。(1)团队生产理论。阿尔钦和德姆塞茨(Alchain and Demsetz,1972)并不赞同科斯有关企业具有权威特征的论点,反对将企业视作市场的替代物,认为买卖物品的契约与雇佣劳动的契约并无本质区别。“企业……没有许可权,没有权威,没有约束性行动,在最细微的程度上与那种只有两个人订立契约的普通市场没有任何差别”。他们提出,企业是一个团队,这是因为从技术上说,生产需要由多人联合完成。在联合生产的条件下,每个参加者都企图“免费搭便车”,需要有人监督,“谁来监督监督人?”就构成了一个问题。监督人的激励就是企业的剩余收入。作为团队生产的技术说,也与新古典经济学的技术不可分的企业理论有相关性。(2)契约理论。张五常(Cheung,1983)沿着科斯的思路并综合阿尔钦和德姆塞茨的观点,不仅认为企业存在的主要原因是节约交易成本,而且认为企业关系也是一种市场(要素市场)契约关系,他特别将交易成本强调为发现价格的费用,包括信息费用、考核费用和谈判费用等。当这些费用发生变化时,不同的契约就产生了。“在私有产权下,任何朝着使用权契约性转让方向的运动,主要都是由定价费用约束引起的”。(3)委托代理理论与机制设计理论。詹森和麦克林(Jensen and Meckling,1976)考察了委托—代理中的激励问题,并将此视为企业内部激励契约设计的参考点。“如果关系双方都是效用最大化者,那么完全有理由相信代理人不会总是为了委托人的最大利益行事”。他们重点分析了企业中物质资本所有者与管理层之间的委托—代理关系,提出了监督成本、保证成本等概念。所有者和管理层之间的委托—代理契约,在经过监督和保证活动的调整以后,是最有利于所有者和管理层的制度安排。随着信息经济学的推动,委托—代理理论取得较大的进展,涵盖了多层级的委托—代理、多重代理、代理人多重任务和共谋等理论问题。

不完全契约理论主要是指格罗斯曼、哈特、莫尔等人的 GHM 不完全契约分析框架。威廉姆森(Williamson,1975)较早就将有限理性和不确定性引入了科斯的企业理论中,从而围绕交易成本和规制结构逐步构建了交易成本经济学的理论框架。他(Williamson,1979)认为交易成本方法分析的是“备择制度形态在组织交易过程中经济节约的性质”。进而,他(Williamson,1996)认为企业可以通过混合治理模式来避免对专用性资产的机会主义侵害——加强与交易对象的事前契约(单边混合治理);通过共同利益进而发展与交易对象的紧密关系(双边混合治理)。不同于科斯,威廉姆森明确地界定了交易成本的含义——“起草、谈判和防护一项协议的事前成本,更特别的是适应不良和调整等事后成本,这里的适应不良和调整是在契约执行因歧义、误差、遗漏和不可预期的干扰而发生偏移时产生的,以及经济系统的运行成本”(Williamson,1994)。不同于新古典经济学归因于技术不可分,他认为纵向一体化是因为用契约形式来规制持续关系比较困难,其分析的重点是制度在结构化复杂的、长期关系中的作用。

格罗斯曼和哈特(Grossman and Hart,1986)、哈特和莫尔(Hart and Moore,1990)为代表的产权学派,发展了威廉姆森的不完全契约思想,明确定义了产权,把财产所有权视为财产剩余权利并作为分析的对象。他们首先区别了财产控制权中的特定权利与剩余权利。如果契约是完全的,那么特定权利就包括了全部权利。如果契约是不完全的,那么契约中没有界定的权利都是剩余权利。并且,他们把这部分剩余控制权定义为“所有权”。“如果一个当事人的行动对他是否有权使用资产很敏感;并且他的行动对创造剩余是很重要的;或者他对其他当事人来说是一个关键的交易伙伴而后者的行动既对是否有权使用资产很敏感又对创造剩余很重要的话:他拥有这种资产比较合理”(Hart and Moore,1990)。

在他们的模型中,一方面,由于契约的不完全性,按照威廉姆森的观点,事后的机会主义行为会引起事前投资的扭曲,这是企业不进行一体化的费用;另一方面,若一方购买了另一方的剩余权利,那么,被收购方的激励就会降低,这是一体化带来的费用。权衡这两种费用,决定是否一体化,以及如何一体化(谁购买剩余权利)。值得注意的是,这个逻辑与“科斯定理”第一定理不一致——剩余控制权的事前配置是重要的。

参考文献:

Alchian, Armen and H. Demsetz, Production, Information Costs, and Economic Organization, *American Economic Review*, 62, 1972.

Blaug, Mark, The Theory of The Firm, in *The Methodology of Economics*, Cambridge: Cambridge University Press, 1980.

Cheung, S. N. S., The Contractual Nature of the Firm, *Journal of Law and Economics*, 26(1), 1983.

Coase, Ronald, The Nature of the Firm, *Economica*, 4(6), 1937.

Coase, Ronald, The Nature of the Firm: Meaning, *Journal of Law, Economics, & Organization*, 4(1), 1988.

Demsetz, Harold, The Firm in Economic Theory: A Quiet Revolution, *American Economic Review*, 87(2), 1997.

Grossman, Stanford J. and Oliver D. Hart, The Costs and Benefits of Ownership: A Theory of Vertical and Lateral Integration, *Journal of Political Economy*, 94(4), 1986.

Hart, Oliver and John Moore, Property Rights and the Nature of the Firm, *Journal of Political Economy*, 98

(6),1990.

Jensen, M. and W. Meckling, Theory of the Firm: Managerial Behavior, Agency Costs and Ownership Structure, *The Journal of Financial Economics*, 31(1), 1976.

Klein, B., R. Crawford and A. Alchian, Vertical Integration, Appropriable Rents and the Competitive Contracting Process, *Journal of Law and Economics*, 21(2), 1978.

Samuelson, Paul, *Economics* (8th ed.), New York: McGraw-Hill, 1970.

Williamson, Oliver E., *Markets and Hierarchies, Analysis and Antitrust Implications: A Study in the Economics of Internal Organization*, New York: Free Press, 1975.

Williamson, Oliver E., Transaction-Cost Economics: The Governance of Contractual Relations, *Journal of Law and Economics*, 22, 1979.

Williamson, Oliver E., Transaction Cost Economics, in Neil Smelser and Richard Swedberg (eds.), *The Handbook of Economic Sociology*, New York and Princeton: Russell Sage Foundation and Princeton University Press, 1994.

Williamson, Oliver E., *The Mechanism of Governance*, New York and Oxford: Oxford University Press, 1996.

（孙涛）

团队生产
Team Production

在《生产、信息成本和经济组织》中，阿尔钦（Arman Alchian）和德姆塞茨（Harold Demsetz）定义了团队生产，分析了团队生产所存在的卸责和欺骗问题以及解决问题的办法。

所谓团队生产，"是这样一种生产，在其中（1）使用几种类型的资源，（2）产品不是每种合作资源的可分离的产出之和。一种附加因素造成了一个团队组织问题——（3）不是所有被用于团队生产的资源都属于一个人"（Alchian and Demsetz，1972）。按照阿尔钦和德姆塞茨所举的例子，比如两个人共同将重物抬到卡车上，重物是两个人共同抬到卡车上的，可以看做是两个人分别拥有的人力资本共同作用的结果，要想区分每个人对将重物抬到车上进行边际分析是不可能的，不能够判断出甲或者乙对这项生产活动的贡献。团队生产强调，"产出是由团队共同完成的，不是团队的每个成员分别产出的总和"（Alchian and Demsetz，1972）。既然是团队生产，那么团队生产的产出应该大于"团队成员分别生产的总和"减去"组织和管束团队成员的成本"。也只有满足这个条件时，团队生产才是经济的。

阿尔钦和德姆塞茨认为，在多种要素或资源共同生产时，要素或资源的边际生产力以及由边际生产力所决定的分配（报酬问题），无法准确考核或者根本不能够考核。既然生产要素或资源的边际生产力不能够考核，就无法根据边际生产力进行分配；而一旦不能够根据边际生产力进行报酬分配，那么对要素所有者的激励就会出现偏差，就会导致生产力的下降。正如阿尔钦和德姆塞茨所指出的，"如果经济组织考核得差，报酬和生产力之间仅是松散地相关，那么生产力将较小；但是如果经济组织考核得很好，生产力将会很大"（Alchian and Demsetz，1972）。

既然团队生产是多种要素共同进行合作的结果，向市场提供的产品是联合产品而不是每个要素的边际产品，那么每种要素的边际贡献无法考核或不能够准确考核，每种要素都有偷懒和欺骗的动机，因为不论做得好还是不好或者不论贡献多大的力量，别人都无法考核，即出现"搭便车"问题。团队生产的效率不能够实现，使资源得不到充分利用。

如何来解决这个问题？按照传统的理论，市场竞争是解决问题的办法。因为那些不是团队成员的要素所有者会对团队内较低的生产率做出反应，即竞争，通过加入团队来替代存在偷懒或欺骗的团队成员要素所有者，而原来存在偷懒或欺骗的团队成员要素所有者为了避免被替代，就会努力工作，即不存在偷懒或欺骗。然而，这种解决问题的办法并未根本解决问题，因为团队成员到底是否存在偷懒或欺骗、偷懒或欺骗到何种程度，只有团队成员自己清楚，相竞争的外部团队成员并不清楚；而且当相竞争的外部团队成员成为团队成员之后也会存在偷懒或欺骗。这就相当于市场竞争这种办法没有从根本上解决问题（费方域，1995）。

为了避免团队生产中的偷懒和欺骗，对团队成员进行监督，形成专门的监督者，专门监督其他要素所有者的工作。既要监督团队成员按照要素边际生产率进行生产，又要监督团队成员充分发挥自身的生产能力，同时还要对团队成员按照边际生产力支付报酬。但是，这种做法也会出现一个不可避免的问题：谁来监督监督者？阿尔钦和德姆塞茨提出了剩余索取权的概念，即最终监督者可以获得团队生产的剩余索取权，在按照边际生产力支付了团队成员的报酬之后全部的剩余都归监督者。这样，团队生产的效率高，剩余就多，最终的监督者就可以获得较多的报酬；如果团队生产效率低，最终的监督者能够得到的报酬就少，这就使得监督者与团队具有了激励相容。在团队生产中，拥有剩余索取权者跟其他团队成员签订契约，由他来雇佣和监督团队的生产活动。这就解释了企业的契约本质：企业本质上就是"契约的联结（The Nexus of Contracts），是雇主作为中心的契约人和其他签约人签订一系列契约以界定各自的产权"（黄少安，2008）。

团队生产理论通常用来解释或证明"资本雇佣劳动"的命题,比如霍姆斯特姆(B. Holmstrom)和梯若尔(J. Tirole)就认为要将"剩余索取权"赋予边际产出最难测度的要素所有者,由于资本比劳动的贡献更难测度,所以应该是物质资本所有者拥有企业的剩余索取权。团队生产理论将产权理论与企业理论联系起来,研究了企业内部的产权结构,为企业的委托代理理论和公司治理理论的研究开辟了道路(黄少安,2008)。

参考文献:

[美]阿曼·阿尔钦、哈罗德·德姆塞茨:《生产、信息成本和经济组织》,引自盛洪:《现代制度经济学》上册,北京大学出版社2003年版。

费方域:《团队生产、监控和激励》,载于《外国经济与管理》1995年第7期。

黄少安:《制度经济学》,高等教育出版社2008年版。

张军:《合作团队的经济学:一个文献综述》,上海财经大学出版社1999年版。

Alchian, Arman and Harold Demsetz, Production, Information Costs and Economic Organization, *The American Economic Review*, 62, 1972.

(李增刚)

契约理论

Contract Theory

在经济学中,契约(或合同)可以被解释为"通过允许合作双方从事可信赖的联合生产的努力,以减少在一个长期的商业关系中出现的行为风险或'敲竹杠'风险的设计装置"(克莱因,1999)。构建契约的目的是为了降低各种阻碍交易或合作的交易成本,其中,解决由信息不对称引起的逆向选择和道德风险等问题是契约设计的重要目标。

在经济活动中,契约通常具有如下一些功能:一是协调功能。例如,当博弈存在多重均衡时,契约能够协调参与者各方的行动,从而降低行动的不确定性。这种出于协调目的的合同,通常是能够自我执行,因此,此类合同的设计应当更侧重于立法与解释,而不是执行;其二,确保依赖未来事件的交易得到执行。当交易不能由即期市场来完成时,由于未来状况的不确定性,交易只能由体现了事前承诺机制的契约来执行(例如,保险契约、远期契约、资产租赁契约和担保契约等);其三,能够促进有利于提高事后交易总剩余的事前投资和生产。对于交易双方来说,交易前的专用性投资可以增加产品和服务的价值,降低提供的成本,但是,只有通过有效的产权或其他恰当的合同安排,才能克服套牢问题和打折扣问题,提高交易事前和事后的效率(博尔顿和德瓦特里庞,2008)。

契约理论是近30年来经济学发展的重要分支之一,它主要研究经济人是如何构建契约安排以解决信息不对称和信息不完美等引致的交易效率损失。肯尼斯·阿罗(Kenneth Arrow)在20世纪60年代较为正式地分析了契约问题。

契约理论可以分为完全契约理论和不完全契约理论。

参考文献:

[美]克莱因:《契约与激励:契约条款在确保履约中的作用》,经济科学出版社1999年版。

[美]帕特里克·博尔顿、[比]马赛厄斯·德瓦特里庞:《合同理论》,格致出版社2008年版。

(黄凯南)

完全契约理论

Complete Contracts Theory

当契约能够将缔约各方未来各种可能状态的权利和义务都涵盖在其条款里,这种契约就是完全的。一个正式的描述如下:假设 θ 表示可能出现的自然状态,Θ 代表所有可能的自然状态,即状态空间,则 $\theta \in \Theta$,A^{θ} 表示在状态 θ 中的可能行动集合,$A \equiv \cup_{\theta \in \Theta} A^{\theta}$ 则表示参与者所有的可能行动空间,并且 Θ 和 A 都是事后可以证实的,u^{θ} 表示状态 θ 中的支付函数,其中$u_i^{\theta}: A^{\theta} \rightarrow \Re$,那么,一个完全契约就可以被描述状态空间与行动空间的函数关系,即 $f: \Theta \rightarrow A$,其中,对于所有的 θ,$f(\theta) \in A^{\theta}$。因此,一个完全契约 f 必须具备如下的知识条件:其一,契约函数中的变量空间(例如,状态空间 Θ、行动空间 A 或支付空间 U 等)必须能够客观并全面地描述参与者面临的各种可能缔约环境,并且这些变量空间是缔约各方之间的共同知识;其二,契约的映射关系 f 是参与者之间的共同知识。如果变量空间能够成为第三方(例如,法院)的共同知识,则该契约的条款便能够被法院直接执行。

完全契约理论主要包括:阿尔钦(A. Alchian)和德姆塞茨(H. Demsetz)等的团队生产理论、詹森(Jensen)和迈克林(Meckling)以及霍姆斯特姆(Holmstrom)和米格鲁(Milgrom)的委托代理理论(黄少安,2008)。其中,委托代理理论是完全契约理论最为重要的发展方向之一,其研究的中心是,在委托人和代理人利益相冲突和信息不对称的情况下,委托人如何设计最优的契约激励代理人。因此,完全契约理论的一个重要研究主题便是解决信息不对称导致的无效率问题,促使资源配置达到次优水平。

存在以下几种类型的信息不对称模型:一是隐藏行动的道德风险模型。这种模型的博弈次序可以被这样来描述,步骤1委托人提供契约给代理人,步骤2代理人选择接受或者拒绝，如果拒绝，博弈结束，如果接受进入步骤 3 代理人决定努力的程度，步骤 4 自然行动，有高产出和低产出两种可能性，博弈结束；二是隐藏知识的模型。这种模型的博弈次序是，步骤 1 委托人提供契约给代理人，步骤 2 代理人选择接受或拒绝，如果拒绝，博弈结束，如果接受，博弈进入步骤 3，此时，自然进行行动（例如，选择代理人的类型，高和低），步骤 4 代理人拥有私人的信息，向委托人传递关于自然的行动的“信息”并选择努力程度；三是逆向选择模型。这种模型的博弈次序是，步骤 1 自然选择代理人的类型（例如，高或低），代理人知道自己的类型，但委托人不知道（信息不对称性产生于签约之前），步骤 2 委托人提供契约，步骤 3 代理人选择接受或拒绝契约，博弈结束；四是信号传递模型。这种模型的博弈次序是，步骤 1 自然首先行动，步骤 2 代理人发送信号，步骤 3 委托人提供契约，步骤 4 代理人选择接受或拒绝契约，博弈结束；五是信息甄别模型。这种模型的博弈次序是，步骤 1 自然首先行动，步骤 2 委托人提供契约，步骤 3 代理人选择接受或拒绝契约，如果拒绝，博弈结束，如果接受则进入步骤 4 代理人发送信号，博弈结束（艾里克·拉斯穆森，2009）。

在委托代理理论中，委托人不知晓代理人的确切类型或行动，但是完全知晓这些类型或行动的概率分布，即委托人并不拥有代理人的一阶信息，但却完全拥有二阶信息，并且能够依据这二阶信息来最大化其收益。因此，尽管存在信息不对称性，委托代理中的个体行为还是基于完全理性的收益最大化，只不过委托人在最大化其收益时还必须考虑代理人的激励约束和参与约束。由于委托人能够依据这二阶信息来设计一个包含未来各种可能性的完全契约，因此，上述各种不对称信息模型下的最优契约设计属于完全契约理论的重要内容。

完全契约理论的主要发展体现在以下几个方面：其一，隐藏信息和隐藏行动从单维度的研究扩展成多维度的研究，从而增加对各种更加复杂契约的研究；其二，从单边的不对称信息拓展为多边的不对称信息，促进了对拍卖、锦标赛、团队的道德风险和串谋等更为复杂的策略互动机制的研究。这些研究实质上是不完全信息下的博弈机制设计。在这意义上，委托代理理论属于经典的博弈分析；其三，通过引入更严格的再谈判约束，将静态契约设计拓展为动态契约设计（博尔顿和德瓦特里庞，2008）。

实际上，在委托代理中，无论哪种契约的设计都意味着委托人的理性权衡。例如，逆向选择中的信号甄别契约是委托人在效率和交付代理人信息租金之间的理性权衡，而道德风险则是委托人对代理人的保险和激励之间的理性权衡。此外，许多契约的顺利实施还必须依赖一个完备的司法体系（例如，法院）来强制执行，而且契约中的信息必须是司法体系能够证实的。

参考文献：

［美］艾里克·拉斯穆森：《博弈论与信息：博弈论概论》，中国人民大学出版社 2009 年版。

［美］帕特里克·博尔顿、马赛厄斯·德瓦特里庞：《契约理论》，格致出版社 2008 年版。

黄少安：《制度经济学》，高等教育出版社 2008 年版。

黄凯南、黄少安：《认知理性与制度经济学》，载于《南开经济研究》2009 年第 6 期。

（黄凯南）

不完全契约理论
Incomplete Contracts Theory

科斯的《企业的性质》（1937）一文就蕴含着契约不完全的思想。科斯认为，由于预测的困难，大量有关物品或劳务供给的长期契约都是不完全的。西蒙（Simon，1951）的雇佣关系理论是第一个正式的不完全契约模型。西蒙比较了两份长期契约：一份契约准确地指定了卖者在未来某时点所提供的服务，另一份契约赋予买者有权在“接受集合”范围内选择服务，西蒙将前一份契约视为“销售契约”，后一份契约视为“雇佣关系”，在缔约时买者未来确切偏好何种服务的不确定性程度和卖者在“接受集合”范围内提供一项具体服务的无差异程度决定了契约的选择（博尔顿和德瓦特里庞，2008）。

随后，在格罗斯曼、哈特和莫尔等研究的推动下，不完全契约理论成为主流经济学研究制度的流行范式。许多包括所有权配置、企业边界、控制权配置、公司治理结构、纵向和横向一体化、公司金融等制度问题都在不完契约理论的框架下得到较好的解释。

许多研究表明，导致契约不完全性的原因主要有以下一些：一是无法预见的可能性（Unforeseen Contingency），即参与者无法事前预测或者描述将会出现的各种可能状态；其二是撰写契约的成本。即便参与者能够预见所有的可能性，由于撰写契约需要成本，这也会导致契约的不完全性；其三是执行契约的成本。即便不存在上述两种交易成本，交易双方能够无代价地签订一个依赖所有自然状态的完全契约，但是，如果某些条款被法院执行的成本过大或者无法执行（例如，无法证实），这也会导致契约的不完全性（e. g. Tirole，1999；Maskin，2002）。

早期或者第一代的不完全契约理论通常将契约的不完全性视为外生，认为由于存在某种交易成本，参与者无法缔结一份依赖所有自然状态的完全契约。这些研究大多直接从“无法签订完全契约”的假设出发，考察事后利润分配的再谈判对事前专用性投资激励的影响,进而建构最优的产权结构。这些研究都假定参与者是完全理性的,契约的不完全性主要源自第三方(例如,法院)对契约条款的不可证实或者参与者之间对自然状态的不可描述等(Hart and Moore,1990;1999)。较之于完全契约理论,这种不完契约理论加入不可证实、不可描述以及可重新谈判等外生约束。这些研究普遍认为,基于这些外生约束,参与者无法事前确定一个可执行、涵盖所有可能状态的合作剩余分配方案,一些在完全契约中能够得到的最优分配方案就可能无法实现,而有效的产权或剩余控制权配置能够在一定程度上纠正这种效率损失。在这些研究中,不完全契约仅仅是参与者理性选择的外生约束,而非理性选择的结果,所有的研究焦点都集中在那些无法缔约的权利的配置上。

随后,不完全契约理论的发展主要体现在以下几个方面:一是从GHM模型中不依赖于状态的绝对产权(Unconditional Property Rights)发展为状态依赖的产权(Conditional Property Rights)(Maskin & Tirole,1999);二是许多研究抛弃GHM模型中事后的纳什谈判来分配合作剩余,而是采取诸如外部选择权原则(Outside Option Principle)等方式来分配合作剩余,从而得出了许多与GHM模型不同的结论(例如,Chiu,1998);三是从GHM模型中的事后无交易成本的谈判或缔约,转向研究事后不可缔约的事前和事后效率问题,从而将权威、授权和科层面等制度特征纳入分析(Hart and Moore,2008);四是一些研究表明,不完全契约理论研究的所有权或权威也能够被纳入完全契约理论模型中(Tirole,1999)。

而如何将契约的不完全性内生化是近年来不完全契约理论的重要发展。这方面的研究主要分为两类:一是,坚持完全理性的假设,但在模型中引入更多的环境复杂性,或者通过放松参与者对博弈非均衡路径中的共同信念等(Sudheer,Gupta and Luo,2009),或者通过引入缔结契约和执行契约的成本(Horn,Maggi and Staiger,2010),来论证不完全契约是参与者理性选择的结果。许多研究表明,当环境趋向复杂或者缔约成本与执行成本过高时,最优的契约可能趋向于简单的契约或者没有契约的君子协定(Horn,Maggi and Staiger,2010);二是,尝试放松完全理性的假设,建立基于有限理性的不完全契约模型。这方面的研究主要考虑到参与者缔结契约所需耗费的"认知成本"(Tirole,2009)和"思考成本"(Bolton and Faure-Grimaud,2010)等。这些研究认为,在有限理性的约束下,参与者必须在信息搜寻的认知成本和收益之间做出权衡,这导致了内生的不完全契约。

一些学者对不完全契约理论的理论基础提出质疑。正如许多学者指出的,通过机制设计的执行理论(例如,马斯金的纳什执行和子博弈完美执行),参与者可以事前设计一个事后显示真实信息的机制,使得一些诸如不可描述性或不可证实的外生约束并不影响交易效率(Maskin,2002)。在这个意义上,许多事前无法缔约的交易并不一定要诉诸于所有权或控制权的配置,对于事后博弈机制的事前设计也可能达到与完全缔约相同的效率。例如,尽管许多研究也都将"无法预见的可能性"视为不完全契约理论的基础,但是它们通常都假定参与者无法事前预见各种可能的自然状态,却可以预见各种可能的收益。因此,这种"无法预见的可能性"并不彻底,参与者还是能够预见所有的可能收益。这意味着尽管参与者无法签订一个依赖所有自然状态的完全契约,但却可以签订一个依赖所有可能收益的契约,并且通过事前签订事后的博弈机制来执行这个契约(Maskin and Tirole,1999;Maskin,2002)。尤其是当契约满足福利中性(Welfare-neutral),或者是满足参与者之间的边际效用比例是独立于自然状态(例如,偏好是拟线性的)以及投资努力的不可识别(Unidentifiability of Effort),上述基于未来可能支付的契约能够获得与最优完全契约相同的效率。马斯金(Maskin,2002)进一步强调,只要参与者的偏好是风险规避的,并且能够预见所有可能的支付,自然状态的不可预见性或不可描述性并不影响契约的效率。国本(Kunimoto,2009)研究表明,只要参与者在缔约时期是信息对称的,即便事后存在信息不对称性,上述的结论依旧成立。因此,只要假定参与者能够事前预测到所有可能的收益及其概率分布,参与者便可以通过缔约一个基于各种可能收益的契约,当满足一定条件时,这个契约可以转换为基于各种可能自然状态的完全契约。从这个角度上讲,所谓的"无法预见自然状态"或者"自然状态的不可描述性"并不一定会导致契约的不完全,它也无法构成不完全契约理论的理论基础。因此,这种将契约不完全性视为外生的研究方法在理论逻辑上并不自洽,缺少较为坚实的理论基础(黄凯南,2012)。

参考文献:

黄少安:《制度经济学》,高等教育出版社2008年版。

黄凯南:《不完全合同理论的新视角——基于演化经济学的分析》,载于《经济研究》2012年第2期。

[美]帕特里克·博尔顿、[比]马赛厄斯·德瓦特里庞:《合同理论》,格致出版社2008年版。

Aghion, P. and Tirole, J., Formal and Real Authority in Organizations, *Journal of Political Economy*, Vol. 105, 1997.

Coase, Ronald, The Nature of the Firm, *Economica*, Vol. 4 (16), 1937.

Chiu, Y. S., Non-cooperative Bargaining, Hostages, and Optimal Asset Ownership, *American Economic Review*,

Vol. 88,1998.

Bolton,P. and Faure-Grimaud,A. ,Sacrificing Contracts,*Review of Economic Studies*,Vol. 77,3,2010.

Grossman,S. and Hart,O. D. ,The Costs and Benefits of Ownership:A Theory of Lateral and Vertical Integration,*Journal of Political Economy*,Vol. 94,1986.

Hart,O. D. and Moore,Property Rights and the Nature of the Firm,*Journal of Political Economy*,Vol. 98,1990.

Hart,O. D. and Moore,Foundations of Incomplete Contracts,*Review of Economic Studies*,Vol. 66,1999.

Hart,O. D. and Moore,On the Design of Hierarchies:Coordination Versus Specialization,*Journal of Political Economy*,Vol. 113,2005.

Hart,O. D. and Moore,Contracts as Reference Points,*Quarterly Journal of Economics*,Vol. 123,2008.

Horn,H. ,Maggi,G. and Staiger,R. W. ,Trade Agreements as Endogenously Incomplete Contracts,*American Economic Review*,Vol. 100(1),2010.

Kunimoto,T. ,Indescribability and its Irrelevance for Contractual Incompleteness,*Review of Economic Design*,DOI:10. 1007/s10058-009-0082-y,2009.

Maskin,E. ,On Indescribable Contingencies and Incomplete Contracts,*European Economic Review*,Vol. 46(4-5),2002.

Simon,H. A. ,A Formal Theory of the Employment Relationship,*Econometrica*,Vol. 19,1951.

Tirole,J. ,Incomplete Contracts:Where Do We Stand?,*Econometrica*,Vol. 67(4),1999.

（黄少安　黄凯南）

剩余控制权和剩余索取权
Residual Control Rights and Residual Claim Rights

剩余控制权和剩余索取权都源自契约的不完全。

格罗斯曼和哈特(Grossman and Hart,1986)最早明确提出“剩余控制权”的概念,将产权的本质视为剩余控制权,并用剩余控制权来定义企业所有权。他们认为,如果契约不能够将缔约各方未来各种可能状态的权利和义务都涵盖在其条款里,契约是不完全的,而当契约中未预料到的情况出现时,由谁说了算,也就是所谓的“剩余控制权”的配置是十分重要的,它会影响事前专用性投资的激励,也会影响事后的谈判效率,从而影响整个交易效率。他们指出,在交易中,如果只有一方做出了专用性投资,这一方拥有“剩余控制权”或所有权是最优的安排。他们进一步将企业的控制权区分为特定控制权和剩余控制权两种类型。特定控制权是指事前在契约条款里明确规定的权利,例如,包括日常经营的权利以及通过契约的各种授权。剩余控制权则是指契约没有明确规定但受到法律保护的其他权利,例如,包括排除其他人使用或处置某一资产的权利以及各种未在契约说明的重大决策权,它本质是面对契约没有特别规定的状态出现时的一种相机决策权。随后,哈特(Hart,1995)进一步将剩余控制权定义为资产的所有者“可以按任何不与先前的合同、惯例或法律相违背的方式决定资产所有用法的权利”,也是决定资产最终契约所限定的特殊用途以外的权利。在他们看来,拥有某项资产的所有权就能够拥有该资产的所有剩余控制权,并且将权威等同于这种剩余控制权。在现代社会经济活动中,由于人力资产(Human Asset)是不可让渡的,其所有权是不能转让的,因此,不完全契约理论通常只研究物质资产所有权的配置问题,将物质资产所有权视为剩余控制权的主要来源,并且认为雇主的权威并非像科斯和西蒙所强调的直接作用于雇员(例如,根据具体的情况给雇员分配任务),而是通过控制物质资产的所有权来间接控制雇员的行动。阿吉翁和梯若尔(Aghion and Tirole,1997;2001)认为,在现实经济活动中,“剩余控制权”并不一定起重要作用,那些拥有信息和知识优势的代理人尽管不拥有“剩余控制权”,但是他们却掌握着实际运作企业资源的“实际控制权”。他们进一步阐释,这种“实际控制权”的配置应该与企业信息或知识结构相匹配。当然,这种“实际控制权”最终还是受到“剩余控制权”的约束。

“剩余索取权”通常是指契约中未能规定分配方式的那部分盈余的归属,是关于企业净现金流或资产可分割的要求权利。尤金·法玛和迈克尔·詹森认为,“剩余索取权”是用所有现金流入减去了其他各种承诺支付后所剩净现金流的索取权,而契约所规定的对净现金流量的所有者是剩余索取者(Fama and Jensen,1983)。

因此,“剩余控制权”是一个比“剩余索取权”范围更广的概念。在许多情况下,剩余控制权和剩余索取权是一体的,即一些当事人既拥有剩余索取权,也拥有剩余控制权。但是,在有些情况下,两者的主体是不一致的。黄少安(2008)详细地辨析了“剩余控制权”和“剩余索取权”的关系:第一,所谓剩余权利,首先是一个“签约时数量和具体形式不能确定”的概念,而不是“无主体的权利”。因为,无论从公司法还是公司章程看,公司的所有权利都是有主体的——董事会、经理和股东的权利都被界定了。因为合同不完全,有一些权利,签约前没有办法确定数量和具体表现形式,只好不做具体界定。是相对合同的不确定,但是主体是明确的。例如,明确确定了其他各主体的权利后,剩余下来的是股东。又比如,规定总经理有日常经营管理权,这是明确的,但是,日常会遇到什么状况,总经理具体如何行使其职权,是无法确定的。有些研究者将这种具体情况下的不确定理解为所谓的“剩余控制权”,其实是错误的,这不是不完全契约理论所指的“剩余控制权”。第二,所谓剩余权利的“剩余”是指:契约明确规定的、有固定收益和权力的主体分享完以后的权利,是一些主体按照契约规定的形式和数量取完以后剩余下来的。第三,剩余索取权不与剩余控制权对称,而是与剩余控制权合作一起组成“剩余权利”。“剩余权利”与“剩余风险”是对称的范畴,二者必须对称或匹配。剩余控制权是指权能,即能做什么,而剩余索取权是指收益,即能获得什么。而这实际上是一项产权的权能和利益,不是两项权利。在不完全契约理论中,二者看起来是对偶或对称,实际上不是。也就是说,获得剩余收益不以、或者不必以获得剩余控制权为前提。剩余控制权是指资产所有者的最后、不需要经过其他人同意的处置权,或者在别人不知道、不敢处置的时候的处置权。而剩余收益,从财务上定义,就是企业的纯利润,无疑是投资者或股东的。当然,投资者和股东可以根据各自需要处置,例如,以合适的方式把一部分给经理以激励。也就是说,只有承担剩余风险的主体才有资格拥有、也必须拥有剩余权利(包括剩余控制权和剩余索取权)。第四,谁承担剩余风险从而最有资格拥有剩余控制权和剩余索取权呢?物质资本所有者,即公司的股东。因为只有股东的物质资本才具有可测度、可抵押和可抵偿性,从而才能承担剩余风险(黄少安,2008)。

参考文献:
黄少安:《制度经济学》,高等教育出版社 2008 年版。
Grossman, Sanford and Hart, Oliver, The Costs and Benefits of Ownership: A Theory of Vertical and Lateral Integration, *Journal of Political Economy*, Vol. 94, 1986.
Hart, O. and Moore, J., Property Rights and the Nature of the Firm, *Journal of Political Economy*, Vol. 98, 1990.
Hart, O., Corporate Governance: Some Theory and Implications, *The Economic Journal*, Vol. 105, May 1995.
Fama, E. F. and M. C. Jensen, Agency Problem and Residual Claims, *Journal of Law and Economics*, Vol. 26, 1983.

(黄少安　黄凯南)

机会主义行为
Opportunism

在交易成本经济学中,“机会主义”是一个重要的概念。威廉姆森(1975;1985)将机会主义定义为“一种为了追求自利而采取狡诈式策略行为”,或者说是“欺骗性地追求自利”。威廉姆森认为,对于个体“机会主义”的人性假设,是他对经济学的重要理论贡献。那么,机会主义与经济人假设有什么差别?在经济人的假设上,亚当·斯密只注重人的利己心,强调市场机制通过“看不见的手”能够将人们增加自己利益的行动引导到增加社会福利方向上来。这显然是一个理想的资源配置模式。但是,要实现经济人利己决策而导致社会最优福利必须建立在一个重要的前提下,即必须存在一个完美的市场机制以零成本来协调经济人之间的利益冲突。在威廉姆森看来,人们在经济活动中总是会尽最大能力来增进自身的利益,在可能的情况下,人们甚至会不惜损害别人的利益来增进自身的利益,或者说,一旦有机会,经济人还会采用损人利己的行动,即机会主义的行为。机会主义行为的本质是对专用性资产产生的可占用性准租的侵占(Rubin,1990)。市场机制的不完美或交易成本的存在导致了经济人具有采取损人利己行为的机会。

杨小凯(2003)较为精炼地阐述了机会主义对策行为在人类行为中的位置。杨小凯认为,人类行为可分为几种类型:第一种是非对策的自利行为,即决策者不对其他人的决策直接做出反应,而仅仅对价格做出反应(例如,完全竞争市场上的厂商和消费者行为);第二种是对策行为或博弈行为,即决策者对他人的决策直接做出反应。这种对策行为又分为两类,即非机会主义对策行为和机会主义对策行为。非机会主义对策行为的特征是利己不损人,机会主义的对策行为则是损人利己。如果将交易成本分为内生和外生两种类型,由机会主义行为引致的交易成本则属于内生交易成本。

惠特尼(K. H. Wathne, 2000)对“机会主义”的行为进行分类。从发生的阶段来看,将机会主义分为事前机会主义和事后机会主义,事前机会主义指在交易关系确立之前参与者就故意扭曲信息或欺骗,事后机会主义指在交易关系进行期间的各种违背契约意愿的行为;从主观故意的视角来看,将机会主义区分为主动机会主义和被动机会主义,主动机会主义是指参与者主观故意或积极采用机会主义行为(例如,从事明确被禁止的行动),后者指被动地或消极地采用机会主义行为(例如,被动或消极地减少努力);从信息或专用资产占有的视角,机会主义行为包括逆向选择、道德风险和敲竹杠。逆向选择和道德风险是由信息不对称产生,敲竹杠则主要源自契约不完全。

机会主义行为产生的重要原因是契约的不完全。由于契约的不完全,交易各方无法缔约一个包含所有自然状态下交易各方权责利关系的完全契约,或者即便交易双方能够无代价地签订一个依赖所有自然状态的完全合同,但是,如果某些条款被法院执行的成本过大或者无法执行(例如,无法证实),这便产生了侵占由资产专用型投资带来的可占用性准租的机会,从而导致经济人采取机会主义的行为。

治理机会主义行为的方式通常包括:一是通过所

有权或剩余控制权的配置来增加资产专用性投资者事后的谈判能力,从而减少机会主义行为(Hart,1986;Moore,1990);二是建立交易双方的信任机制来增加合作,从而降低机会主义(Barney and Hansen,1994);三是通过向机会主义者提供一个未来的“贴水”,促使企业间对长期隐性契约和互惠协议的依赖,因此,终止交易关系的威胁能够在一定程度上抑制机会主义行为(Klein and Leffler,1981)。

参考文献:

杨小凯:《发展经济学——超边际与边际分析》,中国社会科学出版社 2003 年版。

O. E. Williamson, *Markets and Hierarchies, Analysis and Antitrust Implications: A Study in the Economics of Internal Organization*, New York: The Free Press, 1975.

O. E. Williamson, *The Economic Institutions of Capitalism*, New York: The Free Press, 1985.

Rubin, Paul H., *Managing Business Transactions: Controlling the Cost of Coordinating, Communicating, and Decision Making*, New York: The Free Press, 1990.

Banjamin Klein, Leffler, Keith B., The Role of Market Forces in Assuring Contractual Performance, *Journal of Political Economy*, Vol. 89(4), 1981.

(黄凯南)

敲竹杠/套牢问题
Hold-Up Problem

“敲竹杠”问题是指在交易中,一方或双方进行了事前的专用性投资,当自然状态出现后,由于契约的不完全,专用性投资者的收益没有受到契约的保护,由于专用性投资成本已经沉没并且其价值依赖于特定的交易关系,这使得投资者在事后有关合作剩余分配谈判中处于不利的地位,专用性投资的收益可能被另一方掠夺,即专用性投资者被敲竹杠或套牢在特定的交易关系中。一旦专用性投资者预期到事后被敲竹杠的可能性,其事前的专用性投资激励就会下降,从而使得专用性投资低于社会最优投资水平,造成效率的损失。

产生“敲竹杠”问题的前提可以简单归纳为:一是契约的不完全。如果契约是完全的,专用性投资产生的收益能够得到契约的保护,这就不会发生“敲竹杠”问题;二是必须有专用性投资,并且这种投资能够产生可占用准租。如果投资是通用的,投资者就不会被套牢在特定的交易关系中,交易各方的谈判地位是对等的,这也不会发生“敲竹杠”问题。

克莱因、克劳福德和阿尔钦(Klein, Crawford and Alchian,1978)、威廉姆森(Williamson,1979;1985)等较早分析了“敲竹杠”问题。存在两种敲竹杠的问题:一是契约确定后,参与者凭借事后讨价还价能力的变化来影响转移价格,这也是通常理解的敲竹杠问题;二是当交易环境发生变化,即便参与者执行了既定的契约,也可能产生违背契约初始意愿的行为(Klein,1996)。

以格罗斯曼、哈特和莫尔为代表的现代产权学派较为正式的分析了“敲竹杠”问题,并且通过最优控制权或所有权的配置来解决“敲竹杠”问题(Grossman and Hart,1986;Hart and Moore,1990)。他们的分析逻辑可以简单描述为:不完全契约会导致敲竹杠从而降低事前的专用性投资激励,而物质资产所有权的分配会影响交易各方的事后谈判能力,从而影响事前专用性投资激励,因此,可以通过设计一个最大化专用性投资激励的所有权分配来提高专用性投资激励,解决敲竹杠问题,提高经济效率。但是,一些研究也认为,解决敲竹杠问题并不一定要通过所有权的安排来实现,通过机制设计的执行理论(例如,Maskin的纳什执行和子博弈完美执行),参与者可以事前设计一个事后显示真实信息的机制,使得一些由于不可描述性或不可证实而导致的契约不完全并不影响交易效率,对于事后博弈机制的事前设计能够达到与完全契约相同的效率(Maskin and Tirole,1999;Maskin,2002)。

哈特和莫尔(Hart and Moore,2007)基于行为经济学的研究成果,将契约视为参与者对于自己有权获得某种资产或收益的主观信念的“参照点”(Reference Points)。参与者事后的行为取决于其实际收益与契约规定收益的比较,当参与者认为自己得到了应有的收益时,契约被认为是公平的,敲竹杠的激励下降,契约被较为完美地执行,当参与者认为自己没有得到应有的收益时,契约则被认为是不公平的,敲竹杠的激励增加,契约被较为马虎地执行。在哈特和莫尔看来,引入行为经济学方法将会导致事后投资无效的结果,这一结论排除了完全契约理论通过履约理论解决敲竹杠问题的途径。因此,权威的配置在解决敲竹杠问题中依旧扮演着重要角色。

参考文献:

Klein, B., Crawford, R. and Alchian, A Vertical Integration, Appropriable Rents, and the Competitive Contracting Process, *Journal of Law and Economics*, Vol. 21, 1978.

Williamson, O., Transactions-cost Economics: The Governance of Contractual Relations, *Journal of Law and Economics*, Vol. 22, 1979.

Klein, B., Why Hold-ups Occur: the Self-enforcing Range of Contractual Relationships, *Economic Inquiry*, Vol. 34, No. 3, 1996.

Hart, O., Holmstrom, B. A., Theory of Firm Scope, *Quarterly Journal of Economics*, Vol. 125(2), 2010.

Hart, O., Moore, J., Contracts as Reference Points, *Quarterly Journal of Economics*, Vol. 123(1), 2008.

（黄凯南）

专用性资产

Specific Asset

专用性资产是指拥有特定交易的资产，这种资产如果被用到其他交易，它的价值将会下降，甚至变得完全毫无价值。因此，这种资产价值的实现是依赖于特殊的交易关系。由于合同的不完全，投资了专用性资产的一方可能在事后的合作剩余谈判中会面临被其他参与者敲竹杠的风险，一旦专用性资产投资者预期到这种风险，他事前的专用性投资激励就会下降，而这会降低整个交易的合作剩余，从而降低资源配置效率。大量的研究都集中在如何设计最优的剩余控制权或所有权制度以及相关的治理机制来促进专用投资的激励。

克莱因、克劳福德和阿尔钦（Klein, Crawford and Alchian, 1978）较早提出专用性资产的概念。他们认为，专用性资产能够产生一种可占用准租金，这种准租金的大小等于承租人最优使用价值与另一承租人次优使用价值的差额。因此，一旦一个企业做了专用性投资，在它实现的经济利润中就包含了专用性资产带来的可占用准租。由于合同的不完全以及交易各方的机会主义行为，交易各方都有激励去侵占对方的准租金，这就会产生敲竹杠问题（Hold-up Problem）。克莱因、克劳福德和阿尔钦等人尝试论证资产专用性（Asset Specificity）程度与交易所对应的治理机制之间的关系。他们认为，资产专用性程度越低，交易各方比较倾向于运用关系性契约的治理机制，反之，如果资产专用性程度越高，交易各方采用一体化的趋势越强。

威廉姆森（1983）归纳了四种类型的资产专用性：一是场所专用性。例如，当某些场所拥有特殊的自然资源，转移场所将产生大量成本，这便导致了场所的专用性；二是物质资产的所用性。例如，当某一物质资产是由特定交易对象而准备的，将该物质资产转移到别的用途将产生成本，这便导致物质资产的专用性；三是人力资产专用性。例如，为某项特定交易而进行的人力资本投资；四是传统专用性资产。例如，企业做出的不易转作他用的投资。在威廉姆森的启发下，许多学者进一步深入研究资产专用性的具体表现。马龙（Malone, 1987）提出了时间专用性的概念，它指一项投资只有在特定、有限的时间内找到它的使用者才会有较高的价值，否则价值将会下降。一些针对信息技术产业的研究，归纳了三种类型的专用性资产：一是传统型专用性资产（Dedicated Specificity）。例如，专用设备、专用人力资本以及专用的IT软件和硬件；二是信息技术专用性资产（IT Specificity）。例如，在线交换信息和特殊的信息技术投资；三是流程专用性资产（Process Specificity）。例如，各种针对信息技术和工人之间相互影响的特殊程序和过程。

专用性投资总是与“敲竹杠”或“套牢”问题联系在一起。最初，专用性投资主要出现在买者卖者的单边“敲竹杠”模型中。在此类模型中，通常假设买者或卖者一方做出专用性投资，另一方进行敲竹杠。后期研究主要关注双边或多边的专用性资产投资问题。在单边的专用性投资模型中，专用性资产投资方被另一方敲竹杠的可能性较高，通常情况，让专用投资者拥有物质资产所有权有利于降低敲竹杠的机会主义行为。在双边或多边专用性投资中，由于交易双方都进行专用资产投资，双方都被套牢在特定的交易关系中，任何一方都不希望终止这种交易关系，这在一定程度上降低了机会主义行为。根据GHM模型的预测，在均衡中出现的所有权配置依赖于每一方事前专用性投资的相对价值，如果企业1的专用性投资更有价值，由企业1获得企业2的所有权是有效率的，如果企业2的专用性投资更有价值，由企业2获得企业1的所有权是有效率的，如果两种专业性投资的价值都是重要的，那么非一体化可能比一体化更好。

参考文献：

黄少安：《制度经济学》，高等教育出版社2008年版。

Williamson, O. E., Credible Commitments: Using Hostages to Support Exchange, *American Economic Review*, Vol. 73, No. 4, 1983.

Benjamin Klein, Robert G. Crawford, Armen A. Alchian, Vertical Integration, Appropriable Rents, and the Competitive Contracting Process, *Journal of Law and Economics*, Vol. 21, 1978.

Malone, T. W., Yates, J. and Benjamin, R. I., Electronic Markets and Electronic Hierarchies, *Communications of the ACM*(30:6), June, 1987.

Hui-Mei Wang, Hengchiang Huang, Ji-Ren Lee, Does Relationship-Specific Contribute to Competence Building? A Suppliers Perspective, *Taiwan Academy of Management Journal*, Vol. 1, 2002.

（黄凯南）

横向一体化与纵向一体化

Horizontal Integration and Vertical Integration

一体化是企业发展重要的战略选择，它包括横向一体化和纵向一体化。从产权的视角看，一体化本质上是一种所有权或控制权的集中。

横向一体化又被称为“水平一体化”，是指企业通过接管或合并其他处于相同行业和相同生产阶段的企业来实现规模的扩张，从而促使企业能够在更大的市场范围进行更大规模的生产和经营活动，获得更多的市场份额，甚至形成横向垄断（Horizontal Monopoly）。横向一体化可能带来的收益主要表现在以下几个方面：一是节约成本。例如，它可以消除横向一体化前企业之间在生产经营中因互相不信任而出现的机会成本，消除合同交易带来的不确定性和技术相互依赖所致的较高的交易成本，使横向一体化企业成本和收益的内部化等；二是规模经济（Economics of Scale）。所谓的规模经济是指，随着生产规模的扩大，企业的平均成本逐步下降。企业的横向一体化能够将生产和提供同种产品的企业横向联合，共同使用企业已经存在的品牌、技术、销售渠道、声誉等，同时可以分摊企业的研发费用、一般的管理费用和营销费用等，降低单位成本，提升单位投入收益，实现规模经济；三是范围经济（Economics of Scope）。所谓的范围经济是指，多种产品企业的联合产出超越单一产品企业产出的总和，简单地讲，联合产出超出分别产出之和。企业的横向一体化可以联合利用企业有形和无形资产，从而获得范围经济；四是协同效应。当企业间存在着生产要素和企业职能等方面的互补性，通过横向一体化，企业间可以共同利用彼此的优势，从而产生协同效应。当然，横向一体化也是有成本的。例如，横向一体化可能导致企业间文化的冲突，从而增加了协调成本和认知成本，企业过度扩大规模可能引致较高的市场风险等。

最终产品从原材料生产到达消费者手中通常包括多个连续生产和销售阶段，处于各个纵向的供应链环节中。纵向一体化是指企业将生产和经营活动扩展到两个或两个以上的连续生产或销售阶段。存在三种类型的纵向一体化：后向纵向一体化（Backward Vertical Integration），是指企业控制了为它生产提供生产要素的部门，将生产和经营活动延伸到后一阶段；前向纵向一体化（Forward Vertical Integration），是指企业控制其产品的销售部门，将生产和经营活动延伸到前一阶段；平衡纵向一体化（Balanced Vertical Integration），是指包含后向和前向的纵向一体化。

在制度经济学中，企业的纵向一体化决策被转化为“购买”（Buy）和“制造”（Make）的决策选择，即如果企业决定自己“制造”上游或下游的产品或服务，它采用了纵向一体化的策略，反之，如果企业通过市场交易“购买”上游或下游的产品和服务，它就不采用纵向一体化策略。因此，重要的问题是，企业在什么情况下会采用或不会采用纵向一体化策略，即如何对纵向一体化的成本和收益进行分析。

科斯（1937）较早对比了企业和市场的交易费用，探讨了企业纵向一体化水平的决定因素。在科斯的分析中，企业是否采用纵向一体化主要取决于企业内部交易费用与外部市场交易费用之间的比较和权衡。对于某项交易而言，一旦外部市场交易费用大于企业内部交易费用，企业就会采用纵向一体化策略。科斯主要从纵向一体化前后的交易费用差别来分析，并没有涉及到纵向一体化前后所有权变化对企业激励的影响。威廉姆森（1975；1979；1980；1985）进一步拓展了科斯交易成本的分析方法，认为在参与者有限理性和机会主义行为的假设下，纵向一体化的程度取决于交易成本，而交易成本的大小取决于资产专用性、交易频率和不确定性。资产专用性越强、交易频率越低以及不确定性越大，交易成本就越大，企业越倾向于采用纵向一体化。在威廉姆森看来，资产专用性是一体化程度最为重要的决定因素。克莱因（Klein，1980）进一步深入研究资产专用性对纵向一体化的影响，指出在许多情况下，纵向一体化能够解决由资产专用性和不完全契约带来的敲竹杠问题，但是当契约涉及到人力资本内容就不能够通过纵向一体化来解决。

以格罗斯曼、哈特和莫尔为代表的 GHM 模型较为正式地分析了企业纵向一体化的成本和收益。当企业 1 和企业 2 之间都存在专业性投资时，如果企业 1 实施纵向一体化策略，企业 1 拥有企业 2 的所有权或剩余控制权，这会提高企业 1 的专用性资产的投资激励，这便是一体化的收益，但是，它同时也会降低原先企业 2 专用性投资的激励，这便是一体化的成本。GHM 模型预测，在均衡中出现的所有权配置依赖于每一方事前专用性投资的相对价值，如果企业 1 的专用性投资更有价值，由企业 1 获得企业 2 的所有权是有效率的，如果企业 2 的专业性投资更有价值，由企业 2 获得企业 1 的所有权是有效率的，如果两种专业性投资的价值都是重要的，那么非一体化可能比一体化更好。基于 GHM 模型的新产权理论从所有权配置的视角分析了纵向一体化的成本和收益。

越来越多的学者关注纵向一体化的实证研究。例如，雷柏莱茵和米勒（Leiblein and Miller，2003）基于 1996 年 117 家全球性半导体公司为样本，研究了其中 469 个纵向一体化决策，实证研究结果表明，因资产专用性和需求不确定性高增加交易风险，导致企业选择纵向一体化的机率提高，市场失灵是交易风险中影响最显著的因素；赫斯肯斯、斯蒂坎著和库玛（Geyskens，Steenkamp and Kumar，2006）通过构建交易费用理论模型，提出 11 个假设来检验资产专用性、不确定性对企业纵向一体化决策的影响。他们的研究表明，资产专用性程度越强、产量和行为不确定性越强，企业越倾向于采用纵向一体化，但是，技术的不确定性会降低企业的纵向一体化的激励。

参考文献：
黄少安：《制度经济学》，高等教育出版社 2008 年版。

艾青:《纵向一体化与并购效应研究》,武汉大学博士论文 2005 年。

Williamson, O. E., *The Economic Institutions of Capitalism*, New York: Free Press, 1985.

Williamson, O. E., *Markets & Hierarchies: Analysis and Antitrust Implication*, New York: The Free Press, 1975.

Williamson, O. E., Transaction Cost Economics: The Governance of Contractual Relations, *Journal of Law and Economics*, Vol. 22, 1979.

Williamson, O. E., Organization of Work: A Comparative Institutional Assessment, *Journal of Economies Behaviour and Organization*, Vol. 1, 1979.

Klein, Benjamin, Why Hold-Ups Occur: The Self-Enforcing Range of Contractual Relationships, *Economic Inquery*, Oxford University Press, Vol. 34(3), 1996.

Leiblein, M. J. and D. J. Miller, An Empirical Examination of Transaction and Firm-level Influences on the Vertical Boundaries of the Firm, *Strategic Management Journal*, Vol. 24(9), 2003.

Geyskens, I., Steenkamp, J. E. B. M. and Kumar, N. Make, Buy, or Ally: A Transaction Cost Theory Meta-analysis, *Academy of Management Journal*, Vol. 49(3), 2006.

(黄凯南)

企业结构

Structure of Firm

企业组织结构(Organizational Structure of Firm)或企业的组织形态大致可以分为三类:个体(Individual Proprietorship)、合伙(Partnership)和公司(Corporation)。前两者一般为无限责任,后者为有限责任。在公司这一类中又可细分为两种,即封闭公司与公开公司。封闭公司的股票不上市,是定向募集。除了有限责任外,封闭公司在很多方面与合伙企业很相似。

企业组织形式(主要是内部结构)的变革大体经历了三个阶段,依次采取了三种结构:H 型结构(Holding Company)即控股公司、U 型结构(Unitary Structure)即职能型或一元型结构、M 型结构(Multidivisional Structure)或多分部结构。

威廉姆森和钱德勒都用交易费用理论解释了这种企业组织结构的演变。一般认为现代公司结构的代表形式就是这三种类型。但是,黄少安(1995)认为这种概括不恰当。具体表现在:第一,虽然可以说现代公司结构大体经历了从 H 型到 U 型再到 M 型三个阶段,但是,不等于说现代公司或现代企业的三种形式就是 H 型、U 型和 M 型。因为 H 型并不是一个企业的组织结构,而是一个企业集团的形式。控股公司并不是一个公司,而是一个公司集团。两者在法律上和实际的产权关系上都不一样。但是在历史上 H 型结构又确实是走上 U 型和 M 型(特别是 U 型结构)的一个阶段,或者说,是大公司兼并了小公司,最后使小公司失去独立法人地位、合并成一个大公司的重要途径,而一旦到了这一步,就已经不是一个企业集团,不是 H 型结构,而是一个企业,一个 U 型或 M 型或别的类型了。第二,在把 H 型结构这种非企业组织结构(而是企业集团组织结构)算做现代公司结构的同时,另外一个重要的现代公司结构却没有引起人们的重视。这种公司(A 型)或者是在已有的近代股份公司的基础上发展起来的,或者是原有的非公司性质的企业经过合并或兼并而发展起来的,都走上了现代股份公司的道路。但是,这两种途径都是同业扩张或同质扩张,既不是因为纵向一体化的产生(像 U 型结构那样),也不是因双向或混合扩张而产生(像 M 型结构那样)。其产生,或者说,能够在原有公司(小型的近代公司)或其他形式基础上形成,可能是自我积累的结果,但是更多的是横向合并或兼并的结果。从横向扩张来说,类似于 H 型结构的扩张方式。因此,H 型结构也可以是这种结构形成的途径之一。但是它一旦形成,就不像 H 型结构,是以控股为特征的股份集团公司,而是一个与近代股份公司有所不同的股份公司。在其内部,也会有众多分支结构和特有的内部权利结构。

企业,无论以什么形式组织起来,无论多大规模,都是一种组织机构,因此,它只可能是"法人"。所谓"企业产权"(Property Rights of the Firm)也就是企业作为法人所拥有的产权。任何法人,作为法律上的民事主体,都必须是独立的。那么,企业作为法人,也必须是独立的,它所拥有的产权也具有独立性和排他性。当然,企业产权的独立性并不等于资产产权的完整性,对资产的一组产权可以分解,其中的任何一项或几项的组合都可以独立,企业单独拥有其中一项或几项,都可以说是拥有独立的产权。企业到底拥有哪些独立的产权,并没有统一和固定的界区。采取不同企业制度的企业拥有的产权可能不同。例如:独资的企业主式的企业,拥有全部资产的全部产权;股份公司拥有全部资产的全部经营权,但是没有任何所有权;采取承包制或租赁制的企业,其所拥有的只可能是经营权,而且不一定是全部经营权,拥有多大经营权,取决于谈判所签订的契约中的相关规定,而且这种经营权是有期限的。"给定企业的存在,我们也许要问以下的一些问题:(1)谁拥有企业?(2)企业所有权意味着什么?以及(3)企业由投资于企业的人所有、由工人所有以及由政府所有之间究竟存在什么区别?"(弗鲁博顿和芮切特,2006)因此,企业产权应该包括以下的一些内容:企业所有权(最终归属权)主体;作为法人产权主体的企业,企业拥有哪些产权,这些反映了企业与所有者之间的权利分配关系,如所有权和控制权的分离;企业内部的产权配置问题；除了所有者以外的其他哪些主体与企业利益相关、这些利益相关者与企业利益如何相关、相关度以及他们对企业活动的影响（黄少安，1995，2008，2012）。

企业的所有者被认为是那些享有某种得到法律准许的权利主体。简单地说，所要讨论的权利是：（1）控制企业的权利；（2）获取企业剩余收入的权利；（3）将前面两种权利按照自己的意愿转移给其他人的权利。

当然，如果企业所有权是有效的，它们应该得到执行和实施，正如其他领域一样，这是一个不争的事实。但执行是有费用的，因而执行的程度可能会不同。一般而言，企业所有者需要保证自己的权利不被其他企业成员所攫取，而这通常会影响到企业内部的制度安排。让问题更为复杂的事实是，由上述（1）至（3）提到的权利可以在不同要素所有者之间进行分割，这些要素所有者都是企业这样一个联合体中的参与者。组织设计的目的就是建立一种产权结构，以使个体企业成员的私人利益与联合体的集体利益之间的冲突达到最小化（弗鲁博顿、芮切特，2006）。

马克思通过微观层面的生产力和生产关系的考察，认为企业制度（Institution of the Firm）或资本主义企业制度产生和演变有三个阶段：资本主义早期，即第一阶段，是与简单协作和分工协作相适应的"手工作坊和工场制度"；第二阶段是与工业革命和机器大工业相适应的"工厂制度"；第三阶段是与技术革命发展和生产规模进一步扩大相适应的"股份公司制度"。在马克思看来，企业起源于资本主义早期，工场制度的前身是封建的家庭手工作坊，也可称之为家庭工业制度。

从手工工场制度到工厂制度、再到股份公司制度，这一演变过程包含着丰富的内容，从多方面体现出来。最直观的变化是企业规模（资本规模）的扩大和企业利润量（资本所带来的剩余价值）的扩大。但是，最根本、最深刻的变化是企业产权结构的变化。手工工场制度下，企业的产权结构或产权特征可以概括为：第一，所有权与经营权合一，即工厂主既是投资者，又是经营管理者。第二，企业内部的权利结构简单，没有复杂的管理结构。第三，企业投资者单一，一般是独资企业，最多是家族内不同成员合伙，这样，企业资产的所有权主体单一。第四，企业资本和产权数量较小。工厂制度相对于手工工场制度来说，产权结构已发生了很大变化，表现在：第一，虽然所有权与经营权仍然基本上是合一的，但是已开始分离。工厂的经营管理者很多情况下已经不再是企业主自己，一些协助管理的人员已经以监工、车间负责人的身份开始分掌部分经营权。这是由于以机器大工业为基础的企业管理已不仅仅是简单的经验管理，而是需要以科学知识、技术为基础的分工管理。第二，企业内部的权利结构或内部治理结构日趋复杂化，从而内部的管理结构、职能也分化、规章制度也多起来和复杂化了。第三，随着企业规模的扩大，单个企业的产权数量开始扩大。股份公司制度在产权制度上的变化更大：第一，表现为单个企业规模，从而产权数量大幅度、成倍、成十倍甚至更快地扩大。第二，所有权与经营权高度地分离。出现了职业经理专门行使公司资产经营权。第三，企业内部权利结构复杂化，形成了规范的内部治理结构，各个部门权、责、利分明，相互制衡。第四，企业所有权主体（股东）多元化与经营权主体一元化或经营权统一化——统一于公司法人（黄少安，1995）。

参考文献：
黄少安：《产权经济学导论》，山东人民出版社 1995 年版。
黄少安：《制度经济学》，高等教育出版社 2008 年版。
黄少安：《企业理论的几个基本问题》，载于《社会科学战线》2012 年第 1 期。
［美］弗鲁博顿、［德］芮切特：《新制度经济学：一个交易费用分析范式》，上海人民出版社 2006 年版。

（黄少安　孙涛）

历史制度分析
Historical Institutional Analysis

艾维纳·格雷夫（A. Greif）从 20 世纪 80 年代末开始研究中世纪末期商业革命中制度与经济增长的关系，发现了诺思等人将制度引入经济史研究中的不足，提出从新的角度，采用博弈论、现代微观经济学等对经济史进行制度分析，并提出要进行经济的、政治的、文化的和社会的综合研究。自从格雷夫 1989 年发表这方面的第一篇文章开始，这种研究思路已经引起了许多学者的关注，并代表了新经济史学最新的发展方向。目前，格雷夫已经在《美国经济评论》（AER）、《政治经济学》（JPE）、《经济史》、《制度与理论经济学》等杂志发表了大量成果，并且绝大多数论文都被其他著作收录。1998 年，格雷夫与贝茨（Bob Bates）等合作出版了《分析性叙述》（*Analytic Narratives*）；2006 年，他又出版了《制度与现代经济之路：来自中世纪贸易的教训》，突出了其历史制度分析的价值。

格雷夫认为，"传统经济史的制度分析不能够解决有关制度与经济产出之间关系的一系列问题，例如，能够使和平自我实施的是什么制度？贸易发展是和平与资源禀赋的唯一函数？制度是不是影响贸易扩张的时间、地点和范围呢？作为对贸易增长的反应，为什么欧洲的制度创新会不同于其他经济社会（尽管技术上具有相似性）？"要解决这些问题，需要一种不同的方法，即历史的制度分析。他将制度定义为"自我对行为实施的非技术决定的约束”,并强调了博弈论在历史制度研究中的特殊价值。在此基础上,他对历史制度分析的概括为:“博弈论将制度定义为均衡,运用归纳的微观历史分析和特殊历史情境战略模型,使得经验分析突破了新制度经济史的局限。它使我们能够考察自我实施的制度(包括那些使国家自我实施的制度),它也能使我们考察制度的选择和路径依赖。特别是,历史制度分析的理论框架能够对文化、社会因素同制度选择和路径依赖两者之间的关系进行经验式的检验”。具体而言,历史的制度分析具有以下特征(格雷夫,2003):

第一,历史制度分析的起点是微观历史检验。他认为,要研究与一个特定历史时期相关联的制度,是不可能从一个没有制度活动的博弈开始的。历史上人们之间的相互影响和作用,都必须在一个制度的前后逻辑关系中进行说明。要考察特定历史环境中的细节,就必须构建一个特殊历史情境模型(a Context-specific Model);要构建这一模型并区别相关环境,就需要进行微观层面的历史研究。这种研究能够为模型的细化提供基础,也有利于以历史资料的细节对应于理论分析的细节。并且,为构建这种特殊历史情境模型,需要识别交换和组织问题,因为这是制度在特定历史时期影响经济产出的本质所在。例如,在以远距离贸易为基础的经济中,那种支配着贸易中心商人之间代理关系的制度,可能在效率和分配方面具有重要意义;而在地区经济中,用来缓解借贷双方信息不对称的制度可能具有重要的意义。

第二,历史制度分析是一种归纳性方法,不事先假定制度具有特别的属性。它根据直接的历史证据,形成关于一种特定制度的相关性与非相关性的假说。例如,有关12世纪热那亚代理关系的史实表明,存在于家庭内部的代理关系低于16%,这说明代理关系并没有被家庭的忠诚所支配;再比如,史实表明,18世纪时,是巴黎的贵族而不是银行,在减少借贷之间的信息不对称现象上起了重要作用。

第三,只要可能,历史制度分析就会放弃其他假说而集中证明一种假说,也即集中证实那种关于占统治地位的制度假说,而不是去证明所有那些不占统治地位的制度。这是因为,要想识别出一组在特定环境中已经具有相关性的所有制度是不可能的,也是不实际的。为了进一步抽象并证实一种特定情境中占统治地位的制度假说,就必须在理论和历史检验的相关过程中详细说明特殊历史情景模型。这种模型建立在一定的假设基础上,对它的信任完全来自于其预言能力。这有两个目的:一是保证这种分析不会把研究者对环境的看法强加给历史人物;二是要充分地限定可能模型的设置。在某些场合中,使用一些从历史分析中总结出来的模型限制条件,对建立一个有用的模型至关重要。

第四,均衡分析方法通常被用来提炼和便利于经验研究,这会提高假说的可信性。尽管大多数历史制度分析的研究还没能建立起可以进行量化检验的模型对论点的逻辑、一致性以及生命力进行检验,但它仍可以表明组织的确切作用,区分那些为使论点成立而必须满足的条件,在特殊战略占优势地位的假设下,形成关于在建立模型中没有使用的可观察到事物的预言。这样做的目的,不是简单地提出一个对可观察事物的预言,而是若干个对可观察事物的预言。

第五,博弈论运用于历史制度分析。格雷夫认为,博弈论能够大量运用于历史制度分析,是由这种方法本身决定的:(1)将制度看做是自我实施的,这决定了其自发性、自愿性特征,构成了一种均衡,而博弈论的核心概念是均衡。(2)历史制度分析主要运用历史经验的归纳方法,而这一方法的具体运用与博弈论密切相关。历史经验归纳出关于制度的命题,形成假说,而假说需要采用博弈论构建理论模型,分析行为主体的可能战略、目标函数及均衡。(3)历史制度分析对“特殊历史情境模型”的运用,解决了博弈论中由多重均衡导致的博弈结果的非确定性和非结论性问题。

第六,历史的制度分析强调经济的、政治的、文化的和社会的共同作用。格雷夫认为,不管是自发的还是有意识的,对自我实施制度的选择受到历史的——经济的、政治的、文化的和社会的——逻辑关系影响。例如,支配热那亚和马格里布人代理关系的不同制度,在很大程度归结于他们不同的社会和文化特征,而这些特征又反过来进一步强化了其经济制度。在马格里布人中间,集体主义的文化信仰和与此相联系的经济上的自我实施的集体惩罚,导致了一种水平式的社会结构(即商人一身兼商人和代理人二职),社会的封闭和非集体的社会信息通讯网。在热那亚人中间,个人主义的文化信仰,则导致了具有一种垂直并融合的社会结构,以及相对比较低水平的信息联络的个人主义的社会。在一定程度上,一个人是用所持有的随时间不断变化的价值观去判断经济和社会的行为方式,这些不同的经济社会体制可能也会导致不同的价值观。

参考文献:

[美]格雷夫:《历史制度分析:从经济史视角研究制度问题的新进展》,载于《经济社会体制比较》2003年第5期。

[美]格雷夫:《大裂变:中世纪贸易制度比较和西方的兴起》,中信出版社2008年版。

韩毅:《历史的制度分析——西方制度经济史学的新进展》,辽宁大学出版社2002年版。

Greif, Avner, Reputation and Coalitions in Medieval Trade: Evidence on the Maghribi Traders, *The Journal of Eco-*

nomic History, Vol. 49, No. 4, Dec. 1989.

Greif, Avner, *Institutions and the Path to the Modern Economy: Lessons from Medieval Trade*, Cambridge University Press, 2006.

Greif, Avner, Margaret Levi, Jean-Laurent Rosenthal and Barry Weingast. *Analytic Narratives*, Princeton University Press, 1998.

（李增刚）

发展经济学的制度分析
Institutional Analysis of Development Economics

发展经济学产生于20世纪40年代第二次世界大战之后广大发展中国家独立之时。它以发展中国家的经济发展问题为主要研究对象，探索发展中国家经济发展的经验和规律。它在经历了20世纪50年代至70年代的繁荣之后，到80年代出现了危机，因为发展经济学不仅没有解决发展中国家的贫穷落后问题，反而使得发展中国家与发达国家的差距越拉越大。20世纪80年代之后，随着新制度经济学的发展和繁荣，许多学者将制度经济学用于研究发展中国家的经济发展和经济增长问题，解释发展中国家经济不发达的根源，并从制度的角度提出解决发展中国家发展问题的思路（李增刚，2008）。大体上讲，发展经济学的制度分析包括几个方面：一是制度与经济发展；二是利益集团、治理与国家兴衰；三是自由与经济发展；四是经济发展的政治、文化、社会等的多维考察。

制度经济学的一个核心命题是：制度对一个国家或地区的经济增长和经济发展起重要作用。从诺思20世纪五六十年代对美国1790～1870年经济增长的研究，到60年代末对西欧国家兴起的研究，都表明制度对一个国家或地区经济增长和经济发展的决定性作用。同时，制度也可能阻碍一个国家或地区的经济增长或经济发展，这就是诺思所提出来的无效率制度存在的问题。这表明，有效率的制度能够促进一个国家或地区的经济增长或经济发展，而无效率的制度则可能起阻碍作用。许多研究经济增长的学者，虽然提出了影响经济增长的因素，如储蓄率、技术进步等，但在追溯决定不同国家储蓄和技术进步的因素时，又不得不讨论制度的决定作用，因为有的制度鼓励储蓄，有的鼓励消费和投资；有的制度鼓励技术进步，有的阻碍技术进步。诺思曾经指出，造成历史上经济停滞、当今第三世界经济不发达的主要原因是社会无力发展保证合同履行的简单、廉价方法。相反，所有权不确定会促使人们回避长期合同，仅使用一笔固定的资金（诺思，1993）。

许多发展中国家的经济落后和不发达，可以归结为制度因素；而新兴市场经济国家的经济发展和经济增长，可以归结为制度改革。比如，中国作为世界最大的发展中国家，从1978年的经济体制改革促进了经济的快速增长。家庭联产承包责任制的推行，促进了农业生产效率的提高；企业产权制度的改革，促进了工业的发展和工业化进程（林毅夫，2000）。华特斯（Alan Rufus Waters）曾经比较了斯里兰卡和韩国在第二次世界大战结束之后的发展差距。韩国和斯里兰卡几乎是在相同的时间取得独立。1950年，韩国的人均国内生产总值不到斯里兰卡的82%，到了1963年，是斯里兰卡的97%，1973年则为其186%；到1983年，韩国的人均国民生产总值已经超过斯里兰卡的600%以上。造成这种情况的根源是什么？华特斯认为，是产权制度。直到1977年，斯里兰卡政府一直公开宣称其政策是为了削减私人产权，各届政府都在制定集中经济权力、广泛干涉市场、促使国家迈向完全计划经济的各项政策。"私人财产受到威胁和没收，造成了一种对未来预期不确定的气氛。由于获取未来收益的概率较小，很少有人要求得到或创造资产，生产性资产的价值下降了。在这个过程中，发生了储蓄向当前消费的转移，并导致经济增长率的下降"（华特斯，2000）。

曼瑟·奥尔森（Mancur Olson）在《国家的兴衰》、《权力与繁荣》等一系列著作和论文中，从利益集团和治理的角度研究了发展中国家经济不发达的根源。在《国家的兴衰》中，他提出了九个命题，最终的结论是许多发展中国家经济不发达的根源在于利益集团的存在。当利益集团大量存在时，每个利益集团致力于尽可能分配到更多的份额而不是致力于生产性活动。在《权力与繁荣》中，他提出了市场经济国家经济繁荣的两个条件：一是产权界定清晰，二是产权得到充分保护，不存在任何形式的掠夺，包括政府或其他利益集团的掠夺等。在治理良好的国家中，政府和利益集团的掠夺就会少得多，经济能够得到发展，而治理较差的国家中，政府、利益集团的掠夺盛行，经济难以得到发展。如英国、原民主德国等都是如此。塔洛克等的寻租理论也表明，利益集团的寻租活动具有极高的社会成本，而这正是发展中国家经济不发达或者落后的根源。

1998年诺贝尔经济学奖得主阿马蒂亚·森（Amartya Sen）讨论了自由与经济发展的关系，提出了自由既是发展的目的也是发展的手段的命题；还有许多经济学家对经济自由与经济发展之间的关系进行了实证研究。

第一，作为自由的发展：森的观点。森将自由看做"实质自由"，"包括免受困苦——诸如饥饿、营养不良、可避免的疾病、过早死亡之类——等初步的可行能力，以及关系到能够识字算数、享受政治参与、发表不受审查的言论等等的自由"（森，2002）。他区分了自由的过程方面和自由的能力方面，并特别关注自由的能力方面，指出"一个人的'可行能力'（Capability）指的是此人有可能实现的、各种可能的功能性活动组合。可行能力因此是一种自由，是实现各种可能的功能性活动组合的实质自由（或者用日常语言说，就是实现各种不同的生活方式的自由）"（森，2002）。

第二，经济自由与经济发展：实证研究。格莱尔德·斯库利（Gerald Scully）通过对115个国家和地区1960～1980年的数据进行研究，发现三个表征自由的变量中的每一个都与经济增长率高度相关（西蒙，2000）。朱利安·L·西蒙（Julian L. Simon）以中国农村的家庭联产承包责任制实行前后的农业产量、联邦德国和前民主德国的经济发展、韩国和朝鲜的经济发展为例进行了说明（西蒙，2000）。布莱安·约翰逊（Bryan T. Johnson）和托马斯·谢（Thomas P. Sheehy）研究了1980～1993年100个国家和地区的经济自由与经济增长之间的关系。结论表明，经济越自由的国家或地区（指数越低），其经济增长水平越高；经济自由程度越低的国家或地区（指数越高），经济增长水平越低（约翰逊和谢，2000）。

速水佑次郎（Yujiro Hayami）提出了一个考察经济发展的多维框架。他从文化、制度、资源与技术等多个方面提出，"如果不考察社会组织和人们的价值体系必不可少的重大变化，是无法领悟如此广泛的经济增长的。理解经济变量（诸如资本和劳动力）数量扩展与文化、制度相互作用进而产生一种有利于人均收入增长的社会制度的过程，应该是发展经济学的最终目标"，一个国家或地区的经济发展并不是单一因素决定的，而是受到多种因素的影响，在分析或思考一个国家或地区的经济发展时，需要进行多维度、多角度的考察（速水佑次郎，2003）。

总之，发展经济学的制度分析既可以看做是发展经济学的新发展，也可以看做是制度经济学的理论、方法在发展中国家的运用。重点在于研究发展中国家的问题时采用制度经济学的研究框架、理论和命题，从制度的角度而不单单是从资本和劳动的角度分析发展中国家经济不发达的根源并提出解决问题的思路。

参考文献：

[英]阿兰·鲁福斯·华特斯：《经济增长与产权制度》，引自詹姆斯·A·道等：《发展经济学的革命》，上海三联书店、上海人民出版社2000年版。

[印]阿马蒂亚·森：《以自由看待发展》，中国人民大学出版社2002年版。

[美]奥尔森：《国家的兴衰》，上海人民出版社2007年版。

[美]奥尔森：《权力与繁荣》，上海人民出版社2005年版。

[美]布莱安·约翰逊、托马斯·谢：《经济发展和经济自由》，引自詹姆斯·道等：《发展经济学的革命》，上海三联书店、上海人民出版社2000年版。

李增刚：《新政治经济学导论》，上海人民出版社2008年版。

林毅夫：《再论制度、技术与中国农业发展》，北京大学出版社2000年版。

[美]诺思：《制度、制度变迁与经济绩效》，格致出版社、上海人民出版社、上海三联书店2008年版。

[日]速水佑次郎：《发展经济学：从贫困到富裕》，社会科学文献出版社2003年版。

[美]朱利安·L·西蒙：《人口增长拖了经济发展的后腿吗?》，引自詹姆斯·道等：《发展经济学的革命》，上海三联书店、上海人民出版社2000年版。

（李增刚）

公共选择理论

Public Choice

"公共选择"在日常生活中随处可见，凡是涉及到两个或两个以上主体就他们利益相关的事务的决策，就是公共选择，比如，集体物品或公共产品的提供。"公共选择就是一个集团的成员聚集在一起决定他们共同关心的事情"（史蒂文森，1999）。笼统地讲，公共选择理论就是以公共选择为研究对象的理论，特别是对公共选择主体、方式和标准的研究。

公共选择理论的创始人布坎南（James M. Buchanan）将"公共选择"定义为"经济工具在政治上的应用与扩展"（布坎南，1988）；"是为确立公共经济的普遍理论而作的一种努力，以便人们能在公共选择方面，从事长期以来在市场微观经济方面做过的工作，即用一种相等的、并且尽可能协调一致的有关政治市场运转的理论，补充物质资料或市场服务的生产及交换理论"，其特点是"根据个人对经济市场或政治市场的影响，以不同方式来探讨人们做出决定的过程"（Buchanan and Tollison，1972）。"公共选择的分析家无权告诉卡特总统或是杰米·施莱辛格'应该'提出什么样的能源政策。他们在描述什么是'理想'的政策结构上起不了作用。然而，在较广的范围内，公共选择的实证分析家可以告诉我们，从被观察的现行的集体决策制度下大体上将要产生某种能源政策。这便是，并且一直是，我们这些经济学家的主要贡献"（布坎南，1988）。公共选择理论的另一位创始人戈登·塔洛克（Gordon Tullock）认为，公共选择理论"基本上是运用经济学工具来研究政治科学中的传统问题的一门科学"；其最大特点是将所有主体（包括工商业者、政治家、选民和官僚等）看做追求自身利益最大化者（塔洛克，1996）。曾经对公共选择理论作过系统综述的丹尼斯·缪勒（Dennis C. Mueller）也指出，公共选择是"对非市场决策的经济学研究”，“是把经济学运用于政治科学的分析。就研究对象而言，公共选择无异于政治科学：国家理论、投票规则、选民行为、党派、官僚体制等。然而，公共选择的方法论却是经济学的”（缪勒，1999）。根据以上学者的定义，可以看出，公共选择理论是将经济学的基本假定和研究方法，用于集体决策过程或政治过程的研究，将所有政治主体包括选民、政治家、官员、利益集团等都看做追求自身利益最大化的经济人，研究按照不同的规则将会产生出什么样的政治结果，或者解释不同政治结果产生的根源或过程。

公共选择理论大体产生于20世纪四五十年代。以英国经济学家邓肯·布莱克（Ducan Black）发表的一系列关于委员会和选举问题的论文为代表，也正因为如此，布莱克被称为“公共选择理论之父”。1951年，肯尼斯·阿罗（Kenneth Arrow）发表了《社会选择与个人价值》，证明了不存在任何一种机制，能够将个人偏好加总成为社会偏好，即“阿罗不可能定理”。1957年，安东尼·唐斯（Anthony Downs）发表《民主的经济理论》，将政党、政治候选人、选民等假定为追求自身利益最大化者，研究了投票、政府决策、政党联盟等问题，奠定了现代公共选择理论的基础。1957年，布坎南和沃伦·纳特（Warren Nutter）在弗吉尼亚大学创建了“托马斯·杰斐逊政治经济学研究心”，以“回到古典政治经济学的姿态”（布坎南，1988）研究政治经济学和社会哲学。1962年，布坎南和塔洛克共同出版《同意的计算》，成为公共选择理论的奠基之作。1963年，布坎南和塔洛克创办了“非市场决策委员会”，创刊了《非市场决策论文集》；1968年，分别更名为《公共选择学会》和《公共选择》杂志。公共选择理论在弗吉尼亚取得了巨大的成功，哈耶克、罗纳德·科斯、莫里斯·阿莱、伯蒂尔·俄林、弗兰克·奈特等先后在此访问。1969年，布坎南和他的“政治经济学研究中心”转移到弗吉尼亚工学院，改称为“公共选择研究中心”；1982年，布坎南和他的“公共选择研究中心”转移到乔治·梅森大学。1986年，布坎南获得诺贝尔经济学奖，直到此时，虽然主流经济学家对公共选择理论还有不同的成见，但是总体上被主流经济学家所接受。

布坎南将公共选择的硬核归结为“三个假定前提：(1)方法论个人主义；(2)理性选择；(3)将政治视作交换”（Buchanan，2004）。第一，在公共选择理论中，方法论个人主义贯穿始终。所谓方法论个人主义，是指一切社会现象都应该追溯其个人行为基础，都必须从个人角度来分析；个人的目的和偏好是经济学分析的出发点和基石，必须把个人的有目的性放在首位。布坎南对国家的分析、塔洛克对官员行为的分析、奥尔森对利益集团的分析等都是从方法论个人主义出发的。第二，与方法论个人主义对应，公共选择理论假定所有的主体都是经济人，都可以进行理性选择，都是追求自身利益最大化的主体，作为政治主体的个人与作为经济主体的个人在本质上没有差别。塔洛克甚至认为，个人在政治活动中可能比在经济活动中更符合“经济人”假定（勒帕日，1985）。第三，将政治视作交易。布坎南认为，经济学作为交换的科学，研究和观察的范围可以扩大到政治和政治过程。他指出，“在‘经济’和‘政治’制度之间，‘市场’和‘政府’之间，‘私营部门’和‘公营部门’之间，难以划出一条界线。经济学家不必把他们的调查限于人们在市场中的行为（买卖活动本身）。使用或多或少自然地扩大交换经济学的方法，经济学家便能够按照交换范例来观察政治和政治过程。只要集体行动以个人决策者作为基本单位的模式进行，只要这样的集体行动基本上被想象为反映了一个适当的人们社团全体成员之间的复杂交换或协议，这样的行动或行为或选择可以很容易的列入交换经济学的范畴”（布坎南，1988）。

参考文献：

［美］詹姆斯·M·布坎南：《公共选择的观点》，引自詹姆斯·M·布坎南：《自由、市场和国家》，北京经济学院出版社1988年版。

［美］詹姆斯·M·布坎南：《论公共选择的历史与方向》，引自詹姆斯·M·布坎南：《经济学家应该做什么》，西南财经大学出版社1988年版。

［美］丹尼斯·缪勒：《公共选择理论Ⅱ》，中国社会科学出版社1999年版。

［美］丹尼斯·缪勒：《公共选择理论Ⅲ》，中国社会科学出版社2010年版。

［英］伊特韦尔等：《新帕尔格雷夫经济学大辞典》，经济科学出版社1996年版。

［法］亨利·勒帕日：《美国新自由主义经济学》，北京大学出版社1985年版。

李增刚：《新政治经济学导论》，上海人民出版社2008年版。

［美］乔·B·史蒂文斯：《集体选择经济学》，上海三联书店、上海人民出版社1999年版。

Buchanan, James M. and Robert Tollison (ed.), *Public Choice*, University of Michigan Press, 1972.

James Buchanan, Public Choice: The Origins and Development of a Research Program, http://www.gmu.edu/centers/publicchoice/Booklets.pdf, 2003.

（李增刚）

公共治理理论

Theory of Public Governance

20世纪70年代以来，西方发达国家的政府管理经历着从统治向治理的广泛变革，普遍强调市场、企业、非政府组织（NGO）和各类公民组织在治理过程中的作用，出现了多种不同的治理理论：新公共管理理论、新公共服务理论、多中心治理/自主治理理论等。实际上，公共治理的核心是公共产品的提供，公共治理理论也主要体现为公共产品供给模式的研究。

对于“治理”问题的研究自古就有，甚至有学者认为，“历史上的统治活动都可以被认为是治理”（蓝志勇、陈国权，2007）。“治理”（Governance）可以分为“公司治理”（Corporate Governance）和“公共治理”（Public Governance）。公司治理是指通过一套制度设计使得管理者能够将所有者的利益内部化，即解决公司中所有者与经营者不一致时的委托代理问题。公共治理的定义比较宽泛，全球治理委员会（Commission on Global Governance，1995）认为，治理是个人和机构、公共和私人部门管理其共同事务的各种方法的综合；世界银行（World Bank，1997）认为，治理就是“在管理一国经济和社会资源中行使权力的方式”；詹姆斯·罗西瑙（Rosenau，James N.）认为，治理就是“一系列活动领域里的管理机制，它们虽未得到正式授权，却能有效发挥作用”，“与统治相比，治理是一种内涵更为丰富的现象。它既包括政府机制，同时也包括非正式、非政府的机制，随着治理范围的扩大，各色人等和各类组织得以借助这些机制满足各自的需要并实现各自的愿望”（罗西瑙，2001）。因此，笼统地说，公共治理就是对公共事务问题的管理；具体说，就是通过制度设计等对涉及两个及以上主体利益的事务进行的处理和解决，如公共产品的提供、公地的治理、公共事物的治理、公共池塘资源的治理等。

“治理”问题虽然古已有之，但是从理论上研究“治理”和“公共治理”却是 20 世纪 80 年代之后的事情，主要是基于对“市场失灵”和“政府失灵”认识的深化。传统理论认为，由于存在公共产品、外部性、垄断等市场失灵问题，所以需要政府干预。然而，公共选择理论认为，政府也会失灵，因为政府并非总是追求社会福利最大化，它也以追求自身利益为目标，会导致腐败、寻租等，所以市场失灵并非政府干预的充分必要条件，最多只是一个必要条件。对于像公共产品之类的问题，既然市场解决不了，政府又未必能够解决好，那么应该需要如何解决？

新公共管理理论试图在政府运作中引入市场因素和经济因素，以追求“3E（Economy，Efficiency，Effectiveness，即经济、效率、效能）”为目标，打造企业政府模式，是政府按照企业的运作形式来管理公共事务。它有四个显著特征：一是效率核心，二是顾客导向，三是分权模式，四是权责分配（高秉雄、张江涛，2010）。

新公共服务理论在反思和批判传统的公共行政理论和新公共管理理论的基础上，主张用一种基于公民权、民主和为公共利益服务的新公共服务模式来代替当前的那些基于经济理论和自我利益为主导的行政模式。它认为，政府不要掌控社会，既不是命令和控制，也不是掌舵，而是更多地表现为对于社会事务的协调和服务；公共行政人员必须建立一个集体共享公共利益的观念，目的不是在个人选择的驱动下迅速找到解决的办法，而是要关注政府的服务职责，为公民参与决策提供便利（高秉雄、张江涛，2010）。

新公共管理理论和新公共服务理论虽然可以看做公共治理理论，但是仍然主要是对政府或公共行政理论的发展，公共治理理论则是在政府管理或公共行政理论的基础上发展公共事务治理之道。或者说，在对公共事物治理上，新公共管理理论和新公共服务理论仍然强调政府治理，而公共治理理论主要是在政府治理和市场治理之间寻求多中心治理和自主治理，作为对传统治理模式的发展。多中心治理理论和自主治理理论是奥斯特罗姆夫妇在大量研究公共事物治理成功案例和失败案例的基础上提出来的。（1）自主治理理论。面对公共池塘资源的治理，奥斯特罗姆应用制度分析和案例研究方法证明了在政府和市场之外还存在第三条道路，公共池塘资源的共享者们可以通过自组织有效地实现自主治理，这就改变了传统的集权（政府管理）或分权（产权明晰或私有化）的“二分法”。（2）多中心治理理论。奥斯特罗姆认为，对于公共事务的治理，集权制和分权制都有缺陷，在这两种制度之外，还存在其他治理方式，即多中心治理。多中心治理理论认为，各行为主体既会自由地追求自己的利益，又会相互协调合作，在公共事务的治理上，政府仅仅是多个治理主体中的一个，治理应该由包括中央政府、各级地方政府、各种政府派生组织、各种私人机构以及公民个人在内的多个决策中心进行。当然，在公共事物治理中，选择什么样的治理主体，采取什么样的治理方式，需要根据特定的环境、特定的条件进行选择，没有固定不变的模式（张克中，2009）。

以公共产品的提供为例，传统的经济学理论认为，公共产品属于市场失灵，它必须由政府来提供，政府是提供公共产品的唯一主体。然而，政府提供公共产品存在许多问题，比如信息不对称，政府并不知道公众或选民在什么时候、需要多少数量、需要什么样的公共产品，至少不具有完全的信息，而且政府即便是知道了这些信息也未必会提供，因为政府也追求自身利益最大化。这样，许多学者认为，政府提供公共产品只是公共产品提供的一种方式，而且很可能不是最有效率的一种方式，在政府提供公共产品这种机制之外，还存在多种公共产品提供的机制。奥斯特罗姆的自主治理就提出了公共产品的利益相关者在一定的条件下，可能会自动达成公共产品供给的机制或制度，从而不需要政府供给；多中心治理理论则表明了政府仅仅是公共产品提供的一个主体，个人、私人机构、非政府组织等都可能成为公共产品的提供者。所以，政府供给、社会自主供给或政府供给与社会自主供给相结合，都可以看做公共产品供给的不同模式。

参考文献：

［美］埃莉诺·奥斯特罗姆：《公共事务的治理之道——集体行动制度的演进》，上海三联书店2000年版。

陈振明、薛澜：《中国公共管理理论研究的重点领域和主题》，载于《中国社会科学》2007年第3期。

高秉雄、张江涛：《公共治理：理论缘起与模式变迁》，载于《社会主义研究》2010年第6期。

蓝志勇、陈国权：《当代西方公共管理前沿理论述评》，载于《公共管理学报》2007年第7期。

任声策、陆铭、尤建新：《公共治理理论述评》，载于《华东经济管理》2009年第1期。

［美］詹姆斯·N·罗西瑙：《没有政府的治理》，江西人民出版社2001年版。

张克中：《公共治理之道：埃莉诺·奥斯特罗姆理论述评》，载于《政治学研究》2009年第6期。

（李增刚）

集体行动的困境
Dilemma of Collective Action

集体行动的困境是指单个个体从自身利益最大化出发却会得出对个体并非最优甚至是最差的结果。之所以成为“困境”，是因为单个个体都是从个人利益最大化出发来选择自身的行动和策略的，然而所有个体都如此行事的结果不但不能够实现个人利益最大化，甚至还会造成集体行动无法达成或者对个体而言最差的结果。集体行动困境与“搭便车”是相关的问题，搭便车是集体行动困境的一个原因或者一种情形，囚徒困境是集体行动困境的另一种情形。

搭便车是每个个体都有搭别人便车或者避免别人搭自己便车的动机，表现在集体行动或公共物品提供上，就是每个成员都希望坐享其成同时避免其他人坐享其成。从每个个体都是经济人的假定出发，在既定的资源约束（包括时间、收入等）条件下，面对具有竞争性和排他性的私人物品与具有非竞争性和非排他性的集体物品或公共物品的提供，每个个体会把所有的资源用于私人物品的提供。每个人都企图搭别人便车的结果就造成集体行动无法达成或者公共物品得不到提供。显然，每个个体都是理性的经济人，都追求自身利益最大化，但是结果很可能是没有集体行动或者没有任何的公共物品提供。

囚徒困境是在信息不对称的条件下，每个人都选择占优策略的结果是出现了并非对每个人都最优的结果，甚至是最坏的结果，即个体理性造成了集体非理性。有甲、乙两个囚犯共同作案，被警察抓获了，警察虽然掌握了两个人作案的一些信息，但是不全面，无法准确地给他们定罪。警察将他们分别关在两间独立的牢房中，两个人无法沟通和交流。警察分别对他们进行审讯。如表1所示，根据“坦白从宽、抗拒从严”的原则，如果甲坦白、乙抵抗，甲被判2年，乙被判15年；如果甲和乙都坦白了，两人都被判10年；如果甲和乙都抵抗，两人都被判4年；如果甲抵抗，乙坦白，那么甲被判15年，乙被判2年。对甲来讲，乙如果选择抵抗，那么甲的占优策略是坦白（判处2年比判处4年好）；乙如果选择坦白，那么甲的占优策略是坦白（判处10年比判处15年好），所以不论乙选择抵抗还是坦白，甲选择坦白都是占优策略。对乙来讲，不论甲选择抵抗还是坦白，最优策略都是坦白。所以，纳什均衡就是（坦白，坦白）。结果，甲和乙都选择占优策略，却导致了双方非最优的结果（都被判处10年而不是4年）。囚徒困境说明，在信息不对称的条件下，双方都追求最优的自身利益，结果却不是最优的，甚至是最差的。

表1　　　　囚徒困境

		乙	
		抵抗	坦白
甲	抵抗	(4,4)	(15,2)
	坦白	(2,15)	(10,10)

这两种情况说明，理性的经济主体从自身利益最大化出发却未必能够得出实现其利益最大化的结果。那么，集体行动的困境会导致什么问题？

集体物品或公共产品得不到提供或者提供不足。由于存在搭便车者，每个人都希望搭别人的便车而不希望别人搭自己的便车，结果就是每个人都不承担公共产品提供的成本，即便是有人会承担公共产品的成本，也只能够承担一部分，结果就导致公共产品得不到提供或者提供不足。

有组织利益集团形成的可能性存在差别，导致政策偏向，进而造成国家的衰亡。奥尔森采用集体行动的困境分析了国家兴衰的根源，认为由于具有共同利益的人数等不同，具有不同利益者形成利益集团的可能性存在差别（奥尔森，2007）。如果能够形成有组织的利益集团，他们就会利用利益集团的力量进行游说，从而使公共政策偏向他们。结果就会导致一个国家或地区，人们分享既得财富的动力远大于新创造财富的动力，导致一个国家或地区的经济衰落。

如何解决集体行动的问题？

第一，第三方实施机制。无论是搭便车还是囚徒困境都说明的是单个主体参与集体行动的自我实施无法实现其自身利益。如果存在一个第三方的实施机构（如政府）或者实施的制度（如法律），对坐享其成的“搭便车者”或者不合作的“囚徒”进行惩罚，并且通过强制执行的制度来保证实施，那么集体行动的困境就可以得到解决。

第二，小集团和多次重复博弈。在小集团中，如果每个主体都能够观察并监督其他主体的行动，那么就可以相互监督和约束；在小集团的多次重复博弈中，采取不合作的策略将是最差结果，将会一直遭受不合作的惩罚（虽然未必是第三方强加的），从而积极参与合作。比如在熟人社会中，多次重复博弈的结果就是相互合作；搭便车虽然可能存在但是不存在一致搭便车者，即相互搭便车，这其实是一种合作，是一种集体行动，是共同参与集体行动。

第三，选择性激励。通过对参加集体行动者提供具有竞争性和排他性的私人物品使其在享受公共物品的同时获得私人物品（积极的选择性激励），对不参加集体行动者进行惩罚（消极的选择性激励），从而可以改变个体参加集体行动的成本和收益，使其参加集体行动的收益大于成本，就可以保证理性的个体参加集体行动，避免集体行动的困境。

第四，信息沟通和交流。囚徒困境之所以出现，就是因为两个主体是独立决策的，没有任何的信息沟通和交流，但是在现实世界中，个体之间能够进行信息的沟通和交流，这就极大地降低了囚徒困境发生的可能性。在搭便车问题中，如果个体之间的信息是对称的，那么个体之间的相互监督就可以有效避免搭便车问题。

参考文献：

［美］奥尔森：《集体行动的逻辑》，上海人民出版社、上海三联书店1996年版。

［美］奥尔森：《国家的兴衰》，上海人民出版社2007年版。

［美］奥尔森：《权力与繁荣》，上海人民出版社2005年版。

（李增刚）

俱乐部经济理论与俱乐部产权
Economic Theory of Club and Club Property Rights

经济学家通常以非竞争性和非排他性来定义公共产品（Public Goods）。然而，不是所有的公共产品总是具有这两个特征，有些公共产品在消费者或使用者人数不太多时（一定的限度内），具有非竞争性；当消费者或者使用者人数超过一定限度后，就具有竞争性，这就产生了公共产品的拥挤性问题。比如道路，在使用者人数很少时，一个人的使用并不会影响另一个人的使用；但是，当使用者人数很多时，一个人的使用就会影响到另一个人的使用，这就出现了竞争性问题。为了解决拥挤性或竞争性，需要限制使用者的人数，即让这种产品的消费或使用具有排他性，这就是俱乐部产品。俱乐部理论不仅研究了俱乐部产品的最优供给数量，还研究了最优的使用者数量。

布坎南（James M. Buchanan）最早从经济学的角度研究了俱乐部问题。他在1965年发表的《俱乐部经济理论》中，将“俱乐部产品”定义为“其消费包含某些公共性，适度的分享团体多于一个人或一家人，但是小于一个无限的数目”，即“公共的范围是有限的”（Buchanan，1965）。后来，有学者从拥挤性的角度将“俱乐部产品”定义为“可以排除其他人消费的一种拥挤性质的公共产品，并且可以在一个经济体中由不同的成员群体或者说不同的俱乐部所提供”（鲍德威和威迪逊，2000）；也有的学者直接从排他性的角度将俱乐部产品定义为“一个群体自愿共享或共担以下一种或多种因素以取得共同利益：生产成本、成员特点或具有排他利益的产品”（布朗和杰克逊，2000）。所以，俱乐部产品具有两个特征：一是拥挤性；二是排他性。拥挤性表明，当消费者增加到一定的数量之后，再增加消费者的边际成本大于零；排他性表明，排他是可能的、可行的、划算的、经济的（某些公共产品会成为俱乐部产品）。

布坎南的俱乐部产品理论的假定前提包括：(1)俱乐部成员是同质的、无差别的，平均分享俱乐部产品、平均分摊其生产成本，不会受到歧视待遇；(2)排斥非成员极其方便，不需要耗费成本；(3)俱乐部建立在自愿的基础上；(4)俱乐部的运行不需要交易费用。他分析一个代表性成员的情况。代表性成员消费私人物品和俱乐部产品，追求效用最大化，消费的俱乐部产品越多，效用越大；个体效用还取决于俱乐部的成员数，当成员数达成一定规模之后，增加俱乐部成员会降低其效用，即边际效用为负。

俱乐部产品均衡数量的条件为：俱乐部产品和私人物品间的边际替代率与边际转换率相等。边际替代率表示俱乐部成员每增加一单位俱乐部产品消费所愿意放弃的私人物品消费量，实际上表示的是俱乐部成员从享用俱乐部产品中获得的用私人物品度量的边际效用；边际转换率表示俱乐部成员在既定收入、成本等约束下每增加一单位俱乐部产品消费所能够放弃的私人物品消费量，实际上表示的是俱乐部成员在消费俱乐部产品时所必须付出的边际成本，即私人物品的效用。

俱乐部成员均衡数量的条件为：俱乐部成员数与私人物品间的边际替代率与边际转换率相等。边际替代率是指某一俱乐部当成员数增加时每增加一单位成员所需要增加的私人物品量,即由于成员增加,若保持总效用不变,需要增加的私人物品消费量。边际转换率是指每增加一成员所可以增加的私人物品量,因为成员增加可以降低分摊成本,可以增加私人物品的消费。

既然俱乐部产品具有排他性,其成员数量不是无限的,享受俱乐部产品的消费者或使用者具有一个范围,即只有俱乐部成员才有权利消费或使用俱乐部产品,而非成员是被排除在俱乐部产品的消费之外的。从产权的角度来分析,俱乐部产品对所有俱乐部成员是公共产品,是共有产权或公有产权;但是相对于非俱乐部成员,俱乐部产品是俱乐部成员的私人物品,具有私人产权特征,它归俱乐部全体成员所有,是排他的。所以,俱乐部产品兼具有私有产权和共有产权两重特征。实际上,几乎所有的公共产品都具有俱乐部产品的产权特征。国家层次上的公共产品,如国防,通常被认为是最纯粹的公共产品,也仅仅是对国民或国家的公民而言的公共产品,其所有权属于国家所有,属于全体人民所有,具有公有产权特征,但是相对于其他国家来讲,国防也是特定国家的物品,也有产权归属;再比如超国家层次的公共产品——地区公共产品或全球公共产品,地区公共产品仅限于特定的地区范围,相对于地区之外的其他国家具有产权归属;全球公共产品从归属上讲属于整个地球上所有人,然而如果考虑到地球之外还有与地球人类竞争的其他生命的话,那么全球公共产品也仅仅是属于地球上所有主体,也存在相对于地球之外的产权归属问题。低于国家层次的公共产品的这种俱乐部产权特征就更加明显了,甚至可以说,所有低于国家层次的公共产品都是俱乐部产品,都可以采用俱乐部产品理论进行分析。

参考文献:

[英]C. V. 布朗、P. M. 杰克逊:《公共部门经济学》,中国人民大学出版社 2000 年版。

[美]鲍德威、威迪逊:《公共部门经济学》第二版,中国人民大学出版社 2000 年版。

曹荣湘:《蒂布特模型》,社会科学文献出版社 2004 年版。

James M. Buchanan, An Economic Theory of Clubs, *Economica*, Vol. 32, No. 125, 1965.

William A. Fischel, Public Goods and Property Rights: of Coase, Tiebout, and Just Compensation, in Terry Anderson and Fred McChesney(eds.), *Property Rights: Cooperation, Conflict, and Law*, Princeton University Press, 2002.

(李增刚)

搭便车

Free-Rider

搭便车(Free-ride)是奥尔森(Mancur Olson)在《集体行动的逻辑》中用来描述集体行动困境的一个概念,其基本含义是指每个理性的经济人在集体行动中都有坐享其成的动机,并且会采取相应的行动,结果就是集体行动无法达成,造成集体行动的困境。

按照传统的政治学理论,集体行动会自动达成,比如在政治运动中的集体行动。然而,如果政治运动中的每个主体都是经济人的话,这种集体行动未必会自动达成,因为政治运动提供的是具有非竞争性和非排他性的公共产品或集体物品。既然可以不承担公共产品的成本就能够获得公共产品的收益,为什么要承担公共产品的成本?结果就可能是每个人都不会承担公共产品的成本,公共产品得不到提供,集体行动无法实现。

每个主体都是理性的经济人,都可以进行成本收益的计算,在集体行动(比如提供公共产品)和私人行动(比如提供私人物品)中决策。其收入和时间是外生给定的,如果从事集体行动就不能够从事私人行动。公共产品具有非竞争性和非排他性,比如为改善工作条件或最低工资立法进行游行。公共产品的非竞争性意味着一个人对该产品的消费不会减少或影响另一个人的消费;非排他性意味着要将没有为公共产品的提供付费者排除在外是困难的或不可能的或者即使可能也是成本高昂的。这就是说,对于集体行动产生的公共产品,不付费者也可以消费,既不会影响付费者的消费也不会被排除在外。既然如此,一个理性的经济人就会不承担公共产品提供的成本或者不参加集体行动,因为为公共产品消费承担任何水平的成本都会减少其对私人物品的消费。如果所有的人都如此考虑,那么整个社会就没有任何公共物品的提供。

奥尔森认为,理性的个人之所以不愿意承担公共产品的成本,有三个方面的原因:一是每个人都有搭别人"便车"的动机;二是每个人都不希望别人搭自己的便车;三是在别人都搭便车的情况下,自己承担公共产品的成本是没有用的——达不成集体行动,没法提供公共产品。

既然存在搭便车问题,那么整个社会不应该有公共产品的提供,但实际上公共产品大量存在,集体行动也大量存在,这些集体行动和公共产品提供是如何解决搭便车问题的?大体上有如下几种思路:

第一,小集团的集体行动容易实现。在小集团中,有两种机制可以解决搭便车问题:一是小集团的成员便于相互监督,可以形成有效约束;二是在小集团中,每个成员都可以获得集体行动收益或公共产品收益的较大份额,即便是自己完全承担公共产品的成本,也可能低于该公共产品能够为其带来的收益,因此小集团的集体行动更容易达成。

第二,选择性激励:威逼利诱机制。在集体行动中不仅提供公共产品,还提供具有竞争性和排他性的私人物品。这种私人物品可能是积极的选择性激励,也可能是消极的选择性激励。所谓积极的选择性激励,就是在提供公共产品的同时给承担公共产品成本的个人提供私人物品;所谓消极的选择性激励,就是在提供公共产品的同时对没有承担公共产品成本的个人进行惩罚。通过选择性激励,就改变了个人的成本和收益约束,使承担公共产品提供的成本是划算的,从而提供公共产品。

第三,良好的意识形态会降低搭便车的可能性。奥尔森认为,经济激励只是个人行为激励的一种,声望、尊敬、友谊等都可以形成对人们的激励;林毅夫认为,虔诚也可以看做是一种能够给人们带来效用的物品。如果一个人具有良好的集体意识,认为不参加集体行动或公共产品提供而坐享其成是可耻的,那么就可以避免搭便车问题。

第四,人们之间交往的长期重复性。在一个相对封闭的社会中,如果人们之间的交往不是一次,而是无限多次,具有长期重复性,那么人们搭便车的可能性会大大降低。

总之,搭便车是人们出于"自利动机"的一种机会主义行为,虽然符合理性经济人假定,但是由于人的行为是复杂的,而且受到各种各样的约束,搭便车问题虽然存在,但是集体行动仍然可以达成,公共产品仍然可以得到提供。

参考文献:

[美]奥尔森:《集体行动的逻辑》,上海人民出版社、上海三联书店1996年版。

[美]奥尔森:《国家的兴衰》,上海人民出版社2007年版。

(李增刚)

管制与管制经济学

Regulation and Economics of Regulation

所谓管制,就是国家的特定行政机构,依据相关法律和制度,对涉及公共利益或具有垄断性质的企业的活动进行限制的行为。在经济学中,对于"管制"问题的研究最早集中于考察某些特殊产业的价格和进入控制上,这些产业包括:公用事业(电力、管道运输)、通信、交通(公路货运、铁路、航空)与金融(银行、保险、证券)。据丹尼尔·F·史普博(Daniel F. Spulber)的考证,1970年之前,管制的经济理论一般强调的是公用事业中的定价问题(史普博,1999)。"管制"一般分为经济性管制、社会性管制和反垄断管制。管制的经济学理论包括管制的规范理论、管制的俘虏理论、管制的激励理论和管制的成本收益分析理论等。

在20世纪70年代之前,管制经济学主要是研究对公共部门(Public Sector)和公用事业(Public Utility)的管制。1970~1971年,卡恩(A. E. Kahn)在两卷本的《管制经济学》中将公共部门和公用事业定义为两种"竞争性市场模型明显不能描述或甚至无从描述"的经济,并认为"管制的实质是政府命令对竞争的明显取代,作为基本的制度安排,它企图维护良好的经济绩效";对公用事业管制的定义是,"对该种产业的结构及其经济绩效的主要方面的直接的政府规定……如进入控制、价格决定、服务条件及质量的规定以及在合理条件下服务所有客户时应尽义务的规定"(史普博,1999)。史普博在阐述了管制的经济学、政治学和法学的定义之后,认为"管制是由行政机构制定并执行的直接干预市场配置机制或间接改变企业和消费者的供需决策的一般规则或特殊行为";"行政机构是指由立法机关设立以贯彻政策目标的政府单位";"管制的过程是由被管制市场中的消费者和企业,消费者偏好和企业技术,可利用的战略以及规则组合来界定的一种博弈"(史普博,1999)。日本学者植草益给出了比较广泛的"管制"定义,认为通常意义上的管制,就是"依据一定的规则对构成特定社会的个人和构成特定经济的经济主体的活动进行限制的行为"(植草益,1992)。美国行政管理预算办公室给管制下的定义是,"管制是指政府行政机构根据法律制定并执行规章的行为,这些规章或者是一些标准,或者是一些命令,关系个人、企业和其他组织能做什么和不能做什么。管制的目的是为了解决市场失灵问题,维持市场经济秩序,扩大公共福利"(席涛,2002)。所以,管制就是国家的特定行政机构,依据相关法律和制度,对涉及公共利益或具有垄断性质的企业的活动进行限制的行为。它涉及到主体、客体和依据与手段三个方面:第一,管制的主体是社会公共机构或行政机构(简称为"政府");第二,管制的客体主要是企业,特别是涉及公共利益或具有垄断特征的企业;第三,管制的手段和依据是各种规则或制度。

管制大体上可以划分为经济性管制、社会性管制和反垄断管制。所谓经济性管制,是指政府对企业在价格、产量、进入和退出等方面的决策进行限制,比如对金融产业进入的限制、对公用部门和公共事业进入、产品价格和服务质量的限制等。社会性管制是"以保障劳动者和消费者的安全、健康、卫生、环境保护、防止灾害为目的,对物品和服务的质量和伴随着提供它们而产生的各种活动制定一定标准,并禁止、限制特定行为的管制"(植草益,1992),比如对劳动者生产安全条件的管制、对生产企业环保条件的管制等。反垄断管制是一种间接管制,表示政府对市场的干预过程,其目标是维护竞争过程,并不直接寻求具有特定目标的结果(小贾尔斯·伯吉斯,2003)。

管制的规范理论认为,在很多情况下,完全竞争并非保证经济的良好运行,如存在自然垄断、外部性等依靠竞争无法解决的问题,这就需要政府干预经济。政府基于社会福利最大化,制定管制政策,对公共部门或公用事业进行管制。比如,具有规模经济的行业,在一个国家或地区,只有一家企业经营是最优的,为了避免资源配置的浪费,限制其他企业进入,这就形成了自然垄断的理由。

在20世纪60年代之后,对管制的规范分析的批评越来越多。许多学者的研究表明,管制并非总是为了公共利益。1982年诺贝尔经济学奖得主乔治·施蒂格勒(G. Stigler)早在20世纪60年代对电力行业和证券行业的管制进行的研究就得出了管制没有效率或没有作用的结论(Stilger,1962;1964)。1972年,施蒂格勒对管制进行了一般化的理论分析,认为管制通常是产业自己争取来的,管制的设计和实施主要是为受管制产业的利益服务的,比如在存在潜在竞争的货车运输和出租车行业,管制的目的不在于限制价格,而在于限制潜在竞争者的进入,防止已经进入者所获租金的消散(Stigler,1972),这被称为管制的俘虏理论。1976年,佩茨曼对斯蒂格勒的理论进行了一般化、系统化,提出了管制的更一般理论,他认为管制对财富具有再分配作用,不同利益集团的组织能力是不同的,影响力也不同,立法者为了获得最大的政治支持需要获得政治献金,就会通过管制政策对组织良好的利益集团进行再分配,但是同时为了获得最大的选票又不完全根据利益集团的要求行事。所以,他得出:管制很可能倾向于组织更好的利益集团,并使之从有利的立法中获得更多利益,即,管制倾向于拥有明显共同偏好的小利益集团,而可能牺牲组织松散、偏好不明显的较大利益集团的利益(Peltzman and Sam,1976)。

由于存在不对称信息,效率与信息租金是一对共生的矛盾,在得到效率的同时,必须留给企业信息租金,而信息租金会带来社会成本。换句话说,管制者与被管制者之间存在信息不对称,管制者要获得被管制者的信息是不可能的,管制者可以通过机制设计,使被管制者在实现自身利益的同时实现管制的目标。比如特许投标,针对具有规模经济的自然垄断产业,赋予经营者垄断经营的特许权利,但是经营者是通过投标产生的,而且每隔一段时间(通常为几年)就进行一次投标,平均经营成本最低的投标者中标,获得垄断经营的特许权,这既实现了规模经济,又能够迫使经营者不断降低经营成本;区域间比较竞争(Yardstick Competition)是一种借助政府管制机制,以促进不同地区的被管制企业间竞争的管制理论,它将被管制的全国性垄断企业分为几个地区性企业,使特定地区的企业在其他地区企业的刺激下提高自身内部效率;价格上限管制(Price Cap Regulation)则是指管制者当局与被管制企业之间签订价格改动合同,规定价格上限,企业制定价格原则上只能在这一上限之下自由变动(李增刚,2008)。

在对管制的讨论中,一个不容忽视的问题是,如何评价管制的绩效。管制机构在行使管制权力时,究竟是促进了资源的有效配置,使市场更有效率地运行,还是给市场带上了更多的枷锁,没有任何衡量的标准。为了解决这一问题,自1980年以来尤其是1993年以后,管制理论转向讨论管制的成本和收益,并以收益大于成本或社会净福利最大化,作为衡量管制绩效的标准。成本—收益分析探讨的是,某项政策从总体上看是否对稀缺资源进行了合理的配置。成本—收益分析将市场配置资源的原则引入政府公共政策领域,使成本最小化和收益最大化成为制定公共政策的约束条件,并将治理市场失灵的成本和收益进行比较,用市场方法对此进行分析、衡量、解决。成本—收益分析既有实证分析的市场基础,又有规范分析的价值取向,它可以解释现有政策的效率程度,又可以预测未来的政策走势。在关于提高市场效率、保护健康、安全和环境质量的争论中,成本—收益分析在立法与管制中起着非常重要的作用(席涛,2002;2003)。

参考文献:

[日]植草益:《微观规制经济学》,中国发展出版社1992年版。

[法]拉丰、梯若尔:《政府采购与规制中的激励理论》,上海三联书店、上海人民出版社2003年版。

[美]施蒂格勒:《产业组织和政府管制》,上海三联书店、上海人民出版社1996年版。

[美]史普博:《管制与市场》,上海三联书店、上海人民出版社1999年版。

席涛:《美国政府管制成本与收益的实证分析》,载于《经济理论与经济管理》2002年第11期。

席涛:《美国管制:从命令控制到成本收益分析》,中国社会科学院博士学位论文,2003年。

席涛:《美国政府管制成本与收益的实证分析》,载于《经济理论与经济管理》2002年第11期。

[美]小贾尔斯·伯吉斯:《管制和反垄断经济学》,上海财经大学出版社2003年版。

Peltzman, Sam, Toward a More General Theory of Regulation, *Journal of Law and Economics*, 19, 1976.

Stigler, G. J., The Theory of Economic Regulation, *The Bell Journal of Economics and Management Science*, Vol. 2, No. 1, Spring 1971.

Stigler, George J., Public Regulation of the Securities Mar-

ket, *Journal of Besiness*, Vol. 37, No. 2, April 1964.
Stigler, George J. and Claire Friedland, What Can Regulators Regulate? The Case of Electricity, *Journal of Law and Economics*, 5, October 1962.

（李增刚）

演化经济学
Evolutionary Economics

演化经济学是一个极其庞杂的理论体系，它广泛吸收了生物演化理论、复杂系统理论、自组织理论和人工智能等学科的研究成果，涵盖了诸如老制度学派、熊彼特主义、奥地利学派、新熊彼特主义、创新经济学和桑塔菲学派等各种经济学流派。

从20世纪80年代起，以纳尔逊（Nelson）和温特（Winter）为代表的新熊彼特主义掀起了现代演化经济学复兴的浪潮。在过去30年里，演化经济学发展速度尤为迅猛，经济学中有关演化主题的研究日益增多。通过对Econlit数据库中1969～2005年的经济学文献的统计，希尔沃和特西拉（Silva and Teixeira, 2009）发现，在整个70年代，与演化经济学相关的论文仅有11篇，而到2004年，论文达到2369篇，90%的文章都是在90年代以后发表的。当前，演化经济学的研究主要集中在以下几个领域：（1）经济思想史和方法论；（2）演化博弈论；（3）组织行为和消费行为；（4）区域经济、空间分析和演化经济地理学；（5）技术创新、企业演化和产业动态；（6）制度演化；（7）演化经济增长理论和经济周期；（8）经济发展、环境与政策等。

霍奇逊（Hodgson, 2010）指出，演化经济学存在如下一些共识：其一，世界是变化，而且这种变化不仅仅是数量上或参数上的，更应该是质量上或结构上的；其二，经济变迁的重要特征是创新的产生；其三，强调社会经济系统的复杂性特征，这种复杂性涉及到各种非线性甚至无序或混沌的互动，这导致了不可预测性；其四，所有复杂现象的生成都不是人为或者上帝设计的。

但是这些共识并非表明所有的演化经济学理论都拥有相同的本体论和方法论，反之，在本体论和方法论层面上，各种流派存在显著的差异，很难找到公认的理论范式。本体论层面上的差异主要体现在是否坚持生物演化和经济演化属于同一本体领域。同一本体论者通常坚持本体连续性假设（Ontological Continuity Hypothesis），认为生物演化过程与经济演化过程具有密切的关联，前者先于后者并且影响后者的演化。不同本体论者认为，经济演化系统和生物演化系统是两个毫无关联的领域；方法论层面上的差异主要体现在是否运用达尔文主义“变异、选择和遗传”的演化原则来解释经济演化过程。

根据不同的本体论和方法论，大致可以归纳出四种主要研究范式：一是坚持同一本体论和运用达尔文主义演化原则。早期的凡勃伦和近期以道金斯（Dawkins）和霍奇逊（Hodgson）为代表的“综合达尔文主义”（Universal Darwinism）都采用这种研究范式。这种观点认为，达尔文主义的演化原则具有普适性，能够为一切开放系统的演化提供一种抽象和一般化的解释框架；二是坚持同一本体论但不采用达尔文主义的演化原则。这种研究范式通常注意到生物系统与经济系统的相互关联，但是，并不运用“变异、选择和遗传”来论述演化过程，而是采用自组织理论和复杂系统理论（例如，共同演化理论或协同论）来论述演化过程。许多强调基因和文化共同演化的社会群体选择理论通常采用这类研究范式。这方面代表人物有哈耶克、亨利希（Henrich）、鲍尔斯（Bowles）和金迪斯（Gintis）等；三是反对同一本体论但采用达尔文主义演化原则。以尼尔森和温特为代表的“新熊彼特主义”采用这种研究范式；四是反对同一本体论也不采用达尔文主义演化原则。熊彼特首先采用这种范式，他强调经济发展的思想独立于生物演化思想，经济学必须建构自身的内生发展理论（Witt, 2008）。在上述四种范式中，凡勃伦和熊彼特是两种典型的对立范式。例如，凡勃伦明确采用生物学隐喻，熊彼特则坚持反对任何的生物学隐喻；凡勃伦强调制度的重要性，而熊彼特强调技术的重要性。

霍奇逊和努森（Hodgson and Knudsen, 2010）在《达尔文的猜想》（*Darwin's Conjecture*）一书中论证了综合达尔文主义具有的普适性。在霍奇逊看来，所有开放系统的演变都涉及到达尔文主义所描述的三个机制，即“变异机制”、“选择机制”和“遗传或保留机制”。霍奇逊进一步强调，达尔文主义的三个演化机制只是一个抽象的演化原则，并不描述具体的演化过程，而对具体演化过程的描述必须结合其他辅助理论来实现（例如，复杂系统理论、自组织理论、学习理论等）。黄凯南（2009）认为，为了避免生物学隐喻带来的争议，可以将达尔文主义的“变异、选择和遗传”转述为“创新、选择和扩散”，其中，“创新机制”对应于“变异机制”，“扩散机制”对应于“遗传机制”。相应地，一个简单的演化分析可以建立在“创新机制”、“选择机制”和“扩散机制”上。但是，如果想深入揭示演化过程的复杂性，仅仅凭借机械的三段论是远远不够的，还必须加上三种机制的互动关系，考察三者的内生关系，构成一种相互反馈的环状解释。三种机制及其互动构成了演化经济学较为完整而又抽象的分析结构。它可能发生在社会经济系统中的各个层面（例如，个体、企业、产业、区域和国家等）。一旦考虑到各层级间演化机制的相互嵌套和互为因果（例如，共同演化），这种分析框架也具有复制系统理论的特征。在黄凯南看来，这种分析结构或许能够在一定程度上调和上述各种范式在本体论和方法论上的冲突，为演化经济学提供一个较为一般性的分析框架。必须指出，当前这方面的研究还存在许多争议，有关各种范式的调和还有待更为深入的研究。无论如何，调和各种理论本体论和方法论层面上的冲突，是构建一个较为一般性和宽泛性的演化分析框架的前提，也是未来演化经济学理论发展的重要主题。

近年来，构建数学模型也是演化经济学理论发展的一个重要方向，这也促使演化经济学的研究从原先推崇非正式的现实性描述开始迈向对正式和形式化的数理逻辑的重视（Silva and Teixeira，2009；Safarzynska and van den Bergh，2010）。当前，在众多的经济学文献中，存在许多被贴上"演化"标签的数学模型，可以不严格地归纳为以下几种类型：一是直接对传统生物演化模型的借鉴、改造和运用。例如，Logistic 增长模型、捕食与被捕食（Predator-Prey）模型和共同演化模型等；二是演化博弈论，它最早也是源自生物学家构造的生物演化模型，而后被经济学家广泛采用并进一步发展。演化博弈论是当前比较流行的演化建模工具。根据希尔沃和特西拉（Silva and Teixeira，2009）的文献统计，在演化经济学领域发表的众多论文中，涉及到演化博弈论的占将近 20%，而且这个比重近些年还处于上升趋势。演化博弈论模型既包括单群体、离散策略的对称博弈模型，也包括多群体、多维度连续策略的不对称博弈模型。这些模型主要涵盖各种类型的选择动态，例如，复制者动态、最优响应动态、平滑最优响应、布朗—冯·诺依曼—纳什动态、选择—变异动态、模仿动态和适应性动态等；第三种类型也是和生物学相关，不过它不是直接采用生物演化模型，而是基于生物演化隐喻（Metaphor）发展出来的各种演化算法模型（Evolutionary Algorithms）。这些模型将求解过程类比于生物演化过程，它们最早被运用于计算科学和人工智能中，现也被广泛运用于经济演化建模中。这些模型包括演化规划（Evolutionary Programming）、演化策略（Evolutionary Strategies）、遗传算法（Genetic Algorithms）、学习分类器系统（Learning Classifier Systems）和遗传编程（Genetic Programming）等；四是各种类型的学习模型。较之于前三种类型的模型，学习模型不是直接源自生物演化模型或生物学隐喻，而是主要源自心理学和认知科学，较之于生物学模型，它更加强调个体行为的意识和目的性。这些模型包括虚拟行动、随机学习动态、随机信念学习和经历加权吸引模型等；五是多主体模型（Multi-agent Model）或基于主体的模型（Agent-based Model）。这类模型充分考虑了个体行为的异质性以及个体间的互动过程，也被广泛运用于各种经济演化分析中，并与计算科学结合，逐步形成一门新的经济学分支——基于主体的计算经济学（Agent-based Computational Economics）。

参考文献：

黄凯南：《演化博弈与演化经济学》，载于《经济研究》2009 年第 2 期。

黄凯南：《现代演化经济学基础理论研究》，浙江大学出版社 2010 年版。

Silva ST, Teixeira AAC, On the Divergence of Evolutionary Research Paths in the Past 50 Years: A Comprehensive Bibliometric Account, *Journal of Evolutionary Economics*, Vol. 19(5), 2009.

Hodgson, G. M., Choice, Habit and Evolution, *Journal of Evolutionary Economics*, Vol. 20, 2010.

Witt U., What is Specific About Evolutionary Economics, *Journal of Evolutionary Economics*, Vol. 18, 2008.

Hodgson G. M., Knudsen T., *Darwin's Conjecture: The Search for General Principles of Social and Economic Evolution*, University of Chicago Press, 2010.

Safarzynska, K., van den Bergh, JC. JM, Evolutionary Models in Economics: A Survey of Methods and Building Blocks, *Journal of Evolutionary Economics*, Vol. 20, 2010.

（黄凯南）

技术与制度的共同演化
Co-Evolution between Technology and Institution

在现实的经济活动中，技术和制度的相互影响关系是紧密的，任何仅仅专注于一个主题的研究或许都能够推动该理论的发展，但也会存在重要的遗漏，从而限制其发展的潜力。因此，这就给技术理论和制度理论的契合留下很大的学术空间，或者说研究"技术和制度互为因果关系"也是一项重要的学术分工。这也意味着存在第三种研究视角，即技术和制度的共同演化。其实，有关技术和制度的共同演化早在斯密、马克思、马歇尔和熊彼特等人的著作中就有论及了，只是现代的许多制度学者和演化学者都忽略了这个学术传统。

纳尔逊（2005）强调，技术和制度应该被理解为共同演化的，因为技术进步的速度和特征受到支撑它的制度结构的影响，制度创新也是强烈地以新技术在经济体系中是否和怎样被接受为条件的。在纳尔逊看来，制度可以被理解为相关社会群体所掌握的标准化的社会技术，是一种协调联合操作（工作）的知识（Nelson and Sampat，2001）。这样一来，技术就不再是先前我们所理解的物质技术，还包括社会技术。纳尔逊进一步认为，在技术创新和扩散过程中，物质技术和社会技术是相互交织在一起的：物质技术的复杂结构需要一个团队来运用，而团队中的成员之间的行动必须相互协调，这就需要社会技术来支撑，使得成员间就如何有效理解和操作此物质技术达成共同认知（Nelson，2003）。因此，新的物质技术的发展通常会带来新的理解、认知和规范等社会技术，而社会技术的发展同样也会给物质技术的发展提供新的机会和线索。由于对新事物创新的努力结果总是不确定的，物质技术和社会技术也总是处在共同演化中（Nelson and Winter，2002）。纳尔逊认为，将制度视为社会技术能够很容易地把制度因素融入经济增长理论中。在经济演化理论中，经济增长是由操作惯例的分布变化所导致的，这种分布的变化既与更高级的新惯例的创造及其日益扩大的运用有关，也与较低级惯例的放弃有关（纳尔逊，2005）。但是，早期的演化学者（例如，纳尔逊和温特，1982）更多地将惯例视为物质技术，而忽略了社会技术。因此，在纳尔逊看来，如果将制度视为人们广泛使用的社会技术，惯例可以认为是一种具有物质和社会两种属性的技术，那么演化经济学家（例如，新熊彼特主义）自然就会把制度看做是经济增长演化理论的一部分。

百利金（Pelikan，2003）描述了技术和制度的共同演化机制。他认为，技术变迁对制度的影响主要通过以下两个途径：一是，有效利用新的生产方法或新的技术产品需要一个新制度来协调和提高成员间的新技能。这是一种典型的技术驱动型的制度创新模式；二是，新技术可能会降低制度的实施成本，使得原先无法实施或者实施成本过大的制度得以实施。这是一种成本驱动型的制度创新模式。我们很容易在大量产权经济学的经典文献中找到这种制度创新和变迁模式，许多产权的界定和重新界定都源自技术条件的变化。但是，除此之外，百利金却遗漏了一种重要的制度创新模式，即技术创新扩大了个体的行为边界，增强了个体间互动的频率和幅度，进而推动了制度创新。这种创新模式不仅仅是因为降低了实施成本，更重要的是通过个体间的互动产生了新的知识。或许可以将技术对制度的这种影响称为交流（或互动）驱动型的制度创新。同样地，制度变迁也会对技术产生影响。百利金（Pelikan，2003）认为，主要有四种影响：一是组织的自由程度将影响各种可能的技术创新；二是制度会对技术创新产生激励或负激励。例如，较高的交易成本会增加企业试错成本，减少企业对于新产品的试验数量，降低企业的创新激励；三是制度还会对旧技术的粘性程度或消亡速度产生影响，这就会影响技术的创新和扩散速度；四是制度还会影响技术选择的正确性。例如，某种好的制度可能会引起有益的技术创新，反之，坏的制度可能会引起有害的技术创新。同样地，百利金也遗漏一个重要的影响，即制度所形成的共享心智模型（Shared Mental Model）会塑造个体的认知结构（阿瑟和诺思，1993），这显然会对技术创新的速度和方向产生重大影响。当然，上述技术和制度的相互关系都是间接的，必须通过代理人（例如，创新者或企业家）来传递这些关系。无论是制度创新还是技术创新都必须是由一些代理人拥有知识去设计，并且具有能动性将其设计付诸实践，这既需要激励机制也需要学习机制。由于何种技术变迁会引致何种制度变迁并不是事前知晓的知识（反之亦然），代理人总是处在演化中，技术和制度也总是处在共同演化中。

穆曼（Murmann，2003）将技术和制度的共同演化思想纳入产业动态分析中。通过对1850～1914年英国、德国、法国、瑞典和美国等五国合成染料产业的比较研究，穆曼探讨了国家产业、技术（新的合成燃料技术）和制度（教育体系、培训体系、市场体系、工业研究实验室）等的共同演化过程，阐述了在不同国家背景下产业演化模式的差异，并且揭示了德国合成染料取得领先地位的两个重要因素：一是德国的国家、产业和市场等制度对技术创新具有很强的推动力。由于大学中的化学家是合成染料技术创新的关键性投入，一个国家的大学教育和培训制度会对技术创新产生较大的影响。在德国兴起的产业研究实验室模式能够较好地协调化学家为企业雇主工作，是一种良好的产学研联合制度。此外，德国成熟和规范的市场制度能够很好地将化学家供给和企业雇用需求、合成染料生产者和使用者等联系起来。二是技术的进步又会进一步推动制度创新。采取新技术的企业一旦获得较高的利润，就有激励推动上述制度的进一步创新，而制度创新也会继续推动技术创新。穆曼认为，技术和制度的共同演化主要是通过企业群体和国家大学群体的互动来推动的。这种互动是通过三个反馈机制来实现：一是员工的交换，即大学向企业提供化学家，企业员工接受大学培训；二是建立商业关系，即产学研的合作模式；三是形成政治力量代表社会利益进行游说。例如，企业群体形成的国家产业联合会和国家大学群体都有激励从事政治游说，促使政府增加对大学化学家培养的资金投入。国家投入的增加使得德国化学家的供给量增加，从而减少了德国企业雇用化学家的价格，增强了企业的竞争力（Volberda，2005）。穆曼的工作既推动了共同演化理论的实证研究，也深化了共同演化理论在产业分析中的理论研究。这项研究获得了2004年熊彼特奖。

此外，哈弗曼和劳（Haveman and Rao，1997）考察了加利弗里亚1865～1928年兴盛产业的技术和制度的共同演化；布兰海姆（Branerhjelm，2000）对美国俄亥俄州和瑞典生物制药产业集群的演化进行了研究；桑托斯（Santos，2003）从技术和制度的共演视角论述了战后制药产业知识环境的演化（Jouhtio，2006）。

这些研究都从共同演化的视角揭示技术和制度的相互关系，并在此视角下阐述企业、产业、区域乃至国家的技术进步、制度变迁和经济增长。技术和制度的共同演化理论更加准确地描述了人类经济系统知识创新、扩散和积累的一般性规律,有助于我们深刻理解和解释各种不同的产业演化和经济发展的模式。

参考文献:

[美]纳尔逊:《作为经济增长驱动力的技术与制度的协同演化》,引自约翰·福斯特、斯坦利、梅特卡夫:《演化经济学前沿:竞争、自组织与创新政策》,高等教育出版社2005年版。

黄少安:《产权经济学导论》,经济科学出版社2006年版。

黄凯南:《现代演化经济学基础理论研究》,浙江大学出版社2010年版。

Murmann, J. P., *Knowledge and Competitive Advantage: The Co-evolution of Firms, Technology, and National Institutions*, Cambridge: Cambridge University Press, 2003.

Nelson, R. R., On the Uneven Evolution of Human Know-how, *Research Policy*, Vol. 32, 2003.

Nelson, R. R. and Sampat, B. N., Making Sense of Institutions as a Factor Shaping Economic Performance, *Journal of Economic Behavior & Organization*, Vol. 44, 2001.

Pelikan, P., Bringing Institutions into Evolutionary Economics: Another View with Links to Changes in Physical and Social Technologies, *Journal of Evolutionary Economics*, Vol. 13, 2003.

（黄少安　黄凯南）

法经济学

Law and Economics

法经济学的萌芽最早可以追溯至贝卡利亚、边沁、亚当·斯密等人。法经济学初步形成的标志一般认为是1958年芝加哥大学法学院《法律与经济学》的创刊或1960年科斯的《社会成本问题》的发表。1973年波斯纳的《法律的经济分析》确立了法经济学的理论体系,标志着法经济学学派的真正确立。在英文文献中,与之有关的称谓有"Law and Economics"、"Economic Analysis of Law"、"Economic Approach to Law"、"Economics of Law"、"Jurisprudence of Economic Analysis"等。虽然广义上都可以称之为法经济学,但从不同的分析视角其具有不同的内涵[各个学派理论之间的观点及差异,可参看麦乐怡(1999)]。

从方法论角度定义法经济学,法经济学是法学和经济学的一种新的研究方法,可以称之为"法律的经济分析"。在20世纪70年代法经济学被认定为独立的研究领域之前,法经济学一直以研究方法的形式存在。方法论意义上的法经济学强调经济学是方法,法律是研究对象。从方法论角度来看,法经济学又可以分为经济学方法论和法学方法论两个方面。经济学方法论角度的法经济学,强调以法律问题和实践对经济学方法的应用和理论的检验。法学方法论角度的法经济学,是作为一种全新的法学研究方法出现的,提供了与传统法学研究完全不同的新研究思路。因此,尽管两者都使用同一个"Economic Analysis of Law"英文名词,但内涵却有所差异。

作为学科理论的法经济学,是把经济学作为分析工具、把法律作为研究对象的一门法学与经济学的交叉学科,可以称之为"法和经济学"(波斯纳,1987)转引自《法律的经济分析》中文版译者序言)。换言之,法经济学是将经济学的理论和方法全面运用于法律制度分析的一门交叉学科。现代社会中许多重大的经济和法律问题同时综合具有经济和法律双重属性,要求经济学和法学用各自理论、思维、观念、技术和方法协同合作才能找到解决之道。

在经济学的范畴中,"法经济学"作为经济学的一个分支,强调其在发展、完善经济学理论体系上所发挥的重要作用,强调法经济学研究者运用经济学分析工具对法律问题进行探索。由于"法经济学"使用的是经济学范畴,所以需要注意的是:第一,不能用法经济学意义的法律概念,取代法学意义上的法律概念;第二,法经济学关心的不是法律内部结构的逻辑一致性,而是法律实际效果与预期目标的一致性;第三,法经济学坚持的不是法定主义,而是合理主义,即坚持合理是合法的前提;第四,法经济学提出的法律改革意见不是服从于法学理论,而是服从于经济理论思考,其目的是从更广泛的经济角度理解法律,其研究的路径是"经济—法律—经济";第五,法经济学思考的法律是"向前看"的法律,而不是"向后看"的法律,所以对案例的经济学研究重在对以后问题的"处理",而不是以前问题的"处理"。总之,经济学视角的"法经济学"重点研究的是法律制度如何影响经济活动,目的是改革和完善法律制度以使经济的运行更加有效率。

法学范畴的法经济学,可以称之为"经济分析法学",研究重点是法律规则、并据此原则改革和完善法律制度。从法经济学的发展史可知,早期法经济学,以经济学范畴的法经济学研究为主,主要为佐证经济学家对法律制度的某种认识。现代法经济学则以法学范畴的法经济学研究为主,主要为佐证法学家对法律制度的某种认识[如波斯纳所言,早期法律的经济分析集中在反托拉斯法和显性经济市场其他法律管制领域,他们所做的工作与经济学家们传统上所做的差异不大。20世纪60年代以后,法律经济学已扩展至非市场领域(波斯纳,1997)]。法学范畴意义上的法经济学具有以下特点:第一,法经济学以法律为研究对象,虽然在法律研究中运用经济学研究方法是新方法,但所研究的是法律问题;第二,它关注的是"书本上的法"(如法律条文)与"行动中的法"(如立法与司法活动)是否一致的问题(这里的"行动中的法"指现实中的各种法律行为,法在现实生活中的运作和实现,包括立法、司法、执法活动,用以区别于国家等立法机关颁布的法律规则,即"书本上的法")。如果不一致,就要求提出解决这种不一致的法律方法和途径;第三,对法律的改革不是服从于经济学理论,而是服从于法学理论思考,所以其研究的路径是"法律—经济—法律"。总之,法学范畴的"经济分析法学"本质特点在于,在经济学之上,提出符合法学理论范式的法律内容和命题。

综合上述法经济学内涵的理解,可以看出法经济学有如下三个特征:

第一,作为法学与经济学"交集"的产物,法经济学从根源上具有多元化的本质。法经济学既可以从方法论角度,也可以从交叉学科角度定义;既可以立足经济学范畴,视之为经济学的一个分支,也可以立足法律范畴,视为法理学、法学理论的一个分支。法经济学概念不同的内涵,构成多层次、多元化的法经济学概念体系。

第二,法律制度的开放性以及经济学研究方法的演进性意味着法经济学概念的动态性,说明法经济学是一个开放式的理论体系。从纵向维度看,随着经济分析方法逐渐被法学者接受,法经济学成为一个独立的研究领域。从横向维度看,学者的研究目的、研究背景的不同,分析视角不同,进而所强调的理念也不同。从研究范畴看,法经济学概念在不断扩展。波斯纳所区分的"旧"与"新"法经济学就反映出了这一点[波斯纳将20世纪60年代以前的法律经济学称为"旧"法律经济学,之后称之为"新"法律经济学(波斯纳,1997)]。从研究工具看,法经济学理论分析工具在不断更新,从早期的微观经济学、福利经济学理论,发展到目前的博弈论、公共选择理论、行为经济学等。

第三,虽然不同学者从不同的分析视角定义出了法经济学的多元化概念,但均强调了法学与经济学的结合,差别只是在于所强调的结合角度和程度不同。不同视角下的法经济学内涵,全面诠释了法经济学研究的基本方向。

综上所述,"法经济学"既可以理解为强调研究方法的"法律的经济分析"或强调学科理论的"法和经济学",也可以理解为强调经济学范畴的"法经济学"或强调法学范畴的"经济分析法学",是一门运用经济学方法和理论全面分析法律问题的经济学和法学整合的交叉学科。

参考文献:

[美]大卫·D·弗里德曼:《经济学语境下的法律》,法律出版社2004年版。

[美]罗宾·保罗·麦乐怡:《法与经济学》,浙江人民出版社1999年版。

[美]波斯纳:《法律的经济分析》,中国大百科全书出版社1997年版。

张乃根:《法经济学》,中国政法大学出版社2003年版。

魏建、周林彬:《法经济学》,中国人民大学出版社2008年版。

Gerrit De Geest, The Debate on the Scientific Status of Law & Economics, *European Economic Review*, Vol. 40, 1996.

Mitchell Polinsky, *An Introduction to Law and Economics* (*Third edition*), Gaithersburg, Md.: Aspen Publishers, 2003.

William M. Lades and Richard A. Posner, The Influence of the Economics on Law: A Quantitative Study, Chicago LAW & ECONOMICS Working Paper (2D Series), No. 9, 1992.

(周林彬 魏建)

行为法经济学
Behavioral Law and Economics

行为法经济学(Behavioral Law and Economics)是法经济学研究中出现的运用行为经济学研究成果分析法律问题的学术趋势。学者们将行为法经济学的研究目的谨慎地定位为:运用行为科学的成果更好地解释法律所追求的目标及实现这些目标的手段,提高法经济学的解释力和预测力,使其摆脱远离现实的困境,焦尔斯、索斯坦和泰勒(Jolls, Sunstein and Thaler, 1998)指出"我们分析的核心观念是,行为经济学还允许我们用传统的经济分析方法对法律行为进行判断和模型化,但是是在对人类行为更准确的假设、对法律更精确的判断的基础上进行"。科罗布金和尤伦(Korobkin and Ulen, 2000)则认为"正如我们反复强调的,我们并不是提出一个新的范式来代替理性选择理论。我们的目标仅是将来自其他社会科学的大量的实验结论融合进法经济学中,以使人类行为判断和法律体系目标实现之间的关系得到精炼"。

行为法经济学的起源可追溯到1974年西蒙(Simon)对经济学中的"理性经济人"作出的系统批评(西蒙,1998)和提出"有限理性"的概念,西蒙在随后的一系列研究中完善了这一概念(Simon, 1982)。他认为当事人在经济决策过程中面临认知和计算能力两方面的局限。"有限理性"概念推动经济学家和心理学家开始联袂研究经济行为的发生机制和实际决策过程。20世纪70年代,丹尼尔·卡尼曼(Daniel Kahneman)和阿莫斯·特维尔斯基(Amos Tversky)通过吸收实验心理学和认知心理学等领域的研究成果,把心理学和经济学有机结合起来,形成了真正意义上的"行为经济学"学派。克拉克奖章得主马修·拉宾(Matthew Rabin)、诺贝尔经济学奖得主贝克尔(Gary S. Becker)、阿克洛夫(George A. Akerlof)、卡尼曼为行为经济学的代表人物。随着"经济学帝国主义"向法学研究领域的延伸,法经济学背后的理性选择理论的局限也开始引起法经济学界的注意。如托马斯·尤伦(1997)《法和经济学中的理性选择》对理性选择理论的批评。特别是焦尔斯、索斯坦和泰勒(Jolls,Sunstein and Thaler,1998)《法经济学的行为方向》一文的发表,标志着行为经济学正式进入法学研究领域——行为法经济学开始闯进主流法律经济学的视野,并悄然启动了法律经济学界的"行为革命"。

行为法经济学的研究内容主要包括两个方面:一是构造一个良好的法律环境,最大化地降低行为人理性受到的限制和影响。各种因素的限制使行为人的计算能力、意志力不能够符合最优决策的要求。理性选择理论尽管不现实,但它毕竟描述了一个理想的完美状态,说明了实现最优决策所需要的条件。因此行为法经济学的一个主要研究内容就是说明如何限制那些使行为人理性受限的因素发挥作用,使行为人的计算能力和得到的信息符合最优决策的要求。法律的重要作用就是建立这样一个环境。从这个角度来理解法律比传统法经济学的理解更为深刻,解释力更强。二是应用行为科学的结论,判断法律规则约束下行为人的反应,说明法律规则的效果,进而为法律规则的选择提供依据。

行为法经济学对法经济学的影响是多方面的。首先体现在货币化的异质性上。如法律在进行赔偿和对伤害进行处理时,常常将它们表现为一定数量的货币。但是心理账户现象已经充分说明人们对于货币的评价是不一样的。对于货币计算,每个人会有不同的看法,所以在进行判断或法律运作的时候就遇到了不同的判断标准。这就会使赔偿和对伤害的处理偏离了社会要求的最优水平。

其次,也是最重要的,行为法经济学给出了更为丰富和广阔的法律需求。传统分析坚持最大化假设,在自我利益最大化前提下展开对行为主体行为的分析。但是行为经济学已经反复证明人们不是总在追求效益最大化,也在追求公平。比如交易超出一定程度后就被认为是不公平的,这就是人们心理中关于公平的框架在起作用。这个判断标准是存在交易当事人及交易评判者心中的潜在的心理标准、心理框架。这些标准或者框架根源于社会及其文化价值观。并且每个社会给出的公平标准(还有效率标准)是不一样的,所以每个社会在进行交易的时候判断的标杆就不同,由此而导致在这个社会认为是合法的交易在另一社会则不合法。如在荷兰吸毒是合法的,但在大多数国家则是不合法,这就是所谓框架(Frame)或起始点不一样。框架效应实际也给出了可接受的成本收益的范围的边界,超出边界的成本和收益就不被社会接受。倒卖票证、倒卖投票权和倒卖人体器官之所以为多数国家的法律所禁止,就是这些行为的收益或者成本超出了社会可以接受的边界。

行为法经济学合理地说明了人们对公平的需求,进而也就说明为实现公平需要进行相应的法律制度构建。这就证明法律有着更加广泛的构建基础,而不是仅仅以效率为基础。不管行为法经济学对上述不当交易行为的解释是否正确,但至少解释了传统法经济学不能解释的问题。传统法经济学认为这些行为不应被禁止,因为它们也是自愿交易的一种。但是这种解释与世界多数国家的法律实践明显不一致。这也说明传统分析遗漏了一些很重要的因素,行为法经济学的引入能够在一定程度进行补充和深化。

不过,行为法经济学还是很单薄的,行为科学所得出的结论还没有得到很好的消化,这些结论对于法律分析到底有哪些意义还在探索中,如何统一这些散乱结论和分析更是还没有找到有效途径。因为行为经济学是建立在对新古典经济学的批判之上的,是分散的,是从多个角度展开的,很难发展为一个统一的行为模式,这是它面临的第一个挑战。第二个就是它的很多结论都是基于特定实验的,一旦脱离实验环境、脱离具体案例后,结论能否依然成立是需要讨论的。所以,行为法经济学只是处于起步阶段,能够提出很多研究纲领和研究方向,是一个正在成长的法经济学分析范式。

参考文献:

周林彬、黄健梅:《行为法经济学与法律经济学:聚焦经济理性》,载于《学术研究》2004 年第 12 期。

魏建:《理性选择理论与法经济学的发展》,载于《中国社会科学》2002 年第 1 期。

魏建:《行为经济学与行为法经济学:一个简单介绍》,载于《制度经济学研究》2003 年第 2 辑。

魏建:《法经济学分析范式的演变历程及其方向判断》,载于《学术月刊》2006 年第 7 期。

[美]赫伯特·西蒙:《管理行为》,北京经济学院出版社 1988 年版。

Jolls, Sunstein and Thaler, A Behavioral Approach to Law and Economics, *Stanford Law Review*, Vol. 50, 1998.

Korobkin, Russell B. and Ulen, Thomas S., Law and Behavioral Science: Removing the Rationality Assumption from Law and Economics, *California Law Review*, 88, 2000.

Simon, *Models of Bounded Rationality*, Vol. 2, Cambridge, Mass.: MIT Press, 1982.

（魏建）

法经济学的谈判分析范式
Analysis Paradigm of Bargaining Theory in Law and Economics

以谈判理论为核心展开的法经济学分析框架是建立在新古典经济学上的，以传统价格理论的三大假设——理性人、稳定偏好和均衡分析为基础，加入了产权、信息及交易成本等因素分析制度对资源配置的影响。谈判理论是以市场主义来看待法律问题的，认为法律规则形成的只是不同行为的“隐性价格”，人们之间的法律关系，是另一种形式的“交易”。法律的作用即在于使人们进行合作的交易成本最小化，并竭力降低合作不成带来的损失。因此，谈判理论实际上是揭示了在交易成本为正的世界中，如何实现效率的问题。

谈判理论认为自愿合作可以使一项资源从估价低的主体手中自动转移到估价高的主体手中，从而提高资源的使用效率和合作双方的福利水平。通过谈判，双方自愿、自主地对交易对象、价格、数量、方式以及风险分配等进行协商，最终要么合作，要么无法合作。谈判过程分为三个阶段：一是确定风险值，不仅要明确各方的资源禀赋状况，还要明确交易双方的竞争情况，确定竞争出价；二是预测合作剩余，找出交易双方的评价差异，预测双方福利水平提高的可能程度；三是分配合作剩余。在零交易成本的前提下，出现何种结果取决于合作风险值的大小和如何分配合作剩余。在不存在外界压力和双方谈判实力均等的情况下，当事人可以通过谈判找到合作均衡解，提高资源配置效率和社会福利水平。然而，存在诸多因素阻碍着自愿合作的进行，可以从内外部两个方面来看。

就谈判过程来看，每一阶段都有阻碍因素出现，我们将这些因素称为内部阻碍因素。内部阻碍因素主要包括以下三点：第一，确定谈判风险值的阻碍因素。产权不清晰会使谈判各方难以确定彼此的禀赋状况；权利边界重叠，使得产权界限难以划清；权利性质不清，使得价格难以确定；参与人权利不明，使得交易根本无法进行（需指出的是，在这里“产权”是广义的，泛指所有权利）。第二，预测合作剩余的阻碍因素。搜寻成本和对策成本都将使合作剩余难以准确预测。预测合作剩余，先要寻找合作解。寻找合作解就需要有搜寻成本，并且为获更大的剩余份额，在理性选择前提下，谈判各方会一方面只传递对己方有利的信息，一方面会提出过分的分享要求，因而出现对策成本（搜寻成本和对策成本都源于信息的不完全，但对策成本更源于信息不完全基础上的机会主义）。第三，合作剩余分配的阻碍因素。分配合作剩余不仅要有各方的一致同意，更要有各方对协议的履行。这就需要对协议的履行进行监督，以确保协议得到正确、全面、真实的履行，监督成本由此生成（监督成本既包括获得决策信息的成本，也包括实施监督的成本，从本质上也同样是信息不完全的产物）。监督一方面是督促各方积极履行义务，另一方面是分配履约过程中出现的各种风险（主要是违约风险和意外事件风险），通过对履约风险的分配进一步激励积极履约。

以上种种阻碍因素，都存在于谈判过程中，它们或使自愿合作难以达成，或使自愿的合作博弈走向非自愿的非合作博弈。

还有一些因素产生于谈判过程之外，我们将这些因素称为阻碍谈判的外部因素。它们的存在导致高昂的交易成本，使当事人即便有合作的意愿，也使合作根本不可能出现，或使合作剩余的分配出现不公平。谈判理论的基础是传统的价格理论，它是以市场完全、竞争充分为前提的，但已证明有垄断、外部性、信息不完全等因素会使市场失灵。第一，垄断改变了交易中风险值的大小。在完全竞争的谈判中，交易的任何一方都有充分的选择，风险值在作用相反的力量的影响下会保持不变，等于各方的资源禀赋状况。而垄断使垄断者的风险值因交易双方间的相互竞争而上升。风险值的上升使交易双方在完全竞争时应获得的一部分合作剩余转移给了垄断者（即消费者剩余降低），这就减弱了自愿合作的动力，使垄断市场中的交易数量大大低于充分竞争市场中的交易数量。更重要的是，垄断导致的交易强制性，破坏了谈判的自愿基础，使交易向只提高垄断者福利水平的方向发展，交易双方的福利水平提高很少或没有提高，甚至会被迫降低。第二，外部性（外部性是一个或更多人的自发行为未经第三者同意而强加给他们的成本或强行给他们的收益）。外部收益使一部分合作剩余被他人无偿获得，降低了对自愿合作的激励。而外部成本则是强加给他人以额外成本，降低了其他主体对外部成本负担者拥有的产权的评价高度，从而降低了外部成本负担者的风险值，进而使其获得的合作剩余份额降低。因此，外部性严重地阻碍了自愿合作的进行，由外部性形成的当事人间的关系完全是一种事后的强制交易关系，根本不同于谈判形成的自愿合作关系。第三，信息不完全。信息不完全可分为信息不对称与信息不确定两种情况。信息不对称会使人们在交易时产生道德风险和逆向选择问题。拥有信息优势的一方会利用其优势地位，在机会主义的诱惑下，只传递对己方有利的信息，以扩大己方在合作剩余中的份额（即道德风险）。为防范（道德）风险，信息劣势一方会提高交易价格，提高对合作剩余的占有份额，作为信息风险的保险费用。但交易价格的上升，使交易的选择范围集中到了高风险的交易对象上。合作失败的概率因交易对象的高风险而上升，从而在社会平均水平上降低了合作剩余总量，使提高交易价格获得较多合作剩余、防范风险的初衷落空（即逆向选择）。并且交易价格的上升，也会使资源的优化配置产生扭曲。因为高风险的使用者并不一定是高效率的使用者。信息不确定则直接使合作丧失了产生基础,从根本上使合作剩余的产生面临极大的困难。总之,信息不完全使自愿合作如履薄冰,它不仅从外部环境上严重阻碍自愿合作,而且如前面指出的,它还使合作中的搜寻成本、对策成本和监督成本大幅度上升。

克服上述各种阻碍因素的制度安排涉及到了几乎所有的法律制度尤其是在财产法、契约法、侵权法以及程序法等部门法的分析中,谈判理论起到了基础理论的作用。综上所述,我们可以将谈判理论归结为:自愿合作是实现效率的最佳途径,但由于实际上存在着诸多阻碍自愿合作的因素,所以必须克服阻碍谈判进行的因素,恢复效率,而在恢复效率的诸途径中,又以能够促进当事人进行自愿合作的安排为最佳。谈判理论具体说明了合作的益处和阻碍自愿合作的交易成本的来源,为建立法律制度克服阻碍、促进合作提供了理论基础,同时也提供了评价标准。谈判理论将对部门法律制度散乱的经济学分析,统一到了降低交易成本、促进自愿合作的宗旨之下,因此成为法经济学的核心理论和主流分析范式。

参考文献:

黄少安:《产权经济学导论》,山东人民出版社 1995 年版。

[美]科斯:《企业、市场与法律》,上海三联书店、上海人民出版社 1990 年版。

[美]科斯:《社会成本问题》,引自科斯等:《财产权利与制度变迁》,上海三联书店 1994 年版。

[美]威廉姆森:《交易费用经济学:契约关系的规制》,引自陈郁:《企业制度与市场组织:交易费用经济学文选》,上海三联书店 1996 年版。

魏建:《法经济学分析范式的演变历程及其方向判断》,载于《学术月刊》2006 年第 7 期。

魏建:《谈判理论:法经济学的核心理论》,载于《兰州大学学报(社科版)》1999 年第 4 期。

魏建:《理性选择理论与法经济学的发展》,载于《中国社会科学》2002 年第 1 期。

张五常:《关于新制度经济学》,引自科斯等:《契约经济学》,经济科学出版社 1999 年版。

(魏建)

法经济学的博弈分析范式

Analysis Paradigm of Game Theory in Law and Economics

博弈分析范式是将博弈论应用于法律分析中形成的分析范式,它把谈判分析范式又推进了一步。法律的博弈分析之所以取得突破性进展,主要在于博弈分析的行为假设与法律行为具有更高的一致性。法律不仅关注个体对法律规则的反应,更关注在法律规则下行为人之间的相互反应。博弈论所分析的对策行为的基本特征就是行为的形成不仅是自身约束条件的函数,同时也是博弈对方行为的函数。在既定的法律关系中,任何一方当事人的行动选择,既受到自身因素的影响,也必然受到其他当事人行为的影响,并且这一行为也将影响当事人今后的决策。因此将法律规则下的行为人之间的行为互动归结为对策行为比新古典经济学的行为假设更加准确。同时,博弈论承认个人理性与集体理性之间存在冲突。博弈论解释与分析了个人理性与集体理性之间的冲突,并不再认为这是一种不正常的状态,反而是认为均衡的实现要符合一系列严格的条件才能达到。博弈论严格地坚持了个人理性最大化的假设,但这个最大化是将其他参与人的决策考虑在内的最大化,说明了参与人之间的相互制约是人们选择不利制度及其长期存在的重要原因。

博弈论分析的就是在一定的规则约束下行为人之间的行为互动路径。博弈论中博弈的基本构成要素包括参与人、行动、战略、信息、支付函数、结果和均衡。参与人是博弈中选择行动以最大化自己预期效用的决策主体(在法律分析中指法律规则约束下的行为相对人也即法律关系主体,比如诉讼双方当事人);行动是参与人的决策变量(即当事人可以采取的所有可能的行动,如起诉、撤诉、应诉等);战略是参与人选择行动的规则,决定在什么情况下选择什么样的行动(根据法律或者合同约定等其他规范以及当事人面临的其他约束条件,当事人意识到或决定的采取行动时须具备的条件,如在对方给予合理赔偿时撤诉、和解;在对方起诉时应诉并反诉等);信息是参与人在博弈中的知识,特别是有关博弈对方的特征和行动的知识(法律、有关鉴定以及在长期关系短期接触中形成的关于对方当事人的认识都构成博弈的知识,如关于人身损害程度和相应赔偿的认定、对对方营业状况的了解等);支付函数是参与人从博弈中获得的效用水平,它是所有参与人战略或行动的函数,是每个参与人真正关心的东西(即从形成和完成法律关系中得到的利益,代表着当事人利益实现的数量和程度。它不仅决定于当事人自己的行为,更与其他当事人的行为有关,如得到赔偿的数量与当事人受到的损害、法院认定的赔偿数量以及加害人的支付能力和意愿都相关);结果是博弈分析者所感兴趣的所有要素的集合(分析中当事人相互作用后所有可能出现的行动战略或支付的结果都是结果,如诉讼时,受害者一方得到 1000 元的赔偿,而加害者支付赔偿并负担 300 元诉讼费用是一个可能结果;和解时,受害者得到 1100 元赔偿而加害者不必承担诉讼费用是另一个可能结果);均衡是所有参与人的最优战略或行动的组合,在理性最大化的引导下当事人经过相互作用达到了一个谁都不愿意再改变的结果,任何改变至少将使其中一个当事人的利益受到损失或其判断要受到损失(这个结果可能是法律关系的最终解决结果,如和解解决争端。也可能不是,如和解不成双方都愿意维持僵局状态,这时就需要引入新的规则进行新的博弈如进入诉讼由法庭决定法律关系的终结)。在博弈分析中参与人行动和结果统称为博弈规则,它们构成了参与人进行博弈的环境,分析的目的就是在参与人的行动组合和可能结果中寻找能够使当事人的支付利益得到均衡的结果。

对策行为是博弈论对参与人之间行为互动模式的基本判断。对策行为的突出特点就是行为的决策不仅是自身约束条件函数,同时也是博弈他方行为的函数,这与法律关系中当事人的行为模式是一致的。在既定的法律关系中,任何一方当事人的行动选择既受到自身因素的影响,也必然受到其他当事人行为的影响,并且这一行为也将影响所有当事人的今后决策。

财产法中对于所有可能成为无主财产所有者的主体来讲,如果产权界定规则规定对该财产实行共同所有制,那么财产的使用就将面临公地悲剧的命运。考虑到个人对财产的维护其收益将在全部所有者之间分享,将没有人愿意付出。而只愿意自己使用,他人维护,共同财产将被过度使用。而如果产权界定规则实行的是先占原则,潜在所有者之间将展开先占竞赛。所有权的获得不仅取决于其个人的先占努力还取决于他人的先占努力,结果往往是导致过多的资源投入在了找寻无主财产上。

契约法中合同的订立过程就是一个博弈的过程。双方根据对标的物价值等因素的判断和对对方价值判断的认识相互讨价还价,纳什(1950)和夏普里(Shapley,1953)建立了合作博弈的"讨价还价"模型,罗宾斯坦(1982)、张维迎(1996)进一步建立了非合作博弈的"讨价还价"模型。合同订立后,当事人之间就更进入了一种相互依赖的状态。合同所涉及的资产的专用性越强,依赖性越强,尤其是当事人的违约决策更是双方行为的函数。

侵权法中加害人和受害人之间更是一种对策行为关系。责任规则的不同,明显地要求加害人和受害人具有相应不同的预防水平。损害发生后责任的确定以及救济措施的确定,每一方当事人都要考虑对方可能的反应以使自己的决策得到认同。拜尔、格特纳、皮克(1999)就考察了民事责任事故法律和战略行为之间的关系。诉讼的当事人之间更是一种典型的对策行为。当事人对诉讼和非诉讼方式的选择,对和解和判决的选择都是已经得到较为充分分析的对策行为(Cooter Marks and Mnookin,1982)。破产法中债权人之间也是一种对策行为关系,哈特等的分析已经表明债权人之间在进行重组和清算决策时存在着利益的冲突(哈特,1998)。破产法的目的就在于协调债权人的群体行动建立能够产生均衡的博弈环境。

总之,法律关系是法律调整社会关系的必需环节,法律关系中当事人之间有着大量的对策行为,这些对策行为制约着法律的调整效果。博弈论的研究提供了我们认识与分析这些对策行为的有力工具。

综上所述,博弈论具有一种和法律分析结合的天然优势,都是处理特定情境之下不同主体之间产生的关系。博弈分析,在谈判分析的基础之上,引入了一种新的均衡——行为均衡,这和法律关系是一致的,而谈判分析只是建立在利益均衡之上。这样博弈分析就是更清晰的说明了法律分析所要追求的目标——找出一种理想的行为模式。另外,博弈论突破了新古典经济学无外部性、信息完全和竞争充分的假设,具有比新古典经济学更强的解释力和预测力。目前博弈论已经被学者们较为成功地重新分析了法经济学几乎所有的领域(拜尔等,1999),成为主流的分析范式。

参考文献:

[美]拜尔、格特纳、皮克:《法律的博弈分析》,法律出版社 1999 年版。

[美]哈特:《企业合同与财务结构》,上海人民出版社 1998 年版。

魏建:《法律、合作与博弈》,载于《山东社会科学》2001 年第 2 期。

谢识予:《纳什均衡论》,上海财经大学出版社 1999 年版。

张维迎:《博弈论与信息经济学》,格致出版社、上海三联书店、上海人民出版社 2004 年版。

Cooter Marks and Mnookin, Bargaining in the Shadow of the Law: A Testable Model of Strategic Behavior, *The Journal of Legal Studies*, 11, 1982.

(魏建)

法律与经济增长
Law and Economic Growth

法律与经济增长之间关系要研究的主要包括"法律是否作为经济增长的工具?"、"法律是经济发展的结果还是原因?"这两个核心问题。通过介绍古典社会理论、现代化理论、依赖理论、诺斯理论、现代法律经济学等方面说明法律与经济增长的基本理论框架。

法律与经济增长的理论渊源可以追溯到 19 世纪的古典社会理论,其中韦伯(Max Weber)、马克思(Karl Marx)、梅因(Henry Sumner Maine)、涂尔干(Emile Durkheim)等皆是该领域的巨擘。古典社会理论中关于法律与经济增长的观点可简单概括为:法律要随着社会经济环境的变化而不断发展、演化。

马克思从历史唯物主义角度出发，分析了人类社会中法律与政治经济之间的演化及其相互关系。马克思的基本观点是："经济基础决定上层建筑，上层建筑反作用于经济基础"、"生产力决定生产关系，生产关系反作用于生产力"。有学者认为马克思关于法律与经济关系的论述开创了法律经济学研究的先河。

韦伯关于西方资本主义兴起研究的基本结论可概括为以下三点：第一，越理性的法律体系，对资本主义产生的促进作用越显著；第二，较其他社会文明中的法律体系而言，欧洲法律体系更具理性；第三，这种对经济有促进作用的法律理性主义，在西方工业经济系统全面发展之前已在欧洲大量存在。

梅因开创的历史法学研究，强调从社会思想、文化、政治演变的角度来研究法律制度的变迁以及法律变迁对社会发展的影响。在梅因的法律与社会进步理论中，法律果实是衡量社会发展健康度的最佳指标，法律是社会进步、经济发展的关键。换言之，梅因特别强调法律对于经济增长的反作用。

涂尔干从劳动分工、社会团结、道德的角度提供了一个分析法律与经济发展关系的新视角。他认为经济发展导致了社会劳动分工，而劳动分工的发展使得社会对解决纠纷的规则与制度的需求随之上升，因而导致了更多的合作性法律规则的产生。他认为，随着社会分工的分化度和专业度的提高，社会团结由机械型向有机型转化，法律也相应地由压制性法律（Repressive Law，惩罚性法律）向恢复性法律（Restitutive Law，合作性法律）过渡。

现代化理论将西方法律、西方法律制度作为促进经济发展的关键，将西方社会制度作为发展中国家发展演变的最终目标，认为第三世界国家经济发展、社会发展的最终结果是发展出和西方发达国家类似的法律制度、社会制度——自由市场、自由民主政治体制和法治。

第二次世界大战后由美国经济学家、社会学家、政治科学家共同努力所推动的政治发展运动特别强调政治制度的重要性，认为促进经济发展的现代法律政治制度由四个关键要素构成：(1)理性化，即韦伯理论中所强调的普适性、涂尔干理论所强调的法律与社会功能需求相适应。(2)国家团结与整合，尤其是要消除民族冲突的威胁。(3)民主化，强调多元主义、竞争性和政府可信度。(4)参与性，强调通过教育来提高民众在政治领域的参与度。

以韦伯的思想为基础，法律与发展运动将法律作为经济发展的关键，不再简单地强调政治发展的首要性。该理论认为，法律是促进经济增长的首要工具，同时，法律也是自由民主国家的中流砥柱，是政治发展的有力助手，因为法律是政府实现其目标的工具，也是限制、规范政府行为的手段。该理论强调通过法学教育与法律职业改革、法律文化与制度移植等手段将西方法律文化和制度移植到发展中国家，强调产权法、商法、人权法、行政法、独立而有效的司法体系在发展中国家的重要性。

20 世纪 70 年代中期发展起来的依附理论则强调从全球资本主义系统的结构和历史这一外部视角来追寻发展中国家落后的原因。该理论以马克思主义为基础，提出一个"中心—外围"理论来解释第三世界国家的贫穷落后原因，认为发达国家与发展中国家形成了中心—外围格局，作为中心的发达国家的财富是建立在保持发展中国家的永久落后与依附状态之上的，这是导致发展中国家贫穷落后的主要根源。这一以马克思理论为基础的理论主要由拉丁美洲、非洲国家学者所发展。

以诺思（Douglass North）为领军人物的新制度主义理论，强调经济增长和发展的关键因素是制度。现代法律通过为产权保护、契约实施为私人交易提供可预测性和有效激励，进而有效约束政府的掠夺，从而成为经济增长的主要源泉。法律与经济增长的新制度主义理论主要围绕诺斯理论的三大核心展开——制度与经济增长、国家的作用、意识形态的作用。

在诺思看来，制度决定一个社会、政治制度、经济制度的激励结构，从而成为经济绩效的决定性因素。他说："有效率的经济制度是经济增长的关键，一个有效的经济制度在西欧的发展正是西方兴起的原因所在。"（诺思、托马斯，1999）诺斯强调从微观角度进行分析，认为个体决策在资本利用、如何有效配置资源方面起着关键作用。因此，确保产权安全和契约实施的法律制度就成为激励投资的关键因素。国家作为经济增长中的特殊主体，在产权界定、创设、行使、保护方面，在契约实施机制方面具备天然的低成本优势。因此，经济发展过程中，要积极发挥国家在产权保护与契约实施等方面的作用，尤其是国家强制力在确保制度实施、制度质量上的重要性。诺思认为包括意识形态在内的非正式规范以及实施，是不同经济体有不同经济绩效的一个主要原因（North，1994）。诺思等强调意识形态等非正式约束决定了法律等制度的变迁方向，影响着长期经济绩效。

现代法律与经济增长理论大致概括为政府论、替代论和文化论。政府论突出强调政府（国家）在经济发展具有关键作用，认为政府的参与、政府的授权等行政性介入是各种交易活动法律秩序的有效替代。皮斯托和韦伦斯（Pistor and Wellons，1999）认为：(1)相对较高水平的政府参与、政府授权和高速经济增长是相伴而生的，因此政府参与很可能是经济增长的关键；(2)虽然在不少的领域存在一定程度的法律趋同，但并不存在全球性的法律趋同。

在替代论看来，关系、社会资本、社团（包括家族）

等非正式机制一定程度上能发挥正式法律制度具有的产权保护和契约实施功能,从而成为不少发展中国家、转轨国家经济成功不可忽视的因素。但是强调替代法律的机制的重要性,并不代表就直接否定了法律正式制度的重要性,实际上这些非正式制度是不能够完全替代法律的。因为关系、社会资本、社团等非正式制度都具有自身的局限。例如交易范围的局限等。并且非正式制度替代法律需要一定的前提条件。正式法律在节约交易成本方面有着不可否认的优势,尤其在非个人交易的现代社会中。因此,法律对于大型国家的经济增长具有难以取代的作用。

文化论将解释经济增长的焦点放在本土文化上,质疑西方文化背景下的法律制度和产权、契约实施在其他国家中的有效性,认为文化差异才是决定一国社会和经济发展的关键[该观点在宫和江(Gong & Jang,1998)、克鲁斯(Cross,2002)的研究中得到了较全面地回顾与分析]。文化论放大了诺斯关于文化/意识形态在决定制度变迁、经济绩效中的作用,将其上升到了高于法律等正式制度的地位。该理论主要基于东亚国家发展事实,认为儒家文化是中国、韩国等东亚国家经济成功的核心因素,法律的作用并不显著。

总之,法律与增长的现代观点仍需要大量的经验与理论证据。法律、政府、非正式制度、文化与经济增长之间的关系仍亟待深入研究。

参考文献:

[美]道格拉斯·诺斯、罗伯斯·托马斯:《西方世界的兴起》,华夏出版社1999年版。

Berger, Peter, *Secularity: East and West, in Cultural Identity and Modernization in Asian Countries*, Preceeding of Kokugakuin University Centennial Symposium, Tokyo: Kokugakuin University Press, 1983.

Cross, Frank B., Law and Economic Growth, *Texas Law Review*, Vol. 80(7), June 2002.

Daniels, Ronald J., Michael Trebilcock and Joshua Rosensweig, the Political Economy of Rule of Law Reform in Developing Countries, *Michigan Journal of International Law*, 2004.

Davis, Kevine and Michael J. Trebilcock, Legal Reforms and Development, *Third World Quarterly*, Vol. 22(1), 2001.

Ginsburg, Tom, Does Law Matter for Economic Development? Evidence from East Asia, *Law & Society Review*, Vol. 34(3), 2000.

Jones, Carol G., Capitalism, Globalism, and the Rule of Law: An Alternative Trajectory of Legal Change in China, *Social & Legal Studies*, 3, 1994.

Lubman, Stanley (ed.) *China's Legal Reform*, New York: Oxford University Press, 1996.

Ma, Debin, Law, Commerce and Knowledge in 18-20th Century China: An Institutional Perspective on the "Great Divergence", http://www.fed.org.cn/paperdownload.asp? paperID = 30, 2004.

McMillan, John & Barry Naughton, How to Reform a Planned Economy: Lessons from China, *Oxford Review of Economic Policy*, 8(1), 1992.

Morishima, Michio, *Why has Japan Succeeded? Western Technology and the Japanese Ethos*, Cambridge University Press, 1982.

North, Douglass, Economic Performance through Time, *the American Economic Review*, Vol. 84(3), 1994.

Senghass, D., European Development and the Third World, *Review*, 11(1), 1998.

Tamanaha, Brian Z., The Lessons of Law-and-Development Studies, *The American Journal of International Law*, Vol. 89(2), 1995.

Trubek, David M., Toward a Social Theory of Law: An Essay on the Study of Law & Development, *Yale Law Journal*, Vol. 82(1), 1972.

Trubek David M. and Glalanter, Scholars in Self-estrangement: Some Reflections on the Crisis in Law and Development Studies in United States, *Wisconsin Law Review*, 4, 1974.

(黄健梅　魏建)

法与金融学
Law and Finance

法和金融学兴起于20世纪90年代中后期,目前已成为国际最前沿的研究方向之一,强调法律对金融发展的作用。拉波特(Rafael La Porta)、洛配兹·西拉内斯(Florencio Lopez-de-Silanes)、安德鲁·施莱弗(Andrei Shleifer)、罗伯特·维什尼(Robert W. Vishny)四人(以下简称LLSV)用统计学、计量经济学的方法系统地研究了法律和金融发展的关系,开创了法和金融理论,并确立影响深远的研究范式。LLSV认为,法律渊源的历史性差异影响了各国对私人产权的保护、对私人契约安排的支持以及对投资者保护法的制定和实施;法律制度和实施质量影响投资者决策、公司治理的效率,进而影响金融市场的深化程度。大量的学者沿着这条线索发展了法律与金融、公司治理等方面研究和应用。

LLSV(1998)发表"法律和金融"(Law and Finance),这篇文献被认为是法与金融的开篇之作。文中开创性地建立投资者保护指数和执法效率指数评价体系,通过对两大法系49个国家法律法规进行比较分析，发现法律制度在对投资者权利的保护程度上随着法律渊源的不同而有规律的变化，“一个好的法律环境可以有效地保护潜在的资金供给者，使他们愿意为证券市场提供资金，从而推进证券市场的发展”，“比起那些源自大陆法系国家特别是法国大陆法系国家，源自英美法系传统的国家趋向于更大程度地保护投资者”，“各个国家会发展对投资者较弱保护的适应机制，如强制分红、股权集中和法定储备要求”。LLSV（1997）从法治和执法效率两个指标来衡量投资者保护水平，拥有差的投资者保护的国家资本市场规模较小，并用股权和债权市场对此进行验证，得出法国法系国家相较于普通法系国家，拥有最弱的投资者保护和最不发达的资本市场。LLSV（2002）的研究结论显示，投资者保护程度高的国家企业的托宾 Q 值要大于投资者保护程度低的国家，投资者保护程度高的国家，企业价值大。LLSV（2006）研究发现几乎没有证据表明公法执法力度有利于股票市场，但有充足证据证明私人执法对股票市场发展有利。

法律起源决定金融发展，法治及执法效率对金融发展至关重要。LLSV 的一系列文章，从不同角度、运用不同的方法进行了拓展研究，如金融发展决定法律变革论、执法效率决定金融发展论、法律移植决定经济发展论和法律内生于经济发展论等。

金融中介的发展与法律制度建设与完善密切相关。罗斯·列维（Ross Levine，1999）跨国实证研究表明，银行业发展的差异可以归因于各国法律起源的不同。如果一个国家的法律制度具有如下特征：给予债权人对企业的要求权更加充分及更具优先性；契约的执行效率高；能够保证企业准确充分的信息披露，其金融中介机构就越能得到良好的发展。卡皮奥等（Caprio et al.，2004）研究发现在法律对股东权利保护越好的国家，银行的价值越高。拉伊文等（Laeven et al.，2003）考察了司法效率与银行信贷成本之间的关系，结果表明司法效率是影响银行利率的主要因素，通过司法改革，特别是改善法律的执行效率，是降低金融中介的信贷成本以及企业和家庭融资成本的关键因素。

从世界经济史上看，曾发生过多次金融危机，它们都有一个共同点，就是一些国家的金融市场中的金融债务信用基础出现了严重的问题。而金融债务信用基础是依靠金融法律与司法制度来维持的。约翰逊等（Johnson et al.，2000）开创性地把法律对投资者的保护程度与金融危机联系起来。他们的研究分析表明，在法律制度比较脆弱的国家，当经济前景良好时，内部人为了持续地得到外部融资，就会善待外部投资者，当经济前景出现萧条的迹象时，内部人就会侵害外部投资者，经济中代理问题更加严重，投资者的信心更容易受到打击，当未来经济前景趋于恶化时，内部人会加快对中小投资者权利的剥夺，投资者更不愿提供资本，从而导致资产价格持续下降以及汇率制度的崩溃，从而就容易导致金融危机的发生。

综上所述，法律是重要的，法律制度的完善和法律实施质量的提高将促进金融的发展和稳定。虽然法与金融对金融发展做出了富有启发性的理论解释，但是由于它是一个新兴的理论分支，因而在理论上还存在着一些争论。许多经济学家认为，一国金融的发展不仅与法律制度有着密切的联系，并且与一国的禀赋、政治、文化等因素也有着密切的联系。

参考文献：

江春、许立成：《法与金融学的文献综述》，载于《经济学动态》2005 年第 5 期。

江曙霞、代涛：《法与金融学研究文献综述及其对中国的启示》，载于《财经科学》2007 年第 5 期。

谈儒勇：《法与金融：文献综述及研究展望》，载于《上海财经大学学报》2005 年第 5 期。

La Porta, R., F. Lopez-de-Silanes, A. Shleifer and R.. Vishny, Legal Determinants of External Finance, *The Journal of Finance*, 52 (3), 1997.

La Porta, R., F. Lopez-de-Silanes, A. Shleifer and R.. Vishny, Law and Finance, *Journal of Political Economy*, 106 (6), 1998.

La Porta, R., F. Lopez-de-Silanes, A. Shleifer and R.. Vishny, The Quality of Government, *Journal of Law and Economic Organization*, 15, 1999.

La Porta, R., F. Lopez-de-Silanes, A. Shleifer and R.. Vishny, Corporate Ownership around the World, *Journal of Finance*, 54, 1999.

La Porta, R., F. Lopez-de-Silanes, A. Shleifer and R.. Vishny, Investor Protection and Corporate Governance, *Journal of Financial Economics*, 58, 2000.

La Porta, R., Lopez-de-Silanes, A. Shleifer and R.. Vishny, Investor Protection and Corporatevaluation. *The Journal of Finance*, 57 (3), 2002.

La Porta, R., Lopez de Silanes, A. Shleifer, What Works in Securities laws, *The Journal of Finance*, 61 (1), 2006.

La Porta, R., F. Lopez de Silanes, A. Shleifer, The Economic Consequences of Legal Origins, *Journal of Economic Literature*, 46 (2), 2008.

Levine, R., The Legal Enviorment, Banks, and Long-Run Growth, *Journal of Money, Credit, and Banking*, 30, 1998.

Levine, R., Law, Finance, and Economic Growth, *Journal of Financial Intermediation*, 8, 1999.

Levine, R., Bank-based or Market-based Financial Systems: Which is better?, *Journal of Financial Intermedia-*

tion, 11, 2003.

Johnson, S., P. Boone, A. Breach & E. Friedman, Corporate Governance in the Asian Financial Crisis, *Journal of Financial Economics*, 58, 2000.

Laeven, L. & G. Majnoni, Does Judicial Efficiency Lower the Cost of Credit? *World Bank Working Paper*, No. 3159, 2003.

（许云　魏建）

犯罪的宏观经济分析
Macro-Analysis of Crime

犯罪的宏观经济学主要是考察各种宏观经济因素对犯罪及犯罪率的影响。这些研究主要是从20世纪90年代后以计量分析为主要手段逐渐展开的，如今已经深入研究了失业、劳动力市场、收入分配不平等、教育、人口结构、贫困、城市化、经济增长等对犯罪率的影响。在某些方面达成了一定的共识，但就总体而言，这些研究都还有待于继续深化。犯罪的宏观经济学的微观基础依然是理性犯罪模型，将犯罪视为一种理性选择行为。

影响犯罪率的各种经济因素包括如下几个方面：

第一，失业。失业率是宏观经济的重要指标之一，失业不仅影响到一国的经济增长，而且也可能影响犯罪率水平。失业意味着收入减少，收入减少可能会导致失业者家庭陷入贫困。贫困将会导致一系列的社会问题，其中之一便是可能导致犯罪率的上升。一是生活拮据，需要获取收入，二是失业者失业后的时间变得相对而言更不稀缺，进行犯罪的机会成本下降。一个人处在就业状态从事犯罪活动的机会成本相对较高，但在失业状态下犯罪的机会成本大大减少，由此可能促使犯罪率的上升。并且失业还可能引起失业者对社会不满等问题，从而可能导致犯罪率的上升。大量的实证研究也表明，失业与犯罪存在着正相关关系。

第二，劳动力市场环境。劳动力市场环境与失业问题是密切相关的。但是劳动力市场的好坏不仅反映在它能够提供多少就业机会上，也反映在工资水平上。合法劳动力市场的工资水平越高，表明劳动者从合法就业机会中获得的收入越高，这意味着将时间更多地配置在合法劳动上的收益也越高，如果在合法的工作中所能够获得的收入超过从非法活动中所获得的收益，则劳动者更愿意将时间资源配置在合法活动上，而不是犯罪。而且，劳动力市场的工资水平高低也代表了犯罪的机会成本。实证研究也表明，更多的合法劳动机会和更高的工资水平能够有效地减少犯罪。

第三，劳动收入分配不平等。犯罪的经济理论认为犯罪是一种经过了理性算计的行为，在不平等程度比较高的地区或国家，穷人从事合法活动的收益较低，因而其犯罪的机会成本低，而同时由于收入分配的不平等，富人的财富对穷人来说形成了巨大的吸引力，如果穷人将时间更多地配置在非法活动上，其收益可能会更高，因此，收入分配的不平等鼓励了穷人将从事更多的犯罪活动。弗雷舍尔（Fleisher, 1966）首次研究了收入不平等与不良行为之间的关系，发现收入分配不平等对犯罪有重要的影响，实证研究一般也都强烈支持收入不平等导致犯罪率上升的观点。

第四，教育水平。一般而言，教育质量和数量的提高能够对抑制犯罪产生积极影响。一个人受到的教育越多，其收入水平也基本上会越高，因此将使其犯罪的机会成本越高；对于受过更高教育的人而言，其时间价值更高，同样水平的刑事监禁也会使他们有更高的机会成本；对于有过更好的教育投资、人力资本积累较高的人来说，失业可能性更小，因而会将更多的时间资源配置到合法活动中去，从事犯罪活动的概率很小；教育水平的提高也能够改变人们的偏好，因而不愿意从事非法活动。而且受过高水平教育的人可能有着体面的生活，一旦犯罪受到惩罚会对他们的名誉、地位、心理等造成巨大的损失和伤害，这也能够抑制犯罪。因此，从犯罪的理性决策逻辑来分析，一国教育水平的提高能够有助于减少犯罪。不过，对于特定种类的犯罪，其作用可能是不一样的。比如计算机犯罪等。

第五，人口结构。人口结构对犯罪率有重要的影响。全部人口中的年轻人比例越高犯罪率可能越高。年轻人相对于成年人来说有更充沛的体力和健康的体魄，有着更充裕的时间，他们也更为叛逆和不遵循规矩；年轻人更多的是和伙伴在一起，所以他们更容易受到同伴的不良影响，乐意从事一些非法活动；年轻人收入水平低乃至于没有收入，因而犯罪的机会成本很小，更少担心家庭、地位、名誉等对他们的牵制。所以，一个国家年轻人所占总人口的比例对于犯罪率将产生重大影响，实证研究也证实了人口结构对犯罪有重要影响。

第六，经济增长与经济周期、城市化。一国经济的持续增长意味着能够提供更多的就业机会，更低的失业率，由此能够减少犯罪；同时，经济增长可能带来人们收入的增加和福利状况的改善，减少犯罪意愿。各国经济发展的实践表明，经济不可能一直持续增长或者一直在衰退，经济发展是有周期性的。实证研究发现，经济的景气确实能够影响犯罪。在经济繁荣时犯罪率更低，在经济衰退时犯罪率更高。不过，经济增长也可能会带来犯罪的增加，经济增长使得社会财富增加，由此可能为犯罪尤其是财产犯罪提供更多的机会，导致犯罪增加。

一个国家的经济增长常常伴随着城市化程度的提

高，而城市化对于一国的犯罪率常常有着很直接的影响。城市化的提高使得生活在城市的人口增多，由此导致相对而言更低的被逮捕率和被识别(Recognition)率，这会降低犯罪的预期成本，因而鼓励了犯罪，同时，城市中可能有着更多的犯罪机会和更高的犯罪预期收益，由此吸引了更多的人到城市犯罪。

最后，其他经济因素也可能影响犯罪率，如通货膨胀、贫困、社会福利等。通货膨胀常常可能意味着社会的相对不稳定，容易引发犯罪。而贫困问题尤其可能引发财产犯罪，如果和严重的收入分配不平等联系在一起，则既会引发财产犯罪增多也会导致暴力犯罪的增多。良好的社会福利能够起到社会润滑的作用，缓和社会矛盾，减少犯罪。

犯罪首先会给受害人带来损失，这种损失可能是物质性的，也可能是精神性的，或者二者兼而有之。犯罪人也会支出相应的成本。但是，从宏观的角度来审视这个问题，则犯罪主要涉及三种成本，一是犯罪给社会带来的直接成本(损失)，二是国家预防、对付和处理犯罪的行政及司法成本，三是人们预防犯罪的成本。首先，犯罪不仅会给受害者造成伤害，而且会给社会造成严重的危害，有着巨大的负外部性。有些犯罪甚至没有直接的受害人，直接给社会(国家)带来巨大危害。其次，任何一个社会都要对犯罪进行严厉的打击和惩处，因此就要付出高昂的打击成本，这是犯罪社会成本的另一个组成部分。庞大的警力开支、司法体系和监狱系统在任何一个国家都是一笔不菲的公共支出。第三个由犯罪带来的社会成本是人们支付的预防成本。任何人都不希望被犯罪所侵害，因而人们总是会或多或少的支付一些预防成本来预防犯罪。如在房屋上安装防盗门等。

参考文献：

Cook, Philip J. and Zarkin, Gary A., Crime and the Business Cycle, *The Journal of Legal Studies*, Vol. 14, 1985.

Doyle, Joanne M., Ahmed, Ehsan and Horn, Robert N., The Effects of Labor Markets and Income Inequality on Crime: Evidence from Panel Data, *Southern Economic Journal*, 65:4, April 1999.

Ehrlich, I., Participation in Illegitimate Activities: A Theoretical and Empirical Investigation, *The Journal of Political Economy*, 81/3, 1973.

Fajnzylber, P., D. Lederman and N. Loayza, Inequality and Violent Crime, *Journal of Law and Economics*, 45, 2002.

Fleisher, Belton M., The Effect of Income on Delinquency, *The American Economic Review*, Vol. 56, 1966.

Freeman, Richard B., Crime and the Job Market, National Bureau of Economic Research Working Paper No. 4910, Cambridge MA, 1996.

Glaeser, Edward L. and Bruce Sacerdote, Why Is There More Crime in Cities?, *Journal of Political Economy*, Vol. 107, 1999.

Gould, Eric, Bruce Weinberg and David B. Mustard, Crime Rates and Local Labor Market Opportunities in the United States: 1977-1997, *Review of Economics and Statistics*, Vol. 84(1), 2002.

Raphael, Steven and Rudolf Winter-Ebmer, Identifying the Effect of Unemployment on Crime, *Journal of Law and Economics*, 44, 2001.

(桑本谦　魏建)

效率违约
Efficiency Default

很多合同签订后不能被履行，导致合同签订时追求的目标无法实现。有时，合同的继续履行，带来的不是资源配置效率的提高，反而违约是社会所期望的。效率违约所界定的就是这样一种状态，即当合同的履行成本大于合同履行产生的收益时，不再追求继续履行，而是接受违约的发生。

效率违约是指当履行合同的社会成本超过履行合同产生的社会收益时当事人的违约选择。如甲、乙双方签订一个房屋建筑合同，乙为甲建造一个用于居住的房屋。令 V 代表房屋对甲的价值，C 代表乙建造房屋的成本，P 是合同中约定的甲付给乙的报酬。那么在合同签订后，如果建筑材料等价格上涨，导致 $C > V$，乙的违约就是效率违约。

证明如下：进一步假设，甲在乙合同完全履行前投入 R，用以提高合同履行对其的价值。比如购买合适的家具、家电。这些投资是建立在对乙能够按时将房屋建造起来的信任基础上，为信任投资(Reliance Investment)。信任投资在违约的情况下面临沉没的危险。再令 D 代表当乙方违约时法院决定的给予甲方的金钱赔偿。

那么，甲、乙双方的收益如表 1 所示：

表 1　　合同履约与违约的收益

状态	甲方的收益	乙方的收益	联合收益
履约	$V-R-P$	$P-C$	$V-R-C$
违约	$D-R$	$-D$	$-R$

效率违约是指合同的社会履行成本超过社会收益时的违约，那么从表中表现出来就是，履约的联合收益小于违约的联合收益，即：$V-R-C<-R$，整理即有

$$C > V \tag{1}$$

效率违约给出的是从社会角度界定的违约决策，那么作为合同中出售方的当事人乙的违约决策在什么

样的情况下，才能与社会要求的效率违约状态相一致呢？

对于乙方来说，其将在违约收益大于履约收益时进行违约，即 $-D > P - C$，也即

$$C > P + D \tag{2}$$

(2)式的左边是违约收益，即违约节约的建造成本；右边是违约的成本，即因为违约要退还给甲方的建造报酬和法院判定的赔偿金。

为使乙的违约选择与社会要求的效率违约状态相一致，只要使 $V = P + D$，或者说

$$D = V - P \tag{3}$$

这个赔偿水平使乙方的违约决策与社会要求的效率违约条件相一致，即是使乙方效率违约的赔偿水平。

(3)式代表着违约赔偿等于房屋建造对于甲方的价值减去合同约定的报酬，实际上就是甲方在合同中获得的买方剩余，也即甲方期望在合同履行完毕时得到的收益，这相当于合同法要求的预期违约赔偿(Expectation Damages)。预期违约赔偿保证甲方(非违约方)在乙方履约时得到的收益和乙方在违约时得到的收益是相同的、无差异的。由此，可得出一个结论：预期违约赔偿给予了合同当事人进行效率违约的恰当激励。

从违约水平来看，从高到低依次排列有：零赔偿、信任违约赔偿、预期违约赔偿。其中只有预期违约赔偿实现了效率违约，其他两种赔偿安排都没有实现这个目的。零赔偿，即违约方无须对非违约方进行任何赔偿。此时，对于乙方来说，只要履约成本 C 大于报酬 P，他就会违约偏离效率违约状态更远。信任违约赔偿是指通过赔偿使非违约方的状态恢复到合同没有签订前的状态，也即赔偿非违约方为合同履行进行的信任投资，因此有 $D = R$。

将 $D = R$ 带入(2)式中，有

$$C > P + R \tag{4}$$

由于甲方在合同履行中须拥有部分合作剩余，使 $V - R - P > 0$，即有 $V > R + P$。而 $V = P + D$，这说明在预期违约赔偿下的合同价值大于在信任违约赔偿下的合同价值。那么在信任违约赔偿的约束下，乙方将有更多的违约激励，从而使其违约水平高于在预期违约赔偿下的违约水平，导致过度违约。

预期违约赔偿下使乙方具有了效率违约激励。但是合同界定的是双方当事人间的关系，当乙方具有效率违约激励时，甲方的信任投资能否同时实现最优呢？

当合同的履行是确定的时，当事人的信任投资就不会沉没，社会的最优信任投资水平就是最大化履约价值的信任投资水平，即

$$\text{最大化} \quad V(R) - R \tag{5}$$

令 R^* 代表最优的信任投资水平。在图 1 中 R^* 即是曲线 $V(R)$ 与 R 间垂直距离最大的点。

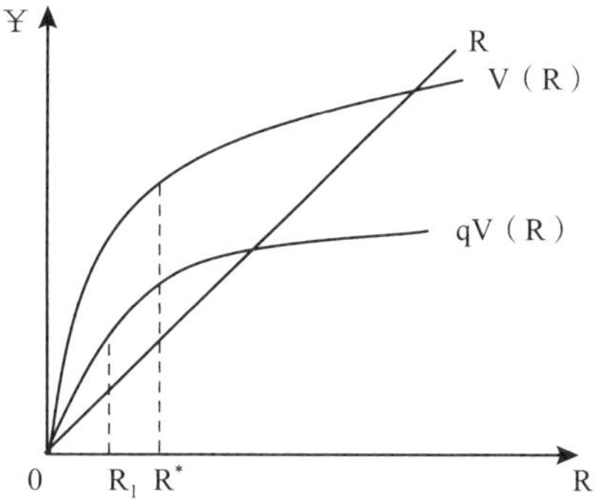

图 1　最优信任投资水平

但是，信任投资是发生在履约之前的，履约此时还是处于不确定状态的。假设乙方在合同签订后面临两种履约成本情形，一是高成本(C_h)，一是低成本(C_l)，并假设 $C_h > V(R) > C_l$，也就是说，在高成本的状态下，乙方将选择效率违约，在低成本状态下将履约。假设甲乙双方都知道低成本状态以概率 q 出现，高成本状态以 $1 - q$ 的概率出现。那么，此时甲方的信任投资达到什么样的水平才是最优的？

信任投资的目的是最大化履约价值，表 1 显示了履约和违约的联合收益，带入各自的概率，得到 $q(V(R) - R - C_l) + (1 - q)(-R)$，整理有

$$q(V(R) - C_l) - R \tag{6}$$

令 R_1 代表履约不确定状态下的最优信任水平，R_1 最大化(6)式，由于 qC_l 与 R_1 无关，因此 R_1 最大化的实际上是 $qV(R) - R$。反应在图 1 中，不仅曲线 $qV(R)$ 要低于曲线 $V(R)$，而且 $R_1 < R^*$。也即，当履约是不确定的时，社会要求的最优信任投资水平要小于履约确定状态下的信任投资水平。

在预期违约赔偿下，当乙方违约时，甲方将得到的赔偿是 $D = V(R) - P$。从中可以看出，甲方的所有信任投资都将得到赔偿，那么，显然甲方就没有进行最优信任投资的激励。预期违约赔偿给予了乙方以最优的违约激励，但是没有给予甲方以最优的信任投资激励。而合同关系要界定的双方当事人之间的关系，由此甲方缺少正确的信任投资激励，其投资水平往往会超过最优的投资水平，因为在预期违约赔偿规则下，甲方信任投资的收益(乙方履约时合同价值的上升)被甲方享有，但是其成本(乙方违约时导致的信任投资沉没)却由乙方承担了。结果是随着甲方信任投资水平超过效率水平，进而使乙方的违约决策也偏离了社会要求的最优水平，导致了低于社会最优水平的违约选择。

英美法系在哈德雷(Hadley)诉巴森德尔(Baxendale)一案中确立了哈德雷规则,即违约赔偿水平应当是因为违约而合理地生成的水平,应当是在合同签订时双方当事人可以预见的水平。哈德雷规则限定了甲方的信任投资水平,使其由 $D = V(R) - P$ 转变为

$$D = V(R_1) - P \qquad (7)$$

(7)式意味着甲方超出 R_1 的信任投资将得不到赔偿,使甲方的预期违约赔偿限定在其最优信任投资水平上。

证明:在预期违约赔偿规则下,甲方预期到,当乙方面临高成本时会选择违约,而面临低成本时将选择履约。从表1给出的收益结果,并将D用 $V(R_1) - P$ 替换后,可得甲方的预期收益为

$$qV(R) - R - P + (1-q)V(R_1) \qquad (8)$$

由于P和 $(1-q)V(R_1)$ 是常数,所以最大化(8)式实际上就是最大化 $qV(R) - R$,和在履约不确定状态下的最大化要求是一致的,因此 R_1 也是(8)式的最优解。由此,得出第二个结论:基于最优信任投资水平的预期违约赔偿,不仅实现了效率违约,而且实现了最优信任投资。

哈德雷规则为合同当事人双方都提供了最优的激励,乙方实现了效率违约,甲方实现了最优信任投资。同时,该规则还具有激励信息显示功能。因为规则要求违约赔偿不能是合同签订时没有预期到的损失。因此当合同履行对于当事人具有特殊意义时,要得到赔偿和提高对方当事人的履行激励,就需要在合同签订时将合同履行对于其具有的特殊意义告知对方。

参考文献:

[美]波斯纳:《法律的经济分析》,中国大百科全书出版社1997年版。

[美]弗里德曼:《经济学语境下的法律规则》,法律出版社2004年版。

Cooter and Ulen, *Law and Economics* (*4rd Ed.*), Pearson Education, Inc., Publishing, 2003.

Hermalin, Katz & Craswell, Law and Economics of Contracts, Forthcoming in *The Handbook of Law & Economics*, 2006.

Miceli, *The Economic Approach to Law*, Stanford, California: Stanford University Press, 2004.

Posner and Rosenfield, Impossibility and Related Doctrines in Contract Law: An Economic Analysis, *Journal of Legal Studies*, 6, 1997.

(魏建)

最优预防
Optimal Prevention

预防是社会控制侵权行为的关键所在,实现最优预防是侵权法的核心目的。对于侵权预防来说,因为侵权一般是在侵害人和受害人两个主体之间展开,一般来说分为单边预防和双边预防两种类型。可以进一步地将单边预防细分为固定单边预防和互补单边预防两个分类。固定单边预防是指在预防只有固定一方的预防才能够实现有效预防的目的,另一方的预防行为不起主导作用。如医生与患者之间,医生就是固定的单边预防者。互补单边预防则是双方中任何一方的预防都可以起到有效预防的作用,但从社会角度看,不需要双方都进行预防投入,只要其中一方就足够了。

预防要付出成本,但是预防也有收益,那么最简单的预防目标就是实现收益和成本之间差额的最大化。预防的收益实际上就是损害可能造成的损失的下降水平,而损害造成的损失也是事故的一种成本,所以可以从成本的角度来理解预防的收益。卡拉布雷塞(1972)最早把侵权法的目标设定为意外事故社会成本的最小化。他所界定的社会成本包含:一是因为侵害从而导致的实际损失;二是为了预防事故的产生而付出的预防成本;三是管理成本。侵权法的目标就是要使这三个成本的和最小化。三个成本和的最小化是事故预防函数的目标,这个目标也就决定和影响了对规则责任原则的选择,要求选择那些能够有效实现事故总成本最小化的归责原则。下面将通过一个基本模型来更直观表述侵权法的预防函数及其目标。

假设:(1)只有侵害人和受害人两个主体,并且他们是追求自身效用最大化的、风险中性的并且具备完全信息的当事人;(2)固定单边预防,侵害人对预防效果有决定性影响,他负责决定预防投入及其水平,受害人被动接受。并且损害只给受害人造成了损失,侵害人没有损失;(3)无管理成本。受害人总是可以通过诉讼无成本地获得赔偿,并且法庭决定责任分配及获得相关信息也是无成本的;(4)没有保险。既不存在事故保险为受害人提供保障,也不存在责任保险为侵害人提供保障;(5)社会中没有其他处理侵权行为的制度安排,只有侵权法。其他如何安全管制、警察制度等都不存在。

假设,x代表侵害人采取的预防注意水平,w代表侵害人每一单位预防的要付出的成本,那么wx就代表预防的成本。P(x)代表给定侵害人的预防水平x事故的发生概率,并且随x的上升P(x)下降。A(x)代表给定侵害人的预防水平x,受害人在事故发生后可能遭受的损失,并且随x的上升A(x)下降。那么,P(x)A就代表事故的预期成本,它同样随着x的增加而下降。

图1中曲线wx代表侵害人付出的预防成本,随着预防成本的增加曲线呈向上倾斜状态。同时随着预防

成本增加,事故发生的概率也在下降,代表事故发生后预期损失的曲线 P(x)A 就向下倾斜。

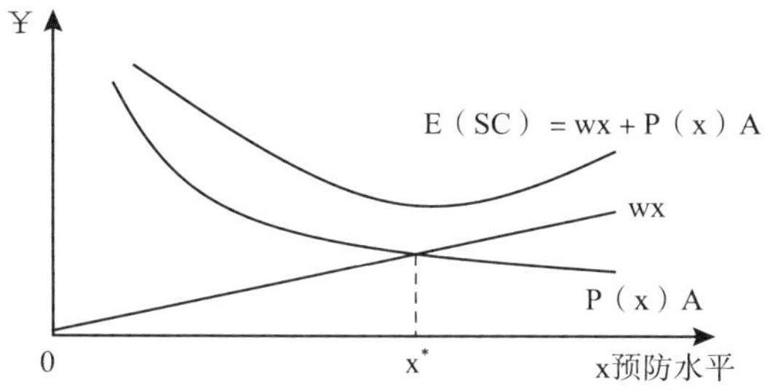

图 1　社会预期的最优预防投入

什么是社会的最优选择呢?现在假设侵害人和受害人二者合二为一成为当事人 Q,此后会有什么样的预防水平呢?侵害人、受害人成为一个主体后,预防的收益将不再外溢。这时当事人 Q 一方面付出预防成本,另一方面获取预防收益。每一单位 x 既反映了预防的特定成本也反映了事故的预期成本。作为一个理性主体,Q 自然会选择使两个成本之和最小的预防投入水平(记为 x^*)。将曲线 wx 和曲线 P(x)A 叠加得到曲线 wx + P(x)A,那么 x^* 就是该曲线的最低点。由于模型假设只有预防成本和事故预期成本两个成本,所以这两个成本之和就是社会总成本,曲线 wx + P(x)A 就是社会总成本曲线 E(SC),x^* 也就是社会最优的预防水平,从而也就是要求侵害人必须投入的最优预防水平。

那么,x^* 是如何实现的,有哪些因素影响着侵害人的 x^* 预防投入?

第一,侵权法的责任归责原则是第一个影响预防投入的因素。实际上,侵权法的经济分析要揭示就是如何选择最佳的归责原则以促使社会实现最优的预防水平。引入归责原则后,责任分配将随之发生变化,由此将左右侵害人、受害人的预防行为。

第二,风险的类型也影响着预防水平。面对系统性风险,可以通过风险组合进行风险转移和分散,进而能够促进预防,并可能实现有效预防。但是面对非系统性风险,就难以通过风险组合进行预防,进而可能导致预防不足或者过度预防;其次,风险的大小也影响着预防水平。最后,风险的心理认知也影响着预防水平。行为经济学的概率认知心理偏见等都是这个方面的体现。对概率的心理判断直接决定了当事人的预防水平,但心理判断可能偏离了客观概率。

第三,预算收入也影响着预防投入。首先是预防投入需要以一定的金钱、资源和时间为基础,其次承担责任同样需要以一定的金钱、资源和时间为基础,但是并不是所有的预防主体都具备足够的上述资源。当预防和赔偿需要的投入超过当事人的预算约束时,就会出现预防不足和赔偿不足。当事人的预防水平最大相当于其预算约束水平。当要求的预防投入超过预算水平时,当事人就不会有足够的注意水平和投入,同样超出其预算约束的赔偿责任也没有意义,由此反而负向地激励当事人不进行适当的预防。保险和转承责任是应对预算约束的两个制度安排。当侵害人购买了责任保险后其预防的注意水平会下降,因为事故发生后他在保险的支持下将不用承担全部赔付责任。转承责任是将当事人的责任转移到对其负有指导和监护的主体身上。

第四,信息也影响着当事人的预防投入。预防需要建立在信息基础上,需要明确风险的分布概率和获得有效预防的技术信息,缺乏信息支持的预防只能是无效预防。特别是预防的技术支持信息是更为关键的信息。预防技术的有效不仅取决于技术的发展水平,还取决于技术的传播方式。现有技术水平不足以有效预防的事故,显然只能归于意外事件,不能再认为是事故。

第五,侵权法的管理成本影响着对归责原则的选择,进而影响着当事人的预防投入。在确定责任和追究责任中的偏差同样影响着预防投入。如果没有偏差,侵害人本应承担 100 单位的赔偿,但由于偏差只要求侵害人承担 80 个单位,那么侵害人的预防就会不足。相反如果要求高于 100 单位的赔偿,侵害人就会过度预防。

第六,社会中除了侵权法制度来规范侵权行为外,还有着许多其他安排来应对各种事故和危险行为。安全管制是最为典型的制度体现(如火灾安全管制等)。这些制度都着眼于促进事故预防行为,共同实现社会要求的最优预防水平。管制不同于侵权法的最大之处在于,管制定位于侧重事前预防,侵权法侧重于事后的补救。其他的预防行为促进制度,还有刑罚制度、组织内部行为规则等。刑罚制度和侵权法制度类似,但它主要针对严重的故意侵权行为和严重的过错行为,是更加严厉的惩罚和威慑。组织内部行为规则是在组织内部执行的行为准则,构成了针对特定情形的更加具体、细致的预防行为准则。

最后,当事人的行为水平也影响着预防的投入水平。一个行为重复的次数越多,产生的风险总量也就越大,进而产生事故的可能性也就越大,从而要求的总体预防水平就高。沙维尔(Shavell,1980)提出,行为水平也应该是决定归责原则选择的一个因素。他认为,风险行为的不断重复,在疏忽原则下,尽管每一次都要达到法定注意标准,但依然使产生损害的概率越来越高。而在严格责任下,风险行为者就会自动控制行为量,从而使风险行为的总量达到社会要求的最优水平。

参考文献：

魏建：《风险、预算、信息与有效预防》，载于《山东大学学报（哲学社会科学版）》2004 年第 6 期。

魏建、张昕鹏、余晓莉：《传染病阴影下的行为机制与最优预防》，载于《浙江学刊》2004 年第 4 期。

Steven Shavell, Negligence versus Strict Liability, *The Journal of Legal Studies*, Vol. 9, No. 1, Jan., 1980.

Steven Shavell, *Foundations of Economic Analysis of Law*, Harvard University Press, 2004.

（魏建）

发展经济学

发展经济学
Development Economics

发展经济学是一门以发展中国家经济发展问题作为研究对象的经济学分支学科。它是在第二次世界大战结束后世界殖民体系土崩瓦解的背景下顺应时代要求而产生的,与宏观经济学的产生大致上处在同一个时期,因此,发展经济学讨论的问题带有凯恩斯主义宏观经济学的一些印记,都是以国家作为分析单元。

经济发展问题很多,概括起来包括两个方面:一是发展中国家经济相对于发达国家为什么落后或不发达,即不发达的原因和障碍是什么。二是发展中国家如何加快经济发展步伐来追赶当今发达国家,即发展中国家根据自身特点应采取何种战略和政策来促进经济更快的发展。

由于发展是一个长期的过程,发展经济学着重探讨与长期变化有关的制度、结构、战略与政策问题;或者说,这些因素的变化对长期经济增长和发展的影响。例如,它研究国际贸易侧重于国际贸易对经济发展是有利还是有害,是促进经济增长还是阻碍经济增长,以及采取何种贸易战略和政策最能促进经济增长等问题。又如,它研究通货膨胀侧重于通货膨胀是有利于经济增长还是不利于经济增长,应该不应该采取通货膨胀政策来推动经济增长等问题。

尽管发展经济学吸收了西方正统经济学的一些基本原理和方法,但它是一门独立的学科,它有自己独特的研究对象、研究方法和理论体系。研究对象不同是一清二楚的,发展经济学研究的是发展中国家,而西方主流经济学研究的是发达国家。从研究方法上说,首先,发展经济学着重于结构分析,如工农业的相互关系、工业部门内部轻重工业关系,人口的乡—城流动,区域不平衡发展等,这在以发达市场经济为研究对象的宏观经济学与微观经济学中是不存在的。其次,发展经济学强调非经济因素对经济发展的影响分析,如政治、社会、文化、土地占有制度的变革对经济增长的影响,而以发达资本主义制度为背景的西方主流经济学常常把制度因素看做是既定的。再次,由于发展中国家市场制度不完善,信息不灵敏,结构缺乏弹性,基础设施落后,再加上制度的变革和结构的转变以及资源的调动等,需要强大政府的推动,因此,发展经济学更强调政府在经济发展中的重要作用。这与西方主流经济学强调市场作用反对政府干预的观点也是非常不同的。最后,发展经济学强调比较分析。这是因为发展中国家内部在经济发展水平上,在制度、历史、文化、地理环境方面存在千差万别,很难用一个模式概括,因此有必要进行类型学分析;而且发达国家是发展的先行者,有很多发展经验可以借鉴和参考,同时,发达国家在工业化过程中所处的历史环境与当代发展中国家所处的历史环境发生了重大变化,因此有必要把发达国家与发展中国家进行比较分析。发展经济学有自己独立的理论体系。发展经济学家根据发展中国家经济特殊性创立了独特的发展理论,如乡—城人口流动模型,二元经济理论,工农业关系学说、外向与内向发展战略理论、平衡与不平衡增长理论、两缺口模型、贸易条件恶化论,等等。所有这些都是发展经济学家针对发展中国家创立的新理论。

发展经济学的理论渊源可以追溯到古典政治经济学。在经济学说史中,对一国经济增长进行系统研究的首推现代经济学的开山鼻祖——英国古典经济学家亚当·斯密。他在1776年出版的《国民财富的性质与原因的研究》就是以国民财富增长的原因和性质作为其研究对象的。其后的古典经济学的其他代表人物如李嘉图、马尔萨斯和斯·穆勒都是把经济增长或其反面经济停滞作为其研究对象的。这些经济学家创立的增长理论被称为古典经济增长理论。但是,作为一门专门研究贫困国家经济增长的独立学科,发展经济学产生于20世纪40年代末50年代初。60年来,发展经济学的发展大致上经历了三个阶段。

第一个阶段大致上从20世纪40年代末到60年代中期。这个阶段是发展经济学的形成和繁荣时期,结构主义思路占统治地位。(1)强调物质资本积累、工业化和计划化在经济发展中的重要性。(2)反新古典主义的倾向。这一时期的发展经济学家对新古典经济学在发展中国家的适用性基本上持否定态度。(3)强调内向发展战略。这一时期的发展经济学一般不支持传统的国际贸易理论和自由贸易政策,而主张内向型发展战略和进口替代政策。(4)结构主义的影响。这一时期的发展经济学家较多地采用了结构主义的分析方法。(5)热衷建立宏大的理论体系。这一时期出现的贫困恶性循环理论、大推进理论、平衡增长与不平衡增长理论的创立者都认为他们的理论对所有发展中国家都是适用的。

第二个阶段从20世纪60年代中期到80年代初,是新古典主义的复兴时期,即把早期发展经济学家否定的东西又重新加以肯定。第一阶段的发展经济学提出的内向型发展战略和政策主张在实践中并未获得预期的成功,于是,新古典主义经济学家对早期发展理论和战略提出了严厉的抨击。这一时期的发展理论概括起来主要有以下几点:(1)关注贫困和不平等问题,重新确定发展目标。(2)重视农业发展的重要性。(3)重新强调和论证了市场价格机制的作用。(4)强调对外贸易在经济发展中的重要作用。(5)重视国别研究。

从以上概述中我们看到,第二个阶段的发展经济学的特点是对第一个阶段发展经济学的修正和反思。第一个阶段把增长作为唯一目标,第二个阶段强调发展目标的多元化;第一个阶段强调工业化,第二个阶段强调农业和农村的发展;第一个阶段强调计划和政府干预,第二个阶段强调市场机制作用;第一个阶段强调内向型发展战略,第二个阶段强调外向型发展战略;第一个阶段追求宏大的理论体系和一般性战略,而第二个阶段却侧重于国别研究和微观分析。总之,第一个阶段发展经济学家主要强调发展中国家的结构特征,第二个阶段发展学者则强调市场机制的普遍适用性。

第三个阶段从20世纪80年代中期到现在。这一时期是新制度主义时期,发展经济学的研究范围得到进一步拓展。第二阶段的新古典主义复兴对于推动发展经济学的发展虽起过积极的推动作用,但新古典经济学所存在的无制度背景、无时间维度、零交易成本等特点,也使其难以分析和处理发展经济学中的许多问题。这种情况日益引起人们的关注和反思。而20世纪80年代以后西方经济学在基本理论上的突破,如新增长理论的兴起、可持续发展观的形成、新制度经济学的崛起和社会资本理论的渗透等,给发展经济学的发展注入了很大的活力。这一时期的发展经济学具有以下几个特点:(1)影响发展的制度因素受到重视和强调。(2)新古典政治经济学分析方法被广泛应用于发展中国家经济发展问题,如寻租理论。(3)新增长理论与发展理论相结合。新增长理论与新古典增长理论不同,研究的范围从发达经济扩展到从不发达经济到发达经济的整个发展过程,因此把增长理论与发展理论融合起来了。(4)生态环境问题受到越来越多的重视。第一阶段和第二阶段的发展经济学家一般尚未认识到资源、环境对经济发展的重要性。20世纪90年代以后出版或重版的发展经济学教科书,几乎无一例外地都增设了一章,专门论述环境与可持续发展问题。这表明环境和可持续发展问题在发展经济学中已成为一个重要的研究课题(M. Todaro,1994)。(5)社会资本概念在发展理论中普遍被使用。进入21世纪以来,社会资本理论已逐渐渗透到经济发展问题的分析中,使发展经济学的研究视野扩大到社会网络、社会规范和社会信任等社会学研究的领域。

总之,第三个阶段发展经济学的研究范围进一步拓宽了,其主要特点是把发展研究扩展到制度和其他非经济学领域(如政治学、社会学等),同时,这一时期发展经济学还把研究领域扩展到过去被认为是生态学和环境科学研究的领域。不过,这一时期的发展研究采用的仍然是新古典主义的分析方法。

发展经济学虽然以发展中国家经济发展作为研究对象,但是西方经济学家创立和发展起来的。由于所持的立场和所处的环境不同,因此他们提出的理论、战略和政策有些适合发展中国家,也有些不适合或不完全适合发展中国家。例如,持新古典经济学立场的发展经济学家强调市场机制的作用和否定政府的作用的理论观点与发展中国家的实际情况相差甚远。中国的发展实践证明,政府在经济发展中的作用是非常重要的。刘易斯创立的二元经济发展理论也不完全与发展中国家的实际情况相符。他把一国劳动力看做是同质的,因此他只关注乡—城劳动力转移的规模,而忽视了劳动力结构的差别。实际上,农村劳动力并不是同质的,流向城市非农业部门的劳动力大多是文化程度较高的年轻人,留在农村从事农业生产的基本上是文化程度低且年龄偏大的人。由于这一状况的存在,发展中国家的劳动力转移和人口流动对工业化和城市化的影响就比刘易斯描述的发展机制和途径要复杂得多。

中国是世界上最大的发展中国家,发展经济学一些理论也适合中国,但中国有自己特有的国情,这是发展经济学家所没有考虑到的。中国经济包括以下几个方面特征:发展中经济;大国经济;转型经济;社会主义经济;老龄化经济。研究中国的经济发展问题必须同时考虑这五个方面国情,把发展经济学的一些理论与当代中国的国情结合起来,就可以创立中国特色发展经济学理论体系。

发展经济学理论、战略和政策只对那些贫穷落后的低收入国家有重要指导意义,而对于那些达到中等收入水平的发展中国家,发展经济学许多理论和政策就不适用了。这是发展经济学一个重要局限性。中国目前已进入工业化的中后期阶段,发展经济学许多理论模型、战略思路和政策主张对中国已不适用。因此,推进发展经济学的理论创新是摆在发展经济学家面前的一项重要任务。

参考文献:

郭熙保:《发展经济学》,高等教育出版社2011年版。

[英]A. P. 瑟尔沃尔:《增长与发展》,中国财政经济出版社2001年版。

[美]迈克尔·P. 托达罗、斯蒂芬·C. 史密斯:《发展经济学》,机械工业出版社2009年版。

Michael Todaro, *Economic Development*, *5th edition*, Longman, 1994.

Gerald M. Meier and James E. Rauch, *Leading Issues in Economic Development*, *7th edition*, Oxford University Press, 2000.

Gerald M. Meier, *Biography of a Subject—An Evolution of Development Economics*, Oxford University, 2005.

Hollis Chenery and T. N. Srinivasan (eds), *Handbook of Development Economics*, Volume 1, Elsevier Science Publisher B. V. 1988.

Amitava Krishna Dutt and Jaime Ros (eds), *International Handbook of Development Economics*, Volume 1, Edward Elgar Publishing Limited, 2008.

(郭熙保)

发展中国家
Developing Countries

发展中国家是第二次世界大战后出现的一个新概念,它是指以前为殖民地和附属国而在第二次世界大战后相继独立但经济上仍然贫穷的那些国家。发展中国家与"发达国家"(Developed Countries)相对应,前者指经济比较落后但正在发展中,而后者包含经济已发展的意思。这两个术语自20世纪70年代以来使用得最为普遍。但是,在发展文献中,尤其是在早期发展文献中也常常出现其他一些意思相近或相同的名词,如"欠发达国家"(Less Developed Countries),"第三世界"国家(Third World Countries)。这些术语有时相互通用,但有时其意义是有些差别的。世界上有些特殊政治实体不是一个独立的国家,因此,学术界和国际机构常常用"发展中经济"或"发展中经济体"(Developing Economies)这个概念。

发展中国家通常按照收入水平来界定。根据2015年4月世界发展指标(World Development Indicators)数据,世界上214个经济体按照2013年人均国民收入(GNI Per Capita, Atlas Method(Current US $))分为四组:(1)低收入经济组,人均GNI在1045美元及以下,包括34个经济体,2013年人均GNI平均为652美元;(2)下中等收入经济组,人均GNI在1046~4125美元,包括50个经济体,人均GNI平均为2485美元;(3)上中等收入经济组,人均GNI在4126~12745美元,包括55个经济体,人均GNI平均为7488美元;(4)高收入经济组,人均GNI在12746美元及以上,包括75个经济体,人均GNI平均为36601美元。高收入经济体中,又区分经济合作与发展组织(OECD)成员国和非OECD经济体,前者有31个国家,后者有44个国家和地区。

通常把低收入和中等收入经济体都归于发展中经济体。这样,世界上就有139个发展中经济体,占世界国家和地区总数的65%,换句话说,世界上有2/3的国家和地区属于发展中经济体。高收入国家不等于都是发达国家,有些国家虽然收入很高,如中东产油国卡塔尔、沙特阿拉伯等收入水平很高,但不能说它们是发达国家。这些国家比较特殊,其经济结构和体制既与发达国家存在很大差别,与一般不发达国家也有很大的不同,但基本上还是归于发展中经济范畴。通常把31个OECD成员国称为发达国家,这些国家主要集中在欧洲和东亚太平洋地区,其中,欧洲大部分国家是OECD成员。亚洲有日本和韩国是OECD成员国。

从地区分布来看,发展中国家主要集中在非洲、南亚和拉丁美洲。联合国和世界银行通常把低收入国家称为最不发达国家,它们主要集中在撒哈拉以南非洲,48个国家中就有29个位于低收入经济组。其次是南亚,7个国家属于低收入和下中等收入组,只有马尔代夫位于上中等收入组。在发展中国家中,最富裕的地区是拉美和加勒比,大部分国家和地区属于上中等收入组。东亚和太平洋地区大部分经济体属于中低收入组,但东亚一些国家发展很快,过去属于低收入经济组现在已进入到上中等收入经济体的行列。

通常把低收入国家称为最不发达国家(Least Developed Countries)。按照世界银行2013年的数据,在214个经济体中,最不发达国家有34个。这34个国家的人均GNI最高是1160美元,最低只有260美元,平均为652美元。最不发达国家主要集中在撒哈拉以南非洲地区,有26个国家位于低收入组,大约占世界最不发达国家的3/4。

中国2013年按汇率计算人均GNI是6560美元,属于中上等收入经济体,排在214个经济体中的125位,在中上等收入组中排在前30位。但是,如果按照购买力平价方法估算,中国2013年人均GNI达到了11850美元,排在第77位,比按汇率位次上升了27位。根据世界银行数据,2010年中国人均GNI是4240美元。按照世界银行的收入分类,中国在2010年开始跨入上中等收入经济体的门槛。中国经历30年的高速增长,迅速从低收入组进入下中等收入组,又从下中等收入组开始进入上中等收入组,在这么短时间里,连续跨上两个收入台阶,在世界经济史上创造了中国奇迹。

发展中国家与发达国家相比呈现出更大的多样性。具体说来,这些差别表现为如下几个方面:(1)人均收入水平。在发展中国家内部,穷富差别非常大,有的国家收入超过1万美元,有的则近几百美元;而在发达国家内部,各国收入差别要小得多。(2)人口。发展中国家在人口数量、人口密度上也存在着巨大差别。有的国家人口超过10亿,有的仅10万,有的人口密度很高,有的人口稀少。(3)自然资源。发展中国家在气候、土壤质量和自然资源方面差异很大,一个典型例子是有的盛产石油,有的则完全依赖进口。(4)生产结构。有些发展中国家以农业为主,有的则工业化了,有的则以旅游为主业。(5)经济表现。有的增长很快,经济充满活力;有的则长期停滞不前,经济处于慢性萧条之中。(6)经济体制。有的是市场经济,有的是计划经济;有的非常内向,有的则高度外向。(7)政治制度。有的是多党民主制,有的是一党专政,有的是政教合一制度,有的则是君主制,有的是社会主义国家,有的则是资本主义国家。(8)历史背景。大多数发展中国家曾经被殖民过,也有少数是半殖民地,有的则从来就没有被殖民过。各国在殖民关系、性质和强度上也存在着千差万别。(9)宗教文化。发展中国家在宗教信仰和文化习俗上存在着巨大的差异,比发达国家差别大得多。(10)地区特性。发展中国家分布在亚非拉各个地区,但地区特征较明显。总的来看,非洲是最穷的地区,拉丁美洲是较富裕的,而亚洲位于之间,而且各地区发展经验相差很大。根据地区特性差异,通常把发展中世界划分为:次撒哈拉非洲、南亚、东亚、北非、中东和拉丁美洲。

但是,既然世界上144个国家都称为发展中国家(和地区),那么,它们就必定有一些共同的基本特征,否则就不可能归于同一类别。这些特征包括:

一是收入水平低下。这是发展中国家最基本的特征。2013年,低收入和中等收入经济体人均GNI是4168美元,而高收入经济体是39812美元,后者是前者的9.6倍。如果把中等收入国家撇开,只比较高收入国家与低收入国家,那么前者的收入是后者(652美元)的61倍。收入差距大得惊人。

二是生活状况恶劣、贫困现象严重。具体表现为:住房短缺且住房条件恶劣,医疗卫生条件差、食物供给不足而营养不良,受教育程度低,婴儿死亡率高,预期寿命短等等。发展中国家收入分配相对于发达国家更不平等。这样低收入水平加上收入分配不均导致发展中国家绝对贫困人口数量巨大,比率很高。

三是技术进步缓慢、生产率水平低下。发展中国家尤其是在低收入组别的发展中国家,由于教育和医疗保健事业不发达,人力资本水平低下,技术尤其是科学为基础的现代技术能力较低,不仅缺乏技术创新能力,而且对外国先进技术的吸收能力也比较低,因此,技术进步缓慢,技术进步在经济增长的贡献较小。技术水平低导致劳动生产率低。

四是人口增长率高、赡养负担重。发展中国家人口增长率远高于发达国家。在1990~2013年间,全世界人口增长率为1.3%,其中,低收入国家为2.4%,中等收入国家为1.4%,低收入和中等收入国家的平均人口增长率为1.5%,高收入国家为0.6%。高人口增长率的结果就是15岁以下的儿童数目占总人口的比重高。虽然发达国家老人负担比重比发展中国家大一些,但是把儿童和老人加起来,发展中国家的赡养率就比发达国家高得多。

五是失业问题严重,尤其是隐蔽性失业显著。发展中国家劳动力利用不足问题比发达国家严重得多。2005~2008年,拉美平均失业率是7.3%,中东和北非是10.6%,东亚和太平洋是4.7%,高收入国家是5.9%,其中欧元区国家是7.5%。发展中国家公开失业率从整体上看不比发达国家高多少,但是,公开失业只是发展中国家全部失业的一部分,甚至只是一小部分。发展中国家更为严重的是就业不足,或叫隐蔽性失业。这种隐蔽性失业在农村较为严重,通常被叫作剩余劳动力。

六是农业所占比重大,二元经济显著。发展中国家绝大多数人口生活在乡村,工作在乡村。2009年,低收入国家71%的人口住在农村地区,中等收入国家是52%,而高收入国家只有23%。平均来说,低收入国家大约一半,中等收入国家大约1/3,而高收入国家约5%的劳动力从事农业。农业比重大是经济不发达的一个重要标志。发展中国家存在着鲜明的二元经济结构,即规模较小的先进工业部门和规模巨大的传统农业部门并存。

七是加速的人口流动和过度的城市化。由于农村存在着大量的剩余劳动,发展中国家经历了持续的乡村—城市人口流动和城市人口的急剧膨胀。农村人口的大规模流入超出了城市经济发展、劳动力需求和城市基础设施的吸纳能力,结果是贫民窟泛滥,环境恶化、交通堵塞、犯罪率高等城市病日益严重。城市也日益呈现出正规部门和非正规部门并存的二元经济结构。

八是资源过度利用、环境不断恶化。首先,由于人口剧增、贫困率高,发展中国家普遍对土地过度利用,对资源过度开发,加速森林毁灭,荒漠化、盐碱化、旱涝灾害频繁。其次,是无力处理污水和垃圾,对生态环境造成巨大破坏。再次,在发展初期,高污染性重化工业的迅速发展必然带来环境恶化。最后,发展中国家由于贫穷而大量承接发达国家转移过来的污染性产业,导致了污染的国际转移,使发展中国家的环境不断恶化。总之,无论是发展还是不发展,发展中国家的环境恶化都比发达国家要严重得多。

九是市场制度不完善、政治上不稳定、办事效率低下、腐败现象严重。发展中国家市场体系普遍发育不完善,政治上不是很稳定,种族、民族和宗教矛盾尖锐,政府治理能力较差,经常发生政变,政权更迭频繁。而且,大多数国家的法制不健全,政府办事效率低下,腐败丛生。

十是在国际关系中处于受支配、依附和脆弱的地位。在当代国际事务中,无论在政治上,还是在经济上,或文化上,穷国往往依附于富国,受富国支配。它不仅表现在富国占有控制国际贸易格局的支配地位,还表现在富国拥有决定以什么条件向穷国转移技术,外援和私人资本投资的专断权力。富国向穷国提供援助和贷款往往附带苛刻的政治和经济条件,诸如改善人权状况,实行多党制,采取严厉紧缩政策,等等。

以上10个特征在发展中国家是普遍存在的,越是收入水平低的国家,这些特征越是明显。就中国而言,以上有些特征已不复存在,如人口增长快,生活状况恶化等,但有些特征,尤其是二元经济结构、环境恶化等特征仍然存在,因此,中国虽然进入中等收入国家的行列,但是仍然属于发展中国家。

参考文献：
[美]迈克尔·托达罗：《发展经济学》第9版，机械工业出版社2009年版。
[美]德怀德·H. 波金斯等：《发展经济学》第5版，中国人民大学出版社2005年版。
郭熙保：《发展经济学》，高等教育出版社2011年版。
Adam Szirmai, *The Dynamics of Socio-Economic Development*, Cambridge University Press, 2005.

（郭熙保）

新兴工业化国家
Newly Industrializing Countries

新兴工业化国家（和地区）一般指第二次世界大战后新近实现工业化的国家（和地区），也包括那些近20多年来高速增长的新兴市场经济国家。这个概念是在20世纪70年代末由《经济合作与发展组织报告书》中提出。第二次世界大战以后，世界上一些发展中经济体经历了持续的高速增长，工业化和城市化进程加速，经过几十年时间就把一个贫穷落后的经济体转变为高度工业化的国家和地区，进入中高收入和高收入经济的行列。这些国家和地区包括韩国、新加坡、以色列、中国台湾、中国香港等，它们通常被称作新兴工业化国家和地区。此外，20世纪80年代以来，一些发展中国家经济持续高速增长，迅速从低收入国家进入中等收入国家的行列，目前正处在加速工业化过程中，在世界经济中发挥着越来越重要的作用。这些国家包括中国、巴西、俄罗斯、印度、南非等国家，其中中国经济增长最快，在世界经济中的影响力最大。

参考文献：
Adam Szirmai, *The Dynamics of Socio-Economic Development*. Cambridge University Press, 2005.

（郭熙保）

工业化国家
Industrialized Countries

工业化国家又称工业国家（Industrial Countries），一般是指那些收入水平很高的发达国家，OECD成员国被认为都是工业化国家。这些国家实现工业化的时间相差很大，英国是最早实现工业化的国家，在19世纪初就实现了工业化，美国、法国和德国等是在19世纪后半叶或20世纪初实现工业化的，这些国家被称为老牌工业化国家，但日本却是在20世纪60年代实现工业化的。工业化国家的农业劳动力和产值比重都很低，工业部门比重先升后降，而服务业比重越来越大，到现在已达到70%，进入了脱工业化或去工业化（De-Industrialization）阶段，因此有的文献把这些国家称为后工业化国家（Post-Industrialized Countries），表明它们已经进入了工业化以后的社会经济发展阶段。

（郭熙保）

后发国家
Late-developing Countries, Latecomers

后发国家，也叫后起国家，是指在世界经济史中处于后来者地位的那些国家。在人类历史上大多数时候各国的经济发展水平都很低且大致差不多，因而就不存在先发后发之分。只是到了18世纪"工业革命"之后开始分流，少数国家加速发展，而大多数国家依然停滞不前，导致世界出现了"大分流"（Great Divergence），发展较快的国家与依然停滞不前的国家的经济差距变得越来越大。这些先发展起来的国家被称为是先发国家（Earlier Developed Countries, or Forerunners），最早发展起来的是英国，随后是法国、美国、德国、日本等资本主义国家。亚非拉地区广大的发展中国家都属于后发国家。后发国家不一定就是贫穷国家，有些经历过一段时间的追赶，也发展成为工业化国家，如韩国、新加坡等虽然是后来者但实现了工业化，跨入富裕国家的行列，还有些后发国家如中国、巴西、南非、马来西亚、泰国等，目前正处在工业化过程中，但大多数后发国家尤其是非洲一些国家仍然处在贫穷落后状态。因此，后发国家与当今所说的发展中国家基本上是同义词。但这两个概念还是有些区别。前者主要着眼于从后发的角度来分析发展中国家有哪些后发优势可以利用，也就是如何利用当今先发国家的丰裕资本、先进技术、良好制度等来加速后发国家的经济发展，缩小与先进国家的技术和经济差距，实现追赶。因此，后发国家往往与后发优势、追赶、赶超、跨越式发展等概念连在一起。谈论发展中国家这个概念不一定非要提到后发优势等概念，虽然在其理论和政策中也含有利用发达国家的先进技术、资本、制度等内容，但是经济发展理论、战略和政策涉及的问题要比后发优势理论所讨论的问题更为广泛。发展经济学研究的对象是发展中国家，后发经济学研究的对象是后发国家，前者讨论的问题要比后者更多、更全面。

（郭熙保）

最不发达国家
Least Developed Countries

【参见　发展中国家】。

东亚奇迹
East Asian Miracle

第二次世界大战结束后，韩国、新加坡、中国香港和中国台湾等东亚发展中国家和地区经济相继持续高速增长,这种持续的高速增长在世界经济发展史上是空前的,被世界银行称为"东亚奇迹"。这四个经济体也被称为亚洲"四小虎"或亚洲"四小龙"。东亚奇迹主要表现为人均收入的高速增长和收入分配的公平。

一是人均 GDP 的高速增长。1960 ~ 1995 年,韩国、中国台湾、中国香港、新加坡人均国内生产总值的年均增长率分别达到 6.53%、6.67%、5.61%、6.23%。而 1960 ~ 1995 年,30 个西欧国家、拉丁美洲、亚洲、非洲各地区平均人均 GDP 的增长率分别为 2.69%、1.70%、3.50%、0.75%、2.00%(Maddison,2010)。

1960 年,韩国、中国台湾、中国香港、新加坡的人均 GDP 分别为 1226 美元、1353 美元、3134 美元、2310 美元,1995 年分别上升到 11850 美元、13354 美元、21029 美元、18822 美元。如果以美国为 100 计算,1960 年韩国、中国台湾、中国香港、新加坡的人均 GDP 分别相当于美国的 10.83%、11.95%、27.66%、20.39%,1995 年,这 4 个经济体的人均 GDP 分别上升到相当于美国的 48.17%、54.28%、85.47%、76.50%(Maddison,2010)。

二是高投资。1960 ~ 1995 年,中国香港、新加坡、韩国总固定资本形成占国内生产总值的比例分别达到 24.84%、33.71%、26.76%。1981 ~ 1995 年,中国台湾固定资本形成占国民生产总值支出总额的比例为 21.91%(中国统计年鉴 1985,1991,1996)。①中国香港的投资率呈"W"型。最高的三个年份分别是,1965 年为 34.17%,1981 年为 32.71%,1995 年为 29.97%;最低的两个年份分别是,1969 年为 15.63%,1985 年为 20.99%。②新加坡的投资率最低是 1967 年的 19.48%,最高是 1984 年的 46.24%,其他大多数年份的投资率在 30% ~ 35%。③韩国的投资率呈波浪型上升,从 1960 年的 11.44%,一路上升至 1995 年的 37.31%(WDI,2012)。

三是通货膨胀率保持中低水平。1961 ~ 1991 年,中国香港、韩国、新加坡、中国台湾用消费者物价指数衡量的通货膨胀率分别为 8.8%、12.2%、3.6%、6.2%。这一时期,所有中低收入国家、南亚、撒哈拉以南非洲、拉丁美洲与加勒比海地区的通货膨胀率分别达到 61.8%、8.0%、20.0%、192.1%(世界银行,1995)。

四是经济外向度较高。①1960 ~ 1995 年,中国香港、新加坡、韩国商品与服务出口占国内生产总值的比例都呈现出稳步上升的趋势,平均值分别达到 97.97%、155.01%、22.94%。②1962 ~ 1995 年,中国香港、新加坡、韩国工业制成品出口占商品出口的比例分别达到 94.97%、48.41%、81.20%。1960 年、1962 年、1970 年、1973 年中国台湾工业品出口比例分别为 32.3%、50.5%、78.6%、84.6%(张世宏,1997)。1984 ~ 1995 年中国台湾工业产品出口占出口额的比例平均为 94.98%(中国统计年鉴,1997)。中国香港工业制成品出口占商品出口的比例一直保持在 90% 以上,20 世纪 70 年代中期以后略有下降;新加坡呈现出稳步上升的趋势,从 1962 年的 26.24% 上升到 1995 年的 83.91%;韩国从 1962 年的 18.20% 快速上升到 1971 年的 81.65%,1971 年后增长速度明显趋缓(WDI,2012)。

五是人口增长率趋于下降,失业率低。1960 ~ 1995 年,拉丁美洲、非洲、东亚国家的人口增长率分别达到 2.32%、2.67%、2.33%。而韩国、中国台湾、中国香港、新加坡的人口年增长率分别为 1.77%、1.98%、2.08%、2.26%。不但人口增长率较低,而且除了新加坡之外其他三个经济体都呈下降趋势。在 1990 ~ 1995 年,韩国、中国台湾、中国香港的人口年增长率分别为 1.02%、1.00%、1.60%(Maddison,2010),除新加坡之外,其他国家和地区人口增长率呈下降趋势。劳动力需求增长迅速。1980 ~ 1995 年,韩国、中国台湾、中国香港、新加坡的失业率分别为 3.30%、1.89%、2.60%、3.44%。同一时期,发达经济体失业率为 6.90%。

六是收入分配较公平。亚洲"四小龙"通过采用一些特定的机制以大幅度增加分享增长果实的机会。它包括:教育公平发展、土地改革(韩国和中国台湾)、支持中小型企业(中国香港、韩国和中国台湾),以及由政府提供如公共住房和公共医疗之类的基本生活服务(中国香港和新加坡)。

东亚奇迹发生的最主要原因有两点:(1)资本积累,包括物质资本积累与人力资本积累。亚洲"四小龙"的投资率高于世界平均水平,私人投资比例更高一些。与大多数发展中国家相比,亚洲"四小龙"是资本的净出口国。人力资本水平远高于人均收入水平。到 1965 年,中国香港、韩国和新加坡已经普及了初等教育,中等教育的入学率也迅速开始上升。1987 年,韩国中等教育的入学率已经达到 88%(1965 年只有 35%)(世界银行,1995;Debraj Ray,1998)。(2)外向性战略。外向性战略运用全球竞争而不是保护作为鼓励投资、提高生产率、鼓励学习和采用新技术的主要动力,目的是促进增长。亚洲"四小龙"贸易的快速增长伴随着经济增长的加速、贫困的降低和其他进步。支持外向性的具体政策在不同国家是不同的。中国香港是非常开放的,其政府干预和扭曲较少。新加坡遵循相当自由化的发展模式,但其许多最大的出口产业,例如,电信、港口服务和航空运输,是政府所有的服务性企业。韩国拥有更多的干预。韩国设置了预防某些进口的严厉的保护性壁垒,把利率控制在市场水平以下,把低息贷款引导到包括出口企业在内的令人青睐的行业和企业。中国台湾采用了混合模式,对出口者的倾斜较少。其政策是把出口行业与国内市场的扭曲隔离开来,允许厂商以接近世界市场的价格购买投入品、销售产出品,最终使大量的出口型企业在国际市场上更具竞争力(世界银行,1995;Dwight H. Perkins et al. ,2006)。

更加开放的贸易通过两个主要渠道引起快速的增长和更高的收入、大量的投资和更高的生产率。(1)就大量投资而言,面向全球市场出口的企业能够持续扩张,而且生产类似产品的新企业也能够出口。此外,资本品贸易壁垒的降低使得资本品较便宜,最终的结果是更加开放的贸易促进了大量的投资。(2)更加开放的贸易通过提高效率或获得更多的新技术带来更高的生产率。第一,贸易增加了国内市场的竞争,企业无法实行垄断,来自国外的竞争刺激企业降低成本并提高效率。更加开放的贸易通过为更大的世界市场进行生产,有助于厂商在生产中发挥规模经济。当出口市场存在时,劳动力、资本,甚至土地都会快速地从低生产率的使用转移到高生产率的使用,从而避免了边际报酬递减。第二,工业制成品出口最重要的优势是为发展中国家获得新技术和新观念提供了一个渠道。进口资本品能力的增强,与更大程度上接触到世界市场一起,为出口者提供了观察全球最先进企业采用最佳做法和最新技术的机会,并且为出口者提供了采用最适合他们自己技术的机会。通过提高技术,出口增长带来了正外部性,并使经济体的其余部分受益(Dwight H. Perkins et al. ,2006)。

有关东亚经济奇迹产生的争论,大部分是围绕着如何解释这种高水平的储蓄率和投资的相对效率。阿尔文·杨(Alwyn Young,1992;1994)和克鲁格曼(Paul Krugman,1994)认为东亚经济高速增长主要是依靠资本与劳动力的快速增长,而不是生产率的提高。但斯蒂格利茨(2003)认为有关全要素生产率的争论是毫无意义的。东亚地区与发达国家的技术差距在缩小,而且有充足的理由相信这个趋势会继续下去。

参考文献:

谭崇台:《发展经济学辞典》,山西经济出版社 2002 年版。

世界银行:《东亚奇迹:经济增长与公共政策》,中国财政经济出版社 1995 年版。

[美]约瑟夫·E. 斯蒂格利茨、沙希德·尤素福:《东亚奇迹的反思》,中国人民大学出版社 2003 年版。

张世宏:《出口扩张时期台湾对外贸易快速发展及其原因之探析》,载于《安徽大学学报》1997 年第 4 期。

Alwyn Young, A Tale of Two Cities: Factor Accumulation and Technological Change in Hong Kong and Singapore, *NBER Macroeconomics Annual*, Vol. 7, 1992.

Alwyn Young, Lessons from the East Asian NICs: A Contrarian View, *European Economic Review*, 38, 1994.

Angus Maddison, Statistics on World Population, GDP and Per Capita GDP, 1-2008 AD, 2010, http://www.ggdc.net/MADDISON/oriindex.htm.

Debraj Ray, *Development Economics*, New Jersey: Princeton University Press, Princeton, 1998.

Dwight H. Perkins, Steven Radelet and David L. Lindauer, *Economics of Development*, Sixth Edition, New York and London: W. W. Norton & Company, 2006.

Joseph Stiglitz, Some Lessons from the East Asian Miracle, *The World Bank Research Observer*, Vol. 11, No. 2, 1996.

Paul Krugman, Myth of Asia's Miracle, *Foreign Affairs*, Vol. 73, No. 6, 1994.

The World Bank, World Development Indicators (WDI), December 21, 2012, http://data.worldbank.org/data-catalog/world-development-indicators.

IMF, World Economic Outlook Database, April 2012.

(陈忠斌)

拉美停滞
Stagnation in Latin America

拉美停滞是指拉美地区许多国家在第二次世界大战后经历了由内向型进口替代战略所实现的一段增长之后,到 20 世纪 70 年代末由于债务危机导致了严重的经济危机。1980 ~ 1990 年,拉美国家经济停滞不前,通货膨胀严重,外债急剧上升,人民生活水平下降,被称之为"失去的十年"。拉美停滞主要表现为(以下数据均来自世界银行网站数据库):

第一,人均国民收入增长缓慢。阿根廷、巴西、智利、哥伦比亚、墨西哥、秘鲁、乌拉圭和委内瑞拉 8 个主要拉美国家的人均国民收入增长率的平均值,由 1960 ~ 1979 年的 2.23% 下降到 1980 ~ 1990 年的 -0.35%。其中,1980 ~ 1990 年人均 GNI 增长率的平均值,阿根廷为 -2.58%、巴西为 0.23%、秘鲁为 -1.91%、乌拉圭为 -0.16%、委内瑞拉为 -2.37%。

按 2000 年美元不变价计算的人均国民总收入,①阿根廷、秘鲁和委内瑞拉 1980 ~ 1989 年出现了明显下降,其中,阿根廷的人均国民收入从 7475 美元下降到 5302.67 美元,秘鲁从 2149.10 美元下降到 1539.48 美元;委内瑞拉从 5877.98 美元下降到 4364.56 美元。1990 年以后这 3 个国家的人均国民收入开始上升。②巴西、智利、哥伦比亚、墨西哥和乌拉圭的人均国民收入在20世纪80年代前半期开始下降,20世纪80年代中期开始回升。

第二,投资萎缩。阿根廷等8个主要拉美国家的总固定资本形成占国内生产总值的比例,从1960~1979年的20.24%下降到1980~1990年的19.06%。其中,①阿根廷的投资率从25.26%下降到14%,墨西哥从24.76%下降到17.88%,秘鲁从25.02%下降到16.13%,乌拉圭从21.73%下降到12.14%,委内瑞拉从24.95%下降到14.13%。②巴西和智利的投资率在20世纪80年代中期探底后率先开始回升。③1980~1990年哥伦比亚的投资率则一直保持在17%左右。

第三,通货膨胀严重。阿根廷等8个主要拉美国家按GDP缩减指数计算的年通货膨胀率从1960~1979年的43.66%猛增到1980~1990年的302.33%。其中有3个经济体的通货膨胀率达到了4位数:阿根廷从1980年的90.84%猛增到1990年的2076.79%;巴西从1980年的87.31%猛增到1990年的2735.49%;秘鲁从1980年的65.90%猛增到1990年的6836.88%。主要拉美国家的通货膨胀率1990年以后都出现了大幅度回落。

第四,外债猛增。阿根廷等8个主要拉美国家的外债存量占国民总收入的比例,从1960~1979年的28.45%猛增到1980~1990年的58.20%。其中,智利的外债存量占国民总收入的比例,从1980年的45.52%猛增至1985年的141.53%,秘鲁从1980年的47.65%猛增至1988年的165.76%,阿根廷从1980年的35.60%增至1989年的92.93%,墨西哥从1980年的30.53%增至1986年的82.75%,乌拉圭从1980年的16.97%增至1985年的89.48%;委内瑞拉从1980年的43.51%增至1989年的81.41%。巴西和哥伦比亚外债比例相对小些,也分别从1980年的31.47%上升至1984年的52.68%和从1980年的20.91%上升至1987年的49.09%。20世纪80年代末期以后,主要拉美国家的外债存量占国民收入的比例开始明显下降。20世纪80年代拉美经济危机的严重性和持久性不仅来自外债负担及错误的宏观经济管理所产生的失衡,还来自进口替代导致的宏观经济管理所产生的失衡和经济的脆弱性,这种脆弱性使拉美地区无法抵御来自外部的冲击。

面对"失去的十年",拉美各国都在思索着新的发展之路。新自由主义成为拉美改革的理论支持。拉美各国采用了一种混合型改革战略,即在实施混合型改革战略的某一方面后,接着实施另外一整套改革措施。①几乎所有国家都在1985~1991年实施贸易制度自由化计划。大幅度降低关税,基本上取消了用行政手段控制进口的做法。大多数国家的资本交易变得非常方便。②对税制进行了改革,改革的方向是追求中性化,简化税收政策和税收管理体制,降低垂直公平性的重要性以实现水平公平。③开放金融体系,改善监督。20世纪80年代以来开展的金融改革集中在减少或取消确定目标的信贷计划,放开利率,加强中央银行的独立性,降低准备金率要求,建立一个现代化的银行调控体系。④国有企业私有化。拉美国家私有化的主要做法是直接出售(约占私有化总收入的60%和全部私有化交易的80%),在其余交易中,大部分采用公开上市的方法(约占私有化总收入的34%和全部私有化交易的10%)。私有化的目的不仅要提高企业层面的效益和改善财政状况,还要改善国际收支,刺激外国投资,减少外债,促进竞争和放松管制,扩大商品和服务,发展资本市场。私有化产生的最为积极、最为明显的成效是扩大了外国投资(美洲开发银行,1999)。

20世纪90年代后,拉美经济摆脱了"失去的十年"的阴影,走上了复苏之路。国民经济实现了从封闭的进口替代模式向外向型出口鼓励模式的转变。国民经济活力开始增强,抵御外部冲击的能力有所提升,财政失衡的现象有所减缓,恶性通货膨胀得到控制,宏观经济形势开始好转,大多数人的生活水平有所提高,外资开始回流,国有企业严重亏损的趋势开始得到扭转,市场机制的功能和作用在不断强化,区域经济一体化再度兴起。新自由主义经济模式在取得成效的同时,也产生了一些严重的社会问题,主要表现为分配不公、两极分化严重、贫困状况没有缓解。

参考文献:

朱书林:《几乎陷入停滞状态的拉美经济》,载于《拉丁美洲研究》1990年第1期。

美洲开发银行:《拉美改革的得与失——美洲开发银行论拉丁美洲的经济改革》,社会科学文献出版社1999年版。

[英]维克托·布尔默·托马斯:《独立以来拉丁美洲的经济发展》,中国经济出版社2000年版。

The World Bank, *World Development Indicators & Global Development Finance*, November 2012, http://data.worldbank.org/data-catalog.

(陈忠斌)

李约瑟之谜

The Needham Puzzle

中国早在14世纪明朝初年就已几乎具备了18世纪中叶英国工业革命的主要条件。然而现实是,工业革命并没有在中国发生,且在英国工业革命后,中国的经济迅速从领先于西方变为远远落后于西方。对此,韦伯(Weber,1968)在他的著作《儒教中国政治与中国资本主义萌芽:城市和行会》中提出了疑问:工业革命为何没有首先发生在已孕育资本主义萌芽的中国?并且他从宗教角度对此进行阐述。英国著名学者李约瑟(Joseph Needham)在其编著的《中国科学技术史》中(Needham,1986),将这个疑问归纳为如下两个难题:(1)在公元前1世纪到公元16世纪之间,为何古代中国人在科学和技术方面的发达程度远远超过同时期的欧洲?(2)为何近代科学没有产生在中国,而是在17世纪的西方,特别是文艺复兴之后的欧洲?这一问题后来被称为"李约瑟之谜"(The Needham Puzzle)。李约瑟本人(1954;1969;1981;1986)及埃尔温(Elvin,1973)、邓(Tang,1979)、卡梅伦(Cameron,1989)、周(Chao,1986)、戴蒙德(Diamond,1997)、林(Lin,1995;2003;2005)等人从不同角度对此难题进行了分析。

李约瑟(Needham,1954;1969;1981;1986)本人认为,(1)中国的官僚体制是资本主义萌芽的障碍,尽管它在前期适宜于技术的成长,但也助长了"重农抑商"的价值观的形成。这种体制不能把工匠们的技艺和发明通过规模化的生产经营转化为成熟的技术。而欧洲是"贵族式封建体制",有利于商人阶层的产生。(2)缺乏宜于科学发展的自然观。中国人太讲究实用,很多发现滞留在了经验阶段。中国人重实用而轻分析,可以创造实用的物品但对其隐含的原因和科学意义没有深究。此外,中国"阴阳五行理论"本质上是经验性的。(3)中国的科举制度扼杀了人们对自然规律探索的兴趣,思想被束缚在古书和名利上。他还特别提出了中国人不懂得用数字进行管理,这对中国儒家学术传统只注重道德而不注重定量经济管理是很好的批评。

此外,还有诸多学者从不同方面给出了解读:

一是文化意识形态决定论。文化决定论者的提出者是马克斯·韦伯(1968)。他认为资本主义之所以在西方出现是因为西方信奉新教,只有信教文明才能产生资本主义和工业革命。中国社会由于受儒家文化的影响,只有父系的官僚组织,缺乏有法律保障的社会结构,因而没有产生资本主义。中国落后的原因是长期无法摆脱儒家文化的影响。作为欧洲文化起源的"古希腊文化"是自然主义,注重研究自然规律,探索宇宙的内在起源,力求用统一的原理解释多样性的自然现象,确信人类理性能够解释宇宙的存在之谜,追求建立严密的公理化的演绎系统。而先秦文化是人伦主义的,注重研究人事与文化。除了道家,先秦诸子学说都缺乏本体论的宇宙整体观,且多是多元论的,认为自然的主宰是众多的实体。天有天道,地有五行,宇宙有阴阳等,缺乏古希腊那样的自然主义和自然科学的研究传统,难以孕育出近代欧洲那种科学技术体系。希腊人发明了各种各样的观念,为近代欧洲科学提供了思想观念。如欧几里得的《几何原本》是人类历史上最有影响的著作之一,是数学发展的基础,牛顿的《自然哲学之数学原理》就是以此书为蓝本。古希腊文化具有强烈的科学传统和理性精神。钱文源(Qian,1985)提出,与欧洲的教会与政府、教会与教会以及政府与政府之间相互存在的竞争不同,中国的封建社会是被"大一统"的绝对专制权力统治。人们的思想观念受单一主导的意识形态严密控制,只专注于儒家理论的研究并且无意于科学技术研究。与此相似,戴蒙德(Diamond,1997)的中央集权说和莫里森(Morison,2001)的中央集权税收假说。两者均认为在大一统的皇权之下,追求臣服和稳定的皇室及官僚阶层,不利于工业化的产生。

二是地理环境影响论。地理、自然、生态等环境是影响人类经济活动的最为外生的变量,对于解释"李约瑟之谜"具有重大意义。在这个意义上,有些学者认为欧洲之所以强盛是因为欧洲分成很多小国,国家与国家之间存在着竞争,为了国家强盛,各国会努力倡导科学技术。而中国是大一统的国家,不存在这种竞争。由于长期缺乏竞争的压力,因而不会进步。戴蒙德(1997)在《枪炮、病菌和钢铁:人类诸社会的命运》一书中给出了类似的解释,他将中国的落伍归咎为完整的地理环境造成的大一统的国家体制。此外,贡德·弗兰克(Andre Gunder Frank,1998)的《白银资本——重视经济全球化中的东方》以及彭慕兰(Pomeranz,2000)的《大分流:欧洲、中国及现代世界经济的发展》,破除了长期以来的"欧洲中心论"神话。他们把欧洲迅速崛起的原因归结为"海外殖民地的开发,煤矿恰好坐落于工业中心"这样的偶然机遇。

三是制度假说。持有该观点的学者认为,各种关系市场运行的产权、法律、合同、金融、专利等是中国未能出现工业资本主义的重要原因。黄仁宇(1997)在《资本主义与二十一世纪》中,引用道格拉斯·诺斯(Douglass C. North,1973;1981)等人的观点,认为中国古代社会没有产生资本主义的原因在于财产所有权没有得到应有的尊重和保护。他认为不顾"内在的不公平"的思想,意在维持由血缘关系、社会身份和道德品质所支撑的社会等级制度,扼杀了商业动机,导致中国没有产生资本主义。被马克思称为亚细亚社会的中国没有真正意义上的产权和产权制度,充其量只是与自然经济相适应的私有制,而缺乏与市场经济相适应的私有制。而在欧洲,雅典国家时代就出现了早期的非国有的民间经济,到马其顿国王统治希腊各城邦时期,私有财产不可侵犯已经成为基本法令。产权制度是制度集合中最基本、最重要的制度。中国当时并未形成一套有效地保护创新、保护产权的制度,从而调动人的积极性。要维持经济的持续增长,通过产权制度的创新营造动力是至关重要的。

四是"高水平均衡陷阱"理论的解释。马克·埃尔温(Mark Elvin,1973)认为,中国之所以在工业革命前一千多年里领先世界,而后又被欧洲所赶超,是因为中国受到人口众多、资源匮乏的限制。由于中国人口众多,就必须全力发展农业技术,以至于到欧洲工业革命时,中国的农耕技术远远领先于欧洲,这包括复种、灌溉、密植、耕种工具的改良等。但是,农业技术的改进所带来的收益完全被新一轮的人口增长所吞噬;而人口的增长又进一步带动农业技术的改进。如此往复,中国在较高的农业水平上维持了巨大的人口。相反,中国工业的发展却受到了有限的资源的约束。埃尔温(1973)列举了许多事实,试图证明中国在明末和清朝已经遇到了资源约束的"瓶颈",从而无法在旧有的技术条件下取得进一步的发展。由此中国便进入了一个"高农业水平、高人口增长和低工业水平"的高水平陷阱之中。他关于中国农业的论述具有相当的真理成分,但他关于中国工业的解释却缺乏说服力,甚至有逻辑错误(林毅夫,2007)。周(Chao,1986)认为,中国之所以没有孕育出科学革命,是因为科举制度的激励机制及课程设置不合理。中国技术创新的停滞源于人地比例的失调,在前现代社会中国先进的社会经济制度和科学技术使得中国的家庭盛行早婚多育,人口的较快增长和膨胀使得人均耕地不断下降,劳动力越来越便宜,对劳动替代型技术的需求随之减少,因而尽管14世纪中国已接近工业革命门槛,但人口数量已经多到再也不需要任何节约人力的装置了。邓(Tang,1979)认为,人均剩余因为人均耕地下降而减少,也使得工业化所需的积累不足。相较之下,欧洲则由于人地比例合理,拥有未加利用的经济潜力,当知识积累足够冲破工业革命大门时,"节约劳动的需求仍然十分强烈"而且还存在大量农业剩余可供积累(林毅夫,2007)。

五是技术变迁理论。林(Lin,1995;2003;2005)首先质疑了"高水平均衡陷阱"假说,他认为人口增长、人均耕地下降使得劳动力相对便宜和人均剩余减少,是以技术不变或进步缓慢这个解释变量自身为前提的,否则在技术不断创新,农业劳动生产率不断提高的前提下是难以出现的。在经验证据方面,14世纪、15世纪和17世纪中叶中国人均土地拥有量显著高于11世纪,这显然违背了假说。按照假说,这些时候对劳动替代技术的需求应更强烈,人均剩余也该更高。但只有人口的增长,而非节约劳动型技术创新的不断涌现。另外,即使在人地比例更不理想的20世纪初,劳动力资源依然并不宽裕,尤其在南方灌溉区,农户全年不息(Buck,1937)。因此,林(1995;2003;2005)推翻了埃尔温(1973)、周(1986)、邓(1979)等人的论述,并从技术进步的方式角度对此问题进行了解释。一个经济长期的增长取决于技术的不断创新,对于处于世界技术前沿的国家,创新方式只能是自己发明。在18世纪的工业革命以前,技术发明主要来自于工人或农民在生产过程中的偶然发现,中国人多,工人和农民的数量多,因此,在这种以经验为基础的技术发明方式上占有优势,这是中国经济在前现代社会长期领先于西方的主要原因。但是,随着技术水平的不断提高,这种以经验为基础的技术发明的空间越来越小,技术创新的速度减缓,经济也会不可避免地出现停滞。西方世界在15世纪、16世纪出现了科学革命,18世纪中叶开始新技术的发明转向了以科学为基础的实验,技术发明和经济发展的速度加速,中国未能自主进行这种发明方式的转变,因此,在很短的时间里,和西方国家的技术差距迅速扩大,国际经济地位一落千丈。

林(1995;2003;2005)首先指出了工业革命的本质特征,即从工业革命后,西方技术变迁的速度加快,才会使中国在很短的时间内与西方产生了很大的技术差距,所以"技术变迁"的速度加快才是工业革命最主要的特征。因此,要解释工业革命为什么没有发生在中国,就要解释欧洲技术变化速度加快的原因是什么。技术可以定义为生产某种产品如何组合一组要素投入的有关知识。技术供给来源于发明活动,发明活动是一些潜在的发明者所进行的"试错和改错"(Trial and Error)完成的。不管在前现代社会或是现代社会技术发明的机制本质上都是依靠"试错和改错"。一类是"经验性"(Experience)的试错和改错,另一类是"实验性"(Experiment)的试错和改错。发明出一项好技术的可能性是试错次数的增函数,发明出一项更好技术的概率是前面各项随机试错的"最高生产率技术"的负函数,所谓"最高生产率技术"就是现有的技术科学知识存量的增加和现有材料质量的改善,会使发明的可能性增大。前现代社会的技术创新和现代技术创新的区别在于发明模式不同。前现代社会技术发明主要来自于经验,大量应用实验方法作为发现新知识的途径是世纪科学革命以后的事。科学与实验的结合还要晚一些。在前现代社会,人口多能尝试的错误的数量多,技术发明的概率也更大。工业革命以后,技术发明主要用实验方法,欧洲出现了科学革命及大量的基础研究,使欧洲的技术进步迅速提高。欧洲在一世纪就出现了科学革命,为技术发明提供了可控实验的方法和手段,才使欧洲的技术变迁加快,由此产生了工业革命以后的一系列的技术发明和创新。因此,工业革命没有在中国发生的主要原因在于从18世纪后中国的技术变迁落后于西方。在18世纪中叶工业革命前,不管是在中国或是西方世界,新技术的发明一般来自于直接从事生产的工匠或是农民在生产过程中偶然的偏离常规方式的试错的结果而发现;到了18世纪的工业革命以后,技术发明首先转为发明家有意识的实验结果;19世纪以后,发明家的实验则更进一步转化为现代科学引领下的实验。欧洲在前现代社会由于人口规模相对中国为小,工匠和农民的数量和相伴随的生产实践的经验也相对较少,因而在前现代社会的经验型技术创新中处于劣势。但是在15世纪、16世纪的科学革命后,实验方法被广泛运用(Mathias,1972),"试错和改错"的次数不再局限于具体的生产实践。更为重要的是,由于科学和技术的结合日益紧密,特别是19世纪中叶,科学已经在技术发明中起到非常重要的作用(Cameron,1989),使得技术发明遭遇"瓶颈"时,能够由基础科学研究的努力,增加对自然界的人士,打破技术发明的"瓶颈",扩展新技术发明的空间(Kuznets,1966)。

六是系统—结构决定论。该理论并不运用单一一种因素来解释"李约瑟之谜",而是从一个社会的整体结构、组织等层面来解释社会、经济的长期变迁。它将中国和欧洲分别看做两个相互作用的系统,从各自系统的结构、内部组成部分的相互关系及相互的比较中来解说"李约瑟之谜"。博尔丁(Boulding,1976)强调了中国和欧洲不同的社会组织、结构和系统在理解"李约瑟之谜"中的重要性。登(Deng,1999;2000)研究了中国经济史上的主要问题,包括了中国封建社会的连续性,也包括了中国从发达走向不发达的"李约瑟之谜"。作者建立了一个自由农民、农业主导和重农主义政府的三重结构模型。第一,从自由农民与农业的关系来看,农业为全社会提供了生存基础;第二,农业为政府提供了税收,政府为农业提供了政治保护;第三,农民为政府提供了官僚、士兵以及管理权,而政府则为农民提供了政治保护以及公共物品;除此之外,宗教和政治信仰、环境因素、土地所有权、技术以及社会制度等与这三个主要结构相互作用、相互影响。登(1999;2000)对"李约瑟之谜"的解释是,由于中国这个三重结构十分稳固,所以在14世纪之前,它仍然运转良好,为社会提供了高于主要资本主义国家的技术水平,直到18世纪以前,它所带来的生活水准仍然高于主要资本主义国家,因此在18世纪西方的冲击来临之际,它从内部进行改革的激励并不大,在外来冲击不是很强的条件下,其原有的三重结构仍将保持基本稳定,结果中国便逐步落后于西方,直至列强入侵、内部新力量的积聚达到一定程度,结果便使该三重结构瓦解。该假说颇具吸引力,因为它能够合理解释中国在15世纪以前的先进以及15世纪之后的逐步落伍,也有一定的模型和数据支撑,分析方法是动态一般均衡分析法。陈(Chen,1991)运用非线性系统演化动力学的模型(即他所说的"耗散结构系统")解释了"李约瑟之谜"。他认为,地理、气候、人口、技术、经济、文化和社会制度相互作用的一个耗散结构系统可以解释"李约瑟之谜"。

七是交易成本—分工—市场规模说。这是经济学中最为古老的有关经济发展的假说,但至今仍具有很强的生命力。它抓住了人类经济活动最为基本的经济关系。即分工能够提高效率,但分工的前提是交易成本的降低,而交易成本降低并不一定是问题的全部。一国经济体要发展,还必须又一个较为广阔的市场范围。技术的发展、交通技术的改进,降低了全世界进行劳动分工的交易成本,但如果没有不同国家、组织的进行相应的制度协调、磨合、接触、合作,就不可能有世界范围内市场的扩张(Yang,1991;1993)。此外,它给地理、自然资源、制度等影响人类经济活动的外生条件、内生制度留下了可以扩展的空间。比如,未来经济学家可以考虑在斯密定理中加入人口增长、技术进步等因素,并考察期对于这一定理的影响。韦森(2006)就是沿着这一方向进行探讨,即晚清帝国经济发展的停滞是在巨大的人口压力下的制度内卷、市场分工无力深化、科技发展缓慢以及社会腐败等诸因素相互作用的一个结果。凯利(Kelly,1997)、薛(Shiue,2002)、薛与凯利(Shiue and Kelly,2007)、杨(Yang,1991;1993)等都是沿着这一方向有所斩获(赵红军,2009)。

目前,学者仍在寻找李约瑟这一千古之问的新解(林毅夫,2007)。从其本来所问来看,"李约瑟之谜"显然是一个科技发展的问题,但从其所问的实质内涵以及学者们解答这一问题的视角来看,却不再仅仅是一个科技发展的问题,而更是一个涉及中国地理、气候、资源禀赋、社会、政治、经济、历史甚至官僚体制等方方面面的宏大社会问题。

斯维恩(Sivln)教授认为,"李约瑟之谜"完全是一个"启发性问题",所谓"启发性问题"就是能够促使人们思考和探讨的问题。如果从方法论的角度看,"启发性问题"的作用就在于人们开始探索它是有用的,但当我们所掌握的东西已足以对付复杂的模式时,启发式的问题就变得模糊不清了。并且随着对什么是已经发生过的事的清晰了解,最终就失去了它们的意义(Sivln,1982)。因此,对于中国的经济学家甚至不少国外经济学家来说,他们之所以还对"李约瑟之谜"热情高涨,正可能说明,"李约瑟之谜"的启发意义依旧,也表明中国经济学家乃至外国经济学家对这些问题的探索还远未达到令他们满意的程度。如果更为现实地看的话,所谓的"李约瑟之谜"则完全是一种督促当下国人和学者认真反思中国几千年的历史,竭力建构中国长远未来的一种问题意识甚至爱国情怀的反映(赵红军,2009)。

参考文献:

黄仁宇:《资本主义与二十一世纪》,三联书店1997年版。
林毅夫:《李约瑟之谜,韦伯疑问和中国的奇迹——自宋以来的长期经济发展》,载于《北京大学学报(哲学社会科学版)》2007 年第 4 期。

赵红军:《李约瑟之谜:经济学家应接受旧解还是新解?》,载于《经济学(季刊)》2009 年第 4 期。

Balazs, Stefan. , Beitrage zur Wirtschaftsgeschichte der Tang-Zeit (618-906), Mitteilungen des Seminars fur Orientalische Sprachen zu Berlin, 1931.

Boulding, K. , The Great Laws of Change, in Tang A. , F. Westfield and J. Worley (eds.), *Evolution, Welfare, and Times in Economics*, Canada: Lexington Books, 1976.

Buck, John Lossing, *Land Utilization in China: A Study of 16786 Farms in 168 Localities, and 38256 Farm Families in Twenty-Two Provinces in China*: 1929-1933. New York: Paragon Book Reprint Corp. , 1964. First Edition Published by the University of Nanking, 1937.

Cameron, Rondo E. , *A Concise Economic History of the World: From Paleolithic Times to the Present*, New York: Oxford University Press, 1989.

Chao, Kang, *Man and Land in Chinese History: An Economic Analysis*, Stanford: Stanford University Press, 1986.

Chen Ping, Needham's Question and China's Evolution Cases of Non-equilibrium Social Transition, in Scott, G. (ed.), *Time, Rhythms, and Chaos in the New Dialogue with Nature*, Ames: Iowa State University Press, 1991.

Diamond, Jared M. , *Guns, Germs, and Steel: The Fates of Human Societies*, New York: W. W. Norton & Co, 1997.

Deng, G. , *The Pre-modern Chinese Economy: Structural Equilibrium and Capitalist Sterility*, London and New York: Routledge, 1999.

Deng, G. , A Critical Survey of Recent Research in Chinese Economic History, *Economic History Review*, Vol. 53, No. 1, 2000.

Eberhard, Wolfram, Data on the Structure of the Chinese City in the Pre-Industrial Period, *Economic Development and Cultural Change*, Vol. 5, 1956.

Elvin, Mark, *The Pattern of the Chinese Past*, Stanford: Stanford University Press, 1973.

Frank, Andre. Gunder, *Reorient: Global Economy in the Asian Age*, Berkeley: University of California, 1998.

Jones, Eric Lionel. , *Growth Recurring: Economic Change in World History*, New York: Oxford University Press, 1988.

Justin Yifu Lin, The Needham Puzzle: Why the Industrial Revolution Did Not Originate in China, *Economic Development and Cultural Change*, Vol. 43, No. 2, 1995.

Kuznets, Simon, *Modern Economic Growth: Rate Structure, and Spread*, New Haven: Yale University Press, 1966.

Kelly, M. , The Dynamics of Smithian Growth, *Quarterly Journal of Economics*, Vol 112, No. 3, 1997.

Lin, Justin Yifu. , The Needham Puzzle: Why the Industrial Revolution did not Originate in China, *Economic Development and Cultural Change*, Vol. 43, No. 2, 1995.

Lin, Justin Yifu. , Development Strategy, Viability and Economic Convergence, *Economic Development and Cultural Change*, Vol. 53. No. 2, 2003.

Lin, Justin Yifu. , Viability, Economic Transition, and Reflection on Neoclassical Economics, *Kyklos*, Vol. 58, No. 2, 2005.

Lin Justin Yifu, The Needham Puzzle, the Weber Question, and China's Miracle: Long-Term Performance Since the Sung Dynasty, *China Economic Journal*, Vol. 1, No. 1, 2008.

Mathias, Peter, Who Unbound Prometheus? Science and Technical Change, 1600 ~ 1800, In A. E. Musson ed. , *Science, Technology and Economic Growth in the Eleventh Century*, London: Methuent, 1972.

Morison, D. , Taxation and Commercialization in Southern Song, *Manuscript*, 2001.

Musson, Albert Edward, ed. , *Science, Technology and Economic Growth in the Eighth Century*, London: Methuen, 1972.

Needham, Joseph, *Introduction in Robert K. G. Temple. China Land of Discovery and Invention*, Wellingborough: Patrick-Stephens, 1986.

Needham, Joseph, *Science and Civilization in China*, Volume 1, Cambridge: Cambridge University Press, 1954.

Needham, Joseph, *Science in Tradition: A Comparative Perspective*, Cambridge, MA: Harvard University Press, 1981.

Needham, Joseph, *The Grand Titration: Science and Society in East and West*, London: George Allen & Unwin, 1969.

North, D. and R. Thomas, *The Rise of the Western World: A New Economic History*, Cambridge: Cambridge University Press, 1973.

North, D. , *Structure and Change in Economic History*, New York and London: W. W. Norton& Company, 1981.

Pomeranz, Kenneth, *The Great Divergence: Europe, China, and the Making of the Modern World Economy*, Princeton: Princeton University Press, 2000.

Qian, Wenyuan. , *The Great Inertia: Scientific Stagnation in Traditional China*, London: Croom Helm, 1985.

Shiue, C. and W. Kelly, Markets in China and Europe on the Eve of the Industrial Revolution, *American Economic Review*, Vol. 97, No. 4, 2007.

Shiue, C. , Transport Costs and the Geography of Arbitrage in Eighteen Century China, *American Economic Review*, Vol. 92, No. 5, 2002.

Tang, Anthony, China's Agricultural Legacy, *Economic Development and Cultural Change*, Vol. 28, No.

1,1979.

Weber, Max, *The Religion of China: Confucianism and Daoism*, Translated from the German and Edited by Hans H. Gerth with an Introduction by C. K. Yang (Paperback Edition, New York and London: Free Press), 1968.

Xiaokai Yang and Jeff Borland, A Microeconomic Mechanism for Economic Growth, *Journal of Political Economy*, Vol. 99, No. 3, 1991.

Xiaokai Yang and Ng, Yew-Kwang, *Specialization and Economic Organization: A New Classical Microeconomic Framework*, North-Holland (Amsterdam and New York), 1993.

Sivin, N., Why the Scientific Revolution Did Not Take Place in China, *Chinese Science*, No. 5, 1982.

（汪伟）

中等收入陷阱
Middle Income Trap

"中等收入陷阱"是指当一个国家的人均收入达到中等水平后,由于不能顺利实现经济发展方式的转变,导致经济增长动力不足,最终出现经济停滞的一种状态。世界银行(World Bank)在《东亚经济发展报告(2006)》首次提出了"中等收入陷阱"(Middle Income Trap)的概念,基本含义是指:鲜有中等收入的经济体成功地跻身为高收入国家,这些国家往往陷入了经济增长的停滞期,既无法在工资方面与低收入国家竞争,又无法在尖端技术研制方面与富裕国家竞争。"中等收入陷阱"国家具有一些共同特征,如经济增长回落或停滞、民主乱象、贫富分化、腐败多发、过度城市化、社会公共服务短缺、就业困难、社会动荡、信仰缺失、金融体系脆弱等(胡鞍钢,2010)。

根据不同人均 GDP 水平,世界银行将世界经济体划分为低收入、中等收入和高收入 3 个组别,并依据经济发展动态调整。2010 年 8 月划分标准是:人均 GDP 低于 995 美元的为低收入国家,996 ~ 3945 美元为中等偏下收入国家,3946 ~ 12195 美元为中等偏上收入国家,高于 12196 美元的为高收入国家。中等偏下收入和中等偏上收入国家统称为中等收入国家。根据世界银行公布的数据,世界上 214 个经济体中,低收入 38 个,占 17.8%;中等偏下收入 53 个,占 24.8%;中等偏上收入 57 个,占 26.6%;高收入 66 个,占 30.8%(世界银行网站)。

陷入"中等收入陷阱"的国家或地区主要集中在拉美和东南亚,拉美 33 个国家中有 28 个中等收入国家,滞留"中等收入陷阱"平均达 37 年,东南亚 11 个国家中有 6 个中等收入国家,滞留"中等收入陷阱"一般在 15 年以上。如:阿根廷人均 GDP 在 1962 年就达 1145 美元,1983 年达 3538 美元,但至今没有超过 1 万美元,2010 年仅 9067 美元,GDP 年均增速由陷入前 8.2% 下降到 4.7%,陷入"中等收入陷阱"时间长达 48 年;墨西哥 1972 年人均 GDP 达 1003 美元,1990 年达到 3062 美元,2010 年达到 9043 美元,GDP 年均增速由陷入前 9.6% 下降到 5.6%,陷入时间 38 年;哥斯达黎加 1974 年人均 GDP 达 1059 美元,1994 年达 3119 美元,2010 年也不过 7686 美元,GDP 年均增速从陷入前的 8.4% 下降到 7.9%,陷入时间 36 年(郑秉文,2011)。

"中等收入陷阱"是规模较大经济体突破原有经济发展方式束缚和制约,由欠发达转变为现代化发达经济体过程中所面临的问题。实现这一转变,需要着力突破"中等收入陷阱"的锁定机制,在人均收入 3500 ~ 11000 美元,规模较大经济体需要解决收入分配、城市化、金融开放、产业升级、社会化服务等诸多方面问题。亚洲开发银行驻华代表首席经济学家汤敏(2007)认为,中等收入国家存在五种陷阱:(1)收入分配差距过大;(2)城市化进程出现问题;(3)资本账户开放带来挑战;(4)产业升级缺乏支持;(5)社会服务滞后风险。一个经济体从中等收入向高收入迈进的过程中,既不能重复又难以摆脱以往由低收入进入中等收入的发展模式,很容易出现经济增长的停滞和徘徊,人均国民收入难以突破 10000 美元。进入这个时期,经济快速发展积累的矛盾集中爆发,原有的增长机制和发展模式无法有效应对由此形成的系统性风险,经济增长容易出现大幅波动或陷入停滞。大部分国家则长期在中等收入阶段徘徊,迟迟不能进入高收入国家行列。

"中等收入陷阱"是一种经济发展中的"均衡状态",只不过这种均衡是一种"停滞均衡"或"增速缓慢的均衡"。造成这种均衡状态出现的原因是过去推动经济发展的动力逐渐消失,以及经济中长期积累的矛盾阻碍了经济向前发展。对于"中等收入陷阱"出现的原因,主要有以下几种解释:

一是两大转型失败说。历史经验表明,中等收入发展阶段的挑战来自两个方面,一方面是经济发展模式的转型,另一方面是民主政治的转型。很多国家之所以步入了"中等收入陷阱",根本原因就是未能有效应对这两大挑战。所谓经济发展模式的转型失败,以阿根廷等拉美国家为例,在工业化初期实施进口替代战略后,未能及时转换经济发展模式,而是继续推进耐用消费品和资本品的进口替代,即使在 20 世纪 70 年代初石油危机后,还是维持"举债增长",使进口替代战略延续了半个世纪。长期实行进口替代战略,不但国内市场需求增长有限,而且也失去了为应对全球竞争而持续进行技术学习的压力和机会。由于没有及时调整战略,拉美国家的进口替代战略不仅没有实现促进大规模现代产业发展的初始目标，还阻碍了农业和中小企业的自主发展（速水佑次郎，1998）。而马来西亚等东南亚国家则因国内市场狭小，长期实施出口导向战略使其过于依赖国际市场需求，极易受到外部冲击。东亚地区的“四小龙”正是因为致力于促进面向出口的工业部门的发展，扩大对外贸易，使出口产品多样化、复杂化，才成功实现了工业升级和经济发展转型，避开了“中等收入陷阱”，顺利进入了高收入社会。所谓民主政治的转型失败是指，发展中经济体大都起飞于威权政府阶段，而经济持续的增长进入中等收入行列后，国民民主与利益诉求比较强烈，要求政治变革的呼声很大，推进由威权向民主的转轨。一般而言，威权时代盛行的“权贵资本主义”是造成贫富差距过大、腐败横行的原因，而向民主体制转轨的过程中，却没有及时发展出独立的法律体系和透明的政府机构，导致支持民主的制度发育不足，出现“民主低效与腐败横行”，令经济转型停滞不前。

二是技术创新能力欠缺说。经济增长理论表明，技术进步与创新是经济增长的源泉（Solow，1956；Romer，1986；Lucas，1988），而缺乏技术创新能力是发展中国家经济停滞不前的重要原因之一。进入中等收入阶段的经济体，原有的低成本优势逐步丧失，在低端市场难以与低收入国家竞争，但在中高端市场则由于研发能力和人力资本条件制约，又难以与高收入国家抗衡。在这种上下挤压的环境中，很容易失去增长的动力。印度尼西亚、马来西亚等东南亚国家在亚洲金融危机后再也没能恢复到危机前的高增长，就与经济增长缺乏技术创新能力有直接关系。

三是要素升级与产业升级步伐迟缓说。在资本边际收益递减时无法实现要素升级，是中等收入国家落入“中等收入陷阱”的重要原因。无法以要素升级对应资本边际收益递减而跌入该陷阱的典型国家是苏联。苏联的经济计划可以认为是在政府指令下最大限度地积累资本以推动经济的极端情形。但苏联的经济增长长期都主要来源于资本投入的增加，资本的快速积累导致资本边际生产力急剧下降到几乎为零（Easterly and Fischer，1995）。在人口红利消失时无法实现产业升级，也是中等收入国家难以跨越“中等收入陷阱”的重要因素。随着现代产业的持续扩张，中等收入国家曾一度被认为无限弹性的劳动力供给将难以维系，农村的剩余劳动力将会消失，工人工资也随之上涨（Lewis，1954）。因此，如果不能将劳动密集型产业升级，中等收入国家的生产率无法持续提高，经济的持续增长就难以持续（高世楫、卓贤，2011）。

四是贫富分化与社会公平说。发展中国家不能有效解决好收入分配差距与社会公平问题。贫困问题已从低收入国家的顽疾变成了中等收入国家必须面对的问题。一大批低收入国家跻身到中等收入国家行列后，全世界低收入国家个数从60个左右下降到39个。与此对应，1990年世界上贫困人口的93%生活在低收入国家，而到2007～2008年全世界约10亿贫困人口生活在中等收入国家，占世界贫困人口的72%左右（Summer，2010）。这反映了部分中等收入国家在经济增长过程中忽视了收入分配问题，而收入分配不公导致贫富差距过大，将影响中等收入国家能否进入高收入国家。

早期研究认为持续的经济增长可以实现公平，如库兹涅茨（Kuznets，1955）提出了著名的“倒U形”假说，即随着人均收入的增长，不平等程度先增大后减小。但随着一些发展中国家“增长性贫困”现象的出现，越来越多的研究表明，经济增长并不一定能够导致收入差距的必然缩小，而严重的收入分配不公会对经济增长产生负面作用：①严重的不公平可能成为政治动荡根源（World Bank，2007；2008）。②过高收入差距给整的当局极大压力，这反而容易导致错误的政策选择和糟糕的经济后果（Sachs，1989）。③收入和财富的不平等会代际转移，导致不同社会阶层人群的后代在发展机会上的不平等，降低了人们为经济增长做出更大贡献的意愿。

五是宏观经济政策偏差说。从拉美国家的经验教训看，受西方新自由主义影响，政府作用被极度削弱，宏观经济管理缺乏有效制度框架，政策缺乏稳定性，政府债台高筑，通货膨胀和国际收支不平衡等顽疾难以消除，经济危机频发造成经济大幅波动，如20世纪80年代的拉美债务危机，1994年墨西哥金融危机、1999年巴西货币危机、2002年阿根廷经济危机，都对经济持续增长造成严重冲击。

六是制度建设与制度质量说。新兴市场国家人均GDP突破1000美元的“贫困陷阱”后，很快会奔向1000美元至3000美元的“起飞阶段”；但到GDP 3000美元附近，快速发展中积聚的矛盾集中爆发，自身体制与机制的更新进入临界状态，很多发展中国家在这一阶段由于经济发展自身的矛盾难以克服，发展战略失误或者受到外部冲击，经济增长回落或长期停滞。发展中国家的制度建设与制度质量难以满足高收入阶层的需要。在较低的发展水平下，即使制度质量不高、社会问题突出，一个国家也可以维持一定的经济增长速度，使人均收入水平持续提高，从低收入社会进入中等收入社会。但正如哈佛大学经济学家罗德里克（Rodrik，1999）所言，启动经济增长和维持经济增长在某种程度上是两码事——前者只需要一些有限的改革，对一国的制度质量并无过高要求；后者则要求建立起一个健全的制度基础，以赋予经济、社会抵御各种冲击的能力，并保持生产的活力。当一国经济发展到一定阶段，如果没有制度质量提升，就难以进一步增长，难以翻越“高收入之墙”进入高收入国家的行列，成为发达的现代国家。

法国欧洲工商管理学院(INSEAD)学者法塔斯和米霍夫(Fatas and Mihov,2009)提出了经济增长和制度质量二维坐标系(见图1)。

图1中横轴是人均收入,纵轴是世界银行2007年发布的制度质量指标,反映各国的政治稳定、政府效率、法制建设、腐败状况与管制质量等社会因素,该指标越低一国的社会问题越突出。在人均收入大致位于9000美元和13000美元的地方画两条垂直于横轴的直线,很多国家都落在这两条线之间的区域,这个区域被称为"高收入之墙"。"高收入之墙"实质上是"制度质量之墙",它把所有国家分为几个区域:凡是制度质量指数较高的国家,人均收入绝大部分都超过13000美元,集中分布在右上区域。制度质量不佳、人均GDP却高于13000美元的国家只有沙特,处于右下区域。制度质量指数较低的国家,集中分布在左下区域,其中人均收入可以在从800~10000美元的各个水平。

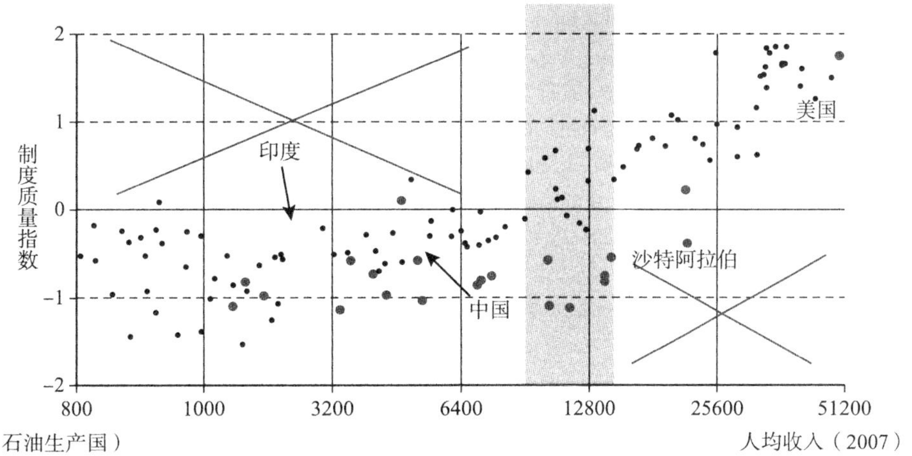

图1 经济增长和制度质量二维坐标

跨越"中等收入陷阱"是世界性难题,仅有美国、日本、亚洲"四小龙"、东欧的波兰等少数国家和地区,通过变革或转型成功跨越。一旦跨过3000~10000美元这一阶段,经济发展就步入快车道。如:美国1962年人均收入达3000美元后,用了16年突破10000美元,仅用9年就达到20000美元;日本1973年人均收入达3816美元时,通过实施"国民收入倍增计划",推行最低工资制度,促进财富合理分配,破除经济垄断,推动农地改革,到1985年人均收入达11297美元,用12年时间就成功进入高收入国家行列,到1987年人均收入就达到20000美元;韩国1987年人均收入达到3368美元后,通过促进劳动密集型产业向资本密集型产业转型,提升人力资本,推动"新村运动",把一半的政府投向农村基础设施、公共卫生、环境保护、成人教育等方面,缩小城乡收入差距,到1995年人均收入达到11468美元,仅用8年就成为高收入国家,并在2007年突破20000美元。

2011年中国收入为471564万亿元。这意味着人均收入已超过5000美元,中国已经进入跨越"中等收入陷阱"的关键时期。如何应对和跨越"中等收入陷阱",成为近期世界普遍关心的问题。目前众多学者已经从转变经济发展方式、改善收入分配、扩大国内需求(特别是消费需求)、提升产业结构、推进城市化进程、加快技术创新、深化体制改革等方面提出了中国"规避中等收入陷阱"的政策看法与建议。

参考文献:

蔡洪滨:《中国经济转型与社会流动性》,载于《比较》2011年第2期。

高世楫、卓贤:《"中等收入陷阱":教训与启示》,载于《中国经济报告》2011年第5期。

胡鞍钢:《"中等收入陷阱"逼近中国?》,载于《人民论坛》2010年7月5日。

楼继伟:《中国经济的未来15年:风险、动力和政策挑战》,载于《比较》2010年第6期。

人民论坛编委:《中国会掉入中等收入陷阱吗?》,载于《人民论坛》2010年第17期。

[日]速水佑次郎、神门善久:《发展经济学:从贫困到富裕》,社会科学文献出版社2009年版。

汤敏:《中国如何跨越中等收入陷阱》,载于《广州日报》2007年4月23日。

王志浩:《大国经济之路》,中信出版社2010年版。

郑秉文:《"中等收入陷阱"与中国发展道路——基于

国际经验教训的视角》，载于《中国人口科学》2011年第1期。
吉尔等:《东亚复兴:关于经济增长的观点》，中信出版社2008年版。
Barro, Robert J., *Determinants of Economic Growth: A Cross-Country Empirical Study*, Edition 1, Volume 1, The MIT Press, 1996.
Easterly, W. and Fischer, S., The Soviet Economic Decline, *The World Bank Economic Review*, 1995.
Fatas, A. and Mihov, I., The 4 I's of Economic Growth, Working Paper. INSEAD, 2009.
Huang, Y. P. and Jiang, T. S., What dose the Lewis Turning Point Mean for China? CCER Working Paper NO. E2010005, 2010.
Kuznets, Simon P., Economic Growth and Income Inequality, *American Economic Review*, Vol. 45, No. 1, 1955.
Lewis, Arthur W., Economic Development with Unlimited Supplies of Labor, *The Manchester School*, Vol. 22, No. 2, 1954.
Lucas, R. E., Making a Miracle, *Econometrica*, Vol. 61, No. 2, 1993.
Pei, Minxin, *China's Trapped Transition: The Limits of Developmental Autocracy*, Cambridge, Massachusetts: Harvard University Press, 2007.
Rodrik, D., The New Global Economy and Developing Countries: Making Openness Work, Overseas Development Council, 1999.
Romer, Paul M., Increasing Returns and Long-Run Growth, *Journal of Political Economy*, Vol. 94, No. 5, 1986.
Sachs, J. D., 1989, Social Conflict and Populist Policies in Latin American, NBER Working Paper No. 2897.
Solow, R. M., A Contribution to the Theory of Economic Growth, *Quarterly Journal of Economics*, Vol. 70, No. 1, 1956.
Summer, A., Global Poverty and the New Bottom Billion: What if Three-Quarters of the World's Poor Live in Middle-Income Countries? IDS Working Paper, 2010.
World Bank, East Asia and Pacific Regional Update, 2007.
World Bank, The Growth Report: Strategies for Sustained Growth and Inclusive Development, 2008.

（汪 伟）

结构主义发展理论
Structuralist Theory of Development

结构主义发展理论是发展经济学的一个比较有特色的思路或流派，其繁荣时期主要集中在发展经济学早期，即20世纪40年代末至60年代初期，属于第一阶段发展经济学的主流理论。狭义上，结构主义发展理论发源于拉美地区，特别是与联合国拉丁美洲经济委员会（ECLA）第一任主任普雷维什（R. Prebisch）的理论联系在一起的，该理论从中心—外围的世界结构角度论述发展中国家的发展问题。广义上，结构主义思路是从发展中国家经济结构刚性、滞后、短缺、过剩、低供求弹性等特点出发，强调经济体系内部的结构、技术和制度刚性通过某种机制对经济发展过程产生影响。代表人物有:刘易斯（W. A. Lewis）、钱纳里（H. B. Chenery）、缪尔达尔（G. Myrdal,）、纳克斯（R. Nurkse）、罗森斯坦—罗丹（P. Rosenstein-Rodan）、辛格（H. W. Singer）等。现代发展经济学和发展理论文献是从广义上理解结构主义发展理论。

结构主义发展理论的主要观点是:（1）国家计划很重要。发展中国家普遍存在市场机制不完善，供求缺乏弹性，价格—市场机制无法自动调节供求关系，应当实行国家有计划的干预，有计划地对资本积累和工业建设作出安排。这种观点后来被称为“唯计划论”，与“唯资本论”、“唯工业化论”，统称为第一阶段发展经济学的“三唯论”。（2）经济非均衡性。在缺乏弹性的条件下，经济、社会、制度的僵化导致经济中缺乏自我调节均衡机制，使发展中国家宏观经济、部门、劳动构成、投资结构等出现非均衡状态，从而市场不能结清，缺口无法填平。发展中国家普遍存在的不是自我均衡的体系，而是持续的不均衡状态。（3）收入差距扩大。由于结构的刚性，经济发展带来的收入的增加并不能够自动地、逐步而均匀地分配到各个地域和社会各阶层，发展过程往往伴随着收入分配不均等和利益冲突的加剧，使富者愈富贫者愈贫。缪尔达尔言道:“发展过程是个不平衡的过程，如果听其自然，则现有的差别和不均衡现象将不会消失，反而会加剧”（Myrdal, 1957）。（4）国家利益受损与内向发展战略。发展中国家结构的差异、经济的不均衡、利害的冲突不仅表现在国内经济发展过程中，也反映在国际经济运行机制中。在现有的国际经济格局下，市场力量自由活动的结果必然产生不均衡效应，使发展中国家蒙受损失。普雷维什和辛格提出的贸易条件恶化论为其提供了重要的理论依据。因此，他们一般不支持比较成本理论和自由贸易，应当保护本国的现代工业部门。（5）反单一经济学传统。发展中国家经济结构的刚性、二元性、滞后性、市场机制不完善性等特点，使传统的、统一的经济学理论远远背离发展中国家现实，新古典主义自认为无所不包的理论体系并不适用于发展中国家。

结构主义发展理论采用整体主义方法，认为局部的功能应从系统和结构的整体特征上去认识，累积因果使经济系统具有不稳定性特征，经济变化过程一般就是一个非均衡过程，经济体系包括了诸多非经济因素，是一个复杂的非线性动态过程。初始条件和随机事件相互作用导致了发展过程的路径依赖，因此经济分析要注重时间、地点的差异。与新古典主义发展理论相比，它更强调结构的转换和变迁，倾向于提供一个不依靠市场力量和通过政府行为控制变化的理论基础，反对用一两个变量或几个变量，以简化形式构造一个模型分析，解释复杂的经济现象；认为世界是复杂的，几个简单等式拼起的模型是丝毫无用的，任何既定的变量都有可能被影响而改变，经济中没有一个变量可以独自决定另一个变量。

结构主义发展理论坚持以动态的观点，从互相联系的因果关系中研究经济发展问题，不要寄希望于市场调节而是发挥国家干预的作用，在政策上主张经济计划化、宏大经济决策以及国际集体行动的重要性。一般来说，该派理论比新古典主义更贴近实际更为具体，但整个理论体系缺乏系统性和完整性，在20世纪60年代中后期其主流地位被新古典主义取代，但结构主义的某些研究方法、理论观点一直都散发着思想光芒，如二元经济结构、规模经济、不完全竞争的论述等。20世纪80年代以来，新一代结构主义发展经济学家在广泛吸纳结构主义发展理论、新古典主义发展理论和制度主义理论的基础上，进行理论创新和拓展，把不发达看成不同部门之间“协调失灵”的结果，强调历史、预期等对经济发展的影响，强调市场与国家干预对发展过程的协调作用，结构主义与新古典主义之间的界限也不似早期的泾渭分明。

参考文献：
谭崇台：《谭崇台文集》，武汉大学出版社2006年版。
H. W. Arndt, *Economic Development-The History of An Idea*, Chicago: The University of Chicago Press, 1987.
P. Bardhan, Economics of Development and the Development of Economics, *Journal of Economic Perspectives*, Vol. 7, 1993.
H. B. Chenery, The Structuralist Approach to Development Policy, *The American Economic Review*, Vol. 65, May, 1975.
D. Ray, *Development Economics*, New Jersey: Princeton University Press, 1998.
W. A. Lewis, The State of Development Theory, *The American Economic Review*, Vol. 74, No. 1, 1984.
Gunnar Myrdal, *Economic Theory and Under-Developed Regions*, London: Duckworth, 1957.

（王爱君）

新古典主义发展理论
Neoclassical Theory of Development

新古典主义发展理论是20世纪60年代后期至80年代初的主流发展经济学思路或流派，即第二阶段的发展经济学主流理论。主要代表人物有：鲍尔（P. Bauer）、瓦伊纳（J. Viner）、哈伯勒（G. Haberler）、舒尔茨（T. W. Schultz）、迈因特（H. Myint）、巴拉莎（B. Balassa）等。新古典主义发展理论的主要内容包括如下几个方面：

一是重新强调和论证了市场价格机制的作用。新古典主义发展经济学家认为，市场价格机制不仅能有效地配置资源并为经济增长提供刺激，而且作为一种有效的管理工具，可用来完成政策目标并避免直接控制下的低效率。如果不发挥市场价格机制的作用，夸大价格扭曲和市场失灵，必将出现各种“非市场失灵”。第一阶段发展经济学家对市场机制的作用多持否定态度，一个重要的原因在于他们认为发展中国家存在着结构刚性，如人们对经济刺激缺乏反应，要素难以灵活流动和相互替代。这一阶段的一些发展经济学家就此指出，发展中国家人们的行为方式与发达国家相比并无本质差别，他们同样能对相对价格的变动作出灵活反应；发展中国家投入要素的替代程度与发达国家也无太大差别，一些国家要素流动不够，主要是由行政障碍所致。他们认为，基于高度弹性和替代可能性的市场价格体系，能够有效地促进经济发展。

二是强调对外贸易在经济发展中的重要作用。持新古典主义观点的发展经济学家注重从国际贸易学说来论证经济发展问题。他们认为，市场价格机制不仅能最有效地调节国内经济，而且能最有效地调节国际经济。对外贸易既能动员国内资源，改善国内基础设施，也能推动国内市场的扩大，加速产品和要素市场的发育。他们还批评了早期发展经济学家的一些观点，如贸易条件恶化论、不平等交换和贸易悲观主义等，特别是抨击了进口替代发展战略及相应的贸易保护政策，认为这样做必将导致价格扭曲，国际竞争力下降，从而不利于资源的有效配置和经济的健康发展。事实表明，采取不同外贸战略的发展中国家的确表现出不同的经济实绩：实行外向型发展的国家在出口、就业和增长等方面都有优良表现，而长期实行内向型发展战略的国家则碰到越来越多的困难。这样，对外贸易在经济发展中发挥着重要作用的观点逐渐为人们所接受。

三是对经济发展过程的看法。新古典主义经济学家继承了马歇尔的观点，认为经济发展过程是渐进、连续、和谐的过程，经济发展的前景是乐观的，经济发展的成果会自动地、逐步地使社会全体国民分享。

新古典主义发展经济学家认为其理论不仅适用于发达国家，而且同样适用于发展中国家，是适用于一切国家的准则。但是，这一理论在研究发展中国家的经济发展问题时很少思考制度因素的形成、变化和过程，这种不区分国家的历史、文化、制度差异显然脱离发展中国家实际，缺乏对发展中国家不完善市场的充分理解，难以解释一些国家经济发展缓慢的原因，也难以提出相应的促进经济发展的有效对策。发展中国家在经济发展中普遍存在着权力高度集中、公共部门过于单一化、市场机制不完善、寻租活动频繁等，这些现象在很大程度上是受制度因素制约。进入20世纪80年代后，新制度经济学、新政治经济学被广泛传播，发展经济学家突破既往框架加入制度化分析范式研究发展中国家经济现象，发展经济学进入第三阶段：新古典政治经济学发展理论时期。

参考文献：

谭崇台：《发展经济学》，山西经济出版社2000年版。

谭崇台：《论证经济发展问题的基本思路》，引自《谭崇台文集》，武汉大学出版社2006年版。

Albert. O. Hirschman, *Essays in Trespassing Economics to Politics and Beyond* ,Cambridge: Cambridge University Press. 1981.

G. Rains and T. P. Schultz, *The State of Development Economics-Progress and Perspectives*, Cambridge: Basil Blackwell, 1990.

D. Seers, The Birth, Life and Death of Development Economics, *Development & Change*, Vol. 10, 1979.

T. W. Schultz, *Transforming Traditional Agriculture*, New Haven: Yale University Press, 1964.

H. W. Singer, *Rich & Poor Countries*, London: Unwin Hyman Ltd, 1988.

（郭熙保　王爱君）

激进主义发展理论

Radical Theory of Development

激进主义发展理论主要是从非经济因素的角度，对构成发展中国家经济发展障碍的旧国际经济秩序以及发展中国家自身存在的传统的政治经济制度进行分析和批判，是发展经济学理论中的左派，处于非主流地位，但在学术界也有一席之地。主要代表人物有：巴兰（P. Baran）、萨米尔·阿明（S. Amin）、弗兰克（A. G. Frank）、卡尔多索（Fernando H. Cardoso）、桑克尔（O. Sunkel）、多斯桑托斯（T. Santos）、伊曼纽尔（A. Emmanuel）等。

激进主义发展理论以批判为主，大量地借用马克思主义的经济思想成果，把生产关系（经济制度）作为自己的研究对象，但不是着眼于对资本主义生产方式的批判，而是站在发展中国家的立场上对主流发展理论的批判，其强烈的现实批判主义色彩使其在众多的发展理论中独树一帜。

对新古典主义发展理论的批判比结构主义更为尖锐彻底。激进主义发展理论认为新古典经济学脱离历史，脱离实际，把工业资本主义看成永恒不变的自然现象，对国际间讨价还价的能力、收入分配的不平等以及一般"公正"等问题，往往略而不论，这是对经济发展中最重要问题的回避。激进主义发展理论突出的是基于生产关系的价值论，正是这些生产关系决定或统治交换关系，而不是新古典主义的市场—价格机制。

激进主义发展理论指出，在国际劳动分工中，商品生产是一个世界性范畴，造就了一个唯一的世界，这个世界包含有两个不平等但却相互依赖的分部：中心和外围。在发展进程中，外围地区的需要和选择与它自己的历史、与它自己的社会发展是相背离的，它只按照比较优势和价格扮演中心地区经济增长和政治权力的配角。激进主义发展理论从发达国家与发展中国家的内部条件和外部条件、历史和现状认识发达国家与发展中国家的"支配—依附"关系，又被称为"依附论"。

接受马克思主义思想和理论的影响，但不同学者受到马克思主义的影响程度不同，有的比较明显地采用马克思主义的观点和方法，从发展中国家的阶级关系和国际环境中的帝国主义、殖民主义势力角度去分析支配—依附关系。有的重视社会的、政治的、文化的因素，对支配—依附关系作实证和规范分析。有的侧重对传统的比较成本学说的批判，提出不平等交换理论解释支配—依附关系。

激进主义认为主流经济学的缺陷主要体现在：一是用边际生产率、供需模式分析收入分配问题，回避了收入在不同阶级间的不平等分配；二是只从数量上分析每个人如何根据自己的爱好从对消费品和闲暇的选择中所得到的满足，而不考虑普通民众的劳动条件、生活环境和集体福利是否有基本保障等；三是重视经济制度下的边际变动，而不研究整个经济制度的历史性变动，忽视政治与经济因素的相互作用，回避经济中权力分配问题。激进主义认为，经济学应该着重研究收入、财富和权力分配的不平等根源，微观和宏观背景下的阶级冲突机制，一种"社会—经济制度"向另一种"社会—经济制度"的过渡等问题。根据发展中国家和发达国家之间的不平等地位和利益冲突，主张打破支配—依附的旧格局，倡导发展中国家的自主发展和地区一体化，通过订立地区间国际商品协定和发展本国技术可将发达国家的控制力降低到最小限度；发展中国家经济的现代化必须走自我主导型的发展道路，工业化必须在强有力的国家保护下推行，自由贸易只会将发展中国家民族工业扼杀在摇篮之中。

参考文献：
谭崇台：《发展经济学》，山西经济出版社2000年版。
谭崇台：《论证经济发展问题的基本思路》，引自《谭崇台文集》，武汉大学出版社2006年版。
颜鹏飞：《激进政治经济学派》，武汉出版社1996年版。
S. Amin, *Unequal Development: An Essay on the Social Formations of Peripheral Capitalism*, Brighton: Harvester Press, 1976.
J. G. Palma, Dependency: A Formal Theory of Underdevelopment or A Methodology for the Analysis of Concrete Situation of Underdevelopment ? *World Development*, Vol. 6, 1978.
R. Prebisch, The Economic Development of Latin America and its Principal Problems, *Economic Bulletin for Latin America*, Vol. 7, No. 1, February, 1962.

（王爱君）

新古典政治经济学发展理论 Neoclassical Political Economy of Development

新古典政治经济学发展理论是20世纪80年代初以来即第三个阶段发展经济学一个比较突出的研究思路。主要代表人物有：巴格瓦蒂（J. Bhagwati）、克鲁格（A. Kruger）、科斯（R. Coase）、诺斯（D. North）等。

"新古典政治经济学"一词是由柯兰德（D. Colander）命名的，以区别于新古典经济学，它假定国家远不是一种外生力量，至少部分的是一种内生力量，所制定的政策反映了社会中的既得利益。新古典政治经济学发展理论与其他发展理论最引人注目的不同之处，在于它把制度看得特别重要。20世纪80年代以来，不仅发达国家与发展中国家之间的经济发展实践呈现不平衡，而且发展中国家之间的经济发展绩效差异日益显著，传统新古典增长理论单一突出市场配置机制的作用，局限于外生技术变化而把发展中国家各种复杂的制度背景视为外生和既定的，对发展中国家繁杂的经济现象难以有效解释。一些发展经济学家通过对发展中国家发展实践的反思和回顾，提出新的发展思路。

（1）不仅要注重资源配置，更要注重有效利用已配置的资源；不仅要制定正确的政策，更要注重构造出执行政策的合理的制度安排；与其说高储蓄率、高教育程度或活跃的技术创新是经济增长和经济发展的原因，倒不如说它们是经济增长和经济发展的表征或结果。除非现行经济组织或制度是有效率的，否则经济发展不会产生，更不可能持续。

（2）人们的交易活动总是在一定的制度、组织与行为准则下进行的，现实世界是有交易成本的，政治、法律等制度结构对于资源配置和经济增长的影响非常显著。要提高经济行为的绩效，不能单纯地依靠新古典经济学的市场—价格机制，必须在不同的制度结构中作出比较和选择，根据交易成本、产权、契约的规定实行经济绩效最大化。应把市场看做制度的产品而不是作为一个纯粹的机制，应系统地研究包括所有制度在内的整个经济，而不只是被狭隘定义的市场体系。

（3）制度变迁所产生的边际收益不等于制度不变所产生的边际收益，新古典主义所论证的完全竞争均衡体系是纯粹抽象而缺少实际意义的模式。市场经济中拥有垄断权力的集团或个人可以凭借掌握的权力"寻租"，发展中国家市场的不完善、信息不对称和法制不健全，寻租活动猖獗，成为经济健康发展的重大阻碍。

（4）制度是变化的，也是历史的。经济发展是一个非常复杂的历史过程，在其中经济、政治、社会和文化相互关联并影响到个人的福利。为了理解发展以及特定时间与地区的各种政策含义，需要对影响相关政策和政治决策者行为的激励结构加以区别，这必须是在历史过程中考察制度的演变过程。

新古典政治经济学是从新制度主义角度研究发展中国家的经济发展问题，它一方面重视古典经济学的制度分析，运用新制度经济学理论逻辑把非经济因素内生化，指出制度是社会行为规则的体系和组织体系，可以构造人们在政治、社会和经济方面的激励机制；另一方面，使用新古典的理论范畴和分析工具，放弃新古典的无制度背景分析，保留并拓展新古典的短期微观均衡分析、边际分析、成本收益分析、经济计算、实证检验方法和市场价格机制等，使新政治经济学与新制度经济学在发展分析中实现融合。

参考文献：
［美］杰拉尔德·迈耶、约瑟夫·斯蒂格利茨：《发展经济学前沿：未来展望》，中国财政经济出版社2003年版。
谭崇台：《发展经济学》，山西经济出版社2000年版。
谭崇台：《发展经济学辞典》，山西经济出版社2002年版。
［美］道格拉斯·C. 诺斯：《经济史上的结构与变革》，商务印书馆2002年版。
［美］詹姆斯·A. 道、史迪夫·A. 汉科等：《发展经济学的革命》，上海三联书店2000年版。
P. Bardhan, *Understanding Underdevelopment: Challenges*

for Institutional Economics from the Poor Country Perspective, 2000, www. dse. de/eef/instn/bardhan. htm.
D. Ray, What's New in Development Economics? *The American Economist*, Vol. 44, No. 2, Fall, 2000.

（王爱君）

发展中国家宏观经济学
Macroeconomics for Developing Countries

发展中国家宏观经济学，是不同于主流宏观经济学（主要以工业化发达国家为研究对象）的“发展”宏观经济学。发展中国家具有一系列相似的特征，而这些特征在研究和解释工业发达国家的宏观经济模型（标准宏观经济分析）中往往无法找到。因此，发展中国家特定的性质和条件，决定了要分析发展中国家的宏观经济问题，必须构造不同的模型来研究并检验宏观经济政策的有效性。

对发展中国家短期宏观经济问题的关注来自于货币主义—结构主义关于20世纪50年代末和60年代拉美国家通货膨胀来源的争论。主流的宏观经济分析往往涉及的是工业化国家的情况，而一旦涉及与发展中国家相关的问题，却很少有学者将现有理论框架与发展中国家结构特征结合起来。兰斯·泰勒（Taylor, 1979；1983；1990；1991；1994）所写的一系列著作确实试图为发展中国家的宏观经济问题提供系统性的分析框架，但是其写作的主要目的是介绍经济学的“新结构主义”方法，以此挑战正统经济学，而不是对这个领域做一个比较平衡的综述。关于适用于工业化发达国家的宏观经济学对分析发展中国家的宏观经济现象是否适用的问题，学者们已经争论相当长的时间了。尤其是在拉丁美洲国家，两种相互竞争的观点往往被分别冠之以“货币主义观点”和“结构主义观点”。货币主义的观点是：主流正统宏观经济学的分析视角可以被直接运用于分析发展中国家的长期和短期宏观经济问题。具体而言，货币主义学派认为，发展中国家的长期经济增长受到那些扭曲资源配置政策的阻碍。在提供长期的经济政策建议时，货币主义者往往提出，必须通过自由贸易和非干预性的国内政策，使得市场机制充分地发挥作用，从而提高经济增长速度。从短期来看，那些给发展中国家带来痛苦的高通货膨胀率和国际收支赤字反映了由巨额财政赤字所带来的过度货币增长。解决问题的办法也就是正统的药方——紧缩的财政政策加上“让价格信号正确”，而政府往往通过货币贬值和提高国内利率来做到这一点。正统的观点往往与哈伯格（Harberger, 1963）和沙斯塔德（Sjaastad, 1983）联系在一起。其政策建议构成了20世纪70年代智利的所谓“芝加哥男孩”对该国经济所采取的宏观经济调整方法，并成为20世纪70年代末南半球拉丁美洲国家稳定计划的基石。更广义地看，基于这类观点的政策也被一些国际性金融组织长期追随，不仅在拉丁美洲国家，在其他发展中国家，情况也是如此。

结构主义学派的发端于20世纪中叶劳尔·普雷比什（Raul Prebisch）为拉美经济委员会所做的工作联系（Kay, 1989）。结构主义学派的一个重要信条是：由于相对于工业产品而言，原材料产品的收入需求弹性较低，因此，相比于那些出口制造业产品的工业化“核心”国家而言，处于发展中世界“边缘”的那些出口初级产品的国家将面临不断恶化的贸易条件。该学派对长期经济增长的主要政策建议是：必须要避免古典比较优势理论所建议的生产专业化。必须要有边缘国家的政策干预来改变生产结构。在发展中国家，要通过使用贸易壁垒、外汇控制以及以廉价进口投入（通过汇率高估的办法）、便宜的信贷、低廉的劳动力（通过使国内的贸易条件不利于农业）来保护本地“幼稚产业”免受“核心”的竞争，从而促进工业化。这种“进口替代战略”在第二次世界大战后得到了广泛的采用，其范围不仅包括拉美国家，也包括其他的一些发展中国家（Cardoso and Helwege, 1992）。

以后，结构主义学派的经济学家又开始把他们的注意力转向短期的宏观经济稳定问题。这种“新结构主义”短期宏观经济学最有名的提倡者是兰斯·泰勒（Lance Taylor）。新结构主义者怀疑正统的短期宏观经济政策建议的正确性和有效性，尤其怀疑以财政紧缩、货币贬值和紧缩性货币政策方式出现的“休克疗法”（Shock Therapy）。他们认为，货币增长只对通货膨胀起了辅助作用，而并不是造成通货膨胀的原因。通货膨胀之所以发生，是因为农业部门的相对生产力增长较慢（这主要是来自于不良的土地租佃模式），政府控制的工业价格（来自于非竞争性的市场结构及其所带来的价格向下刚性）以及工资指数化。货币政策被认为是面临这些潜在的通货膨胀压力时所做出的被动反应。虽然对正统经济学有上述批评，但新结构主义者所提供的政策建议也并不是特别清楚。在很多情况下，它往往包括更大程度的渐进主义、直接干预以及对结构性问题在中期内进行解决的强调。

此后，利用20世纪70～80年代以来经济理论的最新进展，发展经济学家开始将越来越多的主流经济理论（包括信息经济、博弈论、契约理论、理性预期理论和新制度主义经济学等），应用于各种经济和社会发展问题的分析，这不仅大大拓宽了发展经济学研究的领域和范围，也加深了理论对现实世界的解释力。根据发展中国家与发达国家宏观经济的不同特征，“发展中国家宏观经济学”拥有特定的方法论和研究内容。

首先，发展中国家与发达国家宏观经济的不同特征主要有:第一,商品和资产贸易的开放度。发展中国家,像很小的工业化国家一样,比主要的工业化国家在产品和贸易上面往往要更加开放。发展中国家往往对于其出口和进口没有什么控制能力,也就是说,它们往往面临着外生的贸易条件。当然,决定发展中国家贸易条件外生性的关键因素是个别国家在特定市场出口和进口的规模。很少有发展中国家能够在某个市场上占据显著的份额,甚至对于那些它们专业化出口的产品而言,情况也是如此。而且,除了在个别产品上有很有限的例外,这些国家一般对于其在国际市场上买卖产品的价格几乎没有什么施加独立影响的能力(Goldstein,1986)。正是由于上述贸易条件的外生性,到底分析工业发达国家情况时所广泛使用的开放经济模型能否用于分析发展中国家的很多宏观经济政策?长期以来,蒙代尔—弗莱明模型(Mundell-Fleming Model)已经成为开放经济条件下研究工业化国家的一个基本模型(Mundell,1963;Fleming,1962;Frenkel and Razin,1987)。它假设贸易条件是内生决定的,而国内经济也完全专业化生产某种产品,并在国际市场上施加相当程度的市场影响。与发展中国家宏观经济现象分析最适应的生产结构可能是"索特—斯旺(Salter-Swan)依赖型经济"模型(Solow,1956;Swan,1956),或者是一个包括出口品、进口品和非贸易品的三部门模型。此外,发展中国家往往是资本进口者,而在很多国家中,偿还外债是一个关键的政策问题。

第二,汇率管理。大部分发展中国家既没有采取完全灵活汇率制度,也没有加入任何货币联盟。在理论模型中,工业化发达国家往往被假设为使用浮动汇率,或者是某个货币联盟中的成员,而在发展中国家,其汇率主要是官方决定的,并通过一系列其他的办法来调整。自从1973年布雷顿森林体系瓦解后,发展中国家的汇率体制开始向更加灵活的方向演变。但是在实践中,它往往意味着官方决定的、以一篮子货币为基础的经常性调整取代了严格单一的货币盯住体制。过往,官方决定的汇率往往也伴随着对外汇的数量控制,从而导致官方市场之外出现了平行的自有外汇市场。这种安排有时也会在工业化发达国家出现,但目前已经基本消失。虽然在发展中国家这些情况也越来越少见,但在很多国家还是存在的(Ghei and Kiguel,1992)。因此,对这种非正式的双轨汇率体制的宏观经济含义的分析仍然是发展宏观经济学的一个相关主题。

第三,国内金融市场。低收入国家普遍只存在比较初级的金融机构,不管人均收入水平如何,往往存在着"金融压抑"现象。如果对这些体制进行了不适当的改革,往往会导致发展中国家金融体系的瓦解。发展中国家的商业银行部门长期以来受到严格管制:它们往往受到高额储备金、高流动性比例以及法定利率上限和部门信贷配额的约束。因此,在发展中国家,信贷配额往往是法律所强制的,而不是工业化发达国家中由于信息不对称所内生的一个结果。这一套管制金融部门的政策被称为"金融压抑"。

第四,政府预算。在发展中国家,非税收收入占总收入的比例要比发达国家的相应数值高得多,其税收的征集往往被其有限的行政能力和政治因素所限制。而预算制度的宏观经济含义——即准备、修改和由议会批准政府预算的规则和程序——引起了很多学者的兴趣。尤其是在拉丁美洲国家,情况尤其如此(Grisanti,Stein and Talvi,1998)。学者们讨论最多的问题主要在三个方面:(1)可以用于对财政赤字施加限制的宪法规则,比如平衡预算规则的性质(和可信度);(2)行政机构的预算设计、立法机构对预算的批准及预算执行的有关程度和规则;(3)影响预算过程透明度的规则类型。也有人指出,在拉丁美洲国家,较好的预算制度往往对应较低的财政赤字和公共债务。但同时,高通货膨胀和经济活动较大的波动却往往会减少预算过程施加财政纪律的能力(Aizenman and Hausmann,1995)。

第五,总供给与劳动力市场。在很多发展中国家,政府在生产过程中所发挥的较大直接作用意味着公共资本存量的规模和效率在总生产函数中十分重要。根据格林和萨姆林斯基(Glen and Sumlinski,1998)所研究的48个国家的情况,在1989~1990年间,公共部门投资大约占总投资的39%。发展中国家进口的中间产品在总的生产函数中起着很大作用,而这些产品大约占发展中国家所有进口的一半左右(Mirakhor and Montiel,1987)。虽然不同发展中国家的劳动力市场制度存在差别,但非正式部门在工资和就业的决定中继续扮演着重要的角色。短期工资决定行为的性质是现代宏观经济学不同主要学派之间分歧的关键所在。但是,在这些理论性的争议中,大部分都认为,各国特定的制度差异(比如美国的阶段性叠代工资合同,或斯堪的纳维亚的同期工资讨价还价体制)在决定经济的短期供给行为方面是非常重要的。但是,关于发展中国家工资决定行为的经验证据表明,在很多国家,工资的制定有相当程度的灵活性(Horton et al.,1994)。

其次,"发展中国家宏观经济学"研究的方法论:在行为函数方面,需要特别探讨如何改变标准宏观经济函数的设定,以反映只有在发展中国家才具备,或在发展中国家更显著的结构性特征问题。包括消费中的流动性约束、信贷以及外汇配给以及生产及私人投资所面临的债务悬置,不确定性和不可逆性对投资决策的效果、金融压抑、货币替代和非正式金融部门对货币需求的影响。

最后,"发展中国家宏观经济学"的主要研究内容:(1)汇率管理。发展中国家货币贬值的宏观经济效果已经引起很多争议。一直受到关注的问题包括各种不同汇率体制选择以及"新结构主义"学者对于正统稳定计划中汇率作用所做的批评。最近这些年,不同的名义汇率准则所带来的宏观经济结果以及开放经济中汇率作为一个名义锚所起的作用,包括汇率浮动区间在缓解可信度和灵活性矛盾方面所起的作用等也已成为非常重要的政策问题。(2)抑制通货膨胀。发展中国家的通货膨胀远远多于发达国家。而在发展中国家,也有稳定价格水平的几种不同方法,从依靠紧缩的财政和货币政策以及促进外部账户平衡的汇率政策而进行的正统的、以货币为基础的计划,到基于紧缩的总需求政策加上汇率固定以及某些类型的工资和价格控制等内容的非正统计划。对于这些计划的评价以及它们对未来发展中国家的教训,已经成为目前学术研究的重要问题。(3)控制资本流动。虽然20世纪70年代末和80年代初几个发展中国家的经验是突然的大规模资本外流,但20世纪90年代早期以来,许多亚洲和拉丁美洲国家却面临着资本的突然流入。在有些情况下,这些资本流入的规模使得宏观经济管理问题变得相当困难。这些资本流入的原因、它们的福利含义以及什么是合适的政策反应等问题已经成为近来学者们研究的主题。(4)货币危机。自从1994年墨西哥危机和1997年亚洲金融危机发生后,这个问题已成为发展宏观经济学研究的前沿。对自我实现的预期以及政策制定者偏好的作用、银行危机和货币危机之间的关系、各种不同经济指数的预测性含义等问题的研究已经形成了一个相当大的文献。(5)贸易和金融改革。近年来,许多发展中国家已经开始进行广泛的贸易和金融体制改革,意在加强金融中介作为国内储蓄转化为投资过程的作用以及使得实际经济具有更强的外向型特征。这些结构改革措施引起了很大的争论,它们与宏观经济稳定之间的关系也成为研究的重点。(6)劳动力市场的运作。在经济发展的文献中,有关劳动力市场的作用(尤其是农村到人口流动分析)已经得到学者们的很多关注。宏观经济学家也认识到,在发展中国家所观察到的各种劳动力市场结构在分析政策冲击的传导机制中所可能起到的作用。其中特别重要的现象是劳动市场分割的发生、政府管制的作用以及短期内劳动力部门之间较低的流动性。

参考文献:

[美]皮埃尔·理查德·阿根诺、彼得·J. 蒙蒂尔:《发展宏观经济学》,北京大学出版社2004年版。

Aizenman, Joshua and Ricardo Hausmann, The Impact of Inflation on Budgetary Discipline, Working Paper No. 5338, National Bureau of Economic Research, 1995.

Cardoso, Eliana and Ann Helsege, *Latin America's Economy: Diversity, Trends and Conflicts*, Cambridge, Mass: MIT Press, 1992.

Fleming, J. Marcus, Domestic Financial Policies Under Fixed and Under Floating Exchange Rates, IMF Staff Papers 9, 1962.

Frenkel, Jacob A. and Assaf Razin, The Mundell-Fleming Model a Quarter Century Later: A Unified Exposition, IMF Staff Papers 34, 1987.

Glen, D. Jack and Mariusz A. Sumlinski. , Trends in Private Investment in Developing Countries: Statistics for 1970 ~ 1996, International Finance Corporation Discussion Paper. No. 34, 1998.

Goldstein, Morris, Global Effects of Fund-Supported Adjustment Programs, Occasional Paper No. 42, International Monetary Fund, Washington, D. C. , IMF, 1986.

Grisanti, Alejandro, Ernesto H. Stein, and Ernesto Talvi. , Institutional Arrangement and Fiscal Performance: The Latin American Experience, Working Paper No. 367, Inter-American Development Bank, 1998.

Harberger, Arnold C. , *The Dynamics of Inflation in Chile*, Measurement in Economics, Stanford University Press, 1963.

Horton, Susan, Ravi Kanbur and Dipak Mazumdar, *Overview Labor Markets in an Era of Adjustment*, Washington, D. C. , World Bank, 1994.

Kay, Cristobal, *Latin American Theories of Development and Underdevelopment*, London: P. Routledge, 1989.

Mundell, Robert A. , Capital Mobility and Stabilization Policy Under Fixed and Flexible Exchange Rates, *Canadian Journal of Economics and Political Science*, Vol. 29, 1963.

Mirakhor, Abbas and Peter J. Montiel, Import Intensity of Output Growth in Developing Countries, 1970-85 Staff Studies for the World Economic Outlook, Washington, D. C. , International Monetary Fund, 1987.

Sjaastad, Larry A. , Failure of Economic Leberalization in the Southern Cone of Latin America, *World Economy*, Vol. 6, No. 1, 1983.

Salter, Walter E. , Internal and External Balance: The Role of Price and Expenditure Effects, *Economic Record*, Vol. 35, No. 71, 1959.

Solow, R. M. , A Contribution to the Theory of Economic Growth, *Quarterly Journal of Economics*, Vol. 70, No. 1, 1956.

Swan, T. W. , Economic Growth and Capital Accumulation, *Economic Record*, Vol. 32, No. 3, 1956.

Taylor, Lance, *Macro Models for Developing Countries*, New York: McGraw Hill, 1979.

Taylor, Lance, *Structuralist Macroeconomics*, New York:

Basic Books,1983.
Taylor, Lance, *Socially Relevant Policy Analysis*, Cambridge, Mass: MIT Press, 1990.
Taylor, Lance, *Income Distribution, Inflation and Growth*. Cambridge, Mass: MIT Press, 1991.
Taylor, Lance, Gap Models, *Journal of Development Economics*, Vol. 45, No. 1, 1994.

（汪伟）

制度与发展
Institution and Development

制度在经济发展中的作用和影响是制度经济学研究的主要内容。经济学对制度的界定较为流行的观点有:制度是一种组织、一种机构;制度是一种规则,是管束人们行为的一系列规则,这些规则涉及社会、政治及经济行为;制度是一种博弈的均衡,当行为当事人处于一种重复博弈状态时,一个群体的所有成员的行为就具有一种规律性,当且仅当这种规律性是真实的并且是共享性的知识的时候,它就是制度。

对制度经济学作出创新性贡献的现代经济学家首推道格拉斯·诺斯(Douglas C. North,1983)。诺斯认为制度是社会游戏的各种规则,就形式而言是人为设计的对人类相互作用结构的约束,这些规则包括:正式的规则(如政府法律、一般法律、规章);不正式的约束(如各种传统、行为规则、自行使用的管理规章)。创新、规模经济、教育、资本积累等各种因素都不是经济增长的原因,它们不过是由制度创新引起的经济增长的表现而已,对经济增长起决定作用的只有制度因素,一种提供适当的个人刺激的有效的制度是促进经济增长的决定性因素。这是诺斯著名的"制度决定论"。

制度不同于体制,它是一系列被制订出来的规则、守法程序和行为的道德伦理规范,旨在约束追求主体福利或效用最大化利益的个人行为。制度影响经济发展的路径是多方面的。首先,制度通过影响信息和资源的可获得性、塑造力以及建立社会交易的基本规划而扩展人类的选择,即经济发展的目标。其次,制度可以通过确定的规则提高信息透明度,通过明确的产权来塑造发展动力,使每个人对其他人的行为反应能做出准确的判断,个人努力转化为私人收益率与社会收益率相等的、为经济发展所需的活力。再次,制度可以通过正规的法令规章和非正规的行为准则、道德规范、社会习俗等影响市场运作,决定市场配置机制的效率。制度通过解决产品和服务的内在特性所产生的相互依赖性而推动社会经济发展。最后,制度决定人们在经济活动中如何配置资源,决定着一个社会的资源在经济和非经济活动中的配置,制度通过影响从事经济活动主体的行为和从事非经济活动的主体的行为影响经济增长。根据迪克西特(Avinash K. Dixit,2004)的理论,在比较小的交往范围内或者在规模比较小的社区,非正式制度有较高的治理效率;随着社区规模的扩大超过一定的范围,非正式制度的治理效率减弱,正式制度具有更高的治理效率。

制度安排是支配经济主体之间可能合作与竞争方式的规则,是经济发展的主要动力。制度的功效在于通过一系列的规则来界定交易主体间的相互关系,减少环境中不确定性和交易费用,进而保护产权提供激励,增进生产性活动,使交易活动中的潜在收益成为现实;制度环境是一系列用来确定生产、交换与分配的基本的政治、社会、法律规则。而制度本身是一整套规则,它遵循合乎伦理道德的行为规范,用以约束个人的行为。发展中国家普遍存在制度低效性,有效的正式制度供给与变迁不足,非正式制度与市场经济的要求不相容,制度安排的缺乏成为发展中国家实现资源有效配置的瓶颈。

参考文献:

[美]阿维纳什·迪克西特:《法律缺失与经济学:可供选择的经济治理方式》,中国人民出版社 2007 年版。
[美]道格拉斯·C. 诺斯:《经济史上的结构与变革》,商务印书馆 2002 年版。
[美]道格拉斯·C. 诺斯:《理解经济变迁过程》,中国人民大学出版社 2008 年版。
[美]E. 赫尔普曼:《经济增长的秘密》,中国人民大学出版社 2007 年版。
[美]杰夫·马德里克:《经济为什么增长》,中信出版社 2003 年版。
[美]克里斯托夫·克拉格:《制度与经济发展:欠发达和后社会主义国家的增长和治理》,法律出版社 2006 年版。
谭崇台:《发展经济学辞典》,山西经济出版社 2002 年版。
D. A. Clark, *The Elgar Companion to Development Studies*, UK: Edward Elgar, 2006.

（王爱君）

文化与发展
Culture and Development

在发展经济学中,文化对经济发展的作用越来越受到重视。根据谢奇和哈吉斯(S. Schech and J. Haggis)的定义,文化是:(1)习得的,而不是遗传继承的,思想和行为习性;(2)一套明确的行为惯例,一种"生活之道";(3)维持一种生活之道的系列价值和态度;(4)非常动态的、开放的、可以共享的规则、价值、理念和方式,通过它们使群体内的成员可以能动地适应环境；(5)非经济的。文化的种类是多样的，如艺术、宗教、语言、国家主义、少数民族、身份、社群、社会资本与社会网络、性别关系，等等。狭义上讲，文化是一种观念，广义上看，文化涵盖人的全部社会活动，贯穿于政治、经济、精神生活等各个领域。经济学界定的文化是指人们所获得与遵从的、被某一社区或社会世代相传的信仰和价值观，它是特定的价值观体系。

文化与经济发展关系研究比较有代表性的有如下几种思路：第一种由古典经济学家提出，特定的文化观念是决定人们行为乃至市场扩展、经济进步必不可少的条件之一；第二种被称为韦伯命题，特定文化是促进资本主义产生与现代经济发展的最重要因素。该观点受到很多文化人类学家、社会学家、政治学家及经济学家的认同；第三种观点认为文化与经济发展无关，即文化无用论，直接否定韦伯命题；第四种观点主要由道格拉斯·诺斯提出，文化(或意识形态)是一种影响合约实施的不可缺少的变量，而合约的实施则最终决定经济发展状况；第五种观点承认有些文化对经济发展具有促进作用，有些文化对经济发展存在阻碍作用。经济学界较为支持此种思路，承认文化对经济发展具有影响。

刘易斯的贫困文化论从另一个角度解释了文化与贫困之间的相互作用。穷人因为贫困在居住等方面具有共性，并形成独特的生活方式；穷人独特的居住方式促进穷人间的集体互动，从而使得与其他人在社会生活中相对隔离，产生出一种脱离社会主流文化的贫困亚文化，这种亚文化通过“圈内”交往而加强并被制度化，进而维持着贫困的生活；在这种环境中成长的下一代会自然地习得贫困文化，摆脱困境进入主流社会的机会比较少。贫困文化论论证了某些文化对经济发展的阻碍作用，但也遭到了一些批评，刘易斯本人也承认该理论不具有普遍解释性。

文化的主要功能是固化个体行为模式、信息共享、内在制裁和共识。文化对经济行为的影响，通过经济主体内在的价值理性认同过程和外在行为习惯重复过程实现，文化通过长期积习而成的观念，对生活在本区域内的人们产生潜移默化的影响来塑造本区域人群的特性，甚至决定经济主体的行动能力，进而通过这些经济主体的行为影响一个地区的经济发展。文化所包含的创新意识及其价值观念在合适的条件下转化为现代社会所需要的创新精神，在本区域自发形成大批具有现代意识的创新群体。

经济学对文化与发展的研究被区分为狭义文化经济学和广义文化经济学，前者是指对文化产业、文化产品和文化市场的经济学分析，后者是指文化对经济思想和经济行为的影响模式、影响渠道和影响效应。夏特朗(H. H. Chartrand，1990)定义广义的文化经济学为Cultural Economics，狭义的文化经济学是Economics of Culture。计量经济学的发展促进了文化被作为一个变量引入对经济绩效的影响研究，好的文化观念能有效地促进经济发展，经济不发达国家或地区往往被称为文化落后地区，这导致“文化优越论”争执。但保守派学者认为，文化作为独立变量存在的条件并不成熟，文化更多的是以一种间接的宏观前提影响经济结构、发展方向和经济发展，只有以制度分析为基础，视文化为非正式制度才能有效地将文化与经济发展联系在一起。

参考文献：

[瑞典]冈纳·缪尔达尔：《亚洲的戏剧》，首都经济贸易大学出版社2001年版。

高波、张志鹏：《文化与经济发展：一个文献述评》，载于《江海学刊》2004年第1期。

[美]塞缪尔·亨廷顿、劳伦斯·哈里森：《文化的重要作用——价值观如何影响人类进步》，新华出版社2002年版。

[美]詹姆斯·A. 道等：《发展经济学的革命》，上海三联书店、上海人民出版社2000年版。

H. H. Chartrand, *The Hard Facts Perspectives of Cultural Economics Transactions of the Royal Society of Canada*, Fifth Series, Volume IV, Toronto: University of Toronto Press, 1990。

D. A. Clark, *The Elgar Companion to Development Studies*, UK: Edward Elgar, 2006.

L. Guiso, P. Sapienza and L. Zingales, Does Culture Affect Economic Outcomes? *Journal of Economic Perspective*, Vol. 20, No. 2, 2006.

G. Tabellini, Culture and Institutions: Economic Development in the Regions of Europe, *Journal of the European Economic Association*, Vol. 8, Issue 4, 2010.

（王爱君）

自由与发展
Freedom and Development

关于发展与自由之间的内在关系的经典论述来自阿玛蒂亚·森。在其著作《以自由看待发展》中论述发展是扩展人们享有的实质自由的一个过程。发展要求消除那些限制人们自由的主要因素，这些因素包括：贫困，经济机会的缺乏以及系统化的社会剥夺，公共设施的忽视以及压迫性政权的不宽容和过度干预。自由是“享受被人尊重的那种生活的可行能力”。一类是对发展起建构性作用的实质自由，包括免受困苦—诸如饥饿、营养不良、可避免的疾病、过早死亡之类—基本的可行性能力，以及能够识字算数等等的自由；另一类是对发展起工具性作用的工具性自由，主要是政治自由、经济条件、社会机会、透明性保证、防护性保障。尽管当前世界已经达到了前所未有的丰裕,但它还远没有为大多数人提供初步的自由。实质自由的缺乏直接与经济贫困相联系,后者剥夺了人们免受饥饿、获得足够营养、得到对可治疾病的治疗,拥有适当的衣服和住所、享有清洁用水和卫生设备等自由。

在森的理论中,自由既是发展的手段,也是发展的目的,发展是扩展人们享有各种自由的一个过程。人类各种类型的自由都具有自身的独立价值,都是发展不可或缺的内容。自由是发展的基础,发展必须以自由为前提。自由在发展过程中居于中心地位,其原因有二:第一,评价性原因。对进步的评判必须以人们拥有的自由是否得到增进为首要标准;第二,实质性原因。发展的实现完全取决于人们的自由的主体地位。不自由与缺乏公共设施和社会关怀紧密相连。经济上不自由可以助长社会不自由,社会或政治不自由也会助长经济不自由。

与发展相关联的自由至少应包含:(1)政治自由。在一个自由发展的社会里,每个人在民主政治体制下都具有公民政治权利,自由的社会为每个人提供了平等参与政治活动的空间。(2)经济自由。每个人都具有自由地选择使用经济资源的权利。(3)社会自由。每个人都能够平等地得到保健、教育等方面的社会保障,它直接影响到每个人对于生活的享受。森指出"对发展的分析以个人自由为基本要素"(森,2002),实质性个人自由是评价一个社会成功与否的重要根据之一,在判断社会发展中具有决定性意义。财富、收入、技术进步、社会现代化等可以是人们追求的目标,但它们最终只属于工具性范畴,是为人的自由发展服务的。对发展的恰当定义,必须远远超越财富的积累和国民生产总值以及其他与收入有关的变量的增长,"这并非忽视经济增长的重要性",而是社会发展这一历史进程在"内容和范围上都大大超出了那些变量","发展必须更加关注使我们生活得更充实和拥有更多的自由"(森,2002)。

森的理论受到广泛认同和推广,发展经济学家托达罗在此基础上将自由定义为:从疏离性的物质生活条件中解放出来,从来自自然、无知、他人、不幸、制度和教条化的信念等社会奴役中解放出来。生存(Sustenance)、自尊(Self-Esteem)和自由(Freedom)是发展的三个核心价值,它们代表着所有个人和社会的共同目标,关乎基本的人类需要,这些需要在任何社会和任何时间都是基本性的。在所有社会中,发展必须至少有这样三个目标:(1)提高诸如食品、住所、健康和保护等基本生活保障品的可获得性,并扩展其分配。(2)提高生活水平,除了更高的收入外,还包括提供更多的工作机会、更好的教育和更多的对文化和人类价值的关注,所有这些不仅能够提高物质福利,而且还能够产生更大的个人和国际自尊。(3)通过将人们从他人和民族、国家以及各种无知与人类不幸等等奴役与依赖中解脱出来,扩展个人与国家的经济与社会选择范围。托达罗的这个表述来自发展伦理学家古雷特(Goulet,1971),代表了当前经济学界对发展与自由的综合理解。

参考文献:

[印度]阿玛蒂亚·森:《集体选择与社会福利》,上海科学技术出版社 2004 年版。

[印度]阿玛蒂亚·森:《伦理学与经济学》,商务印书馆 2001 年版。

[印度]阿玛蒂亚·森:《以自由看待发展》,中国人民大学出版社 2002 年版。

[印度]阿玛蒂亚·森:《理性与自由》,中国人民大学出版社 2006 年版。

[印度]德布拉吉·瑞:《发展经济学》,北京大学出版社 2003 年版。

联合国:《世界人权宣言》,联合国官方网站 http://www.un.org/chinese/work/rights/rights.htm.

[美]迈克尔·P. 托达罗:《发展经济学》,机械工业出版社 2009 年版。

[英]伊特韦尔等:《新帕尔格雷夫经济学大辞典》,经济科学出版社 1996 年版。

Amartya Sen, *Development as Freedom*, Oxford: Oxford University Press, 1999.

Dennis Goulet, *Cruel Choice: A New Concept in the Theory of Development*, New York: Atheneum, 1971.

(王爱君)

社会资本与经济发展

Social Capital and Economic Development

社会资本理论属于社会学研究的范畴,但近年来发展经济学家越来越关注社会资本在经济发展中的作用和影响。布尔迪厄(P. Bourdieu)1980 年在《社会科学研究》杂志上发表"社会资本随笔"的短文中,第一次提出"社会资本"(Social Capital)概念,但美国学者格拉诺沃特(M. Granovetter)和林南(Lin Nan)在 20 世纪 70 年代提出并发展了个人社会网络与其拥有的社会资源关系的理论,实际上是开创了社会资本理论研究的先河。

有很多学者给社会资本下了定义。这里列出几种:(1)布尔迪厄的定义是,社会资本是资本的三种基本形态之一,是一种通过对制度化关系网络的占有而获取的实际的或潜在的资源的集合体,这种制度化网络关系是与某个团体的会员制相联系,获得这种身份就为个体赢得声望进而为获得物质或象征的利益提供保证。(2)普特南(R. Putnam,1993)的定义是,社会生活中那些表现为网络、互惠规范和信任的特征构成一个社会的社会资本。(3)福山(F. Fukuyama,1997)的定义是:被群体内成员共享和允许他们之间合作的、一系列特定的非正式规则和规范,非正式价值观和规范应该包括"诚实、互惠、互信"。(4)科利尔(P. Collier,1998)定义社会资本是社会内部的社会与文化的一致,即支配人们互动的规范和价值观的一致,建立在该社会中的各项制度的一致。(5)在科尔曼(J. Coleman,1988,1990)看来,社会资本的表现形式有:义务与期望、信息网络、规范与有效惩罚、权威关系、多功能社会组织和有目的创建的社会组织等。

20 世纪 90 年代起,"社会资本"概念引入经济学研究。经济学分析框架中,社会资本被看做效用函数的偏好、弥补基于不完全信息或风险的市场失灵机制。当社会资本产生外部性并促进市场之外的集体的社会互动时,它就具有经济效益,包括国内生产总值的增长、劳动力市场更有效地运转、更高的教育、更低的犯罪率、更好的健康、更有效的政府机构等。社会资本使法律、法规、教育、健康以及"好政府"的益处具体化,有利于个体、技术与市场的知识传播,通过重复交易建立信任与声誉机制,减少机会主义和"搭便车"行为,减少信息传递的市场失灵,节约正规制度实施成本促进集体行动,在宏观增长中具有"索罗余值"的作用。

社会资本是经济发展以及有效政府的前提条件。它包括:第一,政府在提供公共产品和服务时,通过建立适合社会和政治程序的正式规则构造一种制度环境,从而影响到经济运行的绩效。普特南在《让民主政治运转起来》一书中提到,造成不同地区政府效率差异的就是"公民精神"、"公民心"等基本社会条件,换言之就是他们拥有的社会资本的多少。第二,公民参与社会网络培养了生机勃勃的普遍化互惠惯例,信任为社会生活提供了润滑剂,有利于协调和沟通。社会资本促进成员为实现共同利益而团结合作,减少群体内的机会主义行为。第三,社会资本作为一种实际的或潜在的资源的集中,能够给人们带来大于其自身价值的价值。个体可以从社会关系网络中获取对自己行动有用的信息,在人际关系互动、彼此信任和规范等多种渠道中实现价值扩张。社会资本不仅解释了人们为共同利益采取一致行动的意愿和趋势,也解释了社会财富为什么可以产生得更多,而不仅仅是由物质资源所预计的产出水平。

社会资本也有潜在的不利作用,如果团体或网络是孤立、狭隘的或与社会的利益集团相矛盾,其社会资本不是为生产性目的服务,这种社会资本会阻碍发展,比如,助长某些恶化经济增长的行为(如卡特尔)、阻碍弱势群体的社会参与度和社会流动性、制造社区隔离而不是合作、排斥外人、限制成员的自由和商业动机、对成员向上发展形成压制、怂恿而不是减少犯罪,造成贫困的长期存在等。

参考文献:

[美]弗朗西斯·福山:《大分裂:人类本性与社会秩序的重建》,中国社会科学出版社 2002 年版。

[美]杰拉尔德·迈耶、约瑟夫·斯蒂格利茨:《发展经济学前沿:未来展望》,中国财政经济出版社 2003 年版。

[美]罗伯特·D. 帕特南:《使民主运转起来》,江西人民出版社 2001 年版。

[英]帕萨·达斯古普特、伊斯梅尔·撒拉格尔丁:《社会资本:一个多角度的观点》,中国人民大学出版社 2005 年版。

世界银行:《2000/2001 年世界发展报告:与贫困做斗争》,中国财政经济出版社 2001 年版。

[美]詹姆斯·S. 科尔曼:《社会理论的基础》,社会科学文献出版社 1999 年版。

郭熙保:《社会资本理论的兴起:发展经济学研究的一个新思路》,载于《江西社会科学》2006 年第 12 期。

J. Coleman, Social Capital in the Creation of Human Capital, *American Journal of Sociology*, Vol. 94 (Supplement), 1988.

Pierre Bourdieu, Le Capital Social, *Actes de la Recherche en Sciences Sociales*, Vol. 31, 1980.

Mark S. Granovetter, The Strength of Weak Ties, *American Journal of Sociology*, Vol. 78, No. 6, May 1973.

Lin Nan, *The Study of Human Communication*, Indianapolis: Bobbs-Merrill, 1973.

(王爱君)

韦伯命题
Weber Thesis

马克斯·韦伯(Max Weber, 1905; 1915)在他的两本著述《新教伦理与资本主义精神》和《儒教与道教》中集中探讨了"世界主要民族的精神文化气质与该民族的社会经济发展之间的内在关系"。其核心问题是,为何西方发展了资本主义而中国也具有充分的物质条件但是却未自发地产生资本主义?换言之,他认为西方新教理论促进了资本主义精神的产生,而中国的儒教和道教阻碍了资本主义精神的产生,学术界称之为"韦伯命题"。

资本主义起源问题是近代以来许多思想家普遍关注的问题。他们提供了各种不同的视角,并主要分为三派:第一派是马克思学派,注重研究生产关系的转变;第二派着重资本主义的精神,亦即将积累资本当作一种高尚的事业并赋予虔诚的宗教性，如韦伯（Weber,1905;1915）；第三派则重视自然经济蜕变为金融经济的过程（黄仁宇,1997）。

对于资本主义起源问题的发问至少有三种不同方式：（1）“资本主义是怎样产生的?”这是具有一种高度普遍性的发问方式。马克思从批判的角度所采取的就是这种发问方式。因为他将资本主义作为一种生产方式，放在人类一般社会经济形态的历史的必然演进中来剖析，即“亚细亚—古代—封建—现代资产阶级的生产方式”的演进。这样，它既有普遍性又有历史必然性。（2）“资本主义为什么会在西方发生?”它蕴含着这样一个相反的问题“资本主义为什么没有在东方，尤其没有在中国产生?”。这一发问方式就相对具有一种特殊性。这正是韦伯（1905;1915）从理解的角度发问的方式。（3）“怎样才能发展资本主义?”这种发问方式极具现实性，因为它蕴含着这样一个问题“在本民族内部资本主义已然缺失的情况下，怎样发展资本主义?”然而，这三种发问方式有着紧密联系。韦伯（1905;1915）发问方式依托于非绝对对立与资本主义起源的普遍性和必然性，因为他所处的社会思想潮流中占主导地位的是演化论决定论、普遍主义、理性主义等思想，他想摆脱这种“历史哲学思维前提和演变论基本假设”，并想“把欧洲社会的现代化理解为一种一般历史合理化过程的结果”（Jürgen Habermas，1994），所以他更强调发问方式上的特殊性（吕东伟，2000）。

本着这样的发问方式，韦伯（1905;1915）从正反两个方面提出了自己的命题，并分别蕴含着一个“假设性反命题”和一个“证伪性正命题”。

西方为什么在近代产生了资本主义？对于这一历史性的正命题，韦伯（1905;1915）认为，追究近代西方文化所具有的普遍意义和普遍价值的中心问题归根到底是：以其自由劳动的理性组织方式为特征的那种节制的资产阶级的资本主义的起源问题，这实际上是一个关于近代西方文化特有的理性主义问题。因此，韦伯认为“我们的当务之急就是要寻找并从发生学上说明西方理性主义独特性，并在这个基础上找寻并说明近代西方形态的独特性。”。而理性主义是一个历史的概念，它包含着由各式各样东西构成的一个完整的世界。韦伯要找的是理性思想的这一特殊具体的形式到底是谁的精神产品。让韦伯感兴趣的是“存在于每一种关于职业的观念之中的那种非理性因素的起源问题”，这种非理性的因素即新教。

韦伯（1905;1915）认为，如果旧日的新教精神和现代的资本主义文化之间有一种内在联系，应在其纯粹的宗教品性中寻找。韦伯反问道，“英国人在贸易商的优势和对自由政治制度的顺应，以某种方式和虔诚连为一体，这难道是不可能的吗?”韦伯的正面命题本着这一思路而得出——“西方民族在经过宗教改革以后形成的新教，对于西方近代资本主义的发展起了很大的推动作用。”其实，这里还藏着这样一个假设性反命题：如果没有经过宗教改革，原有的传统基督教对于西方近代资本主义是否还起推动作用（按照他的思路，答案是否定的，因为中世纪即如此）？

按照韦伯（1905;1915）比较广泛的资本主义概念，在非西方国家甚至古代的政治、经济和文化上也存在着资本主义，尤其在经济上。但是，“为什么资本主义利益没有在印度、中国也走上西方现今所特有的这条理性化道路?”韦伯从宗教社会学角度得出了一个反命题——“没有经过宗教改革的其他古老民族的宗教伦理精神（儒教），对于这些民族（中国）的资本主义发展起了严重的阻碍作用。”在中国，传统的儒教伦理非但没有生出近代资本主义，而且还阻碍了近代资本主义的发展。同样，这一命题也有一个潜藏的证伪性正命题：如果中国的儒家伦理在经过一种类似西方宗教改革的改革运动，能否孕育中国近代资本主义?（在《儒教与道教》中，韦伯（1915）暗示了一种肯定的回答）正像一些学者认为的那样，如果不是西方列强的强力打扰，中国儒家也能自力更生地开出资本主义来，因为在明朝中后期中国就有了资本主义萌芽。无疑，这也只能是一种历史假设（吕东伟,2000）。

在《新教伦理与资本主义精神》中，韦伯（1905）实际上提供了一条西方近代资本主义起源的历史因果链条，即宗教改革—新教伦理—近代资本主义精神—近代资本主义（Michael H. Lenssonff,1994）。

在《新教伦理与资本主义精神》中，韦伯（1905）对资本主义在西方兴起的原因做了分析。韦伯从三个方面进行论证：路德的天职观、加尔文教的预定论以及世俗禁欲主义。首先，新教伦理的“天职观”将宗教活动解释为世俗的经济活动，为近代合理资本主义的发展提供了伦理上的精神支持；其次，“预定论”思想派出了信徒通过教会、教士、圣事而获得救赎的可能性，实现了教徒从改变自我到改变世界的转向；最后，“世俗禁欲主义”则将创造财富视作获得救赎的最好手段，为近代合理资本主义的发展奠定了物质基础。

“韦伯命题”遵循“价值无涉”的原则，其理论阐释并不具有欧洲文化霸权的价值取向。“韦伯命题”基于当时西方资本主义的时代状况，侧重于分析精神体系，在本质上与马克思学说并不是决然对立的。在《新教伦理与资本主义精神》中，韦伯（1905）对资本主义在西方兴起的原因作了分析。“禁欲主义的节俭必然要导致资本的积累，强加在财富消费上的种种限制使资本用于生产性投资成为可能从而就自然而然地增加了财富。”由此观之，资本主义精神是在这种合理化的世俗经济活动推动下应运而生的。这样韦伯就完成了西方资本主义起源问题的溯源式剖析，这一部分被称为"新教伦理命题"。

在《儒教与道教》中,韦伯(1915)以同样的路径和视角对中国未能自发产生资本主义这一问题进行了分析。韦伯认为古代中国虽然也具备一些有利于资本主义兴起的物质条件,但"在中国由于缺乏一种形式上受到保证的法律和一种理性的管理与司法,加之存在着俸禄体系和植根于中国人的伦理里而为官僚阶层与候补官员所特别抱持的那种态度,所以不可能产生西方所特有的理想的企业资本主义。"韦伯(1915)认为秦统一中国后才建立以独裁制与官僚制度为代表的封建制度。他们为了自己的利益而团结在一起反对任何形式的变革,这就决定了不可能出现有利于资本主义发展的经济政策。此外,以血缘关系为基础的宗族不以经商牟利为目的,而以升官发财为本,这严重地阻碍了资本主义在中国的发展,使整个国家国民的思想都处于儒家文化的控制之下。"儒学作为一种伦理上的终极依托几千年来在规范人们的行为和思想上起到了重大作用,其影响丝毫不逊于任何一种宗教伦理。"这样,中国传统社会就缺乏像西方社会那样有利于经济活动得以开展的宗教伦理,而韦伯便将儒家伦理看成是资本主义经济形式难以在中国产生的主要精神障碍,这被称作"韦伯中国命题"。

在韦伯(1905;1915)提出观点后,在理论界引起了轩然大波,很多学者反对韦伯的观点,并纷纷发表自己对该问题的看法。维尔纳·桑巴特(Werner Sombart,1967)的《奢侈与资本主义》,舍勒的《三论资本主义精神之问题》(1914)以及托尼(R. H. Towney,1926)的《宗教与资本主义的兴起》就是其中比较著名的。托尼(R. H. Towney,1926)在《宗教与资本主义的兴起》中提出了相反的过程。他认为资本主义之所以得到发展,正是因为把社会伦理放到救世活动的范围之外,导致它摆脱了基督教的限制,而这种限制曾妨碍了中世纪的贸易和商业。桑巴特(1967)则认为,新教教义并不是资本主义背后的道德力量,相反,资本主义是推动新教教义形成的力量。资本主义在道德上消耗殆尽,不能在现有的社会秩序中产生出带有明确目的的更高形式。在他看来,每一文化都是由其自身的精神和道德加以整合的,是为了自我实现,而不是为实现更高的联合做准备。而埃弗莱姆·费绍夫(Ephraim Fischoff,1978)在总结他的《论争的历史》时则评论说:"大部分对他的批评并未理解他的旨趣所在,他的考察目标界限所在,以及他的方法程式的细心善解之处"。

"韦伯命题"深刻影响了韦伯同时代及其以后的中国学研究,可以说他身后半个多世纪的中国研究,基本上是以他的观点为主流思想。例如,美国著名中国思想史学家列文森(Levenson,1985)在其著作《儒家的中国及其现代命运》中,即承袭了韦伯(1905;1915)的学术思想,描述了儒家政权及其价值观在现代西方挑战下是如何无能为力,完全不能适应资本主义发展的需要。耶鲁大学教授芮玛丽(Mary C. Wright,1965)在其题为《中国保守主义的最后抵抗》一书中,则讲述了晚清儒家保守主义如何运用儒家价值来对抗西方,又终遭败迹的故事。

也有一部分游离于主流之外的学者,并不赞同韦伯(1905;1915)的论断,并对之提出尖锐批评。如法国年鉴学派主将布罗代尔(Braudel,1969;1985)就认为,所有历史学家都反对韦伯关于资本主义不多不少就是新教产物的观点,指责韦伯的观点是一种"难以捉摸的观点"。他认为中国资本主义不发展是制度与经济因素使然。

东亚地区(通常视为儒家文化圈)经济的迅猛发展,对韦伯的论断提出强有力挑战。中国经济史专家帕金森(Perkins,1984;1988;1992)认为,主要是科技、经济和政治的结构性或制度性因素促进了这一地区的经济繁荣。卡恩(Kahn,1979)认为日本、韩国、中国台湾、中国香港和新加坡在经济组织上的成功,主要是因为大多数的组织成员在儒家传统的影响下具有一些共同特质。这类共同特质的形成,与这些社会皆处于"后儒家文化"(Post-Confucianculture)区域有关系。艾勒塔斯(Alatas,1973)在解释马来亚中国人的商业成功时,亦指出韦伯命题缺乏根据,他认为"对财富、荣誉、健康拥有强烈的动机,对家庭与祖先有能力表达虔敬,这些毫无疑问是决定性的文化因素,足以开一种生猛的经济行为。"

"韦伯命题"对于正确认识儒家文化在现代化进程中的作用具有重要的现实意义。西方对传统主义的克服有赖于宗教改革产生新教伦理,资本主义精神起初就孕育在宗教的面纱之下。儒家伦理恰恰在于没有经历类似的宗教改革,因而也不具备由类似新教伦理产生出的资本主义精神。由此观之,中国的现代化并不是在传统儒家文化中生长起来的。然而,随着东亚经济的崛起以及现代化理论的深入,从实践和理论上都已证明多种现代化道路并行不悖。而儒家伦理正发挥着这样一种作用,"儒家在东亚为新加坡、泰国、马来西亚、印度尼西亚提供了一种可选择的现代化模式。这一事实意味着儒教的、伊斯兰教的和印度教的现代化形式不仅是可能的而且是很有希望的。没有理由怀疑拉丁美洲、中亚、非洲和世界各国的本土传统都有潜力发展他们自己的不同于西方现代主义的现代性"(杜维明,2002)。由此得知,儒家伦理参与下的现代化发展对西方现代性提出了挑战,但并非是对立的,而是多元竞争的态势取代一元独尊的格局。从"韦伯命题"的视角延伸出去,东亚现代性是能够与西方现代性平等竞争的,并且东亚现代性本身又可以为其他非西方地区现代性的发展提供一种可借鉴的方式,这样不仅可以消解传统和现代的对立，也可以缓和东方和西方的紧张关系。不过，承认现代化的多元模式并不意味着可以忽视东亚现代化发展过程中的严重不足，对于影响千年之久的儒家伦理，我们必须保持清楚的认识，在克服现代化过程中传统儒家伦理文化所带来的阻碍的同时更要发挥其作用，使其更好地参与到现代化进程中。

参考文献：

杜维明：《儒家与自由主义》，三联书店2002年版。

黄仁宇：《资本主义与二十一世纪》，三联书店1997年版。

吕东伟：《解析韦伯命题及其现实性意义》，载于《社会学研究》2000年第5期。

［德］舍勒：《资本主义的未来》（1914），三联书店1997年版。

［英］R. H. 托尼：《宗教与资本主义的兴起》，上海译文出版社2006年版。

Alatas, S. H., *Religion and Modernization in South-East Asia, Modernization in South-East Asia*, ed. By Hans-Dieter Evers, Oxford University Press, 1973.

Braudel, Fernand, *Ecrits sur l'histoire*, Flammarion, 1969.

Braudel, Fernand, *La Dynamique Du Capitalisme*, I-Revues (France), 1985.

Fischoff, Ephraim, *Economy and Society: An Outline of Interpretive Sociology*, Berkeley: University of California Press, 1978.

Jürgen, *Habermas, Historia y crítica de la opinión pública*, México: Gustavo Gili, 1994.

Kahn, H., *World Economic Development: 1979 and Beyond*, London: Groom Helm, 1979.

Lenssonff, Michael H., *The Spirit of Capitalism and the Protestant Ethic: An Enquiry into the Weber Thesis*, Edward Elgar Publishing Limited, 1994.

Levenson, Joseph R., *Confucian China and Its Modern Fate: A Trilogy*, University of California Press, 1985.

Perkins, D. H. and Shahid Yusuf, *Rural Development in China (A World Bank Publication)*, Baltimore: The Johns Hopkins University Press, 1984.

Perkins, D. H., Reforming China's Economic System, *Journal of Economic Literature*, Vol. 26, No. 2, 1988.

Perkins, D. H., China's Gradual Approach to Market Reforms, Paper Presented as a Conference on Comparative Experiences of Economic Reforms and Post-Socialist Transformation, El Escorial, Spain, 1992.

Wright, Mary C., The Last Stand of Chinese Conservatism: The T'ung-Chih Restoration, 1862 ~ 1874, New York: Atheneum, 1965.

Weber, M., *The Protestant Ethic and the Spirit of Capitalism* (1905), T. Parsons, Trans, New York: The Citadel Press, 1930.

Weber, M., *The Religion of China: Confucianism and Daoism* (1915), Translated from the German and Edited by Hans H. Gerth with an Introduction by C. K. Yang, Paperback edition, New York and London: Free Press, 1915.

Sombart, W., *Luxury and Capitalism*, University of Michigan Press (Ann Arbor), 1967.

（汪伟）

后发优势论

Theory of Late-development Advantages

后发优势是指后进国家相对于先进国家在发展过程中所具有的各种客观有利条件。后发优势最初被叫作落后的优势（Advantage of Backwardness），是由美国经济史学家格申克龙（Gerschenkron A.）在1962年提出来的，他认为，后进国家能够利用在先进国家发明创造出来的先进科学技术，能够创造出工业化所需的必要条件，从而能够实现经济跳跃式发展（Big Spurt），赶上先进国家。后发优势的发挥就会实现追赶（Catch Up），追赶是后发优势发挥的直接结果，后发优势是追赶的基础和条件。

后发优势具有以下一些特征：（1）客观性。后发优势是由经济落后性而产生的，是一种客观存在，不可能通过主观努力创造出来。如果经济不落后，就不可能有后发优势。（2）相对性。后发优势是相对于先进国家而言的，不与先进国家进行比较就无所谓后发优势，因此，后发优势分析是一种比较分析。（3）潜在性。后发优势是一种存在于后发国家的有利条件，是潜在的，它不会自动发挥出来，必须具备一定条件才能发挥出来。（4）递减性，后发优势存在于后发国家与先进国家存在的经济差距，差距大，后发优势的潜力就大，随着后发国家的经济追赶，与先进国家差距的缩小，后发优势的潜力就逐渐减小。一旦赶上了先进国家，后发优势就自然消失了。这时，后发国家的经济发展就像先进国家一样，依靠自主的制度和技术创新。

从发展要素的角度，后发优势可分为以下五种类型：

一是资本后发优势。它产生于资本边际报酬递减规律。新古典增长理论正是依据资本边际报酬递减这一假定得出了增长趋同假说。根据这一假说，发展中国家资本稀缺，劳动力丰富；发达国家资本丰富，而劳动力相对稀缺，因此，发展中国家的资本收益率要高于发达国家，在资本自由流动的条件下，发达国家的资本就会流向发展中国家，使发展中国家经济增长更快。

资本后发优势还体现在后发国家高资本积累率上。后发国家工业化水平低,加快工业化是后发国家追赶发达国家的必由之路。而工业化对资本的需求最大,因此资本积累率在工业化过程中就很高。而发达国家已经实现了工业化,经济结构逐渐从工业转到服务业,而服务业资本投资没有工业部门大,因此,资本积累率就较低。中国充分利用了资本的后发优势,资本积累率在全世界是最高的,在1978~2009年间,投资占GDP中的比重保持在30%~50%。高投资率和资本积累率是推动中国经济高速增长和工业化的主要发动机。

二是技术后发优势。先进科学技术主要是由发达国家发明创造出来的,作为后进国家,无须投入如此大的资源和时间在研发上,而只需要把先进国家现存的先进技术引进过来,加以消化改进,就可以加速本国的技术进步。由于吸收、消化和模仿比发明创新花费的成本和时间要少得多,因此,发展中国家能够节约大量的资源和时间,能够比发达国家以更快的速率促进技术进步,从而缩小与发达国家在科技方面的差距。技术进步是促进经济增长的主要源泉,这样,发展中国家经济增长就可以比发达国家更快。除了技术模仿之外,后进国家还可以实现技术跨越式发展。一项技术的发展是由低级阶段向高级阶段逐步进行的。比如,电子技术从最初的半导体、再到晶体管,最后到集成电路,经过了好几个发展阶段。后进国家在发展过程中引进国外技术时,就可以跳过一些中间阶段,直接引进国外最先进的技术,而无须从初级技术开始。这就为后进国家缩短与发达国家的先进技术差距提供了有利条件。中国在发展过程中,技术进步迅速,主要得益于从发达国家的技术引进和技术模仿。从统计数据看,中国的高技术产品进口额任何一年都大于高技术产品的出口额,随着中国技术进步,这两者都在高速增长,而且两者的差距在不断缩小。

三是人力后发优势。它产生于后进国家与发达国家之间的人力资源在数量和质量上的差别。从数量上说,发展中国家人力资源丰富且工资水平低,劳动力成本比发达国家要低得多,因此,发展中国家发展劳动密集型产品出口具有比较优势。这种比较优势产生于经济的落后性,因此也就是后发优势。在这一点上,比较优势与后发优势是一致的。中国在过去几十年中充分利用劳动力成本低廉的优势发展劳动密集型产品出口,使对外贸易每年以17%以上的速度增长,使中国迅速成为世界第二大贸易国。就质量而言,发展中国家在人力资本积累方面也有其后发优势。与发达国家相比,发展中国家人力资本存量要低得多。人力资本投资也具有报酬递减性质。这样,发展中国家更多地投资教育和健康,就可以加速人力资本积累,导致劳动生产率更快地增长。此外,在经济全球化、信息化和教育国际化的今天,发展中国家劳动者能够以较低的成本、以便捷的方式获取专业技术知识,例如通过报纸、杂志、书籍、电视、互联网等手段,发展中国家劳动者能够容易且便宜地获得发达国家的先进科学技术知识,从而比以往任何时候都能更快地提高人力资本水平。当然,教育和人才培养的国际化也能使发展中国家劳动者更快地掌握发达国家的先进科学技术知识。中国在过去几十年中教育发展很快,尤其是高等教育获得超常规的发展,使中国的人力资本水平迅速提高,这是提高生产率的基本条件。

四是制度后发优势。后进国家的制度往往是无效率的,而发达国家的制度相比而言则效率要高得多。如果发展中国家通过学习和借鉴发达国家制度建设的成功经验和做法,把不完善的市场经济制度转变为完善的市场经济制度,就会提高经济运行效率和资源配置效率。制度后发优势是通过改革开放实现的,改革能够使无效率的制度转变为有效率的制度,从而提高了资源配置效率,开放则为后进国家向发达国家学习和模仿先进制度的大好机会。学习和借鉴发达国家有效率的制度能够降低发展中国家的制度建设过程中的试错成本和摩擦成本,少走弯路,从而能够缩小与发达国家在制度效率上的差距。在当今世界上,国际组织也对制度后发优势的发挥起到了促进作用。比如,世界贸易组织制定的贸易规则,要求各国必须遵守执行。而这些规则基本上符合市场经济制度的自由竞争原则,因此,该组织促进了后进国家市场经济制度的建立和完善,使各国经济制度具有趋同的倾向。中国的改革开放从根本上说是要把计划经济体制转变为市场经济体制。计划经济体制与市场经济体制相比在效率方面存在着较大的差距,因此中国存在着改进制度效率的巨大空间。在制度转轨过程中,这种制度后发优势的潜力被充分发挥出来了。无论是政府的宏观经济调控还是微观的现代企业制度,都借鉴和参考了发达国家现有的一些做法。这里需要指出的是,借鉴、模仿发达国家一些做法,与原封不动照搬和移植是两回事。在模仿过程中也会存在一些创新。

五是结构后发优势。在三次产业中,工业部门的生产率是最高的。发达国家已经实现了工业化,经济结构从第二产业转变到第三产业,使总量生产率增长率呈现递减趋势,当然,这种递减趋势被新的技术革命所抵消和减缓,但仍然没有完全抵消掉,因此,发达国家的经济增长率并没有工业化时期那么高。相反,发展中国家工业化程度较低,工业部门规模较小,而农业部门所占比重较大。工业部门的生产率远高于农业部门的生产率,因此,在农业劳动力和资本向工业部门转移时,会促进总量生产率的提高,从而促进经济增长。由资源在部门间的重新配置所带来的效率的提高,就是结构的后发优势。改革开放以来,中国的工业化进程大大加快，劳动力和资本从农业部门源源不断地流向工业部门和服务业部门。据估计，过去20多年来，中国农业劳动力向非农业部门转移所带来的总量生产率的增长，为中国经济增长作出了20%的贡献。

参考文献：
郭熙保：《发展经济学研究——后发优势研究专辑》，经济科学出版社2005年版。
郭熙保：《发展经济学》，高等教育出版社2011年版。
［美］亚历山大·格申克龙：《经济落后的历史透视》，商务印书馆2009年版。

（郭熙保）

贫困陷阱
Poverty Trap

通常地讲是指这样一种情况，处于贫困状态的个人、家庭、群体、区域等主体或单元由于生产力水平低、资源匮乏，而长期徘徊于低水平、难以实现经济起飞的现象。贫困而不断地再生产出贫困，长期处于贫困的恶性循环中而不能自拔。一旦掉进这种"贫困陷阱"，就很难从中脱离出来。

"贫困陷阱"是利用经济增长变量的动态收敛性，解释贫穷地区为什么难以摆脱贫困的理论。其依据经济增长的动态机理，较为充分地说明了造成区域经济差距的原因。从技术角度讲，变量变化的速率是动态分析的基础，其分析需要借助变量及其决定因素关系的微分系统完成。在各因素作用下，若变量速率能够保持固定不变，则称其处于均衡状态点。于是在该微分系统中，无论变量最初的状态如何，其变化速率必然向均衡状态点收敛。因此，贫穷经济的人均增长总是向低水平均衡状态收敛；即使在外来资本援助下，人均水平得到提升，但随时间推移其增长率仍然会下降，仍然收敛于原来的低水平均衡状态，难以摆脱贫困。这就是增长研究中的所谓"贫困陷阱"理论。

20世纪50年代有三位经济学家揭示了"贫困陷阱"的产生根源。首先，纳克斯（Nurkse）于1953年提出"贫困恶性循环"（Vicious Circle of Poverty）理论。该理论认为，资本匮乏是阻碍发展中国家发展的关键因素。"贫困恶性循环理论"包括供给和需求两个方面：在供给方面，一国由于经济不发达，人均收入低，低收入意味着人们将要把大部分收入用于消费，很少用于储蓄，从而导致了储蓄水平低，储蓄能力低，低储蓄能力会造成资本形成不足；资本形成不足又会导致生产规模难以扩大，劳动生产率难以提高，低生产率造成低产出，低产出又造成低收入，形成了一个"低收入—低资本形成—低收入"的恶性循环；在需求方面，发展中国家的人均收入水平低下意味着低购买力和低消费能力，低购买力导致投资引诱不足，投资引诱不足又会造成资本形成不足，低资本形成使生产规模难以扩大，生产率低下，低生产率带来低产出和低收入，这样，也形成了一个"低收入—低资本形成—低收入"恶性循环。其次，纳尔逊（Nelson，1956）发表的《不发达国家的一种低水平均衡陷阱理论》，利用数学模型参考了不发达国家的人口增长、产出增长、与人际收入的关系，提出"低水平均衡陷阱"（Low-Level Equilibrium Trap）理论，他基于人口和收入水平之间关系提出了这个理论。当人均收入水平很低的时候，死亡率必然很高，因此人口增长率低。随着人均收入的增长和生活条件的改善，死亡率会降低，出生率会提高，从而人口增长率提高。当人均收入提高到一定水平后，死亡率基本上已经无法降低更多，由于人们生活方式和观念的变化，出生率也不会提高，人口增长率就稳定下来了。这一理论强调资本形成的重要性，强调资本稀缺性对经济增长的阻碍。最后，缪尔达尔（Myrdal，1957）提出"循环积累因果关系"理论。缪尔达尔认为，事物的发展时一个"循环积累"的过程：首先产生"初始变化"而后产生"次级强化"运动，最后产生"上升或下降"的结果，反过来又影响初始变化。社会经济的变动并不是新古典主义者说的那样，是由单一的或少数的因素决定的，而是由技术进步、社会、经济、政治、文化和传统等多种因素决定的。在动态的社会经济发展过程中，各种因素是相互影响、相互联系、互为因果，并呈现出一种"循环积累"的变化态势：即一个因素发生变化（初级变化），会引起另一个因素发生相应的而变化，并强化先前的因素（次级强化），使得经济沿着原来因素的发展方向发展。这些理论认为发展中国家总是陷入低收入和贫困的累积性恶性循环之中，用纳克斯的话说："一国穷是因为它穷"（A Country Is Poor Because It Is Poor）。

因此，我们理解的发展经济学中的贫困陷阱，就是指由于经济中存在着恶性循环，而使发展中国家陷于贫困落后之中难以摆脱。贫困陷阱分为技术陷阱和人口陷阱。技术陷阱在某种程度上归咎于区分充分的资本以及经济中规模报酬递增。而人口陷阱是因为低收入水平下的家庭生育决策，人口增长会阻碍低收入国家的资本积累。

参考文献：
Nurkse, Raganr, *Problem of Capital Formation in Underdeveloped Countries*, Oxford: Basil Blackwell, 1953.
Myrdal, G., *Economic Theory and Underdeveloped Regions*, London: Duckworth, 1957.
Nelson, R. R., A Theory of Low Level Equilibrium Trap in

Underdeveloped Countries, *American Economic Review*, 12, 1956.

Rosenberg. N. , *Perspectives on Technology and Economics*, Cambridge: Cambridge University Press, 1976.

Young, Allyn, Increasing Returns and Economic Progress, *Economic Journal*, Nol. XXVIII, No. 152, December, 1928.

Myrdal, G. , *Economic Theory and Underdeveloped Regions*, London: Duckworth, London: Methuen, 1963.

Myrdal, G. , *Economic Theory and Underdeveloped Regions*, London: Duckworth, Preface, 1957.

Nelson, R. R. , Aggregate Production Function and Medium Range Growth Projection, *American Economic Review*, 1956.

（柴毅）

罗斯托经济增长阶段论
Rostow's Stages of Economic Growth

美国经济学家罗斯托（W. W. Rostow）在 1959 年发表的论文“经济增长的阶段”（载于《经济史评论》1959 年第 11 期）的基础上，于 1960 年出版了《经济增长的阶段：一篇非共产党宣言》。该书在 1962 年由商务印书馆出版，中译本书名为《经济成长阶段》。罗斯托在《经济增长阶段》中将各国经济增长过程概括为五个阶段：传统社会、为发动创造条件的阶段、发动阶段、向成熟推进的阶段、高额群众消费阶段。在其 1971 年出版的《政治与增长阶段》一书中，又提出第六个阶段：追求生活质量的阶段。张培刚认为，除了马克思的社会形态演化理论，对社会经济形态发展阶段进行划分的，在罗斯托之前应该还有李斯特（List）的国民经济发展五阶段论，即蒙昧（狩猎）、游牧、农业、农工业和农商业（F. 李斯特，1837）。罗雪尔（Roscher, Wilhelm Georg Friedich）按经济发展成熟程度将其分成若干阶段。支配国民经济发展的经济因素是土地、劳动和随后控制不同阶段的资本（W. Roscher, 1861）。施莫勒（Schmoller, Gustav Von）把经济发展史划分为村落经济、都市经济、区域经济、国民经济和世界经济五个阶段（张培刚，1992）。

罗斯托指出，增长阶段论的目的是要解决很多种的问题。传统的农业社会在何种力量推动下开始现代化的过程？正常的增长在什么时候和如何成为每个社会的内在特征？何种力量推动持久的成长过程向前发展和决定它的轮廓？在每一个阶段，我们可以看出增长过程有哪些共同的社会和政治特征？在每一阶段，每一个社会的特殊性是在哪些方面表现出来？什么力量决定了比较发达和比较不发达的地区间的关系。以及最后，复利增长规律正在把我们带到什么地方去？（根据罗斯托的解释，“复利增长规律”这一名词是一种简称，用来说明增长通常是按几何级数增长的，很像一种利息和本金一并计算生息的储蓄账户）

罗斯托按照社会的经济规模，把所有社会列入五类即五个增长阶段，即传统社会、为发动创造前提条件阶段、发动阶段、向成熟推进阶段和高额群众消费阶段。

传统社会的结构是在生产功能有限情况下发展起来的，它是以牛顿以前的科学和技术以及牛顿以前的对物质世界的态度为基础。在这里，牛顿是被当作历史的分水岭的标志，在牛顿以后人们开始普遍地相信外部世界是受少数可知的法则支配的而且是可以有计划地、为了生产而加以操纵的。

增长的第二个阶段包括正在过渡中的社会，也就是发动的前提条件发展的时期。要一个传统社会按照为实现以下的目的所需要的途径而改变，是需要时间的，这些目的是利用现代科学的成果、防止收获的不断减少，并从而享受复利增长的发展所带来的幸福和良好的东西。

发动阶段又称为“起飞阶段”，是传统社会到现代社会的过渡时期结构。发动阶段是阻碍不断增长的障碍物和阻力最后已被克服的时期。促进经济进步、引起现代活动的有限的时隐时现的力量扩大起来，并且成为控制社会的力量，增长成为社会的正常情况。复利增长规律似乎成为社会习惯和组织结构的一部分。

在发动阶段之后，接着的是一个很长的、虽有波动但仍持续前进的时期，即向成熟推进阶段。国民收入大约有 10% ~20% 经常作投资之用，这就使生产的增加能够经常超过人口的增加。由于技术的改进、新工业的加速发展和旧工业的停滞，经济结构不断发生变化。经济在国际经济中得到了它应有的地位。社会按照它自己的意愿，迎合现代有效率生产的需要，用新的信念和制度来代替旧的信念和制度，或者对旧的信念和制度加以修改，使它能够帮助而不是阻碍增长过程。在发动阶段开始后约 60 年，一般就到了所谓成熟阶段。成熟阶段是经济表现出有超出原有的，推动它的发动的各种工业之外的能力和吸纳现代技术的最先进的成果并且把这些成果有效率地应用于自己很多种资源的时期。

成熟阶段以后就进入高额群众消费阶段。在这个阶段，主导部门转移到耐用消费品和服务业方面。成熟阶段的特征是，按人口平均计算的实际收入已经增加到有为数众多的人可以在基本衣、食、住以外还享用其他消费品的程度；而劳动力结构的改变不仅使城市居民在总人口中所占的比率增加了，而且使在办公室工作或从事工厂熟练工作的人所占比率也增加了，这些人知道并且急于想获得一个成熟的经济的消费果实。从社会角度考察,社会有能力把更多的资源用于社会福利和社会保障事业。福利国家的出现是一个社会超越技术成熟时期的一种表现(罗斯托,1960)。

经济学界一般认为,罗斯托对经济学的主要贡献是发展了一种动态的、非总量的生产和价格理论。这个理论认为,人口、技术和基本商品对价格等方面的变化是内在地出现的,它们既影响到经济发展并使之表现为经济增长的不同阶段,又影响到整个世界经济的历史。罗斯托认为总量分析不能说明增长过程的原因,只能说明增长的一些表面特征,增长动力的分析必须采取部门的方法,"现代增长本质上是一个部门的过程"(贺力平,1986)。

罗斯托将他与库兹涅茨、索洛(Solow)等人在方法论上的差异表述为"生物学的方法论"和"新牛顿主义方法论"之分,前者认为考察经济增长过程必须联系社会环境;后者则主要对它计量的经济变量做实证分析。但关于经济增长的原因和模式的研究方法的经典划分是所谓经验分析方法和理论分析方法。以西蒙·库兹涅茨和钱纳里(Chenery)为代表的一批经济学家,试图通过分析不同国家长期的国民生产总值数据和结构的资料,来识别发展的模式。第二种分析方法是建立理论,即在给定的假设条件下,分析经济结构的变化。在20世纪50~60年代,罗伊·哈罗德(Roy Harrod)、埃弗塞·多马(Evsey Domar)、罗伯特·索洛(Robert Solow),W. 阿瑟·刘易斯(W. Arthur Lewis)、费景汉(John Fei)、古斯塔夫·拉尼斯(Gustav Ranis)是理论分析方法的代表;在20世纪80~90年代,则以保罗·罗默(Paul Romer)、罗伯特·卢卡斯(Rober Lucas)、罗伯特·巴罗(Rober Barro)、戴尔·乔根森(Dale Jorgenson)等人为代表(吉利斯,1998)。而罗斯托的方法更具有德国历史学派的色彩,他关于主导部门和经济起飞关系的论述则是结构论的。经济增长阶段理论所讨论的每一个变量都以某种途径对一般的发展进程发生影响,并且帮助决定何种主导部门对于某个国家的起飞是合适的,以及这些主导部门在何时出现。人口增长速度、人口—资源平衡、农业产出和农业生产率的增长速度、主导部门所采用的技术的特征、资本的效率、特别是社会先行资本可用性以及外贸的发展等因素,在考察经济发展的早期阶段时都是明显的相关变量,都属于任何涉及经济增长的"有组织的复杂体"系统(罗斯托,1963)。

参考文献:

[美]W. W. 罗斯托:《经济成长的阶段》,商务印书馆1962年版。

张培刚:《新发展经济学》,河南人民出版社1992年版。

贺力平:"译者序",载于W. W. 罗斯托:《从起飞进入持续增长的经济学》,四川人民出版社1988年版。

[美]M. 吉利斯等:《发展经济学》,中国人民大学出版社1998年版。

[美]W. W. 罗斯托:《从起飞进入持续增长的经济学》,四川人民出版社1988年版。

List, Friedrich, *The Natural System of Political Economy*, Trans and ed. W. O. Henderson, London: Cass, 1983.

Rosder, Wilhelm Georg Friengdich, Ausichten der Volkswirtschaft aus dem geschichtlichen Standpunkt. Leipzig and Heidelberg: Winter, 1861.

(赵晓雷)

库兹涅茨现代经济增长理论
Kuznets Modern Economic Growth

美国经济学家西蒙·库兹涅茨的创造性贡献在于发掘了各国的历史资料,通过现代经济统计体系对各国产业结构变化与人均收入及经济增长的关系进行比较研究,并由此获得诺贝尔经济学奖(1971)。库兹涅茨还进一步把国民经济分为三部分——农业、工业和服务业,这种分类法为进一步的规范模型研究提供了基础。库兹涅茨对经济史上他称之为"现代经济增长"的一个新时代进行区分,给予证实并作出分析。库兹涅茨给出了现代经济增长的一个最重要的特征,是经济总量的高增长率和经济结构的高变动率,这一基本特征可以反映在实际人均收入的增长率、劳动力的行业分布和职业分布以及人口的分布形态(Kuznets,1966)。以后,一些经济学家对以国民生产总值或国民收入定义的经济总量增长与经济结构变动的联系做了大量实证分析。钱纳里(H. Chenery)和赛尔奎因(M. Syrquin)于1975年合作出版的《发展型式(1950~1970)》一书,吸收了库兹涅茨和克拉克(C. Clark)的研究成果,运用了大量统计资料,分析比较了1950~1970年间101个国家(地区)经济结构的转变过程,建立了伴随经济发展而必然出现的经济结构变化的"标准结构"发展模型。根据"标准结构"结论,经济结构变化的75%~80%发生在人均GNP 100美元至1000美元的发展阶段,其中最重要的积累过程和资源配置过程都将发展显著而深刻的变化(H. Chenery and M. Syrquin,1975)。罗斯托(W. Rostow)的"经济增长阶段论"认为,现代经济增长本质上是一个部门的过程,它根植于现代技术所能提供的生产函数的累计扩散之中。这些发生在技术和组织中的变化只能从部门角度进行研究。经济增长的完整序列不仅仅是总量的运动,它成了一连串的部门中高潮的继起并以此关联于主导部门的序列,而这也标志着现代经济史的历程(罗斯托,1988)。

美国经济学家吉利斯(Malcolm Gillis)等人将库兹

涅茨的现代经济增长理论运用于发展经济学研究。他们从国民财富增长的角度论述了人均收入提高与经济结构、生产方式乃至生活方式的联系，现代经济增长的本质在于：一个国家中并非少数特定人群的收入有所提高，而是主体国民的人均收入都有所提高。随着人均收入的提高，影响人们生活方式的其他根本性变化亦会产生。一家一户作为生产单位的作用下降了，被企业所替代。结果是更多的人生活在城市里，不再从事农业，而是从事工业。随着人们收入的提高和城市化的发展，生育率也开始下降。于是，现代经济增长因生产和社会的有序化而发生了根本性的结构变化。吉利斯等人将18世纪晚期英国工业革命看做现代经济增长的发端。现代经济增长的主要特征之一是，它不是在世界上所有的地区于同一时期开始，而是缓慢地跨越欧洲和北美，除了日本之外，直至20世纪50年代和60年代，才在非欧洲文化占主导地位的地区发生（吉利斯，1998）。

库兹涅茨本人并不同意将现代经济增长与工业化及资本主义相等同。在发达国家，工业只占经济活动的较小比重。在有些发达国家，现代经济增长是以农业生产的商品化和技术现代化为主要基础的，而不是以工业为主要基础的。此外，现代经济增长也超越了具体的社会制度形态。实际人均收入增长率快速增长，生产资源在经济活动中大规模地重新配置，人口在空间上的集中，现代技术的普遍使用，以及其他许多当代经济发展的特征，在美国和苏联（俄罗斯）、西方和东欧，以及尚处于现代经济增长初期阶段的中国、印度、巴西等国，基本上都是相似的（理查德·A. 伊斯特林，1996）。

参考文献：

［美］W. 罗斯托：《从起飞进入持续增长的经济学》序与跋，四川人民出版社1988年版。

［美］M. 吉利斯等：《发展经济学》，中国人民大学出版社1998年版。

［美］R. A. 伊斯特林：《库兹涅茨·西蒙》，引自［英］伊特韦尔、［美］米尔盖和纽曼《新帕尔格雷夫经济学大辞典》，经济科学出版社1996年版。

S. Kuznets, *Modern Economic Growth: Rate, Structure, and Spread*, New Haven: Yale University Press, 1966.

H. Chenery and M. Syrquin, *Patterns of Development, 1950 ~ 1970*, London: Oxford University Press, 1975.

C. Clark, *The Conditions of Economic Progress*, London: Macmillan, 1940.

S. Kuznets, *Economic Growth of Nations: Total Output and Production Struture*. Cambridge, Mass: Harvard University Press, 1971.

（赵晓雷）

现代化理论
Theory of Modernization

现代化（Modernization）这一提法是在20世纪中叶出现的。许多经济学家将工业化与现代化相联系，将经济发展过程归结为以工业化为核心的现代化过程。一般认为，经济发展的实质是社会进步过程在特定的历史区间里采取了工业化的形式。发展中国家的经济发展是一个长期的、复杂的工业化进程，亦即生产力、经济结构、经济体制乃至社会制度发生持续的进步性变革的现代化过程。关于“现代化”的含义，国外一些学者作了专门研究。美国经济学家布莱克（C. E. Black）指出，现代化一词指的是近几个世纪以来，由于知识爆炸性增长的改造过程所呈现的动态形式。现代化的特殊意义在于它的动态特征以及它对人类活动影响的普遍性。它发源于那种社会能够而且应当转变、变革是顺应人心的信念和心态。如果要下定义，那么“现代化”可以定义为：反映着人控制环境的知识亘古未有的增长，伴随着科学革命的发生，从历史上发展而来的各种体制适应迅速变化的各种功能的过程。这种适应过程发源于西欧一些国家并开始产生影响，在19世纪、20世纪，这些变革延伸到所有其他国家，并导致了一场影响各种人际关系的世界性转变（C. 布莱克，1988）。布莱克在与他人合著的另一部书中，对现代化又作了一个比较简要的定义：所谓现代化，就是在科学和技术革命的影响下，社会已经发生了变化或正在发生着变化（C. 布莱克，1988）。德国学者马克斯·韦伯（Max Weber）和塔尔科特—帕森斯（Talcott Parsons）从社会学、文化人类学、心理学的角度指出，“现代化”主要是一种心理态度、价值观和生活方式的改变过程，换言之，现代化可以看做是代表我们这个历史时代的一种“文明的形式”。更多的学者则是从经济—技术的角度分析现代化的含义，认为现代化实质上就是工业化，是落后国家实现工业化的进程，是人类社会从传统农业社会向现代工业社会转变的历史过程。也有人认为现代化是自科技革命以来人类社会急剧变动过程的统称。这种变动不仅限于工业领域或经济领域，同时也发生在知识增长、政治发展、社会动员、心理适应等各个方面（罗荣渠，1986）。

中国一些学者也对工业化与现代化的关系做了严整的分析，提出了很好的见解。张培刚指出：所谓现代化，首要的也是最本质的，必须包括工业化的基本内容；除此而外，它还要包括其他如政治思想、生活观念、文化修养等方面许多新的内容，其中不少部分又是由工业化这一大变革过程所必然引起而发生的。他进一步分析了工业化与现代化的联系和区别，认为在一定情况下，现代化可以而且应当看做是有阶段性的，或者看做是一个过程。在这一阶段内，现代化的活动内容和变化情景，基本上是同工业化一致的，它表明两者之间存在着密切的必然联系，表现在：

第一，无论是“工业化”或“现代化”，最主要的本质特征就是从手工劳动转变为机器（或其后的电脑等现代生产工具）操作，这就是技术创新或技术革命。

第二，伴随而来的或同时发生的就是各级生产组织的变革和各层次经济结构的调整和变动，这就是组织创新或制度创新。

第三，作为结果，则是从以手工劳动为主的小生产转变为以机器或其他现代生产工具为主的社会化大生产。

同时，工业化与现代化又有大不相同之处：

从内容的范围而言，“现代化”远比“工业化”广泛。工业化所包含的内容主要是社会生产力的变革方面，即以生产技术的变革为主体，加上与生产力密切相关的生产组织和经济结构的调整和变动。而现代化所包含的内容，除了工业化的内容外，还包含政治的、法律的、社会的、文化的和思想意识等方面的变革。

从时间过程来说，“现代化”远比“工业化”久远。简而言之，工业化只是从以手工劳动为主的小农经济社会，进化到以机器操作为主的社会化大生产经济社会的一个特定社会发展阶段，而现代化则是人类社会不断向前发展的历史长河（张培刚，1992）。

美国经济学家吉利斯等在其合著的《发展经济学》一书中指出，现代化是一个被广泛使用的术语，它涉及的范围远大于经济。例如，人们能够谈论一个社会或一种政治体制的“现代化”，但却难以给这个术语一个明确清晰的解释。他们认为这一术语有着含混或误导，主张不再继续使用。若从经济发展角度，他们更倾向于使用西蒙·库兹涅茨（Simon Kuznets）所谓的“现代经济增长”概念。现代经济增长开始于18世纪末19世纪初，是与工业化、城市化等经济变革相联系的。现代经济增长的本质在于：一个国家中并非少数特定人群的收入的提高，而是全体国民的人均收入都有所提高。随着人均收入的提高，影响人民生活方式的其他的根本性变化亦会产生（吉利斯等，1998）。

综合各种讨论，工业化与现代化有密切联系，但现代化是一个更为宽泛的概念。工业化更偏重于经济的角度，主要指劳动资料的技术变革以及由此所引致的以生产方式变革为实质的经济进步过程。而现代化则更偏重于社会—历史的角度，主要是指以生产方式的变革和经济进步为基础的整个社会的变革和进步。由于现代化是一个历史的、动态的概念，所以它应当强调的是在工业化基础上经济—社会向更高级阶段的发展和进步。

参考文献：

［美］C. 布莱克：《现代化的动力》，四川人民出版社1988年版。

［美］C. 布莱克等：《日本和俄国的现代化》，商务印书馆1983年版。

罗荣渠：《现代化理论与历史研究》，载于《历史研究》1986年第6期。

张培刚：《论工业化与现代化的含义及其相互关系》，载于《经济学家》1992年第4期。

［美］M. 吉利斯等：《发展经济学》，中国人民大学出版社1998年版。

Kuznets. S. 1966, *Modern Economic Growth: Rate, Structure and Spread*, New Haven: Yale University Press.

Sutcliffe, R. B. 1971, *Industry and Underdevelopment*, London: Addison-Wesley.

（赵晓雷）

经济增长
Economic Growth

经济增长是指社会财富即社会总产品量的增加。它一般是用一定时期的真实国民生产总值（GNP）或国内生产总值（GDP）的增长率来表示。用真实GNP或GDP除以一国总人口，便得到人均的GNP或人均GDP。它常常被用来反映一国富裕程度的主要指标。经济增长并不等于就是经济发展，但却是经济发展的基础和条件。

真实GNP或GDP是用当期的名义GNP或GDP除以价格缩减指数而获得的，用当期的真实GNP或GDP减去前期的真实GNP或GDP，得到一个实际国民产品增量，再把它除以前期的GNP或GDP，即得到实际增长率，这就是通常所说的经济增长率。到目前为止，真实GNP（或GDP）被国际上公认为是反映一国某一时期（通常以年为单位）国民产品总量的最好的综合指标。但是，应该记住，用这个指标衡量一国的实际经济绩效是有许多缺陷的：

第一，每个国家都有些产品和服务是不经过市场交换的，而这些产品和服务也是国民总产品的一部分，但并没有包括在GDP中。因此，按市场价值加总的GDP数字无疑低估了一国实际的国民总产品。例如，照料小孩、洗衣做饭等服务一般是由家庭成员自己提供的，这些服务与保姆和餐馆提供的服务性质是一样的，也是国民总产品的一部分，但因为不经过市场交换，没有用货币支付报酬，而未被统计到GDP中。与发达国家相比，发展中国家中没有进入市场交换的产品和服务的数量就要大得多，而且，越是不发达的国家，其数量越大。此外，就一国而言，当前的实际GDP与较长时期以前（如20年前）的实际GDP从严格意义上说也是不能完全相比的。因为20年前的许多产品尤其是服务是自产自用的，而现在却是从市场购买来的。

第二,在任何一个国家,地下经济(Underground Economy)都是存在的。从事地下经济活动的目的是逃税,如走私等,但有些地下经济是为了逃避国家有关法律的制裁,如贩卖毒品、制黄贩黄、卖淫嫖娼、生产盗版图书和音像制品等。由于地下经济都是非法的,交易活动秘密进行,交易收入不报告,因而无法统计在GDP中。地下经济的存在使得GDP比实际国民产品小。

第三,GDP并没有扣除自然资源(如水、土壤、森林、空气和不可再生资源的存量)的耗竭和环境污染所引起的人类福利的损失和为防治污染而投入的成本。为了弥补这个缺陷,联合国统计局和世界银行等国际机构已尝试性地设计了新的国民账户和国民财富核算体系,把自然资源耗竭和环境恶化因素考虑进去了。这个被称为绿色国民账户的新体系从GDP中扣除掉环境保护支出,再扣除掉自然资源的耗竭成本和环境恶化成本(以社会影子价格计算),最后得出的实际GDP的规模比通常计算的GDP要小,实际的GDP增长率比通常计算出来的要低。

第四,当把GDP进行国际比较时,必须把不同的货币转换成一个共同的货币,通常是用美元来表示。一般的做法是用各国汇率把不同货币换算成美元,然后,计算各国的人均GDP。但是,用这种方法来比较各国收入水平的高低是很不准确的。为了克服这个缺点,国际上有些机构和学者运用购买力平价(Purchasing Power Parities,PPP)作为货币换算因子,以此来估算和比较各国的收入水平。但PPP方法也有缺陷,就是国家间各类商品的分类、权数确定、商品价格和质量数据的收集和可比性问题。

总之,用GNP或GDP的增长率作为经济增长率的指标是有缺陷的。当然,到目前为止,还没有找到比GNP或GDP更好的统计指标作为一国国民产品的综合指标。因此,这个指标仍然被广泛地使用着。不过,在使用这个指标时,在可能的情况下,应该对这个指标进行一些调整,或者用其他一些指标作为补充。

参考文献:

[美]迈克尔·托达罗、斯蒂芬·C.史密斯:《发展经济学》原书第9版,机械工业出版社2009年版。

[美]德怀特·H.波金斯等:《发展经济学》(第5版),中国人民大学出版社2005年版。

郭熙保:《发展经济学》,高等教育出版社2011年版。

Adam Szirmai, *The Dynamics of Socio-Economic Development*, Cambridge University Press, 2005.

(郭熙保)

经济发展
Economic Development

经济发展与经济增长(Economic Growth)这两个概念常常被联系在一起解释。经济增长被认为是国民产品数量的增加。经济发展包括经济增长与结构变化。结构变化包括以下几个方面:(1)投入结构的变化。从简单劳动转到复杂劳动,从手工操作转到机械化操作,从传统的生产方法转到现代生产方法,从劳动密集型技术转到资本密集型技术和知识密集型技术。技术进步在生产中的贡献度不断提高。生产组织和管理形式从传统的小生产转到现代的大公司。(2)产业结构的变化。在国民经济中,第一产业的劳动力和产值比重趋于下降,第二产业比重开始趋于上升而后开始下降,第三产业比重开始上升较慢而后来上升较快,最终成为经济中最大的部门。农业、工业和服务业部门内部结构也由传统向现代转变。(3)城乡人口结构的变化。农村人口向城市迁移,农村人口持续下降,而城市人口不断增加,城市化与工业化同步进行。(4)产品构成的变化与质量的改进。生产出来的产品和服务构成适应消费者需求的变化,产品与服务质量不断提高,品种更加多样化。

如果一个国家经济增长速度较高,而经济结构没有发生变化,如生产方法原始,技术进步缓慢,增长方式粗放,初级产品加工为主,伪劣产品盛行,这就意味着只有经济增长而无经济发展,这种情况有时在某些国家某些发展阶段是存在的。但这两者也不是决然对立的,经济增长也会导致结构的变化,而结构的变化也会促进经济增长,通常情况下,经济增长与结构变化是相互促进的,因此经济增长与经济发展常常被看做是一致的。中国经济的高速增长促进了中国经济结构发生了显著的变化,工业化和城市化都在加速进行。

参考文献:

[美]迈克尔·托达罗、斯蒂芬·C.史密斯:《发展经济学》原书第9版,机械工业出版社2009年版。

[美]德怀特·H.波金斯等:《发展经济学》第5版,中国人民大学出版社2005年版。

郭熙保:《发展经济学》,高等教育出版社2011年版。

[美]斯图亚特·林恩:《发展经济学》,格致出版社、上海三联书店、上海人民出版社2009年版。

[美]德布拉吉·瑞:《发展经济学》,北京大学出版社2002年版。

Adam Szirmai, *The Dynamics of Socio-Economic Development*, Cambridge University Press, 2005.

(郭熙保)

发展

Development

发展从狭义角度理解就是指经济增长,即 GDP 的增长;从较宽的角度理解是指经济发展,即除了经济增长之外还包括结构变化。但发展一词的本质内涵比经济增长和经济发展概念涵盖的内容更宽。发展从更广的意义上解释应该包括人的全面发展。

西方发展伦理学家丹尼斯·古雷特(Denis Goulet)认为,发展包含三个核心内容:生存、自尊和自由。维持生存的资料包括食物、住所、健康和保护。要满足这些需要,就必须要增加收入,消灭贫困,增加就业机会,减少收入不平等。这就是以上所说的经济发展所包含的内容。自尊是指人要被当人来看待。一个人在社会上要感到受人尊重,而不是被他人作为工具来使用。这对于一个民族、一个国家也是如此。现代社会通常把获得物质财富作为实现自尊的形式。这里所说的自由主要是指从物质生活条件中被解放出来。自由意味着社会及其成员选择范围的扩大,或者限制范围的缩小。财富可以使人获得他在贫困时不能获得的对自然界和周围环境更大的控制能力,可以使人获得更多的闲暇,得到更多的物质产品和服务的自由。当然,自由也包含表达自由和参与社会活动和公共事务的自由。关于这一点,发展经济学家刘易斯(Arthur Lewis)也曾指出:"经济增长的好处并不在于财富增进了幸福,而在于增加了人类选择的范围。……支持经济增长的理由就是增长使人更能控制自己的环境,从而增加了自己的自由。"按照古雷特和刘易斯的观点,发展不仅是一种物质状态,也是一种精神状态。

在《资本论》中马克思将未来社会称为"自由人的联合体",可见自由是社会发展的基本目标。关于自由和发展的关系,1998 年诺贝尔经济学奖得主阿玛蒂亚·森阐述得比较深入透彻。他用大量的证据证明,自由如何促进发展,而缺乏自由、压制自由又是如何阻碍发展。因此,自由是发展的首要目标,自由也是促进发展的不可或缺的重要手段。依据森的解释,自由的含义是指"个人拥有的按其价值标准去生活的机会与能力"。其中包括法定的自由权利和获取某种福利的法定资格,如失业者有资格得到救济。

作为发展手段的自由,按照森的分类有以下五种:(1)政治自由,如同人们能够读书写字和拥有健康的体魄一样,对于人类发展来说十分重要。真正的民主政治要求公民权与政治权利,以便为有效的平等参与提供空间。如果没有如参加社团或者表达意见等政治自由,人们的生活选择将会大大减少。(2)经济机会,是指个人享有的、运用其经济资源于消费、生产和交换的机会。市场经济为这种自由提供充分的机会。(3)社会机会,是指在保健、教育等方面的社会安排。它们影响个人赖以享受更好生活的实质自由。就教育来说,它不但是人力资本投资,而且在于培养人作为人的能力,培养自由的能力。(4)透明性保证,是指人们在交往过程中需要的公开性、对信息分享和信息准确性的保证。(5)保护性保障,是指为那些遭受灾难或其他突发性困难的人,收入处于贫困线以下的人以及失去劳动能力的人提供社会安全网。

将自由作为发展的手段提出来意味着自由不但理解为最终实现的目标,而且要求在发展过程中实现以上 5 个方面的自由,从自由中产生出发展的能力。森认为,经济发展最终应该归结为人们"是什么"和"做什么",例如人们是否健康长寿,能否读书写字、相互沟通,等等。这些直接与他们的权利而不是经济的总供给和总产出相关联。经济发展过程应该被看做是人们权利扩展的过程。

参考文献:

[印度]阿玛蒂亚·森:《以自由看待发展》,中国人民大学出版社 2002 年版。

[英]阿瑟·刘易斯:《经济增长是可取的吗》,载于《经济增长理论》1955 年。

[美]迈克尔·托达罗、斯蒂芬·C. 史密斯:《发展经济学》原书第 9 版,机械工业出版社 2009 年版。

[美]德怀特·H. 波金斯等:《发展经济学》(第 5 版),中国人民大学出版社 2005 年版。

郭熙保:《发展经济学》,高等教育出版社 2011 年版。

[美]斯图亚特·林恩:《发展经济学》,格致出版社、上海三联书店、上海人民出版社 2009 年版。

Denis Goulet, *The Cruel Choice: A New Concept in the Theory of Development*, University Press of America, 1985.

Adam Szirmai, *The Dynamics of Socio-Economic Development*, Cambridge University Press, 2005.

Gerald M. Meier, *Biography of a Subject-An Evolution of Development Economics*, Oxford University, 2005.

Hollis Chenery and T. N. Srinivasan (eds), *Handbook of Development Economics*, Volume 1, Elsevier Science Publisher B. V. 1988.

Amitava Krishna Dutt and Jaime Ros (eds), *International Handbook of Development Economics*, Volume 1, Edward Elgar Publishing Limited, 2008.

(郭熙保)

人类发展

Human Development

人类发展是指社会中的每个人在经济、社会、精神层面上的全面发展。该概念是 1990 年由联合国发展计划署(UNDP)发表《人类发展报告》(*Human Develop-*

ment Report)中首次提出的。从此,人类发展这一概念在学术界逐渐流行起来。该机构发表《人类发展报告》的目的是要使国际学术界和各国领导人把发展的目标从单纯的经济增长转到人类发展上来。人类发展与古雷特的发展概念相类似。它着重于人类自身的发展,认为增长只是手段,而人类发展才是目的,一切以人为中心。人类发展主要体现于人的各种能力的扩大,这些能力包括:延长寿命的能力、享受健康身体的能力、获得更多知识的能力、拥有充分收入来购买各种商品和服务的能力、参与社会公共事务的能力,等等。这些能力的提高当然需要有社会总产品的增加,需要有经济增长。只有经济持续增长,才有可能不断增加生产性就业和收入,改善民众的物质生活条件,提高健康水平和文化水平,参与社会的各种事务;没有经济增长,这些能力的扩大是有限的。但有了经济增长,不等于会自动导致人类发展,这两者在很多情况下是不一致的。

联合国发展计划署根据阿玛蒂亚·森的发展观设计了一个人类发展指数,它简单明了地体现了人类发展的基本状况。这个指数由三个指标加权平均:经过生活水准调整的人均 GDP、出生时的预期寿命、教育程度(成人识字率和各级学校入学率的加权平均)。这些指标既考虑了经济增长情况(人均 GDP),又考虑到了人的生活质量(预期寿命是生活质量的一个综合指标),还考虑到了人的精神文化生活需求(教育程度);此外,这些指标的数据容易获得,在各国公布的统计年鉴中就可以获得。因此是一个既简便可行而又比较真实地反映各国人的发展基本状况的指标,被世界各国学术界和政府普遍认可和广泛接受。

人类发展指数已成为衡量各国社会发展状况好坏的一个非常重要的指标。总的看来,人类发展指数与经济发展水平是一致的,例如,发达国家人均 GDP 比较高,人类发展指数也高;低收入国家人均 GDP 最低,人类发展指数也最低。但就类似收入水平的国家,人类发展指数还是有很大差异的,有的国家的人均收入水平大大高于人类发展指数,如中东一些国家;有的国家人均收入水平大大低于人类发展指数。可见,人类发展与经济增长不都是一致的。这就表明经济增长并不自动导致人类发展,各国在重视经济增长的同时还必须关注人的全面发展,也就是注重经济与社会的平衡协调发展。

(郭熙保)

增长中心主义
Growth-centrism

增长中心主义是指在社会发展中,以经济增长为中心,注重国内生产总值的增长,即所谓的 GDP 崇拜。20 世纪五六十年代的经济发展理论,把发展等同于增长,把现代化过程理解为物质财富增长的单维过程。这种发展观在第二次世界大战后发展中国家的发展实践中得到最充分的体现,多数发展中国家都以经济增长为首要目标,增长中心主义成为一种普遍的社会现象。产生这种观念的原因是,那时人们普遍相信增长能够自动带来发展,至少两者并不矛盾。

20 世纪五六十年代,许多发展中国家尽管实现了经济增长目标,但是大多数人的生活水平并没有什么改变,这种情况表明,这种以增长为中心的发展存在某些错误之处。已经有越来越多的经济学家和政策制定者开始关注越来越广泛的贫困、越来越严重的收入分配不平等和越来越多的失业。20 世纪 70 年代以来,对早期增长中心主义的发展观进行了批判。"从增长中重新分配"成了一个流行的口号。

联合国发展计划署 1990 年开始,每年发表《人类发展报告》。《1990 年人类发展报告》明确指出人类发展是一个扩大人们选择的过程。至关重要的选择是能够健康长寿,能够接受教育,能够享受体面的生活。附加选择还包括政治自由、有保障的人权以及自尊。收入只是手段而不是目的。收入增长和人类进步不会自动产生联系。GNP 增长是人类发展的必要条件但不是充分条件。在一些社会,尽管 GNP 快速增长,或者人均收入水平高,但其人类进步仍然是匮乏的。

《1996 年人类发展报告》的主题是增长与人类发展。该报告再次强调人类发展是目标,经济增长是手段。指出政策制定者需要更多地关注增长的结构和增长的质量,而不是被增长的数量所吸引。政府要坚决努力避免无工作的增长、无情的增长、无声的增长、无根的增长和无未来的增长五种有增长而无人类发展的情况。联合国发展计划署发表的《人类发展报告》,无疑是对早期增长中心主义发展观进行纠正的一个具体表现。

20 世纪 80 年代以来中国以经济建设为中心,坚持改革开放。1978 ~ 2013 年中国人均国民总收入保持了 9.04% 的高速增长,2010 年按美元现值计算的国民总收入上升到世界第二位,达到 5.9 万亿美元;2013 年人均国民收入现值为 6560 美元。中国已跨入中上等收入国家的行列。中国以增长为中心的发展战略取得了显著的成效。但是,这种增长中心主义的长期推行也带来了一些问题,例如,结构失衡、分配不公、环境污染等问题越来越严重。中国目前正在从增长中心主义向经济和社会协调发展战略转变。

参考文献:
[美]迈克尔·P. 托达罗、斯蒂芬·C. 史密斯:《发展经济学》原书第 9 版,机械工业出版社 2009 年版。
齐良书:《发展经济学》,高等教育出版社 2007 年版。

郭熙保:《经济发展:理论与政策》,中国社会科学出版社 2000 年版。
The United Nations Development Programme(UNDP),*Human Development Report* 1990,New York:Oxford University Press,1990. http://hdr. undp. org.
The United Nations Development Programme(UNDP),*Human Development Report* 1996,New York:Oxford University Press,1996,http://hdr. undp. org.
The World Bank,World Development Indicators(WPI),14April 2015. http://data. worldbank. org/data-catalog/woHd-development-indicators.

(陈忠斌)

基本人类需要

Basic Human Needs

基本人类需要发展战略是由20世纪70年代国际劳工组织(ILO)世界就业计划所提出来的,它强调把就业、人类基本需要作为发展的目标。基本需要的思想起源于20世纪40年代的心理学文献,最直接地起源于阿尔波特·马斯洛(Albert Maslow)1942年3月在《心理学评论》上的一篇文章,该篇文章区分了五个层次的需要,最初的需要是生理需要,最终的需要是自我实现的需要。20世纪50年代印度计划委员会提出了最低需要(Minimum Needs)的概念。但是,基本需要并没有成为发展的主流方法。然而,20世纪70年代,基本需要的概念突然在三个不同地方同时得到了实际应用,这三个地方是:拉丁美洲巴里洛切项目(Latin American Bariloche Project)、达格·哈马舍尔德基金会(Dag Dammarskjold Foundation)的出版物《现在为了什么》(*What Now? Another Development*)、联合国国际劳工组织发表的《就业计划》。人们越来越清晰地认识到,创造就业本身不是目标,而只是用于实现个人的基本需要——或多或少等同于马斯洛五个层次中的第一个层次。

1976年国际劳工组织提出的基本需要包含三个方面的内容:(1)一个家庭在私人消费上的最低要求:充足的食物、住房、衣物,还有某些家用设备和家具。(2)由社会提供并使社会受益的必不可少的公共服务,例如安全饮用水、卫生设施、公共交通、健康和教育设施。(3)民众广泛参与政策的制定,使基本需要战略能够得到切实的实现。满足基本需要的主要手段是就业,没有就业就没有收入,就不可能使基本需要得到满足。因此,就业是基本需要发展思路强调的最重要的目标。

参考文献:

[美]德怀特·H. 波金斯等:《发展经济学》,中国人民大学出版社 2005 年版。
谭崇台:《发展经济学辞典》,山西经济出版社 2002 年版。
David Alexander Clark,*The Elgar Companion to Development Studies*,UK:Edward Elgar Publishing Limited,2006.
International Labor Organization,*Employment*,*Growth and Basic Needs*:*A One-World Problem*. Report of the Director-General of the International Labour Office and Declaration of Principles and Programme of Action Adopted by the Conference,Geneva:International Labor Office,1976.

(陈忠斌)

包容性增长

Inclusive Growth

包容性增长是指经济增长使社会全体国民包括收入水平低下的弱势群体都能得到好处的增长。这一概念最早由亚洲开发银行在2007年首次提出。它经常和一组概念——“基础广泛的增长”(Broad-Based Growth)、“分享式增长”(Shared Growth)和“益贫式增长”(Pro-Poor Growth)相互使用。包容性增长降低了一个国家贫困发生率,促进人们参与的增长过程。包容性增长意味着资源的公平配置并使收益自然而然地惠及社会各个阶层。

包容性增长把经济中的宏观和微观决定要素和经济增长直接联系起来。微观方面包括社会的结构转型,宏观方面包括一个国家的国内生产总值(GDP)。包容性增长在就业、市场、消费、生产等所有生计方面创造了机会平等的环境,而且为穷人能够过上好生活创建了平台。

传统上贫困和增长是分离的。包容性增长包含有效减少贫困的因素,更重要的是它扩宽了发展议程。以单个和绝对收入标准为基础的减贫战略忽略了不平等问题和与不平等有关的风险。相对而言,包容性增长战略设法解决与环境有关的不平等和与之相伴随的风险。包容性增长并不是基于解决不平等的再分配方法,它关注的是创造机会,并确保人们公平地获得机会。获得机会的平等有赖于对提高包括穷人在内的人的能力的大量投资,并使劳动力得到生产性的使用。

有效的包容性增长战略包括两个方面:(1)创造生产性的和体面的就业机会的持续性高速增长。这种可持续的高速增长必须经由市场竞争和基于市场的激励,通过动态的私人部门来驱动。由于市场会失灵有时甚至会缺失,这就要求政府对物质基础设施和人力资本进行投资,创建良好的制度环境,维持宏观经济的稳定,采取市场友好型的政策,保护产权,并维护法治。(2)确保所有人能够平等获得机会的社会包容。促进社会包容要求从三个方面进行公共干预:①对教育、健康和其他社会服务进行投资,以扩大人的能力,特别是弱势人群的能力;②实施善治以促进社会和经济公平;③构建社会安全网以阻止极端贫困(Ali and Zhuang,2007)。

增长之所以必须是包容性的,其主要原因是:①出于公平和平等的道德考虑,增长必须是可分享的,并且应该在不同人口和不同地区间公平分配。②在一个国家范围内持续不平等的增长会迫使穷人和失业者进行犯罪活动,让妇女更容易卖淫,从而导致了大量的人力资本的浪费,而这些人力资本原本是可以用来创造经济产出的。③一个国家产出和获得机会的持续不平等,可能导致国内动乱和暴力反抗,从而破坏可持续增长进程(Asian Development Bank,2011)。

包容性增长可以用社会机会函数(类似于社会福利函数)来度量。为了提高社会机会函数,阿里和松(Ali and Son,2007)提出了度量增长包容性的方法,该方法取决于两个要素:①人们获得的平均机会;②人们如何分享或分配机会。社会机会函数赋予穷人享有的机会以更大的权重:一个人越穷,权重越大。这一加权机制确保了为穷人创造的机会比为非穷人创造的机会更为重要。如果一个人享有的机会被转移给社会的穷人,那么社会机会就一定会增加,从而使增长更具包容性。

2011年亚洲开发银行构建了一个包含5个大类、35个指标在内的包容性增长指标体系。

参考文献:

Ali,I.,Inequality and the Imperative for Inclusive Growth in Asia,*Asian Development Review*,24(2),2007.

Ali,I.,Pro-Poor to Inclusive Growth:Asian Prescriptions,*ERD Policy Brief Series*,No.48.ADB,Manila,2007.

Ali,Ifzal and Juzhong Zhuang,Inclusive Growth Toward a Prosperous Asia:Policy Implications,ERD Working Paper No.97,Malina:Asian Development Bank,July 2007.

Ali,Ifzal and Hyun Hwa Son,Measuring Inclusive Growth.*Asian Development Review*,Vol.24,No.1,2007.

Asian Development Bank(ADB),*Strategy 2020:The Long-Term Strategic Framework of the Asian Development Bank* 2008~2020.Manila,2008.

Asian Development Bank,*Key Indicators for Asia and the Pacific 2011:Framework of Inclusive Growth Indicators,Special Supplement*,Mandaluyong City,Philippines,2011.http://beta.adb.org/key-indicators/2011/special-supplement.

(陈忠斌)

益贫式增长

Pro-poor Growth(PPG)

益贫式增长亦称亲贫式增长,或有利于穷人的增长,是指穷人能够积极参与经济活动并能从经济增长中显著受益的增长。益贫式增长的争论可以追溯到20世纪50年代,1974年钱纳里等人(Chenery et al.,1974)出版的《增长条件下的再分配》(*Redistribution with Growth*)一书成为益贫式增长的一个重要的里程碑。益贫式增长隐含在《1990年世界发展报告》所倡导的基础广泛的增长(Broad-based Growth)中。1999年益贫式可持续经济增长(Pro-poor Sustainable Economic Growth)作为亚洲发展银行减少贫困战略的三个主要因素之一被提出(ADB,1999)。

益贫式增长不同于滴注(Trickling Down)发展概念。益贫式增长的结果是不能剥夺人们的最低基本能力。例如,每个人应该享有充足的营养,儿童不能在成年前就死亡,人们应该享有长寿的生活。由于富人在市场经济中具有内在的优势,市场力量导致的增长往往使富人受益比穷人更多,因此,促进益贫式增长需要一种有意偏向于支持穷人的战略,以便使穷人受益程度大于富人。这样一种结果将会快速地降低贫困的发生率,以使处于消费分配曲线最底层的人们能够拥有满足他们最低基本需要的资源。直接的有利于穷人的政策包含充足的公共支出,这些公共支出将用于基础教育、健康和家庭计划服务、获得信贷的改善、促进中小企业发展等。管理良好的累进税制也有利于穷人(Kakwani and Pernia,2000)。

益贫式增长有时被定义为穷人的收入增长要快于平均收入增长。这一定义意味着,当人均GDP按2%增长时,穷人的收入按3%增长的情况,要优于当人均GDP按6%增长时,穷人的收入按4%增长的情况。但是快速的减贫往往发生在后者,中国的经验反映的就是第二种情况。为了实现快速改善穷人福利的经济增长,政府能够做些什么?对这一问题的回答在于理解增长、不平等和贫困之间的复杂的相互作用。益贫式增长战略要求把快速的增长与穷人越来越多地获得参与增长的机会相结合(Perkins et al.,2006)。

益贫式增长可分为绝对的益贫式增长、中性的益贫式增长和相对的益贫式增长。绝对的益贫式增长(White and Anderson,2000)是指穷人获得的增长的绝对利益不少于非穷人获得的增长的绝对利益。相对的益贫式增长(Kakwani and Pernia,2000)是指增长能够在比例上使穷人比富人更多地受益。中性的益贫式增长是指穷人从经济增长中能够获得好处。经济合作与发展组织(OECD,2004)认为只要穷人的收入增长率大于0,增长就是益贫的。

如何度量一个国家的增长是否是益贫式增长?益

贫式增长程度究竟有多大？有的学者对此进行了研究，这里简要介绍以下4种测度指标。

第一，凯瓦尼和佩尼尔（Kakwani and Pernia，2000）提出了益贫式增长指数（Pro-poor Growth Index（ϕ））。该指数假设减少贫困是经济增长和收入分配变动的结果。$\phi = \eta/\eta_g$，其中η是在1%的正增长率时贫困的百分比变动；η_g是纯增长效应，是当收入分配不变时贫困的百分比变动。如果$\phi < 0$，增长是不利于穷人的，或者说是有利于富人的；$0 < \phi \leq 0.33$，增长是弱益贫的；$0.33 < \phi \leq 0.66$，增长是中等益贫的；$0.66 < \phi \leq 1.0$，增长是益贫的；$\phi \geq 1.0$，增长是高度益贫的。

第二，拉瓦林和陈（Ravallion and Chen，2003）提出用增长发生曲线（Growth Incidence Curve，GIC）来测度经济增长是否是益贫的。根据收入分配按人口分布的增长率得到增长发生曲线，再从增长发生曲线得到益贫式增长率。它从理论上讲合理地测度了穷人生活水平的变动方向，被称为瓦兹指数（Watts Index）。令$y_t(p) = L'_t(p)\mu$代表第p个分位点的收入，$L_t(p)$是洛伦兹曲线，μ是均值。第p个分位点的收入增长率如下：

$$g_t(p) = \frac{L'_t(p)}{L'_{t-1}(p)}(\gamma_t + 1) - 1$$

其中，$\gamma_t = (\mu_t/\mu_{t-1}) - 1$是$\mu_t$的增长率。

反映穷人平均增长率的益贫式增长率（Pro—Poor Growth Rate，PPGR）为：

$$PPGR = \frac{\int_0^{H_t} g_t(p)\,dp}{H_t}$$

其中，H_t为t期的贫困率。

第三，松（Son，2004）提出了不同于拉瓦林和陈的增长发生曲线的贫困增长曲线（Poverty Growth Curve，PGC）。贫困增长曲线为：$PGC = g(p) = g + \Delta Ln(L(p))$。其中，$g = \Delta Ln(\mu)$是整个社会的平均收入的增长率；L(p)代表的是最低的p%的人口享有的收入（支出）百分比的洛伦兹曲线。

增长发生曲线和贫困增长曲线的主要不同在于：第一，增长发生曲线源于一阶占优（First-order Dominance），而贫困增长曲线是基于二阶占优（Second-order Dominance）。这样，如果占优必要条件得到满足，增长发生曲线的结果比贫困增长曲线的结果更强，但是，由于一阶占优意味着二阶占优，二阶必要条件比一阶占优更加令人满意。因此，贫困增长曲线可以得出更具决定性的结论。第二，在估计增长发生曲线时，使用的是第p个百分比人口的人均收入的增长率。该估计的误差较大。与之相比，贫困增长曲线的占优条件是基于对直到第p个百分比人口的平均收入增长率的估计，该估计的误差较小。在计算贫困增长曲线时，只需要10%或20%的人口比例，以及相应的平均收入。

第四，凯瓦尼等人（Kakwani et al.，2010）提出了一个新的益贫式增长率的测度方法。该测度方法把平均收入的增长率和收入不平等的增长率联系起来了，如果由于不平等的减少（或增加）存在一个增长率的收益（或损失），那么增长就被定义为益贫的（或反贫困的）。

参考文献：

Asian Development Bank, *Fighting Poverty in Asia and Pacific: Poverty Reduction Strategy of the Asian Development Bank*, 1999.

David Alexander Clark, *The Elgar Companion to Development Studies*, UK: Edward Elgar Publishing Limited, 2006.

Dwight H. Perkins, Steven Radelet and David L. Lindauer, *Economics of Development*, Sixth edition, New York and London: W. W. Norton & Company, 2006.

Martin Ravallion and Shaohua Chen, Measuring Pro-Poor Growth, *Economics Letters*, 78(1), 2003.

Nanak Kakwani and Ernesto M. Pernia, What is Pro-Poor Growth, *Asian Development Review*, Vol. 18, No. 1, 2000.

Nanak Kakwani, Marcelo Côrtes Neri, and Hyun H. Son, Linkages between Pro-Poor Growth, Social Programs and Labor Market: The Recent Brazilian Experience, *World Development*, Vol. 38, No. 6, 2010.

OECD, Accelerating Pro-Poor Growth through Support for Private Sector Development, Mimeo, OECD, Paris, 2004.

Hyun Hwa Son, A Note on Pro-Poor Growth, *Economics Letters*, 82(3), 2004.

White, H. and E. Anderson, Growth versus Distribution: Does the Pattern of Growth Matter, Mimeo, *Institute of Development Studies*, Brighton, 2000.

（陈忠斌）

贫困化增长

Immiserizing Growth

贫困化增长这一术语最初是由巴格瓦蒂（Jagdish Bhagwati，1958）提出来的，是指如果发展中国家出口的需求价格弹性低，需求量扩张缓慢，那么，把生产要素配置给现有的出口活动就是反生产力的。增加产出的结果将是出口商品价格下降，贸易条件恶化。贸易条件的恶化足以超过经济增长带来的好处并最终导致实际收入的下降。贫困化增长的本质是经济增长后，价格贸易条件、收入贸易条件以及生产要素贸易条件的全面恶化，从而造成该国国民福利水平的下降。

图 1 描绘了可能的国民福利下降。在图 1 中，小麦生产技术的大幅度改进使生产可能性曲线在很大程度上偏向于小麦生产量的扩大。相对陡峭的价格曲线显示了一国贸易条件的大幅度恶化，该国在位于新的生产可能性曲线上的点 S_2 生产，在点 C_2 消费。C_2 点所代表的福利水平低于增长前的消费点 C_1，这是一个非常惊人的结果。

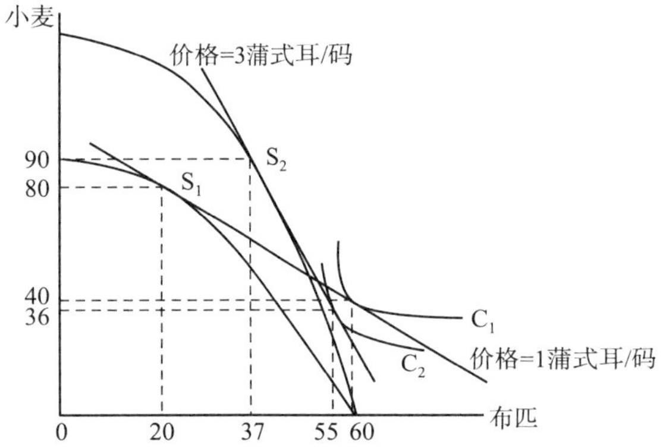

图 1　贫困化增长

以下三个条件对于贫困化增长的发生似乎是非常关键的：(1)一国贸易的增长必须在很大程度上偏向于增加该国的出口商品的供给，而且出口商品供给的增加必须足够大，以便能够对国际价格产生影响。(2)国外需求对于本国出口商品的价格必须是缺乏弹性的，以至于该国出口商品的供给的扩大会导致其国际市场价格的大幅度下降。(3)在增长之前，该国必须已经在很大程度上从事贸易活动，这样，由于贸易条件下降而造成福利损失才足以抵消生产能力提高带来的收益。

出口商品品种繁多的国家所面对的贫困化增长风险较小，而仅仅依赖于一种或少数几种初级产品（农产品或矿产品）出口的发展中国家，面临贫困化增长的风险较大。

参考文献：

[英]伊特韦尔等：《新帕尔格雷夫经济学大辞典》，经济科学出版社 1996 年版。

[英]A. P. 瑟尔沃尔：《增长与发展》，中国财政经济出版社 2001 年版。

[美]托马斯·A. 普格尔、彼得·H. 林德特：《国际经济学》，经济科学出版社 2001 年版。

[美]多米尼克·萨尔瓦多：《国际经济学》，清华大学出版社 2011 年版。

Harry G. Johnson, The Possibility of Income Losses from Increased Efficiency or Factor Accumulation in the Presence of Tariffs, *Economic Journal*, Vol. 77, No. 305, 1967.

Jagdish Bhagwati, Immiserizing Growth: a Geometrical Note, *Review of Economic Studies*, Vol. 25, June 1958.

Jagdish N. Bhagwati, Distortions and Immiserizing Growth: a Generalization, *Review of Economic Studies*, Vol. 35, No. 4, 1968.

（陈忠斌）

无发展的增长
Growth without Development

经济增长是发展的必要条件，但不是充分条件。也就是说，没有增长当然不会有发展，很少看到很穷的国家有很高的人类发展水平，但有了高速增长且人均 GDP 不断增加，却不一定自动促进人类发展。《1996 年人类发展报告》详细列出了五种有增长而无发展的情况。

第一种是无工作的增长（Jobless Growth）。工作意味着生活保障，没有工作就等于剥夺了一个人的生活能力和发展自己的能力，以及损害了他的尊严和自尊。当然，缺乏工作机会可能是经济增长缓慢造成的。但是，即使经济增长较快的国家也常常不能增加足够的就业机会。第二种是无声的增长（Voiceless Growth）。民众参与和管理公共事务，自由地表达自己的意见和观点，是人类发展的一个重要方面。但是，经济增长并不始终伴随着民主和自由的扩大。有些国家经济增长很快，但还远不是民主和自由的。第三种是无情的增长（Ruthless Growth）。在很多发展中国家，尤其是拉丁美洲一些国家，虽然经济增长较快，但是收入分配不平等反而更加严重了，增长的利益大部分落入了富人的腰包，而穷人的状况没有得到多少改善，有的反而日益恶化了，穷人的数目和比重甚至上升了。第四种是无根的增长（Rootless Growth）。世界上有 10000 多种文化，这些不同的文化使各个民族和种族的生活更加丰富多彩。一种具有包容性和参与性的增长模式能够培育和增强文化传统，从而能够为人们以相互丰富的方式享受他们的文化打开无限的机会；但是，一种具有排外性和歧视性的增长模式却能够毁灭文化的多样性，从而降低了人们的生活质量。第五种是无未来的增长（Futureless Growth）。不顾自然资源耗竭和人类居住环境恶化而换来的增长是不可能持续下去的，也不值得持续下去。它不仅损害了当代人的生活条件和健康，更严重的是还对后代人的发展造成了巨大的，甚至是不可逆转的损害。可见，增长不一定必然导致人类发展。如果出现了上述的“五无”情况，经济增长就没有促进人类发展。

参考文献：

郭熙保：《经济发展：理论与政策》，中国社会科学出版社2000年版。
UNDP，*Human Development Report*（1996），Oxford University Press，1996.

（郭熙保）

国际收入比较项目
International Income Comparison Program（ICP）

国际收入比较项目也称国际比较项目，是一个包含一百多个国家的世界范围的有组织的统计行动，它提供了GDP及其组成部分的支出的国际比较的价格和数量测算。这些测算基于购买力平价（Purchasing Power Parities，PPPs）。为了计算购买力平价，国际比较项目每隔5年进行调查以收集构成GDP的所有最终商品和服务的价格和支出数据，它包括消费品和服务、政府服务和资本品。

有效地进行国际收入比较的起因源于不同货币单位和比较这些货币购买力的需要。起初，GDP无法进行比较，因为GDP是用各个国家的货币和物价水平进行表示的，实施购买力平价后，GDP转换成一个共同的货币，并用一个统一的物价水平进行估算，这样，各国GDP的差异就能反映所购买的最终商品和服务的差异。GDP的数量为不同国家之间的经济规模的比较和人均经济福利的比较创造了便利条件。除了有助于实际人均收入的比较外，国际比较项目还提供了不同国家价格总水平的比较。该价格水平是购买力平价与汇率的比率的倒数（也就是汇率偏差指数的倒数）。例如，2005年德国价格水平是美国价格水平的110.9%（见表1）。国际比较项目的用途还包括对国内生产总值各分量适用的价格和数量的比较，不同国家的总体生产率以及投资潜力的比较，其他用途还包括监控贫困发生率，跟踪千年发展目标的进展情况。

国际比较项目（ICP）的创立者是欧文·克拉维斯（Irving B. Kravis），它开始于1968年，起初是作为一个不太大的研究项目，其最终目标是建立一个世界范围的以购买力平价为基础的GDP比较的常规项目。国际比较项目的最初目的包含国民账户的支出方和生产方。到目前为止，只进行了支出方的国际比较，因为它们实施起来不那么困难。1970年、1973年、1975年、1980年、1985年、1993年、2005年完成了对GDP最终支出的比较，它们分别包含10、16、34、60、64、117和146个国家。1975年之后，国际比较项目为国际组织所重视，成为联合国统计局（The United Nations Statistical Division，UNSD）工作计划的一个常规部分。1993年首次涵盖了世界所有地区，但没有进行世界比较。总的说来，ICP经历了由双边到多边，再到分区域比较（区域内多边比较，再发展成全球性比较）的发展过程，这其中计算机起到了很大的推动作用。

国际比较的基本方法可以简述为对用价格比率除支出比率得到的数量（实际收入）

$$\frac{Q_j}{Q_b}=\frac{E_j}{E_b}\div\frac{P_j}{P_b}$$

式中j和b分别代表不同国家；Q代表实物量；E代表支出（国内生产总值或其分量）；P代表价格。E和P用本国货币表示（P_j/P_b是购买力平价）。之所以不对构成实际收入的商品和服务做直接数量比较，是因为，对于大多数商品来说，取得国与国之间相同或等效商品数量比率的代表性抽样，要比取得价格比率的代表性抽样更加困难。此外，数量比率比价格比率更有可能出现较大的抽样变差。

欧文·克拉维斯的开创性研究现在被他的合作者赫斯顿和萨默斯（Alan W. Heston and Robert Summers）定期扩展和更新。他们已经对世界主要国家按国际价格进行了价格水平和实际人均收入的国际比较，它能够与世界银行基于官方汇率的人均收入（按美元表示）的估计进行比较。

按照官方汇率和按购买力平价估计的人均GDP的差别是相当大的。一般说来，低收入国家人均GDP按汇率计算往往被低估，即按PPP计算的人均GDP都高于按汇率计算的人均GDP，而且国家越穷，其低估就越大。例如，2005年中国按PPP估计的人均GDP是4091美元，而按官方汇率估计的人均GDP是1721美元。在肯尼亚，这个差别甚至更大，1359美元对531美元（2005 ICP）。但是，在高收入国家则相反，按汇率计算的人均GDP则出现高估，即按PPP计算的人均GDP一般低于按汇率计算的人均GDP。越富的国家高估越多。

表1提供了一些国家按购买力平价换算和以汇率换算的人均GDP指数（美国=100）。表1中第3列表示汇率偏差指数，它是购买力平价对汇率换算的比率。从第3列可以看出，低收入国家按购买力平价估计的人均GDP指数，往往高于按汇率换算的人均GDP指数。这是由于穷国消费品和服务价格水平往往较低，穷国的汇率低估了货币的购买力。当采用购买力平价换算时，大大地缩小了各国平均收入之间的差距。例如，2005年基于汇率的最高与最低人均GDP的比值约为482:1，而基于购买力平价的比值约为120:1（卢森堡：埃塞俄比亚）。

对穷国的低物价趋势有两种解释。在生产率差距模型中，低收入国家的可贸易商品（如工业制成品）的生产率一般要比发达国家同类产品的生产率低得多，而不可贸易商品（如服务业）的生产率差别就要小得多。可贸易产品价格接近国际价格水平，因而汇率反映可贸易产品的生产率差别，但它未能反映非贸易产品的生产率差别，因此按汇率计算的人均

GDP就低估了发展中国家的实际人均GDP，而购买力平价涵盖了一国所有的产品和服务，因此，它比较真实地反映了一国的实际收入。另外一种解释认为，穷国拥有大量劳动力，其劳动力报酬低，因为穷国的非贸易商品（特别是服务）是劳动密集型商品，因而其价格便宜。平均价格水平不仅被非贸易商品的低价格拉低，而且因可贸易商品也比较便宜，因为出售可贸易商品几乎总是包含有非贸易商品的成分在内（例如销售费用）。

表1 人均国内生产总值指数（美国=100，2005 ICP）

	以PPP换算（1）	以汇率换算（2）	汇率偏差指数（3）=（1）/（2）
非洲：			
埃塞俄比亚	1.4	0.4	3.5
肯尼亚	3.3	1.3	2.5
亚洲：			
中国	9.8	4.1	2.4
印度	5.1	1.7	3.0
韩国	51.2	39.5	1.3
日本	72.7	85.4	0.9
欧洲：			
葡萄牙	48.0	42.2	1.1
西班牙	65.4	62.5	1.0
意大利	66.6	72.5	0.9
英国	75.8	89.4	0.8
法国	71.1	81.6	0.9
德国	73.2	81.2	0.9
挪威	114.1	156.6	0.7
卢森堡	168.0	192.7	0.9
拉丁美洲：			
巴西	20.6	11.5	1.8
阿根廷	26.5	11.6	2.3
北美洲：			
加拿大	84.2	84.3	1.0
美国	100.0	100.0	1.0

资料来源：Global Purchasing Power Parities and Real Expenditures：2005 International Comparison Program，http://web.worldbank.org/.

参考文献：

［英］伊特韦尔等：《新帕尔格雷夫经济学大辞典》，经济科学出版社1996年版。

［英］A. P. 瑟尔沃尔：《增长与发展》，中国财政经济出版社2001年版。

Irving B. Kravis, Alan W. Heston and Robert Summers, *A International Comparisons of Real Product and Purchasing Power*, Baltimore: Johns Hopkins University Press, 1978a.

Irving B. Kravis, Alan W. Heston and Robert Summers, Real Per Capita for More Than One Hundred Countries, *Economic Journal*, 88, 1978b.

Irving B. Kravis, Alan W. Heston and Robert Summers, *World Product and Income: International Comparisons of Real Gross Product*, Baltimore: Johns Hopkins University Press, 1982.

Irving B. Kravis, Comparative Studies of National Incomes and Prices, *Journal of Economic Literature*, 22, 1984.

Irving B. Kravis, The Three Faces of International Comparisons Project, *World Bank Research Observer*, 1, 1986.

联合国国际比较项目。http://siteresources.worldbank.org/ICPEXT/Resources/ICP_2011.html.

Global Purchasing Power Parities and Real Expenditures: 2005 International Comparison Program, http://web.worldbank.org/WBSITE/EXTERNAL/DATASTATISTICS/ICPEXT

（陈忠斌）

收入的功能与规模分配
Functional and Size Distribution of Income

收入分配可分为两种类型：收入的功能分配和收入的规模分配。收入的功能分配，或者功能性收入分配，也叫要素的收入分配，是价格论的一部分，属于微观经济学的研究范畴。它是指国民收入在生产要素之间的分配。在完全竞争条件下，生产要素所有者按照要素的边际产出贡献大小得到要素的相应报酬，具体地说，劳动者得到相应的工资，资本家得到相应的利润，土地所有者得到相应的地租。把工资、利润和地租相加起来就是一国的国民收入总额。但是，现实中市场竞争是不完全的，因此，每种要素获得的收入不一定与其边际贡献相一致。如果有垄断因素存在，垄断者就可能会获得更多的报酬，占有更大的国民收入份额。收入的规模分配，或者规模性的收入分配，也叫个人的收入分配。它涉及社会中每个家庭和成员在国民收入中所占份额，而不论这种收入是如何获得的。一个成员在国民收入中所占份额小，就说他较贫穷；占有的份额较大，就说他较富有。如果一个社会中各成员之间的收入差别悬殊,那么就可以说该社会收入分配非常不平等。

收入的功能分配与收入的规模分配存在着密切关系。当功能分配朝着有利于劳动力的方向变动时,劳动者所占收入份额就会增加,规模分配状况会得到改善。相反,当功能分配朝着有利于资本所有者的方向变动时,劳动者收入分配份额会下降,从而,规模分配状况就会恶化。如图1所示,第一组箭头表示生产过程产生的生产要素收入分配,即收入的功能分配。第二组箭头表示生产要素的收入(工资、利润和租金)是如何转移到家庭,从而形成个人或家庭的收入分配,即收入的规模分配。生产要素收入的流向及其多少取决于家庭是否拥有这一生产要素,拥有多少,以及生产要素的价格。例如,家庭2和家庭3只能提供劳动力,因此只能得到工资收入;家庭1提供了劳动力和资本,也就得到工资和利润;家庭4拥有劳动力和不动产,因此得到工资和租金。

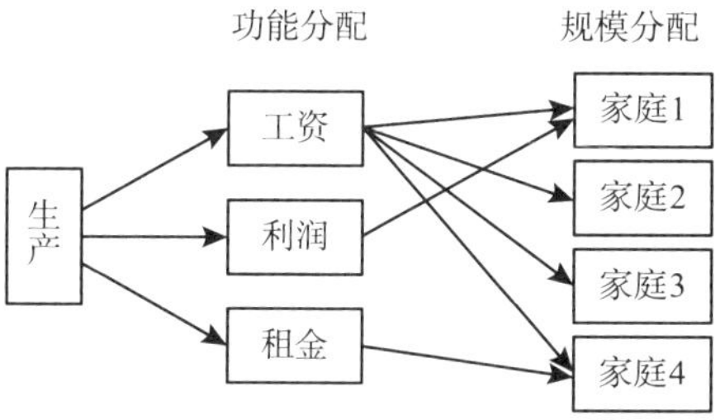

图1 收入的功能分配和规模分配

由于每个人拥有的资源不同,于是,从社会中得到的收入和财富就不一样,而且会有一个累积性效应,即拥有资源多的人获得的收入和财富会越来越多,而拥有资源少的人获得的收入和财富将越来越少,这就是所谓的马太效应。从整个社会来讲,收入分配就会变得越来越不均等,其后果就会出现阶级和集团分裂,产生仇恨和对抗,整个社会就会变得不稳定。

功能分配和规模分配是两个既有区别又有联系的概念。两者的区别在于研究问题的角度和目的不同。功能分配是从收入来源的角度研究收入分配,其目的在于解释资本、土地和劳动力等生产要素价格的形成及其所得收入在国民收入中所占的比重,由此建立的分配原则是经济效率原则。规模分配是根据收入水平高低将个人或家庭进行分类,然后从每类收入阶层所得收入规模与其人口规模之间的关系来研究收入分配,其目的是要说明不同的收入群体之间收入分配的形成和变化的趋势。它表明了个人收入分配的均等程度和社会成员从经济发展中所获得的福利多寡。由此建立的分配原则是社会公平原则。

参考文献:

[美]迈克尔·P. 托达罗、斯蒂芬·C. 史密斯:《发展经济学》原书第9版,机械工业出版社2009年版。

郭熙保:《发展经济学》,高等教育出版社2011年版。

齐良书:《发展经济学》,高等教育出版社2007年版。

谭崇台:《发展经济学辞典》,山西经济出版社2002年版。

张培刚、张建华:《发展经济学》,北京大学出版社2009年版。

Debraj Ray, *Development Economics*, New Jersey: Princeton University Press, Princeton, 1998.

(郭熙保 陈忠斌)

洛伦兹曲线

Lorenz Curve

洛伦兹曲线是由美国统计学家马克思·奥托·洛伦兹(Max Otto Lorenz)在1905年提出来的,用以分析和比较一个国家在不同时期,或者不同国家在同一时期的财富不平等状况。从那以后,作为一个描述收入和财富分配状况的便利的图解方法,该曲线得到了广泛的应用。

假设P、Y分别代表总人口和总收入,若分为n组,则有:

$$P=(P_1,P_2,\cdots,P_n)$$

$$Y=(Y_1,Y_2,\cdots,Y_n)$$

$$p_i = P_i/(\sum_{i=1}^{n} P_i)$$

$$y_i = Y_i/(\sum_{i=1}^{n} Y_i)$$

$$p_1 + p_2 + \cdots + p_n = \sum_{i=1}^{n} p_i = 100\%$$

$$y_1 + y_2 + \cdots + y_n = \sum_{i=1}^{n} y_i = 100\%$$

图1为洛伦兹曲线,纵轴表示累积收入百分比,横轴表示累积人口百分比。45°线OB为完全平等线,表示任何累积百分比的人口分享同样一个百分比的国民收入。例如,40%的人口得到的是40%的收入,5%的人口得到的是5%的收入。右下角90°线OCB为完全不平等线。洛伦兹曲线处于45°线和90°线之间,其曲度表明了收入分配的不平等程度,越接近平等线,收入分配越平等;离45°线越远,它所代表的不平等程度就越高。洛伦兹曲线为我们分析一个国家的不平等程度提供了一种直观的图示化方法。

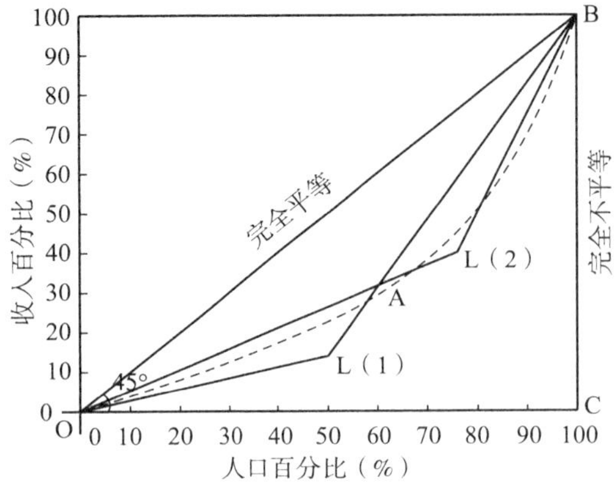

图1 洛伦兹曲线

值得注意的是,不同的洛伦兹曲线可能相交,甚至不同形状的曲线可能产生出同样的基尼系数。例如,图1中的L(1)和L(2)是两种不一样的收入分配,洛伦兹曲线相交使得它们产生了相同的基尼系数。因此,洛伦兹曲线虽然比较直观显示不平等程度,但要想估算一个社会收入分配不平等程度,还必须要有个具体的计算方法。

参考文献:

[英]伊特韦尔等:《新帕尔格雷夫经济学大辞典》,经济科学出版社1996年版。

[美]迈克尔·P. 托达罗、斯蒂芬·C. 史密斯:《发展经济学》原书第9版,机械工业出版社2009年版。

[美]德怀特·H. 波金斯等:《发展经济学》,中国人民大学出版社2005年版。

郭熙保:《发展经济学》,高等教育出版社2011年版。

张培刚、张建华:《发展经济学》,北京大学出版社2009年版。

Debraj Ray, *Development Economics*, New Jersey: Princeton University Press, Princeton, 1998.

Lorenz M. O., Methods for Measuring Concentration of Wealth, *Journal of the American Statistical Association*, 9, 1905.

（陈忠斌）

基尼系数
Gini Coefficient

意大利统计学家科拉多·基尼(Corrado Gini)于1910年修正了对帕累托不平等参数的解释,并于1912年提出了收入不平等的一种新的度量法——基尼系数。基尼系数可以通过计算洛伦兹曲线与对角线的面积除以对角线与两轴围成的三角形面积而得到(见图1)。用公式表示就是:

$$G = A/(A + B)$$

设横轴为x(累积的人口百分比),纵轴为y(累积的收入百分比),于是,基尼系数公式可以用一个积分公式来表示:

$$G = 2\int_0^1 (x - y)\,dx$$

其中,2就是(A+B),即三角形面积(正方形面积100%×100%的一半)的倒数;$\int_0^1 (x - y)\,dx$为A,即对角线与洛伦兹曲线围成的面积。

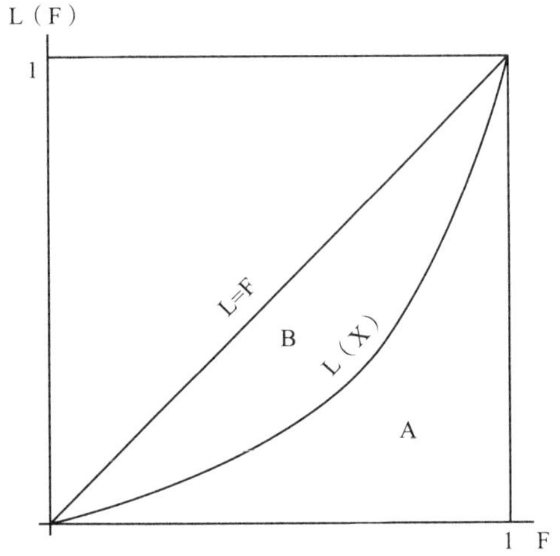

图1 洛伦兹曲线L(X)和基尼系数G

基尼系数取值在0到1之间。若G=1,表示社会收入分配绝对不平等;若G=0表示社会收入分配绝对平等;若G为0到1之间的一个数,则表示社会收入分配处于绝对不平等和绝对平等之间。一般认为,基尼系数小于0.2为高度平均;0.2~0.3表示比较平均;0.3~0.4表示相对合理;0.4~0.5表示收入差距较大;大于0.6为高度不平均,国际上通常用0.4作为警戒线。由于基尼系数给出了反映收入分配差异程度的数量界限,可以有效地预警两极分化的质变临界值,克服了其他方法的不足,得到了全世界的广泛重视和普遍采用。

参考文献:

[英]伊特韦尔等:《新帕尔格雷夫经济学大辞典》,经济科学出版社1996年版。

郭熙保:《发展经济学》,高等教育出版社2011年版。

谭崇台:《发展经济学辞典》,山西经济出版社2002年版。

Debraj Ray, *Development Economics*, New Jersey: Princeton University Press, Princeton, 1998.

（陈忠斌）

滴注效应
Trickling-down Effect

滴注效应，亦称涓流效应或涓滴效应，是指在市场机制的调节下，经济增长的收益将逐渐地自动流向低收入阶层，因此政府不需要直接干预收入分配。滴注效应理论认为，随着经济增长，会给社会创造更多的就业机会和良好的经济环境，从而使更多的失业人口就业并提高他们的收入水平，同时，财政收入和政府支出的增加也将起到减少贫困的作用。这样经济增长的收益会像涓涓流水一样不断地流向低收入阶层，使广大群众受益，从而最终解决发展中国家一般存在的失业、贫困和收入分配不均等问题。因此"滴注效应"被认为是与政府直接转移支付相对应的收入调节途径之一。"滴注效应"特别强调在经济发展中，把创造就业机会和必要的经济环境放在核心地位，把消除贫困、调节收入不均问题放在了相对次要位置。滴注效应的理论基础是新古典主义的经济发展理论，其中心是强调市场机制中的刺激—反应作用。

印度前总理贾瓦哈拉尔·尼赫鲁（Jawaharlal Nehru，1933）被认为是首先使用滴注这一术语的人，他在1933年发表的一篇文章中指出"对印度及其他国家的剥削给英国带来了巨额的财富，其中一部分财富滴注给了工人阶级并使得他们的生活水平提高了"。美国总统约翰·肯尼迪（John F. Kennedy）的名言"涨潮让所有船都浮起来"（A Rising Tide Floats all Boats），把滴注效应的思想表达得淋漓尽致。滴注效应理论与人们所熟知的里根经济学或供给学派经济学的经济政策也有密切联系。20世纪70年代以后，许多学者（Arndt，1983；Grant，1973；Michel，1991；Mitra，1992）从不同角度论证了滴注效应的有限性。

参考文献：
谭崇台：《发展经济学辞典》，山西经济出版社2002年版。
Arup Mitra, Growth and Poverty: The Urban Legend, *Economic and Political Weekly*, Vol. 27, No. 13, 1992.
H. W. Arndt, The "Trickle-Down" Myth, *Economic Development and Cultural Change*, Vol. 32, No. 1, 1983.
James P. Grant, Development: The End of Trickle down, *Foreign Policy*, No. 12, 1973.
Jawaharlal Nehru, "Whither India?" (1933), Reprinted in *India's Freedom*, Unwin Books, No. 29 (London: Allen & Unwin, 1962).
Richard C. Michel, Economic Growth and Income Equality since the 1982 Recession, *Journal of Policy Analysis and Management*, Vol. 10, No. 2, 1991.

（陈忠斌）

库兹涅茨倒 U 型曲线
Kuznets Inverted-U Curve

美国经济学家、诺贝尔经济学奖获得者西蒙·库兹涅茨（Simen Kuznets）在1955年一篇论文中提出了一个增长与收入分配关系的假说：在经济增长的早期阶段（贫穷阶段），收入分配较为平等，随着经济的增长，收入分配不平等程度趋于上升；到经济增长的后期阶段（富裕阶段），随着收入水平的提高，收入分配不平等程度趋于下降（库兹涅茨，1955），这就是著名的"库兹涅茨假说"（Kuznets Hypothesis）或"库兹涅茨倒U型曲线"（Kuznets Inverted U-Shaped Curve）。该曲线如图1所示。

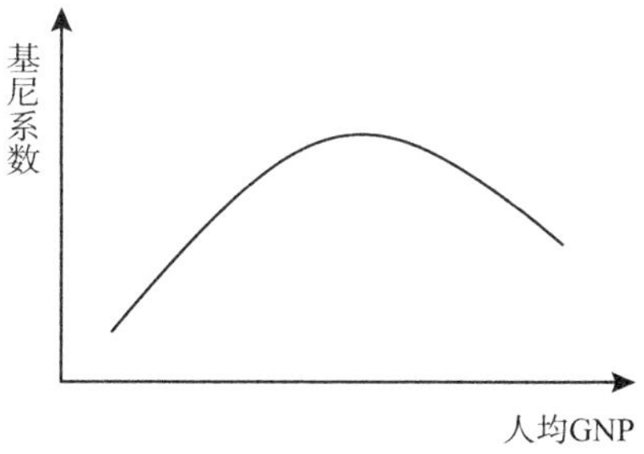

图1　库兹涅茨曲线

图1中，横轴表示人均GNP，纵轴表示基尼系数。图中倒U型曲线表示，当收入水平上升时，基尼系数首先增大（收入差距扩大），当收入水平上升到一定程度时，基尼系数达到最大后开始逐渐变小。库兹涅茨提出的这个假说得到如下一些理论支持。

第一，贫穷国家的二元经济显著，经济增长首先在现代工业部门发生，在这个部门中，就业量小而生产率高，因而工资水平高；与之相比，在传统农业部门中，就业量大而生产率和收入水平低。在传统农业转变到现代农业之前，两个部门的收入差距将会不断扩大。而且，在现代工业部门内部也存在着发展不平衡，一些发展较快的行业工资水平上升很快，而发展较慢的行业工资水平则上升较慢，结果，在工业部门内部收入差别将会扩大，并且这种收入分配不均现象可能比传统的农业部门内部更严重。此外，由于存在地区发展不平衡，发展较快的地区比发展较慢或停滞的地区在收入方面差别将会越来越大。在经济增长后期，二元经济逐渐消失，农业部门也像工业部门一样现代化了，其工资水平逐渐接近工业部门的工资水平，落后地区也开始发展起来，逐渐赶上发达地区，收入差距逐渐缩小。

第二，在发展初期，国家以经济增长为主要目标，因此，鼓励自由竞争和资本积累，从而，少数人由于财产收入、个人才能与受到良好教育以及其他原因而变得越来越富有，而大部分人相对说来变穷了，结果是收入分配不均现象趋于恶化。到经济发展后期，教育逐渐普及，教育程度逐渐提高，劳动者的素质和生产技能之间的差异缩小了，因而生产率和工资水平大大提高，且劳动者之间的工资差别也相应地缩小；同时，财产收入份额趋于下降，结果是劳动收入比财产收入更重要，收入分配不均现象趋于改善。其次，如果两极分化很严重，阶级矛盾和社会冲突就会变得较为尖锐。为了维持社会稳定和政治统治，国家不得不采取各种措施减少收入不均程度。另外，在经济增长后期阶段，由于经济实力和财力越来越雄厚，国家也有能力采取一些措施（如对低收入者提供失业救济、提供养老金、提供教育和医疗补贴、对高收入者征税等收入转移政策）改善低收入阶层的经济地位。

第三，在经济发展初期，国家的政权往往掌握在富裕阶级的手里，这样，制定的方针政策必然有利于富人阶级而不利于穷人阶级。结果，收入分配不平等状况不断恶化，经济发展到较高阶段以后，一般民众的教育水平提高了，参政议政的意识增强了，他们能组织起来形成抗衡集团，如成立工会和农民协会等，以争取自己的政治和经济权益，迫使政府当局采取一些有利于低收入阶层的政策和资本家在增加工资方面作出让步，结果导致收入差别的缩小。

库兹涅茨不仅提出了假说，而且还运用统计资料对这一假说进行了论证。他从英、美、德等 18 个国家的历史统计资料中得出，发达国家的收入分配不平等经历了一个先恶化而后改善的过程。“倒 U 型”曲线在英国大约经历了 100 年，在美国和德国经历了 60 ~ 70 年。他还对发展中国家与发达国家战后收入分配状况作了横向比较，发现发达国家中高收入者在整个国民收入中的比例明显低于发展中国家高收入者的比例，而对于那些低收入者的收入比例而言，情况正好相反，从而得出了发展中国家收入分配比发达国家更不平等的结论。

库兹涅茨假说引起了许多发展经济学家的兴趣和重视。对发展中国家的收入分配不平等的变化趋势和不同富裕程度的国家的收入分配不平等状况进行了大量的经验研究，大多数研究结果支持了库兹涅茨假说，但也有些研究否定了这一假说的存在。

由于缺乏时间序列方面的资料，对“倒 U 型”假说的实证分析主要是利用截面资料进行的，即对同一时期不同收入水平的国家收入分配状况进行比较分析。这种研究实际上是暗含地假设处于不同发展水平的国家相当于一国处在不同的发展阶段，因此，把“倒 U 型”现象由动态的历史过程转化为静态的国别比较。截面研究一般都支持了库兹涅茨“倒 U 型”假说。

库兹涅茨假说也遭到一些批评。由于资料缺乏，对发展中国家在较长时期的时间序列分析较少，但也有些研究。有的运用一些发展中国家的时序数据证明了库兹涅茨“倒 U 型”曲线前半部分，即收入分配趋向不平等；有的利用发达国家的时序资料证明了库兹涅茨“倒 U 型”曲线后半部分，即收入分配趋向平等。不过，有的研究却否定了库兹涅茨假说。例如，费尔茨（G. S. Fields）根据对亚洲新兴工业化国家和地区的研究对“倒 U 型”假说提出了怀疑。他认为，即使早期阶段也不必然伴随着收入不平等的恶化，亚洲“四小龙”在快速发展过程中，收入分配不但没有恶化，反而改善了。亚洲“四小龙”发展经验使人对库兹涅茨假说提出了越来越多的怀疑。联合国发展计划署在 1996 年的《人类发展报告》中指出：“早期经济增长必然与收入分配的恶化相联系的传统观点证明是错误的……这些假说已被经济增长与收入平等之间正相关的最近证据证明是不成立的。日本和东亚都是公平发展形式的先驱者，而中国、马来西亚和毛里求斯最近也在走日本和东亚同样的道路。”

尽管否定库兹涅茨假说的倾向越来越强，但从中国经济发展的经验来看，库兹涅茨假说似乎是存在的。中国从 1978 年改革以来收入差别的确呈扩大趋势。从 1978 ~ 2009 年，无论农村居民阶层还是城市居民阶层，收入不平等都扩大了，农村居民的基尼系数从 0.212 扩大到 0.356，城市居民的基尼系数从 0.160 扩大到 0.367，全国居民基尼系数由 0.302 扩大到 0.454。中国的基尼系数，超过了国际公认的 0.4 的警戒线；而且，总体上呈现不断上升的趋势，这一现象似乎证明了库兹涅茨“倒 U 型”曲线的前半部分。

参考文献：

[美]库兹涅茨：《经济增长与收入不平等》，载于《美国经济评论》1955 年第 3 期。

郭熙保：《发展经济学》，高等教育出版社 2011 年版。

[美]德布拉吉·瑞：《发展经济学》，北京大学出版社 2002 年版。

[美]迈克尔·P. 托达罗、斯蒂芬·C. 史密斯：《发展经济学》原书第 9 版，机械工业出版社 2009 年版。

Gerald M. Meier and James E. Rauch, *Leading Issues in Economic Development*, 7th *edition*, Oxford University Press, 2000.

UNDP, *Human Development Report* (1996), Oxford University Press, 1996.

（郭熙保）

贫困

Poverty

贫困是指家庭或个人所具有的衣、食、住、行等基本生活水平低于其所处社会最低生活标准的一种生存状态。狭义上的贫困，是经济上的贫困，指收入低下、物质匮乏,个人或家庭的生活水平达不到社会可以接受的最低标准。“最低生活标准”所需必需品的数量和内涵在不同时期不同地区是不同的,它们随收入水平的增加而提高,因此有相对贫困和绝对贫困之分。广义的贫困,除了经济含义外,还包括权利、能力、机会的被剥夺状态。进入21世纪后,人们基本认同贫困是福利的被剥夺状态,贫困不仅是低收入、低消费、无住房,在教育、医疗卫生、营养以及人类发展的其他领域取得的成就较少,还包括尊严和安全感的缺失,面临风险时的脆弱性和恐惧感,对公共事务/活动没有发言权和缺乏影响力等,是权利/能力的贫困。

发展中国家的贫困群体具有一些基本经济特征:(1)地域特征。他们大多聚集在平均收入低下、社会服务和基础设施严重不足的农村地区、山区、少数民族地区,非农就业机会缺乏、环境退化的地区,从事农业生产或从事与农业相关的、技术含量不高的生产活动。(2)性别特征。他们大多数是妇女、儿童,特别是女童。贫困家庭中,儿童特别是女童和妇女的境况更为悲惨。(3)家庭规模。贫困群体的家庭人口数量往往比较多,高于平均的家庭成员数。贫困家庭儿童死亡率高,子女从事劳动的起始年龄低,父母年老时需要子女照料养老。(4)资产匮乏。贫困者缺乏基本的生产性资产,如农用机具、农业机械等,他们常常是无地或少地的农民。条件恶劣的家庭一般无地或少地,或者拥有的是不毛之地。

联合国《2010年人类发展报告》以“多维贫困指数”(MPI)取代1997年的人类贫困指数(HPI),以识别特定的个体、家庭或更大范围内的人群所遭受的联合剥夺。多维贫困指数以3个维度10个指标反映多维贫困的组成部分对于不同地区、不同少数民族的贫困发生率和贫困程度是如何发生变化的。3个维度是健康、教育和生活标准,10个指标是营养、儿童死亡率、受教育年限、儿童入学率、做饭用燃料、厕所、饮用水、电、屋内地面和财产,每个指标在其维度内都有相应的权重。该指数揭示了以贫困线为代表的传统货币测量方法所无法衡量的贫困程度。

贫困对穷人的功能性影响是多方位的:第一,影响穷人进入信贷市场的能力;第二,影响穷人进入保险市场的能力;第三,影响穷人进入劳动力市场的能力;第四,影响贫困家庭内部资源的公平分配。产生贫困的原因比较复杂,包括政策因素、环境/自然因素、文化/制度因素、政治因素和国际因素等。发展中国家的贫困多表现为一种慢性的长期贫困,具有持久性、代际传递性、多元性、脆弱性、性别差异等特点,减缓贫困的政策必须是建立公正性、包容性的宏观经济环境,为穷人提供安全网保护穷人改善自己状况的机会,建立民主制度为穷人提供表达的机会,向农村地区提供公共基础设施,扩大对教育和医疗的投资等。

参考文献:

[印度]阿玛蒂亚·森:《以自由看待发展》,中国人民大学出版社2002年版。

[印度]阿玛蒂亚·森:《贫困与饥荒》,商务印书馆2004年版。

[印度]德布拉吉·瑞:《发展经济学》,北京大学出版社2003年版。

[美]德怀特·H. 波金斯等:《发展经济学》,中国人民大学出版社2005年版。

郭熙保:《发展经济学》,高等教育出版社2011年版。

[美]杰拉尔德·迈耶、约瑟夫·斯蒂格利茨:《发展经济学前沿:未来展望》,中国财政经济出版社2003年版。

联合国2010年人类发展报告:《国家的真正财富:人类发展进程》,联合国官方网站 http://www.un.org/zh/development/hdr/2010/.

世界银行:《2000/2001年世界发展报告:与贫困作斗争》,中国财政经济出版社2001年版。

世界银行:《1990年世界发展报告:贫困问题—— 社会发展指标》,中国财政经济出版社1990年版。

[英]伊特韦尔等:《新帕尔格雷夫经济学大辞典》,经济科学出版社1996年版。

(王爱君)

能力贫困
Capability Poverty

能力贫困是指基本可行能力的剥夺而不仅仅是收入低下。它与权利贫困概念同属阿玛蒂亚·森对发展理论的开创性贡献。森在20世纪70年代以来出版的一系列著作中提出,识别贫困的最普通做法是确定一个基本或最低生活必需品集合,把缺乏满足这些基本需要的能力作为贫困的检验标准。一个人的“可行能力”(Capability)是此人有可能实现的、各种可能的功能性活动组合。可行能力是一种自由,是实现各种可能的功能性活动组合的实质自由。基本可行能力的剥夺可以表现为过早死亡、严重营养不良、长期流行疾病、文盲以及其他一些失败。影响能力剥夺的因素包括收入水平、公共政策、社会制度安排、经济不平等和民主程度等。

以能力界定贫困的理由是:第一,贫困可能是以能力被剥夺为特点的,能力从本质上讲是重要的,而低收入只有手段上的意义;第二,低收入不是对能力剥夺的唯一影响;第三,收入对能力的影响因社区、家庭和个人而有所不同。森的能力贫困研究受到联合国发展计划署的支持,联合国《1996年人类发展报告》正式提出“能力贫困”概念,将贫困视为创造收入的机会和能力的不足,并设立了能力贫困指标。能力贫困指标由三个指标构成:5岁以下体重不足的儿童比重、没有专业卫生员护理而出生的婴儿比重、45岁以下文盲妇女比重,这三个指标按照相等权重加总得到的一个平均数就是能力贫困指数。能力贫困指标是个反指标,指标越高,能力贫困越严重。按照这种方法,联合国发展计划署计算了101个发展中国家和地区的能力贫困指标,其结果是越穷的国家,能力贫困指标越高。

能力贫困与权利贫困两者存在密切关联性,个体权利缺失限制其获得和提升改善生活的能力,能力低下使其在表达利益需求和实现自己的利益上处于无力、无权利状态,在社会竞争中表现出经济利益的贫困性、生活质量的低层次性、承受能力的脆弱性、社会地位的边缘性以及享有资源的匮乏性。森提出五种基本工具帮助人们提高可行能力:第一,政治自由,确定应该由什么人执政而且按什么原则来执政的机会,拥有政治表达、出版言论及监督并批评当局的自由。第二,经济条件,个人分别享有的为了消费、生产、交换的目的而运用其经济资源的机会。第三,社会机会,在社会教育、医疗保健等方面所实行的安排,这些安排直接影响到个人选择更好的生活方式和实质自由的机会。第四,透明性保证,满足人们对信息公开性的需求,保证在信息公开和明晰条件下自由交易。第五,防护性保障,提供一个社会安全网,防止受到影响的人遭受更深重的痛苦,甚至陷入绝境。

把能力吸收到贫困定义中,大大扩展了缓解贫困可采用的政策工具范围,即使收入没有增加,采取各种政策来提高个人的健康水平,增加其吸收和交换信息能力,也能改善生活质量。将改善医疗、扩大教育的政策和项目与政府旨在促进投资和增长的行动结合起来,穷人得到的好处就更大。能力贫困已经成为贫困问题及减贫政策研究的核心和关键。

参考文献:

[印度]阿玛蒂亚·森:《伦理学与经济学》,商务印书馆2001年版。

[印度]阿玛蒂亚·森:《以自由看待发展》,中国人民大学出版社2002年版。

[印度]阿玛蒂亚·森:《理性与自由》,中国人民大学出版社2006年版。

[印度]阿玛蒂亚·森:《评估不平等和贫困的概念性挑战》,载于《经济学(季刊)》2003年第1期。

[美]杰拉尔德·迈耶、约瑟夫斯·蒂格利茨:《发展经济学前沿:未来展望》,中国财政经济出版社2003年版。

联合国发展计划署:《中国人类发展报告2005:追求公平的人类发展》,中国人类发展报告网 http://ch.undp.org.cn/.

世界银行:《世界发展报告2007:发展与下一代》,http://www.worldbank.org.cn.

世界银行:《1990世界发展报告:贫困问题:社会发展指标》,中国财政经济出版社1990年版。

UNDP, *Human Development Report* (1996), http://hdr.undp.org/en/reports/global/hdr1996/.

World Bank, *From Poor Areas to Poor People: China's Evolving Poverty Reduction Agenda, An Assessment of Poverty and Inequality in China*, 2009/03/10, http://www.worldbank.org.cn.

(王爱君)

收入贫困
Income Poverty

收入贫困指收入水平和消费支出低下,家庭收入不足以维持身体有效活动的最低需要,个人或家庭的生活水平达不到社会可以接受的最低生活标准,是狭义上的贫困。首位使用收入测度贫困的学者是英国经济学家朗特里(Seebohm Rowntree,1899),虽然其研究与世界银行关于全球收入贫困状况的估计相差一个世纪,但两者在方式和方法上是相同的。对收入的衡量往往是以货币为标准,当拥有的货币总收入不能够购买到最基本的衣物、食品、住房等必需品,不能保证获得最基本的衣食住行条件时,这种经济上的贫困就是收入贫困。

国际上通行的衡量收入贫困的标准是贫困线,收入水平低于贫困线的人被称为穷人。在不同历史时期,最低基本生活标准不一致,以货币为量化指标的收入贫困所表现出的绝对收入也存在差异。在同一历史时期,不同地区的经济发展程度存在差异,对基本生活必需品购买能力的衡量标准也存在差异,以收入水平和消费支出为评价的贫困表现也不一样。收入贫困通常被划分为绝对贫困和相对贫困。

收入贫困反映的是个人或家庭的总收入,不考虑收入的获取途径和来源,也不考虑其他经济、社会环境,或政治、文化状态,或收入分配模式等,重要的是挣钱的数量而不论收入是来自于雇佣、利息、利润、租金、赠予或者遗赠等其他途径,而且区域性、职业性、性别等差异也被忽视。这种对其他因素的忽略往往会引致扶贫政策趋向单一化,使政策关注的重点是货币形式的收入提升,而不是其他社会福利提升、收入分配模式改善、个人创造财富能力的提高、文化环境或民主制度的优化等。因此,在贫困研究过程中,人们已经从最初的收入贫困转向对更广义贫困的探讨,如权利贫困、能力贫困、多维贫困等。

参考文献:

[印度]德布拉吉·瑞:《发展经济学》,北京大学出版社2003年版。

[美]德怀特·H. 波金斯等:《发展经济学》,中国人民大学出版社 2005 年版。
世界银行:《1990 世界发展报告:贫困问题—— 社会发展指标》,中国财政经济出版社 1990 年版。
世界银行:《2000/2001 世界发展报告:与贫困做斗争》,中国财政经济出版社 2001 年版。
联合国发展计划署:《2010 人类发展报告——国家的真正财富:人类发展进程》,http://www.un.org/zh/development/hdr/2010/.
联合国发展计划署:《2006 人类发展报告——透视贫困:权力、贫穷与全球水危机》,http://hdr.undp.org/en/media/HDR2006_China_Summary.pdf.
Stuart R. Lynn, *Economic Development—Theory and Practice for a Divided World*, New Jersey: Prentice Hall, 2003.
Michael P. Todaro and Stephen C. Smith, *Economic Development*, 11th edition, New Jersey: Prentice Hall, 2011.
World Bank, *From Poor Areas to Poor People: China's Evolving Poverty Reduction Agenda, An Assessment of Poverty and Inequality in China*, 2009/03/10, http://www.worldbank.org.cn.

(王爱君)

绝对贫困与相对贫困
Absolute Poverty and Relative Poverty

绝对贫困又称生存贫困或物质贫困,指个人或家庭收入低于维持最低生存需要的收入水平,缺乏足够的资源来满足最低生存标准。这一概念最早由时任世界银行行长的麦克拉马(R. McNanara)于 1973 年提出。绝对贫困是从生物学上人们对消费品的最低生存需要来定义和衡量的,是低于维持身体有效活动的最低指标的一种贫困状态,这种最低指标是勉强维持生存的标准而不是生活的标准。绝对贫困人口一般是以最低生活保障线或贫困线为标准来划定的。在确定这种贫困线时,运用的是最大限度节俭的原则。在对家庭生活做最低指标的估计时,其原则是除了为维持身体健康而绝对必需购买的物品外,其他一切都不能包括在内,而且所有购买的物品必须是最简单的。

相对贫困指缺乏为了参与社会广泛认同的活动和享受公认的普通生活水平所必需的资源,是相对于平均水平而言个体缺乏日常生活所需的一些资源,或不能获得日常生活中所需要的全部资源。相对贫困是比较而言的贫困,一方面是指随着时间变迁和社会生产方式、生活方式的演进,贫困标准亦发生相对变化;另一方面是指在同一时期相对于不同社会成员和地区之间差异而言的贫困。绝对贫困与生理需要有关,相对贫困与收入分配相关。

虽然绝对贫困概念包含有"绝对"字眼,但不管是在哪个社会,人们都需要足够的食物、衣着与住房,但不同的社会对"足够"的标准不会完全一样,在一些社会里拥有一台电视机被称为"充实生活"的基本条件之一,但在另一些社会则不然。同样,最小限度的闲暇、获得科学教育的权利以及拥有私人交通工具,在某些社会被看成是最基本的生活需要,但在另一社会则不是。技术进步和生活水平的普遍提高对贫困会产生三个明显影响:第一,最初被视为奢侈品的消费品,后来被视为便利品或必需品;第二,社会组成方式的变化使穷人达到某个既定目标的成本被增加,如汽车的普遍拥有导致公共交通的退化;第三,社会标准的普遍更新,使穷人想办某些事的代价更高,如新住房标准要求必须配备卫生设备、保暖设备或空调设备,这就增加了住房成本。因此,"绝对贫困"具有"相对"的含义。但"绝对贫困"与"相对贫困"的区分仍然是必要的。根本的区别是"绝对贫困"表现为生活上极为困难的状态,而相对贫困是指相对于平均生活水平而言的。绝对贫困人口必然属于相对贫困人口,但相对贫困人口不一定就是绝对贫困人口。所以,一个国家可以消灭绝对贫困,但永远不可能消灭相对贫困,除非一个社会在收入和财富的分配上是绝对的平均。据报道,作为世界上最为富有的美国,八个人中就有一个属于贫困人口,这个比例是相当高的。

参考文献:

[印度]德布拉吉·瑞:《发展经济学》,北京大学出版社 2003 年版。
[美]德怀特·H. 波金斯等:《发展经济学》,中国人民大学出版社 2005 年版。
郭熙保:《发展经济学》,高等教育出版社 2011 年版。
[英]拉法尔·卡普林斯基:《夹缝中的全球化:贫困和不平等中的生存和发展》,知识产权出版社 2008 年版。
齐良书:《发展经济学》,高等教育出版社 2007 年版。
世界银行:《1990 世界发展报告:贫困问题—— 社会发展指标》,中国财政经济出版社 1990 年版。
谭崇台:《发展经济学辞典》,山西经济出版社 2002 年版。
Robert S. McNamara, The Nairobi Speech, Address to the Board of Governors, Nairobi, Kenya, September 24, 1973, Word Bank: http://siteresources.worldbank.org/EXTARCHIVES/Resources/Robert_McNamara_Address_Nairobi_1973.pdf.
Michael P. Todaro and Stephen C. Smith, *Economic Development*, 11th edition, New Jersey: Prentice Hall, 2011.

(王爱君)

脆弱性
Vulnerability

脆弱性概念起源于对自然灾害问题的研究。在地学研究领域,齐默尔曼(P. Timmerman)于 1981 年第一次使用脆弱性概念。社会学定义脆弱性为个体、家庭或社区面对变化的环境福利的不安全。在发展伦理学中,脆弱性是指人们在发展活动中所具有的软弱无力的普遍性质或状态。由于不同的人的能力有高低差异,不同国家和地区有强弱区分,“脆弱性”可分为强者的脆弱性和弱者的脆弱性。发展伦理学家古雷特(D. Goulet)特别重视弱者的脆弱性,它以不发达的形式表现出三重含义:一是贫困。除收入贫困外,还包括不健康、无知和缺乏自尊;二是无权或者权力的贫困。遭受不发达之苦的个人和群体为外在于己的力量所控制,他们不是自己生活的主体而是受他们不能理解或控制的力量所支配的被动客体;三是绝望。受不发达之苦的群体和个人经历着“关于发展前景的绝望”。健康和营养学家将脆弱性定义为营养脆弱性,指缺乏正常生活需要的食品摄入的概率,或者是忍受营养相关的患病率或死亡率。

经济学从不同的角度来定义脆弱性:(1)在一定条件下家庭应对风险的结果,即用货币测量的福利损失。(2)用基于资产的方法定义脆弱性,即由于拥有的有形或无形资产的不充分而陷入贫困。贫困被看做是一个动态概念,脆弱性是在未来一定时期内资产损失或减少到当前消费的某一基准之下的概率。(3)从可持续生计的角度定义,脆弱性是指人们不能获得足够的消费品和服务、健康、地位、成就和安全,使之在长期内的生活处于不稳定、不可持续的状态。(4)从食物保障方面(Food Security),脆弱性是食物缺乏保障的状态。食物保障是指人们在任何时间能够获得充足而经济的食物以满足多样化和健康生活的日常需要。

现在,研究者们通常把脆弱性定义为个人或家庭受到不利风险冲击而陷入贫困或者陷入更深的贫困的可能性或概率。世界银行(2000)把贫困脆弱性看做是个人或家庭面临某些风险的可能,且由于遭遇风险而导致财富损失或生活质量下降到某一社会公认的水平之下的可能。脆弱性可分解为两个维度:风险暴露和应对能力。高(低)脆弱性的家庭是那些面对高(低)风险暴露和低(高)风险应对能力的家庭,同样的风险暴露,因应对风险能力的不同会有不同的结果。贫困的脆弱性产生于贫困人口对多种来源的冲击缺乏应对能力,这些冲击包括自然灾害以及环境因素、个人的健康与教育以及家庭因素、制度和政策等权益性因素、社会福利因素以及经济因素等。将脆弱性纳入贫困研究,显示出脆弱性是一个广泛的概念,它不仅仅包括收入脆弱性,还包括与健康、暴力、社会排斥/权利剥夺相关的风险。

根据阿尔温(Alwang,2001)的总结,贫困脆弱性概念可归结为三类:由风险或冲击所导致的收入或消费的波动;由风险或冲击对家庭福利所造成的影响;由风险或冲击而导致的在未来跌落到贫困线以下的概率。对应于这三种定义,贫困脆弱性的度量方法也可分为三类:第一类方法用家庭的消费或收入的变动性来度量;第二类方法则用未来的消费支出(或者未来消费支出的效用)与贫困线(或者贫困线的预期效用)之间的差来度量;第三类方法则运用未来陷入贫困的概率来度量。

参考文献:

[美]德尼·古莱:《发展伦理学》,社会科学文献出版社 2003 年版。

[美]杰拉尔德·迈耶、约瑟夫·斯蒂格利茨:《发展经济学前沿:未来展望》,中国财政经济出版社 2003 年版。

联合国:《1997 中国发展报告:人类发展与减贫》,http://ch.undp.org.cn/modules.php? op = modload&file = article&catid = 18&topic = 8&sid = 147&mode = thread&order = 0&thold = 0.

联合国:《2006 人类发展报告:透视贫水:权力、贫穷与全球水危机》,http://hdr.undp.org/en/media/HDR2006_China_Summary.pdf.

联合国:《2010 人类发展报告:国家的真正财富:人类发展进程》,http://www.un.org/zh/development/hdr/2010/.

世界银行:《1990 世界发展报告:贫困问题—— 社会发展指标》,中国财政经济出版社 1990 年版。

世界银行:《2000/2001 世界发展报告:与贫困做斗争》,中国财政经济出版社 2001 年版。

世界银行:《2006 世界发展报告:公平与发展》,清华大学出版社 2006 年版。

Dennis Goulet, *Cruel Choice: A New Concept in the Thoery of Development*, New York: Atheneum, 1971.

P. B. Siegel Alwang J. and S. L. Jorgensen, *Vulnerability: A Review from Different Disciplines*, The World Bank Social Protection Discussion Paper, No. 0115, 2001.

(王爱君)

贫困线
Poverty Line

贫困线指一个关于收入、消费或对产品和服务可得性的门槛,在此门槛之下的人被称为贫困者。贫困线又叫贫困标准,在不同国家有不同的标准和解释。总体来说,贫困线是指在一定时间、空间和社会发展阶段条件下，维持人们基本生存所必需消费的物品和服务的最低费用，是一个国家或地区为救助那些收入难以维持家庭基本生活需要者而制定的救济标准或界限。

世界银行1979年提出贫困的营养标准，即每人每天摄入2250卡路里，如果低于这个标准，就会损害人们从事最低限度的必要活动的能力。1979年联合国按照人均年收入200美元（按照1970年价格）为国际贫困标准。1990年世界银行采用370美元（按1985年购买力平价）作为衡量各国贫困状况的国际通用标准，即人均日消费支出不超过1美元，简称为“1美元/天”的贫困标准。同时，世界银行还确定了一个“2美元/天”的高贫困线。2008年8月世界银行将国际贫困线从1美元提升至1.25美元（按照2005年购买力平价）。

1984年中国首次测算贫困线的标准方法是：首先，确定食物贫困线。根据当年中国农村住户抽样调查分户资料计算低收入组的食品消费清单，根据营养学家建议的每人每天2100卡路里必需的营养标准调整食品消费量，再乘以对应的价格并求和，即可得到食物贫困线。其次，确定非食物贫困线。1995年以前，主要根据非食品消费支出比重来计算非食物贫困线。但这种方法被认为有缺陷，因为非食品消费项目选择和所谓“合理的食品支出占生活消费支出的比例”是经验的、主观的和武断的。为了克服这个问题，从1995年开始，国家统计局采纳了世界银行的建议，根据食品消费支出函数回归模型来客观计算低收入群的非食物消费支出。在实际计算时，同时考虑了不同地区人们的消费习惯、家庭结构、生产结构等因素对居民的消费支出，特别是食品支出产生的影响。最后，食物贫困线和非食物贫困线之和就是贫困线。随着物价的上涨贫困线标准逐年上调，如1984年是200元，1985年是206元，1990年是300元，2000年是625元，以后各年贫困线标准都有适当调整，2011年底中国的贫困线标准提高到2300元（2010年不变价），2014年为2800元。

参考文献：

［印度］德布拉吉·瑞：《发展经济学》，北京大学出版社2003年版。

［美］德怀特·H. 波金斯等：《发展经济学》，中国人民大学出版社2005年版。

联合国：《1997中国发展报告：人类发展与减贫》，http://ch. undp. org. cn/modules. php? op = modload&file = article&catid = 18&topic = 8&sid = 147&mode = thread&order = 0&thold = 0.

世界银行：《1990世界发展报告：贫困问题——社会发展指标》，中国财政经济出版社1990年版。

世界银行：《2000/2001世界发展报告：与贫困作斗争》，中国财政经济出版社2001年版。

中国国家统计局：《1978～2000年农村居民贫困状况》，http://www. stats. gov. cn/tjsj/qtsj/ncjjzb/t20021022_38944. htm.

Michael P. Todaro and Stephen C. Smith, 2011: *Economic Development*, 11th edition, New Jersey: Prentice Hall.

（王爱君）

社会排斥
Social Exclusion

社会排斥是指个体与社会整体的断裂，个人或群体被全部地或部分地排除在充分的社会参与之外。它是一个广泛涉及经济社会问题的概念，最早由法国学者勒内·勒努瓦（Rene Lenoir）于1974年提出，主要指大民族完全或部分排斥少数民族的各种歧视或偏见，即那些被排除于劳动市场之外并处于持续贫穷状态以及那些不能分享经济增长成果的人，包括身心障碍者、自我毁灭者、老年病患和残障者、药品滥用者、受虐儿童、过失者，多问题家庭、边缘群体、叛逆者及其他不适应社会环境者。

在20世纪70年代，社会排斥被用来指很多人因长期失业而被排斥在市场之外。20世纪90年代其涵义被拓宽，指某些群体部分地或全部享受不到人类权利。西弗尔（Silver）对当时的社会排斥研究作了一个总结，认为在如下方面人们可能会遭受排斥：生计，有保障的固定就业，收入，财产、信贷或土地，住房，最低或一般消费水平，教育、技能和文化资本，国家福利，公民身份与法律平等，民主参与，公共品，民族或主要种族，家庭关系与社交活动，关爱、尊重、满足与理解等。1995年在丹麦哥本哈根召开的“社会发展及进一步行动”世界峰会上，将社会排斥视为消除贫困的障碍，要求反对社会排斥。社会排斥日益成为贫困研究中的一种新思维。

社会排斥关注剥夺的多元特征，为更精确地分析贫困的原因究竟是什么、穷人被持续剥夺的累积因素是什么提供了一种观察视角。阿玛蒂亚·森（2005）认为人们不应该被排斥在社会关系之外，无法自由地与他人交往是一种很严重的剥夺，社会排斥是能力贫困的一部分，甚至是贫困概念的核心部分。被隔离于某些社会关系之外可能导致其他的剥夺，进而限制人们的生活机会，社会排斥不仅是能力剥夺的一部分，更是造成各种能力不足的原因之一。与排斥相关的问题不仅包括建构性（Constitutive）剥夺，还包括工具性（Instrumental）剥夺。

经济层面上，社会排斥表现为现存的社会制度和秩序阻碍某种人或某个群体参与经济活动，导致收入分配差距的扩大；政治层面上，表现为一些人或群体被禁止或无力加入政治组织、参与政治活动,对公共事务没有发言权,无法通过合法途径影响公共决策;社会参与层面上,表现为被禁止成立民间团体或公民协会,使部分人无法通过社会网络获得利益和争取利益的机会。文化层面上,表现为以自己或本民族的文化为标准或中心来衡量其他人群或其他文化。按照排斥性质可以把社会排斥分为:经济排斥、政治排斥、社会关系排斥、文化排斥和福利制度排斥。按照"排斥对象"分为个人排斥、团体排斥和空间排斥。

人们对社会排斥基本形成这样一种共识:个人、团体或地方由于国家、企业或市场和利益集团等施动者的行为而被排斥出经济活动、政治活动、家庭社会关系系统、文化权利以及国家福利制度的过程。

参考文献:

[印度]阿玛蒂亚·森:《论社会排斥》,载于《经济社会体制比较》2005 年第 3 期。

[美]杰拉尔德·迈耶、约瑟夫·斯蒂格利茨:《发展经济学前沿:未来展望》,中国财政经济出版社 2003 年版。

联合国:《1997 中国发展报告:人类发展与减贫》,http://ch.undp.org.cn/modules.php? op = modload&file = article&catid = 18&topic = 8&sid = 147&mode = thread&order = 0&thold = 0.

联合国:《2010 人类发展报告:国家的真正财富——人类发展进程》,http://www.un.org/zh/development/hdr/2010/.

世界银行:《2000/2001 年世界发展报告:与贫困做斗争》,中国财政经济出版社 2001 年版。

世界银行:《2006 年世界发展报告:公平与发展》,清华大学出版社 2006 年版。

[德]乌德亚·瓦尔格:《贫困再思考:定义和衡量》,载于《国际社会科学》2003 年第 1 期。

郭熙保:《论贫困概念的内涵》,载于《山东社会科学》2005 年第 12 期。

P. B. Siegel Alwang J. and S. L. Jorgensen, *Vulnerability: A Review from Different Disciplines*, The World Bank Social Protection Discussion Paper, No. 0115, 2001.

(王爱君)

贫困率
Poverty Ratio

贫困率或称为贫困发生率,是贫困人口数占总人口数的比例,是衡量贫困程度的最基本指标。贫困人口数指生活水平低于贫困线的总人数,反映了一国或地区所要救济的总人口数。一般来说,以 n 表示总人口数,q 表示贫困人口数,H 表示贫困发生率,则 H = q/n。该指标是测度贫困的广度指标,表示贫困人口范围的大小。该指标的特点是,只要确定了贫困线,就可以比较简单地说明一个国家或地区的贫困相对范围的大小。

但 H 没有描述个体收入(或支出)低于贫困线的程度,那些远在贫困线之下的人比靠近贫困线的人"更加贫穷",而贫困率指标无法表明这一点。H 不能反映贫困线以下人口的贫困强度或者救济贫困所须付出的经济代价,也不能反映贫困线以下的贫困人口的分布状况,即不能反映贫困人口之间的收入差距。使用贫困人口数可能使扶贫政策有利于那些接近贫困线的人口,对他们进行扶持会使扶贫结果更"好看",但在所有贫困人口中他们是最少需要帮助的。贫困发生率只能简单地测度贫困的规模,粗略评估扶贫工作的整体成果,而不能全面反映贫困程度。为了解决上述问题,或者更进一步考虑贫困程度问题,人们还使用贫困差距比(或收入差距比)、多维贫困指数等指标。

参考文献:

[印度]德布拉吉·瑞:《发展经济学》,北京大学出版社 2003 年版。

世界银行:《1990 年世界发展报告:贫困问题—— 社会发展指标》,中国财政经济出版社 1990 年版。

世界银行:《2000/2001 年世界发展报告:与贫困做斗争》,中国财政经济出版社 2001 年版。

UNDP, *Human Development Report* (1996), http://hdr.undp.org/en/reports/global/hdr1996/.

UNDP, *Human Development Report* (1997), http://hdr.undp.org/en/reports/global/hdr1997/.

(王爱君)

贫困差距
Poverty Gap

贫困差距是距离贫困线的平均差距(将非贫困人口算作具有零差距),即所有穷人的平均收入与特定贫困线的差距均值,反映贫困的深度以及发生率。在衡量贫困差距时有两个指标,一个是贫困差距比(Poverty Gap Ratio, PGR),另一个是收入差距比(Income Gap Ratio, IGR)。贫困差距比率(PGR)是把所有穷人都提高到贫困线水平的平均收入(消费)水平,除以社会的总平均收入(或消费)水平。用公式表示是:$PGR = \frac{\sum_{y_i<p}(p-y_i)}{nm}$。这里,p 表示贫困线,$y_i$ 指处于贫困线以下的第 i 个人的收入,n 表示总人口,m 表示平均收入。之所以要除以社会的总收入(或)消费水平,是因为贫困差距指数表示:与社会可能潜在地用于减少贫困的资源相比,这个差别到底有多大。从这个意义

上看,贫困差距比并不是在度量贫困本身,而是在度量消除贫困所需要的资源总量的大小。

在一个有大量穷人的社会里,用总收入作为分母,可能会误导人们关于贫困问题严重的认识。按照贫困差距比的计算公式,在一个社会中,贫困差距比可能会相当小,但仍然有一大批人处于贫困状态中。它不能够反映贫困线以下的不平等程度,对某些特殊政策反应不敏感,忽视了远低于贫困线以下的穷人的相对剥夺程度。于是,人们往往使用一个相似的指标——收入差距比(IGR),又称收入差距指数。这里分子没有变化,只是分母变成了所有贫困人口拥有贫困线收入水平时的总收入。用公式表示:$IGR = \frac{\sum_{y_i<p}(p-y_i)}{pHC}$。这里,HC 指贫困线以下的总人口数。IGR 反映了与最低生活水平相比,消除贫困的缺口还有多大,它主要用来说明贫困人口的实际收入与贫困线之间的差距及贫困状况程度。如果低于贫困线人口的收入上升,与贫困线的差距就会缩小,IGR 值下降。IGR 值越大,说明贫困程度越高;IGR 值越小,则贫困程度减小;IGR =0 时,表明贫困基本消除。

参考文献:

[印度]德布拉吉 · 瑞:《发展经济学》,北京大学出版社 2003 年版。

世界银行:《1990 世界发展报告:贫困问题—— 社会发展指标》,中国财政经济出版社 1990 年版。

世界银行:《2000/2001 世界发展报告:与贫困做斗争》,中国财政经济出版社 2001 年版。

世界银行数据库:http://data. worldbank. org. cn/indicator/SI. POV. NAGP/countries/1W? display = graph.

UNDP, *Human Development Report* (1995), http://hdr. undp. org/en/reports/global/hdr1995/.

UNDP, *Human Development Report* 1996, http://hdr. undp. org/en/reports/global/hdr1996/.

UNDP, *Human Development Report* 1997, http://hdr. undp. org/en/reports/global/hdr1997/.

(王爱君)

人类贫困
Human Poverty

阿玛蒂亚 · 森在其著作《商品与能力》(1985)一书中提出人类贫困概念。森认为,生活是由一系列相关的功能组成的,如获取足够的营养、避免死亡、追求幸福;商品是一个人可使用的物品,它用以发挥个人的各种功能;而能力是一个人获得幸福的机会。联合国发展计划署在 1997 年《人类发展报告》中明确指出人类贫困是指多方面的贫困——健康长寿的生活被剥夺、知识的匮乏、体面生活的丧失以及缺乏参与,等等。

它以人类贫困指数(Human Poverty Index, HPI)替代收入贫困的测度方法,该指数与人类发展指数(HDI)相似,是对能力贫困指标的进一步修正。人类贫困指数由三个测度指标组成:生命(最不发达国家中超过 30% 的人不能活到 40 岁以上)、基础教育(以成年人的文盲数量衡量)和全部经济供应(由没有得到健康服务和安全饮用水的人口比例加上 5 岁以下体重不足的儿童的比例衡量)。这个指标描绘了穷人的寿命剥夺、知识剥夺和体面生活剥夺三个层面,三个指标权重相等,加权平均便得到一个人类贫困指数,该指数值越大说明越贫困。

人类贫困指数的优点在于:它表明贫困不仅是一个收入不足的问题,更是一个能力缺乏的问题,强调健康和教育对根治贫困的主导作用,表明根除贫困不能仅靠经济的增长,需要关注穷人的当前处境。但它对市场波动并不十分敏感,除了权重带有任意性之外,HPI 的缺点是:由于影响它所涉及的三个指标变化的因素一般都是长期性的,它无法较好地衡量出减贫政策的短期效应;过于强调个人能力因素,对贫困的社会秩序和关系重视不够;个人能力不可能在独立于其他因素的情况下决定自己的生活状况,良好的教育和健康并不一定保证个人得到好的生活。

参考文献:

Amartya Sen, *Commodities and Capabilities*, New York: North-Holland, 1985.

Michael P. Todaro and Stephen C. Smith, *Economic Development*, 11th Edition, New Jersy: Prentice Hall, 2011.

UNDP, *Human Development Report* (1990), http://hdr. undp. org/en/reports/global/hdr1990/.

UNDP, *Human Development Report* (1997), http://hdr. undp. org/en/reports/global/hdr1997/.

UNDP, *Human Development Report* (2000), http://hdr. undp. org/en/reports/global/hdr2000/.

(王爱君)

营养不良
Malnutrition

广义的营养不良包括营养缺乏和营养过剩两方面,但发展中国家的营养不良往往是前者,即因为贫穷缺乏对充足食物的购买力,每日所摄入的卡路里热量低于国际上营养摄入的最低标准,导致体力下降、失去活力,增加疾病或死亡,创造收入的体能不足。低卡路里摄入虽然能够维持生存,但在长期中会引起发育不良,增加其他疾病的易感性,降低对疾病的免疫力以及从事生产性工作的能力和认知能力。营养不良的后果包括婴儿死亡率高、体重和身高低于该年龄段的正常体重和身高,以及体重低于按身高而言的平均体重。母亲健康水平低导致婴儿出生时体重偏轻,该婴儿成长过程中体质较差的可能性偏高。

在有些国家或地区,由于贫困线的制定是按照一定量最低食物或营养(加上一些非食物项目)的支出,贫困与营养不良之间有内在的直接的互为因果关系,尤其在低收入国家和地区。尽管穷人把许多收入花费在食物上,他们仍可能支付不起他们所需要的食物,并且便宜的食品通常营养价值更低,那么对疾病的抵抗力,耐力、体力和精神健康等方面都比较低,而更好的营养能够提高工作能力,进一步增加创收能力。营养不良的人易于疲劳,表现出显著的心理变化,如精神冷漠、压抑、内向、低智力以及缺乏激励等,影响着人们的工作能力及劳动力市场上的表现。因此,低收入导致低营养,低营养导致低收入,二者之间具有恶性循环关系。

穷国往往无力提供大量的资源投入健康护理,婴儿和儿童面临着最大的营养不足问题。在政府资源分配时需要有效实施预防和治疗措施,特别是对胎儿、怀孕和处于哺乳期妇女给予特殊照顾。当公共资源负担较为沉重时,应鼓励私人健康护理进行及时补充。最穷国家的政府应该将其有限资源集中使用在为大众提供必要的公共健康服务和教育,特别是对女童和妇女的教育,但这往往是穷国最容易忽视的地方。

参考文献:

[印度]德布拉吉·瑞:《发展经济学》,北京大学出版社2003年版。

[美]德怀特·H. 波金斯:《发展经济学》,中国人民大学出版社2005年版。

[美]斯图亚特·R. 林恩:《发展经济学》,格致出版社、上海三联书店、上海人民出版社2009年版。

联合国:《2010年人类发展报告:国家真正财富——人类发展进程》,http://www. un. org/zh/development/hdr/2010/.

世界银行数据库:http://data. worldbank. org. cn/indicator/SH. STA. MALN. ZS? display = graph.

(王爱君)

唯资本论

Capital Fundamentalism

唯资本论是20世纪40年代至60年代发展经济学的核心观点,它把(物质)资本积累看成经济增长唯一决定因素或最重要因素。该理论认为,在资本、土地、劳动力三要素中,劳动力是比较充裕的投入要素,不会成为经济增长的约束条件,而土地是三个要素中最固定的,因此,资本存量的多与寡特别是资本积累的快慢,是促进或阻碍发展中国家经济增长的基本要素。

哈罗德—多马增长模型为当时的"唯资本论"提供了理论基础,该模型假定资本—产出比不变,经济增长唯一地决定于储蓄率,即资本积累,从而为经济增长找到了一种似乎是合理的持久动力和源泉。哈罗德—多马模型一方面显示出发展中国家经济要害——资本匮乏阻碍经济的增长,另一方面强调只要有持续的资本积累就有持续的经济增长,受到当时发展经济学家的普遍重视和赞许。许多早期的发展经济学家论著中都有非常显著的"资本决定论"的思想观点:比如,刘易斯(A. Lewis,1954)的无限劳动供给理论,纳克斯(R. Nurkse,1953)的"贫困恶性循环"理论,纳尔逊(R. Nelson,1956)的"低水平均衡陷阱"理论,莱宾斯坦(H. Leibenstein,1957)的"临界最小努力"理论,罗森斯坦—罗丹(P. N. Rosenstein-Rodan)的"大推进"理论,钱纳里(H. B. Chenery,1966)的"两缺口"模型,罗斯托(W. Rostow)的"起飞"理论等。

20世纪60年代随着新古典主义在发展经济学的复兴,新古典主义的发展经济学家对"唯资本论"提出了系列批评:(1)"唯资本论"的基础是哈罗德—多马模型,该模型过分夸大了资本积累的作用,忽视了技术进步对经济增长的贡献,不符合发展中国家经济发展的现实,而且对发展中国家的经济发展产生了不良影响,片面追求高储蓄、高投资,忽视技术、现有生产能力的充分利用以及生产率的提高。(2)"唯资本论"忽视了农业对经济发展的作用,使人口众多的发展中国家农业生产得不到显著提高,粮食短缺问题长期得不到根本的解决。(3)早期发展经济学的"资本"一般指物质资本,不包括人力资本,这种片面强调物质资本的积累使发展中国家忽视了对人力资本的投资。(4)在开放条件下,如果发展中国家没有良好的投资环境,国内和国外的资本可能流向其他国家和地区,因而储蓄的增加(高的资本积累)不一定导致资本形成的扩大。

"唯资本论"因技术要素被引入经济增长理论模型中而受到冲击,20世纪60年代中期以后,发展经济学不再坚持"资本积累是经济发展的唯一决定因素"的观点,认为资本积累是经济发展的重要因素之一,而人力资本增进、技术进步在经济发展中的作用越来越重要。

参考文献:

谭崇台:《发展经济学辞典》,山西经济出版社2002年版。

谭崇台:《发展经济学》,山西经济出版社2000年版。

谭崇台:《谭崇台文集》,武汉大学出版社2006年版。

H. Chenery and A. M. Strout, Foreign Assistance and Economic Development, *American Economic Review*, Vol. 56 No. 4, 1966.

A. O. Hirschman, *The Strategy of Economic Development*. New Haven: Yale University Press, 1958.

H. Leibenstein, *Economic Backwardness and Economic Growth*. New York: Wiley, 1957.

W. A. Lewis, Economic Development with Unlimited Supply of Labour, *Manchester School*, No. 5, 1954.

R. R. Nelson, A Theory of Low Level Equilibrium Trap in Underdeveloped Countries, *American Economic Review*, Vol. 46(May), 1956.

R. Nurkse, *The Problem of Capital Formation in Less-Developed Countries*, Oxford: Oxford University Press, 1953.

（王爱君）

资本形成
Capital Formation

资本形成是发展经济学中的一个特定概念。它是指储蓄如何形成并如何转化为资本品生产的投资，投资又如何形成一定的资本形式，产生一定的生产能力这一过程。资本形成有所谓"净资本形成"和"总资本形成"之分，前者指储蓄或资本积累中扣除固定资本折旧后的净投资，一般认为只有净投资才对经济增长发生作用；后者指包括固定资本更新在内的总投资，它等同于一般意义上的资本积累（储蓄）。通常使用的资本形成概念是指总资本形成。

另外，在国民经济核算体系中，有"资本形成总额"（Gross Capital Formation）这一统计指标，其定义是指常住单位在一定时期内获得的减去处置的固定资产加存货的变动，包括固定资本形成总额和存货增加。固定资本形成总额指常住单位购置、转入和自产自用的固定资产，扣除固定资产的销售和转出后的价值，分有形固定资产形成总额和无形固定资产形成总额。存货增加指常住单位存货实物量变动的市场价值，即期末价值减期初价值的差额。存货增加可以是正值，也可以是负值。正值表示存货上升，负值表示存货下降。包括生产单位购进的原材料、燃料和储备物资等存货，以及生产单位生产的半成品、在制品等存货。

与资本形成联系密切的一个概念是资本积累（Capital Accumulation），资本积累是经济增长的主要推动因素，这是经济学说史的传统观点。西方古典经济学认为，国民财富的增长主要取决于资本积累。斯密在其《国民财富的性质和原因的研究》一书中认为，国民财富的增大主要通过工业生产的扩大而实现，现代工业一经确立，所有的工业生产必然会发生技术进步和分工的发展，从而提高劳动与土地的生产率，降低生产费用，结果是以企业储蓄（剩余收入）和个人节俭为源泉的资本积累增加。经济增长正是通过不断增加资本积累而实现的。斯密对资本积累和经济增长之间的关系的分析是："增加一国土地和劳动的年产物价值，只有两个办法，一为增加生产性劳动者的数目，二为增加受雇劳动者的生产力。很明显，要增加生产性劳动者的数目，必先增加那便利劳动、缩减劳动的机械和工具，或者把它们改良……无论怎样，都有增加资本的必要。要改良机器，少不了增加资本；要改良工作分配，亦少不了增加资本"（斯密，1972）。李嘉图也认为经济增长基本上是由资本积累引起的。他分析道，资本积累的可能性在于收入和储蓄的增加。因此，作为投资增长速度的资本积累率就依存于储蓄率，而储蓄率又决定于利润率。利润率则是由收入中的利润份额（利润与工资的比例）决定的。但是，李嘉图指出，由于农业中存在着收益递减规律，而且随着社会进步和财富的增大，粮食的最低需求量必然增加，而同时土地将日趋贫瘠，因此引起农产品价格提高，进而引起最低限度的生存费用的上升，这意味着最低工资的提高，利润在国民收入中所占的比重下降，所以，利润率下降是一种趋势。利润率下降使得资本积累减缓，当利润率一旦下降到最低水平时，资本积累率则为零。在资本积累停滞情况下，人口不变时，经济便进入"静止状态"，停止增长。这就是李嘉图所谓的经济增长向"静止状态"渐进的过程（李嘉图，1976）。

马克思的社会总资本扩大再生产的理论和模式也是以资本积累为前提。马克思认为所谓资本积累，就是将利润或剩余价值的一部分转化为资本。资本积累是资本增值、资本扩大的源泉，是资本生产的动力，因而是生产发展和社会进步的基础。恩格斯也指出：积累是社会最重要的进步职能，"人类社会脱离动物野蛮阶段以后的一切发展，都是从家庭劳动创造出的产品除了维持自身生活外的需要尚有剩余的时候开始的，都是从部分劳动可以不再用于单纯消费资料的生产，而是用于生产资料的生产的时候开始的。劳动产品超过维持劳动的费用而形成的剩余，过去和现在都是一切社会的政治的和智力的继续发展的基础"（马克思、恩格斯，1867）。

参考文献：

[英]A. 斯密：《国民财富的性质和原因的研究》上卷，商务印书馆 1972 年版。

[英]D. 李嘉图：《政治经济学及赋税原理》，商务印书馆 1976 年版。

《马克思恩格斯选集》第 3 卷，人民出版社 1972 年版。

Domar. ED, Capital Expansion, Rate of Growth and Employment, *Econometrica* 14, 1946.

Harrod, R. F., An Essay in Dynamic Theory, *Economic*

Journal, 49, 1939.

Hicks, J., *Capital and Growth*, Oxford: Oxford University Press, 1965.

Lowe, A., The Path of Economic Growth, 1976.

Robinson, J., *The Accumulation of Capital*, London: Mcamillan, 1965.

Solow. R., Substitution and Fixed Proportions in the Theory of Capital, *Review of Economic Stuies*, 29, 1962.

（赵晓雷）

资本深化
Capital Deepening

资本深化指经济增长过程中，资本积累快于劳动力增加的速度，从而导致资本—劳动比率提高。资本深化也通常被界定为资本密集度的提高，或者工人人均资本数量的提高，即劳动生产率和收入的提高，因为工人在工作中使用了更多的资本。

资本深化通常用每小时每个劳动力的资本存量表示。资本深化的方程是 $\Delta k = sy - (n + \delta)k$，其中 s 是指边际储蓄率，δ 是指固定的资本折旧率，Δk 资本存量变化量，n 指固定的劳动增长率，nk 表示用于装备新工人所需要的人均资本量，表示资本的广化。在不考虑折旧的情况下，当 $sy > nk$，$\Delta k > 0$ 时，人均资本量增加，称为资本的深化。

当一个经济体出现增长时，每个工人的生产力将会提高，但是在有些模型中（如索洛模型），经济增长不能仅仅通过资本深化来实现。这一方面与折旧有关，另一方面，与人均资本有关。在某些内生增长模型中，尽管可能没有技术进步，但资本深化可以使得持续的经济增长。在发展经济学中一般认为，资本深化是一个国家经济发展的必要非充分条件。

霍夫曼（Hoffman）认为，资本深化和重工业化是工业化升级的必然阶段，资本—劳动的比率会随着资本的积累而提高。他指出出现资本深化的原因是政府出于政绩的考虑而大力发展资本密集型产业，导致了大规模投资出现，最终出现了资本深化。古斯塔夫和帕克（Gusstav Ranil and Pack）从比较优势理论出发认为，发展中国家应该发展劳动密集型产业，只有发展劳动密集型产业才能吸收多余劳动力，降低收入差距，提高工业部门的产出和利润，在要素禀赋发生变化前避免过早出现资本深化。

参考文献：

Masayoshi Hirota, *International Economic Review*, Vol. 20, No. 2, 1979.

Arthur O'Sullivan and Steven M. Sheffrin, Economics: Principles in Action, Upper Saddle River, New Jersey 07458: Pearson Prentice Hall, 2003.

（缪德刚）

资本的来源
Source of Capital

发展经济学家纳克斯（Ragnar Nurkse, 1955）给资本的来源（Capital Formation）下过一个全面的定义，资本的来源是指社会不把它的全部现行生产活动，用于满足当前消费的需要和愿望，而是以其一部分用于生产资本品：工具和仪器、机器和交通设施、工厂和设备—各式各样可以用来大大增加生产效能的“真实资本”（Real Capital）。资本形成有时用于“物质资本”（Material Capital），也包括“人力资本”（Human Capital），即在技能、教育及健康等方面的投资—这是一种非常重要的投资形式。资本形成过程的实质，是将社会现有的部分资源抽调出来增加资本品存量，以便使将来可消费产品的扩张成为可能。资本是一种稀缺的生产资源，从来源上看，可以分为广义和狭义。广义的资本形成包括“物质资本”和“人力资本”。而狭义的资本形成即物质资本形成，是指实物形态的机器、厂房、建筑物、交通工具等长期耐用的生产资料，包括固定资产和存货。它表明现有的生产能力和未来的生产潜力。物质资产形成是投资过程的结果，它来源于生产量超过当前消费量的“剩余”，即储蓄。这种生产“剩余”或储蓄，通过投资和生产，便转化为耐用资本。

资本的来源最初来自储蓄，在由储蓄转化为投资，进而转化为机器、厂房、交通工具、基础设施等。根据国民经济核算原理，储蓄（S）是在一定时间内（通称为一年）一个区域内的国民收入（Y）与消费（C）的剩余。即 $S = Y - C$。开放的经济体内，一国的总储蓄包含国内储蓄和国外储蓄。而国内储蓄包含个人储蓄、企业储蓄、政府储蓄。而国外储蓄包括国外官方储蓄和国外私人储蓄。

关于资本的来源，学术界主要有以下两种解释思路，第一种解释是，在承认资本形成的基础上，发展理论基础加以支持。认为资本的来源最重要的是资本，把资本当成了经济发展，解决贫困的最重要因素。主要以“唯资本论”，即早期的资本第一主义（Capital Fundamentalism）理论为代表。这是把资本形成看成是增长和发展中唯一最重要的决定因素，是许多国家几十年发展战略的核心。以哈罗德—多马（H－D）模型为理论基础，致力于解决稳定增长的同时不能出现高通货膨胀率。罗伊·哈罗德（Roy Harrod, 1939）和埃夫塞·多马（Evsey Domar, 1946; 1947）认为资本和劳动这两大要素之间不能相互替代，即资本—劳动比是固定，因此资本积累就成为经济增长的唯一源泉，主要参考指数是资本—产出比（W. A. Lewis, 1995）。经济增长理论的中心问题是要理解一个社会从5%的储蓄率变为12%的储蓄率的过程——以及伴随这种转变而来在态度、制度和技术方面的一切变化。第二种解释是,对资本的来源理论进行改进。一方面扩大资本的来源范围,把人力资本、技术、教育、虚拟资本等加入到资本形成的来源;另外一方面修正原有理论,进行理论升级。主要有以下几种思想:第一,扩大资本的来源范围。20世纪80年代后,不再坚持"资本形成是经济发展唯一因素"的观点,在强调物质资本重要性的同时,强调人力资本、技术进步的重要作用。舒尔茨(T. W. Schultz,1975)论证了"人力资本"对经济增长的作用。贝克尔(G. S. Becker,1975)教育、营养、卫生等支出即人力资本投资对经济增长的关键作用。第二,修正原有理论,扩大理论基础。索洛(R. Solow,1956)在修正了哈罗德—多马模型的基础上,提出了"新古典增长模型",将劳动、资本和技术看成是经济增长的三大因素。索洛关注资本品的积累、人口增长极技术进步,认为当三者给定时,会达到均衡。而当三者没有给定时,则会出现另外一种均衡——长期均衡。

总之,资本形成仍然是发展中国家面临的一个难题,也是发展经济学中一个并未过时的重要问题。

参考文献:

Ragnar Nurkse, 1995, *Problems of Capital Formation in Underdeveloped Countries*, New York, 3rd ed., 1955.

W. A. Lewis, *Theory of Economic Growth*, London, 1995.

T. W. Schultz, Investment in Human Capital, *American Economic Review*, March, 1961.

G. S. Becher, *Human Capital*, Columbia University Press, 1975.

Solow, R. C., A Contribution to the Theory of Economic Growth, *Quarterly Journal of Economics* 70(1), 1956.

Harrod, R. F., An Essay in Dynamic Theory, *Economic Journal*, 49, 1939.

Damar, E., Capital Expansion, Rate of Growth, and Employment, *Econometric* 14, April, 1946.

Damar, E., Expansion and Employment, *American Economic Review*, 37, March, 1947.

Alchian, A. A. and Allen, W. A., *Exchange and Production: Competition, Coordination, and Control*, 3rd edtion, Belmont, California: Wadsworth Publishing Co., 1983.

Baumol, W. J., The Transactions Demand for Cash: An Inventory Theoretic Approach, *Quarterly Journal of Economics*, 66, November, 1952.

Clark, J. B., *The Distribution of Wealth*. New York: Macmillan, 1899.

Cobb, C. W. and Douglas, P. H., A Theory of Production, *American Economic Review*, 18, March, 1928.

(柴毅)

循环积累因果关系
Circular and Cumulative Causation

"循环积累因果关系"是由1974年诺贝尔经济学奖获得者,瑞典经济学家缪尔达尔(Karl Gunnar Myrdal)提出的。缪尔达尔认为,社会经济发展过程是一个动态的各种因素(其中包括产出与收入、生产和生活水平、制度和政策六大因素)相互作用、互为因果、循环积累的非均衡发展过程。任何一个因素"起始的变化"会引致其他因素相应变化,并促成初始因素的"第二级强化运动"。如此循环往复的累积,导致经济过程沿初始因素发展的方向发展,从而形成了积累性的循环发展趋势。因此,社会经济各因素之间的关系不是趋于均衡,而是以循环的方式运动,不是简单的循环流转,而是具有累积效应的运动,是一种"循环积累因果关系"。

缪尔达尔采用循环累积因果关系的思想来解释诸如贫困和种族关系等经济问题。在其著作《美国的困境:黑人问题和现代民主》(1944)一书中,缪尔达尔指出,白人对黑人的歧视与黑人的物质文化水平低下,就是两个互为因果的因素:白人的偏见和歧视,使黑人的物质文化水平低下;而黑人的贫困和缺乏教育,又反过来增加了白人对他的歧视。缪尔达尔还把这种循环因果发展的趋势分为上升循环和下降循环两种运动形式,在运动着的社会经济关系中,每一个因素的变化都影响着与它有关的其他任何一个因素的变化,从而形成上升的或下降的积累循环因果的变动。例如,不发达国家贫困者收入水平的提高会改善他们的营养和教育状况,从而提高劳动生产率,而劳动生产率的提高又能促进收入的进一步增加。反过来,贫困者的收入水平下降则使其营养和受教育水平下降,从而使劳动生产率下降,以及收入水平进一步下降。从最初的收入增加(或减少)到收入的进一步增加(或减少),这是一个因果循环,但这不是一个单纯的循环,而是具有累积效应的循环。

缪尔达尔(1957)将累积因果关系的法则运用于经济发展研究,并用它来解释南亚的持续贫困。缪尔达尔在其著作《经济理论与不发达地区》一书中提出了"扩散效应"和"回波效应"概念,用来说明国际间和地区间经济发展的不平衡问题。所谓扩散效应是指发达地区对周围落后地区的推动作用或有利影响。扩散效应促使各种生产要素(如人才、资金、技术等)在一定发展阶段上从发达地区(或增长极)向周围不发达地区扩散和辐射,因而带动周围地区的经济增长,而这些邻近地区的经济增长又反过来进一步促进发达地区经济的发展,从而形成了一个上升的循环累积过程。所谓回波效应是指发达地区对周围落后地区的阻碍作用或不利影响。回波效应促使各种生产要素从周围落后地区向发达地区(或增长极)的回流和聚集,从而使发达地区的经济更加发达,而不发达地区的经济越来越不发达,这就产生了一个下降的循环累积过程。因此,发展快的地区将发展得更快,发展慢的地区将发展得更慢,这就是循环积累因果原理。这一原理的作用使经济在空间上出现了“地理上的二元经济”结构,即经济发达地区与经济不发达地区同时存在。

缪尔达尔提出并完善了“地理上的二元经济”结构理论,并用扩散效应和回波效应解释城乡经济相互作用机理。回波效应将导致城乡间发展差距的进一步扩大,而扩散效应将有助于落后地区的发展,缩小城乡差距。循环积累因果关系理论认为,市场的力量通常是倾向于增加而不是减少区域间的差异,回波效应通常占主导地位。

缪尔达尔分析认为,以工业生产内部“自激动力”为核心的经济增长,是一个由需求增长控制导致了产出的增加,使生产部门以及整个经济都得效益;反过来又进一步促进需求的增长,依此循环往复。市场机制倾向于累积运动,一旦进入增长阶段,市场就趋向于累积性的自我扩张;然而当增长势头消失,增长速度放慢时,市场就趋于减少积累作用,从而可能导致(结构性的)停滞。这种累积的下降趋势,正是作为传导动力和诱因机制的市场自由发挥作用的表现。“资本主义经济不可能静止不动,因为一旦停止扩张,它就会倒退”(Pasinetti,1981)。这就是循环积累因果关系。在市场正常运行情况下,不仅发达国家和贫穷国家间的专业化程度差别将趋于永存,而且随着时间的推移,与之相应的效率差异也将变得更大。加上追求规模经济的动力,工业活动将会只集中在几个已建立起来的“工业中心”,而这些中心的发展是在牺牲“落后”国家工业发展的基础之上,得益于世界市场的“扩大”和“自由”。市场的自由运行导致了这种不平等。据此,缪尔达尔提出的政策主张是,政府应采取积极的干预政策来刺激增长极周围落后地区的发展,填补累积性因果循环所造成的经济差距,而不应消极等待发达地区或增长极的扩散效应。后来的学者把这种情况归结为国家干预主义占上风的“诱导的增长极”现象,这是缪尔达尔增长极理论的精髓。

尽管该原理存在一些明显的不足和缺陷,正如克鲁格曼(Paul R. Krugman,1995)对缪尔达尔的分析所指出的两个缺陷:一是没有提及市场结构问题;二是缺乏严谨的模型分析。但是,由于它把社会经济作为一个整体,分析各相关因素的因果联系,并在分析经济因素时考虑到非经济因素的影响,因此具有一定的合理性和科学性。

参考文献:

Myrdal, K. G., *The Political Element in the Development of Economic Theory*, Cambridge, Harvard University Press, 1929.

Myrdal, K. G., *Asian Drama: An Inquiry into the Poverty of Nations*, New York: Pantheon Books, 1968.

Myrdal, K. G., *The Challenge of World Poverty: A World Anti-Poverty Program in Outline*, New York: Pantheon Books, 1970.

Myrdal, K. G., *Against the Stream: Critical Essays on Economics*, New York: Pantheon Books, 1972.

Myrdal, K. G., *An American Dilemma: The Negro Problem and Modern Democracy*, New York: Harper & Brothers, 1944.

Myrdal, K. G., *An International Economy, Problems and Prospects*, New York: Harper & Brothers Publishers, 1956.

Myrdal, K. G., *Rich Lands and Poor: The Road to World Prosperity*, New York: Harper & Brothers, 1957.

Pasinetti, I., *Structural Change and Economic Growth*, Cambridge: Cambridge University Press, 1981.

(黄赜琳)

低水平均衡陷阱理论
Low Level Equilibrium Trap Theory

低水平陷阱理论是由美国经济学家纳尔逊(Richard R. Nelson)于1956年提出的,这个理论解释了发展中国家,特别是低收入的亚非拉国家中人口增长对人均国民收入的影响。低水平陷阱理论给出了贫困的发展中国家人口死亡率、出生率、人口收入水平之间的逻辑关系,指出在发展中国家,由于人口增长率对人均收入水平的相互作用,使得人均收入增长长期处于低水平的陷阱之中。

低水平陷阱的理论前提是发展中国家中传统农业和从事农业的人口比重较大,农业人口总量、总人口数量很大,经济发展长期处于低水平均衡状态。造成这种状况的主要原因是人口增长对人均国民收入很敏感。

低水平陷阱中模型分别由三个解释收入、净资本构成及人口增长的三个等式构成。该理论首先假定在没有技术进步的前提下,如果资本和劳动力是增长的,那么收入就会随之增长,即:$Y = Af(K,P)$ $nY = Af(nK, nP)$,其中 Y 为收入,K 为资本的存量,P 为人口数量,A 为生产力指数,且如果技术是常数的话,生产力指数同样是常数,n 为期限。在资源被完全利用的前提下,陷入低水平陷阱中的经济状况是很不景气的,这是因为所有的投入并没有达到最大的产出。如果在资源被完全利用的前提下经济被适当的刺激,那么在不增加任何投入的前提下,收入完全有可能会增加。其次,该模型假定净资本的投入的增多可以提高产出。

在该模型中,资本来源首先来自于当前收入减去消费后的余额,其次来自于未被开垦过的土地的改良。资本的构成可以表示成:$dK = dK' + dL$,其中 K 表示资本,K′表示储蓄带来的资本,L 表示开垦未被利用过的土地带来的资本。在假定外来资本是外生的前提下,由储蓄带来的资本可以写为:$\frac{dK'}{P} = b(Y/P - X)$,当 $Y/P \leqslant (Y/P)'$;$\frac{dK'}{Y} = -C$,当 $Y/P \leqslant (Y/P)'$,其中,K′表示来自于储蓄的投资,当 Y/P 时 X 为零,$(Y/P)'$表示投资净回报低于最大技术可能性时的单位资本收入。开垦新的土地所带来的货币的与人口数量的增长正相关,与所有的可以开垦的土地的数量负相关。$dL = g\left(\frac{L^* - L}{L^*}\right)dP$,其中 L 为正在耕作中的土地,$L^*$表示所有的可耕地,P 表示人口的数量。随着已开垦的土地占到可开垦的土地的比重不断增多,改良土地所带来的产出与此前比较越来越困难。在未达到某个确定的单位资本收入到达之前,所有的收入将全部用于生活必需品的消费。收入分配越不均衡,每单位资本的收入水平就会越低,储蓄量为正的可能性也越低。当然,政府的政策可能会改变资本的构成。

人口数量的增加主要来自于人口的自然净增长和净流入,低水平陷阱理论中将人口的流入设为外生变量。在短期的模型中,人口数量往往主要取决于人口出生率的影响,而对于单位资本的收入的增加则可以忽略不计。$\frac{dP}{P}p(Y/P - S)$,当 $Y/P < (Y/P)''$,$\frac{dP}{P} = (dP/P^*)$,当 $Y/P \geqslant (Y/P)''$。其中 S 表示持续的单位资本收入,(dP/P^*)表示人口数量增长的最大比率,$(Y/P)''$表示对死亡率有负的影响的单位资本。

低水平陷阱理论的解释:

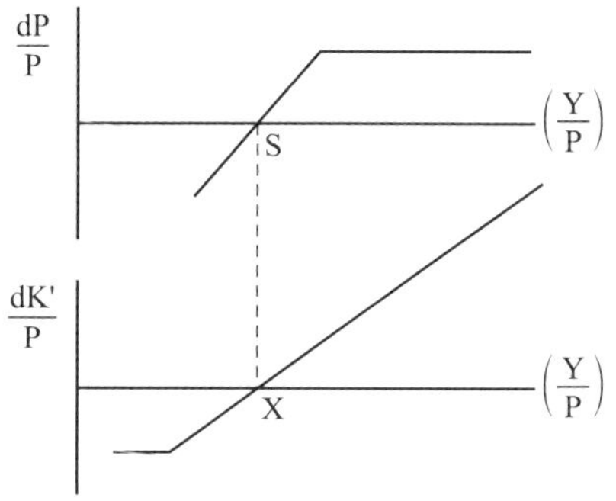

图 1　人均收入(横轴)与人口增长率(纵轴)的关系

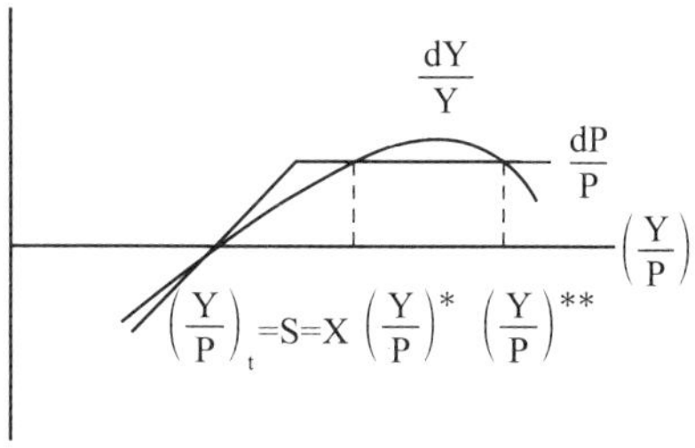

图 2　人均收入(横轴)与国民收入增长率(纵轴)的关系

在图 1 中,横坐标分别表示人均收入水平和人均增长率,图形中上半部分的曲线表示了人均收入和人口增长的相互关系,S 表示人口零增长率点,曲线斜向上的部分表示人均收入对人口增长率的弹性表现。按照地水平陷阱理论,当人均收入水平很低时,人均占有的生活资料就少,人口的死亡率也较高。在发展中国家,由于生活贫困,医疗卫生条件差,导致新生婴儿的死亡率,人口死亡率较高,从而抑制了人口增长。随着经济的发展,收入水平的提高,生活条件改善,人口死亡率从会大大降低,人口存量增加、人口增长加快,加速上升的人口增长又将人均收入拉回到原来的低收入水平状态,而低收入水平又不能保证好的生活水平,使得人口的死亡率升高,人口收入水平增长缓慢,如此下去人口增长率和人均收入水平相互作用,长期处于低水平的均衡陷阱之中。

图 2 则从国民收入增长率和人均收入的角度分析了低水平陷阱的形成(即图 2 中的抛物线)。当国民收入在投资和消费需求的带动下大幅增加时,人均收入水平会增加。之所以呈现出抛物线的形状是因为,在现有的资源条件和技术水平不变的情况下,劳动和资本的边际产出逐渐下降造成的。

按照低水平陷阱理论,资本的稀缺是造成发展中国家经济发展的主要障碍和关键所在,强调了提高资本的形成率对于摆脱低水平陷阱的重要性。

参考文献:

Richard R. Nelson, A Theory of the Low Level Equilibrium Trap, *American Economic Review*, Vol. 46, No. 5.

(缪德刚)

卢卡斯悖论
Lucas Paradox

新古典经济学理论基于以下假定:要素的边际报酬递减;不同国家具有相同的规模收益不变的生产函数并且使用同质生产要素来生产同种产品;资本可以自由流动。该理论认为资本充裕的国家资本边际收益比资本稀缺国家的资本边际收益低,因而资本应该从资本充裕的国家流向资本稀缺的国家,直到资本—劳动比率,工资和资本率都相同为止。而美国经济学家卢卡斯(Lucas,1990)假设美国与印度遵循传统的道格拉斯·科布(Douglas Cobb)收益不变技术条件的生产函数,计算出印度的投资回报率是美国的58倍。根据新古典经济学理论,经济学上合理的结果是几乎全部美国的资本都将流向印度,然而事实上并未出现如此的现象。卢卡斯指出"我们当然可以看到一些富国向穷国投资的现象,但这种资本流动远远没有达到新古典理论预测的水平",卢卡斯悖论(Lucas Paradox)由此被提出。

对于卢卡斯悖论产生的原因,卢卡斯进一步提出了三种可能的解释:首先是人力资本差异。由于新古典理论假定劳动是同质的,但富裕国家和贫穷国家在人力资本上是有较大差异的,考虑到这一因素的影响,运用有效劳动力代替劳动力,印度和美国在投资回报率上的差距由58倍减小到5倍。卢卡斯认为在可以通过有效劳动来代替劳动力以消除边际资本的差异的假设下,同等的资本收益意味着同等熟练的劳动力的工资率相同,会使劳动力的流动失去动力。这与现实情况显然不符合。其次是人力资本的外部收益。将一国的技术水平视为该国的人力资本的平均水平,将人力资本在一国之内的传播考虑进去,投资回报率上的差异进一步缩小为1.04,几乎可以认为是相同的。最后是资本市场的不完全性。卢卡斯认为,资本在国际间并非自由流动的,尽管各国投资回报率上的差异可能是事实存在的,但由于政治风险、殖民力量等原因,资本无法实现由发达国家向发展中国家的自由流动。这可能是卢卡斯悖论存在的另一个解释。卢卡斯强调前两者是主要原因,人力资本及其外部性这两个因素引入新古典理论模型后,美国和印度之间的预期资本收益率几乎相差无几。卢卡斯基本上否认了发达国家和发展中国家资本预期收益是具有较大差距这一论断,也否认了发展中国家具备后发优势。

卢卡斯的人力资本理论为资本不从富国流向穷国的谜题提供了有力的解释依据,在此之后,有很多学者继续着这项研究,提出了不同的论点与依据,极大地丰富和发展了"卢卡斯悖论"的解释理论。此后,一些学者对卢卡斯悖论存在与否及其产生的原因进行了实证检验。这主要分为两种,一是基于经济史角度或直接采用实证研究分析卢卡斯悖论是否确实存在,如欧鲁尔克和威廉姆森(O'Rourke and Williamson,1999);克莱门斯和威廉姆森(Clemens and Williamson,2004);奥布斯特费尔德与泰勒(Obstfeld and Taylor,2004);斯科拉里克(Schularick,2006)等。其中有些学者以经济史资料为背景对宗主国与殖民地国家之间的资本流动进行分析,为卢卡斯悖论的存在提供了一种间接依据。二是基于现实资本流向视角进行检验,分析现实经济中发达国家资本流向发展中国家为何表现出不足的特征,以探讨卢卡斯悖论存在的背后因素,如阿尔法罗等(Alfaro et al.,2006a);鞠和魏(Ju and Wei,2006);卡罗琳娜(Carolina,2006)等。

第一,制度的质量。现有的关于制度的质量与经济增长的关系的研究都表明了:良好的制度能够促进国内资本市场的成熟度和生产效率的提高等,进而刺激经济增长。在各个国家由于制度的差异较大,资本的流动偏好于在制度较为完善的国家中流动。霍尔和琼斯(Hall and Jones,1999)研究发现由于制度和政府决策等原因,国家间的生产差异较大。良好的制度环境有利于资本和技术的积累并且促进资本的配置,以此影响国家的投资决策。通过对1971~1997年46个国家的制度质量、主权风险、人力资本和信息不对称等二十几个变量的数据进行了回归分析,阿尔法罗、卡勒姆利—奥斯坎和沃勒索维奇(L. Alfaro, S. Kalemli-Ozcan and Volosovych,2003)发现尽管人力资本和信息不对称能够部分解释资本不从富国流向穷国的现象的原因,但是制度质量才是"卢卡斯悖论"的根本原因。施莱费尔和沃尔芬森(Shleifer and Wolfenzon,2002)考察投资者保护对"卢卡斯悖论"现象的影响。在企业的总产出由技术水平和代理成本决定的假设下,他们认为尽管相同的生产技术在不同国家的企业均可使用,但由于代理成本存在较大差异,而通过投资者保护的方式可以有效地降低代理成本。因此在采取投资者保护措施的国家具有较高的生产效率,进一步地提高了资本的边际产出和实际利率,从而在一定程度上降低了资本流向投资者保护效果不理想国家的动力。

第二,国际资本市场的不完善。由于资本市场的不完善比如信息不对称、关税等原因使得资本较为偏向于富裕国家。柯林斯和威廉姆森(W. J. Collins and J. G. Williamson,2001)在工业化发展的早期,由于较高的关税使得资本品的价格出现严重的扭曲,抑制了国内投资的同时也限制了国际资本的流入。戈登和鲍文葛吉(Gordon and Bovengerg,1996)从信息不对称的角度分析了国际资本缺乏流通的现象,发现由于各国间的信息壁垒导致了各国之间的实际利率存在着差异,阻碍了国际资本的充分流通。樱川和滨田(Sakuragawa and Hamada,2001)通过建立处于国际金融一体化背景下的一个开放经济的迭代模型来分析信息金融契约中的不对称对国际资本流动的影响。他们得出由于在金融开放的过程中,发达国家的信息结构要整体由于不发达国家,发达国家将会从不发达国家吸收资本,从而不利于不发达国家的发展。

第三,其他的生产要素。卢卡斯认为在解释资本不从富国流向穷国的现象时加入了人力资本的外部效应,解释了资本反向流动的原因,很多学者认为除了人力资本之外还有一些其他的生产要素影响了资本的流动。卡塞利和费雷尔(Caselli and Feyrer,2006)考虑到最终产品价格与资本品价格比率、自然资源资本份额对各国资本边际产出影响的差异,通过对50多个国家的初始资本边际产出的测算结果进行调整进行研究分析。他们发现在未调整之前,资本边际产出在发达国家基本一致而在发展中国家差异较大,因而资本在发达国家之间是自由流动的,而在发达国家与发展中国家以及发展中国家与发展中国家之间,国际资本没有实现充分的流动。在调整之后发达国家之间和发达国家与发展中国家之间的资本边际产出差异都非常小。他们得出发展中国家补充要素禀赋较低且利用效率不高、资本品与最终产品价格比例高等因素导致发展中国家资本边际产出较低,从而妨碍了发达国家资本向发展中国家流动。泰勒和威廉姆森(A. M. Taylor and J. G. Williamson,1994)通过估计阿根廷、澳大利亚和加拿大三个国家居民的储蓄函数进行估计,分析对英国资本向这三个国家的流动的趋势。他们发现真正吸引英国资本流入的不是三个国家的资本缺乏或者丰富的自然资源而是由于较高的人口抚养比抑制了储蓄从而吸引了英国的投资。克莱门茨和威廉姆森(M. A. Clements and J. G. Williamson,2004)对1870~1913年占英国对外投资92%的34个国家进行实证研究发现国际资本市场的不完善对英国资本的流动不起决定性影响,而教育、自然资源和人口构成才起主要作用。

第四,政治风险理论。卢卡斯在其1990年的文章"资本为什么不从富国流向穷国"中,提到只有将政治风险视为限制资本流动的一个重要因素,我们才能认为资本流动将会加速生产要素价格在国际间的平衡。政治风险在任何情形下都有可能存在,例如对外国融资合同的政治性拖欠,没收本国境内的外国资产,或者阻止本国公民与外国投资者洽谈合同等,这些暗含了政治因素的措施使得外国投资者承受着极大又不可预测的风险,同样也抑制了投资者的投资意愿。这问题的根源在于,国家与国家之间的贷款合同不同于个体之间的经济交易,不存在对主权国家不履行契约的制约机构,使得风险性比一般的个体交易要大得多,有时候为了迫使拖欠国家还款只能采取威胁或者强制性制裁等方式,这将导致在以后的投资选择中,拖欠债务次数较多的国家被打入了黑名单,显然就算那个国家的资本回报率再高也无法吸引到外资的进入。

加尼尔·莱因哈特和肯尼斯·罗格夫(Carme M. Reinhart and Kenneth S. Rogoff,2004)就专门研究了这个问题,他们通过分析包括中国在内的23个主权国家在1501~2002年发生的政治拖欠债务的情况,研究分为三个时间段,很好地与每个时期的资本流动情况结合起来更直观地说明了两者之间的关系。经过实证研究,得出了解释卢卡斯悖论的另外可替代性理论。他们认为资本不从富国流向穷国的主要原因是那些穷国有没偿还债务的记录,因而很难再从其他国家借到贷款,这说明了信用市场和政治风险是我们无法看到资本流向发展中国家的主要原因,当信用市场与政治风险由于制度的原因减弱的时候,人力资本外部效应与新经济增长其他因素表现出来的促进资本流动的效应将更加明显。

第五,经济结构的差异。鞠与魏(2007a)在一个多部门跨期贸易模型中结合劳动力市场弹性来分析经常账户的调整特征,从而将劳动力市场结构与国际资本流动的规模与方向结合起来,很好地解释了卢卡斯悖论。他们认为在H-O-S两部门两要素模型中,只要国际商品市场是一体化的,各种要素价格水平在各国之间就会趋于一致,即便一国金融处于自给自足的状态(没有代际间贸易,但存在自由的代际内贸易),一国资本存量的冲击将会导致贸易品要素构成的变化。因此,一国不会必然直接出口资本(即通过经常账户的调整),而是通过出口资本密集型产品并进口劳动密集型产品(即调整代际内贸易品构成)间接的出口资本。在由自给自足迈向金融自由化过程中,也不会发生实际的资本流动,因为代际间的贸易完全可以被代际内贸易所代替。因此,国际资本流动完全可以通过代际内贸易来实现。但现实经济中各国的经常账户波动程度存在较大的差异,这取决于各国自身劳动力市场向均衡状态过渡过程中的调整速度。因为如果国内劳动力市场缺乏调整弹性,资本存量的冲击就不会导致产出品要素构成的大幅度变化,一国内部资本市场的均衡就不能只依赖代际内贸易方式进行调整,经常账户必然发生比较大的波动。反之则相反。所以,当劳动力市场弹性处于零与无穷大之间时,国内经济均衡将由代际内贸易和代际间贸易(经常账户调整)共同进行调整,经常账户的调整速度与一国劳动力市场调整弹性大小成反比。鞠和魏(2007a)认为,对于大国经济来说,其经常账户的调整速度不仅取决于其自身劳动力市场的调整速度,同时还取决于其他国家劳动力市场的调整速度,但如果其外部劳动力市场依然缺乏弹性,其资本存量冲击也会导致经常账户发生波动,从而导致资本流动发生较大波动。安特拉斯与卡瓦列罗(Antras and Caballero,2007)在经典的2×2×2贸易模型中考察了贸易自由化和金融发展水平对贸易方式和资本流动的影响。他们发现,在考虑国家之间的金融发展水平差异时,贸易自由化程度对国际资本流动产生重要影响。因为在发展中国家,不发达的金融体系会导致资本配置效率低下,而贸易与资本流动是克服无效率资本配置的两种基本市场机制,贸易一体化必然会缩小发达国家与发展中国家间的实际资本边际收益率差距。如果贸易调整渠道作用受到限制,资本流动渠道作用大大增强,这会导致物质资本和金融资本外流,从而提高发展中国家资本回报率和资本配置效率。所以在金融欠发达的发展中国家,贸易与资本流动是互补的,这与经典的赫克歇尔—俄林—蒙代尔(Heckscher-Ohlin-Mundell,H-O-M)分析范式结论截然相反。因此金融开放必须以贸易自由化为前提,否则会导致资本的外流;在发展中国家,深化贸易自由化程度将有利于吸引国外资本的流入。

自从著名经济史学家格申克龙(A. Gerschenkron,1962)提出后发优势理论以来,国内外学者对后发优势概念进行了系统的研究。基本能够达成的共识之一是:由于资本报酬递减规律的作用,资本将从富国流向穷国,这是发展中国家的后发优势之一。如何使这一潜在的优势转化为现实的优势是发展经济学家们所关注的热点问题之一。以上论述足以表明这一点。同时,"卢卡斯悖论"的不同解释对发展中国家而言也意味着不同的政策性建议,需要我们进一步去研究。

参考文献:

陈六傅、刘厚俊:《国际资本流动的卢卡斯悖论研究新进展》,载于《经济学动态》2008 年第 3 期。

Antras, P. and R. J. Caballero, Trade and Capital Flows: A Financial Frictions Perspective, NBER Working Paper 13241, 2007.

Carolina, V. S., The Direction of International Capital Empirical Evidence, Mimeo.

Caselli, F. and J. Feyrer, The Marginal Product of Capital, 7th Jacques Polak Annual Research Conference paper, 2006.

Clements, Micheal A. and Williamson, Jeffrey G., Wealth Bias in the First Global Capital Market, *Economic Journal*, Vol. 114, 2004.

Collins, W. J. and Williamson, Jeffrey G., Capital Goods Prices and Investment, *Journal of Economic History*, Vol. 61, No. 1, 2001.

Gerchenkron, A., *Economic Backwardness in Histrorical Perspective-a Book of Esaays*, Harvard University Press, 1962.

Gordan, R. H. and A. L. Bovenberg, Why is Capital so Immobile Internationally? Possible Explications for Capital Income Taxation, *American Economic Review*, Vol. 86, 1996.

Ju Jiandong and Wei Shangjin, A Solution to Two Paradoxes of International Capital Flows, IMF WP/06/178, 2006.

Ju Jiandong and Wei Shangjin, Domestic Institutions and the Bypass Effect of Financial Globalization, NBER Working Paper 13148, 2007.

Lucas, R., Why Doesn't Capital Flow from Rich to Poor Countries? *American Economic Review*, Vol. 80, 1990.

Luaura, Alfaro, Kalemli-Ozcan, Sebnem and Volosovych, Vadym, *Why doesn't Capital Flow from Rich to Poor Countries? An Empirical Investigation*, Mimeo, Harvard University, 2003.

Luaura, Alfaro, Kalemli-Ozcan, Sebnem and Volosovych, Vadym, Capital Flows in a Globalized World; The Role of Policies and Institutions, NBER Working Paper No. W11696, 2006.

Luc Soete, From Industrial to Innovation Policy, *Journal of Industry, Competition and Trade*, Vol. 7, No. 3 ~ 4, 2007.

Obstfeld, M. and Taylor, A. M., The Great Depression as a Watershed: International Capital Mobility in the Long Run, in Bordo, M. D, Goldin, C. D., and White, E. N. (eds), *The Defining Moment: The Great Depression and the American Economy in the Twentieth Century*, Chicago: University of Chicago Press, 1998.

O' Rourke K. H. and J. G. Williamson, *Globalization and History*, Cambridge: MIT Press, 1999.

Reinhart, C. and K. Rogoff, Serial Default and the Paradox of Rich to Poor Capital Flows, *American Economic Review*, Vol. 94, No. 2, 2004.

Sakuragawa, M. and K. Hamada, Capital Flight, North-South Lending, and Stages of Economic Development, *International Economic Review*, Vol. 42, No. 1, 2001.

Schularick, M., The Empire Effect: The Determinants of Country Risk in the First Age of Globalization, 1880-1913, *Journal of Economic History*, Vol. 66, 2006.

Shleifer, Andrei and Daniel, Wolfenzon, Investor Protection and Equity Markets, *Journal of Financial Economics*, Vol. 66, 2002.

Taylor, Alan M. and Williamson, Jeffrey G., Capital Flow to the New World as an Intergenerational Transfer, *Journal of Political Economy*, Vol. 102, No. 2, 1994.

(汪伟)

人口与发展
Population and Development

人口与经济发展。人口悲观论最早要追溯到大卫·李嘉图(David Ricardo),他在其《政治经济学及赋税原理》(1817)提出:当人口对生活资料产生压力时,最好的补救方法之一就是减少人口。1798 年,悲观主义者马尔萨斯(Malthus)发表了《人口原理》一书,他运用"两个公里"、"两个级数"、"三个命题"及"两种抑制"等研究了人口生产与生活资料的关系,指出生活资料的增长速度低于人口的增长速度,即"人口呈几何级数增长",而"食物呈算术级数增长"。人口与食物和生活资料相比必然呈现相对过剩,引起粮食的不足和社会贫困的发生,最终引发战争和疾病等社会危机。由于战争和疾病的发生,人口数量与物质资料之间被动恢复到平衡状态。因此,马尔萨斯提倡通过晚婚、节育和禁欲等主动的人口控制手段来抑制人口的增长。

在马尔萨斯的人口理论的基础上,与后来的经济增长理论相结合形成了由美国经济学教授纳尔逊(Nelson)于1956年在《不发达国家的一种低水平均衡陷阱理论》一文中提出的“低水平均衡陷阱”理论。1956年,赫茨勒(Hertzler)在《世界人口危机》一书中指出由于人口因素而引发的风险可能对社会的稳定和进步产生一定的阻碍。1957年,美国经济学家莱宾斯坦(Leibenstein)在《经济落后于经济增长》一书中揭示了发展中国家人口增长与经济发展的相互关系,分析了人口增长是怎样成为经济发展阻碍因素的,并提出发展中国家需要有克服抑制因素的“临界最小努力”(Critical Minimum Effort)。1958年,美国普林斯顿大学人口学家安理斯·科尔和埃堪加·胡弗(Coale, A. J. and Hoover, E. M.)在《低收入国家的人口增长与经济发展》一书中提出“人口增长制约经济增长”的理论,认为人口的迅速增长阻碍了发展中国家的经济与社会发展进程,由于人口的增长速度快于经济的发展速度,使这些国家陷入贫穷状态,想走出这一困境,必须通过控制人口的数量。这些观点发展了马尔萨斯的人口悲观论,被称为“新马尔萨斯主义”。

人口悲观论对近现代的人口思想界影响巨大,虽然过分夸大了人口增长对经济增长的负面效应,但建立了人口与经济关系的分析框架,使人口经济问题得到了广泛关注。这些观点就是后来世界各国实行节制生育的人口政策的主要理论依据,对我国后来实行的计划生育政策的决策也产生了很大影响。

人口乐观论的发端可追溯至最初的重商主义,后来的英国古典经济学和重农学派均认为人口是国力和财富的象征,人口众多被看成是国家富强的象征,这一时期的人口经济学家一般主张采取促进人口增长的政策。后来人口悲观论占据了主导,20世纪30年代以来,人口乐观论又重新发展起来,当时的乐观人口经济理论的代表人物主要有凯恩斯(John Maynard Keynes)、汉森(Alvin Hansen)、西蒙·库兹涅茨(Simon Smith Kuznets)等。

马尔萨斯发表的《人口论》引起了学术界的轰动,但同时也遭到众多学者的指责与批判。主要包括三类论断:首先是人口与物质资料的决定关系,即认为人口决定了物质资料的生产,而不是物质资料限制人口增长;其次是技术进步观点,认为随着科学技术的不断进步,物质资料的生产能力会大幅度提高,未必会滞后于人口数量的增加;最后是强调人口规律不会一成不变,即在不同的发展阶段,人口规律也会随之改变。

1936年,英国经济学家凯恩斯发表《就业、利息、货币通论》,提出较完整的“有效需求不足”理论,认为人口数量可以通过消费与投资影响有效需求,进而影响总就业量。随后,美国经济学家阿尔文·汉森(1953)将凯恩斯的思想发展成为“长期停滞”理论,他认为创造发明、人口增长和新领土的开发是影响资本主义增长的主要因素。20世纪50~60年代,美国学者西蒙·库兹涅茨先后发表《关于经济增长的六篇演讲》(1959)等一系列著作,通过大量历史统计资料的整理和比较,阐述了人口增长和人口结构、国民总收入、生产率、产业结构等经济变量在经济增长过程中的变化特点及相互间的联系,提出了人口增长与经济增长同步和人口经济增长长波理论,并演绎为“库兹涅茨周期”(Kuznets Cycle)。库兹涅茨在1966年又出版了《现代经济增长、速度、结构及其扩散》一书。他根据现代经济增长的史实,总结出人口增长对经济发展有积极影响的结论。人口经济学家在库兹涅茨分析的基础上进一步指出,人口的增长对经济发展往往产生积极的效果:因为它对需求影响的刺激以及它可以降低投资动力的风险,因为它通过提供受教育较好的劳动者提高了劳动力的素质;因为人口压力可以促进技术发明。同时,大规模的人口允许为大市场而生产的规模经济存在。美国学者康恩、布朗、马特尔(Kahn, Brown and Martel, 1976)发表的《下一个200年》、西蒙(Jnlian L. Simon, 1998)发表的《人口增长经济学》以及西蒙和康恩(Simon, J. L. and Kahn H., 1984)发表的《资源丰富的地球》,认为人类的智慧和努力完全可以解决未来的人口问题,对人口和经济发展的前景持乐观态度。

乐观的人口经济发展理论强调科技进步的作用和人类自身的创造性,认为科学技术的进步和人的能力的提高在一定程度上可以抵销人口增长对资源环境的负面影响,使人们清晰地看到人口增长对经济发展的正面影响。但凯恩斯学派人口论却将经济危机和失业人口看成是有效需求不足造成的,并以此来说明人口与经济增长的关系,这显然掩盖了资本主义制度的本质。另外,西蒙、康恩等的人口论观点未免有些太过乐观。我们应该认识到,技术进步、经济发展等因素的影响是有限的,不能否定生物数量的规律,也不能忽视人口膨胀产生的严重不良影响。

中性论者认为人口增长对经济发展既存在积极的影响又存在消极影响。新古典经济学派埃德温·坎南(Edwin Cannan, 1888)在其《初级政治经济学》中指出,在任何一定时期,或者说人的知识和各种条件保持不变的情况下,当人口增加达到某点时,就可以获得最大的收益,如果超过这个点就会减少其收益。这就是说他是从人口与经济收益的关系来考察人口的数量。坎南认为,并不是人口增加就意味着产业的生产率降低,人口减少就会使产业的生产率上升,而是人口增长到了一定程度,才可使生产率下降,如果人口数量本来不足,再减少人口,只会使生产率下降;只有当人口超过这一限度时,人口减少才能使生产率上升。换句话说就是,在理论上就人口增长的经济效果而言,不能轻易地断定其对经济发展是有利的或者是不利的。乌尔里希·塔依其曼(Ulrich Teichmann)在《人口增长和经济增长》中,论述了伴随着人口增长的经济增长的两个对照的模式。他把经济增长的过程分为“经济退步型”和“经济进步型”:前者随着人口增长使消费增大,其结果阻碍资本形成,并且进入了所谓生产率的下落、低工资、高物价、高利率的一系列的循环过程;后者伴随着人口增长,引起资本形成,导致生产率的上升,导致进一步的工业化,其结果促进了所得和福利的增大、就业水准的上升、失业的解除、低价格和低利率的一系列的循环过程。在此塔依其曼论说了,对照的经济发展模式的人口增长的消极效果和人口增长的积极效果。

人口与可持续发展。可持续发展观念产生于20世纪80年代末和90年代初,是世界进入全球化时代的社会经济生活的产物。具体而言,它是在世界人口持续增长、科学技术飞跃发展、生产力空前提高、经济趋向全球化、资源大量耗费和环境日益恶化条件下出现的新时代的发展观。可持续发展的思想渊源可以追溯到20世纪中叶关于人口与土地负载能力、人口与资源、人口与环境相互关系,以论证控制人口增长的必要性的论著。埃里奇夫妇(Ehrlich, P. R. and Ehrlich. A. H.)的《人口炸弹》(1968)和《人口、资源和环境》(1970),在论述人口迅速增长对资源、环境危害时,提出人类生存期间的地球只有一个,它的资源是有限的,并且日益受到严重的污染与破坏,因此必须把人口控制在同生态环境相适应的适度规模上。丹尼斯·梅多斯(Dennis L. Meadows, 1974)等人在《增长的极限》中指出世界动态系统模型的增长极限理论,即“零增长理论”。哥利(F. B. Golley, 1975)指出人口增长对环境的影响,不同学派有着不同看法。生态学家认为人口过度增长会导致资源缩减和环境的恶化,而技术学家认为人口增长会带来技术进步。

1987年联合国环境与发展委员会在《我们共同的未来》中将可持续发展定义为:“即满足当代人需求,有不对后代人满足其需要的能力构成危害的发展。”戴利(H. E. Daly, 1989)批评了联合国1987年关于可持续发展的定义,认为它没有说明当代人需求和后代人需求的内涵和界限,没有说明最优配置和最有规模的区别,缺乏可操作性,而对于可持续发展最重要的就是最优规模。他建议将定义补充以下原则:“主要原则是把人口规模限制在以下水平之上:它即使不是最优的,至少也是不超过负载能力的,从而是可持续的”,“对于可持续发展而言,技术进步应当使效益增加而不是废料增加”,“应当尽量开发可再生资源,而且其收获率不应当超过再生率,消耗不应当超过环境的再生替代物的创造率”,“非再生资源的开发率应当等同于其可再生替代物的创造率”。在他看来,人口规模和经济规模不能超过地球的负载能力,这是理解可持续发展的关键。1989年联合国在荷兰阿姆斯特丹举行“21世纪国际人口论坛”,发表了《为子孙后代生活的更美好》宣言,宣言中明确指出了人口、资源和环境是相互关联的,并强调要在人口数量、资源、环境和发展之间建立一种可持续的关系。1992年在巴西里约热内卢举行的联合国环境与发展大会,大会通过了《关于环境与发展的里约热内卢宣言》(又称《地球宪章》)等重要文件。它从保护生态环境的角度,进一步阐述了可持续发展观点,探讨了实现可持续发展的具体途径。《里约热内卢宣言》指出:“为了实现可持续发展,使所有人民都可以享有较高的生活素质,各国应当减少和消除不能持续的生产和消费形态,并推行适当的人口政策,以便满足当代的需要而又不影响后代满足自身需求的能力。”它还要求缩小世界上大多数人生活水平的差距,要求各国在根除贫穷这项基本任务上进行合作,强调这是实现可持续发展的绝对必要的条件。1994年开罗国际人口与发展大会将会议主题确定为“人口、发展与可持续发展”,使可持续发展成为各国目前所面临问题的集中反映,也成为包括中国在内的许多国家在制定国家经济发展战略时所必须认真考虑的问题。联合国在该会议上颁布的《行动纲领》对可持续发展的战略思想及其基本原则,以及实现的必要条件和具体途径做了全面和系统的论述。《纲领》明确将“人”即人本主义作为可持续发展观的思想基础,强调“可持续发展问题的中心是人”,“人是发展的中心主体”。阿玛蒂亚·森(Amartya. Sen, 1999)则指出,发展的目的不仅在于增加人的商品消费量,更重要的还在于使人们获得能力。

此外,埃里奇夫妇在《人口爆炸》(1990)中分析了人口过度增长所造成的温室效应到森林滥伐的环境基础上,提出一个表达人口对环境(即可持续发展)的影响公式:I = P·A·T,其中I表示环境所受到负面影响,P表示人口,A为人均消费,T表示每单位消费使用技术所造成的环境恶化程度。他们表示这个公式是理解人口在环境危机中的作用的关键。美国人口学家科恩(J. E. Cohen, 1998)在《地球能养活多少人》一文中对人类自17世纪以来对地球人口承载力的研究进行了总结。这也是迄今为止有关地球承载力的最系统、全面、深入的总结性研究。吉尔兰德(B. Gilland, 1988)对21世纪的人口、经济增长和能源需求做了系统的预测和分析,沃特劳(J. C. Waterlaow, 1999)等人对世界人口增长到80亿以上时能否养活他们做了预测和分析。梅耶森(Meyerson, 1998)、拉斐尔

(Ramphal,1996)继续探讨了人口增长对生态环境的影响。

戴利(H. Daly,1996)在《超越增长,可持续发展经济学》中,对可持续发展定义如下:可持续性意味着资源使用水平既满足人口过好生活的需求,又处在环境负载的能力限度内。但他不能保证在现实环境中实现,因为当今世界发达国家的放荡生活方式,或者欠发达国家的迅速的经济、人口增长,是一种超越世代更新和环境负载能力的增长。他主张用平稳状态经济(Steady-State Economy),也就是最优规模经济(Optimal Scale Economy)来取代"零经济增长",这是建立在经济基础上的可持续发展观。著名的人口学家凯费兹(N. Ketfits,1996)强调人口学家应当关注人口增长和发展及环境的关系,在当前还应当避免对低出生率和逆选择的过度偏见,在重视人口数量增长的问题的同时,还应当注意人口素质下降的问题。他明确指出:如果从追求最大效益的角度来看,即使在只有一个人的条件下也会产生报酬递减和增长极的问题;相反的,如果从劳动分工的角度来看,适度的人口规模是有必要的。

20 世纪 50 年代以来,中国人口经济理论得到了充分发展,以马寅初、张纯元、吴忠观等为代表的中国学者关于人口经济协调发展的理论,是中国人口经济学界对人口经济理论做出的卓越贡献。西方的研究忽视了社会主义制度在可持续发展中的作用。马寅初(1957)在其《新人口论》中认为:人口过大会导致大量的国民收入用于消费,会减少用于扩大生产和再生产的资金比重。马寅初将其设想的控制人口的手段称作"计划生育"。具体的实施办法包括:普遍推行避孕;提倡晚婚晚育;每对夫妇只生两个孩子。1983 年,张纯元主编的中国第一部人口经济学著作《人口经济学》,以马克思主义人口经济思想为指导,从人口经济问题、人口经济思想等方面展开分析,形成了人口经济学新的理论体系,并提出与经济发展相协调的人口发展观点和最优人口经济效益的概念,这些思想均不同于西方学者的适度人口研究,并在 90 年代为国际社会所公认,为中国的实践所印证。田雪原(1995)认为,人口与国民经济的可持续发展是全部可持续发展的基础,这是因为总体人口与生活资料、生产年龄人口与生产资料、人口质量与技术进步、人口老龄化与养老保险、人口城市化与产业结构合理化以及人口地区分布与生产力合理布局的可持续发展在全部可持续发展中占有重要的地位,因此必须深刻认识和清楚把握上述之间的协调关系。只有这样,中国才能走向健康的可持续发展的道路。而李仲生(2009)则指出人口增长并不是造成一些主要的环境问题和资源耗费的唯一原因或者主要原因。许多资源和环境危机的主要原因是发达国家的生产模式和消费模式。

历史的视角来看,人口增长与经济发展关系密切。在工业化以前的社会,经济发展常常因为人口膨胀落入"马尔萨斯人口陷阱"。在发达国家所经历过的工业化时期,人口增长基本上与经济增长呈现一种正相关关系,人口增长最快的时期,经济增长速度也快,并表现为经济增长率高于人口增长率。如英国和法国 1870 ~ 1913 年人口年平均增长率分别为 0.9%、0.3%,而国内生产总值年平均增长率分别为 1.9%、1.6%;美国和奥地利、比利时、丹麦等其他西欧国家的情况也相似。显而易见,发达国家的人口增长在工业化时期的经济增长过程中起主导作用。但考察 20 世纪后半叶以来的发展中国家时,发现"人口爆炸"时期的人口高速增长并没有给发展中国家的经济增长带来刺激条件,甚至是经济增长被人口增长所抵销或经济增长率低于人口增长率,正如在"最不发达国家"所表现的那样。这说明人口增长促进或阻碍经济增长是有条件的。对于大部分没有经济起飞的发展中国家来说,人口的快速增长在某种程度上阻碍了经济发展。这是因为:由于没有经济起飞,工业发展滞后限制了提供的大量就业机会,人口迅速增长所带来的大量新增劳动力无法得到就业,由此形成各种各样的失业;大量过剩人口的存在,使就业结构趋向恶化,难以调整产业结构以适应经济增长的需要;庞大的人口抑制了经济增长的速度,使人均收入低下,从而生活水平低下,与此同时,人口的快速增长也给经济发展带来巨大的人口压力,使经济增长所需要的良好的经济环境无法得到满足,从而使促进经济增长所必需的经济改革难以实现在 20 世纪前 70 多年的时间里,世界经济的增长率和人口增长率基本上均呈现快速增长的趋势,而经济增长的速度明显高于人口增长,是之前人类历史上经济增长最快的时期。这一时期经济的高速增长是与发达国家的工业化发展、科学技术的创新引起的劳动生产率的上升以及发展中国家的人口增长带来的大量而廉价的劳动力资源等因素密切相关的。然而自 20 世纪 70 年代下半叶以来世界人口增长已有所减缓,但经济增长的放慢比人口下降快得多。这意味着世界的人口经济关系不容乐观,另外发展中国家的人口增长速度依然较快,制约了经济增长的速度,如果不实行人口控制,使人口增长迅速降低,那么,今后的发展趋势将面临更加严峻的考验(李仲生,2009)。此外,如何保护生态环境,保持经济发展的可持续性,也是未来包括中国在内的发展中国家工业化过程的重要挑战。

参考文献:

[英]大卫·李嘉图:《政治经济学及赋税原理》(1817),商务印书馆 1962 年版。

联合国:《国际人口与发展会议:行动纲领》,开罗,1994 年。

联合国:《为子孙后代生活的更美好》,荷兰阿姆斯特丹,1989 年。
李仲生:《人口经济学》,清华大学出版社 2009 年版。
马寅初:《新人口论》,吉林人民出版社 1997 年版。
张纯元:《人口经济学》,北京大学出版社 1983 年版。
田雪原:《论人口与国民经济的可持续发展》,载于《中国人口科学》1995 年第 1 期。
[英]亚当·斯密:《国民财富的性质和原因研究》(1776),商务印书馆 1962 年版。
Coale, A. J. and Hoover, E. M., *Population Growth and Economic Development in Low-Income Countries*, Princeton: Princeton University Press, 1958.
Cannan Edwin, *Elementary Political Economy*, Lodon, 1988.
Cohen, J. E., How Many People Can the Earth Support? *Bulletin of the American Academy of Arts and Sciences*, Vol. 51, No. 4, 1998.
Daly. H. E., Sustainable Development: From Concept and Theory to Operational Principles, K. Davis et al eds. *Resources, Environment, and Population*, UN NY, 1989.
Daly. H. E., *Beyond Growth: The Theory of Sustainable Development*, Poston: Beacon Press, 1996.
Edwin Cannan, *Elementary Political Economy*, London: Frowde Possible, 1888.
Ehrlich, P. R. and A. H. Ehrlich., *The Population Explosion*, New York: Simon & Schuster Inc., 1990.
Ehrlich, P. R. and A. H. Ehrlich., Food Security, Population, and Environment, *Population and Development Review*, Vol. 19, No. 1, 1993.
Golley, Frank B., *Small Mammals: Their Productivity and Population Dynamics*, Cambridge University Press, 1975.
Gilland, B., World Population Economic Growth and Energy Demand, 1985 ~ 2010, *Population and Development Review*, 1988, Vol. 14, No. 2.
Hansen, Alvin., *A Guide to Keynes*, New York: McGraw-Hill, 1953.
Hertzler, J. O., *The Crisis in World Population, A Sociological Examination with Special Reference to the Underdeveloped Areas*, University of Nebraska Press Lincoln, 1956.
Kahn, H. Brown, W. and Martel, L., *Next 200 Years: a Scenario for America and the World*, New York: William Morrow and Company, Inc., 1976.
Keyfitz, H., Population Growth, Development and Environment, *Population Studies*, Vol. 20, No. 2, 1996.
Keynes, John M., *The General Theory of Employment, Interest, and Money*, New York and London: Harcourt, Brace and Co., 1936.
Kuznets, S. S., *Six Lectures on Economic Growth*, Free Press, 1959.
Leibenstein, H., *Economic Backwardness and Economic Growth*, Wiley CO., 1957.
Althus, Thomas., *An Essay on the Principle of Population*, J. Johnson, London, 1978.
Meadows, Dennis L., Jørgen Randers and William W. Behrens, *The Limits to Growth: a Report for the Club of Rome's Project on the Predicament of Mankind*, Universe Books, 1974.
Meyerson, F. A. B., Population, Carbon Emmissions, and Global Warming: The Forgotten Relationship at Kyoto, *Population and Development Review*, Vol. 24, No. 1, 1998.
Nelson, Richard R., A Theory of the Low-Level Equilibrium Trap in Underdeveloped Economies, *American Economic Review*, Vol. 46, No. 5, 1956.
Ramphal, S. S., *Population Growth and Environmental Issues*, Praeger Publisher, 1996.
Sen, Amartya, *Developpment as Freedom*, Oxford University Press, 1999.
Simon, J. L. and Kahn, H., *Resourceful Earth: a Response to Global 2000*, New York: Basil Blackwell, 1984.
Simon, J. L., *The Economics of Population: Classic Writings*, New Jersey: Transaction Publisher, New Brunswick, 1998.
Untied Nations, *The Earth Summit on Population: Rio Declaration on Environment and Development*, NY., 1992.
Untied Nations, *Population, Environment and Development*, NY., 1994.
Waterlow, J. C., *Feeding a World Population of More Than Eight Billion People: A Challenge to Science*, New York: Oxford University Press, 1998.
World Commission on Environment and Development, Our Common Future, New York: Oxford University Press, 1987.

(汪伟)

马尔萨斯人口陷阱
Malthus Population Trap

马尔萨斯(Malthus,1798)在《人口论》一书,认为随着人口数量的不断增长,人口消费模式发生巨大的变化,人均消费水平不断提高,但与之相对应的资源,特别是自然资源数量却不断减少,强调了地球资源的匮乏和承载人类能力的有限性的问题,阐释了人口与资源之间的内在的必然的联系,提出了解决人口过剩的所谓的有效方法。总结他的人口理论,可表述为两种形式:一种是作为经济增长方式的马尔萨斯人口模型;一种是人口增长方式中的马尔萨斯陷阱。如果将马尔萨斯人口论作为一个经济增长的概念,它实际上预测了稳态消费水平的存在(卢卡斯,2005)。布罗代尔(Braudel,1920)在《资本主义的动力》的讲演中首次使用了"马尔萨斯陷阱"(Malthus Population Trap)一词,特指人类社会长期存在的人口增长到一定界限就会自动萎缩这一现象。布罗代尔认为马尔萨斯的人口理论抓住了生活水平在几个世纪不变的特征,并将技术进步的发生同人均收入的停滞和加速人口增长很好地协调了起来。人类和生物界以一种类似的方式来消长,人类社会以简单再生产或克隆的方式来组织生产。从人口增长方式来说,马尔萨斯的人口论描述了一种现象:一国的人口会不断超过食物的供给,为了防止人口超过可得到的食物供给,人口增长就会被周期性的战争、灾难和疾病打破,出现人口急剧下降的现象,这就是马尔萨斯陷阱(帕金,2001)。经济学界通常用马尔萨斯人口陷阱来描述经济长期处于停滞状态的情形。无论是作为整体的世界经济还是从不同的国家和区域来考察,在经济增长史上都曾经长期存在着停滞的情形。就比如,地理大发现使欧洲的贸易中心从地中海移到大西洋,造成了意大利诸城邦的衰落和西北欧国家的兴起,但是大西洋沿岸的西北欧国家也没有从地理大发现中获得等同的收益。16 世纪到 18 世纪,欧洲经济中心(乃至世界经济中心)在西班牙、荷兰、英国先后更迭。同时,西欧国家并没有在市场扩大之后都延续了人口增加的趋势。17 世纪只有英国、荷兰等国家的人口一直在增长,而法国、意大利、德国等国家出现了人口增长停滞,甚至是下降的情况,表明马尔萨斯预言的实现,布罗代尔钟罩依然没有打破(王珏、冯志轩,2010)。

作为一名古典经济学家,马尔萨斯将自己的人口理论建筑在经济学的报酬递减原理之上。马尔萨斯首先假定人口有一种不断增长的趋势,在人口增长不被干预、不加控制的条件下(按马尔萨斯的说法,通过减少食物供给的方法就可控制人口增长),人口将按几何级数来增长,即人口将按 1、2、4、8、16、32、64、128、256、512……这样的比率增加。与此同时,由于固定生产要素和土地的报酬递减,食物的供给大致按算术级数来增长,即生活资料将按 1、2、3、4、5、6、7、8、9、10……这样的比率增加。换言之,由于人口增长和土地报酬递减规律的交互作用,食物等生活资料的供给将跟不上人口的增长。由于两者的变动不能保持同步和平衡,这样,每增加一部分人口,就只能耕种更少的土地(人均水平),人均食物或推而广之人均生活资料的边际分配—每增加一个单位人口所增加的食物或其他生活资料供给量就开始减少,农村人口的人均食物水平具有一种下降的趋势,一种使人均食品降低到一定规模的人口勉强糊口或者刚刚够得上最低生活水平的趋势。这就是当年马尔萨斯所警告的人口增长的陷阱。受马尔萨斯影响的经济学家断定:在正常的环境下,人口过剩使工资不会大大地高于维持生计的水平。著名的英国经济学家大卫·李嘉图(David Richard,1817)提出了工资铁律,即:"劳动的自然价格就是必须使劳动者能够共同生存,即使人类不增不减永世长存的价格"。

图 1 中,纵轴表示总投入和人口的增长率,横轴表示人均收入量。当人均收入增长时,人口和总收入都在增长,但当人均收入超过一个最低水平 OYA 以后,人口的增长率将超过总收入的增长率,由此人均收入水平又将倒退回去,除非人均收入水平迅猛地超过 OYB 的水平,否则人均收入水平的任何提高都是不稳定的,都将退回到 OYA 的水平。因此,B 点所显示的均衡尽管水平较高,但却是不稳定的,而 A 点所显示的均衡尽管水平较低,但却是稳定的。B 点以后,人均收入的增长可以持续下去,而在 B 点之左,人均收入不仅不会有所增加,反而会渐减下去直到 A 点,YA 与 YB 之间的人均收入增长的停顿就被称为"人口陷阱"。

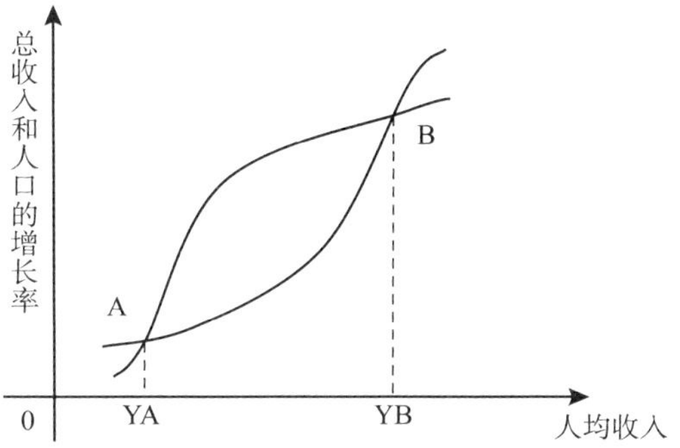

图 1　马尔萨斯人口陷阱

马尔萨斯的人口论出版时,正是西方工业革命蓬勃发展的时期,马尔萨斯用两个数学级数反映人口与食物的增长关系,是一创举,也基本概括了工业时代人类社会资源增长的基本特征。在经济领域里,马尔萨斯第一次系统地研究了人口问题,奠定了人口经济学的基础。马尔萨斯揭示了人类社会随时发生人口过剩的可能性。在他的人口理论中,制约原理和增殖原理可以说是适用于任何社会的原理。他通过对人口与生活资料两种关系的分析,奠定了分析劳动需求、人口与劳动工资等人口与经济关系的基础。马尔萨斯指出的过剩供给可能由于有效需求不足而发生,从而主张为消除失业,克服危机,应扩大有效需求。马尔萨斯的有效需求理论被凯恩斯(J. M. Keynes,1936)系统化,成为克服危机的重要理论依据。

然而,马尔萨斯的人口陷阱是一种在一定假设条件下才能成立的理论模型,这一模型有着三个重要的假定:一是人口增长处于自由放任状态,不受干预;二是生活资料在一定时期内的供给量是有限的;三是土地报酬递减。基于这样的假定,马尔萨斯得出了持续的人口增长有朝一日会使人们陷于低水平均衡陷阱这样的结论。从逻辑推演和我们所观察到的一些历史事实来看,倘若没有社会变革和经济发展力量的牵引或者说在生产力发展保持相对静态的假设下,过度的人口增长导致陷入低水平均衡陷阱,看来的确不可避免。但显而易见,从马尔萨斯模型的假定来看,他的思想有着特定的时代烙印,换言之,这是一种与传统农业社会人类的生存境遇相关联的人口问题观。马尔萨斯的假定似乎是适用于生产力发展水平较低且变化迟缓的传统农耕社会的,所以撇开其他不论,仅从人口增长的影响来看,低水平均衡陷阱的产生仅仅可能在传统社会有较大的可能性。西尼耳(Senior,1831)就指出,在工业中,投下追加的劳动,其报酬或收益是递增的。但在农业中,由于"土地肥力递减规律"的作用,投下追加劳动,其收益是递减的。他认为"收益递减规律"在农业中的作用,可以通过农产品交换工业品的国际贸易或者通过移民而削弱,因此不会产生由于食物不足导致的人口过剩。

严格意义上而言的人口陷阱却几乎不存在,世界上大多数国家的总收入增长速度都要快于人口的增长速度(谭崇台,1985)。实际上,一个国家的人口增长率若接近30%就已经达到极限了,在中国对生育持极其鼓励的氛围下,人口增长率最高的1957年也只是达到了29.05%,而经济增长率达到3%~4%却是相当缓慢的。因此,许多经济学家认为人口陷阱理论并不具有普遍性的影响,因而"已经渐失其说服力"(Hagen,1959)。19世纪下半叶和20世纪上半叶,西欧人口出生率和人口自然增长率持续下降,而生活资料生产成倍增长的事实早已动摇了所谓的马尔萨斯人口原理的基础。两百年过去了,地球总人口突破了70亿人(是马尔萨斯时代的7倍),但是马尔萨斯所预言的大灾难并没有发生。其中一个主要原因是马尔萨斯人口论忽视了或者说根本就没有考虑到技术进步的巨大力量。问题恰恰在于,世界人口与经济发展事实表明,技术进步的伟力足以抵消人口迅速增长所带来的阻力。现代经济增长的历史已经与以科学发明、技术革新和社会变革为形式的一系列技术进步极其紧密地联系在一起。递增而不是递减的规模收益已经成为现代增长时代的显著特征(M. P. 托达罗,1988)。换言之,在现代工商社会,生产力的发展不仅意味着经济总量的扩张,而且越来越具有革新的意义—因为科技进步成了第一生产力(Galor and Wei,2000)。在这样与往昔全然不同的时代背景下,人口增长导致低水平均衡的现象日趋减少了。迅速和持续的技术进步使所有的国家和地区都有可能从马尔萨斯人口陷阱的魔影下逃脱出来。法国经济学家瓦尔拉斯(Walras Leon,1874,1877),指出马尔萨斯未能将经济发展和技术发展区别开来,没有充分考虑到技术发展对事物生产的影响。因此,如果加进了技术因素的作用,则食物生产和人口数量均按几何级数增长,但前者慢于后者。恩格斯在1844年的《政治经济学批判大纲》中指出如果人口呈指数增长,那么生产食物的劳动力也是呈指数增长。他强调劳动生产率和人口利用科学技术以满足需求的能力。对于马尔萨斯人口陷阱无法出现的原因,克拉克(A. Clark,2007)年发表了《告别施舍:世界经济简史》一书,提出决定人类穷与富的命运,并非剥削地理因素或天然资源文化才是决定性因素。他指出经过长期达尔文式的生物竞争,英国的经济富裕者渐渐取得了生育优势并取代经济上较不成功者,富裕者的行为方法或价值观以及创造经济成就的文化,随之被传递到各个阶层成为整个民族的主流文化。当这种成功者的文化被替换到一定程度时,英国就突破了马尔萨斯陷阱的束缚。

尽管,马尔萨斯的人口陷阱一说,受到了马克思(1867)、李斯特(F. List,1814)等人的批判,但他的学说还是在之后得到很多学者的肯定并在理论上得到了创新。普雷斯·弗朗西斯(Place Francis,1822)作为马尔萨斯的拥护者,他利用许多人口统计数字力求证明:人口增长比生活资料增长得更快的趋势,失业和贫困是人口增长快于资本增长的后果,倘若只有人口的增长而没有资本的增长,那么实际工资就会下降。随着时间的推移,人民将会沦为极端贫困和苦难之中。在该基础上,他鼓励通过避孕的方式来控制人口增长,形成了"新马尔萨斯主义"。穆勒(Mill John Stuart,1848)明确地将马尔萨斯提到的生活资料以算数级数增长与"土地收益递减规律"联系在一起,认为短期工资决定于市场对劳动的需求以及供给的关系,并将这种供给关系解释为资本和人口的比例,同时穆勒将人口的静止状态视为社会经济发展的理想状态。之后的马尔萨斯人口学说的继承人,提出了人口压力(福格特,1949)、人口爆炸(Ehrlich, P. R. And A. H. Ehrlich.,1993)、增长极限(梅多斯,1972)等理论。并且马尔萨斯的理论还影响了维克塞尔(Wicksell J. G. K.,1910)、坎南(Cannon Edwin,1988)等人的适度人口理论。

参考文献:

[英]M. P. 托达罗:《第三世界的经济发展》,中国人民大学出版社1988年版。

王珏、冯志轩:《地理大发现与摆脱马尔萨斯陷阱的条件:以分工为媒介的经济增长模型》,载于《世界经济》2010年第1期。

Adam Smith, *An Inquiry into the Nature and Causes of the Wealth of Nations*, London, 1776.

Cannon Edwin, *Elementary Political Economy*, Princeton University Press, 1988.

Condorcet, M., *Historical View of the Progress of the Hu-*

man Mind, Princeton University Press, Université de Lausanne, 1794.

David Richard, *On the Principles of Political Economy and Taxation*, London, 1817.

Ehrlich, P. R. and A. H. Ehrlich., Food Security, Population, and Environment, *Population and Development Review*, Vol. 19, No. 1, 1993.

Fernand Braudel, *La Dynamique Du Capitalisme*, Flammarion, 1920.

Fredrich List, *Das Nationale System der Politischen Aokonomie*, Stuttgart and Teubingen, 1814.

Galor, O. and Wei, D, N., Population, Technology, and Growth: From Malthusian Stagnation to the Demographic Transition and Beyond, *American Economic Review*, Vol. 90, No. 1, 2000.

Gregory Clark, *A Farewell to Alms: A Brief Economic History of the World*, Cambridge: Princeton University Press, 2007.

Hagen, Everett. E., Population and Economic Growth, *The American Economic Review*, Vol. 7, 1959.

Malthus, Thomas, An Essay on the Principle of Population, as Its Affects the Improvement of Society, with Remarks on the Speculation of Mr. Godwin, *M. Condorcet*, and other Writers, London, 1798.

Mill John Stuart, *Principles of Political Economy with Some of Their Applications to Social Philosophy*, University of Oxford, 1848.

Karl Marx, Das Kapital, Humburg: Kritik der Politischen Aokonomie, 1867.

Keynes, J. M., *The General Theory of Employment, Interest and Money*, London, 1936.

Place Francis, *Illustrations and Proofs if the Principle of Population*, London, 1822.

Senior, Nassau William, *Two Lectures on Population*, London, 1831.

Wicksell J. G. K., *Theory of Population*, Springer, 1910.

（汪伟）

伊斯特林假说
Easterlin Hypothesis

伊斯特林假说（Easterlin Hypothesis），又被称为"伊斯特林悖论"、"幸福—收入悖论"、"幸福悖论"。由美国加利福尼亚大学教授伊斯特林（1974）在其《经济增长在多大程度上可以提高人们的快乐?》一书中提出的。即：通常在一国之内，在一个时点上，收入和幸福之间呈正相关关系，富人平均的快乐水平要大于穷人；但是，但随着时间的推移，一国居民主观幸福感并不随GDP或收入的增长而增加；如果进行跨国比较，收入和幸福之间的正相关关系在富国与穷国之间的比较也不成立了，通常穷国与富国的幸福水平差不多一样高。现代经济学是构建于"财富增加将导致福利或幸福增加"这样一个核心命题之上的。然而，一个令人迷惑的重要问题是：为什么更多的财富并没有带来更大的幸福？而这就是"伊斯特林悖论"、"幸福—收入悖论"或"幸福悖论"。

伊斯特林（1974）的"幸福—收入悖论"提出来后，引起了人们的强烈兴趣，并产生了大量后续研究并丰富了这一悖论的内涵。学者主要展开三个方面的研究，第一，在一个国家（地区）的一个时点上，收入与主观幸福感之间的关系如何？第二，随着收入水平不断提高长，人们的幸福感能够持续上升吗？第三，在进行跨国比较时，生活在富裕国家的居民比生活在贫困国家的居民更幸福吗？

学者们几乎一致认为：在单个国家里，无论在发达国家内部，还在发展中国家内部，一个时点上，富人比穷人更幸福，收入与幸福之间的因果关系非常明显（Graham and Pettinato, 2002; Blanchflower and Oswald, 2004; Kahenman and Krueger, 2006; Lelkes, 2006），这一点已经不再被今天的经济学家争论。然而学者们发现：在单个国家里，是随着时间的推移，当经济增长、个人收入增加时，主观幸福度却没有太大的变化（Winkelmann and Winkelmann, 1998; Ravallion and Lokshin, 2002; Ferrer-I-Carbonell and Frijters, 2004; Clark et al., 2005; Ferrer-I-Carbonell, 2005; Frijters et al., 2006; Layard, 2007; Blanchnower and Oswald, 2008）。一系列调查结果也证实了，随着时间的推移，经济增长没有带来幸福的增加。根据美国总体社会调查（General Social Surveys）的结果，1975年，32%的居民认为自己很幸福，55%的居民认为自己比较幸福，13%的居民认为自己不太幸福；1996年，31%的居民认为自己很幸福，58%的居民认为自己比较幸福，11%的居民认为自己不太幸福。然而，从1975年到1996年，美国的人均GDP已经增长了很多倍。同样，从20世纪50年代到20世纪末，日本国民的人均收入增加了6倍，但居民的主观幸福感也没有增强（Frey and Stutzer, 2002）。对欧洲一些国家的研究也表明，第二次世界大战后的几十年间，除了丹麦和意大利之外，其余国家的居民主观幸福感也没有增加（Inglehartand Klingemann, 2000）。在国家之间，收入与幸福之间的相关性则富有争议。澳大利亚快乐经济学家黄有光及其合作者（Ng and Wang, 1993; Ng and Ng, 2001; Ng, 2003）支持了伊斯特林（Easterlin, 1974）的结论，人均收入高的国家并不比人均收入低的国家快乐。黄有光（Ng. Yew-Kuang, 2006）还发现，东亚地区与全球存在着一道"快乐鸿沟"，即与全球各国人民快乐平均水平比较，东亚地区的经济增长虽然较快，但人们的快乐指数却很低。在控制了一些变量之后，另一些学者如迪·泰拉等（Di Tella et al.，2003）、艾莱斯那等（Alesina et al.，2004）、利与沃尔弗斯（Leigh and Wolfers，2006）、克拉克等（Clark et al.，2008）的研究却发现，通常的富裕国家的主观幸福感要高于贫穷国家的观点，另外来自WVS（世界价值观调查）的数据的似乎也支持了他们的结论，这对伊斯特林（1974）的结论形成挑战。

至于“幸福—收入悖论”产生的原因，伊斯特林（1974）认为：人们对于快乐具有很强的适应性，对于由收入带来的快乐适应性更强。也就是说，在经历了短暂的由于收入增加导致的快乐以后，人们的快乐程度又会逐渐回复到接近于原来的水平。这一解释更多的基于心理层面，事实上“收入和幸福的关系”这个议题更多的是与经济学理论有关：在解释幸福悖论的过程中，现代经济学的一些基本原理如“财富增加将导致福利或幸福增加”受到了质疑。因而针对伊斯特林悖论存在着众多解释，总体上可以归为以下两类观点：

第一是“忽视变量”理论。从经济学研究快乐问题，关注的带快乐的物质方面的因素，收入、财富和消费是研究的主要变量。这些是不全面的，忽略了影响幸福的其他许多因素：激励与创造、健康、政治参与、社会渴望、自由、利他主义、不平等、社会资本的减少和地位外部性（Graham and Pettinato，2002）。如果这些非经济因素与收入、财富和消费等经济因素呈负相关时（假定经济因素与幸福正相关），那么当经济因素的量增加时，许多影响幸福的非经济因素将会下降。这时经济因素与非经济因素对幸福水平的影响将会抵销，于是就可能出现所谓的“幸福悖论”（Diener and Seligman，2004）。迪·泰拉与马克·卡洛克（Di Tella and Mac Culloch，2006）认为在过去的几十年中，这类非收入因素对幸福感的影响呈现上升的趋势。但收入的增长与非收入因素影响往往同时增长，因而非收入因素的抵消作用减少，这无疑降低了该理论的解释力度。

第二是从比较的视角出发。这类理论包括相对收入理论、参照组理论（Reference Group Thoery）或攀比理论。与前一种理论不同，这类理论从收入本身出发。伊斯特林本人（1995）用杜森贝利（Duesenberry，1949）的相对收入理论中的消费“棘轮效应”来进行解释：即消费具有不可逆性，由此即使收入较低，消费水平也不一定降低，幸福感也就不会减少；当期收入和消费对个体的效用与其以往各期收入和消费水平负相关，而且随着自身收入和消费的变动，个体也会相应地调整其期望效用水平。参照组理论（Reference Group Thoery）或攀比理论认为个人效用与自己的收入水平正相关，但是社会的效用水平与社会的平均收入水平（攀比水平）负相关；当社会整体上变得更富裕时，攀比随之提高，从而导致收入—幸福曲线下移，总效用水平保持不变（Easterlin，1995，2001；Easterlin et al.，2010）。但是相对收入理论并不受到所有人的赞同，弗兰克（Frank，1984）、奥斯瓦德（Oswald，1997）等认为伊斯特林的研究解释中忽视了“绝对财富”与“相对财富”的关系，绝对收入和相对收入都会影响幸福感，只不过绝对收入的影响要小一些。此外，当研究者使用相对收入理论或攀比理论来研究幸福时，他们将攀比水平看做外生给定，因而无法解释非收入因素在提高幸福水平上的重要作用。所以相对收入和绝对收入对幸福感的影响大小学界看法并不一致（Tian and Yang，2009）。

伊斯特林悖论的出现也就意味着经济增长并不意味幸福的提高。经济增长以外的因素，例如心理满足感、家庭生活质量、健康水平、基本人权、失业与通胀等，都会对幸福感产生影响，同时也将影响到个人对经济政策的反应（Graham and Pettinato，2002）。因此，学者们认为幸福应该成为政策制定者的追求目标。诺德豪斯和托宾（Nordhaus and Tobin，1972）认为GNP不能够真正地衡量社会福利，应当使用经济福利测度（Measure of Economic Welfare，MEW）来代替。MEW对GNP进行调整扣除经济增长带来的污染、城市化带来的精神压力等因素，同时增加休闲、家庭劳动等因素。结果发现MEW的测量的福利与GNP相差甚远，特别是在第二次世界大战后，这种差别更大。阿玛蒂亚·森（Amartya Sen，1999）倡导以自由为中心的发展观，认为自由应该成为判断发展的基本标准，人们应当更多地关注自由而不是经济增长、工业化或者技术进步。事实上，一些国家也已经开始付诸行动。不丹已经使用国民幸福总值（Gross National Happiness，GNH）而不是国内生产总值（GDP）去度量其国家的发展水平（田国强和杨立岩，2009）。

参考文献：

黄有光：《经济与快乐》，东北财经大学出版社2006年版。

田国强、杨立岩：《对“幸福—收入之谜”的一个解答》，载于《经济研究》2006年第11期。

Alesina, A., R. Di Tella and R. Macculloch, Inequality and Happiness: Are Europeans and Americans Different? *Journal of Public Economics*, Vol. 88, No. 9-10, 2004.

Blanehflower, D., Oswald, A., Money, Sex and Happiness: An Empirical Study, National Bureau of Economies Research Working Paper, No. 10499, 2004.

Blanchflowerm, D. G. and A. J. Oswald, Is Well-Being Ushaped over the Life Cycle? *Social Science & Medicine*, Vol. 66, No. 8, 2008.

Clark, A. E., Unemployment as a Social Norm: Psychological Evidence from Panel Data, *Journal of Labor Eco-*

nomics, Vol. 21, No. 2, 2003.

Clark, A. E., Etilé, F., Postel-Vinay, F., Senik, C. and Van der Straeten, K., Heterogeneity in Reported Well-Being: Evidence from Twelve European Countries, *Economic Journal*, Vol. 115, No. 3, 2005.

Diener, Ed, Ed Sandvik, Larry Seidlitz, and Marissa Diener, The Relationship between Income and Subjective Well-Being: Relative or Absolute? *Social Indicators Research*, Vol. 28, No. 3, 2001.

Di Tella, Rafael, Robert J. Macculloch and Andrew J. Oswald, The Macroeconomics of Happiness, *The Review of Economics and Statistics*, Vol. 85, No. 4, 2003.

Diener, E. and M. Seligman, 2004, Beyond Money: toward an Economy of Well-Being, *Psychological Science in the Public Interest*, Vol. 5, No. 1.

DiTella, R., R., MacCulloch, Some Uses of Happiness Data in Economics, *Journal of Economic Perspectives*, Vol. 20, No. 1, 2006.

Duesenberry, James Stemble, *Income, Saving and the Theory of Consumer Behavior*, Cambridge: Harvard University Press, 1949.

Easterlin, Richard, *Does Economic Growth Improve the Human Lot? Some Empirical Evidence*, New York: Academic Press, 1974.

Easterlin, R., Will Raising the Incomes of All Increase the Happiness of All, *Journal of Economic Behavior and Organization*, Vol. 27, No. 1, 1995.

Easterlin, R., Income and Happiness: Toward a Unified Theory, *Economic Journal*, Vol. 111, No. 473, 2001.

Easterlin, R. A., Mcvey, L. A., Switek, M., Sawangfa, O. and Zweig, J. S., The Happiness-Income Paradox Revisited, Proceedings of the National Academy of Sciences of the United States of America, Vol. 107, No. 52, 2010.

Frank, R. H., Are Workers Paid Their Marginal Products? *American Economic Review*, Vol. 74, No. 4, 1984.

Ferrer-I-Carbonell, A. and Frijters, P., How Important is Methodology for the Estimates of the Determinants of Happiness? *Economic Journal*, Vol. 114, No. 7, 2004.

Ferrer-I-Carbinell, Income and Well-Being: An Empirical Analysis of the Comparison Income Effect, *Journal of Public Economics*, Vol. 89, No. (5-6), 2005.

Frey, B. S. and Stutzer, A., *Happiness and Economics: How the Economy and Institutions Affect Human Well-Being*, Princeton: Princeton University Press, 2002.

Frijters, P., Geishecker, I., Shields, M. A. and Haisken-DeNew, J. P., Can the Large Swingsin Russian Life Satisfaction be Explained by Ups and Downs in Real Incomes? *Scandinavian Journal of Economics*, Vol. 108, No. 3, 2006.

Graham, C. and Pettinato, S., *Happiness and Hardship: Opportunity and Insecurity in New Market Economies*, Washington, D. C.: The Brookings Institution Press, 2002.

Inglehart, R. and Klingemann, H. D, Genes, Culture, Democracy and Happiness, in Diener, E. andSuh, E. M. (eds), *Culture and Subjective Well-Being*, Cambridge MA: MIT Press, 2000.

Kahneman, D. and Thaler, R. H., Anomalies: Utility Maximization and Experienced Utility, *The Journal of Economic Perspective*, Vol. 20, No. 1, 2006.

Layard, R., Happiness and Public Policy: A Challenge to Profession, *Economic Journal*, Vol. 5, No. 116, 2006.

Leigh, A. and Wolfers, J., Happiness and the Human Development Index: Australia Is Not a Paradox, *Australian Economic Review*, Vol. 39, No. 2, 2006.

Lelkes, O., Tasting freedom: Happiness, Religion and Economic Transition, *Journal of Economic Behavior and Organization*, Vol. 59, 2006.

Ng, Yew-Kuang, From Preference to Happiness: Towards a more Complete Welfare Economics, *Social Choice and Welfare*, Vol. 20, No. 2, 2003.

Ng. Siang, Yew-Kuang Ng., Welfare Reducing Growth Despite Individual and Government Opitimization, *Social Choice and Welfare*, Vol. 18, No. 3, 2001.

Ng., Yew-Kuang, Jianguo Wang. Relative Income, Aspiration, Environmental Quality, Individual and Political Myopia: Why May the Rat-Race for Material Growth be Welfare-reducing? *Mathematieal Social Seienees*, Vol. 26, No. 1, 1993.

Nordhaus, W. and James Tobin, Is Growth Obsolete? Fiftieth Anniversary Colloquium V, NBER, Columbia University Press, 1972.

Oswald, A. J., Happiness and Economic Performance, *Economic Journal*, Vol. 107, No. 445, 1997.

Ravallion, M. and Lokshin, M., Self-Rated Economic Welfare in Russia, *European Economic Review*, Vol. 46, No. 8, 2002.

Sen, Amartya, *Developpment as Freedom*, Oxford University Press, 1999.

Tian, Guoqiang and Yang, Liyan, Theory of Negative Consumption Externalities with Applications to Economics of Happiness, *Economic Theory*, Vol. 39, No. 3, 2009.

Winkelmann, L. and Winkelmann, R., Why are the Unemployed so Unhappy? Evidence from Panel Data, *Economica*, Vol. 65, No. 257, 1998.

（汪伟）

人口红利
Demographic Dividend

人口红利是人口再生产模式的转变过程中（即人口转变，Demographic Transition），出生率和死亡率在时间和速度上的变化不一致所带来的劳动力资源相对于非劳动力人口数量更多，劳动力负担的少年儿童人口和老年人口相对较少（社会抚养系数较小），从而有利于经济发展的一种暂时性优势。人口红利的主要表现为“二低一高”：少儿抚养负担和老年赡养负担比较低，劳动年龄人口比重高。当一个国家处于人口红利期时，人口生产性强，社会储蓄率也高，从而有利于经济增长。人口红利期通常也被称为“人口机遇期”、“人口机会窗口”。

人口红利的概念是由布洛姆和威廉姆森（Bloom and Wiliamson，1998）在研究东亚经济奇迹时首先提出的。根据他们的经验分析，就东亚经济增长的推动因素而言，人口转变因素可以解释其增长30%，可以解释超常规增长部分的50%。他们将人口转变给经济增长带来的有利因素称为人口礼物（Demographic Gift）。此后，布洛姆等（Bloom et al.，2002）明确提出人口转变将产生有利于经济增长的人口红利（Demographic Dividend）。他们认为生育率、死亡率的降低和人口年龄结构的变化给绝大多数发展中国家提供了一个经济快速发展、生活水平迅速提高的机会窗口，但这种人口转变所带来的“礼物”或“红利”只是一种增长的潜力，是否能够转化为真正的经济红利依赖于发展中国家的社会、经济以及政治环境。他们认为，人口红利出现的特征通常是由于高比例的劳动年龄人口带来的国民储蓄率升高和资本供给增加，以及高劳动参与率对经济增长所产生的推动作用。

随后，安德鲁·梅森（Andrew Mason，2003）指出：在人口转变过程中，由于出生率和死亡率下降在时间上具有继起性，在一段时间里，出生率的下降速度快于死亡率下降的速度，导致总人口中的较大比重集中在有较高生产能力的劳动年龄人口上。而且，生育率的降低也使妇女将她们有生产能力的岁月更多地致力于经济生产。因此，人口红利的生产潜力主要通过这两种重要方式从生育率的降低上获取。人口红利理论有一些前提假设：假设所有劳动年龄中的人口均被雇佣；所有储蓄都转化为投资；如果由适当的投资形式，人力资本积累就越多（Navaneetham，2002）。如果失业和人口老龄化同时存在，就会使充足的劳动力供给优势转化为劣势，因为原本具有生产力的人口现在不能创造财富，而且要消耗社会资源，不能够为投资提供储蓄。因此有利年龄结构是人口红利的必要条件。

人口红利期的人口结构变化通过两个途径影响劳动的供给。第一，是根本性的，来自于人口红利期之前婴儿潮时期出生的人口陆续进入劳动力市场。劳动年龄人口的迅速增加降低人口抚养系数，随着这些出生的人口进入劳动高峰期（20岁到54岁），这种影响将达到顶峰。如果劳动力市场能够吸收这些新增的劳动人口，那么人均收入将随之提高（Bloom et al.，2002；2003b）。第二，随着家庭规模的缩小，女性进入劳动力市场的机会增加。因为家庭规模的缩小会增加女性受教育的机会，教育会增加她们的劳动生产率和导致家庭规模的进一步缩小。实证研究结果也发现低生育率伴随着女性的劳动参与上升。总之，结果就是人口年龄结构的转变导致人均劳动投入时间增加，从而促进经济增长。

从储蓄方面来讨论人口红利的研究基本上是基于生命周期假说（Modigliani and Brumberg，1954）。一个人的消费储蓄决策与其所处的生命周期密切相关。劳动年龄人口是净储蓄人群，少儿人口是负储蓄人群，老龄人口则消耗他们在工作时期积累下来的储蓄，因此如果一个国家人口中劳动年龄人口比例增加，将带来储蓄的增加，从而可以通过有效的资本市场促进经济的增长。相关的实证研究发现，相对于劳动年龄人口，少年和老人的消费要多于他们的产出，而劳动年龄人口则会有高水平的产出和高储蓄。自美国的一项调查发现，人们在40～65岁的储蓄倾向最高，因为在这段时间他们对孩子的投资会减少，同时也开始为退休后的生活做准备。所以，当婴儿潮时期出生的人口进入40岁的年龄段的时，一国的储蓄率倾向于升高。同时，健康状况的改善和预期寿命的延长会刺激人们尽早储蓄（Bloom et al.，2003；2004）。最终，正如东亚经济奇迹所发生的事实，居民部门的储蓄将为经济增长提供资本积累的来源（Bloom and Wiliamson，1998）。

人口红利期的人口年龄结构变化对人力资本的投资有着显著的促进作用。这种影响在当下可能时效性不强，但可能会有深远的影响。人口转变时的人口死亡率下降，意味着预期寿命的延长，更长的平均寿命将对人们对教育、家庭、退休、女性作用和工作的态度和想法产生深远的影响（Zhang et al.，2001；2003）。面对预期寿命的延长，家长倾向于让孩子接受更长时间的教育。而且由于孩子数量的减少，每个孩子的平均教育资源也在增加。随着教育投资的增加，整个社会的生产力会增加，从而提高收入水平和生活水平。同时，期望寿命的延长也从根本上改变了人们对人力资本投资的观念，造成了更多技术发明使用的机会，提高了人力资本投资的回报。一个更健康的人口也就是一个更富有生产力的人口。健康的作用远不限于增强体力，而更在于智力思维的开拓与使用。

以上只是从该理论上对人口红利的论述，在经验研究中，经常需要计算人口红利，以判断经济发展是否处在人口红利阶段。田雪原等人（2006）认为，抚养比是刻画人口红利的较为准确且可行的指标。按国际通行算法，一般将社会抚养系数小于50%的时间视为人口视窗的开启时机。社会抚养系数，是指在总人口当中非劳动年龄人口与劳动年龄人口之比，因此又被称为抚养年龄比。其计算公式为：

$$\text{社会抚养系数} = \frac{\text{0～14岁的少儿人口} + \text{65岁及以上的老年人口}}{\text{15～64岁的人口}} \times 100\%$$

上面这种方法比较简单，计算方便，但度量可能比较粗糙。另一种计算人口红利的方法是梅森(2004)提出的方法。这种方法是通过计算有效生产者与有效消费者人数，然后把这两类人数的比例作为实际抚养比，即：实际抚养比 = 有效生产人口/有效消费人口。这种计算人口红利的方法是，把经济变化的指标人均产出增长率分解为两个部分，即有效生产者人均产出的增长率与抚养比的增长率。这两个组成部分中，第一个是劳动生产率，第二个是人口因素。有效生产人口是以历年分年龄劳动生产率加权计算；有效消费人口是以历年分年龄消费水平加权计算。在分年龄劳动生产率与分年龄消费水平一定的条件下，有效劳动人口的人均产出不变。基于这一假定，实际抚养比变动就完全取决于人口年龄结构变动。抚养比增长率的变化便可直接等同于其对人均产出增长率的贡献，也即人口红利。

还有一种估算人口红利的方法便是使用时间序列的宏观人口经济数据，用多元回归的数理统计方法，通过在回归方程中纳入人口及其他各种因素，观察人口变化对经济增长解释能力的贡献(Bloom et al., 2002)。

一些学者对人口红利内涵进行深入研究，李和梅森(Lee and Mason, 2006)在《什么是人口红利》一文中，从人口红利的内容出发将其划分为"第一人口红利"(The First Demographic Dividend)和"第二人口红利"(The Second Demographic Dividend)。"第一人口红利"是指由人口转变所导致的生产性年龄段的人口比例的增加，而人口总体负担相对较轻所带来的经济增长。这样第一人口红利可以认为是，以实际抚养比来表征人口年龄结构对经济产生盈余影响作用的指标。可见第一人口红利是由产生盈余年龄的人口比例提高生成的结果。这一人口红利期的效应短暂，持续时间为50年或稍长些(Mason, 2001)。第二人口红利是指在人口结构趋于老化的情况下，个人和家庭预计到这一情况会产生未雨绸缪的动机，将一生的收入和消费在生命周期内进行平滑以求取最大效用，在生产效率较高的壮年阶段，其收入中用于储蓄的比例将明显高于其他阶段，由此反映出的在人口转变的特定阶段，理性行为人通过重新分配资源和协调生命周期行为和合理安排生活从而形成一个新的储蓄来源(Mason and Kinugasa, 2005; Mason and Lee, 2006)。人口转变是一个长期过程，它既包含了个人生命周期的变化，也反映了代际更替关系。梅森和友子(Mason and Kinugasa, 2005)认为，劳动力迅速增长，抚养比降低，资源更多地用于经济发展和家庭福利，导致人均收入快速增长的时期是"第一人口红利"，这个时期将持续一段时间。但随着出生率降低，老年人增加，"第一人口红利"将变成"人口负债"。但是"第一人口红利"期积累的大量资产，无论是用于投资国内还是投资国外，此外健康长寿老年人的工作经验也是宝贵的人力资本，都将带来国民收入提高，这将形成"第二人口红利"。"第二人口红利"对政策的依赖性更强，它的红利规模常常远大于"第一人口红利"，如果政策合适有效，"第二人口红利"可能是无限期的。

但是人口红利的获取是有成本的。因为人口红利消逝后社会面临的就是人口负债带来的挑战。发达国家的经验告诉我们：人口红利创造的经济发展机遇是迎接人口老龄化的关键。像日本、新加坡、韩国、中国台湾等新兴工业国家和地区，第二次世界大战后出生率迅速下降和老龄化起始阶段相对缓慢创造的"时间差"，为这些国家和地区提供了经济腾飞的重要机遇。因此，应建立这样一种认识，充分利用当前人口红利，通过经济社会的广泛积累来应对人口负债阶段的各种挑战。

蔡等(Cai et al., 2005)对中国改革开放以来经济增长的贡献研究表明，中国总抚养比每降低1个百分点，导致经济增长速度提高0.115个百分点。1982～2000年，总抚养比下降推动人均GDP增长速度上升2.3个百分点，第一人口红利大约对同期人均GDP增长贡献了1/4。王和梅森(Wang and Mason, 2004)曾经对中国人口转变过程中的第一人口红利进行了实证研究。他们发现，第一人口红利可以解释中国1982～2000年经济增长的15%。据他们的推算，2000～2013年劳动人口比例虽然继续提高，但步伐会放慢很多，整个阶段第一人口红利在人均产出上的贡献比例是4%。2014～2050年，由于第一人口红利下降，人均产出增长率将以每年0.45%的比率降低。王和梅森(2004)关于1982～2000年人口红利贡献的估算比蔡等(2005)所得出的24%要小很多，其原因可能是估算年份与方法的不同(蔡昉, 2004; 王德文等, 2004)。不过，王和梅森(2004)同时指出，两个人口红利将相继发生，第一人口红利期先出现，持续一段时间后逐渐消失，第二人口红利期出现稍晚，但是却可以一直持续下去(Wang and Mason, 2005)。蔡昉(2009)则认为，第一次人口红利与第二次人口红利的获得之间，需要避免出现一个人口红利的"真空"时期。如果通过在创造第二次人口红利条件的同时延长第一次人口红利，就可以避免人口老龄化对经济增长的负面影响，保持经济增长的可持续性。

参考文献：

蔡昉:《人口转变、人口红利与经济增长可持续性——兼论充分就业如何促进经济增长》,载于《人口研究》2004 年第 2 期。

田雪原:《老龄化——从"人口盈利"到"人口负债"》,中国经济出版社 2006 年版。

Banister, Judith, Bloom David E. and Larry Rosenberg, Population Aging and Economic Growth in China, PGDA Working Paper Series No. 53, 2010.

Bloom, David E., Jeffrey G. Williamson, Demographic Transitions and Economic Miracles in Emerging Asian, *The World Bank Economic Review*, Vol. 12, No. 3, 1998.

Bloom D. E., David. Canning., and Moore, M., The Effect of Improvements in Health and Longevity on Optimal Retirement and Saving, NBER Working Paper 10919, 2004.

Bloom, D. E., Canning, D. and Graham B., Longevity and Life-cycle Savings, *Scandinavian Journal of Economics*, Blackwell Publishing, Vol. 105, No. 3, 2003.

Bloom. D., Canning, D and Sevilla, J., The Demographic Dividend: A New Perspective on the Economic Consequences of Population Change, Santa Monica, CA: BAND, 2002.

Bloom, D., Canning, D. and Sevilla, J., The Demographic Dividend, RAND, Santa Monica, 2003.

Cai, Fang and Dewen Wang, China's Demographic Transition: Implications for Growth, in Garnaut and Song (eds), *The China Boom and Its Discontents*, Canberra: Asia Pacific Press, 2005.

Lee, Ronald. and Mason, Andrew, What is the Demographic Dividend? *Finance and Development* (*IMF Quarterly*), Vol. 43, No. 3, 2006.

Mason, Andrew, Population and Economic Growth in East Asia. Population Change and Economic Development in East Asia: Challenges Met, Opportunities Seized. A. Mason. Stanford, Stanford University Press, 2001.

Mason, Andrew, Capitalizing on the Demographic Dividend, Population and Poverty, Population and Development Strategies (8), New York: United Nations Population Fund, 2003.

Mason, Andrew and Tomoko Kinugasa, East Asian Economic Development: Two Demographic Dividends, East-West Centre Working Paper, 2005.

Mason, Andrew and Ronald Lee, Reformand Support Systems for the Elderly in Developing Countries: Capturing the Second Demographic Dividend, *Genus*, Vol. 62, No. 2, 2006.

Modigliani, F. and R. Brumberg, *Utility Analysis and the Consumption Function: An Interpretation of Cross Section Data*, *Post Keynesian Economics*, Rutgers University Press, 1954.

Navaneetham, Kannan, Age Structural Transition and Economic Growth: Evidence from South and Southeast Asia, Centre for Development Studies, Working Paper No. 337, 2002.

Wang Feng and Andrew Mason, The Demographic Factor in China's Transition, China's Economic Transitions: Origins, Mechanism, and Consequences, *Pittsburg*, PA, November 4-7, 2004.

Wang Feng and Andrew Mason, Demographic Dividend and Prospects for Economic Development in China, United Nations Expert Group Meeting on Social and Economic Implications of Changing Population Age Structure, Mexico City, August 31-September 2, 2005.

Zhang, J., Zhang, J., Lee, R., Mortality Decline and Long-Run Economic Growth, *Journal of Public Economics*, Vol. 80, No. 3, 2001.

Zhang, J., Zhang, J., Lee, R., Rising Longevity, Education, Savings, and Growth, *Journal of Public Economics*, Vol. 70, No. 1, 2003.

（汪伟）

人口老龄化
Population Aging

人口老龄化是指总人口中因年轻人口数量减少、年长人口数量增加而导致的老年人口比例相应增长的动态。现在通行的联合国老龄化国家标准为年龄 60 岁及以上的人口占总人口的比例大于 10% 或 65 岁及以上的人口占总人口的比例大于 7%。人口老龄化是一种全球趋势，据联合国(UN,2011)的预测，老龄人口的比例在 2050 年左右将是现在的两倍。发达国家的老年人口的比重最高，而欠发达国家的老龄人口比例增长得更快。

人口学理论认为工业化、现代化的发展必然导致人口转变，而人口的转变的结果就是人口的老龄化。1929 年美国社会学家、人口学家汤普森(W. Thompson)在《人口》一书中，根据出生率和死亡率的不同变化，联系经济发展和生活水平，将世界人口划分为三类地区，论述了人口发展的三个阶段。1945 年美国人口经济学家诺特斯坦(F. Notestein)在兰德里和汤普森(1929)等研究的基础上，提出了系统的三阶段人口转变学说。第一阶段是处于转变前期的具有高增潜力的人口，其特征是死亡率高而多变，死亡率成为人口增长的主要因素，与此同时，出生率很高，未出现任何下降趋势；第二阶段是处于转变中的人口，出生率和死亡率都已经开始下降,但出生率的下降滞后于死亡率,因此,人口增长相对较快;第三阶段是处于一早期下降的人口,出生率已经下降至更替水平(Replacement Level),甚至低于更替水平,死亡率也下降至很低的水平,与出生率的减退趋势相比,死亡率相对稳定。

在诺特斯坦(1945)的人口转变理论的第二阶段由于出生率下降滞后于死亡率,人口自然增长快速提高,形成一个“婴儿潮”(Baby Boom),少儿抚养比快速提升。而随后生育率持续下降,人口年龄结构发生变化。在第三阶段中,死亡率也下降至极低水平,生育率下降至更替水平以下甚至更低水平。“婴儿潮”出生孩子进入老年,社会中的老年人比例快速上升,老年抚养比快速提升。此时,社会进入老龄化社会。生育率的持续下降,医疗技术水平的提高和医疗条件的改善降低了死亡率、延长了人均寿命,这些是当今世界迎来人口老龄化的现实背景(Bloom and Canning,2008;Bloom et al.,2008)。

老龄化会对社会宏观经济产生重大的影响。第一是对劳动力供给的影响,主要体现在对劳动力总量和结构、劳动参与率和劳动生产率的影响(Cameron and Deborah,2001)。如果人口政策及其他相关政策不加改变,人口老龄化的发展导致进入劳动适龄年龄的新增劳动力人口减少,随着劳动适龄人口的减少,劳动力本身的结构开始老化,而随着西方发达国家社会保障制度的不断发展和完善,越来越多的年龄相对较高劳动人口宁愿选择提前退休退出劳动领域(Bloom et al.,2004),这也是劳动人口减少的重要原因。劳动力供给减少导致的产出减少可以通过劳动生产率、劳动者素质的提高和劳动参与率的提高被部分抵销,但是总的来讲,老龄化会导致劳动供给和产出的减少(Masson and Tryon,1990)。

人口结构的老龄化对劳动的生产率影响主要有两种观点。第一种观点认为,人口老龄化必然到劳动力结构的老化。人到中年后生理机能开始衰退,体力和精力也开始下降,而且老龄劳动者通常被认为接受新知识和新技术的能力较低,缺乏创新能力,生产率低于年轻劳动者的劳动生产率,因此导致社会总产出的下降。一些经验研究发现,劳动力生产率呈倒U型以乘方的速度变化,在开始进入劳动力市场阶段,随着年龄的增加,劳动生产率不断提高,但在到达一定年龄后,劳动生产率开始快速下降。在一些相对乐观的研究中认为,劳动生产率在到达一定年龄后保持不变,还有的研究选择两者的折衷,即劳动力的生产率随着年龄的增长缓慢下降(Lam,1989)。另一种观点则认为,健康老年人口的经验、技能等有助于生产率的提高(蔡昉,2009)。

第二种观点是对储蓄率的影响。老龄化对储蓄率的影响研究,核心在于人口年龄结构与储蓄率关系密切,理论研究起点是莫迪利亚尼和布伦伯格(Modigliani and Brumberg,1954)提出的生命周期假说(life-cycle Hypothesis),根据该假说,储蓄率取决于长期收入增长率,消费者追求长期效用水平的最大化,个人会在更长的时间范围内根据平均而持久的收入和未来的预期收入等信息计划他们的储蓄和消费路径,以在整个生命周期实现消费的最佳配置,储蓄主要源于个人想为他们老年期消费而未雨绸缪的动机。因此个人将平滑其收入,根据其工作期与退休期的比例及收入变化情况来安排支出如果一个国家的人口增长率发生波动,导致人口结构发生变动,居民的储蓄率就会发生变动(Modigliani,1970;Modigliani and Cao,2004)。当一个社会中老年人口比重上升时,社会总储蓄下降,当一个社会中劳动年龄人口的比重上升时,该社会的总储蓄趋于上升,当一个国家经历一个高的人口增长率后,该国就会在一段时间后经历一个高储蓄率阶段,这是由于根据生命周期理论,老年人倾向于花掉其全部储蓄,老年的消费高于养老金收入,而年轻人的赡养负担轻,收入高于消费,是高储蓄时期(Hurd,1990;Haque et al.,1999)。国外学者对人口老龄化影响储蓄进行了大量的实证研究,其中以莱夫(Leff,1969)研究结果最著名。他利用1964年74个国家的截面数据进行了分析,发现经济增长速度、人均收入水平、老年抚养比、少儿抚养比、总抚养比对国民储蓄率都有显著的影响。老年抚养比和少儿抚养比与储蓄率之间存在着反向关系。而储蓄率与消费是密切相关的,因而人口老龄化会对消费产生影响。当然实证研究结果并不总是一致,拉姆(Ram,1982)、彼得森(Peterson,1999)发现老龄化的结果之一就是储蓄率的下降。还有一些学者对以上研究提出质疑,认为人口老龄化对储蓄的影响实际上是很小的(Horioka and Wan,2007)。

第三是对消费的影响,表现为消费水平与消费结构的变化。根据生命周期假说,由于组成社会的各个家庭处在不同的生命周期阶段,所以,在人口构成没有发生重大变化的情况下,从长期来看边际消费倾向是稳定的,消费支出与可支配收入和实际国民生产总值之间存在一种稳定的关系。但是,如果一个社会的人口构成比例发生变化,则边际消费倾向也会变化,如果社会上老年人的比例增大,则消费倾向会提高。这是因为劳动者在到达退休年龄后,开始领取退休金,收入减少,虽然老年人对娱乐和旅游的需求减少,但是对医疗及老年服务的消费需求则开始明显上升,这类消费的弹性较小,老年人的消费需求中生存需求所占的比例要高于年轻人,综合考虑老年人基于收入和财富的边际消费倾向,老年人的边际消费倾向较高。但是由于老年人收入低且增长较慢,根据消费经济学的基本理论,老年人的有效需求决定老年人的消费水平和消费总量,老年人的有效需求,即有支付能力的需求,它决定了一般意义上需求的实现程度。因此老年人收入水平的下降决定了其消费总体水平是下降的,收入在一生的平滑仅仅是部分平滑的(Senesi,2003)。

老龄化对消费的影响还可以从人口老龄化对产出和投资的影响进行分析,由于人口的老龄化发展,人口的负担系数上升,导致人均产出下降,消费减少。另一方面,由于劳动适龄人口随人口增速放缓而减少,对新增劳动力所需补充资本的投资的需求减少,导致消费增加。老龄化对消费水平的影响取决于上述相反影响的对比。

人口年龄结构变化对消费影响的另一个方面是其消费结构的变化。一般而言,可以将消费品分成三类,教育、医疗和除这两类以外的其他产品和服务。不同年龄的人口的需求结构不同,少儿的教育支出比较高,而老人对医疗设施和医疗服务的需求较高,一个儿童对其他产品的消费要少于成人。OECD 所有国家中老龄化对消费结构的影响是:健康消费需求增加,而其他消费如教育、车辆、娱乐等减少。虽然人口老龄化导致老年人对健康及相关服务的需求的提高,但是对于整个社会的总需求的影响并不会同比例增加,比如在日本、法国和意大利,由于年轻人口的减少,导致该部分人口对健康消费的减少,因此,总的健康服务需求的变化不大。

第四是人口老龄化对人力资本的影响。悲观论者认为,人口老龄化会对人力资本投资的产生不利影响:一方面,随着人口老龄化的深化,社会的养老负担会加重,因此导致向年轻一代的公共教育资源下降,从而形成老龄化对教育资源的挤占效应;另一方面,预期寿命的提高意味着退休后的生活将更长,成年人预期活得更长需要更多的储蓄,从而减少对子女的人力资本投资(Pecchenino and Pollard,2002)。乐观论者认为,在知识经济不断发展的今天,物质资本投资的折旧率高,投资回报呈不断下降的趋势,相反,人力资本投资的报酬率却能持续维持在高水平。人口老龄化将诱发由重视物质资本投资向重视人力资本投资的转变。如运用 OECD 国家从 1954 年到 2050 年的数据运用于建立有物资资本和人力资本的内生增长模型中进行研究,发现物资资本的收益下降使未来工资的收入的现值得到提高,促使人们对人力资本的投资。这样人口老龄化会提高人力资本的投资水平。折中论者认为,人口老龄化对人力资本投资的影响取决于老龄化的表现形式以及社会所处的老龄化阶段(Fougere and Merette,1999)。如宫泽(Miyazawa,2003)研究了人口老龄化对人力资本的积累效应,他认为由生育率下降所导致的人口老龄化对人力资本投资不利,而死亡率的下降(或寿命延长)却有利于人力资本投资。洛伦森等(Lorentzen et al.,2006)也发现低成人死亡率(或高预期寿命)会增加投资并促进人力资本的积累。张和李(Zhang and Lee,2003)提出死亡率与公共教育的倒 U 曲线关系。在死亡率下降的初期,增加人力资本投资来增加退休的储蓄收益超过了老龄人口为消费而减少的人力资本投资,在死亡率下降的后期这两种机制力量换转。

第五是对养老保障的影响。从理论上看,许多国家实行的是现收现付制的养老保障制度,养老金由当前的工作人口的缴费来支付。因此,随着人口老龄化,领取养老金的人数增加,退休的福利随着缴费人数的下降而下降,因此这会增加养老保障系统的财务赤字(除非退休福利减少,缴费率较大幅度的上升并维持缴费和养老福利的平衡)。实行现收现付制的养老制度的国家常常降低替代率或延长给付养老金的时间来阻止养老金赤字的过度膨胀。这些方法确实可以减少公共养老系统的赤字,但它会恶化代际的不平等,早先出生的人们通常会比晚出生的人们的福利状况好,这会导致养老福利不足以保障退休后的生活(Casamatta et al.,2000;Horioka et al.,2007)。

一个好的减缓人口老龄化引起养老支付危机的方案是走向基金制的养老保险制度(Brunner,1996;Feldstein,1999)。因为,这种系统不管人口老龄化程度多高,不会产生赤字,并且它会保持代际的平等。很难从现收现付系统转向基金制体系主要障碍是因为某代人必须承担双层负担,转轨成本过高,此外如何监管养老基金的投资,如何规避金融风险都是难以克服的障碍,缺乏财富再分配的功能也是基金制的一个重要缺陷等。哈达和欧古奇(Hatta and Oguchi,1999)提出了一种实现这种体系过渡的方案:即通过发行长期政府债券来为非基金的公共养老体系融资,并在未来几代渐渐地放弃这种债券。

实际上,无论实施哪种类型的养老保险制度,在人口老龄化的背景下,各国的养老保险支出总额不仅急剧膨胀,而且在各国的国内生产总值和政府支出中所占的比重也日益攀升。然而政府手中的资源总是相对有限的,尤其是对发展中国家而言,税收资源的相对紧缺使经济增长对于养老保障支出的意义显得更为重要。因此,改革养老保险体系的关键是有效地提高劳动者的劳动生产率,从而提高产出。在产出不断增长时,现收现付制可以在相同的消费水平下承受更高的赡养率。比较安全和经济的做法是将养老金的指数与通货膨胀率挂钩,亦可专门计算老年消费价格指数,对退休一代和工作一代共同分享经济增长的成果作出合理的安排。

参考文献:

蔡昉:《未来的人口红利——中国经济增长源泉的开拓》,载于《中国人口科学》2009 年第 1 期。

Bloom, David E. and David Canning, Global Demographic Change: Dimensions and Economic Significance, *Popula-*

tion and Development Review, Vol. 34, 2008.

David E. Bloom, David Canning & Jocelyn Finlay, Population Aging and Economic Growth in Asia, PGDA Working Papers 4008, 2008.

Bloom D. E., David. Canning, and Moore, M., The Effect of Improvements in Health and Longevity on Optimal Retirement and Saving, NBER Working Paper 10919, 2004.

Brunner, J. K., Transition from a Pay-As-You-Go to a Fully Funded Pension System, The Case of Differing Individuals and Intra-Generational Fairness, *Journal of Public Economics*, Vol. 60, 1996.

Casamatta, Georges, Cremer, Helmuth, and Pestieau, Pierre, Political Sustainability and the Design of Social Insurance, *Journal of Public Economics*, Vol. 75, 2000.

Cutler, D. M. and Sheiner, L., Demographics and Medical Care Spending: Standard and Non-Standard Effects, NBER Working Paper No. 6866, 1998.

Feldstein, Martin, Social Security Pension Reform in China, *China Economic Review*, Vol. 4, No. 2, 1999.

Fougere, Maxime and Marcel Merette, Population Ageing and Economic Growth in Seven OECD Countries, *Economic Modelling*, Vol. 16, No. 3, 1999.

Haque, Nadeem, M. Hashem Pesaran and Sunil Sharma, Neglected Heterogeneity and Dynamics in Cross-Country Savings Regressions, IMF Working Paper, No. 99/128, 1999.

Hatta, T. and Oguchi, N., The Theory of Pension Reform: Switch to A Fully Funded System, Tokyo: Nihon Keizai Shinbunsha, 1999.

Horioka, C. Y. and J. Wan, The Determinants of Household Saving in China: A Dy-Namic Panel Analysis of Provincial Data, *Journal of Money, Credit and Banking*, Vol. 39, No. 8, 2007.

Horioka, C. Y., W. Suzuki and T. Hatta., Aging, Saving, and Public Pensions, *Asian Economic Policy Review*, Vol. 42, 2007.

Hurd, Michael D., Research on the Elderly: Economics Status, Retirement, and Consumption and saving, *Journal of Economic Literature*, Vol. 28, No. 2 Jun., 1990.

Lam, David, Population Growth, Age Structure, and Age-Specific Productivity: Does a Uniform Age Distribution Minimize Lifetime Wages? *Journal of Population Economics*, Vol. 2, No. 3 Nov., 1989.

Leff, N. H., 1969, Dependency Rates and Savings Rates, *American Economic Review*, Vol. 59, No. 5.

Lorentzen, P., McMillan, J. and Wacziarg, R., Death and Development, *Journal of Economic Growth*, Vol. 13, No. 2, 2006.

Masson, Paul R., Ralph W. Tryon, Macroeconomic Effects of Projected Population Aging in Industrial Countries, *Staff Papers-International Monetary Fund*, Vol. 37, No. 3 Sep., 1990.

Kazutoshi Miyazawa, Private Versus Public Financing of Education and Endogenous Growth: A Comment on Bräuninger and Vidal, *Journal of Population Economics*, Vol. 16, No. 2, 2003.

Modigliani, F., and R. Brumberg, *Utility Analysis and the Consumption Function: An Interpretation of Cross Section Data*, *Post Keynesian Economics*, Rutgers University Press, 1954.

Modigliani, F., The Life Cycle Hypothesis of Saving and Inter-country Differences in the Saving Ratio, In W. A. Eltis et al., eds., in Honor of Sir Roy Harrod, Clarendon Press, London, 1970.

Modigliani F., and Cao, L. S., The Chinese Saving Puzzle and the Life-Cycle Hypothesis, *Journal of Economic Literature*, Vol. 42, No. 1, 2004.

Notestein, Frank W., *Population: The Long View*, Chicago: University of Chicago Press, 1945.

Pecchenino, R. A. and Pollard, P. S., Dependent Children and Aged Parents: Funding Education and Social Security in an Aging Economy, *Journal of Macroeconomics*, Vol. 24, No. 2, 2002.

（汪伟）

计划生育政策
Family Planning Policy

当今，人口的迅速增长已经成为发展中国家经济发展的重要障碍。因此，采取有效的人口政策，控制人口数量的膨胀，提高人口质量，成为发展中国家一项重要的发展战略（Srinivasan，1988）。20 世纪 70 年代，亚洲的中国、印度、印度尼西亚以及非洲的肯尼亚等先后实行了控制人口的政策，各有成败得失（Hernandez，1984）。中国是最早严格实行计划生育政策的国家之一，也是最为成功的国家之一。

1955 年中国卫生部发布《关于控制人口问题的指示》；1955 年 9 月，中国国务院总理周恩来在中共八大上作的《关于发展国民经济的第二个五年计划的建议》中提出了“在生育方面加以控制”的说法。这是第一次在中共全体代表大会上公开阐述节育和人口控制问题。

1957 年 10 月 25 日，中国正式公布了《1956～1967 年全国农业发展纲要（草案）》，其中第 29 条规定，“除少数民族的地区以外，在一切人口稠密的地方，宣传和推行节制生育，提倡有计划地生育子女，使家庭避免过重的生活负担，使子女受到较好的教育，并且得到充分就业的机会。”至此，中国的计划生育政策初步形成。

20 世纪六七十年代，计划生育的指导思想和实践发生了一些反复。随着“文化大革命”的开展，中国人口在无政府状态下急剧膨胀，人口与经济的比例关系严重失调。人口与经济的相背运动，使国民收入很大一部分不得不用于新增人口的生活需要，资金积累和人民生活水平的提高受到限制，市场供应、住房、交通、教育、医疗以及劳动就业等一系列社会经济问题更加严重。全国人均耕地面积由 1965 年的 2.14 亩减至 1970 年的 1.84 亩。1970 年，人均粮食产量只有 293 公斤，比 1957 年还少 13 公斤。此时计划生育工作的要求又一次应强烈的要求被提上日程。

1979 年 1 月 4 日至 17 日，中国计划生育办公室会议就指出，今后要提倡每对夫妇生育子女数最好一个，最多两个，间隔三年以上；对于只生一胎，不再生第二胎的育龄夫妇，要给予表扬；对于生第三胎和三胎以上的，应从经济上加以必要的限制。知识青年上山下乡，职工福利、劳动保险、城市住房分配、农村住宅基地、自留地以及社员口粮分配等有关政策，应当有利于计划生育。1982 年 2 月 9 日，中共中央、国务院就在《关于进一步做好计划生育工作的指示》“国家干部和职工、城镇居民，除特殊情况经过批准者外，一对夫妇只生育一个孩子。农村普遍提倡一对夫妇只生育一个孩子，某些群众确有实际困难要求生二胎的，经过审批可以有计划地安排。不论哪一种情况都不能生三胎”。1982 年 3 月，中国的计划生育政策被写入《中华人民共和国宪法》，从而成为中国的一项基本国策。《宪法》第 25 条规定“国家推行计划生育，是人口的增长同经济和社会发展计划相适应”，第 49 条规定“夫妻双方有施行计划生育的义务”。同时，《婚姻法》中也有类似的条款，2001 年 12 月 29 日全国人大常委会通过《计划生育法》，对计划生育进行专门立法。计划生育政策的具体内容为：一对夫妇只生一个孩子，提倡“晚婚、晚育，少生、优生”。

1982 年以后，政府在农村放宽了生育二胎的条件，并且各省、市、自治区先后制定了本地区的计划生育条例，实现了区别对待、多元化的生育政策。特别是 21 世纪初，中国整体进入老龄化社会，人口老龄化的压力，客观上要求计划生育有所调整。20 世纪 80 年代出生的第一批独生子女已达适婚年龄，使得许多地区（特别是经济发达城市）生育政策有一定放松，如开始允许独生子女夫妻生二胎。至 2011 年，中国大陆 31 省市均已放开双方独生子女家庭生二胎政策。

总的来看，中国计划生育政策的变化经历了由 20 世纪 70 年代的“晚、稀、少”逐步定位为 20 世纪 80 年代初的“晚婚、晚育、少生、优生”，到 1982 年开始严格执行一胎化政策，其后虽有微调，但相对稳定的政策维持至今。

作为一项基本国策，这一政策的成功实施使得中国只用短短几十年的时间就走完了发达国家需要花上百年的时间去完成的人口增长模式的转变并对中国的社会发展产生了重大而深远的影响。

一方面，计划生育给中国的社会发展产生了有利影响。这主要表现在三个方面。

第一个方面是有效地控制了人口快速增长，缓解了人口增长对资源环境的压力。据国家统计局 2008 年 11 月 3 日发布的报告显示，计划生育政策实施 30 多年来，中国少生 4 亿多人，使中国“13 亿人口日”和世界“60 亿人口日”的到来时间都推迟了 4 年。在此期间，中国人口占世界人口的比重由 1980 年的 22.2% 下降到 2010 年的 19.2%，中国人口年增长占世界人口年增长的比例也从 1982 年的 18.4% 下降到 2010 年的 10.0%（UN，2011），大大缓解了人口增长对资源环境的压力，中国人口增量的下降为世界人口与发展做出了重要贡献。

第二个方面是给中国带来了有利的人口结构并通过“人口红利”使中国人均收入迅速上升。人口政策使得中国在一段时期内的年轻工作人口相对于少儿和老年人口增加，从而产生了有利的人口结构。从 20 世纪 60 年代开始，中国适龄劳动人口（15 ~ 64 岁人口）逐渐上升，到 2010 年，适龄劳动人口比重已经达到 74% 以上（见表 1）。

表 1　我国 6 次人口普查中各年龄结构的比例

	1953 年	1964 年	1982 年	1990 年	2000 年	2010 年
0 ~ 14 岁	36.28	40.63	33.59	27.69	22.89	16.6
15 ~ 64 岁	59.31	55.75	61.50	66.74	70.15	74.54
65 岁以上	4.41	3.56	4.91	5.57	6.96	8.87

资料来源：国家统计局公布的我国 6 次人口普查公报汇总。

在适龄劳动人口比重增加的同时，中国适龄劳动人口的就业率一直维持在 98% 左右的水平，这导致总人口的劳动参与率随着人口年龄结构的变化而递增（蔡昉，2004）。人口结构的这种变化，大大减轻了经济中的抚养负担，提高了储蓄率与人口结构的生产性，从而使中国较早地享有 30 多年的“人口红利”（蔡昉，2009）。计划生育政策通过“人口红利”使中国人均收入增长率迅速上升，并成功跳出了“马尔萨斯低水平均衡陷阱”，这对中国过去 30 多年的经济增长做出了重要贡献（Li and Zhang，2007；汪伟，2010）。

第三个方面促进了人力资本的积累与国民素质的提高。在中国人的生育受到计划生育政策约束的情况下，家庭生育孩子的数量减少，具有利他文化传统的中国父母会更加重视孩子的质量，这促使父母在孩子未成年期间给他们提供好的生活条件以及更加重视孩子的培养。而在社会保障制度尚未全面建立的情况下，孩子的未来人力资本收益也是父母将来的养老资源，父母基于养儿防老的动机加大对子女的教育投资，从而促进了人力资本积累与国民素质的提高。

另一方面，这一政策的严格执行也带来了一系列社会问题，主要表现为以下四个方面。

第一个方面生育率过度下降带来的问题。中国生育率和人口增长率目前已经下降到了非常低的水平。中国的总和生育率在20世纪90年代中期就已经下降到了1.8左右，第五次人口普查数据更是达到惊人的1.22，中国的总和生育率在第六次人口普查时虽有所回升，约为1.5，但仍远低于2.1的更替水平。过去10年间，中国的人口增长率平均为5.7‰。2010年中国的出生率与人口自然增长率分别为12.13‰和5.05‰，在现行的生育政策下，未来可能会出现全面的人口负增长。根据联合国（UN，2011）的预测，中国工作人口的比重（15~59岁）预计将从2000年的65%下降到2025年的62%和2050年的53%。到2020年，工作人口的增长率将转为负。由于总人口中劳动力数量的绝对或相对减少，将影响经济中劳动投入的水平与质量，可能影响到未来中国经济增长的潜力。

第二个方面人口老龄化问题。根据第五次全国人口普查资料，2000年中国60岁及以上老年人口占总人口的比重已达10%，开始迈入老年型社会的门槛。此后，老龄化进程越来越快，2010年第六次人口普查的数据为60岁以上老年人口比重已达13.26%（人数为1.78亿）。预计在未来5年，老年人口比重将超过15%，2025年将上升到20%，2050年老年人口比重将超过30%。这意味着平均每个适龄工作的青壮年要担负的老人会越来越多。随着经济社会发展和死亡率的下降，中国人的预期寿命不断增长，1949年中国人的预期寿命只有35岁，20世纪80年代初时已经上升到65岁，2010年则超过73岁，是20世纪50年代初的两倍有余，这进一步加大了人口老龄化程度与养老压力。随着老龄化的加深，社会负担加重，劳动力成本上升，产品的竞争力下降，也很可能降低经济发展的速度。中国正较早地遭遇到了“人口红利”消减与“未富先老”的挑战。

第三个方面出生性别比严重失衡问题。计划生育政策的严格执行也使得我国出现了严重的出生性别比失衡，农村地区尤为突出（Gu and Roy，1995；Assche and Bignami，2004）。至2011年末，全国出生人口男女性别比已攀升至118:100。性别比升高的累积效应越来越明显地显现出来，如果遏制不住出生性别比继续升高的态势，这意味着在将来相当长的一段时间，中国婚姻市场的竞争性会加剧（Wei and Zhang，2009），相当多的男性公民的配偶问题将难以解决，将可能引发巨大的社会问题。

第四个方面生育权利不平等、生育逆向选择问题。现行的城乡分体、民族差异化的生育政策鼓励农村人口与少数民族人口多生育，从而形成条件越好，生育越少的现象，造成生育的逆向选择，从提高人口质量的角度去考察，当前的生育政策显然不利于进一步提高人口的素质。此外，单方面倾向农村和少数民族的生育照顾政策不但造成了生育权利实际上的不平等，而且增加了生育管理上的难度。

在老龄化社会的时代背景下，中国政府正在充分利用教育、医疗、养老等福利配套政策引导家庭内在的控制生育的意愿，试图通过经济、社会、文化、教育等综合性宏观政策去提高人口质量。从单一的生育控制政策向宏观层面社会公共政策的发展，正在成为中国政府未来计划生育政策选择的重心。

参考文献：

蔡昉：《人口转变、人口红利与经济增长可持续性——兼论充分就业如何促进经济增长》，载于《人口研究》2004年第2期。

蔡昉：《未来的人口红利——中国经济增长源泉的开拓》，载于《中国人口科学》2009年第1期。

汪伟：《计划生育政策的储蓄与增长效应：理论与中国的经验研究》，载于《经济研究》2010年第10期。

Assche, Simona and Bignami, Van, A Different Perspection on the Imbalance of Reported Sex Ratio at Birth in Rural China, *Stanford Journal of East Asian Affairs*, Vol. 4, No. 2, 2004.

Gu, B., K Roy, Sex Ratio at Birth in China with Reference to Other Areas of East Asia: What We Know, *Asia-Pacific population Journal*, Vol. 10, No. 3, 1995.

Hernandez, Donald J., *Success or Failure? Family Planning Programs in the Third World*, Westport, Connecticut: Greenwood Press, 1984.

Li, Hongbin, Junsen Zhang, Do High Birth Rates Hamper Economic Growth, *The Review of Economics and Statistics*, Vol. 89, No. 1 Feb., 2007.

Srinivasan, T. N., Population Growth and Economic Development, *Journal of Policy Modeling*, Vol. 10, No. 1 Apr., 1988.

United Nations, World Population Prospects: The 2010 Revision, New York, 2011.

Wei, S. and X. Zhang, The Competitive Saving Motive, Evident from Rising Sex Ratio and Savings Rate in China, NBER Working Paper 15093, 2009.

（汪伟）

人力资源
Human Resources

人力资源指具有劳动能力的人口的总和。人力资源包含两个方面。从数量上说,指那些先天便具有劳动能力的人,即通常所说的劳动力;从质量上说,指劳动力素质,即通过后天投资而形成的人力资本(F. H. Harbison,1971)。人力资源是国民财富的最终基础,资本和自然资源是被动的生产因素,人是积累资本、开发自然资源、建立社会经济和政治组织并推动社会向前发展的主动力量。人类生产活动是人力资源与其他资源相结合的过程,人力资源是生产过程中最活跃、最积极、最富有创造性的因素,是生产过程的主体,同时也是生产所需满足的对象。经济发展的一个关键问题,便是防止人力资源的失业,发达国家无不把促进人力资源的充分就业作为最重要的政策目标之一。

与发达国家相比,发展中国家的失业问题更加突出、更加严重。发展中国家人力资源问题表现在非熟练劳动力大量过剩,熟练劳动力却较为短缺。生产效率的提高、产出的增加、资本的积累无不依赖于具有熟练技术的人力资源。能否把人力资源由数量优势转变为质量优势,提升成为人力资本,是发展中国家摆脱贫困的关键。这既需要建立大众化的教育体系,也需要创造一个高度流动、信息通畅的高效率劳动力市场。

中国是世界上人口最多的国家,人力资源丰富。由于人均其他资源较少,致使人力资源长期得不到充分开发,大量劳动力或劳动时间闲置、被浪费掉。人力资源不同于其他资源,其他资源的闲置一般不会带来额外的费用,相反还可能出现自然增殖和升值。但人口存续需要食品、基本生活必需品等消费支出,如果闲置,要付出很高的代价。也就是说,人力资源,如果进行有效合理的开发,会成为财富之源,但如果闲置,则会成为社会的沉重包袱。充分开发现有人力资源,既需要相应的其他资源存量、生产技术水平、人力素质等客观条件的匹配,也还需要包括国内要素流动性、国际贸易可达性等社会制度前提。中国自从20世纪70年代末以来,开始实施严厉的计划生育政策,就是为了防止在现有条件下,不断增加的人力资源变成越来越沉重的包袱。随着技术条件、人口素质、制度环境和贸易条件等的改善,中国人力资源得到越来越充分的利用,闲置现象趋于缓和,甚至在一些经济发达地区还出现了劳动力短缺现象,这对中国人力资源开发提出了新的挑战。

参考文献:

姚裕群:《人力资源开发与管理》,北京师范大学出版社2012年版。

中国人力资源开发研究会:《中国人力资源开发报告2008:中国人力资本状况评估》,中国发展出版社2008年版。

郭熙保:《发展经济学》,高等教育出版社2011年版。

Harbison, Frederick H., Human Resources as the Wealth of Nations, *Proceedings of the American Philosophical Society*, Vol. 115, No. 6, Dec. 1971.

(韩纪江)

人力资本
Human Capital

人力资本指通过对人自身的投资而后天获得的各种能力的总和。那些与提高劳动技能有关的支出属于投资,和物质资本投资一样可以在未来较长的时间里获得收益,例如提高工资收入等。

人力资本的后天能力可以通过以下渠道获取:(1)营养和医疗保健,影响一个人的寿命、力量强度、耐久力和精力。营养和保健方面的投资不仅有利于生产能力提高和人力资本形成,而且也是发展目的之一。(2)教育和训练,被认为是增进人力资本最直接、最重要的途径,因为教育直接地促进知识增加和技能开发。有三种类型的教育投资方式:第一是学校正规教育(Formal Education),未开始参加工作的青少年,一般是在学校正规教育机构中接受系统教育。第二是非学校正规教育(Non-Formal Education),参加者往往是成年人,他们在非学校的正规教育机构中接受短期的、专门技术的训练。第三是非正规教育(Informal Education),是任何教育机构之外的一种学习方式,通常也叫边干边学。(3)人口流动是人力资本形成的重要途径。用于劳动力国内流动的各种费用支出可以形成人力资本,能够调剂劳动力的余缺,将人的潜能发挥到极致。国际移民的出入境成本也是一种投资,已经拥有了抚养成人、教育、培训等人力资本投资。(4)推动信息生产、传播与扩散,从长期看非常有助于提升一个民族的整体人力资本。

西奥多·W. 舒尔茨(T. W. Schultz,1961;1971)对人力资本进行了开创性的系统研究。舒尔茨坚决反对劳动同质而突出物质资本的观点,批评以往对资本概念的片面理解和使用,指出资本概念,如果仅仅指厂房、机器设备、原材料和燃料等物质生产要素,是不完整的;资本概念还应包括凝结在人体内的人力资本。

在舒尔茨看来,人力资本比物质资本对经济发展来说更为重要。经济发展中人力投资的推动作用大于物质投资的推动作用,舒尔茨认为这是现代经济发展的最重要特征,要发展经济,人口质量问题是现代经济发展的核心问题;决定人类前途的并不是空间、土地和自然资源,而是人口的素质、技能和知识水平。资本积累的重点应当从物质资本的积累转向人力资本的积累。

人力资本理论在贝克尔(Cary S. Becker,1964)等学者的不断补充和完善下日臻成熟,该理论逐渐得到了广泛认同。20世纪80年代中期兴起的新增长理论更加突出了人力资本在经济增长中的决定性作用。卢卡斯(R. Lucas,1988)认为,人力资本不仅可以提高劳动者自身的生产率,而且其外溢效应还会扩散到别的劳动者身上,会从旧产品传递到新产品,因而将提高所有生产要素的生产率,进而实现规模收益递增。该理论认为一国的经济增长主要取决于该国人力资本的积累,人力资本是经济增长的"发动机"。

参考文献:

[美]加里·贝克尔:《人力资本》(1964),北京大学出版社1987年版。

高素英:《人力资本与经济可持续发展》,中国经济出版社2010年版。

郭熙保:《发展经济学》,高等教育出版社2011年版。

胡德龙:《人力资本与经济发展:理论与实证》,江西人民出版社2008年版。

[美]西奥多·W. 舒尔茨:《人力投资——人口质量经济学》,华夏出版社1990年版。

[美]西奥多·W. 舒尔茨:《人力资本投资——教育和研究的作用》,商务印书馆1990年版。

R. E. Lucas, On the Mechanics of Economic Development, *Journal of Monetary Economics*, Vol. 22, 1988.

Theodore W. Schultz, Investment in Human Capital. *The American Economic Review*, Vol. 51, No. 1, Mar. 1961. 中译文载郭熙保《发展经济学经典论著选》(中国经济出版社1998年版)。

(韩纪江)

城市正规与非正规部门

Urban Formal and Informal Sector

城市劳动力市场在发展中国家并不是统一的,而是呈现出二元结构,通常被分为正规部门和非正规部门。正规部门通常由支付较高工资并提供稳定工作的大企业和政府部门组成。该部门多数为有组织的、现代化的大公司,一般规模较大,多用资本密集型而劳动节约型技术,劳动生产率和劳动者工资水平较高。这是因为:(1)正规部门的就业者大多受过良好的教育,知识和技术水平相对其他部门要高;(2)国家规定了最低工资标准,限制了工资水平的下降;(3)这个部门工会的力量比较强大;(4)为保持高效率而愿意支付高报酬。效率工资观点认为,较高的工资能够雇用到素质最好的工人,能够加强雇员对企业的忠诚,使他们由于害怕失去优厚收入的工作岗位而更加勤奋工作,减少人员流失。由于正规部门的高报酬工作吸引了越来越多的农村剩余劳动力向城市流动,而该部门提供的就业机会有限,于是,大多数迁移者不得不进入报酬较低的城市非正规部门就业。

城市非正规部门由一些无组织的小型企业、个体工商业者以及打零工者组成,类似于竞争市场,工作报酬由于竞争而趋向于市场均衡水平。非正规部门通常有以下特征:企业规模小,大多是以家庭为主,技术简单,劳动密集型,容易进入,无正规组织结构和财务制度,抵御市场风险能力弱,游离于政府正规制度之外。同正规部门相比,非正规部门劳动者大多没有受过多少正规教育,文化和技术水平较低,属于非熟练工人,其劳动生产率和收入都比较低,而且他们既不能享受正规部门依法提供的劳动保护措施,又不能享受舒适的工作条件和医疗、养老等社会保障。

但是,在发展中国家非正规部门却都比较繁荣,这说明有它存在的必要性和合理性。首先它创造了大量的就业机会,大约占城市就业的一半。进入非正规部门的就业人员大多是从农村迁入的迁移者,他们一般在正规部门无法找到固定的工作,只能从事一些临时性的工作,如出租车司机、建筑工人、保姆、理发等,尽管收入水平低下,生活和工作条件较恶劣,但与农村相比,城市非正规部门的收入还是要高一些。来自农村的劳动者往农村家庭和亲属汇款,从而提高了农村居民的生活水平。

传统观点认为,非正规部门只是求职者的一个临时性部门,一段时间以后他们就会离开非正规部门到正规部门工作。二元经济发展理论把欠发达国家的经济划分为农业部门和工业部门,完全忽视了城市的非正规部门。事实上,在发展中国家,城市部门也是二元的,其劳动力市场被分为正规部门和非正规部门,它们的工资水平和劳动供求决定因素是完全不同的,正规部门虽然工资水平高,而非正规部门工资水平低,但非正规部门劳动者很少能够挤进正规部门中就业,因为正规部门是高度垄断性的和限制性的。但他们之间的联系随着经济的发展也在加强,一方面,正规部门需要非正规部门为其提供廉价劳动力和生活必需品,以及各种各样的服务便利,如摆小摊、修理服务等。另一方面,非正规部门反过来也依赖正规部门的发展,以便找到更多的临时性工作和扩大对各种消费品及服务的需求,如正规部门的繁荣使餐饮业和美容业更为繁荣等。

参考文献:

郭熙保:《发展经济学》,高等教育出版社2011年版。

谭崇台:《发展经济学辞典》,山西经济出版社2002年版。

[美]德怀特·H. 波金斯等:《发展经济学》,中国人民

大学出版社 2005 年版。
[美]迈克尔·P. 托达罗:《发展经济学》,机械工业出版社 2009 年版。

（郭熙保　路平）

二元劳动力市场
Dual Labor Market

二元劳动力市场是指一国劳动力市场被分割成两个相互独立的市场体系。劳动力市场分割理论的发展经历了一个不断完善的过程。其主要流派有工作竞争理论、二元劳动力市场分割理论,其中最具影响力的是二元劳动力市场分割理论。

二元劳动力市场理论可以追溯到 19 世纪经济学家斯·穆勒。但是完整的二元劳动力市场理论最早是由皮奥里(M. J. Piore,1971),多林格(P. B. Doeringer,1971)在 20 世纪 60 年代末 70 年代初提出来的。这一理论把劳动力市场分作两类:一类是具有高工资、良好工作环境以及工作稳定的主要劳动力市场;另一类是工资低廉、工作环境恶劣和高度不稳定的次要劳动力市场。参加工会组织的蓝领工人以及所有的白领阶级是组成主要市场的主要成员,而次要市场则是由一些没有技术、受教育程度低、受歧视的工人组成。两类市场之间劳动力很难相互流动。一方面,主要市场的劳动力不愿意到次要市场去就业;另一方面,次要市场的劳动力很难到主要市场就业,这就形成了两类劳动力市场的分割。由于二元劳动力市场的存在,就有可能产生两种类型的失业:古典失业和凯恩斯失业。在主要劳动力市场,由于经济运行本身的性质和主要市场劳动力不愿到次要市场去就业,就会出现摩擦失业和自愿失业(古典失业)。在次要劳动力市场,虽然工资可以调节劳动力供求;但由于产品市场的有效需求不足从而导致对劳动力需求减少,则会出现劳动力非自愿失业(凯恩斯失业)问题。

在多林格和皮奥里提出二元劳动力市场分割理论之后,许多劳动力市场分割理论研究者通过相关数据的分析,对各国劳动力市场分割的状况进行了实证检验。博赞克特(Nicholas Bosanquet,1973)和彼得·多林格(Peter B. Doeringer,1973)通过对比英国和美国的劳动力市场状况,分析主要和次要劳动力市场的年龄收入曲线和工作稳定性,验证了英国和美国都存在主要劳动力市场和次要劳动力市场的分割。现有对二元劳动力市场分割理论的验证主要集中在对发达国家的劳动力分割现状的验证,相形之下,对发展中国家的验证则相对较少。

近年来,中国学者(陈广汉,2006)也对这个问题进行了研究,发现劳动力市场分割现象在中国同样存在,并且具有其自身的一些特点。研究结果表明中国存在二元性劳动力市场分割。总体上看,中国主次劳动力市场的工作特征差异较大,其中受教育程度和收入差别最明显,而工作年限和年龄差别相对较小。经典的二元劳动力市场分割理论认为受教育年限和工作年限的增长能够提高主要劳动力市场劳动者的收入,而对提高次要劳动力市场劳动者的收入则没有作用。中国的劳动力市场分割状况则不能完全支持这个观点。实证研究结果表明:在中国,无论在主要劳动力市场还是在次要劳动力市场,教育与劳动者的收入具有显著正相关关系,但主要劳动力市场受教育年限的增加对提高收入的作用要大于次要劳动力市场;而工作年限的增加对提高收入的作用在主次劳动力市场没有显著区别。随着地区经济发展水平的提高,人力资本投资在主次劳动力市场之间的收益差异逐渐减小,劳动力市场分割程度逐渐减弱。因为较之东部地区,中西部地区受过较高层次教育的人相对较少,未受过高层次教育的人相对较多,因而其平均受教育水平也相对较低,这使得中西部地区主次劳动力市场明瑟收益率的差距比东部地区大。另外,中西部地区接受过较高层次教育的人中相当一部分"孔雀东南飞",更强化了中西部地区主次劳动力市场之间的差距。而与此同时,较高学历劳动者的向东流动,增加了东部地区高层次人才的供给,从而减弱了东部地区主次劳动力市场的差距。

参考文献:
郭熙保:《发展经济学》,高等教育出版社 2011 年版。
谭崇台:《发展经济学辞典》,山西经济出版社 2002 年版。
[美]德怀特·H. 波金斯等:《发展经济学》,中国人民大学出版社 2005 年版。
[美]迈克尔·P. 托达罗:《发展经济学》,机械工业出版社 2009 年版。
陈广汉、曾奕、李军:《劳动力市场分割理论的发展与辨析》,载于《经济理论与经济管理》2006 年第 2 期。
Peter Doeringer, Michael Piore, *Internal Labor Markets and Manpower Analysis*, Lexington, MA: D. C. Heath, 1971.
Nicholas Bosanquet, Peter Doeringer, Is There a Dual Labor Market in Great Britain, *The Economic Journal*, Vol. 83, No. 330, Jan. 1973.

（郭熙保　路平）

公开失业
Open Unemployment

公开失业包括自愿失业和非自愿失业。自愿失业是指劳动者既有工作能力又有工作机会,但不愿就业。非自愿失业主要指劳动者既有工作能力又愿意就业,但无工作机会的失业。非自愿失业,通常被定义为在一定时间里(如一个月)积极寻找工作但却找不到工作的劳动者。有一种失业叫作"就业无望的失业"(Depressed Unemployment),即指有劳动能力的人现在没有工作且很想有一个工作,但由于缺少机会他们只好放弃寻找工作的希望。这种失业通常被归于是自愿失业,但他们应该属于非自愿失业的一种形式。还有一种失业在发展中国家比较普遍,尤其在中国改革期间比较突出,这就是提前退休(Prematurely Retired)。劳动者本应该可以工作到60岁,但由于人浮于事需要裁员,结果45岁就提前退休了。这种退休既不是劳动者情愿的,也不是丧失劳动能力,他们至少还可以工作15~20年,因此这种所谓退休就是一种变相失业,是一种非自愿失业,表面看起来这些人是退休人员,实际上是失业者。中国的公开失业统计是所谓的登记失业率,每年在4%左右。这与人们通常的直觉有很大的出入。这说明中国有很多有劳动能力而又无工作可做的劳动者没有被统计在失业中。

参考文献:

郭熙保:《发展经济学》,高等教育出版社2011年版。

谭崇台:《发展经济学辞典》,山西经济出版社2002年版。

[美]迈克尔·P. 托达罗:《第三世界经济的发展》,中国人民大学出版社1991年版。

袁志刚:《失业理论与中国失业问题》,载于《经济研究》1994年第9期。

[印度]克里希纳:《印度的失业》,载于《经济与政治周刊》1973年第3期。

胡代光:《西方经济学大辞典》,经济科学出版社2000年版。

国务院人口普查办公室、国家统计局人口和社会科技统计司:《中国2000年人口普查资料》,中国统计出版社2002年版。

Measuring Employment and Unemployment, *Washington*. D. C. US Government Printing Office / President's Committee to Appraise Employment and Unemployment Statistics,1962.

Sorrentino, Constance, International Unemployment Rates, How Comparable Are They? *Monthly Labor Review*, Vol. 16, No. 2, June 2000.

(郭熙保　路平)

隐蔽性失业

Disguised Unemployment

这是普遍存在于发展中国家的失业形式,在发达国家一般是不存在的。它是指表面上就业实际上劳动能力没有得到充分利用的一种失业状态。隐蔽性失业从广义上讲也就是非公开失业,它是不发达国家的主要失业形式。

与不发达国家不同,发达国家的失业一般是公开性的,而发展中国家的失业既有公开的,也有非公开的,而且非公开失业比公开失业更为严重,并且呈现出多样性。大致呈现出如下几种:

一是就业不充分(Underemployment)。这类失业者是指那些实际工作时间少于它们能够并愿意工作的时间的劳动者。他们虽然在统计上不算失业,但实际上他们的工作时间是不充分的。譬如,一个劳动者一周可以工作40个小时,但由于没有这么多工作可做,他一周只能工作20个小时。这种情况在发展中国家非常普遍,尤其是在非正规部门和农业部门最为普遍。

二是隐形失业(Hidden Unemployment)。这是指有些人因无工可做而选择非就业的活动。有些人受过一定教育后本来想参加工作,但因就业机会缺乏而被迫上学。有些妇女本来愿意参加社会和经济活动,但因工作机会有限和其他文化原因,她们找不到工作机会而不得不退守在家里做家庭主妇,结果,家务就成了她们最后的"雇主"。

三是健康受损(The Impaired)。这是指在正常情况下本来可以做全日工作的劳动者,但因营养不良和卫生保健差而四肢乏力,以至于不能做全日工作。这种情况对于那些最不发达国家的穷人来说比较严重,在这些国家里,许多妇女和儿童营养明显不足,身体羸弱,生产能力受到严重损害。

四是无生产性(The Unproductive)。本来是有生产性的劳动者,但因补充性的物质资源不充分,生产率极低。例如,一个工厂因经常停电处于半开工半停产状态。在这种情况下,工人们虽然天天上班,但几乎无所事事,生产率很低。

五是伪装的失业(Disguised Unemployment)。这是发展中国家最主要的一种隐蔽性失业,通常也被称为"剩余劳动",这类失业完全被掩盖起来了,劳动者表面在就业,实际上与失业无异。也就是说,这种劳动者从现象上看的确是在工作,而不是闲置着,但他们的工作只要更少的时间就可以完成。或者说只要更少的人就可以完成。譬如,一个工厂的工作只要100个工人就可以完成,但雇佣了300个工人,其中200个工人虽然也在上班但什么都不生产,把他们解雇也不会对该工厂的生产产生不利影响。这200个工人就是伪装的失业者,是多余的劳动力。在农村这种失业就更多,一般叫剩余劳动。发展中国家农村存在着大量的剩余劳动,这些剩余劳动转移到工业部门对农业生产没有任何影响。

关于剩余劳动的定义有不同的说法。刘易斯的定义是劳动边际生产率为零的劳动力，这部分劳动力从生产岗位中撤出，不会减少总产出。其次是拉尼斯—费景汉的定义，当劳动者的边际生产率小于劳动者的平均产品时，这部分劳动者就是剩余劳动力。中国自20世纪80年代以来，计划经济向市场经济转轨导致了大量的国有企业职工下岗和农民向城市和沿海地区转移，这表明中国在改革之初存在着巨大的伪装失业者。

参考文献：
郭熙保：《发展经济学》，高等教育出版社2011年版。
谭崇台：《发展经济学辞典》，山西经济出版社2002年版。
［美］德怀特·H.波金斯等：《发展经济学》，中国人民大学出版社2005年版。
［美］迈克尔·P.托达罗：《发展经济学》，机械工业出版社2009年版。
袁志刚：《失业经济学》，上海人民出版社1997年版。
叶世芳：《我国失业统计的改革》，载于《统计研究》1998年第3期。

（郭熙保　路平）

教育深化
Educational Deepening

教育深化是指教育的发展超过了经济发展对教育的需求而出现的一种过度教育状况。教育的需求主要由收入和成本决定，教育的供给却往往由公共部门决定，由于社会公众的压力，政府在财力许可的情况下不得不努力满足这些要求，因此，教育的供给是被动地适应需求的。因为大多数发展中国家对大、中学教育，尤其是大学教育实行免费或近似于免费，因此个人教育支出并不随着教育年限的增加而增加，而教育收益随教育年限的增加而增加，这样接受教育越多越合算。这就造成公众对教育的需求无限膨胀，导致教育规模不断扩大和教育层次的不断提高，这就造成了教育深化，结果，相对于社会经济发展而言，教育过度（Over-education）了。教育深化导致知识失业，即受过较高教育的青年人找不到合适的工作，而知识失业反过来又进一步促进教育过度的发展。

参考文献：
郭熙保：《发展经济学》，高等教育出版社2011年版。
谭崇台：《发展经济学辞典》，山西经济出版社2002年版。
［美］德怀特·H.波金斯等：《发展经济学》，中国人民大学出版社2005年版。
［美］迈克尔·P.托达罗：《发展经济学》，机械工业出版社2009年版。

（郭熙保　路平）

知识失业
Educated Unemployment

知识失业是指一部分受过相当教育的知识劳动者找不到与自己接受的教育程度相称的工作岗位，而又不愿从事由较低文化程度的劳动者所能从事的工作，而宁愿处于失业状况。在许多发展中国家，不仅城乡之间，而且城市和地区之间普遍存在着二元经济结构，城市劳动力市场被分割为现代的正规部门和传统的非正规部门。前者的工资报酬和福利待遇比较高，工作比较稳定，一般是大公司或政府部门；后者的工作没有保障，报酬低下，大多是些个体工商业者、微小企业和打零工者。发展中国家中受过现代教育的劳动力，求职往往偏好正规部门，因经济的不发达，现代经济部门吸纳劳动能力有限，在供过于求的情况下，那些怀才不遇者只好屈身俯就寻找只需较低文化程度和劳动技能的工作岗位；用人单位也越来越倾向于招聘高学历的劳动者。而伴随着教育的迅猛发展，学校培养的知识劳动者人数越来越超出现代部门所能够提供的新就业机会，结果一部分受过教育的劳动者必定找不到工作，于是知识失业就产生了。

知识失业的主体是具有较高专业知识和技能的劳动者，其可能表现为公开失业，即他们积极寻找工作但又找不到适合自己专业知识的工作；但知识失业也有可能表现为隐性失业，即从事一些只要较少教育就可以从事的工作，例如，一个学数学的博士去开出租车，一个学文学的硕士去当门卫，等等。这些人看起来是在工作，但与他们所学专业相比，也可算作一种变相的失业，这与非自愿失业有些类似。这是一种人才浪费的现象。

教育深化与知识失业相互加强。教育深化使得越来越多的青年毕业生找不到工作，处于知识失业状况。而这种情况反过来又促使青年人为了避免失业而接受更多更好的教育。例如，小学毕业生找不到工作，就去上中学，中学毕业生人数增加使得中学毕业生难以找到工作，于是就去上大学，大学毕业生的增多又使大学毕业生难以找到工作，于是，就去读研究生。教育的过度发展和教育深化又导致受过更高教育的青年毕业生找工作更难，又不得不去接受更高的教育。因此，教育深化与知识失业是一对相互作用的概念。

在中国，教育深化和知识失业也表现得越来越突出。20世纪90年代末高等教育的“大跃进”，是政府顺应广大民众对高等教育强烈需求的一种举措，结果是大学大幅度扩招。大学生人数占人口比重迅速提高。这是教育深化的一种表现。而教育深化导致了大学毕业生找一个合适的工作变得越来越难。结果出现了就业岗位排挤现象，即大学毕业生去抢原由中学生做的工作岗位，导致中学毕业生找不到合适的工作；博士生去占有大学毕业生所从事的工作岗位，而导致大学本科毕业生找不到工作。

参考文献：
郭熙保：《发展经济学》，高等教育出版社2011年版。
谭崇台：《发展经济学辞典》，山西经济出版社2002年版。
[美]德怀特·H. 波金斯等：《发展经济学》，中国人民大学出版社2005年版。
[美]迈克尔·P. 托达罗：《发展经济学》，机械工业出版社2009年版。

（郭熙保　路平）

智力外流
Brain Drain

智力外流最初主要是指发展中国家在国内完成学业后的高级专门人才如工程师、科学家、医生、教授等迁移到发达国家的一种国际移民活动，也被称为“智力反向外援”。后来人们把从发展中国家到发达国家接受高级专门教育的留学人员滞留不归也划入智力外流的范畴。

智力外流的利弊是个有争议的话题，其理论分析最早开始于20世纪60年代后期。早期的发展经济学主要关心智力外流对发展中国家的福利影响。智力外流是否损害发展中国家的福利，取决于发展中国家的市场是否完全竞争和不受干预。如果市场是完全竞争的，则熟练工人的工资决定于其劳动的边际生产率，劳动力定价是在国际市场上确定的，则智力外流对发展中国家福利就没有影响，因为这些流出的知识劳动者减少了流出国的产值，同时他们也放弃了等额的劳动报酬。但问题在于发展中国家的市场并不是完全竞争的，存在着种种扭曲。其中最主要的扭曲是外部性和政府的教育补贴，这也是20世纪70年代发展经济学文献主要讨论的问题。从外部性角度来说，由于边干边学的原因，这些受过高等教育的专业技术人员的工作和行为会直接影响周围的劳动者，提高其他人的劳动生产率。这部分技术人员迁移到国外，就会导致流出国生产率损失。可以从市场不完全性来讲。边际产品等于工资的假定是建立在个人支付他们全部教育成本这一基础之上的。然而，大多数发展中国家对教育进行了补贴，尤其是对高等教育补贴更多。如果这些人才留在国内，他们创造的价值就会高于他们获得的报酬，它至少能弥补国家对教育的投入成本。但是当受过相当教育的人才迁往国外时，迁出国就损失了它对教育的大量投入。因此，发展经济学家一般都认定智力外流对发展中国家经济发展会造成非常不利的影响。

但是20世纪90年代以后，随着智力外流的继续增多，发展中国家的智力回流也在增多，回流者给本国经济带来了革新的动力和新鲜的活力。于是一些学者，如斯塔克（O. Stark，2007）、贝恩（M. Beine，2006）等人从积极的方面探讨了智力外流现象，给予了新的解释。他们认为，发达国家的工作机会对发展中国家的开放，虽然吸引走了许多优秀人才，对发展中国家来说是一种“抽血效应”（Drain Effect），但另外也增强了发展中国家的教育激励，鼓励人们为谋高就而去接受更高一级的教育，从而提高了输出国的整体教育水平，改善了输出国人力资源的质量；同时，外迁者与国内商业的往来以及部分外迁者的回国也能增进发展中国家的经济福利，这就是所谓的“增智效应”（Brain Effect）。“增智效应”不仅有利于满足“人才”个人自我发展的意愿，而且有利于组织。企业组织、科研组织、政治组织的创新，从而使整个社会肌体充满活力。他通过对组织寿命的研究发现，组织的最佳“年龄区”为1.5～5年，超过5年，组织就会老化；解决的途径就是通过人才流动对组织进行更新。

托达罗在20世纪80年代对智力外流概念进行了扩展。智力外流不仅减少了发展中国家关键性专门人才的供给，更为严重的是，智力外流还表现为国内科学家、工程师与大学教授等眼光向外的倾向。他们的“身体”在国内，但他们的“脑袋”已迁往发达国家。托达罗把身体和脑袋都迁往国外的专门人才叫“外在的”智力外流（External Brain Drain），而把身体留在国内而脑袋迁往发达国家的专家学者称为“内在的”智力外流（Internal Brain Drain）。托达罗认为，与“外在的”智力外流相比，“内在的”智力外流在发展中国家更为普遍。它必然会渗透到发展中国家全部的教育和学术研究机构，从而导致人力资源的巨大流失，加剧了亚非拉国家和地区经济发展的不平衡。

参考文献：
郭熙保：《发展经济学》，高等教育出版社2011年版。
格拉贝尔：《人才外流经济学》，载于《国际教育百科全书》，牛津大学出版社1985年版。
文建东：《发展经济学中的智力外流理论最新进展述评》，载于《国外社会科学》2003年第5期。
赵曙明：《人力资源管理研究》，中国人民大学出版社2001年版。
李宝元：《人力资本与经济发展》，北京师范大学出版社2000年版。
[美]迈克尔·P. 托达罗：《第三世界经济的发展》，中国人民大学出版社1991年版。

Grubel, H. G., *Economics of the Brain Drain in International Encyclopedia of Education*, Boston: Oxford University Press, 1985.

Bhagwati, J. and Hamada, K., The Brain Drain, International Integration of Markets for Professionals and Unemployment: A Theoretical Analysis, *Journal of Development Economics*, Vol. 1, 1974.

Stark, O., Helmenstein, C. and Prskawetz, A, Brain Gain with Brain Drain, *Economics Letters*, Vol. 3, 1997.

Beine, M., Docquier, F. and Rapoport, H., Brain Drain and Human Capital Formation in Developing Countries: Winners and Losers, IRES Working Paper, No. 2006-23, 2006.

（郭熙保　路平）

技术进步
Technical Progress

狭义的技术进步是指在一定时期产品或生产工艺的改进和提高，广义的技术进步还包括管理水平的提高、资源配置方式的改善、新组织和新管理方法的采用和改善等等，是技术所涵盖的各种形式知识的积累与增进。渐进式的技术进步也可称之为技术革新。一旦技术革新累积到一定程度导致技术或技术体系发生质变，它就演变成技术革命。技术革命的结果不仅是诞生新的技术体系，也引起相关产业的发展，并且往往导致经济社会结构的变革。

在经济学上技术进步体现为三种形式：(1)一定量的投入能够生产更多的产出，即生产率的提高。这种形式的技术进步可以表示成等产量曲线的内移。(2)改进现有产品的质量。(3)生产全新的产品。

理解技术进步的概念需要做两类区分。第一，技术与科学是两个不同的概念。科学属于认知世界的范畴，因此科学进步是指人类认知世界能力的提高，它一般不能直接形成生产力。技术则属于改造世界的手段，技术进步是直接与生产力的提高相联系的。一般而言，经济学中关心的是能够直接转化为生产力的技术进步。第二，技术进步与技术发明也不同。一项技术的发明如果不会增加产出和降低成本，那它在经济上是没有意义的。一项技术发明后能够增加产出或降低成本，但是如果未能应用到实际生产中，那么也只能看做是潜在的技术进步，并不能当作真正的技术进步。

第二次世界大战以后技术进步的飞速发展对生产力的提高产生了巨大影响。几乎同时，经济增长理论的兴起和增长核算方法的提出使得经济学家可以对技术进步进行规范和量化的分析。早期发展经济学家过于重视资本积累对经济增长的作用，忽略了技术进步的重要性。美国经济学家罗伯特·索洛(Robert Solow)于20世纪50年代建构的新古典增长模型中，把不能由资本和劳动等常规要素的增加来解释的产出增长称之为增长余值(R. Solow, 1957)。为了研究技术进步对经济增长的贡献，必须对经济增长的各种要素进行分解，经济学家把不能被要素投入增长解释的产出增长称为全要素生产率(Total Factor Production, TFP)的增长。全要素生产率的提高就等同于技术进步。

技术进步贡献的测度建立在增长核算方程的基础之上。设生产函数的基本形式为：

$$Y = F(K, L, t) \quad (1)$$

其中，Y为产出，K为资本投入，L为劳动投入，t表示时间变量。对(1)式求全微分并除以Y，得到：

$$\frac{\frac{dY}{dt}}{Y} = \frac{\frac{\partial F}{\partial K}}{Y} \cdot \frac{dK}{dt} + \frac{\frac{\partial F}{\partial L}}{Y} \cdot \frac{dL}{dt} + \frac{\frac{\partial F}{\partial t}}{Y} \quad (2)$$

设产出、资本、劳动和全要素生产率的增长率分别用以下符号表示：

$$\dot{Y} = \frac{\frac{dY}{dt}}{Y}, \dot{K} = \frac{\frac{dK}{dt}}{K}, \dot{L} = \frac{\frac{dL}{dt}}{Y}, \dot{A} = \frac{\frac{\partial F}{\partial t}}{Y}$$

假设资本和劳动的产出弹性$\frac{\partial F}{\partial K} \cdot \frac{K}{Y}, \frac{\partial F}{\partial L} \cdot \frac{L}{Y}$分别用α和β表示，那么，(2)式可以写成以下形式：

$$\dot{Y} = \alpha \dot{K} + \beta \dot{L} + \dot{A} \quad (3)$$

这样就把产出增长分解为资本增长、劳动增长和全要素生产率增长三个部分。(3)式为经济学家估算各个要素对经济增长的贡献的基本方程。若计算技术进步对经济增长的贡献，则(3)式可以写成如下形式：

$$\dot{A} = \dot{Y} - \alpha \dot{K} - \beta \dot{L} \quad (4)$$

(4)式清楚地表明，全要素生产率增长率或者说技术进步的增长实际上就是一种增长率余值，也就是如果扣除单纯的资本和劳动投入量的增加，一国的经济是否还有一个额外的增长率。如果没有，该国的经济增长中没有包含技术进步因素；如果有，则包含了技术进步因素；如果余值还很大，则意味着技术进步对经济增长的贡献很大。

阿布拉莫维茨(Moses Abramovitz, 1956)对美国经济增长的研究证明了人均产出增长中的大部分都不能归因于人均资本的增加。尽管资源投入增长与每单位投入的产出增加之间存在内生性的相互关系，资源投入的贡献可能被低估，但是全要素生产率在发达国家经济增长的贡献是不容忽视的。运用增长核算方程对发展中国家的研究则更倾向于认为技术进步对发展中国家经济增长的贡献比发达国家的要小。阿尔文·杨(Alywn Young, 1995)的研究表明，所谓亚洲“四小龙”的“增长奇迹”大部分可以用大规模的资本投入、教育和劳动参与率提高，以及从农业经济向工业经济的结构转变来解释,全要素生产率的增长并不显著。

增长分析的研究大致沿袭两种思路。第一种思路是将技术进步看做是外生的。这里又有两种方法:一种是用常规方法计算要素投入,将余值因素进行分解;另一种是试图按照要素质量和要素构成的变化来调整劳动投入和资本投入序列,以此把更多的增长首先归因于要素投入的增加。在这种思路下,劳动投入可能会因为教育水平的提高或性别—年龄结构的变化而得到质量的改善,资本存量也可能因为技术进步使得新增的资本存量较当期的资本存量更有生产力。第二种思路将技术进步作为内生的或体现的。20 世纪 80 年代中后期兴起的新增长理论正是以内生性技术进步为标志。如此,技术进步可以被区分为体现的和非体现的两种。新古典模型中的增长率余值是非体现的或者外生的,技术进步与资本、劳动投入的变动没有联系。体现的技术进步是指只能通过新投资才能引入生产体系的技术改进。为了研究技术进步对要素收入分配的影响,技术进步还可分为三种类型:中性技术进步;资本节约型或劳动偏向型技术进步;劳动节约型或资本偏向型技术进步。

经济学家已认识到技术进步的几种重要源泉。首要的一种源泉是本国人的发明和创新活动,在经济发展的早期阶段,如果没有技术和人员流入的情况下,技术进步首先依赖这一途径。约瑟夫·熊彼特(Joseph A. Schumpter,1934)发展的创新理论认为技术进步产生于企业家的"创造性破坏"过程。第二种途径是对外开放。在开放经济中,创新并不是技术进步的必要条件,因为一国可以从其他国家引进新技术。第三种实现技术进步的方法是"边干边学",这是指工人、管理者以及资本所有者在生产过程中通过积累经验来改善未来的生产效率。第四种方式是人力资本投资,这包括对医疗保健的支出、在职培训、正规教育等等。人力资本投资和机器设备等的技术变化在总量模型中有类似的影响。但是,机器设备的技术变化和创新思想带来的技术变化可以在工人间广泛共享,可以对公众产生有益的影响。人力资本的提高则专门针对劳动者自身,并不一定能够被广泛共享。

参考文献:

张培刚:《发展经济学教程》,经济科学出版社 2001 年版。

郭熙保:《发展经济学》,高等教育出版社 2011 年版。

马春文、张东辉:《发展经济学》,高等教育出版社 2005 年版。

[英]A. P. 瑟尔沃尔:《增长与发展》,中国财政经济出版社 2001 年版。

Solow, R, M. , Technical Progress and the Aggregate Production Function, *Review of Economic and Statistics*, Vol. 39, No. 3, Aug. 1957.

Moses Abramovitz, Resource and Output Trends in the United States Since 1870, *American Economic Review*, Vol. 46, No. 2, May 1956.

Alwyn Young, The Tyranny of Numbers: Confronting the Statistical Realities of the East Asian Growth Experience, *Quarterly Journal of Economic* , Volume 110, Issue 3, 1995.

Joseph A. Schumpeter, *The Theory of Economic Development: An Inquiry into Profits, Capital, Credit, Interest, and the Business Cycle*, Harvard University Press, 1934.

(郭熙保　苏甫)

要素偏向型技术进步

Factor-biased Technical Progress

技术进步使一定量的产出只需要更少的要素投入,但是在不同地区、部门、行业的技术进步所节约的资本和劳动投入在比例上并不相同,从而不同类型的技术进步对要素收入分配的影响也不一样。按照这种思路可以将技术进步分为三种类型,分别是:中性技术进步;资本节约型或劳动偏向型技术进步;劳动节约型或资本偏向型技术进步。中性技术进步是指不改变利润和工资在国民收入中的分配份额的技术进步;资本节约型技术进步是指在国民收入分配中有利于劳动的技术进步,即工资的份额会增加;劳动节约型技术进步是指在国民收入分配中有利于资本的技术进步,即利润的份额会增加。

希克斯(J. Hicks)在 1932 年出版的《工资理论》中提出了希克斯技术进步分类标准是最早对要素偏向型技术进步的分类。希克斯分类对于三种技术进步类型有两种区分方法。

第一种是要素比例法。假设只有资本和劳动两种投入,且其价格比率不变。如果技术进步导致资本—劳动比上升,则这种技术进步就是劳动节约型或资本偏向型的;如果技术进步导致资本—劳动比下降,则是资本节约型或劳动偏向型的;如果技术进步没有使资本—劳动比改变,则这种技术进步就是中性型的。要素比例法技术进步类型可用图 1 来说明。斜线 KL 表示资本—劳动的相对价格比例,而射线 OE 表示资本—劳动比。假设 KL 斜率不变,即资本—劳动的相对价格比例不变。曲线 I 表示技术进步之前的等产量线,当发生技术进步的时候,曲线 I 向原点方向移动,即使用较少的资本与劳动投入就可实现同一产量。要素相对价格比例斜线平行移动到 K_1L_1,与新的等产量曲线相切达到新的均衡位置。若等产量曲线移动到 I_a,则均衡点 A 表示资本—劳动比上升,此为劳动节约型或资本偏向型的技术进步；若等产量曲线移动到 I_c，则均衡点 C 表示资本—劳动比下降，此为资本节约型或劳动偏向型的技术进步；若等产量曲线移动到 I_b，则均衡点 B 表示资本和劳动按相同比例减少，此为中性技术进步。

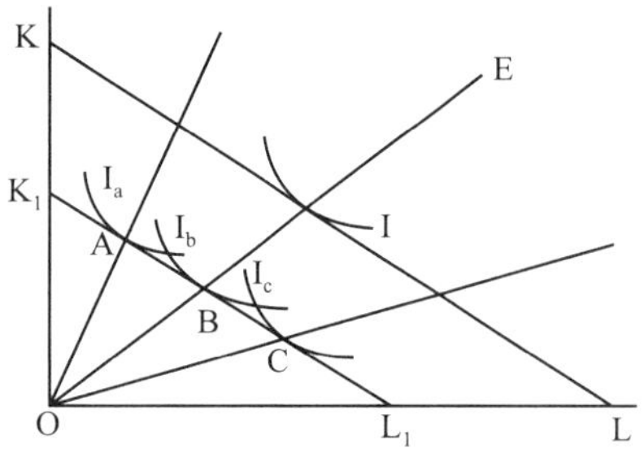

图 1 要素比例法技术进步类型

第二种是边际产品比例法。假设只有资本和劳动两种投入，但资本—劳动比不变。如果技术进步导致资本边际产品的增加大于劳动边际产品的增加，则这种技术进步是劳动节约型或资本偏向型的；如果技术进步导致资本边际产品的增加小于劳动边际产品的增加，则是资本节约型或劳动偏向型的；如果技术进步导致资本边际产品的增加等于劳动边际产品的增加，则是中性的。在完全市场竞争的假定下，要素的边际产品等于其价格，于是，要素边际产品比例的变化就等于要素价格比例的变化。边际产品比例法技术进步类型可用图 2 来说明。假设资本—劳动比不变。如果资本边际产品比劳动边际产品增加得多，资本—劳动相对价格比例线旋转到 K_1L，和新的等产量曲线 I_a 相切于均衡点 A，此为劳动节约型或资本偏向型的技术进步；如果劳动边际产品比资本边际产品增加得多，资本—劳动相对价格比例线旋转到 KL_1，和新的等产量曲线 I_b 相切于均衡点 B，此为资本节约型或劳动偏向型的技术进步；如果资本和劳动的边际产品等量增加，则资本—劳动相对价格比例线平行下降到 K_2L_2，和新等产量曲线 I_c 相切与均衡点 C，此为中性技术进步。

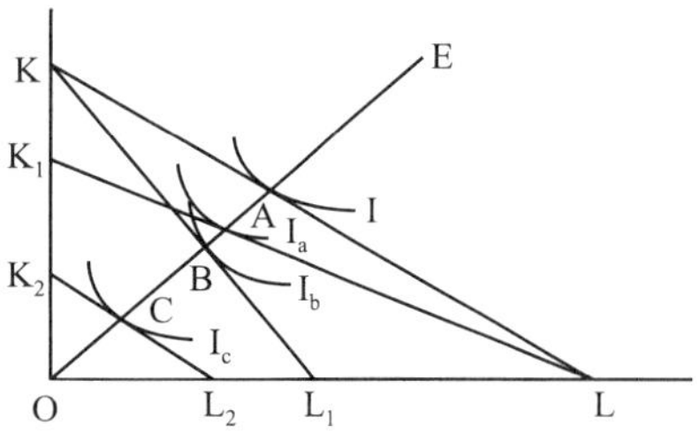

图 2 边际产品法技术进步类型

这两种表述方法其实在内容上有一致性。如果要素价格比率不变，技术进步就只能影响资本—劳动比；如果资本—劳动比不变，则技术进步只能影响要素价格比例。然而，就经济意义上讲，要素比例法和边际产品比例法具有重要区别。首先，从考察对象的范围来说，要素比例方法更多针对的是单个厂商或行业。这是因为单个厂商面临既定的生产要素价格。边际产品比例法则主要以整个经济为对象。如果存在充分就业，资本—劳动比例又不变，那么技术进步就只能改变生产要素的相对价格。其次，从性质上看，要素比例方法强调技术进步对要素间的替代关系的影响，它是一个生产要素的选择和使用的工艺标准。边际产品比例方法则强调技术进步对要素间相对收入变化的影响，它是一个涉及收入分配的标准。由于发展经济学一般强调要素的替代关系，因此要素比例方法的使用更为常见。

希克斯提出技术进步的希克斯标准之后，哈罗德（R. F. Harrod，1948）提出了哈罗德技术进步分类标准。哈罗德分类假设资本边际生产率不变，若资本—产出比不变，则技术进步是中性的；若资本—产出比上升，则技术进步是资本偏向型的；若资本—产出比下降，则为资本节约型的。哈罗德分类的性质是要素组合的纯粹生产工艺上的技术变化效应和当资本与劳动相对价格变动时产生的要素替代效应的混合。这样，总量水平上的哈罗德中性与产业水平上的劳动节约型的技术进步就可能是一致的。发达国家的大多数证据表明，如果技术进步在总量上是哈罗德中性的，那么一定是资本替代了劳动。这种情况之所以发生，是因为随着一国经济的发展，劳动对资本的相对价格会上升，不仅引诱了纯粹的替代效应，也引诱了以劳动节约为主的纯粹的技术进步。哈罗德标准和希克斯标准的区别在于，哈罗德标准不仅考虑了纯粹技术变化对要素比例的影响，也考察了要素替代对要素比例的影响，希克斯标准则只考虑了纯粹的技术变化的影响。

此外，索洛（R. Solow，1970）也提出了技术进步的分类标准。索洛标准假设工资率不变，若劳动—产出比不变，则技术进步为中性的；若劳动—产出比上升，则为劳动偏向型的；若劳动—产出比下降，则为劳动节约型的。

如果用 Y、K、L、A 分别表示产出、资本、劳动和技术变量，对于形如 $Y = A \cdot F(K, L)$ 的生产函数，技术进步就是“希克斯中性”的；对于形如 $Y = F(K, AL)$ 的生产函数，技术进步是“哈罗德中性”或者“劳动扩大型”的；对于形如 $Y = F(AK, L)$ 的生产函数，技术进步是“索洛中性”或者“资本扩大型”的。柯布—道格拉斯可以同时满足希克斯中性、哈罗德中性和索罗中性的要求，因此经常在增长模型中使用。在经济增长模型的研究中，哈罗德中性技术进步采用较多，这是因为在一个按照新古典增长模式的经济中要存在稳定的均衡状态，其外生的技术进步类型必须是哈罗德中性的技术进步(Uzawa,Hirofumi,1961)。在经验研究中则更多使用设定比较简单的希克斯中性技术进步。

参考文献:
张培刚:《发展经济学教程》,经济科学出版社 2001 年版。
郭熙保:《发展经济学》,高等教育出版社 2011 年版。
马春文、张东辉:《发展经济学》,高等教育出版社 2005 年版。
[英]A. P. 瑟尔沃尔:《增长与发展》,中国财政经济出版社 2001 年版。
Hicks, John Richard, *The Theory of Wages*, New York: St Martin's Press, 1963.
Harrod, R. F., *Towards a Dynamic Economics: Some Recent Developments of Economic Theory and Their Application to Policy*, London: Macmillan Press, 1948.
Solow, R. M., *Growth Theory: An Exposition*, Oxford: Oxford University Press, 1970.
Uzawa, Hirofumi, Neutral Inventions and the Stability of Growth Equilibrium, *Review of Economic Studies*, Vol. 28, No. 2, Feb. 1961.

(郭熙保 苏甫)

边干边学
Learning by Doing

阿布拉莫维茨(Abramovitz,1956)、索洛(Solow,1956;1957)等的研究证明,人均产出的增加不可能只是资本—劳动比率增加所造成的结果。另一方面,凡登(Verdoorn,1956)观察到,过去累积的产出和当前的劳动生产率之间在总量上存在一种正相关关系。这表明,有一部分经济增长是用资本—劳动比率的增加所解释不了的,但是可以用边干边学又称干中学(Learning By Doing)来加以说明。

肯尼思·约瑟夫·阿罗(Kenneth J. Arrow,1962)在《干中学的经济含义》一文则根据美国飞机制造业的经验材料说明了干中学效应的存在和意义。飞机制造业中有这样一条经验规律:在开始生产一种新设计的飞机之后,新建造一个飞机的机身所需要的劳动,与已经生产的该型飞机数量的立方根成反比;而且生产率的这种提高是在生产过程没有明显革新的情况下出现的。这就是说,一种特定型号飞机的累积产量每增加一倍,它的单位劳动成本就下降20%,即随着技术的积累,单位产品成本随生产总量递减。这充分说明了积累的技术具有递增的生产力。现实的生产过程,需要的不仅仅是原料和资本,还需要把各种生产要素有效组合起来的知识。因而在当代经济中,知识是一种更重要的资源。那么知识从哪里来?阿罗(1962)等人的研究将知识归结为经验:在生产中产生并尝试解决问题的实践将会极大促进生产的发展,这也就是干中学效应。一项投资的干中学效应越大,就越是有利于经济的增长。因此一个国家的经济要快速发展,就应该将资本重点投向干中学效应较大的行业和领域中去。

阿罗(1962)正式建立了干中学的理论模型。针对新古典增长理论外生技术进步的假定,阿罗试图提出一个"知识积累的内生理论"并以此解释技术进步现象。他认为,知识的获得即"学习",是经验的产物,而不仅仅是时间的函数。企业在进行投资和生产过程中会逐步积累生产经营和更有效的生产知识,而这些只是能够提高企业的生产效率;由于一个企业获得的生产经验和生产知识也能够被其他企业所利用,因此一个企业的生产率可以视为整个经济总投资的函数。也就是说,知识的创造是投资的副产品,知识的溢出道出了整个经济生产率的提高(即溢出效应)。从整个经济来看,生产过程因生产效率提高而表现出递增收益。不过,由于知识的创造是投资的副产品,不需要进行补偿,因此仍可以维持完全竞争的分析框架。同时,由于生产率的提高是企业投资的副产品,个别产品并没有考虑到其投资活动对整个经济生产率的影响,而是将它视为外生变量,因此,它的行为仍然像新古典模型中的厂商一样。于是,通过干中学和溢出效应,可以在完全竞争框架下得到内生的技术进步和经济增长。阿罗模型建立在下面两个假定之上,即一是"干中学"积累的经验或知识是企业投资的"副产品",同时一个生产厂家的只是资本的存量,会随着该厂商的资本存量的增加而不断得到积累和增加;二是只是本身不仅是一种资本,同样也是一种公共的产品,具有一定"溢出效应"(Spillover Effect)。

从总体来看,在阿罗模型中,知识水平本身作为一个生产要素参与了生产过程,而且由于知识的公共品性质,作为一个整体,经济具有收益递增的特点。同时,由于收益递增外在于厂商,竞争性均衡是存在的。这一点是阿罗模型对于经济增长理论做出的最大贡献。然而,正如索洛(1997)所指出,阿罗的成就在于建立了一个经济增长模型——一个旧经济增长模型,在此模型中技术变化被内部化而非有意义的内生。阿罗的"干中学"模型主要存在几点不足:(1)技术进步的方式。技术进步不仅是渐进的,有时也是突变的、跃进式的。后一种技术进步可能对经济增长产生更大的推进作用,但该模型忽略了这点。(2)"干中学"只能反映经验积累的一部分,也就是学习的一部分。经验积累应是多方面的,比如说,在产品使用过程中积累经验,不断改进产品的设计与生产,也对技术进步起着推动作用。该模型只提到"干中学",所以被认为不完整。(3)技术研究包括应用部分的研究和基础性的研究，应用部分的研究有递增的收益，而基础性的研究的收益是递减的。企业增加投资，只考虑到收益递增，而基础性的研究尽管对技术进步有重要作用，但由于其收益递减，因此不反映于企业投资之中。

此后，谢辛斯基（Sheshinski，1967）对阿罗（Arrow）的理论进行了发展。谢辛斯基（Sheshinski，1967）在《具有边干边学的最优积累》一文中对阿罗模型进行了简化和扩展，提出了一个简化的模型，人们将两者合称为阿罗—谢辛斯基（Arrow-Sheshinski）模型。阿罗（1962）模型中应用了较复杂的数学工具。

在这一模型中，假设有 N 家厂商，有代表性厂商的生产函数为：

$$y = F(k, Al) \tag{1}$$

其中，l 是厂商劳动，k 是厂商的资本，A 是知识水平：

$$A = K^b \tag{2}$$

其中，K 为资本总量，$K = Nk$，$b < 1$ 为外溢效应常数，(2)式表示技术进步是资本积累的函数。每一个厂商不仅从自己的投资活动，而且从其他厂商的投资活动中学习。劳动的效率取决于弹性为 b 的过去的总投资。经济在整体上具有递增收益，因为在常数 A 下，资本 K 和总劳动 L 会倍增产出，而且 K 的增加除了对产出有直接效应外，还提高了 A 的水平。

令 n 为 L 的增长率，就可以推导模型的均衡增长率为：

$$g = n/(1 - b) \tag{3}$$

虽然模型的均衡增长率部分决定于学习效应 b 的大小，但其决定因素仍然是人口或劳动力的自然增长率。如果人口或劳动力的自然增长率不为正数，就没有长期经济增长的可能。因此，这一模型仍无法摆脱与新古典增长模型一样的结果（邹薇，2007）。

阿罗（1962）、谢辛斯基（1967）的模型后来成为内生增长理论最重要的智力资源，成为内生增长理论分析中具有重要意义的一个基准模型。罗默（Romer，1986）、卢卡斯（Lucas，1988）、克鲁格曼（Krugmam，1987）、阿尔文·杨（Alwyn Young，1991）等最重要的内生增长理论家均对其进行了扩展。

罗默（1986）以阿罗（1962）的“干中学”概念为基础，提出了以知识生产和知识溢出为基础的知识溢出模型。他认为，新古典增长模型存在的最主要问题是生产上报酬递减的假定。而这个假定从表面看来是竞争均衡的必要条件。罗默（1986）指出，如果存在以下三个方面特征，则长期增长与竞争均衡是能够共存的：外部性、要素产出的递增报酬、知识自身生存的递减报酬。他认为知识是公共产品，具有正的外部性，即“外溢效应”，他在模型中假定知识生产的私人收益率递减，新知识的社会收益率递增，知识具有正的外部性，和经济是完全竞争的，生产者是价格接受者。在此基础上他认为知识溢出足以抵销固定生产要素存在引起的知识资本边际产品递减的趋势，从而使知识投资的社会收益率保持不变或递增。在模型中，罗默（1986）假定代表性厂商的产出是该厂商的知识水平 k_i、其他有形投入 x_i（例如物质资本和原始劳动）和总知识存量 K 的函数：$Yi = F(ki, K, xi)$。对于个别厂商的自身投入 ki 和 xi 而言，该生产函数表现出不变规模收益，满足新古典生产函数假定。然而，如果将 K 考虑在内，则这一生产函数对于代表性厂商和整个经济具有不同含义：代表性厂商将总知识水平 K 视为给定的变量，因此生产函数表现为不变规模收益；但对整个经济（假定由 N 个同质厂商组成）而言，由于对于任何常数 $\lambda > 1$ 有 $F(\lambda ki, \lambda K, \lambda xi) > F(\lambda ki, K, \lambda xi) = \lambda F(ki, K, xi)$，因此生产函数 $Y = F(k, K, x) = F(k, Nk, x)$ 表现为规模收益递增。在这里，总知识水平 K 成为外部性的来源。此外，罗默还假定 k 的增长率取决于 k 水平和投资数额（产出中没有用于消费部分）。这样，罗默模型实际上同“干中学”模型一样，通过知识积累的副产品性质和知识存量的外部性得到了内生增长。

罗默（1986）的竞争模型主要成就，是在无须假设存在外生性技术进步的情况下产生无限制的增长。不过，这个模型的适用性和一般性受到了价格接受假设以及如下相关假设的限制：对于厂商来说，所有规模经济都是外在的，并且厂商数量是固定的。斯宾塞（Spence，1981）以及弗登伯格、斯蒂格利茨和梯若尔（Fudenberg，Stiglitz and Tirole，1983）建立了没有外溢的学习的动态局部均衡模型，在这种模型中，参加竞争的固定的厂商数量与古诺（Cournot）所预期的数量相同。行业的产出在一种子对策完全均衡状态下可能会随着时间推移而下降，这有赖于相对于厂商数量而言的折扣因子为多大。斯托基（Stocky，1988）研究了有外溢的同样的模式，他发现行业的产出随时间推移而增加。因此可以假定，外溢在产生增长方面是有重要意义的。下一步是取消这种假设：所有动态规模经济对于厂商来说都是外在的，以及厂商的数量是固定的。即使厂商在一开始时是面对一种纯外在规模经济的形势，还是存在着强有力的刺激去通过减少厂商的数量将这些外在规模经济内部化，减少厂商数量的办法或是通过合谋，或是通过竞争将某些厂商挤出市场。假定其他厂商都履行了他们的投资份额，那么，通过合谋将外在性内部化的趋势会因以下情况而被制止：每个厂商都会因逃避责任（在学习方面投资不足）而获益。当厂商的数量很少，新进入市场者通过摧毁超额利润而获得的收益超过了规模经济的丧失所造成的损失时，通过竞争减少厂商数量的趋势会由于新进入市场活动而受阻。边干边学模型与那样一种厂商规模理论配合使用，可以使有关经济增长、集中化和收入随时间推移的分布研究有更大的预见力(邹薇,2007)。

罗默(1986)有关技术内生化的研究之所以被西方经济学文献称为新经济增长理论,主要因为它不同于索洛(1956)和斯旺(Swan,1956)等人的新古典经济增长理论,后者把技术因素置于模型之外,即认为技术是外生的、偶然的。他的经济增长理论对于经济增长研究有两个重要的启示:(1)知识进步是累积性的,人力资本存量是一国长期重视教育、发展教育和培养人才的结果,技术水平的提高也是累积性的。这表明,一国要取得经济增长的成就,必须重视知识的进步与知识的累积。发达国家在经济增长方面之所以比不发达国家具有优势,正因为那里的人力资本存量大大超过不发达国家。(2)对知识产权、专利的保护同样是经济增长中急需解决的问题。技术进步需要有激励机制,知识的累积也需要有激励机制。保护知识产权,保护专利,有利于激发更多的人从事技术研究工作,使技术创新取得成果。在经济增长中,技术水平的提高程度或技术先进程度通常可以用获取专利的数目来表示。专利越多,技术的先进性就越明显,经济增长的可能性也就越大。

卢卡斯(1988)在论述经济增长的经典论文《论经济发展的机制》中,提出和比较了三个模型:基于物质资本积累和技术进步的新古典增长模型、通过教育积累人力资本的内生增长模型和通过"干中学"积累特定人力资本的增长模型。其中,第二个模型是该文的核心模型,并被人们称为卢卡斯模型。其核心假定是:其一,人力资本的增长率是人们用于积累人力资本的时间比例的线性函数(这与纯粹的"干中学"模型有所不同),从而引入了人力资本生产部门;其二,工人的人力资本水平不仅影响自身的生产率,而且能够产生递增规模收益和政府政策增长效应的基础。由此可以看出,除了第一个假定在性质上基本介于外部性模型和R&D模型之外,卢卡斯模型与"干中学"模型和罗默模型并没有本质不同。

卢卡斯(1988)从干中学影响人力资本外溢效应的角度考虑了不同产品具有不同干中学效应的情况,指出了不同产品的选择对动态比较优势演进的重要影响。卢卡斯(1988)强调,人力资本的外溢效应将影响一国经济的长期增长,而人力资本的积聚是通过干中学来实现的。考虑到专业化于不同的产品生产将导致不同的人力资本增长,一旦一国选择了擅长生产的产品开展国际分工,就会通过干中学效应不断积累人力资本和技术,进而强化原有的比较优势。卢卡斯(1993)进一步扩展了自己的模型,强调相对于物质资本积累,人力资本的积累对经济增长的作用更具有主导性,而干中学是人力资本积累的重要方式。一国经济通过不断生产质量阶梯上更高层次的产品来获得更强的干中学效应,从而加快人力资本的积累。国家间不同的比较优势和经济增长率,就是源于人力资本从简单产品生产部门向复杂产品生产部门转移速度和程度的差异。

克鲁格曼(1987)对"干中学"效应下动态比较优势的演进机制进行了分析,认为部门专业化的模式一旦确定就很难更改,这种专业化模式很大程度上将决定一国的比较优势和贸易模式,而专业化过程中技术和生产经验的积累是通过"干中学"的方式实现的,专业化于低层次的比较优势以及过度紧缩的货币政策有可能损害长期的贸易福利。因此,一国在国际分工中应谨慎选择具有潜在比较优势的产业,并在"干中学"效应下使其不断增强,这一思路也为动态比较优势理论的发展奠定了基础。

杨(1991)在《边干边学与国际贸易的动态效应》对卢卡斯(1988)的模型进行了扩展,将国家分成发达经济体、不发达经济体以及介于两者之间的其他国家,认为产品的复杂程度随着产品数量的增加而上升,而干中学的外溢效应也随着产品复杂程度的上升而增加。由于发达国家专业化于复杂产品的生产,干中学外溢效应就比专业化生产简单产品的不发达国家要强。因此,不发达国家很难实现赶超,只有在发达国家因为技术进步将原有产业转移到不发达国家时,不发达国家的干中学效应才会上升。

杨(1993)的《发明与有限的边干边学》文章中,修正并扩展了已有的边干边学模式和发明模式,提出了一个有限的边干边学和发明相互依存的混合模型(Hy-Brid Model,Young,1993),进一步拓展了对技术的外部性研究,认为技术创新和"干中学"两者是相互促进的,只有持续的技术进步才能维持不断的干中学。他把世界分成三部分,发达国家、次发达国家(如东亚)和发展中国家,发展中国家在产业分工的选择上"干中学"潜力低于发达国家,次发达国家与发展中国家的区别在于前者进入技术进步快的新兴行业,而后者停留在技术进步慢的传统行业。

综上所述,这些对"内生增长理论"做出贡献的经济学家,都强调知识和人力资本是增长的发动机。因为知识和人力资源本身就是一个生产投入要素:一方面它是投资的副产品,即每一个厂商的资本增加会导致其知识存量的相应提高;另一方面知识和人力资本具有"外溢效应",即一个厂商的新资本积累对其他厂商的资本生产率有贡献。这意味着,每一个厂商的知识水平是与整个经济中的边干边学,进而与全行业积累的总投资成比例的。通过这种知识外溢的作用,资本的边际产出率会持久地高于贴现率,使生产出现递增收益。也就是说,任一给定厂商的生产力是全行业积累的总投资的递增函数,随着投资和生产的进行,新知识将被发现,并由此形成递增收益。因此,通过产生正的外在效应的投入(知识和人力资本)的不断积累,增长就可以持续。

参考文献:
叶静怡:《发展经济学》,北京大学出版社 2003 年版。
邹薇:《发展经济学——一种新古典政治经济学的研究框架》,经济日报出版社 2007 年版。
Abramovitz, M., Resource and Output Trends in the United States Since 1870, *The American Economic Review*, Vol. 46, No. 2, 1956.
Arrow, Kenneth J., The Economic Implications of Learning by Doing, *The Review of Economic Studies*, Vol. 29, No. 3, 1962.
Fudenberg, Richard Gilbert, Joseph Stiglitz and Jean Tirole, Preemption, Leapfrogging and Competition in Patent Races, *European Economic Review*. Vol. 22, 1983, No. 1.
Krugman, P., The Narrow Moving Band, the Dutch Disease, and the Competitive Consequences of Mrs. Thatcher: Notes on Trade in the Presence of Dynamic Scale Economies, *Journal of Development Economics*, Vol. 27, No. 1, 1987.
Lucas, R. E., On the Mechanics of Economic Development, *Journal of Monetary Economics*, Vol. 22, No. 1, 1988.
Lucas, R. E., Making a Miracle, *Econometrica*, Vol. 61, No. 2, 1993.
Romer, Paul M., Increasing Returns and Long-Run Growth, *Journal of Political Economy*, Vol. 94, No. 5, 1986.
Sheshinski, E., Tests of the 'Learning by Doing' Hypothesis, *The Review of Economic and Statistics*, Vol. 49, No. 4, 1967.
Solow, R. M., A Contribution to the Theory of Economic Growth, *Quarterly Journal of Economics*, Vol. 70, No. 1, 1956.
Solow, R. M., Technical Change and the Aggregate Production Function, *Review of Economics and Statistics*, Vol. 39, No. 3, 1957.
Solow, R. M., Georgescu-Roegen versus Solow-Stiglitz, *Ecological Economics*, Vol. 22, No. 3, 1997.
Spence, A. M., The Learning Curve and Competition, *The Bell Journal of Economics*, Vol. 12, No. 1, 1981.
Stokey, N. L., Learning by Doing and the Introduction of New Goods, *Journal of Political Economy*, Vol. 96, 1988.
Swan, T. W., Economic Growth and Capital Accumulation, *Economic Record*, Vol. 32, No. 2, 1956.
Verdoorn, P. J., Complementarity and Long-Range Projections, *Econometrica*, Vol. 24, No. 4, 1956.
Young, A., Learning by Doing and the Dynamic Effects of International Trade, *Quarterly Journal of Economics*, Vol. 106, No. 2, 1991.
Young, A., Invention and Bounded Learning by Doing, *Journal of Political Economy*, Vol. 101, No. 3, 1993.

(汪伟)

报酬递增
Increasing Returns

假设生产一商品 y 的技术可描述为所需投入要素 $x_i(i=1-n)$ 的函数,用数学公式表达为:

$$y=f(x_1, x_2, \cdots, x_n) \quad (1)$$

如果所有投入都乘以一个正值的标量 t,那么就可以用 $t^s y$ 来表示产出了,s 的值被用来表示规模报酬的大小。如果 $s=1$,则规模报酬不变,即所有投入要素都按同一比例变化导致产出的等比例变化;如果 $s>1$,则规模报酬递增,即投入要素增加的比例小于产出增加的比例;如果 $s<1$,则规模报酬递减,即投入要素增加的比例大于产出增加的比例。

这些数学定义表明了规模报酬的三种状态之间的对称性,这种对称性是事先被假设的。不同种类的规模报酬所包含的经济原理是从最早的一些有关论证中推导出来的,此类论证可以从古典经济学家的著作中发现。然而,如斯拉法(Sraffa, 1925)指出的,每一类规模报酬都出自不同的经济现象。递增的规模报酬来自积累和技术变化过程,而它们又都与市场扩大及随之而来的劳动分工相联系。

分工与规模报酬递增。亚当·斯密(Adam Smith)、巴比奇(Babbage, 1832)、马歇尔(Marshall, 1890, 1919)和杨(Young, 1928)把分工过程看做是为什么我们观察到的技术表现出规模报酬递增的主要原因。他们的论点转述如下:令 A 是为生产产品 x 而执行的任务集合;划分 $A_1, A_2, \cdots, A_n$ 称之为第一阶段分工。每个子任务 $A_i(i=1, \cdots, n)$ 可能是靠不同种类机器和初级要素完成的,这被称为第一阶段半成品。为生产每个第一阶段半成品所完成的任务集合,也必须经过分工,被称为第二阶段分工。每个由第二阶段分工所产生的子任务,是靠半成品来完成的,被称为第二阶段半成品。显然,这个阶段可以被无限地延续下去。如果 n 阶段半成品是全部初级要素,分工过程在第 n 阶段停止;如果分工在有限阶段后停止,并且所产生的对初级要素的需求没有超过供给,则过程是可行的。现在假设,生产过程是不可分的,即如果一项半成品在某些其他产品的生产中被使用,它的数量不能少于被称为固定成本不能再减少的最低数量。分工程度增加的可能定义是,当阶段数目固定时,为生产某产品而完成的任务集合的更为细致的划分,或者是阶段数目增加。显然,分工程度的增加意味着固定成本的增加,因此,放弃低级的分工意味着必须隐含有可变成本系数减少的分工程度的增加。

斯密提出了有关这种减少的理由:“第一,……每个具体工人技术的增长;第二,把从一种工作类别到另一种工作类别的转移过程中一般丧失的时间节省出来;以及最后……发明了大量机器,方便和减少了劳动,并使一个人能做要很多人才能做的工作”(也见巴比奇,1832)。从现在看,分工的程度和报酬递增的程度,是作为同义词使用的。

亚当·斯密。亚当·斯密系统地阐述了以下命题:

①分工受市场范围的限制。

②市场范围与人口数量和密度、自然资源及可获得的资本积累数量以及运输难易程度成正相关。

③小经济把它们的大部分资源用于农业,而大经济专门致力于工业,因为后者能够有较高程度的分工。由于完全相同的原因,市场范围的扩大降低了与初级产品相比的工业品的价格,结果使得工业中的利润率减少了。

④贸易使得市场规模扩大,每个贸易商(包括国家、地方和个人)都可以从事专业化生产,并从增加的劳动分工中获益。贸易对所涉及的各方均有利,它增加了各阶层的收入,因此不应当受到政府的限制。

⑤经济活动应设在运输费用最少的地区,在这个地区有最大的分工和贸易潜力。

⑥分工受到市场稳定性的限制(斯密虽然没有明确地讲到,但是在许多段落表明他是意识到这一点的)。

命题①、② 和⑥是一般的观点,命题③、④和⑤是应用。命题①是产生其他论述重要的辅助性命题,例如,马克思(Marx,1976)、杨(Young,1928)、科斯(Coase,1937)和施蒂格勒(Stigler,1951)等人,利用命题①提供了垂直一体化和生产迂回理论的基础。

马克思(1976)认为垂直一体化和生产迂回是同一个问题的不同方面,前者是指“社会上的分工”,后者是指“工厂中的分工”。马克思也看到,垂直合并的程度越高,市场不完全的程度也越高。科斯(1937)再次发现并概括了马克思的观察,并从中创建了厂商理论,价格媒介交易成本是很高的,厂商的存在是为了通过不同的非媒介方式来组织交易以节省这些成本。施蒂格勒(1951)对这种理论的应用作出了进一步解释,在一些假设前提下,他认为厂商之所以没有变成垄断的原因是,成本递增的职能最终超过成本超减的职能。具有较小市场规模的厂商,之所以自身去完成规模报酬递增的职能,而不是把这些职能让给专业化厂商并与其他买主共同承担固定成本,原因在于这种职能的固定成本相对于市场规模来讲过高了,以至于连一个专业化厂商也不能存在。施蒂格勒(1951)认为,随着市场规模的扩大,专业化厂商的地位提高了,最终它可以从后续环节厂商那里得到足够的剩余来形成正利润。在这一点上,合并的厂商放弃报酬递增职能,并且就这个职能来说变成了后续环节厂商。斯宾塞和波特(Spence and Porter,1977)提供了正规的沿着这些线索的局部均衡模型。瓦西莱基斯(Vassilakis,1986)则考虑了厂商的抉择问题,即存在着总规模报酬递增,并且厂商可以选择最终产品生产中分工的程度(即生产的迂回性)和他们将制造他们自己的半成品程度(即垂直合并)。瓦西莱基斯发现,市场规模的扩大,增加了专业化厂商与一体化厂商的比率和厂商的分工程度,通过与其他买主共同承担固定成本来代替单方面承担,以及通过增加固定成本来减少可变成本,现在更充分地利用规模经济是值得的。

穆勒(Mill)和马克思。穆勒和马克思提出了几种密切相关的论点:

⑦在较大比例的人口靠出卖劳动来获取收入(而不是靠生产)的情况下,市场规模的扩大使经济活动更加集中(穆勒,1848;马克思,1967)。

⑧市场规模的扩大,以及所有引起的每个厂商生产规模的集中和扩大,从效率上来看是绝对的利益,但从公平角度看未必如此(穆勒,1848;马克思,1867)。

⑨市场规模的扩大降低了利润率(马克思,1894)。

论点⑦和⑧是基于集中使得规模经济得以更为充分利用的这一事实上得出的。马克思又提出了一个理由,即小规模生产者的技术由于分工变得没有价值,因为分工又进一步细分和简化了为生产商品而要完成的任务。为此,马克思在同一题目下的另一个论点是:市场规模的扩大使得经济的实际绩效与潜在绩效的距离拉大。

马歇尔。马歇尔(1890)认为,所有产业都显示出总规模报酬递增,只是受短期固定性或土地稀缺的阻碍,在这种情况下,他同意古典经济学家的观点。他试图使规模经济和完全竞争在三个不同的渠道协调起来:

第一,一些规模经济对于厂商来讲是外在的。

第二,规模报酬递增是动态现象,并且很久才反映出它的全部影响,即“经营指挥权落到了缺乏能力和创造天才的人手中”(马歇尔,1890)。

第三,运输成本是某些产业中增长如此迅速,以至于限制了各个厂商的市场区域。

马歇尔(1890)试图建立一个统一的,对称的规模报酬分析公式,根据行业内企业均衡的思想,这将为建立竞争行业的供给曲线提供一种基本原理。马歇尔自己也认识到竞争与报酬递增之间的不协调性。

虽然马歇尔没有给出一个报酬递增经济学的正规理论,但他是在斯密、穆勒和马克思以后的唯一一个提出新的一般论点(不是应用)的人:

⑩“……几乎每一种横向扩张都趋向于增加大规模生产的内在经济,但是通常,产品种类的增加导致在这个方向上的收益减少”(马歇尔,1919)。

论点⑩也可表述为种类的增加导致效率下降,这被马歇尔用来解释大小厂商的共存和确定多产品厂商的产品范围。大厂商生产那些最需要的产品或提供最大程度分工的产品,他们的产品范围取决于,多生产一个产品所增加的成本(由于失去了规模经济)大于所增加的收入(由于市场面积的扩大)。小厂商生产那些需求量很小的产品或提供劳动分工程度很低的产品,而大厂商不愿意生产的产品,因为大厂商把资源专门用于增加他们已经生产的产品而境况较好。当市场规模扩大时,集中可以带来更多的收益,所以厂商规模趋向于扩大。在另一方面,显然小厂商将在各种市场规模中生存,这是由于三个方面的因素:第一,由市场规模扩大而产生的收入增加,允许消费者对产品的需求接近他们理想的规格,所以需求产品的种类增加;第二,扩大的市场规模增加了家庭的专业化,即以前在家庭生产的产品变成了商品;第三,扩大的规模增加了纵向分解。(马歇尔,1919)

该理论的明显含义是,市场规模的扩大将有不同的影响,这取决于需求一致性的程度,以及需求是否集中在能提供大量分工的产品上。马歇尔把产业经济不同的增长模式,归因于他们各自市场规模稳定性和完善程度的差别。

参考文献:

Sraffa, P. , Sulle relazioni fra costo e quantità prodotta, *Annali di Economia*, 2, 1925.

Sraffa, P. , The Laws of Returns under Competitive Conditions, *Economic Journal*, 36, 1926.

Babbage, C. , *On the Economy of Machinery Manufactures*, London: C. Knight, 1832.

Marshall, A. , *Principles of Economics*, London: Macmillan, 1890.

Marshall, A. , *Industry and Trade*, London: Macmillan, 1919.

Young, A. , Increasing Returns and Economic Progress, *Economic Journal*, 38, December, 1928.

Kaldor, N. , *Further Essays on Economic Theory*, London: Duckworth, 1978a.

Kaldor, N. , *Further Essays on Applied Economics*, London: Duckworth, 1978b.

Marx, K. , Capital, 3 vols, 1867-1894, Hannondsworth: Penguin Books, 1976.

Coase, R. , 1937, The Nature of the Firm, *Economica*, 4, November, 1937.

Stigler, G. , The Division of Labor is Limited by the Extent of the Market, *Journal of Political Economy* 59, June, 1951.

Spence, M. , Porter M. , Vertical Integration and Differentiated Inputs, Harvard Discussion Paper No. 576, 1977.

Mill, J. S. , *Principles of Political Economy*, London: J. W. Parker, 1848.

Ohlin, B. , *Interregional and International Trade*, Cambridge, Mass. : Harvard University Press, 1933.

(黄赜琳)

全要素生产率
Total Factor Productivity

全要素生产率又称为“总要素生产率”,是指将资本和劳动这些生产要素投入对产出的贡献扣除之后,其他各种生产要素对产出的综合贡献。其他各种生产要素综合反映了技术进步(主要包括知识的增进、资源配置的改善、规模经济的作用等)在经济增长中的作用。

在第二次世界大战后,“增长核算”已经发展成为宏观经济学中一个人们广为接受的领域。这个应用经济学的分支试图测度增长的直接源泉,即对整个国民经济具有某种隐含生产功能的投入,对国民经济总增长的贡献。这种分析的核心是确定劳动和资本对产出增长的贡献,而有一部分增长源泉,比如技术进步而提高了的效率或全要素生产率,则一直由于我们的无知而没有得到核算(Domar, 1961)。

这种核算方法的出发点是具体确定数学形式,通过它把两种投入合在一起,从而得到全要素投入的一个测度,还有对它们的贡献如何加权的某些规则(Fabricant, 1954; Kendrick, 1961; Denison, 1974, 1979)。以具体的生产函数形式分析,即

$$Y = AK^{\alpha}L^{\beta} \quad (1)$$

其中,Y、K 和 L 分别表示总产出、资本投入量和劳动投入量,α 和 β 是相应的权数,A 是全要素生产率。为了方便起见,上述(1)式生产函数可以转换成增长率的形式(以小写字母表示总产出、资本投入量和劳动投入量的增长率):

$$y = a + \alpha k + \beta l \quad (2)$$

(2)式中,a 是全要素生产率的增长率,

$$a = y - \alpha k - \beta l \quad (3)$$

可以看出,全要素生产率的增长率是产出增长率减去资本和劳动投入量增长对产出增长贡献之后的余额。

20 世纪 50 年代,诺贝尔经济学奖获得者美国经

济学家罗伯特·索洛(Robert Merton Solow, 1956, 1957)提出了具有规模报酬不变特性的总量生产函数和增长方程,形成了现在通常所说的生产率(全要素生产率)含义,并把它归结为是由技术进步而产生的。

全要素生产率是宏观经济学的重要概念,也是分析经济增长源泉的重要工具,尤其是政府制定长期可持续增长政策的重要依据。首先,估算全要素生产率有助于进行经济增长源泉分析,即分析各种因素(投入要素增长、技术进步和能力实现等)对经济增长的贡献,识别经济是投入型增长还是效率型增长,确定经济增长的可持续性。其次,估算全要素生产率是制定和评价长期可持续增长政策的基础。具体来说,通过全要素生产率增长对经济增长贡献与要素投入贡献的比较,就可以确定经济政策是应以增加总需求为主还是应以调整经济结构、促进技术进步为主。

一些学者对增长核算中全要素生产率的计算方法提出了质疑。首先,增长核算中加权方案的可行性受到质疑。例如,竞争条件下的短期和长期均衡中,要素份额测算着每种投入的贡献,但现实的世界很难与完全竞争模型相一致,不管是否存在均衡,这种加权方法可能导致何种偏倚不得而知。

其次,对仅考虑两种生产要素投入而不能解释大多数增长原因,这种核算方法提出了一个新的投入测度,并引入另外的投入来说明未能解释的增长部分。显然这种方法大体上可以最终说明增长的所有剩余部分,但由于没有提供证明新测度方法和新变量所得结论的任何检验,因此这种方法本身导致人们指责它存在随意性。

再次,所提出的另外一些投入包括规模经济、研究与发展费用、建立在创新基础上的技术进步,以及劳动的重新配置。引入规模经济作为一种解释性要素意味着,最初假定规模报酬不变的任何加权方法都是不正确的。它还表明,在要素投入增长率与全要素生产率之间可能存在着一些相互作用效应。而且,由于很难对劳动进行重新配置,特别是在没有提供新资本的情况下,很难运用一般的创新成果和研究与发展成果,这表明资本形成与归因于劳动重新配置、技术进步、研究与发展费用的全要素生产率提高之间有某种类似的相互作用。这些相互作用导致人们对这种增长核算方法的结果表示怀疑。

最后,对停滞的核算。当产出增长率像资本增长率那样已显著放慢,使用传统的增长核算技术,减少了的资本形成在当前停滞中的作用被认为是轻微的(Bosworth, 1982)。作为当前停滞的一种解释,这些结果是既不会使人惊奇,也不会让人接受。这些发现更应该成为人们对这种增长核算框架提出质疑的一个新理由。

参考文献:

Fabricant, S., Economic Progress and Economic Change, National Bureau of Economic Reach, 34th Annual New York: National Bureau of Economic Research, 1954.

Kendrick, J., *Productivity Trends in the United States*, Princeton: Princeton University Press, 1961.

Denison, E., *Accounting for United States Economic Growth: 1929 ~ 1969*, Washington, DC: Brookings, 1974.

Denison, E., *Accounting for Slower Economic Growth: the United States in the 1970s*, Washington, DC: Brookings, 1979.

Denison, E., *Why Growth Rates Differ: Postwar Experience in Nine Western Countries*, Washington, DC: Brookings, 1967.

Solow, R., A Contribution to the Theory of Economic Growth, *Quarterly Journal of Economics*, 70(1), 1956.

Solow, R., Technical Change and the Aggregate Production Function, *Review of Economics and Statistics*, 39(3): 1957.

Domar, E., On the Measurement of Technological Change, *Economic Journal*, 71, December, 1961.

Bosworth, B., Capital Formation and Economic Policy, Brookings Papers on Economic Activity 2, 1982.

John Cornwall, *Total Factor Productivity, in The New Palgrave: A Dictionary of Economics*, Edited by John Eatwell, Murray Milgate and Peter Newman, The Macmillan Press, 1987.

(黄赜琳)

技术引进

Technology Import

技术引进是指某个国家或者企业从其他国家引入技术知识或者新技术相关的设备、产品等的过程。技术引进是技术进步的重要源泉,尤其对发展中国家来说,从发达国家引进先进技术是促进本国技术进步、发挥本国后发优势的主要途径。技术引进的理论大多源自技术转移(Technology Transfer)理论。技术引进是从接收方角度出发的,而技术转移是从技术出让方向接收方转让的活动。

发展中国家从外部引进先进技术是必要的。第一,通过技术引进,发展中国家不必对每种技术都从头开始研究,这是因为独立研发新技术的成本远远高于引进别人现成同类技术所花费的成本。第二,发展中国家往往科研开发能力较弱,而且资金有限,某些技术难以在短期内研制出来。在这种情况之下,发展中国家通过技术引进来弥补自身技术力量的不足,不仅可以缩短与发达国家在技术水平上的差距,也能节省大量的资源。第三,发展中国家的内源性技术进步一般很缓慢,缺乏促进技术进步的创新机制。技术引进可以加快发展中国家市场机制的发育和创新活动的发展。第四,技术引进通常伴随着对外贸易的扩展,这可以加速引资国对外开放和融入全球经济的步伐。

发展中国家从外部引进先进技术也是可能的。尽管在某些情况下,发达国家为了维护自身的经济、政治和军事利益,并不愿意将最先进的技术转移到发展中国家。但是,由于技术商品具有一些特殊性,发达国家通过技术转移可以获取较大收益。这些特殊性表现在:第一,技术商品的研制成本一般远高于普通商品,但在运用中并不产生额外成本;第二,技术作为商品使用后,并不减少输出国的持有量,它适合于大规模运用;第三,技术商品具有时效性,随时面临被模仿跟进的风险,原使用者的垄断地位随时可能丧失;第四,在技术商品的市场上,买方更处于劣势,其无法准确估量出技术商品的未来成本和收益;第五,技术商品一般不能任意向第三方转卖。正是由于技术商品的这些特点,发达国家在一般情况下是愿意向发展中国家转移技术的。

从技术供给角度,技术引进可以分为垂直的技术引进(Vertical Technology Import)和水平的技术引进(Horizontal Technology Import)。前者指一国从国外引进先进的基础科学研究成果,并用于本国应用科学研究中,或者从国外引进先进的应用科学研究成果,并用于本国的生产领域中。后者是指一国从国外引进已被用于生产领域中的先进技术并直接用于本国的生产领域中。从产业关系分析,技术引进还可以分为内部引进(Internal Import)和外部引进(External Import)两种。内部引进是指引进方是供给方的分公司或者子公司,两者其实处于同一经营管理系统;外部引进是指独立的供给方和引进方之间进行的技术引进。就具体方式而言,技术引进可以采取许可证贸易、外国政府和私人企业的技术援助、合作生产、外国直接投资等不同形式。

在技术引进的实践中,按照所引进技术性质的差异,技术引进可以分为四个层次:(1)成套生产设备的引进;(2)关键设备的引进;(3)专有技术的引进;(4)智力引进和技术人才引进。发展中国家要通过技术引进来提高自身技术能力,达到获得自主创新能力的目标,一般需要循序渐进地按照这四种方式渐次过渡,而且必须注重对引进技术的二次创新和相应的技术扩散,才能逐步摆脱对发达国家的技术依赖,构建本国的创新体系。

参考文献:

中国社会科学院经济研究所:《现代经济辞典》,江苏人民出版社 2005 年版。

郭熙保:《发展经济学》,高等教育出版社 2011 年版。

张培刚:《发展经济学教程》,经济科学出版社 2001 年版。

吴贵生:《技术引进与自主创新:边界划分、过程转换和战略实施》,知识产权出版社 2010 年版。

姜鸿:《技术引进策略研究》,华中科技大学出版社 2008 年版。

(郭熙保　苏甫)

技术模仿

Technological Imitation

技术模仿是发展中国家普遍采取的一种采用和仿制领先国家已经存在的创新技术和产品的方式。模仿的手段主要是所谓的"逆向工程"(Reverse Engineering),这是指从模仿的产品出发,在广泛搜集相关信息的基础上,运用各种测试、解构、分析和研究方式,反向探究该技术和产品的设计思路、制造方法、生产原理、运作机制和原材料特性等,从而达到全面系统地掌握产品设计和技术生产的目的。早在熊彼特(Joseph Alois Schumpter)的创新理论中,"模仿"就被作为创新扩散的途径。一个或者少数几个企业家的出现可以促进其他企业家的出现,从而又带动更多的企业家不断涌现。技术模仿广泛出现在涉及南北贸易、内生增长和后发优势等理论的文献中。模仿经常与新技术的"采用"(Adoption)和"复制"(Copy)通用,它是技术扩散和技术进步的重要途径。在格罗斯曼和赫尔普曼(Grossman and Helpman,1991)的文献中,一个厂商开始生产某种产品之前必须先掌握其生产工艺,对于新产品生产工艺的掌握就称为"创新",对于已经存在于市场上的产品的生产工艺的学习则表现为"模仿"。技术模仿是发展中国家获得技术进步的重要途径。发达国家厂商的创新是发展中国家厂商技术模仿的基础和前提,而后者反过来又刺激前者的创新行为。

后发国家可以通过引进发达国家的先进技术来加速自身的技术进步,从而实现经济追赶的目标。然而,简单直接的技术模仿可能对本国技术水平的提高意义不大。巴罗等(Barro R. et al. ,1997)认为,尽管在某种范围内,技术模仿比技术创新的投入要少,但是发展中国家的技术模仿存在着模仿成本。随着发展中国家经济和技术水平的提高,模仿成本会越来越高,这又会减弱技术模仿者的经济增长率,只有成功的吸收或模仿才能提高后发国家的技术水平。

从欧美、日本等先发国家的早期技术成长道路以及新兴工业国家的技术追赶路径可以看出,引进和模仿外国技术,是后发国家实现技术追赶的开始。从引进、消化到改进、创新,从模仿者到创新者,这是后发国家走向自主创新的必由之路。模仿和创新有时候的界限并不分明。于是，“模仿创新”概念被提出来了，并与自主创新、合作创新一起作为企业技术创新的三种基本形式。模仿创新就是指企业通过学习模仿率先创新者的创新思路和创新行为，吸取率先者成功经验和失败的教训，购买率先者核心技术或破译率先者的技术秘密，并在此基础上改进完善，进一步开发。模仿创新要求在工艺设计、质量控制、成本控制、大批量生产管理、市场营销等创新链的中后期阶段投入主要力量。技术模仿是一种学习的过程，通过学习而获得模仿对象的特征。模仿并不一定是全盘复制。“模仿创新”则是以“模仿”为基础的更为高级的行为，不仅包括学习的过程，更侧重在理解基础上的改进提高。

参考文献：

[美]约瑟夫·熊彼特：《经济发展理论》，商务印书馆 1991 年版。

张培刚：《发展经济学教程》，经济科学出版社 2001 年版。

郭熙保、文礼朋：《从技术模仿到自主创新——后发国家的技术成长之路》，载于《南京大学学报》2008 年第 1 期。

傅家骥：《技术创新学》，清华大学出版社 1998 年版。

施培公：《后发优势——模仿创新的理论与实证研究》，清华大学出版社 1999 年版。

Grossman, G. M. and E. Helpman, Endogenous Product Cycles, *Economic Journal*, Vol. 101, No. 408, Sep. 1991.

Barro R., Sala-I-Martin X., Technological Diffusion, Convergence, and Growth, *Journal of Economic Growth*, Vol. 2, No. 1, March 1997.

（郭熙保　苏甫）

技术溢出

Technology Spillover

技术溢出是由于技术创新、扩散或转移以及其他一些经济活动而引起的外部经济现象。狭义的技术溢出是指技术扩散和转移中由要素流动非自愿性产生的、非人为设计的外部效应；广义的技术溢出还包括其他经济活动产生的各种外部效应，不仅有正面的、积极的效应，还可能存在负面的、消极的效应。

技术溢出的产生是与技术（知识）的外部性分不开的。新增长理论的兴起为技术（知识）溢出的研究做出了主要贡献。阿罗（Arrow K.，1962）在将技术的溢出效应作为经济增长的内生因素方面做出了开创性研究，他把知识作为具有“外溢效应”（Spillover Effect）的公共产品，每一厂商的技术变化都是整个经济中的边干边学从而也是总资本存量的函数。这样，每一给定厂商的生产率都是全行业总资本积累的增函数。随着投资和生产的进行，新知识将被发现，由此形成递增收益。在此基础上，罗默（Paul Romer，1986）提出了一个知识外溢的长期增长模式，知识是非竞争性的产品，具有外溢效应，不仅让自身具有递增收益，而且使物质资本以及劳动要素也具有递增收益。正是这种递增收益才导致无约束的长期增长。另外，外在效应又使得竞争均衡成为可能。卢卡斯（Robert Lucas，1988）在人力资本外溢性增长模型中把人力资本作为增长的发动机，并且区分了人力资本投资中的内部效应和外部效应，内部效应是对投资者本身生产率的贡献，外部效应指技能水平和人力资本水平在人们之间可以传递，由此导致了生产的收益递增。斯托克（Nancy L. Stokey，1988；1991）把新产品引进要素加入知识外溢内生增长模式。新旧产品的不断更替让边干边学在各种产品中具有溢出效应，这样溢出效应就能维持长期经济增长发动机的性质。阿尔文·杨（A. Young，1991；1993）则突出了边干边学的局限性，认为只有持续的技术进步才能维持边干边学，否则，溢出效应终究会耗尽。

技术溢出效应可以发生在企业、产业和国家各种层面上。国际贸易的技术溢出包括租金溢出（Rent Spillovers）和知识溢出（Knowledge Spillovers）。如果贸易商品的价格未能全部反映商品的创新价值，就存在租金溢出；知识溢出则产生于创新者对知识的不完全可控性，例如专利保护的不完善、创新秘密的不完全保护等。溢出效应的存在使得国际贸易在增加世界贸易总量的同时也加快了世界先进技术、知识和人力资本在国与国之间的传递，从而令参与贸易的各个国家的技术、知识和人力资本水平得到提高。发展中国家从中可以学习和吸收发达国家的先进技术，实现经济赶超的目标。但是，发展中国家充分发挥对外贸易的技术溢出效应是有条件的，国际贸易的技术溢出具有“门槛效应”，当一国的某种能力低于某种临界值时，国际贸易的溢出效应就不会显著。决定门槛效应的重要因素就是一国的吸收能力。

参考文献：

中国社会科学院经济研究所：《现代经济辞典》，江苏人民出版社 2005 年版。

谭崇台：《发展经济学的新发展》，武汉大学出版社 1999 年版。

李小平：《国际贸易的技术溢出》，北京大学出版社 2008 年版。

赖明勇、张新、彭水军、包群：《经济增长的源泉：人力资本、研究开发与技术外溢》，载于《中国社会科学》2005 年第 5 期。

Kenneth J. Arrow, The Economic Implications of Learning by Doing, *Review of Economic Studies*, Vol. 29, No.

3, Jun. 1962.

Romer, Paul M., Increasing Returns and Long-Run Growth, *Journal of Political Economy*, Vol. 94, No. 5, Oct. 1986.

Lucas, Robert E. Jr., On the Mechanics of Economic Development, *Journal of Monetary Economics*, Vol. 22, January 1988.

Nancy L. Stokey, Learning by Doing and the Introduction of New Goods, *Journal of Political Economy*, Vol. 96, No. 4, Aug. 1988.

Nancy L. Stokey, Human Capital, Product Quality, and Growth, *Quarterly Journal of Economics*, Volume 106, Issue 2, 1991.

A. Young, Learning by Doing and the Dynamic Effects of International Trade, *Quarterly Journal of Economics*, Vol. 106, No. 2, 1991.

A. Young, Invention and Bounded Learning by Doing, *Journal of Political Economy*, Vol. 101, No. 3, Jun. 1993.

（郭熙保　苏甫）

技术扩散
Technology Diffusion

新技术和新产品通过学习和交流等渠道得到广泛应用和推广的过程就是技术扩散。技术扩散也经常称作技术创新扩散（Technology Innovation Diffusion）。早期的创新理论认为扩散的实质是创新的大面积或大规模模仿。技术创新会给创新者带来垄断利润，这种垄断利润会吸引更多企业模仿创新，正是这种模仿推动了经济的发展。技术扩散与发明和创新之间的区别在于扩散是在技术发明和创新之后发生的。虽然研究和开发是所有技术创新的根本，但是决定技术创新对经济、社会影响大小的关键却主要在于创新技术的扩散水平。美国经济学家舒尔茨（T. Schultz）在其著作《人力资本投资》中认为，技术创新扩散为创新通过市场或非市场的渠道的传播，扩散是创新具有经济影响的必要条件。

国外有学者把技术扩散作为一项新技术的广泛应用和推广。当企业采用某项技术创新的收益超过其所支付的学习、调控成本时，企业就会采用该项创新，技术创新扩散也就产生了。还有学者把技术扩散当作是一种选择过程，这包括企业对各种不同层次的技术的选择和顾客对企业的选择过程。企业选择的结果是使企业倾向于接受效率更高、成本更低或者更加新颖的技术，顾客选择的结果是使这些采用创新技术的企业得以在市场竞争中脱颖而出。技术创新扩散对经济结构的变迁有重要影响。供给方面影响是就技术本身而言的，受到创新技术来源、采用新技术的成本、效益和风险等因素制约；需求方面影响是就采用新技术的潜在用户而言的，包括企业规模、已经使用该项技术的企业数量、企业家的判断能力和心态等等。

有学者把技术创新扩散定义为对技术创新的一种“模仿”或“学习”行为。这一定义下的技术扩散具有以下性质：第一，技术创新扩散需要由扩散主体通过某些渠道向潜在接受者传递，扩散的活动会遇到交流障碍；第二，技术创新扩散是否发生取决于企业对成本和收益比较的期望结果；第三，技术创新扩散是通过消费者对产品的选择和偏好来促进创新技术的采用的；第四，良好的技术创新扩散有赖于一个竞争性市场。也有学者将技术扩散和技术创新扩散做出了严格的区分。一种观点认为技术创新扩散可分解成创新观点扩散、R&D技术扩散和技术创新实施扩散。其中的R&D技术扩散和技术创新实施扩散就是技术扩散。按照这种理解，技术扩散是包括在技术创新扩散过程之中的。企业只有接受了创新观点，才有可能决定采用新技术。创新观点扩散主要取决于企业家的机会意识和洞察力等素质，是技术扩散的前提。技术扩散主要取决于技术本身的特性、企业对待技术变化的态度以及企业对技术的接受能力，是创新观点扩散的载体。对于包括中国在内的发展中国家而言，技术创新扩散的主要障碍在于技术扩散阶段，原因是国内缺乏吸收新技术所需要的技术基础和资金，以及企业行为的短期化。

技术扩散可以分为四类：第一，企业内扩散。这是指创新技术在单个企业内部的扩散，包括某企业第一次使用新技术到该项新技术在企业的应用达到饱和为止的整个历程。第二，部门内（企业间）的技术扩散。这是指创新技术在同一产业内部由一家企业扩散到另一家企业，是对国民经济整体而言最有意义的一种技术扩散。第三，部门间扩散。这是指创新技术在产业间的扩散。第四，国际间的技术扩散。这是指创新技术在不同国家间的扩散。国际间的技术扩散常常作为技术转移的同义词。对此，有学者提出了不同看法，认为技术转移是侧重于一个有目的的、有明确对象的、发生在同一领域内的、以接受方掌握技术为结束标志的过程。技术扩散则更加强调是一个无意识的、有以潜在采用者为主的多个接受方的、可以发生在不同领域的、以所有潜在采用者都采用该技术为结束标志的过程。

在技术扩散机制的研究领域中，曼斯菲尔德（Edwin Mansfield，1961）发展了所谓的“传染”模型，企业之间的技术创新扩散是一种模仿行为，某一个企业是否采用技术创新在很大程度上取决于其他企业是否采用该创新。技术扩散过程呈S型曲线。某一技术创新的累计采用企业数在某时间点之前是加速增加的，在该时间点之后则减速增加，最后逼近于潜在使用户的总数。技术扩散的概率模型还强调刺激企业采用新技术的诸因素中存在一个临界值，只有超过这个临界值，企业才会选择采用该项技术。由于不同企业的临界值是不同的，因此不同企业采用一项技术创新在时间上是有差异的。技术扩散的过程就是刺激变量的相对位置和临界水平随时间推移而不断变化，从而有更多企业采用该项技术的过程。

参考文献：

张培刚：《发展经济学教程》，经济科学出版社 2001 年版。

［美］西奥多·舒尔茨：《人力资本投资：教育和研究的作用》，商务印书馆 1990 年版。

中国社会科学院经济研究所：《现代经济辞典》，江苏人民出版社 2005 年版。

谢富纪：《技术转移与技术交易》，清华大学出版社 2006 年版。

傅家骥：《技术创新学》，清华大学出版社 1998 年版。

杨克磊：《技术经济学》，复旦大学出版社 2007 年版。

董景荣：《技术创新扩散的理论、方法与实践》，科学出版社 2009 年版。

Mansfield, E., Technology Change and The Rate of Imitation, *Econometrics*, Vol. 29, No. 4, Oct. 1961.

（郭熙保　苏甫）

吸收能力

Absorptive Capability

在发展经济学文献中，吸收能力是指一国有效地吸收国外先进技术用来发展本国经济的能力。先进国家的技术并不能通过简单转移和扩散来直接转化。首先，任何一项技术都具有时效性，先进是暂时的、相对的。如果技术引进国缺乏对引进技术的改造和更新能力，即使完全掌握了该项技术，也会迫于技术过时而不断地向国外引进更新过的技术，在科技方面永远落后于其他国家。其次，很多技术具有地域性，特别是农业生物科学技术，从外部引进的技术一般需要经过适应性研究和改造。如果技术引进国缺乏科技研究能力，技术引进的效果就会大打折扣。

阿布拉莫维茨（M. Abramovitz, 1986）提出了著名的"追赶假说"，认为生产率水平的落后状态带来了快速发展的潜力，落后国家比发达国家相对增长更快。不过，落后本身不能带来更大的扩散和追赶，除非存在特定的"社会能力"（Social Capability），比如必须首先拥有足够的基础设施、技术水平等基本条件，这样才能使落后国家能够吸收国外思想和知识外溢。可恩和莱温特（W. Cohen and D. Levinthal, 1989; 1990）也指出，初始知识差距越大追赶潜力越大的假说并非是无条件适用的，追赶能否成功还取决于其吸收能力。企业研发投入增强了对外来技术的吸收、学习、模仿能力，使其拥有更强的技术能力去吸收外部的技术扩散。可恩和莱温特是企业吸收能力理论的先驱者。他们首创性地提出了企业吸收能力的概念，将其定义为认识、吸收新信息（新知识）价值并将其用于商业目的的能力，认为它是企业技术创新能力的关键。不少经济学家都认为，一个落后国家要想真正吸收技术领先者的知识，其初始差距不能太大，而且必须具备充分的吸收能力。罗杰斯（M. Rogers, 2004）区分了影响吸收能力的三大要素：第一大要素是对国外技术的可获得性，取决于和其他国家在商业、教育和社会活动的联系，产品和服务的对外贸易量和 FDI。第二大要素是学习能力，也就是国内的人力资本水平。第三大要素是实施新技术的动机或障碍，尤其重要的是一国产权的确立、相关法规的健全，以及腐败的程度。

吸收能力有狭义和广义之分。狭义的吸收能力就是指获取、学习和利用外部新技术的能力。广义的吸收能力类似于阿布拉莫维茨的社会能力概念，是指所有促进新技术模仿或利用的因素，包括教育、基础设施、完善的金融体系和劳动市场关系等，还包含对吸收的技术进行调整、小创新和质量改进的能力。发展中国家能否使其引进技术真正转化为现实生产力主要取决于国内研究与开发能力和创新机制是否健全。

参考文献：

谭崇台：《发展经济学辞典》，山西经济出版社 2002 年版。

［美］迈克尔·P. 托达罗、斯蒂芬·C. 史密斯：《发展经济学》，机械工业出版社 2009 年版。

郭熙保、肖利平：《后发优势、技术吸收能力与中国的经验》，载于《武汉大学学报（哲学社会科学版）》2008 年第 5 期。

Cohen, W. and D. Levinthal, Innovation and Learning: The Two Faces of R&D, *The Economic Journal*, Vol. 99, No. 397, Sep. 1989.

Abramovitz, M., Catching Up, Forging Ahead and Falling Behind, *The Journal of Economic History*, Vol. 46, No. 2, Jun. 1986.

Cohen, W. M. and D. A. Levinthal, Absorptive Capacity: A New Perspective on Learning and Innovation, *Administrative Science Quarterly*, Vol. 35, No. 1, Mar. 1990.

Rogers, M., Absorptive Capability and Economic Growth: How Do Countries Catch-up? *Cambridge Journal Economics*, Vol. 28, 2004.

（郭熙保　苏甫）

技术转让
Technology Transfer

联合国贸易与发展会议制定的国际转让行动守则认为,技术转让是对某种产品的制造、某项工艺的应用或者某种服务的提供所需要的系统知识的转移,并不涉及货物的单纯买卖或租赁。国内文献中,技术转让和技术转移的概念在多数情况下可以等同使用。

国际技术转让活动由来已久。从技术转让的历史发展阶段看,技术转让经历了"梯度式"和"跳跃式"两种方式。在17世纪以前,技术转让的特点是以技术的生产地为中心,像湖面的水波扩散一样自然地向四周逐渐扩散和传播,此时技术转让的平均周期相当漫长,这种技术转让方式被称为"梯度式"。随着资本主义经济的发展,以鼓励发明创造和保护创造者权利为宗旨的专利制度应运而生,这是技术转让活动得以大规模开展的重要前提。国际技术转让也从原来的"梯度式"发展到"跳跃式",后者指技术转让可以摆脱地理因素的限制,通过现代的交通工具和通讯设施绕过邻国在较短的时间内直接从技术产生国转移到引进国。发达国家向发展中国家技术转让的过程同时也是发展中国家从发达国家技术引进的过程。随着经济全球化和贸易自由化的发展,国家间的技术转让活动日益频繁。在知识经济时代,技术已成为经济发展的核心因素,人类的整体技术水平对提高其生活质量至关重要,而各国间技术发展又极不平衡,因此,客观上就要求技术在各国间进行合理地流动。

20世纪60年代中期,联合国在一份关于援助发展中国家的报告中指出,发展中国家的独立发展有赖于来自发达国家的技术转移,但是简单机械式的技术转移是不可取的。经济合作与发展组织(OECD)认为,技术转移是一国关于新产品和新技术的发明创造转移到另一国家的过程。自20世纪70年代联合国有关部门对技术转移活动进行考察和研究以来,技术转移从早期的无意识行为、后发国家的政府行为、发达国家的政治策略工具、跨国公司扩大海外投资的副产品,逐渐演变成当今世界范围内政府、企业、研究机构都十分重视并广泛参与的战略性选择。不同领域的学者对技术转移有不同的研究视角。经济学家往往在公用知识的特性基础上研究技术转移,着重于和生产、设计相联系的那些变量。社会学家倾向于把技术转移和创新相联系,把包括社会技术在内的广义技术作为降低涉及实现预期目标的因果关系上的不确定性的一种工具行为。管理学者则更关注技术转让的阶段,特别是把设计、生产、销售阶段和转移相联系,这种转移往往作为公司发展的一种战略手段。

将技术转让和技术转移等同使用是有争议的。国内有学者指出,技术转让和技术转移其实是两个有区别的概念。在英文中,"Transfer"包括地点转移和权利转移两个方面,但是汉语所习用的"转让"一般特指在法律关系意义上一方将一定财产或权利转归于另一方的行为。技术转移涉及一切导致技术和知识迁移的过程和活动,包括技术地点的转移和权利的转移,包括有偿的和无偿的,也包括有意识的和无意识的。技术转让则只是技术的权利转让,是指一方将技术的使用权或所有权转让给另一方的行为,通常是有目的、有意识、有偿的技术转移活动。因此,技术转让其实是包含在技术转移概念以内的。技术转让的实现有两个前提条件:一是存在转让的双方当事人;二是以法律关系为基础变更技术的使用权和所有权。这两个条件对技术转移的发生是没有约束力的。还有学者将技术转移(Shift of Technology)和技术转让(Technology Transfer)视为国际技术贸易演变的不同阶段。技术转移是指技术地理位置的变化,包括在一国境内的位置变化和跨越国境的位置变化,即可能是主动的有意识的行为,也可能是非主动的无意识的行为。技术转让是在技术转移基础上演变而来的,是指人们根据不同国家或地区的生产力水平、经济基础、劳动力素质等因素,有意识的人为将技术在不同地区间或国家间进行转移。技术转让包括非商业性的和商业性的两种类型。有偿的商业性的技术转让就是通常所说的技术贸易(Technology Trade)。

从具体途径来看,技术转让包括向国外出售专利权或设计、向国外销售含有新技术的资本品或消费品、向外国政府或企业传授新技术以及建立技术合作关系、在国外投资生产等。这些转让方式也可分为有偿转让和无偿转让两种形式。无偿转让指不需要支付技术报酬的技术转让,主要是指国际间的科技交流与合作,联合国系统的国际经济组织和各国政府实施的技术援助也大多属于无偿的技术转让;有偿转让指需要支付转让费的技术转让,经常是转让国以直接经营的方式提供技术、含有新技术的设备、专利或生产许可证、技术咨询等。

从转让国和被转让国对转让技术的使用层次看,技术转让分为垂直转让和水平转让两种。前者指一国的基础科研成果转让于另一国,或者一国的应用科研成果转让于另一国的直接生产中,主要涉及科技情报的转让;后者指一国已经应用于直接生产的新技术转让于另一国的生产领域,包括物质转让、设计转让、能力转让等,能力转让因其可以使被转让国形成生产能力而尤为重要。

从被转让国对技术的吸收程度看,技术转让分为简单型转让和吸收型转让。前者指一国将某项先进技术转让于另一国,不论被转让国采用这项技术后能否自行复制出来;后者指一国将某项先进技术转让于另一国,而被转让国采用这项技术后能够自行复制出来。

对于发展中国家来说,吸收型转让才是具有真正意义上的技术转让。

从被转让方的目的看,技术转让又可以分为物质转让、设计转让和能力转让。物质转让的目的只是单纯获得部件、设备、机械或包括某种技术的工厂。设计转让的目的是获得生产某种产品的能力,除了转让专业的设备和机械外,还包括创建制定生产能力的所需要的软件(设计、图纸、工艺等)转让。能力转让的目的是不仅要被转让方获得生产能力,还要包括采纳转让技术并使它适应当地环境,以及获得进行小规模改进以致最终开发新产品或新生产程序的能力。发展中国家在早期发展阶段主要接受物质转让和设计转让,如果要减少技术依赖,就必须增加能力转让。

由于各国的经济基础、发展起点、资源与环境的差异,在国际技术转让中处于不同的地位,主要表现在作为技术供方的发达国家与技术受方的发展中国家间的不平等关系上。出于政治、军事的目的,以及为了保持技术领先和垄断的地位,获取最大利益,发达国家往往严格控制尖端技术、核心技术、关键技术以及军事技术的输出,对输出的技术项目实行严格的审批制度或者在转让合同中增加限制性条款,不利于受方国家的经济发展和技术水平的提高。发展中国家因其自身条件的限制,缺乏技术研究能力又难以引进适合自身发展的技术,在技术转让中处于劣势。

参考文献:

中国社会科学院经济研究所:《现代经济辞典》,江苏人民出版社 2005 年版。

张培刚:《发展经济学教程》,经济科学出版社 2001 年版。

马春文、张东辉:《发展经济学》,高等教育出版社 2005 年版。

曹宪志:《技术转让与许可证贸易》,中国对外经济贸易大学出版社 1987 年版。

谢富纪:《技术转移与技术交易》,清华大学出版社 2006 年版。

杜奇华:《国际技术贸易》,对外经济贸易大学出版社 2007 年版。

李虹:《国际商务中的技术转让》,经济科学出版社 2005 年版。

Zhao, L. M. and Reisman, A., Toward Meta Research on Technology-Transfer, *IEEE Transactions on Engineering Management*, Vol. 39, No. 1, Feb. 1992.

Barry Bozeman, Technology Transfer and Public Policy: A Review of Research and Theory. *Research Policy*, Vol. 29, 2000.

(郭熙保　苏甫)

技术差距理论

Technological Gap Theory

技术差距理论最早由美国经济学家波斯纳(Michael V. Posner, 1961)提出的,之后胡夫鲍尔(G. Hufbauer, 1966)等学者也做出了相关研究。该理论以技术和产品的创新及扩散为基础,从不同国家之间存在的技术差距来探讨国际贸易的产生,特别是解释国际技术转让和技术引进的动因机制。从理论渊源来看,技术差距理论可以看做是赫克歇尔—俄林(Hechscher-Ohlin)理论的动态扩展。

波斯纳把技术作为一种独立生产要素,并在技术变动中包含了时间因素。实际的技术水平随时间而提高,但是在不同国家的技术发展水平却不一致。技术领先的国家(创新国)具有技术上的比较优势从而在某种技术密集型产品的生产上获取了垄断地位,从而与那些技术创新滞后的国家(模仿国)之间产生了技术差距。这种技术差距引起了该项技术产品的国际贸易。国际工业品贸易中很大一部分就是以技术差距存在为基础进行的。随着该项技术产品国际贸易的扩大,为进一步追求特殊利润,创新国会通过多种途径进行技术转让。模仿国通过研究开发或者技术引进,最后掌握该项技术,技术创新国的技术优势逐渐减小。技术差距的减小导致相应技术产品在技术创新国和模仿国之间的国际贸易数量下降。当模仿国能够生产满足其国内需求的产品数量时,与创新国的关于这种技术产品的贸易就将结束,技术差距也就消失了。

技术差距理论认为,国际贸易产生的关键在于模仿滞后(Imitation Lag)的存在,这是指创新国开始生产新技术产品到模仿国可以完全仿制的时间间隔。用图1可以说明这一过程。横轴表示时间 t,纵轴上方表示创新国(甲国)生产和出口量,纵轴下方表示模仿国(乙国)生产和出口量。图中的 t_0 表示创新国完成技术创新并开始生产从而产生技术差距的时点;t_1 表示创新国开始出口和模仿国开始进口的时点;t_2 表示模仿国开始生产该项技术产品从而减少进口的时点;t_3 表示模仿国停止进口并开始出口从而终止技术差距的时点。时区$[t_0, t_3]$就是模仿滞后的时期,大体分为两个阶段。第一,$[t_0, t_2]$为反应滞后(Reaction Lag)时期,其长短主要取决于模仿国企业的创新和风险意识、产品的规模效应,还有关税、市场容量、居民收入水平和需求弹性等因素。反应滞后前期对模仿国来说还有一个表示为$[t_0, t_1]$区间的需求滞后(Demand Lag)时期。新产品刚刚出口到其他国家开始并不能立刻得到认可和接受,必须经历一个通过广告宣传和消费示范逐渐取代原来的旧产品的时间间隔,其长短取决于其他国家消费者的收入水平和市场容量,以及对新产品本身信息的了解和价值的认可速度。第二，[t_2，t_3]为掌握滞后（Control Lag）时期，其长短取决于创新国对该产品的技术转让的速度，还有模仿国引进、吸收和消化该项技术产品的速度。一般情况下，创新国为了获取最大利益，会采取各种措施来缩短需求滞后期并且延长模仿滞后期。由于模仿时滞的存在，模仿国在短时间内只能依靠进口来满足国内市场对新产品的需求。因此，只要存在技术差距，国际贸易就会存在。国际贸易会随着模仿时滞时期的延长而增加。

波斯纳的技术差距理论意味着技术落后的区域可以通过技术引进与技术扩散来实现赶超。以凡勃伦（T. Veblen，1915）和格申克龙（A. Gerschenkron，1962）为代表的"后发优势假说"认为落后国家通过利用国外先进技术有可能缩小与发达国家之间的生产率差距。阿布拉莫维茨（M. Abramovitz，1986）提出的"追赶假说"也认为生产率水平的落后状态带来了快速发展的潜力，落后国家比发达国家相对增长更快。不过，追赶潜力的发挥需要特定的"社会能力"（Social Capability）的支持。比较激进的观点认为技术转移的动因在于世界经济和技术的格局都存在着二元结构，发达国家是技术的"中心"，发展中国家是技术的"外围"或"边缘"。"中心"是技术的创新者，"外围"是技术的模仿者。技术转移的同时也导致了"中心"对"外围"的控制。可恩和莱温特（Cohen，W. and D. Levinthal，1989；1990）指出，初始知识差距越大追赶潜力越大的假说并非是无条件适用的，追赶能否成功还取决于其吸收能力。技术差距和吸收能力的概念是理解技术扩散和经济增长的关键（M. Rogers，2004）。韩国学者金泳镐（1984）认为存在双重的技术差距情况。第一种是技术转移差距，主要表现为发达国家（技术创新国）所转让的技术和发展中国家（技术模仿国）所需要的技术不相适应，其原因在于发达国家和发展中国家在技术发展阶段和体系上存在差距。第二种是技术积累差距，主要表现为发展中国家在引进、消化、吸收技术等方面能力不足，这是因为技术模仿方在技术和管理上，以及技术工人的质和量两方面上都严重不足，难以适应技术供方转让的技术。对发展中国家而言，应该从减小技术积累差距方面入手，找出造成技术积累差距的各方面因素，从而达到缩小与发达国家之间的技术差距的目的。

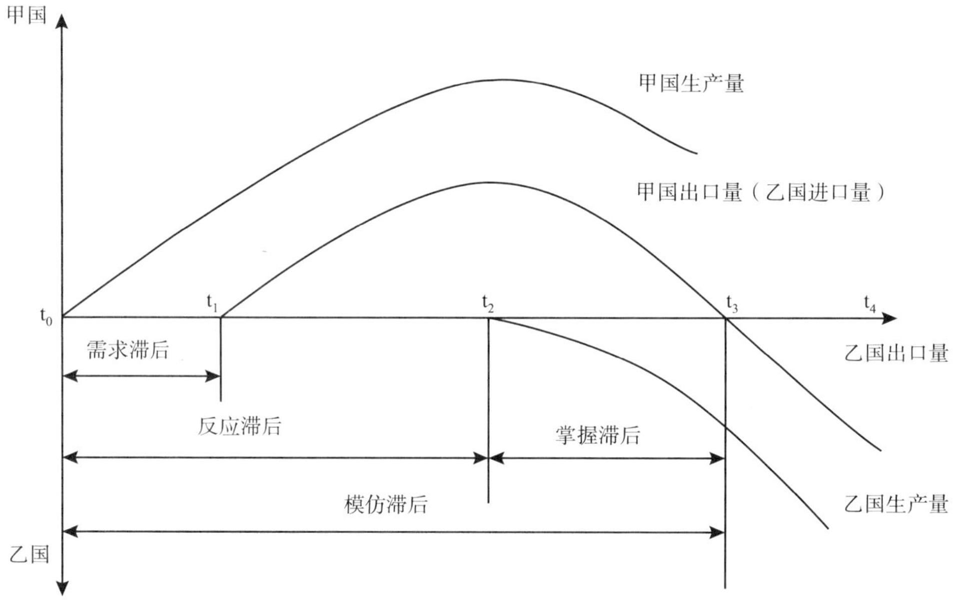

图 1　技术差距理论

参考文献：

姜鸿：《技术引进策略研究》，华中科技大学出版社 2008 年版。

吴贵生：《技术引进与自主创新：边界划分、过程转换和战略实施》，知识产权出版社 2010 年版。

[韩]金泳镐：《韩国的经济增长和技术转让》，引自[日]小川雄平、[韩]金泳镐、赵凤彬：《南朝鲜经济分析》，中国展望出版社 1989 年版。

Posner M. V. , International Trade and Technical Change, *Oxford Economic Papers*, New Series, Vol. 13, No. 3, Oct. 1961.

Abramovitz, M. , Catching Up, Forging Ahead and Falling Behind. *The Journal of Economic History*, Vol. 46, No. 2, Jun. 1986.

Cohen, W. M. and D. A. Levinthal, Absorptive Capacity: A New Perspective on Learning and Innovation, *Adminis-*

trative Science Quarterly, Vol. 35, No. 1, Mar. 1990.

Rogers, M., Absorptive Capability and Economic Growth: How Do Countries Catch-Up? *Cambridge Journal Economics*, Vol. 28, 2004.

Cohen, W. and D. Levinthal, Innovation and Learning: The Two Faces of R&D. *The Economic Journal*, Vol. 99, No. 397, Sep. 1989.

Veblen, T., *Imperial Germany and the Industrial Revolution*, London: Macmillan, 1915.

Gerschenkron, A., *Economic Backwardness in Historical Perspective: A Book of Essays*, Cambridge, MA.: The Belknap Press of Harvard University Press, 1962.

G. Hufbauer, *Synthetic Materials and the Theory of International Trade*, Cambridge: Harvard University Press, 1966.

（郭熙保　苏甫）

要素替代弹性
Elasticity of Factor Substitution

要素替代弹性是由生产函数得出的关于生产行为的重要参数，表示在技术水平不变的条件下，两种要素投入比例的变化率与边际技术替代率的比。比如考虑只有资本 K 和劳动 L 两种投入要素的生产函数：

$$Q = F(L, K)$$

在长期中，两种生产要素之间可以相互替代，也就是说同一产量可以由两种要素的不同组合来实现。定义等产量曲线上某一点的切线的斜率的负值为边际技术替代率 $MRTS_{L,K}$（Marginal Rate of Technical Substitution），表示产量保持不变的情况下，要素 L 对要素 K 的替代率，可以得到：

$$MRTS_{L,K} = -\frac{dK}{dL} = \frac{MP_L}{MP_K}$$

其中，MP_L 和 MP_K 分别是劳动和资本要素的边际产量。称 $\frac{K}{L}$ 相对变化对 $\frac{MP_K}{MP_L}$ 的相对变化之比为劳动对资本的要素替代弹性。记为：

$$\sigma = \frac{d(K/L)}{(K/L)} \Big/ \frac{d(MP_L/MP_K)}{(MP_L/MP_K)}$$

从要素替代弹性的表达式可以看出，如果用劳动 L 替代资本 K，由于 L 增加而 K 减小，因此该式分子小于 0；同时，由于 L 增加导致 MP_L 减小，K 减少导致 MP_K 增加，因此该式的分母也小于 0。由此可见，要素替代弹性 σ 一般是一个正值。在特殊情况下，σ 的取值有两种极端。如果 K/L 保持恒定，那么要素替代弹性由于分子等于 0，σ 就等于 0，此时要素之间不可替代。如果无论要素投入如何增减，边际产量都不变，那么要素替代弹性表达式中分母就等于 0，σ 的值就趋向于∞，这意味着要素之间具有无限的可替代性。

要素替代弹性是生产函数模型发展的重要依据，不同的生产函数模型的重要区别就是关于要素之间替代性质的假设不同。令 Q 表示产出量，K 和 L 分别代表资本和劳动的投入量。在简单的线性生产函数模型中，$Q = \alpha_0 + \alpha_1 K + \alpha_2 L$，$\alpha_1$ 和 α_2 可以证明为资本和劳动要素的边际产量。资本和劳动之间具有无限的可替代性，要素替代弹性趋向于∞。另一种极端情形出现在里昂惕夫生产函数模型（或者称固定投入比例生产函数和投入产出型生产函数）中。该函数为：$Q = \min\left(\frac{K}{a}, \frac{L}{b}\right)$，其中，a 和 b 为生产单位产量所必须投入的资本、劳动的量。由于一定产出必须的要素之比 K/L = a/b 是一个常数，资本和劳动之间是完全不可替代的，要素替代弹性为 0。

1928 年美国数学家柯布（C. M. Cobb）和经济学家道格拉斯（P. H. Douglas）提出的柯布—道格拉斯生产函数（Cobb-Douglas Production Function）形如：$Q = AK^{\alpha}L^{\beta}$，α 和 β 分别是资本和劳动的产出弹性，取值都在[0，1]区间内。利用要素替代弹性的表达式可以证明 C-D 生产函数的要素替代弹性为 1。由于这种性质更加贴近现实生产活动，C-D 生产函数得到了广泛的应用。但是 C-D 生产函数关于单位替代弹性的假设仍旧存在缺陷，它无视具体研究对象，无视样本区间和观测值，都笼统假定替代弹性为 1，从而和实际是有差别的。

1961 年，阿罗（K. Arrow）、钱纳里（H. Chenery）、米哈斯（B. Mihas）和索洛（R. Solow）等人提出了不变替代弹性生产函数（Constant Elasticity Substitution of Production Function），也就是 CES 生产函数，基本形式为：$Q = A(\delta_1 K^{-\rho} + \delta_2 L^{-\rho})^{-\frac{1}{\rho}}$，其中，$\delta_1$ 和 δ_2 都是分配系数，取值在区间(0，1)内，并且满足 $\delta_1 + \delta_2 = 1$。可以证明，这种 CES 形式的生产函数的要素替代弹性为 $\sigma = \frac{1}{1+\rho}$。为保证要素替代弹性为一个正数，替代参数 ρ 的取值范围为 $1 - < \rho < \infty$。CES 形式生产函数可以针对不同的研究对象和样本区间赋予不同的要素替代弹性，因此比 C-D 形式生产函数更符合实际。但是 CES 生产函数仍然假定要素替代弹性与样本点无关，正因为如此才称之为“不变”替代弹性生产函数模型。后来很多学者相继提出了各种可变替代弹性生产函数模型（VES 生产函数模型）。在芮凡卡（N. Revankar）于 1971 年提出的模型中，假定 $\sigma = a + b \cdot \frac{K}{L}$，即要素替代弹性是关于要素比例的线性函数。当 K/L 较大时，劳动替代资本就比较容易；当 K/L 较小时，劳动替代资本就比较困难。

发展中国家在技术选择问题上一个重要目标就是创造更多的就业机会。但是在实际情形中，特别是在实行重工业优先发展战略的发展中国家里普遍存在要素价格扭曲问题,政府通过对生产要素的行政性定价,使各种要素的价格不能真实反映要素在竞争市场中的稀缺程度。矫正要素价格扭曲对创造就业的作用取决于发展中国家各种产业部门生产过程中的要素替代弹性的大小。假定企业在完全竞争要素市场上购买劳动L和资本K投入要素,令w和r分别为这两种要素的单位价格。令要素替代弹性形式为:$\sigma = \frac{d(L/K)}{L/K} \Big/ \frac{d(MP_K/MP_L)}{MP_K/MP_L}$。企业决定最优要素比例的必要条件为:

$$MP_K/MP_L = r/w$$

那么要素替代弹性就可以表示为给定资本—劳动相对价格$\frac{r}{w}$的变动率得到劳动资本比率$\frac{L}{K}$的变动率,即:$\sigma = \frac{d(L/K)/(L/K)}{d(r/w)/(r/w)}$。如果替代弹性很高,那么就意味着要素价格的调整对于生产要素的使用组合有重大影响。要素价格的调整就可以成为创造就业机会的一种手段。中国自20世纪80年代末开始逐步取消价格双轨制以后一段时期中,要素市场的发展滞后于产品市场,不同经济类型、行业、地区之间要素价格扭曲现象比较严重。要素替代弹性,特别是国有部门的要素替代弹性是非常高的。

参考文献:

平新乔:《微观经济学十八讲》,北京大学出版社2001年版。

李子奈、潘文卿:《计量经济学》,高等教育出版社2005年版。

[美]迈克尔·P. 托达罗、斯蒂芬·C. 史密斯:《发展经济学》,机械工业出版社2009年版。

盛仕斌、徐海:《要素价格扭曲的就业效应研究》,载于《经济研究》1999年第5期。

Charles W. Cobb and Paul H. Douglas, A Theory of Production, *American Economic Review*, Vol. 18, No. 1, Mar. 1928.

K. J. Arrow, H. B. Chenery, B. S. Minhas and R. M. Solow, Capital-Labor Substitution and Economic Efficiency, *Review of Economics and Statistics*, Vol. 43, No. 3, Aug. 1961.

Nagesh S. Revankar, A Class of Variable Elasticity of Substitution Production Functions, *Econometrica*, Vol. 39, No. 1, Jan. 1971.

(郭熙保　苏甫)

适用技术
Appropriate Technology

适用技术是指发展中国家在技术选择时,要根据本国的资源禀赋状况、社会文化传统、经济发展水平、市场容量和技术消化吸收以及创新能力等因素,选择适合本国国情的技术类型,以此推动技术进步,从而实现经济发展的最佳效益。阿特金森和斯蒂格利茨提出"局部干中学"的概念,将"适用技术"引入新古典贸易理论中(Atkinson and Stiglitz, 1969)。从20世纪70年代中期开始,以印度经济学家雷迪(Amulya K. N. Reddy)为代表的"适用技术"论受到发展经济学家的广泛关注。这一理论认为,发展中国家在技术引进中除了要考虑本国的发展需要以外,还要考虑发展中国家的生产要素和技术的现状、市场容量、社会文化环境以及技术吸收创新能力等因素。此外,舒马赫(E. F. Schumacher, 1973)还提出了发展中国家技术选择的"中间技术"论。所谓"中间技术",就是介于先进技术与传统技术之间的技术。相比"中间技术"论而言,"适用技术"论涉及的范围更加广泛,它是一个包括经济、社会、文化、环境和价值观念方面的多重目标的综合评价体系。

针对战后一些发展中国家盲目排斥劳动密集型技术、引进尖端技术的状况,适用技术论提出了批评。巴苏和韦尔(Basu and Weil, 1998)用包括物质资本和人力资本在内的资本集约度来指代技术类型,研究表明一国的技术水平是和其资本集约度相匹配的,发展中国家资本集约度较低,限制了对发达国家先进技术的吸收。如果可以通过提高本国储蓄水平来利用先进技术,就可能加快经济增长的速度。发展中国家引进的技术是发达国家的先进技术,是根据其自身劳动者技能条件设计的,这与发展中国家劳动力素质不相匹配,从而导致其在经济绩效上表现的差异(Acemoglu et al., 2001)。一国在选择其适用技术时首先要考虑本国的资源禀赋情况。发展中国家要素供给的基本情况是劳动力充裕而资本稀缺,因此,技术引进应当倾向于劳动密集型的。发展中国家如果能够根据其发展阶段和要素禀赋特征进行技术选择,那么就能够加快技术进步,就能实现向发达国家的经济收敛(林毅夫、张鹏飞,2006)。

现实中,有些发展中国家倾向于采用最现代和最先进的技术。一些研究者认为这种技术被广泛应用的原因在于国外投资者引进他们所熟悉的技术,而发展中国家的政府或企业热衷于追求现代化,积极使用工业化国家发展起来的技术来提高自身的资本—劳动比。然而,对现代化的盲目追求可能使发展中国家偏好工业化国家的消费品,由此在决定采用何种技术之前就扭曲了生产过程。采用最现代技术的观点支持者认为,对选择进口替代的国家而言,只有最现代的技术才适合于建立具有高生产率、高关联性和高发展潜力的战略产业。反对者则认为在发展中国家的要素禀赋情况下,最现代的技术只能在存在最低工资和信贷补贴的不完善市场中才能成功,一旦市场机制建立完善,符合资源禀赋现状的技术将具备更高的生产率。

适用技术应当包括从最低级到最高级的整个技术范围,可以是当代尖端技术,也可以是发达国家已经陈旧甚至过时的技术,这主要视技术引进国的具体情况而定,不能一概而论。适用技术强调的是技术选择和发展的战略思想,而不是具体的技术形式本身。适用技术的选择要从成本和收益的权衡以及通过国际大市场对引进技术进行再创造、再转移,从整体上增强国家综合实力这个宗旨来考虑。具体而言,发展中国家在选择适用技术时除了考虑自身资源禀赋状况以外,还应当综合考虑以下因素:第一,本国的技术和经济基础。在技术基础方面,必须考虑本国对引进技术的消化吸收能力,引进技术不能超出本国现有的科技水平太远。在经济基础方面,必须考虑国内是否有为该项技术配备的基础设施、人力资本、自然资源和经济规模等。第二,市场需求。如果一项技术引进后生产的产品根本找不到销路,那么,这项技术再先进对这个国家也是不适用的。第三,文化与意识形态。如果一项新产品或新技术本身与国内传统文化和意识形态发生冲突,那么,该产品或技术对这个国家也是不适用的。第四,发展前景。适用技术要求能在最大程度上促进本国的经济增长和结构转变、就业增加并克服发展的非均衡因素,同时使环境污染、资源耗竭、收入差距拉大等负面影响降到最低。如果不能满足所有这些发展目标,满足一些主要目标也是适用的。

参考文献:

张培刚:《发展经济学教程》,经济科学出版社 2001 年版。

马春文、张东辉:《发展经济学》,高等教育出版社 2005 年版。

[美]斯图亚特·R. 林恩:《发展经济学》,格致出版社、上海三联书店、上海人民出版社 2009 年版。

林毅夫、张鹏飞:《适宜技术、技术选择和发展中国家的经济增长》,载于《经济学(季刊)》2006 年第 4 期。

Anthony B. Atkinson and Joseph E. Stiglitz, A New View of Technological Change, *The Economic Journal*, Vol. 79, No. 315, Sep. 1969.

D. Acemoglu and Fabrizio Zilibotti, Productivity Differences, *The Quarterly Journal of Economics*, Vol. 116, No. 2, May 2001.

Susanto Basu and David N. Weil, Appropriate Technology and Growth, *The Quarterly Journal of Economic*, Vol. 113, No. 4, November 1998.

E. F. Schumacher, *Small is Beautiful: Economic as if People Mattered*, London: Blond and Briggs, 1973.

(郭熙保　苏甫)

技术援助
Technical Assistance, Technical Aid

技术援助是指无偿派出专家、技术人员、科学家、教育工作人员、经济顾问和咨询人员到发展中国家帮助其发展项目的一种并非简单资金转移的外援活动。联合国在技术援助的供给方占有重要地位,但是几乎所有的援助国都在一定程度上提供了技术,在农业、计算机编程、经济、教育、工程、林业、地理、法律、管理、医学和公共卫生等多个领域派出专家。外国专家被派去从事当地专业人员不能胜任或者短缺的工作。在外国援助项目的实施中,技术援助一般是作为资金援助的补充,以高技能工人转移为主要形式的技术援助用来保证援助资金得到最有效的利用,从而促进被援助国的经济发展。与发展中国家资金缺口的填补类似,技术援助是对发展中国家技术人员缺口的填补。然而,技术援助并非总是有效的,当援助专家采取新体制、影响当地专业人员尝试新的或改良的工作方法、训练当地专业人员以及帮助建立新的开发机构时,往往实际上充当了"变化的代理人"的角色。技术援助的成功很大程度上在于被援助国的吸收能力。

参考文献:

谭崇台:《发展经济学辞典》,山西经济出版社 2002 年版。

[美]德怀特·H. 波金斯等:《发展经济学》,中国人民大学出版社 2005 年版。

[美]迈克尔·P. 托达罗、斯蒂芬·C. 史密斯:《发展经济学》,机械工业出版社 2009 年版。

(郭熙保　苏甫)

许可证贸易
Licensing Trade

许可证贸易作为技术贸易中最广泛使用的方式,是指作为专利权所有人、商标所有人或者专有技术所有人的技术许可方(Licensor)将其交易标的的使用权通过许可证协议的方式转让给技术接收方(Licensee),允许接收方按许可证转让的技术进行生产、加工和销售,接收方要向许可方支付获取技术的费用的一种国际技术贸易形式。

技术许可方和接收方在进行许可证贸易时可就双方的义务和权力签署许可证协议,称为许可证合同。许可证合同规定许可证的标的、转让范围、转让条件、期限和支付等条款内容。如果许可贸易合同同时包含专利、商标、专有技术中的两项或两项以上,也可称之为一揽子许可。许可证合同与普通商品买卖合同相比有几个显著特征:第一是地域性。在许可证合同中,通常都包含地域性条款,规定接受方在哪些地区内有销售合同产品的权利。地域性由国际贸易的法规和惯例以及交易双方的权益等多种因素决定,对许可贸易的价格影响很大。第二是时间性。任何许可证合同的履行有效期都有明确的要求。在科技不断发展的形势下,许可证合同的有效期有缩短的趋势。第三是法律性。许可证是许可贸易中许可方"产权"和接收方"使用权"之间的媒介,必须具有法律上的依据。接收方在签订许可证合同之前必须就技术和合同相关的法律要求以及国别政策认真调查研究。

许可证贸易按照交易标的可以分为专利(Patent)许可、商标(Trade Mark)许可、专有技术(Know-how)许可三种基本形式。专利许可是指许可方允许接收方在一定的时间和范围内使用自己的专利使用权。所谓专利,是指国家专利局根据发明人的申请认为其发明符合专利法规定的条件而授予发明人在一定时期内、对其发明拥有的一种专有权或独占权。在中国,专利有发明专利、实用新型专利和外观设计专利三种形式。商标许可是许可方和接收方就使用商标的期限、形式、条件、费用等所达成的协议,其中商标就是商品的生产者、经营者或服务者在其提供的商品或服务上使用的用以区分同类商品或服务的不同来源的特定标记。专有技术在中国又称技术诀窍、技术秘密、专门知识等,是指未申请专利或未授予专利权或专利法规不授予专利权的,利用科学技术知识、信息和经验做出的产品、工艺、材料及其改进等技术方案。专有技术具有以下基本特征:(1)知识性。专有技术是人类智力劳动的产物,具有非物质属性;(2)秘密性。专有技术不是公众知道或容易获得的技术内容;(3)实用性。专有技术可以在生产实践中运用并且产生经济效益;(4)可传授性。专有技术必须能以言语示范或者文字形式传授他人,不依附于个人的天赋条件存在。

许可证贸易按照许可合同又可以分为五种形式。(1)独占许可(Exclusive License)。在协议规定的区域内,接收方在一定有效期内对被转让技术有独占的使用权,许可方不得在该区域内使用该技术制造或销售产品,也不得将技术转让给该地域的任何第三方。独占许可在市场竞争十分激烈的发达国家使用较为普遍,接收方为了垄断产品的销售市场,通常愿意出高价以独占的形式获得先进技术以此牟取高额利润。(2)排他许可(Solo License)。在协议规定的期限和区域内,许可方和接收方都对许可证协议下的技术享有使用权,而且许可方不得将该项技术转让给该地域的任何第三方。这种许可合同在实际业务中并不常见,只在特定条件下,比如高校、研究所、实验室等科研机构中使用。(3)普通许可(Common License)。在协议规定的期限和区域内,接收方得到被转让技术的使用权,但对许可方没有限制,许可方在该区域可以使用该技术,也可以将该技术转让给任何第三方。这种许可是许可方授予接收方权限最小的一种授权,而且其技术使用费也最低,在发展中国家中采用较多。(4)从属许可(Sub-license),又称可转让许可、分许可。在协议有效期内,接收方有权以自己的名义将其购买的技术转让给第三方。第三方与原许可方没有合同关系,但原接收方需要对原许可方负责,比如保证正确使用许可协议下的技术,生产出合格产品等。从属许可经常出现在跨国公司或垄断集团的子公司或其驻海外的机构。这些跨国公司或垄断集团不能直接出让许可给第三方时,就将技术先出让给其子公司或海外机构,然后再由后者与第三方签订这种从属许可。(5)交叉许可(Cross License),又称互换许可。指技术转让双方在互惠的基础上相互交换各自所有的专利、商标或者专有技术使用权,一般都是不收费的。双方的权利可以是独占的,也可以是非独占的。交叉许可经常用于双方合作生产、合作涉及、共同研究开发等项目中,交易双方更多是合作关系。

参考文献:

曹宪志:《技术转让与许可证贸易》,中国对外经济贸易出版社 1987 年版。

姜鸿:《技术引进策略研究》,华中科技大学出版社 2008 年版。

谢富纪:《技术转移与技术交易》,清华大学出版社 2006 年版。

(郭熙保　苏甫)

集成创新

Integrated Innovation

集成经常和整合、重组、联系、交互作用、系统等概念同时出现。这一思想最早是由美国学者巴纳德(Chester Barnard)提出的。他在其 1938 年出版的《经理人员的职能》一书中将社会组织系统看做是两个或更多人的观念、力量、要求和思想的协同合作的体系。在信息化和全球化席卷下的当今世界,面对严峻而复杂的竞争环境,传统技术创新模式已经难以应付复杂多变的技术和市场环境。企业要想保持其竞争优势、提高其创新能力,就必须将不同创新要素和内容加以创造性地选择、融合和优化,在寻求最佳要素匹配的优化组合中产生集成效应。

集成创新的思想是和熊彼特的创新理论一脉相承的。熊彼特认为创新是指建立一种新的生产函数,把一种从未有过的关于生产要素和生产条件的新组合引入生产体系。所谓引入"新组合"从本质上讲已经包含有将离散的要素进行集成的意义。新熊彼特学派的代表人物纳尔逊(R. Nelson)和温特(S. Winter)提出了创新系统演进的观点,使集成的思想和技术创新的实践逐渐融合。随着经济全球化、信息网络技术的发展以及知识经济的到来,企业面临更加严峻复杂的竞争环境和非连续的技术变化,客观上也要求改变传统的创新模式。1998 年,哈佛大学教授伊安斯蒂(Marco Iansiti)研究了美国计算机产业的新技术管理和生产组织方式,首次提出了"技术集成"的理念。他把各种技术性选项和应用背景之间产生匹配作用的调查、评估和精炼的活动集合称为技术集成。技术集成并非可以取代研究开发本身,但是通过交流和整合能够对研究开发能力起到杠杆放大的作用。技术集成对于处在技术动态变化环境中的产品开发绩效提供了基础。技术集成的有效性取决于能够将基础理论知识、生产体系细节以及用户进行融合的知识能力。

20 世纪 90 年代开始,国内学者开始专注于集成创新理论的相关研究。有些学者提出企业内部的集成创新是包括技术集成、知识集成和组织集成三个层面的过程。另一些学者认为,集成创新是创新行为主体采用系统工程的理论与方法,将创新要素经过主动的优化、选择搭配,相互之间以最合理的结构形式结合在一起,形成一个由适宜要素组成的、优势互补、匹配的有机体,从而使有机体的整体功能发生质的跃变的一种自主创新过程。还有人把集成创新看做是涉及多个层次、多个部门、多个阶段、多种技术的复杂创新活动的组织形式。他们总结了集成创新的三种组织模式。第一类是根据特定的需要,以战略为主导,在产业、技术或产品的平台上,以计划、项目为主要组织形式,并辅以相应的技术手段和管理手段所支撑的一种综合的创新管理模式。第二类是通过创新环境的建设来创造一个良好的集成氛围,以此推动系统内各创新主体在资源、技术、知识等方面的融通和交流,促进研究开发、生产与市场的沟通,带动系统整体的演化和进步。第三类是一种创新主体与环境互动而产生的介于以上两种组织模式之间所形成的各种网络集成模式。它是一个或多个创新主体为应对市场变化,基于竞争的需要而采取的一系列战略、制度、组织和技术安排,是以网络为基础搭建的创新要素集成平台。

2005 年,中国把自主创新提升为国家战略,集成创新和原始创新、引进消化吸收再创新一起构成有中国特色的自主创新体系的三个环节。从自主创新角度研究看,集成创新则是企业的一种自主创新模式,是企业以其内外组织为载体,以其内外创新资源(资金、人员、技术、知识等)的创造性融合为基础,围绕技术创新过程的战略主线,将研发成果迅速地转化为社会所需要的产品和服务的产业化、商业化的创新过程。自主创新从技术能力的演进过程看一般要经历引进消化吸收、局部自主创新、基本自主创新和持续自主创新四个阶段。当企业的技术能力发展到能够基本自主创新的时候,企业就有能力根据市场需求,把内部的技术力量和外界的先进技术知识进行融合,加快技术创新的步伐,这个阶段对应的就是集成创新。

参考文献:

[美]约瑟夫·熊彼特:《经济发展理论》,商务印书馆 1991 年版。

[美]切斯特·I. 巴纳德:《经理人员的职能》,机械工业出版社 2007 年版。

李宝山、刘志伟:《集成管理:高科技时代的管理创新》,中国人民大学出版社 1998 年版。

海峰:《管理集成论》,经济管理出版社 2003 年版。

江辉、陈劲:《集成创新:一类新的创新模式》,载于《科研管理》2000 年第 5 期。

金军、邹锐:《集成创新与技术跨越式发展》,载于《中国软科学》2002 年第 12 期。

张华胜、薛澜:《技术创新管理新范式:集成创新》,载于《中国软科学》2002 年第 12 期。

史宪睿:《企业集成创新及其评价研究》,北京师范大学出版社 2010 年版。

[美]纳尔逊、温特:《经济变迁的演化理论》,商务印书馆 1998 年版。

Iansiti, M., *Technology Integration-Making Critical Choices in a Dynamic World*. Boston: HBS Press, 1998.

(郭熙保 苏甫)

技术创新

Technical Innovation

在整个经济发展史和技术发展史上,技术创新无论在世界、国家还是企业层面上都起到了举足轻重的作用。美籍奥地利裔经济学家约瑟夫·熊彼特(Joseph A. Schumpter)最早用"创新"的概念来解释经济增长和经济周期。他指出创新是企业家把一种从来没有过的关于生产要素和生产条件的新组合引入生产体系。熊彼特把发明创造和技术创新相区别,发明创造是科技行为,技术创新则是经济行为。但是,熊彼特并没有严格界定技术创新的概念,他的创新概念实际包括技术性变化的创新和非技术性变化的组织创新。而且,熊彼特创新理论提出之初并没有引起学术界的广泛关注。

20世纪50年代以后,在新技术浪潮的影响下,人们才开始重新关注技术创新对经济和社会发展的巨大作用。尽管熊彼特的创新理论强调的是生产函数的跳跃式突变,而忽略了渐进创新的作用,但是他关于创新是引入新组合的思想却为后人普遍接受。索洛(S. C. Solo,1951)首次提出了技术创新得以成立的两个条件:新思想的来源及以后阶段的实现发展。后来的学者多从创新时序的角度来界定技术创新。弗里曼(C. Freeman)在《工业创新经济学》一书中指出创新实质上是新技术和市场两方面的或相互结合的活动,是新产品、新过程、新系统和新服务的首次商业化转换。这一定义不仅承认新产品或新工艺等的潜在需求,而且包含技术知识的可能性。技术创新的魅力在于市场和技术都在变化,两者之间的结合依靠的是企业家的作用。弗里曼总结出企业技术创新的基本条件,包括(1)企业具备雄厚的、专业化的研发实力;(2)开展基础研究或与进行基础研究的机构保持密切联系;(3)利用专利获取保护并取得与竞争对手讨价还价的能力;(4)规模大、足以长期提供研究开发巨额费用;(5)比竞争对手研制周期短、投产快;(6)愿意承担高风险;(7)及早而有想象力地发现及证实未来的潜在市场;(8)密切关注潜在市场,切实努力了解、培训和帮助用户;(9)能够有效协调研究开发、生产与销售;(10)与外面的科学界和消费者保持充分交流。

我国学术界自20世纪80年代开始进行技术创新的研究。傅家骥(1998)在其《技术创新学》中将技术创新定义为:企业家抓住市场的潜在盈利机会,以获取商业利益为目标,重新组织生产条件和要素,建立起效能更强、效应更高和费用更低的生产经营系统,从而推出新的产品、新的生产工艺,开辟新的市场,获得新的原材料或半成品供给来源或建立企业的新的组织,它是包括科技、组织、商业和金融等一系列活动的综合过程。傅家骥把始于研究开发而终于市场实现的技术创新称为狭义的技术创新,把始于发明创造而终于技术扩散的技术创新称之为广义的技术创新。通常理解的技术创新是狭义上的,但是按照熊彼特的创新理论,始于发明创造的技术创新会通过示范效应引起更大范围内的技术扩散,其结果是全社会更高质量的经济增长,因此广义的技术创新更具有社会意义。中共中央、国务院在1999年出台的《关于加强技术创新、发展高科技、实现产业化的决定》将技术创新定义为"企业应用创新的知识和新技术、新工艺,采用新的生产方式和经营管理模式,提高产品质量,开发新的产品,提高新的服务,占据市场并实现市场价值。"这种表述把新的经营管理模式也理解为技术创新的内容,实际上与熊彼特的创新理论是一致的。当然,国内也有学者强调技术创新是基于技术的活动,认为技术创新虽然一般需要有合适的组织、管理和制度的配合,但是技术创新从概念上是和非技术的组织创新、管理创新、制度创新有区别的。

技术创新按照强度和程度的不同可以分为渐进性创新(Incremental Innovation)和根本性创新(Radical Innovation)。渐进性创新也称改进型创新,是指对技术进行局部性改进而引起的渐进性、连续性的创新。根本性创新也称重大创新,是指在技术上有重大突破的技术创新,它往往伴随着一系列渐进性创新的发生,并在一定时期内引起产业结构的变化。英国苏赛克斯科技政策研究所(Science Policy Research, SPRU)按照创新影响程度的不同提出了技术创新的产出/应用分类法,将技术创新分为四类,除了渐进性创新和根本性创新以外,还包括技术系统的变革(Change of Technology System)和技术—经济范式的变革(Change in Techno-Economic Paradigm)。技术系统的变革涉及众多经济部门,往往伴随着新兴产业的出现而涌现大量相关的创新集群。技术—经济范式的变革带来某项根本性创新的扩散和渗透,并且改变人们接受和对待事物的模型和规则。技术系统的变革和技术—经济范式的变革又统称为技术变革。

技术创新按照创新对象的不同,可以分为过程创新(Process Innovation)与产品创新(Product Innovation)两大类。过程创新也称工艺创新,是创新企业在产业制造过程中不改变产品的品质或式样而实现的生产效率的提高,是产品在生产技术上的变革。过程创新的特点是除非创新企业向其他企业传授新技术,否则不会直接影响其他企业或产业的生产技术水平,也就不会产生任何外部性。过程创新有重大和渐进之分。重大的过程创新往往有重大的技术变化,与新技术原理的采用有关。渐进的过程创新与提高产品质量,降低原材料和能源的消耗,提高生产效率有密切关系。产品创新是技术上有变化的产品的商业化。创新企业在市场上将创新产品以最终商品的形式出售给消费者,提高消费者的效用程度,或者以中间产品形式销售给其他企业或产业,提高购买企业(或产业)的投入产出效率。与过程创新不同的是,产品创新对于带动其他相关产业技术水平具有显著的外部性。产品创新同样也有重大和渐进之分。重大产品创新是指产品用途及其应用原理有显著变化,与技术上的重大突破有关。渐进的产品创新是指在技术原理上没有重大变化的情况下,基于市场需要对现有产品所做的功能上的扩展和技术上的改进。

对于技术创新的诱导机制,学者们也有不同观点:第一种观点以创新学说的企业家利润动机或企业家精神为代表。第二种观点立足于生产要素的稀缺性。生产要素相对稀缺程度和相对价格的变动决定着技术创新的方向。第三种观点是市场拉动说,认为技术创新来源于潜在市场需求的变化,企业家是受潜在利润的驱动才进行创新活动的。影响市场需求的因素包括市场的地理范围、人口规模、人均收入和收入分配等。市场范围的扩大,尤其是外贸的扩张对发展中国家的创新诱导作用非常显著。第四种观点以 N-R 关系模式为代表,认为一个国家的社会需求 N 和社会资源 R 之间存在着矛盾的关系,而解决矛盾的途径就是通过技术创新或者技术引进。

参考文献:

[美]约瑟夫·熊彼特:《经济发展理论》,商务印书馆 1991 年版。

张培刚:《发展经济学教程》,经济科学出版社 2001 年版。

[英]克里斯·弗里曼、罗克·苏特:《工业创新经济学》,北京大学出版社 2004 年版。

傅家骥:《技术创新学》,清华大学出版社 1998 年版。

吴贵生:《技术创新管理》,清华大学出版社 2009 年版。

杨克磊:《技术经济学》,复旦大学出版社 2007 年版。

邱海平、秦海:《技术创新研究新进展评述》,载于《经济学动态》2008 年第 9 期。

Schumpeter, Joseph Alois, *Business Cycles: A Theoretical, Historical, and Statistical Analysis of the Capitalist Process*, New York: McGraw-Hill, 1939.

Carolyn Shaw Solo, *Innovation in the Capitalist Process: A Critique of the Schumpeterian Theory*, *The Quarterly Journal of Economics*, Vol. 65, No. 3, Aug. 1951.

(郭熙保　苏甫)

自主创新

Independent Innovation

自主创新的概念可以溯源到约瑟夫·熊彼特(Joseph A. Schumpter)的创新理论。2005 年,中国把建设创新型国家作为未来发展目标,把自主创新提升为国家战略,并提出将原始创新、集成创新和引进消化吸收再创新作为自主创新的三个环节,从而形成了有中国特色的自主创新体系。原始创新是指努力获得新的科学发现、新的理论、新的方法和技术发明,并在世界上首先提出新产品或新工艺。集成创新是指将各种相关技术或组成产品的构件有机融合,形成新产品或新工艺。引进消化再创新是指通过对引进的国外先进技术的学习、消化、吸收达到完全掌握所引进的技术的工作原理、操作、使用及维修方法后,对技术进行的改进和发展。

傅家骥(1998)将技术创新战略区分为自主创新战略、模仿创新战略、合作创新战略。自主创新战略是指以自主创新为基本目标的创新战略。所谓自主创新是指企业通过自身的努力和探索产生技术突破,攻破技术难关,并在此基础上依靠自身的能力驱动创新的后续环节,完成技术的商品化,获取商业利润,达到预期目标的创新活动。自主创新有时也用来表征一国的创新特征,在此情况下,自主创新指一国不依赖外部的技术引进,而依靠本国自身力量独立开发新技术,进行技术创新的活动。自主创新在某些情况下又被用来和技术引进或技术模仿相对应,指要摆脱技术引进方式下对国外技术的依赖,依靠自己的力量进行创新。

自主创新具有如下一些基本特点:(1)自主创新具有技术突破的内生性。这是自主创新战略的本质特点。自主创新需要的核心技术来源于企业内部的技术突破,是企业通过独立的研究开发活动而获得的。(2)自主创新具有技术和市场两方面的率先性。只有将技术上的率先性作为追求目标,企业的自主创新活动才能有望成功,因为新技术成果在法律上是具有独占性的,技术开发竞争中受到法律保护的成果只有一个。自主创新企业还应当将市场领先作为其追求的目标,以防止跟随者抢占市场,侵蚀其技术开发的成果。(3)自主创新在知识和能力支持方面具有内在性。除了一些辅助性工作或零配件生产可以通过委托加工和转包生产来获得以外,自主创新在技术研发、设计、生产、销售等每一环节过程都需要自身的知识和能力来支持。而且,自主创新本身也为企业提供了独特的知识与能力积累的理想环境。

自主创新是国内学术界、政府机关以及新闻媒体使用频率很高的一个词语。但是,国内频繁使用的"自主创新"实际上针对的是"创新"这一比较宽泛的概念,通常并非特指率先性的技术创新,绝大多数是一种模仿创新(施培公,1999)。改革开放以来,中国以资本驱动为特征的发展方式在实现经济高速发展的同时也面临着国际贸易纠纷、就业不足、收入差距拉大、环境破坏和创新能力不强等诸多挑战,这要求中国经济发展方式向符合自主创新和可持续发展要求的道路上转型。自主创新实际上就是以创新为驱动的增长和以学习为基础的发展(Gu Shulin et al., 2006)。在自主创新已经上升到国家战略的背景下,广义的自主创新概念可以替代普遍定义的技术创新概念,而狭义的自主创新是技术创新这个大概念下的一个分支。国家和企业在自主创新体系中是相互影响、相互促进的。国家实施自主创新战略为企业实施自主创新提供了舆论导向和政策支持,而企业的自主创新能力又是国家自主创新战略的实施基础。企业是基础性的、根本性的创新主体(吴贵生,2010)。

参考文献:
傅家骥:《技术创新学》,清华大学出版社 1998 年版。
施培公:《后发优势—模仿创新的理论与实证研究》,清华大学出版社 1999 年版。
吴贵生:《技术引进与自主创新:边界划分、过程转换和战略实施》,知识产权出版社 2010 年版。
Gu, S. and Lundvall, China's Innovation System and the Move Toward Harmonious Growth and Endogenous Innovation, *Innovation, Management, Policy and Practice*, Vol. 8(1/2), 2006.

(郭熙保 苏甫)

技术跨越

Technological Leap-frogging

在经济发展史上,英法能够超越意大利,德国能够超越英法,美国又能够超越欧洲的最直接原因是这些国家在技术上实现了跨越式发展。战后日本和东亚"四小龙"的崛起也证实了技术跨越的可能性。技术跨越的本质是技术发展过程的质变。荷兰学者索特(Luc Soete,1985)是最早明确提出技术跨越理念的学者之一。他在对新兴工业化国家新技术—经济范式考察分析中认为,信息技术和电子产业的革命使得一些发展中国家可以通过不断模仿达到技术跨越。后进者可能跨越陈旧过时的技术,绕过前期沉重的技术投资,在技术水平上直追领先国家。

在索特和佩雷斯(Luc Soete and C. Perez)等人的研究中,具有良好硬性和软性基础设施的发展中国家在新技术范式进入壁垒相对低和市场处于上升阶段的技术扩散过程中,可能会受益于晚工业化国家的机会窗口(Opportunity Window)而实现技术跨越。窗口的本质在于世界体系里领先国家的技术演变,连续和非连续的技术变迁的相互作用为技术跨越的可能性提供了空间(C. Perez,1999)。新技术可能更快在一些根据实际生产、投资和技能对旧技术承担义务较少的国家中扩散。在扩散的同时,某种决定性的、从用户反馈信息和其他动态因素中产生的、逐渐增加的创新可能趋于把技术优势进一步转移到新技术扩散更快的国家。布雷兹斯等(Elise S. Brezis et al.,1993)建立了国际竞争跨越模型,认为由于偶然出现的技术性质上的根本突破,先进国家的技术领先、经济垄断的地位并非一成不变。如果先进国家不能随新的重大技术突破而采取相应的对策,先进国家就会被后进国家取代。这是因为新技术刚产生之初并不比已经建立起领先地位的旧技术有多大优势。先进国家的企业家处于短视可能不会采用新技术,而这种短视其实正是出于个别企业家的理性决策。李等(Keun Lee et al.,2001)把后发国家的技术追赶(Catch-up)分为三种类型:路径创造型(Path-creating)、路径跳跃型(Path-skipping)和路径追随型(Path-following)。其中,路径创造型和路径跳跃型都可以称之为技术跨越。前者是指后发国家采用不同于先发国家的技术路径;后者是指后发国家跳过先发国家技术发展路径中的某些阶段。还有一种区分技术赶超、追赶和跨越的方法,把技术赶超分为三种形式:第一种形式是在同技术曲线上的连续性快速追赶;第二种形式是在同技术曲线上的阶段跨越式追赶,这就是技术追赶;第三种形式是从一条技术曲线跨越到更高层次的技术曲线,即为技术跨越(陈德智,2006)。

国内也有许多学者结合中国发展实际对技术跨越做出了研究。徐冠华站在国家层面上提出技术跨越概念:"技术跨越发展是在借鉴发达国家经验的基础上,集成自主创新和国外先进技术,跨越技术发展的某些阶段,直接应用、开发新技术和新产品,进而形成优势产业,提高国家的综合国力和国家竞争力"。目前,国内文献有关技术跨越的定义大都采用这一定义。国内学者还区分了"狭义跨越"与"广义跨越","绝对跨越"和"相对跨越"。广义跨越是指某种技术加速发展,或更新周期缩短的现象;狭义跨越是传统意义上的跨越技术发展的某些阶段,直接开发、利用新技术和新产品,进而提高产品竞争力的过程。绝对跨越是指在某些领域,依靠自身的各种优势,通过实施巧妙的技术跨越战略,使自身技术水平真正达到国际领先或者国际先进水平的跨越形式;相对跨越是指相对于目前较低的技术水平,通过自身的努力,跳过发展的几个阶段,直接上升到较高水平,这种水平可能只是接近国际平均水平,但是依靠自身的人力资源、自然资源的优势,照样可以提供在国际上具有强大竞争力的产品(张明玉,2001)。

参考文献:
谭崇台:《发展经济学的新发展》,武汉大学出版社 1999 年版。
[意]G. 多西等:《技术进步与经济理论》,经济科学出版社 1992 年版。
徐冠华:《突出原始创新实现技术跨越》,引自中国科技发展战略研究小组:《中国科技发展研究报告(2001)》,中共中央党校出版社 2002 年版。
中国科技发展战略研究小组:《中国科技发展研究报告(2001)》,中共中央党校出版社 2002 年版。
陈德智:《技术跨越概念与标志界定研究》,载于《科学学研究》2006 年第 3 期。
张明玉:《技术跨越战略与管理》,中国经济出版社 2001 年版。

Soete, L. , International Diffusion of Technology, Industrial Development and Technological Leapfrogging, *World Development*, Vol. 13, No. 3, 1985.

Perez, Carlota, Technological Change and Opportunities for Development as a Moving Target, United Nations Conference on Trade and Development, 1999.

Lee, L. , Chasung, L. , Technological Regimes, Catching-Up and Leapfrogging: Findings from the Korean Industries. *Research Policy*, Vol. 30, No. 3, 2001.

Elise S. Brezis, Paul R. Krugman and Daniel Tsiddon, Leapfrogging in International Competition: A Theory of Cycles in National Technological Leadership, *American Economic Review*, Vol. 83, No. 5, 1993.

（郭熙保　苏甫）

企业家精神
Entrepreneurship

企业家的概念可追溯到出生于爱尔兰的法国经济学家坎蒂隆(Richard Cantillon)。在1755年首次出版的《商业性质概论》一书中，坎蒂隆指出，企业家是市场中那些承担风险，充分利用未被其他人认识的获利机会而赢得事业的人们。1803年法国经济学家萨伊(Jean Baptiste Say)在《政治经济学概论》一书中将企业家概念推广使用，认为企业家的职能是把土地、劳动和资本等生产要素组合起来，以获取利润为目的，提供人们消费的产品。英国经济学家马歇尔(Alfred Marshall)在1890年出版的《经济学原理》中系统阐述了企业家的多种作用，并将企业家作为一种独立的生产要素来进行分析研究。他认为，企业家处于生产要素在企业中结合并形成供消费者使用产品这一过程的中心位置。由于买卖双方在一般商品交换过程中往往无法准确预测供需状况，从而市场发展是不均衡的，企业家正是消除这种不均衡性的特殊力量，是潜在的生产要素和潜在的消费者之间的桥梁。

古典经济学注重将现有资源进行最优化，以此达到均衡状态，这样就无法解释企业家这一现象。约瑟夫·熊彼特(Joseph A. Schumpter)对企业家和企业家精神做出了具有深远意义的研究。企业家的职能是实现创新，引进新组合。实现新组合的企业家并不一定是所有者。创新是判定企业家的唯一标准。熊彼特把创新作为资本主义经济的基本特性，因此，企业家就是经济发展的带头人。企业家通过创造性破坏(Creative Destruction)过程打破循环流转的静态情形。熊彼特批判了古典经济学家所主张的资源的优化配置和均衡状态，认为动态非均衡才是经济发展的常态，而企业家正是引起这种动态非均衡的主体。企业家就是具备“企业家精神”的一群人。就企业家行为的动机而言，首先，他们怀有创建一个私人商业王国的梦想和意志。其次，他们存在有征服的意志，有证明自己比别人优越的战斗冲动。最后，他们具有创造的快乐，把事情办成的快乐，或者只是施展个人能力和智谋的快乐，甚至为改变而改变，以冒险为快乐。企业家创新的形式包括五种：引入新产品；引入新技术和新生产方式；开辟新市场；开拓原料的新来源；重组一个工业。企业家要想维持其地位，就必须不断创新，否则，随着模仿者成功终结企业家的利润，或者随着利润流转变为纯粹的垄断租金，企业家的利润将消散。企业家对持续利润流的追求是推动经济发展的引擎。

德鲁克(Peter F. Drucker)承继并发扬了熊彼特的观点，指出企业家精神中最主要的是创新和变革。通过有目的、有组织的系统创新，企业家或者实现了产出的大幅度提高，或者创造出新颖独特的产品，或者开创了新市场和新顾客群。企业家视变化为健康的常态。通常企业家们本身并不带来变革，但是企业家始终在寻求变革，对变革作出反应，并把变革作为机会来利用。德鲁克认为，企业家精神与企业的规模或性质无关，无论是私人企业还是公共部门，无论是高科技企业还是非高科技企业，都可以具备企业家精神。企业家精神与所有权也是无关的，从企业所有者到普通职工都可以具备企业家精神。企业家精神之所以具有“风险”，主要是因为在所谓的企业家中，大多数人缺乏方法论，违背了客观规律和自然法则。企业家并非专注于风险，而是专注于机遇。企业家精神是一种行动，而不是人格特征。它的基础在于观念和理论，而非直觉。

企业家精神的研究不仅受到经济学和管理学学者的重视，也逐渐拓展到心理学、社会学等领域。在对企业家精神的研究中，一批学者侧重企业家精神的特征，另一批学者则注重企业家精神的结果(Garner, W. B. , 1990)。米勒(D. Miller, 1983)总结出具有企业家精神的企业的三种特性：第一种是具有对产品或制造工艺的创新能力；第二种是关键决策者应具有承担风险的能力；第三种是对环境变换能够敏锐觉察并采取事前积极策略的能力。库林汉等(J. Barton Cunningham et al. , 1991)概括了企业家精神理论的六大思潮：(1)“伟人”学派，强调企业家的天生能力和直觉；(2)心理特质学派，侧重企业家的独特价值观、态度和欲望；(3)古典学派，延续传统的创新理论；(4)管理学派，把企业家作为组织、拥有、管理承担风险的组织者；(5)领导能力学派，认为企业家是可以协调团队需求的领导者；(6)企业开拓者学派，认为企业家精神是发展独立单元来创造、营销和扩张服务。

很多经济史学家和研究经济增长的学者把企业家精神作为资本主义兴起和经济增长的必要要素之一。企业家精神有助于消除难以估计的风险，还可以对付信息不完全和交易成本过高。而且,企业家精神能够克服X无效率。所谓X无效率,就是指由于生产要素难以获得、生产函数难以确定、劳动契约难以完全等因素造成的资源配置无效率,企业家精神能够起到补充投入和填补空白的作用(H. Libenstein,1968)。威廉·鲍莫尔(William J. Baumol)试图将企业家精神纳入主流经济学理论体系,以此探讨企业家精神对经济发展的影响。鲍莫尔扩展了熊彼特理论中的企业家创新形式,特别是扩展到了寻租方式上的创新行为,并阐述了创新型企业家精神和模仿型企业家精神、非生产性企业家精神、寻租型企业家精神的区别。创新型企业家精神属于狭义的熊彼特观点。模仿型企业家是那些把技术或者其他创新思想从一个企业或地区扩散到其他企业或地区的人。非生产性企业家的活动虽然是创新的,但是对实体经济无任何贡献,甚至可能减少经济产出,束缚经济增长。寻租型企业家精神导致有价值的资源配置到无效的经济活动上,不仅不会增加经济产量或提高生产率,而且迫使受侵害的企业出于自卫不得不把自己的活动也配置到非生产性方向上。这样,一旦寻租类非生产性行为的收益高于生产性行为,企业家将会扮演对生产的系统性破坏的角色。

一般而言,发展中国家由于经济社会条件的特殊性,企业家精神和创新管理才能相比其他发展要素来说更加稀缺。国内有学者认为,中国历史上未能成功发展出西方式的理性资本主义的直接原因就是缺乏企业家精神。这种观点为落后地区工业化初期强调政府代替企业家功能提供一种支持。但是,实践证明,政府无法全面而持续地对私人企业家进行替代,特别是工业化过程中充满的各种不确定性不是仅靠政府指令安排就能够轻松解决的。发展中国家必须适时培养企业家阶层,在制度设计上给予企业家社会合法性的肯定,并且为企业家提供一个开放和宽松的环境,鼓励和保护企业家的创新行为,把企业家精神导向生产性活动而不是再分配性活动。

参考文献:

[爱尔兰]理查德·坎蒂隆:《商业性质概论》,商务印书馆2011年版。

[法]萨伊:《政治经济学概论》,商务印书馆1963年版。

[英]阿尔弗雷德·马歇尔:《经济学原理》(下卷),商务印书馆1965年版。

[美]约瑟夫·熊彼特:《经济发展理论》,商务印书馆1991年版。

[美]彼得·德鲁克:《创新与企业家精神》,机械工业出版社2007年版。

[美]威廉·鲍莫尔:《企业家精神》,武汉大学出版社2010年版。

丁栋虹:《企业家精神》,清华大学出版社2010年版。

张培刚:《农业与工业化(中下合卷):农业国工业化问题再论》,华中科技大学出版社2002年版。

Schumpeter, Joseph Alois, *Business Cycles: A Theoretical, Historical, and Statistical Analysis of the Capitalist Process*, New York: McGraw-Hill, 1939.

J. Barton Cunningham and Joe Lischeron, Defining Entrepreneurship, *Journal of Small Business Management*, Vol. 29, No. 1, Jan. 1991.

Garner, W. B., What are We Talking about When We Talk about Entrepreneurship? *Journal of Business Venturing*, Vol. 5, Issue 1, January 1990.

Danny Miller, The Correlates of Entrepreneurship in Three Types of Firms, *Management Science*, Vol. 29, No. 7, July 1983.

Harvey Leibenstein, Entrepreneurship and Development, *American Economic Review*, Vol. 58, No. 2, May 1968.

(郭熙保　苏甫)

熊彼特创新理论

Schumpeter's Theory of Innovation

美籍奥地利经济学家约瑟夫·熊彼特(Joseph A. Schumpter)在1912年首次出版的《经济发展理论》一书中第一次将创新引入经济发展过程,并把创新看做是经济增长的主要源泉。在其后出版的《经济周期》、《资本主义、社会主义和民主主义》等著作中,熊彼特进一步完善了以创新为核心的经济发展理论,试图解释整个资本主义经济体系发展和变化的内在规律。

熊彼特对"发明"(Invention)和"创新"(Innovation)这两个概念做出了严格区分。发明是新技术的发现,而创新是把发明运用到实际的市场生产中。因此,发明是技术上的概念,创新则是经济意义上的概念。发明可以是完全自发的,不一定能被运用到实际的市场生产中。创新必然是引致的,必须为创新的主体带来额外利润。在熊彼特看来,发明的主体是科学家和技术人员,而创新的主体是企业家。企业家的职能就是实现创新,引进新组合。所谓创新,就是建立一种新的生产函数,不仅有单纯生产要素本身的变化,也包含生产函数形态的变化,也就是说,创新是把一种从来没有过的关于生产要素和生产条件的新组合引入生产体系。

熊彼特认为,"发展"从本质上说是经济体系内部各种因素自行变化的结果,而这种经济体系内部运动的最终推动力正是创新。创新使得经济摆脱原来的轨道,导致一种非连续性的经济过程。经济水平的变化实际就是经济周期。静态论是熊彼特思想的前提,但是动态论才是他体系的核心。熊彼特模型的初始状态设定为一种完全竞争条件下的“静止均衡状态”,不存在额外利润、失业、储蓄和投资的增长,因而就不存在经济发展。此时,企业家受追求利润和创建企业的意志所驱动,通过这五种“创新”或“新组合”形式:(1)采用一种新的产品——即消费者还不熟悉的产品——或一种产品的一种新的特性;(2)采用一种新的生产方法,即在有关的制造部门中尚未通过经验检定的方法,这种新方法可以建立在科学上新的发现的基础之上,也可以建立在商业上处理一种产品的新方式之中;(3)开辟新市场,即有关国家的某一制造部门以前不曾进入的市场,不管这个市场以前是否存在过;(4)掠夺或控制原材料或半制成品的一种新的供应来源,不论这种来源是已经存在的,还是第一次创造的;(5)实现任何一种工业的新的组织,比如造成一种垄断地位,或打破一种垄断地位,从而在生产成本、产品质量、生产效率等方面建立起竞争优势,从而获取到额外利润。然而,这种额外利润只是暂时的,其他企业为分享这部分利润会进行“模仿”行动。这样,创新活动就进入了扩散阶段。在扩散阶段完成以前,创新仅仅表现为单个的、孤立的变革,不能对经济发展产生实质性的推动。第一,在竞争性经济中,一项创新只有被普遍接受才会产生整体性的效应。第二,模仿行为不仅是创新扩散的方式,也是创新行为的继续和完成。模仿者也属于创新主体的企业家的一部分。他们对于创新行为并不是简单照搬,而是在模仿中对新技术和新组织进行了改进和完善。

新技术和新生产方式的不断扩散使创新企业家原来享有的额外利润逐渐减少,直到消失。经济体系于是恢复到均衡状态,所不同的是处于更高的均衡。在这个更高的技术和制度基础上,创新活动又会出现,旧的均衡接连被打破。如果没有创新,市场竞争最终将消除所有经济部门中的额外利润,经济体系将处于长期均衡的静止状态。正是依靠创新活动的不断出现,企业家总能找到增加自己利润的机会,资本主义经济才能够不断进步。

熊彼特的创新是资本主义经济的基本特性,与资本主义经济生活中的经营活动直接相关,是一种极端特殊的内部因素。第一,不论是巨大的创新还是较小规模的创新,创新集中发生的时候都不可避免要投入一定的时间和费用以增设新工厂或改建旧工厂。这种情况对应了经济周期上升的阶段。第二,创新不可能永无止境存在下去。创新企业家获得的巨额利润必然由于引诱模仿者跟进而耗散,利润持续的时间是和创新的性质、规模有关的。这也是经济周期形成的要素之一。第三,由于创新的主体是企业家,企业家的社会地位将会提高。企业内部也不断进行各种要素和组织的更替,使创新得以延续下去,这样企业才能继续生存。

熊彼特认为,资本主义本质上是一种经济变动的形式或方式,它从来不是而且永远不可能是静止的。熊彼特借用生物学上的术语把不断从内部使这个经济结构革命化、不断地破坏旧结构、不断地创造新结构的过程称之为“产业突变”(Industrial Mutation)。这个“创造性破坏过程”(Process of Creative Destruction)就是资本主义的本质特征,是资本主义存在的事实和每一家资本主义公司赖以生存的事实。

创新是一个内容丰富、涵盖面很广的概念,不能简单等同于技术进步。熊彼特是将技术进步作为创新机制的一部分,作为资本主义经济发展的内在组成部分来处理,从而将技术进步的来源也归结到制度层面,技术进步问题不再单单是少数天才和发明家灵机一动的结果,它与社会的基本经济制度有密切联系。创新的制度内容包括:(1)竞争条件。熊彼特的创新理论建立在充分竞争的假设之上。市场竞争主宰一切经济主体的行为和命运,不存在人为的障碍阻止竞争活动的进行,垄断不在经济活动中占据主导地位。(2)市场的完善度。这体现在两个方面:一方面市场机制的完善使“看不见的手”的灵敏度较高,价格信号比较真实,信息的传播迅捷而广泛;另一方面市场体系的完善包括产品市场、要素市场、金融市场、产权市场在内的各类市场各得其所并充分发挥其职能。熊彼特尤其强调银行信用在创新活动中的重要作用。(3)自由企业制度。在熊彼特的著作中,私人所有权的地位不是很重要,企业资本的来源究竟是私人还是国家是无关紧要的,关键在于企业制度问题。在市场完善、竞争充分、企业领导人具备企业家基本素质的条件下,一个企业是否具有创新的动力在于是否“自由”,也就是是否拥有独立的法人产权,是否拥有创建、投资、改造和破产的权力,在实行创新时是否能得到应有的收益和承担应有的风险。(4)企业家阶层。作为创新的主体,企业家阶层是经济生活中最富有活力的群体,他们在很大程度上决定了经济发展的成败和方向。因此,一个社会在政治、经济、法律、文化等方面为企业家的产生和成长提供一个适宜的环境和土壤,对于经济发展是至关重要的。总而言之,只要具备了以上这些制度安排,一个社会才能出现源源不断的创新活动,才会促进技术进步和经济持续增长。资本主义社会之所以创造出前所未有的生产力,并在经济和科技方面一直处于世界领先地位,主要是因其建立这样一种鼓励技术创新的制度。

20 世纪 70 年代以来,熊彼特创新理论越来越受到关注。经济学家们在 20 世纪 80 年代成立了“国际熊彼特学会”,研究视角主要为企业、产业、国家之内及其之间的发明创造和扩散的过程和机制,这将有利于人们进一步洞悉科学技术的进步和发展。新熊彼特学派的代表人物为纳尔逊(Richard R. Nelson)、温特(Sidney G. Winter)和多西(G. Dosi)等学者。这些学者采用整体的、系统的和演进的研究方法。"整体"和"系统"意味着整体所表现出来的行为不能仅仅靠对它的组成部分的简单加总来推断,每一部分也不能个别地从保持相互作用而形成整体的联系里予以推测。"演进"是指社会经济系统由于其组成要素之间互动以及系统与外界环境有关的行为而不断发生量变和质变。他们秉承熊彼特的观点,认为资本主义经济是一个由技术和制度创新所导致的内生演化过程。"创新"作为连接科学技术进步与经济发展的转换媒介,是从经济运动内部去探究推动社会进步的基础与动因。新熊彼特学派试图在发展中国家的发展、国际贸易和技术扩散、科学和技术系统的动态分析、政府的科技政策,以及政府、大学等组织机构在创新体系中的作用等方面超越传统的熊彼特理论。

新熊彼特学派将科学技术创新过程的特征归纳为五个方面:(1)创新活动具有不确定性。创新所包括的一个基本要素就是不确定性,不仅缺乏对有关已知事实是如何发生的信息,而且根本不知道解决经济问题的方法在哪里,不可能对追踪行为结果做出准确的判断。(2)"存在某些尚未利用的机会"。这种直觉和信念有利于发现机会,从科学进步中探求可用于技术创新的机会。而且,新技术的机会将越来越依赖于科学知识的进步。(3)研究与创新活动复杂性的增加使正规组织不断涌现,如企业研究开发实验室、政府研究室和大学等,它们比个体创新者处于更有利的创新环境。此外,在或多或少的综合制造类企业中,工商企业部门的正式活动趋向于一体化。(4)许多创新与改进是在"边干边学"、"边学边用"的实践过程中产生的,人、企业和其他组织可以通过各种实践过程,不断解决生产过程中出现的问题,克服各类"瓶颈"性的制约因素,在学习、研究以及应用中进行改进与创新。(5)技术进步是对市场条件变化的简单而又灵活的反应,企业、组织甚至国家实现技术进步的可能性由他们已经达到的技术水平决定,技术进步具有累积性的特征。

参考文献:

[美]约瑟夫·熊彼特:《经济发展理论》,商务印书馆1991年版。

[美]约瑟夫·熊彼特:《资本主义、社会主义与民主》,商务印书馆1999年版。

[意]G. 多西等:《技术进步与经济理论》,经济科学出版社1992年版。

[日]金指基:《熊彼特经济学》,北京大学出版社1992年版。

Schumpeter, Joseph Alois, *Business Cycles: A Theoretical, Historical, and Statistical Analysis of the Capitalist Process*, New York: McGraw-Hill, 1939.

(郭熙保　苏甫)

国家创新体系理论
Theory of National Innovation System

1997年,OECD正式发表《国家创新体系报告》,定义国家创新体系是由参加技术开发和扩散的企业、大学、研究机构和中介机构组成,是一个为创造、储备和转让知识、技能和新产品的相互作用的网络系统,政府对创新政策的制定着眼于创造、应用和扩散知识的相互作用过程,以及各类机构之间的相互影响和相互作用。技术创新是一个包括了从设想到产品研究开发、工程设计、生产制造、财政金融和市场营销等一系列活动的整体复杂的运行过程。这样的全过程无法依靠个别企业在自由竞争中实现。国家创新体系的理念由此进入研究和分析的视野。从20世纪80年代开始,弗里曼(C. Freeman)、纳尔逊(R. Nelson)、伦德瓦尔(B-A Lundvall)、麦特卡尔夫(J. Metcalfe)等人对国家创新体系进行了持续而全面的研究。英国经济学家弗里曼(1987)最早提出国家创新体系这一概念。他指出国家创新体系是公共、私有部门机构之间的制度网络,其活动和相互作用启发、引进、改进和扩散新技术,并影响国家的创新业绩。他认为英国、德国、美国和日本等国家的领先、追赶和跨越过程都是其国家创新体系演变的结果。日本的国家创新体系是政府主导的,政府直接介入创新活动。美国的国家创新体系是市场调节的,市场是调节企业创新活动的主要力量,政府只是为企业提供良好的创新环境。此后,国家创新体系对经济政策的制定开始产生深远影响。实际上,由于各种层面的关系网络对于任何企业的创新活动都是至关重要的,国家或区域的创新体系一直处于经济分析的关键位置(C. Freeman, 1995)。

国家创新体系有狭义和广义之分。狭义的国家创新体系集中分析企业的研发活动、科学技术组织和公共政策的相互作用。广义的国家创新体系分析框架对创新有更宽泛的定义,不仅包括渐进的和激进的创新,也包含创新的扩散、吸收与使用。此外,广义的国家创新体系还考察了更广泛的创新来源。对发展中国家来说,广义的国家创新体系更具有适用性。纳尔逊(1993)把国家创新体系看做是一组机构,这些机构的相互作用决定了一国企业的创新行为。伦德瓦尔(B-A Lundvall, 1992)认为,国家创新体系是一些要素及其相互联系作用构成的复合体。这些要素在生产、扩散和使用新的、经济上有用的知识过程中相互作用,形成一个网络系统。伦德瓦尔更强调国家创新体系是一个社会系统,其中心活动是学习。学习是一种包含了生产厂商与用户之间相互作用的社会活动。国家创新体系也是一种以知识的经济反馈和再生产为特征的动态系统。

根据OECD《国家创新体系报告》，国家创新体系是由以下要素构成的有机统一体。（1）企业。国家创新体系的核心是企业，是企业组织生产环境创新、获取外部知识的方式。企业是创新活动的直接参与者和组织者，也是创新活动的直接载体和受益者。同时，企业间的竞争与合作是实现创新的必要的互动条件。（2）国家公共部门。国家在创新体系中起到重要的引导和调控作用，国家政策和制度创新是实现科技创新的重要前提。公共部门为企业发展创造“动态产业环境”，在市场竞争中起到稳定和激励的作用。（3）研究与开发机构。研究与开发机构犹如推动技术创新的发动机，已经成为科学研究开发的主要部门和大多数产业部门开发新产品的重要基地。（4）教育和培训体系。教育和培训是形成潜在创新动力和实现技术创新的重要因素，决定着科研和技术开发能力的形成、复制、扩散与延续。（5）金融体系。灵活、高效的资金融通体系有助于支撑科技投资和成果转化，加快实现国家的高新技术产业化和市场化的步伐。（6）信息网络。网络经济对于有效率的创新提供了更宽泛、更迅速以及多元化传递信息的平台。网络不再仅仅是一种技术，更是一种组织结构和体系。信息资源共享及其与社会经济互为影响的作用将创新引入一个更加广阔的发展空间。

大多数政府对技术领域的公共政策干预基础在于弥补市场失败，国家创新体系理论则提供了一种基于协调失败和系统失败的政策基础。国家创新体系的政策含义在于加强各创新主体的网络联系，强调企业之间以及企业和公共部门之间的合作研发、信息交流和人才交流等。另外，国家创新体系也着重加强企业自身的吸收能力和创新能力，使企业更易接近适宜的技术网络，发现和识别合意的技术与信息，并且有能力使这些外部知识适应于自身的需要。

参考文献：

［意］G. 多西等：《技术进步与经济理论》，经济科学出版社1992年版。

刘洪涛、汪应洛、贾理群：《国家创新系统（NIS）理论与中国的实践》，西安交通大学出版社1999年版。

中国社会科学院研究生院、中国科学院研究生院：《知识经济与国家创新体系》，经济管理出版社1998年版。

Chris Freeman, *Technology Policy and Economic Performance: Lessons from Japan*, London: Pinter Publishers, 1987.

Chris Freeman, The "National System of Innovation" in Historical Perspective, *Cambridge Journal of Economic*, Vol. 19, 1995.

R. Nelson, *National Systems of Innovation: A Comparative Study*, Oxford: Oxford University Press, 1993

B-A Lundvall, *National Systems of Innovation: Towards a Theory of Innovation and Interactive Learning*. London: Anthem Press, 1992.

OECD, *National Innovation System*, Paris: OECD, 1997.

（郭熙保　苏甫）

自然资源与发展
Natural Resources and Development

自然资源指天然存在（不包括人类加工制造的原材料）且为人类所利用的自然物。它可以分为可再生资源（Renewable Resources）和不可再生资源（Nonrenewable Resources）。可再生资源是可以用自然力保持或增加蕴藏量的自然资源，如太阳能、大气、森林、鱼类、土壤、区域水资源及人力资源等。不可再生资源是没有再生能力的自然资源，其中有一些可以借助再循环而重新回收利用，称为可回收但不可更新的自然资源，如金属矿物和除能源矿物以外的非金属矿物。另一类则是一次性消耗、不能回收利用的资源，称为不可回收、不可更新的自然资源，主要是煤、石油、天然气等能源矿物。

马尔萨斯和李嘉图等古典经济学家认为，自然资源的有限供给及生产成本增加将拖累经济增长。然而，早期发展经济学家认为一国自然资源的多寡与经济发展不存在必然的联系。例如，西蒙·库兹涅茨（Simon S. Kuznets，1955）认为，经济增长“不可能受到自然资源绝对缺乏所阻碍”，理由是缺乏自然资源的国家可以从别国进口。例如，一个石油贫乏的国家可以从石油丰富的国家进口所需要的石油，一个耕地稀缺且贫瘠的国家可以从别的国家进口粮食以弥补国内粮食生产的不足。因此，资源缺乏的国家的经济增长不会受到资源短缺的约束。历史为这个观点提供了丰富的实例。例如，日本、瑞士、新加坡、以色列、韩国、中国香港、中国台湾等经济体，虽然资源非常贫乏，但经济增长很迅速，在较短时间内实现了工业化和现代化。相反，许多自然资源丰富的国家，例如赞比亚、玻利维亚、圭亚那、毛里塔尼亚、冈比亚等经济发展缓慢甚至长期停滞不前。即丰裕的资源对一些国家的经济增长并不是充分的有利条件，有时还会对经济增长有害。

然而，自然资源（或自然禀赋）作为物质生产活动的必要投入品，与资本、技术和制度等因素共同促成了经济增长。自然资源相对丰裕的国家通常蕴含了更大的发展潜力，近代以来的经济发展史证明，自然资源对于一国国民财富的初始积累的确起到了关键的作用，例如美国、澳大利亚、巴西、俄罗斯、加拿大和北欧地区等国的快速工业化与其丰裕的自然资源是密不可分的。良好的自然资源禀赋虽然不能保证一个国家的物质财富一定增加,但它的确相对自然资源贫乏的国家具有较多的优越条件。它们可以利用这些天赐财富创造收入,然后再把这些收入用于物质资本积累和人力资本投资,从而实现把自然资源转化为人造资本。

另外,一国(地区)自然资源禀赋还会影响一国(地区)的经济增长形态。不同的自然资源禀赋会通过产业结构的特点,使一国(地区)的发展形态不同于其他国家(地区)。例如,新加坡、中国香港,由于面积狭窄、自然资源稀少以及农业可耕地面积很少,在产业结构上与美国、加拿大和澳大利亚等国家(地区)有巨大的差异,并且对贸易的依赖程度也大不相同。

参考文献:
郭熙保:《发展经济学》,高等教育出版社 2011 年版。
[英]伊特韦尔等:《新帕尔格雷夫经济学大辞典》,经济科学出版社 1996 年版。
[美]西蒙·库兹涅茨:《经济增长理论导论》,引自 E. 韦因·纳夫齐格:《发展中国家经济学》1997 年第 3 版。
谭崇台:《发展经济学概论》,武汉大学出版社 2001 年版。
张培刚、张建华:《发展经济学》,北京大学出版社 2009 年版。

(陈忠斌)

资源诅咒论
Resource Curse Thesis

资源诅咒概念是指从长期的经济增长状况来看,那些自然资源丰裕、经济中资源密集型产品占主导地位的发展中国家反而要比那些资源贫乏的国家的增长要低很多。尽管资源丰富的国家可能会由于资源产品价格的上涨而实现短期经济增长,但最终又会陷入增长停滞状态,丰裕的自然资源最终成为经济增长的诅咒。

最早提出资源诅咒概念的是理查德·奥蒂(Auty,1993)。随后,萨克斯和沃纳(Sachs and Warner,2001)的实证分析证实了自然资源丰富的国家,拥有较低的经济增长率。

关于"资源诅咒"的传导机制有如下几个观点:

一是贸易条件恶化论。普雷维什和辛格(Prebisch & Singer)认为初级产品的出口国将不可避免地遭受贸易条件恶化的命运:这些初级产品基本上都是缺乏收入和需求价格弹性的,这将导致富有的工业化国家和贫穷的初级产品出口国之间的差距越来越大。

二是制度恶化论。丰裕的自然资源会通过诱发寻租、腐败来弱化制度质量,进而阻碍经济增长(Murshed,2004;Isham et al.,2005;Bhattacharyya and Hodler,2010)。

三是挤出效应论。丰裕的自然资源会挤出某些对经济增长具有重要驱动作用的因素,从而导致资源丰裕的经济体失去长期增长的动力。挤出效应表现在三个方面:①挤出教育。在资源丰裕的经济体中,经济活动主体是初级产品生产部门,这些部门并不需要高技能劳动力,因此人们容易忽视人力资本对经济发展的重要作用(Asea and Lahiri,1999;Gylfason,2001;Papyrakisa and Gerlagh,2006)。②挤出投资。丰裕的自然资源会通过对储蓄、就业等经济活动的负面影响来抑制物质资本投资,从而导致经济增长放缓(Gylfason,2002;Papyrakisa and Gerlagh,2006)。③挤出创新。丰裕的资源通过挤出创新而阻碍经济增长,主要是通过自然资源限制企业家的创新活动来实现的(Sachs and Warner,2001)。

参考文献:
郭熙保:《发展经济学》,高等教育出版社 2011 年版。
Elissaios Papyrakisa and Reyer Gerlagh, Resource Windfalls, Investment, and Long-Term Income, *Resources Policy*, Vol. 31, No. 2, 2006.
Jeffrey D. Sachs and Andrew M. Warner, Natural Resource and Economic Development: The Curse of Natural Resources, *European Economic Review*, 45, 2001.
Jonathan Isham, Michael Woolcock, Lant Pritchett and Gwen Busby, The Varieties of Resource Experience: Natural Resource Export Structures and the Political Economy of Economic Growth, *The World Bank Economic Review*, Vol. 19, No. 2, 2005.
P. K. Asea and A. Lahiri, The Precious Bane-Sowing the Oil in Eight Developing Countries, *Journal of Economic Dynamics and Control*, Vol. 23, No. 5, 1999.
Richard M. Auty, *Sustaining Development in Mineral Economies: the Resource Curse Thesis*, London: Routledge, 1993.
Richard M. Auty, Natural Resources, Capital Accumulation and the Resource Curse, *Ecological Economics*, Vol. 61, No. 4, 2007.
Sambit Bhattacharyya and Roland Hodler, Natural Resources, Democracy and Corruption, *European Economic Review*, 54, 2010.
Murshed, Syed Mansoob, *When does Natural Resource Abundance Lead to a Resource Curse?* International Institute for Environment and Development, Environmental Economics Programme, 2004.

Thorvaldur Gylfason, Natural Resources, Education and Economic Development, *European Economic Review*, Vol. 45, Iss. 4-6, May 2001.

Thorvaldur Gylfason, Natural Resources and Economic Growth: What is the Connection, Published in a Conference Volume Entitled *Fostering Sustainable Growth in Ukraine*, eds. Stephan von Cramon-Taubadel and Iryna Akimova, Physica-Verlag (A Springer-Verlag Company), Heidelberg and New York, 2002.

(陈忠斌)

荷兰病
Dutch Disease

1960年,荷兰在北海发现了大量的天然气储备。随着荷兰天然气的出口剧增,国际收支出现大量的顺差,促进了本国经济的快速增长和收入大幅度增加。然而好景不长,到20世纪70年代,荷兰发生了较严重的通货膨胀,工业制成品出口下降,收入增长率降低,失业增加。这种由自然资源的发现和随之而来的出口剧增所带来的暂时繁荣但又不能持续的情况带有普遍意义。例如,20世纪70年代和80年代的石油价格暴涨,在一些发展中国家,例如沙特阿拉伯、尼日利亚和墨西哥,产生了类似荷兰的情况,因此,经济学家把这种由资源引致的停滞叫作“荷兰病”。澳大利亚经济学家马克斯·科登和彼得·尼亚里(Corden and Neary,1982)利用开放经济模型的观点率先对荷兰病进行了分析。

理解“荷兰病”的关键在于理解:(1)出口剧增如何影响一国的实际汇率;(2)实际汇率如何接下来影响其他产业。

一国出口激增可以从两个方面导致实际汇率急剧升值:(1)来自较高出口收入的外汇充盈产生了外汇盈余。除非中央银行试图将名义汇率维持在原有的水平上,否则这一外汇供给的转变将导致出口国的货币升值,通过把外币兑换成本币,一国投放的流通货币就增加了,投放的流通货币不断累积将会引起物价上涨。(2)来自初级产品出口激增的更高收入,也推动了更快的国内通货膨胀。之所以有这种结果,是因为额外的收入产生了对经济中所有商品和服务更多的需求。当这一需求影响到更多的进口商品时,便会有外汇流出而无通货膨胀,因为进口商品的价格不太容易受到某一个国家需求的影响。但非贸易品和服务的价格很可能会上升。由于非贸易品供给有限,特别是在出口激增的头几个月或头几年,较多的需求会导致更高的非贸易品价格,即国内通货膨胀。

初级产品出口激增,在刺激更快的国内通货膨胀和实际汇率升值,也会导致其他出口商品的竞争力下降,从而盈利减少。因此,“荷兰病”也是一种商品的出口激增对其他出口行业的有害效应。此外,出口激增还会导致难以解决的社会转变或移民迁移。例如,尼日利亚的石油繁荣刺激了农村劳动力迁移到城市地区来寻找新的高报酬的建筑业和城市服务业工作。当石油繁荣结束时,城市劳动力很少愿意回到农村地区。

治愈荷兰病最好的方法是阻止或扭转货币实际升值,在多数情况下,这都需要货币贬值,同时还要对旨在抑制通货膨胀的政府支出和中央银行的货币创造严格限制。政府需要抵制住扩张的需求,并把新增收入储蓄起来。一般来说,更加成功的政府往往把新投资引向能够改善全民福利、提高生产率,并为初级部门以外的行业拓展经济机会的健康、教育和基础设施发展上来。这样的投资政策伴随着两件事:一是利用出口意外收入为稳定的长期发展提供资金;二是政府通过推迟新支出反周期地行动,即通过在出口繁荣的高通货膨胀时期减少支出,并在出口消退之后增加支出来帮助稳定经济。事实上,有些国家,例如印度尼西亚、博茨瓦纳、突尼斯、马来西亚和智利,政府把资源的意外收入变成了持续的发展,从而避免了荷兰病的发生。

斯蒂格利茨(Stiglitz,2004)提出了类似上述治愈荷兰病的四种方法:(1)通过把从石油出口中获得的外汇收入投资于美国或欧洲,即不让外汇留在本国,可以有效避免本币升值;(2)创立稳定基金,以公开透明竞争出价的方式销售自然资源;(3)运用外汇收入进行投资,以便当本国的自然资源枯竭的时候,本国的实际财富——物质资本和人力资本会增加;(4)消除秘密银行账户。

参考文献:

郭熙保:《发展经济学》,高等教育出版社2011年版。

谭崇台:《发展经济学辞典》,山西经济出版社2002年版。

Dwight H. Perkins, Steven Radelet, and David L. Lindauer, *Economics of Development, Sixth Edition*, New York and London: W. W. Norton & Company, 2006.

Joseph Stiglitz, We Can Now Cure Dutch Disease, *Guardian*, 18, August 2004.

W. Max Corden and J. Peter Neary, Booming Sector and Deindustrialisation in a Small Open Economy, *Economic Journal*, Vol. 92, No. 368, December 1982.

(陈忠斌)

增长极限论
Limits to Growth

增长极限论最早是由1972年出版的一本书中提

出来的。1970 年,一个国际性的民间研究机构罗马俱乐部委托美国麻省理工学院梅多斯等人就当前的增长趋势对未来人类生存的影响进行研究。梅多斯等人的研究报告于 1972 年以“增长的极限”为题公开发表了。一石激起千层浪。该书一出版就在学术界掀起了一场轩然大波,赞赏的有之,但更多的是批评。

早在 19 世纪初,英国古典经济学家马尔萨斯和李嘉图就对持续的经济增长的可能性表示过悲观主义的观点。他们认为,土地的供给是有限的,由于边际报酬递减的作用,人口和劳动力的增长将会导致边际劳动生产率持续下降,致使粮食的供给不能满足人口增长所引起的对粮食的需求。马尔萨斯的观点没有得到历史经验的证实。但是,马尔萨斯的思想在当代又复活了。最早对资源、环境与可持续发展进行系统研究的是雷切尔·卡森(Rachel Carson),她在 1962 年出版了一本书题为《寂静的春天》。但是,最有影响的可持续发展著作是由梅多斯等人在 1972 年出版的《增长的极限》。

该书以计算机模拟为基础,使用 1900 ~ 1970 年的增长趋势作为基础来预测工业扩张和人口增长对环境污染和粮食与不可再生资源的影响。梅多斯在世界模型中,提出了影响经济增长的五个主要因素:人口增长、粮食供给、资本投资、环境污染和资源耗竭。他们认为这五个因素的共同特点是它们都按指数增长,指数增长的最好的表现形式是倍增时间。一种计算倍增时间的简单方法是用 70 除以增长率。例如,假定人口增长率为 1% ,那么,倍增时间为 70 年;人口增长率为 2% ,则倍增时间就是 35 年。由于人口增长引起粮食需求的增长、经济增长引起的不可再生资源耗竭速度的加快和环境污染程度的加深都属于指数增长性质,因此,经济增长最终会突然停滞。按照他们的计算机模拟,他们最后得出的结论是,如果不制止目前这种增长趋势,人类社会在 2100 年以前的某个时间将会崩溃。

在粮食供给方面,梅多斯引用的材料表明,全世界可耕地 32 亿公顷,已耕地约占可耕地的一半,大都是肥沃的土地。其余未耕地的土地开发需要投入大量的资本,才能生产粮食。而兴建铁路、公路、房屋、水利设施又要占用大量的土地,不能用于粮食生产。城市人口的增长还需要兴建工厂、住房和道路等,可耕地还会缩减。如果采用集约耕种方式来提高土地生产率,成本递增规律(报酬递减规律)就要发生作用。如 1951 ~ 1966 年,世界粮食增长 34% ,农民用于拖拉机的支出增加了 63% ,用于化肥的支出增长了 146% ,用于杀虫剂的开支增长了 300% 。

人口的增长将直接形成对粮食指数增长的需求。未来粮食的供给决定于土地和淡水的数量,还决定于农业资本,这又依赖于资本投资。而允许资本存量增长的是不可再生资源,如金属等。因此,未来粮食生产的扩大实际上决定于不可再生资源的可得性。然而,不可再生资源的使用也呈指数增长。例如,已知铁矿石的储量,按目前每年消耗量计算,可使用 240 年,如每年增加 1.8% ,93 年时间就用完了。

有些污染物直接与人口增长或农业活动有关,有些直接与工业增长和技术进步有关,有些与两者都有关系。例如,目前 95% 的工业能源是由矿石燃料(煤、石油、天然气)生产的。这些燃料燃烧时,产生二氧化碳。每年由于燃烧矿石燃料排放出的二氧化碳达 200 亿吨,并以 0.2% 的年增长率增长着,其中一半被海水吸收,另一半存在于大气之中。即使矿石燃料能为原子能所代替,大气中二氧化碳含量不再增加,但产生的“热能污染”仍将破坏河流的水生生物,在城市周围产生“热岛”,导致气候变化。原子能还产生放射性废料的污染。二氧化碳、热能、放射性废料都以指数增长的速度,释放到环境之中。此外,还有有害元素如铅、汞的污染,在农业上有杀虫剂的污染等。

以上是将食物、不可再生资源和环境污染作为相互独立的因素来讨论的,但是,包括人口和资本在内的五种因素是相互影响的。人口增长离不开粮食的增长,粮食生产的增加需要资本的增长,更多的资本需要更多的资源,而废弃的资源变成污染,污染又反过来影响人口和粮食的增长。

梅多斯等人指出,世界模型就是通过连锁的反馈环路,把五种因素的关系综合在一起,它能决定世界体系中增长的原因和极限。即使考虑到技术进步和人口控制等因素,世界的经济增长仍然将在 2100 年以前的某个时间完全停滞。这是由于三种危机——过度耕作使土地肥力丧失而造成粮食减产、人口增加和资源过度耗竭——的同时发生所决定的。这个结论意味着技术进步只是延缓了人口和工业增长达到极限的时间,但并不能消除增长的最终极限。由于梅多斯等人对人类前途命运抱有极为悲观的态度,他们的世界模型被称为是“世界末日模型”。

世界体系最终将崩溃的原因主要是人口和资本的指数增加,而要避免世界末日的到来,只有控制这两个因素的增长,使人口和资本投资保持零增长。

梅多斯等人在一片批评声中仍然坚持他们的观点。他们在《增长的极限》出版 20 年之际,于 1992 年又出版了一本书,题为《越过了极限》。在这本书中,他们为《增长的极限》的观点进行辩护,说该书不是对人类命运的预测,而只是提出一个警告。但是,他们并没有改变他们所得到的结论。他们指出:“在 1971 年,我们得出结论说,人类使用原材料和能源的物质极限就存在于将来几十年的某个地方。在 1991 年,当我们再次考察数据、计算机模型和我们亲身的经历时,我们认识到,虽然世界技术有了提高,有了更多的认识和更强的环境政策,但是,很多资源和污染流量已经增长到超过了它们可持续的极限"(Meadows,1992)。

梅多斯等人的增长极限论涉及整个人类的命运,并且是以众多的数据和经过计算机计算后得出的结论,不像是信口胡诌,显得比较科学,因此引起了国际社会的一片惊呼声,似乎世界末日的厄运在不远的将来真的就要降临。人们的直觉是,既然能够开采的不可再生资源存量是有限的,环境吸收能力是有限的,可耕地的数量是有限的,粮食单位面积产量的提高是有限的;而另一方面,人口增长是无限的,对资源的派生需求是无限的,那么,这个小小的地球理所当然在未来是不可持续的。

许多自然科学家和社会科学家对梅多斯等人的分析方法和结论进行了详尽的研究,得出的共识是,世界是可以持续发展下去的,世界的崩溃是不可能出现的。批评者指责梅多斯等人是新形势下的马尔萨斯人口论的翻版,是"带着计算机的马尔萨斯"。美国经济学家、诺贝尔经济学奖获得者罗伯特·索洛评论说:"末日模型是一个坏科学,因此也是公共政策的坏向导。"下面简要地总结一下对增长极限论的批驳。

第一,人口增长不是始终都具有指数增长的性质。随着一个国家经济情况的改善,人口增长就会逐渐地放慢,并最终趋向零。现在,一些发达国家的人口增长率就达到和接近于零,一些新兴的工业化国家的人口增长也在迅速下降。如中国是世界上人口最多的国家,其人口增长率从20世纪70年代2%以上下降到现在的0.5%以下,再过10年左右有可能下降到零。

第二,当前,许多发展中国家的农业生产率比发达国家的低得多,这说明土地生产率的增长潜力还很大。从世界范围来看,粮食并不短缺,发展中国家一方面可以通过改进技术,增加粮食生产,一方面可以通过进口来解决国内粮食供给不足。因此,没有证据证明粮食会发生全球性短缺现象。

第三,不可再生资源并不像梅多斯等所说的那样迅速耗竭。因为他们是以现有探明的储量为基础计算的,实际上,地球的矿产资源还只是发现一小部分,随着科学技术的进步和成本的降低,以及对地下矿产资源的需求的增加,更多的矿产资源将会勘探和开采出来。而且,即使有些资源将要用罄,也会找到其他资源来代替它。例如,即使石油开采完了,人们还可以利用太阳能、风能和水能以及其他能源来代替它。在市场经济条件下,任何物质资源供求平衡的变化都最终会导致价格的变化,而这又必然会促使人们去发现新的资源,进行替代性开发,在勘探、开采和提炼方法上进行种种技术改进,对使用这种资源的产品进行替代,等等。"已知资源"是一个把人引入歧途的概念;社会只"知道"在既定的当前和未来需求、成本和价格条件下那些值得发现的资源。

第四,即使"有限资源"这一概念为人们所接受,放慢了经济增长也将不能使社会无限期地延续下去:那只是推延了最后算账的命中注定的日期而已。如果资源确实是"有限的",那么,确保社会无限期存在下去的唯一途径,就是把人们的生活标准削减到无限低的水平,这从政治上看是不可行的。

第五,关于环境污染问题,一般都承认是一个大问题,的确,随着经济的发展,污染问题越来越严重。但这不是一个不可避免的趋势,这主要是过去国家政策的不当引起的。

第六,许多学者反对梅多斯等人提出的从增长经济过渡到全球均衡状态,也就是过渡到零增长状态的建议。如果要实现零增长,就要求人们放弃对更好生活水平的追求,这完全是不可能的,也是不必要的,因为经济增长意味着社会财富的增加,它可以为解决环境污染和其他问题提供物质基础。

增长极限论的假定和论证的确是很不严格的,因此得出的结论难以令人信服。从发展中国家的角度来看,关于零增长的建议无疑是行不通的。要经济上落后的国家保持零增长,这等于是让它们不要发展经济,不要实现工业化和现代化,永远维持贫穷落后,让富国永远保持富裕。这个建议理所当然地被发展中国家所拒绝,因为发展中国家当前面临的迫切问题是如何利用资源尽快地促进经济增长和发展。但是,增长极限论也有正面意义。它至少向以增长以中心的传统发展观提出了挑战,向以增长为中心的国家(尤其是发展中国家)敲了一下警钟,使它们在发展经济的同时注意资源、环境和经济的协调发展。从这方面说,增长极限论的影响是积极的。

参考文献:

[美]蕾切尔·卡森:《寂静的春天》,科学出版社1979年版。

郭熙保:《经济发展:理论与政策》,中国社会科学出版社2000年版。

王军:《可持续发展》,中国发展出版社1997年版。

[美]梅多斯等:《增长的极限——罗马俱乐部关于人类困境的研究报告》,吉林人民出版社1997年版。

Donella H. Meadows, Dennis L. Meadows, Jorgen Randers, *Beyond the Limit-Confrongting Global Collapse, Envisioning a Sustaining Future*, Chelsea Green Publishing Company, 1992.

Beckerman, W., Economics, Scientists and Environmental Catastrophe, *Oxford Economic Papers*, Vol. 24, No. 3, November 1972.

Beckerman, W., In Defence of Economic Growth, London: Jonathan Cape, 1974. Reprinted as Two Cheers for the Affluent Society, New York: S. t Martins, 1975.

Mishan, E. J. , *The Costs of Economic Growth*, London: Staples Press, 1967.
World Bank, Report on the Limits to Growth, Report by a Special Task Force of the International Bank for Reconstruction and Development, Washington, D. C. , Mimeo, September 1972.

（郭熙保　陈忠斌）

环境资源
Environmental Resources

环境资源，又称为地理环境资源，是指影响人类生存和发展的各种天然的和经过人工改造的自然因素的总体。包括大气、水、海洋、土地、矿藏、森林、草原、野生生物、自然遗迹、人文遗迹、自然保护区、城市和乡村。环境作为一种资源，它包含两层含义：一是指环境的单个要素（如土地、水、空气、动植物、矿产等）以及它们的组合方式（环境状态），可称其为自然资源属性。二是指与环境污染相对应的环境纳污能力，即“环境自净能力”，可称其为环境资源属性。

环境资源与自然资源的特点相同，但范围较宽，可分为十大类：矿产、土地、草原、森林、生物、野生动植物、水、海洋、气候、风景。环境资源作为人类赖以生存和发展的物质基础，它除具有区域分异性、整体性、稀缺性、多用途性等特点外，还具有价值性、无阶级性和非排他、非竞争的公共物品的特性。

环境资源有多种分类方法：

一是按所有权划分，环境资源可分为共享资源和所有权资源或专有资源。共享资源是指任何人都可以利用的资源，如阳光、大气等。所有权资源是属于某个利益集团所有的资源，如集体林场的森林资源为集体所有。

二是按环境资源的转化形式可以分为积贮性资源和流失性资源。流失性资源主要是以其功能提供服务而不直接转化为产品，其功能价值是和时间因素结合在一起的，如水能资源、环境容量资源等。积贮性资源是以其实体提供服务，资源利用时可转化为产品，如矿产资源等。

三是按其开发和再生特点可分为三类：第一类可称为“取之不竭的资源”，或称为恒定的资源，如太阳能、潮汐能等。他们在自然界中大量存在，无论人类怎样利用都不会影响其数量的明显变化。第二类可称为“不可再生资源”或称“可耗竭资源”，如矿产资源，石油、煤炭资源等。这类资源一般是不能再生，资源的数量将随开发利用而逐渐减少，即这种资源存量是随时间而不断减少的。第三类是“可再生资源”。如动物、森林、草原、微生物以及它们与环境要素组成的环境系统。其特点是在适宜的自然条件和合理的经营管理条件下，可以不断更新繁衍，以供人类的永续利用。这类资源可不断繁殖、更新。

四是环境资源按其使用价值，又可分为四类：第一类是物质资源。这类资源以其实体为人类提供服务，它包括矿产资源、煤、石油、土地等；第二类是环境容量资源。环境容量是指在一定环境质量目标下，环境可容纳污染物质的最大量，环境容量也是一种资源，它以其同化污染物为人类服务；第三类是舒适性资源。主要指优美的自然景观；第四类是自我维持性资源。这类资源的主要功能是维持生态平衡。

环境资源主要是通过开发利用为经济发展服务的，这是人类生存与发展的基础。开发利用环境资源是人类最早从事的生产性活动，也是推动现代社会发展的重要手段。可以说，经济发展的速度和水平取决于环境资源开发利用的水平。随着人类对环境资源开发深度和广度的提高，经济发展水平也日益提高。但是，经济发展或资源开发的过程，同时也是使系统发生变化的过程，超越自然系统的承受力，破坏自然系统的生态平衡关系，造成资源的枯竭和环境的破坏，反过来会对经济发展造成不利影响。主要表现在：(1)环境资源遭受破坏，导致生态系统恶化。(2)造成人类生存环境恶化，破坏经济发展的外部环境。(3)资源的过度开发与利用，导致资源的枯竭，造成经济的不可持续发展。总之，经济发展是一把双刃剑，它一方面会带来人类生活水平的提高、福利的改善，同时也会破坏人类赖以其生存和发展的环境。

参考文献：

［美］迈克尔·P. 托达罗、斯蒂芬·C. 史密斯：《发展经济学》原书第9版，机械工业出版社2009年版。
郭熙保：《发展经济学》，高等教育出版社2011年版。
齐良书：《发展经济学》，高等教育出版社2007年版。
李天齐：《环境经济学》，中国环境科学出版社2003年版。

（陈忠斌）

环境的经济功能
Economic Function of Environment

关于环境与经济的关系有很多不同的模型。图1描述了环境在维持经济活动中的4个功能和这些活动对环境的影响。这4个作用是维持生命、提供自然资源、吸收废弃物和提供舒适服务，如图1下半部分所示。图1上半部分表示一个经济系统，它由家庭和厂商两个部门构成（这里假设没有政府），家庭消费产品和服务并提供劳动力和资本，厂商利用环境提供的自然资源和家庭提供的劳动力和资本进行生产活动。

第一，环境提供人类赖以生存的生物的、化学的和物理系统，这个系统包括大气、河流、土壤、森林和动植物多样性等。这些环境提供的服务为家庭消费，其中大部分对生命的维持是必不可少的。这些服务的减少将使人类生存受到直接的威胁。例如,臭氧层的巨大破坏可能对人类生命具有灾难性的后果。

第二,环境也给家庭提供舒适感。风景如画的自然风光给人以美的享受,给人类带来快乐和满足。这对人类的生存是必不可少的,但随着经济发展和生活水平的提高,人们越来越需要环境提供的这些服务。旅游娱乐业的繁荣正是人类这种需求的体现。

第三,环境为经济生产和家庭活动提供原材料和能源。大部分自然资源必须经过生产过程进行加工和处理才能为家庭提供服务,但是,有些自然资源不需要任何加工就可以为家庭所使用。特别是在贫困地方,很多资源可直接为家庭所利用。例如,河水直接作为饮用水,野生树木直接作为薪柴用于煮饭等等。环境为家庭提供的这些资源是免费物品,无需支付任何成本。

环境为从事生产活动的厂商提供自然资源,如土地、矿藏、河流、海洋、森林等。自然资源或者是再生的,例如森林和渔业,或者是非再生的,例如矿藏。可再生资源能够以可持续方式使用,但过度使用或管理不善可能会导致资源的完全丧失,例如,森林的毁坏会导致沙漠化,使可耕地永远地丧失。因此,自然资源既为经济活动提供服务,同时,厂商的适当行为也能促进可再生资源存量的增加。图1中厂商与自然资源的双向箭头,表示经济活动和可再生资源是相互影响的。当然,不可再生资源的使用将会永远减少其存量,厂商能做的事情是合理地节约使用这些资源,延缓它们的耗竭。

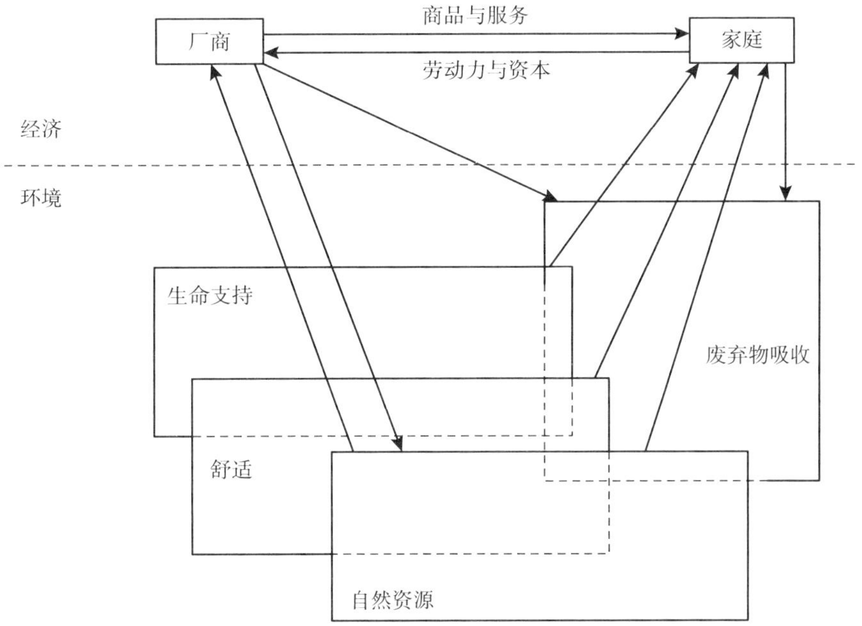

图1 环境的经济功能

第四,经济活动和家庭活动产生的废弃物被环境所吸收,这是环境为人类做出的又一个重要贡献。大部分废弃物被自然界自动地、安全地处理掉。但是,有些废弃物,如长期存活的放射性物质和重金属废料,是很难甚至是不可能被环境安全处理的。对这些废弃物应该采取其他安排。环境对废弃物的吸收和处理不是无限的,由生产和生活产生的废弃物就会形成污染。例如,只要排放量在某些标准之下,海洋和河流中的废水的自然分解将不会产生严重的污染。但是,一旦超过了环境的吸收能力(排放量超过某个标准之上),废水排放将会导致污染的迅速增加。

环境的四种功能并不可以完全分割开来。有些环境资源可以同时提供一种以上的功能。例如,海洋为人类提供生命支持,提供自然资源(海洋动植物和矿产资源),还为人类提供娱乐场所和美丽的景色(如海滨浴场等),它还是吸收和处理废弃物的重要地方。因此,环境提供的经济功能有一部分是重合的,反映在图1上表现为4个方块之间部分重叠。

环境的各种功能之间可能是竞争性的。例如,过量地向海洋排放废弃物(废弃物吸收功能)可能会严重影响海生动物尤其是鱼类的生长,使海洋提供自然资源的功能降低(自然资源供给功能)。环境功能之间也可能是互补的。例如,适当的保护森林资源既可以提供木材的持续来源(自然资源功能),也可以减少土壤侵蚀和保护生态平衡(生命支持功能)。

参考文献:

郭熙保:《发展经济学》,高等教育出版社 2011 年版。
[英]A. P. 瑟尔沃尔:《增长与发展》,中国财政经济出版社 2001 年版。

(郭熙保　陈忠斌)

环境与发展
Environment and Development

环境与发展是相互作用的。环境对经济发展的积极作用主要表现在 4 个方面:(1)环境为人类的生存提供了条件。作为群体的人类只有在自然环境中才能存活,在可预见的将来,地球上的生物圈是人类唯一的栖息地。(2)优美的环境能提高人们的健康水平和生活质量,是效用的直接来源。(3)环境中的各种自然资源是经济发展不可缺少的投入品。第一产业不能没有土地资源、水资源、矿产资源和动植物资源,第一产业的很多产品又是第二产业的投入品。(4)自然环境具有吸收废物和自我净化的能力,是人类经济活动废弃物的排放地。

反过来说,环境退化则对人类健康、生产率和舒适造成损失。人类在发展过程中很大程度上改变了环境,而环境的变化反过来又制约了人类的进一步发展。随着人类经济活动规模迅速扩大,环境恶化问题日益突出,环境对发展的制约作用也越来越强。表 1 概述了 7 种环境管理不善对健康和生产率造成的主要后果,这 7 种环境问题是:水污染和缺水、空气污染、固体废弃物和有害废弃物、土壤退化、森林砍伐、生物多样性的丧失、大气变化。表 1 列出的对人类健康的损害本身不仅导致人类痛苦的增加和寿命的缩短,而且也降低了人力资本的存量和劳动力的生产率。

发展对环境的影响与发展的阶段有密切关系。就发展中国家与发达国家的比较而言,从一些指标来看,发达国家的环境状况要好于发展中国家。例如,对世界上一些城市的大气质量监测结果显示,空气中含有的二氧化硫和悬浮颗粒物浓度在高收入国家比在低收入国家要低得多。如 1987 ~ 1990 年,中国北京二氧化硫和悬浮颗粒物浓度分别为 107 和 413 微克/立方米;印度德里为 86 和 460;南斯拉夫萨格勒布为 92 和 135;澳大利亚墨尔本为 6 和 58;比利时布鲁塞尔为 42 和 22;加拿大多伦多为 14 和 61;德国法兰克福为 36 和 42;日本大阪为 28 和 42;美国纽约为 31 和 46。

表 1　环境管理不善对健康和生产率造成的主要后果

环境问题	对健康的影响	对生产率的影响
水污染和缺水	污染每年造成 200 多万人死亡,数十亿人患病;水缺乏造成贫困家庭卫生条件恶劣,并增加了对健康的危害	渔业产量下降;为提供安全的饮用水,农村居民花费了大量的时间,市政当局付出了费用;蓄水层的破坏造成了不可逆转的水源紧张;供水不足限制了经济活动
空气污染	造成很多急性病和慢性病,过高的城市颗粒水平是每年 30 万人至 70 万人提前死亡的原因,儿童慢性咳嗽有一半是由此引起;400 万人至 700 万人主要是农村贫困地区的妇女和儿童的室内空气受到烟尘的污染	严重时会限制车辆和工业活动;酸雨对森林和水体造成影响
固体废弃物和有害废弃物	腐烂的垃圾传播疾病,堵塞排水道,有害废弃物的危害通常带有地方性,但通常是严重的	污染地下水源
土壤退化	减少了在这种土地上耕种的贫困农民所需的营养;更容易造成干旱	在热带地区,农田生产率的降低占 GDP 的 0.5% ~ 1.5%;水库坝内河道运输网以及其他水利设施的泥土淤积
森林砍伐	造成局部洪灾,引起死亡和疾病	丧失可维持的木材潜力,丧失对侵蚀的预防性、流域的稳定性,以及森林提供的固碳的功能
生物多样性的丧失	失去潜在的新药	降低生态系统的兼容性,丧失遗传资源
大气变化	靠传播媒介传染的疾病可能发生转变,气候性自然灾害的风险;臭氧的减少造成疾病(每年可能在全世界新增加 30 万名皮肤癌患者,以及使 170 万人患眼睛疾病)	海平面上升对沿岸设施的破坏;农业生产率的地区性变化,海洋食物链的中断

资料来源:世界银行:《1992 年世界发展报告》,中国财政经济出版社 1992 年版。

从一个国家的经济发展过程来看，一般情况是，在较低发展水平上，环境状况比较好，自然界基本上保持原始状态。当经济开始起飞时，经济增长迅速，同时环境开始恶化。但实现工业化之后，环境又会得到改善。发展与环境的这种关系如果用一个平面坐标图来表示，用横轴表示发展水平，纵轴表示环境质量，那么，环境的变化就像一条倒U型曲线，如同库兹涅茨倒U型收入分配曲线，所以，人们把这种关系叫作环境库兹涅茨曲线。从历史上看，不少发达国家经历了一个环境质量先恶化后改善的过程。当今发展中国家在经济发展过程中是否要重演发达国家曾经走过的道路呢？它能够在经济发展过程中不破坏大自然，不破坏生态环境吗？如果可以的话，那就意味着发达国家曾经走过的道路是制度、战略和政策不当造成的，而不是经济发展的必然现象。因此当今发展中国家可以从发达国家历史中吸取经验教训，避免这种环境恶化的发生。但是，一般认为，环境的恶化是经济发展的一个必经阶段，而不是主观上的认识水平问题，也不是制度、战略和政策的失误造成的。而且，当今发展中国家环境破坏有可能比发达国家更为严重，改善生态环境比发达国家需要付出更大的努力和代价（郭熙保，2008）。

经济结构的转变必然导致环境恶化。经济发展过程是一个结构转变过程，即从农业经济形态转变到工业经济形态，最终实现工业化。传统农业经济基本上不会对生态环境造成巨大的影响，它能够使环境保持原始自然状态。随着工业化和城市化进程的加快，资源的消耗量在急剧增加，越来越多的资源如土地、森林和能源被迫开发利用，这样就导致了生态系统的破坏；另外，工业企业数量的增加和居民消费的激增，产生了大量污染物质，超过了环境的吸纳能力，从而使环境恶化。当经济发展到更高的阶段之后，产业结构将会变化升级，从高耗能、高污染产业向服务业和节能环保产业转变，服务业与工业相比，消耗的资源要小得多，污染排放物要小得多。

对环境服务的需求随着经济发展逐渐提高。人的需要是分层次的，吃饭穿衣是人的基本需要，只有在基本需要得到满足之后，人们才会想到更高层次的需要。在发展初期，人均收入水平很低，大部分人处于贫困状态，因此，首要目标是发展经济，解决温饱问题。舒适的生态环境是一种奢侈品，是一种更高层次的需要，在温饱问题未解决之前，人们是无法享受的。只有在人们富裕起来之后，才开始进入更高层次的需要，想要享受清新的空气，碧绿的草地，清澈的湖泊，湛蓝的天空。这时环境服务需求就会大幅度增加。有需求就会有供给，良好的生态环境就会被提供出来。结果，在高收入阶段，生态环境变得更好。

环境保护意识随着经济发展而逐渐增强。在发展初期，生态环境基本保持原始状态，环境污染程度较轻，对人们的生活品质没有造成较大的影响，因此，环境保护的意识不是很强烈，对环境保护的措施不是很严格，致使环境状况开始恶化。随着经济发展对环境破坏加剧，环境恶化对人们的生活和生存开始造成显著的危害时，人们才意识到环境保护的重要性，环保措施加强，使环境状况得到改善。

治理环境污染的财力随着经济发展而变得雄厚。环境污染问题具有很强的负外部性，不可能通过市场来解决，政府必须对保护环境承担主要责任。治理污染和保护环境需要大量的资金投入。在经济发展初期，政府财政收入有限，无法提供大量的资金投入环保。结果环境将会恶化。在经济发展后期，人均收入水平大大提高，国家财政实力开始雄厚起来，可以负担得起巨大的环保成本。在社会环保意识普遍增强，对环境服务的消费大幅度增加时，政府将会大幅度增加环保投资资金来治理污染，保护环境，使环境状况得到改善。

后发国家在环境保护方面处于不利地位而导致环境恶化更为严重。对于那些老牌的先发国家在工业化过程中由于世界上还有很多未被开发的处女地和丰富的自然资源，通过扩张领土和掠夺别国资源，能够减轻国内的资源耗竭和环境污染程度。此外，那些发达国家通过产业转移，把那些污染严重的产业逐渐转移到欠发达国家，以保护它们国内的环境。当今的后发国家却不具备这种外部环境和条件。它们不仅没有丰富的自然资源可以利用，而且为了发展，还不得不承接发达国家转移出来的污染性产业。这样就给当今的后发国家保护环境造成了更大的困难和压力。

综合以上原因，发展中国家在经济发展过程中必然会在某个阶段出现环境恶化的状况。中国改革开放以来，经济高速增长，工业化和城镇化加速发展，同时也导致环境的恶化。这是经济发展过程中必然发生的现象，而不是政策的失误造成的。但是，中国现在已经进入到工业化的中期阶段，发达地区甚至达到工业化后期阶段，保护环境的必要性和可能性都已具备，现在保护环境、改善环境和美化环境的时机已经到来。

以上是就经济增长对环境的一般影响而言的。如果从个别的环境退化指标来看，经济增长对环境的影响是不一样的。可以分为三种情况。第一，当收入增加时，有些环境问题趋于减轻。这是由于收入的增加为公共服务（如提供卫生设施、更少污染的能源的使用和更干净的饮用水等）提供了资金来源。第二，有些环境问题开始是恶化的，但会随着收入的增加而逐渐减轻。大多数空气污染和水污染都属于这种情况。某些类型的森林砍伐和对自然栖息地的侵占也是如此。但这种改善是不会自动发生的，而是需要政府采取适当的环境政策。第三，随着收入的增加，某些环境恶化的指标持续提高。这类环境指标有二氧化碳及氧化氢的排放和城市废弃物。减少这类污染的成本很高。但是，解决这个问题的关键仍然是政策问题。

参考文献：

郭熙保：《发展经济学》，高等教育出版社 2011 年版。

郭熙保：《和谐社会的发展之路——从库兹涅茨假说谈起》，载于《教学与研究》2008 年第 1 期。

[美]迈克尔·P. 托达罗、斯蒂芬·C. 史密斯：《发展经济学》原书第 9 版，机械工业出版社 2009 年版。

世界银行：《1992 年世界发展报告》，中国财政经济出版社 1992 年版。

David Alexander Clark, *The Elgar Companion to Development Studies*, Edward Elgar Publishing Limited, UK, 2006.

David W. Pearce and Jeremy J. Warford, *World without End: Economics, Environment, and Sustainable Development-a Summary*, Washington, D. C.: World Bank, 1993.

David Pearce, *Environment and Economic Development: the Economics of Sustainable Development*, Manuscript, 2005.

Gerald M. Meier and James E. Rauch, *Leading Issues in Economic Development*, 7th *edition*, Oxford University Press, 2000.

World Commission on Environment and Development, *Our Common Future*, New York: Oxford University Press, 1987.

World Resources Institute, *World Resources 1996-97: the Urban Environment*, New York: Oxford University Press, 1996.

（郭熙保　陈忠斌）

农业与经济发展

Agriculture and Economic Development

农业与经济发展的互动关系是发展经济学研究的重要课题。农业是一国经济发展的起点。一般说来，一国经济的落后程度与其农业的相对地位呈正相关，越是落后，农业所占比重越高。在发展中国家，经济发展过程就是从以农业为主的经济转变到以工业为主的经济。农业也是国民经济发展的基础，这一点对于任何国家都是如此。在那些已经实现工业化的发达国家，即使农业的产值份额和就业比重已经下降到很低的程度，农业仍然是国民经济的基础，这就是为什么像美国这样的经济发达国家，农业劳动力比重只有 2%，但在政府机构设置中仍然保留农业部，对农业提供大量的补贴，以维护农业的基础地位。对发展中国家而言，农业的基础地位更为突出。农业发展不仅要满足最基本的粮食需要，解决温饱问题，而且还是其他部门发展的必要条件，是实现工业化和现代化的重要推动因素。

诺贝尔奖获得者、美国经济学家库兹涅茨（Simon S. Kuznets，1961）把农业对国民经济其他部门的贡献概括为 4 个方面，即产品贡献、市场贡献、要素贡献和外汇贡献。

产品贡献。随着经济发展，农业部门在国民总产出中所占份额趋于下降，但这并不意味着农产品绝对量的减少。随着工业化程度的提高和农业技术进步速度的加快，农产品的产出总量往往会持续增加，不断满足非农产业扩张的需要。农业的产品贡献根据其用途可以分为原料贡献和粮食贡献两个方面。①原料贡献。一些工业部门把农产品作为主要原料，一般来说，经济发展水平越低，以农产品为原料的加工制造业所占比重越高，农业的原料贡献越重要。在发展中国家，没有农业部门提供的廉价原料，很多农产品加工部门就不能发展起来。②粮食贡献。几乎所有发展经济学家都强调粮食的关键作用，粮食供给不足会严重阻碍经济发展。人口增长迅速，穷人对食品的高消费倾向，收入水平的提高和城市化的推进，使得人均粮食需求不断增加，使供给难以满足需求。解决粮食短缺问题，虽然可以通过进口，但这将耗费大量的外汇，此外每个国家特别是大国都要考虑国家的粮食安全问题，所以，想方设法增加国内粮食生产往往成为一个必然选择。

市场贡献。农业部门的市场贡献指农业部门对非农部门产品的需求。这可以从农业生产和农民生活两个方面加以理解。①农业生产资料的市场贡献。随着农业的发展，农业生产所需的投入越来越多地依赖工业部门的提供。这一过程促进了农业生产资料工业的扩张。②农民消费品的市场贡献。随着农民生活水平的提高，越来越多的消费品需要向非农部门购买，如建筑装饰材料、服装、日化产品、家电产品、各种服务等。发展中国家的农村地区是一个重要的工业品销售市场，一是因为农村人口比重高，虽然农民的人均收入水平低于城市居民，但从总量上看，农民的货币总收入也是非常可观的。二是农民因收入低而导致消费倾向高，相同的货币收入总量，农民对工业消费品，尤其是国内生产的低端日用消费品的购买，要比城市居民多。动态来看，农民货币收入的增加比城市居民的同量增加，更有利于消费品市场的扩大和工业发展。

要素贡献。要素贡献指农业部门为非农部门提供生产要素，可以分为劳动力和资本两个贡献。①劳动力贡献。农村存在大量剩余劳动力，源源不断地流向非农产业，为其保持较低工资和较低生产成本做出贡献。②资本贡献。农业部门要从非农部门中购买工业品和各种服务，非农部门也要从农业部门中购买农产品，两种产品总售价之差，即为农业剩余净流出。在发展中国家，农业剩余净流出一般是一个正值，这就是农业对非农部门的资本贡献。工业部门和服务业部门的扩张,需要大量资本投入,但在发展初期,非农部门规模不大,单靠自身积累资金来加快发展还远远不够。所以,农业部门便担当了资本积累的重任。

外汇贡献。发展中国家外汇需求的快速增长来自两个方面,一是工业化需要从国外进口大量资本品和技术;二是随着国内收入水平提高,对国外消费品的购买增加。发展中国家的工业本身缺乏国际竞争力,出口创汇能力有限。所以,农业以及与初级产品加工工业便承担了出口创汇的重任。那些劳动密集型的农产品或手工艺品,成为发展初期的主要创汇来源。

农业对其他非农部门的四大贡献之间不是孤立的,存在着密切的关联。产品贡献使得农业部门获得收入,然后才能用货币去购买工业品和服务,才会产生市场贡献。当农业部门流出的价值大于非农部门流进农业部门的价值时,农业便产生资本贡献。此外,农产品销售到国外产生外汇贡献。可见,农产品是农业对经济发展贡献的基础,所以说,提高农业对经济增长的贡献,要求人均农业产出必须保持连续的增长(Johnson,D. G. ,2004)。

农业对非农部门的四大贡献可以分别归入供给和需求两个方面。产品贡献、要素贡献和外汇贡献从增加供给的角度促进非农部门发展,市场贡献则从增加需求的角度促进非农部门发展。经济越落后,供给角度的贡献越大。长期来说,农业部门所占就业和产值比重趋于下降,供给角度的贡献会相应地趋于下降,但需求角度贡献却会保留较重要的地位。如果工业发展被需求不足所困扰,最好的解决途径之一便是增加农村购买力。在工业部门壮大起来后,工业不再需要农业剩余的供奉,那么促进农业增长、繁荣农村市场,便可以促进轻工业品和服务的消费,进而促进非农部门发展,这样能够形成一个良性循环。综上所述,保持国民经济持续健康发展,必须维持良好的农业与非农部门之间的协调关系。实践证明,凡是对农业剩余抽取太多而使农村市场萎缩的国家,其经济发展都不会成功。保持农业持续增长和农民收入一定速度的增长,能够促进工业化、城市化和国民经济健康的发展。

改革开放以来,中国的农村体制改革推进了农业的持续发展,使得农业为工业化做出了重大贡献。首先是产品贡献巨大,中国农业和粮食生产稳步增长,在快速工业化和城市化过程中能够满足对粮食日益扩大的需求。其次,中国农业部门向非农部门提供了大量劳动力和农业剩余,创造了大量外汇收入。再次,随着农民收入的大幅度增加,农业和农村也是工业品的重要销售市场。当然,在工业化加速和工业部门壮大之后,农业对工业的贡献趋于下降,尤其是资本贡献在减少。目前,就国民经济整体来看,已经进入工业化中后期,工业开始反哺农业。在2006年农业税全面取消之后,农业所得到的财政转移支付增加,农业部门的资本贡献不断减少,并很有可能变成负数。工业反过来开始为农业发展提供大量资本,这是经济发展过程中的一个重大转折点,即进入到一个工业反哺农业、城市支持乡村的城乡发展一体化新阶段。

参考文献:

郭熙保:《农业发展论》,武汉大学出版社1995年版。

何秀荣:《比较农业经济学》,中国农业大学出版社2010年版。

[印度]苏布拉塔·加塔克、肯·英格森特:《农业与经济发展》,华夏出版社1987年版。

[美]约翰·梅尔:《农业发展经济学》,农村读物出版社1988年版。

[美]D. G. 约翰逊:《经济发展中的农业、农村、农民问题》,商务印书馆2004年版。

Michael P. Todaro and Stephen C. Smith, *Economic Development*, *11th edition*, Addison-Wesley, 2011.

S. Kuznets, Economic Growth and the Contribution of Agriculture: Notes on Measurement, *International Journal of Agrarian Affairs*, 1961.

(韩纪江)

农业剩余

Agricultural Surplus

农业剩余一般指农业总产出扣除农业再生产和农民生活消费支出之后剩下的部分。

从广义方面,对于农业剩余有着多种不同的理解。有学者认为,农业剩余可以从三种形式加以理解(Ghatak S. and Ingersent K. ,1984):(1)产品剩余,为农业总产品与其消费之间的差额,显示了农业部门对其他部门食品供给的重要性;(2)劳动剩余,欠发达农业中的边际劳动生产率接近或等于零,意味着转移走这一部分呈现为隐形失业的农业劳动力不会减少农业总产出,这对非农产业做出劳动力贡献;(3)财政剩余,采用合适的税收政策和借贷政策,集中农业储蓄。有学者认为,农业剩余主要有三种表现形式(叶兴庆,1992):第一是农产品剩余,这是大多数场合所认为的;第二是农业经济剩余,包括农产品的消费者剩余和生产者剩余;第三是农业劳动力剩余。

农业总产出扣除农业再生产支出后,便是农业净产出。当农业净产出超过农民生活消费需要时,便产生了农业剩余,最初主要是以多余农产品的形式存在。有了多余农产品,工业化所需要的劳动力才有了食物来源,其他非农产业的发展才具备物质基础。随着商品经济发展,农业剩余开始货币化,表现为资本积累,为其他非农部门发展做出资本贡献。

美国发展经济学家费景汉和拉尼斯(John C. H.

Fei and Gustav Ranis,1964)指出,发展中国家存在着二元经济,经济整体由农业和工业两个发展程度截然不同的部门组成。在经济起飞前,由于人口增长的压力而出现劳动力剩余。在经济起飞阶段,经济发展的重心由农业转移到工业,此时,农业的关键作用是源源不断地提供劳动力和储蓄。在典型的欠发达经济中,总是受到储蓄短缺和劳动力过剩的困扰,农业剩余不足与农业劳动过剩形成一对长期存在的矛盾。要变成发达经济,必须提高农业劳动生产率以增加农业剩余,同时增加工业资本积累以让工业增加吸纳农业劳动力来减少农业劳动剩余。

农业剩余一般通过3种方式转移到非农产业中去:(1)政府税收。包括土地税、农业所得税、出口税、公共服务收费等。(2)自然的或人为的降低农产品相对价格(贸易条件),致使非农部门从中获利。(3)农业部门直接投资于其他部门,如通过储蓄、农民开办非农产业、农民家庭迁移到城市等方式。

具体的转移模式,有市场机制和行政强制两种。(1)在经济自然演变的发达国家,对经济的人为干预较少,往往出现市场化转移模式,即农业剩余通过等价交换的方式进入工业部门。市场化指依靠市场机制实现自动转移,这需要三个条件:其一,农业必须向非农业部门出售产品,即必须有市场剩余。其二,农民必须是储蓄者,即他们的消费必须少于收入。其三,农民储蓄必须超过农业投资,须有农业净储蓄或资本净流出。美国、加拿大等发达国家主要通过市场机制来转移农业剩余。(2)依靠政权力量强制性转移,有直接和间接两种手段。直接手段是对农业征收重税,如日本。间接手段是对两部门产品交换比价进行控制,以低于其价值的价格向农业部门收购农产品,以高于其价值的价格向农业部门销售工业品,这样人为形成工农产品的价格剪刀差,这种方式较为隐蔽。在发展中国家,为了实施经济赶超战略,多采取行政强制手段,迫使农民将农业剩余供奉给城市和工业部门。甚至有些国家还逼迫农民把一部分生活必需的农产品低价卖给政府。

农业剩余的多寡制约着工业化的速度和进程。农业对经济发展的四大贡献归结到一点,就是农业必须有剩余(Jorgenson,1961)。农产品在满足农民自己需要之后有剩余,才可以为非农产业的劳动力提供粮食,形成产品贡献;农产品总量在满足国内需要之后还有剩余,才可以出口创汇,形成外汇贡献;农业剩余劳动力转移出去以后不影响农业生产,形成劳动力贡献;农民出售剩余农产品之后获得货币收入,产生对工业品的需求,形成市场贡献;农民日常的货币收入有节余,才能有资金储蓄,形成资本贡献。有的学者研究了晚清时期的农业和商业发展,发现缺乏足够的农业剩余是导致中国现代化进程失败的重要原因(金鹏,2002)。农业是社会的基础,只有农业生产率提高,出现大量农业剩余的增长,工商业发展、政治形态和科学文化的进步才会成为可能。中国近代农业剩余不足,无法承担起推进现代化的重任。在经济落后、以传统农业为主的基础上,建立起来的新中国是一个政府主导型的发展中国家,当资本原始积累不能从外部获取时,农业剩余就成为工业化的重要源泉。但是,当政府参与农业剩余分配时,拿多少和怎么拿,存在很大的差别,对农业和国民经济会产生不同的影响(武力,2004)。

为了实施重工业优先发展战略,在20世纪50年代,中国开始对主要农产品采取统购统销,利用合作化、集体化所形成的人民公社、生产大队和小队三级农村集体组织,过分地转移农业剩余。据估计,在1952~1990年间,我国农业部门向工业部门转移的农业净剩余达到资本积累额的20%(郭熙保,1992)。对农业剩余抽取太多严重阻碍了农业自身的发展,粮食供给长期短缺。改革开放以来,我国实施了土地家庭承包责任制,并且大幅度提高粮食收购价格,从而极大地激发了农民的生产积极性,农业剩余大幅度增加,不仅粮食连年增产,而且农民的收入和生活水平也不断提高,形成了农业持续发展和工业化不断加速的良性循环局面。

参考文献:

[美]费景汉、古斯塔夫·拉尼斯:《劳力剩余经济的发展》,华夏出版社1989年版。

[印度]苏布拉塔·加塔克、肯·英格森特:《农业与经济发展》,华夏出版社1987年版。

[美]约翰·梅尔:《农业发展经济学》,农村读物出版社1988年版。

金鹏:《农业剩余:中国现代化发展的瓶颈——对晚清时期中国农村经济的研究》,载于《复旦学报(社会科学版)》2002年第6期。

武力:《试论建国以来农业剩余及其分配制度的变化》,载于《福建师范大学学报(哲学社会科学版)》2004年第3期。

郭熙保:《我国农业资源转移的规模与特点》,载于《经济研究》1992年第9期。

叶兴庆:《农业剩余与经济发展》,载于《经济研究》1992年第1期。

D. W. Jorgenson, The Development of a Dual Economy, *Economic Journal*, Vol. 71, No. 282, Jun. 1961.

(韩纪江)

传统农业

Traditional Agriculture

传统农业指完全以农民世代使用的各种生产要素

为基础的农业。这个概念出自美国发展经济学家西奥多·W. 舒尔茨的经典名著《改造传统农业》一书。舒尔茨认为,传统农业是一种特殊类型的经济均衡状态。在长期内,技术状况保持不变,人们缺乏增加生产要素投入的动机,生产要素的供给和需求长期处于均衡状态。由此导致传统农业的生产方式长期不变,基本上是维持简单再生产。传统农业一般具有四个特征:

第一,技术停滞是一个基本,甚至是根本特征。农民以世世代代相传所积累和继承下来的直接经验为技术基础,技术手段比较原始,使用经过简单加工的简陋工具,年复一年的耕种同样的土地、进行同样的农事操作。技术进步极为缓慢,表现为长期的停滞不变,农业劳动生产率低下。

第二,商品化程度低。在传统农业中,主要投入物是土地和劳动,农民很少利用市场购买投入要素;劳动力主要由家庭成员组成,劳动边际报酬递减得很快;产出和投入大体相当,很难产生剩余积累,从而形成自给自足或半自给自足。生产目的主要是满足家庭自用,很少用来交换其他产品。即使用少量剩余农产品交换其他消费品和生产投入品,也主要是在附近集贸市场上进行。所面临的市场是不完善的,由于农村地域广,大多地处偏远,交通不便,信息闭塞,市场狭小,零碎而不统一。这种有限的市场只能容纳有限的专业化和劳动分工。专业分工的不足,反过来导致农民不得不自己生产所需要的大多数生产工具和日常消费品。

第三,规避风险。在传统农业中,生产效率不高,产出较少,农民常常处于生存的边缘状态。同时,农业生产受气候和环境的影响非常大,传统农业以农民家庭作为基本经营单位,经营规模不大,经济实力有限,无力抗拒较大的自然灾害。一旦遭遇天灾人祸,便有可能家破人亡。为了生存而养成一种反风险的本能,力图通过避免不必要的风险来减少产出的不确定性。所以,农民的生产经营习惯大多趋向于保守,把风险最小化作为基本前提。这种厌恶风险的态度,导致农业技术创新缓慢,有两个原因:一个是与创新相关的操作失误可能性很高,大部分新思想实施的结果变成了差思想;另一个是对创新失误的惩罚很高,因为在达到生存最低要求之前,农民的低收入无法承受巨幅下降。

第四,贫穷的永久化。不稳定的自然环境造成农业产出的不稳定,经常给农民生存带来严重威胁,更无法谈及扩大再生产。所以,传统农业被这样一种态度支配着,即强调生存和维持,而不是改善和提升,这就形成了所谓的生存农业(Subsistence Agriculture)。生存农业指这样一种农业发展状态,农业生产成果除维持农民的最低限度生活水准外,所剩无几。生存农业一直处于简单再生产的边缘。传统农业中,绝大部分时期是生存农业,受到土地资源和技术水平的约束,无法扩大再生产,一旦遭遇自然灾害,便只能通过节衣缩食,甚至是逃荒要饭来渡过难关。

对于生产力水平很低的传统农业是否具有效率存在着不同意见。当时颇为流行的观点认为传统农业是无效率的,但舒尔茨提出一个与众不同的观点,他发现传统农业中的农民并不愚昧,农民能够对市场价格变动做出迅速反应。传统农业依靠重新配置生产要素不会额外提高农业产出,因为其资源配置已经达到最优,是"贫穷但有效率"。传统农业之所以生产落后、产量低,不是因为缺乏储蓄、资本和企业家,最根本的原因是对原有生产要素增加投资缺乏高收益率,因此难以产生足够的经济刺激。为此,舒尔茨提出收入流价格理论,认为要改造传统农业,必须寻找一些新的现代生产要素作为廉价的增长源泉,其关键就是促进技术进步。必须建立一套适合改造传统农业的制度,从供给和需求两个方面创造条件,并对农民进行人力资本投资。

改造传统农业,必须把新技术进步引入到农业生产体系中,但这存在着一系列障碍(S. Ghatak and K. Ingersent,1984):一是缺乏适宜的替代技术,西方的现代农业技术往往不宜直接运用到发展中国家;二是农民文化水平低,技术信息传播不畅,对一些适宜技术缺乏了解;三是引进新技术存在着风险,农民不敢贸然使用;四是农民十分贫穷,难以在金融市场上获得信贷资金,无力采用新技术;五是受到物质投入,如种子、化肥、农药及灌溉设施等供给瓶颈的限制;六是发展中国家存在着不平等、僵化的社会和政治制度,如农民几乎没有政治权力来影响国家方针政策的制订,土地分配不平等,受中间商的盘剥,等等。美国发展经济学家托达罗等(Todaro and Smith,2011)认为,大多数国家的传统农业不仅仅是一种生产方式,而且还是一种生活方式。要改变传统农业的生产方式,必须同时转变整个社会的政治、经济制度。

改革开放前,我国的农业具有传统的特征,传统生产方法占主导地位,机械化程度很低;但也具有非传统性质,例如,在农业生产中大量施用化肥、农药和现代良种等。经过 30 多年的发展,目前我国的农业机械化、良种化、科学化、专业化、市场化程度越来越高,正朝着现代农业转变。

参考文献:
[印度]苏布拉塔·加塔克、肯·英格森特:《农业与经济发展》,华夏出版社 1987 年版。
[美]西奥多·W. 舒尔茨:《改造传统农业》(1964),商务印书馆 1987 年版。
郭熙保:《农业发展论》,武汉大学出版社 1995 年版。
Michael P. Todaro and Stephen C. Smith, *Economic Development*(*11th edition*), Addison-Wesley,2011.

(韩纪江)

小农经济
Peasant Economy

小农经济指经营规模较小、劳动协作局限在农民家庭内部的一种农业经济形态。虽然也有少数雇佣和被雇佣现象存在,但小农经济主要是以家庭劳动为基础,缺乏系统的资本收益率概念,较少进行经济核算,而且有时候很难区分生产性和消费性活动。大多数发展中国家的农业基本上都属于小农经济的范畴。小农经济可以从两个角度来理解。一是指土地制度是小农所有制,所有者拥有较少的土地资源。二是指农业经营规模较小,土地被租赁或承包给规模较小的农户或家庭农场进行耕种。

小农(Peasant)是小农经济的主体,指以农业生产活动为主要收入来源、生产经营规模有限且以家庭经营为主的农民或农户。在国外一些文献的定义中,落后国家的农民即指小农,与发达国家的大农即农场主(Farmer)相区别。英国农业经济学弗兰克·艾利思(Frank Ellis,1996)认为,农民指主要从农业中获得生活资料,在农业生产中主要利用家庭劳动的农户,他们部分的参与常常是不完全或不全面的投入和产出市场。用农民一词来代表农户,可以与种植园、大地产、资本主义农场、商业化家庭农场等其他形式的农业主体区分开来。

小农自身拥有一些显著的缺陷:一是所受教育有限,文化知识水平不高,掌握的科技知识不多。二是受基本素质局限,对新鲜事物的接受能力差,思想观念落后,缺乏创新精神和竞争意识。三是很多人普遍养成一些不良习惯,如组织性差,生活懒散,注重眼前利益,具有机会主义心理和投机行为。四是小农的消费水平不高,营养摄入不足,导致身体健康状况差,在一定程度上强化了上述精神层面的缺陷。由于高素质的农民往往选择外出到城镇寻找新的就业机会,导致农业劳动力的素质提高缓慢,在一些国家或地区,农业劳动力有老龄化和女性化趋势,故而使得上述缺陷长期存在。

但是,美国发展经济学家西奥多·W. 舒尔茨(T. W. Schultz,1964)认为,传统农业中的农民,并非是人们所认为的那样懒惰、愚昧和缺乏理性;农民也是具有理性的经济人,其经营效率不低于企业家。在现有约束条件下,他们总是对既定资源进行有效配置,产出可能有限,但效率已经发挥到最高,并达到均衡状态。美籍华人农业经济学家黄宗智(1986,1992)认为,对于小农必须同时使用西方经济学的利润最大化和企业、消费者抉择等多个理论进行分析,根本不同的是应把小农当作一个生产和消费合一的单位来理解。

小农具有自给自足的特征,其农业产出的很大一部分被直接消费掉,而不会进入市场,这使得小农只是部分地参与市场。越是接近贫困底层的农民,这种自给特征越明显。黄宗智认为,小农是三个不可分的特性的统一体:追求利润,维持生计,受到剥削。但位于不同阶层的小农,其经济状态和行为是不一样的。中国的小农经济具有高土地生产率和低劳动生产率相结合的特点,农业产出的增加低于劳动投入的增加,是农业过密化(内卷化)的证明,通过家庭劳动力的更充分利用带来真正的、尽管很有限的家庭收入增长。

小农经济较小的经营规模,简陋的生产条件,缓慢的技术进步,使农民缺乏用于扩大再生产的积累和储备能力,抵御天灾人祸的能力较弱。任何一个失误对于家庭生存来说都可能是致命的。因此,农民的生产经营带有很强的保守性。由于正规的保险和信贷市场的缺失或失灵,农户只能发展出多种非正规的方式来抵御风险,现金、存款、牲畜、粮食成为农户最主要的谨慎性储备,以便于保障家庭成员的平滑消费。通过经常性的人情往来保持非正规的风险分担网络,借贷主要发生在近亲中,网络质量和规模都对风险分担有显著影响。

在中国几千年的封建社会里,自耕农和佃农是小农经济的普遍形式,自耕农的数量受到朝代更替的影响,也会反过来影响到社会稳定。自耕农所占比重越高,社会越趋于稳定。农民掌握生产资料和生产工具,具有生产积极性。由于户均经营的土地规模很小,在有限的土地上努力耕作,发明出精耕细作农业。但封建制度下的中国农业经济长时期停滞不前。

在计划经济时期,农业被置于人民公社、生产大队和生产小队三级管理体制下,实行以生产小队甚至很多地方以生产大队为基本生产单位的集体经营。这种“大锅饭”式的统一劳作,严重损害了农民的生产积极性、主动性和创造性,导致农业产出低下,留下惨痛教训。中国农业集体化从反面证明和检验了小农经济的有效性。改革开放以来,农业实行土地集体所有制下的家庭承包经营,农民拥有了较多的经济自由和经济自主权,极大提升了农民的生产积极性,为中国经济发展与制度转型打下坚实的基础。

随着市场经济体制的不断完善和城乡劳动力的持续流动,农业经营组织正在调整,农业生产规模正在扩大,结果是小农经济的消失和农业现代化的到来。

参考文献:

[英]弗兰克·艾利思:《农民经济学——农民家庭农业和农业发展》,上海人民出版社 2006 年版。
陈传波、丁士军:《中国小农户的风险及风险管理研究》,中国财政经济出版社 2004 年版。
陈勇勤:《小农经济》,河南人民出版社 2008 年版。
[美]黄宗智:《华北的小农经济与社会变迁》,中华书局 1986 年版。
[美]黄宗智:《中国农村的过密化与现代化:规范认识危机及出路》,上海社会科学院出版社 1992 年版。

孔祥智:《中国农家经济审视——地区差异、政府干预与农户行为》,中国农业科技出版社 1999 年版。
[俄] A. 恰亚诺夫:《农民经济组织》,中央编译出版社 1996 年版。
[美]西奥多·W. 舒尔茨:《改造传统农业》,商务印书馆 1987 年版。

(韩纪江)

现代农业
Modern Agriculture

现代农业指广泛应用现代科学技术和现代工业所提供的各种生产要素,采用科学管理方法,进行专业化和商品化生产的农业经营方式。

现代农业是相对于传统农业而言的,从传统农业过渡到现代农业,就是农业现代化过程。传统农业的特点是单位投入产生相对不变的产出;与之相反,现代农业的特点是单位投入具有显著增加的产出(Mellor,1966)。现代农业进行商品化经营,以追求利润为基本目的,突破了传统农业的生存农业、糊口农业特征;现代农业大量采用现代化的机械设备,采用与现代科学相关的技术和工艺方法、管理理念,替代了人力、畜力和手工工具;劳动者由低文化素质、低人力资本、保守和规避风险的传统农民向高文化素养、会技术、懂营销的现代农民企业家转变;从初级农产品的单一生产和自给半自给性消费,向种养加、产供销、贸工农一体化、农业产业化转变;由传统的封闭型低效农业向开放型高效农业转变。现代农业出售的已不是剩余农产品,要素使用已不仅限于土地和劳动(Weitz,1971)。资本投资、技术变革和创新、研究与开发占有重要地位,专业化协作分工越来越强,生产目的是利润最大化而满足市场需要。

现代农业的特征是:(1)生产技术科学化。以现代科学为基础,一批农业技术院校建立起来,研发和传播农业科技。抛开传统农业中的口口相传的技术,广泛采用现代自然科学技术,技术更新速度越来越快,与工业化的技术进步差距逐步缩小。(2)生产工具机械化。打破农业为自身提供基本投入品的简单再循环,广泛使用机械来代替劳动力、畜力投入,依赖石化能源和现代投入,包括汽柴油、电力、农药、化肥、薄膜等,不但提高了生产效率,还大幅度减轻了劳动强度。(3)生产目的市场化。现代农业的生产目的不再是自给自足和农民家庭自我消费,而是为了市场销售而进行生产,大量投入品也购自市场。因此,生产经营要进行核算和科学管理,以实现利润最大化。(4)生产组织的专业化、区域化与社会化。为了提高劳动效率,一般以一定范围地域为基础,进行专业化生产,改变了过去传统农业"小而全"的生产方式。在生产的各个环节,形成工序上的分工协作,产前、产中、产后各个环节都有不同的组织负责,进行产业化、一体化经营,提高了生产效率,降低了交易成本。

改革开放以后,中国实行农业家庭承包经营,极大提高了农民生产积极性,促使农业人均产出和总产出大幅度提高。农业家庭承包经营方式在不断的演化和完善,通过多种多样的合作与社会化服务,农业生产技术和经营管理水平提高很快,机械化程度越来越高,显著提高了农业生产率。目前,从全国范围来看,农业正在经历由传统农业向现代农业的过渡,农业生产中的传统部分和现代部分并存。传统部分表现在,有些生产工具和生产方法与几千年前相差无几,如牛耕技术,这主要存在于偏远农区和少数农业生产环节。现代部分表现在广泛使用化肥、农药、农业机械、农用薄膜、电力、高产良种等现代投入品,使农业土地生产率快速提高。在东部沿海发达地区或大中城市的郊区,农业正在完成由传统农业向现代农业转变的过程。

参考文献:

何秀荣:《比较农业经济学》,中国农业大学出版社 2010 年版。
何忠伟:《农村发展经济学》,中国农业出版社 2008 年版。
[美]约翰·梅尔:《农业发展经济学》,农村读物出版社 1988 年版。
Raanan Weitz, *From Peasant to Farmer: A Revolutionary Strategy for Development*, New York: Columbia University Press, 1971.

(韩纪江)

农业技术进步道路
Path of Agricultural Technological Progress

农业技术进步道路指农业生产经营过程中不断应用生产效率更高的先进技术来代替落后技术的路径选择。按照经济学描述,农业技术进步指农业生产函数的改变,在生产要素投入不变的情况下,可以提高产出;或者在产出不变的情况下,可以减少要素投入。传统农业的一个基本特征是技术停滞不前,造成农业生产率低下。要改变传统农业,必须把新的技术引入农业生产体系中。

在技术进步的过程中,不同要素的使用变动情况是不相同的。也就是说,技术变动往往不是中性的。据此,可以把农业技术进步划分为两个可能的方向:(1)劳动节约型方向,以代替劳动为主的机械技术进步(机械化),提高劳动生产率和减轻劳动强度。(2)土地节约型方向,以代替土地为主的生物化学技术进步,利用生物化学方法提高产量,使技术按照替代土地的方向发展。主要是通过改良品种(生物化),以及相应的化肥、农药投入(化学化)、水利灌溉(水利化)等措施提高土地产出率。

当前世界上,农业技术进步出现了三种模式:(1)先以劳动节约型为主,后以资源节约型为主。以美国为代表,开始是因为缺乏劳动力而广泛使用机械化。第二次世界大战以后,随着对土地需求量的增加,地价上涨,节约土地资源的生物化学技术得到应用。(2)先以节约资源为主,后以节约劳动为主的道路。以日本为代表,第二次世界大战以后,日本人多地少,工业基础薄弱,很重视土地资源节约,发展生物和化学技术,提高土地产出率。20世纪50年代以后,随着农村劳动力大量向工业的转移,农业劳动力不足,诱发了先是中小型、后是大型的机械化进程。(3)劳动节约与土地节约型技术同时推进的中性技术进步,以法英等西欧各国为代表,这些国家既缺乏农业劳动力,土地资源也不丰富。

技术进步一般与资本投入增加相伴随。20世纪70年代至80年代,日本经济学家速水佑次郎和美国经济学家拉坦(Yujiro Hayami and V. M. Ruttan,1985)提出诱导性创新理论,认为农业技术进步不是科学知识自发进步的产物,不是独立于农业发展过程的外生变量,而是农业经济发展的内生变量。资源禀赋和产品需求的变化诱导了技术和制度创新,那些土地资源丰富而劳动力资源稀缺的国家,选择机械技术进步的道路最有效率,土地稀缺而劳动力丰富的国家,选择生物化学技术进步的道路是最优的。

技术进步的一般过程是:(1)技术发明。那些成效显著的、发明人具有权威性的、能够很快同化在现有技术内部的发明能够较快的被采用。(2)传播。传播速度的快慢要看传媒的影响力、传播途径等。美国杂交玉米的推广,在最初知道和决定采用之间的平均时间间隔大约是9年。(3)普及。主要看潜在利用者的个人素质和社会因素。在低收入国家,农村地区的人口只能接受较少的教育,那些能够接受较多教育的农民也大多到城市工作和生活,农技管理水平和教育都很落后,给农技推广和普及造成很大障碍。

中国人多地少,农业生产主要进行精耕细作,以土地节约型技术为主,土地产出率已经达到世界先进水平。至21世纪初,随着大量农村劳动力流动到城镇就业,农业劳动力数量大幅度减少,其机会成本提高,技术进步路径是劳动节约型和土地节约型同步发展。在将来一段时间,随着城市化的迅速推进,更多的农民到城镇定居,农村劳动力大幅度减少之后,农业技术进步将向劳动节约型方向推进。

参考文献:

李秉龙、薛兴利:《农业经济学》,中国农业大学出版社2009年版。

[美]约翰·梅尔:《农业发展经济学》,农村读物出版社1988年版。

[日]速水佑次郎、[美]弗农·拉坦:《农业发展的国际分析》,中国社会科学出版社2000年版。

(韩纪江)

速水—拉坦诱导性创新理论
Hayami & Ruttan's Induced Innovation Theory

速水—拉坦诱导性创新理论指技术与制度变革是由要素供给和产品需求这两个内生变量所诱导的。相对资源禀赋决定了相对要素价格,对相对高价格的稀缺要素的替代诱导了技术变革,技术变革引起经济关系的不均衡导致制度变革。

20世纪70年代初,日本经济学家速水佑次郎(Yujiro Hayami)和美国经济学家拉坦(V. M. Ruttan)合作研究,提出农业发展的诱导性技术创新理论。1985年,他们又提出诱导性制度创新的概念,形成成熟的诱导性创新理论。

技术进步道路主要由资源禀赋状况决定,土地资源丰富而劳动力资源稀缺的国家,选择机械技术进步道路最有效;土地稀缺而劳动力丰富的国家,选择生物化学技术进步道路最为合适。其内在的机制是,在经济发展的动态过程中,相对要素价格的变化和产品需求的变化密切相关。比如,当粮食需求由于人口和人均收入增长而增加时,对生产粮食所需的要素投入的需求也或多或少的按比例增加。要素需求增加面临不同的要素供给弹性,结果导致相对要素价格的变化。

农业技术进步可以看做是由相对要素稀缺性的变化所引起的。人口密度较大,土地相对于劳动变得越来越稀缺,土地价格(地租)相对于劳动价格(工资)变得越来越高,农业技术就会按照代替土地的方向发展,即农业技术的发明是土地节约和劳动使用型的。结果,这种技术创新就是生物化学技术的进步,追求土地生产率的提高。人口密度小,劳动相对于土地变得更加稀缺,劳动价格相对于土地价格不断上涨。结果是代替劳动的技术不断被发明运用,农业机械化程度越来越高。这就是机械技术进步,主要导致劳动生产率的提高。

农业技术的供给和需求主体不一致,需要进行有效衔接。假定农民、公共研究机构和私人农业投入供给商之间存在着一种有效的相互影响机制。农民受相对价格变化引诱,寻找那些节约稀缺要素的技术,这种技术需求促使公共研究机构开发这种新技术,同时还要求农业投入供给商生产和供给那些替代稀缺要素的投入品。农业投入供给商是私人企业,对农民投入需求所做出的反应是由这些投入品价格上升所引起。农业技术的创造和发明者——农业研究科学家和管理者一般是非盈利性的,研究成果大都属于公共物品,研究支出一般来自公共拨款和社会资助。问题是怎样使科研人员的研究工作与社会对技术需求相一致?解决办法是建立一个有效的刺激机制,从物质上和名誉上奖励那些做出贡献的农业科学家和管理者,使技术供给与农民、农业投入供给商的需求大体上保持一种动态平衡。

但是,技术发明和创造并不完全由相对要素价格的变化引起,一般科学技术进步对农业技术变化也会产生影响,主要是降低创新成本。此外,技术的采用速度和对农业生产率的影响会受到资源供给和产品需求条件的影响。

速水—拉坦诱导性创新理论,建立在自由竞争的市场经济体制基础上的,此时的要素价格能正确反映要素供求关系的变化状况。其适用地区,基本上符合美国、日本等发达国家农业现代化时期的情况。在发展中国家,市场很不完善,社会制度造成要素供给人为的刚性和资源使用形式的不灵活,要素价格受到扭曲,尤其是在土地国有化的国家中,土地是没有价格的,因此难以反映要素的稀缺程度。但是,在这些国家中,农业技术进步的道路仍然反映了要素的稀缺性。例如,20 世纪 60 年代的"绿色革命"就发生在那些市场不完善且人多地少的不发达国家,如印度、巴基斯坦、菲律宾、墨西哥等。中国无论在改革开放前还是改革开放后,农业中采用的都是生物化学技术进步的道路,土地生产率一直较高。这表明农业技术进步道路的选择主要是由要素禀赋状况决定的,与经济制度无关。

参考文献:
郭熙保:《农业发展论》,武汉大学出版社 1995 年版。
[日]速水佑次郎、[美]弗农·拉坦:《农业发展的国际分析》,中国社会科学出版社 2000 年版。

(韩纪江)

梅勒农业发展阶段论
Mellor's Phase of Agricultural Development

美国农业经济学家梅勒(又译为梅尔,Mellor,John W.)把农业发展阶段分为技术停滞、劳动密集型技术进步、资本密集型技术进步三个阶段。

第一个阶段是技术停滞阶段。这个阶段为传统农业阶段,此间的技术进步是停滞的,虽偶尔出现一些技术创新,但不是连续性的,对生产率的影响很小。农业基本上是静态的,农业生产的增长取决于传统要素供给的相应增加。

第二个阶段是劳动密集型技术进步阶段,即梅勒所说的低资本技术动态农业发展阶段,是传统农业向现代农业的过渡阶段。正是这个阶段,农业能够在整个发展中发挥关键的作用。这个阶段具有五个特征:(1)农业仍然是整个经济中最大的部门。(2)农产品需求由于人口和收入增加而迅速上升。(3)工业发展的资本特别稀缺,其资本报酬在不断上升。(4)经济转变速度的限制和人口增长的压力阻碍农场规模的扩大。(5)劳动节约型的农业机械化发展受到限制,因为资本比劳动稀缺,农业发展主要依赖劳动使用型或资本节约型技术,以提高土地生产率为重点。大多数低收入国家的资源状况是劳动力充裕而资本稀缺,处于农业发展的第二个阶段。在这个阶段,农业发展应该避免使用与工业相竞争的、具有替代劳动性质的资本投入,而多使用与劳动相互补充的投入。这种互补性投入包括物质和非物质的要素,如进行土地制度改革等提供刺激性的体制,建立农业研究机构,提供新的物质投入品,建立农业生产服务体制,对教育进行投资,等等。

第三个阶段是资本密集型技术进步阶段,即高资本动态农业发展阶段。发展到这个阶段之后,整个农业部门的相对重要性下降,所占比重越来越小;资本变得越来越充裕,允许农业部门大量使用资本;非农业部门扩张使农场规模扩大;劳动成本变高导致机械化。主要特点是资本对劳动的替代。劳动节约型的大型机械和其他资本密集型技术不断被发明,被运用到农业生产之中,劳动生产率持续增长。资本需求量很大,需要资本购买土地以扩大规模,购买机械、化肥、农药等农业生产资料。同时,生物科学技术进步促进单产提高,也导致劳动生产率的提高。

梅勒对农业发展三阶段的划分符合地少人多的情形,日本、中国台湾地区基本上经历了这三个阶段。但是,这种划分并不适合人少地多国家的情况,美国、澳大利亚等国的农业发展没有遵循梅勒所说的三个阶段次序,它们跃过了第二个阶段而直接进入第三个阶段。当今拉美国家也没有遵循这个次序。

参考文献:
郭熙保:《农业发展论》,武汉大学出版社 1995 年版。
[美]约翰·梅尔:《农业发展经济学》,农村读物出版社 1988 年版。
John W. Mellor, The Process of Agricultural Development in Low-Income Countries. *Journal of Farm Economics*, Vol. 44, No. 3, Aug. 1962.

(韩纪江)

韦茨农业发展阶段论
Weitz's Theory of Agricultural Development Stages

以色列农业经济学家韦茨(Raaanan Weitz,1971)

从农业生产方式和商业化的角度，把农业发展过程分为传统农业、混合的多种经营、现代农业等三个阶段。

第一个阶段是传统农业，传统的自给自足，技术停滞，生产力低下，产品单一，没有农业剩余，生产中使用的生产要素主要是土地和劳动。大多数农民处于半失业状态，农忙季节才有可能充分就业。

第二个阶段是混合的多种经营，是小农经济向专业化农业发展的过渡阶段，具有如下一些特点：(1)具有多样化生产结构。以家庭经营为主，辅之多种服务。(2)收入水平高于维持生存所需水平。农闲季节可将劳动力转移到畜牧业及其他经济作物和加工上，既避免"变相失业"，又增加收益，于是产生了农业剩余。(3)尝试进行技术变革。收益提高，农业剩余增加，使资本投入的增加成为可能，农产品商品化趋势开始出现，并有技术进步需求，化肥、薄膜、农机等在农业中得到应用。

第三个阶段是现代农业，农业实现了专业化、现代化、商品化，出售的已不是剩余农产品，生产为了满足市场需要，经营目标是利润最大化，专业化协作越来越强。要素使用已不仅限于土地和劳动，资本投资、技术变革和创新、研究与开发占有重要地位。与国民经济其他部门的全面发展相联系、相适应。

目前大多数发展中国家尚处于混合多种经营农业阶段，还将持续一段较长的时期。混合型农业收入虽不高，但有保障，受市场价格波动影响小，风险不大，劳动力使用均衡，技术多样，易于转向，而且对支持性体制的依赖程度低，容易推行。目前，随着农业技术在世界范围内的迅速传播，化肥、农药、农业机械及高产良种等现代农业生产要素在大多数低收入国家都程度不同的得到使用，但许多生产方法和工具仍然是传统的。例如，锄头、木犁、扁担、箩筐等生产工具，以及畜耕、播种、除草、收割、脱粒、运输等作业方式在1000多年前就已存在，但至今却还在广泛地使用着。整体而言，发展中国家农业部门目前既不完全是传统农业，也没有进入现代农业，而是处在从传统向现代转变的阶段。

中国地域广大，在经济发达地区，已经进入现代农业阶段，但大多数区域尚处于混合多种经营阶段，今后的主要任务就是要继续推进技术变革与制度创新，把多种混合经营农业转变到现代农业。

参考文献：

Michael P. Todaro and Stephen C. Smith, *Economic Development* (*11th edition*), Addison-Wesley, 2011.

Raaanan Weitz, *From Peasant to Farmer: A Revolutionary Strategy for Development*, New York: Columbia University Press, 1971.

（韩纪江）

绿色革命
Green Revolution

20世纪60年代中后期，在墨西哥、巴基斯坦、印度、印度尼西亚、泰国、哥伦比亚等国，大面积推广和种植新型高产小麦和水稻品种获得成功，粮食产量比过去大幅度增加。这种以种子改良运动为主的快速农业技术进步被称作一种绿色革命。绿色革命的起因，不像美国和日本那样是由要素的相对价格变化所诱导，而是在发展中国家人口膨胀和农业停滞的巨大压力之下发生的。1966年，位于菲律宾的国际水稻研究所开发出半矮秆水稻品种，标志着绿色革命的开始。一些谷物，如小麦和水稻高产良种在墨西哥和菲律宾的试验基地被相继发明出来，并以极快速度在适合生长的发展中国家推广开来。

绿色革命有两个易于推广流行的优势。一是高产良种具有高化肥反应性质。传统品种对化肥反应不大，或者具有相反的反应。新型高产良种对化肥的反应很大，若不施肥，高产良种的产量与传统品种差不多；当化肥施用量增加时，高产良种的产量随之增加，而且远远高于施用同样多化肥的传统品种。所以，高产良种与化肥是高度互补性投入品。二是"种子—化肥"技术是规模中性的。在其他条件相同的情况下，在高产良种采用方面，大农场并不比小农场更有效率。有人甚至认为，小农场比大农场更有效率。当然，规模中性只在一定范围内是有效的，只适用于剩余劳动规模庞大的传统农业，不适用于动态的现代农业；对提高土地生产率有效，对提高劳动生产率和农民收入却不一定有效。

绿色革命对发展中国家产生了重大影响，在大面积地种植新型高产良种的国家或地区，粮食产量大幅度上升。这还极大缓和了发展中国家的农村隐蔽性失业问题。20世纪60年代末以后，发展中国家引进了新型高产良种，农业劳动投入的需要量显著增加。新型高产良种需要更加精耕细作，所需劳动增加。新型高产良种生长期短，可建立两熟、三熟复种体系。土地更加集约化使用，需要的劳动量就相应地增加。对化肥、农药、水的需要量大，带动相关产业发展，增加了劳动力的利用。同时，粮食生产的增长对发展中国家的穷人是有利的。穷人的粮食支出占比高于富人，粮食供给增加和粮食价格下降，使穷人获得更大利益。粮价下降大大缓和了物价上涨幅度。如果没有绿色革命的发生，粮食价格将会上涨得更高，通货膨胀将更为严重。不过，绿色革命所带来的高生产率，在不同作物或不同地区是不一样的，消费者大多从食品价格下降中得到好处，但生产者只有在成本下降超过价格下降的时候才会受益(Evenson, et al., 2003)。

绿色革命也产生了一些负面影响，如：(1)收入分配不均现象恶化,小农和佃农绝对收入虽然有所增加,但增幅远低于大地主和大农场主。也就是说,小农和佃农的相对收入水平下降。同时,地区之间的收入差距也出现扩大。在适宜种植高产良种的地区,农民收入改善;不适宜的地区,农民的收入水平仍然很低。(2)导致土壤肥力下降和环境污染。过度依赖化肥使土壤肥力下降,使得土地产出率更加依赖化肥投入,化肥已成为农业生产的依赖物。化肥和农药的大量生产和使用使得有毒物质流入空气和水中,农膜的使用造成白色污染,形成永久性的污染源。

绿色革命从菲律宾开始,向印度等国家扩散。绿色革命代表着劳动密集型的传统农业向资本密集型的现代农业的转变,对农业的投资成为绿色革命的先决条件(王立新,2011)。但是,在印度,绿色革命只是促使农业实现了某种程度的现代化,不能与美国那样的发达农业相提并论。

中国人均耕地面积较小,理应获得绿色革命带来的好处。但在实际上,绿色革命对中国农业和粮食生产并没有产生显著的影响。在世界发生绿色革命的时候,中国的粮食单位面积产量就很高,甚至比发生了绿色革命的国家还高,这表明,即使在改革开放前,中国也是非常重视农业技术的开发与研究,重视土地的精工细作,使中国的农业技术研究始终居于世界领先地位。

参考文献:

王立新:《印度绿色革命的政治经济学——发展、停滞和转变》,社会科学出版社 2011 年版。

郭熙保:《农业发展论》,武汉大学出版社 1995 年版。

Gurdev S. Khush, Green Revolution: The Way Forward, *Nature Reviews Genetics*, Vol. 2, October 2001.

R. E. Evenson et al. , Assessing the Impact of the Green Revolution, 1960 to 2000, *Science*, Vol. 300, May 2003.

Bernhard Glaeser, *The Green Revolution Revisited: Critique and Alternatives*, London: Allon and Unwin, 1987.

Gordon R. Conway and Edward B. Barbier, *After the Green Revolution: Sustainable Agriculture for Development*, London: Earthscan Pub. Ltd. , 1990.

Mohammad Alauddin and Clement Tisdell, *The "Green Revolution" and Economic Development: The Process and Its Impact in Bangladesh*, St. Martin's Press; New York: London: Macmillan, 1991.

Rinku Murgai, *The Green Revolution and the Productivity Paradox: Evidence from the Indian Punjab*, World Bank, Washington, DC, 1999.

(韩纪江)

发展中国家土地制度
Land System in Developing Countries

土地制度指由国家法律或政策所规定的土地权属、利用和处置等所有社会关系的总和。在发展中国家,土地制度是一项最基本的制度安排,可以从中衍生出农业发展、工业化、城市化等一系列问题。发展中国家之所以落后或欠发达,在很大程度上与其所施行的土地制度有关。

发展中国家存在着各种各样的土地制度,除了少数实行土地公有制的国家之外,土地分配是极不平等的,大多施行大土地私有制,激励机制一般都比较差。就大土地所有制而言,主要有大庄园制、种植园制、租佃制和公有制等四种。

大庄园制。在拉丁美洲一些国家广泛存在,带有封建农奴制性质的残余。拉美土地分配的不平等远高于亚洲。大庄园既是大地产,又是大农场,庄园主一般不直接管理,而是委托给代理人。因地多人少而往往采取粗放经营的方式,土地所有者对农业技术改进的兴趣不大。

种植园制。带有殖民地性质,既是大财产,也是大农场,一般为外国资本家所有,由外国专家管理,雇佣当地工人。其生产率比大庄园要高。

租佃制。在亚洲流行,带有典型封建社会特征。土地所有权与使用权分离,地主占有土地,分割出租给农民,租地的农民叫作佃农。激励因素比大庄园制和种植园制更大,但因地租率达到一半甚至一半以上,农民积极性和采用新技术的动力受到较大的抑制。

公有制。在实行土地公有制的国家,虽然消除了土地占有的不平等,农民的生产积极性却并没能调动起来。其中极为重要的一个原因是,公有制并不能保证农民的付出与其所得相对应,农民并没有从多付出的劳动中获得更多的报酬。为了解决土地公有制缺乏激励的问题,要么需要重新返回到土地私有制道路上,要么需要改革集体经营体制。中国目前实行的农业家庭承包经营,就是为了解决土地集体所有制下激励缺乏问题而在实践中总结出来的一种经营方式。

参考文献:

郭熙保:《发展经济学》,高等教育出版社 2011 年版。

[美]吉利斯等:《发展经济学》,中国人民大学出版社 1998 年版。

唐忠:《农村土地制度比较研究》,中国农业出版社 1999 年版。

Michael P. Todaro and Stephen C. Smith, *Economic Development* (*11th edition*), Addison-Wesley, 2011.

Klaus Deininger and Gershon Feder, Land Institutions and Land Markets, In Bruce L. Gardner and Gordon C. Rausser (eds), *Handbook of Agricultural Economics*, Vol. 1, 2001.

（韩纪江）

土地改革
Land Reform

土地改革指对土地制度的调整。在发展中国家，土地改革主要指对农用地的所有权、使用权、租赁权、承包权、处置权、收益权等各种土地权利关系所进行的调整。土地改革有广义与狭义之分。狭义土地改革是指土地所有权的再分配，即把一部分人（地主）占有的耕地转移给另一部分人（佃农和少地农民）所有，即通常所说的土地革命。广义土地改革涉及范围广泛，可能包括土地所有权的转移，也可能包括土地租佃契约的改变或者承包使用权力的调整。

土地不仅仅是谋生手段，而且还是积累和传承财富的工具。发展中国家的土地关系一般存在两个对立的阶级：一个是占有大量土地的地主阶级，另一个是无地或少地的农民阶级。无论是以种植园为主的拉美国家，还是以农户家庭租佃经营为主的亚洲国家，还是残留着氏族所有制的非洲国家，地权都比较集中，土地利用关系恶劣，农民生活贫困。

当一个土地制度严重束缚农民生产积极性时，旨在增加刺激和促进农业技术进步与农业发展的土地制度改革就变得必不可少了。但土地制度改革的目标从来都不可能是单一的，而是多重的。政治目标是维护社会稳定，巩固现有政权和消灭剥削制度；社会目标是实现社会公正和平等；经济目标是建立一个有刺激性的土地制度，解放生产力，加快现代农业技术的推广和应用，促进农业生产的持续快速增长，以改善农民生活状况和实现工业化。由于部分发展中国家过多地关注于政治目标，土地制度改革并没有带来令人满意的绩效。

根据土地制度调整的力度不同，可以将土地改革划分为四种类型：（1）地租契约期限的限定，只涉及租佃契约的法律规定，而不触动土地的占有关系。国家可以通过有关立法来规定租佃契约签订的最短期限。（2）降低地租，只涉及租佃关系的法律规定，而不涉及土地占有关系的改变。这种改革比契约期限改革激进一些，不仅剥夺了地主随意撤佃的权力，还直接把地主的一部分收益转移给农民。（3）土地有偿转移，涉及土地所有权的再分配，但失去土地的地主可以得到全部或部分补偿。政府可以规定每个农户能够拥有土地面积的最高限额，迫使地主以政府规定的价格出售超过这个限额的土地。（4）土地无偿剥夺，是各种土地改革中最激进的一种形式。这种土地改革又可分为两类：一类是把大土地所有者（地主、大庄园和种植园主）的全部地产转移给以前的佃农和雇佣劳动者；另一类是把土地私人占有变为集体或国家所有。

上述所谈的土地改革，主要是国家掌握行动主导权，针对民间的土地所有者而进行的。除此之外，在实行土地公有制的国家，土地改革的主要内容是国家对土地公有制形式、土地利用方式、土地使用和收益方式等方面的改革，这是一种自我改革。

土地改革即使是以温和的形式进行，也是一场深刻的社会革命。除了能够提高农民的生产积极性和促进农业新技术的采用等直接的意义外，还有其他的积极作用：（1）增加就业。把大土地分割成以家庭为单位的小农场，将会增加单位土地面积的劳动投入，因为获得土地的小农要依靠土地和劳动的集约经营来增加生产。（2）促进收入分配公平。把地主的土地分给无地或少地的农民，这本身就是财富平等分配的一种形式。（3）消除贫困。在发展中国家，由于农业收入落后于工业收入，贫困主要集中在农村地区，而农村中的佃农和无地劳动者在贫困阶层中最贫困，这些人获得一份土地，生活状况将会得到改善。

重新分配土地有三个障碍：一是总产量的增加可能被低收入人口增加的消费所吞噬，提供给市场的剩余农产品不一定会增加。二是小农的市场适应能力不如大农，其对农业生产和经营的效率不一定提高很多。三是不利于技术进步，土地经营规模变小之后，对新技术的采纳动力削弱。

大多数发展中国家都曾经进行过土地改革，对土地占有和租佃关系进行强制性调整。虽然改革的力度不一，但大多数是一种自上而下的模式，且以限制大土地所有者、分给无地少地农民一部分土地的改良形式为主。一般在改革之后，无地少地的农民都会获得一定的土地。例如，印度的土地改革是废除中间人制度，改善租佃关系，限制土地持有面积。墨西哥的土地改革是征收大地主限额以外的土地分给无地或少地的农民。埃及的土地改革培植了一部分小农户，减少了无地农民。中国台湾的改革基本实现了耕者有其田。

新中国的土地改革，在1949年以后经历了三种模式。在新中国成立初期是实现耕者有其田，剥夺地主的土地所有权，无偿分配给贫困农民，激发了农民的农业生产积极性。之后，实施农业合作化、集体化和公社化，将土地所有权收归以大队为主的集体所有，以小队为单位进行集体经营。这种“大锅饭”式的生产方式，严重削弱了农民的生产积极性和主动性，缺乏有效激励，导致农业生产进步缓慢，人均农产品产量停留在低水平上。改革开放以后，实行集体所有制下的家庭承包经营，重新激发农民的生产积极性，农业生产得到快速增长。中国台湾的土地改革在第二次世界大战以后分三个步骤开展。首先是“三七五减租”，规定地租不得超过其正产物年收获量的37.5%。其次是公地放领，将公有耕地准许符合条件的农民购买，变为私有。再次是私地征收和放领，政府征收超过规定面积(3公顷)的私有出租耕地，放领给现耕农。中国台湾基本实现了耕者有其田的目标。在全部的私有耕地中，自耕农占有90%以上。20世纪60年代以后，为了促进农业规模经营，台湾当局开始调整农业政策，鼓励共同经营和委托经营。

在发展中国家，土地改革的一个主要负面影响是降低了农业规模。土地改革一般是把大土地所有者的土地分给农民，土地经营规模变小。对于土地经营规模变小是否牺牲效率，曾经出现过热烈争论。不牺牲规模经济效率的观点认为，在发展中国家，农业是规模中性的，因而土地改革不会造成规模经济损失；大农场不一定比小农场效率高，甚至比小农场低。牺牲规模经济效率的观点认为，在发展中国家的农业中，规模经济仍然是存在的，土地改革虽然提高了劳动者的生产积极性，但却牺牲了规模经济效率。

从中国农村改革开放的实践看，土地改革使土地经营规模变小，的确会牺牲规模经济效率。但是，土地改革所带来的经济利益远远大于其造成的规模经济损失。从长期来看，要解决经营规模太小的缺陷，应该是在尊重农民对土地承包权的基础上，逐步实施土地流转，实施适度规模经营，这就要在农业之外寻找出路，主要是加快农业劳动力向工业、服务业转移。

参考文献：

郭熙保：《农业发展论》，武汉大学出版社1995年版。

彭美玉、王成璋：《农地过度集中与土地改革》，载于《经济体制改革》2006年第4期。

唐忠：《农村土地制度比较研究》，中国农业出版社1999年版。

Michael P. Todaro and Stephen C. Smith, *Economic Development*(*11th edition*), Addison-Wesley, 2011.

Klaus Deininger and Gershon Feder, Land Institutions and Land Markets, In Bruce L. Gardner and Gordon C. Rausser (eds), *Handbook of Agricultural Economics*, Vol. 1, 2001.

（韩纪江）

农业合作化
Agricultural Cooperation

农业合作化是指单个分散的农民为了适应专业化、市场化发展的要求而按照互惠互利的原则进行互助合作的过程。农业合作社(Agricultural Cooperatives)或农民合作社(Farmer Cooperatives)是农业合作化的载体和组织形式，如果一个国家大多数农民参加了农民合作组织，就可以说该国实现了农业合作化。农业合作社一般是指参加同类产品生产的农民为了共同利益自愿组织起来的经济组织，它与企业的根本差别是不以盈利为主要目的，而是为合作社社员提供产前、产中和产后各种服务的联合体，在与政府和其他主体打交道时作为合作社成员的集体代表，合作社中每个农民都是独立的生产者和经营主体。

欧洲是世界近现代合作思想和合作社运动的发源地，其背景是欧洲农地运动和社会的分化。之后，美国随着西部开发的进行和农民运动的兴起，出现合作社的思潮和运动。世界上第一个农民营销合作社于1810年出现在美国。20世纪30年代，尤其是第二次世界大战以后，随着国际市场一体化程度的提高和农产品市场竞争的加剧，西方国家的农业合作化进程出现新的趋势，传统的农民合作社开始进行大规模的合并和纵向一体化发展，公司化倾向日益加强。目前，西方市场经济国家的农民合作经济组织运营成熟，其规模不断扩大，业务活动渗透到农村的各个部门，形成一个庞大的系统，成为家庭经营的农场主参与国内和国际市场竞争的有效手段。西方农民合作经济组织能够在日益复杂的市场经济环境中保持生命力，重要原因在于他们遵循市场规律，在实践中形成了农业合作化的组织原则和运行机制。

在社会主义国家，农业合作化往往表现为一场社会制度的变革运动，而非欧美国家的“合作经济过程”。无产阶级在取得政权后，对农业进行社会主义改造，将私人所有制的小农经济改造为公有制为基础的集体经济，即农业集体化运动。在苏联，推行集体农庄制；在中国，这一过程称为“农业合作化”，推行农业合作社。农业社会主义改造运动在各个社会主义国家根据国情虽有不同，但其制度起源和制度安排的基本特征是一样的。社会主义国家农业合作化的思想理论渊源来自欧洲的空想社会主义和马克思主义。1825年，空想社会主义者欧文建立新和谐公社，公社是一种财产公有，人人平等，人人劳动，生产按计划进行的社区型组织。马克思对欧文及其组建的公社给予高度评价，认为在排除资本主义前提下，联合起来的合作社按照总的计划组织全国生产，就是共产主义。马克思在论述小农经济国家的无产阶级革命问题时，提出了土地私有制向集体经济过渡的思想。恩格斯发展了这一思想，明确提出建立农民生产合作社的主张。之后，这一思想在社会主义国家得到发展和实践。农业社会主义改造运动先后在苏联、波兰、朝鲜、捷克斯洛伐克、保加利亚、匈牙利和中国等社会主义国家展开。

农业合作的思想早在20世纪初就传入中国，一批有识之士在中国进行合作社的尝试。但中国的农业合作化特指20世纪50年代中国共产党领导的农业社会主义改造运动,把土地农民私有制逐步改造为社会主义集体所有制。20 世纪 50 年代初,中国在农村开展土地改革,消灭了地主阶级,众多农民拥有了土地,但建立在土地私有制基础上的小农经济,经营分散,规模狭小,生产力低下,抵御自然灾害能力差,不能适应国家工业化和人民生活的需要,也不利于巩固工农联盟和无产阶级专政。当时的认识是,只有对小农经济实行社会主义改造,才能使广大农民摆脱贫困和剥削,走上共同富裕的道路,才能支援社会主义工业化,才能在生产资料公有制基础上巩固和发展工农联盟。农业合作化分三个步骤进行:第一步,在土地改革的基础上,支持若干家农户成立互助组,对那些无劳力的农户提供生产帮助,有时还实行集体劳动,但是土地还是农民个人所有。这是带有社会主义萌芽的劳动合作组织。第二步,在互助组的基础上组织初级农业生产合作社,实行土地入股和统一经营。这是半社会主义性质的经济组织。第三步,由初级农业生产合作社发展为高级农业生产合作社,土地和主要生产资料已成为合作社的集体财产,实行按劳分配。这是完全社会主义性质的集体经济。1956 年底,中国农业社会主义改造基本完成。参加农业生产合作社的农户达 1.2 亿户,占总农户的 96.3%。之后在高级合作社基础上实现了人民公社化。20 世纪 50 年代的农业合作化运动是在农民非自愿基础上强制推行的,农民缺乏积极性,也不遵从市场经济规律,导致之后 20 多年中国农业的长期停滞,粮食供给短缺,经济发展缓慢。这一失败的教训是 20 世纪 70 年代末推行农村体制改革的直接诱因。

20 世纪 70 年代末 80 年代初,中国废除了人民公社制度,在农村实行了家庭联产承包责任制,即土地集体所有,但由农民家庭经营。随着中国农村市场经济的发展,农户为了应对市场风险,适应农业产业化、专业化、市场化的客观要求,自愿联合起来建立各种类型的农民专业合作社,这一现象在学术界被称之为“新型农业合作化”。新型农业合作化,是在土地承包制改革后,以家庭经营为基础,农民自愿、自发组成合作组织,达到互惠互利目的的行为,是适应市场经济而自发进行的一种新制度探索,它区别于 20 世纪 50 年代由政府强制推行的农业合作化运动。2006 年政府颁布了《农民专业合作社法》,规范了中国的新型农业合作社性质,指出“农民专业合作社是在农村家庭承包经营基础上,同类农产品的生产经营者或者同类农业生产经营服务的提供者、利用者,自愿联合、民主管理的互助性经济组织。”《合作社法》实施以来,中国农民合作社发展非常迅速,截至 2012 年底,中国已成立了 60 多万家农民专业合作社,入社农户达到 4600 多万户,约占农户总数的 19%。农民合作社已成为中国农业的重要经济组织和经营主体,为发展现代农业、实现规模化经营,提高农民组织化程度,抵御市场风险和自然风险,增加农民收入作出了重要贡献。2013 年中央 1 号文件进一步强调了发展农民专业合作社的重要性,该文件指出,“农民合作社是带动农户进入市场的基本主体,是发展农村集体经济的新型实体,是创新农村社会管理的有效载体。按照积极发展、逐步规范、强化扶持、提升素质的要求,加大力度、加快步伐发展农民合作社,切实提高引领带动能力和市场竞争能力。鼓励农民兴办专业合作和股份合作等多元化、多类型合作社。”当前,新型农业合作社在中国农村如火如荼地进行着,它与家庭农场的发展一起将成为实现农业发展方式转变、加快推进城乡发展一体化的重要途径。

参考文献:

郭铁民、林善浪:《中国合作经济发展史》,当代中国出版社 1998 年版。

杜吟棠:《合作社:农业中的现代企业制度》,江西人民出版社 2002 年版。

孙亚范:《农民专业合作经济组织利益机制分析》,社会科学文献出版社 2009 年版。

孙健:《中华人民共和国经济史》,中国人民大学出版社 1992 年版。

夏征农等:《辞海》,上海辞书出版社 2009 年版。

郭熙保:《农业发展论》,武汉大学出版社 1995 年版。

韩康:《关于新型农业合作化问题》,载于《学习月刊》2006 年第 8 期(下)。

J. M. Staatz, Recent Developments in the Theory of Agricultural Cooperation, *Journal of Agricultural Cooperation*, 1987.

J. R. Dunn, Basic Cooperative Principles and Their Relationship to Selected Practices, *Journal of Agricultural Cooperation*, 1988.

(庞玉萍　韩纪江)

农业产业化

Agricultural Industrialization

农业产业化指把农业生产与其产前、产后各个环节紧密结合起来,通过农工商、贸工农一体化等方式,提高农业生产的附加值。传统的自给自足农业主要用以维持生计,不能形成现代意义上的产业。要发展现代农业,必须跳出生存农业的低水平陷阱,使其产业化。这种产业化的基本特征是以农业为中心的专业化、区域化生产与社会化、一体化经营服务相结合,将农业产前、产后诸环节联结为各自进行专业化生产的一体化组织,依据区域比较优势原则集中形成农产品生产基地,利用产业链中龙头企业的规模和技术优势,以市场为导向,进行商品化经营,最终提高经济效益。

可以从静态和动态两个方面理解农业产业化。从静态看,农业产业化首先是一个发展目标,是要将农业生产的产前、产中、产后各个环节联结成为一个完整的产业体系,实行种养加、产供销、贸工农一体化经营,以此不断提高农业生产环节的比较利益。从动态看,农业产业化是一个不断发展的过程,是由自给自足的小农经济、自然经济向市场经济转变的过程。农业产业化的本质是换一种方式从外部来扩大农业规模经营,目的是节约交易成本和追求规模报酬。农业产业化把农业生产与其相关的产前产后各环节紧密联系起来,通过延长农业产业链,变外部经济为内部经济,在产业化组织的内部可以降低交易成本,在外部可以利用规模优势来增强竞争力和提高产品附加值。

农业产业化最早源于美国,后又在日本、西欧等国得到发展,具体表现为农业生产与产前生产资料供应、产后农产品加工和流通部门、产中的金融信贷服务、技术服务等环节的结合越来越密切,出现农工商一体化经营模式,即农业一体化。在西方发达国家,农业产业化过程遵循先是农业综合企业(Agribusiness),然后是农业一体化(Agricultural Integration),最后是农工商一体化(Integration of Agriculture, Industry and Commerce)的发展路径,使农业生产最终与产前、产后相关企业联合成一个经营体系。

中国的农业产业化从无到有,从初级到高级,从局部自发出现,到试点示范,最后推广到全国各地,获得了成功,这来源于其内在的强劲发展动力。可以从供求两个方面加以理解。从供给方面看,中国农村实行家庭承包经营后,充分调动起农民的生产积极性,但却出现了一些难以克服的缺陷:土地按家庭实行人均分配,受到土地集体所有制的限制,无法及时调整,难以扩大土地经营规模,不利于采纳新技术,专业化和商品化程度低。同时,小生产与大市场之间固有的矛盾也越来越加剧,农产品市场经常出现价格大涨大落现象,遭受损失的往往是缺乏市场经验的农民。为了摆脱这种困境,农业产业化从农村基层自发兴起,并得到政府有关部门的极力促成。20世纪80年代中期,山东诸城首先提出了商品经济大合唱、贸工农一体化思路。之后,黑龙江、河北和陕西等地在农村改革试验区开始进行改革尝试。1994年,农业产业化在山东全面实施,从1995年开始在全国推广。到目前为止,农业产业化已形成共识,在全国普遍推行。从需求方面看,随着经济发展,收入和生活水平不断提高,对农产品和食品的需求层次不断提升,对农产品的供给提出了更高要求。伴随世界经济一体化和加入世界贸易组织,中国农业必然要走向国际市场,对农产品的深加工和标准化、系列化等提出更高的要求。此外,随着城市化和工业化进程的加快,人口居住形式由分散到集中,越来越多的食品消费者不再住在农村。这就对农产品的加工和运销产生了越来越多的需求。

中国农业产业化的发展模式主要是龙头企业带动型,即"公司+基地+农户"。涉农公司往往被习惯地称之为农业龙头企业,指以某类农产品为主要对象的加工生产企业,其经营规模大,市场占有率高,与连片的农户或村集体签订产销合同,将农产品种养作为自己的原料基地。农业龙头企业对生产基地和农户提供技术、资金和生产资料等多方面的支持。在该模式基础上,还产生了很多创新,比较重要的模式有"公司+合作社(协会)+基地+农户模式","公司+政府机构+基地+农户模式","公司+村委会+基地+农户模式"。此外,还有其他一些类型:(1)市场带动型,即"专业市场+农户"。以某类农产品专业市场为依托,以市场购销合同或联合体、合作社等形式,将农户纳入市场体系,带动优势农产品扩大生产规模,形成专业化、区域化和系列化生产。(2)主导产业带动型,即"主导产业组织+农户"。(3)中介组织协调型,以各种中介组织为纽带,沟通信息,开拓市场。(4)合作经济组织带动型,即"合作社或专业协会+农户"。(5)现代农业综合开发区带动型,即"开发建设集团+农户"。农业产业化过程必然会出现利益重新分配,科学合理的利益分享机制是农业产业化各种模式选择与成功的关键,这就要求遵循风险共担、利益均沾、互惠互利原则。农业产前、产后部门以实现自己利益最大化为主要目的,但由于农业生产存在自然风险,农业产前产后部门的收益不稳定。实行农业产业化经营后,农业产前、产后与产中部门三者结合起来,产前、产后企业适当返还部分利润给农业生产环节,可以保持稳定的原材料供应,而农业生产者也可以从中获得稳定的收入。农业产业化对各经济主体都是有益的,但利益的分配机制必须体现互惠互利,只有这样才能使农业产业化得到更健康的发展。

参考文献:

孔祥智:《中国农业社会化服务——基于供给和需求的研究》,中国人民大学出版社2009年版。

祁春节等:《国际农业产业化的理论与实践》,科学出版社2008年版。

谭向勇、辛贤:《农业经济学》,山西经济出版社2005年版。

M. Drabenstott, Agricultural Industrialization: Implications for Economic Development and Public Policy, *Journal of Agricultural and Applied Economics*, Vol. 27, No. 1, July 1995.

(韩纪江)

家庭农场
Family Farm

家庭农场是指以家庭成员为主要劳动力，规模化、机械化、集约化、市场化程度较高、其收入是家庭全部或主要收入来源的农业经营单位。家庭农场与其他农业经营单位有显著差别。经营规模很小的农户虽然是以家庭为经营单位，但兼业居多，其经营收入不是家庭主要收入来源，且市场化程度低而自给程度较高。经营规模巨大的资本化农场虽然规模化、机械化、集约化、市场化程度高，但以雇工生产为主，实际上是个农业企业，而不是家庭农场。当前中国各地涌现的许多专业大户虽然以家庭为单位，且经营规模较大，但主要依靠雇工生产，不是严格意义上的家庭农场。

家庭农场的规模大小不能一概而论，主要取决于一国耕地的丰裕程度和经济发达程度。像美国、加拿大、澳大利亚等发达国家由于工业化程度高且土地资源丰富，所以家庭农场的规模特别大。例如，美国家庭农场平均经营耕地面积达到2550亩，法国家庭农场平均经营面积为630亩，而日本家庭农场（商业化农户）平均仅为30亩左右。

家庭农场是世界上现代农业的主要经营主体。例如，美国97%的农场由家庭经营，日本几乎是100%的农场（日本称为是商业化农户）是家庭经营。有人预测，家庭农场会被使用现代生产技术和雇佣劳动的资本化农场所取代。但是无论是当今西方发达国家，还是大多数发展中国家，家庭农场不但顽强生存下来，而且随着机械化和社会化服务的发展，雇佣劳动性质的农场在减少，而“家庭性”更强了。家庭农场之所以能够成为农业生产的一个主要经营单位，有两个基本原因。一是农业生产的季节性、地域性和周期性，使得其不能像工业生产那样在一个狭小空间里多人可以同时进行流水线作业，因此常年雇佣数量众多的工人将会出现人力资源严重浪费现象。二是农业生产面临着自然环境和气候条件的制约，人为不可控因素对产出的影响较多，不可能一清二楚地把每个劳动者在每个生产环节中所做出的贡献加以识别，因此干多干少、干好干坏无法区分，劳动报酬无法与其劳动绩效挂钩。因此农业生产内部缺乏良好的激励机制，监督成本高昂。家庭成员具有血缘、情感、伦理等纽带，无须监督就可以消除偷懒的机会主义行为，因此可以节约监督成本（林毅夫，2000）。家庭成员是家庭财产的共同所有者，由家长来配置资源、协调生产和进行激励，这样家庭成员便成为自身经济活动剩余的索取者。相反的，在农业技术具有不变规模报酬或规模报酬递减的时候，集体经营或公司经营并不会因规模扩大而降低风险，但却徒增交易费用。因此，家庭农场是世界上迄今为止最为有效率的农业经营模式。

在中国，随着工业化和城镇化的推进和农村劳动力转移越来越大，越来越多的农户通过转包、租赁其他农户的承包地建立起规模较大的专业大户和家庭农场。2013年中央1号文件明确提出要大力发展家庭农场。但是，中国各地情况千差万别，不可能建立统一的家庭农场经营模式，但总体来说，由于中国人多地少的国情，家庭农场规模不可能太大，应控制在大部分农活依靠家庭成员借助机械化和社会服务来完成，只是在农忙季节雇佣少量临时工。如果经营规模太大，就只能依靠雇佣他人来生产，这就会导致农村社会新的不平等，少数人可能凭借强大的经济实力独占大片农地而赚取大量利润，多数人因失去土地而沦为专业大户的打工族，这是我们不愿看到的结果；但另外，家庭农场规模也不能太小，因为一个家庭如果经营规模太小就不可能依靠农业收入来维持生存，更谈不上脱贫致富。适度规模经营应该是中国未来家庭农场发展的主要方向。

参考文献：

林毅夫：《再论制度、技术与中国农业发展》，北京大学出版社2000年版。

钟甫宁：《农业经济学》，中国农业出版社2011年版。

郭熙保：《农业发展论》，武汉大学出版社1995年版。

［俄］A. 恰亚诺夫：《农民经济组织》，中央编译出版社1996年版。

何秀荣：《比较农业经济学》，中国农业大学出版社2010年版。

Hoppe, Robert A., *Structure and Finances of US Farms: Family Farm Report*, No. 66. DIANE Publishing, 2010.

（郭熙保　韩纪江）

农业规模经营
Scale Operation in Agriculture

农业规模经营指农业生产主体为了追求规模经济效益而不断增加生产要素投入，使之达到较为合理规模的一种经营方式。增加生产要素投入有两种情况，一是同时等比例增加所有要素投入的数量，这是经济学中所谓的中性规模扩张。二是增加某几类生产要素，或不等比例的增加要素投入，这是一种广义的规模扩大。由于农业技术进步性质不一定是中性的，这种广义的规模扩大更能够达到提高经济效益的目的。

与工业不同，农业要扩大经营规模面临很多制约因素：（1）地区性特征。农业生产本身具有地域性，受到土地的自然属性和所处区位气候条件的制约。（2）季节性特征。农业主要是种植业和部分养殖业，具有显著的季节性。（3）受到大自然气候条件的影响较多。风调雨顺时所费工时减少，病虫害发生轻重不同也会影响到劳动投入和产出。(4)土地制度制约。一些国家限制农民拥有较多的土地,如中国的农村土地实行集体所有制度下的家庭承包经营,不利于土地经营规模的扩大。正是由于这些原因,与工业相比,农业生产规模一直裹足不前。即使在商业化大资本农场占主导的美国,农业生产的相对规模也要比大工业小得多。

当前中国的农业家庭经营从其一开始便遭遇到规模不经济的困扰。土地经营规模太小,是造成当前中国农民务农收入低下的主要原因。小规模经营的缺陷在于:(1)农业生产工具的重复投资严重,生产成本较高。(2)劳动力资源严重浪费,农忙时节缺乏人手,很多农民被束缚在土地上,而农闲季节又不需要太多的劳动力,只好闲置在家。(3)分散、孤立的家庭经营难以应对瞬息万变的市场变化,对市场供需信息缺乏了解。(4)不利于先进技术的推广和应用。某些生产要素的不可分割性,比如大型收割机、喷灌机等难以使用,难以诱发农民对机械、道路、灌溉等现代化设备、基础设施的投资积极性。(5)不利于先进管理技术和管理方式的推广、应用。(6)由于经营规模小,收入低,越来越多的年轻人外出打工,留守农民的素质低、年龄大,不利于农业生产率的提高。

在中国,农业规模扩张虽然不只是包括土地经营规模的扩大,但土地经营规模的扩大是实现农业规模经营的关键。要扩大土地经营规模有如下几种途径可以利用。(1)促进土地流转,让土地适当向种田能手、合作社和龙头企业集中,实施规模化、产业化和专业化经营。(2)促进农村劳动力向非农产业的转移。(3)促进土地产权制度的改革和完善,核心是放松对农民土地承包权转让的限制。但必须指出的是,扩大土地适度集中和规模经营,要在以家庭为生产单位的基础上进行,而不是实现土地集体化经营,像改革开放前中国的做法那样。

参考文献:

孔祥智、徐珍源:《转出土地农户选择流转对象的影响因素分析——基于综合视角的实证分析》,载于《中国农村经济》2010 年第 12 期。

谭向勇、辛贤:《农业经济学》,山西经济出版社 2005 年版。

钟甫宁:《农业经济学》,中国农业出版社 2011 年版。

郭熙保:《农业发展论》,武汉大学出版社 1995 年版。

(韩纪江)

农业贸易条件

Terms of Agricultural Trade

农业贸易条件指农产品与非农产品(主要是工业品)之间的比价关系。各国的农业贸易条件因经济发展水平不同而呈现出很大的不同。发达国家由于已经实现了工业化,农业所占比重很小,为保护农业的基础地位和防止城乡收入差距扩大,普遍实施了保护和支持农业的价格、财政和金融政策,从而农业贸易条件不断得到改善。与发达国家不同,不少经济落后的发展中国家,尤其是最不发达国家,则是通过恶化农业贸易条件来促进经济发展。这是因为,在发展初期,发展中国家的经济实力薄弱,农业是最大的部门,只有依靠农业的供奉才能满足工业化所需的庞大资金需求。为了从农业抽取资金,大多数发展中国家通常采取的政策是压低农产品对工业品的比价,这是一个比直接向农业征税更为隐蔽的手段,不容易被农民察觉和抵制。

表面上看,农业贸易条件是国内工农产品之间的价格比例,但它还代表了一种分配关系。可以把粮食价格视作工资,如果粮食价格上升,则工业部门工资会相应提高,工业化的成本随之提高,工业利润就会减少,资本积累就会下降;相反,若压低农产品价格尤其是粮食价格,工资就保持在较低水平上,工业利润就会增加,从而加大工业部门的投资和资本积累。在工业化初期,在缺乏外部资金流入的情况下,压低农产品价格是低收入国家加速工业化的一个必然选择。

中国在计划经济时代是通过农产品的统购统销制度来降低农业贸易条件,学术界通常把此称为工农产品价格剪刀差的扩大。新中国成立后前 30 年的工业化投资主要是通过价格剪刀差取得的(严瑞珍,1990;郭熙保,1995)。剪刀差奠定了中国工业化的基础,但却明显削弱了农业自身扩大再生产的能力,限制了农民生活水平的提高。实践证明,这种通过扩大价格剪刀差的手段筹集工业发展资金的办法是不太成功的,它导致了农业生产的萎缩和农民收入长期徘徊在低水平上。改革开放以来,中国走上市场化的道路,先是大幅度提高农产品收购价格,然后逐步取消农产品统购统销政策,由市场供求关系来决定农产品和粮食的价格。这样农产品价格上升得较快,农业贸易条件得到了显著改善,农民收入显著提高,农业和粮食生产获得快速增长。到 2006 年,国家完全取消了农业税,并且对农业生产给予了力度越来越多的补贴,使农业贸易条件得到进一步改善。由此,农业生产的比较效益有了显著提高,农业和粮食生产连年获得稳步增长,从而保证了中国工业化进程健康顺利地向前推进。

参考文献:

郭熙保:《农业发展论》,武汉大学出版社 1995 年版。

[英]A. J. 雷纳、D. 科尔曼:《农业经济学前沿问题》(1993),中国税务出版社 2000 年版。

[英]C. 里特森:《农业经济学——原理和政策》,农业出版社 1998 年版。

严瑞珍等:《中国工农业产品价格剪刀差的现状、发展趋势及对策》,载于《经济研究》1990 年第 2 期。

（韩纪江）

格拉明(乡村)银行
Grameen Bank

格来明(乡村)银行是孟加拉国一个宣称并真正实现针对穷人发放小额贷款的大型正规金融组织。Grameen 是孟加拉语"村子"的意思。该银行的创立人是尤努斯(Muhammad Yunus),1940 年生于孟加拉国一个富裕家庭,20 世纪 60 年代在美国接受系统教育,获得经济学博士学位,之后回到孟加拉国,在大学里任教。1976 年,开始在孟加拉国的农村进行信贷试点研究。1983 年,在政府的支持下,创立格来明(乡村)银行,为贫困农民提供信贷。2006 年,他因在缓解农村贫困方面做出了突出贡献而获得诺贝尔和平奖。

尤努斯认为,赠款给穷人的结果是害了穷人,有偿的帮助才是真正帮助穷人。他一贯的看法是穷人也可以有良好的信用,这与主流的信贷理论有所不同。他所创立的小额贷款模式建立在对穷人信任基础之上,但并不是那种盲目的信任,而是利用社会资本强化了这种信任。尤努斯的小额信贷业务惠及到孟加拉国的数百万穷人,却从没有对他们施舍过一分一毫。这种成效显著的有尊严的扶贫方式,被复制到 100 多个国家。

格来明(乡村)银行的贷款对象仅限于穷人,额度小,无需任何抵押。该银行最初的成功主要是因为采取了一种行之有效的机制:通过挖掘社区中的隐藏信息,建立贷款小组,向小组而非向个人发放贷款。一个典型的小组由五个借款人组成,依次向组内的每个人发放贷款。如果组内某一个成员赖账,其他成员将无法在未来获得信贷。小组成员之间相互监督,给没有抵押的贷款提供了一种额外的担保。那些高风险的借款人很容易的便被排除在小组之外,有效提高了放贷安全系数。考虑到女性在贫困家庭中的重要性,格来明乡村银行非常注重为女性提供贷款。截至 2012 年 3 月,在接受过贷款服务的 830 多万会员中,96.16% 是女性。这一现象源自两个原因:一是女性相对于男性更为注重家庭,不良嗜好也少,更为诚信可靠和勤快,对待贷款的使用和偿还比较谨慎;二是女性的赚钱机会本来就少,贷款给女性能使有限资金发挥最大扶贫效果。

格来明(乡村)银行从贷款 27 美元给 42 个贫苦农妇开始,发展成为拥有 1 万多名员工、1000 多个信用社的庞大乡村银行网络。该银行遍布孟加拉国 7 万多个村庄,已发放贷款 60 亿美元,还贷率达到 99%。1995 年银行开始推行自负盈亏,现已实现盈利。根据调查,有 58% 的贷款者目前已实现脱贫,房屋贷款服务已帮助当地居民建造了 64 万栋房屋。

格来明(乡村)银行充分吸收了非正规金融、正规金融和政策性金融等三类金融机构的优势,在组织体系上也呈现一种"三位一体",弥补了各自的劣势。除了其行为方式具有非正规金融机构的适应性之外,自 1983 年获政府批准成立后,格来明(乡村)银行的性质是商业银行,组织体系具有商业银行的严密性。因为一部分资金来源具有政策性,得到政府资金和优惠政策支持,在发展前期还得到国际组织的信贷援助,所以具有政策性金融的部分特征。

参考文献:

格来明乡村银行网站,http://www.grameen-info.org/.

凌峰、尹晨:《格莱明银行的"三位一体"》,载于《世界经济情况》2009 年第 6 期。

[孟加拉]穆罕默德·尤诺斯、阿兰·乔利斯:《穆罕默德·尤诺斯自传:孟加拉小额信贷创始人》,贵州人民出版社 2000 年版。

Beatriz Armendáriz and Jonathan, Morduch, *The Economics of Microfinance* (*Second edition*), Massachusetts: The MIT Press, 2010.

（韩纪江）

微型金融
Microfinance

微型金融指专门针对低收入人群提供无需抵押或担保的微小规模金融服务活动及其组织机构。微型金融又可称之为小微金融,主要指小额信贷或融资,是通过从外部注入资金来减缓和消除贫困。微型金融运动通过立足于正规金融的创新来降低贷款给穷人的成本与风险,帮助穷人走出困境。在提供小额信贷的基础上,利用已有信贷网络,衍生出小额储蓄、汇兑、保险等一系列金融服务,都属于微型金融的范畴。微型金融虽然是从正规金融中衍生出来,但与非正规金融也存在着千丝万缕的联系(Schreiner,2001)。

20 世纪 80 年代,孟加拉国的经济学家、金融家尤努斯(Muhammad Yunus)在国内创建格来明乡村银行,开启了大规模实施微型金融的先河。不少发展中国家纷纷效仿,开始建立专门针对小额信贷需求的金融组织。中国在微型金融方面已经做了一些尝试性的工作,目前的信贷业务有:小额扶贫贴息贷款,农户联保贷款(小组贷款模式),农户小额信用贷款(个人贷款模式),国家助学贷款和一般商业性助学贷款(助学贷款),下岗失业人员小额担保贷款。其中,主要是农户联保贷款和农户小额信用贷款两类。这些微型金融服务从来源方面看一般产生自三个:一是正规金融机构兴办,二是扶贫系统、财政、妇联等政府有关企事业单位开展,三是 NGO、社会团体或农民自己组建(王国良、褚利明,2009)。

国际社会越来越意识到微型金融在促进穷人的资本形成、就业和社会稳定方面的重要性。联合国《2005年国际小额信贷年行动纲领》强调,应该使金融市场更具包容性,增加小额信贷和小额融资服务,帮助穷人,尤其是女性较为方便地获得小额信贷。

无论在理论上,还是在实践中,都已经证明,微型金融是减贫的有效工具。微型金融解决了穷人所遇到的一个最重要的约束、即缺乏物质资本,尤其是缺乏获得收入所必需的投入品。在小额信贷的支持下,为贫穷的个体经营者提供生产性资本,通过教育或职业训练可以提升人力资本、获得社会资本。微型金融还通过给予消费信贷来降低穷人生活的脆弱性,使其保持一个稳定的生活。在达成经济目标的同时,微型金融还维护和增强了穷人的尊严,有助于其更好地参与经济社会活动。

在发展中国家,农民的贫穷和资金缺乏是一个普遍问题。传统农业中的资金需求来自农业生产的季节性特征。资金收支随着农业生产的季节性而发生巨大波动,产出集中在收获季节,消费却是全年日常性的。这就要求必须有效的储存农产品或进行货币储蓄。如果在收获季节售价较低,则可能无法及时顺利的出售农产品,从而对下一期的生产和生活产生不利影响。此时,小额短期信贷就变得非常必要。此外,也有一些中长期的贷款需求,比如进行土地改造、购置大件工具,还有各种偶然的事件或事故、疾病、歉收等。如果没有足够的家庭储蓄,便只有依靠小额信贷。

农村小额信贷存在借贷主体零散的致命缺陷。首先,绝大多数农民的生产经营规模不大,单笔信贷额度小,使得平均单位资金的借贷成本高昂。其次,居住地分散,导致严重的信息不对称,风险控制成本加大。再次,由于生产条件简陋、土地权利缺失等方面的原因,农村借贷主体缺乏抵押物。上述缺陷抑制了商业性金融机构对农村发放贷款的积极性,农村的储蓄进入商业性金融机构后便很难通过放贷形式回流,致使农村资金呈现一个净流出状态。而农业政策性金融机构由于是个输血机构没有造血功能,所以难以持续。由此可见,与城市大工业相比,农村经济发展对微型金融的依赖性更强。

随着经济转型和越来越多的农村人口进入城市,城市贫困问题也开始凸显出来。从城市化和民工潮现状看,进城农民很难成为城市正规部门的正式员工,一些人不得不从事临时性的工作。不少人进行个体经营,自我雇佣,或者成为沿街叫卖的小商贩,他们最缺乏的便是启动资本。由于没有抵押物,而且还缺乏有资质的担保人,加上居无定所,这些城市穷人几乎不可能从正规商业性金融得到信贷资金。与农民、城市自营职业者的情况相比,小微企业虽然资金利用规模较大、实力相对雄厚,但因资金需求更多、难以及时获得正规商业性信贷,其资金缺乏问题显得更为严重。微型金融的发展正好可以填补这些信贷市场的空白。但如何才能创建一个良性循环的机制,一直以来是中国微型金融发展的首要难题。借鉴孟加拉国格来明乡村银行的成功经验,鼓励正规商业金融机构进入微型金融领域,或者将民间地下融资行为加以规范、引导和利用,可能是破解这一难题的有效路径。

20 世纪 80 年代以后,微型金融的大量出现实际就是金融领域的一种制度创新,并伴随着技术进步、市场开拓和管理模式的创新。这一创新过程沿着福利主义和制度主义两个路径展开(陈银娥、师文明,2011),其分歧主要体现在贷款利率的高低。福利主义强调对改善穷人福利的作用,从而将利率定得较低;制度主义注重小额信贷的持续性,从而将利率定得较高。由此形成微型金融的两个极端,一个是贫穷思路(Poverty Approach),另一个是自我持续思路(Self-Sustainability Approach)。前者依赖利他主义,更为关注穷人的近期利益;后者通过激励利己主义者追求利润的动机来编织一个不断强化的信贷网络(Schreiner,2002)。

为了提高效率和促进金融业可持续发展,越来越多的学者开始主张,微型金融应该施行较高的市场利率。实践证明,福利主义的低利率扶贫方式好似从井里救人,很难自我持续,往往浅尝辄止。能够自我持续的制度主义政策是相对成功的,其中一个重要经验是实行市场利率,这不但可以识别真正的贷款需求、淘汰不合理的投资计划,还能促进金融市场的完善。毕竟,需要资金的穷人、有发展前途的小型投资项目所缺的是资金,而不是施舍。

面对缺乏抵押物的低收入人群,信贷风险很高,微型金融机构要同时实现财务可持续(财务目标)与减缓贫困(社会目标)两大目标,其任务是艰巨的。财务可持续性目标要求尽最大可能选择那些还款能力强的对象发放贷款,减贫目标要求选择那些最穷的人。这两大目标之间的冲突长期困扰着微型金融的发展(张正平,2011)。鱼与熊掌能否兼得,考验着微型金融运动的成败。中国目前所开展的微型金融运动中,那些非政府项目因较低操作成本和很高贷款偿还率而在扶贫目标、财务可持续性和最终绩效等各个方面都表现良好,相比之下,政府项目的绩效却不是很好(Park and Ren,2001)。本来,政府介入微观经济事务的成本便比较高,还容易让扶贫对象产生依赖性幻觉。这充分揭示了一个趋向,微型金融运动应该减少政策性金融的介入,走商业化和社会公益化相结合的道路,或者将正规商业性金融赋予政策任务、同时辅以优惠支持政策,或者鼓励非政府组织(NGO)的参与,或者将非正规金融中的盈利性组织合法化、正规化。

参考文献：
王国良、褚利明：《微型金融与农村扶贫开发》，中国财政经济出版社 2009 年版。
张伟：《微型金融理论研究》，中国金融出版社 2011 年版。
张正平：《微型金融机构双重目标的冲突与治理：研究进展述评》，载于《经济评论》2011 年第 5 期。
曹子娟：《中国小额信贷发展研究》，中国时代经济出版社 2006 年版。
杜晓山等：《中国小额信贷十年》，社会科学文献出版社 2005 年版。
吴晓灵等：《中国小额信贷蓝皮书：2009 ~ 2010》，经济科学出版社 2011 年版。
陈银娥、师文明：《微型金融对贫困减少的影响研究述评》，载于《经济学动态》2011 年第 4 期。
Albert Park and Ren, Changqing, Microfinance with Chinese Characteristics, *World Development*, Vol. 29, No. 1, 2001.
Beatriz Armendáriz and Jonathan, Morduch, *The Economics of Microfinance* (*Second edition*), Massachusetts: The MIT Press, 2010.
Maria Otero, Bringing Development Back into Microfinance, *Journal of Microfinance/ESR Review*, Vol. 1, No. 1, 1999.
Mark Schreiner, Informal Finance and the Design of Microfinance. *Development in Practice*, Vol. 11, No. 5, 2001.
Mark Schreiner, Aspects of Outreach: A Framework for Discussion of the Social Benefits of Microfinance, *Journal of International Development*, Vol. 14, Issue 5, July 2002.

（韩纪江）

非正规金融
Informal Finance

非正规金融主要指那些未经国家正式批准的金融机构、个人放贷者和民间自由借贷行为。正规金融机构都将防范风险作为第一要务，其天然缺陷是“嫌贫爱富”，其客户群体有限，难以满足资金需求范围越来越广、客户对象越来越多的需求，具有地方亲和力的非正规金融机构正好可以发挥正规金融机构力所不能及的作用。

与城市地区相比，农村的正规商业性金融机构的作用非常有限，更多的依赖政策性金融机构。20 世纪 80 年代之前，发展中国家的农村金融具有非常强烈的政策性色彩，这基于三个方面的认识。一是认为农民贫穷，无力储蓄，因而农村面临着普遍的资金不足。二是认为有别于城市与工业部门，农民居地分散，收入具有季节性、低收益性，加上缺乏担保和抵押品，农村信贷风险比较大。农业投资的长期性、高风险性和低盈利性，与商业金融追求安全性、流动性和盈利性的要求相悖。这就有必要从农村外部注入政策性资金。三是认为大量存在的非正规金融往往具有高利贷的性质，其利率远远高于正规金融，旨在盘剥农民，使得农民更加穷困并制约农业发展。

20 世纪 80 年代之前，农业信贷补贴论处于主导地位，发展中国家普遍设立了专门的农业政策性金融机构，为农民提供资金支持。但是，农村政策性金融在运行过程中暴露出越来越多的问题，坏账呆账增多，储蓄动员能力不足，最终被证明是不成功的。20 世纪 80 年代以后，对于过去以压低利率和信贷配给为主要特征的农村金融产生了新的认识。

第一，政策性金融的低利率存在非常多的问题。(1)以低利率发放贷款导致忽视商业原则，政府只重视贷款拨付，而忽视贷款质量、储蓄动员和金融市场效率等问题。(2)低利率政策打击了社会公众向金融机构增加存款的积极性，这种金融抑制的宏观金融政策损害了金融市场的发育，导致储蓄动员不足。(3)低利率催生超额需求，作为放贷人一方的金融机构，往往采取信贷配给来应对这种超额需求，并借以规避风险，即使有些资金利用效率较高的贷款申请人愿意支付更高利率，也无法得到满足，从而造成资源配置效率的损失。

第二，农村贷款的回收率下降，不利于信贷机构的长期运转。低成本贷款的供应和债务减免都容易侵蚀债务偿还意识，并使贷款无利可图，削弱农村金融机构向农民信贷的积极性。由于缺乏有效的监管和激励机制，形成贷款的拖欠，加剧了农村信贷风险，造成恶性循环。

第三，现实中，许多低成本信贷的获得者往往是当地收入较高的农民，而不是贫困农民。真正的贫困农民并不能成为低息贷款的受益人，有限的信贷反而造成收入分配差距的扩大。结果，投入的资金虽然不少，但都是治标不治本，促进农业现代化和经济增长的初衷大打折扣，既不能形成农民收入的持续增长，也难以有效减轻贫困。

第四，随着信息经济学研究的深入，农村金融市场上不对称信息问题逐渐进入了研究视野，这就是著名的逆向选择和道德风险问题，发现资金的提供者承担过多的风险，尤其是道德风险。农民同样具有机会主义动机，不对称信息会引发农民的“道德风险”、即欠债不还行为，减弱贷款者提供贷款的激励。

第五，非正规金融的高利率是因为农村资金拥有较高的机会成本和风险费用，因而具有一定的合理性。与正规金融相比，非正规金融具有如下优势：(1)非正规金融能改善信息不对称，降低借款人的信息收集和识别成本。农村的非正规放贷人往往和借款人生活在同一地区，存在有许多其他联系，甚至亲情关系等，比商业银行拥有更丰富和更透明的信息。(2)非正规金融与其他交易往往存在关联性，使得在抵押品和还贷方式等方面更加灵活，以便更好地控制信贷风险。(3)社会资本中的声誉机制使得非正规金融交易中的违约成本高于正规金融。重复博弈表明，非正规金融中因长期和多次交易而建立起来的合作与信任，可以有效抑制道德风险。

农业需要的是期限长、金额小、利率低的贷款，商业银行基于利润最大化动机不会主动发放农业贷款（胡必亮等，2006）。尤其是，正规的商业银行一般都远离农村地区，对金额小、数量多的农村信贷监督、管理和风险控制等的单位成本较高。农村有一个最大的特点就是社区性，在同一个村庄内部，相互了解，甚至属于同一宗族，具有血缘关系。而社区之外的人很难对其进行深入了解。这种社区性，使得正规金融机构往往无法判断借款人的真实意图、道德水平和偿债能力。而且，对农村进行放贷的收益少、成本高。所以，这给了近距离贴近农民的非正规金融机构发展机会。

中国正规金融在农村的低效运转或者缺失，在很大程度上刺激了非正规金融机构的产生与发展，并随着城市化进程从农村蔓延至城市。中国的私有企业大多从非正规金融渠道获得资金。随着企业对资金需求的急剧增长，一些地下金融机构悄然诞生，尤其是在江浙一带。作为典型的非正规金融，包括钱会、合会、抬会、标会、钱庄等，叫法不一，运作机制各异，不仅仅是一个经济现象，也是一个社会和文化现象。其中，标会是一种形式简单的非正规金融制度安排，通过对利息进行投标，突出体现了经济效率。

参考文献：

曹子娟：《中国小额信贷发展研究》，中国时代经济出版社2006年版。

胡必亮等：《农村金融与村庄发展》，商务印书馆2006年版。

彭冰：《非法集资行为的界定——评最高人民法院关于非法集资的司法解释》，载于《法学家》2011年第6期。

Mark Schreiner, Informal Finance and the Design of Microfinance, *Development in Practice*, Vol. 11, No. 5, 2001.

（韩纪江）

产业结构高度化

Industrial Structure Supererogation

美国经济学家金德尔伯格（C. P. Kindleberger）和赫里克（B. Herrick）将经济发展研究方面的理论思路或分析方法，按其最典型的特征大体上划分为三个主要流派：新古典主义方法（The Neoclassical Approach）；激进主义或新马克思主义方法（The Radical or Neomarxist Approach）和结构主义方法（The Structuralist Approach）（金德尔伯格、赫里克，1986）。结构主义方法的特征是从经济整体性及结构分解的角度分析经济的发展。20世纪中叶以后，结构分析理论的演进过程大体上可以用两个概念来说明，一是“二元经济”概念；二是经济发展过程中各产业结构之间的“需求互补”概念。威廉·阿瑟·刘易斯（W. A. Lewis）是20世纪中叶经济结构理论的开创者之一，他的突出贡献在于从“二元结构”理论出发，论证了发展中国家大量剩余劳动力的存在不仅不会影响经济的发展，而且是这些国家经济发展的动力。需求互补概念强调经济中各部门结构间的联系，强调经济发展战略必须充分重视不同工业部门和产业部门发展的关联作用。经济结构理论的进一步发展是将经济增长和结构转换相联系，即从结构转换的角度考察经济发展过程。20世纪70年代以后，一些经济学家在对大量统计资料进行实证处理的基础上，对经济发展和结构转换的内在关系作了深入研究。S. 库兹涅茨（S. Kuznets）较早提出经济增长的结构转换因素。库兹涅茨的创造性贡献在于发掘了各国的历史资料，通过现代经济统计系统对各国产业结构变化与人均收入及经济发展的关系作了系统研究。他通过实证分析，确定了“现代经济增长”的6个特征，其中最重要的是经济总量的高增长率和经济结构的高变动率（Kuznets S. S.，1971）。以后，一些经济学家对这两个基本特征之间的联系作了大量的实证分析。钱纳里（Chenery H.）和塞尔奎因（Syrquin M.）于1975年合作出版的《发展型式（1950～1970）》一书吸收了库兹涅茨及克拉克（Clark C.）的研究成果，运用了大量统计资料，比较分析了1950～1970年间10个国家（地区）经济结构的转变过程，建立了伴随经济发展而必然出现的经济结构变化的“标准结构”发展模型。罗斯托（Rostow W.）的“经济成长阶段论”认为，现代经济增长本质是一个部门的过程，它根植于现代技术所能提供的生产函数的累积扩散之中。这些发生在技术和组织中的变化只能从部门角度进行研究。所以，“增长的完整序列就不再仅仅是总量的运动了；它成了一连串的部门中高潮的继起并依次关联于主导部门的序列，而这也标志着现代经济史的历程”（W. 罗斯托，1988）。以后，“结构转换”成为一个特定概念，被定义为是与经济增长相联系的一个经济发展过程。钱纳里指出：“一个合用的且定义范围最狭小的结构转换范畴应包括物力和人力资本的积累及需求、生产、贸易和就业构成的转化，这些内容被普遍认为是转换的经济内涵。”（Chenery H.，1987）中国经济学界一般认为，经济结构是一个综合体系，包括产业结构、地区结构、投资结构、需求结构、贸易结构以及所有制结构等。在工业化进程中，经济结构的基础是产业结构。因为产业结构的核心是生产力结构，它对于反映工业化进程中生产力发展的质态变化更具直接意义。

产业结构包括两方面内容：一是指各产业之间在生产上的比例关系，直接涉及的是结构均衡问题。诸如第一、二、三次产业之间的均衡，生产资料生产和消费资料生产之间的均衡，基础工业和加工制造业之间的均衡，等等。二是指各产业之间的联系方式，直接涉及的是结构高度、结构效益等问题。所谓产业结构高度，是指一国产业结构在经济发展的历史和逻辑的序列演进中所达到的阶段或层次。在这种历史的和逻辑的序列中的产业结构演化主要包括三方面内容：第一，在整个产业结构中，由第一次产业占优势比重逐渐向第二次、第三次产业占优势比重演进；第二，上述产业结构的变化引起社会生产对各种资源的利用和依赖程度的变化，表现为产业结构由劳动密集型产业占优势比重逐渐向资本密集型和技术密集型产业占优势比重演进；第三，产业结构的演进反映在工业结构的变化上就是工业生产的加工程度不断深化，工业的增长对原材料的依赖程度呈下降趋势。这种变化表现为工业结构中由制造初级产品的产业占优势比重逐渐向制造中间产品、最终产品的深度加工产业占优势比重演进。而所谓结构效益，是指一国产业结构高度化及其变化对于国民收入增长的贡献率。

配第—克拉克法则（Petty-Clavk Law）通过产业劳动生产率和产业结构的变化来说明人均国民收入的增加，揭示了人均国民收入增长（经济增长）与产业结构转换之间的规律。世界经济史表明，产业结构发展是一个从低级向高级递进的过程。这个过程大体表现为：第一次产业的比重开始很大，以后逐渐缩小。第二、三次产业的比重开始很小，以后不断增大。在工业化阶段，第二次产业比重上升很快，并超过第一次产业成为社会生产的主体产业，在达到一定高度后便开始缓慢下降。同时，第三次产业的比重逐渐上升，逐步取代第二次产业成为社会生产的主体产业。从工业内部结构考察，在工业化过程中，先是轻工业的比重较大，以后重工业的比重逐渐超过轻工业。上述产业结构演变过程是生产力发展的自然结果。

参考文献：

［美］金德尔伯格、赫里克：《经济发展》，上海译文出版社 1988 年版。

［美］W. 罗斯托：《从起飞进入持续增长的经济学》，四川人民出版社 1988 年版。

［美］H. 钱纳里：《结构转换：经济发展的实证研究程序》，载于《发展经济学的新格局——进步与展望》，经济科学出版社 1987 年版。

Kuznets, S. S. , *Economic Growth of Nations: Total Output and Production Structure*, Cambridge, Mass: Belknap Press of Harvard University Press, 1971.

Clark, C. , *The Conditions of Economic Progress*, New York: St Martin's, 1940.

Kuznets, S. S. , Population Redistribution and Economic Growth: United States, 1870 ~ 1950. 3 Vols. Philadelphia: American Philosophical Society, 1957 ~ 1964.

Lewis. W. A. , Economic Development with Unlimited Suppies of Labour, *Manchester School of Economics and Social Studies*, 22, May, 1954.

Watkins, M. , A Staple Theory of Economic Growth. *Canadian Journal of Economic and Political Science*, 29(2), May, 1963.

（赵晓雷）

唯工业化论

Industrialization Fundamentalism

唯工业化论是把工业化看做是发展的一切。“唯工业化论”与“唯资本论”同属于第一阶段发展经济学的核心，二者如影随形，强调资本积累的过程也就是强调工业化的过程。

20 世纪 50 年代的发展中国家尚未建立起完整的工业体系，工业基础薄弱，工业设备陈旧、技术落后，工业产品的生产能力、劳动生产率都极为有限，而同时代的发达国家已经拥有完整的现代化工业体系，工业技术发达，工业生产率大大高于世界上的其他国家和地区。20 世纪五六十年代的发展经济学认为，发展中国家的根本出路在于实现工业化，工业化对经济发展起着决定性作用，而农业的地位相对不重要，其理由是工业生产率高，而农业生产率相对较低，优先发展工业可提高社会边际生产率；工业发展可以扩大城市规模促进城市化，较快地提高人均收入和生活水平，而农业则不然；另外，工业化是吸收农村剩余劳动力从而提高发展中国家农业生产率的唯一途径，是发展中国家减少进口、减轻外汇约束并积极扩大外汇储备，以增加工业扩张所需的生产资料和进一步提高国内生活水平所需要的消费品和服务的必由之路，发展中国家只有集中资源发展工业才能摆脱贫困走向富裕。

这一时期比较有代表性的“唯工业化论”有：罗森斯坦—罗丹的“大推进理论”强调对工业部门的全面发展；普雷维什的“贸易条件恶化论”提出发展中国家必须大力发展自己的工业以代替进口的工业品；刘易斯的二元经济结构理论认为经济发展是工业部门扩张的过程；纳克斯提出应该通过大规模的工业投资打破“贫困恶性循环”；赫尔希曼认为工业部门具有较强的联系效应，经济发展中应优先发展工业。此外，库兹涅茨、钱纳里、斯特里顿等人也都强调发展中国家应该实现工业化,工业化成为经济发展的同义语。

过分重视工业化使得发展中国家的农业发展受到了忽视,工业发展越来越受到落后的传统农业的制约。舒尔茨经典著作《改造传统农业》(1964)的问世,使农业的重要性被提高到前所未有的高度,舒尔茨本人也因这一开创性的理论贡献获得1979年诺贝尔经济学奖。20世纪60年代中期以后,部分经济学家开始重新认识农业在经济发展中的地位和作用,重新评价农业与工业的关系,以强调工业化著称的刘易斯、纳克斯等人也开始修正自己的观点。农业与工业协调发展的战略被提出,从而取代了"唯工业化论"的主流地位。

参考文献:

谭崇台:《发展经济学》,山西经济出版社2000年版。

H. Chenery and A. M. Strout, Foreign Assistance and Economic Development, *American Economic Review*, Vol. 56 No. 4, 1966.

A. O. Hirschman, *The Strategy of Economic Development*, New Haven: Yale University Press, 1958.

S. Kuznets, *Six Lectures on Economic Growth*, Glencoe (Ⅲ.): The Free Press, 1959.

W. A. Lewis, Economic Development with Unlimited Supply of Labour, *Manchester School*, No. 5, 1954.

R. Prebisch, *The Economic Development of Latin America and Its Principal Problems*, New York: United Nations, 1950.

P. Rosenstein-Rodan, Problems of Industrialization of Eastern and Southeastern Europe, *Economic Journal*, Vol. 53, 1943.

T. W. Schultz, *Transforming Traditional Agriculture*, New Haven: Yale University Press, 1964.

H. W. Singer, The Distribution of Gains between Investing and Borrowing Countries, *American Economic Review*, Vol. 40, No. 2, 1950.

(王爱君)

经济起飞
Take-off in Economic Development

美国经济学家W. W. 罗斯托(W. W. Rostow)在其"经济增长阶段论"中提出的一个现代经济增长的重要阶段,又称之为"发动阶段"。起飞阶段处于罗斯托所谓经济增长五个阶段的第三个阶段,也是由传统社会到现代社会的过渡时期结构的分水岭。根据罗斯托的定义,起飞阶段是妨碍不断增长的旧的障碍物和阻力最后已被克服的时期。促成经济进步、引起现代活动的有限的时隐时现的力量扩大起来,并且成为控制社会的力量。增长成为社会正常情况。在起飞阶段中,有效投资和储蓄可能大致从占国民收入的5%增加到10%或10%以上。在起飞阶段,新工业迅速发展,由新工业获得的利润很大一部分又投入了新的工厂。这些新工业所带来的需求又刺激了城市地区和其他现代工业工厂的进一步扩张。现代部门发展的整个过程使一些人收入增长,新的企业家阶级扩大了。这个阶级支配着私人经济部门的不断增加的投资。经济利用了未被利用的自然资源和生产方法。同时,农业生产力的革命性变化是起飞阶段成功的必要条件,这是因为一个社会的现代化使它对于农产品的需求急剧增加。在10年或20年中,社会的基本经济结构以及政治结构都发生了改变,从而使稳定的增长率可以在以后经常地保持下去。

起飞阶段是一个社会的历史上具有决定意义的过渡阶段,有必要将它独特划分为一个阶段。罗斯托为了精确定义起飞阶段,提出了确定起飞阶段需要具有的互相相关的条件:(1)生产性投资率提高,例如由占国民收入(或国民生产总值)5%或不到5%增加到10%以上;(2)有一种或多种重要制造业部门发展起来,成长很快;(3)有一种政治、社会和制度结构存在,或迅速出现,这种结构利用了推动现代部门扩张的力量和起飞阶段的潜在的对外经济影响,并且使增长具有不断前进的性质。定义起飞阶段的目的是要把工业化的初期阶段划为一个阶段而不是把以后工业化成为更庞大的和在统计上更引人注意的现象的阶段划为一个阶段。即将一个经济在真正的自行加强的增长过程的启动阶段与其后的重大的经济发展相区别。

罗斯托特别强调起飞阶段的资本供给和投资率。事实上,"起飞"概念在相当程度上是以投资的规模和生产力与人口增加的数量的比例为依据的。在典型的人口条件下,如果要使按人口平均计算的国民纯产值从比较停滞的状态变为大量经常增长,国民产值中用于投资的份额必须从5%左右增加到10%左右。

在另外一部著作中,罗斯托将"主导部门"引入起飞阶段的讨论。一个新部门可以视为主导部门的过渡时间,是两个相互因素的复合物:第一,这个部门在这段时间里,不仅增长势头很大,而且还要达到显著的规模;第二,这段时间也是该部门的后向和旁侧效应渗透到整个经济的时候。初始的主导部门(单个或多个)达到一定规模,其能量足以引致出基本的扩张效应时,就会创造出起飞。另外,主导部门快速增长的派生效应不是自动发生的。这是一些潜在的效应,它需要社会的成员和机构积极加以发掘。所以,罗斯托进一步提出,起飞必须分两步来定义:第一,起飞是经济过程中这样的一个时期,即一个或多个现代产业部门首次产生,它们具有高的增长率,不仅能带来新的生产函数,而且能通过后向和旁侧联系对经济规模发生根本的扩散效应;第二,在起飞已经出现的时候,社会经济还必须有能力利用前向联系，这样，在旧的主导部门衰退时，新的主导部门才会产生。对社会经济这种职能上的要求，决定了起飞要有相当长的时间（比如说20年）。一个社会要显示它有能力克服最初的增长高涨可能带来的结构性危机，并且不断引进持续增长所依赖的新技术，这样的时间长度是必要的。

罗斯托的经济增长阶段论及起飞理论曾引起国际经济学界的广泛讨论。国际经济协会（IEA）在1960年在德国的康斯坦茨专门组织了国际研讨会，“经济增长阶段”和“起飞”是讨论的热点。在20世纪下半叶，经济起飞和持续增长一直是国际经济学界关心的一个问题。起飞理论在受到关注的同时，也受到了质疑。库兹涅茨（S. Kuznets）指出罗斯托的方法缺乏总量数据来表述起飞阶段的共同特征，或者说所谓的“特征”只是在有限的范围内适用。如此便难以从经济学的标准给出现代经济增长同非现代经济增长的本质区别。而罗伯特·索洛（R. Solow）认为应该用新古典经济学的术语和分析工具来表述起飞，即从初始条件、参数和行为规则变化来区分起飞和起飞前的时期。而罗斯托用非经济因素诸如社会、制度、教育乃至心理学和社会学的因素来解释起飞，认为“增长分析本质上是生物学的而不是新牛顿主义的课题，严谨的增长分析必须包括社会的非经济因素”。

参考文献：

［美］W. W. 罗斯托：《经济成长的阶段》，商务印书馆1962年版。

［美］W. W. 罗斯托：《从起飞进入持续增长的经济学》，四川人民出版社1988年版。

［美］S. 库兹涅茨：《评起飞》，引自罗斯托：《从起飞进入持续增长的经济学》，四川人民出版社1988年版。

R. M. Solow, Technical Change and the Aggregate Production Function, *Review of Economics and Statistics*, 39 (August), 1957.

S. Kuznets, *Modern Economic Growth*, New Haven. Com: Yale University Press, 1966.

（赵晓雷）

主导部门
Leading Sectors

美国经济学家W. W. 罗斯托（W. W. Rostow）在其1960年出版的《经济增长的阶段》一书中提出了经济增长发动阶段的主导部门这一概念。罗斯托将经济学中的部门分为三类。一是主要增长部门即主导部门，在这类部门中，创新的可能或利用和开发新的资源的可能将造成很高的增长率并带动经济中其他方面的扩张。二是补充增长部门，这类部门由于直接适应主导部门的发展或作为主导部门发展的条件，也有迅速的发展。三是派生增长部门，这些部门由于和实际总收入、人口、工业生产或是其他一些一般性的适度增加的可变因素的增长有某种稳定的联系而得到发展。罗斯托将经济增长的发动及可持续归结为数量有限的主要增长部门即主导部门迅速扩张。经济长期增长不仅需要大量资本，而且还要根据新的生产需要，造就一系列迅速成长的、具有高度生产力的主要增长部门，以使资本和产品之间的总的边际比例保持在一个较低的水平。

罗斯托将主导部门与经济起飞相联系。一个新部门可以视为主导部门的这段时间，是两个相关因素的复合物：第一，这个部门在这段时间里，不仅增长势头很强，而且还要达到显著的规模；第二，这段时间也是该部门的回溯效应和旁侧效应渗透到整个经济的持续。所以，经济起飞可以分两步来定义：第一，起飞是经济历程中这样一个时期，即一个或多个现代产业部门首次诞生，它们具有高的增长率，不仅能带来新的生产函数，而且能通过回溯和旁侧联系对经济规模发生根本的扩散效应；第二，在起飞已经出现时，社会经济还必须有能力利用前向联系，这样，在旧的主导部门衰退时，新的主导部门才会诞生。新的主导部门可能因为应用了第一批主导部门独立产生的技术而出现，也可能从哪些在高收入需求弹性刺激下，随着收入的增加而迅速扩大生产的部门中出现。

另外一些经济学家更强调主导部门（制造业部门）的产业链内在联系效应。一个能带动经济发展的主导部门必定应比其他部门有更强的后向联系作用和前向联系作用。可以依据投入—产出表计算某一部门的前向、后向联系指数。静态联系系数有助于直接关注潜在的联系作用，但需要详细的研究来证实所有的相关条件，并且要精确估算一种工业的投资引致其他工业投资的条件。这些研究也许能很好地证明，一些制造业部门能导致某些国家的经济增长。

参考文献：

［美］W. W. 罗斯托：《经济成长的阶段》，商务印书馆1962年版。

［美］W. W. 罗斯托：《从起飞进入持续增长的经济学》，四川人民出版社1988年版。

［美］M. 吉利斯等：《发展经济学》，中国人民大学出版社1998年版。

（赵晓雷）

工业化
Industrialization

从世界经济学说史上看，工业化思想的渊源可追溯到18、19世纪的西方古典经济学。作为工业资本主义理论代表的古典经济学从工业和农业两大社会生产部门的比较利益出发,论述了工业生产是提高劳动生产率及国民财富增长的主要原因。亚当·斯密(Adam Smith)指出:影响经济增长的两个重要因素,一是资本积累,二是以社会分工为主要内容的技术进步。如果要素投入量不变,劳动生产率的提高也可以增加产出。劳动生产率提高的主要动因在于劳动分工的发展,而劳动分工主要发生在制造业部门(A. Smith,1776)。李嘉图(D. Ricardo)分析了机器的采用是土地、劳动、资本边际生产率提高的主要因素。边际生产率提高引致利润率提高,从而提高资本形成率,加快经济增长(D. Ricardo,1817)。所以,古典经济学认为,国富增加(经济增长)的可能性在于现代都市社会的形成和随之而来的工业化。

对工业化理论的广泛阐述是在20世纪中叶以后。当时的一般认识是,发达国家的经济技术之所以先进,是因为它们实现了工业化。发展中国家要追求经济增长和社会进步,也必须实现工业化。1943年,罗森斯坦·罗丹(Rosenstein Roden)在他的著名论文《东欧和东南欧国家的工业化问题》中提出:发展中国家要从根本上解决贫困问题,关键在于实现工业化,因而经济发展就意味着工业化(R. Roden,1943)。钱纳里更是从工业化与经济增长的联系角度提出:"从历史上看,工业化一直是发展的中心问题"(H. Chenery,1989)。这一时期,许多经济学家致力于工业化问题的研究,提出了不少理论见解。美国经济学家迈耶在其《经济发展的主要问题》一书中对这一时期的工业化理论作了比较全面的分析和介绍(G. M. Meier,2005)。

20世纪40年代到50年代初,对于工业化的认识往往是将其与工业生产相提并论。20世纪40年代末,张培刚在他的《农业与工业化》一书中对工业化这一概念做了较为完整的阐述。他说:工业化可以被定义为一系列基要的"生产函数"连续发生变化的过程。这种变化可能最先发生于某一个生产单位的生产函数,然后再以一种支配的形式形成一种社会的生产函数而遍及整个社会。根据张培刚的解释,这一工业化概念可以将工业发展及农业改革(农业现代化)都包括在内。因为农业作为一个消费资料生产部门,必然要同样受基要的生产函数的影响和制约(张培刚,1984)。与这一概念相似的是斯威齐(P. M. Sweezy)的解释,他将工业化定义为新生产方法的创用,或新工业的建立,"如果我们从一个全无工业(除开手工业)的经济社会开始,那么,这种经济社会可能要经历一种通常称之为'工业化'的转变,在这一转变中,全社会的大部分力量都是投于创用新的生产方式。新工业的建立,有时就总生产而言规模极为庞大,以致还需要在某一时期减少消费品的生产。在工业化的过程中,所有我们通常称为'基本'工业的,都以新工业的姿态出现,而且这些新工业的建立吸收了新积累的资本,但却未能相应地增加消费品的生产"(张培刚,1984)。所谓新工业的建立或新生产方法的创用,其实质也就是生产函数的变化。

张培刚和斯威齐提出的工业化概念较之单纯将工业化等同于工业生产的认识是更为全面的。根据他们的概念,工业化是一种社会生产变革过程。这一过程始于所谓"基要的生产函数"发生连续变化或"新生产方式"的创用,具体表现为交通运输、动力工业、机械工业、钢铁工业等"资本品"工业的建立和发展及其对包括农业在内的"消费品"工业的影响和控制;这一过程继而表现为社会生产的"组织上的变化",即现代工厂制度、银行制度的确立以及市场范围、市场结构的变化。从生产力的角度看,工业化又是一种资本深化过程,这种过程可以提高每个工人及每亩土地的生产力,从而使落后的经济得以发展,国民收入得以提高。

以后,随着经济增长分析中的结构主义(The Structualist Approach)的兴起,许多西方经济学家从经济结构变化的角度论述了工业化的含义。库兹涅茨(S. Kuznets)首先将工业增长描绘成他所谓的"现代经济增长"这个全面结构转变中的一个组成部分。在这一条件下,工业化不仅是对需求条件和供给条件变化的反应,而且是获得先进技术的一个基本手段。而先进技术则是现代经济增长的基础和源泉(库兹涅茨,1981)。结构主义理论将工业化视为一种经济结构的转变过程,即随着经济的成长,制造业(工业)在总产出和就业中所占份额的上升和农业所占份额的相应下降成为一种趋势,工业份额增加的原因是国内需求的变动、工业产品中间使用量的增加,以及随要素比例变动而发生的各种不同的要素供给组合去满足类似的各种需求增长格局的一种途径。由于各种生产要素供给的组合变动(由需求变动所引起)决定了经济结构的变动,因此,工业化也就是经济结构的转变(钱纳里,1989)。

马克思在《资本论》中从生产方式变革这一深层含义上对大工业或现代工业的产生及其性质进行了分析。根据马克思的论述,生产方式有两层含义:一是指劳动的方式,即劳动者在劳动过程中操作劳动资料作用于劳动对象的方式;二是指劳动的社会形式,即劳动过程中各方面关系的社会规定性。前者与生产力有更直接的联系,后者则与生产关系有更直接的联系。这里所使用的生产方式概念取自马克思所说的第一层含义,即作为生产诸要素的技术组合方式的生产方式,它是一种劳动的技术性或物质性关系。在劳动过程的最基本要素即劳动者、劳动资料和劳动对象这三者的关系中,劳动资料的性质决定着作为生产要素技术组合方式的生产方式。马克思以精湛的抽象分析,从劳动资料的变革来把握生产方式发展的不同阶段的特征和区别，阐明劳动资料对于经济发展质态变化的重要意义。马克思说："各种经济时代的区别，不在于生产什么，而在于怎样生产，用什么劳动资料生产。劳动资料不仅是人类劳动力发展的测量器，而且是劳动借以进行的社会关系的指示器"。根据这一原理，马克思指出，从工场手工业到大机器工业这一生产方式的变革，其根本的原因在于劳动资料从手工工具变为机器。"在工场手工业中，单个的或成组的工人，必须用自己的手工工具来完成每一个特殊的局部过程"。而"在机器生产中，这个主观的分工原则消失了。在这里，整个过程是客观地按其本身性质分解为各个组成阶段，每个局部过程如何完成和各个局部过程如何结合的问题，由力学、化学等在技术上的应用来解决"。由于从手工工具到机器这一技术基础的变化，劳动者在劳动过程中互相结合的方式以及他们使用劳动资料的方式也发生了变化，"在工场手工业中，社会劳动过程的组织纯粹是主观的，是局部工人的结合；在机器体系中，大工业具有完全客观的生产机体，这个机体作为现成的物质生产条件出现在工人面前。"由于机器只有通过社会化的或共同的劳动才发生作用，"因此，劳动过程的协作性质，现在成了由劳动资料本身的性质所决定的技术上的必要了"（马克思，1867）。

可见，作为劳动方式的生产方式的变革是由生产力发展的水平首先是由劳动资料的变革所决定的。没有机器和机器体系这样一种社会化的劳动资料，就不可能有以工厂制为核心的现代大机器生产方式。这种变革，根据马克思的论述，是作为一种过程逐渐扩展到整个社会生产领域中去的，一个工业部门生产方式的变革，必定引起其他部门生产方式的变革。这首先是指那些因社会分工而孤立起来以致各自生产独立的商品、但又作为总过程的阶段而紧密联系在一起的工业部门。同样，另一方面，棉纺业的革命又引起分离棉花纤维和棉籽的轧棉机的发展，由于这一发明，棉花生产才有可能按目前所需的巨大规模进行。但是，工农业生产方式的革命，尤其使社会生产过程的一般条件即交通运输工具的革命成为必要。因此，撇开已经完全发生变革的帆船制造业不说，交通运输业是逐渐地靠内河轮船、铁路、远洋轮船和电报体系而适应了大工业的生产方式。一旦以机器为技术基础的大机器生产方式在工业、农业、交通运输业及整个社会生产领域内确立，这就标志着生产方式的一次质的变革，或者说生产方式实现了工业化。

根据上述理论，概括而论，所谓工业化，是一个以生产方式的变革为实质内涵的经济进步过程。这种变革的特征在劳动资料（生产的技术基础）上表现为机器和机器体系代替手工工具；在劳动过程的分工和劳动者的结合方式（生产的组织形式）上表现为社会化的或共同的劳动代替单个的或简单协作的劳动；在经济结构上表现为现代工业代替传统农业成为主导的和主要的社会生产部门。由于这一过程是逐步扩展到整个社会生产中去的，因此，一个国家的工业化必然是包含了这一国家在一定历史时期的整个社会经济。换言之，工业化是一国社会经济成长的一个特定阶段。

进入21世纪，工业化理论又有新的进展。不少经济学家从工业化的阶段特点、工业化的驱动力、工业化向新经济的转型等角度对工业化作了更深入的研究，并形成了一些新的理论（霍文慧、杨运杰，2010）。

参考文献：

［美］H. 钱纳里：《工业化和经济增长的比较研究》，上海三联书店1989年版。

张培刚：《农业与工业化》上卷，华中工学院1984年版。

［美］S. 库兹涅茨：《现代经济增长：发现和反映》，引自《现代国外经济学论文选》第二辑，商务印书馆1981年版。

张培刚：《发展经济学》第1卷，湖南人民出版社1991年版。

马克思：《资本论》第1卷，人民出版社1975年版。

霍文慧、杨运杰：《工业化理论研究新进展》，载于《经济学动态》2010年第3期。

A. Smith, 1776, in R. H. Camplell, A. S. Skinner, *An Inquiry into the Nature and Causes of the Wealth of Nations (WN)*, Oxford: Oxford University Press, 1976.

D. Ricardo, 1817, in P. Sraffa, *Principles of Political Economy and Taxation*, Cambridge: Cambridge University Press, 1951.

P. Rosensein-Roden, Problems of industrialization of Easten and South-Easten Europe, *Economic Journal*, 53, 1943.

G. M. Meier, *Leading Issues in Economic Development*, New York Oxford: Oxford University Press, 2005.

（赵晓雷）

卡尔多定律
Kaldor's Law

卡尔多（Kaldor）于1966年以"英国经济增长缓慢的原因"为题，在他任剑桥大学个人讲座教授的就职演讲以及同年在康乃尔大学皮尔斯纪念讲座中提出了关于经济增长的三个规律，强调了制造业在经济增长过程中的作用。之后，卡尔多写了一系列有影响的论文阐述并完善这个理论，大多数发表在19世纪70年代。

在这篇讲演中，卡尔多分析了为什么英国在战后比大多数其他工业国增长缓慢。他认为英国经济"过早成熟",以至于"在英国取得高的生产率水平或实际人均收入之前,已经耗竭了增长潜力"。在他看来,第二产业特别是制造业的生产率是最高的,在第一产业和第三产业存在大量过剩人口的情况下,制造业产出增长越快,劳动力向制造业部门转移的速度也越快,同时带来其他部门过剩人口的减少和生产率的提高。但是在英国,已经没有过剩人口,各部门生产率是一致的,这种过度成熟使得生产率难以提高。围绕这一解释,他提出了三条经验规则,也就是通常所说的卡尔多定律,以此来概括在生产率增长规模递增机制下的经济增长和结构转变过程。

卡尔多关于经济增长的三个经验规则被称为"卡尔多定律",表述如下:一是 GDP 增长与制造业产出增长存在高度的正相关关系,这不仅因为制造业产出在定义上就是总产出的组成部分,更是因为制造业的生产特征与经济增长之间存在因果上的联系。二是制造业的劳动生产率增长与制造业的产出增长存在高度的正相关关系,这特别与规模报酬递增有关。三是制造业产出增长越快,非制造业部门的剩余劳动力向制造业部门转移的速度就越快,因此,整个经济中的劳动生产率增长与制造业部门的产出增长和就业增长正相关,与非制造业部门的就业增长之间存在负相关关系(Thirlwall,1983)。

卡尔多定律的第一法则强调了制造业在经济发展过程中的重要性,制造业部门的产出增长越快,GDP 的增长就越快。卡尔多认为,当制造业生产增长、产出扩张时,劳动力资源就会从那些具有隐形失业和剩余劳动力的部门中转移过来。显然,这种转移不会在这些部门中引起产出的下降,反而会提高这些部门的劳动生产率。这个定律既反映了静态的也反映了动态的规模经济。工业部门特别是制造业部门,不论从静态(如规模报酬)还是从动态(如学习曲线)来看,都具有报酬递增的趋势。

卡尔多定律的第二法则也被称为"凡登定律"(Verdoorn's Law)或"卡尔多—凡登定律"。它的基本思想是认为生产的增长和规模的扩大本身会带来生产率的提高。卡尔多将这一思想的来源归于亚当·斯密(Adam Smith,1776),认为斯密所强调的正是交换促进市场规模扩大,带来分工和专业化,以及生产率提高。凡登定律有两个重要的贡献:一是凡登定律认为制造业部门是经济增长的主导产业或称之为增长的"发动机"。他强调在经济增长的过程中,制造业部门有较快的产出增长,而其他部门则是被动地对经济做出反应。卡尔多据此提出了现代经济的"二元性",一方面是劳动生产率极低,有着大量剩余劳动力的农业部门;另一方面则是技术飞速发展,报酬递增的资本密集型工业部门。凡登定律的另一个重要贡献是为缪尔达尔(Myrdal,1957)的"累积因果关系"概念提供了经济学原理。制造业都有比经济中的其他部门更长的产业链,其发展会给经济的发展产生累积效应。

卡尔多定律的第三法则隐含的经济学含义是,制造业的增长速度越快,劳动力从受规模报酬递减规律制约的部门中转移出来的速度也越快。由于受规模报酬递减规律制约,制造业从农业以及其他劳动边际产出较低的经济活动中吸收的劳动力就越多,劳动力在产业结构间的转移步伐就会加快。由于制造业具有规模报酬递增的特点,随着劳动力向制造业的转移,非制造业部门的劳动生产率提高,进而整个国民经济的劳动生产率也会提高。

卡尔多的这三条规律在经济学中产生了广泛的影响,成为工业化理论和"制造业是经济增长的发动机"这一命题的理论基础。卡尔多提出这三个规律之后,他本人首先用 12 个 OECD 国家从 1953 年至 1963 年的数据验证了这一规律。在他的开拓性研究之后,大量文献对此展开了研究,并应用于对各国和各地区的经验验证,多数研究支持了卡尔多定律。

卡尔多定律通常认为存在于制造业或工业部门,在现有研究中,卡尔多定律(尤其是凡登定律)大多数只研究制造业或工业部门,这样就有可能会忽略其他能够促进经济增长的主导产业。实际上,现代经济中,还有一些其他的部门能够促进经济增长,尤其是服务业部门,同样有着显著的规模报酬递增效应。服务业中包含一些技术密集型、资本密集型和知识密集型的部门,根据新增长理论,这些部门都是规模报酬递增的,能够促进经济增长。新增长理论强调了 R & D 和技术外溢在规模报酬递增中的作用。一些实证研究对服务业部门进行了卡尔多定律的检验,认为服务业部门是经济增长中的主导产业(McCombie and De Ridder,1983)。

参考文献:

Verdoorn, P. J. , Fattori che Regolano lo Sviluppo della Produttivita del Lavoro, L' Industria 1, 1949。英文版可参看:John McCombie; M. Pugno; B. Soro, *Productivity Growth and Economic Growth: Essays on Verdoorn's Law* (Chapter 1), London: Palgrave-Macmillan, 2003。

McCombie J. S. L; De Ridder J. R. , Increasing Returns, Productivity, and Output Growth: the Case of the United States, *Journal of Post Keynesian Economics*, 3, Spring, 1983.

Kaldor, N. , *Causes of the Slow Rate of Economic Growth of the United Kingdom*, Cambridge: Cambridge University Press, 1966.

Kaldor, N. , *Strategic Factors in Economic Development*, New York, Ithaca: New York State School of Industrial and labour Relations, Cornell University, 1967.

Kaldor, N., Productivity and Growth in Manufacturing Industry: A Reply, *Economica*, November, 1968.

Kaldor, N., *Further Essays on Economic Theory*, London: Duckworth, 1978a.

Kaldor, N., *Further Essays on Applied Economics*, London: Duckworth, 1978b.

Myrdal, G., *Economic Theory and Underdeveloped Regions*, London: Duckworth, 1957.

Smith, A., 1776, in E. Cannan, *An Inquiry into the Nature and the Courses of the Wealth of Nations*, London: Methuen, 1961.

Thirlwall A. P., A Plain Man's Guide to Kaldor's Growth Laws, *Journal of Post Keynesian Economics*, Spring, 1983.

McCombie, J., Thirlwall A. P., *Economic Growth and Balance of Payment Constraint*, London: St. Martins Press, 1994.

Chisholm M., *Regions in Recession and Resurgence*, London: Allen and Unwin, 1990.

Miguel, A. Leon-Ledesma, Economic Growth and Verdoorn's Law in the Spanish Regions, 1962-1991. *International Review of Applied Economics*, 14(1), 2000.

（黄赜琳）

恩格尔定律

Engel's Law

恩格尔(Engel)于1857年发表的具有重要影响的文章之后,关于一个消费者对某一商品的需求(或支出)与其收入之间的关系,通常称为恩格尔曲线。恩格尔的分析是以杜柏蒂奥(Ducpetiaux,1855)提供的预算数据为基础的,他阐明了这样一个规律:食物在总支出中所占比重与家庭收入(或衡量家庭总资源的某种其他尺度)成反比。这就是所谓的恩格尔定律,这一定律的系数被称为恩格尔系数。其公式表示为:

恩格尔系数(%) = 食品支出总额/家庭或个人消费支出总额×100%

该定律的成立意味着食物开支的收入弹性小于1。恩格尔定律似乎总是普遍成立的,如果人们想对该定律作稍许的修正,那也只有在如下意义上方能成立,即该定律指的只是日常生产基本需要的食品在总支出中的比例,而不是所有类型的食品。这个区别对于富裕家庭的分析比较重要,对最低收入阶层而言并不重要(Houthakker,1957)。

恩格尔定律的本质是:当收入增加时,花费在食品和其他必需品上的收入比例下降。也就是说,如果一个家庭的混合收入相对较低,花费在食品上的支出就可能占一个较大的比例,然而,当家庭收入上升时,花费在食品上的比例就可能下降到一定的水平。恩格尔定律的进一步推广意味着,随着富裕水平的提高,任何商品在预算中的比例起初会提高(除了一些维持生计的基本商品之外),但以后就会下降。预算中递增的部分与商品的奢侈程度相对应,其需求的预算或收入弹性大于1。生活中的必需品在预算中的比例则是递减的,其需求的预算或收入弹性小于1。需要注意的是,预算比例中的递减并不等于绝对量的递减,尽管这种情况可能存在。绝对量递减的生活必需品是劣质品或低档品。富裕程度提高时,需求数量不变或增加的商品应是必需品或奢侈品。在富裕程度周期提高的过程中,某个商品或一类商品,对一个收入阶层(贫困阶层)属于,对较高收入阶层可能是必需品,而对高收入阶层而言则可能是低档品。

随着时间的推移,以后的经济学家又对恩格尔定律做了若干补充,恩格尔定律的内容有所增加。目前西方经济学对恩格尔定律的表述如下:(1)随着家庭收入的增加,用于购买食品的支出占家庭收入的比重(即恩格尔系数)会下降;(2)随着家庭收入的增加,用于家庭住宅建设和家务经营的支出占家庭收入的比重近似不变;(3)随着家庭收入的增加,用于服装、交通、娱乐、卫生保健、教育方面的支出和储蓄占家庭收入的比重会上升。

像大多数经济学定律一样,恩格尔定律是在假定其他条件不变的前提下才成立的,除了其他因素外,价格是假定不变的。食物的收入弹性同它在预算中的比重一样,与收入成反比。这一弹性在极低的收入水平时可能高达0.8或0.9,而在高收入时则可能接近于0。正如恩格尔自己所强调的,他的定律对经济发展具有深远影响。食物是农业的主要产品,因此食物在总消费中所占比重的下降,意味着农业在总生产中所占的比重将下降。"均衡增长"是各部门的同速增长,是不可能实现的。要全面分析恩格尔定律的效果,就得详尽考虑农业部门和非农业部门的相对价格和生产率;外贸对此也可能产生影响。在合理的假设条件下,农场主和农场工人的数目不仅会相对减少,而且会绝对减少,人口将从农村流向城市。如果这些调整进行得不够迅速,农业部门的人均收入就会低于非农业部门的人均收入。在发达国家,这一现象被称为"农场问题"。可以证明,这一问题的严重程度取决于农业生产率的增长速度,农场主通过提高生产效率,会使他们自己失业,更准确地说,会使效率较低的竞争对手失业(Houthakker,1967)。然而,恩格尔定律特别适用于食物,在其他类型的消费支出中尚未发现存在类似的定律。还应当指出的是,将该定律用于分析农业发展时,涉及要将支出弹性分解为数量弹性和质量弹性的问题。其原因在于,总体而言,农业生产的是数量,而食品加工和商业生产的是质量。至于食物总量方面，邦克斯和科克兰（Bunkers and Cochrane，1957）已经证明，数量弹性大大低于支出弹性。

阿根廷经济学家劳尔·普雷维什（Raul Prebisch）则运用恩格尔定律的概念来论证他的观点，即欠发达国家的贸易条件在持续恶化。根据普雷维什的观点，欠发达国家的经济发展问题根源于贸易条件的恶化。发达国家的经济学家渴望指出发展中国家在基本商品的生产中具有比较优势：基本谷物、咖啡、香蕉、糖、茶以及如铜、锡、铁和天然肥料等原材料。然而，根据恩格尔定律，普雷维什注意到，当富国变得更加富有时，它们花费在由欠发达国家生产的基本品上的支出比例变得越来越小。因此，按照这个观点，富国通过出售给穷国高附加值的工业品以换得低附加值的基本品而变得越来越富有。这就要求穷国将较低的、相对下降的收入花费在富国工业品上的比例不断扩大。这些概念已经被这些贫穷国家的许多经济学家所接受，并引起联合国会议上穷国与富国之间激烈的争论和分化。

除了经济学家关注经济发展和需求的收入弹性之外，市场调研机构也在不断分析家庭的购买倾向。许多营销企业通过观察收入数据，设法估计应该何时推出新产品或改进产品。市场细分的努力也是通过分析家庭预算和支出得到了极大的改进。

国际上常常用恩格尔系数来衡量一个国家和地区人民生活水平的状况。根据联合国粮农组织提出的标准，恩格尔系数在59%以上为贫困，50%～59%为温饱，40%～50%为小康，30%～40%为富裕，低于30%为最富裕。在实际运用这一标准进行国际和城乡对比时，一方面，要考虑到那些不可比因素，如消费品价格比价不同、居民生活习惯的差异以及由社会经济制度不同所产生的特殊因素，对于这些横截面比较中的不可比问题，在分析和比较时应做相应的剔除；另一方面，在观察历史情况的变化时要注意，恩格尔系数反映的是一种长期的趋势，而不是逐年下降的绝对倾向。

恩格尔定律的适用范围是有条件的。首先，假定其他一切变量都是常数，包括价格。其次，对食物支出要有统一的含义，即维持生活所需要的食物支出。除此之外，在现代经济中运用恩格尔定律，还必须考虑城市化的影响、饮食业的影响以及食物本身构成的变化等。尽管这样，恩格尔定律仍然被普遍认为是分析消费结构的有用工具。

在判断一个国家和地区的居民生活水平时，可以将恩格尔系数作为一个参考依据，但需要注意以下几点：一是慎用划分标准。联合国粮食及农业组织关于恩格尔系数的划分标准是居民生活质量的一个重要的但不是唯一的评判标准。任何标准都具有相对意义和参考意义，因为增长、发展、富裕程度、生存状态、生活质量等问题十分复杂，用一个指标显然难以去衡量在自然、历史、社会、生活方式、风俗习惯等方面千差万别的国家和地区。同时恩格尔系数只是一个相对指标，在考察一个地区居民生活水平时，需要对人均食品消费额、人均可支配收入等绝对指标予以关注。事实上，在联合国及其附属机构的文件中，用于衡量居民生活水平的指标还有人均居住面积、生活用电量、实际生活质量指数、人文发展指数、基尼系数等，它们和恩格尔系数一样，由于衡量视角和计算方法的原因，都存在一定的局限性。因此，对居民生活水平的科学判定，不能简单地建立在对一个指标的分析之上，而应该选取多个指标进行综合评价。二是在对一个国家、一个地区、一个家庭的恩格尔系数进行纵向比较，或者对一个地区居民收入作高低层次之间的贫富差距分析时，恩格尔定律的重要意义更为明显，而在运用恩格尔系数做横向比较时，必须考虑国情国策、地域差异，注重分析价格指数、消费结构、消费倾向等各方面因素的综合影响。三是恩格尔定律反映的是一种长期趋势，而不是逐年下降的绝对倾向，假如把它用于短期的、居民富裕程度的精确计算或对比，结论往往难以令人信服。事实上，很多地区的恩格尔系数在短期内都曾出现过跳跃现象，这其中既可能是物价指数异常波动带来的影响，也可能是福利税收政策变动引发消费者行为变化所导致的，它的短暂上升相反很可能是生活状况改善的表现。

参考文献：

［美］弗兰克·N. 马吉尔：《经济学百科全书》，中国人民大学出版社2009年版。

Ducpetiaux, A. E., Budgets économiques des classes ouvrières en Belgique: Subsistences, Salaries, Population, M. Hayez, 1855.

Engel, E., Die Productions-und Consumptionsverhaeltnisse des Koenigsreichs Sachsen, Zeitschrift des Statistischen Bureaus des Koniglich Sachsischen Ministeriums des Inneren 8(9), November, 1857, Reprinted in the Appendix of Engel(1895).

Engel, E., Die Lebenskosten Belgischer Arbeiter-Familien Fruher and Jetzt, *International Statistical Institute Bulletin*, Vol. 9, 1895.

Barten A. P., *Family Composition, Price, and Expenditure Patterns*, P. E. Hart et al., in Econometric Analysis for National Economic Planning, London: Butterworths, 1964.

Bunkers, E. W., Cochrane, W. W., On the Income Elasticity of Food Services, *Review of Economics and Statistics*, 39(2), May, 1957.

Houthakker, H. S., An International Comparison of Household Expenditure Patterns, Commemorating the Cente-

nary of Engel's Law, *Econometrica*, 24, October, 1957.
Houthakker, H. S., Economic Policy for the Farm Sector, Washington, D. C.: American Enterprise Institute for Public Policy Research, 1967.
Ostheimer, R. H., Who Buys What? *Journal of Marketing*, 22, January, 1958.

（黄赜琳）

霍夫曼定理
Hoffmann's Law

霍夫曼定理又被称作“霍夫曼经验定理”，是指在工业化过程中，消费资料工业净产值与资本资料净产值之比不断下降的规律。这是德国经济学家霍夫曼（Hoffmann）在其1931年出版的著作《工业化的阶段与类型》（*Standien und Typen der Industrialisierung*）中总结多国制造业部门不同历史阶段的数据，对各国工业化过程中消费品和资本品工业部门的相对地位变化做了统计分析而提出来的。实际上，霍夫曼对工业结构的研究就是对工业结构“重工业化”的分析。

霍夫曼产业分类提出，首先解决的问题是工业品行业部门的选择问题。霍夫曼提出产业的分类原则是：某产业产品的用途有75%以上作为消费资料的归入消费资料产业；有75%以上作为资本资料的归入资本资料产业；难以用上述原则确定归属的产业则列入其他产业。基于这个分类原则，他将产业分为三类：（1）消费资料产业。包括食品工业、纺织工业、皮革工业、家具工业。（2）资本资料产业。包括冶金及金属材料工业、运输机械工业、一般机械工业、化学工业。（3）其他产业。包括橡胶、木材、造纸、印刷等工业。这种分类的主要目的是在于区分消费资料产业和资本资料产业。这种产业分法有利于衡量一定时点上的工业化水平，有利于划分工业化阶段。霍夫曼正是根据这一分类方法，研究出著名的霍夫曼系数和霍夫曼定理。

霍夫曼根据近20年国家的时间系列数据，分析了制造业中消费资料工业与资本资料工业的比例关系。这一比例关系被称之为“霍夫曼系数”或“霍夫曼比例”，表达式为：

霍夫曼系数=消费资料工业的净产值/资本资料工业的净产值

根据霍夫曼系数的变化趋势，霍夫曼将工业化的过程分为四个阶段：

工业化第一阶段：消费品工业的生产在制造业中占统治地位，资本品工业的生产不发达，霍夫曼系数约为5；

工业化第二阶段：与消费品工业相比，资本品工业获得了较快发展，但消费品工业的规模仍然比资本品工业的规模大得多，霍夫曼系数约为2.5；

工业化第三阶段：消费品工业与资本品工业的规模达到大致相当的状况，霍夫曼系数约为1；

工业化第四阶段：资本品工业的规模大于消费品工业的规模，霍夫曼系数小于1。

霍夫曼详细测算了若干国家的霍夫曼比例数值的变化，得出的结论是，各国工业化无论开始于何时，一般具有相同的趋势，即随着一国工业化的发展，霍夫曼系数呈现出不断下降的趋势，这就是著名的“霍夫曼定理”。

霍夫曼的工业化理论本质上属于投资驱动型增长理论的范畴，这与哈罗德—多马增长理论所表述的思想实质是一致的（Harrod, 1939；Domar, 1946）。随着工业化进程的加深，经济增长主要依靠资本积累。资本品工业部门净产值在绝对水平和相对水平上的增长，是资本主义生产过程中资本地位不断强化的结果。霍夫曼理论是对工业部门，尤其是重化工业部门在国民经济中地位的不断上升的一种直接反映，是对欧美发达资本主义国家20世纪中期之前的工业化历程在事实层面上的描述和总结，而没有形成真正的关于工业化一般路径的理论。

在现代经济中，由于该理论的前提、基本内容、适用范围及其客观条件等与当今所面临的现状相差甚远，“霍夫曼定理”的适用范围也受到限制。比如，现代产业部门划分与霍夫曼的行业选择存在很大的差异，现代经济中的经济全球化、科技进步、资源与环境等经济发展的重要影响因素也是霍夫曼定理当时所未考虑的。由于霍夫曼理论历史视角的局限性，使这一理论的普适性大为降低，它对后起的新兴工业国、新经济条件下的工业化以及新型工业化道路的解释力和指导意义是很有限的。在实际运用该理论解释经济现象时应特别谨慎，不加批判地照搬该理论，不顾客观现实条件和经济发展的需要，片面地将霍夫曼理论的资本品工业部门引申为重化工业而大加倡导，这样可能会遭遇客观经济环境与可持续发展的制约与排斥，给国民经济的发展带来严重损害。

参考文献：

Hoffmann, W. G., Stadien und Typen der Industrialisierung, in: Lexikon derökonomischen Werke, Verlag Wirtschaft und Finanzen, Stuttgart, 1931.（德文版）
Hoffmann W. G., *Das Wachstumder deutschen Wirtschaft seit der Mitte des* 19, Berlin: Jahrhunderts, 1965.（德文版）
Hoffmann, W. G., *The Growth of Industrial Economies*, Manchester: Manchester University Press, 1958.
Harrod, R. F., An Essay in Dynamic Theory, *Economic*

Journal 49,1939.

Domar,E. D. ,Capital Expansion,Rate of Growth,and Employment,*Econometrica*,14,1946.

（黄赜琳）

贫困恶性循环

Vicious Circle of Poverty

R. 纳克斯(Ragnar Nurkse)于 1953 年在《不发达国家的资本形成问题》中提出的,论证了资本形成对于打破“贫困恶性循环”的重要作用。纳克斯认为发展中国家之所以存在着长期的贫困,是因为经济中存在着若干相互联系、相互作用的“恶性循环系列”。而最主要的一个恶性循环是“贫困的恶性循环”。对一个国家而言,纳克斯得出了著名命题:“一国穷是因为它穷”(A Country is Poor Because it is Poor)。

在供给方面,一国由于经济不发达,人均收入低,低收入意味着人们将要把大部分收入用于消费,很少用于储蓄,从而导致了储蓄水平低,储蓄能力低,低储蓄能力会造成资本形成不足;资本形成不足又会导致生产规模难以扩大,劳动生产率难以提高,低生产率造成低产出,低产出又造成低收入,形成了一个“低收入—低资本形成—低收入”恶性循环。

在需求方面,发展中国家的人均收入水平低下意味着低购买力和低消费能力,低购买力导致投资引诱不足,投资引诱不足又会造成资本形成不足,低资本形成使生产规模难以扩大,生产率低下。低生产率带来低产出和低收入,这样,也形成了一个“低收入—低资本形成—低收入”恶性循环。

纳克斯指出,人们一般会注意供给方面的恶性循环,实际上,需求方面的恶性循环也是非常重要的。主要表现在投资引诱受市场规模的限制。受到市场容量限制,即使有了储蓄,也会缺乏投资引诱,商品销售不出去,企业不会贸然进行大量投资。同时即使有了投资引诱,却缺乏储蓄用于投资;即使有了储蓄,却又缺乏投资引诱来消化储蓄。因此,这两个循环形成一个牢固的死圈,很难打破,从而发展中国家必然会处在长期的经济停滞和贫穷的困境之中(Ragnar Nurkse,1953)。

纳克斯的“贫困恶性循环”理论反映了发展中国家贫困的特征,并探讨了贫困的根源和摆脱贫困的途径,但过分强调了资本积累的重要性,受到了学术界的批评。

当前学术界对贫困恶性循环的批评主要有以下几种。第一,它混同了储蓄水平和储蓄率,经济增长的启动力量来自储蓄比率而非储蓄水平。而该理论对此则认为储蓄水平。把资本的来源归结为储蓄水平,是没有考虑到储蓄比例的利用程度,从这点出发,一定会认为发展中国家会长期落后(Findlay,1959)。第二,发展中国家的储蓄率不高,不能只归咎于收入水平,还应当考虑到社会、政治以及其他制度方面的因素妨碍了对储蓄的刺激。收入水平只是储蓄不高的一个原因,而从供给与需求的角度来看,收入有限而适当消费,一定会引发储蓄不足。而收入有限会影响有效消费不足,进而会形成恶性循环。但引起收入水平有限的原因并非经济原因,政治状况、历史遗留的问题也是不能忽视的,而对此却没有过多的阐述。第三,市场容量不足的说法有片面性。市场容量不足,是指在一定区域内的投资、消费等有限,但作为发展中国家,在有历史遗留问题和政治环境相对不稳定的前提下,经济等问题势必受到政治水平的干扰和国际环境的影响,同时开放式的环境也为经济发展、教育水平等情况提供了可能。人口众多而收入有限,势必会影响经济发展的能力。但长期来看,各种生产要是可以调整到合理配置的水平。第四,该理论无视利用外资的可能性。该理论在相对封闭的环境中来阐述落后国家的经济状态,而没有考虑现行经济是在开发性的环境中发展,利用外资和增加教育可以具有后发优势(Fleming,1961,1971a,1971b;Basu,1984)。

参考文献:

Nurkse,Raganr,*Problem of Capital Formation in Underdeveloped Countries*,Oxford:Basil Blackwell,1953.

Fleming,J. M. ,International Liquidity:Ends and Means,IMF Staff Paper 8,December,1961.

Fleming,J. M. ,*Essays in International Economics.* Cambridge,Mass. :Harvard University Press,1971a.

Fleming,J. M. ,The SDR:Some Problems and Possibilities,IMF Staff Papers 18(1),March,1971b.

Findlay,R. V. ,International specialization and the concept of Balanced Growth:Comment,*Quarterly Journal of Economics*,73,May,1959.

Basu,K. ,*The Less Developed Economy:A Critique of Contemporary Theory*,Oxford:Basil Blackwell,1984.

Fleming,J. M. ,External Economies and the Doctrine of Balanced Growth,*Economic Journal*,65,June,1955.

Young,Allyn,Increasing Returns and Economic Progress,*Economic Journal*,Nol. XXVIII,No. 152,December,1928.

Robinson,J. ,*Essays in the Theory of Economic Growth*,London:Macmillan,1962.

Rosenstein-Rodan,P. N. ,Problems of Industrialization if Eastern and South-Eastern Europe,*Economic Journal*,53,June-September,1943.

Nurkse,R. ,*Patterns of Trade and Development*,*The Wicksell Lectures*,Oxford:Basic Blackwell,1961.

Rosenberg,N. ,*Perspectives on Technology and Economics*,Cambridge:Cambridge University Press,1976.

（柴毅）

罗森斯坦—罗丹大推进理论
Rosenstein-Rodan"Big Push"Theory

罗森斯坦—罗丹在20世纪40年代对发展中国家的发展问题进行深入研究,论证了需求与生产的互补性及外在性使得"大推进"战略非常必要。根据生产函数的基本假设,任何经济单位的产出,取决于向该单位投入的资本量。而资本—产出比率假设为既定,经济增长率就取决于储蓄和投资水平。据此原理,发展中国家要摆脱贫困及增长停滞,必须全面地、大规模地在各个工业部门投资资本,通过部门间的"需求互补",推动整个工业全面、迅速发展(Rosenstein-Rodan,1963)。美国经济学家巴里·诺顿把20世纪50年代中国实施的"大跃进"类比为"大推进"战略,这一战略实行非常高的投资率,并通过五年计划最大限度地将投资投入重工业部门(巴里·诺顿,2010)。

参考文献:

[美]巴里·诺顿:《中国经济:转型与增长》,上海人民出版社2010年版。

Rosenstein-Rodan, Notes on the Theory of the Big Push in Economic Development. In H. S. Ellis, *Proceedings of a Conference of the International Economics Association*, London: Macmillan, 1963.

Robinson, J., Disgaised Unemployment, *Economic Journal*, 46, 1936.

(赵晓雷)

需求不可分性
Demand Indivisibility

"需求不可分性"是保罗·罗森斯坦·罗丹(P. N. Rosenstein-Rodan)于1943年在《东欧和东南欧国家工业化的若干问题》一文中提出的"大推进"理论(The Big-Push Theory)的其中一个前提假设,主要指一个国家或地区各产业是关联互补的,彼此都在为对方提供要素投入和需求市场,从而形成市场需求的"不可分性",以共同突破市场"瓶颈",降低市场风险。要做到这一点,就必须使各产业的资源配置在空间上同时具有一定规模。此外,纳克斯(Nurkse,1952)、斯切特(Streeton,1963;1969)及钱纳里(Chenery,1975)等人也对"需求不可分性"做了论述,并成为结构主义与新古典主义理论阵营区分的一个依据。

"大推进"理论作为平衡增长理论(Balanced Growth Theory)的代表,其核心思想是在发展中国家或地区对国民经济的各个部门同时进行大规模投资,以促进这些部门的平均增长,从而推动整个国民经济的高速增长和全面发展。"大推进"理论的论据和理论基础建立在资本供给、需求、储蓄供给的三个"不可分性"(Indivisibility),该假定设定在经济分析中,某些生产要素或变量不能进一步划分为若干单位,即使它们是完全可分的,仍然有一个最低限度规模的问题。具体而言,"不可分性"主要表现在以下方面:

第一,资本供给的"不可分性"。特别是基础设施(Infrastructure)等社会资本供给。基础设施的投资、项目规模庞大,而且相互依存、互为条件,必须同时建成才能发挥应有的作用,因此在建设之初就需要有最低限度的、一定规模的全面投资。达不到这个最小规模,社会资本事实上不能发挥作用,经济增长就不可能得到促进。

第二,储蓄的"不可分性"。储蓄的增长是阶段性的、跳跃性的,而不是随着收入的增长而不断增长的。在收入增长达到某一水平之前,为了确保一定的生活标准,相对地压低消费以提高储蓄的幅度是很有限的。只有当收入的增长达到或超过那个水平后,储蓄才能大幅度地上升,才会使更大规模的投资成为可能。因此,每一阶段的经济建设规模必须达到足以保证收入的增长能够达到或超过一定的水平,否则储蓄将不够充分,为发展经济而进行的投资将受到"储蓄缺口"的阻碍。

第三,需求的"不可分性"。如果投资只集中在某一部门或某一产业,那么除非有充分的国内市场或有保证的国外市场,否则产品就不会有相应的需求。如果产品不能出口,这一部门或这一产业以外的人又处于失业或就业不充分的状态,则产品除小部分为该部门或产业的投资而创造的收入所吸收外,大部分将无人购买,新一轮的生产将无从进行。因此,为了形成广大的市场,从而使多样化的产品各自都有有效需求,就必须广泛地、大规模地在各个部门或各个产业同时进行必要的投资(谭崇台,2000)。

此外,"不可分性"也是结构主义思路推导环节的辅助性约束假设(Rosenstain-Rodan,1943;1944;1958)。它设定在经济分析中,某些生产要素或变量不能进一步划分为若干单位,并强调即使要素或变量是完全可分的,仍然有一个最低限度规模问题。这一规模涉及每个不可分要素或变量的整个单位或若干整个单位。"需求不可分性"(即需求互补性)假设意味着现实经济中的各种投资之间存在密切相关性。其进一步的含义是:单独的投资项目具有很大风险,而广泛的互补性投资的风险却要小得多。这是因为单独投资所生产的产品能否找到市场是不确定的。"需求不可分性"的核心在于设定投资与市场需求之间存在某种关联。罗森斯坦·罗丹(Rosenstain-Rodan,1966)指出,在低收入国家,对大多数产品的需求是高度缺乏弹性的,低需求弹性使供给适应需求变得相当困难;在小规模市场上,因需求不可能适应供给而带来的风险却大于一个大规模的正在形成的市场的风险。这就是说,任何一个单独产业中的任何一项单独投资所带来的风险往往很高，而不同产业的互补性投资反倒会降低风险。结构主义者称这一现象为“需求的互补性”。他们认为有计划地创造一种互补性的产业组合，能降低产品销售不出去的风险；由于风险可以看做是成本，因此，在这个意义上，互补性是一个“外在经济”的特例（Myrdal，1956；1957）。

罗森斯坦·罗丹（Rosenstain-Rodan，1966）认为，“现实中，不同的投资决策并不都是无关的。需求互补性将降低寻找市场的风险。降低这类相互依存的风险也就自然增加了对投资的刺激。”但是，由于小量投资形成的需求互补性将低于合理的最低限度，因此，“存在一个需求互补性使自身得以显现的最低限度规模（A Minimum Threshold）”。

纳克斯（1953）对需求互补性假设做了进一步的引申。和罗森斯坦·罗丹（Rosenstain-Rodan，1961；1966）一样，他认为产业之间的互补性可使几个相关产业或自荐彼此成为主顾，从这个意义上说，这些互补性产业相互之间提供了相互支持的市场。

在他看来，这种基本互补性无疑源自人类欲求的多样性。纳克斯（1952）不同之处在于他在“需求互补性”假定基础上推出了“投资不可分性”假设。

对“需求互补性”假设做了最广义引申的是斯切特（1969）。他认为在经济中存在广泛的互补性，不仅在人类欲求之间存在互补性，而且在生产要素之间、要素和产品之间、储蓄决策和投资决策之间、进口与出口之间、出口与国内生产之间、当前生产与消费同未来生产与消费之间等方面都存在互补性，其中尤以消费品互补性最为重要。他之所以将互补性假说的适用范围推而广之，其用意在于试图以互补性推论推翻新古典主义者有关边际调节的推论。

罗森斯坦·罗丹（Rosenstain-Rodan，1969；1984）指出，应当把注意力转向需求的“不可分性”和生产函数的“不可分性”上，以使递增收益的重要性更加突出。正因为不可分性与互补性假定所具有的特殊地位，它被结构主义思路的发展经济学家们广泛接受。钱纳里（1975；1979）从他所长期从事的经济结构与经济发展关系的研究中意识到需求互补性假说的重要性把需求互补性和二元经济一并称为“结构主义系统中的基本要素”，并将不可分性作为“平衡增长理论的基础”。斯切特（1969）则强调“不可分性”假设在结构主义思想中的重要性。他在对平衡增长与不平衡增长两种理论做一番比较后指出，虽然这两种理论都明确地或隐含地主张大规模投资、互补性、外在性等，但只有“平衡增长理论中假定了不可分性”。斯切特（1963；1969）实际上是根据是否承认“不可分性”这一点把平衡增长理论的赞同者纳入结构主义阵营，而把不平衡增长理论的赞同者排除在这个阵营之外。他甚至把“不可分性”假设作为划分结构主义与新古典主义两个阵营的一条重要界限。

结构主义者以不可分性与互补性假定为依据，推出了应当在发展中国家实行计划化和工业化的政策结论。他们认为：不同产业的互补性提供了赞成大规模有计划的工业化的最重要的一套论点，应当推行“包括在几个互补性产业中同时实行规范化的工业化，并在社会分摊设施的投资中实行计划化”（马颖，2002）。

参考文献：

马颖：《论发展经济学的结构主义思路》，载于《世界经济》2002 年第 4 期。

Chenery, H. B. , The Structuralist Approach to Development Policy, *American Economic Review*, Vol. 65, No. 2, 1975.

Chenery, H. , M. Syrquin and H. Elkington, Patterns of Development, 1950-1970, *The Economic Journal*, Vol. 86, No. 342, 1976.

Chenery, H. B. , *Structural Change and Development Policy*, Oxford University Press, 1979.

Myrdal, G. , *Development and Underdevelopment*, Cairo: National Bank of Egypt, 1956.

Myrdal, G. , *Economic Theory and Underdeveloped Regions*, London: Gerald Duckworth & Co, 1957.

Nurkse, R. , Some International Aspects of Problems of Economic Development, *American Economic Review*, Vol. 42, No. 2, 1952.

Nurkse, R. , Some International Aspects of the Problem of Economic Development, *The American Economic Review*, Vol. 42, No. 2, 1953.

Nurkse, R. , *Problems of Capital Formation in Underdeveloped Countries: And Patterns of Trade and Development*, Oxford University Press, 1967.

Rosenstein-Rodan, P. N. , Problems of Industrialization of Eastern and South-Eastern Europe, *The Economic Journal*, Vol. 53, No. 210/211, 1943.

Rosenstein-Rodan, P. N. , The International Development of Economically Backward Areas, *International Affairs*, Vol. 20, No. 2, 1944.

Rosenstein-Rodan, P. N. , Problems of Industrialization of Eastern and Southeastern Europe, in A. N. A. Garwala & S. P. Singh, *The Economics of Under Development*, Oxford University Press, 1958.

Rosenstein-Rodan, P. N. , International Aid for Underdeveloped Countries, *The Review of Economics and Statistics*, Vol. 43, No. 2, 1961.

Rosenstein-Rodan, P. N. , Notes on the Theory of the Big Push, in Ellis, *Economic Development for Latin America*, 1966.

Rosenstein-Rodan, P. N., Criteria for Evaluation of National Development Effort, *Journal of Development Planning*, Vol. 1, 1969.

Rosenstein-Rodan, P. N., *Natura Facit Saltum: Analysis of the Disequilibrium Growth Process*, in G. Meier & D. Seers, *Pioneers in Development*, Oxford University Press, 1984.

Streeton, P., Balanced Growth and Unbalanced Growth, *Economic Weekly*, 1963.

Streeton, P., *Unbalanced Growth*, in A. N. A. Garwala, S. P. Singh, *Accelerating Investment in Developing Countries*, Oxford University Press, 1969.

（汪伟）

平衡增长理论
Balanced Growth Theory

平衡增长理论是基于发展经济学结构主义分析方法的一种关于经济增长的理论。平衡增长这一概念是纳克斯(N. Narkse)提出的,并逐渐形成系统理论。基于工业化进程中各工业部门间的"需求互补"原理,纳克斯和保罗·罗森斯坦·罗丹(Paul Rosentein-Rodan)等人论证了为了实现持续的经济增长,必须同时而且全面地发展各种工业。(R. Narkse, 1953; Paul N. Rosenstaein-Rodan, 1943)这一理论认为,由于发展中国家的经济中存在着某种技术上的"不可分性"(Indivisibilities),因此小量投资无法根本解决问题,必须全面地、大规模地在各个工业部门投资资本,通过这种投资的"大推进"(Big Push)来冲破经济的贫困和停滞,推动整个工业全面、迅速地发展,以实现工业化。这种发展有时被称为需求方的平衡增长。因为工业的发展取决于消费者(或投资者)的需求或支出模式。供给方的平衡增长,是指需要同时建立一系列的工业,以避免供给"瓶颈"的出现。从更为总体的层次看,还必须保持工农业发展的平衡,不然交换比例将不利于工业从而使增长停滞(Malcoln Gills et al., 1996)。

平衡增长思想可追溯到古典经济学。穆勒(John Stuart Mill)指出,当生产创造特定供给,投资创造特定生产能力时,它们产生的收入创造一般需求,这些需求被分配到很多产品上。所以,为了使额外的生产能力结构与额外的需求结构相称,投资必须在经济的不同部门和行业中同时按相同的比例进行,消费者则按照这种相同的比例,把其额外收入的支出分配在这些部门和行业的产出之间(John Stuart Mill, 1844)。马克思在《资本论》中也分析了社会生产两大部类的比例平衡问题,并将此作为价值实现的重要环节。当然,平衡增长理论是在封闭经济的框架内作出分析。如果引入国际贸易要素,平衡增长理论的分析会困难得多。但就发展经济学而言,平衡增长对不发达国家实现工业化还是有理论及政策意义的。

参考文献:

Rangnar Nurkse, *Problems of Capital Formation in Underdevelopment Countries*, New York: Oxford University Press, 1953.

Paul N. Rosenstaein-Rodan, Problem of Industrialization of Eastern and Southeastern Europe, *The Ecomonic Journal*, Vol. 53, 1943.

Malcolm Gills et al., *Economics of Development*, W. W. Norton Company, Inc. 1996.

Mill, J. S., 1844, Essays on Some Unsettled Questions of Political Economy, London: *London School of Economics*, 1948.

Scitovsky, T., *Growth-Balanced of unbalanced?* In M. Abramovitz. et. al., The Allocation of Economic Resources, Stanford: Stanford University Press, 1959.

（赵晓雷）

不平衡增长理论
Unbalanced Growth Theory

不平衡增长理论主要是由艾伯特·赫尔希曼(Albert Hirschman)提出的。这一理论认为,在经济中某些工业之间的相互补充关系比其他一些工业之间的关系要强一些,因此,发展政策的目的不应是在各个方面同时推进,而应是选择和集中力量于那些可以预计互相依存的连锁影响表现得最为强烈的"战略部门"或"主导部门"(Albert Hirschman, 1958)。对于不发达国家而言,平衡增长战略缺乏可行性。不平衡增长过程通过市场的力量,可以最终实现平衡。因为不平衡创造短缺,短缺对价格的影响有利于短缺的趋缓和消除。

不平衡增长理论及平衡增长理论虽然观点各异,但其经济结构分析的思路则是一致的,其理论中心都是经济中各部门结构间的联系,即强调在确定经济发展战略时,必须充分重视不同工业部门和产业部门发展的关联作用。在工业化进程中,经济结构的基础或核心是产业结构。因为产业结构的实质是生产力结构,它对于反映工业化过程中生产力发展的质态变化更具有直接意义。

参考文献:

[美]H. 钱纳里、S. 鲁滨逊、M. 塞尔奎因:《工业化和经济增长的比较研究》,上海三联书店 1989 年版。

Hirschman, A., *The Strategy of Economic Development*,

New Haven: Yale University Press, 1958.
Scitovsky, T., *Growth-Balanced or Unbalanced?* In M. Abramovitz et al., *The Allocation of Economic Resources*, Stanford: Stanford University Press, 1959.

（赵晓雷）

部门优先发展战略
Strategy of Sectors Priority Development

【参见主导部门优先发展战略　重工业优先发展战略　不平衡增长理论】。

技术外部性
Technological Externality

技术外部性（Technological Externality）和货币外部性（Pecuniary Externality，也可称金融外部性）的划分法是瓦伊纳（J. Viner）于1931年提出来的。瓦伊纳区分这两种外部性的标准是看它们是否会对社会总产出这一真实变量产生影响，即外部性是否会影响资源配置的效率。货币外部性是通过价格体系起作用的，比如，甲增加葡萄酒的消费，结果会提高该酒的价格，由此会影响乙的福利。这种影响只涉及货币利益的转移，并不影响竞争均衡的帕累托最优，也就是说，不会影响资源配置效率。而技术外部性则是不经过市场机制直接发生作用的。如空气污染、交通拥挤等，它们将影响资源配置效率。大部分经济学文献中所讨论的外部性指的是技术外部性。

货币外部性的影响可以通过价格的变化得以体现，而在市场经济中，价格机制保证了这种外部性并不会影响资源的配置效率，即对社会总产出这个真实变量不会造成影响。而技术外部性的影响并不能够通过价格信号得到反映，在市场经济中，影响资源分配的行为如果不能被价格机制所调节，那么此行为将影响资源配置的效率，对社会总产出的影响将是真实的。

继西奇威克（Henry Sidgrwick，1887）和马歇尔（Marshall，1890）之后，庇古在1920年出版的经典著作《福利经济学》一书中，从社会福利的角度系统分析了外部性问题，建立了较为完备的静态技术外部性理论。

外部性问题的成因。新古典经济学认为，在完全竞争市场，私人边际成本与社会边际成本相等，私人边际收益与社会边际收益也相等，企业的最优产量决策与社会利益完全一致，每个企业追求利润最大化的努力能够自动促成在全社会范围内实现资源配置的帕累托最优状态。庇古在《福利经济学》一书中，对新古典经济学的上述观点提出了修正。在该书中，庇古将外部性视为影响国民收入，从而影响经济福利的重要因素进行了系统考察，其核心问题是国民收入的规模、分配和稳定性。庇古在讨论私人企业不能获得从生产中产生的全部报酬或者并不负担其所造成的所有成本的时候提出了边际社会净产值和边际私人净产值这两个概念。他指出，边际社会净产值是指从全社会来看在生产中追加一个单位生产要素所获得的产值，边际私人净产值是指从个别企业在生产中追加一个单位生产要素所增加的产值。庇古通过分析边际社会净产值与边际私人净产值的背离来阐释外部性。

按照庇古的逻辑，国民收入就是国民福利，而要使国民收入最大化，就必须满足两个条件：第一，在一种资源的各种用途中，边际社会净产值一定相等。否则，资源可以从边际社会净产值较低的用途转向边际社会净产值较高的用途以提高国民收入；第二，边际社会净产值与边际私人净产值相等。否则，当边际社会净产值大于边际私人净产值时，投入既定用途的资源会少于最优数量；当边际社会净产值小于边际私人净产值时，投入既定用途的资源会超过最优数量。前者称之为"边际社会收益"，后者称之为"边际社会成本"。在庇古看来，当这两类边际净产值存在差异时，自利行为将不会导致国民收入最大化；因而就需要某些特定的行动来干预正常的经济过程以增加国民收入。

庇古用灯塔、交通、污染等例子来说明经济活动中经常存在对第三者福利的意外影响，即外部性。庇古认为，边际社会净产值与边际私人净产值的差异构成了外部性，且外部性是可正可负的。外部性的存在，使得社会成本与私人成本、社会收益与私人收益出现了偏差，从而导致资源配置难以实现帕累托最优。

庇古首次运用现代经济学的方法，从福利经济学的角度系统地研究了外部性问题，在马歇尔提出的"外部经济"概念基础上扩充了"外部不经济"的概念和内容，将外部性问题的研究从外部因素对企业的影响效果转向企业或居民对其他企业或居民的影响效果。庇古的外部性理论和政策对后世影响很大。

外部性问题的对策。按照庇古的观点，导致市场配置资源失效的原因是经济当事人的私人成本与社会成本不相一致，从而私人的最优导致社会非最优。因此，纠正外在性的方案是政府通过征税或者补贴来矫正经济当事人的私人成本。这种纠正外在性的方法也称为"庇古税"方案。

庇古认为，外部性的存在使资源配置难以实现帕累托最优，在这种情况下，由政府出面对负外部性的产生者进行征税，或者对正外部性的产生者给予相应的补贴，就可以有效地消除私人成本与社会成本、私人利益与社会利益之间的偏差，从而保证市场机制正常发挥优化资源配置的作用。

庇古税在经济活动中得到广泛的应用。在基础设施建设领域采用的"谁受益,谁投资"的政策,环境保护领域采用的"谁污染,谁治理"的政策,都是庇古理论的具体应用。当然,庇古的外部性政策也存在一些局限性,最大的问题就出在其政府行为假设上。庇古主张由国家采用征税或补贴的方式对经济主体的外部性行为进行纠正。其隐含两个的假设前提:一是政府是社会公众利益的代表,政府行为的唯一目标是提高社会福利;二是政府制定和执行干预政策的行为是没有成本的。这显然与现实经济不符。此外,对庇古的外部性政策,人们还可能从信息不对称、征税方式等方面提出质疑。

参考文献:

[英]庇古:《福利经济学》,中国社会科学出版社 1999 年版。

[英]马歇尔:《经济学原理》,陕西人民出版社 2006 年版。

贾丽虹:《外部性理论及其政策边界》,华南师范大学博士学位论文,2003 年。

林成:《从市场失灵到政府失灵:外部性理论及其政策的演进》,辽宁大学博士学位论文,2007 年。

Viner, J. , Cost Curves and Supply Curves, Zeitschrift für Nationalökonomie 3, 1931.

Marshall, A. , *Principles of Economics*, London: Macmillan, 1890.

Sidgrwick, H. , *Principles of Political Economy*, London: Macmillan, 1887.

Pigou, A. C. , *The Economics of Welfare*, London: Macmillan, 1920.

Coase, R. H. , The Problem of Social Cost, *Journal of Law and Economics*, Vol. 3, Oct. , 1960.

(黄赜琳)

重工业优先发展战略

Strategy of Heavy Industry Priority Development

重工业优先发展战略是中国在 20 世纪 50 年代提出的工业化战略。20 世纪 50 年代初,中国要开展大规模的工业化建设,面临一个严酷的现实问题是经济基础非常薄弱。中共七届二中全会报告指出,当时中国的现代性工业产值只占国民经济总产值的 10% 左右。要搞工业化,首先就要有生产资料,要有动力、原材料。因此,迫切需要发展重工业生产。1952 年 8 月,中财委发出《关于编制五年计划轮廓的方针》及《中国经济状况和五年建设的任务及附表》,提出了五年建设的方针,工业建设以重工业为主,轻工业为辅。其他经济部门在不妨碍重工业发展的情况下,按实际需要和人力物力的可能来发展。1952 年 12 月,中共中央又发出《关于编制 1953 年计划及长期计划纲要若干问题的指示》,提出必须以发展重工业为建设的重点,首先保证重工业和国防工业的基本建设,特别是确保那些对国家起决定作用的,能迅速增强国家工业基础与国防力量的主要工程的完成。1954 年 9 月,中华人民共和国第一届全国人民代表大会第一次会议的《政府工作报告》指出,第一个五年计划要集中力量发展重工业,即冶金工业、燃料工业、化学工业、动力工业、机械制造工业。为了实现国家工业化,必须依靠新的工业、特别是重工业的建设。

1955 年 7 月,第一届全国人大第二次会议通过了《中华人民共和国发展国民经济第一个五年计划》。从计划执行结果看,"一五"时期工业投资占国家对工农业基本建设投资的 85.7%;工业投资中重工业投资占 85.03%。这种情况基本体现了当时的重工业优先发展战略。"一五"时期,苏联援助中国设计的 156 个建设单位都是关系国民经济命脉的重化工业项目,包括建立和扩建电力工业、煤炭工业和石油工业,建立和扩建钢铁工业、有色金属工业和基础化学工业,建立制造大型金属切削机床、发电设备、冶金设备、采矿设备和汽车、拖拉机、飞机的机器制造工业等。通过"一五"时期以重工业为中心的经济建设,改变了中国工业部门残缺不全的状况,巩固了中国工业化的初步基础。这五年与以前的历史相比是中国工业化步伐迈得最大的时期。

到了"一五"计划中期以后,由于重工业快速发展,产生了国民经济产业结构的不平衡问题。理论界和决策层开始关注农、轻、重协调发展。1962 年 9 月,中共八届十中全会提出了"以农业为基础,以工业为主导"的工业化道路思想,成为中国工业化的指导方针。

参考文献:

《中国工业的发展》(1949 ~ 1984),中国统计出版社 1985 年版。

《中华人民共和国国民经济和社会发展计划大事辑要(1949 ~ 1985)》,红旗出版社 1955 年版。

《中华人民共和国发展国民经济第一个五年计划(1953 ~ 1957)》,人民出版社 1955 年版。

汪海波:《新中国工业经济史》,经济管理出版社 1986 年版。

毛泽东:《论十大关系》,引自《毛泽东选集》第 5 卷,人民出版社 1977 年版。

孙冶方:《社会主义经济若干理论问题》,人民出版社 1979 年版。

(赵晓雷)

主导部门优先发展战略
Strategy of Leading Sectors Priority Development

主导部门优先发展战略是德裔美国经济学家赫希曼·艾伯特·奥托(Hirschman Albert Otto)提出的。他认为,对于不发达的国家而言,自由放任政策和"合理"的经济计划都不适用,应该实施"不平衡增长",将稀缺的资源用在建立不均衡方面,这将刺激人们的积极性,还可以动员隐蔽的和尚未使用的资源。经济发展的目标应集中在关键产业,同时和经济的其他部门建立牢固的联系,以产生一种有力的动力。在经济中某些工业之间的相互补充关系比其他一些工业之间的关系更强一些,因此,发展政策的目的不应是在各方面同时推进,而应是选择和集中力量于那些可以预计互相依存的连锁影响表现得最力强的"战略部门"或"主导部门",以带动工业化的发展(A. D. Hirschman,1958)。

罗斯托(W. Rostow)的"经济成长阶段"认为,现代经济增长本质上是一个部门的过程,它根植于现代技术所能提供的生产函数的累计扩散之中。这些发生在技术和组织中的变化只能从部门角度进行研究。罗斯托主要从创新及主导部门的分析角度论证了这一观点。(1)新技术的吸收本来就是一个部门的过程。技术创新是具体的,它总是与某一特定部门中的经济问题相联系的;(2)引进新的重要技术或创新于某个部门之中,是一个与其他部门以及整个经济的运行相联系的复杂过程;(3)经济增长是主导部门依次更替的结果。所以,增长的完整序列就不再仅仅是总量的运动了,它成了在一连串的部门中高潮的继起并依次关联于主导部门的序列,而这也标志着现代经济史的进程(罗斯托,1988)。

张培刚从初始资本的有效配置角度论证了资本投入与产业结构的关系。资本配置的一般原则应该是将资本投向资本的边际效益最高(即资本/产出最低)的生产部门。对于发展中国家而言,一般是资本稀缺而劳动力过剩,因此在工业化初期应该重点发展较多使用劳动、较少使用资本的劳动密集型产业,以提高资本使用效率。张培刚还考察比较了各国的工业化进程,指出从各国的工业化历史看,一部分国家的工业化起步于消费品工业,然后逐步扩大到投资品工业,称为"消费品导向的工业化";另一部分国家的工业化则开始于大规模的投资品工业,然后以投资品工业的发展促进消费品工业化的增长,称为"投资品导向的工业化"(张培刚,1992)。

20 世纪 50 ~ 60 年代,中国实施的工业化战略一度是以重工业即生产资料的生产为中心。这一战略的理论依据是"生产资料生产优先增长规律"。生产资料生产优先增长的问题,是列宁在《论所谓市场问题》一文中提出的。列宁将技术进步因素引入马克思的扩大再生产公式,得出了"在资本主义社会中,生产资料的生产比消费资料的生产增长得快"的结论。列宁所说的这一规律是相对于机器劳动代替手工劳动而言的,"生产资料增长最快这个规律的全部意义和作用就在于:机器劳动代替手工劳动(总的来说,就是机器工业时代的技术进步)要求加紧发展煤、铁这些真正'制造生产资料的生产资料'的生产。……技术越快发展,人的手工劳动就越受到排挤而为许多越来越复杂的机器所代替,就是说,机器和制造机器的必需品在国家全部生产中所占的地位越来越重要"。列宁进一步指出:技术进步表现于人力劳动较之机器劳动日益处于次要地位,资本有机构成日趋提高。如果把这种趋势纳入马克思关于两大部类再生产的公式中,那就是生产资料比消费资料增长更快。而且列宁又把生产资料划分为生产生产资料和生产消费资料的生产资料,指出增长最快的是"'制造生产资料的生产资料'的生产",其次是制造消费资料的生产资料的生产,最慢的是消费资料的生产(列宁,1984)。

列宁所谓的技术进步条件下生产资料生产增长最快的规律,实际上是说明了机器生产代替手工生产为核心的工业化发展趋势。工业化意义上的技术进步是指机器劳动代替手工劳动。这一过程的一个自然结果就是资本有机构成趋于提高。资本有机构成提高意味着社会生产发展对于以不变资本为表现形式的生产资料的需求日益扩大,这种需求的扩大必然刺激生产资料的生产以较快的速度增长。但是,技术进步条件下生产资料生产更快增长要与生产力的发展相适应,要在社会生产协调发展的基础上进行。

参考文献:

[美]W. 罗斯托:《从起飞进入持续增长的经济学》,四川人民出版社 1988 年版。

[美]H. 钱纳里:《结构转换:经济发展的实证研究程序》,引自《发展经济学的新格局——进步与展望》,经济科学出版社 1987 年版。

张培刚:《新发展经济学》,河南人民出版社 1992 年版。

列宁:《论所谓市场问题》,引自《列宁全集》第 1 卷,人民出版社 1984 年版。

[美]查尔斯·金德尔伯格,布鲁斯·赫里克:《经济发展》,上海译文出版社 1986 年版。

[印]苏布拉塔·贾塔克:《发展经济学》,商务印书馆 1989 年版。

A. D. Hirschman, *The Strategy of Economic Development*, New Haven: Yale University Press, 1958.

(赵晓雷)

缪尔达尔地理二元经济发展理论
Myrdal's Theory on Geographically Dual Economic Structure

20世纪40～60年代,结构主义思想主导着发展经济学的发展。作为该思想的主张者之一,缪尔达尔(G. Myrdal)对新古典主义经济发展理论所采用的传统的静态均衡分析方法提出了质疑,认为生产要素自由流动,市场机制自发调节可以使各地区经济得到均衡发展的观点并不符合发展中国家地区发展的实际情况。他在1957年出版的代表作《经济理论与不发达地区》中认为,经济发展过程在空间上并不是同时产生和均匀扩散的,而是从一些条件较好的地区开始,一旦这些区域由于初始优势而比其他区域超前发展,这些区域就能通过循环累积因果过程不断积累有利因素,从而进一步强化和加剧区域之间的不平衡,导致地理二元化的发展格局。

缪尔达尔运用"循环积累因果关系"的分析框架,说明了地理二元经济现象产生的原因及其消除的途径。该分析框架开辟了稳定均衡的研究方法。他认为,在经济发展初期,各地区人均收入、工资水平和利润率都是大致相等的,且生产要素可以自由流动。这时,如果某些地区受外部因素的作用,经济增长速度快于其他地区,经济发展就会表现出不平衡。这种不平衡发展会引起"累积性因果循环",使发达地区发展更快,发展慢的地区发展更慢,从而逐渐增大地区经济差距,形成地区性二元结构。由于这种地区二元经济结构的存在,各地区之间劳动力转移、资本的运动和贸易的开展不仅会阻碍某些落后地区的发展,而且还可以使整个经济增长放慢。缪尔达尔把劳动力、资本、技术等受要素收益率差异吸引而发生的由落后地区向发达地区流动的现象称为"回波效应"(Backwash Effect)。同时,他还认为,当发达地区发展到一定程度后,由于人口稠密、交通拥挤、污染严重、资本过剩、自然资源相对不足等原因,使发达地区生产成本上升,外部经济效益逐渐变小,从而产生资本、技术、劳动力等向落后地区逆转的"扩散效应"(Spread Effect)。

鉴于对这两种分别存在于发达和欠发达地区的正负反馈机制的认识,缪尔达尔指出,单纯依靠市场的力量通常会增加而非减少区际不平等现象,为防止积累性因果循环造成的贫富差距无限扩大,不应消极地等待发达地区产生"扩散效应"来消除这种差别,而应由政府采取一定的特殊措施来刺激不发达地区的发展,尤其是不发达地区的政府应制定相应的政策来发展自己的经济,缩小这种差别。

缪尔达尔的地理二元经济发展理论,既为区域发展实现非均衡突破提供了依据,也对包容性增长战略的适时介入提供了支持。在发展进程上,非均衡突破通常作为区域经济跃升、系统演化的逻辑起点;在功能上,针对我国当前出现的区域差异、收入差距扩大等问题,包容性增长的提出具有战略性,应是宏观层面我国发展的战略指导和理论导向,非均衡突破则针对实践主体,应成为中观或微观层,面向实践的突破点(杨玉珍,2012)。从发展经济学的演化来看,缪尔达尔的思想也具有一定的前瞻性,致使其精髓也被合理化地保留了下来。20世纪60～70年代,发展经济学进入了以新古典主义复活为标志的第二阶段,其经济发展的主张既包括由过去的平衡增长(发展)战略转变为不平衡增长(发展)战略,同时也倡导由第一阶段单纯追求经济的数量增长转变为以"满足基本需要"为目标的经济、社会的综合发展。这是因为,缪尔达尔强调仅关注发展过程中的经济因素会存在不足和误导,因为历史的、制度的、社会的和文化的因素也很重要。即使是在20世纪80年代兴起的新增长理论,也吸引了缪尔达尔的理论精华,认为自发的市场力量无法消除富裕与贫穷经济体之间的不平等关系。

参考文献:

Myrdal, G., *Economic Theory and Under-Developed Regions*, London, Duckworth, 1957.

Carlo Panico and Maria Olivella Rizza, Myrdal, Growth Processes and Equilibrium Theories, from Geography, Structural Change and Economic Development; Theory and Empirics, Ed. by Neri Salvadori et al. Edward Elgar Publishing, 2009.

Helpman, E., *The Mistery of Economic Growth*, Cambridge, MA: The Belknap Press of Harvard University Press, 2004.

Myrdal, G., *An American Dilemma: The Negro Problem and Modern Democracy*, New York: Harper, 1944.

Myrdal, G., *Objectivity in Social Research*, London: Duckworth, 1970.

(胡彬)

回波效应与扩散效应
Backwash Effect and Diffusion Effect

冈纳·缪尔达尔(Gurmar Myrdal, 1944; 1957; 1968)提出了著名的"回波效应"和"扩散效应"。所谓的"回波效应"是指发达地区(增长极)对周围落后地区的不利影响,即促进各种生产要素向增长极的回流和聚集,产生一种扩大两大地区经济发展差距的运动趋势;而"扩散效应"是指通过建立增长极,带动周边落后地区经济迅速发展,从而逐步缩小与先进地区的差距。此后,赫希曼(A. O. Hirshman, 1957; 1958)也提出了类似的理论,即极化效应(回波效应)和涓流效应

(扩散效应)。

缪尔达尔运用"整体性"方法,对经济、社会和制度现象进行综合分析,进而在其《美国的两难处境:黑人问题和现代民主》(1944)中提出"循环累积因果关系"(Circular Cumulative Causation)原理,即"累积的地区增长和下降"理论,并在《经济理论和不发达地区》(Myrdal,1957)和《亚洲戏剧:各国贫困问题考察》(Myrdal,1968)等著述中,使用"回波"的概念,说明经济发达地区(增长极)对其他落后地区的作用和影响。在《美国的两难处境》一书中,缪尔达尔(1944)提出了循环累积因果关系原理,强调经济、社会、历史、宗教等因素之间的相互作用。他认为美国的两难处境一方面在于强调人人平等的原则,另一方面则是现实中严重的种族歧视。要走出这种困境,就必须进行激烈的制度改革来改变黑人的贫困状况。在《经济理论与不发达地区》一书中,缪尔达尔(1957)将循环累积因果关系原理成功运用于区域经济发展问题的研究中,并提出了用"扩散效应"和"回波效应"来分析发达地区对不发达地区的影响。《亚洲的戏剧:各国贫困问题考察》涉及东南亚地区几个国家,作者从经济、政治和社会等不同的角度深入探讨了这些国家贫困的原因和障碍发展的症结。在该书中,缪尔达尔(1968)使用"回波"和"扩散"的概念来分析处于不同发展阶段的地区和整个国家的运动,全面评点亚洲政府的社会和经济政策,列举了不发达国家存在损害经济增长的制度方面。

缪尔达尔(1944;1957;1968)认为,社会经济发展过程是一个动态的各种因素(其中包括产出与收入,生产和生活水平,制度和政策等六大因素)相互作用、互为因果、循环积累的非均衡发展过程。任何一个因素"起始的变化"会引致其他因素相应变化,并促成初始因素的"第二级强化运动"。如此循环往复的累积,导致经济过程沿初始因素发展的方向发展。累积因果关系包括三个阶段,即最初的变化、强化的引申变动及向上的累积过程。所以说社会经济诸因素之间的关系不是均衡或趋于均衡,而是以循环的方式运动。其后,他又将循环累积运动分为上升和下降两种,即"扩散效应"和"回波效应"。

对于"回波效应",缪尔达尔(1957;1968)从区域间的人口迁移、资本和贸易流动等方面进行了分析。首先,人口是从落后地区向经济扩展地区流动的,这使经济扩展地区获得充足的劳动力,从而有利于其经济发展。而落后地区则因大量的人口迁出而丧失了大量的劳动力资源,这对落后地区的经济发展是不利的,从而抑制了其经济发展的进程。其次,在经济发达地区具有较为有利的投资机会,这必将吸引大量的资本从落后地区流向经济扩展地区。考虑到人口大量流向经济扩展地区的情况,经济扩展地区的需求必将大大增加,必然会刺激投资,这又将吸引大量资本从落后地区流向经济扩展地区。因此,资本流动的结果是使经济扩展地区获得充足的资本资源,而造成落后地区资本短缺。最后,区域间的贸易活动也具有有利于经济扩展地区而不利于落后地区的偏向。经济扩展地区的工业发展会有碍主要从事农业的落后和贫困地区现有工业的发展。按照缪尔达尔(1957;1968)的看法,市场的日益自由和扩大,使扩展的中心地区建立的工业获得了竞争带来的利益,这些工业通常是在收益递增的条件下运行的,以致使其他地区先前存在的手工业和工业破产。因为工业化在这个发展中是动态力量,而在贫困地区,不仅制造业和其他非农业的产业,而且农业本身的生产力水平也都远远低于富裕地区。

对于"扩散效应",缪尔达尔(1957;1968)认为扩展中心对那些为之生产工业原料的地区有"扩散效应",这将激励那些存在消费品工业地区的发展。"扩散效应"将克服严重来自旧中心的"回波效应",并将鼓励新中心的建立和自我扩展。同样,扩散效应也有利于工业扩展中心自身的发展,因为它使其他地区增加对其产品的需求,并为其发展创造其他条件。按照循环的因果关系,扩散效应是一个累积的社会过程。

此外,缪尔达尔(1968;1970)补充了"增长极"理论,并把刘易斯(Lewis,1954;1955)的二元结构理论引申到地区之间的二元经济结构上来,创立了"地理上的二元理论"。

在各国经济发展的过程中,国内不同地区的发汗速度往往相差很大,形成地区发展不平衡,严重的会出现地区间贫富悬殊现象。缪尔达尔(1968;1970)抛弃了传统的静态均衡发展,并提出了一种关于二元空间结构的发展学说,论证了经济发展和各地区相对经济水平变动之间的相互关系。他从"循环累积因果关系原理"出发,采用"扩散效应"和"回波效应"概念,分析了存在二元经济结构的条件下,发达地区优先发展对落后地区的促进作用和不利影响,提出了如何既充分发挥发达地区的带头作用,又采取适当的措施来刺激落后地区的发展。

缪尔达尔(1968;1970)首先分析了二元经济结构产生的原因。他假定,一国各地区的人均收入、工资水平和利润率在开始时都处于相同的水平,劳动和资本可以在地区间自由流动。此时如果某一个地区受到外部因素的刺激,经济发展速度快于其余地区,就会形成经济发展的不平衡。那么,这个国家所有的经济力量就会使不平衡的程度加剧,造成地区间经济发展水平差异的不断扩大。这种差异在累积性因果循环的作用下使发展快的地区发展更快,发展慢的地区发展更慢,发展快的地区成为发达地区,发展慢的地区成为不发达地区。发达地区和不发达地区并存,形成了地理上的二元经济结构。

在经济发展过程的初期，只有那些熟练的技术工人和受过教育的人才支付得起迁移费用，也就是说，流出的劳动力大都是如技术工人、管理人才等高素质的劳动力，而不是一般劳动力（Myrdal，1968；1970）。这种流动的结果就是：较不发达地区的劳动力的流出，使该地区对劳动力和资本等生产要素的需求下降，工资水平仍然保持较低水平，劳动力继续向较发达地区流动；相对于较发达地区而言，流入的高质量劳动力促进了经济发展，刺激了对其他生产要素的需求的继续增加，对劳动力需求的不断增加使较发达地区的工资水平保持上升，继续吸引劳动力流入。根据缪尔达尔（1970）分析，地区间工资差别与劳动力护卫因果，从而使发展起来的地区利用积累起来的优势快速发展，导致发达地区越来越发达，落后地区越来越落后。地区间的资本流动、技术流动以及贸易活动也会以同样的倾向有利于发达地区。

缪尔达尔（1970）把一个地区经济扩张造成的对其他地区的不利影响，称为该地区经济扩张的回波效应，它包括"来自经济的和非经济的所有因素之间因果循环的总累计效应"。经济发展过程中地区差距的扩大并不是无限的（Myrdal，1970）。因为与"回波效应"相对应，还存在一个离心的"扩散效应"，它把扩张的动力从经济扩张中心扩散到其他地区，刺激其他地区的经济发展。当发达地区发展到一定程度后，由于人口稠密、自然资源不足、资本过剩等原因而产生成本增加和外部不经济的现象，这时增长势头就会下降。在这种情况下，发达地区的资本、劳动力、技术等要素就会向不发达地区扩散，带动不发达地区的经济发展；由于发达地区经济发展的减速，社会对不发达地区的产品的需求也会增加，从而刺激不发达地区的经济发展。结果不发达地区得到发展，地区间的差异逐渐消失。只有在扩散效应的作用大于回波效应时，地区间的差异才会逐渐消失。在没有政府干预的情况下，只有等到经济发展成熟时才会出现上述情况（Myrdal，1970）。

发达国家和不发达国家都存在地理上的二元经济结构，即发达地区与不发达地区并存（Myrdal，1968；1970）。与发达国家相比较，不发达国家内部的地区发展差异更为严重。这是因为一个国家的经济发展水平越高，它的扩散效应就越强。当一个国家达到高发展水平而扩散效应很强时，回波效应将失去它的作用。这一点本身会刺激经济发展，从而变成累积过程的一个重要因素。相反，在不发达国家，扩散效应非常微弱，市场力量的自由发展会扩大地区不平等，等待市场力量来自动消除发展差异将是一个漫长的过程。

缪尔达尔（1970）根据这一理论提出了以下政策主张：首先，在一国经济发展过程中，当某些先起步的地区积累起一些发展的优势时，政府应当制定不平衡发展的战略，制定一系列的优惠政策，鼓励这些地区优先发展，取得较好的经济效率和增长速度，然后通过扩散效应带动其他地区的发展；反之，如果政府不采取措施来鼓励经济领先地区的发展，而是采用平衡发展的战略，那么整个国家的经济效率都会降低，发展将更为困难。其次，发达地区与不发达地区的发展差异也不宜太大，当发达地区走向繁荣后，为了防止累积性因果循环造成的贫富差距的扩大，政府应当制定政策来刺激不发达地区的经济发展，而不宜等待扩散效应自然而缓慢地消除这种地理上的二元经济结构。

从缪尔达尔（1970）的地理二元经济结构理论来看，他提出的实际上是一种长期不均衡体系，在强调经济结构上与刘易斯（1954；1955）的二元经济的部门模型相近，所不同的是，缪尔达尔（1970）分析中没有做一部分劳动力的生产率为零的不科学假定，并独辟蹊径地探讨了生产要素流动与二元经济的形成之间的相互因果关系。

赫希曼（A. Hirschman，1957；1958）也提出类似的观点，即极化—涓滴效应学说，并强调指出：尽管这两种效应会同时起作用，但在市场机制自发作用下，极化效应占支配地位，并进而提出了"边际不平衡增长理论"，以及"核心与边缘区理论"。该学说是他在《不发达国家中的投资政策与"二元性"》（1957）一文中提出，后又在《经济发展战略》（1958）一书中进一步做了阐述。他认为，如果一个国家的经济增长率先在某个区域发生，那么它就会对其他区域产生作用。为了解释方便，他把经济相对发达区域称为"北方"，欠发达区域称为"南方"。北方的增长对南方将产生不利和有利的作用，分别称为极化效应和涓滴效应。

极化效应有以下几个方面：（1）随着北方的发展，南方的要素向北方流动，从而削弱了南方的经济发展能力，导致其经济发展恶化。由于北方的经济增长对劳动力需求上升，特别是对技术性劳动力的需求增加较快，同时，北方的劳动力收入水平高于南方，这样，就导致南方的劳动力在就业机会和高收入的诱导下向北方迁移。结果，北方因劳动力和人口的流入而促进了经济的增长，南方则因劳动力外流特别是技术人员和富于进取心的年轻人的外流，经济增长的劳动力贡献（实际上也包括了智力的贡献）减小。再就是资金的流动。显然，北方的投资机会多，投资的收益率高于南方，南方有限的资金也流入北方。而且，资金与劳动力的流动还会相互强化。从而使南方的经济发展能力被削弱。（2）在国内贸易中，北方由于经济水平相对高，在市场竞争中处于有利地位。特别是如果北方生产进口替代性产品，南方原来可以按较低价格进口的这些产品，现在不得不在高额关税保护下向北方购买。在出口方面,南方由于生产效率相对较低,无法与北方竞争,导致出口的衰退。(3)南方本来可以向北方输出初级产品,但是,如果南方的初级产品性能差或价格有所上涨,那么,北方就有可能寻求进口。这样,就使南方的生产受到压制(陈秀山、张可云,2003)。

涓滴效应体现在,北方吸收南方的劳动力,在一定程度上可以缓解南方的就业压力,有利于南方解决失业问题。在互补情况下,北方向南方购买商品和投资的增加,会给南方带来发展的机会,刺激南方的经济增长。特别是,北方的先进技术、管理方式、思想观念、价值观念和行为方式等经济和社会方面的进步因素向南方的涓滴,将对南方的经济和社会进步产生多方面的推动作用。

在区域经济发展中,涓滴效应最终会大于极化效应而占据优势,原因是北方的发展长期来看将带动南方的经济增长(Hirshman,1970;1980)。尤其是,北方的发展会出现城市拥挤等环境问题,南方的落后则从国内市场需求方面限制了北方的经济扩张,国家经济发展也将因南方的资源没有得到充分利用而受到损害,于是国家将出面来干预经济发展,加强北方的涓滴效应,促进南方的经济发展,同时,也有利于北方的经济继续增长。

此外,在新经济地理学领域中,克鲁格曼(Krugman)等构建的核心—外围模型中,极化发展理论已经开始转向新古典主义。缪尔达尔理论中的核心思想,不平等发展进程,在新经济地理学中被描述为经济活动中的空间差异,而且是用垄断竞争框架下的最优行为、规模报酬递增和贸易成本等术语来表达。1992 年在斯德哥尔摩经济学院俄林(Ohlin)学术演讲中,克鲁格曼明确地把缪尔达尔誉为现代极化发展理论的先驱。他承认缪尔达尔"循环累积因果关系原理"卓有成效,同时,他也认为由于缪尔达尔不愿将自己的理论思想模型化,从而导致 20 世纪 70 年代发展经济学理论从繁荣走向衰亡。而在 1995 年的研究中,克鲁格曼对循环累积因果理论做了以下评述"缪尔达尔的循环累积因果关系原理,听起来好像它必定对规模经济起着关键作用;但是,在他的著作中我一直无法找到一个即使是唯一的提示——哪怕是间接的"。

参考文献:

陈秀山、张可云:《区域经济学》,商务印书馆 2003 年版。

Lewis, Arthur W., Economic Development with Unlimited Supplies of Labor, *The Manchester School*, Vol. 22, No. 2, 1954.

Lewis, Arthur W., *The Theory of Economic Growth*, Homewood, IL, Richard D. Irwin, 1955.

Myrdal, G., *An American Dilema: The Negro Problem and Modern Democracy*, New York: Harper & Brothers, 1944.

Myrdal, G., *Economic Theory and Underdeveloped Regions*, London: Gerald Duckworth & Co., 1957.

Myrdal, G., *Rich Lands and Poor: The Road to World Prosperity*, New York: Harper & Brothers, 1958.

Myrdal, G., *Asian Drama: An Inquiry Into the Poverty of Nations*, New York: Pantheon Books, 1968.

Myrdal, G., *The Challenge of World Poverty, A World Antipoverty Programmer in Outline*, New York: Pantheon Books, 1970.

Hirschman, A. O., Investment Policies and 'Dualism' in Underdeveloped Countries, *The American Economic Review*, Vol. 47, No. 5, 1957.

Hirschman, A. O., *The Strategy of Economic Development*, Yale, Yale University Press, 1958.

Hirschman, A. O., *Exit, Voice, and Loyalty: Responses to Decline in Firms, Organizations, and States*, Cambridge, MA: Harvard University Press, 1970.

Hirschman, A. O., *National Power and the Structure of Foreign Trade*, Berkley: University of California Press, 1980.

Krugman, P., *Growing World Trade: Causes and Consequences*, Brookings Papers on Economic Activity. Vol. 1995, No. 1, 1995.

(汪伟)

佩鲁增长极理论

Perroux's Theory of Growth Pole

增长极理论是法国经济学家弗朗索瓦·佩鲁(Francois Perroux)在其于 1950 年发表的论文《经济空间:理论与应用》中最先提出的。增长极概念的出发点,是对现实生活中各种经济空间的抽象认识。

佩鲁认为,可观测到的经济增长既不平滑也不规律。他将经济空间区分为三大类型:作为计划内容的经济空间;作为受力场的经济空间;作为匀质整体的经济空间。在性质上,佩鲁认为空间是一种"受力场",只要在某种客体之间存在抽象的联系结构,就会存在空间;在经济活动中各活动单元都创造它们自己的决策和操作的抽象空间,并产生一种推进效应,这种推进效应是某种确定的多种效应的集合。按佩鲁的观点,经济空间是"存在于经济要素之间的关系",与一般意义上的地理空间完全不同,其着眼点是经济联系。经济联系的强弱程度决定了增长极的存在与否,以及增长极经由不同的渠道对整个经济产生的不同最终影响。

为了明确增长极的理论内涵与作用机制,佩鲁引入了"推进型单元"(Propulsive Unit)的概念,具体是指自身的增长和创新能够诱导并带动其他经济单元增长的优势力量。在佩鲁看来,这种力量的支配性作用主要来自于创新性的经济活动和产业之间的相互关联与依存关系。因此,佩鲁将增长极视为"以主导推进型产业为中心,通过投入产出关系而紧密相连的大型产业群,这组产业群能比极以外的产业以更快的步伐创新和增长"。对此,希金斯和萨凡(Higgins and Savoie,1988)给予了高度评价,认为佩鲁发扬了熊彼特的创新理论并把它应用于空间领域。

综上述之,佩鲁增长极理论的核心内容包括三个问题:占支配地位的企业的支配效应;支配型企业与其他企业(或周围地区)之间存在的连锁效应;这种连锁效应产生乘数效应,占支配地位的企业通过这种乘数效应带动其他企业(或外围区)的发展,最终实现分配的均衡,即分配效应。

佩鲁的增长极理论强调的是可以以实物、货币、信息等形式表现出来的,由推进型产业对其他相关企业的成长产生的绝对性支配作用,而非指代某种特定的区域社会经济发展的地域组织模式。但是,从其思想的形成基础来看,佩鲁的增长极理论产生了一些重要的贡献。第一,他强调重点发展具有支配性地位的推动型产业,以有效启动战后经济的复苏;第二,是受到当时社会主义国家和欧洲国家所制定的经济发展计划的影响,他开始注意到计划、创新的作用以及广泛范围的区际之间的合作问题(安虎森,1997);第三,他关注和推崇存在于产业综合体环境中的创新因素。这一观点至今看来,仍不乏现实意义;第四,对于政府扮演的角色,佩鲁也有述及。他主张通过极化来削弱垄断的负面影响,而这种作用可以通过以下主要途径实现。其一,对占有支配地位的企业进行国家投资,这不仅可以增加产出、扩大有效需求,也为发展中国家的产品开辟新的市场;其二,通过投资具有很强连锁效应和乘数效应的企业,扩大增长极的分配效应。

当然,对于佩鲁的增长极理论,学术界也对其存在的缺陷进行了分析。第一,缺乏可操作性。对此,该理论的最大缺陷是它关心的是增长极的结构特点,尤其是产业间的关联效应,而忽视了增长的空间方面(李仁贵,1988)。这使得作为独立于地理空间的"极"的概念,很难解决一些复杂的问题(Darwent,1969)。操作性差的缺陷,致使增长极理论在最初应用于实践时失败多于成功。以意大利为例,其南部由政府遵循区域政策推进的增长极同当地的产业未能发生紧密联系,造成现代化资本密集型工业与传统工业之间的二元结构矛盾,从而未能形成产业间的通道效应,使得增长极无法辐射其应有的能量。对此,学者希金斯认为,"增长极战略的失败并非佩鲁理论的失败,而是由他的弟子尤其是布代维尔歪曲的失败";第二,过分强调增长极的正面效应,而对负效应不置一词(颜鹏飞、马瑞,2003)。经济增长极背负过重的经济、政治责任,却忽视环境保护(杨琴、何志全,2011);第三,增长极理论的形成是有一定的时代背景和区位背景的。从这些背景上看,该理论主要与处在比较成熟阶段的经济现象相联系的,对于落后地区或萧条地区的经济现象的解释还失之空泛(安虎森,1997)。

在西方,增长极理论被用于区域政策之前都是按照政策制定者的意图做了一定的加工修正的。增长极在欧洲的应用一般注重于对有较强的前后向联系的推进型企业的选择,而在美国却演化成为对能够吸引投资的城市区位的选择。在中国,增长极理论的应用主要体现在以下方面:第一,它不仅同市场经济体制的建立与完善以及中小城市的发展有机结合起来,而且还存在于都市圈发展战略中;第二,增长极理论也被广泛应用于非均衡协调发展战略的实施与推进之中,诸如西部大开发、东北老工业基地振兴等战略;第三,在国家综合配套改革试验区建设中培育基于制度创新的增长极,以此带动区域经济,乃至整个中国社会经济的持续健康发展。例如,高进田(2008)认为,增长极理论的生命力在于"佩鲁式"的回归与充实……制度创新不均衡性是对增长极理论中创新空间不均衡的极大补充,也符合佩鲁增长极理论的"抽象"方法。这表明,对增长极理论的应用也逐渐跳出了过分强调其操作性,片面地进行人为构筑区域社会经济发展的地域组织模式的固有思维。以国家综合配套改革试验区为例,它作为区域发展创新模式中的制度内生增长极,其选取和设立不是任意的,需要满足相应的条件,除具备良好的自然禀赋和经济社会基础外,还必须能够形成制度内生累积创新的机制(王家庭、张换兆,2009);同时,作为一种新型的改革模式和区域经济发展模式,国家综合配套改革试验区的设立从根本上说是一种生产关系的变更,其发生作用需要一定的媒介,即国家综合配套改革试验区的制度创新要与技术创新和产业发展相联系,否则只能成为空中楼阁,无法有效促进区域协调发展。

参考文献:

[美]达温特:《区域规划中的增长极与增长中心》,载于《环境与规划》1969 年第 1 期。
李仁贵:《区域经济发展中的增长极理论与政策研究》,载于《经济研究》1988 年第 9 期。
颜鹏飞、马瑞:《经济增长极理论的演变和最新进展》,载于《福建论坛》2003 年第 1 期。
杨琴、何志全:《经济增长极的生态学思考》,载于《经济研究参考》2011 年第 45 期。
周民良:《增长极理论与西方的区域政策》,载于《中国工业经济》1994 年第 7 期。
高进田:《增长极理论与国家综合配套改革试验区建设》,载于《财经问题研究》2008 年第 2 期。
王家庭、张换兆:《国家综合配套改革试验区:制度内生增长极模型的解释》，载于《社会科学辑刊》2009 年第 1 期。

安虎森：《增长极理论评述》，载于《南开经济研究》1997 年第 1 期。

史东明：《增长极理论与实践》，载于《外国经济与管理》1995 年第 2 期。

David Darwent, Growth Poles and Growth Centers in Regional Planning—A Review, *Environment and Planning*, Vol. 1, 1969.

Perroux, F (1950) Economic Space: Theory and Application, *Quarterly Journal of Economics*, 64, Reprinted in J. Friedmann and W. Alonso (1964), Regional Development and Planning: A Reader, Cambridge, Mass.: MIT Press.

Perroux, F. (1955), Note Sur La Notion De Pole De Croissance, *Economie Appliquee*, Vol. 8 or in I. Livingstone (1979) Development Economics and Policy: Selected Readings, London: George Allen & Unwin.

Perroux, F. (1988), The Pole of Development's New Place in a General Theory of Economic Activity in B. Higgins and D. Savoie (Eds.), Regional Economic Development: Essays in Honour of Francois Perroux. Boston: Unwin Hyman.

（胡彬）

二元经济结构

Dual Economic Structure

二元经济结构一般是指工业化部门和非工业化部门（即所谓"传统部门"）并存的一种经济结构或产业结构。这个概念最早由 J. H. 伯克（J. H. Boeke）于 1953 年提出。他在研究印度尼西亚的经济时指出，印度尼西亚一方面存在着原有的前资本主义部门，另一方面是由宗主国荷兰人所经营的资本主义部门。传统前资本主义部门的特征是人们的欲望小，因而农产品价格上涨，生产量反而减少；工资率提高到某一程度，劳动供给时间反而减少，因此出现了所谓"转向弯曲的供给曲线"。他还认为，通过殖民政策和直接投资方式引进的欧洲生产技术和生产体系，构成现代部门的特征（J. H. Boeke，1953）。后来，本杰明・霍华德・希金斯（Benjamin H. Higgins）从技术二元主义的角度，用生产函数的异质性来表示传统部门和先进部门的区别，进一步描述了发展中国家二元经济结构的特征。希金斯认为，先进部门和传统部门的生产函数完全不同，由于技术性的制约，所以出现了失业或伪装失业。张培刚指出，希金斯的分析思路和观点与 W. A. 刘易斯（William A. Lewis）相反。希金斯认为，先进部门首先是通过外国资本投资开始发展的。外国资本带来了新式的资本密集型生产技术，投入系数是固定的。因此，无论资本和劳动力的相对价格如何，都会产生过剩劳动。这些过剩劳动力流入传统部门，由于传统部门不断开垦可耕土地，劳动密集型愈益提高，最后可耕土地开垦已尽，劳动边际生产力为零或为负，人均收入也就停滞在最后水平（张培刚，1992）。

刘易斯于 1954 年发表了《劳动无限供给条件下的经济发展》，给出了生产部门的不对称性与劳动供给关系的经典模型。刘易斯模型将土地、劳动、资本这三种生产要素与农业（传统部门）和制造业（现代部门）这两个部门作联系分析，假设农业部门不使用资本而制造业部门不使用土地，但两个部门都使用劳动力。由于制造业部门的生产决策是追求利润最大化，而传统农业部门中，产品的分配是依据"传统的成规"而不是边际产品或边际生产率。由于传统农业部门中不存在竞争性的产品分配，就有可能存在边际产品或边际生产率为零甚至为负的剩余劳动力，而劳动的报酬也会极低。如果劳动可以在两部门之间自由流动，那么传统部门中边际生产率为零或为负的剩余劳动力使现代工业部门能以不变工资获得无限劳动供给成为可能，即现代工业部门面对着一条水平的劳动供给曲线（W. A. Lewis，1954）。从静态分析考察，由于生产和部门乃至制度的不对称性，即使劳动具有流动性从而使传统部门和现代部门的劳动报酬相等时，两个部门的劳动的边际生产率仍是不相等，因而二元经济是没有效率的。

刘易斯的二元经济模型，后经古斯塔夫・拉尼斯（Gustav Ranis）、费景汉（Joho C. H. Fei）、戴尔・乔根森（Dale W. Jorgenson）等人的补充和发展，成为早期发展经济学的重要理论之一。这个理论在某些方面反映了发展中国家工业化过程的若干基本特征和重要特点（张培刚，1992）。

二元经济理论是两部门增长模型的一个分支。古典经济学已经有两部门的思想，最典型的是大卫・李嘉图（D. Ricardo）在其 1817 年出版的《政治经济学与赋税原理》一书中提出的思想。这一思想包含了两个基本假设：第一，农业部门中存在着收益递减，因为耕地是有限的；第二，农业中存在着劳动剩余。工业部门可以从农业部门吸收剩余劳动，而不会造成工资的上涨（李嘉图，1817）。李嘉图的理论和刘易斯模型更多地关注剩余劳动及劳动报酬问题。而拉尼斯、费景汉等人的模型则更多地讨论工业和农业这两大部门（产业）之间的关系。在以后发展出的所谓"新古典两部门模型"中，剩余劳动力的假设条件被放松或否定，农业中的人口或劳动力增长将提高农业产出，而任何劳动力从农业中的转移都会使农业产量下降。根据新古典两部门模型的生产函数，有限的土地资源在农业部门确实导致了轻微的收益递减，但曲线绝不会变得平缓,即劳动的边际产品绝不会降到仅能维持最低生计的水平。如此,就不存在维持最低生计的或法定的最低工资。相反,工资经常是由农业中的劳动的边际产品决定的。由于农业转移出的劳动力增加了仍然留在农业的劳动边际产品,工业要支付这一边际产品加上使劳动力移入城市的溢价。随着劳动力从农业移出,农业产出下降。为了从农业部门获得足够的额外粮食以供应工人,工业必须支付越来越高的食品价格。如果不能靠进口平衡,农产品价格上升会使产出价值提高,并使农业劳动力的工资上升,工业将支付相应更高的工资以吸引劳动力。这一模型的政策含义是,如果要使工业化成功发展,就必须同时发展农业,以使农业的增长足以在更高水平的消费上养活农村和城市工人,并且避免贸易比价转而不利于工业。一个停滞的即缺乏新投资和技术进步的农业部门,将引起工业部门工资的急剧上升,从而减少利润和可以投入工业发展的资金(M. 吉利斯等,1998)。按照这一思路,发展经济学一般会在二元经济结构的理论基础上讨论传统农业的改造及农业现代化问题。

参考文献:

张培刚:《新发展经济学》,河南人民出版社 1992 年版。

[英]李嘉图:《政治经济学及赋税原理》,商务印书馆 1983 年版。

[美]M. 吉利斯等:《发展经济学》,中国人民大学出版社 1998 年版。

Boeke, *Economic and Economic Policy of Dual Societies as Exemplified by Indonesia*. New York: Institute of Pacific Relations, 1953.

W. A. Lewis, Economic Development with Unlimited Supplies of Labour, *Manchester School of Economics and Social Studies*, 22, 1954.

J. C. H. Fei and G. Ranis, *Development of the Labour Surplus Economy: Theory and Policy*, Homewood: Irwin, 1964.

D. W. Jorgenson, The Development of a Dual Economy, *Economic Journal*, 71, 1961.

(赵晓雷)

剩余劳动力转移

Surplus Labor Transfer

剩余劳动力转移是"刘易斯—拉尼斯—费景汉"二元经济模型中的重要内容(Lewis, 1954; Ranis and Fei, 1961, 1964),因为现代部门的扩张在其他条件不变的情况下,是以吸收传统部门的剩余劳动力为其特征的。经济发展的一个最显著标志就是劳动力从传统部门向现代部门的转移。这种转移可以分为三个阶段:第一阶段,边际生产率为零的"纯剩余劳动力转移"(即"短缺点"之前),这部分劳动力的流出不影响传统部门的总产量;第二阶段,边际生产率大于零、但小于最低平均生活费用(制度不变工资 CIW)的那部分劳动力的转移,这一阶段的转移将开始影响传统部门的总产量;第三阶段,传统部门的剩余劳动力已被现代部门吸收完毕(即"商业化点"之后),现代部门的进一步扩张就必须与传统部门争夺边际生产力大于最低生活费用的劳动力。

我们可以用图 1 表示刘易斯—拉尼斯—费景汉(Lewis-Ranis-Fei, 1961; 1964)的模型中剩余劳动力转移的三阶段情况。在图 1 的(a)中,原点位于右上角。横轴 OA 从右向左度量农业劳动力,纵轴 OB 从上至下度量农业总产出,ORCX 代表农业部门总物质生产率或总产出(TPP_L)曲线。从图中可以看到,AD 数量的农业劳动力不生产任何农产品,从农业总劳动人口中撤出来,总产量一点也不减少。拉尼斯和费景汉(Ranis and Fei)把这部分不生产农产品的劳动人口(AD)叫作"多余劳动力"(Redundant Labor Force)。不变工资由 OX 斜率表示,且等于农业人口的平均收入。在总产品曲线上,R 点表示农业边际劳动生产率(MPP_L)等于不变制度工资 CIW,即 R 点的切线与 OX 平行。拉尼斯和费景汉(Ranis and Fei)把这一点以后的农业劳动力 AP 定义为伪装失业者或隐蔽的失业者(Disguised Unemployed),因为他们的边际生产率低于他们获得的不变制度工资(谭崇台,2000;叶静怡,2003)。在图 1(b)中,原点在右下方,横轴 OA 从右至左度量农业劳动力,纵轴 AN 从下至上度量农业平均产品和边际产品。VUDA 表示农业部门的边际劳动生产率曲线,它由两部分组成,负斜率部分 VUD 和水平部分 DA。当农业劳动力增加到 D 点后,边际劳动生产率等于零,而总产品保持不变。SU' 为不变制度工资线,它与横轴的距离等于图 1(a)中 OX 的斜率。

剩余劳动力转移的过程三个阶段也可以由图 1(b)来表示。第一阶段是边际劳动生产率等于零($MPP_L = 0$)的区域,即图 1(b)中的 AD 所示,这一阶段的劳动力都是多余的,因此可称作"纯剩余劳动力转移"。在第一阶段,由于平均农业剩余等于制度不变工资,因此农村多余的劳动力转移到工业部门,不会产生粮食短缺问题,从而不会影响工业部门现行工资水平。第二阶段是边际劳动生产率大于零、但小于不变制度工资($0 < MPP_L < CIW$)的区域,即 DP 所示。在第二阶段,平均农业剩余低于制度工资,结果粮价上升,工资上涨,因此劳动供给曲线是上升的,第一阶段进入第二阶段的 D 点是短缺点。第三个阶段是边际劳动生产率大于不变制度工资($MPP_L > CIW$)区域,即 OP 所示。进入第三阶段,伪装失业者的消失标志着经济进入商业化阶段，而P点就是商业化点。

经济发展的关键是第二阶段（介于“短缺点”和“商业化点”之间）。如果生产技术没有进步以至于农业劳动生产率没有显著提高，则在这个阶段劳动力从传统部门的流出，必然导致粮食等农产品总产量下降。农产品短缺就不可避免。一旦农产品的供给出现不足，现代部门必须提高名义工资以稳定产业工人实际生活水平。现代部门的利润率将因此而降低，产业扩张的速度放慢。这又意味着现代部门吸收剩余劳动力的能力弱化。如果农业部门的生产率始终没有提高，工业表面的扩张又没有其他资本积累源泉，那么经济发展的速度会显著放慢。困难的格局可能持续相当长时间，甚至在某种极端的情况下始终无法完成该阶段。这一阶段的长短取决于传统部门的生产率和现代部门资本积累水平。传统部门的产出率越高，现代部门资本积累的速度越快，困难的第二阶段也就会越短。在最理想的情况下，第二阶段将会消失（费景汉等，1989；谭崇台，2000）。

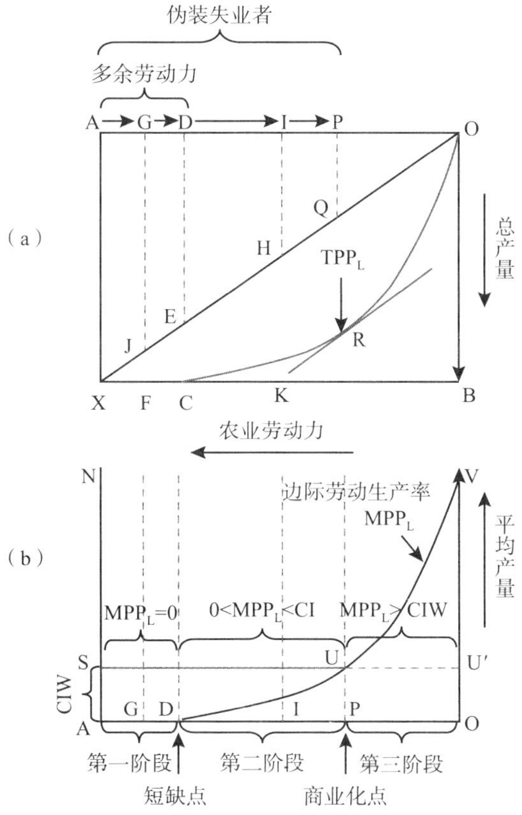

图1　剩余劳动力转移“三阶段”示意图

参考文献：

费景汉等：《劳力剩余经济的发展》，华夏出版社1989年版。

谭崇台：《发展经济学》，山西经济出版社2000年版。

叶静怡：《发展经济学》，北京大学出版社2003年版。

Fei, C. H. and Ranis G., A Theory of Economic Development, *American Economic Review*, Vol. 51, No. 4, 1961.

Fei, C. H. and Ranis, G., *Development of the Labor Surplus Economy: Theory and Policy*, Homewood, Illinois: Richard A. Irvin, Inc., 1964.

Lewis, Arthur W., Economic Development with Unlimited Supplies of Labor, *The Manchester School*, Vol. 22, No. 2, 1954.

（汪伟）

刘易斯模型
Lewis Model

刘易斯模型又叫“无限剩余劳动”模型，因刘易斯（A. W. Lewis）于1954年发表在《曼彻斯特学报》上的著名论文《劳动无限供给条件下的经济发展》而得名。他首次提出较完整的二元经济发展模型，具有里程碑式意义。此后，拉尼斯和费景汉（Ranis and Fei，1961，1964）发表论文对其理论的不足之处进行改进，形成一个涵盖面更广的经济发展理论体系。学界通常把二元经济模型称为“刘易斯—拉尼斯—费”模型（Lewis-Ranis-Fei Model）。

刘易斯模型建立在一系列假设基础上，主要有以下三点：

第一个基本假定是“二元经济”，即不发达经济是由两个不同性质的经济部门所组成的。一个是传统部门（Traditional Sector），另一个是现代部门（Modern Sector）。这两个部门存在的差别在于，其一，人们将“传统”部门等同于农业部门，因为农业部门一直为全社会提供基本食物和传统产品；相反，“现代”部门指提供制造品的工业部门。其二，“传统”意味着劳动密集型的和采用简单工具的更原始的生产技术；而“现代”指资本密集型的和采用新技术的部门。其三，“传统”指经济组织是建立在家庭劳动而不是付酬劳动基础之上的传统形式，所有的产品不是以工资和利润的形式进行分配，而是以平均分配的形式增加每位家庭成员的收入；相反，“现代”指按资本原则组织起来的生产，它依赖于对付酬劳动的使用并追求经济利润。

第二个基本假定是存在“剩余劳动”（Surplus Labor），这是模型的核心假定。刘易斯（1954）认为在传统部门存在大量剩余劳动，而这些剩余劳动的转移几乎不用付出任何潜在的成本（交易成本）。传统部门中存在着边际生产率低于其生活费用甚至等于零的劳动力。如果劳动力的边际生产率为零，那么这部分劳动力的流出将丝毫不影响传统部门的总产量。如果是边际生产率高于零、但低于生活费用的劳动力，那么其流出对传统部门总产量的影响也不大。如果一个社会不存在现代部门，那么全体劳动力只能生存在最低生活水平的“马尔萨斯陷阱”中。边际生产率在零到最低生活费用之间的那部分劳动力被统称为过剩劳动力。其中边际生产率为零的那部分劳动力被称为纯粹的剩余劳动力。一国只有发展现代生产部门才能吸收剩余劳动力并使全体人民的生活水平持续提高。

第三个基本假定是“无限劳动供给”（Unlimited Labor Supply）。刘易斯（1954）认为，由于城市工资与农村工资有巨大的差距，而且农村劳动力的“边际生产率为零或几乎可以忽略不计”，因此如果城市部门把工资水平定在维持生存所需的水平上，则总是会有源源不断的农村人口流向城市，所以他指出“只要在这个工资水平上的劳动供给超过劳动需求，则劳动供给就是‘无限’的”。在这种情形下，城市中可以在这个维持生存的工资水平下不断地开办新产业，或者扩张旧产业。

刘易斯模型可以用一个简单的图形来描述（见图1）。其中，横轴 OL 代表劳动，纵轴 OD 代表劳动边际产品和工资。OA 表示传统农业部门的生存收入，OW 表示现代工业部门的现行工资水平。在这个稍高于农村生存收入的工资水平上，现代工业部门的劳动供给是无限的，因此，劳动供给曲线 WS 是一条平行于横轴的水平线。根据西方经济学的可变比例规律，对于一笔固定资本额，就有一条特定的劳动边际生产率曲线（劳动需求曲线）与之对应。假设现代工业部门最初的资本存量是 K_1，于是，对应的劳动边际生产率曲线为 $D_1D_1(K_1)$，它向右下方倾斜，表示在既定的资本量下，随着劳动投入的增加，劳动边际产品递减。根据刘易斯的观点，现代工业部门以追求利润最大化为目标。利润最大化条件是边际生产率等于工资。

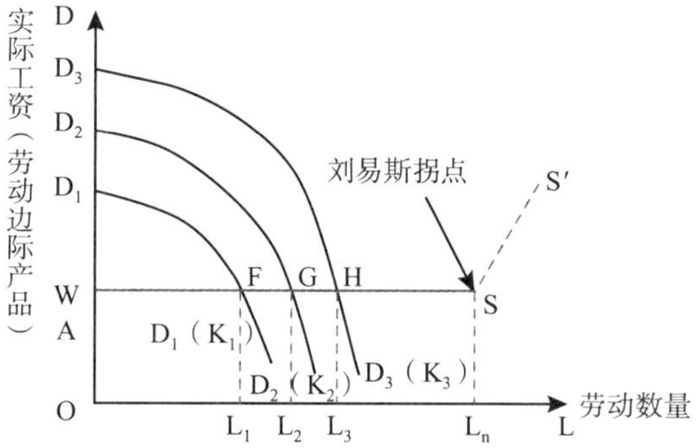

图1　刘易斯模型

劳动力如何从农业转移到工业？他假定资本家的利润全部被储藏起来，以做投资之用。当资本家的利润被用于投资时，现代工业部门的资本量就增加了，从传统农业部门吸收的剩余劳动就更多。当最初资本为 K_1，雇佣的劳动力为 OL_1 时，资本家的利润为 WFD_1。假设利润全部用作新资本投资，资本量便从 K_1 增加到 K_2，劳动的边际生产率曲线即劳动需求曲线也相应地从 $D_1D_1(K_1)$ 外移到 $D_2D_2(K_2)$，它与劳动供给曲线 WS 相较于 G，决定了资本家雇佣劳动力为 OL_2。同理，劳动雇佣量会再扩大到 OL_3，以此类推。这样，随着资本存量的进一步增大，劳动生产率提高，劳动力转移规模进一步扩大。这个过程一直持续到农业部门的剩余劳动全部被工业部门吸收为止。而当剩余劳动力消失时，农业的劳动边际生产率就会提高，从而，农村劳动者收入也会相应增加。这时，工业部门要想得到更多的农业劳动力，就不得不提高工资水平，以与农业部门相竞争。假设一个国家的剩余劳动总量为 OL_n，一旦超过 OL_n，劳动供给曲线便开始上升，如虚线 SS’所示。则 L_n 点即为转折点（Turning Point），在它到来之前，传统部门工资水平始终保持在最低生存费用即制度水平工资。在刘易斯的不变工资模型中，经济发展过程的起点是所有劳动力在农业部门，农业劳动生产率很低。现代部门在劳动边际生产率等于给定生存工资的点上决定劳动需求。随着经济的发展，农业劳动边际生产率上升到不变生存工资水平并等于现代部门的这一生产率。

刘易斯（1954；1955；1958）把发展中国家的经济发展划分为两个阶段，第一阶段是劳动无限供给阶段（如图1中的劳动供给曲线的水平部分）。在这一阶段，资本稀缺，劳动过剩，劳动者的收入取决于其维持生存所需要的生活资料的价值，资本积累所产生的剩余全部归资本家所有。第二阶段是当剩余劳动被吸收完毕，所有生产要素都稀缺时（如图1中劳动供给曲线的上升部分），这时工人和农民的收入都取决于其劳动的边际生产率。

刘易斯（1972）又发表了题为《对无限劳动力的反思》的论文。在这篇论文中，刘易斯提出了“两个转折点”的论述。当二元经济发展由第一阶段转变到第二阶段，劳动力由无限供给变为短缺，此时由于传统农业部门的压力，现代工业部门的工资开始上升，第一个转折点，即“刘易斯第一拐点”开始到来，这一转折点又称“短缺点”；在二元经济发展到劳动力开始出现短缺的第二阶段后，随着农业的劳动生产率不断提高，农业剩余进一步增加，农村剩余劳动力得到进一步释放，现代工业部门的迅速发展足以超过人口的增长，该部门的工资最终将会上升。当传统农业部门与现代工业部门的边际产品相等时，也就是说传统农业部门与现代工业部门的工资水平大体相当时，意味着一个城乡一体化的劳动力市场已经形成，整个经济（包括劳动力配置）完全商品化，经济发展将结束二元经济的劳动力剩余状态，开始转化为新古典学派所说的一元经济状态，此时，第二个转折点，即"刘易斯第二拐点"开始到来，又称为"商业化点"。

参考文献：
谭崇台：《发展经济学》，山西经济出版社2000年版。
叶静怡：《发展经济学》，北京大学出版社2003年版。
张培刚：《发展经济学》，北京大学出版社2009年版。
邹薇：《发展经济学——一种新古典政治经济学的研究框架》，经济日报出版社2007年版。
Fei, C. H. and Ranis G., A Theory of Economic Development, *American Economic Review*, Vol. 51, No. 4, 1961.
Fei, C. H and Ranis, G., *Development of the Labor Surplus Economy: Theory and Policy*, Homewood, Illinois: Richard A. Irvin, Inc., 1964.
Lewis, Arthur W., Economic Development with Unlimited Supplies of Labor, *The Manchester School*, Vol. 22, No. 2, 1954.
Lewis, Arthur W., The *Theory of Economic Growth*, Homewood, IL, Richard D. Irwin, 1955.
Lewis, Arthur W., Unlimited Labor: Further Notes, *The Manchester School of Economic and Social Studies*, Vol. 26, No. 1, 1958.
Lewis, Arthur W., *Reflections on Unlimited Labour*, *International Economics and Development Essays in Honor of Rural Prebisch*, New York: Academic Press, 1972.

（汪伟）

无限劳动供给
Unlimited Labor Supply

"无限劳动供给"主要是指劳动力供给曲线在"既定工资"水平下具有无限弹性，而"既定工资"（又称作"制度不变工资"）是农业部门劳动力维持生活需要的最低收入水平。当二元经济由第一阶段转变到第二阶段时，劳动力由无限供给变为短缺（Shortage）。"无限劳动供给"是"刘易斯模型"和"拉尼斯—费景汉"模型的重要基本假定。

刘易斯模型可以分为两个阶段：一是劳动力无限供给阶段，此时劳动力过剩，工资取决于维持生活所需的生活资料的价值；二是劳动力短缺阶段，此时传统农业部门中的剩余劳动力被现代工业部门吸收完毕，工资取决于劳动的边际生产力。刘易斯（Lewis，1954，1955，1958）认为在经济发展的第一阶段，农业部门人口多、增长快。由于边际生产率递减规律，其边际生产率非常低甚至为零，农业部门出现大量劳动力剩余。此时，只要工业部门能够提供稍大于维持农村人口最低生活水平的既定工资，农业部门就将涌入大量劳动力至工业部门，为工业部门的扩张提供"无限的劳动力供给"。这一点也可以从刘易斯模型（见图1）中看出，OA表示传统农业部门的生存收入，OW表示现代工业部门的现行工资水平。在这个稍高于农村生存收入的工资水平上，现代工业部门的劳动供给是无限的，因此，劳动供给曲线WS是一条平行于横轴的水平线。

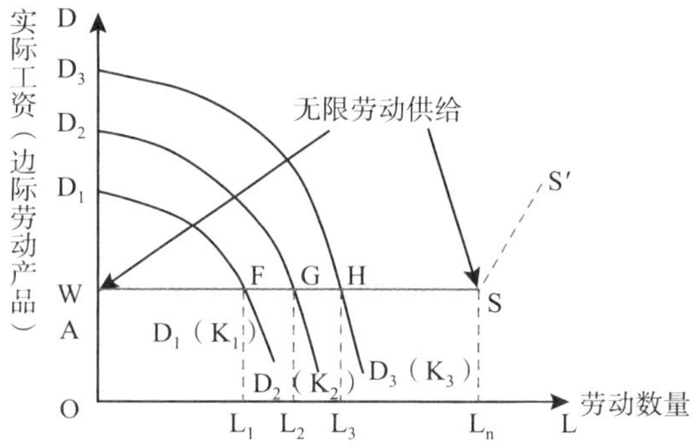

图1　刘易斯模型中的无限劳动供给

刘易斯的二元经济理论是"按古典学派的传统写成的，做出古典学派的假设，并提出古典学派的问题"（Lewis and Gersovitz，1983）。在古典经济学的理论中存在这样一个假定：在维持生存的工资水平上，经济中存在无限劳动供给。在1954年的《劳动无限供给条件下的经济发展》一文中，刘易斯这样阐述劳动的无限供给——"在那些相对资本和自然资源来说人口如此众多，以至于经济的较大部门中边际劳动生产率很小，等于零，甚至为负的国家里，可以说存在劳动的无限供给"（Lewis and Gersovitz，1983）。他还进一步指出，"边际生产率是否为零或很小对于我们的分析并不是最主要的。在这些经济中，劳动的价格等于仅能够维持劳动者生存的工资水平。只要在这一价格上，劳动的供给超过需求，那么劳动的供给就是无限的"（Lewis and Gersovitz，1983）。由此可见，刘易斯"无限劳动供给"的含义是：只要能够支付维持劳动者生存所需要的工资水平，经济中劳动的供给总是大于劳动的需求，工业的扩张与经济增长不会受到劳动短缺的限制。

关于劳动无限供给来源以及导致这一现象的原因，刘易斯认为，劳动的无限供给来自经济中存在的大量剩余劳动力，而剩余劳动力主要存在于传统农业部门，但并不仅限于该部门。农业部门存在剩余劳动力可以从古典经济学特别是李嘉图的理论中推断出来。由于传统农业部门技术进步缓慢，没有资本投入，随着人口不断增长，有限土地上的边际劳动生产率必然下降，甚至可能等于零。除了农业部门之外，刘易斯将发展中国家的一些临时性职业者、小零售商人、家庭仆人和门客也归于剩余劳动力之列。他认为，发展中国家的剩余劳动力还会由于以下原因而增加：第一，妇女从家庭劳动中解放出来，转向商业性就业。妇女劳动的这种转变是经济发展的重要特征和必然结果。从纯经济的角度看，这一结果是由于经济发展所引起的家务劳动的社会化导致的。第二，出生率超过死亡率引起的人口快速增长。经济发展的历史表明，随着经济的发展，收入水平提高和医疗条件的改善，人口死亡率必然下降，而出生率并不会随之下降，其结果是人口加速增长。在早期的发展阶段中，经济发展所导致的人口迅速增长必然会引起劳动力供给的增加。第三，生产效率提高所引起的失业。一些古典经济学家，如李嘉图、穆勒等人都承认机器的创造会引起失业。

综上所述，刘易斯认为，在一个人口过剩的经济中，工业的扩张与经济的增长绝不会受到劳动力短缺的限制，约束经济增长的真正障碍是资本。虽然，熟练劳动力同资本和自然资源一样成为工业扩张的难题，但这是一个“准难题”，是一个非常短暂的问题。因为熟练劳动力可以通过政府和资本家很快培养出来。因此，在拥有大量剩余劳动力的经济中，只要能够支付维持劳动者最低生活所必需的工资水平，就可以在无限劳动供给的前提下实现经济的扩张和增长。这就是刘易斯模型建立的一个重要假定前提，它直接来源于古典经济学。当然，刘易斯并不认为劳动力无限供给的假定是普遍适用的。他认为，这一假设对于英国和西北欧并不正确，也不适用于非洲、拉丁美洲和某些发展中国家。他说，对埃及、印度或牙买加等国的经济来说，劳动力无限供给是一个适用的假设（Lewis and Gersovitz，1983）。

“拉尼斯—费景汉”模型对刘易斯模型进行了补充和扩展。在图2中，横轴OW度量工业劳动，纵轴OP度量工人的边际生产率和工资。边际生产率曲线即劳动需求曲线dpf与水平的劳动供给曲线Sp′相交于p，决定工业部门的劳动就业为OG′。劳动供给曲线由两部分构成：水平的Sp′和上升的p′S′，p′为转折点。在这里，拉尼斯和费景汉（Ranis and Fei，1961；1964）接受了刘易斯的观点，认为一旦劳动供给曲线由水平的变为上升的，无限的劳动供给就停止了，劳动像资本一样开始成为稀缺要素，劳动力转移过程结束。但他们的模型与刘易斯模型相比又有所发展，他们认为，只有在农业生产率提高，劳动力转移速度高于人口增长速度时，这个转折点才能达到。另外，与刘易斯的看法不同，劳动力再配置的范围和速度除了取决于工业资本存量的增长速度外，还取决于工业创新的强度和偏向。因此，当工业资本存量增加，创新强度大，劳动偏向高时，工人的边际生产率曲线将向右上方移动。如图2中，随着资本积累和创新的进步，边际劳动生产率曲线从dpf移动到d′p′f′，进而移动到d″p″f″等。

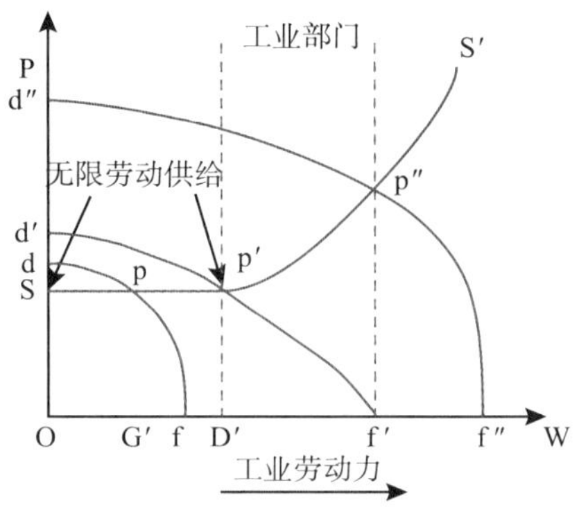

图2 “拉尼斯—费景汉”模型中的无限劳动供给

参考文献：
谭崇台：《发展经济学》，山西经济出版社2000年版。
方齐云、姚遂：《发展经济学》，东北财经大学出版社2008年版。
Fei，C. H. and Ranis G.，A Theory of Economic Development，*American Economic Review*，Vol. 51，No. 4，1961.
Fei，C. H. and Ranis，G.，*Development of the Labor Surplus Economy：Theory and Policy*，Homewood，Illinois：Richard A. Irvin，Inc.，1964.
Lewis，Arthur W.，Economic Development with Unlimited Supplies of Labor，*The Manchester School*，Vol. 22，No. 2，1954.
Lewis，Arthur W.，*The Theory of Economic Growth*，Homewood，IL，Richard D. Irwin，1955.
Lewis，Arthur W.，Unlimited Labor：Further Notes，*The Manchester School of Economic and Social Studies*，Vol. 26，No. 1，1958.
Lewis，Arthur W. and Gersovitz，M.，*Selected Economic Writings of W. Arthur Lewis*，New York UP，1983.

（汪伟）

刘易斯拐点
Lewis Turning Point

刘易斯拐点又称作“刘易斯转折点”，是（A. W. Lewis，1954）二元经济结构模型的重要组成部分，后经其本人及拉尼斯和费景汉（Ranis and Fei，1961，1964）的补充发展，形成了更为系统的理论体系。刘易斯拐点分为“刘易斯第一拐点”和“刘易斯第二拐点”，前者又称作“短缺点”（Shortage Point），表示二元经济由第一阶段转变到第二阶段时，劳动力由无限供给变为短缺；后者又称作“商业化点”（Commercialization Point），意味着经济发展将结束二元经济的劳动力剩余状态，开始转化为新古典学派所说的一元经济状态。

刘易斯(1954)的"二元经济"发展模式可以分为两个阶段:一是劳动力无限供给阶段,此时劳动力过剩,工资取决于维持生活所需的生活资料的价值;二是劳动力短缺阶段,此时传统农业部门中的剩余劳动力被现代工业部门吸收完毕,工资取决于劳动的边际生产力。由第一阶段转变到第二阶段,劳动力由剩余变为短缺,相应的劳动力供给曲线开始向上倾斜,劳动力工资水平也开始不断提高。学界把连接第一阶段与第二阶段的交点称为"刘易斯转折点"(见图1)。

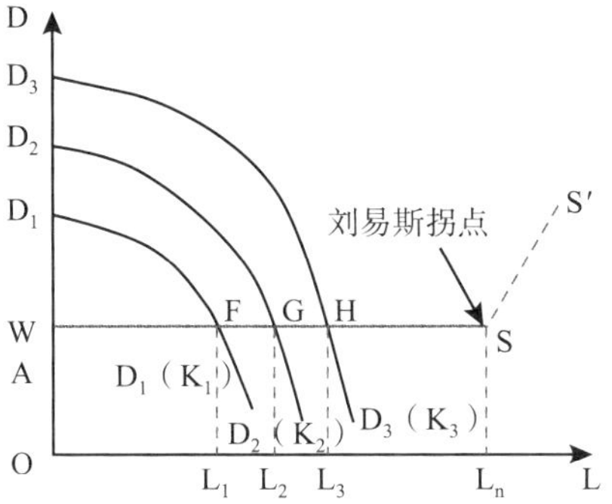

图1 刘易斯模型中的刘易斯拐点

1972年,刘易斯又发表了题为《对无限劳动力的反思》的论文。在这篇论文中,刘易斯提出了"两个转折点"的论述。当二元经济发展由第一阶段转变到第二阶段,劳动力由无限供给变为短缺,此时由于传统农业部门的压力,现代工业部门的工资开始上升,第一个转折点,即"刘易斯第一拐点"开始到来,这一转折点又称"短缺点";在二元经济发展到劳动力开始出现短缺的第二阶段后,随着农业的劳动生产率不断提高,农业剩余进一步增加,农村剩余劳动力得到进一步释放,现代工业部门的迅速发展足以超过人口的增长,该部门的工资最终将会上升。当传统农业部门与现代工业部门的边际产品相等时,也就是说传统农业部门与现代工业部门的工资水平大体相当时,意味着一个城乡一体化的劳动力市场已经形成,整个经济(包括劳动力配置)完全商品化,经济发展将结束二元经济的劳动力剩余状态,开始转化为新古典学派所说的一元经济状态,此时,第二个转折点,即"刘易斯第二拐点"开始到来,又称为"商业化点"。显然,"刘易斯第一转折点"与"刘易斯第二拐点"都具有标志性的象征意义,前者的到来为后者的实现准备了必要的前提条件,但后者的意义是决定性的。

对照"费景汉—拉尼斯模型"中的三阶段划分(Ranis and Fei,1961;1964),从第一阶段转化到第二阶段的过渡点即为"刘易斯第一拐点",从第二阶段转化到第三阶段的过渡点即为"刘易斯第二拐点"。在图2的(a)中,原点位于右上角。横轴OA从右向左度量农业劳动力,纵轴OB从上至下度量农业总产出,ORCX代表农业部门总物质生产率或总产出(TPP_L)曲线。这条曲线被假定由两部分组成:上凹的ORC,它表示随着农业劳动力的增加,边际生产率递减;水平的XC,它表示边际劳动产品等于零。从图1中可以看到,AD数量的农业劳动力不生产任何农产品,从农业总劳动人口中撤出来,总产量一点也不减少。拉尼斯和费景汉(Ranis and Fei)把这部分不生产农产品的劳动人口(AD)叫作"多余劳动力"(Redundant Labor Force)。假设一个国家一个时期的总人口为OA,并假设初期没有工业部门,全部人口都在农业部门就业,还假设全部农产品由农业劳动人口消费。于是,农业劳动者的平均收入等于AX/OA,即OX线的斜率所示。拉尼斯和费景汉(Ranis and Fei)指出,只要农业部门存在剩余劳动力,他们的边际生产率低于平均收入,那么,假定农业劳动力获得的收入等于平均产品是合理的。不变工资由OX斜率表示,且等于农业人口的平均收入。在总产品曲线上,R点表示边际农业劳动生产率(MPP_L)等于不变制度工资CIW,即R点的切线与OX平行。托尼斯和费景汉(Ranis and Fei)把这一点以后的农业劳动力AP定义为伪装失业者或隐蔽的失业者(Disguised Unemployed),因为他们的边际生产率低于他们获得的不变制度工资(谭崇台,2000;叶静怡,2003)。

在图2(b)中,原点在右下方,横轴OA从右至左度量农业劳动力,纵轴AN从下至上度量农业平均产品和边际产品。VUDA表示农业部门的边际劳动生产率曲线,它由两部分组成,负斜率部分VUD和水平部分DA。当农业劳动力增加到D点后,边际劳动生产率等于零,而总产品保持不变。SU′为不变制度工资线,它与横轴的距离等于图2(a)中OX的斜率,即农业平均产品。拉尼斯和费景汉(Ranis and Fei)把劳动力转移过程划分为三个阶段。第一阶段是边际劳动生产率等于零的区域,即图3中的AD所示,这一阶段的劳动力都是多余的。第二阶段是边际劳动生产率大于零、但小于不变制度工资的区域,即DP所示,第一、二阶段加起来的AP即为伪装失业者。第三个阶段是边际劳动生产率大于不变制度工资区域,即OP所示(谭崇台,2000)。

此外,拉尼斯和费景汉(Ranis and Fei)模型的制度不变工资与刘易斯模型存在的不同之处,是增加了对"农业剩余"的考虑,因为它对工业部门扩张和劳动力转移具有决定性意义,影响工业部门的工资水平。如果农业剩余不能满足工业部门扩张对农产品日益扩大的需求,劳动力转移就会受到阻碍。在第一阶段,由于平均农业剩余等于制度不变工资,因此农村多余的劳动力转移到工业部门,不会产生粮食短缺问题,从而不会影响工业部门现行工资水平。第二阶段,平均农业剩余就低于制度工资，结果粮价上升，工资上涨，因此劳动供给曲线是上升的。拉尼斯和费景汉把第一阶段和第二阶段的交界处 D 点（见图 2(b)）叫作短缺点。而最后当进入第三阶段，伪装失业者消失标志着经济进入商业化阶段，图 2(b) 的 P 点叫作商业化点。此时，两个部门的工资水平都由市场原则决定，即等于边际劳动生产率。

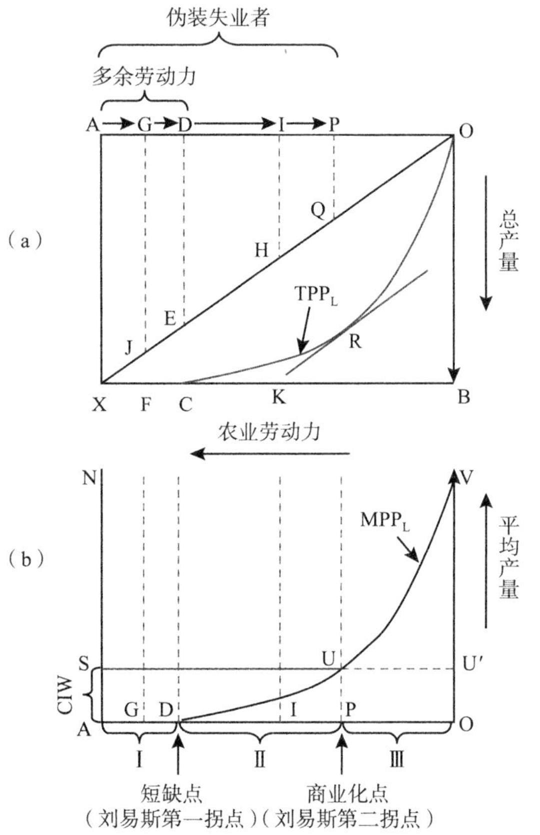

图 2　"拉尼斯—费景汉"模型中的刘易斯拐点

参考文献：

费景汉等：《劳力剩余经济的发展》，华夏出版社 1989 年版。

谭崇台：《发展经济学》，山西经济出版社 2000 年版。

叶静怡：《发展经济学》，北京大学出版社 2003 年版。

Fei, C. H. and Ranis G., A Theory of Economic Development, *American Economic Review*, Vol. 51, No. 4, 1961.

Fei, C. H. and Ranis, G., *Development of the Labor Surplus Economy: Theory and Policy*, Homewood, Illinois: Richard A. Irvin, Inc., 1964.

Lewis, Arthur W., Economic Development with Unlimited Supplies of Labor, *The Manchester School*, Vol. 22, No. 2, 1954.

Lewis, Arthur W., Unlimited Labor: Further Notes, *The Manchester School of Economic and Social Studies*, Vol. 26, No. 1, 1958.

（汪伟）

拉尼斯—费模型
Ranis-Fei Model

美国发展经济学家拉尼斯（Gustav Ranis）和美籍华裔发展经济学家费景汉（John C. H. Fei）在 1961 年 9 月的《美国经济评论》上发表了题为《经济发展理论》的论文，在该文章中两人提出了后来以他们名字命名的拉尼斯—费（Ranis-Fei）模型。在 1964 年的《劳动剩余经济的发展》中，两人又进一步阐述了他们的理论。

拉尼斯—费模型在刘易斯模型的基础上通过引入农业产量剩余的概念，从动态的视角研究农业和工业均衡增长的二元结构，认为因农业生产率的提高导致的农业剩余是农业劳动力转移到工业部门的前提条件。

拉尼斯和费景汉指出，刘易斯没有对农业在促进经济发展的方面给予足够的重视，没有注意到农业劳动力向工业流动的前提是农业生产率的提高并出现剩余产品。拉尼斯和费景汉将不生产农产品的劳动力称为剩余劳动力（Redundant Labor Force），将总产出与总人口的比值称为实际工资，当这个工资由制度或非市场力量的维持下而持续存在时，拉尼斯和费景汉称为制度工资（Institutional Wage），并且将边际生产率低于其所获得的制度工资的劳动力称为隐蔽失业者（The Disguised Unemploed）。

拉尼斯和费景汉根据经济发展中农业部门的情况，把经济分为三个阶段。在第一个阶段农业劳动的边际生产率等于零，因此，在这一阶段尽管有劳动力的外流，但却不会减少农业部门的总产量。农业内部实行不变的制度工资，随着劳动力人口从农业中转移，农业部门内部形成了一部分剩余产品，这部分剩余产品叫作总农业剩余（Total Agriculture Surplus）。拉尼斯—费景汉模型中的第一阶段类似于刘易斯模型。

在第二个阶段农业劳动边际生产率不为零，但仍低于不变制度工资，所以在这一阶段农业中仍然存在剩余劳动人口。这些剩余劳动人口仍然要向外流动，但是如果这部分劳动力转移出农业部门，农业的总产品就会减少，平均农业剩余低于不变制度工资。由于余下的农民消费与以前一样多，所以供给工业部门的农产品就不足以按不变制度工资来供养从事工业的劳动者，也就不足以向劳动力提供满足生存需要的农产品，从而造成了粮食短缺，粮价上升。此时工业部门的工资因要维持工人的生存水平，所以，工业工资将上涨。对工人来说，工资上涨了，但仍然只能够购买到原先数量的农产品，所以，工人获得的工资仍然是不变生存工资。但对资本家来说，工人工资的上涨都意味着利润的下降，从而直接放缓了资本的积累，工业对劳动力需求相对减少，工业扩张减速，乃至停滞，因而劳动力转移将会受到阻碍。

在第三个阶段，隐蔽的失业人口全部转移到工业部门，农业劳动边际生产率上升到制度工资以上，农业劳动者的收入在这个阶段不取决于不变制度工资，而是由劳动边际生产率和市场共同决定。此时农业剩余劳动力消失，劳动力转移进入商业化时期，在每一个工资水平均会从农业部门吸收一定量的劳动力。在这个阶段经济完成了二元经济的改造，农业实现了从传统农业向现代农业的转变。

拉尼斯和费景汉认为，劳动力转移的困难存在于第二阶段，在这个阶段农业生产率提高和人口增长会导致刘易斯拐点的推迟，农业生产率的提高会提高剩余产量，而人口的增长则会扩大剩余劳动力的供应。

在制度工资水平不变的前提下，农业生产率的提高会导致农业总产量的增加，从而使得剩余农产品的数量增加。农业生产率的提高还会增加农业部门的劳动边际生产率，从而使得农业部门的劳动边际生产率较早地达到与制度工资相等的程度，农业部门的商业化也由此提前。拉尼斯和费景汉认为，农业生产率的增长是保证工业部门扩张和劳动力顺利转移的前提条件，在一个停滞的农业中，农业的剩余劳动不可能完全转移到工业部门中去。

要使劳动力转移不受到阻碍，除了农业生产率的增长，还必须要工业生产率保持同步增长，只有这样农业的剩余劳动才会转移到工业部门中。拉尼斯和费景汉指出，保持工业部门的劳动供给和劳动需求的前提条件是工业和农业部门的贸易条件不能恶化，如果工业部门的贸易条件恶化会抑制工业部门投资。

农业生产率和工业生产率的分析是建立在人口数量不变的基础上的，但是在经济增长的同时，必然伴随着人口数量的增长，人口的增加使得剩余劳动的规模增大，从而加重了劳动力转移的负担。此外一个国家的国民的努力程度也会影响经济发展，与人口增长不同的是，国民的努力程度是影响该国经济增长的积极因素。

拉尼斯—费模型体现了二元经济发展中工农业的平衡增长的重要性，同时也表明了劳动力转移取决于农业劳动生产率提高的观点。但是该模型将经济的发展简单地归结为农业部门剩余劳动力向工业部门的转移，因此，该模型是古典主义的分析框架。

参考文献：

Gustav Ranis and John C. H. Fei, A Theory of Economic Development, *American Economic Review*, Vol. 51, No. 4, 1961.

Gustav Ranis and John C. H. Fei, *Development of the Labor Surplus Economy: Theory and Policy*, R. D. Irwin, 1964.

（缪德刚）

制度不变工资

Constant Institutional Wage

制度不变工资，主要指在刘易斯二元经济结构模型（Lewis Model）及拉尼斯—费模型（Ranis-Fei Model）中，在转折点（Turning Point）到来之前，传统部门工资水平始终保持在最低生存费用即制度水平工资（而非边际生产率等于工资的市场化标准）。1954 年，刘易斯（A. W. Lewis）发表论文《劳动无限供给条件下的经济发展》，首次提出完整的二元经济发展模型。拉尼斯与费（Ranis and Fei，1961，1964）发表论文对刘易斯理论的不足之处进行了改进，该模式把刘易斯模式大大向前推进一步，形成了一个涵盖面更广的经济发展理论体系。学界通常把二元经济模型称之为刘易斯—拉尼斯—费模型（Lewis-Ranis-Fei Model）。

刘易斯（Lewis）模型可以用一个简单的图形来描述（见图 1）。其中，横轴 OL 代表劳动，纵轴 OD 代表劳动边际产品和工资。OA 表示传统农业部门的生存收入，OW 表示现代工业部门的现行工资水平。在这个稍高于农村生存收入的工资水平上，现代工业部门的劳动供给是无限的，因此，劳动供给曲线 WS 是一条平行于横轴的水平线。根据西方经济学的可变比例规律，对于一笔固定资本额，就有一条特定的劳动边际生产率曲线（劳动需求曲线）与之对应。假设现代工业部门最初的资本存量是 K_1，于是，对应的劳动边际生产率曲线为 $D_1D_1(K_1)$，它向右下方倾斜，表示在既定的资本量下，随着劳动投入的增加，劳动边际产品递减。根据刘易斯的观点，现代工业部门以追求利润最大化为目标。利润最大化条件是边际生产率等于工资。而劳动力如何从农业转移到工业？他假定资本家的利润全部被储藏起来，以做投资之用。当资本家的利润被用于投资时，现代工业部门的资本量就增加了，从传统农业部门吸收的剩余劳动就更多。当最初资本为 K_1，雇佣的劳动力为 OL_1 时，资本家的利润为 WFD_1。假设利润全部用作新资本投资，资本量便从 K_1 增加到 K_2，劳动的边际生产率曲线即劳动需求曲线也相应地从 $D_1D_1(K_1)$ 外移到 $D_2D_2(K_2)$，它与劳动供给曲线 WS 相较于 G，决定了资本家雇佣劳动力为 OL_2。同理，劳动雇佣量会再扩大到 OL_3，以此类推。这样，随着资本存量的进一步增大，劳动生产率提高，劳动力转移规模进一步扩大。这个过程一直持续到农业部门的剩余劳动全部被工业部门吸收为止。

而当剩余劳动力消失时,农业的劳动边际生产率就会提高,从而,农村劳动者收入也会相应增加。这时,工业部门要想得到更多的农业劳动力,就不得不提高工资水平,以与农业部门相竞争。假设一个国家的剩余劳动总量为 OL_n,一旦超过 OL_n,劳动供给曲线便开始上升,如虚线 SS′所示。则 L_n 点即为转折点(Turning Point),在它到来之前,传统部门工资水平始终保持在最低生存费用即制度水平工资。在刘易斯的不变工资模型中,经济发展过程的起点是所有劳动力在农业部门,农业劳动生产率很低。现代部门在劳动边际生产率等于给定生存工资的点上决定劳动需求。随着经济的发展,农业劳动边际生产率上升到不变生存工资水平并等于现代部门的这一生产率。

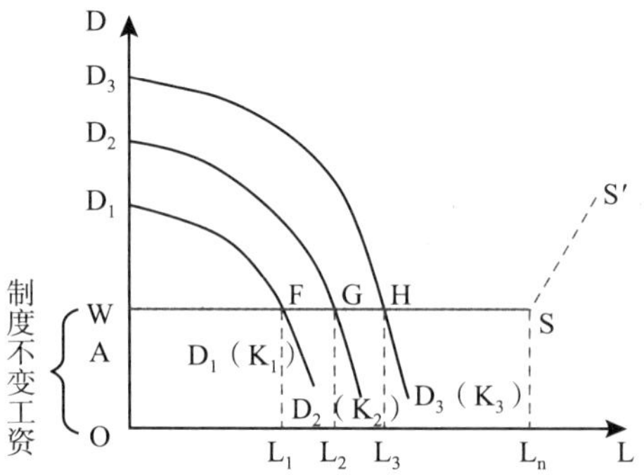

图 1 刘易斯模型

刘易斯只描述了现代工业部门的扩张过程,没有描述农业部门的发展。拉尼斯和费(1961;1964)对此做了理论上的发展。他们接受了刘易斯认为"一旦劳动供给曲线由水平变为上升,无限的劳动供给就终止了"的观点,但他们认为只有在农业生产率提高,劳动力转移速度高于人口增长速度时,这个转折点才能到达。他们指出,多数发展中国家农业部门的土地不是归直接耕种土地的人占有,而是归地主占有。农业部门的收入分配是由一系列环境和制度因素所决定的,这些因素包括土地耕种制度、大家族结构、农业社会中共同体对个人生存负有责任的一致性认识等。总之,道德、传统和社会关系等非经济因素对不发达国家农业部门中的收入分配起着决定性的支配作用。因此,地主付给佃农的是一个由制度因素决定的不变工资(Institutionally Determined Real Wage),它相当于维持生存所需要的最低费用,与农业劳动的平均劳动生产率接近。拉尼斯和费(1961;1964)指出,只要农业部门存在着剩余劳动,他们的边际生产率低于平均水平,那么,假定农业劳动力获得的收入等于或接近平均劳动生产率就是合理的,因为如果有人低于这个收入水平,他就不能生存下去。拉尼斯和费(1961;1964)把这个收入水平称为"不变制度工资"(Constant Institutional Wage)。

拉尼斯—费模型也可以用图形进行描述(见图 2 和图 3)。在图 2 中,原点位于右上角。横轴 OA 从右向左度量农业劳动力,纵轴 OB 从上至下度量农业总产出,ORCX 代表农业部门总物质生产率或总产出曲线。这条曲线被假定由两部分组成:上凹的 ORC,它表示随着农业劳动力的增加,边际生产率递减;水平的 XC,它表示劳动边际产品等于零。从图中可以看到,AD 数量的农业劳动力不生产任何农产品,从农业总劳动人口中撤出来,总产量一点也不减少。拉尼斯和费把这部分不生产农产品的劳动人口叫作多余劳动力(Redundant Labor Force)。

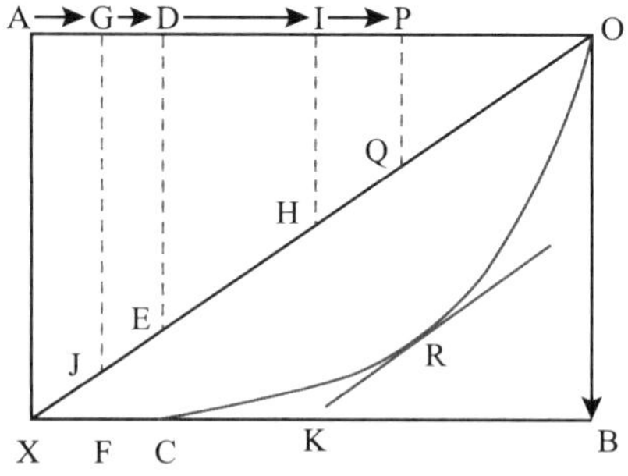

图 2 拉尼斯—费模型农业部门总产出

假设一个国家一个时期的总人口为 OA,并假设初期没有工业部门,全部人口都在农业部门就业,还假设全部农产品由农业劳动人口消费。于是,农业劳动者的平均收入等于 AX/OA,即 OX 线的斜率所示。拉尼斯和费指出,只要农业部门存在剩余劳动力,他们的边际生产率低于平均收入,那么,假定农业劳动力获得的收入等于平均产品是合理的。不变工资由 OX 斜率表示,它等于农业人口的平均收入。在总产品曲线上,R 点表示农业劳动边际生产率等于不变制度工资,即 R 点的切线与 OX 平行。拉尼斯和费把这一点以后的农业劳动力 AP 定义为伪装失业者或隐蔽的失业者(Disguised Unemployed),因为他们的边际生产率低于他们获得的不变制度工资(谭崇台,2000;叶静怡,2003)。

在图 3 中,原点在右下方,横轴 OA 从右至左度量农业劳动力,纵轴 AN 从下至上度量农业平均产品和边际产品。VUDA 表示农业部门的劳动边际生产率曲线,它由两部分组成,负斜率部分 VUD 和水平部分 DA,它与图 2 中总生产率曲线是一致的。当农业劳动力增加到 D 点后,劳动边际生产率等于零,而总产品保持不变。SU' 为不变制度工资线,它与横轴的距离等于图 2 中 OX 的斜率,即农业平均产品。拉尼斯—费模型的制度不变工资与刘易斯(Lewis)模型存在的不同之处,是增加了对"农业剩余"的考虑,因为它对工业部门扩张和劳动力转移具有决定性意义,影响工业部门的工资水平。如果农业剩余不能满足工业部门扩张对农产品日益扩大的需求，劳动力转移就会受到阻碍。在第一阶段，由于平均农业剩余等于制度不变工资，因此农村多余的劳动力转移到工业部门，不会产生粮食短缺问题，从而不会影响工业部门现行工资水平。第二阶段，平均农业剩余就低于制度工资，结果粮价上升，工资上涨，因此劳动供给曲线是上升的。而最后当进入第三阶段，伪装失业者消失标志着经济进入商业化阶段，此时，两个部门的工资水平都由市场原则决定，即等于劳动边际生产率（谭崇台，1999；叶静怡，2003；张培刚，2009）。

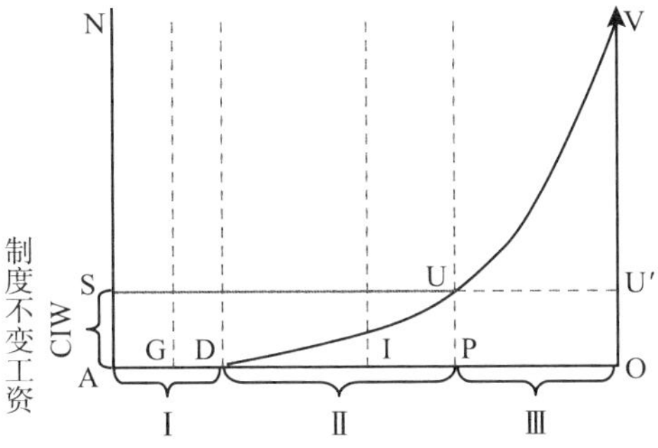

图 3　拉尼斯—费（Ranis and Fei）模型
农业部门劳动边际生产率

制度不变工资模型为研究经济发展提供了一个基准。乔根森（Jorgenson，D. W.，1961；1967）创立了一个新的二元经济发展模式，它不建立在剩余劳动与不变工资假定上。它不承认农业有边际生产率等于零的剩余劳动存在，也不认为农业与工业的工资水平是固定不变的（而是取决于资本积累率和技术进步率），因此他的模式属于新古典经济学。在乔根森的模型中，工资率增长率取决于工业技术进步率。如果没有技术进步，那么工人的实际工资就是不变的；但当工业技术进步存在时，工人的实际工资就是上升的，技术进步越大，实际工资上升越高。此外，工资率增长率还取决于资本积累率。他认为，工业部门的工资水平不是固定的，而是不断上升的。这显然是对刘易斯—拉尼斯—费模型（Lewis-Ranis-Fei Model）不变工资假定的否定。他还认为，农业工资也不是固定的。为了引诱农业劳动者转移到工业部门，工业工资必须高于农业工资。但他假定这个工资差异在比率上是固定的。这样，由于工业工资是上升的，农业工资也将按同一比例上升。

20 世纪 60 年代末 70 年代初，托达罗（Michael P. Todaro，1969；1970）发表了一系列论文，阐述了他的人口流动模式。这个模式是建立在发展中国家普遍存在失业这一事实基础上的。在他的模型中，城乡实际收入差异是决定人口流动的重要因素。城市工资水平远不是市场力量决定的，而是由政府的最低工资法和工会垄断这些外在力量决定的。这些由政治因素决定的工资水平远远高于农业平均收入，一般高 2 ~ 3 倍。显然，托达罗和乔根森一样，均否定了刘易斯—拉尼斯—费（Lewis-Ranis-Fei Model）模型中制度不变工资的假设（叶静怡，2003）。

参考文献：

谭崇台：《发展经济学》，山西经济出版社 2000 年版。

叶静怡：《发展经济学》，北京大学出版社 2003 年版。

张培刚：《发展经济学》，北京大学出版社 2009 年版。

Fei，C. H. and Ranis G.，A Theory of Economic Development，*American Economic Review*，Vol. 51，No. 4，1961.

Fei，C. H and Ranis，G.，*Development of the Labor Surplus Economy：Theory and Policy*，Homewood，Illinois：Richard A. Irvin，Inc.，1964.

Harris John R. and Todaro Michael P.，Migration，Unemployment and Development：A Two-Sector Analysis，*The American Economic Review*，Vol. 60，No. 1，1970.

Jorgenson，Dale. W.，The Development of a Dual Economy，*Economic Journal* Vol. 71，No. 282，1961.

Jorgenson，Dale. W.，Surplus Agricultural Labor and the Development of a Dual Economy，*Oxford Economic Papers*，New Series，Vol. 19，No. 3，1967.

Lewis，Arthur W.，Economic Development with Unlimited Supplies of Labor，*The Manchester School*，Vol. 22，No. 2，1954.

Lewis，Arthur W.，*The Theory of Economic Growth*，Homewood，IL，Richard D. Irwin，1955.

Lewis，Arthur W.，Unlimited Labor：Further Notes，*The Manchester School of Economic and Social Studies*，Vol. 26，No. 1，1958.

Malthus，Thomas，*An Essay on the Principle of Population*，J. Johnson，London，1798.

Richardian，David，*On the Principles of Political Economy and Taxation*，John Murray London，1817.

Todaro Michael P.，A Model of Labor Migration and Urban Unemployment in Less Developed Countries，*American Economic Review*，Vol. 59，No. 1，1969.

（汗伟）

乔根森模型
Jogenson Model

1967 年戴尔·乔根森（D. W. Jogenson）在《过剩农业劳动力和二元经济发展》的一文中，运用新古典主义的分析方法提出了一个新的理论，这个理论被称作乔根森模型。乔根森在该文章中所用到的分析方法和理论观点与刘易斯等人不同，乔根森在一个新古典主义的框架内讨论了工业部门的增长是如何建立在农业部门发展的基础之上的。该理论认为，农村剩余劳动力转移的前提条件是农业剩余，因此，该模型有时也被称为农业生产剩余模型。

乔根森认为农业剩余的产生是农村剩余劳动力向外转移的前提条件。当不存在农业剩余时，也就不存在农村剩余劳动力的转移。只有当农业剩余大于零时，才有可能会产生农村剩余劳动力的转移。在农业剩余存在的基础上，乔根森又提出了农业总产出与人口增长一致的假设。只有在这个条件下，随着农业技术的不断进步，农业剩余才会不断地增加，由此导致更多的农村剩余劳动力向工业部门转移。从这一点上说，农业剩余的多少，将决定工业部门的发展状况和农村剩余劳动力转移的多少。

乔根森指出，工业部门的工资等于边际生产率，而农业部门的工资等于劳动的平均产品，此时劳动力可以在农业部门和工业部门之间自由流动。农业是经济发展的基础，工业的发展则取决于农业的剩余和人口的规模。农业的剩余规模越大，劳动力由农业部门向工业部门转移规模也越大，并且两者同比例增长。

乔根森模型的假设分别是两部门假设、农业生产函数假设、工业生产函数假设及增长假设。与此前刘易斯模型的假设一致，该模型将发展中国家分为农业部门和工业部门，并且二者之间存在生产效率和收入水平上的差距。在农业生产函数上，乔根森把农业生产的资本积累假设为零，将与农业生产相关的土地资源数量设为固定，并假定农业生产函数关于劳动力递减。乔根森假定农业和工业的生产总量分别随着时间的推进而增长。

乔根森认为人口峰值增长率与农业生产增长率之间的关系决定国民经济的变动状况。人口的增长决定于农业生产的所提供的粮食是否充足。当粮食供应充足时，人口的数量便会增长到峰值，如果此时农业生产的增长率大于人口的增长率，那么农业生产会有剩余，由此从事农业生产的劳动力同样出现剩余，那些农业剩余劳动力会从农村向城市的工业部门转移。工业生产将随之扩张，国民收入的整体水平会逐步提高。而当粮食供给不足时，人口自然增长会低于人口峰值的水平，此时全体劳动力必须全部从事农业生产劳动，故不存在农业劳动力的剩余，也就不存在剩余生产力转移的状况。城市工业部门不存在发展的可能，整个国家的经济陷于“低收入水平陷阱”中。

乔根森的模型与刘易斯模型及拉尼斯—费模型相比，有如下不同：

首先，刘易斯模型和拉尼斯—费模型均是用古典主义的分析方法，并在结合剩余劳动力学说的基础上创立的理论。而乔根森模型则是在新古典主义的分析方法和农业剩余的基础上创立的理论，农业生产的剩余是决定国民经济发展的决定性因素。只有农业发展了，农业部门才有可能向工业部门提供追加劳动力。工业发展不是由资本规模的大小决定，而是由有没有农业剩余决定的。其次，按照刘易斯等人的理论，在全部剩余劳动力转移到工业部门之前，工资率是由农业的人均收入水平决定的，且是固定不变的。而乔根森则认为工资率是随着资本的积累和技术的进步提高的。再次，刘易斯模型和拉尼斯—费模型认为农村剩余劳动力从农业部门向工业部门转移会提高整个国民经济的生产率，从而促进经济的发展。而乔根森模型认为，农村剩余劳动力向工业部门转移是人们消费结果变化的结果。最后，乔根森在马尔萨斯人口论的基础上，认为人口增长是由经济增长决定的，认为经济增长决定人口增长，当人口增长达到峰值时，经济仍会继续增长，乃至超过人口的增长。

乔根森否定了已有的刘易斯等人的理论中剩余劳动假说和固定工资的观点。

按照乔根森模型，发展中国家更应注重农业部门的发展和生产技术的创新，与此同时，市场的经济机制和农业剩余劳动力的转移也要给予足够的重视，以免发展中国家陷入低水平收入陷阱。但该模型忽视了农业资本积累的必要性，同时由于该模型坚持的马尔萨斯人口论，将失业与贫穷归咎于人口的过快增长，并不完全符合发展中国家的实际情况。

参考文献：

D. W. Jogenson, Surplus Agricultural Labour and the Development of a Dual Economy, *Oxford Economic Papers*, New series, Vol. 19, No. 3, 1967.

（缪德刚）

托达罗模型
Todaro Model

20 世纪 60 年代末 70 年代初，迈克尔・P. 托达罗(Michael P. Todaro)针对发展中国家的城市失业问题指出，虽然农业的边际生产率为正，农村的劳动力没有剩余，而且城市之中也存在相当水平的失业，但城乡之间的人口流动不仅存在，而且还呈现了加速的趋势。因此，他认为建立在充分就业基础上的已有的人口流动模型未能对这一现象做出令人信服的经济解释。托达罗模型正是试图对这一现象进行解释的产物。

托达罗模型三个基本假说：第一，人口的迁移决策取决于预期而非现实的城乡工资差异，差异越大，流入城市的人口就越多，用模型表示为：M = f(d) f'rime > 0 (M 表示从农村迁入城市的人口数目，d 表示城乡预期收入的差异，f^{p}rime >0 表示人口流动是预期收入差异的增函数)。第二，促进人口流动的基本经济力量来自于相对收益和成本的理性考虑。农业部门预期收入等于未来某年的实际收入，工业部门预期收入等于未来某年的语气实际收入与城镇就业概率的乘积。城市预期收入差异为：$d = w \cdot \pi - r$（w 表示城市实际工资率，π 表示就业概率，r 表示农村实际收入）。第三，城市的就业机会的概率与城市的就业率成正比，与城市的失业率成反比。即城市就业率越高，乡村流动人口在城市找到工作的可能性就越大；同理，若城市就业率越低，乡村流动人口在城市找到工作的可能性就越小。$\frac{N\gamma}{S-N}$，其中 $\gamma = \lambda - \rho$（γ 表示现代部门工作的创造率，N 表示现代部门总就业人数，S 表示城市地区总劳动力规模，λ 表示工业产出增长率，ρ 表示劳动生产率增长率）。

托达罗模型成立的条件之一是整个经济分为生产农产品的农业部门和生产制成品的城市部门。农业部门可以用全部劳动力生产农产品，然后用一部分农产品向城市部门交换一部分制成品，也可出口一部分劳动力到城市部门就业从而获得制成品。其二，农业部门的边际生产力为正，这意味着人口流动给社会带来的成本并不像刘易斯模型中假设的那样为零，而是为正。其三，城市最低工资水平由制度外生决定（即制度工资），且高于市场出清水平——这一假设在托达罗模型中具有至关重要的作用。其四，就业概率为城市已就业劳动力与城市劳动力供给总量的比值。其五，只要城市边际期望收入超过乡村收入，城乡人口流动就不会停止。其六，在农业部门中，雇主支付的工资等于最后一个雇用劳动力的边际产品价值；在城市部门中，由于工资由制度外生决定，雇主将使其雇用的最后一个劳动力的边际产品价值等于该制度工资。最后，农产品的价格由两部门的相对产量决定，即哪个部门的产品相对越少，其产品的相对价格就越高。

托达罗认为，农村人口进入城市尽管不会在城市找到工作，但是如果他待在城市的时间越长，那么获得工作的机会就越大。托达罗用如下形式来表示迁移者的时间偏好：$V(0)\int_{v}^{n}[\rho(t)Yu(t) - Y_t(t)]e^{-\pi}dt - C(0)$，其中 C(0) 表示迁移的成本，$\rho(t)$ 表示迁移者在 t 期中获得现代工业部门工作的概率。按照托达罗的观点，人口由农村流向城市的规模是城乡收入差异贴现净值的函数，这个函数为：$M = f[V(0)]$ f^{p}rime >0。如果 $V(0) > 0$，则迁移者愿意流入城市，城市净流入的人口就会增加；如果 $V(0) < 0$，则迁移者不愿意流向城市，甚至会从城市倒流入农村。

托达罗模型是针对城市失业问题提出的，因此，它将失业的存在作为分析的出发点。他认为，发展中国家城市移民人数的增加主要是由于城乡预期收入差异扩大的结果。城市的就业机会越多，城乡预期收入差异越大，迁移到城市的人口就越多，那么城市的失业率就会越高，所以城市中新的就业岗位的创立无助于解决城市中的失业问题。

根据这个模型，托达罗认为：首先，应该城市和农村相等的就业机会，如果过于注重城市发展，就会使得城市工资水平增长过快，从而进一步拉大城乡收入差距。这样不仅会引起人口大规模流动，同样也不利于解决城市失业问题，而且可能造成农忙季节农村劳动力的不足，影响农业生产。发展中国家应当控制人口从农村向城市流动，这对于解决城市失业问题，促进城市经济和社会稳定发展，以及保证农业生产有足够的劳动力具有重要的意义。其次，工业的扩张不能解决发展中国家城市的失业问题。依靠工业扩张，增加城市就业率，会提高就业概率，从而提高城市中工资的期望水平，诱发人口流动。当新增加的就业岗位不及新流入的人口多时，最终只能引起城市失业的增加。因此，城市现代部门扩张得越快，就业创造得越多，失业水平反而会越高。最后，托达罗模型同样说明了制定适合特定国家和地区社会经济和环境要求的农村发展计划的重要性。通过制定一体化农村发展规划，把对城乡人口流动的不必要的经济刺激降低到最低限度。重点应放在促进农业和非农业收入的增加、就业的扩张、农村医疗服务的提供、教育的改善和基础设施的发展等方面。

托达罗模型是有缺陷的，这首先体现在该模型假定流入城市的农村劳动者即使找不到工作也会待在城市，这个假定很难符合实际。流入城市的农村劳动力在城市如果找不着工作的话，一般都会返回农村，或者赚到一些钱后，又返回到农村。其次，该模型假定发展中国家的农村不存在剩余劳动力，认为农业劳动的边际生产力始终是正数，而没有考虑到农村的剩余劳动力供给不断增加的事实。最后，该模型没有考虑到服务业对劳动力的巨大需求。

参考文献：

Michael P. Todaro, A Model of Labor Migration and Urban Unemployment in Less Development Countries, *American Economic Review*, Vol. 59, No. 1, 1969.

John R. Harris and Michael P. Todaro, Migration, Unemployment and Development: A Two-Sector Analysis, *American Economic Review*, Vol. 60, No. 1, 1970.

（缪德刚）

就业概率
Employment Probability

在刘易斯（Lewis，1954）、拉尼斯和费（Ranis and Fei，1961；1964）、乔根森（Jorgenson，1961）的经济发展模型中，只要城市工业部门的一般工资水平高于传统农业部门的工资水平一个适当的比例，农民就愿意迁移到城市就业，在城市中有足够的工作岗位，农民迁移到城市后也不存在失业问题。也就说刘易斯（Lewis）等人的人口流动模型都把城市充分就业作为分析的假设前提，影响人口流动与迁移的唯一因素是城乡实际收入差距。在这样的假设前提下，就业概率并不作为人口流动的一个因素。但20世纪60年代末，许多发展中国家（如巴西、墨西哥、印度等）出现了严重的城市失业、贫民窟等现象（Hoseltize，1953）。大批的劳动力在城市中找不到工作，但与此同时却伴随着越来越多的农民不断从农村流向城市。这些事实，使得刘易斯等人的传统人口流动模型对此无法做出解释。美国经济学家托达罗（Michael P. Todaro）对这种现象进行了研究，并于1969年发表《欠发达国家的劳动力迁移模式和城市失业问题》一文中阐述了他对当时城市失业与乡村人口向城市涌入两者并存现象的看法。在这篇论文中，托达罗构造了一个模型（Todaro Model）来分析工业部门的扩张、生产率增长、城乡收入差距以及劳动力转移的规模和速度之间的关系，并提出了解决城市失业问题的政策建议。托达罗特别强调农村劳动力在城市的就业概率的大小是影响农村劳动力转移的关键因素。

托达罗（1969）认为，尽管城市存在失业，但迁移者做出向城市迁移的决策仍然是合乎情理的，因为迁移者考虑的是将就业概率计算在内的一定时期城乡预期收入的差距，而不是城乡实际收入的差距。只要城市一定时期的预期收入（城市所得报酬减去迁移费用）大于农村平均收入，农村劳动力向城市迁移就是合乎理性的；只有当城市失业率很高以致城市预期收入小于农村平均收入时，向城市迁移才是非理性决策，就业概率就此提出。

与传统的劳动力转移模型相比，托达罗以发展中国家普遍存在的过度城市化与城市失业现象为背景，对原有的人口转移模型进行了大量修正与补充，托达罗模型证明了在发展中国家中，超过就业机会增长速度的劳动力转移不仅是可能的、而且是合理的。这种超过城市发展速度的劳动力迁移，导致了发展中国家普遍出现城市失业与过度城市化并存的现象。

托达罗（1969）指出，在工业化初期由于城市实际收入高于农村实际收入、城市就业岗位增加率大于城市劳动力自然增长率，所以会吸引大量的农村劳动力进入。但是随着农村劳动力的转移，城市总劳动力的增长率将超过就业岗位的增长率，从而导致农村劳动力在城市的就业概率的下降。最终由城乡真实收入差距、城市劳动力自然增长率和就业岗位增长率决定的城市失业率将达到一个均衡值。经过分析，托达罗发现城市失业率随着就业岗位的增长率的增加而减小，随着城乡收入差距的扩大而扩大。因此，在城乡收入差距既定的条件下，城乡期望收入差距的大小取决于城市就业概率。为了赋予城市就业概率某种经济意义，托达罗将之定义为：

$$\pi(t)=\frac{\gamma N(t)}{S(t)-N(t)}$$

其中，r为城市现代部门工作创造率，N为城市现代部门总就业人数，则r·N为一个国家城市现代部门新创造的就业机会；S为城市地区总劳动力规模，则（S－N）为城市地区总失业规模。

哈里斯和托达罗（Harris and Todaro，1970）在《美国经济评论》上发表了“人口流动、失业和发展：两部门分析”一文，提出了“哈里斯—托达罗模型”，发展了托达罗模型。该模型的主要思想是城市的正规部门支付工人很高的工资，这种高工资带来了人口的流动和城市的失业。假设劳动力可以自由流动，那么在收入差异的引诱下，将会出现从农村到城市的人口流动。但是由于就业人数的限制等原因，不能保证每一个进入城市的劳动力都会被雇佣。这样，对农民流动来讲，存在不确定性。在这个模型中就业概率则是用工业部门就业量 L_M 与城市总劳动力 L_{us} 之比来表示。

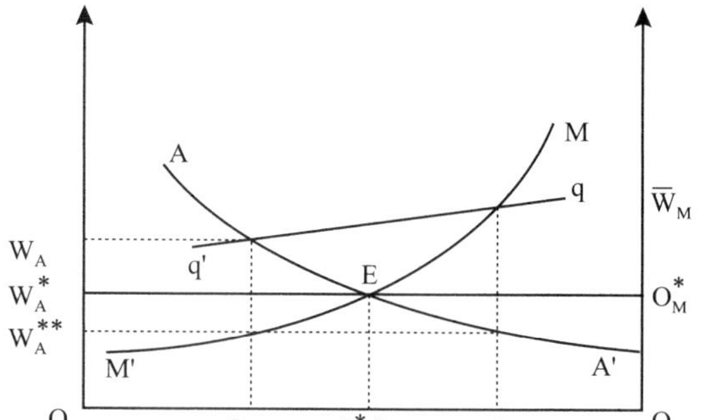

图1 哈里斯—托达罗模型中的就业概率

图1中，托达罗采用了两部门法，即农业部门和工业部门。图形的左侧的纵横表示农业的工资率，右侧的纵横表示了工业的工资率。横轴的 O_AO_M 代表总的劳动力，曲线AA′是农业部门的边际产出线，同时也是农业部门的劳动需求线，曲线MM′表示工业部门的劳动需求线。托达罗假设市场为新古典市场，具有灵活工资并且充分就业。在这样的条件下，均衡的工资水平为 $\overline{W}_A^*=\overline{W}_M^*$。这时，农业部门的劳动力为 $O_AL_A^*$，工

业部门的劳动力为 $O_M L_M^*$，劳动力得到充分利用。

现假设城市工资水平为 $\overline{W}_M$，$\overline{W}_M > W_M^*$，则城市部门可吸纳的就业人数为 OMLM，如果不存在失业，则 OALM 数量的劳动力会留在农业部门。此时，农业部门工资为 W_A^{**}，$\overline{W}_A^{**} < W_A^*$。由于 $\overline{W}_M = W_A^*$，$W_A^* > W_A^{**}$，所以 $\overline{W}_A > W_A^{**}$，城市存在收入差异。如果劳动力可以自由流动，则在收入差异的引诱下，将会出现乡城人口流动。但由于就业人数有限，这就意味着不是每一个涌入城市的劳动力都会被雇佣。这样对于农民流动来讲，存在不确定性。就业概率在这里用工业部门就业量 Lm 与城市总劳动力 Lus 之比来表示，则有：

$$W_A = \frac{L_M}{L_{US}}(\overline{W}_M)$$

这是农民迁移决策的边际条件，WA 表示农民的农业工资收入，而 $\frac{L_M}{L_{US}} = (\overline{W}_M)$ 表示农民预期的城市部门工作的收入。当 $\frac{L_M}{L_{US}} = (\overline{W}_M) > W$ 时，农民才会迁移。当 $\frac{L_M}{L_{US}} = (\overline{W}_M) = W_A$ 时，农民的选择无差异。图中 qq′表示了这种无差异关系，此时新的失业均衡点为 E 点，在这一点，城乡实际收入差异为 $-W_A$。$O_A L_A$ 在农业部门就业，$O_M L_M$ 在工业部门就业，其余的劳动力要么失业，要么在城市传统部门就业。

上述模型揭示了城市现代部门的就业概率在劳动力转移中的重要作用：(1)城乡预期收入是决定劳动力迁移的关键变量，而在现代部门的就业概率又是影响城乡预期收入差异的主要因素之一；(2)现代部门的就业概率取决于城市现代部门的新就业岗位的数量，就业概率的大小(或找到工作岗位的难度)能够自动调整劳动力的迁移决策；(3)当城乡收入出现巨大差异时，就业概率对农村劳动力迁移决策行为的作用会减弱、人口迁移的速度会超过城市现代部门的就业创造率，从而出现严重的城市失业(张培刚，2009)。这些都对当今发展中国家制定合理的城乡发展战略以及如果解决劳动力转移过程的城市失业问题具有重要的政策意义。

托达罗模型虽然给出了农村转移劳动力在城市的就业概率，但他认为从农村转移到城市的人具有相同的就业概率，显然这是不符合实际情况的。托达罗模型假定流入城市的劳动者必定在城市里寻找工作，如果找不到工作，他们就宁愿在城市里的传统部门做些临时性工作或者完全闲置。但实际上，由于城市失业率太高，有些在城市里找不到工作的移民，将会丧失找工作的信心，从而回流农村。此外，有些迁移者是临时性的城市工人，一旦他们在城市里有了一定的资金积累，他们也可能返回农村，把他们打工所得收入用于农业投资(Zhao，1999，2002)，从而会对就业概率的计算上造成偏差。在学者们的进一步研究中(Fields，1974；Barnum and Sabot，1975a，b；Todaro，1976a，b；Gupta，1993)，就业概率在现实中的运用逐渐得到重视。如费尔茨(Fields，1974)认为，托达罗模型中没有考虑农村劳动力在城市正规部门寻找工作的概率问题。由于非正规部门劳动力获得正规部门就业机会的相对概率较低，流入城市的农村劳动力大多数只能滞留于非正规部门。他们之所以能够接受较低的工资水平，主要在于他们预期能够从得到的城市正规部门工作机会中获得补偿。在托达罗模型基础上，费尔茨(1974)引入了搜寻工作机会的观点，一方面强调了城市制度工资和相对就业概率对迁移过程的影响，另一方面也指出，非正式部门大量不充分就业的劳动力保证了劳动力市场实现均衡时的失业率低于托达罗模型得出的估计。非正式部门大量不充分就业的劳动力存在，在一定程度上缓解了城市的失业问题。巴纳姆和萨博(Barnum and Sabot，1975a，b)则发现教育可以提高农村劳动力在城市部门的就业概率。托达罗(1976a，b)，古普塔(Gupta，1993)等后续的大量研究通过实证研究证实了城市部门就业概率对发展中国家劳动力流动的影响。

参考文献：

张培刚：《发展经济学教程》，经济科学出版社 2001 年版。

Barnum H. N. and Sabot, R. H. , Education, Employment Probabilities and Rural-Urban Migration in Tanzania, Paper Presented at 1975 World Congress Econometric Society, Toronto, August, 1975.

Barnum H. N. and Sabot, R. H. , Migration, Education and Urban Surplus Labour, OECD Development Center Employment Series, Paris, 1975.

Fei, C. H. and Ranis G. , A Theory of Economic Development, *American Economic Review*, Vol. 51, No. 4, 1961.

Fei, C. H. and Ranis, G. , *Development of the Labor Surplus Economy: Theory and Policy*, Homewood, Illinois: Richard A. Irvin, Inc. , 1964.

Fields, G. S. , Rural-urban Migration, Urban Unemployment and Under Employment, and Job-Search Activity in LDCs, *Journal of Development Economics*, Vol. 2, No. 2, 1974.

Granovetter, M. , Economic Action and Social Structures, *American Journal of Sociology*, Vol. 91, 1985.

Gupta, Manash Ranjan, Rural-Urban Migation, Informal Sector and Development Policies: A Theoretical Analysis, No. 1, 1993.

Harris John R. and Todaro Michael P. , Migration, Unemployment and Development: A Two-Sector Analysis, *The American Economic Review*, Vol. 60, No. 1, 1970.

Hoseltize B. F. , The Role of Cities in the Economic Growth of Underdeveloped Countries, *Journal of Political Economy*, Vol. 61, 1953.

Jorgenson, Dale. W. , Surplus Agricultural Labor and the Development of a Dual Economy, *Oxford Economic Papers*. New Series, Vol. 19, No. 3, 1967.

Lewis, Arthur W. , Economic Development with Unlimited Supplies of Labor, *The Manchester School*, Vol. 22, No. 2, 1954.

Todaro, M. P. , A Model of Labor Migration and Urban Unemployment in Less Developed Countries, *American Economic Review*, Vol. 59, No. 4, 1969.

Todaro, M. P. , Urban Job Expansion, Induced Migration and Rising Unemployment: A Formulation and Simplified Empirical Test for LDCs, *Journal of Development Economics*, Vol. 3, No. 3, 1976.

Todaro, M. P. , Rural-Urbanmigration, Unemployment and Job Probabilities: Recent Theoretical and Empirical Research, A. J. Coale (Ed.), Economic Factors in Population Growth, Macmillan, London, 1976.

Zhao, Yaohui, Labor Migration and Earnings Differences: The Case of Rural China, *Economic Development and Cultural Change*, Vol. 47, No. 4, 1999.

Zhao, Yaohui, Causes and Consequences of Return Migration: Recent Evidence from China, *Journal of Comparative Economics*, Vol. 30, No. 2, 2002.

（汪伟）

城市化
Urbanization

城市化是在由农业社会向工业社会的转变中，伴随工业化而出现的一个必然的历史发展过程，是当代世界各国经济社会发展的主要趋势之一。城市化水平的高低是衡量一个国家社会经济进步状况的重要标志。从经济学的角度来概括城市化的一般意义，是伴随工业化的发展和生产力的进步，农村分散的人口、劳动力和非农业经济活动不断在空间中集聚，并进而转化为新型的城市经济要素以及已有城镇通过集聚和扩散作用带动周边地域向非农城市经济形态转变的过程。由于城市扩张作为一个不稳定、不均匀的过程，所以城市化的过程还伴随着城市文明、生产方式和生活方式向农村传播和扩散，居民消费水平以及人的整体素质不断提高的过程。与此同时，由于更多数量、更稳定的农业食物供应使得更大量、更高密度的人口永久定居在一个地方成为可能，所以这种由城市化带来的人口增长也促进了农业村庄的繁荣。

对于城市化这一现象，不同的学科和流派都运用自己的分析范式给予了理论解释，相关的学科涉及经济学、（经济）地理学和社会学等。

在经济学领域中，发展经济学的学者从城乡人口迁移的角度建立了若干模型，将城市化视为一种伴随城乡人口转移的结构转变（包括就业结构和经济结构）过程。发展经济学的观点认为，城市化源于"拉"与"推"两方面的力量。威廉姆森（Williamson，1988）指出，城市经济的力量将农村劳动力拉进城市。同时，人口的快速增长导致农地的相对稀缺，将缺地的劳动力推向城市。

刘易斯（Lewis）最早提出了一个劳动力无限供给的二元经济模型。他把发展中国家工业化过程中的经济结构概括为传统农业部门与现代工业部门。传统农业部门中存在着大量低收入的劳动力，致使劳动力供给呈现完全弹性的特征，工业部门只需支付与传统农业部门维持生存相应的工资。通过补充和修正刘易斯的二元经济模型，费和拉尼斯（Fei and Ranis）考虑到了人口增长的因素，在假设工农业两个部门平衡增长的基础上，完善了农业剩余劳动力转移的二元经济发展论，形成了古典经济学的刘易斯—费—拉尼斯（Lewis-Fie-Ranis）二元经济模型。乔根森（Jorgenson）对刘易斯二元结构模型的假设条件提出了质疑，认为传统农业部门中不可能存在边际生产率为零的剩余劳动力，并且农业和工业的工资水平也不可能固定不变，他认为农业剩余劳动力向非农业部门流动和转移的根本原因在于消费结构的变化，是消费需求拉动的结果。托达罗模型则指出农村劳动力向城市的迁移量取决于城乡工资差距、城市失业率及潜在的移民对机会的响应程度（Todaro，1969；Harris and Todaro，1970）。

与二元经济理论关注城市化的结构转变效应不同，经济增长理论注重于解释人口和经济活动不断向城市聚集的动态过程，以及由此对经济的可持续增长产生的影响。布莱克和亨德森（Black and Henderson，1999）在新经济增长理论的基础上，认为知识外溢性引起的经济活动在空间上的聚集，以及空间聚集对加速实现人力资本积累的作用，分别阐释的恰恰是经济增长如何影响城市化方式和城市化如何促进经济增长的效率的问题。对后一个问题的关注，弥补了传统的二元经济模型不能回答为什么并不是所有的人都可以从农村迁移到城市的问题。卢卡斯（Lucas，2002）用人力资本理论构建了一个在无限增长的经济里劳动力从传统的土地技术密集型部门向人力资本密集型部门转移的城乡二元模型，并对第二次世界大战以后的低收入国家城乡移民进行了的理论研究，强调了城市对移民积累现代产业新技能的重要性。

通过研究城市化和经济增长的相互关系，经济学家发现城市在知识和技术创新、人力资本积累以及劳动分工等经济增长因素的作用发挥中，扮演着重要的角色。因此，对于城市化问题的研究，成为洞察经济增长源泉的可行思路。相关的文献，重点从收益递增的角度，剖析了城市化的要素与产业聚集机制。不同的学派围绕城市化过程中生产者与消费者之间的互动关系，对城市化的形成机理给出了不同的阐释。杨小凯教授(1998)认为，城市化是人们为了节约交易费用以获取完全分工利益而自发演进的结果。这种观点与研究城市社会的美国“芝加哥学派”的关于“城市不只是地理学或生态学上的一个单位，它同时还是一个经济单位”的观点不谋而合。以克鲁格曼的经济地理学家则认为，基于更多消费者的城市人口聚集与基于更多品类产品的城市生产活动之间通过建立相互促进的前向与后向联系，形成了城市存在和扩张的经济聚集效应。

在宏观层面上，城市地理学将城市化视为一个引发复杂结果的过程，认为城市化反映的内容远远超出了城市和乡镇居住、工作人口数量的增加。美国学者保罗·诺克斯斯和琳达·迈克卡西(2009)认为，城市化是被一系列紧密联系的变化过程所推动和引起的，包括经济、人口、政治、文化、科技、环境、社会、地方性及历史性的偶然因素等多方面的内容。其中，经济的变化作为推动和塑造城市化的核心动力，与其他方面的内容存在着相互依赖的复杂关系。

地理学视角对于城市化的研究，主要是沿着经济发展的时空变化序列来进行的。从时间角度看，认为城市化的特征和动力与整个资本主义发展相类似，受到长波经济发展速率的膨胀或紧缩的周期性的巨大影响。有两类节律对城市的变化产生影响。第一类，技术体系为国民经济演变同时也为城市化的节奏和特征提供模式和方向，所引起的波动被称为康德拉季耶夫周期(Kondratiev Cycle)。第二类，是随着经济增长率变化而改变的规则周期——库兹涅茨周期(Kuznets Cycle)。现代城市地理学的奠基人之一贝里(Brian Berry)认为，康德拉季耶夫周期和库兹涅茨周期之间存在着显著的联系，意味着基础设施的投资和城市建设这两种库兹涅茨周期是嵌入到康德拉季耶夫周期中的；在空间角度上，城市地理学认为，各城市间经济和社会越来越依赖于全球范围内构建的复杂作用关系。对任何城市而言，它都根据其在生产、贸易和消费体系中所扮演的角色而相应地参与到全球化进程中去(保罗·诺克斯斯和琳达·迈克卡西，2009)。皮扎罗等(Pizarro et al.，2003)指出，跨国资本、人口、信息、文化自由流动的政治和自然障碍的移除对第三世界城市有影响，主要表现在第三世界城市的空间结构、城市形态和城市化上。经过三十多年的改革开放，通过融入国际分工体系，当代中国的城市化也已经和仍将受到全球化经由产业结构、贸易方式和消费水平而产生的综合影响。这是中国与发达国家曾经走过的城市化道路所不同的重要方面。

参考文献：

[美]保罗·诺克斯斯、琳达·迈克卡西：《城市化》，科学出版社 2009 年版。

杨小凯：《经济学原理》，中国社会科学出版社 1998 年版。

成德宁：《城市化与经济发展——理论、模式与政策》，科学出版社 2004 年版。

Black，D. and J. V. Henderson，A Theory of Urban Growth，*Journal of Political Economy*，107(2)：252-284，1999.

Brian J. L. Berry, City Size Distributions and Economic Development, *Economic Development and Cultural Change*，Vol. 9，No. 4，Part1，Jul. ，1961.

Harris John R. and Michael P. Todaro，Migration，Unemployment and Development：A Two-Sector Analysis，*American Economic Review*，1970.

Lucas Robert E. ，Life Earnings and Rural-Urban Migration，Working Paper，2002.

Pizarro R. E，Wei Liang，Banerjee T. Agencies of Globalization and Third World Urban Form：A Review，*Journal of Planning Literature*，2003，18(2)：111.

Todaro，Michael，A Model of Labor Migration and Urban Unemployment in Less Developed Countries，*American Economic Review*，1969.

Williamson Jeffrey G. ，Migration and Urbanization，*Handbook of Development Economics*，Vol. I，Edited by H. Chennery and T. N. Srinivasan，North Holland，1988.

Lewis，W. A. ，Development with Unlimited Supplies of Labor，*Manchester School of Economics and Social Studies*，1954，20.

（胡彬）

逆城市化

Counter-urbanization

逆城市化是由贝里(Brian J. Berry)于 1976 年提出来的概念。他以此界定美国城市化在 20 世纪 70 年代中的一个转折点，并认为逆城市化已经取代城市化成为塑造美国居住模式的主要力量。它最早发生在 20 世纪 70 年代的发达国家，是人口从主要的城市地域向较小的城市地域或农村地域扩散的社会过程。它的最初发生是对内城剥夺、经济衰退和过度拥挤的一种反馈。在逆城市化过程中，城市的萎缩在城市中的“内城区”表现得特别明显。引起逆城市化的因素包括推力和拉力两种。所谓的推力包括高企的土地价值、各类对发展地点的限制、较高的地方税、拥挤和污染等因素。而由小城镇提供的逆城市化拉力则包括廉价和可得的土地资源，清洁和安静的环境、高度的便利性等。此外，运输和通讯条件的改进也会削弱城市中心的吸引力，促使通勤者宁愿以增加的旅行时间来换取便利性的改善。在西方，人口老龄化、中年夫妇的居住偏好变化、办公活动和松脚型高科技企业（Footloose High-Tech Enterprises）向农村城镇的区位迁移，以及政府对更多人口迁居农村的政策激励等也是引发逆城市化的主要原因。在发达国家中，逆城市化具有一些典型的特征，包括小城镇和村庄中通勤铁路车站利用率的提升、小城镇和村庄住房价值的增长、行政用房建设规模的扩大、农用建筑向住房的转变等。

诸如中国的发展中国家正在经历的大规模城市化中，存在着影响逆城市化的社会与政治驱动因素（Michael，2010）。这意味着，中国出现逆城市化的原因比西方国家要复杂得多。首先，它包括政府有目的的新城规划和供给行为，通过在城市边缘区有限的土地上集中相应的城市产业和基础设施，以达到安置人口就业和居住的双重目的。由于新城的开发担负着整合城市周边建设行为、疏散城市建成区人口、为老城改造提供空间等发展任务，所以这种性质由政府主导的逆城市化呈现出较快的发展特征；其次，由于户籍制度改革的滞后，在快速的城市化过程中，随着沿海发达地区农地价值的提升，城市化的意愿逐渐降低，从而成为吸引利益相关者流入农村的主要逆城市化原因。

对于“逆城市化”的观点，学术界也提出了质疑。例如，“逆城市化”实质上只是“大都市区的外溢”（Mark，1986）。对此，我国学者郑卫和李京生（2008）进行了驳斥。这一简单化的论断不但没有揭示其本质，而且掩盖了城市化进程中丰富的空间现象和深层的社会经济动因，模糊了城市地域结构中不同功能性质的用地在空间上的动态演变特征。20 世纪 70 年代不是一个独立的城市化发展阶段，所谓的“逆城市化”实质上是远郊化。它是一种在城市蔓延的大扩散背景下的小集中，它的产生是出于形态发展自组织机制的自我调节（郑卫、李京生，2008）。

参考文献：

陈红霞、西宝：《快速城市化背景下新城发展研究》，载于《哈尔滨工业大学学报》2008 年第 5 期。

Baldassare Mark, *Trouble in Paradise: The Suburban Transformation in American*, New York: Columbia University Press, 1986.

Griffiths, Michael. B., Flemming Christiansen and Malcolm Chapman. (2010) Chinese Consumers: The Romantic Reappraisal, Ethnography, Sept, 2010.

Brian J. Berry, The Counter-Urbanization Process: How General? In Nile Hanson(ed.), *Human Settlement System: International Perspectives on Structure Change and Public Policy*, Cambridge, MA: Ballinger Publishing Co., 1976.

Brian J. Berry, The Counter-Urbanization Process: How General? In Nile Hanson(ed.), *Human Settlement System: International Perspectives on Structure Change and Public Policy*, Cambridge, MA: Ballinger Publishing Co., 1976.

（胡彬）

城市化道路
Road to Urbanization

城市化道路是指城市化进程的途径或方式，也可以理解为推动城市化进程中的模式路径选择或战略安排。由于我国的社会发展有待通过城市化的推动，实现有效的要素供给和形成有效的投资需求，所以对于城市化道路的定义及其争论都因关系到提升经济社会发展水平、实现全面小康社会和建设和谐社会的战略重点而显得意义格外重大。这同时也使得对城市化道路的理解带有强烈的政府推动意识和发展色彩。但是，这不意味着城市化道路的选择可以无视内在的发展规律。

主流的观点认为，城市化道路的选择与城市化的发展规律与阶段特征有关。在规律上，1979 年美国地理学家诺瑟姆发现，各国城镇化进程所经历的轨迹，大致可描绘成一条被拉平的“S”型曲线。根据城镇化进程的“S”型曲线特点，在曲线上存在一个拐点，位于城镇化率 50% ~60%。这通常被视为城市化的加速阶段。另一个被学界普遍接受的观点将城市化进程划分为三个阶段：当城市化率低于 30% 为初期阶段，30% ~70% 为中期阶段，70% 以上为后期阶段（谢文惠、邓卫，1996）。高佩义（1991）提出了六阶段的划分方法：城市化率低于 10% 时为城市化的史前阶段，超过 10% 以后为起步城市化阶段，超过 20% 以后为加速城市化阶段，超过 50% 以后为基本城市化阶段，超过 60% 以后为高速发达城市化阶段，达到 80% 以后为城市化的自我完善阶段。杨波等人（2006）认为，城市化进程可以分为前期阶段和后期阶段，集中型城市化和大城市化是前期阶段的主要特征，扩散型城市化和城市区域化是后期阶段的主要特征。另有观点认为，“人口数量转移型”和“结构形态转换型”分别代表着城市化的初级阶段和高级阶段。这些观点表明，城市化道路的选择受到一国经济发展水平及其发展阶段的约束。

克鲁格曼和利瓦斯（Krugman and Livas，1996）认为，实施以国家生产来代替进口的贸易保护政策的低收入国家，更倾向于发展大城市。他们的研究表明，城市的集中程度与国际贸易发展呈现负相关关系，贸易在 GDP 中所占比例越高，关税壁垒越低的国家，其人口较少集中在某一个大城市。普加(Puga,1998)比较了欧洲国家和发展中国家的城市化模式,认为低收入国家对城市部门的较大劳动力供给弹性引发了大城市的兴起,而那些高收入国家由于农业剩余较少,当农业劳动力流入大城市后,农业工资很快上升,流动的优势和动力很快减弱,致使均衡的城市化模式得以形成。在原因方面,不稳定的、专断的政治体制会加剧人口向首都或港口城市集聚的首位化趋势。亨德森(Henderson,2002)指出,任何对最优首位度的偏离,特别是过度集中的偏离情况,都是增长过程中付出的重要成本(Ades Glaeser,1995)。

多年以来,国内学术界对于城市化道路的讨论,形成了不同的代表性主张,包括小城镇论、中等城市论、均衡发展论或小城镇模式、中等城市模式、大城市模式、多元化模式等。这些观点,实际也都是集中在对两类城市化道路或者说是数量与质量的争议上:第一种,是集中主义的发展思路,主张将大都会作为主要的城市化手段;第二种,是分散主义的发展思路,认为大力发展小城镇更加有效。大都会的主要优点是:经济能量高度集中,人口高度密集,有大规模的生产和商品集散中心,也有完备的金融服务和交通枢纽;它不仅连接着国内各地的市场,而且还是国内经济与国际经济接轨的重要渠道;大都会更能促进教育的发展。大都会的这些优点即使是分散主义者也是承认的。两条思路的主要分歧在于"城市病"是否与大城市有必然的联系,发展大都会的好处是否大于"城市病"所产生的坏处(蔡继明、周炳林,2002)。可见,在选择城市化道路时,涉及一个成本效益的评估问题。

尝试从测度最佳城市规模的角度来探讨城市化道路的选择问题。由于各国自然环境、人口密度、产业结构和经济发展水平不同,以及由此决定的生产要素相对价格水平的差异,并不存在一个适用于所有国家和所有历史时期的不变的最优城市规模。但是,通过测度城市的规模收益(因城市规模效应而增加的产出)和城市外部成本(不由企业或个人承担的负外部效应)相减得到的城市净规模收益,可以确定城市最佳规模的合理范围区间。这为制定合理的城市发展政策、选择恰当的城市化道路提供了科学的依据(王小鲁,1999)。

当然,城市化的机制动因比较复杂,它依存于特定的工业化路径和现行的制度体系与产业结构,所以在探讨城市化道路问题时不应只局限于以城市规模的优化与否为判断标准。例如,城市化的初始条件、工农业基础、人口环境是造成不同城市化模式和道路背景的主要原因(成德宁,2004)。从理论上讲,农业为工业化、城市化发展提供剩余的方式包括赋税、价格、储蓄、财产剥夺这四种(刘传江,1999)。不同的农村剩余获取方式,决定了不同的城乡关系及以此为基础的城市化道路。在人口环境方面,在城市化发展的不同阶段,人口迁移对城市化以及影响强度都不相同。在较低的城市化发展水平上,城市的净迁入人口大于城市的自然增长人口,从而净迁入人口成为城市人口增长的主要来源;当城市化发展到中等水平时,城市人口自然增长率高于城市人口净迁入率,意味着人口自然增长成为城市人口增长的主要来源;当城市化发展到较高水平时,城市净迁入人口再次成为城市人口增长的主要来源(Nathan Keyfitz,1970)。

参考文献:

孙施文:《中国的城市化之路怎样走》,载于《城市规划学刊》2005 年第 3 期。

蔡继明、周炳林:《小城镇还是大都市:中国城市化道路的选择》,载于《上海经济研究》2002 年第 10 期。

王小鲁、夏小林:《优化城市规模 推动经济增长》,载于《经济研究》1999 年第 9 期。

杨波、朱道才、景治中:《城市化的阶段特征与我国城市化道路的选择》,载于《上海经济》2006 年第 2 期。

谢文蕙、邓卫:《城市经济学》,清华大学出版社 1996 年版。

成德宁:《城市化与经济发展——理论、模式与政策》,科学出版社 2004 年版。

刘传江:《中国城市化的制度安排与创新》,武汉大学出版社 1999 年版。

高佩义:《中外城市化比较研究》,天津南开大学出版社 1991 年版。

Krugman, P. and R. Livas, Trade Policy and the Third World Metropolis, *Journal of Development Economics*, 49, 1996.

Puga, Diego, Urbanization Patterns: European vs. Less Developed Countries, *Journal of Regional Science*, 38 (2), 1998.

Ades, A. F. and E. L. Glaeser, Trade and Circuses: Explaining Urban Giants, *Quarterly Journal of Economics*, 110, 1995.

Henderson J. V., The Urbanization Process and Economic Growth: The So-What Question, *Journal of Economic Growth*, 2003, 8(1).

Nathan Keyfitz, *Migration and Population Growth in Urban Areas of Developing Countries*, New York: UN Population Division, 1970.

(胡彬)

农民工
Migrant Workers

农民工又被称为"民工"、"外来务工人员(外来工)”。其产生与中国长期的农业大国、人口大国的背景离不开。中国是长期以来是一个农业大国,农业在工农业的总产值比重非常高(沈立人,2005)。中华人民共和国建立前,农业与工业的比重为9:1,农民所占的比重超过七层。十一届三中全会后,中国开始了改革开放,并开始了计划经济向市场经济的转轨。在工业化、城市化、现代化进程的背景下,产生了关于劳动力转移的独特称呼——农民工。

“农民工”是在农民的基础上产生与演化出的新名称,是农民自然分化的结果。农民工的概念,是由中国社科院在1984年《社会学通讯》提出来的,主要是指党的十一届三中全会以来,大量进入乡镇企业工作,“离土不离乡,进厂不进城”,实现劳动力转移的农民。而随着市场经济的进一步深化,对于农民工的含义,有多种解释。主要从户籍制度和劳动力流动的角度阐释(中国农民工问题研究总报告起草组,2006)。“农民工”是中国经济社会转型时期的特殊概念,是指户籍身份还是农民、有承包土地,但主要从事非农产业、以工资为主要收入来源的人员(韩长赋,2007)。农民工是20世纪80年代以来,伴随中国经济体制转轨、社会结构转型产生的新的特殊的社会群体(郑功成,2007)。农民工是指具有农村户口身份却在城镇或非农领域务工的劳动者,是中国传统户籍制度下的一种特殊身份标志,是中国工业化进程中加快和传统户籍制度严重冲突所产生的客观结果(国务院办公厅,2008)。农民工是中国改革开放和工业化、城镇化进程中涌现的一支新型劳动大军,已成为中国产业工人的重要组成部分,对中国现代化建设做出了重大贡献。

农民工发展演化主要有两个阶段,一是“离土不离乡”,二是“离土又离乡”。第一个阶段是20世纪80年代初期,农村在实行了家庭联产承包责任制后,刺激了农民热情。农民有了自主支配剩余农产品和劳动时间的自由,农民可以进入工业,但不能进入城市。使得乡镇企业成为农村工业化的拉动源,进而开创了“离土不离乡”的劳动力转移模式。第二个阶段是20世纪80年代末,伴随着中国改革开放的深入,外资企业进入中国的数量逐渐增多,从事的行业逐渐变宽,带动了劳动力市场的需求增加。特别是在东南沿海区域的经济快速发展,形成了对劳动力更大数量的需求。一方面,农民不能在固守在“离土不离乡”的区域限制。另一方面,国家放松了农民进入城市的限制。使得农村劳动力开始了大面积的区域流动,进而开创了“离土又离乡”的劳动力转移模式。

农民工的产生主要有三个原因,一是城乡二元制体制扩大,二是户籍制度限制,三是市场经济的需求。第一个原因是农民工产生的经济根源。中国改革开放(1978年)前,城市工业化与农村农本经济的脱节,使得城乡差距进一步拉大。而城市中劳动力的缺乏,也使得城市的发展受到了劳动力短缺的限制。中国改革开放(1978年)后,城市化进程提高,城市有了发展自身经济的外在动力与内在需求,对劳动力的需求提高。第二个原因是产生农民工的体制根源,户籍制度限制了劳动力的自由流动。中国的户籍管理制度的演化过程,在1949~1957年是在公安部门的主管下,自由迁徙与居住;从1958年开始,进入了严格限制户口迁移、严格限制农民向城市迁移的时期(韩长赋,2007)。1958~1978年,中国的城市人口由9949万增加到1.7亿,平均每年增长0.2个百分点。形成了中国城乡二元结构,即城镇化落后于工业化结构布局。第三个原因是产生农民工的市场原因。中国改革开放为农村劳动力的自由流动提供了机会。家庭联产承包责任制一方面刺激了农民的生产积极性、扩大了农业产出;另一方面提供了农民自主决策与自由流动的机会。中国改革开放初期,城市需要大量的劳动力,而农村则存在着丰富的剩余劳动力。劳动力的供求市场由此形成。

伴随着中国经济的发展和改革的逐渐深入,在工业化、城市化、全球化的背景下,针对中国农民工的劳动群体,又产生了一些新问题。第一,含义逐渐“贬义化”。农民工的称呼,本身并没用贬义。但伴随着工作环境、工资收入与工作行业,逐渐成为“脏”、“乱”、“工资低”、“素质低”的代名词。第二,权利逐渐“边缘化”。在城市中的农民工,因地位的不被认可,其正当的权利也得不到保障,出现逐渐边缘化的趋势。其就业政策、社会保障政策、养老保险、工伤保险、社会救助等得不到应用的承认。第三,主力逐渐“二代化”。伴随着中国改革开放的进一步持续、深化,农村劳动力的供给主体增长发生变化。20世纪80年代、90年代后出生的农民逐渐进入城市,成为劳动力提供的主体。“第二代农民工”的称呼随之既出。2010年1月31日,中国国务院发布的2010年中央一号文件《关于加大统筹城乡发展力度 进一步夯实农业农村发展基础的若干意见》中,首次使用了“新生代农民工”的提法,默认了农民工主体的变化。第四,价值逐渐“公正化”。伴随着经济改革的深入,人身权利的提高,使得农民工的维权意识逐渐增强,使得为自身价值被公正对待的意识逐渐提高。第五,农村逐渐“空壳化”。伴随着农民工的进城务工,农村中的青壮年劳动力开始了向城市的转移,而农村经济也开始因为劳动力的缺乏,开始出现“空壳现象”。农村中更多的是剩下妇女、儿童、老人。农村实体经济正在减少,导致出现“留守儿童”等新的社会问题。

参考文献:

国务院办公厅:《国务院办公厅关于切实做好当前农民工工作的通知》。

中国农民工问题研究总报告起草组:《中国农民工问题研究总报告》,载于《改革》2006 年第 5 期。

韩长赋:《中国农民工的发展与终结》,中国人民大学出版社 2007 年版。

沈立人:《中国农民工》,民主与建设出版社 2005 年版。

郑功成、黄黎若莲等:《中国农民工问题与社会保护》,人民出版社 2007 年版。

何炼成等:《中国特色社会主义发展经济学》,中国社会科学出版社 2009 年版。

Harris, J. R. and M. Todaro, Migration, Unemployment and Development, *American Economic Review*, 60, 1970.

Fei. C. H. and Rains. G, A Theory of Economic Development, *American Economic Review*, 9, 1961.

Jorgenson, D. W., The Development of a Dual Economy, *Economic Journal*, (11), 1961.

(柴毅)

民工潮

Migrant Worker Tide

20 世纪 80 年代初期,随着中国改革开放的开启,乡镇企业逐步兴起,外资企业的大量引进,对劳动力的需求猛增,出现了劳动力供不应求的现象。而农村劳动力的外出流动,虽然在一定程度上缓解了改革开放初期的用工紧张问题。但随着计划经济向市场经济的转轨,工业化的发展,城市化进程的加快,使经济发展的速度加快。在此背景下,大量的劳动力外出务工与返乡过节,形成了中国特有的劳动力有规律的迁移的现象——民工潮。

"民工潮"的词语在 20 世纪 80 年代后期,开始流行起来(王洪春,2004)。但实际上,它开始于 20 世纪 50 年代,起源是农民流动。而农民流动基本上属于"流民"的性质。在 1952 年 2 月 9 日,中国共产党中央委员会(中共中央)批转内务部党组《关于农村人口外流问题的报告》中,首次在标题中使用了"农村人口外流"这一提法。1959 年 3 月 11 日,中共中央、国务院发出了《关于制止劳动力盲目外流的紧急通知》,要求各个单位制止农村劳动力外流。20 世纪 80 年代以后,大量农民外出打工,当时被称为"盲流"、"流入人口"、"外流人口"、"自流人口"(王洪春,2004)。20 世纪 80 年代以后,人们把外出从事经济活动、又不改变户籍关系的农民群体,称为民工潮。民工潮是中国市场经济中最活跃的因素之一,它是中国农民在历史上第一次主动的、积极的参与工业化、城市化、现代化和社会化、并分享其成果。

民工潮是在农民工产生之后兴起的,农民工季节性的潮水般的自由流动,起源于 20 世纪 80 年代末。先后称为"民工流动"(丁天海,1989)、"民工浪潮"(王宝良等,1989)、"民工潮"(葛象贤等,1989)。

中国的民工潮大约经历了两个时期,第一个时期"离土不离乡"。第二个时期"离土又离乡"。第一个时期产生于在 20 世纪 80 年代初期。中国在解决了粮食问题的同时,带动了农村加工业和乡镇企业的蓬勃发展。出现了第一次的"民工潮"(穆光宗,1990)。其特点是乡镇企业作为就业目的地,"离土不离乡"、"进厂不进城"。第二个时期产生于 20 世纪 80 年代末。中国的城镇化进程加快,计划经济向市场经济转换,改革开放的进一步加大,带来了对劳动力的需求激增。同时,农村中"人地矛盾"凸显严重,出现大量剩余劳动力。1989 年春节过后,大量农民涌向以珠江三角洲和长江三角洲为代表的城市,出现了真正意义上的"民工潮"。

民工潮的特征主要有以下四个特征。第一,流动性。外出务工的大规模流动是民工潮的主要特征之一。第二,时间性与周期性。民工潮的流动具有明显的时间性与周期性。往往与"春运"联系密切。"春运"是"春节期间旅客运输"的简称,1954 年开始,中国铁道部就有了"春运"的记录。而到了 20 世纪 80 年代以后,春运时间变为节前 15 天、节后 25 天,而这段时间,更是民工潮返乡过节与外出打工的主要节点。第三,连锁性和盲目性。民工潮的主要特征是以春节为节点的返乡过节与外出务工。在外出务工时,会对本区域的剩余拉动力起到示范效应,这使得在劳动力的流动具有连锁性。而依靠闭塞的信息,单纯依靠对同乡的信任便外出打工,本身就是盲目性的表现。生活方式和居住地点具有同区域性,共同居住、共同分担成本,可以减少都市生活成本,攒取更多的收入。第四,市场性。民工潮与春运的"票价上涨"有关系。民工的收入有限,而中国在春运期间实行的票价上涨制度对农民工的出行时间起到了"推波助澜"的作用。

中国学术界对民工潮产生的原因分析主要集中于以下三个方面。第一,城乡二元结构体系是产生民工潮的体制原因。中国农村一直存在着"人—地矛盾",中国改革开放(1978)前,人口被限制在农村,城市的工业化发展使得城乡二元差距进一步拉大。中国改革开放(1978)后,原有土地所有制结构被打破,人—地比例的合理配置使得大量的剩余劳动力出现,为产生民工潮流提供了最原始的条件。第二,"比较利益"是产生民工潮的经济原因。外出打工与在家务农的比较收益在改革开放初期被第一批打工者介绍进了农村后,经济效益的比较差异就成为产生"民工潮"的动力。第三,市场经济是产生民工潮的动力。市场经济的利益效益使得劳动力资源的流动,在看不见手的指引下,劳动力资源开始了不同区域与不同行业间的流动。第四,春节是产生民工潮的"情结"原因。春节是中国最为古老的最具特色的民间习俗，是中国文化精髓的集中体现。而春节在农民心中的又最为吉祥，因此，在此"情结"的吸引下，回乡过节就引发了民工潮的集中体现。

参考文献：

王洪春：《中国民工潮的经济学分析》，中国商务出版社2004年版。

王宝良、沃赛：《由民工浪潮引发的思考》，载于《青海社会科学》1989年第5期。

葛象贤、屈维英：《民工潮探源》，载于《瞭望》1989年第44期。

丁天海：《经济转型过程中的民工流向问题初探》，载于《北京大学研究生学刊》1989年第2~3期。

穆光宗：《民工潮与中国的城市化》，载于《社会科学家》1990年第6期。

陈希亮：《当代中国经济问题展览思考》，光明日报出版社2010年版。

Lewis, W. A., Economic Development with Unlimited Supplies of Labor, *The Manchester School*, Vol. 28, No. 2, 1954.

Minami, Ryoshin, The Turning Point in the Japanese Economy, *Quarterly Journal of Economics*, Vol. 82, No. 3, 1968.

Ranis, G. and Fei, J., A Theory of Economic Development, *American Economic Review*, Vol. 51, No. 4, 1961.

（柴毅）

跨越式发展

Leapfrogging Development

所谓"跨越式发展"，是指落后的国家或地区，在特定的环境条件下，借鉴和吸收先进国家或地区的经验和优秀成果，打破经济发展的一般常规和步骤，充分发挥后发优势(Gerschenkron, 1962)，以技术跨越为主，带动社会生产力的跨越发展，跨过先进国家或地区已走过的某些经济发展阶段或用较短时间走完发达国家或地区用较长时间走过的阶段(谭崇台, 1989)。通过速度和效益的并进，不平衡推进和超常规增长，最终实现经济发展水平的整体越升。跨越式发展的核心是依靠科技、管理和体制的创新，通过技术的跨越、产业的升级、结构的优化、经济运行质量的提升，以达到生产力水平的快速提高，而不是简单的量的扩张和规模的扩大，也不是单纯的加速(Fudenberg, Stiglitz and Tirole, 1983)。

跨越式发展是在特定阶段通过制度和技术创新实现的快速发展，根据马克斯与赫布纳(Marks and Hebner, 2001)、惠特利(Wheatley, 2001)、拉加万(Ragahavan, 2002)、赫尔吉(Helge, 2000)、斯蒂芬(Stefan, 2001; 2000)的研究，其内涵体现在以下几个方面：

超常规发展。对于先行者来说，因为没有参照系，只存在与其自身纵向发展历程相比在各阶段上的发展快慢与否的问题，不存在发展时间上的跨越问题。落后者快速跟进，但如果只是重复先行者走过的路，也不属于跨越，只有落后者打破先行者的常规发展模式，采取超常规的措施避免先行者发展阶段上的曲折而实现的追赶型的发展才属跨越。跨越式这种超常规发展，它不同于以往经济发展的渐进、常规顺序的过程，而是以一种高速、突进的过程，在较短时间内实现了常规经济发展过程需要较长时间才能完成的经济目标，通过生产力水平迅速提高，实现经济社会整体跨越。

后发优势。由于发展的继承性和发展过程的规律性，在社会经济发展中，落后者具备因其所处的后发地位可以在一定条件下转化为发展动力的特殊益处，这就是"后发优势"。后发优势是一种发展的潜力，是实现跨越式发展的必要条件，但不是充分条件。由于"后发式"国家进行现代化建设时有现代化先例可资借鉴，客观上可能形成后发优势。这主要表现在两个方面：一是可以利用"原发式"国家创造的先进科学技术成果、富余资金，同时还可借鉴"原发式"国家经济发展的经验教训，少走弯路，加快现代化进程；二是后进者有精神上的优势。落后能引发强烈的社会变革意识，这种革新精神能迅速地引导全社会资源投入到发展进程中去。落后者在系统总结历史和遵循发展过程规律的基础上，进行全面创新，推进跨越式发展。跨越式发展不是任何时期和地点都会发生的，必须具备一系列满足跨越式发展的初始条件。跨越式发展的初始条件是经济落后的"位差"和对先进国家的开放。经济落后、技术落后拉大了同经济发达、技术先进的距离，产生了可以跨越的空间，通过对先进发达国家的开放，输入先进的因素，特别是先进的科技要素和管理经验，大幅度增加资本和技术投入，实现超常规发展。

制度创新。跨越式发展必须在制度上实现创新。制度创新是指可以使创新者或创新集团通过制度的调整与变革取得潜在利益的一种活动。制度创新可以大大地降低经济结构调整的交易成本，为新的经济提供一种生存和发展的环境，改变新产业发展的成本——收益之比，使新产业的发展大有可为，可以大大地加快科技转化为生产力的进程，从而有利于新的产业的发展和产业结构的升级。制度创新成为跨越式发展的组织条件和保证。它是技术创新的基础，一切科学技术的研发都需要有良好的制度保证。

技术创新。跨越式发展需要技术创新的推动。技术创新是企业家对生产要生产条件、生产组织进行重新组合以建立效能更好、效率更高的新的生产体系和获得更大利润的过程。它包括引入新的技术或工艺;开发新的产品或改进旧的产品;开辟新的市场;获取原材料的新供给;采用新的管理与组织形式。跨越式发展同工业经济时代的科技革命紧密联系,科学技术的跨越式发展是后进国家追赶并超过先进国家的根本道路。从近代历史轨迹看,跨越式发展的奇迹主要产生于英国产业革命以来的几次世界生产力发展高潮:19世纪中叶到20世纪初的化工技术革命,为德国这个落后的农业国创造了赶超英国的科技条件。二次世界大战后的技术综合创新,为日本这个落后于西方的国家创造了成为世界经济大国的科技条件。由此可见,科学技术是跨越式发展的重要手段,要实现经济的跨越式发展,必须改变传统技术,研制开发与利用环保技术、节能技术、新材料技术、生物技术等新技术,建立起清洁型、环保型的"绿色"工业技术体系。

非均衡发展。跨越式发展实施的是不平衡发展战略,它不是全面、平行地推进,而是可以在不同领域有先有后、有所侧重,先在重点行业、重点领域和重点地区率先突破,并带动和促进其他行业、其他领域和其他地区快速跟进,最终实现国家整体发展水平的跃升。它不是一种全面齐头并进的发展模式,而是一种以点带面的方式;跨越式发展不是拼资源、拼财力、高投入、低产出、低效益的增长,而是高效益的发展以减少投入,节约资源、降低成本(特别是降低环境治理成本)为前提的迅速增加产出。因此跨越式发展既追求高速度,又注重高效益,同时更加依赖科技进步和教育振兴。

赶超(Catching-Up)和跨越(Leapfrogging)是两个有一定联系的概念,主要用来讨论跟随者(Followers)与先行者(Forerunners)之间的相对运动的速度和位置关系。在经济发展与技术进步的有关讨论中,就其基本内涵而言,赶超是指追随一段时间和距离之后,赶上或超过前者(Soete,1990);而跨越是指以一种非连续的方式前进,期间将跳过一些阶段或步骤。

无论西方还是中文的学术文献,都没有对着两个基本概念加以严格定义,大都是在这两个词的一般语义上使用,用以描绘一个动态过程,并不刻意于其严格的经济学定义。在经济发展和技术进步的有关讨论中,"跨越"在两类技术经济范畴中使用。在现代的产业组织研究中,帕特里克和连斯基(Patrick and Lenski,1985)使用跨越概念讨论产业中的领先企业采用哪种战略可以维持领先地位,或暂时落后的企业如何可以超越领先企业,实现领先位置的易位。从产业组织的角度讨论技术跨越,钱隆(Channon,1999)认为,是以企业获得的拥有前沿性、原创性专利技术为标志,决定因素往往包括企业的R&D投入强度和一些由于技术发展潜在的不确定性所导致的偶然因素的出现。赖斯(Rice,2001)指出,后进国家的技术经济跨越,是指相对于连续的运动轨迹,追赶着实现了部分阶段跳跃,其结果是缩小了与领先者的距离,甚至超过领先者。

贝尔和帕维特(Bell and Pavitt,1992)、巴罗和萨拉伊-马丁(Barro and Sala-I-Martin,1997)及东圣和海昌(Dong-Sung and Hwy-Chang,2000)指出,"跨越"只是"追赶"的一种特殊方式,跨越的目的是为了赶超领先者。但是,"跨越"的实现必须具备一些必要的外部条件,其中最重要的前提就是重大技术突破导致了技术经济范式的根本性转换,为后来者以跨越的方式实现快速发展提供了条件。与后来者以"跨越"方式追赶领先者相关的另一个概念就是路径创造(Path-Creating)。如果后来者不完全按照领先者所创造的技术轨迹前进,而是在技术能力发展到一定阶段时,以一定的共性技术为基础,按照本地的要素条件和需求条件,开发出新的技术、产品和市场,创造一种与领先者不同的技术路径,则后来者也可能实现高速发展,并可能在技术前沿赶上领先者。

跨越既可以发生在企业层次、产业层次,也可以发生在国家经济层次。在企业层次则主要是领先企业在技术能力上的跨越(以拥有专利和利用专利而形成竞争力的加强);在产业层次则是某一产业的整体技术水平和技术能力的跨越;在国家经济发展层次则是发展阶段的跨越。这些不同层次的跨越有一定的联系,特别是产业的跨越是国家经济发展的跨越的重要基础。在所有层次上讨论跨越,都可以分为两种类型,第一种类型是发生在接近技术和生产力前沿的领域竞争者中,技术发展的不确定性、市场环境、制度环境等都相同,跨越的实现以领先者位置互换为标志;第二种类型是落后国家赶超先进国家的跨越,追赶着有比较明确的前进方向,在追赶过程中实现某些过程和阶段的跳跃或实现路径创造。前者可以用主流经济学中的形式化方法进行经济学分析处理。落后国家赶超发达国家的跨越是发展经济学的研究范围,涉及制度、技术、政府政策等多种因素,不易利用严格的形式化分析(傅家骥,1998)。

产业技术的跨越主要是指吸收技术和进行技术创新以达到技术能力和技术水平的迅速发展,而不单纯是被动地使用技术。荷兰学者泽特(Soete,1985)在他发表的论文《技术的国际扩散、工业发展与技术跨越》中,通过对新兴工业化国家为主的一种新的技术—经济范式的考察,比较早地提出了"技术跨越"(Technological Leapfrogging)概念。此后,金姆(Kim,1997)着重以技术跨越或国家创新体系等理论框架为基础,研究亚洲新兴经济国家和地区的案例。

此外,还有一些领域的经济学家,如保罗·克鲁格曼(Krugman,1997)等,从国际贸易政策和国际经济学的角度,研究发达国家和发展中国家之间的技术差距给发展中国家所带来的发展机会。所谓产业技术跨越就是在特定的历史条件下,利用后发优势,实现产业技术超常规、大跨步的发展。因此可以把产业技术跨越分为两种形式,一是低层次的跨越,即产业技术水平的跨越,二是高层次的跨越,即技术创新能力的跨越。

金姆(Kim,1997)在其名著的《从模仿到创新:韩国技术学习的动力》中描述了发展中国家追赶跨越的模式。第一种模式是后发国家通过"获得—消化吸收—改进"三阶段的努力,逐步缩小与先进国家之间的技术差距。第二种模式是在第一种模式的基础上,提出后发国家的技术发展不仅发生在特定领域中成熟技术的传播过程中,而且发生在正在发展和成长的新技术领域,从而在发达国家产品和生产工艺尚未成型的时候就总结出新型的技术,向发达国家中的企业发出挑战。第三种模式主要产生在一些较小的欧洲国家,比较典型的是芬兰。这些国家在过去的十几年里,通过对教育和科技的投资,加上政府有关政策的引导和配合,成功实现了从传统产业向高技术产业升级,在一些有选择的技术领域,如移动通讯等跻身世界先进之列。

关于后发国家或地区经济的跨越式发展研究,国外的文献较侧重于剖析东亚跨越式发展模式,包括当时的产业政策、政府职能、文化因素、技术政策、组织结构等,还有模仿创新与自主创新的机制、技术跨越模型、经济增长模式等进行的相应探讨,李和林(Lee and Lim,2001)把后进国家的技术赶超可分为三种模式,即路径跟随型赶超(Path-Following Catch-Up)、路径跳跃型赶超(Path-Skipping Catch-Up)和路径创造型赶超(Path-Creating Catch-Up)。李和林(Lee and Lim,2001)将路径跳跃型赶超和路径创造型赶超定义为技术跨越。

荷兰学者沃尔夫廉(Wolferen,1986)在分析东亚政府主导型跨越式发展模式时也认为,东亚跨越式发展基本特征是,建立高度集权的政府对政治、经济、社会生活各个方面进行控制和指导,不仅提供和维护一种靠强力刺激经济增长的秩序和制度,而且直接参与市场经济运作,并成为其中不可或缺的要素影响市场。

伯利兹、克鲁格曼和齐登(Brezis, Krugman and Tsiddon,1993)及卡梅伦(Cameron,1998)认为,跨越式发展是对非均衡发展现象的概括,是一种反梯度的理论。根据梯度推移理论,每一个国家和地区都处在自己一定的经济发展梯度上,世界上每一种新行业、新产品、新技术都会随着时间的推移,由处在高梯度上的国家或地区向处在低梯度的国家或地区依次传递下去,通过扩散效应,达到区域经济发展的目的。这一梯度理论表达了常规的经济发展模式,但它忽视了落后地区的积极因素和一些国家或地区的特殊性、多样性。而反梯度理论认为落后国家和地区也可能存在着许多潜在的优势和后发优势:一个时期内经济文化的暂时落后并不妨碍后期国家或地区直接吸收和利用世界最新的文明成果,而其技术成果要比最初开发成本低得多。同时,一般来说,在同样的资金、技术成本的条件下,还具有劳动力成本、资源成本低的优势,只要能把潜在的优势转化成现实的优势,就可能发展起新的优势产业,赶上或超越先进的国家或地区。

参考文献:

傅家骥:《技术创新学》,清华大学出版社 1998 年版。

谭崇台:《发展经济学》,上海人民出版社 1989 年版。

Barro, R. and Sala-I-Martin, X. , Technological Diffusion, Convergence, and Growth, *Journal of Economic Growth*, Vol. 2, No. 1, 1997.

Brezis, E. , Krugman, P. and Tsiddon, D. , Leapfrogging in International Competition: A Theory of Cycles in National Technological Leadership, *American Economic Review*, Vol. 82, 1993.

Bell, Martin and Pavitt, Keith, Accumulating technological capacity in developing countries, in Proceedings of the World Bank Annual Conference on Development Economics, 1992.

Cameron, Gavin, *Catch-Up and Leapfrog Between The USA and Japan*, Nuffield College Economics Discussion Paper. Oxford University, 1998.

Derek F. Channon, *The Blackwell Encyclopedic Dictionary of Strategic Management*, Oxford: Blackwell Publishers Ltd, 1999.

Dong-sung Cho, Hwy-Chang Moon, From Adam Smith to Michael Porter: Evolution of Competitiveness Theory, World Scientific, 2000.

Fudenberg, D. G. , R. J. Stiglitz, J. and Tirole, J. P. , Leap-frogging and Competition in Patent Races, *European Economic Review*, Vol. 22, 1983.

Gerschenkron, A. , *Economic Backwardness in Historical Perspective*, Cambridge, Massachusetts: Belknap Press of Harvard University Press, 1962.

Helge Godoe, Innovation Regimes, R&D and Radical Innovations in Telecommunications, *Research Policy*, Vol. 29, No. 9, 2000.

Rice J. J. , Colleboration and Competition in Emerging Standards: An Assessment of the Implications for Knowledge Management, Standardization and Innovation in Information Technology, 2001 2nd IEEE Conference, 2001.

Kim, Linsu. , *Imitation to Innovation: The Dynamics of Korea's Technological Learning*, Boston: Harvard Business School Press, 1997.

Krugman, P. , *Rethinking International Trade*, Cambridge: MIT Press, 1997.

Lee, K. and Chaisung Lim, Technological Regimes, Catching-up and Leapfrogging Findings from the Korean Industries Source, *Research Policy*, Vol. 30, No. 3, 2001.

Marks R. B. and Hebner. R. E., Government Activity To Increase Benefits From The Global Standards System, Standardization and Innovation in Information Technology, 2nd IEEE Conference, 2001.

Patrick D. N. and Gerhard Lenski, *Technoeconomic Heritage, Patterns of Development, and The Advantage of Backwardness*, The University of North Carolina Press, 1985.

Ragahavan Pathasarthy et al., Product Innovation Input and Outcome: Moderating Effects of The Innovation Process, *Journal of Engineering and Technology Management*, 2002.

Soete, Luc, International Diffusion of Technology, Industrial Development and Technological Leapfrogging, *World Development*, Vol. 13, No. 3, 1985.

Soete, Luc, Opportunities for and Limitations to Technological Leapfrogging, in *Technology, Trade Policy and the Uruguay Round, Papers and Proceedings*, United Nations, New York, 1990.

Stefan Kuhlmann, Future Governance of Innovation Policy in Europe Three Scenarios, *Research Policy*, Vol. 30, No. 6, 2001.

Stephen Martin, The Nature of Innovation Market Failure and The Design of Public Support for Private Innovation, *Research Policy*, Vol. 29, No. 4-5, 2000.

Karle G. van Wolferen., The Japan Problem, *Foreign Affairs*, Vol. 65, No. 2, 1986.

Wheatley, Kathleen Kier, *Implementing an Innovation Strategy: Leadership Compensation, Governance, and Composition*, Syracuse University, 2001.

（汪伟）

乡镇企业
Township-village Enterprises

乡镇企业是中国工业化特别是农村工业化进程中一种独特的企业组织形式，一般指由农村集体经济组织或农民集资投资、在乡镇建立的各类企业。1978年之前，乡镇企业称为“社办工业”和“社队企业”。1978年改革开放后，农村各种联营企业、合伙企业、个体私营企业迅速发展。1984年中共中央4号文件把社队企业改名为乡镇企业，包括乡镇办企业、村办企业、合伙制企业和私营企业。1996年颁布了《中华人民共和国乡镇企业法》，规定了乡镇企业是指农村集体经济组织或者农民投资为主，在乡镇（包括所辖村）举办的承担支援农业义务的各类企业。乡镇企业符合企业法人条件的，依法取得企业法人资格。《乡镇企业法》规定，乡镇企业是农村经济的重要支柱和国民经济的重要组成部分。乡镇企业的主要任务是根据市场需要发展商品生产，提供社会服务，增加社会有效供给，吸收农村剩余劳动力，提高农民收入，支援农业，推进农村和农业现代化，促进国民经济和社会事业发展。

1978年到20世纪90年代中期，乡镇企业是中国经济最有活力的一个部分。乡镇企业从业人员从1978年的2800万人增加到1996年的1.35亿人，年增长率达9%。乡镇企业的增加值从1978年占国内生产总值不到6%，增长到了1996年占国内生产总值的26%。另外，乡镇企业在中国经济体制转型中也发挥了重要作用。20世纪80年代到20世纪90年代初期，乡镇企业都在发起对国有企业的竞争。国有企业为了能在与乡镇企业的竞争中生存，不得不实施改革以提高效率。在外贸领域，进入新型的劳动密集型制造业的乡镇企业也为中国的出口商提供了机会（巴里·诺顿，2010）。

乡镇企业在发展过程中，形成了几种较具代表性的模式，即以集体所有权为主的苏南模式、以私营所有制为主的温州模式和以“三来一补”为特征的珠江三角洲模式。20世纪90年代中期，乡镇企业迫于自身的缺陷和市场经济发展的压力，经历了一次产权重组。许多在市场竞争中存活下来的企业都实现了民营化改造。到2000年，集体所有制企业吸纳的就业人数仅占企业总就业人数的9.1%（巴里·诺顿，2010）。到1999年，乡镇企业中个体私有企业增加值已占到60%；股份制和股份合作制企业发展到20万个。

乡镇企业为中国工业化及城镇化作出了重要贡献，吸纳了大量农村剩余劳动力，提高了农民收入，推动了农村经济结构调整，促进了农村基础设施建设，有利于中国农村和农业的现代化。

参考文献：

［美］巴里·诺顿：《中国经济：转型与增长》，上海人民出版社2010年版。

陈剑光：《乡镇企业的由来与发展》，1994 ~ 2012 *China Academic Journal*, Electronic Publishing House, All rights re serued, http://www.enki.net.

费孝通：《推动乡镇企业继续前进》，http://www.enki.net.

李维森：《试论乡镇企业产生和发展的必然性》，载于《辽宁教育学院学报（社会科学版）》1987年第4期。

中国乡镇企业年鉴编辑委员会：《中国乡镇企业年鉴》（2003、2004）。

Weitzman, Martin and Chenggang Xu, Chinese Township-

Village Enterprises as Vaguely Defined Cooperatives, *Journal of Comparative Economic*, 18(2), 1994.
Chun Chang and Yi Jiang Wang, The Nature of the Township-Village Enterprise, *Journal of Comparative Economic* 19, 1994.

(赵晓雷)

赶超战略
“Catching Up” Strategy

赶超战略是发展战略的一种,是指在一定时间限定的前提下,对实现赶超目标所做的阶段性规划和安排,是许多现代化后来者采取的一种超常规的现代化推进手段。现代世界经济的发展史有四个成功的赶超典范:美国用了43年的时间在19世纪到20世纪之交赶上了英国;苏联在经济大萧条时期赶上了美国;日本从20世纪50年代初开始用了40年的时间追赶上美国;亚洲“四小龙”则用了30年的时间追赶西方发达国家。

20世纪以来,许多发展中国家在现代化的推进过程中制定了赶超战略。对于赶超的概念,目前形成了三种观点(程洪、谢辉,2005)。第一种观点认为,赶超是一种目标概念,是指后进国的主要经济指标由于赶超常规的发展速度而达到甚至超过发达国家的水平,其中主要表现为经济增长率和国民生产总值的超常规增长;第二种观点认为赶超是一种带有理想模式的战略性概念,它以世界上少数几个比较成功的“赶超型”国家为例,指出赶超是一个涉及发展战略、政策选择、制度安排、结构调整等诸多方面关系的整体发展模式,从实质上追求经济及社会的整体水平的模式;第三种观点认为赶超是一种技术发展的概念,后进国应通过引进发达国家的先进技术并在此基础上努力创新,形成自身的比较技术优势,从根本上扭转国际竞争力低的局面,带动全社会经济发展水平的超常提高。

赶超概念来源于后发优势理论。该理论的代表人物格申克龙(Gerschenkron,1962)和利维(Levy,1966)认为,落后国家可以利用后发优势来缩小与领先国家的生产率差距。在此基础上,阿布拉莫维兹(Abramovitz,1986)提出了著名的追赶假说,认为生产率水平的落后为快速发展带来了潜力。这些理论最为核心的主张就是通过学习和引进先进技术来实现赶超是可行的。在实践中,日本、韩国的成功赶超经验还表明了,在引进外资和技术的同时,尚需要积极进行产业结构的调整以及政府部门在公共领域、高素质的劳动力供给、消费结构升级等方面的努力,即赶超战略的设计应具有系统性。发展中国家对这些成功赶超路径的复制,是否能够奏效,一直被学界所怀疑。第一,因为吸收能力的不足极有可能会导致追赶的失败(Cohen and Levinthal,1989);第二,大量经验表明,一些国家虽然有很好的技术后发优势,但却还是跌入了所谓的“后发优势陷阱”或“经济追赶陷阱”;第三,技术领先者的创新速度并不总是能够保持高速,而后进者也并不总是以“赢家通吃”规律所预言的速度消失(Carroll et al.,2004;曹平,2009);第四,技术赶超需要具备一定的条件。不仅要有明显的技术优势,还要求对整个价值组成系统进行管理,使得新产品能够提供显著超越已有标准所能提供的价值,包括真实的价值、感知的价值、预期的价值(Schilling,2003);第五,技术模仿相对容易,而制度模仿则非常困难,甚至会引发对抗和风险。持这一观点的学者(姚国华,2006)认为,现代技术需要相应的社会背景,包括人们之间广泛的社会交流、协作,有稳定的信任机制与可靠的制度保障。对赶超经济体存在的问题,诸如东亚国家和地区经历的金融危机,就是因为各种市场组织形式、机制、工具往往都会有不同程度的不成熟性、不适应性与不完善性(黄范章,1998)。这其中出现的摩擦、碰撞、对抗,构成了利用后发优势的障碍和风险(郑亚莉,1999)。

东亚诸国尽管都采取了技术赶超战略,但是侧重点和实现路径却并不相同。这表明,赶超战略的实施既与国外的技术转移相关,同时也与国内相应的投入、产业特征和资源禀赋的匹配程度有关。

新中国建立之初的第一个五年计划,就开始实施重工业优先发展的赶超战略。林毅夫、蔡昉和李周(1994)认为,该战略的主观意图是想从突破资金稀缺对经济增长的制约入手,较快地克服经济结构中因重工业薄弱对增长与发展产生的影响,使国民经济尽快增长,进而用最短的时间达到赶超发达经济的目标。他们指出,推行赶超战略造成了中国产业结构的极大扭曲,背离了中国的资源比较优势,并因为资源配置效率低下、缺乏竞争和劳动激励不足,而使资源的使用效率下降。林毅夫等人(1996)进而撰文分析了资源结构对产业结构和技术结构的作用。他们认为,发展中国家资源结构的特征是资本的严重缺乏……经济发展的真实含义不是几个重工业产业鹤立鸡群式的增长,对于一个处于落后地位的经济来说,所要寻求的应该是资源结构的快速提升或人均资本占有量的快速增加。赶超战略不能导致经济发展成功的最根本原因在于其压抑了市场机制的作用。利用市场机制发挥一个经济的资源比较优势不仅适用于劳动力相对丰富的国家和地区,也适用于那些自然资源丰富的国家和地区(林毅夫、蔡昉和李周,1995)。

这些研究,开辟了赶超战略与比较优势战略之间的争论。李天华、李良明(2006)认为,实践证明,完全实行“比较优势战略”,不可能实现经济的跨越式发展,甚至可能最终危及到经济发展的稳定性和国家安全。作为后进国家,政府应该在经济发展中发挥更大、更重要的作用。他们同时还指出,简单地否定"赶超战略"的观点是片面的。作为发展中国家发展经济的两种路径,"赶超战略"和"比较优势战略"都有特定的适用范围和前提条件,也都需要付出各自的代价。究竟采取哪种战略更有利于本国的经济发展,应取决于当时的历史条件和环境,也要看具体政策能否根据具体情况的变化而灵活调整。对此,王素莉(2005)认为,新中国选择赶超发展战略,不仅与苏联模式密切相关,也与国内外形势紧密相连,它的实施使中国初步建立起国家战略防御体系,奠定了中国成为有重要影响大国的基础。

胡鞍钢(2006)认为,中国经济自 1978 年起开始起飞,极大地缩短了与发达国家和世界人均国内生产总值平均水平的差距,显示出现代化建设过程中具有中国特色的赶超发达国家模式,速度效应、结构效应、开放效应、体制效应、科技赶超效应这五大效应共同促进了中国经济的快速增长。他同时还指出,在整个赶超发达国家的过程中,包括知识赶超和经济赶超,这两个步骤相辅相成、相互补充。今后,中国应该尽快实现从资本驱动型经济到科技驱动型经济的转变。

参考文献:

林毅夫、蔡昉、李周:《对赶超战略的反思》,载于《战略与管理》1994 年第 6 期。

林毅夫、蔡昉、李周:《资源结构升级:赶超战略的误区》,载于《战略与管理》1996 年第 1 期。

林毅夫、蔡昉、李周:《赶超战略的再反思及可供替代的比较优势战略》,载于《战略与管理》1995 年第 3 期。

胡鞍钢:《中国特色的赶超模式》,载于《人民论坛》2006 年第 12 期。

程洪、谢辉:《对赶超战略的反思——世界现代化进程透视》,载于《江汉大学学报》2005 年第 12 期。

李天华、李良明:《对"赶超战略"的再认识》,载于《湖北科技大学学报》2006 年第 3 期。

曹平:《东亚后发地区企业技术赶超战略与中国的角色》,载于《改革》2009 年第 12 期。

姚国华:《"赶超"战略的基点:制度创新》,载于《学习月刊》2006 年第 9 期。

黄范章:《经济全球化、东亚模式、金融风险》,载于《金融研究》1998 年第 10 期。

郑亚莉:《论后发优势陷阱》,载于《浙江社会科学》1999 年第 5 期。

王素莉:《赶超战略及其历史经验初探》,载于《中共党史研究》2005 年第 4 期。

肖利平:《后发优势、吸收能力与追赶型增长的区域差异》,载于《中国软科学》2010 年第 1 期。

Abramovitz, M., Catching Up, Forging Ahead, and Falling Behind, *Journal of Economic History*, 46:2, 1986.

Melissa A. Schilling, Technological Leapfrogging: Lessons From the U. S. Video Game Console Industry, *California Management Review*, Vol. 45, No. 3 Spring, 2003.

Gerschenkron. A., *Economic Backwardness in Historical Perspective*, New York: Praeger, 1962.

Levy, M., *Modernization and the Structure of Societies: A Setting for International Affairs*, Princeton, N. J.: Princeton University Press, 1966.

Cohen, W. and Levinthal, D. A., Innovation and learning: The Two Faces of R&D, *The Economic Journal*, 1989.

Glenn R. Carroll, David G. McKendrick, J. Richard Harrison, Albert C. Y. Teo, William P. Barnett, Differentiation, Variation and Selection: Evolutionary Implications of Technical Change among the Worldwide Population of Hard Disk Drive Makers, 1956 ~ 1998, Research Paper No. 1915, Stanford Graduate School of Business, November, 2004.

(胡彬)

中国城乡二元户籍制度
China's Registration System of Urban and Rural Household

中华人民共和国居民户口簿户籍制度(Household Registration System),也就是户口制度,是中华人民共和国对其公民实施的以户为单位的户籍人口管理制度。中国的户籍制度根据地域和家庭成员关系将户籍属性划分为农业户口和非农业户口。也就是所谓的城乡二元户籍制度。

1958 年,全国人民代表大会通过了《中华人民共和国户口登记条例》,确定在全国实行户籍管理制度,以国家法律的形式,对户籍管理的宗旨、主管户口登记的机关、户口簿的作用、户口登记的范围、户口申报与注销、户口迁移及手续、常住人口与暂住登记等方面都做明确规定,标志着中国城乡统一户籍制度的正式形成,从此形成了几乎延续至今、阻碍人口迁移和劳动力流动的制度框架。

1978 年以前,户口制度全方位控制了城乡迁移。在人民公社制度下,农民的收入完全依赖于他们在集体农活中的日常参与,迁移的机会成本非常高。在城镇,政府通过户口制度来分配工作、住房,配给食品和其他生活必需品。在这样的制度下,没有当地户口的人几乎不可能在城镇地区生活下去(Zhao, 1999a; Zhao, 2000; Cai, 2001)。

1978 年以后,中国开始实行经济体制改革,家庭责任制替代了集体生产队制度,农村居民获得了一定的个人自由,劳动生产率相应地提高了(Lin, 1992),生产率的提高使得城镇自由市场的食品大大充足，食品配给制度也最终被取消（Zhao，1999b）。同时，劳动生产率的提高也产生了大量农村过剩劳动力，由于以上几点，城乡迁移变成了可能的行为。此外，城镇地区经济特区的设立和发展，非国有部门的扩张，城镇就业政策的放松，这些都产生了对移民的需求（Meng and Zhang，2001；Cai，2001）。同时，国家发展战略从资本密集型产业转向劳动密集型产业在城镇地区创造了更多的就业岗位，这在客观上产生了放松户籍制度的要求（赵忠，2004）。

改革开放后，伴随着经济体制改革，中国的户籍制度经历了一个渐进改革的过程。1984 年 10 月，国务院发布《关于农民进入集镇落户问题的通知》允许农民自理口粮进集镇落户。1985 年 7 月，公安部颁布《关于城镇人口管理的暂行规定》，“农转非”指标定在每年万分之二。1985 年 9 月作为人口管理现代化基础的居民身份证制度由全国人大常委会宣布实施。

1997 年 6 月，国务院批准了公安部《小城镇户籍管理制度改革试点方案和关于完善农村户籍管理制度的意见》，明确规定：从农村到小城镇务工或者兴办第二、三产业的人员，小城镇的机关、团体、企业和事业单位聘用的管理人员、专业技术人员，在小城镇购买了商品房或者有合法自建房的居民，以及其共同居住的直系亲属，可以办理城镇常住户口。

1998 年 7 月，国务院批转了公安部《关于解决当前户口管理工作中几个突出问题的意见》，解决了新生婴儿随父落户、夫妻分居、老人投靠子女以及在城市投资、兴办实业、购买商品房的公民及随其共同居住的直系亲属，凡在城市有合法固定的住房、合法稳定的职业或者生活来源，已居住一定年限并符合当地政府有关规定的，可准予在该城市落户等几个群众反映强烈的问题。

2001 年 3 月 30 日，国务院批转了公安部《关于推进小城镇户籍管理制度改革的意见》，对办理小城镇常住户口的人员，不再实行计划指标管理。2005 年 10 月 25 日，中华人民共和国公安部官员表示拟取消农业、非农业户口的界限，探索建立城乡统一的户口登记管理制度。2008 年 10 月，浙江嘉兴市率先取消农业户口，全市城乡居民统一登记为“居民户口”。截止至 2009 年 3 月，已有河北、辽宁等 13 个省、市、自治区相继取消了农业户口和非农业户口性质划分。2010 年 3 月 14 日，中华人民共和国第十一届全国人民代表大会第三次会议正式通过了《关于修改〈中华人民共和国全国人民代表大会和地方各级人民代表大会选举法〉的决定》，从此，在全国及地方各级人大代表选举中实现了城乡同票同权，这一举措率先打破了城乡二元制下公民政治权利不平等的壁垒。2010 年 4 月 29 日，国务院审议并通过了《关于 2010 年深化经济体制改革重点工作的意见》，将户籍制度改革确定为 2010 年重点改革任务。2010 年 8 月，重庆在全国率先全面启动城乡户籍制度改革，并计划在 2011 年实现 300 万农民转为城镇居民。

参考文献：

赵忠：《中国的城乡移民，我们知道什么？我还应当知道什么？》，载于《经济学季刊》2004 年第 3 期。

Cai, Fang, Institutional Barriers in Two Processes of Rural Labor Migration in China, Working Paper Series No. 9, Institute of Population Studies, Chinese Academy of Social Sciences, 2001.

Lin, Justin, Rural Reform and Agricultural Growth in China, *The American Economic Review*, Vol. 82, No. 1, 1992.

Meng, Xin, Junsen Zhang, The Two Tier Labor Market in Urban China, *Journal of Comparative Economics*, Vol. 29, No. 3, 2001.

Zhao, Yaohui, Labor Migration and Earnings Differences: The Case of Rural China, *Economic Development and Cultural Change*, Vol. 47, No. 4, 1999.

Zhao, Yaohui, Leaving the Countryside: Rural to Urban Migration Decisions in China, *American Economic Review* (Papers and Proceedings), Vol. 89, 1999.

Zhao, Yaohui, *Rural Urban Labor Migration in China: The Past and the Present*, in *Rural Labor Flows in China*, eds. Loraine A. West and Yaohui Zhao, Institute of East Asian Studies, University of California, Berkeley, 2000.

（汪伟）

城乡一体化
Urban-Rural Integration

城乡一体化是研究城市化过程中城乡关系变化时，针对如何实现城乡良性互动乃至融合发展而提出的理论命题。

早期对于城乡关系的研究，始于 20 世纪 50 年代，主要围绕城乡之间的贸易关系而展开。亚当·斯密（Adam Smith）在其著作《国民财富的性质和原因的研究》中指出，乡村向城市供应生活资料和制造业所用的原料。城市向乡村居民送回一部分制成品作为回报。两者的利得是共同的和相互的。而且，遵循自然进程并保持一定比例的城乡关系才是良性的、合理的。德国经济学家冯·屠能（Von Thunen）则从产业协调布局的角度分析了工农业产品交换的条件，探讨了以城市发展为中心的城乡一体化问题。马克思和恩格斯站在历史唯物主义的角度上，认为城市和乡村由分离、对立走向融合、一体化发展是一个漫长的社会历史过程。他们把城乡就业一体化视为未来社会劳动就业的一个基本特征(李保民,2008)。同时设想:到了未来社会,“城市和乡村之间的对立也将消失。从事农业和工业的将是同一些人,而不再是两个不同的阶级”。

20 世纪中叶以后,随着发达国家中“逆城市化”现象的出现,从规划上协调城乡关系被视为解决城市问题的主要途径。20 世纪 70 年代,学术界对主张城市偏向的自上而下的发展政策和主张乡村偏向的自下而上的发展政策进行了激烈争论和优劣性比较。及至进入 1980 年之后,学术界对于城乡一体化的研究开始进入一个新的阶段。全球化影响下的区域重要性的逐渐上升,致使折衷两种发展政策的观点应运而生。为此,朗迪勒里(Rondinelli)提出了“次级城市发展战略”,并认为城市的规模等级是决定发展政策成功与否的关键,因此需要建立一个次级城市体系,以支持经济活动和行政功能在城乡间进行必不可少的传播。他同时强调把城乡联系视为平衡发展的推动力量。

20 世纪 80 年代后期,在发展中国家中出现的一些新的空间形态,诸如大都市区、大都市伸展区和巨型城市等,促使先前处于城市边缘的乡村被逐步吞噬直至消失,形成了一种“似城非城、似乡非乡”的新型城乡地域类型——城乡融合区。城乡融合区是城乡用地相互混杂的、非正式部门普遍存在的灰色区域,它又包括不同的类型。麦吉(Mcgee,1989;1991)举例认为,中国的沪宁杭地区属于由两个或多个大城市相互向对方扩散(而不是主要向各自的周围地区扩张)而形成的新的发展区域,交通联系的增强是这类区域形成的主要机制。与之不同,中国的四川盆地则代表了另一类城乡融合区,它是邻近国家的次级中心城市(如省会),以传统农业为主,人口密集但非农产业发展与经济增长均较为缓慢的内陆地区,高密度的人口压力和发达的传统农业是其主要的特点。麦吉的研究表明,发展中国家的城乡一体化不可能遵循某种固定的模式,应从区域生成的差异化机制角度探寻城乡协调发展的组织成因。

参考文献:

[英]亚当·斯密:《国富论》,西安陕西人民出版社 1999 年版。

[美]普雷斯顿·詹姆斯:《地理学思想史》,商务印书馆 1982 年版。

《马克思恩格斯全集》第 1 卷,人民出版社 1995 年版。

薛晴、霍有光:《城乡一体化的理论渊源及其嬗变轨迹考察》,载于《经济地理》2010 年第 11 期。

Mcgee T. G. ,The Emergence of Desakota Regions in Asia:Expanding a Hypo Thesis. In N. Ginsburg *The Extended Metropolis:Settlement transition in Asia*, Honolulu:University of Hawaii Press,1991.

Mcgee T. G. ,New Regions of Emerging Rural-Urban Mix in Asia:Implications for National and Regional Policy. (A Paper Presented at the Seminar on Emerging Urban-Rural Linkage),Bangkok:1989. 8.

Rondinelli, Dennis A. , *Secondary Cities in Developing Countries:Policies for diffusing urbanisation Sage Publications*, Beverly Hills,1983.

Stohr W. B. and Taylor F. ,Spatial Equity:Some Antitheses to Current Regional Development Strategy In:H. Folmer and J. Oosterhaven, *Spatial Inequalities and Regional Development Leiden*, Nijhoff,1978:1917-1919.

Stohr W. B. Taylor Development from Above or Below? The Dialectics of Regional Planning in Developing Countries.

(胡彬)

中心—外围论
Center-periphery Theory

中心—外围论是一种激进主义发展理论,它把发达国家作为中心,把发展中国家作为外围,外围受中心支配而难以发展。1949 年 5 月,阿根廷经济学家普雷维什向联合国拉丁美洲和加勒比经济委员会(拉美经委会)递交一份题为“拉丁美洲的经济发展及其主要问题”的报告,首次提出“中心—外围”理论。普雷维什“中心—外围”论的主要论点是:

第一,存在不对等关系的“中心—外围”。在传统的国际分工格局下,世界经济被分成两极:一极是拥有先进技术的发达国家,称为“工业中心”;另一极则是“为大的工业中心生产粮食和原材料”的发展中国家,被称为“外围”。在全球范围内,中心的扩张不是为了发展外围,而是通过中心和外围的不平等关系限制外围的发展。在“中心—外围”关系中,“工业品”与“初级产品”之间的分工并不像古典或新古典主义经济学家所说的那样是互利的,恰恰相反,由于技术进步及其扩散机制在“中心”和“外围”之间的不同,中心与外围之间的关系是不对等的。

第二,外围国家的贸易条件趋于恶化。由于技术变迁、市场容量以及需求弹性、收入弹性等一系列条件的变化,使国际市场上发展中国家初级产品出口价格相对于发达国家工业制成品的价格呈现长期下降的趋势。

第三,外围在国际关系中蒙受损失。国际贸易过程中,中心与外围存在一个内在的不平衡发展趋势,在技术进步和扩散、产业多元化、部门间互补性和生产垂直一体化等方面,两者平均收入水平差异日益扩大。

在现有国际经济格局下,自由市场力量产生不均衡效应,在金融力量、讨价还价力量和销售、加工及分配的控制力量等方面,中心处于绝对优势地位。在外围的外国投资收益不属于发展中国家而是由发达国家所垄断。

第四,维护外围国家利益的政策主张。旧的世界经济秩序是不利于发展中国家发展的,这种格局造成双方产品不同的需求条件,后者又反过来深化历史上殖民时代遗留下来的这种分工。主张外围国家实行工业化以摆脱不合理的国际分工所造成的世界中心原料供应者的附属地位,实行进口替代战略(后来转为出口替代)以扭转贸易条件恶化趋势。

中心—外围论提出后,不少依附论作家受普雷维什和"拉美经委会"思想的影响,开始从"中心—外围"结构角度来思考本国经济发展所遇到的问题。依附论者基本也认同中心—外围论,阿明(S. Amin)、多斯桑托斯(T. D. Santos)、伊曼纽尔(A. Emmanuel)、沃勒斯坦(I. Wallerstein)、弗兰克(A. G. Frank)等都得出类似结论。

关于中心—外围论与依附论的关系,普雷维什在《外围资本主义:危机与改造》(1980)一文中对依附性给出定义:关于依附性,是指中心与外围之间的关系,一个国家受制于中心国家的决策,不但体现在经济事务上,还包括政治事务及内外政策的战略。其结果是,由于外部的压力,这个国家不能自主地决定它应当作什么或不做什么。普雷维什在晚年对中心—外围论做了进一步总结:事实上存在着一种"经济星座",其中心是工业国,由于受惠于这种地位和早期技术进步,工业国组成了为他们利益服务的整个体系;生产出口原料的国家则以其自然资源的功能和中心发生联系,从而形成了以不同的方式和不同程度结合在这个体系中的、一个广大的、参差不齐的外围。

参考文献:

[美]杰拉尔德·迈耶:《发展经济学的先驱》,经济科学出版社1988年版。

[埃及]萨米尔·阿明:《不平等的发展:论外围资本主义的社会形态》,商务印书馆1990年版。

谭崇台:《发展经济学辞典》,山西经济出版社2002年版。

颜鹏飞:《激进政治经济学流派》,武汉出版社1996年版。

张卓元:《政治经济学大辞典》,经济科学出版社1998年版。

[阿根廷]劳尔·普雷维什:《外围资本主义:危机与改造》,商务印书馆1990年版。

R. Prebisch, The Economic Development of Latin America and its Principal Problems, *Economic Bulletin for Latin America*, Vol. 7, No. 1, February, 1962.

R. Prebisch, Commercial Policy in the Underdeveloped Countries, *American Economic Review*, Vol. 49, May, 1959.

(王爱君)

里昂惕夫之谜
Leontief Paradox

作为新古典贸易理论的基石,赫克歇尔—俄林(Heckscher - Ohlin)模型认为:各国因为要素禀赋充裕程度差异而产生比较优势,因此在国际贸易中,一个国家应该生产和出口密集使用本国相对充裕要素所生产出来的产品,并且进口密集使用本国相对稀缺要素所生产出来的产品。根据这一理论,美国作为具有充裕资本和很高实际工资水平的国家,它应当出口资本密集型产品并且进口劳动密集型产品。但是,美国经济学家华西里·里昂惕夫(Wassily Leontief)利用投入—产出表对美国1947年和1951年的数据进行分析发现,美国出口商品的劳动密集度高于进口商品,而资本密集度则低于进口商品(Leontief, 1953; 1956)。这与赫克歇尔—俄林模型的预测完全相反。里昂惕夫的这一发现引起了人们的强烈兴趣,以至于被称为里昂惕夫之谜或里昂惕夫悖论(Leontief Paradox)。

关于里昂惕夫之谜,有三种基本的解释思路:

第一种解释思路是,在承认里昂惕夫方法可靠的基础上,从美国经济所具有的特质出发加以分析,其主要观点有:

一是劳动生产率差异。里昂惕夫本人认为,可以从工人劳动生产率的差异来解释这一发现。当把工人劳动生产率纳入劳动量的计算中时,美国工人较高的劳动生产率使美国成为劳动要素相对丰富、资本要素相对稀缺的国家。但是,这一解释并没有被广泛接受,里昂惕夫最终也放弃了这种解释。其原因在于,当美国的劳动生产率比其他国家更高时,资本的生产率也会随之升高,从而使美国的资本相对充裕程度不会发生太大变化。

二是需求偏好差异。琼斯(Jones)认为,当需求条件出现差异时,赫克歇尔—俄林模型将不再成立。当美国的需求偏好强烈偏向于资本密集型产品,从而使美国更多的进口资本密集型产品,而出口劳动密集型商品(Jones, 1956)。从而解释了里昂惕夫之谜。但是,霍萨克(Houthakker)的研究表明,各国家庭在需求偏好上没有显著差异(Houthakker, 1957)。因此,基于需求偏好不同的解释也是行不通的。

三是关税影响。克拉维斯(Kravis)的研究发现,美国对劳动密集型产业的贸易保护程度最高(Kravis, 1956)。特维斯(Travis)在其著作中认为,关税影响了美国的贸易模式,减少了美国对劳动密集型产品的进口(Travis,1964),从而在一定程度上可以解释里昂惕夫之谜。然而,关税只会减少贸易量,却并没有逆转商品贸易模式。鲍德温(Baldwin)的研究表明,关税只会使进口产品的资本/劳动比率上升5%,而这一结果是不足以解释里昂惕夫之谜的(Baldwin,1971)。

四是生产要素密集度逆转(Factor-Intensity reversal)。明哈斯(Minhas)认为,在两种商品的生产中,当劳动对资本的替代弹性差异较大的时候,容易导致生产要素密度逆转的发生。在这种情况下,特定产品是否是劳动密集型产品还是资本密集型产品是不确定的,即在A国为劳动密集型产品,但在B国为资本密集型产品(Minhas,1962)。但是,鲍尔(Ball)的研究表明,现实世界中生产要素密集度逆转的发生概率极低(Ball,1966)。

第二种解释思路是,对里昂惕夫的测量方法提出质疑,从而证实里昂惕夫之谜是不存在的,其主要观点有:

一是自然资源因素。斯维灵(Swerling)、哈勃勒(Haberler)等人认为,里昂惕夫使用两要素(劳动、资本)模型忽略了自然资源的影响,而将自然资源密集型产品划分为劳动或资本密集型产品会造成测量上的偏差。许多利用自然资源进行生产的产品,其在生产过程中同时需要大量的实物资本,而美国对自然资源进口的依赖性使美国偏重于进口资本密集型产品(Swerling,1964;Haberler,1961)。雅洛斯雷夫·瓦尼克(Jaroslav Vanek)对自然资源对美国贸易模式的影响进行了实证研究,其发现加入自然资源因素后,的确可以在一定程度上解释里昂惕夫之谜的产生。

二是人力资本与科技水平。克拉维斯、基辛(Keesing)、肯恩(Kenen)和鲍德温等人认为,基于充裕的人力资本和领先的科技水平,美国所出口的商品并不是简单的劳动密集型产品,而是知识和技能密集型产品,由于里昂惕夫的分析中并没有考虑到这一点,因而出现了偏差(Kravis,1956;Keesing,1966;Kenen,1965;Baldwin,1971)。但是,布兰森(Branson)和莫诺尤斯(Monoyios)对为验证赫克歇尔—俄林模型而将人力资本与实物资本混淆的做法提出了质疑。

第三种解释思路是,对赫克歇尔—俄林模型的政策含义进行重新理解,进而在新的测量指标下检视里昂惕夫之谜。

瓦尼克在1968年提出了著名的赫克歇尔—俄林—瓦尼克方程,指出要素的相对稀缺性可以用要素净出口数量与要素国内供给数量之比的排序来表示。基于瓦尼克的工作,爱德华·利莫尔(Edward Leamer)更进一步提出,在一个多要素的世界中,仅仅对进出口产品的资本/劳动比率进行比较是不准确的,而应该对生产和消费的资本/劳动比率进行比较(Leamer,1980)。在1984年,利莫尔重新对里昂惕夫1947年的数据进行分析,发现美国消费中的资本/劳动比率远远低于生产中的资本/劳动比率,也就是说,美国依然是一个资本相对充裕的国家,这也就解释了里昂惕夫之谜。此后,斯特恩(Stern)、马斯库斯(Maskus)以及萨尔瓦多(Salvatore)等人以类似的思路对1972年以及1958~1981年的数据(不包括自然资源)进行分析,其都支持了利莫尔的结论(Stern,Maskus,1981;Salvatore,1984)。

但是,当鲍文(Bowen)、利莫尔(Leamer)和斯维考斯卡斯(Sveikauskas)对包含27个国家12种生产要素的样本进行分析时,结果却显示贸易并不是按照赫克歇尔—俄林模型的预见方式进行的,而是证实了里昂惕夫之谜的存在(Bowen,Leamer,Sveikauskas,1987)。对此,丹尼尔·泰福勒(Daniel Trefler)将国家间生产技术水平差异因素引入赫克歇尔—俄林—瓦尼克方程中,从而放宽了赫克歇尔—俄林模型关于各国生产技术水平相同的假设。在此基础上,哈里根(Harrigan)和扎克拉赛克(Zakrajsek)对1970~1992年发达国家和发展中国家的数据进行研究,证明赫克歇尔—俄林模型的正确性(Harrigan,Zakrajsek,2000);而肖特(Schott)利用更为细致的数据也进一步证实了同样的内容(Schott,2003)。

综上所述,里昂惕夫之谜并没有完全否定赫克歇尔—俄林模型,对里昂惕夫之谜的研究使人们更加关注赫克歇尔—俄林模型中偏离现实的假定以及缺乏严谨界定的概念,从而对该模型进行修正并提出进行经验研究的具体方法。时至今日,经过修正的以比较优势思想为核心的赫克歇尔—俄林模型依然对国际贸易实践具有一定的指导意义。

参考文献:

Baldwin R. E., Determinants of the Commodity Structure of U. S. Trade, *American Economic Review*, Vol. 61, No. 1, March, 1971.

Ball D. S., Factor Intensity Reversals in International Comparision of Factor Cost and Factor Use, *Journal of Political Economy*, Vol. 74, No. 1, February 1966.

Bowen, H. P., Leamer, E. E., Sveikauskas, L., Multicountry, Multifactor Test of the Factor Abundance Theory, *American Economic Review*, Vol. 77, No. 5, December 1987.

Branson, W. H., Monoyios, N., Factor Inputs in U. S. Trade, *Journal of International Economics*, Vol. 7, No. 2, May 1977.

Haberler, G., *A Survey of International Trade Theory*, Princeton University, 1961.

Harrigan, J., Zakrajsek, E., Factor Supplies and Specialization in the World Economy, NBER Working Paper No. 7848, August 2000.

Houthakker, H. S., An International Comparision of Household Expenditure Patterns, Commemorating the Centenary of Engel's Law, *Econometrica*, Vol. 25, No. 4, October, 1957.

Jones, R. W., Factor Proportions and the Heckscher-Ohlin Theorem, *The Review of Economic Studies*, Vol. 24, No. 1, October, 1956.

Kenen, P. B., Nature, Capital and Trade, *Journal of Political Economy*, Vol. 73, No. 5, October, 1965.

Kessing, D. B., Labor Skills and Comparative Advantage, *American Economic Review*, Vol. 56, No. 1/2, March-1 1966.

Kravis, I. B., Availability and Other Influences on the Commodity Composition of Trade, *Journal of Political Economy*, Vol. 64, No. 2, April, 1956.

Leamer, E. E., The Leontief Paradox, Reconsidered, *Journal of Political Economy*, Vol. 88, No. 3, June 1980.

Leontief W. W., Domestic Production and Foreign Trade: The American Capital Position Re-Examined, *Proceedings of the American Philosophical Society*, Vol. 97, No. 4, September, 1953.

Leontief, W. W., Factor Proportions and the Structure of American Trade: Further Theoretical and Empirical Analysis, *Review of Economics and Statistics*, Vol. 38, No. 4, November 1956.

Minhas, B. S., The Homohypallagic Production Function, Factor-Intensity Reversals, and the Heckscher-Ohlin Theorem, *Journal of Political Economy*, Vol. 70, No. 2, April, 1962.

Salvatore, D., An Econometric Model of Internal Migration and Development: Extensions and Tests, *Regional Science and Urban Economics*, Vol. 14, No. 1, February, 1984.

Schott, P. K., One Size Fit All? Heckscher-Ohlin Specialization in Global Production, *American Economic Review*, Vol. 93, No. 3, June, 2003.

Stern, R. M., Maskus K. E., Determinants of the Structure of U. S. Foreign Trade, *Journal of International Economics*, Vol. 11, No. 2, May, 1981.

Swerling, B. C., Capital Shortage and Labor Surplus in the United States? *The Review of Economics and Statistics*, Vol. 36, No. 3, August, 1954.

Travis, W. P., *The Theory of Trade and Production*, Boston: Harvard University Press, 1964.

（黄义衡）

剩余出路理论
“Vent for Surplus”Theory

剩余出路理论是亚当·斯密（Adam Smith）1776年在其著作《国民财富的性质及原理》中提出的，强调国际贸易在为过剩的生产能力提供一个更广阔的市场出口或出路的作用，这种过剩的生产能力在没有国际贸易时可能会利用不足。

斯密在“论述地域分工论”的同时，提出了“剩余出路”论。他认为，通过对外贸易来扩大本国产品市场，刺激总需求，可以产生促进本国经济增长的动力。假设一国经济发展在没有对外贸易时处于不均衡状态，存在闲置资源或剩余产品，当该国由封闭转向开放后，便可出口其剩余产品或者由闲置资源生产的产品，对外贸易为本国的剩余产品提供了“出路”。斯密认为这种贸易方式是自然产生的，他指出：“……每一种贸易方式都是顺应事物发展的趋势而自然发展起来的，没有受到拘束，没有遭遇压力；那么，无论是其中的哪一种，都是有利的，必须的和不可避免的贸易方式”，在此基础上，他进一步解释：“在特定工业部门的产品超过本国需要的情况下，其剩余部分就必然被送往国外以交换国内所需要的物品。如果没有这种出口，国内生产性劳动一定有一部分会停止下来，因而会减少国内产出的价值。……没有这种出口，国内这些剩余部分将不能获得充足的价格来补偿生产它时所花费的劳动与费用。沿海沿江一带之所以适合兴办产业，就是因为剩余产物容易出口，也容易换回本地所需要的物品”。根据剩余出路理论的思想，不管对外贸易发生在哪些国家，它都具有两个明显的优点：一是使用本国土地和劳动力生产出来的剩余产品价值得以实现；二是可以从国外直接换回国内所需要的其他产品。通过用剩余产品与国外产品进行交换的同时，国内剩余产品也就被赋予了价值。由于出口的是剩余产品或者由闲置资源生产的产品，因而无需其他部门转移资源，也不必减少其他的国内经济活动。出口所带来的收益或由此产生的进口增加也没有机会成本，因而必然促进本国的经济增长。

剩余出路理论为研究发展中国家的出口扩张和经济发展的历史进程提供了一个理论框架（Williams, 1929; Myint, 1958; 1977）。剩余出路理论为不发达国家在19世纪后半叶和20世纪初向多国贸易开放后，其初级产品出口仍能迅速持久的增长提供了原因解释。初级产品出口扩张的典型过程可以看做是一个较长的“转移过程”，在这个过程中，将未能充分利用的或过剩自然资源和劳动力应用到出口生产中，可以使得生产的预期收益递减趋势得到遏止。这就是说，东南亚和非洲的许多农产品出口经济中,在为剩余提供出路的阶段,在近似于收益不变的条件下,出口扩张比预期持续的时间更大,一直延续到战后的数十年。

迈因特(Myint,1958)将剩余出路理论应用于不发达国家的研究作出了如下详细的阐述。在正常条件下(即没有短期的经济波动),任何国家的生产水平在实际值与理论值之间一般都存在一段差距,理论值是指在既定资源和技术条件下生产可能边界上达到的生产水平。这种实际的和可获得的产出水平之间的差距,在不发达国家比发达国家更大,即使两个国家实施相同的经济政策也是如此。其原因在于,落后国家的国内经济组织很不完善,主要体现在运输和通讯系统比较落后,政府的管理和财政机构不完备,市场发育不健全,特别是生产资料市场等。按照剩余出口理论,在一个尚未完全开放对外经济联系的传统经济中,很可能存在巨大的剩余资源储备,这反映出国内经济结构不发达的特征。在这样的环境下,国际贸易为经济发展提供了一个重要的动力。它带来的不仅有从贸易中获得的"直接收益",即廉价进口增加了国家经济福利,而且有转变国内经济组织的"间接收益",即通过传统的农业部门中交换经济的扩大和发展,通过交通和通讯的改善,以及通过政府从扩大出口中得到的不断增加的收入而提供更好的公共服务。迈因特(1963)进一步分析认为,基于剩余出路理论从贸易中获得的直接收益也比传统的国际贸易理论所认为的大很多。

迈因特(1972)运用剩余出路理论分析了泰国的农产品出口扩张。从20世纪初开始,在剩余出路的基础上泰国一直在扩大在大米出口,在20世纪60年代,通过迅速扩大诸如玉米和薯类淀粉等新型农产品出口,在20世纪70年代则主要通过改善国内运输条件而一直保持这种势头。同样地,在20世纪50年代和60年代,许多非洲国家通过耕种更多的土地经历了一个迅速扩大新农产品出口的过程。近年来,这些国家的出口增长出现减缓趋势,归纳起来原因可能有三方面:一是在一些国家土地供应出现枯竭(Hayami and Ruttan,1985);二是国家干预下农产品的不合理定价(World Bank,1981);三是国家的政治不稳定造成的(Hayami and Ruttan,1985)。

剩余出路理论可在一个略有不同的基础上延伸,解释美国和欧洲经济共同体国家等发达国家的农业剩余。这种生产能力的剩余不是由国内经济组织不发达引起的,而是由强大的政治压力招致的各种农业支持计划(Hayami and Ruttan,1985)。不过,尽管如此,由于剩余出路理论是基于对现存生产能力剩余寻找一种国际出口途径,而不是使他们的生产能力适应于世界市场的需求,从这个角度看,剩余出路理论对于研究发达国家的国际贸易和援助政策是有启发意义的(Myint,1987)。

参考文献:

Smith, A. , *An Inquiry into the Nature and the Courses of the Wealth of Nations*, 1776, Ed. E. Cannan, London: Methuen, 1961.

Myint, H. , *The Economics of the Developing Countries*, London: Hutchinson, 1963.

Myint, H. , *Southeast Asia's Economy: Development Policies in the 1970s*, Harmondsworth: Penguin Books, 1972.

Hayami, Y. , Ruttan V. W. , *Agricultural Development: An International Perspective*, Baltimore: Johns Hopkins University Press, 1985.

Williame, J. H. , The Theory of International Trade Reconsidered, *Economic Journal*, 39, June, 1929.

World Bank, *Accelerated Development in Sub-Saharan Africa: Agenda for Action*, Washington, D. C. : World Bank, 1981.

Myint, H. , Vent for Surplus, in John Eatwell, Murray Milgate and Peter Newman, *The New Palgrave: A Dictionary of Economics*, The Macmillan Press, 1987.

Myint, H. , The Classical Theory of International Trade and the Underdeveloped Countries, *Economic Journal*, 68, June, 1958.

Myint, H. , Adam Smith's Theory of International Trade in the Perspective of Economic Development, *Economica*, 44, August, 1977.

(黄晴琳)

贸易条件恶化论(普雷维什—辛格假说) Deteriorating Trade Term Theory (Prebisch-Singer Hypothesis)

古典和新古典经济学一直是将对外贸易看做一国经济发展的有利因素。从亚当·斯密分析的贸易促进劳动分工和带来规模经济,到大卫·李嘉图的比较利益理论,以及约翰·穆勒关于贸易可以扩大分工、推动技术进步的观点和马歇尔关于贸易对工业化推动的观点,都得出了一个普遍性的结论,即任何国家都可以从贸易中获益。20世纪30年代,英国经济学家D. H. 罗伯特逊(D. H. Robertson)在概括了这些理论和观点的基础上,提出了"外贸是经济增长的引擎"命题(D. H. 罗伯特逊,1938)。20世纪80年代,经济学家M. 西尔昆(Moises. Syrquin)和H. 钱纳里(Hollis Chenery)在各国发展格局的统计分析中发现,人均收入从300美元左右增加到4000美元(以1980年价格计)时,国内生产总值中出口的比重从15%上升到21%,当然,这一统计结果在大国和小国之间是有差异的(M. 西尔昆、H. 钱纳里,1989)。

20世纪50年代以前,一般认为根据比较利益原则出口初级产品的国家,也能通过要素使用的改进、要素禀赋的扩大以及产业联系效应引致人均收入提高和经济结构变化。1950年,阿根廷经济学家劳尔·普雷维什(Raul Prebisch)和汉斯·辛格(Hans Singer)分别提出了初级产品的出口将面临需求增长缓慢的状况,而且从长期看,初级产品在世界市场上的价格相对于制成品价格将会下降。衡量这些相对价格的方法是商品或净易货贸易条件(Tn)。Tn是两个指数之比,即一国出口商品的平均价格(Pe)和该国进口商品的平均价格(Pm)(R. 普雷维什,1950;H. 辛格,1950)。普雷维什和辛格关于出口初级产品的发展中国家贸易条件恶化的分析被称之为普雷维什—辛格假说。这个假说认为,随着发展中国家与工业国进行贸易,前者的贸易条件呈现出结构性恶化趋势。从其初始形式看,这一假说主要是指初始产品与工业国的制成品之间的贸易条件。

20世纪中叶以前,经济学界主要围绕贸易条件的定义及其决定要素展开讨论。在19世纪,贸易条件被认为是"交换比率",用一国的进口量与出口量的比率表示,即Qm/Qx(式中,Qm、Qx分别代表一国进口商品和出口商品的实物量或数量指数)(张培刚,1992)。1925年,F. W. 陶西格(F. W. Tanssig)第一次明确区分了贸易条件的数量定义(Qm/Qx)和价格定义(Px/Pm),前者表示一国进口数量(指数)与出口数量(指数)间的比率;后者表示一国出口价格(指数)与进口价格(指数)间的比率(F. W. 陶西格,1928)。Px/Pm又称为"净易货贸易条件",即是后来通常所称的"商品贸易条件"。

普雷维什—辛格假说从需求弹性和生产率角度分析道,实际收入的增加会引起制成品需求有更大程度的增加,但对初级产品不会产生同样的效果,这是由两者不同的需求收入弹性所造成的。另外,制造业的技术进步常常使得单位产品所耗费的原材料数量减少,从而造成对原材料的需求相对降低。所以,这些因素都会导致初级产品贸易条件的长期恶化(张培刚,1992)。由于对发展中国家出口初级产品持悲观态度,普雷维什和辛格探索了进口替代战略,即系统地设置进口壁垒,使进口制成品被国内工业产品所替代,并认为这是18世纪以后大多数国家实现工业化的基本途径。进口替代战略的实质内容就是以本国生产的工业制成品来满足国内需求,取代进口货,并通过进口替代工业的发展来逐步实现工业化。为了实施这一战略,保护国内的幼年工业成长,吸引更多的资金投入进口替代产业,一般实行保护关税和进口配额制度。有些发展中国家同时还实行复汇率制度,即对同国内产品有竞争力的进口品实行偏高汇率,以防止进口商品的竞争;而对国内产业所需投入品的进口实行偏低汇率,以降低国内进口替代产品的生产成本。此外,为了扶植进口替代产业的发展,一些国家还在资金、基础设施、资源等方面提供优惠条件。

较早对进口替代战略作出权威性批评的是李特尔(I. Little)、西多夫斯基(T-Scitovsky)和斯考特(M. Scott)等人,他们指出了进口替代战略的一些缺陷:

一是抑制出口。进口替代产业往往得到种种优惠,而且汇率偏高,限制了出口产业的积极性。

二是工业资产利用效率不足。在内向型战略中,政府采取种种措施保护替代产业。对一个产业来说,生产效率相对越低,需要保护的程度就越高,保护措施中对资本货物的优惠也越多,因此资本取代劳动的倾向就越强,造成资本货物装备过度。贸易保护主义使这些企业即使开工率较低,也能获得可观的利润。

三是进口倾向加强。替代产业往往依靠进口的机器设备、原材料、零部件和其他投入品,这种针对外汇的需求,经常超过它所替代的部分。

四是政府干预过度。政府实施保护措施和进行其他干预,往往导致经济活动缺乏效率。

五是进口替代过程受阻。由于国内市场容量有限,和对关联产业的带动不明显,替代空间可能很快缩小以至消失(I. 李特尔等,1970)。

美国经济学家吉利斯(Malcolm Gillis)、波金斯(Dwight H. Perkins)、罗默(Michael Rvemer)、斯诺德格拉斯(Donald R. Snodgrass)在他们合作编写的《发展经济学》中指出,普雷维什—辛格假说以经验为根据的检验,最多只能得出模棱两可的结论。在1950年的论著中,普雷维什使用了英国19世纪70年代到20世纪30年代贸易条件的数据,这些数据看起来是支持其观点的。然而,普雷维什的数据是不确切的,所以支持其假说不能算很慎重。贸易悲观主义者指出,对初级产品需求的增长会减缓,从而认为这些商品的贸易条件将随时间而下降。更重要的是,当发展中国家以增加初级产品产量作为比发达国家发展更快的手段时,可以预测:其出口产品的价格相对于工业国产品的出口价格将下降,显然是因为发展中国家初级产品的供给将比需求增长得更快。然而,理论上的思考也能导致背道而驰的结论。初级产品是由供给有限的要素生产出来的,特别是土地、矿藏和其他天然资源。虽然可以期望通过技术革新提高这些资源的劳动生产率,但它们不是取之不尽、用之不竭的,如果世界收入不断地、甚至是缓慢地增长,许多初级产品的需求看来有可能最终比供给增加得更快。这是,那些产品的价格相对于由劳动力和资本生产的、供给不断扩大的制成品的价格来说,就应该上升。例如,木材价格一直在稳步增长,尽管对能源的需求尚未开始超过新供给的发现与开发(Malcolm Gillis, Dwight H, Perkins. Michael Rvemer, Donald R. Snodgrass,1996)。

理论分析和现实经济都表明,对外贸易对于经济发展具有极大的促进作用。发展中国家要从根本上摆脱贫困、落后，实现工业化，必须发展对外贸易。对外贸易扩大了国外对国内产品的需求，扩大了国内生产的市场，从而扩大了工业生产，增加了就业，提高了人均收入水平；对外贸易通过引进先进设备和技术，促进了传统生产方式的变革，提高了技术水平和劳动生产率，增强了国际竞争能力；对外贸易可以推动工业、外贸等部门的发展，改变传统的产业结构，等等。国外一些经济学家研究了20世纪50～60年代发展中国家经济增长的大量资料，分析了进出口贸易与经济增长的关系，其一致结论是：对外贸易与发展中国家的经济增长有直接联系，外贸增长越快，经济增长也越快（瑟尔沃尔：《增长与发展》，1983）。所以，在争取贸易条件改善的前提下大力发展对外贸易是发展中国家一种重要的战略考虑。

参考文献：

张培刚：《新发展经济学》，河南人民出版社1992年版。

［英］瑟尔沃尔：《增长与发展》，中国人民大学出版社1992年版。

D. H. Robertson, The Future of International Trade, *The Economic Journal*, Vol. 48, No. 189, Mar., 1938.

Moshe Syrquin and H. B. Chenery, Patterns of Development, 1950 to 1983, No. 41, World Bank Discussion Papers, Washington, D. C. 1989.

R. Prebisch, The Economic Development of Latin America and Its Principal Problems, *Economic Bulletin for Latin America*, 1950.

H. W. Singer, The Distribution of Gains between Investing and Borrowing Countries, *The American Economic Review*, May, 1950.

F. W. Taussig, *International Trade*, New York, 1928.

Little, I. M. D., Scitovsky T. and Scott M. F., *Industry and Trade in Some Developing Countries: A Comparative Study*, 1970, Published for the Development Centre of the Organization for Economic Co-Operation and Development by Oxford U. P.

Malcolm Gillis, Dwight H. Perkins, Michael Roemer and Donald R. Snodgrass, *Economics of Development*, 1996, WW Norton & Company, Inc.

C. P. Kindleberger, *The Terms of Trade*, New York, 1956.

（赵晓雷）

幼稚工业保护论

Infant Industry Protection Theory

幼稚工业保护论是指，有关新兴工业在发展初期需要国家通过暂时性的贸易保护予以扶持的理论。该理论认为，一个国家，尤其是发展中国家在其经济发展过程中，国内某些新兴工业根本无法与国外已经非常成熟和完善的同类工业进行竞争，为了使该新兴工业能够获得发展，政府应该通过关税和进口配额等政策对其进行暂时性保护，直到它们实力增强到足以和国外同类工业竞争为止。

最早主张国家征收保护关税的是美国第一任财政部长亚历山大·汉密尔顿（Alexander Hamilton），他于1791年在《制造业报告》中提出，他认为本国的幼稚工业必须加以保护以利于其发展，提出工业和农业应平衡发展，必要时对农业也要加以保护。他认为不应对所有进口品都征税，而是只对本国有生产能力的进口品征收保护关税。德国经济学家弗里德里希·李斯特（Friedrich List）在汉密尔顿的幼稚工业保护论的基础上，将其系统化成为完整的理论体系，并于1841年在《政治经济学的国民体系》（*The National System of Political Economy*）一书中系统地提出了以重视生产力发展为特征的幼稚工业保护理论，其主要思想是建立在生产能力理论、经济发展阶段论和国家干预理论基础上。

生产能力理论。李斯特主张重视培养创造财富的生产能力。李斯特指出："财富的生产力比之财富本身，不晓得要重要多少倍，它不但可以使已有的和已经增加的财富获得保障，而且可以使已经消失的财富获得补偿。个人如此，拿整个国家来说更是如此"。李斯特认为，生产力是创造财富的能力。一个国家的财富和力量来源于本国社会生产力的发展，提高生产力是国家强盛的基础。

对于一国的经济利益，他更看重经济成长的长远利益。他认为进口廉价商品，短期内是很合适的，但本国的产业就会长期处于落后的依附地位，而如采取保护贸易的措施限制进口，开始国内厂商提供的商品价格要高一些，短期内消费者的利益会受到损害，但当本国的产业发展起来后，价格会降低，从长远看是有利于公众福利的。李斯特认为："保护关税如果会使价值有所牺牲的话，它却使生产力有了增长，足以抵偿损失而有余"。通过保护贸易，发展了自己民族的生产力，即创造财富的能力，这才是真正的财富。

经济发展阶段论。李斯特还提出了经济发展阶段论，批判比较成本理论忽视了各国历史和经济发展特点，阐明了经济发展与贸易政策的相互关系，以此作为保护贸易政策的基本依据。李斯特认为，亚当·斯密（Adam Smith）和大卫·李嘉图（David Ricardo）的理论尽管各有长处，但却只适用于英国，或者说只是从全世界共同发展出发的，没有考虑各国的情况不同、利益不同，这不是一种普遍适用于各国的理论。李斯特特别强调每个国家都有其发展的特殊道理，他指出："从经济方面看来，国家都必须经过如下几个发展阶段:原始未开化时期,畜牧时期,农业时期,农工业时期,农工商时期”。

李斯特认为,各国在不同的发展阶段,应采取不同的对外贸易政策,在经济发展前三个时期要求农业得到发展,应实行自由贸易政策。农工业时期追求工业的发展,必须采取贸易保护政策,确保本国工业的发展。而当经济进入发展的最高阶段,农工商时期追求商业的扩张,应实行自由贸易政策。只有这样,才可能有利于经济的发展,否则将不利于相对落后国家的经济发展。

国家干预理论。李斯特主张国家干预经济,反对古典学派的放任自由原则。李斯特认为,要想发展生产力,必须借助国家力量,而不能听任经济自发地实现其转变和增长。实行保护贸易政策的目的是为了促进生产力的发展,为了最终无须保护。因此,保护并不是全面保护,而是有选择的。农业是不需要保护的。国家应选择那些目前处于幼稚阶段、受到强大的竞争压力,但经过一段时间的保护和发展能够被扶植起来并达到自立的工业。如果幼稚工业没有强大的竞争者,或经过一段时期的保护和发展也不能自立,那就不应保护。李斯特认为,这里“一段时期”的最高限为30年。也就是说,保护是有期限的。

李斯特认为,保护贸易政策的主要手段是关税和禁止输入,应根据各国的特定环境及其工业状况对不同类型的产品制定不同的关税税率。对在国内生产方便又供普遍消费的产品,可以征收较高的关税;对在国内生产困难、价值昂贵又容易走私的产品,税率应按程度逐级降低。当本国的专门技术和机器制造业还未获得高度发展时,就应对国外输入的复杂机器设备予以免税或征收较低的税率,鼓励复杂机器设备进口以促进本国工业的发展。

由于李斯特主张保护的是幼稚工业,并且主要是通过关税保护,所以通常把李斯特的贸易保护理论称作幼稚工业保护论。幼稚工业保护论是一种很有说服力的论点,不少国家的政府采取了类似的政策措施。但国际实际经济发展的现实说明,这种保护政策的实际效果是值得怀疑的。

战略影响。李斯特的保护幼稚工业思想的提出,确立了保护贸易理论在国际贸易理论体系中的地位,标志着从重商主义分离出来的西方国际贸易理论两大学派—自由贸易学派和保护贸易学派的完全形成。该理论在德国工业资本主义的发展过程中起过积极的作用,它促进了德国资本主义的发展,有利于资产阶级反对封建主义势力的斗争。在保护政策的扶植下,经过1843年、1846年两次提高关税,德国经济确实在短期内有了迅速的发展,终于赶上了英、法等国。同时,李斯特的保护幼稚工业思想也帮助了世界其他国家的崛起,如美国和日本的汽车制造业。

但是,李斯特的保护幼稚工业思想也存在一些缺陷,例如,他对影响生产力发展的各种因素分析比较混乱。李斯特认为,基督教、一夫一妻制、奴隶制与封建领地的取消,王位的继承,印刷、报纸、邮政、货币、历法、钟表、警察等事物、制度的发明,自由保有不动产原则的实行,交通工具的采用……这些都是生产力增长的丰富泉源。显然,李斯特把各种不同的社会范畴、技术范畴、经济范畴与政治范畴混杂在一起作为“生产力增长的源泉”,因而不能揭示生产力和经济发展的根本原因,也不能揭示物质生产本身是社会经济生活的决定性基础这一根本原理。他的经济发展阶段思想是以经济部门为划分经济发展阶段基础的,这实际上是把社会历史的发展归结为国民经济部门的变迁,而撇开了生产关系这个根本原因。此外,李斯特以他的生产力思想与古典学派的国际价值论对立起来,强调国家对于经济发展的决定性作用,这也是片面的。

参考文献:

[德]弗里德里希·李斯特:《政治经济学的国民体系》,华夏出版社2009年版。

[英]亚当·斯密:《国民财富的性质及原理》,中国社会科学出版社2007年版。

Friedrich List, *The National System of Political Economy*, 1841, trans. Sampson S. Lloyd, with an Introduction by J. Shield Nicholson, London: Longmans, Green and Co., 1909.

Smith, A., 1776, *An Inquiry into the Nature and the Courses of the Wealth of Nations*, Ed. E. Cannan, London: Methuen, 1961.

David Ricardo, *On the Principles of Political Economy and Taxation*, 3rd edition, London: John Murray, 1821.

（黄赜琳）

进口替代战略

Import Substitution Strategy

进口替代战略是指一国试图通过限制和替代外国工业品的进口,保护和促进本国工业发展,以实现本国工业化和经济增长的一种经济发展战略。按照国际贸易理论的解释,这样实现的经济增长是一种“进口偏向型增长”。20世纪50~60年代,在发展中国家出现了进口替代型工业化的高潮。在实施进口替代战略时,有的国家是从消费品的进口替代开始,有的国家则全面地从消费品、中间投入品和资本品(即生产资料和生活资料)的进口替代开始,力图逐步以国内生产代替进口,达到经济独立和经济发展的目标。

进口替代战略一般经历两个阶段:第一阶段是初

级进口替代阶段。这时建立和发展一般的最终消费品工业,如自行车、收音机、小型家用电器、服装、食品加工等一般消费品工业,以替代这些消费品的进口。在这一阶段,发展中国家需要从国外进口生产消费品所需的资本品、中间产品等。第二阶段是高级进口替代阶段。随着经济发展、技术水平的提高,进口替代工业从一般最终消费品的生产转向发展资本品和耐用消费品工业,如机器设备、石油化工、钢铁工业等资本品制造业,以及电视、汽车等耐用消费品工业。在实行进口替代战略的过程中,一国需要采取高关税、进口配额、国产化规定、外汇管制等贸易政策保护本国的工业发展。

20世纪50年代,进口替代战略由拉丁美洲的一些国家和地区率先实施,而后亚洲一些国家和地区也纷纷实施。至20世纪60年代,进口替代战略成为发展中国家占主导地位的战略形式。很多实施这种贸易战略的发展中国家初期都取得了很大的经济增长成就,一些现代化的或半现代化的国内工业企业建立起来了,对进口工业品的依赖程度降低了,也培养了一批专门技术人才和熟练劳动者。得益于这种发展战略的成功,许多发展中国家和地区从殖民地经济结构中摆脱出来,实现初步的工业化。

不仅是发展中国家和地区,工业化时代以来的经济强国都在某种程度上实行过进口替代。在19世纪初期,英国的棉纺织工业远远落后于印度和中国,为了鼓励国内棉纺织工业的发展,英国禁止从东方进口棉纺织品,以便能够用本国生产棉纺织品来替代进口。正是在这样繁荣起来的棉纺织业生产中发生了“产业革命”,从而使整个人类进入了工业化时代,也使英国成了很长时期中的世界第一经济强国。多数发达国家如美国、德国和日本,也都曾依靠进口替代而致富(左大培,2003)。

新中国成立之初,由于当时以拉丁美洲国家经济学家为首的发展经济学家为进口替代工业化战略提供了一整套理论和政策的依据和可行办法,而且当时的亚洲和拉美发展中国家都先后选择了进口替代工业化战略,根据中国的经济和政治发展情况,我国也选择了进口替代工业化发展战略。但是中国的进口替代战略与东南亚其他国家不同,东南亚国家在选择进口替代工业化战略时,强调的是发展其丰富且廉价的劳动力资源优势,在产业选择上首先从非耐用品的替代进口入手,待其竞争力增强后又转向出口,出口积累的资本能够为次级进口替代打下基础,促进产业继续向耐用品、中间产品和资本品的升级,因而其采取的贸易战略是立足于比较优势,每个阶段工业的发展都是基于需求,进口替代的最终目的是为了鼓励出口。与此相反的是,受苏联和东欧社会主义国家重工业化模式的影响,再加上世界市场主要的进出口国都是对中国实行封锁的资本主义国家,因而中国采取的进口替代战略主要是为了满足本国工业化发展的需要,进口替代部门是反比较优势的,基本上都集中于资本密集型行业(张鸿,2006)。

事实表明,最初进口替代战略在世界一些国家取得了很大的成功。本国生产的制成品产量迅速增长,工业就业也在迅速增长。后来,这种政策效果并不理想。由于进口替代主要发生在“软”消费品工业,而投资品继续进口,因此,在与消费品进口替代相联系的早期增长之后,增长再一次受到必须进口的机器的制约。而且,受保护的国内工业是相对低效率的,并且不能够在世界市场上竞争。

进口替代包括减少或消除进口,以国内产品替代进口。当进口水平下降时,过去被用来购买进口商品的国内收入现在被用来购买国内商品。随着更多的收入花费在国内产品上,储蓄下降,产出、收入和就业上升,因此进口替代也被认为是一种内向型增长模式,这种类型的增长战略需要国内产业具备供给以前进口商品的能力。

进口替代工业化可以认为是内向型政策;该政策强调本土产品,希望在工业生产中自力更生。通常进口替代战略的政策措施主要有:(1)关税保护,对进口产品尤其是最终消费品征收高关税,以减少进口,但对国内生产必需的中间品和资本品则征收关税或免税以降低进口替代品的生产成本;(2)实施进口配额,限制非必需品(特别是奢侈品)的进口;(3)采取相应的国内保护措施,给进口替代工业以扶植和保护,在资本、劳动力、生产技术、价格等方面给进口替代工业以优惠,增强其在国内市场的竞争力;(4)采取外汇管制,将外汇主要用于进口替代部门必需的投入品的进口,并通过外汇升值减轻必需品进口所造成的外汇压力。

进口替代工业化通过政府政策来保护国内市场以避免国际竞争,通过对国内生产者税收的减让以及相对价格的操纵来实现。保护国内产业被认为是暂时的,仅仅维持到国内产业变得更具有国际竞争力时。所以进口替代政策没有忽略一国存在的自然的比较优势,并试图在不同的领域发展比较优势。

第二次世界大战后实行进口替代战略的发展中国家,在战后初期经济发展曾取得了一定成效。但20世纪70年代以后,这些国家后来普遍出现经济发展停滞现象,由此暴露出进口替代战略的一些问题。进口替代发展战略是建立在政府统制和保护的基础上,在市场经济不发达,经济结构单一,工业发展水平极度低下的情况下,通过对市场进行人为的干预和政府强有力的保护来阻断国内和国际市场的联系,将有助于避免国内幼稚产业过早地面临海外竞争,促使本国幼稚产业尽快成长。

然而，随着经济的发展和市场经济化的进步，进口替代战略在一些国家的实施效果并不理想，自身呈现出一些局限性。首先，当国内市场的保护造成进口下降时，保证收支平衡的外汇价格就要低于正常水平，这意味着出口商的单位外汇所兑换的国内货币数量要低于没有采取保护国内产业政策时的数量，因而阻碍了出口；高估的汇率还将导致进口投入使用增加，特别是那些低关税的进口投入，由此导致外汇不足，国际收支不断恶化。其次，在贸易保护措施下，资源配置的市场机制被扭曲，国内进口替代产业面临很少的竞争或者没有竞争，很少有激励保持效率。这种高度保护影响了国内产业在国际市场上的竞争能力。如果生产成本上升或世界竞争价格下降时，企业的做法往往是向政府寻求额外的保护。最后，由于受政策、资金的扶持，进口替代产业在国内市场尚未饱和的情况下将得到较快发展，而其他产业将处于一个比较不利的位置，特别是国内劳动密集型产业的比较优势难以发挥，这容易导致一国的产业结构出现不平衡状况。由于受国内市场的制约，实施进口替代的产业很难充分享受规模经济效果。当国内市场达到饱和状态，进口替代产业以后的增长将取决于国内需求规模和经济增长水平，而不能进行国内与国际市场的规模经济发展。

发展中国家的实践表明，进口替代工业化战略通常只取得了有限的成功或遭到了失败。从实施进口替代战略国家的成败经验教训表明：一国在实行进口替代战略的过程中，应重视维护市场竞争机制，发展出口产业，从内向保护型经济向开放竞争型经济转换。

参考文献：

左大培：《转向进口替代的发展战略》，北京大学经济观察研究中心 2003 年版。

张鸿：《中国对外贸易战略的调整》，上海交通大学出版社 2006 年版。

Hirschman, Albert O. , The Political Economy of Import—Substituting Industrialization in Latin Amercia, *The Quarterly Journal of Economics*, 82, 1968.

Ojimi, V. , Japan's Industrialization Strategy, in OCED, *Japanese Industrial Policy*, Paris: OCED, 1970.

Shonfield, A. , *Modern Capitalism*, Oxford: Oxford University Press, 1963.

Todaro, Michael P. , *Economics Development in the Third World*, *3rd Edition*. New York: Longman, 1985.

Krugman, Paul R. , Maurice Obstfeld, *International Economics*, Boston: Scott, Foresman, 1988.

（黄赜琳）

名义与有效保护率
Nominal and Effective Rate of Protection

20 世纪 60 年代中期以前，在贸易理论文献中，还没有研究从产品间投入产出关系推导关税税率之间的垂直关系。加拿大经济学家巴伯（Barber）于 1955 年率先提出了有效保护的概念，到 20 世纪 60 年代才开始作出理论性的阐述而被引用，其主要代表性文献是约翰逊（Johnson, 1965）和科登（Corden, 1966），后来的研究文献开辟了各种一般均衡课题、实际保护率的标度、非贸易性投入品问题、替代问题等领域的讨论与应用（Balassa, 1965; Basevi, 1966; Corden, 1971; Jones, 1971; Ethier, 1977）。1970 年在日内瓦召开关于有效保护理论的学术讨论会推动了这一理论的发展。这些国家需要大量进口原材料和中间产品，出口最终产品。因此，在关税谈判中，什么商品可以减税，减税幅度多大，如何不影响对本国加工制造业的保护而又达到相互减让关税的目的，在关税减让谈判中应注意的是有效保护率的提高，这就涉及谈判的策略问题。

名义保护率又叫名义关税率，是指某种进口产品输入一国关境时，海关根据海关税则所征收的关税税率本身，反映一国对某种进口产品征收的关税对本国同类产品的保护程度。名义保护率（记为 NRP）的计算公式如下：

$$NRP = (P^2 - P^1) / P^1$$

其中，P^1 为国际市场价格；P^2 是进口商品的国内市场价格，包括国内关税（记为 T），即 $P^2 = P^1 + T$。名义保护率等于关税税额与这种产品的国际市场价格之比率，即 $NRP = T / P^1$。例如，一国对进口某种汽车征收 25% 的关税，汽车的国际市场价格为 20 万美元，加收进口关税 5 万美元，实际进口价格为 25 万美元，多出的 5 万美元就是按 25% 计征的关税，这 25% 的关税税率就是对本国汽车业的名义保护率。

有效保护率也叫实际保护率，又称实际关税率，是指关税对国内同类产品实际上或有效的保护程度，是在某种产品生产中对其增值价值提供的一种保护率。实际保护率（记为 ERP）的计算公式如下：

$$ERP = (V^2 - V^1) / V^1$$

其中，V^1 为国外加工增值；V^2 为国内加工增值，是征收国内关税（记为 T）后的附加价值，即 $V^2 = V^1 + T$。实际保护率等于关税税额与这种产品的国际市场价格中扣除原材料和零部件成本之后的增加值之比率，即 $ERP = T / V^1$。例如，假设在自由贸易情况下，某种汽车的国际市场价格为 20 万美元，其中原材料和零部件 的成本为 16 万美元，组装成本为 4 万美元。当一国对进口汽车征收 25% 的关税后，这种汽车在进口国的售价为25万美元。据此，该国自产的同类汽车即可定价25万美元。这种情况下，国内汽车业获得了25%的名义保护，但不是有效保护。因为按照国际市场售价，假定汽车的原材料和零部件的成本不变，那么该国自产汽车的组装成本必须控制在4万美元以内，该国的汽车业才能生存。而在征收了25%的关税后，该国自产汽车的组装成本可能增加到9万美元。多出的5万美元关税税额与国际市场价格中组装成本4万美元之比为125%。这就是说，25%的关税为国内汽车行业提供了125%的实际保护率。

从名义与实际保护率的计算公式可以看出，名义保护率可以看成以某种产品的国际市场价格为对象所征收的从价税税率；而实际保护率可以看成是以某种产品的国际市场价格中扣除原材料和零部件成本之后的增加值为对象所征收的从价税税率。根据名义与实际保护率的计算公式可以推导出二者的关系式如下：

$$ERP = NRP/(V^1/P^1)$$

这个式子表明，实际保护率是名义保护率与进口产品的国际市场价格的增值率二者之比率。在关税名义保护率不变的情况下，进口产品的国际市场售价增值率越高，则国内同类产品实际获得的有效保护率就越低。

如果进一步考虑国内自产产品的中间投入产品是进口的情况。例如，国内汽车组装所用的原材料和零部件是从国外进口的，那么，进口原材料和零部件的关税税率及其成本在最终制成品汽车的国际售价中所占的比重也影响着实际保护率。也就是说，在其他条件下变的情况下，ERP不仅取决于有关商品的名义关税税率，还取决于投入产品的关税税率和投入系数。当考虑一种可进口产品（记为i）的简单情况，假设它仅有单一投入产品（记为j），这种投入产品是需要进口的，同时假设除了进口关税之后，不存在影响i产品和j产品的税收和补贴。那么对于生产i产品活动的ERP_i的计算公式为：

$$ERP_i = (NRP_i - W_{ji} \cdot NRP_j)/(1 - W_{ji})$$

其中，NRP_i和NRP_j表示对i产品和j产品征收的名义关税率。W_{ij}表示在没有关税的情况下，j产品在i产品成本中所占的比重。

上述公式表明，在这种情况下，实际保护率可能出现以下三种情况：(1)当$NRP_i = NRP_j$，则有$ERP_i = NRP_i$；即当某产业的最终制成品和中间投入品的名义关税率相等时，那么国内该产业所获得的实际保护率等于名义保护率。(2)当$NRP_i > NRP_j$，则有$ERP_i > NRP_i$；即某产业最终制成品的名义关税率大于中间投入品的名义关税率时，那么该产业的实际保护率大于名义保护率。(3)当$NRP_i < NRP_j$，则有$ERP_i < NRP_i$；即某产业最终制成品的名义关税率小于中间投入品的名义关税率时，那么该产业的实际保护率小于名义保护率，甚至可能出现负保护现象。在实际中常见的情形是上述第二种情况，投入产品的关税税率相对于最终产品的关税税率来说通常是低的，此时，提高投入产品的关税增加了对生产投入产品活动的保护，但是降低了其应用产业的实际保护。

有效保护率的计量可以反映出发达国家在早期阶段对初期产品的最终加工所提供的高度保护，即使在名义关税税率低的情况下也是如此，这是因为基础原材料是免税进口的。这种计量也能解释很多国家对于出口具有负的有效保护率产品的原因，例如，对出口不给予任何的补贴和其他帮助，即对大部分出口而言NRP_i值为0，但是生产这些出口商品的投入产品的进口关税使它们的NRP_j值为正的。此外，值得注意的是，在国际谈判中提出降低关税的建议，有可能实际上是增加了某些国内产业的保护，也就是说，产业保护可在降低关税的条件下实现。但这必须与有效的制度结构安排为基础，有效的关税结构安排与有效的产业结构安排是其实现有效保护的前提和基础。

在文献中，人们对负的增值价值讨论较多。在某些情况下，最终产品的自由贸易价格低于生产它们的基础原材料投入品的自由贸易价格。因此在自由贸易的情况下，实际价格将会是负的。出现这种现象的一种可能原因是，各种投入品的运输费用可能比最终产品的运输费用高很多。因而，在自由贸易的情况下就不会有这种最终产品的生产。但是，如果相对于投入品的关税，把最终产品的关税提高到足够高的程度，使得这种产品的国内实际价格变为正值，这就能使国内开始生产这种最终产品。此时，保护率是无穷大的，ERP的代数计算结果是一个负数。显然，当所进口的投入品的成本超过最终产品的自由贸易价格时，国内生产这种最终产品就是一种极端浪费的形式。

参考文献：

Barber, C. L., Canadian Tariff Policy, *Canadian Journal of Economics and Political Science*, 21, November, 1955.

Corden, W. M., *The Theory of Protection*, Oxford: Oxford University Press, 1971.

Johnson, H. G., 1965, The Theory of Tariff Structure, with Special Reference to World Trade and Development, in Johnson, *Aspects of the Theory of Tariffs*, London: Allen & Unwin, 1971.

Jones, R. W., Substitution and Effective Protection, *Journal of International Economics*, 1(1), February, 1971.

Ethier, W. M., The Theory of Effective Protection in General Equilibrium: Effective Rate Analogues of Nominal Rates, *Canadian Journal of Economics*, 10 (2), May, 1977.

Balassa, B., Tariff Protection in Industrial Countries:

An Evaluation, *Journal of Political Economy*, 73, December, 1965.

Basevi, G., The United States Tariff Structure: Estimates of Effective Rates of Protection of United States Industries and Industrial Labor, *Review of Economics and Statistics*, 48, May, 1966.

Corden, W. M., The Structure of a Tariff System and the Effective Protective Rate, *Journal of Political Economy*, 74, June, 1966.

（黄赜琳）

国外资本

Foreign Capital

发展经济学意义上的国外资本与"两缺口模型"及外资利用相关。为了弥补国内储蓄不足和投资不足，通过经济政策引进国外资本以支持经济增长。值得指出的是，发展经济学并不是简单地将国外资本看做是资本增量，而是视为一种"结构变量"。关于经济增长，古典和新古典经济学的解释变量是：资本存量增长、劳动力增长、劳动质量（教育水平）提高。而发展经济学家给出的结构变量是：劳动和资本再分配、出口增长、资本流入（两缺口假说）、发展水平（H. Chenery, S. Rboinson, M. Syrquin, 1986）。回归分析表明，资本净流入除了影响投资和出口之外，对增长也有重大影响。这一结论在某种程度上支持了关于进口可能限制增长的两缺口假说。

国外资本流入基本上有两个渠道，一是国际金融（资本）市场，二是外商直接投资（FDI）。第一个渠道一般地可解释为证券投资或金融资产投资，即国外资本为获得收入要求权而购买一国可交易的资产（包括政府及金融机构发行的债券）；第二个渠道是指国外资本为获得对国外经济活动所产生收入的要求权而对一国进行直接投资，直接投资意味着相关的公司对国外收入的产生过程拥有相应的决策控制权。在国际经济中，普遍存在着对国际资本流动的控制，尤其是在发展的早期，一般都对证券投资或金融资产投资进行限制，以维护本国金融体系的稳定性。即使在发达国家，例如美国，也存在阻止储蓄机构投资于国外不动产的法律条文，以及州政府关于阻止养老基金从事海外资产投资的规定（Malcolm Gillis, Dwight. H. Perkins, Michael. Roemer, Donald. R. Snodgrass, 1996）。国际经济中之所以存在对国外资本流入的管制和控制，是因为国外资本的流入与流出对一国国民财富或经济增长的影响一直存在着争议。尤其20世纪80年代和21世纪初发展的多次严重的国际债务危机，更增强了讨论的复杂性和不确定性。但从开放经济角度看，国际资本流动为一国经常项目和资本项目收支失衡提供资金，所带来的好处是肯定的。国外资本的流入与流出对一国能否带来好处依赖于一个国家寻求产业竞争力的内在动力以及一国的金融制度在多大程度上是推动经济增长的，而非依赖于法律文献上精确的管制规定。（Micheal Kuczynski, 1992）另外，对外国资本的有效利用还取决于适度外债规模的控制和外资投资组合的合理构建。

参考文献：

H. Chenery, S. Robinson and M. Syrquin, *Industrialization and Growth: A Comparative Study*, Oxford University Press, 1986.

Malcolm Gillis, Dwight H. Perkings, Micheal Roemer, Donald R. Snodgrass, *Economics of Development*, W. W. Norton Company, Inc. 1996.

Micheal Kuczynski, *Foreign Investment*, *The New Palgrave Dictionary of Money and Finance*, The Macmillan Press Limited, 1992.

Adler, M. and Dumas, B., International Portfolio Choice and Corporation Finance: A Synthesis, *Joural of Finance*, 38, 1983.

Cairncross, A. K., *Home and Foreign Investment*, Cambridge University Press, 1953.

Kojima, K. and Ozawa, 7., Micro-and Macro-Economic Models of Direct Foreign Investment: Forward a Synthesis, *Hitotsubashi Journal of Economics* 25, 1984.

Alfred Tait, Wilfred Gratz and Barry Eichengreen, International Comparisons of Taxation for Selected Developing Countries, International Monetary Fund Staff Papers, 26, 1979.

Roger S. Smith, Factors Affecting Saving, Policy Tools and Tax Reform: A Review, International Monetary Fund World Paper, No. 89/47. May, 1989.

（赵晓雷）

发展援助

Foreign Aid and Development

发展援助又称国外援助，是通过让与条件所形成的国际转让，一般指不需要偿还的赠予和具有优惠条件的贷款。大多由外国政府、国际组织等官方机构提供（张培刚，1992）。通常使用的是欧洲合作与发展组织采用的定义，即用以发展为目的、带有赠予性质的贷款。一般认为，最早的发展援助是第二次世界大战后美国的"马歇尔计划"。经过第二次世界大战，美国的实力进一步增强。战后初期，美国拥有资本主义世界工业产量的53.4%（1948年），出口贸易的32.4%（1947年），黄金储备的74.5%（1948年）。其他资本主义国家则因战争而经济濒于崩溃。为了恢复世界经济和国际贸易，首先必须重建欧洲资本主义国家的经济。而且，由于第二次世界大战后殖民体系的崩溃，必须要用多边制度安排替代欧洲资本主义国家与前殖民地的联系。时任美国国务卿的马歇尔制定了《欧洲复兴计划》，以后通称为“马歇尔计划”（Marshall Plan）。为了管理马歇尔计划，成立了欧洲经济合作组织，该组织于1961年成为经济合作与发展组织（OECD）。同时，国际复兴开发银行（世界银行）也从向工业国家发放复兴贷款转变为向发展中国家发放长期贷款。以后又相连建立了拉丁美洲、亚洲和非洲的地区性开发银行。到了20世纪60年代，政府一级的发展援助的机构框架基本建立。

在1948年以后的4年中，美国通过马歇尔计划向欧洲经济合作组织成员国输出大约170亿美元的援助，相当于当时美国年度国民生产总值的1.5%，目的是援助欧洲的战后重建。美国金融资本的注入，以及欧洲工业国家能有效利用这些资本的制度条件，使欧洲被战争破坏的实物资本存量得以重建，迅速地恢复了经济，世界经济和国际贸易重新繁荣。所以，马歇尔计划被认为是发展援助成功的典范。20世纪60年代以后发展援助的重点转向欧洲以外的所谓新兴国家，援助方主要是OECD成员国及国际机构，包括世界银行、国际货币基金组织、地区开发银行和联合国。国际机构中最重要的援助机构是世界银行。20世纪70年代以后，世界银行成为在经济发展研究、信息和政策咨询方面的世界性权威机构。但是，世界银行用于援助的净资源流量并不是很多。联合国的援助工作由联合国开发计划署（UNDP）协调，其他专业性机构包括联合国工业开发组织（UNDO）、国际劳工组织（ILO）、世界卫生组织（WHO）等也执行联合国开发计划署资助的技术援助项目。联合国、世界银行之外的多边援助机构还有欧洲联盟（EU）和石油输出国组织（OPEC）中的阿拉伯国家，前者主要向非洲国家提供援助；后者主要向伊斯兰国家提供援助。发展援助在操作上有两种技术安排，一是项目援助，旨在增加特定生产单位的产出和效用；二是计划借贷，旨在支持受援国的宏观经济政策，特别是受援国在结构变革期间增长的外汇需求。计划借贷比项目援助支付得更快，因而更受到受援国的欢迎（Hollis Chenery，1987）。

发展援助的目的也有一个演变过程。马歇尔计划的援助目的是欧洲战后的重建——当然也有意识形态色彩的国际安全方面的考虑。由于欧洲经济的迅速复兴，容纳美国出口的欧洲市场也迅速增长，在相当程度上补偿了马歇尔计划的援助成本。在20世纪50年代、60年代，发展援助的主要目的是长期的经济发展，即通过注入资本流量，增加资本形成，实现产出和收入的增长。到了20世纪60年代、70年代，除了资本援助，技术援助和人力资本受到重视，援助计划扩展到教育、卫生和其他社会服务事业。在20世纪70年代，援助计划包括了促进经济增长以外的目标：收入再分配、农村发展、减轻贫困等。20世纪80年代以后，援助计划更多地关注宏观经济稳定和结构调整、环境保护、甚至人权及民主化等非经济目的（Malcoim Gillis，Dwight H. Perkins，Michael Roemer，Donald R. Snodgrass，1996）。援助国的援助动机通常不会是纯经济性质的，或多或少都把对外援助作为对外政策的工具。而且，大多数援助国采用援助与采购挂钩的办法，把援助作为扩大本国商品出口的手段（Hollis Chenery，1987）。但是，对于接受援助的发展中国家而言，发展援助对于促进经济增长和发展仍是一种重要的、必不可少的手段。

参考文献：

张培刚：《新发展经济学》，河南人民出版社1992年版。

Malcolm Gillis, Dwight H. Perkins, Michael Roemer, Donald R. Snodgress, Economics of Development, Copyright by W. W. Norton&Company. Inc, 1996.

Hollis Chenery, *The New Palgrave: A Dictionary of Economics: Foreign Aid*, in John Eatwell, *Murray Milgate and Peter Newman in Four Volumes*, Copyright The Macmillam Press Limited, 1987.

Little, I. M. D. and Clifford, J. M., *International Aid*, Chicago: Aldine, 1965.

Price, H. B., *The Marshall Plan and Its Meaning*, Ithaca: Cornell University Press, 1955.

World Bank, *World Development Report*, New York: Oxford University Press, 1984, 1985.

World Bank, *International Factors Reducing Poverty: Aid and Poverty*, World Development Report, 1990.

Robert Cassen et al., *Does Aid Work?* London: Oxford University Press, 1986.

United National Center on Transnational 8. Corporations (UNTNC), Transnational Corporations in World Development, New York: United Nations, 1988.

Thomas L. Brewer, Foreign Direct Investment in Development Countries, World Bank Working Paper, WPS712, 1991.

（赵晓雷）

两缺口模型

Two Gap Model

两缺口模型是关于储蓄、资本形成、经济增长三者关系的理论，这一理论是建立在新古典增长理论基础上的。20世纪40年代，英国经济学家罗伊·哈罗德（Roy F. Harrod）和美国经济学家埃弗塞·多马（Evsey

Domar)分别提出了一个生产函数,用于解释发达工业化国家增长与失业之间的关系,这一生产函数被称为哈罗德—多马模型,它作为一种考察增长与资本需求关系的简单方法,也广泛应用于发展中国家的经济增长分析。这一模型将产出与资本存量的关系表示为:Y = K/k,式中,Y 表示产出,K 表示资本存量,k 为常数,表示资本—产出比率。这个方程式的基本观点是,假设其他条件既定,资本存量是增长的主要决定因素;而资本存量取决于投资,投资来源于储蓄。资本—产出比率是一种简单衡量资本或投资生产率的标准。在讨论增长时,主要关注资本增量对产出的影响,所以发展经济学常常使用增量的资本—产出比率(ICOR)(Roy F. Harrod, 1939; Evsey Domar, 1946)。经济史的考察表明,经济增长是资本、劳动、自然资源等投入要素及技术进步的函数。如假设技术进步既定,那么经济增长取决于上述三种投入要素。在发展中国家,一般情况是劳动资源丰富,自然资源只要通过引进技术设备进行开发以及通过贸易渠道获得,也不会成为经济发展的制约。对于它们而言,制约增长的关键因素是资本短缺。美国经济学家纳克斯(Narkse, R.)认为,一个国家穷是因为它穷。要打破贫困恶性循环,必须增加储蓄,促进资本形成。由于发展中国家人均储蓄水平低,资本稀缺,他提出应该借助国外资本以加速资本形成(Nurkse, R. 1953)。罗森斯坦—罗丹(Rosenstein-Rodan, P. N.)和麦金农(Mckinnon, R. I.)沿着纳克斯的思路,分别提出了储蓄缺口理论和外汇缺口理论。1966年,钱纳里(Chenery, H. B.)和斯特劳斯(Strout, A. M.)在此基础上提出了"两缺口模型"。这一模型指出,发展中国家经济增长的必要条件是扩大投资。扩大投资受到三个因素的约束:一是资本吸收能力;二是储蓄水平;三是外汇数量。根据凯恩斯宏观经济理论,在没有对外贸易条件下:Y = C + I, Y = C + S,式中 Y 代表产出,C 代表消费,I 代表投资,S 代表储蓄。引入对外贸易,则:Y = C + I + (X − M),式中 X 代表出口,M 代表进口,将 Y = C + S 代入该式,即成:C + S = C + I + (X − M) S = I + (X − M),移项得:S − I = X − M,该式左边(S − I)是储蓄与投资之差,成为"储蓄缺口",该式右边(X − M)是出口与进口之差,称为"外汇缺口"。若存在储蓄缺口,达不到所需投资水平,或存在外汇缺口,无法满足技术、设备及资源的进口需要,将无法实现理想的增长率。解决的办法就是引入外资以弥补两缺口。"两缺口模型"强调了利用外资促进经济增长的重要性,利用外资可以增加出口能力,从而直接促进经济增长;利用外资可以提高投资率,通过投资乘数作用加速经济增长(Chenery, H. B. and A. MacEwan, 1966)。

参考文献:

[美]霍利斯·钱纳里、莫尔塞斯·赛尔昆:《发展的格局:1950~1970》,中国财政经济出版社 1989 年版。

Roy F. Harrod, An Essay in Dynamic Theory, *Economic Journal*, 1939; Evsey Doman, Capital Expansion, Rate of Growth, and Employment, Econometricn, 1946.

Nurkse R., *Problems of Capital Formation in Underdeveloped Cuntries*, Oxford: Basicl Black Well, 1953.

Chenery, H. B. and A. MacEwan, Optimal Patterns of Growth and Aid: The Case of Pakistan, in I. Adelman and E. Thorbecke. eds, 1966.

Lucas R., Why doesn't Capital Flow from Rich to Poor Countries, *American Economics Review*, 1990.

Stiglitz JE, Capital Market Liberalization, Economic Growth, and Instability, *World Development*, 2000.

Bhagwati J., The Capital Myth: The Difference between Trade in Widgets and Dollars, *Foreign Affairs*, 1998.

(赵晓雷)

外资与发展
Foreign Investment and Development

发展经济学认为,吸收外国储蓄以扩大国内储蓄,有利于增加投资,促进经济增长。尤其是对于资本稀缺的发展中国家,引进外资是加速经济增长的重要手段。纳克斯(Nurkse, R.)较早分析了发展中国家资本形成与利用国际资本的关系,认为应该借助外国资本来加速发展中国家的资本形成,解决发展中国家资本稀缺与大规模投资之间的矛盾(Nurkse, R., 1953)。以后,罗森斯坦—罗丹(Rosenstein-Rodan, P. N.)、麦金农(Mckinnon R. I.)和巴拉萨(Balasas B.)等人沿着纳克斯的分析,分别提出了储蓄缺口理论和外汇缺口理论。1966年,钱纳里(Chenery H. B.)和斯特劳斯(Strout A. M.)在上述理论基础上提出了"两缺口模型",成为发展中国家引进外资促进增长的理论基础和政策指导。

外资包括国外援助和国外(境外)政府私人机构的贷款及直接投资这两种类型,第二种类型是一国引进外资的主要渠道。在第二种类型中,外国直接投资(FDI)占有主要份额。外国直接投资一般由跨国公司(TNCs)完成。在1986年,外国直接投资占全部国际净资源流量的15%,到1992年已增至27%(Malcalm Gillis, Dwight H. Perkins, Michael Roemer, Donald R. Snodgrass, 1996)。外国直接投资并不全是从富国往穷国流,20世纪80年代后期,外国直接投资的流量中,至少70%是在工业国之间发生的。对于发展中国家而言,外国直接投资带来了资本和管理技能、现代技术以及进入国际市场的营销渠道,对促进本国经济增长具有重要作用。

除了外国直接投资,还有三种外国储蓄也成为外资的来源，即出口信贷、证券贷款和商业银行贷款。这三种来源都是商业贷款，利率高，又是浮动利率，易受国际资本市场波动的影响，而且还款期较短，一般为5年左右，最长不超过10年。借贷国负有严格的且较为沉重的偿还义务，国际债务危机也比较集中地发生在国际商业贷款的债务国。20世纪80年代发生的拉丁美洲偿债危机即是一个典型案例。所以，一国在引进外资时要处理好三个问题，即外资规模、外资投资效率和外资结构。

到1980年，中国的外国直接投资数额还是零。到2004年，实际累积流入已实现的外商直接投资额超过5000亿美元（巴里·诺顿，2010）。中国的外商直接投资被认为有三个特点：第一，外商直接投资一直是中国获取全球资本的主要形式（相当于证券组合资本或商业银行贷款而言）；第二，相对于服务业和资源开发行业，中国的外商直接投资资本流入有很大一部分进入了制造业；第三，外商直接投资主要来自其他亚洲经济体，特别是中国香港和台湾地区（巴里·诺顿，2010）。

外资对发展的促进作用主要体现在弥补储蓄缺口和外汇缺口、增加就业、技术技能和专有知识的转移、经营管理能力的培训以及进入国际市场营销渠道。引进外资的东道国政府会运用一系列限制和激励政策，从外国投资中获取尽可能多的预期收益。但也有一些发展经济学家认为，外资的垄断和特权对发展中国家进行"榨取剩余"的剥削，并使发展中国家形成"依附性"的经济结构，损害了正常的发展（S. 阿明，1990）。而且，在经济金融化和经济全球化的作用下，发展中国家面对国际金融资本的冲击，具有很大的风险（谭崇台，2008）。20世纪90年代的墨西哥金融危机和亚洲金融危机即是由国际资本阻击发展中国家的金融系统所引发的危机。

参考文献

［美］巴里·诺顿：《中国经济：转型与增长》，上海人民出版社2010年版。

［埃及］萨米尔·阿明：《不平等的发展——论外国资本主义的社会形态》，商务印书馆1990年版。

谭崇台：《发达国家发展初期与当今发展中国家经济发展比较研究》，武汉大学出版社2008年版。

Nurkse, R., *Problems of Capital Formation in Uderdeveloped Cuntries*, Oxford: Basic Black well, 1953.

Malcolm Gillis, Dwight H. Derkins, Michael Roemer, Donald R. Snodgrass, *Economics of Development*, Copyright by W. W. Norton & Company, lnc, 1996.

World bank, International Factors Reducing Poverty: Aid and Poverty, World Development Report, 1990.

Robert Cassen et al., *Does Aid Work?* London: Oxford University Press, 1986.

Thomas L. Brewer, *Foreign Direct Investment in Developing Countries*, World Bank Working Paper WPS 712, 1991.

Raymond Vemon, *Storm Over the Mutinationals: The Real Issues*, Cambridge, Mass: Harvard University, 1997.

（赵晓雷）

金融发展
Financial Development

发展经济学认为，金融发展通过加强"中介化"而刺激实体经济的发展并引致结构变迁。金融中介通过对投资风险进行更广泛且更有效的分散，有助于实现快速资本积累，提高投资率。格利（Gurley）和肖（Shar）、戈德史密斯（Gold Smith）、麦金农（Mckinnon）等经济学家对金融中介化的分析表明其功能在于通过分散债务风险和改变债务期限结构使之对储户和借款人更有吸引力，从而提高储蓄激励，并使信贷更容易获得。在理论上，这些活动从两个方面产生效益：一是使储蓄增加；二是使储蓄在经济中实现更有效的配置（Gurley and Shaw, 1955、1960、1967; Gold Smith, 1969; Mckinnon, 1973）。在经济发展初期，大部分金融中介活动集中于商业银行。随着经济的发展和金融深化，一些金融中介活动的新形式和新工具陆续产生，包括投资银行、保险公司、养老基金和证券市场。金融中介是市场经济条件下金融型资本形成模式的重要条件。金融型资本形成是资金流运动的结果。在"投资+贷款=借款+储蓄"这一资金流基本关系框架中，资金从储蓄盈余部类（Savings-surplus Sector）流向储蓄不足部类（Saving-deficit Sector），实现实体经济储蓄和投资的转移及金融系统金融资产和金融债务的变动。金融中介的功能载体是金融市场。金融市场促进"剩余经济单位"（Surplus Economic Units）与"短缺经济单位"（Deficit Economic Units）之间的交易，为金融资产的交易提供流动性。在金融市场中，利率是信贷的价格。在信用风险既定假设下，市场均衡利率反映了所有经济主体根据生产机会组合和效用偏好而产生的借贷行为。在均衡状态下，持有各项资产带来的边际效用相同，均衡利率得以确定，金融市场出清，经济中的储蓄得到有效配置。

金融发展与金融深化和金融抑制相联系。所谓"金融深化"（Financial Deepening）是指金融资产与国民收入或国内生产总值（GDP）的比率增长。金融资产与GDP的比率是一种程度的度量，即通过金融中介将储蓄转换成投资的度量。金融深化表明金融系统将储蓄转化为投资的效能，也是对金融市场自由化的一种度量。所谓"金融抑制"（Financial Repression）是指政府对金融系统和金融活动的管制干预压制了金融市场的发展，造成金融抑制与经济落后的恶性循环。金融抑制的主要特征是对商业银行规定很高的法定存款准备，普遍的非价格信贷配给，明显地保持实际利率为负值，利率和汇率的管制，对进入金融领域的限制等。这种做法抑制了金融发展，并最终阻碍了经济增长。

金融深化政策作为一种战略选择，具有以下目标：(1)从国内经济中动员大量储蓄，即提高国民储蓄与GDP的比率；(2)使各类国内投资者更容易获得储蓄所提供的资金；(3)确保在整个经济体系中更有效率地进行投资分配；(4)使金融方法能动员和分配储蓄，以减轻对财政方法、外国援助和通货膨胀的依赖(Malcolum Gillis, Dwight H. Perkins, Michael Roemer, Donald R. Snodgrass, 1996)。所以，金融深化是经济增长不可或缺的组成部分。一个有效的金融系统可以有效地促进投资项目与潜在的投资者之间的信息共享。有效的金融市场也可以有效配置风险，并在平衡不同市场参与者可能具有的不同风险偏好的同时，也能在满足储蓄者的流动性需求和为生产项目提供大量资金来源之间找到适当的平衡点。一个有效的金融市场也有助于对借款人进行统一的管理和有效的监督。相互影响的市场体系也为揭示经济冲击，并对经济冲击和道德风险作出反应提供多种途径。金融发展也与一个经济体更快更持久的增长联系在一起(King and Levine, 1993)。以金融自由化为条件的金融深化是发展中国家金融发展与经济增长的内在要求。但金融深化如果脱离了发展中国家经济—金融落后的基本条件，又会产生很大的风险和损害。对于发展中国家而言，金融深化过程必将经历一个金融抑制与金融自由化并存的过渡时期。在这一过渡期，要根据不同的发展阶段和发展要求，确定金融深化和金融抑制的合理的动态边界，作为政策制定的基本依据。

参考文献：

[美]巴里·诺顿：《中国经济：转型与增长》，上海人民出版社2010年版。

Gurley. J. G. and Shaw, E. S. 1955, *Financial Aspects of Economic Development*, *American Economic Review*, Money in a Theory of Finance, 1960. 2. Washington. D. C.: Bookings Institution, Financial Structure and Economic Development, Economic Development and Structure Change, 1967.

Goldsmith, R, W., *Financial Structure and Development*, New Haven: Yale University Press, 1969.

Mckinnon, R. I., *Money and Capital in Economic Development*, Washington, D. C.: Brookings Institution, 1973.

Malcolum Gillis, Dwight H. Perkins, Michael Roemer, Donald R. Snodgrass, *Economics of Development*, Copyright by W. W. Norton Company. Inc., 1996.

King, Robert G. and Lerine, Ross, Finance and Growth: Schumpeter Might Be Right, *Quarterly Journal of Economics*, August, 1993.

Levine, Ross, Financial Development and Economic Growth: Views and Agenda, *Journal of Economic Literature*, June, 1997.

Eshag. E., *Fiscal and Monetary Policies and Problem in Developing Countries*, Cambridge University Press, 1983.

Goldsmith, R, W., *Financial Structure and Development*, New Haven: Yale University Press, 1969.

Shaw, E. S., *Financial Structure and Development*, New York: Oxford University Press, 1973.

John Toye, Financial Structure and Economic Development, *The New Palgrave Dictionary of Money and Finance*, Edited by Peter Newman, Murvay Milgate and John Eatwell in Three Volumes, Copyright The Macmillion Press Limited, 1992.

Frederis S. Mishkin, *The Economics of Money, Banking and Financial Markets*, Copyright by Harper Collins College Publishers, 1995.

（赵晓雷）

制度的经济功能
Institutional Economic Function

新古典经济学一般将经济增长看做资本投入及技术进步的函数。在这类模型中，制度被视为是一种既定因素或外生变量。新制度经济学认为，制度的创新对经济发展有着重大的影响。由于经济资源的稀缺和劳动分工，就产生了如何协调人们的行为、如何生产、如何分配的问题。现代社会依靠产权机制或产权制度，能够为个人提供某种有效的激励或减少浪费的约束，使稀缺资源得到最优配置。美国经济学家保罗·萨缪尔森(P. A. Samuelson)将产权制度看成是经济结构中最基本的东西。他曾在20世纪50年代预言，经济发展最快的地区将是南美洲，因为南美洲资源丰富，劳动力受教育程度较高。但事实证明他错了。因为他原先的预期所依据的条件并不是经济结构中最基本的问题。20世纪下半叶，欧洲和太平洋地区经济发展最快。尽管这些国家和地区资源相对贫乏，但由于产权制度合理，制度激励有效，引致了经济的高速发展。

美国经济学家L. 戴维斯(L. Davis)和D. C. 诺斯(D. C. North)对制度创新做了卓有成效的理论研究。他们将制度环境定义为是一系列用来建立生产、交换与分配基础的基本的政治、社会和法律规则，以此为基点分析了制度创新与增长的关系。他们指出："经济制度与产权在大多数经济模型中被设定为具有独特的和不变的价值，但是，在研究长期经济增长时，这些价值常常会发生根本变化。我们假定经济制度会被创新,产权会得到修正,因为它表现为个人或团体可望承担这类变迁的成本,他们希望获得一些在旧有的安排下不可能得到的利润。”(Davis,North,1970)按照他们的观点,只有当经济组织是有效率时,才会发生增长。而有效率的经济组织可能要求产权的修正,以便降低创新活动中私人成本与社会成本的差别。具体的制度制约划定了组织运行的边界,因而使得游戏规则与行动者的行为之间的相互作用变得可以理解。如果一些组织(企业、工会、农场集团、政治党派及议会等)将它们的努力用于从事生产性活动,制度制约则为从事这类活动提供了激励结构。第三世界国家之所以贫困,是因为他们的制度制约对其政治经济活动所确定的一系列补偿规则没有促进生产性活动。一些国家试图通过重建制度框架来引导激励,以引导组织向提高生产率的方向发展(North,1990)。

在效率分析上,新制度经济学用一系列概念放松了新古典主义假设条件,这些概念也成了新制度经济学的主要分析工具,包括交易成本、外部性、不可分割性、非凸性等。当古典或新古典主义假设条件不能被满足时,瓦尔拉斯竞争均衡配置的效率(帕累托最优)就仅仅是一个理想化的经济机制命题。为了反映效率的限制性约束,德·阿莱西(De Alessi)提出要把决策者在追求效用最大化时必须面对的所有约束包含于任何一般均衡模型中,效率被定义为受约束的最大化(Constrained Maximization)。效率条件被看做是由一个给定的理论结构给出的一个确定(均衡)解所具有的特征(De Alessi,1983)。根据这一定义,一个系统的解总是有效率的,只要这些解符合反映其特征的约束。在任何一种情况中,收敛的约束条件确立了一个有效的机会集,在这一集合中肯定可以找到决策者所要的位置。在约束条件一定时,决策者不可能做得更好,这时就可以判定他所做出的选择总是最优的,推而广之,可以设想受约束的最大化过程能够使整个经济体系达到一个理想的位置(Eirik G. Furubotn,Rudolf Richter,1991)。但是这一效率定义显然不能使人满意。一是因为它将效率这一术语作了同义反复的描述;二是因为人们很难在先验的基础上把约束区分为可以避免的或不可以避免的,当约束与决策者的个人特征或偏好相关时,尤其如此。但是,如果不确定哪些约束对所有的决策者有约束力,哪些约束不是这样,就可能把所观察到的任何结构都认为是“有效率”(Eggertsson,1990)。在一个既定的制度框架背景下研究最优的消费或生产方案的选择,就如同在新古典环境约束下讨论效率,这些模型中的制度变量都是静态的和形式化的。所以,要将制度与经济效率相联系,就必须放松新古典假设约束,将制度安排视为一个动态过程。

制度经济学或新制度经济学研究制度的经济功能的最重要分析工具是交易成本和外部性这两个概念。在制度经济学的论述中,“交易”一词的含义不仅仅是指一般的市场行为,更重要的是指人们之间的经济关系。制度经济学的早期代表之一康芒斯(J. R. Commons)将“生产”概念和“交易”概念相对应,认为生产活动是人对自然的活动;交易活动是人与人之间的活动。生产活动和交易活动共同构成了人类全部经济活动。据康芒斯的分析,交易是制度的基本单位,制度的运转是由许多次交易构成的。他进而将交易分为三种基本类型:买卖的交易,即平等的市场进入者之间的交换关系;管理的交易,即上下级之间的命令和服从关系;限额的交易,主要指政府与个人的关系。这三种交易类型覆盖了人与人之间的经济关系和经济活动(康芒斯,1934)。

康芒斯的贡献在于将交易与制度相联系,着眼于人们之间的经济关系。在此基础上,产权经济学则进一步将交易与权利相联系。现代产权经济学将生产要素或经济资源不是视作实物,而是视为权利。产权经济学家科斯(R. Coase)指出“我们会说某人拥有土地,并把它当作生产要素,但土地所有者实际上所拥有的是实施一定行为的权利(R. Coase,1960)。美国联邦通讯委员会分配给无线电台的是“发送信号的权利”,而不是“频率或以太的所有权”(R. Coase,1959)。由于产权是人们相对于物时的行为权利,所以市场交易的实质不是货物的交换,而是产权的交换,也就是说,交易在形式上是货物的交换,但实质上是一组权利的互换。而且,有些交易甚至没有货物交换的形式,而纯粹是一种权利的让渡(例如,限制企业排放污染物的契约,企业主与雇工的雇佣合同谈判等)。在产权经济学的分析中,不仅各个厂商的效用函数与生产函数中的相互依赖关系是产生交易的根源,而且不同的人或不同的厂商之间对于权利的不同的评估也是产生交易的根源。不论是潜在的交易者,还是实际的交易者,只要对他们本身的权利的评估有差异,就都会有动力来相互进行谈判,并且相互交换处置资源的权利,以使资源按其最优价值的方向进行配置。由于任何一种资源的交易,其核心都是权利的交易,因此,合法权利的界定对交易结果是至关重要的。在将权利引入交易的基础上,经济学在分析人们的经济关系时,就不仅看到资源约束,还要注意到制度和法律的约束。换言之,制度与资源一样,也存在着稀缺性。制度的核心是权利的界定,不同的权利界定影响了人们的交易行为、交易成本和交易结构,进而影响到稀缺资源的有效配置。所以,交易范畴在制度经济学的论述中与资源配置发生了直接的联系,因而被纳入了经济学的分析框架。

新制度经济学将制度解释为影响资源配置和经济绩效的重要变量,并运用“交易成本”(Transaction Costs)这一概念力图说明制度安排最优结构的状态。

科斯在其《社会成本问题》中提出了一个核心论点，即在定义明确的产权下，自愿的交易为资源的有效配置（产值最大化）提供了一种充分条件。科斯是运用所谓“零交易成本”（定价制度正常运行）的修正条件来补充这一核心论点的。在科斯理论的影响下，其他一些制度经济学家从交易成本不为零的角度讨论制度效率问题。一种制度是否有效率，主要判断标准是看它在解决外部性（Externality）问题上交易成本的大小。庇古在其《福利经济学》中指出：“某甲在为某乙提供一些服务的过程中（这种服务是有报酬的），附带地也给其他人（不是同类服务的生产者）提供服务或带来损害，这种服务得不到受益方支付的报酬，也不能使受害方的利益得到补偿”（A. C. Pigou，1932）。由于受益效应或受损效应的费用（报酬或补偿）均不由发生相互作用的人们承担，因而就存在着外部性。一些新制度经济学家认为，外部性之所以产生，是因为交易成本超过了交易所得。菲吕博腾和配杰威齐认为，“事实上，大量的外部性的存在可以由较多的交易费用来解释（Furubotn. Eirik G.，Svetozar Peiovich，1972）。登姆塞茨分析道：将一种受益效应或受损效应转化成一种外部性，是指这一效应对相互作用的人们的一个或多个决策的影响所带来的成本太高以至于不值得，这就是该词在这里的含义”。“使成本和收益外部化的一个必要条件是双方进行权利交易（内在化）的成本超过内在化的所得”（H. Demsetz，1967）。这些分析说明，制度效率是以在解决外部性过程中交易费用的高低为判断标准的。如果交易费用不为零，交易费用的高低就决定了交易效率的大小。产权明确界定减少了“不确定性”（Uncertainty），交易的受益效应和受损效应由交易当事人直接承担，因而费用较低，效率较高。外部性一旦解决，产值将达于最大，亦即资源配置达于最优。所以，制度效率与资源配置优化直接关联。

制度创新的动力来自收益的增加。如果预期的净收益超过预期的成本，一项制度安排就会被创新。例如，如果生产在大企业内完成比在小企业内完成成本更低，则一个公司的经营就可能比小企业更为有利；如果在两个市场之间的价格差异极大，则通过组织第三市场将商品从低价市场运到高价市场就是有利可图的；如果一个企业家计划建设一个水坝以生产电力，这同时也减少了下游的洪水危害，则建设者可能通过事先购买下游的部分财产以占有这些收益的一部分，或者可能要求政府对下游的受益者征税，以补贴他的建设成本。

那些诱致人们去进行制度创新的新增收益称之为“外部利润”，即在现有的经济制度安排给定的条件下，这些收益是无法获得的。戴维斯和诺斯根据对美国经济史的研究，将“外部利润”的来源归之于4个方面：（1）规模经济；（2）外部性；（3）风险；（4）交易费用。如果一种制度创新成功地将这些利润内部化，那么总收入就会增加。创新者可能在不损失任何人利益的情况下获取收益（L. Davis，C. D. North，1970）。

制度创新安排有两种极端的形式：纯粹自愿的形式及完全由政府控制和经营的形式。自愿的安排简单地说是相互同意的个人之间的合作性安排，任何人都可以自由地退出。政府的安排则没有提供退出的选择权，因此，行动并不要求有一致的同意，而只要遵从一些决策规则就可以了。对不同的形式如何选择，主要依据成本与收益的比较。在个人安排中，既没有与之相联系的组织成本，也没有强制成本，但是收益的增长只限于一个人。而在团体的或政府的安排中，却要支付创新的组织成本，这一组织成本将随参加者人数的增加而上升。另外，在政府安排下内含着一个追加的成本要素，即每个参加者都受制于政府的强制性权力，不管他对政府的强制性方案有多大的不满意，他都不可能退出。但是，政府可能利用其强制力，强制实现一个由任何自愿的谈判都不可能实现的方案，并可能会产生极高的收益。

一旦取得了外部利润，系统就复归均衡，这时，就不再有改变制度安排的压力。除非一些外在因素又产生新的外部利润，均衡重新被打破。

综上所述，新制度经济学从支配产权规则的制度的创新角度讨论了经济增长的动因，认为制度变迁（而不是技术变迁）是收入增加（经济增长）的更本质的源泉。诺斯和托马斯（R. P. Thomas）反复强调了制度变迁比技术变迁更为优先且更为根本的观点。他们将更为集约的耕作制度（如二圃制和三圃制）视为一种制度对相对要素价格变化而不是技术变迁的结构。他们进而强调一个市场经济的扩张即使在没有发生技术变迁时也能为人均收入的提高作出贡献（D. North，R. P. Thomas，1973）。关于制度创新的原因，这一学说不是像马克思主义经济学那样，从生产力发展（技术变迁）与生产关系发展（制度变迁）之间的辩证关系着眼分析，而是归之于人口对稀缺资源的压力以及对“外部利润”的追求，所以是不尽科学的。但是，产权理论一反将制度因素看做是既定的或外生的传统分析方法，论证制度变迁不仅会影响资源的使用，而且它本身也是一种资源使用性的活动，进而将制度变迁作为一种内生变量引入现代经济学分析框架，这是相当具有理论启迪意义的。新制度经济学以及其他一些对制度进行经济分析的现代理论诸如公共选择理论、法经济学、合同理论等不仅拓展了经济学的内容，也提高了经济学的实用性。

参考文献：

Davis，Lance，Douglass C. North，Institutional Change and American Economic Growth：A First Step towards a

Theory of Institutional Innovation, The *Journal of Economic History*, 30, 1970.

Douglass, C. North, *Institutions, Institutional Change, and Economic Performance*, Cambridge University Press, 1990.

Eggertsson, T., *Economic Behavior and Institutions*, Cambridge Books, 1990.

Furubotn. E. G. and Rudolf Richter, *The Economics of New Institutional*, Published in *Germany by J. C. B. Mohr* (Paul Siebeck), Tübingen, 1991.

Louis De Alessi, Property Rights, Transaction Costs, and X-Efficiency: An Essay in Economic Theory, *The American Economic Review*, Vol. 73, No. 1 Mar., 1983.

Coase R. H., The Problem of Social Cost, *Journal of Law and Economics*, 1960, 10.

Coase R. H., The Federal Communications Commission, *Journal of Law and Economics*, 1959, 2.

Commons, Joho R., *Institutional Economics*, Madison: University of Wisconsin Press, 1934.

Furubotn E. G., Svetozar Pejovich, Property Rights and Economic Theory: A Survey of Recent Literature, *Journal of Economic Literature*, Vol. 10, No. 4 Dec., 1972.

Harold Demsetz, Toward a Theory of Property Rights, The *American Economic Review*, Vol. 57, No. 2 May, 1967.

North. D., Thomas. R. P., *The Rise of Western world: A New Economics History*, Cambridge: Cambridge University Press, 1973.

Pigou A. C., *The Economics of Welfare*, 183, 4th Ed, 1932.

（赵晓雷）

计划化与发展
Planning and Development

计划化一般与计划经济和计划体制相联系。20世纪中叶，经济计划曾被认为是促进发展的主要工具。这一时期发展经济学演进中占主导地位的是结构主义思路。该思路提出的政策建议是强调资本积累、工业化、计划化和实行进口替代，核心是突出计划化的重要性。哈罗德—多马模型、“大推进”战略、“平衡增长”、“两缺口模型”等理论为计划化提供了理论依据，线性规划和投资—产出分析等数学工具则有助于解决计划配置的技术性问题（谭崇台，2008）。

拉格纳·纳克斯（Ragnar Narkse）和保罗·罗森斯坦—罗丹（Paul Rosenstein-Rodan）也主张通过计划化来实行“大推进”式的平衡增长战略。在发展中国家，市场本质使贫穷永久化。因为市场的形成和扩张需要生产率日益增长的投资，这不仅受阻于穷国的低储蓄，更重要的是，由于国内市场太小，因而缺乏建立高生产率工业的利润激励。作为避免贫困的恶性循环的一种手段，可以用中央投资计划来克服私人投资激励的缺失。纳克斯相信，中央指令性计划甚至会提供更大的激励，包括关税保护、税收减免或低息贷款（P. Rosentein-Rodan，1943；R. Nurkse，1953）。

自1926年苏联第一次发布五年计划以来，计划经济即被视为社会主义国家的生产方式特征。从1949年到1979年，中国也实行计划经济，通过计划经济体制实施以发展重工业为中心的工业化战略。20世纪80年代以后，原来实施计划经济的国家逐渐认识到排斥市场力量的计划经济体制是低效率的，并且在一定程度上阻碍了发展。因此，计划化和计划体制作为促进发展的工具也不再适用，逐渐被市场经济体制所取代。

尽管作为发展的主要促进工具，经济计划与管理已经让位于市场力量，但各国政府仍然倾注了巨大的努力来制定国民计划，经济学家们仍然在研究数学计划模型。发展经济学一般讨论六种计划模型：简单的凯恩斯宏观经济模型、产业间（投入—产出）分析及其扩展、社会会计矩阵、线性规划、可计算的一般均衡模型、成本—效益分析。这种做法有着很多的理由：第一，对于关注宏观经济管理和稳定的政策制定者来讲，经济模型是有用的；第二，经济结构对于达到其长期发展目标，如经济增长、就业创造、贫困消除等方面的潜力，能做出大概的描述，这些模型也能对不同战略选择的预期结果作出评估；第三，成本—效益模型已进一步发展，用以指导政府的公共投资，以便在既定的开支下取得经济收益最大化，或为达到一定的社会经济目标而使经济成本最低；第四，如果市场把私人行为引向发展的目标，政府就需要矫正或补充市场所固有的不完善之处，这要求某些方面的协调与计划；第五，复杂的模型迫使经济学家去整理一个经济现存的全部数据资料，核验数据资料的内在一致性，并且设立研究日程，收集其他有关信息，以了解该经济的尽管重要但尚未被很充分认识的各种机制（M. 吉利斯等，1998）。

参考文献：

谭崇台：《发达国家发展初期与当今发展中国家经济发展比较研究》，武汉大学出版社2008年版。

［美］M. 吉利斯等：《发展经济学》，中国人民大学出版社1998年版。

Aoki, A., An Investment Planning Process for an Economy with Increasing Returns, *Review of Economic Studiesh*, 38, 1971.

Rosenstein-Rodan, P. N., Problems of industrialization of Eastern and South-Eastern Europe, *Economic Journal*, 53, 1943.

Nurkse, R., *Problems of Capital Formation in Underdeveloped Countries*, Oxford: Basil Blackwell, 1953.

（赵晓雷）

世界经济与国际经济学

一、世界经济

地理大发现
Great Geographical Discovery

地理大发现,又称大航海时代,是15世纪到17世纪期间西欧航海者开辟新航路和“发现”新大陆的通称。

欧洲人开启大航海时代的社会经济原因是:由于西欧商品货币关系的发展,封建贵族和商人都产生了到东方寻求黄金的强烈要求;走向解体的西欧封建社会矛盾加剧,封建专制王朝力图通过海外掠夺来增加财政收入,维护其统治。而当时欧洲经过地中海与东方进行贸易的路线受阻则是促成欧洲人远洋探险的直接原因。

地理大发现分为两个阶段。第一阶段从15世纪中后叶至16世纪中叶,西班牙和葡萄牙在开辟新航路的活动中走在前面。1492年到1502年间克里斯托弗·哥伦布(Cristoforo Colombo)在西班牙国王的支持下四次横渡大西洋,发现了美洲大陆。1498年瓦斯科·达·伽马(Vasco da Gama)从里斯本出发,在大西洋沿非洲海岸南下,经好望角东行横渡印度洋,发现了达到印度的新航线。1519年到1521年间斐迪南·麦哲伦(Ferdinand Magellan)的船队完成了首次环球航行。第二阶段从16世纪中叶到17世纪末,荷兰、英国和法国等国家是这一时期开辟新航路的主角。1642年到1643年间荷兰探险家阿贝尔·塔斯曼(Abel Tasman)发现了澳大利亚、新西兰和塔斯马尼亚。俄国人发现了整个亚洲北部和北冰洋,英法和其他欧洲国家则发现了北美的许多地区、世界第一大岛格陵兰和其他地区。

新大陆和新航线的发现揭开了资本主义发展的序幕,对世界经济产生了十分重要的影响:首先,引起了欧洲的商业革命,贸易区域和商业资本流通范围迅速扩大,贸易量和商品种类急剧增加,商业的性质和经营方式发生了深刻变化。其次,导致大量金银流入西欧,各国物价大幅上涨,从而削弱了封建贵族的势力,而资本原始积累规模不断扩大的资产阶级力量得到加强。最后,引起欧洲经济中心从地中海向大西洋转移,葡、西、荷、英、法等大西洋沿岸国家开始主导世界经济,市场也扩大到了世界范围。

中国虽没直接参与地理大发现,但中国的富裕、文明、发达却激起欧洲的探险家冒险远游的热情及开辟新航线的欲望,从而成为诱发地理大发现的直接动因之一(张箭,2002)。地理大发现为新兴资产阶级开辟了新的活动场所,其中就包括中国市场。地理大发现推动了资本主义列强对中国市场的掠夺,但也为打破中国闭关锁国的状态产生了积极影响;它使中国在近代饱受战争煎熬,但被动的开放也促使中国加强与世界各国经济与政治的联系。

参考文献:

[英]戴维·阿诺德:《地理大发现》,上海译文出版社2003年版。

编写组:《世界经济概论》,高等教育出版社2011年版。

张箭:《地理大发现研究:15~17世纪》,商务印书馆2002年版。

(庄宗明　黄斌全)

国际分工
International Division of Labor

国际分工是各国社会分工的延伸和发展,是超越国界的专业化分工,是一国国民经济内部分工向国际领域扩展的结果。国际分工旨在优化资源在各国之间的配置,它是国际贸易和世界经济形成和发展的基础。国际分工的产生和发展有其一定的自然条件(国土面积、自然资源、气候和地理位置等)和社会经济条件(生产力发展水平、人口规模、国内市场大小和社会经济结构差异等)。

从15世纪末到18世纪60年代中叶是国际分工的萌芽阶段。当时资本主义生产力的发展使手工业和农业开始分离。地理大发现和殖民地开拓不仅扩大了商品销售市场,也使手工业和农业的分离得以在世界范围内进行。在工业革命开始之前,国际分工的水平不高,主要以宗主国生产工业品和殖民地生产农业品为特点。威廉·配第(William Petty)在17世纪末就认为,英国可以摆脱农业的羁绊而投身工业,并致力于最有收益的生产。

从18世纪60年代中叶到19世纪60年代是国际分工的形成阶段。工业革命推动了工场手工业向机器大工业发展,社会生产规模和世界市场范围不断扩大,工业和农业部门之间的分工越来越超出一国经济范围,越来越多的国家开始被纳入到国际分工体系。这一时期的国际分工体系是一种垂直型国际分工体系,处于支配地位的是以英国为中心的“世界城市”,位于从属地位的则是作为主要原料供给来源的广大亚、非、拉国家和殖民地的“世界农村”,它们之间既相互对立又相互依存。在理论上,亚当·斯密(Adam Smith)在《国民财富的性质和原因的研究》中完整地对分工进行了论述并将其推广到国际分工领域创立了“绝对优势理论”,首次系统论证了贸易双方都可以从国际分工与交换中获得利益的思想,如果双方都发挥这种优势,它们所创造的福利总量将增加。但绝对优势理论并不能解释现实中所有产品劳动生产率绝对先进和绝对落后国家之间的贸易。大卫·李嘉图(David Ricardo)从资源最有效配置的角度提出“比较优势理论”来论证国际分工的必要性。他认为只要国家之间存在着劳动生产率的相对差别,就会出现生产成本和产品价格的相对差别,从而使各国在不同产品上具有比较优势,国际分工成为可能。罗伯特·托伦斯(Robert Torrens)是第一个区分地区分工和机械分工的经济学家,他也是“比较优势理论”的创始人之一。地区分工是由于与不同的生产增长相适应的不同的土地和气候所引起的,把地区分工的优势用于地区和国际贸易,可以提高劳动生产力并增加国家财富(Torrens,1808)。

从19世纪70年代到第二次世界大战前是国际分工的发展阶段。第二次科技革命以电力的广泛应用为标志,推动了生产技术由一般的机械化向电气化、自动化转变。在其推动下资本主义生产力迅速发展,生产组织形式和企业组织形式也发生了重大变化,19世纪末自由竞争被垄断取代,资本输出成为这一阶段资本主义发展的重要特征。工业垄断资本与银行垄断资本结合形成的金融资本通过资本输出的方式将资本主义生产方式渗透到世界市场。资本输出,特别是对外直接投资,推动了这一阶段生产的国际化,加强了各国对国际分工的依赖。同时,资本主义国家为了获得更多利润,对全球范围内的原料供应地、产品销售市场和资本输出地展开激烈的争夺。这一阶段水平型分工开始发展,但垂直型分工仍是这一阶段的国际分工体系的主体。在理论上,以伯特尔·俄林(Bertil Ohlin)和伊·赫克歇尔(Eli Heckscher)为代表的新古典贸易理论认为国际分工和贸易的基础是各国要素禀赋结构的不同,要素禀赋结构差异导致各国要素的相对价格不同,从而导致产品的相对价格不同,产品相对价格是比较优势的反映,各国分工应建立在比较优势的基础之上。

第二次世界大战后国际分工进入了深化阶段。战后发生的第三次科技革命以原子能、电子计算机、空间技术和生物工程的发明和应用为主要标志,这次科技革命大大加快了科学技术转化为生产力的速度,生产国际化程度不断提高,私人垄断已经无法适应社会化大生产的发展。同时,跨国公司获得了巨大发展,资本输出规模进一步扩大。战后国际分工的主导方式由垂直型分工转变为水平型分工,进一步向纵深和广阔方面发展,主要表现为以下特点:第一,发达国家之间的分工处于主导地位,传统上把世界划分为两个部分(一部分工业化国家和一部分发展中国家)的做法被削弱。第二,各国工业部门的内部分工不断加强,产业内分工和贸易盛行。第三,参与国际分工的国家和地区经济所有制形式多样化,社会主义国家开始参与国际分工。第四,国际分工开始向服务行业扩展。在理论上,以保罗·克鲁格曼(Paul Krugman)为代表的新贸易理论对战后国际分工和贸易出现的新情况做出了解释。要素禀赋结构差异不再是国际分工和贸易的唯一原因,面对现实中更多的相似国家之间的贸易和相似产品之间的贸易时,新古典框架也难以提供令人满意的解释。新贸易理论指出当市场结构由完全竞争转变为不完全竞争时,规模报酬递增就成了引起专业化分工的重要原因。战后出现的产品生命周期、需求决定等理论也从不同侧面解释了国际分工和贸易的基础。

在其深化阶段,国际分工出现了一种新的表现形式——产品内分工。产品内分工是指一种产品的生产过程可以按要素禀赋分割为不同的环节,不同的生产环节被分散配置在全球不同国家或地区的分工现象(Arndt,1997)。20世纪60年代后半期国际贸易中出现了发展中国家大量出口制成品的现象以及在美国出现了“海外组装操作”,这些都是产品内分工的最早期表现形式。随着全球化的不断深入发展,全球生产网络建立,越来越多的产品生产过程所包含的不同工序和区段,被拆散分布到不同国家进行,形成以工序、区段、环节为对象的产品内分工体系。20世纪90年代以来全球中间产品贸易在国际贸易中的比重不断增长使得产品内分工受到越来越多的关注。对一个国家或地区来说,只要在特定生产阶段上具有比较优势,就可以参与到这种产品的国际分工体系中,从而使其比较优势得到更充分的发挥(Arndt,1997)。

中国在改革开放之前,国家经济处于比较封闭的状态,国际分工和对外贸易都受到很大程度的限制,这段时期中国处于国际分工体系的外围。在中国共产党十一届三中全会以后,人们充分认识到国际分工是社会生产力进一步发展的必然要求,中国开始实行对外开放并积极参与国际分工。改革开放后,中国的工业化发展开始契合要素配置全球化的趋势,商品和资本流动自由化程度提高,劳动力价格成本优势在开放条件下得到了充分体现。通过参与国际分工和贸易,中国获得了越来越多的收益,在国际分工体系中的地位也不断上升。改革开放初期,中国参与国际分工主要是通过初级产品和劳动密集型产品的出口参与国际产业间贸易;20世纪80年代后期开始通过大规模承接国际产业转移和大力发展加工贸易积极参与国际产业内分工,这一时期中国在国际分工中处于价值链的低端环节,为了更好地融入全球生产体系还不得不承担环境代价,但在参与国际分工过程中,中国在加工制造环节的能力也不断提升;在进入21世纪前后,中国高新技术产业发展迅速,跨国公司逐步将研发等战略性环节布点到中国,一些国内企业也开始具备了价值链治理的能力,这些因素开始推动中国参与水平型产业内分工,同时,产品内分工也开始在中国形成和发展。中国不仅是国际分工体系的重要受益者,也在当前的国际分工格局中扮演了重要的角色。集聚各种要素的中国以自身的比较优势融入国际产业链和价值链分工，成为全球重要的新兴制造业基地。

参考文献：

[以]埃尔赫南·赫尔普曼、[美]保罗·克鲁格曼：《市场结构和对外贸易——报酬递增、不完全竞争和国际经济》，上海人民出版社2009年版。

[瑞典]伯特尔·俄林：《区际贸易与国际贸易》，华夏出版社2008年版。

[英]大卫·李嘉图：《政治经济学及赋税原理》，商务印书馆1962年版。

[英]亚当·斯密：《国民财富的性质和原因的研究》，商务印书馆1997年版。

Arndt, S. W., Globalization and the Open Economy, *North American Journal of Economics and Finance*, Vol. 8, No. 1, 1997.

Fröbel, F., Heinrichs, J. and Kreye, O., *The New International Division of Labour*. P. Burgess (trans.), Cambridge: Cambridge University Press, 1980.

Torrens, R., *The Economists Refuted*. London: S. A. Oddy, 1808.

（庄宗明　黄斌全）

世界市场
World Market

世界市场是各国商品生产的社会分工发展为国际分工的产物，是商品交换关系突破国家和地区界限而扩展到整个世界的结果。狭义上世界市场是指世界各国间商品交换关系的总体，即通过国际上的买卖而使各国国内市场得以联系起来的交换领域（即通常所说的国际商品市场）；广义上世界市场是指国际流通领域包括商品、资本、技术、劳务等各种交换关系的总和，即包括国际商品市场、国际劳务市场和国际金融市场。

由于机器大工业的发展、资本主义生产方式的确立、交通运输和通信业的发展以及世界货币的出现，世界市场在19世纪末20世纪初最终形成。具体表现为：第一，机器大工业的发展。通过工业革命建立起来的机器大工业生产从对商品销售市场和原料供应来源这两个方面的需求将商品交换关系推向整个世界市场。第二，资本主义生产方式的确立。资本主义生产是建立在机器大工业基础上的社会化大生产，生产社会化和资本主义生产资料私有制之间的矛盾使追求利润最大化的资本家具有不断开拓国外市场的动力。第三，交通运输和通信业的发展。交通运输和通信业是国际商品流通的载体和信息传播的媒介，19世纪交通工具的变革为扩大国际分工和世界市场的形成提供了物质基础，便捷的通信设施大大降低了交流的时间和成本，使国际交流更加频繁。交通运输和通信业的发展将越来越多的国家和地区纳入世界市场。第四，世界货币的出现。19世纪末20世纪初，主要资本主义国家都实行了金本位制，各国货币的金平价使汇率相对稳定，便于国际支付和结算，市场机制更加完善，这为国际贸易和资本输出创造了有利条件，使各国之间的经济联系更加紧密。

第二次世界大战结束前，世界市场对世界经济的形成和发展起到了两个方面的作用：一方面世界市场加强了世界各国以国际分工为基础的经济联系和相互依赖关系；另一方面这种相互依赖关系在资本主义制度下使许多殖民地半殖民地国家逐渐丧失了经济上和政治上的自主性和独立性，变为资本主义工业强国的经济附庸，形成了少数资本主义工业强国剥削和掠夺广大殖民地半殖民地国家的世界经济格局。

随着经济全球化的不断深入，当代世界市场呈现出一些新的特点：第一，世界市场的容量不断扩大，主要包括参与主体、产品贸易量、产品种类、贸易方式。“二战”后许多殖民地半殖民地国家和地区相继取得独立，它们以独立主权国家身份主动参与国际分工，世界市场参与主体不断增加；各国经济发展以及经济联系的增强使世界市场上的产品贸易量增加；在科技革命的推动下，新产品、新工艺和新技术不断出现，大大丰富了世界市场上交易的产品种类；随着科技进步和分工的深化，世界市场上国际贸易也出现了新的方式，如展览交易、国际拍卖、补偿贸易、加工贸易、租赁贸易等。第二，世界市场上的竞争格局复杂化。新兴工业化国家和一些发展中国家的崛起、跨国公司的发展、区域经济一体化的发展等因素加剧世界市场上的竞争，竞争格局趋于复杂化。第三，世界市场上自由化成为主流。尽管贸易保护主义仍然在世界范围内存在，但在关贸总协定和后来的世界贸易组织的不懈努力下各种贸易障碍正在逐渐减少，同时各国也逐步取消或放松外汇管制，金融自由化程度也大幅提高，自由化是当代世界市场的主流。第四，世界市场的南北差距加剧。导致南北差距加剧的原因是多方面的，包括不合理的国际经济秩序，各国不同的历史因素和社会经济条件，科技发展水平以及各国不同的经济体制和发展战略等。现在南北发展的不平衡是世界市场上最大的不平衡，南北差距的显著扩大会加剧南北矛盾并造成各种对立和冲突。

参考文献：

编写组：《世界经济概论》，高等教育出版社2011年版。

（庄宗明　黄斌全）

1929～1933 年大危机
Great Depression of 1929-1933

1929～1933 年大危机（又称“大萧条”），是指在1929年到1933年间发生在美国，并影响整个资本主义世界的全球性经济大衰退。它是资本主义历史上最深刻、最持久的一次经济大危机。

1929年10月美国股市大崩盘直接促发了经济危机。在1929～1933年长达4年的衰退中，整个世界的生产都急剧下降，失业率史无前例地上升。如表1所示，1929～1933年大危机期间美国的国内生产总值（Gross Domestic Product，GDP）下降了约28.5%，英国、法国和德国的GDP分别下降了约2.3%、8.6%和10.5%。其中英国下降的幅度虽比较小，但它的衰退从20世纪20年代就已经开始。美国的经济活动从1929年中期到1933年年初经历了经济持续衰退，经济产出特别是工业产出的下降是空前的。危机期间其工业产出下降了约37%，价格下降了33%，失业率更是上升到25%的最高峰，并在20世纪30年代其他年份中一直保持在15%以上高失业率水平，这使美国的许多经济资源被闲置了整整10年（Temin，2000）。

表1　1929～1933年主要发达国家GDP变化

单位：百万1990年国际元

国家	1929年	1930年	1931年	1932年	1933年
美国	843334	768314	709334	615686	602751
英国	251348	249551	236747	238544	245507
法国	194193	188558	177288	165729	177577
德国	262284	258602	238893	220916	234778

资料来源：［英］安格斯·麦迪森：《世界经济千年统计》，北京大学出版社2009年版。

1929～1933年大危机是一个全球性的经济现象，它在发达国家发生并蔓延到发展中国家。随着工业国家需求的急剧减少，世界市场上原材料的出口价格下跌，造成了整个拉丁美洲、非洲和亚洲经济的崩溃。伴随着经济崩溃，各国也出现了政治不稳定现象，因为当时民主已不能够对付经济的混乱，独裁势力在欧洲许多国家、日本以及发展中国家抬头。危机发生以后，以增加对国内产品需求和恢复就业为目的，主要的工业国家对从其他国家的进口产品开始实施贸易壁垒（参见“贸易壁垒”）。但是这种政策却间接地造成了国外失业率的上升。当所有的主要国家都采取这种灾难性措施时，国际贸易便崩溃了，国家间的有效的经济联系被割裂了，最终任何地方的失业率都会进一步加剧（Sachs and Larrain，1994）。

1929～1933年大危机向古典经济学家的信条提出了挑战。古典经济学家曾经预言，正常的市场力量会使20世纪30年代这种世界范围内的大规模持续失业不能发生。而1929～1933年大危机则对这种当时还处于主流地位的经济学基本原则提出了严重质疑。对于1929～1933年大危机发生的原因和蔓延机制，并不存在着一种公认的观点，一些经济学家从不同角度提出了不同的解释。每一种解释都着眼于危机的一个不同方面，每一种解释都表达了复杂的宏观经济现象的一个部分。1929～1933年大危机不仅使宏观经济学成为一个独立的研究领域，而且还持续影响着宏观经济学家们的信条、政策建议和研究进程，推动了现代宏观经济学的发展。

约翰·梅纳德·凯恩斯（John Maynard Keynes）是第一个为这种经济大衰退现象提供清晰解释的经济学家。在其最富影响力的一部经济著作《就业、利息和货币通论》中，他指出1929～1933年大危机爆发的主要原因是总需求的急剧下降，总需求不足是消费需求不足和投资需求不足的结果。经济中消费者边际消费倾向的下降使消费的增长小于收入的增长，从而引起消费需求不足；投资者信心的不稳定和对未来的悲观预期导致了投资需求不足。凯恩斯的解释不是所有人都接受的，但在随后的几十年中一直是经济学的主流观点。货币主义的领军人物米尔顿·弗里德曼（Milton Friedman）对1929～1933年大危机提供了简单而有力的解释。他指出主要的原因是货币供给的外生性变化，引起1929～1933年大危机的是当时所执行的过于紧缩的货币政策。弗里德曼强调，货币政策完全没有能够阻挡住20世纪30年代初美国银行破产的浪潮，从而也没有能够阻挡住经济周期中的正常衰退演变成为灾难性的大萧条。经济历史学家查尔斯·金德尔伯格（Charles Kindleberger）提供了更加国际性的解释。他认为主要国家没有能够阻止始于20世纪20年代末的经济大衰退，是因为当时在世界上不存在一个在经济上具有领导地位的国家。美国和英国都没有能够行使这种领导权，例如，通过阻止危害国际贸易的关税升级，或者通过提供信贷以资助经济复兴，来减缓世界经济下降。当时美国不但没有在阻止国际贸易的崩溃方面起到领导作用，相反，一定程度上美国还是大萧条进一步加剧的罪魁祸首之一。美国在1930年实施了贸易保护主义的《斯穆特－霍利关税法》（*Smoot-Hawley Tariff*），大肆增加关税，导致其他国家实施了报复性关税，从而加剧了萧条。彼得·特明（Peter Temin）提供了另一种解释。他认为1929～1933年大危机是第一次世界大战及战后的持续冲突的迟到的结果。“一战”的战胜国与战败国之间就战争赔款、国际贷款和其他金融问题争执不休。脆弱的战争欠债和战争赔款链使得大部分欧洲国家财力耗竭。特明指出战争及后来的欧洲经济和政治冲突是导致大萧条的关键因素,而当时的金本位制国际货币安排则是使经济崩溃得以蔓延的主要因素,因为金本位制妨碍各国采取独立的货币政策,特别是也许有助于扭转经济衰退的扩张性政策。本·伯南克(Ben Bernanke)从总需求和总供给两个角度综合解释了1929~1933年大危机发生的原因。伯南克认为总需求下降是1929~1933年大危机的决定因素,抑制总需求的主要因素则是当时世界范围内的货币供给紧缩,而货币供给紧缩则主要是当时的国际货币体系——金本位制的技术缺陷和管理不善的结果。从总供给方面,伯南克特别研究了劳动力市场。他指出在20世纪30年代,名义工资对总需求下降的调整惊人地缓慢而且不完全,由于存在一系列对总需求的负向冲击,这种调整不能解决持续性失业问题,从而导致了国民经济大大偏离了充分就业状态。在很多国家,这些冲击的规模和持久性足以超过工资和价格调整的稳定作用。在那些抑制总需求的力量消失后(如通过汇率贬值或放弃金本位制),很多国家的产出和就业就得到了迅速的恢复。

1929~1933年大危机对世界经济产生了严重的影响,主要表现在:第一,激化了资本主义社会的各种矛盾。大萧条时工业生产和贸易需求的缩小导致了严重的大规模失业,各国人民的生活水平大大降低,悲观绝望的气氛笼罩着资本主义世界。资产阶级通过削减工资、提高税收等手段,千方百计地把经济危机后果转嫁到广大劳动人民的身上,大大激化了各阶级之间的矛盾。第二,美国、英国、法国等国加强了国家对经济的干预,德国、日本、意大利则走上了法西斯道路。1929~1933年大危机导致自由放任的市场经济走到了尽头。美国为了摆脱危机推行了罗斯福新政,国家开始全面干预经济,英、法等国为了扭转经济衰退也加强了国家对经济运行的干预和调节。德、日、意面对日益加重的危机及其所导致的国内矛盾的空前激化,采取了专制残暴的法西斯统治,导致了第二次世界大战的爆发。第三,国际经济秩序遭到了严重破坏。空前激烈的关税战使正常的国际贸易无法进行;为了摆脱危机大多数资本主义国家纷纷宣布放弃金本位制,促使本币贬值。1929~1933年大危机使国际贸易秩序和国际金融秩序都遭受了严重破坏。

参考文献:

[英]安格斯·麦迪森:《世界经济千年统计》,北京大学出版社2009年版。

[美]本·伯南克:《大萧条》,东北财经大学出版社2009年版。

[美]查尔斯·金德尔伯格:《1929~1939年世界经济萧条》,上海译文出版社1986年版。

[美]米尔顿·弗里德曼、安娜·施瓦茨:《美国货币史:1867~1960》,北京大学出版社2009年版。

[英]约翰·梅纳德·凯恩斯:《就业、利息和货币通论》,商务印书馆1999年版。

Sachs, J. D. and Larrain, F. B., *Macroeconomics in the Global Economy*. Pearson Education, Inc. & Prentice Hall, 1994.

Temin, P., *Lessons from the Great Depression*, Cambridge: The MIT Press, 1989.

Temin, P., Great Depression. In Engerman, S. L. and Gallman, R. E., *The Cambridge Economic History of the United States*. Cambridge: Cambridge University Press, 2000.

(庄宗明 黄斌全)

罗斯福新政
Roosevelt's New Deal

罗斯福新政(简称"新政"),是指在1929~1933年大危机的背景下,富兰克林·罗斯福(Franklin Roosevelt)在1933年就任美国总统后,为了摆脱经济危机而制定颁布的一系列经济政策。新政的核心是"3Rs":救济(Relief),即救济失业者和穷人;复兴(Recovery),即将经济恢复至正常水平;改革(Reform),即改革金融体系以预防萧条。

1929年10月持续了近10年繁荣的美国股票市场崩溃,一场空前规模的经济大危机爆发并蔓延至全球,美国历史上的大萧条时期到来。时任美国总统赫伯特·胡佛(Herbert Hoover)在这场危机中采取了保守的政策,强调自愿原则,反对联邦政府直接干预经济生产,导致萧条不断加剧。美国工业产出下降了约37%,价格下降了33%,失业率更是上升到25%的最高峰(Temin,2000)。为了摆脱经济萧条,罗斯福在上任后制定颁布了一系列法律法规,推行了一系列积极的经济政策,罗斯福新政正式宣告了市场经济体制中国家干预时代的到来。

罗斯福新政往往以1935年为分界线被区分为两个阶段:第一次新政(1933~1935年)和第二次新政(1935~1938年)。新政主要由以下三个部分组成:银行体系改革;增强政府对生产的控制;开始建立社会"安全网"。前面两个部分开始于1933年的"百日新政"(1933年3月9日至1933年6月16日),它们共同开启了美国的经济复苏之路。第三个部分开始于第二次新政,第二次新政主要致力于将经济复苏所带来的好处扩大到整个社会。

第一次新政(1933~1935年):

罗斯福宣誓就职后就宣布了银行休假日,同时对所有外汇交易和黄金出口采取控制。银行休假日本身仍旧是大萧条所带来的症状,但这种孤注一掷的做法却为新政府发布和执行新的宏观政策争取了时间,并且这也成了美元贬值的预备步骤。罗斯福在1933年4月18日有效地进行了美元贬值,他通过行政命令禁止非官方黄金出口,美元脱离官方价格并开始下跌,直到7月份,美元价格相对于英镑已下跌了30% ~ 45%。巴里·艾肯格林(Barry Eichengreen)已指出美元贬值不仅具有优化贸易条件的效果,而且解放了美国国内宏观经济政策,以促进经济扩张(艾肯格林,1992)。货币贬值仅仅是具有多面性的新政体系中的一个方面,在罗斯福的"百日新政"中银行体系改革和增强政府控制开启了复苏之路。

新政的第一个核心部分就是改革银行体系。1933年6月,国会通过并由罗斯福签署了《格拉斯-斯蒂格尔法》(Glass-Steagall Act),也就是著名的《1933年银行法》(Banking Act of 1933)。它禁止投资银行和商业银行的联合,使美国的金融业形成了银行、证券分业经营的模式,其目标在于降低银行体系的不稳定。同时,《1933年银行法》还出台了同样是为了提高银行系统稳定性的联邦存款保险制,要求成立联邦存款保险公司以保证在联邦储备体系下的各个成员银行的存款。《1933年银行法》既没有结束经济不景气,也没有保证之后银行系统的稳定,但它提供了一种理想的环境。在这种环境下,银行可以在美国经济大膨胀时期得到长达大半个世纪的稳定。这是一个了不起的成就(特明,2000)。

新政的第二个核心部分是增强政府对生产的控制。政府声称它控制着经济的多个部分,并可用政治控制力取代市场明显的误导信号。这一理论主要体现在两个重要的法案中:《国家工业复兴法》(National Industrial Recovery Act,NIRA)和《农业调整法》(Agricultural Adjustment Act,AAA)。NIRA于1933年6月16日通过,国家复兴局(National Recovery Administration,NRA)正式成立。NIRA主要是针对美国国内存在的不公平竞争,特别是那些以"成本价之下销售"的竞争者。NIRA规定各行业企业指定本行业的公平经营规章,确定各企业的生产规模、价格水平、市场分配、工资标准和劳动时间等,以防止出现盲目竞争引起的生产过剩,从而加强了政府对资本主义工业生产的控制和调节。NIRA的法规要求减少劳动时间,从而尝试给更多的人提供就业机会;同时它还包括允许工资急速上涨的规定。于是,NIRA导致了一种前所未有的状况,即在大规模失业时期工资经历了上涨。雇主们同意增加工资是因为他们可以同时提高价格。最后,NIRA为了提高人们的期望而出台,又因提高了工资和价格而被废止(1935年最高法院裁定NIRA是对NRA立法权的非法运用,是联邦权利非法渗入各州内部事务的表现)。但是从长期看,NIRA还是促进了劳动环境的实质性改善。AAA于1933年5月通过,它允许政府控制农产品产量。该政策希望通过限制产量来提高农产品价格,农民也同意政府限制产量并对撂荒土地进行赔偿的政策。AAA的总体目标就是将农产品价格提高到一个水平,使得他们1933年的购买力与1914年第一次世界大战前的购买力相当。然而,1935年年初AAA被最高法院裁定违宪(和NIRA一样,法院裁定联邦政府干涉了各州内部事务),随后农业的不稳定状况加剧了。直到1938年,一个AAA的替代法案才被通过。新法案包括种粮控制和收入支持规定,甚至比1933年的法案更加强硬,但这次最高法院并没有反对。1933年和1938年的AAA并未有效地减轻农业在20世纪30年代中期的萧条情况,但它们确实构建了第二次世界大战后美国农业扶持的框架。

第二次新政(1935~1938年):

新政的主要目标是经济的复兴,另一个焦点是经济生活中个人收入的分配。1935年第二次新政就是罗斯福面对这个挑战做出的反应。从经济复苏政策中转变,罗斯福进一步加强了政府对经济的控制,以便更加平均地分配它的产量。当NRA被裁定违宪后,1935年参议员罗伯特·瓦格纳(Robert Wagner)引入了《国家劳动关系法》(National Labor Relations Act,NLRA),在NIRA下重建了劳工权利,该法案使得劳工组织迅速壮大。这些劳工组织由NLRA和国家劳动关系委员会(National Labor Relations Board,NLRB)重新制度化,其中NLRB监督工会的行动和工资的议价。NLRB仅仅是当时设立的众多管理机构中的一个,这些管理机构是为了监督和控制经济,特别是公用事业受到了更大规模的管制。1935年出台的《社会保障法》(Social Security Act,SSA)标志着美国政府全面承担起社会保障职能,也是美国福利国家制度的开端。如果政府直接救助大部分人口,SSA计划终将失败。且由于无法通过立法对穷人提供援助,这个计划的参与者就对老年人提供援助。所以SSA主要提供:老年人的一份收入;由劳工雇主提前预付一份失业补偿金的计划;为老人、盲人和受抚养的孩子提供无条件的救助计划。这个社会保障体系从来就不是真正的"社会保险",它不是一项合约,那些向其捐款的人没有要求任何权益的法定权力,而且在它的保险范围方面永远不可能是全面的(休斯、凯恩,2011)。SSA被认为是一个伟大的必要的社会进步,但它从一开始就是有缺陷的。社会保障一旦开始,每一年都在不断膨胀,参与人口将越来越多。它成了美国实现收入代际转移的主要途径。尽管社会保障系统是根据私人保险条例建立起来的,但是它的实际支付是来源于当前税收,而不是个人积累账户。结果对第一代享受社会保障的人(这些人就是在大萧条中工作的人们及在"二战"后领受政府津贴的人们)来说这实际上就是一笔意外所得。

罗斯福新政的这些体制性的重大变化对美国经济社会的走向产生了深远影响。美国政府对经济的干预和调节主要以市场经济体系中各种法律法规的制定为程序基础,而财政政策和货币政策则是最基本的宏观调控手段,罗斯福新政是凯恩斯主义的一次全面实践。由此,美国政府在传统私有制和自由经营的基础上辅以大范围的政策调控,对就业、经济增长、物价水平和国际收支平衡等重要的宏观经济指标承担起重要作用。罗斯福新政不仅帮助美国渡过了经济大危机,维护了资本主义民主制度,也为其他国家实施国家干预经济,进行体制性自我调整提供了宝贵的经验。但它却不能从根本上消除资本主义的经济危机。

参考文献:

[美]乔纳森·休斯、路易斯·P·凯恩:《美国经济史》,北京大学出版社 2011 年版。

Eichengreen, B., *Golden Fetters: The Gold Standard and the Depression*: 1919-1939, New York: Oxford University Press, 1992.

Leuchtenburg, W. E., *Franklin D. Roosevelt and the New Deal*, 1932-1940, New York: Harper & Row, 1963.

Temin, P., *Lessons from the Great Depression*, Cambridge: The MIT Press, 1989.

Temin, P., Great Depression. In Engerman, S. L. and Gallman, R. E., *The Cambridge Economic History of the United States*, Cambridge: Cambridge University Press, 2000.

(庄宗明　黄斌全)

经济全球化
Economic Globalization

经济全球化是指在科技革命尤其是信息技术革命的条件下,通过国际贸易、国际金融、国际投资以及技术和人员的国际流动,世界各国家和地区的经济越来越紧密地结合成一个高度相互融合、相互依存的有机整体的过程。把握经济全球化的内涵,必须注意:第一,经济全球化是世界经济发展的新阶段;第二,经济全球化使世界经济真正成为一个有机整体;第三,经济全球化既是一个过程,也是一种状态,更是一种发展趋势(《世界经济概论》编写组,2011)。

经济全球化的发展主要分为三个阶段。首先,经济全球化于 19 世纪中叶萌芽。该时期以电力的发展和广泛应用为主要标志的第二次科技革命促进了国际分工的进一步深化,国际上技术、资金和劳务合作不断增强。此时,跨国公司的出现适应了这种国际分工格局,它们在世界范围内进行专业化生产和投资,加强了生产和资本的国际流动。同时,交通运输业和通信业的发展,使各个国家和地区相互独立的区域性市场逐渐连接成统一的世界市场,从而第一次全球化高潮在 19 世纪末到 20 世纪中叶出现。其次,第二次世界大战后经济全球化进入了初步发展阶段。战后发生的第三次科技革命以原子能、电子计算机、空间技术和生物工程的发明和应用为主要标志,这次科技革命大大加快了科学技术转化为生产力的速度,工业劳动生产率成倍增长,生产国际化程度不断提高,世界市场不断扩大。在科技革命的推动下,以现代科技为基础的国际分工新格局形成,经济全球化经历了第二次高潮。最后,经济全球化在 20 世纪 90 年代后开始迅速发展。冷战结束后,国际关系开始缓和,各国都把注意力集中在经济发展上,这为生产要素的国际流动创造了良好的条件。以信息产业为主要内容的技术革命为资本的大规模国际流动和金融服务全球化创造了便利条件。世界贸易组织(World Trade Organization, WTO)的成立使贸易在全球更大范围内实现自由化。20 世纪 90 年代后至今,经济全球化已发展成以科技革命和信息技术为先导,涵盖生产、贸易、金融和投资各领域,囊括世界经济和与之相关的各个方面的庞大体系。

经济全球化的表现形式主要包括以下四个方面。第一,贸易全球化。贸易全球化主要是指商品和劳务在全球范围内自由流动。贸易自由化程度不断提高,全球贸易额保持着持续增长的趋势。据 WTO 统计,2010 年全球货物贸易出口总额为 152380 亿美元,是 2000 年的 2.36 倍;2010 年全球服务贸易出口总额为 36639 亿美元,是 2000 年的 2.47 倍。在全球贸易快速增长的同时,贸易结构也在经历重大变化,服务贸易、技术贸易、产业内贸易和跨国公司内部贸易在全球贸易中的比重不断上升。贸易自由化的深度和广度在不断拓展,贸易全球化已成为当今经济全球化的重要表现。第二,金融全球化。金融全球化是指全球金融市场日趋开放、金融体系日趋融合、金融交易更加自由的过程。20 世纪 80 年代以来金融自由化、信息技术、融资证券化和金融创新等促进了金融的全球化。由于全球金融市场的高度一体化使得国际金融资本在全球范围大规模快速流动,资金流动效率不断提高。第三,生产国际化。生产国际化最直接的体现就是跨国公司的国际化生产向纵深推进,跨国公司的分支机构在数量和地域覆盖上极大地扩展,在组织安排和管理体制上已无国界规划。进入 20 世纪 90 年代以来,跨国公司进一步充分利用在资金、管理、营销网络、专有技术等方面的优势,将其与东道国自然资源、劳动力和市场等要素优势相结合,进行跨国生产和经营,推动了经济全球化的发展。2010 年,跨国公司的全球生产带来约 16 万亿美元的增值,约占全球 GDP 的 1/4,跨国公司外国子公司的产值约占全球 GDP 的 10% 以上和世界出口总额的 1/3(UNCTAD, 2011)。第四,国际分工进一步深化。20世纪90年代以来,随着现代科技的迅速发展和跨国公司的全球产供销网络的形成,国际分工进一步深化,其形式和格局都发生着深刻的变化,其中最突出的就是产品内分工的出现,越来越多的产品生产过程所包含的不同工序和区段,被拆散分布到不同国家和地区进行。这种全球范围的国际分工体系使各国家和地区的生产成为全球生产体系的一部分,国际分工进一步深化已成为经济全球化的重要表现之一。

经济全球化因其对贸易、金融自由化以及生产国际化的推进而对世界经济发展产生了积极的影响,这使其得到了广泛的支持,其中最杰出的捍卫者是贾格迪什·巴格沃蒂(Jagdish Bhagwati)。但由于经济全球化对各国家和地区都有可能带来一些不良的影响而备受争议,其中不乏一些资深的经济学家,经济全球化最著名的批评家包括约瑟夫·斯蒂格利茨(Joseph Stiglitz)和丹尼·罗德里克(Dani Rodrik)。全球化确实给一些人带来了巨大的利益,但同时鉴于全球化在减轻贫困和维护稳定方面并没有取得成功,它对其他千百万人而言却只是一个悲剧(Stiglitz,2002)。

首先,对发达国家而言,它们是经济全球化的主导者和推动者,这种主导作用主要来自于它们较早完成了工业革命,积聚了雄厚的经济实力,生产力发展水平较高,科学技术优势明显以及它们拥有较为完善的市场经济体制。经济全球化对发达国家的积极影响包括:经济全球化使发达国家通过国际贸易和投资获得了巨额的经济利益;经济全球化过程中的主导地位为发达国家对外经济扩张带来了更为广阔的活动空间和潜在利益;经济全球化加快了发达国家的产业结构升级,使其在国际分工深化过程中获得巨大好处;经济全球化有助于发达国家引进各种人才,从而促进其科学技术水平的发展。总体而言,发达国家是经济全球化的最大受益者,但同时也不可避免的存在一些消极影响。主要包括:经济全球化加大了发达国家的金融风险,2007年开始的美国次贷危机最终演变成一场全球性的金融危机就证明了金融自由化过程中所蕴含的巨大风险;经济全球化使部分发达国家出现了产业"空心化"和制造业职位流失,产业"空心化"是指以制造业为中心的物质生产部门的资本和企业迅速往国外转移从而使这些部门就业急剧减少,这些产业在其国民经济中的地位明显下降;经济全球化所带来的利益在发达国家之间及其内部各个地区、行业和人群之间的分配不平等也导致了收入差距扩大的现象。

其次,对发展中国家而言,经济全球化向来就是一把"双刃剑",它既是一个机遇又是一个挑战。经济全球化为发展中国家带来的机遇包括:参与经济全球化进程为发展中国家充分利用国内和国外两种资源两个市场,从而实现其经济现代化提供了可能;经济全球化为发展中国家带来了显著的贸易和投资利益,使其比较优势得以充分发挥,推动经济发展,实现对发达国家的赶超。同时,由于不公正的国际经济秩序仍然存在并主导着经济全球化进程,经济全球化对发展中国家的经济发展也具有强烈的负面冲击,主要包括:发展中国家的经济主权遭到威胁,经济安全甚至是国家安全也都受到严重威胁;国际资本加速流动加大了发展中国家的金融风险;盲目承接发达国家的产业转移容易损害发展中国家经济可持续发展的能力。

经济全球化使世界经济面临着一些新问题,主要包括:加剧了南北差距,使发展中国家发展不足;增加了经济发展的不确定因素,各国宏观调控难度增大;加剧了全球环境污染和生态危机;等等。由于这些问题的出现,反全球化运动便与经济全球化的深入发展相伴而生。反对经济全球化的群体主要包括环境保护主义者、人权主义者和把自己的目标以公正和权利的名义包装起来的游说集团。这些反全球化运动在一定程度上也有利于国际社会反思和正视经济全球化的负面影响,更加重视经济全球化带来的各种难题,积极推动经济全球化向均衡、互惠、共赢方向发展。

参考文献:

编写组:《世界经济概论》,高等教育出版社2011年版。

庄宗明:《世界经济学》,科学出版社2007年版。

Bhagwati, J., *Free Trade Today*, Princeton University Press, 2002.

Rodrik, D., *Has Globalization Gone Too Far?* Washington, DC: Institute for International Economics, 1997.

Stiglitz, J., *Globalization and its Discontents*, New York: Norton, 2002.

UNCTAD, *World Investment Report* 2011, New York and Geneva: United Nations, 2011.

（庄宗明　黄斌全）

世界区域经济一体化
World Regional Economic Integration

世界区域经济一体化,是指为了促进经济和贸易发展,两个或两个以上的国家或地区通过建立共同的协调机构,达成某种承诺或者签订条约和协议,逐步取消各成员间的贸易壁垒,促进区域内商品和生产要素流动的自由化,形成区域性经济合作组织的过程。

尽管历史上在特定环境下也出现过少数国家之间的经济合作,但区域经济一体化发展的真正高潮出现在20世纪50年代以后。科学技术的进步,生产力的发展,国际分工的深化和世界经济中各国家和地区相互依赖的加强,客观上要求打破国家边界对资源配置的地理限制,要求在地理上相互邻近、在经济上密切联系的国家或地区，实现对资源的跨国配置以及对客观经济和市场运行规则的联合调控，以促进经济的可持续发展。因此，大多数国家和地区纷纷建立或正在建立起一些区域性经济合作组织，共同推动了区域经济一体化的发展。自1958年1月1日欧洲经济共同体(European Economic Community，EEC)成立以来，区域经济合作组织便大量涌现。特别是从20世纪90年代开始，区域经济一体化迎来了新一轮发展高潮，大量区域贸易协定(Regional Trade Agreements，RTAs)应运而生。据世界贸易组织(World Trade Organization，WTO)统计，截至2012年1月15日，已向关贸总协定(General Agreement on Tariffs and Trade，GATT)或WTO提出通报的RTAs共有511个，其中有效的有319个。随着区域经济一体化的不断发展，传统意义上的地域概念被逐渐弱化，区域经济合作组织不再受地理条件的限制，跨地区的区域经济合作迅速发展，区域经济一体化的形式趋于多样化。

随着区域经济一体化的深入，各种区域经济合作组织开始建立并快速发展，这是世界经济发展过程中的新现象和新趋势之一。在20世纪50年代以后成立的具有代表性的区域经济合作组织包括：欧洲经济联盟(European Economic Union)、北美自由贸易区(North American Free Trade Area)、亚太经济合作组织(Asia-Pacific Economic Cooperation)、东南亚国家联盟(Association of Southeast Asian Nations)等。这些区域经济合作组织成立后通过达成某种承诺或签订某种协议，以减少它们各自成员国之间的贸易壁垒，加强区域内成员国之间的交流，从而使各成员国获得了更好的贸易条件和投资环境，区域经济合作组织内各成员国之间的贸易往来不断加强。如表1所示，区域经济合作组织的建立使区域集团内的贸易更加自由化，特别是亚太经济合作组织、欧洲经济联盟和北美自由贸易区都具有很高的内部贸易程度并且保持着相对稳定的发展。2010年它们的内部总出口占一体化组织总出口的比例分别为：67.5%、67.3%、48.7%。

表1　主要区域经济合作组织内部总出口占组织总出口的比例　单位：%

区域经济组织	1990年	1995年	2000年	2005年	2010年
亚太经济合作组织	68.3	71.7	73.1	70.8	67.5
欧洲经济联盟	67.1	66.1	66.8	66.0	67.3
北美自由贸易区	41.4	46.2	55.7	55.8	48.7
东南亚国家联盟	18.9	24.5	23.0	25.3	25.0

资料来源：The World Bank，*World Development Indicators*. Washington，D. C.：World Bank Publications，2008-2012。

根据一体化程度的不同，区域经济一体化的类型大致可分为：特惠贸易协定，是指成员国之间对全部或部分产品规定较为优惠的关税，但各成员国保持其独立的对非成员国的关税和其他贸易壁垒；自由贸易区，是指各成员国之间取消关税及其他贸易壁垒，各成员国有权对非成员国设定关税和数量限制；关税同盟，除了具有自由贸易区的特征之外，还要求各成员国采取共同的关税及共同的对外贸易政策；共同市场，除了具有关税同盟的特征之外，还要求允许生产要素在各成员国间的自由流动；经济同盟，在共同市场的基础上，还要求各成员国制定一些共同的经济政策和社会政策，逐步消除各国在政策方面的差异，形成一个庞大的超国家经济实体；完全经济一体化，是指各成员国在经济同盟的基础上，实行完全统一的经济政策和社会政策，并建立起共同体一级的中央机构和执行机构，以便对所有事物进行控制，使各成员国在经济上形成单一的经济实体。综上所述，可将六种不同程度的区域经济一体化形式所具备的特征概括如表2所示。

表2　区域经济合作组织形式的特征

特征 形式	成员国关税优惠	区域内自由贸易	共同对外关税	生产要素自由流动	经济政策的协调	经济政策完全一体化
特定贸易协定	√					
自由贸易区	√	√				
关税同盟	√	√	√			
共同市场	√	√	√	√		
经济同盟	√	√	√	√	√	
完全经济一体化	√	√	√	√	√	√

注：打"√"表示具有该项特征。

区域经济一体化具有重要的经济影响，包括对成员国，区域经济和世界经济。对成员国而言，区域经济一体化促进了成员国商品和要素的自由流动和贸易增长；加速了成员国对外直接投资的增长；促进了成员国内部分工的深化及合作发展。对区域经济而言，区域经济一体化提高了本地区的整体经济实力和经济影响；促进了其他国家和地区区域经济合作的发展；推动了本区域经济格局的变化。对世界经济而言，区域经济一体化通过促进区域内部经济增长、实现贸易和投资自由化、提高竞争和效率等方式，推动了世界经济的发展。但是也不能否认，区域经济一体化给世界经济带来了一些负面效应。这些效应包括：区域经济一体化的发展会加剧世界经济发展不平衡；区域经济一体化过程中的不平等竞争在一定程度上会加剧各区域之间的对抗和集团冲突;区域经济合作组织的出现具有双重性:它们在实现贸易自由化的同时也进行着保护主义(2002),这必然会导致各区域集团之间的竞争和冲突;区域经济一体化需要国家让渡部分主权,对国家主权的处理也是区域经济一体化进程中无法避免的问题。

参考文献:

编写组:《世界经济概论》,高等教育出版社 2011 年版。

Baldwin, R. E., Regional Economic Integration, Grossman, G. M. and Rogoff, K., *Handbook of International Economics*, *Vol.* 3. New York: North Holland, 1997.

Bhagwati, J., *Free Trade Today*, Princeton University Press, 2002.

The World Bank, *World Development Indicators*, Washington, DC: World Bank Publications, 2008-2012.

(庄宗明 黄斌全)

多边协议
Multilateral Agreement

多边协议是指三个以上国家在制定贸易、投资、环境等领域有关货物贸易、服务贸易、知识产权等政策和做法时所必须遵循的一整套规则的协议。该协议规定缔约国在多边体系中享有的权利和承担的义务,并且规定缔约国采取行动要有透明度,国与国之间要有进行磋商的机会。

目前,多边协议的谈判和磋商主要是在联合国、世界银行、经济合作与发展组织(Organization for Economic Co-operation and Development, OECD)、关贸总协定(General Agreement on Tariffs and Trade, GATT)或世界贸易组织(World Trade Organization, WTO)等国际组织的协调和组织下进行的。其中,WTO 在酝酿、起草和制定多边协议方面发挥着最为重要的作用。

在 WTO 的主导下,以调节全球多种形态的国际贸易为主要目的的多边协议群已经形成,涉及贸易、投资、环境等领域。这些协议的内容涉及服务、经营业绩要求、争端解决、雇佣与劳资关系、知识产权等细节问题。有些协议所触及的问题与保证市场功能正常发挥作用密切相关,如补贴与反补贴、政府采购、消费者权益等。此外,多数多边协议对于发展问题给予特别关注,考虑到发展中国家的特别需要,作了一些过渡性的安排。

参考文献:

盛斌:《WTO 与多边投资协议》,天津大学出版社 2003 年版。

王巾英、崔新健:《国际经济学》,清华大学出版社 2010 年版。

World Trade Organization, *Regional Trade Agreement: Goods Rules*, 1994.

(庄宗明 林娟)

自由贸易区
Free Trade Area(FTA)

自由贸易区是指两个或两个以上的国家通过达成某种协定或条约取消相互之间的关税和与关税具有同等效力的其他措施,在主权国家或地区的关境以外,划出特定的区域,准许外国商品豁免关税自由进出。实质上是采取自由港政策的关税隔离区。狭义的自由贸易区仅指提供区内加工出口所需原料等货物的进口豁免关税的地区,类似于出口加工区。广义的自由贸易区还包括自由港和转口贸易区。

自由贸易区是从自由港发展来的,通常设在港口的港区或邻近港口的地区,尤以经济发达国家居多。早在 20 世纪 50 年代初,美国就明确提出:可在自由贸易区发展以出口加工为主要目标的制造业。60 年代后期,一些发展中国家也利用这一形式,并将它建成为特殊的工业区,逐步发展成为出口加工区。80 年代以来,许多国家的自由贸易区积极向高技术、知识和资本密集型发展,形成"科技型自由贸易区"。当今世界,自由贸易区的发展形势非常迅猛,在全球范围内其数量已经达到数十个,范围遍及各大洲,是区域经济一体化的主要形式之一。其中,北美自由贸易区和东盟自由贸易区最具典型意义,而北美自由贸易区也是世界上最大的自由贸易区。

自由贸易区的产生和迅猛发展有其深刻的历史、经济、政治、文化原因:第一,区域内国家易于就自由贸易区达成协议并产生实效。同时,现有的自由贸易区大多富有成效,也激发了更多国家参加自由贸易区。第二,就地区或邻近国家而言,自由贸易区有利于进一步发挥经贸合作的地缘优势。邻近国家间的自由贸易区具有人员往来与物流便利、语言文化相近、生活习惯类似等多种有利条件。因此,邻近国家和地区间具有更多的有利条件来扩大和加深经济合作以获得互利双赢的效果,其效果比参加多边贸易体系带来的利益要更明显一些。第三,缔结自由贸易区有利于推动各成员国内的经济结构改革,从而可以借助更多外力来推进国内改革。第四,加强地区内经贸合作不仅有助于防范新的危机,也有利于世界经济的稳定发展。

自由贸易区依据性质可以分为商业自由区和工业自由区。前者不允许货物的拆包零售和加工制造;后者允许免税进口原料、元件和辅料,并指定加工作业区加工制造。依据区位条件和进出口贸易的流量则可以分为转口集散型,贸工结合、以贸为主型,出口加工型和保税仓储型自由贸易区。转口集散型自由贸易区利用优越的自然地理环境从事货物转口及分拨、货物储存、商业性加工等,如巴拿马的科隆自由贸易区。贸工结合、以贸为主型自由贸易区以从事进出口贸易为主,兼搞一些简单的加工和装配制造,这种类型在发展中国家最为普遍,如阿联酋迪拜港自由港区。出口加工型自由贸易区主要以从事加工为主,以转口贸易、国际贸易、仓储运输服务为辅,如尼日利亚自由贸易区。保税仓储型自由贸易区主要以保税为主,免除外国货物进出口手续,较长时间处于保税状态,如荷兰阿姆斯特丹港自由贸易区。

设置自由贸易区的作用主要是:第一,利用其作为商品集散中心的地位,扩大出口贸易和转口贸易,提高设置国家和地区在国际贸易中的地位,增加外汇收入;第二,有利于吸引外资,引进国外先进技术与管理经验;第三,有利于扩大劳动就业机会;第四,在港口、交通枢纽和边境地区设区,可起到繁荣港口、刺激所在国交通运输业发展和促进边区经济发展的目的。其对区域内经济的影响包括静态影响和动态影响。前者指由于区域内成员相互之间取消关税和贸易数量限制措施之后对各成员贸易发展所产生的直接影响;后者指缔结 FTA 之后,由于区域内生产效率提高和资本积累增加,导致各成员经济增长加快的间接影响。

当前,世界各国都非常重视通过建立和发展自由贸易区来为自己的经济发展服务,在亚洲,除东盟与中国("10+1")外,中国先后宣布准备与西亚的海湾合作组织、南亚的印度建立自由贸易区,同时中日韩自由贸易区也开始讨论与研究。具有自由贸易区性质的中国大陆与香港、澳门地区的更紧密经贸关系安排(CE-PA)已在稳步实施。

参考文献:

[美]弗兰克·N·马吉尔:《经济学百科全书》上卷,中国人民大学出版社 2009 年版。

褚葆一:《经济大辞典·世界经济卷》,上海辞书出版社 1985 年版。

王巾英、崔新健:《国际经济学》,清华大学出版社 2010 年版。

(庄宗明 林娟)

关税同盟

Customs Unions

关税同盟是指两个或两个以上国家缔结协定,建立统一的关境,在统一关境内缔约国相互间减让或取消关税,对从关境以外的国家或地区的商品进口则实行共同的关税税率和外贸政策。它的主要特征是:成员国相互之间不仅取消贸易壁垒,实行自由贸易,还建立共同对外关税。也就是说,关税同盟的成员除相互同意消除彼此的贸易障碍之外,还采取共同对外的关税及贸易政策。关贸总协定(GATT)规定,关税同盟如果不是立即成立,而是经过一段期间逐步完成,则应在合理期限内完成,这个期限一般不超过 10 年。

关税同盟的思想最早是由 19 世纪德国经济学家弗里德里希·李斯特(Friedrich List)提出的,他以具体行动促成了德国统一之前北部各诸侯王国之间最早的关税同盟——北德意志关税同盟于 1826 年成立,且随后又相继建成中德和南德两个关税同盟,这对促进当时德国经济发展和政治统一起过一定的作用。

关税同盟理论的创始人是美国经济学家雅各布·瓦伊纳(Jacob Viner),他强调指出建立关税同盟绝不等同于向自由贸易靠拢,因为其在提高成员间自由贸易的同时,限制了对外贸易。为此,他引入贸易创造和贸易转移的概念来分析关税同盟的福利效应。当关税同盟内部取消关税,实行自由贸易后,成员国的需求从本国转移到生产成本较低的同盟国的时候,便产生贸易创造;而当同盟成员国之间的关税优先权使其需求从非同盟国转移到生产成本较高的同盟国的时候,便产生贸易转移。根据这个理论,如果贸易创造效应占主导,那么建立关税同盟会增加福利;但如果贸易转移效应占主导,那么建立关税同盟会减少福利。也就是说,贸易创造和贸易转移效应的相对强度决定着是否应该提倡建立关税同盟。

瓦伊纳的结论受到许多学者的怀疑,他们通过放松固定消费比例、不变成本等基本假定取得了关税同盟理论的一些重要进展。但是,适合于关税同盟的普遍法则仍然没有找到,而具有实际意义的结论也是微乎其微。尽管如此,许多学者还是尽其所能归纳总结出一些建立关税同盟能产生贸易创造的条件。

目前,有以下几点已经得到广泛认可:第一,关税同盟的经济区域越大,成员国数量越多,则相对于贸易转向来说,贸易创造的规模也越大;第二,关税同盟成员之间进行产品贸易的比例越小,贸易创造的可能性越大,比例越高,形成从同盟成员之外的世界向同盟内的贸易转移的可能性就越大;第三,关税同盟成立前后的平均关税水平很重要,如果关税同盟成立后的平均关税水平比以前的低,则关税同盟更可能是以贸易创造为主的;第四,关税同盟的成员中经济竞争性的成员数目越多,贸易创造的可能性就越大;第五,对于关税同盟成员间一个特定的重叠生产范围,同盟成员在这个范围中相同保护产品的单位成本在同盟成立前越大,同盟成立后,在这个范围的贸易创造的可能性就越大,并且这一重叠生产范围越大,贸易创造的可能性越大(Meade,1955;Johnson,1962)。

根据上述条件,发达国家间积极建立关税同盟,可以从中获益;而发展中国家则不应该建立关税同盟,这就与发展中国家仍有建立关税同盟的主观意愿相矛盾。事实上,资源配置效率的改善并不是组建关税同盟的最主要原因,这促使后来的学者将注意力转向关税同盟的动态效应。动态效应是指在一段较长时期内显现出来的能对成员国的经济增长产生影响的那些方面,主要包括规模经济效应、竞争效应、投资效应等。

关税同盟的规模经济效应是指在关税同盟成立之前,一些企业由于市场范围的限制一直在最优产量(最低成本产量)以下运作,组建关税同盟所引起的市场范围的扩大有可能使这些企业在最优产量上生产,从而带来成本节约。规模经济效应可以进一步划分为成本下降效应和贸易抑制效应,关税同盟建立以后随着国内产量扩大,平均单位成本减少可以视为成本下降效应;把在规模经济下,国内产品替代较便宜的从非成员国的进口可以称为贸易抑制效应。规模经济效应能否给成员国带来福利改善取决于这两种效应相互比较的结果(Cordon,1972)。

关税同盟的竞争效应是指同盟内部实行自由贸易会加剧成员国企业之间的竞争,从而导致这些企业经营效率强制性的改善。竞争效应还有另外一种表现,即由于来自非成员国竞争的削弱所引起的同盟内企业经营效率的下降。这两者分别被称为"冷水浴效应"和"土耳其浴效应"。投资效应是指同盟的形成会促使非成员国增加对同盟的投资(被称为"投资创造")以及对其他非成员国的投资转移至同盟成员国(被称为"投资转移"),以避开它所受到的歧视性贸易待遇。另外,贸易格局的变化所引致的投资变动和技术水平的改变也会引起可利用的生产要素数量和质量的相应变化。

至此,关税同盟理论的重点一直是以关税同盟的存在为前提,探讨关税同盟的经济影响,忽视了关税同盟存在的基本经济原因或称经济合理性。随后,关税同盟新理论在福利函数中引入公共偏好,使得政策得益可以纳入考虑的范围(Cooper and Massell,1965;Johnson,1965)。

这种新理论为发展中国家采取贸易保护政策提供了依据,并且由此可以达到高于凭借市场自由运行所能达到的水平。工业优先政策也许是出于非经济的考虑,但这也是具有经济的合理性,它是建立在对工业创造的外向经济的重要性和工业对经济增长的有利作用认识的基础之上的。这种选择导致保护工业的政策,而不是自由贸易的政策。因此,在给定规模经济的情况下,在关税同盟中,市场内部较大的国家要比市场内部较小的国家更有效地发挥工业优先政策的作用。

目前,欧洲联盟(European Union)已成为世界上经济实力最强的关税同盟,它在促进和平,追求公民富裕生活,实现社会经济可持续发展,确保基本价值观,加强国际合作等方面发挥了重要的作用,于2012年获得诺贝尔和平奖。

参考文献:

Cooper, C. A. and Massell, B. F., A New Look at Customs Union Theory, *Economic Journal*, Vol. 75, No. 300, 1965.

Cordon, W. M., Economies of Scale and Customs Union Theory, *Journal of Political Economy*, Vol. 80, No. 3, 1972.

Johnson, H. G., *Money, Trade and Economic Growth*, London: George Allen and Unwin, 1962.

Johnson, H. G., an Economic Theory of Protectionism, Tariff Bargaining, and the Formation of Customs Unions, *Journal of Political Economy*, Vol. 73, No. 3, 1965.

Krauss, M. B., Recent Developments in Customs Union Theory: an Interpretive Survey. *Journal of Economic Literature*. Vol. 10, No. 2, 1972.

Meade, J. E., *The Theory of Customs Unions*. Amsterdam: North-Holland, 1955.

Viner, J., *The Customs Union Issue*, New York: Carnegie Endowment for International Peace, 1950.

(庄宗明　林娟)

共同市场
Common Market

共同市场是指两个或两个以上的国家或经济体通过达成某种协议,不仅实现自由贸易,建立共同的对外关税,而且实现服务、资本和劳动力自由流动的国际经济一体化组织。共同市场是在成员内完全废除关税与数量限制,建立统一的对非成员的关税,并允许生产要素在成员间可以完全自由移动,在一体化程度上比关税同盟又进了一步。

共同市场的理论基础是大市场理论,该理论的代表人物是提勃尔·西托夫斯基(Tibor Scitovsky)和让-弗朗索瓦·德纽(Jean Francois Deniau)。前者从西欧的现状入手,提出西欧陷入高利润率、低资本周转率、高价格的矛盾,存在着"小市场与保守的企业家态度的恶性循环"。因而,只有通过共同市场或贸易自由化条件下的激烈竞争,才能迫使企业家停止过去那种旧式的小规模生产而转向大规模生产,最终出现一种积极扩张的良性循环。后者则对大市场带来的规模化生产进行了描述,得出只有市场规模扩大,才能促进和刺激经济扩张的结论。

综合西托夫斯基和德纽的阐述,可以把握住大市场理论的核心,即通过扩大市场,获得规模经济,从而实现经济利益。大市场理论虽然是针对共同市场提出的理论,它同样适合于自由竞争与自由贸易的任何状况。换言之,大市场理论虽然对经济一体化提供了有力的理论依据,但并不十分完备。

目前,已建成的共同市场有:南方共同市场、中美洲共同市场、加勒比共同市场、欧洲共同市场、两岸共同市场和白种人共同市场等。

“两岸共同市场”的概念和主张是由台湾知名政治人士萧万长于2000年年底提出的,真正落实于2005年所签订的《连胡公报》,其中“两岸”指的是中国大陆与台湾地区。

两岸共同市场参考欧盟,旨在从经济上的统合逐步走向政治上的统合。该政策认为:欧盟的发展也从煤钢协定渐次发展到现今欧洲共同市场。此经验也可作为两岸共同市场的根基,前提为淡化台湾与中国大陆的政治差异,完全寻求经贸合作。共同市场的推崇者认为,该做法可以摆脱台湾与中国大陆间的政治力牵扯,并让双方面在和平安全及互惠原则下,降低经贸往来的障碍与成本。

就细节实践上,两岸共同市场重点实为台湾地区与中国大陆之间的经济全面交流,并借由该交流建立两岸经济合作机制。详细内容则包括全面、直接、双向三通的海空直航、加强投资贸易往来、农渔业合作、台湾农产品于中国大陆内销合作并共同打击经济犯罪等。

参考文献:

[美]弗兰克·N·马吉尔:《经济学百科全书》上卷,中国人民大学出版社2009年版。

褚葆一:《经济大辞典·世界经济卷》,上海辞书出版社1985年版。

Daniau, J. F., *Common Market*, London: Barrie and Rockliff, 1962.

Scitovsky, T., *Economic Theory and Western Integration*, Stanford: Stanford University Press, 1958.

(庄宗明　林娟)

经济同盟

Economic Union

经济同盟是指成员国间除实现商品和生产要素的自由流动,建立共同对外关税外,还制定和执行统一对外的某些共同的经济政策和社会政策,逐步废除政策方面的差异,使一体化的程度从商品交换扩展到生产、分配乃至整个国民经济,形成一个有机的经济实体。

经济同盟的显著特征是,成员国之间在实现市场一体化的基础上,进一步实现为保证市场一体化顺利运行的政策方面的协调。这种政策协调包括财政政策的协调、货币政策的协调和汇率政策的协调。这种政策协调,从根本上有助于商品市场、资本市场和劳动力市场的顺利运行,在很大程度上消除了成员国政府经济政策的某些调整方向,或调整程度的不一致给市场一体化正常运行带来的干扰。经济同盟是经济一体化程度更高的经济一体化组织。参加这种一体化组织的国家不仅要时常让渡对商品、资本和劳动力的干预,还要将政府干预或调节经济的主要政策工具上缴给超国家的国际经济一体化组织。有些一体化组织更进一步,还要实现货币同盟。现实中比较典型的经济同盟是“欧洲经济共同体”。

参考文献:

[美]弗兰克·N·马吉尔:《经济学百科全书》上卷,中国人民大学出版社2009年版。

褚葆一:《经济大辞典·世界经济卷》,上海辞书出版社1985年版。

王巾英、崔新健:《国际经济学》,清华大学出版社2010年版。

(庄宗明　林娟)

欧洲经济联盟

European Economic Union

欧洲经济联盟,又称欧洲联盟(European Union, EU),简称欧盟,是在欧洲共同体(European Communities, EC)基础上发展而来的区域性经济一体化组织。其宗旨是:通过建立无内部边界的空间,加强经济、社会的协调发展和建立最终实行统一货币的经济货币联盟,促进成员国经济和社会的均衡。

欧盟的历史可以追溯到20世纪50年代。为了在西欧地区的钢铁行业建立一个超国家机构以协调管理西欧各国的钢铁工业,法国、联邦德国、意大利、比利时、荷兰和卢森堡六国于1951年4月18日签订了为期50年的《欧洲煤钢共同体条约》(*Treaty establishing the European Coal and Steel Community*),该条约于1952年7月23日生效,欧洲煤钢共同体(European Coal and Steel Community, ECSC)正式成立。1957年上述六国签订《罗马条约》(*Treaty of Rome*)。1958年1月1日,《罗马条约》正式生效,欧洲经济共同体(European Economic Community, EEC)和欧洲原子能共同体(European Atomic Energy Community, EAEC)正式成立。1965年4月8日六国在比利时布鲁塞尔签署了《合并条约》(*Merger Treaty*),1967年7月1日,ECSC、EEC和EAEC正式合并组建了欧洲共同体(简称欧共体)。

1972年7月欧共体与成立于1960年的欧洲自由贸易联盟(European Free Trade Association, EFTA)七国(包括奥地利、丹麦、挪威、葡萄牙、瑞典、瑞士和英国)在布鲁塞尔签订协议,共同组建欧洲自由贸易区。

1973年，英国、爱尔兰和丹麦加入欧共体。1979年，欧洲货币体系（European Monetary System，EMS）诞生，内容包括欧洲货币单位、欧洲汇率机制和欧洲货币基金。欧洲货币体系是欧共体货币一体化的重要步骤。1981年，希腊加入欧共体。1986年，西班牙和葡萄牙加入欧共体。1989年6月，以欧共体执委会主席雅克·德洛尔（Jacques Delors）为首的委员会向马德里峰会提交了德洛尔报告（Delors Commission），决定建立欧洲经济与货币联盟。1991年10月，欧共体与EFTA达成协议，决定共同建立欧洲经济区（European Economic Area，EEA），在欧洲经济区内实行商品和生产要素的自由流动。

1991年12月在荷兰马斯特里赫特召开的首脑会议谈判达成了《欧洲联盟条约》（*Treaty on European Union*），也称《马斯特里赫特条约》（*Maastricht Treaty*，简称《马约》）。《马约》同意建立欧洲中央银行，发行统一货币，确定了分三阶段实现欧洲经济与货币联盟的时间表。《马约》于1992年2月7日签订并于1993年11月1日正式生效，从而宣告了欧洲联盟的诞生。1995年1月奥地利、芬兰和瑞典加入欧盟。1998年6月，欧洲中央银行在德国法兰克福正式成立。1990年1月，欧元正式启动，欧元区内各国货币与欧元的汇率被锁定。2002年1月1日欧元正式发行，各国货币于同年7月1日退出流通。2004年5月，匈牙利、波兰、捷克、斯洛伐克、斯洛文尼亚、爱沙尼亚、立陶宛、拉脱维亚、马耳他和塞浦路斯加入欧盟，欧盟成员国增至25个。2004年10月欧盟25国首脑在罗马签署了《欧盟宪法条约》（*Treaty establishing a Constitution for Europe*），旨在保证欧盟有效运作及欧洲一体化进程的顺利发展。但在2005年法国和荷兰先后在全民公决中否决了《欧盟宪法条约》，被寄予厚望的欧盟首部宪法条约因此陷入困境。2007年1月，保加利亚和罗马尼亚加入欧盟，欧盟成员国增至27个。

2007年12月，为了继续推动欧盟制宪进程，欧盟各国首脑在葡萄牙首都里斯本签署了《里斯本条约》（*Treaty of Lisbon*），《里斯本条约》是在《欧盟宪法条约》的基础上修改的。历经曲折之后，2009年12月1日，《里斯本条约》正式生效，这意味着欧盟在欧洲一体化道路上又迈出了坚实的一步。

欧盟成立以来，在工业、农业、能源、运输、财政和货币等领域取得了重大成就，欧盟经济一体化进程中的三大支柱为关税同盟，单一市场和欧洲经济与货币联盟。

关税同盟是欧洲经济一体化的基础和起点，其主要内容是取消成员间贸易的关税和数量限制，并对外实行统一关税和共同贸易政策。关税同盟的建立促进了欧盟内部分工和生产专业化，扩大了成员国内部的贸易和投资，加速了生产和资本的集中，提高了欧盟在国际市场竞争中的优势并有力地促进了欧盟对外贸易特别是出口贸易的发展。自建立以来关税同盟不断巩固和扩大，现已成为欧盟经济一体化的重要支柱。

单一市场是指在欧盟范围内，按法律规定实现商品、劳务、资本、人员无国界地自由流动，让资源进入最有效率的部门。欧盟于1993年1月基本建成了单一市场，在其建设过程中，为了适应内部边界取消、生产要素无国界自由流动而带来的更为激烈的竞争，各成员国的企业和政府都采取了许多有针对性的重大举措（例如，企业增加投资、改善管理、加强研发等；政府实行税制改革、推动跨国并购、加大科技投入等）来克服有形的、技术的和财政的三大障碍，这大大促进了区域内各国的经济合作与发展，使欧盟内部资源得到更合理的配置，推动内部产业结构的调整，企业重组和生产规模优化，这些都给欧盟各国经济发展注入了新的动力。单一市场已成为欧盟经济一体化的又一重要支柱。

1969年年底欧共体海牙首脑会议就决定组建欧洲经济与货币联盟，但由于当时成员国都陷入滞胀，加之布雷顿森林体系崩溃后国际金融领域的剧烈动荡，第一次欧洲经济与货币联盟的建设陷入流产。随后《马约》再次将欧洲经济与货币联盟的建设作为正式目标并详细规定了实现经济与货币联盟的三阶段目标。第一阶段从1990年7月到1993年12月，要求所有成员国货币加入EMS的汇率机制；取消外汇管制，实现资本完全自由流通；在制定货币政策和财政政策方面加强协调。第二阶段从1994年1月开始，该阶段建立了欧洲货币局，从技术上和法律上为建成货币联盟做好了准备。《马约》就其成员国能否符合进入经济与货币联盟第三阶段规定了四项“趋同标准”（Convergence Criteria）：第一，通货膨胀率不高于成员国通胀率最低三国平均数1.5个百分点；第二，政府财政赤字不超过本国GDP的3%，累计公共债务不超过本国GDP的60%；第三，长期利率不超过上述3国长期利率平均水平2个百分点；第四，该国货币在前两年的汇率波动不超过EMS规定的幅度，且未发生贬值。1998年5月欧盟首脑会议确认奥地利、比利时、法国、德国、芬兰、荷兰、卢森堡、爱尔兰、意大利、葡萄牙和西班牙11国达到“趋同标准”，可以进入经济与货币联盟的第三阶段。欧元正式启动则标志着经济与货币联盟顺利进入最后的第三阶段。随后希腊、斯洛文尼亚、塞浦路斯、马耳他、斯洛伐克和爱沙尼亚先后加入欧元区，欧元区成员国增至17个。欧元现在已成为世界第二大国际货币，在国际贸易、国际投资和国际储备中的使用比重不断上升。欧洲经济与货币联盟是欧盟经济一体化的最重要支柱。

欧盟由最初的关税同盟发展到统一大市场，再到经济与货币联盟,合作程度不断提高,带动欧洲各国经济迅速发展,现已成为全球一体化程度最高、效果最为明显的区域经济一体化组织,也是当今世界经济政治格局中的重要一极。但欧盟目前也面临着深刻的矛盾和问题:第一,欧盟一体化的预期收益和严峻的经济现实之间的矛盾。多数成员国经济增长缺乏活力,失业率长期居高不下,这与一体化的预期收益形成了巨大反差。第二,欧盟成员国主权让渡与所获政治经济利益之间的矛盾。成员国往往只有在主权让渡所获利益不小于其成本的情况下才愿意支持推进一体化。第三,欧盟一体化深化与组织扩大之间的矛盾。为了地缘政治的需要和寻求在更大范围内优化资源配置,欧盟希望不断扩大其一体化组织,但新加入的国家或地区往往在经济发展水平上与原有成员国有较大差距,这为一体化深化带来困难。第四,政府决策者与普通民众对一体化认同之间的差距。决策者们希望通过推进一体化发展,提高欧盟在世界政治经济格局中的地位和作用,而民众更多关注的则是就业、工资和物价。第五,欧元体制存在严重缺陷。欧元虽经受了国际金融危机的考验,但在危机的冲击下却暴露了它的体制缺陷,希腊、爱尔兰、葡萄牙和西班牙等欧元区成员国先后爆发主权债务危机,这对欧元的进一步发展带来了严峻挑战。

尽管存在着诸如上述的矛盾和问题,但在经济全球化和区域经济一体化加速发展的背景下,欧盟还会在曲折中继续向前发展。同时,欧盟的发展为欧洲和世界经济与政治做出非常重要的贡献也获得了肯定。2012年10月12日,欧盟因在过去的60年中为促进欧洲的和平与和解、民主与人权做出了贡献而获得诺贝尔和平奖。

参考文献:
编写组:《世界经济概论》,高等教育出版社2011年版。
庄宗明:《世界经济学》,科学出版社2007年版。

(庄宗明 黄斌全)

北美自由贸易区
North American Free Trade Area(NAFTA)

北美自由贸易区,是在区域经济合作浪潮中,为了与欧洲经济联盟抗衡而由美国联合加拿大和墨西哥组成的区域性经济合作组织。NAFTA的宗旨是:取消贸易壁垒;创造公平的条件,增加投资机会;保护知识产权;建立执行协定和解决贸易争端的有效机制,促进三边和多边合作等。

建立NAFTA的设想,最早出现在1979年美国国会关于贸易协定的法案提议中,1980年罗纳德·里根(Ronald Reagan)在其美国总统竞选的有关纲领中再次提出。但由于种种原因,该设想一直未受到很大重视,直到1985年才开始起步。1985年3月,加拿大总理马丁·马尔罗尼(Martin Mulroney)与里根会晤时首次正式提出美加两国加强经济合作、实行自由贸易的主张。由于美国和加拿大经济发展水平和文化生活习俗相近,交通运输便利,经济上的相互依赖程度很高,两国就建立美加自由贸易区展开的双边谈判很快于1987年10月宣告成功。经过两国议会的批准,《美加自由贸易协定》(*Canada-United States Free Trade Agreement*)于1989年1月1日正式生效。1990年6月,墨西哥提出与美国开展自由贸易协定谈判的要求。美国和墨西哥的谈判提上日程后,加拿大为维护自己与美国开展双边自由贸易所获利益,也要求参与这一谈判。1992年12月,美国、加拿大和墨西哥3国签署了《北美自由贸易协定》(*North America Free Trade Agreement*)。比尔·克林顿(Bill Clinton)当选美国总统后,应美国的要求,3国经过谈判又在协议中加入有关环境保护和劳工保护的条款。《北美自由贸易协定》于1994年1月1日生效,NAFTA正式成立。NAFTA确定了原产地规则,保障仅有北美地区制造的商品享受优惠。来自北美的产品大部分立即取消关税,部分产品的关税在5~10年内逐步取消,若干敏感性产品的关税在15年内取消。美国、加拿大和墨西哥3国取消进出口的配额、许可证和其他数量限制,但为保护人类生命健康、环境、能源、农牧业生产而做出的特殊规定除外,NAFTA还规定了3国相互放宽金融服务和投资的限制。

美国、加拿大和墨西哥3国成立NAFTA的进程是比较顺利的,其主要原因是:首先,加拿大和墨西哥经济的发展对美国经济的依赖性很强。一个以美国为主导的、加拿大和墨西哥为南北两翼的政治结构,以及美国和加拿大为核心、墨西哥为辅助的经济格局,符合3个国家相互合作和共同发展的愿望。其次,NAFTA的建立也是美国、加拿大和墨西哥3国出于自身利益考虑,希望通过合作来共同应对外部压力,尤其是来自欧洲经济一体化运动不断发展的挑战。最后,NAFTA是世界上第一个由发达国家和发展中国家一起组成的"南北型合作"的区域经济合作组织。这种发达国家和发展中国家的合作能提高经济的互补性,各成员国在发挥各自比较优势的同时,通过自由贸易和投资,推动区域内产业结构升级。

NAFTA自成立以来,取得了许多重要的成果。贸易自由化的不断推进对美国、加拿大和墨西哥3国的经济和社会发展都产生了积极的影响。"南北型合作"区域经济一体化组织的诞生更是打破了传统的区域经济合作形式,开创了发达国家和发展中国家共处一个区域经济合作组织的先例,从而开创了南北关系发展的新篇章。而且,实践表明南北合作中发展中国家获利更大。虽然墨西哥自身的深层次社会经济问题难以通过 NAFTA 得到解决,但在客观上 NAFTA 不仅提高了墨西哥的国际地位,同时还给墨西哥带来了可观的直接和间接的经济利益。南北合作可以促进区域内发展中国家的经济发展,从而减少它们与发达国家之间的差距。NAFTA 的成功实践对其他发达国家和发展中国家进行区域经济一体化具有重要的借鉴意义。

参考文献:

编写组:《世界经济概论》,高等教育出版社 2011 年版。

庄宗明:《世界经济学》,科学出版社 2007 年版。

周文贵:《北美自由贸易区:特点、运行机制、借鉴与启示》,载于《国际经贸探索》2004 年第 1 期。

(庄宗明　黄斌全)

亚太经济合作组织

Asia-pacific Economic Cooperation(APEC)

亚太经济合作组织是亚太地区最重要的官方经济论坛,它的首要目标是推动亚太地区经济的可持续增长和繁荣。其宗旨是:通过引领自由开放的贸易投资,深化区域经济一体化,加强经济技术合作,维护人类安全,改善商业环境,以建立一个充满活力、和谐的亚太大家庭。APEC 采取自主自愿、协商一致的合作方式。所作决定须经各成员一致同意。会议最后文件不具法律约束力,但各成员在政治上和道义上有责任尽力予以实施。

APEC 的产生与发展。建立 APEC 是澳大利亚前总理鲍伯·霍克(Bob Hawke)的主张,他在 1989 年 1 月访问韩国期间倡议召开部长级会议,讨论加强亚太地区经济合作问题。1989 年 11 月 5 ~7 日澳大利亚、美国、日本、加拿大、新西兰、韩国及东盟六国(印度尼西亚、马来西亚、菲律宾、新加坡、泰国和文莱)共 12 国在澳大利亚首都堪培拉举行了 APEC 首届部长级会议,APEC 宣告成立。经过 20 多年的发展,APEC 现有成员达到 21 个。1991 年 11 月,中国以主权国家身份、中国台北和中国香港以地区经济体名义正式加入 APEC。1993 年 11 月,墨西哥和巴布亚新几内亚加入。1994 年 11 月,智利加入。1998 年 11 月,秘鲁、俄罗斯和越南加入。此外,APEC 还有 3 个观察员,分别是东盟秘书处、太平洋经济合作理事会、太平洋岛国论坛秘书处。2010 年,APEC 成员总人口达到 27 亿,占世界总人口的 40%;实际 GDP 之和达到 35.8 万亿美元,占世界实际 GDP 总额的 53%;贸易额 16.8 万亿美元,占世界贸易总额的 44%。APEC 自成立以来,在促进区域贸易和投资自由化便利化方面不断取得进展,在推动全球和地区经济增长方面发挥了积极作用。APEC 成员在全球经济事务中具有举足轻重的地位。

APEC 的组织结构。APEC 共有 5 个层次的运作机制:第一,领导人非正式会议:1993 年 11 月,首次 APEC 领导人非正式会议在美国西雅图召开,之后每年召开一次,至 2012 年共举行了 20 次领导人非正式会议。第二,部长级会议:包括外交部长(中国台北和中国香港除外)、经贸双部长会议以及专业部长会议。双部长会议每年在领导人会议前举行一次,专业部长会议定期或不定期举行。第三,高官会:每年举行 3 ~ 4 次会议,由各成员指定的高官(一般为副部级或司局级官员)组成。主要任务是负责执行领导人和部长会议的决定,审议各委员会、工作组和秘书处的活动,筹备部长级会议、领导人非正式会议及协调实施会议后续行动等事宜。第四,委员会和工作组:高官会下设 4 个委员会,分别是贸易和投资委员会、经济委员会、经济技术合作高官指导委员会和预算管理委员会。目前,高官会下设立了 13 个工作组和 4 个特设工作组,以及若干专家小组和分委会等机制,从事专业活动和合作。第五,秘书处:1993 年 1 月在新加坡成立,为 APEC 各层次的活动提供支持与服务。

APEC 发展的特点。作为一个区域经济一体化的特殊形式,APEC 的发展具有两个明显的特点:首先,亚太地区的地缘特征决定了亚太经济合作不同于其他的区域经济一体化形式。亚太地区的多样性、各成员间的经济竞争和政治冲突使得 APEC 的经济合作和一体化进程,呈现出与欧盟和北美自由贸易区不同的特点。APEC 没有强制性的条约或协定,其合作更主要是建立在各成员方政府承诺的基础上。其次,由于不同成员之间的经济制度、政治分歧、历史文化差异等因素,亚太地区的合作缺乏一个稳定的政治基础。美国、中国、日本、俄罗斯等亚太地区的大国之间存在着复杂的利益关系和激烈的竞争,它们很难在短期内对 APEC 的未来发展达成有效共识。

1990 年 7 月 APEC 第二届部长级会议在新加坡通过《联合声明》,欢迎中国、中国台北和中国香港同时加入 APEC。1991 年 11 月,在"一个中国"和"区别主权国家和经济体"的原则基础上,中国、中国台北和中国香港正式加入 APEC。2001 年 APEC 领导人非正式会议及相关会议在中国上海举行。会议主题是"新世纪、新挑战:参与、合作、促进共同繁荣"。上海会议推动了 APEC 在多边贸易体制发展、人力资源能力建设、新经济及反恐合作等多个领域取得积极进展,达成了旨在加速实现"茂物目标"(1994 年茂物会议确立了 APEC 实现贸易和投资自由化便利化的目标)的"上海共识"。从中国加入 APEC 后,APEC 便成为中国与亚太地区其他经济体开展互利合作、开展多边外交、展示中国国家形象的重要舞台,中国通过参与 APEC 合作促进了自身发展,也为该地区乃至世界经济发展做出了重要贡献。

参考文献:

编写组:《世界经济概论》,高等教育出版社 2011 年版。

中华人民共和国外交部:《亚太经合组织》,中华人民共和国外交部网站,2011 年 11 月,http://www.fmprc.gov.cn/chn/pds/gjhdq/gjhdqzz/lhg_58/。

(庄宗明　黄斌全)

东南亚国家联盟

Association of Southeast Asian Nations (ASEAN)

东南亚国家联盟(简称东盟),是东南亚部分发展中国家建立的区域性经济合作组织。东盟的宗旨是:本着平等合作的精神,通过共同努力来加速地区的经济增长、社会进步和文化发展;增进地区间的积极合作和相互援助,同国际组织和区域性组织保持紧密和有益的合作。东盟计划于 2015 年建成东盟共同体,其三大支柱分别是"东盟政治安全共同体"、"东盟经济共同体"和"东盟社会文化共同体"。

东盟的前身是 1961 年 7 月由马来西亚、菲律宾和泰国 3 国组成的东南亚联盟。1967 年 8 月 8 日,印度尼西亚、马来西亚、菲律宾、新加坡、泰国 5 国在曼谷召开会议,发表了《东南亚国家联盟成立宣言》(ASEAN Declaration),又称《曼谷宣言》(Bangkok Declaration),东盟正式宣告成立。经过长期的发展,东盟不断扩大。截至 2011 年年底,东盟拥有 10 个成员国:印度尼西亚、马来西亚、菲律宾、新加坡、泰国、文莱、越南、老挝、缅甸、柬埔寨。成员总面积约为 444 万平方公里,人口 5.91 亿。此外东盟还拥有一个观察员国:巴布亚新几内亚。2007 年 11 月第 13 届东盟首脑会议签署了《东盟宪章》(ASEAN Charter),并于 2008 年 12 月正式生效。《东盟宪章》调整了东盟的组织机构,并确定了东盟的发展目标,它是东盟成立 40 年来第一份具有普遍法律意义的文件,赋予了东盟法人地位,对各成员国都具有约束力。

根据《东盟宪章》,东盟的组织机构主要包括:

首脑会议:就东盟发展的重大问题和发展方向做出决策,每年举行两次。

东盟协调理事会:由东盟各国外长组成,是综合协调机构,每年举行两次会议。

东盟共同体理事会:包括东盟政治安全共同体理事会、东盟经济共同体理事会和东盟社会文化共同体理事会,协调其下设各领域工作,由担任东盟主席的成员国相关部长担任主席,每年至少举行两次会议。

东盟领域部长机制:加强各相关领域合作,支持东盟一体化和共同体建设。

东盟秘书长和东盟秘书处:负责协助落实东盟的协议和决定,监督落实。

常驻东盟代表委员会:由东盟成员国指派的大使级常驻东盟代表组成,代表各自国家与东盟秘书处和东盟领域部长机制进行协调。

东盟国家秘书处:是东盟在各成员国的联络点。

东盟人权机构:负责促进和保护人权与基本自由的相关事务。

东盟基金会:与东盟相关机构合作,支持东盟共同体建设。

与东盟相关的实体:包括各种民间和半官方机构。

《东盟宪章》确定的目标包括:

维护和促进地区和平、安全和稳定,并进一步强化以和平为导向的价值观;

通过加强政治、安全、经济和文化合作,提升地区活力;

维护东南亚的无核武器区地位,杜绝大规模杀伤性武器;

确保东盟人民和成员国与世界和平相处,生活于公正、民主与和谐的环境中;

建立一个稳定、繁荣、极具竞争力和一体化的共同市场和制造基地,实现货物、服务、投资、人员资金自由流动;

通过相互帮助与合作减轻贫困,缩小东盟内部发展鸿沟;

在充分考虑东盟成员国权利和义务的同时,加强民主,促进良政与法律,促进和保护人权与基本自由;

根据全面的原则,对各种形式的威胁、跨国犯罪和跨境挑战做出有效反应;

促进可持续发展,保护本地区环境、自然资源和文化遗产,确保人民高质量的生活;

通过加强教育、终生学习以及科学技术领域的合作,开发人力资源,提高人民素质,强化东盟共同体意识;

为东盟人民提供适当的就业机会、社会福利和公正待遇,提高其福利和生活水平;

加强合作,为东盟人民营造一个安全,没有毒品的环境;

建设一个以人为本的东盟,鼓励社会各界参与东盟一体化和共同体建设进程,并从中受益;

增强对本地区丰富文化和遗产的认识,促进东盟意识;

在一个开放、透明和包容的地区架构内,发展与域外伙伴的关系与合作,维护东盟的主导力量、中心地位和积极作用。

东盟经历了近半个世纪的发展,已经成为东南亚地区乃至整个亚太地区中一个重要的区域经济一体化组织。随着其经济实力和国际地位的不断提升,东盟在国际经济和政治事务中扮演着越来越重要的角色。

参考文献:

编写组:《世界经济概论》,高等教育出版社、人民出版社2011年版。

中华人民共和国外交部:《东南亚国家联盟》,中华人民共和国外交部网站,2011年10月,http://www.fmprc.gov.cn/chn/pds/gjhdq/gjhdqzz/lhg_14/。

ASENA, *ASEAN Annual Report* 2009-2010, Jakarta: ASEAN Secretariat, 2010.

ASENA, *ASEAN Annual Report* 2011-2012, Jakarta: ASEAN Secretariat, 2012.

（庄宗明　黄斌全）

南美洲国家联盟
Union of South American Nations

南美洲国家联盟,前身为南美国家共同体(South American Community of Nations),它是根据《库斯科宣言》(Cusco Declaration),在南方共同市场(Southern Common Market)和安第斯共同体(Andean Community of Nations)的基础上建立起来的南美地区真正意义上的区域性经济一体化组织。其宗旨是:增进南美国家间政治互信,促进经济、社会一体化,强化南美国家特性。实现地区政治、经济、社会和文化领域全方位一体化,优先促进政治对话并深化在社会政策、教育、能源、基础设施、金融和环境领域的合作。

南美地区一体化的历史可以追溯到1826年南美民族独立解放运动领袖西蒙·玻利瓦尔(Simón Bolívar)关于"美洲联邦"的理想和追求。但直到第二次世界大战结束后,南美地区的区域合作运动才重新回到发展轨道。1969年《卡塔赫纳条约》(Cartagena Agreement)签订,安第斯集团(Andean Pact)宣告成立。拉美国家在经历了20世纪80年代的债务危机后,加快了区域经济一体化进程。1989年,安第斯集团签署了《卡塔赫纳宣言》(Cartagena Declaration),呼吁成员国取消阻碍建立自由贸易区进程的措施,加紧推广区域性货币——比索(Peso),同时不断加强与非安第斯集团国家之间的合作。1996年安第斯集团更名为安第斯共同体,现成员包括:玻利维亚、哥伦比亚、厄瓜多尔和秘鲁。20世纪90年代,南美地区经济一体化进程掀起了新的浪潮。1991年,阿根廷、巴西、巴拉圭和乌拉圭签署了《亚松森条约》(Treaty of Asunción),1994年增修《黑金市议定书》(Treaty of Ouro Preto),1995年1月1日南方共同市场正式启动。2006年委内瑞拉加入南方共同市场。进入21世纪,南美地区区域一体化再掀高潮。2004年10月,南方共同市场和安第斯共同体共同签署了自由贸易协定。2004年12月,在第三届南美洲国家首脑会议上与会的12国共同签署了《库斯科宣言》,南美洲国家共同体(South American Community of Nations)宣告成立。2007年4月,南美洲国家共同体正式更名为南美洲国家联盟,并于厄瓜多尔首都基多设立常设秘书处。2008年5月,南美洲国家联盟特别首脑会议在巴西首都巴西利亚召开,会议通过了《南美洲国家联盟组织条约》(Constitutive Treaty of Union of South American Nations),南美洲国家联盟完成了建章立制,这是南美洲一体化进程中的一个里程碑,它明确了南美洲国家联盟是具有国际法人资格的地区组织,标志着该组织正式成立,南美国家以一个共同身份出现在国际舞台。2011年3月,该条约正式生效。目前,南美洲国家联盟成员包括:阿根廷、巴西、巴拉圭、乌拉圭、委内瑞拉、玻利维亚、哥伦比亚、厄瓜多尔、秘鲁、智利、圭亚那、苏里南。另外还有两个观察员国:墨西哥和巴拿马。

南美洲国家联盟的组织机构包括:

国家元首和政府首脑委员会:最高机构,每年举行一次例会。

外长委员会:负责筹备国家元首和政府首脑委员会会议并执行其决定,协调南美一体化等重要问题的立场,每半年召开一次例会。

代表委员会:由各成员国派一名代表组成,负责筹备外长委员会会议,并执行国家元首和政府首脑委员会会议及外长委员会会议决定,每两个月召开一次例会。

秘书处:设在厄瓜多尔首都基多,负责处理日常事务。

专门委员会:南美洲国家联盟成立以来,先后成立了防务、卫生、能源、反毒、基础设施和计划、社会发展和教育、文化和科技创新等多个专门委员会。

南美洲国家联盟议会:尚在筹建中,拟在玻利维亚的科恰班巴设立。

南方银行(Bank of the South):2009年9月正式成立,总部设在委内瑞拉首都加拉加斯。

南美洲国家联盟的建立以来,各成员国不断就经济发展、能源、主权、防务、人权和人民生活等议题展开讨论并取得了积极的效果。南美地区一体化的不断推进,促进了南美地区各国的贸易和投资自由化,推动了南美地区的经济发展和政治稳定,提升了南美地区在国际经济和政治事务中的地位。2011年10月24日,南美洲国家联盟获得了联合国观察员地位。

参考文献：
编写组：《世界经济概论》，高等教育出版社 2011 年版。

（庄宗明　黄斌全）

中国—东盟自贸区
China-ASEAN Free Trade Area(CAFTA)

中国—东盟自贸区，是指由中国和东南亚国家联盟的10个成员国组成的自由贸易区。

20世纪90年代以来区域经济合作进程加快，特别是在欧洲和美洲两大区域。1994年美国、加拿大和墨西哥组建了北美自由贸易区，2002年欧元的发行使用使欧洲经济一体化进入了全新的时代，2007年南美洲国家联盟也宣告成立。在区域经济一体化浪潮下，亚洲各国也加快了区域经济合作的步伐。CAFTA正是在这种背景下，由中国和东盟共同推动形成的以东亚经济圈为依托的自由贸易区。

东盟自成立开始就积极开展多方位外交，为CAFTA的成立做出了重要贡献。从1978年开始，东盟每年都与其对话伙伴国就重大国际政治和经济问题交换意见，1991年中国成为其对话伙伴国之一。1994年，东盟倡导成立东盟地区论坛(ASEAN Regional Forum, ARF)，主要就亚太地区政治和安全问题交换意见。1997年东盟与中国、日本和韩国共同启动了东亚合作，东盟与东亚三国的"10+3"合作机制和东盟分别与中国、日本、韩国的"10+1"合作机制成为了东亚合作的主轴。中国在2001年正式加入世界贸易组织以来便以更加积极的姿态推动双边、多边以及区域经济合作。倡议并积极推进中国与东盟之间的自由贸易区建设。2001年11月，东盟与中国政府领导人在文莱首都斯里巴加湾举行会议，双方就建立CAFTA达成一致。2002年双方在柬埔寨首都金边签署了《中国与东盟全面经济合作框架协议》(Framework Agreement on Comprehensive Economic Co-operation between The People's Republic of China and The Association of Southeast Asian Nations)，该协议是CAFTA的法律基础，协议决定到2010年建成CAFTA，这标志着中国和东盟建立自由贸易区的进程正式启动。该自由贸易区的建成将在世界上形成一个惠及18亿人口、拥有经济总量超过2万亿美元的大市场，经济规模将仅次于欧洲经济联盟和北美自由贸易区，也将是由发展中国家组成的最大的自由贸易区。随后在2003年，中国与东盟宣布建立战略协作伙伴关系。2009年5月，东盟与中国、日本和韩国三国财长在印度尼西亚的巴厘岛举行会议，决定在2009年年底启动规模达1200亿美元的亚洲区域性外汇储备库，这是"亚洲货币基金"的雏形。2009年8月，中国和东盟签署了CAFTA的《投资协议》，标志着CAFTA的主要谈判已经完成。2010年1月1日CAFTA正式成立。

CAFTA的建立对中国和东盟发展都有着重要的意义。首先，CAFTA的建立有利于巩固和加强中国与东盟之间的友好合作关系，维护东亚地区的和平与稳定；也有利于提高东盟的国际地位，有助于东盟在国际政治和经济事务中发挥更积极的作用。其次，CAFTA的建立有利于促进中国和东盟的经济发展方式转变和可持续发展；贸易自由化和便利化将有效地扩大双方的贸易和投资规模，提升CAFTA各国之间财金合作水平，提高区域合作组织内成员国人民的福利。最后，CAFTA的建立也为世界经济增长发挥着积极作用。

参考文献：
编写组：《世界经济概论》，高等教育出版社、人民出版社 2011 年版。
中华人民共和国外交部：《东南亚国家联盟》，中华人民共和国外交部网站，2011 年 10 月，http://www.fmprc.gov.cn/chn/pds/gjhdq/gjhdqzz/lhg_14/。

（庄宗明　黄斌全）

跨太平洋伙伴关系协定
Trans-pacific Partnership(TPP)

跨太平洋伙伴关系协定，是旨在促进亚太地区贸易自由化的自由贸易协定。

跨太平洋伙伴关系协定的前身是"太平洋三国更紧密伙伴关系(Pacific Three Closer Economic Partnership, P3-CEP)"。2002年，亚太经济合作组织(APEC)成员国智利、新加坡和新西兰三国领导人在APEC墨西哥峰会上宣布正式启动P3－CEP谈判。2005年7月18日三国签署了《泛太平洋战略经济伙伴协议》。2005年，文莱正式成为谈判方，并于2005年8月2日作为创始成员签署了TPP。该协议于2006年5月开始实施，成员国共4个：智利、新加坡、新西兰和文莱，故又简称P4。该协议是一项涵盖了货物贸易、原产地规则、贸易救济、技术性贸易壁垒、服务贸易、知识产权、政府采购和竞争政策等广泛议题的自由贸易协定。

TPP在成立的最初几年里，这个原本由太平洋两岸的4个小国组成的区域组织并未引起国际上太多的关注。直到2008年美国开始参与P4合作，TPP开始引起全球关注。2008年3月美国首先参与了P4中的投资和金融服务特定领域的合作。2009年11月，美国总统巴拉克·奥巴马(Barack Obama)高调宣布全面参与加入该协议的谈判。2010年3月、6月和10月，美国与TPP成员国先后进行了三轮谈判，同时参与谈判的国家还有澳大利亚、秘鲁、越南和马来西亚，这四国也先后申请加入TPP。但是截至2010年10月的三轮 TPP 扩容谈判并未取得实质性的效果。在 2010 年 11 月横滨 APEC 峰会上,TPP 被列为通向亚太自由贸易区(Free Trade Area of the Asia-Pacific,FTAAP)的主要路径之一,美国更是将 TPP 看做未来 FTAAP 的雏形。在此次峰会上,上述九国同意奥巴马的提案并拟定于 2011 年 11 月夏威夷 APEC 峰会上完成 TPP 谈判,但由于谈判涉及各方切身利益,并未能如期结束。2012 年 10 月加拿大和墨西哥也先后宣布参与 TPP 谈判。日本曾计划于 2012 年墨西哥 G20 峰会期间正式宣布加入 TPP 谈判,但由于国内意见分歧严重而放弃宣布。目前,TPP 拥有创始成员国 4 个,参与谈判国共 7 个,分别是:美国、澳大利亚、秘鲁、越南、马来西亚、加拿大、墨西哥。

尽管 TPP 得到了美国的全力推动,但至今情况并不乐观。当前,TPP 面临着多重挑战,最主要的有以下三项:第一,成员国扩大的不确定性。TPP 不进行扩容就没有影响力,但 TPP 是一项具有严格约束性的协议,各方需要慎重考虑才能做出决定。第二,TPP 谈判的艰巨性。TPP 内容之多、条款之严、门槛之高,使其被标榜为“21 世纪的高质量的 FTA”,太高的进入标准对正在谈判的成员而言,是十分艰巨的。第三,协议的复杂性。多数谈判国相互之间就存在着双边的 FTA,TPP 与这些双边 FTA 的关系变得十分复杂,既有重叠的,也有覆盖不到的。另外,TPP 协议范本也成为问题,美国提出使用自己的版本,而 4 个创始成员国则坚持使用原来的协议(陆建人,2011)。

参考文献:
陆建人:《美国加入 TPP 的动因分析》,载于《国际贸易问题》2011 年第 1 期。
徐长文:《TPP 的发展及中国应对之策》,载于《国际贸易》2011 年第 3 期。

(庄宗明　黄斌全)

非洲联盟
African Union(AU)

非洲联盟,简称非盟,是一个集政治、经济和军事于一体的综合性的区域一体化组织。它最终将实现统一的货币、联合军队以及非洲议会等目标。

非盟的前身是成立于 1963 年 5 月 25 日的非洲统一组织(Organization of African Unity,OAU)。当时 OAU 成立的目的是为了团结广大的非洲国家,促进当时民族独立解放运动,并在非洲大陆上形成一个统一的声音。1999 年 9 月 9 日,OAU 第四届特别首脑会议通过《锡尔特宣言》(Sirte Declaration),决定成立非盟。2000 年 7 月,OAU 首脑会议在多哥首都洛美举行,会议通过了《非洲联盟章程》(The Constitutive Act of the African Union)并于 2001 年开始实施。2002 年 7 月,OAU 在南非德班召开最后一届首脑会议,同时非盟举行第一届首脑会议,非盟取代 OAU 正式成立,总部设在埃塞俄比亚首都亚的斯亚贝巴。截至 2011 年 8 月,非盟共有 54 个成员国,包括:阿尔及利亚、埃及、埃塞俄比亚、安哥拉、贝宁、博茨瓦纳、布基纳法索、布隆迪、赤道几内亚、多哥、厄立特里亚、佛得角、冈比亚、刚果(布)、刚果(金)、吉布提、几内亚、几内亚比绍、加纳、加蓬、津巴布韦、喀麦隆、科摩罗、科特迪瓦、肯尼亚、莱索托、利比里亚、利比亚、卢旺达、马达加斯加、马拉维、马里、毛里求斯、毛里塔尼亚、莫桑比克、纳米比亚、南非、尼日尔、尼日利亚、塞拉利昂、塞内加尔、塞舌尔、圣多美和普林西比、斯威士兰、苏丹、索马里、坦桑尼亚、突尼斯、乌干达、赞比亚、乍得、中非、阿拉伯撒哈拉民主共和国(即“西撒哈拉”,1984 年 11 月被 OAU 接纳为成员,摩洛哥随即退出 OAU,后来摩洛哥未再加入 OAU 或非盟)以及南苏丹(2011 年 7 月独立建国,成为非盟最年轻的成员国)。

《非洲联盟章程》确立了非盟的宗旨和目标。非盟的宗旨是:成员国主权平等,相互依存;不干涉内政;制定共同的防务政策;和平解决争端,禁止使用或威胁使用武力;尊重民主原则、人权、法治和良政;尊重人的生命的神圣性,谴责和反对暗杀、恐怖主义行为和颠覆活动;让非洲人民广泛参与非盟建设;反对以非宪法方式更迭政权;成员国发生战争罪、种族屠杀或大规模人道主义危机时,非盟有权依照大会决定进行干预;为恢复和平与安全,成员国有权要求非盟干预;促进性别平等;促进社会公正,推动经济平衡发展。非盟的目标是:实现非洲国家和人民间的更广泛的团结和统一;维护成员国主权、领土完整和独立;促进和平、安全和稳定;加快政治、社会和经济一体化进程;促进民主原则、大众参与和良政;促进和保护人权;推动非洲经济、社会、文化的可持续发展;推动各领域的泛非合作,提高人民生活水平;协调和统一当前和未来的区域经济组织的政策,以逐步实现非盟目标;维护非洲共同立场和利益;加强国际合作,创造条件使非洲在全球事务中发挥应有作用。非盟为实现其目标而相应设置的组织机构包括:首脑会议,执行理事会,非盟委员会,泛非议会,和平与安全理事会,非洲发展新伙伴计划,经济、社会和文化理事会,非洲法院,金融机构。

非盟的成立是非洲大陆经济一体化进程的关键一步。未来的非盟将是一个组织形式更高、更加富有效率和权威,并且拥有更广泛民众基础的非洲一体化组织,它对于非洲大陆更好地应对全球化的挑战、实现本地区的发展与复兴具有重要意义。

中国和非盟及其前身 OAU 都保持着友好往来和良好合作,并向其提供了力所能及的援助。近年来,双方在气候变化、世界贸易组织、多哈回合谈判等重大国际问题以及非洲热点问题上加强了沟通协调。中国向非盟的建设和维和行动提供了援助,非盟在涉及中国核心和重大利益问题上坚定支持中国,中国与非盟的关系在不断深入发展。

参考文献:
编写组:《世界经济概论》,高等教育出版社2011年版。
中华人民共和国外交部:《非洲联盟》,中华人民共和国外交部网站,2012年4月,http://www.fmprc.gov.cn/chn/pds/gjhdq/gjhdqzz/lhg_16/。

(庄宗明　黄斌全)

新兴经济体
Emerging Economies

新兴经济体是指那些处于快速工业化进程中,经济增长迅速且经济开放程度较高的发展中经济体。

自从20世纪60年代以来,一直持续到20世纪80年代,以亚洲四小龙(韩国、中国台湾地区、新加坡以及中国香港地区)为代表的一些发展中国家和地区的经济取得了快速的增长,于是在1970年,人们开始使用"新兴工业化经济体"(Newly Industrialized Economies)这个名词来指代那些经济发展水平尚未达到发达国家水平,但是经济发展速度超出其他发展中经济体的一部分国家和地区。1981年,作为世界银行集团成员之一的国际金融公司(International Finance Corporation,IFC)当时正在推动共同基金在发展中国家的投资,国际金融公司的经济学家在那时首先提出了"新兴经济体"这个概念(Khanna et al.,2010),随后"新兴经济体"这个名词便广泛被媒体、国际投资机构、跨国公司和学者们使用。国内学者张宇燕和田丰在借鉴前人相关研究的基础上,兼顾经济体的系统重要性、代表性和地理平衡等多方面因素,将新兴经济体界定为:"二战"后经济相对快速增长、具有较大经济规模和人口总量、目前人均收入相对较低、经济开放程度较高、具有广泛代表性的发展中经济体(张宇燕等,2010)。与"新兴经济体"相近的一个名词是"新兴市场经济体"(Emerging Market Economy),其在中国的使用也非常广泛。

对于新兴经济体的划分没有一个统一的标准,具有代表性的有以下几个类型。第一,根据经济发展情况和政府制定的经济政策来划分。具体由三个方面的特点来定义"新兴经济体",一是经济发展的绝对水平,即人均国内生产总值;二是经济发展的相对水平,即国内生产总值的增长速度;三是市场导向体系和经济自由化政策(Arnold et al.,1998)。第二,根据某个时期的出口增长速度来划分。法国社会展望和国际信息研究中心(Centre d'Etudes Prospectives etd'Information Internationales,CEPII)把"新兴经济体"定义为那些在某个时期人均GDP低于工业化国家平均水平的50%,且同期出口增长率至少高于工业化国家平均水平10%的国家或地区。第三,根据金融市场的发展和开放程度来划分。国际货币基金组织在2004年的《全球金融稳定报告》中,认为"新兴经济体"是那些金融市场发展程度低于发达国家,但仍便于外国投资者大范围投资的发展中国家或地区。

由于新兴经济体的划分标准不统一,于是对于哪些经济体应该被纳入新兴经济体的范畴就存在差异,不同的组织和机构所列出来的名单有所不同。例如国际货币基金组织2012年所列出来的新兴经济体国家的名单包含24个经济体,哥伦比亚大学的新兴市场全球参与者项目(Emerging Market Global Players Project)2012年把14个经济体列入新兴经济体的观察名单。摩根斯坦利国际资本公司(Morgan Stanley Capital International,MSCI)在2010年把21个经济体列入了新兴经济体名单。富时指数有限公司(FTSE International Limited,FTSE)的分类更加具体,它把新兴经济体分为发达新兴经济体(Advanced Emerging Economies)和中等发达新兴经济体(Secondary Emerging Economies)。其中发达新兴经济体包括巴西、中国台湾等8个经济体,而中等发达新兴经济体包括中国大陆、印度、印度尼西亚等12个经济体。

最近几年,将少数几个国家组合成一个具有特定称谓的国家集团,成为界定"新兴经济体"的一个新趋势,其中最典型的是"金砖四国"(即"BRIC",分别指巴西、俄罗斯、印度和中国),南非加入后,其英文单词变为"BRICS",并改称为"金砖国家";另一个是根据2009年的哥本哈根大会提出的"基础四国"(即"BASIC",分别指巴西、南非、印度和中国);还有美国高盛公司2006年提出的"新钻11国",即"N-11",分别指孟加拉国、埃及、印度尼西亚、伊朗、韩国、墨西哥、巴基斯坦、尼日利亚、菲律宾、土耳其和越南。

参考文献:
张宇燕、田丰:《新兴经济体的界定及其在世界经济格局中的地位》,载于《国际经济评论》2010年第4期。
Arnold,D. J. and Quelch,J. A.,New Strategies in Emerging Markets,*Sloan Management Review*,Vol. 40,Issue 1,1998.
Khanna,T. and Palepu,K. G.,*From Winning in Emerging Markets:A Road Map for Strategy and Execution*,Boston:Harvard Business Press,2010.

(庄宗明　陈婷)

金砖国家

BRICS

金砖国家原指“金砖四国”(BRICs),即巴西、俄罗斯、印度和中国。2010 年 12 月,中国作为金砖国家合作机制轮值主席国,与俄罗斯、印度、巴西一致商定,吸收南非作为正式成员加入金砖国家合作机制。至此,“金砖四国”变成“金砖国家”(BRICS)。

“金砖四国”这一概念是由美国高盛集团首席经济学家吉姆·奥尼尔(Jim O’neill)在 2001 年 11 月首次提出的。“金砖四国”(BRICs)取自巴西、俄罗斯、印度和中国的英文首字母,由于该概念与英文单词“砖”(Brick)类似,因此被称为“金砖四国”。由于这 4 个发展中国家经济增长势头迅猛,全球经济增长动力从发达国家的 G7 经济体转向了金砖四国(O’neill,2001)。

2009 年 6 月,金砖四国领导人首次在俄罗斯叶卡捷琳堡举行峰会,标志着金砖四国由商业投资机会概念演变成为一种政治经济合作机制。在此届峰会上,四国领导人共同发出了“推动国际金融机构改革,提高新兴市场和发展中国家在国际金融机构中的发言权和代表性”的呼吁。2010 年 4 月,第二次金砖四国峰会在巴西的巴西利亚召开。会后,四国领导人发表了《联合声明》,就共同愿景与全球治理、国际经济金融事务、国际贸易、发展、农业、消除贫困、能源和气候变化等经济议题阐述共同的看法与立场,商定推动金砖四国合作与协调的具体措施。2010 年 12 月,南非正式加入,“金砖四国”扩展为“金砖国家”(BRICS),南非是许多重要国际组织中的非洲代表,是 G20 中唯一的非洲成员,是金砖四国进入非洲市场的门户和桥头堡。南非加入金砖国家合作机制,增加了金砖国家的代表性,有利于金砖国家在构建全球治理结构、国际货币经济体系改革、气候变化、减贫和可持续发展等重大问题上协调立场,推动构建一个公正、民主的全球政治经济治理结构。

第三次金砖国家峰会于 2011 年 4 月 14 日在海南三亚举行。与会五国领导人以“展望未来、共享繁荣”为主题,就加强金砖国家之间的合作及共同关心的国际和地区问题进行了坦诚深入的讨论,达成广泛共识。会后,五国领导人发表了《三亚宣言》,就金砖国家合作机制定位、宏观经济政策协调、加强金砖国家间经济金融和贸易领域合作、落实国际货币基金组织改革目标、改革国际货币金融体系、加强大宗商品的金融市场监管及供需合作、发展援助、碳减排和全球气候变化等经济议题发表了共同看法与立场(王永中等,2011)。金砖国家领导人第四次会晤于 2012 年 3 月 29 日在印度首都新德里举行,这次会晤的主题是“金砖国家致力于全球稳定,安全和繁荣的伙伴关系”。

金砖国家是五个具有不同成长轨迹的新兴大国的典型代表。俄罗斯作为超级大国苏联的继承者,在经历了一段“过山车”式的发展后重整旗鼓,重新回到大国行列。巴西早在 20 世纪六七十年代就已经进入次发达国家的行列,20 多年前就具备了冲击经济大国的基础条件,但由于通货膨胀久治不愈,一度患上了“拉美病”,被全球经济边缘化了 30 年,近年来终于走出低谷,实现了连续多年的强劲经济增长。印度是世界上最大的议会制发展中国家,20 年前还是世界最贫穷的国家之一,经济的快速增长只有十几年的时间,但在软件、制药等产业领域已处在国际先进水平,金融服务体系非常完善,正走上一条由贫穷落后国家向经济大国转变的道路。中国是政府主导型国家中经济发展获得巨大成功的典范,不仅保持了 30 多年的持续高速增长,而且社会经济政治稳定,国际经济地位不断提高,目前正全面融入全球化进程和国际事务中。南非作为非洲经济最发达的国家,享有非洲大陆丰富的自然资源,20 世纪八九十年代受国际经济制裁,经济一度出现衰退,1996 年新南非政府推出了“增长、就业、再分配”的宏观经济政策,经济增长逐步恢复,成为令全球瞩目的“非洲代表”(陈雨露,2012)。

根据高盛公司的预测,金砖国家将于 2050 年彻底改变全球经济格局。其中,巴西将于 2025 年取代意大利的经济位置,并于 2031 年超越法国;俄罗斯将于 2027 年超过英国,2028 年超越德国;中国可能会在 2041 年超过美国从而成为世界第一经济大国;印度可能在 2032 年超过日本(陈雨露,2012)。

参考文献:

陈雨露:《“金砖国家”的经济和金融发展:一个比较性概览——金砖国家的历史、进程与国家禀赋》,载于《金融博览》2012 年第 3 期。

陈雨露:《“金砖国家”的经济和金融发展:一个比较性概览——金砖国家发展的机遇与挑战》,载于《金融博览》2012 年第 7 期。

王永中、姚枝仲:《金砖国家峰会的经济议题、各方立场与中国对策》,载于《国际经济评论》2011 年第 3 期。

O’Neill,J. ,Building Better Global Economic BRICs,Global Economics Paper No. 66,Goldman S achs & Co. . 2001.

(庄宗明　陈婷)

跨国公司

Transnational Corporation

跨国公司是生产国际化和世界经济发展的产物,是指以母国为基地,通过对外直接投资,在两个或两个以上国家设立分支机构或子公司,从事国际化生产、销售和其他经营活动的国际性大型企业。20 世纪 50 年代末人们把这种企业称为“多国公司”或“多国企业”(Multinational Corporation),到20世纪70年代初,联合国开始注意跨国公司问题的研究,当时跨国公司也是以“多国公司”这一名称出现在联合国文件中。直到1974年,由于发展中国家的建议和坚持,联合国开始在正式文件里统一使用“跨国公司”(Transnational Corporation)这一名称。

跨国公司的基本特征包括:生产经营活动跨国化、生产经营方式多样化、经营战略全球化和内部管理一体化。联合国跨国公司委员会(现“联合国国际投资和跨国公司委员会”的前身)认为,一个跨国公司应具备以下三个要素:第一,跨国公司本质上是一个工商企业,组成这个企业的实体在两个或两个以上的国家内经营业务,而不论其采取何种法律经营形式,也不论其经营所涉及的领域。第二,跨国公司的管理决策着眼于全球,尽管它的管理决策机构的设立主要以某国或某个地区为主。在跨国公司的全球决策中,市场占据主导地位,市场决定了企业的经营策略和经营状况。第三,跨国公司的经营范围很广,从研究与开发、原料开采、工业加工到批发、零售等再生产的各个环节都纳入了它的经营范围。它包括的是资本运作的全过程,而不是某个行业或再生产的某个环节。

跨国公司的产生和发展。15世纪末16世纪初,地理大发现以及国际分工的产生和发展促使国际贸易范围扩大,资本主义国家出现了一批特许贸易公司(如英国东印度公司、荷兰东印度公司等)。这些贸易公司是跨国公司的雏形,但它们并非现代意义上的跨国公司,它们主要从事贸易和航运等商业活动,而没有直接从事生产和投资,不具备跨国公司的基本特征。19世纪60年代开始,一批制造业大公司通过对外直接投资的方式在海外设立分支机构和子公司,成为现代跨国公司的先驱。1865年,德国拜尔化学公司(Bayer)在美国纽约开设苯胺工厂,标志着世界上第一家跨国公司诞生。1867年,美国胜家缝纫机公司(Singer)在英国格拉斯哥设立工厂,并于1880年在英国伦敦和德国汉堡设立销售机构以推销他们在格拉斯哥生产的产品,胜家成为美国第一家跨国公司。这一阶段英美两国跨国公司的发展处于领先地位。在两次世界大战期间,受战争和1929~1933年大危机的影响,全球大部分跨国公司的发展陷入了低谷。而美国作为极少数能进行大规模资本输出的国家,它的跨国公司在这一阶段取得长足发展。第二次世界大战后,伴随着全球对外直接投资发展迅速,跨国公司进入了高速发展阶段,并于20世纪90年代末形成了以美、日、英、法、德等发达国家为主,发展中国家和地区逐步参与、快速发展的态势。进入21世纪后,跨国公司在世界经济中的作用越来越大。2008年,全世界共有约82000家跨国公司,其国外子公司共计810000家,跨国公司国外子公司的出口估计占全世界商品和服务出口总量的1/3,全球雇员人数达到7700万人(UNCTAD,2009)。同时,发展中国家和转型经济体的跨国公司也开始迅速发展,成为向发达国家跨国公司挑战的新生力量。

跨国公司的快速发展也引起了经济学理论界的注意,跨国公司理论也处于不断地发展过程中。“跨国公司理论之父”史蒂芬·海默(Stephen Hymer)认为,由于市场的不完全竞争,跨国公司在国内获得了企业专有优势,并通过国际直接投资在国外生产加以利用和控制。他的这一理论后来经过查尔斯·金德尔伯格(Charles Kindleberger)及其他学者的发展形成了“垄断优势理论”。在“垄断优势理论”中,企业专有优势是解释跨国公司存在的重要工具。雷蒙德·弗农(Raymond Vernon)建立了“产品生命周期理论”,他认为产品在其生命周期中的位置决定其生产的地理位置,而外商直接投资是这一生产位置转移的结果。这一理论实质上是认为跨国公司的存在是技术发达国家的企业为保护其技术优势所采取的一种防御性行为。彼得·巴克利(Peter Buckley)和马克·卡森(Mark Casson)提出了“内部化理论”,用交易费用理论来解释跨国公司的行为。他们认为内部化的收益大于内部化的成本时,就会产生内部化优势,而当市场内部化的范围超越国界时就产生了跨国公司。在前人的基础上,约翰·邓宁(John Dunning)提出了更具一般性的跨国公司理论——“国际生产折中理论”,认为企业只有同时拥有所有权优势(Ownership-Specific Advantages)、区位优势(Location-Specific Advantages)和内部化优势(Internalization-Specific Advantages)时,国际直接投资才成为可能。这就是所谓的“OLI分析范式”。由于跨国公司本身是一种复杂的经济组织,随着经营环境的变化和时代的变迁,它会呈现出不同的特征,所以,传统的跨国公司理论本身的缺陷及现实变化导致它对跨国公司经营的新行为和新趋势难以做出合理的解释。传统跨国公司理论受到了新理论的挑战,跨国公司新理论选取了新的研究对象和研究视角,主要包括发展中国家跨国公司理论和跨国公司战略与组织理论(薛求知,2007)。

改革开放以来,中国经济取得高速增长并成功地引进了外商直接投资。改革开放初期利用外资规模较小,质量较低。随着改革开放深入发展,中国投资环境不断改善,对外商直接投资的吸引力逐年提高。20世纪90年代以来,特别是1992年以来,中国外商直接投资总额和单项投资额急剧增加,引资重点逐步向高新技术产业和现代服务业发展。同时,大型跨国公司全面进入中国市场,外商在华设立地区总部、研发中心、营销中心等成为中国吸引外资的新亮点。在中国对外投资方面,其形式开始向跨国并购、参股、境外上市等多种方式扩展。跨国公司在世界经济发展中的地位越来越高,为了更全面地融入全球经济体系,中国必须确立跨国公司在促进经济发展、增强综合国力和实现民族富强中的战略地位,制定和实施好跨国公司“引进来”和“走出去”战略,为中国经济发展提供新的强大动力,不断增强中国经济的国际竞争力和对外国企业的吸引力(吴文武,2003)。

参考文献:

联合国秘书处经济社会事务部:《世界发展中的多国公司》,商务印书馆1975年版。

吴文武:《跨国公司与经济发展——兼论中国的跨国公司战略》,载于《经济研究》2003年第6期。

薛求知:《当代跨国公司新理论》,复旦大学出版社2007年版。

Buckley P. and Casson M. , *The Future of Multinational Enterprises*, London: Macmillan, 1976.

Dunning J. , *Economic Analysis and the Multinational Enterprise*, London: George Allen & Unwin Ltd. , 1974.

Dunning J. and Lundan M. , *Multinational Enterprises and the Global Economy*, Cheltenham: Edward Elgar, 2008.

Hymer S. , *The International Operations of National Firms: A Study of Direct Foreign Investment*. Cambridge: The MIT Press, 1976.

UNCTAD, *World Investment Report* 2009: *Transnational Corporations, Agricultural Production and Development*, New York and Geneva: United Nations, 2009.

Vernon R. , International Investment and International Trade in the Product Cycle, *The Quarterly Journal of Economics*, Vol. 80, No. 2, 1966.

(庄宗明　黄斌全)

母国和东道国
Home Country and Host Country

母国一般是指跨国公司母公司所在的国家,它是国际直接投资的来源国。东道国是指跨国公司的海外子公司或分支机构所在的国家,它是国际直接投资的接受国。跨国公司通过建立独资企业、合资企业、战略联盟及其他合作形式,几乎渗透到世界上绝大部分国家和地区的绝大多数产业部门。跨国公司的投资几乎遍及世界的每一个角落,这使得绝大多数国家既是一些跨国公司的母国又是另一些跨国公司的东道国。

跨国公司的发展对母国经济和东道国经济都具有重要影响。对母国而言,跨国公司发展的有利影响包括:有助于母国扩大国际市场;推动母国国内产业结构升级。同时,跨国公司的发展也可能会对母国产生以下不利影响:削弱母国的资本和技术比较优势;东道国产品竞争力提高从而挤占母国市场;通过国际直接投资方式进行研发,可能导致母国创新体系的优势弱化及技术流失。对东道国而言,跨国公司发展的有利影响包括:缓解东道国资本短缺;增加东道国国内就业;扩大东道国出口贸易;提高东道国产业技术水平。同时,跨国公司的发展也可能会东道国产生以下不利影响:国际直接投资的进入可能冲击东道国民族工业;存在东道国重要经济领域被跨国公司操纵和控制的威胁;一些转移到东道国的能耗大污染重的企业,给东道国的资源环境保护带来巨大压力。

参考文献:

编写组:《世界经济概论》,高等教育出版社2011年版。

陶立新、顾群辉、何昌:《WTO实用词典》,中国经济出版社2002年版。

(庄宗明　黄斌全)

生产国际化
Internationalization of Production

生产国际化是指生产过程日益突破国界向国际范围的延伸,它实质上是世界范围内的生产社会化,即生产过程中的分工合作超出国界在国际上的扩展。生产国际化是由国际直接投资引起的,跨国公司是生产国际化的微观基础和企业组织形式,它同时还是国际直接投资的主要承担者。生产国际化、国际直接投资和跨国公司三者之间存在密切联系,它们相互交织形成统一的经济运动。

国际直接投资是生产国际化的基础。国际直接投资是指一国的自然人、法人或其他经济组织单独或共同出资,在其他国家的境内创立新企业,或增加资本扩展原有企业,或收购现有企业,并且拥有有效管理控制权的投资行为。根据国际直接投资的动因不同,可将其划分为市场导向型、资源导向型、效率导向性和优惠政策导向性等投资。由于对企业控制权的有效掌握,投资者便可参与企业的经营管理等生产性活动,并带动劳动力、资本和技术等生产要素在国际上大规模流动。因此,国际直接投资的过程就是生产国际化的过程,二者是不可分开的。在第二次世界大战以后,国际直接投资获得快速发展,其规模不断扩大、数量迅速增加,投资流向趋于多元化,这大大促进了生产国际化的迅速发展。

跨国公司是生产国际化的微观基础和企业组织形式。国际直接投资以跨国公司为主要载体,为国际生产体系的建立和发展提供了强有力的组织保障。随着国际分工深化和生产国际化进程的推进,跨国公司生产取得了快速的发展。2010年,全球跨国公司在国内和国外创造的增加值约为16万亿美元，占全球GDP的1/4，其中由外国子公司创造的增加值约为7万亿美元；在国际直接投资方面，全球跨国公司外向直接投资存量已高达204080亿美元（UNCTAD，2011）。跨国公司是生产国际化和世界经济发展的产物，同时它的发展也对生产国际化的发展产生了重要作用。跨国公司通过充分利用在资金、管理、营销网络、专有技术等方面的优势，与东道国自然资源、劳动力和市场等要素优势相结合，进行跨国生产和经营，优化了全球资源配置，推动了生产国际化的发展。在全球战略的驱使下，跨国公司之间，跨国公司内部的母公司与子公司之间，子公司与子公司之间进行着大量的商品和服务贸易、资本和劳务流动以及频繁的信息交流，这些经济活动促进了国际直接投资的发展，进一步推动了生产国际化。

同时，生产国际化的发展反过来也推动了国际直接投资和跨国公司的发展。生产国际化进程中国际分工的不断深化使得一种产品需要在多国之间进行分工合作才能生产出来，生产要素在更大范围内实现了有效配置，这就加速了国际直接投资在参与生产分工国家之间的流动。产品的不同生产环节或工序在各国家或各地区的分布也将影响国际直接投资的区域布局。分工的不断扩大推动着区域生产网络和国际生产网络的形成和不断完善。生产国际化对国际直接投资的促进作用主要是通过跨国公司的生产经营国际化来实现的。生产国际化进程中信息技术的发展和运输成本的下降也在加速跨国公司实现国际生产一体化的进程。

参考文献：

编写组：《世界经济概论》，高等教育出版社2011年版。

张幼文：《生产国际化与开放经济》，载于《学术月刊》1997年第3期。

庄宗明：《世界经济学》，科学出版社2007年版。

Lipsey, R., The Internationalization of Production, NBER Working Paper, No. 2923, 1989.

UNCTAD, *World Investment Report* 2011, New York and Geneva: United Nations, 2011.

（庄宗明　黄斌全）

国际产业转移

International Industrial Transfer

国际产业转移，是指在世界市场上，通过国际贸易或国际投资等方式，产业由某些国家或地区转移到另外一些国家或地区的经济现象。国际产业转移一方面为母国的产业结构调整创造条件，另一方面又带动了东道国的产业结构调整和产业技术水平升级。

第二次世界大战以后，在全球范围内共发生了三次较大规模的国际产业转移：第一次国际产业转移发生在20世纪50年代，美国在确立了全球技术领先和经济霸主地位后，率先进行了产业结构的调整升级。美国在国内集中发展汽车和化工等资本密集型重化工业，同时把纺织等传统劳动密集型产业通过对外直接投资向日本和西德等一些欧洲国家转移。由于当时日本和西德处于战后经济恢复期，整体经济相对落后、劳动力成本相对较低，在承接了美国转移出来的轻纺工业后，很快成为全球劳动密集型产品的主要供应者，战后经济也获得了迅速发展。第二次国际产业转移发生在20世纪60年代至70年代，第三次科技革命的迅速发展推动发达国家加快了产业结构升级的步伐。美国、德国和日本等国家开始集中发展钢铁、化工和汽车等资本密集型产业和电子、航空航天和生物医疗等技术密集型产业，同时把轻纺工业等劳动密集型产业进一步大量向发展中国家转移。这一阶段，美洲和亚洲新兴工业化国家积极承接了这些产业并大力发展出口导向型工业。第三次国际产业转移发生在20世纪70年代末，1973年和1978年两次石油危机使石油价格和其他初级产品价格大幅上涨，这迫使发达国家积极发展微电子、新能源和新材料等具有高附加值和低能耗的技术密集型和知识密集型产业，同时将包括钢铁、化工、汽车和家电等在内的高能耗、高污染的产业和大量劳动密集型产业向发展中国家转移。第四次国际产业转移开始于20世纪90年代，由于经济全球化的推进和信息技术的迅速发展，发达国家又开始进入了新一轮的产业结构调整升级，其重点是发展创新性技术密集型产业，而把技术水平和产品附加值较低的产业转移到发展中国家。

开始于20世纪90年代的新一轮国际产业转移浪潮在深度、广度和产业转移的要素等方面表现出以下趋势和特点：第一，国际产业转移的规模不断扩大。发达国家为了取得全球经济竞争中的优势，抢占全球产业结构制高点，纷纷把产业结构的调整推广到全球，以产业转移为手段进行大规模的结构重组和升级，引发了全球范围内的产业转移浪潮。第二，国际产业转移的结构层次不断提高。发达国家加快了产业结构的知识化和高度化，国际产业转移呈现出高度化趋势。高新技术产业、金融保险业、服务贸易业、电子信息业和房地产业等产业逐渐取代劳动密集型产业成为国际产业转移的重要领域。第三，国际产业转移的方式日趋多样化。随着跨国公司在全球经济和对外投资中作用的不断增强，国际产业转移突破了原来单一的直接投资形式，逐步形成了独资、合资、收购和兼并等多样化投资和产业转移方式并举的格局。第四，国际产业转移区域内部化趋势加强。区域经济一体化的不断发展加快了区域组织内贸易自由化和投资自由化进程，区域组织内成员国之间的国际直接投资已成为国际产业转移的一个重要特征。

在国际产业转移的理论发展方面，经济学家们也从不同角度对国际产业转移进行了解释，其中具有代表性的是：阿瑟·刘易斯（Arthur Lewis）的"劳动密集型产业转移理论"；雷蒙德·弗农（Raymond Vernon）的"产品生命周期理论"；小岛清（Kiyoshi Kojima）的"边际产业转移理论"。

"劳动密集型产业转移理论"分析了发达国家在20世纪60年代，由于人口自然增长率下降，非熟练劳动力不足，某些劳动密集型产业的产品生产转移到发展中国家进行，而发达国家所需要的劳动密集型产品则从这些发展中国家进口。刘易斯的观点实际上建立在赫克歇尔-俄林的要素禀赋结构理论基础之上，由于当时国际产业转移主要集中在劳动密集型产业方面，因而影响转移的要素主要是发达国家和发展中国家之间在非熟练劳动力丰裕程度上的差别。

"产品生命周期理论"认为一个新产品的技术发展大致有三个阶段：新产品阶段、成熟阶段和标准化阶段。新产品阶段，是新产品开发与投入生产的最初阶段。新产品的价值功能刚刚为人们所认识，对新产品的需求还仅仅局限于发明国，生产该产品的技术尚未定型，需要通过国内市场了解消费者对产品的要求从而改进产品设计。所以在这个阶段，生产过程中投入最多的是技术知识和熟练劳动，产品的知识和技术密集度较高。成熟阶段，是产品及其生产技术逐渐成熟的阶段。产品的价值功能已经被与发明国发展水平相当的国家的消费者所认识，这些国家对产品的需求逐渐提高，该产品的出口大量增加。同时，国外厂商开始模仿或引进先进技术从事生产，需要投入较多资本与非熟练劳动，产品开始由知识和技术密集型向资本和劳动密集型转化。标准化阶段，是产品及其生产技术的定型化阶段。生产技术体现为专门的生产设备、流水线和大批量的标准化生产，研究与开发费用占总生产成本的比重降低，资本与非技术型熟练劳动则是构成产品成本的最主要部分。此时由于生产厂商众多，产品成本、价格和质量就成为厂商市场竞争的主要手段，生产地点也逐渐向低成本地区转移。"产品生命周期理论"认为发达国家之所以向国外转移产业是由于企业为了顺应产品生命周期的变化，回避某些产品生产上的比较劣势。

"边际产业转移理论"认为对外直接投资应该从母国已经处于或即将处于比较劣势的产业亦即边际产业依次进行，以规避产业劣势。

参考文献：

［美］刘易斯：《国际经济秩序的演变》，商务印书馆1984年版。

卢根鑫：《国际产业转移论》，上海人民出版社1997年版。

［日］小岛清：《对外贸易论》，南开大学出版社1987年版。

Vernon R., International Investment and International Trade in the Product Cycle, *The Quarterly Journal of Economics*, Vol. 80, No. 2, 1966.

（庄宗明　黄斌全）

全球价值链
Global Value Chain

根据联合国工业发展组织2002年给出的定义，全球价值链是指为实现商品或服务价值而连接生产、销售、回收处理等过程的全球性跨企业网络组织，涉及从原料采集和运输，半成品和成品的生产和分销，直至最终消费和回收处理的整个过程。它包括所有参与者和生产销售等活动的组织及其价值、利润分配。当前，散布于全球的、处于全球价值链上的企业进行着从设计、产品开发、生产制造、营销、出售、消费、售后服务、最后循环利用等各种增值活动。

全球价值链理论根源于20世纪80年代国际商业研究者提出和发展起来的价值链理论，其中迈克尔·波特（Michael Porter）的价值链最为流行，不过布鲁斯·寇伽特（Bruce Kogut）的价值链理论对全球价值链理论的形成却更为重要。波特在分析公司行为和竞争优势的时候，认为公司的价值创造过程主要由基本活动（含生产、营销、运输和售后服务等）和支持性活动（含原材料供应、技术、人力资源和财务等）两部分完成。这些活动在公司价值创造过程中是相互联系的，由此构成公司价值创造的行为链条，这一链条就称为价值链。不仅公司内部存在价值链，一个公司价值链与其他经济单位的价值链也是相连的，任何公司的价值链都存在于一个由许多价值链组成的价值体系中，而且该体系中各价值行为之间的联系对公司竞争优势的大小有着至关重要的影响（Poter, 1985）。而寇伽特则认为："价值链基本上就是技术与原料和劳动融合在一起形成各种投入环节的过程，然后通过组装把这些环节结合起来形成最终商品，最后通过市场交易、消费等最终完成价值循环过程。""在这一价值不断增值的链条上，单个企业或许仅仅参与某一环节，或者企业将整个价值增值过程都纳入企业等级制的体系中，等等"。寇伽特认为，国际商业战略的设定形式实际上是国家的比较优势和企业的竞争能力之间相互作用的结果，当国家比较优势决定了整个价值链条各个环节在国家或地区之间如何空间配置的时候，企业的竞争能力就决定了企业应该在价值链条上的哪个环节和技术层面上倾其所有，以便确保竞争优势（Kogut,

1985)。与波特强调单个企业竞争优势的价值链观点相比,这一观点比波特更能反映价值链的垂直分离和全球空间再配置之间的关系,因而对全球价值链理论的形成至关重要。

对于全球价值链的研究主要包括全球价值链的治理和产业升级、全球价值链分工的利益来源等。全球价值链的治理从理论上根源于交易成本经济学、企业网络学说和企业技术学习能力等三个学说,根据全球价值链中行为主体之间的协调能力的高低,全球价值链治理模式主要分为五种,即市场、模块型、关系型、领导型和等级制,五种治理模式中市场和等级制分别处于价值链中行为体之间协调能力的最低和最高端,在现实世界全球价值链的治理中,五种模式的选择基本上是在动态平衡外部采购和纵向一体化之间的利益和风险中得出的,因而现实世界中该五种治理模式不但总是相互交错存在的,而且之间存在着一个动态的转换机制(张辉,2004)。全球价值链所关注的产业升级主要落实到以下四个具体方面:工艺流程升级、产品升级、产业功能升级和链条升级。工艺流程升级是通过提升价值链条中某环节的生产加工工艺流程的效益,由此达到超越竞争对手的目的。产品升级是通过提升引进新产品或改进已有产品的效率来达到超越竞争对手的目的。产业功能升级是通过重新组合价值链中的环节来获取竞争优势的一种升级方式。价值链条升级是从一条产业链条转换到另外一条产业链条的升级方式(张辉,2004)。全球价值链分工的利益来源;一是"分工利益";二是"贸易利益"。比较优势和规模优势产生的是"分工利益","价格倾斜"优势产生的是"贸易利益"。参与国都能从全球价值链分工中获取"分工利益",但它们不能都获得"贸易利益"。最发达国家既能获得"分工利益",又能挤占他国的"贸易利益";而落后国能从全球价值链分工中获取"分工利益",但其"贸易利益"却可能是负值。总体上是否获利,要比较二者的大小。这样,从静态角度来看,在分工中处于从属地位的国家并不能一定从全球价值链分工中获益(曹明福等,2005)。

中国从20世纪90年代开始,通过承接全球价值链中劳动密集型的环节,迅速成为全球最具竞争力的代工平台,但全球化利得的分配从来就不是静态的和单维的。以全球价值链模式的产业转移为微观基础的全球化对发展中国家产业升级的拷问是发人深省的。事实上,中国承接全球价值链模式产业转移的地区主要集中在东部沿海,这种某一区域率先加入全球价值链低端环节的发展模式,给中国带来了产业升级和区域协调发展的双重挑战。鉴于全球价值链主导和治理的国际产业转移作为国际技术前沿在分工领域的表现,使得竞争模式和发展战略从微观层面发生了革命性的变化,使得其主导者可以利用成本、资源、物流和市场等方面的差别,来获得全球竞争力。因此,我们必须对传统的产业转移模式和产业转移理论进行扬弃,充分发挥全球价值链模式产业转移的作用,来完成中国的产业升级和区域协调发展的双重任务(张少军等,2009)。

参考文献:

张辉:《全球价值链理论与我国产业发展研究》,载于《中国工业经济》2004年第5期。

曹明福、李树民:《全球价值链分工的利益来源:比较优势、规模优势和价格倾斜优势》,载于《中国工业经济》2005年第10期。

张少军、刘志彪:《全球价值链模式的产业转移——动力、影响与对中国产业升级和区域协调发展的启示》,载于《中国工业经济》2009年第11期。

Porter, M. E., *Competitive Advantage: Creating and Sustaining Superior Performance*, New York: Free press, 1985.

Kogut, B., Designing Global Strategies: Comparative and Competitive Value-Added Chains, *Sloan Management Review*, Vol. 26, No. 4, 1985.

(庄宗明　陈婷)

世界经济发展不平衡
Imbalance in World Economic Development

世界经济发展不平衡,是指世界各国家和地区经济增长、经济发展水平和生产力发展水平的不平衡。它是世界经济形成以来一条具有普遍性的规律,也是当代世界经济发展的一个重要特征。

第二次世界大战以后,世界经济发展不平衡主要表现为发达国家与发展中国家之间的经济发展不平衡,发展中国家之间的经济发展不平衡,发达国家之间的经济发展不平衡,以及全球经济失衡。

第一,发达国家与发展中国家之间经济发展不平衡。从根本上,南北发展不平衡是当今世界经济发展最大的不平衡,主要表现为经济增长速度、发展水平和经济结构的不平衡。首先,就经济增长速度而言,2004~2011年,发达国家实际GDP年均增长率约为1.6%,而同期发展中国家约为6.8%,比发达国家高出5.2%。经济增长速度不平衡主要是因为大部分发展中国家的经济规模较小,增长基数较低,且所处的经济发展阶段也较低,它们大多数处于大规模工业化进程当中,经济增长的空间比较大。而发达国家由于工业化已经实现,经济规模较大,经济发展水平相对较高。其次,虽然发展中国家经济保持着较高的增速,但其发展水平较之发达国家仍然具有很大的差距,而且这个差距在不断扩大。2010年高收入国家人口共占世界总人口的16%,但它们的国民总收入却占世界国民总收入的70%,经济发展的总体水平明显不平衡;同时,在人均收入水平上也存在着不平衡,2010年低收入国家的人均收入仅为528美元,而高收入国家的人均收入则高达38745美元(World Bank,2012)。再次,经济结构发展的不平衡通过发达国家和发展中国家分别处于不同的经济发展阶段表现出来。"二战"后,发达国家服务业迅速发展,其重心已基本由工业向服务业转移,大多数发达国家已经进入了以服务业为主导的后工业化时期。同时,大多数发展中国家的经济结构实现了由农业向工业的转移,还有少部分最不发达国家仍未实现工业化。

第二,发展中国家之间经济发展不平衡。由于发展中国家之间的经济发展水平存在着明显差异,它们之间收入水平不均等的现象也十分突出。在发展中国家之间,新兴工业化国家和地区在较短的时间内改变了社会经济落后的局面,它们的工业化程度已接近发达国家,韩国、中国台湾地区、中国香港地区和新加坡是新兴工业化国家和地区的典型代表。20世纪80年代以来新兴经济体普遍在制造业上取得了较快的发展,具有很大的发展潜力,巴西、俄罗斯、印度和中国是新兴经济体的典型代表。但在发展中国家中也存在着一些最不发达国家,它们的发展遭受严重制约,人力资源开发水平较低,经济发展水平和人民收入水平十分低下。中等收入国家是发展中国家的主体,但是,如果将中等收入的发展中国家分为中低收入和中高收入两类,在2010年,中低收入国家的人均收入水平为1619美元,中高收入国家则为5884美元,在发展中国家内部收入水平体现出了明显的不均衡。再从地区上看,在所有低收入和中等收入国家和地区中,2010年,拉丁美洲和加勒比地区的人均收入为7733美元,欧洲和中亚地区为7272美元,这两个地区的发展中国家人均收入水平相对较高;在发展中国家人均收入水平居中的地区分别为东亚和太平洋地区以及中东和南非地区,它们的人均收入分别为3696美元和3874美元;而南亚地区和撒哈拉以南非洲地区的人均收入在发展中国家中则相对较低,都为1176美元(World Bank,2012)。可见,发展中国家经济发展不平衡也是当代世界经济发展不平衡的重要表现。

第三,发达国家之间经济发展不平衡。"二战"后的世界经济发展进程中,发达国家之间的经济发展也表现出了明显的不平衡。20世纪50年代,美国经济在发达国家中占据了主导地位;20世纪60年代,西欧国家和日本经济崛起,与美国经济的差距不断缩小,并于20世纪80年代形成了三足鼎立的世界经济格局;20世纪90年代中期,日本经济由于经济泡沫破裂,其经济增长表现持续低迷,1994~2003年的实际GDP增长率仅为0.9%,而同期美国和欧元区的实际GDP增长率则分别为3.3%和2.2%(IMF,2010),欧元区在发达国家经济中的地位不断提升。进入21世纪后发达国家内部的经济发展依然表现出不平衡,2004~2011年,美国经济增速有所放缓,实际GDP年均增长率为1.5%,日本经济则继续低迷,实际GDP年均增长率下降为0.6%,欧元区的经济增长率曾一度超越美国,但总体也呈下降趋势,同期实际GDP年均增长率为1.2%,但欧元区中经济实力最强的德国的经济增长率却超越了美国,同期实际GDP年均增长率为1.7%。总体而言,发达国家之间的经济发展不平衡仍是世界经济发展不平衡的重要表现。

第四,全球经济失衡。全球经济失衡是指世界各国各地区无法实现内部均衡与外部均衡的一种状态,特别是世界主要国家和地区之间在经济相互依赖基础上,国际收支表现出的非均衡状态。自20世纪末以来,全球经济持续失衡成为现阶段世界经济发展不平衡的突出表现。

世界经济发展不平衡的原因是多方面的,主要包括:第一,生产力水平和科技水平的差距。各国家和地区生产力和科技水平发展程度的差别是造成世界经济发展不平衡的根本原因。不同的生产力和科技水平使各国在国际分工中的地位不同,从而造就了不同的利益分配以及各国不同的经济结构并存的局面。第二,各国家和地区经济体制和发展战略的区别。一些市场经济体制发展不完善的发展中国家在参与世界市场竞争的过程中就处于相对不利的地位;各国家和地区根据自己特殊国情而制定的不同发展战略也将带来不同的经济发展绩效,这也是导致世界经济发展不平衡的重要原因。第三,不公正、不合理的国际经济秩序。当今国际经济秩序带有明显的霸权主义性质和特点,存在于国际分工、国际贸易、国际金融和国际经济组织中,它不仅是发展中国家经济长期落后的主要原因,也是发展中国家经济发展的重要障碍。第四,历史因素和社会经济条件的影响。世界经济发展进程中,各个国家和地区经济发展具有不同的历史背景和社会经济条件,它们对经济发展的影响和作用是不同的,也是导致世界经济发展不平衡的重要因素。

世界经济发展不平衡对世界经济政治的各个领域产生了重大的影响。首先,世界经济发展不平衡使国际经济矛盾与摩擦复杂化。发达国家之间的矛盾、发达国家和发展中国家之间的矛盾、发展中国家之间的矛盾以及全球经济失衡使各国所要面对的问题复杂化,都是国际经济矛盾与摩擦复杂化的体现。其次,世界经济发展不平衡使世界经济多极化发展趋势增强。世界经济发展不平衡在总体上使发达国家和发展中国家的差距不断扩大,但随着欧盟、新兴工业化国家和金砖国家的经济复苏与发展,使美国的经济霸权地位相对削弱,在现阶段世界经济中呈现出"一超多强"的格局并且这一局面将长期持续。最后,世界经济发展不平衡使得构建国际经济新秩序的途径日益明确。发展中国家为建立国际经济新秩序进行了长期不懈的努力,但直至今日广大发展中国家的政治和经济利益仍得不到保障,现行的不公正、不合理的国际经济新秩序必须进行改革。主要包括改善现有国际分工格局和发展中国家的贸易条件,改革不合理的货币体系和主要发达国家主导全球性国际经济组织的局面,从而增加发展中国家在世界经济中的话语权,改善发展中国家经济发展的国际环境。

参考文献:

编写组:《世界经济概论》,高等教育出版社 2011 年版。

张幼文、金芳:《世界经济学》,立信会计出版社 2004 年版。

International Monetary Fund, *World Economic Outlook: Coping with High Debt and Sluggish Growth*, Washington, DC: International Monetary Fund, 2012.

The World Bank, *World Development Indicators* 2012, Washington, DC: World Bank Publications, 2012.

（庄宗明　黄斌全）

全球经济失衡
Global Imbalances

全球经济失衡是指世界各国各地区无法实现内部均衡与外部均衡的一种状态,特别是世界主要国家和地区之间在经济相互依赖的基础上,国际收支表现出的非均衡状态。全球经济失衡是现阶段世界经济发展不平衡的突出表现。2005 年 2 月,国际货币基金组织(参见"国际货币基金组织")前总裁罗德里戈·拉托(Rodrigo de Rato)在题为"纠正全球失衡——避免相互指责"(Correcting Global Imbalances—Avoiding the Blame Game)的演讲中正式使用了"全球经济失衡"一词。他指出全球经济失衡是这样一种现象:一国拥有大量的贸易赤字,而与该国贸易赤字相对应的贸易盈余则集中在其他一些国家(Rato,2005)。

当前全球经济失衡主要表现为:首先,全球贸易严重失衡。美国经常项目逆差持续扩大,债务迅速增长,而同时中国、日本和亚洲其他主要新兴市场国家对美国持有大量的贸易盈余。全球贸易失衡的赤字方主要是美国,2011 年其经常项目赤字高达 4659 亿美元,2006 年,赤字规模最大达到了 8006 亿美元。相反,2011 年新兴市场和发展中经济体的经常项目盈余达到 4812 亿美元。其中,中国和日本在 2011 年经常项目盈余分别为 2017 亿美元和 1193 亿美元。其次,全球金融严重失衡。金融失衡主要表现为,由于美国在国际金融领域中拥有霸权地位,使得通过贸易顺差和资本流入获得大量美元储备的国家和地区不得不以购买美国国债的方式使美元回流,美国得以继续维持经常账户的巨额赤字,导致全球失衡不断积累。

对于全球经济失衡出现的原因,经济理论界从不同角度给出一些不同的解释,具有代表性的有:

储蓄—投资视角。即认为导致全球经济失衡的主要原因由储蓄—投资缺口所引起,而储蓄—投资缺口则是由美国的低储蓄率和部分亚洲国家的高储蓄率之间的差异所引起(Obstfeld and Rogoff,2004;Feldstein,2008)。

汇率视角。即认为一些国家通过低估本币汇率刺激出口增长从而导致国际收支失衡。部分亚洲国家政府推行出口导向型政策,这一政策要求低估汇率以保证出口和外商直接投资的获利性,其后果是这些亚洲国家贸易顺差的扩大和外汇储备的不断积累(Dooley et al.,2004)。

国际分工视角。从新国际分工格局的角度看,国际收支失衡有其必然性。第二次世界大战以后,美国率先开展并引领全球产业结构调整。这一过程中,美国等发达国家的制造业向世界各地转移,服务业特别是金融业在其国民经济中的地位和作用不断上升并成为它们的比较优势产业。当代全球国际分工形成了以美国为首的发达国家的金融业比较优势与一些发展中国家和地区的制造业比较优势的新型分工格局。

国际货币体系视角。以美元为中心的国际货币体系使美国在世界经济中具备金融霸权,大部分发展中国家严重依附于美元体制。东亚各经济体是现行美元体制的重要组成部分,它们的美元本位的汇率制度安排是导致全球经济失衡的深层次原因。

全球经济失衡将在一定时期内存在并影响世界经济。第一,全球经济失衡将加剧世界经济发展不平衡。全球经济失衡条件下,发达国家与发达国家之间、发达国家与发展中国家之间以及发展中国家与发展中国家之间的经济差距将不断扩大,全球两极分化趋势将更加明显,世界经济发展不平衡的格局将进一步加剧。第二,全球经济失衡将减缓经济增长速度。美国债务的不断累积使其难以再通过大规模政府支出拉动经济增长,全球经济失衡调整过程中中国、日本和亚洲其他主要新兴市场国家的出口将遭受打击,全球经济增速放缓。第三,全球经济失衡带来的美元贬值将增加国际货币体系面临的风险。美元贬值是全球经济失衡的必然后果,它将引起汇率波动,增加现行国际货币体系的不确定因素和风险。第四,全球经济失衡将使国际经济矛盾和摩擦更加复杂化。全球经济失衡中的赤字和盈余双方在调整过程中所采取的相应策略在很大程度上增加了国际经济矛盾和摩擦。

参考文献：

Dooley, M., Folkerts-Landau D. and Garber P., The US Current Account Deficit and Economic Development: Collateral for a Total Return Swap, NBER Working Paper, No. 10727, 2004.

Feldstein, M. S., Resolving the Global Imbalance: the Dollar and the U. S. Saving Rate, NBER Working Paper, No. 13952, 2008.

International Monetary Fund, *World Economic Outlook: Coping with High Debt and Sluggish Growth*, Washington, DC: International Monetary Fund, 2012.

McKinnon R. and Schnabl G., China's Financial Conundrum and Global Imbalances, BIS Working Paper, No. 277, 2009.

Obstfeld, M. and Rogoff, K., The Unsustainable US Current Account Position Revised, NBER Working Paper, No. 10896, 2004.

Rato, R., Correcting Global Imbalances—Avoiding the Blame Game, International Monetary Fund, February 23, 2005, http://www.imf.org/external/np/speeches/2005/022305a.htm.

（庄宗明　黄斌全）

世界经济格局
World Economic Pattern

世界经济格局是指包括世界经济统一体中的各个国家、集团之间的经济实力对比、它们所处的地位和相互之间的关系。一个国家在世界经济中占有的地位和作用，主要取决于各个国家在经济发展上所达到的水平和拥有的经济规模。

世界经济格局的变化，经历了单极格局、两极格局和多极格局的演变。总体上说，目前的世界经济格局表现为美国为唯一经济和政治的超级大国，美、欧、日仍是世界经济三大强极，世界经济政治呈现出这样一种“一超多强”的格局，并有向多极化发展的趋势。

从第二次世界大战后初期到20世纪50年代末，这是美国在世界经济格局中“独霸天下”的单极时期，超级大国美国在世界经济地位处于绝对优势，其他诸如西欧、日本、苏联等国的经济此时正处于恢复和振兴之中，力量有限，处于一种相对薄弱的状态。

第二次世界大战以后，形成了美国和苏联两强争夺世界霸权的局面，以美国和苏联为首的两大集团在国际政治和军事上全面对抗的同时，在经济上也形成了社会主义阵营和资本主义阵营的两极格局。由于苏联在几十年的经济体制下积累了一定的管理国民经济的经验，再加上本国资源丰富，所以在两极对抗时期，苏联经济取得较大发展，与美国经济的差距缩小。但到了20世纪80年代初以后，苏联经济面临重重困难，1991年后苏联解体，标志着世界经济两极格局的结束，世界经济向多极化发展。

早在20世纪60年代，世界经济就出现了多极化趋势。经过战后的恢复和发展，西欧主要国家和日本的经济实力明显上升，这些国家不仅逐渐形成了在经济上追赶美国的态势，它们在世界经济中的地位也与日俱增。20世纪70年代美国经济受石油危机的影响，经济增长速度放缓，出现了高通货膨胀率和高失业率的滞胀局面，美国实力相对衰弱。主要资本主义国家经济与20世纪70年代初特别是1973年到1975年经济危机时期陷入滞胀，直到1983年起陆续走出滞胀泥潭。20世纪80年代后，美国已不再是资本主义世界中的唯一经济大国，虽然美国仍然拥有世界最先进的科学技术，但新的技术常常在日本等国家得到更快的应用。有些领域，美国已不再居于垄断地位。经过80年代的发展，日本已经成为一个经济强国，人均国民生产总值位居世界第二位。随着西欧各国经济的增长和一体化进程的发展，西欧作为一个整体在世界经济格局中的地位和影响在不断上升。区域经济合作使西欧的经济实力及其在世界经济格局中的地位得到进一步加强。20世纪80年代以来，美国、欧盟、日本三大经济体的形成及其对世界经济的影响，是世界经济格局多极化的最重要体现。

因此，战后世界经济格局表现出以下特点：一是各国经济实力的变化促使世界经济重构。二是世界经济主导力量发生变化。三是经济体制对世界经济格局的影响日益减少。四是“一超多强”格局的形成使各国的利益关系日益复杂。世界经济格局的发展趋势：一是美、日、欧三大经济体仍然是世界经济主导力量。二是多极化格局中“极”的数目将会增多。三是一些小国的地位降低，在世界经济中的份额减少。

全球经济格局正在发生深刻的变化。最深刻的当属全球正在从老的全球化（由美国主导的全球化而形成的一极世界）向新的全球化（多极世界）转变。这一巨大环境变化为中国经济实现增长软着陆带来了新机会，也对过去30年成功的改革开放模式带来新挑战。事实上，全球经济正在向多极化迈进。美国正在积极转型，其第三产业（尤其是金融业）在收缩，但第一、第二产业在快速发展。因此，中国未来20年的外部经济环境将与过去20年大为不同，不能继续寄希望于过去粗放式的、以外贸出口为主导的发展和开放模式。同时，多极世界的显现也为中国的发展带来了前所未有的新机遇。为了抓住和积极利用全球经济格局转变中的新机遇，实现中国经济结构转型，中国需要全新的对内改革和对外开放战略、新的政策智慧和坚定果断的执行力（黄海洲，2008）。

参考文献：
程极明：《世界经济格局的新变化》，载于《国际经济评论》2007年第1期。
黄海洲：《全球经济格局转变与中国经济结构转型》，载于《国际经济评论》2008年第5期。
庄宗明：《世界经济学》，科学出版社2007年版。

（庄宗明　陈婷）

国际经济协调
International Economic Coordination

国际经济协调是宏观经济政策国际协调的简称，是指在国际分工高度发达的基础上，世界各国为了解决在国际经济利益中的矛盾与问题，保障世界经济以较正常的秩序运行，由各国政府出面通过一定的形式，以各个国家或地区的政府或国际经济组织为主体，在承认世界经济相互依存的条件下，就汇率政策、贸易政策、货币政策和财政政策等宏观经济政策在有关国家或地区之间进行协商和调整，或对国际活动采取联合干预、管理和调节的行为。它既是经济全球化进程中国家间交往日益密切的必然，也是在经济全球化过程中克服各种矛盾、冲突的需要。国家经济协调的广度与深度是与经济全球化的广度和深度相一致的。

国际经济协调的理论基础包括国际经济相互依存理论和博弈论。国际经济相互依存理论能够说明国际经济协调产生的背景和必要性。国际经济协调是第二次世界大战后经济全球化进程中各国经济相互依赖性不断加深的必然产物。据此，西方经济学家研究国际经济相互依赖问题，由此形成了国际经济相互依存理论。美国学者理查德·库珀（Richard Cooper）做出了较权威的研究。早在20世纪50年代末和60年代初，他就开始研究欧洲经济的一体化进程。并于1968年发表了专著《相互依存经济学：大西洋共同体的经济政策》（*The Economics of Interdependence: Economic Policy in the Atlantic Community*）。随着经济全球化的逐步推进，国际贸易的飞速发展，国际上金融联系的日益密切，跨国公司生产国际化的不断扩大，世界经济相互依存的特点日益突出，各主权国家的政府通过国内宏观经济政策的调整实现其内外部平衡的难度日益增大，因为任何一国或地区的经济政策在很大程度上都受到其他国家的影响，一国或地区的经济波动都有可能在短时期内传递到其他国家或地区，甚至酿成世界性经济危机。通过国际协调，不仅可以使全球性问题得到解决，而且可以防止一国经济政策的消极效应向别国传递和溢出。国际经济协调的另一个理论基础是博弈论，又称对策论，它能够提示国际经济协调的结果和可能性，它在经济学中的应用最先集中于微观领域，而其在微观领域的成功运用对宏观领域和国际经济协调与合作富有启示意义。提勃尔·西托夫斯基（Tibor Scitovsky）和哈里·约翰逊（Harry Johnson）则是西方经济学家中最先将博弈论引入宏观决策分析和国际经济协调理论的经济学家。他们分别于1942年和1953年从博弈论角度对国家贸易冲突进行了探索性的分析。一般来说，每个国家都有一个包括就业、产出和物价水平的社会经济福利函数，而政府管理经济的目标就是要合理地确定特定的政策工具，以使社会经济福利极大化，或损失极小化。但世界经济相互依赖性的不断增强，一国的政策行为会影响到别国的社会福利函数。结果，各国的宏观经济政策就像一局博弈。虽然博弈论在宏观经济分析中的应用有助于人们理解国际经济相互依存条件下各种利益冲突格局所包含的利弊得失结构，并能为各国间的宏观经济政策协调设计一个更好的博弈规则提供坚实的理论基础。但是，博弈论在宏观经济决策行为分析中的运用并不能消除或解决国际经济交往中所产生的各种矛盾或利害纷争，也不能帮助各国形成一个最优的经济发展战略。

随着第二次世界大战后各国经济的国际化，世界经济相互依存的程度不断加深，需要进行国际范围内的积极协调。如1974年到1975年的经济衰退，20世纪70年代的滞胀，1979年到1980年的经济衰退，1997年开始的东南亚金融危机等都是世界性的，都是国内经济政策或经济波动的传递和溢出效应所致。因此，世界经济越发展、越全球化，客观上越需要国际经济协调。战后世界经济发展的失衡所产生的危机和波动，客观上需要国际经济协调。这表现在以下几个方面：一是战后经济周期性危机的同步性特点有加快的趋势；二是除周期性危机外，一些危机如石油危机、债务危机、金融危机等使世界经济动荡不宁；三是20世纪70年代的滞胀和汇率的剧烈波动，是世界经济失衡加剧。这客观上需要七国首脑会议、国际经济协调组织进行协调，事实上这些国际性协调对于世界经济的稳定、健康发展发挥了作用。世界经济发展不平衡的多极化格局及国际竞争的加剧，客观上也需要国际经济协调。

国际经济协调的内容包括国际贸易协调、国际投资和债务协调、国际货币体系和汇率的协调、宏观经济的国际协调。国际贸易协调以消除贸易保护主义为主要目的，以关税削减为主要内容，以消除非关税壁垒为重要内容。国际投资协调包括对政府援助和私人投资及外资政策的国际协调。国际债务协调是国际经济协调的新领域，主要是对20世纪80年代发展中国家债务危机的协调。国际货币体系和汇率的协调包括固定汇率制和浮动汇率制下的协调，前者主要是由国际货币基金组织进行的，后者是由发达国家的协调占主导地位。宏观经济的国际协调是世界经济稳定发展的最必要和最可取的选择和措施。随着世界经济形势的变化,国际经济协调也有了新的发展。国际经济协调组织是主权国家或地区参与的,它包括国际经济机构、区域经济一体化集团、国际协定和国际会议四种主要类型,它们对解决世界经济矛盾,推动世界经济发展发挥着积极作用(庄宗明,2007)。

参考文献:

张文才、龚俸、石丁:《G7 与国际经济协调》,载于《国际金融研究》2006 年第 10 期。

庄宗明:《世界经济学》,科学出版社 2007 年版。

Richard N. Cooper, *The Economics of Interdependence: Economic Policy in the Atlantic Community*, New York: McGraw Hill, 1968.

(庄宗明　陈婷)

世界经济周期

World Business Cycle

世界经济周期就是在世界经济运行的过程中,由于某些特定因素的影响,导致世界主要国家的实际经济活动呈现同步的扩张、衰退、萧条和复苏,表现出高度相似的周期性运行形态,这种运行形态会重复发生,最终形成持续时间不同的世界经济周期运动。

大部分研究将世界经济周期分为四个区段:第一次世界大战的战前时期,即 1913 年以前;两次世界大战的间隔时期,即 1919 年到 1938 年;布雷顿森林体系时期,即 1950 年到 1972 年;后布雷顿森林体系时期,即 1973 年后。布雷顿森林体系期间,经济周期的扩张期特别长,大约平均持续 10 年,有些扩张持续 20 年,而且有几个国家(如日本及前联邦德国)的经济根本就不曾经历负增长。世界经济周期总体来说,扩张期变得越来越长,衰退期相对越来越短,呈明显的非对称性特征(宋玉华等,2004)。

世界经济周期的主要特征,包括:多国的产出总量和产出增长具有很强的正相关性;多国的索洛剩余具有正相关性,但其相关程度比产出低;多国的消费具有正相关性,但略低于产出的跨国相关程度;多国的投资和就业具有正相关性;工业化国家的衰退程度在 20 世纪 90 年代比七八十年代要轻,复苏的持续时间和前期衰退的持续时间及严重程度并没有显著的相关性,重复衰退和深度衰退已经减少;1973 年后,即布雷顿森林体系解体后,国家间消费和产出的相关性增强,国家间的同步衰退变得更为普遍,而 20 世纪 90 年代的世界经济衰退显示出差异,不同国家特别是经济发达国家进入衰退的时间明显不同;和 19 世纪末期相比,近几十年所有的衰退伴随着私人固定投资的收缩,国家间的投资同步收缩,影响力更大;投资的收缩对世界经济衰退有重要作用,在世界经济的衰退和复苏中,存货的作用正在逐渐减弱;国家间证券价格波动的波峰通常领先于产出的波峰,而波谷大致同步,国家间证券价格衰退的同步性比国家间经济衰退的同步性要强;国家间利率波动的波峰通常领先于产出的波峰或紧随产出波峰之后,利率达到峰值前的持续上涨和经济的持续衰退有很强的正相关性(Morsink et al., 2002)。

20 世纪 80 年代初实际经济周期理论的兴起,为世界经济周期理论的研究提供了理论和方法论基础,有力地促进了这一领域的发展。世界经济周期理论主要以实际经济周期理论为基础,其基本理由是:第一,实际经济周期理论将宏观经济波动基本归结为由外生实际因素冲击所致,如偏好、要素禀赋和技术等因素的外生冲击。较为成功地将货币等方面因素结合到实际经济周期理论的研究,增强了实际经济周期理论对现实经济活动的解释力。更为重要的是,实际经济周期理论较好地统一了经济增长和经济周期波动,提供了对现实经济活动较为全面的解释。第二,实际经济周期理论提供了一种封闭经济中多部门经济传导从而导致经济整体协同运动的基本思想,其基本要旨是某些部门的产品作为其他部门的生产性投入从而提供冲击传导的渠道,经济主体的偏好等因素则维系着这种运动的持续性。世界经济周期的生成和传导机制理论在更广阔的范围内以更为复杂的机制实践着实际经济周期理论的这些思想。第三,实际经济周期理论主要使用动态随机一般均衡模型,并且在模型结构和参数设定等方面不断拓展。更为重要的是,在经验应用方面,实际经济周期理论提供了一种与传统的计量方法不同的技术,即校准技术,该技术强调将模型经济的模拟结果与实际数据的统计结果进行比较,进而依据差异对模型的结构和参数等进行调整,以完善模型对经济现实的解释力(Gregory et al., 1997)。

一个国家经济发生的周期性运动,会通过国际经济交往在国际上传导和扩散,并发生变化,形成世界性的经济周期,有时其本身就是世界经济周期在国家区域中发生的一种形式(宋玉华等,2004)。世界经济环境不断演变,各类国际市场的相互依赖性不断增强,自由企业制度在世界范围内广泛扩散,私有金融资产和资本商品的数量不断膨胀,这些为经济周期在世界范围内相互联系的增强提供了基础(Zarnowitz, 1985)。而且,国际商品贸易和金融交易迅速扩大,国家制度和国际制度不断优化,一国经济对外部冲击的敏感性增强,各国经济运动越来越协同一致,经济周期的跨国联系不断增强。

参考文献：

宋玉华、徐前春：《世界经济周期理论的文献述评》，载于《世界经济》2004年第6期。

Gregory, A. W., Head, A. C. and Raynauld, J., Measuring World Business Cycle, *International Economic Review*, Vol. 38, No. 3, 1997.

Morsink, J., Helbling, T. and Tokarick, S., Recessions and Recoveries, *World Economic Outlook*, Sep. 2002.

Zarnowitz, V., Recent Work on Business Cycles in Historical Perspective: A Review of Theories and Evidence, *Journal of Economic Literature*, June 1985.

（庄宗明　陈婷）

康德拉季耶夫周期
Kondratieff Cycle

康德拉季耶夫周期，是一个为期约50~60年的价格与产出周期。长期以来，它也被称作大周期、长波、长周期、趋势周期等。

1926年，苏联经济学家尼古拉·康德拉季耶夫(Nikolai Kondratieff)认为，在1920年以前，价格遵循着一个不规则的正弦波状曲线运动，而产出仅仅在其增长率上显示出变动。随着产出的变动，价格呈周期运动。通货膨胀时期往往伴随迅速的经济增长，而通货紧缩时期则伴随缓慢的经济增长。

虽然康德拉季耶夫是对长周期做出完整统计分析的首批经济学家之一，但他并不是第一个认识到它存在的人。早在1901年，俄国马克思主义者亚历山大·赫尔普汉(Alexandre Helphand)就以帕乌斯(Parvus)的笔名，指出了长周期的存在。他的长波思想引用了卡尔·亨利希·马克思(Karl Heinrich Marx)，论述资本积累"狂飙突进式运动周期"的概念。

康德拉季耶夫将波动看做是围绕均衡曲线发生的运动，波状起伏是资本主义经济均衡交替扰动的过程，它们或是扩大，或是缩小与均衡水平的偏差(Garvy, 1943)。这种方法意味着，在他进行的经验研究所涉及的1780年到1920年间，资本主义经济的均衡结构依然如故。康德拉季耶夫提出的周期如下：第一个长波上涨区间为18世纪80年代到1810年或1817年，下降区间为1810年或1817年到1844年或1851年；第二个长波上涨区间为1844年或1851年到1870年或1875年，下降区间为1870年或1875年到1890年或1896年；第三个长波上涨区间为1890年或1896年到1914年或1920年，下降区间为1914年或1920年到某个时期。他的早期研究主要放在长波变动的描述上，且指出了五个值得注意的特点：一是在上涨阶段，繁荣的年数较多，而在下降阶段，萧条年数则占主要地位；二是在长波的下降阶段，农业问题特别严重；三是在下降阶段，创新层出不穷，并在下一个长波的上涨期间大规模地得到应用；四是在长波上涨阶段的初期，黄金生产会增加，世界商品市场将因新的国家，特别是殖民地国家的加入而扩大；五是战争与革命往往发生在上涨阶段。所有这五个特点都是一个内在的长波过程的组成部分，而不是对长波的外生因果解释。甚至战争也是一个内生长波的组成部分，战争起源于经济生活中加剧了的紧张，及争夺市场与原料的经济斗争(Kondratieff, 1925)。

康德拉季耶夫周期的经验证据是很不充分的，他所识别的波动在某种程度上是统计上的拼凑(Garvy, 1943)。生产中的长波既没有在四个主要工业国家(英国、法国、德国和美国)观察到，也没有从这些经济的加权总数中观察到(Lewis, 1978)。虽然在一国水平上进行分析时，长周期论据不充分，但在世界范围内，证明存在长周期的论据是强有力的。大量证据表明，在世界增长进程中存在较大范围的长期不连续性，这是确定无疑的(Van Duijin, 1983)。但是"规则的"康德拉季耶夫周期不连续性的存在则证据不足。在1850年到1973年间，世界增长进程发生过突然中断，这与特定事件有关，并且是一个基本的追赶性增长。康德拉季耶夫周期，由于它的不存在而引人注目(Solomou, 2008)。

参考文献：

Garvy, G., Kondratieff's Theory of Long Cycles. *Review of Economics and Statistics*, Vol. 25, No. 4, 1943.

Kondratieff, N., The Major Economic Cycles. *Voprosy kon'iunktury*, Vol. 1, 1925.

Lewis, W., *Growth and Fluctuations* 1870-1913, London: George Allen & Unwin, 1978.

Solomou, S. N., Kondratieff Cycles. In Eds. Steven N. Durlauf and Lawrence E. Blume., *The New Palgrave Dictionary of Economics*, Second Edition, Palgrave Macmillan, 2008.

Van Duijn, J., *The Long Wave in Economic Life*, London: George Allen & Unwin, 1983.

（庄宗明　陈婷）

朱格拉周期
Juglar Cycle

尤格拉周期也被译作"朱格拉周期"，是一个为期9~10年的经济波动周期，这种中等长度的经济周期也被称为"尤格拉"中周期。

1862年法国经济学家克里门特·尤格拉(Clément Juglar)在《论商业危机及其在法国、英国和美国周期性再现》一书中首次提出市场经济存在着9~10年的周期波动。

尤格拉在1848年以前一直行医，并研究过法国的出生率、死亡率和结婚率的周期性波动。之后从医生改行为经济学家，他的著作中似乎有一种对称的东西，即把经济过程看做是经济繁荣与衰落之间的节奏性变动。这种简单的想法，对后来的经济波动研究有过深刻的影响。

尤格拉认为社会经济运动包括三个阶段，即繁荣、危机与萧条。危机或恐慌并不是一种独立的现象，而是这三个阶段反复出现形成的周期性现象。他主要从货币角度分析经济中的危机现象，认为当银行体系面对不能承受的压力而实行紧缩货币政策时，通货膨胀和经济扩张即告终止（Milgate，2008）。他同时指出，危机好像疫病一样，是发达工商业中的一种社会现象，在某种程度上，这种周期波动是可以被预见的，通过采取某种适当的措施，波动可以得到缓和，但不能完全消除。他最后也指出周期波动的主要根源并非政治、战争、农业歉收以及气候恶化等因素，但这些因素确实可以加重经济恶化的趋势。

参考文献：

陈漓高、齐俊妍：《技术进步与经济波动：以美国为例的分析》，载于《世界经济》2004年第4期。

Juglar, Clément, Des crises commerciales et leur retour périodique en France, en Angleterre, et aux Etats-Unis. Paris: Guillaumin, 1860.

Milgate, M., Juglar, Clément (1819-1905), In Eds. Steven N. Durlauf and Lawrence E. Blume, *The New Palgrave Dictionary of Economics*, Second Edition, Palgrave Macmillan, 2008.

（庄宗明　陈婷）

世界经济危机

World Economic Crisis

世界经济危机是指大体在同一时期发生在世界主要国家的周期性生产过剩危机。在一些主要资本主义国家发生的周期性生产过剩危机是世界经济危机产生的基础。资本主义经济危机是资本主义发展到大工业时期才出现的经济现象。在资本主义社会以前，社会可能会因为天灾人祸出现饥饿，造成大量人口死亡，生产下降或再生产无法进行，但却不会因“生产过剩”而周期性地发生经济危机。只有在资本主义生产方式出现并成熟以后，资本主义社会再生产的进程才一再地被“生产过剩”的危机所打断。从一次危机爆发到下一次危机爆发，形成一个再生产周期。每个再生产周期又分别经过危机、萧条、复苏和高涨四个阶段。

世界经济危机是随着资本主义生产方式在世界范围内的发展而形成的。18世纪产业革命以后，资本主义在英国得以迅速发展。19世纪20年代，机器大工业已在英国经济生活中起着主导作用，随着资本主义基本矛盾的发展，英国爆发生产过剩危机的基本条件基本成熟。1825年资本主义发展史上第一次普遍生产过剩危机终于在英国爆发，1836年生产过剩危机再次发生，出现了再生产危机的周期性。但是，由于该时期其他国家尚未进入机器大工业阶段，危机仅仅是英国的危机，并不具备世界性。

19世纪40年代，随着产业革命在世界各国的陆续展开以及兴建铁路浪潮在世界各国的出现，美国和法国也初步具备了发生经济危机的条件，同时，该时期国际上商品交换关系和商业信用关系日益密切。在这种背景下，爆发了1847年经济危机。但法国的危机进程受到1848年社会革命的影响，美国则由于一些特殊原因危机的程度很轻，所以1847年的危机虽然具有国际性质，但主要还是英国的危机，即使如此，世界经济危机的雏形已经出现。

19世纪50年代，资本主义生产关系在欧美大陆的不断生长和巩固，国际贸易的较大幅度增长，国际分工体系和统一的资本主义市场以及世界经济的初步形成，把资本主义世界各主要国家的经济更加紧密地联结在一起，包括德国在内的一些主要资本主义国家已经具备了发生危机的成熟条件。1857年爆发了历史上首次真正具有世界性的资本主义经济危机。拥有世界上4/5的机器大工业的英国、法国、美国和德国都陷入了生产过剩的经济危机，危机的涉及范围是空前的，从此形成了统一的世界性资本再生产周期和世界性的经济危机。

进入20世纪，世界经济危机日益严重，危害日益增大，其中最严重的是1929年到1932年的世界经济危机。这次危机使美国的经济活动从1929年中期到1933年年初持续衰退。工业产出下降了37%，价格下降了33%，实际的国民生产总值下降了30%，而名义的国民生产总值则下降了一半以上。失业率上升到25%的最高峰，并在20世纪30年代其他的年份中一直保持在15%以上（郑联盛，2009）。德国、法国、英国及日本等国家的工业生产也随之猛烈下降，资本主义国家的工业生产跌回到20世纪初期水平。

第二次世界大战后的世界经济危机被公认的有四次：一是1957年到1958年经济危机。危机于1957年3月从美国开始，随后，日本和英国于同年7月，联邦德国于1958年1月，法国于1958年3月相继爆发危机。资本主义各主要国家进入危机的时间不超过一年，因而是一次周期性经济危机。二是1973年到1975年经济危机。危机于1973年1月到11月首先从英国、美国、日本等国爆发，随后波及与这些国家相联系的其他中小资本主义国家。从1975年下半年开始，各主要资本主义国家相继走出危机,经济开始回升,但各国并没有出现以前危机后所出现的经济高涨,而是出现了经济长期萧条和通胀并存的现象。它标志着资本主义世界经济发展的"黄金时代"的结束和"停滞通胀"局面的开始。三是1979年到1982年经济危机。危机于1979年7月从英国开始。1979年10月爆发于加拿大,1980年2月爆发于美国,同年3月爆发于日本,同年四、五月联邦德国、法国、意大利相继产生危机。四是1989年到1993年经济危机。危机于1989年首先从美国开始,然后涉及加拿大、澳大利亚、欧洲国家和日本。这次危机对西方工业化国家经济增长率的下降有较大影响。

第二次世界大战后世界经济危机有如下四个方面的特点:一是世界统一的再生产周期运动规律仍然起作用,但经济周期的同期性和阶段性差别不甚明显。二是第二次世界大战后经济危机不如战前严重。三是战后经济危机期间物价上涨成为普遍现象。四是周期性生产过剩危机与结构性危机相互交结,彼此影响。

参考文献:
陈元:《后经济危机阶段:加速发展路径的强制性变迁》,载于《管理世界》2009年第9期。
郑联盛:《美国新金融危机与大萧条的历史比较》,载于《国际经济评论》2009年第1期。
庄宗明:《世界经济学》,科学出版社2007年版。

(庄宗明　陈婷)

次贷危机
Subprime Mortgage Crisis

次贷危机发端于2006年下半年的美国,以2007年4月美国第二大次级房贷公司新世纪金融公司(New Century Financial Corporation)破产事件为标志,危机由房地产市场蔓延到信贷市场,导致对冲基金、投资银行、商业银行等金融机构,有的濒临解散,有的发出利润预警,有的宣布提高风险拨备。2008年后危机骤然成为席卷全球金融市场的风暴。

次贷危机从根本上说是次贷市场过度发展后的自我修正。在过去十多年,美国次级抵押贷款市场急剧扩大(李若谷等,2008)。美国经济在1995~2001年间出现了互联网泡沫,该泡沫的崩溃直接导致全球经济在2001~2003年间陷入中等程度的衰退。为了刺激经济增长,美联储在很短时间内将联邦基金利率从6%调低至1%。历史性低利率直接促成了美国房地产市场从2001~2005年的繁荣,市场繁荣时期宽松的贷款条件和创新的贷款类型使得市场在该时期内逐渐积累了不堪承受的风险。繁荣时期,房价普遍持续上涨,居民购买房地产的意愿上升,而房地产金融机构提供贷款的条件也因此变得更加宽松。房地产金融机构发放抵押贷款的传统对象是信用等级较高(信用评分在660分以上)、收入稳定可靠(能够提供相关收入证明)、债务负担优良的客户,这种类型的贷款被称为优质贷款(Prime Mortgage)。但是当优质客户资源被开发完毕时,受到盈利动力驱使的金融家们就把目光投向了原本不能申请抵押贷款的群体。房地产金融机构开发了两类贷款来服务于该群体,即准A类贷款(Alternative A-paper,ALT-A)和次级贷款(Sub-Prime Mortgage)。ALT-A贷款(Alternative-A)的贷款对象,是指信用评分在620分到660分的客户,或者信用评分虽然高于660分,但是不能或不愿意提供收入证明的客户。次级贷款的贷款对象,是指信用评分低于620分的客户,他们甚至不用提供任何收入证明。显然,ALT-A贷款和次级贷款的违约风险要高于优质贷款,因此房地产金融机构必然会提高前两类贷款的利率作为风险补偿。申请次级贷款的购房者一般属于低收入阶层,他们往往不能承受较高的首付,在贷款初期也难以承受较高的本息支付。针对这一点,房地产金融机构开发了形形色色的创新抵押贷款产品,其中最为常见的包括无本金贷款(Interest Only Loan)、可调整利率贷款(Adjustable Rate Mortgage,ARM)、选择性可调整利率贷款(Option ARM)等。所有这些创新的抵押贷款产品都有一个特点,就是在还款的前几年内,还款额很低而且金额固定。但是在这段时间之后,还款压力将陡然上升。购房者之所以选择以上贷款品种,原因一是因为预期房地产价格将会持续上升,即使到时候不能偿付本息,也可以通过出售房地产或者再融资(Re-Finance)来偿还债务;二是很多次级债借款者甚至根本没弄清贷款产品本身。如果房地产价格不断上升,那么发放次级债对于房地产金融机构而言是绝佳选择,第一可以赚取更高的贷款利率,第二如果发生违约,金融机构也可以通过拍卖抵押房地产而回笼贷款本息。因此,在21世纪初的繁荣时期,美国次级债市场获得飞速发展(张明,2007)。

美国次级抵押贷款市场规模因此从1995年的650亿美元迅速上升到2006年年底的1.3万亿美元,占住房按揭贷款的比重由2002年的6%上升到2006年的20%。但近几年美国次级抵押贷款市场的基础发生了根本性变化。2004年中期开始,美联储连续17次加息,房贷利率也随之攀升。80%的次级抵押贷款人每月按揭金额在不到半年的时间里激增了30%~50%。特别是可调整利率贷款的优惠期结束后,利率重设导致还贷压力陡升,越来越多的人不堪重负。与此同时,美国房地产市场在持续大幅上涨后,2006年房价涨幅明显回落,部分地区房价甚至出现下跌。次级抵押贷款拖欠、违约及停止抵押赎回权数量因而不断攀升,引发了一系列连锁反应,演化成一场导致国际金融市场动荡的危机(李若谷等,2008)。

通过金融全球化,美国已经把次贷危机的风险转移到了世界的各个角落。中国作为美国金融资产的主要持有国之一,不可避免地会受到次贷危机的冲击。美国次贷危机对中国的冲击到底有多大还很难量化。但是,不管怎么说,中国作为美国的债权人之一,存在为美国金融危机买单的严重危险。美国次贷危机给中国的启示:一是无论政府执行何种政策,无节制的负债必然会导致金融危机的爆发;二是资本市场的发展必须是有节制的,限制资本市场过度扩张的各种传统政策不应轻易废除;三个是对于政府和社会金融监管机构的能力不能高估,而且关键在于,从一开始就应该限制衍生金融工具的使用;四是必须限制投机;五是必须设计某种机制,限制离谱的高额利润和高收入(余永定,2008)。

参考文献:

李若谷、冯春平:《美国次贷危机的走向及对中国经济的影响》,载于《国际经济评论》2008 年第 2 期。

余永定:《美国次贷危机:背景、原因与发展》,载于《当代亚太》2008 年第 5 期。

张明:《透视美国次级债危机及其对中国的影响》,载于《国际经济评论》2007 年第 5 期。

(庄宗明　陈婷)

全球人口问题

Global Population Problem

全球人口问题是由全球人口变化引起的一系列社会、经济、资源和环境等方面的问题。人口问题是当今世界令人瞩目的社会问题之一,也是全球政治经济发展格局中的重要构件,它对世界各国社会经济的发展有着深远的影响。作为国际社会所面临的一个普遍性问题,人口问题几乎在所有国家和地区都存在,差别仅在于表现形式不一。

联合国人口基金会 1999 年年初公布的统计数字向人们展示了全球人口增长的历程:1804 年世界人口只有 10 亿,1927 年增长到 20 亿,1960 年达到 30 亿,1975 年达到 40 亿,1987 年上升到 50 亿,1999 年 10 月 12 日,世界人口达到 60 亿。截至 2005 年 6 月,世界人口已达 64.77 亿。根据《2011 年世界人口状况报告》,世界人口在 2011 年 10 月 31 日达到了 70 亿。全球人口增长带来了一系列问题,包括全球人口激增、日益增长的国际迁移与快速的人口老龄化趋势。全球性的和平与发展问题、南北差距问题、资源、能源和环境问题等都与人口问题密切相关。人口因素在国家、国际事务中发挥着重要作用。

全球人口发展中存在的问题主要集中体现在以下几个方面:一是人口增速趋缓、总量持续增长、生育率向两极延伸。二是人口膨胀与环境、资源的矛盾日益彰显。三是人口老化趋势不可逆转,地球村正向老人社会倾斜。四是贫困人口有增无减,贫富分化加剧。五是跨国人口迁移日益引起国际社会关注(岚兰,2004)。在经历了 20 世纪前所未有的人口增长之后,21 世纪给人类带来的新挑战是人类历史上前所未有的长期性人口减少以及人口老化。20 世纪末的经济全球化与蔓延全球的低生育率同时并生。经济全球化的特征决定了低生育率的趋势在短时间内不会逆转。经济全球化与低生育率的大势要求对人口变化及其后果有全新的认识(王丰,2010)。世界人口如今面临新的形势,人口增长掉头,且人口转变呈现多元化态势,其根本原因是各国生育率以不同的速度下滑。世界人口大势的转变引发各国政府对生育率态度的转变以及对生育政策的调整。越来越多国家出台鼓励生育政策,这不仅发生在生育率长期低迷的欧洲,也发生在生育率快速下降的东亚和大洋洲(沈可等,2012)。

中国是世界上的第一人口大国,2010 年的第六次全国人口普查显示中国的人口为 13.7 亿,一直以来人口问题都是中国面临的一个重大问题,为了控制人口增长,政府甚至把计划生育作为一项基本国策来贯彻执行。但是近年来国内学者对于计划生育政策的看法出现了分歧,一些学者也建议政府应该适当放宽计划生育。人口过快增长这个几百年来主导着中国人口态势的人口现象将成为过去。中国的人口态势正在出现历史性的转折,现在可以对长期以来在人口问题上所持的视角和倾向展开清理了(顾宝昌,2010)。经验研究结果证明,诸多关于中国人口及其相关问题的传统观念,已经不再符合现实情况。这些传统观念包括:人口众多是经济增长的不利因素;计划生育造成老龄化和性别比失调;人口红利消失导致经济增长不可持续;中国仍处在劳动力无限供给阶段;刘易斯转折点意味着二元经济终结;承认人口新趋势导致对就业的忽视。走出这些认识误区,有利于正确认识中国经济所处的发展阶段,形成恰当的政策取向(蔡昉,2010)。全国第六次人口普查数据证实,以往我们严重高估了出生水平和生育水平,低估了人口老龄化进程,人口发展规划目标一再出现大幅落空。人口预测模拟结果表明,中国人口在 21 世纪中的主要矛盾已经由总人口规模问题转向人口年龄结构问题,未来人口老龄化来势凶猛。中国人口发展正处于极为关键的时刻,而以往人口理论宣传和估计预测中的偏向误导了对人口大趋势的正确把握,造成中国生育率严重过低,导致未来过度的少子化和老龄化的人口风险(郭志刚,2012)。

参考文献:

蔡昉:《重新认识中国的人口形势》,载于《国际经济评论》2010 年第 6 期。
郭志刚:《重新认识中国的人口形势》,载于《国际经济评论》2012 年第 1 期。
顾宝昌:《中国人口:从现在走向未来》,载于《国际经济评论》2010 年第 6 期。
岚兰:《全球人口问题盘点》,载于《中国统计》2004 年第 9 期。
沈可、王丰、蔡泳:《国际人口政策转向对中国的启示》,载于《国际经济评论》2012 年第 1 期。
王丰:《全球化环境中的世界人口与中国的选择》,载于《国际经济评论》2012 年第 1 期。

(庄宗明 陈婷)

世界经济可持续发展

Sustainable Development of World Economy

世界经济可持续发展是指在世界经济发展过程中遵循可持续发展的思想。其中可持续发展是指满足当前需要而又不削弱子孙后代满足其需要之能力的发展,而且绝不包括侵犯国家主权的含义。

1989 年 5 月举行的第 15 届联合国环境规划署理事会通过的《关于可持续发展的声明》中的定义:"联合国环境规划署认为,要达到可持续的发展,涉及国内合作和跨越国界的合作。可持续发展意味着走向国家和国际的公平,包括按照发展中国家的国家发展计划的轻重缓急以及发展的目的,向发展中国家提供援助;可持续发展还意味着要有一种支持性的国际环境,从而导致各国,特别是发展中国家的持续经济增长和发展,这对于环境的良好管理也是很重要的;可持续发展还意味着维护、合理使用并且提高自然资源基础,这种基础支撑着生态抗压力与经济的增长;可持续发展还意味着在发展计划和政策中纳入对环境的关注与考虑,而不是在援助或发展资助方面的一种新形式的附件条件。"该定义既符合全球利益,又体现了发展中国家的合理要求和利益,因而被广为接受。

世界经济可持续发展面临的主要问题是发展中国家的落后问题。世界经济可持续发展的主要制约包括科学技术制约、经济水平制约、经济制度制约和自然环境与资源制约。世界经济可持续发展的战略措施包括树立科学发展观、保证可持续发展的相关政策、充分发挥科学技术的作用、解决跨领域的重大问题、加强各国在资源、环境与经济发展等方面的合作。世界经济可持续发展问题的国际协调包括国际立法、保障和平和安全的国际环境、采取综合协调途径、建立公平的国际规则等主要内容。

1997 年,中国向联合国特别大会递交的《中国可持续发展国家报告》中明确表示,就全球而言,中国同意联合国环境规划署第 15 届理事会通过的《关于可持续发展的声明》及其关于可持续发展的定义,同时,中国根据自己的具体国情,对可持续发展的认识和理解还强调了以下五个方面:一是可持续发展的核心是发展;二是可持续发展的重要标准是资源的永续性利用和良好的生态环境;三是可持续发展是要求既考虑当前发展的需要,又要考虑未来发展的需求,不以牺牲后代人的利益为代价来满足当代人利益的发展;四是实现可持续发展的关键在于综合决策机制和管理机制的改善;五是实施可持续发展的最深厚根源在于民众之中(庄宗明,2007)。

参考文献:
鲍健强、苗阳、陈锋:《低碳经济:人类经济发展方式的新变革》,载于《中国工业经济》2008 年第 4 期。
梁琦、丁树、王如玉、陈强远:《环境管制下南北投资份额、消费份额与污染总量分析》,载于《世界经济》2011 年第 8 期。
庄宗明:《世界经济学》,科学出版社 2007 年版。

(庄宗明 陈婷)

国际经济风险

International Economic Risk

国际经济风险是指世界上一些主要的经济体由于宏观经济失衡、货币波动、财政危机及资产价格崩盘等因素带来的经济风险。

随着全球经济一体化进程的推进,各国之间的经济联系越来越紧密,经济全球化在推动全球经济增长的同时,也给参与全球化的国家带来了一系列经济风险。2008 年全球金融危机爆发时,全球面临的主要经济风险是金融和能源安全领域,其中包括全球股市、尚未消除的美国次级贷款危机以及国际油价上涨带来的冲击和金融、能源领域新的风险等一系列问题,威胁着全球经济的稳定,金融和能源领域的安全问题已成为全球性问题和有关国际会议的重要议题(王东,2008)。世界经济论坛 2011 年全球风险报告明确指出了国际经济风险主要包括:资产价格崩溃、商品价格波动大、消费价格波动大、能源价格波动大、财政危机、全球失衡和货币波动、基础设施薄弱、资金紧缩、信贷紧缩、监管失灵、全球化退缩、中国经济放缓(低于 6%)。由北京智能经济研究院和北京工商大学世界经济研究中心研发的《2012 年世界经济风险指数与主权国家评级》从政治风险、经济风险、贸易政策风险、支付风险四个方面对世界经济和 130 个主权国家进行了风险评估和风险评级,提出预警与风险对策。报告数据显示,2011 年随着世界经济下滑,世界经济形态转向"经济衰退、价格上升"为特征的"经济滞胀",世界经济风险指数下降风险上升。全球 130 个国家综合风险指数平均值0.6932,比上年的0.7094下降2.3%。同期,全球130个国家数据的世界债务风险指数为0.4626,比上年0.4130上升12.0%,债务风险有所缓和。全球130个主权国家数据的综合风险评级BBB级,与上年评级水平相同,债务风险评级仍是B级,全球债务危机与经济危机风险并存(李海秀等,2012)。

当前,世界各国正处在一个变革的国际环境之中,在这样的国际环境下,发展中国家经济开放的现实和前景面临良好的机遇和严峻的考验,因此需要对当前和未来国际政治、经济环境有充分的认识和了解,特别是对金融领域的风险性和严峻性提高认识,防患于未然,在经济全球化发展过程中维护经济安全和保障政治、社会稳定(王东,2008)。

参考文献:

高辉清、熊亦智、胡少维:《世界金融危机及其对中国经济的影响》,载于《国际金融研究》2008年第11期。

李海秀、梁捷:《2012年世界经济风险指数报告发布》,光明网,2012年10月30日,http://politics.gmw.cn/2012-10/30/content_5523227.htm。

王东:《透视当前全球经济风险因素》,载于《中国统计》2008年第3期。

(庄宗明　陈婷)

国家经济安全
National Economic Security

国家经济安全是指一国经济整体免受各种因素尤其是外部因素冲击,或即便遭遇冲击也能保持经济利益不受重大损害的状态。

自1943年美国专栏作家沃尔特·李普曼(Walter Lippmann)首次提出"国家安全"这个概念以来,政治安全尤其是军事安全几乎成了国家安全的同义语。随着经济全球化步伐的加快,国家安全有了新的内涵,人们把以军事安全为核心、包括政治和外交的安全称为传统安全,把其他对主权国家及人类整体生存与发展所构成的威胁称为非传统安全。20世纪80年代以来,随着国家间相互交往增加,彼此依赖加深,经济风险在国与国之间传递,国家经济安全问题日益凸显(江涌,2007)。

首先,虚拟经济的全球化已成为当今经济全球化不可忽视的一个方面,虚拟经济作为一个整体会对国家经济安全产生影响,要实现国家经济安全,必须考虑虚拟经济的因素。虚拟经济理论把整个经济系统分为实体经济和虚拟经济两个子系统,当今整体经济系统中虚拟经济子系统较实体经济子系统具有更大的不稳定性,所以,在当今虚拟经济全球化的经济背景下,国内与国际上竞争的重点已从实体经济领域转向虚拟经济领域。因此,国家经济安全的重心也应转向防范虚拟经济系统风险上来(许圣道等,2009)。其次,全球一体化的发展也对国家经济安全产生了影响,世界贸易组织多边贸易体制改变了当今世界的国家安全格局和国家安全模式,从而使国家经济安全在国家安全格局中的重要性凸显。随着多边贸易体制的建立和世界经济一体化的发展,国家经济安全开始在维护国家利益和国家安全方面发挥基础性作用,成为国家安全的重要方面(李平,2007)。最后,近年来跨国并购对国家经济安全的问题引起了众多纷争,跨国并购涉及资产从本国居民转移到外国居民手中,开始之初不会增加东道国的生产能力。这就容易引起人们对跨国并购产生的资源转移、裁员、资产剥离(包括技术和创新能力剥离),尤其是对市场结构和竞争产生不利影响的担忧。但跨国并购继续在这些关键的行业发生着,跨国并购所导致的东道国经济安全的争论并没有阻止跨国并购的持续增长(葛顺奇,2007)。

中国的经济在过去30多年来取得了高速的发展,然而随着中国加入WTO,跨国企业大量进入中国,中国经济逐步融入全球经济,人们对于中国经济安全的关注也越来越多。一是随着商品、技术和投资等方面对外开放程度的不断扩大,中国制造业日益融入国际分工体系之中。即使是在经济全球化不断深化的今天,国家仍然是最重要的经济利益主体,由于制造业在国民经济中无可替代的重要地位,制造业对外开放必然会对国家经济安全产生深刻影响(王燕梅,2004)。二是中国所面临的日益严重的国家经济安全问题,其中一个主要原因在于高端服务体系不发达。现有的经济政策框架是基于比较优势理论,即充分发挥中国的劳动力成本优势,推进加工贸易超常规发展。这种政策思路,忽略了高端服务业,因此,以金融、科技研发、商务服务、文化创意等为代表的高端服务业,是维护我国产业安全的关键(李勇坚等,2012)。三是外商直接投资对中国的行业影响力尚未超越危及国家经济安全的地步,在继续鼓励依靠并购方式吸引外商直接投资的同时,借鉴其他国家对跨国并购的规制经验,达到既有效利用外资,又兼顾防止外资进入敏感行业,危及国家经济安全,使跨国并购在一个安全有序的框架内进行(葛顺奇,2007)。最后,中国面临的一项长期任务是在虚拟经济全球化过程中要注意规避虚拟经济领域的风险,最大限度地保障国家经济安全。虚拟经济全球化使得各国当局认识到兼顾国内经济与国外经济协调发展的重要性。虚拟经济全球化导致各国都不能离开其他国家而独立发展,如何利用好国内和国外"两种资源"对经济安全将产生重要的影响(许圣道等,2009)。

参考文献：
江涌：《经济全球化背景下的国家经济安全》，载于《求是》2007 年第 6 期。
许圣道、王千：《虚拟经济全球化与国家经济安全研究》，载于《中国工业经济》2009 年第 1 期。
李平：《WTO 框架下的国家经济安全研究》，载于《国际金融研究》2007 年第 5 期。
李勇坚、夏杰长：《高端服务业：维护和促进国家经济安全的战略产业》，载于《国际贸易》2012 年第 6 期。
葛顺奇：《跨国并购及其对中国经济安全的影响》，载于《国际经济评论》2007 年第 6 期。
王燕梅：《我国制造业的对外开放与国家经济安全》，载于《中国工业经济》2004 年第 12 期。

（庄宗明　陈婷）

国际经济新秩序
New International Economic Order

国际经济新秩序主要包括维护对资源的主权、争取海运权、改善国际贸易与技术转让条件、改革国际货币金融制度、改革世界经济结构等内容。它主要是发展中国家的奋斗目标，发展中国家要求在主权平等、和平共处的基础上建立互相合作、平等互利的国际经济关系。国际经济新秩序的建立将是一个漫长的斗争过程，其发展前景直接关系着世界经济的和谐发展与和谐社会的构建。

第二次世界大战以后，虽然发展中国家在国际舞台上成为一支举足轻重的力量，但在生产领域、贸易领域和国际金融领域仍然受到不平等的待遇，在国际经济事务中仍然没有发言权和决策权。这种状况阻碍了发展中国家经济的发展，因此在战后强烈要求改革旧的国际经济秩序，积极为建立新的国际经济秩序而斗争。发展中国家建立新的国际经济秩序大体经历了五个阶段：一是提出与酝酿阶段（1945 ~ 1963 年）。1955 年 4 月在亚非（万隆）会议上通过的经济合作和关于促进世界和平的合作宣言等决策中，明确提出了大小国家一律平等，在互利和相互尊重国家主权的基础上实行经济合作，采取集体行动稳定原料商品价格等原则，并第一次发出了要求改革旧的国际经济关系的呼声。在“万隆精神”的推动下，不结盟运动迅速兴起。1961 年 9 月，第一次不结盟国家首脑会议在贝尔格莱德举行，此次会议已初步涉及反对“旧秩序”问题，要求废除国际贸易中的不等价交换和要求发展中国家在经济领域采取联合行动。二是纲领形成阶段（1964 ~ 1974 年）。这 10 年是发展中国家从提出建立“新秩序”的口号到逐步形成较为完整的斗争纲领的阶段。根据第一届不结盟国家首脑会议关于采取“联合行动”的原则，1964 年 3 月的联合国第一届贸易与发展会议上，广大发展中国家联合组成了 77 国集团，并发表了《77 国集团联合宣言》，强调要采取一切可能的办法来增加它们之间的接触和磋商，以便在国际经济合作方面签订共同的目标和制订联合的行动计划。同年 8 月，不结盟国家在开罗召开的第二届首脑会议上，首次提出建立“新秩序”的口号。1970 年 9 月的第三届不结盟国家首脑会议大体建立了“新秩序”的大纲，之后 1972 年 4 月的联合国第三届贸易与发展会议公布了 77 国集团解决国际经济贸易关系的 13 项原则。1973 年 9 月，第四届不结盟国家首脑会议通过了《经济宣言》和《经济合作行动纲领》。1974 年 4 月联合国第六届特别会议通过了《关于建立新的国际经济秩序的宣言》和《行动纲领》，标志着发展中国家建立国家经济新秩序的斗争进入了比较有组织、有纲领的新阶段。三是蓬勃发展阶段（1974 年至 20 世纪 70 年代末）。《关于建立新的国际经济秩序的宣言》和《行动纲领》通过后，发展中国家对实施和贯彻新秩序纲领进行了不懈的努力，这一时期发展中国家掀起的建立国际经济新秩序运动蓬勃发展，到 20 世纪 70 年代末，这一运动已取得了一定的成就。四是低潮阶段（20 世纪 80 年代初至 80 年代末）。进入 20 世纪 80 年代，特别是 1981 年世界经济危机后，世界形势发生了对发展中国家极其不利的变化。发达国家对以国际经济新秩序为核心内容的南北对话百般阻挠，使“对话”陷入僵局，甚至对南北双方原已达成的某些协定，也以种种借口加以否定。在这种情况下，建立国际经济新秩序的运动陷入低潮。五是新发展阶段（20 世纪 90 年代初至今）。20 世纪 80 年代末 90 年代初，在雅尔塔体制瓦解后，随着东西方之间军事政治对抗的缓和，以经济发展为中心内容的南北关系越来越成为国际社会关注的焦点。特别是海湾战争与东南亚金融危机后，关于世界格局从两极向多极转化过程中如何构筑国际经济新秩序又成为国际社会关注的中心问题。可以说，20 世纪 90 年代世界政治格局的巨大变化和世界经济在动荡中的持续发展，为发展中国家建立国际经济新秩序提供了新的历史条件和时机。

历届不结盟国家首脑会议和历次联合国贸易与发展会议通过的一系列有关建立国际经济新秩序的文件、宣言和纲领，特别是在第六届特别联大通过的《关于建立新的国际经济秩序宣言》和《关于建立新的国际经济秩序行动纲领》，对建立国际经济新秩序的基本原则和主要内容都做了基本的表述。

国际经济新秩序的基本原则，是在主权平等、和平共处的基础上建立互相合作、平等互利的国际经济关系。具体包括六项：各国主权平等，实行民族自决，维护领土完整，不干涉他国内政，各国有权实行适合自己发展的经济和社会制度；各国在公平基础上进行最广泛的合作，保证所有发展中国家加速发展，特别注意对最不发达国家的援助;各国对自己的自然资源和一切经济活动拥有充分的永久的主权,发展中国家应集中一切资源从事发展事业,充分利用自己的资源独立自主地发展民族经济,对跨国公司有权控制、监督与管理,直至采取国有化措施;改善贸易条件,在发展中国家出口原料、初级产品与进口制成品价格之间建立公平合理的关系,在国际经济合作的各个领域内对发展中国家给予特惠的非互惠待遇;对发展中国家提供积极的援助,不附带任何条件,促进有利于发展中国家的技术转让,减轻债务危机,改革国际货币体系,并为将财政资金转移到发展中国家创造有利的条件;加强发展中国家之间的经济技术合作,促进生产国联合组织在国际合作范围内所能起的作用,发展区域性经济合作,发扬集体的自力更生精神。发展中国家所推动的建立国际经济新秩序的运动,涉及国际经济的各个领域,其内容主要包括以下几个方面:维护对资源的主权与争取海运权;改善国际贸易与技术转让条件;国际货币金融领域的改革;改革世界经济结构(庄宗明,2007)。

参考文献:

徐崇利:《新兴国家崛起与构建国际经济新秩序——以中国的路径选择为视角》,载于《中国社会科学》2012 年第 10 期。

庄宗明:《世界经济学》,科学出版社 2007 年版。

(庄宗明　陈婷)

世界经济体系

World Economic System

世界经济体系是世界各国经济和世界经济各个领域相互依赖相互制约的整体。这一概念主要反映世界经济各个组成部分之间的相互联系,并揭示上述联系的密切程度以及整个世界经济的成熟程度。

世界经济体系萌芽于 16 世纪初,当时的地理大发现和海外殖民地的开拓,导致贸易范围扩展到了整个世界,世界市场初露端倪,这是世界经济体系的起点。工业革命以后,世界经济体系进入了一个重要的历史发展阶段。伴随着西方国家直接投资跨越国界,跨国生产体系开始萌芽,西方少数先进资本主义国家与广大殖民地附属国之间的产业分工初具形态,国际分工体系获得了一定程度的发展。国际商品交换的种类不断增加、世界市场的形成和国际贸易政策措施的发展,标志着国际贸易体系初步形成。国际金本位制的出现,帝国主义银行的殖民渗透和传统国际金融中心的确立,是国际金融体系获得相当程度发展的具体表现。到了 20 世纪六七十年代,世界经济体系初步形成(连平,1987)。

美国著名学者伊曼纽尔·沃勒斯坦(Immanuel Wallerstein)在 20 世纪 70 年代提出"世界体系理论"。他认为现代世界经济体系是"中心—边缘"结构,即存在着中心地区、边缘地区和半边缘地区三个组成部分。资本主义世界经济体系是以世界范围内的劳动分工为基础建立的,由于分工角色的不同,某些地区成为中心,其他地区则成为边缘区或半边缘区。现代世界经济体系正是以这种中心外围关系来支配着。这一体系的运行机制及内部的交换方式是不平等的,总剩余的一部分从边缘或外围地区向中心转移(宿景祥,2001)。近年来,世界经济体系开始从"中心—边缘"结构向板块与网络状并存结构转型。目前,世界上形成一种新型的三极贸易体系,它不仅与过去中心地区与边缘地区之间贸易有所不同,而且是人类历史上几乎从未有过的。而世界经济体系之所以向板块与网络并存结构转型的主要原因是,区域化与区域主义相互促进,亚非拉国家独立和其中部分国家走上适合本国国情发展道路使一些边缘地区国家实现跨越式发展,新科技革命发展和经济全球化趋势加快。世界经济体系向板块与网络并存结构转型将既刺激又抑制贸易保护主义,同时世界经济重心开始由大西洋地区向亚太地区转移,发展中国家在国际经济机制中将会有更大的发言权,促进整个国际体系的转型(夏立平,2007)。

改革开放以来,中国发展取得了世人瞩目的成就,综合国力不断增强,国际地位持续提升。中国发展成就的取得,一方面得益于国内体制改革与对外开放的逐步推进,另一方面得益于 20 世纪 90 年代以来经济全球化的迅猛发展。中国发展是一个不断融入经济全球化和世界经济体系的进程,积极融入世界经济体系使得中国获得了难得的历史发展机遇,反过来也正因为中国的融入,世界经济体系受到了广泛而深刻的影响。中国发展对世界经济运行体系的影响主要体现在两方面:一是对全球多边贸易体系的推动,二是对世界经济利益格局的贡献(张幼文等,2006)。

参考文献:

连平:《论世界经济体系》,载于《世界经济》1987 年第 10 期。

宿景祥:《世界经济体系与世界经济格局》,载于《现代国际关系》2001 年第 2 期。

夏立平:《论世界经济体系向板块与网络状并存结构转型》,载于《世界经济研究》2007 年第 4 期。

张幼文、梁军:《中国发展对世界经济体系的影响》,载于《世界经济研究》2006 年第 10 期。

(庄宗明　陈婷)

二、国际贸易

国际贸易
International Trade

国际贸易是指世界各个国家(或地区)之间在商品和劳务等方面进行的交换活动。它是各国(或地区)在国际分工的基础上相互联系的主要形式,反映了世界各国(或地区)在经济上的相互依赖关系,是由各国对外贸易的总和构成的。

国际贸易是在一定的历史条件下产生和发展起来的。形成国际贸易的两个基本条件是:(1)由社会生产力的发展所导致的可供交换的剩余产品的出现;(2)国家的形成。社会生产力的发展产生出用于交换的剩余商品,这些剩余商品在国与国之间交换,就产生了国际贸易。国际贸易的主要特点:贸易主体不同国籍,资信调查较困难;因涉及进出口,易受双边关系、国家政策的影响;通常交易金额较大,运输距离较远,履行时间较长,因此贸易风险较大;除交易双方外,还涉及运输、保险、银行、商检、海关等部门;参与方众多,各方之间的法律关系较为复杂。国际贸易的分类:按商品移动的方向,国际贸易可划分为进口贸易、出口贸易和过境贸易;按商品的形态,国际贸易可划分为有形贸易和无形贸易;按生产国和消费国在贸易中的关系,国际贸易可分为直接贸易和间接贸易。

国际贸易对参与贸易的国家乃至世界经济的发展都具有重要作用,具体表现在以下六方面:第一,调节各国市场的供求关系。通过国际贸易不仅可以增加国内短缺产品的市场供给量,满足消费者的需求,而且还为各国国内市场的过剩产品提供新的出路,在一定程度上缓解了市场供求的矛盾,调节各国的市场供求关系;第二,促进生产要素充分利用。各国可以通过国际劳务贸易、资本转移、土地租赁、技术贸易等国际贸易方式,输出国内富余的生产要素,从其他国家换回国内短缺的生产要素,从而使短缺生产要素的供给制约得以缓解或消除,富余生产要素得以充分利用;第三,发挥比较优势。利用比较优势进行国际分工和国际贸易,可以扩大优势商品生产,缩小劣势商品生产,并出口优势产品从国外换回本国居于劣势的商品,从而可在社会生产力不变的前提下提高生产效率,获得更大的经济效益;第四,提高生产技术水平,优化国内产业结构。各国可以通过国际贸易的产品交换带动产业变动,使国内的产业结构逐步协调和完善,促使整个国民经济协调发展;第五,增加财政收入。政府可以通过对过往关境的货物征收关税、对进出口货物征收国内税、为过境货物提供各种服务等方面获得大量财政收入;第六,加强各国经济联系,促进经济发展。世界各国广泛开展国际贸易活动,这不仅把生产力发展水平较高的发达国家互相联系起来,而且也把生产力发展水平较低的广大发展中国家纳入国际经济生活之中。国际市场的竞争活动,促使世界总体的生产力发展进一步加快。

当前国际贸易的发展趋势和特点可以归纳为六个方面:一是国际贸易步入新一轮高速增长期,贸易对经济增长的拉动作用愈加明显;二是以发达国家为中心的贸易格局保持不变,金砖五国成为国际贸易增长的新生力量;三是多边贸易体制面临新的挑战,全球范围的区域经济合作势头高涨;四是国际贸易结构走向高级化,服务贸易和技术贸易发展方兴未艾;五是贸易投资一体化趋势明显,跨国公司对全球贸易的主导作用日益增强;六是贸易自由化和保护主义的斗争越演越烈,各种贸易壁垒花样迭出。

以贸易全球化为首要内容的经济全球化,对中国经济产生了深刻影响。中国应该深入分析和把握当前国际贸易的发展趋势和特点,在更大范围、更广领域和更高层次上参与国际经济合作与竞争,迎接经济全球化带来的各种机遇和挑战。

参考文献:

[美]保罗·克鲁格曼、茅瑞斯·奥伯斯法尔德:《国际经济学》,中国人民大学出版社 2006 年版。

[美]多米尼克·萨尔瓦多:《国际经济学》,清华大学出版社 2008 年版。

[美]格雷戈里·曼昆:《宏观经济学》,中国人民大学出版社 2005 年版。

[美]鲁迪格·多恩布什等:《宏观经济学》,中国财政经济出版社 2003 年版。

(孔瑞　邢曙光)

绝对优势理论
Theory of Absolute Advantage

绝对优势理论又称绝对成本说、地域分工说,是用劳动生产率绝对差异来解释贸易原因、模式和贸易收益的一种贸易理论。

绝对优势理论由亚当·斯密(Adam Smith)在其《国民财富的性质和原因的研究》中提出。该理论认为一国应该出口劳动生产率绝对高的产品,进口劳动生产率绝对低的产品,通过贸易可以增加该国财富。

假设本国和外国都生产奶酪和葡萄酒。本国的劳动生产率是 1 小时劳动可生产 1 磅奶酪或 0.25 加仑葡萄酒,而外国 1 小时劳动可生产 0.2 磅奶酪或 0.5 加仑葡萄酒(见表 1)。很显然,本国在奶酪生产上的绝对劳动生产率高于外国,葡萄酒的绝对劳动生产率低于外国。根据绝对优势理论,本国将生产并对外国出口奶酪,同时放弃葡萄酒的生产转而从外国进口,结果将使两国的福利和生产总量增加。在上面的例子中,再假设本国拥有200小时的劳动,外国拥有400小时的劳动,并假设贸易开放前劳动被平均分配到两个部门。在封闭经济下,本国生产100磅奶酪和25加仑葡萄酒,外国生产40磅奶酪和100加仑的葡萄酒(见表2)。贸易开放后,本国专业化生产奶酪,产量为200磅,外国专业化生产葡萄酒,产量为200加仑。假设奶酪的国际相对价格为1,即1单位奶酪可以换1单位葡萄酒。此时,若本国保持贸易开放前奶酪的消费量,即出口100磅奶酪到外国,则可以换回100加仑的葡萄酒,因此相对于封闭情形,本国通过贸易增加了75加仑的葡萄酒,由此贸易增加了本国的福利。另外,外国进口100磅的奶酪,而出口100加仑的葡萄酒,因此通过贸易外国增加了60磅的奶酪,福利也得到改善。

表1　本国和外国的绝对劳动生产率

		奶酪	葡萄酒
本国 外国	绝对劳动生产率	1磅/小时 0.2磅/小时	0.25加仑/小时 0.5加仑/小时

表2　本国和外国的贸易利得
（假设奶酪的世界相对价格为1）

		奶酪	葡萄酒
本国	封闭经济	100磅	25加仑
外国		40磅	100加仑
本国	专业化生产	200磅	0
外国		0	200加仑
本国	国际贸易	100磅	100加仑
外国		100磅	100加仑

绝对优势理论指出具有不同优势的国家之间的分工和交换可以提高劳动生产率,增加国民财富。但是当一国各种产品的劳动生产率均低于另一国时,绝对优势理论不能说明贸易的产生、贸易模式和贸易收益情况。大卫·李嘉图(David Ricardo)在其1817年出版的著作《政治经济学及赋税原理》中提出比较优势理论,对绝对优势理论进行了继承和发展。

参考文献:

[美]多米尼克·萨尔瓦多:《国际经济学》第九版,清华大学出版社2008年版。

于永达:《国际经济学新论》,清华大学出版社2007年版。

Irwin, D. A. , *Against the Tide: An Intellectual History of Free Trade*, New Jersey: Princeton University Press, 1996.

（孔瑞　郭志芳）

比较优势理论
Theory of Comparative Advantage

比较优势理论,又称比较成本理论,是用相对劳动生产率差异来解释贸易原因、模式和贸易收益的一种贸易理论。

比较优势理论由19世纪古典经济学家提出。其中,罗伯特·托伦斯(Robert Torrens)在其1815年发表的论文《论对外谷物的贸易》中首先认识到比较优势基本思想。大卫·李嘉图(David Ricardo)在其1817年出版的著作《政治经济学及赋税原理》中首次用一个简明数字例子说明了比较优势思想,被认为是比较优势理论的创始人。1848年,约翰·穆勒(John Stuart Mill)出版了著名的《政治经济学原理》一书,该书对比较优势理论进行更清晰、细致的阐述,并使其成为著名古典经济学理论。

亚当·斯密在其《国富论》中提出绝对优势理论(参见"绝对优势理论"),认为一国应该出口(绝对)劳动生产率较高的产品,进口(绝对)劳动生产率较低的产品,通过贸易可以增加该国财富。但是,一国各种产品的劳动生产率可能都低于另一国,此时绝对优势理论不能说明贸易是否会产生以及贸易模式、贸易利得情况。比较优势理论则解决了这个问题,认为此时两国根据相对劳动生产率进行专业化分工,然后进行自由贸易,会使两国的财富都增加。

下面用一个简单的数字例子来说明比较优势理论的基本思想。假设本国和外国都生产奶酪和葡萄酒。本国的劳动生产率是1小时劳动可生产1磅奶酪或0.5加仑葡萄酒,而外国1小时劳动可生产0.2磅奶酪或0.25加仑葡萄酒(表1)。很显然,本国在两种产品生产上的绝对劳动生产率均高于外国。根据绝对优势理论,本国将同时向外国出口奶酪和葡萄酒,而外国却没有产品与之交换,因此贸易不可能发生。但是比较优势理论表明,此时两国仍可以通过贸易而获利。比较优势理论认为贸易模式由相对劳动生产率而不是绝对劳动生产率的高低来决定,一国可以通过专业化生产并出口相对劳动生产率较高的产品,进口相对劳动生产率较低的产品而获益。这里相对劳动生产率是指两个国家同种产品的劳动生产率之比。

在这个例子中,虽然本国生产奶酪和葡萄酒的劳动生产率相对外国都有"绝对优势",但是优势的大小有别,这种差别体现在相对劳动生产率上。由前面劳动生产率的假设知,本国奶酪的劳动生产率是外国的5倍,即本国奶酪的相对劳动生产率是5,但葡萄酒的劳动生产率只是外国的2倍,即本国葡萄酒的相对劳动生产率是2,因此本国奶酪的相对劳动生产率比葡萄酒更高,奶酪生产相比葡萄酒生产更具优势,或说本国奶酪生产具有“比较优势”。则根据比较优势理论,本国应该出口奶酪,而从外国进口葡萄酒。反过来,从外国的角度来看,虽然其两种产品的劳动生产率优势都处于劣势,但是葡萄酒的劳动生产率的相对劣势要小一些,因为奶酪的相对生产率只有1/5,而葡萄酒相对劳动生产率是1/2,高于前者,因此外国葡萄酒生产具有“比较优势”。根据比较优势理论,外国应专业化生产并出口葡萄酒,而进口奶酪。

一国可能所有产品都具有绝对优势,但是根据比较优势的定义,一国不可能所有产品都具有比较优势,这意味着只要不同产品的相对劳动生产率存在差异,两国就可以发生贸易,因此比较优势理论对贸易原因的解释力比绝对优势理论更强。

比较优势理论还指出了贸易的利得,认为参与贸易的国家都可以从贸易中获益。简单起见,在上面的例子中,再假设本国拥有100小时的劳动,外国拥有400小时的劳动,并假设贸易开放前它们平均分配到两个部门。则在封闭经济下,本国生产50磅奶酪和25加仑葡萄酒,外国生产40磅奶酪和50加仑的葡萄酒(见表2)。贸易开放后,本国专业化生产奶酪,产量为100磅,外国专业化生产葡萄酒,产量为100加仑。假设奶酪的国际相对价格为1,即1单位奶酪可以换1单位葡萄酒。此时,若本国保持贸易开放前奶酪的消费量,即出口50磅奶酪到外国,则可以换回50加仑的葡萄酒,因此相对于封闭情形,本国通过贸易增加了25加仑的葡萄酒,由此贸易增加了本国的福利。另外,外国进口50磅的奶酪,而出口50加仑的葡萄酒,因此通过贸易外国增加了10磅的奶酪,福利也得到改善。

表1　本国和外国的绝对劳动生产率和相对劳动生产率

		奶酪	葡萄酒
本国	绝对劳动生产率	1磅/小时	0.5加仑/小时
外国		0.2磅/小时	0.25加仑/小时
本国	相对劳动生产率	5	2
外国		0.2	0.5

表2　本国和外国的贸易利得（假设奶酪的世界相对价格为1）

		奶酪	葡萄酒
本国	封闭经济	50磅	25加仑
外国		40磅	50加仑
本国	专业化生产	100磅	0
外国		0	100加仑
本国	国际贸易	50磅	50加仑
外国		50磅	50加仑

李嘉图的比较优势理论在历史上极大地促进了英国乃至世界的自由贸易,使自由贸易思想成为主流。直到今天,该理论仍是最重要的国际贸易理论之一。但是,李嘉图的比较优势理论只考虑劳动这一种要素投入,通过相对劳动生产率差异来解释贸易原因、贸易模式和贸易利得。如果两国相对劳动生产率也相同时,两国还会发生贸易吗?对此,李嘉图的比较优势理论并不能给予回答。实际上,生产中往往有多种要素投入,除了劳动外,还有资本、土地等。伊·菲·赫克歇尔(Eli F. Heckscher)和戈特哈德·俄林(Bertil Gotthard Ohlin)创立的要素禀赋理论解释了在多要素情形下,贸易的成因、模式和贸易利得问题。在要素禀赋理论中,即使两国劳动生产率完全相同,不同国家要素禀赋差异和不同产品生产中要素使用比例的差异也会导致贸易的产生。

参考文献:

[美]保罗·R·克鲁格曼、茅瑞斯·奥伯斯法尔德:《国际经济学》第六版,中国人民大学出版社2006年版。

[英]大卫·李嘉图:《政治经济学及赋税原理》,译林出版社2011年版。

海闻、林德特、王新奎:《国际贸易》,上海人民出版社2003年版。

Irwin, D. A., Against the Tide: An Intellectual History of Free Trade, New Jersey: Princeton University Press, 1996.

（孔瑞　张文城）

要素禀赋
Factor Endowments

要素禀赋指一个国家或经济体所拥有的各种生产要素的状况。它既包括自然资源,如土地、矿产等,也包括社会资源,如技术、资本等。在新古典经济中,对生产有重要影响的生产要素为劳动、资本和土地。

要素禀赋是一个相对概念,与生产要素的绝对数量无关。例如,美国的资本存量和劳动的绝对数量均高于瑞士和墨西哥。但美国的人均资本存量低于瑞士,因此相对于瑞士而言,美国属于劳动丰裕型国家。同时,美国的人均资本存量高于墨西哥,因此美国与墨西哥相比,属于资本丰裕的国家。因此,在判断一国在要素禀赋上属于哪种类型时,必须注意参照国。

有两个概念与要素禀赋相关:一是要素丰裕度;二是要素密集度。

要素丰裕度是指在一国的生产要素禀赋中某要素供给所占比例大于别国同种要素的供给比例而相对价格低于别国同种要素的相对价格。衡量要素的丰裕程度有两种方法:一是以生产要素相对数量衡量,若一国某要素的供给比例大于别国的同种要素供给比例,则该国该要素相对丰裕;另一方法是以要素相对价格衡量,若一国某要素的相对价格低于别国同种要素相对价格,则该国该要素相对丰裕;反之则稀缺。

要素密集度指生产不同商品所投入的生产要素的组合或比例。如果生产一种商品时所使用的某种要素投入比例大,则这种商品该要素密集度高。按占比例最大的生产要素对产品进行分类,可分为劳动密集型产品、资本密集型产品、技术密集型产品等。要素密集度也是一个相对的概念,与生产要素的绝对投入量无关。如果商品 X 生产所采用的资本与劳动投入比例 $R_X = K_X/L_X$,大于商品 Y 的生产所采用的资本与劳动投入比例 $R_Y = K_Y/L_Y$,即 $R_X > R_Y$,则称 X 是资本密集型产品,Y 是劳动密集型产品。

参考文献:
王巾英、崔新健:《国际经济学》,清华大学出版社 2010 年版。
[美]茅瑞斯·奥伯斯法尔德、保罗·R. 克鲁格曼:《国际经济学——理论与政策》第六版,中国人民大学出版社 2006 年版。
[美]多米尼克·萨尔瓦多:《国际经济学》第九版,清华大学出版社 2008 年版。

(孔瑞　郭志芳)

新古典贸易理论
Neoclassical Trade Theory

新古典贸易理论以生产技术相同、生产成本存在差异为前提,采用一般均衡分析方法,在两种或以上要素框架下分析产品的生产成本,进而研究各国要素禀赋构成与商品贸易形态之间的关系,以及自由贸易对各国国内收入分配的影响。

相对于古典贸易理论强调劳动生产率的差异对国际贸易的影响,新古典贸易理论则侧重于从不同国家的生产要素禀赋的角度来解释国际贸易的发生以及贸易均衡条件的实现,削弱了古典贸易理论的条件。但是,新古典贸易理论也有较严格的假设条件:(1)假定只有两个国家(A 和 B),两种生产要素(劳动 L 和资本 K);两种商品(X 和 Y)。且 A 国劳动力充裕,B 国资本充裕,X 是劳动密集型商品,Y 是资本密集型商品;(2)假定两国的技术水平(生产函数)相同;(3)假定两国在两种产品的生产上规模经济利益不变;(4)假定两国的消费偏好相同,有同一组社会无差异曲线;(5)在两个国家,两种商品与两种生产要素市场都是完全竞争的,并且不存在外部经济;(6)在一国国内,生产要素能够自由流动;(7)没有运输费用、实行自由贸易;(8)两国资源均得到充分利用。

1919 年瑞典经济学家伊·赫克歇尔(Eli Heckscher)在发表的题为《国际贸易对收入分配的影响》一文中提出要素禀赋理论的基本观点,后由其学生伯特尔·俄林(Bertil Ohlin)在 1933 年出版的《区际贸易与国际贸易》一书中加以发展和完善,故而又称赫克歇尔—俄林理论(H-O 理论)。H-O 理论可归纳为四个基本定理,分别是:赫克歇尔—俄林定理(H-O 定理)、要素价格均等化原理、斯托尔帕—萨缪尔森定理(SS 定理,S-S 定理)、罗伯津斯基定理。

H-O 定理,又称要素禀赋理论。该定理认为各国要素禀赋以及由此导致的要素相对价格和商品相对价格的差异是国际贸易中各国具有比较优势的基本原因和决定因素。而相对价格差异转化为绝对价格差异,是国际贸易发生的直接原因。H-O 定理表明一国应当专业化生产并出口该国相对丰裕和便宜的要素密集型的商品,进口该国相对稀缺和昂贵的要素密集型的商品,这样的贸易模式能够改善国际贸易各参与国的福利。此外,俄林分析了自由贸易对各贸易国收入分配的影响,提出了要素价格在各贸易国之间局部拉平的观点。H-O定理对古典贸易理论的发展体现在如下三点:第一,古典贸易理论假设各国在国际贸易中存在比较优势,而俄林用生产要素禀赋差异解释了比较优势产生的原因;第二,大卫·李嘉图(David Ricardo)模型假设劳动是唯一的生产要素,而俄林是在两种或两种以上生产要素框架下分析产品的生产成本,用总体均衡的方法解释国际分工和贸易格局;第三,H-O 定理还揭示了国际贸易对一国经济结构和收入分配的影响,并提出各贸易国要素价格会局部拉平的观点。

要素价格均等化定理,又称赫克歇尔—俄林—萨缪尔森模型(H-O-S 定理)。1948 年和 1949 年,保罗·萨缪尔森(Paul A. Samuelson)分别发表了题为《国际贸易和要素价格均等化》和《再论生产要素价格均等化》文章,在 H-O 理论基础上进一步发展了要素价格均等化理论,故而又称赫克歇尔—俄林—萨缪尔森定理(H-O-S 定理)。该定理表明,自由贸易会使一个国家相对缺乏的要素的实际收入减少,而使一个国家相对充裕的要素的实际收入增加。这也就是说,自由贸易会使各贸易国生产要素相对价格和绝对价格均等化,同质劳动获得等量工资,同质资本获得均等收益。在无国际贸易的条件下,劳动丰富的国家工资率较低,利率较高。国际贸易发生时,劳动丰裕的国家专业化生产劳动密集型商品,因而对劳动的相对需求上升,工资率提高,对资本相对需求减少,利率下降;而资本密集型国家的情况恰好相反。最后,两个国家的劳动价格和资本价格趋于相等。但在实际中,由于贸易壁垒的限制、运输成本和技术差异的存在等原因,要素价格均等化难以实现。

斯托尔珀—萨缪尔森定理。

罗伯津斯基定理。1955 年,塔德乌什·罗伯津斯基(Tadeusz Rybczynski)发表《要素禀赋与相对要素价格》一文。在文章中,罗伯津斯基探讨了生产要素的增长与国际贸易的关系,指出在一个只有两种商品的世界中,如果商品的相对价格固定不变,一种生产要素增加,会使密集使用该要素生产的产品的产量增加,而密集使用另一种要素生产的产品的产量减少,这表明要素禀赋的变化决定着资源配置的变化。这一论断被称为罗伯津斯基定理。罗伯津斯基定理推理如下:当资本供给增加 ΔK,在商品相对价格保持不变的前提下,为了使新增加的资本 ΔK 能全部被利用,以保证充分就业,则需资本密集型部门 X 来吸收新增资本。又因为生产技术不变,要保证 X 部门将新增资本全部吸收,还需要追加非扩张生产要素——劳动来与其搭配,所以 Y 部门被迫缩小生产规模,以便释放出一定的劳动 ΔL_y。但 Y 部门在释放出劳动的同时,还会释放出一定的资本 ΔK_y,这部分资本也需 X 部门来吸收。结果 X 部门的生产扩大,而 Y 部门的生产则下降。反之,如果是劳动总量增加,资本总量不变,则 Y 部门的生产将扩大,X 部门的生产将下降。

参考文献:
石林:《经济大辞典对外经济贸易卷》,上海辞书出版社 1990 年版。
[美]多米尼克·萨尔瓦多:《国际经济学基础》,清华大学出版社 2007 年版。
陈家勤、薛荣久:《国际经贸理论通鉴》,对外经济贸易大学出版社 2008 年版。
[英]伊特韦尔等:《新帕尔格雷夫经济学大辞典》,经济科学出版社 1996 年版。

(孔瑞　郭志芳)

斯托尔珀—萨缪尔森定理
Stolper-Samuelson Theorem

斯托尔珀—萨缪尔森定理是关于关税对国内生产要素价格以及国内收入分配影响的理论。定理表明产品相对价格的上升将导致生产该产品密集使用的生产要素的实际价格或报酬增加,而另一种生产要素的实际价格或报酬下降。

1941 年美国经济学家沃尔夫冈·斯托尔珀(Wolfgang Friedrich Stolper)和保罗·萨缪尔森(Paul A. Samuelson)合写了《保护主义与实际工资》一文。文章中,作者提出保护贸易对实际工资影响的理论,被称为斯托尔珀—萨缪尔森定理。该定理指出,关税提高了受保护产品的相对价格,将刺激国内企业将生产要素从其他行业转移到受保护的行业,导致该行业密集使用的要素需求增加,价格上升,即关税将增加受保护产品密集使用的要素的收入。如果关税保护的是劳动密集型产品,则劳动的相对报酬(实际工资)提高;如果关税保护的是资本密集型产品,则资本要素的收入增加。同时,生产要素相对价格的变动会刺激厂商调整其要素使用比例,用较便宜的要素替代较昂贵的要素,而根据报酬递减规律,密集使用的生产要素的边际产出增加,相对报酬提高;非密集使用的生产要素的边际产出下降,相对报酬降低。因此,该定理表明,国际贸易尽管会提高一国整体的福利水平,但会对一国要素收入分配格局产生实质性的影响。

参考文献:
石林:《经济大辞典对外经济贸易卷》,上海辞书出版社 1990 年版。
[美]贝思·V·亚伯勒、[美]罗伯特·M·亚伯勒:《世界经济贸易与金融》第七版,清华大学出版社 2009 年版。
[英]伊特韦尔等:《新帕尔格雷夫经济学大辞典》,经济科学出版社 1996 年版。
Wolfgang F. Stolper and Paul A. Samuelson, Protection and Real Wage, *The Review of Economic Studies*, Vol. 9, No. 1, 1997.

(孔瑞　郭志芳)

行业间贸易
Inter-industry Trade

行业间贸易又称为"产业间贸易",指一个国家或地区同一个行业进行单向贸易的现象,即该行业的产品只出口或只进口。显然,对于绝大部分行业,很少存在严格意义上的行业间贸易,重要的是看某个行业中行业间贸易所占的比重。与"行业间贸易"相对应的是"行业内贸易"。

在国际贸易发展初期,国家间的贸易主要是行业间贸易,例如发展中国家往往出口原材料到发达国家,而进口发达国家的制成品。但 20 世纪 50 年代以来,行业内贸易得到快速发展,比重不断上升,现阶段已经占据主导地位。但是行业间贸易仍然是重要的国际贸易现象，对于地域分布差异较大的资源性产品，其国际贸易仍然主要是以行业间贸易进行，例如中东国家出口石油，澳大利亚出口铁矿石，中国出口稀有金属等。

产生行业间贸易的理论基础主要是大卫·李嘉图(David Ricardo)的比较优势理论和伊·菲·赫克歇尔(Eli F. Heckscher)和伯特尔·戈特哈德·俄林(Bertil Gotthard Ohlin)的要素禀赋理论。

根据李嘉图比较优势理论，行业间贸易的贸易模式是由该国或地区的相对劳动生产率决定的，这种比较优势来源于生产技术差异导致的劳动生产率差异，如果一国在一个行业具有相对较高的劳动生产率，则该行业就出口产品；反之，劳动生产率较低的部门进口国外产品。假设A国在服装生产上劳动生产率相对较高，因此在服装产业上具有比较优势，而B国在飞机生产上相对劳动生产率较高，在飞机产业具有比较优势，那么这种劳动生产率差异将使A国服装行业对B国出口服装产品，而B国飞机制造业向A国出口飞机，从而形成行业间贸易。

根据要素禀赋理论，行业间贸易的动力也可能来源于不同国家或地区的要素禀赋差异以及不同产品要素使用比例的差异。在贸易开放的情况下，如果一国某部门的产品属于该国丰裕要素密集型产品，则该部门出口；反之，如果该部门的产品密集使用该国稀缺要素，则该部门进口。例如，A国拥有相对丰裕的劳动力，B国拥有相对丰裕的资本，同时运动鞋属于劳动密集型产品(生产1单位产出需要投入的劳动资本比例较高)，而汽车属于资本密集型产品，则在其他条件相同的情况下，A国制造的运动鞋价格将低于B国制造的运动鞋，因此A国出口运动鞋到B国，而从B国进口价格较低的汽车。A国、B国两个产业之间的这种贸易也属于行业间贸易。

要素禀赋理论假设一国的要素丰裕程度是外生给定的，市场是完全竞争，此时如果两个国家初始要素丰裕度一样，就不会发生行业间贸易。然而，玛丽·阿米蒂(Mary Amiti)证明，当存在垄断竞争产业且资本能够跨国流动的情况下，即使两个国家初始资本劳动比例(要素丰裕程度)、生产技术以及消费偏好完全相同，而两国只在资本、劳动的存量上存在差异，这两个国家也会发生产业间贸易。如果两个垄断竞争行业生产中要素投入比例存在差异，则大国是资本密集型产品的净出口国，而小国是劳动密集型产品的净出口国(Amiti,1998)。

在赫克歇尔—俄林模型的基本假设下，保罗·萨缪尔森(Paul A. Samuelson)证明：行业间的自由贸易不仅使两国的商品价格相等，而且使两国的生产要素的价格相等，即两国的所有工人都能获得同样的工资率，所有的资本都能获得同样的利润报酬，不管两国生产要素的供给与需求模式如何(Samuelson,1948)。这一结论被称为赫克歇尔—俄林—萨缪尔森定理或要素价格均等化定理。由于商品价格和要素价格的均等化，价格信号能够引导各国不同部门发挥各国的劳动生产率优势或资源优势，优化资源配置，增加贸易国的总福利。在现实中，国际贸易并非完全自由，要素在一国内部往往也不能完全自由流动，各国生产技术也不是固定不变的，因此要素价格均等化并不存在，但国际贸易仍是各国要素价格趋同的一个重要力量。另外，虽然行业间贸易可能增进一国总福利，但是它对一国不同要素所有者福利的影响是不同的，除非进行收入再分配，否则一些要素所有者也可能因为行业间贸易开放而受损。在李嘉图的比较优势理论中，产品生产只有劳动要素一种投入，因此行业间贸易不但增加一国收入，而且同时增加所有人的收入。但是，产品的生产往往是投入多种要素，如资本、劳动、土地等。作为要素禀赋理论的重要拓展，沃尔夫冈·斯托尔珀(Wolfgang F. Stolper)和保罗·萨缪尔森证明，在长期，行业间自由贸易会增加本国丰裕要素所有者的报酬，而降低稀缺要素所有者的报酬(参见“斯托尔珀—萨缪尔森”定理)(Stolper and Samuelson,1941)。理论上，如果能够低成本地进行收入再分配，产业间贸易也可能使所有要素所有者获益，实现帕累托改进。但现实中，收入再分配往往成本很高，难以实行，因此产业间贸易的收入分配效应往往使利益受损集团(进口竞争部门)反对自由贸易。

参考文献：

[英]大卫·李嘉图，郭大力：《政治经济学及赋税原理》，译林出版社2011年版。

[瑞典]贝蒂尔·奥林：《地区间贸易和国际贸易》，首都经济贸易大学出版社2001年版。

[美]保罗·R·克鲁格曼、茅瑞斯·奥伯斯法尔德：《国际经济学》第六版，中国人民大学出版社2006年版。

Amiti, M. , Inter-industry Trade in Manufactures: Does Country Size Matter? *Journal of International Economics*, Vol. 44, 1998.

Samuelson, P. A. , International Trade and the Equalization of Factor Prices, *Economic Journal*, Vol. 58, 1948.

Stolper, W. and Samuelson, P. A. Protection and Real Wage, *Review of Economic Studies*, Vol. 9, 1941.

(孔瑞　张文城)

行业内贸易
Intra-industry Trade

行业内贸易又称“产业内贸易”，是指一个国家或地区同时出口和进口属于同一行业或产品组的商品的现象。与“行业内贸易”相对应的是“行业间贸易”（参见“行业间贸易”）。

第二次世界大战以后，尤其是20世纪50年代末以来，发达国家之间的贸易大幅增长，而且贸易的产品往往是某一部门的同类产品，具有相似的要素密集度。行业内贸易开始受到广泛的关注。衡量行业内贸易程度的指标很多，常用指标是赫伯特·格鲁贝尔（Herbert Grubel）和彼特·劳埃德（Peter Lloyd）在1975年提出的“行业内贸易指数”（Index of Intra-industry Trade），又称GL指数（Grubel-Lloyd Index）。其计算公式为：

$$GLI_i = \left(1 - \frac{|EX_i - IM_i|}{EX_i + IM_i}\right) \times 100$$

公式中EX_i和IM_i分别是行业i（行业i是某种产业分类标准下的某个部门或由几个部门构成的加总部门）的出口额和进口额。GLI_i的值介于0和100之间。如果该行业只出口或只进口，即进行行业间贸易，则$GLI_i = 0$；如果该行业同时出口和进口，则$GLI_i > 0$。GLI_i越接近0，反映行业间贸易比重越高，而越接近100，表明行业内贸易程度越高。

从表1的数据可以看出过去40年内世界行业内贸易的发展趋势。表1显示，与1970年相比，1999年表中所有国家的制造业行业内贸易指数都有大幅的提高，尤其是发展中国家。发达国家的指数平均值从56.8%提高到85.5%，而发展中国家的指数平均值从22.3%提高到82.5%。由此可见，不管是发达国家还是发展中国家，从20世纪70年代到90年代接近30年时间内，行业内贸易获得快速的发展。

表1 部分国家制造业GL指数 单位：%

工业化国家	1970年	1987年	1999年	发展中国家	1970年	1987年	1999年
美国	55.1	61	81.1	印度	22.3	37	88
日本	32.8	28	62.3	泰国	5.2	30.2	94.8
德国	59.7	66.4	85.4	新加坡	44.2	71.8	96.8
法国	78.1	83.8	97.7	韩国	19.4	42.2	73.3
英国	64.3	80	91.9	巴西	19.1	45.5	78.8
意大利	61	63.9	86	墨西哥	29.7	54.6	97.3
西班牙	41.2	67.4	86.7	土耳其	16.5	36.3	82.2
加拿大	62.4	71.6	92.8	阿根廷	22.1	36.4	48.7
平均	56.8	65.3	85.5	平均	22.3	44.3	82.5

资料来源：海闻、林德特、王新奎：《国际贸易》，上海人民出版社2003年版。

在有关行业内贸易的经验研究中，比较准确地测算行业内贸易程度非常重要。从GL指数的计算公式可以看出，该指数的大小与行业的定义有关，一个“行业”可能是几个更细行业的加总。因此，GL指数存在加总偏差（Aggregation Bias）。戴维·格里纳韦（David Greenaway）和克里斯·米尔纳（Chris Milner）的研究显示，利用国际贸易标准分类（SITC）三位数商品计算的GL指数仍可能存在较大的加总偏差。因此在行内贸易经验研究中，有必要分析这种加总偏差的大小及其对研究结果的影响（Greenaway and Milner，1983）。他们归纳了评估加总偏差的三种方法：（1）采用更细的产品分类。例如采用SITC四位数或五位数商品再计算GL指数，比较结果的差异。（2）采用不同的商品分类标准。例如可以采用世界海关组织的《商品名称及编码协调制度的国际公约》提出的HS编码计算GL指数，再与基于SITC分类标准计算的GL指数进行比较。（3）计算调整的GL指数。例如计算下面的AGLI指数，公式中EX_{ij}和IM_{ij}是i行业中第j种商品的进口额和出口额。AGLI指数能够降低同一行业不同产品的贸易差额相互抵消所产生的加总偏差。

$$AGLI_i = \left(1 - \frac{\sum_j |EX_{ij} - IM_{ij}|}{\sum_j (EX_{ij} + IM_{ij})}\right) \times 100$$

行业内贸易的商品往往具有相似的生产技术和要素密集度，传统贸易理论不能很好地解释这种贸易现象。经济学家贝拉·巴拉萨（Bela Balasa）、赫伯特·格鲁贝尔和彼特·劳埃德对行业内贸易提供一些解释，指出产品差异化是行业内贸易的重要原因（Balassa，1967；Grubel and Lloyd，1975）。首次建立正式经济学模型对行业内贸易发生机理和福利效应进行分析的经济学家则是保罗·克鲁格曼（Paul Krugman），并由此产生“新贸易理论”（New Trade Theory）。传统贸易理论假设完全竞争和不存在规模经济，而新贸易理论则以不完全竞争和规模报酬递增为基础。在现代工业生产中,很多部门具有规模报酬递增的特点,大规模生产能够降低单位产品的成本。克鲁格曼证明,当存在规模报酬递增和垄断竞争时,即使两国的生产技术、要素禀赋、消费偏好完全相同,仍会出现国际贸易(Krugman,1979)。贸易使两国垄断竞争企业的生产规模扩大,降低单位成本,实现规模经济,两国消费者则从更多的商品种类和更低的价格中受益。规模报酬递增和不完全竞争导致的贸易一般也属于行业内贸易。

要素禀赋差异决定的行业间贸易对一国不同要素所有者的福利影响不同,稀缺要素所有者会因为贸易开放而受损。而克鲁格曼指出,基于规模经济的产业内贸易则可以避免这种收入分配效应。在产品差异化程度足够高,或者产品差异化程度较低但贸易双方的要素禀赋足够相似的情况下,两种要素所有者都可以从贸易中获益(Krugman,1981)。这一结论意味着行业内贸易自由化比行业间贸易自由化更能获得支持。

以不完全竞争和规模经济为基础的新贸易理论给发达国家之间的行业内贸易现象提供了一个很好的解释。不过新贸易理论强调的是产品水平差异(Horizontal Product Differentiation),即产品的属性不同,但质量没有差异。发达国家之间行业内贸易的商品的差异或许更多属于水平差异。但是发达国家和发展中国家之间也存在行业内贸易,此时具有相同属性的商品在质量很可能存在差异,这种质量差异被称作是垂直差异(Vertical Product Differentiation)。对于垂直差异化产品的行业内贸易,要素禀赋理论仍然具有解释力。R. E. 法尔维(R. E. Falvey)和 H. 凯日科夫斯基(H. Kierzkowski)证明,假设高质量产品具有较高的资本密集度,则即使不存在不完全竞争和规模经济,要素禀赋差异也会导致垂直差异化产品的行业内贸易(Falvey and Kierzkowski,1987)。唐纳德·戴维斯(Donald Davis)综合了李嘉图模型和要素禀赋模型,在"赫克歇尔-俄林-李嘉图"统一模型框架下解释行业间贸易和行业内贸易现象,并证明规模报酬递增不是产生行业内贸易的必要条件(Davis,1995)。

20 世纪 90 年代以来,生产片段化(Fragmentation)趋势、跨国公司全球生产网络的建立以及区域经济一体化的发展,使得中国、印度、东盟等亚洲发展中国家和地区广泛参与国际垂直专业化分工,推动亚洲地区的行业内贸易的快速发展。基于动态 GL 指数的一份研究显示,1971 年东亚地区制造业中的行业内贸易仅占该区域贸易量的 25%,到 1996 年年末,该比重提高到 50%(Thorpe and Zhang,2005)。对该时期行业内贸易增长贡献较大的是新加坡和马来西亚,接着是中国、日本、中国台湾地区和泰国。其他研究还发现,20 世纪 90 年代,东亚地区机械产品的行业内贸易中,垂直型行业内贸易占主导,且大部分是机械零部件贸易(Ando,2006)。其中,中国 1990 年机械产品的垂直型行业内贸易比重为 20%,2000 年上升到 64%,而水平型行业内贸易比重则从 3% 上升到 8%(Ando,2006)。此外,根据一些学者的测算,中国 1992 ~ 1994 年间,总体行业内贸易指数为 30.8,垂直型行业内贸易指数为 19.4,而水平型行业内贸易指数为 11.4;而 1999 ~ 2001 年,前两个指数上升至 39.9 和 32.4,水平行业内贸易指数下降至 7.6(Zhang et al.,2005)。可见 20 世纪 90 年代,中国行业内贸易主要是垂直型行业内贸易。基于双边贸易数据的研究还发现,中国与很多发达国家、发展中国家和地区之间都存在行业内贸易,1999 ~ 2001 年,中美、中日、中德、中英之间的行业内贸易指数分别为 35.0、26.7、23.9 和 33.9;中国与韩国、马来西亚、泰国、墨西哥的行业内贸易指数分别为 37.4、43.1、44.5 和 38.0(Zhang et al.,2005)。可见,中国与发展中国家之间的行业内贸易程度普遍高于与发达国家的行业内贸易程度。

参考文献:

海闻、林德特、王新奎:《国际贸易》,上海人民出版社 2003 年版。

Ando, M., Fragmentation and Vertical Intra-industry Trade in East Asia, *North American Journal of Economics and Finance*, Vol. 17, 2006.

Balassa, B., *Trade Liberalization among Industrial Countries: Objectives and Alternatives*, New York: McGraw-Hill, 1967.

Davis, D. R., Intra-industry Trade: A Heckscher-Ohlin-Ricardo Approach, *Journal of International Economics*. Vol. 39, 1995.

Falvey, R. E. and Kierzkowski, H., Product Quality, Intra-industry Trade and (Im) perfect Competition, in Kierzkowski, H., (eds) *Protection and Competition in International Trade*. Oxford: Basil Blackwell, 1987.

Grubel, H. G. and Lloyd, P. J., *Intra-Industry Trade: The Theory and Measurement of International Trade in Differentiated Products*, New York: Wiley, 1975.

Krugman, P., Increasing Returns, Monopolistic Competition, and International Trade, *Journal of International Economics*, Vol. 9, 1979.

Krugman, P., Scale Economics, Product Differentiation and the Pattern of Trade, *American Economic Review*, Vol. 70, 1980.

Krugman, P. Intra-industry Specialization and the Gains from Trade, *Journal of Political Economy*, Vol. 89, No. 5, 1981.

Thorpe, M. and Zhang, Z., Study of the Measurement and Determinants of Intra-industry Trade in East Asia, *Asian*

Economic Journal, Vol. 19, 2005.

Zhang, J., Witteloostuijin, A. and Zhou, C., Chinese Bilateral Intra-industry Trade: A Panel Data Study for 50 Countries in the 1992-2001 Period. *Review of World Economics*, Vol. 141, 2005.

（孔瑞　张文城）

服务贸易
Trade in Services

《服务贸易总协定》(General Agreements on Trade in Services, GATS)将服务贸易概括为四种形态：一是在一成员领土内向位于任何其他成员领土的消费者提供服务，简称"跨境交付"(Cross-border Supply)；二是在一成员领土内向来自任何其他成员的服务消费者提供服务，简称"境外消费"(Consumption Abroad)；三是一成员的服务提供者在任何其他成员领土内以商业存在提供服务，简称"商业存在"(Commercial Presence)；四是一成员的服务提供者在任何其他成员领土内以自然人的方式为其消费者提供服务，简称"自然人流动"(Presence of Natural Persons)。

与有形货品不同，服务产品具有以下基本特征：服务一般是无形的；服务的生产和消费通常是同时发生的；服务是难以储存的；服务具有很强的异质性，包括供给者的服务水平和需求者的特殊要求的不同；服务具有较强的经验特征和信任特征；服务消费者支付的价格通常并不是与其获得的实际产出相联系的(程大中，2009)。

服务产品的基本特征必然影响到服务贸易的进行。受服务产品基本特征的制约，服务贸易表现出以下几个基本特征：第一，信息不完全和信息不对称问题更为突出。信息不完全是指由于服务产品的无形性、服务买卖的同时性，服务购买者在消费服务之前无法(完全)知道服务的质量；信息不对称是指对于所提供的服务，提供者知道的信息比购买者多(特别是像会计、医疗和法律等专业服务领域)。第二，服务交易有时会出现"系统性失灵"问题。以银行服务部门为例，一旦一家银行破产引致挤兑现象(出现挤兑时，市场上资金供不应求，利息率不断上涨，迫使一些银行倒闭或停业，从而加剧了货币信用危机)，挤兑的不断发展将导致整个银行体系瘫痪。第三，宏观层面及非经济特征。出于宏观经济层面和政治文化等非经济因素的考虑，政府会对服务贸易进行干预。在宏观经济层次上，有些服务业，如交通运输、邮电通信、电力、金融等属于一国经济的关键部门，政府对这些服务部门进行干预主要是为了维护本国经济的独立性。除了经济原因外，政府干预服务贸易有时是出于政治、文化、伦理等非经济因素的考虑。教育、新闻、出版、娱乐、影音等服务部门虽非一国国民经济命脉，但属于国家上层建筑的一部分——意识形态领域，任何国家的政府都希望保持本国在政治和文化上的独立性(程大中，2009)。

由于服务贸易的多样性和复杂性，不同的研究人员和国际经济组织出于分析的方便和研究的需要，根据不同标准对服务贸易进行了划分。例如：(1)以要素密集度为标准，将服务贸易划分为资本密集型、技术和知识密集型以及劳动密集型服务贸易；(2)按照服务生产者与消费者之间的移动，将服务贸易分为消费者和生产者都不移动的服务贸易、消费者移动到生产者所在国进行的服务贸易、生产者移动到消费者所在国进行的服务贸易、消费者和生产者移动到第三国进行的服务贸易；(3)以服务在商品中的属性进行分类，可分为以商品形式存在的服务、对商品实物具有补充作用的服务、对商品实物形态具有替代功能的服务以及具有商品属性却与其他商品无关联的服务；(4)按照服务贸易与货物贸易的关系不同，可将服务贸易分为追加服务贸易与核心服务贸易，追加服务贸易可分为产前服务、产中服务和产后服务，核心服务贸易根据服务提供者与消费者距离的远近可分为面对面服务和远距离服务。

服务贸易的发展具有很长的历史，但长期以来其规模较小，在相当长的一段时间内它是作为国际货物贸易的附属业务来展开的(例如运输服务、银行结算服务、海运保险服务等)。自20世纪70年代以来，由于科技革命的发展促进了交通运输、电讯、信息和金融等各产业的发展，服务已经成为产品成本的重要组成部分，服务贸易开始迅速发展。进入21世纪后，随着经济全球化的不断推进，服务贸易发展更加迅猛，规模不断扩大。根据世界贸易组织统计，2000年世界服务贸易出口和进口额分别为14807亿美元和14564美元，2010年分别增长至36639亿美元和35027亿美元。从国别看(见表1)，位于服务贸易发展前列的大多数为发达国家。2010年美国的服务贸易出口和进口依然高居第一位，分别占世界服务贸易出口和进口总额的14.15%和10.22%。在发展中国家中，中国和印度进入21世纪后在服务贸易发展中取得的进步尤为引人注目，均已进入世界前列。中国2000年服务贸易的出口和进口仅为301亿美元和359亿美元，2010年已分别达到了1702亿美元和1922亿美元，分别占世界服务贸易出口和进口总额的4.65%和5.49%。

表 1　　2010 年世界主要国家服务贸易进出口额排名

出口				进口			
排名	国家	金额(亿美元)	比重(%)	排名	国家	金额(亿美元)	比重(%)
1	美国	5183.35	14.15	1	美国	3580.74	10.22
2	德国	2323.94	6.34	2	德国	2597.37	7.42
3	英国	2268.44	6.19	3	中国	1921.74	5.49
4	中国	1702.48	4.65	4	英国	1609.38	4.59
5	法国	1426.05	3.89	5	日本	1558.00	4.45
6	日本	1388.75	3.79	6	法国	1289.31	3.68
7	印度	1232.77	3.36	7	印度	1161.40	3.32
8	西班牙	1230.10	3.36	8	爱尔兰	1083.37	3.09
9	荷兰	1132.57	3.09	9	意大利	1079.39	3.08
10	新加坡	1119.12	3.05	10	荷兰	1061.03	3.03

资料来源:WTO Database;中国国家统计局:《国际统计年鉴 2012》,中国统计出版社 2012 年版。

随着服务贸易在国际贸易中的地位越来越重要,服务贸易理论开始在传统国际贸易理论(比较优势理论和要素禀赋理论)的基础上发展起来。阿兰·迪尔道夫(Alan Deardorff)从要素价格出发,对比较优势理论在服务贸易中的适用性进行了开创性的研究,Deardorff 模型区分了可能给比较优势带来困难的三种可能性(货物与服务贸易的互补性、要素移动的服务贸易、没有要素流动的服务贸易)并认为在前面两种情况下比较优势理论是适用的(Deardorff,1985)。Jones-Ruane 模型认为服务贸易存在两种选择:服务要素贸易和服务产品贸易(Jones and Ruane,1990)。该模型通过建立一个特定要素模型讨论上述选择,得到两个重要的政策启示:政府在考虑开放服务贸易时,只比较本国封闭经济下的服务产品与服务要素的国内外价格是不够的,还应确定本国在服务部门是否拥有技术比较优势;不同的服务贸易开放选择会对要素收益产生不同影响,即存在收入分配效应。Burgess 模型则假定服务要素贸易可行,但服务产品贸易不可行(Burgess,1995)。该模型表明,如果服务部门特定要素的流入导致经济对货物部门特定要素的需求增加,则服务贸易自由化将带来隐性收益。上述模型的共同点是假定市场完全竞争和规模报酬不变。但现实中大多数服务部门具有不完全竞争的特点,比如存在限制市场准入的政府规制、垄断或寡头垄断、规模报酬递增、产品差异、信息不对称等。为了克服这些问题必须在新贸易理论的框架下分析服务贸易,具有代表性理论模型包括 Markusen 模型、Francois 模型和 Wong-Wu-Zhang 模型。Markusen 模型强调生产者服务部门的内部专业化以及生产者服务贸易与最终产品贸易的互补性(Markusen,1989)。Francois 模型强调生产者服务在协调现代经济体相互依存行动中的重要性,指出积极参与生产者服务贸易,有助于各国特别是发展中国家提高国内专业化水平和融入国际专业化进程(Francois,1990)。Wong-Wu-Zhang 模型同时考虑了服务贸易的多个维度,包括服务的异质性、不完全竞争的市场结构以及服务贸易模式。该模型发现当贸易前国内市场是有限自由化时,两个相同经济体之间的服务贸易自由化将提高福利水平,而不管贸易自由化的程度和提供模式如何(Wong et al.,2006)。

参考文献:

陈宪:《国际服务贸易:原理、政策、产业》,立信会计出版社 2003 年版。

程大中:《国际服务贸易学》,复旦大学出版社 2007 年版。

程大中:《国际服务贸易》,高等教育出版社 2009 年版。

黄建忠、刘莉:《国际服务贸易教程》,对外经济贸易大学出版社 2008 年版。

Burgess, D., Is Trade Liberalization in the Services Sector in the National Interest? *Oxford Economic Papers*, Vol. 47, No. 1, 1995.

Deardorff, A., Comparative Advantage and International Trade and Investment in Services, In Robert M. Stern, *Trade and Investment in Services: Canada/U. S. Perspectives*. Toronto: Ontario Economic Council, 1985.

Francois, J., Trade in Producer Services and Returns due to Specialization under Monopolistic Competition, *The Canadian Journal of Economics*, Vol. 23, No. 1, 1990.

Jones, R. and Ruane, F., Appraising the Options for International Trade in Services, *Oxford Economic Papers*, Vol. 42, No. 4, 1990.

Markusen, J., Trade in Producer Services and in Other Specialized Intermediate Inputs, *The American Economic*

Review, Vol. 79, No. 1, 1989.

Wong, C., Wu, J., and Zhang, A., A Model of Trade Liberalization in Services, *Review of International Economics*, Vol. 14, No. 1, 2006.

（孔瑞　黄斌全）

技术许可证贸易
Technology Licensing Trade

技术许可证贸易又称许可贸易，是指国际技术贸易双方通过签订许可合同的形式，许可方授予被许可方在一定的条件下使用其专利、商标、专有技术等知识产权的权利，而被许可方向许可方支付相应的报酬的一种技术贸易方式。它是国际技术贸易的最主要形式。

许可贸易的标的主要是专利、专有技术（Know-How）、商标、著作权（包括计算机软件著作权）等知识产权。知识产权的所有人成为许可方（Licensor），知识产权的接受方成为被许可方（Licensee）。许可方和被许可方可以是自然人、法人或其他组织，但大部分是法人。在许可证贸易中，可以只是专利、专有技术、商标、著作权等知识产权的单纯许可贸易，也可以是与机器设备买卖、投资、工程承包等混合起来进行的综合性业务。被许可方可以通过许可贸易获得更先进的技术或缺乏的权利，降低生产成本或提高产品吸引力，同时避免了技术研发的风险。对于许可方，通过把较成熟的技术授予其他方，增加其知识产权的收益，为新的研发融资，提高承担研发风险的能力，保持技术领先地位。在许可贸易中，通过许可合同（License Contract）规定许可方和被许可方的权利和义务。许可合同是许可方授予被许可方在特定范围内使用其知识产权的一种授权协议。

同一般货物贸易相比，许可贸易因其特殊标的，有以下特性：第一，地域性。许可方授予被许可方技术或权利时，都会对技术或权利使用的地区范围做出规定，明确哪些区域范围内被许可方享有使用、制造、进口和销售许可标的的权利。这主要是因为专利、商标等标的的法律保护往往具有地域性，限制地域能够保护许可方的权利，防止知识产权纠纷。同时专利或权利的使用地域范围与被许可方支付报酬的高低相对应，被许可方支付的报酬越高，其使用的地域越大。第二，时间性。许可贸易一般持续较长的时间，具体时间由许可合同规定。时间越长，被许可方获得收益越大，愿意支付的价格越高。20世纪中期，国际上许可合同期限一般为10～15年。但在技术知识更新较快的领域，如电子工业、计算机、家用电器等行业，许可合同期限一般只有3～5年。第三，复杂性。与商品贸易相比，许可贸易的复杂性主要体现在：由于商标的本身的特殊性，许可贸易前，许可方和被许可方往往需要进行复杂的评估和谈判；许可贸易持续时间较长，许可期间许可方和被许可方的有关权利和义务纷繁复杂，许可合同技术性很强；许可方和被许可方一般是位于不同国家的法人或政府机构，涉及国际公约和多个家国的法律。

根据许可方授予被许可方的权利范围，许可贸易方式还可以分为以下5种类型：（1）独占许可（Exclusive License）。许可方授予被许可方在一定期限、一定地域内的排他性权利。在许可期限和地域内，许可方不仅不能再向第三方发放许可，而且自己也不得使用该技术。（2）排他许可（Sole License）。许可方授予被许可方在一定期限、一定地域内的排他性权利。在许可期限和地域内，许可方不能再向第三方发放许可，但可以使用该技术。（3）一般许可（Simple License）。此许可方式对许可方权利没有限制，在许可期限和地域内，许可方既能够使用许可技术，也可以向第三方再发放许可。在以上三种许可方式中，被许可方不能把许可方的技术或权利再授予第三方使用。（4）分授许可（Sub-License）。许可方授予被许可方在一定期限和地域内可以向第三方再发放分授许可的权利。第三方享有的权利范围仅限于一般许可，并且不能超过被许可方从许可方获得的权利。（5）交叉许可（Cross License）。又称互换许可，即双方将各自拥有技术或权利按照合同约定的条件相互许可使用，互为供方和受方。以上不同许可类型及其当事人权利范围可以归纳在表1中。

表1　不同许可类型下交易各方的权利

许可方式	各方在限定时间和地域内的权利		
	许可方	被许可方	第三方
独占许可	无使用权	有独占使用权	不能获得使用权
排他许可	保留使用权	有使用权	不能获得使用权
普通许可	保留使用权和转让权	有使用权	可以从许可方获得使用权
分授许可	保留使用权	有使用权并有权转让使用权	可以从被许可方获得使用权
交叉许可	有使用权并以此交换受方技术使用权	有使用权并以此交换受方技术使用权	

资料来源：陈广先：《国际知识产权与技术贸易》，机械工业出版社1996年版。有小幅改动。

许可贸易作为一种国际技术贸易，受到一些国际技术贸易管理国际公约的约束。这些公约主要包括：1883年《建立世界知识产权组织公约》（World Intellectual Property Organization,WIPO)、1883 年《保护工业产权巴黎公约》(Paris Convention for the Protection of Industrial Property)、1886 年《保护文学艺术作品伯尔尼公约》(Berne Convention for the Protection of Literary and Artistic Works)、1891 年《商标国际注册马德里协定》(Madrid Agreement Concerning the International Registration of Marks)、1952 年《世界版权公约》(Universal Copyright Convention)、1972 年《国际技术转让行动守则(草案)》(Draft International Code of Conduct on the Transfer of Technology)以及 1995 年《与贸易有关的知识产权协议》(Agreement on Trade-Related Aspects of Intellectual Property Rights)。

参考文献:
陈广先:《国际知识产权与技术贸易》,机械工业出版社 1996 年版。
杜奇华:《国际技术贸易》,复旦大学出版社 2008 年版。
黄静波:《国际技术转移》,清华大学出版社 2005 年版。
黄梅波:《国际技术贸易》,厦门大学出版社 1996 年版。
齐景升:《技术进出口实务大全》,上海三联书店 1990 年版。
林珏:《国际技术贸易》,上海财经大学出版社 2006 年版。
赵春明、张晓甦:《国际技术贸易》,机械工业出版社 2007 年版。

(孔瑞 张文城)

服务外包

Service Outsourcing

外包是指企业签订外部供应合约以完成过去在内部进行的经济活动。服务外包是指服务产品生产过程中的部分流程或制造品生产过程中的部分服务环节从特定企业内部以合同方式转移到企业外部完成,服务业务委托方称为发包方(Sourcing Firm),服务提供商称为接包方(Contract Firm)。如果外包合同的发包方与接包方属于不同的国家,则称为国际服务外包或离岸服务外包。

根据不同的标准,服务外包有不同的分类,常见的分类有:一是根据服务外包的业务内容,可分为信息技术外包(Information Technology Outsourcing,ITO)和业务流程外包(Business Process Outsourcing,BPO)。ITO 是指发包方在规定的服务水平基础上,将一部分信息系统作业以合同方式委托给接包方,由其管理并提供用户需要的信息技术服务。BPO 是指将企业中的研发、采购、生产制造、营销、客户服务、财务会计、人力资源和物流等各非信息技术业务职能外包。二是根据地理位置和国家边界,可分为国内外包和国际外包。其中国际外包又可以按地理距离分为近岸外包和离岸外包。三是根据外包企业供需双方是否有隶属关系,可分为企业内外包和企业外外包。四是根据外包项目的复杂程度与运作方式,可分为简单咨询、项目合作、完全外包、公司合作四种。

当代服务外包起源于 20 世纪 60 年代和 70 年代的金融行业和信息技术支持领域。由于当时计算机价格昂贵、体积庞大,其使用还需具备特殊环境条件,大量企业将数据处理工作以合同方式委托给专门的数据加工机构,这成为了服务外包的雏形。到 20 世纪 80 年代初,低成本微型计算机和个人计算机的出现使委托加工服务业的发展速度有所放缓。20 世纪 90 年代,信息技术开始普及使得很多企业不再将其作为竞争力的核心,ITO 开始兴起并不断发展,其主要动机为降低企业成本。进入 21 世纪以来,受信息技术进步、经济结构服务化和服务全球化的影响,服务外包作为一种新型商业模式迅速兴起。服务外包规模不断扩大、内容不断增加、形式趋于多样化,已远远超出信息技术领域,向更广泛的服务领域和生产环节延伸。从产业链上游的研发设计环节到下游的分销和售后服务环节都充斥着服务外包,而且越来越多的外包跨越了国界,成为新一轮全球产业结构调整的重要载体和服务业全球分工的重要实现方式(江小涓,2008)。正如吉恩·格罗斯曼(Gene Grossman)和埃尔赫南·赫尔普曼(Elhanan Helpman)所言:我们正生活在一个外包的时代。企业正在将越来越多的活动外包出去,从产品设计到装配,从研究与开发到市场营销、分销和售后服务。有些企业走得更远,已经成为虚拟制造商,仅仅从事设计而不进行制造(Grossman and Helpman, 2002)。

国际化趋势是当代服务外包的重要特征。就国际服务外包发展规模而言,目前全球服务外包发展速度较快,其中 ITO 规模大于 BPO,但后者的发展速度更快。就国际服务外包的市场分布而言,它主要经历了三个阶段。服务外包首先发端于美国内部,为降低成本,部分企业将一些服务环节从经济更发达的东部地区向成本较低的西海岸转移,这是服务外包的第一阶段;随着外包模式的逐渐成熟服务外包进入了第二阶段,此时出现了近岸和离岸外包,主要限于发达国家之间,加拿大、爱尔兰和以色列是这一阶段最具竞争力的外包东道国;近年来,随着外包模式不断成熟和规模不断扩大,以及发展中国家信息技术和服务水平的提高,跨国公司开始将附加值较低的服务流程转移到印度、中国、菲律宾以及东欧、南美等新兴和转型经济体,服务外包进入了第三阶段,全球化特征日益明显。发包市场主要集中于美国、西欧和日本,接包市场上印度和中国表现出了较强的竞争力。就服务外包的行业分布而言,目前信息产品生产部门和信息技术密集使用部门外包模式发展较快,以信息技术自身为外包业务对象的ITO(主要包括软件开发服务、邮政与电信服务、计算机及相关服务等)超过全部服务外包业务的一半以上,与信息技术发展息息相关的BPO(主要包括商务管理咨询服务、会计、审计和税收服务、动漫制作和设计服务、广告、金融、保险、研发服务等)发展迅速,并成为服务外包的新生增长点。就发包与接包企业的特征而言,跨国公司和公共服务部门是国际服务外包中的主要发包方,而接包方则主要由以下三种类型:新兴专业服务外包企业、传统的信息技术产品制造商或信息技术咨询与商业流程外包企业、混合型跨国公司(江小涓,2008)。

服务外包的发展对各国经济发展以及推动经济全球化进程都有积极的影响。服务外包发展将降低企业成本、增加收益;促进国际贸易和投资;促进产业分工进一步深化;促进就业、提升就业结构;促进服务业加快发展和增强竞争力;提高消费者福利水平。中国在承接国际服务外包方面起步较晚,总体水平比较落后,多数业务还处于外包价值链的低端。但是,中国作为全球跨国公司海外研发活动的首选地,在市场规模、人才储备、生产成本、基础设施、配套能力和发展潜力等各方面都具有很大优势,有条件成为跨国公司服务外包的主要承接地。

参考文献:

程大中:《国际服务贸易学》,复旦大学出版社2007年版。

江小涓:《服务全球化与服务外包:现状、趋势及理论分析》,人民出版社2008年版。

卢锋:《服务外包的经济学分析:产品内分工视角》,北京大学出版社2007年版。

Grossman, G. and Helpman, E., Outsourcing in a Global Economy. NBER Working Paper, No. 8728, 2002.

(孔瑞　黄斌全)

贸易顺差

Favorable Balance of Trade, Trade Surplus

贸易顺差是指一国在一定时期内出口贸易总额大于进口贸易总额,又称"出超"。

中国产生贸易顺差的原因:随着中国国内投资以及外国投资的快速增长,中国的生产能力大大增强,而且形成了较强的产业链;中国生产成本较低,决定了其产品在国际市场上有较强的竞争力;人民币汇率被低估;中国对某些行业进行了一定程度的贸易保护。

贸易顺差对中国的有利影响:贸易顺差可以刺激对中国产品的需求,促进经济增长;贸易顺差增加了外汇储备,增强了综合国力,有利于维护国际信誉,提高对外融资能力和引进外资能力。外汇储备不仅满足了中国对外经济贸易的需要,而且增加了中国对外清偿能力、保证对外支付,还有利于应对国际金融风险,提高国家抵抗各种经济风险的能力;贸易顺差有利于人民币汇率稳定和实施较为宽松的宏观调控政策。

贸易顺差对中国的不利影响:贸易顺差使人民币升值压力加大,国际贸易摩擦增加;贸易顺差弱化了货币政策效应,降低了社会资源利用效率;过高的贸易顺差意味着中国经济的增长严重依赖于外部需求,对外依存度过高;贸易顺差影响了中国利率市场化进程。

参考文献:

[美]保罗·克鲁格曼、茅瑞斯·奥伯斯法尔德:《国际经济学》,中国人民大学出版社2006年版。

[美]多米尼克·萨尔瓦多:《国际经济学》,清华大学出版社2008年版。

[美]格雷戈里·曼昆:《宏观经济学》,中国人民大学出版社2005年版。

[美]鲁迪格·多恩布什等:《宏观经济学》,中国财政经济出版社2003年版。

(孔瑞　邢曙光)

贸易逆差

Unfavorable Balance of Trade, Trade Deficit

贸易逆差是指一国在一定时期内出口贸易总额小于进口贸易总额,又称"入超"。

在当前中国存在大量贸易顺差情形下,贸易逆差对中国也有有利的一面:适当逆差有利于缓解贸易纠纷,有助于贸易长期稳定增长;有利于增加生产性设备的购买,从而提高生产能力、增加就业及经济总量;贸易逆差能减少人民币升值的预期;短期的贸易逆差有助于缓解中国通货膨胀的压力,加大中国货币政策的操作空间。

参考文献:

[美]保罗·克鲁格曼、茅瑞斯·奥伯斯法尔德:《国际经济学》,中国人民大学出版社2006年版。

[美]多米尼克·萨尔瓦多:《国际经济学》,清华大学出版社2008年版。

[美]格雷戈里·曼昆:《宏观经济学》,中国人民大学出版社2005年版。

[美]鲁迪格·多恩布什等:《宏观经济学》,中国财政经济出版社2003年版。

(孔瑞　邢曙光)

贸易条件
Terms of Trade

贸易条件是用来衡量在一定时期内一个国家出口相对于进口的盈利能力和贸易利益的指标，反映该国的对外贸易状况，一般以贸易条件指数表示，在双边贸易中尤其重要。常用的贸易条件有3种不同的形式：价格贸易条件、收入贸易条件和要素贸易条件，它们从不同的角度衡量一国的贸易所得。其中价格贸易条件最有意义，也最容易根据现有数据进行计算。价格贸易条件又称为净实物贸易条件，为一国出口与进口的交换比价，其计算公式为：

贸易条件指数 = 出口价格指数/进口价格指数 × 100

如果贸易条件指数大于100，说明出口价格比进口价格相对上涨，出口同量商品能换回比原来更多的进口商品，该国的该年度贸易条件比基期有利，即得到改善；如果贸易条件指数小于100，说明出口价格比进口价格相对下跌，出口同量商品能换回的进口商品比原来减少，该国的该年度贸易条件比基期不利，即恶化了。

贸易条件的影响因素有：

第一，经济增长。经济增长的基本原因有二：一是要素禀赋增加；二是技术进步。其中要素禀赋的影响为：在其他要素数量不变的情况下，一种要素数量的增加将会降低密集使用该要素的商品的相对价格，对应于该商品是可出口商品还是可进口商品，贸易条件分别会恶化与改善。至于技术进步导致的增长对贸易条件的影响，却存在不确定性：(1)在一个部门中，中性技术进步会引起该部门产品的相对价格下降。如果这一部门的产品是一种可进口品(可出口品)，则贸易条件的变化就会有利于(不利于)该国。(2)资本密集的部门中资本节约型的技术进步和劳动密集的部门中劳动节约型的技术进步，两者造成的影响类似于情况(1)。创新部门所生产的商品相对价格会下降。如果创新部门生产的是一种可进口品(可出口品)，则该国贸易条件就会朝着有利于(不利于)该国的方向变化。(3)劳动密集的部门中资本节约型的技术进步和资本密集的部门中劳动节约型的技术进步，两者所产生的影响不确定，这是因为创新部门所生产的商品的相对价格既有可能升高也有可能降低。如果外国也发生了经济增长，那么本国面对的价格贸易条件的变动情况取决于两国经济增长的类型和强度。

第二，汇率。在分析汇率变动对贸易条件影响程度时，要注意把汇率变动的短期和长期影响综合考虑。在短期内，一国货币贬值将绝对地增加以本币表示的进口商品价格，而以本币表示的出口价格将不会发生变化。因此，该国的价格贸易条件将会恶化，如果价格贸易条件的恶化程度与汇率贬值的程度完全一致，这种情况就称为完全的汇率转嫁。事实上，完全的汇率转嫁一般很少发生，因为在长期内，出口商为保证一定的市场份额或者其他原因一般会调整出口产品的价格，而消费者也会因实际收入的变化调整消费方式和消费结构。因此供需双方互相作用，形成新的均衡。新的均衡取决于两国的出口供给弹性和进口需求弹性。

第三，关税。在正常提供的曲线下，一国征收关税会改变一国的价格贸易条件。然而，征收进口税虽然会改善一国的贸易条件，但是贸易量减少了，可以说一国的福利水平下降了。排除国外的报复性关税，如果征收某一水平的进口税使得由价格变动带来的利益减去由贸易量减少带来的损失所得之差达到最小，此时的关税水平就是最优关税率。单方面进口关税的征收有利于征税国的价格贸易条件而不利于出口国的贸易条件。然而，现实世界中报复性关税比比皆是，因此，当外国也对本国的出口品征收关税时，本国征收关税的影响就不可能十分确定。一般而言，本国贸易条件的恶化与否取决于本国征收关税的效应和外国征收关税效应的总效应。

第四，出口补贴以及配额。出口补贴以及配额等也会对价格贸易条件产生影响，且影响方向不尽相同。一般而言，在实施出口补贴的情况下，会降低本国出口产品的价格，因此它对价格贸易条件是一种负影响。由于存在多种配额方式，不同的配额对价格贸易条件的影响也不同，如实施自动出口配额的情况下，一般会提高本国出口产品的价格，因此它对价格贸易条件是正面影响。

第五，进出口商品的市场组织情况。这是通过影响进出口商品的供给情况来影响贸易条件的。当进出口商品的国际市场组织情况发生变化时，如某一种商品的供给厂商减少时，会增加现有厂商的垄断力量，从而在其他情况不变的情况下，会带来商品价格上升的可能，从而有带来贸易条件下降的可能(此时指这种商品对该国而言是进口品)。

第六，进出口商品的构成。贸易条件恶化论观点的一个重要依据就是发展中国家主要出口初级产品而发达国家出口工业品，与前几个因素不同，这个因素改变的不是某个或某些进出口商品的价格，而是进出口商品的种类构成和比例构成。由于决定贸易条件的是出口商品加权平均价格和进口商品的加权平均价格，因此当进口商品或出口商品的构成情况发生变化时，即使各种商品本身的价格不发生变化也会改变进口商品或出口商品的加权平均价格从而改变一国的贸易条件。

参考文献：

[美]保罗·克鲁格曼、茅瑞斯·奥伯斯法尔德：《国际

经济学》,中国人民大学出版社2006年版。
[美]多米尼克·萨尔瓦多:《国际经济学》,清华大学出版社2008年版。
[美]格雷戈里·曼昆:《宏观经济学》,中国人民大学出版社2005年版。
[美]鲁迪格·多恩布什等:《宏观经济学》,中国财政经济出版社2003年版。

(孔瑞　邢曙光)

国际相对价格

International Relative Price

相对价格是商品之间价格比例关系。国际相对价格指在国际贸易中所交换的商品价格之间的比例关系,它体现交换双方的贸易利益。

相对价格概念起源于19世纪初英国经济学家大卫·李嘉图(David Ricardo)的比较成本学说。李嘉图认为应该按照生产成本相对差异进行国际分工和自由贸易。在资本和劳动不能在国际间转移的情况下,由于各国对某种商品都拥有一种比较优势,因此各国应该生产它们在成本上优势最大或劣势最小的商品,用各自生产的优势产品去换得自己生产的劣势产品,这样两国就可以通过贸易,从中得益。国际相对价格反映的交换关系促成国际贸易,使世界生产的实际资源成本最小化,实际产值最大化。

国际相对价格反映商品价格之间的比例关系,若一国出口商品1、进口商品2,则用商品2来表示的商品1的相对价格=商品1价格/商品2价格(均按同一货币折算)。它反映出购买商品1而必须放弃商品2的数量。如果这种比率关系在一段时间内发生变化,那就说明它们在利益分配上发生了变化。

国际相对价格亦由供求决定,不同的是要在一般均衡分析框架下研究两个市场之间的相对供给与相对需求。A国商品1的相对价格为$\frac{a_1}{a_2}$,B国商品1的相对价格为$\frac{b_1}{b_2}$。假设A国商品1的相对价格比B国高,将B国商品1运到A国出售将有利可图。贸易将一直进行,直到两国供求达到均衡,两国商品1的相对价格相等为止。一般而言,国际相对价格处于贸易前两国的国内相对价格之间。

引起国际相对价格发生变化的因素有:供应量的变化、价格政策的变化、劳动生产率的变化、消费水平的变化、消费习惯的改变、可替代产品的出现,从而使供求均衡价格发生变化,引起商品间比价的改变。

国际相对价格具有以下特点:一是多样性。在任何商品经济形态下,市场上每一种商品和劳务都有价格,如果把它们联系起来对比分析,就会得到一个价格比例关系。因此在市场上有工业品对农产品的相对价格、初级产品对加工产品的相对价格、工业品之间的相对价格,等等。二是多变性。国际相对价格是商品之间价格比例关系的动态反映,是市场机制作用的结果,它随市场供求关系、运费、关税等限制条件以及各国贸易政策的变化而变化。

参考文献:

[美]丹尼斯·R·阿普尔亚德、[美]小艾尔弗雷德J·菲尔德:《国际经济学》,机械工业出版社2001年版。
[美]多米尼克·萨尔瓦多:《国际经济学》第九版,清华大学出版社2008年版。
[美]茅瑞斯·奥伯斯法尔德、[美]保罗·R·克鲁格曼:《国际经济学——理论与政策》第六版,中国人民大学出版社2006年版。

(孔瑞　郭志芳)

贸易依存度

Degree of Dependence on Foreign Trade

贸易依存度是指一国的进出口总额占该国国民生产总值(Gross National Product,GNP)或国内生产总值(Gross Domestic Product,GDP)的比重。其中,进口总额占GNP或GDP的比重称为进口依存度,出口总额占GNP或GDP的比重称为出口依存度。贸易依存度反映了一国对国际市场的依赖程度,是衡量一国对外开放程度的重要指标。

改革开放以来,随着中国经济融入世界经济一体化进程的加快,对外贸易快速增长,中国的对外贸易依存度也不断提高。如图1所示,1978年贸易依存度为14%,2000年突破40%,达44.2%,2006年达到71%,相比1978年年均增长率达14.3%。其后由于金融危机影响,中国贸易依存度略有下降。

中国对外贸易依存度持续上升的原因为:第一,对外贸易政策。改革开放以来,中国在对外贸易方面进行了一系列的改革,确立了出口导向型的外贸政策,大力鼓励出口。尤其是20世纪90年代以来,为了调整进出口结构,运用了价格、汇率、利率、出口退税、出口信贷等手段调控外贸,使出口额大幅增加。这些外贸政策的实施,导致了中国进出口商品在国际市场上的份额不断提升。第二,加工贸易比重高。中国经济的发展极大调动了三资企业和民营经济的发展,这给大量利用廉价劳动力的劳动密集型产品的生产创造了条件。从中国对外贸易结构看,加工贸易的快速发展对中国外贸依存度的提高具有重要影响。加工贸易是"两头在外,一头在内"的一种贸易方式,通常从事低层次加工贸易国家的对外贸易依存度高于从事高层次加工贸易国家的对外贸易依存度。第三,国内需求不足的影响。中国经济目前仍然是投资拉动型而非需求拉动型,国内市场需求不足。当国内市场需求不足,经济增长受需求制约时,出口则成为最终需求的一个重要方面,使国民经济对外贸的依赖程度进一步增强,对外贸易依存度上升。

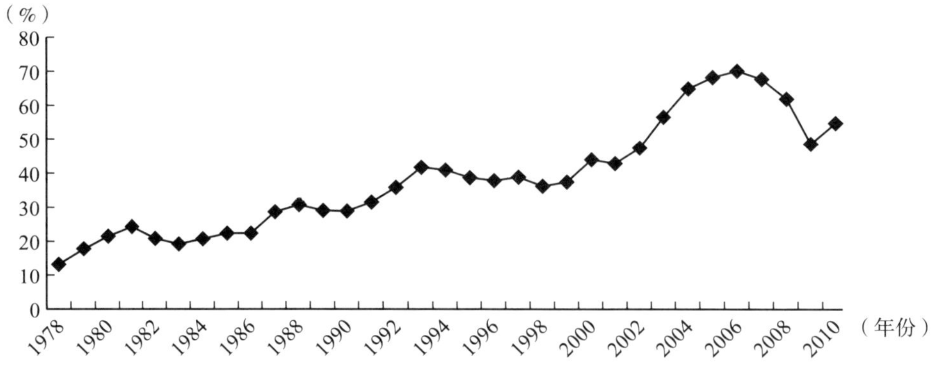

图 1 中国 1978～2011 年贸易依存度

资料来源:世界银行《2012 年世界发展指标》。

参考文献:

[美]保罗·克鲁格曼、茅瑞斯·奥伯斯法尔德:《国际经济学》,中国人民大学出版社 2006 年版。

[美]多米尼克·萨尔瓦多:《国际经济学》,清华大学出版社 2008 年版。

[美]格里高利·曼昆:《宏观经济学》,中国人民大学出版社 2005 年版。

[美]鲁迪格·多恩布什等:《宏观经济学》,中国财政经济出版社 2003 年版。

(孔瑞 邢曙光)

贸易所得

Gains from Trade

贸易所得是指通过国际贸易所获得的提高国民经济福利水平、推动经济发展的有利结果。贸易所得不仅仅是出口创汇,还包括进口收益。贸易所得可以分为静态所得和动态所得。

贸易静态所得是指贸易国在既定的要素供给下或在资源总量不变的条件下所获得的产出和福利的增长情况。它主要包括两个方面:一是从交换中获得的收益,即通过贸易可以获得本国不能生产的产品或者国内生产成本太高的产品,使消费者得到更高水平的满足;二是从专业化获得的收益,即通过参与国际分工,专门生产本国具有比较优势的产品,可以提高本国的资源利用效率。这两个方面都是基于贸易国业已存在的比较优势而获得的,而贸易则有助于发现和利用这种优势,将比较优势转化为产出和福利的增长,这就是贸易的短期效应。

贸易动态所得主要是指贸易促进一国经济的长期增长和经济结构的改善。它主要表现在三个方面:第一,规模收益。对外贸易可以扩大商品的市场需求,而市场需求的增加将刺激出口企业扩大生产规模,增加资本的积累,改进生产方式,从而形成规模经济。第二,技术进步。对外贸易一方面有助于直接引进国外先进技术,加速国内技术的升级换代;另一方面,对外贸易会刺激外贸企业的技术研究和开发,形成企业内在的技术进步机制。第三,制度创新。对外贸易的增长会引起与贸易有关的一系列政策和制度的调整,推动贸易自由化的进程。同时,对外贸易还会引进国外的思想观念,促进国内思想观念的变革,为制度创新提供新的意识形态。

贸易的静态所得和动态所得是相互联系的。静态所得是贸易直接的、短期的效果,而动态所得则是间接的、长期的效果。静态所得是基于比较优势而获得的,而动态所得则会引起贸易国比较优势的改变,使一国的贸易增长和经济增长保持下去。

参考文献:

[美]保罗·克鲁格曼、茅瑞斯·奥伯斯法尔德:《国际经济学》,中国人民大学出版社 2006 年版。

[美]多米尼克·萨尔瓦多:《国际经济学》,清华大学出版社 2008 年版。

[美]格里高利·曼昆:《宏观经济学》,中国人民大学出版社 2005 年版。

[美]鲁迪格·多恩布什等:《宏观经济学》,中国财政经济出版社 2003 年版。

(孔瑞 邢曙光)

贸易政策
Trade Policy

贸易政策是指一国在本国的政治经济利益和发展目标下,运用经济、法律和行政手段,在一定时期内对贸易活动的方向、数量、规模、结构和效益进行管理和调节的原则、方针和措施体系,是经济政策和对外政策的重要组成部分。

各国的贸易政策措施主要包括关税措施、非关税措施、出口管理措施等。其中出口管理措施又分为出口鼓励措施(包括出口信贷、出口信贷国家担保、出口补贴、商品倾销、外汇倾销等)和出口管制措施。出口管制的商品包括:战略物资及其有关的先进技术资料、国内生产所需的原材料、半成品及国内市场供应不足的某些必需品、实行"自动"出口控制的商品、实行许可证出口管理的商品、为了实行经济制裁而对某国或某地区限制甚至禁止出口的商品、重要的文物、艺术品、黄金、白银等。

以国家对外贸的干预与否为标准可以把贸易政策分为自由贸易政策、保护贸易政策。

自由贸易政策是指国家取消对货物和服务贸易进出口的干预,取消对本国货物和服务贸易的各种特权和优待,使商品和服务能够自由流动,在世界市场上实现自由竞争,从而使资源得到合理配置。最具代表性的自由贸易理论主要有亚当·斯密(Adam Smith)的"绝对成本说"、大卫·李嘉图(David Ricardo)的"比较成本说"以及伊·赫克歇尔(Eli Heckscher)和伯尔蒂尔·俄林(Bertil Ohlin)提出的生产要素禀赋理论。

保护贸易政策是指国家利用各种限制进口和控制经营领域与范围的措施,保护本国货物和服务免受外国货物和服务的竞争,并对本国货物和服务给予出口优待和补贴,以加强其在国际市场上的竞争力。保护贸易政策,在不同的历史阶段,由于其所保护的对象、目的和手段不同,可以分为:重商主义、幼稚工业保护政策、超保护贸易政策、新贸易保护主义和管理贸易政策。

在国际贸易发展的不同的阶段,各国采取了不同的贸易政策:11~15世纪,大多数国家物资短缺,西欧各国大都奉行鼓励进口、限制出口的政策;16世纪到18世纪中期,资本主义生产方式处于原始积累时期,各国主要实行重商主义下的保护贸易政策。通过鼓励出口、限制贵金属外流和扩大贸易顺差增加货币财富;18世纪中期到19世纪后期,伴随工业革命,英国获得规模经济,自由贸易成为对外贸易政策的主基调;德国和美国等起步较晚的国家采取了保护贸易政策。该时期保护贸易政策的理论依据是乔治·弗里德里希·李斯特(Georg Friedrich List)的保护幼稚工业论;19世纪70年代到第二次世界大战前,资本主义向垄断过渡,各国为维护国内市场的垄断价格和夺取国外市场,大都实行带有垄断性质的超保护贸易政策,即通过谈判实现关税减让,并惠及所有关贸总协定(GATT)缔约国。该政策与资本主义自由竞争的保护幼稚工业政策相比有其独特表现:保护的目的是巩固和加强对国内外市场的垄断;保护的对象是国内高度发达的垄断工业,维护垄断资产阶级的利益;保护的方式转为对国内外市场的进攻性的扩张;保护手段多样化;"二战"后到20世纪70年代初,生产国际化和资本国际化推动了贸易自由化。这一时期世界各国都采取了比较宽松的贸易政策,使贸易趋向于自由化;20世纪70年代中期,受两次石油危机的影响,各国经济受到了沉重的打击,为摆脱危机,各国纷纷采取新贸易保护主义。新贸易保护主义不同于以往的贸易保护政策:一是保护的重心是在产业调整中陷入停滞的部门;二是保护的措施更具隐蔽性和多样性,以绿色壁垒、技术壁垒和反倾销等非关税壁垒为主;三是保护的重点转向对出口的促进;四是保护制度更为系统化。战略性贸易政策是新贸易保护的核心政策。所谓战略性贸易政策是指在规模经济和不完全竞争条件下,政府积极运用补贴或出口鼓励等措施,扶植那些被认为存在着规模经济、外部经济产业的成长,增强其国际竞争力,并带动相关产业的发展,扩大本国厂商在国际市场上所占的市场份额,把超额利润从外国厂商转移给本国厂商,以增加本国经济福利和加强在有外国竞争对手的国际市场上的战略地位。管理贸易政策是20世纪80年代以来,在国际经济联系日益加强而新贸易保护主义重新抬头的双重背景下逐步形成的。在这种背景下,为了既保护本国市场,又不伤害国际贸易秩序,保证世界经济的正常发展,各国政府纷纷加强了对外贸易的管理和协调,从而逐步形成了管理贸易政策。管理贸易政策又称协调贸易政策,是指国家对内制定一系列的贸易政策、法规,加强对外贸易的管理,实现一国对外贸易的有秩序、健康的发展;对外通过谈判签订双边、区域及多边贸易条约或协定,协调与其他贸易伙伴在经济贸易方面的权利与义务。管理贸易是介于自由贸易和保护贸易之间的一种对外贸易政策,是一种协调和管理兼顾的国际贸易体制,是各国对外贸易政策发展的方向。

参考文献:
张为付:《国际经济学》,南京大学出版社2009年版。
于永达:《国际经济学新论》,清华大学出版社2007年版。
王巾英、崔新健:《国际经济学》,清华大学出版社2010年版。
[美]贝思·V·亚伯勒、[美]罗伯特·M·亚伯勒:

《世界经济贸易与金融》第七版，清华大学出版社 2009 年版。

（孔瑞　郭志芳）

自由贸易

Free Trade

自由贸易是指国家对进出口不加干预或限制，允许商品在国内市场上自由竞争的贸易或商业活动。它是保护贸易的对称。

自由贸易最早由大卫·李嘉图（David Ricardo）和亚当·斯密（Adam Smith）提出。最具代表性的自由贸易理论主要有亚当·斯密的“绝对成本说”、大卫·李嘉图的“比较成本说”、伊·赫克歇尔（Eli Heckscher）和伯尔蒂尔·俄林（Bertil Ohlin）提出的生产要素禀赋理论。英国古典学派经济学家认为在自由贸易条件下，各个国家会实行国际分工，专门生产那些具有比较利益的产品，从而使商品生产发展充分化，商品价格低廉化。

发达国家早期均推行贸易保护主义，当财富积累达到可以确保从自由贸易得益时，便开始支持自由贸易。19 世纪英国推行自由贸易对当时英国资本主义的发展起到了积极的推动作用。第二次世界大战后，联合国宪章规定了自由贸易的原则，《关税及贸易总协定》（GATT）规定了降低关税和消除非关税壁垒。从 20 世纪 30 年代中期到 80 年代，美国和其他发达国家已逐步取消了关税及其他一些贸易壁垒，大大提高了国际一体化的程度。但是由于贸易政策的政治性，进行国际谈判成为必然选择。其中最著名的当属乌拉圭回合谈判，通过这次谈判，发达国家的平均关税税率削减 40%；农业和服装业贸易自由化推进显著。1995 年，世界贸易组织（WTO）取代了先前管理 GATT 的秘书处，致力于实现世界贸易自由化。WTO 成员国承诺通过谈判加快国际贸易自由化进程，更多的开放国内贸易市场、进一步降低关税、减少或取消现有的非关税壁垒，逐步开放市场，使成员各方进行开放、公平竞争。此外，区域性关税同盟、自由贸易区、共同市场等地区性经济合作也促进了自由贸易的发展。

倡导自由贸易的经济学家反向使用关税的成本—收益方法证明，对于无法影响外国出口价格的小国而言，关税会扭曲生产者与消费者行为，从而对该国经济造成净损失。而自由贸易不仅可以避免保护贸易所带来的生产扭曲和消费扭曲，而且还能够产生额外收益，且额外收益会远远超过一般成本—收益分析中的所得。自由贸易效率得益主要体现在两个方面：通过国际交换获得本国不具备生产成本优势的产品，使消费者得到更高水平的满足；通过国际分工、发挥比较优势，使本国资源得到最佳配置。自由贸易的额外收益在于：通过国际分工和交换，一国可以获得规模经济、竞争效应、学习和革新机会。

反对自由贸易的经济学家认为自由贸易会减少一国社会福利，其理论依据主要有两种观点。一种观点认为关税可以改善贸易条件，从而改善社会福利。持这种观点的人认为，对大国而言，存在一个最优关税（使社会福利最大化的关税水平），在该关税水平上，从贸易条件改善中获得的边际收益恰好等于生产与消费扭曲所带来的边际效率的损失。因此，大国实行低关税税率时的社会福利比实行自由贸易政策时要大。值得注意的是，最优关税的实质是让外国人赋税，拥有垄断力量的大国通过最优关税提高自身福利是以牺牲小国福利为代价，因此大国福利的改善并非帕累托改进。另一种观点以国内市场失灵作为反对自由贸易的依据。市场失灵理论认为，当所有市场都能正常发挥作用时，自由贸易是最佳政策；相反，政府干预所造成的扭曲可能抵消其他市场失灵的结果从而增加社会福利。关税会造成生产者扭曲，但是在市场失灵情况下，生产者剩余无法正确衡量生产某种产品的收益，如生产者剩余不能反映边际社会收益，而这一额外收益就可以作为关税等贸易政策合理性的依据。

2001 年 12 月 11 日，中国正式加入 WTO。世界贸易组织的宗旨是推动贸易自由化，削减各种贸易壁垒和歧视性待遇。加入 WTO 有利于中国参与国际经济合作和国际分工，有利于扩大出口和利用外资，有利于推动全球贸易自由化进程，促进全球化发展。

参考文献：
褚葆一：《经济大辞典·世界经济卷》，上海辞书出版社 1985 年版。
［英］伊特韦尔等：《新帕尔格雷夫经济学大辞典》，经济科学出版社 1996 年版。
［美］茅瑞斯·奥伯斯法尔德、［美］保罗·R·克鲁格曼：《国际经济学——理论与政策》第六版，中国人民大学出版社 2006 年版。

（孔瑞　郭志芳）

贸易自由化

Trade Liberalization

贸易自由化是随着经济一体化进程加快，世界范围内呈现出来的逐渐削减贸易壁垒，促进商品、服务、生产要素等在世界市场自由流通的一种趋势。贸易自由化的理论基础是亚当·斯密（Adam Smith）和大卫·李嘉图（David Ricardo）的比较优势理论，即即使一国在国际贸易中不存在绝对优势，但比较优势的存在也能够使它从商品、服务的贸易中受益。贸易自由化是贸易各国互惠共利双赢的一种必然趋势。

早在亚当·斯密时代贸易自由化就得到经济学家们的广泛认可和大力倡导,然而实施自由贸易则绝非同这个思想本身一样简单,真正实行自由贸易的国家少之又少,中国香港可能是唯一一个不设置贸易壁垒的自由经济区。贸易自由化的支持者和反对者进行了激烈的争辩。

贸易自由化的支持者首先基于传统的成本—收益分析,认为贸易自由化能够提高生产效率。关税的存在提高了世界价格,导致生产扭曲和消费扭曲,贸易自由化可以减少这些扭曲提高世界市场资源优化配置的效率。随着关税与贸易总协定、世界贸易组织等多边国际组织的影响,现代经济中关税和进口配额已经相对降低了许多,对关税与进口配额导致的成本扭曲估计也趋向于平稳。表1表述了全球关税与进口配额的成本估计,对全世界来说这些贸易壁垒成本不足世界GDP的1%,即剔除关税与进口配额带来的自由贸易的收益为GDP的0.93,其中发展中国家较发达国家而言更能从贸易自由化中获益。

表1 世界范围内贸易自由化的收益（占本国GDP的比例） 单位:%

美国	0.57
欧盟	0.61
日本	0.85
发展中国家	1.4
世界	0.93

资料来源:William Cline, *Trade Policy and Global Poverty*, Washington, D. C.: Institute for International Economics, 2004, P. 180.

在传统的成本—收益分析之外贸易自由化还存在着一些未被计算在内的额外收益。规模经济就是其中的一项。管理贸易体制下的市场中,生产被分割,另外竞争的减少以及随之而来的利润的提高吸引了更多的企业进入,导致生产规模不足以发挥规模经济的效益,而贸易自由化保持了市场充分竞争,防止厂商过度进入,使得规模经济效益得以充分发挥。此外,与由政府支配进出口模式的管理贸易体制相比,在创造出口以及同进口产品竞争的贸易自由化过程中,企业家更能够从中获取更多学习和革新的机会,分享知识外溢效应,这也引起许多发展中国家开放自由贸易后发现了一些意想不到的出口机会以及国内产业竞争力的提升。

在政府进行贸易管理的过程中,贸易政策往往受到特殊利益集团的影响而沦为进行收入再分配的工具,置国家的成本和收益于不顾。因此,不论政府进行贸易保护的初衷如何,以及政策制定的完善性,非自由贸易的政策最终会被政治决策过程所扭曲,自由贸易无疑是最优的选择。

反对贸易自由化的观点主要有贸易条件改善论和国内市场失灵论。贸易条件改善论认为,对开放经济条件下的大国而言,关税可以降低进口产品价格从而改善贸易条件。进口关税存在一个正的最优水平,使得贸易条件改善带来的收益超过关税带来的生产和消费扭曲成本,从而达到社会福利的最大化。针对出口部门的政策中,由于出口补贴会降低本国出口产品价格,恶化贸易条件从而导致社会福利减少,因而对出口部门也应该实行负补贴,即采取低于禁止性出口税率的正最优出口税率。在实践中,由于贸易中大部分小国对进出口产品价格的影响能力极小,而大国使用垄断势力牺牲他国利益也必招致报复,因此贸易条件改善论存在重大的局限性,它更多的只是作为一种理论主张而非合理的贸易政策。

国内市场失灵论是次优理论在贸易政策中的运用。国内市场失灵如劳动力市场未出清、知识技术外溢、资产的流动性等使得生产者剩余和消费者剩余不能完全反映产品的收益、消费者的福利,随之建立起来的传统成本—收益分析法无法正确衡量自由贸易的成本和收益。正是由于国内市场失灵的存在,使得自由贸易不再是最优的政策,而政府管理贸易体制造成的激励扭曲可以通过抵消其他市场失灵的结果增加社会福利。因此,尽管国际贸易不是国内市场失灵的原因,但却存在着通过贸易政策抵消市场失灵的可能性。国内市场失灵论的反对者则认为国内市场的失灵应该通过国内政策来修正,而非贸易政策,且国内市场失灵很难精确界定并提出对症的政策,甚至可能适得其反。

中国贸易自由化进程始于改革开放,由幼稚工业保护政策为主的进口替代战略循序渐进地向实施贸易自由化战略转变,建立起围绕世界贸易组织、中国—东盟自由贸易区、亚太经合组织在内的多层次多边贸易体系。这既基于中国具体国情和经济发展阶段的必然要求,也是符合世界经济发展的潮流和趋势。

参考文献:
[美]保罗·克鲁格曼、茅瑞斯·奥伯斯法尔德:《国际经济学》,中国人民大学出版社2011年版。
William Cline, *Trade Policy and Global Poverty*, Washington, D. C: Institute for International Economics, 2004.
Harris and Cox, Trade Liberalization and Industial Organization: Some Estimates for Canada, *Journal of Political Economy*, February 1985.

（孔瑞 洪丽明）

贸易保护主义
Protectionism

贸易保护主义是一国为了保护、提高国家福利或某些利益集团的经济利益,通过关税、非关税壁垒等手段对进出口贸易进行直接或间接干预的行为。

贸易保护主义由来已久。流行于 15 世纪到 16 世纪期间的重商主义认为,金银货币代表一国的财富,因此为了获取更多金银,增加国家财富,一国应该实施鼓励出口、限制进口的贸易保护政策,实现贸易顺差。重商主义贸易保护主义主张跟其"金银即财富"的狭隘观点密切相关,其基本逻辑是国际贸易是一场"零和博弈"。之后,亚当·斯密的绝对优势理论和大卫·李嘉图的比较优势理论都论证了贸易能够使贸易双方同时受益的基本思想,使自由贸易理念逐步被很多国家接受。当前,虽然自由贸易思想成为主流,但是贸易保护主义并没有消失,并且支持贸易保护主义的理由远比其前辈重商主义者的观点系统、复杂得多。归纳起来当前支持贸易保护主义的主要观点包括以下几点:

第一,通过贸易保护,促进国内新兴、幼稚产业的发展。幼稚产业保护论的重要理论来源是 19 世纪德国经济学家弗里德里希·李斯特(Friedrich List)在 1841 年发表的《政治经济学的国民体系》。在该著作中,李斯特从当时德国工业相对落后的状况出发,提出通过禁止进口或征收高关税的贸易限制政策来保护其新兴的工业,以免被当时先进的英法工业挤垮。李斯特的幼稚产业保护论是很多发展中国家支持贸易保护主义的理由。第二次世界大战结束到 20 世纪 70 年代,很多发展中国家为了促进国内制造业发展,避免工业化国家进口产品的冲击,而实施"进口替代"战略,限制工业品的进口。

第二,通过贸易保护,改善贸易条件。贸易保护能够改善贸易条件的观点最早由罗伯特·托伦斯(Robert Torrens)提出。该观点认为,一国通过进口关税等贸易保护措施,能够降低进口产品的世界价格,从而提高本国出口产品的相对价格,改善贸易条件,增加本国福利。在该理论的基础上,一些学者提出最优关税理论,即通过征收最优关税,获取贸易条件改善带来的福利,最大化国内福利。从经济理论的角度来看,改善贸易条件论是目前支持贸易保护政策最有力的观点(Irwin,1996)。

第三,存在市场失灵时,贸易保护可能增进一国福利。由于要素市场失灵,发展中国家往往存在二元经济问题,即落后的农业部门和相对现代化、资本密集的工业部门同时存在,此时,工业部门比农业部门有更高的工资,两部门工资差异使得资源不能得到有效的配置。一些学者研究认为,存在部门工资差距和工资刚性的情况下,自由贸易将减少一国收入(Haberler,1950;Hagen,1958)。另外,一些贸易保护主义者认为,某些产业,如高新技术产业,其生产具有好的外部性,技术外溢能够提高整个社会的技术水平,但是由于厂商不能完全获得研发投入的回报,因此产量往往低于社会最优水平。此时,通过关税或其他贸易政策限制此类产品的进口,从而增加国内产业的投资和产量,有助于减少此类市场失灵造成的效率损失,增进国内福利。市场失灵论也是一些学者支持保护幼稚产业的理论基础之一。

第四,存在垄断或垄断竞争时,贸易保护能够增加国内企业的垄断利润,提高本国福利。20 世纪 80 年代,詹姆斯·布兰德(James A. Brander)和芭芭拉·斯宾塞(Barbara Spencer)两位学者首先提出战略性贸易政策。他们研究指出,在寡头或垄断竞争市场条件下,存在超额利润,此时政府对本国企业进行补贴,扩大本国生产而获得规模经济,降低生产成本,就能阻止外国企业进入该行业。此时,本国企业获得超额利润将超过补贴数额,从而提高本国福利水平(Brander and Spencer,1985)。在当前很多产业存在规模经济和不完全竞争的情况下,战略性贸易保护理论成为很多贸易保护主义者的反对自由贸易的重要依据。

第五,经济衰退时,贸易保护可以扩大国内产出和就业。此观点的主要依据是凯恩斯主义经济理论。1929 ~ 1933 年西方工业化国家经济大萧条中,英国经济学家约翰·梅纳德·凯恩斯(John Maynard Keynes)看到古典经济学完全依赖市场机制和只重视供给的不足,提出一国的生产和就业主要取决于对本国产品的有效需求的宏观经济理论。消费、投资、政府支出和净出口是有效需求的四个组成部分。凯恩斯宏观经济理论认为,在经济危机时,国内有效需求不足,充分就业无法实现,政府需要对经济进行干预,刺激有效需求。干预政策之一就是通过关税限制进口,增加净出口,并通过乘数效应刺激有效需求,促进国内就业。在经济衰退时,凯恩斯的贸易保护学说常常被作为限制进口的理论依据之一。

第六,贸易保护有助于促进公平竞争。很多贸易保护主义者认为外国企业进行不公平竞争,此时贸易保护能够促进公平贸易。贸易保护主义者认为,国外企业不公平竞争表现为:国外市场不开放,国外政府没有保护知识产权,实行较低的劳工或环境标准,人为压低汇率,以及国外企业获得政府的补贴,承担较低的税负,在本国低价倾销,等等。贸易保护主义者认为,通过反倾销、反补贴、贸易制裁等贸易保护政策能够促使外国政府或企业改变不公平的竞争行为,实现公平贸易。促进公平竞争是当前美国贸易保护主义者要求贸易保护的主要依据。

第七,贸易保护有助于保护生态环境。一些环保主义者反对自由贸易的理由是贸易可能导致生态环境的恶化。其两个主要依据是:首先,由于低收入国家的环境标准很低或缺乏执行能力,贸易开放后,发达国家的企业为了规避国内环境管制,降低成本,会把污染密集型生产转移到低收入国家,使后者成为"污染避风港",导致环境恶化。而一些发展中国家为了获得污染产业的比较优势,可能实施"向底线赛跑"(Race-to-Bottom)的政策,竞相降低环境标准,从而造成全球生态环境恶化。其次,环保主义者认为,WTO 等多边自由贸易协定妨碍了成员国尤其是发达国家自主制定环境标准的自由,一些发达国家提高环境标准会被其他成员国认为是贸易保护政策而受到限制,因此这种自由贸易协定不利于生态环境保护。以保护生态环境为由主张的各种贸易限制措施被称作"绿色贸易壁垒"。

贸易保护主义者主张贸易保护的上述理由都受到支持自由贸易的经济学家的质疑和批评。这些质疑的理由包括:第一,幼稚产业论虽然表面上合理,但是事实上往往事与愿违,保护政策往往没有使国内产业变动更有竞争力,相反由于缺乏竞争而效率低下。第二,解决市场失灵的手段很多,贸易政策不是最优政策,甚至可能加剧市场失灵。第三,战略性贸易政策的有效实施需要大量的信息,而很多信息难以获得,而且这种以邻为壑的贸易政策会受到其他国家的报复。第四,通过限制进口来应对经济危机的政策未必有效,而且同样会遭到其他国家的报复,导致贸易战。国际经济环境的恶化,反过来打击经济复苏。很多经济学家认为,正是工业化国家以邻为壑的贸易保护政策加剧了20 世纪 30 年代的经济大萧条。实际上,任何以邻为壑的贸易保护措施都很可能因为其他国家的报复而失效。以上各种反驳观点可见于贾格迪什·巴格瓦蒂(Jagdish Bhagwati)以及道格拉斯·欧文(Douglas A. Irwin)两位学者的经典著作。第五,很多发展中国家比较优势来源主要是低劳动力成本而不是宽松的环境标准,因此研究发现很少"污染避风港"假说的证据。相反,由于劳动密集型产业往往比资本密集型产业更清洁,发展中国家的环境会因为贸易开放而改善(Antweiler et al.,2001)。著名经济学家保罗·克鲁格曼对自由贸易在当代世界经济中的地位有如下中肯的评价:"自由贸易没有过时。虽然它已经不像以前描述的那么完美,但与保护主义相比,仍然是现实中最优的政策。"(Krugman,1987)

即使有时政府知道实行贸易保护政策并非最优选择,贸易保护政策仍然存在。很多研究从贸易政策的政治经济学的角度分析政府支持贸易保护主义行为的政治因素。并非所有人都能从自由贸易中获益,一国稀缺要素所有者往往因为贸易开放而受到损害(Stolper and Samuelson,1941)。受损者往往组成强有力的利益集团,如发达国家工会、代表进口竞争行业的行业协会等,这些利益集团正是贸易保护政策的需求方。在经济衰退时或进口快速增长时,失业和竞争压力使得这些利益集团尤其活跃,它们往往组织良好,有效地游说政府以获得贸易保护政策。同时,作为政策供给方的政府并不总是从社会福利的角度制定贸易政策,而是有自己的利益和偏好。在位政府为了获得一些利益集团的政治支持,获取选票,维持其政权稳定和继续执政,可能屈服于利益集团的政治压力而提供贸易保护。贸易政策的政治经济学正是从贸易政策的供给和需求来解释现实中各种贸易保护政策的存在,经典的理论模型有沃尔夫冈·梅耶(Wolfgang Mayer)20 世纪 80 年代提出的"中点选民"(Median Voter)模型和 G. M. 格罗斯曼(Gene M. Grossman)和埃尔赫南·赫尔普曼(Elhanan Helpman)在 90 年代提出的"保护待售"(Protection for Sale)模型。"中点选民"模型说明政府获取最高选票的政治目标如何影响贸易政策供给(Mayer,1984)。"保护待售"理论阐述了西方国家的利益集团如何通过游说影响政治决策过程,使得某些时候政府往往采取贸易保护而不是其他更有效的政策来实现某些政策目标(Grossman and Helpman,1994)。

参考文献:

[德]弗里德里希·李斯特:《政治经济学的国民体系》,华夏出版社 2009 年版。

[美]艾尔·L·希尔曼:《贸易保护的政治经济学》,北京大学出版社 2005 年版。

[美]贾格迪什·巴格瓦蒂:《贸易保护主义》,中国人民大学出版社 2010 年版。

[美]保罗·R·克鲁格曼、茅瑞斯·奥伯斯法尔德:《国际经济学》第六版,中国人民大学出版社 2006 年版。

Antweiler, W., Copeland, B. R., and Taylor, M. S., Is Free Trade Good for the Environment?, *American Economic Review*, Vol. 91, 2001.

Brander, J. A., and Spencer, B., Export Subsidies and International Market Share Rivalry, *Journal of International Economics*, Vol. 16, 1985.

Grossman, G. M., and Helpman, E., Protection for Sale, *American Economic Review*, Vol. 84, 1994.

Haberler, G., Some Problems in the Pure Theory of International Trade, *The Economic Journal*, Vol. 60, 1950.

Hagen, E. E., An Economic Justification of Protectionism, *The Quarterly Journal of Economics*, Vol. 72, 1958.

Irwin, D. A., *Against the Tide: An Intellectual History of Free Trade*, New Jersey: Princeton University Press, 1996.

Krugman, P., Is Free Trade Passé?, *Journal of Economic Perspectives*, Vol. 1, 1987.

Mayer, W., Endogenous Tariff Formation, *American Economic Review*, Vol. 74, 1984.

Stolper, W. and Samuelson, P. A., Protection and Real Wage, *Review of Economic Studies*, Vol. 9, 1941.

(孔瑞 张文城)

贸易壁垒
Trade Barriers

贸易壁垒是指在国际贸易中影响和制约商品(包括货物、服务)自由流通的各种手段和措施,是国家为限制国际贸易而制定的政策或规则。

贸易壁垒一般分关税壁垒和非关税壁垒两类。关税壁垒是指一国或单独关税区在关税设定、计税方式及关税管理等方面阻碍进口的措施,特别是对进口商品征收高额关税以保护国(境)内市场的措施。旨在提高进口商品的成本,削弱其竞争能力,从而使本国商品在国内市场保持优势。世界贸易组织(WTO)中可接受的关税措施不是关税壁垒。非关税壁垒是指除关税以外的一切限制进口措施,可分为直接限制和间接限制两类。直接限制是指进口国采取某些措施,直接限制进口商品的数量或金额,如关税配额制、进口许可证以及自动出口限额制等。间接限制是通过对进口商品制定严格的条例、法规等间接地限制商品进口,如卫生、安全、质量标准和包装装潢标准等。

随着国际贸易的发展和贸易自由化程度的提高,关税大幅下降,非关税壁垒的形式日趋多样。目前世界上大约有1000种以上的非关税壁垒措施。主要有:进口配额、自愿出口限制、出口补贴、歧视性公共采购、进出口贸易的国家垄断、技术标准和卫生检疫标准等。可分为传统非关税壁垒和新型非关税壁垒。新型非关税壁垒是指以技术壁垒为核心的包括绿色壁垒和社会壁垒在内的所有阻碍国际商品自由流动的措施。

绿色壁垒又称环境壁垒,是指国际社会为保护人类、动植物及生态环境的健康和安全而采取的直接或间接限制甚至禁止某些商品进出口的环保公约、法律、法规和政策措施。其实质是发达国家凭借其科技优势和环保水平,通过立法手段,制定严格的强制性技术标准,从而把来自发展中国家的产品拒之门外。绿色壁垒的主要表现形式有:绿色标准、绿色关税、绿色市场准入、环境贸易制裁、绿色环境标志、绿色检验程序和检验制度,以及要求回收利用、政府采购、押金制度等等。技术性贸易壁垒是指商品进口国通过颁布法律、法规、技术标准、认证制度、检验制度等方式,在技术指标、卫生检疫、商品包装和标签等方面制定苛刻的规定,对外国进口商品构成了贸易障碍,最终达到限制进口的目的。其实质是发达工业国家利用其科技上的优势,通过商品法规、技术标准的制定与实施,通过商品检验与认证工作,对商品进口实行限制的一种措施。由于这类壁垒大量的以技术面目出现,因此常常会披上合法外衣,成为当前国际贸易中最为隐蔽、最难对付的非关税壁垒。同时,发达国家对技术壁垒和专利壁垒进行交叉使用,最大限度地保护本国企业的利益。技术壁垒的主要表现形式有:技术法规与技术标准、包装和标签要求、商品检疫与检验和信息技术壁垒等。社会壁垒是指以劳动者劳动环境和生存权利为借口而采取的贸易保护措施。社会贸易壁垒由社会条款而来,是对国际公约中有关社会保障、劳动者待遇、劳工权利、劳动标准等方面规定的总称,它与公民权利和政治权利相辅相成。社会条款的提出是为了保护劳动者的权益,本来不是什么贸易壁垒,但被贸易保护主义者利用为削弱或限制发展中国家企业产品低成本而成为变相的贸易壁垒。其核心是SA8000标准,该标准是从ISO9000质量管理体系及ISO14000环境管理体系演绎而来的道德规范国际标准,其宗旨是确保供应商所供应的产品,皆符合社会责任标准的要求,包括核心劳工标准(童工、强迫性劳动、自由权、歧视、惩戒性措施等)、工时与工资、健康与安全、管理系统等方面。其表现形式有:对违反国际公认劳工标准的国家的产品征收附加税,限制或禁止严重违反基本劳工标准的产品出口,以劳工标准为由实施贸易制裁,跨国公司的工厂审核(客户验厂),社会责任工厂认证,社会责任产品标志计划。

关税和一般非关税贸易壁垒不断削弱,新型贸易壁垒越来越多地被贸易保护主义者所利用,成为限制商品自由流动的有力工具。相对于传统贸易壁垒,新贸易壁垒有如下特点:

第一,双重性。新贸易壁垒往往以保护人类生命、健康和保护生态环境为理由,其中有合理成分,而且世贸组织协议允许各成员方采取技术措施,以其不妨碍正常国际贸易或对其他成员方造成歧视为准。所以新贸易壁垒有其合法和合理的一面。然而新贸易壁垒又往往以保护消费者、劳工和环境为名,行贸易保护之实,从而对某些国家的产品进行有意刁难或歧视。

第二,隐蔽性。传统贸易壁垒无论是数量限制还是价格规范,相对较为透明,人们比较容易掌握和应对。而新贸易壁垒由于种类繁多,涉及的多是产品标准和产品以外的东西,这些纷繁复杂的措施不断改变,让人防不胜防。

第三,复杂性。新贸易壁垒涉及的多是技术法规、标准及国内政策法规,它比传统贸易壁垒中的关税、许可证和配额复杂得多,涉及的商品非常广泛,评定程序更加复杂。

第四,争议性。新贸易壁垒介于合理和不合理之间,又非常隐蔽和复杂,不同国家和地区间达成一致的标准难度非常大,容易引起争议,并且不易进行协调,以致成为国际贸易争端的主要内容,于是传统商品贸易大战将被新贸易壁垒大战所取代。

随着新贸易壁垒的出现和发展,贸易壁垒正在发生结构性变化。传统贸易壁垒逐渐走向分化,其中的关税、配额和许可证等壁垒逐渐弱化,而反倾销等传统贸易壁垒则在相当长的时间内继续存在并有升级强化的趋势。以技术壁垒为核心的新型贸易壁垒将长期存在并不断发展,将逐渐取代传统贸易壁垒成为国际贸易壁垒中的主体。

21 世纪初,由于中国对外贸易的发展,贸易顺差逐步扩大,发达国家为减少贸易不平衡,贸易保护主义抬头,绿色壁垒等新型贸易壁垒成为发达国家实施贸易保护的首选。绿色贸易壁垒对我国出口市场份额、贸易机会、企业和商品信誉等方面都产生了不利影响,导致国外消费者对我国部分产品尤其是农产品食品信心下降,对我国出口造成长期的负面影响。而社会壁垒将不断推动我国出口产品成本上升,使我国产品的国际竞争力不断下降,并引发外国投资减少,劳动力闲置,产业结构调整难度增加等一系列问题。但是实施企业社会责任是经济全球化下一种必然的发展趋势。新型贸易壁垒作为一种外力,能促进企业在追求生产效益的同时,也能促进企业在环境保护和劳动保护方面进行改善,实现经济效益、环境效益和社会效益的统一。

参考文献:

褚葆一:《经济大辞典 · 世界经济卷》,上海辞书出版社 1985 年版。

钟筱红、张志勋、徐芳:《绿色贸易壁垒法律问题及其对策研究》,中国社会科学出版社 2006 年版。

赵春明:《非关税壁垒的应对及应用——“入世”后中国企业的策略选择》,人民出版社 2001 年版。

覃红:《非关税壁垒行政指导》,广东经济出版社 2009 年版。

王巾英、崔新健:《国际经济学》,清华大学出版社 2010 年版。

(孔瑞　郭志芳)

关税壁垒

Tariff Barriers

关税壁垒,是一国或地区通过海关依法对进出国境或关境的货物征收税款(即关税)的一种贸易限制政策。

关税由海关征收。早在 2000 多年以前,罗马帝国、中国和印度次大陆就已经出现了海关的雏形,而世界上第一个关税税则出现在公元 136 年的叙利亚沙漠中的绿洲城市巴尔米拉(朝仓弘教,2006)。由海关合作理事会(现名世界海关组织)编写、1988 年年初通过国际大会建立并执行的《商品名称及编码协调制度》(The Harmonized Commodity Description and Coding System,HS)是专门用于海关征收关税和贸易统计的商品分类体系。世界海关组织每 4 ~ 6 年对《协调制度》进行一次较大范围的修改。中国从 1992 年 1 月 1 日起采用《协调制度》作为我国《进出口税则》和《海关统计商品目录》的基础目录。目前,全球已有 200 多个国家(地区)采用《协调制度》。

关税按照计价标准分为从价税、从量税、复合税和滑准税。从价税是以进口商品价格为计税依据的关税。从量税以货物的重量、长度、容量、面积等计量单位为计税依据而计算征收的关税。复合税是从价税和从量税的混合使用,即在税则的同一税目中,定有从价和从量两种计税方法。滑准税又称滑动关税,是税率与进口商品价格成反向关系的关税,进口商品价格越高其关税税率越低。另外,关税和配额常一起使用,称为关税配额,即对配额以内的进口商品免税或征收低关税,对超过配额的进口商品征收较高的关税。除了征收政策关税以外,各国为了实现特定的保护目的,有时还征收进口附加税(Import Surtaxes),包括反倾销税、反补贴税、报复关税和紧急关税等。大多数情况下,一国或地区对进口商品征收关税,但有时为了限制某些商品的出口,也对出口商品征收关税。

关税曾是很多国家政府收入的重要来源,当前关税的主要目的是保护国内厂商。关税使进口商品价格提高,进口量减少,使国内同类商品的产量增加。一般来说,对某一商品征收的关税税率越高,对国内该行业的保护力度越大。但对于复杂的商品,如汽车等,一国可能同时进口整车和汽车零部件。对最终产品进口征税有利于国内汽车厂商,但对零部件征税则提高国内汽车厂商的生产成本,因此对汽车厂商的实际保护程度同时取决于零部件关税税率和汽车关税税率。衡量关税壁垒对某一行业实际保护程度的常用指标是“有效保护率”(Effective Rate of Protection, ERP),是指关税使该行业单位产出增加值提高的百分率,用公式表示为:

$$ERP_i = \frac{V_i^T - V_i}{V_i} \times 100 \tag{1}$$

公式(1)中,V_i 是没有关税时 i 行业的单位产出的增加值,V_i^T 是征收关税后 i 行业的单位产出的增加值。如果一国要鼓励汽车产业的发展,则会对整车进口征收较高关税,减弱进口产品竞争,同时对零部件进口征收较低的关税,降低国内汽车厂商的成本,此时有效保护率将高于汽车的名义关税税率。

征收关税对国内商品价格、产出、消费量以及福利的影响可以用图 1 和图 2 来显示。图 1 显示了“小国”征收关税的影响。“小国”是指本国的进口量相对世界总供给量来说很小,本国进口多少变化不会影响世界价格。这意味着“小国”面临一条水平的出口供给曲线,即图 1(a)中的 XS 曲线,MD 为该国的进口需求曲线。图 1(a)中的 S 和 D 是国内产品供给和需求曲线。增收关税前,国内产量为 S_0,商品需求量为 C_0,

国内价格 P_0 等于世界价格 P^w，由于需求量大于产量，超额的需求通过进口来满足，进口量为 $M_0 = C_0 - S_0$。假设对单位商品征收关税 t，则进口需求曲线 MD_0 向下（向左）移动至 MD_1，移动的幅度为关税 t。此时，国内价格上升 t 至 P_1，相应地，国内厂商的产量提高至 S_1，而消费量减少为 C_1，商品进口量减少为 M_1。因此，对于小国来说，关税不影响世界价格，但提高国内价格，增加国内厂商的产量，而减少消费量，进口减少。

对于“大国”，其进口量的变化会影响世界价格，因此面临向右上方倾斜的出口供给曲线 XS^*（见图2），这意味着大国要进口更多的商品，必须提高购买价格。征收关税同样导致进口需求缩减，由 MD_0 向下移动至 MD_1，大国进口需求的减少导致世界价格由 P_0^w 下降为 P_1^w。相应地，国内税前价格也由 P_0 变为 P_1，税后价格升为 $P_2 = P_1 + t$。征税同样使国内厂商产出上升，而消费减少，进口量由 M_0 减少至 M_1。

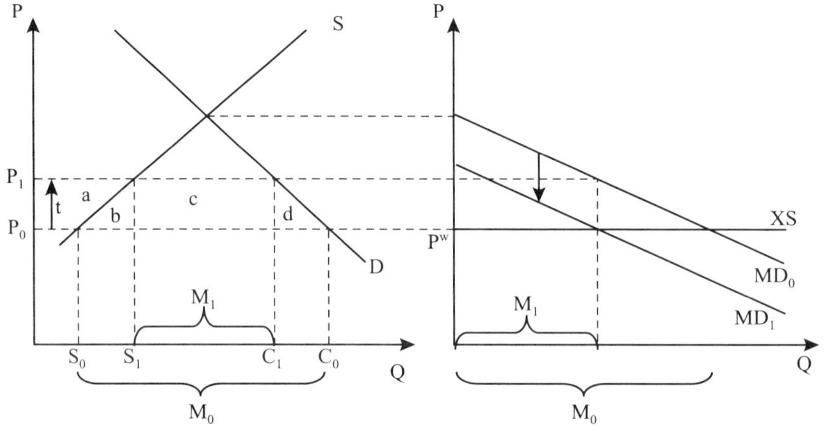

（a）　　（b）

图 1　“小国”征收关税的影响

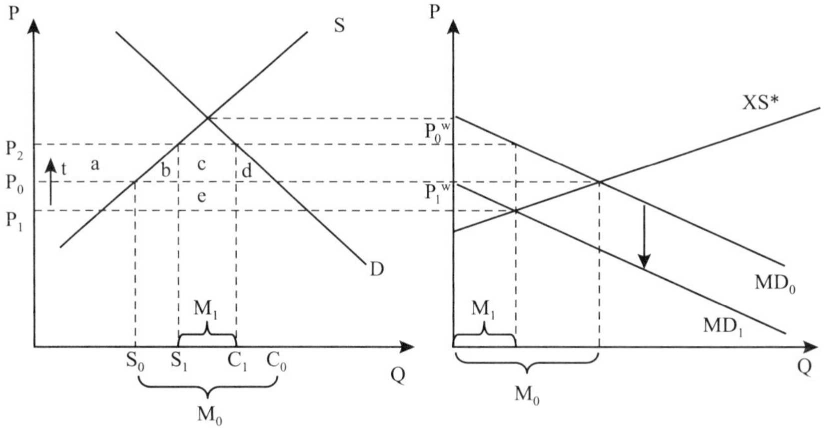

（a）　　（b）

图 2　“大国”征收关税的影响

虽然小国和大国征收关税后，国内产出、消费量和价格的变动方向相同，但对于福利的影响却存在差异。用生产者剩余和消费者剩余总和来代表社会福利。对于小国，在图 1（a）中，征收关税导致消费者剩余减少 a + b + c + d，生产者剩余增加 a，政府关税收入 c，因此社会总福利的减少 b + d。b 是由于关税对生产的扭曲造成的福利损失，而 d 是消费扭曲造成的福利损失。因此，对于小国，征收关税减少社会福利。对于大国，在图 2（a）中，征收关税同样导致消费者剩余减少 a + b + c + d，生产者剩余增加 a，但是政府税收收入为 c + e，因此社会总福利的变化量为 e - b - d。由于征税导致进口品的世界价格降低，改善了大国的贸易条件，这体现在增加的剩余 e 上。如果贸易条件改善所得 e 大于效率损失 b + d，则大国福利改善，否则大国福利减少。因此，征收关税对大国福利的影响是不确定的。

以上是对关税的局部均衡分析，对关税的一般均衡分析也可以得到类似的结论。对于大国，关税有可能提高其福利，但是还要确定最优关税水平，即能使社会福利最大化的关税。以生产者剩余和消费者剩余之和来衡量社会福利，则可以证明最优关税 t^* 为：

$$\frac{t^*}{p^*} = 1/\left(\frac{dx}{dp^*}\frac{p^*}{x}\right) = \frac{1}{\varepsilon_{x,p}} \tag{2}$$

式(2)中，p^* 是进口价格，x 是外国对本国的出口，等于本国的进口。等式(2)表明，最优关税等于外国出口价格弹性的倒数。对小国来说，出口供给曲线水平，即外国出口价格弹性无穷大，因此最优关税等于 0，即不征收关税；对于大国，只要外国出口价格弹性为正，则最优关税就是大于 0 的。有关最优关税的数学推导以及不完全竞争市场下的关税效应，可以参考罗伯特 · C · 芬斯特拉(Bobert C. Feenstra)的国际贸易学教材。

世界贸易组织(WTO)致力于降低成员方的关税壁垒，促进自由贸易。经过多轮谈判，大部分 WTO 成员方已经实现了大部分商品、大幅度的关税削减。当前国际贸易中存在的主要障碍已经不是关税壁垒，而是更加复杂、多变的非关税壁垒。即便如此，WTO 的《保障措施协定》(Agreement on Safeguards)仍然允许成员方在进口大幅增加而对国内生产同类产品的产业造成损害时，临时性提高关税以保护国内产业。此外，《1994 年关税与贸易总协定》第 20 条“一般例外条款”允许成员国为了“保护人类、动物或植物的生命或健康采取必要的贸易限制措施”，也允许成员方为了“可耗竭自然资源而采取有关措施，只要此类措施与限制国内生产和消费一同实施”。因此，WTO 成员方可能根据以上理由而提高某些产品的关税。近年来，欧美等发达国家以应对全球气候变暖和公平竞争为由，拟对来自没有实施对称的减排措施的国家的进口产品征收边境调节税(Border Tax Adjustments)(在国内往往被称为“碳关税”)，引起很大的争议。关税及其变体仍然是现实中备受关注的贸易政策。

参考文献：

[美]保罗 · R · 克鲁格曼、茅瑞斯 · 奥伯斯法尔德：《国际经济学》第六版，中国人民大学出版社 2006 年版。

曹静、陈粹粹：《碳关税：当前热点争论与研究综述》，载于《经济学动态》2010 年第 1 期。

海闻、林德特、王新奎：《国际贸易》，上海人民出版社 2003 年版。

李九领、钟昌元：《关税理论与政策》，中国海关出版社 2010 年版。

[日]朝仓弘教：《世界海关和关税史》，中国海关出版社 2006 年版。

Feenstra, R. C. , *Advanced International Trade: Theory and Evidence*, New Jersey: Princeton University Press, 2004.

（孔瑞　张文城）

非关税壁垒
Non-tariff Barriers

非关税壁垒是指除关税之外，对商品或服务进出口进行限制的各种政策措施。常见的非关税壁垒包括保障措施、反倾销、反补贴、技术标准、配额等。联合国贸易与发展会议(United Nations Conference on Trade and Development, UNCTAD)将非关税壁垒按照其作用机制分为七类：价格控制措施、技术性壁垒、数量控制措施、与进口有关的非关税壁垒、财政金融措施、自动许可措施和垄断措施。各类非关税壁垒的具体措施参见表 1。

表 1　　非关税壁垒的种类

非关税壁垒的类别	具体措施
价格控制措施	反倾销；反补贴；管理定价；最低限价；海关估价制
技术性壁垒	技术法规；装运前检验；技术标准；合格评定程序；特别海关程序；使用过的产品返回义务；循环利用的义务；包装标签要求绿色壁垒；动植物检验检疫措施
数量控制措施	非自动许可证，包括提前授权；配额；禁令；出口限制安排；企业特别具体限制；保障措施
与进口有关的非关税壁垒	关税附加费；额外收费；对进口产品征收的国内税收
财政金融措施	进口抵押制；提前支付要求；多重汇率；支付延迟；外汇管理制
自动许可措施	自动许可证；提前监管
垄断措施	专营；指定进口；强迫性国内服务；歧视性政府采购

资料来源：宋玉华、胡培战：《直面非关税壁垒扩大中国出口——理论、政策与应对平台》，中国社会科学出版社 2004 年版。

在《关税与贸易总协定》(General Agreement on Tariffs and Trade, GATT)和世界贸易组织(World Trade of Organization, WTO)的长期努力下，很多国家的关税壁垒大为减低，但是在降低各种非关税壁垒方面的谈判却没有重大突破，因此非关税壁垒逐渐成为自由贸易的主要障碍。与关税壁垒相比,非关税壁垒有以下三个显著特点:一是灵活性强。关税税率的制定、调整一般需要通过严格立法程序和必要的手续,并且往往受到WTO规则的严格约束,因此当一国的进口商品剧增时,很难通过调整关税来限制进口。而非关税壁垒的制定和实施通常采用行政手续,过程迅速、手续简单,并且花样繁多,进口国政府常常可以随时针对某国的特定商品设立或更换相应的进口措施,短时间内实现进口限制。二是隐蔽性强。进口国往往以某些表面上正当、合理的理由设立各种非关税壁垒,比如以保护人类、动植物健康或者生态环境为由,设立各种"绿色贸易壁垒",其贸易保护的意图更加隐蔽。因此,和关税等传统贸易政策相比,出口商更难通过WTO法律应对非关税壁垒。三是限制性强。很多非关税壁垒并不公开,相关标准和手续烦琐复杂,出口商不甚知悉,因此非壁垒出现时,往往措手不及,不知如何应对。同时,只要出口商价格有足够竞争力,也能够突破较高的关税壁垒,但是非关税壁垒,比如技术标准则往往可以有效地限制商品进口,因为短时间内出口商品很难改变或实现进口国要求的技术标准。

由于非关税壁垒具有上面的三个特点,它们对自由贸易的阻碍比关税更大,并且成为第二次世界大战以后,尤其是20世纪70年代以来,很多国家保护国内产业的主要贸易政策。事实上,美国学者爱德华·约翰·雷(Edward John Ray)很早就指出:非关税贸易壁垒已经成为贸易保护主义者更加有效和普遍的保护手段,并且在各种政治和经济环境下,非关税贸易壁垒都使得国内利益集团在争取贸易保护上更可能取得成功(Ray,1987)。

研究非关税壁垒对国际贸易的影响,需要比较准确地测度非关税壁垒的保护程度。当前,常用的测算方法有:

频度测算法。频度测算法通过测算频度比例(Frequency Ratio,FR)和进口覆盖比例(Import Coverage Ratio,ICR)两个指标来反映非关税壁垒的保护程度。FR和ICR的计算公式如下:

$$FR = \frac{NC_{NTB}}{TNC} \tag{1}$$

$$TCR = \frac{IM_{NTB}}{IM} \tag{2}$$

公式(1)中,NC_{NTB}是受到非关税壁垒限制的进口商品种类数,TNC是进口商品总的种类数。进口商品种类一般根据标准商品分类来划分,比如用《商品名称及协调编码制度》(The Harmonized Commodity Description and Coding System,HS)的HS编码两位数来划分商品种类。公式(2)中,IM_{NTB}是受到非关税壁垒限制的进口商品额,而IM是进口总额。

关税等值法(Tariff Equivalents)。非关税壁垒的实施引起进口产品价格的上升,关税等值法通过进口产品的国内价格和该产品的国际市场价格的比较来测度非关税壁垒的实施效应。在完全竞争的情形下,该指标类似于从价关税,因此被称为关税等值法。关税等值的计算公式如下:

$$ET = \frac{P_D - P_M}{P_M} \tag{3}$$

公式(3)中,P_D是进口产品的国内价格,P_M是进口产品的到岸价格。由于往往很难获得进口产品在进口国的市场价格数据,一般假设进口产品和国产的同种产品具有相同的价格,从而用此类产品的国内市场价格来近似表示P_D。

回归分析法。爱德华·里默尔(Edward E. Leamer)利用引力模型预测潜在双边贸易量,在一定的假设下,并剔除关税的影响,可用残差值来测算非贸易壁垒的保护程度。一国的非贸易壁垒保护程度可以用下面的指标来衡量(Leamer,1988)。

$$O = (\sum_j |NX_j| - \sum_j |NX_j^*|)/GNP \tag{4}$$

公式(4)中,NX_j^*是引力模型预测的产品j的净出口额,NX_j是实际净出口额,GNP是国民生产总值。该指标绝对值越大,反映非关税壁垒对经济的扭曲程度越高。

参考文献:

蒋德恩:《非关税措施》,对外经济贸易大学出版社2006年版。

宋玉华、胡培战:《直面非关税壁垒扩大中国出口——理论、政策与应对平台》,中国社会科学出版社2004年版。

Beghin, J. C., and Bureau, J. J., Measurement of Sanitary, Phytosanitary and Technical Barriers, A Consultants' Report Prepared for the Food, Agriculture and Fisheries Directorate, OECD, 2001.

Deardorff, A. V. and R. M. Stern, Measurement of Non-Tariff Barriers, OECD Economics Department Working Papers, No. 179, 1997.

Leamer, E. E., Measures of Openness, in Robert E. Baldwin, (ed) *Trade Policy Issues and Empirical Analysis*, Chicago: University of Chicago Press, 1988.

Maskus, K. E., and Wilson, J. S., Quantifying the Impact of Technical Barriers to Trade: A Review of Past Attempts and the New Policy Context, Seminar Paper, April 27, 2000.

Ray, E. J., Changing Patterns of Protectionism: The Fall in Tariffs and the Rise in Non-Tariff Barriers, *Nw. J. Int'l L. & Bus.* Vol. 8, 1987.

(孔瑞 张文城)

进口配额制
Import Quotas System

进口配额制是指一国政府在一定时期(通常为1年)内对某种商品进口数量或金额所规定的直接限制。在规定的时期内,配额以内的货物可以进口,超过配额不准进口,或者征收了较高的关税或罚款之后才能进口。

进口配额制一般分为绝对配额和关税配额两种。其中,绝对配额是指在一定时期内对某种商品的进口数量或金额规定一个最高数额,达到这个数额后,便不准进口。这种进口配额在实施中,又有以下两种形式:一是全球配额。即适用世界范围的绝对配额,它对来自任何国家或地区的商品一律适用,主管当局通常按进口商的申请先后或过去某一个时期的进口实际额批给一定的额度,直至总配额发放完为止,超过总配额就不准进口。二是选择配额。选择配额又称国别配额,它是根据某种商品的原产地,按国别和地区分配给固定的配额,超过规定的配额便不准进口。实行选择配额可以使进口国根据它与有关国家或地区的政治经济关系分配不同的配额。选择配额又可以分为自主配额和协议配额。

自主配额又称单方面配额,是由进口国家完全自主地、单方面强制规定的一定时期内从某个国家或地区进口某种商品的配额。这种配额无须征求输出国家的同意,一般参照某国过去某些年份的输入实绩,按一定比例确定新的出口数量或金额。由于各国或地区所占比重不同,所得到的配额有所差异,因此进口国可以利用这种配额贯彻国别政策。但是,也因分配额度有所差异,这种配额往往容易引起一些出口国家或地区的不满或报复。因此,一些国家就采取协议配额以缓和彼此的矛盾。协议配额又称双边配额,是由进口国和出口国政府或民间团体之间协商确定的配额。如果协议配额是通过双方政府的协议订立的,一般需在进口商中进行分配;如果协议是通过双边民间团体达成的,则应事先获得政府许可,方可执行。由于协议配额是由双方协商确定的,通常不会引起出口方的反感和报复,并可使出口国对配额的实施给予谅解和配合,因此较易执行。

进口配额制的另一种形式是关税配额,关税配额是指对商品进口的绝对数额不加限制,而对在一定时期内在规定的关税配额以内的进口商品,给予低税、减税或免税待遇;对超过配额的进口商品征收高关税、附加税或罚款。按征收关税的优惠性质,关税配额可分为优惠性关税配额和非优惠性关税配额。优惠性关税配额是对关税配额内进口的商品给予较大幅度的关税减让,甚至免税,而对超过配额的进口商品征收原来的最惠国税率;非优惠性关税配额是在关税配额内仍征收原来的进口税,一般按最惠国税率征收,但超过配额的进口商品即征收极高的附加税或罚款。

关税配额与绝对配额不仅表现出共同的性质,也显示出不同的应用特性。两者的共同点是都以配额的形式出现,可以通过提供、扩大或缩小配额的方式向贸易的另一方施加压力,使之成为贸易歧视政策的一项重要手段。而关税配额与绝对配额的不同之处在于:绝对配额规定一个最高进口额度,超过就不准进口;而关税配额在商品进口超过规定的最高额度后,仍允许进口,只是超过的部分被课以较高的关税。可见,关税配额是一种将征收关税同进口配额相结合的限制进口的措施。

进口配额制作为一国限制进口数量的重要措施之一,其限制作用远大于关税壁垒。首先,在关税壁垒的情况下,进口国虽然对某种商品征收较高的关税,但出口国可以通过低价销售,甚至采取倾销、出口补贴的手段冲破进口国的关税壁垒。但是在进口配额制下,进口国可以明确无误地将进口量确定在限额所规定的水平上,即使面对一些进口商品在任何正常关税水平上都会充分进口的局面,也能发挥十分有效的限制作用。同时,在经济衰退时期,进口配额制还是防止外国利用扩大出口转嫁经济危机的有力手段。其次,进口配额制作为一种行政干预手段,不需像关税一样要经过立法程序,而是由行政当局及时做出,因而可以有效应对国际经济活动中的突发事件。再次,进口配额制无须像关税政策一样承担赋予不同国家同等待遇的义务,而可以实行贸易歧视政策,向各国提供不同的贸易待遇。因此,进口配额制较关税壁垒而言更加灵活、更具歧视性,对进口限制的力度也更强。但与此同时,进口配额制依然存在着许多明显的缺陷。首先,进口配额制作为一种纯粹的行政干预手段,加快了与市场价格机制的背离,从而容易导致经济效率的损失。其次,其分配机制容易助长进出口商的垄断倾向,不利于产业的良性竞争。再其次,在通货膨胀时期,进口配额制会加速通货膨胀的恶化。最后,在需求水平提高的情况下,进口配额制将抑制本国的消费,对消费者将产生比进口关税下更大的利益损失。因此,进口配额制对进口国效率和福利的改善都具有不利的影响。

从实际情况看,进口配额制作为数量限制的一种运用形式,受到了自关税与贸易总协定(GATT)到世界贸易组织(WTO)旗帜鲜明的反对,GATT曾规定禁止数量限制条款,极大地限制了进口配额制在国际范围内的应用。中国进口配额制涉及的商品主要有纺织品、服装、某些钢材、船舶、汽车、轻工电器制品、部分化工产品、食品等,其中以纺织品、服装最为突出。但随着国际贸易一体化的发展,1994年世界贸易组织在乌拉圭贸易回合达成了《纺织品与服装协议》,规定从2005年1月起,所有纺织品和服装的进口配额制度将予以取消。目前中国实行进口配额制管理的商品为47种,进口配额制在WTO基本原则的约束下,其作用也逐步淡化。

参考文献:
陈宪:《国际贸易理论与实务》,高等教育出版社2000年版。
海闻、P. 林德特、王新奎:《国际贸易》,上海人民出版社2005年版。
尹翔硕:《国际贸易教程》,复旦大学出版社2005年版。

(孔瑞 林峰)

进口许可证

Import License

进口许可证是指一国政府出于禁止、控制或统计某些进口商品的需要所签发的一种证书,它是世界各国管理进口贸易的一项重要工具,也是国际贸易中作为进口限制的一类非关税措施。进口国家规定某些商品进口必须事先从指定的政府机关申办并领取进口许可证,商品才允许进口,否则一律不予进口。进口许可证常与进口配额、外汇管制等形式结合起来运用。

根据进口许可证与进口配额的关系,进口许可证可以分为:一是有定额的进口许可证。它是指国家有关机构先规定有关商品的进口配额,然后在配额的限度内,再根据进口商的申请发放一定数量或金额的许可证。一般来说,进口许可证是由进口国有关机构向提出申请的进口商发放的,但在特殊情况下,这种权限也可移交至出口国自行分配使用。二是无定额的进口许可证,即进口许可证不与进口配额相结合。有关政府机构预先不公布进口配额,此时进口许可证是根据临时的政治或经济的需要进行发放。由于此类进口许可证的颁发没有公开的标准,因而给正常的贸易造成更大的困难,起到更大的限制进口的作用。

根据进口商品的许可程度,进口许可证又可分为:一是一般进口许可证,也称自动进口许可证。它对进口国别或地区没有限制,其设立的主要作用是便于进口统计。凡列明属于一般许可证的商品,进口商只要填写一般许可证后,即可获准进口,因此属于这类许可证的商品实际上是"自由进口"的商品。二是特别进口许可证,也称非自动进口许可证。此类许可证大多指定进口国或地区,进口商必须向政府有关机构提出申请,经主管行政当局逐笔审批、批准后才能进口。它主要适用于需要严格数量或质量控制的商品。为了区分这两类许可证允许进口的商品范围,有关当局通常定期公布相关商品目录并根据需要及时进行调整。

中国实施进口许可证管理的主要目的在于平衡进出口贸易、保护特定产业以及更好地分配进口资源。改革开放以来,进口许可证作为进口贸易管理的重要工具之一,在保护国内资源和市场、维护经营秩序等方面发挥着重要作用。但随着中国进一步开放市场和加入世界贸易组织(WTO)后承诺的兑现,中国实行进口许可证管理的商品种类也在不断削减。在贸易自由化的时代背景下,国内绝大多数商品已取消进口许可的行政限制措施。

参考文献:
陈宪:《国际贸易理论与实务》,高等教育出版社2000年版。
海闻、P. 林德特、王新奎:《国际贸易》,上海人民出版社2005年版。
尹翔硕:《国际贸易教程》,复旦大学出版社2005年版。

(孔瑞 林峰)

出口补贴

Export Subsides

出口补贴,又称"出口津贴",是指一国政府为鼓励出口对出口国内产品的公司或个人实施的各项优惠财政措施。根据支付标准,出口补贴可以划分为从量补贴和从价补贴,其中从量补贴是根据每单位出口商品即贸易量补贴一个固定数额,从价补贴是指根据出口总值的一定比例即贸易额行补贴。此外,出口补贴还可以分为直接补贴和间接补贴,其中直接补贴主要是指出口商品时直接得到的现金补贴,其作用等价于负关税,而间接补贴主要是指对出口企业减税、提供优惠利率或提供廉价能源等优惠性财政措施。

出口补贴产生于17~18世纪重商主义学说,并在19世纪的幼稚产业保护论中得到论证,即对于那些具有学习发展潜力却在面临国外竞争中暂时处于不利地位的行业应该进行出口补贴等政策支持(Kemp,1974)。20世纪开始出口补贴对提高就业的作用被经济学家们注意到而被广泛主张。

在实行出口补贴政策下,出口企业会生产出口品直到国内价格与国外价格的差额正好等于补贴额为止。一般而言,对出口补贴的分析大多数主要基于直接贸易补贴以及两种基本要素和两种贸易商品的简化情形,目前为止主要形成了如下一些结论:

第一,出口补贴改变了政策制定国的收入分配。出口补贴提高了受补贴工业密集使用的生产要素的报酬,使收入分配朝着有利于该工业密集使用的要素方向进行。

第二,出口补贴恶化了政策制定国的国际贸易条件。出口补贴降低了出口商品在进口国的价格,提高受补贴行业要素所有者收入的同时带动了本国其他行业工人、其他产品价格提高,恶化了本国贸易条件,对本国造成一定程度的通货膨胀。

第三,出口补贴的对称定理,即存在一种相同影响的从价进口补贴率与任一种从价出口补贴率相对应。

第四,出口补贴对国民福利的影响。出口补贴使生产者获益的同时造成了生产扭曲,提高本国商品价格导致消费者损失,加之政府支付的补贴支出,综合衡量对整个出口补贴政策制定国而言出口补贴成本超过收益,而对受补贴行业无疑是有益的。

出口补贴常被用于贸易保护主义,形成对外贸易的非关税壁垒。世界贸易组织对贸易成员方的各种出口补贴政策区别对待,在《补贴与反补贴协议》中将出口补贴区分为禁止性补贴(即严重损害别国利益、直接扭曲对外贸易的销售加工环节补贴)、可申诉补贴以及不可申诉补贴(具有普遍适用性和适合经济发展需要的补贴)三种类型。

出于国家安全考虑,出口补贴被广泛用于农产品、乳制品等产品,对农民设置专门的收入支持项目,其中欧美是实施出口补贴的大国。美国出口提升计划(Export Enhancement Program,EEP)、乳产品出口激励计划(Dairy Export Incentive Program,DEIP)旨在提高本国农产品在与其他补贴国家中的竞争优势,尤其是欧盟,商品涉及小麦、稻米、牛肉、鸡蛋、蔬菜等农产品。由于受乌拉圭回合条款和世界贸易组织规则限制,美国通过商品最大预算支出计划设置了年出口补贴的最大上限。

近年来出口补贴出现了一种难以衡量、不透明、间接的新形式即隐蔽性出口补贴,例如国营贸易企业活动、出口融资支持、国际粮食援助等。世界贸易组织2000年开始的农业谈判中隐蔽性出口补贴已经成为重要议题,并开始出现涉及隐蔽性出口补贴的案件。

中国在加入世贸组织时便承诺自加入之日起不对农产品采取任何出口补贴,因而建立完善的以出口信贷、出口信贷保险为重点的农产品融资支持体系对中国促进农产品出口、提升农产品国际竞争力提升的意义尤为重大。此外在"入世"谈判过程中,中国农产品国营贸易以低于国内其他私有单位价格出售也被视为出口补贴,因此中国承诺国营单位均按照出口补贴在内的WTO义务经营,《中国入世议定书》就防止中国国营贸易变相补贴也做出了相关规定。中国加入WTO后,美国等成员方对中国出口补贴问题进行了密切关注,到目前为止没有发现相应的确切证据。

在农产品出口补贴上中国承担了与发展中国家不相符合的责任,在WTO谈判中中国要求其他WTO成员方平等平行地取消所有形式的出口补贴。此外,隐蔽性出口补贴的出现,也对中国进一步提高甄选能力提出了要求。

参考文献:

[英]伊特韦尔等:《新帕尔格雷夫经济学大辞典》,经济科学出版社1996年版。

[美]保罗·克鲁格曼、茅瑞斯·奥伯斯法尔德:《国际经济学》,中国人民大学出版社2011年版。

M. C. KEMP, Learning by Doing: Formal Tests for Intervention in an Open Economy, *Keio Economic Studies*, October 1974.

A. P. Lerner, The Symmetry between Import and Export taxes, *Economica*, August 1936.

WTO Agriculture Negotiations: The Issues, and Where We Are Now? 世界贸易组织官方网站,2004年12月1日,http://www.wto.org/english/tratop_e/agric_e/agnegs_bkgrnd_e.doc.

(孔瑞 洪丽明)

出口信贷

Export Credit

出口信贷是指一国政府为支持和扩大本国产品的出口、增强产品的国际竞争力,通过出口信贷机构对本国出口产品给予利息补贴、提供信贷担保或出口信用保险等方式,鼓励本国商业银行对本国出口商、外国进口商(或其银行)提供利率较低的贷款,以解决本国出口商资金周转的困难或满足外国进口商支付货款需要的一种国际信贷方式。

出口信贷的主要特点是:出口信贷所支持的一般为大型设备出口,金额大、期限长、利率低;以出口信贷保险为基础,保险与银行融合在一起,以减少风险程度;它是政府干预出口贸易的一项重要措施。

出口信贷起初是西方工业国家争夺市场、扩大出口的一种手段。第二次世界大战后,由于国际贸易中保护主义势力的强化和各工业品出口国之间日益加剧的竞争形势,西方各主要工业国家的政府除了对出口实行税收优惠和补贴等有限鼓励措施之外,更主要的是通过对出口信贷的支持来扩大本国产品的出口。出口信贷成为这一时期贸易战的新手段,而竞争的结果也导致第一个出口信贷国际性组织的产生。1934年,西方主要工业国家在瑞士伯尔尼成立了信贷及投资保险国际联盟(International Union of Credit and Investment Insurers),简称伯尔尼联盟(Berne Union)。成员国主要包括西方工业国的官方、非官方的出口信贷机构及私人金融企业,其联盟的基本意义在于保护出口国的利益,限制成员国之间的恶意竞争。1978年2月,经济合作与发展组织(Organization for Economic Cooperation and Development, OECD)在法国巴黎进一步达成了《官方支持出口信贷准则安排》(Arrangement on Officially Supported Export Credits),又称《君子协定》(Gentleman's Agreement),该协定对出口信贷的适用范围、利率水平、利率结构等方面予以规范。此后,成员国根据其在实际执行过程中出现的问题多次对该协定做出修订,很大程度上缓和了各出口国相互压低出口信贷利率的局面。出口信贷除了在发达工业国家被广泛运用外,在发展中国家也发展迅速。"二战"以来,随着广大发展中国家政治独立和民族经济的发展,出口信贷作为推动出口的工具日益受到这些国家的政府和经济界的重视,许多发展中国家采取切实有效的措施,制定和调整适合于本国经济发展需要的出口信贷政策,建立或进一步加强本国的出口信贷体制,以扩大产品的出口和加速民族经济的发展。由此,出口信贷已成为战后世界各国推动出口贸易发展的重要工具。

出口信贷可以分为直接信贷和间接信贷两种形式。其中,直接出口信贷是出口国政府为鼓励产品出口,提高产品的竞争能力,支持出口方银行直接对本国出口商或外国进口商(或其银行)提供的商业贷款。它是一国政府利用本国银行的贷款扩大商品出口,尤其是金额较大、期限较长的商品如成套设备、船舶等出口的一项重要手段。直接出口信贷又可分为买方信贷和卖方信贷。间接出口信贷也称出口信贷国家担保制,它是一国政府有关机构对本国出口商或商业银行向外国进口商(或其银行)提供的信贷负责担保。当外国债务人拒绝付款时,由国家机构按照承保的数额给予相应补偿。

此外,出口信贷的另一种重要表现形式为福费廷(Forfeiting)。福费廷作为一种资金融通形式,是指出口商在进行延期付款的大型项目贸易时,事先与出口商所在国经营该业务的银行或金融公司签订协议,由银行无追索权地购进由出口商出具的、经进口商承兑的远期汇票或进口商出具的本票而取得现款。福费廷作为一种灵活的国际金融服务,使出口商在获得出口融资的同时,又能有效防范信贷风险与汇价风险。因此,这种出口信贷的形式在国际贸易合作中得到日益广泛的运用。

使用出口信贷的意义主要体现在以下几方面:第一,出口信贷一般是固定利率,不仅便于进口商计算成本,而且可以保护借款人免遭市场利率波动的风险;第二,贷款期限较长,贷款平均期限一般高于商业贷款平均期限;第三,由于官方机构的担保,出口信贷分布范围较为广泛;第四,中、长期出口信贷一般有利率补贴,降低了使用者的资金成本。

随着现代国际经济与贸易的发展,出口信贷作为国际贸易与国际金融相互交叉的一个重要经济领域,已成为一国政府扩大出口的有力手段。世界上许多国家为规范出口信贷工作,都设立了专门的银行办理此业务。例如,美国的"进出口银行"、日本的"输出入银行"、法国的"对外贸易银行"等。这些银行除了对大型固定资本设备等商品的出口提供出口信贷外,还向本国私人商业银行提供低息贷款或给予贷款补贴,从而资助其出口信贷业务。有的还对私人商业银行的出口信贷提供政治风险与商业风险的担保,确保出口信贷业务的执行。

中国出口信贷业务的发展可以划分为三个阶段:第一个阶段是从1980年到1994年。此阶段的出口信贷业务由中国银行办理;第二个阶段是从1994年到2001年。1994年中国成立了办理出口信贷业务的政策性银行——中国进出口银行,实现了政策性金融和商业性金融的分离;第三个阶段是从2001年至今。目前,办理出口信贷融资业务的除官方的专门机构——中国进出口银行外,还有中国银行、中国建设银行、中国工商银行、国际发展银行等商业性银行。出口信贷体制的改革为大力发展中国出口信贷业务,进而不断扩大中国机电产品和成套设备等资本性货物的出口奠定了稳固的金融基础。

参考文献:
尹翔硕:《国际贸易教程》,复旦大学出版社2005年版。
海闻、P. 林德特、王新奎:《国际贸易》,上海人民出版社2005年版。
吴健:《出口信贷演变进程及其对策分析——我国利用出口信贷政策的反思》,载于《国际金融研究》1997年第8期。

(孔瑞 林峰)

商品倾销
Dumping

商品倾销是扩大出口的一项贸易政策,是指出口商以低于国际市场价格,甚至低于商品生产成本的价格在国外市场抛售本国商品,打击竞争对手以占领或巩固国外市场。

实行商品倾销的具体目的在不同情况下也有所不同,主要有以下几种政策目标:一是打击或摧毁竞争对手,以扩大和垄断某种产品的销路;二是在国外建立新产品的销售市场;三是阻碍当地同种产品或类似产品的生产与发展,以继续维持其在当地市场上的垄断地位;四是推销过剩产品,转嫁经济危机;五是打击发展中国家的民族经济,以达到经济、政治上控制的目的。商品倾销通常是由私人垄断企业施行,但是,随着国际竞争和贸易战的加剧,一些国家也开始设立专门机构直接对外倾销商品。

商品倾销作为一种经济行为,很早就产生于商品的市场交易之中。早在1776年,英国著名经济学家亚当·斯密(Adam Smith)在其名著《国民财富的性质和原因的研究》中论述当时各国官方对出口贸易进行奖励时,首次将倾销的概念引入经济学领域。但文中提及的"倾销"有别于现代意义上的倾销概念,不具有"低价抛售商品"之意,其含义更接近于国际贸易法中的"补贴"。随着国际分工的深化和国际市场竞争的加剧,意指在国外市场低价抛售商品的"倾销"概念,首先在美国《1868年商业与财政年鉴(VI326/I)》(Commercial and Financial Chronicle)中出现。美国《1884年国会记录》(Congressional Record 1884)则明确提出,倾销是出口商在国外市场廉价抛售商品。20世纪初,"倾销"的概念开始得到广泛使用。对"倾销"最为经典的经济学定义来自美国新古典经济学家雅各布·瓦伊纳(Jacob Viner)。瓦伊纳在《倾销:国际贸易中的一个问题》一书中将倾销定义为:同一种商品在不同国家市场上实施价格歧视。在此,"价格歧视"是指同一产品以不同价格向相互竞争和不相互竞争的买主出售的行为。瓦伊纳这一"价格歧视"说被经济学界广泛接受,由此也确定了其在倾销和反倾销学术界的权威地位,但是瓦伊纳并未解释为何会出现出口价格低于国内价格这一现象。对此,众多学者试图从不同的角度予以解答。一种可能是存在这样一种竞争结构:出口厂商之间不仅要在国内进行竞争,而且还要在出口市场上与外国企业竞争。即使两国存在相同的市场需求弹性,但每个厂商在进口国所面临的弹性更高一些,因为那里有更多的厂商竞争。因此,在其他条件均相同的情况下,出口厂商在国外的要价将低于国内(Eichengreen and Van der Ven,1984)。另一种可能性涉及市场之间的运输成本。在其他条件相同的情况下,这类厂商在均衡时会面临国外市场所占份额比国内市场少的状况,这同样意味着存在厂商面临的需求弹性在国外市场大于国内市场的推断,此时这种性质与两国相互倾销的行为相联系(Brander and Krugman,1983)。

在实践中,随着1948年《关税与贸易总协定》(GATT)生效并于1955年扩展为永久性的国际条约后,其对国际经济贸易中已存在的商品倾销也做出了明确的规定。首先,GATT规定,一国商品以低于正常价值的价格进入另一国市场,如对该国市场上某种产业造成了实质性的损害或产生了实质性的威胁,或者说阻碍了进口国同类产业的产生,则构成倾销。其次,GATT对倾销的构成也予以明确。倾销包括三个基本要素:一是产品出口价格低于正常价值;二是给有关国家同类产品的工业生产造成损害;三是低于正常价值的价格及买卖与损害之间存在因果关系。这三个因素缺一不可。最后,GATT对倾销的衡量标准予以说明。倾销的确定需要按照公平的原则,比较出口产品价格与其正常价值的情况,如果出口价格低于正常价值时,则存在倾销。

根据倾销的具体目的和时间的不同,商品倾销可以分为以下三种形式:第一,偶然性倾销。这种倾销常常是因为销售旺季已过,或因公司改营其他业务,在国内市场上无法售出"剩余货物",而以倾销的方式在国外市场销售。这种倾销对进口国的同类产品生产当然会造成不利的影响,但由于时间短暂,进口国通常较少采用反倾销措施。第二,间歇性或掠夺性倾销。这种倾销是以低于成本的价格在某一国外市场上倾销商品,在击垮全部或大部分竞争对手、垄断这个市场之后,再提高价格。这种倾销的目的是占领、垄断和掠夺国外市场,最终获取高额利润。这种倾销严重损害了进口国家的利益,因而许多国家都采取反倾销税等措施进行抵制。第三,长期性倾销,又称持续性倾销。这种倾销是长期以低于国内市场的价格,在国外市场出售商品。由于这种倾销具有长期性,其出口价格应至少不低于边际成本,否则长期出口将面临长期亏损。在产品具有规模经济的时候,厂商可以通过扩大生产来降低成本,以维持长期的对外倾销。此外,一些出口厂商还可以通过获取本国政府的出口补贴来进行这种倾销。

商品倾销由于实行低价策略,必然会导致出口商利润减少甚至亏损。这一损失一般可以通过以下途径得到补偿:一是采用关税壁垒和非关税壁垒措施控制外国商品进口,防止对外倾销商品回流,以维持国内市场上的垄断高价;二是出口国政府对倾销商品的出口商给予出口补贴,以补偿其在对外倾销商品中的经济损失,保证外汇收入;三是出口国政府设立专门机构,对国内相关产品高价收购,对外低价倾销,由政府负担亏损额;四是出口商在以倾销手段击垮竞争对手、垄断国外市场后,再抬高价格,从而获得垄断利润以弥补商品倾销的损失。实际上,采取上述措施,往往不仅能够弥补损失,而且还会带来较高利润。这也是长期以来,世界上许多国家尤其是发达资本主义国家,以商品倾销作为对外竞争和争夺国际市场的重要手段的主要原因。

尽管如此,商品倾销容易引起对进口国同类工业的损害或损害威胁,不利于民族工业的发展,因此GATT在20世纪60年代中期就通过了《反倾销协议》,并经过数次修改和补充,规定进口国可以用反倾销税的形式加以抵制。

参考文献:

[英]大卫·李嘉图:《政治经济学及赋税原理》,商务印书馆1962年版。

[美]雅各布·瓦伊纳:《倾销:国际贸易中的一个问题》,商务印书馆2003年版。

海闻、P. 林德特、王新奎:《国际贸易》,上海人民出版社 2005 年版。

尹翔硕:《国际贸易教程》,复旦大学出版社 2005 年版。

Brander, J. and Krugman, P., A "Reciprocal Dumping" Model of International Trade. *Journal of International Economics*, Vol. 15, No. 3, 1983.

Eichengreen, B. and Van der Ven, H., *US Antidumping Policies: The Case of Steer. in the Structure and Evolution of Recent US Trade Policy*, Chicago: University of Chicago Press, 1984.

(孔瑞　林峰)

贸易救济

Trade Remedies

贸易救济是指在世界贸易组织及其他多边贸易规则框架下运行的对外贸易中,进口国政府应对不公平进口行为冲击或者过量进口导致的国内产业不同程度损害而采取的一系列救济措施的总称,以此保护国内产业,并广泛适用于美国、欧盟、日本等主要贸易成员国。近年来贸易救济逐步扩展到知识产权、环境标准、劳工标准领域。

贸易救济采取的措施主要是"两反一保"即反倾销、反补贴以及保障措施。其中,保障措施与反倾销、反补贴相比具有如下性质:首先,保障措施坚持非歧视原则,尽管提高了进口价格,但能够维持最有效的供应关系,减少了成本高昂的贸易转移发生。其次,由于具有一定的时效性,能够逐渐消除保护主义,剔除经济发展障碍,促进经济危机时期各国经济复苏。再其次,保障措施更富有公平贸易理念,与设置其他复杂形式的贸易壁垒比较而言,更能够节约政府资源,对进口国的负面效应也较小。此外,反倾销、反补贴措施主要针对价格歧视的不公平贸易,而保障措施主要适用于进口激增的情况。

根据采取贸易救济的目的,贸易救济可以划分为三类:一是旨在调整不公平进口贸易的救济(如针对不公平的低于本国价格的倾销);二是试图调整国际的贸易往来平衡的救济;三是标准国际贸易条例以外的政治或产品特殊救济,比如农产品进口以及针对诸如使用奴隶、童工的外国贸易政策等。此外,根据贸易救济涉及的双方主体,贸易救济包含应对国外贸易救济和对外发起的贸易救济。与此相关的概念还包括产业安全、自由贸易、战略性贸易政策、贸易保护、公平贸易。

一般而言,主管当局认为有必要发起贸易救济或者经国内产业代表申诉后,发起"二反一保"调查,得出损害结案后对外国进口品提高关税或者进行配额限制,这是一国采取贸易救济的主要表现形式。

贸易救济的产生和发展是国际贸易自由化过程的必然产物,它是在自由贸易与贸易保护主义交替协调发展中产生的。随着国际贸易自由化进程的加快,世界各国分享国际贸易的成果时,一部分国家由于受不公平进口或者过量进口确实使国内产业受到损害冲击,为了国际贸易得以可持续发展,1947 年贸易救济首次在关税与贸易总协定(GATT1947 第 6 条、第 19 条)中得到认可,随后 1967 年日内瓦《关于实施关税与贸易总协定第 6 条的协定》、1979 年日本《关于实施关税与贸易总协定第 6 条的协定》、1994 年乌拉圭回合《关于实施 1994 年关税与贸易总协定第六条的协定》、《补贴与反补贴措施协定》、《保障措施协定》中得到后续发展,并被越来越多的国家提上法律框架。

贸易救济的产生和发展,对进口国在维护公平贸易、保护国内产业安全以及保持国际收支平衡、维护国内贸易秩序方面起到一定作用,同时在一定程度上促进国际贸易的可持续发展。

中国自 1997 年颁布《反倾销与反补贴条例》起,逐步建立起由法律(《外贸法》)、行政法规(国务院反倾销、反补贴、保障措施三个条例)、部门规章以及其他相关法律法规和司法解释组成的中国贸易救济法律体系,开始了中国贸易救济逐步稳步发展保护国内产业的历程。

参考文献:

鲍晓华:《反倾销措施的贸易救济效果评估》,载于《经济研究》2007 年第 2 期。

Chad P. Bown, Trade Remedies and World Trade Organization Dispute Settlement: Why Are So Few Challenged, *The Journal of Legal Studies*, Vol. 34, No. 2, June 2005.

Chad P. Bown, The Global Resort to Antidumping, Safeguards, and Other Trade Remedies amidst the Economic Crisis, World Bank Policy Research Working Paper, 2009.

Mostafa Beshkar, Optimal Remedies in International Trade Agreements, *European Economic Review*, Vol. 54, Issue. 3, April 2010.

(孔瑞　洪丽明)

反倾销

Anti-dumping

当出口商以低于国内市场价格的售价在海外大量销售商品时,会被认为是在进行商品倾销。"倾销"被认为是一种不公平竞争,可能对进口国同类产业造成损害。"反倾销"就是对倾销行为所采取的抵制措施,一般是销售地所在国家对倾销的外国商品增收附加税，提高其售价，保护本国受进口产品倾销损害的产业。此种附加税称为“反倾销税”。

反倾销是世界贸易组织（WTO）允许的一种贸易救济手段。WTO关于反倾销的法律规范主要是《1994年关贸总协定》第6条和《关于实施1994年关税与贸易总协定第6条的协定》（简称《反倾销协定》）。《1994年关贸总协定》第6条对倾销的定义做了初步的规定，并授权缔约方在一定的条件下可以采取反倾销措施。《反倾销协定》对反倾销中的实体性和程序性问题作了规定，包括倾销、损害、国内产业和同类产品的定义，倾销、损害的认定方法，反倾销立案、调查和裁决的程序，反倾销措施的种类和期限，反倾销调查的终止条件，反倾销复审和司法审查，反倾销争议的处理等。

按照WTO规则，对进口产品采取反倾销措施应符合三个条件：首先，进口产品以倾销价格进入进口国市场。对倾销的认定方法主要是比较进口产品的出口价格是否低于该产品在出口国国内市场的售价或成本。其次，倾销对进口国生产同类产品的产业造成实质性损害，或者已经威胁或阻碍该国此类产业的建立。是否是“同类产品”，主要是考察进口产品与国内产品在物理、化学特性、生产工艺、用途、销售渠道上的相似程度以及两者的竞争程度。“国内产业”是指国内生产同类产品的全部或占主要部分的生产商。对于欧盟等共同市场，国内产业指整个一体化地区的产业。确定是否产生“实质性损害”，一般是审查进口产品的数量及其对国内市场同类产品价格，审查过程必须评估影响产业状况的所有经济因素和指标，包括销售额、利润、产量、市场份额、生产力等。最后，进口产品的倾销与国内产业遭受的损害存在因果关系。判定倾销与损害的因果关系，必须考虑同时对国内产业造成损害的其他已知因素的影响，不能将这些因素对产业的损害归因于进口产品的倾销。

当代表国内产业的企业团体向政府提出反倾销申请时，反倾销调查机构进行反倾销调查，过程一般包括立案、初裁和终裁等阶段。如果调查机构根据初步调查结果认定存在倾销，且对国内产业造成实质性损害，则可决定采取临时反倾销措施，并继续调查，否则应立即终止调查。调查机构根据最终调查结果做出终裁，决定是否采取最终反倾销措施或终止调查。当进口产品的倾销幅度低于2%或进口产品占据的市场份额低于3%时，调查也应立即终止。反倾销措施可采用反倾销税或价格承诺的形式，后者是指出口商承诺提高价格，停止以倾销价格出口。反倾销税的征收幅度不能高于倾销幅度。反倾销措施的实施期限自实施之日起不超过5年，经反倾销日落复审可以延长，每次延长5年。不同国家的反倾销法律框架存在差异，因此反倾销调查程序也存在一些差异。目前，中国有关反倾销措施的法律是2004年6月1日开始施行的《中华人民共和国反倾销条例》。另外，商务部进出口公平贸易局2009年编著的《应对国外贸易救济调查指南》是了解其他主要国家或地区反倾销调查法律和调查程序的重要参考资料。

根据WTO的统计，自1995年1月1日WTO成立起至2012年6月30日，共有46个国家（地区）（欧盟作为一个整体）发起反倾销调查，累计立案4125起。其中，美国、欧盟、澳大利亚、加拿大、韩国是发起反倾销的主要发达经济体，而印度、阿根廷、巴西、南非、中国则是发起反倾销的主要发展中国家（见表1）。从全球反倾销活动变化趋势来看，1995年以后反倾销数量不断上升，1999～2002年是全球反倾销活跃时期，但2003年反倾销数量大幅减少，之后年份全球反倾销数目趋于平稳（见图1）。从反倾销的产品部门来看，反倾销措施主要集中在化工、钢铁、塑料、纺织、机械等产品领域（见表2）。

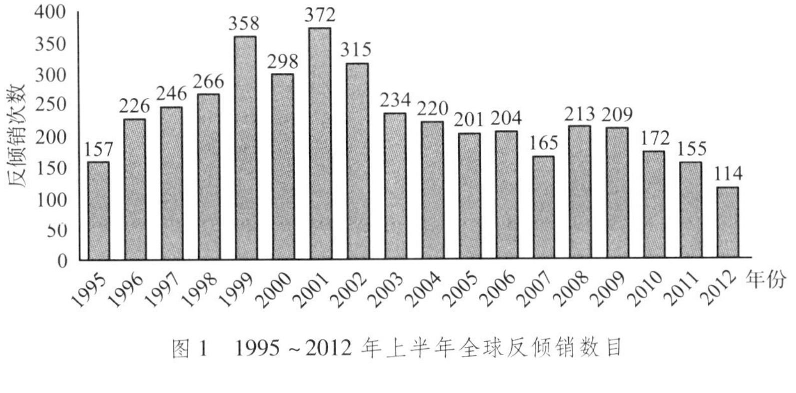

图1 1995～2012年上半年全球反倾销数目

表 1 1995～2012 年上半年各国(地区)累计发起反倾销调查的次数

发起国(地区)	发起反倾销数	发起国(地区)	发起反倾销数	发起国(地区)	发起反倾销数
印度	663	土耳其	154	泰国	56
美国	465	韩国	112	马来西亚	48
欧盟	444	墨西哥	106	以色列	45
阿根廷	301	印度尼西亚	96	乌克兰	40
巴西	258	埃及	71	中国台湾地区	33
澳大利亚	241	巴基斯坦	71	其他国家	162
南非	216	秘鲁	71	发达国家	1548
中国	195	哥伦比亚	56	发展中国家	2577
加拿大	165	新西兰	56	所有国家	4125

资料来源:来自 WTO 官网,http://www.wto.org/english/tratop_e/adp_e/adp_e.htm。发达国家和发展中国家的划分根据联合国开发计划署(UNDP)发布的《2010 年人文发展报告》。

表 2 1995～2012 年上半年各产品部门累计发生的反倾销次数

产品部门	反倾销数	产品部门	反倾销数
活动物和动物产品	27	纸、纸板及其制品	117
植物产品	39	纺织原料及纺织制品	239
动植物油脂;动植物蜡	2	鞋、帽、羽毛、人造花	23
食品;饮料、酒及醋;烟草	32	石料、石膏、陶瓷产品、玻璃及其制品	92
矿产品	47	贱金属及其制品	737
化学工业及其相关工业的产品	566	机械和电气设备	224
塑料、橡胶及其制品	333	车辆、航空器和船舶	28
生皮毛皮及其制品;鞍具及旅行用品	2	仪器仪表、钟表;声音的录制和重放设备	33
木材,软木制品;篮筐	44	杂项制品	64

资料来源:来自 WTO 官网,http://www.wto.org/english/tratope/adp_e/adp_e.htm。

反倾销措施被频繁使用的原因有:一是关税、配额等传统贸易壁垒已经大幅削减,所剩的能够保护国内市场的传统手段不多;二是反倾销措施是 WTO 允许的少数贸易救济手段之一,且使用灵活性高、范围广、见效快,被贸易保护主义者所偏好;三是现行《反倾销协定》的一些条款存在模糊和缺陷,成员国之间不能统一解释和适用反倾销措施,容易引起不规范的使用。此外,宏观经济形式对各国反倾销的使用具有重要的影响。在经济不景气、失业率上升时,贸易保护主义抬头,使用反倾销措施的国家往往在短期内迅速增加。

当前,中国是遭受反倾销调查最多的国家。从 WTO 成立到 2008 年 6 月,中国共遭受反倾销诉讼 640 件,占世界全部反倾销案件的 19.4%。国内学者王孝松和谢申祥研究认为,出口激增和人民币贬值是中国频繁遭遇反倾销的重要原因,而近年来具有比较优势的商品同中国重叠较大的发展中国家也更倾向于对中国发起反倾销诉讼(王孝松、谢申祥,2009)。中国自 1997 年中国颁布《反倾销和反补贴条例》后,对外发起的反倾销调查也逐渐增多。鲍晓华实证研究发现,中国反倾销措施对指控对象国的进口有明显的贸易限制效应,并且征税案例和无损害结案的案例对指控对象国的进口贸易都有重要影响,即反倾销具有"调查效应"(鲍晓华,2007)。

参考文献:

鲍晓华:《反倾销措施的贸易救济效果评估》,载于《经济研究》2007 年第 2 期。

尚明:《反倾销:WTO 规则及中外法律与实践》,法律出版社 2003 年版。

商务部进出口公平贸易局:《应对国外贸易救济调查指南》,中国商务出版社 2009 年版。

王孝松、谢申祥:《中国究竟为何遭遇反倾销——基于跨国跨行业数据的经验分析》,载于《管理世界》2009 年第 12 期。

(孔瑞 张文城)

反补贴

Countervailing

"补贴"(Subsidy)是指政府对商品生产商或出口商直接或间接给予的任何财政资助、价格支持或其他利益。"反补贴"一般是指本国政府通过征收反补贴税(Countervailing Duties)对受到外国政府补贴的进口产品进行价格调整,以消除外国补贴政策影响的措施。

反补贴是世界贸易组织(WTO)允许的、针对不公平贸易的一种贸易救济措施(参见"贸易救济")。WTO 与补贴、反补贴相关的法律包括《1994 年关贸总协定》(GATT 1994)第 6 条有关反倾销税和反补贴税的规定、第16条关于补贴的规定、《补贴与反补贴协议》(Agreement on Subsidies and Countervailing Measures,SCM Agreement)以及《农业协定》(Agreement on Agriculture)。《补贴与反补贴协定》包含了《1994年关贸总协定》第6条和第16条的内容,该协定规定了三种补贴,即禁止性补贴、可诉补贴和不可诉补贴,其中前两种允许采取反补贴措施。禁止性补贴是直接对进出口贸易造成扭曲的补贴,又称"红色补贴",包括两类:一是在法律上或事实上以出口实绩为唯一条件或多种条件之一而给予的补贴;二是以使用国产产品而非进口产品为唯一条件或多种条件之一而给予的补贴。成员方政府一旦实施禁止性补贴,则任何受影响的其他成员方都可以直接采取相应的反补贴措施。可诉补贴又称"黄色补贴",是禁止性补贴以外、具有一定合理性又可能损害其他成员方利益的补贴。成员方政府实施可诉补贴时,其他成员方可以对可诉补贴采取反补贴措施,但前提条件是这些补贴造成了其利益损失,这包括:(1)对其国内产业造成损害;(2)抵消或者损害其根据《1994年关贸总协定》直接或间接获得的利益;(3)严重损害其利益,比如对一种产品的补贴超过该产品总价值的5%、重复性地对一个行业或企业的全部经营亏损进行补贴都可以认为是严重损害其他成员方利益的补贴。最后,不可诉补贴又称"绿色补贴",成员方不可以对不可诉补贴采取反补贴措施。非专项性补贴、对企业或与企业有合同关系的高等院校进行的研究活动给予的补贴以及对落后地区提供的补贴都属于不可诉补贴。WTO《农业协定》中规定了农业补贴,并且《农业协定》所允许的措施免于基于《补贴与反补贴措施协定》的申诉。

反倾销的调查对象是企业,而反补贴的调查对象包括企业、政府、公共机构或其授权部门,但二者的基本程序很相似。不同的是,进口国在发起反补贴调查前,要与对应的补贴国政府进行磋商,而反倾销调查中,进口国政府仅需履行对出口国政府的立案通知义务。图1显示了反补贴措施的基本程序。反补贴措施包括征收补贴税和承诺,与反倾销措施一样,实施期限不超过5年,但经日落复审可延长。中国有关反补贴措施的法律是2004年6月1日开始施行的《中华人民共和国反补贴条例》。国内学者卜海编著的《国际经济中的补贴与反补贴》介绍了美国、欧盟、印度、巴西、土耳其及阿根廷的反补贴法律制度。

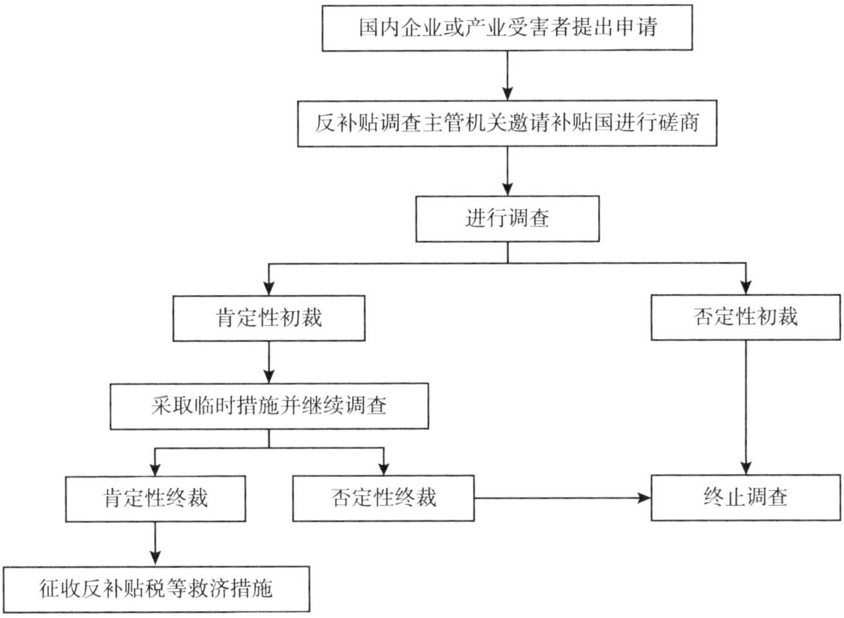

图1 实施反倾销措施的流程图

资料来源:卜海:《国际经济中的补贴与反补贴》,中国经济出版社2009年版。

由于早期主要发达国家认为反补贴不适用于非市场经济国家,因此直至2004年以前,中国遭受的反补贴调查非常少。1979~2004年,中国总共仅受到3起反补贴调查。但2005年开始,针对中国进行的反补贴调查越来越多。据世界贸易组织秘书处统计,1995年1月1日到2010年12月31日,贸易伙伴国对中国共发起了43起反补贴调查,其中29起最终采取反补贴税等反补贴救济措施。中国成为同期世界上遭遇反补贴最多的国家,并且这些反补贴调查中,很多与反倾销调查一起进行,形成所谓的"双反"调查。针对中国的反补贴调查的焦点问题包括税收项目优惠、优惠贷款、基础设施和原材料价格优惠、国有企业补贴项目、地方性补贴项目等方面。

参考文献：

卜海：《国际经济中的补贴与反补贴》，中国经济出版社2009年版。

单一：《WTO框架下补贴与反补贴法律制度与实务》，法律出版社2009年版。

李本：《补贴与反补贴制度分析》，北京大学出版社2005年版。

王贵国：《世界贸易组织法》，法律出版社2003年版。

（孔瑞　张文城）

战略性贸易政策
Strategic Trade Policy

战略性贸易政策是指一国采取出口补贴等保护政策以改善本国企业在国际竞争博弈的行为结果，通常运用于两个或两个以上的国家竞争，其中各国政府企业所采取的产量、政策决策都会对博弈中的其他国家和企业产生影响。其基本思想是贸易政策可以通过提高本国在国际市场的市场份额将外国企业利润转移到本国，实现转移租效应，常见的战略性贸易政策工具有出口补贴、进口关税、对产品研发的补贴或投资等。

关于国际贸易政策的争论早在200多年前的古希腊时期就已产生，而正式的战略性贸易政策的形成则是在20世纪80年代早期，当时高技术产业、芯片的出现引起了发达国家经济学界关于政府对贸易进行干预的复杂论证及争论，即战略性贸易保护，并引起相当大的影响和关注。

20世纪80年代之前，大部分的贸易政策都建立在完全竞争的假设之上，尽管也有建立在不完全竞争市场的次优政策的扭曲文献，但还没有形成企业间的策略互动的基本模型。战略性贸易政策作为寡头理论在国际贸易的新应用，则是在20世纪80年代早期正式形成，由巴巴拉·斯宾塞和詹姆斯·布兰德1981年首次进行系统论证。国际市场上各大型企业间的竞争推动了垄断理论在国际经济领域的应用，促成了战略性贸易政策的形成，并因此提高了国际贸易理论的相关性和系统性。

在战略性贸易政策的应用方面，寡头垄断不同于其他类型的市场结构的一个重要方面是利润的存在，由此产生各国政府转移租的单边激励。而在完全竞争市场时利润为零，垄断情形由于只存在一个企业所以转移租激励不存在。

方法论方面，战略性贸易政策是运用博弈论分析方法研究开放经济条件下参与国际竞争的各国博弈，尤其是博弈中的决策机制的序贯理性，也成为博弈论的首个运用领域。斯宾塞和布兰德在1981年战略性贸易政策文献中基于斯坦科博格领导者—追随者的模型，（即本国企业为斯坦科博格领导，外国企业为追随者）研究得出，在一定的成本条件下，本国政府可以通过将最优进口关税水平设置在高于跟随者进入的水平来实现租的转移，这部分租收入会超过消费者剩余的损失和关税收入的损失，给本国社会福利带来正的影响。然而该威胁进入模型有悖于序贯理性原理，得出的关税产量水平也非子博弈精炼均衡，因而是不稳定的解。布兰德·斯宾塞在1984年的文献中则基于序贯理性、子博弈精炼均衡阐述了古诺竞争下关税的策略性运用，弥补了在博弈论方面的缺漏。

斯宾塞和布兰德1983年的文献建立了三阶段博弈，引入产品研发补贴、出口补贴这两个政策变量，研究得出本国政府通过对本国企业研发进行补贴可以使得本国企业增加研发投入更具可信性，从而降低外国企业的研发以及出口，实现租由外国向本国的转移，增加本国福利。

战略性贸易政策中相对完善的基础模型是在布兰德·斯宾塞1985年文献中建立的。在该文中作者研究在不完全竞争国际市场双寡头情形，即两国两个企业，产品出口至第三方国家。博弈分为两个阶段进行，第一阶段两国政府同时制定补贴水平，第二阶段两国企业同时选择产量水平，由此得出两阶段子博弈精炼均衡，即最优贴水平和产量水平，表明出口国政府通过对出口产品进行补贴，改变各贸易国博弈的初始条件，可以改善本国在非合作博弈中的相对处境，降低本国产品的国际市场价格、提高国际竞争力以及扩展国际市场份额创造利润。虽然出口补贴恶化了本国贸易条件，但由于不完全竞争条件下价格超过出口产品的边际成本，且扩大了市场份额，净福利效应是增加的。因此，对寡头垄断企业而言最优贸易政策不是自由贸易而是出口补贴，不是通过提高本国产品在国际市场价格（出口税）而改善贸易条件，而是以恶化贸易条件（出口补贴）为代价扩大市场份额，这就是著名的转移租效应。

战略性贸易政策存在一定程度的缺陷。在实际操作中，战略性贸易政策由于其激励与寡头垄断的互动性质密切相关，比如出口补贴适用于古诺竞争下产品是战略性替代品的情况，而研究发现在更为普遍的价格竞争中产品往往为战略性互补品，此时则产生了对出口进行征税的政府激励（Eaton and Grossman，1986）。因此，实施战略性贸易政策中，政府需要对行业市场类型进行甄别以决定采取出口补贴还是对出口征税的政策。而政府对行业市场信息掌握的不充分性，以及政治因素的影响使得这种政策在实际中的运用有限，例如政治经济学认为政府应该将战略性贸易政策运用于利润少的“夕阳产业”而非高利润的行业。基于产业政策的角度,如果战略性贸易政策中一个产业得到补贴,则这个产业将资源由其他产业转移至该行业,导致其他行业成本上升,政府在为该企业创造战略优势的时候也不可避免地造成了其他行业的战略劣势。因此,为更准确地运用战略性贸易政策,政府不仅需要对行业市场有充分的信息,还需要掌握与该行业争夺资源的相关行业的充分信息,这无疑是困难的。

战略性贸易政策不仅在实践中难以操作,而且实施效果也是有限的。作为一种以邻为壑的政策,战略性贸易政策以牺牲他国利益来提高本国福利,必定会招致他国报复从而引发贸易战,阻碍世界贸易发展。

尽管实施战略性贸易政策存在一系列问题,但参与国际竞争博弈的各国政府试图影响博弈结果的单边激励是存在的,并且是稳健的。在选择战略性贸易政策扶植的产业方面,斯宾塞和布兰德认为,受扶植的产业必须具备如下特点:所获收益超过补贴支出,面临激烈国际竞争并能通过补贴迫使外国减产,具有与国外企业至少相同的产业集中度,研发和资本投入比重高以及技术外溢少,具备扶持效果等特点。而克鲁格曼认为,战略性产业必须具备两方面的特点,即具有高的资本或劳动的回报率、外部经济效应强并且在获得竞争优势后有自我加强的趋势。根据这些特点,中国可以选择高技术密集新兴主导产业,如交通运输、电子通信设备、电气机械及器材等,尤其是装备制造业。由于经济上升空间以及发达国家经济发展借鉴,发展中国家更容易选择本国战略性产业并进行有效保护。

中国加入世界贸易组织后,战略性贸易政策的实施受到了限制,但在以进口保护促进出口政策、战略性出口政策以及外部经济的贸易政策上依然存在空间。克鲁格曼认为发展中国家经济规模较小,战略性贸易政策主要是从国外企业抽取租而非鼓励本国企业采取策略行为。而我国作为发展中国家中的大国,有条件对高技术密集度的行业进行战略扶持,提升中国战略产业国际竞争力,扩大国际市场份额。

参考文献:

[美]保罗·克鲁格曼、茅瑞斯·奥伯斯法尔德:《国际经济学》,中国人民大学出版社2011年版。

[英]伊特韦尔等:《新帕尔格雷夫经济学大辞典》,经济科学出版社1996年版。

Brander, J. and Spencer, B. Tariffs and the Extraction of Foreign Monopoly Rent under Potential Entry, *Canadian Journal of Economics*, 1981.

Brander, J. and Spencer, B, Export Subsidies and International Market Share Rivalry, *Journal of International Economics* 18, 1985.

Spencer, B. and Brander, J, International R&D Rivalry and Industrial Strategy, *Review of Economic Studies*, 1983.

Eaton, J. and Grossman, G, Optimal Trade and Industrial Policy under Oligopoly, *Quarterly Journal of Economics*, 1986.

(孔瑞　洪丽明)

关税与贸易总协定
General Agreement on Tariffs and Trade(GATT)

关税与贸易总协定是一个政府间缔结的全球贸易的多边国际协定,简称关贸总协定。其宗旨是在互惠互利基础上最大限度地削减关税及其他贸易壁垒,消除差别待遇,促进国际贸易自由化,提升世界资源优化配置。

关税与贸易总协定萌芽于布雷顿森林体系。1944年7月布雷顿森林体系会议提出建立包括世界银行、国际货币基金组织以及国际性贸易组织在内的“货币—金融—贸易”三位一体机构,重新建构“二战”后国际经济政治新秩序。随后1947年联合国《哈瓦那宪章》(*Havana Charter*)认可建立关税与贸易总协定,后由于美国因素未能成立。同年美国发起建立关税与贸易总协定,1947年10月30日在日内瓦签订关贸总协定,由此开始了关税与贸易总协定的历程。在经历了一系列的谈判之后,1995年关贸总协定被世界贸易组织(WTO)所取代。然而,时至今日在世界贸易组织框架下关税总协定依然产生作用。

关贸总协定存在期间总共经历了7个回合的谈判,取得了一系列成果。1949年阿纳西圆回合中,13个国家参加了谈判,围绕着关税议题,达成5000项关税减让。1950年托基回合中,38个国家围绕关税议题达成8700项关税减让,关税水平较1948年下降25%。1955~1956年日内瓦回合中26个国家围绕关税议题以及日本申请加入问题,达成25亿美元贸易额的关税削减。1960~1962年狄龙回合则达成49亿美元贸易额的关税减让。1962~1967年肯尼迪回合中,62个国家围绕着关税及反倾销议题,达成价值400亿美元贸易额的关税减让。1973~1979年东京回合中,102个国家围绕关税、非关税措施,“框架”协议等议题,达成超过3000亿美元贸易额的关税减让。1986~1994年乌拉圭回合中123个国家围绕着关税、非关税措施、规则、服务、知识产权、争端解决、纺织、农业以及世界贸易组织建立等议题,创立了WTO,扩展贸易协商的范围至包括知识产权等,并达成约40%的主要关税减让、农业补贴,以及为发展中国家纺织品/服装的开放市场协议。

关税与贸易总协定在削减关税,促进贸易自由化,重构战后国际经济新秩序以及促进世界经济恢复发展发挥了重要作用。而作为一个非正式组织,关税与贸易总协定存在自身的缺陷,如允许纺织品配额和农产品补贴存在,缺乏法律手段和监督执行机制,存在许多协议难以实施的灰色区域,争端解决机制不完善,对不同社会制度区别对待等。由于关贸总协定存在的种种缺陷,使得其最终被世界贸易组织所取代。

与世界贸易组织作为国际组织机构相比,关税与贸易总协定仅仅是国家间达成的一系列决议,约束力与权威性次之。此外,在范围上,世界贸易组织由关税与贸易总协定的商品贸易扩展至包括服务领域和知识产权领域。一般而言,世界贸易组织是关税与贸易总协定多边协议的解决机制。

中国是关贸总协定的创始国之一,由于历史原因台湾当局长期占据中国席位。1950 年台湾地区退出关贸总协定并以观察员身份位居关贸总协定会议,直至 1971 年被取消资格。1986 年中国正式申请恢复在关贸总协定缔约国地位,随后关贸总协定被世界贸易组织所取代,我国转而为“入世”而努力。经过 15 年的漫长谈判,中国在 2001 年成功加入世界贸易组织,成为世界贸易组织的正式一员。

参考文献:

尹翔硕:《国际贸易教程》,复旦大学出版社 2005 年版。

邹东涛、岳福斌:《世界贸易组织教程》,社会科学文献出版社 2007 年版。

[英]伊特韦尔等:《新帕尔格雷夫经济学大辞典》,经济科学出版社 1996 年版。

世界贸易组织官方网站,http://www.wto.org/。

(孔瑞　洪丽明)

世界贸易组织

World Trade Organization(WTO)

世界贸易组织是处理成员方经济体之间贸易规则并独立于联合国之外的全球性国际组织。作为多边贸易体制的法律和组织基础,世界贸易组织坚持非歧视原则、自愿原则,以贸易成员方协商签订的 WTO 协定为核心,以服务商品、服务生产者、出口国、进口国之间贸易为目标,为成员方提供国际协商、谈判和解决争端的服务平台。总部位于瑞士日内瓦,成员方间的贸易额覆盖世界贸易的绝大多数,被称为“经济联合国”。此外,世界贸易组织与世界银行、国际货币基金组织一起被称为世界经济发展的三大支柱,被广为认可。

世界贸易组织的设想萌芽于布雷顿森林体系。早在 1944 年 7 月布雷顿森林体系会议上就提出重建包括世界银行、国际货币基金组织以及国际性贸易组织在内的“货币—金融—贸易”三位一体机构,并在 1947 年联合国《哈瓦那宪章》(*Havana Charter*)得到认可,而后由于美国因素未能成立。1947 年美国发起建立关税与贸易总协定,开始了关税与贸易总协定的历程。1947 ~ 1993 年,关税与贸易总协定经历了 8 个回合的关税与贸易谈判,1986 年第 8 个回合即乌拉圭回合谈判启动后,欧共体与加拿大分别正式提出建立世贸组织的议案。1990 年 12 月布鲁塞尔部长会议任命职能小组负责“多边贸易组织协定”谈判。1993 年 11 月乌拉圭回合谈判结束前形成了原则上的“多边贸易组织协定”,经美国提议将“多边贸易组织”更名为“世界贸易组织”。1994 年 4 月乌拉圭回合摩洛哥马拉喀什部长会议正式决定成立世界贸易组织。1995 年 1 月 1 日世界贸易组织正式成立并开始运作,总部设在瑞士日内瓦。1995 年 12 月 31 日关税与贸易总协定结束了其 48 年的历程。1996 年 1 月 1 日世界贸易组织正式取代关税与贸易总协定在国际贸易中发挥作用。世界贸易组织继承了关税与贸易总协定,并从商品贸易扩展到覆盖服务贸易、知识产权贸易等一系列新领域。此外,世贸组织的法人地位为其调解成员争端提供了更高的权威性。

世界贸易组织的组织机构为部长级会议(最高决策权力机构)、总理事会、各专门理事会,其成员主要有发达成员、发展中成员、转轨经济体成员以及最不发达成员,基本职能为管理职能、组织职能、协调职能、调节职能、提供职能,建立了包括《建立世界贸易组织的马拉喀什协议》以及附件一(《货物贸易多边协定》、《服务贸易总协定》、《与贸易有关的知识产权协定》)、附件二《关于争端解决规则与程序的谅解》、附件三《贸易政策审议机制》、附件四多边协议组成的法律框架。

世界贸易组织坚持非歧视原则(即最惠国待遇原则、国民待遇原则)、透明度原则、自由贸易原则、公平竞争原则,在降低各成员方贸易壁垒,消除歧视待遇,保障最终产品、中间产品、原材料、服务产品的供应和多样性,促进世界资源的优化配置、贸易自由化和可持续发展,提高各国福利,以及保障发展中国家在贸易中的发展,建立完整活力持久的多边贸易体制上发挥了重要作用。

世贸组织在决策机制、争端解决机制方面与其他国际组织不同,它大多数采取共识机制而非投票制进行决策,这一方面保证了贸易条款法规得以有效率地进行,另一方面由于在决定过程中压缩比较不重要国家的意见,赋予发达国家更大的权力,使得该决策机制有被操纵于维护发达国家利益损害发展中国家利益之嫌,并且决定一旦做出之后便很难更改。此外,世界贸易组织拥有执行决定的权限,有权通过世贸争端解决机制对拒不执行的成员方实施贸易制裁。

世界贸易组织也存在自身的缺陷。1990 年后期世界贸易组织开始成为反全球化运动的主要目标。该组织秉承对市场的信仰,无义务解释其决议,加之各成员方的贸易律师往往代表企业需要,使得当地劳工法、环境法难以得到维护。而世界贸易组织最为人诟病的是其"密室会议",主要是指少部分与议题有关的国家就该议题进行协商得出一致方案,而后将会议结果公布于所有成员方进行决议,在此过程中由于排除了许多发展中国家及周边国家而拒绝受到承认,也成为对世界贸易组织决策不透明的批判焦点。此外,不公平的决策机制以及各成员方决议的数据库信息不可获得,也是世界贸易组织的不足之处。

早在20世纪60年代GATT就引起许多学者的关注,但目前为止还没有形成系统性的正式经济分析。总体而言主要有两个理论来解释WTO协议,即贸易条件理论和承诺理论。贸易条件理论主要强调协议作为一条为政府逃离贸易条件的囚徒困境的通道,政府从协商中能够纠正单边贸易政策带来的国际非效率。承诺理论则强调WTO协议作为政府开放本国部门经济的一种承诺。目前大部分的文献主要是基于贸易条件效应的解释。

2001年12月11日中国结束了漫长的15年谈判正式加入世贸组织,而在1995年1月1日WTO正式成立时以英属香港和葡属澳门加入的香港和澳门主权移至中国,并更名为中国香港和中国澳门,2002年1月1日台湾地区以台澎金马个别关税区加入世贸组织。自此,中国正式成为世贸组织成员,开始了对外贸易发展的新阶段。

参考文献:
[英]伊特韦尔等:《新帕尔格雷夫经济学大辞典》,经济科学出版社1996年版。
尹翔硕:《国际贸易教程》,复旦大学出版社2005年版。
邹东涛、岳福斌:《世界贸易组织教程》,社会科学文献出版社2007年版。
世界贸易组织官方网站,http://www.wto.org/。

(孔瑞 洪丽明)

多哈回合
Doha Round

多哈回合,又称"多哈发展议程",是世界贸易组织旨在减低贸易壁垒促进全球贸易增长的新一轮多边贸易谈判。它是从关税与贸易总协定建立开始的第9个谈判回合,也是目前为止还没有达成任何协定的第一个谈判回合。多哈回合最主要的谈判国是由欧盟、美国等发达国家和中国、巴西、印度等发展中国家组成的"20国协调组",其主要议题包括市场准入、发展主题、贸易自由化以及WTO规则,内容覆盖包括农业、服务贸易、知识产权、规则谈判、争端解决、贸易与环境问题、贸易与发展问题在内的8个谈判。

多哈回合始于2001年在波斯湾多哈召开的一个部长级会议,原定于2005年1月1日结束,但由于存在一系列分歧一波三折。2001年世贸组织第四次部长级会议发起多哈回合谈判,确定8个谈判领域,定于2004年年底完成协议。2003年世贸组织第五次部长级会议上,各方由于农业的核心分歧,无法达成共识,谈判陷入僵局,未能按原计划完成谈判。2004年世贸组织总理事会议上达成《多哈回合框架协议》,规定欧美逐步取消农产品出口补贴、降低进口关税,并延迟结束时间至2006年年底,迈出重要一步。2005年的世贸组织第六次部长级会议没有达到推动谈判的目的,分歧无法协调导致多哈回合谈判全面终止。2007年恢复谈判,但仍无果而终。2008年世贸组织部长级会议试图突破农业和非农产品市场准入问题,历时9天以失败告终。2009年世贸组织第七次部长级会议时值经济危机,世界贸易严重萎缩,各方避谈多哈回合,而更多地审视"世贸组织、多边贸易体系和当前全球经济形势"。2011年达沃斯世界经济论坛上,英国首相卡梅伦、前世贸组织总干事呼吁本年度结束多哈回合谈判。

多哈回合之所以难以进行下去,最关键的分歧是农业和非农产品市场准入,主要存在于欧美、日本以及由中国、巴西、印度、韩国和南非国家代表的发展中国家之间。欧美以及欧美之间仍然保留的巨额农业补贴也是重要争议。表1说明了这些分歧不可调和的经济原因。目前世界贸易中农产品的比重不到10%,而根据世界银行推算,如果农产品实现自由贸易,将带来63%的收益,而这些收益在发达国家与发展中国家之间的分配是不平等的,其中发达国家获取46%,而发展中国家只占有17%。

表1 自由贸易潜在收益分配的百分比

单位:%

经济体	完全自由化			
	农产品和食品	纺织品和服装	其他商品	所有商品
发达国家	46	6	3	55
发展中国家	17	8	20	45
所有国家	63	14	23	100

资料来源:Kym Anderson and Will Martin, Agricultural Trade Reform and the Doha Agenda, World Bank, 2005.

前八个回合谈判的巨大成功降低了多哈回合的发展空间,这在很大程度上导致了多哈回合谈判的失败。由于经历前几个回合的谈判,贸易壁垒已被极大降低了,例如制造部门的产品,进行进一步削减难度很高,且大都集中于农产品关税和出口补贴方面，而这恰好是政治敏感的部门。

多哈回合虽然失败了，但是至少没有破坏前几个回合谈判的成果，此时的国际贸易依然比历史上的其他阶段更为自由。多哈回合的初衷至今仍有重要意义，其谈判成功将为各方带来巨大利益，尤其是当前全球性金融经济危机下，多哈回合对全球经济复苏有着不可忽略的作用。

中国入世后便开始积极参与和推动多哈回合，积极建立合理的国际多边贸易体系，并在谈判中对发达国家扭曲贸易的一些条款如特殊保障产品、敏感产品等作出了极大妥协和让步，这些努力得到了广泛理解支持。然而，拯救多哈回合，更需要发达国家作出与其经济水平相匹配的贡献。

参考文献：

［美］保罗·克鲁格曼、茅瑞斯·奥伯斯法尔德：《国际经济学》，中国人民大学出版社 2011 年版。

世界贸易组织官方网站，http://www.wto.org/english/tratop_e/dda_e/dda_e.htm。

张磊、王茜：《多哈回合谈判的最新进展——2010 年度报告》，法律出版社 2012 年版。

（孔瑞　洪丽明）

国民待遇
National Treatment

国民待遇，又称平等待遇，是指一国给予在其国境内的外国公民、企业和商船在民事权利方面与其国内公民、企业、商船一样的同等待遇。国民待遇的适用范围通常包括国内税，运输、转口过境，船舶在港口的待遇，船舶遇难施救，商标注册，申请发明权、专利权、著作权、民事诉讼权等；不包括领海捕鱼、购买土地、零售贸易等。国民待遇必须对等，不得损害对方国家的经济主权，并只应限于一定范围，是缔结贸易条约的一项法律原则。

国民待遇是最惠国待遇的重要补充。在实现所有世界贸易组织（WTO）成员平等待遇基础上，世界贸易组织成员的商品或服务进入另一成员领土后，也应该享受与该国的商品或服务相同的待遇，这正是世界贸易组织非歧视贸易原则的重要体现。国民待遇原则严格讲就是外国商品或服务与进口国国内商品或服务处于平等待遇的原则。

国民待遇最早是由法国新兴资产阶级提出的。在资产阶级革命前夕，法国是封建生产阶级最顽固的国家，新兴资产阶级遭到歧视，工商业活动被视为社会的“贱业”。为了打破这一局面，新兴资产阶级在 1789 年 7 月发动了资产阶级革命，并于 8 月通过《人权宣言》（Declaration of Human Rights），宣称“人类……在权力上是平等的”。随后，在 1804 年《拿破仑法典》（Napoleonic Code）顺利颁布，明确规定对外国人民事权利方面实行相互平等待遇的原则，也即“国民待遇原则”。这部法典对意大利、葡萄牙等国产生巨大影响，这些国家在立法中均规定了类似的“国民待遇原则”。因此，国民待遇原则逐渐成为国际司法中公认的准则之一。

由于服务贸易与货物贸易的差异及其自身的复杂性，世界贸易组织对二者有关国民待遇的要求大有区别。货物贸易中国民待遇的内容有：一成员不能以任何直接或间接的方式对进口产品征收高于对本国相同产品所征收的国内税或其他费用；在有关销售、分销、购买、运输或使用的法规等方面，进口产品必须享受与同类国内产品相同的待遇；任何成员不能以直接或间接方法对产品的混合、加工或使用有特定数量或比例的国内数量限制，或强制规定优先使用国内产品。如国产化要求、进口替代要求均被视为直接或间接对外国产品构成歧视，违反国民待遇规定；成员不得用国内税、其他国内费用或定量规定等方式，为国内工业提供保护。

在实施的时候需要注意：任何成员不能以某种产品不受关税约束而本身又可对该产品征收更高关税为理由，对其征收更高的国内税；国民待遇必须在每宗进口产品案中都得到履行。因此，不能以某种产品获得了其他方面更优惠的待遇，或该产品出口国的其他出口产品获得了更为优惠的待遇为理由而对该产品实行歧视；当某种产品在一国内不同地区享有不同待遇时，其中最优惠的待遇应给予进口相同产品。

服务贸易中国民待遇是以世界贸易组织成员间在平等基础上通过谈判方式达成协议，根据协议在不同行业中不同程度地履行国民待遇。

对于与贸易有关的知识产权领域的国民待遇，世界贸易组织规定每一个成员向其他成员的国民就知识产权的保护提供的待遇不得低于其给予本国国民的待遇。同时允许各成员在涉及工业产权的保护领域中，凡有关司法行政程序、司法管辖权问题的法律都可声明保留，不给予外国人以国民待遇，这也符合国际社会的通常做法。

新中国自成立以来，坚持外国人在中国进行贸易应在服从中国法律管辖的前提下，在一定的范围内，与中国公民享受同等待遇。

参考文献：

邹东涛、岳福斌：《世界贸易组织教程》，社会科学文献出版社 2007 年版。

尹翔硕：《国际贸易教程》，复旦大学出版社 2005 年版。

World Trade Organization, *Regional Trade Agreement: Goods Rules*, 1994.

（孔瑞　林娟）

普遍优惠制

Generalized System of Preferences(GSP)

普遍优惠制，简称普惠制，是指发达国家向发展中国家出口的制成品和半制成品给予普遍的、非歧视的、非互惠的一种关税优惠待遇，是在最惠国税率的基础上进一步减免关税的一种特惠关税制度。其目标是扩大发展中国家对发达国家制成品和半制成品的出口，增加发展中国家的外汇收入，促进发展中国家的工业化和经济增长。

普遍优惠制的三项原则是：普遍的、非歧视的和非互惠的。所谓普遍的是指所有发达国家对所有发展中国家出口的制成品和半制成品给予普遍的优惠待遇；非歧视的是指所有发展中国家都应无歧视、无例外地享受普遍优惠制；非互惠的是指发达国家单方面给予发展中国家关税优惠，而不要求发展中国家提供同等优惠。

1964 年，在日内瓦召开的第一届联合国贸易和发展会议(UNCTAD)上，77 个发展中国家要求发达国家给予普遍优惠制待遇，对发展中国家出口的制成品和半制成品提供更加优惠的关税政策以利于发展中国家的出口产品进入发达国家市场，但此项提议遭到发达国家的强烈反对。经过多轮磋商，在 1968 年新德里召开的第二届联合国贸易和发展会议上，通过了《对发展中国家出口至发达国家制成品或半制成品予以优惠进口或免税进口》(Preferential Treatment for the Manufactured and Semi-manufactured Products of the Third World Countries)的决议，确定了普惠制的原则、目标和实施期限。但发达国家仍表示不愿执行统一的普惠制计划，经过反复谈判，最终在 1970 年 10 月，双方才达成一致意见，决定每个发达国家制订各自的普惠制计划，每项计划有效期为 10 年。1971 年，欧洲经济共同体(European Economic Community, EEC)率先施行了普惠制方案，其后美国等发达国家纷纷推出普惠制计划，至今世界上共有 31 个给惠国实施此项计划。

尽管各国关于普惠制的方案不尽相同，但其内容都涵盖以下几方面要素：对受惠国家或地区的规定；对受惠商品范围的规定；对受惠商品减税幅度的规定；对给惠国保护措施的规定；对原产地的规定。

中国作为发展中国家，从 1978 年 3 月开始接受普惠制待遇。到目前为止，世界上 31 个给惠国中共有 28 个给予中国普惠制待遇。这些国家是欧盟 15 个成员国、挪威、瑞士、日本、澳大利亚、新西兰、加拿大、波兰、俄罗斯、白俄罗斯、哈萨克斯坦、乌克兰、捷克和斯洛伐克。30 多年来，普遍优惠制在扩大中国出口贸易、提高经济效益、促进经济发展等方面具有明显的成效。

参考文献：

邹东涛、岳福斌：《世界贸易组织教程》，社会科学文献出版社 2007 年版。

尹翔硕：《国际贸易教程》，复旦大学出版社 2005 年版。

刘卫翔：《浅析普惠制及我国对它的利用》，载于《国际贸易问题》1993 年第 10 期。

（孔瑞　林峰）

最惠国待遇

Most-favored-nation Treatment

最惠国待遇，又称“无歧视待遇”，是双边贸易条约和协定中的一项承诺，通常是指缔约国双方在两国间通商、航海、关税、公民法律地位等方面，将本国现在或将来给予任何第三国的优惠、特权或豁免等待遇也同样给予对方的一种条约义务。最惠国待遇是世界多边贸易制度的核心和世界贸易组织(WTO)重要的指导原则，其基本意义是消除特惠和差别待遇，为所有缔约国提供公平竞争的制度保障，以推动全球自由贸易的发展。

最惠国待遇一般可以分为无条件最惠国待遇和有条件最惠国待遇，前者一般是指缔约国一方现在或将来给予任何第三方的一切优惠待遇，都应无条件、无补偿、自动地给予缔约国的另一方，后者则是指缔约国一方给予第三国的优惠是有条件的待遇，另一方必须提供给对方相应或对等的优惠才能享受其优惠待遇。

最惠国待遇中“最惠国”这一法律概念最早可以追溯到 11 世纪，但“最惠国”一词最早出现是在 17 世纪。17 世纪开始，随着国际贸易规模的扩大、商业关系的发展以及政治条约分立的形成，才逐渐出现相互给予最惠国待遇的做法。其代表是 1713 年英国和法国签订的《乌特勒支通商条约》(Treaty of Utrecht)，该条约规定双方给予第三国在通商与航海方面的优惠同样给予另一方。18 世纪末，美国与法国签订了《法兰西—美国友好通商条约》(The Franco-American Treaty of Amity and Commerce)，条约中首次涵盖了有条件最惠国待遇的贸易协定。19 世纪开始这类条约在欧洲各国流行，但都是以受惠国做出与第三国承诺相同的承诺为条件。直至 19 世纪末英法通商条约《科布登—切维利尔条约》(Cobden-Chevalier Treaty)的签订，有条件最惠国待遇模式的基础开始动摇，具有现代意义的无条件最惠国待遇原则才真正诞生，此后无条件最惠国待遇已发展成为现代国际贸易中最惠国待遇原则内涵的重要特征。

最惠国待遇适用范围广泛，其中主要体现为进出口商品的关税待遇。在关税与贸易总协定（GATT）的定义下一般包括以下内容：有关进口、出口或者过境商品的关税或其他捐税；在商品进口、出口、过境、存仓和换船方面的有关海关规定、手续和费用；进出口许可证的发给。在规定最惠国待遇的条款中，往往在规定适用范围的同时，也规定了最惠国待遇的例外事项。例外事项一般包括：一国给予邻国的特权与优惠；边境贸易和运输方面的特权与优惠；有特殊的历史、政治、经济关系的国家之间形成的特定的特权与优惠；经济集团内部各成员国互相给予对方的特权与优惠。即使最惠国待遇条款中没有明文规定这些例外事项，缔约国之间一般也不得以这些特殊情况作为标准来要求最惠国待遇。

中国为了促进对外经济贸易关系的顺利发展，早在《中华人民共和国政府和阿拉伯埃及共和国政府贸易协定（1955）》中便开始采用互惠平等的最惠国待遇制度。随后，又在与许多国家缔结的条约中列有最惠国待遇条款，互相赋予最惠国待遇。目前，中国最惠国待遇的基本形式是双边无条件互惠，主要通过双边协议中的最惠国条款给予规定，这些条款的适用范围主要体现在投资、贸易与航运等方面。在投资方面，中国与外国签订的70多个双边投资保护协定中，最惠国待遇条款主要涉及缔约国双方在投资或与投资有关的领域相互给予对方在其境内投资者的互惠条件以及由于战争和革命所造成损失的补偿协议等内容。在贸易与航运方面，中国与美国、日本、加拿大、澳大利亚等国家签订的通商、航海条约及贸易协定、支付协定和议定书多达上百个，这些条约、协定或议定书中均包含最惠国条款。

参考文献：

邹东涛、岳福斌：《世界贸易组织教程》，社会科学文献出版社2007年版。

尹翔硕：《国际贸易教程》，复旦大学出版社2005年版。

World Trade Organization, *Regional Trade Agreement: Goods Rules*, 1994.

（孔瑞　林峰）

贸易创造

Trade Creation

贸易创造是指在关税同盟内部实行自由贸易，取消内部成员间的原有关税后，所引致的国内成本较高的商品生产被成员国中成本较低的商品生产所代替，原来由本国生产的，现在从成员国进口，即国内较高成本的产品的生产向成员国较低成本的产品转移，从而使新的贸易得以"创造"，并带来成员国经济福利的增加。

从生产角度来讲，它减少或取消与国外产品同类的国内商品的生产，国内所需产品转而从成员国进口，这相对于本国国内生产是一种成本的减少，从而使资源的使用效率得到提高，产生一种生产效应；从消费角度来说，从成员国进口的低生产成本的产品替代了本国原有的高生产成本产品，本国对这种产品的消费需求增加，即低成本产品替代高成本产品，使得本国消费者剩余增加，从而产生一种消费效应。生产效应与消费效应统一构成了贸易创造效应。

贸易创造和贸易转移最早是由美国经济学家雅各布·瓦伊纳在19世纪50年代初提出的，全称是"贸易创造与贸易转移理论"。该理论是分析自由贸易区和关税同盟得失的有效工具。瓦伊纳认为：关税同盟不一定意味着向自由贸易过渡，因为它在伙伴国之间实行自由贸易，而对外部世界实行保护贸易。这种自由贸易和保护贸易相结合的格局会产生两种效果："贸易创造"和"贸易转移"。关税同盟内部实行自由贸易，使国内成本高的产品为伙伴国成本低的产品所替代，原来由本国生产的产品现在从伙伴国进口，由此新贸易被"创造"出来。本国可以把原来生产成本高的产品资源转向生产成本低的产品，并因此得益。同时，关税同盟对外实行统一关税，对第三国的歧视导致从外部进口减少，转为从伙伴国进口，使贸易方向发生转变，产生"贸易转移"。由于原来从外部世界进口成本低的产品改为从伙伴国进口成本较高的产品，造成了一定的损失。

对于因关税同盟的组建而带来的贸易创造和贸易转移，可以用以下的假设例证予以说明：假定有A、B、C三个国家，它们生产同一商品X的平均固定成本，在汇率不变的情况下，分别为250美元、150美元、100美元。在自由贸易条件下，由于C国的生产成本最低，它将向A、B两国出口商品。而当A、B两国成立关税同盟后，就会产生贸易创造和贸易转移两种效应。

在探讨贸易创造效应时，假定A、B两国在成立关税同盟以前，A国对商品X征收100%的进口关税。在这种情况下，A国将从C国进口商品X，因为此时商品X的价格，以C国产品的价格为最低。

当A、B两国结为同盟后，两国互相取消从对方进口的关税，而对C国则实行共同的关税100%，此时，B国的产品的价格150美元成为最低的，因此，A国将放弃从C国进口商品X，而改为从B国进口，由此使A、B两国产生新的贸易。正是由于关税同盟的成立，改从B国进口，从而实现贸易创造效应。另外，这种商品X的生产由成本较低的C国的100美元转移至成本较高的B国的150美元，即所谓的贸易转移效应。当然,如果不考虑其他因素,仅就贸易转移本身而言,它给C国带来了物质福利的损失,并使C国失去A国的市场,从整个世界来看,它降低了国际的资源配置效率,使生产的转移偏离比较利益原则,造成世界福利的净损失。

参考文献:

[美]保罗·克鲁格曼、茅瑞斯·奥伯斯法尔德:《国际经济学——理论与政策》,上海人民出版社2006年版。

尹翔硕:《国际贸易教程》,复旦大学出版社2005年版。

Viner, J., *The Customs Union Issue*, New York: Carnegie Endowment for International Peace, 1950.

(孔瑞 林娟)

离岸价

Free on Board(FOB)

离岸价,是对来自《国际贸易术语解释通则》中FOB这一贸易术语的通常称谓,本身并不具备严格的法律规范。FOB的全称是"Free on Board(…Named Port of Shipment)",即"船上交货(……指定装运港)",习惯上称为装运港船上交货。

根据《2000年国际贸易术语解释通则》(简称《2000通则》),FOB是当货物在指定的装运港越过船舷,卖方即完成交货。这意味着买方必须从该点起承担货物灭失或损坏的一切风险。FOB术语要求卖方办理货物出口清关手续。根据《2000通则》的解释,采用FOB术语时,卖方承担的基本义务包括:第一,在合同规定的时间和装运港口,将合同规定的货物交到买方指派的船上,并及时通知买方;第二,承担货物交至装运港船上之前的一切费用和风险;第三,自负风险和费用,取得出口许可证或其他官方批准证件,并且办理货物出口所需的一切海关手续;第四,提交商业发票和自费提供证明卖方已按规定交货的通常单据,或具有同等作用的电子信息。同时,买方的基本义务包括:第一,订立从指定装运港口运输货物的合同,支付运费,并将船名、装货地点和要求交货的时间及时通知卖方;第二,根据买卖合同的规定受领货物并支付货款;第三,承担受领货物之后所发生的一切费用和风险;第四,自负风险和费用,取得进口许可证或其他官方证件,并办理货物进口所需的海关手续。

鉴于各国的法律和贸易习惯不同,对FOB术语的含义有不同的解释。各个国家和地区在使用FOB术语时对于装船费用没有形成统一,如理舱费、平舱费等费用应由卖方还是买方负责。为了明确责任的划分,买卖双方往往在FOB价格术语后加列了各种附加条件,形成了FOB的各种变形,主要的有:FOB班轮条件(FOB Liner Terms),规定卖方只负责将货物运至码头,不负担有关装船费用;船上交货并理舱(FOB Stowed),由卖方负责将货物装入船舱并负责装船费用和理舱费;船上交货并平舱(FOB Trimmed),由卖方负责将货物装入船舱,并负责装船费用和平舱费;FOB吊钩下交货(FOB Under Tackle),由卖方负责将货物交到买方指定船只的吊钩所及之处,有关装船的一切费用由买方负担。

《中华人民共和国进出口关税条例(1992年修订)》中,离岸价的概念来自于《国际贸易术语解释通则》中的FOB,FOB术语只是约定了买卖双方物权转移、风险交接及费用承担。作为FOB术语的通常称谓,离岸价并不具备严格的法律规范。于是,2004年开始实施的新修订的《中华人民共和国进出口关税条例》第二十六条将出口货物的离岸价明确为出口货物的"成交价格以及该货物运至中华人民共和国境内输出地点装载前的运输及其相关费用、保险费",该条款同时将出口货物的成交价格定义为"该货物出口时卖方为出口该货物应当向买方直接收取和间接收取的价款总额"(海关总署政法司等,2004)。

参考文献:

国际商会中国国家委员会:《2000年国际贸易术语解释通则》,中信出版社2000年版。

海关总署政法司、关税司、财政部关税司、国务院法制办财金司:《〈中华人民共和国进出口关税条例〉释义》,中国民主法制出版社2004年版。

解景林:《国际金融大辞典》,黑龙江人民出版社1990年版。

(孔瑞 黄斌全)

到岸价

Cost, Insurance and Freight(CIF)

到岸价,是对来自于《国际贸易术语解释通则》中CIF这一贸易术语的通常称谓,CIF的全称是"Cost, Insurance and Freight(…Named Port of Destination)",即"成本、保险费加运费(……指定目的港)"。习惯上把CIF称为到岸价主要是从其价格构成考虑的,因为按照CIF成交,卖方要负责安排从装运港到目的港的运费和保险。

根据《2000年国际贸易术语解释通则》(简称《2000通则》),CIF是指在装运港当货物越过船舷时卖方即完成交货。卖方必须支付将货物运至指定目的港所需的运费和费用,但交货后货物灭失或损坏的风险及由于各种事件造成的任何额外费用即由卖方转移到买方。但是,在CIF条件下,卖方还必须办理买方货物在运输途中灭失或损坏风险的海运保险。CIF术语要求卖方办理货物出口清关手续。根据《2000通则》的解释,采用CIF术语时,卖方承担的基本义务包括:第一,签订从指定装运港承运货物的合同,在合同规定的时间和港口,将合同要求的货物装上船并支付至目的港的运费,装船后须及时通知买方;第二,承担货物在装运港越过船舷之前的一切费用和风险;第三,按照买卖合同的约定,自负费用办理水上运输保险;第四,自负风险和费用,取得出口许可证或其他官方批准证件,并办理货物出口所需的一切海关手续;第五,提交商业发票和在目的港提货所用的通常的运输单据或具有同等作用的电子信息,并且自费向买方提供保险单据。同时,买方的基本义务包括:第一,接受卖方提供的有关单据,受领货物,并按合同规定支付货款;第二,承担货物在装运港越过船舷之后的一切风险;第三,自负风险和费用,取得进口许可证或其他官方证件,并且办理货物进口所需的海关手续。

以CIF成交因各国的解释不同而存在费用划分问题。为明确各项费用划分,在CIF术语后加列了一些附加条件,形成了CIF的各种变形,主要有:第一,CIF班轮条件(CIF Liner Terms),货物到目的港后的卸货费用包括在运费之内,由船方负责,买卖双方均不另付卸货费;第二,CIF舱底交货(CIF Ex Chip's Hold),卖方仅负责将货物运到目的港,卸货费用由买方负担;第三,CIF卸到岸上(CIF Landed),卖方负担包括卸货费、驳船费、码头使用费在内的一切费用。

由于在CIF条件下成交时,卖方仍是在装运港完成交货,卖方承担的风险也是在装运港货物越过船舷以前的风险,越过船舷以后的风险仍由买方承担;货物装船后产生的除运费、保险费以外的费用,也要由买方承担。CIF条件下的卖方,只要提交了约定的单据,就算完成了交货义务,并不保证把货物按时送到对方港口。从这个角度考虑,习惯上将CIF称为到岸价是不确切的。从这个意义上讲,如果海轮能够直接靠岸,则《国际贸易术语解释通则》中的DES术语则更接近于到岸价。DES的全称是"Delivered Ex Ship(…Named Port of Destination)",即"船上交货(……指定目的港)"。在DES条件下,卖方要负责将货物安全运往目的港,并承担货物运至指定的目的港卸货前的一切风险和费用,包括途中所产生的诸如转船、绕航等产生的额外费用。因此,基于不同的角度考虑,到岸价所反映的内容也会发生变化。

参考文献:
国际商会中国国家委员会:《2000年国际贸易术语解释通则》,中信出版社2000年版。
黎孝先:《国际贸易实务》,对外经济贸易大学出版社2007年版。
解景林:《国际金融大辞典》,黑龙江人民出版社1990年版。

(孔瑞 黄斌全)

信用证
Letter of Credit(L/C)

信用证(Letter of Credit,L/C)是指由银行(开证行)依照(申请人)的要求和指示或自己主动,在符合信用证条款的条件下,凭规定单据向第三者(受益人)或其指定方进行付款的书面文件。即信用证是一种银行开立的有条件的承诺付款的书面文件。在国际贸易活动中,买卖双方可能互不信任,买方担心预付款后,卖方不按合同要求发货;卖方也担心在发货或提交货运单据后买方不付款。因此需要两家银行作为买卖双方的保证人,代为收款交单,以银行信用代替商业信用。银行在这一活动中所使用的工具就是信用证。《跟单信用证统一惯例》(Uniform Customs and Practice for Documentary Credits,UCP)是国际银行界、律师界、学术界自觉遵守的"法律",是全世界公认的、到目前为止最为成功的一套非官方规定。《UCP600》(《跟单信用证统一惯例》2007年修订本,国际商会第600号出版物)是目前规范信用证使用的最重要和主要的国际惯例。

信用证的主要特点是:第一,信用证是一项自足文件(Self-sufficient Instrument)。信用证不依附于买卖合同,银行在审单时强调的是信用证与基础贸易相分离的书面形式上的认证;第二,信用证方式是纯单据业务(Pure Documentary Transaction)。信用证是凭单付款,不以货物为准。只要单据相符,开证行就应无条件付款;第三,开证银行负首要付款责任(Primary Liabilities for Payment)。信用证是一种银行信用,它是银行的一种担保文件,开证银行对支付有首要付款的责任。

信用证类别:(1)以信用证项下的汇票是否附有货运单据划分为:跟单信用证(Documentary L/C)及光票信用证(Clean L/C);(2)以开证行所负的责任为标准可以分为:不可撤销信用证(Irrevocable L/C)及可撤销信用证(Revocable L/C);(3)以有无另一银行加以保证兑付为依据可以分为:保兑信用证(Confirmed L/C)及不保兑信用证(Unconfirmed L/C);(4)根据付款时间不同,可以分为即期信用证(Sight L/C)、远期信用证(Usance L/C)、假远期信用证(Usance L/C Payable at Sight);(5)根据受益人对信用证的权利可否转让,可分为:可转让信用证(Transferable L/C)和不可转让信用证(Non-transferable L/C);其他还有:(6)循环信用证(Revolving L/C);(7)对开信用证(Reciprocal L/C);(8)背对背信用证(Back to Back L/C);(9)预支信用证/打包信用证(Anticipatory L/C/Packing L/C);

(10)备用信用证(Standby L/C)。

信用证虽然是国际贸易中的一种主要支付方式,但它并无统一的格式(目前国际上使用最多的是SWIFT电讯系统的格式)。不过其主要内容基本上是相同的,大体包括以下几个方面:(1)对信用证自身的说明:信用证的种类、性质、编号、金额、开证日期、有效期及到期地点、当事人的名称和地址、使用本信用证的权利可否转让等;(2)汇票的出票人、付款人、期限以及出票条款等;(3)货物的名称、品质、规格、数量、包装、运输标志、单价等;(4)对运输的要求:装运期限、装运港、目的港、运输方式、运费应否预付,可否分批装运和中途转运等;(5)对单据的要求:单据的种类、名称、内容和份数等;(6)特殊条款:根据进口国政治经济贸易情况的变化或每一笔具体业务的需要,可做出不同的规定;(7)开证行对受益人和汇票持有人保证付款的责任文句。

议付信用证支付的一般程序:(1)进出口双方在贸易合同中,规定使用信用证支付方式;(2)进口商当地银行提交开证申请书,同时交纳押金或其他保证;(3)开证行根据申请内容,向出口商(受益人)开出信用证,并寄交通知银行;(4)通知行核对印鉴或密押无误后,将信用证寄交给出口商;(5)出口商审核信用证与合同相符合后,按照信用证规定装运货物,并备齐各项信用证要求的货运单据,在信用证有效期内,寄交议付行议付;(6)议付行按照信用证条款审核单据无误后,按照汇票金额扣除利息,把货款垫付给出口人;(7)议付行将汇票和货运单据寄开证行(或其指定的付款行)索偿;(8)开证行(或其指定的付款行)核对单据无误后,付款给议付行;(9)开证行通知进口商付款赎单。

参考文献:

顾民:《UCP600制单兑用实务手册》,对外经济贸易大学出版社2008年版。

[美]保罗·克鲁格曼、茅瑞斯·奥伯斯法尔德:《国际经济学》,中国人民大学出版社2006年版。

[美]多米尼克·萨尔瓦多:《国际经济学》,清华大学出版社2008年版。

(孔瑞　邢曙光)

仲裁
Arbitration

仲裁是根据当事人之间的事前或事后协议,将某项争议托付给一个第三方机构,由其做出对当事人有约束力的裁决,以此确定当事人权利和义务的一种争议解决方式。

仲裁的起源可以追溯到古希腊时期。公元前621年,希腊成文的法律制度中已经包含仲裁的内容,用于解决城邦之间的争议。公元前5世纪,古罗马共和国编著的《十二铜表法》也有仲裁的记载。当前,仲裁已经成为重要的争议解决制度之一,被各国广泛运用于解决民事、商事、劳动等方面的纠纷。按照仲裁使用的领域,可以分为:一是国际仲裁。即利用仲裁来解决某些国际争端。1900年设立于海牙的常设仲裁院属于处理这类国际仲裁事务的国际机构。国际仲裁属于国际公法研究的范畴。二是国内仲裁。指一国范围内自然人、法人和其他组织之间不涉及国际或涉外因素的仲裁,主要解决国内经济、劳动争议,属于国内程序法的研究范围。许多国家都通过国内立法对国内仲裁加以专门规定。三是国际商事仲裁。主要是指自然人、法人和其他组织之间因商事交易而产生的具有国际或涉外因素的仲裁。传统的国际商事仲裁一般采用电话、传真、会面等沟通方式以及纸质文书。随着互联网的发展,出现了互联网在线仲裁,即仲裁程序的全部或主要环节在互联网上进行,利用互联网进行沟通并使用电子文书。

作为国内商事仲裁的延伸,国际商事仲裁一般有如下特征:第一,仲裁具有国际性,受到国际协议的规范。第二,它是一种自愿解决争议的方法。国际商事仲裁基于当事人之间的仲裁协议而产生,若无仲裁协议,仲裁不可能产生。一方当事人不能强迫另外一方当事人参与仲裁。第三,仲裁解决争议具有较大的灵活性。当事人可以协商确定仲裁体系,如确定仲裁员、仲裁规则、仲裁时间和地点,仲裁费用的承担等。另外,仲裁一般采用不公开审理的方法,较好保护当事人的商业信誉和商业秘密。第四,一裁终局,裁决具有与法院判决相同的法律效力。仲裁裁决是终局性的,一旦做出,双方当事人即需按裁决履行义务,如一方当事人不自觉履行裁决确定的义务,另一方当事人可以依执行地国家或地区的法律申请强制执行。

为了从程序上规范国际商事仲裁活动,很多国家在制定民事诉讼法典或国内仲裁法时,纳入了国际商事仲裁的相关内容。例如:1809年法国《民事诉讼法典》、1887年德国《民事诉讼法典》、1890年日本《民事诉讼法》、1925年美国《统一仲裁法》、1929年瑞典《仲裁法》等等。中国在1994年8月31日第八届全国人民代表大会常务委员会第九次会议通过了《中华人民共和国仲裁法》,确认仲裁的合法性并对其进行司法监督,该法对国际商事仲裁也做了相应的规定。随着国际贸易交往的日渐增多和现代科学技术的飞速发展,国际商事争议的解决方式日趋协调和统一,国际层面的国际商事仲裁立法开始出现。1889年在蒙得维的亚签署的《关于国际民事诉讼法的公约》是涉及仲裁的第一个区域性公约。1923年国际联盟主持在日内瓦缔结的《仲裁条款协定书》(Protocol on Arbitration

Clauses)第一次在国际上承认仲裁条款作为仲裁协议的效力。随后,各国于1958年签订了《承认及执行外国仲裁裁决公约》(the New York Convention on the Recognition and Enforcement of Foreign Arbitral Awards),简称《纽约公约》,是国际商事仲裁领域最重要的国际公约。1965年在华盛顿签订了《解决国家与他国国民间投资争端公约》(Convention on the Settlement of Investment Disputes Between States and Nationals of Other States, ICSID),促进了国际投资相关的纠纷的解决。为了使各国仲裁立法更趋一致,联合国大会在1976年通过了《联合国国际贸易法委员会仲裁规则》(UNCITRAL Arbitration Rules)。联合国国际贸易委员会在1985年制定《联合国国际贸易法委员会国际商事仲裁示范法》(UNCITRAL Model Law on International Commercial Arbitration),成为各国制定或修订仲裁法的蓝本。

国际商事仲裁是提供仲裁服务的组织,包括临时仲裁机构和常设仲裁机构。目前,国外著名的国际商事常设仲裁机构包括:1892年成立的伦敦国际仲裁院(London Court of International Arbitration, LCIA)、1923年成立的国际商会(International Chamber of Commerce, ICC)国际仲裁院、1926年成立的美国仲裁协会(American Arbitration Association)、1966年成立的解决投资争议国际中心(International Center for the Settlement of Investment Disputes)以及1993年成立的世界知识产权组织仲裁与调解中心(World Intellectual Property Organization Arbitration and Mediation Center)。中国国内主要国际商事仲裁机构是中国国际经济贸易仲裁委员会(China International Economic and Trade Arbitration Commission)和中国海事仲裁委员会(China Maritime Arbitration Commission)。

在发生国际商事争议后,一方当事人可以向国际商事仲裁机构提出仲裁申请。仲裁当事人必须是国际商事仲裁协议的当事人,与仲裁结果有直接的法律上的利害关系,以自身名义独立参加仲裁,且必须受国际商事仲裁裁决的约束。仲裁机构收到当事人提交的仲裁申请书后,将对申请仲裁的条件进行审查,决定是否受理仲裁,并通知当事人。仲裁机构接受仲裁申请后,则根据当事人要求或仲裁机构指定仲裁员组建仲裁庭,对仲裁案件进行审理。仲裁审理程序有普通审理程序、简易审理程序和加速审理程序三种,审理包括开庭审理与书面审理。开庭审理一般包括开庭前准备、开庭、核对当事人身份、宣布仲裁庭的组成和当事人的权利义务、当事人陈述主张、庭审调查、辩论、当事人最后陈述、调解、合议、裁决、闭庭等程序。仲裁庭做出终局裁决后,整个仲裁程序即告终结,进入仲裁裁决的执行阶段。

仲裁除了解决自然人、法人及其他微观组织之间的民事、商事纠纷,国家或地区之间的贸易纠纷往往也通过仲裁的方式解决。1994年4月的马拉喀什会议上通过《马拉喀什建立世界贸易组织协定》(Marrakesh Agreement Establishing the World Trade Organization),建立WTO,该协议的附件2是《关于争端解决规则与程序的谅解》(Understanding on Rules and Procedures Governing the Settlement of Disputes, DSU)。DSU确立了专家组程序和仲裁程序两种争端解决方法,仲裁作为解决多边贸易成员之间争端的制度由此正式产生。仲裁是当前世界贸易组织(WTO)解决成员国贸易纠纷的重要法律实践。

参考文献:

邓瑞平等:《国际商事仲裁法学》,法律出版社2010年版。

李圣敬:《国际经贸仲裁法实务》,吉林人民出版社2003年版。

林一飞:《中国国际商事仲裁裁决的执行》,对外经济贸易大学出版社2006年版。

杨良宜:《仲裁法》,法律出版社2006年版。

[英]艾伦·雷德芬、马丁·亨特等:《国际商事仲裁法律与实践》,北京大学出版社2005年版。

赵秀文:《国际商事仲裁法原理与案例教程》,法律出版社2010年版。

(孔瑞 张文城)

补偿贸易

Compensation Trade

补偿贸易是指买方(进口方)在卖方(出口方)提供信贷的基础上,购进机器、设备、技术、原材料或劳务,并在一定期限内用引进的设备和技术所生产的全部或部分产品或双方商定的其他产品清偿价款的一种贸易方式。

补偿贸易是从20世纪60年代末至70年代初发展起来,并在苏联、东欧等经济互助委员会(简称经互会)国家与西方发达资本主义国家之间的贸易中被较为广泛地采用。经互会一些成员国存在外汇储备短缺、对外支付能力有限等困难,但又急需得到西方发达国家的技术、设备和某些重要物资;而西方发达国家的设备和资本大量过剩,市场问题尖锐。为了给自己比较成熟的技术和过剩设备或物资寻找出路、开辟比较稳定的原料供应来源,西方发达国家愿意接受用产品作为支付的条件。在这种双方各有所需的情况下,补偿贸易这种新型贸易方式应运而生。补偿贸易在20世纪70年代之后发展迅速。仅在1980年,苏联同西方签订的大中型补偿贸易合同就有100项之多,主要集中于铺设输气管道、开发煤矿、冶炼黑色金属和有色金属、兴建石油化工厂等项目。20世纪80年代，补偿贸易逐渐在发展中国家拓展开来。发展中国家积极利用这种形式解决国内资金不足、外汇短缺的困难，并通过引进外资和先进技术，加速本国经济和贸易的发展。现今，补偿贸易已成为国际上常用的贸易方式之一。

国际上，补偿贸易的形式多样，具体做法也不同。按照补偿的方式划分，补偿贸易主要可以分为以下几种类型：一是直接产品补偿，又称回购或返销。即由设备进口方利用对方提供的设备和技术制造的直接产品偿付进口设备的货款。一般来说，设备进口方总是愿意用直接产品来补偿的，因此返销是补偿贸易中最基本、也是最简单的做法。二是其他产品补偿，又称反购买或互购。即设备进口方支付设备的货款，不是用直接产品，而是用双方商定的其他产品或劳务来偿付。如果引进的设备不生产可供出口的产品，如交通设施、旅游设施、电讯设备等项目，或设备所生产的直接产品非对方所需时，那么交易双方可以通过协商，用一致同意的其他产品来偿付设备价款。这种情况下的交易为两笔互有联系而分别进行的交易。三是劳务补偿。即进口方不以商品来抵偿进口的设备和技术的价款，而以劳务来支付。这种形式的交易常见于来自如来料加工或来件装配的中小型补偿贸易中，往往是由购进设备或技术的一方以提供劳务所赚取的收入来补偿购进设备或技术的价款和利息。四是综合补偿。即进口方以部分产品、部分外汇或者部分直接产品、部分其他产品搭配的方式补偿对方。在这种方式中，双方交易形式更为灵活，但也更加复杂。此外，按照参与人的数量划分，补偿贸易又可以分为双边补偿和多边补偿。其中，双边补偿是指设备或技术的引进以及产品的补偿，都由供应方和引进方双方直接洽谈，不涉及第三方；多边补偿是指从设备或技术的引进到产品返销的整个流程中，除了供应方和引进方外，存在第三方参与补偿贸易，例如由第三方接受并销售补偿产品，或由第三方承担或提供补偿产品。不论采取何种形式的补偿贸易，交易双方经过磋商达成协议后，一般都要签订补偿贸易的书面文件作为补偿贸易当事人执行协议的依据，主要包括补偿贸易协定、设备进口合同、返销或互购合同等。

补偿贸易通常容易被描述成为易货贸易的一种形式，尽管补偿贸易也表现为双方的商品交换，具有易货贸易的性质，但它又与一般的易货贸易有所区别。补偿贸易最普遍的两种交易形式（返销和互购）显示它们并不包括易货条款（即以货易货），交易的基础是建立在分离的钱物交易协议之上，即进口是基于出口方从进口方购买商品或服务。因此，这种反向贸易协议的实质不是易货而是互惠（Hennart，1989）。补偿贸易作为一种特殊的贸易形式，具有以下几方面的特点：第一，贸易与信贷结合。交易一方购入设备等商品是在对方提供信贷的基础上，或由银行介入提供信贷。补偿贸易离不开银行的介入，与信贷有着密切的关联。第二，贸易与生产相联系。补偿贸易的开展需要双方当事人在生产上的通力合作，如设备供应方需要对零部件的供应、技术的改进、设备的维修与人员的培训等环节承担相应义务，从而保证生产的顺利进行。第三，进口与出口相结合。设备或技术的出口方必须承诺回购进口方的产品或劳务，从而实现了购与销、进口与出口的紧密结合。第四，贸易双方是互惠关系。补偿贸易购入的是机器设备，出口的是产品，可以说是一种进出口相结合的特殊的信贷交易，具有明显的利用外资的功能。

补偿贸易对设备或技术的进口方和出口方具有不同的作用。首先，对于设备或技术出口方而言，补偿贸易的作用首先是有利于突破进口国外汇支付困难的限制，扩大本国产品销售，增加贸易机会。特别是在投资萎缩、市场衰退的情况下，其作用更为突出；其次，通过返销可以在较长时间内稳定地取得原料、燃料或其他急需商品的供应；再其次，引进设备或技术的国家，其工资水平一般都较低，从而产品的生产成本也较低，因而有利于提高返销产品的国际竞争能力。对于设备或技术进口方来说，补偿贸易首先是在一定时期内可以解决外汇不足的困难，从而扩大进口能力、取得国内所需要的设备或技术资源，既有利于缓和对外支付手段不足的困难，又可提高本国的生产能力，扩大出口、增收外汇；其次，通过补偿贸易兴建的企业，如果生产原来必须进口的产品，在兴建这些企业后即可自行生产，从而减少进口、节约外汇开支；再其次，通过产品返销，利用对方的销售渠道，给产品的出口建立了长期内较为稳定的销售渠道和市场；最后，通过先进设备或技术的引进，能够提高进口国的劳动生产率，从而增加产量、提高产品质量，增强产品在国际市场上的竞争能力。

尽管如此，补偿贸易对设备或技术的进口方也可能存在不利的影响，开展补偿贸易的问题和风险主要体现在以下几个方面。首先，引进的设备或技术有时并不是最先进的。出口方为了维护自己的竞争地位，往往不愿转让最先进的技术或设备；其次，返销往往不易被出口方接受，其原因在于出口方担心返销产品会影响其国内同类产品的产销，扰乱正常的市场秩序；再次，出口方对于补偿产品的品种、规格、交货期要求严格，对进口方的约束性较大；最后，国际产品市场波动较大，而补偿的产品供给又是长期的，一旦市场需求萎缩，出口方往往借故拒购。补偿产品的销售一旦受此影响，势必影响贷款的偿还，从而引起信贷纠纷。

中国在20世纪70年代中期就已开展补偿贸易，但达成的项目规模较小、期限较短。自1979年以来，中国实行对外开放政策后，补偿贸易由于其形式多样且比较灵活，开始成为中外双方比较乐于接受的一种交易形式。作为利用外资的一种方式，补偿贸易业务开始迅速发展。近年来，外商以设备或技术作为直接投资进入中国，补偿贸易规模有所缩减。但是，随着中国市场经济的发展，补偿贸易在利用外资、促进销售方面的优越性仍不容忽视。

参考文献：

何新浩：《补偿贸易知识》，人民出版社1984年版。

叶正茂、顾卫平、叶正欣：《补偿贸易的经济学解释》，载于《经济学动态》2003年第7期。

Hennart, J. F., The Transaction-Cost Rationale for Countertrade. *Journal of Law, Economics, & Organization*, Vol. 5, No. 1, 1989.

（孔瑞　林峰）

来料加工

Processing with Imported Materials

来料加工，是对外加工装配贸易的简称，加工贸易的一种，是以商品为载体的一种劳务输出。根据《中华人民共和国海关关于对外加工装配业务的管理规定》（1990年10月5日海关总署修订发布）第二条和《加工贸易审批管理暂行办法》第二条，来料加工指由国外厂商作为委托方提供全部或部分原材料、辅助材料、零部件、元器件和包装材料（简称料件），必要时提供机器设备及生产技术，国内企业作为承接方按照合同规定的质量、规格和式样等要求进行加工、装配，成品由国外厂商负责销售，中方按合同规定收取加工费用（工缴费），外商提供的作价设备价款由中方用工缴费偿还的一种贸易方式。来料加工没有货物所有权的转移，实际上是国际生产合作的一种初级形式。

来料加工有如下几种方式：一是全部来料来件的加工装配。委托人提供全部原辅材料，来料和成品都不计价，来料后委托人只代为加工，然后向委托人收取约定的工缴费；二是部分来料来件的加工装配。来料和成品分别计价，成品价款扣除来料价款的余额即作为工缴费，成品交由委托人销售；三是对口合同，各作各价。国外委托方和承接方签署两份对口合同。一份是委托方提供的原辅材料和元器件的销售合同，另一份是承接方出口成品的合同。对于全部来料来件，两份合同的差价即为工缴费，对于部分来料来件，两份合同的差价，既包括工缴费，也包括国内承接方所提供的料件的价款。以对口合同方式进行的加工装配贸易，必须在合同中表明。承接方无须支付外汇。四是委托人为了提高加工效率和产品质量，在来料的同时，提供部分加工设备，其价款由加工方以公缴费分期扣还。这实际上是一种与补偿贸易相结合的交易方式。

来料加工和进料加工、来件装配等构成加工贸易的主要形式。来料加工贸易和进料加工的共同之处在于原材料和元器件来自国外，加工后成品也销往国外市场。但两者有本质上的区别，主要区别如下：一是进口料、件的不同。进料加工的所有进口料、件由经营企业用外汇购买。而来料加工的进口料、件则由外商无偿提供。进料加工的风险比来料加工的风险大；二是进出口货物的买卖方不同。进料加工由于各作各价，因此进口物料的外商不一定就是经营企业成品出口的买方。而来料加工的进出口货物买卖方必须是同一外商；三是外商的结算不同。进料加工项下的经营企业出口货物，外商按一般贸易方式付款，经营企业收取外汇。而来料加工项下的经营企业出口货物不作价，经营企业只按约收取工缴费；四是退税的方式不同。进料加工后出口货物，实行“先征后退”的方式；来料加工后出口货物，实行“不征不退”的方式。

来料加工是中国加工贸易早期的主要贸易形式，根据《中国海关统计年鉴》，1980年来料加工进出口额为13.3亿美元，占加工贸易总额的79.8%。在中方企业规模有限、参与国际分工经验不足的情况下，来料加工具有特殊的优势。到20世纪80年代末期，加工贸易的结构发生了改变，1989年进料加工进出口额首次超过来料加工贸易额，达到53.1%。随后，进料加工所占比重逐年提高，到2001年达到了71.4%。其原因是外商投资企业尤其是跨国公司更加注重通过加工贸易占据中国国内市场，而进料加工方式可以兼顾国内国际两个市场。

来料加工有利于充分发掘人力资源，增加外汇收入，提高工业生产技术，进行来料加工的企业多分布在劳动力或土地费用较低、交通方便且进出口贸易自由度较高的地区，对繁荣地方经济和推动出口贸易方面，起了很大的作用。来料加工因其加工贸易的性质具有主动性差，创汇少，加工增值部分主要由委托方获得，其产品一定程度上与中国原来的出口贸易争夺市场。承接来料加工的企业有两种类型，一种是承接方为中国企业或合资企业，另一种是国外委托方在国内直接投资设厂。尽管目前这种方式对发展中国经济利大于弊，但从长远来看，把这一利用外资方式，用政策导向技术密集型和资本密集型产业，并加强税务管理，是十分必要的。

参考文献：

邓福光：《中国国际加工贸易发展和海关监管创新》，中国海关出版社2010年版。

戚晓曜、邱志珊：《中国国际加工贸易研究》，中国经济出版社 2011 年版。
沈玉良、孙楚仁、凌学岭:《中国国际加工贸易模式研究》,人民出版社 2007 年版。

(孔瑞 姚文勇)

出口加工区

Export Processing Zones(EPZs)

出口加工区,又称"加工出口区",是一国为吸引外资、发展对外贸易以及出口导向型经济而建立的集中生产出口制成品的特殊工业区,从事进口原材料、加工并出口到世界各地。广义上出口加工区还包括自由贸易区、对外开放区、工业自由区、投资促成区等。依据出口产品种类,出口加工区可以划分为单类产品出口加工区和多类产品出口加工区。

出口加工区产生于 20 世纪 50 年代初,60 年代初在亚非拉等发展中国家得到广泛发展。出口加工区作为促进发展以及出口导向型增长的重要政策工具,广泛存在于世界 130 多个国家并取得了良好的效果。发展中国家拥有丰富的劳动力资源,而发达国家的资本跨出国界进行国际投资。这二者的劳动力资源与资本在出口加工区结合,为发展中国家吸收外商直接投资,并通过创造出口融入世界经济。

一般而言,出口加工区作为开发区的一种特殊类型,具有"境内关外"的特殊性质,即处在一国地理范围内并受该国法律法规约束,但处于该国海关监管范围之外。进入出口加工区的国外产品以及由出口加工区出口至国外的产品都视为一般贸易产品,免关税、增值税。而由出口加工区所在国政府进入该区的物品属于出口,可以获得出口退税,所有由该出口加工区进入该国的物品都属于进口,需要征收关税以及进口环节的增值税。原材料来自国外、产成品销往国外并在该区使用廉价丰富劳动力资源的企业获益最多,也是出口加工区的目标客户和设置初衷。其他类型的企业进入出口加工区应综合衡量成本收益条件。一般情况下,在出口加工区内不实行进出口配额和许可证管理,但不能开展拆旧、翻新业务,也不能加工国家及该出口加工区明令禁止的业务。

基于经济视角,出口加工区是惠及较少数人、扭曲资源配置的次优政策,但是作为本国贸易自由化的基石,其作用不可忽视,如创造就业和外汇收入、促进出口,传播技术、管理方法、促进本土企业吸收知识外溢效应和发挥干中学效应,催化其出口发展进程,刺激本国经济发展。

随着 WTO 规则对出口补贴的规制,出口加工区的税收激励被逐步淘汰,一些出口加工区以此为契机转化为科技与工业园区,开始与本土经济融合。

改革开放以后中国抓紧建设出口加工区,目前形成了包括九江、赣州、昆山、天津、在内的几十个出口加工区,为中国充分利用丰富的劳动力资源、发展对外贸易、促进国内产业提升发挥了重要作用。

参考文献:

陈宪:《国际贸易理论与实务》,高等教育出版社 2000 年版。
Wu. Fulong, *Export Processing Zones*, *International Encyclopedia of Human Geography*, Oxford: Elsevier, 2009.
Michael Engman. Osamu Onodera. Enrico Pinali, Export Processing Zones: Past and Future Role in Trade and Development, Ideas Working Paper, No. 53, 2007.

(孔瑞 洪丽明)

保税仓库

Bonded Warehouse

保税仓库是保税制度中应用最广泛的一种形式,是指经海关批准设立、受海关监督管理的专门存放保税货物及其他未办结海关手续货物的仓库。保税仓库仅限于存放供来料加工、进料加工复出口的料件、暂时存放之后复运出口的货物及经过海关批准缓办纳税手续进境的货物。存入保税仓库的货物可以免纳关税、免领进口许可证,在规定的存储期满时可以复运出口或办理进口内销的报关和纳税手续。

保税仓库根据使用对象的不同可以分为公用型保税仓库和自用型保税仓库。其中,公用型保税仓库是指由主营仓储业务的中国境内独立企业法人经营,专门向社会提供保税仓储服务的仓库。自用型保税仓库是指由特定的中国境内独立企业法人经营,仅存储供本企业自用保税货物的仓库。此外,保税仓库中专门用来存储具有特定用途或特殊种类商品的称为专用型保税仓库。专用型保税仓库又包括液体危险品保税仓库、备料保税仓库、寄售维修保税仓库和其他专用型保税仓库。

保税仓库允许存放的货物范围包括:加工贸易进口货物;转口货物;供应国际航行船舶和航空器的油料、物料和维修用零部件;供维修外国产品所进口寄售的零配件;外商暂存货物;未办结海关手续的一般贸易货物;经海关批准的其他未办结海关手续的货物。保税仓库应当按照海关批准的存放货物范围和商品种类开展保税仓储业务,不得存放国家禁止进境货物、未经批准的影响公共安全、公共卫生或健康、公共道德或秩序的国家限制进境货物以及其他不得存入保税仓库的货物。

保税仓库实际上是口岸功能的延伸,除了传统的保税仓储功能外,还具有转口贸易、缓税、简单加工和增值服务、物流配送、商品展示等功能。在国际贸易中,除国家禁止进境货物外,保税仓库货物一般不受仓库所在地国家的税费和进口许可证件管理制度的约束。因此许多企业常常通过保税仓库来合理规避国际市场价格风险和有关税费、贸易管制等,这有利于进出口商把握交易时机、顺利开展业务和发展转口贸易。其作用主要体现在以下几个方面:

第一,有利于促进对外贸易。在国际贸易过程中,从询价、签订合同到货物运输需要一个较长的时间。为了缩短贸易周期、降低国际市场价格波动的影响,先将货物运抵本国口岸,预先存入保税仓库,可以使货物尽快投入使用,这有力地促进了国际贸易的健康发展。

第二,有利于提高进口原材料的使用效益。利用保税仓库,可以使需要进口的原材料统一进口、相互调剂,从而降低了进口价格,提高了原材料的利用率和经济效益。

第三,有利于开展多种贸易方式。利用保税仓库的暂缓缴纳关税等优惠条件开展多种贸易方式(如来料加工等形式),这有利于扩大贸易出口、增加外汇收入,同时利用价格变化中的差价也为开展转口贸易提供了契机。

第四,有利于加强海关监管。随着贸易方式的灵活多样,海关的关税的征收工作的难度也在加大。保税仓库出现后,海关工作人员可以借助仓库管理人员的力量进行协同管理,有效增强了海关监管的效率。通过对保税仓库出入的货物实行核销监督管理,对加工业实行重点抽查与核销,有效限制了内销行为的出现。

第五,有利于促进本国经济的发展。外贸企业利用保税仓库综合性、多功能的特点,开展一系列如报关、装卸、运输、中转等相关业务,在促进国家对外贸易发展的同时,也促使本国经济深入国际经济体系之中,对国家经济的发展产生了积极的推动作用。

中国早在20世纪80年代初就已经建立了保税仓库。随着改革开放,中国的对外贸易尤其是加工贸易发展迅速,保税仓库的建立对中国发展外向型经济具有重要的促进作用。在法制监管方面,中国于2004年2月1日正式施行《中华人民共和国海关对保税仓库及所存货物的管理规定》,明确了保税仓库的类型、功能、范围和申请条件等,为海关的监督管理提供了有效的制度保障。

参考文献:

陈宪:《国际贸易理论与实务》,高等教育出版社2000年版。

胡东升、周耀荣:《〈海关对保税仓库及所存货物的管理规定〉详解》,载于《中国海关》2004年第4期。

黎孝先:《国际贸易实务》,对外经济贸易大学出版社2003年版。

亦鸣:《保税区、保税仓库简介》,载于《唯实》1993年第3期。

(孔瑞　林峰)

三、国际投资

国际资本流动

International Capital Flows

国际资本流动是指资本在不同国家和地区之间的转移,国际资本流动按资本的使用期限长短分为长期资本流动和短期资本流动两大类。长期资本流动是指使用期限在一年以上或未规定使用期限的资本流动,短期资本流动是指使用期限在一年或一年以内的资本流动。国际资本流动具体包括:贷款、援助、投资、债务的增加、债权的取得、利息收支、买方信贷、卖方信贷、外汇买卖、证券发行与流通等。

自从20世纪70年代中期以来,国际资本流动出现了大幅增长,其中发达国家不仅是国际资本流动的主要资本流出国,同时也是主要的资本流入国,而剩下的国际资本流动主要发生在新兴经济体。为了验证观测到的国际资本流动的数量是否跟经济理论预测的一致,小罗伯特·埃默生·卢卡斯(Robert Emerson Lucas,Jr.)通过建立一个部门模型发现了一个悖论,即更多的资本并没有从收益率低的发达国家流向收益率更高的发展中国家,这就是著名的"卢卡斯悖论"。对此卢卡斯给出了三个可能的解释:一是富裕国家工人的劳动生产率可能是其他穷国工人劳动生产率的好几倍;二是人力资本有可能是一个遗漏的要素,而富裕国家的人力资本相比其他国家高得多;三是穷国的政治风险比富国高得多,因而所要求的风险溢价也很高。接着也有不少学者对卢卡斯的模型进行了进一步扩展,从而来更好地解释"卢卡斯悖论"。

国际资本流动与经济增长直接的关系一直是经济学家们研究的中心话题。在理论上,国际资本流动可以通过一系列直接和间接的渠道来促进一个国家经济增长,直接渠道包括:增加国内储蓄、通过更好地进行风险分担来减少资本成本、传递技术和管理知识、刺激国内金融部门的发展。间接渠道则包括促进专业化和承诺制定更好的经济政策。尽管如此,实证结果却发现国际资本流动对经济增长的作用并不显著。

另一些研究则发现经济全球化与经济增长之间并不存在稳健的因果关系,对于发展中国家来说更是如此(Eichengreen,2001)。正是由于理论和实证结果存在着很大的差距,经济学家们开始探寻其中的原因,最著名的论断要属构成假说(Composition Hypothesis)和门槛假说(Threshold Hypothesis)。构成假说认为不同类型的资本流动是不一样的,国际直接投资和国际证券组合投资形成的资本流动似乎跟经济增长是正相关的(Bekaert et al.,2004),相反,没有证据表明外国私人债务,包括国家贷款,可以有效地促进经济增长,甚至国际贷款跟经济增长是负相关的。门槛假说则认为要想使一个国家从金融全球化中受益,这个国家在某些方面必须达到一定的条件,也就是存在门槛效应,如果不能跨越这个门槛条件,那么金融全球化就会给这个国家带来更多的危机和更慢的经济增长,其中公共机构和人力资本就是两个重要的门槛条件,只有那些具有相当好的公共机构(如能够有效控制腐败)和最低水平人力资本的国家,金融全球化才能有效促进投资和经济增长。构成假说和门槛假说并不是对立的,具有更好的公共机构的国家更可能吸引更多的国际直接投资而不是国际银行贷款(Wei,2001)。

2008 年以来,中国一直是国际私人资本最大的目的地,国际资本大量流入中国不仅对中国经济产生了积极影响,同时也带来了一系列问题。面对逐年增长的外国投资,如何利用好这些资本,避免潜在的危机,同时引导本国资本"走出去",是对我国的巨大挑战(范小云等,2007)。在长期内利差和人民币预期升值率都是影响中国短期资本流动的主要因素,但是人民币升值预期的影响更加重要。中国需要进一步加快汇率改革,同时要在开放之中提高资本管制的有效性(王世华等,2007)。

参考文献:

范小云、潘赛赛:《国际资本流动理论的最新发展及其对中国的启示》,载于《国际金融研究》2008 年第 9 期。

王世华、何帆:《中国的短期国际资本流动:现状、流动途径和影响因素》,载于《世界经济》2007 年第 7 期。

Bekaert, G., Harvey, C. and Lundblad, C., Does Financial Liberalization Spur Growth?, *Journal of Financial Economics*, Vol. 77, No. 1, 2005.

Eichengreen, B., Capital Account Liberalization: What Do Cross-country Studies Tell Us?, *World Bank Economic Review*, Vol. 15, No. 3, 2001.

Lucas, R. E., Why doesn't capital flow from rich to poor countries? *The American Economic Review*, Vol. 80, No. 2, 1990.

Wei, S. J, Domestic Crony Capitalism and International Fickle Capital: Is There a Connection?, *International Finance*, Vol. 4, No. 1, 2001.

(杨权　陈婷)

国际直接投资

International Direct Investment

国际直接投资也称为对外直接投资(Foreign Direct Investment, FDI)、跨国直接投资(Transnational Direct Investment, TDI)和海外直接投资(Overseas Direct Investment, ODI),是指一国的自然人、法人或其他经济组织单独或共同出资,在其他国家的境内创立新企业,或增加资本扩展原有企业,或收购现有企业,并且拥有有效管理控制权的投资行为,一般认为至少要拥有 10% 以上的所有权才能拥有有效管理控制权。

国际直接投资理论于 20 世纪 60 年代初期由斯蒂芬·赫伯特·海默(Stephen Herbert Hymer)提出,到 70 年代后期由约翰·哈里·邓宁(John Harry Dunning)完成了国际直接投资的一般理论,即国际生产折衷理论,邓宁指出,跨国公司从事的国际生产方式大致有国际技术转让、产品出口和对外直接投资三种,究竟采用哪种方式取决于跨国公司的所有权优势(Ownership Advantage)、内部化优势(Internalization Advantage)和区位优势(Location Advantage),即所谓的"OIL"理论。这一理论在研究国际直接投资问题时,强调了与传统国际资本流动有两个不相同的地方:其一是进行国际直接投资的企业可以获得较大的利益;其二是这类企业可以节省交易成本。跨国企业一般均衡模型的出现对"OIL"理论进行了扩展,其中的一个模型认为跨国企业的生产活动可以分为两种类型,总部的高技术密集型活动和低技术密集型的生产活动,如果不同国家的资源禀赋差异足够大,那么跨国企业将会进行垂直分工,母国的企业总部从事高技术密集型的服务活动,而在东道国进行低技术密集型的生产活动,这个模型就是"垂直型国际直接投资"模型(Helpman,1984)。相反,另一个模型则认为由于贸易存在成本,比如运输成本、贸易壁垒等,如果这些成本足够大的话,跨国企业就会在东道国成立新企业来满足当地市场的需求,这就是所谓的"水平型国际直接投资"(Markusen,1984)。后来很多的论文都是在这两个模型的基础上来进行扩展的,比如引入异质性企业和交易成本等。在实证研究方面,主要讨论了汇率、税收、东道国制度、贸易保护政策等因素对国际直接投资的影响。

国际直接投资的一个重要研究领域就是国际直接投资对于东道国的经济影响,主要的研究方向包括国际直接投资对东道国工资水平、技术溢出和经济增长等的影响。对于国际直接投资对东道国工资水平的影响,不论是在发达国家还是在非发达国家,跨国企业都会支付更高的工资。更有趣的问题是跨国公司是否也会促使东道国的企业支付更高的工资,但是这方面的理论发展还不完善,实证结果也不一致。同时国际直接投资对工资不平等的影响也有不少研究,运用理论模型分析发现国际直接投资导致技术工人和非技术工人的工资水平增大,利用墨西哥的数据进行实证研究发现,美国对墨西哥的直接投资对墨西哥工资不平等产生了显著的影响(Feenstra et al.,1997)。对国际直接投资技术溢出的研究众多,但是结果却是不一致的(Görg et al.,2001),主要原因一方面是这一领域的理论还不完善,另一方面可能是通过数据来识别溢出效应还存在困难。还有许多学者试图来探讨国际直接投资对东道国经济增长的影响,但是一个很难克服的难题就是内生性问题,同时数据方面也还不能完全达到要求。

根据联合国贸易和发展会议公布的《世界投资报告》显示,2011 年中国 FDI 流入量增长 8%,达到 1240 亿美元,世界排名第二,仅次于世界排名第一美国的 2269 亿美元;FDI 流出量为 651 亿美元,世界排名第九,居于美国、日本、英国、法国、中国香港、比利时、瑞士和俄罗斯之后,国际直接投资已经成为影响中国经济发展的一个重要因素。因此,中国一方面要充分利用好流入中国的直接投资,为中国的经济发展和经济转型服务;另一方面也要合理引导我国企业走出去,制定好相关的政策,确保我国的跨国企业在国外的直接投资取得成功。

参考文献:

Helpman, E., A Simple Theory of International Trade with Multinational Corporations, *Journal of Political Economy*, Vol. 92, No. 3, 1984.

Markusen, J., Multinationals, Multi-Plant Economies, and the Gains from Trade, *Journal of International Economics*, Vol. 16, No. 3-4, 1984.

Feenstra, R. and Hanson, G., Foreign Direct Investment and Relative Wages: Evidence from Mexico's Maquiladoras, *Journal of International Economics*, Vol. 42, No. 3-4, 1997.

Görg, H. and Strobl, E., Multinational Companies and Productivity Spillovers: a Meta-Analysis, *Economic Journal*, No. 475, 2001.

(杨权　陈婷)

国际直接投资的类型
Types of International Direct Investment

国际直接投资也称为对外直接投资(Foreign Direct Investment, FDI)、跨国直接投资(Transnational Direct Investment, TDI)、海外直接投资(Overseas Direct Investment, ODI),是指一国的自然人、法人或其他经济组织单独或共同出资,在其他国家的境内创立新企业,或增加资本扩展原有企业,或收购现有企业,并且拥有有效管理控制权的投资行为。

国际直接投资可从不同的角度,划分成不同的类型。

一是从投资者是否创办新企业的角度,可分为创办新企业和控制国外企业股权两种形式。

创办新企业可以采取投资者到东道国创立拥有全部控制权的独资企业的方式或是采取由两个以上的投资者共同创办合资企业的方式。它包括开办新厂矿或设立分支机构、附属机构、子公司、同东道国或第三国联合创办合资企业、收买外国现有企业等。

控制国外企业股权是指购买外国企业股票并达到一定比例,从而拥有对该外国企业进行控制的股权。目前,国际上对控股率达到多少时才称为直接投资,并没有统一的标准。按国际货币基金组织(IMF)的定义,只要拥有 25% 的股权,即可视为直接投资。

二是从投资企业与被投资企业的生产和经营方向是否一致的角度,可分为水平型国际直接投资、垂直型国际直接投资和混合型国际直接投资。

水平型国际直接投资,也称横向型国际直接投资,是指投资企业与国外被投资企业的生产和经营方向基本一致,被投资企业能够独立地完成产品的全部生产和销售过程的国际直接投资。它一般适用于机械制造业和食品加工业。

垂直型国际直接投资,也称纵向型国际直接投资,是指投资企业与国外投资企业之间实行纵向专业化分工的国际直接投资。它可分为两种形式:一种是投资企业和被投资企业从事同一行业产品的生产,但分别承担同一产品生产过程的不同工序;另一种是投资企业和被投资企业从事不同行业,但它们互相衔接、互相关联。前一种形式多见于汽车、电子行业,后一种形式在资源开采和加工行业中较多出现。

混合型国际直接投资是指投资企业与国外被投资企业在生产和经营方向完全不同的国际直接投资。例如,美国的埃克森石油公司不仅投资于石油开采、精炼和销售,而且还投资于石油化学工业、机械制造业、旅游业和商业等。

三是从投资者对外投资的参与方式不同,可分为股权参与和非股权参与两种形式。

股权参与是参与制的基本方式,母公司通过持有国外子公司具有投资表决权的股票份额,从而达到控制其生产经营活动的目的,这也是典型的国际直接投资形式。

股权参与的方式具体包括以下几种形式:

独资经营。独资经营是指完全由外国投资者出资并独立经营的一种国际直接投资方式,它是历史最悠久的直接投资方式。一般来说,生产规模大、技术水平高、在国际市场竞争中处于垄断优势地位的大型跨国公司,倾向于以创立独资企业的形式进行对外直接投资。独资经营的特点有:外国投资者提供全部资本,自主经营,自担风险;通过独资经营,东道国可引进国外先进技术和管理经验,有利于提高本国的技术和管理水平;东道国政府对独资企业的审批尺度较为严格。

合资经营。合资经营是外国投资者以创办合资企业的方式进行国际直接投资的一种方式。合资企业,又称合资经营企业或股权式合营企业,是指由两个或两个以上不同国家(或地区)的公司、企业或其他经济组织根据东道国的法律,并经东道国政府批准,在东道国境内设立的,以合资方式组成的经济实体。合资企业具有法人资格,能以自己的名义享受权利、承担义务。一般来讲,生产规模小、技术水平不高、在国际市场竞争中无垄断优势的小型跨国公司,偏向于以建立合资企业的形式进行对外直接投资,其目的在于占领东道国市场,并获取东道国政府的支持。合资企业既可通过新建投资项目的方式设立,也可通过购买东道国企业股权的方式设立。合资企业有以下特点:资本由合资各方共同投资;生产经营由合资各方共同管理,根据出资比例,合资各方共同组成董事会,合资各方共享收益、共担风险。

合作经营。合作经营是一种比合资经营更简便灵活的国际直接投资方式,特别适用于投资少、周期短、见效快的投资项目。合作经营是指以跨国公司为主体的投资者与另一方签订契约共同经营企业,各方出资不采取股份形式,风险的分担和盈亏的分配也不一定与出资比例挂钩,而是依据契约中规定的比例分成。合作经营企业又称契约式合营企业,是指国外企业、其他经济组织与东道国企业或其他经济组织,根据东道国有关法律和双方共同签订的合作经营合同而在东道国境内设立的合作经济组织。

合作开发。合作开发是指资源国利用国外投资开发本国资源的一种国际经济合作形式。通常由资源国政府(或政府经济机构、国营企业等)与国外投资者共同签订协议、合同,在资源国指定的区域内,在一定的期限内,与国外投资者共同勘探、开发自然资源,共担风险、分享利润。它适用于自然资源的大型开发及生产项目,特别是海洋石油开采等风险大、投资多、技术要求高、建设周期长的项目。合作开发的整个过程分两个阶段:第一阶段由从事开发的公司经东道国批准后进行地球物理勘探,所需的资金、设备、技术等全部由从事开发的公司提供,风险也由其承担。通过勘探,如果未发现具有商业开采价值的资源,已经耗费的一切费用均成为该公司的无偿损失;如果发现具有商业开采价值的资源,则根据合同进入第二阶段,即资源开发阶段。在这一阶段,从事开发的公司与东道国共同投资,进行合作开发资源。第一阶段的所耗费用及第二阶段的投资回收与收益分配均可用所开发的资源进行补偿。

非股权参与是指以跨国公司为主体的国际投资者并不持有在东道国的企业的股份,而只是通过与东道国的企业建立某些业务关系来取得某种程度的实际控制权,实现本公司的经营目标。非股权参与的主要形式有:

国际工程承包。国际工程承包是国际劳务合作的主要形式,它是指一国承包商按照国外业主提出的条件,同意承担某项工程建设任务并取得一定报酬的跨国经济活动。国际承包工程涉及工程技术,管理及法律方面的问题,又涉及国际贸易、国际金融、国际投资等国际经济关系的诸多方面,具有集耗资多、获利多、竞争性强为一体的特征。

国际租赁。国际租赁是指位居不同国家的出租人和承租人之间的租赁,也称跨国租赁。出租人通过国外厂商购买承租人所需要的设备,根据双方签订的租约,承担人向出租人缴纳租金而获得设备使用权。它是国际信贷和国际贸易相结合的新型融资和融物合为一体的业务。国际租赁对于出租人来说,能起到既输出资本,又输出设备的双重作用,而对承租人来说,既能利用外资,又能引进国外先进设备。

补偿贸易。补偿贸易是一国企业在外汇短缺的情况下,以不支付现汇为条件,从另一国引进技术、设备及其他制成品,待工程建成投产后用生产的产品分期偿还其价款的一种投资与贸易相结合的、灵活的国际投资方式。

国际加工装配贸易。国际加工装配贸易是集国际贸易与国际投资于一体的、比较灵活的新型国际直接投资形式。由于它不需要东道国的投资,并可利用现有的厂房、土地、劳动力等达到引进先进技术和利用外国投资的目的,因此特别适合缺少外汇、技术相对落后的发展中国家和地区。

许可证合同。许可证合同又称技术特许,指跨国公司通过与东道国的公司签订合同,转让已经注册的商标、专利或未经注册的“技术诀窍”。

管理合同。管理合同又称经营合同,指跨国公司通过签订合同,派遣管理人员到东道国的企业担任总经理等高层职务,负责经营管理方面的日常事务,企业的所有权仍属于东道国,企业的董事会也仍由东道国的政府代表组成。

技术援助或技术咨询协议。技术援助是指应东道国业主的要求,为解决某一技术上的困难进行帮助和指导,直到问题获得解决。技术咨询与技术援助略有不同,它只是由跨国公司派遣专家充当顾问,为东道国业主解决某一技术问题提供一些参考性的建议,这些建议是否被采纳,则完全由业主自行决定。

销售协议。销售协议是跨国公司利用东道国的销售机构来扩大自身的产品销售能力的方式。

特许营销。特许营销是商业和服务行业中跨国公司比较流行的一种参与方式。营销总店允许营销分店使用它的商号名称,并对分店的经营活动给予协助,但分店的所有权并不归总店所有,而是独立的经济实体。分店只按销售额或利润的一定的百分比(也有的按固定金额)向总店缴纳特许权使用费。

参考文献:

陈湛匀:《国际投资学》,复旦大学出版社2008年版。

胡朝霞、张明志:《国际投资》,高等教育出版社2005年版。

孔淑红:《国际投资学》,对外经济贸易大学出版社2010年版。

任淮秀:《国际投资学》,中国人民大学出版社2011年版。

(杨权 许昌平)

内部化理论

Theory of Internalization

内部化理论是运用市场内部化方法分析跨国公司直接投资行为的一种理论。内部化理论,也称市场内部化理论,它的理论基础源于20世纪30年代科斯的交易成本理论。1937年美国经济学家罗纳德·哈里·科斯(Ronald Harry Coase)在一篇题为《企业的性质》的论文中,探讨了在市场交易中发生的交易成本问题,他把市场成本分为搜寻合适价格的活动成本,确定合同签约人的责任成本,接受合同的风险成本和从事市场交易的交易成本,他认为企业的内部化组织是一种低成本有效率的生产组织,当企业的内部组织交易的成本低于通过市场交易的成本时,企业就会倾向于内部化交易(Coase,1937)。1976年,英国经济学家彼得·巴克莱(Peter J. Buckley)和马克·卡森(Mark Casson)分别于1976年和1978年合作出版了《跨国公司的未来》和《国际经营论》,在书中他们以市场不完全为假设前提,把科斯的交易成本理论融入国际直接投资理论中,提出了更具有现实意义的内部化理论。所谓内部化,是指用企业内部的管理协作(内部市场),取代自由交换的契约关系(外部市场),从而降低外部市场交易成本而取得市场内部化的额外收益。内部化理论将市场不完全归因于市场机制的内在缺陷,指出中间产品市场的不完全性促使企业进行市场内部化。

内部化理论以市场不完全为假设前提,其假设主要表现在三个方面:一是假设企业在不完全竞争市场上从事各种贸易活动的目标是追求利润最大化。二是生产要素市场特别是中间产品市场不完全时,企业可以以内部市场替代外部市场。三是在不完全市场上实施内部化来降低交易成本,而此内部化跨越国界时,跨国公司和对外直接投资就产生了。由上述假设可得,当技术、管理、知识、信息等中间产品市场外部的交易成本高于内部的交易成本或是难以保证中间产品交易正常进行时,企业为追求最大化利润,会将其市场内部化。

巴克莱和卡森认为决定市场内部化的因素主要有四个:产业特定因素(产品的性质、外部市场结构、规模经济等)、区域特定因素(地理距离、文化差异等)、国家特定因素(政治、法律、财政政策等)、企业特定因素(企业组织机构、管理协作能力等)。他们认为内部化进程取决于企业对内部化的成本和收益的比较。内部化成本具体包括以下几个方面:一是资源成本。跨国公司市场内部化后,一个完整的市场被分割为若干个独立的小市场(内部市场),因而不能实现资源的最佳配置,不能发挥规模经济的作用。资源成本实际上是牺牲规模经济而产生的成本。二是通讯成本。主要包括两个方面:一是由于地理、语言、社会环境的差异,跨国公司各分支机构的通讯成本会比非跨国公司高出很多。二是跨国公司为了防止技术、管理方法和信息的泄漏,其分支机构只能利用成本相对较高的内部通信系统进行通讯。三是国家风险成本。跨国公司若在当地市场形成垄断或损害当地企业的发展时,往往导致东道国政府的众多限制。东道国政府可能采取歧视性政策,甚至没收跨国公司所有的当地资产。四是管理成本。市场内部化后,跨国公司要对遍布各地的子公司进行监督管理,从而增加了企业的管理成本。市场内部化收益来源于消除外部市场不完全所带来的经济效益,主要包括以下几个方面:统一协调相互依赖的跨国公司各分支机构的各项业务,消除外部市场经常出现的"时滞"而带来的经济效益。为获取经济效益制定有效的差别价格或实施转移价格。消除国际市场不完全所带来的经济效益。增强技术优势所带来的经济效益。

内部化理论解释了20世纪70年代跨国公司从事对外直接投资的动机,并从国际分工和企业生产组织形式的角度来探讨跨国公司对外直接投资的决定因素。它是建立在科斯交易成本理论基础上的一种新型的国际直接投资理论,是西方国际直接投资理论研究的转折点。与以往其他理论相比,内部化理论研究的角度发生了变化,它从成本和收益的角度解释了国际直接投资的动因,论证了只要内部市场的净收益大于外部市场的净收益,企业就有动机实现国际直接投资。因此,内部化理论对于发达国家和发展中国家都适用。内部化理论最初是建立在科斯的交易成本理论基础上,其受交易成本的限制很大而忽略了生产成本对企业进行国际经营的决定性作用。对此,奥利弗·伊顿·威廉姆森(Oliver Eaton Williamson)等人在交易成本基础上引入生产成本进行综合，来更好地解释跨国公司的横向一体化和纵向一体化，从而使内部化理论向前迈进了一大步。但内部化理论仍存在许多缺陷，它忽略了对跨国公司这一具有代表性的国际化垄断组织行为特征的研究，没有对国际直接投资的地理方向和区域分布作出解释，并且只强调了市场竞争的不完全性对国际直接投资的影响，而忽视了市场积极方面对国际直接投资的促进作用。

参考文献：

李琮：《世界经济学大辞典》，经济科学出版社 2000 年版。

陈湛匀：《国际投资学》，复旦大学出版社 2008 年版。

綦建红：《国际投资学教程》，清华大学出版社 2012 年版。

杜奇华：《国际投资》，对外经济贸易大学出版社 2009 年版。

赵春明：《跨国公司与国际直接投资》，机械工业出版社 2007 年版。

Coase, R. H., The Nature of the Firm, *Economic*, Vol. 16, No. 4, 1937.

Buckley, P. J. and Casson, C., *The Future of the Multinational Enterprise*, London: Macmillan, 1976.

Buckley, P. J. and Casson, C., *A Theory of Cooperation in International Business*, London: Macmillan, 1978.

（杨权　许昌平）

国际生产折衷理论

Eclectic Theory of International Production

国际生产折衷理论是综合企业拥有的所有权、区位及内部化优势来解释国际直接投资的理论。20 世纪 60 年代以前，国际生产格局比较单一，以美国为基地的跨国公司在国际生产中占主要地位，但 70 年代以后国际生产格局呈现出复杂的趋势，发达国家间出现相互交叉的投资现象，一些跨国公司还向发展中国家投资，而发展中国家也逐渐加入投资者的行列。这使得以往的国际直接投资理论如垄断优势理论、内部化理论、产品周期理论等，对此现象都无法解释。1977 年英国里丁大学教授约翰·哈里·邓宁（John Harry Dunning）试图建立一种全面的理论，他将直接投资、国际贸易和区位选择综合起来加以考虑，以研究对外直接投资的起因和影响对外直接投资发展方向的因素。1977 年他在诺贝尔奖研讨会上首次提出国际生产折衷理论（Dunning, 1977），并在 1981 年出版的《国际生产与跨国公司》中系统论述了该理论。他的理论综合了以往国际直接投资理论的长处，并结合区位理论，用以解释对外直接投资的动因及条件，被誉为国际直接投资"通论"。

国际生产折衷理论的核心是"三优势模式（O. I. L. Paradigm）"即所有权优势（Ownership Advantages）、内部化优势（Internalization Advantages）、区位优势（Location Advantages）。邓宁认为这三种优势是决定跨国公司经济行为和对外直接投资最基本的因素。这三个因素不分主次，通过它们之间的不同组合和相互联系能决定不同的国际投资方式。只有当上述三个因素都具备时，投资者才选择对外直接投资。

所有权优势，又称垄断优势或厂商优势，是指一国企业所拥有或能够得到的而他国企业没有或无法获得的，或是两国企业都有但在国际市场上一国企业优越于他国企业的特定优势。所有权优势包括三个方面：第一，资产性的所有权优势，指对有价值资产（设备、原材料、先进技术等）的拥有。第二，交易性的所有权优势，指对无形资产（管理、专利、商标、信息等）的拥有。第三，规模经济优势，它包括成本和创新等优势。邓宁认为，跨国公司就是因为拥有一种东道国竞争者所没有的垄断优势才进行对外直接投资，因为此优势能给跨国公司带来除海外生产所引起的附加成本和政治风险产生的损失以外的额外收益。所有权优势是跨国公司从事对外直接投资的基础。

内部化优势是指企业为避免外部市场的不完全性对企业经营不利，将企业所有权优势内部化过程中所拥有的优势。外部市场的不完全性包括结构性的市场不完全（竞争壁垒、政府干预等）和自然性的市场不完全（信息不对称、高交易成本等）。邓宁认为企业拥有的所有权优势不是企业进行对外直接投资的决定因素，它既可将所有权资产或资产使用权出售给其他企业或别国企业，即利用市场交易将资产使用外部化，也可将资产在分支机构间转移，即在企业内部交换，把资产使用内部化，企业的最终选择在于资产使用内部化和外部化的净收益比较。而在外部市场不完善的情况下，企业选择内部化，因为其净收益大于外部化的市场净收益。企业通过内部化可使其所有权优势取得最大收益，当企业内部化行为跨越国界时，便引发了对外直接投资活动。

区位优势是指可供投资的国家或地区在投资环境方面所具有的优势。区位优势是投资者选择投资地点的重要条件，其包括以下几个因素：一是自然因素，即自然资源、地理条件、劳动力资源等。二是经济因素，即经济发展水平和经济结构。三是制度和政策因素，即政治经济制度、贸易金融政策、对外资的优惠条件等。邓宁认为一家企业具备了所有权优势，并有能力将这些优势内部化，还不能完全解释直接投资活动，还必须加上区位优势。

国际生产折衷理论从跨国公司国际生产角度，论述所有权优势、内部化优势和区位优势这三个因素对企业选择参与国际经济活动方式的影响。三个因素的不同组合决定了企业参加国际经济活动的三种主要形式,即对外直接投资、商品出口和许可证贸易。当企业只具备所有权优势,既没有能力使之内部化,也没有能力利用国外的区位优势时,其参与国际经济活动的最好方式是进行许可证贸易,把技术专利转让给国外厂商使用;当企业具备所有权优势,并有能力使之内部化,其参加国际经济活动的最好方式是出口商品;当企业同时具备了所有权优势、内部化优势和区位优势,对外直接投资便成为其国际经济活动的最优选择。

国际生产折衷理论是国际上有关跨国公司的理论中极具影响力的理论。它借鉴和综合了早期国际直接投资的精华,较全面地分析了企业对外直接投资的动因和条件。高度的概括性和广泛的涵盖性得到了理论界的普遍认同,其主要贡献在三个方面:一是继承了垄断优势理论的核心内容,吸收了内部化理论的观点,增添了区位优势因素,弥补了早期国际投资理论的片面性。二是引入了所有权、内部化和区位优势三个变量来对投资决策进行分析,较好地从理论上解释了企业如何选择参与国际经济活动的方式,创建了一个关于国际贸易、对外直接投资和国际协议安排三者统一的理论体系。三是邓宁后期发展了此理论,将其同各国经济发展的阶段与结构联系起来进行动态分析,提出了投资发展周期理论,更好地解释了跨国公司对外直接投资的行为。

国际生产折衷理论也有许多不足之处:一是该理论几乎综合了以往各种对外直接投资理论,缺乏一个统一的理论基础,且该理论设定跨国公司对外投资的主要目标单一,这与近年来目标的多元化现实不符。二是国际生产折衷理论将所有权、内部化和区位优势三个因素等量对待,单独研究,而没有强调它们间关系对直接投资的影响,这使得理论仍停留在静态分析中。三是国际生产折衷理论研究对象仍为发达国家,仍无法解释发展中国家参与对外直接投资的现象。四是与投资发展周期理论相比,国际生产折衷理论的动态性分析确实存在很大欠缺。

参考文献:

李琮:《世界经济学大辞典》,经济科学出版社 2000 年版。

綦建红:《国际投资学教程》,清华大学出版社 2012 年版。

杜奇华:《国际投资》,对外经济贸易大学出版社 2009 年版。

赵春明:《跨国公司与国际直接投资》,机械工业出版社 2007 年版。

Dunning, J. H., *Trade Location of Economic Activities and the MNE: A Search for an Eclectic Approach*, Proceedings of a Nobel Symposium Held in Stockholm, 1977.

Dunning, J. H., *International Production and the Multinational Enterprise*, London; Boston: Allen & Unwin, 1981.

（杨权　许昌平）

投资发展周期理论

Theory of Investment Development Cycle

投资发展周期理论是指说明国际直接投资流入量和流出量与各国经济发展水平相互关系的理论。由于国际生产折衷理论主要分析发达国家的直接投资行为且偏重于静态分析,英国经济学家约翰·哈里·邓宁(John Harry Dunning)于 1981 年在《投资发展周期》一文中提出了投资发展周期理论,他将国际生产折衷理论从企业层次推论到国家层次,并阐述了处于经济发展不同阶段国家的所有权、内部化和区位优势是不同的,实际上是从动态的角度分析了处于经济发展不同水平的国家的直接投资行为(Dunning,1981)。

邓宁通过对 67 个国家在 1967～1978 年直接投资流入量和流出量与经济发展不同阶段间关系的研究,得出了投资发展周期理论。邓宁用人均国民生产总值(GNP)代表一个国家的经济发展水平,用一国的人均直接投资流出量、人均直接投资流入量和人均直接投资净流出量表示一国对外直接投资的水平。该理论的中心命题是发展中国家对外直接投资倾向取决于经济发展阶段和该国所拥有的所有权优势、内部化优势和区位优势。邓宁按照人均国民生产总值指标将经济发展划分为四个阶段,在不同阶段,由于各国经济发展水平的不同,其所有权优势、内部化优势、区位优势都发生相应的变化,改变了其对外直接投资的流入量和流出量,从而最终使其国际投资地位发生改变(见表 1)。

表 1　邓宁的投资发展周期理论

经济所处阶段	FDI 流入	FDI 流出	FDI 流入量	FDI 流出量
第一阶段:人均 GNP 400 美元以下	外国所有权优势显著,外国内部化优势显著,本国区位劣势	本国所有权劣势,本国内部化优势不适应,外国区位优势不适应	低	低
第二阶段:人均 GNP 400～1500 美元	外国所有权优势显著,外国内部化优势可能下降,本国区位优势上升	本国所有权优势较少,本国内部化优势和专业化程度低,外国区位优势开始出现	增加	低

续表

经济所处阶段	FDI 流入	FDI 流出	FDI 流入量	FDI 流出量
第三阶段：人均 GNP 2000～4750 美元	外国所有权优势下降和更专业化，外国内部化优势可能上升，本国区位优势下降	本国所有权优势上升，本国内部化优势仍然受限制，外国区位优势上升	增加	增加
第四阶段：人均 GNP 5000 美元以上	外国所有权优势下降和/或更专业化，外国内部化优势显著，本国区位优势下降	外国所有权优势上升，本国内部化优势上升，外国区位优势上升	下降	增加

资料来源：Dunning, J. H. , *International Production and the Multinational Enterprise*, London; Boston: Allen & Unwin, 1981.

如表 1 所示，投资发展周期理论分为四个阶段：第一阶段，人均国民生产总值在 400 美元以下的国家，对外直接投资的流入和流出量均很少，因为此时本国企业所有权、内部化和区位优势都缺失且本国区位优势较差。第二阶段，人均国民生产总值在 400～1500 美元的国家，对外直接投资流入量大于流出量，而且差额很大，因为本国的区位优势增强而本国企业进行对外直接投资的所有权、内部化优势未形成。第三阶段，人均国民生产总值在 2000～4750 美元的国家，因为本国的区位优势虽有下降，但本国企业所有权和内部化优势大大加强，外国企业要想进入这些国家必须更多地利用其所有权优势和内部化优势。第四阶段，人均国民生产总值在 5000 美元以上的国家，本国企业具备了所有权、内部化和区位优势，对外直接投资流出量大于流入量，其净对外投资呈正向增长。

此外，邓宁还指出，仅用经济指标衡量一国吸引外资投资是不够的，政治经济制度、法律体系、市场机制、教育及科研水平等因素也需考虑到。与此同时，一国的所有权、内部化和区位优势可以分为国家、产业和企业三个层面，邓宁对此做了系统论述。

邓宁的投资发展周期理论指出一国的经济水平决定了一国的“三优势”，即所有权、内部化和区位优势的强弱，而“三优势”的均衡决定了一国的净国际直接投资的地位。他将一国经济发展周期与企业竞争优势因素结合起来分析，以说明一国国际投资地位是怎样随其竞争优势的消长而相应变化的。而世界上发达国家和发展中国家国际投资地位的变化正大体上符合这一趋势。同时，投资发展周期理论仍沿袭了国际生产折衷理论的综合分析框架，在分析“三优势”基础上，动态地描述了对外直接投资、吸引外资与经济发展的关系。但该理论仍有许多不足之处，它无法解释处在同一经济发展阶段的国家仍会出现直接投资流入和流出不一致的情况；虽处于发展中国家，但其对外直接投资仍在不断扩大的情况；使用人均国民生产总值这一唯一指标来划分各国经济发展水平不同阶段的不准确性。

参考文献：

李琮：《世界经济学大辞典》，经济科学出版社 2000 年版。

陈湛匀：《国际投资学》，复旦大学出版社 2008 年版。

綦建红：《国际投资学教程》，清华大学出版社 2012 年版。

杜奇华：《国际投资》，对外经济贸易大学出版社 2009 年版。

Dunning, J. H. , Explaining the International Direct Investment Position of Countries: Towards a Dynamic or Developmental Approach, *Review of World Economics*, Vol. 117, No. 1, 1981.

Dunning, J. H. , *International Production and the Multinational Enterprise*, London, Boston: Allen & Unwin, 1981.

（杨权　许昌平）

边际产业转移理论

Theory of Marginal Industrial Transfer

边际产业转移理论是由日本一桥大学教授小岛清（Kiyoshi Kojima）于 20 世纪 70 年代中期在国际贸易比较成本理论的基础上，经过对日本厂商的对外直接投资实证研究的基础上提出的。小岛清认为，海默的垄断优势理论只是从微观理论出发，强调厂商内部垄断优势对直接投资的影响，重视对海外投资企业进行微观经济分析和公司管理的研究，而完全忽视了宏观经济因素的分析，特别是忽略了国际分工原则的作用。小岛清同时也认为，根据美国对外直接投资企业的实际情况得出的国际直接投资理论不能解释日本的对外直接投资现象，因为日本对外投资的企业与美国不同。

20 世纪 60 年代以来，随着日本经济的快速崛起，日本跨国公司发展迅速，日本与美国、欧洲构成了“三足鼎立”的国际贸易新格局。在经济迅速发展的同时，日本开始大规模的对外直接投资。与美国不同的是，日本对外直接投资的主体大多是中小企业，这些企业所拥有的是容易为发展中国家所接受的劳动密集型技术优势。因而，日本经济学家对垄断优势理论进行了反思，认为垄断优势理论所涉及的跨国公司是美国型的，不具备普遍意义。在此基础上，日本经济学者开始了本国对外直接投资的研究，逐渐形成了具有本国特色的对外直接投资理论，其中，最具代表性的就是小岛清的边际产业转移理论。

小岛清在 1977 年出版的《对外直接投资论》一书中,从国际分工原则出发,第一次系统地阐述了他的对外直接投资理论。在 1981 年再版的《对外贸易论》、1982 年出版的《跨国公司的对外直接投资》等论著中,小岛清对自己的理论作了进一步的补充。小岛清从宏观角度,综合考虑国际分工的作用来分析跨国公司的对外直接投资。他认为国际分工不仅能解释对外贸易,也能解释对外直接投资。美国的对外直接投资企业主要分布在制造业部门,这种直接投资是建立在贸易替代结构上的,美国从事直接投资的企业正是美国具有比较优势的产业部门。根据国际分工的原则,美国应该将这类企业留在国内,通过不断扩大出口来获得比较利益。但由于这些企业竞相到国外投资建厂,把产品的生产基地转移到国外,结果造成了美国的出口被直接投资所代替,致使美国的出口减少,国际收支逆差加大,贸易条件恶化。而日本的对外直接投资方式与美国不同,资源开发型投资具有很大比重,即使是制造业方面的投资,也属于"贸易制造型",而不是"贸易替代型",即日本在制造业的投资不仅没有替代国内同类产品的出口,相反还带动与之相关的产品的出口,从而使对外直接投资和出口贸易结合起来。日本向国外投资的企业,是在日本国内生产已处于比较劣势的部门。为了继续维持这些企业的生产规模,就需要到仍然处于比较优势的国家进行生产。在国内应集中发展比较优势更大的产业,这样一方面可以优化国内的产业结构,另一方面又可以促进对外贸易的增加。可见,日本的对外直接投资可以将日本国内处于比较劣势的部门在国外转为比较优势的部门,从而形成了该产业比较优势的延伸。

小岛清的对外直接投资理论包括三个基本命题:一是生产要素的差异导致比较成本的差异。二是比较利润率的差异与比较成本的差异有关。三是美国和日本的对外直接投资方式不同。美国型的对外直接投资人为地将经营资源作为一种特殊生产要素,并在此基础上产生了寡头垄断性质的对外直接投资,而日本型的对外直接投资是将经营资源作为一般的生产要素,并在此基础上产生了处于劣势的产业即边际产业的对外直接投资。

边际产业转移理论的基本内容包括:

日本对外直接投资的产业是按照比较成本的顺序依次进行的。日本对外直接投资以开发与进口自然资源、生产纺织品、零部件等标准化产品的劳动力密集型行业的直接投资为中心。这些产业在日本是已经失去或即将失去比较优势的产业,而在东道国正在形成比较优势或具有潜在的比较优势。日本对这些国家的投资可以振兴并促进对方国家的比较优势产业,所生产的产品不仅在东道国市场销售,而且也销向第三国或返销日本,这对日本也是有利的。此外,日本可以集中发展具有比较优势的产业。美国的对外投资则不同,它以制造业为主,并集中在高新技术产业,这些产业在美国仍处于比较优势阶段。

日本对外直接投资以中小企业为主,其规模远比欧美国家的对外直接投资小得多,并且是从与对方国家技术差距最小的产业依次进行投资的,转让技术也多为适用技术,符合当地的生产要素结构及水平。因此,日本对外直接投资对东道国经济的波及效应比较大,不仅促进了当地劳动密集型产业的发展,增加了产品的出口,也提供了大量的就业机会和对东道国的劳动力及管理人员进行了有效的培训。美国的对外直接投资与此相反,既是以大型跨国公司为主,也是以垄断型的高新技术为主,从而造成了与东道国在技术上的巨大差距。

日本对外直接投资是以合资与合作企业为主。一般采取股权式的合资经营形式,有时也采取契约式的合作经营形式或非股权安排方式,而美国对外直接投资一般采取独资形式。

日本对外直接投资是"顺贸易导向"的,而美国对外投资则大多是"逆贸易导向"的。

边际产业转移理论的基本核心是:对外直接投资应该从投资国已经处于或即将处于比较劣势的产业即边际产业依次进行。这些边际产业是东道国具有比较优势或潜在比较优势的产业。从边际产业开始进行投资,可以使投资国丰富的资本、技术、经营技能与东道国廉价的劳动力资源相结合,发挥出该产业在东道国的比较优势。小岛清定义的"边际产业"包括三种形式:一是与被投资国相比,投资国产业趋于比较劣势,变成"边际性产业";二是在同一劳动密集型产业中可能一些大企业还能保持较强的比较优势,而中小企业则已处于比较劣势,成为"边际性企业";三是在同一企业中,可能有一些部门还保持较强的比较优势,而另一些部门则已经处于比较劣势,成为"边际性部门"。

小岛清根据边际产业转移理论的核心,提出了四个推论:一是国际贸易和对外直接投资的综合理论建立在"比较优势原理"的基础上;二是日本式的对外直接投资和对外贸易的关系不是替代关系而是互补关系,也就是说日本的对外直接投资可以制造和扩大对外贸易;三是应立足于"比较优势原理"进行判断;四是投资国与东道国在同一产业的技术差异越小越容易移植。

边际产业转移理论所研究的对象是日本跨国公司,反映了日本这个后起的经济大国在国际生产领域寻求最佳发展途径的愿望,比较符合 20 世纪六七十年代日本对外直接投资的实际,因而有其科学性的方面:第一,边际产业转移理论与以往的国际直接投资理论不同,它从宏观角度,利用比较优势理论,采用不同的分析模式提出了从边际产业开始依次对外进行直接投资的理论。第二,边际产业转移理论依据比较成本动态变化对直接投资所作出的解释,比较符合发达国家和新兴工业化国家对发展中国家的直接投资状况。第三,边际产业转移理论认为对外直接投资的主体是中小企业,因为中小企业拥有的技术更适合东道国当地的生产要素结构,这就很好地解释了中小企业对外直接投资的原因和动机。第四,边际产业转移理论强调并非拥有垄断优势的企业才能进行跨国经营,具有比较优势或寻求比较优势的企业,都可进行跨国经营。但是,20 世纪 80 年代后发展中国家对外直接投资增长迅速,边际产业转移理论无法解释这种逆向比较优势的对外直接投资。此外,20 世纪 80 年代日本经济实力增强和产业结构发生变化,日本对外直接投资偏向于对发达国家的制造业进行投资,而该理论无法解释这些新变化。

参考文献:
小岛清:《对外贸易论》,南开大学出版社 1987 年版。
孔淑红:《国际投资学》,对外经济贸易大学出版社 2010 年版。
胡朝霞、张明志:《国际投资》,高等教育出版社 2005 年版。

(杨权　许昌平)

国际间接投资
International Indirect Investment

国际间接投资也称为对外间接投资,是指一国投资者不直接参与国外所投资的企业的经营管理,而是通过证券、信贷等形式获取投资收益的国际投资活动。国际间接投资包括国际信贷投资和国际证券投资两种类型,其中前者是指一国政府、银行或者国际金融组织向第三国政府、银行、自然人或法人提供信贷资金;后者是指以购买国外股票和其他有价证券为内容,以实现货币增值为目标而进行的投资活动。国际间接投资是以资本增值为目的,以取得利息或股息等为形式,以被投资国的证券为对象的跨国投资,它对筹资者的经营活动无控制权。

国际间接投资是在国际分工的基础上产生和发展起来的。随着经济全球化的不断发展,国际资本的流动性空前增大,国际间接投资重新受到重视并活跃起来,并相应地呈现出若干新趋势,同时对东道国也产生了重要影响(马全军,1996)。新趋势主要有:国际资本市场融资规模加速扩大、国际间接投资的投向带有明显的地区和投资方向的倾斜性、国际资本市场融资证券化和国际化步伐加快、流入发展中国家的国际间接投资不断增长。对东道国的影响主要表现在对东道国国际收支、宏观调控、外汇汇价、政治、主权和文化方面的影响。国际间接投资的迅速发展跟金融风险紧密相关。国际间接投资超前、超大规模的发展,潜伏着巨大的金融风险。其风险因发达国家、新兴市场经济国家、发展中国家金融市场机制的完善程度而逐级递增。在世界经济日趋全球化的今天,国际间接投资是不可或缺的融资形式之一。对其接纳程度,也因各国经济总量与金融总量各异而逐级递减。中国及其他发展中国家应力主国际间接投资的健康发育,趋利避弊(于永达,2000)。

中国"入世"以后,资本市场面临的开放压力很大。由于存在监管法规限制、人民币尚未实现可自由兑换、资本账户严格管制以及资本市场本身的发育不完善等因素,资本市场的全面开放以及大规模利用国际证券投资存在不可克服的障碍。但资本市场渐进开放的步伐已经开始加快,中国利用国际证券投资的规模也将逐步扩大。由于不依附于实体经济的证券投资具有较强的流动性、盲目性和投机性,利用国外证券投资在给我国资本市场发展带来利益的同时,也可能对我国金融稳定和安全构成威胁(曲凤杰,2004)。

参考文献:
马全军:《国际间接投资对东道国的影响》,载于《国际贸易》1996 年第 7 期。
于永达:《国际间接投资超前发展论析》,载于《世界经济》2000 年第 7 期。
曲凤杰:《利用国际证券投资现状影响和策略》,载于《国际金融研究》2004 年第 2 期。

(杨权　陈婷)

投资自由化
Investment Liberalization

投资自由化是指减少或消除政府对投资主体实施的限制或鼓励措施,对其提供公平待遇,废除歧视性的造成市场扭曲的做法,以确保市场的正常运行。研究表明,投资自由化是指自 20 世纪 80 年代末 90 年代初以来,适应经济全球化发展的要求,世界各国对国际直接投资普遍放松管制和提高待遇的过程。

贸易和投资自由化问题在 APEC 成立之初便提出了,并渐渐成为 APEC 的一项重要目标。尤其是 1993 年西雅图会议之后,贸易和投资自由化成了 APEC 活动的基础,以后更变成了核心问题。1994 年 11 月雅加达召开的 APEC 第六届部长级会议及第二次领导人非正式会议,在 APEC 贸易和投资自由化方面取得了重要成果,其标志是在《茂物宣言》中提出了实现这一目标的时间表,并提出了贸易和投资自由化的基本含义,即"消除贸易和投资障碍,使商品、劳务、资金和投资在 APEC 各成员之间自由流动”。此时贸易与投资自由化相结合，并没有提出对投资自由化的单独表述。在联合国贸易和发展会议《1998 年世界投资报告》中对投资自由化有单独定义，并指出投资自由化包括以下内容：一是减轻或消除所谓的市场扭曲。造成市场扭曲的原因可能是外资法中专门针对外国投资者的限制性措施（如外资准入和经营方面的障碍），也可能是外资法中有关给予或不给予外国投资者某种优惠措施及补贴的规定。二是提高对外国投资者的待遇标准，如给予外国投资者以国民待遇、最惠国待遇及公平和公正待遇。三是加强市场监管以确保市场的正常运转。如制定竞争规则、信息披露规则和审慎监管等。在上述三项因素中，前两项因素是核心，但其效应的发挥在很大程度上又依赖于第三项因素。

近年来，上述投资自由化的观点得到西方学者的广泛支持，他们不断地为投资自由化提供理论上的证据，并希望这些观点尽快地反映到有关国际直接投资的立法中去。极力支持投资自由化的美国学者范德菲尔德（Vandevelde, K. J.）曾指出，投资自由化是全球经济自由化的重要组成部分和推动力量，而经济自由化能最大限度地促进经济的发展。他认为，自由市场的基本原则在国际直接投资方面的运用产生投资自由三原则，即投资安全原则、投资中性原则和投资便利原则。投资安全原则要求国家确保投资不受来自公共权力或私人的干预；投资中性原则要求国家允许由市场决定跨国界投资的流动方向和性质；投资便利原则要求国家保障市场的正常运作，保证投资者充分知晓投资机会和有关投资的法律法规。

目前，研究投资自由化的学者主要是国际投资法学者。他们大多只是简单地引述联合国贸易和发展会议的投资自由化定义，或者按范德菲尔德等西方学者的思路展开对投资自由化的讨论，使对投资自由化的研究停留于表面或流于形式，只有极少数学者的观点不同程度地触及问题的实质。这些观点主要有，投资自由化应包括减少对外国直接投资的限制，改善对外国投资者的待遇标准，以保证外国投资者能够正常进行商业活动。发达国家推动投资自由化，试图在国际直接投资领域制定一项有约束力的全球性法律规范，以构建符合自身利益的国际法律框架。发展中国家的投资自由化是对发达国家一定程度的依附和对一体化国际生产潮流的被迫适应。推行投资自由化是欧美发达国家经济政策的战略工具之一。这一工具被新自由主义的信徒们推崇为国家意识形态而广泛传播，已经在国际上产生了相当大的影响。连许多发展中国家都不同程度地实施了投资自由化，甚至出现了一种前所未有的“单边投资自由化”趋势（杨国亮，2007）。

随着投资自由化的迅猛发展，中国也被纳入全球自由投资体系之中。投资自由化促进资本大规模流入，推动中国经济持续快速增长；推动中国产业结构升级和贸易结构优化；提升中国技术水平；推进市场化改革进程；改善就业状况。但投资自由化给中国带来积极影响的同时也带来了负面影响。跨国资本的大规模进入使中国民族工业发展受到冲击，外资分布不均导致中国地区经济差距拉大，国际产业转移加大了中国资源和环境压力，投资自由化加速国际金融风险传导，从而威胁到中国经济安全。

参考文献：
朱廷珺：《发展中国家投资政策自由化的实质及其政策特点》，载于《国际经贸探索》1999 年第 1 期。
徐泉：《略论外资准入与投资自由化》，载于《现代法学》2003 年第 4 期。
韦根强：《WTO 体制下的国际投资自由化的新发展》，载于《经济问题探讨》2005 年第 11 期。
杨国亮：《论投资自由化的思想渊源》，载于《海派经济学》2007 年第 5 期。
郭连成、李作双：《全球投资自由化与中国经济发展的互动效应》，载于《财经问题研究》2008 年第 5 期。
联合国贸易和发展会议：《1998 年世界投资报告》，中国财政经济出版社 2000 年版。
刘笋：《国际直接投资保护的国际法制——若干重要法律问题研究》，法律出版社 2002 年版。
苏旭霞：《国际直接投资自由化与中国外资政策》，中国商务出版社 2005 年版。
郭飞、李卓等：《贸易自由化与投资自由化互动关系研究》，人民出版社 2006 年版。
陈安：《国际经济法学》，北京大学出版社 2007 年版。
Vandevelde, K. J., Investment Liberalization and Economic Development: The Role of Bilateral Investment Treaties, *Columbia Journal of Transnational Law*, Vol. 502, No. 36, 1998.

（杨权　许昌平）

绿地投资

Green Field Investment

绿地投资又称“新建投资”，是指跨国公司等投资主体在东道国境内依照东道国的法律设立的部分或全部资产所有权归外国投资者所有的企业。绿地投资会直接导致东道国生产能力、产出和就业的增长。早期跨国公司的海外拓展业务基本都是采取绿地投资的方式，后来随着跨国并购的兴起，它所占的比重虽有所下降，但其重要性仍不容忽视。

绿地投资有两种形式：

一是建立国际独资企业，包括国外分公司、国外子公司和国外避税地公司。国外分公司是指投资者为扩大生产规模或经营范围在东道国依法设立的，并在组织和资产上构成跨国公司不可分割的国外企业。国外分公司不具有法人资格，没有自己独立的公司名称与章程，其主要业务完全由母公司决定，并以母公司的名义进行业务活动。国外分公司的资产全部属于母公司，母公司对分公司的债务承担无限责任。国外子公司是指一定比例以上的股份被另一个公司持有或通过协议方式受到另一个公司实际控制的公司，子公司具有法人资格，可以独立承担民事责任。避税地公司是指在避税地正式注册、经营的跨国公司或将其管理总部、结算总部、利润形成中心安排在那里的跨国公司。避税地，又称避税天堂，是指那些无税或税率很低，对应税所得从宽解释，并具备有利于跨国公司财务调度制度和经营的各项设施的国家和地区。著名的避税地有：百慕大群岛、巴拿马、瑞士、中国香港地区等。

二是建立国际合资企业，包括股权式合资企业和契约式合资企业。股权式合资企业，是指由两个或两个以上不同国家（或地区）的公司、企业或其他经济组织根据东道国的法律，并经东道国政府批准，在东道国境内设立的，以合资方式组成的经济实体。契约式合资企业，是指国外企业、其他经济组织与东道国企业或其他经济组织，根据东道国有关法律和双方共同签订的合作经营合同而在东道国境内设立的合作经济组织。

绿地投资的条件有：东道国欠发达，工业化程度低；跨国公司等投资主体拥有最先进技术和其他垄断资源。绿地投资的优点：一是选址较为自由，投资者拥有更多自主权，可独立策划项目，有利于跨国公司的生产与经营。二是较少受到东道国有关产业保护的法律和政策的限制。三是可以更好地保护投资者在技术和管理等方面的垄断优势，并利用其垄断优势来占领东道国市场。绿地投资的缺点：一是需大量的筹建工作，建设周期长，速度慢，缺乏灵活性，要求跨国公司有雄厚的经济实力和丰富的经营管理经验等，不利于跨国公司的快速发展。二是创建企业后，跨国公司需自行开拓市场，建立分销渠道，时常面临管理方式与东道国惯例不相适应，管理人员和技术人员匮乏等问题。三是创建企业过程中，跨国公司完全承担风险，充满了不确定性。

改革开放以来，中国吸引的外资一直以绿地投资为主，但随着世界经济的发展，绿地投资的比例逐渐下降，跨国并购的比例则持续上升，但绿地投资的形式仍占主要地位。同时中国在进行对外投资时也是主要采用绿地投资的形式，对外投资的行业多为劳动密集型或自然资源密集型行业，所投资的技术多为已标准化的技术，对技术的保护程度较低。

参考文献：

陈湛匀：《国际投资学》，复旦大学出版社 2008 年版。

杜奇华：《国际投资》，对外经济贸易大学出版社 2009 年版。

任淮秀：《国际投资学》，中国人民大学出版社 2011 年版。

（杨权　许昌平）

跨国并购

Cross-border M&A

跨国并购是指一国企业（又称并购企业）为了达到某种目标，通过一定的渠道和支付手段，将另一国企业（又称目标企业）的所有资产或足以行使运营活动的股份收买下来，从而达到对另一国企业的经营管理实施实际的或完全控制的行为。跨国并购是国内企业并购的延伸，涉及两个以上国家的企业、两个以上国家的市场和两个以上政府控制下的法律制度。企业并购（Mergers & Acquisitions）包含兼并和收购两层含义。兼并有狭义和广义之分。狭义的兼并是一个企业通过产权交易行为获得其他企业的产权，通常是指一家企业以现金、证券或其他形式购买取得其他企业的产权，使这些企业法人资格丧失或法人实体改变，并获得这些企业的决策权和经营控制权的经济行为。这相当于吸收合并。而广义的兼并是指一个企业通过产权交易获得其他企业产权，并企图获得其控制权，但这些企业的法人资格并不一定丧失。广义的兼并包含了狭义的兼并和收购。收购是一企业通过产权交易行为获得另一企业的大部分产权，并获得该企业控制权的经济行为，通常是一家企业以现金、证券或其他形式购买另一家企业的部分或全部资产或股权，以获得其控制权。收购有两种形式：资产收购和股权收购。两者的主要区别：资产收购仅仅是一般资产的买卖行为，由于在收购一家企业资产时并未收购其股份，因此收购方无须承担其债权和债务。但股权收购是购买一家企业的股份，收购方将成为被收购方的股东，因此要承担该企业的债权和债务。

跨国并购的类型：第一，按跨国并购双方的行业关系划分，跨国并购可分为横向并购、纵向并购和混合并购。横向并购，又称水平并购，是指两个或两个以上国家生产或销售相同或相似产品的企业间的并购。并购方与被并购方处于同一行业，生产或经营同一产品，生产的工艺也相近，并购后可按并购企业的要求生产和加工。纵向并购，又称垂直并购，是指两个或两个以上国家生产相同或相似产品但又处于不同生产阶段的企业间的并购。这种并购是生产经营上互为上下游关系，具有很强前后关联性的企业间的并购。混合并购，又称复合并购，是指两个或两个以上上国家不同行业的企业间的并购。这种并购是指在经营活动无关联的企业间的并购,目的在于降低企业风险,寻求多元化经营。第二,按跨国并购双方是否直接进行并购活动,跨国并购方分为直接并购和间接并购。直接并购,又称协议收购或友好接管,指并购企业直接向目标企业提出并购要求,双方通过一定程序进行协商,共同商定并购的各项条件,然后依协议的条件达成并购。间接并购是指并购企业不直接向目标企业提出并购要求,而是通过证券市场以高于目标企业股票市场价的价格收购目标企业股票,从而取得目标企业控制权的行为。第三,按跨国并购的目标企业的法律状态来分,跨国并购分为新设型并购、吸收型并购和控股型并购。新设型并购指并购双方都解散,成立一个新的法人的并购。吸收型并购指目标企业解散而为并购企业所吸收的并购。控股型并购指并购双方都不解散,但被并购企业所控股的并购。第四,按跨国并购中支付方式划分,跨国并购可分为股票互换式并购、债券互换式并购、现金收购和杠杆收购。股票互换式并购指以股票作为并购的支付方式,并购方增发新股换取目标企业的旧股。债券互换式并购指增加发行并购企业的债券,用以取代目标企业的债券,使目标企业的债务转到并购企业。现金收购指凡不涉及发行新股票或新债券的企业都可被认为是现金收购,包括以票据形式进行的收购。杠杆收购指并购企业通过信贷所融资本获得目标企业的产权,并以目标企业未来的利润和现金流偿还负债的并购方式。

跨国并购动因的相关理论有很多,如企业价值低估论、产业组织论、速度经济性理论等。企业价值低估论最早由约翰·凯(John Kay)等人于1977年提出,他们认为企业的真实价值或潜在价值未能得以反映。后来众多学者利用跨国公司的国际数据证明了目标企业价值低估正是跨国并购的主要原因之一。产业组织论认为,企业的最有效生产规模、核心技术和政府对产业进入的限制,都可能对企业的行业进入形成产业壁垒,但相对于绿地投资,企业可通过跨国并购更有效地降低或消除行业壁垒,规避政府限制。速度经济性理论由美国企业史学家阿尔弗雷德·杜邦·钱德勒(Alfred DuPont Chandler,Jr.)于1999年首次提出,他认为企业的经济效率不仅取决于转换资源的数量,还取决于时间和速度。而速度经济性正是跨国公司采取跨国并购的重要原因。

跨国并购的优点:一是市场进入方便灵活,资产获得迅速;二是获得目标公司廉价的资产;三是获得被收购企业的市场份额,利用适合当地市场的原有的管理制度和管理人才,便于生产和经营工作的迅速展开;四是便于企业扩大经营规模,实现跨国公司的多元化经营。跨国并购的缺点:一是为保护本国民族工业,防止某些部门的垄断,东道国政府有时会限制某些行业的并购;二是企业间原有契约及传统关系对跨国并购的束缚;三是由于国际会计准则差别、市场信息不足等问题的存在,并购企业对目标企业的价值评估非常困难,从而加大了决策的难度;四是企业规模和选址受目标企业的制约。

20世纪90年代以来,跨国公司为实现全球战略利用资本、技术和管理的优势在中国开展了一系列的并购活动,其并购的方式多样化,主要集中于制造业,其次为零售贸易和批发业,在金融保险业的跨国并购也日益增多。跨国公司并购的地区选择主要集中在中国经济较发达的三大区域,即珠江三角洲、长江三角洲、环渤海地区。随着中国经济的发展,中国近年来一些企业也采用跨国并购来实现对外直接投资。

参考文献:
陈湛匀:《国际投资学》,复旦大学出版社2008年版。
綦建红:《国际投资学教程》,清华大学出版社2012年版。
杜奇华:《国际投资》,对外经济贸易大学出版社2009年版。

(杨权　许昌平)

四、国际金融

国际货币体系
International Currency System

国际货币体系是各国政府为适应国际贸易和国际支付的需要而就国际货币关系、国际收支调整等问题达到的一系列准则、协议,形成的国际惯例,采取的措施和建立的组织机构的总称。其主要内容有:一是各国货币的可兑换性及国际结算的原则。即一国货币是否能自由兑换,国际结算时采用何种结算方式及国际支付时是否有所限制等。二是汇率制度的安排。确定汇率波动界限、调整幅度等。三是国际收支的调节方式。即当国际收支不平衡时,各国政府应采用何种方式调节。四是国际金融事务的协调与管理。国际货币体系负责协调各国与国际金融活动有关的货币金融政策,通过国际金融机构制定能为各成员国所认可和遵守的规则、惯例和制度。国际货币体系的作用主要包括:第一,汇率制度的相对稳定,为建立公平的世界经济秩序提供了良好的外部环境。第二,储备资产的确定与创造,提供了足够的国际清偿力。第三,国际金融合作方式的多样性,促进了国际金融市场的发展和金融秩序的稳定。国际货币体系是世界经济发展的产物,其发展至今经历了三个阶段:第一,国际金本位制。第二,布雷顿森林体系。第三,牙买加体系。20 世纪 90 年代以来发生的金融危机,特别是最近由美国次贷危机引发的全球金融危机,充分暴露了现行国际货币体系的缺陷,经济学家和政治家为此越来越关心国际货币体系改革的问题。

参考文献:
刘树成:《现代经济辞典》,凤凰出版社、江苏人民出版社 2005 年版。
胡代光、高鸿业:《西方经济学大辞典》,经济科学出版社 2000 年版。
侯高岚:《国际金融》,清华大学出版社 2005 年版。
史燕平:《国际金融市场》,中国人民大学出版社 2010 年版。

(黄梅波 许昌平)

国际金本位制
International Gold Standard

国际金本位制是黄金作为国际货币,以世界各国普遍采用金本位制为基础的国际货币体系。金本位制包括金币本位制、金块本位制和金汇兑本位制三种不同的形态,其中金币本位制是典型的金本位制。国际金本位制的特点:一是黄金作为国际货币,作为最终清偿手段。二是各国货币的汇率由它们的含金量比例决定,汇率制度为严格的固定汇率制。三是自动调节的国际收支机制。四是国际金本位制是一种既统一又松散的国际货币体系。

在国际金本位制建立之前,历史上曾实行过复本位制,即金银本位制,最后导致"劣币驱逐良币"现象出现,从而引起黄金在国际上的自由流动,世界各国的黄金向金价偏高的国家集中。另一方面,国际贸易的发展要求内在价值更高的金属充当货币。因此,最终导致国际金本位制的建立。金本位制最初仅为一种国内货币制度,早在 1816 年英国就颁布《金本位制法案》,开始实行金本位制,随后其他资本主义国家纷纷仿效英国,在 19 世纪后期普遍实行金本位制。自此,各国之间就自然形成了一个统一而松散的国际货币体系——国际金本位制。

第一次世界大战前夕,各国货币当局大量发行银行券,黄金的兑换越来越困难,各国对黄金的流动纷纷加以限制。同时,各国为了备战在世界范围内对黄金的争夺也愈演愈烈,到 1913 年年末,英国、法国、美国、德国和俄罗斯 5 个国家的黄金存量达到约世界黄金存量的 2/3,直至第一次世界大战爆发,各参战国均实行黄金禁运和银行券停止兑换黄金。国际金本位制就此瓦解。由于战争期间发行了大量不能兑换黄金的纸币,导致战后通货膨胀相当严重。同时各国汇率波动剧烈,这使得国际贸易和国际关系受到严重影响。再加之黄金分配不均及供应不足等原因,传统的金本位制已难以恢复。"一战"后国际货币体系的重建问题受到各国重视,人们渴望恢复金本位制。1922 年世界货币会议在意大利热那亚城召开,会上提出了"黄金荒"问题,决定采用"节约黄金"的原则。除美国仍采用金币本位制外,英国和法国采用金块本位制,其他国家采用金汇兑本位制,使本币与英镑、美元或法郎挂钩,形成了英镑区、美元区和法郎区。但经过调整的金本位制未能承受 1929 ~ 1933 年经济大萧条的冲击。西方国家在大萧条中为转嫁国内经济危机和争取竞争优势采取的"以邻为壑"的政策(货币竞相性贬值和外汇倾销政策),加速了金本位制的崩溃。1929 ~ 1931 年,巴西、阿根廷、澳大利亚、奥地利、德国因国际收支而逐步宣布放弃金本位制,并向英格兰银行大量挤兑黄金,而英国面对黄金即将枯竭的压力,被迫于 1931 年 9 月放弃金本位制。英镑区国家也纷纷效仿。1933 年 3 月,美元危机再次爆发,美国黄金外流严重,不得不放弃金本位制。国际金本位制最终崩溃标志是 1936 年法国、荷兰和瑞士三国金本位制的瓦解。

表 1 主要国家的金本位制(两次世界大战期间)

(年/月)

	开始	停止
欧洲:		
英国	1925/5	1931/9
德国	1924/8	1931/7
意大利	1927/12	1934/5
比利时	1926/10	1935/3
法国	1928/6	1936/9
荷兰	1925/4	1936/9
瑞士	1928/8	1936/9
葡萄牙	1931/7	1931/12
希腊	1928/5	1932/4
瑞典	1924/4	1931/9
丹麦	1927/1	1931/9
挪威	1928/5	1931/9
芬兰	1926/1	1931/10
北美:		
美国	1919/6	1933/4
加拿大	1926/7	1931/10
拉丁美洲:		
阿根廷	1925/6	1929/12
智利	1926/1	1932/4

续表

	开始	停止
亚太地区：		
澳大利亚	1925/4	1929/12
日本	1930/1	1931/12

资料来源：上川孝夫、藤田诚一、向寿一：《国际金融论》，日本有斐阁出版社1999年版。

参考文献：
陈建忠：《国际金融》，电子工业出版社2009年版。
侯高岚：《国际金融》，清华大学出版社2005年版。
史燕平：《国际金融市场》，中国人民大学出版社2010年版。
陶君道：《国际金融中心与世界经济》，中国金融出版社2010年版。

（黄梅波　许昌平）

布雷顿森林体系
Bretton Woods System

布雷顿森林体系是第二次世界大战后建立的以美元为中心的国际货币体系，其实质是一种以美元为中心的国际金汇兑本位制。1944年7月1日，来自44个国家的730位代表在美国新罕布尔州的布雷顿森林召开联合和联盟国家国际货币金融会议，通过了《国际货币基金组织协定》(Agreement of the International Monetary Fund)和《国际复兴开发银行协定》(Articles of Agreement of the International Bank for Reconstruction and Development)，总称为《布雷顿森林协定》(Bretton Woods Agreements)，该协定于1945年12月27日生效，布雷顿森林体系正式建立。国际货币基金组织(IMF)成为布雷顿森林体系发挥作用的关键机构。该体系的主要内容有：第一，建立国际货币基金组织。IMF于1947年3月1日开始工作，1947年11月15日成为联合国的专门机构，它被赋予三项职责，即为各国之间的政策提供接洽平台，对各成员国的汇率进行监督，为成员国提供短期资金融通帮助，其资金来源于各成员国缴纳的基金份额。第二，实行美元与黄金挂钩，其他货币与美元挂钩。IMF规定35美元可兑换1盎司黄金，美国有义务维持各成员国政府或中央银行用所持有的美元按此固定比价无限地兑换黄金。美元处于等同黄金的地位，成为各国外汇储备中最主要的国际储备货币。第三，实行可调整的固定汇率制。IMF规定各成员国将其通货与美元规定一个平价，并承担保证其通货的市场汇率在其公布平价的1%范围内波动的义务。若市场汇率波动超过此范围，则其他国家有义务通过干预外汇市场来稳定汇率。作为一个过渡安排，使汇率的一次性调整少于初始平价10%是可以允许的。若会员国法定汇率的变动超过10%，就必须得到国际货币基金组织的批准，除成员国一国国际收支为“根本的不平衡”状态时可获批准外，其他情况IMF都不予批准。第四，取消外汇管制，建立多边支付体系。《国际货币基金组织协定》第八条规定，成员国不得限制经常项目支付，不得采取歧视性货币措施，要在货币可兑换基础上实行多边支付。第五，调节国际收支平衡。IMF通过三种方式来进行调节：一是为促进国际合作，敦促各成员国广泛协商。二是为成员国融通资金提供便利。三是严格监督成员国履行规定的义务，为各成员国国际收支平衡提供良好的外部环境。

该体系的形成。为了使国际贸易的运转更有效率，国际货币制度应运而生，它能保证不同国家间通货的自由兑换，大大有利于国际贸易。在拿破仑战争结束到1914年的100年，国际货币制度逐渐转向金本位制，并大概在1880年完全实现。在英国的领导下，英镑是当时外汇交易的标准媒介，但周期性危机导致英镑与黄金的兑换中止，而且金本位制本身的缺陷导致就业和价格的大起大落。第一次世界大战到大萧条为止，西方各国生产力有所发展，金本位制得到了一定程度的恢复，但大萧条的到来导致汇率波动，货币竞相贬值和贸易限制的增加。在第二次世界大战进行得如火如荼之时，为了避免大萧条的再次发生，美国和英国开始筹划和设计新的国际货币体系。新体系的主要设计师是英国的约翰·梅纳德·凯恩斯和美国财政部长哈里·德克斯特·怀特(Harry Dexter White)。英国方面提出了从英国当时自身利益考虑，旨在争夺国际金融贸易的世界霸主地位的激进的“凯恩斯计划”，美国方面提出了完全代表美国利益，旨在取消外汇管制和贸易保护，建立一个稳定的国际货币与金融环境的保守的“怀特计划”，英美双方经过激烈谈判，最后接受了“怀特计划”，而《布雷顿森林协定》就是以此计划为主要内容，此计划是整个布雷顿森林体系的理论基础。

该体系的缺陷。首先，布雷顿森林体系是以美元作为主要储备货币，这就导致了国际清偿能力供应和美元信誉间不可调和的矛盾，即特里芬难题。1960年，美国经济学家罗伯特·特里芬(Robert Triffin)提出由于美元与黄金挂钩，而其他国家的货币与美元挂钩，美元虽然取得了国际核心货币的地位，但是各国为了发展国际贸易，必须用美元作为结算与储备货币，这样就会导致流出美国的货币在海外不断沉淀，对美国来说就会发生长期贸易逆差；而美元作为国际货币核心的前提是必须保持美元币值稳定与坚挺，这又要求美国必须是一个长期贸易顺差国。这两个要求互相矛盾，因此是一个悖论(Triffin，1960)。这一内在矛盾称为“特里芬难题”(Triffin Dilemma)。其次，僵化的汇率制度不利于各成员国国际收支平衡的调节。IMF 为维持固定汇率，很少允许成员国运用汇率制度来调节其国际收支，而国内财政和货币政策作用有限，使得成员国的国际收支难以平衡，从而造成世界经济发展不平衡，各国利率水平差异较大，客观上使国际资本加速流动，致使固定汇率制度难以维系。此外，在该体系下，外汇投机带来不对称的风险和收益，以至在特定时期引起特大的投机风潮。该体系就是在三次美元危机爆发后，在投机风潮的推波助澜下迅速瓦解的。最后，布雷顿森林体系是以美元为中心的国际货币体系，主要参与者是西方发达国家，具有内在弱点和不足，如缺乏广泛参与性，忽视发展中国家利益，发达国家为争夺世界金融霸权而激烈斗争致使体系极不稳定等。

该体系的维持与崩溃。布雷顿森林体系从建立到崩溃，大致经历了美元荒、美元灾、美元危机三个阶段。

第一阶段，美元荒。是指各国普遍出现美元缺乏和支付困难的情况。此情况出现在第二次世界大战结束至 20 世纪 50 年代初期。第二次世界大战后，西欧和日本的经济都受到严重破坏，各国黄金储备几乎殆尽，资金短缺，物资匮乏，贸易遭受巨额逆差，而美国国力雄厚，黄金储备充足，连年顺差，力量悬殊致使各国都迫切需要美元购买美国商品以促进本国经济的恢复，而且以美元作为外汇储备还能带来一些利息收入，这又使得美元比黄金更有吸引力，从而造成了美元在世界范围内的严重稀缺，美元荒因此而产生。

第二阶段，美元灾。是指美元在国际市场上供过于求的现象。1948 年 4 月，美国开始实施“马歇尔计划”对西欧提供巨额经济援助并在西欧大量驻军，美元大量流入西欧。与此同时，随着西欧经济的复苏，大量西欧国家商品进入美国，西欧各国国际储备增加，国际收支状况逐渐好转。1950 年，美国发动耗资巨大的朝鲜战争，致使大量美元外流，而美国长期执行的对外援助和贷款计划及低利率政策也一定程度上加速了美元的外流。随着美元大量外流，国际金融市场上出现了美元泛滥的现象，美元灾随之产生。

第三阶段，美元危机。是指国际金融市场上大量抛售美元、抢购黄金和其他国家货币，并用美元向美国兑换黄金，导致美元汇率不断下跌和黄金价格不断上涨的现象。布雷顿森林体系崩溃的过程，实际上就是美元危机不断爆发——拯救——再爆发，直至美元与黄金停止兑换，西方主要国家实行浮动汇率制的过程。20 世纪 60 年代中期到 70 年代中期，伦敦黄金市场的金价变动就是对美元危机的真实反映（见表 1）。

表 1　　1965 ~ 1974 年伦敦黄金市场年底金价变动情况　　单位：美元

年份	1965	1966	1967	1968	1969	1970	1971	1972	1973	1974
价格	35.12	35.19	35.20	41.90	35.20	37.37	43.63	64.90	112.25	186.50

资料来源：《国际金融统计》，国际货币基金组织，1992 年。

流出美元的数额超过美国黄金储备的余额，被称为“悬突额（Overhang）”，它与美元危机高度相关。随着美元悬突额的不断增加，美元危机一触即发，布雷顿森林体系也日益衰弱（见表 2）。

表 2　　1962 ~ 1972 年美元输出的增加和美国黄金储备的下降

单位：亿美元

年份	黄金储备	美元输出	美元悬突额
1962	160.0	115.3	+44.7
1963	156.0	131.6	+24.4
1964	154.7	160.8	-6.1
1965	140.7	172.7	-32.0
1966	132.4	209.6	-77.2
1967	120.7	233.2	-112.5
1968	108.9	264.5	-155.6
1969	118.6	376.6	-258.0
1970	110.7	312.7	-202.0
1971	102.1	269.1	-167.0
1972	96.6	680.0	-583.4

注：（1）黄金储备按 1 盎司等于 35 美元计算。

（2）美元输出以美国对外短期流动负债衡量，指累计额。

（3）美元悬突额等于美元输出减去黄金储备，负号表示该部分美元输出已失去了美国黄金储备的保证。

资料来源：《国际金融统计》，国际货币基金组织，1992 年。

三次美元危机的表现及对策。第一次美元危机产生于 1960 年 10 月，美国黄金储备（178 亿美元）已低于其对外短期负债（210 亿美元），导致国际金融市场上出现大量抛售美元、抢购黄金和其他货币的浪潮。为维护布雷顿森林体系，西方主要国家采取的对策有：

达成“君子协定”，签订《巴塞尔协定》（Basal Agreement），建立“黄金总库（Gold Pool）”，签订《借款总安排》（General Agreement to Borrow，GAB），签订《货币互换协定》（Swap Agreement）。第二次美元危机产生于1968年3月，当时人们大量抛售美元、抢购黄金，就美国而言，在半个月内就创下了美国黄金储备流出的历史最高纪录——14亿美元的黄金。IMF和西方国家主要的对策有：实行“黄金双价制”，设立特别提款权（Special Drawing Rights，SDRs）。第三次美元危机表现为1971～1973年的一系列危机过程。1971年8月15日，实行“新经济政策”后的尼克松政府单方面中止了美元对黄金的兑换。1971年12月《史密森协议》（Smithsonian Agreement）试图通过汇率重组来挽救布雷顿森林体系，包括让美元贬值10%，即1盎司黄金等于38美元，允许市场汇率围绕新的固定汇率在一个更宽的幅度内波动。此时，欧共体的一些成员已实行较窄范围内波动的汇率制度——欧共体蛇形浮动。1973年2月，美元再次贬值10%，即1盎司黄金等于42.22美元。1973年3月，抛售美元，抢购黄金和其他货币风潮再次爆发，主要西方国家纷纷采用浮动汇率制，布雷顿森林体系最终崩溃。

参考文献：

［美］弗兰克·N·马吉尔：《经济学百科全书（上卷）》，中国人民大学出版社2009年版。

陈元等：《国际金融百科全书》上卷，中国财政经济出版社1994年版。

史燕平：《国际金融市场》，中国人民大学出版社2010年版。

陶君道：《国际金融中心与世界经济》，中国金融出版社2010年版。

Triffin，R. *Gold and the Dollar Crisis*，New Haven：Yale University Press，1960.

（黄梅波　许昌平）

牙买加体系

Jamaica System

布雷顿森林体系崩溃后，国际金融形势混乱，为建立一个新的国际货币体系，国际上经历了一个长期讨论和协商的过程。1976年1月国际货币制度问题临时委员会（简称“临时委员会”）在牙买加首都金斯敦举行的第五次会议上，签署了《牙买加协议》。同年4月，国际货币基金组织（IMF）理事会通过《国际货币基金组织协定第二修订案》，并于1978年4月1日正式生效。自此，牙买加体系正式建立。

该体系基本内容有：第一，确定浮动汇率制合法性。IMF给予成员国自由选择浮动或固定汇率制度的权利，但其必须受到IMF的监督，并与IMF协商。第二，黄金非货币化。《牙买加协议》决定，废除黄金国际货币职能，删除黄金条款，取消黄金官价，允许各成员国按市场价自由买卖黄金，取消各成员国间及成员国与IMF间以黄金清算的债权债务关系。IMF将其持有的黄金总额的1/6（2500万盎司）按市价出售，对官价（每盎司42.22美元）的超额部分用于援助发展中国家，1/6由成员国按官价购回，其余的黄金需根据IMF成员国总投票权85%的多数通过来决定其处理方式。第三，扩大特别提款权（Special Drawing Rignts，SDRs）的作用。新条款表明SDRs可逐步替代黄金和美元成为主要的国际储备资产，并成为各国货币定价的基础。成员国可用SDRs来进行借贷、接受IMF的贷款及履行其义务等。第四，增加基金组织的份额。各成员国缴纳的份额由原来的292亿SDRs增加到390亿SDRs，同时，各成员国缴纳份额比重有所调整，石油输出国组织份额比重由5%增加到10%，其他发展中国家不变，主要西方国家除德国和日本外份额比重都有所下降，而英国下降最多。第五，增加对发展中国家的资金融通。用在市场上出售黄金超官价部分的收入建立信托基金，以优惠条件向相当贫困的发展中国家提供贷款，同时扩大IMF“信用贷款”额度，由占成员国份额的100%增至145%，并增加IMF“出口波动补偿贷款”，由占成员国份额的50%增至75%。

牙买加体系的特点主要包括以下几条：一是国际储备体系多元化。美元仍为主导货币，但马克、日元等逐渐成为主要国际储备货币，SDRs的作用也日益增加，改变了单一美元的国际储备体系，逐步向多元化体系发展。二是汇率安排多样化。《牙买加协议》没有限制成员国的汇率安排，各国可根据本国国情和经济发展自由选择汇率制度。三是国际收支调节方式更加灵活。牙买加体系除可利用财政政策和货币政策来调节国际收支外，还可通过汇率机制、外汇储备的灵活变动、国际货币金融合作、国际商业银行和金融市场的融资活动等来调节。

牙买加体系的缺陷则主要有：首先，国际储备的多元化不利于世界经济的均衡发展。国际储备多元化情况下，美元仍为主导货币，其国际清偿能力仍不能完全符合世界经济均衡增长的形势，且体系本身就缺乏统一、稳定的货币标准，具有内在的不稳定性，不利于世界经济的均衡发展。其次，多样化汇率安排导致国际经济发展不稳定。汇率安排多样化，汇率波动频繁且幅度较大，让国际金融市场动荡不安的同时也使得各国外汇风险加大，严重地影响了国际经济的稳定发展。再次，国际收支调节机制多样以至难以相互协调。在牙买加体系下，国际收支的调节机制虽然多样，但各种机制都有其局限性，且相互间难以协调，它们的作用也经常相互矛盾，相互抵消，从而难以较好地改善国际收支。

参考文献：
陶君道：《国际金融中心与世界经济》，中国金融出版社 2010 年版。
陈建忠：《国际金融》，电子工业出版社 2009 年版。
侯高岚：《国际金融》，清华大学出版社 2005 年版。

（黄梅波　许昌平）

国际金融市场
International Financial Markets

国际金融市场是一个涵盖各种金融工具和机构的复杂的网络，它的结构和运行主要受宏观经济环境（特别是利率和汇率的频繁波动）、法规与技术环境和某些根本因素（其推动国际经济中实际部门的发展）的影响。此外，国际金融市场的结构和运行在贸易与生产格局、企业跨国并购和企业重建中得以反映。

组成国际金融市场的现金和衍生工具是建立在以下四个基础之上：外汇交易市场；欧洲货币市场；国际信贷和债券；股权资本。

第一，外汇交易市场。外汇交易市场处于国际金融市场的核心地位，外汇交易市场基本上是由大量经营者（主要是商业银行）组成的 24 小时的场外交易市场，是一个以有众多参与者、有很低廉的信息和交易成本以及高的流动性为特征的主要货币的交易市场。它包括银行同业间的即期（两日内清算）交易和银行同客户间的远期交易（在未来一个特定生效日清算），以及在世界各种有组织外汇交易市场上进行的远期外汇交易和期权。

进行外汇交易的形式各种各样，从投机性的短期期货合约的买入卖出到商业上通过直接远期、外汇掉期（买入某一到期日外汇的同时卖出另一到期日的外汇）、期货交易或期权交易来进行的对冲交易或投资交易。后者与现金交易相反构成外汇衍生工具。交易者不断地开价与出价，反映了市场的批发交易的一面。其他参与者，包括政府、公司、个人构成市场的零售或最终用户的一面。它们被给予或高或低的交易报价加成，这一加成反映零售客户在信息和交易费用上或多或少的不利地位。对于主要货币和交易量不大的货币，即所谓“外币”外汇市场组成了一个无间隔的全球 24 小时的结构，在此基础上，国际金融市场其他部分也纷纷建立起来。

第二，欧洲货币市场。国际金融市场的另一基础是欧洲货币市场，即“离岸”注册的没有众多条规约束成本和税收的货币市场，其业务为各种类型货币和期限（主要是 3 个月与 6 个月）的无担保的银行同业存款。同外汇交易市场一样，该市场的核心是活跃的银行间交易中不断地出价与报价的主要交易银行。英格兰银行对一组参考银行每日的利息率进行抽样，并公布市场双方伦敦同业拆入利率（LIBID）和伦敦同业拆借利率（LIBOR）的平均值。伦敦同业拆借利率（LIBOR）已成为全球金融市场借贷工具中浮动利率最重要的定价基本依据。

大多数国际贷款的筹资和国际债券的发行的重要部分是通过欧洲货币市场进行的，它们用 LIBOR 为基础进行定价。该市场的中心是伦敦，其他重要职能（与注册相对）中心有纽约、中国香港（地区）和新加坡。欧洲货币市场交易中心以非常低（或是 0）的税收和条规约束成本为特征。

第三，国际信贷和债券。国际信贷和发行债券（与它们活跃的二级交易市场）是国际金融市场的第三个重要组成部分。

国际信贷历史最为悠久的借贷形式也许是贸易融资，也就是国外购买者同意在一定时期后对所进口商品进行付款。为了获得商品的货款，出口者向进口者开出汇票，进口者为了得到商品而“承兑”汇票许诺未来的付款，进口国银行也可以承兑支付汇票，在银行承兑市场上，汇票以一定折扣卖予投资者，贷款支付归出口者。进口商拒付的风险通过进口方银行开立的（有时由出口国银行所“确认”）的不可撤销信用证转移给了银行。当进口商拒付货款时，银行承兑投资者或其他债权人可向确认行追索，确认行可向国外信用证开出行追索（进口国银行）而后者必须尽力向进口者收取贷款。

国际银行融资的公司或政府在需要一般国际银行融资时，可以通过从循环贷款便利、定期贷款和项目融资到多种担保贷款，以及期限各异的租赁的多种结构下向国外融资中介机构（或本国机构的国外分支）借款。作为此过程的一部分，借款者和融资中介机构可对贷款承诺进行谈判，不管是否实施但承诺确实向借款人提供了一定时期有保证的流动性，承诺费用作为补偿构成合同的一部分。

国际信贷便利的利息率在整个期限内可以是固定的，也可以是与融资成本相关的指标，如 LIBOR 为参照，实行浮动。定价也可在未来借款之前事先确定（远期利率协定），和在浮动利率中可能有固定或变动上限或下限（Caps，Floors and Collars）及范围的安排来保护借方、贷方或双方免受利率波动的风险。贷款便利也包括一个对借贷者用不同货币或在几种不同合约安排中的选择权。除固定或浮动利率外，信贷便利使用方通常要支付一定的费用来补偿贷方包括安排、承诺和参与合约的各项服务。

在一般情况下，包括贷款延长和利率保护的服务将被发起机构卖予其他人，或在开始时由国外的银行组织银团贷款。这些银行在贷款协议中按比例分享。

一些未清偿的贷款也可能在二级市场上由中介机构交易。银行提供的国际信贷便利通常在欧洲货币市场上融资。

另一种对许多企业和政府借贷者适用的银行融资方法是以自己的名义发行债券。这包括以折扣出售的短期债务(商业票据或政府国库券)也包括中长期含固定或浮动利息的债券。债券通常卖予(或被承购)投资银行或债券公司,再由它们以更高的价格或加价卖予个人或机构投资者。承购也可能由一组国内外的债券经营商联合承担,以分散承购的风险和更好地分销,从而可得到最高可能的债券价格以及发行者得到最低、最有竞争力的融资成本。

债券在二级市场交易中趋于活跃,市场参与者提供买卖价格,给予投资者不断变化程度的流动性。流动性公众市场的存在要求债券被一独立的机构,最通常是标准普尔(Standard & Poor's)和/或穆迪(Moody's)投资服务公司来评定级别。

债券可能是以一种货币发行,立即通过即期市场转变成另一种货币,同时引入一个远期的合同以避免未来的利息损失和主要再偿付责任风险(外汇掉期)来避免外汇风险。另外发行者根据其在固定和浮动利率市场中的相对优势,直接债务发行引致的固定利率支付可与浮动利率支付在银行间产生调换。或相反(利率掉期),这样发行的债务(所谓掉期发行,或合成债券)通过对汇率或利率期货市场中的交易提供了另一种避免风险的方法。

公司和政府债券可在遵守地方债券法规(外国债券)下向各种国内市场的投资公众发行,或在欧洲债券市场和欧洲商业票据市场上发行,在后两种市场上,债券以不记名的形式发行且没有法规的约束。另外,债券可私下向大的机构投资者发行,这样可以减少新的发行成本并很可能使债券更能满足具体的投资者的需要,但这也减少了流动性从而提高了利息成本。法规的变化使机构投资者间的债券私下交易成为可能,尤其在美国,它增强机构投资者的流动性和国外发行者的市场准入性。国外债券、欧洲债券和私人配售市场共同组成了国际债券市场。

银行借贷和债券发行在许多重要方面是互相联系的。首先,银行和其他金融中介对债券投资的同时,银行发行的可转换贷款可能会售予非银行投资者。其次,新发行的债券可能要求安排信用额度保障。例如,为使公司商业票据投资者确信,当债务到期而票据不能展期时,有清偿能力。它们也可能要求银行发行备用信用证以保证最终的偿付来提高债券的等级,许多信用支助(Backstop)和信用证被许多银行或其他金融机构联合承担。再其次,它们通过各种形式的债务证券化而相联系,例如,联合抵押或消费者负债和这种债务所支持的各种国内外的债券市场的发行。

第四,股权资本。国际金融市场的第四块基石涉及产权,也就是普通和优先的股份。谋求扩大股权资本的公司可以通过主要的承购渠道在国内市场发行股份,它同时也可以通过称为"国际份额"的形式由外国投资者来发行。考虑到相对较大的风险通过产权承购(特别是原始公开发行,IPOs)发行通常比债务承购加成大。股票可能再,也可能不在全世界各种类型的交易所上市,比如纽约股票交易所、伦敦股票交易所或东京股票交易所。或它们可以在各种场外市场进行交易。个人股票的期权或股票市场指数(股权衍生物)也在许多交易市场上交易,为投机和对冲交易提供机会。

债务工具的发行者也可以通过可转换的证券或认股权证使他们与股权相联系,认股权证是一个在固定日或特定时期以预定的价格买入债券的选择权。认股权证具有很大的潜在价值,所以根据设想认股权证的价值来对发行债券的息票有一定的减让,但如果认股权证随后发生,发行者收益减低的预期会增高。认股权证在发行后,通常被"分开"卖。有时和外汇期权一并在所谓的有保证的认股权证市场以和其他货币形式卖出,分离后债券的债务部分足以使息票与市场利率相一致,并以此折扣率卖予投资者。

国际金融市场的机构动力:

对构成国际金融市场的金融工具的最终需求,来自跨国金融体系间的交易、信贷和投资流动。

对于公司或政府借贷者,它们提供范围很广的融资工具的选择,通过它可以创造许多不断变化和创新性的融资机构。市场准入主要靠个人和机构的需要、信用状况和融资的复杂程度。虽然新兴不对称可能十分突出——迫使一些筹资者通过银行或信用资助来进入公共市场——但不断的银行和证券融资的结合,拓宽了许多人的市场可准入性。即使是个人(家庭)筹资者也可通过遍布世界的证券化抵押贷款或消费贷款而进入全球资本市场。

投资者同样面对一系列安排和分配股票的决策。许多国家的公司、养老基金、保险公司、信托公司和其他机构投资者不断将外国资产和衍生物纳入自己的资产安排,这或是因为外国市场预计比国内市场情况好(包括预计的汇率作用),也可能是因为存在对冲后的大套利机会,或是因为国际经营的多样化使机构的这种资产管理活动是合理的。从根本上讲,通过国际股票和证券共同基金(单位信托)。个人投资者也可以获得这些选择——通过对国际债务、产权和衍生工具投资使其在零售层次也可以得到。

从商业银行、金融公司到服务齐全的投资银行和投资管理公司都为中介过程中的费用和利差而相互竞争(有时也同自己的委托人竞争)。为做到这一点,它们频频使用新的信息和交易技术,趁机利用市场缺口

(Market Gaps)和市场的低效率。全球金融除了规章和税收引起的扭曲外,以少量人为低效率为特征,所以国际金融市场有着很强的竞争压力,以致新的获利机会被创造性的破坏了。

全球金融中介激烈竞争,低效的金融中介不断地被高效的中介所代替。近几十年以来,这一规律导致诸如国际银行借款的全面中介融资为部分非中介融资所代替。国际金融市场的非中介化现象,由于大公司和政府部门自己融资能力的提高而扩大,这使得它们开展许多传统融资活动,在批发的层次上与潜在的资金来源直接接触。这种行为也包括大量外汇的和各种融资工具的资产交易,以及复杂程度不断增长的风险管理和对衍生工具及其组合的运用。在投资者方面也有类似的发展。保险公司、养老基金、共同基金和其他机构投资者更加精明和以业绩为取向。因为顾客处于资产组合业绩数据随处可得的情况下,他们越来越不得不为留住最终受益而努力。

在这种环境中能够兴旺的银行和其他金融机构,将是通过超常的信息获得能力、解释分析技术,或具有较低交易成本,或上述的综合,以至于最能利用市场不完善之处的机构。不同的机构可以利用不同的竞争优势,竞争战将在某些市场展开,这类市场深受累进的但不公平的放松管制。战略集团竞争的相互渗透以及国外融资机构对国内市场的渗透的影响。总之,在不断的战略挑战下,这些力量既反对持续的非中介化过程,又向金融公司和金融中心提出挑战。

参考文献:

[英]伊特韦尔等:《新帕尔格雷夫经济学大辞典》,经济科学出版社1996年版。

李琮:《世界经济学大辞典》,经济科学出版社2000年版。

史燕平:《国际金融市场》,中国人民大学出版社2010年版。

(黄梅波 许昌平)

国际金融危机

International Financial Crisis

国际金融危机指超越一国范围而仅涉及少数几国的金融危机,也指范围十分广泛的波及全球金融市场,并且在一定条件下极有可能引发世界经济危机或全球经济衰退的金融危机。如1929年首先爆发于美国的“大危机”,1997~1999年亚洲金融危机和2008年的国际金融危机。

《新帕尔格雷夫经济学大辞典》对金融危机的定义为:金融危机是全部或大部分金融指标—短期利率、资产(证券、房地产、土地)价格、商业破产数和金融机构倒闭数—的急剧、短暂和超周期的恶化。金融危机的特征是基于预期资产价格下降而大量抛出不动产或长期金融资产,换成货币,而金融繁荣或景气的特征则是基于预期资产价格上涨而大量抛出货币,购置不动产或长期金融资产。这个定义的特点是揭示了全部或大部分金融指标在一个较短的时间内急剧恶化,且这种恶化是超周期的,是金融危机的主要表现形式。货币主义经济学家米切尔·鲍度(Michael Bordo)则是以预期的改变、担心金融机构丧失偿债能力、企图将真实资产或非流动性资产转换成货币等10项关键要素来定义金融危机。

针对金融危机的类型,国际货币基金组织在其1998年5月发表的《世界经济展望》中认为,“金融危机可以大概分成几种类型,货币危机(Currency Crisis)是指投机冲击导致一国货币大幅度贬值,抑或迫使该国金融当局为保卫本币而运用大量国际储备或急剧提高利率。银行业危机(Banking Crisis)是指真实的或潜在的银行破产致使银行纷纷中止国内债务的清偿,抑或迫使政府提供大规模援助以阻止事态的发展,银行业危机极易扩散到整个金融体系。系统金融危机(Systemic Financial Crisis)是指金融市场出现严重的混乱局面,它削弱了市场的有效性原则,会对实体经济产生极大的负面效应,一次系统金融危机可能包括货币危机,但一次货币危机却不一定陷入国内支付体系的严重混乱,也就不一定导致系统金融危机的发生。最后,债务危机(Foreign Debt Crisis)是指一国处于不能支付其外债利息的情形,无论这些债权是属于外国政府还是非居民个人。”哈佛大学教授杰弗里·萨克斯(Jeffrey D. Sachs)因给苏联及东欧国家开出“休克疗法”的药方而闻名全球,他认为,烦扰新兴市场经济的金融危机不外乎三种形式,“其一财政危机,是指政府突然丧失延续外债和吸引外国贷款的能力,这可能迫使该国政府重新安排或者干脆不再履行有关义务;其二汇兑危机,是指市场参与者突然需要从本币资产向外币资产转换,这在钉住汇率制度条件下可能殆尽中央银行的外汇储备;其三银行业危机,是指一些商业银行突然丧失延续其市场工具的能力或遭遇突然发生的存款挤提,从而导致这些银行的流动性下降并可能最终破产。”萨克斯进而指出尽管金融危机的这三种形式在某些情况下可以被区分得非常清楚,但是在现实中它们又往往以一种混合的形式出现,这是因为有关政府公债市场、外汇市场和银行资产市场的冲击或预期一般是同时发生的。

由于国际金融危机只是范围更广阔的金融危机,也可以划分为以上几种类型,只是影响范围更广,其通常在全球范围表现为经济增长率下降,失业率上升;货币贬值、物价飞涨、通货膨胀率上升;普遍提高利率;国际资本流向改变。国际金融危机在对陷入危机的国家经济产生严重的负面影响的同时,也为各国提供了一次调整经济结构,改善经济增长方式的机会。尽管它是被动的,但在客观上存在一定的积极作用:第一,金融危机迫使各国调整产业结构,充分重视产业多样化、高级化,加快基础设施建设,从而有助于这些国家的经济长期稳定发展。第二,货币贬值在一定程度上挤去了经济中的泡沫成分。第三,促使各个国家整顿金融秩序,加强金融监管,提高金融管理水平,引发人们对于金融风险的再认识,使社会的各方面充分认识到金融体系的正常安全运作对于经济全局的稳定和发展的至关重要性。第四,促使各国调整汇率制度以抵御金融危机的冲击。第五,促使国际货币体系的改革以稳定全球金融市场,增强抵御危机的能力。

参考文献:

[英]伊特韦尔等:《新帕尔格雷夫经济学大辞典》,经济科学出版社1996年版。

韦伟等:《金融危机论》,经济科学出版社2001年版。

李小牧等:《金融危机的国际传导:90年代的理论与实践》,中国金融出版社2001年版。

王德祥:《经济全球化条件下世界金融危机研究》,武汉大学出版社2002年版。

Jeffrey D. Sachs, Alternative Approaches to Financial Crises in Emerging Markets, 1998.

(黄梅波　许昌平)

国际金融监管

International Financial Supervision

国际金融监管指的是国际金融组织或者一个国家的金融监管机构按照相关法律、法规、国际条约和国际惯例对金融机构及其活动进行规范和约束的行为的总称。具体则包括对金融机构市场准入、业务范围、市场退出等方面的活动进行规范和约束,对金融机构内部组织结构,风险管理和控制等方面的规范性、达标性的要求,以及一系列相关的制度、政策和法律法规体系的建立与实施的过程。

国际金融监管的主体通常包括国际金融监管机构和国内金融监管机构。其中常见的国际金融监管机构包括如巴塞尔银行监管委员会(Basel Committee on Banking Supervision),国际货币基金组织等跨国机构。国内金融监管机构则包括如美国的联邦储备委员会,日本的大藏省和日本银行,意大利中央银行,中国人民银行等机构。当然,国际金融监管的框架并非随意拼凑组成,其点滴的发展都是与世界上金融形势的发展紧密联系。而有些国际金融监管组织的成立的背后还有令全球金融系统为之轰动的事件发生。如1974年联邦德国赫斯塔银行(Bankhaus Herstatt)的倒闭促成了巴塞尔银行监管委员会的成立,其成立的目的在于交换各国的监管安排方面的信息、改善国际银行业务监管技术的有效性、建立资本充足率的最低标准及研究在其他领域确立标准的有效性等,以防止类似事件的重演。被监管的客体则包括跨国金融机构,主要可以分为银行和非银行两大类,其中非银行机构种类较常见的有证券公司、保险公司、金融租赁公司、信托投资公司等。

国际金融监管的主要目的是维护金融机构的安全稳健及整个金融体系的稳定健康发展。随着当今国际金融市场一体化进程的加快以及金融工具创新以前所未有的汹涌澎湃之势涌向市场,国际金融监管的重要性就越发凸显。因为经济学家们都达成共识的一点便是屡次爆发的全球性金融危机均有金融监管不完善这一因素在其中作为影响因素。

跨国银行的扩张和海外资产的急剧膨胀,金融创新的不断发展特别是金融衍生品交易的迅速发展,在利益为诱导的驱使下,会偏离原本设计的轨道运行,这些均会增加全球金融系统的风险性与不稳定性。一旦这些风险被释放出来,就会形成"多米诺骨牌效应",给脆弱的全球金融系统带来巨大的伤害。2007年年初,占全球债务不足1%的美国次级贷款风暴席卷全球金融市场引发了规模巨大的全球性金融海啸,这不能不说是给全球金融监管体系的一次严重警告。因此,在全球范围内各国联合起来实施国际金融监管不仅是必要而且是必需的。

目前国际上现行的金融监管主要有四种模式:一是混业经营分业监管的美国模式,由美联储作为伞形监管者,负责监管混业经营的金融控股公司,银行、证券、保险分别由其他监管部门监管,中国香港也是采取此种监管模式。二是混业经营混业监管的英国模式,就是将银行、证券、保险的监管统一于非中央银行的单一的金融监管机构,日本也是采用这种模式。三是分业经营混业监管的韩国模式,就是由中央银行同时负责货币政策和银行、证券、保险的监管,目前许多发展中国家仍采取此种监管模式。四是分业经营和分业监管的法国模式,也就是说将银行、证券、保险的监管从央行中分离出来,欧洲中央银行成立后,法国等多数欧元区国家都采取了此种监管模式。目前中国采用的就是这种分业经营和分业监管的模式。

20世纪90年代以来,随着国际金融市场的一体化进程的加速发展,不断涌现出的金融创新和国际金融市场发展新趋势也迫使国际金融监管发生了一系列的变化,总体上表现为以下六个方面。

第一,金融监管的范围不断扩大。由于金融工具的不断创新迫使各国金融监管机构将过去不受监督的非监管单位纳入自己的监管对象中来。各国金融监管当局必须扩大金融监管的范围和指定同意监督的标准。其中对海外分支机构的监督是防止隐含国际业务逃避监督的一个重要方面。20世纪90年代以来,金融机构混业经营已经成为常态,各国监管机构也随之逐步将金融机构的各项业务纳入自身的监管范围中。

第二,金融监管手段的现代化和监管内容的标准化。在金融国际化电子化和网络化成为当今世界发展大趋势的背景下,各国普遍强调采取现代化的管理手段,充分利用计算机辅助管理,有效地促进金融机构日常监督、现场监督和外部审查的有机结合。

第三,金融监管模式的日益趋同。如英国原为自律监管体制,特点是以金融机构自律性为主,英格兰银行监管为辅,主要通过道义劝说的方式使金融机构自觉与其合作共同维护金融市场秩序。1979年英国颁布了《银行法》使英格兰银行监管权力以法律形式得到承认,标志着英国金融监管迈出了法制化、制度化的关键一步。同样,美国也是采取了法治化、规范化的多元金融监管体系。日本于1998年以通过《新日本银行法》为起点,对金融监管体制进行了大幅度的机构调整和改革。到2001年为止形成了一个以金融厅为核心,独立的中央银行和存款保险机构共同参与,地方财务局等协调管监管的全新的金融监管体系。

第四,金融监管体系的集中统一化趋势体现。为适应经济全球化,银行也加强调整兼并和金融创新。这使分业经营和分业管理名存实亡。银行与非银行金融机构之间的业务界限逐渐模糊,金融机构业务交叉走向多元化、综合化。例如,银行已经不单单从事传统的房贷业务,还涉足于证券投资领域、信贷、抵押保险等一些非传统银行领域。同样证券公司、租赁、保险等金融公司也已经开始向特定顾客发放贷款。随着经济的发展和金融自由化的不断深入,金融业由分业向混业经营的趋势也在进一步加强。当金融市场变得越来越一体化时,通信技术和计算机的运用使得现行监管体系下难以对金融风险进行集中控制和管理,此时就有必要建立更加集中和协调的监管体系。例如在英国,工党政府已经提出将所有金融机构的监管归到证券投资委员会的领导下。

第五,以市场约束为基础的监管体系正在形成。因为信息披露是市场约束的基础,国际组织正在努力指定会计标准以提高信息披露的作用。巴塞尔委员会在1999年6月发布了《新资本充足框架》,其中最引人关注的内容是将外部评级引入资本风险加权。新框架的适用对象仍然是那些在国际业务领域活跃的大型国际性银行。

第六,监管的国际合作不断加强。巴塞尔委员会在加强金融监管的国际合作方面做出了很大的努力。首先,巴塞尔委员会推动了越来越多的国家加入金融监管国际合作的行列中,其1997年4月发布的《有效银行监督的核心原则》的制定,已不再是少数发达国家之间谈判协商的结果,而是与许多非十国集团(地区),包括发展中国家密切合作的结果。其次,巴塞尔委员会加强与一些国际性金融监管组织的合作,1999年2月公布的《多元化金融集团监管的最终文件》就是巴塞尔委员会、国际证券委员会组织与国际保险监管协会自1993年开始合作的标志。另外,西方发达国家还通过一年一度的西方七国首脑及财长、央行行长会议,研究防止某一国和地区出现金融危机的问题和措施。东亚金融危机后,西方各国又成立了"金融稳定论坛"来共同协商金融监管方面的问题。在亚洲,中日韩与东盟也开始每年召开央行行长和财长会议,以讨论地区金融稳定的相关问题。

参考文献:
陈元等:《国际金融百科全书》上卷,中国财政经济出版社1994年版。
庄宗明等:《世界经济学》,科学出版社2007年版。
史燕平:《国际金融市场》,中国人民大学出版社2010年版。
陶君道:《国际金融中心与世界经济》,中国金融出版社2010年版。
姜波克:《国际金融新编》,复旦大学出版社2001年版。
朱孟楠:《国际金融学》,厦门大学出版社1999年版。

(黄梅波 李强)

主权债务危机

Sovereign Debt Crisis

主权债务危机是指一国以自己的主权为担保向外(可能是向国际货币基金组织、世界银行等国际机构,也可能是向其他国家)借来的债务比重大幅度增加,可能面临未来无法偿还的风险而引发的债务危机。

20世纪80年代,拉丁美洲爆发债务危机。长期殖民地统治留下的经济结构不合理以及政策失误是造成拉美国家债务危机的主要原因。"二战"后,拉美许多国家急于实现国民经济的现代化,实行高目标、高投资、高速度的方针,大量举借外债,制定了远远超过本国财力限制的经济发展规划,追求那种不切实际的经济发展速度;同时,西方国家推行贸易保护主义,转嫁经济危机等政策,这些都大大加剧了拉美国家债务危机。拉美国家不得不进行债务重组,并通过调整国内经济来整顿债务危机。

1998年,俄罗斯发生债务危机,当时俄罗斯债务危机与金融危机、生产危机、预算危机交织在一起。持续的经济危机导致卢布大幅贬值。经过前期危机的冲击后,1988年俄罗斯大笔债务陆续到期,主权债务危机发生。新政府要承担偿债任务,责任重大,不得不公布严重恶化的财政状况。该次主权债务危机,引发了当时俄罗斯、德国等金融市场的剧烈波动。最后,俄罗斯采取了债务转换方式(以货抵债、以股抵债以及外债资本化等)化解危机。

2001年12月,阿根廷818亿美元的主权债务违约,随后,阿根廷被迫放弃自己当时盯住美元的外汇制度;阿根廷比索随即大幅贬值,比索对美元贬值高达75%;阿根廷通货膨胀迅速上扬,比索贬值后累积通胀率最高达80%;大批阿根廷企业倒闭;失业率大幅上涨至25%;2002年经济下滑达10.9%。阿根廷在2001年违约后,未能及时重组债务,造成阿根廷至今无法在国际市场上顺利发行国债,到2005年才提出重组方案。阿根廷在发生债务危机的同时,还陷入政治危机和社会危机,到2003年经济才开始复苏。

前几次主权债务危机主要发生在第三世界以及新兴经济体中,且对宏观经济造成的冲击周期较短。21世纪初期,由于发达国家普遍实行低利率,国际金融市场上又充斥着大量资金。这些资金主要流向两个地方:对发达国家和发展中国家的私人贷款,以及对发达国家政府的贷款。正是这些变化,带来了新的主权债务危机。而2008年以来这一系列主权债务危机,主要爆发在发达国家,甚至是核心国家。从冰岛主权债务危机、迪拜主权债务危机、欧洲主权债务危机,到美国国债风险,全球性债务危机越演越烈,其中欧元区成员国的债务危机最重。

2009年10月21日,希腊新政府在对欧盟提交的报告中宣布,2009年希腊政府财政赤字和公共债务与国内生产总值(GDP)之比预计将分别达到12.7%和113%,远远超过欧盟《稳定与增长公约》规定的公共赤字占当年GDP的比重3%和公共债务占当年GDP的比例60%的趋同标准。这一消息立刻引起了国际金融市场的恐慌,随后全球三大评级机构——惠誉、标普和穆迪相继调低希腊的主权信用评级,从而拉开了希腊主权债务危机的序幕。欧元区作为一个经济整体,其内在的联系非常紧密,由于没有及时有效的措施解决希腊的主权债务问题,2010年4月底、5月初,希腊债务危机的传染效应显现,危机迅速向欧洲其他国家蔓延,葡萄牙、西班牙、意大利、爱尔兰等国同时遭受主权信用危机,形成了所谓的"欧猪五国"(PIIGS),包括德国、法国等欧元区的龙头国家也受到了危机的影响。2010年5月10日,欧盟和国际货币基金组织(IMF)通过总额7500亿欧元的救助计划,其中4400亿欧元是由欧元区成员国政府通过特定目的机构为渠道提供的一系列贷款,另外600亿欧元来自扩大后的国际收支援助基金,以欧盟2013年之前每年1410亿欧元的预算作担保通过市场融资获得,而IMF将提供不超过2500亿欧元的资金以扶持欧盟紧急基金的建立。此外,欧洲中央银行表示将购买政府和私人债券;美联储则启动与欧洲中央银行、加拿大、英国和瑞士中央银行的临时货币互换机制,以帮助缓解国际金融市场的流动性压力。2010年5月18日,德国金融监管局宣布从2010年5月19日~2011年3月31日实施"裸卖空"(投资者没有借入股票而直接在市场上卖出根本不存在的股票,在股价进一步下跌时再买回股票获得利润的投资手段)禁令,并将对此进行密切监控。在2012年年中,由于危机最严重国家成功的财政整顿和结构性改革,欧盟领导人和欧洲央行所采取的各项政策措施的落实,欧元区的金融稳定性显著改善,利率也稳步下降。这也大大减弱了向其他欧元区国家的风险蔓延。截至2012年10月还只有3个欧元区国家,包括希腊,葡萄牙和塞浦路斯的长期利率处在6%以上。

欧洲主权债务危机爆发除了由于欧洲一些国家经济结构僵化,高工资、高失业救济金、高公费医疗的奢华的福利待遇和人口老龄化问题的加剧等国家自身原因外,其根本原因在于欧元区统一货币政策和各国不同的财政政策的冲突和错配,此外,针对成员国不遵守财政纪律的情况,欧盟缺乏一套切实有效的监督和检查机制,外部冲击,即2008全球金融危机、高盛等跨国银行的投机行为和信用评级机构的恶意炒作,也是欧洲主权债务危机爆发的一个重要原因。

欧洲主权债务危机的爆发,打乱了欧盟通过经济刺激政策促进欧洲经济复苏的步伐,欧洲主要国家不得不迅速退出财政刺激政策,压缩财政开支。这将会使欧洲脆弱的经济复苏变得更加坎坷。虽然债务危机不会使欧元垮台,但的确可能使欧洲经济复苏夭折,使欧洲经济出现再次下滑(Feldstein,2010)。欧洲主权债务危机还使得国际金融市场波动性加剧,投资者恐慌情绪激增,从而导致大量避险资金涌向黄金和美元资产,此外,还使世界经济复苏步伐放缓,严重影响各国经济刺激政策的退出战略,促使IMF等国际组织纷纷调低对相关国家和整个世界经济的增长率预期。

参考文献:

詹向阳、邹新、程实:《希腊杠杆撬动全球经济——希腊主权债务危机的演变、影响和未来发展》,载于《国际金融研究》2010年第7期。

郑宝银、林发勤:《欧洲主权债务危机及其对我国出口贸易的影响》,载于《国际贸易问题》2010年第7期。

徐明棋:《欧元区国家主权债务危机、欧元及欧盟经济》,载于《世界经济研究》2010年第9期。

周茂荣、杨继梅:《"欧猪五国"主权债务危机及欧元发展前景》,载于《世界经济研究》2010年第11期。

罗传健:《欧洲主权债务危机及其对中欧贸易的影响研究》,载于《国际贸易问题》2011年第12期。

张明勇:《基于主权债务危机的成因、影响及启示的研究综述》,载于《工业技术经济》2012年第9期。

Feldstein Martin, A Double Dip is a Price Worth Paying, *Financial Times*, June 2010.

(黄梅波 许昌平)

主权财富基金
Sovereign Wealth Funds(SWFs)

主权财富基金是指由一国政府拥有的,通过对外汇储备盈余、财政盈余、自然资源类商品出外汇盈余和国际援助基金等资产在全球进行有效配置,以实现外汇资产保值增值为主要目标,并混合有其他多重目标的投资基金或机构。

主权财富基金的分类方法很多,但比较全面的方法是按其设立的原因进行分类:

第一类,对于国家经济严重依赖不可再生自然资源出口换取外汇的国家来说,跨期平滑国家收入的动因尤其重要。为保障自然资源枯竭后政府有稳定的收入来源和避免短期自然资源产出波动导致经济不稳定,这些国家都先后设立主权财富基金,对其进行多元化投资、延长资产投资期限、提高长期投资收益水平,旨在跨期平滑国民收入。通常称这种主权财富基金为稳定型主权财富基金。

第二类,主权财富基金设立目的在于协助中央银行分流外汇储备、干预外汇市场、冲销市场过剩的流动性。按照国际货币基金组织的定义,以主权财富基金形式用于中长期投资的外汇资产不属于国家外汇储备。因此,一些国家为缓解外汇储备激增带来的升值压力,便通过设立主权财富基金分流外汇储备。这种主权财富基金称为冲销型主权财富基金。

第三类,出现严重人口老龄化和具有老龄化趋势的国家,为了建立更稳固的养老金系统,以及实现在代际间更公平地分配财富,设立专门的主权财富基金来达此目的,这种主权财富基金称为储蓄型主权财富基金。

第四类,正如个人预防性储蓄动机一样,许多亚洲国家都持有巨额外汇储备,以应对潜在社会经济危机和发展的不确定性。这种预防国家社会经济危机、促进社会和经济平衡发展为动因的主权财富基金称为预防型主权财富危机。

第五类,主权财富基金设立目的在于支持国家发展战略,在全球范围内优化资源配置资源,培育关键领域的世界领先企业,更好地实现国家在国际经济活动中的利益。通常称这种主权财富基金为战略型主权财富基金。

最早的主权财富基金可追溯到20世纪50年代。1953年,科威特政府为了减少对石油出口的依赖,成立了科威特投资理事会,专门负责运营石油外汇盈余。1965年,该理事会并入科威特投资管理局下属的科威特投资办公室,由科威特办公室负责运营"未来世代基金"(Future Generation Fund),科威特政府每年把石油收入的10%划入该基金。主权财富基金的发展经历了三个高潮,第一个高潮始于20世纪70年代,以新加坡国有投资公司淡马锡控股(Temasek Holdings)和阿联酋阿布扎比投资局(Abu Dhabi Investment Authority, ADIA)为代表。新加坡国有投资公司淡马锡控股成立于1974年,是公认的主权财富基金的成功典范。该公司创建的宗旨是"负责持有并管理新加坡政府在各大企业的投资,目的是保护新加坡的长远利益"。截至2009年3月,其投资组合的账面价值为1180亿美元。阿联酋在1976年利用石油美元组建了阿布扎比投资局,该投资局2007年资产规模排在主权财富基金首位。此外,美国和加拿大也分别成立了阿拉斯加永久储备基金(Alaska Perpetual Reserve Fund, APRF)和奥伯特继承基金(Obert Inheritance Fund)。第二个高潮是在20世纪90年代。1990年挪威政府石油基金成立,2005年年底改为政府全球养老金基金,2007年拥有资产3480亿美元。1998年乌干达成立了扶贫基金(Poverty Alleviation Fund),2005年委内瑞拉成立了国家发展基金(National Development Fund),伊朗于1999年利用石油美元成立了石油稳定基金(Oil Stabilization Fund),用以规避因石油收入不稳定而带来的风险,2007年资产达120亿美元。此外,阿塞拜疆也于1999年成立了国家石油基金(State Oil Fund)。第三个高潮是2000年以来,2004年1月俄罗斯用240亿美元成立了俄罗斯联邦稳定基金(Stabilization Fund of the Russian Federation),2007年已发展到1570亿美元。韩国投资公司于2005年7月成立,初期投资200亿美元,目标是"实现外汇资产收益的可持续性,通过从事投资经营业务使韩国的金融产业达到国际水平"。澳大利亚未来基金(Future Fund of Australia)设立于2006年,2007年资产约为520亿美元。智利同年利用出口铜所获得的美元收入建立了经济和社会稳定基金(Economic and Social Stabilization Fund)。中国主权财富基金是于2007年9月底组建的中国投资公司(China Investment Corporation),首次注入资金2000亿美元。据2007年9月国际货币基金组织《国际金融稳定报告》统计,全球已有至少36个国家设立了主权财富基金,总规模在3.5万亿美元左右。至2008年2月,据摩根士丹利和花旗集团的统计报告可知,在全球主权财富基金中,基金规模排在前5位的国家有阿联酋的阿布扎比、挪威、新加坡、科威特和中国。

主权财富基金管理模式分为两个阶段:

第一阶段:中央银行直接管理。由于国家外汇盈余和财政盈余数量在满足必要流动性后略有富余,一般由中央银行负责管理外汇储备和财政储备。中央银行根据政策目标、储备资产的风险特征和期限,以及市场上可供选择的投资工具将其分割成不同的投资组合。中国香港实行的就是这种管理模式。中国香港金融管理局将外汇储备分割成两类:一类是以满足流动性为目的的资产储备,而另一类则是以积极的资产管理为目的的多余储备,并据此分别进行投资和管理。

中央银行直接管理模式有明显优势:央行可以对所有的国家盈余财富集中管理,避免新设机构因缺乏经验可能付出的成本。由于不需要对两个独立机构进行协调,因此当金融市场出现波动时,央行可以迅速作出反应。但央行直接管理模式也存在着缺陷:首先,流动性管理和积极的资产管理在发展战略上迥然不同。当两者同属一个管理机构时,即使操作层面上可分离,但不同的管理策略需提交同一个管理层或者董事会确定。倘若管理层思维方式倾向传统的央行管理模式,积极的资产管理可能难以实施,最终将可能走向传统的以政府为主导的储备管理。其次,中央银行直接管理模式易有操纵外汇市场之嫌,导致中央银行有声誉风险。

第二阶段:专门投资机构管理。自 20 世纪 90 年代以来,各国外汇盈余和财政盈余持续增加,各国主权财富基金逐步在满足资产必要的流动性和安全性的前提下,以盈余资产单独成立专门的投资机构,拓展投资渠道,延长资产投资年限,提高投资总体收益率水平。将国家盈余资产委托给一个独立的专业化资产管理机构,可以多元化经营资产,有利于分散风险,提高其风险承受能力。而且,委托不同的资产管理机构对不同的资产储备进行管理,可以拓展投资渠道,提高投资决策的灵活性。

无论采取哪一种管理模式,主权财富管理的基本发展趋势是一致的:主权财富管理正逐渐从传统的以规避风险为目的的流动性管理模式向更加多元化和具有更强风险承受能力的资产管理模式转变。这种转变,使主权财富基金能够积极拓展储备资产的投资渠道,在有效风险控制的条件下构造更加有效的投资组合,进而获取更高的投资回报。而且这种管理模式的转变,也为经济和货币政策的制定者们提供了一种全新的、更加有效的政策工具。

主权财富基金对金融市场的影响:主权财富基金的加入,给市场注入了新的活力,放大了投入的资金量,增强市场的流动性;主权财富基金在全球配置过程中增加了对金融产品的需求;资产管理服务机构通过为主权财富基金提供各种服务,可获得许多潜在收益;主权财富基金为陷入次贷危机的机构提供救急资本;主权财富基金长期投资理念对金融市场有稳定作用;主权财富基金对资源的需求可能推高资产价格。

参考文献:

陈元等:《国际金融百科全书(上卷)》,中国财政经济出版社 1994 年版。

[美]弗兰克 · N · 马吉尔:《经济学百科全书(上卷)》,中国人民大学出版社 2009 年版。

高洁:《主权财富基金论》,中国金融出版社 2010 年版。

李石凯:《全球经济失衡与新兴市场经济体主权财富基金的崛起》,载于《国际金融研究》2008 年第 9 期。

(黄梅波 许昌平)

国际储备货币
International Reserve Currency

国际储备货币是指一国政府特有的可直接用于国际支付的用作外汇储备的自由兑换货币。它是一国为保持汇率稳定和弥补国际收支赤字而持有的国际储备资产的一部分。阿维纳什 · 佩尔绍德(Avinash Persaud)提出过去的国际货币有中国的两(Liang),德国公元前 5 世纪的硬币——德拉克马(Drachma),4 世纪印度银打孔标记的硬币(Punch-marked Coins),罗马的德纳里(Denari),中世纪拜占庭的苏勒德斯(Solidus)和伊斯兰的第纳尔(Dinar),还有文艺复兴时期威尼斯的杜卡托(Ducato),17 世纪荷兰盾(Dutch Guilder)和后来的英镑和美元(Persaud,2004)。18 世纪,英镑、法郎和荷兰盾为三大国际储备货币。第二次世界大战前,英国凭借其强大的国力和世界霸主的地位,使得英镑成为当时国际最主要的储备货币。“二战”后,英国实力的下降,美国实力的上升和布雷顿森林体系的建立,使美元替代了英镑的中心地位,成为主要的国际储备货币。但随着后来日本和联邦德国经济实力日益强大,特别是在 70 年代美元危机的频频发生,国际储备货币向多元化方向发展。现今国际储备货币主要有美元、欧元、英镑、日元、瑞士法郎。

在各国国际储备中充当储备货币的条件有:第一,它必须是可自由兑换的,具有较高的流动性。第二,发行该货币的国家必须具有强大的政治与经济实力。第三,该货币具有稳定的价值,人们对其有信心。

国家货币不宜充当主要的国际储备货币,因其造成的“特里芬难题(Triffin Dillemma)”难以解决。英镑体系和“二战”后布雷顿森林体系的崩溃都是此难题导致的,多元化国际储备货币体系的出现缓和了此困境。国际学术界普遍认为,储备货币的多元化,是各国中央银行依据“资产选择理论”,将证券管理的原则运用到储备货币管理中去的结果。资产选择理论的核心内容是,资产的组合应根据各种资产的风险和收益的比较来确定。由于决定储备资产利息收益的国际货币市场和决定储备资产兑换收益的外汇市场尚未达到充分效率,国际储备货币的构成也应以此作为基本准则。由 2007 年美国次贷危机引发的全球金融危机充分暴露了现行国际储备货币体系的缺陷,各国越来越关心如何建立一个更优的国际储备货币体系,储备货币该如何组合或搭配。2009年3月23日,中国人民银行行长周小川首次公开提出创建“超主权国际储备货币”(一种与主权国家脱钩并能保持币值长期稳定的国际储备货币)的主张,中国人民银行也在其《2009年金融稳定报告》中重点阐述了这一主张。2009年G20峰会召开之前,“超主权国际储备货币”成为国际社会的热点问题。俄罗斯、巴西、亚洲和拉丁美洲一些国家纷纷表示赞同,但欧盟、美国等发达西方国家出于自身利益考虑均投了反对票。2009年6月16日,俄罗斯官员表示,他们可能更使用“金砖四国”货币作为储备货币,但到最后,“金砖四国”公报中并未提到此议题。2009年6月27日,余永定提出用新的国际货币代替美元是国际货币体系改革最核心的问题。2009年9月3日,联合国贸易和发展会议(UNCTAD)呼吁建立由新的国际储备银行管理的以SDRs为基础的国际储备货币体系。2010年,UNCTAD呼吁放弃以美元作为单一主要储备货币,强调新的储备货币体系不应该由单一国家货币或是多种国家货币组成而是应该适当控制储备货币的国际流动来建立一个更稳定的储备货币体系。

参考文献:
陈元等:《国际金融百科全书(上卷)》,中国财政经济出版社1994年版。
李琮:《世界经济学大辞典》,经济科学出版社2000年版。
Persaud, A., Why Currency Empires Fall, Gresham Lectures, 2004.

(黄梅波　许昌平)

外汇储备
Foreign Exchange Reserves

国际储备资产,又称储备资产、官方储备或国际储备,是一国官方持有的,用于平衡国际收支、稳定汇率和作为对外偿债保证的国际普遍接受的各种流动资产的总和,其包括货币黄金、特别提款权、在IMF储备头寸和外汇储备等。国际货币基金组织对外汇储备定义为:货币当局以银行存款、财政部库存、长短期政府证券等形式所拥有的,在国际收支逆差时可以使用的债权。外汇储备是一国政府持有的国际储备资产中的外汇部分,用于国际收支中最后结算的可兑换货币。外汇储备有广义和狭义之分。狭义外汇储备是指一国官方持有的用于稳定汇率和国际支付的那部分外汇流动资产,以官方结算项目中储备资产金额记录于国际收支平衡表上。广义的外汇储备除包括狭义的外汇储备外,还包括一国国际交易所能利用的其他外汇资源的总和,如非官方外汇银行持有的外汇资产、政府的对外借款等。外汇储备实际主要由储备货币构成,目前主要的储备货币为美元、欧元、日元、英镑等,储备货币正向多元化发展。

外汇储备的优点:相比黄金储备,无须保管费,此外某些形式的外汇储备,如国外存款和国库券形式,还可获得额外的收益,而且储备外币资产便于政府随时动用,及时干预外汇市场。外汇储备的缺点:一方面,由于储备货币贬值易使储备国遭受损失。另一方面,易受储备货币发行国的强力干预。但外汇储备的优点远超于其缺点,因此外汇储备成为当今世界各国国际储备中最主要的储备形式。在IMF各成员国中,外汇储备占各国国际储备的比重都在90%以上,且从总体上看,外汇储备的绝对数额一直呈上升趋势。第二次世界大战后的数十年中,全球外汇储备规模总体呈现上升趋势,只是在少数几个年份出现外汇储备的负增长,而发展中的外汇储备增长相对更为迅速。

中国的外汇储备,从2002年年底的2684亿美元一路攀升,直至2008年10月,累积达2万亿美元,平均年增长达32.9%,其主要用于购买美国国债和其他各种政府发行的债券。

参考文献:
李琮:《世界经济学大辞典》,经济科学出版社2000年版。
侯高岚:《国际金融》,清华大学出版社2005年版。
刘树成:《现代经济辞典》,凤凰出版社、江苏人民出版社2005年版。

(黄梅波　许昌平)

特别提款权
Special Drawing Rights(SDRs)

特别提款权是国际货币基金组织(IMF)创设并分配给各成员国以补充其储备资产的一种账面储备资产。IMF为应对第二次美元危机于1969年在第24届国际货币基金组织年会上创设了“特别提款权”,并决定在1970～1972年,由IMF发行95亿特别提款权单位,按成员国所缴纳的基金份额进行分配。特别提款权的特点:第一,特别提款权的动用无须通过协议或事先审查,无须按照规定日期归还。第二,特别提款权只是一种有名无实的账面资产,虽称为“纸黄金(Paper Gold)”,但无价值,只能在IMF成员国发挥计价结算作用,用于政府间相互划拨。初创时,特别提款权以黄金定值,即1单位特别提款权等于1/35盎司黄金,但自从美元两次贬值后,IMF改用“一篮子”货币加权平均来给特别提款权定值,权数以各国对外贸易占世界贸易总额的比重来确定。自从1980年9月18日以后“一篮子”货币由最初的16种减为5种,即美元、德国马克、英镑、法国法郎、日元。IMF从1986年1月1日起每5年修改1次"一篮子"货币中的货币及其所占比重。2001年1月1日起,欧元取代了德国马克和法国法郎。特别提款权利率,自1983年8月1日以来,都是参照市场综合利率来确定。特别取款权的价值每日计算,并以美元列示。计算方法是依据美元、欧元、日元和英镑于每日中午伦敦市场所报汇率,计算四种货币指定数额的等值美元总额,所得总额即为特别提款权价值。IMF每日于其网站公布特别提款权的价值。特别提款权用途主要有:用以向其他成员国换取外汇,协议挽回其他成员国持有的本国货币,用以偿还和支付IMF贷款和利息。1978年后,特别提款权的使用范围扩大,可用于交易安排、远期业务、信贷、金融债务清算等,并允许成员国政府以外的金融机构持有,也可用于私人交易。

参考文献:

陈元等:《国际金融百科全书(上卷)》,中国财政经济出版社1994年版。

史燕平:《国际金融市场》,中国人民大学出版社2010年版。

刘树成:《现代经济辞典》,凤凰出版社、江苏人民出版社2005年版。

侯高岚:《国际金融》,清华大学出版社2005年版。

(黄梅波　许昌平)

银行承兑
Bankers' Acceptance

银行承兑是指银行在特定条件下的将来某个时间承诺付出一定数量的货币的行为。

银行承兑最早是为了交易安全而设置的金融产品。交易的双方在相互不信任的情况下,为了资金或者货物的安全并达到交易顺利完成的目的,找银行当作中间人来完成交易。收货方先将款项存入银行并开具银行承兑汇票,并规定收款方在一定时间后才能兑现,当收款方能兑现时收货方也收到了货物,这样就防止了交易中的欺诈行为。作为一种重要的货币市场工具,银行承兑行为经常发生在国际贸易的往来中。在银行承兑的过程中,银行承诺作为主要债务人,在无论随后发生什么的情况下,都有责任和义务为客户偿还债务。

银行承兑的主要载体为银行承兑汇票,银行承兑汇票是由在承兑银行开立存款账户的存款人出票,向开户银行申请并经银行审查同意承兑的,保证在指定日期无条件支付确定的金额给收款人或持票人的票据。对出票人签发的商业汇票进行承兑是银行基于对出票人资信的认可而给予的信用支持。我国的银行承兑汇票每张票面金额最高为1000万元(实务中遇到过票面金额为1亿元)。银行承兑汇票按票面金额向承兑申请人收取万分之五的手续费,不足10元的按10元计。承兑期限最长不超过6个月。承兑申请人在银行承兑汇票到期未付款的,按规定计收逾期罚息。

银行承兑汇票主要有以下几个特点:

首先,银行承兑汇票具有良好的银行信用作为通兑的保证。银行承兑汇票经银行承兑到期是无条件付款的,即使此时付款方银行账户上没有资金,银行也会付出这笔钱,因此银行承兑汇票不会出现空头支票的情况,非常有保障。这使得银行承兑汇票的持票人十分具有安全感。因为有银行信用作为担保。对企业来说,收到银行承兑汇票,就如同收到了现金。

其次,流通性强,灵活性高。银行承兑汇票可以背书转让,也可以申请贴现,不会占压企业的资金。

最后,对于实力较强,银行比较信得过的企业,只需缴纳规定的保证金,就能申请开立银行承兑汇票,用以进行正常的购销业务,待付款日期临近时再将资金交付给银行,这样可以达到节约资金成本的目的。由于银行承兑汇票具有上述优点,因而受到企业的欢迎。然而,伪造银行承兑汇票等犯罪行为呈现上升势头,有些企业深受其害。

如今的银行承兑汇票已经发展到具有融资功能。开具银行承兑汇票是要缴纳保证金的,最早是100%缴纳,现在某些银行最低可以达到10%的保证金。这意味着开票方交纳10%的资金,便可以开出100%资金的票,然后拿着100%面额资金的票去消费。开票方只需在银行承兑汇票到期前将90%的资金到银行补齐就行。这往往比在银行贷款相同金额更划算。

参考文献:

陈元等:《国际金融百科全书》,中国财政经济出版社1994年版。

黄斌元:《英汉路透金融词典》,中国金融出版社2005年版。

史燕平:《国际金融市场》,中国人民大学出版社2010年版。

(黄梅波　李强)

欧洲债券
Euro Bond

欧洲债券是一国政府、金融机构、工商企业或国际组织在国外债券市场上以第三国货币为面值发行的债券。例如,英国一家机构在法国债券市场上发行的以美元为面值的债券即是欧洲债券。因此,欧洲债券的发行人、发行地以及面值货币分别属于三个不同的国家。

按面值货币划分,欧洲债券可分为欧洲美元、欧洲马克、欧洲日元、欧洲英镑和欧洲瑞士法郎债券等多种形式,其中欧洲美元债券市场比重最大。

欧洲债券最早产生于20世纪60年代,是随着欧洲货币的形成而兴起的一种国际债券。60年代以后,美国政府因为本国资金持续外流被迫采取一系列限制性措施。1963年7月,美国政府开始征收“利息平衡税”,规定美国居民购买外国在美发行的债券,所得利息一律要付税。1965年,美国政府又颁布条例,要求银行和其他金融机构限制对国外借款人的贷款数额。这两项措施使外国借款者很难在美国发行美元债券或获得美元贷款。另一方面,在60年代,许多国家有大量盈余美元,需要投入借贷市场获取利息。于是,一些欧洲国家开始在美国境外发行美元债券,这就是欧洲债券的由来。欧洲债券自产生以来,发展十分迅速。1992年债券发行量为2761亿美元,1996年的发行量增至5916亿美元,在国际债券市场上,欧洲债券所占比重远远超过了外国债券。

欧洲债券不受任何国家资本市场的限制,免扣缴税,其面额可以发行者当地的通货或其他通货为计算单位。对多国公司集团及第三世界政府而言,欧洲债券是它们筹措资金的重要渠道。但是欧洲债券的发行比其他债券更为严格。首先是待发行的债券要通过国际上权威的证券评级机构的级别评定,其次债券还需要由政府或大型银行或企业提供担保,另外还需有在国际市场上发行债券的经验,再者在时间间隔方面也有一些限制。这种债券的发行通常由国际性银团进行包销,一般由4~5家较大的跨国银行牵头,组成一个世界范围的包销银团。有时包销银团还要组织一个更大的松散型的认购集团,联合大批各国的银行、经纪人公司和证券交易公司,以便在更大范围内安排销售。欧洲债券的票面货币除了用单独货币发行外,还可以用综合性的货币单位发行,如特别提款权、欧洲货币单位等。

欧洲债券对投资者巨大的吸引力主要有以下几个方面的原因:

第一,投资可靠且收益率高。欧洲债券市场主要筹资者都是大的公司、各国政府和国际组织,这些筹资者一般来说都有很高的信誉,且每次债券的发行都需政府、大型企业或银行作担保,所以对投资者来说是比较安全可靠的,且欧洲债券与国内债券相比其收益率更高。

第二,债券种类和货币选择性强。在欧洲债券市场可以发行多种类型、期限、不同货币的债券,因而筹资者可以根据各种货币的汇率、利率和需要,选择发行合适的欧洲债券。投资者也可以根据各种债券的收益情况、风险程度来选择某一种或某几种债券。

第三,流动性强,容易兑现。欧洲债券的二级市场比较活跃且运转效率高,从而可使债券持有人比较容易地转让债券以取得现金。

第四,免缴税款和不记名。欧洲债券的利息通常免除所得税或不预先扣除借款国的税款。另外欧洲债券是以不记名的形式发行的且可以保存在国外,从而使投资者容易逃避国内所得税。

第五,市场容量大且自由灵活。欧洲债券市场是一个无利率管制、无发行额限制的自由市场,且发行费用和利息成本都较低,它无须官方的批准,没有太多的限制要求,所以它的吸引力就非常大,能满足各国政府、跨国公司和国际组织的多种筹资要求。

参考文献:

董有德:《当代国际筹资的主要形式——欧洲债券》,载于《财贸研究》1996年第8期。

任映国:《欧洲债券与国际银行辛迪加》,载于《金融科学》1990年第2期。

(黄梅波　李强)

浮动利率债券
Floating Rate Notes

浮动利率债券是指发行时规定债券利率随市场利率定期浮动的债券,这意味着债券利率在偿还期内可以进行变动和调整。作为浮动利率债券变动参照对象的一般为常见的金融指数,如银行同业拆借利率,也有以非金融指数作基准的,如某种初级产品价格。当这些基准发生变动时,债券利率便作相应调整。

浮动利率债券往往是中长期债券,这是因为一般情况下中长期债券才会面临较长时间段内利率波动的问题。浮动利率债券的利率通常根据市场基准利率加上一定的利差来确定。美国浮动利率债券的利率水平主要参照3个月期限的国债利率,欧洲则主要参照伦敦同业拆借利率(指设在伦敦的银行相互之间短期贷款的利率,该利率被认为是伦敦金融市场利率的基准)。如1984年4月底,苏联设在英国伦敦的莫斯科国民银行发行了5000万美元的7年期浮动利率债券,利率为伦敦同业拆借利率加0.185%。

浮动利率债券的种类较多,如规定有利率浮动上、下限的浮动利率债券,规定利率到达指定水平时可以自动转换成固定利率债券的浮动利率债券,附有选择权的浮动利率债券,以及在偿还期的一段时间内实行固定利率,另一段时间内实行浮动利率的混合利率债券等。

由于债券利率随市场利率浮动,采取浮动利率债券形式可以避免债券的实际收益率与市场收益率之间出现任何重大差异,使发行人的成本和投资者的收益与市场变动趋势相一致。但债券利率的这种浮动性,也使发行人的实际成本和投资者的实际收益事前带有很大的不确定性,从而导致较高的风险。

参考文献：
陈元等:《国际金融百科全书(上卷)》,中国财政经济出版社 1994 年版。
史燕平:《国际金融市场》,中国人民大学出版社 2010 年版。
陶君道:《国际金融中心与世界经济》,中国金融出版社 2010 年版。

（黄梅波　李强）

短期债券发行机构
Short-term Bond Releasing Agency

短期债券通常指的是偿还期限在 1 年以下的债券,它的流动性强、风险低,往往受短期投资者欢迎,但利率较低。短期债券发行机构主要是政府和大型工商企业。按发行人的分类不同则可以分为金融企业的短期债券和非金融企业的短期债券。金融机构中的银行因为有本身吸收的存款作为自己的主要资金来源,所以较少发行短期债券。

企业发行短期债券大多是为了筹集临时性周转资金,调节现金余缺,以保障企业能够得到良好持续的发展。如 2012 年我国特大型国有煤炭企业开滦集团为了应对宏观经济总体回落、煤炭销售价格大幅下滑的严峻形势,依据有关法律规定和政策要求,在深入分析论证的基础上,制订了发行短期融资券的债务融资方案,成功分两期共融资 29 亿元,短期债券的成功发行为开滦集团年节约财务费用 3880 万元。

在我国,一般短期债券的期限分为 3 个月、6 个月和 9 个月。1988 年,我国企业开始发行短期债券,截至 1996 年年底,企业通过发行短期债券共筹资 1055.08 亿元。政府发行短期债券多是为了平衡预算开支。如美国政府发行的短期债券分为 3 个月、6 个月、9 个月和 12 个月四种。此外,我国政府发行的短期债券较少。

参考文献：
陈元等:《国际金融百科全书(上卷)》,中国财政经济出版社 1994 年版。
陶君道:《国际金融中心与世界经济》,中国金融出版社 2010 年版。
董泽民:《开滦集团发行两期短期债券融资 29 亿元》,中国煤炭报,2012 年 11 月 7 日。

（黄梅波　李强）

货币掉期
Currency Swap

货币掉期指在约定期限内交换约定数量的两种货币,同时定期交换两种货币利息的交易协议。自 1994 年我国实施汇率改革以来,汇率变动幅度较之以前增大。货币掉期作为一种金融衍生产品成为了许多企业所采取的避险手段。企业可以通过办理人民币与外币之间的掉期业务来帮助他们管理不同期限、不同币种的资金缺口,达到规避汇率风险的目的。同时在当前人民币处于不断增值的状态下,货币掉期的运用也能为企业带来额外的收益。货币互换的目的在于降低筹资成本及防止汇率变动风险造成的损失。

假设一家美国公司 A 需要贷款 1000 万英镑,另一家英国公司 B 欲贷款 1600 万美元。其中美国公司 A 在美国本土贷款美元需支付的利率成本为 8%,在英国贷款英镑的需支付的利率为 11%。相应的英国公司 B 在美国贷款美元的利率成本比美国公司 A 要高为 9%,在英国贷款英镑的利率为 10%。在此种情况下,美国公司 A 可以向英国公司 B 贷款 1000 万英镑,B 公司则同时向 A 公司贷款 1600 万美元。而这些资金分别是 2 家公司从本国贷款的,这一步叫作交换本金。第二步为交换利息,A 公司支付 1000 万英镑 × 10% =100 万英镑的利息。B 公司支付 1600 万美元 ×8% =128 万美元的利息。既两者分别各自支付自己标的借款的利息。如果两家公司直接从本国借款,则 A 公司需要支付 1000 万英镑 ×11% =110 万英镑,B 公司需要支付 1600 万美元 ×9% =144 万美元的利息。通过货币掉期两公司都节约了贷款利息支出。

表 1　　货币掉期举例

	在美国拆借美元的成本	在英国拆借英镑的成本
A 公司(美)	8%	11%
B 公司(英)	9%	10%
借款成本差额	1%	1%

货币掉期有如下优点：

第一,货币掉期有利于企业和金融机构避免外汇风险,从而降低筹资成本,获得最大收益。

第二,有利于企业和金融机构的资产负债负责管理。企业和金融机构可根据将一种货币的资产或负债通过货币掉期交易转换成另一种货币的资产或负债,从而适应资产和负债需求一致的资产负债管理战略要求。

第三,货币掉期还可用于投机获利,增加参与掉期交易的金融机构的表外收入。

第四,有助于人们自由地进入某种欧洲资本市场。人们可以通过货币掉期交易,绕过一些国家阻碍进入欧洲资本市场的规章制度,从而自由地、间接地参与到交易之中。

第五，货币掉期完全不同于以前外汇市场上的外汇掉期，外汇掉期只是在签约和到期日作反向的本金货币交换，在交易的有效期内，它没有利息交换，并只限于外汇市场。而货币掉期除了本金的交换外，这有一段时期内的一系列的利息交换，并出现在各类金融市场中，发挥的作用更大，也更重要。

参考文献：
王栋琳：《货币掉期成对冲流动性"第三宝"》，载于《中国证券报》2007 年 4 月 2 日版。
陈元等：《国际金融百科全书（上卷）》，中国财政经济出版社 1994 年版。
史燕平：《国际金融市场》，中国人民大学出版社 2010 年版。
陶君道：《国际金融中心与世界经济》，中国金融出版社 2010 年版。

（黄梅波　李强）

欧洲货币
Eurocurrency

欧洲货币指的是由货币发行国境外银行体系所创造的该种货币存贷款业务，一般有广义和狭义之分。狭义的欧洲货币特指在欧洲一国国境以外流动的该国货币资金，亦即欧洲各国商业银行吸收的除本国货币以外的其他国家的货币存贷款。而广义的欧洲货币则泛指存放在货币发行国境外既包括欧洲也包括其他国家银行中的各国货币。

欧洲货币的历史可以追溯至 20 世纪 60 年代，在当时英美等主要资本主义国家实行严格的外汇管制措施导致国际金融市场发展步伐放慢的大背景下，美国国际收支出现持续巨额逆差，同时黄金储备也外流加剧，人们纷纷将资金抽走从而使得资金外逃严重，美元在国际市场上的地位岌岌可危。这时美国被迫采取了一些限制资本外逃的措施，导致大量美元为逃避管制而纷纷流向境外金融市场，从而形成了欧洲美元市场。后来，由于类似的原因，又出现了"欧洲英镑市场"，"欧洲马克市场"等其他欧洲货币市场，与欧洲美元市场一起统称为欧洲货币市场。可以说，欧洲货币市场是在欧洲美元市场的基础上发展起来的，交易对象也主要是欧洲美元。欧洲货币存贷业务由于不受货币发行机构的管辖，同时又游离于国际金融市场的规则约束，因此其自由主义的色彩极为浓厚。

欧洲货币的支持者认为，它不仅将世界各国的金融市场有效地整合成了一个大的市场，提高世界资本的流动性，而且为借贷双方提供了更多的信用选择工具，从而增进了金融交易效率，也提高了国内银行的竞争与效率。此外，欧洲货币还提高了世界资本利用效率，打破了各国金融垄断，使借贷双方更有效分散风险，欧洲货币市场的营运成本得以降低，国际资本的运用效率得以全面提高。

而欧洲货币的反对者则认为，它损害了欧洲各国货币政策的自主权。欧洲货币市场成为各国人民（金融机构）规避或减轻货币政策管制的管道，因而使各国的货币政策丧失独立性与效力。影响国际金融的稳定。欧洲货币市场的存在，使国际短期资金的移动更加频繁，数量更加巨大，其中有许多属"热钱"性质的资金移动，因而对各国外汇市场与利率的稳定造成不利的影响。欧洲货币市场虽然对于促进美元的回流有很大的贡献，但也造成许多国家过度依赖欧洲货币市场来融资国际收支逆差，而不设法减少逆差。这种舍本逐末的做法，一方面导致国际债务累积的问题，同时也会阻碍国际收支的调整，危害了国际金融的稳定。

参考文献：
张才圣：《德国与欧洲货币体系的创建》，载于《武汉大学学报（人文科学版）》2010 年 9 月版。
陈元等：《国际金融百科全书（上卷）》，中国财政经济出版社 1994 年版。
陶君道：《国际金融中心与世界经济》，中国金融出版社 2010 年版。

（黄梅波　李强）

欧洲美元
Eurodollar

欧洲美元指的是存放在美国以外银行的不受美国政府法令限制的美元存款或是从这些银行借到的美元贷款。由于这种境外存款、借贷业务开始于欧洲，尤其是伦敦，因此习惯上称其为欧洲美元。它与美国境内流通的美元是同样的货币，并具有同样的价值。它们之间的区别只是账务上的处理有所不同。时至如今，欧洲美元已经遍布世界各地。

欧洲美元的历史起源于第二次世界大战之后，当时欧洲经济已经被战争摧残得满目疮痍，濒临崩溃。为了帮助欧洲恢复其经济体系，同时也达到阻止和抵抗当时苏联在欧洲势力的进一步扩张的目的，美国当时凭借其在"二战"后的雄厚实力，开始了对欧洲国家的援助。此称作马歇尔计划，该计划因时任美国国务卿乔治·马歇尔（George Catlett Marshall）而得名。美国援助欧洲国家后，欧洲顺理成章地成为了美国的最大出口市场，这样欧洲便积累了大量的美元。

在冷战期间，尤其是 1956 年苏联入侵匈牙利的匈牙利事件之后，苏联政府担心美国会因此冻结其在北美银行的美元存款，便采取先将其美元存款存入一家英国银行账户,然后该英国银行再将美元存入美国银行的策略。因为经过了2次操作,这样苏联政府的美元存款就绕过了美国政府的审查并且降低了其银行账户被冻结的风险,该次操作被认为是"欧洲美元"一词的首次使用。

参考文献:
[美]弗兰克·N·马吉尔:《经济学百科全书(上卷)》,中国人民大学出版社2009年版。
黄斌元:《英汉路透金融词典》,中国金融出版社。
Galen Burghardt, *The Eurodollar Futures and Options Handbook*, McGraw-Hill, 2003.

(黄梅波 李强)

欧洲货币市场
Euro Currency Market

欧洲货币市场,又称离岸金融市场,指的是经营欧洲美元和欧洲一些主要国家境外货币交易的国际资金借贷市场。此处"欧洲"并非地点名词,实际上指的是"非国内的"、"境外的"、"离岸的"的意思。

欧洲货币市场起源于20世纪50年代,市场上最初只有欧洲美元。当时,美国在朝鲜战争中冻结了中国存放在美国的资金,这引起了一些国家的担心。苏联和东欧国家为了本国资金的安全,将原来存在美国的美元转存到苏联开设在巴黎的北欧商业银行和开设在伦敦的莫斯科国民银行,以及设在伦敦的其他欧洲国家的商业银行。美国和其他国家的一些资本家为避免其"账外资产"公开暴露而引起美国管制和税务当局追查,也把美元存在伦敦的银行,从而出现了欧洲美元。当时,欧洲美元总额不过10亿多美元,而且存放的目的在于保障资金安全。

在第二次世界大战结束以后,美国通过对饱受战争创伤的西欧各国的援助与投资,以及支付驻扎在西欧的美国军队的开支,使大量美元流入西欧。当时,英国政府为了刺激战争带来的经济萎缩,企图重建英镑的地位。1957年英格兰银行采取措施,一方面对英镑区以外地区的英镑贷款实施严格的外汇管制;另一方面却准许伦敦的商业银行接受美元存款并发放美元贷款,从而在伦敦开放了以美元为主体的外币交易市场,这就是欧洲美元市场的起源。后来随着时间推移,越来越多国家的货币加入到这个市场中来,最终形成了现在的欧洲货币市场。

欧洲货币市场兴起有其必然的原因。

首先,该市场内聚集着大量的境外美元和境外欧洲货币,这为大型的跨国公司,中央银行,甚至政府机构等提供了良好的融资平台以调节自身的需求。同时,市场内的资金增长规模速度非常之快,超过了传统意义上的一般市场,繁荣的市场能够为供求双方提供高效并且方便的交易平台。

其次,欧洲货币市场管制较松并且市场中资金调拨方便。相对于其他市场对借贷资金的严格甚至严厉的审核流程,筹集资金的一方的需求更容易在欧洲货币市场得到批准。因此,一些发展中国家政府或企业常常在此借取资金,以满足其经济发展的需要。而且市场中经验丰富的金融机构大量扎堆于市场中,能够办理的业务种类丰富,因此融资者极容易调成各种所需货币,可以在最短的时间形成高效完全竞争的局面。因此资金调拨非常方便。

最后,欧洲货币市场中的融资者交易时面临的税费较轻,而且可选货币多样资金来源广泛,银行机构各种服务费平均较低,这些都极大地降低了交易成本而受融资者的青睐。欧洲货币市场所提供的资金不仅限于市场所在国货币,而几乎包括所有主要西方国家的货币,从而为融资者选择借取的货币提供了方便条件。欧洲货币市场打破了资金供应者仅限于市场所在国的传统界限,从而使非市场所在国的资金拥有者也能在该市场上进行资金贷放。

参考文献:
刘树成:《现代经济辞典》,凤凰出版社、江苏人民出版社2005年版。
王传纶、吴念鲁:《欧洲货币市场的形成、发展及其影响》,载于《世界经济》1979年第6期。
西青:《欧洲货币市场的形成与发展》,载于《国际金融研究》1987年第3期。

(黄梅波 李强)

欧洲货币单位
European Currency Unit

欧洲货币单位(European Currency Unit, ECU),又称埃居,是由一定量的欧洲货币体系成员国货币组成的综合货币单位。它是欧洲共同体国家共同用于内部计价结算的一种货币单位,是欧洲货币体系非常关键的一环。

欧洲货币单位建立的主要目的是为了保证欧洲最大限度地避免因汇率突变带来的负面影响,同时保持各成员国经济的趋同性。当时欧洲经济共同体国家为推进欧洲经济和货币联盟目标计划,由联邦德国和法国倡议,于1978年7月经共同体九国首脑会议讨论,并于同年12月5日在布鲁塞尔举行的共同体理事会上通过决议建立欧洲货币体系。其重要内容之一就是创建并采用有多种职能的欧洲货币单位(ECU),以代替欧洲记账单位(European Unit of Account, EUA)。

欧洲货币单位于1979年3月13日开始正式使用。1987年时，欧洲货币单位的发行总额已经增长到了700亿左右（约合800亿美元）。据官方统计，1981~1987年，总计有310多亿的欧洲货币单位债券参加了交易。另据国际清算银行统计，1984年欧洲货币单位占西方工业国外汇储备的26%，世界外汇储备的11%。可以说其在国际上的重要性仅次于美元、英镑、日元、西德马克等重要货币。随着欧洲货币单位在金融等领域的广泛运用，人们对它的认识也逐渐深入。1980年11月，欧共体网球锦标赛冠军奖金便是用欧洲货币单位发放的。时至1985年年底，人们已经开始使用欧洲货币单位旅行支票。然而令人遗憾的是，尽管欧洲货币单位出现在众多领域，并且地位逐渐稳定，但其却缺乏实物形态为载体的货币。历史上欧洲货币单位仅作为纪念币的时候有过偶尔发行，如1988年比利时为庆祝欧共体成立30周年发行的纪念币。

欧洲货币单位是由各成员国货币组成的"篮子"货币，每一种货币在其中所占比例基本与该国的经济实力相当，欧洲货币单位本身的价值随着其他各种相关货币的变化而变化。作为欧洲货币体系的核心，欧洲货币单位由德国马克、法国法郎、英国英镑、意大利里拉等12种货币组成。组成欧洲货币单位的每一种货币在欧洲货币单位中所占的比重一般每5年调整一次。欧洲货币单位类似于特别提款权，是成员国货币组成的复合货币，各国货币在ECU中所占权重按其在欧共体内部贸易中所占权重及其在欧共体GDP中所占权重加权计算，指标取过去5年中的平均值。权数每5年调整一次，必要时可随时调整。ECU的币值根据这些权重和含量及各组成货币汇率用加权平均法逐日计算而得。

欧洲货币单位主要有以下几个用途：它可以用作确定各成员国货币之间的固定比价和波动幅度的标准，也是共同体各机构经济往来的记账单位，还可以用作成员国货币当局的储备资产和私人领域使用。20世纪90年代以后，欧洲货币单位的使用范围逐步扩大，这为实现欧洲货币联盟打下了良好的基础。时至今日，随着欧元的兴起，欧洲货币单位已经完成其使命，退出了历史的舞台。1999年1月1日，埃居以1:1的兑换汇率全部自动转换为欧元。

参考文献：
［美］弗兰克·N·马吉尔：《经济学百科全书（上卷）》，中国人民大学出版社2009年版。
章树德：《欧洲货币单位的现状和发展前景》，载于《上海金融》1988年第7期。
陈元等：《国际金融百科全书（上卷）》，中国财政经济出版社1994年版。
陶君道：《国际金融中心与世界经济》，中国金融出版社2010年版。

（黄梅波　李强）

套期保值
Hedging

套期保值指的是交易者为了避免现货市场上的价格风险而在期货市场上采取与现货市场上方向相反的买卖行为，这意味着交易者需要在远期市场买入（卖出）和现货市场数量相当、但交易方向相反的远期合约，以达到在未来某一时间通过卖出（买入）远期合约来补偿现货市场价格变动所带来的实际价格风险的目的。即对同一种商品在现货市场上卖出，同时在期货市场上买进，或者相反的行为，从而在"现"与"期"之间、近期和远期之间建立一种对冲机制，以使价格风险降低到最低限度。

套期保值有两种形式，即空头套期保值（又称为卖出套期保值）和多头套期保值（又称为买入套期保值）。所谓空头套期保值，就是在现货市场上买进而在期货市场上卖出的交易行为，其目的在于保护没有通过远期合同销售出去的商品或金融证券的存货价值，或者是为了保护预期生产或远期购买合同的价值。而多头套期保值则是指在现货市场上卖出而在期货市场上买进的交易行为，其目的在于防止在固定价格下通过远期合同销售产品而引起的风险。

一个典型的多头套期保值例子为：某一用铜企业，2008年3月按照生产销售计划，预计未来几个月需要用铜1000吨，由于近期铜价一路攀升，价格从年初的58000元/吨上涨到3月初的69000元/吨，短短两个月涨幅超过20%。企业估计未来铜价还会大幅上涨，又限于资金紧张，无法于目前价位买入1000吨铜。此时这家企业选择在期货市场上做多铜期货的6月品种，按照现在的期货价格68800元买入1000吨的期货合约。然而由于前期涨幅过高，现货价格并没有再现一季度涨势，并且3~6月间，铜价格出现了明显的回调。到6月初，铜价已跌至61100元/吨。企业从厂家拿到的现货价格是61000元，成本节约69000元－61000元=8000元/吨。而企业最终在61300元将期货多头头寸平仓，由于没有能够及时平仓，该企业在期货市场的亏损是为68800元－61300元=7500元/吨，大大稀释了企业在现货市场中的收益。如果该企业能够及时平仓将会获得更多的收益。

套期保值的过程一般分三个阶段：

第一阶段，投资者首先要确定自己在现货市场上的位置，也就是首先分析清楚自身在现货市场上有什么风险。

第二阶段，投资者根据自己在现货市场上的风险所在来建立期货头寸(例如面临价格下跌风险,在期货市场上就采取空头)。

第三阶段,最后投资者对冲掉自己在期货市场上的位置。所谓对冲就是在期货市场上进行一个与现有未平仓部位相反的交易。对冲时所交易的期货合约的品种,合约月份和合约数量,应与被对冲的合约完全一致。

套期保值和常见的投机行为有明显的区别。首先是目的性不同,套期保值是单纯地为了降低由于远期市场的不确定性而带来的风险,而投机则是为了从市场的波动中赚取利润。其次,相比投机而言,因为套期保值存在着对冲机制,因此行为主体只是承担基差带来的风险,而投机则往往需要承受非常大的风险。

参考文献:
[美]弗兰克·N·马吉尔:《经济学百科全书(上卷)》,中国人民大学出版社2009年版。
姜波克:《国际金融新编》,复旦大学出版社2001年版。
周好文、郭洪钧:《股指期货的套期保值问题》,载于《数量经济技术经济研究》2008年第2期。

(黄梅波　李强)

远期保值
Forward Hedge

远期保值又被称作远期外汇市场套期保值,指的是公司在远期外汇市场上按照已经确定的期汇汇率,买入或卖出在未来约定的日子交出或收入确定数量的一种货币,以换取确定数量的另一种货币,从而将外汇交易风险固定在一定范围的行为。

远期外汇市场套期保值的目的是为了降低因市场上无法预测的汇率变动给经营者带来的影响,因此其本质是提前"锁定"汇率,最大程度地减小因汇率变动给市场交易者的损失。

例如,2012年8月10日,某公司预期在3个月后将收到一笔100万美元的款项,但是细心的公司财务人员发现,此时美元兑人民币汇率已经有贬值的趋势。公司为了确保这100万美元不因汇率变动而遭受损失,决定在远期外汇市场按3个月的远期汇率6.35元卖出100万美元。形势正如财务人员所预料,到了3个月后的11月10日,美元对人民币汇率已经在持续下跌了两个多月后又连续跌停了12个交易日,汇率为1美元兑换6.22元人民币。此时人民币对美元创下了1994年汇率改革以来新高。在此背景下,2012年11月10日,公司收到100万美元,公司按照当初约定的汇率卖出价6.35元进行合约的交割,获得人民币635万元(未计算手续费)。这样,公司可以在预期收到100万美元时,将其收入锁定在人民币635万元,避免由于汇率的不确定性而导致的损失,从而减少了损失人民币13万元。

同样如果到期后人民币对美元的实际汇率为6.5元,则公司还是必须按照6.35元的汇价履行合约卖出美元,这时便会产生15万元的损失。因而,采取远期外汇市场套期保值措施要求对汇率波动的方向做出正确的预测,如果对汇率未来走势判断不正确,仍有遭受损失的可能。

参考文献:
李琮:《世界经济学大辞典》,经济科学出版社2000年版。
陈元等:《国际金融百科全书》上卷,中国财政经济出版社1994年版。
史燕平:《国际金融市场》,中国人民大学出版社2010年版。

(黄梅波　李强)

远期外汇市场
Forward Foreign Exchange Market

远期外汇市场又称"期汇外汇市场",指的是成交日交易双方以约定的外汇币种、金额、汇率,在约定的未来某一日期交割结算各种外汇的交易市场。作为外汇市场的一部分,远期外汇市场中的各种外汇一般按1、3、6个月或者12个月的期限进行远期交易。

由于即期汇率经常会因各种可预期或不可预期的因素发生波动,汇率的频繁变动给市场主体带来无法预料的风险。而远期外汇市场则正是一个减少或避免即期汇率波动给市场主体所带来的风险的场所。

按照对远期外汇市场的判断所需能力的高低程度顺序和利用方式的差异,一般可将参与者划分为避险者、套利者和投机者三类。避险者一般情况下仅利用远期外汇市场中外汇在远期交易价格的确定性来达到资产保值的目的。套利者则会利用各国间利率差距以及即期汇率和远期汇率间暂时的脱轨空隙,达到套利增值的目的。而投机者则不仅需要对所投资的汇率市场走势有精确的判断,还要有当面临判断失误时,对失败的承受能力。

远期外汇市场受到人们的青睐主要是因为它有以下几种非常实用的经济功能。

首先,人们利用远期外汇市场的最常用的一个功能就是套期保值,在目前市场仍以浮动汇率制为主导的情况下,如果市场主体拥有外汇的资产或者负债,就时刻需要承担汇率变动而带来的市场风险。远期外汇市场提供了市场主体规避风险的场所。市场主体可以通过事前在远期外汇市场中买入或者卖出与自己持有的外汇负债或者资产，达到提前锁定自己的货币价值从而达到规避汇率风险的目的。而更加精明和成熟的投资者甚至有时还可以在两国短期利率出现差异的情况下，将资金从低利率国家的货币兑换成高利率国家的货币赚取利息差额。

其次，中央银行可以有效地利用远期外汇市场作为调节本国汇率的一种政策工具。在存在远期交易时，中央银行可以同时将即期交易和远期交易搭配起来使用以对汇率市场进行调控。中央银行运用该方式干预外汇市场的好处是能够同时影响到外汇市场与国内的货币市场，这为中央银行协调本外币政策提供了一个巨大的缓冲空间。自 1994 年 1 月 1 日后，我国取消汇率双轨制，实现汇率并轨，同时开始实行以市场供求为基础的、单一的、有管理的浮动汇率制度以来，中国人民银行为了避免较大幅度汇率的变动对经济造成的不良冲击，肩负了人民币汇率的稳定的使命。为维持汇率的稳定，中国人民银行需要使用货币政策主动干预外汇市场的供求平衡。而远期外汇市场的发展使得外贸企业自身能够主动在该市场中交易，从而增强外贸企业抵御汇率波动风险的能力，从而减轻了中央银行需要随时维持汇率稳定的负担。

最后，远期外汇市场的发展还为商业银行提供了更大的业务空间和重要利润来源。同时还对于其流动性管理、风险管理以及短期融资等都起到了重要的作用。商业银行在充分运用远期交易获取交易利润、管理风险的同时，还可以为客户提供更为全面的服务，增强对客户的吸引力和提升品牌形象，增加客户的黏性等。

因此远期外汇市场的上述功能不仅使其成为外汇市场风险管理的新工具，而且也成为中央银行可以利用的中央银行干预外汇市场的一种新的政策工具。同时远期外汇市场的发展还极大丰富了商业银行的业务空间和利润来源。

参考文献：

［美］弗兰克·N·马克尔：《经济学百科全书（上卷）》，中国人民大学出版社 2009 年版。

黄斌元：《英汉路透金融词典》，中国金融出版社 2005 年版。

李琮：《世界经济学大辞典》，经济科学出版社 2000 年版。

（黄梅波　李强）

期货合同

Futures Contract

期货合同（Futures Contract），简称期货（Futures）。是当事人于将来特定的时间和地点，买进或卖出商品的书面约定。在期货合同中，其合同要素除其唯一的变量单位即合同价格外，与一般买卖合同并无差异。

期货合同是一种特殊性质的合同，它是独立于一般买卖合同和有价证券交易之外的金融流通工具，并且组成了当今金融世界的一个重要组成部分。

期货合同标准化的本质，带给期货合同一个普遍性的特点。期货合同的转让被设计成仅用手势便可达成的地步，不必像其他物权证书和金融证券那样，需经合法背书才能实现转让。对于像远期交货合同那样的契约，由于规格、条款内容不同，若想在实物交割前转手，在操作上有很大的困难。期货合同的标准化极大地简化了其交易的过程，使期货合同可以便捷、迅速、多次甚至是连续地买卖而没有任何结算上的不便；同时，也让那些希望通过期货交易转移价格波动风险的人，得以顺利实现他们的目的。

期货合同标准化的本质，也带给期货合同一个大众化的特点。一个远期合同交易的谈判、条款的商定，都是由买卖双方的专家出面切磋的，绝非一般人士甚至"外行"所能对付得了的。而期货交易不像其他种类的交易那样难以参与。期货合同已经把几乎所有棘手的、技术上的问题解决了，交易人需要关注的唯一问题便是价钱是否合适。所以只要投资者对期货交易有一个基本的了解，对期货价格的走势有理智的分析，并且具备一定的承担风险的经济实力和当机立断的性格品质，不论是否为某一具体商品的生产或经营者，都可以从容地走向期货市场博得风险收益。

目前国际上主要期货品种有以下两种：

商品期货，例如在我国三大商品期货交易所上市交易较成熟的品种，主要有大豆、玉米、豆粕、小麦、铜、铝、燃料油、白糖、天然橡胶等 13 大类商品合约。

金融期货，主要包括外汇期货、利率期货和股指期货。目前芝加哥商业交所（Chicago Mercantile Exchange，CME）的标准普尔 500 指数期货合约是世界交易量最大的股指期货合约之一。

随着期货市场的不断发展，期货品种也不断创新，一些与传统商品期货和金融期货有所不同的新期货品种也应运而生。如保险期货、经济指数期货、船运价格期货等。

参考文献：

毛初颖：《期货合同性质探讨》，载于《法学研究》2000 年第 1 期。

陈元等：《国际金融百科全书》上卷，中国财政经济出版社 1994 年版。

陶君道：《国际金融中心与世界经济》，中国金融出版社 2010 年版。

（黄梅波　李强）

套汇
Arbitrage

套汇是指利用不同外汇市场的外汇差价,在某一外汇市场上买进某种货币,同时在另一外汇市场上卖出该种货币,以赚取利润的行为。

套汇一般可以分为地点套汇、时间套汇和套利三种形式。

其中地点套汇又分两种,第一种是直接套汇,又称为两地套汇,是利用在两个不同的外汇市场上某种货币汇率的差异,同时在两地市场贱买贵卖,从而赚取汇率的差额利润。第二种是间接套汇,又称三地套汇,是在三个或三个以上地方发生汇率差异时,利用同一种货币在同一时间内进行贱买贵卖,从中赚取差额利润。例如,1 美金可以买到 0.7 英镑,1 英镑可以买到 9.5 法郎,而 1 法郎则可以买到 0.16 美金。一个实行这种交易方式的人可以靠着 1 美金而得到 1.064 元美金,获利率是 6.4% 。一次成功的三角套汇交易必须以一种货币开始,并且以同一种货币为结束。但是任何货币都可以作为初始的货币种类。

时间套汇,它是一种即期买卖和远期买卖相结合的交易方式,是以保值为目的的。一般是在两个资金所有人之间同时进行即期与远期两笔交易,从而避免因汇率变动而引起的风险。时间套汇实质上就是掉期交易,不同的只是时间套汇侧重于交易动机,而掉期交易侧重于交易方法。时间套汇的目的在于获取套汇收益,只有在不同交割期的汇率差异有利可图时,才进行套汇。而掉期交易往往是为了防范汇率风险进行保值,一般不过分计较不同交割期的汇率差异的大小。时间套汇往往在同一外汇市场内进行。

套利又称利息套汇,是利用两个国家外汇市场的利率差异,把短期资金从低利率市场调到高利率市场,从而赚取利息收入。

套汇交易不像股票和期货那样集中在某一个交易所里进行交易。事实上,交易双方只要通过一个电话或者一个电子交易网络就可以成交一笔交易。因此,套汇交易市场被称作是场外交易市场(Over The Counter,OTC)或"银行间"交易市场。套汇交易市场之所以被称作是"银行间"交易市场,是因为长期以来,该交易都是被银行所控制,包括中央银行、商业银行和投资银行。然而,如今的交易主体正迅速扩大,一些跨国公司、注册交易商、国际货币经纪人、期货和期权交易商和私人投机商也参与其中。事实上,套汇交易市场是一个即时的 24 小时交易市场,交易每天从悉尼开始,并且随着地球的转动,全球各金融中心的营业日将依次开始,首先是东京,然后是伦敦和纽约。与其他金融市场有所不同的是,在套汇交易市场中,投资者可以对无论是白天或者晚上发生的经济、社会和政治事件而导致的汇率波动而随时做出反应。

套汇交易的交易货币种类套汇交易中,主要交易货币是指政局稳定的国家发行的,由中央银行认可的,汇率较稳定的,通常用来交易的或者流通性强的货币。如今,大约日交易量的 85% 是这些主要货币,包括美元、日元、欧元、英镑、瑞士法郎、加拿大元和澳大利亚元。

参考文献:
陶君道:《国际金融中心与世界经济》,中国金融出版社 2010 年版。
姜波克:《国际金融新编》,复旦大学出版社 2001 年版。
史燕平:《国际金融市场》,中国人民大学出版社 2010 年版。

(黄梅波　李强)

外汇管制
Foreign Exchange Control

外汇管制是指一国货币当局对本国外汇交易进行干预和控制,以达到平衡国际收支的目的。外汇管制有狭义与广义之分。狭义的外汇管制指一国政府对居民在经常项目下的外汇买卖和国际结算进行限制,广义的外汇管制指一国政府对居民和非居民的涉及外汇流入和流出的活动进行限制性管理。

实行外汇管制的国家可以分为三类:第一类是实行较严格的国家。这类国家对其国际收支中的所有项目进行严格的管制。这类国家通常是一些发展中国家。第二类国家是实行部分管制的国家。这类外汇管制的国家只对国际收支中的资本项目进行管制,而对经常项目不实行管制,这类国家主要是一些发达国家和发展较快的新兴工业化国家和地区。第三类是实行名义上取消外汇管制的国家,这类国家对国家收支中的经常项目和资本项目都不直接管制,但是事实上这些国家对非本国居民间的外汇往来进行间接的外汇管制。这类国家主要包括美国,英国等发达国家。

外汇管制的方式可以分为直接外汇管制和间接外汇管制。

直接外汇管制是指对外汇买卖和汇率实行直接的干预和控制。按照实行方式不同,可以分为行政管制、数量管制和成本控制。其中行政管制是指政府以行政手段对外汇买卖,外汇资产,外汇资金来源和运用所实行的监督和控制。其方法是,政府垄断外汇买卖,管制外汇资金,管制进出口外汇和控制资本的输出输入。数量管制是政府对外汇收支实行数量调节和控制。而成本控制是通过调节汇率的方法影响外汇的供求关系。

间接外汇管制是对外汇买卖和汇率不直接进行调控，而是通过一定的政策对国际收支的经常项目和资本项目进行调节从而达到影响外汇收支和稳定汇率的目的。

外汇管制对一国经济既有正面影响也有负面影响。

正面影响主要体现在：

第一，保护本国产业的发展。外汇管制可以控制外国产品的大量流入对本国产品的冲击，而且可以鼓励国内经济发展急需的原材料以及先进的技术设备的进口，并通过各种积极措施鼓励出口，有利于本国经济的发展。

第二，维持币值的稳定。出于本国经济发展以及政治稳定的要求。外汇管制手段可以使本国货币汇率保持高估或低估的状态。当一国国际收支持续顺差时，当局可以用高估本国货币的方法增加进口，反之当局又可以通过低估本国货币的方法扩大出口，以保持国际收支平衡和币值的稳定。

第三，防止资本大量外流。当一国国际收支持续恶化时，本国的汇率会下跌，短期资本持有者为避免经济损失会把大量资本调往国外，引起资本外逃，持续下去会引起人们对该货币的信任危机。运用外汇管制手段可以控制资本大量的外流而造成的国际收支失衡。

第四，便于国内财政政策货币政策的推行。外汇管制可以防止外来不稳定因素的影响，以保证国内财政政策和货币政策的实施效果。

其负面影响则主要包括：

第一，外汇市场的调节作用受到影响。在自由外汇市场上，通过自由的多边交易，汇率由汇率市场的供求来决定，并且自发调节到合理水平，外汇市场的调节作用此时能够得到充分发挥。但是，外汇管制实施后，一方面汇率由官方制定或进行干预，一切外汇交易都要受到有关当局的监督和控制，使得外汇的供求关系失去了自发调节汇率的作用，外汇市场的调节作用受到影响；另一方面，实行外汇管制使得银行外汇业务的机能受到限制，外汇的自由交易不复存在，因而世界各外汇市场的联系受到影响，严重时会导致国际外汇市场分裂，外汇市场的调节作用失效。

第二，均衡汇率的扭曲。在纸币流通下，自由外汇市场的汇率是由外汇的实际供给和需求决定的，大体上具有与各国货币购买力平价一致的倾向，而汇率的变动也有一定的平衡均衡体系。在实行了外汇管制后，外汇与购买力平价脱离关系，汇率体系很难达到均衡。

参考文献：

庄宗明：《世界经济学》，科学出版社2007年版。

史燕平：《国际金融市场》，中国人民大学出版社2010年版。

陶君道：《国际金融中心与世界经济》，中国金融出版社2010年版。

（黄梅波　李强）

利率掉期

Interest Rate Swap

利率掉期（又名利率互换）指的是交易双方之间签订一份协议，约定一方与另一方在规定时期内的一系列时点上按照事先确定的规则交换一笔相同借款。其中一方同意定期付给另一方以固定利率（Fixed Rate）计算的现金流（Cash Flow），另一方则同意定期回付以现时浮动利率（Floating Rate）计算的现金流。

例如，一家上市公司C欠A银行一笔5000万美元的5年贷款，贷款利率按照浮动利率计算。公司C预期未来5年中，利率会不断上浮。为规避利率上浮给公司带来的还款压力并且提前锁定还款成本，该公司C想将它互换成固定利率，于是和银行B签订了一份合同。此后公司C向银行B支付固定利率，同时银行B公司向公司C支付浮动利率，然后由公司C支付给银行A。当然，如果A和B是同一家银行，则交易过程会方便很多。

和期货期权交易相似，利率掉期是近年来发展非常迅速的金融衍生产品之一，并且成为国际金融机构规避汇率风险和利率风险的一个重要工具。作为当今资本市场最重要的工具之一，利率掉期具有价格发现、规避风险及资产配置等功能。利率互换市场的流动性和深度是反映一个国家金融市场成熟程度的重要标志。最常见的利率掉期是在固定利率与浮动利率之间进行转换，债务人通过利率掉期，将其自身的浮动利率债务转换为固定利率债务或反向操作。在利率掉期中，具有较低信用的借款者可以与有较高信用评级的借款者签订利率调期合约。信用等级较低的借款人同意向信用等级较高的借款人支付固定利率长期借款成本，因为持有大量长期资产，可能会因利率上升而提高筹资成本，而受规模或信用等级的限制难以用较低成本筹集长期资金。而信用等级高的借款者由于持有大量短期资产，也可能会因市场利率下降而减少其再投资收入，所以愿意支付以同业拆借利率为基础的短期浮动利率。

20世纪80年代中期，银行纷纷充当掉期交易双方的中间人，开始买卖掉期以及为利率掉期报价，利率掉期活动因而急速发展。根据国际掉期与衍生工具协会（ISDA）的统计，利率掉期未到期的名义总额已从1998年的36万亿美元，上升到2004年6月约127万亿美元。同期的日均掉期交易量也从1550亿美元增加到6110亿美元。目前，利率掉期市场已发展成为全球最大的金融市场之一,其交易量和影响力远超过远期市场。

利率的大小也是按事先约定的规则进行,固定利率订约之时就可以知晓,而浮动利率通常要基于一些有权威性的国际金融市场上的浮动利率进行计算,常用如LIBOR(伦敦银行间同业拆借利率)或者在其基础上再加上或减去一个值等方法来确定当期的浮动利率。人们经常将利率掉期作为一个避险工具,由于市场的多样性和复杂性,总会有一部分人认为利率将会下行,浮动利率好;同时另一部分人可能认为固定利率更划算。这样就很容易找到一个与交易者预期不同的人做交易对象,交易后双方得到了想要的结果。交易的过程中,银行常常充当中介机构,与不同的人签订掉期协议,再来平衡。

利率掉期的主要用途包括:

首先,用于规避利率风险。让使用者对已有的债务,有机会利用利率掉期交易进行重新组合,例如预期利率下跌时,可将固定利率形态的债务,换成浮动利率,当利率下降时,债务成本降低。若预期利率上涨时,则反向操作,从而规避利率风险。

其次,可以增加资产收益。利率掉期交易并不仅局限于负债方面利息支出的交换,同样的,在资产方面也可有所运用。一般资产持有者可以在预期利率下跌时,转换资产为固定利率形态,或在预期利率上涨时,转换其资产为浮动利率形态。

最后,有利于灵活资产负债管理。当欲改变资产或负债类型组合,以配合投资组合管理或对利率未来动向进行锁定时,可以利用利率掉期交易调整,而无须卖出资产或偿还债务。浮动利率资产可以与浮动利率负债相配合,固定利率资产可以与固定利率负债相配合。

参考文献:

纽行:《利率掉期合同在资产负债管理中的运用》,载于《国际金融研究》1997年第4期。

朱长虹、章强:《利率掉期运用重在控制风险》,载于《中国证券报》2006年2月17日版。

朱孟楠:《国际金融学》,厦门大学出版社1999年版。

(黄梅波　李强)

伦敦银行同业拆借利率

London Interbank Offered Rate,Libor

伦敦银行同业拆借利率(简称Libor),它是伦敦金融市场银行之间相互拆放英镑、欧洲美元以及其他欧洲货币资金时用以计息的一种利率。

作为全球最重要的基准利率之一,伦敦银行同业拆借利率影响着如互换和期货合约、大宗商品、衍生品、个人消费贷款、房屋抵押贷款以及其他交易,是一个规模以万亿美元计算的金融交易市场的基础,甚至影响着中央银行对货币及经济政策的判断,由此可见其在全球金融市场上举足轻重的地位。此外,Libor通常也代表着伦敦的第一流银行借款给伦敦的另一家第一流银行资金的利率,并且认为很大程度上代表了最真实的市场资金需求状况。现在Libor已经发展成为国际金融市场中大多数浮动利率的基础利率,是银行从市场上筹集资金进行转贷的融资成本。目前最大量使用的是3个月和6个月的Libor。除Libor外,一些国家从Libor衍生出来了更加符合本国国情的拆借利率,其中常见的有新加坡同业拆放利率(Singapore Interbank Offered Rate,Sibor)、纽约同业拆放利率(New York Interbank Offered Rate,Nibor)、香港同业拆放利率(Hong Kong Interbank Offered Rate,Hibor)等。

Libor的产生依靠16家银行(包括瑞士银行、美国银行、巴克莱银行、花旗银行等)的自我报价,这16家银行统一由英国银行家协会(BBA)指定并且负责管理。汤森路透(Thomson Reuters)则负责计算Libor。流程如下,16家银行在伦敦时间每天上午11点左右提交一个利率,代表认为自己在同业银行拆借中需要付出多高的利率,去除报价最高和最低的各4家银行,剩余的数据平均后就是当天的Libor利率。

正是由于Libor是基于这些银行的自主报价而产生的,其形成机制中所存在的缺陷使得其容易被操纵而屡遭诟病。2012年6月27日,英国第二大银行巴克莱银行就因涉嫌卷入操纵伦敦银行同业拆借利率(Libor)而被英美两国的监管者,包括美国商品期货交易委员会(U. S. Commodity Futures Trading Commission,CFTC)、美国司法部(Department of Justice,DOJ)和英国金融服务管理局(Financial Service Agency,FSA)处以总额为2.9亿英镑(合计约4.5亿美元)的罚金,为Libor容易被操纵的事实增添了最生动的注脚。当然,巴克莱银行操纵Libor的案例绝不是第一宗,早在2010年瑞士银行也曾被指控在2006~2008年操纵Libor,其当时收到了来自于美国证券交易委员会(U. S. Securities and Exchange Commission,SEC)、CFTC和DOJ的传票。通过操纵Libor,幕后操纵者可以轻松地获取巨额利润已是不争的事实。例如,一家大银行债务规模为5000亿美元,其中有10%以Libor为基础计价,那么Libor每压低25个基点(0.25%),一年即可减少1.25亿美元的支出。对于利率衍生品市场来说,由于杠杆作用,操纵Libor则能够获取更加巨额的利润空间。2009年12月全球场外交易衍生产品名义价值总量604万亿美元,其中利率衍生品占72%,为435万亿美元。如果按照25个基点的利率改变,那么衍生产品的合约将在瞬间有超过10000亿美元的价值变动,因此极其微小的利率变动都会带来巨大的财富瞬间转移。以国际著名投行摩根大通2009年三季度48.89

万亿美元利率衍生品为例，如果有1%名义价值以Libor作为定价基础，那么Libor变动25个基点即可产生12亿美元价值变动。正是有了如此大的利润空间的诱惑，因此不难理解操纵者们的原始冲动。

总体看来，Libor容易被操纵包括以下几个主要原因。首先，Libor选取的统计样本银行太少，主要以十几家大银行为主。尽管Libor计算中去除了最高和最低报价，可以避免个别银行的极端报价对Libor的影响，但此举仍然无法避免多家报价银行通过串谋的方式操纵Libor。其次，银行间拆借不采取集中统一的竞价交易制度，而是采取询价自选交易对手的方式。因此理论上就存在银行之间通过内部协商，人为压低或抬高其交易出来的利率水平的情况。这种情况下，只有交易双方才确切知道交易信息，报价准确与否很难考证。

参考文献：

陈元等：《国际金融百科全书》上卷，中国财政经济出版社1994年版。

戴国强、梁福涛：《中国金融市场基准利率选择的经验分析》，载于《世界经济》2006年第4期。

陶君道：《国际金融中心与世界经济》，中国金融出版社2010年版。

（黄梅波　李强）

银团贷款

Bank Consortium Loan

银团贷款又称作共同贷款，也叫作辛迪加贷款。指的是多家银行与非银行金融机构参加组成的银行集团采用同一贷款协议，按商定的期限和条件向同一借款人提供融资的贷款方式。通常会选定一家银行作为代理行代表银团成员负责管理贷款事宜。

银团贷款是国际银行业中一种重要的信贷模式。银团贷款的历史最早可追溯到20世纪60年代。1968年，以银行家信托公司与莱曼兄弟银行为经理行，共计12家银行参加组成的银团对奥地利发放了金额为1亿美元的首笔国际银团贷款。从此，银团贷款作为一种中长期融资方式正式登上了国际金融舞台，并且由于其可以满足借款人和银行双方的多种需求而受到了普遍欢迎，由此迅速发展成为一种国际主流信贷产品。银团贷款的时间一般为短期3～5年，中期7～10年，长期10～20年。

按银团贷款的组织方式不同，分为直接银团贷款和间接银团贷款。直接银团贷款是指由银团各成员行委托代理行向借款人发放、收回和统一管理贷款。国际银团贷款以直接银团贷款方式为主。间接银团贷款是指由牵头行直接向借款人发放贷款，然后再由牵头行将参加贷款权（即贷款份额）分别转售给其他银行，全部的贷款管理、放款及收款由牵头行负责。

对于贷款银行来说，银团贷款的优点是分散贷款风险，减少同业之间的竞争；对于借款人来说，其优点是可以筹到独家银行所无法提供的数额大、期限长的资金。即一般来说，银团贷款金额大、期限长，贷款条件较优惠，既能保障项目资金的及时到位又能降低贷款单位的融资成本，是重大基础设施或大型工业项目建设融资的主要方式。在中国，产品服务对象为有巨额资金需求的大中型企业、企业集团和国家重点建设项目。

银团贷款有如下特点：

第一，有利于满足大额融资需求。在银团贷款模式下，由于多家银行联合起来，按照各自的资本规模和承受能力分别提供资金支持，就可以突破有关法律障碍，从而满足客户的实际资金需求。第二，有利于节省谈判时间和精力，降低筹资成本。银团贷款中各银行的贷款条件一般是相同的，并且采用同一个贷款协议和文本，因此，借款人无须像传统双边贷款那样同各家银行一对一地谈判，而只要与牵头行商谈基本就可完成。第三，通过牵头行的推介，借款人可以与一些原本没有业务往来的银行甚至国际化的大银行建立起业务往来关系，从而扩大往来银行的范围。第四，银团贷款由于所受的市场关注度较高，影响广泛，信息传播较快，因而有助于提高借款人的国内外声誉。

对贷款人来说，银团贷款同样具有双边贷款明显不及的优点，择其要者：一是有利于分散信贷风险。这是银团贷款得以产生、发展的源泉和重要驱动力。因为一般而言，贷款越集中，其蕴藏的风险就会越大。为避免因贷款集中而带来的“将鸡蛋放在同一个篮子里”的风险，国际银行业公认的《巴塞尔协议》和我国《商业银行法》的都对商业银行的信贷集中作出了较为明确的限制。而采取多家银行共同承担一笔贷款就可以有效解决这一问题，从而既满足借款人的资金需求，又确保了银行业自身的稳健发展。二是有利于获取中间业务收入和增加资产回报。参加银团贷款的银行除获得一般的利差收入之外，还可以获得一系列的手续费，如前端费、管理费、承诺费、包销费、代理行费等，因而可显著增加银行的中间业务收入。三是有利于银行间加强合作，并促进金融系统健康稳定地发展。开展银团贷款业务，有利于培养银行间的合作意识，有利于提高银行系统的资产质量，进而促使整个金融系统健康稳定地发展。

参考文献：

陈元等：《国际金融百科全书》上卷，中国财政经济出版社1994年版。

史燕平：《国际金融市场》，中国人民大学出版社2010

年版。
陶君道:《国际金融中心与世界经济》,中国金融出版社 2010 年版。
李跃:《银团贷款——“走出去”企业的一种融资方式》,载于《海外投资与出口信贷》2005 年第 4 期。

（黄梅波　李强）

证券化
Securitization

证券化是将资产或负债转换为证券的形态后再加以销售的过程。即企业或金融机构将持有的资产或负债予以规格化、单位化、细分化,并增强其信用等级,然后通过设计、公开发行证券,使资金自由进出资本市场,以达到募集资金提高资产或债权流动性的目的过程。

证券化主要可以分为资产证券化和融资证券化两大类。

其中资产证券化(Asset-Backed Securitization)可以理解为:公司部分地分解自己,把不具有流动性的资产从公司整体风险中隔离出来,随后以该资产为信用基础在资本市场上融资(Steven L. Schwarcz,2002)。资产证券化是 20 世纪出现的最具影响力的一项金融创新工具。作为一种金融创新,资产证券化最早产生于美国,这与当时美国特有的制度环境有紧密联系。其历史最早可以追溯到 1968 年前后,当时美国的各大金融机构对存款的激烈争夺日益白热化导致储蓄机构资金来源吃紧,严格的管制规定使美国银行和储蓄机构的信贷资金无法在全国范围内流动,而其资产业务又是以前已经贷放出去的长期按揭贷款,资产负债严重差距的结果使储蓄机构开始着手出售其住房抵押贷款,于是出现了美国政府国民抵押协会首次发行抵押担保证券,这标志着资产证券化的问世。后来的十几年中,资产证券化得到了飞速的发展,1980 年前后,资产证券化已经在美国各个领域如租金、版权、专利费、信用卡应收账款、汽车贷款、公路收费均有着相当普遍的应用。欧洲国家的资产证券化则紧随美国,成为资产证券化全球发展仅次于美国的地区。除此以外,加拿大、亚洲、拉美等国的资产证券化速度也十分明显。

融资证券化(Financing Securitization)则是指资金短缺者采取发行证券(或者股票,债券)等方式在金融市场上直接融资的行为,可以说融资证券化是当今金融领域的最重大的创新之一,同时也是影响世界经济发展的最重要问题之一。目前最负盛名的融资证券化理论为美国经济学家弗兰科·莫迪利亚尼(Franco Modigliani)和默顿·米勒(Merter Miller)的“MM 理论”,也称为资本结构理论。该理论的一个基本结论是企业的资本结构影响企业的总价值,负债经营将为公司带来税收节约效应。之后莫迪利亚尼和米勒因其对金融理论开拓性的贡献于 1985 年和 1990 年分别获得诺贝尔经济学奖。融资证券化主要表现在两个方面:一是金融工具的证券化,即不断通过创新金融工具筹措资金,主要是指银行将其流动性差的债权资产出售给第三者以发行债券,通常称之为资产证券化;二是金融体系的证券化,即通过银行等金融机构借款的比重下降,而通过发行对第三方转让的金融工具的比重相对提高,即所谓资金的“非中介化”或“脱媒”现象,这种意义上的融资证券化实质是一种融资渠道的改变。二者虽然表现形式不同,但都具有直接化的特征,也就是由间接金融趋向于直接金融。

参考文献:
杜奇华:《国际投资》,对外经济贸易大学出版社 2009 年版。
黄斌元:《英汉路透金融词典》,中国金融出版社 2005 年版。
Steven L. Schwarcz, Adam D. Ford, Structured Finance: A Guide to the Principles of Asset Securitization, Practicing Law Institute, 2002.

（黄梅波　李强）

外汇
Foreign Exchange

外汇的概念具有双重含义,即动态和静态的外汇概念。外汇的动态概念是指国际汇兑,即货币在国际上的自由流动,以及把一个国家的货币兑换成另一个国家的货币,用来清偿国际上债权债务关系的一种专门性的金融活动。外汇的静态概念强调的是外汇作为一种金融工具所具有的功能,一般是指以外国货币表示的被各国普遍接受的、可用于国际上债权债务结算的支付手段。根据哪些支付手段是外汇,静态的外汇又有广义和狭义之分。广义的静态外汇概念泛指一切以外国货币表示的资产。国际货币基金组织(IMF)对此做过明确的界定:“外汇是货币行政当局(中央银行、货币管理机构、外汇平准基金组织和财政部)以银行存款、财政部库卷、长短期政府证券等形式所持有的在国际收支逆差时可以使用的债权。”狭义的静态外汇是指以外币表示的、可以直接用于国际结算的支付手段和工具。在此意义上,只有存放在国外银行的外币存款,以及索取这些存款的外币票据和外币凭证才是外汇,主要包括银行汇票、支票、本票和电汇凭证。通常所说的外汇,是狭义的静态外汇概念。

一般来说,外汇必须具备三个特征:一是可自由兑换性,即外汇能够自由地兑换成其他形式的资产。可兑换性是外汇的最基本特征。二是可偿性,即外汇这种资产是一种在国外能得到偿付的货币债券，能确保其持有人拥有对外币发行国商品和劳务的要求权。三是普遍接受性，是指外汇必须在国际经济交往中能为各国普遍接受和使用。只有当一国或地区在政治和经济方面具备了上述三个条件时，一国的货币才能作为其他国的外汇，因此，当今世界真正成为国际货币的仅有美元、欧元、日元、英镑等少数货币。

外汇按照不同标准可以分为不同种类。第一，按照货币兑换限制程度划分，外汇可分为自由外汇、有限自由外汇和记账外汇。自由外汇是指不需经货币发行国当局批准，可以自由兑换成其他货币或支付给第三者以清偿债务的外国货币及其他支付手段。有限自由外汇是指未经货币发行国批准不能自由兑换成其他货币或对第三国进行自由支付的外汇。这些货币在交易时受到一定的限制。IMF 规定，凡对国际性经常往来的付款和资金转移有一定限制的货币均属于有限自由货币。记账外汇也称不可兑换外汇、双边外汇、协定外汇或清算外汇，是指在两国政府间签订的双边贸易或多边清算协定中所引起的债权债务，不是用现汇逐笔结算，而是通过在对方国家的银行设置专门账户进行相互冲销所使用的外汇。这种外汇不能兑换成自由外汇，也不能对第三国进行支付，只能在双方银行专门账户上使用。第二，按照外汇买卖之间交割期限划分，外汇分为即期外汇和远期外汇。即期外汇也称现汇，是指外汇买卖成交后两个营业日内办理交割的外汇。远期外汇是指买卖外汇的双方先按商定的汇价签订合同，预约到两个营业日以后的某一事件或一定期限办理交割的外汇。第三，按照外汇来源或用途不同，外汇可分为贸易外汇和非贸易外汇。贸易外汇是指进出口贸易及其从属费用收付的外汇，包括对外贸易中收付的贸易货款、交易佣金、运输费和保险费等。非贸易外汇是指由非贸易业务往来发生收付的外汇，主要是由于资产流动而产生的外汇，如捐赠、侨汇、旅游、海运、保险、银行、海关、邮电、工程承包、资本流动等收付的外汇。

中国的外汇管理法令中一般沿用 IMF 对外汇的定义。中国 2008 年 8 月 1 日发布的修改后的《中华人民共和国外汇管理条例》中所称的外汇，是指下列以外币表示的可以用作国际清偿的支付手段和资产：(1)外币现钞，包括纸币、铸币；(2)外币支付凭证或者支付工具，包括票据、银行存款凭证、银行卡等；(3)外币有价证券，包括债券、股票等；(4)特别提款权(Special Drawing Rights，SDR)；(5)其他外汇资产。

参考文献：
陈燕：《国际金融》，北京大学出版社 2010 年版。
梁小民、睢国余、刘伟、杨云龙：《经济学大辞典》，团结出版社 1994 年版。
薛荣久、王绍颐：《当代国际贸易与金融大辞典》，对外经济贸易大学出版社 1998 年版。
叶蜀君：《国际金融》，清华大学出版社 2009 年版。

（黄梅波　占芬）

汇率
Exchange Rates

汇率即外汇买卖的价格，又称汇价、外汇牌价或外汇行市。具体而言，它是指两国货币之间的相对比价，是一国货币用另一国货币表示的价格，或以一个国家的货币折算成另一个国家的货币的比率。

要确定两国货币之间的汇率，首先要明确以哪个国家的货币作为标准。在外汇交易中，人们把各种标价方法下数量固定不变的货币称为基础货币或基准货币，数量随市场变动不断变化的货币称为标价货币或报价货币。目前我国外汇管理局公布的人民币汇率牌价是 100 美元、100 港元或 100 欧元所能兑换的人民币数额，这里的美元、港元和欧元为基础货币，而人民币则为标价货币。

汇率的标价方法主要有直接标价法(Direct Quotation)、间接标价法(Indirect Quotation)和美元标价法三种。直接标价法也称应付标价法，是指以一定单位的(1 个或 100 个、1000 个单位)外国货币为标准，计算应付出多少单位的本国货币，即直接标价法将外国货币当作商品，而本国货币作为价值尺度。在直接标价法下，汇率是以本国货币表示的单位外国货币的价格。目前世界上大多数国家采用直接标价法，我国也采用直接标价法。间接标价法也成应收标价法或数量标价法，是指以一定单位(1 个或 100 个、1000 个单位)的本国货币为标准，计算应收进多少外国货币，即本国货币被当作商品，用外国货币的数额表示本国货币价格，外国货币充当价值尺度。美元标价法又称纽约标价法，是以一定单位的美元为标准来计算应该汇兑多少他国货币的表示方法。非美元外汇买卖时，则是根据各自对美元的比率套算出买卖双方货币的汇价。

根据不同的划分方法，汇率可以分为不同的种类。一是按照汇率制定方法的不同，汇率分为基本汇率(Basic Rate)和套算汇率(Cross Rate)。通常情况下，一国会选定在本国对外经济交往中最常使用的货币作为关键货币，从而制定本国与关键货币之间的汇率这些汇率就是基本汇率。目前，各国一般选择本国货币与美元之间的汇率作为基本汇率。套算汇率也称交叉汇率，指两国货币通过各自对关键货币的汇率套算出来的汇率，目前在国际金融市场上，一般都报各国货币对美元的汇率，而美国以外的其他国家的货币汇率，则由它们对美元的汇率套算出来。二是按银行业务操作情况划分，汇率可分为买入汇率(Buying Rate of Bid

Rate)和卖出汇率(Selling Rate or Offer Rate)、中间汇率(Medial Rate)和钞价(Bank Note Rate)。买入汇率又称买价,是指银行从客户或同业那里买入外汇时所使用的汇价,由于这一汇率多用于出口商和银行间的外汇交易,又称出口汇率。卖出汇率又称卖价,是指银行向同业或客户卖出外汇时使用的汇率,由于这一汇率多用于进口商与银行家的外汇交易,也称进口汇率。钞价即银行购买外币钞票(包括铸币)的价格。三是按照外汇交易支付的方式,汇率可以分为电汇汇率(Telegraphic Transfer Rate, T/T rate)、信汇汇率(Mail Transfer Rate, M/Trate)和票汇汇率(Demand Draft Rate, D/Drate)。电汇汇率是经营外汇业务的本国银行,在卖出外汇后,以电报委托其国外分支机构或代理行付款给受款人所使用的一种汇率。目前国际支付绝大多数用电讯传递,因此电汇汇率是外汇市场的基本汇率,其他汇率都以电汇汇率作为计算标准。一般外汇市场上所公布的汇率多为电汇买卖汇率。信汇汇率是指以信函方式买卖外汇时所使用的汇率。信汇汇率除香港和东南亚以外,其他地区很少采用。票汇汇率是指银行卖出外汇收到本币后,开立以其国外分行或代理行为付款人的银行汇票,交给汇款人,由汇款人自行寄给或亲自携带交给国外收款人,收款人凭该银行汇票向汇入行提取款项,这种方式下所使用的汇率称为票汇汇率。四是从外汇买卖的交割期限的角度来划分,外汇汇率分为即期汇率(Spot Rate)和远期汇率(Forward Rate)。即期汇率又称现汇汇率,用于外汇的现货买卖,是买卖双方成交后,在两个营业日内办理外汇交割时所使用的汇率。远期汇率又称期汇汇率,是买卖双方事先约定,据以在将来一定日期进行外汇交割的汇率。五是按外汇管制的严宽程度不同,外汇汇率可以分为官方汇率(Official Rate)和市场汇率(Market Rate)。官方汇率是货币当局规定的,要求一切外汇交易都采用的汇率。市场汇率是指在外汇市场上自由买卖外汇的实际汇率。六是按汇率使用范围不同,外汇汇率可以分为单一汇率(Single Exchange Rate)和复汇率(Multiple Exchange Rate)。单一汇率是指一种货币(或一个国家)只有一种汇率,这种汇率通用于该国所有的经济交往中,复汇率又称多重汇率,是指一种货币(或一个国家)有两种或两种以上的汇率,不同的汇率用于不同的国际经贸活动。在实行复汇率的国家中,因外汇使用范围不同,汇率又可以分为贸易汇率(Commercial Exchange Rate)、金融汇率(Financial Exchange Rate)等。贸易汇率是用于进出口贸易及其从属费用计价结算的汇率。金融汇率是用于非贸易往来如劳务、资本移动等方面的汇率。七是按纸币制度下汇率是否经过通货膨胀调整,可分为名义汇率(Nominal Exchange Rate)和实际汇率(Real Exchange Rate)。实际汇率是相对于名义汇率而言,此外有效汇率(Effective Exchange Rate)也是相对与名义汇率而言的。名义汇率是指官方公布的或在市场上流行的、没有剔除膨胀因素的汇率。实际汇率和有效汇率是用两国价格水平调整后的汇率。实际汇率反映的是以同种货币表示的两国商品价格水平,从而反映本国商品的国际竞争力。有效汇率是指某种加权平均汇率指数,以贸易比重为权数的有效汇率所反映的是一国货币汇率在国际贸易中的总体竞争力和总体波动幅度。从 20 世纪 70 年代末起,人们开始使用有效汇率来观察某种货币的总体波动幅度及其在国际经贸和金融领域中的总体地位。八是按汇率制度不同,外汇汇率可以分为固定汇率(Fixed Exchange Rate)和浮动汇率(Float Exchange Rate)。

随着布雷顿森林体系的崩溃,对于汇率的简单分类越来越难以反映各国汇率制度的实际情况。1982 年,国际货币基金组织(参见“国际货币基金组织”)在《国际货币基金组织第二次修正案》的基础上,根据各国官方宣布的汇率安排对各成员国汇率制度进行了分类,主要有三类:钉住汇率、有限灵活汇率和更加灵活汇率。但随着亚洲金融危机、欧元的诞生等一系列重大国际金融事件的发生,上述汇率制度也无法反映成员国汇率制度的实际情况。1999 年 IMF 重新根据实际汇率制度而不是官方宣布的汇率安排对各成员国汇率制度进行了新的分类,主要包括八类:无独立法定货币的汇率制度、货币局制度(Currency Board)、传统的固定钉住制度、水平区间的钉住制度、爬行钉住制度、爬行区间钉住制度、无区间的有管理浮动制度和单独浮动制度。第一,无独立法定货币的汇率制度是指一国采用另一国货币作为唯一法定货币,或成员国属于货币联盟共有同一法定货币。无独立法定货币的汇率制度典型的有美元化(Dollarization)和货币联盟。(1)美元化是指一国或地区采用美元逐步取代本币并最终放弃本币和金融主权的过程。美元化国家完全放弃了自己的货币,直接使用美元代替本币进行流通。已完全实现美元化的国家有巴拿马、波多黎各、利比里亚;已宣布采用美元化的国家有东帝汶、阿根廷、厄瓜多尔、萨尔瓦多等。(2)货币联盟是指成员国共有同一法偿货币。最典型的就是欧元区国家。货币联盟本质上也是一种严格固定汇率制。第二,货币局制度是指在法律中明确规定本国货币与某一外国可兑换货币保持固定的交换率,并且对本国货币的发行做特殊限制以保证履行这一法定义务的汇率制度。多数货币局制度的国家都将美元或英镑作为被钉住货币,当然也有少数国家钉住黄金。除了完全的货币联盟之外,货币局是“最为坚硬的钉住汇率制形式”。货币局制是一种特殊的固定汇率制,它与普通的固定汇率制的区别在于它对汇率水平做了严格的法律规定。已实行货币局的国家和地区有黎波里、文莱、爱沙尼亚、立陶宛、保加利亚、波斯尼亚和黑塞哥维那以及中国香港地区。第三，传统的固定钉住制度又称固定但可调整的钉住制(Adjustable Peg)，是指一国货币与某一种货币(钉住单一货币)或"一篮子货币"(钉住一篮子货币)保持固定比价关系，随其汇率的波动而波动，且波幅很小。第二次世界大战后根据《国际货币基金协定》确立的以美元为中心的固定汇率制度就属于可调整钉住汇率制度。第四，水平区间钉住汇率是指汇率被保持在官方承诺的汇率带内波动。政府首先确定一个中心汇率，并允许实际汇率在一个水平区间范围内波动。第五，爬行钉住汇率(Crawling Peg)也称蠕动汇率，在该汇率制度下，政府当局定期性的，以事先宣布的百分比对汇率平价做小幅度调整，直到达到均衡汇率为止。爬行钉住汇率是从可调整钉住汇率发展而来，主要是在发展中国家实行，如巴西、阿根廷、智利、以色列和秘鲁等国都曾采用过这种汇率制。第六，爬行区间汇率制度是指中心汇率变化较为频繁，同时货币当局确定一定的爬行幅度和汇率波动范围，实际汇率在一定的波动上下限之间沿着不断调整的中心汇率进行波动。第七，管理浮动汇率。第八，自由浮动汇率。

随着国际经济的发展，汇率理论不断取得突破和进展，解释汇率变化的大多数方法都是为了说明特定时期的现象而逐步形成的，一般分为4种方法，购买力平价说、利率平价理论、国际收支理论、资产市场理论。

第一，国际借贷论(Theory of International Indebtedness)，又称国际收支理论，其渊源可追溯到14世纪。葛逊(G. J. Goschen)在其1861年出版的《外汇理论》一书中首先提出该理论。国际借贷说实质上讲的是汇率由外汇市场上的供求关系决定，外汇供求是由国际收支引起的，外汇供求则源于国家之间存在的借贷关系，而这种借贷关系便是外汇的收入和支出关系。若一国流动借贷相等时，外汇供需便相等，汇率便维持不变，若流动借贷中债权大于债务，即外汇供过于求，则汇率势必趋跌，反之若债务大于债权，即外汇求过于供，则汇率必然趋于上浮。国际借贷论是在19世纪后半期，即国际金本位制度的黄金时代提出的，在当时无疑是正确的。因为当时实行的是固定汇率制度，汇率变动幅度一般要受到黄金输入点的制约。但随着时间的推移，它不可避免地暴露出许多局限性。第二次世界大战后，凯恩斯理论的发展使国际收支说得到了进一步发展，此时的国际收支说认为当外汇供需平衡时，汇率处于均衡汇率水平，而均衡汇率水平是由本国货币政策、财政政策、货币工资率、外国的国民收入、价格水平、利率水平以及两国货币汇率预期等因素决定的。

第二，购买力平价说(Purchasing Power Parity Theory, PPP)。虽然早在16世纪时便曾有西班牙的萨拉蒙卡学派对购买力平价理论做过系统阐述，但是对这一理论进行系统的充实与发展则是在瑞典经济学家古斯塔夫·卡塞尔(Gustav Cassel)。他于1916年发表《外汇之现状》，1917年发表《国际汇兑的异常偏异》及《世界货币问题的深入观察》等重要论文;1921年发表《世界货币问题》及1922年发表《1914年以后的货币及外汇》等重要著作，通过上述论著系统地提出了关于购买力平价理论。该理论的基本思想是:货币的价值在于其具有的购买力，因此各个货币之间的兑换比率取决于它们各自具有的购买力的对比，也就是汇率与各国的价格水平之间具有直接的联系。卡塞尔认为，汇率的变化应当与各国通货膨胀率的差异相一致，实际上是一价定律的套购机制从单个商品向国家市场商品(贸易的)和服务(非贸易的)篮子的延伸，他还讨论了均衡汇率应当从绝对价格水平中推导出来，还是应当从外汇市场处于均衡时价格水平之间的关系中推导出来。

第三，利率平价理论(Theory of Interest Rate Parity)，也称远期汇率理论(Forward Exchange Rate Theory)反映的是国际资本流动对于汇率决定的作用，考察的是金融市场上的套利行为。该理论是1923年由英国经济学家约翰·梅纳德·凯恩斯在其论著《货币改革论》一书中提出，该理论通过利率与即期汇率和远期汇率之间的关系来解释汇率的决定和变化的原因。凯恩斯认为决定远期汇率的最基本因素是货币短期存款利率间的差额，只要两国投资收益差异存在，国际资本流动就不会停止，当远期汇率差价因投资调整而不断缩小，直到两种资产所提供的收益率完全相等时，即远期差价等于两国利差，则利率平价成立。简而言之，利率评价论所阐明的是，国内与国外利率之差等于汇率的变动率。后来保罗·艾因齐格(Paul Einzig)进行了补充，形成了动态利率平价说，解释了即期汇率、远期汇率、利率、国际资本流动之间的相互影响。他认为远期汇率取决于利率平价，但利率平价也受套利活动的影响。20世纪70年代，随着浮动汇率制的实施，利率平价说被进一步用于分析汇率行为。现代利率平价说表明利率低的国家的货币，其远期汇率必然升水，利率高的国家的货币，其远期汇率必然贴水，远期汇率的升、贴水率大约等于两种货币的利率差。

第四，资产市场理论。汇率的资产价格方法是在20世纪70年代国际资本流动高度发展的历史背景下产生的。由于资金的国际流动远远大于国际商品的流动，且外汇市场上的汇率变动呈现出与股票等资产价格相同的特点，传统的汇率理论无法解释汇率的这种易变性，因此资产市场理论应运而生。该理论将欧文·费雪(Irving Fisher)的论述纳入一般均衡的框架之中，将商品市场、货币市场和证券市场结合起来进行汇率决定的分析。该理论将汇率看成一种资产价格，这一价格是在资产市场上确定的。汇率的变化反映相对于供给而言，对以各种货币表示的证券的需求变化。

资产市场理论主要有三种模型:汇率的货币论、汇率的超调模式以及汇率的资产组合平衡模式。汇率的货币决定理论由罗伯特·蒙代尔(Robert Mundell)等经济学家在20世纪70年代初提出的,认为汇率是由货币的供给与需求的均衡来决定的,均衡汇率在货币存量的供求相等处形成,货币供求存量的任何变化都会引起汇率的变化。汇率的超调模式,又称汇率的黏性价格货币分析法,是由鲁迪格·多恩布什(Rudiger Dorbusch)1976年提出,该理论同样强调货币市场均衡对汇率变动的作用,但与货币主义不同的是,该理论认为从短期看,商品市场价格由于具有黏性,对货币市场的反应很慢,而证券市场的反应却很灵敏,促使利息率立即发生变动,于是货币市场的失衡就完全由证券市场来承受,形成利率的超调,当资本进行国际流动时,利率的变动就会引起套利活动和汇率的变动,而且汇率的变动幅度也将大于货币市场失衡的幅度,这就是汇率超调,而长期来看,由于利息率和汇率的变动,商品价格也会逐渐变动调整,而最终达到汇率的长期均衡水平。资产组合平衡理论接受了多恩布什的商品市场价格在短期内具有黏性的看法,因而认为在短期内汇率取决于资本市场(包括货币市场和证券市场)的均衡。该理论的主要观点是外汇是可供人们选择持有的一系列资产中的一种,其价格(汇率)与利率都是由各国国内财富持有者的资产平衡条件同时决定的,这里的资产平衡条件是指在某一时点上,公众对各种资产的需求量恰好等于资产供应量。因此,均衡汇率就是在资产平衡条件下,资产持有者不再对资产组合加以变动时的汇率。

参考文献:

梁小民、雎国余、刘伟、杨云龙:《经济学大辞典》,团结出版社1994年版。

杨长江、姜波克:《国际金融学》,高等教育出版社2008年版。

叶蜀君:《国际金融》,清华大学出版社2009年版。

[英]伊特韦尔等:《新帕尔格雷夫经济学大辞典》,经济科学出版社1996年版。

中国社会科学院世界经济与政治研究所《世界经济》编辑部:《当代世界经济实用大全》,中国经济出版社1990年版。

(黄梅波 占芬)

固定汇率制

Fixed Exchange Rate Regime

固定汇率是指一国官方制定的、以法律形式公布的本国货币对外国货币的比价。也就是说,只有在该国官方宣告其货币法定升值或法定贬值的时候才会变更此种比价,否则,一般是不变的。

自19世纪中末期金本位制度在西方各主要国家确定以来,直到1973年布雷顿森林体系崩溃前,世界各国基本上都采用固定汇率。在金本位制下,各国都以法律形式规定本国货币的含金量,两国货币的含金量之比是铸币平价。因此,铸币平价是决定两种货币汇率的基础,在金块本位制和金汇兑本位制下,汇率决定的基础是它们之间的法定平价。在金本位制下,现实汇率是现对固定的,它总是围绕着铸币平价在黄金输送点的上下限内波动。布雷顿森林体系下的固定汇率制度是以美元为中心的汇率制度,根据签署的《国际货币基金协定》的规定,黄金官价是每盎司黄金35美元,即1美元含金量为0.888671,各国货币均与美元挂钩,各国货币之间的汇率也按照双方货币含金量之比来制定。此外还规定各国货币含金量的变动一般不得超过10%,若超过10%,则应征得国际货币基金组织的同意。由于各国货币均与美元保持可调整的固定比价,因此,各国货币相互之间实际上也保持着可调整的固定比价,整个货币体系成为一个固定汇率的货币体系。虽然布雷顿森林体系下的汇率制度与金本位制下的汇率制度都属于固定汇率,但二者有着本质的区别。一是两种制度产生的基础不同。金本位制下的固定汇率制度,是在各主要资本主义国家普遍实行金本位制的基础上自发而形成的;而第二次世界大战后的固定汇率制度,是在国际货币基金组织领导下人为建立起来的,并接受监督。二是调节机制不同。在典型的金本位制下,汇率的波动由黄金自由地输出、输入而进行自动调节,各国货币当局不参与外汇市场活动;而第二次世界大战后的固定汇率制度,主要是靠各国货币当局利用外汇平准基金直接干预外汇市场来维持汇率的稳定。三是货币内在价值不同。在典型的金本位制下,金币本身依其含金量的多寡具有实质性的价值;而第二次世界大战后的固定汇率制度中,纸币本身基本没有价值,是靠法定含金量来人为确定其代表的价值,并以此来决定汇率高低。四是汇率的稳定程度不同。金本位制下的汇率波动受制于黄金输送点,通过四大自由(自由铸造、自由熔化、自由兑换、自由输出入)使汇率稳定;而第二次世界大战后的固定汇率制度下,当一国的国际收支出现根本性不平衡时,经国际货币基金组织事先同意或事后认可,才可以变更其货币的含金量,即实行本币的法定贬值或升值。

在固定汇率制度下,各国货币当局常采用货币政策维持汇率波动的界限。此外,有关国家也运用外汇储备来维持汇率波动的界限。若汇率波动剧烈,各国也会借助外汇管制的手段,直接限制某些外汇支出,或举借外债,以弥补国际收支逆差,减少外汇的需求。当一国的国际收支危机特别严重,通过上述手段仍不能平抑汇率的波动界限时,该国货币当局最后也会实行货币法定贬值,从而提高外币汇率和降低本币汇率。固定汇率制在一定经济发展时期可起到积极作用。当一个国家发生经济危机和出现恶性通货膨胀时,为抑制通货膨胀、稳定社会政局,实施固定汇率制并配以其他经济措施,对抑制通货膨胀和发展生产会起到明显的积极作用。

关于浮动汇率和固定汇率的早期争论是在米尔顿·弗里德曼(Milton Friedman)的文章中正式形成的。究竟哪种汇率制度能达到特定的政策目标,是由众多因素决定的。弗里德曼(1953)建立了一个产出决定的暗含价格黏性的模型支持浮动汇率,该模型强调在面临外来名义冲击时,浮动汇率具有隔离性质,从而保护国内产出不受国外需求波动的影响。早期的文献继续证明,当国内冲击强劲的时候,汇率制度的选择取决于这些冲击是货币的还是真实的。当国内冲击源于国内货币市场,传统的理论指出,固定汇率在稳定产出中更有效。反之,如果国内扰动源于商品市场,浮动汇率将实现更大的产出稳定性(Robert Mundell,1962)。总之,由于经济很可能面临源于国内和国外的名义和实际的冲击,最能稳定国内产出的汇率制度将以中等程度的浮动性为特征。此外,一种经济的结构特征,如它的对外贸易的开放程度,与世界金融市场的一体化程度和工资指数化程度,也可能影响汇率制度的选择。一个非常开放的经济,固定其汇率功能较好些。经济越开放,使用需求管理恢复外部平衡比使用汇率浮动型更加便宜。而浮动汇率可能会降低国内货币作为交换媒介、价值储藏和记账单位的功能(R. I. Mckinnon,1963)。国内资产市场与世界金融市场一体化的程度也影响汇率制度(Robert Mundell,1962)。总的来说,关于固定汇率和浮动汇率的争论很少有一致的看法,哪种汇率制度能达到特定的政策目标,是由众多因素决定的。

参考文献:

[英]伊特韦尔等:《新帕尔格雷夫经济学大辞典》,经济科学出版社1996年版。

中国社会科学院世界经济与政治研究所《世界经济》编辑部:《当代世界经济实用大全》,中国经济出版社1990年版。

杨长江、姜波克:《国际金融学》,高等教育出版社2008年版。

叶蜀君:《国际金融》,清华大学出版社2009年版。

Mundell,R. ,The Appropriate Use of Monetary and Fiscal Policy for International and External Balance,International Monetery Fund,Staff Paper 9.

McKinnon,R. I. ,Optimum Currency Areas,*American Economic Review*,Vol. 53,No. 4. 1963.

(黄梅波　占芬)

浮动汇率制

Floating Exchange Rate Regime

浮动汇率是指一国官方不规定本国货币同外国货币之间的固定兑换比率以及该比率波动的上下限度,而是由外汇市场的供求自发决定的两国货币之间的比例。

1973年布雷顿森林体系崩溃后,主要工业国家都采用这种汇率。1976年1月,国际货币基金组织正式承认浮动汇率制度。1978年4月,国际货币基金组织理事会通过《关于第二次修改协定条例》,正式废除以美元为中心的国际货币体系,至此,浮动汇率制度在世界范围取得合法的地位。在实行浮动汇率制后,各国原规定的货币法定含金量或与其他国家订立纸币的黄金平价,就不起任何作用了,国家汇率体系趋向复杂化、市场化。在浮动汇率制下,各国不再规定汇率上下波动的幅度,中央银行也不再承担维持波动上下限的义务,各国汇率是根据外汇市场中的外汇供求状况,自行浮动和调整的结果。

按照不同的标准,浮动汇率有不同的分类。第一,根据是否有政府的干预,浮动汇率可分为自由浮动汇率和管理浮动汇率。自由浮动汇率又称清洁浮动汇率,是指政府对汇率的波动不采取任何干预措施,汇率完全由外汇市场的供求情况决定和自行调整。政府偶尔的外汇干预旨在减轻汇率变动,防止汇率过度波动,而不是为汇率确定一个基准水平。管理浮动汇率是指政府通过参与外汇市场买卖等手段,干预外汇的变动和走向,汇率的变动由市场供求关系和政府干预行为来共同决定。第二,根据外汇的浮动方式,浮动汇率又可分为单独浮动汇率、钉住某一货币浮动汇率、钉住一篮子货币浮动汇率和联合浮动汇率。单独浮动汇率是指一国货币不同任何一国货币产生固定联系,即其浮动不依赖于任何其他国家的货币,而完全由外汇市场的供求状况来决定。美国、日本和加拿大等在内的30多个国家都采用单独浮动汇率。钉住单一货币浮动汇率是指一国货币与另一国货币挂钩,其汇率波动被限定在很小的范围内。一般地,通货不稳定的国家可以通过钉住一种稳定的货币来约束本国的通货膨胀,提高货币信誉。中国香港是典型的钉住单一货币浮动汇率。钉住一篮子货币浮动汇率是指本国货币与几个国家货币挂钩,按照贸易所占的比重或其他标准对货币的重要程度赋予一定的权数,并以此确定本国货币对外币的汇率及其变动。联合浮动汇率是指一些经济联系紧密的国家组成的货币集团,集团内成员国之间实行固定汇率制度,其货币间的汇率变动不能超过规定的幅度,各中央银行有责任和义务将汇率稳定在该幅度内。欧元诞生之前,参加欧洲货币体系的德、法、意等国家实行的就是典型的联合浮动汇率,它们之间汇率基本稳定,对美元和其他国家的货币则实行联合浮动汇率。

参考文献:
[英]伊特韦尔等:《新帕尔格雷夫经济学大辞典》,经济科学出版社1996年版。
中国社会科学院世界经济与政治研究所《世界经济》编辑部:《当代世界经济实用大全》,中国经济出版社1990年版。
叶蜀君:《国际金融》,清华大学出版社2009年版。

(黄梅波 占芬)

管理浮动汇率制

Managed Flexible Exchange Rate Regime

管理浮动汇率又称肮脏浮动,是指政府通过参与外汇市场买卖等手段,干预外汇的变动和走向。管理浮动汇率的变动由市场供求关系和政府干预行为来共同决定。管理浮动汇率制度的安排目的是保持正常的汇率变动,同时消除过度波动性。管理浮动的优越性之处在于降低不确定性,从而改善经济环境和金融环境。

管理浮动制的特征是货币当局对汇率波动进行某种干预,但如何干预由货币当局自行决定,货币当局并不宣布干预的指导方针或干预标准,也没有平价汇率或宣布目标水平,也不公布汇率波动的界限。一般来说,货币当局用来管理汇率的指标包括国际收支状况、国际储备、平行市场发展以及自行调整等。

1985年1月1日,中国取消内部结算价,恢复了单一汇率,人民币汇率进入"官方汇率与外汇调剂市场汇率"并存时期。1986年,中国实行钉住美元的管理浮动汇率制。国际货币基金组织将这种管理浮动的汇率归属于较高弹性的汇率制度。这一时期,外汇调剂市场汇率主要按供求决定,但整个市场处于国家管理之中,必要时国家可采取行政手段对市场汇率进行干预。

1994年至今,中国实行的是单一的有管理的浮动汇率制。1994年1月1日,人民币实现官方汇率与外汇调剂市场汇率并轨。并轨后的汇率向市场汇率靠拢,是以市场供求为基础的、单一的有管理的浮动汇率制度。1996年11月,中国人民银行宣布中国自同年12月1日起实行人民币经常项目下的可兑换,成功建立中国历史上的第一个现代汇率制度——有管理的浮动汇率制度。从此,中国的外汇管理体制步入现代化进程。亚洲金融危机后,鉴于国内外政治经济形势的变化,人民币成为实际上的"钉住美元汇率制"。2005年7月21日,中国人民银行宣布中国开始实行以市场供求为基础、参考一篮子货币进行调节、有管理的浮动汇率制度,并让人民币对美元升值2%。中国人民银行的这一决定标志着中国的汇率制度改革和经济增长战略调整正在进入一个新的阶段。值得注意的是,虽然人民币汇率的官方表述为"管理浮动制度",但在国际货币基金组织的统计中仍被归为"传统的钉住单一货币"类别。

参考文献:
叶蜀君:《国际金融》,清华大学出版社2009年版。
陈燕:《国际金融》,北京大学出版社2010年版。
陈雨露:《国际金融》,中国人民大学出版社2011年版。

(黄梅波 占芬)

外汇风险

Exchange Risk

外汇风险又称汇率风险,是指经济主体在持有和运用外汇的经济活动中,因汇率变动而蒙受损失或获取收益的可能性。经济主体所持有的外币资产或负债中,并非全部都承担着外汇风险,只有其中一部分承担外汇风险,这部分外币资金通常称为"受险部分"、"敞口"(Exposure)或"风险头寸"(Exposure Position)。具体地,在外汇买卖中,风险头寸表现为外汇持有额中"超买"(Overbought)或者"超卖"(Oversold)的部分。在企业经营中表现为其外币资产与外币负债不相匹配的部分,如外币大于或小于外币资产,或者外币资产与外部负债在金额上相等,但是期限长短不一致。

外汇风险的形成涉及三个基本要素,即本币、外币和时间。只要缺少其中任何一个因素,经济主体便不会面临外汇风险。凡是涉足国际经济交易的经济主体,其在经营活动中所发生的应收账款、应付账款以及货币的借出或借入等外币收付活动,均需与本币进行折算,并考核其经营成果。如果一个国际性企业在其对外交易中未使用外币而使用本币计价收付,那么这个国际性企业就不存在外汇风险。因为它不涉及本币和外币的折算问题,不存在汇率变动的风险。时间是指从一笔经济交易达成后,到应收账款的实际收进,应付账款的实际付出,借贷资本的最后偿还这中间的期限。这个期限越长,在此期间汇率波动的可能性越大,外汇风险也越大,因此时间的长短与外汇风险呈正相关。改变时间结构,如缩短一笔外币债权、债务的收取或偿付时间,可以减缓外汇风险,然而不能消除外汇风险,因为在这个时间段内,本币与外币折算所面临的汇率波动的可能性仍然存在。外汇风险的三要素也可归结为外汇风险产生的两个前提条件:一个是地点差,一个是时间差。外币、本币之间存在汇率折算是因为地点差的存在,而如果没有时间差,即在同一个时点上,当然也就没有外汇风险了。

外汇风险的类型可按照不同的标准划分,按照不同的经济主体可划分为企业外汇风险、银行外汇风险、国家外汇风险。

企业面临的外汇风险按照外汇交易发生的时间可以分为三类,即交易风险、会计风险和经济风险。交易风险(Transaction Risk)是指经济主体在其以外币计值结算的国际经济交易中,从合同签订之日到其债权债务得到清偿这段时间内,因汇率变动而导致该项交易的本币价值发生变动的风险,是一种流量风险。这种风险起源于已经发生但尚未结清的以外币计值的应收款项或应付款项,同国际贸易和国际资本流动有着密切关系。会计风险(Accounting Risk)又称折算风险(Translation Risk)、换算风险、转换风险或账面风险,它是指经济主体在将各种外币资产或负债折算成记账货币(通常是母国货币)的会计处理中,因汇率变动而出现账面损益的可能性,是一种存量风险。会计风险并不涉及现金的流动或财富的转移,因为在折算过程中并未发生现实的外汇交易,但由于它会影响到向股东及社会公众公开营业和财务状况的结果,因此也被称为风险。经济风险(Economic Risk)又称经营风险(Operating Risk),是指意料之外的汇率变动通过影响企业的生产销售数量、价格、成本,而引起企业未来一定期间收益(税后利润)或现金流量(收益+折旧额)变动的一种潜在风险。这种风险只会对企业未来的经营业绩产生影响,因此,如果决定企业营业收入的因素和决定企业经营的成本因素受到相关货币汇率波动的影响,使企业实际经营效果与企业预测的企业价值不一致时,就表明企业遭受了外汇经济风险。经济风险中定义的汇率变动仅指意料之外的汇率变动,而不包括意料之中的汇率变动。此外,企业面临的风险还有税收风险(Tax Exposure),它是指因汇率的变动而引起的应税收益或应税损失,是一种范围比较小的风险,因国而异,但也不可忽视。

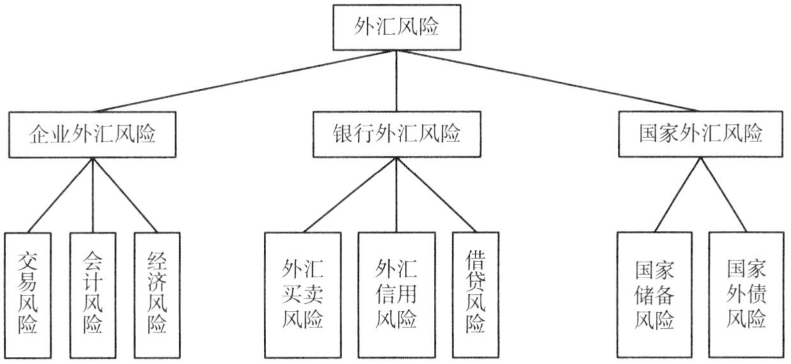

图1 外汇风险的类型

资料来源:叶蜀君:《国际金融》,清华大学出版社2009年版。

对于银行而言,外汇风险主要来自外汇业务经营过程中汇率的变动,具体来说,银行面临的外汇风险主要有三种,即外汇买卖风险、外汇信用风险和借贷风险。外汇买卖风险(Foreign Exchange Trading Risk)是指银行在经营外汇买卖业务中所面临的汇率变动的风险。银行在外汇交易中,只要交易金额不相称或交易期限不相称,就会存在外汇敞口寸头,从而面临外汇风险。外汇信用风险(Exchange Credit Risk)是因交易对方违约而给银行外汇资产和负债带来的风险,这也是银行在外汇业务经营过程中经常面临的一种外汇风险。借贷风险(Lending Exposure)是指银行在经营国际信贷业务中所面临的汇率变动的风险,包括对外负债风险和对外贷款风险。

国家面临的外汇风险有国家外汇储备风险和国家外债风险。国家外汇储备风险(Foreign Exchange Reserve Risk)是指一国所有的外汇储备因储备货币汇率的变动而带来的风险,主要包括国家外汇库存风险和国家外汇储备投资风险。由于外汇储备是国际清偿力的最主要构成部分,是一国国力大小的重要表征,因此,外汇储备面临的风险一旦变为现实,后果将十分严重。国家外债风险(National Debt Risk)是指债务国因缺乏偿还能力,无法如期偿还已经到期的外债本息,从而直接影响债务国及相关地区的金融市场波动所发生的风险。外债风险会影响到债权国和债务国的正常经济活动,甚至波及世界经济的发展。

参考文献:
侯高岚:《国际金融》,清华大学出版社2005年版。
史燕平:《国际金融市场》,中国人民大学出版社2010年版。
叶蜀君:《国际金融》,清华大学出版社2009年版。

(黄梅波 占芬)

外汇交易风险
Transaction Risk

外汇交易风险是指经济主体在其以外币计值结算的国际经济交易中,从合同签订之日到其债权债务得到清偿这段时间内,因该种外币与本币间的汇率变动而导致该项交易的本币价值发生变动的风险,是一种流量风险。交易风险的主要来源包括:以外币计价的赊购或赊销、以外币计价的借贷、尚未履约的远期外汇契约或掉期契约、以外币表示的资产或负债等。汇率制度体系是外汇交易风险产生的直接原因。

一般的,计量交易风险需要两个步骤:首先确定各外币预计的流入量或流出量净额,然后确定这些货币的总体风险。净风险头寸、货币的波动性、货币之间的相关性是决定交易风险的关键因素。在对交易风险进行计量时,除了应将该企业的债权债务款项的结算列在其中,还应包括所有已经商定的并能在未来产生应收或应付款项的外币约定和承诺。简言之,对交易风险的计量应从企业的资产负债表分析开始。也就是应按不同币种对各项风险性的资产和负债分类,再从企业的外币应收项目中减去外币应付项目,得出净额。如果是跨国公司且在海外有多个分公司,则母公司的财务人员在得到各个分公司的交易风险报告后,应按不同币种汇总,编制出综合报表,这些分公司与母公司的外币净额的加总,代表着该跨国公司的交易风险量。

参考文献:
史燕平:《国际金融市场》,中国人民大学出版社 2010 年版。
叶蜀君:《国际金融》,清华大学出版社 2009 年版。
陈燕:《国际金融》,北京大学出版社 2010 年版。

(黄梅波　占芬)

外汇风险管理
Foreign Exchange Risk Management

外汇风险管理是指确定外汇风险的性质,在预测汇率变动的基础上,按一定的风险管理战略,运用各种管理技术来避免汇率变动造成的不利影响。外汇风险管理中应该遵循一些共同的原则——全面重视原则,管理多样化原则,收益最大化原则。

外汇风险防范的目的是保值,即利用有效信息,力争减少汇率波动带来的现金流量的不确定性,控制或者消除业务活动中可能面临的由汇率波动带来的不利影响。从根本上讲就是取消产生外汇风险的时间差和地点差,凡是可以完全或部分消除外汇风险的技术均可称为保值措施或外汇风险的防范方法。

外汇风险管理战略分为完全避免外汇风险的管理战略、消极的外汇风险管理战略和积极的外汇风险管理战略三大类,不同的经济主体采用不同的外汇风险管理战略。完全避免外汇风险的管理战略是指经济主体在国际业务中尽可能地阻止外汇风险的形成,通过各种方法保证外汇收付平衡,以避免汇率波动可能带来的风险损失。消极的外汇风险管理战略是指经济主体对外汇风险采取听之任之的基本态度,勇于承担一切外汇风险。积极的外汇风险管理战略是指经济主体积极地预测汇率走势,并根据不同的预测对不同的风险项目分别采取不同措施的风险管理战略。

外汇风险管理过程一般分为四步,第一,识别风险,即识别各种可能减少企业价值的外汇风险。各类经济主体在进行对外交易时,要了解究竟存在哪些外汇风险,此外,还要识别风险持续时间的长短、影响风险存在的因素等。第二,衡量风险。即衡量外汇风险带来潜在损失的概率和损失程度。通过预测汇率走势,对外汇风险程度进行测算,外汇敞口额越大、时间越长、汇率波动越大,风险就越高。一般衡量外汇风险的方法有两种,一是连续计算外汇敞口额,列明外汇敞口时间;二是预测汇率变动的方向和走势,对面临的外汇风险进行量化。第三,驾驭风险,即在识别风险的基础上采取措施控制外汇风险,坚持稳妥防范,避免产生较大损失。从实际运用来看,包括三个方面:使风险消失;使风险转嫁;从风险中避损得利。具体包括风险管理方法的选择和风险管理的实施两个方面。第四,监督与调整,即对外汇风险管理方法实施后的效果进行监督和评估。外汇市场变化较快,没有哪种方法可以一劳永逸,因此企业必须持续地对风险管理方法的实施情况和适用性进行监督,根据市场和自身的情况,对自己的战略战术进行监控管理,适时做出调整。

外汇风险管理手段从总体上可以分为三类:外汇风险控制、外汇风险融资和内部外汇风险抑制。风险控制手段是指通过降低风险损失概率以及风险损失程度(规模)来减少风险成本的各种行为。外汇风险控制通常可以从以下两个方面来努力:一是减少外汇风险业务;二是提高外汇风险预防能力。风险融资手段也称损失融资(Loss Financing),是指获取资金、用来支付或抵偿外汇风险损失的各种手段,根据风险补偿的资金来源,可以分为自留、购买保险合同和套期保值三种风险融资方法。企业可以根据风险补偿的实际需要,将三种方法结合使用。(1)自留也称自我保险,是指企业自己承担部分或全部的外汇风险。在自留融资方法下,企业可以用内部资源和外部资源来弥补损失。(2)购买保险。国际上有很多保险公司提供与外汇风险有关的保险险种,如种类繁多的汇率波动险和利率波动险等,购买相关保险可以使企业将外部风险转嫁给保险公司。(3)套期保值。在外汇交易中使用相关的衍生金融工具,可以在一定程度上减少汇率的不确定性,企业只承担约定汇率与当前即期汇率之间的价差风险，而由交易对手承担约定汇率与未来即期汇率之间的价差风险，从而在企业与套期保值对手之间实现外汇风险的分摊。内部风险抑制手段是指企业通过内部业务的管理调整来降低外汇风险的各种手段。具体包括分散化经营和信息投资。涉外企业可以通过购买决策所需信息甚至购买外汇风险管理方案，对未来现金流进行更精确的评估和评价，以便更有效地对外汇风险进行管理。

对于不同类型和不同传递机制的外汇风险损失，经济主体应该采取不同的方法来分类防范。企业作为经济中重要的微观主体，其面临的外汇风险主要有交易风险、会计风险和经济风险。交易风险的防范主要可分为内部经营法、套期保值法和国际信贷法。(1)内部经营法是将交易风险作为企业日常管理的一个组成部分，通过采取一些经营策略对其加以防范、管理，尽量减少或防止风险性净外汇头寸的产生。(2)套期保值法是当内部经营不足以消除净外汇头寸时，利用各种外汇交易市场，如远期外汇市场、期货市场、期权市场及互换市场进行套期保值，以降低交易风险。(3)国际信贷法是指在国际收付中，企业利用国际信贷的形式，一方面获得资金融通，另一方面转嫁或抵消外汇风险，主要有出口信贷业务、福费廷业务和保付代理业务。会计风险管理的基本原则是：增加强势货币资产，减少强势货币负债，减少疲软货币资产，增加疲软货币负债。通常的做法是实行资产负债匹配保值。这种方法要求在资产负债表上以各种功能货币表示的受险资产与受险负债的数额相等，以便其会计风险头寸(即受险资产与受险负债之间的差额)为零。经济风险的管理十分复杂，对经济风险的管理需要从长期入手，从经营的不同侧面全面考虑企业的发展。主要方法有经营多样化和融资多样化。经营多样化是指跨国公司在生产、销售等方面实行分散化策略，即企业在全球范围内分散其销售市场、生产基地和原材料来源地，或随汇率变动及时调整原材料、零部件来源，随汇率变动及时调整销售数量、销售价格。融资多样化是指在多个资金市场上寻求多种资金来源和资金去向，在筹资和投资两方面都做到多样化。

从国家整体角度出发，中国对于外汇风险防范主要分为对外贸易中的外汇风险防范、对外债务中的外汇风险的防范和国家外汇储备风险的防范三个方面。外汇风险在我国对外经贸活动中主要表现为三个方面：第一，外币与外币之间。这主要是指各种外币与美元之间汇价的变化。由于美元是国际上的中心货币，我国对外往来(进口、出口、利用外资、非贸易外汇收支)也以美元为基本的计算货币和统计货币，所以，其他外国货币的汇价风险往往表现在其他货币对美元汇价的变化上。第二，外币与人民币之间。这主要是指各种外币与人民币之间汇价的变化。从理论上讲，人民币汇价除了政策性调整外，还要经常随国际市场上西方货币汇价的变化而变化，这些政策性调整和人民币汇价与国际市场上西方货币汇价之间的联系所引起的外币与人民币之间汇率的变化，也会产生外汇风险。第三，先是外币与外币之间，后是外币与人民币之间。对外贸易中外汇风险的防范措施，除了可以采用企业防范外汇风险的一切技术手段外，还要看国家批准给进口企业的是哪种货币的外汇额度，在此基础上企业主要可通过开展远期外汇买卖来防范外汇风险。对外债务中的外汇风险，是指在对外负债(引进外资、发行债券等)中由于汇率变化所产生的风险。这种风险可通过远期交易、预先制定一整套措施等方法来应对。国家外汇储备风险是指由于储备货币汇率的变化影响到储备货币价值的增减。由于国家外汇储备管理的中心任务是保值而不是以盈利为目的，所以国家外汇储备风险的防范对策是：实行储备货币多元化以分散风险；根据进口支付所需货币确定该种货币在储备资产中的比例；在进行储备货币资产选择时，既要考虑资产的流动性，同时也要考虑资产的收益性；做好汇价趋势预测，适当调整各种储备货币的比例，切忌大幅度脱离支付比例。

参考文献：
叶蜀君：《国际金融》，清华大学出版社 2009 年版。
陈燕：《国际金融》，北京大学出版社 2010 年版。
陈雨露：《国际金融》，中国人民大学出版社 2011 年版。

(黄梅波　占芬)

国际租赁
International Leasing

国际租赁是指一国从事经济活动的某单位以支付租金为条件，在一定期限内向他国某一经济活动单位租借物品的经济行为。关于国际租赁，英国设备租赁协会的定义如下：所谓租赁，就是承租人从制造商或卖方处选择租用资产，而在出租人和承租人之间订立合同，根据该合同，出租人保留该资产的所有权，承租人在一定期间内支付规定的租金以取得使用该资产的权力，当以上活动跨越国界进行时，便称为国际租赁。国际租赁通常并不是单纯的设备租赁，而是将贸易融资、贷款发放、设备购买、设备租赁等活动融为一体，既提供外资，也提供先进技术设备，所以这种国际租赁常被称为国际融资租赁，以突出其作为一种国际筹资手段的作用。

国际租赁是在第二次世界大战后兴起的，最初从美国开始。20 世纪 50 年代末，国际租赁市场急剧扩大，1952 年，世界上第一家专业租赁公司——美国租赁公司在旧金山开业。20 世纪 60 年代,大部分发达国家均向发展中国家开展租赁业务,英国、日本、法国、德国相继成立租赁公司。20 世纪 70 年代,资本主义国家陷入"滞胀"阶段,租赁业由于具有灵活筹措资金、减少通货膨胀影响及有利于更新设备等特点,被越来越多的企业所利用,国际租赁获得极大发展。20 世纪 80 年代,一些发展中国家也广泛利用国际租赁方式引进机器设备,国际租赁已被公认为是国际设备筹资的主要来源之一。1988 年,国际上通过了《国际融资租赁统一公约》,从法律的角度规范了国际租赁活动。国际租赁业已成为一种重要的国际资金借贷形式。

随着现代租赁业务的开展,租赁的方式不断推陈出新。国际租赁的形式主要有六种:一是融资租赁(Finance Lease)。融资租赁也称金融租赁,是指出租人根据承租人的决定,向承租人选定的供货人出资购买承租人所选定的机器设备,决定以承租人支付租金为条件,将该设备的使用权转让给承租人,并在租赁期间内,通过连续收取租金,而使出租人收回其投资的行为。二是经营租赁(Operating Leasing)。经营租赁也称服务性租赁(Service Leasing)、使用租赁、营运租赁或者操作性租赁。经营租赁的租赁物其技术更新期较快,故租期较短,服务性较强,凡租赁物的维修、保养、管理及零部件更换,均由出租人负责或提供,因此,承租人所付租赁费较融资租赁较高。三是维修租赁(Maintenance Leasing)。维修租赁是指融资租赁加上各种服务条件的租赁方式,主要适用于运输工具,尤其是汽车的租赁,出租人要向承租人提供一切业务上所需的服务,如登记、上税、车检、保险、检修、保养和事故处理等。四是衡平租赁(Leverage Leasing)。衡平租赁亦称杠杆租赁,是一种比较复杂的租赁形式,其特点是出租人在购进租赁物时只提供所需资金的一部分(20% ~40%),其余部分由出租人从其他地方借入(一般能享受政府提供的税费减免和加速折旧的优惠)。因此,出租人可以以少量的资金带动巨额的租赁交易,起到衡平或杠杆的作用。五是回租租赁(Sale and Leaseback Lease)。回租租赁是指由设备原物主将自己拥有的设备卖给租赁公司,然后再从该租赁公司租回使用的租赁方式。主要适用于已使用的设备,当某企业缺乏资金时,就将自己所有,正在使用的设备卖给租赁公司,然后再租回使用,目的在于得到一笔资金,借此改善自己的资金周转状况,加快资金的周转速度。六是综合性租赁(Comprehensive Lease)。综合性租赁是指将国际租赁与其他贸易方式相结合的综合方式,它是一种灵活的全额信贷,只需逐期支付租金,可与补偿贸易、加工装配、包销等方式相结合,以达到融资融物、发展经济的目的。

我国的国际租赁业务是在党的十一届三中全会后才开始起步的。1978 年党的十一届三中全会决定把党的工作重点转移到经济建设上来,随着经济体制改革的逐步深化,国际租赁业务蓬勃发展,不仅为中国有关企业提供了一个固定资产筹资的新途径,也为中国利用外资、引进先进技术、进行企业技术改造开辟了一条新渠道。中国国际信托投资公司是率先倡导开拓国际租赁业务的单位,中国民航总局于 1981 年与美国汉诺威尔制造租赁公司和美国劳埃德银行合作,首次以跨国杠杆租赁方式从美国租进了第一架波音 747 飞机。1981 年 2 月,中信公司与日本东方租赁公司组建我国第一家中外合资租赁公司——中国东方租赁公司;同年 7 月,中信公司与国内有关单位合资成立了专营的中国租赁公司,这标志着现代租赁业务在我国的诞生。目前我国国际租赁机构主要有四种类型:(1)银行或金融部门设立专门机构,经营国际租赁业务。如中国国际信托投资公司,后来专设在租赁部经营国际租赁业务。(2)由中外双方合资组成租赁公司,经营租赁业务。如由中日合资建立的中国东方租赁公司。(3)完全由中方合资组成的租赁公司,如中国租赁有限公司。(4)专业租赁公司。专门经营某种设备或面向某些部门的租赁公司。如中国有色金属租赁有限公司。这些不同类型的租赁公司相互之间既建立了横向业务关系,又与国外大租赁公司、金融机构及制造厂商建立了业务往来,引进了一定数量的各种机械设备和运输工具。中国国际租赁业务虽然起步较晚,但发展迅速,对中国有关部门生产水平的提高、生产技术的改进、经济效益的提高起着显著作用。

参考文献:

陈燕:《国际金融》,北京大学出版社 2010 年版。
刘舒年、萧朝庆:《国际信贷》,西南财经大学出版社 2008 年版。
[美]苏迪尔・P・阿曼波:《国际租赁完全指南》,北京大学出版社 2007 年版。

(黄梅波　占芬)

买方信贷
Buyer's Credits

买方信贷是指出口国银行为了鼓励本国商品的出口,而向进口商或进口国的银行提供贷款,使得进口商能够以现汇方式即期支付出口商的贷款,然后再以延期付款的方式向银行偿还贷款。

买方信贷按借款人划分,可分为直接型和间接型;按照出口产品划分,可分为简单支付型和累进支付型。直接型是指贷款银行与进口商直接签署贷款协议。间接型是指贷款银行与进口国的银行签署贷款协议,再由进口国的银行转贷给进口商。简单支付型买方信贷是指那些单机产品或小资本性货物,在发货后不需要调试,买方可直接使用,并可直接从发货日开始计算还款的起始点,银行凭出口商的装船单据放款。累进支付型买方信贷是指那些成套设备出口或承包工程项目,还款日期的起始点不是根据发货日而定,而是根据一些必要的条件满足后而定的。

厂商取得买方信贷要遵循一定的原则:第一,接受买方信贷的进口商只能以所得的货款向发放买方信贷国家的出口商、出口制造商或在该国注册的外国出口公司进行支付,不能用于第三国;第二,进口商利用买方信贷,一般不能以货款进口原材料和消费品;第三,提供买方信贷的国家出口的资本货物限于该国制造的资本货物。如果该资本货物的部件由多国产品组装,本国部件应占50%以上,个别国家规定外国部件不能超过15%;第四,货款只提供贸易合同金额的85%,船舶为80%,其余部分要付现汇。贸易合同签订后,买方至少要先付5%的定金,一般须付足15%或20%的现汇后才能使用买方信贷;第五,贷款偿还均为分期偿还,一般规定半年还本付息一次。

买方信贷对贷款金额、期限和利率也有相关的规定:成套设备及其他机电产品的贷款金额不超过商务合同总价的85%,船舶不超过商务合同总价的80%,贷款金额中可包括适当比例的技术服务费、当地费用和第三国采购费用;出口买方信贷办法规定,贷款期限的上限是自贷款协议签订之日起至还清贷款本息之日止,一般不超过10年;出口买方信贷的利率本着优惠的原则,参考经济合作发展组织每月公布一次的商业参考利率(Commercial Interest Reference Rate,CIRR)来确定。中国银行通常采用贷款协议签署当月的商业参考利率。该利率为固定利率。在某些情况下,中国银行也采用浮动利率。此外,各国提供的买方信贷一般都规定有最低起点,如果所购买的资本货物金额未达到规定起点,则不予提供买方信贷,以利出口国扩大资本货物的推销。

我国的买方信贷业务是在改革开放以后,为了利用国外资金进口机电产品和关键设备,促进四化建设,由中国银行办理。1978~1988年,中国银行先后与法、德、意等16家银行签订了总金额约为133亿美元的买方信贷总协议。1980年开始,中国银行受政府委托,配合对外经济贸易部陆续承办了英国、法国、意大利、加拿大、瑞典、挪威、瑞士、奥地利、西班牙九国的政府混合贷款。两者总数超过400项。后来,中国工商银行、建设银行、农业银行、交通银行等也相继开始办理进口买方信贷。1994年中国进出口银行成立,也办理进口买方信贷业务。根据中国银行2010年的资料显示,我国买方信贷按出口产品类别划分,有出口买方信贷需求的出口商主要集中在电信设备制造商,机电产品出口商,工程建设及劳务承包商,电站设备出口,铁路机车制造商,水泥和玻璃设备生产商,船舶及飞机制造商和承销商,高新技术品及军品等10大类行业,融资对象主要以发展中国家的借款人为主。

参考文献:

[英]布赖恩·W·克拉克等:《国际信贷管理手册》第3版,机械工业出版社2003年版。

梁小民、雎国余、刘伟、杨云龙:《经济学大辞典》,团结出版社1994年版。

刘舒年、萧朝庆:《国际信贷》,西南财经大学出版社2008年版。

邹小燕、张璇:《出口信贷》,机械工业出版社2008年版。

(黄梅波　占芬)

卖方信贷
Seller's Credit

卖方信贷是指出口国银行为支持出口商,以延期付款方式出口设备、技术和劳务而向出口商提供的中长期贷款。

世界各国在出口信贷发展初期基本上都是以卖方信贷为主,其特点是金额大、期限长、利率优惠,有政府补贴等。根据国际惯例,卖方信贷的贷款金额一般不超过商务合同的85%(船舶80%),预付款最低15%(船舶20%),贷款期限根据商务合同的延付期限而定,原则上不超过10年。在出口信贷中,银行不一定要求出口商必须投保出口信用险,而仅对那些国别风险较大、还款保证较弱的项目要求投保出口信用险,保费由出口商支付。

对出口商而言,卖方信贷的支持使其可以向进口商提供延付货款的优惠条件,在一定程度上提高了出口商品的竞争力,利于出口商拓展市场,扩大出口。对进口商来说,卖方信贷使其得到了延付货款的方便,避免了现汇支付的困难,而且进口商无须进行多方面的洽谈,手续比较简便。

出口商获得卖方信贷的支持必须符合一定的条件,各国依据经济发展水平均有自己的实际规定。以我国为例,申请卖方信贷需要具备以下条件:第一,只有在中国注册的,并经国家有关部门批准有权经营机电产品和成套设备出口的中国法人企业(进出口企业或生产企业),才有资格申请中国的出口卖方信贷支持;第二,出口商品在中国境内制造的部分一般应占总货值的70%以上(船舶占50%以上);第三,申请出口卖方信贷融资的最低出口合同金额为50万美元,进口商所支付的最低现金比例一般不低于合同金额的15%,同时要求出口商投保出口信用险;第四,卖方信贷的贷款期限一般不超过10年。

国际上,在出口信贷的起步阶段,卖方信贷一般都占到100%,原因是卖方信贷出口商和贷款银行都在同一个国家、联系方便,容易控制风险,而且贷款可以用本币结算,没有汇率风险,易于操作。但随着出口额的增加和信贷期限的延长,卖方信贷逐渐被买方信贷所替代,这是因为出口商的债务负担越来越重,财务报表上显示的高额负债已无法使其再得到新的贷款,此外卖方信贷的操作风险太大,卖方信贷的商务合同和贷款协议是分开的,出口商是先贷款后发货,银行面临出口商挪用贷款的风险和伪造商务合同及其他单据的风险。为了解决这些问题,银行改变了贷款方式,通过直接向买方或买方的银行贷款,从而控制贷款的操作风险,因为在买方信贷项下,商务合同和贷款协议紧密相连,出口商只有在发货后才能从银行得到贷款,这样就限定了贷款的用途。目前发达国家的买方信贷占比已达95%~100%。

卖方信贷和买方信贷都是由银行提供信贷,使进口商取得融资的便利,从而支持出口商的出口。但是由于这两种信贷方式涉及不同的借款人、不同的币种、它们在贷款程序、融资成本方面存在许多差别。买方信贷和卖方信贷的区别如表1所示:

表1 进口信贷与出口信贷比较

	买方信贷	卖方信贷
借款人	进口商/进口国银行或政府	出口商
担保人	进口国银行/财政部	国内企业、金融机构
合同金额	400万美元	100万美元
贷款范围	机电产品/成套设备/高新技术	机电产品/成套设备/高新技术
贷款币种	可自由兑换货币	以本币为主
贷款比例	85%合同金额	85%合同金额
贷款期限	1~15年(从起始期开始)	1~15年(从起始期开始)
贷款利率	CIRR/LIBOR+利差	人民银行公布利率
利息期	6个月	3个月
提款	发货	贷款协议生效
收汇	即期	远期
风险承担	由进口商承担	由出口商承担
出口信用保险	需要投保(保单受益人是银行,赔付率95%)	根据项目情况选择投保(保单受益人是出口商,赔付率90%)
办理程序	较复杂	较简单

资料来源:邹小燕、张璇:《出口信贷》,机械工业出版社2008年版。

在中国,卖方信贷主要由中国进出口银行办理。目前该行办理的出口信贷包括设备出口卖方信贷、船舶出口卖方信贷、高新技术出口卖方信贷、一般机电产品出口信贷、对外承包工程贷款、境外投资贷款六种出口信贷。我国为了扩大机电产品的出口,中国银行于1980年开办了出口卖方信贷业务,即对我国机电产品的出口企业发放政策性低利贷款。

近几年,在国家大力发展装备制造业的政策扶持下,相关产业有了长足的发展,由于目前我国电信、机车等高技术、附加值大的机电产品、成套设备等资本性货物出口的目标市场主要是发展中国家,这些国家面临的普遍性问题是外汇短缺,出口卖方信贷恰好可以满足资本性产品出口所需要的规模大、期限长的融资要求。2003年以来,进出口银行加大了对"走出去"项目的支持力度,重点支持对外工程承包、高新技术、船舶的出口,与国内重要客户建立了广泛的业务合作关系。进出口银行的出口卖方信贷业务模式较为成熟,贷款产品多种多样,有设备出口卖方信贷、船舶出口卖方信贷、高新技术产品(含软件产品)出口卖方信贷、一般机电产品出口卖方信贷、对外承包工程贷款、境外投资贷款等业务品种。国内各商业银行包括外资银行也加快了发展出口信贷业务的步伐。

参考文献:
[英]布赖恩·W·克拉克等:《国际信贷管理手册》第3版,机械工业出版社2003年版。
梁小民、雎国余、刘伟、杨云龙:《经济学大辞典》,团结出版社1994年版。
刘舒年、萧朝庆:《国际信贷》,西南财经大学出版社2008年版。
邹小燕、张璇:《出口信贷》,机械工业出版社2008年版。

(黄梅波 占芬)

国际收支
Balance of Payments(BOP)

国际收支是指某个时期内一国居民与非居民之间的交易汇总统计表,根据国际货币基金组织(IMF)《国际收支和国际投资头寸手册》第六版,国际收支的组成部分有:货物和服务账户、初次收入账户、二次收入账户、资本账户和金融账户。国际收支内的不同账户根据提供和获得经济资源的性质加以区分。其中,经常账户显示的是居民与非居民之间货物、服务、初次收入和二次收入的流量。初次收入账户显示的是作为允许另一实体暂时使用劳动力、金融资源或非生产非金融资产的回报,而应付和应收的金额。二次收入账户。该账户显示收入的再分配,即:一方提供用于当前目的的资源,但该方没有得到任何直接经济价值回报,如个人转移和经常性国际援助。资本账户显示的是居民与非居民之间非生产非金融资产和资本转移的贷方分录和借方分录。它记录非生产非金融资产的取得和处置以及资本转移。金融账户记录经济体对外资产负债变更的交易,如直接投资等。

国际收支的概念是一个发展的过程,它不仅随着世界经济和国际经济关系的发展而有所变化,而且与国际经济在不同发展阶段所采取的不同国际交往形式与规模密切相关。国际收支的概念大约产生于17世纪初,在资本主义发展初期,国际经济关系的最主要形式是国际贸易,所以之后近300年的时间内,国际收支仅指一国的对外贸易收支。第一次世界大战后,国际资本流动得到了发展,国际经济交易的内容出现了新变化,由原来局限于商品交易拓宽到国际资金往来、劳务输出等诸多内容,从而使国际收支的概念扩大了。由于"一战"后金本位制崩溃后,各国开始用纸币代替黄金作为结算工具,国际经济交易中大多用外汇进行,因此国际收支视为一国的外汇支出,凡发生外汇支出的国际经济交易,均属于国际收支的范围,这就是现在人们所称的狭义国际收支概念。它是指一国(或地区)在一定时期之内,居民与非居民之间所有外汇收入和外汇支出的总和。这一概念是建立在现金或支付基础上的。第二次世界大战后,世界经济迅猛发展,国际经济关系随之扩大,形式也更趋向多样化。各国之间的经济交易不仅包括发生外汇支出的各类经济活动,也包括不涉及外汇支出的易货交易、补偿交易以及不是由于商品、劳务的输入/输出而引起的外汇偿付行为或由于金融资产的变化而引起外汇收支各种资金的单方面转移,如国际上的政府与私人捐赠、政府援助等经济行为。狭义的国际收支概念已不能真实反映一国对外经济关系的全貌,因此,国际收支的概念进一步扩大,成为包括"全部经济交易"的概念。这就是广义的国际收支概念,它是指一国(或地区)在一定时期之内,居民与非居民之间各种国际经济交易的总和。这也是目前世界各国所普遍采用的国际收支概念。它具有以下特点:第一,这一概念不再以支付为基础,而是以交易为基础,即只要是一国居民与外国居民之间的国际经济交易,就是国际收支的内容,即使未实现现金收付的国际经济交易,也要计入国际收支中。包括在国际收支中的交易有四大类,(1)交换;(2)转移;(3)移居;(4)其他根据推论而存在的交易,如国外直接投资收益的再投资。第二,国际收支是一个流量的概念,当人们提及国际收支时,需指明是属于哪一段时期的。第三,一国国际收支所记载的经济交易必须是在该国居民与非居民之间发生的。判断一项经济交易是否应包括在国际收支范围内,所依据的不是交易双方的国籍,而是交易的双方是否分属于不同国家的居民。

宏观经济形势的变化,经济思潮的更替以及政策上的需要使得国际收支理论发生了较大变化。国际收支理论主要产生于本金位制度时期及第二次世界大战后的固定汇率时期,但最早关于国际收支调节理论的系统论述可以追溯到18世纪。1752年,大卫·休谟(David Hume)提出了"价格—铸币流动机制",认为贸易盈余(赤字)通过黄金的流入(流出),会导致本国物价水平的上升(下降),从而使贸易盈余(赤字)自动消失,因此政府无须调节国际收支。自20世纪30年代起,随着国际金本位制度的崩溃,各国国际收支状况陷入极度混乱的局面,经济学家开始对国际收支理论进行新的探索。阿尔弗雷德·马歇尔(Alfred Marshall)的"弹性论"(Elasticities Approach to the Balance of Payments)是这一时期国际收支调节理论的代表。弹性分析法研究的是在收入不变的条件下汇率变动在国际收支调整中的作用。弹性分析理论表明:货币贬值能否改善贸易收支要看进出口供求弹性如何决定,只有进出口商品需求弹性之和大于1,进出口商品供给弹性趋于无穷时,货币贬值才能改善一国的贸易收支。

随着经济的发展,人们越来越认识到国际收支与整个国民经济相联系,建立在局部均衡分析基础上的弹性说不足以说明一般的总量现象,它未能说明国民收入变化对国际收支的影响,此外马歇尔-勒纳条件(参见"马歇尔-勒纳条件")假设进出口商品的供给弹性无限大,这一假设在第二次世界大战并不适用。因此,20世纪50年代以詹姆斯·米德和亚德历·亚历山大为代表经济学家采用凯恩斯的宏观经济模式,提出了"吸收论"(Absorption Approach to the Balance of Payments)。该理论以凯恩斯宏观经济理论中的国民收入方程式为基础着重考察总收入与总支出对国际收支的影响。吸收论认为国际收支不平衡的根本原因是国民收入与国内支出的总量失衡。当一国一定时期的总收入大于总吸收时,该国就会出现国际收支顺差;相反,当总收入小于一定时期的总吸收时,该国就会出现国际收支逆差。因此在国际收支失衡时,可以通过变动收入和支出进行调节。减少国际收支逆差的方法可以是增加总收入,或减少总吸收,或两者兼用。

弹性论和吸收论在对国际收支的分析中强调的是实际商品贸易,很少涉及资本与金融项目,然而在第二次世界大战后,随着国际投资和国际资本流动的迅速发展,金融和资本项目在国际收支中占了越来越大的比重,为了充分理解国际经济联系,在国际收支分析中必须把金融资产的作用包括进来。此外,20世纪60年代末至70年代中后期西方开始出现"滞胀"现象,凯恩斯的需求管理政策失灵,在这种背景下,货币主义开始在此盛行,哈里·约翰逊(H. Johnson)等人将封闭经济条件下的货币主义原理应用到开放经济中,从而发展了国际收支货币理论(Monetary Approach to the Balance of Payments)。货币论认为国际收支问题本质上是一个货币现象,国际收支不平衡的根本原因在于国内货币供给与货币需求的失衡。当一国国内货币需求增加,或者货币当局控制国内信贷规模,造成货币需求大于货币供给时,超额的货币需求将由外国货币的流入得到满足,这将导致国际收支逆差。货币论还认为,只要一国不严重依赖于通货膨胀性的货币供给增加为政府支出融资,就不会经历长期或结构性的国际收支赤字。

新中国成立后的相当长时期内,中国都未编制国际收支平衡表,只编制外汇收支计划,作为国民经济发展计划的一个组成部分。中国的外汇收支计划,仅包括贸易收支计划、非贸易收支计划和利用外资还本付息计划三个部分。实行改革开放政策后,中国对外交往日益增多,国际收支在国民经济中的作用越来越大,中国的国际收支对世界各国的影响也越来越大。在这种情况下,中国从1980年开始试编国际收支平衡表,1982年开始对外公布,采取以行业统计为特点的带有计划经济色彩的国际收支统计办法,根据IMF的《国际收支手册》(第四版)并结合中国的实际情况进行分类、设置和编制。1997年,中国开始采用最新的国际收支统计的国际标准——IMF《国际收支手册》(第五版)的原理和格式编制国际收支平衡表。1996年开始实行新的《国际收支统计申办办法》。在1996年推出通过金融机构进行国际收支间接申报的基础上,1997年又推出了直接投资、证券投资、金融机构对外资产负债及损益、汇兑等四项申报工作。国际收支统计申报和分析预测在中国宏观经济调控体系中发挥了重要作用。中国的国际收支平衡表所反映的对外经济交易,既包括中国与外国之间的也包括中国内地与中国香港、澳门、台湾地区之间的经济交易。

1994年以来,我国国际收支持续顺差,不仅经常项目大量贸易盈余,而且资本与金融账户也有大量盈余,造成了我国国际收支的"双顺差"现象。从中国历年的国际收支平衡表数据来看,贸易、经常转移和直接投资项下多保持顺差,并成为中国国际收支保持整体顺差的主要因素。而服务和收益项下均呈现逆差,但规模远小于贸易、经常转移和直接投资项的顺差规模。

参考文献:

陈燕:《国际金融》,北京大学出版社2010年版。

国际货币基金组织:《国际收支和国际投资头寸手册》第六版(BPM6)。

李琮:《世界经济学大辞典》,经济科学出版社2000年版。

梁小民、睢国余、刘伟、杨云龙:《经济学大辞典》,团结出版社1994年版。

史燕平:《国际金融市场》,中国人民大学出版社2010年版。

叶蜀君:《国际金融》,清华大学出版社2009年版。

[英]伊特韦尔等:《新帕尔格雷夫经济学大辞典》,经济科学出版社1996年版。

(黄梅波　占芬)

马歇尔—勒纳条件

Marshall-Lerner Conditions

马歇尔—勒纳条件是指,在其他情况不变时,如果进出口对实际汇率有足够的弹性的话,实际贬值将有利于经常账户的改善。该条件是以发现者阿尔弗雷德·马歇尔(Alfred Marshall)和阿巴·勒纳(Abba Lerner)这两位经济学家的名字来命名的。

1923年,在其著作《财富、信用与商贸:货币的实质与商贸通识》中,马歇尔第一个指出,如果本国货币贬值前本国贸易余额为零,且本国和外国的商品需求价格弹性之和小于1,那么本国货币贬值对本国可能产生非意愿的影响。1944年,勒纳在其著作《控制经济学》中也阐述了和马歇尔相同的推论。勒纳的研究指出,在一定的假设条件下,本币贬值能改善贸易收支的充分必要条件为:出口商品的需求价格弹性与进口商品的需求价格弹性之和大于1。勒纳为此提出了下列四条假设:(1)国际贸易的主体仅为本国和外国两个国家;(2)国际贸易的客体仅为出口商品和进口商品2种;(3)出口商品和进口商品的供给价格弹性为无穷大;(4)本币贬值前的贸易差额为零。上述条件被罗宾逊夫人1947年在《外汇论》一文中命名为"马歇尔—勒纳条件"。

1942年,A. J. 布朗(A. J. Brown)将供给弹性、边际进口倾向以及一些其他条件也作为本币贬值时贸易余额的决定因素,扩展了马歇尔的推论。需要注意的是,在探讨本币贬值对本国贸易余额的影响时,马歇尔、勒纳、布朗的分析起点都是假设本币贬值前本国贸易余额为零。1947年,琼·罗宾逊(Joan Robinson)放松了"本币贬值前本国贸易余额为零"这一前提条件,推导出了本币贬值对本国贸易余额影响的公式,但是罗宾逊推导中的本国贸易余额是用本国货币表示的,她忽略了用外国货币表示的本国贸易余额的情形(Hirschman,1949)。

马歇尔—勒纳条件的具体推导过程:首先,把经常项目表示为商品和服务进出口之差,用国内产出单位来衡量,写为 $CA\left(\frac{EP^*}{P}, Y^d\right) = EX\left(\frac{EP^*}{P}\right) - IM\left(\frac{EP^*}{P}, Y^d\right)$,

其中假定外国收入不变,所以出口需求仅是$\frac{EP^*}{P}$的函数。另外，以 q 代表实际汇率$\frac{EP^*}{P}$，以 EX^* 代表用外国而非本国产出衡量的国内进口。进口 IM 与 EX^* 之间存在如下关系：$IM = q \times EX^*$，故经常项目可表示为：$CA(q, Y^d) = EX(q) - q \times EX^*(q, Y^d)$。现在用 EX_q 表示 q 上升对出口需求的影响，用 EX_q^* 表示 q 上升对进口额的影响，这样有：$EX_q = \frac{EX^2 - EX^1}{q^2 - q^1}$，其中 EX^1、EX^2 表示 q 上升前后的出口需求，q^1、q^2 表示变动前后的实际汇率；EX^* 同 EX_q 有相似的表达。由上可知，$CA^2 - CA^1 = (EX^2 - q^2 \times EX^{*2}) - (EX^1 - q^1 \times EX^{*1}) = (EX^2 - EX^1) - q^2 \times (EX^{*2} - EX^{*1}) - (q^2 - q^1) \times EX^{*1}$ 上式两边同时除以 $q^2 - q^1$ 得到经常项目对 q 变动的反应，即$\frac{CA^2 - CA^1}{q^2 - q^1} = EX_q - q^2 \times EX_q^* - EX^{*1}$——(1)定义出口需求对 q 的弹性 $\eta = \frac{q^1}{EX^1} EX_q$，以及进口需求对 q 的弹性 $\eta^* = -q^1 \times \frac{EX_q^*}{EX^{*1}}$（$\eta^*$ 的定义中有一负号，这是因为 $EX_q^* < 0$ 而我们把贸易弹性定义为正数）。(1)式右边乘以$\frac{q^1}{EX^1}$得到$[EX_q - (q^2 \times EX_q^*) - EX^{*1}] \times \frac{q^1}{EX^1} = \eta - \frac{q^2 \times q^1 \times EX_q^*}{EX^1} - \frac{EX^{*1} \times q^1}{EX^1}$——(2)。假设经常项目余额最初为零（这意味着 $EX^1 = q^1 \times EX^{*1}$），(2)式整理后得 $\eta + \frac{q^2 \times \eta^*}{q^1} - 1 > 0$ 时，$\frac{CA^2 - CA^1}{q^2 - q^1}$为正。如果 q 变动很小，则可认为 $q^2 \approx q^1$。那么可知 q 上升能改善经常项目的条件为 $\eta + \eta^* > 1$，即马歇尔—勒纳条件（如果经常项目初始值不为零，该条件就会变得相当复杂）。

参考文献：

[美]保罗·R·克鲁格曼、茅瑞斯·奥伯斯法尔德：《国际经济学》，中国人民大学出版社 2006 年版。

Hirschman, A. O., Devaluation and the Trade Balance: A Note. *The Review of Economics and Statistics*, Vol. 31, No. 1, February 1949.

Lerner, A. P., *The Economics of Control*. New York: The Macmillan Company, 1949.

（黄梅波　卫瑞）

国际收支平衡表
Balance of Payments Sheet

国际收支平衡表指的是一国（或地区）在一定时期（如一年、一季或一月）所有由对外政治、经济、文化活动而引起的，以货币为计量单位，按照经济交易特性的账户类别而进行系统归类后所形成的统计报表。国际货币基金组织（International Monetary Fund，IMF）的章程规定，各成员国必须定期向 IMF 提供本国的国际收支平衡表资料。成员国必须根据 IMF 出版的《国际收支手册》中国际平衡表的标准按照统一格式逐月、逐季和逐年汇总编制本国的国际收支平衡表，并予以定期公布。现今采用的是 IMF 于 2009 年出版的《国际收支手册》（第六版）设立的国际收支平衡表标准。

国际收支平衡表是按照"有借必有贷，借贷必相等"的复式记账原理编制的，一切收入项目都为贷方或称正号项目，一切支出项目都列为借方或称负号项目。原则上，国际收支平衡表的借方总额和贷方总额是相等的，其净余额为零，即达到平衡。当收入大于支出而出现盈余时，即为国际收支顺差；反之，当支出大于收入而出现亏空时，即国际收支逆差。依据第五版《国际货币手册》，国际收支平衡表的国际收支账户可分为三大类：经常账户（Current Account），资本和金融账户（Capital and Financial Account），平衡账户（Balancing/settlement Account）。一是经常账户。二是资本和金融账户。(1)资本账户。(2)金融账户。此账户是反映居民和非居民之间的投资和借贷的项目。包括直接投资、证券投资、其他投资。直接投资是跨境投资的一种，特点是，一经济体的居民对另一经济体的居民企业实施了管理上的控制或重要影响。除了带来控制或影响的股权外，直接投资还包括与这种关系有关的投资，包括投资于其间接影响或控制的企业、连属企业（直接或间接受到同一投资者的控制或影响的企业，但其中任何一个连属企业都不控制或影响另一连属企业）、债务（存款性公司、投资基金、保险公司和养老基金以外的其他金融中介等特定关联金融公司之间的债务除外）和逆向投资（直接投资企业将资金借给其直接或间接的直接投资者，或在该投资者中获得股权，前提是它在该直接投资者中不拥有含有 10% 或 10% 以上表决权的股权）。证券投资是指本国居民对外国证券和非居民对本国证券的购买和售卖。其他投资指直接投资、证券投资未包括的金融交易，主要有贷款、预付款、短期票据、金融租赁项目下的货物等。三是平衡账户包括储备资产（Reserve Assets）和误差与遗漏项（Errors and Omissions Account）。2009 年 IMF 出版《国际收支手册》第六版，相对于第五版而言，第六版账户的总体结构和一般定义基本上没有变化。更确切地说，第六版考虑了经济和金融发展动态，以及经济政策所关心问题的演变，提供了旨在澄清和细化这些变化的内容。其中国际收支账户分为经常账户、资本账户、金融账户和误差与遗漏净额，经常账户和资本账户与第五版相比介绍得更详细，金融账户除包括直接投资、证券投资和其他投资外，还包括储备资产、金融衍生工具(储备除外)和雇员认股权。金融衍生产品和雇员认股权是具有类似特征的(如履约价格、某些相同的风险因素)金融资产和负债。但是,尽管两者都是为了转移风险,可雇员认股权还旨在提供一种报酬形式,是向公司雇员提供的一种购买公司股权的期权。而误差与遗漏净额与第五版的内容相似,但分类更细。

记录时,储备资产要反向记录:储备增加,记入借方,用"－"表示;储备减少,记入贷方,用"＋"表示。按复式簿记原理,国际收支平衡表的借方总额和贷方总额应相等,从而总净额为零。但由于不同账户统计资料来源不一,统计不准确、不完整,统计口径和时间不一致以及其他人为因素,会出现结账时存在净的借方或贷方余额,这时需设立一个抵销账户,数目与上述余额相等但方向相反,此账户为"误差与遗漏项"账户。国际收支平衡表以交易的市场价格来计价。各国按国内使用的记账单位编制统计报表,IMF 可根据自己需要,用一种现阶段认为最稳定的通用记账单位来把各国报表统一折算。

参考文献:

国际货币基金组织:《国际收支和国际投资头寸手册》第六版(BPM6),2009 年。

李琮:《世界经济学大辞典》,经济科学出版社 2000 年版。

史燕平:《国际金融市场》,中国人民大学出版社 2010 年版。

侯高岚:《国际金融》,清华大学出版社 2005 年版。

(黄梅波　许昌平)

经常项目
Current Account

经常项目,又称经常账户,是记录实际资源的流动情况,显示的是一国居民与非居民之间货物服务、初次收入和二次收入的流量。根据国际货币基金组织(IMF)《国际收支和国际投资头寸手册》第六版,经常项目包括货物和服务账户、初次收入账户和二次收入账户。通过此项目形成的外汇收入,是一国可以自主支配的外汇,因而该项目又是一国国际收支平衡表中(参见"国际收支平衡表")最基本、最重要的项目。

货物和服务账户的侧重点是居民与非居民之间货物和服务的交换环节。货物(Goods)用来反映一国商品的出口和进口,又称为有形贸易交易规模的项目。商品出口所得货款,构成一国的贸易外汇收入,商品进口所付款项,构成该国贸易外汇支出。为了避免重复统计,国际货币基金组织建议,商品的进口和出口均按离岸价格计算,可以说,对于大多数国家而言,商品进出口规模的大小,往往反映一国经济实力的高低。经常账户各项交易差额的总和称为经常账户差额,它是分析对外不平衡的重要经济总量指标。它不仅是经常项目中最重要的项目,而且也是整个国际收支平衡表中最重要的项目。服务(Services)是指一国居民为非居民提供的各种服务和该国居民利用非居民提供的服务而引起的外汇收入和支出。由于服务形式的多样性,该项目所包括的内容十分庞杂,主要有运费、通信费、旅游费、保险费和保险赔偿金以及其他劳务(如广告、银行手续费、专利转让等)。但是凡属无偿提供的劳务都不列入这一项。货物和服务流量的对应分录可在金融账户、经常账户或资本账户中。如果项目的款项是在货物或服务提供时支付,对应分录在金融账户下,例如,货币和存款。如果款项不是在所有权变更时支付,则产生贸易信贷或其他形式的金融工具(例如,汇票)。如果款项是在所有权变更前支付,则为进口方向出口方的预付款。有些情况下,货物和服务交换获得的不是金融资产,例如,易货贸易,则对应分录为货物和服务。援助或赠与时,对应分录是经常转移或资本转移。

初次收入账户显示的是作为允许另一实体暂时使用劳动力、金融资源或非生产非金融资产的回报,而应付和应收的金额;初次收入账户显示的是居民与非居民机构单位之间的初次收入流量,其分为两类:一是与生产过程相关的收入。雇员报酬是向生产过程投入劳务的收入。对产品和生产的税收和补贴也是有关生产的收入;二是与金融资产和其他非生产资产所有权相关的收入。财产收入是提供金融资产和出租自然资源所得的回报。投资收益是提供金融资产所得的回报,包括股息和准公司收益提取、再投资收益和利息。但是,对金融衍生产品和雇员认股权的所有权不产生投资收益。金融资产和其产生的投资收益类型之间的关系。国际账户中,所有的初次收入流量皆与初次收入分配账户相关。国际账户将初次收入分成以下类型:雇员报酬;股息;再投资收益;利息;归属于保险、标准化担保和养老基金保单持有人的投资收益;租金;对产品和生产的税收和补贴。

二次收入账户显示收入的再分配,即:一方提供用于当前目的的资源,但该方没有得到任何直接经济价值回报,包括个人转移和经常性国际援助等。二次收入账户表示居民与非居民之间的经常转移,由于资金的国际转移不产生归还或偿还问题,所以又称为单方面转移。各种不同类型的经常转移计入本账户,表明其在经济体间收入分配过程中的作用。转移可以为现金或实物。现金转移包括一个机构单位向另一个机构单位支付货币或可转让存款而无任何回报。实物转移包括非现金类货物或资产所有权的转移,或服务的提供,而未获得具有相应经济价值物品的回报。转移可分为经常转移或资本转移。资本转移是资产(非现金或存货)所有权从一方转到另一方的转移;或使一方或双方获得或处置资产的转移;或债权人减免负债的转移。因非现金资产(非存货)的处置或获得而产生的现金转移也是资本转移。资本转移使交易一方或双方的资产存量相应变化,而不影响任何一方的储蓄。无费用的实物转移且包含下列要素时应属于资本转移:(1)非金融资产(非存货,即固定资产、贵重物品或非生产资产)所有权的转移,或(2)债权人不获得相应价值回报而减免债务。经常转移包括资本转移以外的所有其他类型转移。经常转移直接影响可支配收入的水平和对货物或服务的消费能力。即经常转移减少捐赠方的收入和消费能力,并增加接受方的收入和消费能力。国际账户将经常转移进行了如下分类:一是个人转移;二是其他经常转移,包括(1)对所得、财富等征收的经常性税收;(2)社保缴款;(3)社会福利;(4)非寿险净保费;(5)非寿险索赔;(6)经常性国际合作;(7)其他经常转移。二次收入账户的差额为贷方合计减借方合计,称为二次收入差额。此外,所有经常账户交易合计差额也列示于本账户最后,因为该账户是经常账户序列中的最后一个账户。

初次收入应与二次收入进行区分。初次收入为提供劳务、金融资产和出租自然资源而获得的回报。二次收入则是通过政府或慈善组织等的经常转移对收入重新分配。初次收入影响国民收入;二次收入与初次收入共同影响国民可支配总收入。

经常项目的所有这些账户的差额又称经常项目差额。经常项目差额显示的是出口和应收收入之和与进口和应付收入之和之间的差额(出口和进口指货物和服务,而收入指初次收入和二次收入)。

参考文献:

International Monetary Fund, *Balance of Payments and International Investment Position Manual*, Washington, D. C.: International Monetary Fund Press, 2009.

(黄梅波　占芬)

资本项目
Capital Account

资本项目又称资本账户,显示的是一国居民与非居民之间非生产非金融资产和资本转移的贷方分录和借方分录。它记录非生产非金融资产的取得和处置以及资本转移,即一方提供用于资本目的的资源,但该方没有得到任何直接经济价值回报。《国际收支手册》(Balance of Payments Manual, BPM)第五版之前的版本也一直采用"资本账户"这一术语来表示国际收支中的金融账户和《国民账户体系》中所称的金融账户。但BPM第六版本将资本账户和金融账户分开表述,主要是为了与国民账户体系保持一致,以区别资本交易和金融交易。因此国际账户资本项目的对应内容仅反映非生产非金融资产交易。国际账户中的资本账户分为两类:居民与非居民之间的应收和应付资本转移及居民与非居民之间非生产非金融资产的取得和处置。

居民与非居民之间的应收和应付资本转移是资产(非现金或存货)的所有权从一方向另一方变化的转移;或者是使一方或双方获得或处置资产(非现金或存货)的转移;或者为债权人减免负债的转移。资本转移在所有相关要求和条件满足且接受单位具有无条件权利主张时进行记录。包括:(1)固定资产所有权的转移,通常是实物转移;(2)同固定资产买进、卖出相联系或以其为条件的资金转移;(3)债务注销,即债权人不索取任何回报而取消债务。

居民与非居民之间非生产非金融资产的取得和处置是指不由生产创造的有形资产和无形资产的收买与出售。非生产非金融资产包括:(1)自然资源,包括土地、矿产权、林业权、水资源、渔业权、大气空间和电磁光谱。与资源的所有权变化不同,临时使用自然资源的权利划分为租借或契约、租约或许可;(2)契约、租约和许可,包括确认为经济资产的契约、租约和许可。这些资产为社会和其法律体系所创建,有时称为无形资产。包括可销售经营租赁、使用自然资源的许可同时不对这些资源拥有完全所有权、进行某些活动的许可(包括某些政府许可)以及购买某项货物或服务的专属权。此类资产的交易计入资本账户,但是持有这些资产不计入国际投资头寸,因为没有对应的负债;(3)营销资产(和商誉),包括品牌、报刊名称、商标、标志和域名等。当拥有营销资产的实体单独将其销售时,即记为非生产非金融资产的取得和处置。需要注意的是,当交易资产为无形资产时,由于无形资产的使用所引起的收支记录在经常账户的服务项下,而无形资产所有权买卖所引起的收支记录在资本账户的非生产、非金融性资产的取得和处置项下。

资本账户差额表示资本转移和非生产非金融资产的贷方合计减去借方合计。此外,经常账户差额和资本账户差额合计也可列示为平衡项目,其中,平衡项目表示为来自资本账户和经常账户的净贷款(+)/净借款(-)。

参考文献:

薛荣久、王绍颐:《当代国际贸易与金融大辞典》,对外经济贸易大学出版社1998年版。

International Monetary Fund, *Balance of Payments and International Investment Position Manual*. Washington, D. C.: International Monetary Fund Press, 2009.

(黄梅波　占芬)

货币自由兑换
Currency Convertibility

货币自由兑换是指一国货币的持有者可以为任何目的而将所持有的货币按汇率兑换成另一国货币的权利。在货币完全可兑换的情况下，即使在国际收支出现逆差的时候，也保证持有任何国家货币的任何人享有无限制的货币兑换权。

货币可自由兑换具有三个关键性特征：第一，货币可自由兑换的核心问题是货币兑换权，即一国货币持有者可以为任何目的而将持有的货币按照市场汇率兑换成另一货币的权利。第二，货币兑换权是无限制的，表现在持有者、币种、数量、目的、价格和时间六个方面都没有限制。第三，货币兑换权是国家和有关法律保证的权利。

当一国货币的持有人能自由地把该货币兑换为其他任何国家货币而不受任何限制时，该种货币就成为自由兑换货币（Convertible Currency）。自由兑换货币是指无须货币发行国批准，在国外金融市场上可以自由兑换成其他国家的货币，或用于对第三国进行支付的货币，接收方应无条件接受并承认其法定价值。目前世界上有50多种货币是可自由兑换货币，其中主要有：美元、欧元、英镑、日元、港币、瑞士法郎、新加坡元、加拿大元、澳大利亚元、丹麦克朗、挪威克朗、瑞典克朗、新西兰元等。但是真正普遍用于国际结算的可自由兑换货币只有十多种，主要有美元、英镑、欧元、日元、瑞士法郎等。

根据产生货币可自由兑换需要的国际经济交易的性质的不同，可将货币的自由兑换分为经常项目下的货币可自由兑换和资本项目下的货币可自由兑换。经常项目下的货币可自由兑换是指对国际收支中经常账户的外汇支付和转移的汇兑实行无限制的兑换。即如果一国对经常项目下的对外支付解除了限制或管制，则该国货币就实现了经常项目下的货币可自由兑换。国际货币基金组织在其章程第八条的二、三、四条款中规定，凡是能够兑付外国持有的在经常交易中所取得的本国货币的国家，该国货币就是经常项目下的可自由兑换货币，也即承担了国际货币基金组织的第八条所有规定的义务，成为“第八条款国”。此外，IMF还规定实现经常项目下的货币可自由兑换应对以下四项内容的支付不加以限制：一是所有与对外贸易，包括服务在内的其他经常性业务以及正常的短期银行信贷业务有关的对外支付；二是应付的贷款利息和其他投资收入；三是数额不大的偿还贷款本金或摊提直接投资折旧的支付；四是数额不大的家庭生活费用汇款。资本项目下的货币可自由兑换又称为资本与金融项目下的货币可自由兑换，是指对资本流入和流出的兑换均无限制。具体包括：避免限制内资投资境外或者外资投资境内所需转移的外汇数量；避免到国外投资的内资购汇流出或者相应外汇流入结转内资的审批或限制；避免限制资本返还或者外债偿还汇出；避免实行与资本交易有关的多重汇率制度。如果一国既实行了货币经常项目可兑换，又实现了资本项目可兑换，那么该国货币就是完全可兑换货币。

从各国经验来看，实现货币可自由兑换的过程是漫长的，只有条件成熟时才能实现货币的自由兑换。一国货币能成功地实行自由兑换（特别是资本与金融账户下的自由兑换），应具备以下条件：第一，稳定的宏观经济条件；第二，健全的微观经济主体；第三，合适的汇率制度和汇率水平；第四，外汇短缺的消除和可维持性的国际收支结构；第五，高效、稳健的金融监管。

近年来发展中国家资本项目的对外开放已经成为经济自由化进程中最有争议的问题之一。这是因为，资本项目的对外开放在使一国享受许多现实利益的同时，可能也会带来一些损失。总的来说，资本项目的对外开放伴随而来的金融自由化可以给国家带来以下好处：其一，有利于吸引外资，因为资本能否自由流动，尤其是外商投资利润、利息能否自由汇出，是国际投资者考虑的重要因素；其二，有助于强化国内市场经济体系的整体素质，构建高效而富于竞争性的国内经济环境，有利于资源的优化配置；其三，促进企业在国内外扩展业务，提高技术和管理水平，有利于新的金融产品、金融工具的推广，实现融资渠道和融资手段多样化；其四，一定程度上可将本国的不良经济现象通过资本流动转移到其他国家，减少本国经济损失；其五，使投资者持有的资产组合更加国际化，降低投资风险；其六，可以提升一国的国际声望，使其在国际社会发挥更重要的作用。但大规模的国际资本流动也可能会对一国经济造成较大的影响和冲击，特别是短期资本由于流动性和投机性色彩浓厚，难以控制，如果一国在基本条件尚未成熟的情况下过早开放资本项目，会给国内经济带来很多消极影响，如国际收支失衡，利率、汇率体系混乱，大规模的资本外逃，货币替代，扰乱现有国内金融机制等。

自1994年起，我国开始实行外汇管理体制改革，基本上取消了国际货币基金组织有关经常项目可兑换定义中的绝大多数限制，实现了人民币经常项目有条件可兑换。1996年12月1日起，中国接受国际货币基金组织协定的第八条的全部义务，不再限制不以资本转移为目的的经常性国际交易支付和转移。这标志着中国实现了经常项目下的人民币的完全可兑换，人民币经常项目下可兑换的实施进一步改善了外商投资和经营环境，增强了国内外对人民币的信心，促进了中国经济融入世界经济主流。自1996年实现了人民币经常项目可兑换，人民币资本项目的开放也在积极有序地推进。在国际货币基金组织划分的43个资本交易项目中,中国已有20~30个资本项目交易基本不受限制或有较少限制,人民币资本项目下已经实现了部分可兑换。

参考文献:
[美]保罗·克鲁格曼、茅瑞斯·奥伯斯法尔德:《国际经济学》,中国人民大学出版社2006年版。
陈燕:《国际金融》,北京大学出版社2010年版。
[美]格林沃尔德:《现代经济词典》,商务印书馆1981年版。
梁小民、睢国余、刘伟、杨云龙:《经济学大辞典》,团结出版社1994年版。
杨长江、姜波克:《国际金融学》,高等教育出版社2008年版。
叶蜀君:《国际金融》,清华大学出版社2009年版。

(黄梅波　占芬)

最优货币区理论
Theory of Optimum Currency Areas

最优货币区理论试图回答,为维持内部均衡和外部均衡,在何种情形下一个国家或地区应当与其他国家或地区形成一个统一区域,在该区域内使用一种单一的共同货币,或具有无限可兑换性的几种货币,区域内的国家或地区与区域外的国家或地区之间的汇率保持浮动。

最优货币区概念起源于固定汇率与浮动汇率的争论。早期的最优货币区理论主要探讨用哪些标准来判断货币区的最优性,试图回答最优货币最具有决定性的经济性质。20世纪60年代,罗伯特·蒙代尔(Robert A. Mundell)、罗纳德·麦金农(Ronald I. Mckinnon)、詹姆斯·英格拉姆(James. C. Ingram)、彼特·凯南(Peter B. Kenen)等人做出了开拓性的工作,他们试图找出最优货币区最具有决定性的经济性质。20世纪70年代,赫伯特·格鲁贝尔(Herbert G. Grubel)、马克斯·科登(W. M. Gorden)、托尔(E. Tower)和威利特(Edwarel Tora David Willtets)等从评估参加一个货币区的效益和成本的角度,提出了各自的最优货币区理论。20世纪70年代之后,关于最优货币区的研究角度更加多样化。宾田(Hamada)研究了一些国家加入货币区的福利含义;雷曼(S. S. Rehman)对最优货币区的判断标准进行了总结;保罗·克鲁格曼(Paul R. Krugman)和茅瑞斯·奥伯斯法尔德(Maurice Obstfeld)也对最优货币区理论的研究进行了总结,并提出了GG-LL模型,用于判断加入货币联盟的时机。

早期的最优货币区理论提出最优货币区应具有的特点如下:

要素市场的一体化:蒙代尔在其1961年的论文中提出,确立最优货币区的标准是“内部生产要素高度流动,内部与外部的生产要素不流动”。蒙代尔主要回答了三个问题:(1)浮动汇率体系在什么情形下是有效的?(这里的有效是指“在维持内部均衡与外部均衡方面的表现”)(2)西欧各国成立共同货币区的条件是否具备?(3)在世界范围内,应当如何划分货币区。蒙代尔通过一个两主体模型阐述了第一个问题。两主体可以是两个国家,一国国境内的两个地区,或是跨越国境的两个地区。蒙代尔探讨了在这三种情形下实行浮动汇率在维持内部均衡和外部均衡方面的有效性。在回答第二个问题时,蒙代尔指出,“内部要素高度流动,内部与外部之间要素不流动”是最优货币区的一个特征。学者们赞成或反对西欧成立共同货币区,其实质是在判断西欧各国要素是否高度流动时的标准有所不同。关于应当如何划分货币区,蒙代尔指出,要素在货币区内部的流动性程度是货币区的一个重要指标,那么尽可能地划分较多的货币区,“要素在货币区内部高度流动”这一条件可在更大程度上被满足,但这意味着存在多种货币,国家或地区之间的交易成本过高。蒙代尔因此得出结论:最优货币区及共同货币的数量,存在一个上限(Mundell,1961)。

蒙代尔的最优货币区理论,有以下四点应当注意:(1)像大多数20世纪60年代的宏观经济学家一样,蒙代尔具有浓厚的战后凯恩斯思想,即财政政策、货币政策可以解决有效需求不足问题,平息私人投资部门对需求或供给方面的冲击,这一思想贯穿其最优货币区理论。这在信奉货币中性的经济学家看来,蒙代尔的推论显然是有问题的。(2)区别20世纪60年代和20世纪70年代,蒙代尔在货币区问题上的看法。关于货币区的大小,蒙代尔在20世纪60年代,以内部生产要素高度流动为标准,认为货币区应当采取较小规模。在20世纪70年代,蒙代尔又提出,如果区域内的共同货币可以保证购买力平稳,那么货币区的规模越大越好。(3)马库斯·弗莱明(John Marcus Fleming)强调区别劳动力流动与资本流动,二者对货币区的影响是不同的。(4)蒙代尔的劳动流动性标准受到人们的批评。蒙代尔认为生产要素的内部高度流动可以在经济体供求不均衡时,调整生产要素的价格,从而减轻把改变汇率作为改变要素实际价格的工具的要求。但是,劳动力的流动具有成本,这一点不应当忽略。

商品市场的一体化:罗纳德·麦金农(Ronald I. Mckinnon)从对外开放程度的角度来研究具有一定对外开放的区域是否应该选择与其他区域实行浮动汇率,或参加进去形成一个更大的货币区。然而,作者在文中并没有正面回答这一问题。麦金农的结论是:对外封闭的地区,在内部应当将其货币钉住一组从区域外部看来是非贸易品、在区域内是可贸易品的商品,以保持区域内价格的稳定。这样的对外封闭的经济不应该再细分为具有独立货币、汇率相互浮动的较小地区，也不应该与其他地区形成一个货币区(因为该地区相对封闭)(Mckinnon,1963)。

金融市场一体化：英格拉姆和塞托夫斯基(Tiber. Scitovskv)倾向于用内部适度的金融一体化程度作为最优货币区的标准。他们认为，一个地区的金融资本市场存在高度一体化可以为地区间收支的不平衡融通资金，该地区适合成为一个货币区，在金融一体化的区域内实行固定汇率制更好。

20世纪80年代以及90年代初，由于国际货币领域，特别是欧洲迈向货币一体化的进程重现活力，以及宏观经济理论的发展，出现了大量的文章和著作阐述最优货币区理论。这一时期对最优货币区问题的研究仍是最优货币区选择中的标准问题，以及最优货币区的收益与成本分析，但宏观经济学的发展使得最优货币区理论发生了很大变化。根据预期形成、时间不连续和信誉问题、不确定条件下的劳动流动以及汇率决定等方面的理论的发展，最优货币区理论已经得到了一些修改、完善。

这一时期关于最优货币区理论的修正，具体表现在四个方面：(1)垂直的菲利普斯曲线和政策失效：20世纪70年代中期的文献假设，灵活的汇率允许一国采取独立的货币政策以便在菲利普斯曲线上选择一个最优点，而在这一阶段高通货膨胀率与高失业率并存的现实证明不存在上述最优点。(2)时间不连续问题：最优货币区理论的早期文献将通货膨胀率相似性标准作为加入货币区的一个前提条件。该阶段时间不连续问题的提出把通货膨胀率相似性作为加入货币区产生的一个合意结果。(3)不确定条件下的劳动力流动：不确定条件下，劳动力流动的成本会增大。(4)对外调节过程：早期的最优货币区理论把要素的流动的相对性与汇率调节相对立，这一时期，学者强调，汇率调节存在较长时滞(Krugman,1991)。

20世纪90年代以来，计量技术的发展推动了最优货币区的实证研究，学者从经济多样性、内生性等角度对包括西欧在内的地区进行经验分析，发展了最优货币区理论。这一阶段最优货币区理论的特点是模型化，在这一阶段几乎所有最优货币区的属性都被详细地检验过。

自从20世纪70年代初布雷顿森林体系崩溃以来，汇率制度的选择和国际货币合作一直是理论界和实务界的热点问题。蒙代尔于1961年开创的最优货币区理论给出了一种区域货币一体化方案，自问世以来得到了广泛的关注。90年代以来，欧洲经济货币联盟(Economic and Monetary Union,EMU)的实践再一次将最优货币区理论推上前台，欧洲的实践者们第一次在真正意义上创立了一种共同货币和货币联盟。然而，最优货币区理论和EMU的实践中还有很多值得关注的问题。欧元区是在不断地争论和实践中建立起来的。虽然欧元纸币和硬币于2002年1月1日起正式流通，但是关于欧元区是否是一个最优货币区，欧元前景如何的讨论从来没有停止过。2009年，欧元区国家希腊率先爆发主权债务危机，随后危机迅速蔓延到爱尔兰、西班牙和葡萄牙等国并最终转变为一场欧元区的主权债务危机。此次主权债务危机使得整个欧元区面临自成立以来最严峻的考验，影响了人们对单一货币欧元的信心，使最优货币区理论陷入现实的困境，并引发对最优货币区理论和欧洲货币一体化机制的反思和质疑。

参考文献：

姜波克、罗得志：《最优货币区理论综述兼述欧元、亚元问题》，载于《世界经济文汇》2002年第1期。

Mundell, R. A, A Theory of Optimum Currency Areas, *The American Economic Review*, Vol. 51, No. 4. September 1961.

Mckinnon, R. I., Mundell, The Euro, and Optimum Currency Areas, *The American Economic Review*. 2002.

(黄梅波 卫瑞)

欧元
Euro

欧元是欧洲中央银行发行的、在欧元区流通使用的统一货币。

1992年2月7日，欧洲共同体(European Communities,以下简称欧共体)成员国正式签订了欧洲经货联盟与政治联盟条约草案——《欧洲联盟条约》(Treaty on European Union)，即《马斯特里赫特条约》(Maastricht Treaty,以下简称《马约》)。1993年11月，《马约》生效，欧洲开始向经济和货币联盟迈进。根据《马约》，欧洲经济和货币联盟的建设分三个阶段进行，第三阶段最迟将于1999年1月1日开始。在这一阶段，欧洲中央银行(European Central Bank,ECB)开始运作，欧元正式启动。1995年12月15～16日，各国首脑在马德里峰会上重申货币联盟必须从1999年1月1日开始，并同意单一货币的名称叫欧元。1997年6月16～18日在荷兰首都阿姆斯特丹举行了欧盟首脑会议，会议通过了新的《欧洲联盟条约》草案，称《阿姆斯特丹条约》(Amsterdam Treaty)，并批准了《预算稳定和增长公约》、《欧元的法律地位》和《新货币汇率机制》等3个条约，各国首脑重申单一货币将如期实现。这一条约不仅为1999年1月1日欧洲货币联盟的按期启动和未来单一货币欧元的稳定提供了法律保障，而且为其发展扫清了技术障碍。1998年5月初，欧盟领导人在布鲁塞尔正式同意1999年1月1日启动欧元。

1999 年 1 月 1 日欧元正式诞生时只作为“电子货币”(包括银行账户、信用卡、旅行支票等)使用,欧元纸币和硬币于 2002 年 1 月 1 日起才正式流通。从 1999 年 1 月 1 日到 2002 年 1 月 1 日,欧元和欧元区国家货币同时存在,至 2002 年 7 月 1 日欧元成为唯一法定货币,各欧元区国家货币退出流通。欧元由欧洲中央银行和各欧元区国家的中央银行组成的欧洲中央银行系统(European System of Central Banks, ESCB)负责管理。欧洲中央银行是效仿美联储与德国联邦银行成立的一个独立的机构,它享有独立制定货币政策的权力。欧元区国家的中央银行参与欧元纸币和欧元硬币的印刷、铸造与发行,并负责欧元区支付系统的运作。

欧元诞生后,欧元区各国货币间的转换均需通过欧元进行。欧元转换比率是由欧洲议会根据欧洲委员会(European Commission, EC)的建议,按 1998 年 12 月 31 日的市场汇率为基础而确定,1 欧洲货币单位等于 1 欧元。欧元与欧元区各国原有货币的固定转换如表 1 所示:

表 1 欧元区成员国与欧元的汇率

奥地利先令(ATS)	13. 7603	葡萄牙埃斯库多(PTE)	200. 482
比利时法郎(BEF)	40. 3399	西班牙比塞塔(ESP)	166. 386
荷兰盾(NLG)	2. 20371	希腊德拉克马(GRD)	340. 75
法国法郎(FRF)	6. 55957	塞浦路斯镑(CYP)	0. 585274
德国马克(DEM)	1. 95583	马耳他镑(MTL)	0. 4293
爱尔兰镑(IEP)	0. 77564	斯洛伐克克朗(SKK)	30. 126
意大利里拉(ITL)	1936. 27	爱沙尼亚克朗(EEK)	15. 64664
卢森堡法郎(LUF)	40. 3399		

资料来源:根据 European Central Bank 中 Euro 板块的数据整理而成。

罗伯特·蒙代尔提出的“最优货币区”(Optimal Currency Area, OCA)为欧元的诞生奠定了理论基础。但 90 年代理论界对欧元的诞生及欧盟到底是不是一个最优货币区产生了激烈的争论。1992 年 6 月 11 日,62 位德国经济学家在法兰克福发表了题目为《欧洲货币联盟——对欧洲决定性的考验》(EC Currency Union—An Aid Test for Europe),其副标题为“62 位德国经济学家反对《马约》的决定:动作太快把欧洲推向危险的境地”(以下简称《考验》)。此文指出,《马约》存在十大失误,认为欧盟尚不具备引入共同货币的条件,贸然行事将带来经济与政治的双重灾难。但是,另一份名为《赞成欧洲货币联盟:欧洲经济学家宣言》(In Favor of EMU: A Manifesto of European Economists,以下简称《宣言》),由 70 位欧洲各国的经济学家,其中包括 10 名德国经济学家,联名对《考验》进行反驳。两份宣言的作者围绕“欧盟是否是最优货币区”的争论主要集中在衡量标准、对应条件下汇率政策工具的效应、货币联盟能否提高物价稳定政策的有效性以及加入单一货币的成本收益等几个方面。学者们的意见分为三种:一是赞同派,认为单一货币是欧盟的最佳选择(如前述的 70 位经济学家),引入欧元是有利的;二是中间派,认为当前的条件还不成熟,但不反对把单一货币作为欧盟演进的方向(如 62 位德国学者);三是反对派,该派学者认为无论在当前还是在以后,欧盟都不是 OCA,即使建立了货币联盟,也只是政治动机使然。

作为“一个市场,一种货币”理论最伟大的实践,欧元取得了迄今为止国际货币合作史上最伟大的成就。蒙代尔曾说:欧元的重要性在于它具有改变国际货币体系权力结构的绝大潜力,有可能成为另一种国际记账单位和储备货币而挑战美元。事实上,欧元的诞生对其后欧洲经济的增长起到了积极作用,对中国、美国及整个世界的经济发展也有着重要影响。伴随着欧元的流通,欧元汇率一路上扬,欧元的诞生使国际货币体系形成欧元体系与美元体系并存的局面。对于欧洲自身来说,从短期看,欧元通过促进欧元区的消费需求、投资需求以及对外出口来刺激欧洲的短期经济增长;从长期看,欧元促进技术创新、资本供给和创造劳动就业扩大了欧洲长期经济增长潜力。更为重要的是,欧元在一定程度上促进了欧元区市场结构和政策结构的一致性,从而为欧洲经济的持续增长奠定稳固的基础。我国与欧盟互为最重要的经贸合作伙伴。欧元诞生后,中欧双边出口、投资大幅增长。此外,欧元还促使我国外汇储备结构得到了优化,使之更趋合理和安全。

欧元问世以来,国际地位和影响不断提高,面临的问题也日益增多。欧元区特别是老成员国经济持续低迷、欧洲央行统一货币政策处于两难境地、各成员国对财政赤字超标意见分歧、政治一体化进程的缓慢以及广大民众对一体化态度的转变等,都成为欧元前进中的障碍。2008 年,欧元区国家希腊、爱尔兰、西班牙和葡萄牙等相继爆发主权债务危机,危机逐渐向欧元区其他国家蔓延并最终转变为一场欧元区的主权债务危机。欧元区的此次危机使不少学者担忧欧元的前景。曾任欧洲央行首席经济学家、德国央行行长,现任德国法兰克福大学金融研究中心总裁，被公认是欧元的创始人之一奥托马·伊辛(Otmar Issing)对欧元及欧元区的未来并不乐观。他认为，为解决各自的经济问题，部分成员国退出欧元区已成定局，为了欧元区长远的未来，那些苦苦挣扎于经济泥潭的成员国应被取消成员国资格，应从小数量成员国开始有序退出，任何一个国家都不应退出的想法实质上是对欧元区的勒索。克鲁格曼、鲁比尼(Nouriel Roubini)、罗杰斯(Jim Rogers)、索罗斯(George Soros)等美国学者和金融家对欧元也持悲观观点，由于货币联盟与财政联盟脱离的状况尚未从根本上消除，欧元区经济发展不平衡也未见减轻，因此，他们均认为欧元将会消亡。欧洲央行行长马里奥·德拉吉(Mario Draghi)则坚持认为欧元是不可逆转的。面对欧洲主权债务危机，“危机国”和“施援国”，还有整个欧盟和欧元区，以及国际货币基金组织，都在共同努力应对。

参考文献：
冯兴元：《欧洲货币联盟与欧元》，中国青年出版社1999年版。
姜波克、罗得志：《最优货币区理论综述兼述欧元、亚元问题》，载于《世界经济文汇》2002年第1期。
欧洲共同体官方出版局：《欧洲联盟条约》，国际文化出版社1999年版。
张洪梅、刘力臻：《国际区域货币合作的欧元模式研究》，经济科学出版社2009年版。
Mundell A. Robert, A Theory of Optimum Currency Areas, *The American Economic Review*, Vol. 51, No. 4, Sep. ,1961.

（黄梅波　占芬）

欧元区
Euro Zone

欧元区是指由欧洲联盟成员中采用欧元作为单一的官方货币的国家组合而成的区域。随着1999年1月1日欧元(参见欧元)的正式出现，欧元区正式成立。欧元区的货币政策由欧元体系(Eurosystem)、欧洲中央银行(European Central Bank, ECB)、欧元区各国中央银行组成的欧洲中央银行系统(European System of Central Banks, ESCB)共同制定，三个机构各有其责任和角色。欧元诞生后，由欧盟条约(The Treaty on European Union)规定的ESCB所需履行的责任由Eurosystem来承担。ECB和Eurosystem中的中央银行的职责是确保欧元区价格稳定。欧元区成员国的中央银行在ECB的指导下实施货币政策操作，欧元区国家的中央银行参与欧元纸币和欧元硬币的印刷、铸造与发行，并负责欧元区支付系统的运作。

截至2013年1月1日，欧元区共有17个成员，分别是爱尔兰、奥地利、比利时、德国、法国、芬兰、荷兰、卢森堡、葡萄牙、西班牙、希腊、意大利、斯洛文尼亚、塞浦路斯、马耳他、斯洛伐克和爱沙尼亚。

表1　欧元区国家概览

国家	加入日期	人口
奥地利	1999年1月1日	8316487
比利时	1999年1月1日	10584534
塞浦路斯	2008年1月1日	766400
芬兰	1999年1月1日	5289128
法国	1999年1月1日	63392140
德国	1999年1月1日	82314906
希腊	2001年1月1日	11125179
爱尔兰	1999年1月1日	4239848
意大利	1999年1月1日	59131287
卢森堡	1999年1月1日	476200
马耳他	2008年1月1日	404962
荷兰	1999年1月1日	16372715
葡萄牙	1999年1月1日	10599095
斯洛伐克	2009年1月1日	5379455
斯洛文尼亚	2007年1月1日	2013597
西班牙	1999年1月1日	45116894
爱沙尼亚	2011年1月1日	1340415
欧元区		320143372

注：根据European Central Bank中Euro板块的数据整理而成。

根据《马斯特里赫特条约》(Maastricht Treaty)的规定，有意加入欧洲货币联盟(European Monetary Union, EMU)的国家必须满足四个趋同标准(Convergent Criteria)：第一，价格稳定。各成员国通货膨胀率在加入联盟前的一年内不得超过经济形势最好的三个国家平均水平的1.5%；第二，健全的公共财政。政府的财政赤字不能超过国内生产总值GDP的3%，政府债务不能超过GDP的60%；第三，无差别的长期低利率。要求长期名义利率以长期政府债券或可比的有价证券来衡量，不超过三个价格最稳定的成员国前一年平均水平的2%；第四，稳定的汇率。政府必须表明它们有能力使汇率的波动在2年内不突破欧洲货币体系汇率机制所规定的正常波动幅度，不对其他任何成员国货币贬值。欧盟对成员国加入欧元区的时间并没有固定的要求，每一个成员国将根据自己国家的情况，按照自己的时间表加入。

1995年12月的马德里会议确定了欧元引入的具体细节，并把EMU的启动分为三个阶段。第一阶段1998年3月25日欧委会与欧洲货币局公布15个成员的趋同报告，它们推荐11个国家进入。第二阶段又称为过渡时期，从1999年1月1日开始，各国货币与欧元的汇率永久固定。第三阶段从2002年1月1日开始，欧元现钞及硬币开始流通。

欧元区成立之初对欧洲经济及世界经济产生了重要影响，但自2008年欧元区主权债务危机爆发后，欧元区经济陷入持续衰退。欧洲的经济复苏变得更为艰难和缓慢，欧元从高位下跌，大幅贬值动摇了市场对于其储备货币地位的信心，也使美元在与欧元竞争中重新获得优势。国际货币基金组织（IMF）在2012年10月发布的《全球金融稳定报告》中将欧元区危机视为“全球金融稳定的最大威胁”。欧元区主权债务危机对中欧经贸合作也产生了不利影响，欧盟经济复苏进程缓慢抑制我国对欧出口增长，且欧元大幅贬值使我国出口企业面临的风险进一步上升，中欧贸易摩擦也随之增加。

欧元区主权债务危机的爆发使欧元区体制缺陷一览无余，欧元区的稳定性受到挑战和质疑。关于此次欧元区债务危机爆发的根源，以保罗·克鲁格曼等开放宏观经济学家提出了“欧元区缺陷论”，认为欧元主权债务危机的实质在于欧元区存在致命缺陷，欧洲还不具备推行单一货币的条件，危机的核心原因是欧元缺乏灵活性，而不是赤字开支（克鲁格曼，2010）。欧元区制度的缺陷导致市场信心降低，阻碍了政府之间的经济合作，助长了投机者对政府债券的投机行为（C. Panico，2010）。这种缺陷主要表现在以下几个方面：

第一，财政与货币政策二元性。欧元启动以后，欧洲经济一体化进入了一个新的阶段，欧元区开始实行统一的货币政策，掌握在超国家的欧洲中央银行手中，而财政政策却是分散管理的，由各个成员国政府确定。加入货币同盟后，单个成员国债务规模的扩大和赤字的增加不会导致汇率降低和信用状况恶化，成员国政府采取逆周期政策的动力降低，结果被迫进入一种高利率、高预算赤字和银行风险的恶性均衡。统一的货币政策使欧元区成员国在面临财政困难时，无法采用货币政策通过货币贬值来增强竞争力和缓和财政负担（Milne，2011），调控经济几乎只能依靠财政政策。当金融危机爆发后，为挽救经济，抵御衰退，成员国不得不采取扩张性的财政政策以刺激经济，结果赤字和债务状况更加严重。即使统一的货币政策也是各成员国利益博弈的结果，无法满足某个成员国的具体要求，货币政策无法发挥出应有的作用。统一的货币政策与分散的财政政策使“相互补充”的一对宏观调控工具变成了“战略替代”（C. Panico，2010）。

第二，财政规则的缺陷。欧盟财政规则的缺陷是导致主权债务危机的关键因素。欧盟财政规则的缺陷主要表现在四个方面。（1）对成员国的监管的指标太少并且缺乏灵活性。在评估财政状况时，主要关注赤字占GDP比重不超过3%这一规则。其他的指标，尤其是债务水平以及中期预算平衡被政策制定者严重地忽视了。收入过度依赖于某些资源也没有得到监管的重视。财政监督缺乏长远性的方法。（2）成员国向欧盟提供的数据质量成疑。欧洲统计局只能使用成员国提供的数据，不能对这些数据进行修改，但是这些数据的可靠性值得怀疑。尤其是希腊政府，几乎一直在向上修正原有的赤字数据。成员国的自律意识较低导致真实赤字规模只有在所有的程序完成后才能发现。（3）无效的过度赤字程序。这个程序繁琐冗长，在向违反规定的成员国提出警告前，必须经过一些复杂的步骤。（4）财政规则没有一个发挥作用的软硬兼施的工具。事实上，欧盟从未对成员国实施过制裁。制裁渐进性较差并且在冗长的过度赤字程序的最后才执行。

第三，危机解决机制的缺失。根据不救助条款以及避免道德风险，欧元区并没有风险解决机制。《马斯特里赫特条约》没有设立成员国有序重组的机制，从而使得评估欧元区政府债券非常困难，造成市场投资者情绪的大幅波动，导致债券市场价格起伏不定。当成员国面临因投资者丧失信心而难以在市场上再融资时，条约没有设立向成员国提供紧急流动性支持的机制。

第四，成员国忽视欧洲经济治理。仅仅监管不足无法解释欧洲经济治理的失败，很显然，欧元区成员国并没有为建立一个可行的货币同盟而付出应有的努力。成员国常常认为，单一货币能否成功是欧洲中央银行的责任。尽管欧盟制定了监管机制和制裁措施，但是并没有付诸实施。成员国并不想干预别国的政策，更别说处罚他国。但是，单一的货币需要成员国之间彼此协调，对他国不合理的经济政策进行干预。

目前，欧债危机在经过两轮长期再融资计划（Longer-Term Refinancing Operation，LTRO）有所缓解之后又出现了反复，西班牙、意大利陷入债务困局，国际资本从欧元区大量流出，欧元汇率急剧贬值，市场对欧元出现信心危机。为了抑制市场对欧元崩溃的恐慌心理，2012年9月6日，欧央行推出直接货币交易计划（Outright Monetary Transactions，OMT）；2012年10月8日，欧元区永久性救助基金——欧洲稳定机制（European Stability Mechanism，ESM）正式生效，欧盟在实现货币与经济联盟的道路上，迈出了坚实的一步。

参考文献：

［英］伊特韦尔等：《新帕尔格雷夫经济学大辞典》，经济科学出版社1996年版。

瞿旭、王隆隆、苏斌：《欧元区主权债务危机根源研究：综述与启示》，载于《经济学动态》2012年第2期。

冯兴元：《欧洲货币联盟与欧元》，中国青年出版社

1999 年版。
欧洲共同体官方出版局:《欧洲联盟条约》,国际文化出版社 1999 年版。
保罗·克鲁格曼:《欧元区的致命缺陷》,载于《中国物流与采购》2010 年第 5 期。
Panico C. ,The Cause of the Debt Crisis in Europe and the Role of Regional Intergration Political Economy Research Institute,Working Paper Series,No. 234.
Milne A. K. L. ,Limited Liability Government Debt for the Eurozone,*CESifo Economic Studies*,Vol. 57.

(黄梅波 占芬)

离岸金融中心
Offshore Financial Center(OFC)

离岸金融中心又称离岸金融市场(Offshore Financial Market)或境外金融市场(External Market),是指在高度自由化、全球化金融管理体制和优惠的税收制度下,一国或地区或城市,以自由兑换外币为交易手段,以非本国居民为交易对象,由本地银行与外国银行所形成的独立的资金融通市场和自由交易中心。非居民性、特殊的制度安排和国际性是离岸金融中心的关键属性。广义的离岸金融中心包含资金借贷、外汇黄金买卖、证券交易、离岸基金与保险等各种离岸金融活动,并由这些业务活动形成了离岸货币市场、离岸资本市场、离岸外汇市场、离岸共同基金市场、离岸保险市场以及离岸黄金市场等,而狭义的离岸金融中心仅指资本借贷市场。离岸金融中心的核心功能或者在于通过使用壳公司、信托或其他经济实体,规划和管理资金流动路径来最小化纳税人义务,或者在于通过设计特殊的法律制度来吸引海外金融和公司的业务。

依据国际货币基金组织的定义,离岸金融中心具有下列特征:辖区的大量金融机构主要从事非居民业务,其对外资产和负债超过对区内经济的融资规模;辖区实现免税或低税政策,金融监管相对宽松,银行账户保密或匿名。

离岸金融中心 20 世纪 70 年代以来获得迅猛发展,从伦敦、巴黎、法兰克福、苏黎世、卢森堡等欧洲地区扩展到新加坡、巴拿马、巴哈马、拿骚等地;80 年代以来,又在纽约、东京等地出现了新的离岸金融中心;到 90 年代,离岸金融中心已遍布世界各地,截止到 2010 年,世界上不同国家和地区已经建立起 30 多个离岸金融中心。

按照不同的标准,离岸金融中心可以分为不同的类型。按照其功能和业务管理的不同可以分为四类:第一,内外一体型离岸金融中心,也称内外混合型离岸金融中心,这种离岸金融中心是典型的国内和国际金融市场的一体化市场,以伦敦和中国香港为代表。其特点是:经营的货币是境外货币,市场的参与者可以经营离岸金融业务,又可以经营自由市场业务。在管理上没有什么限制,经营离岸业务不必向金融当局申请批准。第二,内外分离型离岸金融中心,一般是所在国政府专门为非居民交易而人为创设的国际金融平台。这类离岸金融中心以纽约、新加坡、东京、巴林为代表,其特点是离岸业务和在岸业务相互隔离,不相渗透,分别管理。银行另立户头处理非居民业务部分,进入离岸市场的金融机构也必须开设离岸业务专门账户,非居民禁止经营在岸业务。第三,分离渗透型离岸金融中心,这类离岸金融中心是彻底的内外分离型向内外一体型发展的过渡形式,以马来西亚纳闽岛和泰国曼谷为代表。其特点是以分离型为基础,但兼有"内外一体化型"的部分特点,如允许部分离岸资金流入国内金融市场,并允许居民参与离岸交易,国内企业可以直接在离岸金融市场上融资。第四,避税型离岸金融中心,是指在不征税的地区,只是名义上设立机构,通过这种机构在账簿上对境外交易起到中介作用。这类离岸金融中心一般设在风景优美的海岛和港口,政局稳定,税收优惠,没有金融管制,如加勒比海的巴哈马、开曼群岛及巴拿马等。这是通常意义上所说的离岸金融中心。按照活动区域内资金的来源和运用情况,离岸金融中心也可以分为四类。一是主导中心,即功能齐全的全能型离岸金融中心,这类离岸金融中心通常被视为典型的国际金融中心,能够发挥全球性金融媒介的作用,代表性的中心为伦敦、纽约。二是簿记中心,这类离岸金融中心主要发挥金融转口口岸的作用,如拿骚、开曼群岛等。其所在地通常资源缺乏,一般不对外投资,各银行机构普遍在此转账,从而使该金融中心起到记账中心的作用。三是筹资中心,主要是将所吸收的外部资金运用到区域内,发挥对内金融中介的作用,典型的如新加坡、巴拿马。四是代收中心,主要发挥对外金融媒介的作用,这类金融中心所在地区由于资金过多,而本地区的吸收能力有限,因此该中心将积累的资金转为对区域外部市场的投资,典型的如巴林。此外,离岸金融中心还可按照性质、覆盖范围、所在地、币种结构以及形成动力等进行不同的划分。

离岸金融中心主要包括五种业务:一是离岸银行业务。离岸银行业务是离岸金融中心比重最大的业务类型,主要涵盖了传统的存贷款和贸易融资等。二是离岸保险业务。离岸保险业务是在离岸金融市场上,境外保险机构为非居民办理保险业务来保障投保人的利益。三是离岸证券业务。离岸证券是指由外国的证券发行人在离岸证券市场上发行的、由来自不同国家的投资银行组成的承销银团承销的、在许多国家同时发行出售的证券。四是集合投资计划(Collective Investment Scheme,CIS),即离岸基金,由发行市场所在国境外的基金公司发行,通过不同国家投资银行组成的承销团负责承销,向全球范围的国家同时出售,最终将所得资金投资于本国或者第三国的证券市场,它主要包括对冲基金和公开市场基金。五是其他金融业务,包括投资信托、特殊目的机构、离岸私人银行、FDI等业务。这些不同的业务是由各类非银行金融机构在市场上开展的,这些机构包括控股公司、投资公司(通常是开放型的投资信托公司)、金融公司(专为跨国企业筹措资金、管理运用资金而设立的子公司)、信托公司等。

20世纪90年代以后,以英属维尔京群岛、开曼群岛、萨摩亚和中国香港地区等为代表的离岸金融中心蓬勃发展,对世界金融经济都有重要影响。中国大陆的金融经济也不例外。为规避资本外逃和洗钱犯罪等方面的负效应,也为进一步提升本国金融的国际竞争力,中国政府在建立和优化相关监管制度、不断加快大陆地区金融深化步伐的同时,也一直在积极筹划和构建区域性离岸金融中心,以形成香港-大陆金融关系的基本格局。香港作为一个国际性重要的离岸金融中心之一,既是一个为国际金融业务提供记账、注册和避税的场所,又是一个具体开展存贷、汇兑、咨询等业务的银行中心,同时,香港的离岸业务和本土业务融为一体。随着中国经济的发展,香港作为离岸金融中心的竞争优势进一步加强。2004年2月,香港银行正式开办人民币离岸业务,随着人民币业务不断扩大,境内外机构在港发行人民币债券,跨境贸易人民币结算试点成功,香港已逐步发展成为离岸人民币业务的重要中心。2010年7月19日,中国人民银行与香港金融管理局于签订了《中国人民银行与香港金融管理局合作备忘录》和《香港人民币业务清算协议》,最新开放措施将令香港拥有内地以外全球首个人民币外汇现货市场以及人民币银行同业借贷市场,这项协议进一步推动了香港作为人民币离岸中心的发展。

参考文献:

郭云钊、张鹏:《全球离岸金融中心的发展》,载于《中国金融》2012年第15期。

连平:《离岸金融研究》,中国金融出版社2002年版。

巴曙松、郭云钊、KVB昆仑国际离岸金融项目组等:《离岸金融市场发展研究:国际趋势与中国路径》,北京大学出版社2008年版。

左连村:《国际离岸市场理论与实践》,中山大学出版社2002年版。

(郑建军 占芬)

国际货币基金组织

International Monetary Fund(IMF)

国际货币基金组织是一个由188个国家和地区(截止到2013年1月1日)组成的,致力于推动全球货币合作、保证金融稳定性、促进国际贸易、提高就业和经济增长、减少世界贫困的组织。IMF于1945年12月27日成立,1947年11月15日起成为联合国专门机构。其职能是为汇率监督、资金融通、提供国际货币合作与协商的场所。IMF的最高决策机构是理事会,日常行政工作由执行董事会负责。IMF的业务活动是围绕其宗旨开展的,主要包括汇率监管、资金融通、储备资产创造和技术援助等方面。

IMF的资金主要来源于成员国缴纳的份额、借款、捐款、出售黄金所得的信托基金以及有关项目的经营收入。各成员国应缴纳份额由IMF根据各国的国民收入、黄金和外汇储备、对外贸易量的大小等经济指标计算确定,每5年对份额进行一次审查与调整。份额的计量单位原定为美元,1969年起改用特别提款权(Special Drawing Right,SDR)表示,份额的多少同时决定了在IMF的投票权。

根据国际货币基金组织协定,IMF的贷款提供给会员国的财政部、中央银行、外汇平准基金等政府机构。贷款只限于会员国解决短期性的国际收支的不平衡问题,用于贸易和非贸易的经常项目的支付,贷款规模与会员国的份额成正比。贷款的方式采取"购买"的方式,即会员国用本国货币向IMF换购外汇。偿还时,用外汇或SDR购回本国货币,贷款无论是什么货币提供,都以SDR计值,利息也用SDR缴付。IMF提供的贷款主要有:(1)普通贷款,也称基本信用设施贷款(Basic Credit Facility);(2)补充与应急贷款(Compensatory & Contingency Facility,CCFF);(3)缓冲库存贷款(Buffer Stock Facility,BSFF);(4)扩展贷款(Extend Fund Facility,EFF);(5)石油贷款(Oil Facility);(6)信托基金贷款;(7)补充贷款(Supplementary Financing Facility);(8)结构调整贷款(Structural Adjustment Facility,SAF);(9)制度转型贷款(Systemic Transformation Facility)。

1944~1971年世界经济处于合作与重建时期,IMF成为第二次世界大战后世界经济重建计划的一部分。1944年布雷顿森林会议上签订达成的《国际货币基金协定》(Agreement of the International Monetary Fund)为IMF的成立奠定了基础。1945年12月27日,IMF于华盛顿成立。1947年3月1日IMF开始工作,1947年11月15日成为联合国的专门机构。1947年,法国成为一个向IMF贷款的国家。20世纪50年代到60年代,由于许多非洲国家完成独立,IMF成员国快速增加,但是由于冷战的影响,IMF成员国资格受到限制,苏联势力范围的大多数国家都没有加入IMF。1945年至1971年加入IMF的国家实行"固定而又可调"的汇率体系,每个国家都根据黄金或美元确定期汇率的评价,它只在得到IMF允许后才能变动。除非发生"国际收支基本失衡",否则货币的价值是不准改变的。这种汇率体系一直维持到1971年布雷顿森林体系解体。

1971年布雷顿森林体系解体后,IMF面临着调整与改革。自1973年起,几种主要货币,美元、德国马克、日元和英镑,向加拿大元和瑞士法郎一样,实行相对浮动。1976年,IMF协定的条款作了大幅度修正来适应这一新的体系,每个国家都不必确定其货币平价,但可以自主选择汇率制度。IMF的这一改革有利于成员国在面临外部冲击时进行灵活调整和应对。为了帮助石油进口国应对由油价上涨带来的国际收支问题,IMF设立了石油贷款。从20世纪70年代中期开始,针对贫困国家的国际收支问题,IMF通过信托基金(Trust Fund)进行援助,1986年,IMF引入了结构贷款调整(Structural Adjustment Facility,SAF),SAF1987年被加强结构调整贷款(Enhanced Structural Adjustment Facility,ESAF)取代。

1973年第一次石油危机之后,国际银行贷款引起的石油进口国和石油出口国大型公共支出巨幅增长,导致这些国家外债迅速增加,当实际汇率上升和1980~1982年的经济衰退使绝大多数国家贸易恶化的情况下,IMF在这场危机中起了四种作用。第一,它以备用贷款和其他贷款方式提供金融支持。第二,它会同美国和其他金融机构一起,迫使银行重新修订贷款时间表,并致力于"联合贷款"计划的解决。第三,它提出的建议和贷款条件,与世界银行一起,对债务国政府的政策产生了重要影响。第四,它的报告和贷款条件为债务国提供了"理财的保证"。在此基础上它能劝说银行与之继续合作并提供新的贷款。

1990~2004年IMF经历了两次考验。一是东欧剧变时期。柏林墙的倒塌和东欧剧变使IMF成为一个更加国际性的机构。1989~1991年这3年间,IMF成员国的数量从152个上升到172个,这是自60年代以后成员国数量增速最快的时期。为了更好地履行职责,IMF的工作人员在6年间增加了近30%,执行委员会的席位从22个增加至24个。IMF在苏联和东欧社会主义国家从中央计划经济转向市场经济的转变过程中起到了重要作用,整个90年代,这些国家都与IMF有着紧密的合作,从其政策建议、技术援助、金融支持中获益。到90年代末,大多数国家都成功地转向市场经济,且很多国家2004年加入了欧盟。二是1997年金融危机时期,几乎所有受影响的国家都向IMF要求金融支持和征询经济改革建议,而与此同时IMF也受到了空前的指责。从这次危机中,IMF吸取了教训以更好地应对未来可能出现的危机。首先要更多地关注国家银行部门的脆弱性以及这些脆弱性对宏观经济稳定的影响。1999年,IMF与世界银行一起发起了金融部门评估项目(Financial Sector Assessment Program)。其次IMF认识到制度的先决条件对国际资本流动的自由化的影响比预期得更大。因此,IMF逐渐抑制资本账户的自由化。再其次亚洲金融危机带来的经济衰退使IMF重新衡量财政政策在危机中的作用。90年代期间,IMF与世界银行紧密合作,对贫困国家的贷款进行了削减。1996年启动了重债穷国计划(Heavily Indebted Poor Countries,HIPC),2005年加快速度朝着联合国千年发展目标迈进,并发动多边减债计划(Multilateral Debt Relief Initiative,MDRI)作为HIPC的补充。

2005年至今,经济全球化和金融危机使IMF面临更多的挑战。2008年的金融危机是自大萧条以来最严重的危机,IMF肩负着推动各国走出经济危机、保持经济增长的艰巨任务。金融危机导致国际资本流动的失衡,大部分国家陷入经济衰退,IMF被要求提供备用贷款安排和其他形式的金融和政策支持。IMF的金融支持被认为前所未有的重要,但在金融危机结束前同时也面临着捉襟见肘的危险。IMF的放贷能力提高了3倍左右,为了更有效地利用这些资金,IMF调整了借款政策,包括根据国家经济层面设立浮动信用额度、政策实施效果追踪等。

中国是IMF的创始国之一,但在1980年以前,中国在IMF的席位一直被台湾当局占据。1971年我国恢复了在联合国的合法席位,在联合国各专门机构的合法席位也相继得到恢复。经积极交涉,1980年4月17日,IMF执行董事会通过决议,恢复了中国的合法席位,之后我国在IMF的份额不断增加,在IMF的份额的扩大是中国国力近年来不断提升的表现,份额的扩大与中国国际地位的提升相辅相成。

参考文献:
国际货币基金组织网站:http://www.imf.org/external/。
梁小民、雎国余、刘伟、杨云龙:《经济学大辞典》,团结出版社1994年版。
[英]伊特韦尔等:《新帕尔格雷夫经济学大辞典》,经济科学出版社1996年版。
中国社会科学院世界经济与政治研究所《世界经济》编辑部:《当代世界经济实用大全》,中国经济出版社1990年版。

(郑建军　占芬)

世界银行
World Bank

世界银行通常是指世界银行集团,其前身为国际复兴与开发银行(International Bank for Reconstruction and Development,IBRD),IBRD是根据布雷顿森林会议上通过的《国际复兴开发银行协定》于1945年12月27日成立的,1946年6月开始运作,1947年11月15

日起成为联合国下属的一个专门机构。自成立以来，IBRD已从一个单一的机构发展成为一个由五个联系紧密的发展机构组成的集团——世界银行集团(以下简称世行)。世行的成员机构包括IBRD、国际开发协会(International Development Association, IDA)、国际金融公司(International Finance Corporation, IFC)、多边投资担保机构(Multilateral Investment Guarantee Agency, MIGA)(参见“多边投资担保机构”)和国际投资争端解决中心(The International Center For The Settlement of Investment Disputes, ICSID)。世行的使命已从过去通过IBRD促进“二战”后重建和发展演变成为目前通过与其下属机构密切协调推进世界各国的减贫事业。当前，重建仍然是世行工作的重要内容之一，通过实现包容性和可持续的全球化减少贫困仍是世行工作的首要目标。

世界银行的宗旨是通过向发展中国家的经济改革计划和特定项目提供贷款及相关的技术援助，以推动成员国的经济发展。具体包括：对用于生产目的的投资提供便利，以协助会员国的复兴开发，并鼓励不发达国家生产和开发资源；通过对私人贷款提供保证或直接参与私人贷款，促进私人对外投资；通过鼓励国际投资，开发会员国生产资源的办法，促进国际贸易的长期均衡发展，维护国际收支平衡；在提供贷款保证时，应同其他形式的国际贷款配合。与此同时，世行努力使其援助与一国的重点工作保持一致，与其他机构协调提供援助，以增强援助效果。

世界银行成立之初，法定股本为100亿美元，分为10万股，每股10万美元，以后又经过多次增资，会员国所认股本分别以黄金、美元和本国货币缴纳。世行的资金主要来源于三个方面：会员国缴纳的股金，在国际金融市场上融通的资金及出让银行债权。IBRD对发展中国家的贷款主要通过在国际金融市场上出售3A级债券筹集。虽然IBRD可通过其贷款少量获利，但大部分收入还是来自出借世行自有资本金，包括多年来累计的储备和世行成员国股东所付的费用。IBRD收入也支付世行经费，同时还用于IDA和减债工作。世行坚持严格的财务纪律，以保持其债券的3A级地位，继续向发展中国家提供融资。对世行来说，股东支持也非常重要。该支持体现在它们通过履行偿还IBRD债务的责任为世行提供的资本支持上。世行还拥有1780亿美元的“可认购资本”。一旦需要用它来偿还IBRD的借款(债券)或履行担保责任时，可以由股东缴付，作为后备。IBRD从来没有被迫使用过这项资源。IDA是世界上向最贫困国家提供无息贷款和赠款援助最多的机构，其资金每3年由其40个成员方(捐赠国)回补。针对35~40年期无息贷款的还款可以再次形成新增资金，后者可再次用于贷款业务。IDA贷款额占世行贷款总额的近40%。

世界银行的组织机构与IMF类似，是由董事会、执行董事会和行长、副行长等组成的办事机构。理事会是世界银行的最高权力机构。世行成员国或股东国的集体代表组成理事会，所有理事是世行的最终决策者。理事一般为成员国的财政部部长或发展部部长，理事把具体职责委任给25名执行董事。法国、德国、日本、英国和美国各委派1名执行董事，其他成员方则由20名当选的执行董事代表。执行董事会是负责处理日常业务的机构，对行长提议的贷款进行审议并作出决定。世界银行集团行长主持执董会会议，并负责世行的总体管理工作。行长由执董会选出，任期为5年，可连任。

《国际复兴开发银行协议条款》规定，一个国家要想成为世行成员国，就必须首先加入国际货币基金组织(IMF)。加入国际复兴开发银行是成为国际开发协会、国际金融公司和多边投资担保机构成员的前提条件。

世行的主要活动是对发展中国家提供长期贷款，大部分是由政府担保的项目贷款，资助它们兴建某些建设周期长、利润率偏低但又为该国经济和社会发展所必需的建设项目。但世界银行最初的服务重点是欧洲国家在第二次世界大战后的恢复建设。这种以欧洲国家为主要贷款使用国的情况很快得到了改变，因为在大规模实施马歇尔计划(Marshall Plan)的帮助下，欧洲复兴工作进展迅速且很成功。世界银行转而开始关注广大发展中国家的援助，并且将这种援助长期化。1956年，世界银行拓展业务，组建了国际金融公司，旨在扶持成员国的私有企业。1960年，又建立了国际开发协会，专门贷款给低收入借款国，提供的条件比一般能贷到的款项优惠的多。1988年，多边投资保证机构(Multilateral Investment Guarantee Agency)设立，通过其保险项目鼓励外国直接投资注入成员国，以减少政治风险。

世界银行对发展中国家贷款的资金主要来自世界银行向投资者发行的债券以及在国际信贷市场的借款，资金成本相对较高。因此，世界银行对贷款的条件要求非常严格。第一，世界银行的贷款对象只限于会员国政府、政府机构或国营、私营企业。除借款人就是会员国政府本身外，会员国国内的公、私机构向世界银行借款时，必须由会员国政府或其中央银行及其他世界银行认可的机构提供担保，保证偿还贷款的本金、利息以及各种费用。第二，世界银行原则上只对会员国的特定建设项目发放贷款，除某些特殊情况外，世界银行的贷款只能用在特定的开发或建设项目，即所谓项目贷款，经世行审查确属经济上应优先考虑的才予发放，贷款专项专用，并受银行监督。第三，申请世界银行贷款的国家和项目，只有当世界银行确认它不能按合理的条件从其他渠道获得资金时，才有可能得到贷款。世界银行提供的贷款一般期限在5年以上,最长可达30年。贷款有还款宽限期,在宽限期只付利息不还本,但是借款人要承担汇率变动风险。

中国是世界银行创始国之一,但中国的席位长期被台湾当局占据,1980年5月,中国恢复在世界银行的合法席位,并在1981年首次利用世界银行贷款。自第一个援助性的贷款项目"大学发展项目"于1981年启动以来,我国利用世界银行援助性贷款逐渐增加。根据世行对中国的《国别伙伴战略》,世界银行目前主要为中国提供以下援助:一是促进中国经济与世界经济的融合:深化中国对多边经济机构的参与,降低对内和对外贸易及投资壁垒,为中国的海外发展援助提供帮助;二是减少贫困、不平等和社会排斥:推动城镇化均衡发展,保障农村生活,扩大基本社会服务和基础设施服务,尤其是在农村地区;三是应对资源短缺和环境挑战:减少大气污染,节约水资源,优化能源利用(部分通过价格改革),改善土地行政管理,履行国际环境公约;四是深化金融中介作用:扩大金融服务(尤其是中小企业),发展资本市场,应对系统性风险,维护金融稳定;五是加强公共部门和市场制度:提升企业竞争力,改革公共部门,理顺政府间财政关系。根据这些目标,世界银行主要通过三种方式实施援助计划:投资贷款、技术援助贷款和赠款(赠款往往由多边合作机构提供,由世界银行管理),以及分析报告、政策咨询、研讨会和培训等非金融服务,根据需要以一种或多种方式相结合来实现具体的目标。30多年来,世界银行的贷款对中国经济的发展起到了重要作用,世界银行贷款资金的注入,有效地弥补了我国经济建设的资金缺口;与世界银行的项目合作,为中国的经济建设培养了大批人才;世界银行贷款项目的运行还带动了中国相关产业的发展。

2010年,世界银行发展委员会通过了发达国家向发展中国家转移投票权的改革方案,这次改革使中国在世行的投票权从2.77%提高到4.42%,成为世界银行第三大股东国,仅次于美国和日本。

参考文献:

[英]伊特韦尔等:《新帕尔格雷夫经济学大辞典》,经济科学出版社1996年版。

世界银行网站:http://www.worldbank.org/。

中国社会科学院世界经济与政治研究所《世界经济》编辑部:《当代世界经济实用大全》,中国经济出版社1990年版。

(郑建军　占芬)

国际清算银行
Bank for International Settlements(BIS)

国际清算银行成立于1930年,致力于为成员国中央银行在维持货币稳定、金融稳定方面提供服务,促进在上述领域的国际合作,并努力使自己成为成员国中央银行的银行。注册办公地点设在巴塞尔的国际清算银行是世界上成立最早的国际性金融机构,目前仍是国际上中央银行合作的主要中心。

根据《国际清算银行章程》(Status of the Bank for International Settlements,2005),国际清算银行的宗旨是:促进各国中央银行的合作;为国际金融操作提供新的便利;根据有关当事各方签订的协议,在国际金融清算方面充当受托人或代理人。具体而言,国际清算银行的宗旨是通过以下五个方面来实现的:促进中央银行间的讨论和合作;为中央银行提供与负责促进金融稳定性的其他机构的对话;对中央银行、金融监管部门面临的政策性问题开展研究;在中央银行金融交易中起到仅次于中央银行的作用;以代理人或受托人身份参与国际金融操作的相关事项。

国际清算银行成立的原因是第一次世界大战后凡尔赛条约(Treaty of Versailles)中战败国德国的战争赔款事项的"杨格计划"(The Young Plan)的实施。国际清算银行成立后取代了柏林的代理一般赔款(The Agent General for Reparations)的功能:收集、管理、分配作为战争赔款的年金。国际清算银行的名称由此而来。同时,国际清算银行也是道斯和杨格贷款(为支付战争赔款而产生的国际借贷)的受托人。战争赔款相关问题很快得以解决,之后国际清算银行的活动完全倾向了促进中央银行间的合作,而且逐渐开始关注其他机构在维持货币稳定、金融稳定方面的活动。自从1930年起,国际清算银行中的中央银行间的合作采取在布鲁塞尔举行例会的方式,例会中有来自中央银行及其他机构的行长、专家。为了支持这一例会,国际清算银行已经发展形成了自己在金融和货币经济学方面的研究,对经济、金融数据的收集、汇编、共享作出了重大贡献。第二次世界大战后,国际清算银行的业务主要集中在以下两个方面:一是在货币政策领域,从第二次世界大战结束到20世纪70年代早期,国际清算银行促成的合作主要是实施和维护"布雷顿森林体系"(Bretton Woods System)。在20世纪80年代,国际清算银行的工作重心是管理第一次、第二次石油危机和国际债务危机以来的跨境资本流动。20世纪70年代的危机同时带来对国际性银行的经常性监管问题,这导致了1998年巴塞尔资本协议以及2001～2006年的修订版"巴塞尔协议Ⅱ"(Basel Ⅱ)。经济一体化和全球化后的金融稳定问题在1997年亚洲金融危机爆发后暴露无遗,国际清算银行对此高度关注。除了促进货币政策的顺利实施,国际清算银行也为各国中央银行履行传统的银行职能(如黄金和外汇交易等),同时也行使受托人和代理人职能。国际清算银行是欧洲支付联盟(The European Payments Union,EPU)的代理人,帮助第二次世界大战后的欧洲各国货币恢复可兑换性。类似的,国际清算银行也是包括欧洲货币体系(The European Monetary System,EMS)在内的各种欧洲外汇汇率安排的代理人。二是除了促进货币政策的实施,国际清算银行在需要时提供有组织的紧急援助来支持国际货币体系。在1931～1933年的金融危机中,国际清算银行向澳大利亚和德国中央银行提供了信用支持。在20世纪60年代,国际清算银行于1968年为法国法郎提供了特别信用支持。在1966年、1968年为英国英镑提供了2个所谓的"集团安排"(Group Arrangements)。20世纪80年代以来,国际清算银行为国际货币基金组织(IMF)牵头的稳定计划提供支持(比如1982年的墨西哥稳定计划,1988年的巴西稳定计划)。

国际清算银行采取股份公司的法定结构,对外发行股本。但是按照海牙协议的规定,作为一个受国际法约束的国际性组织,国际清算银行享有为履行其职能所必需的特权与豁免权。另外,国际清算银行既不受瑞士联邦法有关银行和储蓄银行的约束,也不受瑞士公司法的限制。国际清算银行的法定股本为30亿SDR(SDR的价值由国际货币基金组织决定),共分为面值相等的60万股,分3次发行,现已发行40万股。董事会根据2/3的多数原则做出决定,在其认为可行时,可以一次或分几次发行第三部分的20万股股票。每股25%的股本须在认购时缴付,其余部分可在以后或董事会酌情确定的日期缴清。余额缴纳须提前3个月通知。认购或取得国际清算银行股票的对象只是各国中央银行或由国际清算银行依据其章程指定的其他金融机构。

国际清算银行内部最重要的3个决策机构是年会、董事会、管理机构。国际清算银行的决策涉及其内部的管理以及资源在不同领域的分配(下述内容中的相关数据,比如成员国数目、董事会成员数目等,统计时间截至2012年9月)。一是年会,年会于每年6月底或7月初召开,国际清算银行的60个成员(中央银行和其他金融机构)均有代表权和投票权,投票权与其拥有的国际清算银行的股票成比例。在每年年会期间,中央银行的决策集中在以下四个方面:(1)分红和利润的分配;(2)年度报告的批准;(3)国际清算银行的账目;(4)董事会成员津贴额的调整;(5)国际清算银行外部审计人员的选择。以下三种情况须召开特别股东大会(Extraordinary General Meetings)来决定:(1)修改章程;(2)增加或减少股本;(3)对国际清算银行进行清算。二是董事会,董事会共有19个成员,其中的6名当然董事(Ex-officio Director)由比利时、法国、德国、意大利、英国的中央银行行长以及美联储(US Federal Reserve System)主席组成。每位当然董事可以提名与其国籍相同的另外一名董事。另外,国际清算银行的章程规定不超过9名的董事经董事会2/3多数同意,从认购股票但未委派当然董事的国家的中央银行行长中选举产生。目前选举产生的8位董事是加拿大、中国、日本、墨西哥、荷兰、瑞典、瑞士的中央银行行长以及欧洲中央银行(European Central Bank,ECB)的主席。董事会对下述事项负责:(1)决定国际清算银行的战略性、政策性方向;(2)监督管理层;(3)履行由章程规定的任务。董事会每年至少召开6次会议。4个由非当然董事组成的咨询委员会协助董事会工作。三是管理层,总经理及其他管理人员由董事会任命。总经理执行董事会决定并就国际清算银行的管理对董事会负责。管理层的三个主要部门是总秘书处、货币和经济处、银行处。另外国际清算银行下设两个地区办公室:亚太代表处(Representative Office for Asia and the Pacific)以及设在墨西哥城的美洲代表处(Representative Office for the Americas)。代表处通过组织会议、从事政策研究和促进信息与数据交流来促进上述两个地区的合作。亚太代表处还为本地区的货币当局提供银行服务。

中国人民银行于1984年与国际清算银行建立了业务联系。1996年9月,国际清算银行董事会通过决议接纳中国人民银行为其成员。2001年3月12日,国际清算银行成立了亚洲顾问委员会,由该行亚太地区成员央行行长出任成员。亚洲顾问委员会为亚太地区成员国中央银行与国际清算银行董事会及管理层之间提供了有效的沟通途径,并为向亚太代表处提供建议提供了重要平台。2004年8月中国人民银行应邀参加国际清算银行数据库系统。2005年12月,中国人民银行开始通过国际清算银行数据库对外提供宏观经济和金融数据,标志着中国在加强对外合作、增加数据透明度方面又上了一个新台阶。2005年3月中国人民银行行长周小川出任亚洲顾问委员会主席,任期两年。2006年7月,国际清算银行增选中国人民银行行长周小川、墨西哥中央银行行长奥迪斯和欧洲中央银行行长特里谢为该行董事会董事,任期3年。这是该行第一次从发展中国家的中央银行吸收新董事,也是该行自1994年以来首次扩充董事会。中国人民银行参与国际清算银行活动的主要形式为:出席每两个月召开一次的成员国中央银行行长和高级官员会议,讨论当前经济金融形势、世界经济及金融市场前景,并就与中央银行相关的专题和热点问题交换意见和经验;参加国际清算银行为中央银行高级官员定期或不定期组织的各种其他类型的会议;以及参与国际清算银行主办的有关研究项目。

作为历史最为悠久的国际性金融机构,自从1930年在海牙会议上成立以来,国际清算银行一直作为一家办理中央银行业务的金融机构,在国际上发挥着独特的作用。国际清算银行的业务围绕其在章程中规定的三项宗旨展开。国际清算银行创立之初是因为战争赔款问题,在该问题解决后国际清算银行的业务重心转向中央银行间的合作,并关注其他机构在维持货币稳定、金融稳定方面的活动。在经济形势、金融形势不容乐观的21世纪,国际清算银行在国际金融体系中将继续发挥重大作用。

参考文献:

《国际清算银行与巴塞尔委员会》编写小组:《国际清算银行与巴塞尔委员会》,中国金融出版社1998年版。

国际清算银行:《BIS History-Overview》,国际清算银行网站,2013年5月,http://www.bis.org/about/history.htm。

Jaime Caruana, 82nd Annual Report, The Annual General Meeting of the Bank for International Settlements, 2012.

(郑建军 卫瑞)

多边投资担保机构 Multilateral Investment Guarantee Agency(MIGA)

多边投资担保机构(以下简称MIGA)成立于1988年4月12日,致力于补充公共和私人部门对发展中国家非商业风险的投资保险,是世界银行集团(World Bank Group)的五大机构之一。

成立一个多边政治风险保险机构的想法可追溯到1948年,但这一想法直至1985年才开始变为现实。1985年,世界银行的理事会通过了"创立多边投资机构惯例"(Convention:Establishing the Multilateral Investment Guarantee Agency,以下简称"MIGA惯例"或"Convention"),开启了创立一个新型投资保险机构的历程。1985年12月11日提交国际复兴开发银行(The International Bank for Reconstruction and Development,IBRD)的MIGA惯例于1988年4月12日生效,这标志着作为世界银行集团最新成员的MIGA的成立。MIGA是一个法律上、经济上与世界银行集团保持独立的机构,所有国际复兴开发银行的成员都可以申请加入MIGA。MIGA的初始总资本是10亿美元,设立之初有29个成员。

在1985年12月11日提交国际复兴开发银行理事会的MIGA惯例中,MIGA设定的目标是:鼓励成员国间生产性投资流动,特别是向发展中国家的投资流动,借此来补充国际复兴开发银行、国际金融公司(The International Finance Corporation,IFC)和其他国际性开发金融机构的不足(Convention, Chapter 1, Article 3)。进入21世纪,MIGA的目标可直接概括为:促进向发展中国家的外国直接投资(Foreign Direct Investment,FDI),以支持经济增长、减少贫困和改善人们的生活质量。具体而言,MIGA惯例中有以下途径来确保MIGA目标的实现:一个成员国向另一个成员国投资时,通过提供担保(包括共同保险和再保险)来消除投资风险;实施适当的补充措施来促进流向发展中国家以及发展中国家间的投资;为促进目标的实现,必要时可运用其他相应的权利(Convention, Chapter 1, Article 2, Article3)。

MIGA的业务优势在于能够吸引投资者和私人保险商在复杂困难的环境中开展业务。MIGA关注对以下四个领域的投资的保险业务:一是有资格从国际开发协会(The International Development Association)获得援助的国家(世界上最贫困的国家);二是政治动乱的国家和地区;三是基础设施和采掘工业方面的复杂工程,特别是涉及项目融资和生态环境、社会因素的工程;四是南南投资(一个发展中国家向另一个发展中国家的投资)。MIGA通过对私人投资部门提供政治风险担保的方式来完成其目标。MIGA的担保使得投资免于非商业风险,帮助投资者以改善的金融条款、金融条件获取资金。MIGA独特的优势在于它是世界银行集团的五大机构之一,其股东来源于世界上大部分国家。

MIGA的投资担保涉及诸多行业,主要有以下四个主要行业:第一,金融行业:对于发展中国家来说,短期资金可由当地金融部门提供,而长期资金则相对缺乏。当地金融部门无力提供长期资金,外国银行出于该发展中国家的政治、经济方面的不确定性,以及发展中国家对外来资金的限制等方面的考虑,也不愿意向发展中国家提供长期资金。MIGA的投资担保可降低投资发展中国家的风险,使得外国银行满足发展中国家的限制条件,适应额外风险。MIGA提供的担保覆盖跨境中期和长期投资:MIGA以股本的形式为子公司提供资金,以次级贷款的形式来提升二级资本,以高级股东贷款的形式为实体经济、资产负债管理提供长期流动性。具体而言,MIGA通过以下方式帮助外国银行投资发展中国家:(1)对国家限制进行最优化处理;(2)降低国家风险的资金配置;(3)以更优惠的利率、更便捷的渠道获取资金;(4)确保投资免受新兴市场的政治动乱风险;(5)提高外国银行的信用评级。第二,基础设施行业:MIGA在支持复杂基础设施建设投资方面具有相对优势,特别是涉及市政部门的现金密集型投资,以及需要优惠利率、较长投资期限的融资。第三,农业综合生产、制造、服务行业:投资于新兴经济体的这些行业具有较大风险。例如,新建立的政权仍具有较大的政治风险;不清晰、不健全的法律制度可能使盈利的前景黯淡不堪;对利润返还投资国方面的限制可能使一个项目的融资更为复杂,使得国外债务和当地利润出现更大的不平衡。总之,这些政治风险给投资人带来了更高的资本投入。MIGA 的政治风险保险可降低投资于发展中国家这些部门的政治风险。MIGA 的保险范围覆盖所有规模,MIGA 的不超过 1 亿美元的投资保险特别适用上述部门;第四,采掘工业:MIGA 在该行业的保险主要是采矿以及石油和天然气的开采。这些保险包括保护投资者免于遭受废除合约、特许经营权、关税、管制,免于遭受当地政府违背或拒不履行合同引起的信用风险;免于因生产利润分配、开采权力、钻井权力而引起的争执。同时,采掘工业涉及当地生态环境、社会因素,MIGA 可帮助投资者保护环境,降低采掘活动与当地社区的冲突,降低政治风险。

1988 年 4 月 30 日,中国正式加入世界银行集团所属的 MIGA,成为该机构的第 35 个成员。中国与 MIGA 展开了广泛的合作。MIGA 在中国的业务活动主要包括担保和技术援助两个方面。(1)担保:截至 2010 年 6 月 30 日,MIGA 共支持中国 38 个担保项目,主要涉及制造业和基础设施两个领域,累计担保金额 5.3486 亿美元。MIGA 与财政部、商务部开展合作,协助中国企业到海外投资,特别是到非洲和亚洲其他地区投资。此外,MIGA 也与中国出口信用保险公司、中国进出口银行、中非发展基金及其他部门进行合作。(2)技术援助:MIGA 多年来与世界银行集团在中国的各机构密切配合,包括投资环境咨询服务(原 Foreign Investment Advisory Service, FIAS;2009 年 6 月改为 Informal Investment Climate Assessments, ICAS)、国际金融公司(The International Finance Corporation, IFC)私营企业伙伴关系中国办公室(Private Enterprise Partnership-China, PEP-China)和世界银行中国局(The World Bank Office in China)联合开展活动。

自从 1988 年创立以来,MIGA 对政治风险的保险额度超过 240 亿美元,涉保项目覆盖多个部门和世界上所有地区。同时,MIGA 也开展研究、共享知识来支持外国直接投资(Foreign Direct Investment, FDI)流向新兴市场。

参考文献:

Lorin S. Weisenfeld:《多边投资担保机构的十五年发展历程》,载于《国际经济法学刊》2004 年第 9 卷。

多边投资担保机构:Who We Are?,多边投资担保机构网站,2011 年 1 月,http://www.miga.org/whoweare/index.cfm。

多边投资担保机构:Commentary on the Convention Establishing the Multilateral Investment Guarantee Agency,多边投资担保机构网站,2011 年 1 月,http://www.miga.org/search/index.cfm? q = Commentary on the Convention Establishing the Multilateral Investment Guarantee Agency&start = 0。

(郑建军　卫瑞)

亚洲开发银行
Asian Development Bank(ADB)

亚洲开发银行(简称"亚行")成立于 1966 年 12 月,是一个由亚太地区和西方发达国家合资兴办,通过贷款、赠款、政策对话、技术援助和股权投资等援助方式致力于亚太地区脱离贫困的政府间金融组织,总部位于菲律宾首都马尼拉。

1947 年 3 月于上海成立的亚洲与远东经济委员会(Economic Commission for Asia and Far East, ECAFE)对亚洲开发银行的成立起到了关键性的推动作用。1961 年,当时亚洲与远东经济委员会组织了一个"亚洲地区经济合作专家咨询小组",由它负责研究地区合作的总体情况。该小组在讨论经济合作的途径时触及了地区开发银行的设想,但未进行深入讨论,也未将此设想写入最后的研究报告中。随后,1963 年发生的三件事情使得成立地区开发银行的设想再次获得公众关注。第一件事是 1963 年 3 月在马尼拉召开的第十九届亚洲远东经济委员会会议。此次会议通过了一项旨在探索促进地区经济合作途径的决议,并由亚洲远东经济委员会秘书处负责主持召开一次成员国和准成员国的高层会议。第二件事是 1963 年 7 月在曼谷召开的为即将于 12 月召开的高层会议作筹备工作的专家会议。这次专家会议第一次真正深入地探讨了地区银行的设想,并决定倡导地区开发银行项目,以便为地区工业和发展项目融资,协调地区、国家间的发展规划。第三件事是 1963 年 12 月在马尼拉召开的第一次仅由亚洲国家参加的部长级会议。各国部长们原则上通过了专家会议关于建立地区开发银行的提议,并建议亚洲远东经济委员会组建另一专家组对这一设想做进一步研究。亚洲国家的授权使得地区开发银行的设想开始进入实质性的起步阶段(刘兴宏,2010)。1965 年美国对在亚洲成立开发银行发生态度上的转变,日本也宣布它将认购 20 亿美元的股本金,美国与日本的支持保障了亚行的未来,接着联合国开发署也提供了 5 万美元的赠款来支持筹建工作。1966 年亚洲开发银行在东京成立。

关于亚行的组织设置(下述相关数据截至 2013 年

2月7日):第一,理事会是最高权力机构。亚行宪章第28章规定,机构的一切决策权归亚行理事会,除宪章中规定必须由理事会执行的权利外,其他由理事会授权给执行董事会执行。亚行理事会成员每年在亚行年会中正式会晤一次;第二,执行董事会负责亚行具体业务。亚行理事会选举产生董事会的12名董事。其中8名董事由亚太地区的成员选举产生,另外4名由亚太地区以外的成员选举产生。每位董事任命1名执行董事。亚行行长兼任董事会主席。董事会在位于菲律宾马尼拉的亚行总部全职履行工作,定期主持召开正式会议和执行会议。董事对亚行的财务报告进行监督管理、核准管理预算、复核并批准所有的政策文件和全部贷款、股权和技术援助项目;第三,亚行行长即董事会主席,并在董事会的领导下开展亚行的各项业务。行长负责根据董事会制定的规章制度组织、任命和解雇官员和职员。行长由理事会选举产生,任期5年,可连任。同时行长还是亚行的法定代理人;第四,以行长为首的管理层包括4名副行长和1名管理总干事,负责监督管理亚行业务部门、行政部门和知识部门的工作。

1966年亚行成立之初仅有31个成员体,截至2011年年底其成员已经发展到67个,其中48个来自亚太地区,19个来自其他地区。1986年3月,中国加入亚行,这是继加入非洲开发银行后,中国加入的第二个区域性开发银行。

在《2020战略:2008~2020亚洲开发银行长期战略框架》中亚行重申了其远景目标,即一个没有贫困的亚太地区,并再次明确了亚行的使命是帮助发展中成员国提高人民的居住环境和生活质量。

参考文献:

中国人民银行国际司:《亚洲开发银行的创立和发展》,中国金融出版社1997年版。

亚洲开发银行:《2020战略:2008-2020亚洲开发银行长期战略框架》,亚洲开发银行网站,2008年4月,http://www.adb.org/documents/strategy-2020-working-asia-and-pacific-free-poverty-zh。

亚洲开发银行:Annual Report 2012,亚洲开发银行网站,2013年4月,http://www.adb.org/documents/adb-annual-report-2012。

(郑建军 卫瑞)

非洲开发银行

African Development Bank(ADB)

非洲开发银行成立于1964年9月,是非洲开发银行集团的三大机构之一(其余两个是:非洲开发基金The African Development Fund,ADF;尼日利亚信托基金The Nigeria Trust Fund,NTF),总部原设在科特迪瓦的阿比让,现已迁至突尼斯。非洲开发银行是非洲最大的地区性政府间开发金融机构,其宗旨是通过提供投资和贷款,利用非洲大陆的人力和资源,促进成员国经济发展和社会进步,优先向有利于地区的经济合作和扩大成员国之间贸易的项目提供资金和技术援助,帮助成员国研究、制订、协调和执行经济发展计划,以逐步实现非洲经济一体化。

非洲开发银行最初的核定资本是2.5亿美元。1982年12月30日之后由于非洲地区以外的国家的加入,核定资本增加到63亿美元。1987年第四次普遍增资后,核定资本达到223亿美元。1998年第五次普遍增资后,核定资本增加35%,非洲地区股本增加60%,非洲以外的国家的股本增加40%。在地区开发业务中,与非洲开发银行联系紧密的有两个基金:非洲开发基金(African Development Fund,ADF)和尼日利亚信托基金(The Nigeria Trust Fund,NTF)。非洲开发基金成立于1972年6月,允许非洲以外的国家认股。这项基金所提供的贷款不计利息,偿还期限可达50年以上。尼日利亚信托基金由非洲开发银行与尼日利亚政府达成协议后,于1976年成立。尼日利亚信托基金开始运营时只有8000万美元,1981年补充后达到4.32亿美元。除了成员国的认购外,非洲开发银行的资金还来自国际金融市场的借款以及贷出款项的利息收入。

非洲开发银行同非洲以及非洲之外的经济组织有广泛的联系,非洲开发银行也有助于建立和推广其他非洲发展机构,如非洲再保险公司,非洲进出口银行等。

截至2011年6月,非洲发展银行有77个成员方,非洲53个国家全部为成员,此外还有包括中国在内的区外成员24个。中国于1985年5月加入非洲开发银行。

参考文献:

非洲开发银行:AfDB Strategy for 2013~2022—Executive Summary,非洲开发银行网站,2013年5月,http://www.afdb.org/en/documents/。

非洲开发银行:The Africa Competitiveness Report 2013,非洲开发银行网站,2013年5月,http://www.afdb.org/en/documents/。

非洲开发银行:Events calendar,非洲开发银行网站,2013年5月,http://www.afdb.org/en/news-and-events/events-calendar/。

(郑建军 卫瑞)

泛美开发银行

Inter-America Development Bank(IADB)

泛美开发银行成立于1959年4月,又称美洲开发银行,是泛美开发银行集团(Inter-American Development Bank Group)的三个下属机构之一,是美洲及美洲之外的国家联合建立的向拉丁美洲国家提供贷款的区域性金融机构,总部位于美国华盛顿。

泛美开发银行协定于1959年4月20日由拉丁美洲国家和美国签订,当年12月协定正式生效,1960年泛美开发银行正式营业。泛美开发银行的宗旨是:通过对经济和社会发展项目提供资金和技术援助,促进会员国经济发展,实现泛美体制的目标。

截至2012年年底,泛美开发银行(Inter-America Development Bank,IDB)共有成员48个,分为三类,一是区内出资国:美国和加拿大。二是区内借款成员国,共26个。其中,阿根廷、巴西、墨西哥和委内瑞拉是主要股东。三是区外成员国,共20个。

泛美开发银行的资金来源主要是成员国认缴的股本和银行借款。该行最初法定资本为10亿美元,包括普通资本8.5亿美元和特种业务基金1.5亿美元。以后因成员国不断增加,法定资本又分成普通资本(由美洲国家认缴)、区际资本(由美洲和美洲以外的国家共同认缴)和特种业务基金。除法定资本外,还有众多区内外国家如德国、英国、瑞士、加拿大、委内瑞拉、阿根廷等向该行提供资金。为扩大资金来源,该行还在美国、瑞士、德国、日本等国的金融市场上筹措大量资金。此外,该行还同世界银行、国际农业发展基金会、欧洲共同体、石油输出国组织等国际机构有资金往来。

泛美开发银行的组织机构如下(统计数据截至2012年年底):(1)理事会,银行最高权力机构,由所有成员国各委派1名理事和候补理事组成,任期5年。理事会讨论决定银行的重大方针政策问题,每年召开1次会议;(2)执行董事会,由14名执行董事组成,其中拉美国家9名,美洲以外国家3名,美国和加拿大各1名,负责银行日常业务活动;(3)行长和行政副行长,主持银行的业务工作。

泛美开发银行的主要业务是向成员国提供贷款,包括普通业务贷款和特种业务基金贷款。普通贷款向政府、公私团体的特定经济项目提供,贷款期限一般为10~25年,用贷款使用的同种货币偿还。特种业务基金贷款对以公共工程为主的特别经济项目提供,贷款期限为10~30年,利率低于普通贷款,并可全部或部分用借款货币偿还。另外,由美国政府提供资金形成的社会进步信托基金贷款,主要用于资助拉美国家的社会发展和低收入地区的住房建筑、卫生设施、土地整治和乡村开发、高等教育和训练等方面。

泛美开发银行在美洲各国均设有办事机构,代表银行同当地官方和借款者处理有关事务,并对银行资助的建设项目进行监督。此外,该行还在巴黎和伦敦设立办事机构,以同区外成员国和金融市场保持经常联系。

参考文献:

美洲开发银行:《银行业与发展:拉美的危机与改革》,世界知识出版社2007年版。

美洲开发银行:《影响发展的非经济因素》,世界知识出版社2007年版。

《泛美开发银行简介》,中国人民银行官方网站,2010年4月,http://www.pbc.gov.cn/publish/goujisi/3149/2010/20100719135814636809526/20100719135814636809526_.html。

(郑建军　卫瑞)

欧洲中央银行
European Central Bank(ECB)

欧洲中央银行,简称欧洲央行,是根据1992年《马斯特里赫特条约》(The Maastricht Treaty)于1998年7月1日正式成立的,是欧元体系(Eurosystem)和欧洲中央银行体系(The European System of Central Banks,ESCB)的核心。

ECB于1998年在德国法兰克福(Frankfurt am Main)成立,其前身是欧洲货币局(European Monetary Institute,EMI)。根据ECB2011年发布的《欧洲中央银行、欧元体系、欧洲中央银行体系》(The European Central Bank,the Eurosystem the European System of Central Banks),成立欧洲经济与货币联盟(Economic and Monetary Union,EMU)主要分为以下三个阶段:在第一阶段,形成单一欧洲市场;在第二阶段,成立EMI;第三阶段开始于1999年1月1日,标志是确立欧元区固定汇率,原本归属EMI的货币政策执行责任由ECB履行,以及发行欧元(Euro)。ECB是欧洲中央银行体系(European System of Central Banks,ESCB)的核心,与27个欧盟成员国的中央银行共同构成了ESCB(ESCB与欧元体系(Eurosystem)不同,后者范围较小,包括ECB和采纳欧元的17个欧盟成员国的中央银行)(欧盟成员国数目以及欧元区中央银行的数目均截至2011年1月)。欧元诞生后,由欧盟条约(Treaty on European Union)规定的ESCB所需履行的责任由欧元体系来承担。ECB和欧元体系中的中央银行的职责是确保欧元区(Euro Zone)价格稳定。欧元区成员国的中央银行在ECB的指导下实施货币政策操作。

1992年的《马斯特里赫特条约》对ECB的决策机构的设置作出明确规定。ECB行长理事会是ECB的主要决策机构。行长理事会负责制定欧元区的货币政策和实施货币政策的指导纲要,确定欧元区的货币政策目标、主要利率水平和中央银行体系准备金数量等。行长理事会由6位执行董事会成员和17位欧元区成员国中央银行行长组成,欧洲中央银行行长担任行长理事会主席。执行董事会主要负责货币政策的实施,由 ECB 行长和其他 5 位成员组成(上述相关数据截至 2012 年 12 月)。

依据《欧洲中央银行条例》(*The Statute of the ESCB*),ECB 确保自己或欧元区各国中央银行执行欧元区货币政策。与 ESCB 条例中规定的角色相一致,ECB 主要执行下述职能:ESCB 和欧元区的决策主体;确保 ECB 相关政策的持续实施;行使管制和实施制裁;提交欧盟相关立法,提交欧盟委员会以及欧盟成员国相关草案;执行 EMI 在 EMU 第三阶段的任务,因为尚有一些欧盟国家没有加入 EMU。

欧元体系的首要目标是确保欧元区的价格稳定。欧盟条约第二条规定,欧盟(European Union,EU)的目标是促进"经济、社会进步,高就业率、达到均衡的、持续的发展"。上述目标可能和确保价格稳定发生冲突,ECB 的优先选择是确保价格稳定。

欧元区采取单一货币政策,主要由 ECB 和成员国中央银行确保执行。根据 ECB 2011 年发布的《欧洲中央银行的货币政策》(The Monetary Policy of the ECB),单一货币政策的有效决策需要两个基本原则:一是 ECB 必须目标明确,即维持价格稳定;二是中央银行应当保持独立。《里斯本条约》(The Lisbon Treaty)的生效确保了中央银行将维持价格稳定作为其首要职能,之后价格稳定提升为欧盟的目标之一,这进一步加强了"中央银行的职责是保持价格稳定"这一原则。ECB 被赋予充分的独立性,不充当政府融资的工具。

ECB 实施单一货币政策战略的特点与其对价格波动风险的分析相一致。在分析价格变动时,有两个互补的方法:一是经济分析(Economic Analysis):该分析方法的目标是评估决定价格的"短期—中期决定因素";二是货币分析(Monetary Analysis):该分析方法的目标是评估决定价格的"中期—长期决定因素"。采用货币分析法是基于这样一个事实:在中长期,通货膨胀和货币量的增长有关系。在 2007 年秋季,ECB 面临过多的货币增长,ECB 的理事会设立了一个研究项目来加强 ECB 的货币分析。

自从 1999 年欧元诞生,欧元体系的单一货币政策受到了一系列冲击。在面临冲击时,ECB 的货币政策做到了中长期规划,确保了实际通货膨胀预期与 ECB 关于价格稳定性的量化定义保持一致。2007 年以后,ECB 开始重视价格波动分析中货币分析方法的应用。作为 ESCB 的核心,尽管遭遇 2008 年的全球性金融危机——20 世纪 30 年代大危机以来持续时间最长的经济危机,欧元区的年度调和消费者物价指数(Harmonized Index of Consumer Prices,HICP)从 1999 年 1 月到 2011 年年初均保持在中期 2% 以下的水平,这在某种程度上表明了 ECB 维持中期物价平稳的能力,是 ESCB 中协调成员国中央银行执行欧元区货币政策的核心力量。

参考文献:

奥托马·伊辛:《欧元的诞生》,中国金融出版社 2011 年版。

欧洲中央银行:Annual Report 2012,欧洲中央银行网站,2013 年 4 月,http://www.ecb.int/pub/pubbydate/2013/html/index.en.html。

欧洲中央银行:The Monetary Policy of the ECB,欧洲中央银行网站,2011 年 5 月,http://www.ecb.int/pub/html/index.en.html。

欧洲中央银行:The European Central Bank,the Eurosystem the European System of Central Banks,欧洲中央银行网站,2011 年 1 月,http://www.ecb.int/pub/html/index.en.html。

(郑建军　卫瑞)

金本位制
Gold Standard

金本位制是指以一定重量和成色的黄金作为法定价格标准,规定流通中的货币或价值符号按其面额与所代表的黄金保持等值关系的一种货币制度。

广义上的金本位制是以黄金为一般等价物的货币制度,包括金币本位制、金块本位制和金汇兑本位制。狭义的金本位制仅指金币本位制。

中世纪时期,金币在西欧各国得到广泛的应用。到 14 世纪,欧洲在大额交易中使用金币,而在日常交易中,银币还继续占主导地位(Frank Spooner,1972)。

16 世纪至 18 世纪,为了适应经济发展的双重需要,西欧各国实行的是金银复本位制。黄金的单位价值量大,适用于大宗交易,银币适用于小额零售交易。但是,复本位制存在内在不稳定性:金矿(或银矿)的发现以及矿石提炼技术的改善会使得黄金(或白银)的相对价格下降,从而流出本国,对复本位制下金币、银币的并行流通构成冲击。

1816 年,英国以立法的形式宣布实行金本位制(金币本位制)。随后,各主要资本主义国家也陆续实行以金币为本位货币的货币制度。金本位制在英国的确立,有一定的偶然性。在 17 世纪末的英国,黄金在铸币厂的定价过高。1717 年,英国铸币厂厂长伊萨克·牛顿(Isaac Newton)重新设定金银铸造比价,但他调整的幅度太小,黄金价值仍被高估。在格雷欣法则(Gresham's Law)"劣币(金币)驱逐良币"的作用下,银币退出流通领域。这样,本意继续推行复本位制的英国,到 18 世纪初实际上实行的是金本位制。所以,

1816 年的立法仅仅是正式认可了从 18 世纪初期起事实上已在英国存在的金本位制。工业革命后，英国国力日趋强盛，与英国贸易往来的需求以及借鉴英国货币实践的动机使得各主要资本主义国家也陆续实行金本位制。一般把 1880 ~ 1914 年这 34 年称为"金本位时代"。这一时期的金本位制，更确切地说是金币本位制。金币本位制主要具有以下特点：由国家以法律规定，铸造成一定形状、重量和成色的金币，作为具有无限法偿效力的本位货币来流通；金币和黄金可以自由输入和输出；金币可以自由铸造或可持生金请求国家铸造机构代铸；银行券可以自由兑换金币或等量的黄金(许涤新等，1980)。

第一次世界大战期间，资本主义国家纷纷放弃金本位制。1924 ~ 1928 年，资本主义各国处于相对稳定时期，为整顿币制，英国、法国、比利时、荷兰等国曾改行金块本位制，德国、意大利、奥地利等国改行金汇兑本位制。金块本位制主要具有以下特点：一国并不铸造金币，只发行代表一定重量黄金的纸币来流通；纸币不能自由兑换黄金和金币，只能按一定条件向发行银行兑换金块。如英国在 1925 年规定，纸币一次至少兑换净重 400 盎司的金块，这就大大限制了纸币兑换黄金的范围(许涤新等，1980)。金汇兑本位制又称"虚金本位制"。实行这种制度的国家规定金币为货币单位，但国内并不铸造和流通金币，只同另一金本位制国家的货币保持固定比价并在该国存放外汇储备金，通过无限制供应外汇来维持本国币值的稳定。采用这种货币制度，必然使本国经济受制于与之挂钩的金本位制国家，因而该货币制度本质上是一种附庸的货币制度。

1926 年年底，法国稳定住了法郎的汇率，恢复了法郎的黄金可兑换性，这标志着金本位制的重建(巴里·艾肯格林，2009)。1929 ~ 1933 年，席卷主要资本主义国家的经济危机使这些国家的经济受到重创。1931 年，英国的英镑贬值。之后，葡萄牙、爱尔兰、加拿大、日本、法国、美国等国家也停止了金本位制，这标志着世界范围内金本位制的终结。巴里·艾肯格林(Barry Eichengreen)对此评价，两次大战之间作为全球货币体系的金本位，只运行了不到 5 年的时间，甚至在它悲伤地终结前，它的运行也非常坎坷(巴里·艾肯格林，2009)。

参考文献：

大卫·休谟：《论贸易平衡》，引自陈玮(译)：《休谟经济论文选》，商务印书馆 1984 年版。
许涤新等：《政治经济学辞典》，人民出版社 1980 年版。
[美]米尔顿·弗里德曼：《货币的祸害》，商务印书馆 2006 年版。
[美]巴里·艾肯格林：《资本全球化：国际货币体系史》，上海人民出版社 2009 年版。

（郑建军　卫瑞）

金平价
Gold Parity

金平价是指在金本位制下，货币的汇价应该等于货币的含金量之比，如 1 英镑黄金含 2 克金，1 美元含 1 克金，则 1 英镑 = 2 美元。

如果一国中央银行的货币汇价偏离金平价较多，会引起黄金的输入或输出。与黄金的输入和输出相对应的是"黄金输入点"和"黄金输出点"。黄金输送点位于金平价的两边，输入点在其上，输出点在其下。黄金输送点与金平价的范围由中央银行的黄金买卖价之差(这种差额用来抵补铸币及其他费用)决定，在金本位制初期，它还由将黄金运送到其他国家的成本决定。

参考文献：

许涤新等：《政治经济学辞典》，人民出版社 1980 年版。
[美]米尔顿·弗里德曼：《货币的祸害》，商务印书馆 2006 年版。
[美]巴里·艾肯格林：《资本全球化：国际货币体系史》，上海人民出版社 2009 年版。

（郑建军　卫瑞）

铸币税
Seigniorage

"铸币税"一词起源于封建社会时期的欧洲，指当时的封建领主凭借铸造货币的特权而获得的净收入，即货币铸造成本低于其面值的差额部分。在货币史上，铸币税的含义经历了一个逐步演变的过程。

在金属本位货币制度下，早期典型的金属本位制度具有自由铸造、自由兑换和自由输出或输入三个特征，因此，此时是不存在铸币税的。而后，封建领主垄断货币铸造，民间若要将贵金属铸成货币，需要向铸币厂缴纳一定费用。该费用扣除铸造成本后的余额归封建领主所有，此时首次出现了"铸币税"这一概念。需要注意的是，铸币税对本位币和辅币具有不同的含义。铸造本位币时，居民需要向铸造厂缴纳一定的铸造费用，但铸造费用仅是对铸币厂铸造成本的一种抵补，不是本位货币名义值与实际值的差异(汪洋，2005)。辅币多为不足值货币，政府垄断铸造。政府基于垄断特权而取得辅币面值高于其实际价值部分的收入，这更符合金属货币制度下铸币税的概念。在金属本位货币制度下，铸币税的另一种表现形式是"硬币削边"阶段统治阶级通过降低货币的金属含量或成色而牟取的短期利润。

在信用货币阶段,铸币税是货币发行当局通过发行货币取得的收入,其含义已经得到极大的扩展。当前,铸币税是指政府发行货币获得的利润,它包括:一是中央银行获得并上缴财政的利润;二是中央银行在基础货币创造过程中通过购买国债向中央政府提供的资金;三是财政直接发行通货所获得的收益(王利民、左大培,1999)。在当前全球经济、金融一体化时期,铸币税可跨越一国国界,即出现了“国际铸币税”这一概念。国际铸币税是指一国货币被外国人持有作为交易和储备资产时,本国由此所得的资产(实物或金融资产)收入减去向外国人支付的利息,再减去该货币国际通用时所花费的额外管理费用后的差额部分(Keith Pilbeam,1992)。

学者们从多个角度(比如最优铸币税、铸币税与通货膨胀的关系、铸币税与赤字的关系等)对铸币税进行理论分析或经验分析。现实情况是,对大多数国家而言,用铸币税去弥补财政赤字的做法仍难以避免。商业银行购买国债后,商业银行在中央银行的存款减少,财政部门在中央银行的存款增加。这样,一方面基础货币减少,另一方面财政部门的存款增加。通过中央银行供给货币取得货币的使用权来弥补财政赤字,在这里明显地体现出来(曾康霖,2002)。

在经济萧条时期,通过铸币税方式及实行赤字财政预算并同时由中央银行通过国债市场将财政赤字货币化,这种方式对经济的刺激作用是显而易见的。这时财政支出会直接扩大总需求,货币扩张又会使得市场利率下降,私人部门的投资相应增加,总需求不足问题得以解决。

参考文献:

谢冰、王烜:《关于铸币税的理论研究进展》,载于《经济学动态》2002 年第 9 期。

王利民、左大培:《关于预算赤字、铸币税和货币扩张通货膨胀税的关系》,载于《经济研究》1999 年第 8 期。

汪洋:《铸币税:基于不同视角的理解》,载于《经济学(季刊)》2005 年第 4 卷第 3 期。

曾康霖:《央行铸币税与财政赤字弥补》,载于《金融研究》2002 年第 9 期。

(郑建军 卫瑞)

卢浮宫协议

The Louvre Accord

1987 年 2 月,美国、英国、法国、德国、日本、加拿大、意大利七国财长和中央银行行长在巴黎卢浮宫达成协议,采取联合措施,在国内宏观政策和外汇市场干预两方面加强紧密协调合作,以阻止当时的美元币值下滑,保持美元汇率的基本稳定,这次会议被称为“卢浮宫会议”。

卢浮宫协议的主要约定包括:日本和西德等实施刺激内需计划,美国进一步削减财政赤字;G7 国家加强外汇市场“干预协调”,秘密保持美元兑日元和马克汇率的非正式浮动,如果汇率波动超出预期目标 5%,各国要加强合作干预等。卢浮宫协议后,国际主要货币的汇率在近两年多的时间里保持基本稳定,没有发生太大动荡。

(郑建军 卫瑞)

期权

Options

期权是一种赋予持有者在指定时间(到期日及到期日之前)以指定价格买卖一项资产的权利的证券,该指定价格称为履约价格或执行价格。

最早有关期权使用的记载出现在亚里士多德写于公元前 332 年的《政治学》一书。据书中记载,米利都学派的创始人泰勒斯最早创造并使用了期权。泰勒斯通过观察天象准确预测了未来的天气情况,他判断来年会有一次橄榄的大丰收,而橄榄的丰收会导致橄榄压榨机供不应求。泰勒斯通过支付少量的定金,购买了当地几乎所有的压榨机。第二年橄榄果然大丰收,橄榄的丰收导致对压榨机的需求大增,泰勒斯顺利地将这些压榨机的使用权高价卖出,创造了有史记载以来第一个期权使用的案例。然而,尽管很多人认为期权只同投资有关,但期权这一概念实际上起源于对波动剧烈的农产品价格进行风险控制的需要,记载期权这种用途的第一份文件出现在 1634 年的荷兰。当时的批发商从郁金香的种植者那里购买期权,这些期权给予批发商在一个特定时期以特定的价格从种植者那里购买郁金香,这就使得批发商能够锁定郁金香的最高价格。1973 年,芝加哥期权交易所(Chicago Board Options Exchange,CBOE)成立,推出股票期权交易,开创了场内期权交易的先河。

按期权的交割时间来划分,期权分为欧式期权(European-style Options)和美式期权(American-style Options)。欧式期权只有在到期日才可以交割,美式期权在到期日及到期日之前都可以交割。美式期权买方的权利较大,卖方承担的风险相应也较大。

按期权所代表的权利来划分,期权分为看涨期权(Call Option)和看跌期权(Put Option)。“看跌”和“看涨”反映了期权持有者对市场价格走势的判断。看涨期权赋予持有者在到期日(或到期日之前)按指定价格购买一项资产的权利。当市场价格超过履约价格时，看涨期权的持有者以履约价格执行期权是有利可图的，持有者交割期权后获得的支付额等于市场价格与履约价格的差额。当市场价格小于或等于履约价格时，看涨期权的持有者不会执行期权。看跌期权赋予持有者在到期日(或到期日之前)以履约价格售出一项资产的权利。当市场价格低于履约价格时，看跌期权的持有者以履约价格执行期权是有利可图的，持有者交割期权后获得的支付额等于履约价格与市场价格的差额。当市场价格大于或等于履约价格时，看跌期权的持有者不会执行期权。

期权是一种特殊的金融证券，期权定价理论已经成为金融经济理论的基础之一。现代期权定价理论的体系始于1900年法国数学家路易斯·巴舍利耶(Louis Bachelier)的毕业论文《投机理论》。之后，费希尔·布莱克(Fischer Black)和迈伦·斯科尔斯(Myron Scholes)假设可用一个连续样品路径的分布过程来描述期权作用下的资产的价格动态。罗伯特·默顿(Robert C. Merton)在1973年、1979年就连续交易问题正式证明了布莱克－斯科尔斯动态资产组合将避免持至到期的期权头寸的所有风险。目前期权定价理论的应用领域远远超出公司债券的范围，在政府贷款担保、养老基金保险以及存款保险等非公司性财务安排方面的估价应用广泛。

期权的价格与履约价格存在必然的联系。当履约价格上升时，看涨期权的价格下降。看涨期权购买者的收益等于到期日(或到期日之前)的市场价格与履约价格、期权的价格的差额。当履约价格上升时，相对于较低的履约价格，购买者的预期收益下降，对该期权的需求减少，看涨期权的价格下降。相反，履约价格上升时，看跌期权的价格也随之上升。看跌期权购买者的收益等于履约价格与到期日(或到期日之前)的市场价格、期权的价格的差额。当履约价格上升时，相对于较低的履约价格，购买者的预期收益上升，对该期权的需求增加，看跌期权的价格上升。履约价格下降时，原理同上。

期权的价格随着到期日的不同而不同。到期日越靠后，期权的价格越高。例如履约价格为100美元，2月到期的期权售价5美元，而1月到期的期权售价2美元。期权的报酬基于或派生于某些资产(或利率、汇率及各项的任意组合)。2月到期意味着期权的出售者承担较大的资产(或利率、汇率及各项的任意组合)价格变化的风险，购买者理应支付较高的购买价。

期权是一个强有力的投资性工具，商业上多用于进行套期保值交易。期权具有潜在的风险但应用很广，原因在于期权是最廉价、最容易获得的缓冲商品价格、汇率和利率波动的工具之一。

参考文献：
罗孝玲：《期货与期权》，高等教育出版社2006年版。
郑振龙等：《衍生产品》，武汉大学出版社2005年版。
[美]滋维·博迪、亚历克斯·凯恩、艾伦·J·马库斯：《投资学》，机械工业出版社2008年版。

(郑建军　卫瑞)

债权国
Creditor Nation

债权国是指一国的资本输出大于资本输入。

国际投资头寸(International Investment Position，IIP)反映了一国的对外债权债务状况。根据国际货币基金组织2009年出版的《国际收支和国际投资头寸手册》第六版，国际投资头寸是有关某个时点的统计报表，该报表显示以下项目的价值和构成：一经济体居民对非居民的债券和作为储备资产持有的金块等金融资产；一经济体居民对于非居民的负债。一经济体对外金融资产与负债之间的差额为该经济体的净国际投资头寸(Net International Investment Position，NIIP)，净国际投资头寸为正是净债权国，为负是净债务国。

根据中国外汇管理局公布的统计数据，2005年年末中国净国际投资头寸为2875亿美元，2012年3月末中国净国际投资头寸为19340亿美元，中国从2005年来一直是净债权国。

参考文献：
国际货币基金组织：《国际收支和国际投资头寸手册》第六版(BPM6)。
李长春：《最大债权国困境与人民币国际化关系研究》，载于《亚太经济》2011年第3期。
曲风杰：《理性看待中国净债权国地位》，载于《中国投资》2006年第8期。
徐琤：《从债权国到债务国——美国国际债务模式转变的逻辑分析》，载于《世界经济研究》2011年第10期。

(郑建军　卫瑞)

债务国
Debtor Nation

债务国指一国资本输入大于资本输出。另外，一国对国际组织或另一国家欠债时称该国是该国际组织或该国家的债务国。

国际投资头寸(International Investment Position，IIP)反映了一国的对外债权债务状况。根据国际货币基金组织2009年发布的《国际收支和国际投资头寸手册》第六版，国际投资头寸是有关某个时点的统计报表，该报表显示以下项目的价值和构成：一经济体居民对非居民的债券和作为储备资产持有的金块等金融资产；一经济体居民对于非居民的负债。一经济体对外金融资产与负债之间的差额为该经济体的净国际投资头寸（Net International Investment Position，NIIP），净国际投资头寸为正是净债权国，为负是净债务国。

参考文献：
国际货币基金组织：《国际收支和国际投资头寸手册》第六版（BPM6）。
徐琤：《从债权国到债务国——美国国际债务模式转变的逻辑分析》，载于《世界经济研究》2011 年第 10 期。
杨九声：《发展中国家债务问题的回顾和现状》，载于《世界经济》1989 年第 10 期。

（郑建军　卫瑞）

外汇留成制度
Foreign Exchange Retention System

外汇留成制度是指国家适当给创汇企业一定比例的外汇，以解决发展生产、扩大业务所需的进口用汇。

1979 年我国国务院颁发了《关于大力发展对外贸易增加外汇收入若干问题的决定》，决定实行外汇留成制度，区别不同情况，适当给创汇企业一定比例的外汇，以解决发展生产、扩大业务所需的进口用汇。外汇留成方式主要有两种，一是额度留成，即创汇单位将收入的外汇金额结售给国家指定银行，国家再按一定比例分给其一定外汇额度，用汇时再将外汇额度和人民币按牌价买成现汇；二是现汇留成，即创汇单位收入的外汇按规定比例返给创汇单位。额度留成又分为贸易外汇留成和非贸易外汇留成。贸易外汇留成包括一般商品的出口收入留成、机电产品出口收汇留成、外贸试点行业的外汇留成以及来料加工装配业务的外汇留成。贸易外汇留成的计算方法是，凡经批准经营对外贸易出口业务的各类外贸公司，其经营的出口商品（含代理出口商品和自营出口商品）扣除运费、保险费、佣金、归还贷款、周转金等后，外管局根据结汇银行提供的净创汇数，按出口商品规定的比例计算留成。非贸易外汇留成包括旅游外汇留成、侨汇留成、劳务收入外汇留成以及其他非贸易外汇留成。上述非贸易留成项目按《非贸易外汇留成实施细则》给予留成。

1979 ~ 1992 年，我国主要采取额度留成的方式，调动了企业出口创汇的积极性，起到了奖入限出的作用。当时我国外汇额度留成制度主要包含以下内容：取消国家对创汇企业的出口补贴，对外贸企业实行完全的自负盈亏；企业收汇结汇后的外汇额度分为有偿上缴中央、无偿上缴中央、交地方政府和外贸企业留成四部分；国家将上缴中央外汇的计划按年度分割到各省、市、自治区和计划单列城市（再分割到各创汇企业）；对未按等比例进度上缴中央外汇额度的地区，按季清算；由外贸部门负责会同外汇管理部门停止其外汇额度的分配，从中直接扣缴直至补足。如不能补足，相应扣减其出口奖励并调减其出口商品计划和配额（匡学杰，1992）。

随着我国外汇体制改革的深入、市场化的推进以及 1991 年外贸体制改革等，外汇额度留成的积极作用逐步缩小，而弊端逐步显露。例如，使用额度留成外汇的审批手续繁多，企业、部门不能及时使用留成外汇；额度留成外汇过于分散，经济效果低。1992 年我国开展外汇现汇留成试点工作，截至 1992 年年底，全国已经有 11 个地区进行现汇留成试点，对外商投资企业也进行现汇管理。当时的现汇留成管理推进了外汇市场的发展，为官方汇率和市场汇率的并轨创造了条件。但是现汇留成也存在一些问题，例如：现汇留成需要相关部门（外汇管理局、外汇银行和经贸部门）的密切配合方能办理；外汇市场出现不正常波动时应如何进行有效干预等。

1993 年 12 月 28 日中国人民银行发布《中国人民银行关于进一步改革外汇管理体制的公告》，决定实行外汇收入结汇制，取消外汇分成。关于外汇额度留成，该公告规定：取消现行的各类外汇留成、上缴和额度管理。对现有留成外汇额度余额和前述允许开立现汇账户范围以外的现汇存款，按以下原则处理：留成外汇额度余额允许按 1993 年 12 月 31 日公布的外汇牌价继续使用。对汇率并轨前已办理结汇，尚未分配入账的留成外汇额度，应在 1994 年 1 月 31 日以前办完入账，也允许按 1993 年 12 月 31 日公布的外汇牌价继续使用。关于现汇留成，该公告规定"前述允许开立现汇账户范围以外的现汇存款，在实行结汇制后，可继续保留原有现汇账户，只许支用，不许存入，用完为止。账户内余额允许用于经常项目支付、偿还外汇债务或向银行结售。"

参考文献：
匡学杰：《谈外汇留成分配体制的改革》，载于《国际贸易》1992 年第 11 期。
宋伟农：《外汇现汇留成试点的实践和探讨》，载于《国际贸易》1993 年第 1 期。
吉文秀：《改革外汇管理体制，促进对外经贸发展》，载于《国际贸易》1993 年第 1 期。
王宝刚：《"外汇留成制度"的探讨》，载于《国际贸易问题》1993 年第 9 期。
张德宝：《中国外汇管理体制改革》，载于《国际贸易》1994 年第 4 期。

胡晓炼:《我国外汇管理体制改革的历程和经验》,载于《中国金融》2008 年第 7 期。
国家外汇管理局:《外汇体制改革专辑》,海洋出版社 1994 年版。

(郑建军　卫瑞)

外汇调剂市场

Foreign Exchange Swap Market

外汇调剂市场是指 1980 年到 1998 年间,在国家外汇管理局统一领导和管理下,调剂境内机构和"三资"企业的外汇余缺,办理人民币同现汇和外汇额度交易的市场。

外汇调剂市场是随着我国推行外汇体制改革和实施外汇留成制度应运而生的。1979 年起为适应外贸体制改革和引进外资的需要,达到鼓励出口的目的,我国开始变高度集中的外汇分配体制为外汇留成制度。实行外汇留成制度后,企事业单位开始拥有一定的用汇自主权,产生了调剂外汇余缺的要求,外汇调剂市场因此诞生。

从 1980 年到 1998 年,我国外汇调剂市场的发展大体上经历了四个阶段:第一,产生阶段(1980 ~ 1985 年),这个时期我国外汇调剂市场的特点是中国银行负责外汇调剂,只允许现汇调剂,如为外汇额度,应向银行购买成外汇再进行调剂;价格以贸易外汇内部价格为基础,在 10% 的浮动幅度内由买卖双方议定。这个时期正处于我国改革开放初期,外汇流量不大,调剂规模有限(唐赓尧,1991);第二,初步形成阶段(1986 ~ 1987 年),1986 年国务院颁布了《关于办理留成外汇调剂的几项规定》以及《国务院关于鼓励外商投资的规定》,这两个文件对我国外汇调剂市场的发展起到了积极促进作用。第一个文件的重点内容是:外汇调剂改由外汇管理部门审批;外汇额度可直接参加调剂;在全国范围内提高外汇调剂价格,1 美元外汇留成额度价格为 1 元人民币,1 美元现汇调剂最高限价为 4.2 元人民币。经济特区、海南行政区允许放开外汇调剂价格,由买卖双方自由议定。第二个文件的重点是,我国开始允许在外商投资企业之间进行外汇调剂;第三,迅速发展阶段(1988 ~ 1994 年),从 1988 年起,国务院决定全国推行对外贸易承包责任制,对轻工、工艺、服装三个出口行业实行自负盈亏试点。与此同时,取消了使用留成外汇的限制指标。这一阶段我国外汇调剂市场的特点是:在国家外汇管理局的统一领导和管理下,在各省市区、计划单列城市成立外汇调剂中心,在北京设立全国外汇调剂中心;放开外汇调剂价格,价格根据外汇供求关系实行浮动,必要时由国家外汇管理局规定最高限价;进一步扩大调剂范围,除企事业单位留成外汇、外商投资企业外汇外,各地政府的留成外汇也可参加调剂,允许华侨、港澳同胞捐赠外汇参加调剂;在部分地区试办了个人外汇参加调剂;允许外商投资企业与国营集体企事业单位相互调剂外汇;开办外汇调剂公开市场(唐赓尧,1991)。截至 1993 年年底,全国共开设了 108 家外汇调剂中心。外汇调剂中心的设立和外汇调剂业务的开办,极大地方便了境内机构尤其是外商投资企业相互调剂外汇余缺,加速了企业资金周转。同时,由于外汇调剂价格在相当长的时期内高于官方汇率,调剂中心的出现也在一定程度上激发了国内企业的出口积极性,促进了我国外贸事业的发展;第四,退出阶段(1994 ~ 1998 年),1994 年的外汇体制改革建立了全国统一的外汇调剂市场,从 1994 年开始,暂时保留外汇调剂市场,继续为外商投资企业的外汇买卖服务。银行间外汇市场建立后,为避免由于交易方式改变而给外商投资企业的经营带来不便,1994 年 4 月至 1996 年 6 月,外商投资企业的外汇买卖业务仍在外汇调剂中心进行。由于银行结售汇体系在结算速度等方面较外汇调剂中心具有一定的优势,外商投资企业要求进入银行结售汇体系的呼声较高。因此,为便利外商投资企业的经营,经中国人民银行批准,自 1996 年 7 月 1 日起,将外商投资企业的外汇买卖纳入银行结售汇体系,外商投资企业可同时在银行和外汇调剂中心买卖外汇。在实际运作中,外商投资企业多通过银行结售汇体系办理其结售汇业务。自此,外汇调剂业务量急剧萎缩,但为保证业务的正常开展,仍保留了有关的业务管理人员和网络设备,造成资源上的极大浪费。在银行结售汇体系已能满足企业需求的情况下,继续保留外汇调剂业务和外汇调剂中心已无必要。1998 年 11 月,中国人民银行和国家外汇管理局联合下文,宣布从当年 12 月 1 日起取消外汇调剂业务并相应关闭各地的外汇调剂中心,这标志着境内机构的外汇买卖均已纳入银行结售汇体系,曾经作为境内机构调剂外汇余缺主要渠道的外汇调剂业务和外汇调剂中心退出经济舞台(惠研,1998)。

外汇调剂市场的产生和发展是人民币汇率形成机制日益市场化的一次有益探索。在外汇调剂市场的迅速发展阶段,通过这些遍布全国主要城市的外汇调剂市场分配的外汇资金占全部进出口贸易用汇的 80% 左右(张德宝,1994)。随着 1994 年外汇体制改革,官方汇率与市场汇率并轨,实行以市场供求为基础的、单一的、有管理的浮动汇率制,汇率形成机制更加市场化,外汇调剂市场也就退出了经济舞台。

参考文献:

张德宝:《中国外汇管理体制改革》,载于《国际贸易》1994 年第 4 期。
唐赓尧:《我国的外汇调剂市场》,载于《中央财政金融学院院报》1991 年第 2 期。

胡晓炼:《我国外汇管理体制改革的历程和经验》,载于《中国金融》2008 年第 7 期。

国家外汇管理局:《外汇体制改革专辑》,海洋出版社 1994 年版。

惠研:《外汇调剂业务为何取消?》,人民日报,1998 年 11 月 9 日,http://www. people. com. cn/english/9811/09/target/newfiles/J102. html。

（郑建军　卫瑞）

国际结算
International Settlement

国际结算是指对国家之间因政治、经济、文化等方面的活动而发生的债权债务关系进行的清算和货币支付。

按国际结算的内容不同,可以分为贸易结算和非贸易结算。具体而言,凡是国际上因贸易而产生的货币收付和债权债务的结算称为国际贸易结算;由其他政治、经济、文化所引起的货币收付的结算称为非贸易结算。在国际结算中,贸易结算是国际结算业务的重点,这是由贸易结算在整个国际结算中所处的特殊地位决定的。贸易结算比非贸易结算在操作上更为复杂,在内容上它几乎包括了国际结算的所有方式和手段。

国际结算经历了一个历史演变过程,主要是:首先是从以货易货、现金结算发展到非现金结算:早期商人用金、银等货币来支付货款,清偿债务。之后,在公元 11 世纪左右,地中海沿岸的商品贸易已有相当规模,商人开始使用“字据”代替现金;其次是从商品买卖发展到单据买卖:最初的结算方式是以货易货、现金结算,后来随着海上运输业的发展,卖方将货物交给承运人,委托其将货物运至买方,承运人将货物收据交给卖方,卖方将货物收据转寄给买方,由买方向承运人取货。这样一来,单据买卖就取代了商品买卖;最后是从买卖双方直接结算发展到买卖通过银行结算。

国际结算需要一个支付清算体系。要构成一个支付清算体系,最少要包括付款人、付款人的开户银行、清算中心、收款人的开户银行和收款人五个主体。在这五个主体中,最关键的是清算中心。鉴于对效率、防范风险意识、信用度方面的考虑,清算中心一般都由当地的中央银行牵头组建或由多家世界知名银行组建。

随着国家间经济、贸易往来的不断发展,国际上主要货币的跨国清算和支付日益增多,各国中央银行都在开发本国的支付清算系统,积极了解和参与国际支付清算体系。目前,世界范围内被广为接受的主要国际支付清算系统有以下五个:(1)美元支付清算系统:在当今国际结算中,特别是国际贸易结算中,大多数都是通过美元进行计价、支付并完成交易的。银行在进行美元资金的支付与划转过程中,必然要经常应用美元支付清算系统。美元支付清算系统有两个:纽约清算所同业支付系统(Clearing House for Inter-bank Payment System,CHIPS)、联邦资金转账系统(Fedwire);(2)欧元跨国清算系统:1999 年 1 月 1 日欧元产生后,为保证欧元区资金的自由流动、解决跨国界的银行与客户、银行与银行之间的款项往来、资金调拨问题,在欧元区出现了以下三种主要的跨国欧元清算系统:泛欧自动实时总额清算系统(Trans-European Automated Real-time Gross Settlement Express Transfer System,TARGET)、欧洲银行协会的欧元清算系统、法兰克福的欧元支付系统(Euro Access Frankfurt,EAF);(3)伦敦自动清算支付系统:伦敦自动清算支付系统(Clearing House Automatic Payment System,CHAPS)是有关银行进行英镑支付时采用的电子清算系统。它创建于 1984 年,由 12 家清算银行组成;(4)日本的清算系统:日本的清算系统为日本银行金融网络系统(Bank of Japan Financial Network System,BOJ-NET),其功能是通过在线网络处理日本银行与金融机构之间的交易;(5)环球银行金融电讯协会系统:1973 年 5 月,15 个西欧和北美国家的 239 家银行发起成立了“环球银行金融电讯协会”,即 SWIFT(Society for Worldwide Inter-bank Financial Telecommunication),总部设在比利时的布鲁塞尔。SWIFT 不以盈利为目的,旨在为会员提供高效、优质的金融通信服务。

国际结算存在信用风险、政治风险以及汇率风险。信用风险是指一方当事人发生违约行为而给国际结算带来的风险;汇率风险则是源于汇率的波动;政治风险是一方所在国的国家政策发生变化给另一方带来的风险。

目前国际结算的特点和发展趋势如下:国际结算和贸易融资更加紧密地结合起来;国际结算的电子化程度加深;国际结算的规则日趋完善。

参考文献:

高洁、罗立彬等:《国际结算》(第二版),中国人民大学出版社 2012 年版。

姜学军:《国际结算》(第二版),东北财经大学出版社 2006 年版。

李华根:《国际结算与贸易融资实务》,中国海关出版社 2012 年版。

（郑建军　卫瑞）

热钱与国际游资
Hot Money

热钱又称为国际游资,当资金持有者出于货币汇率变动的投机心理和受国际利率差带来收益的刺激,在国际掀起大规模的短期资本流动，这些大规模进出的短期资本就称为热钱。总体而言，热钱具有四个主要特点，即高收益性与风险性、高信息化与敏感性、高流动性与短期性及投资的高虚拟性与投机性。现在还没有统一的方法计算一定时间流入一个国家热钱的规模，因为热钱流动速度很快，难以统一计算和管理。但可以得到热钱规模的一个估计值。一个常用的方法是在一国外汇储备总额中减去贸易盈余（或赤字）和外商直接投资的净额，用公式表示为：热钱（估计值）= 外汇储备的变动 - 净出口 - 净外商直接投资（Martin and Morrison，2008）。

在金本位制时期，由于人们对该国际货币体系充满信心，热钱的流动极为罕见。但在两次世界大战期间，国际上掀起了大规模的资本流动。如在1926～1928年间，由于预期法国法郎升值，大量热钱流入法国；20世纪30年代后期，大量的热钱流入伦敦和纽约。1973年，热钱的流动达到了一个新的高峰。当时一方面，人们普遍预期史密森协定将最终走向解体；另一方面，美国利率水平在尼克松政府推行工资和价格的管制政策下，处于较低水平。而联邦德国中央银行为了抑制通货膨胀实施紧缩的货币政策，利率水平较高，这就使得大规模热钱由美国流向联邦德国。当1973年3月，欧洲经济共同体成员国货币实行联合浮动时，热钱在蛇形蠕动体系下流动。热钱在亚洲流动最明显的表现是，1997年大量的热钱退出泰国，尔后退出东亚其他国家，直接触发了1997年的亚洲金融危机。

热钱从资本丰富的经济体流向资本匮乏的发展中国家和新兴经济体看似是受欢迎的。因为这些资本服务于发展中国家和新兴经济体的投资和融资，刺激了经济的增长。但是短期的资本流动不利于宏观经济的稳定，快速的资本膨胀会带来了通货膨胀压力。此外，短期资本流动也会对实际汇率、经常账户赤字造成影响。特别是对那些金融市场发展程度不高的经济体而言，热钱的流入使汇率升值的幅度更大、资产和产品价格上升得更快。价格的上升虽改善了财政指标，也激起了国内信贷扩张，但这将进一步加剧国内银行部门结构脆弱性。热钱外流则会减少流出国国内的资本，特别是大量的热钱外流将影响一国经济的稳定性。可见，热钱的大规模进出不利于一国经济的稳定增长，因此需要采取各种措施限制热钱。

调节热钱的政策措施包括：一是汇率调整。汇率是用于控制热钱流动的一种有效工具。一国货币越被认为是低估的，那么热钱流入的可能性越大。在这一条件下，学者往往建议进行货币的一次性升值而不是逐步升值，因为逐步升值可能造成流入更多的热钱。二是利率调节。为减少热钱的流入，一国可以降低中央银行的基准利率。例如，2010年6月，土耳其中央银行在通胀上升和经济增长时降低利率。2011年2月14日，土耳其财政部部长接受采访时说，在中央银行降低基准利率和经济增长的步伐后，超过80亿的短期投资从土耳其退出。三是资本控制。中国对热钱的控制主要是采取对资本进行限制的措施。譬如，中国资本账户的非自由兑换在一定程度上限制了热钱的流入，同样，中央银行可以对国内金融机构使用短期外国贷款设置一定的配额。四是紧缩的财政政策。实行财政紧缩特别是削减非贸易品的开支，以降低总需求和抑制由资本流动造成的通货膨胀。五是提高银行存款准备金率。由于热钱的流入使本国货币面临较大的升值压力，对于汇率稳定性要求较强的国家，货币当局将通过释放更多的货币以减缓升值压力。但是同时也会造成国内流动性过多的问题，因此需要通过提高存款准备金进行反向操作。

由于人民币汇率制度由钉住美元转变为钉住一篮子货币的浮动管理制度，再加上随着合格境内机构投资者和合格境外机构投资者的不断扩容，资本项目管制不断放松以及中美之间存在一定的利差，热钱在中国的流动规模越来越大，虽然还不能获得中国热钱的准确规模，但不难发现热钱对中国经济的影响越来越明显，尤其是对中国房地产业的影响。因此，在中国经济对外开放程度不断加深的过程中，政府必须采取相应的措施控制大规模热钱的进出。

参考文献：

［英］戴维·皮尔斯，毕吉耀：《现代经济学辞典》，北京航空航天大学出版1992年版。

［英］伊特韦尔等：《新帕尔格雷夫经济学大辞典》，经济科学出版社1996年版。

Martin Michael F. and Morrison Wayne M.，China's "Hot Money" Problems，*CRS Report for Congress*，Order Code RS22921，2008.

McKinnon，R.，*Sterilization in Four Dimensions：Major Trading Countries，Euro-Currencies and the United States*，Chicago：University of Chicago Press，1974.

（郑建军　王珊珊）

资本外逃
Capital Flight

资本外逃又称资本逃避或资本转移，资本外逃是资本持有者出于对货币不稳定、经济和政治形势的担忧，而将资本转移到其他国家以寻求更大程度安全的行为。学者们从不同角度对资本逃避的特点进行了描述。查尔斯·金德尔伯格（Charles Kindleberger）从成因视角出发，认为资本外逃是投资者出于恐惧或怀疑所导致的短期资本流出，其特点在于资本由利率高的国家流向利率低的国家(Kindleberger,1937)。约翰·卡丁顿(John Cuddington)也从成因出发将资本外逃定义为短期投机性资金的外流,其异常之处在于流出的资本不是进行长期投资,而是对政治或金融风险、税负加重等做出迅速反应以获取收益(Cuddington,1986)。英戈·沃尔特(Ingo Walter)从影响后果角度出发,认为资本外逃是造成国家财富损失并大大降低社会福利及国民效用的资本流出(Walter,1985)。

资本外逃的第一次重大事件发生在第一次世界大战时期,此时资本外逃出现在意大利、法国和中欧各大国。而欧洲中立国寄希望于和平恢复时能够获得暴利,大量买入交战国的货币,则顺应了这一时期的资本外流。20世纪70年代中后期是进行大规模资本外逃的时期,但这种流动主要是由通货膨胀引起的。1976年流入瑞士、法国、意大利和英国的资金,在很大程度上反映了这些国家的通货膨胀率和它们税收结构的非指数化。20世纪90年代以来,一些亚洲和拉丁美洲国家出现了大规模的资本外逃。2001年阿根廷经济危机后,由于担心阿根廷政府的外债违约,再加上阿根廷当局执行低利率政策以及产生对外汇储备的高度依赖,产生了大规模的资本外逃。20世纪90年代末,资本外逃很大一部分发生在低利率的国家,如俄罗斯、阿根廷等。这些大规模的资本外逃短期内会带来经济的混乱与动荡,长期内则会降低本国可利用的资本数量,减少可获得的税收收入,增加本国的外债负担,不利于国内经济的稳定发展。

就资本外逃概念本身而言,有合法与非法之分。合法的资本外逃包括企业或个人为获得利息、股息收入和资本增值进行的资本转移;非法的资本外逃也就是非法金融资产流出,它是有意将资产转向国外,或者对一些非法收入进行海外转移的行为。由于目前中国对资本流动仍存在较多的限制,未经当局批准或违反有关政策法规的资本外流均应视为资本外逃。因此,在中国资本外逃是指基于避险或牟利等动机而出现的非正常资本外流。1998年亚洲金融危机发生后,由于存在人民币贬值的预期,形成了较大规模的资本外逃。此外,由于中国为吸引外资,长期以来实行内外资差别待遇政策,再加上随着金融监管力度的加大,非法所得的外逃更为迫切,中国的资本外逃问题日趋严重。这应该引起中国政府的高度重视并采取相应措施,最重要的是要树立和维护国内外企业和居民对中国经济的信心,同时要进一步加快完善市场经济体制。只有从体制和政策环境等深层次上采取措施,才能从根本上抑制和防止资本外逃。

参考文献:

[英]伊特韦尔等:《新帕尔格雷夫经济学大辞典》,经济科学出版社1996年版。

Cuddington T. John, Capital Flight: Estimate, Issues and Explanation, *Princeton Studies in International Finance*, Vol. 58, 1986.

Kindleberger P. Charles, *International Short Term Capital Movements*, New York: Columbia University Press, 1937.

Walter Ingo, *Secret Money: The World of International Financial Secrecy*, London: Allen & Unwin, 1985.

(郑建军　王珊珊)

货币替代
Currency Substitution

货币替代描述了这样一种现象:外国货币在充当价值标准、交易媒介、支付手段和价值贮藏职能等方面大规模地替代本国货币。货币替代这一概念最早是由卡鲁潘·切提(Karuppan Chetty)1969年在《美国经济评论》上发表"关于近似货币的衡量"一文时提出的。广义上,货币替代的规模可以用本国居民在国内外金融机构的外币存款总量来衡量;而狭义上,货币替代的规模只包括本国居民在国内金融机构中的外币存款及流通领域中的外币现金。罗纳德·麦金农(Ronald McKinnon)将货币替代区分为直接货币替代与间接货币替代。如果同时存在两种或两种以上货币作为商品的支付手段相互竞争,交易的经济主体可以自由地选择支付货币,这种货币作为支付手段职能的替代我们就称之为直接货币替代。间接货币替代指的是货币作为经济主体购买非货币金融资产职能的替代。

20世纪70年代以来,随着世界经济一体化的加速,国际游资的剧增和资本管制的放松,大规模的资本流动成为可能,货币替代问题日益突出。对发达国家而言,货币替代的出现主要与投资者规避外汇风险,实行多元化的投资组合相关;对发展中国家而言,尤其是那些出现美元化的拉美国家,货币替代的发生则与这些国家的经济增长和经济体制变革密切相关。总体而言,货币替代现象的出现与国内外在汇率制度、货币自由兑换制度以及资本市场的一体化程度上的差异紧密相连。当货币替代出现时,将对一国的经济产生诸多不利影响。首先,货币替代加剧经济波动,尤其是加剧汇率和价格水平的不稳定;其次,货币替代使更多的本国资本转换成外币,政府从本币发行中获得的铸币税与通胀税收入将相应地减少,财政税基遭到削弱。最后,货币替代加大了估计经济中货币量的难度,影响货币政策的效果。

目前,中国尚未建立完全开放的经济体系,人民币尚未实现资本项目下的完全自由兑换,大规模货币替代的条件尚不具备。因此,与其他国家相比,中国货币替代程度较低。但随着人民币国际化进程的加快,资本项目的限制和国内金融管制也将进一步放松,再加上中国与世界经济的融合程度越来越高,中国的货币替代问题将逐渐显现。要避免货币替代程度的加剧,根本在于提高本国货币的币值稳定性、收益率。具体而言,应该分步骤逐步开放资本账户,防止资本流动失控,执行稳健的货币政策,保持人民币汇率的稳定,增强人们对汇率稳定的信心。

参考文献:

剧锦文、阎坤:《新经济辞典》,沈阳出版社2003年版。

姜波克:《货币替代研究》,复旦大学出版社1999年版。

McKinnon, R. I. and K. Y. Tan, Currency Substitution and Instability in the World Dollar Standard, *American Economic Review*, Vol. 73, No. 3, 1982.

Karuppan Chetty, On Measuring the Nearness of Near Moneys, *The American Economic Review*, Vol. 59, No. 3, 1969.

(郑建军 王珊珊)

超主权货币

Supranational Currency

超主权货币是一种与主权国家脱钩,能保持币值长期稳定,并能克服现行国际货币体系暴露出来的各种缺陷的国际货币。超主权货币一方面可以克服主权信用货币的内在风险,另一方面当超主权货币由一个国际性机构管理时,将使全球范围内流动性的调控成为可能。

如果说超主权货币是与主权货币相对的话,超主权货币可以追溯至国际货币体系开始时的金银本位制,当时的储备货币并不是某个主权国家的货币,而是黄金和白银。直到金汇兑本位制时期,国际货币体系才开始进入由主权货币(英镑)占主导的时代。在布雷顿森林体系和牙买加体系时代,实际上都是由作为主权货币的美元充当最主要的国际货币和国际储备货币。超主权货币作为概念的提出则出自约翰·凯恩斯(John Keynes)对建立国际货币单位"Bancor"的建议。第二次世界大战后,在对建立怎么样的国际货币体系的大讨论中,凯恩斯建议成立国际清算同盟,并由其发行一种国际货币"Bancor"的建议。"Bancor"以30种代表性商品作为定值依据,是多边商品贸易清算的记账单位(Aunit of Account)及各国政府和财政部之间的结算货币。但凯恩斯的这一设想并没有得到实施,取而代之的是建立以美元占主导的布雷顿森林体系,仍是以主权货币作为最主要的国际货币和国际储备货币。

自布雷顿森林体系建立以来,超主权货币的实践主要表现在两个方面。一是特别提款权(Special Drawing Right,SDR)的创立。SDR是一种具有超主权货币特征的记账单位。随着布雷顿森林体系缺陷的不断显现,国际货币基金组织为了解决国际流动性不足以及国际货币体系的不对称性问题,于1969年创设SDR,作为储备资产和记账单位。但由于分配机制和使用范围上的限制,SDR的作用至今没有能够得到充分发挥。二是欧元的诞生。欧元自1999年诞生以来,虽然作为欧洲区域内一种超主权的国际货币在国际货币体系中发挥着越来越重要的作用,但美元仍在国际货币体系中占主导地位。此外,随着2009年以来欧债危机的进一步蔓延,欧元的未来面临更多的困难和不确定性。

2008年全球金融危机的爆发,进一步暴露了以主权货币为国际主要储备货币的内在缺陷。于是,2009年,在伦敦20国集团领导人第2次金融峰会举行之前,中国人民银行行长周小川撰文表达了关于改革国际货币体系的思考,认为作为主权信用货币的美元同时作为国际货币,容易使本国的货币政策与美元储备国的货币政策要求相矛盾。因此,他提出了构建超主权储备货币的设想,认为应该创造一种与主权国家脱钩的国际储备货币。而重建具有稳定的定值基准并为各国所接受的新储备货币可能是个长期内才能实现的目标,目前充分发挥特别提款权的作用和扩大特别提款权的使用范围则是较为可行的选择。

当前以主权货币作为最主要的国际货币和国际储备货币的国际货币体系使中国面临诸多风险,譬如,美元贬值的风险、金融经济危机传递的风险等。此次金融危机再次警示我们,必须创造性地改革和完善现行国际货币体系,推动国际储备货币向着币值稳定、供应有序、总量可调的方向完善,才能从根本上维护全球经济金融稳定,创造有利于中国的互利共赢的国际货币体系。现行国际货币体系改革的道路是漫长和曲折的,因此,中国政府当局一方面保持着坚定的改革国际货币体系的呼声,另一方面在现有的国际货币体系框架中,积极推进人民币国际化。

参考文献:

周小川:《关于改革国际货币体系的思考》,中国人民银行官网,2009年3月23日,http://www.pbc.gov.cn/detail.asp?col=4200&ID=279。

Mckinnon Ronald and Schnabl Gunther, The East Asian Dollar Standard, Fear of Floating, and Original Sin, *Review of Development Economics*, Vol. 8, No. 3, 2004.

Ricardo Caballero, The Macroeconomics of Asset Shortages. NBER working paper No. 12753, 2006.

Zhang Ming, China's New International Financial Strategy amid the Global Financial Crisis., *China & World Economy*, Vol. 17, No. 5, 2009.

(郑建军 王珊珊)

外债规模管理
Foreign Debt Scale Management

外债规模管理是指一国政府对一定时期内对外债务总量及其增减速度的控制，主要包括确定某个时期外债的总量，以及外债增减的速度。一国举债的规模不是越大越好，也不是越小越好，如果外债规模过大，增长过快，就会增加债务负担，超出一国对外偿债能力，降低信用评级，从而影响一国在国际市场上融资的可持续性，对社会经济长远发展不利；如果外债规模太小，增长速度太慢，导致国内市场上资金短缺，使现有资源得不到优化配置，不利于生产力水平的提高。因此，必须确定适宜的举借外债的规模和增减速度，做好外债规模管理。

进行外债规模管理最重要的是确定外债规模，而影响外债规模的因素主要有三个：一是经济增长对外债的需求，它决定了外债的需求量；二是国际资本市场的可供量，它决定了外债规模的供给水平；三是本国对外债的承受能力，它是一国平衡外债需求和供给的重要条件。在这三个因素的作用下，一国合理的外债规模既能够满足经济发展的需要，又能够在国际市场上融到满足以上规模需求的外债，同时该外债又能与该国经济发展程度对应的偿债能力相匹配。在实际操作中，可通过相关指标的衡量判定一国外债规模是否合理。一般来说，衡量一国外债规模是否合理主要有三个指标：债务率、偿债率和负债率。债务率是指一国外债余额和当年外汇收入的比重，该比例一般不能高于100%；偿债率是指当年外债还本付息的金额与外汇收入的比重，该比例一般不能高于20%；负债率是指外债余额与当年GDP之间的比例，该比例应当控制在20%以内。同时我们也应看到，外汇收入、国民生产总值等都是静态指标，代表的都是过往年份的数据，所以以上三个指标不能动态监测外债规模的合理性。因此，需要衡量一国外债规模是否合理还需使外债规模能够和经济发展保持动态的配比关系。

此外，外债规模管理必须把握好一些基本原则。这些基本原则包括统一管理、量力而行、结构合理、提高效率。统一管理要求成立专门的机构管理外债事务，防止出现多头管理、政出多门的现象；量力而行原则要求外债的负债规模不能超过该国的偿债能力，也就是要结合经济发展状况，不可盲目举债；结构合理原则要求外债管理不仅要关注规模，还要关注外债的种类结构、期限结构、利率结构、币别结构、地区结构和投向结构；提高效率原则要求外债规模管理要注重效率。

与我国外汇储备相比，我国外债规模还比较小，与国民经济的发展速度相比，我国外债的年增长速度也比较慢。根据世界上公认的合理外债规模标准，我国外债的偿债率和债务率都低于国际上公认的20%和100%的安全线，但是在长期，还要加强对外债的效率管理，发挥外债在基础设施建设等方面的作用。

参考文献：

傅晓峰：《外债新论》，西南财经大学出版社2003年版。
刘鸿儒：《简明金融词典》，改革出版社1996年版。
李伟民：《金融大辞典》，黑龙江人民出版社2002年版。
秦池江、张立中：《中国金融大百科全书》金融管理卷，中国物资出版社1999年版。
[美]托马斯·克莱恩：《外债管理》，中国计划出版社2000年版。

（郑建军　王珊珊）

人民币经常项目可兑换
RMB Current Account Convertibility

人民币经常项目可兑换是指不限制国际收支的经常性交易项目中涉及人民币的对外支付和转移，与它并列的另一个概念是人民币资本和金融项目可兑换。国际货币基金组织（IMF）第八条款中对该成员国在经常项目可兑换性方面应承担的义务作了具体的规定，根据该条款，经常项目可兑换一般应当符合三个主要衡量标准：首先，除非经IMF同意，否则不得对国际经常往来的支付和资金转移施加限制；其次，避免施行歧视性货币措施（主要是指双边支付安排）或多种汇率制；最后，如其他会员国提出申请，有义务购回其他会员国所持有的本国货币。而经常账户表示实际资源（货物、服务、收入）交易以及经常转移。

对人民币经常项目可兑换的要求与高度开放的社会主义市场经济体制相适应，也是市场经济发展的内在要求。人民币经常项目可兑换的条件和进程，与中国宏观经济形势、宏观经济政策状况、国际清偿能力等密切相关，也受中国商品和劳动在国内外市场上竞争力的制约。随着这些影响因素的变化，人民币经常项目也逐步实现了可兑换。总体而言，人民币经常项目从限制兑换到条件可兑换到可兑换大致经历了四个阶段。

第一阶段是1979年以前。经常项目兑换制度与高度集中的计划经济体制相适应，人民币经常项目兑换受到严格的管制，企业用汇由计划统一分配，每项用汇都需要经过层层审批。第二阶段是1979~1993年。这一时期人民币经常项目兑换制度与向市场经济过渡的经济体制相适应，原来对人民币经常项目兑换的限制逐步放松。在1979年实行的外汇额度留成制度下，大企业的创汇收入可按规定的比例获得外汇留成归自己支配，由此也形成了创汇企业与收汇企业之间外汇余额的调剂，进一步推动了人民币经常项目的自由兑换。1980年,IMF恢复了中国在该组织的席位,中国也承认IMF的相关协定,包括对实行货币经常项目自由兑换的第八条款。但当时中国的"双轨"汇率制度、不足的国际清偿手段和企业竞争力状况等都不允许中国立即实行人民币经常项目的自由兑换。第三阶段是1994~1996年。虽然这时人民币汇率实现了市场汇率和官方汇率的并轨,但由于其他条件并不成熟,对人民币经常项目只实行有条件的自由兑换。这个条件主要包括两方面的内容:第一,经常项目下非贸易非经营性用汇要审批;第二,有些贸易管制实行售汇限制。第四阶段是1996年以后。实行人民币经常项目可兑换。中国当局宣布自1996年12月1日起接受国际货币基金组织协定第八条第二、三、四款的规定,此后所有正当的、有实际交易需求的经常项目用汇都可以对外支付。1996年我国推出了一系列深化外汇体制改革的举措,这对于实现人民币经常项目可兑换起着举足轻重的作用,其中,最重要的是,从上海、深圳、江苏和大连四个地区作为试点开始并拓展到全国,对外商投资企业实行银行结售汇,取消对外商投资企业的经常项目用汇的审批和限制。

从现实情况看,实现人民币经常项目可兑换首先使中国经济与世界经济联系得更加紧密,可以借助国际市场价格的信号引导国内资源的合理配置。其次,人民币经常项目可兑换有利于中国外向型经济的发展和扩大,有利于中国进一步参与国际分工。再者,它为企业通过引进技术实现技术革新创造了竞争环境,有利于企业的技术革新。

参考文献:

[美]保罗·R·克鲁格曼、茅瑞斯·奥伯斯法尔德:《国际经济学》第六版,中国人民大学出版社2006年版。

黄卫平、彭刚:《国际经济学简明教程》,中国人民大学出版社2010年版。

李婧:《中国外汇市场与资本项目可兑换的协调发展》,首都经济贸易大学出版社2007年版。

王广谦:《中国经济改革30年金融改革卷1978~2008》,重庆大学出版社2008年版。

(郑建军 王珊珊)

人民币国际化

RMB Internationalization

人民币国际化是指人民币跨越国界,在国际上发挥其在个人和官方部门作为计价单位、交换媒介和价值储藏货币职能的过程。对货币国际化概念的界定首先是从货币的职能出发的,因为货币国际化的本质在于货币职能的国际化。本杰明·科恩(Benjamin Cohen)从货币职能的角度对货币国际化进行相关论述,而后菲利普·哈特曼(Philipp Hartmann)在科恩研究的基础上总结了货币国际化在货币职能上的体现,认为国际货币就是在计价单位、交换媒介、价值储藏三个方面成为国际上广泛接受的货币(Hartmann,1998)。此外,这三个方面的职能在政府、非银行、银行的表现是不同的。具体而言,在计价单位方面,国际货币是政府锚货币、非银行贸易中的计价货币以及银行外汇标识货币;在交换媒介方面,它是政府的汇率干预货币、非银行间国际交易结算的货币以及银行间清算和国际债券发行的货币;在价值储藏方面,它是政府的外汇储备、非银行和银行的外汇资产(见表1)。陈庚辛(Chinn Menzie)和杰弗里·弗兰克尔(Jeffrey Frankel)、伊藤隆敏(Takatoshi Ito)在讨论货币国际化时,也将货币职能在官方和私人部门之间进行划分,虽然他们与哈特曼的具体归纳方法有些区别,但他们认为国际货币成为计价单位手段、交换媒介和价值储藏手段的观点与哈特曼是一致的。人民币国际化也不例外,其国际化体现在货币职能的国际化上。

表1 国际货币职能的表现

职能	政府	私人部门	
		银行	非银行
计价单位	锚货币	外汇标示货币	用于贸易交易中计价
交换媒介	汇率干预	银行间清算、国际债券发行	用于国际贸易结算
价值储藏	外汇储备	外汇资产	外汇资产

资料来源:Hartmann Philipp,*Currency Competition and Foreign Exchange Markets: the Dollar, the Yen and Euro*, London: Cambridge University Press,1998(17).

人民币国际化问题的提出可以追随到20世纪80年代末期。随着经济全球化和金融自由化的深化发展,私人资本流动在全球范围内加速流动,由此引发的货币金融危机不断冲击着现有的国际货币体系,促使许多国家开始思考现有国际货币体系存在的问题,以及如何在国际货币体系中获得更有利的地位。在这一时期,中国学者在阐述中国金融国际化问题时提出人民币国际化的建议。亚洲金融危机前,理论界对人民币国际化的研究已有初步进展,开始从货币国际化的条件、规律出发,探讨人民币国际化的必要性、可能性,进而分析人民币国际化的经济效应。亚洲金融危机的爆发使人们开始关注东亚地区的汇率制度安排,而此时人民币不贬值的政策则在东亚区域建立了人民币的信誉。但这一时期人民币国际化并没有引起国际的广泛关注,在国内也没有得到政策的积极响应。人民币国际化成为现在最热门的经济话题之一,这主要有三个方面的原因:其一,中国作为世界经济增长引擎作用的不断显现、在国际贸易中的份额不断增加以及外汇储备的不断膨胀;其二,2008 年全球金融危机发生以来,美元作为主导的国际货币地位受到一定的削弱;其三,1997 年亚洲金融危机后,为共同应对金融危机,中国与东盟十国(ASEAN-10)以及日韩共同签订了清迈协议(Chiang Mai Initiative,CMI)。但在清迈协议框架下的东亚区域货币合作并没有取得预想中的进展,为此,中国政府当局开始试着突破这一框架,在积极参与区域货币合作的同时,主动推动人民币的国际化。

虽然从国际货币的职能看,人民币仍不是国际货币,但在市场因素和政府力量的推动下,人民币国际化取得了较快的发展。首先,从人民币在私人部门的使用情况看。2009 年 7 月 2 日推出了《跨境贸易人民币结算试点管理办法(PRTSS)》,规定进出口贸易既可以通过香港、澳门地区进行人民币资金的跨境结算和清算,也可以通过境内商业银行代理境外商业银行进行结算。2010 年 7 月 22 日 PRTSS 的适用范围有了进一步的拓展,现在几乎所有中国重要的进口企业都允许使用人民币进行结算,可使用人民币进行结算的贸易不仅包括有形商品还包括服务。在这一政策的推动下,根据香港金融管理局的统计,截至 2011 年年底,通过香港进行的边境贸易结算额达 1.9 万亿元人民币。这一现象最主要的影响是,香港居民的人民币储蓄不断增加。截至 2011 年 7 月,香港居民的人民币储蓄总额上升为 5800 亿元人民币,占香港居民储蓄总额的 9.5%。此外,从人民币债券的使用情况看,2010 年 8 月和 11 月,麦当劳(McDonald's)和卡特彼勒(Caterpillar)分别发行了以人民币计价的“点心债券”(Dim Sum Bonds)。

其次,从人民币在官方部门的使用范围看。2008 年全球金融危机爆发后,为推动双边贸易和投资,加强外界对区域内金融稳定的信心,中国人民银行先后与韩国、中国香港地区、马来西亚、白俄罗斯、印度尼西亚、阿根廷、冰岛、新加坡金管局八个经济体的货币当局签署了双边本币互换协议。截至 2012 年 7 月,与人民币缔结货币互换的国家不仅包括东亚区域内的国家,也包括东亚区域外的其他亚洲国家,如哈萨克斯坦、乌兹别克斯坦、巴基斯坦、土耳其、阿联酋等,同时还包括非亚洲国家,如澳大利亚、新西兰、俄罗斯、乌克兰、冰岛等(见表 2)。此外,在中国周边国家中,已经有柬埔寨、菲律宾、尼泊尔、泰国、马来西亚等国将人民币作为官方储备货币或央行可自由兑换货币之一。

表 2　　中国人民银行与其他国家中央银行签订的货币互换协议

时期	对象	内容
2012 年 6 月 26 日	乌克兰	150 亿元人民币/190 亿格里夫纳
2012 年 3 月 22 日	澳大利亚	2000 亿元人民币/300 亿澳大利亚元
2012 年 3 月 20 日	蒙古国	规模由原来的 50 亿元人民币/1 万亿图格里特扩大至 100 亿元人民币/2 万亿图格里特
2012 年 2 月 21 日	土耳其	100 亿元人民币/30 亿土耳其里拉
2012 年 2 月 8 日	马来西亚	互换规模由原来的 800 亿元人民币/400 亿林吉特扩大至 1800 亿元人民币/900 亿林吉特
2012 年 1 月 17 日	阿联酋	互换规模为 350 亿元人民币/200 亿迪拉姆
2011 年 12 月 23 日	巴基斯坦	互换规模为 100 亿元人民币/1400 亿卢比
2011 年 12 月 22 日	泰国	700 亿元人民币/3200 亿泰铢
2011 年 11 月 22 日	香港地区	原来的 2000 亿元人民币/2270 亿港币扩大至 4000 亿元人民币/4900 亿港币
2011 年 10 月 26 日	韩国	原来的 1800 亿元人民币/38 万亿韩元扩大至 3600 亿元人民币/64 万亿韩元
2011 年 6 月 13 日	哈萨克斯坦	70 亿元人民币的双边本币互换协议
2011 年 5 月 6 日	蒙古国	50 亿元人民币的双边本币互换协议
2011 年 4 月 19 日	乌兹别克斯坦	金额为 7 亿元人民币的双边本币互换协议
2011 年 4 月 18 日	新西兰	250 亿元人民币的双边本币互换协议
2010 年 7 月 24 日	新加坡	1500 亿元人民币/约 300 亿新加坡元
2010 年 6 月 9 日	冰岛	35 亿元人民币
2009 年 4 月 2 日	阿根廷	700 亿元人民币/380 亿阿根廷比索
2009 年 3 月 23 日	印度尼西亚	1000 亿元人民币/175 万亿印尼卢比
2009 年 3 月 11 日	白俄罗斯	200 亿元人民币/8 万亿白俄罗斯卢布
2009 年 2 月 8 日	马来西亚	800 亿元人民币/400 亿林吉特
2008 年 12 月	香港地区	2000 亿元人民币/2270 亿港元

资料来源:根据中国人民银行官方网站提供的资料整理。

从人民币国际化的前景看，人民币具备成为国际货币的重要潜力，但是其国际化道路又是漫长的，将面临诸多挑战。人民币国际化有其特殊之处，它不同于美元、日元和马克是在实现资本项目可自由兑换条件下进行的国际化，人民币国际化是在尚未实现资本项目自由兑换和存在资本管制的条件下进行的，也是唯一发展中国家的货币国际化，这是绝无仅有的。因此，人民币国际化不可能一步到位。在国际化过程中，人民币的区域使用、货币可兑换性和资本管制程度、汇率和利率等金融资产价格的灵活性、国内金融市场的自由化程度和金融部门的成熟程度是必须要处理好的问题。

参考文献：

李晓、丁一兵等：《人民币区域化问题研究》，清华大学出版社 2010 年版。

Benjamin J. Cohen, *The Future of Sterling as an International Currency*, London: McMillan, 1971.

Chinn D. Menzie and Jeffrey A. Frankel, Will the Euro Eventually Surpass the Dollar as Leading International Reserve Currency, NBER Working Paper No. 11510, 2005.

Eichengreen, B., The Dollar Dilemma: The World Top Currency Faces Competition, *Foreign Affairs*, Vol. 88, No. 5, 2009.

Philipp Hartmann, *Currency Cooperation and Foreign Exchange Markets: the Dollar, the Yen and Euro*, London: Cambridge University Press, 1998.

Philipp Hartmann, The Currency Denomination of World Trade after European Monetary Union, *Journal of the Japanese and International Economies*, No. 12, 1998.

（郑建军　王珊珊）

人民币升值
RMB Appreciation

汇率是一国货币兑换另一国货币的比率，是以一种货币表示另一种货币的价格。人民币升值是指相对其他货币而言人民币购买力增强，在国际市场上一单位人民币能够购买到更多的商品。

自 1973 年布雷顿森林体系瓦解后，以美元为核心的固定汇率制度不复存在，世界各主要工业国家纷纷采取浮动汇率制度。在浮动汇率制下，各国不再规定汇率波动的幅度，中央银行也不再承担维持汇率波动大小的义务，各个国家的汇率是根据外汇供需状况自行调整的结果。而中国在汇率改革中则是遵循了一种稳中求发展的路线，直至 1994 年人民币汇率实现并轨，才最终确立了以市场供需为基础的有管理的浮动汇率制度。2003 年以后，一些国家和一些国际机构以各种形式要求人民币升值。它们认为，由于人民币低估，使得中国的出口产品具有很强的国际竞争力，从而对许多国家的工业造成了冲击。2005 年 7 月 21 日中国人民银行发布公告，自即日起中国开始实行以市场供求为基础、参考一篮子货币进行调节的、有管理的浮动汇率制度，人民币不再钉住单一美元，形成富有弹性的人民币汇率机制。从单一钉住美元到参考一篮子货币，实行以市场供求为基础的、有管理的浮动汇率，中国的汇率制度改革迈出了重要的一步。从此，人民币开始缓慢升值。如图 1 所示，2005 年 7 月以后的人民币名义有效汇率和实际有效汇率总体上是升值的（有效汇率参见词条“汇率”）。2005 年 7 月平均名义有效汇率为 88.06，2012 年 8 月平均名义有效汇率为 105.79，升值幅度为 20.1%；2005 年 7 月平均实际有效汇率为 84.99，2012 年 8 月平均实际有效汇率为 108.36，升值幅度为 27.5%。

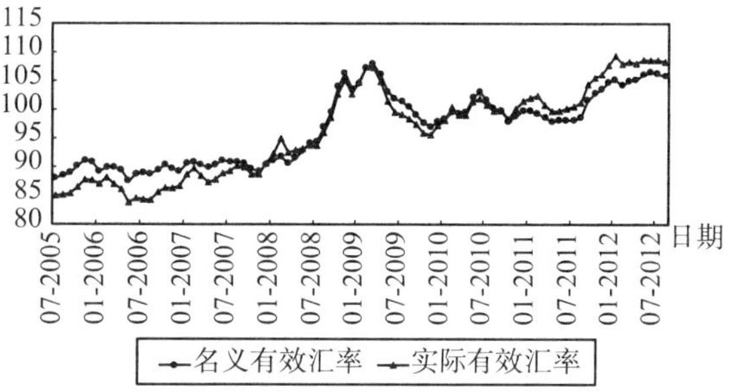

图 1　人民币有效汇率走势
（2005 年 7 月～2012 年 8 月）

注：2010 年 10 月平均有效汇率为 100。
资料来源：国际清算银行。

人民币升值的原因：一是经济长期稳定增长。改革开放以来，中国经济长期稳定增长，投资利润高，外资大量进入，推动了人民币的持续升值。二是国际收支。国际收支状况是决定汇率长期变动趋势的主导因素。中国国际收支持续顺差，导致人民币持续升值。另外，巨额贸易顺差已经成为中国对外经贸关系发展的一大矛盾，美国等发达国家不断就人民币汇率问题向中国施压，这也促进了人民币升值。三是心理预期。人民币升值已经在国际国内形成了较强的心理预期效应，吸引更多的资本进入中国，从而促使汇率提高。

人民币升值的有利影响：其一，人民币升值有利于促进国际收支平衡，改善中国巨额贸易顺差，减少贸易摩擦；其二，人民币升值可以有效地将技术含量低、附加值低的企业挤出国际市场，激励企业不断创新，增强国际市场竞争力，推动产业结构升级，改善中国在国际分工中的地位；其三，人民币升值后，进口产品价格相对下降，中国居民消费进口商品的支付能力增强，有利于生活质量的提高。

人民币升值的不利影响:第一,由于中国劳动力价格低廉,以及出口企业竞相采用低价销售策略,造成中国产品尤其是劳动密集型产品的出口价格远低于别国同类产品。人民币一旦升值,将对出口企业造成冲击。第二,人民币升值对即将前来中国投资的外商会产生不利影响,因为这会使他们的投资成本上升。在这种情况下,他们可能会将投资转向其他发展中国家。第三,人民币升值对出口企业和境外直接投资的影响,最终将体现在就业上,加大国内就业压力。因为中国出口产品的大部分是劳动密集型产品,出口受阻必然会加大就业压力;外资企业则是提供新增就业岗位最多的部门之一,外资增长放缓,会使国内就业形势更为严峻。第四,目前中国的金融市场尚不完善,用来对冲风险的金融工具较少,人民币升值将带来巨大的汇率风险。

参考文献:

[美]多米尼克·萨尔瓦多:《国际经济学》,清华大学出版社 2008 年版。

[美]格里高利·曼昆:《宏观经济学》,中国人民大学出版社 2005 年版。

[美]鲁迪格·多恩布什等:《宏观经济学》,中国财政经济出版社 2003 年版。

(郑建军 邢曙光)

资源与环境经济学

环境经济学
Environmental Economics

环境经济学研究如何充分利用经济杠杆来解决对环境污染问题，使环境的价值体现得更为具体，将环境的价值纳入生产和生活的成本中去，从而阻断了无偿使用和污染环境的通路，经济杠杆是目前解决环境问题最主要和最有效的手段。

环境经济学是环境科学和经济学之间交叉的边缘学科，主要研究领域包括：

第一，如何估算对环境污染造成的损失，包括直接物质损失、对人体健康的损害和间接的精神损害；

第二，如何评估环境治理的投入所产生的效益，包括直接挽救污染所造成的损失效益，和间接的社会、生态效益；

第三，如何制定污染者付费的制度，确定根据排污情况的收费力度；

第四，如何制定排污指标转让的金额。

造成环境的污染和破坏，除了人们未能认识自然生态规律外，从经济层面分析，主要是人们没有全面权衡经济发展和环境保护之间的关系，只考虑近期的直接的经济效益，忽视了经济发展给自然和社会带来的长远影响。长期以来，人们把水、空气等环境资源看成是取之不尽、用之不竭的"无偿资源"，把大自然当作净化废弃物的场所，不必付出任何代价和劳动。在生产规模不大、人口不多的时代，这种掠夺式的经济发展模式对自然和社会的影响，在时间上、空间上和程度上都是有限的。但到了 20 世纪 50 年代以后，社会生产规模急剧扩大，人口迅速增加，经济密度不断提高，从自然界获取的资源大大超过自然界的再生增殖能力，排入环境的废弃物大大超过环境容载力，出现了全球性的资源耗竭和严重的环境污染与破坏问题。许多经济学家和自然科学家一起筹商防治污染和保护环境的对策，估量污染造成的经济损失，比较防治污染的费用和效益，从经济角度选择防治污染的途径和方案，有的还把控制污染纳入投入—产出经济分析表中进行研究。这样，在 20 世纪 70 年代初出现了污染经济学或资源与环境经济学的著作，阐述防治环境污染的经济问题。

随着环境经济学研究的开展，一些经济学家认为，仅仅把经济发展引起的环境退化当作一种特殊的福利经济问题，责令生产者偿付损害环境的费用，或者把环境当作一种商品，同任何其他商品一样，消费者应该付出代价，都没有真正抓住人类活动带来环境污染问题的本质。许多学者提出在经济发展规划中要考虑生态因素。社会经济发展必须既能满足人类的基本需要，又不能超出环境负荷。超过了环境负荷，自然资源的再生增殖能力和环境自净能力会受到破坏，引起严重的环境问题，社会经济也不能持续发展。要在掌握环境变化过程中，维护环境的生产能力、恢复能力和补偿能力，合理利用资源，促进经济的发展。20 世纪 70 年代后期，先后出版了环境经济学、生态经济学、资源经济学方面的著作，论述经济发展和环境保护之间的关系。

在中国，环境经济学的研究工作，是从 1978 年制定环境经济学和环境保护技术经济八年发展规划（1978～1985 年）时开始的。1980 年，中国环境管理、经济与法学学会的成立，推动了环境经济学的研究。

社会经济的再生产过程，包括生产、流通、分配和消费，它不是在自我封闭的体系中进行的，而是同自然环境有着紧密的联系。自然界提供给劳动以资源，而劳动则把资源变为人们需要的生产资料和生活资料。劳动和自然界一起才成为一切财富的源泉。社会经济再生产的过程，就是不断地从自然界获取资源，同时又不断地把各种废弃物排入环境的过程。人类经济活动和环境之间的物质变换，说明社会经济的再生产过程只有既遵循客观经济规律又遵循自然规律才能顺利地进行。环境经济学就是研究合理调节人与自然之间的物质变换，使社会经济活动符合自然生态平衡和物质循环规律，不仅能取得近期的直接效果，又能取得远期的间接效果。

环境经济学主要是一门经济科学，以经济学为理论基础。社会主义社会的生产目的，是最大限度地满足整个社会日益增长的物质和文化需要；生产资料的公有制和国民经济有计划按比例地发展，为正确地调节人和自然之间的物质变换提供了充分的可能，但是，要把可能性变为现实，是一项十分艰巨的任务。

研究内容主要有下述四个方面：

第一，环境经济学的基本理论。包括社会制度、经济发展、科学技术进步同环境保护的关系，以及环境计量的理论和方法等。

经济发展和科学技术进步，既带来了环境问题，又不断地增强保护和改善环境的能力。要协调它们之间的关系，首先是改变传统的发展方式，要把保护和改善环境作为社会经济发展和科学技术发展的一个重要内容和目标。

当人类活动排放的废弃物超过环境容量时，为保证环境质量必须投入大量的物化劳动和活劳动，这部分劳动已愈来愈成为社会生产中的必要劳动。同时，为了保障环境资源的永续利用，也必须改变对环境资源无偿使用的状况，对环境资源进行计量，实行有偿使用，使社会不经济性内在化，使经济活动的环境效应能以经济信息的形式反馈到国民经济计划和核算的体系中，保证经济决策既考虑直接的近期效果，又考虑间接的长远效果。

第二，社会生产力的合理组织。环境污染和生态失调，很大程度上是对自然资源的不合理的开发和利用造成的。合理开发和利用自然资源，合理规划和组织社会生产力，是保护环境最根本、最有效的措施。为此必须改变单纯以国民生产总值衡量经济发展成就的传统方法，把环境质量的改善作为经济发展成就的重要内容，使生产和消费的决策同生态学的要求协调一致；要研究把环境保护纳入经济发展计划的方法，以保证基本生产部门和消除污染部门按比例地协调发展；要研究生产布局和环境保护的关系，按照经济观点和生态观点相统一的原则，拟订各类资源开发利用方案，确定一国或一地区的产业结构，以及社会生产力的合理布局。

第三，环境保护的经济效果。包括环境污染、生态失调的经济损失估价的理论和方法，各种生产生活废弃物最优治理和利用途径的经济选择，区域环境污染综合防治优化方案的经济选择，各种污染物排放标准确定的经济准则，各类环境经济数学模型的建立等。

第四，运用经济手段进行环境管理。经济方法在环境管理中是与行政的、法律的、教育的方法相互配合使用的一种方法。它通过税收、财政、信贷等经济杠杆，调节经济活动与环境保护之间的关系、污染者与受污染者之间的关系，促使和诱导经济单位和个人的生产和消费活动符合国家保护环境和维护生态平衡的要求。通常采用的方法有：征收资源税、排污收费、事故性排污罚款、实行废弃物综合利用的奖励、提供建造废弃物处理设施的财政补贴和优惠贷款等。

环境经济学是一门快速发展的新兴学科，近五十年来的发展历史表明，环境经济分析已经呈现出了各种令人鼓舞的前景，这可以从最近出版的大量教科书、专论、期刊、各种学术讨论会以及相关国际项目中得到证实。这意味着环境经济研究正逐步走向成熟，其加速发展的势头也反映了环境经济分析的丰硕成果。一方面，随着主流经济学的发展，环境经济学能不断从中汲取营养，借鉴其新的理论工具和分析方法，促进自身学科体系的不断完善与发展。如最近十年来，应用新增长理论分析可持续发展的途径，新贸易理论解释环境对产品国际竞争力的影响，博弈论分析全球环境问题中的合作与斗争，以及应用产业组织理论对不完全竞争市场中的环境政策工具的有效性问题研究等方面都取得了很大的进展。另一方面，正如 Deacon T. R. 等（1998）9 位美国环境经济学界的著名专家在总结过去几十年来环境经济学的演变与发展趋势时所强调的，随着环境管理和各国可持续发展战略的制定和实施，现实需求中的政策问题将为环境经济学的不断发展提供持久的推动力，使环境经济学的研究内容随着现实经济的发展而不断丰富。Sterner 和 Bergh（1998）受《环境与资源经济学》期刊编委会的邀请，对环境经济学的最新进展做了总结，他们认为，未来一段时期内，以下内容将是环境经济学重点：

第一，环境价值评估。环境价值评估理论近年来在环境经济学中受到越来越多的关注，主要的方法包括意愿调查法、享乐价格法、旅行成本法、生产函数法等。尽管在理论与实践上还有不少争议，但其在环境决策中的作用显得越来越重要。另外，将环境评估纳入国民核算体系的绿色账户研究也是今后研究的重点之一。

第二，全球背景下的环境经济分析。与封闭经济模型不同，环境问题的国际维度主要分析涉及跨境与全球环境问题治理以及对外贸易与环境的关系这两个方面。经济全球化趋势使全球环境问题开始备受关注，一些经济模型如博弈论模型已用来解释合作与非合作情况下的全球环境决策行为。费用效益分析也被应用于全球环境政策。在全球化进程中，贸易与环境的关系也日益密切，并对世界经济发展格局有着重要的影响。这方面的研究也将逐步增加。目前人们的兴趣主要在于构建能解释专业化模式、生产与市场关系、政策反馈效应等方面的模型，包括把环境因素引入赫克歇尔—俄林模型的分析中。另外，人们普遍认为在研究环境—贸易相互影响时也应考虑地区差异、技术创新以及发展中国家的特性等因素。

第三，空间维度的环境经济分析。环境问题的空间维度常常被环境经济学家所忽略，但现在人们逐渐发现关于这一领域的研究有大量工作可做，特别是跨学科背景下的研究。如结合自然科学、地理学、生态学的研究，在这些学科里，空间模型是普遍的。与空间有关的环境问题如非点源污染、土地使用、城市环境、交通运输与地理位置选择等领域将会成为研究重点。

第四，生态税改革。税收是环境管理中的重要政策工具之一，目前在欧洲国家开始普遍推行所谓“生态税”改革的政策，就是将征税的基础逐步从劳动力转向能源利用和环境污染治理，这一转换过程被认为能产生环境改善与减少税收对经济扭曲的“双赢”的结果。因此，有关这方面的理论研究正在并将继续成为环境经济学的重要研究主题之一。

第五，一般均衡分析的应用。很明显，环境经济学运用很多的分析方法来描述、预测、分析某一问题的经济——环境特性。这些模型通常具有不同的技术结构（线性与非线性、静态或动态），模型的普遍性、精确性、现实性也各有侧重。由于环境问题之间往往是相互影响、相互关联的，譬如，在道路交通环境问题中，交通阻塞、事故、废气排放与噪声等就是相互系在一起的。因此，在对环境问题进行全面综合考虑，以运用各种政策工具达到最优环境效果，一般均衡分析方法将会发挥着越来越重要的作用。

参考文献:

王玉庆:《环境经济学》,中国环境科学出版社 2002 年版。

潘家华:《持续发展途径的经济学分析》,中国人民大学出版社 1997 年版。

Young, Robert A. and Robert H. Haveman, Economics of Water Resources: A Survey, In A. V. Kneese and J. L. Sweeney (Eds.), *Handbook of Natural Resource and Energy Economics* (Vol. 2), Amsterdam: North Holland, 1985.

Zeckhauser, Richard J., Preferred Policies when there is a Concern for Probability of Adoption, *Journal of Environmental Economics and Management*, 8, 1981.

Willig, Robert D., Consumer's Surplus without Apology, *American Economic Review*, 66(4), 1976.

(刘伟)

自然资源核算

Natural Resource Accounting

自然资源核算是对一定时间和空间内的自然资源,在对其合理估价的基础上,从实物、价值和质量方面,统计、核实、测算资源总量和结构变化并反映其平衡状态的工作。长期以来,大多数国家使用的国民经济核算体系,是用来分析一国经济总体和各部门发展水平的有效工具,在这个体系中,没有考虑环境的贡献和自然资源的耗减。然而,要确切地测量一个国家的经济发展水平,必须经过环境和自然资源调整后,得出经济净值指标。由于自然资源是具有时空维度的自然物品,随着时间和空间的变化,自然资源的种类、数量、质量、结构和利用程度都在发生变化,因此,自然资源核算具有重要意义。

自然资源核算主要包括以下三方面内容:

第一,实物量核算。自然资源的实物量核算是对自然资源的实物存量和存量的变动以实物单位进行计量。由于各类自然资源属性不同,核算方式也不尽相同。目前自然资源的实物量统计内容主要有土地资源统计、森林资源统计、生物资源统计、水力资源统计、地下资源统计等五个部分。自然资源存量和增减流量的基本关系是:期初存量 + 本期增加量 - 本期开采或破坏的数量 = 期末存量。

第二,价值量核算。目前国际上公认的价值量核算方法主要是:市场价值法,它通过自然资源的交易与转让在市场中形成的价格来评估自然资源的价格;折现法,它是通过自然资产估计的未来收入流量的折现价值作为计算自然资源结构的依据;成本费用法,它是由自然资源价格构成因素推算求得;租金法(净价法),它是用生产过程中的总投入减去提炼过程中的平均成本和平均利润;分离收益法—折现法,它适用于地下矿藏资源、地下水的核算。

第三,个量核算和总量核算。个量核算亦即分类核算,是对某一类自然资源的数量和价值量的变化进行的核算;总量核算亦即综合核算,是对一个地区或一个部门所有自然资源的价值量的变化进行的核算。个量核算或分类核算是总量核算或综合核算的基础。

自然资源核算是一个过程,通常需要遵循以下程序:

第一,界定自然资源核算的对象。由于核算的自然资源性质不同,需要明确所核算的自然资源,如森林资源、渔业资源、土地资源、煤炭资源等,且在核算时需注意,不同种类的自然资源常常具有不同的特性。

第二,统计自然资源实物量。这主要是考量自然资源的数量、质量利用等情况,它对于自然资源核算具有决定性作用。

第三,绘制自然资源利用流向及流程图。它直观而形象地反映出自然资源的增减变化、流出和流入的方向和过程。

第四,对自然资源进行估价。自然资源的总价值可表述为:自然资源的总价值(TV) = 存在价值(EV) + 经济价值(ECV) + 环境价值(ENV)。自然资源的存在价值,即以天然方式存在时表现出的价值,在生命支持能力的意义上,这种价值的受益者是全部生物机体,在资源持续供给能力的意义上,这种价值的受益者是从过去到未来的整个人类。自然资源的经济价值,即它作为生产要素被人类利用(主要为消耗性利用)所具有的价值。自然资源的环境价值,指它对人类排放的废弃物的接纳消化功能。

第五,对自然资源进行分类核算。它既包括对其逐类进行实物量增减的计算和流向分析,也包括对其逐类进行价值量的计算和流向分析,这就需要用适当的方式对自然资源进行估价。分类核算是综合核算的基础。

第六,自然资源综合核算。它是对自然资源价值总量进行比较和平衡分析,用以反映资源总量的变化情况和资源利用的综合效率。

第七,进行自然资源质量指数核算。通过自然资源质量指数核算并以此来矫正数量核算和价值量核算的结果。

第八,将自然资源综合价值纳入国民经济核算体系中。这主要是用以矫正国民生产总值、国内生产净值,以及调整国家资产负债。

自然资源核算是对传统国民经济核算体系的重要改进和调整,它在经济学与生态学之间架起了桥梁。从 20 世纪 70 年代起,一些国际组织就开始关注自然资源核算问题。1985 年,经济合作与发展组织(OECD)就提出,通过用一套完整的方法改善自然资源的管理,以保障经济发展的可持续性。1987年,世界环境与发展大会提交的《我们共同的未来》报告中提出,所有国家,无论贫富,经济发展都必须充分考虑自然资源存量恶化的进度和改善措施。此后,发达国家如加拿大、法国、挪威、荷兰、澳大利亚、美国等着手编制有关自然资源存量及存量变化的账户,许多发展中国家如泰国、阿根廷等也紧随其后。其中,挪威针对石油、森林、渔业等资源进行了核算,资源核算体系是作为国民经济核算体系的重要补充而建立起来的。1994年,《中国21世纪议程》确定可持续发展作为国家战略,提出要保护资源与环境,实现资源的可持续利用,开启了中国自然资源核算的大门。

参考文献:

张帆、李东:《环境与自然资源经济学》,上海人民出版社2007年版。

世界环境与发展委员会:《我们共同的未来》,吉林人民出版社1997年版。

[美]蒂坦伯格:《环境与自然资源经济学》,中国人民大学出版社2011年版。

章铮:《环境与自然资源经济学》,高等教育出版社2008年版。

吴优、曹克瑜:《对自然资源与环境核算问题的思考》,载于《统计研究》1998年第2期。

林向阳、周冏:《自然资源核算账户研究综述》,载于《经济研究参考》2007年第50期。

牛文元:《"绿色GDP"与中国环境会计制度》,载于《会计研究》2002年第1期。

吴优:《绿色国民经济核算的发展及其思考》,载于《统计研究》2005年第9期。

(刘学敏)

世界自然保护联盟

International Union for Conservation of Nature

世界自然保护联盟(International Union for Conservation of Nature, IUCN),创建于1948年,是世界上历史最长、规模最大的全球性环境保护组织,是全球唯一在联合国大会具有正式观察员地位的生态环境保护组织。目前,IUCN由1000多个非政府组织成员和若干政府以及大约10000名志愿者构成,它们分别来自全球160多个国家和地区。IUCN总部设在瑞士日内瓦附近的格朗镇(Grand),在全球拥有62个办事处、1100多名专业职员,以及上千名的项目合作者。

1948年10月5日,在联合国教科文组织第一任秘书长朱立安·赫胥黎(Julian Huxley)先生的提议下,联合国教科文组织在法国召开了一次国际会议,讨论并成立了国际自然保护同盟(International Union for the Preservation of Nature, IUPN),1956年更名为国际自然与自然资源保护联盟(International Union for the Conservation of Nature and Natural Resources),1990年正式更名世界自然保护联盟(International Union for Conservation of Nature)。1961年,为解决IUCN资金来源问题,成立了独立的从事基金募集工作的世界自然基金会(World Wide Fund For Nature, WWF)。1982年,通过IUCN的工作和努力,联合国大会通过了全球自然保护的纲领性文件——《世界自然宪章》。1999年,IUCN获得了联合国大会的观察员席位。

IUCN主要由会员、世界自然保护大会、理事会、专业委员会和秘书处组成。其中,会员是IUCN的重要组成部分,主要分为三类。一是国家会员和政府机构会员、政治或经济合作组织;二是国家非政府组织、国际非政府组织;三是其他类型会员。世界自然保护大会是IUCN的最高权力机构,IUCN的发展及重要决策都是由世界自然保护大会上表决通过,来自所有会员的代表每四年都要召开一次世界自然保护大会,在大会上共同讨论自然保护议题。理事会由世界自然保护大会授予职权,对IUCN的所有事务具有全局监管和控制的责任。理事会成员是由全体会员在世界自然保护大会上选举产生,每四年一届,每年至少召开一次年会。专业委员会是IUCN的科学咨询及项目实践队伍。IUCN有六个专业委员会,分别为物种存续委员会、世界保护区委员会、环境法律委员会、教育及宣导委员会、环境经济社会政策委员会和生态系统管理委员会,由来自全世界181个国家和地区的不同学科的10000多名专家志愿者(个人会员)组成,负责评估世界自然资源,在制定保育措施时提供咨询服务。秘书处负责处理IUCN的日常事务及项目协调工作。秘书处对理事会负责,由秘书长领导。IUCN的秘书处在全球62个国家拥有1000多名全职的工作人员,他们70%来自发展中国家。秘书处由地区办公室、全球项目、全球战略和全球业务四个部分组成。

IUCN是生态环境和可持续发展领域里最具权威性的机构,掌握着全球自然资源分布现状和变化动态。IUCN主要任务涉及以下领域:生态系统管理、森林及湿地保育、海洋和极地、环境法、保护地、科学和知识、物种、经济、商业、全球政策、社会政策、性别、水和世界遗产。IUCN的核心任务是保护生物多样性,并证明生物多样性是诸如气候变化、可持续发展和粮食安全等全球性问题的重要内容。其具体工作主要包括,一是制定标准和规则。首先是IUCN发起和牵头起草了许多重要的国际公约和规则标准,如1980年为联合国起草的生态环境战略报告中在世界上首次提出"可持续发展"理念,2012年在联合国可持续发展大会(里约+20峰会)上提出"基于自然规律的解决方案"等。其次是生态系统的标准和规则，如保护物种和栖息地。IUCN为拯救濒危动植物种专门制定了《世界自然保护联盟濒危物种红色名录》，评估数以千计物种的绝种风险和保护级别。同时，IUCN下属的世界保护区委员会(WCPA)制定了保护区管制级别，包括国家公园、自然遗址、生境/物种管制区、景观保护区和资源保护区等。二是开展自然资源保护项目。IUCN在全球有上千个生物多样性和自然资源的可持续管理实地项目和活动，项目范围有单一地区或多个国家。

IUCN在中国开展工作已有20多年的历史，努力帮助中国开展自然生态资源保护能力建设。早在20世纪80年代，IUCN通过其瑞士总部和六个专业委员会来华开展生态环境保护工作。近些年来，IUCN在中国的工作领域不断扩展，现已与中方机构在物种评估、保护地管理、自然遗产、环境法和环境经济学等领域开展了深入合作。1996年，中国首次参加了在蒙特利尔召开的世界自然保护联盟大会，成为IUCN第75个成员。2000年，IUCN与国家环保局签署了谅解备忘录，共同推进双方在2001～2004年间的项目合作。2003年，IUCN中国联络办公室成立。2004年，IUCN与国家林业局签署了谅解备忘录，共同推进中国林业资源保护工作。在2012年9月召开的世界自然保护大会上，来自中国的章新胜通过投票选举就职新一届世界自然保护联盟主席，成为该国际组织成立64年来首位出自东亚地区的主席。目前，IUCN正在通过信息共享、增强能力建设、实践先进工作方法等方式积极支持中国与其他会员组织开展交流与合作。

参考文献：

周彬、王春玲、蒋宏、覃海宁：《对IUCN红色名录等级中"Vulnerable"一词翻译的商榷》，载于《生物多样性》2007年第1期。

蒋明康、王智、朱广庆、陶思明、周海丽：《基于IUCN保护区分类系统的中国自然保护区分类标准研究》，载于《农村生态环境》2004年第2期。

王献溥、郭柯：《关于IUCN红色名录类型和标准新的修改》，载于《植物资源与环境学报》2002年第3期。

Anshuman Saikia, Presentation of"IUCN in Asia-So Much to Do, So Little Time", 2008.

IUCN, Shaping a Sustainable Future-The IUCN Programme 2009-2012, 2008.

IUCN, Statues, Including Rules of Procedure of the World Conservation Congress, and Regulations, 2008.

Sue Mainka, Rachel Wasser, Jeff McNeely and Seth Cook, The World Conservation Union's (IUCN) Strategy for a Programme of Work in the People's Republic of China, 2008.

（李晓西 荣婷婷）

自然资源与能源经济学手册 Handbook of Natural Resource and Energy Economics

《自然资源与能源经济学手册》是享誉全球的《经济学手册》的第六分册。编写《经济学手册》的目的和必要性在于对过去的经济学的研究成果加以总结，删繁就简，使之条理化并加以适当的解释和评价，以便使读者花费较少的时间和精力就能够较全面和准确地理解经济学研究成果的内容。正如丛书两位总主编诺贝尔奖得主K. J. 阿罗和在数理经济学与计量经济学上享有盛名的M. D. 英特里盖特所写道"本系列手册中的每一本都是对经济学中的每一门分支学科的最前沿的发展，根据其内容分成各章并做出全面的总结。"因此，《经济学手册》对经济学研究人员是有用的甚至是必备的参考著作和工具用书。《经济学手册》目前包括25个分支学科，已出版了近60册。

《自然资源与能源经济学手册》顾名思义就是对自然资源与能源经济学这一分支学科的研究方法和理论体系的归纳和总结。传统上，这一领域的研究有赖于那些应用于其他商品分析的一般经济理论，直到20世纪70年代，作为理论研究、实证分析和政策制定所必须涉及的问题，自然资源与能源才开始受到特别的重视，经济学家们也逐步认识到，自然资源的某些特征需要专门的理论来加以明确解释。目前，在自然资源经济学领域已经形成了一套完整的概念，虽然这些概念也应用于经济学的其他分支学科，但更好地理解自然资源问题的需要能使这些概念进一步规范化。同时，形成了一系列跨学科性质的理论，比如，物理学上的物质平衡概念是环境经济理论的重要基础，生物学和生态学上的群体动态(Population Dynamic)的概念与可再生资源理论中的经济学概念紧密相关，热力学概念和能源保护概念是能源经济学理论依据的基础，产权和所有权的法律概念极大地影响了环境经济学的分析。自然资源与能源经济学研究整合了从物理学、工程学、化学、生物学、生态学、政治学和法学中获得的综合信息，具有跨学科性质。

《自然资源与能源经济学手册》的主编是两位著名的学者：阿兰·V·尼斯和詹姆斯·L·斯威尼。他们是这一研究领域最主要的代表人物。阿兰·V·尼斯(Allen V. Kneese)教授是美国未来资源研究所(Resources for the Future)的高级学者，也是美国环境与资源经济学家协会(Association of Enviromental and Resource Economists)的第一任主席。美国未来资源研究所(RFF)，成立于1952年，是世界上最早的资源与环境经济学的专门研究机构。阿兰·V·尼斯在这个研究所从事资源与环境经济的研究整整40年，直到他2001年3月14日去世。这40年间，人类对环境和资源的认识，从担心越来越多的废弃物污染，到整合自然科学和社会科学开创资源与环境经济学，走过了艰辛的探索历程。詹姆斯·L·斯威尼(James L. Sweeney)博士是斯坦福大学经济政策研究院高级研究员，是管理科学与工程学教授。他在斯坦福大学生活和工作了40年，曾担任过能源建模论坛(Energy Modeling Forum)主席、能源研究所(Institute for Energy Studies)主席、工程经济系统学院(Department of Engineering-Economic Systems)院长等职务。他的研究领域集中在经济政策与分析，尤其是能源、自然资源和环境研究方面。

《自然资源与能源经济学手册》包括3卷27章。涵盖了自然资源和能源经济学当前的理论，深入探讨了贯穿整个自然资源经济学的概念，考察了应用于自然资源及能源问题的分析工具，并包括了一些对当前最重要的自然资源经济学问题进行经济分析的例子。第1卷和第2卷探讨环境经济学和可再生资源经济学。第3卷探讨能源和矿产经济学。

第1卷和第2卷分为六个部分：第一部分介绍基本概念，由5章组成，包含环境与福利经济学、生物经济学、环境经济学中的空间特征、自然资源的保护问题、伦理学与环境经济学的关系等方面的基本概念和一般理论框架。第二部分探讨与环境问题相关的经济学方法和应用，由3章组成，包含环境项目收益的评估方法、解决环境问题的数量经济模型及其应用、国民经济投入—产出模型在环境问题的应用。第三部分阐述环境政策的经济学，由2章组成，包含环境政策实施情况及其对宏观经济的影响分析、环境政策工具的比较分析。第四部分分析可再生资源的利用，由3章组成，包含水资源开发的经济和制度研究、野地(Wildlands)的管理、土地市场的资产定价模型分析。第五部分探讨的是可再生资源物品及服务供给的经济分析，由2章组成，包含商业捕鱼的经济分析、户外休闲的经济分析。第六部分包括两个案例，探讨了社会主义国家中的环境和可再生资源问题，第一个案例讨论苏联的情况，第二个案例讨论中国的情况。

第3卷对能源、矿产以及可耗竭资源进行经济分析，包括三个部分。第一部分主要讨论基本概念，由3章组成：(1)介绍从可耗竭资源的基本理论，集中讨论了单个资源矿藏的最优开采决定模型(价格外生)和在竞争市场或垄断市场上的价格与开采量决定模型；(2)考察可耗竭资源最优使用有关规范性理论中的关键问题；(3)探讨当资源由某些具有市场力量的代理人控制时会产生的一个中心问题。第二部分介绍了可用于可耗竭资源供求实证研究的一套分析工具，包括3章：(1)介绍从能源和非燃料矿物市场需求角度分析的重要方法；(2)阐明描述和评估矿产资源储量相关的跨学科问题；(3)探讨矿产市场供给方的情况，其重点在于开采成本和开采率。第三部分讨论将上述理论应用于政策和预测问题，包括5章：(1)考虑存在替代品时的自然资源问题；(2)对自然资源卡特尔组织能否长期存在，以及它们的福利效应，进行了理论和实证探讨；(3)讨论与能源安全相关的经济理论、实践及政策；(4)讨论自然资源的利用与环境关系的理论、实践和政策问题；(5)讨论数量化的一般均衡模型，尤其注重为环保而采取的限制行为的影响以及能源价格上涨对经济增长的影响。

参考文献：

[美]阿兰·V·尼斯、詹姆斯·L·斯威尼:《自然资源与能源经济学手册》第1卷，经济科学出版社2007年版。

[美]阿兰·V·尼斯、詹姆斯·L·斯威尼:《自然资源与能源经济学手册》第2卷，经济科学出版社2009年版。

[美]阿兰·V·尼斯，詹姆斯·L·斯威尼:《自然资源与能源经济学手册》第3卷，经济科学出版社2010年版。

[美]汤姆·蒂坦伯格、琳恩·刘易斯:《环境与自然资源经济学》第8版，中国人民大学出版社2012年版。

[英]丽丝:《自然资源:分配、经济学与政策》，商务印书馆2002年版。

马中:《环境与自然资源经济学概论》，高等教育出版社2006年版。

魏一鸣等:《能源经济学》，科学出版社2011年版。

林伯强:《现代能源经济学》，中国财政经济出版社2007年版。

(林卫斌)

自然资本
Natural Capital

自然资本(Natural Capital)是指在现有的经济技术条件下，自然生态系统为人类所提供的自然物质和能量，以及生态服务的总称。

自然资本概念首先是由皮尔斯(D. W. Pearce)和特纳(R. K. Turner)于1990年在《自然资源与环境经济学》一书中正式提出的，它的提出源于可持续发展思想。1991年科斯坦萨(R. Costanza)把自然资本定义为产出自然资源流的存量，是自然资源或通过人类劳动而增加其价值的自然物和环境。1996年戴利(H. E. Daly)通过举例的方式对自然资本的范畴进行了更加明确的界定，他认为自然资本是能够在现在或未来提供有用的产品流或服务流的自然资源及环境资产的存量，比如土壤、水、大气层和生态系统等。霍肯(P. Hawken)在其著作《自然资本论》中从资源资本的作用角度对其进行了定义，他认为自然资本可以被看做是支持生命的生态系统的总和。

自然资本，这一概念对于生态经济学、可持续发展经济学和循环经济学的发展都具有重要意义。由于自然资本具有不可替代性，它正逐渐成为经济社会发展的一个硬约束条件，因此人类需要发展循环经济，走一条可持续发展的道路。自然资本观拓展了资本的含义，也对传统的新古典经济学的一些假设条件提出了直接挑战，引导人们在考虑经济问题的时候要把环境因素纳入其间。

自然资本根据其分类标准的不同可以划分为不同的类型。首先，根据所处地域不同可以划分为陆地自然资本、海洋自然资本与太空自然资本三大类；其次，按其是否具有生命属性可分为生物自然资本和非生物自然资本两大类；再其次，按是否可以再生可划分为可再生自然资本和不可再生自然资本两大类。从自然资本的环境功能角度讲，也形成了不同的分类。自然资本主要有四个方面的功能：一是调节功能，即自然资本能够对一些必要的生态过程和生命支持系统进行调节，如地球的生化循环、气候和水的净化过程等；二是生产功能，即自然资本可以通过大自然的生态系统生产出诸如粮食、原材料和遗传资源等物品；三是栖息功能，即自然资本可以通过自然生态系统为野生动植物提供栖息和繁衍的场所，从而保护生态的多样性和遗传的多样性，也有利于保护生物的演化过程；四是信息功能，即自然资本能够为人类提供许多愉悦和美的享受，许多有关文化和历史的信息、艺术的灵感和心灵的启发，以及教育和科学研究的素材。

伊金斯(Paul Ekins)等从三个可持续发展的维度分别论述了自然资本的九种价值，这些价值是人类福利的直接来源。第一，生态价值，包括保护(Conservation)和存在(Existence)的价值。保护价值主要存在于自然资本对生态系统的调节功能中；存在价值是指人类意识到了其福利来自于自然资本的环境功能，或者说自然的存在。第二，社会价值，包括健康价值、个人价值、社区价值和选择价值。健康价值是指自然环境直接或间接地影响着人类的健康；社区价值是指自然资本的环境功能，特别是居住和信息功能影响着社区居民的幸福感；选择价值是指人类必须保护环境以供后代生存和发展。第三，经济价值，包括消费、生产和使用价值。消费和生产价值主要源于自然资本的环境功能；使用价值则主要来自自然资本的服务功能，如旅游业对未受污染的自然区的依赖等。

1995 年 9 月，世界银行提出了以“国家财富”或“国家人均资本”为依据度量各国发展可持续性的方法。按照这种计算方法，一个国家的财富由四部分组成，即人造资本、人力资本、自然资本和社会资本。此后，自然资本概念越来越广泛地得到了应用，其中的一个重要方面就是在建立新的国民核算体系过程中，充分考虑到了对自然资本进行估算的问题，即对自然资本存量和质量进行评价。自然资本的估算方法主要有自然资本功能实现法、自然资本指数法和保护区法三种。自然资本概念的出现与发展对引导投资也具有一定的作用。由于自然资本日益成为生产的限制性因素，因此对自然资本进行投资就变得非常有必要了。当然，也有部分学者考虑到可能造成的负面影响而对自然资本投资表示担忧。

自然资本在中国也得到了广泛运用。如中国目前在推行绿色 GDP 核算体系的过程中，就充分考虑到自然资本的因素，绿色 GDP 这一指标在一定程度上反映了经济与环境之间的相互联系与相互作用，通过对这一指标的测算与分析，有助于促进我国经济、资源与环境之间的均衡、协调发展。

参考文献：

曹宝、王秀波、罗宏：《自然资本：概念、内涵及其分类探讨》，载于《辽宁经济》2009 年 8 月。

朱洪革、蒋敏元：《国外自然资本研究综述》，载于《外国经济与管理》2006 年 2 月。

A. M. Jansson, M. Hammer, C. Folke and R. Costanza, *Investing in Cultural Capital: The Ecological Economics Approach to Sustainability*, Island Press, 1994.

D. W. Pearce, R. K. Turner, *Economics of Natural Resources and the Environment*, Baltimore: Johns Hopkins University Press, 1990.

H. E. Daly, *Beyond Growth the Economics of Sustainable Development*, Boston: Beacon Press, 1996.

P. Ekins, S. Simon, L. Deutsch, C. Folke and R. D. Groot, A Framework for the Practical Application of the Concepts of Critical Natural Capital and Strong Sustainability, *Ecological Economics*, 2003(44).

P. Hawken, *Natural Capitalism: Creating the Next Industrial Revolution*, Paperback Press, 2008.

R. Costanza, The Value of the World's Ecosystem Services and Natural Capital, *Nature*, 1997(387).

R. D. Groot, J. V. Perk, A. Chiesura and A. Vliet, Importance and Threat as Determining Factors for Criticality of Natural Capital, *Ecological Economics*, 2003(44).

（胡必亮　周敏丹）

自然资源资产负债表

Balance Sheet of Natural Resources

自然资源资产负债表主要记录在一定期间内，一个国家的自然资源的存量情况和在这一存量上的变化量。存量的变化既包含有生长、增加、增值等正向内容,也包含提取、破坏、减少等负向的内容。通过存量的变化,反映出自然资源的使用和自然资源的贡献等情况。

目前,用来分析一国经济总体和各部门发展水平的有效工具,主要是国民经济核算体系。但在这个体系中,没有相关的账户来反映自然资源的使用以及自然资源的贡献。由于对自然资源认识不充分,对其价值估计方式不正确,导致了自然资源过度使用和破坏,也使政策制定者忽略了自然资源的破坏对经济增长的影响,以至于常常制定出背离可持续发展的经济增长政策。

编制自然资源资产负债表可以提高政策制定者对自然资源的重视程度,使其在制定经济政策时,充分考虑自然资源对经济社会发展的重要性。政府可以用自然资源资产负债表所提供的信息做出正确的经济决策,更合理有效地配置自然资源,促进可持续发展。

自然资源资产负债表的账户编制是建立在对实物单位的测量基础上的,虽然物理资源账户不能直接给决策者提供经济政策对资源环境影响的信息,但是对实物单位的测量是经济账户建立的基础。

第一,实物账户的统计。在一定期间内的自然资源的存量和在这一存量上的任何变化都应该记录在相应的实物账户中。资源可以分为已探明储量和可能储量。已探明储量是可以通过一定的方法使用的,而可能储量是通过既有技术无法使用的,因此可能储量不能加在存量中。除存量的统计之外,还应包括相应资源在估价时期内的价格、成本。

第二,价值账户。记录在一定时期内自然资源的各个项目下的价值。对自然资源估计的核心是经济租金,它是除去维持生产需要投入的部分。自然资源租金源自其稀缺性、地域分布以及资源本身需要的特别花费等特点。原则上经济租金可以作为自然资源价格,相当于净价,即扣除掉所有因素后的价格,不含税收、关税和版税。可以通过三种方法对经济租金进行估计:

一是折现法。该方法要求在一定时期内,将来的价格、生产成本、产出水平以及利率水平是可以预测的。

二是市场价值法。该方法通过自然资源交易与转让市场中形成的价格来评估自然资源价格。

三是租金法。该方法是净价或者经济租金乘以相关资源的数量,它要求知道每一单位资源的经济租金(收入减去生产成本),资源的探明储量和探明的资源储量的变化水平。如果产品价格是按照长期市场均衡时的价格,则这种方法就相当于是前两种方法的结合。该方法是基于资源可耗尽的假设,资源所有者将会比较现在和未来的收益,并使它们趋于一致。

当前,越来越多的国家认识到自然资源与经济增长之间存在相互影响的关系,为此加大了对自然资源的管理力度,积极探索管理自然资源的方法。发达国家如加拿大、法国、挪威、荷兰、澳大利亚、美国等着手编制有关自然资源存量及存量变化的账户;许多发展中国家如泰国、阿根廷等也紧随其后。在发达国家中,挪威对于石油、森林、渔业等自然资源进行了核算。自然资源资产负债表的建立有效弥补了国民经济核算体系中对自然资源使用管理的空白。

参考文献:
马骏、张晓蓉、李治国等:《中国国家资产负债表研究》,社会科学文献出版社 2012 年版。
Robert Repetto, William Magrath, Michael Wells, Christine Beer and Fabrizio Rossini, *Wasting Assets: Natural Resources in the National Income Accounts*, World Resources Institute: Washington D. C. ,1989.

(刘学敏　张波)

自然资源实物量指标
Physical Quantity Indicators of Natural Resources

自然资源实物量指标是以实物单位计量的自然资源总量指标,包括自然单位、度量衡单位、标准实物单位和复合单位。其特点是能够直观地反映自然资源的具体内容,能具体表征自然资源的规模和水平,而且是计算自然资源价值量指标的基础。

自然资源实物量指标主要包括:

一是森林面积。指生长着乔木和竹林的面积,即有林地面积。森林面积包括天然林面积和人工林面积。但不包括灌木林地和疏林地面积。该指标是反映森林资源总面积的重要指标。

二是森林覆盖率。通常是指森林面积占土地总面积之比,一般用百分数表示。国家规定,在计算森林覆盖率时,森林面积还包括林木面积、农田林网树占地面积以及四旁树木的覆盖面积。该指标是反映一个国家或地区森林资源和绿化水平的重要指标。计算公式:森林覆盖率(%)=森林面积/土地总面积×100%。

三是活立木总蓄积量。指全部土地上树木蓄积的总量。包括森林蓄积、疏林蓄积、散生木蓄积和四旁树蓄积。

四是森林蓄积量。指森林面积上生长着的林木树干材积总量。它是反映一个国家或地区森林资源总规模和水平的重要指标。

五是草地面积。指牧区和农区用于放牧牲畜或割草,植被盖度在5%以上的草原、草坡、草山等面积。包括天然的和人工种植或改良的草地面积。

六是内陆水域总面积。指江、河、池塘、湖泊、塘堰、水库等各种流水或蓄水的水面占地面积。

七是矿产保有储量。指探明的矿产储量(包括工业储量和远景储量)扣除已开采部分和地下损失量后的年底实有储量。该指标反映国家矿产资源的现状。

不同种类的自然资源之间,内容性质不同,计量单位不同,因而无法直接汇总。

国家统计局会同国务院有关部门于2002年颁布了《中国国民经济核算体系》,对1992年实施的《中国国民经济核算体系(试行方案)》进行了修订,制定出了新的方案。用"自然资源实物量核算表"取代了"自然资源表",它用于描述中国自然资源和资源资产的规模、结构及变动情况。具体而言,它反映主要自然资源在核算期期初和期末两个时点的实物存量及在核算期内的变动情况。它分为主栏和宾栏:

主栏分为期初存量、本期增加、本期减少、调整变化和期末存量。计算公式:期末存量 = 期初存量 + 本期增加 - 本期减少 ± 调整变化。其中,引起本期增加或减少的因素包括自然因素、经济因素、分类及结构变化等,影响调整变化的因素主要是科技进步、核算方法变化等。

宾栏根据自然资源性质分为土地资源(土地资源 = 土地资产 + 非资产性土地资源)、森林资源(森林资源 = 森林资产 + 非资产性森林资源)、矿产资源(矿产资源 = 矿产资产 + 非资产性矿产资源)和水资源(水资源≤水资产 + 非资产性水资源,水资产中包括"水重复利用量")。

自然资源实物量核算表分为五个部分:第一部分反映自然资源在核算期初始的实物存量状况;第二部分反映由于各种因素引起的自然资源实物量的增加;第三部分反映由于各种因素引起的自然资源实物量的减少;第四部分反映自然资源在核算期内由于科技进步、核算方法改变等因素而引起的增减变化;第五部分反映自然资源在核算期终结的实物存量状况。

参考文献:
李金昌:《资源核算论》,海洋出版社1991年版。
国家统计局:《中国国民经济核算体系(2002)》,中国统计出版社2003年版。
潘岳、李德水:《建立中国绿色国民经济核算体系》,中国环境科学出版社2005年版。
贺红艳:《自然资源财务与会计问题研究》,东北财经大学出版社2008年版。
谢高地:《自然资源总论》,高等教育出版社2009年版。
国家发改委宏观经济研究院课题组、解三明:《中国绿色GDP的统计方法研究》,载于《经济学动态》2005年第8期。

(刘学敏)

自然资源资产产权制度
Institution of Natural Resource Property Rights

自然资源资产产权制度是指自然资源的产权关系以及针对自然资源产权规则结合而成的能对自然资源产权关系实施有效的组合、调节和保护的制度安排,它是联结包括自然人、法人、国家等在内的广大社会关系主体与自然资源这一关系客体的桥梁和纽带,构成了自然资源法律制度的基础和核心。不同的产权制度安排使主客体之间发生着不同的关系,直接决定着各法律关系主体的积极性和创造性,直接决定着自然资源的配置效益、开发利用效率和保护培育程度,是一个影响自然资源可持续利用的关键问题。

第一,规范行为主体行为。完善的自然资源资产产权制度应该明确产权主体的权利与责任,使人们对自然资源的开发、利用和保护有章可循、有法可依。在每一个经济主体追求自身利益最大化的过程中,自然资源资产产权制度不仅有助于刺激个人或符合法律规定的经济主体的积极性,也有助于指导和规范包括政府在内的各行为主体的行为。

第二,提高资源使用效率。产权制度的构建是保证价格机制运用的基础,也是有效利用自然资源的关键。资源低效利用,一定程度上源于价格没有反映资源的稀缺程度,使其不能实现对于资源的有效价值补偿。所以,必须合理界定自然资源资产产权,健全产权交易市场,并辅之以完善的生态补偿等机制,推动自然资源的定价趋于合理,提高资源的使用效率。

第三,优化资源配置。自然资源资产产权制度必须适应市场经济的要求。根据自然资源本身的多样性、公共性程度的差异和产权界定的难易不同,制定一个多层次、多元化结构的自然资源产权制度,可实现国家宏观政策与微观经济激励的协调和相容。

自然资源资产产权制度建立的第一层次界定是要对自然资源产权关系进行明确界定。针对自然资源的不同类型如矿产资源、可再生能源、生态产品、可再生生物资源等,对其产权关系的界定也不相同。

第一,矿产资源的产权关系。矿产资源由于其不可再生的特性,当代人的使用都会对后代造成影响,也就是存在代际意义上的外部性。为了消除这种外部性,使矿产资源在代际间实现最优配置,需要将一定量资源的产权赋予后代人。因此,矿产资源的产权界定主要是在当代人和后代人之间确定各自可支配的资源数量,以避免矿产资源在代际意义上的低效率使用。

第二,可再生能源的产权关系。可再生能源指太阳能、风能、水能、生物质能、潮汐能等。可再生能源本身不具有稀缺性,但是借助相应的设施可以把它转化为满足人们需要的产品。在整个产品的制造过程中,天然的可再生能源作为一种原料投入,如果没有明确的产权关系而被企业无偿使用,很容易造成企业之间的不平等竞争。因而,可再生能源的产权界定主要是对可利用的可再生能源所带来的未来收益的估计,目的在于确保可再生能源市场实现最优生产效率。

第三,生态产品的产权关系。生态产品是指维系生态安全、保障生态调节功能、提供良好人居环境的自然要素,包括清新的空气、清洁的水源和宜人的气候等。生态产品本不稀缺,但在工业时代,经济发展已经对生态资源造成了破坏。为此,经济学家提出应对空气等生态资源进行产权界定,实行有偿使用。生态产品产权界定主要是明确谁有权支配和使用生态产品,进而形成各种权利,如排污权,排放权等。这些权利通过市场交易,可以实现交易双方的利益最大化。

第四,可再生生物资源的产权关系。可再生生物资源包括森林、野生动物等在内的生物资源。这类自然资源具有竞争性和潜在的排他性,这依赖于政府或社会机构是否界定其产权。一旦这些资源被界定了产权,就可以通过市场对其有效配置。

自然资源资产产权制度建立的第二个层次是界定交易权。交易权安排是在产权界定基础上规定这些分配后的自然资源资产产权有哪些交易权利的制度规定。自然资源资产产权是否可以交易,主要依据自然资源的公益性和外部性而定。对公共性和外部性很强的自然资源(如大气、生态和生活所需的淡水、紧缺的耕地和城市土地等可再生的自然资源)、稀缺的金属和非金属矿产资源(如黄金、铝、石油等)、有很大生态保护作用的可再生生物资源(如生态公益林、珍稀动植物、退化草原等),不宜进入市场进行产权交易。而对排他性、竞争性强,公共外部性相对较弱的自然资源(如生产性用水、经济林、荒地、储量丰富的矿产资源、可畜养的非珍稀动物等),则可以进行产权交易。此外,和生态产品有关的排污权、排放权等都可进行市场交易。

自然资源资产产权制度建立的第三个层次是建立产权交易市场。交易市场由两类市场构成。

第一类是自然资源所有权市场,它由两级构成。第一级是自然资源的所有权出让市场。在这种市场上,国有资产管理部门把所有权售出去,具体方法可以采用全部出售、部分或比例出售及折成股份出售等办法。第二级市场是自然资源所有权的交易市场,在该市场上,自然资源所有者(包括从一级市场取得所有权者)对自然资源所有权进行交易。该市场对于资源富集的不发达地区意义重大,他们可以将静态的自然资源转化为资本,提高经济的货币化程度,解决资本稀缺与经济发展的矛盾。

第二类是自然资源的使用权或开发权市场,亦由两级构成。一级是出让市场,在该市场上自然资源所有者将使用权或开发权出让或出租,以收取地租或出让费。二级市场是使用权交易市场。在该市场上,取得使用权的企业再把使用权转给别的企业,在这里只是两个使用者之间的关系,而前者则是所有者与使用者之间的关系。

参考文献:

郭兆晖:《建立自然资源资产产权制度》,载于《学习时报》2013 年 12 月 16 日。

廖卫东:《我国生态领域产权市场的优化——以自然资源产权与排污权为例》,载于《当代财经》2003 年第 4 期。

孟庆瑜:《我国自然资源产权制度的改革与创新》,载于《中国人口·资源与环境》2003 年第 1 期。

孟昌:《对自然资源产权制度改革的思考》,载于《改革》2003 年第 5 期。

(刘学敏　张波)

高峰负荷定价
Peak-Load Pricing

高峰负荷定价(Peak-Load Pricing)是指:对那些供给不可存储、需求呈周期性变化的商品或服务,在高峰时收取较高价格,以促进供求均衡。高峰负荷定价需要具备下面三个条件:各时期内供给能力保持不变、需求呈现出有规律的波动、产品无法贮存。高峰负荷定价所要解决的根本问题是:在高峰期和非高峰期如何合理地配置有限的资源,以确定高峰负荷时的供给能力,从而降低成本,使社会福利最大化。

1957 年,法国经济学家施泰纳(Steiner)对高峰负荷定价进行了开创性的研究。施泰纳将高峰定价问题与最优生产能力的选择联系在一起,他认为高峰期的价格应该等于单位运营成本与单位生产能力成本之和,而低谷期的价格一般等于单位运营成本。1966 年,美国经济学家威廉姆森(Williamson)比较了高峰需求和低谷需求的时间间隔不相等的情况下,定价会有什么不同的变化。1974 年,美国经济学家贝利(Bailey, E. E.)和怀特(White, L. J.)将高峰负荷定价理论从成本递增产业应用到了成本递减产业。1986 年,美国经济学家克鲁(Crew)和克雷恩多佛(Kleindorfer)分析了在固定比例生产函数和变化比例生产函数两种情况下,如果存在随机需求,电力企业该如何确定生产能力、如何定价。

高峰负荷定价方法被应用到了社会生活的很多领域,比较具有代表性的是电力定价、公共交通定价、电信通讯定价、旅游景点定价等。

法国实施峰谷分时电价是高峰负荷定价最早的应用。1946 年,法国的电力供应由法国电力公司独家经营,建设资金极为短缺,难以满足社会电力需求。为了有效利用既有的电力设备,减缓高峰需求的增长,法国政府决定采用分时电价方案,鼓励用户削峰填谷,降低高峰负载需求。该项政策实施后,明显降低了法国电力系统的日最高峰负荷,转移了高峰负荷。

高峰负荷定价在公共交通领域的应用十分广泛。以地铁票价为例,纽约地铁(New York City Subway, NYCS)是世界上历史最悠久的公共地下铁路系统之一。其车票分为三类:第一类是高峰单程票(One-way Peak),用于上午5:00~10:00和下午4:00~8:00;第二类是非高峰单程票(One-Way Off-Peak),用于规定高峰时段之外的任何营业时间,价格比高峰单程票价低1/4;第三类是混合套票,包括10次高峰票(10-Trip Peak)和10次非高峰票(10-Trip Off-Peak)。纽约地铁通过采用分类票价的模式,对乘客的分流效果较为明显,很大程度上缓解了该市的交通问题,成为世界大城市地铁高峰负荷定价的成功范例。

高峰负荷定价在通讯领域和景区收费定价方面的应用也十分广泛。长期以来,中国对于夜间和节假日长途电话实行优惠政策。以工信部现行的196和193长途电话资费标准为例,拨打国内长途通话费标准为0.06元/6秒,优惠方案为:每日20:00至22:00资费标准为0.04元/6秒,每日22:00至次日07:00为0.03元/6秒,国家法定节假日和休息日全天为0.04元/6秒。通过这种办法,在非高峰时期闲置的电信网络传输能力得以充分利用。在景区收费方面,景区往往采取淡季和旺季不同定价的策略。以中国最著名的景点之一故宫2013年的票价为例,其旺季(每年的4月1日至10月31日)的票价为60元,淡季(每年的其他时间)的票价为40元。这样可以有效地分流游客,缓解景区压力。

从理论上讲,高峰负荷定价是一种非常有效的定价方法,能够有效配置资源,使社会福利最大化。但是在实际应用中,这种方法却受到诸多的限制,其效果往往难以真正实现。

首先,供给者在是否实施高峰负荷定价上陷入两难抉择。在供给者实行高峰负荷定价时,需要有足够的供给来支撑高峰需求,其生产成本提高,且面临在非高峰时期设施闲置、资源浪费的状况。如果供给者不实行高峰负荷定价,而采用固定较小的生产能力时,又无法满足高峰期的消费需求。比如电信行业,是扩大设备投资同时承受高额的生产成本,还是维持较低生产能力并饱受消费者诟病,电信行业往往很难做出选择。

其次,高峰负荷定价实施过程中遇到很多技术瓶颈。以电力定价为例,高峰定价需要清楚地掌握达到峰值的具体时刻以及峰值持续的时间。从理论上讲,在高峰时段和低谷时段采用价位不同的实时电价最为有效,这种方法的计价时间段很短,如30分钟、15分钟、5分钟。由于它需要对每个较短时间段的电价都做出反应,因此它对用户端的设备要求极为严格,设备仪器费用昂贵,在现实中难以推广。

最后,高峰负荷定价引导消费者的效果难以确定。高峰负荷定价的一个主要目的是进行分流,将高峰需求引向低谷需求。这种定价建立在不同时段的两种需求可以相互替代的条件上。如果这一条件不成立,即两种需求是独立的、不可相互替代的,那么高峰负荷定价就无法起到分流的作用。以中国的铁路春运为例,从理论上讲,每年春运期间,铁路运输部门可以通过提价来进行分流。但是,由于中国放假时间限制加之人们的风俗习惯,从出行的可行性、出行的便捷性和人们的习俗等方面综合考虑,绝大多数的进城务工人员、异地求学的学生等主要流动人群依然会选择在春运期间返乡返城。中国铁路高峰负荷定价的分流作用并不会太显著。

参考文献:

[美]平狄克、鲁宾菲尔德、科尔:《微观经济学》,清华大学出版社2008年版。

[日]植草益:《微观规制经济学》,中国发展出版社1992年版。

[美]汤姆·蒂坦伯格:《环境与自然资源经济学(第七版)》,中国人民大学出版社2011年版。

[美]阿兰·V·尼斯、詹姆斯·L·斯威尼:《自然资源与能源经济学手册》,经济科学出版社2010年版。

[美]阿尼尔·马康德雅等:《环境经济学辞典》,上海财经大学出版社2006年版。

Steiner, P. O., Peak-Loads and Efficient Pricing, *Quarterly Journal of Economics*, 71(4), 1957.

M. A. Crew, Fernando, C. S., Paul R. Kleindorfer, The Theory of Peak-Load Pricing: A Survey, *Journal of Regulatory Economics*, 1995, 8.

Bailey, E. E., White, L. J., Reversals in Peak and Off-Peak Prices, *The Bell Journal of Economics and Management Science*, 5(1), 1974.

Williamson, O. E., Peak-Load Pricing and Optimal Capacity under Indivisibility Constraints, *American Economic Review*, 56(4), 1966.

(李晓西　宋涛)

完全成本资源定价法

Full Cost Resource Pricing

为了促进自然资源的合理利用,价格的制定应能反映可持续发展所需要的成本。完全成本资源定价法,是指在产品定价中,不仅包括了生产要素的成本,而且包括了产品生产过程中为维护资源环境、降低污染排放而支出的费用。具体讲,如果把总污染排放量限制在一定范围内,使得自然生态系统的同化能力可以承受这些污染物的排放,从而避免生态系统的退化,那么就可以根据这个排放总量,对排污收取费用以激励排污者把排放量减少到自然环境能够承受的水平。根据这种定价方法,不允许无成本地将废弃物排放到自然环境中,而是应该对废弃物的排放行为定价并收取相应的费用。总之,人类在生产商品用以满足自身需求的同时,还需要考虑商品在其整个生命周期中对生态环境的负面影响,并力求将这种影响降低到自然环境能够承受的范围以内,从而避免生态环境的退化。

完全成本资源定价法是经济合作与发展组织(Organization for Economic Co-operation and Development,OECD)为了促进各国提高经济活动的生态效率(Eco-efficiency)在1994年提出的。OECD将自然环境对污染物能承受的能力视同一种资源,而经济活动产生污染物的过程就是对这种资源进行消耗的过程,因此,需要对污染物的排放收取相应的费用。

OECD的这种要求,完全体现了完全成本资源定价法,也体现了环境、资源、生态领域相关科学的基本理论。这些理论认为,虽然生态环境对污染物具有一定的同化能力,但是当废物排放量超过了环境的同化能力时,污染物就会聚集,并逐渐使环境遭到破坏。据此,完全成本资源定价法对环境同化能力的消耗收取相应的费用,并通过这种价格信号激励经济活动个体减少产量、采用新技术或寻求替代产品,减少资源的消耗和污染物的排放,避免经济活动造成资源的过度消耗和生态环境的退化,从而实现经济社会的可持续发展。

完全成本资源定价法也体现了将环境污染的负外部性内在化的思想。由于生态环境具有明显的公共物品的属性,因此,无成本地排放污染物将产生明显的负外部性。根据科斯(Coase)在《社会成本问题》中的研究结果,可以利用市场机制和产权界定的方法来解决负外部性问题,即通过对负外部性收取费用、明确相应的产权和允许交易等方法,实现负外部性内在化。1968年,美国经济学家戴勒斯(Dales)进一步发展了科斯的理论,他提出了排放权交易的设计,并论述了通过对环境负外部性收取相应费用的方式,能够减少污染物的排放总量,降低经济活动对生态环境的破坏。因此,完全成本资源定价法利用价格机制将环境外部性内在化,鼓励经济活动提高资源利用效率,减少污染物的排放总量,从而能够有效地保护生态环境。

完全成本资源定价法包括了产品生产过程中为维护资源环境、降低污染排放而支出的费用,因此在完全成本资源定价中,就必须计算为维护资源环境降低污染而支出的费用。环境税和污染排放权交易是这种支出费用的两种重要而具体的组成部分。

环境税(Environmental Taxation),也称为生态税(Ecological Taxation)、绿色税(Green Tax),是20世纪末兴起的概念,它把环境污染和生态破坏的社会成本内化到生产成本和市场价格中去,通过市场机制促进对生态环境的保护。

排污权交易(Pollution Rights Trading),是指在一定区域内,在符合环境目标的情况下,排污权持有者对排污权进行交易。排污权交易的基本做法是,先由政府部门评估某一地区的环境同化能力,并以此确定环境质量目标;然后推算出污染物的最大允许排放量,并将其分割成若干排放量,即排污权;最后,政府采用某种方式把排污权分配到企业,并允许企业到排污权市场上对其进行交易。通过控制排放总量,并允许排放权在企业间的交易,激励企业减少排放,提高资源利用效率,从而有助于提高生态效率。而测算可允许的排放总量,则需限定污染排放的上限。

完全成本资源定价法,其对我国的现实意义主要体现在以下三个方面。第一,我国正处于城镇化建设的快速发展阶段,极有可能带来环境污染问题,完全成本资源定价法可以通过限定污染物排放总量,避免过度污染造成生态环境的退化。第二,我国处于产业结构调整的重要时期,完全成本资源定价法通过适当的经济手段,促使产业结构朝着有利于生态文明建设的方向发展。第三,完全成本资源定价法能够激励企业采用更先进的环保技术和设备,提高资源利用效率,减少污染排放,从而促进我国绿色产业的发展。

总之,完全成本资源定价法通过经济手段,促进环境保护和生态文明建设,具有广泛而重要的现实意义。

参考文献:

北京师范大学科学发展观与经济可持续发展研究基地等:《2012中国绿色发展指数报告——区域比较》,北京师范大学出版社2012年版。

[美]阿尼尔·马康德雅:《环境经济学辞典》,上海财经大学出版社2006年版。

罗慧、霍有光、胡彦华等:《可持续发展理论综述》,载于《西北农林科技大学学报(社会科学版)》2004年第4期。

许民利、陈宇:《排污权定价研究综述》,载于《湖南财政经济学院学报》2011年第27期。

陈德湖:《排污权交易理论及其研究综述》,载于《外国经济与管理》2004年第26期。

傅京燕:《环境成本内部化与产业国际竞争力》,载于《中国工业经济》2002年第6期。

蒋洪强、徐玖平:《环境成本核算研究的进展》,载于《生态环境》2004年第3期。

R. H. Coase, The Problem of Social Cost, *Journal of Law and Economics*, 1960(3).
J. H. Dales, *Pollution, Property & Prices: An Essay in Policy-making and Economics*, Toronto: University of Toronto Press, 1968.

（李晓西　宋洋）

拥挤不经济
Crowding Diseconomic

当他人的使用导致使用一种资源的收益减少时，就发生了拥挤不经济。由于和具有经济效率的情形相比，在开放获取情形中，资源面临更多使用者和更多开采，所以拥挤现象的不经济在可自由使用情形中非常明显。佩尔曼等人（1999）给出渔业中的范例，每艘渔船的捕鱼活动都将减少其他渔船捕鱼的机会，从而令使用渔业资源的其他人都被强加了一个成本。因此，捕一定量鱼的成本增大，结果，行业中的其他人被强加了一个外部成本或外部性。

渔业中的"拥挤不经济"现象是比较普遍的。在全世界，有许多公开渔猎的地方，由于"拥挤不经济"，这些地方打鱼的成本非常昂贵，导致行业效率极低，甚至会导致渔业的利润接近于零。为支持本国的渔业发展，有些国家的政府对国外渔船征收捕渔费用，而允许本国渔船开放使用渔场，或者采取准入制度。

"拥挤不经济"在城市经济发展中也有明显的反映。由于城市空间的过度密集所带来的问题，包括人口快速膨胀、城市基础设施承载力严重不足而导致的交通拥堵、住房拥挤、环境污染、秩序紊乱、运营低效、行政区划分割等，这些都会导致各类成本升高，严重影响产业尤其是旅游业的发展，导致"拥挤不经济"。以交通拥堵为例，它造成时间浪费、空气污染、噪声污染、交通事故、运营成本上升等。既增大了能源的消耗量，也增加了名义工作时间，可谓"不经济"。2000 年，诺贝尔经济学获奖者加里·贝克尔做过一个测算，全球每年因为拥堵造成的损失占 GDP 的 2.5%。据测算，仅上海一个城市，交通拥挤一年导致的 GDP 损失就达 200 亿元。

参考文献：

潘家华、魏后凯：《城市蓝皮书：中国城市发展报告（No.4 聚焦民生）》，社会科学文献出版社 2011 年版。
刘治彦、岳晓燕、赵睿：《我国城市交通拥堵成因与治理对策》，载于《城市发展研究》2011 年第 11 期。
朱明皓、李捷：《交通拥堵的社会经济影响分析》，载于《北京交通大学学报》2012 年第 1 期。
贾新光：《拥挤不经济和投资不经济》，载于《经济参考报》2003 年 11 月 11 日。
彭军、王江锋、王娜：《我国大城市交通拥堵成因及治理策略分析》，载于《城市建设理论研究》2011 年第 28 期。
Perman, R. Y. Ma, J. McGilvary and M. Common, *Natural Resource and Environmental Economics*, 2nd edition, Longman, Harlow, 1999.

（郑艳婷）

循环经济
Circular Economy

循环经济是建立在物质不断重复利用基础上的经济发展模式，它要求把经济活动按照自然生态系统的模式，组织成一个"资源—产品—再生资源"的物质反复循环流动的过程，使得整个经济系统以及生产和消费在共生和代谢关系下形成封闭循环。

循环经济直接源自于膨胀的经济系统与稳态的生态系统之间的矛盾。设：地球上的资源总量为 R，人类繁衍的世代数为 m，则每一代人所消耗的资源原则上为 R/m。因 $m \to \infty$，则 $\lim\limits_{m \to \infty} \frac{R}{m} = 0$，即每一代人的资源消耗量为零。

循环经济的思想萌芽可以追溯到环境保护兴起的 20 世纪 60 年代，其中，美国经济学家鲍尔丁（K. E. Boulding）提出的"宇宙飞船理论"可以作为循环经济的早期代表。他认为，地球就像在太空中飞行的宇宙飞船，要靠不断消耗自身有限的资源而生存，如果不合理开发资源、破坏环境，就会像宇宙飞船那样走向毁灭。然而，到了 20 世纪 70 年代，世界各国关心的问题仍然是污染物产生后如何治理以减少其危害，即环境保护的末端治理方式。至 90 年代以后，各国开始通过发展新经济来解决资源环境问题，新经济包括知识经济和循环经济。知识经济以智力资源替代物质资源，循环经济则通过资源的循环利用使资源消耗限值在资源再生的阈值之内。

传统经济是一种由"资源—产品—污染排放"单向流动的线型经济，其特征是高开采、低利用、高排放。在这种经济中，人们高强度地把地球上的物质和能源提取出来，然后又把污染和废物大量地排放到水系、空气和土壤中，对资源的利用是粗放的和一次性的，通过持续不断地把资源变成废物来实现经济的数量型增长。

循环经济倡导的是一种与环境和谐的经济发展模式。它要求把经济活动组织成一个"资源—产品—再生资源"的反馈式流程，其特征是低开采、高利用、低排放。所有的物质和能源要能在这个不断进行的经济循环中得到合理的和持久的利用，以把经济活动对自然环境的影响降低到尽可能小的程度。让生产和消费过程基本上不产生或者只产生很少的废弃物，从而在根本上消解长期以来环境与发展之间的尖锐冲突。循环经济是按照生态规律利用自然资源和环境容量,实现经济活动的生态化转向。

循环经济主要有三个原则,即减量化(Reduce)原则、再利用(Reuse)原则、资源化(Recycle)原则,简称"3R原则"。每一原则对循环经济的成功实施都是必不可少的。

第一,减量化原则。针对的是输入端,旨在减少进入生产和消费过程中的物质和能源流量。换句话说,对于废弃物的产生,是通过预防的方式而不是末端治理的方式来加以避免。在生产中,制造厂可以通过减少每个产品的原料使用量、重新设计制造工艺来节约资源和减少排放。例如,通过制造轻型汽车来替代重型汽车,既可节约金属资源,又可节省能源,实现满足消费者乘车的安全标准和出行要求。在消费中,人们选择包装物较少的物品,购买耐用的可循环使用的物品而不是一次性物品,以减少垃圾的产生。

第二,再利用原则。属于过程性方法,目的是延长产品和服务的时间。也就是说,尽可能多次或以多种方式地使用物品,避免物品过早地成为垃圾。在生产中,制造商可以使用标准尺寸进行设计,例如使用标准尺寸设计可以使计算机、电视和其他电子装置非常容易和便捷地升级换代,而不必更换整个产品。在生活中,人们可以将可维修的物品返回市场体系供别人使用或捐献自己不再需要的物品。

第三,资源化原则。是输出端方法,能把废弃物再次变成资源以减少最终处理量。资源化能够减少垃圾的产生,制成使用能源较少的新产品。资源化有两种,一是原级资源化,即将消费者遗弃的废弃物资源化后形成与原来相同的新产品,例如将废纸生产出再生纸,废玻璃生产玻璃,废钢铁生产钢铁等;二是次级资源化,即废弃物变成与原来不同类型的新产品。原级资源化利用再生资源比例高,而次级资源化利用再生资源比例低。与资源化过程相适应,消费者应增强购买再生物品的意识,来促进整个循环经济的实现。

循环经济主要有三种形式:

一是"原级循环"。将消费者遗弃的废弃物资源化后形成与原来相同的新产品,例如将废纸生产出再生纸、废玻璃生产玻璃、废钢铁生产钢铁等。

二是"降级循环"。将废弃物用来生产与原来不同类型且层级比较低的新产品。

三是"升级循环"。资源经过使用后,在下一个经济周期的使用比原来的使用层次高。美国福特公司曾经用板条箱装运A型卡车,当卡车到达目的地后,板条箱变成了汽车地板。韩国的稻壳被用作音响元件和电子装置的包装填充物,随产品进入欧洲后,这些包装被再利用为制作砖头的材料。

循环经济的运作机理可以分为三个层面:

一是企业层面的循环经济("小循环")。根据生态效率的理念,推行清洁生产,减少产品和服务中物料和能源的使用量,实现污染物排放的最小量化。要求企业做到:减少产品和服务的物料使用量;减少产品和服务的能源使用量;减少有毒物质的排放;加强物质的循环使用能力;最大限度可持续地利用可再生资源;提高产品的耐用性;提高产品与服务的强度。

二是区域层面的循环经济("中循环")。按照工业生态学的原理,通过企业间的物质集成、能量集成和信息集成,形成企业间的工业代谢和共生关系,建立生态产业园(Ecological Industrial Park,EIP)。它是指通过模拟自然系统中"生产者—消费者—分解者"、"食物链"和"食物网"关系建立产业系统中"生产者—消费者—分解者"的循环途径,实现物质闭环循环和能量多级利用。在该体系中,不存在"废物",因为一个企业的"废物"同时也是另一个企业的原料,因此可以实现整个体系向系统外的零排放。具体说,就是指通过企业间、企业与社区间的密切合作,合理、有效地利用资源(信息、物质、水、能量、基础设施和自然栖息地)以达到经济获利、环境质量改善和人力资源提高的目的。

三是社会层面的循环经济("大循环")。通过废旧物资的再生利用,实现整个社会消费过程中和消费过程后物质和能量的循环。在社会层面上,起示范作用的是德国的双轨制回收系统(DSD——"绿点"公司),这是一个专门组织对包装废弃物进行回收利用的非政府组织。它接受企业的委托,组织收运者对其包装废弃物进行回收和分类,然后送至相应的资源再利用厂家进行循环利用,能直接回收的包装废弃物则送返制造商。DSD系统的建立大大地促进了德国全社会包装废弃物的回收和循环利用。

参考文献:

[瑞士]苏伦·埃尔克曼:《工业生态学——怎样实施超工业化社会的可持续发展》,经济日报出版社1999年版。

[美]麦克唐纳、[德]布朗嘉特:《从摇篮到摇篮——循环经济设计之探索》,同济大学出版社2005年版。

[美]加勒特·哈丁(Garrett Hardin):《生活在极限之内》,上海译文出版社2001年版。

王如松:《复合生态与循环经济》,气象出版社2003年版。

周宏春、刘燕华:《循环经济学》,中国发展出版社2005年版。

刘学敏:《循环经济与低碳发展——中国可持续发展之路》,现代教育出版社2011年版。

李兆前、齐建国:《循环经济理论与实践综述》,载于《数量经济技术经济研究》2004年第9期。

冯之浚:《论循环经济》,载于《中国软科学》2004 年第 10 期。

(刘学敏)

生产者责任延伸

Extended Producer Responsibility(EPR)

生产者责任延伸(Extended Producer Resposibility, EPR),是一种环境政策方法,该方法要求生产者对其产品行为上和(或)经济上的责任延伸至产品生命周期的消费后阶段,主要体现在以生产者为主导的责任主体对消费及其他环节所产生的废弃物的回收、循环利用和最终处置。EPR 通过对产品消费后废弃物循环利用责任的追加,实现废弃物管理阶段环境成本的内部化。在各国制定解决固体废物相关的公共政策中,EPR 已经成为一种通用的手段。

EPR 的概念最初是由瑞典隆德大学环境经济学家托马斯·林赫斯特(Thomas Lindhqvist)教授在 1988 年给瑞典环境署提交的一份报告中提出的。在最初的设定中,EPR 是通过使产品制造者对产品的整个生命周期,特别是对产品的回收、循环和最终处置负责来实现的,其作用旨在保护环境,降低产品对环境的负面影响。这一概念明确了产品被消费后,在废物回收、循环利用和最终处置环节中的责任主体。1991 年,德国率先在《包装物法令》中引入 EPR 概念,确立了包装物生产者责任延伸制度。随后各发达工业化国家在其循环经济立法中也纷纷引入 EPR 概念,设定了生产者责任延伸制度,并在循环经济实践中取得了很好的效果。

在现有的政策中,EPR 中生产者的责任主要限于消费后的回收、循环利用和最终处理阶段,以体现"延伸"的内涵。而消费前和消费中的有关产品责任的问题,在各国的管理和立法中,多数以一种独立的责任形态,由相关法规如《清洁生产促进法》、《产品质量法》等所限定及管理。

生产者责任组织是 EPR 的主要实施方式。它是由生产者责任组织建立共用的产品回收体系,企业委托生产者责任组织具体负责产品废弃物回收与处置。这种执行方式适合于回收品可以用做生产者的原料并且回收处置和利用过程通用性较强的情况,如玻璃、纸、金属等。在具体执行时,共同产品回收体系一般由生产企业、生产者责任组织、回收企业共同构成。生产企业将自己的产品回收责任委托给生产者责任组织,生产者责任组织依托各地提供具体服务的回收企业实施回收行动。对于中小型企业来说,加入生产者责任组织大大降低了履行 EPR 的难度和成本。

德国双向系统公司(DSD)是典范的生产者责任组织。它是由生产商联合建立的非盈利公司,负责从事包装废物回收。公司运行资金来源于生产商缴纳的费用。缴费额度取决于生产上使用的包装材料的重量。但是,DSD 体系无法为其收集的回收材料找到市场。这说明 EPR 的实施还需要培育新的回收材料市场,否则无法进一步扩大 EPR 的实行。

尽管 EPR 的执行过程中面临着很多待解决的问题,但是 EPR 的主旨和概念已经在各国得到了体现和延伸。例如,在美国,"Extended Producer Resposibility"被改为"Extended Product Resposibility",表明其关注已从生产者的废料处理广义化的延伸到产品自身。由于任何一项解决固体废物问题的方案必须影响消费者的购买、包装和处置选择,这势必会影响生产者的产品设计、产品包装材料和回收产品使用选择。这反映了广义 EPR 过程中,产品包装废料的回收处理过程反馈刺激产品的自身生产及包装的效应。

在 EPR 的广义理解中,生产者应对其产品在整个生命周期中的所有阶段的影响承担责任,这些责任主要分为五部分:环境损害责任(Liability)、经济责任(Economic Responsibility)、物质责任(Physical Responsibility)、所有权责任(Ownership)和信息披露责任(Informative Responsibility)。实际上,在这种广义化的 EPR 体系中,生产者、消费者、废物经营者和政府形成一个协同作用的体系,这个体系并非简单的要求生产者负责回收利用,而是以责任共同承担为基础的体系。之所以仍突出生产者的责任,主要是为了防止责任被泛化。

参考文献:

Lindhquist T. , Lifset R. , What's in a Name: Producer or Product Responsibility? *Journal of Industrial Ecology*, 1997.

Lindhquist T. , Extended Producer Responsibility in Cleaner Production, Sweden, Ph. D, Dissertation, 2000.

OECD, *Eco-efficiency*, OECD Publishing, 2008.

OECD, *Extended Producer Responsibility: A Guidance Manual for Governments*, Oecd Publishing, 2001.

Tojo, Naoko, Extended Producer Responsibility as a Driver for Design Change, VDM Verlag, 2008.

EPR Working Group, Extended Producer Resposibility: A Prescription for Clean Production, Pollution Prevention and Zero Waste, http://www.grm.org/epr/epr_principles.html, 2010.

(李晓西　白瑞雪)

两型社会

Two-Oriented Society

两型社会是指"资源节约型、环境友好型社会"。两型社会的提出与践行是党中央和国务院根据经济社会发展新形势而做出的一项重大决策。

2005年中共十六届五中全会明确提出了“建设资源节约型、环境友好型社会”，并首次把建设资源节约型和环境友好型社会确定为国民经济与社会发展中长期规划的一项战略任务。2006年3月，十届全国人大四次会议批准的“十一五”规划纲要把建设资源节约型、环境友好型社会作为重大战略任务，并将单位GDP能耗降低20%左右和主要污染物排放总量减少10%作为约束性的硬指标。2007年中共十七大报告再次提出：“必须把建设资源节约型、环境友好型社会放在工业化、现代化发展战略的突出位置，落实到每个单位、每个家庭。”2011年十一届全国人大四次会议批准的“十二五”规划纲要提出“坚持把建设资源节约型、环境友好型社会作为加快转变经济发展方式的重要着力点。深入贯彻节约资源和保护环境基本国策，节约能源，降低温室气体排放强度，发展循环经济，推广低碳技术，积极应对全球气候变化，促进经济社会发展与人口资源环境相协调，走可持续发展之路。”2012年党的十八大要求“节约资源型、环境友好型社会建设取得重大进展”，要“大力推进生态文明建设”、“努力建设美丽中国”。

两型社会的提出是经济社会可持续发展的必然要求。改革开放30余年来中国经济年均增长率高达9.9%，中国经济以其长期持续的高速增长令全球瞩目，被誉为“中国的奇迹”。但与此同时，中国经济发展的质量却日益受到质疑。长期以来中国经济发展呈现出“高投入、高耗能、高污染和低效率”的粗放型特征，经济社会的快速发展在很大程度上是建立在消耗大量能源资源的基础上的，并由此引发了严重的生态破坏和环境污染问题。特别是21世纪以来，重化工业加速发展，消耗了大量的能源资源并导致严重的环境污染与生态破坏，资源的支撑力和环境的承载力受到极大的威胁与挑战。面对日趋强化的资源环境约束，必须增强危机意识，树立绿色、低碳发展理念，以节能减排为重点，健全激励与约束机制，加快构建资源节约、环境友好的生产方式和消费模式，增强可持续发展能力，提高生态文明水平。转变经济发展方式的重要着力点在于构建资源节约与环境友好的生产方式，实现经济的“绿色发展”和可持续发展。

所谓资源节约型社会是指整个社会经济的发展建立在节约资源而不是大量消耗资源的基础上，在生产、流通、消费等各领域各环节，通过采取技术和管理等综合措施，厉行节约，不断提高资源利用效率，尽可能地减少资源消耗。建设资源节约型社会要求落实节约优先战略，全面实行资源利用总量控制、供需双向调节、差别化管理，大幅度提高能源资源利用效率，提升各类资源保障程度。主要内容包括：(1)大力推进节能降耗。抑制高耗能产业过快增长，突出抓好工业、建筑、交通、公共机构等领域节能，加强重点用能单位节能管理；制订完善并严格执行主要耗能产品能耗限额和产品能效标准，推广先进节能技术和产品；健全节能市场化机制，加快推行合同能源管理和电力需求侧管理，完善能效标识、节能产品认证和节能产品政府强制采购制度。(2)加强水资源节约。加强用水总量控制与定额管理，严格水资源保护，加强水权制度建设，建设节水型社会；加强城市节约用水，提高工业用水效率，促进重点用水行业节水技术改造和居民生活节水；强化水资源有偿使用，严格水资源费的征收、使用和管理。(3)节约集约利用土地。实行最严格的节约用地制度，从严控制建设用地总规模，按照节约集约和总量控制的原则，合理确定新增建设用地规模、结构、时序；提高土地保有成本，盘活存量建设用地，加大闲置土地清理处置力度，鼓励深度开发利用地上地下空间；健全节约土地标准，降低单位国内生产总值建设用地。(4)加强矿产资源勘查、保护和合理开发。完善矿产资源有偿使用制度，严格执行矿产资源规划分区管理制度，促进矿业权合理设置和勘查开发布局优化；实行矿山最低开采规模标准，推进规模化开采；发展绿色矿业，强化矿产资源节约与综合利用，提高矿产资源开采回采率、选矿回收率和综合利用率。(5)大力发展循环经济。按照减量化、再利用、资源化的原则，减量化优先，以提高资源产出效率为目标，推进生产、流通、消费各环节循环经济发展，加快构建覆盖全社会的资源循环利用体系。

所谓环境友好型社会是一种人与自然和谐共生的社会形态，其核心内涵是人类的生产和消费活动与自然生态系统协调可持续发展。建设环境友好型社会要求人类必须将其生产和生活强度规范在生态环境的承载能力范围之内，强调综合运用技术、经济、管理等多种措施降低经济社会的环境影响。主要内容包括：(1)强化污染物减排和治理。实施主要污染物排放总量控制；实行严格的饮用水水源地保护制度，提高集中式饮用水水源地水质达标率；推进二氧化硫和氮氧化物治理，强化脱硫脱硝设施稳定运行，加大机动车尾气治理力度；深化颗粒物污染防治；加强恶臭污染物治理；有效控制城市噪声污染；提高城镇生活污水和垃圾处理能力。(2)促进生态保护和修复。坚持保护优先和自然修复为主，加大生态保护和建设力度，从源头上扭转生态环境恶化趋势。(3)积极应对全球气候变化。坚持减缓和适应气候变化并重，充分发挥技术进步的作用，完善体制机制和政策体系，提高应对气候变化能力；综合运用调整产业结构和能源结构、节约能源和提高能效、增加森林碳汇等多种手段，大幅度降低能源消耗强度和二氧化碳排放强度，有效控制温室气体排放。

参考文献：
胡锦涛:《坚定不移沿着中国特色社会主义道路前进，为全面建成小康社会而奋斗——在中国共产党第十八次全国代表大会上的报告》，人民出版社 2012 年版。
《国民经济和社会发展“十二五”规划纲要》。
吴敬琏:《中国经济模式抉择》，上海远东出版社 2005 年版。
刘国光、李京文:《中国经济大转变:经济增长方式转变的综合研究》，广东人民出版社 2001 年版。
李晓西等:《中国:绿色经济与可持续发展》，人民出版社 2012 年版。
丁祖荣等:《绿色理念:两型社会建设的认识基础和实践选择》，经济科学出版社 2011 年版。
李崇富等:《生态文明研究与“两型社会”建设》，中国社会科学出版社 2011 年版。
陈晓红、李大元、游达明等:《“两型社会”建设评价理论与实践》，经济科学出版社 2012 年版。

（林卫斌）

田园城市

Garden City

田园城市，也称为花园城市或田园都市，是一种将人们的健康、生活和产业发展融于一体、能够充分满足人们丰富的社会生活但又规模适度、周边为农地和绿色所环绕的新型城市，是一种既具备城市功能同时又具有乡村特色的新型城市。

田园城市理论是由英国著名社会活动家、城市学家、风景规划与设计师埃比尼泽·霍华德(Ebenezer Howard)于 19 世纪末 20 世纪初提出的一种新型城市发展理论，同时也是一种新的社会改革思想，即建设一种同时具备了城市和乡村优点的新的城市，也就是一种城和乡的有效结合体，通过城乡一体的新城市结构与社会结构来取代城乡分离的旧结构形态。这一理论集中体现在霍华德于 1898 年 10 月出版的《明日:一条通往真正改革的和平道路》(*Tomorrow:A Peaceful Path to Real Reform*)一书中。1902 年该书再版时更名为《明日的田园城市》(*Garden Cities of Tomorrow*)。

田园城市理论主要体现在两方面，一是提倡将城市与乡村密切相结合，以从根本上解决 20 世纪初在欧洲、美洲等地出现的人口不断向已经过分拥挤的城市集中而农村地区则进一步衰竭的问题。二是提出新的城市规划理念与方案，即规模适度(400 公顷的范围、32000 名城市人口等)和城乡结合(城市外围要有 2000 公顷的永久绿地，供农业生产使用)。

田园城市的城市部分是由一系列同心圆组成的，有六条大道由同心圆放射出去，中央是一个占地 20 公顷的公园，公园四周环绕着市政厅、音乐和演讲大厅、剧院、图书馆、展览馆、画廊和医院。它们的外围是一圈占地 58 公顷的中央公园(Central Park)。再向外一圈是住宅，用地宽敞，多数住宅以同心圆方式面向各条大街。最外面则是“宏伟大街”(Grand Avenue)。大道的一边为学校、儿童游戏场和教堂，大道另一边是花园住宅。

霍华德不仅是田园城市理论的倡导者，也是田园城市建设的实践者。他分别于 1903 年和 1919 年在英国亲自主持建设了莱奇沃思(Letchworth)和韦林(Welwyn)两座田园城市。

田园城市理论和实践都在世界范围内产生了巨大影响。从理论上看，霍华德的《明日的田园城市》一经出版，就被翻译成法语、德国、俄语、日语等多种语言在世界范围内出版发行，从那以后，几乎所有的城市规划教科书中都有介绍田园城市的相关内容，产生了巨大的世界影响，并在田园城市理论基础上形成了“有机疏散”理论、卫星城镇理论等新的相关城市规划与建设理论；不同规模的国际田园城市研讨会在世界不少国家也不断召开；世界范围内的田园城市运动也形成了相当大的规模。从实践来看，继霍华德的两个田园城市建设后，欧洲大陆的许多国家(如奥地利、比利时、法国、德国、荷兰、波兰、西班牙等)以及美国、日本、俄罗斯、澳大利亚等国都建设起了自己的田园城市或类似田园城市的示范性城市；这一影响甚至直接渗透到了当今我国的城市建设实践中，譬如说我国四川省成都市自 2010 年起在总结西部大开发十年经验的基础上，开始打造“世界现代田园城市”；我国陕西省西咸新区 2012 年以建设现代田园城市为目标，探索城乡一体、产城一体的城市发展新模式；我国江苏省扬州市和无锡市、河北省石家庄市、浙江省宁波市、河南省郑州市、黑龙江省哈尔滨市、新疆维吾尔自治区鄯善县近年来也都根据各自特色提出了打造“田园城市”的规划与设想。

对于霍华德的田园城市理论要用辩证的方法来看待。一方面，霍华德本人所描绘的那条“真正通往改革的和平道路”与现实是有距离的。另一方面，他的理论并非完全是空想，而是一种有价值的比较超前的思想。他的城市规划思想摆脱了显示统治者权威的旧模式，提出了关心人民利益的新模式；他将乡村和城市结合起来，摆脱了就城市论城市的陈腐观念，改变了以大城市为主体的城乡结构形态，对城市建设提出了新的模式以及对人类生存状态与生态环境表示出了深切的关注。通过他的两次田园城市建设试验我们可以看出，霍华德的田园城市建设不仅直接触及到了当时的一些主要的社会问题，而且其解决方案带有一定的超前性，其在城区规划和社区管理上也有不少创新。当然，由于他的田园城市在当时尚缺乏坚实的经济基础支撑,作为一个基本上自给自足的经济圈,它缺乏内部循环的原动力得以实现其可持续发展。但难能可贵的是,在大伦敦市日益膨胀之时,这样的尝试为缓解人口及住宅压力提供了一种新的模式,是具有重要意义的有益探索。

参考文献:

唐子来:《田园城市理念对于西方战后城市规划的影响》,载于《城市规划汇刊》1998 年第 6 期。

[英]埃比尼泽·霍华德:《明日的田园城市》,商务印书馆 2000 年版。

张捷、赵民:《新城规划的理论与实践》,中国建筑工业出版社 2005 年版。

[美]芒福德:《城市发展史》,中国建筑工业出版社 2008 年版。

李德华:《城市规划原理》第 4 版,中国建筑工业出版社 2010 年版。

Stanley Buder, *Visionaries and Planners: The Garden City-Movement and the Modern Community*, New York, Oxford: Oxford University Press, 1990.

Walter L. Creese, *The Search for Environment the Garden City Before and After*, Expanded Edition, Baltimore and London: The Johns Hopkins University Press, 1992.

Stephen V. Ward, *The Garden City: Past, Present, and Future*, London: E&FN SPON, 1992.

（胡必亮　刘倩）

全国土地规划纲要

Outline of National Land Planning

全国土地规划纲要是全国土地利用总体规划纲要的简称。全国土地利用总体规划纲要由国家土地资源管理部门会同国家有关部门编制,报请国务院同意批准后,由国务院下发各省、自治区、直辖市人民政府,国务院各部委、各直属机构负责贯彻执行。全国土地规划纲要规定了主要用地指标和用地布局,指导地方各级土地利用总体规划、从用地规模和总体布局上引导各部门和各行业编制相关规划,国家实施土地宏观调控和土地用途管制,规划城乡建设的依据就是全国土地规划纲要。

全国土地利用总体规划纲要与《中华人民共和国土地管理法》等法律法规和国家有关土地利用的方针和政策相统一。全国土地利用总体规划纲要的原则规定:要严格保护耕地、节约集约用地、统筹各业各类用地、加强土地生态建设、强化土地宏观调控。全国土地利用总体规划纲要主要任务规定:严格保护基本农田,控制非农业建设占用农用地;提高土地利用率;统筹安排各类、各区域用地;保护和改善生态环境,保障土地的可持续利用;占用耕地与开发复垦耕地相平衡。

全国土地利用总体规划纲要的制定和实施主体是各级政府,因此,政府在全国土地利用总体规划中的作用至关重要。政府的主要任务主要体现在:以严格保护耕地为前提,统筹安排农用地;以推进节约集约用地为重点,提高建设用地保障能力;以加强国土综合整治为手段,协调土地利用与生态建设;以优化结构布局为途径,统筹区域土地利用;以落实共同责任为基础,完善规划实施保障措施。政府在土地利用管理的具体政策包括以下内容,即从严格控制耕地流失、加大补充耕地力度、加强基本农田保护、强化耕地质量建设、统筹安排其他农用地五个方面入手保护和合理利用农用地;从严格控制建设用地规模、优化配置城镇工矿用地、整合规范农村建设用地、保障必要基础设施用地、加强建设用地空间管制五个方面节约集约利用建设用地;从加强基础性生态用地保护、加大土地生态环境整治力度、因地制宜改善土地生态环境三个方面协调土地利用与生态建设;从明确区域土地利用方向、实施差别化的区域土地利用政策、加强省级土地利用调控三个方面统筹区域土地利用。

截至目前,中国土地利用总体规划纲要共制定了三次,《1986～2000 年全国土地利用总体规划纲要》,《1997～2010 年全国土地利用总体规划纲要》,《2006～2020 年全国土地利用总体规划纲要》。《2006～2020 年全国土地利用总体规划纲要》提出的土地利用目标是:守住 18 亿亩耕地红线;保障科学发展的建设用地;土地利用结构得到优化;土地整理复垦开发全面推进;土地生态保护和建设取得积极成效;土地管理在宏观调控中的作用明显增强。

全国土地利用总体规划纲要是通过土地利用总体规划来实现的。全国土地利用总体规划是一个基础性规划,所有的专业性规划、区域性规划、行业规划都要以此为基础来制定,其用地规划必须服从全国土地利用总体规划规定,不能超过其规定的土地用途和范围。

土地利用总体规划是指导土地管理的纲领性文件,是落实土地宏观调控和土地用途管制、规划城乡建设的重要依据,是实行最严格的土地管理制度的基本手段。编制土地利用总体规划的重要意义主要体现在:是解决各种土地利用矛盾的重要手段,也是保证国民经济顺利发展的重要措施。具体表现为:编制和实施土地利用总体规划是合理利用土地的基础,土地利用总体规划是国家实行用途管制的基础。土地利用总体规划为国民经济持续、稳定、协调发展创造了有利条件。土地利用总体规划实行分级审批。省级、省政府所在地的市、人口在 100 万以上的城市以及国务院指定的城市的土地利用总体规划报国务院审批;除此之外的土地利用总体规划报省政府批准，其中，乡级土地利用总体规划可以由省政府授权设区市的市政府批准。

参考文献：

国土资源部：《全国土地利用总体规划纲要(2006～2020年)》，http://www.mlr.gov.cn/xwdt/jrxw/200810/t20081024_111040.htm，2008年10月24日。

国土资源部：《全国土地利用总体规划纲要(1997～2010年)》，http://www.mlr.gov.cn/zwgk/ghjh/200710/t20071017_88615.htm，2007年10月17日。

南京市国土资源局：《我国土地利用规划工作30年历程回顾》，http://www.njgt.gov.cn/default.php?mod=article&do=detail&tid=208833，2009年1月14日。

王国强：《新一轮土地利用总体规划修编的几个问题》，载于《地域研究与开发》2006年第5期。

李倩：《规划出一个美好明天——对全国土地利用总体规划修编工作的若干思考》，载于《中国土地》2005年第8期。

张琦：《土地制度市场化改革的理论回顾：1978～2008》，载于《改革》2008年第11期。

王万茂、董祚继、王群等：《土地利用规划学》，科学出版社2006年版。

吴次芳：《土地利用规划》，地质出版社2000年版。

王万茂：《规划的本质与土地利用规划多维思考》，载于《中国土地科学》2002年第1期。

王万茂、张颖：《市场经济与土地利用规划——关于规划修编思路的探讨》，载于《中国土地科学》2003年第1期。

吴次芳、叶艳妹、欧海若等：《经济全球化进程中的土地利用规划》，载于《土地规划与土地信息系统/2002年海峡两岸土地学术研讨会》2002年。

吴次芳、潘文灿：《国土规划理论与方法》，科学出版社2003年版。

严丽平：《土地利用总体规划实施评价研究》，浙江大学，2006年。

（张琦）

基本农田保护制度

Basic Farmland Protection System

基本农田保护制度有狭义和广义之分。狭义的基本农田保护制度包括基本农田保护规划制度、基本农田保护区制度、占用基本农田审批制度、基本农田占补平衡制度、禁止破坏和闲置荒芜基本农田制度、基本农田保护责任制度、基本农田监督检查制度、基本农田地力建设和环境保护制度等。广义的基本农田保护制度，是指从宏观角度来看，凡是与基本农田相关的政策、法律、法规等，这些政策、法律、法规对基本农田的实施具有重要的促进作用，都应纳入其内。如以耕地总量动态平衡制度为主线的耕地保护制度，它与基本农田保护制度统一体现了全面保护与重点保护的关系。此外，还有土地税收制度、土地利用规划、土地宏观调控制度等，可见基本农田保护制度通常是指国家和地方政府为实现基本农田保护目标而制定的一系列法律、法规和政策体系。

制定基本农田保护制度的根本原因就是保证国家稳定和安全的战略性需求。即基本农田关系到国家粮食安全、国民经济持续稳定发展，社会安定大局。在市场经济快速发展中，随着社会分工和专业水平的提升，自给自足的社会经济形态已被现代化的市场经济所替代，因此，只有制定基本农田保护制度，才能满足一个国家和地区最基本的生存需求，即生活需求包括粮食需求，其次是为了满足人们的日益增长改善性需求，最后是为了满足社会经济正常运行的生产性需求和发展需求。

制定基本农田保护制度的基础是确定基本农田的范围。一般来说，基本农田是指按照一定时期人口和社会经济可持续发展对农产品的需要，为维护区域内人地关系协调发展所需，通过制定土地利用总体规划而确定的具有较高土壤肥力和适宜立地条件，可生产基本农产品的耕地，并不得随意非法占用。为了确保基本农田，很多国家和地区都划定了基本农田保护区，即是指为对基本农田实行特殊保护而依据土地利用总体规划和依照法定程序确定的特定保护区域。中国《基本农田保护条例》规定：下列耕地应当划入基本农田保护区严格管理：一是经国务院有关主管部门或者县级以上地方人民政府批准确定的粮、棉、油生产基地内的耕地；二是有良好的水利与水土保持设施的耕地，正在实施改造计划以及可以改造的中、低产田；三是蔬菜生产基地；四是农业科研、教学试验田。根据土地利用总体规划，铁路、公路等交通沿线，城市和村庄、集镇建设用地周边的耕地，应当优先划入基本农田保护区。需要退耕还林、还牧、还湖的耕地，不应当划入基本农田保护。

中国的基本农田保护制度的形成和完善大致经历了五个阶段：第一阶段——1978年以前的不稳定阶段。主要特点是耕地面积变化幅度较大，制度具有一定的不稳定性。第二阶段——1978～1985年。这一阶段启动基本农田保护的县级试点工程，从提高质量转向质量和数量并重，加强了基本农田保护的战略意识。第三阶段——1986～1993年。以耕地保护为目标的基本农田保护制度建立进入预备期，1986年我国开始实施《土地管理法》，我国土地管理尤其是耕地保护进入了新的阶段。第四阶段——1994～1996年的基本农田保护制度的推出期。以1994年和1996年颁布实施《基本农田保护条例》为标志,基本农田保护制度初步建立。第五阶段——1997 年以来,基本农田保护制度实施完善期。1997 年 3 月 14 日全国八届人大五次会议通过了《刑法》,增设了“破坏耕地罪”、“非法批地罪”和“非法转让土地罪”,1997 年 4 月 15 日中共中央、国务院发出了《关于进一步加强土地管理切实保护耕地的通知》,要求采取治本之策,“进一步严格建设用地的审批管理”,“对农地和非农地实行严格的用途管制”。

目前,我国基本农田保护制度已经初步形成了以《中华人民共和国土地管理法》、《基本农田保护条例》为主干的外在制度体系与以《划定基本农田保护技术规程》、《基本农田保护区环境技术规程》、《划定基本农田保护区技术规程》,《基本农田保护区环境保护规程》、《基本农田保护区调整划定工作验收办法》等技术规程为辅助的制度体系。

参考文献:

王万茂:《基本农田保护:历史与反思》,载于《中国土地》2009 年第 6 期。

臧俊梅、王万茂、李边疆:《我国基本农田保护制度的政策评价与完善研究》,载于《中国人口·资源与环境》2007 年第 2 期。

《基本农田保护条例》,载于《人民日报》1998 年 12 月 31 日第 2 版。

《中华人民共和国土地管理法》,中国政府门户网站,www.gov.cn,2005 年 5 月 26 日。

李凤梅:《中国城市化进程中农地保护法律制度研究》,知识产权出版社 2011 年版。

《基本农田保护条例》,载于《中国土地》1994 年第 10 期。

何贵新:《土地利用总体规划修编中耕地和基本农田保护研究》,湖南农业大学,2006 年。

叶维军:《关于推进工业化与保护耕地的建议》,载于《中国经济时报》2004 年 10 月 14 日。

习近平:《依法行政,保护耕地》,载于《福建日报》2000 年 6 月 25 日。

(张琦)

哈特维克准则
Hartwick Rule

由约翰·哈特维克(John M. Hartwick)在 1977 年提出,可以简述如下:把从开采可耗竭资源所获得的利润或租金投资到可重置的资本——比如机器上,并且投资的量仅为所得利润这个数目,这时如果人口不变,那么未来的人均消费保持恒定,此即哈特维克准则。其含义就是,自然资本和人为资本可以等量替换,从而就能保持总资本的恒定,继而保持了产出,最终保持了人口不变条件下的人均消费的恒定。

哈特维克假定生产需要三种投入:可再生的资本($k(t)$),可耗竭的资源流($y(t)$)和劳动。这三种投入都关联着时间 t;由于劳动力不变,可以把它设定为 1 个单位。这样一来,$k(t)$、$y(t)$ 和商品产出($x(t)$),以及消费($c(t)$)都是以人均量的形式出现;生产技术可以写成:$f(k(t), y(t), 1)$。同时假定生产技术表现出不变的规模回报,使得 $f(\cdot)$ 是齐次函数;缺少资本、可耗竭资源和劳动这三种投入中的任何一项,产品都不可以被生产出来,即:$f(\cdot)$ 中的任何一个元素为零,则 $x(t) = f(\cdot) = 0$;$f(\cdot)$ 是凹的,即资本和资源的边际产出均大于零,但其变化率小于零。

在任一时刻 t,产出 $x(t)$ 在消费 $c(t)$、投资 dk/dt 和开采成本 $ay(t)$ 之间分配:

$$x(t) = c(t) + dk(t)/dt + ay(t) \tag{1}$$

其中,a 为一个常数。

储蓄或投资函数为:

$$dk(t)/dt = \left(\frac{\partial f}{\partial y - a}\right)y(t) \tag{2}$$

(2)式表示:矿产的边际产出 $\left(\frac{\partial f}{\partial y}\right)$ 在减去开采成本(a)后(即净产出)被用于投资。dk/dt 为人造资本的增量——投资。

可耗竭资源开采的效率条件要求:从一个单位的可重置的资本资源获得的回报率等于从拥有一个单位的可耗竭资源获得的回报率。这个条件也可以表达成:当前在单位矿物沉积上的资本获得应该等于可重置资本的利率或回报率。在哈特维克的一种产出的模型中,如果矿物边际净产出的增长率等于可重置资本的边际产出,那么上述效率条件就可以得到满足。这个效率条件有时被说成霍特林规则(见词条“霍特林规则”),是可耗竭资源优化开采的一个特征条件,如下:

$$\frac{\frac{d}{dt}\left(\frac{\partial f}{\partial y - a}\right)}{\frac{\partial f}{\partial y - a}} = \frac{\partial f}{\partial k} \tag{3}$$

需要注意的是:上式的右边为从 1 个单位的可重置的资本资源获得的回报率;$\left(\frac{\partial f}{\partial y - a}\right)$ 为 1 个单位矿物的租金,$\frac{d}{dt}\left(\frac{\partial f}{\partial y - a}\right)$ 是租金作为资本的所得,上式左边是拥有一个单位的可耗竭资源获得的回报率或当前在单位矿物上的资本所得,它也是矿物边际净产出的增长率。

从生产函数得到:产出的增长等于可重置资本的增长引发的产出增长与可耗竭资源流增长引发的产出增长之和:

$$\frac{dx}{dt}=\frac{\partial f}{\partial k}\frac{dk}{dt}+\frac{\partial f}{\partial y}\frac{dy}{dt} \qquad (4)$$

把(2)式和(3)式结合到上式中,得到

$$\frac{dx}{dt}=\frac{d}{dt}\left(y\frac{\partial f}{\partial y}\right)=\frac{d}{dt}\left(\frac{dk}{dt}+ay\right) \qquad (5)$$

从(1)式有:

$$\frac{dx}{dt}=\frac{dc}{dt}+\frac{d}{dt}\left(\frac{dk}{dt}+ay\right) \qquad (6)$$

结合(5)和(6)两式:

$$\frac{dc}{dt}=0 \qquad (7)$$

上式说明消费不变。由于起始的消费能够为正,所以一个正的不变的消费得以维持——这样也可以说各代人之间是公平的。

哈特维克准则实际上是描述了这样一种轨迹:如果可耗竭资源的存量给定,社会可以通过在可重置资本上的积累,逐渐减少可耗竭资源的投入,以维持不变的社会消费;这时,可耗竭资源的投入在时间上是递减的,并趋向于零,使得这个资源投入序列的总和是一个常数,并精确地等于其存量。

广义上,哈特维克准则中的可重置资本可以是教育和科技,也可以是为发现新的资源的技术,或用于寻找新资源的投入。

在哈特维克之前,索洛(Solow, R. M.)于1974年在一个两种存量的经济中分析了代际公平。在索洛的模型中自然资源的开采没有成本,开采出来的粗原料(R)和资本(K)一起用于生产。索洛采用了柯布-道格拉斯生产技术——α和β分别表示资本和资源的要素弹性,其产出分别用于消费和资本积累。他证明了只要α大于β,一个正的最大的消费水平就能够得以维持。

哈特维克模型并不依赖于柯布-道格拉斯生产技术,同时包括了开采成本;同时,他指出要达到和维持这个最大的、不变的正消费水平,只要把资源租金投资到可重置的资本上即可。不过这个准则没有考虑资本折旧。哈特维克证明了如果存在这个因素,这个消费水平不能维持。

哈特维克在约翰·霍布金斯大学获得经济学博士学位后,于1974~1975年在麻省理工学院做博士后研究,他坦承来自于索洛的指导以及与索洛的接触是无价的。在他的研究中,多次引证了索洛的工作。哈特维克指出,他的研究受到了安东尼·斯科特(Anthony Scott)在一次资源政策研讨班上发言的启发。斯科特当时在做一项估计:如果加拿大在1911年就已经开始把从资源开采所得的权利金都用于投资,并按照各年流行的利率计算,到1975年这些投资能够获得多少回报?

在加拿大的亚伯达(Alberta),于1976年建立了一项特殊基金——亚伯达遗产储蓄信托基金(Alberta Heritage Savings Trust Fund),其来源是石油和天然气开采权利金的30%。该基金2011年增长8.2%。在2012年3月底,这项基金已达160多亿美元。美国的阿拉斯加在1976年建立了同样的基金。

魏萨根(Cees Withagen)和阿谢姆(Geir Asheim)证明了哈特维克准则的逆定理(The Converse of Hartwick's Rule):在一个具有一种消费、两种资本存量(自然资源和人造资本)的经济中,如果最大的不变消费要得以维持,人造的资本总是要得以精确地获得补偿,这个要得到补偿的价值恰恰等于自然资源的折耗。这个逆定理的前提包括:稳定的社会偏好和不变的生产技术。

参考文献:

[美]阿尼尔·马康德雅等:《环境经济学辞典》,上海财经大学出版社2006年版。

[美]阿兰·V·尼斯、詹姆斯·L·斯威尼:《自然资源与能源经济学手册》,经济科学出版社2010年版。

[美]蒂坦伯格:《环境经济学与政策》第5版,人民邮电出版社2011年版。

Hartwick J. M., Intergenerational Equity and the Investing of Rent from Exhaustible Resources, *The American Economic Review*, 1997, 67(5).

John M. Hartwick, Nacy D. Olewiler, *The Economics of Natural Resource Use*, New York: Harper & Row, 1986.

Solow R., Intergenerational Equity and Exhaustible Resources, *Review of Economic Studies*, Vol. 41, *Symposium on the Economics of Exhaustible Resources*, 1974.

Withagen Cees and Geir Asheim, Characterizing Sustainability: The Converse of Hartwick's Rule, *Journal of Economic Dynamics and Control*, 23, 1998.

(梁进社)

霍特林规则

Hotelling Rule

霍特林规则可以简述如下:对于具有质量相同、存量固定的可耗竭资源来讲,它的租金呈现指数增长,即

$$y(t)=y_0e^{rt} \qquad (1)$$

其中 $y(t)$ 代表t时的资源租金,y_0 是时间起点的资源租金,r代表利率。

霍特林规则的出现是由于提出者哈罗德·霍特林(Harold Hotelling)在1931年发表了一篇经典的论文“可耗竭资源的经济学(the Economics of Exhaustible Resource)”,该文对可耗竭资源利用的研究产生了长久的影响。霍氏的研究视角——社会从矿物开发中取得最大净福利现值。其前提是:社会具有固定储量

(S)的可耗竭资源,矿业是完全竞争性的,面临一个不变的单位矿石开采成本(c),其产品的需求曲线在各个时段相同。

霍特林的问题可以用下面的数学模型来概括:

矿产的开采使社会净福利现值达到最大:

$$W=B(q(0))+B(q(1))/(1+r)+B(q(2))/(1+r)^2+\cdots+B(q(T))/(1+r)^T \qquad (2)$$

约束条件(即存量条件):

$$q(0)+q(1)+q(2)+\cdots+q(T)\leqslant S \qquad (3)$$

q(t):各时段的开采量,大于或等于零,t=0,1,2,…,T。 (4)

B(q(t)):时段t开采q(t)矿产所产生的生产者剩余与消费者剩余之和,等于:

$\left(\int_0^{q_t} p(q)\,dq-cq_t\right)$;p(q)是逆需求函数,r是折现率。

对模型的求解,要求从中解出各时期的开采量和开采时期数。这个最大化问题的一个条件——称作流条件(平衡条件)(Flow Condition),如下:

$$[p(t)-c]/(1+r)^t=[p(t+1)-c]/(1+r)^{t+1} \qquad (5)$$

式(5)很容易被觉察到:其左边为t时期边际开采量的租金现值,右边是下一个时期边际开采量的租金现值;如果t时期的较大,应增加其开采量,反之,应减少开采量,或在下一个时期增加开采量,可以起到增加总的租金现值的效果;最终,最大化租金现值的条件是这个等式成立。

流平衡条件的一个变形为:

$$\frac{[p(t+1)-c]-[p(t)-c]}{[p(t)-c]}=r \qquad (6)$$

这即是霍特林规则的离散数学表达式,其经济学含义是:租金的增长率等于利率。由于霍特林假定了不变的边际开采成本,所以欲使(5)式成立,价格必须按指数增长。取

$$y(t)=p(t)-c \qquad (7)$$

把(6)式写成连续的函数情形:

$$\frac{dy(t)/dt}{y(t)}=r \qquad (8)$$

(8)式与(1)式等价。结合(7)式,(1)式可以写成:

$$p(t)=c+y_0e^{rt} \qquad (9)$$

因此,霍特林规则也可以这样说:价格呈指数增长,并且大于开采成本。

霍特林规则没有考虑一个称作存量效应的因子。事实上,随着开采的进行,存量是在变化的,这时候边际开采成本也许上升,也许下降。一般来说,社会总是优先开采条件较好的,然后再开采条件较次的矿藏,所以不难想象,边际开采成本一般呈现递增的趋势。这种现象也称作存量效应。假定边际开采成本MC(t)是上升的,霍特林公式(5)可以改变成:

$$\frac{[p(t)-MC(t)]}{(1+r)^t}=\frac{[p(t+1)-MC(t)]}{(1+r)^{t+1}} \qquad (10)$$

(10)式与(5)式的解释稍有不同。(10)式是说:t时期最后一个单位矿藏租金现值应该等于(t+1)时期第一个单位矿藏的租金现值。显然,这是边际开采成本上升的结果:因为人们是在面对一个递增的边际开采成本的矿藏来决策的;当前这一单位矿藏,要么是在t时期要开采的最后一个单位,要么是在(t+1)时期要开采的第一个单位。

研究员利用采矿和可耗竭资源行业对霍特林规则已经进行了很多的实证检验,许多研究发现租金并不因利率增长,但是,约翰·哈特维克(John M. Harwick)认为已有的检验存在纰漏。

哈特维克列举了一些持否定结论的研究并进行了分析。一是在行业水平上的研究。其中,哈尔沃森(T. Halvorsen)和史密斯(T. R. Smith)利用1954~1974年间加拿大金属采矿业的数据对霍特林规则进行了检验。这一研究考虑到了储量规模对开采成本的影响,并对其进行了调整;研究结果拒绝了霍特林规则。哈特维克认为,哈尔沃森和史密斯二人所用数据是由不同金属行业的所有企业汇总而得;而霍特林模型是关于某一特定行业的,并不覆盖不同行业。二是在企业水平上的检验研究。这些研究有杨(D. Young)利用铜矿开采企业的数据进行检验,结果同样是拒绝霍特林规则;还有法罗(S. Farrow)的研究,他采用的是某一独立矿1975~1981年的数据,这个矿生产三种联合产出。法罗检验了前面概述的基本霍特林模型,还加入了一些变量,包括利率随时间变化的情况、对输出的约束和特定类型的价格预期。实证模型被用来揭示企业的隐含贴现率。法罗发现这一贴现率是负的。哈特维克认为,导致这一结果的一个可能因素是对矿床中矿石品位恒定的假设。即使在一个矿床中,矿石品位可能随开采过程的变化而变化,存在更加复杂的优化法则。

哈特维克也提供了一个支持霍特林规则的实证研究,这就是苏(N. Su)的研究——用1949~1993年加拿大煤炭行业的数据来支持霍特林规则。这一研究涉及的时间比以前的检验研究有着更长的跨度。该模型假定企业开采的决策是基于预期价格,且开采成本是矿床中存留矿石储量的函数。在这一框架下,霍特林规则中资源价格的增长速度为利率减去存量效应,这一影响是耗竭过程中开采成本上升造成的。苏发现煤炭行业所隐含的实际贴现率在3.6%和4.4%之间;在此期间,所有资产的实际回报率为4.43%。

总之围绕霍特林规则的检验有两个重要的问题:一是开采成本既要反映不同矿体之间的差别,又要反

映同一矿体内部在质量上的差异;二是很多矿山具有多种产出。统计上的困难及数据的问题在一定程度上妨碍着对霍特林规则的检验,或者需要更为复杂的模型来解释这些行业。

参考文献:

[美]阿尼尔·马康德雅等:《环境经济学辞典》,上海财经大学出版社 2006 年版。

[美]阿兰·V·尼斯、詹姆斯·L·斯威尼:《自然资源与能源经济学手册》,经济科学出版社 2010 年版。

S. Farrow, Testing the Efficiency of Extraction from a Stock Resource, *Journal of Political Economy*, 1985, 93(3).

R. Halvorsen and T. R. Smith, A Test of the Theory of Exhaustible Resources, *Quarterly Journal of Economics*, 1991, 106(1).

John M. Hartwick, Nacy D. Olewiler, *The Economics of Natural Resource Use*, New York: Addison-Wesley. 1998.

H. Hotelling, The Economics of Exhaustible Resources, *Journal of Political Economy*, 1931, 39(2).

N. Su, *A Test of the Theory of Exhaustible Resources: The Case of Coal*, Master's Project, Simon Fraser University, 1996.

D. Young, Cost Specification and Firm Behavior in a Hotelling Model of Resource Extraction, *Canadian Journal of Economics*, 1993, 25(1).

(梁进社)

代际公平原则

Principle of Intergenerational Equity

代际公平原则是可持续发展的重要原则,它指当代人和后代人在利用自然资源、满足自身利益、谋求生存与发展上权利均等,当代人必须留给后代人生存和发展的必要环境资源和自然资源。

代际公平的概念最早是由美国学者佩奇(T. R. Page)在社会选择和公平分配两个基础上提出的,它主要涉及当代人与后代人之间的资源分配问题。1984 年,美国国际法学者维丝(E. B. Weiss)对此进行了系统地阐释。在她看来,代际公平中有一个重要的"托管"的概念,认为人类每一代人都是后代人类的受托人,在后代人的委托之下,当代人有责任保护地球环境并将它完好地交给后代人。维丝提出,代际公平由三项基本原则组成:

一是"保存选择原则"。每一代人应该为后代人保存自然和文化资源的多样性,避免不适当地限制后代人的权利,使后代人有和前代人相似的可供选择的多样性。

二是"保存质量原则"。每一代人都应该保证地球生态环境的质量,在交给下一代时,不比自己从前一代人手里接过来时更差,也就是说,地球没有在这一代人手里受到破坏。

三是"保存接触和使用原则"。每代人应该对其成员提供平行接触和使用前代人的遗产的权利,并且为后代人保存这项接触和使用权。也就是说,对于前代人留下的东西,应该使当代人都有权来了解和受益,也应该继续保存,使下一代人也能接触到隔代遗留下来的东西。

作为可持续发展原则的一个重要部分,代际公平在国际法领域已经被广泛接受,并在很多国际条约中得到了直接或间接的认可。

代际公平涉及到当代人与后代人的资源配置问题,这是可持续发展的核心内容,因为可持续发展是当代人的发展不妨碍后代人发展的能力。对于当代人与后代人资源配置的最优化是帕累托最优,它是指资源分配的一种状态,在不使任何人境况变坏的情况下,而不可能再使某些人的处境变好。帕累托改进是达到帕累托最优的路径和方法。帕累托改进是指一种变化,在没有使任何人境况变坏的前提下,使得至少一个人变得更好。可见,帕累托最优是指没有进行帕累托改进的余地的状态,它是公平与效率的"理想王国"。

在当代人和后代人对于资源的分割中,也可以用经济学中常用的"埃奇沃思方盒"来说明。当代人与后代人等产量线切点的集合即为生产的契约曲线,表明该线上所有的点都处于帕累托最优状态,任何偏离该线的点都可以进行帕累托改进。帕累托最优状态的前提条件是:

其一,它假定社会中每个成员的权利相同,如果损害某人而让别人得益就不是帕累托最优;其二,在市场经济中,帕累托最优解取决于每个人的初始资源;其三,假定各人的幸福仅仅取决于他所享受的物质条件。

然而,还存在一些矛盾和问题,表现在生产的契约曲线与当代人或后代人直线之间的距离,以及选择的主动权方面:

第一,公平与效率存在矛盾。虽然在生产的契约曲线上,其距当代人的直线距离远,则虽然达到帕累托最优状态,但当代人占有了更多的资源,而留给后代人的资源则相对较少;同样,距后代人的直线距离远,则当代人给后代人留下了较多的资源。

第二,当代人替后代人选择的问题。市场经济中的帕累托最优状态是两个经济主体作用的结果,但在代际选择上却是在当代人与"当代人代理"的后代人之间进行选择,这就可能出现损害后代人利益的行为。

无论如何,人类是一个整体,它由当代人和后代人共同构成。从人类整体利益出发,当代人在追求经济效率的同时,必须充分考虑后代人(包括已经出场的后代人和尚未出场的后代人)的利益,使人类总体利益达到最优，这是代际公平原则的真谛，也是可持续发展的核心。

参考文献：
世界环境与发展委员会：《我们共同的未来》，吉林人民出版社 1997 年版。
杨勤业、张军涛、李春晖：《可持续发展代际公平的初步研究》，载于《地理研究》2000 年第 2 期。
[美]罗尔斯：《正义论》，中国社会科学出版社 1988 年版。
刘雪斌：《代际正义研究》，科学出版社 2010 年版。
高辉清：《效率与代际公平：循环经济的经济学分析与政策选择》，浙江大学出版社 2008 年版。
何蒲明等：《资源代际公平的研究》，载于《生态经济》2000 年第 5 期。
屈锡华等：《节约型社会与代际公平》，载于《社会科学研究》2006 年第 3 期。
王保忠等：《基于代际公平视角的煤炭资源跨期配置机制研究——以晋陕蒙为例》，载于《资源科学》2012 年第 4 期。

（张生玲）

影响路径法
Impact Pathway Approach

“影响路径法”（Impact Pathway Approach，IPA）是一种评估能源开发利用过程中产生的环境外部成本的方法，属于“自下而上（Bottom-up）”方法，被能源环境外部成本评价领域公认为是有价值的研究方法。

传统的能源价格中未包括在能源开发利用过程中对环境造成的损害，也没能反映在价格体系或市场交易中。按照社会福利原则，政策应该确保价格反映一项活动的全部成本，利用税收、补贴或其他经济手段使环境外部成本内部化，从而重新平衡社会和环境问题，更好地实现环境可持续性。

早期对外部成本的研究多使用“自上而下”（Top-down）方法，即采用总量数据来估算特定污染物造成的影响，例如利用全国的污染物排放量数据和结构分布来估算损害。“自上而下”方法虽然对数据的要求较低，可以在缺乏详细数据的情况下做出初步估计，但这一方法很难估算具体地点和时间的外部成本，更无法计算边际成本。

为解决这一问题，从 1991 年开始，欧盟委员会组织包括工程师、经济学家、流行病学家等在内的 50 多个跨学科研究团队，进行大量的社会经济研究以量化能源外部成本，即实施能源外部成本计划（ExternE Project），并开发出“影响路径法”。目前，通过能源外部成本的欧洲研究网络，对环境外部成本的分析已经取得很大进展。“影响路径法”最先在欧盟 1995 年的研究报告中予以公布，之后在 1999 年和 2004 年将最新的研究成果纳入出版的研究报告中做了更新。能源开发利用对人体、环境和社会的影响非常复杂且难以估计，具有很大的不确定性、不可预测性和意见分歧。但尽管有这么多困难，能源外部成本计划已成为公认的外部性估计方法的参照来源。

第一，“影响路径法”是一种“自下而上”的方法，能够估算具有地点、时间和技术依存性的外部成本。这一方法可以全程模拟污染物的扩散和传输，利用某个具体地点特定技术的排放数据、污染物扩散模式、受体的详细信息和剂量—响应函数等来对整个能源链的活动造成的环境和社会影响进行估算。

第二，“影响路径法”是一种地域特征（Site-specific Approach）的方法，即根据污染源的源头及其相关的能源燃料特征，在确定其排放影响的范围后将其影响货币化。

第三，面对现实的具体的污染分析，“影响路径法”更多地应用了生态学、健康学和经济学研究成果。其通过对市场、法规、保险和其他因素的计量来估算外部成本，并使外部成本内部化，适用于对大多数环境影响的评估。

“影响路径法”的操作，并没有可套用的评估模式，只是具有一致性的观念及操作程序。估计环境效益或成本时需遵循以下路径：从源排放经由空气、土壤和水的品质变化到实际影响，再用货币表示收益和成本。

“影响路径法”的主要操作步骤可归纳为：

第一，确定排放源和污染物详单。需要列出生产所采用的相关技术和污染物排放详单，例如某地的一个电厂发电时产生的氮氧化物排放。

第二，估算扩散浓度。例如根据大气扩散模型，得到 PM2.5 迁移扩散后受影响地区浓度的增加值。关于扩散，不仅要分析大气污染，也要分析水和土壤的污染，因为人体会暴露于重金属和一些在水和土壤库中累积并通过食物链显著暴露的有机物（例如二恶英）。

第三，计量影响。污染物浓度的增加会造成累积暴露，可使用剂量—响应函数计算由上述暴露引起的影响，例如由于 PM2.5 浓度增加引起哮喘病例增多。

第四，外部成本货币化。例如货币化哮喘的成本。根据福利理论，损害意味着个人的福利损失，对于一些影响（例如对农作物）来说，能够用市场价格评估损害。然而，对于非市场物品（尤其是对人体健康的损害）来说，评估仅能以建立在个人偏好基础上的支付意愿或受偿意愿为根据，在综合分析和稳健估计的基础上进行。

“影响路径法”主要被用来量化环境影响，即由释放物质(细微颗粒)或者能(噪音、辐射、热)到环境介质(空气、土壤、水)引起的影响。随着环境科学和经济学的不断发展以及计算能力的提升,这一方法已在现实中得到应用。例如,在能源外部成本计划里,"影响路径法"已经改进并应用到计算发电和供热及交通的外部性。"影响路径法"可以处理诸如暴露—反应函数类的问题,尤其是空气污染对健康的影响、整个能源供应链中的意外事件以及其他类似于全球变暖、酸化和富营养化等影响的评估。"影响路径法"应用于某个区域或国家时,需要收集详细的资料,估算扩散浓度和计量影响;同时,可在此基础上估算污染物的排放总量,预测污染物总排放所造成的影响。尽管"影响路径法"仍有一些不确定性,但比起其他方法,仍被广泛认为是评价外部成本的好方法。

"影响路径法"不仅应用在能源开发利用的影响分析上,在交通、工业、农业等人类活动领域也有广泛应用。

参考文献:

[美]阿尼尔·马康德雅等:《环境经济学辞典》,上海财经大学出版社 2006 年版。

Bickel, P. and R. Friedrich, Estimating Environmental Costs Using the Impact Pathway Approach, Institut für Energiewirtschaft und Rationelle Energieanwendung(IER), Stuttgart, 2001.

ExternE, *Externalities of Energy*: *Volume 2 Methodology*, Office for Official Publications of the European Communities, Luxembourg, 1995.

ExternE, *Externalities of Energy*: *Volume 7 Methodology*, 1998 update, Office for Official Publications of the European Communities, Luxembourg, 1999.

ExternE, *Externalities of Energy*: *Methodology* 2005 Update, Office for Official Publications of the European Communities, Luxembourg, 2004.

Scasny, M., M. Havránek and J. Melichar, *The ExternE Method*: *A Brief Discussion on Externality Definition and Estimation Method*, Charles University Environment Center, Prague, 2004.

(李晓西　张亮亮)

能源危机
Energy Crisis

能源危机通常是指能源供应出现较大的短缺或者能源价格出现大幅度增长从而引起经济出现衰退、失业急剧增长、通货膨胀加剧等问题,同时社会正常秩序受到冲击。能源危机通常具有全局效应、全球效应,每次危机几乎都涉及所有国家,整个经济体系。过去所发生的能源危机核心集中在石油供应与价格上,是以石油危机的形式体现出来。

能源危机的发生形式、产生原因、影响方式目前没有形成完全的统一看法,能源危机连带的经济危机更是不同于过去的传统经济危机,解决危机的理论、方式没有形成统一看法。这涉及复杂的问题,甚至是经济学理论体系本身的问题。

20 世纪 50 年代以来,全球发生三次重大经济危机,三次都与能源危机有关,每次能源危机都有不同的发生形式、产生原因、影响方式。

第一次能源危机发生在 1973 年,由中东阿以战争为导火索,阿拉伯为主体的石油供应国家联合行动,削减石油供应量,提高石油价格,针对性的对少数国家断绝石油供应,一举使发达国家经济受到重创。同时也结束了自 1950 年以来以发达国家为主体的全球经济高速增长的黄金时代,发达国家出现滞胀型经济危机。全球性的滞胀型经济危机是过去没有出现过的危机形式,经济衰退的同时,出现难以克服的通货膨胀。过去的经济衰退同时是货币紧缩。围绕滞胀问题经济学理论界出现了争论的热潮,同时政府不同的解决方式也形成了不同的治理模式。

第二次能源危机发生在 1979 年,两伊战争是直接引发原因。伊朗、伊拉克是两个全球石油主要供应国家,两国的长期战争一方面导致石油供应量的减少,另一方面对石油运输的威胁导致石油供应链出现问题。两方面因素使能源危机爆发,同时较大程度地引发全球经济危机的深度发展。原因是 1973 年能源危机引发的经济危机还没有得到全面的治理,此次能源危机的爆发更加强化了其对全球经济的影响,特别是对发达国家。

第三次能源危机是 2011 年的"9·11"到 2008 年油价逐步上涨到 147 美元/桶时,引发了全球经济危机。此次能源危机以及经济危机的产生以及相关性在理论界并没有形成统一看法,相当多的人仅是从金融危机的角度看待这场经济危机。同时此次能源危机与过去的能源危机也有相当大的不同,一是没有过去那种对石油供应产生明确威胁的战争;二是没有明显的石油供应减少的情景出现,主要是欧佩克组织逐步系统的推高油价形成的。因此,对能源危机的确定也有不同的认识。

能源资源量是形成能源危机的第一个原因。对于探明可采资源量有许多种说法,不管说法如何,但化石能源是有限的,按照 BP 世界能源统计:已经探明的石油可采量为 1708 亿吨,按目前的储采比算,石油还可采 40 多年,上述数据不包括委内瑞拉的重油与加拿大的油砂,考虑这两种非常规石油,可采资源量还可增加三分之一左右;天然气可采资源量为 185 万亿立方米,按目前储采比算,天然气可采时间超过 100 年;煤炭可采资源量8260亿吨,按目前的储采比算,煤炭还可采500年以上。实际情况与上述说法是有差异的,但化石能源是有限的,可以肯定,这是能源危机产生的根本原因。由于资源量有限,以及地理、地质分布特点,每年可采的资源量就存在一个分布曲线,这个曲线从理论上讲是一个倒钟型,存在一个顶峰。对此比较经典的例子是倒钟型曲线首先提出人哈伯利(Hubbert)对美国石油产量顶峰的成功预测,他在1962年利用此模型成功预测了美国石油产量顶峰在1970年。顶峰预测是一个重要的能源经济研究内容,中国林伯强做过一定的总结。第一次石油危机是与美国石油产量达到顶峰密切相关,此时美国没有能力扮演过去的石油市场老大的角色,利用巨大的生产能力解决中东石油供应出现的缺口。

能源供应方式是形成能源危机的第二个原因。能源是非平衡分布的,煤炭基本集中在北纬38度以北的国家,天然气与石油都是集中在非常少数的国家,其中天然气的集中度超过石油,俄罗斯、伊朗、卡塔尔三个国家集中了常规可采天然气的54%左右。占全球人口不到2%的欧佩克国家控制了全球可采石油资源量的76%,其中占全球人口不到1%的海湾六国控制了全球40%左右的资源量,并且是全球石油的主要出口国家,也是未来石油出口市场的主要控制力量。这种特别的石油资源分布,以及石油出口格局是形成石油危机为核心的能源危机的关键因素。未来全球石油市场越来越依赖中东石油,这是未来石油供应危机容易形成的直接原因。

人类社会使用能源的方式是能源危机形成的第三个原因。人类社会能源利用方式的两个因素是造成能源危机的原因:第一是能源使用的构成方式。从20世纪50年代开始,人类社会从煤炭时代进入石油时代,以石油替代煤炭作为主要能源。发达国家石油使用量普遍达到能源总量的40%~60%,全球石油使用量超过能源使用量的40%。这种能源使用结构是造成石油危机的基本因素。第二个因素是经济增长与能源增长基本是同步关系,在20世纪50年代以前的煤炭时代,全球经济增长与能源增长关系是1:0.7~0.8的关系;1950年以后的石油时代全球经济增长与能源增长关系是1:0.6~0.7的关系。这种经济、能源增长的指数关系意味着未来几十年全球经济增长一倍多,而能源再增长一倍将是过去200年增长的总和关系。这种指数增长关系必然导致能源危机。

能源危机涉及两个经济学的重大理论问题。一是能源危机与经济危机关系问题。过去60年发生了三次经济危机,三次经济危机都与能源危机相关,并且经济危机发生方式都有滞胀的共同特点。对此问题传统经济学并没有给出满意的解答,特别是目前这场经济危机出现的石油在近7年中涨价近7倍,同时出现的各种资源价格与石油价格以等能量、等价值的基本同步上涨关系,既是引起经济危机的原因,也是一种新型的价值关系。能源、其他资源彼此之间的量化关系是一种能量关系,表现出一种明显的物理学关系,如何将这种关系考虑进经济学体系中去是必要的,国内外有这方面探索。传统经济学对于能源危机以及相应的滞胀型经济危机的解释与治理方式比较经典的是凯恩斯学派与弗里德曼学派的争论,以及20世纪80年代美国、欧洲分别出现以里根、撒切尔为代表的保守主义政府,实现了对滞胀问题的初步治理。这种保守主义治理核心是两点:通过降低税收有效激发企业活力发展经济,同时有效降低政府费用以及较大幅度削减各种福利开支。

二是能源增长与经济增长关系问题,或说是能源顶峰论的问题,能源供应达到顶峰,从理论上讲经济增长就应该是顶峰了。能源顶峰何时出现是一个没有完全统一的回答。但是有一点可以肯定,是有限的资源背景下必然存在能源供应的顶峰,顶峰不是一个点,而是一个时间段。原则上讲顶峰分为三个阶段,第一是石油顶峰时代,最有可能是未来10~20年是石油时代的顶峰。第二个顶峰阶段是天然气顶峰阶段,在石油顶峰阶段后,很快就会是天然气顶峰阶段。第三个阶段是煤炭顶峰阶段。当然后两个顶峰阶段也可能不会出现,主要是人类社会未来快速发展需要可持续的新能源,这也是人类社会根本性解决能源危机的办法。

参考文献:

《BP世界能源统计年鉴》2009年。

刘建生:《新经济学原理:论人类社会能量特性》,经济日报出版社2007年版。

[法]克洛德·热叙阿(Jussua Claude)等:《经济学词典》,社会科学文献出版社2012年版。

林伯强:《高级能源经济学》,中国财政经济出版社2009年版。

Amos Salvador:《能源:历史回顾与21世纪展望》,石油工业出版社2007年版。

贾文瑞等:《21世纪中国能源、环境与石油工业发展》,石油工业出版社2002年版。

蓝盛芳:《生态经济系统能源分析》,化学工业出版社2002年版。

Hubbert M. K., *Energy Resources*, Pubication 100-D, National Academy of Science-National Research Council, 1962.

International Energy Outlook 2006, EIA.

Odum, H. T., *Energy Analysis*, *Energy Quality and Environment*, M. Gilliand: Westview Press, 1978.

(刘建生)

能源强度

Energy Intensity

能源强度是指生产单位货币的产值所需要的能源使用量，或说是生产单位 GDP 需要的能源量，也可以称为单位产值能耗。单位货币通常采用万美元，能源采用公斤或者吨石油作为衡量标准。在中国，能源强度通常用“吨标准煤/万元”。能源强度的倒数是能源经济效率，指使用单位能源能产生的产值。能源强度是衡量一个国家的重要经济、技术指标。

能源强度实际是一个特殊的“能值”问题——能量与货币关系，“能值”提出货币的价值应该或者可以用能量来确定，“能值”是能源强度概念的扩展。实际经济生活中货币相当部分是购买的能量，如果间接考虑，大部分产品都是能量，各种产品直接或者间接来自于资源，而资源都可以用能量来表达，如果从物理学基本理论出发，所有产品都认为可用能量来表达。

以国家或者地区产值表示的能源强度是一个宏观意义的平均值，能源强度是一个表示国家或者地区发展程度最重要的宏观指标。以行业为对象得到的能源强度是一个中观意义的平均值，表示某一个行业的平均能耗强度。通常情况下，国家之间的同一个行业的能耗没有太大的差异。而行业之间的能耗差异是非常大的，一些“高耗能”的基础产业与部分第三产业的能耗会有数量级的差异。不同行业的能耗比较情况是很复杂的，这既源于不同行业的特点，也与节能技术和水平有关。一般情况下，工业与运输业是高耗能行业，其中工业中冶炼行业、化工行业、发电是耗能最高的行业。但这些行业是国家经济基础，以企业作为对象得到能源强度是一个微观值，与行业、国家的能源强度的平均值是有差别的。企业能耗通常采用当事国货币单位作为产值的量化单元，主要比较对象是国家内部，特别是国家内部的同一行业的企业间能耗比较。

对于相同的生产单位或者行业、国家，不同种类的能源形成的能源强度实际上有较大差异，不是简单的技术进步、制度进步所能解决的。如发电、化工采用油气与采用同等当量煤炭，能量转换始终存在一个较大的差异，技术进步也无法完全解决这个问题。这是各种能源的能量定义标准有缺陷造成的。

经济增长对能源强度变化的影响。在 1950 年以前，全球经济增长与能源增长基本保持 1:0.7～0.8 的关系，在 1950 年以后，这种关系为 1:0.6～0.7。它表明了能源增长是经济增长的基本条件，能源与经济指数型增长基本同步是导致能源供应危机的基本原因，也是能源强度随着经济增长而变化的内在原因。能源强度规律变化具有一定的倒 U 型特性，也是环境倒 U 型产生的原因。

经济结构是影响能源强度变化的第二个原因。各种产业的能耗强度是相差较大的，重化工产业是能耗最大的产业体系，而第三产业则是能耗较低的产业。重化工业高速发展，或者重化工结构过大的经济体系能源强度增长就大，相反第三产业结构合理、第三产业发展较快的体系，能源强度变化就是下降趋势。

其他因素对能源强度的影响。技术、能源价格、汇率、政府管理机制等因素对能源强度也有重要影响。技术进步对能源强度起到重要作用，是一个经济体系持久降低能源强度的基本因素。几次能源危机的高能源价格对西方国家的能源强度减小起到较大作用。

参考文献：

《中国能源统计年鉴》，中国统计出版社 2011 年版。

林伯强：《高级能源经济学》，中国财政经济出版社 2009 年版。

周凤起、周大地：《中国中长期能源战略》，中国计划出版社 1999 年版。

刘建生：《新经济学原理：论人类社会的能量特性》，经济日报出版社 2008 年版。

史丹：《结构变动是影响我国能源消费的主要因素》，载于《中国工业经济》1999 年第 11 期。

张炎治、聂锐：《能源强度的指数分解分析研究综合》，载于《管理学报》2008 年第 9 期。

蓝盛芳：《生态经济系统能源分析》，化学工业出版社 2002 年版。

Merklein, H. A. , *The Energy Economics*, Gulf Pub. Co, Book Division, Houston, Tex, 1975.

International Energy Outlook 2006, EIA.

Odum, H. T. , *Energy Analysis*, *Energy Quality and Environment*, M. Gilliand: Westview Press, 1978.

（刘建生）

环境保护

Environmental Protection

环境保护是对环境实施保护的行为和措施，包括减少与消除环境污染，制止并预防环境遭破坏，改善和优化环境整体，对自然资源的合理开发，对自然资源再生再循环和可持续利用能力的提高，维持与调控生态平衡等。如植树种草、防止风沙、暴雨、冰雹对土壤的侵袭；治理工程的废气、废渣、废液及有毒物质，防止有害物质对洁净水源、河流、海洋、农田、果园和空气的污染等活动，都属于环境保护的范畴。

1962 年，美国海洋生物学家蕾切尔·卡逊（Rachel Carson）出版了《寂静的春天》（*Silent Spring*）一书，第一次敲响了人类环境状况的警钟，引发了美国以至于全世界环境保护事业的发展。1970 年 4 月 22 日，美国首次举行了声势浩大的“地球日”活动，这是人类有史以来第一次规模宏大的群众性环境保护运动。这一运动还于1970年导致了第一个国家环保建制——美国环境保护署(Environmental Protection Agency)的设立。1972年6月5日至16日，由联合国发起，在瑞典斯德哥尔摩召开“第一届联合国人类环境会议”，发表了《人类环境宣言》，提出人类在开发利用自然资源的同时，也要承担维护自然的责任和义务，环境保护正式引起世界各国政府的重视，这次大会也标志着人类共同环境保护历程的起始。

主要发达国家的环境保护工作，大致经历了五个阶段：

第一，限制阶段。环境污染早在19世纪就已发生，如英国泰晤士河的污染，日本足尾铜矿的污染事件等。20世纪50年代前后，相继发生了比利时马斯河谷烟雾、美国洛杉矶光化学烟雾、美国多诺拉镇烟雾、英国伦敦烟雾、日本水俣病和骨痛病、日本四日市大气污染和米糠油污染事件，即所谓的八大公害事件。由于当时尚未搞清这些公害事件产生的原因和机理，所以一般只是采取限制措施。如英国伦敦发生烟雾事件后，制定了法律，限制燃料使用量和污染物排放时间。

第二，“三废”治理阶段。20世纪50年代末60年代初，发达国家环境污染问题日益突出，于是各发达国家相继成立环境保护专门机构。但因当时的环境问题还只是被看做工业污染问题，所以环境保护工作主要就是治理污染源、减少排污量。因此，在法律措施上，颁布了一系列环境保护的法规和标准，加强法治。在经济措施上，采取给工厂企业补助资金，帮助工厂企业建设净化设施；并通过征收排污费或实行“谁污染、谁治理”的原则，解决环境污染的治理费用问题。在这个阶段，投入了大量资金，尽管环境污染有所控制，环境质量有所改善，但所采取的尾部治理措施，从根本上来说是被动的，因而收效并不显著。

第三，综合防治阶段。1972年联合国召开了人类环境会议，并通过了《人类环境宣言》。这次会议成为人类环境保护工作的历史转折点，它加深了人们对环境问题的认识，扩大了环境问题的范围。宣言指出，环境问题不仅是环境污染问题，还应该包括生态破坏问题。另外，它冲破了以环境论环境的狭隘观点，把环境与人口、资源和发展联系在一起，从整体上来解决环境问题。对环境污染问题，也开始从单项治理发展到综合防治。1973年1月，联合国大会决定成立联合国环境规划署，负责处理联合国在环境方面的日常事务工作。

第四，规划管理阶段。20世纪80年代初，由于发达国家经济萧条和能源危机，各国都急需协调发展、就业和环境三者之间的关系，并寻求解决的方法和途径。该阶段环境保护工作的重点是：制定经济增长、合理开发利用自然资源与环境保护相协调的长期政策。要在不断发展经济的同时，不断改善和提高环境质量，但环境问题仍然是对城市社会经济发展的一个重要制约因素。1992年6月，联合国在里约热内卢召开了环境与发展大会，这标志着世界环境保护工作的新起点：探求环境与人类社会发展的协调方法，实现人类与环境的可持续发展。至此，环境保护工作已从单纯的污染问题扩展到人类生存发展、社会进步这个更广阔的范围，“环境与发展”成为世界环境保护工作的主题。

第五，全面落实阶段。1997年12月在日本京都由联合国气候变化框架公约参加国三次会议制定实施《京都议定书》(*Kyoto Protocol*，又译《京都协议书》、《京都条约》；全称《联合国气候变化框架公约的京都议定书》)是《联合国气候变化框架公约》(*United Nations Framework Conventional Climate Change*，*UNFCCC*)的补充条款。其目标是“将大气中的温室气体含量稳定在一个适当的水平，进而防止剧烈的气候改变对人类造成伤害”。并于1998年3月16日至1999年3月15日间开放签字，共有84国签署，条约于2005年2月16日开始强制生效，到2009年2月，一共有183个国家通过了该条约(超过全球排放量的61%)。条约规定，它在“不少于55个参与国签署该条约并且温室气体排放量达到附件中规定国家在1990年总排放量的55%后的第90天”开始生效，这两个条件中，“55个国家”在2002年5月23日当冰岛通过后首先达到，2004年12月18日俄罗斯通过了该条约后达到了“55%”的条件，条约在90天后于2005年2月16日开始强制生效。2009年12月7~18日在丹麦首都哥本哈根召开全球气候大会，其全称是《联合国气候变化框架公约》第15次缔约方会议暨《京都议定书》第5次缔约方会议。来自192个国家的谈判代表召开峰会，商讨《京都议定书》一期承诺到期后的后续方案，即2012~2020年的全球减排协议。《京都议定书》作为一个全球性的环保条约在全球范围内实施，标志着全球合作推动环保的行动进入实质性的实施阶段。

我国的环境保护工作早在20世纪70年代即已开始。1973年，第一次全国环境保护会议召开，首次提出我国的环境保护问题，会议检查了我国环境保护的情况，通过了《关于保护和改善环境的若干规定》，确定了“全面规划，合理布局，综合利用，化害为利，依靠群众，大家动手，保护环境，造福人民”的环境保护工作方针。1978年，关于环境保护的一项规定“国家保护环境和自然资源，防止污染和其他公害”第一次被写入了中国宪法。1978年12月31日，党中央批准了国务院环境保护领导小组关于《环境保护工作汇报要点》，这是我党历史上第一次以党中央的名义对环境保护工作做出的指示。1979年9月，五届全国人大常委会批准了《中华人民共和国环境保护法(试行)》，使我国的环境保护工作走上了法制的轨道。

随着改革开放不断深化，我国的环境保护工作也进入了创新的新时期。1983 年，在第二次全国环境保护会议上，把环境保护确定为我国的一项基本国策。1989 年，第三次全国环境保护会议提出“向环境污染宣战”。1989 年 12 月，《中华人民共和国环境保护法》（主席令第 22 号，以下简称《环境保护法》）正式颁布，正式定义“环境”为：影响人类生存和发展的各种天然的和经过人工改造的自然因素的总体，包括大气、水、海洋、土地、矿藏、森林、草原、野生生物、自然遗迹、人文遗迹、自然保护区、风景名胜区、城市和乡村等。根据《环境保护法》，环境保护的内容包括保护自然环境、防治污染和其他公害两个方面，即要运用现代环境科学的理论和方法，在更好地利用资源的同时深入认识、掌握污染和破坏环境的根源和危害，有计划的保护环境，恢复生态，预防环境质量的恶化，控制环境污染，促进人类与环境的协调发展。1990 年，国务院印发《关于进一步加强环境保护工作的决定》，强调严格执行环境保护法律法规，依法采取有效措施防治工业污染，全面落实环境保护目标责任制、城市环境综合整治定量考核制、排放污染物许可证制、污染集中控制、限期治理、环境影响评价制度、“三同时”制度、排污收费制度等八项环境管理制度，并把实行环境保护目标责任制摆在了突出位置。1994 年 3 月，我国政府批准发布了《中国 21 世纪议程——中国 21 世纪人口、环境与发展白皮书》，从人口、环境与发展的具体国情出发，提出了中国可持续发展的总体战略、对策以及行动方案。1995 年和 1996 年，全国人民代表大会常务委员会分别通过了关于修订《大气污染防治法》和《水污染防治法》的决定。1996 年 7 月在北京召开了第四次全国环境保护会议，明确提出“保护环境的实质就是保护生产力”，这对于部署跨世纪的环境保护目标和任务，实施可持续发展战略具有十分重要的意义。1997 年 3 月，修订后的《中华人民共和国刑法》增加了有关“破坏环境资源保护罪”的规定。

2002 年，第五次全国环境保护会议上要求把环境保护工作摆到同发展生产力同样重要的位置。2002 年 10 月，《中华人民共和国环境影响评价法》颁布，为项目的决策、项目的选址、产品方向、建设计划和规模以及建成后的环境监测和管理提供了科学依据。2005 年 12 月，国务院发布《关于落实科学发展观加强环境保护的决定》，确立了以人为本、环保为民的环保宗旨，成为指导我国经济社会与环境协调发展的纲领性文件。2006 年 4 月，国务院召开第六次全国环保大会，提出“从重经济增长轻环境保护转变为保护环境与经济增长并重，从环境保护滞后于经济发展转变为环境保护和经济发展同步推进，从主要用行政办法保护环境转变为综合运用法律、经济、技术和必要的行政办法解决环境问题”的“三个转变”的战略思想。2007 年 10 月，党的十七大首次把生态文明建设作为一项战略任务和全面建设小康社会新目标明确下来。2008 年“两会”后，环保总局升格为“环保部”，对全国的环境保护实施统一的监督管理；各省（市、区）也相继成立了环境保护局（厅），并设立环保举报热线 12369 和网上 12369 中心，接受群众举报环境污染事件。2009 年，中国环境宏观战略研究提出了积极探索中国环保新道路的重大理论和实践命题。2011 年，国务院召开第七次全国环境保护大会，印发《关于加强环境保护重点工作的意见》和《国家环境保护“十二五”规划》，为推进环境保护事业科学发展奠定了坚实基础。

参考文献：

钱易、唐孝炎：《环境保护与可持续发展》，高等教育出版社 2000 年版。

冯刚：《经济发展与环境保护关系研究》，载于《北京林业大学学报（社会科学版）》2008 年第 7 期。

宋明磊、宋光磊：《环境经济政策的国际经验及启示借鉴》，载于《理论与改革》2008 年第 1 期。

中华人民共和国环境保护部，http://www.zhb.gov.cn/。

International Union for Conservation of Nature and Natural Resources，http://www.iucn.org/。

Green Peace，http://www.greenpeace.org/China/zh/。

Solomon，U.，A Detailed Look at the Three Disciplines，Environmental Ethics，Law and Education to Determine Which Plays the Most Critical Role in Environmental Enhancement and Protection. *Environment*，*Development and Sustainability*，2010. 12(6).

（郑艳婷）

北京宣言
Beijing Declaration

1991 年 6 月 18 ~ 19 日在北京召开的“发展中国家环境与发展部长级会议”通过的旨在推进环境与发展的国际合作文件，简称《北京宣言》。会议深入讨论了国际社会在确立环境保护与经济发展合作准则方面所面临的挑战，特别是对发展中国家的影响的基础上，明确指出对于全球环境的迅速恶化深表关注，认为这主要是由难以持久的发展模式和生活方式造成的。

《北京宣言》分为总则、各领域问题、跨领域问题、关于 1992 年联合国环境与发展大会和发展中国家在环境与发展问题上的协调与合作等 5 部分 32 款，认为人类赖以生存的基本条件，如土地、水和大气，正因此受到很大威胁，包括空气污染、气候变化、臭氧层耗损、淡水资源枯竭、河流、湖泊及海洋和海岸环境污染、海洋和海岸带资源减退、水土流失、土地退化、沙漠化、森林破坏、生物多样性锐减、酸沉降、有毒物品扩散和管理不当、有毒有害物品和废弃物的非法贩运、城区不断扩展、城乡地区生活和工作条件恶化特别是卫生条件不良造成疾病蔓延等严重而且普遍的环境问题大量存在,发展中国家贫困加剧,妨碍他们满足人民合理需求与愿望的努力,对环境造成更大压力。因此,环境保护和持续发展成为全人类共同关心的问题。宣言出于对当代和子孙后代的强烈关注,主张在坚持总的原则和方向、责任有别的基础上,全力以赴地积极参与全球环境保护,并为持续发展而努力,要求国际社会采取有效行动,并为全球合作创造机会。

《北京宣言》总则中提出八个问题,第一,环境问题不是孤立的,环境的变化与人类经济和社会活动密切相关,需要把环境保护同经济增长与发展的要求结合起来,在发展进程中加以解决。必须充分承认发展中国家的发展权利,保护全球环境的措施应该支持发展中国家的经济增长与发展。国际社会尤其应该积极支持发展中国家加强其组织管理和技术能力。第二,应该充分考虑发展中国家的特殊情况和需要,每个国家都应能够根据自己经济、社会和文化条件的适应能力,决定改善环境的进程。发展中国家的环境问题根源在于他们的贫困,持续的发展和稳定的经济增长,是改变这种贫困与环境退化恶性循环并加强发展中国家保护环境能力的出路。第三,在当今国际经济关系中,发展中国家在债务、资金、贸易和技术转让等方面受到种种不公平待遇,导致资金倒流、人才外流和科学技术落后等严重后果,削弱了发展中国家有效参与保护全球环境的能力,必须建立一个有助于所有国家,尤其是发展中国家持续和可持久发展的公平的国际经济新秩序,为保护全球环境创造必要条件。第四,环境保护领域的国际合作应以主权国家平等的原则为基础,发展中国家有权根据其发展与环境的目标和优先顺序利用其自然资源,不应以保护环境为由,提出任何形式的援助或发展资金的附加条件,设置影响发展中国家出口和发展的贸易壁垒,干涉发展中国家的内政。第五,保护环境是人类的共同利益,发达国家对全球环境的退化负有主要责任,工业革命以来,发达国家以不能持久的生产和消费方式过度消耗世界的自然资源,对全球环境造成损害,发展中国家受害更为严重。第六,鉴于发达国家对环境恶化负有主要责任,并考虑到他们拥有较雄厚的资金和技术能力,他们必须率先采取行动保护全球环境,并帮助发展中国家解决其面临的问题。第七,发展中国家需要足够的、新的和额外的资金,发达国家应该以优惠或非商业性条件向发展中国家转让环境无害技术,帮助发展中国家有效地处理他们面临的环境和发展问题。第八,发展中国家应通过加强相互间的技术合作和技术转让,对保护和改善全球环境作出贡献。

在“各领域问题”中,《北京宣言》提出了十项议题:第一,土地退化、沙漠化,水旱灾害,水质恶化与供应短缺,海洋和海岸资源恶化,水土流失,森林破坏和植被退化,是发展中国家面临的严重的环境问题,也是全球环境问题的一个重要部分,应予优先考虑解决。第二,导致气候变化的温室气体的不断增加及其对全球生态系统可能产生的影响,特别是对发展中国家,尤其是岛屿和低地的发展中国家构成的威胁,要求从历史的、积累的和现实的角度确定温室气体排放的责任,解决办法应以公平的原则为基础,造成污染多的发达国家应多做贡献,包括为此以优惠或非商业性条件向发展中国家转让技术。第三,正在谈判中的气候变化框架公约应确认发达国家对过去和现在的温室气体的排放负主要责任,发达国家必须立即采取行动,确定目标,以稳定和减少这种排放,近期内不能要求发展中国家承担任何义务。第四,《保护臭氧层维也纳公约》和1990年6月修改后的《关于消耗臭氧层物质的蒙特利尔议定书》的宗旨和原则是积极的。第五,对生物多样性锐减表示关注,发展中国家拥有大部分活生物体和它们的栖息地,多年来承担着保护它们的费用,国际社会和任何国际公约及其议定书应该给予承认和支持。第六,对有害废弃物和有毒物的控制和管理需要国际合作,宣言呼吁所有国家采取行动建立责任和赔偿制度,建立向发展中国家转让低废技术的机制,提高鉴别、分析和处理废物的能力,以便建立一个在全球禁止向缺乏此类能力的发展中国家出口危险废物的机制。第七,宣言呼吁形成全球协商一致的保护森林和促进可持久经营的多边措施,提高森林的经济、社会及环境方面的潜力,国际社会应为绿化世界做出努力,大范围毁坏了森林的国家应通过植树造林的计划提高森林覆盖率。第八,高度重视,优先考虑,采取一切必要措施,遏制和扭转沙漠化、持续干旱,保持全球生态平衡。第九,发达国家进行的不合理开发和污染造成海洋和沿海资源恶化,因此,必须在保护和使用区域海洋方面扩大合作,根据更好的认识和信息促进合理使用,禁止在海洋弃置毒物和核废物。第十,在发展中国家人口稠密的城市,资源不足造成基本公共设施效率低下、城市环境退化的无限扩展。城市规划中可持久的发展筹资机制必须有助于提高城乡居民的生活质量。

在“跨领域问题”中,《北京宣言》提出了三项议题:第一,国际社会的广泛参与是保护全球环境努力取得成功的关键,取决于能否在跨领域问题上取得实质性进展,特别是发达国家能否向发展中国家提供充足的、新的和额外的资金,以及优惠的或非商业性的技术转让。第二,有关全球环境问题的国际法律文件,应对发达国家和发展中国家解决环境问题和承担国际法律文件中规定的义务做出明确规定,发达国家不仅应承担保护环境的费用,还应承担包括减缓过去行为积累的不利影响所需要的费用,发展中国家也要在自愿的基础上捐赠资金。第三,为解决关系发展中国家切身利益的那些长期存在的而且迅速恶化的环境问题,应专门建立“绿色基金”,向发展中国家提供充足的,额外的资金援助,用来解决现行专项国际法律文件以外的水污染、对海岸林产生危害的海岸带污染、水源短缺和水质恶化、森林破坏、水土流失、土地退化和沙漠化等环境问题。第四,采取措施确保以优先的、最有利的、优惠的和非商业性的条件向发展中国家转让环境无害技术,重视科学技术在保护环境中的作用。

在“关于1992年联合国环境与发展大会”中,《北京宣言》提出了三项议题:第一,根据联合国大会第44/228号决议,强调1992年联合国环境与发展大会不仅应讨论气候变化、臭氧层耗损及相应对策这类全球环境问题,还应讨论发展中国家面临的其他全球问题,特别是那些与环境有关的发展问题。第二,联合国环境与发展大会将产生的《地球宪章》和《21世纪议程》应符合联合国大会有关决议所载原则,必须反映发展中国家会议的成果。第三,贫困是发展中国家环境问题的根源,这次会议可以为形成一个针对贫困及其对全球环境影响的宏大国际方案,增加力量和影响。

在“发展中国家在环境与发展问题上的协调与合作”中,《北京宣言》提出五项议题:第一,发展中国家的当务之急是加强相互磋商和协调,更好地维护发展中国家的整体利益。第二,在1992年会议筹备阶段以及其他国际论坛上,根据1990年新德里会议和这次北京会议精神,进一步加强发展中国家之间的磋商和协调。第三,应采取措施探索发展中国家在环境和发展领域进行技术合作的途径、方法和形式。第四,考虑到联合国环境规划署迄今在内罗毕取得的成功以及更好地进行工作的需要,支持联合国环境规划署总部及其活动中心仍设在内罗毕,并加强其工作。第五,再次强调在不妨碍经济发展的前提下,发展中国家将充分参与保护环境的国际努力,呼吁发达国家能作出积极的、建设性的和现实的反应,从而形成一个适于全球合作的气氛,发展中国家和发达国家一道,共同为自己和后代开创一个更加美好的未来。

参考文献:

唐大为:《〈北京宣言〉——团结行动的新篇章》,载于《环境保护》1991年第9期。

刘树成:《现代经济词典》,凤凰出版社、江苏人民出版社2004年版。

厉以宁:《环境经济学》,中国计划出版社1995年版。

中国科学院可持续发展战略组:《2011中国可持续发展战略报告——实现绿色的经济转型》,科学出版社2011年版。

(唐任伍)

布伦特兰报告
Brundtland Report

布伦特兰报告是1987年挪威前首相格罗·哈莱姆·布伦特兰夫人(Gro Harlem Brundtland)在任联合国世界环境与发展委员会主席时向联合国提交的一份长篇报告,报告题为《我们共同的未来》(*Our Common Future*)。该报告首次正式提出了“可持续发展”的概念,将可持续发展定义为既能满足当代人的需要,又不损害后代人满足其需求能力的发展方式。报告用翔实的资料论述了当今世界日益严重的环境与发展问题,并给出了应对这些问题的对策与建议。报告经联合国第42届大会辩论后得以通过。其基本思想对世界上许多国家的发展和环境保护产生了重大而深远的影响,对各国的政策选择也具有重要的参考价值。可以说,该报告是促进人类环境保护与发展的重要里程碑。可持续发展概念成为后来于1992年在巴西里约热内卢召开的联合国环境与发展大会的主要议题,并被各国政府普遍接受。

布伦特兰报告主要包括了三篇内容。在第一篇“共同的问题”中,报告分别从受威胁的未来、可持续发展和国际经济的作用三个方面论述了当前世界环境与发展存在的问题;在第二篇“共同的挑战”中,报告对全球人口与人力资源、粮食保障、物种和生态系统、能源、工业和城市所面临的挑战等方面进行了系统的分析和探讨,指出了世界各国在发展过程中所面临的各种挑战和环境约束,同时提出了相应的政策建议;在第三篇“共同的努力”中,报告从公共资源管理、应对环境不安全因素与可持续发展之间的冲突以及变革机构与立法三个方面探讨了实现可持续发展的对策,号召世界各国共同努力,实现人与自然的和谐发展。布伦特兰报告主要有三个核心观点:第一,环境危机、能源危机与发展危机息息相关;第二,地球的资源和能源远远不能满足人类发展的需要;第三,为了当代人和子孙后代的利益,我们必须改变发展模式。

布伦特兰报告的核心在于提出了可持续发展概念并充分强调了这一概念的重要性。报告认为,我们过去主要关心经济发展对生态环境产生的影响,而现在我们正日益迫切地感受到生态环境对经济发展带来的重大压力。因此,我们必须寻找一条不仅能在短期内满足当代人的需要、有利于经济发展的道路,而且从长期来看也不损害后代人满足其需要的能力的发展道路。这份报告首次将环境保护纳入了经济发展的框架体系之内,提醒人们在发展经济的同时,一定不能忽视了对生态环境的合理利用与保护。这一观点被认为是人类有关环境与发展思想的重要飞跃。同时,布伦特兰报告也将环境问题正式引入了政治发展领域,有利于促进可持续发展过程中的国家多边主义及建立起国家间的相互依存关系。

布伦特兰报告及其可持续发展思想在世界范围内都产生了直接的重大影响。联合国环境规划署(UNEP)在其2012年的报告《全球环境展望》中指出,地球的承受能力正在被推向极限,并强调追求发展不能以牺牲环境和人类健康与幸福为代价,只有通过可持续发展方式合理地使用自然资源,才能够做到有效地促进发展。这份报告对世界各国的环境保护与经济发展方式转变都直接产生了十分重要的积极影响。

可持续发展思想与战略对中国的发展同样具有重要的指导意义,它已经成为我国现代化建设过程中的一个重要战略。只有把经济发展与资源和环境保护协调起来,才能够做到使经济发展与环境保护实现良性循环。可持续发展理念也已经成为我国提出科学发展观的重要思想理论基础。可持续发展主张的经济、社会与自然环境协调发展与科学发展观所提出的坚持以人为本,实现全面、协调、可持续发展之间具有一脉相承的关系。1994年3月,中国政府颁布了全球第一部国家级的21世纪议程——《中国21世纪议程》,提出了建立低消耗、高收益、低污染、高效益的良性循环发展模式,把可持续发展原则贯彻到了各个领域,并为争取早日实现这一目标正在不断地做出自己的巨大努力。

参考文献:
世界环境与发展委员会:《我们共同的未来》,湖南教育出版社2009年版。
联合国环境规划署:《全球环境展望5》,2012年6月。
穆光宗:《可持续的协调发展是人类追寻的真正目标》,载于《中国人口、资源与环境》1996年3月。
World Commission on Environment and Development, *Our Common Future*, Oxford: Oxford University Press, 1987.

(胡必亮 周敏丹)

21 世纪议程
Agenda 21

1992年6月3~14日,在巴西里约热内卢召开的联合国环境与发展大会通过了《21世纪议程》这一重要文件。该文件着重阐明了人类在环境保护与可持续发展之间应做出的选择和行动方案,提供了21世纪的行动蓝图,涉及与地球持续发展有关的所有领域,是"世界范围内可持续发展行动计划"。

《21世纪议程》共20章,78个方案领域,20余万字。分为可持续发展战略、社会可持续发展、经济可持续发展、资源的合理利用与环境保护四个部分,每个部分由若干章组成。每章均有导言和方案两节。导言重点阐明该章的目的、意义、工作基础及存在的主要难点;方案则说明解决问题的途径和应采取的行动。

第一部分:可持续发展总体战略。包括序言、可持续发展的战略与对策或持续发展立法与实施、费用与资金机制、可持续发展能力建设以及团体公众参与可持续发展六章,另有18个方案领域。这一部分从总体上论述了中国可持续发展的背景、必要性、战略与对策等,提出了到2000年各主要产业发展的目标、社会发展目标和上述目标相适应的可持续发展对策。

第二部分:社会可持续发展。包括人口、居民消费与社会服务、消除贫困、卫生与健康、人类居住区可持续发展和防灾共五章,有19个方案领域。

第三部分:经济可持续发展。包括可持续发展经济政策、农业与农村经济的可持续发展、工业与交通、通信业的可持续发展、可持续的能源生产和消费共四章,有20个方案领域。

第四部分:资源的合理利用与环境保护。包括水、土等自然资源保护与可持续利用、生物多样性保护、土地荒漠化防治、保护大气层和固体废物的无害化管理共五章,有21个方案领域。

《21世纪议程》旨在通过引导各国政府重视环境和发展问题,使社会经济和环境问题全面结合,并吸引大众更广泛地参与环境保护。

议程的另一个关键目标在于逐步减轻并最终消除贫困;同时促进对保护主义和市场准入、商品价格、债务和资金流向等问题达成共识,以消除第三世界进步的国际性障碍。

《21世纪议程》是一份广泛的关于政府、政府间组织和非政府组织所应采取的行动计划,旨在实现全球可持续发展,为保障世界人民共同的未来提供了一个全球性框架。

为了全面支持在世界范围内落实《21世纪议程》,联合国大会在1992年成立了可持续发展委员会。作为联合国经济及社会理事会的一个重要委员会,这个有53个成员的委员会主要负责监督并报告包括《21世纪议程》在内的全球性协议的执行情况,支持和鼓励政府、商界、工业界和其他非政府组织带来可持续发展所需要的社会和经济变化,帮助联合国开展改善环境和发展的活动。

在1992年6月3日至14日在巴西里约热内卢召开的联合国环境与发展大会上李鹏总理代表中国政府作出了履行《21世纪议程》等文件的庄严承诺。1992年7月由国务院环委会组织,根据《21世纪议程》编制了《中国21世纪议程》,并于1994年3月25日在国务院第十六次常务会议上讨论通过。该议程又称《中国21世纪人口、环境与发展白皮书》,以此作为中国可持续发展的总体战略、计划和对策方案,这是中国政府制定国民经济和社会发展中长期计划的指导性文件。

《中国21世纪议程》共20章,78个方案领域,主要内容分为四大部分:

第一部分:可持续发展总体战略与政策。论述了提出中国可持续发展战略的背景和必要性;提出了中国可持续发展的战略目标、战略重点和重大行动,可持续发展的立法和实施,制定促进可持续发展的经济政策,参与国际环境与发展领域合作的原则立场和主要行动领域。其中特别强调了可持续发展能力建设,包括建立健全可持续发展管理体系、建立费用与资金机制、加强教育、发展科学技术、建立可持续发展的信息系统,尤其要促进妇女、青少年、少数民族、工人和科学界人士及团体参与可持续发展建设。

第二部分:社会可持续发展。包括人口、居民消费与社会服务,消除贫困,卫生与健康、人类住区和防灾减灾等方面。包括实行计划生育、控制人口数量和提高人口素质;引导建立适度和健康消费的生活体系,强调尽快消除贫困;提高居民的卫生和健康水平;通过正确引导城市化,加强城镇用地管理,加快城镇基础设施建设和完善住区功能,促进建筑业发展,向所有人提供适当住房、改善住区环境等。

第三部分:经济可持续发展。《中国21世纪议程》把促进经济快速增长作为消除贫困、提高人民生活水平、增强综合国力的必要条件,其中包括可持续发展的经济政策、农业与农村经济的可持续发展、工业与交通、通信业的可持续发展、可持续能源和生产消费等部分。

第四部分:资源的合理利用与环境保护。包括水、土等自然资源保护与可持续利用;生物多样性保护;防治土地荒漠化,防灾减灾;保护大气层,如控制大气污染和防治酸雨;固体废物无害化管理等。

参考文献:

国务院:《中国21世纪议程:中国21世纪人口、环境和发展白皮书》,中国环境科学出版社1994年版。

中国21世纪议程管理中心:《〈中国21世纪议程〉高级国际圆桌会议文集》,科学出版社1995年版。

(刘方健)

赫尔辛基协定
Helsinki Accords

1975年7月30日至8月1日,欧洲安全与合作会议(简称“欧安会”)首届首脑会议在芬兰首都赫尔辛基举行,除阿尔巴尼亚以外的全部欧洲国家和加拿大、美国,共计35个国家参加了会议。会议签署了《赫尔辛基协定》。该文件旨在缓和当时西方国家与社会主义国家之间的紧张关系,但也提出了环境保护的国家间合作。

《赫尔辛基协定》的主要内容可归纳为三个主要部分,通常被称为“三个篮子”:“第一篮子”关于安全的政治和军事方面,包括制定参与国之间关系的原则、建立信任措施和裁减核武器等内容;“第二篮子”关于经济方面,包括经济、科技与环境领域的合作;“第三篮子”关于人文方面,包括人员、信息、文化、教育等方面的交流与合作。

此外,《赫尔辛基协定》确定了“主权平等”、“禁止威胁或使用武力”、“边界不可侵犯”、“国家领土完整”、“和平解决争端”、“不干涉内政”、“尊重人权和基本自由”、“平等权利和民族自决”、“国与国之间的合作”、“忠实履行国际法规定的各项义务”10条指导性的基本原则。《赫尔辛基协定》还包括《指导与会国之间关系的原则宣言》、《经济、科学技术和环境方面的合作》、《地中海的安全与合作》以及《人道主义和其他方面的合作》等一系列重要文件。

《赫尔辛基协定》在环境保护方面对与会国提出了明确的规定,主要包括以下几个方面的内容。第一,要求各国保护自然环境、合理利用自然资源,以维护后代人的利益免受伤害,并且强调只有通过密切的国际合作才可以促进各国生态环境问题的解决,以保障人民的健康生活,从而为经济社会发展提供坚实的基础;第二,要求各国根据国际法的规定,遵循国际合作的精神,共同开展环境保护的行动,既避免本国环境退化,又防止环境污染扩散至周边国家;第三,要求各国通过教育手段增强本国居民的环境保护意识,尤其是要对青少年加强环保教育,呼吁全体居民和各种社会力量广泛参与到环境保护的活动中来;第四,要求经济发展与技术进步必须同环境保护保持协调,并且在经济发展过程中一定要重视对历史和文化的保护,因此,要通过预防措施避免对环境的破坏,并且通过对自然资源的科学管理与合理利用维持生态平衡。

《赫尔辛基协定》还为国际间的环境保护合作提出了具体的措施,主要包括以下几个方面:第一,为了获得解决环境问题的具体方案,可从国家间、区域间等不同层次研究环境问题,并鼓励通过合作展开跨学科的研究项目;第二,为了从整体上提高环保措施的效率,要求各国逐渐使用统一的标准,对环境污染的数据进行收集、分析和检测,并通过技术交流提升对环境污染的控制能力和对自然资源的合理利用水平;第三,鼓励不同国家和地区的环保组织和企业在环保产业方面提高技术水平。

《赫尔辛基协定》还提出了环境保护国际合作机会的重点领域。包括:空气污染控制,水污染控制和淡水资源利用,海洋环境保护,土地利用和土壤保护,自然保护区的建设和维护,居住环境的改善,环境变化监测和预报方面的基础研究以及环境法规的制定八个方面。

《赫尔辛基协定》确立了新的安全理念,鼓励国际间冲突通过协商达成和解,很大程度上避免了冷战时期东西方阵营的大规模冲突,提供了不同社会制度国家间的经济、政治、科技和环境的合作平台,为世界和平发挥了重要的作用。《赫尔辛基协定》所主张的共同安全思想,还为环境保护的国际合作提供了坚实的政治基础。环境保护目标的明确,参与环保的普遍性,广泛而多层次的交流合作,均有助于达到环境保护的目的,提高各国的环保水平,促进人类生态文明建设和可持续发展。

参考文献:

申红果:《英国与欧安会的起源:1968 ~ 1975》,南京大学出版社 2009 年版。

[英]罗杰·珀曼:《自然资源与环境经济学》,中国经济出版社 2002 年版。

朱立群、林民旺:《赫尔辛基进程 30 年:塑造共同安全》,载于《世界经济与政治》2005 年第 12 期。

夏立平:《欧安会进程与未来欧洲安全结构》,载于《西欧研究》1992 年第 3 期。

祝小慧:《欧安组织机制和职能的演变》,载于《世界经济与政治》2002 年第 11 期。

韩颖达:《欧洲共同体环境法的演生与发展》,载于《环境导报》1995 年第 5 期。

(李晓西　宋洋)

里约会议

Rio Conference

1992 年 6 月 3 ~ 14 日,联合国环境与发展大会(UNCED)在巴西里约热内卢举行,这是环境与发展领域中规模最大、级别最高的一次国际会议。这次会议是根据 1989 年 12 月 22 日召开的第 44 届联合国大会第 44/28 号决议召开的。参加会议的有世界 178 个国家、17 个联合国机构、33 个政府组织的代表,103 位国家元首和首脑与会,因而这次会议也被称为"全球环境首脑会议"。

里约会议取得了重要成果:一是设定了地球宪章、行动计划、公约、财源、技术转让及制度六大议题;二是通过并签署了《里约环境发展宣言》(又称《地球宪章》)、《21 世纪议程》、《联合国气候变化框架公约》、《联合国关于森林问题的原则声明》和《联合国生物多样性公约》5 个重要文件。《里约宣言》和《21 世纪议程》明确了在处理全球环境问题方面发达国家与发展中国家"共同但有区别的责任",以及发达国家向发展中国家提供资金和进行技术转让的承诺,制定了实施可持续发展的目标和行动计划,确立了建立全球伙伴关系、共同解决全球环境问题的原则。

在这次会议上,可持续发展是一个全球战略,环境保护与经济发展的不可分割性被广泛接受;"高生产、高消费、高污染"的传统发展模式被否定;停滞多年的南北对话开始启动;国家主权、经济发展权等重要原则得到维护。里约会议是继斯德哥尔摩会议(1972)和《我们共同的未来》(1987)报告之后,又一个里程碑式的环境会议。它最大的成功之处在于促进了各国政府把宽泛的政策目标转化为具体的行动,并初步尝试通过经济的、行政的以及制度的手段管理环境。

里约会议取得了巨大的成功,但在一些关键的问题上也暴露了发达国家和发展中国家的分歧。主要表现在:发达国家强调各国对全球环境恶化负有共同责任,而发展中国家强调导致地球环境危机的责任主要在于发达国家;发达国家要求的"重环境,轻发展"是在现有的经济基础上改变资源浪费、降低环境负荷和环境损害,而发展中国家强调贫困和不发达是无力有效保护环境的根本原因,应在消除贫困、实现财富公平分配的基础上实现可持续发展;发达国家偏于重视全球性环境问题,而发展中国家则认为一些"全球性"和"区域性"问题是相互关联的,区域性问题可导致全球性问题的发生等。

为了全面审查和评价《21 世纪议程》的执行情况,在里约会议召开 5 年后的 1997 年 6 月 23 ~ 27 日,联合国在纽约召开"环境与发展问题联合国大会特别会议"(即"里约 +5")。大会讨论并指出:一是可持续发展思想已深入人心。1992 年以来,许多国家建立了国家协调机制以及各自的可持续发展战略,预防全球变暖、保护生物多样性、荒漠化防治三个国际公约开始启动并生效,可持续发展思想深入人心。二是可持续发展方面的问题依然严峻。发展中国家还有 1/4 的人口生活在绝对贫困中,发达国家承诺的向发展中国家提供额外资金援助和技术转让进展不大,二氧化碳排放量继续增加,全球森林面积依然继续减少。三是经审查和评价《21 世纪议程》的执行情况,会议通过了《进一步执行〈21 世纪议程〉方案》。

2002 年 8 月 26 日,里约地球高峰会议 10 周年之际,世界可持续发展首脑会议在南非约翰内斯堡开幕,包括 104 个国家元首和政府首脑在内的 192 个国家的 1.7 万名代表参加会议,以"拯救地球、重在行动"为宗旨,就全球可持续发展现状、问题与解决办法进行了广泛而深入的讨论。会议为期 10 天,分为两个阶段:一是 8 月 26 日至 9 月 1 日的讨论阶段,主要围绕健康、生物多样性和生态系统、农业、水和卫生、能源等进行讨论。二是 9 月 2 日至 9 月 4 日的首脑会议阶段。会议通过了《执行计划》和作为政治宣言的《约翰内斯堡可持续发展承诺》。这是继 1992 年在巴西里约热内卢举行的联合国环境与发展会议之后,世界各国首脑和有关人士再次聚会,审视十年来可持续发展的新情况、新变化,制定今后世界发展的时间表。

会议达成以下共识:一是各国采取具体步骤,执行和落实《21世纪议程》的各项指标。时任联合国秘书长安南会前指出,《21世纪议程》是一个好的行动纲领,至今还是有效的,现在需要的是行动,将《21世纪议程》变为现实。约翰内斯堡会议期间,代表们就大会主要文件《执行计划》进行了广泛磋商,并取得了一些共识。二是建立可持续发展的"伙伴关系"。大会收到来自各方的218个"伙伴关系"项目倡议。"伙伴关系"作为大会的一个鲜明特色,受到广泛关注。随着各国政治、经济生活联系日益密切,国际社会的相互依存显著加深,尤其是生态环境作为地球的生命支持系统,公认是一个不可分割的整体,没有北方、南方之分。三是分歧与矛盾难以消除。从约翰内斯堡"地球峰会"可以看出,南北矛盾依然围绕着贫困问题展开,而且解决南北矛盾、缓和南北分歧是一个长期的任务,绝非是一两次国际会议所能完成的。

进入21世纪以来,人类在促进可持续发展的许多方面取得了积极的进展,但所取得的进展远远低于需要达到的水平。主要表现在:国际环境与发展领域举步维艰,举世瞩目的哥本哈根气候变化谈判无果而终,坎昆会议虽然达成了一些共识,但在《京都议定书》第二承诺期等核心问题上毫无进展。同时,相关国际承诺与公约的履行明显不足,虽然国际上制定的全球性和区域性环境公约达到240多个,但不履约现象却普遍发生。

基于这种背景,也为了纪念1992年通过的《21世纪议程》这一历史性事件20周年,2012年6月20~22日,联合国在巴西的里约热内卢召开可持续发展大会,即"里约+20"会议,120个国家的元首和政府首脑出席了这次大会,会议同时吸引会议数万名非政府组织领导、专家、媒体社会各界代表,与会人数超过5万人。会议确定了两个主题:一是在可持续发展和消除贫困的背景下发展绿色经济,二是关于可持续发展机制框架。同时,会议期望实现三个目标:一是重申各国对实现可持续发展的政治承诺;二是评估迄今为止在实现可持续发展主要峰会成果方面取得的进展和实施中存在的差距;三是应对新的挑战。

"里约+20"的谈判并不轻松,一些国家试图淡化"共同但有区别的责任",认为发达国家和发展中国家的界限正在模糊,各国不应该"向后看";同时,欧美发达国家不愿谈及对发展中国家资金支持、技术转移以及能力建设方面的帮助。对发展中国家来说,发展"绿色经济"首先要消除贫困,这涉及巨大的资源需求和资金需求。虽然如此,"里约+20"大会仍被称为联合国历史上最重要的会议之一,它只是一种象征(Symbol),为未来讨论问题提供了一个方向。同时,"里约+20"也表明,不论是能源安全还是绿色经济这些关于可持续发展的议题,都需要各国政府在政策上密切合作。

参考文献:
世界环境与发展委员会:《我们共同的未来》,吉林人民出版社1997年版。
[英]罗杰·珀曼等:《自然资源与环境经济学》第二版,中国经济出版社2002年版。
王伟中:《国际可持续发展战略比较研究》,商务印书馆2000年版。
郭日生:《21世纪议程:行动与展望》,载于《中国人口、资源与环境》2012年第5期。
陈琨:《简述联合国可持续发展世界首脑会议》,载于《中国人口、资源与环境》2002年第12期。
夏光:《人类发展道路上的重要一步——联合国环境与发展大会简介》,载于《环境保护》1992年第8期。
绿色经济研究会:《2012里约会议地球的第二次机会》,载于《资源与人居环境》2010年第13期。
黄晶:《里约会议之后的重要全球性环境问题》,载于《世界环境》1999年第4期。

(张生玲)

内罗毕宣言
Nairobi Declaration

《内罗毕宣言》(以下简称《宣言》)是1982年5月在肯尼亚首都内罗毕召开的联合国人类环境特别会议上通过的一项国际环境宣言,是对斯德哥尔摩人类环境宣言及其行动计划的重要延续和补充。

1972年6月联合国在瑞典首都斯德哥尔摩召开了人类环境会议,并通过了著名的《人类环境宣言》、《人类环境行动计划》和其他若干建议和决议。为纪念斯德哥尔摩人类环境会议十周年,1982年5月10日至18日,联合国环境规划署在肯尼亚首都内罗毕召开了特别会议并通过了《内罗毕宣言》,要求各国政府和人民巩固与发展已经取得的成果,同时对全世界环境的现状表示严重关注,指出迫切需要全球、地区与国家为保护和改善环境而加紧努力。我国代表参与了该宣言的起草、审议和修订工作,对其成文起到了积极作用。

《宣言》肯定了斯德哥尔摩会议之后各国在环境科学方面取得的进展和成绩,重申了加深公众对人类环境脆弱性认识的重要意义,并指出斯德哥尔摩宣言的原则继续有效。

《宣言》进一步指出已经执行的行动计划存在的问题,主要在于由于对环境保护的长远利益缺乏足够的预见和理解,在环境保护方面没有进行充分的协调和努力,加之资源的缺乏和分配的不平均,从而放纵了无控制的或无计划的活动,加剧了环境的恶化。森林的砍伐、土壤的沙漠化以及水质的恶化已达到惊人的程度,并严重地危及到人类的生活条件。大气变化(例如臭氧层的变化、二氧化碳含量的日益增加和酸雨)、海洋和内陆水域的污染、滥用和随便处置有害物质以及动植物物种的灭绝,也已经严重威胁到人类的生存环境。

针对全球环境出现的严重问题,《宣言》强调了以下八个方面:强调进行环境管理和评价的必要性,指出针对环境发展、人口和资源之间存在的紧密复杂关系以及人口不断增加对环境所造成的压力,应该采取一种综合的,在区域内统一的办法加以解决;指出贫穷和挥霍浪费会导致人们过度地开发环境,主张制定《联合国第三个发展十年国际开发战略》和建立新的国际经济秩序,将市场调节和计划调节相结合以扭转环境的退化;指出和平安全的国际气氛,消除战争,不在军备上浪费人力、物力,消除种族隔离、分离或歧视,消除殖民主义和其他方式的压迫和外国统治,对人类环境有极大的好处;指出许多环境问题是跨越国界的,应通过各国间的协商,采用协调一致的国际行动来加以解决,各国应逐步制订环境法以及各种公约和协定,扩大在科学研究和环境管理方面的合作;指出不发达状况所造成的环境缺陷是一个严重问题,但可以通过各国间更公平地利用技术和资源加以克服;鼓励寻求利用和管理自然资源的新方法,明确各国之间或各国家集团之间合理进行能源规划的必要性,强调发展新能源和可再生能源等措施对环境产生的有利影响以及技术革新在促进资源的代替、再循环和养护方面的重要作用;重申预防环境破坏的重要意义,要求对所有可能影响环境的活动要进行妥善规划,鼓励对保护环境重要性的宣传和教育,强调要及时而充分的立法;重申各国对斯德哥尔摩宣言及其行动计划所承担的义务,要求进一步加强和扩大在环境保护领域内的努力和国际合作,赞成进一步加强合国环境规划署的职能。

内罗毕会议是人类环境保护史上一次承前启后的重要会议,期间发表的《宣言》不但总结了从1972年联合国人类环境会议以来10年间世界环境保护领域出现的新观念,更指出了当时环境保护中仍存在的重大问题和相应的解决方法,从而使各国更加清楚地认识到此后环境保护工作的重点。内罗毕会议之后到1992年联合国环境与发展大会的召开是世界环境保护事业得以繁荣发展的时期,其间,《联合国海洋法公约》、《国际热带木材协定》、《保护臭氧层维也纳公约》等40多个国际公约和协定得以签署,国际环境法得到了极大的发展,有力地促进了环境保护的全球一体化。

参考文献:

赵林如:《市场经济学大辞典》,经济科学出版社1999年版。

金瑞林:《环境与资源法学》,北京大学出版社1999年版。

于砚民:《内罗毕宣言》,载于《大自然》1996年第3期。

李金昌:《关于内罗毕宣言的一点说明》,载于《环境保护》1983年第3期。

S. K. Verma, *An Introduction to Public International Law*, Prentice-Hall of India Pvt. Ltd, 2004.

American Society of International Law, United Nations Environment Programme: Nairobi Declaration on the State of Worldwide Environment, *International Legal Materials*, Vol. 21, No. 3.

(李晓西　肖义欢)

罗尔斯主义
Rawlsianism

罗尔斯主义(Rawlsianism)是20世纪中期产生的一种正义理论,由美国哲学家、伦理学家约翰·罗尔斯(John Rawls)提出。罗尔斯主义的正义论从自然法学理论的基础出发,以洛克(John Locke)、卢梭(Jean-Jacques Rousseau)和康德(Immanuel Kant)的社会契约论为基础,论证西方民主社会的道德价值,反对传统的功利主义。罗尔斯主义为解决环境保护领域的利益和责任分担问题提供了重要的理论基础。

罗尔斯主义是在批判功利主义思想的基础上产生的。罗尔斯于1950年获普林斯顿大学哲学博士学位后,专注于研究社会正义问题,陆续发表了《作为公平的正义》(1958)等若干重要文章。此后正式出版发行了《正义论》、《作为公平的正义——正义新论》(2001)等书,系统阐述了罗尔斯主义的正义理论。

在20世纪中期,功利主义思想在社会占据统治地位,其核心概念是"最大多数人的最大幸福"。罗尔斯认为功利主义存在着理论上的缺陷,因为功利主义不强调少数人的权利和利益,这就意味着允许现实中以多数人的利益侵犯少数人的利益,导致弱势群体的利益得不到有效保障。功利主义作为一种道德哲学,是社会理想生活模式的基础之一。不改变一个社会占主导地位的道德哲学,便不可能改变这个社会的体制,也不可能改变少数人的利益得不到保障的非正义现象。

罗尔斯提出了正义的两条根本原则,第一条原则是自由平等原则,指每个人都有平等的权利享有最广泛的基本自由,但这种自由与其他人所享有的同等的自由不相冲突;第二条原则是机会平等和尊重差别的原则,在机会平等条件下,保护弱势群体的利益。罗尔斯不仅考虑同代之间的正义问题,也关注代际间的正义问题。

罗尔斯所提出的"作为公平的正义"由于包含了强烈的平等主义意蕴,对于解决环境保护领域的利益和责任分担问题提供了重要的理论基础。环境正义主要指环境利益和环境负担的分配正义,强调环境利益和环境负担的公平分配,关注强势群体和弱势群体在环境利益和环境负担上的分配不公问题。以自然资源和自然环境的保护问题为例,虽然无法精确估计一个社会在某一时期应该要利用多少资源以及应该预留多少资源给子孙后代,但每一阶段都应该有一种合理的资源利用速率,以为后代保存资源环境并积累财富,为此,他提出了一个"储蓄率"的概念。从环境正义运动兴起的历史可以看出,环境正义关注的主要是环境恶物(Environmental Bads)和环境善物(Environmental Goods)的分配。而且通过对环境正义运动的考察会发现,按照罗尔斯的方法所确定的在权力和收入上处于最不利地位的群体,往往正是在环境不正义现象中处于最不利地位的群体,他们对基本的环境善物拥有的最少,同时却过多地承担着环境污染和破坏所带来的负担。环境善物与环境恶物的分配又直接影响着人们的健康,因而,对环境善物与环境恶物的分配应当遵循基本的正义原则。据此,国际社会应为环境恶物设定最低限度的安全标准,为环境善物设定最低限度的分享标准,以推进全球环境正义的实现。

参考文献:

[英]罗杰·珀曼等:《自然资源与环境经济学》,中国经济出版社 2002 年版。

[美]约翰·罗尔斯:《作为公平的正义:正义新论》,中国社会科学出版社 2011 年版。

[美]约翰·罗尔斯:《正义论》,中国社会科学出版社 2009 年版。

鄂振辉:《自然法学》,法律出版社 2004 年版。

毛程连、庄序莹:《西方财政思想史》,复旦大学出版社 2010 年版。

杨通进:《环境伦理:全球话语中国视野》,重庆出版社 2007 年版。

(李晓西　张亮亮)

罗马俱乐部

Club of Rome

罗马俱乐部(The Club of Rome)是著名的关于未来研究的国际性民间学术团体。其创建的宗旨是通过对人口、农业、工业化、资源耗损、环境污染五大因素的跨学科系统研究,提高公众的全球意识,敦促国际组织和各国有关部门改革社会和政治制度,并采取必要的社会和政治行动,以改善全球管理,促使人类摆脱其所面临的困境。

罗马俱乐部于 1968 年 4 月由著名的意大利学者和工业家奥雷里欧·佩西(Aurelio Peccei)和苏格兰科学家亚历山大·金(Alexander King)邀请来自 10 个国家的学术界和政界的 30 名科学家、社会学家、经济学家和计划专家发起成立。由于其首次会议是在罗马林奇科学院举行的,因此取名为"罗马俱乐部"。罗马俱乐部的成立源于全球问题的产生,并以首先使用全球模拟方法研究全球性问题而闻名于世。

罗马俱乐部现有会员约 100 名(均以个人名义参加),来自 40 多个国家,多为关注人类未来发展的知名科学家、企业家、经济学家、社会学家、教育家、国际组织高级公务员和政治家等知名人士,因此罗马俱乐部在国际上享有一定声望。为了保证罗马俱乐部的完全独立性,他们既不寻求也不接受政府和工业界的财政支持。俱乐部的领导机构是由 7 人组成的执行委员会。第一任主席是佩西,副主席为金。1983 年,佩西去世后,金继任为主席。约旦王子哈桑·本·塔拉勒(El Hassan bin Talal)是罗马俱乐部的现任主席。2001 年罗马俱乐部成立了 tt30 组织,即由 30 岁左右的年轻人组成的智囊团。

罗马俱乐部组织和发表了一系列著名的报告,如《增长的极限》(1972)、《人类处在转折点》(1974)、《重建国际秩序》(1976)、《超越浪费的时代》(1978)、《人类的目标》(1978)、《学无止境》(1979)、《微电子学和社会》(1982)等,其中最著名的是《增长的极限》。

《增长的极限》发表于 1972 年。报告认为,如果人口、工业资本、污染、粮食生产和不可再生的资源消耗这五个方面的增长速度不变,人类到 21 世纪将达到增长的极限,然后很可能出现人口和工业生产能力发生突然的、无法控制的衰退或下降。人们把这篇报告看做是罗马俱乐部的代表作,曾被译成 37 种文字,前后出版了 1200 万册,成为迄今为止罗马俱乐部最具影响力的研究报告。由于这项研究提出了"零的增长"这一悲观论点,罗马俱乐部因此而被人们称为未来研究方面的"悲观派"。无论是学者,还是一般公众,对《增长的极限》中所采用的方法和结论都褒贬不一。赞成者对其推崇倍加,反对者的意见则来自各个方面。美国著名未来主义乐观派代表人物西蒙曾抨击罗马俱乐部的《增长的极限》研究方法问题,认为历史和现实都表明,用技术分析的方法预测未来,往往与历史的实际进展相差甚远。经济学界批评的意见认为,《增长的极限》的作者在研究过程中只考虑到了物质系统方面,却没有充分考虑价格机制的作用。科技界持批评态度的专家则认为,研究报告忽视了科技创新在解决世界面临的难题方面的潜力。1974 年,梅萨诺维奇(M. Misarovic)和彼斯特尔(E. Pestol)向罗马俱乐部提交了《人类处在转折点》的报告,对《增长的极限》做出了修正,提出了"有机增长"的观点。此后,罗马俱乐部不断地支持了若干改进《增长的极限》的各项研究工作。

我国也有学者对罗马俱乐部的思想和研究方法中存在的问题与不足做出过评价,认为罗马俱乐部在人类未来前途命运上所持的悲观主义观点与马克思主义关于人类社会发展的乐观主义观点相悖,其思想和方法具有超阶级、超历史和乌托邦空想的性质。1984年7月,罗马俱乐部在芬兰的赫尔辛基召开会议,中国国际交流协会首次派观察员出席了这次会议。

参考文献:

[美]丹尼斯·米都斯:《增长的极限——罗马俱乐部关于人类困境的报告》,吉林人民出版社1983年版。

[意]奥雷里欧·佩西:《世界的未来——关于未来问题一百页》,中国对外翻译出版公司1985年版。

徐崇温:《全球问题和"人类困境"——罗马俱乐部的思想和活动》,辽宁人民出版社1986年版。

[美]梅萨诺维奇、彼斯特尔:《人类处在转折点》,中国和平出版社1987年版。

[美]E. 拉兹洛:《决定命运的选择》,三联书店1997年版。

[美]E. 拉兹洛:《世界系统——罗马俱乐部透视》,载于《国外社会科学》1988年第9期。

刘树成:《现代经济词典》,凤凰出版社、江苏人民出版社2004年版。

(胡必亮 刘倩)

联合国环境规划署 United Nations Environment Programme(UNEP)

联合国环境规划署(United Nations Environment Programme,UNEP)是联合国专责环境事务的常设部门。20世纪50~60年代,环境污染和生态破坏越来越呈现全球化、国际化的趋势。1972年6月在瑞典首都斯德哥尔摩召开了第一次人类环境与发展会议,表明各国政府已经充分认识到全球生态的相互依赖性。会议通过《斯德哥尔摩宣言》,建议在联合国框架下成立一个常设组织,统一协调和规划有关环境方面的全球事务。同年,第27届联合国大会成立了联合国环境规划署。

UNEP是联合国指定的在全球和区域两级处理环境事务的机构,其任务是通过审查全球环境状况并提请各国政府和国际社会关注出现的环境问题,促使各方采取行动,协调制订环境政策共识。UNEP的任务和目标最初由1972年12月15日联合国大会第2997(XXVII)号决议规定。随后,1992年联合国环境与发展会议通过的《21世纪议程》、1997年通过的《关于UNEP作用和任务的内罗毕宣言》、2000年的《马尔默部长级宣言》(*Malm Ministerial Declaration*)和《联合国千年宣言》、2002年和2005年可持续发展世界峰会对国际环境治理的相关决议,以及2005年《巴厘岛战略计划》分别对UNEP的任务规定和目标进行了修正补充。

UNEP以领导并推动各国建立保护环境的伙伴关系,激发和促进各国及其人民在不损害子孙后代生活质量的前提下提高自身生活质量为使命。其主要工作包括:推动环境领域的国际合作,并提出适当的政策建议;促进行动解决重大环境威胁;监测全球的环境状况并收集发布环境信息;协调联合国各类事务中的环境保护问题;帮助各国,尤其是发展中国家和经济转型国家制定和实施环境政策;协助国际环境立法,就环保概念及工具开发使用提供专家意见;制定区域环境保护方案。

所有联合国成员、联合国专门机构成员和国际原子能机构成员均可加入UNEP,到2012年有197个成员(地区)参加其活动。UNEP理事会由58个成员组成,由联合国大会根据公平地域分配原则选出,任期四年。理事会负责评估全球环境状况,确立UNEP的规划重点,并批准相关预算,通过经济和社会理事会向联合国大会报告。1999年,联合国大会签署提案,决定每年召开一次部长级的全球环境论坛,审查环境领域内出现的重要政策问题,UNEP理事会常会和特别会议即构成论坛本身。自2000年首届全球部长级环境论坛(GMEF)在瑞典马尔默举行以来,大大提升了UNEP对当前和潜在环境挑战充分认识并达成共识的能力得到了大大的提升,增强了全球环境问题的合作与协调。

UNEP的总部设在肯尼亚首都内罗毕,在全球设有非洲、亚太、欧洲、拉丁美洲及加勒比海、北美、西亚6个地区办事处及多个国家联络办公室,并设有全球信息数据库中心(GRID)等多个支持机构和中心。UNEP秘书处是联合国系统内环境领域行动和协调工作的中心。UNEP的执行主任挂职联合国副秘书长,负责UNEP的全面管理。

UNEP的具体工作由7个业务部门负责实施。预警与评估司(DEWA)负责分析全球环境状况,提供早期预警信息,促进环境领域的国际合作与行动,并向各国和国际社会提供环境数据信息和政策建议,加强政府的环境决策和可持续发展规划能力。环境政策执行司(DEPI)向国际和国家合作伙伴提供环境法律和政策实施方面的技术协助和咨询服务,加强发展中国家和经济转型国家的环境管理能力。技术、工业和经济司(DTIE)负责制定实施更为清洁、安全的政策、战略与行动,考虑环境成本,有效利用自然资源,降低环境风险,促进可持续消费和生产模式,鼓励可再生能源和提高能源效率的投资等。区域合作司(DRC)负责UNEP全球规划的地区实施,通过发起、协调、促进区域合作行动应对环境问题,协调UNEP六个地区办事处的工作,提升公众环境意识,促成一致环境行动,促进UNEP与非政府组织和私人部门的合作,扩大UNEP的支持面。环境法律和公约司(DELC)通过加强环境法律工具合规性,开发新的法律、经济和政策工具以及制度框架,促进联合国内外的政策协调和信息交流;负责加强多边环境协议(MEAs)的实施,帮助各国加强执行能力,支持科学知识在环境保护中的应用等。新闻与公共信息司(DCPI)通过多种媒介、世界环境日活动以及环境奖项等方式,传达UNEP核心信息,促进环境意识提高,影响与区域和全球环境相关的态度、行为和决策,提升UNEP的全球形象。UNEP与世界银行和联合国开发计划署(UNDP)同为全球环境基金(Global Environment Facility,GEF)的执行机构。全球环境基金旨在补偿发展中国家和经济转型国家为保护全球环境利益而采取措施所增加的成本,包括生物多样性、气候变化、国际水资源保护、保护臭氧层、防止土地退化和防止持久性有机污染六个方面。全球环境基金协调司(DGEF)开发并监督基金项目,为项目实施提供管理和技术支持,增强各国履行全球环境公约义务的能力。

UNEP的资金来源包括各国自愿捐助的环境基金、信托基金和联合国常规拨款。联合国的常规预算拨款所占份额较小,不足UNEP总预算的4%。环境基金是UNEP活动资金的最主要来源。1972年联合国大会创建了环境基金,旨在为环境规划项目和活动提供资金。联合国的所有成员都要根据自身的经济社会状况为UNEP自愿提供足额、及时的资金支持。1973~2011年期间,联合国181个成员都至少对环境基金自愿捐助过一次,其中有12个国家定期每年捐助,确保对UNEP项目实施连续性的支持。尤其自2003年UNEP对双年度预算发布自愿捐助指导额度(VISC)以来,有效激励并扩大了捐助范围,每年的捐助国平均达到110多个,远高于2003年以前的76个国家。还有一部分专项资金来源,以信托基金和专项捐助的方式对UNEP某些特定活动进行资助,其中一项较重要的是UNEP通过与主要捐助国政府和部门签署战略伙伴关系协议,为一些重点项目融资。此类协议一般聚焦于UNEP的重点规划项目,成为更具战略性和可预测的资助。UNEP还积极获取非政府部门的资金支持,吸收包括企业、基金会、非政府组织以及个人的现金或实物资助。

自UNEP成立以来,其开展的环境相关研究和活动极大地提高了公众对环境管理的认识和能力,加强了国际社会对环境威胁的响应。UNEP推动了国家、区域以及国际层面的环境立法,通过国际会议、多边环境协定(MEAs)及其他环境工具向各国政府和地区机构提供环境保护政策建议,解决相关环境问题。UNEP与许多全球及区域多边环境协定密切合作,多个环境公约的秘书处设在UNEP,如臭氧秘书处等。通过定期评估和科学预测,UNEP支持重大环境问题和相应措施的决策制定,整合经济发展和环境保护,促进环境可持续发展的知识技术转化,如《全球环境展望》(GEO)在环境治理和环境决策中发挥着重要作用。2010年开始实施的UNEP中期工作战略规划将气候变化、灾难与冲突、生态系统管理、环境治理、有害物质、资源效率六个方面设定为UNEP中期工作的优先领域。在国际社会和各国政府对全球环境状况及世界可持续发展前景愈加深切关注的21世纪,UNEP受到越来越高度的重视,发挥着不可替代的关键作用。

中国自1973年以来一直是UNEP理事会成员,与其他成员一道,对UNEP进行定期资金捐助,并积极支持参与UNEP的管理。1976年,中国在肯尼亚内罗毕设立联合国环境规划署代表处,由中国驻肯尼亚大使兼任代表。2003年9月,UNEP驻华代表处在北京成立。UNEP先后在中国实施了多个环境保护项目,成为中国在环境领域参与国际合作的重要阵地。

参考文献:

中华人民共和国外交部网页:首页/国际和地区组织/联合国环境规划署。

United Nations, Declaration of the United Nations Conference on the Human Environment (Stockholm Declaration), 16 June 1972.

United Nations: GA resolution 2997(XXVII), Institutional and Financial Arrangements for International Environmental Cooperation, 15 December 1972.

United Nations, Agenda 21: The United Nations Programme of Action from Rio, 1992.

UNEP Governing Council Decision 19/1, Annex, Nairobi Declaration on the Role and Mandate of the United Nations Environment Programme, 7 February 1997.

UNEP. Malmö Ministerial Declaration, 31 May 2000.

United Nations General Assembly Resolution 55/2, United Nations Millennium Declaration, 8 September 2000.

UNEP/GC. 23/6/Add. 1, Bali Strategic Plan for Technology Support and Capacity Building, 25 February 2005.

UNEP/GCSS. X/8, United Nations Environment Programme Medium-term Strategy 2010-2013: Environment for Development.

UNEP Annual Report 2010, Nairobi: UNON Publishing

Services Section, Feb. 2011.

（李晓西　刘一萌）

环境基金

Environmental Funds(EFs)

环境基金一般指政府或其他组织的一种长期环境融资机制，为解决环境问题、实现特定环境政策目标而服务。环境基金可用于多方面环境支出，其宗旨主要是保护环境，促进可持续发展。

国际社会率先发起了环境基金。由于人类面临共同的自然环境，很多环境问题的产生和所造成的后果往往超越了国家范围，成为区域性甚至全球性的问题，如气候变化、国际水域质量恶化等。对这些环境问题的解决需要国际社会联合采取措施，因而需要相应的融资机制支持。早在1972年，联合国大会成立专门负责环境事务的机构"联合国环境规划署(UNEP)"时，就设立了旨在为其活动和项目融资的环境基金，由联合国各成员国进行自愿捐助提供。1990年，联合国发起建立的全球环境基金(Global Environment Facility, GEF)是国际社会最有影响力的环境基金之一，鼓励发展中国家开展对全球有益的环境保护活动，主要资助领域包括生物多样性、气候变化、国际水域、臭氧层损耗、土地退化和持久性有机污染物等，促进环境可持续发展，取得了全球效益。中国是全球环境基金的25个发起国之一，是发展中国家中对GEF捐款额最大的国家，也是获得GEF资助最多的国家之一。

一些经济体、国家或地方政府也设立环境基金。如欧盟支持环境和自然保护的基金LIFE，从1992年设立起到2006年，LIFE共资助了欧盟的3100多个环境保护项目，资助金额超过22亿欧元。在许多国家或经济体内部，尤其是发展中国家和转型经济体，由于政府往往不能完全通过激励政策、环境规制和执行机制等来解决环境问题，而不发达的金融和资本市场也限制了环境融资渠道，需要建立专门的环境融资机制，用以支持配合本国或本地区的环境政策目标。国家/地区环境基金一般规模较大，涵盖的环境活动领域较宽，如俄罗斯的联邦环境基金。还有一些环境基金是由民间团体和非政府组织设立的，用于某类专项环境保护活动或支持社区的环保活动。中华环境保护基金会是1993年成立的中国第一家专门从事环境保护事业的全国性公募基金会，以"取之于民、用之于民，保护环境、造福人类"为宗旨，支持中国的环境保护事业，支持并参与国际社会的环境保护行动。

在1994年第一届全球环境基金论坛召开之时，共有21个环境基金在运行或建立中，而到2000年，已建、在建或规划中的环境基金达到100多个。当面临的环境问题是长期的，需要进行许多年的持续行动时，适于采用环境基金的方式解决。而当面临重大紧急的环境问题，需要在短时间内调动非常大额的资金时，环境基金就不是合适的解决途径了。

环境基金有多种形式。世界银行根据融资途径的不同将环境基金分为专项税收基金(Earmarked Tax Funds, ETFs)、直接信贷基金(Directed Credit Funds, DCFs)和绿色基金(Green Funds, GFs)。ETFs由各国政府利用环境税以及其他与环境相关的税费等设立专项基金，一般在经济转型国家中应用广泛，如匈牙利的中央环保基金和波兰的国家环保和水资源管理基金。其融资目标非常广泛，包括自然和生物多样性保护、环境教育和环境意识提升、环境研究和制度建设等，常作为国家环保部门预算外基金的一部分，以拨款或软性贷款的方式使用。DCFs是世界银行等捐助机构或由国家政府建立的一种融资中介工具，是一种循环信贷，实质是以商业贷款的形式来矫正市场、管理和规制失灵，常会辅以信贷接收国政府的部分配套资金或提供技术支持。中国的地方环境基金如天津工业污染控制基金就属于这一类。绿色基金一般由外部捐助者发起设立，通过一次性捐助或债务免偿换取自然保护的交换协定提供资金，为环境保护支出融资，常用于如国家公园的经常性运行费用和小型的社区环境项目等方面的支出。信托基金是绿色基金的常见形式，即仅使用基金的收益部分而保持本金不动。许多绿色基金向很多不同的捐助者吸取资金，有时也将国内的一些资金如生态旅游收入等纳入基金中。绿色基金大多设在非洲、亚太、拉美和加勒比海地区，如玻利维亚的FONAMA基金和哥伦比亚的ECOFONDO基金。

环境基金也可根据资金使用形式的不同分为留本基金(Endowment Funds)、递减基金(Sinking Funds)和循环基金(Revolving Funds)三类。留本类的环境基金实际上是对资本金进行投资，仅以其获得的收益为该基金的活动融资，而保留资本金永久不动。递减环境基金一般在较长的一段时期内，如10年内，支出其所有的本金和投资收入，用于其所支持的环境活动。循环基金定期接收新的资金注入，如专门环境税收益、使用者付费等，以对基金进行增补，为相关的环境活动提供连续的资金来源。环境基金可以采取这三种资金形式的任一种或其混合形式。留本基金适合用于某些固定项目开支，如保护区的日常管理费用等。而递减基金可以为一些可预见的中期活动提供支持，基金支持一旦结束就能移交给能力已提升的机构，或此后可得到其他经常性资金资助的项目。

环境基金在环保和可持续发展的多个领域发挥了重要作用：支持新建一批国家公园和扩展改善现有保护区；为自然保护提供了大量资金支持；使重要的环境规划决策能延伸到地方层面；提高了民众对环境问题的认识和参与度以及企业对环境成本的意识；资

助了许多重要的环境科学相关研究;对更广泛的环境政策产生了积极影响等。而且,环境基金不仅发挥着融资机制的作用,甚至成为一种环境管理机构,在能力建设和发展公私合作关系、培育社会群体的环境管理能力、明确环境重点战略等方面也发挥了一定作用。

提高环境基金的运用效率须有环境政策及规制的配合。只有在环境问题产生的根本原因能同时在政策层面得以解决时,环境基金的有效性才能得以保证。环境基金的运作若没有相应的政策改革配合,那么环境问题还会再次滋生,并可能会产生延迟寻求可持续解决方案的反面作用。环境基金甚至会发出错误信息,加重环境问题的扭曲。所以在运用环境基金的同时必须加强环境政策及规制,才能确保环境基金产生积极的效果。

环境基金(Environmental Funds)也包括盈利性环境类投资基金,即专门或主要面向环保类企业的商业投资基金。这类投资基金一般在追求资金商业回报的同时,也传达其环保理念,促进了环保产业的发展和世界环境的改善。如基于美国的 Global Environment Fund(GEF)成立于1990年,面向全球的环保节能类企业投资,是全球最主要的环境领域私人股本集团之一。创立于2002年的中国环境基金(China Environment Fund)是中国较早的清洁技术领域风险投资基金,重点投资在中国境内从事环保、新能源、新材料、资源综合利用、节能减排和清洁生产的企业。

参考文献:

中国环境基金,中国环境基金网站,http://www. ce-fund. com/。

中华环境保护基金会简介,中华环境保护基金会网站,http://www. cepf. org. cn/。

Global Environment Facility, GEF *Evaluation of Experience with Conservation Trust Funds*, 1998.

Interagency Planning Group on Environmental Funds, *The IPG Handbook on Environmental Funds: A Resource Book for the Design and Operation of Environmental Funds*, New York: Pact Publications, 2000.

Lambert, Alain, *Introduction to the Establishment of Environmental Funds*, Ramsar Convention Bureau, 2000.

http://www. unep. org/rms/en/Financing_of_UNEP/Environment_Fund/index. asp.

Spergel, B. and Taïeb, P., *Rapid Review of Conservation Trust Funds(Second Edition)*, Conservation Finance Alliance, 2008.

Wang, J., Gao, S. and Ge, C., Environmental Funds in China: Past Experience and Future Prospects, *Chinese Research Academy of Environmental Sciences*, 2000.

World Bank Group, Environmental Funds, In *Pollution Prevention and Abatement Handbook*, 1998.

About GEF, http://www. globalenvironmentfund. com.

(李晓西　刘一萌)

环境库兹涅茨曲线
Environmental Kuznets Curve(EKC)

经济学家通过对环境污染水平与人均经济收入水平之间关系的分析发现,两者之间有着很强的相关性:最初环境污染会随着人均收入的增加而趋于严重,当人均收入达到一定程度后,环境污染反而会随着收入的增加而减少,这就是所谓的"环境库兹涅茨曲线(Environmental Kuznets Curve, EKC)假说"。这一假说得到了许多关于污染水平和人均收入水平之间关系的计量经济经验分析的支持,因此也被用来解释环境污染的成因和预测环境污染水平的发展趋势。EKC 假说对于传统的"经济增长导致环境恶化"的普遍观点形成挑战。

库兹涅茨(Simon Kuznets)在20世纪50年代美国经济学学会的年会上所作的演说中指出,在经济发展过程中,收入差距先扩大,再缩小。这一收入不平均和人均收入之间的倒"U"型关系,被称为库兹涅茨曲线(Kuznets Curve)。1990年,美国经济学家格罗斯曼和克鲁格(Grossman and Krueger)在对66个国家的14种空气和水污染物质12年的变动情况进行研究后发现,大部分污染物,如二氧化硫(SO_2)、总悬浮颗粒物(TSP)等,其排放量随人均收入的增长先上升而后下降,其峰值大约位于中等收入阶段,即污染物的排放量变动趋势随人均国民收入水平的变动呈现倒"U"型关系。1992年,莎菲克(Shafik)根据世界银行提供的数据,使用3种不同的方程形式(线性对数、对数平方和对数立方)拟合了各项环境指标与人均国内生产总值(GDP)的关系。1993年潘那约托(Panayotou)借用库兹涅茨界定的收入不均等与人均收入水平之间的倒"U"型曲线,首次将这种环境质量与人均收入水平间的关系,称为环境库兹涅茨曲线(Environmental Kuznets Curve, EKC)。

环境库兹涅茨曲线表明:在经济发展初期阶段,环境质量随着人均收入水平提高而退化;经济发展到一定阶段,人均收入水平上升到一定程度后,环境质量随着人均收入水平提高而改善;即环境质量与人均收入水平呈倒"U"型曲线关系。很多研究都认为这一环境库兹涅茨曲线是存在的,只不过极值点的位置不统一。但也有学者认为环境污染物的排放与经济增长之间不一定存在倒"U"型的关系,而可能是同步发展、正"U"型、"N"型或者是倒"N"型的关系。由此可见,对 EKC 的认识并未完全统一。

环境库兹涅茨曲线(EKC)揭示了在经济发展的最初阶段,由于人口的迅速增长,工业技术的落后以及资源的无序开发,造成了环境污染的加剧。随着经济发展,人们收入水平提高,对改善环境质量的需求变得迫切,环境意识普遍提高,控制环境污染的意愿增强;污染排放标准趋严,环境质量标准逐步提高;经济实力的增强使得人们治理污染的能力和资金投入逐渐增加;同时,科技进步对产业发展的贡献作用越来越显著,产业升级也使得单位产出的污染排放减少;经济结构调整使得污染型产业逐步退出本国或地区向国外或区外转移;等等。这一切都使得污染物排放逐步得到削减,该国或该区域的环境质量逐步得到改善。

尽管环境库兹涅茨曲线(EKC)的存在得到了许多研究和分析结果的支持,但它毕竟只是对环境压力和经济增长关系的一种假说,在理论和实践中都存在一定的局限性,并有待进一步探讨。

其一是计量模型的假设与模型形式问题。

EKC 假说基于这样的经济假设:环境状态对经济增长是没有反馈作用的,环境破坏是可逆的。在 EKC 研究中一般采用表征环境压力(污染水平)和经济增长(收入)关系的简化模型,这种单向的输入—输出关系模型尚不能全面地反映经济增长与环境之间复杂的相互作用过程。

同时,国内外很多学者认为:经济增长与环境污染之间的关系除倒"U"型外,还有可能是线形、"N"型、倒"N"型、甚至"U"型,等等;相对应的计量模型可以有线性函数、二次函数、三次函数、指数函数、对数函数等。

其二是经济分析方法问题。

在 EKC 研究中,不同的经济分析方法会得到不同的结果,而且有不同的理论解释。目前主要有两种经济分析方法,即基于生产的经济分析方法和基于消费的经济分析方法。

分析基于生产测算的污染指标与收入水平的关系,通常能发现 EKC 存在的证据,并可以给出合理的理论解释。然而,分析基于消费测算的污染指标与收入水平的关系,却发现除个别指标之外,没有出现倒"U"型关系,污染都是随经济增长同步增加的。基于消费测算的污染指标与收入呈同步增加的原因是:由于贸易的存在,一些国家和地区虽然生产环节的污染产生量减少了,但所消费的产品并没有减少,其中隐含的污染并没有减少;他们把污染产生的环境问题转嫁给别的国家和地区,整个环境压力并没有减少。环境问题既包括生产又包括消费,综合两方面的分析才会更加全面。

其三是数据和指标问题。

环境数据不全或数据质量差会对 EKC 研究造成一定限制。由于数据不全,近年来研究的数据类型大部分是截面数据或典型调查数据。用这些数据就意味着把所有国家或地区看成同质的,这不符合实际情况。

从大量的实证研究可以看出,不同的指标可能会得出不同的结果。研究发现单个国家的某些环境指标(如二氧化硫(SO_2)、悬浮颗粒物(SPM)、一氧化碳(CO)等)很容易找到 EKC 存在的证据,但在研究全球环境指标(如二氧化碳(CO_2))时却出现了同步增长关系,表明 EKC 既不能涵盖全部环境指标,也不一定适用于全球环境问题的分析。同时仅使用单一指标很难准确表达环境压力,虽然有些研究中用了复合指标,比单一指标前进了一步,但仍不能代表全部的环境压力。

除了上面的三个主要问题以外,EKC 还存在移民问题、平均收入水平问题、技术问题,等等,这些问题都会影响结果的准确性。

参考文献:

李玉文等:《环境库兹涅茨曲线研究进展》,载于《中国人口·资源与环境》2005 年第 5 期。

于峰:《环境库兹涅茨曲线研究回顾与评析》,载于《经济问题探索》2006 年第 8 期。

李贞、袁秀娟、毛显强:《中国东中西部典型地区环境库兹涅茨曲线比较分析》,载于《生产力研究》2008 年第 13 期。

Kuznets S., Economic Growth and Income Inequality, *American Economic Review*, 1955, 45(1).

Grossman G. Krueger, *Environmental Impacts of a North American Free Trade Agreement*, National Bureau Economic Research Working Paper 3914, NBER, Cambridge MA. 1991.

Shafik, *Economic Growth and Environmental Quality: Time Series and Cross-country Evidence Background*, Paper for World Development Report 1992. World Bank.

Panayotou T., *Empirical Tests and Policy Analysis of Environmental Degradation at Different Stages of Economic Development*, Working Paper WP238.

David I. Stern, *Progress on the Environmental Kuznets Curve?* Working Papers in Ecological Economics 1960, Center for Resource and Environmental Studies Ecological Economics Programme, The Australian National University, 1996.

Dale S. Rothman, Environmental Kuznets Curves-real Progress or Passing Buck? A Case for Consumption-based Approaches, *Ecological Economics*, 1998, 25(2).

David I. Stern, Is There an Environmental Kuznets Curve for Sulfur? *Journal of Environmental Economics and Management*, 2001, 41(1).

Raghbendra J. ha and Bhanu Murthy K. V., An Inverse

Global Environmental Kuznets Curve, *Journal of Comparative Economics*, 2003, 31(3).

（毛显强 刘倩）

环境税倍加红利

Double Dividends of Environmental Tax

环境税倍加红利又称环境税双重红利，其基本含义是：环境保护税的征收不仅能够有效地抑制污染，改善生态环境治理，达到环境保护的目标，获得环境红利，而且能够利用税收收入来降低其他税制对资本和劳动产生的扭曲作用，从而形成更多的社会就业、国民生产总值持续增长等，即获得又一重环境红利。

1920年，英国经济学家阿瑟·庇古（Arthur Pigou）在《福利经济学》一书中提出了政府应该利用税收调节污染行为的思想，即征收环境税。庇古提出征收环境税可以使扭曲的市场得到纠正从而提高资源配置效率。

1967年，美国学者戈登·图洛克（Gordon Tullock）等人在对水资源的研究中率先提出环境税倍加红利的假说。图洛克建议用环境税替代原有的以实现财政目标为主要目的的税种，从而在改善环境的同时也减轻经济扭曲，提高市场效率。但在当时，图洛克没有明确提出环境税倍加红利的概念，而是用了"超额负担（Excess Burden）"和"超额收益（Excess Benefit）"这些名词。

1991年，英国学者皮尔斯（Pearce）在研究碳税对全球变暖的影响时正式提出了"环境税倍加红利"这个术语。他指出，用环境税替代扭曲性税收，不仅可以减少对环境有损害的经济活动，还可以进一步降低税制的效率损失，因而会间接增加社会福利，即所谓的环境税倍加红利。

环境税倍加红利研究一般分为弱式倍加红利假说、强式倍加红利假说、就业倍加红利假说和收入分配红利假说。

弱式倍加红利假说是指通过征收环境税取得的收入，可弥补减少其他扭曲性税收的不足，降低超额税收负担。例如，所得税是多数发达国家公共收入的主要来源，但征收所得税通常会抑制投资、储蓄和工作的积极性，产生超额税收负担，因此所得税通常被认为是一种扭曲性税制。而环境税收入可以弥补减少所得税税收的不足。目前，弱式倍加红利假说是得到普遍承认的，对于弱式倍加红利假说的研究主要集中在对环境税收入不同使用方式的福利效应上。

强式倍加红利假说是指征收环境税，可以达到提高现行税制的税收效率以及改善环境质量的目的，从而提高整体福利水平。经济学家鲍温伯格（Bovenberg）1999年的研究提出了目前在强式倍加红利研究领域较为公认的理论，他指出，如果政府先前的税收从非环境角度讲是最优的，那么强式倍加红利就不存在，因为环境税改革会加重税制的额外负担，但是，如果政府先前的税制从非环境角度讲是次优的，那么强式倍加红利是可以存在的。

就业倍加红利假说是指环境税在改善环境的同时还会促进就业。此假说认为，环境税取得的收入可以减少与劳动力相关的税收，提高雇员的税后收入，从而减少雇主的劳动力成本。所以，环境税既可增加劳动力需求，也可增加劳动力供给，从而达到增加就业的目的。一般认为，就业倍加红利的存在取决于收入循环效应和交叉税收效应的相对大小。收入循环效应是指政府将环境税收入用于减轻所得税税负，提高税后劳动所得，增加劳动供给从而提高就业水平；交叉税收效应是指对污染性产品征收环境税，引起污染性产品价格上涨，降低劳动所得的实际购买力。如果劳动供给弹性为正，劳动供给会减少，从而抵消部分收入循环效应。因此，如果收入循环效应大于交叉税收效应，环境税会促进就业，就业红利存在；如果收入循环效应小于交叉税收效应，环境税则会给就业带来负面效应。

收入分配红利假说是指环境税影响经济效率的同时，还会对公平产生影响。收入分配红利研究主要有两个方面：一是环境税是否具有累进性；二是环境税的税负转移问题。如果环境税是累进的，或者其税负更多地转由资本承担，那么环境税就有利于收入的公平分配，即获得收入分配红利。

从国际上对环境税倍加红利的实践来看，环境税的第一重红利，即改善环境的效果较明显，但环境税的另一重红利效果并不明显。自20世纪90年代以来，部分西方发达国家进行了基于环境税倍加红利目标的综税制改革，一方面，开征二氧化碳税、二氧化硫税、汽油产品税等环境税种，促进污染企业外部成本内部化；另一方面，降低所得税减少税收扭曲性，同时将环境税收收入用于社会保险支出，减少社会福利成本。例如，1991年，瑞典在开征环境税的同时，降低了公司税和个人所得税税率，使得两者占GDP的比重分别从2.8%和22.5%降低到1.9%和19.5%；1996年10月，英国开征垃圾填埋税，每年收入达4.5亿英镑，用来降低2%的社会保险支出；1997年，芬兰开征新的生态税和能源税来补偿减少的所得税和劳动税。2001年，学者博斯凯（Bosquet）对30多个OECD国家（地区）的环境税效应进行比较分析。结果发现，这些OECD国家（地区）开征环境税后，从短期和长期来看，废气排放量分别下降了6.02%和13.08%，但就业量仅分别增加0.34%和0.77%，企业投资水平也仅提高了0.37%和0.44%。从这些国家的实际效果来看，环境税带来的环境改善效应明显，印证了环境税环境红利的效果，但环境税在降低扭曲性税负，以及增加就业和整体福利方面的效果十分有限。

从中国的税制结构、经济发展现状来看,环境税倍加红利在中国的效果具有一定局限性。对于大多数发达国家,所得税占总税收的比重基本在60%以上,所得税是国家公共收入的主要来源。但从我国税制结构来看,所得税特别是个人所得税占的比重较低,我国税制结构中占据主导地位的是流转税。首先,依靠征收环境税来降低所得税和超额税收负担,在我国的效果将明显低于发达国家。其次,从劳动力供给弹性上看,中国劳动力的供给弹性较小,劳动力供给相对过剩,即使对劳动力征税,税收替代效应也不是很大。所以,环境税就业倍加红利可能在中国没有明显的效果。最后,政府选择环境保护政策工具不仅要考虑实现环境保护目的,还要考虑到实施这一政策工具所带来的各种成本。比如,征收环境税有可能加重企业税负,降低这种行业或产品在国际市场中的竞争地位。因此,处于经济转型时期的中国,征收环境税来提高社会整体福利,应该考虑更广泛的内容。

参考文献:

刘晔、周志波:《环境税"双重红利"假说文献述评》,载于《财贸经济》2010年第6期。

曹虎啸:《环境税的倍加红利分析》,载于《税务与经济》2003年第2期。

兰相洁:《环境税"双重红利"论及其启示》,载于《当代财经》2010年第9期。

司言武:《环境税"双重红利"假说评述》,载于《经济理论与经济管理》2008年第1期。

A. C. Pigou, *The Economics of Welfare* (4th *Edition*), London: Macmillan, 1932.

Tullock, G., Excess Benefit, *Water Resources Research*, 1967.

Pearce, D. W., The Role of Carbon Taxes in Adjusting to Global Warming, *Economic Journal*, 1991.

Lawrence H. Goulder, Environmental Taxation and the Double Dividend: A Reader's Guide, *International Tax and Public Finance*, 1995.

A. L. Bovenberg, Green Tax Reforms and the Double Dividend: An Updated Reader's Guide, *International Tax and Public Finance*, Vol. 6, No. 3, 1999.

R. A. De Mooij, Environmental Taxation and the Double Dividend, *Netherland*: *Elsevier*, 2003.

(李晓西　刘杨)

环境与经济综合核算体系
System of Integrated Environmental and Economic Accounting(SEEA)

环境与经济综合核算体系(简称SEEA)是联合国统计司和环境规划署、欧盟、国际货币基金组织、经济合作与发展组织、世界银行等国际组织共同编制的经济资源环境一体化核算体系通用框架。联合国统计司于1993年将此纳入联合国新国民经济核算体系(System of National Accounts 1993,93SNA),并向所有会员国推荐其采纳。

自20世纪60年代以后,随着全球经济快速增长,人类社会面临着自然资源短缺和生态环境恶化等较为突出的问题,环境与经济综合核算越来越受到重视。与此同时,传统的国民经济核算体系(简称SNA)的缺陷开始逐渐凸显,如SNA没有将全部的自然资源和环境价值纳入核算体系,没有体现出经济活动对自然资源的损耗,没有体现出污染损害成本和环境保护费用的支出。随着国际上"国民经济核算应当考虑资源环境因素"日益成为共识,一个如何进行自然资源与环境综合核算并将其纳入国民经济核算体系的问题已经迫在眉睫。在80年代,SNA修订工作开展的时候,经过相关国际专家的认真探索和研究,提出了SNA附属账户——综合环境和经济核算。这一设想在联合国1992年世界环境与发展大会和1990年SNA修订稿中得以实现,联合国以《21世纪议程》文件形式向各国推荐环境与经济综合核算——SAN附属账户体系(国际上一般也通称为卫星账户体系)。1993年,联合国统计司在修订出版的SNA体系中,设立了一个与之相一致的系统——核算环境资源存量和资本流量的综合环境与经济核算系统(即SEEA)。

迄今,共有三个版本的SEEA,即SEEA1993、SEEA2000和SEEA2003,每个版本对应不同的发展阶段,对环境核算的概念、数据的详细目录、扩充数据源等方面进行了不同程度的调整和完善。

1993年,联合国统计司出版了SEEA1993的第一稿,首次建立了与SNA相一致的、系统地核算环境资源存量和资本流量的框架,利用物质平衡方式来反映经济和环境相互作用的关系。SEEA是在SNA基础上建立的,主要关注环境在生产、收入、消费和财富方面的应用。SEEA1993的第一稿本身实际上并没有改变在生产账户中对自然资源的处理,部分自然资源的销售额仍然作为附加值记录到生产和收入账户中。环境成本的调整只在卫星账户中记录,它在不改变生产范围的前提下,扩展了SNA的资产范围;对存量和资本流量账户,尤其是SNA中的资本与生产账户在保持一致性的条件下进行调整。因此,SEEA并不是SNA的更新或替代,而是在不改变SNA的基础上,考虑环境因素对以SNA为核心的账户体系的补充。

2000年联合国统计司出版了SEEA指导手册(Handbook of National Accounting: Integrated Environmental and Economic Accounting: An Operational Manual),该手册没有阐述SEEA的全部内容或模块,只是

描述那些在目前可行的,至少数据充分并能与 SNA 连接的部分内容。所谓与 SNA 连接是指以市场价格或生产价格来衡量生产与消费的货物和服务,而不是通过暂时的及相关的价值来衡量。有关环境退化对社会的影响(例如,以付费方式防止环境退化的量化方式),尤其是涉及环境投入产出分析的研究过于复杂,所以,没有列在循环账户中进行核算,留待以后进一步研究。

2003 年联合国统计司又推出了 SEEA 的最新版本(Integrated Environmental and Economic Accounting 2003),作为世界各国进行环境与经济核算的范本和指导。作为 SNA 的附属体系,SEEA2003 扩大了 SNA 的核算内容与范围,促进了 SNA 与资源及环境信息直接联系的概念变化,体现了环境因素与 SNA 的各个账户之间的复杂关系,如实物账户和价值型账户之间的联系、环境成本的转移及国民经济核算体系中产品更新换代的范围等。

SEEA 主要从五个部分拓展了 SNA 的概念和系统基础:第一部分是 SEEA 体系的基础,阐述经过调整的 SNA 的资产供求账户,用来反映与环境相关的具体经济活动总量,以及其他与环境互不影响的活动总量;第二部分主要阐述那些虽然列入传统核算但表示不明确的流量和存量,以及从需求与供给表到第一部分的非经济资产核算。其中的特别账户还对防止环境退化的环境保护活动的价值进行了核算;第三部分主要包括原材料、能源平衡的阐述以及自然资源核算;第四部分为各类自然资产估价及其应用;第五部分拓展了 SNA 的产出概念,把家庭生产及其对人类福利和环境的影响都包括在社会生产的范畴内。

SEEA 共由 10 张核算表组成,同时遵循实物核算和价值核算的原则:核算表一是供给、使用与资产账户。它合并了生产性与非生产性资产,扩展了 SNA 中传统账户及核算的界限,体现了自然资产的内部变化;核算表二是环境保护(生产)支出;核算表三是货币性资产账户:生产性账户(包括自然资产)。它是关于生产性资产存量价值的核算,目的在于完整地评价国民财富的水平、分配和变动;核算表四是实物性资产账户:非生产性经济资产。它指的是自然资源的期初期末存量及在核算期内的流量变化的实物量;核算表五是货币性资产账户:非生产性经济资产。它记录了那些已反映在 SNA 资产账户中的自然资产的价值变化;核算表六是实物性资产账户:非人造的生产性环境资产。它作为实物统计与指标的联结纽带,从环境统计和可行的环境核算框架中取得对环境与经济交互作用的更详尽分析。这种分析侧重于环境资产及其实物存量变化;核算表七是经济领域的环境污染损失(实物量);核算表八是经济领域的环境维持成本,它主要核算了核算表七中的净污染(超过吸收或减轻的部分),但不包括跨界性污染的环境成本,原因是跨境污染的估价过于复杂,而无法实现;核算表九和核算表十分别是合计与制表,如计算经环境调整后的净附加值。

SEEA 对传统的资产范围进行了扩展,范围既涉及处于机构单位控制下的自然资产、土地、矿产品和森林等,也涉及没有处于机构单位控制下的自然资源,包括海洋和河流中的鱼类资源、热带雨林和其他原始森林、空气等。因经济活动引起的这类资产的变化计入成本。SEEA 区分了两种类型的环境费用,一类是耗减和降级的虚拟费用,另一类是以环境保护支出形式承担的实际费用。SEEA 区分了资本存量的变化,包括传统生产资本的变化、由耗减和降级引起的资本存量的减少,以及自然资产作为经济资产合并后,与生产活动相联系的经济决策引起的自然资产在经济使用中的转移。SEEA 在提出系列估价原则的基础上,主要推荐了市场估价法、维持费估价法和或有估价法。

近年来,随着 SEEA 在各国实践的不断展开,SEEA 框架在保持与传统核算协调一致、实现资源经济环境一体化核算,为可持续发展战略提供信息系统支持以及国际比较等方面,具有无法比拟优势,它已逐步成为世界各国构建本国 SEEA 的首选体系。美国商务部经济分析局自 1992 年起开始分阶段开发经济与环境一体化卫星账户,第一阶段总体设计账户框架,并对以矿产资源为代表的地下资源做详细的估算,第二阶段核算各种可再生资源,第三阶段核算环境资产。1994 年 4 月,公布了其框架设想和第一阶段的核算结果。1999 年,该项工作接受了来自美国国会的一个研究小组的评估,获得了认可。日本经济企划厅从 1991 年起将环境与经济综合核算作为一项中长期课题开始对其进行研究和开发,1995 年按照联合国的手册所提出的方法汇总了当时的研究成果,并公布了第一次估算值。1995 年,菲律宾国民统计协调部(NSCB)委托编制国民账户体系,这是始于 SEEA 的实验性项目,其环境与经济综合核算体系(PSEEA)是联合国开发计划署资助计划的主要组成部分,但只局限于渔业、林业和采矿业的资产账户编制。2004 年 6 月,我国国家环保总局和统计局联合主办"建立中国绿色国民经济核算体系国际研讨会",同年我国政府发布《中国环境经济核算体系框架》和《中国资源环境经济核算体系框架》。

参考文献:

联合国:《国民经济核算体系 1993》,中国统计出版社 1994 年版。

曹克瑜:《中国综合经济与资源环境核算体系研究初探》,载于《经济研究参考》2001 年第 2 期。

雷明:《中国环境经济综合核算体系框架设计》,载于《系统工程理论与实践》2000 年第 10 期。

雷明:《绿色投入产出核算理论与应用》,北京大学出版社 2000 年版。

王军:《资源与环境经济学》,中国农业大学出版社 2009 年版。

王德发:《综合环境与经济核算体系研究》,载于《财经研究》2004 年第 5 期。

王金南、曹东、蒋洪强、葛察忠:《关于环境资源卫星账户核算方案的探讨》,引自《发展循环经济落实科学发展观——中国环境科学学会 2004 年学术年会论文集》,2004 年。

薛伟:《持续发展与环境经济综合核算》,载于《统计研究》1996 年第 6 期。

United Nation, *Integrated Environmental and Economic Accounting Series*. F, No. 61, New York: United Nation, 1993.

Statistics Division, Department of Economic and Social Affairs of United Nations. Handbook of National Accounting, A Systems Approach to National Accounts Compilation: A Technical Report. New York, 1999.

Peter Bartelmus, *The Value of Nature, Valuation and Evaluation in Environmental Accounting*, United Nation's Publication, 1997.

(李晓西　林永生)

庇古税
Pigouvian Taxes

庇古税的含义是:根据污染所造成的危害程度对排污者征税,用税收来弥补排污者生产的私人成本和社会成本之间的差距。这是由英国经济学家阿瑟·庇古(Arthur Pigou)在 1928 年提出的。庇古税实际上是控制环境污染这种负外部性行为的一种经济手段,是解决环境问题的环境税,属于直接环境税。

随着人类经济活动的日益增多,产生的污染物或污染因素排入环境,超过了环境容量和环境的自净能力,使环境的构成和状态发生改变,环境质量恶化,影响和破坏了人们正常的生产和生活条件。环境污染既是一种行为,也是一种物品,作为物品也可以称之为"受污染的环境"。由于环境污染直接导致人们生活质量的下降,因此它是一种厌恶品。为了纠正这种负外部性,减少这种厌恶品,英国福利经济学家庇古主张由政府通过征税或者补贴来矫正经济当事人的私人成本,使得私人成本和私人利益与相应的社会成本和社会利益相等,使资源配置达到帕累托最优状态。这种纠正外在性的方法也称为"庇古税"方案。因此,它按照污染物的排放量或经济活动的危害来确定纳税义务,所以是一种从量税。庇古税的单位税额,应该根据一项经济活动的边际社会成本等于边际效益的均衡点来确定,这时对污染排放的税率就处于最佳水平。

第一,通过对污染产品征税,使污染环境的外部成本转化为生产污染产品的内在税收成本,从而降低私人的边际净收益并由此来决定其最终产量。第二,由于征税提高污染产品成本,降低了私人净收益预期,从而减少了产量,减少了污染。第三,庇古税作为一种污染税,虽然是以调节为目的的,但毕竟能提供一部分税收收入,可专项用于环保事业,即使作为一般税收收入,也可以相应减轻全国范围内的税收压力。第四,庇古税会引导生产者不断寻求清洁技术。

庇古税大大促进了能源节约,有利于开展资源综合利用,提高了资源利用效率,限制了高能耗产品的使用,并在一定程度上抑制了资源的浪费和过度消耗,因此可以达到资源有效配置,能够导致污染减少到帕累托最优水平。污染者权衡保持污染水平所支付的税收和减少污染少交税所获收益,控制成本小于税率,则污染减少,直到二者相等时,达到污染最优水平。这有动态和静态两方面的优势:首先在静态条件下,因为只要有污染就会被征税,企业出于少缴税的目的也要控污;其次在动态方面,若税率不变,企业通过技术进步可以减少对未来税收的支付,庇古税这种提供进一步减少废弃物的排放、减少污染的动态效率与静态效率一起,被认为是与其他方式相比的主要特点。

庇古税对外部的不经济有矫正性的功效。它通过税收的方式对生产和消费中的外部成本进行矫正,使产量和价格在效率的标准上达到均衡,矫正的边际私人成本,使企业认识到在社会层面上的成本。所以又名"矫正性税收"。而作为矫正性税收的另一角度的优势在于,它很好地避免了税收的扭曲性效应,比如,个人所得税的税率过高时,人们会以闲暇替代,有奖懒罚勤的副作用,相反,庇古税正是对外部不经济调整为经济,是修正性的,在初衷上就避免了扭曲效应。

庇古税的理想化动作,必须以税收 T 等于社会最优产出点上的边际外部成本为前提,这就意味着我们必须了解污染损失的准确货币值。但这很困难,或者说几乎是不可能的,因为污染的影响不仅具有多样性、流动性、间接性和滞后性,而且限于人类的认知水平,还具不确定性,而有的损失很难用货币来表示,譬如说物种的灭绝。因此,在实践中,庇古税缺乏可行性。一个变通办法是,通过设定环境标准来替代理论上的最佳点,并以此为目标来设计税率。现实中的污染税在一定程度上反映了这一思路。事实上,只要对污染行为征税,就能在一定程度上产生庇古税的作用,虽然税负不能完全等同于理论上的理想水平,但若实际税负与之越接近,则作用越明显。

在实践中,征收环境税、提供补贴、发放污染许可证、收取押金都是间接控制方法。征收环境税与提供补贴相比,是阻止而不是鼓励资源流入污染严重的企业;无须确定污染的基准点,只需确定单位排放量的税金就够了;可附带得到一笔财政收入。征收环境税与发售许可证相比,许可证的发售有膨胀的可能,存在炒买炒卖的投机性。征收环境税与收取押金相比,收取押金的操作相当麻烦,且只能限于很小的范围内。由此可见,征收环境税是一个理想的环境保护手段。

庇古税作为一种矫正环境污染负外部性、使外部性内在化的制度规则,西方发达国家利用它来加强环境保护始于20世纪70年代。许多国家的探索和实践证明,利用庇古税手段治理环境取得了明显的社会效果,环境污染得到有效控制,环境质量有了进一步的改善。美国在20世纪70年代就开始征收硫税,从征收方法上看,一般根据主要能源产品的含硫量或排放量计算征收。碳税最早由芬兰于1990年开征,碳税一般是对煤、石油、天然气等化石燃料按其含碳量设计定额税率来征收的。OECD成员国在环境政策中应用经济手段取得了可喜的成果。在这方面,丹麦堪称"楷模"。丹麦对废物收税已经使垃圾填埋成本翻倍,使垃圾焚烧费用增加70%,家庭垃圾减少了16%,建筑垃圾减少了64%,其他方面的废物也平均减少了22%。废物回收率也大幅度增加,纸类增加77%,玻璃增加50%。推行生态税收制度不仅有效地保护了丹麦的环境,而且为符合环保要求的企业发展积累了资金,产生了明显的经济效益,使丹麦在欧盟国家中成为经济增长率最高的国家。美国征收的开采税实为庇古税的一种类型,它降低了资源开采的速度和数量,抑制处于边际上的资源的开采和经营活动,促使减少资源的开采。在美国,37个州中大约3400个地方社区对家庭垃圾征税,征税依据是家庭垃圾丢弃量,结果垃圾丢弃量明显降低,回收率明显提高。荷兰的土壤保护税是由省级部门对抽取地下水的单位和个人以及从土壤保护中直接获益的单位或个人征收的一种税,其目的是为保护土壤提供资金。瑞典征收一般能源税,保护了石油、煤炭和天然气的开采和使用。这些都是庇古税的应用。

参考文献:

[英]伊特韦尔等:《新帕尔格雷夫经济学大辞典》,经济科学出版社1996年版。

[美]曼斯菲尔德:《微观经济学》,中国人民大学出版社1999年版。

[美]斯蒂格利茨:《经济学》,中国人民大学出版社2000年版。

张帆、李东:《环境与自然资源经济学》,上海人民出版社2009年版。

唐任伍:《经济学原理》,北京师范大学出版社2010年版。

大众财经图书中心:《新编常用经济词典》,中国法制出版社2012年版。

杨春学:《当代西方经济学新词典》,吉林人民出版社2001年版。

(唐任伍)

克拉克税
Clarke Tax

克拉克税的核心思想是:在政府决定公共物品是否应供给时,首先让每一个当事人报出他为公共物品所愿意交的费用,如果当事人所报费用的总和大于公共物品的成本,政府就会提供公共物品。假设缺少某个当事人应报的费用,公共物品可能就无法提供,理论上,这个当事人就应向政府缴一笔克拉克税。克拉克税相当于提供公共物品的成本和除了缴税人以外其他当事人所报告的费用总和之间的差额。以路灯为例,假设某一居民区的主管部门要综合考虑居民的意见和增设路灯的成本,以便根据居民意愿来确定增设的路灯数。如果有居民未真实表达意愿,造成路灯的供给量与实际的需求量发生偏离,理论上,此居民就欠了一笔克拉克税。

理论上,克拉克税的征收办法是,任意一个消费者对公共物品偏好显示承担的边际税额,应等于公共物品的边际成本与除该消费者以外的所有公共物品的消费者所获收益之间的差额。

克拉克税由美国学者爱德华·克拉克(Edward H. Clarke)在1971年讨论公共物品供给时提出的,它并非一种实际征收的税种,而是一种诱使每个人表露其真实偏好的税收机制。

根据美国著名经济学家萨缪尔森(Paul A. Samuelson)的定义,公共物品具有受益的非排他性,即排除那些消费这种物品但又不付出价格的消费者是不可能的或者得不偿失的;同时又具有消费的非竞争性,即一个消费者对该种物品的消费不会减少另一个消费者对该种物品的消费量。环境就是一种典型的公共物品,同时具有非排他性和非竞争性两大属性。一方面,环境污染给社会带来成本,产生负外部性,而环境保护与治理提供的消费"产品",不可能阻止任何人免费享用;另一方面,环境资源为人类生存和生活提供必不可少的公共产品,例如某人呼吸新鲜空气不会减少他人对新鲜空气的吸收。

克拉克税属于公共物品供给理论的研究范畴,其提出的原因在于解决公共物品供给中存在着"搭便车"问题。根据公共物品供给理论,公共物品的供应与否取决于消费者的意愿或愿意为公共物品支付多少价格。如果全体消费者表达的消费意愿大于或等于公共物品的供应成本,该公共物品就应该得到供应。在信息对称的情况下,公共物品供应的计划者(例如政府)能准确地知道消费者的真实偏好,公共物品供应能达到帕累托最优。但是在信息不对称情况下,政府无法了解每个人对某种公共物品的偏好,加之公共物品具有非排他性,理性个人便有意愿少呈报自己获得的收益以减少对公共物品的出资份额,但又因为公共物品的非竞争性,事实上他获得的收益不会减少。在这样的社会条件下,人们完全有可能在不付出任何代价的情况下享受由他人出资提供的公共物品,即出现"搭便车"现象。若每个人都有"搭便车"的愿望,那么为公共物品提供的资金可能会不足,进而产生严重的供给不足。克拉克税的提出就是为了解决公共物品供给中的策略性问题(免费搭车),防止公共物品的低效率配置,设置合理的税收机制来诱导每个人表露自己的真实偏好。

克拉克税的意义在于一方面可以使公共物品提供者(例如政府)根据消费者的真实需求确定供给水平,以达到公共环境物品的有效供给;另一方面使消费者策略性地为自己的真实意愿和所享用的公共物品或服务支付对等的税金。

克拉克税虽然通过巧妙的设置使人们表露其真实偏好,但从制度的角度来讲,它还是过于简单,并且存在许多不足之处。一方面,源于简单的假定,克拉克税为了使公共品的价值函数能加总,必须假设消费者的效用是可以直接相加的,但实际中这种操作是不合理的。另一方面,克拉克税容易形成消费者之间或消费者与公共部门的博弈,由于消费者个人之间容易私下达成协议,任意两个或更多消费者可能同时夸大对某一方案的评价,容易造成误判。

参考文献:

[英]安东尼·B·阿特金森、[美]约瑟夫·E·斯蒂格利茨:《公共经济学》,上海三联书店、上海人民出版社 1994 年版。

沈满洪:《资源与环境经济学》,中国环境科学出版社 2007 年版。

杨瑞龙:《外部效应与产权安排》,载于《经济学家》1995 年第 5 期。

钱苹:《格罗夫斯—克拉克机制理论及其修正》,载于《经济学动态》2004 年第 2 期。

阎坤、王进杰:《公共品偏好表露与税制设计研究》,载于《经济研究》2000 年第 10 期。

郝春虹:《公共产品偏好显示的激励机制分析》,载于《当代财经》2002 年第 10 期。

董小林等:《基于自然与社会属性的环境公共物品分类》,载于《长安大学学报(社会科学版)》2012 年第 14 期。

Clark, E. , Multiparty Pricing of Public Goods, *Public Choice*, 1971.

Paul A. Samuelson, The Pure Theory of Public Expenditures, *The Review of Economics and Statistics*, 1954 (36).

(李晓西　刘杨)

赤道原则
Equator Principles

赤道原则是金融机构自愿性贷款中一项旨在判断、评估和管理项目投融资中的环境与社会风险的准则。

赤道原则从提出到形成正式工作文本大约经过了四年时间。2002 年 10 月,世界银行下属的国际金融公司和荷兰银行等 9 家银行在伦敦会议上首次提出赤道原则,呼吁金融机构在进行项目投融资时,要充分评估该项目可能对环境和社会的影响,并利用金融工具促进环境保护和社会和谐发展。2003 年 6 月在华盛顿的国际金融公司总部会议上,赤道原则文本框架在国际金融公司环境和社会政策基础上形成,并被 10 家国际大银行正式宣布接受。2006 年 3 月,赤道原则文本经过修订形成现在使用的新版赤道原则,并于 2006 年 7 月开始实施。

现行赤道原则正文包括序言、适用范围、原则陈述和免责声明四部分。序言部分对赤道原则出台的动因、目的、采用赤道原则的意义和赤道金融机构的一般承诺等问题作了简要说明;适用范围部分规定赤道原则适用于全球各行业项目资金总投资大于或等于 1000 万美元的所有新项目和因扩充、改建对环境或社会造成显著影响的项目,也包括项目融资财务咨询服务等金融行为;原则陈述部分列举了采用赤道原则的金融机构作出投资决策时需依据的特别条款和原则;免责声明部分规定了赤道原则的地位和效力,声明赤道原则只是机构各自的内部实践和政策的框架,金融机构自愿独立采用和实施赤道原则。

在赤道原则文本中,原则陈述是其最核心部分,共包括十项内容。第一项为审查和分类。规定了项目风险的分类标准,即按照国际金融公司的环境和社会筛选标准,根据潜在影响和风险程度将项目分为 A 类、B 类或 C 类(A 类项目将会对社会或环境产生显著不良影响。B 类项目可能会对社会或环境造成一定影响,但大部分影响是可逆转的或可以通过措施解决。C 类项目对社会或环境产生极为轻微或根本不产生不利影响)。第二项为社会和环境评估。规定对 A 类和 B 类项目要进行社会和环境评估并给出评估报告。第三项为适用的社会和环境标准。规定了适用的社会和环境标准,对非 OECD 国家或非高收入 OECD 国家的项目,除遵守所在国的法律外,必须满足国际金融公司《社会和环境可持续性绩效标准》和《行业特定环境、健康和安全指南》。第四项为行动计划及管理系统。规定借款人要制定以减轻和监控环境社会风险为内容的行动计划和环境管理方案。第五项为磋商及披露。规定借款人应当建立公开征询意见和信息披露制度。第六项为投诉机制。规定通过接受当地受影响的利益相关方的意见和申诉,来确保借款人随时了解项目对社会和环境的各种影响,并采取相关措施。第七项为独立审查。规定对A类项目(在适当的情况下包括B类项目)有关的环境评估报告等文件,应由独立的社会和环境专家进行全面审查。第八项为承诺性条款。规定借款人必须在融资文件中承诺的事项,包括承诺遵守东道国社会和环境方面的所有法律法规和许可,在项目建设和运作周期内遵守行动计划要求,定期向贷款银行提交项目报告等。第九项为独立监测和报告。规定对于全部A类项目和适合的B类项目,贷款银行应聘请或要求借款人聘请独立的社会和环境专家来核实项目监测信息。第十项为赤道金融机构报告。规定遵守赤道原则的金融机构应至少每年向公众披露其实施赤道原则的过程和经验。

赤道原则的一个重要特点是,它不具备法律条文的效力。接受赤道原则的金融机构不需要签署任何协议,而只是宣布接受赤道原则并制定与赤道原则相一致的内部程序和政策即可,但赤道原则对接受此原则的金融机构仍具有履行企业社会责任的内在压力和经济社会可持续发展需要的外在约束力。

实施赤道原则具有重要意义。在该原则框架下,金融机构将承诺仅为符合条件的项目提供贷款。这使得在项目投融资过程中,环境与社会的最低行业标准得以明确,考虑环境和社会影响的银行内控管理和信贷机制被明文规范,既有利于发挥金融在促进环境保护和社会建设中的核心作用,实现经济社会的可持续发展,也有利于将投融资项目中模糊的环境和社会标准明确化,使环境、社会和企业发展得到了和谐统一,无论对于社会的文明进步还是企业的健康发展都具有重要意义。

赤道原则已在全球项目投融资市场广泛应用,逐渐成为国际项目投融资中的一项重要行业标准和国际惯例,并根据国际金融形势变化在不断修订与完善。我国银行业也开始认识到环境和社会风险问题对自身信贷资产安全和银行声誉的重要性,部分银行已经开始将“绿色信贷”引入信贷管理工作中。2008年10月,兴业银行正式公开承诺采纳赤道原则,成为中国首家采纳赤道原则的银行业金融机构。

参考文献:

世界银行集团国际金融公司:《促进绿色信贷的国际经验:赤道原则及IFC绩效标准与指南》上、下册,中国环境科学出版社2010年版。

冯守尊:《赤道原则——银行业可持续发展的最佳实践》,上海交通大学出版社2011年版。

叶汝求、任勇、[德]厄恩斯特·冯·魏茨察克:《中国环境经济政策研究——环境税、绿色信贷与保险》,中国环境科学出版社2011年版。

原庆丹、沈晓悦、杨姝影等:《绿色信贷与环境责任保险》,中国环境科学出版社2012年版。

葛察忠、夏友富、智颖飙等:《中国对外投资中的环境保护政策》,中国环境科学出版社2010年版。

蓝虹:《商业银行环境风险管理》,中国金融出版社2012年版。

(李晓西　赵峥)

就近原则
Proximity Principle

就近原则,是处理废弃物所需遵循的一条重要原则。根据该原则,对于生产生活中产生的废弃物,应该在距离废弃物产生地点尽可能近的地方进行处理。该原则的目标是,通过明确各区域的废物处理责任、提高废物处理能力,在区域范围内实现仅凭借自身能力完成对全部废弃物的处理,从而降低废弃物的流动,减少污染物对生态环境的破坏。就近原则的提出,有助于使产生废弃物的个人或组织承担更多的环保责任,有助于促进环保产业的发展,带来更多的就业机会。

欧洲共同体(European Community)在1991年对其颁布的1974框架指令(1974 Framework Directive)作出修改时,第一次引入了就近原则。最初,欧洲共同体针对国家层面提出了这个原则,它要求每个成员国通过提高废物处理能力,实现对本国废弃物的处理,减少废弃物的跨国流动,防止污染物的扩散。后来,随着这一原则在欧洲的广泛使用,就近原则得到一定程度的发展,各成员国内部针对区域层面广泛采用了就近原则作为废物处理的一条指导性原则,使得废物在距离其产生地点尽可能近的地方被处理,减少废物在国内区域间的流动,避免由于废物运输而带来的额外污染,将废弃物对环境的负面效应局部化在其产生的地域。就近原则要求当地居民加强环境保护意识,减少废物排放,提高废物处理能力。就近原则在世界其他国家(美国、日本等)得到了广泛的采用。

就近原则的应用主要体现在废物处理和废物处理设施建设的规划方面。在废物处理方案的制订中,许多国家(如爱尔兰、英国)都明确采用了就近原则。按此原则,要在废物产生地尽可能小的距离内完成对废物的分类、回收、掩埋或焚烧等处理措施,减少废物的跨区域运输。就近原则使得废物处理方案的规划有了依据,从而有利于低成本、高效率地进行废物处理。在方案制订中,也应具体设计废弃物产生的区域或者子区域具有相应的处理能力和责权。

就近原则为废物处理设施建设的规划,提供了一条重要的依据。它要求废弃物管理部门,在规划基础设施(如垃圾焚烧站、垃圾填埋场等)的建设时,充分考虑该区域的废物产生情况,做好废物处理设施处理能力,即处理废物数量和质量的能力,做到合理地规划投资,在满足该区域处理废物需求的前提下,节约成本提高效率。

就近原则在保护发展中国家避免来自发达国家的废物倾销等方面,也具有重要的现实意义。当前,一些欧洲国家将废物运往不发达国家和地区进行处理,以降低自身的废物处理压力,这明显违背了就近原则。但是,由于发达国家在经济、政治等方面的优势地位,使得废物接收国处于不利的地位。并且,废物接收国往往相对落后,环保意识薄弱、环保产业落后,废物一旦运至该国,会造成更加严重的环境污染问题,造成生态环境的破坏。所以,应该充分利用就近原则作为,限制发达国家的废物倾销活动,并要求其为相对落后国家提供资金和技术方面的帮助,以提升废物处理能力。这样才符合就近原则的要求,满足人类对可持续发展和生态文明建设的需要。

参考文献:

[美]阿尼尔·马康德雅:《环境经济学辞典》,上海财经大学出版社2006年版。

冯思净、马石东:《我国城市垃圾分类收集的经济效益分析》,载于《江苏环境科技》2006年第1期。

李宇斌:《固体废物管理系统工程》,载于《环境保护与循环经济》2010年第2期。

[奥]伯恩哈特·阑宁格:《欧洲和中国废物管理现状》,载于《沈阳航空工业学院学报》2002年第3期。

European Communities, *EU Focus on Waste Management*, Luxembourg: Office for Official Publications of the European Communities, 1999.

The Japan Containers and Packaging Recycling Association, What is the Containers and Packaging Recycling Act? . http://www.jcpra.or.jp/eng/jcpra/02.html.

(李晓西 宋洋)

库普曼斯效率

Koopmans Efficiency

库普曼斯(Tjalling C. Koopmans)是线性规划经济分析法创立者,毕业于荷兰乌德勒支大学,后移居美国,先后任教于纽约大学、耶鲁大学等。1951年在其著作《资源分配与价格体系》(*Activity Analysis of Production and Allocation*)一文中,提出了“库普曼斯效率(Koopmans Efficiency)”。该效率概念,将帕累托最优与瓦尔拉斯的一般均衡论融合在一起,运用点集、集和、线性变换、凸性等线性规划工具,提出了生产效率、效率价格(“效率的价格含义”)等概念,并运用行为分析法,论证在分散决策的经济制度中,可使用效率价格对经济体进行调节,从而使所有的资源得到最优分配和利用。库普曼斯教授(T. C. Koopmans)所构建的效率体系是在帕累托效率基础上,依据帕累托最优,引入价格因素提出帕累托最优的价格含义——分配效率,同时在生产领域提出效率价格,随后他将消费市场和生产市场相互结合提出有效规划等一系列概念,最后提“帕累托—库普曼斯效率”。帕累托—库普曼斯效率是对帕累托最优概念的补充。

帕累托最优(Pareto Optimality),也称为帕累托效率(Pareto Efficiency),是博弈论中的重要概念,并且在经济学、工程学和社会科学中有着广泛的应用。帕累托最优是指资源分配的一种状态,在不使任何人境况变坏的情况下,而不可能再使某些人的处境变好。帕累托最优是公平与效率的“理想王国”。在此基础上,库普曼斯教授教授(T. C. Koopmans)引入价格体系概念。首先提出效率的价格:在线性活动分析模型中,每一个有效活动组合至少与一个和技术相吻合的价格体系相关联,从而使得该组合中的每一项活动都是盈亏平衡的。任何有效活动组合(无论是如何实现的,或者即便是想象出来的),都意味着有可能存在着一个价格体系,该价格体系与技术和所使用的过程相联系,等同于竞争性市场组织的资源分配方式。而效率意味着价格和任何有效状态(或计划)都能由适当的价格所支持,从而达到效率状态。库普曼斯在此基础上,又提出了有效规划的概念,即对于每一个有效规划都对应存在着一个非负数的价格体系使得:(a)每一个周期计算出的生产“利润”为这些价格下,该周期生产集合能获得最大的利润;(b)每一个周期的投入成本(劳动除外)为该周期投入组合中能够达到最小值。如果有一个与既定规划相对应的正的价格体系,能够确保以下两个条件同时存在:(1)每位消费者的选择,都优于或等于消费集合中所有其他的选择(它们具有相同的或更低的价值);(2)每位生产者的选择,都能达到其生产集合中的最大价值;那么这个规划就是有效的。而所谓效率,就是意味着以相关的价格体系进行估价,价格的恰当反应支持着一个有效规划的状态。这就是为连接消费市场和产品市场从而达到均衡而进行的有效规划的概念。这就是库普曼斯从生产和分配的活动中所提出的多目标最优化问题,进而他引入有效解概念,提出“多目标规划”(Multiple Objectives Programming),又称多目标最优化。它主要针对在生态系统管理中,为了同时达到两个或两个以上的目标,需要在许多可行性方案中进行选择的整个过程。它应用于生态学和生态系统生态学。

后人把库普曼斯将价格因素引入帕累托最优所提出的效率——"帕累托—库普曼斯效率"(Pareto-Koopmans Efficiency)称为"强效率"(Strong Efficiency)。与之相对应的是"弱效率"(Farrel Efficiency)。效率价格的提出是为了解决整体市场中产品及要素的最佳配置问题。法雷尔(Farrell)在库普曼斯效率的基础上,对其进行拓展,进一步延伸了帕累托—库普曼斯效率的应用深度,引入了市场交换机制的概念,同时运用决策单位的分析方法,使经济效率体系中,又出现了相对效率的概念。

经济与环境是相互依赖的,一方面环境为经济活动提供原材料并直接提供福利,另一方面经济活动引起的环境损害反过来又会影响经济运行。因此,在环境经济学中,库普曼斯效率是在一定的环境质量下,即在既定环境下提供的既定资源、技术等条件下,所能达到的最大产出,是衡量经济产出与环境投入之间的关系,着眼于生产领域投入配置中对在既定环境资源和环境条件下对各种生产资料的分配状况。库普曼斯效率是衡量环境经济学中"效率"的一个重要概念。

参考文献:

[荷]佳林·库普曼斯:《关于经济科学现状的三篇论文》,首都经济贸易大学出版社 2010 年版。

[美]阿尼尔·马康德雅、雷纳特·帕力特、帕梅拉·梅森、蒂姆·泰勒:《环境经济学辞典》,上海财经大学出版社 2002 年版。

高鸿业:《西方经济学》第五版,中国人民大学出版社 2011 年版。

《环境效率——从环境方面评估可持续发展的工具》,载于《国际化工信息》2002 年第 11 期。

William W. Cooper, Lawrence M. Seiford and Joe Zhu, *Data Envelopment Analysis: History, Models, and Interpretations.*

Afriat S., Efficiency Estimation of Production Functions, *International Economic Review*, 1972.

(王诺)

损害评估
Damage Assessment

损害评估是对由于污染引起的对环境和自然资源的损害所进行的货币估量。损害评估所估量的对象主要是环境污染行为直接造成的区域生态功能和自然资源破坏、人身伤亡和财产损毁及其减少的实际价值,也包括为防止污染扩大、污染修复和/或恢复受损生态系统而采取的必要的、合理的措施而发生的费用,在正常情况下可以获得利益的丧失,污染环境部分或完全恢复前生态系统服务功能的期间损害。其具体量化范围包括:人身损害、财产损害、生态资源损害、应急处置费用、调查评估费用、污染修复费用、事故影响损害和其他应当纳入评估范围内的损害。

1969 年美国颁布国家环境政策法(National Environmental Policy Act, NEPA)建立了环境影响评价制度。多数学者将这个时间点作为环境损害评估研究的起始点。随着环境问题的日益突出,在全球迅速普及和发展。至 2010 年,已有 100 多个国家建立了环境影响评价制度并开展了环境影响评价工作。

由于损害评估是在自然或人为灾难发生之后进行的估量,其评估前提是将环境视为能够提供一系列服务的综合资产。在环境经济学的相关研究中,环境资源提供的整体的经济价值分解为三个主要成分:使用价值、选择价值和非使用价值。在对环境经济价值的测定时,首先要核定环境的上述几种价值,然后对每一类价值进行经济价值的计算,即使其货币化。

损害评估的主要目的是用货币单位对损害进行衡量以便进行补偿和修复。损害评估可以通过影响路径法或其他诸如或有评估方法、享乐定价法和旅行成本法等方法进行。

环境损害的经济和社会成本通常被分为三大类:健康成本(环境损害对健康造成的后果);生产成本(自然资源和人造资本的减产);环境质量的丧失或舒适成本(生物多样性的丧失和景观的破坏)。其中,健康成本和生产成本可以用影响路径法进行评估,舒适成本可用或有评估法进行评估。

影响路径法是评估外部影响和由破坏环境的活动引起的关联成本的方法。影响路径仅指与影响联系起来的事件序列以及对此的影响评估。因此这套方法通过路径顺序前进。它提供了一种量化外部性的合乎逻辑而且透明的方法。首先衡量的是排放层次(空气污染、噪声或者其他形式的排放),然后使用离散建模估计给定区域内外部性的增长层次,这样就定位了影响。使用诸如或有评估方法、享乐定价法或者旅行成本法之类的评估技术,可以给出有害活动的外部成本的货币价值。享乐定价法和旅行成本法属于间接估价法,需要大量的信息,其估价成本很高,而且对环境的非使用价值无法进行评估。或有评估法主要是用于提高一些环境物品数量或质量的支付意愿,或者环境退化补偿的接受意愿。该评估或者通过基于模拟的试验方法或者通过博弈分析,或者通过使用调查问卷或调研技术得到数据进行。

值得一提的是,在现代的评估过程中,地理信息系统作为有效的信息分析工具被广泛地运用于损害评估的多种方法中。

根据国际上通用的损害评估流程,损害评估的步骤基本如下:第一步:预评估。通过资料收集与分析、发放调查问卷、现场勘察、走访相关人员等方式开展损害调查,初步估算环境损害范围和损害程度,决定是否继续开展评估工作。第二步:制订评估计划。针对评估工作制订详细的工作计划,开展现场采样,进行数据统计和结果评估分析,确定环境损害原因、污染责任者和污染受害者以及环境损害概况,估算环境损害程度和范围。第三步:开展评估。对于中小型环境污染事件,可以采用损害评估模型,确定污染物暴露途径,量化污染损害,估算污染恢复费用;对于大型环境污染事件,应成立专门的环境损害与风险评估委员会,判定污染物暴露途径和损害范围,量化环境污染造成的损害并确定损害赔偿金额。第四步:后评估期。即根据基础资料收集,现场调查、监测数据、损害鉴定和分析,提交环境损害与风险评估鉴定的最终结论。

参考文献:
[美]阿尼尔·马康德雅:《环境经济学辞典》,上海财经大学出版社 2006 年版。
[美]汤姆·蒂坦伯格等:《环境与自然经济学》第八版,中国人民大学出版社 2011 年版。
查尔斯·克尔斯塔德:《环境经济学》,中国人民大学出版社 2011 年版。
梁本凡:《环境经济学高级教程》,中国社会科学出版社 2010 年版。

(娄安如 白瑞雪)

污染的影子价格
Shadow Price of Pollution

在环境污染难以被市场定价的现实前提下,度量环境污染损失或者污染治理成本,反映污染物的边际减排成本,称为污染的影子价格,代表单位污染物排放的价格,又称为假想价格、隐含价格。

"影子价格"至今尚无统一、公认的定义,是用线性规则方法计算出来的反映资源最优使用效果的价格,它表示的不是当前的实际价格,而是虚拟用以反映项目投入物和产出物的计量尺度,是人们对某一种产品或资源价值的估计,是衡量其成本的一种有效方法。国外有学者认为,影子价格是没有市场价格的商品或服务的推算价格,它代表着生产或消费某种商品的机会成本,有学者甚至将影子价格定义为商品或生产要素的边际增量所引起的社会福利的增加值。它最早是20世纪30年代末40年代初由荷兰及苏联著名经济学家分别提出的,现已得到广泛的应用。

众所周知,人们并不希望产生污染,但生产有价值的产品和服务就不可避免带来污染。污染是负效益,有效的产出水平应是使净效益最大化,使产出正效益部分与产生负效益部分的价值之差最大。对污染的效益可以通过污染的成本与收益进行衡量。如果用 NB 表示污染的社会净收益,则一定的污染水平的净收益为:

$$NB = B(M) - D(M)$$

式中 D 表示污染的损害值,M 表示排放流量,B 表示污染的总效益,NB 表示污染的社会净收益。如果用边际损害和边际收益函数代替总量函数进行分析,则用 dB/dM 表示污染的边际收益,dD/dM 表示污染的边际损害,则污染造成的边际损害随污染流的增加而增加,边际效益随污染流的增加而减少,经济活动的净收益最大化公式为:

$$\frac{dNB(M)}{dM} = \frac{dB(M)}{dM} - \frac{dD(M)}{dM} = 0$$

或
$$\frac{dB(M)}{dM} = \frac{dD(M)}{dM}$$

上式表明,只有当污染的边际效益等于污染的边际损害时,污染的净收益才最大,如图 1 所示。

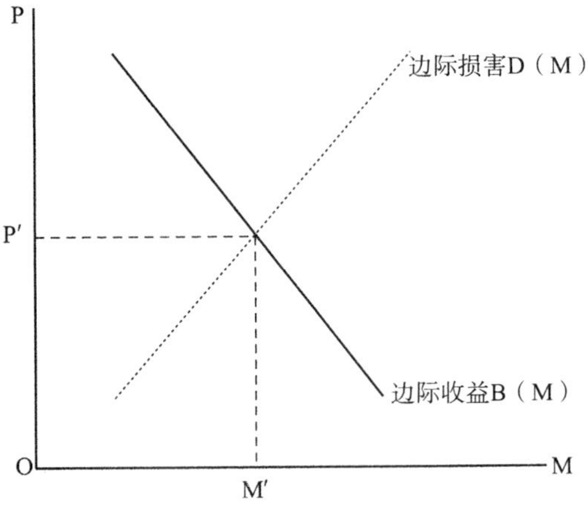

图 1 污染的净收益图

图 1 中显示的 M′为污染水平,P′为污染的均衡价格,即污染外部性的影子价格。由于存在污染市场,该价格并不是实际的市场价格,而是一种特殊的假想价格、隐含价格,表示单位污染物排放的价格。如果存在污染市场,企业就得购买排放单位污染物的权利,那么 P′就是污染有效的市场价格。

污染的影子价格是在方案优化的过程中产生的,体现了污染物的边际减排成本,所以 P′可以看做是社会净收益最大化时,单位排放的均衡价格或边际社会价值。由于污染通常为不好的,故影子价格为负值。影子价格被广泛应用于对废水、烟尘、SO_2 等各种环境污染等生态治理评价中，可以为碳排放权定价和制定碳税税率提供科学参考，是碳市场定价、消除污染和减排价格扭曲对投资决策的影响、合理使用资源的依据。通过对污染的影子价格的评估，一般来说，排污权交易价格相比污染减排成本偏低，影响了排污权交易市场的有效运作。污染物的影子价格在不同地方具有较大差异，这种差异性能够在一定程度上被污染排放规模、监管强度和污染治理的规模经济性等因素所解释。估测资源开采、污染物排放过程中所产生的环境污染物的影子价格，对于分析研究煤炭、石油、天然气等资源开采和污染物排放造成的环境问题，解决人类面临的环境恶化的困局，具有重要的参考价值。

参考文献：

[英]罗杰·珀曼：《自然资源与环境经济学》第 2 版，中国经济出版社 2002 年版。

袁鹏、程施：《我国工业污染物的影子价格估计》，载于《统计研究》2011 年第 9 期。

[美]罗伯特·S·平狄克、丹尼尔·L·鲁宾菲尔德：《微观经济学》，中国人民大学出版社 2006 年版。

王军：《资源与环境经济学》，中国农业大学出版社 2009 年版。

（唐任伍）

享乐定价法

Hedonic Pricing Method

享乐定价法是基于市场来评估环境价值的方法。此法最先被用于研究一类差异化的产品——如汽车——的价格构成，在环境经济学上用于分析人们对环境质量的支付意愿。对于环境质量，很少有其明确的交易市场。不过，房地产例外，房价的确包含了环境质量的价值，需要采用经济学方法将其分离出。享乐定价法是一个良好的选择，该法也称之为资产定价法或隐含价格法。

概括地讲，享乐定价法有如下的函数关系：

$$p = f(S, A, N, Q)$$

其中，p 是房地产的价格；S 是房屋的结构变量，例如房间数、楼层总面积，具有诸如集中供暖及卫生设施条件，等等；A 是可接近性，如到商业区、工作地点等的距离；N 是邻里属性，如人均收入、犯罪率等；Q 是其周围的环境质量，如大气中二氧化碳、铅的含量。可以采用经济计量分法，在经验数据的基础上估计这个函数关系，进而获得对环境质量的支付意愿——即对上式求环境质量变量的偏微商。

1974 年，罗森（S. Rosen）为享乐定价法提供了一个迄今被认可的理论说明。房地产市场属于短期均衡，可以认为其供给在短期不变，所以房地产的价格由其需求决定，而需求曲线又为所有消费者竞价曲线的包络。

把消费者效用函数（U）中的成分调整成房地产的 n 个属性——$z_1, z_2, \cdots, z_n$——和一般消费（x）：

$$u = U(z_1, z_2, \cdots, z_n, x) \qquad (1)$$

房价（小写 p）依赖于房屋的 n 个属性。消费者的预算约束为：

$$y = p(z_1, z_2, \cdots, z_n) + x \qquad (2)$$

上式中的收入（y）和价格都被一般消费的价格规范化了，而一般消费是一种综合的标准化数值。

这是一个代表性的消费者的情形。假设这 n 个属性可以分离开，每一个都有一个价格（用大写 P_i 表示），并可以进行线性组合，使得预算约束能够写成：

$$y = P_1 z_1 + P_2 z_2 + \cdots + P_n z_n + x \qquad (3)$$

问题：在式（1）所表达的效用水平给定，和式（3）的预算约束下，消费者对房屋属性的最大支付意愿是多少？

这个最大化问题有一个优化条件，它是：

$$P_i = \frac{\frac{\partial U}{\partial z_i}}{\frac{\partial U}{\partial x}} \qquad (4)$$

即支付意愿（用大写 P 表示）等于住房各个属性的边际效用与一般消费的边际效用之比。

要从式（4）计算出支付意愿，还需结合预算约束。不过，享乐定价的预算约束是建立在住房属性具有可分性和线性组合的基础上的，这与实际有一定的差别。解决此问题的一个合理的办法是把收入进行调整。可以假设调整后的收入（y_0）为：

$$y_0 = y - [p(z_1, z_2, \cdots, z_n) - \sum_{i=1}^{n} P_i z_i] \qquad (5)$$

上式右边括号内的第一项为住房的实际支出，第二项为按照竞价计算的属性支出。这样一来，预算约束写成：

$$y_0 = \sum_{i=1}^{n} P_i z_i + x \qquad (6)$$

把式（4）代入式（6）：

$$y_0 = \sum_{i=1}^{n} \frac{\frac{\partial U}{\partial z_i}}{\frac{\partial U}{\partial x}} z_i + \frac{\frac{\partial U}{\partial x}}{\frac{\partial U}{\partial x}} x = \frac{\sum_{i=1}^{n} \frac{z_i \partial U}{\partial z_i} + \frac{x \partial U}{\partial x}}{\frac{\partial U}{\partial x}}$$

即

$$\frac{\partial U}{\partial x} = \frac{\sum_{i=1}^{n} z_i \frac{\partial U}{\partial z_i} + x \frac{\partial U}{\partial x}}{y_0} \qquad (7)$$

再把式（4）中的 $\frac{\partial U}{\partial x}$ 代入上式并重新组织，得到：

$$P_i(Z,x) = \frac{y_0 \frac{\partial U}{\partial z_i}}{\sum_{i=1}^{n} z_i \frac{\partial U}{\partial z_i} + x \frac{\partial U}{\partial x}} \quad (8)$$

这就是关于第 i 个属性的竞价函数,它依赖于所有属性的量和这些属性的边际效用,以及一般消费的量和其边际效用。

在环境经济学中,应用享乐定价法的目标是,测量一些环境特性或属性发生变化而引起的人们福利的变化。可是这种方法依赖于环境变化的类型、住房市场上的交易成本以及所考虑的时间尺度。环境变化也许仅影响局部的少量资产,而对整个市场影响不大或几乎没有影响。在这种局部的外部性情境中,各种属性的价目表也许没有变化。可是,当环境变化足以影响住房市场的绝大部分时,各种属性的价目表就会做出具有明显变化的反应。还有,住户是否要搬迁也对环境变化做出响应。如果搬迁的成本很高,或考虑的时间很短,住户也许就没有搬迁,这些问题都影响着采用享乐定价法测量消费者行为的结果。

所以,应用享乐定价法测量对环境质量的支付意愿,依赖于隐含在福利变化场景中的各种假设。如果仅考虑各种属性的边际变化,那么隐含的价格(对享乐价格函数做关于属性的偏微商)就可以看做是对边际支付意愿的测量。

福利测量可以通过对各种属性的引致需求的求解来解决。边际竞价函数(竞价函数对特定属性变量的偏微商)与特定属性的希克斯型需求函数是等价的,可以对这个函数进行定积分——积分区间为属性的变化范围,从而获得一个福利测量。

在应用享乐定价法进行经济计量分析时,以下问题是常常需要面对的。

理论对享乐定价函数的形式几乎没有提供多少有用的信息。也许灵活的形式更切合实际,非线性形式往往对隐含的价格拟合得更好。

许多属性都能够被纳入享乐回归模型中,不过鉴别任何一个特定属性的贡献却存在相当大的困难,原因是这些属性之间往往存在很强的相关性。对这一问题的处理可以采用标准的经济计量方法、统计检验方法,或关于多重共线性的处理方法。也可以采用以属性为基础的偏好陈述数据来改善数据表,尤其是当偏好陈述数据与已有的数据没有共线性时,情况会得到极大的改进。

在享乐定价函数的估计上,现有的经济计量方法仅是识别出了个人竞价函数上的一个点,事实上并没有精确和清楚地识别出竞价函数。

内涵的价格也许是内生的,原因是消费者可以采取选择不同的属性水平以影响内涵价格。如果享乐价格函数是非线性的,这种情况就会发生,从而,内涵的价格不再是一个常数。在这种情况下必须采用工具变量技术,以获得一致的享乐价格函数估计。

享乐定价方法假定个人觉察到了商品的这些属性,并且对它们具有准确的信息。很有可能的是,个人以他们觉察到的属性及其对这些属性的测量来行事。这时,如果主观感知与属性的客观值有差别时,福利测量就复杂了。在诸如空气质量、水质这些环境商品上,感觉到的也许与客观测量的具有一定的不同,而感觉到的也许是更重要的行为决策依据。

在享乐定价方法分析的大多数住房市场中,资产之间很可能存在着空间自相关或其他形式的空间联系。换言之,相邻资产的价值很可能要影响特定资产的价值,或者从回归分析的观点看,即误差项具有系统空间联系。

参考文献:

[美]阿尼尔·马康德雅等:《环境经济学辞典》,上海财经大学出版社 2006 年版。

[美]阿兰·V·尼斯、詹姆斯·L·斯威尼:《自然资源与能源经济学手册》,经济科学出版社 2010 年版。

[美]泰坦伯格:《环境经济学与政策》第 5 版,人民邮电出版社 2011 年版。

Baymond B. Palmquist, Property Value Models, in K.-G. Mäler and J. R. Vicent, *Handbook of Environmental Economics*, Volume 2.

R. Quentin Grafton, Wiktor Adamowcz, Diane Dupont, Harry Nelson, Robert J. Hill and Steven Renzetti, *Economics of the Environment and Natural Resources*, MA: Blackwell, 2004.

S. Rosen, Hedonic Prices and Implicit Markets: Product Differentiation in Pure Competition, *Journal of Political Economy*, 1974, 82(1).

(梁进社)

直接评估法

Direct Valuation Technique

直接评估法是直接估计居民对环境物品或服务支付意愿的方法。该方法直接邀请人们表达对某些环境特征,或者是与环境状况紧密相关的某些影响的支付意愿,因此通常又被称作陈述偏好法(Stated Preference Methods),其中较为典型的是意愿调查评估法(Contingent Valuation,有时也被称作"条件评估法",简称 CV 法)。直接评估法是一种较为常用的环境经济评价方法。环境经济评价方法是评估环境损害(费用)与效益经济价值的方法总称,它定量评估环境资产(包括环境组成要素、环境质量)提供的物品或服务的价值,并以货币形式表征。

由于环境物品或服务具有典型的公共物品特征以

及外部性等问题的存在,环境物品或服务市场出现市场失灵,使得人类长期忽略或低估环境物品和服务的价值。因此,如何评估环境损害和效益的经济价值就为制定环境政策提供了技术基础,也是将环境问题的经济影响纳入综合决策的重要步骤。1947 年,哈佛大学经济学院斯瑞艾·旺蒂(Ciriacy-Wantrup S. V.)最早提出了 CV 法。1963 年,戴维斯(Davis R K.)就该方法最早进行了应用。起初,很多经济学家对这种建立在某种条件或假想市场之上的评价方法持怀疑的态度,因为此方法含有大量不确定性,人们对于同一种商品或服务的偏好并不相同,进而支付意愿也会相差悬殊。尽管如此,由于该法操作简单,不要掌握大量信息,在计算非市场物品和服务方面具有很大优势等原因,逐渐得到更多的发展和认可。

直接评估法主要是通过调查等方式,让消费者直接表述出他们对环境物品或服务的支付意愿或接受赔偿意愿,或者是价值高低的判断。其中最为典型的就是 CV 法。CV 法之所以被称之为"条件"或"假想"评估,是因为该方法让置身于某种条件下的人们对环境表达出他们的支付意愿。如果想研究人们对某种具体商品或服务的支付意愿,现实生活中可以到商店里观察人们的实际购买情况。但是,当现实中不存在针对某种环境物品或服务的市场时,那么只能通过询问的方式,让人们描述如果置身于具备这些特征的假想的交易市场时,他们会如何选择。这种方法的最简单方式就是询问被调查者,调查他们赋予环境变化(如湿地丧失或污染排放增加)或者保护资源现状什么价值。公民投票式版本则询问受访者是否愿意支付一定数量的美元,以阻止环境变化或者保护物种。调查得到的结果或者是上限值(在以"不"作为回答的情形下),或者是下限值(在以"是"作为回答的情形下)。CV 所采用的评估方法可以分为三类:一是直接询问调查对象的支付或接受赔偿的意愿,又分为投标博弈法和比较博弈法两种;二是询问调查对象对表示上述意愿的商品或服务的需求量,并从询问结果推断出支付意愿或接受赔偿意愿,又分为无费用选择法和优先评价法两种;三是通过对有关专家进行调查的方式来评定环境资产的价值。

环境经济评价还有两种方法:一是直接市场评价法,它是根据生产率的变动情况来评估环境质量变动所带来的影响的方法。主要包括剂量—反应法、生产率变动法、生产函数法、人力资本法、机会成本法、重置成本法等;二是间接市场评价法,有时又被称为替代市场评价法,是指使用替代物的市场价格来衡量没有市场价格的环境资源物品的价值的方法,包括资产定价法、旅行成本法、防护支出法等。

迄今,CV 法已经被应用到环境、甚至非环境领域。在环境领域,CV 法主要在下列两种情况中得到应用:一是估计具体环境特征的价值。比如,旅游景点的休闲价值、用以休闲娱乐的海滩的质量、野生物种的保护、未开垦区域的人口密度、狩猎及钓鱼的经历、有毒废物的处置、原始河流的保护等;二是估计人们为各种环境质量影响赋予的价值。实施更为严厉的环境规制政策旨在通过环境规制提高人类的健康水平。因此,降低过早死亡、慢性肺病以及哮喘等疾病的患病风险正是人们在这种情况下要评估的主要内容。在很多非环境的领域也开始采用 CV 法,例如,评估降低心脏病发作风险计划的价值、超市价格信息的价值、老人陪伴计划的价值等。随着时间的推移,这种方法逐渐完善,目前已经能够合理可靠地评估多种公共物品和服务的收益,尤其是环境质量的收益。

通过直接调查人们支付意愿或接受赔偿意愿评估环境物品或服务的价值,具有有别于其他环境价值评估法的优越性:一是可用于解决其他环境评价方法所无法解决的问题。后者往往只能对环境的成本与效益进行部分的计算,而 CV 法是唯一的对环境的选择价值和存在价值进行评价的方法,更为全面;二是该法利用假想的市场,因而不存在由于市场不完善而影响评估结果的问题;三是操作方式简单易行。即便如此,该法是建立在人们对调查问卷的回答基础上,依赖于被调查者的看法而存在很多缺陷,比如,被调查可能不理解调查者提供的信息或者不感兴趣,或者即便理解了,但有动机隐瞒自己的支付意愿,提供的信息不充分或不准确,这些都会影响评估结果的准确性。

参考文献:
[英]罗杰·珀曼等:《自然资源与环境经济学》第二版,中国经济出版社 2002 年版。
王玉庆:《环境经济学》,中国环境科学出版社 2002 年版。
[美]泰坦伯格:《环境经济学与政策》第 5 版,人民邮电出版社 2011 年版。
曹洪军等:《环境经济学》,经济科学出版社 2012 年版。
[美]巴利·C·菲尔德、玛莎·K·菲尔德:《环境经济学》第 5 版,东北财经大学出版社 2010 年版。
马中:《环境与资源经济学概论》,高等教育出版社 1999 年版。
徐篙龄:《生态资源破坏经济损失计量中概念和方法的规范化》,载于《自然科学学报》1997 年第 12 期。
夏光:《中国环境污染损失的经济计量与研究》,中国环境科学出版社 1998 年版。
Davis R K., Recreation Planning as an Economic Problem. *Natural Resources Journal*, 1963(3).
World Bank, Environmental Considerations and the Choice

of the Discount Rate in Developing Countries,Washington,D. C. ,1988.

（李晓西　林永生）

旅行成本法
Travel Cost Method(TCM)

旅行成本法,又称旅行费用法、克劳森－奈茨法(Clawson-Knetsch Method),是一种以消费者剩余为基础,度量公共商品,尤其是环境资源价值的替代市场价值评估法(Surrogate Market Valuation Method)。由于自然保护区、森林、湿地、公园等环境资源缺乏市场价格,或现有的市场价格无法反映其稀缺性、外部性,因此,它们的价值评估多通过旅行成本法等间接经济评估方法实现。

旅行成本法的思想最早由美国经济学家哈罗德·霍特林(Harold Hotelling)提出。1947 年,哈罗德·霍特林写给美国国家公园管理局(National Park Service)的信中提到,运用经济学中的需求理论,估算出游客的出游率和旅行距离之间的关系,间接得到游客对公园的需求。以此为基础,计算出游客的消费者剩余,加上游客的旅行费用,二者之和表示公园的实际效益。

1959 年,美国学者马里昂·克劳森(Marion Clawson)在其一文(*Methods of Measuring Demand for and Value of Outdoor Recreation*)中首次明确提出旅行成本法,得到资源经济学界的广泛认可。1966 年,马里昂·克劳森和杰克·L·奈茨(Jack L. Knetsch)联合出版"*Economics of Outdoor Recreation*"一书,全面阐释了旅行成本法。随后,旅行成本法被学者们认为是评估资源环境价值的有效方法。

旅行成本法以消费者剩余作为衡量环境资源价值的基础,福利经济学和环境经济学中的效用价值理论和消费者剩余理论是其直接的理论依据。

旅行成本法假设:环境资源的入场费如公园的门票等,其不能够准确地反映环境资源的实际价值。消费者到达旅游场所消费环境资源时,除了入场费以外,往往还要付出交通费、食宿费、时间成本等,这些费用可以看做是环境资源的隐含价值。消费者支付的入场费和隐含价值之和,即为环境资源的实际价值。一般来说,消费者的入场费是可以通过旅游场所获知,但消费者的隐含价值却难以获知。旅行成本法通过消费者的旅行成本、旅游场所消费统计资料、相关的社会经济学信息等,构建游憩经验曲线,获知旅游人次与旅游成本的相关关系。一般情况下,旅游成本越高,旅游人次越少;反之,旅游成本越低,旅游人次越多。以旅游成本和旅游次数的增量分别为纵、横坐标,与游憩曲线构成的面积,则为消费者剩余,从而可计算出消费者需要支付的隐含费用。

在旅行成本法的发展过程中,先后出现过六种基本模型,即:分区旅行费用模型(Zonal Travel Cost Model,ZTCM)、个人旅行费用模型(Individual Travel Cost Model,ITCM)、引力旅行费用模型(Gravity Travel Cost Model,GTCM)、享乐旅行费用模型(Hedonic Travel Cost Model, HTCM)、随机效用模型(Random Utility Model,RUM)和旅行费用区间分析模型(Travel Cost Interval Analysis,TCIA)。

按照研究对象分,这六种模型可分为个人模型和集合模型两大类。其中,个人模型包括个人旅行费用模型(Individual Travel Cost Model,ITCM)、享乐旅行费用模型(Hedonic Travel Cost Model,HTCM)和随机效用模型(Random Utility Model,RUM);集合模型包括分区旅行费用模型(Zonal Travel Cost Model,ZTCM)、引力旅行费用模型(Gravity Travel Cost Model,GTCM)和旅行费用区间分析模型(Travel Cost Interval Analysis,TCIA)。

按照资源环境的研究数量分,这六种模型又可分为单目的地模型和多目的地模型两大类。其中,单目的地模型包括分区旅行费用模型(Zonal Travel Cost Model,ZTCM)、个人旅行费用模型(Individual Travel Cost Model,ITCM)和旅行费用区间分析模型(Travel Cost Interval Analysis,TCIA);多目的地模型包括引力旅行费用模型(Gravity Travel Cost Model,GTCM)、享乐旅行费用模型(Hedonic Travel Cost Model,HTCM)和随机效用模型(Random Utility Model,RUM)。

目前,实证研究中使用得较多的是分区旅行费用模型(Zonal Travel Cost Model,ZTCM)、个人旅行费用模型(Individual Travel Cost Model,ITCM)和随机效用模型(Random Utility Model,RUM)三种基本模型。

美国、英国、加拿大等国家以旅行成本法来确定公园、湖泊、森林等环境资源的游憩价值,并以此作为国家制定环境政策的重要依据,指导环境工作。

20 世纪 70 年代,美国俄勒冈州和爱达荷州拟在其境内峡谷进行水力发电工程建设。该峡谷是众多野生动物栖息地,景色优美。环境经济学家通过旅行成本法计算出该峡谷的游憩价值,并与水力发电经济价值对比,发现峡谷的游憩价值更高。随后,美国国会以此否定了水利发展建议,保留了峡谷的自然资源。

1991 年,肯尼亚纳古鲁湖国家公园(Lake Nakuru National Park)因农业活动频繁,导致水质被污染,生态被破坏。环境经济学家通过旅行成本法估算出国家公园的观光价值高于农业生产价值,成功说服肯尼亚政府减少国家公园内的农业活动。

旅行成本法曾多次被美国水资源委员会推荐给美国联邦政府,将其作为美国游憩价值评估的标准方法。美国内政部、英国林业委员会等也将旅行成本法作为自然资源损耗评价、森林游憩价值评估等的优先方法。

中国对旅行成本法的研究与应用始于20世纪80年代，初期以旅行成本法的介绍和综述居多。近年来，越来越多的学者开始用旅行成本法评估环境资源的价值，并呈现出三个显著特点：

评估对象多元化。最初的评估对象仅局限于森林资源，其他环境资源较少涉及。现在，越来越多的学者用旅行成本法研究自然保护区、湖泊、公园等的环境价值。

评估方法多样化。早期中国对旅行成本法的研究多采用分区旅行费用模型（Zonal Travel Cost Model, ZTCM）和个人旅行费用模型（Individual Travel Cost Model, ITCM）两种方法，目前，随机效用模型（Random Utility Model, RUM）旅行费用区间分析模型（Travel Cost Interval Analysis, TCIA）方法也得到广泛应用。

逐渐重视比较研究。除了用单一方法得出结论外，现在学者在进行环境资源价值评估时，更多地用不同模型进行比较研究，研究结果更有说服力。

参考文献：

［美］A. 迈里克·弗里曼：《环境与资源价值评估——理论与方法》，中国人民大学出版社2002年版。

［美］阿尼尔·马康德雅等：《环境经济学辞典》，上海财经大学出版社2006年版。

［美］汤姆·蒂坦伯格：《环境与自然资源经济学（第七版）》，中国人民大学出版社2011年版。

王金南：《环境经济学：理论、方法、政策》，清华大学出版社1994年版。

Aaron J. Douglas, Jonathan G. Taylor, A New Model for the Travel Cost Method: the Total Expenses Approach, *Environmental Modelling & Software*, 1999.

Anex, R. P., A Travel-cost Method of Evaluating Household Hazardous Waste Disposal Services, *Journal of Environmental Management*, 1995.

Cameron. T. A., Combining Contingent Valuation and Travel Cost Data for the Valuation of Nonmarket Goods, *Land Economics*, 1992.

Clawson, M., *Methods of Measuring Demand for and Value of Outdoor Recreation*, Washington D. C.: Resource for the Future, Reprint No. 10, 1959.

Clawson, M. and Knetsch, J. L., *Economics of Outdoor Recreation*, Baltimore: Johns Hopkins University Press, 1966.

Hotelling, H., *The Economics of Public Recreation*, Washington D. C.: The Prewitt Report, National Parks Service, 1947.

Stale Navrud and E. D. Mungatana, Environmental Valuation in Development Countries: The Recreational Viewing of Wildlife, *Ecological Economics*, 1994.

Ward, F. A, Beal, D. J., *Valuing Nature with Travel Cost Models*, UK: Edward Elgar, 2000.

（李晓西　蔡宁）

排污权交易
Pollution Rights Trading, Emission Trading

对于"排污权"，可以有两个层面上的认知：(1)广义的排污权即排放污染物的权利，它派生于环境权，是指权利主体向环境排放污染物，使用环境容量资源的权利；(2)狭义的排污权，是指排污主体（污染源）遵照环境保护监督管理部门分配的污染物允许排放额度（不超过环境吸纳和自净能力），在生产活动中排放不超过该额度的污染物，通过生产的顺利进行而获得经济利益的一种权利。

"排污权交易"是指在一定区域范围内，在污染物排放总量不超过允许排放量，即污染总量控制的前提下，通过排污权的初次分配，使得区域内部各污染主体（污染源）获得合理的、定额的污染排放权利，然后各污染主体（污染源）之间通过交易的方式相互调剂允许排污量，从而达到减少治污成本、高效率保护环境的目的。这就是所谓的"总量控制前提下的排污权交易（Cap and Trade）"。它的主要思想就是确定合法的、可交易的污染物排放权利，并以可交易的"排污许可证（Tradable Emission Permits）"形式具体体现，进而建立排污权交易市场（Market for Pollution Rights Trading），允许这种权利在市场上像商品那样被买入和卖出，以此提高污染物排放控制的经济高效性。

环境经济学认为，产生环境问题的根源在于外部性导致的社会成本与私人成本不一致。排污权交易是内部化环境成本、解决环境问题的重要经济手段之一。美国经济学家约翰·戴尔斯（John Dales）在发展科斯（Ronald H. Coase）理论的基础上，将产权概念引入污染控制领域，于1968年最先提出了排污权交易的理论：如果能够明确初始的污染排放权分配，并赋予其可交易性，"建立起市场机制，企业将发现，只要有效地减少了污染，它们就能同那些污染排放较多的企业进行交易从而获得资金"。

排污权交易的意义在于，它作为以市场为基础的对企业的经济激励制度安排：排污权的持有者如果能够高效、低成本削减污染物而超量减排，或者由于生产安排的变更出现排污权"过剩"，将成为排污权的卖出方或供给方；而另一些污染主体（污染源）或由于污染减排效率低（减排成本高），或需要扩大生产规模，或作为后来者希望进入本区域开展生产，将成为排污权的买入方或需求方；最终排污权供给方通过向排污权需求方出售排污权获得经济回报，而排污权需求方通过买入排污权节省了成本支出。这样，在实现总量控制的前提下，排污权的交易双方获得了经济效益，并在总体上降低了污染物总量控制的成本。

排污权进入市场进行交易，既通过市场鼓励了治污行为并对企业环保行为实现补偿，也通过市场实现了环境容量资源权利（物化为排污权）的价值化，实现了对环境权利使用者的软性“收费”（区别于硬性的“排污收费（Emission Charge）”）并符合“污染者付费原则（Polluter Pay Principle）”。

考虑到生产经营行为必然带来污染的排放，排污权实际上也构成生产经营权的一个方面：排污权购买方为了新增生产经营权利，不得不付出代价购买排污权，其支出的费用实质上是环境污染的代价，成为生产成本的组成部分——这就实现了污染“外部性成本的内化”。而排污权的出卖方则由于获取经济收益而受到激励，具有提高治污水平的积极性，使污染总量控制目标得以高效低成本的实现。这样，治污就从政府的强制行为变为企业自觉的市场行为，其交易也从政府与企业行政交易（如“排污收费（Emission Charge）”）变成经济主体之间的市场交易。所以说排污权交易制度不失为推动污染总量控制的有效手段。

以美国最具代表性。美国联邦环保局（USEPA）于 1976 年 12 月创立了补偿政策，这是美国最早投入运行的排污权交易形式之一，该政策鼓励“未达标区”已有的污染源将排放水平削减到法律要求的水平之下，超量削减经环保局认可后成为“排放削减信用（Emission Reduction Credits, ERCs）”。在补偿政策之后，美国联邦环保局继续尝试将排污权交易用于大气污染源的管理，逐步建立起以补偿（Offset）、气泡（Bubble）、银行（Banking）和容量节余（Netting）为核心内容的排污权交易体系。1980 年初，确立了在规定期限前将汽油含铅量削减到原有水平 10% 的目标，同时规定了“铅交易计划”，目的在于为炼油厂达到该目标要求提供更大的灵活性。1985 年还建立了“铅银行制度”，直到 1987 年 12 月 31 日铅淘汰计划完成才终止。“铅交易计划”在实现环境目标方面非常成功，全美超过半数的炼油厂都参与了交易并提前完成了淘汰计划。1987 年 9 月 16 日同其他 23 国共同签署了《关于消耗臭氧层的蒙特利尔议定书》（*Montreal Protocol*）后，美国选择建立可交易许可证体系来履行其在公约下的承诺。根据削减目标，美国确定了各企业获得许可配额的基准线。企业获得的许可配额可以相互转让，并可以同其他签约国的企业进行跨国交易。1990 年根据美国国会通过的《清洁空气法》修正案提出的“酸雨计划”建立了 SO_2 排污交易政策体系，由参加单位的确定、初始分配许可、许可证交易、审核调整许可四个部分构成。以上所提及的计划都是由联邦政府启动的，各州是联邦计划的执行者。到 1994 年，为了达到空气质量标准，各州开始采用交易计划促进大幅度削减污染物排放。其中最著名的一项计划就是“加州区域清洁空气激励市场（Regional Clean Air Incentive Market, RECLAIM）”。在该计划下，400 多家工业污染源获得了 NO_x 和 SO_2 的年度排放限额，而且排放者在达到限额方面有很大的灵活性，包括向超量削减的企业购买信用。

排污权交易理论的另一个应用案例是全球温室气体减排机制。为了应对全球气候变化，《联合国气候变化框架公约的京都议定书》（*Kyoto Protocol*）不仅明确规定了缔约方温室气体减排的责任和目标，而且规定了清洁发展机制（CDM）和排放交易（Tradable Permits）等灵活履约模式，在明确该议定书附件 1 国家温室气体排放总量减排的目标下，通过交易行为来最大程度地降低全球温室气体减排的成本。

排污交易在我国的尝试始于 20 世纪 80 年代末期，这一时期排污权交易主要是在国家环境保护部门的推动下，集中在大气污染物排污权交易方面进行了试点。但是，受经济发展水平、思想观念、法律制度、监管能力等方面的制约，排污权交易制度没有成为一种普遍使用的解决环境问题的手段。“十五”期间，我国环保工作的重点全面转向污染物排放总量控制，为了使环保工作更加适应经济建设的需要，原国家环保总局提出了通过实施排污许可证制度促进总量控制工作，通过排污权交易试点完善总量控制工作的建议。建立排污权交易制度成为我国完善环境保护政策体系和措施体系的重要方向，很多省、区、市纷纷出台地方性法规，开始建立排污权交易制度。最近几年各级政府日益重视市场对环境资源配置的作用，十分关注环境经济政策的运用。原国家环保总局于 2007 年启动了国家环境经济政策试点项目，探索排污交易等政策。国务院印发的《“十二五”节能减排综合性工作方案》要求：完善主要污染物排污权有偿使用和交易试点，建立健全排污权交易市场，研究制定排污权有偿使用和交易试点的指导意见；开展碳排放交易试点，建立自愿减排机制，推进碳排放权交易市场建设。由于排污交易政策背后所隐藏的商机，一些对排污权交易进行商业化运作的公司开始成立，各地政府积极协助配合，共同打造排污权交易的平台。

与此同时，在我国的排污权交易试点过程中也暴露出一些问题，主要包括以下方面：一是排污交易政策和法规还不健全；二是排放权配额分配方法不完善，政府干预过多；三是排放监测和监管能力不足；四是排污交易市场规模小，市场机制没有充分发挥作用；五是减排技术发展不足，新增的排放权供给有限，制约了排污权交易市场的发展；六是排污权交易与现有环境政策，特别是与排污收费的关系尚未厘清。

参考文献:
吴健、马中:《美国排污权交易政策的演进及其对中国的启示》,载于《环境保护》2004 年第 8 期。
王金南、董战峰、杨金田、李云生、严刚:《排污交易制度的最新实践和展望》,载于《环境经济》2008 年第 10 期。
Dales J. H. , *Pollution*, *Property and Prices*, University of Toronto Press,1968.
ReimundSchwarze, et al. , Sulfur Allowance Trading and the Regional Clean Air Incentives Market: A Comparative Design Analysis of Two Major Cap-and-Trade Permit Programs? *Environmental and Resource Economics*, 2000,17.

(毛显强　刘倩)

排污者付费原则
Polluter Pays Principle(PPP)

排污者付费原则指商品或服务的提供者因生产过程排放污染物造成环境损害而承担费用的原则。采用这一原则可以促进资源的合理利用,防止或减轻环境损害。与这一原则相对的,是受害者付费原则(Victim Pays Principle,VPP),后者意味着环境资源的产权属于污染者而不是受污染损害的一方。

在传统上,各国主要采取国家投入公共资金的办法治理和控制环境污染。这会造成污染成本的社会转嫁,很不利于抑制污染环境行为;而且随着环境污染的累积,国家的污染治理和控制费用持续增长,财政负担有越来越沉重。

1972 年,经济合作与发展组织(OECD,以下简称经合组织)在《关于环境政策国际层面指导原则的建议》中,率先提出了不同于传统做法的排污者付费原则,即污染者承担能够把环境改变到权威机构所认可的"可接受状态"所需投入的成本。提出这一原则的目的,在于指导预防和控制污染费用的分配,以鼓励稀缺环境资源的合理利用。1974 年,经合组织理事会又发布了《关于实施污染者负担原则的建议》,将污染者负担原则确立为其成员国应当遵守的一项基本原则。

排污者付费原则具有三个方面的功能。第一,依据排污者付费原则实施的环境税费制度可以帮助公共机构从污染者处获得必要的资金,为弥补环境损失以及预防、控制和治理环境污染提供资金保证。第二,实施排污者付费原则,可以鼓励生产者积极采取措施减少污染,鼓励生产者开发、选择污染较少的原材料、产品和技术。第三,排污者付费原则具有明确环境污染民事责任、救济污染受害者的功能。

随着时间流逝,排污者付费原则已经由最初的政策原则,转化为国际环境法和各国环境法的核心理念和基本法理,从而具有了法律的约束力。如 1992 年联合国环境与发展大会通过的《里约环境与发展宣言》明确规定:"国家当局考虑到造成污染者在原则上应承担污染的费用并适当考虑公共利益而不打乱国际贸易和投资的方针,应努力倡导环境费用内在化和使用经济手段。"欧盟宪法性文件《欧洲联盟条约》174(2)条款明确将排污者付费原则作为欧盟环境行动必须遵循的环境法原则之一。

我国环境法也规定了"谁污染谁付费"的原则。按照《中华人民共和国环境保护法》规定,"造成污染危害的,有责任排除危害,并对直接受到损害的单位或个人赔偿损失。""对违反本法规定,造成环境污染事故的企业、事业单位,由环境保护行政主管部门或者其他依照法律规定行使环境监督管理权的部门根据所造成的后果处以罚款。"

近年来,排污者付费原则沿着三个方向扩展:首先,"排污者"概念范围不断扩展。各国立法中的"排污者"逐渐贯穿于从原材料的加工、生产到流通、消费、废弃以及再生等各个环节,并且出现跨越国界的应用。其次,污染者付费原则的责任范围扩大到环境污染民事损害赔偿领域。排污者付费原则原来主要针对环境公益的补偿和恢复,目前这一原则已经扩展到因环境污染遭受人身、财产损失的公民、法人或其他组织,污染者承担赔偿的民事法律责任的情况,也就是对环境私益的赔偿。最后,使用者也纳入其中,从而使"排污者付费原则"扩展为"排污者与使用者付费原则"(Polluter and User Pays Principle)。如生活垃圾收费正是基于以上原则提出的。作为使用者,居民和企事业等单位享受由政府提供的垃圾收集、运输和最终无害化处理等服务,应为此支付费用。

参考文献:
欧洲环境局:《环境税的实施和效果》,中国环境科学出版社 2000 年版。
柯坚:《论污染者负担原则的嬗变》,载于《法学评论》2010 年第 6 期。
OECD,Recommendation on Guiding Principles Concerning International Aspects of Environmental Policies,C(72)128(final),1972.
OECD,Recommendation of the Council on the Implementation of the Polluter-Pays Principle,C(74)223(final),1974.
J. Pezzey,Market Mechanisms of Pollution Control: Polluter-pays, Economic and Practical Aspects, R. Kerri Turner(ed.), Sustainable EnvironmentalManagement: Principles and Practice,Boulder,1988.

OECD, The Polluter-Pays Principle: OECD Analyses and Recommendations, 1992.

（李晓西　范世涛）

生态文明
Ecological Civilization

生态是自然界的存在状态，文明是人类社会的进步状态，生态文明则是人类文明中反映人类进步与自然存在和谐程度的状态。生态文明是在生态全球化背景下，为积极应对资源约束趋紧、环境污染严重、生态系统退化的严峻形势，为促进人与自然和谐共生、良性互动、持续发展的一种新型发展模式与理念。

《中国共产党第十八次全国代表大会报告》对生态文明内涵的解读是："建设生态文明，是关系人民福祉、关乎民族未来的长远大计。面对资源约束趋紧、环境污染严重、生态系统退化的严峻形势，必须树立尊重自然、顺应自然、保护自然的生态文明理念，把生态文明建设放在突出地位，融入经济建设、政治建设、文化建设、社会建设各方面和全过程，努力建设美丽中国，实现中华民族永续发展。"这是目前为止对生态文明最为权威和全面的阐释。

人类本身是自然界的产物，人与自然的关系自人类诞生就客观存在，但人类提出"生态文明"的概念，则是随着人们在处理与自然界关系的实践发展中认识不断升华的产物。原始社会，人类进入石器时代，劳动工具简陋，只能被动地依赖自然、顺从自然，人口规模和平均寿命都很低，从自然界获取很少的资源，维持着自身极低水平的生存和繁衍。在这一阶段，人类的主要生产方式就是捕猎和采摘，对自然的利用能力极为低下，其破坏作用也很小，没有也不可能产生生态危机，人与自然维持着以人对自然完全被动服从为特征的天人混沌一体的共处关系。农业社会，人类进入铁器时代，随着劳动工具的改进，生产力水平有了进步，人类主动利用自然、开发资源的能力增强，相应对自然有所破坏，局部地区甚至还较严重；同时，随着人口规模不断扩大在当时的生产力水平下，局部地区出现人口增长超过资源承载能力的状况，乃至引发争夺资源的战争。但从总体上看，人类开发利用自然的能力仍然低下，对自然的破坏也很有限；相对于人口规模和消费水平，资源环境还有较大容量，没有出现全面性的生态危机。这一阶段，人与自然维持着以局部性、阶段性不和谐但整体相对平衡为特征的共处关系。到了工业社会，人类进入机器时代，科技进步加快，大工业生产迅猛发展，人类利用自然、改造自然的能力空前增强，创造了前所未有的巨大物质财富，人口数量大幅增加、人均寿命大幅提升、人们的生活水平大幅改善，工业化的这些成果都是历史的进步；但同时传统工业化道路也使得人与自然的矛盾越来越尖锐，自然资源日趋匮乏，环境污染日渐严重，生态系统恶化加剧，人类生存和发展面临生态危机的重大威胁，人与自然的关系全面紧张，变得很不和谐。20 世纪六七十年代以来，随着西方工业化国家环境公害事件频发，以及两次世界石油危机，引起了人类对传统工业化道路弊端的警醒。民间环保组织纷纷涌现，环保运动此起彼伏。有识之士不断发出呼吁，1962 年出版的《寂静的春天》和 1972 年发表的《增长的极限》就是其中重要的代表。1992 年联合国环境与发展大会发表《里约宣言》和《21 世纪议程》，提出要走可持续发展道路，保护地球生态系统。与此同时，一些中外学者也陆续提出并使用了"生态文明"的概念。从上述历史背景可以看出，"生态文明"的理念是工业社会发展到一定阶段人与资源、环境矛盾日益尖锐的产物，是人们对人与自然的关系特别是传统工业化增长模式导致越来越严重的生态危机进行深刻反思的结果。

生态文明的核心问题是正确处理人与自然的关系。人与自然的关系是人类社会最基本的关系。一方面，人类与其他生物一样源于自然而产生，依赖于自然而存在和发展，因此人类绝不是可以任意支配自然的"主宰"；另一方面，人类与其他生物相比又有不同，人类可以通过社会实践活动有目的地利用自然、改造自然，不断改进人类的生存和发展方式，并创造着人类自身的文明，因此人类也绝不是只能被动适应自然的"奴仆"。大自然本身是极其富有和慷慨的，但同时又是脆弱和需要平衡的；人类人口数量的增长和生活质量的提高不可阻挡，相应地人类对自然界的影响也不断扩大，但人类归根结底也是自然的一部分，人类活动不能超过自然界容许的限度，即出现不可逆转丧失自然恢复的能力，否则将危及人类自身的生存和发展。生态文明所要强调的就是要处理好人与自然的关系，既要获取又有限度，既要利用又要保护，促进经济发展、人口、资源、环境动态平衡，不断提升人与自然和谐相处的文明程度。

在价值理念上，生态文明的本质要求是尊重自然、顺应自然和保护自然。尊重自然，就是要从内心深处老老实实地承认人是自然之子而非自然之主宰，对自然怀有敬畏之心、感恩之心，绝不能有凌驾于自然之上的狂妄错觉。顺应自然，就是要使人类的活动符合而不是违背自然界的客观规律。当然，顺应自然不是任由自然驱使，更不是让当代人停止发展，重返原始状态，而是在按客观规律办事的前提下，充分发挥能动性和创造性，科学合理地开发利用自然。保护自然，就是要求人类在向自然界获取生存和发展之需的同时，要呵护自然，把人类活动控制在自然能够承载的程度之内，给自然留下恢复元气、休养生息、资源再生的空间，实现人类对自然获取和给予的平衡，多还旧账，不欠新账,防止出现生态赤字和人为造成的生态不可逆的状况。在社会实践上,生态文明就是要求人要能动地与自然界和谐相处,在利用自然的同时又保护自然,形成人类社会可持续的生存和发展方式。具体来讲,我们所追求的生态文明,在实践中就是要按照科学发展观的要求,走出一条低投入、低消耗、少排放、高产出、能循环、可持续的新型工业化道路,形成节约资源和保护环境的空间格局、产业结构、生产方式和生活方式。在空间维度上,生态文明是全球性的问题。人类只有一个地球,生态危机是对全人类的挑战,解决生态问题具有世界整体性的要求,任何国家都不可能独善其身,都必须从全球范围考虑人与自然的平衡。各国对保障生态安全都负有共同而有区别的责任。在一个国家内部也是如此。在时间维度上,生态文明是一个动态的历史过程。人类发展的各个阶段始终面对人与自然关系这一永恒难题,生态文明建设永无止境。人类处理人与自然的关系就是一个不断实践、不断认识的解决矛盾的过程,旧的矛盾解决了,新的矛盾又会产生,循环往复,促进生态文明不断从低级阶段向高级阶段进步,从而推动人类社会持续向前发展。

参考文献:

中国共产党第十八届中央委员会第三次全体会议,《中共中央关于全面深化改革若干重大问题的决定》,2013 年 11 月 12 日。

中国共产党第十八次全国代表大会报告,《坚定不移沿着中国特色社会主义道路前进,为全面建成小康社会而奋斗》,2012 年 11 月 8 日。

中国共产党第十七次全国代表大会报告,《高举中国特色社会主义伟大旗帜,为夺取全面建设小康社会新胜利而奋斗》,2007 年 10 月 15 日。

习近平:《建设美丽中国,推进生态文明》,新华网,2013 年 7 月 22 日。

马凯:《坚定不移推进生态文明建设》,载于《求是》2013 年第 9 期。

姜春云:《拯救地球生物圈——论人类文明转型》,新华出版社 2012 年版。

贾卫列、杨永岗、朱明双等:《生态文明建设概论》,中央编译出版社 2013 年版。

卢风等:《生态文明新论》,中国科学技术出版社 2013 年版。

廖福霖等:《生态文明学》,中国林业出版社 2013 年版。

李绍东:《论生态意识和生态文明》,载于《西南民族学院学报》1990 年第 2 期。

沈满洪、程华、陆根耀等:《生态文明建设与区域经济协调发展战略研究》,科学出版社 2012 年版。

谢光前:《社会主义生态文明初探》,载于《社会主义研究》1992 年第 3 期。

张海潮:《生产实践与生态文明——关于环境问题的哲学思考》,中国农业出版社 1992 年版。

赵建军:《如何实现美丽中国梦:生态文明开启新时代》,知识产权出版社 2013 年版。

（李晓西　蔡宁）

生态补偿
Ecological Compensation

一般意义上的生态补偿,是指通过对损害生态环境的行为主体以不同方式进行费用征收,并以各种方式向保育生态环境的行为主体进行支付;以提高生态环境损害者的行为成本,从而促使该行为主体抑制其损害行为,减轻其行为带来的外部不经济性;同时提高生态环境保育者的行为收益,从而激励该行为主体强化其保育行为,增强其行为带来的外部经济性,达到有效保育生态的目的。生态补偿的理论基础是庇古(A. C. Pigou)手段和科斯(Ronald H. Coase)定理。二者的目的都是为了解决外部性问题,使社会成本内化;生态补偿手段是二者在生态与环境保护领域的具体应用形式。从 20 世纪 90 年代开始,生态补偿越来越多地被引入生态和环境保护领域。

生态补偿需要解决几个基本问题:谁补偿谁?补偿什么?补偿多少?如何补偿?

“谁补偿谁”是指“生态环境产权”(以下简称“产权”)的明晰问题。把这一问题放在首位是因为,生态补偿实质上是通过调节人与人的关系解决生态环境保护的问题。原则上,在某一生产或消费行为的相关方对于生态环境的产权明晰的情况下,当该行为导致产权拥有者利益受损时,产权非拥有者(该行为的受益方)应当补偿前者;而当产权非拥有者利益受损时,可以向产权拥有者支付补偿以购得生态环境权益。

举例而言,当产权拥有者因实施生态保护行为而自身利益受损时,产权非拥有者(该行为的受益方)应当向前者支付补偿;当产权拥有者损害生态环境,而使得产权非拥有者受损时,后者可向前者支付补偿以制止损害行为。当产权非拥有者损害生态环境,而使产权拥有者利益受损时,应当向后者支付补偿;当产权非拥有者实施生态环境保护行为,而使产权拥有者获益时,可向后者主张获取补偿。

但是,在产权没有明确界定的情况下,由于无法推定谁的行为妨碍谁、谁的行为惠及谁,因而也就不能做出谁应该补偿谁的决定。当所界定的生态环境产权边界十分明确时,生态补偿才是确定的、清晰的、公平的、有意义的。因此,生态补偿应以生态环境产权的明确界定作为前提,通过强制真实受益者补偿真实受损者,或通过弹性的市场交易体现生态环境产权转让的收益和成本,从而引导经济主体采取有利于生态环境的行为方式,使资源和环境得到适度的、可持续的开发和利用,使经济发展与保护生态达到平衡协调。

根据各国具体政策实践,生态补偿主要涉及与森林生态系统保护相关的生态补偿,与农业生态系统服务相关的生态补偿,与流域生态保护相关的生态补偿,与矿产资源开发相关的生态补偿,以及与生物多样性保护相关的生态补偿,等等。

从理论上讲,对于已经受损的生态系统而言,需要考虑“补偿”恢复该受损生态系统所需的成本,或补偿生态系统受到破坏所造成的损失(即丧失的生态服务功能价值);对于尚未受损的生态系统而言,需要考虑“补偿”受保护的生态系统所提供的生态服务功能价值,或保护行为主体因实施保护行为而放弃获利的机会成本。

但在实践中,支付生态服务功能价值这一方式难以实现,因为生态系统的生态服务功能价值难以准确计量,人们对计量结果往往存在较大争议;而支付恢复受损生态系统所需的成本,以及支付产权主体因为实施保护行为而放弃获利的机会成本,则因其财务成本可以通过市场定价进行评估而相对容易实现。一旦确认某项生态恢复或生态保护措施所产生的生态环境效益(生态服务功能价值)足够大,就可以根据该措施的成本确定补偿额度。因此,目前国际上普遍接受的补偿水平实际上以保护行为主体的机会成本补偿为准。

“如何补偿”是指生态补偿的机制和途径,主要包括以下几种:

一是生态补偿费与生态补偿税。生态补偿费和生态补偿税的基本思想是以费、税的形式,建立生态保护的公共财政体制。即公民向政府缴纳生态保护的费和税,委托政府代理解决各种生态问题,以消除不良生态影响。

二是生态补偿保证金制度。生态补偿保证金制度以1977年美国国会通过的《露天矿矿区土地管理及复垦条例》(*SMCRA*)为代表。根据SMCRA,企业进行露天矿的开采实行复垦抵押金制度,未能完成复垦计划的企业,其押金将被用于资助第三方进行复垦;采矿企业每采掘一吨煤,要缴纳一定数量的土地复垦基金,用于老矿区土地的复垦。英国1995年出台的环境保护法,德国的联邦矿产法等也都作了类似的规定。

三是财政补贴制度。政府财政预算外资金来源主要包括排污费、资源使用费等。对于保护生态环境的行动进行补偿时,“积极补贴”的资金最好是来自对非可持续性活动的征收。比如,对使用化石燃料的企业征收较高税收,用这部分收入来补贴不使用化石燃料的企业。

四是优惠信贷。小额贷款是以低息贷款的形式向有利于生态环境的行为和活动提供一定的启动资金,鼓励当地人从事该行为和活动。同时,贷款又可以刺激借贷人有效地使用贷款,提高行为的生态效率。

五是交易体系。例如,排污许可证交易市场、资源配额交易市场以及责任保险市场等是科斯定理在实践中的主要应用。

六是生态补偿基金。生态补偿基金由政府、非政府组织(NGO)或个人出资建立,用来支持生态保护行为或项目。由于受国家的财政体系影响较小,因此其操作比较容易。

七是捐款。捐款是国际非政府组织经常使用的补偿手段。一般是由个人或机构通过非政府组织用捐款的形式购买生物多样性或湿地环境的保护等,并不需要偿还。

国际上,另一个与生态补偿相当的常用概念是生态/环境系统服务付费(Payment for Ecological/Environmental Services, PES)。根据千年生态系统评估(MEA),生态系统服务可以理解为从大自然中获得的,能够同时满足人类和其他物种需求的效益。生态系统服务具有外部性,因为它们提供的效益未被付费,以致它们未被内部化在经济决策中。为了扭转生态系统退化,PES应运而生。PES一般被定义为:当且仅当提供者能保证一种定义良好的生态系统服务的供给,且该生态系统服务被买方(即愿意为之付费的人)自愿购买。国外的PES肇始于20世纪50年代的美国、加拿大、瑞士、欧盟等国家和地区,最著名的是80年代美国实施的“保护性储备计划”(Conservation Reserve Program, CRP)以防止土地荒漠化。如今,PES已成为全球范围内重要的生态保护手段,其大多数项目集中在生物多样性、碳交易、水、森林或景观资源等领域。

不同于国外的PES更多基于自愿性支付,目前我国实践中的生态补偿主要由政府主导,其模式主要有政府补偿模式和市场补偿模式两种。政府补偿是在国家行政权力的强制和保障下,由中央或地方政府通过财政补贴、政策扶持、项目投资、税费改革等多种手段,对生态服务提供者进行合理补偿的一种方式。我国政府生态补偿的实践始于20世纪80年代初,在需求的驱动下,实践先于理论研究,率先在国家、省、县市、村镇和流域等不同层次展开。90年代以来,中央政府通过执行大规模的、全国性的流域生态补偿对流域生态环境服务进行国家购买和补偿,以恢复主要江河流域的环境,包括退耕还林还草、南水北调中线工程水源地保护、天然林保护、京津风沙源治理、三北及长江中下游地区等重点防护林、野生动植物保护及自然保护区建设等大型生态保护与建设项目中的生态补偿。政府补偿模式一般适用于规模较大,补偿主、客体分散,产权界定模糊的生态补偿项目。市场补偿模式是生态服务受益者与提供者通过谈判及协商，运用市场机制对生态服务提供者进行直接补偿的一种方式，是政府补偿模式的有效补充。近年来，我国在水权交易进行了一些市场补偿模式的探索。但是实践中往往由于初始生态环境产权界定不清晰，以及交易过程中利益相关方众多，也使市场补偿模式补偿难度大、交易成本高。一般而言，市场补偿比较适用于规模较小，补偿主、客体集中，产权界定清晰的情况。

参考文献：

毛显强、钟瑜、张胜：《生态补偿的理论探讨》，载于《中国人口·资源与环境》2002 年第 4 期。

戴云、洪尚群、祝丽华、和兰娣：《生态储蓄、生态储备和生态补偿税是一场深刻环境革命》，载于《环境科学与管理》2007 年第 32 期。

赵景逵、朱荫湄：《美国露天矿区的土地管理及复垦》，载于《中国土地科学》1991 年第 1 期。

陶文娣、张世秋、艾春艳等：《退耕还林工程费用有效性的影响因素分析》，载于《中国人口·资源与环境》2007 年第 4 期。

Henry Shipley FLI, MRTPI, *The Evolution of Derelict Land Reclamation within the United Kingdom: a Local Government Perspective*, Addressed to Mine Land Reclamation and Ecological Restoration for the 21Century—Beijing International Symposium on Land Reclamatiom, 2000.

Carsten Drebenstedt, *Regulations, Methods and Experiences of Land Reclamation in German Opencast Mines*, Addressed to Mine Land Reclamation and Ecological Restoration for the 21 Century—Beijing International Symposium on Land Reclamatiom, 2000.

Daily, G. C., *Nature's Services: Societal Dependence on Natural Ecosystems*, Island Press, Washington, D. C., 1997.

Wunder S., *Payment for Environmental Services: Some Nuts and Bolts*, CIGOR Occasional Paper No. 2005(42).

（毛显强　刘倩）

生态成本
Ecological Cost

生态成本是指为保证社会经济正常运行的自然资源环境消耗、环境污染损失和生态系统破坏修复的成本总和。自然资源环境损耗成本是自然资源利用过程中实际使用消耗而导致资源拥有总量减少和可利用规模下降的损失，不论是再生性资源还是不可再生性资源，资源有限性和稀缺性，决定了资源利用过程就是生态成本增加过程。环境污染损失是指因经济社会生活活动引起环境系统破坏带来的危害损失。如有害废水排入河流、有害气体排入空气中导致的人、生物、动物患病或死亡，或者土壤变质、气候异常而引起的生态损失、健康损失和经济损失等。生态系统破坏修复成本是指为了修复生态系统恢复正常生态系统而进行的生态系统治理包括恢复、重建、改建、改造、改进和再植成本（如为防止噪音污染而建设隔音装置材料费用、治理气候变化和供水泛滥的植树造林和防护堤建设等）和生态系统保护（如退耕护还林、退耕坏草等）支出成本以及为进行生态系统恢复而投入的其他必需的辅助性投入（如对环境进行管理而发生的收集环境污染情报、测算污染程度、执行污染防止政策）而发生的各种费用。

对生态成本的具体构成做进一步的分析：一是资源耗减成本，包括保持原材料可持续性的成本和自然资源耗减成本；二是生态环境保护成本，可分为自然资源基本存量必要维护费、环境污染的预防支出、治污费用及其他支出等部分，该项成本耗费的发生能有效消除因自然资源现状改变和环境质量下降所产生的环境影响；三是生态环境损害成本，主要包括废弃物处理成本和环境破坏修复成本，即恢复由生态环境质量、结构、功能下降等造成的生态环境破坏的费用。生态环境具有为人类服务的功能，但是生态环境一旦遭到破坏，环境质量就会下降或者恶化，从而带来一定的经济和生态损失。这些损失加上为预防、减少这些损失的发生所支付的费用以及恢复被破坏环境的费用，共同构成了生态成本。

生态成本综合核算包括资源耗减成本核算（包括保持原材料可持续性的成本和自然资源耗减成本）；生态环境保护成本核算即自然资源存量必要维护费、环境污染预防支出、治污费用及其他支出等核算，该项成本耗费的发生能有效消除因自然资源现状改变和环境质量下降所产生的环境影响；生态系统环境损害及废弃物处理和环境破坏修复成本核算，即恢复由生态环境质量、结构、功能下降等造成的生态环境破坏的费用。损失、预防及减少损失的治理与修复等发生所支付费用及恢复被破坏环境费用核算，共同构成了生态成本核算的内容。

生态成本表现出了与其他传统成本不同的三个主要特征：

第一，生态成本核算范围的全面性和分散性。传统成本的范围一般只局限于产品生产过程，而生态成本核算范围包括原料的取得、加工、生产运输和销售过程、使用、再使用和维护过程、回收和分解及最后处置过程中发生的所有资源耗减、生态损害及保护等费用。第二，生态成本的发生源于自然资源的减少和生态环境的破坏。往往体现为整个社会经济系统内物质资产的减少。例如，自然资源和生态环境的费用直接体现为社会经济系统内物质资产的减少。第三，生态成本的产生是间断性与持续性并存。生态环境保护费用主要是耗用一定的人力、物力、财力等以保护生态环境所发生的费用,通常按每次生态环境保护活动的实际发生额计量,表现在成本核算上具有间断性特点。同时,自然资源的耗减与生态环境的降级是一个缓慢而持续的过程,具有很强的时滞性,在成本核算上具有持续性。一般来说,正确估价生产产品和提供服务的资源损耗或生态影响,进而通过市场价格机制将它反映出来,资源过度消耗、生态退化、环境污染等所造成的危害,都需要通过货币核算和公众评估的方法进行补偿和治理投入,并在产出的最终成本和价格制定中予以反映,因此,应将生态成本引入产品定价机制中。

控制生态成本的基本方法:第一是构建企业生态成本核算体系和方法。明确生态成本构成内容,按资源耗减成本、生态环境保护成本和生态环境损害成本等进行核算,通过使外部生态成本内在化,全面及时提供有关生态成本信息,把企业应承担的生态成本计入产品成本,通过市场竞争机制促使企业控制生态成本。第二是完善资源产权市场,加强政府监管。通过建立和完善生态资源环境产权市场,对生态环境资源进行直接或间接定价,在资源性产品价格中体现资源耗减成本、生态环境损害成本、生态环境保护成本等生态成本,从而用价格形成机制引导绿色经济、循环经济、生态经济和低碳经济等经济发展,改进政府宏观调控及价格监管,构建体现生态成本的产品价格管理体制。第三是采取针对性措施,譬如通过确立生态资产所有权、确定生态资产价格、坚持"谁污染,谁付费"原则等,进一步加强对生态成本的控制。

参考文献:

[美]阿兰·V·尼斯、詹姆斯·L·斯威尼:《自然资源与能源经济学手册》第1卷,经济科学出版社2007年版。

樊胜岳等:《生态经济学原理与应用》,中国社会科学出版社2010年版。

张亚连、邓德胜:《构建反映生态成本的企业产品定价机制》,载于《价格理论与实践》2012年第4期。

唐双娥、郑太福:《生态成本控制的公私法局限》,载于《社会科学家》2006年第1期。

《2010年中国生态环境成本达1.5万亿》,载于《21世纪经济报道》2013年1月15日。

崔凤山:《经济增长要计算生态成本》,载于《中国环境报》2006年5月25日。

方时姣、魏彦杰:《生态环境成本内在化问题》,载于《中南财经政法大学学报》2006年第2期。

王浩:《水生态系统保护与修复理论和实践》,中国水利水电出版社2010年版。

(张琦)

生态产业
Ecological Industries

生态产业是相对于传统产业而言的现代产业形态。生态产业以人与自然、社会、经济和谐发展为宗旨,以循环经济为理念,以绿色经济为实现路径,以经济效益、社会效益和生态环境效益为目标,按照生态自然规律、产业经济发展规律,以生态产品、绿色产品和环保产品为核心,运用现代科学技术手段而形成的资源综合开发利用与组织、生产与流通交易、经营与管理等的产业形态。生态产业是在生态经济理论产生后出现的。生态经济最早产生于20世纪60年代,美国经济学家鲍尔丁(Kenneth Ewart Boulding)发表《一门科学——生态经济学》论文首次提出。

生态产业的理论基础是生态经济理论、产业生态学理论和可持续发展理论。生态经济理论是生态学理论和经济学理论相结合的理论体系,即以生态经济效应即生态系统和经济系统相互作用的经济效益为核心,把经济发展同环境、资源、生态结合起来研究其综合效益的理论体系。产业生态学理论包括清洁生产理论、循环经济理论,它们都从不同层次构成了产业生态理论体系。可持续发展理论是以人口、经济、社会、环境、资源和文化相互协调,满足当代与后代需要和发展的综合性理论。可持续发展的核心是规范"人与自然"、"人与人"、"人与社会"、"自然与社会"协调关系,实现生存与发展、利用与保护、文化与进步的共生与持久、协调及高效发展。

生态产业的功能主要体现在维护自然生态系统和社会经济动态平衡,使生态产业的生产者、消费者之间物质循环及能量转化动态平衡,并使经济循环和资产价值循环动态平衡,从而提高整个生态圈的生产能力、消费能力与还原能力,产业经济利用效能、生产效益和可持续发展能力等综合能力提升。

生态产业特点主要体现在高效和谐性、可持续发展性和整体共享性。高效和谐性是指产业系统内要素及要素之间配置的高效与和谐,人与自然和谐及人与人和谐。具体说就是产业生产过程与周边环境要素都融入整个生产系统中,谋求资源高效利用和有害废弃物的零排放;集生产、流通、消费、回收、环境保护及能力建设为一体,促进物质流、信息流、能量流和价值流高效运转,实现生态和经济融合、经济发展和生态保护融合的目标。生态产业不仅用绿色发展促进生态文明和人类文明,促进经济增长和社会发展,而且依照绿色经济的生态文明建设,改变传统产业的各种弊端,实现物尽其用、地尽其力的和谐与高效系统。生态产业可持续发展性是指兼顾时序、空间、要素等多维体系合理配置自然、社会、经济文化多种资源,公平、持久型的满足现代与后代的持续生存及发展需要,可持续发展的核心是保持其健康、稳定、持续和协调发展。生态产业整体共享性是指生态产业系统不仅追求经济效益，而是兼顾自然、社会、经济和环境的整体性效益，不仅重视经济发展和生态环境协调，更注重人类生命及生活质量提高，是在整体协调下寻求发展，在区域间、产业链上实现平衡协调，即区域性和全球性合作共享系统，达到全球生态平衡。

影响生态产业发展的主要因素包括三个方面即生态系统影响因素、经济系统影响因素和生态科技水平即生态产业化与产业生态化转化效率因素。生态系统因素包含了生态能（如光能）、绿色发展度、生态能量转化度、有机质程度和生态要素平衡度。经济系统影响因素则包含了生态产业发展的资源可利用程度、人口因素、投入度（资本）、经济要素和市场要素配置效率、经济及资产产出率和经济组织效能等。生态科技水平因素主要包含了生态科技技能、生态技术水平、生态科技规模和生态能量及其用途研究和开发能力等，也就是产业生态化能力和效能与产业生态化的能力和效能的生态科技水平。因为生态产业是生态生产技术体系、生态生产组织体系和社会生态经济体制的有机统一。要通过技术进步改造传统产业和推动结构升级，开发建立绿色技术体系，通过技术进步推升生态产业竞争力。

生态产业是基于生态产品生产和再生产的产业，按照传统三次产业分类可将生态产业分为生态农业、生态工业、生态服务业等，也可将生态产业划分为新型的生态建设产业、环保产业及资源产业。随着产业生态化进程加快，尤其是生态化产品和绿色产品不断出现，新型生态环保产业和传统产业的生态化转型，构成了现代绿色生态产业体系。

中国生态产业理论研究和实践发展正在实践中不断推进。生态产业理论研究是以20世纪80年代初由著名经济学家许涤新首先提出加强生态经济研究和创建生态经济学研究开始，并于1982年11月召开全国第一次生态经济科学讨论会继而1984年2月成立了中国生态经济学会，从此，中国生态产业发展也随之开始研究和推进，进入21世纪，生态产业研究重要领域之一的绿色经济和绿色产业发展研究开始在中国得以起步和推进。

从实践来看，中国政府非常重视生态产业发展，从20世纪80年代初开始进行生态农业试点，从生态农业户、生态农业村开始，逐步扩大到生态农业乡、生态农林牧场，1990年扩大到生态农业县。1994年，中国政府就批准出台了《关于加快发展生态农业的报告》，1999年，国家环保总局先后批准海南、吉林、黑龙江、福建、浙江、山东、安徽、广东等8省为生态省建设试点。从1998年开始推行生态示范区建设、生态农业示范县建设、生态城市建设。1992年的《中国环境与发展十大对策》公开发表预示着我国政府把生态环境的保护和建设工作提上政府议事日程，1994年作为全球第一部国家级《中国21世纪议程》制定进而6个环境保护法规和9个资源保护法规制定，使我国生态环境综合治理进入全面规划、统筹实施新阶段；2002年《清洁生产促进法》实施，2006年中国环保总局发布《综合类生态工业园区标准（试行）》、《行业类生态工业园区标准（试行）》和《静脉产业类生态工业园区标准（试行）》三项标准等，进一步加快了中国生态产业发展从生态农业转入到了生态工业和生态服务业转变的新阶段，区域性生态产业园发展迅速，新型能源产业应用扩大。

参考文献：

许涤新：《实现四化与生态经济学》，载于《经济研究》1980年第11期。

许涤新：《生态经济学的几个理论问题》，载于《生态经济》1987年第1期。

许涤新：《农业生态经济的几个问题》，载于《经济研究》1984年第7期。

王耕今：《研究农业生态经济问题的基本出发点》，载于《农业经济问题》1982年第12期。

王如松、杨建新：《产业生态学和生态产业转型》，载于《世界科技研究与发展》2000年第5期。

杨建新、王如松：《产业生态学基本理论探讨》，载于《城市环境与城市生态》1998年第2期。

周文宗、刘金娥：《生态产业与产业》，化学工业出版社2005年版。

沈满洪等：《生态经济学》，中国环境科学出版社2008年版。

潘鸿、李恩等：《生态经济学》，吉林大学出版社2010年版。

北京师范大学科学发展管理与经济可持续发展基地等：《中国绿色发展指数报告》（2010——省级比较），北京师范大学出版社2010年版。

北京师范大学科学发展管理与经济可持续发展基地等：《中国绿色发展指数报告》（2011——区域比较），北京师范大学出版社2011年版。

北京师范大学科学发展管理与经济可持续发展基地等：《中国绿色发展指数报告》（2012——区域比较），北京师范大学出版社2012年版。

Frosch R. A., Gallopoulos N. E., Strategies for Manufacturing, *Scientific American*, 1989, 261(3).

Raymond R. Tan, From Process Integration to Eco-industrial Systems, *Clean Technologies and Environmental Policy*, 2008, 10(1).

Kumar, C., Patel, N., Industrial Ecology, Proc. National Acad, *Sci USA*, 1991(89).

（张琦）

生态足迹

Ecological Footprint

“生态足迹”是由加拿大不列颠哥伦比亚大学规划与资源生态学教授里斯（Rees, W. E.）于 1992 年提出，后经其学生威克内格尔（Wackernagel, M.）进一步完善推广而为世人所熟知。“生态足迹是指能够持续地提供资源或消纳废物的、具有生物（生态）生产力的地域空间，是维持一个人、地区、国家或者全球的生存所需要的，或者能够消纳人类所排放的废物的，具有生物（生态）生产力的地域面积”，而所谓的“生物（生态）生产力”，是指生态系统从外界环境中吸收生命过程所必需的物质和能量，从而实现物质和能量积累的能力。

也可以这样理解：在一定技术条件下，任何已知人口（某个人、一个城市和一个国家）的生态足迹，是生产这些人口所消费的所有资源和吸纳这些人口所产生的所有废弃物，所需要的“生物生产面积（Biologically Productive Area）”或“生态生产面积（Ecologically Productive Area）”。它既是既定技术条件和消费水平下特定人口对环境的影响规模，是人口目前所占用的生态容量；又代表既定技术条件和消费水平下特定人口持续生存对生态环境资源提出的需求，是人口所需要的生态容量。

更形象地说，生态足迹是指：“一只负载着人类与人类所创造的城市、工厂……的巨脚踏在地球上留下的脚印”。

根据生态经济最佳规模的观点，增长是有成本的，并不像朝着一个“空”的世界扩张那样是免费的。从本源上讲，生态足迹理论遵循如下的思路：人类要维持生存必须消费各种产品、资源和服务，其每一项最终消费的量都可以追溯到提供生产该消费所需的原始物质与能量的生物（生态）生产性土地的面积。所以，人类系统的所有消费在理论上都可以折算成相应的生物（生态）生产性土地的面积。由于考虑了人均消费水平和技术水平，生态足迹涵盖了人口对环境的总体和平均影响力。

生态足迹理论主要基于以下六个前提假设，即：（1）人类社会的生产和消费过程同时也是一种将自然资源转变为废弃物的过程；（2）该过程中的资源或废物流能够被转换为生产或消纳它们的生物（生产）生产面积；（3）具有生物（生态）生产力的 6 种土地（即可耕地、草地、森林、建筑用地、水域和化石能源用地）可以根据各自产量的大小，折算成标准单位“全球公顷（Global Hectare，单位全球公顷的生物生产力相当于当年全球土地平均生物产量）”；（4）各种土地类型的划分不存在重复交叉，在空间上是互斥的；（5）生态系统服务流量和有形自然资源的存量也能够由生物（生态）生产面积进行表达；（6）生态足迹有可能超过生态承载力，由此产生的生态赤字依赖于从其他地区输入资源、在其他区域处置废弃物或耗竭区域内部的自然资本存量等。

生态足迹的计算基于以下两个基本事实：（1）人类可以确定自身消费的绝大多数资源及其产生的废弃物的数量；（2）这些资源和废弃物能换算成相应的生物（生态）生产面积。计算过程主要考虑 6 种类型的土地：可耕地、草地、森林、建筑用地、水域和化石能源用地，并将这 6 类生物（生态）生产面积进行加权求和。

其计算公式为：

$$EF = N \times ef = N \times r_j \times \sum(aa_i) = N \times r_j \times \sum(c_i/p_i)$$

式中：EF 为总的生态足迹；N 为人口数；ef 为人均生态足迹；aa_i 为人均 i 种交易商品折算的生物生产性土地面积，i 为消费商品和投入的类型；r_j 为均衡因子，因为单位面积可耕地、草地、森林、建筑用地、水域和化石能源用地等的生物生产能力差异很大，为了使计算结果转化为一个可比较的标准，有必要在每种类型生物生产面积前乘上一个均衡因子（权重），以转化为统一的、可比较的生物生产面积；j 为生物生产性土地类型；c_i 为 i 种商品的人均消费量；p_i 为 i 种消费商品的平均生产能力。

生态足迹是一种测量和比较人类社会经济系统对自然生态系统服务的需求和自然生态系统的承载力之间差距的生物物理测量方法。通过生态足迹需求与生态足迹供给（亦即自然生态系统的承载力）进行比较，进而定量地判断某一国家、地区或城市目前的生态可持续发展状态，以便对未来人类生存和社会经济发展做出科学规划和建议。

生态足迹分析的方法与思想同样也适用于单一生态组分或对象的研究。从生态系统角度来讲，除了土地是基本生态组分以外，水、空气、能量等也是基本生态组分。费恩（Ferng）提出了能量足迹（Energy Footprint）概念；胡克斯特拉（Hoekstra）提出了水足迹（Water Footprint）概念，将生态足迹概念运用到能源和水资源的计算中。在极为重视碳排放及全球气候变化问题的今天，碳足迹概念也十分流行，与水足迹一道成为由生态足迹衍生出来的两个最重要的派生指标之一。世界自然基金会（WWF）、全球生态足迹网络组织（GFN）等机构均有对碳足迹、水足迹的单独评估。

从 2008 年起，中国环境与发展国际合作委员会（CCICED）等与 WWF 同步发表中国生态足迹报告。其中，2010 年发表的《中国生态足迹报告 2010——生态承载力、城市与发展》指出，与全球生态足迹的组成相似，中国 2007 年的碳足迹占生态足迹的 54%。在生态足迹研究内容和问题分析范围的拓展上,国内学者提出并测算了"旅游生态足迹"、"生态足迹空间扩散"等;同时也开展了对诸如采矿业、交通运输业、学校、土地规划、荒漠化等小尺度、特定产业或部门乃至具体项目的生态足迹研究。近年来,国内生态足迹研究也关注了生态消费与国内国际贸易的公平性、合理性等问题。例如,基尼系数被引入生态足迹研究中,并被作为生态足迹与生物承载力区域分布公平性的度量指标;也有学者在由农林产品、水资源等国内国际贸易引发的生态足迹区际转移等领域进行了探讨。

学界对生态足迹理论也存在一些争议,主要有以下几方面:(1)生态足迹假设的合理性,主要是假设生物(生态)生产面积只有一种用途,各种用地在空间上是互斥的。由于这一假设的存在,生态足迹计算结果可能过高或过低。(2)生态足迹不能表明土地的利用方式是否可持续,从而使生态足迹对可持续性的表述受到质疑。(3)生态足迹强调的是人类发展对环境和资源系统的影响及其可持续性,而没有充分考虑经济、社会、技术方面的可持续性,并不考虑人类对现有消费模式的满意程度,具有生态偏向性。(4)未考虑技术进步对可持续发展及生态足迹的影响,而预测未来的生态足迹及变化,以及未来的可持续性程度则恰恰是政策制定者关注的问题。(5)人类的福祉是多方面的,不宜用单一的、过分简单的指标表示,而且根据研究结果,当把生态足迹用于国家或地区层面的可持续发展评价时常常会出现这样的状况,即某地区经济越不发达,人们生活水平越低,可持续性越强,这与每个人具有发展的权力的可持续性理念是相违背的。

参考文献:

杨开忠、杨咏、陈洁:《生态足迹分析理论与方法》,载于《地球科学进展》2000年第6期。

[美]赫尔曼·E·戴利等:《生态经济学——原理与应用》,黄河水利出版社2007年版。

郭秀锐、杨居荣、毛显强:《城市生态足迹计算与分析——以广州为例》,载于《地理研究》2003年第5期。

尚海洋、马忠、焦文献、马静:《甘肃省城镇不同收入水平群体家庭生态足迹计算》,载于《自然资源学报》2006年第3期。

曹淑艳、谢高地:《基于投入产出分析的中国生态足迹模型》,载于《生态学报》2007年第4期。

陈丽萍、杨忠直:《中国进出口贸易中的生态足迹》,载于《世界经济研究》2005年第5期。

Rees, W. E., Ecological Footprint and Appropriated Carrying Capacity: What Urban Economics Leaves Out, *Environment and Urbanization*, 1992, 4(2).

Wackernagel, M., and Rees, W. E., *Our Ecological Footprint: Reducing Human Impact on the Earth*, Gabriola Island: New Society Publishers, 1996.

Rees, W. E., Revisiting Carrying Capacity: Area-based Indicators of Sustainability, In Wackernagel M. ed., *Ecological Footprints of Nations*, http://www.ecouncil.ac.cr/rio/focus/report/english/footprint/, 1996.

Ferng, J. J., Toward a Scenario Analysis Framework for Energy Footprints, *Ecological Economics*, 2002, 40.

Chapagain, A. K. and Hoekstra, A. Y., *Water Footprints of Nations*, Value of Water Research Report Series 16. UNESCO-IHE: Delft, the Netherlands, 2004.

Nathan, F., Measuring Sustainability: Why the Ecological Footprint is Bad Economics and Bad Environmental Science, *Ecological Economics*, 2008, 67.

(毛显强　刘倩)

生物多样性公约
Convention on Biological Diversity

《生物多样性公约》(以下简称《公约》)是1992年6月在巴西里约热内卢召开联合国环境与发展大会期间签署的一项保护地球生物资源的国际公约。该公约于1993年12月29日生效,重申各国对本国生物多样性资源拥有主权权利,同时亦负有保护生物多样性的责任。

对生物多样性的意义形成并达成国际共识,至少经历了20年的时间。自1972年6月斯德哥尔摩人类环境会议后,国际社会对环境与发展问题日益关注,如何解决经济社会发展与自然生态可持续性之间的紧张关系,真正走上可持续发展之路成为迫切需要回答的问题。1987年6月,世界环境与发展委员会向联合国大会提交了题为《我们共同的未来》的报告。该报告突出强调将经济学和生态学纳入决策过程的重要性以及出于经济、环境和可持续发展需要的考虑对地球上所有不同物种予以保护的重要性,建议将拟定物种保护公约作为头等优先事项,以应对物种消失和生态系统受到威胁的问题。联合国环境规划署(UNEP)于1988年11月至1990年7月在日内瓦召集生物多样性特设工作组,探讨签订国际生物多样性公约的必要性和可能形式,并于1990年至1991年在内罗毕召开了两次生物多样性法律和技术专家特设工作组会议,针对保护和持续利用生物多样性问题起草国际法律文书。1991年5月,法律和技术专家特设工作组被改称为政府间谈判委员会。1992年5月生物多样性公约协议案文通过大会在内罗毕召开,会议逐条通过了政府间谈判委员会起草的《公约》文本。《公约》于1992年6月在巴西里约热内卢联合国环境和发展大会期间开放供签字。中国于1992年6月11日签署《公约》。

1993年4月5日《公约》对我国生效。

《公约》确立了三大主要目标:保护生物多样性;生物多样性组成成分的可持续利用;以公平合理的方式共享遗传资源产生的惠益。

《公约》规定,依照联合国宪章和国际法则各国具有按照其环境政策开发资源的主权权利,同时亦负有责任,确保在它管辖或控制范围内的活动不致对其他国家的环境造成损害,并遵循以下基本原则:主权原则、预先防范原则、以就地保护为主、移地保护为辅的原则以及国际合作原则。

《公约》条款主要包括以下内容:制定生物多样性保护的国家战略和行动计划;对生物多样性进行调查和监测;建立保护区系统,对生物资源进行就地保护,同时展开相应的移地保护作为辅助;强调生物资源的可持续利用以避免和减少对生物多样性的不利影响;管理和控制转基因生物在使用和释放时可能产生的危险,注重生物安全;促进和鼓励有关生物多样性的研究和培训;开展有关保护和持续利用生物多样性的宣传教育;对可能影响生物多样性的项目需进行环境影响评价并尽量减轻不利影响;确认各国遗传资源获取与惠益分享的权力和程序;制定相关技术取得和转让机制以及资金来源机制;形成和提交国家报告。

《公约》框架下还包括两项重要的补充协议,即2000年的《卡塔赫纳议定书》(*Cartagena Protocal*)和2010年的《名古屋议定书》(*Nagoya Protocal*)。

《卡塔赫纳生物安全议定书》(简称《卡塔赫纳议定书》)是一个旨在管辖现代生物科技产物改性活生物体(LMO)从一国到另一国转移问题的国际条约。该议定书于2000年1月达成谈判文本,并于2003年9月生效。《卡塔赫纳议定书》制定了事先知情同意程序,以确保各国在同意此类生物体进口到其境内之前获得做出知情决定所需的信息,并重申了有关慎重预防的原则。此外,该议定书还建立了生物安全信息交换所,以便开展有关改性活生物体的信息交流。中国参与了该安全议定书的拟订和文本谈判,并于2000年8月签署了议定书。《议定书》于2005年9月对我国生效。

《名古屋议定书》全称为《关于获取遗传资源和公正、公平分享其利用所产生惠益的名古屋议定书》,于2010年10月30日在日本名古屋通过。该议定书以《公约》规定的获取和惠益分享基本原则为基础,规定用户在获取资源前须获得遗传资源所在国的事先知情同意,并通过谈判商定获取和利用该资源的有关条件。《公约》还规定用户应与提供遗传资源的国家公平分享研究和开发此类资源的成果以及商业和其他方面利用此种资源所获得的利益。

《公约》设立了缔约国会议(COP)、秘书处和科学、技术和工艺咨询附属机构(SBSTTA)。缔约国会议是公约的决策机构,其主要职责是将各缔约方聚拢起来,一同评估公约的实施进展,通过工作方案,实现目标和提供政策指导。缔约国会议由科学、技术和工艺咨询附属机构提供协助,该机构主要负责就公约实施的技术方面向缔约国会议提供建议并回答缔约国会议向其提出的有关问题。缔约国会议还组建了另外一些附属机构来及时处理发生的具体事项。鉴于这些附属机构承担的任务及存在的时间都有限,而且它们向全体缔约方开放并且欢迎观察员的参与,因此被称作“不限成员名额特设工作组”。目前存在的该类工作组包括:获取和惠益分享工作组(ABS)、保护区工作组、公约实施情况评估工作组(WGRI)、第8(j)条工作组以及名古屋获取和惠益分享议定书的不限名额特设政府间委员会(ICNP)。公约秘书处办公地设在加拿大蒙特利尔,其主要职责是为公约提供行政支持以及与其他相关国际机构取得协调。

《公约》是在国际社会对可持续发展需求日益增加的背景下产生,在保护生物多样性、持续利用其组成部分,以及公平和合理地分享利用遗传资源产生的惠益等方面代表着巨大的进步。《公约》取得了这样的共识,即保护生物多样性是人类的共同利益,是人类发展进程中不可缺少的一部分,强调保护和持续利用生物多样性的重要意义,建立了公平合理地共享遗传资源惠益的原则。《公约》提醒人们,自然资源不是无穷无尽的,认为在利用生态系统、物种和基因时不能导致生物多样性的下降,而且保护生物多样性需要实质性投资,同时也应带给我们环境、经济和社会以显著回报。

为履行《公约》并协调履约行动,中国政府于1993年成立了由原国家环境保护局牵头的中国履行《生物多样性公约》工作协调组,其成员经三次增加,现已扩大到包括环境部、外交部、国土资源部等在内的24个部门。履约协调小组每年召开会议,制订年度履约计划,展开一系列形式多样的活动,初步形成了生物多样性保护和履行《公约》的工作机制。国务院于2003年成立了生物物种资源保护部际联席会议制度,统一组织和协调国家生物物种资源的保护和管理工作。许多省级地方政府也加强了生物多样性保护的协调机制,建立了省级生物多样性保护委员会,协调省级政府各相关部门的生物多样性保护行动。

中国政府支持和鼓励有关生物多样性保护与可持续利用的研究工作,开展了全国森林资源清查、全国典型海洋生态环境状况专项调查等全国性大规模调研,形成了一系列有价值、有影响的科研成果,在生物多样性保护和可持续利用方面取得了重大进步。

中国制定或修订了50余部有关生物多样性的法律法规,完善了生物多样性保护与可持续利用的相关制度,基本形成了保护和持续利用生物多样性的法律法规体系。此外,中国先后颁布了《中国生物多样性保护行动计划》、《全国生态环境建设规划》、《中国国家生物安全框架》等规划和计划,为我国生物多样性保护指明了方向。

参考文献:
王羲:《联合国环境规划署环境法教程》,法律出版社 2002 年版。
环境保护部:《中国履行〈生物多样性公约〉第四次国家报告》,中国环境科学出版社 2009 年版。
徐庆华:《保护人类赖以生存的生命系统:〈生物多样性公约〉回顾与展望》,科学出版社 2011 年版。
格洛夫卡:《〈生物多样性公约〉指南》,科学出版社 1997 年版。
国家环境保护总局履行《生物多样性公约》办公室:《生态系统与人类福祉:生物多样性综合报告》,中国环境科学出版社 2005 年版。
GEF/UNDP 中国国家环境履约能力自评估项目办公室:《中国履行国际环境公约国家能力自评估报告》,中国环境科学出版社 2006 年版。
卡里索萨:《履行〈生物多样性公约〉的经验》,中国环境科学出版社 2006 年版。
P. Bimie, A. Boyle, C. Redgwell, *International Law and the Environment*, Oxford: Oxford University Press, 2009.
Sands, *Principles of International Environment Law*, 2nd *Edition*, Cambridge: Cambridge University Press, 2003.

(李晓西　肖义欢)

生态保护红线
Ecological Red Line

生态保护红线,又称生态红线,是生态环境保护领域使用的一个较新的政策概念,用于说明生态环境保护的紧迫性和严格性。

生态保护红线是指为了维护一定生态环境质量而对人类开发活动做出的禁止性和限制性规定,是对生态环境划定的不能再降低的防护底线。

由此可见,生态保护红线的本质是最基本的生态环境保护要求,它反映的是在生态环境质量已经受到重大影响的情况下,必须用不可逾越的"红线"来对人类经济活动进行控制,坚守对生态环境退无可退的最后防线,因此它并不是很高的生态环境保护要求。

生态保护红线是由生态红线演变而来的。最初,生态红线主要是划定一些特殊生态系统如重要生态功能区、陆地和海洋生态环境敏感区、脆弱区等,开展水源涵养、保持水土、防风固沙、调蓄洪水、保护物种最小生存面积等工作。后来,生态红线逐渐成为对生态环境进行最基本保护的代称,所针对的不仅仅是特殊生态系统而是全部生态环境,即只要是为了维护一定的生态环境质量而做出的限制性规定都称为生态红线或生态保护红线。

目前,生态保护红线主要有四种表现形式:一是特定地理区域红线,例如,主体功能区、环境功能区、自然保护区等。在主体功能区中被列为限制开发区和禁止开发区的地区就主要发挥生态屏障和生态效益的功能,限制或禁止在这些区域进行经济开发活动。在自然保护区中,核心区中也是完全禁止除科考之外的人类活动的。二是自然资源使用上线,例如,煤炭使用量现在以每年 2 亿吨的速度增长,不能这样无限制增长下去,必须控制一个使用总量,这个量目前暂定为每年使用 40 亿吨左右。另外城市的机动车也不能无限制增长下去,必须进行总量控制,例如北京市暂定把机动车总量控制在 600 万辆。三是环境质量控制底线,即对于一个特定区域如城市,其环境质量可能因经济发展和人口增长而有所下降,但必须保证这种下降控制在一个限度之内,例如,城市空气质量必须常年保持在二级标准质量之上,低于这个标准时,必须采取污染减排和转移产能等措施来进行控制。四是污染物排放总量上限,即一个区域内环境承载和净化污染物的能力是有限的,必须根据各地情况制定污染物排放总量上限,以保证环境要素在满足生产需求的同时不影响满足人们的生活需求。现在四种主要污染物排放总量都在下降,但有些其他污染物排放总量还在增加,温室气体也在增加,对此也必须限定一个上限。

2011 年,《国务院关于加强环境保护重点工作的意见》提出:"加大生态保护力度。国家编制环境功能区划,在重要生态功能区、陆地和海洋生态环境敏感区、脆弱区等区域划定生态红线,对各类主体功能区分别制定相应的环境标准和环境政策。"这是生态红线最早出现在规范性文件之中。

2012 年,习近平总书记在中共中央政治局第六次集体学习中指出"要坚定不移加快实施主体功能区战略,严格按照优化开发、重点开发、限制开发、禁止开发的主体功能定位,划定并严守生态红线,构建科学合理的城镇化推进格局、农业发展格局、生态安全格局,保障国家和区域生态安全,提高生态服务功能。要牢固树立生态红线的观念。"

2013 年,《中共中央关于全面深化改革若干重大问题的决定》指出"划定生态保护红线。坚定不移实施主体功能区制度,建立国土空间开发保护制度,严格按照主体功能区定位推动发展,建立国家公园体制。建立资源环境承载能力监测预警机制,对水土资源、环境容量和海洋资源超载区域实行限制性措施。对限制开发区域和生态脆弱的国家扶贫开发工作重点县取消地区生产总值考核。探索编制自然资源资产负债表,对领导干部实行自然资源资产离任审计。建立生态环境损害责任终身追究制。”

参考文献：
鞠昌华：《生态保护红线成为综合性概念》，载于《中国环境报》2013 年 11 月 18 日。
高吉喜：《划红线是折中妥协的过程》，载于《南方人物》2012 年 11 月 23 日。
夏光：《用严格的制度体系保护环境》，载于《经济日报》2013 年 11 月 28 日。

（夏光）

人与生物圈方案
Man and Biosphere Programme

人与生物圈计划是联合国教科文组织于 1971 年发起的一项政府间的大型综合性跨学科的研究计划与培训计划。该计划是以生态能力建设为目标的发展规划，力图在社会和经济方面减少生物多样性丧失和其他生态方面的损失。人与生物圈计划旨在合理和可持续利用和保护生物圈资源，是人与环境之间总体关系的改善和发展的基础。人与生物圈计划综合了自然科学、社会科学、经济和教育等领域，以改善人类生活和保护自然生态系统为目标，促进创新经济发展，从而使人类社会、文化和环境以可持续发展的方式发展。

人与生物圈的基础与核心内容主要集中在生物圈保护区的建立和信息处理。生物圈保护区具有监测保护区域生态、促进可持续发展、提供科研教学材料和信息、相关培训等多种功能。其中心任务是通过自然科学和社会科学的结合，基础理论和应用技术的结合，对生物圈不同区域的结构和功能进行系统研究，并预测人类活动引起的生物圈及其资源的变化，及这种变化对人类本身的影响。生物圈保护区作为政策专业人士、决策者、研究和科学界、管理人员和有关各方的学习基地，有助于发展全球、国家和地方的可持续发展。

分布在世界各地的生物圈保护区，在互联网的辅助下，组成动态、互动的培训网络——世界生物圈保护区网。世界生物圈保护区网鼓励通过参与性对话、知识共享、专题网络、减贫和提供生态服务、尊重各种文化价值观、提高应对气候变化的能力，从而有效地管理自然资源和环境，实现可持续发展。通过世界生物圈保护网，人们识别和评估由人类和自然活动产生的生物圈的变化，以及这些变化对人类和环境的影响。近年来，世界生物圈保护网在气候变化的背景下的研究和比较，即在自然/近自然生态系统和社会经济过程的动态之间的相互关系、快速的生物多样性和文化多样性的丧失等影响生态系统的能力以及对人类提供生态服务等，为人类在资源的可持续利用、宜居环境的建设，以及促进可持续发展的环境教育等诸多方面发挥了重要作用。

人与生物圈计划的主要管理机构是人与生物圈计划国际协调理事会。该国际协调理事会是由联合国教科文组织大会选出的 34 个会员组成。人与生物圈计划理事会的作用主要集中在：指导和监督人与生物圈计划；审查正在实施的计划所取得的进展；对研究项目、国家、区域或国际合作组织提出建议；评估在项目与人与生物圈计划的活动之间的优先事项；协调人与生物圈计划的会员国所参与的国际合作；协调与其他国际科学计划的活动；对国际非政府组织的科学或技术问题进行磋商。人与生物圈计划国际协调理事会还在决定在新的生物圈保护区和定期审议生物圈保护区报告方面起着重要的作用。生物圈保护区的理念决定了人与生物圈计划国际协调理事会在管理职能和体制上的特点。因此，协调理事会的管理机构不单是自上而下委派的公共利益代表组成，还包括了自下而上的公共利益代表。协调理事会实行开放式、参与式和适应式的管理，主张在所有利益相关者之间建立伙伴关系来共同分享利益并且担负保护责任。

迄今为止，人与生物圈计划举行过三次阶段性会议。1995 年，在西班牙塞维利亚举行的国际会议决定的行动计划列入了《塞维利亚战略》和《世界生物圈保护区网法定框架》。2000 年，在西班牙潘普洛纳举行了塞利维亚会议五周年会议，会议就落实塞维利亚战略建议方面将要采取的各种行动做出了决定。第三次生物圈保护区世界大会于 2008 年 2 月在马德里举行，大会就《马德里行动计划（2008 ~ 2013）》达成一致。该行动计划建立在《塞维利亚战略》的基础之上，其目的是利用塞维利亚各项文件的战略优势，提高人们对生物圈保护区问题的认识，使之成为专门致力于 21 世纪可持续发展的主要国际公认领域。

在人与生物圈计划的发展过程中，其优先领域经过了多次调整。相关变化主要分为三个发展阶段：第一个阶段，1971 ~ 1981 年，初始计划涉及 14 个领域，包括各类不同的生态区域如陆地、沿海、岛屿、山地、干旱区，城市等生态系统，以及环境污染控制和自然保护；第二个阶段，1982 ~ 1991 年，人与生物圈计划更多地关注人类对各种生态系统的影响以及资源管理等具有应用价值的研究；第三个阶段，1992 年至今，人与生物圈计划对其优先领域进行了重大调整，集中在以下 4 个方面：生物多样性与生态过程的保护；区域性土地利用规划和资源的可持续管理；促进信息交流和加强培训和能力建设。

人与生物圈计划的提出受到了世界各国的重视。截至 2012 年，全球已有 117 个国家的 610 个保护地纳入了世界生物圈保护区网络。我国于 1973 年加入人与生物圈计划,1978 年,经国务院批准建立了设在中国科学院的中国人与生物圈国家委员会。截至 2012 年 12 月,我国有 14 个课题被纳入人与生物圈计划,有 31 个自然保护区加入了世界生物圈保护区。我国人与生物圈国家委员会于 1993 年建立了"中国生物圈保护区网络"(CBRN),目前已有 136 个保护区成员。人与生物圈计划的主要出版物有:《人与生物圈研究技术资料》、《人与生物圈计划报告集》和一些不定期的论文集等。

参考文献:

中华人民共和国环境保护部,2009 年 6 月,http://sts. mep. gov. cn/zrbhq。

马德里生物圈保护区行动计划(2008~2013 年)。

韩念勇:《生物圈保护区的核心理念》,2010 年 2 月 5 日,http://www. china-mab. cas. cn。

李文华:《"人与生物圈计划"的由来》,2010 年 2 月 5 日,http://www. china-mab. cas. cn。

贾振邦、黄润华:《环境学基础教程》(第 2 版),高等教育出版社 2004 年版。

李文华:《生态系统服务功能价值评估的理论、方法与应用》,中国人民大学出版社 2008 年版。

UNESCO: Ecological Sciences for Sustainable Development, 2011, http://www. unesco. org/new/en/natural-sciences/environment/ecological-sciences/man-and-biosphere-programme.

China Biosphere Reserves Network (CBRN), http://www. china-mab. cas. cn.

Books Llc, Biosphere Reserves: Man and the Biosphere Programme, World Network of Biosphere Reserves, General Books, 2010.

(娄安如 白瑞雪)

盖娅假说

Gaia Hypothesis

盖娅假说是英国化学家拉伍洛克(James E. Lovelock)1968 年正式提出的一个假说。在此之前,拉伍洛克参与美国宇航局探寻火星生命的研究。他从气体入手,对地球及其附近的火星、金星大气的气体构成进行比较,发现有生命的地球同火星、金星的大气气体构成明显不同。火星和金星大气中二氧化碳占绝对优势,而氧气、甲烷气及氮气的含量很低。如果将地球上的所有生命排除,然后用物理化学的方法计算地球大气中各种气体达到平衡状态时的浓度,那么大气中各种气体的浓度同火星、金星非常相似。但大约在 35 亿年前,地球上出现生命以后,太阳的辐射量增加了 30% 左右,地球上的气候却变化很少,地球表面的温度一直在 15℃左右(全球平均温度);大约 20 亿年前,由于光合作用的生物大量出现,地球大气中氧气不断增加,后来却一直稳定在 21% 左右。因此,他认为地球上的所有生命总体控制着地球的环境条件,从而使整个地球生态系统在演化过程中保持稳定性。

形成上述判断后,拉伍洛克 1968 年在普林斯顿举行的关于地球生命起源的科学大会上正式提出盖娅假说。该假说认为,地球上的所有有机体及其周围的无机环境(包括地表、大气圈和海洋的化学、物理状态)共同组成一个单一的、自调节的复杂巨系统,有机体活动既影响其无机环境,无机环境又反过来影响有机体,这个系统处于不间断的演化过程。其中,地球表面的温度和化学组成是受地球表面的生命总体(生物圈)所主动调节的。地球大气的化学成分、温度和氧化状态受天文的、生物的或其他的干扰而发生变化,产生偏离,生物通过改变其生长和代谢,如光合作用吸收二氧化碳释放出氧气,呼吸作用吸收氧气释放出二氧化碳,还有排泄废物、分解等,对偏离做出反应,缓和地球表面的这些变化。简言之,这个系统自动控制全球温度、大气中的氧量、海洋盐度以及其他因素,以便适于其中的有机体生存,而地球也仿佛一个"活着"的"有机体",渐进和间断相结合的生物自然选择进化是行星自我调节的重要部分。

拉伍洛克之所以用"盖娅"(Gaia)命名这一关于有机体与周围的环境共生演化的假说,是因为盖娅是希腊神话中的大地女神,地质科学和地理科学都是由这一词根派生出来的。

盖娅假说的早期版本表述不很清晰,而且主要根据观察结果提出,因而被看做缺乏解释、不可检验的世界观,并有与自然选择原理相悖的目的论之嫌。但他在 20 世纪 70 年代和美国生物学家马古利斯(Lynn Margulis)共同发展了这一假说,他自己也于 1979 年完成《盖娅:地球生命的新视野》一书,并多次重印和修订,将盖娅假说沿着共同进化论的方向推进了一大步。1981 年,拉伍洛克通过计算机仿真,设计了一个反射或吸收太阳辐射的白色或黑色雏菊世界(Daisyworld)。在这个世界,雏菊的数量随着普遍的表面温度变化而相对改变,因此雏菊群维持全球气温均衡。此后,更多生物多样性模型进一步提高了该系统的稳定性。在此之后,盖娅假说集中关注地球生命活动的大尺度效应,在地球生理学和地球系统科学中激发了大量的理论和经验研究,尤其是以下领域:关于海洋盐分的调节、大气氧分的调节、地球表面温度的调节、生物多样性和生态系统的稳定性、二氧化碳的处理、雏菊世界仿真实验(Daisyworld Simulations)。正因为盖娅假说已经得到大量科学实验的证实,并刺激了大量的有用预测,现在盖娅假说正在越来越发展为盖娅理论(Gaia Theory)。由于盖娅理论认为地球上的生命和其物质环境,包括大气、海洋和地表岩石是紧密联系在一起系统进化的，地球仿佛一个生理系统，拉伍洛克有时直接把盖娅假说称为地球生理学，认为地球生理学是把地球作为一个活的系统的整体性科学。

在盖娅假说提出以前，人们强调的只是生命要适应行星环境，因为生命和行星环境是按照分离的路径进化的。而盖娅假说突破了这一自然观，强调生物进化与环境进化的相互影响，从而深刻影响了科学界和公众的地球观。

当然，拉伍洛克本人也做过错误的预测。比如说，他一度认为，到了 2040 年，欧洲的夏季温度将在 110 到 120 华氏度之间，植物无法生长，从此失去粮食来源；欧洲中部地区——巴黎和柏林——将变成沙漠；由于海平面上升，英国人将不得不逃离家园；中国将变成一个不适于居住的国家；美国佛罗里达州可能从地图上消失。面对未来的灾难，人类没有任何选择，只能坐等噩梦来临。但他近年承认，“我的预测有误。我们并不真正了解地球的气候，20 年前，我们一度认为做到这一点。这种不了解导致包括我在内的一些人做出错误的预测，也因此出版了一些杞人忧天的著作。我们预测的可怕影响并没有出现。当前的气候并没有发生巨大变化。我们一度认为地球将变成一个酷热的星球，但事情并非如此。地球的温度较为稳定。不过，由于大气中的二氧化碳数量增多，气温确实有所升高，这一点是毫无疑问的”。但他同时也强调气候变化仍在发生，只是没有他此前认为的那么快速，所产生的影响也没有他预测的那么可怕。

另外，盖娅假说中的三个方面仍存在争论：盖娅系统的目标是什么？在地球的大气，环境等不断发生巨大变化时，盖娅如何保持自动平衡？盖娅系统主要通过计算机仿真模型研究，而科学理论是需要实际研究的。但正如拉伍洛克本人所说的，“像其他有用的假说一样，即使她不存在，但是通过在实验中提出问题探寻答案这一本身就有用的行为，她已经证明了自身的理论价值。”

参考文献：

[英]詹姆斯·拉伍洛克：《盖娅：地球生命的新视野》，上海人民出版社 2007 年版。

肖广岭：《盖亚假说——一种新的地球系统观》，载于《自然辩证法通讯》2001 年第 1 期。

丁贤去、韩广：《盖亚假说和地球表层研究》，载于《自然杂志》2004 年第 3 期。

Stephen H. Schneider and Penelop J. Boston, et al. , *Scientists on Gaia*, Cambridge, Massachusetts: The MIT Press, 1993.

James Lovelock, *The Ages of Gaia: A Biography of Our Living Earth*, New York: Bantan Books, 1990.

James Lovelock, *Healing Gaia*, New York: Harmony Books, 1991.

（范世涛）

绿色经济
Green Economy

绿色经济是在可持续发展框架要求下，资源生态与社会经济发展相协调，经济效益、生态效益和社会效益相统一，当代人和后代人利益相兼顾的发展模式。绿色经济以保护人类生存环境、有益于人的发展为特征，绿色经济发展不应构成增长的负担，而应是增长的引擎。通过新技术提高资源利用效率和开发新能源，形成涵盖生产、流通、消费等整个经济活动全过程和各领域的绿色发展，形成资源节约、环境友好的生产方式和消费模式。

绿色经济的提出源于人们对经济与环境协调发展的思考。1962 年，美国海洋生物学家蕾切尔·卡逊（Rachel Carson）在《寂静的春天》一书中将环境问题诉诸公众，它首次唤起了人们的环境意识和对于环境的关怀。1989 年，英国环境经济学家戴维·皮尔斯（David Pierce）等在《绿色经济蓝皮书》中首次提到“绿色经济”一词，认为经济发展必须是自然环境和人类自身可以承受的，不会因盲目追求生产增长而造成社会分裂和生态危机，不会因为自然资源耗竭而使经济无法持续发展，主张从社会及其生态条件出发，建立一种“可承受的经济”，并首次主张将有害环境和耗竭资源的活动代价列入国家经济平衡表中。

2011 年，联合国环境署发布了《绿色经济报告》，报告中将绿色经济定义为可促成提高人类福祉和社会公平，同时显著降低环境风险与生态稀缺的经济。换言之，绿色经济可视为是一种低碳、资源高效型和社会包容型经济。在绿色经济中，收入和就业的增长来源于能够降低碳排放及污染、增强能源和资源效率、并防止生物多样性和生态系统服务丧失的公共及私人投资。绿色经济需要政府通过有针对性的公共支出、政策改革和法规变革来促进和支持这些投资。绿色经济发展路径应能保持、增强，并在必要时重建作为重要经济资产及公共惠益来源的自然资本。

2008 年，联合国环境署启动了全球绿色新政及绿色经济计划，旨在使全球领导者以及相关部门的政策制定者认识到，经济的绿色化不是增长的负担，而是增长的引擎。基本目标是在目前全球多重危机下，通过这个倡议复苏世界经济，创造就业，减少碳排放，缓解生态系统退化和水资源匮乏，最终实现消除世界极端贫困的千年发展目标。2009 年，联合国环境署在 20 国峰会之前发表了《全球绿色新政政策概要》，呼吁各国领导人实施绿色新政，将全球 GDP 的 1%（大约

7500亿美元)投入提高新旧建筑的能效、发展风能等可再生能源、发展快速公交系统、投资生态基础设施以及可持续发展五个关键领域。随后,绿色经济得到了20国峰会的支持并写入联合声明,这标志着绿色经济从学术层面走向了国际政策操作层面。

欧洲在推进绿色经济方面走在了世界的前列。欧盟实施的是内涵最广的“绿色经济”模式,即将治理污染、发展环保产业、促进新能源开发利用、节能减排等都纳入绿色经济范畴加以扶持。在推进过程中,强调多领域的协调、平衡与整合。2009年3月9日,欧盟正式启动了整体的绿色经济发展计划,根据该计划,将在2013年之前投资1050亿欧元支持欧盟地区的“绿色经济”,促进绿色就业和经济增长,全力打造具有国际水平和全球竞争力的“绿色产业”,并以此作为欧盟产业及刺激经济复苏的重要支撑点,以实现促进就业和经济增长的两大目标,为欧盟在环保经济领域长期保持世界领先地位奠定基础。

德国大力实施“绿色新政”是以绿色能源技术革命为核心的,既以发展绿色经济作为新的增长引擎以摆脱目前的经济衰退,也谋求确立一种长期稳定增长与资源消耗的新经济发展模式。为此,注重加强与欧盟工业政策的协调和国际合作之外,还计划增加国家对环保技术创新的投资,并鼓励私人投资。德国政府希望筹集公共和私人资金,建立环保和创新基金,以解决资金短缺问题。

法国的“绿色新政”重点是发展核能和可再生能源。为了促进可持续发展,政府于2008年12月公布了一揽子旨在发展可再生能源的计划,涵盖了生物能源、太阳能、风能、地热能及水力发电等多个领域。除大力发展可再生能源外,政府还投资4亿欧元,用于研发电动汽车等清洁能源汽车。

美国发展绿色经济有着多重考虑。奥巴马的绿色新政主张对新能源进行长期开发投资,主导新一代全球产业竞争力,并提出了美国的中长期节能减排目标。“绿色新政”可细分为节能增效、开发新能源、应对气候变化等多个方面。此外,美国大力促进绿色建筑等的开发,并正在制订全新的智能电网计划,以减少电力运输过程中的浪费。

英国把发展绿色能源放在“绿色战略”的首位。2009年7月15日,英国发布了《低碳转型计划》的国家战略文件。这是迄今为止发达国家中应对气候变化最为系统的政府白皮书。该计划涉及能源、工业、交通和住房等多个方面。与该计划同时公布的还有《低碳工业战略》、《可再生能源战略》及《低碳交通战略》3个配套方案。

韩国政府也宣布争取在2020年前跻身全球七大“绿色大国”之列。为此,制定了绿色增长国家战略及五年计划,出台了应对气候变化及能源自立、创造新发展动力、改善生活质量及提升国家地位等三大推进战略,以及三大战略下涉及绿色能源、绿色产业、绿色国土、绿色交通、绿色生活等领域的政策方针。

在发展中国家中,墨西哥率先实行了绿色GDP核算。1990年,墨西哥在联合国支持下,将石油、土地、水、空气、土壤和森林列入环境经济核算范围,并且通过估价将各种自然资产的实物数据转化为货币数据从而估算出环境退化成本,实现绿色GDP核算值。

发达国家和发展中国家所处的发展阶段不同,实现绿色经济的方式、重点也应当有所区别。中国发展绿色经济应当立足基本国情,把促进发展、消除贫困、增强国家可持续发展能力作为绿色经济发展的出发点和目标,强调经济和环境之间的关系,也不能忽略公平。从“十一五”(2005~2010)开始,中国制定了一系列应对气候变化的政策,同时也在尽最大努力向绿色经济转型,绿色经济、绿色产业的投入和投资规模很大。此外,还采取了一系列应对气候变化的行动举措,如节能减排、发展循环经济等。这些在本质上都是开始探索实施绿色新政、发展绿色经济的体现。中国已经有效地降低了能源强度,实现了国家碳减排目标,减轻了污染,改善了人民生活质量。

中国的绿色经济发展的重点是:解决资源节约、污染治理、生态保护等绿色领域本身问题;发展新能源、节能环保技术、节能环保改造等绿色产业和绿色经济;将绿色发展的理念深入工业化、城市化的全过程中。为此,要处理好资源开发的短期效益与自然保护的长期效益之间的关系,充分调动公共部门、私营部门的角色以及调控机制和市场机制的作用,使社会上的每个人都关心绿色经济的发展,在生活方式方面也要实现绿色发展。

参考文献:

[美]蕾切尔·卡逊:《寂静的春天》,科学出版社2011年版。

科学技术部社会发展科技司:《适应气候变化国家战略研究》,科学出版社2011年版。

科学技术部社会发展科技司:《绿色发展与科技创新》,科学出版社2011年版。

中国科学院可持续发展战略组:《2011中国可持续发展战略报告——实现绿色的经济转型》,科学出版社2011年版。

北京师范大学科学发展观与经济可持续发展研究基地等:《2011中国绿色发展指数报告——区域比较》,北京师范大学出版社2011年版。

张春霞:《绿色经济发展研究》,中国林业出版社2002年版。

朱婧等:《中国绿色经济战略研究》,载于《中国人口、资源与环境》2012年第4期。

David Pearce, Anil Markandya, Edward Barbier, *Blueprint for a Green Economy*, Earthscan Publications Limited, London, 1989.

（张生玲）

绿色新政

Green New Deal

绿色新政是为应对当下经济、社会和环境危机而采取的综合措施，其目的是通过减少不同社会内部的不平等和在地球的物质承载范围内协调人类生活方式来确保不同地区和不同代际人类的繁荣和福利。简而言之，绿色新政是针对全球变暖和金融危机的一揽子政策。

根据联合国环境规划署（United Nations Environment Programme）北美办事处的文档记载，绿色新政这个概念最早是对各国应对全球金融和经济危机以及石油短缺和气候变化而采用政策的统称，是与20世纪30年代大萧条时期的罗斯福新政类似的一种说法。

Jill Stein组织进一步解释说，之所以称绿色新政是因为这些政策让各国走出金融危机的同时，还能帮助实现人类可持续的绿色的未来。

2008年7月，英国新经济基金会（New Economics Foundation）发布《绿色新政：经济和环境转型的新举措》，提出进入投资绿色能源时代，这是全球第一份政府名义发布的绿色新政文件。

2008年12月，联合国秘书长潘基文在波兹南全球气候大会上宣称，不管穷国还是富国都需要绿色新政，这是绿色新政第一次出现在国际社会。2009年3月，联合国环境规划署发布《全球绿色新政》报告，从全球的角度全面阐释了绿色新政的政策，并制定了经济复苏、减少贫困、减少碳排放和遏制生态退化的目标，成为联合国绿色新政的纲领性文件。

近几年，世界主要国家响应联合国号召，积极开展绿色新政，在经济刺激计划中更多地关注投资可再生能源、减少碳排放和保护环境等。

当前，主要发达国家及不少发展中国家制定的绿色新政措施主要涵盖开发清洁技术、节能增效、开发新能源、应对气候变化、建设生态系统基础设施、发展可持续农业等多个方面。如英国绿色新政计划的核心内容是到2050年碳排放减少到1990年水平的20%，主要从绿色能源、绿色生活方式以及绿色制造三方面入手。根据英国政府的计划，通过投资一系列清洁能源，包括海风发电、潮汐发电，到2020年，可再生能源在能源供应中要占15%的份额，其中40%的电力来自可再生、核能、清洁煤等低碳能源、绿色能源领域。德国绿色新政的重点发展生态工业。德国的生态工业政策包括：严格执行环保政策；制定各行业能源有效利用战略；扩大可再生能源使用范围；可持续利用生物智能；推出刺激汽车业改革创新措施及实习环保教育、资格认证等方面的措施。法国的绿色经济发展重点是发展核能和可再生能源。美国“绿色新政”的长期目标就是将发展新能源为主攻领域之一，以促进美国经济的战略转型。自奥巴马签署以发展新能源为重要内容的经济刺激计划以来，美国政府加大了对新能源领域的投入，制定了严格的汽车尾气排放标准，出台了《美国清洁能源安全法案》。按照新的汽车节能标准，到2016年，美国境内新生产的客车和轻卡每百公里耗油不超过6.62升。巴西政府则通过补贴、设置配额、统购燃料乙醇以及运用价格和行政干预等手段鼓励民众使用燃料乙醇，并协助企业从世界银行获取贷款。日本政府一直致力于宣传推广节能减排计划，主导建设低碳社会。还通过改革税制，鼓励企业节约能源，大力开发和使用节能新产品；韩国欲借绿色增长战略再创“汉江奇迹”。此次全球金融危机开始的时候，韩国就提出了“低碳绿色增进”的经济振兴战略，依靠发展绿色环保技术和新再生能源，以实现节能减排、增加就业、创造经济发展新动力等政策目标。目前，主要发达国家大力实施“绿色新政”战略意义：一是以发展绿色经济作为新的增长引擎，力图借此刺激经济复苏摆脱目前的经济衰退；二是谋求确立一种长期稳定增长与资源消耗、环境保护“绿色”关系的新经济发展模式；三是力争占领全球新一轮绿色工业革命制高点和全球经济的主导权。

中国提出的以人为本、全面协调和可持续的科学发展观，是典型的绿色新政理念。“十二五”规划是中国首部绿色发展规划，其中明确指出“面对日趋强化的资源环境约束，必须增强危机意识，树立绿色、低碳发展理念，以节能减排为重点，健全激励与约束机制，加快构建资源节约、环境友好型生产方式和消费模式，增强可持续发展能力，提高生态文明水平”。具体有三个基本目标：一是推进中国特色环境保护新战略和可持续发展战略，落实科学发展观，推动生态文明建设；二是依靠技术进步，提高产业的资源效率和绿色竞争力，实现绿色复苏，解决增长、脱贫和就业等发展问题；三是通过转变发展方式，特别是绿色转型，逐步从石化能源转向低碳、无碳的新能源，发展节能环保产业，促进经济体系的“绿色化”，以应对长期的气候变化和可持续发展挑战。同时，“十二五”规划着重突出了绿色发展的六大支柱，要求必须积极应对全球气候变化，加强资源节约和管理，大力发展循环经济，加大环境保护力量，促进生态保护和修复，加强水利和防灾减灾体系建设。与“十一五”相比，“十二五”规划绿色指标比重明显大幅度上升，资源环境指标从“十一五”的27.2%，增加到了33.3%。其次，“十二五”规划首次明确提出到2015年单位GDP二氧化碳排放减少

17%的量化指标，提出了增加森林覆盖率、林木蓄积量等量化指标；设定了支撑约束性指标，明确了绿色发展的激励约束机制，首次将深化资源型产品价格和环保收费改革作为五年规划改革攻坚的方向；要求强化节能减排目标责任考核，合理控制能源消费总量，使绿色发展贯穿经济活动的各个环节。

参考文献：

中国科学院可持续发展战略研究组：《2010中国可持续发展战略报告：绿色发展与创新》，科学出版社2010年版。

李晓西等：《国际金融危机下的中国经济发展》，中国大百科全书出版社2010年版。

张来春：《西方国家绿色新政及对中国的启示》，载于《发展》2010年第1期。

梁聪生：《论中国特色绿色新政的实施背景、目标与路径》，载于《经济研究导刊》2011年第20期。

李红霞、李琪：《全球绿色新政的动向与中国的策略》，载于《改革与战略》2011年第10期。

What Is Green New Deal, http://greennewdeal.eu/what-is-the-gnd.html.

A Green Economy: Conceptual Issues, http://www.rona.unep.org/documents/partnerships/GreenEconomy/GE_Conceptual_Issues.pdf.

The Green New Deal, http://www.jillstein.org/green_new_deal.

Elliott, et al. A Green New Deal: Joined-up Policies to Solve the Triple Crunch of the Credit Crisis, Climate Change and High Oil Prices, *New Economics Foundation*, 2008.

A Green Economy: Conceptual Issues, http://www.rona.unep.org/documents/partnerships/GreenEconomy/GE_Conceptual_Issues.pdf.

Global Green New Deal Policy Brief, http://www.unep.ch/etb/publications/Green%20Economy/UNEP%20Policy%20Brief%20Eng.pdf.

How is the Global Green New Deal Going, http://www.nature.com/nature/journal/v464/n7290/full/464832a.html.

（郑艳婷）

绿色消费理念

Green Consumption Principle

中国关于绿色消费的思想源远流长，早在《吕氏春秋》中便提到“竭泽而渔，岂不得鱼，而明年无鱼；焚薮而田，岂不获得，而明年无兽”的绿色消费理念。20世纪60年代，绿色消费运动流行于欧美地区，其主张是：在不削弱人类利益的基础上改善人与自然的关系。秉承这一理念，1963年，国际消费者联盟（International of Consumer Unions）正式提出绿色消费的概念，认为消费者应该具有环保义务，在消费过程中保护环境。

1988年，为建议消费者通过消费鼓励、引导厂商进行环境保护，英国学者约翰·艾金顿（John Elkington）和茱莉亚·海耶斯（Julia Hailes）在其合著的“The Green Consumer Guide”一书中提出“非绿色消费品”概念，即：危害到消费者和他人健康的商品；在生产、使用和丢弃时，造成大量资源消耗的商品；因过度包装，超过商品本身价值或过短的生命周期而造成不必要消费的商品；使用出自稀有动物或自然资源的商品；含有对动物残酷或不必要的剥夺而生产的商品；对其他国家尤其是发展中国家有不利影响的商品。倡导消费者不要购买以上商品，这被称为逆向定义绿色消费。1992年，英国学者肯·毕提（Ken Peattie）从消费者的消费过程引出绿色消费定义，其在“Green Marketing-Business Trends in the Crisis”一书中提出“绿色消费是与环境密切关联的消费购买行为”。

联合国环境与发展大会（United Nations Conference on Environment and Development, UNCED）通过《21世纪议程》（Agenda 21），将绿色消费概念演变为可持续消费概念，被国际社会广泛讨论。1994年，联合国环境规划署（United Nations Environment Programme, UNEP）首次将可持续消费定义为“提供服务以及相关的产品以满足人类的基本需求，提高生活质量，同时使自然资源和有毒材料的使用量最少，使服务或产品的生命周期中所产生的废物和污染物最少，从而不危及后代的需求”。

国外政府、研究机构、学者等还从消费者态度、消费者价值观等角度剖析绿色消费，运用价值—信念—规范理论、计划行为理论等研究讨论绿色消费的内涵。

经济与生态、资源、环境日益尖锐的矛盾，也激起了国内对绿色消费的研究热潮。1993年，中国环保人士提出了绿色消费的“3R、3E”原则。“3R”即：Reduce，减少非必要的消费；Reuse，修旧利废；Recycle，提倡使用再生原料产品。“3E”即：Economics，讲究经济实惠；Ecological，讲究生态效益；Equitable，符合平等、人性原则。还有学者在“3R”的基础上还补提了两个“R”，即：Reevaluate，绿色生活，环保选购，Rescue，保护自然，万物共存。

2001年，中国消费者协会在全国范围内开展主题为“绿色消费”的活动，从“衣、食、饮、住、行、用”六个方面对绿色消费行为做了较为详细的介绍和说明，鼓励消费者养成绿色消费习惯。中国消费者协会认为绿色消费包括三方面意思：一是倡导消费者在消费时选择未被污染或有助于公众健康的绿色产品；二是在消费过程中注重对垃圾的处置，不造成环境污染；三是引导消费者转变消费观念,崇尚自然、追求健康,在追求生活舒适的同时,注重环保、节约资源和能源,实现可持续消费。

综合国内外的研究成果,绿色消费具有以下几个显著特点:

环境友好。绿色消费要求消费者在消费中选择绿色无污染或低污染的消费品,尽量不使用高污染产品,实现环境友好。同时,在消费过程中也要做到绿色环保,合理使用消费品,循环利用消费废弃物。

资源节约。绿色消费鼓励消费者充分运用市场力量引导厂商进行绿色生产,在消费品的生产阶段实现资源节约。消费者在消费时偏好低能耗产品,在商品使用过程中也须避免浪费,防止能源资源的过度消耗。

代际公平。绿色消费着眼于未来,并不局限于当代消费。绿色消费的核心思想是通过环境友好与资源节约实现消费过程的可持续发展,为人类的千秋万代创造永续的消费环境。在满足当代人消费需求的同时,为后人留有良好的消费空间,实现消费的代际公平。

参考文献:

北京师范大学科学发展观与经济可持续发展研究基地、西南财经大学绿色经济与经济可持续发展研究基地、国家统计局中国经济景气监测中心:《2010 中国绿色发展指数年度报告——省际比较》,北京师范大学出版社 2010 年版。

中国科学院可持续发展战略研究组:《2012 中国可持续发展战略报告——全球视野下的中国可持续发展》,科学出版社 2012 年版。

中国消费者协会:《中国消费者协会"绿色消费"年主题宣传提纲》,中国工商出版社 2001 年版。

唐锡阳:《环球绿色行》,漓江出版社 1993 年版。

John Elkington and Julia Hailes, *The Green Consumer Guide*, Gollancz, 1988.

Ken Peattie, *Green Marketing-Business Trends in the Crisis*, Pitman, 1992.

The World Bank, Development Research Center of the State Council, the People's Republic of China, China 2030: Building a Modern, Harmonious, and Creative High-Income Society, 2012.

United Nations(UN), Agenda 21, 1992.

(李晓西 蔡宁)

绿色金融

Green Finance

绿色金融,是指金融部门注重对生态环境的保护及环境污染的治理,在投融资决策过程中考虑潜在的环境影响,把与环境条件相关的潜在的回报、风险和成本都融合进银行的日常信贷业务中。绿色金融的核心是将自然资源存量或人类经济活动造成的自然资源损耗和环境损失通过评估测算的方法,用环境价值量或经济价值量进行计量,并运用于金融资源配置、金融活动评价领域。

绿色金融与金融可持续发展的概念有所区别,金融可持续发展,指的是金融业自身的可持续发展,而绿色金融是指金融业如何促进环境保护,最终实现社会的可持续发展。主要作用是引导资金流向节约资源技术开发和生态环境保护产业,引导企业生产注重绿色环保,引导消费者形成绿色消费理念。

"绿色金融"的提出最初来源于生态银行。1974 年,联邦德国就成立了世界第一家政策性环保银行,命名为"生态银行",专门负责为一般银行不愿接受的环境项目提供优惠贷款,以促进生态事业和环境保护为目的,外界称这类银行为"绿色银行"。随后,伴随可持续发展概念的提出,金融业的绿色革命逐渐开始。1987 年,世界环境与发展委员会(WECD)提出《我们共同的未来》(*Our Common Future or Brundtland Report*)报告,为世界各国的环境政策和发展战略提出了"可持续发展"的基本指导原则。1992 年,联合国第二次环境与发展大会发布《里约环境与发展宣言》(*Rio Declaration*),又称《地球宪章》(*Earth Charter*),可持续发展成为了全球的普遍共识。1994 年,中国响应联合国环境和发展大会号召,修订并颁布了《中国 21 世纪议程》,将可持续发展作为基本国策。伴随可持续发展战略的兴起,绿色革命也席卷全球。与环境保护有关的事物,都被冠以"绿色",因此 1995 年,绿色金融概念产生,并被赋予了新的时代内涵。国内也有学者将绿色金融,称为生态金融。

绿色金融主要特点包括:首先,是研究金融与自然环境之间的关系,即通过金融部门自身的运作来支持环境保护,维护生态环境的平衡,体现金融与环境之间的循环往复关系,反映了金融与自然的可持续发展。其次,与传统金融的区别在于,更加强调人类社会的生存环境利益,它将对环境保护和对资源的有效利用程度作为计量其活动成效的标准之一,通过自身活动引导各经济主体注重自然生态平衡。最后,特别提出环境资源的公共产品特性,这就使得本身按照市场经济运作的金融业,以经济效益为目标的经营理念,势必无法兼顾绿色金融的发展初衷。因此,需要政府政策加以推动,以及考虑如何通过经济手段将公共产品的外部性转化为内部经济核算,从政府政策和市场机制两个方面,来促使金融机构主动考虑贷款方的生产或服务是否具有生态效率。

随着环境保护和可持续发展制度规则的日益清晰,可持续发展和绿色金融的概念逐渐被主流银行接受,并成为国际金融市场的重要规则之一。绿色金融主要集中在银行业,尤其是银行信贷业务,即"绿色信贷"。2002 年,世界银行下属的国际金融公司和荷兰银行等 9 家银行,在伦敦召开的国际知名商业银行会议上,讨论了项目融资中的环境和社会问题,并提出了一项企业贷款准则。这就是国际银行业赫赫有名的"赤道原则(The Equator Principles, EPs)"。这是由世界主要金融机构根据国际金融公司和世界银行的政策和指南建立的,旨在判断、评估和管理项目融资中的环境与社会风险的一个金融行业基准。这项准则要求金融机构在向一个项目投资时,要对该项目可能对环境和社会的影响进行综合评估,并且利用金融杠杆促进该项目在环境保护以及周围社会和谐发展方面发挥积极作用。目前"赤道原则"已经成为国际项目融资的一个新标准,全球已有 60 多家金融机构宣布采纳"赤道原则",其项目融资额约占全球项目融资总额的 85%。而那些采纳了"赤道原则"的银行又被称为"赤道银行"。

在中国经济的持续高速增长,带来了经济增长方式急需转变的要求。从粗放型向集约型增长的转变,从外延增长向内涵增长的转变,其中重要的考虑就是资源和环境对经济发展的承载程度,因此需要形成有利于环境保护的绿色金融运行机制。中国金融业认识到自身在环境发展中的作用,于 2007 年,国家相关部门提出"绿色信贷"、"绿色保险"和"绿色证券",绿色金融体系正式进入探索阶段。其中绿色信贷是绿色金融活动最重要的内容,目前中国的兴业银行也采纳了"赤道原则",成为"赤道银行",这也从一个侧面反映出我国"绿色金融"的发展尚处于起步阶段。

参考文献:
李杨等:《中国城市金融生态环境评价》,人民出版社 2005 年版。
卫兴华、侯为民:《中国经济增长方式的选择与转换途径》,载于《经济研究》2007 年第 7 期。
张哲强:《绿色经济与绿色发展》,中国金融出版社 2012 年版。
Report of the World Commission on Environment and Development, Our Common Future, United Nations, 1987.

(王诺)

绿色产品
Green Products

绿色产品又称环境意识产品,它是指能够满足用户的功能需求,并在其生命周期过程中能够经济地实现节省能源和资源,减少或消除环境污染,具有很好的生态效果的产品。

绿色产品的概念是 20 世纪 70 年代在美国政府起草的环境污染法规中首次提出的,但真正的绿色产品首先诞生于联邦德国。1987 年,联邦德国实施一项被称为"蓝天使"的计划,对在生产和使用过程中都符合环保要求,且对生态环境和人体健康无损害的商品,环境标志委员会则授予该产品绿色标志,这就是第一代绿色标志。1988 年,加拿大、日本和美国也开始对产品进行环境认证并颁发类似的标志,加拿大称之为"环境的选择",日本则称之为"生态标志"。法国、瑞士、芬兰和澳大利亚等国于 1991 年实行绿色标志制度,1992 年,新加坡、马来西亚和我国的台湾地区也开始实行这一制度。我国于 1993 年实行绿色标志认证制度,并制定了严格的绿色标志产品标准,目前涉及几类产品:家用制冷器具、气溶胶制品、可降解地膜、车用无铅汽油、水性涂料和卫生纸。迄今为止,已有 11 家企业的 18 种产品获得绿色标志。

在我国,绿色产品是指获得环境标志的产品,该类产品都是经过严格的认证程序,并完全符合中国环境标志产品技术要求。《中国环境标志使用管理办法》第 4 条规定:"在生产、使用及处置等过程中采取一定措施消除污染或减少污染,达到中国环境标志产品技术要求,并通过中国环境标志认证的产品,其生产企业可以向认证机构申请使用中国环境标志。"《环境标志产品认证管理办法》第 9 条规定:"申请认证的产品(以下简称产品)应具备以下条件:(一)属国家公布可开展认证的环境标志产品种类名录;(二)符合国家颁布的环境标志产品标准或技术要求;(三)能正常批量生产,各项技术指标稳定。"根据以上规定,环境标志产品具有以下特点:一是在产品生产的过程中,企业对周围环境排放的污染物必须符合国家或地方有关污染物排放标准;二是产品的质量、安全和使用性能等须符合国家关于质量、安全和使用性能等的相关标准以及节能环保的要求;三是企业在产品的设计、生产、使用、维护、回收、重用及处理处置的整个过程中,要全面考虑节能环保、可循环回收和再利用,并符合国家及国际相关标准的规定和要求;四是产品应获得国家相关权威部门或认证机构的相关认证。

绿色产品可以从不同的角度进行分类,例如,可按与原产品区分的程度分为改良型、改进型,也可按对环保作用的大小,按"绿色"的深浅来划分。"绿色"是一个相对的概念,很难有一个严格的标准和范围界定,它的标准可以由社会习惯形成,社会团体制定或法律规定。但依国际惯例,只有授予绿色标志的产品才算是正式的绿色产品。由于各国确定的产品类别各不相同,规定的标准也有所差别。德国是世界上发展绿色产品最早的国家,我们以德国为例,对该国的绿色产品分类作一简介,德国的绿色产品共分为 7 个基本类型:

一是可回收利用型,包括经过翻新的轮胎,回收的玻璃容器,再生纸,可复用的运输周转箱(袋),用再生塑料和废橡胶生产的产品,用再生玻璃生产的建筑材料,可复用的磁带盒和可再装上磁带盘,以再生石制的建筑材料等。

二是低毒低害的物质,包括非石棉闸衬,低污染油漆和涂料,粉末涂料,锌空气电池,不含农药的室内驱虫剂,不含汞和镉的锂电池,低污染灭火剂等。

三是低排放型,包括低排放的雾化燃烧炉,低排放燃气禁烧炉,低污染节约型燃气炉,凝汽式锅炉;低排放废式印刷机等。

四是低噪声型,包括低噪声割草机,低噪声摩托车,低噪声建筑机械,低噪声混合粉碎机,低噪声低烟尘城市汽车等。

五是节水型,包括节水型清洗槽,节水型水流控制器,节水型清洗机等。

六是节能型,包括燃气多段锅炉和循环水锅炉,太阳能产品及机械表,高隔热多型玻璃等。

七是可生物降解型,包括以土壤营养物和调节剂合成的混合肥料,易生物降解的润滑油、润滑脂等。

参考文献:

汪波、杨尊森、刘凌云:《绿色产品开发的组织管理》,载于《管理工程学报》2001 年第 3 期。

徐学军、张炜全、查靓:《基于生命周期视角的绿色产品开发过程研究》,载于《科技进步与对策》2010 年第 13 期。

曹柬、吴晓波、周根贵、胡强:《制造企业绿色产品创新与扩散过程中的博弈分析》,载于《系统工程学报》2012 年第 10 期。

刘国涛:《绿色产业与绿色产业法》,载于《中国人口·资源与环境》2005 年第 4 期。

付春晓:《我国"绿色产品市场柠檬效应"的法律对策研究》,山东师范大学,2011 年。

Bhat, Vasanthakumar N., Industrial Management, *Norcross*, 1993, 35(2).

Kivimaa P, Miekwitz P., The Challenge of Greening Technologies—Environmental Policy Integration Infinnish Technology Policies, *Research Policy*, 2006, 35(5).

(韩晶)

绿色核算

Green Accounting

绿色核算主要是指把资源和环境因素纳入国民经济统计中所建立的资源环境与经济一体化核算体系。绿色核算将形成考虑资源消耗成本和环境损失成本基础上的经济活动核算数据和结果,用以表示社会真实财富的变化和资源环境状况,为经济社会可持续发展的分析、决策和评价提供依据和参考。

绿色核算来源于人类对自然环境变化的认识和对可持续发展的探索,是在现行国民经济核算体系的基础之上发展和完善起来的。自 20 世纪 60 年代以来,面对自然资源短缺、生态环境恶化等问题给人类带来的挑战,人口、资源、环境协调发展的可持续发展观逐渐在全球范围内得到广泛认同。经济的可持续发展要求各国改变衡量评价国民经济社会成果的核算体系,以便更好地反映国民经济生产活动中的真实收益和成本耗费,促使人们珍惜资源和保护环境,以实现福利最大化目标。而传统的国民经济核算体系主要测算国民经济活动的经济效应,却没有反映自然资源消耗对经济发展的贡献和生态环境恶化带来的经济损失。在这一背景下,国际组织、各国政府和研究机构围绕绿色核算开展了一系列建设性工作,试图对传统的国民经济核算体系进行修正与完善,构建一个综合考虑资源与环境因素的、真实的、可行的、科学的核算体系,来衡量一个国家和区域的真实发展水平和进步程度。1993 年,联合国统计署和世界银行合作,将环境问题纳入正在修订的国民经济账户体系框架中,形成了一个系统的环境经济账户(Integrated Environmental and Economic Accounting, SEEA),首次提出了把环境核算纳入国民经济核算基本思路。经过联合统计署的研究和试算,SEEA 的体系逐渐完善,2003 年,联合国统计署又推出了系统环境经济账户最新版本 SEEA2003,作为世界各国进行环境与经济核算的指导性范本。绿色核算是在现行国民经济核算体系的基础之上发展和完善起来的,是从人类可持续发展的角度计量生产活动成果核算方式。绿色核算不仅考虑了经济要素,也以同样的重要性考虑了自然资源与生态环境要素,反映了资源环境与经济增长之间的关系,不仅可以增强和完善国民经济核算体系的功能,更有助于国民经济社会的长期可持续发展。

从核算方法上看,绿色核算主要建立资源、环境与经济一体化核算体系,在计算国内生产总值时,将自然资源损耗、环境治理费用等按照一定方法折算为货币扣除,得到经过环境调整的国内生产总值。目前,普遍采取的绿色核算的具体方法有两种:一是自然资源核算法,它注重实物量的核算,关注材料、能源和自然资源的实物资产平衡,是在国民经济核算框架基础上,运用实物单位建立不同层次的实物量账户,核算与经济活动对应的自然资源和污染物的产生、去除量、排放等的存量和流量;二是价值量核算法,主要估算各种资源消耗、环境污染和生态破坏造成的货币价值损失,把由生产活动引起的环境成本纳入生产成本。价值量核算法具体主要包括治理成本法和污染损失法。污染治理成本法是指基于环境治理成本的估价方法,主要计算为避免环境污染所支付的已经发生的实际治理成本和按照现行治理技术和水平全部治理所需支出的虚拟治理成本。污染损失法是指基于环境损害的评估方法,主要借助一定的技术手段和污染损失调查,计算环境污染所带来的种种损害。

不少国家和地区已经开展了绿色核算工作。美国、欧盟、日本等发达国家和地区积极尝试建立自己的包含资源环境核算的国民经济绿色核算体系。中国相关机构也进行了有关绿色核算的研究与实践。2004年,国家统计局、国家环保总局正式联合开展了中国绿色国民经济核算研究工作,并于2005年开展了全国十个省市的绿色国民经济核算和污染损失调查评估试点工作,最终在2006年提交了《中国绿色国民经济核算研究报告(2004)》,形成了中国第一份基于全国31个省份和41个部门的有关环境污染经济核算的国家报告。中国科学院可持续发展课题组提出了绿色GDP的测算方法,即绿色GDP为扣减自然部分的虚数和人文部分的虚数,其中自然部分的虚数从环境污染所造成的环境质量下降;自然资源的退化与配比的不均衡;长期生态质量退化所造成的损失;自然灾害所引起的经济损失;资源稀缺性所引发的成本;物质、能量的不合理利用所导致的损失六个因素中扣除。北京大学课题组在联合国SEEA基本框架和资源—经济—环境一体化投入产出核算通用框架的基础上,提出了一套绿色投入产出核算体系,结合中国国民核算特点,设计了环境经济综合核算矩阵和绿色社会核算矩阵,对中国1992年、1995年、1997年、2000年和2002年资源—能源—经济—环境状况进行了全面综合核算并做了初步核算分析。

需要注意的是,尽管许多国际组织和众多国家在绿色核算方面进行了有益的探索,但由于资源环境成本估价方法和基础数据资料来源存在巨大困难,目前在全球范围内,绿色核算仍然没有形成一套通行统一的绿色核算体系,现有的绿色核算结果也还不能完整反映出环境污染和生态破坏损失。长期来看,如何构建一个更加科学可行的绿色核算体系仍然是一个需要我们进一步深化研究的重要课题。

参考文献:

[英]彼得·巴特姆斯、[英]埃贝哈德·K·塞弗特等:《绿色核算》,经济管理出版社2011年版。

雷明等:《中国资源—经济—环境绿色核算(1992~2002)》,北京大学出版社2010年版。

潘岳、李德水:《建立中国绿色国民经济核算体系:国际研讨会论文集》,中国环境科学出版社2004年版。

王金南等:《中国环境经济核算研究报告(2004)》,中国环境科学出版社2009年版。

中国科学院可持续发展战略研究组:《2005中国可持续发展战略报告》,科学出版社2005年版。

於方、王金南、曹东、蒋洪强:《中国环境经济核算技术指南》,中国环境科学出版社2009年版。

[美]阿尼尔·马康德雅等:《环境经济学辞典》,上海财经大学出版社2006年版。

《环境经济综合核算(2003国民核算手册)》,中国经济出版社2005年版。

世界银行:《国民财富在哪里:绿色财富核算的理论、方法、政策》,中国环境科学出版社2006年版。

Integrated Environmental and Economic Accounting 2003.

(李晓西　赵峥)

绿色指数

Green Index

绿色指数(Green Index,GI)是用来测度特定时期内,一个国家或地区环境保护水平和资源利用效率的方法。绿色指数的产生源于人们对于资源环境的关注。绿色指数一般采用客观评价和主观评价两种方法。绿色指数的客观评价法主要是基于现有的统计数据,选取相应的指标,构建指标体系,确定指标权重,加权测算指标的综合得分值,对特定时期特定地区的"绿色"水平进行测度。绿色指数的主观评价法主要是采用调查的形式,通过设计相应的调查问卷来获取人们对于资源环境绿色程度的主观感受。

20世纪以来,人类社会发展过程中带来了巨大的资源消耗和严重的环境污染。人们逐渐开始意识到,环境和资源也是一种重要的财富。衡量一个地区的综合发展水平,除了需要传统经济上的指标外,也需要建立反映其资源环境水平的指标,绿色指数由此逐渐孕育而生。目前,比较有影响的绿色指数主要有两个,分别是1991年由美国学者霍尔和凯尔(Hall,B. & Kerr,M. L.)提出的美国各州环境质量"绿色指数"和2008年由美国《国家地理》杂志与加拿大的GlobeScan公司联合推出的消费者环境保护"绿色指数"。

1991年,美国学者霍尔和凯尔在《1991~1992绿色指数——对各州环境质量的评价》一书中明确提出了"绿色指数",运用测度环境健康的综合方法,评价了美国50个州的环境质量并对其进行排名,最后提出了改善环境状况的政策和方针。绿色指数评价指标体系分为一级、二级、三级指标共256个指标。其中,一级指标分为两大类:其一是绿色状态指标,由空气污染、水污染、能源消费和交通、有毒物质、危险品和固体废弃物、社区卫生和工作环境、农林渔业和娱乐7个二级指标共计179个三级指标构成;其二是绿色政策指标,由政府指导、政策促进两个二级指标共计77个三级指标构成,突出了政府在促进环境质量提高方面的作用。该绿色指数将各个指标的原始数据转换成人均数据、地均数据或相关比率,以尽量减少因各州面积或人口数量差异所产生的影响。在权重选择方面,绿色指数中每个指标被赋予了相同的权重,缺失值用适当的数值替代。所有的指标计算得到其单项排名,指标分类加总后得到综合排名。绿色指数测算结果显示:经济公平、公共卫生与整体环境三者之间存在着重要的关系,社会如果失去其中一环,就会面临出现危机的风险。

2008 年,美国《国家地理》杂志与加拿大的 GlobeScan 公司合作发起了一项名为"绿色指数"的全球调查,调查重点关注消费者行为中与环境密切相关的部分。该调查从消费者的视角来构建绿色指数,包括住房、交通、食品和其他商品四个部分,四部分的权重分别为 30%、30%、20%、20%。2008 年,针对 14 个国家的 14000 个消费者进行了首次调查。2009 年,调查扩展至 17 个国家。绿色指数的排名,印度、巴西、中国和阿根廷名列前四名,而美国、加拿大、日本和英国则排名靠后。同时,为了使绿色指数更能反映经济情况,美国《国家地理》杂志与加拿大的 GlobeScan 公司在原"绿色指数"基础上又增加了国家宏观经济层面上的消费指标。调查结果显示:一国的人均能耗与该国消费者绿色指数得分之间具有很强的相关性。

目前,虽然直接命名为"绿色指数"(Green Index, GI)的指标体系较少,但是与之相近的绿色经济领域的指标体系却很多,这些指标主要涉及生态环境保护、可持续发展以及国民经济核算等领域。国内外学者对此进行了大量研究,极大地丰富了绿色指数的研究。

1997 年,康斯坦察(Constanza)和卢布琴科(Lubchenco)等人构建了生态服务指标体系,以此测算全球自然环境为人类所提供服务的价值。2000 年,美国耶鲁大学和哥伦比亚大学合作开发了环境可持续性指标(Environmental Sustainability Index, ESI),对不同国家的环境状况进行系统化、定量化的比较。2006 年,该组织又首次发布环境绩效指标(Environmental Performance Index, EPI),运用环境健康、空气质量、水资源、生物多样性和栖息地、生产性自然资源和可持续能源六大类别中的 16 项指数,评估各国政府在环保方面的表现,并对世界各国进行排名。2005 年,欧洲理事会(European Council)提出了"可持续发展指标"(Sustainable Development Indicators, SDIs)。该体系包含三个层级,最高层的指标包括经济发展、公共交通、公共治理、公共健康、环境变化等 10 个方面。

中国学者也从多方面进行了研究。1984 年,中国环境科学研究院出版了《公元 2000 年中国环境预测与对策研究》,首次对全国环境污染损失进行了估算。从 1999 年起,中国科学院可持续发展研究组连续多年推出可持续发展指标体系,并对全国和各个地区的可持续发展状况进行测度。2001 年,国家统计局试编了"全国自然资源实物量表"。2004 年,国家统计局和国家环保总局(现为环境保护部)成立绿色 GDP 联合课题小组,开展了"中国绿色国民经济核算"研究,并在 2006 年发布了《中国绿色国民经济核算研究报告 2004》。

需要注意的是,由于绿色指数主要应用于环保领域,对整个经济社会的发展比较情况关注较少,成果运用尚有一定的局限性。此外,绿色指数研究主要是针对发达国家,而对于更需要绿色发展的发展中国家则关注不够。如何构建一个能统筹考虑"绿色"与"发展"的关系,是一项非常重要的研究课题,值得深入研究和探讨。

参考文献:

北京师范大学科学发展观与经济可持续发展研究基地、西南财经大学绿色经济与经济可持续发展研究基地、国家统计局中国经济景气监测中心:《2010 中国绿色发展指数年度报告——省际比较》,北京师范大学出版社 2010 年版。

[美]鲍勃·霍尔、玛丽·李·克尔:《绿色指数:美国各州环境质量的评价》,北京师范大学出版社 2011 年版。

牛文元等:《中国科学发展报告 2012》,科学出版社 2012 年版。

[美]蒂坦伯格:《环境与自然资源经济学》第七版,中国人民大学出版社 2011 年版。

[美]阿兰·V·尼斯、詹姆斯·L·斯威尼:《自然资源与能源经济学手册》,经济科学出版社 2010 年版。

[美]阿尼尔·马康德雅等:《环境经济学辞典》,上海财经大学出版社 2006 年版。

Bob Hall, Mary Lee Kerr, *1991-1992 Green Index: a State-by-state Guide to the Nation's Environmental Health*, Island Press, 1991.

Ree, W. E., Ecololgical Footprint and Appropriated Carrying Capacity: What Urban Economics Leaves Out, *Environment and Urbanization*, 1992, 4(2).

Christine Kim et al., Environmental Performance Index 2010, *Yale University and Columbia University*, January 28, 2010.

(李晓西 宋涛)

气候经济学

Economics of Climate

气候经济学是从经济学角度对气候问题进行分析的一门新兴学科,属于经济学的分支。主要集中于对气候变化经济基础的分析和解决该问题的规范和实证分析,具体内容包括减缓气候变化的成本和收益分析、对不确定性的处理、政策工具的选择以及国际政策协调等方面。

气候经济学的兴起是源于包括气候变暖在内的气候变化问题日益严重并受到了政府和学者的广泛关注。根据政府间气候变化委员会(IPCC)2007 年发布的第四次评估报告《气候变化 2007:综合报告》显示,全球气候变化是明显的。1906~2005 年,全球温度线性上升趋势为 0.74℃;自 1961 年以来,全球海平面上升的平均速率为每年 1.8 毫米,而 1993 年以来平均速率为 3.1 毫米。另外,过去 50 年以来,大部分陆地地区热浪更加频繁。气候变化会通过经济系统影响各国福祉以及人类社会的发展前景,因此世界各国努力寻求解决全球气候变化的方法和途径。而气候变化很大一部分原因在于人类活动,《气候变化 2007:综合报告》指出全球二氧化碳浓度的增加主要是由于化石燃料的大量使用。因此旨在解决气候变化问题的政策措施必须由经济系统才可起作用,可以看出气候变化不仅是环境问题,也较多地涉及了经济问题,由此产生了气候经济学领域。

气候经济学的研究始于诺德豪斯(Nordhaus,1982)的经典文献"*How Fast Shall We Graze the Global Commons?*",文章对二氧化碳的特性、减排的国际合作、政策手段以及不确定性等问题均有论述,基本上构成了气候经济学研究的主要内容。但是早期的研究仍相对缺乏,到 20 世纪 90 年代,才逐渐出现了气候经济学的系统研究,克莱因(Cline,1992)和诺德豪斯(Nordhaus,1994)是这一时期标志性论著。但是由于气候变化问题存在诸多争议,气候经济学在较长的时间里都属于经济学的冷门旁支。直到 2006 年,由前世界银行首席经济学家尼古拉斯·斯特恩(Nicholas Stern)领导编写的《斯特恩回顾:气候变化经济学》(以下简称《斯特恩报告》)正式对外发布,气候经济学的研究才进一步进入公众视野。

气候与福利的关系是气候经济学研究的焦点问题。气候变化会影响到人们的福利水平,经济学家将气候变化对福利的影响分为市场损害和非市场损害。市场损害是气候变化影响个体行为,反映到市场产品数量和价格变化,并以此来判断气候变化对个体福利的影响。非市场损害则是恶劣气候会带来的直接效用损失以及生态系统服务和多样性丧失所带来的福利成本。斯特恩估计了气候变化的总代价和风险,指出若不采取行动,气候变化的总代价和风险相当于每年至少损失全球 GDP 的 5%,年年如此。若考虑到更广泛风险和影响的话,估计损失将上升到 GDP 的 20% 甚至更多。

减缓气候变化的成本与收益分析也是气候经济学研究中一个非常重要的问题,可以帮助人们从经济学角度认识减缓气候变化政策的价值和意义。减缓气候变化的成本分析多是在两种模型内进行分析:一种是自下而上(Bottom-up)能源技术模型,包括了具体的能源过程或者产品技术的细节;另一种是自上而下(Top-down)能源广度模型。诺德豪斯(Nordhaus,1991)发展了气候变化综合评估模型(Integrated Assessment Model,IAM),实现了在统一框架内分析减缓气候变化的成本和收益,并设计出减缓气候变化的有效路径。此后 IAM 成为气候变化经济学研究的主流工具,得到了较多的扩展,其中较为重要的有 DICE、MERGE、RICE、FUND 以及 PAGE 等。《斯特恩报告》就是在 PAGE 模型基础上进行的研究,结果发现若现在采取减缓气候变化行动,将水平稳定在 500~550 二氧化碳当量,每年减缓的成本为全球 GDP 的 1%。

对不确定性的处理在气候经济学研究中占了大量篇幅。气候经济学研究中的不确定性体现在两个方面:一方面,在科学链条的大部分环节都存在大量的不确定性;另一方面,气候与经济体系交叉中存在许多不确定性。对不确定性不同的处理,研究结果也会存在较大差异。诺德豪斯(Nordhaus,1994)利用 DICE 模型对比了包括不确定性参数时的最优碳税和给定参数具体数值时的最优碳税,发现存在不确定溢价,前者最优碳税是后者的两倍,最优治污也相应的更高。温室气体会一直在大气中存在一个世纪甚至更多,这也就意味着气候变化是一个跨代问题,因此贴现率选择非常重要。《斯特恩报告》发布后引起了学者的广泛讨论,其中一个焦点问题就是贴现率的选择。该报告将贴现率确定为 0.1%,是其分析所依据的关键因素。诺德豪斯(Nordhaus,2007)认为应当按照市场利率确定贴现率,结果与《斯特恩报告》完全不同,即不是如斯特恩所主张的立即大幅减排温室气体,而是初期小幅减排,中、后期大幅减排。不确定性还会导致是在现在还是等待到至少解决了一些不确定性时再减排的争论。经济理论认为在没有固定成本和不可逆性时,应该现在进行减排使期望边际成本和收益相等。然而气候变化本身在成本方面和收益方面都涉及了固定成本和不可逆的决策,经济理论并不能很好地解决这一问题。

气候经济学研究为应对气候变化提供了实践指导。气候经济学研究为应对气候变化提供了一系列政策工具,包括排放税、减污补贴、排放配额、可交易的排放许可证以及性能标准(Performance Standards)。但是由于温室气体排放具有外部性,仅仅依靠一国的政策工具不能从根本上应对气候变化,需要国际合作以共同应对气候变化问题。

随着气候经济学研究成为现代经济学的一个热点问题,中国学者对气候变化问题的研究也日益增多。

参考文献:

潘家华、庄贵阳、陈迎:《减缓气候变化的经济分析》,气象出版社 2003 年版。

曲如晓、吴洁:《碳排放权交易的环境效应及对策研究》,载于《北京师范大学学报(社会科学版)》2009年第6期。

政府间气候变化专门委员会:《气候变化2007:综合报告》,2008年。

王军:《气候变化经济学的文献综述》,载于《世界经济》2008年第8期。

Cline, W. R., *The Economics of Global Warming*, Washington: Institute for International Economics, 1992.

Nordhaus, W. D., How Fast Should We Graze the Global Commons? *American Economic Review*, 1982, 72(2).

Nordhaus, W. D., To Slow or not to Slow: The Economics of the Greenhouse Effect, *Economic Journal*, 1991, 101(444).

Nordhaus, W. D., *Managing the Global Commons*, Cambridge: MIT Press, 1994.

Nordhaus, W. D., A Review of the Stern Review on the Economics of Climate Change, *Journal of Economic Literature*, 2007, 45.

Stern, N. et al., *Stern Review: The Economics of Climate Change*, Cambridge: Cambridge University Press, 2006.

Stern, N., The Economics of Climate Change, *American Economic Review*, 2008, 98(2).

(曲如晓　李凯杰)

气候变化公约

Convention on Climate Change

《气候变化公约》是《联合国气候变化框架公约》(*United Nations Framework Convention on Climate Change*, *UNFCCC*)的简称,是世界上第一个为全面控制二氧化碳等温室气体排放,应对气候变暖给人类经济和社会带来不利影响的国际公约,也是国际社会为应对全球气候变化问题进行国际合作的一个基本框架。该公约于1992年5月联合国政府间谈判委员会就气候变化问题进行谈判时达成,于1992年6月巴西里约热内卢召开的联合国环境与发展会议期间向参加谈判的国家开放签署,1994年3月21日,该公约正式生效。

公约由序言、26条正文以及附件组成,明确规定了公约的目标、实现公约目标的原则、主要缔约方、各缔约方所作出的承诺以及公约的运行和管理机制。

公约的目标是"将大气中温室气体的浓度稳定在防止气候系统受到危险的人为干扰的水平上。这一水平应当在足以使生态系统能够自然地适应气候变化、确保粮食生产免受威胁并使经济发展能够可持续地进行的时间范围内实现。"实现公约目标和履行各项规定采取行动时需遵循的原则是"各缔约方应当在公平的基础上,并根据它们共同但有区别的责任和各自的能力,为人类当代和后代的利益保护气候系统"、"应当充分考虑到发展中国家缔约方尤其是特别易受气候变化不利影响的那些发展中国家缔约方的具体需要和特殊情况,也应当充分考虑到那些按本公约必须承担不成比例或不正常负担的缔约方特别是发展中国家缔约方的具体需要和特殊情况"、"各缔约方应当采取预防措施,预测、防止或尽量减少引起气候变化的原因,并缓解其不利影响"、"各缔约方有权并且应当促进可持续的发展"、"各缔约方应当合作促进有利的和开放的国际经济体系,这种体系将促成所有缔约方特别是发展中国家缔约方的可持续经济增长和发展,从而使它们有能力更好地应付气候变化的问题"。

公约将缔约方分为三类:附件一缔约方、附件二缔约方和发展中国家缔约方。附件中包含了公约的附件一缔约方和附件二缔约方,发展中国家缔约方则是签署了公约的发展中国家。这三类缔约方所承担的义务和作出的承诺有所区别。附件一缔约方承诺制定国家政策和采取相应的措施,限制人为的温室气体排放,保护、增强温室气体源和汇,减缓气候变化。附件二缔约方不承担具体削减义务,但承担为发展中国家提供资金、技术援助等的义务,还承诺帮助特别易受气候变化不利影响的发展中国家缔约方支付适应这些不利影响的费用。发展中国家缔约方不承担削减义务,可接受发达国家的资金、技术援助。但是所有缔约方必须定期提交专项报告,其内容必须包含该缔约方的温室气体排放信息和为实施公约所执行的计划及具体措施。截至2010年,公约共有194个缔约方,另有4个观察员。

公约的最高机构为缔约方会议,定期审评公约和缔约方会议可能通过的任何相关法律文书的履行情况,并在其职权范围内作出为促进公约有效履行所必要的决定。公约同时设立秘书处以及两个附属机构(附属科技咨询机构和附属履行机构)。另外,公约还建立了而一个向发展中国家提供资金和技术,使其能够履行公约义务的资金机制以及争端解决机制。

公约的内容随着缔约方会议的召开不断扩展。自1995年3月28日首次缔约方大会在德国柏林举行以来,缔约方每年都召开缔约方会议(Conferences of the Parties, COP)以评估应对气候变化的进展,到目前为止,一共举行了17次会议。其中1997年在日本京都举行的第3次缔约方大会通过了《京都议定书》,对2012年前主要发达国家减排温室气体的种类、减排时间表和额度等作出了具体规定,使温室气体减排成为发达国家的法律义务,这也是公约迄今为止制定的最主要的强制排放限制,是落实气候变化公约的重要法律文件。2007年12月,第13次缔约方大会及《京都议定书》缔约方第3次会议在印度尼西亚巴厘岛举行,会议着重讨论"后京都"问题,即《京都议定书》第一承诺期在2012年到期后如何进一步降低温室气体排放,最终决定在2009年前就应对气候变化问题的新安排举行谈判。2009年12月,第15次缔约方会议及《京都议定书》缔约方第5次会议在丹麦哥本哈根举行,按照2007年通过的《巴厘路线图》的规定,2009年在哥本哈根召开第15次缔约方会议应诞生一份新的《哥本哈根议定书》,以取代2012年到期的《京都议定书》,但是最终大会仅发表了不具法律约束力的《哥本哈根协议》。2011年11月,第17次缔约方会议及《京都议定书》缔约方第7次会议在南非德班举行,会议通过决议建立德班增强行动平台特设工作组,决定实施《京都议定书》第二承诺期并启动绿色气候基金。第18次缔约方大会将于2012年11月在多哈召开。

公约为世界各国应对气候变化提供了一个良好的准则,欧盟和美国等国家纷纷在此基础上制定了相关的法规和政策来应对气候变化。欧盟是践行公约最充分的国家之一,自签署公约后,制定了一系列方案实现其公约中的承诺。1998年,出台了《欧盟关于气候变化的战略》文件,表明了欧洲对《京都议定书》的基本立场、态度和意见。2000年6月,欧盟启动了第一个欧洲气候变化方案,提供了包括可再生能源发电、生物燃料推广以及欧盟排放交易体系等成本有效的减排措施。2005年10月,启动了第二个欧洲气候变化方案,提议将航空业纳入欧盟排放交易体系。2008年12月,通过了"气候行动和可再生能源一揽子计划",也称为欧盟气候变化扩展政策,进一步扩展了欧盟排放交易体系,加大温室气体的控制范围。美国也通过相关立法来推动温室气体减排,1992年颁布了《能源政策法》,2002年宣布了《全球气候变化计划》,2009年国会众议院通过了《2009年美国清洁能源与安全法》等。但是,美国于2001年宣布退出《京都议定书》,为全球应对气候变化增加了诸多不确定性。

中国于1992年6月11日签署了该公约,1993年1月5日交存加入书。中国作为一个负责任的发展中国家,对气候变化问题给予了高度重视。自签署公约之日起,积极履行公约的承诺,制定了一系列符合国情的政策和措施。中国政府于1994年制定和发布了可持续发展战略——《中国21世纪议程——中国21世纪人口、环境与发展白皮书》,并于1996年首次将可持续发展作为经济社会发展的重要指导方针和战略目标。2003年中国政府又制定了《中国21世纪初可持续发展行动纲要》,根据可持续发展战略,积极应对气候变化问题。2006年,中国提出了2010年单位国内生产总值能耗比2005年下降20%左右的约束性指标,2007年发布了《中国应对气候变化国家方案》,是发展中国家中第一个制定并实施了应对气候变化国家方案,2009年确定了到2020年单位国内生产总值温室气体排放比2005年下降40%~45%的行动目标。2011年又发布了《中国应对气候变化的政策与行动(2011)》,且在《中华人民共和国国民经济和社会发展第十二个五年规划纲要》中到2015年,单位国内生产总值二氧化碳排放比2010年下降17%的应对气候变化约束性目标,之后又通过了《"十二五"控制温室气体排放工作方案》,提出了减少温室气体排放,应对气候变化的具体方案。

参考文献:
顾海良等:《简明帕氏新经济学辞典》,中国经济出版社1991年版。
国家环境保护局:《中国环境保护21世纪议程》,中国环境科学出版社1995年版。
[美]克里斯托夫·帕斯、[美]布赖恩·洛斯、莱斯利·戴维斯:《科林斯经济学辞典》第三版,上海财经大学出版社2008年版。
《联合国气候变化框架公约》,1992年。
王伟光、郑国光:《气候变化绿皮书:应对气候变化报告(2011)——德班的困境与中国的战略选择》,社会科学文献出版社2011年版。
中华人民共和国国务院新闻办公室:《中国应对气候变化的政策与行动(2011)》,人民出版社2011年版。
Sands, P., The United Nations Framework Convention on Climate Change, *Review of European Community & International Environmental Law*, 1992, 1(3).

(曲如晓　李凯杰)

清洁发展机制
Clean Development Mechanism

清洁发展机制(CDM)的提出背景。1997年,在日本京都举行的第3次缔约方大会制定的《京都议定书》为《联合国气候变化框架公约》附件一国家规定了具有法律约束力的减排义务:在2008年至2012年,需将其人为温室气体排放水平,在1990年基础上平均减少5.2%。其中,欧盟削减8%,美国7%,日本6%。通过设定这些目标,减少排放具有一定的经济价值。由于气候变化是全球性的,因此在地球上任何地方减少温室气体排放所起的作用是相同的,为了以最小成本实现最大的温室气体减排量,应该把温室气体减排安排在减排成本最低的地方。基于此,《京都议定书》引入了三种以市场为基础的、旨在成本有效地实现减排目标的合作减排机制——清洁发展机制(CDM)、排放交易(ET)和联合履行机制(JI)。CDM允许发达国家通过帮助在发展中国家进行有利于减排或者吸收大气温室气体的项目,作为本国达到减排指标的一部分。这一机制是《京都议定书》下唯一一个包括发展中国家的弹性机制,同时也是第一个全球环境投资和信用方案,提供了一个标准的排放抵消工具,用于抵消发达国家《京都议定书》中承诺的减少和限制排放量。《京都议定书》提出了CDM,但是并没有具体规定其实施细节。2001年《联合国气候变化框架公约》第7次缔约国大会通过了落实《京都议定书》机制的一系列决定文件,称为"马拉喀什文件",其中第17号决定对CDM的方式和程序作了具体规定。

CDM的具体内容。CDM的主要内容是允许附件一国家的政府或者私人经济实体在非附件一国家开展温室气体减排项目,一旦这些项目减排效果得到认证,附件一国家就可以获得"核证的减排量(Certified Emission Reductions,CERs)",1单位CERs等于1吨二氧化碳排放当量,可以将其用于抵消本国《京都议定书》下减排或限制排放的义务。CDM有利于促进发展中国家的可持续发展,同时允许发达国家借助该机制实现其减少排放的承诺。

CDM项目必须满足三个条件:第一,获得项目涉及的所有成员方的正式批准;第二,促进项目东道国的可持续发展;第三,在缓解气候变化方面产生真实的、可测量的、长期的效应。所有的CDM参与成员方必须符合三个基本要求:自愿参与CDM,建立国家级CDM主管机构,批准《京都议定书》。此外,附件一国家还必须满足完成《京都议定书》规定的分配排放数量,建立国家级的温室气体排放评估体系,建立国家级的CDM项目注册机构,提交年度清单报告和为温室气体减排量的买卖交易建立一个账户管理系统5个更严格的规定。

CDM潜在项目。由于《京都议定书》限排的目标为二氧化碳、甲烷、氧化亚氮、氢氟碳化物、全氟化碳和六氟化碳,因此只有针对这六种温室气体的减排项目才有可能成为CDM项目。具体而言,CDM项目主要集中于改善终端能源利用效率、改善供应侧能源效率、可再生能源研发、能源替代、农业减排(甲烷和氧化亚氮减排项目)、工业过程减排(水泥等工业过程减排二氧化碳项目,氢氟碳化物、全氟化碳或六氟化碳的减排项目)以及碳汇项目(仅适用于造林和再造林项目)等。

CDM项目资金的规定。禁止发达国家挪用官方发展援助的资金,用于CDM项目资金必须为非官方发展援助资金。对CDM项目产生的CERs征收2%的收益税,为UNFCCC适应基金(Adaptation Fund)提供资金来源或弥补CDM的管理成本。适应基金主要用于为《京都议定书》中特别容易受到气候变化负面效应的影响的发展中国家缔约方的适应项目提供资金支持,以帮助其适应气候变化的不利影响。

CDM监管主体。执行理事会负责监管CDM的实施,并对成员大会负责。执行理事会指定"经营实体(Operational Entities)",对申报的CDM项目进行审查,核实项目产生的减排量,并签署减排信用文件证明,使这些减排量成为CERs。执行理事会的另一个关键任务就是维持CDM活动的注册登记,包括签发新产生的CERs、为征收的用于适应资金和管理费用的CERs建立管理账户,为每一个CDM项目东道国的非附件一国家注册一个CERs账户并予以定期管理。

总体来看,CDM是一种双赢机制。附件一国家在非附件一国家投资低成本的减排机会,并从产生的减排量中获得减排信用,从而减少需要在本国境内完成的减排量。CDM降低了附件一国家遵守《京都议定书》的成本,同时非附件一国家也可以从中获利,它不仅为非附件一国家带来新的投资,也有利于非附件一国家的可持续发展。CDM主要通过技术与资金的转移、可持续的能源生产方式、提高能源效率和节约能源、创造收入和就业以及改善当地环境效益等方面来促进发展中国家可持续发展。因此越来越多的发展中国家积极参与到CDM项目中。

全球CDM概况。目前全球主要的CDM项目集中于中国、印度、巴西和墨西哥等国家,截至2012年12月,全球累计已经注册的CDM项目达5171个,其中中国2915个、印度1008个、巴西233个,为全球前3位已注册CDM项目东道国。已注册的CDM项目预期每年可实现减排7.42亿吨二氧化碳当量。

CDM在中国。2005年中国制定和颁布实施了《清洁发展机制项目运行管理办法》,对CDM的运行作出了具体规定。在组织管理方面,国家气候变化对策协调小组是中国CDM的审议和协调机构,下设项目审核理事会,理事会的联合组长单位为国家发改委、科技部,副组长单位为外交部,成员单位为财政部、农业部、环保部和中国气象局。国家发改委是CDM项目的主管架构,下设应对气候变化司负责具体实施工作。中国CDM项目的实施过程包括设计和表述、国家批准、审查登记、项目融资、监测、核实和认证CERs和签发CERs。截至2012年12月,中国已经批准了4782个CDM项目,主要集中在新能源和可再生能源、节能和提高能效、甲烷回收利用等方面。其中,已有2915个项目在联合国清洁发展机制执行理事会成功注册,占全世界注册项目总数的52.89%。已注册项目预计经核证的减排量年签发量约4.86亿吨二氧化碳当量,占全世界总量的65.58%,中国已成为全球核证减排量一级市场上最大的供应国,为平衡全球碳交易市场供需、稳定国际温室气体排放交易市场,尤其是欧盟等发达国家和地区的配额市场作出了巨大贡献,实现了温室气体排放实质性的减排。

参考文献：
联合国环境规划署(UNEP)能源与环境合作中心：《清洁发展机制(中文版)》，气象出版社2003年版。
国家发展和改革委员会能源研究所：《减缓气候变化——IPCC第三次评估报告的主要结论和中国的对策》，气象出版社2004年版。
政府间气候变化专门委员会：《气候变化2007：综合报告》，2008年版。
《〈联合国气候变化框架公约〉京都议定书》，1998年。
羊志洪、鞠美庭、周怡圃等：《清洁发展机制与中国碳排放交易市场的构建》，载于《中国人口·资源与环境》2011年第8期。
曲如晓、吴洁：《国际碳市场的发展以及对中国的启示》，载于《国外社会科学》2010年第6期。

（曲如晓　李凯杰）

哥本哈根气候大会
the United Nations Climate Change Conference

哥本哈根气候大会全称是《联合国气候变化框架公约》第15次缔约方会议暨《京都议定书》第5次缔约方会议，这一会议也被称为哥本哈根联合国气候变化大会。会议于2009年12月7日~18日在丹麦首都哥本哈根的Bella中心召开。自12月7日起，192个国家的环境部长和其他官员们在哥本哈根召开联合国气候会议，商讨《京都议定书》一期承诺到期后的后续方案，就未来应对气候变化的全球行动签署新的协议。

哥本哈根会议的目标是在进一步加强联合国气候变化框架公约及其京都议定书的全面、有效和持续实施方面取得积极成果，重点就减缓、适应、技术转让、资金支持做出明确、具体的安排。一是要确定发达国家在京都议定书第二承诺期应当承担的量化减排指标，确保未批准京都议定书的发达国家承担可相与比较的减排承诺；二是作出有效的机制安排，以确保发达国家切实兑现向发展中国家提供资金、技术转让和能力建设支持的承诺；三是发展中国家在得到发达国家技术、资金和能力建设支持的情况下，在可持续发展框架下根据本国国情采取适当的减缓行动。

哥本哈根会议达成不具法律约束力的《哥本哈根协议》。这是继《京都议定书》后又一具有划时代意义的全球气候协议书。毫无疑问，该对地球今后的气候变化走向产生决定性的影响，而这次会议也被称作“拯救人类的最后一次机会”。

《哥本哈根协议》维护了《联合国气候变化框架公约》及其《京都议定书》确立的“共同但有区别的责任”原则，就发达国家实行强制减排和发展中国家采取自主减缓行动作出了安排，并就全球长期目标、资金和技术支持、透明度等焦点问题达成广泛共识。

各主要国家也在会议上提出了具体的减排目标。欧盟承诺将在2050年前削减温室气体排放80%~95%，在2020年前进一步从20%削减到30%。哥本哈根会议期间，日本在国内出台了执行“到2020年在1990年的基础上减排25%”这一目标的四个方案，其中在国际减排方面，日本政府允许最高达60%的减排指标来自国际减排配额。加拿大总理哈珀称，加拿大的温室气体减排目标将与此前制定的目标基本一致，即到2020年在1990年基础上减排约2%。

国务院总理温家宝12月18日在丹麦哥本哈根气候变化会议领导人会议上发表了题为《凝聚共识、加强合作，推进应对气候变化历史进程》的重要讲话。在讲话中，温家宝总理提出了国际社会在应对气候变化中的几点原则：一是要保持成果的一致性；二是坚持规则的公平性；三是注重目标的合理性；四是确保机制的有效性。在向全世界阐述中国为应对全球气候变化所做出的努力和贡献的同时，温家宝总理也表明了中国政府的减排态度，“中国政府确定减缓温室气体排放的目标是中国根据国情采取的自主行动，是对中国人民和全人类负责的，不附加任何条件，不与任何国家的减排目标挂钩。我们言必信、行必果，无论本次会议达成什么成果，都将坚定不移地为实现甚至超过这个目标而努力。”

而我国早在2009年5月就已发文表明了应对气候变化的国家立场。作为《联合国气候变化框架公约》及其《京都议定书》的缔约方，我国一向致力于推动公约和议定书的实施，认真履行相关义务，并将持续努力在哥本哈根会议及今后的全球行动中发挥积极、建设性作用，推动全球在应对气候变化方面取得积极成果。

我国提出了哥本哈根气候会议落实“巴厘路线图”的几点建议。首先，在减缓气候变化方面，发达国家要落实减排承诺，而发展中国家国内采取适当的减缓行动，减少毁林排放。其次，要建立综合的适应的机制框架，建立附属机构，在公约下建立新的“适应基金”，并建立相应的监督和评估机制。最后，就是在技术开发、转让和资金方面加强发达国家对发展中国家的支持。

尽管本次会议通过了具有里程碑意义的《哥本哈根协议》，但仍难掩各方失望的情绪。

最为重要的一点是，会议前各方普遍期望能够通过一个具有法律约束力的全球行动指南，但最终通过的协议并不具有这一法律效力。

其次，作为全球二氧化碳排放大国的美国，提出的减排目标过低，难以为其他国家所接受。在哥本哈根会议前，外界普遍要求美国一方面应承诺为发展中国家提供减排资金，另一方面要将自己的减排目标确定为2020年时二氧化碳排放量在1990年的基础上减少

40%。然而美国政府决定2020年目标是在2005年的基础上减排17%,这仅相当于在1990年的基础上减排4%。

正如《联合国气候变化框架公约》秘书处执行秘书德布尔所说,此次《哥本哈根协议》基本上只是一封意愿书,这意味着在通往墨西哥会议漫长的道路上还有许多事情要完成(墨西哥会议,即《联合国气候变化框架公约》第16次缔约方会议暨《京都议定书》第6次缔约方会议,2010年11月在墨西哥坎昆举行)。

参考文献:
倪建军:《无力和无序的哥本哈根大会》,载于《世界知识》2010年第1期。
王瑞彬:《中国积极推进哥本哈根进程》,载于《瞭望》2009年第51期。
艾略:《哥本哈根的闹剧和慰藉》,载于《南风窗》2010年第1期。

(刘方健)

低碳经济
Low-Carbon Economy

"低碳经济"的提出,基本上可以认为是在联合国气候变化大会制度框架受到挫折,特别是《京都议定书》遭受空前质疑的形势下由英国率先提出的。2003年2月24日时任英国首相的布莱尔发表了题为《我们能源的未来:创建低碳社会》的白皮书,其总体目标是2050年将二氧化碳的排放量在1990年的基础上削减60%,从根本上把英国变成一个低碳经济国家。白皮书的发表,标志着一种新的经济发展模式的诞生,意味着经济发展可以不以牺牲资源和环境为代价,通过政府引导、商业激励的方式,鼓励市场运用新型的低碳技术,促进整个经济结构的转变。随后,日本低碳社会计划小组于2007年2月公布预算研究结果,到2050年日本可能减少70%的二氧化碳排放,从而进入低碳社会。日本内阁通过的《21世纪环境立国战略》中正式将低碳社会作为到2050年的发展目标。与此同时,德国、美国、澳大利亚等国也着手开展有关低碳经济发展规划及相应推动政策的研究。

目前,被广泛引用的低碳经济定义是英国环境专家鲁宾斯德的阐述:低碳经济是一种正在兴起的经济模式,其核心是在市场机制基础上,通过制度框架和政策措施的制定和创新,推动提高能效技术、节约能源技术、可再生能源技术和温室气体减排技术的开发和运用,促进整个社会经济朝高能效、低能耗和低碳排放的模式转型。中国环境与发展国际合作委员会在2009年发布了《中国发展低碳经济途经研究》,认为"低碳经济"是"一个新的经济、技术和社会体系,与传统经济体系相比在生产和消费中能节省能源,减少温室气体排放,同时还能保持经济和社会发展势头"。无论低碳经济的定义如何,但其本质是提高能源效率和清洁能源结构问题,核心是通过能源技术创新和政策创新,兼顾经济发展和全球气候问题,实现经济和社会的清洁发展与可持续发展。

低碳经济将推进世界实体经济结构转型。从产业结构看,低碳农业将降低对化石能源的依赖,走有机、生态和高效的新路;低碳工业将减少对能源的消耗,高碳产业如以化石能源为原料的工业,高耗能的有色金属冶炼等产业的发展将相应地受到抑制;新兴可再生能源产业、低耗能产业及能源节约产业等将得到更大发展。从社会生活看,低碳城市建设将更受重视,燃气普及率、城市绿化率和废弃物处理率将得以提高;在家居与建筑方面,节能家电、保温住宅和住宅区能源管理系统的研发将受重视,并向公众提供碳排放信息;在交通运输方面,将更加注重发展公共交通、轻轨交通,提高公交出行比率,严格规定私人汽车碳排放标准;而企业减排的社会责任也将受到更多关注。

低碳产业的发展将催生新的技术标准和贸易壁垒。随着低碳经济的发展,必将导致以低碳为代表的新技术、新标准及相关专利的出现,最先开发并掌握相关技术的国家将成为新的领先者、主导者乃至垄断者,其他国家将面临新的技术贸易壁垒。比如,美国《清洁能源安全法案》中的"特别关税条款"规定,自2020年起,将对未达到排放标准国家的产品征收特别关税。还有一些发达国家提出统一碳价,采取碳标签、征收碳关税等形式,构筑贸易壁垒,对进口产品进行限制。

碳交易将推动国际金融业发展和创新。碳交易正逐渐催生一个新兴的、规模快速扩张的碳金融交易市场,包括直接投融资、碳指标交易和银行贷款。全球已有4个交易所专门从事碳金融交易。同时,围绕碳交易提供金融服务和不断开发金融衍生产品已成为金融创新的一个新趋势,包括为碳交易提供中介服务及直接参与开发与碳排放权相关的金融产品和服务,并通过贷款、投资、慈善投入创造新产品及新服务等。而借助于碳交易和碳金融交易,风险投资基金也已开始开展节能减排的投融资业务。

低碳经济将影响国际经济格局。发达国家早已完成工业化,碳排放量呈下降趋势,在节能减排技术上拥有绝对领先优势,在根据全球气候谈判确定的世界新体系中必将进一步强化其主导地位。从长远来看,碳交易市场及碳金融市场的不断扩大,为发达国家增加了一个主导世界格局的新平台。而发展中国家巨大的经济发展要求、大规模的基础设施建设以及对发达国家高碳产业的承接,使得发展中国家的碳排放量正处于上升趋势之中，或将在新的世界分工格局和碳交易市场体系中处于不利地位。

发展低碳技术是关键。在我国经济发展的现阶段，在不改变经济高速增长的前提下，依靠自主创新，开发具有自主知识产权的关键能源技术，发展先进节能技术，提高能源利用效率，发展可再生能源技术和先进核能技术，以及高效、洁净、低碳排放的煤炭利用技术和氢能技术，成为低碳经济的必然选择。

发挥政策作用是保障。通过规划等手段，尽快制定和完善能源总体规划以及不可再生能源、可再生能源和新能源等专项规划，调整能源产业结构和能源开发的区域合理布局，提高我国能源的可持续供应能力；综合采取激励性和约束性的手段，引导、支持企业在低碳经济领域积极投资，参与开发清洁能源；同时加强监督检查，完善准入制度，坚决取缔需要淘汰的落后企业、产能和技术，限制高耗能、高污染行业的引进和增长；推进能源资源价格改革，形成能够反映能源资源稀缺程度、市场供求关系和污染治理成本的价格形成机制。

提倡低碳生活方式是基础。要提倡绿色消费模式，形成节能环保的公众意识和氛围。在日常生活中戒除以高耗能源为代价的消费嗜好，如控制室内空调温度，减少一次性物品消费，减少大排量汽车的使用，循环利用水源，等等。

参考文献：

联合国环境规划署 UNEP：《全球环境展望年鉴 2008》。

中国环境与发展国际合作委员会：《中国发展低碳经济途经研究》，2009 年。

廖健等：《低碳经济发展趋势》，载于《当代石油石化》2010 年第 1 期。

鲍健强等：《低碳经济：人类经济发展方式的新变革》，载于《中国工业经济》2008 年第 4 期。

刘朝：《我国低碳经济发展的 Quadri-Carbon 模型构建与情景模拟研究》，天津大学，2011 年。

中华人民共和国科学技术部："科技部部长万钢呼吁发展"低碳经济"节能减排措施需进一步细化"，http://www.most.gov.cn/kjbgz/200707/t20070709_50942.htm。

IPCC. *Climate Change* 2001：*The Scientific Basis. Third Assessment Report of Intergovernmental Panel on Climate Change*. Cambridge：Cambridge University Press. 2001.

Jones，T. H.，Thompson，I. J.，Lawton，J. H.，et al.，Impact of Rising Atmospheric Carbon Dioxide on Model Terrestrialeco Systems，*Science*，1998，280（5454）.

Stem Nicolars，*Stem Review on the Economies of Climate Change*，London：Cambridge University Press，2007.

（韩晶）

京都议定书
Kyoto Protocol

《京都议定书》全称《联合国气候变化框架公约的京都议定书》，又称《京都协议书》、《京都条约》，为《联合国气候变化框架公约》（*United Nations Framework Convention on Climate Change*，*UNFCCC*）的补充条款。本协议书是 1997 年 12 月在日本京都召开的《联合国气候变化框架公约》缔约方第三次会议上通过的。它旨在限制发达国家温室气体排放量以抑制全球变暖。1998 年 3 月 16 日至 1999 年 3 月 15 日实行开放签字，共有 84 国签署。其目标是"将大气中的温室气体含量稳定在一个适当的水平，进而防止剧烈的气候改变对人类造成伤害"。2005 年 2 月 16 日，《京都议定书》正式生效，这是人类历史上首次以法规的形式限制温室气体排放。

《京都议定书》遵循《联合国气候变化框架公约》制定的"共同但有区别的责任"原则，要求作为温室气体排放大户的发达国家采取具体措施限制温室气体的排放，而发展中国家不承担有法律约束力的温室气体限控义务。

《京都议定书》建立了旨在减排的 3 个灵活合作机制——国际排放贸易机制（简称 ET）、联合履行机制（简称 JI）和清洁发展机制（简称 CDM），这些机制允许发达国家通过碳交易市场等灵活完成减排任务，而发展中国家可以获得相关技术和资金。2010 年，全球碳交易市场规模已达到 1000 亿美元。

为了促进各国完成温室气体减排目标，议定书允许采取以下四种减排方式：一是两个发达国家之间可以进行排放额度买卖的"排放权交易"，即难以完成削减任务的国家，可以花钱从超额完成任务的国家买进超出的额度。二是以"净排放量"计算温室气体排放量，即从本国实际排放量中扣除森林所吸收的二氧化碳的数量。三是可以采用绿色开发机制，促使发达国家和发展中国家共同减排温室气体。四是可以采用"集团方式"，即欧盟内部的许多国家可视为一个整体，采取有的国家削减、有的国家增加的方法，在总体上完成减排任务。《京都议定书》规定，到 2010 年，所有发达国家二氧化碳等 6 种温室气体的排放量，要比 1990 年减少 5.2%。具体说，各发达国家从 2008 年到 2012 年必须完成的削减目标是：与 1990 年相比，欧盟削减 8%、美国削减 7%、日本削减 6%、加拿大削减 6%、东欧各国削减 5% ~8%。新西兰、俄罗斯和乌克兰可将排放量稳定在 1990 年水平上。议定书同时允许爱尔兰、澳大利亚和挪威的排放量比 1990 年分别增加 10%、8% 和 1%。要指出，需要在占全球温室气体排放量 55% 以上的至少 55 个国家批准，它才能成为具有法律约束力的国际公约。

《京都议定书》的签署是一个非常复杂的过程。美国人口仅占全球人口的3%～4%，而排放的二氧化碳却占全球排放量的25%以上，为全球温室气体排放量最大的国家。美国政府1997年在《京都议定书》上签字，但美国参议院没有核准，成为最早退出《京都议定书》的国家。1998年11月12日参加谈判的副总统戈尔象征性地签了字。考虑到参议院当时的态度不可能通过该条约，克林顿政府没有将议定书提交国会审议。2001年3月，布什政府以"减少温室气体排放将会影响美国经济发展"和"发展中国家也应该承担减排和限排温室气体的义务"为借口，宣布拒绝批准《京都议定书》。中国于1998年5月签署并于2002年8月核准了该议定书。欧盟及其成员方于2002年5月31日正式批准了《京都议定书》。加拿大2002年签署但于2011年12月宣布退出《京都议定书》，成为继美国之后第二个签署但后又退出的国家。2004年11月5日，俄罗斯总统普京在《京都议定书》上签字，使其正式成为俄罗斯的法律文本，但2012年12月31日，俄罗斯宣布将于2013年起退出《京都议定书》的第二承诺期。截至2009年2月，共有183个国家通过了该条约。

政府间气候变化小组（Intergovernmental Panel on Climate Change，IPCC）已经预计从1990年到2100年全球气温将升高1.4℃～5.8℃。目前的评估显示，京都议定书如果能被彻底完全的执行，到2050年之前仅可以把气温的升幅减少0.02℃～0.28℃，正因为如此，许多批评家和环保主义者质疑京都议定书的价值，认为其标准定得太低根本不足以应对未来的严重危机。而支持者们指出京都议定书只是第一步，为了达到UNFCCC的目标今后还有继续修改完善，直到达到UNFCCC 4.2(d)规定的要求为止。

2012年12月8日，在卡塔尔召开的第18届联合国气候变化大会（2012 United Nations Climate Change Conference）上，本应于2012年到期的京都议定书被同意延长至2020年。

参考文献：
陈刚：《京都议定书与国际气候合作》，新华出版社2008年版。
崔大鹏：《国际气候合作的政治经济学分析》，商务印书馆2003年版。
涂瑞和：《〈联合国气候变化框架公约〉与〈京都议定书〉及其谈判进程》，载于《环境保护》2005年第3期。

（唐任伍）

碳汇
Carbon Sinks

碳汇是指自然界中碳的寄存体，是指从空气中清除二氧化碳的过程、活动、机制。它主要是指森林吸收并储存二氧化碳的多少，或者说是森林吸收并储存二氧化碳的能力。

"碳汇"来源于《京都议定书》。为缓解全球气候变暖趋势，1997年12月由《联合国气候变化框架公约》（*UNFCCC*）缔约方149个国家和地区的代表在日本京都通过了《京都议定书》，2005年2月16日在全球正式生效。旨在减少全球温室气体排放的《京都议定书》是一部限制世界各国二氧化碳排放量的国际法案。它规定，所有发达国家在2008年到2012年必须将温室气体的排放量比1990年削减5.2%。同时建立了碳排放权交易制度和清洁发展机制，即因为发展工业而制造了大量温室气体的发达国家，在无法通过技术革新把温室气体排放量降低到《联合国气候变化框架公约》及《京都议定书》对该国家规定的碳排放标准时，可以在发展中国家投资造林，通过陆地生态系统的有效管理来提高固碳潜力，以增加碳汇，抵消碳排放，从而降低发达国家本身总的碳排量。在此后一系列气候公约国际谈判中，国际社会对森林吸收二氧化碳的汇聚作用越来越重视。《波恩政治协议》、《马拉喀什协定》将造林、再造林等林业活动纳入《京都议定书》确立的清洁发展机制，鼓励各国通过绿化、造林来抵消一部分工业源二氧化碳的排放，原则同意将造林、再造林作为第一承诺期合格的清洁发展机制项目，意味着发达国家可以通过在发展中国家实施林业碳汇项目抵消其部分温室气体排放量。2003年12月召开的《联合国气候变化框架公约》第九次缔约方大会，国际社会已就将造林、再造林等林业活动纳入碳汇项目达成了一致意见，制定了新的运作规则，为正式启动实施造林、再造林碳汇项目创造了有利条件。

按照吸收并储存碳的载体分类，碳汇主要包括森林碳汇、草地碳汇、耕地碳汇和海洋碳汇。

森林碳汇：是指森林植物吸收大气中的二氧化碳并将其固定在植被或土壤中，从而减少该气体在大气中的浓度。利用森林的储碳功能，通过植树造林、加强森林经营管理、减少毁林、保护和恢复森林植被等活动，吸收和固定大气中的二氧化碳，并按照相关规则与碳汇交易相结合的过程、活动或机制。森林是陆地生态系统中最大的碳库，在降低大气中温室气体浓度、减缓全球气候变暖中，具有十分重要的独特作用。有关资料表明，森林面积虽然只占陆地总面积的1/3，但森林植被区的碳储量几乎占到了陆地碳库总量的一半。树木通过光合作用吸收了大气中大量的二氧化碳，减缓了温室效应，这就是通常所说的森林的碳汇作用。二氧化碳是树木生长的重要营养物质。树木把吸收的二氧化碳在光能作用下转变为糖、氧气和有机物为生物界提供枝叶、茎根、果实、种子等，提供最基本的物质和能量来源。这一转化过程就形成了森林的固碳效果。森林是二氧化碳的吸收器、贮存库和缓冲器。反之,森林一旦遭到破坏,则变成了二氧化碳的排放源。1997 年通过的《京都议定书》承认森林碳汇对减缓气候变暖的贡献,并要求加强森林可持续经营和植被恢复及保护,允许发达国家通过向发展中国家提供资金和技术,开展造林、再造林碳汇项目,将项目产生的碳汇额度用于抵消其国内的减排指标。

草地碳汇:国内仍没有学者对草地碳汇进行界定,因为大多学者认为草地的固碳具有非持久性,很容易泄漏。尽管草地固碳容易泄露,但是随着我国退耕还林、还草工程的实施,草地土壤的固碳量在增加,因此从增量角度看草地还是起到了固碳的作用。

耕地碳汇:耕地固碳仅涉及农作物秸秆还田固碳部分,原因在于耕地生产的粮食每年都被消耗了,其中固定的二氧化碳又被排放到大气中,秸秆的一部分在农村被燃烧了,只有作为农业有机肥的部分将二氧化碳固定到了耕地的土壤中。

海洋碳汇:是将海洋作为一个特定载体吸收大气中的二氧化碳,并将其固化的过程和机制。地球上超过一半的生物碳和绿色碳是由海洋生物(浮游生物、细菌、海草、盐沼植物和红树林)捕获的,单位海域中生物固碳量是森林的 10 倍,是草原的 290 倍。

参考文献:
牛文元:《中国新型城市化报告 2010》,科学出版社 2011 年版。
董恒宇、云锦凤、王国钟:《碳汇概要》,科学出版社 2012 年版。
陈刚:《京都议定书与国际气候合作》,新华出版社 2008 年版。
周平:《全球陆地碳汇分析系统研发与应用》,中国林业出版社 2011 年版。
李怒云、吕佳:《林业碳汇计量》,中国林业出版社 2009 年版。
国家林业局应对气候变化和节能减排工作领导小组办公室:《中国绿色碳基金造林项目碳汇计量与监测指南》,中国林业出版社 2008 年版。
周广胜:《全球碳循环》,气象出版社 2003 年版。
周国模、姜培坤、徐秋芳:《竹林生态系统中碳的固定与转化》,科学出版社 2008 年版。

(林卫斌)

碳税
Carbon Tax

碳税是以生产经营领域和消费过程中因消耗化石能源直接向大气排放的二氧化碳为征税对象,以向大气中直接排放二氧化碳的单位和个人为纳税人,以二氧化碳的实际排放量或估算排放量(根据化石能源的含碳量估算)为计税依据的一种环境税。目前,国际上已有芬兰、荷兰、瑞典、挪威、丹麦、瑞士、英国、德国、法国、意大利、美国、加拿大、日本等国家开征碳税,并取得了较好的效果。

碳税是一种间接税。碳税的纳税人可以通过提高含碳化石燃料等资源的价格将因为缴纳碳税而提高的商品成本转嫁给含碳化石燃料等资源真正的实际使用人身上,从而达到“谁消费,谁负担”的效果,抑制实际承担碳税税负的人对含碳化石燃料等资源的消费行为。

碳税的课税对象是二氧化碳气体的排放量。与燃油税、资源税直接对资源、商品征税不同,碳税的课税对象是二氧化碳气体的排放量,针对含碳化石燃料课征税,税率取决于该燃料资源的含碳量,从而估算出其产生的二氧化碳气体排放量。

碳税是一种调节税。含碳化石燃料等资源是有限的,未来含碳化石燃料等资源随着其产量的减少价格必然会上升,而新兴的风能、水能、太阳能、地热能等可再生能源使用技术正日渐成熟,成本也必将会随之降低,因此,无论从环保的角度还是经济的角度来看,新能源代替旧能源是必然会发生的。碳税的开征会加速这一进程,所以说,碳税是一种调节税。

按税收管辖权行使的范围不同,分为国内税、国际税和协调国家税三种碳税类型。其中,国内税是只在一个主权国家或地区内部行使碳税征税权;国际税是在统一的国际税收体系下,按照统一的标准征税;协调国家税是指在相对宽松的国际框架下,由各主权国根据自身情况能动决定的税收体系。

按照计税依据不同,碳税可以分为直接计征和间接计征两种。采用直接计征方法下的碳税的计税依据是二氧化碳气体的实际排放量。在这种计税依据下,二氧化碳气体排放的外部效应最大程度地被内部化,但在实际中成本很高,操作起来很有难度。因此,在实践中,更多被采用的是间接计税依据法,即间接地根据含碳化石燃料的含碳量估算其可产生的二氧化碳气体的量或者产生的能量来征税,因为含碳化石燃料燃烧释放的二氧化碳气体的排放量或者能量与其自身的含碳量往往呈正方向关系,所以采用燃料消耗量估算二氧化碳气体的排放量或释放的能量作为最基本的征税依据更现实、更易操作。

按照开征碳税所要达到的目的不同,碳税可分为环保型碳税、经济型碳税和壁垒型碳税三类。环保型碳税又叫激励型碳税,即以环保节能为目的,鼓励低碳经济,促进低碳技术和可再生能源利用;经济型碳税是指为了获取财政收入,以筹资为目的而开征的碳税;壁垒型碳税是指为维护本国经济实体利益,防止非本国企业受到贸易冲击而开征的碳税,这实际是一种碳关税。

按照课税对象的范围不同，分为一般碳税和特别碳税两种。一般碳税是对所有可以产生温室效应的资源及其衍生物都征税的碳税模式；特别碳税是指只对能产生二氧化碳气体的资源及其衍生物课税的碳税模式。

按照税率不同，碳税可以分为差别碳税和统一碳税两类。差别碳税是指根据地区或者行业规定不同的碳税税率的碳税模式。这种模式虽然看似不公平但却与地区和行业的经济发展水平更一致，实际上实现了相对公平。统一碳税是指无论地区和行业是否相同，都以二氧化碳气体排放量为计税依据，按统一的税率课征碳税。这种模式虽然实现了绝对公平，但却不易被不同经济发展水平的地区和行业所接受，反而容易造成政策性摩擦。

二氧化碳减排效应。碳税开征的目的是减缓全球变暖、促进环境保护和资源的合理利用。开征碳税不但可以抑制对应税品的消耗，有效地减少二氧化碳排放，并且随着税率的提高，减排效应不断增加。但对于不同地区和不同产业来看，具有不同的减排效应，碳税对资源依赖型地区和产业的减排效应尤为明显。

经济增长效应。碳税对经济增长的影响具有两面性：一方面，碳税会降低私人投资的积极性，对经济增长产生抑制作用；另一方面，碳税可增加政府收入，扩大政府的投资规模，对经济增长起到拉动作用。从时间角度考察，短期内碳税会影响相关产品的价格，抑制消费需求，从而抑制经济增长；但从中长期来看，碳税将促进相关替代产品的研发，降低环境治理成本，有利于经济的健康发展。

能源消费效应。碳税将对一国的能源消费结构产生深远的影响。碳税使能源价格更高，使其成为一种更昂贵的生产要素，这将提高企业生产成本，由此企业会减少生产；与此同时，企业还会采取节能技术，降低能源消耗，采用替代能源，改变能源消费结构。特别是在我国目前燃油等能源的需求价格弹性还比较高时，碳税将减少能源消耗，提高能源使用效率，降低能源强度，促进能源消费结构转变。

收入分配效应。碳税对不同社会群体的影响并不相同。与财产税和所得税能直接调节收入分配、促进社会公平不同，碳税由于具有分配累退性，反而会扩大资本与劳动的收入分配差距，加大社会收入分配的不公。为了扩大经济规模，政府通常会将碳税收入用于资本积累。国民收入中资本收益的比重将会增加，而劳动报酬的比重将会下降。同时，碳税最终会提高工资成本，使雇主对劳动力的需求下降，失业率增加，全社会的实际工资水平下降，从而居民收入水平下降，居民将遭受较大损失。因此，碳税必然会扩大资本所有者和劳动者之间的收入差距。

参考文献：

［美］罗伯特·S·平狄克、丹尼尔·L·鲁宾菲尔德：《微观经济学》，中国人民大学出版社2006年版。

［美］曼昆：《经济学原理：宏观经济学分册》，北京大学出版社2006年版。

张晓盈、钟锦文：《碳税的内涵、效应与中国碳税总体框架研究》，载于《复旦学报》2011年第4期。

胡淼：《我国开征碳税问题研究》，东北财经大学，2011年。

陈红彦：《碳税制度与国家战略利益》，载于《法学研究》2012年第2期。

Baranzini, Goldemberg and Speck, *A Future for Carbon Taxes*, Ecol. Eeon, 2000.

Cooper, *Alternatives to Kyoto: the Case for Carbon Tax*, Cambridge University Press, 2007.

（韩晶）

经济学方法论

一、经济学的方法论

经济学方法论
Methodology of Economics

1776 年,亚当·斯密的《国民财富的性质和原因的研究》(简称《国富论》)的出版标志着经济学作为一门独立的学科进入人们的视野。在《国富论》中,对历史、制度和事实的描述是亚当·斯密分析经济现象,归纳经济原理的基本方法。

1817 年,英国经济学家大卫·李嘉图发表了《政治经济学及赋税原理》,该书的出版标志着英国古典经济学的最后完成。在该书中,李嘉图把复杂的经济现象高度抽象成很少的变量,然后通过对这些变量的解释和分析,进而对整个社会经济的运作进行诠释,亚当·斯密的描述性分析方法已经让位给抽象演绎分析方法,经济学变得严格和抽象了,它只依附于从它本身的思想体系的内部逻辑产生的原则,而不是其他的外部原则。这种经济学研究方法确立了李嘉图在经济学说史上的地位。

李嘉图的经济学研究方法影响了后世经济学的发展,例如抽象推理、研究假设、抽象演绎方法等,这些由李嘉图创立的许多抽象方法仍然影响着经济学研究,这种严密推理的分析体系显示了作为方法论的严密性,这是他的前辈和他同时代的经济学家所不及的。后来,李嘉图的研究方法还启发了现代经济分析的发展,甚至还产生了最终转化为经济数学形式的定理。例如,李嘉图的"经济人"假设是一个最普遍、最重要的抽象,即使在现代经济学的一般均衡理论的阿罗—德布鲁定理,以及产权理论中的科斯定理等,都建立在李嘉图方法论的抽象基础之上。在西方经济学看来,"经济人"参照系本身的重要性,并不在于他们是否准确无误地描述了社会经济现实,而在于它建立了一个似乎能够让人们更好地理解现实的标尺。

李嘉图的抽象分析方法曾经得到马克思的高度评价,马克思认同李嘉图采用这种方法的"历史合理性"以及"在政治经济学史上的科学必然性",但是,马克思也指出了这种方法存在的"科学上的不完备性"。这种"不完备性",主要表现在"跳过必要的中介环节,企图直接证明各种经济范畴相互一致"。熊彼特则干脆把李嘉图这种将高度抽象的经济模型直接应用于错综复杂的现实世界的倾向,称为"李嘉图恶习"。

1827 年,英国经济学家纳骚·威廉·西尼尔发表了《政治经济学导论》,他在该书中第一次用专门章节讨论了经济学方法论,并且在《政治经济科学大纲》(1836)中研究了经济学方法论。1836 年,约翰·斯图亚特·穆勒认为,经济学方法论的哲学基础是实证主义哲学和归纳逻辑。他认为,政治经济学的研究既应该贯彻归纳法,也应该重视演绎法的作用。在 1843 年出版的《逻辑体系》中,穆勒区分了归纳法和演绎法在自然科学和社会科学中的不同作用。演绎法在自然科学中的作用有限,而归纳法对自然科学研究作用非凡,只有在社会科学中,演绎法才能大显身手。穆勒在经济学研究中既运用了演绎法也运用了归纳法,但演绎法似乎更受青睐。

约翰·艾略特·凯尔恩斯在 1875 年出版的《政治经济学的逻辑与实质》一书中,详细讨论了经济学方法论问题。他在该书肯定了演绎法在经济学中的地位,认为经济学的前提反映了事实,经济学研究结论不一定与现实完全一致。由于该书叙述流畅而深受读者的喜爱,并因对逻辑问题的讨论而长期以来一直是英国经济学的权威教科书。

19 世纪 80 年代,奥地利学派的代表之一卡尔·门格尔与德国历史学派的代表古斯塔夫·施穆勒在经济学方法论问题上展开了激烈的争论。争论的焦点问题是历史归纳法和演绎法。门格尔主张演绎法,认为演绎法应该作为经济学研究的唯一方法和基本方法;施穆勒则认为,历史归纳法才是探寻经济规律分析经济现象的主要方法,演绎法充其量只是一种辅助方法。

19 世纪末,约翰·内维尔·凯恩斯在《政治经济学的范围和方法》一书中,试图统一经济学方法论的有关争论,即他试图将西尼尔、穆勒和凯尔恩斯的传统与历史学派的方法调和起来。然而,20 世纪 20 年代,对历史学派发扬光大的制度主义逐渐强大,对传统的经济学方法论形成了威胁。莱昂纳尔·罗宾斯在 1932 年出版的《经济科学的性质和意义》一书中对传统的主流方法论进行了辩护。

第二次世界大战后,美国一些著名经济学家提出了关于经济学方法论的新观点。1948 年,保罗·萨缪尔森在《经济分析基础》一书中,提出了经济学方法论的中心问题应该是经济学在操作上有意义,即他所关注的是经济学的解释功能,后来由操作主义转向描述主义正是其观点的体现。1953 年,米尔顿·弗里德曼发表了《实证经济学的方法论》,强调了经济学方法论的工具主义思想。

此后,一些非主流的经济学家,如奥地利学派、后凯恩斯学派和制度主义者在经济学方法论上的讨论也逐渐多了起来。1980 年,马克·布劳格的《经济学方法论》把证伪主义推向了经济学方法论争论的中心。这本书的论述被看作是新的正统的经济学方法论的确立。以至有人认为,要在经济学方法论上开辟新的领域,必须先驳倒布劳格论著中的正统理论观点。

20 世纪末期以及 21 世纪初期,探讨经济学方法论的著作大量涌现,不同学派对经济学方法论都有自己的一家之言,没有能够形成公认的重要理论。

中国对经济学方法论专门研究比较晚。刘敖在1938年出版了《经济学方法论》一书,初步探讨了经济学方法论的有关内容。然而在当时我国特殊的历史阶段,经济学方法论研究没有得到进一步发展。

新中国成立后,受当时社会意识形态的影响,我国学者的经济学研究重心自然是马克思主义政治经济学,很少研究西方的经济学思想。改革开放以来,伴随着我国经济学研究的发展,尤其是对西方经济学研究和教学的引入,西方经济学理论和经济学方法论也逐渐受到学者们的关注。在结合我国经济实际的基础上,我国许多经济学者以马克思主义经济学为指导,借鉴和吸收了西方经济学方法论的某些成果,使我国的经济学方法论呈现两个特点:一是从最初拒绝接纳西方经济学方法论思想转变为有选择地接纳吸收西方经济学方法的思想;二是经济学方法论的内容经历了从简单单一的分析方法到多元分析方法的转变。

然而,回顾我国经济学方法论的发展过程,尤其是反思当前经济学方法论研究,可以清晰地发现我国的经济学方法论存在许多亟待解决的问题,主要表现在:

第一,轻视抽象方法的倾向严重。抽象演绎方法最初是经济学方法论理论中最主要的方法论。但是在经济学的发展过程中,抽象演绎法的缺陷逐渐显现,从而备受指责批判。在教学中,应用性的经济学专业备受欢迎,而涉及纯理论知识较多的理论经济学却鲜有人问津;甚至有些学者混淆经济学研究方法、经济学学科分类的界限和经济学的研究目的,草率地主张用应用经济学替代理论经济学。

第二,实证分析方法运用过度简单化。近些年来,实证研究方法逐渐受到广大学者的重视,但有些学者在应用过程中存在诸多不当,例如有些学者在研究中过于追求使用假设模型来装饰理论,反而视定性分析为可有可无,即它们存在明显的"描述主义"倾向。另外,政府部门提出的一些经济措施,仅注重从是否具有操作性入手,而常常忽视了价值判断。

第三,数学方法在经济分析中的滥用。不可否认,在现代经济学的发展中,数学方法已经渗透到理论研究的各个方面。但是近些年来,在我国经济研究过程中,逐渐出现了一种极度强调使用数学方法的形式主义倾向。例如,许多论文中的数学模型和公式完全是为了装饰自己的文章,而不是从研究的需要出发。我们知道,使用数学必然要求假设条件,然而有些研究成果采用的假设条件很多,不但具有很大的随意性,而且与现实完全脱节,有些学者在资料数据的运用处理上不尊重客观事实,而是挑选对论文有利的数据,剔除否定论文结论的数据。另外,有些运用数学方法所取得的研究成果,缺乏严密的逻辑性,也没有经济理论作支持,只是简单符合数学公式的推导程序,由此得出的理论往往与现实严重矛盾,不可调和,不具有实用性,这样的研究结论难以服众。

参考文献:

[英]马克·布劳格:《经济学方法论》,商务印书馆1992年版。

傅耀:《试析经济学方法论演进的四阶段及其内在逻辑》,载于《当代财经》2002年第5期。

(陈立兵)

唯物辩证法
Materialistic Dialectics

唯物辩证法是一种研究自然、社会、历史以及思维的哲学方法。它是最早由马克思提出,后经其他马克思主义者(如恩格斯、列宁、布哈林、毛泽东等)发展而形成的一套世界观、认识论和方法论的思想体系。唯物辩证法是马克思主义哲学的核心组成部分。"普遍联系"和"永恒发展"是唯物辩证法关于世界存在的两个总的基本特征,在总体上揭示了世界的辩证性质;唯物辩证法的基本规律和各个范畴都是从不同侧面揭示了这两个基本特征的内涵和外延。唯物辩证法的核心观点是矛盾(即对立统一)的观点。

唯物辩证法产生道路曲折。最早黑格尔认为,世界历史的进程由心灵"正、反、合"的"对反、重复、超越"原则支配,这是辩证法。后来费尔巴哈则提出了"唯物质才是真实"的世界观,这是唯物主义。马克思在对黑格尔、费尔巴哈学说扬弃的基础上,创立了唯物辩证法。马克思主义哲学认为,唯物辩证法是关于自然、社会和思维的最一般规律的科学,试图回答"世界的存在状态问题"。唯物辩证法认为世界存在两个基本特征:一是世界是普遍联系的;二是世界是永恒发展的。

唯物辩证法用普遍联系的观点看待世界和历史,认为世界是一个有机的整体,世界上的一切事物都处于相互影响、相互作用、相互制约之中,反对以片面或孤立的观点看问题。唯物辩证法还认为,联系具有客观性、普遍性和多样性。所谓联系的客观性是指联系是事物本身所固有,不以人的主观意志为转移的,既不能被创造,也不能被消灭;所谓联系的普遍性是指联系包括横向的与周围事物的联系,也包括纵向的与历史未来的联系。一切事物、现象和过程,及其内部各要素、部分、环节,都不是孤立存在的,它们相互作用、相互影响、相互制约,但另一方面事物又存在相对独立性,即任何事物都同其他事物相区别而相对独立地存在。事物的普遍联系和事物的相对独立存在是互为前提的。所谓联系的多样性是指从大的方面说,联系可分为内部联系和外部联系、本质联系和非本质联系、必然联系和偶然联系、主要联系和次要联系、直接联系和间接联系,等等。

唯物辩证法认为矛盾(即对立统一)是事物普遍联系的根本内容。所谓矛盾是指“事物内部或事物之间的对立统一的辩证关系”,矛盾的双方总是“相比较而存在,相斗争而发展”。恩格斯认为:“运动本身就是矛盾。”毛泽东更是强调矛盾存在于一切事物的发展过程中,并且矛盾存在于一切事物的发展过程的始终。矛盾是事物存在的深刻基础,也是事物发展的内在根据。从某种意义上说,事物就是矛盾,世界就是矛盾的集合体;没有矛盾就没有事物或世界,没有矛盾就没有事物或世界的发展。因此,唯物辩证法认为世界是一个过程,过程是由状态组成的,状态是过程中的状态;世界上没有永恒的事物,有生必有灭,无灭必无生;旧事物灭亡的同时,就意味着新事物的产生。关于发展问题,唯物辩证法认为发展就是事物由简单到复杂、由低级到高级的变化趋势,其实质是新事物的产生和旧事物的灭亡。并且事物的发展规律是一个由“不平衡到平衡,再由新的不平衡到新的平衡”的波浪前进、循环往复的上升过程,由一个个有限的过程组合成无限发展的世界。

唯物辩证法认为规律是事物本身所固有的、本质的、必然的、稳定的联系,是发展的必然趋势。规律具有客观性、稳定性、可重复性和普遍性。也就是说,规律不以人的主观意识为转移,不能被创造和消灭,只要条件具备就一定会发生作用,所以必须尊重规律。但唯物辩证法也特别强调人的主观能动性,在认识世界的时候,由于规律往往隐藏在事物内部,只有发挥人的主观能动性才能透过现象看到本质;在改造世界的时候,也要发挥人的主观能动性,根据实践的目的、实时实地改变规律赖以起作用的条件,从而引导规律起作用的具体方式。

唯物辩证法的基本规律有三条,即对立统一规律(矛盾的规律)、质量互变规律、否定之否定规律。(1)对立统一规律。所谓对立统一规律是指一切存在的事物都由既相互对立、又相互统一的一对矛盾组合而成。矛盾双方既对立又统一,从而推动事物的发展。因此对立统一规律揭示了事物发展的源泉和动力。(2)质量互变规律。所谓质量互变规律是指事物具有质和量两个属性。量是指衡量事物处在的某种状态的数量或具体形式;质是指事物成为它自身并区别于另一事物的内在规定性。量变是事物连续的、逐渐的、不显著的变化,是事物在数量上的变化;质变是事物根本的变化,是一种飞跃,往往表现为突变。质量互变规律,也就是从量变到质变,那些处在不断的变化之中的事物,在每次由一种性质变化到另一种性质的过程中,总是由微小的变化(即量变)慢慢积累开始,当这种积累达到一定程度就会导致事物由一种性质变化到另一种性质(即质变)。量变是质变的准备,没有量变就不会发生质变;经过质变,在新的性质基础上又开始新的量变……(3)否定之否定规律。马克思和恩格斯的否定之否定原理来自黑格尔的“正—反—合”三阶段论。“正”态事物由于内部矛盾的发展,会过渡到反面,成为“反”阶段,这是第一个否定;由反阶段再过渡到它的反面,是为否定之否定。经过否定之否定后,事物显然回到“正”态。事物的发展是一个过程连着一个过程的,过程的更替要通过否定来实现。在事物发展的长链条中,经过两次否定,即经过肯定、否定、否定之否定。因此,否定之否定规律揭示了事物发展的趋势和道路。需要强调的是,否定之否定后的状态并不是原有的肯定的状态,而是一种进步性质的“扬弃”。事物发展的总趋势是前进的、上升的,而道路却是迂回曲折的。

关于这三条基本规律的内在关系,一般认为对立统一规律揭示了事物发展的源泉和动力,质量互变规律揭示了事物发展的状态,否定之否定规律揭示了事物发展的趋势和道路。

唯物辩证法有五对基本范畴,它们分别是:现象和本质、内容和形式、原因和结果、可能性和现实性、偶然性和必然性。

第一,现象和本质。现象和本质是揭示客观事物的外在联系和内在联系相互关系的一对范畴。本质是事物的根本性质或组成事物基本要素的内在联系,现象是事物的外部联系和表面特征。现象和本质是对立统一关系。所谓现象和本质对立是指,现象是表面的、具体的和易逝多变的,往往靠感官即能感知;而本质则是隐藏在事物内部的、是事物一般的共同的方面、而且是相对稳定的,它往往只能依靠抽象思维来把握。所谓现象和本质统一是指,现象离不开本质,任何现象都由本质所决定的,都是本质的某种表现,与此同时,本质也不可能离开现象而单独存在,任何本质都要通过一种或多种现象表现出来。因此,人们认识事物总是通过对现象的分析研究才能了解到事物的本质。

第二,内容和形式。内容和形式是指揭示事物所具有的内在要素和结构及其表现方式的一对范畴。内容是事物内在要素的总和,形式指内在要素的组织和结构。事物总是具有一定的内容和形式。唯物辩证法认为内容和形式是对立统一关系。所谓内容与形式的对立是指内容不同于形式。所谓内容和形式的统一,是指内容和形式相互依存,没有内容的形式是空洞的形式,没有形式的内容是一堆要素;内容和形式之间相互作用,内容决定形式,形式反作用于内容;此外,内容和形式的区分是相对的、复杂的,因为同一形式可以容纳或表现不同的内容,而同一内容也可以有多种表现形式,旧形式可以服务于新内容,旧内容也可以采用新形式。

第三,原因和结果。原因和结果是揭示客观世界中普遍联系着的事物具有先后相继、彼此制约的一对范畴。原因是指引起一定现象的现象,结果是指由于原因的作用而引起的现象。有原因必会造成某种结果(或影响),有结果又必来源于某种原因。一般来讲,原因在前结果在后;同一个现象,依据不同的条件,可以是原因也可以是结果,前一个原因的结果也可能是后一个结果的原因;同时,一个原因可以引起几个结果,一个结果也往往由几个原因所引起。唯物辩证法认为原因和结果是对立统一关系。所谓原因和结果的对立,是指因果倒置,在逻辑推理或实践中都会引起混乱或危害。所谓原因和结果的统一,是指原因和结果相互依存,既没有无因之果,也没有无果之因;原因和结果在一定条件下相互转化。

第四,可能性和现实性。可能性和现实性是揭示客观事物由可能向现实转化过程的一对范畴。可能性指事物包含的种种可能的发展趋势,现实性指已经实现了的可能性,即实际存在的事物和过程。由于事物内部矛盾和外部矛盾的复杂性,事物往往包含相互矛盾的几种可能性。但是只有一种可能性在内外条件齐备的情况下转化为现实,其他的可能性在矛盾的斗争中被克服而没有成为现实。唯物辩证法认为可能性和现实性是对立统一关系。所谓可能性和现实性的对立,是指可能性是尚未实现的现实,而现实性则是已经实现了的可能。所谓可能性和现实性之间的统一,是指可能性和现实性相互依存,可能性的根据存在于现实性之中;现实性是由可能性发展而来的;可能性和现实性在一定条件下可以相互转化。此外,唯物辩证法强调,在可能性转化为现实的过程中,尽管客观事物和客观条件是基础,但主观能动性往往起着重要的作用。

第五,偶然性和必然性。偶然性和必然性是揭示客观事物发生、发展和灭亡的不同趋势的一对范畴。事物发展过程中一定要发生的趋势是必然性;事物发展过程中可能出现,也可能不出现,或可能以多种不同方式出现的趋势是偶然性。唯物辩证法认为偶然性和必然性是对立统一关系。所谓偶然性和必然性之间的对立,是指两者地位不同,必然性居于决定地位,偶然性居于从属地位;两者的根源不同,必然性是由事物内部的根本矛盾决定的,偶然性是由事物内部的非根本矛盾或外部矛盾造成的;两者作用不同,必然性决定事物发展的基本方向,偶然性则使事物发展过程变得丰富多样。所谓偶然性和必然性的统一,是指必然性不能离开偶然性,一切必然性终归要以某种偶然性的形式表现出来;偶然性也不能离开必然性,一切偶然性都受必然性的制约,也总是以某种形式表现着相应的必然性;必然性和偶然性在一定条件下可以相互转化,在一定条件下为必然的东西,在另外的条件下可以转化为偶然,反之亦然。

唯物辩证法的分析方法是矛盾分析法。所谓矛盾是指"事物内部或事物之间的对立统一的辩证关系"。所谓矛盾分析法是指运用矛盾的观点来分析处理问题的哲学方法,是对立统一等基本规律的综合和延伸。

同一性和斗争性是矛盾的两种基本属性。同一性是指矛盾双方相互依存、相互联系、相互吸引、相互贯通、相互渗透的性质和趋势,表现了矛盾双方共处于一个统一体中的内在的统一性。斗争性是指矛盾双方相互排斥、相互限制、相互否定、相互分离、互相批评的性质和趋势;矛盾斗争性具有丰富的内容和多样的形式,既有对抗性斗争,也有非对抗性斗争。

矛盾同一性和斗争性的关系是对立统一、相互依存,任何一个矛盾总是既具有同一性,又具有斗争性,两者相互制约:一方面,同一性要受斗争性制约,因为矛盾双方的共存要靠斗争来维持,矛盾双方的转化也要靠斗争来实现;另一方面,斗争性又要受同一性的制约,因为同一性制约着斗争的形式、规模和范围。

矛盾还具有普遍性和特殊性。所谓矛盾的普遍性是指矛盾存在于一切事物的发展过程中,每一事物的发展过程中自始至终存在着矛盾运动。矛盾的特殊性是指具体事物的矛盾及每一矛盾的各个方面都有其特点,这是一事物区别于其他事物的本质,是世界上事物之所以有差别的根据。矛盾不仅存在于事物内部,而且存在于事物之间。对于任何事物来说都存在着内部矛盾,内部矛盾是事物存在和发展的根据内因;外部矛盾是事物存在和发展的条件外因。这是事物自我运动的源泉;它承认外部矛盾在事物变化发展中所起的作用。

矛盾分析法注重两点论和重点论的统一。所谓"两点论"就是在处理众多矛盾时,既要看到主要矛盾,又要看到次要矛盾,在处理某个矛盾时,既要看到矛盾的主要方面,又要看到矛盾的次要方面;要两点兼顾,只注重一方面而忽视另一方面就是一点论。所谓"重点论"就是在处理矛盾时,要重点抓住主要矛盾,解决主要矛盾,在处理某一矛盾时,要重点把握矛盾的主要方面;不能等量齐观,要"一分为二"全面分析,主次分明,否则就会胡子眉毛一把抓,无重点无主次,犯均衡论的错误。两点论和重点论的关系是对立统一的。这是因为:任何事物都有对立统一的两点,而不可能只有孤立而绝对的一点;两点的地位和作用并不是同等重要的,两点是有重点的两点,重点两点中重点;两点以及两点中的重点,都不是孤立的、僵化的或固定不变的,都是会随着内部矛盾的变化和外部条件的变化而不断变化发展的;两点、两点中的重点以及其变化发展,都是客观的、具体的、历史的、有条件的和有规律的,而不是主观的、空洞的、任意的或无条件的。

矛盾分析法尤其强调具体问题具体分析。所谓"具体问题具体分析"是指在分析和解决问题时,都要在矛盾普遍性原理的指导下,重点分析具体矛盾的特殊性;唯物辩证法的哲学依据就在于共性和个性、矛盾普遍性和特殊性等哲学范畴的辩证关系。具体问题具体分析是正确认识事物的基础，也是正确解决矛盾的关键。与之内涵相类似的提法还有“理论联系实际”、“实事求是”、“解放思想”、“与时俱进”，等等。

参考文献：
耿彦君：《唯物辩证法研究》，社会科学文献出版社2005年版。
列宁：《谈谈辩证法问题》，人民出版社1990年版。
《毛泽东选集》第1卷，人民出版社1966年版。

（陈立兵）

历史唯物论
Historical Materialism

历史唯物论也称历史唯物主义，是关于人类社会发展普遍规律的科学，是无产阶级的历史观。历史唯物论认为，历史的所有事件发生的根本原因是物资的丰富程度，社会历史的发展有其自身固有的客观规律。物质生活的生产方式决定社会生活、政治生活和精神生活的一般过程；社会存在决定社会意识，社会意识又反作用于社会存在；生产力和生产关系之间的矛盾、经济基础与上层建筑之间的矛盾，是推动一切社会发展的基本矛盾；在阶级社会中，社会基本矛盾表现为阶级斗争，阶级斗争是阶级社会发展的直接动力；阶级斗争的最高形式是进行社会革命，夺取国家政权；社会发展的历史是人民群众实践活动的历史，人民群众是历史的创造者，但人民群众创造历史的活动和作用总是受到一定历史阶段的经济、政治和思想文化条件的制约。

历史唯物论由马克思和恩格斯创立。历史唯物论也被称为“唯物主义历史理论”或“唯物主义历史观”。列宁后来称历史唯物论为“科学的社会学”，“唯一的科学的历史观”和“社会科学的唯一科学方法即唯物主义的方法”。

马克思主义历史观是人们对于社会历史的根本见解。在历史唯物论诞生前，人们总是从神的意志、卓越人物的思想或某种隐秘的理性，即从某种精神因素出发去解释历史事件或说明历史的发展。其结果不是曲解人类史，就是完全撇开人类史。资产阶级历史观用“人”的观点解释历史，比起中世纪用神的意志说明历史的神学观点是一个重大进步，但它所理解的人是一种抽象的人，即脱离历史发展条件和具体社会关系，孤立地站在自然面前的生物学上的人，或失去感性存在的玄虚的“自我意识”。从这种抽象的人出发，必然把历史发展和社会进步的动力归结为人类的善良天性或者神秘的理性。这仍然是用非历史因素，靠人们想象和思考出来的东西去解释历史，因而不可能正确地认识历史以及历史研究的对象。

历史唯物论用以观察社会历史的方法与之前一切历史理论不同。它承认历史的主体是人，历史不过是追求着自己目的的人的活动而已。但历史唯物论所说的人不是处在某种幻想的与世隔绝和离群索居状态的抽象的人，而是处于可以通过经验观察到的发展过程中的现实的活生生的人。历史唯物论认为，现实的人无非是一定社会关系的人格化，他们所有的性质和活动始终取决于自己所处的物质生活条件。只有从那些使人们成为现在这种样子的周围物质生活条件去考察人及其活动，才能站在现实历史的基础上描绘出人类发展的真实过程。

历史唯物论的研究对象是社会发展的一般规律，与其他以社会生活某一局部领域、某一个别方面为对象的具体社会科学不同，它着眼于从总体上、全局上研究社会的一般的结构和一般的发展规律。它的任务就是为各门具体的社会科学提供历史观和方法论的理论基础。

历史唯物论者认为，历史发展有其特定规律，即生产力决定生产关系，生产关系对生产力有反作用，生产关系一定要适应生产力的发展。历史唯物论的主要内容有以下几个方面：第一，生产是一切社会进步的尺度，社会生产力的发展水平，决定人类社会的进程。第二，与生产力一定发展相适应的生产关系，构成一定的社会形态和经济结构的现实基础，它规定着社会形态的主要特征。第三，一定的社会形态是一定的经济基础和一定的上层建筑的统一，经济基础的性质决定上层建筑的变更。上层建筑又积极服务和反作用于经济基础。第四，一切社会制度、社会形态都是人类社会从低级到高级的无穷的发展过程中的暂时阶段，没有永恒的社会制度和形态，社会制度的发展是社会基本矛盾发展的结果。社会关系要在一定的物质条件下从旧社会的基础上成熟，在它们所容纳的全部生产力发挥出来之前，社会形态是不会消亡的。第五，现实存在的具体社会形态都是复杂的，人类社会发展的每一个阶段都既有占支配地位的社会形态，又存在着其他社会形态的残余和萌芽。第六，人类社会的一般规律是从原始社会到奴隶社会、封建社会、资本主义社会再到社会主义社会和共产主义社会。这是一个自然的历史发展过程，社会生产力是推动社会历史前进的根本动力。第七，人类社会历史是不以人的主观意识为转移的客观发展过程，具有一定的规律性，人们研究历史，探索社会规律，必须要从客观存在的历史事实出发，详细地占有材料，分析它的各种发展形态，揭示其内在联系，得出相应的结果。第八，人类社会及其构成成分均以总体的体系方式存在，要从研究对象的整体出发，从研究对象内部的相互作用与矛盾和研究对象与外部环境的相互作用中进行研究。第九，在客观历史过程中，一切社会历史因素都是相互作用的。第十，人类社会是有规律运动的，由低级向高级发展的，它表现为历史过程，构成历史过程的各种社会现象也是运动与发展的。我们要用发展的眼光看待历史上的一切，用辩证法的观点去把握对象的本质联系与内部矛盾，又要把研究的对象放在一定的范围之内，具体问题具体分析，从而准确地把握对象。第十一，社会历史事物的发展变化，有进化（改革）和革命两种方式。第十二，社会历史发展的根源在于其种种复杂的内外部矛盾。第十三，在客观历史进行中，环境创造人，人又创造环境。第十四，社会历史的研究，不是一个简单的消极的反映过程，而是主客体之间相互渗透、相互作用的辩证统一过程。

历史唯物论认为社会的存在和发展是由历史发展而来、社会存在和发展离不开历史、社会和历史存在着必然的继承和发展关系，其主要特点是：

第一，要承认历史，尊重历史，认为社会必然是一个连续不断的发展过程，这是如何看待历史的问题。承认历史，认为历史是所有事物的来源，这本身就解决了哲学中的一个命题——事物的来路问题。任何事物都不是凭空产生的，而必然有其前身或者前因，而我们的现今都是前身或前因的变化或后果。只有承认历史，才能尊重历史。

第二，要联系历史来观察和分析问题，这是如何运用历史的问题。有了历史的观点，我们在看待、分析和处理问题时就会更加全面、更加客观、更加符合实际、更加智慧、更加接近事物本身的客观规律。首先，有了历史的观点，我们就会有更强的理解力和包容性。其次，有了历史的观点，我们就能更加准确地判断形势、分清利弊，从而有针对性开展工作。最后，有了历史的观点，我们才能谦虚地吸收前人的经验，结合自己的实际，避免不必要的损失，少走弯路。被前人通过实践而证明了的理论和经验，我们要毫不怀疑地加以吸收和借鉴。

第三，要有选择地继承并发展历史，这是如何对待历史的问题。运用历史的观点，归根结底还是如何对待历史的问题。是接受还是摒弃、是褒是贬、是全盘否定还是有选择地利用，这是我们必须做出抉择的。纵观历史唯物主义和辩证唯物主义哲学理论，以马列主义、毛泽东思想的世界观和方法论为指导，我们认为：借鉴历史经验、立足历史条件、顺应历史趋势、做人类历史发展的推进者，做最崇高的理想的实践者，这是一个革命者应该采取的科学态度。在坚持历史唯物论的同时，我们要坚持同一切非历史唯物论者作斗争，这就是：有选择地继承、发扬历史理论和经验，反对全盘否定。

参考文献：

《列宁选集》，人民出版社 1960 年版。
《列宁选集》，人民出版社 1975 年版。
《马克思恩格斯文集》，人民出版社 2009 年版。
《马克思恩格斯选集》，人民出版社 1995 年版。
《斯大林选集》，人民出版社 1979 年版。

（陈立兵）

古典经济学方法
Classical Economics Methods

“古典经济学”本身是一个笼统的概念，泛指 18 世纪、19 世纪的英法政治经济学说。不同的经济学家对古典经济学的内涵有不同的理解。马克思认为古典经济学从配第开始到李嘉图结束；凯恩斯认为古典经济学从李嘉图开始到庇古结束。这些重要学者都将自己之前的经济学说称为“古典”（亦可译作“经典”），其研究方法也由此被称为“古典经济学方法”。古典经济学方法，有以下一些基本的特征。

古典经济学着重经济总量研究，涉及经济增长、国际贸易、货币经济和财政问题等方面。古典经济学关心的是国家经济问题，虽然那时候的学者也非常强调必须尊重个人利益，但他们更强调的是如何使个人利益与社会利益保持协调。在对国家经济的关注方面，基于对国家经济循环更深入的分析，以及对劳动分工、生产专业化与资本积累关系的研究，古典经济学能够比重商与重农主义更加系统地对经济问题进行分析。以亚当·斯密为代表的古典经济学更相信经济规律决定着价格和要素报酬，并且相信价格体系是最好的资源配置办法。它反对封建制度，认为重商主义与重农主义都比较片面，市场机制像一只“看不见的手”支配着社会经济活动，因此古典经济学具有明显反对国家干预经济生活，提倡自由放任的政策特征。

在马克思看来，亚当·斯密和李嘉图等古典经济学家虽已建立了比较系统的经济学说，但他们的学说以促进资本主义经济发展为目的，并没有涉及生产关系的问题。也就是说古典经济学有意无意地遮掩了生产中的剥削问题。古典经济学还机械地分析经济问题，没有使用辩证、历史的眼光来看待经济发展，因此无法认识其学说的历史局限性。当然，古典经济学还具有对经济内部规律研究更感兴趣，以及仅发现现实而不改变现实的研究特点，这些与马克思主义经济学的研究方法存在着很大的不同。

在凯恩斯看来，古典经济学的理论则是以 18 世纪、19 世纪西方经济总体供给小于总需求的大背景下得出的，因此它的结论带有那个时期经济的许多特征。古典经济学认为东西一旦生产出来就不必担心需求，因为在总体供不应求的背景下供给能够自动创造需求；市场上所有的经济变量能够自由变动，并且能够自动达到“出清”（即供给能够找到需求，市场达到均衡)。古典经济学之所以认为变量能够自由变动是以它对经济的理想、抽象的研究方法为基础。古典经济学往往习惯使用比较静态的分析方法,将问题简化、抽象化,因此,它得到的结论往往具有某一变动方向的含义。尽管古典经济学的结论不符合20世纪的经济现实研究,但它毕竟标示了一种缜密、抽象、较为科学的分析方法的诞生。

因李嘉图在古典经济学中的重要地位,古典经济学还因李嘉图而染上了仅采用逻辑演绎式的研究方法。该方法不深究经济历史与经济现实,仅基于有限假设做思辩式的推演,因此受到了德国历史学派、英国历史学派的猛烈批评。

参考文献:

鲁友章、李宗正:《经济学说史》,人民出版社1979年版。

陈孟熙:《经济学说史教程》,中国人民大学出版社2003年版。

曼昆:《经济学原理》,北京大学出版社2007年版。

朱书刚:《古典经济学家的经济哲学思想解读》,载于《江汉论坛》2002年第7期。

刘宁:《库恩范式与古典经济学——经济学语境中的范式理论》,载于《理论学刊》2006年第2期。

郑也夫:《新古典经济学"理性"概念之批判》,载于《社会学研究》2000年第4期。

[英]马克·布劳格:《"古典经济学"解释》,引自[英]伊特韦尔等:《新帕尔格雷夫经济学大辞典》,经济科学出版社1996年版。

(逯建)

马克思经济学方法
Marxist Economic Methods

经济科学的方法创新,同经济科学的理论创新、学科体系创新有着直接的关系,甚至可以认为,方法创新是理论创新和学科体系创新的先导。方法创新一定是建立在某一特定学科基础之上的,在经济思想史上被认可的、有杰出成就的学者,在经济学这一特定学科上的方法创新,更能说明方法创新的意义与作用。

马克思在经济学上有两次重大的方法创新:第一次是19世纪40年代中期马克思唯物史观方法的创新,这次方法创新形成了生产力和生产关系的经济结构的思想,实现了马克思从劳动价值论的质疑者到劳动价值论的赞成者的转变,开始了马克思在劳动价值论上的理论创新,奠定了马克思经济学的理论基石。第二次是19世纪50年代末马克思关于"抽象上升到具体"的方法创新,这次方法创新直接导致马克思经济学理论体系"五篇结构计划"的提出和"六册结构计划"的形成,实现了马克思经济学理论体系创新。十年之后的1867年,马克思《资本论》第一卷德文第一版的出版,是马克思在经济学方法创新、经济学理论创新和学科体系创新的结晶。

从马克思一生经济学探索过程来看,没有经济学的方法创新就不可能有经济学的理论创新和学科体系创新。关于马克思经济学方法的创新,有十个基本论点特别值得重视:一是研究方法和叙述方法及其关联性;二是"历史哲学"和"万能钥匙"理解的关系;三是"原生类型"和"次生类型"的关系;四是现象具体和规律一般的关系;五是"具体总体"和"思想总体"的关系;六是总体中的"普照的光"、"特殊的以太"的意义;七是"人体解剖"和"猴体解剖"的关系;八是"自行批判"和"历史路标"的逻辑关系;九是"从后思索":蜘蛛、蜜蜂和建筑师的形象说法;十是"结构"的多义性及其统一性问题。这十个基本论点,大体可分成四个部分,首先是以研究方法和叙述方法为切入点;其次是二、三、四,主要讲研究方法;再其次是五、六、七,主要讲叙述方法;最后是八、九、十,主要讲总体上的综合的方法。这些方法论上的创新,对于理解马克思经济思想的当代价值、理解马克思经济学的方法创新和理解人文社会科学方法创新,都有着重要的意义和作用。

第一,研究方法和叙述方法及其关联性

马克思在《资本论》第一卷第二版"跋"中提出:"在形式上,叙述方法必须与研究方法不同。研究必须充分地占有材料,分析它的各种发展形式,寻求这些形式的内在联系。只有这项工作完成以后,现实的运动才能适当地叙述出来。这点一旦做到,材料的生命一旦观念地反映出来,呈现在我们面前的就好像是一个先验的结构了。"(《马克思恩格斯全集》第23卷,人民出版社1972年版,第23~24页)《资本论》第一卷德文第一版出版后,有些读者认为马克思用了一种"先验的"方法,因为《资本论》第一卷以商品这一简单的、抽象的范畴为始基范畴。为了澄清这种误解,马克思有针对性地提出了研究方法和叙述方法及其关联性问题。研究方法和叙述方法实际上成了说明马克思经济学方法论要义。

马克思认为,他并不是从"先验的"材料出发,而是从经济现实出发。这就是马克思认为的研究方法的出发点。研究方法本身包括三个主要环节,这也是研究方法的三个基本要素:一是充分占有材料;二是分析所有材料的各种发展形式;三是寻求这些形式的内在联系。经过研究方法的这三个主要环节,就能得出一些思维上的理论结论。把这些理论结论以思维的方式表达出来,就是马克思认为的叙述方法。在马克思看来,在研究方法和叙述方法的关系中,研究方法的结果是叙述方法的起端，只有运用研究方法得出的理论结论，才有叙述方法的理论阐述和理论体系表达。

反思经济科学发展现状，可以深切地感到，缺乏研究的理论叙述是阻碍理论创新的症结之一，也就是说，理论叙述并没有经过马克思所讲的研究方法的主要环节，在研究方法的三个主要环节上没有付出更为艰苦的科学劳动，就开始"自说自话"的叙述了。许多人文社会科学的研究过程并没有占有充分的材料，也没有分析所有材料的发展形式，更没有寻求这些形式的内在联系。因此，也可以认为，研究方法主要环节的缺失，是阻碍理论创新的症结之一。

研究方法是叙述方法得以实现的基本前提。研究过程和叙述过程密切相连，经济科学的任何成果，不能只有叙述而没有研究，也不能只有建立在别人研究基础上的叙述，甚至是没有研究的叙述，这些都是不健康的、有害于经济科学发展的方法，也可以认为是经济科学不良学风形成的方法上的根源。

第二，对"历史哲学"和"万能钥匙"的贬谪

对"历史哲学"和"万能钥匙"的评说，是马克思对经济学研究方法的重要说明之一。马克思晚年在欧洲已经有很大的理论影响力和政治感召力，他和恩格斯的一些主要著作陆续翻译成德文以外的文字，在欧洲得到日益广泛的流传。在这一传播过程中，出现了一种现象：欧洲的许多社会主义者把马克思《资本论》第一卷中的一些重要论断看做是一把"万能钥匙"，认为这些论断不管拿到哪个国家或者针对哪种情况都是直接有效的。马克思认为，这种研究问题的方法是不可行的，他反对"万能钥匙"的说法，针锋相对地指出："极为相似的事件发生在不同的历史环境中就引起了完全不同的结果，如果把这些演变中的每一个都分别加以研究，然后再把它们加以比较，我们就会很容易地找到理解这种现象的钥匙。"马克思同时指出："但是使用一般历史哲学理论这一把万能钥匙，那是永远达不到这个目的的，这种历史哲学理论的最大长处就在于它是超历史的。"(《马克思恩格斯选集》第3卷，人民出版社1997年版，第342页)在马克思的研究方法中，不存在一般的"历史哲学"，不存在适用于任何历史环境、解释所有各种社会现象的"万能钥匙"。

在经济科学研究中，作为研究对象的相似的事物，在不同的历史环境中会有完全不同的结果，不存在理解所有这些结果绝对划一的、一成不变的"万能钥匙"，这是把握马克思经济学研究方法的基本要领。同时，"万能钥匙"或者"历史哲学"的这些说法，根本局限就在于"超历史"。经济科学内的任何一门学科，无论是研究对象还是研究材料都有历史性，都涉及历史变化的社会现象，都有着深刻的历史印记，都是"历史的"科学。就此而言，根本就不存在超历史的"万能钥匙"，也不存在普适的"历史哲学"。在经济科学研究中，"加以比较"是相当重要的，要把这些变化中的每一种现象都加以研究、加以比较，再把它们加以汇总，以得出一些研究的结论，这才是适合于经济科学每一专门学科的研究方法。

马克思也提到，假如把他的理论当成一种"历史哲学"，就会产生很大的误解。他在晚年曾指出："一定要把我关于西欧资本主义起源的历史概述彻底变成一般发展道路的历史哲学理论，一切民族，不管它们所处的历史环境如何，都注定要走这条道路，——以便最后都达到在保证社会劳动生产力极高度发展的同时又保证每个生产者个人最全面的发展的这样一种经济形态。但是我要请他原谅。他这样做，会给我过多的荣誉，同时也会给我过多的侮辱。"(《马克思恩格斯选集》第3卷，人民出版社 年版，第341~342页)马克思不赞成把他的理论看成是"历史哲学"，也不赞成把他的理论看做是能够解决所有问题的"万能钥匙"，假如这么做，马克思认为，就会在给他"过多的荣誉"的同时，也给了他"过多的侮辱"。显然，马克思非常清楚自己理论的有效性，他不愿意在得到"过多的荣誉"的同时得到"过多的侮辱"。马克思不是一个天生的马克思主义者，马克思经济学方法的科学性在于它在经济学科学革命运用中的不断完善和发展。

第三，"原生类型"和"次生类型"的关联及其"中介"

在对经济学研究方法的阐述中，马克思对"原生类型"、"次生类型"和"再次生类型"及其关联问题作了阐述。马克思提到："把所有的原始公社混为一谈是错误的；正像在地质的层系构造中一样，在历史的形态中，也有原生类型、次生类型、再次生类型等一系列的类型。"(《马克思恩格斯选集》第3卷，人民出版社1997年版，第771页)也就是说，在对同一类型事物的研究中，比如，在对原始公社的研究中，不能把发生在不同国家、不同民族以及不同时期的历史事实看成是一成不变的。即使像原始公社这样的历史事实，它也同地质层系构造一样，具有"原生类型"、"次生类型"和"再次生类型"等形态，亦即会有不同于一般形态的多种转化形态。我们假如把原始公社中的"原生类型"、"次生类型"和"再次生类型"混为一谈，看成是一个无差别的历史事实，就会抹杀存在于不同国家、民族以及不同历史时期的历史事实的差别，进而违背历史的多样性的特殊性原则；同时也就会抹杀存在于不同国家、民族以及不同时期的历史事实的转化关系，进而违背历史发展规律的同一性的一般性原则。

历史事实中的"原生类型"、"次生类型"和"再次生类型"之间，既存在多样性和差别性，同时也存在可转化性和关联性。"次生类型"和"再次生类型"是"原生类型"的转型，是经过一系列中介环节和中介过程的转化形态。在对经济思想史的研究中，马克思在揭

示李嘉图经济学方法的失误时曾经指出:“如果想不经过任何中介过程就直接根据价值规律去理解这一现象……就是一个比用代数方法或许能求出的化圆为方问题更困难得多的问题。”(《马克思恩格斯全集》第26卷第Ⅲ册,人民出版社1972年版,第90页)马克思认为,用圆转化成方这样的问题,在几何学上是可以用代数的方法来解决的,但是方作为圆的转化形态是需要经过一系列的中介环节和中介过程的。假如在“原生类型”、“次生类型”和“再次生类型”之间,没有中介环节和中介过程,就不可能认识它们之间的同一性和差异性。“原生类型”、“次生类型”和“再次生类型”之间存在的是事物的转型关系,对这种关联性的探索,在研究方法意义上,最根本的就是探索事物“转型”的中介环节和中介过程问题。

在《1857~1858年经济学手稿》对资本主义生产过程分析时,马克思从利润、利息等“次生类型”和“再次生类型”等具体形式中,抽象出剩余价值这一内在的、本质的“原生类型”,第一次提出“剩余价值”这一“原生类型”的范畴,从而把剩余价值一般和剩余价值特殊完全区分开来。在马克思看来,“利润只是剩余价值的第二级的、派生的和变形的形式,只是资产阶级的形式,在这个形式中,剩余价值起源的痕迹消失了。”(《马克思恩格斯全集》第46卷上,人民出版社2003年版,第95页)这里的“第二级的”一词,不仅具有由“原生类型”的生产关系转化而来的意义,而且还具有在形态上脱离“原生类型”的生产关系,形成更高层次的“次生类型”、“再次生类型”生产关系的意义。利润作为剩余价值的“第二级的”转化形式,不仅说明剩余价值是利润的源泉,而且还说明利润作为剩余价值的转化形式具有更复杂、更具体的规定性。

研究方法就是要探明“原生类型”、“次生类型”和“再次生类型”之间的转化关系。“原生类型”和“次生类型”、“再次生类型”之间的转化过程是历时性的,是存在于历史上的中介过程,在现实中这一中介过程不再存在。科学就是要发现这些中介环节和中介过程。只有在研究过程中把这些中介环节和中介过程加以发现,才能在叙述过程中阐明它们是怎么一步步实现从“原生类型”到“次生类型”再到“再次生类型”转化的。在研究过程中,要强调对中介、中介过程、中介环节的研究,如果缺乏对它们的研究,叙述过程中的理论及其理论体系的内在逻辑性也就消失了。

第四,现象具体和规律一般的关系

现象具体和规律一般的关系问题,在马克思经济学方法中有着重要的意义。马克思指出:“不言而喻,应当时刻记住,一旦在我们面前出现某种具体的经济现象,决不能简单地和直接地用一般的经济规律来说明这种现象……如果我们没有事先对那些比我们这里现有的关系更为具体的关系进行研究,就连解释这些情况也是不可能的。”(《马克思恩格斯全集》第47卷,人民出版社1979年版,第405页)马克思的这一说法,同我们通常的理解不一样。在研究中,我们往往用一些经济规律或者一些规律性的表述来直接解释现象。马克思认为这样做是不对的,原因就在于具体现象有着比一般规律更多的复杂的规定性。任何规律都是对具体事物的一般性的、共性的认识和提炼,很显然,对于具体事物是不能直接用这些规律来解释的,因为这些具体事物有着许多未被规律提炼的、在规律之外的更为丰富的复杂的因素或规定。我们只有把这些复杂的因素或规定一一加以考察之后,才可能得出可信的适合于复杂现象的结论。也只是在这个时候,我们才能认为经济规律一般能够说明具体事物,说明经济现象特殊。这就是具体现象和规律一般关系问题的基本要求。

在理论研究中,我们不能用一般经济规律简单地、直接地说明任一特定的经济现象,只有在对某一特定经济现象的具体关系作了更多研究之后,经济规律才可能做出一定程度的“说明”和“解释”。我们不能依靠教科书中的任何经济规律,来直接解决经济现实中的各种复杂问题。

第五,“具体总体”和“思想总体”的关系

“具体总体”和“思想总体”的关系,是马克思对研究方法和叙述方法连接关系的表达。关于“具体总体”,在马克思那里有两种含义:一种是作为“思想总体”前提和基础的“具体总体”,另一种是作为“思想总体”结果的“具体总体”。在1857年的《〈政治经济学批判〉导言》中,马克思指出:“具体总体作为思想总体、作为思想具体,事实上是思维的、理解的产物;但是,决不是处于直观和表象之外或驾于其上而思维着的、自我产生着的概念的产物,而是把直观和表象加工成概念这一过程的产物。”(《马克思恩格斯全集》第46卷上,人民出版社2003年版,第38页)这就是说,在“思想总体”之前的“具体总体”,指的是直观的或者表象的东西。这种直观的或者表象的东西是事物的本体意义的存在,马克思把它称作“具体总体”。这种“具体总体”是“思想总体”得以产生和形成的基础和根据。当然,“思想总体”经过思维的加工以后再产生的“具体总体”,从思维的规律来看,就是先有直接的表象事物的存在,通过我们的思维对这些具体的形态进行加工,最后在思维中得到反映,然后在思维中表达出来的基于、同时也高于原来那种直观的总体。所以,从“具体总体”存在的直观和表象,到经过思维加工以后变成有序的有系统的“具体总体”,就是马克思认为的从研究方法向叙述方法转化的基本过程。

研究过程的关键在于“思想总体”怎样反映“具体总体”,一方面“思想总体”产生于“具体总体”,“具体总体”是“思想总体”的材料和对象;另一方面“思想总体”又再现“具体总体”，把先前存在的“具体总体”加工成一种思维中有序的系统的思维中的“具体总体”。在思维中再现的“具体总体”，就是我们讲的理论观点及理论体系。这种“再现”，不是对先前的“具体总体”的简单的摹写，而是经过人的思维这一专有的方式加工以后的结果。马克思对此作了经典的概括：这是“思维用来掌握具体并把它当作一个精神上的具体再现出来”的方法（《马克思恩格斯全集》第 46 卷上，人民出版社 2003 年版，第 38 页），也就是“叙述方法”。所以，这一“具体总体”并不是一个看得见摸得着的实实在在的具体，而是经过思维加工后再现的具体。“思维用来掌握具体并把它当作一个精神上的具体再现出来”的方法，也就是马克思专门提到的“抽象上升到具体”这一建立经济学理论体系的方法。需要强调的事，“抽象上升到具体”的方法并不是经济学的全部方法，只是马克思建立经济学理论体系的“叙述方法”。

关于“具体总体”和“思想总体”的关系，是马克思经济学方法论的精髓，也是马克思建立经济学理论体系的根本方法。

第六，总体中的“普照的光”、“特殊的以太”的意义

在“具体总体”和“思想总体”关系中，还有一个重要问题就是区分总体中各要素之间的关系。在这里，马克思用“普照的光”和“特殊的以太”这样一些形象的说法来说明问题。马克思指出：“在一切社会形式中都有一种一定的生产决定其他一切生产的地位和影响，因而它的关系也决定其他一切关系的地位和影响。这是一种普照的光，它掩盖了一切其他色彩，改变着它们的特点。这是一种特殊的以太，它决定着它里面显露出来的一切存在的比重。”（《马克思恩格斯全集》第 46 卷上，人民出版社 2003 年版，第 44 页）在马克思看来，“具体总体”是由各因素构成的，这些因素可以分为关键因素和非关键因素，其中的关键因素，马克思将其称为能够决定其他一切关系和地位的“普照的光”。这一“普照的光”，决定了这一“具体总体”的根本性质。在一定的“具体总体”中，“普照的光”会掩盖其他一切因素的色彩，改变其中存在的各因素的份额和比重，这是一种“特殊的以太”。“以太”这一说法，是古希腊哲学家对事物的“原子”的一种指称，类似于中国古代哲学家说的构成万物基本元素“气”的意义。马克思认为，决定事物中的根本性的因素是一种“特殊的以太”，这种“特殊的以太”决定着事物的性质，也决定着构成这个事物的各要素的关系。

著名的哲学家乔治·卢卡奇关于“总体与个体相比具有至高无上的优越性”的结论就是由此而得出的。卢卡奇的这一结论是在研究了马克思《〈政治经济学批判〉导言》之后得出的。卢卡奇在 1923 年出版的《历史与阶级意识》中就认定了这一结论。这一结论强调了总体的重要性，总体改变着存在于总体中的任何个体的色彩，尽管总体是由个体组成的。这样的总体，实际上就是研究对象意义上的总体。总体或整体的根本要素就是“特殊的以太”，在对“特殊的以太”把握的基础上，再分析和理解“特殊的以太”之外的次要要素。由此而在理论逻辑上再现一个有序的、系统的思想整体，这是马克思所讲的叙述方法的根本所在。

对于人文社会科学来讲，总体的确定性也就是对象的既定性。研究对象的边界是什么，这是人文社会科学研究方法和叙述方法的基本前提和根本要求。没有总体边界的确定，就不可能使自己所研究的事物能在思想总体中得到反映。马克思曾以经济学研究对象为例，来说明这个道理。马克思认为：“在一定的社会生产关系中，生产和分配、交换、消费构成一个‘有机整体’，这就说：它们构成一个总体的各个环节、一个统一体内部的差别。生产既支配着与其他要素相对而言的生产自身，也支配着其他要素。”所以，在社会生产关系这一总体中，“一定的生产决定一定的消费、分配、交换和这些不同要素相互间的一定关系。当然，生产就其单方面形式来说也决定于其他要素。不同要素之间存在着相互作用。每一个有机整体都是这样。”（《马克思恩格斯全集》第 46 卷上，人民出版社 2003 年版，第 36 页、第 37 页）

马克思对经济学研究对象的“总体”或“整体”的说明，包含了三个主要方面的问题：一是对象的整体性；二是整体中的决定性因素，三是总体中决定性因素和其他因素的关系，即决定性因素决定着其他因素，其他因素也会在一定条件下影响决定性因素。在人文社会科学研究对象中，整体的确定性以及整体中的决定性要素和非决定性要素的相互联系，揭示了人文社会科学研究的复杂性，如马克思所讲的：“联系在一起的一个整体的内在必然性，和这个整体作为各种互不相关的独立要素而存在，这已经是种种矛盾的基础。”（《马克思恩格斯全集》第 46 卷上，人民出版社 2003 年版，第 398 页）整体内部会存在不同的要素，这个整体和不同要素的关系就有矛盾，因为整体形成以后它的内部各种要素还会独立的发挥作用。这些独立发挥作用的要素和整体是存在矛盾的。这就是人文社会科学研究中整体和局部的矛盾。

“整体”同“整体”中“独立要素”的关系，在宏观上看，同人文社会科学研究中社会现象、社会现实与每个学科研究对象的矛盾和关系是一样的。就人文社会科学研究整体而言，作为研究对象是一个复杂的社会系统，作为叙述对象是一个复杂的思维系统。复杂的社会系统和思维系统，就是我们讲的社会存在和对这一存在的反映。对于社会存在整体现象与现实的研究，构成了人文社会科学研究对象的总体性。这是人文社会科学研究的明确的对象。但是，人文社会科学

中的每一门学科，只把这一对象中的一个部分抽出来加以专门研究，比如说，经济学研究的是整体中的经济现象，历史学研究的是整体中的历史现象，文学研究的是整体中的文学现象。总之，人文社会科学任何一门学科，只对这个整体的某一部分加以研究。这些专门的学科，都是作为一个独立要素而存在，因为是作为一个独立要素而存在，所以得出的结论也是整体的那一部分内容的规律性，而不是整体的全部内容的规律性。

人文社会科学研究中存在的一个天然矛盾就是，对象的整体性和学科研究的局部性的矛盾。化解这一矛盾的方法就是要对对象的整体加以理解，各个别学科必须加以联合、加以融合，必须结合在一起，只有这样才能使原本具有整体性的对象得到一个趋于整体性的反映。假如各学科各自为战，只对部分的现象加以研究，然后把部分的现象当成整体的规律性，就不可能得出科学的结论。整体和整体中的独立要素的关系，对于理解人文社会科学研究的整体性和局部性的关系是相当重要的。人文社会科学研究中各学科之间的交叉和渗透，是由其对象的整体性决定的，人文社会科学研究不可能摆脱各个学科交叉和渗透这一根本要求。

第七，“人体解剖”和“猴体解剖”的关系

马克思认为：“人体解剖对于猴体解剖是一把钥匙。反过来说，低等动物身上表露的高等动物的征兆，只有在高等动物本身已被认识之后才能理解。”（《马克思恩格斯全集》第 46 卷上，人民出版社 2003 年版，第 43 页）马克思的这一说法，似乎和我们通常的理解不一样，我们通常的理解认为，对低等动物的了解似乎更简单一些、更容易一些。在马克思看来，在叙述方法中，必须在对高等动物有了充分理解之后，才能理解低等动物的来龙去脉。所以，“人体解剖”对于“猴体解剖”是一把“钥匙”。

在马克思看来，叙述方法的重要特点就在于：“在进行这种一般研究的时候，我们总是假定，各种现实关系是同它们的概念相符合的，所谓概念就是对事物某一发展阶段的概括，或者说，所描述的各种现实关系只是表现它们自身的一般类型的。”（《马克思恩格斯全集》第 25 卷，人民出版社 1972 年版，第 160 页）这就是说，如何认识和理解研究对象的发展阶段和发展程度，是人文社会科学研究的基本要求，在这一过程中，要杜绝从概念出发、再回归概念的研究方法或叙述方法。在研究过程和叙述过程中，必须处理好概念的完整性与具体对象的发展阶段性和发展的成熟程度之间的关系。也就是说，不能仅仅停留在对低等动物的研究上，要对事物最高级的发展形态进行研究。只有对事物的高级形态有了深刻的研究之后，才能更好地理解事物的低级形态。在研究过程或叙述过程中，对简单事物的研究和对复杂事物的研究，以及对正在发展过程中的事物和已经成熟的、完成发展过程的事物的研究，应该是联系在一起，不能割裂开来的，这就像马克思讲的“人体解剖”和“猴体解剖”的关系一样。

第八，“自行批判”和“历史路标”的关系

在叙述方法中，还有一个重要的方法论问题，这就是理论逻辑和历史逻辑的关系。马克思对经济思想历史在经济学研究和叙述中的重要意义说明中提出：“一方面，政治经济学家们以怎样的形式自行批判，另一方面，政治经济学规律最先以怎样的历史路标的形式被揭示出来并得到进一步发展。”（《马克思恩格斯全集》第 26 卷第 Ⅰ 册，人民出版社 1972 年版，第 367 页）在人文社会科学探究中，必须解决好两个问题：一是理论研究本身的问题，即理论逻辑的问题，也就是马克思所讲的“自行批判”的问题；二是理论逻辑在历史视角上的再现，即历史逻辑的问题，也就是马克思所讲的“历史路标”的问题。这两个问题就是理论原理逻辑的叙述和理论历史逻辑的叙述。因为任何一门学科除了理论原理之外，还有理论历史，也就是所谓的“思想历史”。没有思想历史的学科肯定不是一门成熟的和完整的学科。对于理论原理逻辑和理论历史逻辑这两者关系的理解，是马克思经济学研究方法的一个重要方面。探索政治经济学发展的“历史路标”，是马克思实现经济学科学革命的重要内容和基本特征。

在对理论原理逻辑和理论历史逻辑关系的理解中，首先要说明的是，马克思对经济学的研究过程是从理论历史逻辑开始的，也就是在对理论原理的来龙去脉进行清晰的历史研究后，再形成自己的理论原理。叙述过程则反过来，先是理论原理逻辑的叙述，然后是理论历史逻辑的叙述，用理论历史来说明理论原理演进的“历史路标”。

人文社会科学各个学科缺乏思想历史的内涵，已经成为人文社会科学理论创新和学科体系创新的重大障碍。在人文社会科学的不同学科中，对前人理论成果普遍存在着茫然不知所以的现象，进而出现了人文社会科学中动辄就讲“创新”、动辄就讲“填补空白”的怪现象。有些理论结论也许是研究者独立探究得出的，似乎可以心安理得地自我认定为“创新”、认定为“填补空白”。但是，这其中的许多理论结论早就是思想历史中的常识，早就是思想历史中的成见。人文社会科学要慎言“创新”、“填补空白”，人文社会科学思想历史材料浩如烟海，倘若你没有经过完整的探究，没有经过思想历史精细的研究，就不能下结论说自己的观点是一种“创新”或是“填补空白”。马克思在《资本论》第一卷中用注释的方式，把前人和同时代人在相关理论问题上的见解一一列出，对经济思想历史中任何有价值的见解都细加考察，从不敢多言“创新”。

在研究过程中如何加强思想历史的研究，对于任何一门学科来讲都是有重要意义的。这也是黑格尔所倡导的观点。黑格尔在他著名的《哲学史讲演录》中提到:“我认为:历史上的那些哲学系统的次序,与理念里的那些概念规定的逻辑推演的次序是相同的。我认为:如果我们能够对哲学史里面出现的各个系统的基本概念,完全剥掉它们的外在形态和特殊应用,我们就可以得到理念自身发展的各个不同阶段的逻辑概念了。反之,如果掌握了逻辑的进程,我们亦可从它里面的各主要环节得到历史现象的进程。不过我们当然必须善于从历史形态所包含的内容里去认识这些纯粹概念。”(黑格尔,1959)

马克思在这方面受到黑格尔的影响。1859 年,恩格斯在马克思《政治经济学批判》第一分册述评中作了类似的说明。恩格斯指出:“历史从哪里开始,思想进程也应当从哪里开始,而思想进程的进一步发展不过是历史过程在抽象的、理论上前后一贯的形式上的反应;这种反应是经过修正的,然而是按照现实的历史过程本身的规律修正的,这时,每一个要素可以在它完全成熟而具有典型性的发展点上加以考察。”(《马克思恩格斯选集》第 2 卷,人民出版社 1972 年版,第 43 页)这就是讲,思想进程与历史进程有着逻辑上的联系,但这种逻辑联系是经过“修正”的。

关于理论逻辑与历史逻辑“修正”后的一致性,可以马克思关于资本积累范畴和资本原始积累的逻辑关系为例说明。资本原始积累肯定是先于资本积累,没有资本原始积累不可能有资本积累,但是,在《资本论》中,我们可以看到,马克思先讲资本积累后讲资本原始积累,这就是理论逻辑对历史逻辑的修正,这一修正就是前面讲到的总体。因为在现实资本主义中,总体中的关键要素是资本,资本改变着资本主义社会中的一切事物的色彩。所以要以资本为中心,那么在叙述中先涉及资本积累这个范畴,而资本原始积累只是资本积累的一个历史性的补充。

第九,“从后思索”:蜘蛛、蜜蜂和建筑师及其他

马克思在《资本论》第一卷论及“商品的拜物教性质及其秘密”时谈道:“对人类生活形式的思索,从而对它的科学分析,总是采取同实际发展相反的道路。这种思索是从事后开始的,就是说,是从发展过程完成的结果开始的。”(《马克思恩格斯全集》第 23 卷,人民出版社 1972 年版,第 92 页)马克思认为,事物的发生、发展是由简单到复杂的过程,但是人的思维正好相反,它是从一个已经形成的复杂状态开始,对事物进行科学的分析,然后根据已经形成的复杂形态逐次追溯它的来源,所以研究只停留在已经成熟现象上是得不出科学结论的,必须“从后思索”,去追溯事物的本质,追溯事物的起源。

马克思所说的“从后思索”方法,是人类特有的思维方式,也是人文社会科学探究的特有方式。马克思有过这样一段著名的论述:“蜘蛛的活动与织工的活动相似,蜜蜂建筑蜂房的本领使人间的许多建筑师感到惭愧。但是,最蹩脚的建筑师从一开始就比最灵巧的蜜蜂高明的地方,是他在用蜂腊建筑蜂房以前,已经在自己的头脑中把它建成了。”(《马克思恩格斯全集》第 23 卷,人民出版社 1972 年版,第 202 页)人的思维是和其他任何动物不一样的,我们看到蜜蜂建造蜂房的时候非常精巧,使我们赞叹不已。但是,蜜蜂建造蜂房是它的本能,它在建造时并不知道未来的蜂房是怎样的;然而最蹩脚的建筑师在建造房子的时候,他的头脑里中已经有了想要建造的房子的样式,他是先画好图纸,是根据自己设想的样式一步步建造起来的。可能蹩脚的建筑师所建造的房子没有蜂房漂亮,可是蹩脚的建筑师的作品却是思维的结果。

在这之前,马克思还有过这样的说法:“正如一切科学的历史进程一样,在到达它们的真正出发点之前,总是经过许多弯路。科学和其他建筑师不同,它不仅画出空中楼阁,而且在打下地基之前就造起大厦的各层住室。”(《马克思恩格斯全集》第 13 卷,人民出版社 1972 年版,第 47 页)马克思认为,人文社会科学的探究,比建筑师的思维更高明,人文社会科学在表达一个理论、构建一个理论体系的时候,实际上已经对这一理论或理论体系的内容有了充分的理解,对理论和范畴之间的关系、理论和范畴之间的转型、理论和范畴之间的逻辑已经有了一个完整的理解,这才可能对自己的理论观点和理论体系做出叙述。理论体系是建立在原理构建的基础上的,而理论研究是通过研究过程和叙述过程来完成的。从蜘蛛、蜜蜂到织工和建筑师,从建筑师到科学,反映了人文社会科学发展的规律性。

第十,“结构”的多义性及其统一性

在马克思经济学方法中,“结构”是马克思用得不多但却十分看重的用语。马克思十分看重“结构”在他的经济学体系及其著作中的地位。马克思在为《资本论》第一卷德文第一版作最后润色时曾充满感情地谈道:“在象我这样的著作中细节上的缺点是难免的。但是结构、整个的内部联系是德国科学的辉煌成就。”(《马克思恩格斯全集》第 31 卷,人民出版社 1972 年版,第 185 页)也就是说,马克思的理论观点可能有这样或者那样的不完善,但是他的理论体系“结构”则是无可挑剔的,这不仅是他而且更是德国科学的辉煌成就,是德意志民族的思维的科学成就。我们现在能看到的马克思所有的书信和文章中,这也许是他最高的自我评价。

马克思经济学方法中提到的“结构”大体有三种含义:首先,是对象的结构,对象的结构实际上是经济学研究对象本身的问题,对对象的理解程度实际上是对经济发展程度研究的基础;其次,是思维的结构,就是人的头脑怎样反映这种对象,把对象在头脑中模拟出来、反映出来,就形成了思维的结构;最后,是形式的

结构,就是把思维的结构再反过来变成一种理论著作的结构,即章、节、目。这三种结构的含义先后是先有对象的结构,然后有思维和思想中反映的对象的结构,最后再把这个结构表达出来。

从总体上看,对象的结构、思维的结构和形式的结构之间,前者是研究过程,后者是叙述过程。从对象的结构到思维的结构是研究过程,是把客体在头脑中模拟出来的过程。然后从思维的结构到形式的结构是叙述过程,也就是把自己的思维结构,认识上的结果表达为形式上的,外在的东西。马克思的"结构"概念是多义的,但也具有统一性,可以将其理解为从"潜在的结构"到"流动的结构",再到"形式化的结构"或者说是"格式化的结构"。

在对马克思经济学方法的理解上,我们常引述马克思的以下一段论述:"辩证法在黑格尔手中神秘化了,但这决不妨碍他第一个全面地、有意识地叙述了辩证法的一般运动形式。在他那里,辩证法是倒立着的。必须把它倒过来,以便发现神秘外壳中的合理内核。"马克思强调:"辩证法在对现存事物的肯定的理解中同时包含着对现存事物的否定的理解,即对现存事物的必然灭亡的理解;辩证法对每一种既成的形式都是从不断的运动中,因而也是从它的暂时性方面去理解;辩证法不崇拜任何东西,按其本质来说,它是批判的和革命的。"(《马克思恩格斯全集》第 23 卷,人民出版社 2003 年版,第 24 页)只有从唯物辩证法的高度,才能掌握马克思经济学方法论的真谛。辩证法包含的科学精神,就是马克思经济学中与时俱进的品质。

以上论及的马克思经济学方法论的十个基本论点,是他从 1843~1883 年 40 年间经济学研究中逐渐形成的方法论上的部分见解。对这些基本论点的理解,我们至少可以得出四点结论:第一,马克思经济学的科学革命,是以方法论上的创新为起点的;第二,马克思经济学理论的创新,是以方法论上的不断认识为基础的;第三,马克思经济学体系的创立,是以方法论上的新的理解为前提的;第四,对马克思经济学理论真正理解和科学运用,是以对马克思经济学方法论的全面把握为基点的。这四点结论,对于我们理解人文社会科学学科体系创新、学术观点创新和研究方法创新之间的关系是有现实意义的。在理论观点和理论创新中,方法创新是先导,是理论观点创新和理论体系创新最根本和最重要的基础。

参考文献:

《马克思恩格斯全集》第 23 卷、第 24 卷、第 25 卷、第 26 卷,人民出版社 1972 年版。

《马克思恩格斯全集》第 46 卷上、下,人民出版社 2003 年版。

(顾海良)

历史和逻辑
History and Logic

历史和逻辑相统一的方法,是政治经济学研究中人们经常提及的一种方法,一般认为马克思主义经济学坚持历史与逻辑相统一的方法。历史方法是指,在研究社会经济现象时,要按照历史发展的真实进程把握其发展和变化。逻辑方法是指,在研究社会经济现象时,要按照思维逻辑,从简单到复杂,从低级到高级不断引申和展开。在一些方法论著作中谈到的,逻辑的方法是在研究社会经济现象时所采用的思维推理法,即依照思想逻辑的进程,按照经济范畴的逻辑联系,从比较简单的经济关系和经济范畴,逐步上升到比较复杂的具体的经济关系和经济范畴,阐明社会经济现象和经济过程的发展进程;历史的方法则是在研究社会经济现象时,按照它的历史发展的实际进程来研究经济现象和经济发展过程。对政治经济学的研究必须采取逻辑和历史相一致的方法。根据上述认识,历史和逻辑相统一指的就是这两种方法的统一。如果这样就完成了对历史与逻辑相统一的说明,那么这里只是提出了一个尚待证明的断言,而不是一个科学的观点。

如果历史和逻辑相统一指的是两种方法的统一,那么如何理解马克思在《〈政治经济学批判〉导言》中论述"政治经济学的方法"时所说的:"把经济范畴按它们在历史上起作用的先后次序来排列是不行的,错误的。它们的次序倒是由它们在现代资产阶级社会中的相互关系决定的,这种关系同表现出来的它们的自然次序或者符合历史发展的次序恰好相反。问题不在于各种经济关系在不同社会形式的相继更替的序列中在历史上占有什么地位,更不在于它们在'观念上'(蒲鲁东)(在关于历史运动的一个模糊的表象中)的顺序,而在于它们在现代资产阶级社会内部的结构。"一般认为,历史与逻辑相统一的观念来自黑格尔。因此,历史和逻辑相统一的方法,应当以黑格尔对历史和逻辑相统一的分析为基础。而且在人们论述历史和逻辑相统一时经常引用的恩格斯的话,也恰恰是在评价黑格尔的方法时所说的。

在黑格尔那里,至少存在三种类型的"历史"。在《历史哲学》中,黑格尔认为,观察历史的方法,大概可以分为三种:原始的历史、反省的历史和哲学的历史。首先,是原始式的历史记录,即试图通过具体叙事方式再现具体真实的历史。这种纯客观叙事的历史只能对历史作表象的、局部的认识,最多做到故事真实,而不能做到对于历史整体的认识,因而不能达到历史的真实;其次,是反思式的历史,即从一定的思想观念出发,对历史事实进行鉴别评价取舍。各种史论性质的著作便是这类历史认识的表达。但此类历史往往是主观性的表现,因为它总是观念先行,所以不能客观地再现历史的整体;最后,是哲学的历史,在分析哲学的历史时,黑格尔指出,“理性是世界的主宰,世界历史因此是一种合理的过程。”也就是说,历史目的论在黑格尔那里是以“历史理性”的形态表述的。也就是说通过逻辑的方式再现历史,也就是历史和逻辑相一致,这是整体地把握历史真实的方式。

恩格斯在论述黑格尔的方法时,指出:“黑格尔的思维方式不同于所有其他哲学家的地方,就是他的思维方式有巨大的历史感为基础。尽管形式是那么抽象和唯心,他的思想发展却总是与世界历史的发展平行着,而后者按他的本意只是前者的验证”,弄清楚了这种“巨大的历史感”指的是什么,才能更好地探讨历史和逻辑的统一。恩格斯指出,黑格尔是“第一个想证明历史中有一种发展、有一种内在联系的人”,这就是巨大的历史感。恩格斯接着说,“这个划时代的历史观是新的唯物主义观点的直接的理论前提,单单由于这种历史观,也就为逻辑方法提供了一个出发点,如果这个被遗忘了的辩证法从‘纯粹思维’的观点出发就已经得出这样的结果,而且,如果它轻而易举地就结束了过去的全部逻辑学和形而上学,那么,在它里面除了诡辩和繁琐言辞之外一定还有别的东西。”“从黑格尔逻辑学中把包含着黑格尔在这方面的真正发现的内核剥出来,使辩证方法摆脱它的唯心主义的外壳并把辩证方法在使它成为唯一正确的思想发展方式的简单形式上建立起来。马克思对于政治经济学的批判就是以这个方法作基础的。”

正是在上述基础上才可以认为,历史和逻辑相一致,在更大程度上是一种看待历史的方法,“这种看待历史的方法使马克思远远超出费尔巴哈自然观中的唯物主义和历史观中的唯心主义,而构建了一个以历史唯物主义为立足点,把自然界、人类社会、逻辑方法、认识论和世界观全都统一为一个整体的哲学体系”。也正是在上述意义上,“历史和逻辑相一致”才是历史唯物主义的发展观。

在论述马克思主义经济学坚持历史和逻辑相统一的方法时,恩格斯指出:“对经济学的批判,即使按照已经得到的方法,也可以采用两种方式:按照历史或者按照逻辑。既然在历史上也像在它的文献的反映上一样,整个说来,发展也是从最简单的关系进到比较复杂的关系,那么,政治经济学文献的历史发展就提供了批判所能遵循的自然线索,而且,整个说来,经济范畴出现的顺序同它们在逻辑发展中的顺序也是一样的。这种形式看来有好处,就是比较明确,因为这正是跟随着现实的发展,但是实际上这种形式至多只是比较通俗而已。历史常常是跳跃式地和曲折地前进的,如果必须处处跟随着它,那就势必不仅会注意许多无关紧要的材料,而且也会常常打断思想进程;并且,写经济学史又不能撇开资产阶级社会的历史,这就会使工作漫无止境,因为一切准备工作都还没有作。因此,逻辑的研究方式是唯一适用的方式。但是,实际上这种方式无非是历史的研究方式,不过摆脱了历史的形式以及起扰乱作用的偶然性而已。历史从哪里开始,思想进程也应当从哪里开始,而思想进程的进一步发展不过是历史过程在抽象的、理论上前后一贯的形式上的反映;这种反映是经过修正的,然而是按照现实的历史过程本身的规律修正的,这时,每一个要素可以在它完全成熟而具有典范形式的发展点上加以考察。”

马克思和恩格斯十分重视政治经济学研究中逻辑与历史相统一的方法。

历史从哪里开始,思想进程也应当从哪里开始,思想进程的进一步发展不过是历史过程在抽象的、理论上前后一贯的形式上的反映。逻辑的方法实际上就是历史的方法,是一种摆脱了历史的形式以及对历史发展起干扰作用的偶然因素的方法。逻辑的进程与历史的进程基本上是一致的。例如,从商品出发来研究资本主义经济关系的产生,就是逻辑和历史相一致的方法的应用。从历史上看,原始社会末期产生了商品交换关系,后来随着商品交换的发展产生了货币,商品和货币在奴隶社会、封建社会都存在,只是到了封建社会末期,当商品经济有了较高程度的发展,劳动力成为商品时,货币才转化为资本,从而产生了资本主义经济关系。循着由商品到货币再到资本的进程展开逻辑的分析,正是反映了历史上商品形式由低级向高级发展并转化为资本形式的历史进程。研究商品价值转化为生产价格,同样也应用了逻辑和历史相一致的方法,因为“商品按照它们的价值或接近于它们的价值进行的交换,比那种按照它们的生产价格进行的交换,所要求的发展阶段要低得多。而按照它们的生产价格进行的交换,则需要资本主义的发展达到一定的高度。”逻辑和历史相一致的方法表明:逻辑的方法必须以历史的方法为基础,脱离了历史进程的逻辑的方法是资产阶级政治经济学在建立其体系时采用的方法,他们“对人类生活形式的思索,从而对它的科学分析,总是采取同实际发展相反的道路。这种思索是从事后开始的,就是说,是从发展过程的完成结果开始的”。单纯采用历史的方法同样也达不到在理论上再现历史的辩证发展的目的。由于历史常常是跳跃式地和曲折地前进的,它常常会打乱思想逻辑的进程。由此可见,政治经济学研究中的逻辑和历史相一致的方法,是建立在所要说明的社会生产关系内部相互关系的逻辑结构基础上的。逻辑的分析并不能完全取代历史的研究。在实际的研究过程中二者总是相互依托、互为补充的。逻辑的发展并不完全是通过概念和范畴的演绎来进行的,它需要实际的例证,需要用现实的历史材料检验。同时,逻辑上在先的东西在历史上并不一定都有一个先行的发展过程;历史上先行的东西在逻辑上也不一定都构成进一步发展的基础,如此等等。在一切这些场合,单纯地根据逻辑,或单纯地依照历史,都是片面的,必须按照具体情况灵活地加以应用。

在《资本论》中,马克思的分析从简单的商品交换开始,从逻辑上来说,这是从个别交换行为开始;从历史上来说,却是回到了原始公社时期的社会状态。所以这里运用的方法既是逻辑的,也是历史的。因为,在资本主义出现以前很久,甚至在货币产生以前,简单的商品交换就已经有其独立存在的历史了。又如,在资本、雇佣劳动、银行这些具体的东西存在之前,货币就已经产生并且在历史上发挥着作用。同时,货币作为一般等价物又是资本主义社会中价值表现得最简单、最一般的形态。在此,把货币放在资本、雇佣劳动、银行等之前来分析,既符合从简单到复杂的逻辑分析方法的要求,也符合现实历史发展的进程。但是不管怎样,“比较简单的范畴,虽然在历史上可以在比较具体的范畴之前存在,但是,它的充分深入而广泛的发展恰恰只能属于一个复杂的社会形式……”这是逻辑的方法优于历史的方法的主要原因之一。

但是,也存在着另一种情形,即从抽象上升到具体的逻辑过程和历史发展的顺序在表面上并不一致。历史上先行的东西在逻辑上却反而成为结果,或者在叙述上要把历史的次序颠倒过来,不然就不符合逻辑。例如,在历史上,土地所有权是产生在资本之前的,但在《资本论》的结构体系中,资本却放在土地所有权之前来阐述。初看起来,从土地所有权开始讲到资本的产生是最自然不过的。因为土地是一切生产的自然源泉,是农业的基础,而农业又是前资本主义社会形态中占支配地位的生产方式。但是,仔细分析起来却是错误的。虽然从历史上来看,资本较土地所有权为晚出,但在资本主义经济基础结构中它却是支配一切和影响一切的生产关系。不说明土地所有权可以说明资本,但不说明资本却无法阐明土地所有权。因为和资本结为一个经济整体的土地所有权,截然不同于以往历史上曾经独立存在过的土地所有权。在资本主义生产方式中,农业已越来越变为仅仅是工业的一个部门,并完全由资本所支配。资本是资产阶级社会支配一切的经济权力,它影响一切和渗透一切。因此,若是把这个社会当作整体来分析,就得把资本既作为起点,也作为终点。而土地所有权则仅仅是它起中介作用的环节,一个被改变了的历史因素。在这样的情况下,“把经济范畴按它们在历史上起决定作用的先后次序来安排是不行的,错误的。它们的次序倒是由它们在现代资产阶级社会中的相互关系决定的,这种关系同看起来是它们的合乎自然的次序或者同符合历史发展次序的东西恰好相反”。问题不在于各种经济关系在不同社会形式的相继更替的序列中在历史上占有什么地位,而在于它们在现代资产社会内部的结构中占有什么地位。

又如,在《资本论》中,马克思对资本主义原始积累的分析,也不是按照它在历史上出现的时间放在资本主义生产之前来进行的,而是放在分析直接生产过程之后,在论述资本主义积累的一般规律之后进行的。这样做的目的是为了把历史中的本质过程和非本质过程、起主导作用的因素和起从属作用的因素区别开来,并指出它们的相互作用和关系。一旦历史过程的本质被揭示出来,掩盖在各种历史现象中的本质也就说清楚了。所以不首先弄清资本主义生产过程的本质和资本积累过程的一般规律,要理解资本的原始积累是困难的。在这里,马克思遵循的原则仍然是从抽象上升到具体、从简单上升到复杂的逻辑方法。

总之,从抽象上升到具体的逻辑方法,要求用概念和范畴之间的逻辑联系再现具体整体的发生、发展过程和内在历史秩序,但是在方法上,却先要从研究对象的结构分析入手,对个体整体中的各个并存要素逐个地分析和分解,发现它们之间的相互联系和从属关系,然后把它们在结构上形成的序列和在时间上出现的序列相对照,从而弄清二者之间的联系。这样,就能把逻辑分析方法和历史研究方法辩证地结合起来。

参考文献:

《马克思恩格斯全集》第 12 卷、第 23 卷、第 25 卷,人民出版社 1972 年版。

[德]黑格尔:《历史哲学》,上海世纪出版集团 2001 年版。

Philip Abrams, History, Sociology, Historical Sociology, *Past & Present*, No. 87, May, 1980.

(孙丽丽)

分析和综合

Analysis and Synthesis

一般认为,分析和综合是在认识中把整体分解为部分和把部分重新结合为整体的过程和方法。分析是把事物分解为各个部分、侧面、属性,分别加以研究,是认识事物整体的必要阶段。综合是把事物各个部分、侧面、属性按内在联系有机地统一为整体,以掌握事物的本质和规律。里奇(Ritchey, 1996)指出,分析和综合这两个术语在古希腊语中的含义分别为“放松”(to Loosen Up)或“整合在一起”(to Put Together)。根据里奇的观点,分析被定义为一种把智力上的或实质性的整体分解为部分或组成部分的程序;综合则是一种相反的程序,把分离的要素或构成部分结合在一起构成一个连贯的整体。

在科学的发展史上,两个重大的问题支配了有关分析和综合的讨论。第一，分析和综合是相互分离的还是彼此结合在一起的；第二，应用分析和综合的顺序。这两个问题在一定程度上是交织在一起的。一旦说明了分析和综合自身，那么一个很明显的起点问题就出现了，那就是分析和综合的出发点是什么？这个出发点可以是一种社会现实、一个体系、一个模型，也可以是一个假说（Hypothesis），就现代经济学研究而言，一般把分析和综合的出发点视为一种假说。

在对待分析和综合上，里奇指出了一种有时会存在的误解，比如，综合是“好”的，因为它创造出整体，而分析是“坏”的，因为它把整体简化为彼此差异的部分。根据这种认识，分析方法被认为是一种属于过时的、科学中存在的还原主义的传统，而综合被认为造就了进行整体研究的新方法。

著名的科学史学家霍尔顿对里奇指出的上述误解进行了分析。在《科学想象：案例研究》中，霍尔顿认为分析和综合最好被作为成对出现的概念加以讨论。霍尔顿认为，从文化的视角看，综合扮演了重要的角色，但是，从实践（专业的、科学的和学术的工作）的视角看，“分析和综合是完全颠倒的过程，前者的作用更为突出”。霍尔顿认为，分析和综合实际上是无法分开的，他说：“更重要的是我们要需求理解分析和综合这两个成对出现的方法内部的关系，以了解这一对方法的每个构成部分的全部力量，而不是被当代理论和实践中存在的对它们进行的不对称评价所误导。”在应用分析和综合的顺序上，也存在着一定程度的差异。根据霍尔顿的分析，笛卡尔和牛顿赞同柏拉图的观点，对于给定的最初假说，分析先于综合，“没有先前的分析就试图进行综合不会发现真理”。

里奇通过对分析和综合之间的反馈关系的说明，一定程度上解释了如何解决分析和综合的应用顺序问题。里奇指出，“每一个综合都是建立在先前分析的结果之上，而为了证明和修正分析的结果，每一个分析都要求进行随后的综合。在这种情形下，认为一种方法天然地优于另一种方法是毫无意义的。”

黑格尔认为，分析和综合的方法不过是同一个运动过程的两个方面，哲学的方法既是分析的又是综合的，就像目的和手段的关系一样，没有分析的手段，达不到综合的目的，没有综合的指导，分析根本无法起步。这种分析和综合之间的反馈关系是一种辩证关系。

参考文献：

Gerald Holton, *The Scientific Imagination: Case Studies*, Cambridge University Press, 1978.

Tom Ritchey, Analysis and Synthesis, On Scientific Method-Based on a Study by Bernhard Riemann, *Systems Research*, 1991, Vol. 8, No. 4.

（吴昊航）

归纳和演绎
Induction and Deduction

科学的创造和革命是由那些不停地钻研科学方法的人们所推动的，即使他们没有清楚地意识到自己在使用正确的方法，或者没有专门去研究这些方法，但他们的成功仍然可以归结为正确方法的运用。在社会科学研究中，产生推理结论的过程影响结论的性质与价值。归纳和演绎是具有悠久历史传统的逻辑方法。它们在经济学中的应用和争论也已有漫长的历史。

所谓演绎法或称演绎推理（Deductive Reasoning）是指人们以一定的反映客观规律的理论认识为依据，从服从该认识的已知部分推知事物未知部分的思维方法。演绎法是认识“隐性”知识的方法，是由一般到个别的认识方法。

所谓归纳法或称归纳推理（Inductive Reasoning），是在认识事物过程中所使用的思维方法。有时称作归纳逻辑是指人们以一系列经验事物或知识素材为依据，寻找出其服从的基本规律或共同规律，并假设同类事物中的其他事物也服从这些规律，从而将这些规律作为预测同类事物中其他事物的基本原理的一种认知方法。它基于对特殊代表的有限观察，把性质或关系归结到类型；或基于对反复出现的现象的模式的有限观察，用公式表达规律。

一般认为，1776 年斯密《国富论》的发表是经济学独立诞生的标志。在斯密的《国富论》中，演绎推理和归纳推理结合得天衣无缝。斯密为了通过实例证明自己的观点，只要有合适的场合，他可以求助于人类本性的基本事实，也可以求助于工业生活的复杂事实。如果通过演绎推理提出了工资均等化趋势的学说，那么他用归纳研究的方法揭示出阻碍或限制这种趋势的因素。

人们一般认为，在经济学分析中归纳和演绎都是必不可少的，比如，阿道夫·瓦格纳认为归纳和演绎是两种方法：“一方面是从心理动机出发的演绎——首先是从个人利益动机开始的演绎，然后是从其他动机开始的演绎；另一方面，是对历史的归纳，对统计的归纳，以及对不大准确、不大确定，但却必不可少的一般观察和经验的过程的归纳。依靠这两种方法，我们研究政治经济学的不同问题，并尽我们所能去解决它们。”

事实上，有关归纳和演绎的关系，社会科学家却争论不断。约翰·斯图亚特·穆勒在论政治经济学的定义及其方法的文章中，在对“经济人”的概念给出定义后，强调政治经济学使用“演绎的方法”，“基本上是一种抽象的科学”。穆勒指出，他所谓的归纳方法指的是，这种方法需要以特定的经验而不仅仅是一般的经验作为结论的基础。演绎的方法指的是，从一个假定或假说开始的论证。比如对穆勒的“经济人”概念而言，经济人的假说是以经验为基础的，是对人进行观察或内省得出的经验。但是这个假说并不是从特定的观察或具体经验中得出的。假说也许完全“没有事实的基础”，从这个意义上讲，结果“政治经济学的结论就像几何学的结论一样，按普通的说法就是只在抽象意义上才是真的”。因此，穆勒认为，演绎的方法就成为“道德科学的哲学研究的合理方法”，而归纳方法，不是发现真理，而是检验真理的手段。

休谟则认为，在归纳和演绎之间，在证明和反驳之间，在证实和证伪之间，在维护真理和否认真理之间都存在着基本的不对称。一个出自约翰·斯图亚特·穆勒，经常被人们从波普尔那里引用的例子是：不管看到的白天鹅有多少，都不能从中推断说所有的天鹅都是白的，但是只要看到一只天鹅是黑的，就足以否定所有天鹅都是白的的结论。

归纳对波普尔来说，简直是神话。波普尔认为，归纳推断不仅是不成立的，而且也是不可能成立的。他否认归纳是从以前的感觉中得出的没有偏见的概括，强调通过连续不断的猜测和反驳增进知识。因此，波普尔声称他归纳问题的“解决”，事实上他更多的是对归纳问题“取消”。

有关归纳和演绎推理的分析，内维尔·凯恩斯在《政治经济学的范围和方法》通过对前人经济学研究方法的分析和评价，在此基础上明确提出：经济学到底是一门实证的、抽象的和演绎的科学，还是一门伦理的、现实的和归纳的科学呢？凯恩斯认为，在经济思想史中，斯密著作中的归纳方法，可以在斯密的后来者马尔萨斯那里看到，而李嘉图则继承和发展了斯密的抽象演绎方法。布劳格指出，在李嘉图的著作里，历史、制度和事实这些在亚当·斯密的著作中得到突出的描述的东西，都被淡化成一种背景，李嘉图信服的是“今天所谓的‘解释的假说——演绎模式’的”。而真正在方法论上给后人的研究工作以深刻影响的，是李嘉图而不是马尔萨斯。

内维尔·凯恩斯的《政治经济学的范围和方法》试图把抽象、演绎的传统和对英国的经济学产生了影响的德国历史学派的方法调和起来。内维尔·凯恩斯赞同斯密是一个理想的经济学家的榜样，因为斯密的论证是抽象、演绎和历史、归纳完美地结合的典范。但是，在布劳格看来，内维尔·凯恩斯的著作“流露出精巧地伪装的为经济学中的抽象—演绎的观点辩护的企图”，尽管内维尔·凯恩斯“不断强调说，古典政治经济学的演绎方法都是以经验的观察来开头和结尾这个事实，尽力使他的观点讨人喜欢”。

凯尔恩斯的《政治经济学的特征和逻辑方法》中，大段引用了西尼尔对政治经济学的分析，并对西尼尔的观点持反对意见。他认为，不应当像西尼尔那样，把政治经济学视为假说的科学，而应当视为一种以真实前提为基础的科学。因为政治经济学的前提中没有假说的东西，这些前提的基础是“人的本质和外部世界的可以归纳的事实”；“以尽可能小的牺牲获取财富的愿望”和“自然力的物质质量，尤其是土地，人类在土地上的辛勤劳动”，都是事实，“它们的存在和特征都可以很容易地弄清楚”。凯尔恩斯认为，使用和归纳——分类方法相区别的假说——演绎方法，是一门学科成熟的明确无误的特征。

尽管人们一般把逻辑推理分为归纳和演绎两种类型，但事实上，区别于归纳和演绎的推理方式也已有悠久的历史。哲学家皮尔士（Charles S. Peirce）在亚里士多德的假设（Apagoge）的基础上提出了一种新的推理形式——溯因推理（Abduction）。在早期的著作中，皮尔士把这种推理方式称为假设（Hypothesis）。在“演绎、归纳和假设”一文中，皮尔士分别描述了三种推理形式的三段论形式：

演绎：

规则——来自某个袋子的所有豆子都是白色的，

情形——这些豆子来自这个袋子，

结果——这些豆子是白色的。

归纳：

情形——这些豆子来自某个袋子，

结果——这些豆子是白色的，

规则——来自这个袋子的所有豆子都是白色的。

假设：

规则——来自某个袋子的所有豆子都是白色的，

结果——这些豆子是白色的，

情形——这些豆子来自这个袋子。

溯因推理是从规则和结果推导出情形的一种可能的推理，或者说是从结果到原因的推理，这也正是这种推理被称为溯因推理的原因，这种推理更多的时候是一种猜测性的推理。皮尔士认为，演绎的结论已经蕴含在大前提中，没有新知识产生；归纳只是对已有假设的实验证明，只有溯因推理才是“形成假设的过程，唯一产生新信念的逻辑操作”。

汉森在《发现的模式》这一经典著作中，对溯因推理或逆推法进行了说明。汉森把溯因推理或逆推法表述为以下这种推理形式：

第一，某一令人惊奇的现象 P 被观察到；

第二，如果假说 H 是真的，则 P 理所当然的是可说明的；

第三，因此，有理由认为 H 是真的。

汉森认为，溯因推理或逆推法与归纳法和演绎法是不同的。它们的区别在于，演绎法表明某物必定如此，归纳表明某物实际上在起作用，逆推只是展示某物也许如此。

参考文献：
[美]汉森:《发现的模式》,中国国际广播出版社 1988 年版。
Blaug, M. , *The Methodology of Economics*, Cambridge: Cambridge University Press, 1980.
Caldwell, B. , *Beyond Positivism: Economic Methodology in the 20th Century*, London: Routledge, 1982.
Hume, D. , *A Treatise of Human Nature*, *ed. By Nidditch, P.* , *2nd ed.* , Oxford: Oxford University Press, 1978.
Keynes, J. N. , *The Scope and Method of Political Economy*, London: Macmillan, 1891.
Reviewed Work(s): Wagner on the Present State of Political Economy, *The Quarterly Journal of Economics*, Vol. 1, No. 1, Oct. , 1886.
Adolf Wagner, Marshall's Principles of Economics, *The Quarterly Journal of Economics*, Vol. 5, No. 3 (Apr. , 1891).

（吴昊航）

摸着石头过河
Crossing the River by Feeling the Stones

"摸着石头过河"是在勇敢实践中不断总结经验的一种形象性的说法,是改革开放最主要的经验之一。"摸着石头过河",对于大胆解放思想、积极稳妥地推进改革起到了巨大的指导作用,成为在中国家喻户晓的经典话语。"摸着石头过河"就像很多与邓小平名字联系在一起的格言一样,这个说法不是由他首创。邓小平使用这一说法的最早记录是在 1966 年 3 月 22 日。陈云在 1980 年 12 月在中央工作会议上也谈到了改革要"摸着石头过河"。他说:"我们要改革,但是步子要稳。……随时总结经验,也就是要'摸着石头过河'。"(《陈云文选》第 3 卷,第 279 页)。当时,邓小平对陈云讲话中的"摸着石头过河说"完全赞同。邓小平后来提出的"要坚决地试,大胆地闯"、"杀出一条血路来",都体现了这种思想。

为了探索改革路径,1982 年 8 月,应中方邀请,世行组织东欧和其他国家具有理论眼光又具有实践经验的著名专家来到中国,他们认为对于社会主义国家的改革,来自波兰、捷克斯洛伐克和匈牙利的东欧知名经济学家——包括弗拉吉尔兹·布鲁斯(Wlodzimierz Brus)分别介绍了他们的观点。他们对改革的观点是,如果只进行局部改革,会造成对下一步改革的抵制,因此必须一次性地进行全面改革。会后,组织这些东欧学者去中国各地考察,他们修正了他们的观点,认为大胆进行一次性改革的东欧模式在中国行不通,因为中国太大,各地情况千差万别。中国唯一切实可行的道路是逐步开放市场和放开价格,然后再进行渐进式的调整。

在中国改革开放历史上,能够代表"摸着石头过河"经验的一个例证是价格双轨制改革,即一轨价格适用于国家计划内产品,另一轨价格则要适应市场的变化。完成定额的国营企业可以将超额部分以市场定价出售。这样一来,很多企业会转而以市场为导向从事生产,而在向市场转型的过渡期又可以依靠计划内价格获得一定的稳定性。邓小平一直是中共领导层构思宏观战略思想的参与者。他非常明白,不能全盘照搬国外的制度,因为任何外来制度都不适合中国的特殊需要——中国有着丰富的文化传统,它幅员辽阔,各地差异很大,而且当时十分贫穷。经济发展必须有稳定的环境,摸着石头过河是为了避免混乱。如果成功,可以将成果推广到各地;一旦失败,也可以将负面影响控制到最小。

与休克疗法相比,"摸着石头过河"理论对中国经济改革发展显得更为稳妥。所谓休克疗法是冷战结束之后苏东国家采取的一种改革方式,即在短时间内迅速实现由共产主义向资本主义的转变。

与当时西方供给学派理论、货币主义学派理论相比,邓小平的"摸着石头过河"理论是一种脚踏实地的指导理论。货币主义建立在一系列假设和逻辑推理之上,在特定的前提下,通过数理计算证明其理论的可行性,其实质上是一种自我指涉的理论。供给学派学者中没有一个是经验主义者,相反,他们一直都将理论和实践保持一定的距离。他们只是一群思想者,每天待在办公室中,脱离不断变化使西方面对严峻挑战的世界,远离问题,闭门造车地寻找理论上的解决方案。

中国经济转型是一个"摸着石头过河"的过程。例如,邓小平力求避免草率提出有可能引起很多高层干部和普通群众抵制的政策,他往往是先选择某个地方进行试验,待得到群众的支持后,再做出重大政策的突破。例如"包产到户"是在很多地方传出成功的报道,即包产到户得到广泛拥护后,他才在 1980 年宣布支持这种做法。

参考文献：
中共中央文献研究室:《邓小平年谱(1904 ~ 1974)》上、中、下册,中央文献出版社 2009 年版。
傅高义:《邓小平时代》,生活·读书·新知三联书店 2013 年版。
[美]洛丽塔·纳波利奥尼:《中国道路——一位西方学者眼中的中国模式》,中信出版社 2013 年版。
《陈云文选》,人民出版社 1995 年版。

（陈立兵）

本体论
Ontology

又称“存在论”，为哲学的基本概念，广义的本体论是指研究一切实在的最终本性的学说。狭义而言，本体论又区别于以研究宇宙的起源与结构的“宇宙论”。如果以“存在论”为名分析，则这一概念又可以区分为存在是什么，以及存在如何存在的理论。

本体论在哲学中具有非常重要的地位，这是因为包括马克思主义哲学在内的绝大多数哲学都将研究“世界或实在是什么”放在哲学问题的第一位，由此产生了唯心论哲学与唯物论哲学的区别。在本体论之后才有人能否认识世界，以及如何认识世界本质的认识论问题。马克思主义哲学坚持世界的本质是物质的本体论、人可以通过自己的智慧从具体到抽象地认识世界认识论观点。

关于世界本体是什么的争论有着非常悠久的历史渊源。古希腊的泰利斯曾认为水是万物本源，赫拉克里特斯认为火是万物本源，还有人提出水、火、土、气均是万物的本源等，这种朴素的唯物主义研究直到德谟克利特提出万物均是由原子构成的才达到了顶峰。而在其他古希腊学者看来，世界的本质来源于精神的实体或某个抽象原则，如巴门尼德认为唯一不变的“存在”乃是世界的本源，亚里士多德则把对本体的研究上升到了对包含在所有个性之中的“共相”的研究。近代以来，笛卡尔首先划分了本体论与认识论的界限，将研究本体的第一哲学叫作“形而上学的本体论”，并根据逻辑推出了“我思故我在”的著名结论。笛卡尔对本体论的研究设想因英国与欧洲大陆的认识论观点立场不同而出现了分歧。17～18 世纪德意志地区的莱布尼茨及其继承者沃尔夫通过理念论及对德谟克利特的原子论的继承，发展出了“单子论”；而几乎同时期的英国的休谟则根据认识论中的怀疑论原则得出不能判定世界是否有本源的结论。18 世纪末的康德在折中两派的观点之后，提出不可能建立抽象的本体论形而上学，本体论研究的只能是事物的普遍性质及物质的存在与精神存在之间的区别，并且使用“自在之物”来假设一个无法证实有也无法证实无的本体。黑格尔则在唯心主义基础上提出了本体论、认识论和逻辑学统一原则，并从纯存在的概念出发构造了存在自身辩证发展的逻辑体系。现代西方哲学的一些流派则反对任何形而上学和本体论，试图建立关于存在学说的本体论，如胡塞尔的“先验的本体论”、海德格尔的“基本本体论”、哈特曼的“批判本体论”等。

仿照哲学对本体论的认识，经济学也把对经济本质的认识称为“本体论”。从广义而言，凡是研究经济问题、经济现状是怎样的研究都可以被纳入到“本体论”的范畴之中，因此它也与“实证经济学”有着共同之处。而若从狭义而言，经济学的“本体论”应该专指对经济来源于什么（或经济的本质）的研究，即经济学中什么是价值尺度的问题。

“重商主义”为经济学贡献了第一个系统的本体论。重商主义以一种静态的、机械的思路出发，简单地将国家财富的增长说成是来由商业和对外贸易而带来的货币，因此重商主义又被称为货币主义。在经济的各个环节中，货币是最能看得见摸得着的一般计价物，因此将经济的富裕程度理解成为货币的多少是最为简便的。重商主义的盛行导致在以货币易货物的国际贸易过程中，国家更看重货币的意义，顺差与否成为了衡量国家在国际贸易中是否获得利益的重要标准。虽然重商主义的这种理论在现在看来比较幼稚，但它是第一次在经济学中提出了本体论问题。

与重商主义相对，重农主义认为创造经济的是农作物生长需要的自然力，该学说认为农业才是真正创造财富的行业，由此提出了国家要促进农业发展的理论。虽然重农主义在历史上的影响不及重商主义大，但因它也使用某一个特定实体来解释经济现实而使本体论问题成为了经济学争论的焦点。

之后的其他学者使用多重实体作为经济学的本体。威廉·配第将劳动与土地并列，提出了“土地是价值之母，劳动是价值之父”的论断。斯密在他的学说中将劳动与土地、货币并列，提出了“工资、利润、地租”三部分共同构成价值的“三位一体”公式。这些努力可以被理解成是对多种理论的一种调和，但它的多重形式却是对探寻单一经济本体努力的倒退。

在重商主义、重农主义逐渐流行的同时，一种强调劳动在经济中的作用的思路逐渐在英国兴起。劳动产生价值的学说因英国的几代学者（如马西、坎蒂隆、斯图亚特）的阐述而扎下根来，并经过配第、斯密的使用最终演变成为李嘉图 93% 的劳动价值论（这是因为李嘉图认为还有一些特殊商品的价值不能用劳动价值论来解释）。但在马克思看来，自然界必须通过人的改造才能为人所用，而那依照人的目的改造世界的能力就是有价值的劳动。经济活动中必不可少的资本，就因被理解为已凝结的、拥有固定形态的劳动而成为劳动价值的衍生物。马克思的学说比他之前的学说更多出了整体的、历史的眼光。

19 世纪中后期，欧洲的经济学界又兴起了价值主观化的运动。主观价值论并没有继续马克思劳动价值论，而是在马克思之外另辟了一条诠释经济的思路。主观价值论认为，经济的发展最终还是要满足人们的需要，因此主观效用（或称主观价值）才是经济学的本质（本体），劳动只不过是实现人类效用的途径。虽然这种经济学的本体论统一了价值尺度的形式，但也带来了诸多问题：人们无法理解他人的效用有多大，效用无统一标准，我们也无法加总所有人的总效用。因此主观价值的本体论还有很多缺陷,仍需要进一步的修补和改善。

主观价值论者把效用论诞生之前的那些曾被认为是经济本体的东西统统以“要素”来概括。由于这些“要素”主要与生产相关,因此又有“生产要素”的称呼。劳动、资本、土地、技术、企业管理都有可能用以解释生产过程及长期的经济进步。著名的哈罗德 - 多马模型及索洛模型都是用资本与劳动来刻画生产的过程,以及逐渐添加到这些模型中的其他要素。当然,在国际贸易学中还有赫克歇尔 - 俄林的要素禀赋理论。所有这些都会给人以经济学无须“本体”,而只需“要素”的错觉。

但经济学是必须要有一个本体的,“要素”给人以错觉是因为该理论建立在效用这个软地基上。虽然西方经济学的大多数人接受了效用(主观价值)论,但不论在西方还是东方,劳动价值论不论仍有很大的信众。直至今日,经济学的本质是什么的问题仍在争论中,而这些争论正有助于对经济学本体问题的进一步厘清及经济学更加健康地发展。

参考文献:

冯契:《外国哲学大辞典》,上海辞书出版社 2008 年版。

汤在新、颜鹏飞:《近代西方经济学》,上海人民出版社 2002 年版。

G. J. Stigler,“Ricardo and the 93 Percent Labor Theory of Value,*American Economic Review*,1958,48(3).

(逯建)

功能主义
Functionalism

从 20 世纪 60 年代开始,经济学开始不断地扩展自己的边界。先前一些被认为处于经济学研究领域之外的现象开始进入经济学研究的视野。这种经济学帝国主义的倾向也使得经济学开始对其他社会科学学科中的传统研究方法采取了更为开放的态度。也正是这种情况下,在社会学和人类学研究中有着重要地位的功能主义的解释方法进入经济分析领域。

功能主义的解释方法最早源自生物学,这种解释方法把特定的物种和组织的出现解释为对特殊环境的适应。类似地,社会科学尝试把一些结构性的现象,比如制度、规范、惯例和组织解释为对环境作出有效适应的产物。经济学中对功能主义解释的关注,突出表现在人们越来越注重解释经济现象时的制度因素。

从 20 世纪 60 年代开始,一系列新的经济学流派开始出现,比如产权学派、代理理论、交易成本理论、博弈论制度主义和宪政政治经济学等。这些流派虽然特征和目标各异,但是都对应用比较静态的方法解释或预测特定的经验事件不感兴趣,而是注重解释持久的和结构性的现象的存在,比如社会制度、规范、行为准则等。因此,在对结构性的现象解释时,日益变得重要的是功能主义的解释而不是均衡的解释。在均衡解释中,制度等一些持久和结构性的因素被视为是外生的。在均衡分析中,通过比较同一体制参数变化前后的两种不同的均衡状态,作出更多具有数量倾向的预测。在功能主义的解释中,具有更多的结构性和质性特征,把经常遇到一些反复出现的协调或合作问题的社会系统作为分析的出发点,社会系统中存在的协调或合作问题通过社会制度、规范和行为准则的出现而得以解决。

较早把功能主义解释引入正式的经济分析中的是阿尔钦(Armen Alchian),在 1950 年的论文《不确定性、演化和经济理论》中,他提出了一个取代理性选择模型的方法。阿尔钦指出,某些产业中的公司遵循某种经验法则和行为准则的事实表明,它们并不是建立在理性思考基础之上的人为选择的结果,而更可能是选择过程的结果(Selection Process),阿尔钦指出许多经济现象可以很好地由功能演化方法加以解释。

在功能主义方法中,规范或制度的存在是通过它的“有益的后果(Beneficial Consequences)”加以解释的,也就是说不同的规范和制度都有节约某些成本的功能。然而功能主义解释存在问题,那就是与因果解释相比,它颠倒了解释项和待解释项的时间顺序。从功能主义的模型中,人们能够像指出大象的鼻子具有的“有益的后果”或功能(解释项)解释大象的鼻子的存在一样解释一种制度的存在(待解释项)。但是,这在某种程度上意味着待解释项在时间上先于解释项,这是否是功能主义解释的一个重大问题呢?

在生物学中,这种颠倒一般说来不构成问题。艾尔斯特(Jon Elster)认为,意向性解释引用的行为意欲达到的结果以说明它,功能性解释引用行为的实际结果以说明它。要在功能上解释行为涉及证明它对某人或某种制度具有有益的结果。在这种形式中有一个明显的悖论:行为如何可能根据后于它出现的某物得到解释呢?艾尔斯特指出,要通过群体 Z 的某种制度或行为模式 X 的功能或有益的结果 Y 解释 X,比如满足五个标准:第一,Y 是 X 的一种效果;第二,Y 对 Z 是有益的;第三,Y 并不是 Z 造就 X 时意欲实现的;第四,Y,或至少是 X 和 Y 之间的因果关系并没有被 Z 中的行为者认识到;第五,通过一种经由 Z 进行的因果反馈回路 Y 保证了 X 的存在。在艾尔斯特看来,这个反馈回路是决定能否可以接受功能解释的关键之处。他指出,许多功能主义解释之所以是失败的,是因为第五项反馈回路标准是被假定的而不是被证明的。功能主义解释者似乎认为其他四个标准成立时,反馈回路标准就自动的成立了。因为证明一种现象是非意欲的、没有预先被感知的而且具有有益的结果看起来赋予了这种现象某种含义,而赋予它某种含义似乎就是解释。所以,艾尔斯特认为,在一个单一事件的场景中,功能主义的解释必须对制度存在的机制或反馈回路进行具体的说明。也就是说艾尔斯特主张,功能性解释预设了从解释项到被解释项的反馈回路的存在。他认为,功能主义解释中存在的悖论只有在被解释项不是一个个别事件,而是一种持续的行为模式时才能加以解决。更具体地,艾尔斯特把自然选择机制和强化机制(Reinforcement Mechanism)作为使得功能主义解释具有合法性的两个可能的反馈回路的例子。在第一种机制中,适应性或目的论式的行为模式并不必然包含任何形式的意图,它只是市场选择过程的结果。后一种机制意味着受到奖励的行为会被强化,而受到惩罚的行为会得到劝阻。个体意识到一定的行为和它的"有益的结果"之间的关系,从这种学习的过程中产生了规则。

参考文献:

Alchian Armen, Uncertainty, Evolution and Economic Theory, *Journal of Political Economy*, 58(3), 1950.

John B Davis, D Wade Hands, Uskali Maki Edited: *The Handbook of Economic Methodology*, Edward Elgar, 1998.

(张元鹏)

经验主义
Empiricism

经验主义原本是一个哲学用语,用以表示人对事物的知识来自于对外界事物认识的总结而非对抽象概念的演绎性理解。极端的经验主义者曾提出只有通过对外界事物的看、听、闻、触、尝等感官活动才能达到认识事物的目的。其他的经验主义者则认为,经验认识能够与来自理念的认识相结合,只是经验认识应是认识的主要来源和第一来源,理念只能起到对认识的分类、总结、凝练的作用。经验论和理念论的争论曾一度主导了14世纪~17世纪西欧的哲学发展,这一话题直到近代才逐渐冷却下来。

经济学的经验主义则与19世纪末、20世纪初以后的经济学实证方法在经济学中的兴盛相关。经济学在1890年之前的发展,遵循的基本上都是抽象概念的演绎方法。虽然不同学派之间有很多争论,但不同学派都使用从概念再演绎的思维模式。随着统计学在经济学的逐渐使用,经济学者逐渐开始使用统计数据来检验经济理论是否正确。一个著名的例子就是"吉芬商品"。吉芬爵士发现爱尔兰的土豆并没有因为土豆病害造成的价格上涨而出现销量下降,反而出现了销量上升的情况,这与经典的需求理论发生了冲突。于是经济学家对这一现象进行了深入研究,解释并提出了新的理论。由于使用经验的方法可以检验理论的对与错,因此经验主义实证方法在20世纪获得了极大的发展。宏观经济学中的柯布—道格拉斯生产函数、消费函数、投资函数等基本理论,都是使用从数据到理论的方式归纳总结出来的。经验主义的实证方法在经济学广泛流行,使得经济学中产生了计量经济学这一新的分支。计量经济学大力更新、发展了统计学的理论,采用大规模数据分析的方式得出结论,并在70年代后逐渐成为了世界经济学术界的一种十分重要的研究方法。

经验主义虽在经济学的广泛流行,但经验主义的缺陷却一直未得到彻底的解决。首先,经验主义方法仅能根据过去的一些数据得出结论,但过去并不一定就会与未来完全一致,一些新的变化可能会随时产生,从而使经验主义得到的结论发生错误。其次,不论经验主义方法如何发展,都会有一些因素无法被观察到,经验主义很有可能将结果的原因张冠李戴。最后,有一些问题,可能是前瞻性的预估或影响因素复杂无法实证,必须采用推理演绎的方式进行分析。不论如何,使用经验主义得到的结论都需要使用逻辑推理的方法使之总结成为经济学理论,从这个意义上来说经验主义只被看做是通向经济学最终理论的一个重要的阶段。

参考文献:

[英]马克·布劳格:《经济学方法论》,北京大学出版社1990年版。

[爱尔兰]托马斯·博伊兰、帕斯卡尔·奥戈尔曼:《经济学方法论新论》,经济科学出版社2002年版。

[英]马克·布劳格、罗杰·巴克豪斯:《经济学的方法论的新趋势》,经济科学出版社2000年版。

[美]劳伦斯·博兰:《批判的经济学方法论》,经济科学出版社2000年版。

杨建飞:《科学哲学对西方经济学思想演化发展的影响》,商务印书馆2004年版。

(逯建)

功利主义
Utilitarianism

功利主义是伦理学的一种学说,也是新古典经济学等西方经济学的伦理学基础。该伦理学学说认为,人人都应该依照自身效用或幸福最大化的目标而做出行动,因此可以抛弃其他伦理学中出现的"美德"、"义务"等形式教条,从而使伦理学规则变得简单、易懂。

但在实际中,功利主义往往被人误解为导致个人主义、自私自利的源泉,因此遭到多种指责。

早在希腊时代,功利主义思想就出现了雏形。公元前5世纪的亚里斯提卜、公元前4世纪的伊壁鸠鲁及其追随者就是古代功利主义先驱。因伊壁鸠鲁同时也主张尽情享受感官快乐的"纵欲主义",遭到中世纪基督教的严厉批判,功利主义的思想一度灭绝达千年之久。18世纪末与19世纪初,功利主义又由英国哲学家兼经济学家边沁和穆勒(又译密尔)系统提出,从而正式成为一种伦理学学说。19世纪末期剑桥大学的道德哲学教授亨利·西奇威克也是该学说的代表性人物,他的思想又影响了新古典经济学的创立人马歇尔,使新古典经济学拥有了一个功利主义式的"经济人"假设基础。

功利主义的基本原则是:一种行为如有助于增进幸福,则为正确,反之一种行为损害了幸福,则为错误。但行动究竟增加谁的幸福?如果仅从行动者的幸福出发来判断行动的正确与否,就很有可能会导致个人主义——即"个人功利主义"——因为个人的利益往往与所有人的利益不一致。因此边沁、穆勒等功利主义者又提出了"普遍的功利主义"——即行为应该尽量最大化地增进最大多数人的利益,从而使功利主义摆脱了会导致自私自利的指责,使之在当时占据了英国伦理思想的主流。

尽管功利主义在19世纪的英国得到了很大的推广,但仍有许多问题遭到了之后学者质疑。第一,普遍的功利主义是否正义?如果因为最大多数人的利益而放弃少数人的利益,这样的原则是否就一定正确?第二,人们为何会计算最大多数的最大利益?功利主义者提出了"同情"(也就是恻隐之心),然而同情心是否就必然存在?会不会在某些场合突然缺失呢?第三,功利主义该如何计算?不同的人对相同的事物的评价不尽相同,那么该如何计算普遍的功利仍是一个巨大的问题。

为此,功利主义在当代经历了一些调整,其一就是将功利主义的计算区分为直觉的和思辨的(批判的),直觉的是不需要思考而直接做出的,思辨的则是根据对各种得失的综合判断而做出的综合决定。当代的功利主义者还提出了"行为功利主义"与"规则功利主义"的概念。行为功利主义是指根据行为的效果来判断行为的正确与否,规则功利主义判断的则是接受或废除某一规则是否能够增进社会的总福利,这些概念都属于功利主义的最新发展。

由于穆勒同时也是英国古典经济学的重要代表人物,西季威克是新古典经济学的创始人——马歇尔的老师的原因,功利主义自然而然地成为了西方主流经济学的基础。不过与伦理学界对功利主义的原则争论不休不同的是,西方经济学仅是接受了功利主义的基本原则,而未对这些原则作进一步的讨论。这也导致了西方经济学在很多涉及分配、政府政策等规范经济学问题研究上的明显缺陷。

参考文献:

[英]边沁:《道德与立法原理导论》,商务印书馆2000年版。

[英]约翰·斯图亚特·穆勒:《功利主义》,九州出版社2007年版。

[英]亨利·西季威克:《伦理学方法》,中国社会科学出版社1993年版。

[英]C. D. 布劳德:《五种伦理学理论》,中国社会科学出版社2002年版。

[美]理查德·T·德·乔治:《经济伦理学》,北京大学出版社2002年版。

郝清杰:《90年代功利主义研究述评》,载于《哲学研究》2000年第4期。

谭杰、毛兴贵:《罗尔斯对功利主义的批判》,载于《华中科技大学学报(社会科学版)》2005年第4期。

晋运锋:《当代西方功利主义研究述评》,载于《哲学动态》2010年第10期。

(孙丽丽)

激进主义
Radicalism

根据雷蒙德·威廉斯的考证,"Radical"从14世纪起在英文中一直被当作形容词使用,从17世纪起,开始被当作名词使用。与其最接近的词源为后期拉丁文"Radicalis",可以追溯的最早的词源为"radix"(意指"根部")。这个词用在物质方面,意指处于原始固有的状态。上述含义随着时代的变迁,被延伸至政治事务领域,在一般性的用法中,最明显地体现在18世纪末的"激进改革(Radical Reform)"中。从19世纪开始,"Radical"常指激进的改革者。19世纪初期的"Radicallism"就是根据上述含义而来的。威廉斯将其视作"早期的激进主义(Radicalism)、宪章运动或社会主义的潮流",这表明19世纪时激进改革者和社会主义者之间存在显著的区别。因此,在英国,19世纪中叶的激进主义者是自由主义者,尤以穆勒最为杰出,与穆勒类似的自由主义者想要以与他们的自由主义相一致的方式改革社会制度。威廉斯认为,"Radical"在20世纪的用法很复杂,通常用来指影响较为深远、较为根本或彻底地改革,但是,这是在"Radical"避开了与教条与党派的联系的情况下重新肯定积极的根本性的改革的必要性。有时候,"Radical"又被视为是和社会主义、革命等接近的同义词。

前面对"Radical"的分析,为理解经济学领域的激进主义提供了便利。也就是经济学中的激进主义寻求对现象的经济秩序做出根本性的改变。丹尼尔·R·福斯菲尔德认为,从这种意义上看,经济学中的激进主义或者说激进经济学是通过它的目标而不是它的战略或战术来定义的。尽管从具体分析方法和理论观点上看,激进经济学和正统经济学或主流经济学之间存在很大的差异。但是在寻求根本性地改变现有经济秩序方面,激进经济学既可能强调革命性的也可能强调演化性的变革;既可能尝试去夺取权力,也可能助长通过议会手段去实现目标;既可能通过权威去管理,也可能经由同意去进行治理。也就是说,激进经济学具有积极的取向。它试图在生产方式、价值体系、治理、解释和证明现有秩序的合理性的意识形态等方面区别于私人企业资本主义的经济秩序。

激进经济学的重要任务之一,就是为一种在基本结构上区别于现有秩序的经济秩序构建蓝图。为了完成这一任务,就要对现有秩序及对其进行辩护或实际上发挥了辩护作用的理论体系或意识形态进行批判。只有完成了这一任务,才能证明寻求其他取代现有秩序的经济秩序的必要性和可能性。

正是在上述意义上,经济学中的激进主义或者说激进经济学包含着丰富的内容。黛安·弗莱厄蒂指出,一般认为,当前的激进经济学是由一系列的具有方法论含义的理论流派,包括马克思主义政治经济学、制度主义、后凯恩斯主义、激进的女性主义以及后现代主义等构成的。在这一重要方面,激进经济学和人们经常论及的异端经济学既有区别也有联系。在对某种形式的主流经济学表示不满和抗议上,人们有时候概括的激进经济学和异端经济学包含的经济理论的类型和经济学的流派是高度相似的。比如弗雷德里克·S·李指出,定义异端经济学,需要"一个多元主义的'能够包容各种不同观点的大帐篷'式的,并且不与任何特定学说相关联的描述性的术语"。在李看来,在这个所谓的"大帐篷"中,至少包括奥地利经济学(Austrian Economics)、女性主义经济学(Feminist Economics)、制度演化经济学(Institutional-evolutionary Economics)、马克思主义激进经济学(Marxian-radical Economics)、后凯恩斯主义(Post Keynesian)和斯拉法主义经济学(Sraffian Economics)以及社会经济学(Social Economics)。

激进经济学和异端经济学中涵盖的流派的重合性,并不意味着两者是有着相同含义的概念。有一点是十分明确的,经济思想史学家有时候认为激进经济学包含在异端经济学中,这是因为无论哪种类型的激进经济学,总会涉及对主流理论进行批判和反思的内容。而有时候经济思想史学家又会把部分的异端经济学流派放在激进经济学的框架下,这种情况同样是容易理解的,因为异端对目前占据支配地位的主流或正统理论的从本体论、方法论、具体理论和政策主张等层面展开的批判,事实上能够发挥启发人们探索并追求未来的可行的经济秩序的功能。真正比较重要的区别在于,除了对现行理论进行批判之外,激进经济学更强调对现行生产方式本身造成的社会弊端的研究和分析,需求以某种方式改变现行的体制,而不是仅仅指出现有主流理论的不足,需求在根本上异于主流理论的理论发展,以便更好地使现行经济秩序发挥最大程度满足更大数量的人的需要的功能。此外,激进经济学往往有追求改变的具体蓝图设计,或者有具体的追求新的经济秩序的程序和步骤。

马丁·布郎芬布伦纳在论述激进经济学的著名论文《美国激进政治经济学:1970 年代的概述》中表明,对激进经济学进行精确定义的困难在于"确定激进政治经济学干些什么,较之确定什么是激进政治经济学要容易得多"。因此,很多时候,研究者会从广义和狭义两个角度对激进经济学进行界定。广义激进经济学把凯恩斯左派或后凯恩斯主义、新制度经济学、斯拉法主义或新李嘉图主义、马克思主义经济学都囊括在内。理由在于:他们都以"左"的姿态批判正统经济学,揭露现行资本主义经济制度的弊端和不良现象。狭义的激进经济学专指 20 世纪 60 年代西方国家和第三世界国家,自称运用马克思主义和社会主义观点批判正统经济学和资本主义制度并代之以社会主义的经济思潮。此外,在区分广义的激进政治经济学和狭义的激进政治经济学时,最重要的是把资产阶级政治经济学的"激进一翼"同"左派激进"相区别。

在激进经济学批判现行秩序和它的意识形态的基础上,激进经济学会分析现行社会秩序过渡到作为替代现象秩序的社会秩序的过程,证明通过何种方式,未来的更加合理的社会秩序可以在现有的秩序的基础上产生。尽管激进经济学包含的内容十分丰富,但是从它们把主流或正统经济学作为共同的批判对象的意义上,可以对激进经济学研究方法的共同特征进行提炼和概括。

弗莱厄蒂认为,激进经济学的方法有三个重要的特征:强调历史的重要性;强调个体选择是嵌入制度环境中的;强调在理解资本主义制度时冲突概念的中心性。这种方法方面的重点的形成,在一定程度上也决定了激进经济学的研究内容和理论重点。激进经济学通常认为以一种具有强烈现实感的方式客观地辨识、展现、解释,进而纠正现行资本主义体制中存在的剥削、异化和不平等,是一项十分重要的理论任务。

在对历史重要性的强调中,真实的含义是想表明,对现行制度的局部调整或专业修补难以从根本上解决现行体制中存在的各种弊病。过去通过对最初的条件的继承塑造了当前的状态,所有当前时期的选择都受到历史强加的限制。所以,不从根本上改变现有的制度框架,只是一种头痛医头脚痛医脚的拖延式维持,而不是彻底的更新和创造。个体的选择嵌入在制度环境中,意味着各种行为规范、人们的偏好在很大程度上都是内生形成的。因此,激进理论致力于揭露隐蔽的控制和习惯性的服从,并作为一项重要的任务,正是在这种意义上,理论的批判和现实的批判既是激进经济学的重要任务,也是它的标准工具。此外,激进经济学家把冲突的历史分析放在重要的地位,区别于主流经济学把无效率或低效率的根源归于市场的失灵、信息不对称问题、偶然错误等,而是认为资本主义所特有的各种类型的冲突才是长期无效率的根源。比如,工作空间中劳资双方的冲突是无法充分实现最大化产出的原因。在宏观层面,分配领域的冲突意味着经济的长期稳定和持续增长是缺乏现实基础的。从社会发展的角度看,某些类型冲突的急剧恶化,会带来经济危机和社会动荡,造成更大程度的社会损失。

激进经济学研究在重点概念的选择上也有着独特的特征。主流经济学的核心框架是一系列命题——如稀缺性、均衡、理性、偏好、方法论个人主义和由此产生的信念、词汇、符号和寓言,而激进经济学是处于这些完全不容置疑的核心之外的。激进经济学的思想基础源于强调国家财富、积累、公平,基于阶级、性别、种族的社会关系,充分就业,经济和社会再生产的传统,从这个角度来看,激进经济学关注的,不是经济预测本身,而是解释社会满足社会活动参与者需要的商品和服务流动的实际过程,以及探索什么样的社会形态能够更好地满足社会活动参与者的需要,通过什么样的方式实现这种合意的新的社会形态的过程。

斯蒂芬·雷斯尼克和理查德·沃尔夫(Stephen Resnick and Richard Wolff,1992)以一个典型的例子分析了激进经济学的核心概念和理论特征。他们指出,激进经济学非常关注的一个问题是对资本家和工人之间关系的解释。对这种关系以及其他群体和社会行为主体(如土地拥有者、货币借贷人、商人、经理、政府官员等)之间相互作用的分析,可以有很多不同的概念切入点。斯蒂芬·雷斯尼克和理查德·沃尔夫认为,一些概念的切入点把人们的注意力影响的社会的一面基本上是经济意义上的,另外一些则强调的是政治和文化维度的。阶级、技术和积累明显是经济性的,而意识和权威分别是文化和政治性的。产权则是一个可以用不同方式加以思考的概念。此外,尽管可以用不同的方式对经济和非经济的面向,经济基础和上层建筑的维度进行区分和认知,但是对于整体意义的社会分析而言,始终存在一个问题:这些不同的社会维度是如何相互联系在一起的?而为了回答这个问题,不同的激进分析选择了不同的逻辑,并且往往会具有跨学科综合的特征。这表明激进经济学在研究概念、切入点和具体方法上和主流经济学存在很大的区别。比如,从方法论的角度看,激进经济学坚持跨学科的方法,并坚持历史的、演化的和制度的分析;它关注冲突而不是和谐,权力差别而不是理论假设的平等,阶级而不是个人理性行为;激进经济学的研究主要是动态的而不是静态的,强调根本性的变化而不是边际的最优调整。

虽然从激进经济学与异端经济学的区别和联系,以及激进经济学的概念重点和方法特征上可以对其作初步的认知,但是一个更重要的问题是,激进经济学是在解决内部和外部争论的过程中不断向前发展的。重要的激进经济学流派都遇到过重大的挑战,以马克思主义经济学为例,阶级分析有着悠久的历史和重大的意义,但是无论是激进经济学内部还是外部,都存在着批判阶级分析的声音,分析的马克思主义者忙着为马克思主义经济学提供一个更加合理的微观基础,而且是通过转向主流的方法论个人主义寻求解决个体和阶级分析之间存在的矛盾的。同时,主流经济学一直对阶级分析充满批评,主流经济学家认为用具有不同偏好类型的个体分析足以解决马克思主义经济学所关心的问题,况且阶级的意识、阶级的集体行动在激进经济学那里并没有得到很好的解释。比如"搭便车"问题如何与阶级的集体行动相协调?再比如剥削问题,对马克思的价值理论和转形问题的批判声从来就没有消失过,而如果没有了劳动价值论,那么建立在马克思主义经济学基础上的危机理论也就遇到重大的挑战。因此,弗莱厄蒂指出,对激进理论进行"理论大修",以提供一种真正意义上的融合了历史、制度和冲突分析的框架是激进理论的批判者一直敦促激进经济学家做的一项工作。

激进经济学除了在理论层面受到内外部的批判外,还需要面对一个重大的问题。那就是现实的资本主义的变化。资本主义的现实变化推动激进学者对自己的理论进行改进。来自内部和外部的批判者指出,资本主义的现实变化以及逐步地改进是否意味着激进理论只是一群对主流经济学存在不满的,带有某种先入为主的偏见从事自己的工作的不主流的经济学在干的事情呢?比如,现实资本主义社会中阶级的概念到底还有多大程度的现实性?难道不是各种社会地位、偏好和成长经历、所处背景不同的小群体或阶层在发挥更大的作用吗?利益集团的概念是否比阶级的概念更加实用和科学吗?现行的资本主义经济从一次又一次的危机中复苏,除了在一定程度上表明危机是资本主义体制自身的基本矛盾造成的,是否也意味着资本主义体制具有强有力的自我修复能力?

除了激进经济学中的大多数分支在强调自己的发展与最初的理论来源之间的紧密联系之外,它也在应对内外部批判的同时不断地推动着自身的继续发展。比如,除了对资本主义中处于最核心的不公平——剥削的关注外,开始关注性别、种族、家庭内部等超越了生产领域和阶级的更广泛范围的不公平，再如，对个人和结构的分析涌现了许多新的研究成果。另外，激进经济学对资本主义的现实问题表现出更大程度的关注，更多地关注资本主义在中等长度的历史时期的发展，而不是单纯地预言它的最终走向。比如，在全球化时代，对世界资本主义体系的研究，对跨国的阶级关系的研究等。总之，激进经济学仍然是一个丰富的思想体系，尽管不同分支的激进经济学在具体方法上存在很大的差异，激进经济学在自我批评和外部批判的推动下，仍然在不断地取得丰硕的成果。

参考文献：

顾海良、张雷声：《20世纪国外马克思主义经济思想史》，经济科学出版社2006年版。

颜鹏飞：《激进政治经济学》，武汉出版社1996年版。

Daniel R. Fusfeld, Types of Radicalism in American Economics, *The American Economic Review*, Vol. 63, No. 2, May, 1973.

Resnick, S. and R. Wolff, Radical Economics: A Tradition of theoretical Differences. In Roberts, B. and Deiner, S. eds, *Radical Economics*, Boston: Klumer, 1992.

Lee, F. S. and Keen, S. , The Incoherent Emperor: a Heterodox Critique of Neoclassical Microeconomic Theory, *Review of Social Economics*, 62, 2004.

（常庆欣）

形式主义
Formalism

在经济学领域，形式主义有各种各样的含义，比如在非正式的情况下，人们讨论经济学问题时，会说"你能否给个正式的说明?"事实上，这句话的含义是："你能够用方程或方程组对你的观点进行说明吗?"比如，《牛津哲学手册》(*Oxford Companion to Philosophy*)只在数学的含义上定义了形式主义。尽管存在各种各样的形式主义，一般认为，形式主义是自成体系的规则遵循，根据这种规则构建出独立于内容的正式的语言和演绎体系。对经济学的数学化或形式主义化作出重大贡献的一般均衡理论采取的就是这种方法。

形式主义本身有着丰富的含义，比如形式一词本身至少包含下述含义，首先是肉眼可见的或外部的形体，其次是"形塑原则(Shaping Principle)"，也就是说能将复杂模糊的事物化为明确、特定的事物，正是在第二种含义上，形式主义才具有了更明确的方法论的含义。从上面两种含义不难理解，形式这个词本身在演化的过程中，在一定程度上包含了极化的含义：从外部、表面的意涵到内在、明确的意涵。此外，人们还容易把形式(Form)和内容(Content)之间的关系理解为一种简单的对立关系。随着历史的发展，"形式主义"这个词汇本身往往具有负面的意涵。马克思主义主张把"形式"视为"内容"的单纯表现或"外在表现"，因而反对形式主义。比如人们在日常生活中经常会说"无用的形式主义"、"形式主义的弊端"、"少搞些形式主义"等。

巴克豪斯(Roger E. Backhouse, 1998)对经济学中的形式主义作了清晰的说明。他认为形式主义这个术语主要包含三层含义：公理化(Axiomatisation)、数学化(Mathematisation)和方法的形式化(Methodological Formalisation)。公理化是相对容易理解的术语，它指把一个知识体系简化为一系列独立的公理，所有的命题都是通过使用良好定义的逻辑规则从这些公理推导出来的。更常见的是数学化，如使用数学技术(几何学、代数、集合论、拓扑学等)进行经济论证，这也是在一般意义上的形式主义的含义。方法的形式化指的是使用一套约定的方法去解决特定类型的问题。在20世纪中，经济学在许多方面在方法论上变得越来越形式化，最明显的例子是有关个体行为的最优化模型。巴克豪斯认为，经济学中的形式主义包含的三层含义是非常不同的，它们的共同之处在于：都能够把一个复杂的推理链分解为一系列可以明确表述的步骤，而且每一步骤都足够简单，因为已有规范化的分析的程序。

经济学的形式化或数学化存在许多优点，这是不能否认的。第二次世界大战后受到逻辑实证主义思潮的影响，经济学的形式化与数学化不断加强。科学哲学家萨普斯(Suppes)认为，学科的形式化是必要的，因为它有很多优点：明确(Explicitness)，可以用一种清晰的方式表述概念的含义，有助于概念的厘清与逻辑基础的建立；标准化(Standardization)，有助于研究术语与方法的标准化；一般化(Generality)，形式化提供了一种"只见森林不见树木"的方式，在不考虑无关紧要的细节的情况下，形式化有助于理论的一般化；客观性(Objectivity)，形式化提供了一种在不适用这种形式化的方法时所无法达到的更高程度的客观性；自足的假设(Self-contained Assumptions)，形式化能够提供一种摆脱隐含假设的泥沼和与之相关的混乱；最少的假设(Minimal Assumptions)，理论的形式化有助于确定精确的条件假设，对分析陈述能提供最少的假设。巴克豪斯指出的形式方法的优点：精确、清晰和确定性的证明。这些优点使得某些学者认为形式方法成了一种唯一的能够满足严格性和避免错误的方法。德布鲁指出，"严格化的努力不仅用正确的推理和结论代替不正确的推理和结论，而且有助于对问题更为深刻的理解"，"坚持严格性使分析具有公理的形式"(Debreu, 1959)。温特劳布(Weintraub)认为，人们是通过创造心灵结构理解经济世界的，而数学的运用就是用最纯粹的方式创造心灵结构,因此数学在经济学分析中当然是重要的(Weintraub,1985)。

一般认为,科学的成功、科学的进步、科学知识的增长,关键在于掌握了科学的方法。但是,形式主义的批评者一般认为,任何方法都是具体的、历史负载或理论负载的,是否存在普遍有效的方法是一个需要探讨的重大问题。或者说,只有针对特定的研究对象才有效的方法,而没有普遍适用的经济学研究方法。比如费耶阿本德(Feyerabend)对方法的批判,一般认为他是方法论无政府主义者,但事实上,费耶阿本德反对方法的独裁。一般认为,在任一研究领域,方法的独裁会造成不良的影响。随着经济学中形式主义倾向的逐步强化,越来越多的形式主义批评者把经济学研究中存在的问题和经济学中的形式主义联系起来。但是无论从何种角度对形式主义提出质疑,人们不是反对经济学中存在形式主义,而是“过多的形式主义”或者说“形式主义的支配”。

一些评论者,比如布劳格(Blaug,2002)和霍奇森(Hutchison,2000)一直对过度形式主义进行严厉的批判,他们认为经济学中形式主义的发展已经到了一个开始显现出阻碍作用的阶段,过度地形式主义使得经济学学科和从事现实世界的经济问题研究分离开来。布劳格和霍奇森都不算是主流经济学家认为的“异端经济学家”,他们的不满和反对的根源于经济学学科中日益强化的形式化的支配作用。布劳格就指出:“现代经济学病了!经济学越来越多地变成一种为了其自身,而不是为了实用,为了理解经济世界而进行的智力游戏。经济学家已经把这个学科转变为某种类型的社会数学,在其中分析上的严格性意味着一切,而它的实际意义则什么都不是。”(Blaug,1997)另外一些对形式主义提出严厉批判的是经济学方法论专家,他们更为关注经济学的方法论基础。比如以劳森(Tony Lawson)为代表的批判实在论者。他们把分析的中心放在本体论以及对经济理论和经济模型的构建,以及本体论所具有的重大意义上,他们对演绎主义或者某种特定类型的演绎主义进行了严厉的批判。批判实在论者主张,研究方法和研究对象之间应当存在一定的对应性,有时候他们并不反对数学在经济学中的使用,但是他们反对在不对研究对象做严格的认知和区分的情况下,以某种数学方法为主要的研究方法。劳森认为,社会实在(Social Reality)是一个开放的系统,一般说来在这个开放系统中没有“事件之间的必然联系”。相反地,无论是在严格的还是随机的意义上,正式的模型都会有以“如果 x,那么 y”形式表达的规则性。这种“事件之间的规则性联系”在社会领域是非常有限的。如果经济学要想取得进步,必须把形式化的模型构筑方法限制于存在这种规则性的情形中,但是这种情形相当的少(Lawson,2003)。

在经济学的数学化的意义上的形式主义,受到了下述一些具体的批评。克莱夫·比德(Clive Beed)和欧文·凯恩(Owen Kane)对此进行了概述:第一,数理经济学的公理和现实世界的行为不符合;第二,与数理经济学分析的量相比,数理经济学分析提出的能够进行实证检验的假说数量非常少;第三,很多经济学问题本质上不是一个量的层面的问题,因此不适合进行数理解释;第四,把对经济过程的自然语言(如英语)的描述转变为数学语言的描述是天真的和不合理的;第五,不存在客观的标准可以用来衡量数理经济学是否比更少使用数理分析的经济学更加精确;第六,并不存在一种“最优”的数学逻辑体系;第七,由于上述问题的存在,数学对于有关现实世界的经济发现而言只是一种不必要的装饰,而且服务于其他目标(Clive Beed and Owen Kane,1991)。

毫无疑问,比德和凯恩总结的上述批判,每一个都是一个极具争议性的问题。对于第一个而言,批评者一般认为建立于数理经济学上的公理,在描述上是可疑的,在经验上是无效的。但是这种认识又会引发两个新的问题:首先,数理经济学公理在多大程度上是不真实的?其次,即使这种公理是不真实的,但是对于经济分析而言它真的是重要的吗?至少对于后一个问题,弗里德曼(Friedman,1953)给出了自己的意见,理论假设描述的不真实性对理论的价值而言无关紧要。这条批评在有关理性(最大化)假设在描述上的真实性的争论从来未曾得出广泛接受的结论上表现得最明显。批评第二和第一有一定的联系,如果经济现象的数学表达建立在不现实的假设之上,那就不大可能得出经验上的重要预测。或者说,不现实的假设经常会得出错误的预测。因此,尽管大量的数理经济学研究展示了模型的正式特征,但是它们对能否得出经得住实证检验的预测却不怎么感兴趣。批判实在论者就指出了计量经济学家一旦被要求说明他们的计量分析对应的经济政策含义,或者被要求给出政策建议时,他们就只会对经济现象进行批评。对于第三种批评,最典型的是萨缪尔森,他认为经济学自然是“定量”的(Samuelson,1952)。与萨缪尔森对应的观点认为,数学使人们的注意力从经济学中的质性的问题上转移出去。这种观点指出,在数理经济学中存在一种扭曲信息集的倾向,即把那些不便于进行量化分析或不便于包含在数理模型狭窄框架中的重要问题做了简化。比如,如果政策模型是在新古典理论的基础上建立,那么这种政策模型不会考虑公平和政策过渡期存在的困难。对于第四没有人会反对数学是一种语言,但是话语表达和数学表达之间是否存在直接的对等性呢?或者说,形式主义的批评者认为,数学并不是一种自然语言。

此外,在对经济过程的数学表达中,可能会把一些它并不包含的行为内容加入到模型中。例如,丹尼斯(Dennis,1982)指出,建立在因果关系考察基础上的符号表述看起来似乎表达的只是与数学等式或不等式相关的命题,以及那些关系之间的条件关系,但是对这些相同的数学式似乎是在表达与人类行为和倾向完全不同的命题。换一种说法,数学等式或不等式需要描述出人类的动机:强迫、希望、必须,也就是说,人类的"信念、能力、承诺、动机和意图"等。丹尼斯的疑问是:"这些相对简单的等式或不等式如何能够一下子包含这么多的内容呢?"另外,有时候数理经济学分析在表达数字现象之间的概念联系时,展现的反而是一种因果联系。对于第五点,很多支持形式主义分析的学者指出了数学工具的优点:清晰、准确、简明。但是,存在精确的客观标准吗?劳森(Lawson,1987)在对科学的哲学和社会学进行再评价时指出,不存在中立、客观的分析程序,即使在作出"最好的"努力去探寻人类意识之外的真理时,每一种程序也都受到人类判断(不同的人之间存在很大的差异)的"污染"。科学家们(以及每个人)在诸如"精确"、"简洁"、"简单"、"精致"、"科学"、"严谨"、"有效"、"真实"等术语的含义以及它们的适用性上会产生很大的争议。自从20世纪30年代开始,人们逐渐认识到,数学并不是一种完整的和封闭的逻辑体系。不同的数学流派强调不同的逻辑的概念化。在这种意义上,第六种的批评意味着,在缺乏"绝对真理"的情况下,不同的分析和发现方法只能以实用为标准进行选择。如果前面六点批评在一定程度上成立,那么必须为经济学中数学化的支配地位,或者说形式主义的盛行找到其他的解释,有观点认为,形式主义为经济学的科学地位作出了很大的贡献。

参考文献:

Suppes, P. , The Desirability of Formalization in Science, *Journal of Philosophy*, Vol. 65, Oct, 1968.

Weintraub, E. , *General Equilibrium Analysis: Studies in Appraisal*, Cambridge: Cambridge University Press, 1985.

Clive Beed and Owen Kane, What is the Critique of the Mathematical Economics? *Kyklos*, Vol. 44, 1991.

Blaug, Mark, Ugly Currents in Modern Economics, *Options Politiques*, 18(17), September, 1997.

Tony Lawson, *Reorienting Economics*, London and New York: Routledge, 2003.

K. G. Dennis, Economic Theory and the Problem of Translation, *Journal of Economic Issues*, Vol. 16, 1982.

Ted Honderich, The Oxford Companion to Philosophy, Oxford University Press, 2005.

Roger E. Backhouse, If Mathematics is Informal, Then Perhaps We Should Accept That Economics Must be Informal Too, *The Economic Journal*, Vol. 108, No. 451, 1998.

(孙丽丽)

自由主义
Liberalism

自由主义本身是一个政治学的概念,其原意是指政府将权力最大限度地让渡于人民,使人民在政治活动中拥有最大可能的自主权。这一概念在经济学中的含义就是主张限制政府对经济事务的干预,让市场机制这只"看不见的手"发挥调节资源的作用。该思想最初由法国路易十五的外交大臣达让逊提出,经约翰·洛克、大卫·休谟等对经济学有重要影响的思想家宣传,最终通过亚当·斯密的《国富论》而被人们广泛接受。由于自由主义的思想在英国、美国的广泛传播,且这两国在18、19世纪经济获得了巨大的发展,因此自由主义的经济思想在西方世界获得了广泛认同,成为长期指导西方世界经济政策的思想主张。

20世纪30年代,由于大萧条的发生,完全自由放任的经济受到了广泛质疑,凯恩斯式的国家干预主义取代了经济自由主义而占据西方世界经济政策的统治地位。然而,到了70年代,当西方世界普遍面对"滞涨"束手无策的形势下,资本主义世界又纷纷兴起了新的经济自由主义("新自由主义")思潮。新自由主义主要以哈耶克、弗里德曼为代表,货币主义等芝加哥学派的学说以及供给学派、公共选择学派都可以被视作是新自由主义的成员。新自由主义认为市场是合理配置经济资源的最重要甚至唯一的力量,因此崇信自由市场经济,反对任何形式的国家对经济活动的干预,同时在行政、司法方面为妨碍市场化的政策松绑。(当然不同的学派对经济自由的主张程度有所不同)由于新自由主义的政策建议很大程度上解决了西方世界70年代的经济问题,新自由主义的主张在80年代逐渐成为了西方国家的主导型政策。1989年,西方主要国家领导人还达成了"华盛顿共识"——通过国际货币基金组织、世界银行以及其他一些国际机构,对脆弱的依附性国家进行"结构调整",迫使它们接受企业私有化、价格市场化和贸易自由化的原则。世界从而被纳入到了自由主义的大体系之中。

需要说明的是,尽管都可以被称为是"自由主义",但经济自由与贸易自由是两个不同的概念。经济自由主义是指在国内政策中采用放任的政策,而贸易自由则指贸易各国之间彼此采取降低甚至取消贸易壁垒的措施。这两种"自由"可以并存,也可以只实行一种自由但保持另一种非自由,如美国在20世纪之前的经济自由但贸易高度保护。除此之外,"自由主义"在政治领域还是一个高频词汇,在不同地方有着不同的用法，不过一般都有与“保守”相对，具有变革的含义。

2008年爆发的经济危机，“新自由主义”可谓是一大元凶。正是因为新自由主义鼓励市场放任的思想，美国政府才疏于对金融市场和金融衍生产品开发的监管，从而酿成了本次经济危机，其中教训值得深思。

参考文献：

［英］约翰·洛克：《政府论》，中国社会科学出版社2009年版。

［英］亚当·斯密：《国民财富的性质和原因的研究》，商务印书馆2004年版。

［美］弗里德曼：《自由选择》，机械工业出版社2013年版。

［英］弗里德里希·奥古斯特·哈耶克：《通往奴役之路》，中国社会科学出版社1998年版。

（逯建）

方法论整体主义
Methodological Holism

方法论整体主义的定义和功能同方法论个人主义一样复杂。常见的分析中，一般是用典型的例证分析方法论整体主义的，比如一般认为在马克思主义中，在涂尔干的社会学中，能够发现明显的方法论整体主义的特征。

以马克思主义为例，一般认为，马克思的经济分析应当被视为是一种方法论整体主义。支持这种观点的学者往往会引用马克思的一些经典著作中的段落，比如马克思和恩格斯说过：“占统治地位的思想不过是占统治地位的物质关系在观念上的表现。”资本主义“生产方式的主要当事人，资本家和雇佣工人，本身不过是资本和雇佣劳动的体现者、人格化，是由社会生产过程加在个人身上的一定的社会性质，是这些一定的社会生产关系的产物”。马克思著作中诸如此类的表述，一般被认为表现出个体的思想和意志只不过是社会结构的物质关系的表现。

尽管判断马克思是否为整体论者存在疑问，但是仍然可以通过许多西方学者对所谓的马克思的整体主义方法的批判来理解他们眼中的方法论整体主义的特征。认为马克思是整体论者的观点非常常见，《马克思主义与总体》的作者杰伊就指出：“所有的西方马克思主义者（但不是所有的马克思学家）都赞同马克思的确是一位整体论思想家。‘总体’（Totality）一词，或其他的诸如‘整体’（The Whole）之类的同义词作为正面用语经常出现在他的著作之中。”

另外，在西方马克思主义经济学研究领域影响很大的分析的马克思主义学派一般都强调，马克思采用的是方法论整体主义，并坚持为了增加马克思主义经济分析的科学性，澄清马克思使用的某些概念，应当把方法论个人主义作为马克思主义经济分析的基础。比如，埃尔斯特认为，“马克思主义的三宗罪是方法论整体主义、功能主义解释和辩证演绎”，“方法论整体主义——作为一种目的自身——假定，在解释的次序中，存在着各种先于个体的超个体实体。解释从自我调节的规律或较大实体的发展规律出发，而个体的活动则源自聚合模式。人们在论证客观利益为（整体地生成的）行动提供了充分的解释时，经常采用一种功能性解释的形式”。埃尔斯特认为，在马克思那里，“方法论整体主义和受黑格尔启发的其它两个方法（功能性解释和辩证演绎）密切相关。尽管在逻辑上并不相互承载，但这些方法在导致一种灾难性的科学实践中往往是联系在一起并相互强化的。在我看来，马克思和后来的马克思主义者的很多失败在很大程度上源自这种使人误入歧途的框架”。

罗默也认为，在马克思的阶级分析中，使用的是方法论整体主义，因此，需要为马克思主义提供微观基础。但是，他在这种判断上，表现得不像埃尔斯特那样激进，而是相当的谨慎，他给出的理由是“认为个体是作为阶级成员而不仅仅是个体在行动，应该是马克思主义经济学的一个定理而不是公理性假定。马克思的观点是，尽管资本家有着作为一个个人的典型特质，但他或她都会因制度的力量被驱使着作为资本自我扩张的代理人来行动。……在每一个场合中，马克思都会断言，虽然人们在生理形态上是以个体的方式存在的，但我们仍能推断他们是作为阶级的成员在行动。从这个意义上讲，阶级行为是马克思主义理论的一个推理结果而非公理性假定”。

通过上述分析不难理解，方法论整体主义遇到的主要挑战在于它强调了超个人的实体的存在，尤其是一些相对极端的方法论整体主义者，完全用结构、文化或制度解释社会现象，而看不到个体在社会现象的发展变化中发挥的作用。对方法论整体主义的批判主要集中在，方法论整体主义使得“个体成为社会力量的傀儡”。此外，方法论整体主义的批判者还认为，整体主义不仅弱化了个体，而且也没有充分地关注个体是如何发生根本性改变的过程与机制。用霍奇森的话说，就是“把个体合并到结构中不仅忽视了个体，而且忽视了社会力量的机制和影响是如何重塑个体的目标和偏好的”。

尽管人们都认识到方法论个人主义和方法论整体主义存在的不足，也意识到了考察两者相互影响关系的重要性。但是，认为“大多数经济学家明确强调关注行动——结构关系的研究，事实上只是滑向了个人主义或整体主义的一极，并不是夸大其词”。

参考文献：
《马克思恩格斯全集》第25卷，人民出版社1974年版。
《马克思恩格斯全集》第3卷，人民出版社1960年版。
[美]约翰·罗默：《马克思主义经济理论的分析基础》，上海人民出版社2007年版。
Jon Elster, *Making Sense of Marx*, Cambridge University Press, 1994.
Martin Jay, *Marxism and Totality: the Adventures of a Concept from Lukács to Habermas*, University of California Press, 1984.
Jon Elster, One Hundred Years of Marxist Social Science, *London Review of Books*, 16 June-6, 1983.
Tony Lawson, *Economics and Reality*, Routledge, 1997.
Geoffrey M. Hodgson, Institutions and Individuals: Interaction and Evolution, *Organization Studies* 2007.

（常庆欣）

多元论方法论
Methodological Pluralism

就现代经济学研究而言，尽管被人们称为"主流经济学"的新古典主义经济学自身也一直在缓慢地变化，但是演绎主义的数学模型方法始终是它最典型的特征。这些方法上的特征是以实证主义科学哲学为基础的。但是经济学研究中的实证主义自身也一直招致批评，考德威尔早在20世纪80年代晚期就呼吁经济学研究要追求"一个更加多元的时代"。

从经济学知识的生产和需求两个方面看，经济学研究中多元主义呼声的日渐高涨有着客观的理论和现实原因。

首先，经济学研究中的主流垄断对经济学研究和教育造成了不良的影响，异端学者和学习经济学的学生深切体会到经济学研究中一元主义取向给经济分析带来的弊端，所以主流经济学批判和反思是多元主义兴起的基本出发点。

其次，持多元主义取向的经济学一般赞同对主流取向的各种理论基础展开科学的公开辩论。另外，如何更加科学地发展经济学研究，或者说提高经济学研究的社会价值，即发展更加全面、健康的经济学是多元主义的根本目标取向。

最后，多元主义者认为，与主流方法和理论取向具有竞争关系的取向，都是理解经济现象的工具，理当接受相同程度的批判辩论。判断理论优劣的标准不是哪一种方法自身所能决定的，而是取决于不同的研究取向是否能够提供具有意义的洞见，能够帮助人们理解和把握经济生活。无论是哪一种理论取向，只要不肯承认多元主义的取向，就会造成理论观点自身的自我强化，不容异端，而最终则是自我衰败。

多元主义不是个体为了追求自己的学术地位发出的哀嚎，也不是无力从事主流经济学研究的学者寻找逃避的借口，更不是特定事件引发的心血来潮。经济学中多元主义的取向是一种连续的思想潮流，它源自对经济学研究现状的不满，以经济学研究的繁荣发展为基本的目标取向。

在对多元主义取向的考察中，第一个值得深入探讨的问题是多元主义不存在一个单一的定义。梅基对这种情况有过清晰的说明："在那些对目前经济学现状不满的人当中，'多元主义'（Pluralism）是一种流行的标签。与许多其他类似的标签一样，多元主义的含义十分模糊。当一个人说他拥护经济学中的多元主义时，他的意思并不明确。人们不仅很少意识到多元主义会适当地表现为不同的种类和不同的程度，而且也容易把它与更简单的多样性概念相混淆。"

根据梅基的观点，可以知道多样性不同于多元主义。多样性描述了一种事态，而多元主义描述了一种取向。在事态的含义上，经济学家们描述了多元主义后果的特征，比如，经济学中不只存在新古典经济学；存在多种多样的异端理论；在本体论、认识论、方法、理论和伦理的层面存在多样化的理论；不同经济学学派之间存在对话；不同理论流派之间的趋同；对综合分析的应用；不存在单一的理论评价原则；理论之间的争论等。与上述多元主义结构的特征对应，经济学家们也对多元主义行为进行了讨论，比如，避免相信某种立场是最优的；认为不同经济思想流派之间是互补的而不是替代的；采用诸如综合分析之类的方法；鼓励多样性；容忍各种不同的经济学观点存在；避免不同流派之间的对抗等。

因此，可以认为，"多样性的陈述是对特征的描述，而多元主义则有着规范的内涵"，"多元主义涉及有关多样性的论据或理由"。有时候人们又会把多样性等同于多元主义，比如摩根和拉瑟福德就认为，"多元主义意味着多样性，多样性在信念、意识形态、方法和政策建议中表现得非常明显。"

经济学中的多元主义仍然是一个模糊的概念。我们关注多元主义，在于它是一种态度或取向，是在区别于单纯的多样性的意义上进行的。虽然对多元主义的定义存在一定的认识差异，但是对支持多元主义的基本原因的分析上。经济学家们的共识远大于争议。在支持多元主义的理由中，一些是本体论层面的，一些是认识论层面的，还有一些是基于教育的价值支持多元主义。

支持多元主义的本体论层面的论点强调经济系统的开放性、碎片化和复杂性。一般来说，科学是建立在对世界或结构认知的基础之上，这种认知一般假设存在一个统一的客体或结构，比如梅基所说的"一个世界"，这个客体或结构能够通过科学研究认知。但是这种假设并不排斥理论多元主义。还有一些学者质疑自然的统一性,认为实体的多样性可能是存在的。这种多样性意味着实在可能是由很多物质构成的,比如精神和物质。与复杂性相联系的是开放性的概念,它在批判实在科学哲学的发展中体现的最清晰。比如,开放系统是不存在"如果X,那么Y"这种类型的事件规则性的系统。开放系统包括多重机制之间的互相作用。开放系统会穿透、模糊和改变系统的边界。开放系统会因为投入和产出的流动而改变系统的内在结构。开放系统通常也是复杂的系统。这种开放系统的观念产生了一些重要的含义,比如在开放系统中对"封闭条件"的抽象和强加这种条件给它是不可能的。但是,对科学研究而言这种抽象封闭在部分程度上又是必需的,因此,任何理论体系只能在一定程度上应用于开放系统,任何模型都是不完整的。没有任何一个单一模型或对单一机制的抽象,甚至是对一系列机制的抽象,能够在实际上把握对一个现象进行完整解释的所有要素。

支持经济学多元主义还有认识论层面的理由。从认识论的角度看,不可能得到单一的理论。比如,波普尔式的最终检验和证伪是错误的,因为证实和反驳是有局限的,每一个理论检验都受到一些理论可能被证实或反驳的决策规则、假设和数据的制约,严格意义上的检验是不存在的。因此,检验并不是理论选择的普遍标准。此外,事实的"理论负载"意味着实证检验不可能是决定性的。从而,根据库恩的观点,好的理论并不总是能够被筛选出来,也就是说理论选择的过程是不完美的,另外,根据波普尔的观点,找到最优的、最终的理论的选择过程是不完全的。因此,用制度经济学的术语说,理论的路径依赖或锁定在某种具体理论中,可能造成科学的退步,可能是无效率的,因为"好的"理论可能被预先排除掉了。

支持经济学多元主义的另一个重要理由来自对教育的价值的思考。不加批判或鉴别地传授某种类型的知识与"自由主义"教育的信念存在冲突,这种信念坚持教育的内在价值,认为教育的目标是为了培养分析、批判和比较思维,为的是发展出开放的观念和灵活的思想。但是严格说来,即使是自由主义教育的内在价值在一定程度上也是可能通过教授单一的内容实现的。

此外,经济学的政治性是一些经济学支持多元主义的另一个强有力的理由。经济学作为一个学科,本质上具有政治的一面。在现代经济学教育实践中,新古典经济学和经济自由主义是紧密地结合在一起的,这种经济自由主义体现的是方法论个人主义,认为自利是经济的主要驱动力,对国家在经济中能够发挥的作用持非常谨慎的态度。这种认识经济的方式和凯恩斯主义形成了对比,凯恩斯主义更为强调国家作为一种改善或提高社会福利水平的工具。此外,马克思主义的价值和马克思主义经济学中的假设也会对人们看待事物的方式和进行经济思考的方式产生重要的影响,尤其是,和经济政策分析交织在一起通常就是不同的意识形态和利益。因此,在这种情况下,一元主义的单一经济分析的支配会造成很多不良的后果。比如,考虑正统经济学的支配地位,通常与新自由主义的政治实践结合在一起,在这种情况下支持多元会明显有助于左派政治的发展。同时,提倡经济学研究和教学的多元主义,也为反对主流经济学霸权奠定了基础,为挑战新自由主义意识形态和政策提供理论的支持。这也是为什么鲍尔斯等会主张:"我们支持用一个(老的)术语描述我们的方法,因为人们不可能很好地理解当前的社会,除非把政治、经济、心理和其他社会科学学科解释在一起研究现代生活的复杂性。另一种描述政治经济学方法的方式是把它说成是跨学科的。"

尽管不同类型的学者提出了支持多元主义的各种理由。但是有一个根本的目标是一致的,多元主义既是作为一种科学的经济学自身的不充分性所必然要求的,也是提高和改善经济学分析的质量的一种选择。

参考文献:

Bruce J. Caldwell, The Trend of Methodological Thinking, *Ricerche Economiche*, 43(1-2), 1989.

Lawson, T., *Reorienting Economics*, London: Routledge, 2003.

Mary S Morgan and Malcolm Rutherford edited, *From Interwar Pluralism to Postwar Neoclassicism*, Duke University Press, 1998.

Uskali Mäki, The one World and the Many Theories, in Andrea Salanti and Ernesto Screpanti edited, *Pluralism in Economics: New Perspectives in History and Methodology*, Edward Elgar.

Bowles, S., Edwards, M. and Roosevelt, F., *Understanding Capitalism: Competition, Command and Change*, New York: Oxford University Press, 2005.

(孙丽丽)

二、经济学的分析方法

阶级分析
Class Analysis

"阶级"这个词语源于拉丁文"Classis",在这个词的用法中含有依据财富细分人口的意思。重农主义学派广泛地运用这个词语,比如魁奈(Quesnay)用"阶级"解释社会经济功能。魁奈的《经济表》把农民称为"生产阶级",把地主称为"土地所有者阶级",把商人称为"不生产阶级"。

"阶级"作为社会集合体的含义于1817年被明确地提出来,李嘉图将"阶级"这个术语确立为政治经济学的核心概念，他在《政治经济学及赋税原理》开篇的序言里写道："土地产品——即将劳动、机器和资本联合运用在地面上所取得的一切产品——要在土地所有者、耕种所需的资本的所有者以及进行耕种工作的劳动者这三个社会阶级之间进行分配。但在不同的社会阶段中，全部土地产品在地租、利润和工资的名义下分配给各个阶级的比例是极不相同的……确立支配这种分配的法则，乃是政治经济学的主要问题。"在李嘉图之后，拉文斯通（Ravenstone）和霍奇金（Hodsgkin）根据李嘉图的著作论证认为，在劳动阶级与资产阶级之间存在一种内在的矛盾。霍奇金宣称，这种矛盾只能靠工人的集体行动来解决。

阶级分析方法被马克思和恩格斯继承并加以大大地扩展。在马克思和恩格斯生活的年代，社会进步的观念，通过逐步展开的思想意识的矛盾（运动）实现社会变革的思想，从经济上界定社会发展阶段的思想，按照经济上定义的阶级解释政治运动等思想是较为流行的。马克思和恩格斯将涉及阶级分析中的诸多要素结合起来，提出了自己的阶级概念和阶级分析方法。

阶级和阶级斗争分析自诞生之日起就与政治经济学存在着密切的联系。肯定各种阶级如何存在、如何相互作用、如何改造社会的主张，一直与否认阶级重要性甚至是阶级的存在的观点相斗争。比如在 20 世纪，社会主义阵营的国家和资本主义阵营的国家都坚持认为它们自己的社会已经"克服了阶级分裂"，而对方则没有。马克思主义政治经济学把自己的论点建立在阶级概念的基础之上，而新古典主义经济学家则没有在理论分析中给阶级留下位置。

现实中人们从不同的角度定义阶级。阶级的财产观是最为常见的，许多政治经济学家都赞同阶级是关于财富和收入的概念。按照拥有或得到的财富与收入数量，人们被划分成各种阶级，富人与穷人、有产者与无产者。这些阶级之间的关系和斗争改变着社会并推动着历史的发展。基于财产的阶级概念曾出现在世界上的各种社会类型中。阶级就是财产的思想深深地影响着人们的行动，影响着社会的文化、政治和经济。与基于财产的阶级概念相比，基于权力的阶级概念是另一种常见的阶级概念。在这种阶级概念中，阶级是发号施令的群体与接受命令的群体之间的对立，是统治者与被统治者之间的对立。这种情况下，阶级概念取决于权力的分配而不是财产的分布。但是对于用哪种权力（政治的、文化的、经济的或混合的）来划定阶级界限，理论家们则很难达成统一。同样的，基于权力的阶级观念也深深地影响着人们的行为方式。但是基于财产的理论家和基于权力的理论家们之间关注的重点也存在重要的差异。基于财产的阶级分析，强调资本主义政治经济学是如何以生产性财产的所有权为起点，从而从财产的意义上定义阶级结构，财产关系决定了资本主义的经济面貌：价格、利润、资本积累和危机等。而基于权力的阶级分析比较关注工作空间的权力冲突（制定秩序的人和遵守秩序的人之间的冲突）和其他场合的权力冲突（国家与公民、男人与女人、白人和黑人等）。

马克思和恩格斯对财产和权力的分配问题极为关注，但是他们对阶级的定义却采取了不同于上述两种定义的方式。马克思和恩格斯认为，在所有社会，无论它们如何分配财产和权力，都表现为剩余劳动的生产、占有和分配的特殊组织形式。对马克思和恩格斯而言，阶级被定义为一个人同生产资料之间的关系。一个人控制生产要素或者不控制生产要素，在第一种情况下，他属于地主或资本家阶级，在第二种情况下，他除了自己的劳动能力，没有什么可以提供，他属于无产阶级。马克思和恩格斯认为，"整个社会日益分裂为两大敌对的阵营，分裂为两大相互直接对立的阶级：资产阶级和无产阶级"，"现代的国家政权不过是管理整个资产阶级的共同事务的委员会罢了"。资产阶级和无产阶级之间存在着明显的阶级利益的矛盾。政治和经济只是一种零和博弈。

对马克思和恩格斯而言，阶级斗争是人类历史的动力。他们认为，生产能力的不断发展需要剩余劳动的存在。从历史上看，在一系列社会制度中，剩余劳动是通过剥削获得的。每一种社会制度都以不同的财产关系形式为标志，并通过社会统治阶级从直接生产者身上榨取剩余劳动的明确方式加以区分。用《共产党宣言》中的话说，"至今一切社会的历史都是阶级斗争的历史。"《共产党宣言》主张，资本主义社会的不公平和不公正只能由新的革命阶级通过集体力量去克服。在资本主义条件下，这个革命的阶级就是工人阶级。对于建立在剩余劳动基础上的阶级分析而言，由资本主义向共产主义的转变，需要从剥削的阶级结构（在这种结构中剩余的生产者不是剩余劳动的占有者与分配者）转变为共产主义社会结构（在这种结构中，生产者集体占有和分配剩余劳动）。

马克思和恩格斯的阶级分析具有一些典型的特征：第一，在一系列历史地规定的生产关系中按照集体的立场解释阶级；第二，阶级关系理解为剥削关系，而且是通过运用国家权力强制地维持；第三，社会进步是辩证的，是由自身矛盾推动的。社会进入每一个新的阶段都要通过集体的、自觉的阶级斗争实现，新的革命阶级摧毁旧的国家权力，建立自己的国家权力，国家是现存生产关系的产物，不是一个具有自身理智的、伦理的和自由意志的独立实体。在马克思和恩格斯的阶级分析中，马克思在 1852 年致魏德迈的信中说，"资产阶级经济学家也已经对各个阶级作过经济上的分析。我所加上的新内容就是证明了下列几点：第一，阶级的存在仅仅同生产发展的一定历史阶段相联系；第二，阶级斗争必然导致无产阶级专政；第三，这个专政不过是达到消灭一切阶级和进入无产阶级社会的过渡。”也就是说，在马克思和恩格斯那里，阶级分析实际上把生产关系、国家权力和阶级斗争辩证地联系在一起。

在阶级分析中，韦伯对阶级和等级的区别具有重要的意义。韦伯说：“同纯粹由经济决定的‘阶级状况’相反，我们想把人的生活命运中任何典型的、由一种特殊的——不管积极的还是消极的——受与很多人的某种共同特点相联系的‘荣誉’的社会评价所制约的因素，称之为‘等级的状况’。”“‘阶级’是根据同货物的生产和获得的关系来划分的；‘等级’则是根据其货物消费的原则来划分的，表现为‘生活方式’的特殊形式”。韦伯的范畴主张经济、社会和政治领域的分离，他只是以一种很自然的方式根据市场地位定义阶级。由于韦伯的阶级和等级的范畴都涉及在市场状况下所发生的经济资源分配。因此，它和经典的用法不同，后者是指由社会生产关系决定的地位和按照榨取剩余劳动的特定方法划分社会制度的范畴。

马克思之后的马克思主义者对大量的阶级概念或理论进行了阐述，他们各自使用不同的阶级概念或理论分析了不同类型的社会状况。比较典型的有，斯威齐使用的是有关财产的阶级概念；厄尼斯特·拉克劳（Ernesto Laclau）和鲍勃·杰索普（Bob Jessop）使用的是有关权力的阶级概念；尼科斯·普兰查斯（Nicos Poulantzas）提出了多元决定的阶级概念，把权力、意识形态和剥削纳入一个复杂整体中定义多样化的阶级。普兰查斯在《政治权利与社会阶级》中指出：“社会阶级是这样一个概念，它表示结构的整体，表示一种生产方式或一种社会形态的模式对承担者——他们构成社会阶级的支持者——所产生的影响：这个概念指出社会关系领域内全部结构所产生的影响。”另外，普兰查斯指出：在马克思主义的社会阶级决定中，“在一种生产方式或社会形态中，经济方面的确起着决定性的作用，然而政治方面和意识形态（上层建筑）方面有同样的作用。事实上，当马克思、恩格斯、列宁、毛泽东在分析社会阶级时，他们并不只局限于经济的标准，他们明确地提到了政治和意识形态的标准”。E. P. 汤普森（Edward Palmer Thompson）主要从“觉悟（Consciousness）”的角度突出阶级的定义。“阶级是一种历史现象，它把一批彼此相异、看来完全不相干的事结合在一起，它既包括在原始的经历中，又包括在思想觉悟里。我强调阶级是一种历史现象，而不把它看成一种‘结构’，更不是一个‘范畴’，我把它看成是在人与人的相互关系中确实发生（而且可以证明已经发生）的某种东西。……当一批人从共同的经历中得出结论（不管这种经历是从前辈那里得来还是亲身体验的），感到并明确说出他们之间有共同利益，他们的利益与其他人不同（而且常常对立）时，阶级就产生了”。

在新近的研究中，怀特对阶级分析的重要类型进行了概括，一般说来常见的阶级分析包括以下三种类型：

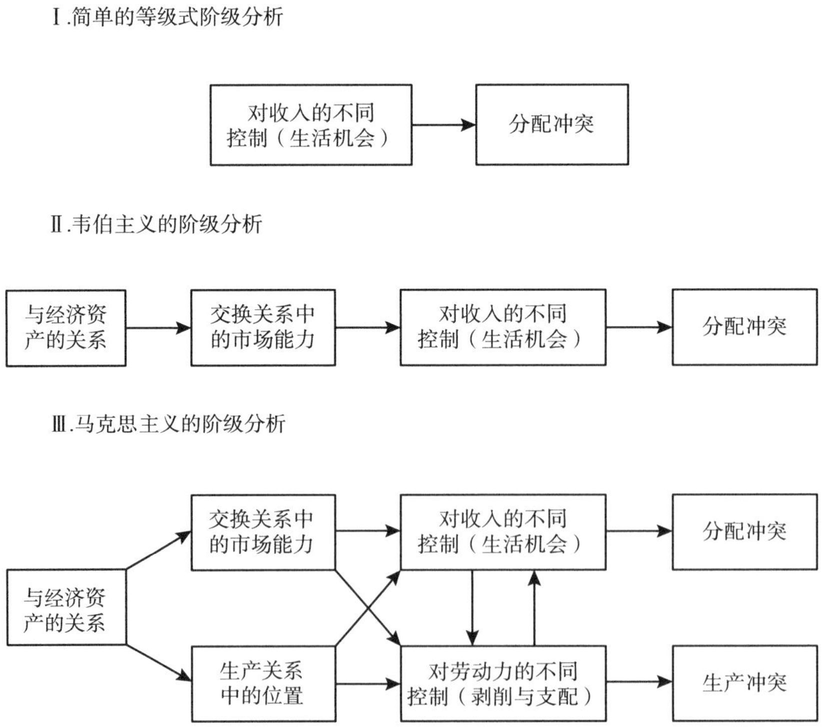

图1　阶级分析的三种模型

参考文献：
[英]李嘉图:《政治经济学及赋税原理》,商务印书馆1962年版。
[希腊]尼科斯·普兰查斯:《政治权利与社会阶级》,中国社会科学出版社1982年版。
[德]马克斯·韦伯:《经济与社会》下卷,商务印书馆1997年版。
P. Sweezy, *The American Ruling Class, in the Present as History*, New York: Monthly Review, 1953.
Poulantzas, *Classes in Contemporary Capitalism*, London: New Left Books, 1978.
Edward Palmer Thompson, *The Making of the English Working Class*, New York: Vintage, 1963, Preface.

（张元鹏）

定性与定量分析

Qualitative and Quantitative Analysis

定性与定量分析是一种研究方法,广泛应用于各个学科。定性分析是对事物的性质特征,及事物之间本质联系的认识;而定量分析是对事物数量方面的研究和分析。

在经济学中,定性分析主要运用归纳和演绎、历史和逻辑相统一的方法,通常定性分析会受研究主体和研究所处历史阶段的影响。定性分析将研究的注意力集中在经济现象的本质上,归纳出影响经济机制运行的主要因素,然后通过对主要因素的分析和综合,演绎出经济发展的一般规律,回答各主要因素对经济运行的影响,各主要因素之间的逻辑关系,以及对未来发展的影响等问题。比如经济体制或者某项方针、政策的改变对经济现状的影响,经济体制的变化是很难用具体的数量关系变换来表示,即使有也很难找到准确适合的模型分析整个市场错综复杂的关系,这时候就需要找到本质联系,简化问题,做出定性的推断。定性分析通常是通过对经济变量之间关系的研究,判断一种变量或者参数的改变对所研究的经济变量的影响,而这种影响只是一种定性的判断,变大、变小或者不变,并不能够得出确切的数量关系。

在进行定性分析时,所利用的材料可以是只包含符号特征的,也可以是包含数量信息的。前者是纯定性分析体系,后者是混合定量—定性分析体系。定性分析在经济学中的应用通常是关于两类经济模型的,一种是形如 $Ax=b$ 的比较静态模型,一种是形如 $\dot{X}=Ax$ 的线性动态模型。其中 A 为 $n\times n$ 的矩阵,x 和 b 是 $n\times 1$ 的向量。在比较静态模型中,问题是给定 A 和 b 的符号,判断 x 的符号是正、负还是零。在线性动态模型中,问题是给定 A 的符号,判断何时出现极限稳定值使得 $\lim x(t)=0$。

自人们开始研究经济现象,定性分析就贯穿始终,但是直到20世纪30年代后期才第一次尝试使定性分析正规化,这项工作最早开始于希克斯(Hicks)的竞争性经济的一般均衡模型。萨缪尔森(Samuelson)在1947年发表的《经济分析基础》中,把定性数据、最大化假设和均衡稳定假设统一起来,作为新古典经济学比较静态原理的三个基本源泉。梅茨勒(Metzler, 1945)、莫萨克(Mosak, 1944)和森岛(Morishima, 1952)对希克斯模型中的比较静态特性的分析作出了一定贡献,阿罗(Arrow)、布洛克(Block)和赫维茨(Hurwicz)(1958;1957)以及麦肯齐(McKenzie, 1960)在总量替代条件下,对希克斯模型的稳定性做了证明,并证明它是一种混合的定量—定性体系。萨缪尔森在《经济分析基础》中提出了一种消元法,分析定性的可解性。但在纯定性体系的比较静态模型方面,最正规的工作要归功于兰开斯特(Lancaster, 1962; 1964; 1965),他的方法由戈尔曼(Gorman)作了概括。戈尔曼对定性可解性问题的分析是一种反复方法,涉及一套程序,根据这个程序,在任何分析阶段,这一系列变量被分割成两个无序的非空集合。由于函数关系与这一步骤相联系,则与这些变量相关的函数值的变化范围对一个给定集合的所有变量来说是不完全相同的,并且对其他集合的变量来说是相反的,当且仅当这种嵌套分割能够延续,穷尽所有的函数关系,直到形成单元素集合,则定性可解性就是存在的。

定性分析广泛应用于经济学的各个学科,在微观经济学中,关于供给需求的比较静态分析是定性分析的一个简单例子。模型中有两个经济变量,均衡的需求量 Q,价格 P,一个移动参数 c。包含两个方程,需求函数 $D(P,c)$,供给函数 $S(P,c)$。研究供给需求曲线移动参数对均衡价格的影响,也就是判断 dP/dc 的符号。

定性分析在宏观经济中也有广泛应用,比如在分析宏观经济政策时,我们利用相关的经济模型,判断投资、税收、政府支出或者利息、货币供给量对国民生产总值的影响,进而分析对失业、通货膨胀等经济指标的影响。这种分析通常是定性的,只研究这些财政政策或货币政策对社会经济状况有积极或者消极的影响,并不能进行准确的量化分析。

定量分析在经济学中的应用十分广泛,经济学中的价值、价格、成本、收入、利润、税收、利息、投资、国民生产总值等范畴都有数量的表示。定量分析是建立在数学、统计学、计量学、概率论、系统论、控制论、信息论、运筹学和电子学等学科的基础上,运用数字、方程、模型、图表等进行分析研究的。拉格尔斯将经济中的数学分析方法分为三个方面,即数理经济分析、统计经济分析和计量经济分析。但从现代经济学的发展来看,随着计量经济学的不断发展完善,已经将统计经济学一并纳入了计量分析的理论体系。因此,现代经济学的量化分析主要体现在两大领域,一是数理经济学,主要是运用微积分、线性代数、集合论和拓扑学等数学知识通过建立模型来解释经济理论并进行推理和证明;二是计量经济学,即根据经济理论,将经济变量间的相互关系,用联立方程构建数学模型,再根据实际的统计资料,对模型的参数进行估计,最后反过来检验理论的正确与否,并进行经济预测,也包括通过对大量统计资料的分析而归纳出某些经济规律。

数学是一门关于量的学科,一个学科只有成功运用了数学,才能称得上是一门科学,在经济学萌芽阶段,人们往往通过对一些经济现象的观察,利用逻辑推理方法总结出一些经验的结论,但不够准确客观。威廉·配第(William Petty)是政治算术的创始人,也是他第一次将量化分析引入对社会现象的分析中。法国重农学派代表魁奈(Francois Quesnay)在其著作《经济表》中运用数量关系分析了社会总产品的生产、流通和分配。之后,亚当·斯密(Adam Smith),大卫·李嘉图(David Ricardo)等经济学家都利用了一些简单数学知识研究社会经济问题,但这些量化分析都比较简单,经济学还是以定性分析为主。19 世纪 20 年代,随着数学不断引入经济学,量化分析在经济学中的应用越来越广泛,数量经济学随之诞生,德国经济学家杜能(Johann Heinrich von Thünen)在 1826 年出版的《孤立国》中,最先利用了微积分表达一些经济范畴和经济原理。法国经济学家奥古斯丹·古诺(Antoine Augustin Cournot)在 1938 年发表的《财富理论的数学原理研究》是经济学发展史上第一部用高等数学研究经济问题的专著。19 世纪 70 年代,英国经济学家威廉·斯坦利·杰文斯(WilliamStanleyJevons)、瑞士经济学家瓦尔拉斯(Walras)和奥地利经济学家门格尔(Anton Menger)几乎同时各自独立地出版了启动"边际革命"的代表性著作。使经济学与数学的结合趋于完善。在这一时期,经济学家开始通过建立数学模型分析经济问题,数量经济学得到进一步发展。20 世纪 40 年代,新应用数学理论的出现,使经济学有了更大的发展,美国数学家冯诺伊曼(John Von Neumann)和经济学家奥斯卡·摩根斯坦(Oskar Morgenstern)在 1944 年合著的《对策论与经济行为》和纳什(Nash)于 1950 年发表的《N 个人对策中的均衡》,使对策论研究在经济研究中被采用。此外,信息论、控制论、模糊数学等应用数学理论也被大量应用到经济研究中。同时,计算机与数学模型的结合,促进了经济理论的发展完善,也促进了其科学性。

量化分析使得经济学更加简明准确、科学严谨,随着数学理论不断在经济学中得以应用,许多经济学理论得到了更加严格的证明。当我们把一些经济学理论的假设结论用严格的公式表达出来,并进行严格地推理证明时,我们不仅能准确得知道这些理论的确切含义及适用范围,并且能得到我们所要研究的经济变量之间的数量关系,再根据已知经济事实做出合理推测。科斯(Coase)于 1960 年发表了论文《社会成本问题》引发了很大的反响与讨论,也被广泛应用于各个经济领域,但是科斯在论证时没有使用数学模型和数量关系推理,只是通过举例子和逻辑分析论证自己的观点,得出的结论是只要交易费用为零并且产权明确,则外部效应的水平与产权的划分无关(科斯中性定量);通过自愿交易与自愿谈判,资源将会得到有效配置(科斯有效性定量)。然而仅使用逻辑推理和语言表述,很难保证其严密性和准确性,因此给科斯定量带来了很大的争议。其实,科斯定量的成立取决于经济环境的界定,为保证论证科斯中性定理的正确,必须满足的条件是消费者的效用是拟线性的,即消费者关于外部性产品的收入效应为零。而在论证科斯有效性定理时,需满足交易者的信息是完全的。阿罗(Arrow,1979)年指出,科斯的自愿谈判假设可以被模型化为合作型博弈,这要求关于经济环境的信息是完全的,否则不能导致资源的有效配置。

定量分析在计量经济学中有着广泛的应用,在利用计量模型研究宏观经济时,我们首先确定要研究的经济变量,利用合理的经济模型建立这些经济变量构成的方程组。利用与这些经济变量相关的经济数据,估计出相关的参数,可以得到消费函数、投资函数、进出口函数和物价模型等,从而建立一个适应当时经济环境的计量模型,利用这些模型可以进行经济分析和经济预测,比如分析一些经济指标之间的相互关系,或分析投资政策、货币政策、财政政策、价格政策等政策变化对经济增长、就业、物价和国际收支等方面的影响。

参考文献:

Allingham, M., Morishima, M., Qualitative Economics and Comparative Statics, M. Morishima et al, *Theory of Demand*, Oxford UP, Oxford, 1973.

Arrow, K. J., Block, H. D., Hurwicz, L., On the Stability of the Competitive Equilibrium, Ⅱ, *Econometrica: Journal of the Econometric Society*, 1959.

Coase, R. H., Problem of Social Cost, The. JL & econ., 3, 1960.

Cournot, A., Researches into the Principles of Wealth, 1963 (English Translation). Irwin Paperback Classics in Economics (Original: Recherches sur les principes mathématiques de la théorie des richesses, 1838), 1938.

Gorman, W. M., More Scope of Qualitative Economics, *Review of Economic Studies*31, 1964.

Klein, L. R. , Klein, L. R. , *A Textbook of Econometrics.* (NJ): Prentice-Hall, 1974.

Lady, G. M. & Maybee, J. S. , Qualitatively Invertible Matrices, *Mathematical Social Sciences*, 6(3), 1983.

Lady, G. M. , The Structure of Qualitatively Determinate Relationships, *Econometrica: Journal of the Econometric Society*, 1983.

Lancaster, K. , The Scope of Qualitative Economics, *The Review of Economic Studies*, 29(2), 1962.

Lancaster, K. , The Theory of Qualitative Linear Systems, *Econometrica: Journal of the Econometric Society*, 1965.

Metzler, L. A. , Stability of Multiple Markets: the Hicks Conditions, *Econometrica*, 1945.

Nash, J. F. , Equilibrium Points in N-Gerson Games, *Proceedings of the national academy of sciences*, 36(1), 1950.

Quirk, J. & Ruppert, R. , Qualitative Economics and the Stability of Equilibrium, *The Review of Economic Studies*, 32(4), 1965.

Ritschard, G. , Computable Qualitative Comparative Static Techniques, *Econometrica: Journal of the Econometric Society*, 1983.

Royer, D. , Ritschard, G. , Qualitative Structural Analysis: Game or Science? *In Analysing the Structure of Econometric Models*, Springer Netherlands, 1984.

Sadoulet, E. , DeJanvry, A. , *Quantitative Development Policy Analysis*, Baltimore: Johns Hopkins University Press, 1995.

Samuelson, P. A. , Foundations of Economic Analysis.

Tinbergen, J. (1952), *On the Theory of Economic Policy*, 1947.

Von Neumann, J. & Morgenstern, Theory of Games and Economic Behavior, *Bull. Amer. Math. Soc*, 51, 1945.

（刘洪愧）

静态和动态分析

Static and Dynamic Analysis

静态分析研究某一时间点上的经济状况及经济变量之间的关系，主要关注的问题是经济的均衡状态以及有关经济变量达到均衡状态所需要满足的条件，而不考察时间因素和经济变量的具体变化过程。微观经济学一般采用这种分析方法，如马歇尔的均衡价格论，在这个理论中，没有引入时间因素，消费者偏好、收入及其他商品的价格等静止不变，厂商的数量、生产技术等静止不变。所以需求和供给都是某一时间点上价格的函数，该商品的供求相等决定了产量和价格。凯恩斯理论也运用了静态分析的方法，如在国民收入的决定模型中（静态 IS-LM 模型）：

$$Y = C + I + G.$$
$$C = a + bY$$
$$I = c - dR$$
$$M_d = M_0 + kY - uR$$
$$M_s = M_d$$

其中 G、M_s 分别是政府购买及货币供给，是作为给定的外生参数，a、b、c、k、u、d 和 M_0 是系数。由这三个方程可以得出静态均衡的产出、利率、消费、投资和货币需求。

但是某一时点上相互作用的经济变量是过去经济体系运行的结果，同样也会受到人们对未来经济状况预期的影响。于是我们必须考虑经济变量的过去值和未来预期值，还必须考虑时滞、变化率、累积值等因素对现在经济的影响。而整个经济的过去、现在和将来就联系在一起了，这便需要动态分析。

动态分析研究一段时间内经济的实际变化过程，怎样从一个均衡状态到另一个均衡状态，主要分析有关经济变量在一定时间过程中的变动趋势、速率和变化的大小以及这些经济变量在变动过程中的相互影响和彼此制约的关系。动态分析法的一个重要特点是考虑时间因素的影响，并把经济现象的变化当作一个连续的过程来看待。动态分析假定生产技术、要素禀赋、消费者偏好等因素随时间发生变化的情况下，考察经济活动的发展变化过程。宏观经济理论多采用动态分析方法，如宏观经济增长与周期以及时间序列分析方面的理论。

静态分析与动态分析是两种有着本质区别的分析方法，二者分析的前提条件不同，分析的目标也不同。静态分析着眼于分析经济的均衡状态以及其性质，动态分析着眼于经济从一个均衡到另一个均衡的过程。相对于动态分析，静态分析忽略了更多的现实特征，是一种对现实经济的更高水平的抽象。另外，也可以把静态分析看做是动态分析中把时间设为常数的一个特例。正是因为静态分析和动态分析的这些不同，所以此二者得出的结论常常不一致，甚至常常相反，但是两种方法是互补的，综合两者分析方法，可以对经济有更清醒的认识。此外，静态分析得出的结论不能用动态分析来证实或证伪，反之亦然。

早在 18 世纪，古典经济学家就运用静态和动态两种分析方法来研究社会经济问题。例如，在李嘉图的著作中，既可看到他在生产技术条件不变的假定下，研究商品价值和价格如何形成以及价格永远围绕着价值升降的静态分析，也可看到他关于随着人口增加、农产品涨价、名义工资上涨，而利润率势必趋于下降的动态分析。J. S. 穆勒是第一个在经济学中区别静态和动态概念的经济学家。他的《政治经济学原理，及其在社会哲学中的若干应用》（1848）一书，就是区分为静态经济与动态经济两部分来加以论述的。

首先明确提出要用静态与动态的分析方法来研究经济学问题的，则是美国经济学家 J. B. 克拉克。他在《财富的分配》(1899)一书中提出，静态经济学研究的是在一个静态社会里起作用的经济规律；在这个静态社会里，人口、生产技术、资本数量、生产组织和方法乃至消费者的偏好，都被假设为恒定不变，社会处于"静止状态"。他认为，只有在这个既有完整的组织而又不受社会进步所干扰的静态社会里，一切经济变量(如价格、工资、利息等)，才是"自然的"或"标准的"。而动态经济学所研究的，则是现实社会中起作用的经济规律；在现实社会里，一切事物和现象(如人类的欲望、人口、生产技术与设备、生产组织与方法、所生产的财富种类)都在不断变化。克拉克认为，静态的社会只是一种假想，实际上并不存在；动态的社会才是实际的社会。但他强调指出，在静态社会起作用的各种力量，不但在动态社会中起作用，而且是动态社会中最强大的力量；现实生活中的各种经济变量(如价格、工资、利息等)，实际上是一系列动态势力与静态势力共同作用的结果。例如，在一个盛行竞争的市场上，虽然总是由动态势力来决定各种经济变量(如价格、工资、利息等)的升降，但也总是由静态势力来驱使着各种经济变量围绕着各自的"自然标准"上下波动，从而使实际生活中的价格、工资、利息经常比较接近于各自的"自然标准"。

J. A. 熊彼特更明确规定，静态经济学的研究对象是"经济循环"，动态经济学的研究对象是"经济发展"。所谓"经济循环"，意指顺应原有基本条件变动而发生的经济过程，即逼近均衡状态的一定周期。所谓"经济发展"，意指经济内部自发地进行"创新"而呈现的重大变动。所以，发展不是循环运动，而是循环轨道的变更；发展不是趋向均衡状态的运动过程，而是均衡状态自身的移动。

静态分析(Static Analysis)和动态分析(Dynamic Analysis)最早是挪威经济学家弗瑞希于 1933 年发表《动态经济学中的扩散问题和冲击问题》一文中从计量经济学的角度进行划分的。弗里希认为，如果一个系统的行为在一段时间内由一组包括不同时间点的变量函数方程所决定，则这个经济是动态的。用一组差分方程可以定义这样一个系统。

瑞典经济学家 G. 缪尔达尔、E. R. 林达尔、E. 伦德堡等人把时间因素引进经济分析之中，利用时点与时期的分野，对静态理论和动态理论作了进一步的区分。缪尔达尔在《货币均衡论》(1931)一书中认为，传统经济理论所注重的均衡分析，往往只是研究一个时点上的均衡条件，但这种均衡只是一种暂时的、静态的均衡，它将被各种变动所打破，并且会在另一时点上达到新的均衡。例如，商品的供给价格与需求价格可以在某一时点上达到均衡，但供给和需求总是在不断地发生变化，任何变化都将引起价格的调整，然后又会在新的时点上达到暂时的供求均衡。所以，从时期的角度看，均衡总是瞬间的或暂时的，不均衡倒是经常的；均衡总是在时点上发生的，而时期则是两个时点之间的间隔，是一个不断发生变动的动态过程，或者说，是一系列的不均衡。他认为，一个时点上的即时分析可以为进一步进行动态分析提供必要的准备，但如果把全部分析停留在一个时点的静态均衡上，而忽略了时期的、过程的动态分析，那是很危险的。因此，尽管瑞典学派承袭 K. 维克塞尔的一般均衡分析，但他们致力于将它发展为一般动态均衡理论，也就是把时点的均衡分析发展为从一个均衡到另一个均衡的过程分析或时期分析。林达尔在其《货币与资本理论的研究》(1939)中提出，传统的静态分析也不是完全不研究变动问题，但这种变动却与时间因素无关而仅是围绕着一个均衡点进行的，或者说是同样经济过程的反复发生；而动态分析所研究的变动则是一定时期内的变动或发展，是均衡移动的过程，或者说，是对各个均衡点之间联系的分析。

缪尔达尔等人还提出事前的和事后的分析方法，强调预期对经济过程的决定性作用，这对动态经济分析的发展起了重大作用。林达尔在这种分析方法的基础上，不仅提出动态经济理论可分为以下三个部分：第一，对现实的社会经济条件的研究；第二，对经济计划的研究；第三，对经济发展和增长的研究，而且还建立了动态序列模型，把经济动态过程划分为若干相继的短时期，进行期间分析。伦德堡在《经济扩展理论研究》(1937)中进一步运用这种期间分析法，具体研究了资本主义经济危机、周期性波动和经济增长问题。

英国经济学家 J. R. 希克斯在《价值与资本；对经济理论若干基本原理的研究》(1939)一书中也主张以是否考虑时间因素作为划分静态经济学与动态经济学的分界线，认为经济理论中无须给变量标明日期的那一部分称之为静态经济学，而必须标明时期的那一部分称之为动态经济学。他认为，静态分析只是把经济体系作为一个互相依赖的市场网来考虑，但这不够，还应该采取动态分析，把它同时也作为一个时间过程来考虑。不过，他认为，这并不意味着可以摒弃静态分析方法，因为一个不断发生变动的动态过程中可以包含一系列的暂时均衡，只是新的暂时均衡不同于前一个暂时均衡，所以在动态的领域内仍然能使用均衡分析方法。他认为应该把静止状态看做是动态体系中的一个特殊情况，并试图利用静态均衡分析方法来建立一个包括时间因素在内的动态均衡体系。

第二次世界大战后，英国经济学家 R. F. 哈罗德在《动态经济学导论：经济理论最近的若干发展及其在政策中的应用》(1948)、《动态经济学》

(1973)中提出了另一个区分静态经济学和动态经济学的标准。他不同意希克斯把经济变量是否注明时期作为静态分析与动态分析的区分标准，而提出应以变动是否具有连续性作为区分标准。事实上，静态分析固然与休止状态相联系，但静态分析并非完全排除对变动的分析。例如，有些人注重的是决定着均衡状态的某一个或某几个变量发生一次性变化所产生的影响，只关心变化的前后而不分析变化的过程。这种研究一次性变化的分析方法，乃是所谓比较静态分析方法，而与研究连续性变化及其过程的动态经济分析很不相同。

美国经济学家威廉·杰克·鲍莫尔企图把静态经济和动态经济二者综合起来加以解说。他设计了一个三维图(见图1)，x 轴表时间，y 轴表数量，z 轴表价格。假设在完全竞争的条件下，供给、需求、价格都随着时间的进行而不断地变动和相互调整，则图中的曲面 $D_1D_2D_3D_4$ 便可代表在每个不同时点和不同价格水平下消费者对该产品的需求量，而图中的另一曲面 $S_1S_2S_3S_4$ 可代表在不同的时间和不同价格水平下生产者可能提供的产品数量。供给与需求在不同时间下处于均衡的过程，也就是在不同时间下导致供给与需求趋于一致的均衡价格的过程，即由不同时点上应有的供求均衡点联成的曲线 EE′来表示；而这条 EE′线也就是需求曲面 $D_1D_2D_3D_4$ 和供给曲面 $S_1S_2S_3S_4$ 相交的曲线。这类将时间因素(时间轴 x)引进到供求关系中来的双曲面的经济分析，可称之为动态经济分析。反之，若将时间因素(时间轴 x)摒除掉，在 x 轴上取一时点 t，并在 t 点上取一个与时间轴 x 垂直的横切面，这个横切面实际上是由价格轴 z 和数量轴 y 组成的平面，平面上得两条曲线：需求曲线 D_2D_3 和供给曲线 S_2S_3。这个平面双曲线图形所呈现的，便是在一特定时点 t 上的静态经济分析。鲍莫尔试图用这个双曲面图形和双曲线图形，来分别说明动态经济分析和静态经济分析的区别以及它们之间的联系。

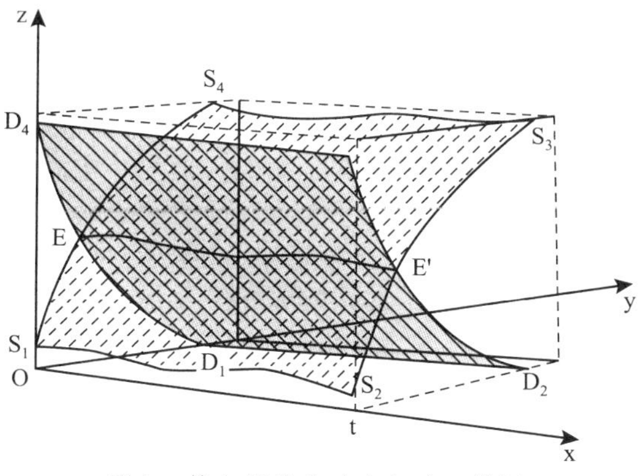

图1 静态经济和动态经济三维图

参考文献：

Clark, J. B., *The Distribution of Wealth*, New York: Macmillan, 1899.

Dopfer, K. et al., *The Evolutionary Foundations of Economics*, Cambridge University Press, 2005.

Frisch, R., *Propagation Problems and Impulse Problems in Dynamic Economics*, 1933.

Grossack, I. M., Towards an Integration of Static and Dynamic Measures of Industry Concentration, *The Review of Economics and Statistics*, 47(3), 1965.

Harrod, R., *Towards a Dynamic Economics: Some Recent Developments of Economic Theory and Their Application to Policy*, London: Macmillan, 1948.

Hicks, J., " IS-LM": An Explanation, *Journal of Post Keynesian Economics*, 3(2), 1980.

Hicks, J. & Hicks, J. R., *Methods of Dynamic Economics*, Oxford University Press, 1985.

J. R. Hicks, *Value and Capital: An Inquiry into Some Fundamental Principles of Economic Theory*, Oxford, 1939.

Klein, B. H., *Dynamic Economics*, Cambridge, Mass: Harvard University Press, 1977.

Kondratieff, N. D., The Static and the Dynamic View of Economics, *The Quarterly Journal of Economics*, 39(4), 1925.

Koopmans, T. C. et al., *Statistical Inference in Dynamic Economic Models*, Vol. 10, New York: Wiley, 1950.

Kuznets, S., Static and Dynamic Economics, *The American Economic Review*, 1930.

Myrdal, G., *Monetary Equilibrium*, Translated from the Swedish Edition of 1931 and the German Edition of 1933, London: Hodge, 1939.

Reinert, H. & Reinert, E. S., Creative Destruction in Economics: Nietzsche, Sombart, Schumpeter, In Friedrich Nietzsche(1844-1900). Springer US, 2006.

Schumpeter, J. A., The Theory of Economic Development: An Inquiry into Profits, Capital, Credit, Interest, and the Business Cycle, Vol. 55, Transaction Books, 1961.

Schumpeter, J. A., History of Economic Analysis, Routledge, 2013.

(刘洪愧)

短期和长期分析

Short Run and Long Run Analysis

短期指某些经济变量，在微观经济学中主要指个体偏好、厂商技术、资本存量，主要包括生产中所用的机器设备、工厂规模等不随需求而变化，即存在着固定成本的一段时间；在宏观经济学中主要指价格保持不变，不随总供给或总需求的变动作出反应，即价格黏性的一段时间。长期指经济中所有变量，在微观经济中指所有生产要素，如劳动力、固定设备，甚至进入与退出某个行业都能自由调整，即不存在固定成本的时间范围；在宏观经济学中指价格具有完全的伸缩性，能对总供给与总需求变化作出完全调整的时间间隔。但需要指出的是，短期和长期并没有严格的界限。短期与长期的这些不同造成了短期经济状况与长期经济状况的显著不同，例如，在短期中，价格不能迅速调整意味着货币供给的变动会对产出与就业等实际变量造成影响，古典二分法不再成立，意味着经济可能会背离古典模型所说的均衡，产出取决于总需求与总供给的相互作用，总需求的变动会影响产出和就业，即宏观经济会围绕某个均衡水平反复波动；在长期中，产出取决于经济供给产品与服务的能力，这种能力由资本存量、劳动力与已有的生产技术决定，宏观经济主要呈现不断增长的趋势，为了提高经济增长率，经济政策必须提高资本增长率，或提高企业效率。

短期与长期的这种不同表现意味着经济学家必须运用不同的方法，建立不同的模型来分析短期与长期经济，分别称之为短期分析与长期分析。长期分析的基本假设在于它认为市场竞争会促使所有经济变量趋向于其自然水平，即自然率假说和货币中性。自然率假说认为总需求的波动只在短期内影响产出、就业，而在长期中这些变量都要回到古典模型的认为的水平。货币中性认为货币供给量的大小并不影响经济中的实际变量。相反，短期分析假设经济中存在着某些变量会暂时地偏离其自然水平。如短期价格黏性，其原因可能是新凯恩斯学派所认为的菜单成本，当然货币供给也会影响实际变量。

早期的经济学家一般都用长期分析来研究市场经济中的生产、分配与积累问题，他们假设经济处于充分就业水平，竞争会促使工资等于劳动的边际产出，利率等于资本的边际产出，经济中所有变量都会趋于其自然水平。当然经济有时候会偏离这种自然状态，但这只是偶然的，竞争的力量会把经济拉回到自然状态上来。最早正式提出短期和长期分析概念的是新古典学派的经济学家马歇尔，在其《经济学原理》中，他提出了短期和长期均衡的观点，马歇尔在其著作中考虑到了时间对供给与需求的影响，由供求关系决定的均衡价格会随着时间长短的而不同，于是出现了其所说的暂时均衡、短期均衡与长期均衡。在暂时均衡中，供给量不变，均衡价格由需求决定，某些厂商可能获得超额的利润率；在短期均衡中，可以通过调整劳动力或提高生产要素的使用效率来改变供给，但是固定资本不变，某些厂商仍然可以获得超额的利润率或损失；在长期均衡中，所有生产要素都可以自由调整，不再存在超额利润率，经济利润为零，而且整个经济中会存在一个统一的均衡利润率，即每个行业每个厂商的利润率都相等。

到20世纪20年代末，大萧条使经济学家对新古典经济理论关于经济将处于一个自然水平的观点产生怀疑。凯恩斯在其《通论》中争辩说古典学派的假设只适用于特殊的情况，而不适用于一般情况，且批评了市场经济总是趋向于其充分就业水平的新古典结论。在引言中，批评了古典学派关于就业的理论，他认为奠定就业理论的两本基本假设，即工资等于劳动的边际产出与工资的效用等于劳动的负效用是不正确的。他说明了他所关心的不是暂时性分析和经济的周期性波动，而是探索经济活动中更为基本的支配力量，这种动机促使他发展出一种新的理论古典学派取代长期分析理论，我们现在可以称之为经济波动理论或者凯恩斯的短期分析理论。凯恩斯首先假设固定资本结构是不变的且明确地说明其兴趣在于研究一个特定的时期内就业围绕一个平均的水平波动，但是这个就业水平可能不是充分就业水平。另外在这个时期，价格是黏性的，产出不仅取决于供给，也取决于有效需求。

同时期的经济学家如哈耶克、希克斯也提出了与古典的长期方法不同的方法分析来研究价值、产出和分配，可称之为"后瓦尔拉斯"分析方法。在这个理论中，所有资本品都是给定的，其与古典长期分析方法的区别在于在这个理论中任何对自然水平的偏离并不能自动地回到原来的产出与就业水平。

微观经济学中，短期和长期分析的重点都在于厂商的决策，主要包括利润最大化问题与成本最小化问题，但分析的方法不一样。以厂商成本函数为例，短期分析假设存在至少一种不变要素，即使厂商不生产任何产品，它也必须使用这种生产要素，由于这种不变生产要素的限制，可变要素的边际产出会递减，那么相应的短期边际成本递增。如图1所示。另外同样因为不变要素的限制，规模报酬也会递减。所以随着产量的增加，为了使厂商提供更多的产品，必须支付更高的价格。短期内，价格必须高于最低的短期成本，所以短期平均成本曲线以上的边际成本曲线为厂商的供给曲线。但长期分析假设所有要素都能变化，并且能选择是否继续留在某个行业，所以在长期，厂商会选择一个最优的规模，长期总成本是短期总成本的包络线，长期平均成本是短期平均成本的包络线，如图2和图3所示。另外，因为厂商能够调整所有生产要素，可以认为规模报酬不变。这些导致了短期成本函数和长期成本函数的不同，长期利润和短期利润不同，进而导致短期和长期的供给函数的差异。

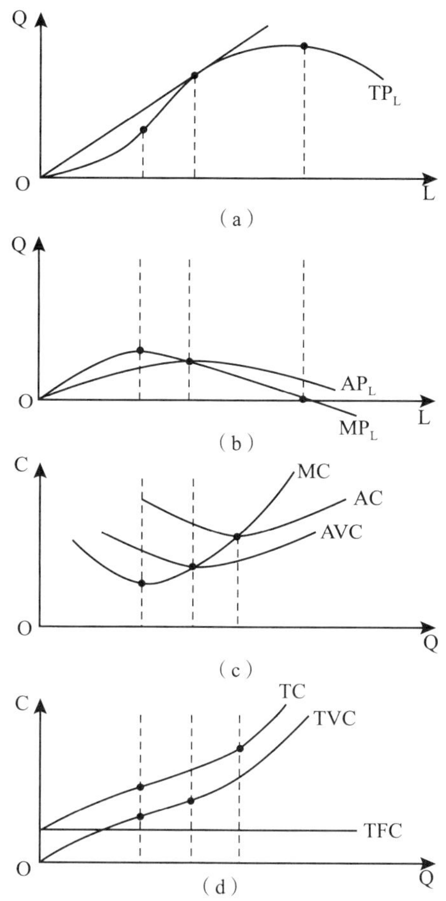

图 1 厂商成本函数短期分析

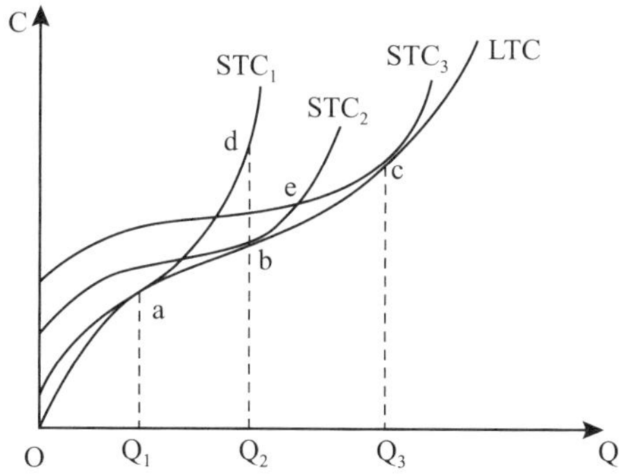

图 2 短期平均成本曲线

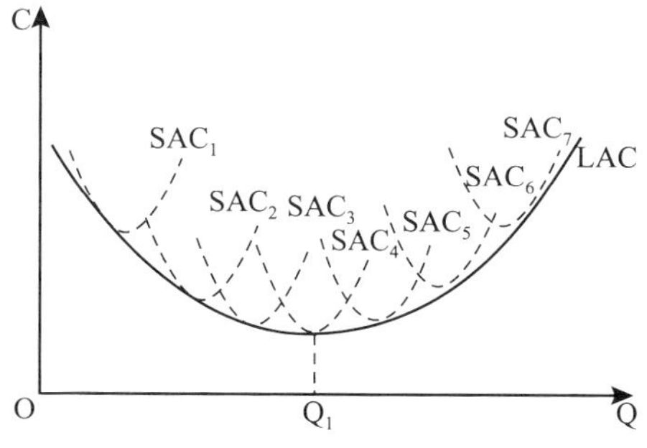

图 3 长期平均成本曲线

宏观经济中,长期分析关注的是国民收入的决定、失业、通货膨胀与经济增长等。短期分析的重点是经济波动。长期分析更着重于经济的长期增长和国民福利的增加。从斯密开始到马歇尔,这一段时期内的经济学家主要是从长期角度研究了一国的产品与服务的生产、交换与分配以及经济政策,目的是怎么最大程度地提高国民的福利。长期分析也为我们提供了许多经济增长方面的模型,主要有索洛模型和拉姆赛模型等。索洛模型假设经济处于充分就业水平,工资等于劳动的边际产出,利率等于资本的边际产出,且规模报酬不变,这是古典经济学的经典假设。在这些假设上,索洛模型说明了经济在长期中怎么沿着一条均衡路径趋向于稳定状态的,并揭示了技术进步是经济增长的源泉,进而为政府提供了一些促进经济增长的政策建议。拉姆赛模型为一个内生增长模型,它弥补了索洛模型中技术进步外生的不足。

自从凯恩斯开始,经济学家开始把注意力转向短期,他们认为短期比长期更重要,但是从理论上来说,短期和长期并不是完全对立的,如果我们认为价格存在一个适应性预期的过程,则长期的货币中性和短期的货币非中性是相容的,短期分析和长期分析可以很好地统一起来。新凯恩斯主义的总需求与总供给模型说明了这个问题。

总需求(Aggregate Demand,AD),表示在任何一种给定的物价水平上经济对产出与服务总需求量,用公式表示为 $Y = C + I + G + NX$,一般认为总需求曲线向右下方倾斜,表示价格水平越高,总需求量越低,货币供给量的增加会使总需求曲线向右移动,货币供给量的减少会使总需求曲线向左移动。另外,对产品与服务需求的外生变动也会引起总需求曲线的移动。总供给(Aggregate Supply,AS)表示的是产品与服务供给量和物价水平之间的关系。由于价格在长期中有伸缩性,但是短期是黏性的,总供给取决于时间范围。以 LRAS 和 SRAS 分别表示长期和短期供给曲线。在长期,总产量即总供给取决于固定资本存量和劳动力,以及技术水平。可表示为:$Y = Y_N$,与物价水平无关。即总供给曲线在长期是垂直的,Y_N 代表了充分就业或自然产出水平。在短期,市场不完善,例如黏性价格、黏性工资、不完全信息等都会导致经济的产出背离自然水平 Y_N 结果会使总供给曲线向右上方倾斜,用公式表示为:$Y = Y_N + \alpha$,P^e 是预期的物价水平,此式说明产出与自然水平的背离和物价水平与预期物价水平的背离正相关。另外,P^e 的变动会导致短期总供给曲线的变动。图 4 说明了总需求变动时经济的短期和长期反应。经济开始时处于长期均衡 A 点,此时总需求出现未预期到的增加,物价水平从 P_1 上升到 P_2,此时的物价水平高于预期的水平,经济沿着短期供给曲线 AD_1 从 A 点变动到 B 点,产出暂时高于自然水平,但是在长期,预期的物价水平会上升,促使短期总供给曲线也上移,经济重新回到自然产出 C 点,只是价格水平更高了。

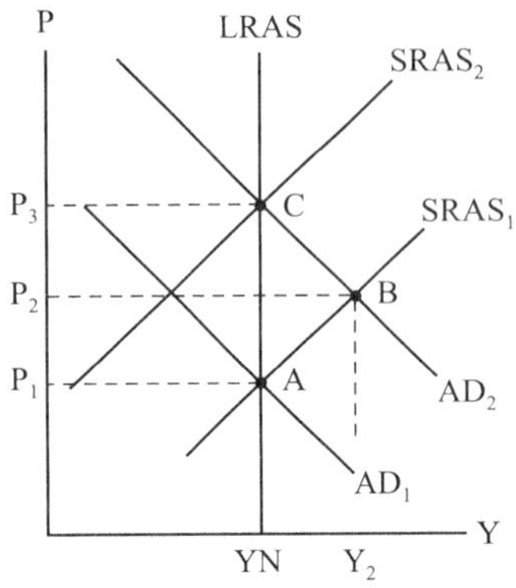

图 4　总需求变动时短期和长期反应

总需求与总供给的这个模型说明了短期分析和长期分析得出的结果有时会完全不同。另外的例子是菲利普斯曲线,短期菲利普斯曲线向右下方倾斜,这告诉我们通货膨胀和失业之间存在短期的取舍关系,但是长期菲利普斯曲线是一条垂直线,这说明古典二分法有效,经济会回到古典学派所认为的自然失业率水平。

图 4 所表示的经济只是适应性预期学派的观点,理性预期学派可能认为并不存在所谓的短期和长期的区别。理性预期假设消费者是向前看的完全理性的,能够最好地利用所有可以获得的信息,包括政府未来会实施的政策信息来预期未来。如果这种假设成立的话,那么预期价格和实际价格总会一致,经济的调整过程不是必需的,也即意味着古典学派的自然率假说总是成立。另外,理性预期有着重要的政策意义,假设政府想通过提高通货膨胀率来提高就业,它的策略是提高货币供给,但是人们在作出决策的时候会考虑到通货膨胀率的提高,从而提高他们的价格预期,通货膨胀率与预期价格的同比例增加会使失业率保持不变。这说明菲利普斯曲线所表达的通货膨胀和失业的取舍关系在短期内也不成立。

但是如果经济中存在滞后性,即经济中存在着某些机制,可以通过改变自然率而给经济造成长期影响,那么短期分析会显得尤为重要,因为在这种情况下,短期冲击会对经济产生永久的影响。

参考文献:

Alfred Marshall, *Principles of Economics*, Macmillan, 1890.

Carlo Panico and Fabio Petri, Long Run and Short Run, *The New Palgrave Dictionary of Economics*, 2nd Edition, 2008.

J. M. Keynes, *A Tract on Monetary Reform*, Macmillan, 1923.

J. R. Hicks, *Value and Capital: An Inquiry into Some Fundamental Principles of Economic Theory*, Oxford, 1939.

John K. Whitaker, "Marshall, Alfred (1842-1924)", Price Determination and Period Analysis, *The New Palgrave Dictionary of Economics*, 2nd Edition, 2008.

John Maynard Keynes, *The General Theory of Employment, Interest and Money*, 1936.

N. Gregory Mankiw, *Macroeconomics*, 5th ed, 2002.

Paul A. Samuelson and William D. Nordhaus, *Economics*, *18th ed.*, [end] Glossary of Terms, "Long run" and "Short run", 2004.

Paul A. Samuelson, *Foundations of Economic Analysis*, Harvard University Press, 1947.

Pigou, A. C., The Laws of Diminishing and Increasing Cost, *The Economic Journal*, 37 (146), 1927.

Ramsey, F. P., A Mathematical Theory of Saving, *The Economic Journal*, 38 (152), 1928.

Smith, A., *An Inquiry into the Wealth of Nations*, Strahan and Cadell, London, 1776.

Solow, R. M., A Contribution to the Theory of Economic Growth, *The Quarterly Journal of Economics*, 70 (1), 1956.

Viner, Jacob, The Short View and the Long in Economic Policy, *American Economic Review*, 30 (1), Part 1. Reprinted in Viner, 1958, and R. B. Emmett, ed. 2002, The Chicago Tradition in Economics, 1892-1945, Routledge, v. 6. Review Extract, 1940.

Viner, Jacob, *The Long View and the Short: Studies in Economic Theory and Policy*, Glencoe, Ill.: Free Press, 1958.

（刘洪愧）

一般均衡分析

General Equilibrium Analysis

一般均衡分析的定义。一般均衡分析也称一般均衡理论,是微观经济理论的一个分支,它把所有的市场经济活动视为一个封闭且相互联系的系统来研究,在这个经济系统里,所有的内生经济变量将同时被决定且达到均衡。一般均衡是一组价格体系以及在这组价格体系下的资源配置,在这个配置下,每个消费者在给定的禀赋条件下达到了效用最大化;每个厂商在给定的技术水平下获得了最大化的利润;每个市场的需求等于供给,即市场出清。当经济处于一般均衡时,整个市场处于有秩序的稳定状态中。一般均衡分析是相对局部均衡分析而言的,局部均衡分析假设单个商品市场之间相互独立互不影响，每个商品市场的需求、供给与价格仅由这个市场决定。而一般均衡分析认为一个商品市场的需求、供给和价格会因与之相联系的其他市场的变化而变化。这是很明显的，例如一种商品的需求会因其替代品价格的下降而减少，会因其互补品价格的下降而增加。这样，每一个消费品市场均衡的必要条件是其他市场都处于均衡状态，这也意味着，所有市场的均衡必须同时被决定。影响任何一个市场的外生参数的变化将会引起整个市场均衡的改变。

在一般均衡分析中，假设经济参与者都是价格接受者，消费者在给定的价格水平和禀赋下最大化自己的效用；厂商在给定的价格水平下最大化其利润。在此条件以及其他更加严格的条件下，一般均衡分析研究了一般均衡的性质、存在性、唯一性、稳定性以及一般均衡的计算等。总体来说，一般均衡分析为整个理论经济学提供了一个很好的分析框架。

一般均衡分析的发展阶段。一般认为，最早系统且有效地运用一般均衡方法进行经济分析的是19世纪后半叶瑞士洛桑学派的法国经济学家里昂·瓦尔拉斯（Walras）。在《纯粹政治经济学要义》（1874）一书中，他提出了一般均衡分析。瓦尔拉斯的灵感来源于路易斯·普安索（Louis Poinsot）的《统计学基础》（1803），该书从理论上阐述了一个系统中各变量相互依赖以及最终收敛于一种均衡状态，从而各变量都停止在它自己的轨道和相对位置上。瓦尔拉斯决心把这种方法引进到经济研究中，并在经济现象中找出一般均衡。该学派的其他经济学家如戈森（Gossen，1854）、杰文斯（Jevons，1871）、门格尔（Menger，1871）也对一般均衡分析做出了卓有成效的贡献。继瓦尔拉斯之后，帕累托成功地把数学方法应用到了一般均衡分析之中，并研究了均衡的福利性质。再后来的经济学家如冯·诺伊曼、德布鲁（Debreu）、阿罗（Arrow）、帕累托（Pareto）、希克斯（Hicks）、萨缪尔森（Samuelson）及麦肯齐（McKenzie）等改进、完善和发展了一般均衡理论。其中阿罗和德布鲁对一般均衡理论的存在性进行了严格的公理化证明，奠定了一般均衡理论的基础。这些经济学家利用集合论、拓扑学和动力系统等严格的数学方法，在严格的假定条件下证明了一般均衡的存在性且这种均衡可以处于稳定状态，并同时满足经济效率的要求，从而建立了现代 般均衡分析方法。

瓦尔拉斯的模型一般被看做是静态均衡模型，他假设所有资本品的价格相同且数量是给定不变的，但是瓦尔拉斯不能确定一般均衡是否存在，如果存在，均衡是否唯一与稳定。但是瓦尔拉斯认为如果存在一个卖者喊价过程（Tatonnement 过程），则均衡可能达到，这实际是一个动态均衡模型。而阿罗和德布鲁建立了一个短期模型中，它假设资本的初始存量给定，但是其价格会随着时间变化且不同资本品的回报率存在差异。

纯交换经济一般均衡。没有生产的纯交换经济是最简单的一般均衡模型。在这个模型中，不存在厂商，也就是说没有生产，所有消费者在给定的初始禀赋和价格下最大化其效用，得到其需求函数。市场需求是个体消费者的需求函数之和。当价格使得每个消费品市场的需求等于市场供给，即等于0时，整个经济便处于均衡状态。这就是说，均衡是一组价格和消费品的分配，满足每个消费者的效用最大化和市场出清。

加入生产的一般均衡。更一般的一般均衡模型是存在生产的一般均衡分析。给定所有消费者的偏好，所有厂商的生产技术、初始禀赋和厂商产权分配，均衡是一组价格体系、消费者的需求体系和厂商的供给体系。在这个体系下，消费者最大化了其效用，厂商最大化了其利润，所有市场出清。

带转移支付的一般均衡。最一般的是带转移支付的一般均衡模型。这个模型假设存在一个中央计划者，他的目标上最大化整个社会的福利且可以征收总量税以达到这个目标。给定所有消费者的偏好，所有厂商的生产技术、初始禀赋和厂商产权分配。一组价格体系、需求体系和供给体系是一个均衡，假设存在一组财富分配满足以下三个条件：所有消费者的效用在此财富分配上已经最大化、所有厂商的利润已经最大化以及市场出清。

不确定性下的一般均衡。根据经济环境的确定性与否，一般均衡分析又可以分为确定性下的均衡和不确定性下的均衡。上面所提到的几种均衡即为确定性下的均衡，不确定性下的均衡包括阿罗—德布鲁（Arrow-Debreu）均衡与拉德勒（Radner）均衡。阿罗—德布鲁均衡假设市场存在S种状态及相应的S种状态依赖的证券，即市场是完备的，全部交易发生在第0期，把每种状态依赖的证券看作是一种商品，买卖这些证券以获得各种状态下的消费品。均衡是这些证券的价格以及每个人持有的这些证券的数量，这也决定了每个人的各种状态下的消费，此时每个人都效用最大化了。拉德勒（Radner）均衡假设第0期时并不存在这样一个完备的证券市场，代之以假设消费者进行序贯交易，消费者每一期都要做出决策以最大化他的效用。

一般均衡的性质。在完全竞争市场中，一般均衡与经济效率存在着密切的联系，一个分配是帕累托最优的，若经济中不存在其他的可行分配能够使至少一个人的效用得到提高而不使其他任何人的效用减少。福利经济学第一定理说明在一个完全竞争的市场中，任意一个均衡都是帕累托最优的。福利经济学第二定理说明在一个竞争性市场中，当所有交易者的偏好呈凸性时,则存在这样一组价格,在这组价格上,每一个帕累托最优的配置都是在适当的禀赋条件下的一般均衡。这两条定理说明了市场可以通过追求自己效用最大化的个人的分散化决策达到整个社会资源的最优化配置,即经济存在一只亚当·斯密所说的"看不见的手"。

存在性。一般均衡分析的核心在于证明一般均衡解的存在性,瓦尔拉斯的证明方法是假设每一个商品市场决定一个线性方程,运用方程个数和未知量的个数来说明解的存在性,但是这种方法极不严格,因为从数学上来说,方程的个数等于未知数的个数既不是存在解的充分条件也不是必要条件。自从瓦尔拉斯以来,很长一段时间里,经济学家都没能够给出一般均衡存在性的证明,这极大地限制了这个模型的推广与应用。经济学家们一直在试图论证一般均衡的存在性,最初的工作是计算线性系统解的存在性,主要涉及计算方程和未知数的个数以及它们在数量上的相等关系,还不能确定这个线性系统是否有解,对于非线性系统,经济学家们无能为力。对于一般均衡问题解的存在性的第一个解答来自于沃尔德(Wald),其1933~1934年、1934~1935年以及1936年发表的三篇论文分别研究了生产模型和纯交换模型,并证明这两种模型均衡解的存在性。但是其理论的数学认证在当时被认为过于复杂而没有引起经济学家们的重视,直到20年后,即1950年以后,对于一般均衡解的存在性问题的研究才又重新开始,主要是受冯·诺伊曼(John Von Neumann)在30年代所做工作的影响。这个时期,阿罗(Kenneth Arrow)和德布鲁(Gerard Debreu)以及麦肯齐(Lionel Mckenzie)作出了主要的工作,前两位基于角谷(Kakutani)不动点定理证明了既有生产又有消费的一般均衡模型的解的存在性,他们在1959年的论文中给出了完全竞争经济,在消费集和生产集都是闭凸集,每个消费者的偏好满足理性、连续性、局部非饱和性以及凸性,生产集包含原点且可以自由处置,可行的消费与生产分配集合是紧集的假设下,一般均衡存在性的证明。后者的工作主要在国际贸易方面。当然,一般均衡存在性的证明方法并不只有一种,其他的经济学家们,如盖尔(Gale,1955)、迪尔克(Dierker,1974)等基于过度需求函数的概念给出了另外一种证明。近年来,对于无穷维商品空间以及非凸性生产集的情况下一般均衡存在性问题的研究已经取得了一些成果,但是在这些情况下,一般均衡的存在性很难保证。

唯一性。如果经济中存在着均衡解,接下来的自然的想法是这种均衡解是唯一的、多重的还是无限重的。同样,均衡的唯一性问题也是由瓦尔拉斯最先提出来的,但是首先对此问题进行系统地深入研究的是沃尔德(Wald,1936年)。假设个人偏好满足连续性、严格凸性以及强单调性。生产技术满足不变的规模收益。以$Z(p)$表示总的过度需求函数,如果$Z(p)$满足:a. 零次齐次性,即对于任意正的t,$Z(tp)=Z(p)$成立;b. 瓦尔拉斯法则成立,即对于任意$p>>0$,$p\cdot Z(p)=0$;c. 不满足性,即若$p=0$,则$Z(p)=+\infty$;d. $Z(p)$关于p可微分。则当$Z(p)=0$时,p就是一个均衡体格体系,且由性质b和c可知p是严格正的。另外,如果超额需求满足显示偏好弱定理,即对任意的p,若$Z(p)\neq Z(p^1)$且$p\cdot Z(p^1)\leq 0$可以推出$p^1\cdot Z(p)>0$,或者超额需求满足总替代性质,则均衡是唯一的。当超额需求不满足显示偏好性质和总替代性质时,就有可能存在多重均衡。

稳定性。稳定性指的是如果经济中存在一个价格调整的机制,例如喊价过程(Tatonnement),则这个经济最终会趋向一个唯一的均衡状态,而与这个经济的初始状态无关。如果经济中只存在一个均衡解,则这个经济在满足一定的条件下,随着时间的推移,最终会趋向于这个均衡,即这个经济是稳定的。但是假如这个经济存在多重均衡,则这个经济不可能是稳定的,因为对于可能的外生扰动,经济会偏离已有的均衡而趋向于另外一个均衡,这涉及了比较静态分析。

一般均衡分析的评价。一般均衡分析为现代经济学提供了一个几乎完美的公理分析框架,已经被广泛应用于宏观经济学、金融学等经济学的所有其他分支,对政策制定、资产定价、社会福利分析等具有重要指导作用。但是一般均衡分析也存在一些不足,例如其假设过于严格、过于理论化而缺乏实证检验等。

参考文献:

Arrow, K. J., Hurwicz, L., On the Stability of the Competitive Equilibrium, I. *Econometrica*, 1958.

Arrow, K. J.; Debreu, G., The Existence of an Equilibrium for a Competitive Economy, *Econometrica*, 22(3), 1954.

Bewley, T. F., Existence of Equilibria in Economies with Infinitely Many Commodities, *Journal of Economic Theory*, 4(3), 1972.

Debreu, G., Valuation Equilibrium and Pareto Optimum, *Proceedings of the National Academy of Sciences of the United States of America*, 40(7), 1954.

Debreu, G., *Theory of Value*, New York: Wiley, 1959.

Debreu, G., New Concepts and Techniques for Equilibrium Analysis, *International Economic Review*, 3(3), 1962.

Eatwell, John, Walras's Theory of Capital, In Eatwell, J., Milgate, M., Newman, P., *The New Palgrave: A Dictionary of Economics*, London: Macmillan, 1987.

Gale, D. , The Law of Supply and Demand, *Mathematica Scandinavica*, 3, 1955.

Gossen, H. H. , Entwicklung der Gesetze der menschlichen Verkehrs und der daraus fliessenden Regeln für menschliches Handlen, Braunschweig, Vieweg, 1854.

Hicks, J. R. , *Value and Capital*, 2-*ed.* , Oxford: Clarendon, 1968.

Jevons, W. S. , *The Theory of Political Economy*, London, Macmillan(2nd ed.), 1879.

McKenzie, Lionel W. , On the Existence of General Equilibrium for a Competitive Economy, *Econometrica*, 27 (1), 1959.

Menger, Carl. , Grundsädtze der Volkswirthschaftslehre, Gesammelte Werke, Edited by F. A. Hayek. Vol. 1, 2d ed. Tubingen: Mohr, 1968.

Poinsot, L. , Eléments de statique. Mallet-Bachelier, 1861.

Radner, R. , Existence of Equilibrium of Plans, Prices, and Price Expectations in a Sequence of Markets, *Econometrica: Journal of the Econometric Society*, 1972.

Robert W. Clower, Non-Clearing Markets in General Equilibrium, in *The New Palgrave Dictionary of Economics*, 2nd Edition, 2008.

Wald, A. , über einige Gleichungssysteme der Mathematischen? konomie, *Zeitschrift für Nationalö-konomie*, 7, 1936.

Walras, L. , *Elements of Pure Economics or the Theory of Social Wealth translated from the* 1926 *Definitive Edition by W. Jaffé*, London, G. Allen & Unwin, 1954.

Weintraub, E. R. , *General Equilibrium Analysis; Studies in Appraisal*, London: Cambridge University Press, 1985.

（刘洪愧）

局部均衡分析
Partial Equilibrium Analysis

局部均衡分析作为一般均衡分析的对称，又被称作“局部均衡理论”，主要考察经济体系中单独一个消费者、一个商品市场、一家厂商或一个行业等的均衡状态。它是在假定经济体系中其他市场不变的条件下，对个别市场上的供求状况进行均衡分析的方法。在局部均衡分析中，一种商品的价格被视为该商品自身供求相互作用的结果，且其价格和供求均衡可以在一个单独市场上独立决定。即一种商品的价格只受其自身供给与需求状况的影响，与其他商品的供求和价格状况无关，其均衡价格和均衡数量的决定以及均衡状态的实现，也只取决于该商品本身的供求状态。由于它通常把研究的范围局限于某一市场或某一经济单位的某种商品或某种经济活动，并假定这一商品市场或经济单位与其他市场或经济单位互不影响，所以称为局部均衡分析。

该方法是英国经济学家马歇尔建立和发展起来的，马歇尔在其著作《经济学原理》中第一次明确阐述了这个方法。如他的均衡价格论，就是假定某一商品或生产要素的价格只取决于该商品或生产要素本身的供求状况，而不受其他商品价格和供求等因素的影响，这是典型的局部均衡分析。后来美国经济学家张伯伦和英国经济学家罗宾逊提出垄断竞争理论和不完全竞争理论，发展了局部均衡分析方法。

局部均衡分析能够使人们比较容易地对单个商品或市场的均衡问题进行研究，它是微观经济学中的基本分析方法。它广泛地应用于微观经济分析之中，厂商理论和消费者行为理论涉及的每一方面几乎都有局部均衡分析运用。随着经济学的发展，局部均衡分析也逐渐向各个领域伸延。现在不管是微观还是宏观经济分析中，局部均衡分析都必不可少。可以说，局部均衡分析是经济分析中最常用的分析方法，也是经济政策分析和预测的基本分析技术。

按照是否在分析中加入时间因素，可将局部均衡分析分为两种:静态局部均衡分析和动态局部均衡分析。静态均衡分析是研究在某一个时点市场上某种商品的供求状况及价格决定;动态局部均衡分析则研究在一定时期内，某个经济单位中均衡的实现。

由于局部均衡分析都是以“其他情况不变”的假设为基础的，所以它具有一定的局限性。但是西方经济学家认为，在许多情况下，这种假设是必要的，有利于简化分析，在一定的合理假定下，能够简单明了地说明问题。同时，由于涉及的变量较少，可方便地借助图表来辅助分析，能够取得良好的分析效果。另外，局部均衡分析方法着重考察个别经济单位的行为，它使经济分析的对象孤立于经济整体之外，排除整体经济及经济中其他部分变化对它的影响。因此，局部均衡分析能预示一个市场的变化方向，有利于研究特定的市场和具体行为，但不能说明经济整体的活动。在研究整体经济以及各个市场的互相影响时，局部均衡分析是不够的，必须运用一般均衡分析方法。局部均衡分析同一般均衡分析各适用于不同的经济分析的需要，并且还会常常结合起来使用，它们都是经济研究中的重要分析工具。

参考文献：

[美]弗兰克·N·马吉尔:《经济学百科全书》下册，中国人民大学出版社 2009 年版。

陈宪:《经济学方法通览》，中国经济出版社 1995 年版。

胡代光、高鸿业:《现代西方经济学辞典》，中国社会科学出版社 1996 年版。

汪祖杰、杨凤祥:《宏观经济学》,东南大学出版社 2011 年版。

(刘会闯)

非均衡分析
Disequilibrium Analysis

非均衡是与均衡的概念相对而言。在传统的经济学分析中,均衡包含二重意思:一是市场中各个有关变量势均力敌,经济结构处于相对静止的稳定状态,不再有发生变化的趋势。二是指市场出清的瓦尔拉斯一般均衡状态,即各个市场上供给和需求都相等的状态。这里关注的非均衡是相对瓦尔拉斯均衡而言的,它意味着市场上的供求不相等,也就是说在市场不出清的经济状况下,也存在着广义的均衡状态,即非瓦尔拉斯一般均衡状态,故一般也被称为非瓦尔拉斯均衡。相应的,非均衡分析则主要是指在市场非出清状态下对价格与数量决定的研究。

第一,非均衡分析的缘起。传统的均衡理论认为,理性的经济人依靠完备的信息,在市场上追求自身利益的最大化,其结果却总能使得市场达到均衡、资源达到合理配置。在瓦尔拉斯均衡中,价格的调整总能保证每个市场的出清。传统均衡理论所主张的自由竞争市场能够实现资源最优配置的思想成为新古典经济学的信条。但在实际经济活动中,市场交易经常在偏离瓦尔拉斯均衡的价格水平上运行,市场在经济运行中往往并不能形成供求相等的均衡价格和均衡产量,即不能形成瓦尔拉斯均衡。同时,均衡经济理论必须求助于一系列相当抽象的、在现实中很难达到甚至根本不存在的假设,对于像非自愿失业、通货膨胀以及资源非充分利用等现实情况都无法做出令人满意的解释,20 世纪 30 年代初因资本主义经济大萧条而生的“凯恩斯革命”突破了传统均衡观,非均衡分析应运而生并逐步发展成为引人瞩目的经济理论。

第二,非均衡分析的主要理论观点。其一,非均衡理论认为,完全竞争市场的假设条件包括经济主体能够掌握充分的关于市场状况的信息,而在现实经济生活中信息是不完备的,搜集信息是需要花费成本的,获得完全的信息也是几乎不可能实现。因此现实生活中大量存在的是不完全竞争的情况,包括垄断竞争的情况,应将不完全竞争作为研究的重点。

其二,非均衡分析区分了计划数量与实现数量,指出,市场出清达到均衡时只表明有效供给与有效需求相等,但是有效数量与计划数量不一定相等。当市场上供大于求时,有效供给小于计划供给,而计划需求都全部转化为有效需求。反之,当求大于供时,计划需求不能全部实现,而计划供给则可按短边原则全部转化为有效供给。这时达到的均衡是一种配额均衡。

其三,均衡论者认为,价格是市场的唯一调节工具,生产者与消费者也只对价格信号做出反应。市场的均衡基本上都是通过价格调整获得的,而且在均衡达到之前,市场中没有交易。但是非均衡分析认为,在均衡价格实现之前,也会存在非均衡的自愿交易:调节市场交易水平的不仅有价格信号,也有数量信号。市场行为主体不仅依据价格信号而且依据数量信号进行决策,数量调节和价格调节共同发挥作用,而且在短期内,数量调整过程往往要快于价格调整过程。因此,数量信号在非均衡分析中占有相当重要的地位,它不但影响与调整着所在市场的供求状况,而且通过“溢出效应”,将这一影响波及其他市场。

其四,非均衡分析认为在通常情况下,有效需求并不等于有效供给,市场不会出清,经济处于非均衡状态。在非均衡经济中,交易者除了要根据市场价格信息来调整需求量和供给量以外,还有必要以市场的供给数量和需求数量方面的信息来调整自己的供求活动。也就是说,在非均衡经济中,数量调整发挥着重要作用。因此非均衡分析认为供求理论必须作出相当大的修正,把这些数量信号考虑进去,同时价格理论也要进行修补,以把非出清的市场出现的可能性与价格信号出现的情况综合起来。

其五,非均衡分析将存量水平视为一个重要的数量信号。当市场处于非均衡状态时,厂商总是要确定一个正常的存量水平,一旦存量过多,厂商就要减少产量并裁员,这时存量水平的调节作用超过了价格信号的作用。

其六,与传统的竞争性分析相比,非均衡分析更加重视预期的因素,它引入预期的数量信号来补充预期的价格信号。预期在市场出清的模型里只是考虑价格信号,而在非均衡分析中还包括数量信号的预期。

第三,非均衡分析的应用。迄今为止,非均衡分析在以下三个领域取得了较大的发展:

构造各种关于配额均衡或非瓦尔拉斯均衡的概念。这些概念把传统的瓦尔拉斯均衡观念推广到并不是所有的市场都得到出清的场合之中,说明在短期内,由价格—数量调整所混合产生的机制是如何导致新的均衡类型出现。

发展出不少宏观经济的应用模型。在宏观经济应用领域,非均衡模型逐渐占据重要的地位。传统的凯恩斯模型仅仅考虑供给过剩的状态,而新古典模型在所有时候都假定市场是出清的,而非均衡的宏观模型涉及了所有可能的非均衡情形,因此非均衡模型更为一般,成为宏观经济分析中一种相当有用的综合工具。

非均衡模型的广泛应用导致了新的经济计量方法的发展。为了对微观或宏观的非均衡模型进行检验，在近年来，人们已经发展出众多崭新的经济计量技术。

此外，非均衡分析还为价格缺乏弹性的经济如何进行资源配置提供了一个严谨的框架。由于非均衡分析是在价格不易变动和市场面临各种数量制约的前提下研究问题，因而也为分析宏观非均衡条件下的微观行为人的行为规则提供了统一的理论框架，因此被认为是凯恩斯失业理论的微观基础，同时也有许多经济学家运用非均衡分析方法来研究社会主义的短缺经济。

非均衡分析的演变与发展的过程。非均衡思想出现的时间比较早，它最早出现在均衡理论的有关分析中。例如，蛛网理论中的"不稳定条件"就描述了一种非均衡状态。希克斯在《价值与资本》一书中也提到了非均衡情况的存在。

更为确切地说，非均衡分析的鼻祖应当属于英国经济学家凯恩斯，他的《就业、利息和货币通论》的主要贡献之一就是在经济过程中引入了数量调整，而当时的主流"古典"经济学家们则仅仅注视价格调整。凯恩斯在经济分析中引入了收入等数量变量，突破了传统的以价格分析为核心的新古典均衡理论，并指出经济可能在存在失业(即劳动市场的非均衡)的情况下持续运行。在凯恩斯分析中，他所揭示的均衡收入就是一种非均衡状态，因为一般来说这种均衡收入小于潜在收入，是一种小于充分就业的均衡。这实际上提出了一种非均衡理论。

从20世纪50年代起，非均衡研究经过帕廷金、罗伯特·克罗威尔、莱荣霍夫德、巴罗和格罗斯曼等人的努力，基本上形成了比较完善的理论体系。20世纪70年代后，经过美国经济学家巴罗、格罗斯曼，法国经济学家贝纳西等人的发展，形成了非均衡学派。帕廷金、克劳沃、莱荣霍夫德以及巴罗和格罗斯曼等人将非均衡分析系统地引进经济理论中，从而逐渐形成一套完整的理论。其中，帕廷金对劳动市场进行了局部非均衡分析，克劳沃提出了"二元决策假说"，莱荣霍夫德对非均衡状态下价格经常呈刚性的原因进行了颇具说服力的阐述，而巴罗和格罗斯曼则总结前人的研究成果，将局部非均衡分析扩展为一般非均衡分析。后来，贝纳西、马林沃德以及卡丁顿等人将非均衡理论用于研究失业与通货膨胀等宏观经济问题以及开放经济中经济的运行。尤其是贝纳西的微观非均衡分析为非均衡的宏观经济学提供了一个非均衡的微观经济学基础。

此外，非均衡学派不仅用非均衡分析方法研究了西方国家的市场经济运行，同时也对运用非均衡分析方法研究社会主义国家的计划经济运行产生了兴趣。波兹、缪尔鲍尔等人将有关分析方法用于对集中性计划经济中的经济现象进行剖析，并提出相应的政策建议。同时也有许多经济学家运用非均衡分析方法来研究社会主义的短缺经济。匈牙利经济学家科尔奈以短缺代替传统的供求变量从微观角度系统地分析了传统的计划经济体制下的企业行为和家庭行为，并在这一基础上建立了不同于西方经济学家的计划经济宏观非均衡模型。

随着中国的改革开放和经济体制转型，西方"非均衡分析"理论也借助于欧洲转型国家，特别是科尔奈等人的著作在20世纪80年代末和90年代传入中国。例如，厉以宁认为中国在转型阶段处于非均衡状态，他区分了两类不均衡：市场不完善下的不均衡；企业缺乏利益约束和预算约束的非均衡。他认为中国经济改革中首先要解决"企业刚性"所产生的第二类非均衡，然后再解决市场问题导致的第一类非均衡。

非均衡分析的意义。非均衡分析打破了自亚当·斯密以来就统治着经济学界的均衡观。它指出，现实世界中存在着不确定性，时间序列中的经济运行总是相互发生作用的，行为人搜集信息是需要花费成本的，在均衡价格达成之前，交易也是可以实现的。而均衡分析却将上述现实情况通过大量的假定抽象掉，带有浓厚的理想色彩。现实市场经济中大量存在的是非均衡状态，因此非均衡分析具有更强的现实性。

非均衡分析丰富和扩展了经济学的研究方法。以往的均衡理论所采用的多是静态分析和比较静态分析方法，研究的是一个个彼此孤立的均衡状态及其之间的相互联系。而非均衡分析采用动态分析方法所研究的是实现某个均衡的过程以及均衡变动的过程，而在这些过程中所呈现出来的，正是一个个连续的非均衡状态。

非均衡分析增强了经济学对现实经济的解释力。非均衡分析为解释失业与通货膨胀等宏观经济现象提供了一个切合实际的微观分析基础。近些年来，非均衡分析的发展明显地导致了传统的微观经济学和宏观经济学的扩大和综合，它为长期处于分离状态的宏观经济学和微观经济学的有机结合提供了现实的基础。同时，对于那些更具有典型的非均衡特征的计划经济来说，非均衡的分析方法为它们开辟了一条发展和完善经济学体系的新思路。

参考文献：

曹均伟、李凌：《经济学方法论》，高等教育出版社2007年版。

朱成全：《经济学方法论》，东北财经大学出版社2003年版。

蒋自强、史晋川：《当代西方经济学流派》第2版，复旦大学出版社2004年版。

吴易风、丁冰、程恩富等:《当代经济学理论研究》,中国经济出版社2008年版。
梁小民、雎国余、刘伟、杨云龙:《经济学大辞典》,团结出版社1994年版。

(刘会闯)

经济人
Homo Economicus

在当今所有对西方经济学的批评中,"经济人"无疑是受到最多攻击的一个概念。"经济人"是西方经济学的核心概念,包含:第一,每个人都会自动追求利润(或效用)最大化;第二,在经济学中将每个人都视作同质的、理想化的"经济人"。由于这两条的根基并不牢固,只能由经济学假定成为公理,因此其遭到最猛烈批评也就不难理解了。

"经济人"的思想最早来源于亚当·斯密,斯密举例论述了经济行为虽主观为自己但却是客观为他人,这使得他论证了市场可以与道德并行不悖。"经济人"因此更多地被后人理解为道德中立(后人还据此提出了"道德人"的概念)。不过斯密之后的学者更多地仅关注的是利益最大化的那些原则,约翰·穆勒在此基础上总结出"经济人假设",帕累托最后将"经济人"(希腊语 Homo Oeconomicus)这个专有名词引入经济学。

经济人假设认为,每个参与经济活动的个人都是能追求个人效用或利益的最大化,并对各种可能的行动方案的成本与收益分析,从而做出理性选择的行动主体。并且,由于每个人都是如此行为,因此所有人行为的加总也是理性的。不过,这种假设忽视了人是具有有限理性、仅掌握有限信息且每个人的行为具有差异等问题。不难发现,这三个外在条件十分苛刻,对其中任何一条的攻击都能构成对经济人假设的致命颠覆。

不过,尽管经济人假设有如此重大的缺陷,但在经济学中尚未有更好的假设能予以系统地替代。虽然效用理论、实验经济学试图修正经济人假设,并取得了一些很好的成绩,但还不能实现从根本上完全更新的目标。可以想象,经济人的假设还继续会在西方经济学中使用,而对它的批评还会一步步地持续下去。

在管理学中也有一个"经济人"理论。依据美国学者麦格雷戈的X理论和Y理论,与"社会人假设"相对,"经济人假设"认为人们本性懒惰、厌恶工作,只有以经济报酬来激励他们生产,才能提高产量,带来经济效益。麦格雷戈在这里是将"经济人"当作贬义词来使用,虽然与经济学中所指的"经济人"假说不太相关,但也具有相当大的影响力。

参考文献:

[美]曼昆:《经济学原理》,北京大学出版社2009年版。
[英]亚当·斯密:《国民财富的性质和原因的研究》,北京大学出版社2004年版。
[英]约翰·穆勒:《政治经济学原理》,商务印书馆2005年版。
[美]麦格雷戈:《企业的人性面》,中国人民大学出版社2008年版。

(逯建)

微观基础
Microfoundation

所谓微观基础就是经济中的个体行为,以及个体行为之间的相互作用,包括市场的和非市场的。它们对于理解加总经济现象起着重要作用。对微观基础的研究既有方法论个体主义上的要求,也是经济学理论争论和发展的结果。

早在亚当·斯密的时代,经济学就将个体决策的分析作为经济学研究的核心内容,经过奥地利学派的发展,个体主义成为现代经济学的方法论基础。个体主义将经济中的个体类比于化学中的原子,认为一切经济现象都是个体行为相互作用的结果,因此方法论的个体主义主张对经济现象的解释必须由分析经济中的个体决策出发,这也是微观经济学的逻辑起点。这种想法在经济学中早已根深蒂固。但是由凯恩斯所开创的宏观经济学自诞生开始就与古典经济学理论有着显著的不同。

20世纪50年代中期,经济学存在两种不同的分析方法,一种是以一般均衡理论为基础的微观经济学,另一种是凯恩斯主义的宏观经济学。一般均衡的存在性由阿罗和德布鲁(1954)证明,而宏观经济学采用的分析方法是IS-LM框架(Hick,1937)。这两种理论都被用于解释各种经济现象,但它们的逻辑体系完全不同。微观经济学的核心是价格的瞬时变化和市场出清,宏观经济学则假定价格在短期内是不变的,从而得到非自愿失业和有效需求不足的概念。以萨缪尔森为代表的新古典综合学派将这两种完全不同的理论综合起来,根据它们适用性的不同,凯恩斯主义的宏观经济学被用于短期分析,而长期分析则采用一般均衡理论。

当时的微观经济学和宏观经济学是两套不同的逻辑体系,理论上的不一致和方法论的区别使得微观经济学和宏观经济学就像油和水的关系。凯恩斯主义宏观经济学通过假定短期内名义工资黏性从而得出非自愿失业的结论,但在一般均衡理论当中,这些概念是不存在的。市场被认为是经济中大量分散主体的决策相互作用的结果,因此一般均衡理论被认为是更为基础的理论。另外,IS-LM 框架并不需要以个体决策的分析作为基础,例如凯恩斯经济学的消费理论,消费函数具有以下函数形式,$C = \alpha + \beta Y$,消费被假定为只取决于当期的收入,β 体现了边际消费倾向的概念,用来描述一单位收入变动将会引起多少单位的消费变动。但这种理论没有回答为什么消费只取决于当期收入而不是未来的收入,并且不能提供判断这种关系的准则。这使得经济学家开始思考从更为基础的理论出发得到消费函数的形式。弗里德曼(1957)的永久消费假说和莫迪利亚尼(Modigliani,1963)的生命周期假说是最早具备微观基础的消费理论。因此,为宏观经济学建立微观基础是经济学家追求理论一致性和彻底性所做的努力。

在实证上,凯恩斯主义宏观经济学对于总体经济现象的解释能力不能令人满意,这也是导致经济学家寻求微观基础的原因。凯恩斯主义宏观经济学的一个核心内容是菲利普斯曲线,值得注意的是,菲利普斯曲线一开始只是作为统计上的经验关系而存在,并没有理论作为支撑。萨缪尔森和索洛(1960)将原始的菲利普斯曲线改造成为一种描述通货膨胀和失业替代关系的理论,并且用于指导经济政策。菲利普斯曲线的出现支持了凯恩斯主义关于相机抉择的政策含义,政府能够并且应该运用经济政策来调节宏观经济的波动。但这种观点遭到了当时货币主义学派的反驳。弗里德曼(1968)发现在长期中并不存在菲利普斯曲线所描述的价格和产出的稳定的替代关系,因此用它来指导经济政策是错误的。菲利普斯曲线对于经济现象解释的失败迫使经济学家开始为凯恩斯主义的宏观经济学寻求更为坚实的微观基础,以便为他们的观点重新找到理论支持。这一方面的努力有很多,例如费尔普斯(Phelps,1970)用微观经济学的理论为工资和失业的短期替代关系提供新的解释。

到了 20 世纪 70 年代,以卢卡斯为代表的新古典宏观经济学的出现深刻地改变了宏观经济学的发展。在此之前宏观经济学的争论并没有改变凯恩斯主义的 IS-LM 框架,争论的结果体现在对 IS-LM 框架的修正和补充上,但新古典经济学家则彻底地改变了此前宏观经济学的建模方式。他们对微观基础有着强烈的追求,认为没有建立在微观基础上的宏观经济学都是无用的。正如卢卡斯和萨金特(1979)指出的,凯恩斯模型不能对财政政策、货币政策和其他政策提供可靠的指导,部分原因在于这些模型缺乏完备的理论基础或经济基础。另一个重要原因则来自卢卡斯(1976)对当时宏观计量模型的批评。60 年代流行的宏观计量模型是根据凯恩斯经济学理论构建的大规模的结构化方程系统,然后利用数据估计出这些结构化的参数,找到描述宏观经济变量之间的数量关系,以此指导宏观经济政策。这类宏观计量模型的一个潜在假定是结构化的参数是稳定不变的,但卢卡斯批评则指出,理性经济行为人会对政策变动造成的未来影响做出预期,从而改变他们当期的行为决策,因此这些参数是依赖于政策的,一旦政策发生改变,结构化的参数也会发生改变,从而不存在结构化方程所描述的稳定的经验关系。卢卡斯认为应该从微观经济主体的最优化行为出发建立结构化的宏观模型。

新古典宏观经济学建立的微观基础可以归纳为三个方面:第一,经济行为人的理性预期假设;第二,将总体经济视为代表性个体(消费者和厂商)跨期决策的结果;第三,假定持续的市场出清,即一般均衡理论。

理性预期假设认为如果假定行为人是理性的,那么应该承认行为人会对未来做出预期,并且这种预期是理性的,意味着经济个体总是最有效地利用公开的信息对一个变量的未来值做出预期,因此理性预期不会犯系统性错误。预期被假定为经济个体根据效用最大化要求理性地形成。理性预期假设最初由穆思(1961)提出,但并没有立刻被宏观经济学家所接受,直到 20 世纪 70 年代卢卡斯(1972)等人的工作才将理性预期假设融入宏观经济学。

新古典学派主张将消费、储蓄、劳动供给、投资等宏观经济变量视为是由微观主体跨期最优化内生决定的,卢卡斯和拉平(1969)关于劳动力市场的研究算是第一篇"新古典"的论文,因为他们采取了劳动跨期替代的假定,并且得到失业的均衡性质。这类经济行为人的跨期最优化模型与标准的微观经济理论是一致的。因此卢卡斯(1987)认为我们将只研究一种经济学理论而不是划分为微观经济学和宏观经济学。

由于市场中存在大量分散的经济个体,并且他们是异质的,因此如何从微观个体的决策得到宏观的加总行为需要解决加总问题。新古典学派的代表性个体模型将整个经济视为一个单独的代表性个体,通过研究代表性个体的最优化决策得到宏观的加总行为。新古典学派认为代表性个体模型可以用来作为宏观经济学的微观基础,因为:第一,代表性个体模型避免了卢卡斯批评;第二,代表性个体模型可以帮助建立一般均衡模型。与此同时,代表性个体模型也存在一些问题。代表性个体模型成立的条件是假定消费者的偏好满足戈尔曼(Gorman)形式,假定使得不同消费者之间的收入效应可以被忽略,这是很强的假设。同时代表性个体将加总经济视为一个经济个体的行为,这种做法忽略了经济中广泛存在的个体异质性,以及经济行为人的协调互动,因此一个需要考虑的问题是,加总经济变量在什么程度上表现得跟单独的个体决策相同。此外,方法论的个体主义并不意味着要将宏观经济学视为单独个体的最优化决策问题(Kirman,1992)。

对于微观基础的争论在于如何解释广泛存在的失业现象。从市场出清的角度来看,并不存在所谓的非自愿失业,失业只是因为给定当前的工资价格,一部分个体不想供给劳动,因此所有的失业都是自愿的。如果存在登记失业,那么它们或者是一种短期现象,在长期中将会消失,又或者是自愿的。卢卡斯(1978)认为非自愿失业并不是一个需要被解释的现象,而是凯恩斯引入用来解释失业波动的理论构建。

沿着这样的思路,新古典经济学家开始采用以瓦尔拉斯市场出清为基础的一般均衡理论构建模型,解释诸如失业、通货膨胀等宏观经济现象。实际经济周期(RBC)模型(Kydland and Prescott,1982)提供一种分析经济周期的新的方式。RBC 模型通过在新古典增长模型中引入随机的技术冲击,解释经济的波动,由于模型假定了价格的瞬时变动,所以总体经济时刻处在市场出清的状态,经济衰退不需要假定非均衡的存在,经济变量的波动是由外生的技术冲击导致的。

由于传统的凯恩斯主义宏观经济学遭到了实证和理论上的挑战,许多经济学家开始通过建立各种微观基础模型,为凯恩斯主义宏观经济学提供理论上的支持。与新古典学派不同,早期的新凯恩斯主义宏观经济学没有一个统一的理论框架,而是从不完全市场、不完全竞争、不完全信息、劳动力市场的差异等方面为凯恩斯经济学提供不同的微观基础模型。

最早考虑将价格刚性加入到瓦尔拉斯体系的想法来自于克劳夫(Clower,1965)、巴罗和格鲁斯曼(Barro and Grossman,1971),贝纳西(Bénassy,1975)研究了这种固定价格的非均衡模型的存在性和性质。这类模型基于个体决策和均衡的概念,所以具备微观基础。在非均衡的凯恩斯模型里,非自愿失业可以被当作一种均衡的现象,并且存在凯恩斯主义的有效需求和乘数的概念,因此模型提供了需求管理的政策建议。但是非均衡的凯恩斯模型不能令人满意的地方在于没有解释价格刚性。曼昆(Mankiw,1985)为价格刚性提供了一个微观基础的解释,只要存在一个很小的菜单成本,厂商就有激励不去改变价格。

一类新凯恩斯经济学的微观基础模型尝试将不完全竞争融入宏观经济学模型,哈特(Hart,1982)、布兰查德和清泷(Blanchard and Kiyotaki,1987)是这类模型的代表,他们的模型能够解释为什么总产出低于充分就业水平,并且由于劳动力市场的不完全竞争使得经济中存在非自愿失业。另一类微观基础文献解释为什么劳动力市场存在非均衡水平的工资。这类文献强调厂商设定高于竞争均衡的工资水平是为了激励工人更加努力的工作(Solow,1979;Yellen,1984),因此工人可能不愿意降低工资水平。

此外,新凯恩斯经济学还从协调失灵出发建立微观基础模型。这类模型不依赖价格刚性的假设,而是强调经济中个体之间的策略互动。由于市场分散决策的机制,使得经济中的各方无法联合起来选择一种对大家最优的策略,从而经济中存在多重均衡,经济行为人可能发现他们处于"坏"的均衡,这便是协调失灵,一些经济学家(Ball and Romer,1991)认为协调失灵是宏观经济不稳定的原因。

早期的新凯恩斯主义经济学尽管提供了许多不同的微观基础模型,但是认同新古典学派的方法论前提,即,第一,宏观经济学需要微观经济学理论的坚实基础;第二,宏观经济学可以建立在一般均衡的框架体系内。从 20 世纪 80 年代后期开始,宏观经济学内部开始出现新的融合趋势,宏观经济学家关于微观基础的方法论和模型达成了许多共识。伍德福德(Woodford,2009)认为首先的共识是宏观经济学应该建立在跨期一般均衡分析上,并且跨期一般均衡将短期波动和长期增长都纳入了一个一致性的框架里。在方法论上,新古典学派和 RBC 理论成为了主流,但同时新凯恩斯主义关于市场摩擦的许多洞见也被融入动态一般均衡的框架中去,使得这些模型能够包含更加现实的经济传导机制。

参考文献:

Ando, A. and F. Modigliani, The"Life Cycle"Hypothesis of Saving: Aggregate Implications and Tests, *American Economic Review*, 53, 1963.

Arrow, K. J. and G. Debreu, Existence of an Equilibrium for a Competitive Economy, *Econometrica*, 22, 1954.

Ball, L. and D. Romer, Sticky Prices as Coordination Failure, *American Economic Review*, 81, 1991.

Barro, R. and H. Grossman, A General Disequilibrium Model of Income and Employment, *American Economic Review*, 61, 1971.

Bénassy, J. -P., Neo-Keynesian Disequilibrium Theory in a Monetary Economy, *Review of Economic Studies*, 42, 1975.

Blanchard, O. and N. Kiyotaki, Monopolistic Competition and the Effects on Aggregate Demand, *American Economic Review*, 77, 1987.

Clower, R. W., The Keynesian Counterrevolution: A Theoretical Appraisal, in F. Hahn and F. Brechling (eds.), *The Theory of Interest Rates*, London: MacMillan, 1965.

Friedman, M., The Permanent Income Hypothesis, NBER Chapters, in: A Theory of the Consumption Function. 20-37, *National Bureau of Economic* Research, Inc., 1957.

Friedman, M., The Role of Monetary Policy, *American Economic Review*, 58, 1968.

Hart, O., A Model of Imperfect Competition with Keynesian Features, *Quaterly Journal of Economics*, 97, 1982.

Hicks, J. , Mr. Keynes and the Classics: A Suggested Interpretation, *Econometrica*, 5, 1937.

Kirman, A. , Whom or What Does the Representative Individual Represent? *Journal of Economic Perspectives*, 6, 1992.

Kydland, F. and E. Prescott, Time to Build and Aggrgate Fluctuations, *Econometrica*, 50, 1982.

Lucas, R. and L. Rapping, Real Wages, Employment and Inflation, *Journal of Political Economy*, 77, 1969.

Lucas, R. , Expectations and the Neutrality of Money, *Journal of Economic Theory*, 4, 1972.

Lucas, R. , Econometric Policy Evaluation: A Critique, *Carnegie-Rochester Conference Series on Public Policy*, 1, 1976.

Lucas, R. , Unemployment Policy, *American Economic Review*, 68, 1978.

Lucas, R. and T. J. Sargent, After Keynesian Macroeconomics, *Quarterly Review Federal Reserve Bank of Minneapolis*, 1979.

Lucas, R. , *Models of Business Cycles*, Oxford: Basil Blackwell, 1987.

Mankiw, N. , Small Menu Cost and Large Business Cycles, A Macroeconomic Model of Monopoly, *Quarterly Journal of Economics*, 100, 1985.

Muth, J. , Rational Expectations and the Theory of Price Movements, *Econometrica*, 29, 1961.

Phelps, E. S. (ed.), *Microeconomic Foundations of Unemployment and Inflation Theory*, London: MacMillan, 1970.

Samuelson, P. A. and R. M. Solow, Analytical Aspects of Anti-Inflation Policy, *American Economic Review*, 50, 1960.

Solow, R. M. , Another Possible Source of Wage Stickiness, *Journal of Macroeconomics*, 1, 1979.

Woodford, M. , Convergence in Macroeconomics: Elements of the New Synthesis, *American Economic Journal: Macroeconomics*, 1, 2009.

Yellen, J. , Efficiency-Wage Models of Unemployment, *American Economic Review*, 74, 1984.

（林东杰）

实证和规范经济学
Positive and Normative Economics

这是经济学中的一对概念。实证经济学的任务是研究经济的现状“是什么”，它一般不以价值判断为依据，因此具有一定的客观性；而规范经济的任务则是研究经济“应该是什么”，是一种以价值判断为基础的分析。由于经济学并没有建立在严格的价值基础之上，因此规范的经济判断往往具有主观性和评价结果的差异。而在现实的经济问题分析之中，规范经济学又常常与经济政策混合在一起，成为经济行动的理论基础，从而将问题变成“应该做什么”？

有关“实证”的称谓最早见于奥地利学派的代表人物之一庞巴维克所写的《资本实证论》，他使用的德语词汇“Positiv”成为了英语词汇“Positive”的来源。庞巴维克对“实证”的最早使用就包含有发现的含义。实证经济学真正的大发展当要提到弗里德曼。他的工具主义或证伪主义思想认为经济学理论本身是无法证实或证伪的，但只有对经济问题的实证可以证伪，能够为不同学者的讨论提供事实基础，因此须大力发展。美国50年代经济学的发展趋势也证明了，实证经济学的确获得了充分的发展，为实证提供方法的计量经济学也独立成为了一门分支学科。相比较而言，规范经济学的发展就比较缓慢，除福利经济学发现了几个基本定理之外，经济学在“应该是什么”的问题方面显得裹足不前，其薄弱的理论基础经常会引发许多争论。规范经济学还与心理学、经济伦理学、经济法学等学科分支有着交叉。

参考文献：

[美]曼昆：《经济学原理》，北京大学出版社2009年版。

[美]弗里德曼：《实证经济方法论》，引自《弗里德曼文萃》，首都经济与贸易大学出版社1991年版。

[奥]庞巴维克：《资本实证论》，商务印书馆1964年版。

（逯建）

边际主义方法
Methods of Marginalism

新古典经济学的重要分析方法。“边际”（Margin）原意是书的页边，后转而指经济变量中每变动一单位投入、分配的产品等变量后相应的被观察变量变化的大小，又可以用来特指最后一单位变量的变动造成的被观察变量的变动。是实际计算的过程中“边际”也可以有两种形式，一种就是分析每一“剂”（Dose）的变动带来被观察变量多大的变化，这种可以被理解为差分形式的“边际”，另一种则是对被观察点附近的变动趋势求导，是导数形式的“边际”。两种计算方式的结果虽有一定的区别，但在经济学的概念上一般都将两者混用。

“边际”的名称最早的叫法来自杰文斯，在《政治经济学理论》中他明确使用了“最后效用”（Final Utility）的概念，并指出“经济学理论是建筑在最后效用程度这一函数上”。这一概念因在杰文斯理论中的重要地位而给人留下了深刻的印象。1884年,年轻的奥地利人维塞尔,在其著作《经济价值的起源和主要规律》中使用了德语的“Grenznutzen”(即英语的Marginal Utility)的概念,“边际”由此诞生。“边际”这个词汇出现在德语文献中是在威克斯蒂德于1888年写的《经济科学入门》之中,由于威克斯蒂德在英国经济学圈的名声,以及两年之后马歇尔在首版的《经济学原理》多次使用了这一术语,“边际”的称法才最终在经济学中被确定下来。

由于“边际”在新古典经济学的广泛应用,新古典经济学得到了一个“边际的”限定词。而“边际主义”的最早出现,却是在相对较晚的霍布森的《工作与财富》(1914)中。他创造这个名词是为了表达“经济学家接受边际效用和边际生产力两者”。霍布森创造这个词是为了赋予这个词以贬义的色彩,以说明凡事采用“边际”的分析方式必会带来经济政策的错误。对于“边际主义”方法的批评时常可以见诸各种期刊之中,如1946年至1947年,美国的雷斯特(Lester)和马赫卢普(Machlup)就为使用边际的方法来分析最低工资而发生了争论。

由于“边际”本身就是指增量分析,它们完全可以与其他经济学概念联合构成新的概念短语。边际成本、边际收益、边际替代率以及边际消费倾向等被广泛使用到新古典微观经济学、新古典宏观经济学以及新古典经济的价值理论、分配理论之中,使得传统的理论发生了面目全非的变化。

“边际主义方法”,在传统的经济学静态分析中引入了动态分析因素。传统的古典政治经济学一般习惯依据经济现象的结果来讨论和寻找原因,边际主义则考虑在达到最后状态之前一段时间的一系列变化。通过多种状态的变化,数学形式被引入到经济学之中,使得新古典经济学被数学化。

“边际主义方法”真正引发争论的导火索,主要是它的“最后一单位”的理论。古典经济学认为是有客观的实在支撑着价值的,因此价值的大小是相对固定不变的,但在新古典经济学看来,价值是由效用决定的,商品价值大小的显现是伴随着最后效用出现的,因此最后效用的大小决定了商品价值的大小。显然,该认识是不正确的,最终效用的确与商品价值大小同时显现,但这并不能说明两者有如此的因果关系。但作为英国边际革命带头人的杰文斯却坚持这种看法,他认为价值产生的过程顺序为:生产费决定供给—供给决定最后效用程度—最后效用程度决定价值。根据这一理论,“最后效用”才是决定价值的最主要因素,其他才是配合它而存在的。

正是因为边际主义者将“最后效用”、“边际效用”作为商品价值的最主要决定因素,边际主义者因此发展出了按边际贡献进行分配的分配理论。以劳动与资本要素对产品的贡献为例,劳动与资本如何获得报酬不是根据它们自身含有的价值,而是根据在生产最后停止时各要素的边际贡献的比例。由于这两种要素在生产的过程中边际贡献发生了不同的变化,因此两种计算报酬的方法肯定会造成很明显的区别。由于在实际中资本的边际贡献下降不多,劳动的边际贡献则下降很多,因此按照边际主义的分配原则劳动获得很少的报酬。在马克思主义学者看来,边际主义的分配方案其实是刻意降低了劳动报酬,为资本家剥削劳动者铺平道路。当然关于分配的问题是很复杂的,边际主义者虽对马克思主义者的批评进行了反驳,但他们所坚持的分配原则明显还是有很多不同之处,需要深入地再讨论。

鉴于边际分析的广泛使用,在边际主义理论中“价值”反而成为了一个可有可无的概念,因此在新古典经济学中,“价值”被巧妙地回避掉了,取而代之的是各种情况下的“价格”。尽管根据许多学者的分析,那种总体的、长期的价格就是“价值”,但新古典经济学者们一直不将其道破。“边际”的分析方法因此成为辅助新古典经济学范式建立的重要方法,它时常被简单看做是区别古典与新古典经济学的重要标志。

“边际主义”者并没有提出一致的政策建议,他们只是使用这种方法对问题进行分析后提出政策建议。虽然这些政策建议是建立在严密的逻辑分析基础之上,且是有见地的,但正如边际主义的分配一样,其理论的原则并不一定就完全正确,还需要仔细地推敲、分析。

参考文献:

[英]杰弗里·霍奇逊:《演化与制度:论演化经济学和经济学的演化》,中国人民大学出版社2007年版。

[美]理查德·豪伊:《边际效用学派的兴起》,中国社会科学出版社1999年版。

[美]R. 布莱克等:《经济学的边际革命》,商务印书馆1987年版。

晏智杰:《边际革命和新古典经济学》,北京大学出版社2004年版。

[英]斯坦利·杰文斯:《政治经济学理论》,商务印书馆1997年版。

[英]马歇尔:《经济学原理》,商务印书馆2005年版。

[奥]弗·冯·维塞尔:《自然价值》,商务印书馆1982年版。

Richard A. Lester, Shortcomings of Marginal Analysis for Wage-Employment Problems, *The American Economic Review*, March, pp. 63-82, 1946.

Fritz Machlup, Marginal Analysis and Empirical Re-

search, *The American Economic Review*, September, pp. 519-554, 1946.
Richard A. Lester, Marginalism, Minimum Wages, and Labor Markets, *The American Economic Review*, March, pp. 135-148, 1947.

（逯建）

德国历史学派方法
Methods of the German History School

德国历史学派所坚持的历史归纳研究方法。德国历史学派是19世纪末活跃在德意志地区（后合并成为德国）的一个强调各国经济的国民性及发展阶段不同，反对英国古典经济学派古典学派的抽象、演绎的自然主义的方法，而应采用历史和具体实例研究方法的经济学派。该学派一般被分为四代：第一代为先驱，以弗里德里希·李斯特（Friedrich List）为代表；第二代又称老历史学派，以威廉·罗雪尔（Wilhelm Roscher）、布鲁诺·希尔德布兰德（Hildebrand）、卡尔·克尼斯（Karl Knies）为代表；第三代又称新历史学派，以古斯塔夫·施穆勒（Gustav von Schmoller）为代表；第四代则以马克斯·韦伯（Max Weber）和维尔纳·桑巴特（Werner Sombart）为代表。这四代人都在他们所处的时代里产生了巨大影响：

李斯特基于先进英国及落后德国经济的认识，提出了著名的工业优先发展理论和贸易保护理论。他认为只有工业才能使德国的经济获得发展，为此，重视教育，鼓励科技发明，进行制度、政治改革，奖励企业家精神才是工业发展的必然条件。但他同时认为实行贸易保护才是发展工业的最有效的途径，这一点与英国经验得到的贸易自由论并不适用，因为英国是工业最先进国家，贸易自由对它的好处显然比其他国家更多，落后国家若坚持贸易自由只会使自己与最先进国家的差距越来越大。但李斯特也说明贸易保护需与工业发展的时机相协调，若工业无发展的希望则不能采用贸易保护措施。他在《政治经济学的国民体系》中还多处针对其他学派提出的具体案例进行辩驳，使得他深入分析历史的研究方法给人以深刻印象。

罗雪尔是历史学派的创始人，标志是他于1843年出版的《历史方法的国民经济学讲义大纲》，该书被视作"历史学派的宣言"。在该书中他提出了经济研究应该研究国民经济的动态过程，既是历史的解剖学也是历史的生理学。在理论与实际的选择上，他倾向于用历史说明理论，但须注意理论在使用的时候会出现所谓现实的适用性问题。罗雪尔的另一大贡献就是分析了影响经济特别是不同经济体的非经济因素（如伦理、政治、宗教）。他的5卷本著作《国民经济学体系》一直是19世纪德国大学的重要教科书。

希尔德布兰德1842年创办了至今仍在出版的《国民经济学与统计学年鉴》杂志，并于1848年出版了代表作《现在和将来的国民经济学》。在书中他坚持来自历史学与统计学的研究方法，认为"历史研究是刷新经济研究和思想的手段"，而国民经济学的任务应该是研究各国国民经济的发展，而不是一种静态经济的研究。希尔德布兰德还特别强调"信用"在经济发展中的重要作用，只有有了信用，货币和资本才能正常流动，才能使国民摆脱贫困。

克尼斯在他的主要著作《历史方法观的政治经济学》也提出了类似的观点，认为绝对的抽象理论是在一定的时间、空间和特定的国家民族等条件的制约下产生的，同时又随它们的变化而变化。那些所谓绝对的经济学理论本身就是时代的产物，因此只能适用于特定的历史阶段，一旦历史背景发生了变化，这些所谓的理论也就过时了。因此最根本的经济研究要从历史中探求与最终检验，经济学的一般规律不外是历史表现的说明和真理进化的表现。

施穆勒是新历史学派的带头人，他在19世纪末"统制"了德国经济学界达30年之久。他将历史主义方法总结成"历史归纳法"、"历史生理法"和"历史统计法"三类。他认为罗雪尔是"历史生理法"的代表，即试图通过历史来说明经济发展的有机过程，而施穆勒自己则是通过归纳历史和统计资料获得对经济的认识，是一种"历史统计法"。在此认识的指导之下，他创办了被称为"施穆勒年鉴"的《德国立法、行政和经济年鉴》，以刊登基于大量历史资料的研究文章。

随着历史学派成为德国主流的经济学派，施穆勒在德国掌握的权力愈来愈大，他甚至长期握有德国社会科学界教授职位的审批权。但施穆勒的历史主义研究方法遭到了同期的奥匈帝国国民经济学的代表人物门格尔的挑战。1883年门格尔发表了《关于社会科学，特别是政治经济学方法的研究》，批判历史学派不能区别历史研究、现实问题与普遍理论应该相联系的道理，将经济学的研究带向了琐碎的历史问题考证。历史学派又不构建任何理论，使他们的研究很难给人以什么结论。门格尔认为经济学应该像自然科学那样，将抽象的理论推理（逻辑）作为核心，而历史只不过是理论的辅助而已。施穆勒立即在"施穆勒年鉴"上发表了反批判文章《国家科学和社会科学方法论》（1883），对门格尔的观点进行了辩驳，门格尔则在1884年发表了《德国国民经济学中历史主义的谬误》，施穆勒虽不再回答，但他们的弟子却为此争论了20余年，被经济学说称之为"方法论之争"。

在现实的经济政策方面，施穆勒还主张过用政府干预的政策应对1873年的经济危机。在社会保障问题上，施穆勒建立了一个名为"社会政策学会"（又被戏称"讲坛社会主义"）以促使政府出台各种社会保障立法。一系列立法的通过使得德国工人在世界上最早享受了疾病、意外事故和养老保险，也在客观上了拖延了德国工人运动的爆发，使施穆勒获得了改良主义的名声。

新一代历史学派中还有瓦格纳和布伦塔诺比较知名。瓦格纳的主要研究领域是财政学，他根据许多国家财政支出的历史资料得出了当国民收入增长时，财政支出会以更大比例增长的"瓦格纳法则"。他认为国家经费最终都会转移到国民生产总值之中，而实行累进税制和国家救助则成为了一种成功的社会制度。布伦塔诺的知名主张主要表现在工会方面，他认为工人应该通过自我的团结来维护权利，工会的首要任务在于使工人从不幸的境遇中解放出来，保障最低生活费用的工资水平，而不应该成为革命的工具。在拥护资本主义反对社会主义方面他也同其他历史学派学者有着近似的认识。

随着1890年俾斯麦的下台和取消反社会党人法，新历史学派的社会影响被大大削弱，开始进入了衰退解体的过程。

马克斯·韦伯和维尔纳·桑巴特是历史学派解体过程中的出现的两个著名人物，韦伯（重要代表作为《新教伦理与资本主义精神》）对宗教和社会经济关系的系统认识使得他获得了广泛名声。虽然没有明显证据表明韦伯加入了新历史学派的社团组织，但他的研究突出显示了各国宗教、社会组织的差异性及对经济发展的影响，因此也被认为是经济历史学派的一员。桑巴特则将历史主义方法论具体运用于对西欧资本主义发展史的分析，写出了三卷本的《现代资本主义》这一巨著。桑巴特在这本书中试图在历史方法与逻辑推理方法中进行调和，使得两者能相得益彰。

随着施穆勒的去世（1917）、历史学派面对第一次世界大战以后空前的通货膨胀束手无策以及纳粹党的镇压（1935），历史学派最终解体。

纵观历史学派半个多世纪的兴盛历程，坚持历史研究方法、强调各个国家的特殊性是历史学派各个学者的共同特点。虽然他们的主张有一定的道理，但他们完全排斥普遍理论，否定逻辑推理的做法也是不可取的。历史学派的学者们专注于对经济史料的整理分析，但缺少用理论对材料的统领。历史学派在德国被镇压后，世界上就没有名为"历史学派"的组织了。不过，历史学派还是明显影响了美国的老制度学派（代表人物凡勃伦曾在德国留学）和法国的经济社会学（韦伯与桑巴特也可以被算作经济社会学的代表人物），并通过他们影响到了我们这个时代的学说与思想。

参考文献：

［德］弗里德里希·李斯特：《政治经济学的国民体系》，商务印书馆1983年版。

［德］威廉·罗雪尔：《历史方法的国民经济学讲义大纲》，商务印书馆1986年版。

［奥］卡尔·门格尔：《经济学方法论探究》，新星出版社2007年版。

［美］格奥尔格·G·伊格尔斯：《德国的历史观》，译林出版社2006年版。

［德］桑巴特：《现代资本主义》第二版序言，商务印书馆1958年版。

汤在新：《近代西方经济学史》，上海人民出版社1990年版。

互动百科相关词条，网址 http://www.hudong.com/wiki/。

［英］伊特韦尔等：《新帕尔格雷夫经济学大辞典》，经济科学出版社1996年版。

（逯建）

凯恩斯革命方法

Methods of the Keynesian Revolution

凯恩斯及凯恩斯的追随者以西方20世纪30年代经济危机为背景，创建了以需求管理、政府干预为特征的现代宏观经济学，对西方世界的经济运行模式及西方经济学的发展都产生了深远的影响。其革命的具体表现为：

第一，开创了现代宏观经济分析，从总量上研究总就业量、总生产量和国民总收入之间的关系及变动因素。其实关于宏观总量的定性与定量研究并不是凯恩斯一人首创，美国国家经济研究局（NBER）的开创人库兹涅茨、米契尔就已经对经济的长期增长与经济周期的问题进行过研究。但凯恩斯是第一个使得公众意识到总体的供给与需求、货币的发行与使用是存在深刻而复杂的联系。这种思路有别于他之前由剑桥大学马歇尔教授开创的新古典经济学对单个商品、单个厂商、单个消费家庭的微观个体经济分析。

第二，凯恩斯分别对影响与决定消费、投资、储蓄、货币供给与需求的主要因素进行了分析，提出了诸如边际消费影响、边际储蓄倾向、货币的流动性需求、防范性需求等概念。在经济运行规律的理论中，凯恩斯概括并命名了"供给会自动创造需求"的萨伊定律，并否定了这一定律。凯恩斯认为，之前的经济学之所以会认为"供给能够自动创造需求"，是因为当时的生产力不足，生产出来的产品始终会处于供不应求的局面，但是自20世纪20年代后，生产力的高速发展，使得经济出现了"有效需求不足"的问题。"有效需求不足"

导致生产出来的商品无人购买，从而产生经济危机。因此在经济危机时刺激有效需求就是正确选择，扩大政府购买、增发货币、降低利率都是扩张有效需求可以选择的方案。

第三，摒弃了传统经济学市场能够自动调节经济的“看不见的手”理论，认为经济危机时市场的自动调节机制是失效的。如市场信心不足，政府应该肩负起重建市场信心的重要责任。通过政府购买，可以有效地促进生产企业的恢复。传统的降低利率的货币政策并不一定会奏效，若市场信心受到严重伤害，过低的利率会使得经济掉入“流动性陷阱”（低利率导致货币的流行性偏好过高），因此经济体被凯恩斯认为存在无法自我调节的情形的，在经济面临大危机的情况下，采用政府干预对经济危机进行抢救是必要且有效的。

第四，正是因为凯恩斯主张经济危机时政府进行必要的干预，凯恩斯因此也摒弃传统的稳健财政原则。按照之前的经济理论，政府应该努力保持财政预算平衡，政府若在经济危机、税收锐减的情况下还扩大财政开支，势必会使得财政无法平衡。但根据凯恩斯的主张，在关键时候政府可以保持一定的财政赤字。该原则后被滥用，成为导致政府债务无限制增长的肇事者。

凯恩斯的经济学，因其开创了宏观经济学领域和为政府干预学说而在经济学及相关学科中具有广泛的影响，对凯恩斯的理解也成为了经济学各学派争论的一个重要的话题。希克斯爵士、汉森使用数学化的方法将凯恩斯的理论凝练概括成了“IS-LM 曲线”及“总需求—总供给模型”等。美国的萨缪尔森、托宾、索洛等人通过将宏观经济学与新古典经济学的综合而为凯恩斯的理论寻找到了一个比较坚实的基础。英国的琼·罗宾逊夫人则通过交叉的历史视角及与马克思主义的交叉而使凯恩斯主义拥有了左派的特色（争论内容详见“后凯恩斯主义方法”、“剑桥争论”等词条）。不论如何，凯恩斯的学说至今仍占据着宏观经济学教科书的核心内容，对他的这场革命的理解与争论也成为推动当今宏观经济学发展的重要动力。

参考文献：

［英］约翰·梅纳德·凯恩斯：《就业、利息与货币通论》（重译本），商务印书馆 2002 年版。

［美］萨缪尔森：《经济分析基础》，东北财经大学出版社 2006 年版。

［英］R. F. 哈罗德：《凯恩斯传》，商务印书馆 1997 年版。

［美］曼昆：《经济学原理》，北京大学出版社 2009 年版。

刘涤源：《凯恩斯经济学说评论》，武汉大学出版社 1997 年版。

Hansen, A. H. , *A Guide to Keynes*, New York: McGraw Hill, 1953.

Hicks, J. , Mr Keynes and the Classics: A Suggested Interpretation, *Econometriaca*, April, pp. 147-159, 1937.

（逯建）

货币主义方法
Methods of Monetarism

以芝加哥大学教授弗里德曼为代表的货币主义学派所使用的研究方法。该学派强调货币政策的变动是引起经济活动和物价水平发生变动的根本原因，主张施行更宽松、更自由的货币政策以保证经济的平稳运行。

弗里德曼等人首先复活并发展了休谟、费雪等人对货币的研究，系统地提出了货币数量方程，他们的主要理论可以被概括为：第一，货币需求仅是几个自变量（收入、债券预期收益率、预期通胀率等）的函数；第二，货币供应量变化是引起名义国民收入变化的主要原因；第三，货币流通速度一般被看做是常数，但在预期条件变化的情况下流通速度会发生变化；第四，在短期内，货币供应量的变化主要影响产量，部分影响物价，但在长期内，货币供应量只决定物价水平，产出与货币供应量无关。

与其他学派的学者力图从实际生产波动来解释经济周期不同的是，弗里德曼等人认为，正是因为国家反复周期性的货币政策才导致经济周期。货币主义因此被认为是与经济周期的实体解释相对立的另一种解释。货币主义者为避免经济的波动，必须反对国家干预经济。在货币政策方面应该实行一种单一规则的货币政策，即把货币存量作为唯一的政策工具，由政府公开宣布一个在长期内固定不变的货币增长率，从而确保物价水平稳定不变。

货币主义的对市场自由的主张也令它与经济自由主义、芝加哥学派（见相关词条解释）的其他学说有着很深的联系。货币主义者认为资本主义经济体系本质上是稳定的，只要让市场机制充分发挥其调节经济的作用，经济完全能够在一个可以接受的失业水平条件下稳定发展，自由市场和竞争是资源和收入合理分配的最有效方法，是导致个人和社会最大福利的最佳途径，而凯恩斯主义干预经济的财政政策和货币政策才是导致经济不稳定的主因，必须废止。

参考文献：

［美］马克·史库森：《朋友还是对手——奥地利学派与芝加哥学派之争》，上海世纪出版集团 2006 年版。

蒋自强、史晋川等:《当代西方经济学流派》,复旦大学出版社 2006 年版。

[美]N. 格里高利·曼昆:《宏观经济学》,中国人民大学出版社 2009 年版。

[美]本·塞利格曼:《现代经济学主要流派》,华夏出版社 2010 年版。

王志伟:《现代西方经济学流派》,北京大学出版社 2005 年版。

(逯建)

奥地利学派方法

Methods of the Austrian School

在当今西方各非主流经济学派之中,奥地利学派可谓是最大的非主流学派。奥地利学派的建立,在很多方面都与主流的新古典以及新古典综合经济学理论有很大相似之处,但它又在主观主义、定性研究以及个体的研究方法方面与主流理论有着很大不同,并在很多问题上与主流经济学存在着分歧。

奥地利学派最初由"边际革命"(见相关词条解释)的代表人物卡尔·门格尔创立,通过《国民经济学原理》一书,门格尔确立了奥地利学派主观、定性的研究风格。尽管他的研究风格没有被马歇尔建立的新古典经济学所吸纳,但该研究思路却被他的两个得力学生——维塞尔和庞巴维克继承了。通过对经济运行和货币规律的系统研究,奥地利学派获得了巨大的名声。熊彼特、米塞斯、哈耶克则是奥地利学派第三代的代表人物。不过由于奥匈帝国在第一次世界大战后解体,以及第二次世界大战后德国的被占领,奥地利的学者先后辗转前往英国、美国,并在美国扎下了根。熊彼特曾出任美国经济学会主席,哈耶克也一度担任芝加哥大学的教授。他们的主张见解对美国的经济学产生了深刻的影响。

奥地利学派方法可以大致概括为以下六个特点:第一,方法论上的主观主义,强调每个人对同一事物的感觉都是不同的;第二,方法论上的个人主义,即强调对每个行为个人的分析,反对使用笼统的理论予以概括;第三,边际主义,这点与其他坚持边际分析的学派认识相同;第四,对主观效用的强调,基于主观主义的认识,奥地利学派认为效用才是物品拥有经济性的重要特征,这一理论后来也成为了新古典经济学的基石;第五,机会成本理论,维塞尔认为成本是为做一件事而牺牲的所有可能收入中的最大的那一个,尽管机会成本无法被准确衡量;第六,时间结构,门格尔提出了经济分析中应考虑时间,庞巴维克在此基础上提出了"时差利息"理论,该理论认为时间也是有价值的,从而为利息的合法性奠定了基础。

奥地利学派还与其他学派产生了争论,最著名就是与德国历史学派的方法论之争和与社会主义者的论战。与历史学派的争论主要集中在方法论上,奥地利学派坚持演绎的推理方法,反对历史学派过多使用历史归纳而忽略逻辑思考。奥地利学派与社会主义者的争论则主要集中于对剩余价值和计划经济核算的可能性之上。庞巴维克从论证时差理性的角度,试图证明剩余价值的很大一部分是资本应有的利得;米塞斯认为计划经济扭曲了要素供给,导致价格无法反映商品的价值,因此计划经济无法进行;哈耶克则指责计划经济是对人性的奴役,从而给奥地利学派打上了极度自由主义的标签。

第二次世界大战后,在美国的奥地利学派学者继续产生着重要学术影响。除米塞斯、哈耶克、熊彼特外,其他较著名的学者有拉克曼、柯兹纳、罗斯巴德等。他们均持反对国家干预经济,主张自由主义,攻击社会主义计划经济的观点,但与主张自由主义的美国另一重要学派—芝加哥学派却存在一定分歧。具体表现为奥地利学派坚持演绎的、主观的、定性的分析方法,反对芝加哥学派的定量研究方法,坚持金本位甚至是私人银行,反对政府借货币政策扰乱经济等。虽然奥地利学派在 20 世纪五六十年代进入低迷时期,但最近的种种迹象表明该学派及所持观点在美国又呈复燃趋势。

参考文献:

[美]马克·史库森:《朋友还是对手——奥地利学派与芝加哥学派之争》,上海世纪出版集团 2006 年版。

[奥]卡尔·门格尔:《国民经济学原理》,上海世纪出版集团 2005 年版。

[美]本·塞利格曼:《现代经济学主要流派》,华夏出版社 2010 年版。

贾根良等:《西方异端经济学主要流派研究》,中国人民大学出版社 2010 年版。

Oakley, Allen, *The Foundations of Austrian Economics From Menger to Mises*, Edward Elgar Publishing, 1998.

Endres., A. M., *Neoclassical Microeconomic Theory: The Founding Austrian Version*, The Routledge Press, 1997.

(逯建)

芝加哥学派方法

Methods of the Chicago School

美国芝加哥大学的经济学者所坚持的研究方法。该学派的成员先后包括奈特、西蒙、瓦伊纳、德兰克特、弗里德曼、施蒂格勒、沃利斯、卢卡斯等人。坚持实证研究是他们在经济学研究方法上的共同特点,而坚持经济自由主义和社会达尔文主义,信奉自由市场经济中竞争机制的作用,相信市场力量的自我调节能力,反对凯恩斯主义等学派主张的政府干预则是该学派在经济政策上的最大特点。由于该学派成功解释了20世纪60年代末美国经济出现的“滞涨”问题，以及为里根总统提供政策建议而名声大噪。使该学派成为能与凯恩斯主义比肩的重要学派，其许多成员也因此获得了诺贝尔经济学奖。

该学派在创立之初（20世纪30年代）就坚持自由主义的信仰，奈特与瓦伊纳是当时的带头人。虽然也有坚持市场干预的学者（如兰格）进入过芝加哥大学，但芝加哥学派还是始终保持了坚持市场自由的主张。早期的芝加哥学派，对价格问题一直保有很高的兴趣，价格理论一直是博士学位资格考试的必考内容，弗里德曼也专门写过《价格理论》的书籍。但随着弗里德曼的研究兴趣的转变，他的学术地位的逐渐提高，芝加哥学派逐渐把视角转向了宏观经济学，并从宏观经济的角度继续论证经济自由主义的政策主张。

弗里德曼是芝加哥学派达到顶峰时的代表人物。他坚持工具主义（或“证伪主义”，见相关词条解释）的研究方法，提倡将大量的研究精力转向实证经济学。他认为由于经济学理论往往使用过多的假设，很难证明某个理论是对还是错，但对现实问题的实证却是可以被证明对错，能为不同的学者提供对话的基础。在他的倡导和示范下，大量有关经济学实证的文章开始进入最顶尖的杂志，计量经济学方法也因此获得了长足的发展。

在具体的研究内容方面，以弗里德曼为代表的货币主义学者（见“货币主义方法”词条）从政府的货币政策角度，得出政府的周期性货币政策才是导致经济周期的主要原因。通过对1929年美国大萧条的原因分析以及美国货币史的研究，弗里德曼的这一学说得到了广泛的认同。他们提出为避免宏观形势的大幅度波动，政府（包括货币当局）应该放松对货币市场的干预，同时制定更加稳健、透明的货币政策规则。弗里德曼所提出的持久收入假说为宏观经济学中的消费问题找到了一个微观经济学基础，他还对菲利普斯曲线提出了批评，并提出自然失业率的概念。

卢卡斯的理性预期学说（因该学说影响巨大，它又被称为理性预期学派）则是对凯恩斯主义的理论提出系统的批评。所谓理性预期，是指各经济主体在做出经济决策之前，会根据掌握的各种信息对与当前决策有关的经济变量的未来值进行预测。这种预期会影响经济中所有参与者的行为，并对经济活动产生重大影响。这些结论最终都导致了“卢卡斯批判”——在个人和企业进行理性预期条件下，政府宏观经济政策无效的重要结论。理性预期的理论与20世纪六七十年代经济学知识在美国民众广泛普及的大背景密切相关，随着人民知识水平的提高，会对政府的政策产生不同的解读，从而会抵消掉政府政策的部分效果。根据理性预期，凯恩斯主义对“货币中性”理论的否定就不再正确了，物价变化并不会对实际经济产生影响，长期情况下失业也不会与货币政策发生关系。而这些都为经济自由的政策主张提供了新的理论依据。

在芝加哥学派倡导经济自由并取得巨大成功的同时，该学派的其他学者又将研究对象拓展到了法律、劳动供给、人口、婚姻家庭、人力资本、经济史、社会学等方面。通过对经济学核心分析工具的使用，经济学的思路和方法深入到其他社会科学之中，产生了所谓的“经济学帝国主义”。

参考文献：

［美］约翰·范·奥弗特瓦尔德：《芝加哥学派》，中国社会科学出版社2010年版。
［美］马克·史库森：《朋友还是对手——奥地利学派与芝加哥学派之争》，上海世纪出版集团2006年版。
蒋自强、史晋川等：《当代西方经济学流派》，复旦大学出版社2006年版。
［美］N. 格里高利·曼昆：《宏观经济学》，中国人民大学出版社2009年版。
［美］本·塞利格曼：《现代经济学主要流派》，华夏出版社2010年版。
［英］伊特韦尔等：《新帕尔格雷夫经济学大辞典》，经济科学出版社1996年版。

（逯建）

剑桥争论
Cambridge Controversy

又作“两个剑桥之争”，即20世纪50～60年代发生的以英国剑桥大学经济学家琼·罗宾逊、卡多尔、斯拉法及意大利学者帕西内蒂为代表的新剑桥学派和以美国麻省理工学院（地处美国马萨诸塞州的剑桥市）的教授萨缪尔森、托宾、索洛等人为代表的新古典综合派的争论。他们争论的主要焦点为“资本”的计算问题，同时也涉及经济学的研究内容及研究范式、对凯恩斯主义的理解等问题。

两个剑桥学派争论的焦点是资本的计算问题。从新古典经济学到美国的新古典综合学派，资本存量的计算方式都是采用把企业资本折算成相对应的货币额的方式，然而这种计算方式有着潜在的逻辑问题。在加总过程中，以资金形式保存的资本并不能与以实物形式保存的资本直接加总，实物资本在计算资本量的时候必须通过利率来调整其现存的价值，但根据新古典经济学的理论，利率又是社会生产体系决定的。于是这就产生了一个悖论：利率既是企业生产函数的被决定变量又是决定生产函数的资本变量的一个重要条件,从而形成了循环论证。

如果社会仅有一个生产企业,新古典经济学还勉强可以通过先计算出该企业(和社会)的利润率来估计利率大小,从而可以解决不同资本品加总的问题。但现实中生产企业远不止一个,它们生产的产品也千差万别,如何计算异质的资本品的加总问题就是新古典经济学的一个难题了。1953 年,琼·罗宾逊夫人在《生产函数和资本理论》的论文中首先提出该问题,斯拉法也在 1960 年出版的代表作《用商品生产商品》中指出生产函数一旦用于两个以上的多部门模型就不再成立了。对此,萨缪尔森在 1962 年对此进行了回应,他使用代用生产函数(Surrogate Production Function)来替代均质的资本品概念,但他保留对资本与劳动的比例相同的假定也使得他无法真正解决这一问题。

1969 年,索洛提出通过把每一种资本品都当成一种生产要素,可以使用一般均衡理论回避资本品的加总问题。对此新剑桥学派回应道一般均衡理论虽没有采用统一的利润率,从而表面上解决了资本的加总问题,但该方法毕竟只是对经济的静态分析,使用这种方法后不能使用总生产函数,也无法说明利率、储蓄与投资的关系。

新剑桥学派还就"技术再转折"的问题向新古典经济学发出了挑战。根据新古典经济学的理论,社会平均利润率的提高会导致更高技术的出现。这是因为随着利润率的下降,资本密集的技术会替代原来的技术,出现"技术转折"。但这一结论也是有条件才成立的,若工资与利润呈线性关系,则该结论一定成立。但若社会生产的产品是异质的,工资与利润不呈线性关系,且不同技术的工资—利润曲线出现了两次交叉,则又可能会出现"技术再转折"的现象,即随着利润率的下降,原本资本相对不密集的技术会再次替代资本密集的技术,从而产生社会生产水平发生倒退的悖论。

新剑桥学派对新古典经济学的批评无疑是切中要害的。20 世纪 60 ~ 70 年代,新剑桥学派学者还将他们对新古典经济学的批评扩展到增长理论和收入分配理论领域。但不久新古典学派的学者也发现异质产品加总的问题在新剑桥学派的理论体系中也同样存在。如他们试图恢复的李嘉图、马克思模型也必须使用单一生产模型而不能推广到多种,萨缪尔森还指出新剑桥增长模型也不能脱离生产函数。通过这种反诘难的方法,新古典综合学派证明了产品的异质性、生产函数中的资本存量是一个不得已而采用的变通方案,在没有更好的理论提出之前,这种方法还是能够被接受的。

除对资本品的异质性和加总问题的争论以外,新剑桥学派还在对生产函数及"凯恩斯主义"的理解上提出了不同的看法。生产函数究竟是一种技术、生产力,还是一种社会生产关系的体现?新剑桥学派指责新古典综合学派过于看重宏观经济变量,忽视了"社会经济关系"(如财产所有权、收入分配)对宏观经济的影响。当然,这些批评在宏观经济学还刚刚起步的年代是很正确的,"社会关系"如何定量地进入生产函数至今也是一个难题。

新剑桥学派认为,萨缪尔森等人自居为凯恩斯的后继者是十分荒谬的,在他们看来新古典综合学派继承的其实是希克斯、汉森以及新古典综合学派用 IS-LM 分析方法对凯恩斯的经济学说的解读,而数学的方法并不是凯恩斯所采用的。新古典综合学派过于琐碎化、静态化地理解凯恩斯的理论。作为凯恩斯在英国剑桥大学的学生及同事,新剑桥学派有理由认为自己才是凯恩斯的嫡传。为此他们需要为凯恩斯主义正名,由此新剑桥学派又有了"后凯恩斯主义"的称谓(详见"后凯恩斯主义"的词条)。

尽管新剑桥学派在争论中占尽了上风,但没有避免他们提出的质疑被忽视的结果。按照其他学者的解释,随着 20 世纪 80 年代新剑桥学派代表人物罗宾逊夫人、斯拉法和卡多尔的相继去世,坚持新剑桥学派主张的声音也就逐渐消失了。但如果认真思考,就会发现新剑桥学派无法对他们发现的难题提出解决方案才是声音消失的主因。诚然,新古典经济学无法解决新剑桥学派提出的问题,但在没有其他更好的替代方案的情况下只能继续保留使用新古典经济学的理论。再者,从各方面来看,新剑桥学派也不是很清楚资本加总悖论的问题出在哪里,他们试图将生产关系的因素加入到经济分析之中,但生产关系与技术之间又有怎样的关系,罗宾逊夫人自己也未弄清楚。将一个比较定性的概念与定量化的分析搅和在一起,只能使这种学说令人摸不着头脑,从而丧失了学说继续发展的空间。

时至今日,有关企业、产品异质性的研究已经在新古典主导的研究中悄然兴起,资本加总的计算方案得到了比较大的更新,有关产权、制度的分析也进入到新古典的定量分析之中,宏观经济学研究不再局限于短期的宏观市场分析而出现了动态宏观理论。新剑桥学派对新古典综合学派的批评在某种程度上已经成为了新古典经济学的一部分。不过,新古典经济学仍未完全解决新剑桥学派提出的质疑,从这个角度来说,新剑桥学派至今仍对新古典经济学的发展产生着影响,有关它的复兴也很有可能成为经济学未来的一个发展方向。

参考文献:

[英]约翰·梅纳德·凯恩斯:《就业、利息与货币通论》(重译本),商务印书馆 2002 年版。

[美]萨缪尔森:《经济分析基础》,东北财经大学出版社 2006 年版。

[英]斯拉法:《用商品生产商品》,商务印书馆 2012 年版。

王璐:《"剑桥资本争论"与新古典分配理论的质疑》,

载于《当代财经》2004 年第 8 期。
郭全兴：《剑桥资本争论的发展与终结："悖论"以及一个方法论的解释》，载于《经济思想史评论》第 2 辑，经济科学出版社 2007 年版。
Robinson J., The Production Function and the Theory of Capital, *Review of Economic Studies*, 1953.
Samuelson P. A., Parable and Realism in Capital Theory: The Surrogate Production Function, *Review of Economic Studies*, 1962.

（逯建）

公共选择学派方法
Methods of Public Choice School

公共选择是第二次世界大战以后逐渐诞生并成熟的一种以现代经济学分析民主制政府的交叉学科，该学科也可以称政治经济学（注意与古典主义、马克思主义所使用的"政治经济学"相区别）。公共选择理论可以被概括为非市场决策的经济学研究，仿照经济市场，该学派认为在政治市场上活跃着选民、利益集团（消费者）和政治家、官员（供给者），人们通过政治选票来选择能给其带来最大利益的政治家、政策法案和法律制度。公共选择理论研究选民、政治人物以及政府官员们的行为，并假设他们都是出于私利而采取行动的个人，以此研究他们在民主体制或其他类似的社会体制下进行的互动。国家的起源、政府的权利和义务、公共所有权、公共资源、投票规则、投票者行为、政党政治学、官员政治等都是公共选择学派研究的对象。其研究方法也多种多样，包括博弈论、决策论、实验经济学、数据实证、数字模拟及仿真等。

公共选择学派产生了詹姆斯·布坎南的公共选择模型、安东尼·唐斯的官僚经济学、奥尔森的集体行动理论和赖克的政治联盟等著名理论。公共选择学派还提出了"政府失灵"的概念，它指出了没有一种理想的机制能够将所有的个人偏好综合为社会选择，当国家干预不能提高经济效率或改善收入分配不公平时会产生政府失灵，另外议员的短视、缺乏严格预算、为竞选提供资金也会导致政府失灵。

参考文献：
［美］肯尼斯·阿罗：《社会选择与个人价值》，上海人民出版社 2010 年版。
［美］詹姆斯·布坎南、戈登·塔洛克：《同意的计算——立宪民主的逻辑基础》，中国社会科学出版社 2000 年版。
［美］安东尼·唐斯：《民主的经济理论》，上海人民出版社 2010 年版。

（逯建）

东欧学派经济学方法
Economics Methods of Eastern Europe School

20 世纪 50 年代，斯大林逝世后，世界社会主义政治经济学研究领域逐渐形成了一个既区别于资本主义国家正统经济学，也区别于苏联的政治经济学，并在一定程度上与苏联的政治经济学分庭抗礼的独特的学派——东欧经济学。东欧经济学是指社会主义经济体制改革过程中形成并发展起来的研究社会主义政治经济学的一门学科。由于这一理论发源于东欧。而且其代表人物大都是东欧经济学家，因此一般被称为东欧经济学派。

东欧经济学类似发达资本主义国家的激进政治经济学，难以用一种特定的方法去识别他们。但是东欧经济学的研究则有一条重要的主线，那就是论证改革、倡导改革、推动改革，认为改革是使社会主义经济运行进入健康、高效发展的必要步骤。东欧经济学以社会主义经济运行为研究资料，以经济改革为理论研究对象，研究者主要是东欧籍的政治经济学家。东欧经济学在研究方法、发展史观、理论体系和政策主张上区别于苏联经济学和西方经济学。

东欧经济学家认为，社会主义政治经济学不应当成为仅仅是解释原理和宣传政策的经济学，而应当成为规范分析和实证分析相统一的经验科学。东欧经济学家直面社会主义社会经济中存在的矛盾，较为客观地描述和解释了社会主义经济关系中各种对抗和摩擦，并积极寻找消除社会主义经济弊病的方法和手段。东欧经济学以对经济改革的研究为重点，认为社会主义经济体制可以有多重实现途径，承认社会主义经济是一个矛盾的实体，而不是一个"无矛盾的乌托邦"。在现实的社会主义经济中，存在通货膨胀、失业、短缺、增长波动、分配不均和官僚主义，在东欧经济学家那里，承认矛盾的存在并不等于否定社会制度自身，承认矛盾的存在恰恰是为了找到根治社会主义经济中存在的各种弊病的方法。

东欧经济学在方法上极具包容性。东欧经济学派从发展伊始就处于苏联政治经济学和资本主义国家正统经济学的包围之中，但是东欧经济学并不是把它们视为竞争对手或纯粹的批判对象，东欧经济学对其他任何类型的经济思想不抱任何道德上的盲目愤懑情绪和简单的敌视心理，它们把重点放在汲取苏联经济学和资本主义国家正统经济学的精华，解决社会主义经济的现实问题上。东欧经济学的一个典型特征是突破传统意识，在坚持马克思主义经济学思想的基础上，结合社会主义经济实践的变化，批判地吸收和借鉴资本主义国家正统经济学的某些观点和分析方法。东欧经济学派在研究方法上并不只拘泥于马克思主义经济学方法，而是把广泛范围的研究方法引入对社会主义经济的分析中来,比如制度分析、数量分析、非均衡分析等。心理偏好、边际效用、市场机制、均衡分析等都作为一种客观的分析方法被引入到社会主义经济学的研究范畴。

东欧经济学研究的具体内容非常丰富。对计划与市场的关系、公有制、利益原则、公平和效率、经济增长和发展、宏观经济行为等有自己独到的见解。东欧经济学派的研究对象,包括了社会主义经济理论各方面的内容,比如过渡时期理论、所有制理论、经济运行理论、调节机制理论、再生产理论、经济增长和发展理论等。

东欧经济学派的发展历史可以追溯到20世纪二三十年代。米塞斯1920年发表了《社会主义制度下的经济计算》一文。他的核心命题是:社会主义不可能有合理的经济计算,因而不可能有合理的经济活动。他的论据是:合理的经济行为必须先有合理的成本计算,因此成本因素的价格和标定它们价格的市场是必要的前提。社会主义既然实行计划经济,就不存在这样的市场,也就不可能有合理的生产信号。因此社会主义的中央计划模式既无法最终确定某种产品是否需要,也无法确定生产特定产品过程中所消耗的劳动和原材料。由此他武断地得出结论:“社会主义就是对合理经济的放弃。”米塞斯的观点在西方研究“社会主义”的经济学家中引起很大的反响,引发了一场关于社会主义经济制度可行性的争论,推动了对社会主义经济体制的研究。针对米塞斯等人的观点,波兰经济学家兰格在1936年、1937年连续发表后来以《社会主义经济理论》闻名于世的一组论文,第一次系统地探讨了中央计划和竞争性市场相结合的思想,提出了计划模拟市场的竞争性社会主义模式。兰格在论战过程中指出,没有任何理由可以证明,与竞争市场中的方法相似的“试错法”不能在社会主义经济中起作用。这种方法在社会主义经济中似乎确实会或至少能够工作得比竞争性市场中更好。因为中央计划机构对整个经济体系中的信息和知识比任何一个私人企业家能够拥有的要广得多。因此,它可以用一个比竞争市场短得多的相继试验达到正确的均衡价格。计划经济并不一定要排斥市场机制,相反,完全有可能把两者结合起来,实现资源的最优利用。兰格就在方法论上摒弃了把两者截然对立的形而上学的观点,开阔了人们的思路。兰格要求把市场机制的某些功能引入社会主义计划经济,也就从理论上提出了后来主张对苏联传统体制进行改革的人们提出的基本问题,兰格也因此而成为东欧经济学的理论先驱。

东欧国家经济体制改革的尝试,推动了经济理论的研究和发展,特别是推动了有关对传统体制运行机制弊端的揭示和改革目标模式的科学论述的理论研究。20世纪50年代东欧经济学基本形成。接下来的30多年间,随着经济体制改革的深入,东欧经济学获得了很大的发展。其主要代表人物有波兰的卡莱茨基、布鲁斯、南斯拉夫的卡德尔、匈牙利的科尔奈、纳吉和捷克的锡克、科斯塔等。

东欧经济学的理论特色包括:

第一,在经济哲学方面强调社会主义社会的矛盾性、社会主义经济模式的多样性、市场关系与社会主义计划的相容性等内容。社会主义经济模式问题几乎是同苏联社会主义制度一起诞生,并且一直是一个理论经济学未曾解决和有待探索的问题。比如,霍瓦特认为,国家所有制从一开始就不是真正的社会主义所有制。在国家所有制条件下,国有的生产资料实际上由官僚机构控制和掌握。劳动者实际上受雇于国家,劳动者对生产资料的占有只能是抽象的、名义的。

第二,在基本理论方面注重研究多种公有制形式的所有制理论、分权与集权结论的决策理论,肯定物质利益决定作用的动力理论、计划经济中的信息理论、短缺条件下的企业行为理论和重视供给方面的增长理论。比如,捷克经济学家锡克和南斯拉夫经济学家霍瓦特等人在所有制问题上是从批评斯大林教条转入探讨马克思所有制理论的真实含义的,并得到了与布鲁斯等人相似的结论。锡克在其《经济—利益—政治》一书中,批评了斯大林在利益问题上的观点,斯大林只承认社会主义社会劳动人民之间利益上的一致性而否认和抹杀他们在利益上的差别性和矛盾。这就从根本上堵塞了通过分析经济利益的内在矛盾运动来认识社会主义经济现象的道路,因而对许多重要的经济问题无法作出正确的理解,导致社会主义经济理论和实践中的一系列失误。

在经济发展理论方面,卡莱茨基的增长理论成为社会主义经济发展的一个主要理论基础,他认为社会主义从总体上是供给约束型经济。他公开批判流行的生产资料优先增长的规律,反对把生产资料生产优先增长绝对化。而科尔奈的短缺分析则影响了众多的社会主义国家,并强调了和谐增长的重要性。

在分析方法上实证研究与规范研究相结合,把控制论、信息论和系统论引入经济分析。比如,科尔奈对社会主义经济理论的发展作出了重要的贡献,特别是他对传统社会主义经济运行所作的系统而深入的理论描述和解释.具有十分重要的科学价值,他运用由他独立建立的“非瓦尔拉斯均衡论”的理论成果和非瓦尔拉斯均衡分析方法,抓住了传统社会主义经济中的普遍现象——短缺,对传统社会主义经济的特征作了细致的研究和分析。他所提出的一些重要概念和范畴已为各国经济学界所普遍接受。东欧和苏联一些经济学家创造性地把数学上的最新成就,例如线性规划、经济控制论和系统论运用于经济分析。苏联数理经济学派的主要经济学家发表了重要的著作,如《资源最优利用的经济计算》、《最优计划的数学问题》、《经济数学方法和模型》等，这些著作深入探讨了最优计划的编制、近期和远景计划最优统计和动态模型、资源最优利用、投资和消费的最佳比例、资金利用的最优模式，以及价格形成、折旧理论等重大经济问题。这对社会主义经济理论的发展起了重大的推进作用。数理经济学在其他社会主义国家也得到了很大的发展，如兰格曾先后发表了《经济计量学导论》、《经济控制导论》、《最优决策》等著作；卡莱茨基出版了《动态经济学研究》、《社会主义和混合经济增长论文集》等，切牙利的科尔奈写了《投资的数学规划》、《结构决策的数学计划》等。这些经济学家都是运用以统计经验为特征的数学方法来研究社会主义经济运行过程的。

在政策方面坚持计划与市场结合、发展战略与体制改革结合、经济体制改革与政治体制改革相协调等。南斯拉夫、卡德尔、马克西莫维奇、霍瓦特研究的重心是所有制特别是国有制的改革。基本改革主张是变国有制为社会所有制。布鲁斯的研究重心是经济运行模式，基本改革主张是变集权模式为分权模式，并在计划调节中引入有调节的市场机制。锡克和考斯塔分析了社会主义条件下的经济利益关系和商品货币关系。主张充分发挥竞争性市场机制对生产的调节作用，计划调节的主要形式为宏观收入分配计划对需求总量和结构的调节。

东欧经济学和传统的社会主义经济学不同，他们把对社会主义经济学的研究推进到新的层次。他们不局限于只考察社会主义经济的本质关系，而是更加关注社会主义经济运行和发展问题；他们不满足于单纯地论述社会主义经济关系的优越性，而是更加关注实现理论论断中主张的社会主义经济优越性的途径；他们不满足于通过抽象的逻辑推理论证社会主义经济学的规律，而是更加关注对社会主义经济关系进行实证分析，特别注意到了社会主义经济现行经济体制的弊病和矛盾。

参考文献：
洪银兴等：《当代东欧经济学流派》，中国经济出版社 1988 年版。
程恩富等：《经济改革思维——东欧俄罗斯经济学》，当代中国出版社 2002 年版。

（吴昊航）

新古典宏观经济学方法
Neoclassical Macroeconomics Methods

宏观经济学是研究国民经济活动中各经济变量的总量是如何决定及其相互关系的学科。经济如何发展，国民收入如何决定，政府的货币政策、财政政策，经济周期的规律及如何应对等均是宏观经济学的方法。有关国家富裕、国民经济管理的方法古已有之。“政治经济学”的名称就体现了一种以政治的宏观角度来讨论经济运作的宏观思想，而以《国富论》为代表的关于国家致富的研究著作也是对“政治经济学”研究对象的一种继承。在同时期德意志地区出现的“官房经济学”、“国民经济学”也是这种思路的体系。事实上，只要是从国家统治者的角度，对可以成为一种总体指标的经济变量进行分析的理论，都能够被称为是宏观经济学。宏观经济学与微观经济学相区别的第二个特点是，宏观经济学不需要将自己的理论建立在微观经济学那种严密的逻辑论证之上，宏观经济学习惯研究一个变量与另一变量的相关关系（小数据的统计描述分析，大数据的回归实证分析等），但它们两者究竟有何种因果关系宏观经济学并不关心，只有在涉及确实难以解释的问题时宏观经济学才会对微观经济学理论进行探寻。

宏观经济学的真正建立，是在凯恩斯革命以后。凯恩斯开创了对实体变量与虚体变量进行同时研究的先河，使得宏观经济学真正成为了一门严肃的学科。虽然依照政策指向分，凯恩斯及其追随者们都主张政府干预，与古典、新古典的政策观点截然对立，但它们对于新古典经济学分析问题的方法，也不是一概否定。总供给与总需求分析，就是对新古典微观经济学“供—需—均衡”方法（见“新古典微观经济学”的词条）的借用。尽管凯恩斯在《就业、利息与货币通论》中的语焉不详，使他人有很多解读，但不难发现他人的解读也大多是按照“供—需—均衡”的方法进行的。如将总供给看做是短期不变而将总需求看做是短期可变的，在总需求分析中综合考虑实体经济与虚体经济，对两种经济的市场均衡的再均衡采用 IS-LM 分析。显然，没有新古典微观的均衡分析，这些内容都是无法存在的。

新古典的均衡分析方法还拓展到就业、通货膨胀的分析之中。就业市场的供给与需求、就业与经济增长、就业与通货膨胀的可替代关系等都有“供—需—均衡”的影子。而在宏观经济学对其理论基础的微观探讨过程中，宏观经济学与新古典微观经济学的更多内容发生了联系，如生命周期理论、劳动供给理论、存货投资理论等。宏观经济学还因新古典微观经济学而变得十分数学化，自希克斯、汉森提出 IS-LM 分析框架以来，萨缪尔森、哈罗德、弗里德曼、萨金特等人都将宏观经济学变得越来越数学化。宏观经济学拥有了如此繁杂的数学外表，以至于当今的学者若是不太掌握数学工具，想从原理上掌握并进行宏观经济学分析应该是很难的了。

因凯恩斯主张政府干预，宏观经济学在政策层面上与新古典经济学完全不能混为一谈，萨缪尔森等人开创的“新古典综合”经济学，也仅是如上文所述将凯恩斯的基本思想放置在新古典的分析框架之上。真正的“新古典宏观”经济学,还应该被认为是来自芝加哥(见“芝加哥学派方法”词条)的货币主义(见相关词条)学派和理性预期学派。这两个学派坚持货币在长期和短期都是中性的,因市场能够自动形成理性预期,因此凯恩斯主义的积极干预政策是有害的。新古典宏观经济学因此认为私人经济能够实现比政府干预情况更好的自我稳定。

新古典宏观经济学,特别是理性预期学说,从微观的层面上提出了一个民众可以对经济政策进行适应的问题。由于民众掌握了经济知识,因此政府的政策往往会因没有达到民众的心理预期而失效(甚至收入相反)。这种思想在某种程度上可以被理解成是对之前政府外在的经济政策的制约平衡,经济政策因此也拥有了一个“供”(政府提供)与“需”(民众需求)的市场,是另一种供给与需求的平衡。所以新古典经济学对凯恩斯式的宏观经济学是一种重要的颠覆。当然凯恩斯经济学也提出了一些反批评意见,两种宏观经济学的争辩大大促进了当代宏观经济学的发展。

参考文献:

[英]约翰·梅纳德·凯恩斯:《就业、利息与货币通论(重译本)》,商务印书馆2002年版。

[英]罗伊·哈罗德:《动态经济学》,商务印书馆1981年版。

[美]萨缪尔森:《经济分析基础》,东北财经大学出版社2006年版。

[美]曼昆:《经济学原理》,北京大学出版社2009年版。

[美]米尔顿·弗里德曼:《价格理论》,华夏出版社2011年版。

杨奎斯特、萨金特:《递归宏观经济理论》,中国人民大学出版社2005年版。

[美]弗里德曼:《实证经济方法论》,引自《弗里德曼文萃》,首都经济与贸易大学出版社1991年版。

Robert Lucas, Jr., Expectations and the Neutrality of Money, *Journal of Economic Theory*, April, pp. 103-124, 1972.

(逯建)

新古典微观经济学方法

Neoclassical Microeconomics Methods

经济学自“边际革命”之后产生的分析方法,该方法最终由马歇尔的《经济学原理》确定,是当今世界上主流的分析方法。该分析法首先应用于对消费者个人、厂商或其他微观个体的经济分析上,因此被冠以微观经济学的名称,以示与借“新古典”之名的宏观经济学相区别。

一提到“新古典”,经济学教材总是将其与“边际”、“效用”(或被古典经济学称“主观价值”)、“边际效用”、“均衡”等概念相联系。但如果对新古典经济学诞生的过程进行细致的考察,就会发现这些概念还是有很大距离的,并且它们被发现的过程还有很大的时间差距。“边际”的方法有着很长的历史渊源,它实际上就是一种动态差异的比较静态方法,与数学方法及数学思维习惯有着十分密切的联系。(法国的学者对此贡献颇多,详见“边际主义方法”词条)而“效用”则是生产发展以后人们对经济现象更加自信的体现。“效用”代表着价值决定因素中的需求那一侧,因此也常常与商品的“稀缺性”发生联系。该概念最初被德国人戈森使用,但除了留下两个定律以外戈森几乎完全被人忽视。1870年前后奥地利人门格尔和英国人杰文斯共同明确提出了“效用”(或称“快乐”、“幸福”),并将其作为他们论著体系的基石。而马歇尔则在综合了“边际”与“效用”的方法,并提出了“供给—需求—均衡”的分析方法。这种方法首先可以综合各种供、需两方面的思路,把作为生产方的“价值”与作为需求方的“效用”放在一起;其次,可以通过供需来建立一组相反作用的力,使经济保持一种平衡;最后,由于这种平衡随时都可能发生变化,因此“边际”的方法也能派得上用场。因此马歇尔的均衡分析才是新古典诞生的核心标志,有学者也使用“马歇尔交叉”(Marshallian Cross)、“马歇尔剪刀”(Marshallian Scissors)予以称呼。

除核心的“均衡”分析外,新古典微观经济学还蕴含以下一些特点方法。首先是采用从经验现象高度抽象成理论的思维方式,注重演绎逻辑(有的学者甚至直接期望建立一种类似物理学那样定律定理体系),经验的东西能够纠正理论但不能成为理论体系的主体。第二,新古典微观经济学使用比较静态(见相关词条解释)的分析方式,为此就必须将一个整体的事物分解成若干孤立的部分,进行分头研究,而与研究对象不相关的主题则被简化处理。第三,为使个体的研究能够顺利展开,新古典微观经济学自我地创造了一个“经济人”(见相关词条解释)和“代表性企业”进行分析,“经济人”与“代表性企业”都具有理性决策者的特征(即能想方设法最大化自己的效用与利润),因此新古典微观经济学试图希望代表绝大多数企业,但具体的消费者与生产企业毕竟是复杂的,要想对它们进行深入讨论,还必须辟出专门的分支进行研究。

马歇尔在他的著作中还提出了许多概念,但那些概念并不是根本性的,一些概念如弹性、规模经济、完全竞争的假设虽也很重要,但被后来经济学者予以拓展或更正。只有“供—需—均衡”的方法成为所有分析无法绕开的框架。马歇尔的均衡分析的巧妙之处,是它并没有规定使用的范围,因此长期的和短期的、局部的与整体的(一般的)都可以套用这一概念。长期与短期的分析已经成为当下经济学教科书的基本内容,而在研究局部均衡问题时可以仿照马歇尔的方法进行分析,若预见一些特殊情况(如吉芬商品)会通过考虑其他商品价格对本商品销量的影响进行迂回,而真正对一般均衡的讨论也可以通过若干市场的供给与需求方程的联立共同求解,只不过因市场过多无法再用图形表示。

一般均衡虽是研究尽可能多的市场的供给与需求,但它毕竟不是影响经济所有因素的总和,真正的总体研究还需要依靠宏观经济学。宏观经济学最初是与微观经济学并行发展的,但在经历数十年之后宏观经济学同样也使用马歇尔开创的微观经济学分析方法。货币、劳动力市场、外汇市场的供给与需求,总供给与总需求分析都是“供—需—均衡”分析方法延续,而那颇具争议的 IS-LM 分析其实也有该分析的影子。当然“边际”分析、“效用”分析自然而然就不在话下了。

与宏观经济学相比,微观经济学不具备从各个指标直接找到联系的手段,微观经济学只能根据最基本的前提假设,从逻辑体系中论证出几个指标有什么道理上的联系。微观经济学当然有实证检验,不过那只是对已有的理论进行检验或试图对其进行修正。微观经济学理论性要强于宏观经济学。

由于新古典微观经济学的研究方法是当前世界经济学主流方法,因此它也受到了多方面的批评,这些批评刚好可以被用来理解新古典微观还有哪些特征。

首先,其他学派的学者认为新古典微观经济学建立在一个软地基上。这个软地基就是“效用”的概念。新古典学者自己都承认,只能比较两个“效用”的大小,但不能说出“效用”的单位,不同人从同一件事中获得的效用不一样,而且观察者也无法知晓他人获得了多大效用。因此“效用”无法成为衡量一个事物含有多大经济价值的最终标准,经济价值的衡量还需借助“边际”来完成。

其次,新古典微观经济学过多地使用数学也招致奥地利、历史、制度等学派的批评。本来数学仅是一种描述事物的语言,但由于数学方法附带的分析方式,使得新古典经济学带上了一些可以招致批评的成分。新古典经济学试图把 个有机的整体拆卸成若干部分,然后通过比较静态分析得出每部分的关系,最后再把这些部分重新装在一起。它使用过于简化的模型,试图寻求放之四海而皆准的理论,但却忽视了一些小的细节可能会对问题造成多大的影响。奥地利学派还批评新古典经济学过多地使用了“连续”的观念,事实上很多经济现象都是分散进行的。

再其次,新古典经济学忽视了时间因素的重要影响。以均衡为例,由于供给与需求都是时时刻刻在变化中,因此理论上的均衡状态是不可能真正达到的。由于是静态分析,新古典微观经济学也不可能考虑经济变量的动态变化,只能机械地分部分地得到一个理想状态。

最后,由于“效用”的概念不坚实,无法找到各要素在产生“价值”中(新古典微观经济学中索性将这一概念取消了)所做的贡献,因此新古典微观经济学也无明确的分配理论。对要素如何进行分配,马歇尔并没有给出原则,不过奥地利学派的维塞尔却提出了“边际分配理论”,根据“边际分配理论”,各要素所获得的报酬应该根据生产在最后停止时那一边际大小关系比例来确定。如此的分配理论明显是与古典政治经济学的分配理论相冲突的,并且它回避了剩余问题和阶级分析,因此遭到了其他学派学者的猛烈批判。由于新古典微观学研究对象的限制,它并没有涉及生产体系周期性变化的问题,因此经济周期(经济危机)不在它的研究范畴之内。

新古典微观经济学是否坚持自由放任的政策主张?应该说该话题不是微观经济学的主要问题,尽管马歇尔等人曾对这个问题进行过讨论,但这并不意味着新古典微观经济学在自由放任与政府干预的争论中有何理论贡献。新古典经济学基本继承了古典政治经济学市场自身就有一只“看不见的手”的认识,因此倾向于政府应该自由放任。

还有一些内容当初确实是马歇尔本人的主张,但在流传的过程中被逐渐忽视了。演化的思想就是一例,马歇尔曾多次有过经济体更像是生物体而不是机器的思想,但新古典微观经济学还是最终演变成了类似于一台生产机器的说明书。又如企业家管理(企业家精神),马歇尔明确将其与土地、资本、劳动等要素并列在一起,但在之后的经济学教科书中这一要素被忽视了。直到企业家精神被熊彼特重新提出,该要素仍未成为解释经济的主要概念。

参考文献:

[英]杰弗里·霍奇逊:《演化与制度:论演化经济学和经济学的演化》,中国人民大学出版社 2007 年版。

晏智杰:《边际革命和新古典经济学》,北京大学出版社 2004 年版。

[美]理查德·豪伊:《边际效用学派的兴起》,中国社会科学出版社 1999 年版。

[英]斯坦利·杰文斯:《政治经济学理论》,商务印书馆 1997 年版。

[英]马歇尔:《经济学原理》,商务印书馆 2005 年版。

[奥]卡尔·门格尔:《国民经济学原理》,上海世纪出版集团 2005 年版。

[奥]弗·冯·维塞尔:《自然价值》,商务印书馆 1982 年版。

逯建、乔洪武:《奥地利经济学与新古典经济学》,载于

《求索》2008 年第 10 期。

（逯建）

后凯恩斯主义方法
Post Keynesian Methods

“后凯恩斯”这个名词所指原本比较宽泛，可以泛指所有从凯恩斯的经济学发展而来的经济学说。但因出现了“剑桥争论”（见相关词条），学术界用“后凯恩斯”（Post Keynesian）来专指英国剑桥大学的“新剑桥学派”。而将美国马萨诸塞州剑桥，以美国经济学家萨缪尔森、托宾、索洛等为代表人物的学派称为“后凯恩斯主流学派”（该学派又被称为“美国凯恩斯学派”、“新古典综合学派”等）。

“后凯恩斯”学派之所以又有“新剑桥学派”的称呼，是因为该学派有意要与剑桥大学之前的新古典传统相区别。马歇尔所创的新古典经济学主要使用的是短期的静态均衡分析方法，而新剑桥学派认为这种理论太过于微观和短期，无法说明经济成长的长期情况，因此有必要使用更长更广泛的研究方法。新剑桥学派同样也不赞同希克斯、汉森以及新古典综合学派使用 IS-LM 分析方法对凯恩斯的经济学说的解读，同样认为正是这种方法才导致了凯恩斯理论的琐碎化、静态化，因此需要为凯恩斯主义正名，由此产生了“后凯恩斯主义”的名称。

虽然后凯恩斯主义的研究者拥有重塑凯恩斯主义的共同研究目的，但该学派也没有形成统一的研究纲领，在具体研究问题及政策主张方面也没有形成统一的主张。后凯恩斯学派最早同时也是最知名的成员有琼·罗宾逊夫人、卡多尔、斯拉法、卡莱茨基、帕西内蒂、伊特韦尔等。一般说来，除主张使用长期动态的研究方法以外，该学派还有以下一些基本主张：

第一，从不完全竞争、不确定性、积累、增长与经济周期等角度解释经济。琼·罗宾逊夫人早年曾写了著作《不完全竞争》，卡莱茨基发表重要代表作《商业循环理论大纲》，使得这种思路变得十分清晰。卡莱茨基还发表了《经济周期理论概要》（1935）、《国民收入分配的决定》（1938）、《经济动态理论》（1954）等论文、著作。这些研究贯穿了卡莱茨基多部门、多时期、多角度研究经济的思路。卡多尔也从分配的变动对经济的影响讨论经济的变化，他认为正是分配的变动才导致了经济发生了内在变动，从而导致了经济的不稳定甚至经济周期。

第二，关注阶级、社会权力及社会冲突。后凯恩斯学派的成员基本都试图将马克思主义的学说嫁接到他们的学说之中。罗宾逊夫人、卡莱茨基等人认为马歇尔与凯恩斯的分析框架忽视了社会阶级分析，而在经济长期发展的背景下，资本回报（利润）的增长要高于工资回报（工资）的增长，由此导致了不同阶层收入的不平等。这种收入不平等又使得经济增长乏力，有效需求不足，从而导致经济危机及社会冲突。

第三，尝试用客观的价值体系来解释经济。由于基于效用的主观价值论缺乏坚实的理论基础，斯拉法等试图从李嘉图的学说中找到客观的价值标准（他的学说又被称为“新李嘉图主义”，见相关词条解释）。由于有了更客观的价值标准，方便了后凯恩斯主义的其他学者对经济价值与收入分配问题的研究。斯拉法在他的研究中还提醒其他学者注意投入—产出和联合生产等问题。

后凯恩斯学派还在两个基本问题上不同意新古典综合学派对凯恩斯学说的理解。按照新古典综合学派的意见，凯恩斯是反对供给自动创造需求的“萨伊定律”，不过如果政府进行适当干预，需求最终能够适应投资也就是供给。但琼·罗宾逊夫人认为即使存在政府干预，也不可能完全恢复供给自动创造需求的情况，因此萨伊定律在现代的任何时候都不可能成立。同样，新古典综合学派认为，只要政府采用足够的投资来吸收储蓄，经济就能恢复充分就业，后凯恩斯学派认为这也是不可能的，因为凯恩斯认为“投资支配储蓄”，而在此情况下失业是不可避免的。

后凯恩斯学派的许多学术观点，都得到了琼·罗宾逊夫人的融合归纳。作为一名女性，她一直是剑桥大学的学术领袖。她试图将有效需求运用到长期的经济增长分析，否定生产函数中的“资本”概念，将详细的阶级分析纳入到经济增长的分析之中，同时承认制度因素对经济增长的影响。她对收入与分配的研究使得她获得了广泛的声誉，而她对马克思主义的议论也使她获得了“西方经济学左派”的名声。更重要的是，罗宾逊夫人作为“新剑桥”的学术领袖与萨缪尔森等人发生了长时期的争论，在经济政策层面她也与弗里德曼的领导芝加哥学派有过许多讨论与交流。

除对凯恩斯理论的接受和对新古典经济学的批评以外，后凯恩斯主义经济学还综合了当时流行的其他多种学说。后凯恩斯主义者与马克思主义者的交往就很密切，罗宾逊夫人多次使用并讨论了马克思主义，意大利人斯拉法与共产党人葛兰西的私交很好，他对李嘉图客观价值论的发展也可以看做是对马克思主义的一种维护，卡莱茨基是波兰人，他在第二次世纪大战以后还回到了社会主义波兰，并写作了《社会主义和混合经济的经济增长论文选》（1972）等著作。为了研究各个国家经济发展的特殊性，后凯恩斯学派还借鉴了新老制度学派的学说。这方面的代表人物主要为阿瑞思蒂斯（Arisesis）、瑞纳德斯（Reynolds）等。

后凯恩斯学派还在货币金融、财政学、20 世纪 70 年代发生的滞涨问题上发出过自己的声音。卡多尔提出了"银行贷款是货币增长的主要源泉"的水平主义方法,他认为中央银行只能控制银行利率而非货币的供应量,从这个方面说流动性偏好的假设也是不必要的,是凯恩斯思想的倒退。在财政学方面,卡多尔提倡以消费税为基础课税,提倡设置增值税。在通胀的原因分析方面,部门间的结构差异、经济发展的不确定性,以及政治活动对经济的影响都是可能造成通胀的原因。后凯恩斯主义者因此提出了稳定的财政政策,对失业者进行帮助并逐步实现私有企业国有化的政策建议。

在以罗宾逊夫人为代表的第一代后凯恩斯主义者之后,该学派至少又经历了两代学者的发展。帕西内蒂、哈考特、温特劳布、戴维森、明斯基是第二代,其中帕西内蒂又是第二代学者的领袖,而阿瑞思蒂斯、道、拉瓦耶、金、沃瑞是该学派的第三代中的代表人物。同时,后凯恩斯主义现在也已在美国广泛流传,成为美国主流经济学的众多批评者的一员。

参考文献:

胡寄窗:《1870 年以来的西方经济学说》,经济科学出版社 1988 年版。

贾根良:《西方异端经济学主要流派研究》,中国人民大学出版社 2010 年版。

蒋自强、史晋川:《当代西方经济学流派》第二版,复旦大学出版社 2006 年版。

[意]阿莱桑德罗·隆卡吉里亚:《皮埃罗·斯拉法》,华夏出版社 2010 年版。

[墨]胡里奥·洛配斯、[法]迈克尔·阿祖兹:《米哈尔·卡莱茨基》,华夏出版社 2011 年版。

[英]伊特韦尔等:《新帕尔格雷夫经济学大辞典》,经济科学出版社 1996 年版。

[英]琼·罗宾逊、约翰·伊特韦尔:《现代经济学导论》,商务印书馆 1982 年版。

[英]斯拉法:《用商品生产商品》,商务印书馆 2012 年版。

(逯建)

新李嘉图主义方法
Neo-Ricardian Methods

"新李嘉图主义"是 20 世纪 70 年代出现的一个名称,用以概括皮埃罗·斯拉法(Piero Sraffa)在《用商品生产商品》中展现出的那种回到李嘉图的研究思路和方法。

斯拉法,意大利人,早年曾接触过一些马克思主义学说,也对一些货币问题进行过研究。1926 年他在《经济学杂志》(*Economic Journal*)上发表了一篇《竞争条件下的报酬定律》的论文,引起了剑桥大学学者的重视。1927 年,凯恩斯邀请他到剑桥大学任教,并长期主持马歇尔图书馆的工作。他一生的主要时间花费在对李嘉图的著作与通信的整理之上,所著论著极少。但他因对古典经济学、马歇尔和凯恩斯学派的理解而备受剑桥大学其他成员的重视,成为了他们的讨论小组的重要成员(该小组也被称为新剑桥学派,其成员及观点见"后凯恩斯主义方法"的词条)。1960 年,斯拉法在经历了长达二十多年的沉寂之后写出了一本只有 96 页的代表作《用商品生产商品》,引发了学界的高度重视。

古典经济学曾经一直遵循所有商品均有客观价值的立场,但究竟以什么为客观价值的标准却众说不一。李嘉图在总结古典经济学的学说观点之后提出了劳动价值论,对概括古典经济学,提升人在经济活动中的核心地位有着十分重要的意义。然而,他所提出的劳动价值论还存在无法说明商品生产循环中价值如何转化的缺陷。由于商品的生产循环需要众多商品的参与,因此各商品彼此间的影响往往会导致商品价格并不一定表现价值,因此需要使用一种更加全面的办法对商品价值进行重新定义或重新分析。

正是基于此种考虑,斯拉法在《用商品生产商品》中对商品生产循环过程中的价值问题进行了讨论,并提出了一种新的客观价值标准。为使问题能更加明确,他的体系中没有考虑货币,没有考虑技术与产量的变化,当然也不存在新古典经济学那样的供需均衡分析。他仅考虑商品到商品的生产模式,并在著作开篇的很长一大部分考虑生产单一商品且不存在生产规模的扩大(或称产品的积累)。通过对生产系统的数理化的定义描述,及一系列方程的并列求解,斯拉法得到产业的利润率独立于生产体系或货币利率。通过设定工资率的比率,斯拉法还可以计算出利润率的大小。

斯拉法从一系列方程组中得到可用做价值尺度的"标准商品",与劳动价值论不同,这种标准商品是从那种由商品到商品的生产体系中计算出来的,因此不可能表现为一种单一商品(如劳动、又如土地、资本或其他),并且如果生产体系不确定下来,"标准商品"也无从计算出来。斯拉法还论证,这种"标准商品"是唯一的,即若要存在其他的"标准商品",则一定会使某一商品的价格变为不合道理的负数。也就是说若生产体系确定,指导生产的价值体系就被确定下来了。

斯拉法的价值理论,当然还是与新古典经济学有明显区别的。新古典经济学取消了价值概念,将商品的价格理解为主观效用的表现。但不幸的是这种主观效用却没有统一的外在表现形式,使得主观效用实际上缺乏了一个坚实的基础。斯拉法的"标准商品"学说建立在商品而不是效用理论之上,是相对确定的,因此与主观价值理论有着更明显的区别。虽然与其他客观价值理论有一定的差距,但他的学说仍应被看作是对客观价值论的维护,是客观价值理论的一种发展或有益探索。

斯拉法把从投入到产出的产品数量的扩大理解成为产生利润的原因,通过各产品投入资本的自动调整,社会能达到一种统一的利润率水平。在斯拉法体系中,工资并不是"维持最低生活水平的产品",而是可以参与剩余的分配,剩余也有一部分能被工人获得,其余则成为真正的资本所有者的利润。斯拉法认为工资是独立于生产体系之外的自变量,它与最高利润率共同决定利润率的大小。若将生产费用还原成有时期的劳动量,利润率和生产时期的变化还会使得表示生产费用的劳动量发生较大幅度的变动。

斯拉法的价值理论更大的影响表现在对新古典经济学的"边际分配"理论的颠覆。边际分配理论是根据生产最终稳定时各要素投入的最后一边际的大小予以确定分配给要素的比例关系。但在斯拉法体系中,由于生产是日复一日,生产的投入较少发生变动,因此无法根据投入品的边际变动判定商品该如何分配。斯拉法根据商品的生产体系中各产品的交换关系及它们与"标准商品"的关系来指导分配,商品的投入能对应获得的收益(即它所能分得的报酬)是根据它们在生产体系中的作用。可以想象,即使生产规模发生了扩大,商品投入也发生了变动,斯拉法的分配理论仍有很大的适用性,能够对边际分配理论构成挑战。

除几种商品共同生产一种产品的生产外,斯拉法还研究了几种商品共同生产多种产品的联合生产情况。这是之前的古典经济学理论未予考虑的。当然,通过转换商品的投入比例,作为投入品的几种商品还有可能产出其他的多种产品。斯拉法证明,在联合生产情况时他的"标准商品"计算方案仍然存在。他还对固定资本以及土地使用的问题进行了讨论。在著作的最后,斯拉法还略微讨论了生产方法转变后可能会造成的哪些变化。不过这些变化是很简单的,完全可以在此基础上进行更深入的研究,或许可以发展出一种在生产技术持续变化的背景下的客观价值理论。

对于斯拉法学说的评价,不同学派评价并不一致。许多新凯恩斯学派(见相关词条)的学者认为斯拉法应该是继承了李嘉图的方法,马克思主义的价值理论被斯拉法认为是李嘉图的一个批判性的发展而不是完整的继承(Medio,1972),因此斯拉法对李嘉图的解读并不是马克思主义的延续,他的理论被贴上了"新李嘉图主义"的标签,以示与马克思主义剩余理论的区别。但斯拉法对这个称呼并不同意,他情愿别人称呼它斯拉法的经济学。而美国的新古典综合学派并不十分看重斯拉法的贡献,尽管他们的带头人萨缪尔森曾经也写过一些关于价值转型问题的论文。

在斯拉法之后,人们主要沿着三条思路对斯拉法的工作进行拓展:帕西内蒂,对斯拉法的工作进行了"李嘉图主义"式的重建;斯梯德曼对斯拉法进行了"马克思主义"式的重建,写作了《按斯拉法思想研究马克思》的著作;拉比尼对斯拉法进行了"斯密主义"式的重建。由于斯拉法与古典经济学的这三种学说均有很密切的联系,因此这三种重建都可以看做是斯拉法主义的解释与发展。不论如何,斯拉法长期对李嘉图著作的整理和深入研究、对古典经济学的继承以及对现代经济学(不论西方经济学还是马克思主义)的影响,都应受到后人的敬仰。

参考文献:

[英]斯拉法:《用商品生产商品》,商务印书馆 2012 年版。

[英]斯梯德曼:《按照斯拉法思想研究马克思》,商务印书馆 1991 年版。

胡寄窗:《1870 年以来的西方经济学说》,经济学科出版社 1988 年版。

巫宝三:《〈用商品生产商品〉序言》,商务印书馆 2012 年版。

郭熙保:《斯拉法价格理论初探》,载于《经济研究》1986 年第 5 期。

胡坚:《评斯拉法对李嘉图"不变价值尺度"难题的解答》,载于《经济科学》1993 年第 1 期。

丁堡骏:《评斯拉法的价格理论》,载于《政治经济学评论》2003 年第 2 卷。

魏埙:《当代一种独具奇特的价格理论体系——斯拉法〈用商品生产商品〉》介评,载于《南开学报》2001 年第 6 期。

Medio, A., Profits and Surplus Value: Appearance and Reality in Capitalist Production, In *A Critique of Economic Theory*, ed. E. K. Hunt and J. G. Schwartz, Harmondsworth: Penguin, 1972.

Sraffa, P., *Production of Commodities by Means of Commodities*, Cambridge: Cambridge University Press, 1960.

(逯建)

事前与事后

Ex Ante and Ex Post

20 世纪 20 年代,在埃里克·林达尔和贡纳尔·默达尔(Erik Lindahl and Gunnar Myrdal)的论文中最早出现了"事前"与"事后"的思想。1924 年,林达尔的一篇论文中,强调了时间对宏观经济分析的重要性和意义,在探讨"只有事后才认识的负投资"时,提出了"对未来的主观计算"的思想和"事后"的概念。1927 年,"斯德哥尔摩学派"创始人之一——经济学家默达尔在他的博士论文"经济变化中的价格形成问题"中(原文为德文)，对“事前”和“事后”的思想做了更加详细的阐述。在论文中，默达尔探讨了被经济主体所预期的经济变化如何影响当前的价格形成过程，以及这种影响与企业行为等变化之间的关系。他明确区分了“完全预期的变化”和“未预期的变化”。他认为，如果需求或者技术的变化完全被企业所预期到并在决策时加以考虑，那么当这种变化实际发生时就不会影响企业的利润；与之相反，完全未预期的变化会引起未预期的价格变化，从而影响企业的成本、资本价值和利润；而在现实世界中，这两种情况都普遍存在。“完全预期的变化”与“未预期的变化”的区分是“事前”与“事后”思想的雏形。因为“事前”与“事后”的区分，实际上是对“预期得到的”和“预期不到的”的差异的认可，这个思想最先是由弗兰克·奈特(Frank Knight)在1921年提出来的。

1933年，默达尔在论文“货币均衡”(原文为德文)中，构建了一个动态宏观经济分析的框架。在探讨投资和储蓄时，他明确区分了资本的“预期回报”与“实际回报”，并基于此讨论了“预期回报”的变化如何影响与资本成本有关的资本价值，从而影响投资决策和计划。这篇论文对“事前”与“事后”的思想作了详细具体的阐述，并将其引入了动态宏观经济分析中，特别是对投资—储蓄关系的分析。从此，这些概念便开始被广泛应用于动态宏观经济分析中。如Erik Lindal在论文“利率与价格水平”(1939)中，开始将“事前”与“事后”的思想应用于更多宏观经济问题的分析。

1937年，俄林在两篇论文“对斯德哥尔摩学派储蓄与投资理论的一些评论Ⅰ Ⅱ”中，综述了“斯德哥尔摩”学派的思想，详细阐述和系统分析了维克塞尔(Wicksell)、默达尔和林达尔等经济学家的宏观经济学观点。这两篇论文使得“事前”与“事后”的概念得到学术界的广泛认可和应用。

如今，“事前”和“事后”的术语在经济学和商学中被广泛应用。“事前”是指对特定行为的结果的事先预测，“事后”是指实际结果。如在金融学中，“事前回报”是指投资组合的预期回报。事先实际利率仅在实际通货膨胀与预期的通货膨胀有差异时才会与事后实际利率不同。

参考文献：

Knight, F. H., *Risk, Uncertainty, and Profit*, Chicago: University of Chicago Press, 1971.

Lindahl, E., *Penningpolinkens mal och model*, Del Lund. Gleerup; Malmo: Forsakringsaktiebolaget, 1924.

Lindahl, E., *Penningpolitikens medel*, Lund. Gleerup: Malmo. Forsakringsaktiebolaget: enlarged version of 1st edn, 1929: revised version trans. as Lindal (1939a), 1930.

Lindahl, E., *A Note on the Dynamic Pricing Problem. Mimeo*, Gothenburg, 13: Quoted from the Corrected Version Published in Steiger(1971), 1934.

Lindahl, E., *The Rate of Interest and Price Level*, In Lindal (1939c), Revised Version of Lindahl(1930).

Lindahl, E., Algebraic Discussion of the Relations Between some Fundamental Concepts, In Lindahl(1939c).

Lindahl, E., *Studies in the Theory of Money and Capital*, London: Allen & Unwin, 1939c.

Myrdal, Prisbildningsproblemet och foranderligheten. English translation: The Problem of Price Formation under Economic Change, 1927.

Gunnar Myrdal, Der Gleichgewichtsbegriff als Instrument der geldtheoretische Analyse. In Beitrage zur Geldtheorie. Ed. F. A. Hayck. Wienna: J. Springer. Is: revised version of Myrdal(132); 2nd revised version trans. As Myrdal(1939) English translation: Money equilibrium, 1933.

Keynes, J. M., Ex post and ex ante. Notes from the 1937 lectures. In the General Theory and After, Part Ⅱ: Defence and Development, Vol. XIV of *The Collected Writings of Jone Maynard Keynes*, ed. D. Moggridge. London: Macmillan, 1973.

Gunnar Myrdal, *Monetary Equilibrium*, London: Hodge: Revised Version of Myrdal(1933), 1939.

Ohlin, B., Some Notes on the Stockholm Theory of Savings and Investment Ⅲ, *Economic Journal*, 47, 1937.

Erik Lundberg, Gunnar Myrdal's Contribution to Economic Theory, *The Swedish Journal of Economics*, Vol. 76, No. 4, 1974.

Hansson. B., *The Stockholm School and the Development of Dynamic Methods*, London: Croom Helm, 1982.

(付亮)

非理性行为和经济理论

Irrational Behavior and Economic Theory

现代经济学基本上是建立在人是理性的假设之上的，自从亚当·斯密的“经济人”概念的提出，经济学就一直把人当作“理性的”进行分析。这一思想被由功利主义和新古典经济所吸收，经济理论变成了理性人的功利主义计算。理性人的基本假设还被公理化，成为了经济学讨论人类行为的基础。

不过，随着人们对自身行为认识的不断加深，人们开始逐渐认识到人的行为并不那么理性。选择时的随心所欲、盲从、攀比以及其他情感的宣泄都会明显改变选择的结果，从而导致事实与经济学经典理论的严重偏离。非理性经济学的学者经过反复研究，总结出了一些常见的非理性结论：

第一，与能带来正效用的事情相比，人会对能带来负效用的事情更加关注；

第二，人的偏好不一定是一成不变的，事实上人可能就没有一个完全明确的偏好体系；

第三，人在进行选择时，总会从那些难忘的事情中寻找到标准，但它并不一定就是正确的；

第四，人在行为中会对行为与参照标准的差异很敏感，对行为的后果反而不是那么敏感；

第五，人类的行为往往会具有公平与社会动机，也就是说个体的行为会兼顾社会公平。

通过大量研究发现，非理性行为在人的行为中广泛存在，这一结果也吸引了大批优秀的学者对这一领域的问题进行研究。经济学因此产生了实验经济学分支。实验经济学采用组织人们进行实验的方法，将在不同实验设计下的人的选择进行记录分析，从而得出结论。由于是研究人的行为，该学科分支又被称为是行为经济学。行为经学不仅关注每个人的行为，也研究一群人甚至社会的行为选择，宏观经济学中“预期”即是一个例子。社会对经济指标走势的乐观或悲观看法，在很大程度并不与经济走势相关，事实上还有一些莫名其妙的想法会使得经济出现意外的波动。虽然芝加哥学派出现了理性预期的理论，但预期往往不是理性的，需要非理性的经济理论予以解释。

行为经济学在金融学领域有更大的用武之地。由于很多金融现象与人的行为密切相关，因此金融特别需要使用非理性分析，该学科分支又被称为“行为金融”。除此之外，理性预期在公共品选择、政党选举等问题上有很大的使用价值。由于大量学者富有创造力的贡献，2002 年的诺贝尔经济学奖被授予了美国经济学家弗农·史密斯和以色列经济学家丹尼尔·卡恩曼，自那以后行为经济学获得了更大的发展，实验和行为经济学也被中国学者广泛接受，诞生了大量颇具价值的研究成果。

参考文献：

孙绍荣、宗利永、鲁虹：《理性行为与非理性行为》，上海财经大学出版社 2007 年版。

黄祖辉、胡豹：《经济学的新分支：行为经济学研究综述》，载于《浙江社会科学》2003 年第 2 期。

张峥、徐信忠：《行为金融学研究综述》，载于《管理世界》2006 年第 9 期。

（逯建）

博弈论

Game Theory

博弈论也称“对策论”或“交互决策理论”。博弈论现在被广泛应用于经济学、政治学、演化生物学、国际关系和军事战略分析等诸多领域。博弈论现已成为经济学的标准分析工具之一，被应用于拍卖理论、竞价理论、产业组织理论、机制设计理论等。

博弈论最初主要是指二人零和博弈，即博弈一方的收益等于另一方的损失。如传统的扑克、象棋等。人们对于博弈只是以经验为主，没有理论化的研究。

1713 年，詹姆斯·瓦尔德格雷夫（James Waldegrave）在一封信中，给出了二人博弈的最小最大混合策略解。1838 年，安托万·奥古斯丁·古诺（Antoine Augustin Cournot）在《财富理论的数学原理研究》中，考虑了双头垄断的特殊情形，提出了均衡的概率，这是后来提出来的“纳什均衡”在该特殊情形中的表现。1881 年，弗朗西斯·埃奇沃思（Francis Edgeworth）在研究个体之间的交易的结果时，提出了“契约曲线”的概念。在两种商品和两种类型消费者的模型中，随着每一种类型的消费者的数量趋于无穷大时，契约曲线退化为竞争均衡的集合。“核”的概念则是“契约曲线”的一般化。

近代对于博弈论的研究，开始于策墨洛（Zermelo）、波雷尔（Borel）及冯·诺伊曼（von Neumann）。1913 年，策墨洛在一篇论文中提出了博弈论的第一个定理。这个定理现在被称为“策墨洛定理”，后来被德奈什·柯尼希和拉斯洛·卡尔马尔（Denes Konig and Laszlo Kalmar）加以扩展和一般化。1921 ~ 1927 年，波雷尔证明了二人对称零和博弈的最小最大化定理。1928 年，诺伊曼在一篇论文中，运用紧凸集上连续映射的布劳沃（Brouwer）不动点定理，证明了二人零和博弈混合策略均衡的存在性。这篇论文同时提出了博弈的扩展形式。

冯·诺伊曼和摩根斯坦的《博弈论与经济行为》（1944）是博弈论领域的重要著作，阐述了“二人零和博弈”的理论，提出了“合作博弈”的概念。这本书奠定了博弈论这一学科的基础和理论体系，并开始将博弈论引入经济学。

1950 ~ 1954 年，约翰·纳什发表的四篇论文对“非合作博弈”理论和“讨价还价”理论做出了重要贡献。在“N 人博弈（1950）”和“非合作博弈（1951）”两篇论文中，纳什提出了“纳什均衡”的概念并证明了其存在性。在“讨价还价问题（1950）”和“二人合作博弈（1953）”两篇论文中，纳什对“讨价还价”理论作了公理化的阐述，并证明了“纳什讨价还价”解的存在性。1965 年，赖因哈德·泽尔滕（Reinhard Selten）提出了“子博弈完美均衡”的概念，是对纳什均衡的精炼。1967 年，约翰·海萨尼（John Harsanyi）提出了“完全信息”和“贝叶斯博弈”的概念。

19 世纪 70 年代，由于约翰·梅纳德·史密斯（John Maynard Smith）的工作，博弈论被大量应用于演化生物学中。在这一时期,“相关均衡”、“颤抖的手”、“公共知识”等概念被引入博弈论。1994 年,由于在博弈论理论的杰出贡献,纳什、泽尔滕和海萨尼获得了诺贝尔经济学奖。

2005 年,诺贝尔经济学奖再次颁给了在博弈论领域有重要贡献的托马斯·谢林和罗伯特·奥曼(Thomas Schelling and Robert Aumann)。谢林的工作包括动态博弈模型和演化博弈论。奥曼的贡献很广,包括相关均衡、公共知识等方面。2007 年,由于在“机制设计理论”的基础性贡献,里奥尼德·赫维茨、埃里克·马斯金和罗杰·迈尔森(Leonid Hurwicz, Eric Maskin and Roger Myerson)获得诺贝尔经济学奖。赫维茨提出了“激励相容”的重要概念。马斯金将博弈论引入了机制设计领域。迈尔森提出了“适当均衡”的概念。

一个博弈是对个体的策略相互影响的情形的正式的描述。即在一个博弈中,每个个体的福利不仅取决于自己的行为,同时也取决于其他个体的行为。

要描述一个博弈,通常需要知道:

规则:每个参与者什么时候行动,每个参与者有哪些行动,参与者行动时拥有什么信息

结果:对每个可能的策略的组合,博弈的结果是什么

收益:对每个可能的结果,每个参与者的收益是多少

一个简单的例子为“硬币配对”

参与者:参与者 1 和参与者 2

规则:每个参与者同时各将一枚硬币放下,或者正面朝上或者反面朝上。

结果:如果两枚硬币匹配(都正面朝上或都反面朝上),则参与者 1 给参与者 2 一元钱;否则的话,参与者 2 给参与者 1 一元钱。

收益:这需要知道每一个参与者的偏好。我们一般通过效用函数来刻画参与者的偏好,并将效用函数当作收益函数。通常假设效用函数具有期望效用函数的形式,从而可以用来分析结果是不确定的博弈。

一般地,合作博弈通过特征函数形式来表示,而非合作博弈通过正常或者扩展形式来表示。

正规形式(Normal form)

博弈的正规(策略)形式通常通过博弈矩阵来描述。博弈矩阵包括了博弈的参与者及其策略和收益。更一般地,正规(策略)形式可以通过一系列函数来描述,对应每个参与者的函数将所有可能的策略的结合映射到该参与者的收益。

在下表表述的博弈中,有两个参与者,每个参与者有两个策略。每一个小方格中的数字对表示该方格对应的策略组合的收益,第一个数字是行参与者(即参与者 1)的收益,第二个数字是列参与者(即参与者 2)的收益。如果参与者 1 选择“上”且参与者 2 选择“左”,则参与者 1 和参与者 2 的收益分别为 2,1。

当一个博弈通过正规形式来描述时,潜在的假设为所有参与者同时行动或者每个参与者在行动时不知道其他参与者的行动。当参与者在行动时拥有其他参与者行动的信息时,博弈一般通过扩展形式来描述。

表 1 博弈矩阵

参与者 2 / 参与者 1	左	右
上	2,1	-1,-1
下	0,0	1,2

扩展形式(Extensive form)

博弈的扩展形式一般通过“博弈树”来描述。每一个节点(或顶点)表示参与者的行动点。从节点分出的每一条线表示在该节点行动的参与者的可能的行动。博弈树底端的数字对表示该博弈的收益(或者结果)。

在图 1 的博弈中,有两个参与者。参与者 1 首先行动,可以选择 F 或者 U。参与者 2 观察到参与者 1 的选择后行动,可以选择 A 或者 R。如果参与者 1 选择 U 且参与者 2 选择 A,则参与者 1 和参与者 2 的收益分别为 8 和 2。

博弈的扩展形式都可以转化为正规形式,但是这种转化可能导致矩阵规模的指数化增长。

博弈的扩展形式可以用来描述同时行动博弈或者不完全信息博弈。

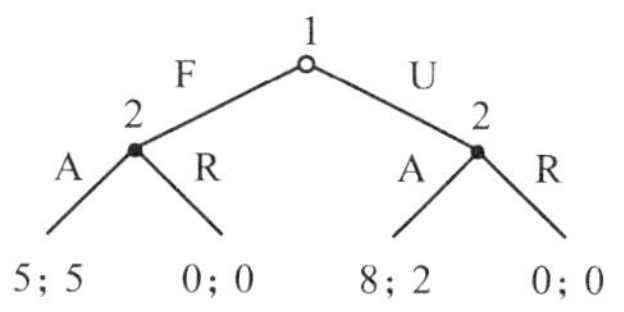

图 1 博弈的扩展形式

博弈的特征函数形式最早由冯·诺伊曼和奥斯卡·摩根斯坦(John von Neumann and Oskar Morgenstern)在《博弈论与经济行为》一书中提出,他们认为,当一个联盟 C 形成时,这个联盟(C)与剩下的参与者的集合(N/C)竞争类似两个个体之间的博弈。

特征函数通过(N,v)来描述,其中 N 表示参与者的集合,$v:2^N \to R$ 表示效用函数。

特征函数可以用来描述没有转移效用的博弈。

合作博弈与非合作博弈

如果参与者能够形成有约束力的承诺,一个博弈被称为合作博弈否则被称为非合作博弈。

在合作博弈中,通常假定参与者可以进行沟通;而在非合作博弈中,则不能。

非合作博弈可以描述具体的情形，并得到准确的结果，但合作博弈只是总体的概述。Nash program 证明了很多合作解可以看做非合作博弈均衡。

零和博弈与非零和博弈

在零和博弈中，对于所有可能的策略组合，所有参与者的收益的和为 0。最简单的例子是扑克游戏，和前面提到的“硬币配对”。

同时博弈与序贯博弈

在同时博弈中，所有参与者同时行动，或者每一个参与者在行动时不知道其他参与者的行动。在序贯博弈中，某个(些)参与者在行动时拥有关于其他参与者行动的信息，信息不一定是完全的，某个参与者可能只是知道另一个参与者没有选择某一个策略，而并不知道该参与者选择了哪个策略。

完美信息博弈与非完美信息博弈

在完美信息博弈中，所有参与者在行动时拥有有关先于其行动的参与者的行动的完全信息。最简单的例子是象棋。

非完美信息博弈是序贯博弈的一个子集，因为在同时博弈中，每一个参与者都不知道其他参与者的行动。

参考文献：

R. J. Aumann, [1987] 2008, "Game Theory", Introduction, *The New Palgrave Dictionary of Economics*, 2nd Edition. Abstract.

R. J. Aumann, "Game Theory", *The New Palgrave Dictionary of Economics*, 2nd Edition. Abstract, 2008.

Ross, Don. "Game Theory". *The Stanford Encyclopedia of Philosophy* (Spring 2008 Edition). Edward N. Zalta (ed.). Retrieved 2008-08-21.

Martin Shubik, Game Theory Models and Methods in Political Economy, in Kenneth Arrow and Michael Intriligator, ed., *Handbook of Mathematical Economics*, v. 1, 1981.

R. Aumann and S. Hart, ed., *Handbook of Game Theory with Economic Applications*, v. 2, outline links, ch. 30: "Voting Procedures" & ch. 31: "Social Choice.", 1994.

R. Aumann and S. Hart, ed. (1992, 2002). *Handbook of Game Theory with Economic Applications* v. 1, scroll to outline links, ch. 3-6 and v. 3, ch. 43.

Drew Fudenberg, Advancing Beyond Advances in Behavioral Economics, *Journal of Economic Literature*, 44 (3), 2006.

David M. Kreps, *Game Theory and Economic Modelling*, Description, 1990.

Robert Aumann and Sergiu Hart, ed. *Handbook of Game Theory with Economic Applications* (scrollable to chapter-outline or abstract links): 1992. v. 1; 1994. v. 2; 2002.

The New Palgrave Dictionary of Economics, 2nd Edition, 2008:

"Game Theory" by Robert J. Aumann. Abstract.

"Game Theory in Economics, Origins of", by Robert Leonard. Abstract.

"Behavioural Economics and Game Theory" by Faruk Gul. Abstract.

Fudenberg, Drew; Tirole, Jean, Game Theory, MIT Press, *ISBN* 978-0-262-06141-4. *Acclaimed reference text*, Description, 1991.

Gibbons, Robert D., Game Theory for Applied Economists, Princeton University Press, ISBN 978-0-691-00395-5. Suitable for Advanced Undergraduates. Published in Europe as Robert Gibbons (2001), *A Primer in Game Theory*, London: Harvester Wheatsheaf, ISBN 978-0-7450-1159-2, 1992.

Green, Jerry R.; Mas-Colell, Andreu; Whinston, Michael D., *Microeconomic Theory*, Oxford University Press, ISBN 978-0-19-507340-9, 1995.

Myerson, Roger B., *Game Theory: Analysis of Conflict*, Harvard University Press, ISBN 978-0-674-34116-6, 1991.

Osborne, Martin J., *An Introduction to Game Theory*, Oxford University Press, ISBN 978-0-19-512895-6. Undergraduate textbook, 2004.

Osborne, Martin J.; Rubinstein, Ariel, *A Course in Game Theory*, MIT Press, ISBN 978-0-262-65040-3. A modern introduction at the graduate level, 1994.

Cournot, A. Augustin, Recherches sur les principles mathematiques de la théorie des richesses, Libraire des sciences politiques et sociales (Paris: M. Rivière & C. ie), 1838.

Nash, John, Equilibrium Points in N-person Games, Proceedings of the National Academy of Sciences of the United States of America 36(1), 1950.

Shapley, L. S., A Value for n-person Games, In: *Contributions to the Theory of Games volume* Ⅱ, H. W. Kuhn and A. W. Tucker (eds.), 1953.

Shapley, L. S., Stochastic Games, *Proceedings of National Academy of Science*, Vol. 39, 1953.

von Neumann, John, "Zur Theorie der Gesellschaftsspiele", Mathematische Annalen 100(1): English translation: "On the Theory of Games of Strategy", in A. W. Tucker and R. D. Luce, ed. (1959), Contributions to the Theory of Games, v. 4. Princeton University Press, 1928.

von Neumann, John; Morgenstern, Oskar, Theory of

Games and Economic Behavior, Princeton University Press, 1944.

Zermelo, Ernst, über eine Anwendung der Mengenlehre auf die Theorie des Schachspiels, Proceedings of the Fifth International Congress of Mathematicians 2, 1913.

Harsanyi, John C., An Equilibrium Point Interpretation of Stable Sets, *Management Science*, 20(11), 1974.

（付亮）

世界体系分析
World-Systems Analysis

一般认为，世界体系分析（World System Analysis）是一种研究政治经济学的历史和社会学方法，这种方法强调相互依赖、全球体系结构以及与之相联系的结构过程的重要性。目前主要存在两种类型的世界体系分析。第一种类型强调国际资本主义的方方面面，这种类型的世界体系分析主要以伊曼纽尔·沃勒斯坦（Immanuel Wallerstein）为代表（参见《现代世界体系》、《地缘政治和地缘文化——论变动中的世界体系》等）。这种类型的世界体系分析使用大范围和长时期的框架分析结构、周期和趋势。这种分析强调三种重要的过程：霸权力量的兴起和衰落、逐步的扩张和短时期的变化、中心和外围的劳动分工。第二种类型的世界体系分析着重强调全球政治体系，主要的代表人物是乔治·莫德尔斯基（George Modelski）（参见《世界政治中的长周期》）。

世界体系分析的出现，既有对传统社会科学方法的批评，也有对现代化理论的质疑。

世界体系分析是一种高度政治性地分析第三世界经济发展的方法。随着世界体系分析的发展，它被加以扩展，用来解释西方世界的历史兴起和大多数非西方社会的持续贫困。

世界体系分析是一种自20世纪70年代开始的知识运动。之所以定义为这个年代，沃勒斯坦给出了自己的解释。他认为，在社会科学领域，很少有哪个概念是没有历史先例的。但是只有当这些概念受到了充分的关注和经历了大量的实证检验后，才能认可它们作为一种知识结构被纳入社会科学的范围中。正是在这种严格的意义上，沃勒斯坦认为世界体系分析形成于20世纪70年代。

世界体系分析的重要代表人物沃勒斯坦指出，它是对自19世纪主导了社会科学的分析模式的批判。它主要坚持三点：第一，世界体系（而不是民族国家）是基本的社会分析单位；第二，通则式的和样案式的认识论（Nomothetic and Idiographic Epistemologies）都难以对社会现实进行有用的分析；第三，当前的社会科学中存在的学科划分不再有任何知识上的意义。

沃勒斯坦认为，世界体系分析不是关于社会世界或者其中某一个部分的理论，它是对发端于19世纪中叶的社会科学研究结构的一种抗议。从19世纪晚期开始，支配社会科学的主流观点认为社会科学是由一系列具有人们大致赞同的边界划分的特定学科构成的。一般认为标准的构成包括人类学、经济学、政治学和社会学。当然这种认识是存在争议的，有人会认为历史学也是社会科学，尽管大多数历史学家不这样认为，另外，也有人认为可能需要将心理学包括进来，但事实上心理学和社会科学分析的是不同层面的问题。尽管存在各种争议，但是在1945年之后，这种社会科学构成成为大多数大学的分类标准。这种划分一定程度上未造成知识上的分裂。过去和现在、西方世界和非西方世界，以及假定的三个现代性的领域。历史学家研究过去，经济学家、政治学家和社会学家研究现在。所有四个学科都研究西方世界，人类学家和东方学家研究非西方社会。人类学家研究古代社会，东方学家研究非西方的文明社会。最后，对西方世界当前的研究分为三个领域，市场（经济学）、国家（政治学）和市民社会（社会学）。很多时候这种划分不仅是知识上的，而且也因为各种学术组织的发展而得以加强。这种学科分类有其优点，但是也造成了很多问题。所以世界体系分析对这种发端于19世纪的社会科学的整体结构存在不满，从而提出了构成世界体系分析的三个基本要素：空间、时间和认识论。

在19世纪时，国家成为社会科学分析的单位。人们认为最重要的社会行动领域是国家，国家是一种主权单位，有其历史起源，它们有其自身的经济、政治体制，社会规范、结构以及文化传统，这些问题中的每一个都可以被社会科学家详细地加以说明。把一个国家同另一个国家区分开来的是这些不同的、并行的领域的结合。正是在这种基础上，比较模式和分析模式成为第二次世界大战后非常重要而且明显的研究框架，这些分析强调"发展"和"追赶"。然而，对把国家作为分析单位一直存在不同的声音。其中最重要的也是最具影响力的是布罗代尔（Fernand Braudel），他在《菲利浦二世时代的地中海和地中海世界》明确地反对把国家作为分析单位。他认为16世纪的地中海地区构成了一个经济世界（économie-monde），这并不是整个世界（全球）的经济，而是一种跨越了许多政治边界，并与经济上的相互依存交织在一起的历史结构。

因为对国家作为分析单位的不满，世界体系分析尝试提出自己的分析单位。在世界体系分析的代表人物沃勒斯坦那里，历史体系（Historical Systems）是基本的分析单位。而强调历史的人们基本上不同意或不确定体系的存在，强调体系的人们经常忽略历史的因素。沃勒斯坦认为，事物是历史的就是体系的，是体系的也就是历史的，并把社会的世界看做是复杂的、大规模的、长时期的、实体的连续与共存,这就是沃勒斯坦强调的历史体系。那么用什么尺度来衡量体系呢?沃勒斯坦认为,自然的社会分工只有在相当小的实体(空间和时间都小的)中才会被历史地发现,称其为小体系;或者在相对大规模的、长时期的实体中发现,称之为世界体系。世界体系自身又分为两个主要的结构变量:有单一中心的政治结构变量为世界帝国,没有单一中心的变量为世界经济。

世界体系分析坚持,除了已经基本上不存在的小体系,所有的历史体系都是世界体系(世界指的是大范围,而不必然是全球),历史社会体系是分析的基本单位。社会科学家假定的国家仍然是存在的,但是它们只是世界体系中的结构。现代世界体系并不是独立以一种受到某些限制的方式相互影响的自治的民族国家的集合。它是一个存在轴向劳动分工的多个国家和多种文化构成的整合体系。它是被创造出来的,它有持久的和不断演化的结构。从空间来看,一种历史社会体系是有边界的,但是边界并不是固定不变的。现代世界体系是资本主义世界经济,它的结构导致了它在地理上的持续扩张,因此到了某个时刻资本主义世纪经济会涵盖全球。到那个时候,现代世界体系的问题就不是它如何与体系之外的地区相联系的问题,而是它如何解决在它的地理限度之外没有可供扩张的地带的问题了。

此外,一旦历史体系成为基本的分析单位,时间就变得和空间一样的重要。事实上有些学者开始使用时空(TimeSpace)的概念。世界体系论者注意到,对历史体系而言,存在三个基本的时刻:它形成的时刻;它正常发挥功能,或发展、演化的时刻;它出现结构性危机、分叉和消亡的时刻,这三个时刻的时间长短各不相同。

世界体系分析的论点认为,人类群体行为的三个假定领域:经济、政治或社会文化,不是独立的社会行为领域。它们没有独立的逻辑,更为重要的是,约束、选择、决定、规则和理性结合的如此紧密,以至于没有任何的研究模式能够按照政治、经济、社会的分类来孤立地看待这些因素,只处理一个变量,而把其他的当作常量。

第二次世界大战后,随着战后欧洲的重建和日本的腾飞,资本主义世界实现了相对稳定和迅速的经济增长,这种稳定的增长又因冷战体系和美、苏两国之间的核威慑而得以处于一个相对稳定的国际环境中。在这种大背景下,尽管仍存在着小的冲突和大规模冲突的可能,但是这基本上是一个比较乐观的时期,人们相信有序的变化而不是急剧的变革,人们认为发展中国家的发展模式将会逐渐接近西方工业化国家的发展模式。这些情绪和认识在现代化理论中表现得最为充分。但是,现代化理论也遇到了很多挑战和批评。比如,这种理论对冲突关注的不够,比如指出导致欧洲和美国出现工业化的条件在第三世界并不存在,个人主义和物质主义在许多非西方的文化传统中并不被普遍接受。而在对现代化理论的批判中,比较重要的一种批评指出,现代化理论假定许多地区欠发达是因为这些地区存在的"传统主义",而不是它们和富裕国家的关系,或被富裕国家所剥削的结果。在这种对现代化理论的批判的背景下,世界体系分析逐渐成形。世界体系分析认为应当在历史的基础上,考察不同国家的工业化的背景,考虑穷国和富国之间的关系以及冲突和剥削的过程。世界体系分析的发展和兴起借鉴了马克思对资本主义体制的解释,列宁对帝国主义、贸易和殖民剥削的分析。同样地,世界体系分析也借鉴了布罗代尔的有关思想,比如由支配性的中心和削弱的外围构成的国际体系的思想,以及国家的兴衰的历史周期观等。这些相关思想在弗兰克(Frank,1966;1969)和沃勒斯坦(Wallerstein,1974)的著作或文章中得到了充分的体现。

世界体系分析表现出对20世纪五六十年代的发展理论的批判。这种发展理论的核心由两部分构成,结构性的和心理上的,两者一道成为现代化理论关注的中心。在现代化理论的结构性的一面,体现出的是一种社会、政治和经济发展单一演化的视角。根据这种视角,所有的社会,一旦开始现代化的进程,必然经历大致相同的阶段。社会——心理版本的现代化理论认为西方人拥有高度的追求成就的感觉和高度的理性。所有版本的现代化理论都是改良性的,现代化理论承认通过外国援助(提供资本和现代知识)、通过心理操控更好地激励个体,改革法律或经济规范,或者把上述因素结合在一起,就可以更好地加速社会变迁。但是现代化理论几乎很少考虑深层次的结构性因素,这可能阻碍经济的进步。世界体系分析强调,认为现代化要经历相同的阶段是荒谬的。

在威廉·R·汤普森编辑出版的《世界体系分析中的不同方法》的导论中,汤普森指出世界体系分析支持三个命题:

第一,世界体系分析代表了一种用各种方法解释国际政治和经济秩序的集体尝试中的一个明确的推进;第二,不只存在一种进行世界体系分析的方法;第三,应避免只坚持用一种占主导地位的方法分析世界体系是如何形成和发展变化的。汤普森认为,各种类型的世界体系分析之间存在一些共同的特征:首先,这种分析一般认为世界体系是存在的,世界体系以或多或少相互依赖的政治、经济和文化的子系统为特征,世界体系大致在15世纪晚期开始成形;其次,世界体系分析假定(而非结论)世界体系中的行为最好用世界体系的结构和有关它的形成和变化中的重要过程来解释;最后,世界体系分析愿意跨越传统的学科界限。

世界体系分析出现的另一个背景是,它有一个根本性的意图,对现代化理论提出异议。在一般的意义上,在社会科学领域有一个广泛流传的观念,认为社会发展要经历若干阶段,这些阶段代表演变所产生的进步。把这种理论应用于第三世界,便出现了现代化理论或发展阶段理论。现代化理论的核心主张相对简单,认为一切社会都经过规定好的一系列阶段最终达到现代性。现代化理论的一个重要局限在于,假定社会发展的一般法则,进而假定一个进步的过程。而且这种观点在政治上还有一种含义,即一个经济上和政治上欠发达的国家最好照搬先进国家的模式,或者说最好遵循这些国家的劝告。

沃勒斯坦总结了世界体系分析工作的几个要点:第一,全球性,世界体系分析非常关注分析单位,认为应以世界体系作为分析单位,而不是以一个社会(国家)为单位。世界体系分析坚持把世界体系的各部分看做“世界”的各部分,即不能孤立地了解或分析各部分。第二,历史性,也就是说体系的历史是了解体系现状的关键要素,要使分析工作摆脱只研究当代资料的局限。第三,统一学科性,统一学科性不同于学科交叉,根据沃勒斯坦的观点,如果说在世界体系中存在历史上出现的和历史上形成的诸过程,那么,是什么理论假设导致了这种结论?沃勒斯坦指出,举证的责任落在那些主张经济、政治和社会文化的领域各不相同的人们身上。

世界体系分析,如同其他知识视角一样,充满了内部的争论和外部的批判。比如,在对世界体系分析基本视角的定义上,在世界体系分析进行的实证研究上,及其道德和政治的意义上都存在着大量不同的意见。

从基本视角的角度对世界体系分析进行批判的思想流派包括实证主义者、正统马克思主义者、国家自主论者(State Autonomists)等。比如实证主义历史学家反对世界体系分析对历史现象进行的结构化的研究,认为这种研究回避了一般性。另外,实证主义者认为世界体系分析提出的是一种无法被证伪的命题,也不适用于通过数据进行实证研究。正统马克思主义者认为世界体系分析放弃了或者说没有充分强调阶级分析的重要性,从而消除了历史发展阶段的必然性这个前提。另外一些正统马克思主义者和反对一些特殊的命题,比如在资本积累中非雇佣劳动者的重要性、非阶级的社会群体(比如种族、性别、伦理群体等)是重要的解释变量,未能充分地区分生产领域和流通领域等。对国家自主论者而言,一些人反对消除在国家活动和资本主义企业家的活动之间既有的智力划界。他们坚持作为对不同的规则和压力的反应的两个领域的行为人的基本动机,两个领域的故事无法被纳入到一个单一的分析领域中。

对世界体系分析还存在其他类型的具体批评。比如,认为世界体系分析颠倒了因果关系,这种批评是由布伦纳(Robert Brenner)提出的。在1976年的文章中,布伦纳表明在早期现代化阶段,东欧(主要是波兰)的经济落后不是源自“依附”,而正是它的落后最终导致了“依附”的模式。而对英国而言情况恰恰相反,内部的农业转型使迅速的经济发展成为可能,正是因为这样,英国才创建了它的帝国。在1977年,布伦纳用经济史学家经常使用的分析,批评了沃勒斯坦等人的世界体系分析,忽视了对作为经济成功的原因的技术的动态变化的研究,认为他们也没有研究在16世纪和17世纪的英国和荷兰发生的真正新颖的变化。但是在这种批评中,很少有人否定依附模式或发生了巨大变化的资本主义市场的存在,只是大家在依附到底是落后的原因还是结果上产生了争议,而这个问题对于找到解决问题的方法而言是至关重要的。其次,世界体系分析并不像大多数世界体系论者坚持的那样是一个高度综合的分析框架。比如,在对前资本主义社会的分析方面,世界体系分析的研究不多。当然人们不可能渴求一种分析框架解决所有问题。但对世界体系分析而言,这是一个重要的问题,只是把前资本主义国家定义为一种统一的“传统类型”,就很难解释通的确对资本主义冲击的反映有那么大的差异,以至于直到今天在一些重要的方面仍然存在很大的差异。另外,社会主义倾向也是世界体系分析遇到批评的原因之一。大多数著名的世界体系理论家都认为社会主义可能是解决资本主义剥削问题的良方。沃勒斯坦(Wallerstein,1979)为共产主义国家存在的许多问题找到了一个解释,认为很多问题的出现是因为它们不得不在一个资本主义世界体系下运行的结果,因此共产主义国家无法达到它们的理想状态,除非世界资本主义被推翻。对这种理解持批评意见的人指出:这是理解共产主义国家发生的事情的有用途径吗?在世界体系分析中存着一个把马克思的理论移植到国际层面的特征,与这种特征相伴的是这样一种主张,即认为从总体上而言,经济上处于外围的人们会持续地贫困化,这也是为什么最终会发生反对“资产阶级”核心的原因。这引出了一个重要的问题,资本主义的经济发展是一种零和游戏吗?它的发展是以其他地区的不发展为代价的吗?

尽管存在各种批评意见,世界体系分析仍然在不断的扩展和发展中。比如,弗兰克和吉尔(Frank and Gills,1993)分析了世界体系的起源时间,他们的分析认为,如果世界体系的发展早于资本主义时期,那么前资本主义和非资本主义世界体系在理论上也是可能的。弗兰克和吉尔的分析是历史性的,通过地中海文明,把现代世界体系的起源追溯到古代的美索不达米亚。再比如,蔡斯—邓恩和霍尔(Chase-Dunn and Hall)在20世纪80年代和90年代的著作中,把世界体系分析用于比较分析中。他们把世界体系定义为跨社会网络(Intersocietal Networks),他们的分析有三个重要的命题:首先,世界体系是跨社会的,也就是说世界体系把不同社会联系在一起,这源自对现代化理论的政治经济批判,也就是说不同社会不能被孤立地加以研究;其次,社会网络是体系性的,也就是说不同社会具有一般性的发展特征;最后,随着时间的推移,许多世界体系逐渐合并到一起,最后形成一个今天我们看到的单一的整合的资本主义世界体系。此外,蔡斯—邓恩和霍尔还认为,世界体系演化的重要动力不在于正统马克思主义者认为的生产方式,而在于积累模式,他们把积累模式定义为生产、分配、交换和积累的逻辑的深层次结构。

参考文献:

William R. Thompson, Contending Approaches to World System Analysis, Beverly Hills, Sage Publications, 1983.

Frank, A. G., The Development of Underdevelopment, *Monthly Review*, 18, 1966.

Frank, A. G., *Capitalism and Underdevelopment in Latin America*, Harmondsworth: Pelican Books, 1969.

Frank, A. G. and B. K. Gills (eds), *The World System: Five Hundred Years or Five Thousand?* London: Routledge, 1993.

Shannon, T. R., *An Introduction to the World-System Perspective*, Boulder, Colo.: Westview Press, 1989.

Chase-Dunn, C. and T. D. Hall, *Rise and Demise: Comparing World-Systems*, Boulder, Colo.: Westview Press, 1997.

Wallerstein, I., *The Modern World-System Ⅰ: Capitalist Agriculture and the Origins of the European World-Economy in the Sixteenth Century*, New York: Academic Press, 1974.

Wallerstein, I., *The Modern World-System Ⅱ: Mercantilism and the Consolidation of the European World-Economy*, 1600-1750, New York: Academic Press, 1980.

Wallerstein, I., *The Modern World-System Ⅲ: the Second Era of Great Expansion of the Capitalist World-Economy*, 1730-1840*s*, San Diego: Academic Press, 1989.

(孙丽丽)

三、多学科结合的方法论

数理经济学

Mathematical Economics

数理经济学是一种经济分析方法,即利用数学符号描述经济问题,运用已知的数学定理进行经济学推理的方法。从广义上说,是指运用数学模型进行经济分析,解释经济学现象的理论。从狭义上说,是特指瓦尔拉斯(Léon Walras)开创的一般均衡理论体系。分析方法上可分为静态分析与动态分析。就分析对象而言,它可以是微观或宏观经济理论,也可以是公共财政、城市经济学或其他经济学科。

第一个把数学用于经济问题的是意大利的 G. 切瓦,他于 1711 年写了一本货币价值的书。但比较系统地运用数学的是 1838 年法国的 A. A. 古诺的《财富理论数学原理的研究》,这本书通常被视为数理经济学的起源,由于当时经济理论权威们不熟悉数学推理而无人问津,直至 40 年后受到英国 W. S. 杰文斯和法国 L. 瓦尔拉斯(Walras)的高度推崇,才知名于世。现在多数人把 19 世纪 70 年代杰文斯和瓦尔拉斯极力提倡并且实行以数学推理为经济理论的唯一方法,作为数理经济学和数理学派的正式形成,而把 20 世纪初英国 F. Y. 埃奇沃思、A. 马歇尔、美国费雪、意大利 V. 帕累托等人在经济学里进一步运用数学推理当作该学科及学派的发展。

古诺没有用过"数理经济学"这个术语,他采用的书名用意不仅在于理论研究,而且在研究中运用数学分析的形式与符号,能使得陈述问题简明扼要。

杰文斯 1862 年发表的论文《略论政治经济学的一般数学理论》是数理经济学的最早名称,到 1879 年他的主要著作《政治经济学理论》一书再版时,附上 1711 年以来的"数学的经济学"的文献目录,相当于公开宣称数理经济学的存在。他认为经济学要成为一门科学必须是一门数学的科学,简单原因就是研究变量之间的复杂数量关系,必须进行数学推理,即使不用代数符号,也不会减少这门科学的数学性质。

瓦尔拉斯在 1874 年出版的《纯粹政治经济学纲要》一书中认为,纯粹经济学实质上就是在假设完全自由竞争制度下关于价格决定的理论。价格,即商品用货币表示的交换价值,具有自然现象的性质,因为它既不取决于一个买者或一个卖者的意志,也不取决于两者的协议,而是因为商品具有数量有限和有用的自然条件,只要有交换就会有交换价值。交换价值是可计量的,可作为数学的研究对象,所以交换价值的理论应该是数学的一个分支;数学方法并不是实验方法而是推理方法,经济学的纯粹理论与"物理—数学"学科类似,从经验的真实概念中抽象出理想的概念作为基础,可以超出经验范围进行推理,然后又从理论回到实践。

费雪在 1897 年为古诺的著作《财富理论数学原理的研究》英译本作序时才正式使用数理经济学(原意数学的经济学)的名称,并且增补杰文斯的文献目录到当时。但是 1927 年译本再版时,费雪认为数学方法在经济和统计研究中的应用如此普遍,其价值已很少受到怀疑,所以未再继续增补目录。实际上数理经济学和经济学并未合成一体,目前还有人在经济学研究中坚持不用和反对运用数学推理,同时,经济学也还有不能运用数学方法的领域。

数学在西方经济理论中的应用,近半个多世纪以来不断发展,一方面运用数学方法研究的理论领域在扩展;另一方面对前人研究的问题不断运用更深奥的数学方法进行更深入的探讨。前者如英国 J. M. 凯恩斯和各派凯恩斯主义的各种宏观经济模型,个人偏好如何汇总为社会选择及其与社会福利函数的关系,最优增长理论,等等;后者如瓦尔拉斯的一般均衡体系的继续深入研究,瓦尔拉斯在一般均衡体系中只把方程式和未知数个数相等作为得到均衡解的条件,却忽视均衡怎样实现和是否稳定。20 世纪 30 年代起,英国的 J. R. 希克斯和美国的 P. 萨缪尔森就此进行精密的数学分析和求解,但仍以微积分为主要工具,要受连续函数的不切实际假定的限制。随后 J. 冯·诺伊曼、K. J. 阿罗、G. 德布鲁等先后用集合论和线性模型展开新的探索。20 世纪 60 年代以后,数理经济学和微积分、集合论、线性模型结合在一起,同时数学方法的运用几乎遍及资产阶级经济学的每个领域。第二次世界大战以后,电子计算机的发明,促使与数理经济学有关的经济计量学得到迅速发展,它反过来又推动数理经济学继续前进。数理经济学虽然在分析经济事物的数量关系上取得一些成就,但它在一定程度上忽视经济事物的质的方面,特别是忽视对生产关系的研究,因此这种研究方法具有很大的局限性,特别是对揭露社会经济关系的规律和实质的研究缺少了应用价值。

参考文献:

蒋中一:《数理经济学的基本方法》,商务印书馆 2001 年版。

[美]保罗·萨缪尔森:《经济分析基础》,商务印书馆 1992 年版。

Dixit, A. K., *Optimization in Economic Theory*, Oxford: Oxford University Press, 1990.

Avriel, M., *Nonlinear Programming: Analysis and Methods*, Englewood Cliffs: Prentice-Hall, 1976.

Barro, R. J, and X. Sala-I-Martin, *Economic Growth*, New York: McGraw-Hill, 1995.

Bazaraa, M. S., H. D. Sherali, and C. M. Shetty, *Nonlinear Programming: Theory and Algorithms*, New York: John Wiley & Sons, 1979.

Blanchard, M. and S. Fischer, *Lecture on Macroeconomics*, Cambridge: MIT Press, 1989.

Carlson, D. A. A. B. Haurie, and A. Leizarowitz, *Infinite Horizon Optimal Contral*, Berlin: Springer-Verlag, 1991.

(刘伟)

实验经济学
Experimental Economics

实验经济学是一门利用真人实验测试不同经济理论及新市场机制的方法。经济学家挑选一定数量的受试对象,按照一定的游戏规则并给以一定的物质报酬,以仿真方法创造与实际经济相似的一种实验室环境,并不断改变实验参数,对得到的实验数据分析整理加工,用以检验已有的经济理论及其假设前提、发现新的理论,或者为一些决策提供理论分析。

人们在相当长一段时间认为经济理论难以实验,因此,实验经济学独立成为一门经济学科的历史不长。

弗农·史密斯(Vernon Smith)教授敏锐觉察到实验经济理论的作用,并首次付之于实践。他在亚利桑那大学十一个班级进行了长达六年的实验,验证了竞争均衡理论。据此实验所撰写的论文《竞争市场行为的实验研究》在 1962 年的《政治经济学杂志》发表,标志着实验经济学的诞生。此后,实验经济学开始运用于验证市场理论和博弈理论,并取得了一定进展。例如,弗农·史密斯的"口头双向拍卖市场实验"提出了市场参数完全有可能影响均衡产出收敛性的结论;赫伯特·西蒙根据博弈实验结果分析了存在性理性(Substantive Rationality)和程序性理性(Procedural Rationality)的区别。

20 世纪五六十年代的实验经济学主要局限在市场理论和博弈理论领域,原因有两方面:一方面是理论自身的缺陷影响可实验性,研究过程往往是从假设前提出发,然后运用复杂数学推导出相关命题。由于假设前提的高度抽象,无法在实验室里得到证实,因而相关命题也就无法实验;另一方面实验技术的不成熟也制约了经济理论的实验。20 世纪 70 年代以后,经济学的主导理论体系发生了变化。一般均衡理论、工业组织理论、社会选择理论和公共选择理论将经济研究的假设由抽象拉回到现实。行为理论的成熟和合理预期理论的出现为实验技术的发展创造了条件。此外,计算机的广泛运用使得复杂经济现象的实验成为可能。实验方法越来越广泛应用于公共经济学、信息经济学、产业组织理论等诸多经济领域。

目前,实验经济学迅速发展,逐渐科学化和规范化,成为一个独立的经济学分支。越来越多的西方主流经济学杂志不断刊登实验经济学论文,实验经济专刊、专著和论文集陆续出版。实验经济学已从美国传播到法国、英国、德国、荷兰、西班牙、意大利、挪威、瑞典、加拿大、尼日利亚、日本、韩国、印度等许多国家。2002 年度诺贝尔经济学奖授予弗农·史密斯,标志着实验经济学作为一个独立的学科已登上主流经济学的舞台。

经济理论的实验与物理、化学实验一样包含实验设计、选择实验设备和实验步骤、分析数据以及报告结果等环节。由于实验对象是社会中的人,需要验证的是行为命题,因此,经济理论的实验运用有别于物理、化学实验。

经济理论的实验不能刻意复制出现实经济的运转过程,而是要模拟出允许不同人类行为存在的环境,以便于实验者能够在这样的环境中观察人们不确定的价值观及其与环境之间的相互作用。查尔斯·普洛特认为:“实验室建立的经济与现实经济相比可能特别简单,但是却一样地真实。真实的人被真实的金钱所驱动,因为真实的天赋和真实的局限,做出真实的决策和真实的错误,并为其行为后果而真实地悲喜。”弗农·史密斯采用只有三个网络节点的模型来模拟电力系统,其实验结果基本上能反映现实电力系统运行中发电企业和电力交易商的行为类型和特征。

此外,实验经济学还通过一些仿真技巧来提高实验结果的可信度和可重复性。

一是采取“随机化”方法,被实验者的选取、角色的分配均随机产生;

二是保密实验意图,十分小心地讲解实验,不出现暗示性术语,以防止被实验者在实验前对行为对错已有判断;

三是使用“价值诱导理论”(Induced Value Theory),诱导被实验者发挥被指定角色的特性,使其个人先天的特性尽可能与实验无关。

实验经济学高度重视比较和评估的方法。通过比较和评估,判断实验本身的好坏,分析实验失败的原因,验证理论的真实性。

首先,将“效率”作为比较标准。普洛特和弗农·史密斯将实际付给被实验者的报酬总和与最大可能报酬的比率视作实验的“效率”,并把“效率”作为比较分析相互竞争理论的依据,探讨如何改进理论模型。甚至在没有现成理论的情况下,根据效率来提出和验证新的理论。

其次,方法上采取独立变动自变量。实验关系到两个或两个以上变量时,容易出现变量之间的混合作用。因此实验中应独立地变动每个自变量,获得每个自变量对因变量作用的最确切的数据,为比较和评估提供非偶发事件资料。

最后,评估的结论建立在概率分布基础上。现实生活中的人并不始终处于理性状态,非理性就会使人的行为出现变异,因而经济理论的实验数据呈概率分布状态。所以,评估出的结论不可能按照形式逻辑的模式,只存在真或伪两种结果,而是用结论与其概率密度的乘积来表示。例如,弗农·史密斯在电力市场竞争实验中得出的结论之一是高峰负荷时期电价提高的概率密度较小,而不是一定不提价。

经济理论的实验是把社会中的人作为被实验者,所要验证的是人的行为命题,自然就需要借助行为和心理分析的方法。

一是运用行为理论来完善和改进实验。例如,针对行为人对重复行为有厌烦的心理,在实验设计中运用价值诱导方法,并把实验时间控制在3个小时内。

二是运用行为理论来解释实验结果。许多实验结果与理论预测出现差异,其原因是理论假设行为人是理性的,而被实验者的行为却是理性和非理性的统一。因此只有运用了诸如展望理论、后悔和认知失协理论、心理间隔理论等行为理论,来分析被实验者的非理性行为,才能很好地解释实验结果。

第一,实验经济学的兴起标志着经济学方法论上的重大变革。长期以来,西方经济学模仿自然科学的信念十分坚定,实证方法始终是主流经济学的研究方法,其范式是提出理论假设并试图消除人类行为或经济关系中的不确定因素,然后在理论假设上建立数学模型并推导出主要结论,最后对理论结果进行经验实证并由此展开深入的理论分析。不可否认,这种假说演绎方法有科学合理的方面,但同时也有不少缺陷。例如,理论前提假设和数学推导排斥了人类行为或经济关系中的非理性和不确定因素,又如经验检验具有被动性和不可重复性的缺点。

第二,实验经济学继承了自然科学的实证主义传统,弥补了经济学实证方法的缺陷。首先,实验经济学以可犯错误、有学习能力的行为人取代以往的“理性经济人”假说,用数理统计的方法取代单纯的数学推导,解决以往实证研究的高度抽象和简化与现实世界不一致的问题。其次,实验经济学家可以再造实验和反复验证,用现实数据代替历史数据,克服以往经验检验的不可重复性。最后,在实验室里,可以操纵实验变量和控制实验条件,排除了非关键因素对实验的影响,从而克服了以往经验检验被动性的缺陷。

第三,实验经济学的兴起促进了现代经济理论的发展。首先,实验经济学拓展了经济理论的研究范围,将人类决策行为当作研究对象,把经济运行过程纳入到研究领域,从而发现更符合现实的经济规律。其次,实验经济学还催生出新的经济学科。实验经济学的发展把心理学和经济学有机联系起来形成行为经济学。再者,实验经济学构建了连接宏观经济学和微观经济学的桥梁。宏观经济理论的实验建立在微观行为的基础上,而对微观经济论的实验也常常验证了宏观经济理论。例如查尔斯·普洛特模拟市场机制既验证了市场价格收敛于一般均衡,同时也考察了货币供给增加对产出的真实作用。

实验经济学的发展仅有短短的五十多年。作为一门新兴学科,它还有一些不完善的方面。主要表现为:实验参与者的主观性影响到实验的有效性。实验者在设计方案时无法完全排除个人偏好和主观猜测,被实验者在实验时有可能考虑与实验者的关系而有意识地完成实验期望。这些主观因素对实验的可重复性提出挑战,造成许多相同实验由不同的实验者设计或者由不同被实验者执行就有可能得出不同的研究结论。此外,目前实验经济学取得的主要成果还局限在微观经济理论,如何拓展其运用领域还有待进一步探索。

参考文献:

周星:《发展中的实验经济学》,厦门大学出版社2006年版。

张淑敏:《实验经济学的发展与经济学方法论的创新》,载于《财经问题研究》2004年第2期。

王军、覃俊波:《实验经济学的发展与应用》,载于《前沿》2003年第9期。

杜宁华:《实验经济学》,上海财经大学出版社2008年版。

John Kagel and Alvin Roth, The Handbook of Experimental Economics, Princeton, 1995.

Diane Zak., Programming with Microsoft Visual Basic 6.0, Enhanced Edition, Thompson Learning, 2001.

Smith, V., Experimental Economics: Induced Value Theory, *American Economic Review*, 66, Papers and Proceedings, 1976.

Smith, V., Microeconomic Systems as an Experimental Science, *American Economic Review*, 72, 1982.

Smith, V., Experimental Methods in Economics, *in the New Palgrave: A Dictionary of Economics*, J. Eatwell, et al. (eds.), New York: The Stockton Press, 1987.

Smith, V., Theory, Experiment, and Economics, *Journal of Economic Perspectives*, 3, Winter, 1989.

Smith, V., Method in Experiment: Rhetoric and Reality, *Experimental Economics*, 5, 2002.

Siegel, S. and D. Goldstein, Decision-Making Behavior in a Two-Choice Uncertain Outcome Situation, *Journal of Experimental Psychology*, 57, 1959.

(刘伟)

经济社会学
Economic Sociology

经济社会学,即是采用社会学的方法研究经济现象。由于学科起源的历史背景,经济学和社会学两门学科解释经济现象的角度有相似之处,但也存在重大的分歧。社会学的早期奠基者如马克思、马克斯·韦伯、齐美尔、涂尔干,分别提出对功利主义、边际效益、古典经济学等经济学思想的批判。

马克思对资本主义的分析一方面援引当时政治经济学的思想成果,但他也提出劳动价值理论与阶级生产关系等观点来批判资本主义经济学的理性市场观点。韦伯强调"理性地追求利益"这种"经济人"的理念虽然是理解现代人各种行动的重要社会学工具,但是其他的行为理念型,如传统、习惯、价值理性,也同等重要,在观察分析实际的经济行为与现象时,不能单独地考虑理性利益,而且经济制度以外的社会制度与价值与经济活动总是交互影响。齐美尔在《货币哲学》一书中提出使用货币这一经济行为包含了现代生活主观价值与客观条件的变迁。涂尔干的社会分工论基本上就是在批判功利主义的理性社会契约学说。

经济社会学的理论体系尚无定论,有人将它概括为主要由经济行动论、社会经济结构论、社会经济变迁论、社会经济战略论组成。经济行动是经济因素和非经济因素共同作用的结果,它的主体是社会人而非经济人,行动所追求的目标并非获取最大利润,而是多层次需求的满足。

经济系统是社会系统的一个子系统,社会系统的各个子系统之间互相提供功能满足,使社会的阶级阶层结构与经济发展水平相适应。工业化引起的社会流动和社会结构重组是普遍现象,由此社会从机械团结向有机团结过渡。当代经济社会学关注的重点在社会经济变迁的理论构建上,集中探讨社会经济发展的一般规律、变迁所具备的心理特质、发展的指标体系、发展中的协调与失调等问题。由此产生了后工业社会论、富裕社会论和社会指标运动。社会经济发展战略论是社会经济变迁论的延伸。它从长远的观点研究一国的社会经济发展道路,在摸清资源、认清国力的前提下,提出发展的对策。

经济社会学研究的具体内容,大体可归纳为五个方面:

第一,社会群体对经济活动的影响。群体是经济活动的决定因素,不同类型群体结构对生产、交换、分配和消费起着不同的影响。

第二,影响经济发展的各种社会因素及发生作用的社会条件,如政治、文化、教育、人口等与经济发展的关系。

第三,经济行为与社会行为。研究支配人们经济行为的主要因素。

第四,对经济过程进行社会学分析,包括对生产、分配、交换、消费等过程的社会学分析,各经济集团的经济效益与社会效益等。

第五,研究经济政策实施的社会依据和社会条件。

经济社会学是在经济学与社会学基础上延伸出来的一门交叉学科,它的发展既需要经济学理论基础,又需要社会学的分析方法。

长期以来,经济学家对于社会学家及其所从事的社会学理论研究往往不屑一顾。虽然主流经济学家不关心社会学问题,但在众多的经济学流派当中,我们仍能发现有些经济学家和经济学流派对经济社会学的发展作出了重大贡献。他们是马克思、熊彼特、德国历史学派和美国制度学派。

马克思对经济社会学的贡献是他确立了经济和社会之间的相互关系的经济社会学研究范畴。虽然他的研究方法仍然属于经济学方法,即用经济学观点分析经济现象和社会现象,但强调经济关系在一切社会关系中的决定性作用,研究经济发展对社会发展所产生的深刻影响,这本身也是经济社会学关注的重要领域之一。

在马克思之后,德国的新历史学派在德国盛极一时,并对美国的制度学派和法国的社会学历史研究方法产生了重大影响。新历史学派的罗雪尔、施穆勒和桑巴特等人都对经济制度的研究作出了杰出贡献。许多经济社会学家认为,经济社会学从某种意义上说,就是一门研究经济制度及其对经济发展所产生影响的学科。对经济制度的关注意味着经济学家不再是就经济发展所受的限制条件本身,比如生产、技术、资本等微观条件进行研究,而且还要对经济条件之外的民族思想、社会意识和文化特征等社会条件加以考虑。因此,德国历史学派传递了经济因素和非经济因素综合考察的经济社会学方法论的传统。

以凡勃伦、米契尔和康芒斯为代表的制度学派广泛地讨论了"制度"对人类社会生活所产生的深刻影响。三位代表人物在研究方法和具体观点上各有特色。米契尔是经验统计学派的代表,主张把制度研究建立在经济统计的基础上;康芒斯是法律学派的代表,认为在一切制度因素当中法律制度最重要,法律制度是决定社会经济发展的主要力量;凡勃伦对经济社会学的贡献最直接,因为他是制度学派当中的社会学派的代表,他的成名作《有闲阶级论》可以看做是经济社会学的早期代表作。在这本著作中,凡勃伦把制度划分为两类:一类是满足人类物质生活的生产组织制度,另一类是拥有私有财产或展示人们之间相互关系的社会(阶级)制度。前者满足人们的物质需要或生存需要,受自然人的本能驱使;后者满足人们的精神需要或社会需要,受人的本能驱使。凡勃伦的分析表明,经济生活严重地受制于社会力量,甚至可以认为是社会力量控制了经济的发展方向。比如显示消费、显示有闲成为社会分层的重要动力,同时,能够显示有闲或有条件显示有闲又成为社会分层的重要标志。正是这些社会意识形态和社会阶级结构决定了经济社会发展方向。

20 世纪 70 年代之后,以科斯和威廉姆森为代表的经济学家发展了经济制度分析方法,形成了新制度经济学。新旧制度经济学的主要区别是前者更重视经济学的微观基础,更依赖有限理性假设前提。代理理论、产权理论和合作博弈理论等都是通过交易成本概念和有限理性假设对经济制度和经济社会关系加以科学解释的新制度经济学核心理论。

如果说上述经济学家的贡献仅仅是因其研究内容或研究方法对经济社会学的产生和发展有所裨益的话,那么熊彼特的作用则与众不同,他在《经济分析史》一书中不仅多次强调社会学方法的重要性,而且直接提出并使用"经济社会学"概念作为经济分析工具。熊彼特认为"科学的"经济学家必须拥有四类分析技术或工具,依其重要程度分别为:

第一,经济史。熊彼特认为,经济学所考察的对象,实质上是历史长河中的一个独特过程,如果一个人不了解历史,他就不能理解任何时代的经济现象。同时,历史的叙述不可能是纯经济的,它必然要反映那些不属于经济制度方面的事实,因此历史提供了最好的方法,让我们了解经济与非经济事实怎样联系在一起,以及各种社会科学应该怎样联系在一起。

第二,统计。熊彼特认为统计数字极为重要,这一观点与其说是经济学的传统,不如说是社会学的方法论特点。

第三,理论。从提出假设、推论命题、得出结论到理论应用(实证分析),这一理论构建过程正是经济学发展的固定格式。从经济学的发展轨迹来看,经济学家沿着这条轨迹已经走得很远了。

第四,经济社会学。熊彼特认为,如果从广义角度定义,人类行为不仅包括动机、行动、偏好等,而且包括与经济行为有关的社会制度,比如财产制度、政治制度、契约制度等,那么我们就需要引入经济社会学分析工具。因为经济学所关注的是人们在何时何地会发生何种行为以及会产生何种后果,而经济社会学要分析为什么会发生以及如何预防和控制这种行为。自 18 世纪以来,经济学和社会学在各自的领域内独自前进,主流经济学家和主流社会学家对于对方在做些什么关心很少、了解很少,这种状况极大地限制了经济社会学学科的建设和发展。因此,熊彼特呼吁经济学家多关心一些社会学问题。

除了经济学家对经济社会学发展作出重大贡献之外,同样地,社会学家对经济社会学的发展也作出了较大贡献。

社会学家研究经济社会学的历史没有专门记载。但斯维德伯格认为可以把它划分为三个阶段(Swedberg,1998)。第一阶段是 19 世纪末至 20 世纪初,以韦伯、波拉尼和齐美尔为代表;第二阶段是 20 世纪 50 年代,以帕森斯、斯梅尔瑟和波拉尼为代表;第三阶段是 20 世纪 80 年代以后,称为新经济社会学时期,代表人物有 H. 怀特、M. 格兰诺维特和 V. 泽利泽等人。

社会学建于 1890 ~ 1920 年期间。韦伯、涂尔干和齐美尔这三位杰出代表同样也在经济学领域做了大量研究(Swedberg,1998)。齐美尔在这一领域最重要的成果是于1900年问世的《货币哲学》。在这本著作中,齐美尔敏锐地分析了货币在现代文化中的特殊作用。除此之外,齐美尔还以创建各种经济类型而闻名,剖析了挥霍者和守财奴两种经济类型的行为特征等。

涂尔干的职业生涯始于他批判亚当·斯密的分工思想。斯密认为劳动分工的唯一功能是生产财富、便于交换。涂尔干认为斯密忽视了分工的另一重要功能,即分工加深了人们之间的相互依赖,促使人们更加团结,因而提供了"有机团结"的潜力;另外,涂尔干发现现代经济的某些力量可能会破坏社会的内聚力,出现社会的"反常状态"或者是缺乏行为规则。在把经济社会学确立为一门独立的研究领域方面,涂尔干比齐美尔更积极,他不仅自己笔耕不辍,而且鼓励其门生投身于这一事业。其得意弟子、法国社会学家、著名的社会学代表人物M. 莫斯的极富想象力的研究成果《礼物》就是在涂尔干的影响下完成的。在本书中,莫斯改变以往学者只用经济理性分析"礼物交换",而把这一现象放到社会整体中去探讨,阐明这一现象既是经济的,也是法律的、道德的、美学的和宗教的社会现象。莫斯的分析方法为后来的新经济社会学所倡导的"经济嵌入于社会"确立了最初的学说理念。《礼物》因其独特的分析视角一直被视为人类学研究原始社会礼物交换的经典之作,莫斯因而也被视为人类学家。

M. 韦伯是为建立经济社会学作出最持久努力和最出色贡献的社会学家。虽然受到德国历史学派的文化熏陶,但韦伯仍然积极地接受门格尔学派(即奥地利学派)的理论经济学思想。与憎恨经济学并想用经济社会学取而代之的涂尔干相反,韦伯把经济社会学视为主流经济学的一个补充。在韦伯的许多著作中,有三部与经济社会学特别相关:《新教伦理与资本主义精神》(1904~1905);《经济与社会》(1921~1922);《经济史大纲》(1923)。《经济与社会》一般被视为经济社会学的经典之作,韦伯在书中勾画了经济社会学的基本轮廓。韦伯首先从个人开始讨论"经济行为"及"行为的经济取向",然后探讨了"经济组织及其分类"、"经济的形式合理性和实际合理性",最后分析了"政治组织"、"意识形态"和各种"国家制度"对经济发展尤其是资本主义企业经营所产生的影响。可以说,《经济与社会》是古典社会学的一个里程碑,也是经济社会学初步建立的标志性成果。20世纪30~50年代是凯恩斯经济学时代,它以1936年凯恩斯发表《通论》为起点,以50~60年代凯恩斯政策主张在各国实践为顶峰,以70年代"滞胀"所代表的凯恩斯灵丹妙药失灵为终点。

1956年,帕森斯与其学生斯梅尔瑟合著出版了一部重量级理论著作《经济与社会》,标志着经济社会学作为一门独立的学科正式创立。在这本著作中,作者运用结构—功能主义分析手法,把社会定义为一个由许多子系统组成的大系统,经济只是其中一个子系统。经济系统与其他系统相互作用,所有子系统在维持社会大系统运行过程中都发挥重要功能。斯梅尔瑟随后用同样的方法研究了英格兰的工业革命,并出版了经济社会学的第一部教科书《经济社会学》。

20世纪80年代初是经济社会学发展的第三阶段,也是新经济社会学诞生和发展壮大的关键时期。在这一时期,把社会学应用于市场研究的先驱是哈佛的H. 怀特。到80年代中期,怀特的许多学生开始发表经济社会学著作,尤其是借助于在他指导下所使用的网络研究方法,波特、贝克和M. 格兰诺维特等人的成果尤为引人注目。其中M. 格兰诺维特1985年在《美国社会学杂志》上发表了一篇关于经济社会学的纲领性文章《经济行为与社会结构:嵌入性问题》,开创了利用社会结构或社会网络分析经济行为和经济秩序的经济社会学新纪元。格兰诺维特同时对新制度经济学展开了正面攻击,认为采用非社会学方法分析经济制度的威廉姆森等人是"学术森林中的社会学婴儿"。格兰诺维特的理论假设体现了新经济社会学的关键特征,即认为所有的经济制度都是"社会建构"。格氏认为经济制度是通过网络产生的,然后被凝结到更坚固的社会结构当中。

新经济社会学吸引了大批出色的社会学家,他们主要分布在美国,但在欧洲和其他地区也有志同道合者。新经济社会学的组织理论和文化社会学理论产生了重大影响并引发了许多创造性研究成果。比如V. 泽利泽分析了20世纪儿童经济价值的变化方式;N. 毕加特分析了女性直销组织的结构及其演变;N. 福里格斯坦从社会学角度重新阐述了美国现代合作史。1992年格兰诺维特和斯维德伯格出版了一部经济社会学新文选,1994年斯梅尔瑟和斯维德伯格出版了一部巨著《经济社会学手册》。这部巨著收录了许多新经济社会学最知名的人物,并用30多章的篇幅分析了经济生活的全部领域。

经济学和社会学发展到今天,两大学科均已达到相当成熟的阶段。但回顾两大学科的发展历程可以看出,虽然同属社会科学研究领域,但在多数情况下两大学科都在强调各自的"个性",而容易忽视两者之间的"共性"。经济学家热衷于建立数学模型,致使经济理论越来越脱离现实,甚至使经济学被人戏称为"黑板经济学"。而社会学家则热衷于脱离理论描述现象,然后把人们熟知的现象冠以人们陌生的学术名称,致使社会学发展缺乏统一的规范体系,甚至使社会学被人戏称为"庸俗社会学"。把两大学科联合起来共同解释经济社会现象,是高度发展的专业化分工日细、各种现象之间内在联系日深,从而学科之间联系日密的社会发展的客观要求,社会经济学在这种时代背景下应运而生。

因此,经济社会学的产生既是为了弥补社会学理论性的不足,又是为了转变格兰诺维特所说的"经济学失败的方向",以一种新的视角——经济学和社会学相结合的角度来分析经济和社会发展过程中客观存在的问题。从新经济社会学角度来看,考察经济生活的新视角就是社会结构或社会网络。

参考文献:

[澳]马尔科姆·沃特斯:《现代社会学理论》,华夏出版社 2000 年版。

[美]詹姆斯·科尔曼:《社会理论的基础》上、下,社会科学文献出版社 2008 年版。

[英]安东尼·吉登斯:《社会理论与现代社会学》,社会科学文献出版社 2003 年版。

[瑞典]汤姆·R·伯恩斯:《结构主义的视野》,社会科学文献出版社 2004 年版。

[法]卢梭:《社会契约论》,商务印书馆 2011 年版。

[美]格尔哈斯·伦斯基:《权力与特权:社会分层的理论》,浙江人民出版社 1988 年版。

[英]丹尼斯·史密斯:《历史社会学的兴起》,上海人民出版社 2000 年版。

[德]马克斯·韦伯:《社会科学方法论》,华夏出版社 1999 年版。

[德]马克斯·韦伯:《经济与社会》,商务印书馆 2004 年版。

[法]埃米尔·涂尔干:《社会分工论》,生活·读书·新知三联书店 2000 年版。

[法]埃米尔·涂尔干:《宗教生活的基本形式》,上海人民出版社 1999 年版。

[法]埃米尔·涂尔干:《实用主义与社会学》,上海人民出版社 2005 年版。

[德]格奥尔·西美尔:《货币哲学》,华夏出版社 2007 年版。

(刘伟)

经济人类学
Economic Anthropology

经济人类学是运用人类学的研究理论和研究方法,探讨人类的经济现象和经济行为的一门人类学的分支学科。在研究过程中,尽可能将视野拓展到不同的领域,不仅其把研究的范围从原始社会扩及到整个人类在各个不同时期普遍的社会经济活动,而且在一个极为广阔而深远的视野中观察经济所提出的问题,因此,经济人类学成为一门研究广义人类社会行为的基础与动因的学问,成为一个从总体结构上考察满足社会物质需要的结构化"经济"活动的科学,成为有自己独立范畴体系、理论框架、方法论和更为广阔的研究领域的一门相对独立的新兴科学。

经济人类学研究的内容大体包括前资本主义的各种生产方式、交换方式和分配方式,各种经济现象的变化过程、各种生产方式对国家的影响以及经济人类学本身的理论问题。经济人类学不仅要使用人类学的实地调查方法搜集资料、进行研究,还要利用全面的综合研究和比较研究方法,近年来还采用了数学计量等新的研究方法。运用马克思主义理论研究经济人类学是近几十年来的一个发展趋势,经济人类学的马克思主义学派已经成为形式主义和实在主义学派之外的又一重要派别。

经济人类学是由美国人类学家赫斯科维茨于 1940 年首先提出的。第二次世界大战以后,世界上的许多国家和地区的经济状况发生了很大变化,经济人类学的研究成果为制定经济政策、促进经济建设提供了科学依据。1952 年,赫斯科维茨的《经济人类学》一书,试图用现代经济学的理论和观点来研究历史上的各种经济现象,并由此形成了形式主义学派,主张把人类史上出现过的各种经济现象在现代经济学理论指导下进行研究,揭示这些经济现象的发展变化过程,为解决现代经济发展中的问题提供理论依据。以波拉尼为代表的实在主义学派否认现代经济学理论对研究过去经济现象的适用性。形式主义学派与实在主义学派的这场争论从 20 世纪 70 年代才开始走向统一,反映了经济人类学的成熟与发展。

经济人类学是 20 世纪经济学与人类学两个学科结合在一起的产物,是一门从人类学角度出发,运用民族志等方式研究人类经济制度和行为的科学。它的研究领域非常广泛,既可以描述人们生产、分配和消费的方式,以及这些系统如何组织、运作并与其他系统发生联系;还可以建立理论来描述分配决定的过程、经济的制度脉络和影响;经济制度的运作和动力,经济如何影响人们以及人们的行动如何影响它们的经济制度。

第一,经济人类学的兴起(1870 ~ 1940 年)

马凌诺夫斯基是经济人类学的开创者,他对经济人类学的主要贡献在于《西太平洋的航海者》的专门讨论,以及《珊瑚花园与他们的魔法》的讨论工作、技术和财产分配。他坚持特罗布里恩岛民的习性是将物当作礼物并将之视为"部落经济",拒绝承认"经济人"的概念是全人类共有的。

莫斯的《论献祭》与马凌诺夫斯基的功能主义是对立的。莫斯对马凌诺夫斯基的美国西北海岸的夸父宴在美拉尼西亚非常盛行的观点表示赞同,但是他坚持认为货币和市场是人类的普遍现象。莫斯批评功能主义强调个人的观点,认为社会和精神层面的交换在所有社会,包括现代社会都存在。他的人类学被限制在一个明确的社会主义方案中,引起了很多学者的争论。

弗斯(Firth)关注原始经济,强调原始经济是一种"社会事务",并认为他解决的"虚假/伪问题",就是马凌诺夫斯基认为的"复杂的社会义务",弗斯认为这种复杂的社会义务并不会偏离"理性经济选择"的基本解释。从这个意义上讲,他应该被视为第一个"形式主义经济人类学家"。他用经济的基本分类来组织自己的文章,但是为了理解行为模式的理性特点,他详细描述了背景,结果出现了丰富的带着理性选择印迹来描述经济体制的民族志材料。

赫斯科维茨(Herskovits)的《原始人的经济生活》是一个科学民族志。书中系统地将经济学理念和民族志成果并列考虑,这标志着现代经济人类学出现了。在经济学领域内,赫斯科维茨希望在世界范围内找到与西方资本主义不同的例子。就在那个时期,新古典经济学正面临体制经济学家的严重挑战,大萧条破坏了自由的信誉,为了重新恢复公众信任,银行系统只能制定更为严格的规范。

赫斯科维茨也将自己的材料组织起来用经济学家更熟悉的标题命名,甚至认为"因为在非工业化经济中,土地、劳动力和资本作为资本始终存在,它们一定会产生些回报"。但是他也认为用民族志材料来批评正统经济学,就像民族志证据中的"无文字民族"被剔除一样荒唐。赫斯科维茨实际上在对比"机器和非机器社会",他还试图表明古典经济学可以扩大应该用到后者,并且批评经济学家没有认识到自己文化上的局限性。他一直坚持认为"比较经济学"是两个学科互相促进的计划,反对任何科学仅仅只依靠推论和感性认识或者忽视事实。

第二,经济人类学发展的"黄金年代"(1950~1970年)

和平与发展成为19世纪的标签,世界经济长期繁荣,经济人类学在这个时期获得长足发展。

克利福德·格尔兹(Clifford Geertz)与"发展"范式密切相关,为20年后经济人类学的"文化转向"奠定了基础。他出版了三部相关著作,《农业内卷化》是按传统框架研究爪哇经济为什么不发达,但是他从艺术史中借用了一些概念进行分析;《小贩和王子》在爪哇人市镇中区分了两种理想的经济类型,其中大多数人在街道进行经济行为的类型被命名为"集市型"。与此相反的"公司型"经济,包括得到国家法律保护的大部分企业,通过计算避免危机。国家政权机构为这些企业减少竞争提供保证,从而顺利地完成资本积累。而"集市型"是个人主义的和竞争性的,因此要将资本累积到很高是非常困难的。格尔兹的《尼加拉》是将集市作为其研究的模型,研究在竞争性市场中个人的选择,同时将集市模型看做国家垄断资本主义企业和国家霸权下的产物。当政治改革改变了群众生产和消费以及企业的路线时,现代学科转向个人主义方法论。国家越强大,资本主义企业和社会越有权力,可能成为国家垄断特权。

随着学科的进步,关注"发展"的人类学家数量不断增长,但是这些研究"不是基于认真调查经济增长和下降根源后得出的结论"。《发展理论》中提到由于工业革命,"发展"有两个意义:资本主义增长的资源和改善增长的破坏性后果。

用人类学家"发展"的观点来批判资本主义制度的核心,主要的趋势就是研究"发展",反映贫穷国家的悲惨历史。詹姆斯·弗格森(James Ferguson)的《反政治的机器》揭露了莱索托发展项目的弊病,他表明经济行动都隐含在当地中,但都以提升城市居民利益结束,当地居民都没有得到预期效果。他的《现代性的期待》是对赞比亚铜带省人民生活的再考察,书中典型的以古德曼和曼彻斯特学派(自由贸易学派)的观点进行研究和考察历史人类学。在这里人类学家第一次参与了全球化框架下不平等现象的争论。

20世纪70年代,法国结构马克思主义在对拉丁美洲和中东地区的研究中产生出来,萨林斯(Sahlins)的《石器时代经济学》融合了实质论、形式论和马克思主义理论。1978年,古德曼(Goodman)提供了有关巴拿马村庄商品化研究的《农民经济的终结》,书中运用政治经济学理论强调价值的基本问题。

阿尔都塞(Althusser)出版了关于资本的文章,这本书符合结构主义的方法和系统理论。在他们的研究中,现象学中人的主体性、辩证和历史本身的影响在减少。法国马克思主义人类学生产结构的理想模式很明显,有三个基本成分——生产者、非生产者和生产方法,被视为是具体生产模式中变量的组合。生产者做决定的时候,都很注意经济、政治和生产方式之间的关系。

古德里耶(Godelier)1966年出版的《经济学的理性与非理性》将结构主义和马克思主义结合起来,将理性概念用在人的方面和系统上,为20世纪70年代马克思主义的重新盛行铺平了道路。

法国人类学家将法国结构主义和德国哲学结合起来,其中包括马克思主义和英国科学经验主义,对经济人类学产生了非常大的影响。

受系统理论和辩证法的影响,结构功能主义出现了,乔尔·卡恩(Joel Kahn)和弗里德曼在研究中应用了该理论。乔尔·卡恩深受阿尔都塞的影响,关于印度尼西亚的民族志更具有经验性;而弗里德曼受到古德里耶研究方法的影响,重建了利奇(Leach)关于上缅甸高地民族志的声誉,将整体论融入经济人类学的视野中。第二次世界大战后,当社会民主主义让位给保守的新自由主义时,法国马克思主义也消失在学术界。

第三，遭遇“新自由主义”挑战的经济人类学（1980年至今）。

20世纪80年代，新自由主义意识形态深入人心，已经威胁到凯恩斯在经济学领域内的学科霸主地位。新自由主义经济的特点之一就是超越现代国家的控制，市场机制有效运行，市场流通更有效率。苏联的解体使世界市场统一不再是梦想；中国、印度和亚洲其他国家经济的复苏，使世界资本流通达到一个新的高度。另外，交通和通信的变革创造出一个前所未有的“网络社会”。经济人类学家的工作显得很尴尬，当他们批评资本主义文化的时候，市场经济已经成为全球性的经济，更多自我意识方面的理论出现了，甚至在一定程度上走向了经济学的历史和政治观点。人类学家至今都在避免直接和经济学家发生正面冲突，尤其在经济学家擅长的国家和全球化经济分析领域中；在“后现代”标签下，作为主要研究方法的田野调查遭到了挑战。经济人类学现在主要研究资本主义运作的核心及其在全球的传播，社会主义转型期私有化的地位，被各种国际组织定义为“穷人”的发展状况等。

新自由主义经济到底是什么，在学界还是一个未定论的问题，但有一点可以确定，新自由主义经济之所以具有强大的力量在于他结合了文化形式。因此，近来对经济人类学影响最大的是文化研究。正如陈庆德教授所言：“经济过程绝非冷冰冰计算的合理性，它总是沉浸在文化环境的汪洋大海之中。”古德曼运用了严谨的文化研究的方法去研究经济，在《作为文化的经济：生活的模型与隐喻》中，他用“当地模式”观点去看拉丁美洲、非洲和太平洋地区的经济本身和农民经济。

《与哥伦比亚对话》证明在现代社会里，民族志田野工作记录作为生活情况的历史，可以帮助经济学家在已经死亡的背景中进行研究。当然，古德曼也质疑人类学家过分与经济思想史结合，将贸易视为研究的标准工具。他在《经济人类学》中提出了“社区”和“市场”两个概念，将前者视为“根基”，可以在人类经济的任何方面使用。有学者（Hornborg）批评他远离了当地行动者概念，走向了普遍主义，使得他的研究更像经济学而不是人类学，同时他指出古德曼是一个游移不定的后现代主义者，缺少一种“事实”认识论。古德曼对这些批评在《经济人类学》一书中也做出了自己的解释。

20世纪80年代以来，经济人类学研究成果不断。克拉默（Clammer）出版了《新经济人类学》，奥特兹（Sutti Ortiz）编著了美国经济人类学会的第一期论文集；普莱特纳（Stuart Plattner）出版了一部与形式主义联系非常紧密的，反映美国经济人类学发展的论文集。罗达（Rhoda Halperin）被看成形式主义和制度主义者，他试图建立“一种与经济学相对应的科学”；理查德·威尔克（Richard Wilk）同样热衷于文化转向；苏珊娜（Susana Narotsk）从马克思主义和南美文学中借鉴理论。当代人类学中，女性主义、地方性知识系统明显影响了我们对经济的看法。詹姆斯·卡里尔（James Carrier）最近编辑了综合性的《经济人类学手册》，前言发出与前人一样的疑问：人类学家仍然试图找到与经济学家同样的结论，谁知道是否有人倾听人类学家的声音呢？

总之，透过经济的视角，人类学家希望找到最一般的、不同层次的经济组织的规则。经济人类学家不希望自己被看成是研究“原始人的经济”的，他们想找到更好的学说来解释经济现象，同时，人类学家根据他们的长时段田野调查，可以深入了解当地人民的生活，了解当地人的想法和做法，因此积累了客观的关于“异文化”，主要是国内消费数据库，而且固定用文化相对范式，其定义和内容都与主流经济学相反。运用经济人类学，可以解决资本主义是否存在等困扰几代学者的问题。

经济人类学实际上是对自19世纪以来以自我中心说的历史认识观支配整个社会科学的话语机制进行根本性质疑的产物，也是在对人类所形成的与自身类本质实现要求相背离的、分离性的现实发展方式反思过程中所得到的一个硕果。如同葛兰西所说：“批判性反思的出发点是认识到你到底是谁，认识到‘认识你自己’也是一种历史过程的产物，它在你身上留下无数的痕迹，但你却理不清它的头绪。因此，找出这一头绪就成为当务之急。”因此，有必要在整个时代的社会政治背景和认识背景中来考察经济人类学的成长。

作为第二次世界大战后世界经济性质变化的产物，经济人类学和发展经济学都是以共同的研究范畴兴起的。对前殖民地国家的发展与欠发展问题的聚焦，要求人们对其所面临的特殊经济问题有更多的了解。尽管这两个学科有着共同的目的，但它们是相互独立地发展起来的。格里高科认为：部分的原因是，经济人类学通常采用实证的、描述的、微观的经济分析方法，而发展经济学倾向于采用更抽象的、规范的、宏观经济学的方法。也许最主要的原因是，新古典经济学的分析方法在发展经济学中起着绝对的支配作用，这使得发展经济学采取了一种只看到本学科内部的、排外的方法，与此不同的是，经济人类学的理论方法是多元的、开放的，来自不同学科和不同学派的经济思想的理论和概念，都对其产生了明显的影响。这种基本特征使经济人类学家“试着去了解那些使他们感到吃惊的事情”。

20世纪50～60年代，人类学借用了语言学模式来拓展其理论视野。这一新形势下所包含着的实质性内容，是对以往在社会科学中占支配地位的那些观念进行重新评估与挑战，它引致了社会科学从追求社会理论到关注解释和描述社会现实中所产生的问题的根本性转变。20世纪70年代以来，多样化的学科和解释理论的发展,成为了人类学理论和方法的新思想和新观念的策源地。学者所采用的方法论、认识论、解释论、表象以及话语形式本身,形成了新的理论聚焦。在全球框架中,不同社会之间的相互依存和不同文化之间的彼此认识的程度的提高,使人们充分认识到:"人类学并不等于盲目搜集奇风异俗,而是为了文化的自我反省,为了培养'文化的富饶性'",是要把描述"异文化"的单纯兴趣"转移到一种更加富于平衡感的文化观念上来",其目的在于获得对文化整体的充分认识。

经济人类学以跨文化的研究所提出的挑战,实质上是看到人类学者自身带有社会和文化偏见的可能性,而对久已形成的、现实的知识和社会体系提出质疑。如何使一个在急剧变迁世界中的社会现实得到真实表述的中心问题,将人类学置于当代各种话语争论的旋涡中心。经济人类学对民族的研究,实质上是跨语际的,是在多种文化和制度的接触和碰撞中展开的。经济人类学研究的基本意义,并非只是为人们贮存下对那些已经消亡的,或者正在消亡的以及实存的个别民族的记忆和知识;经济人类学研究的基本问题,也并非是否要提"民族主义"或提什么"民族主义"的问题;囿于"民族"的框架,是无法表达出人类整体历史的真实面貌的。经济人类学对历史文化民族性及其与实存发展关系的强调,实际上是把其对"另一个"和"另一处"的探寻和研究,最终归结到了对人类整体的全面理解上;而在其研究中"民族"一词的歧义性使用,则表明它已对以往研究的旧有语境和客观诉求提出了一个根本性的疑问:即怎样重新认识"学科行为"中的认识论机制?人们何以取得他们所取得的知识?这些知识背后的认识论前提是什么以及话语和知识又怎样参与历史的真实创造……

在经济学领域的分析中,生产、资源配置方式和收入分配是最基本的相关变项。而只要稍微深入一步,就可清晰地看到,它们都无一例外地反映出一定的制度关系。尽管经济学把"经济理性"作为自己最基本的分析手段和最重要的假定,视每一个社会交换和经济过程的参与者,都具有使其价值最大化的目的追求。但是不论人们把经济理性视为一种心理活动、还是一种生活原则,它本身已隐含着某种社会性的制约关系。而当我们一旦把这种经济理性扩展到人类历史的全过程时,就可看到,它并非是某种一成不变的原则或假定,更多的是显现出作为一种变项而存在的性质。例如,在许多民族的简单社会中,理性原则普遍地发生于生产领域和资源配置的行为和活动中;但同时在交换领域,却广泛地以"非经济性"的方式,把其产品作为礼品而相互赠送。这似乎使我们更有理由将经济理性这一经济学最重要的假定视为一种制度化的价值观念。所以一谈及经济过程,就意味着某种共同的价值标准,通过制度化而得到确立和稳定化,并使个体的评价和行为选择在更大的范围内得到同一性的联结。物质的和客观的经济过程产生了特定的价值内容,制度则在社会意义上提供了价值最大化的秩序稳定性。它一方面为经济过程提供了一个互惠的合作环境;另一方面又制约着具有不同利益的经济参与者,在追求差异极大的目标中不致出现同毁性的公然冲突。

经济人类学在其深层本质上一开始就把对人类本质实现的关怀和对人类发展方式的反思,包容在了自己的研究中,它是通过对人类相异性的研究,来理解自己生活的社会和时代的。因此,经济人类学进一步发展的生命力,在于永不封闭自己的研究领域,永不拒绝新的理论工具和方法的运用。这便要求我们实现对人类学、经济学、历史学、社会学等多学科的超越和新的融合。这种超越和融合,使经济人类学深入到了有关人类社会发展的基本理论中,而且广泛涉及了经济史、各种具体的和现实的经济问题,以及对当代世界经济体系中的贫穷、不平等和发展等的问题。

参考文献:

陈庆德:《经济人类学》,人民出版社 2001 年版。

陈庆德:《经济人类学的理论发展》,载于《云南社会科学》2000 年第 2 期。

许婧:《西方经济人类学理论发展的历程》,载于《西南民族大学学报(人文社科版)》2010 年第 31 期。

R. Firth, *Themes in Economic Anthropology*, 1967.

J. Clammer, *The New Economic Anthropology*, 1978.

S. Plattner, *Economic Anthropology*, 1989.

E. Brumfiel, *The Economic Anthropology of the State*, 1994.

Sutti Ortiz. Economic Anthropology, *Topics and Theories*, 1983.

M Herskovits, *Economic anthropology*, 1952.

(刘伟)

历史计量学
Cliometrics

历史计量学是一门将经济理论和定量分析方法运用于历史研究、特别是经济史研究的交叉学科。它诞生于 1958 年,以康拉德(Alfred Conrad)和迈耶(John Meyer)发表的经典文献"南北战争前南部奴隶制经济学"为标志,至今已走过了 50 多年的历程。

历史计量学的出现促进了经济史研究与经济理论之间的结合,在史学界特别是经济学界产生了重要影响,诺斯(Douglass C. North)和福格尔(Robert W. Fogel)因在历史计量学中做出的开创性贡献而于 1993 年同获诺贝尔经济学奖。"Cliometrics"一词由数理经济学家雷特(Reiter)首创,由两个部分组成,前缀克莱奥(Clio)是历史女神,她启迪人们以多种不同的方法研究历史,后缀 metrics 是度量的意思。"Cliometrics”一词根据权威经济学辞典的定义，现在译为历史计量学。与“Cliometrics”表述相同内容的英文词汇，还有“New Economic History”、“Econometric History”和“Quantitative History”。历史计量学50多年的发展，经历了从传统经济史学中萌芽，随后与新制度经济学结合发展壮大，并最终超越新制度经济学的演变过程。在这个过程中，虽然历史计量学将经济理论和定量分析方法运用于历史研究的基本特征没有改变，但历史计量学的研究范式和学科地位发生了重大转变。其研究范式在发展过程中经历了冲突和裂变，实现了从史学范式为主向经济学范式为主的转变，并孕育了经济学研究范式的创新。在历史计量学50多年的发展过程中，它的学科地位也不断提升。早期的历史计量学仅仅为各专史和断代史提供方法和技术支持，在历史科学中作为史学理论和方法的分支出现，是众多具体研究方法中的一种，而并不具备理论指导的意义。随后的历史计量学逐渐摆脱了这种初创时期的附属地位，通过将新制度经济学理论运用到经济史研究中，成功地发展为新制度经济学这门理论经济学的一个应用分支。当前的历史计量学已经超越了新制度经济学，正在弥补传统经济史和经济理论之间的长期分裂，成为一门介于经济理论与传统经济史之间的理论经济学学科。

20世纪50～70年代，历史计量学的研究主题可以划分成两个阶段，一是对历史学家所关注的重大历史问题进行检验和批判，主要涉及经济增长、奴隶制度等历史学命题；二是从原来的历史学命题中摆脱出来，转向考察和验证新古典主义经济学命题，如市场机制在经济发展历程中的作用等，同时追溯许多现实经济和社会问题的历史渊源。

20世纪50年代，经济史学家为解释贫富国家之间悬殊的收入差距，将研究的焦点放在理解经济增长的来源、寻找经济发展的主要决定因素等问题上。诺斯早期开展的历史计量学研究，就是围绕回答这些问题展开的一次有益尝试。其实，统计和计量方法在历史计量学诞生以前，已经在传统的经济史研究中运用。但这种运用只是利用简单的统计分析得到数据，注释或佐证某种观点的正确与否。要回答上述问题，利用传统的方法，如简单地罗列进出口贸易额、工农业总产值等宏观统计数据，而不在理论指导下进行深入的数据分析，是无法找到令人满意的答案的。诺斯的研究区别于传统经济史学的一点，在于以新古典主义经济学有关经济增长的理论观点为指导，寻找美国经济史中的诸如出口和区域专业化发展等数据，来验证这些新古典理论中指出的所谓“决定要素”对美国经济增长的影响。同时代各种经济理论的迅速发展，为历史计量学尝试不同的理论指导提供了可能。此期经济学界还有学者提出，交通运输成本的降低，可以增加国民收入、有效促进经济增长。到1957年，经济学家索洛进一步提出了由技术进步决定经济增长的新古典经济增长理论模型。诺斯和福格尔等学者在这些理论指引下，将研究对象从整体经济转移到具体产业上，以美国的交通运输业作为案例，验证技术进步对交通运输业的影响。诺斯使用了“全要素生产率”的概念和间接计量的方法，从微观的视角研究了1600～1850年间海洋运输中生产力的变化，结论是技术进步导致经济增长的传统解释无法得到验证。福格尔利用社会储蓄的概念和反历史事实计量的方法，从宏观的视角研究19世纪后期铁路对美国经济增长的影响，得出了相似的结论，铁路并不是导致美国经济增长的决定性因素。随后一些经济学家延续这个研究思路，考察了铁路对欧洲经济增长的影响，还有的学者分析了铁路以外的技术创新与经济增长的关系，他们都得出了基本一致的结论，即单靠一项新技术并不能对经济增长产生革命性影响。这样，通过对诸如出口、贸易等新古典因素以及技术进步的考察，诺斯认识到了新古典主义经济学遗漏掉的制度因素对经济增长的重要性，于1971年与戴维斯合著了《制度变迁与美国的经济增长》，提出美国的经济增长，不仅仅是新古典理论所说的要素积累的结果，而且也是制度不断完善的结果。诺斯此时开始认识到，从经济史分析中看新古典主义经济学制度既定的假设确实存在局限，他转而寻求与新制度经济学结合，发展历史计量学。而要考察制度差异如何引发国家之间不同的经济绩效，单靠对美国经济史的研究显然不够，诺斯随后将历史计量学的研究对象从美国转向了欧洲诸国。

除了20世纪60年代兴起的研究经济增长的热潮之外，伴随着美国民权运动的兴起，一些经济史学家开始关注奴隶制度、少数民族等问题。这在历史计量学的早期文献中也有所反映，其中，经典的是福格尔和恩格尔曼（Stanley L. Engelmann）对南北战争前美国奴隶制度的研究。他们将收集、整理的相关统计数据配以全要素生产率的概念，证明奴隶制具有效率高的特点，特别是在大种植园中奴隶制的规模经济特征十分明显，对奴隶主而言有利可图，从而否定了传统认识中奴隶制是种无效率和不盈利的生产方式的观点。他们还通过反历史事实假设的方法，研究证明了如果没有南北战争，那么奴隶制度就不会自动崩溃，并将继续存在下去，甚至可能自我强化。

美国历史计量学的迅速发展在20世纪70年代引起了英国学者的关注。英国研究历史计量学的主体是历史学家，而不像美国那样主要由具备经济史知识的经济学家组成，他们的研究主题集中在英国工业革命前后的经济发展问题上。进入20世纪80年代之后，历史计量学逐渐摆脱了对以往历史定论的讨论和批判，开始拓展自己的研究主题，并注重和当时的经济问题相结合。这些研究主题涉及生产率的增长、社会不平等、人口老龄化、外来移民等问题,其中对在新古典主义经济学中占有重要位置的市场机制开展研究逐步成为热点。许多学者通过整理历史资料、运用计量经济学的工具和统计分析,检验、评价了市场机制在人类经济发展历程中的作用,并对非市场制度的存在进行了考察。这些研究成果试图验证新古典主义经济学的观点,如市场机制支配着历史上的各种交换关系,市场的发育和扩展提升了经济效率、促进了经济增长;市场交易的统治地位在人类社会发展历程中早已出现,而并非如历史学家所说只是最近的产物;非市场制度只是作为市场制度的替代物而存在的等等。

20 世纪 70 年代之后,推动历史计量学与新制度经济学结合的是诺斯。在通过研究 19 世纪开挖和建设运河等案例,分析制度变迁与美国经济增长的关系时,他发现人们要从交易中获益,往往需要进行产权交换、发明新的经济组织和制度安排。这一发现使诺斯认识到制度对经济增长的重要作用,从而摆脱了以往技术进步决定经济增长观点的束缚。诺斯还分析了资本市场演化、公司制产生等现象,这些都是历史上曾经有效促进经济增长的因素。他发现新古典经济学可以解释经济增长中这些因素的作用,却无法说明其起源。而要理解这些因素、特别是新的制度安排是何时和如何产生的,需要其他理论分析工具。此时新制度经济学的发展正突飞猛进,诺斯在其经典文献中已经指出,新古典主义经济学分析遗漏了现实世界中普遍存在的交易费用,随后阿尔钦(Armen A・Alchian)、德姆塞茨(Harold Demsetz)、张五常(Steven N. S. Cheung)和威廉姆森(Oliver E・Williamson)等人发展了产权理论、契约理论和交易成本理论。这些理论刚好满足了诺斯经济史研究中对经济理论指导的需要,历史计量学和新制度经济学自然而然地走到了一起。

当然历史计量学和新制度经济学的结合也不是一蹴而就的,而是在"问题导向"的指引下逐步推进和完善的。在先前的研究中,诺斯已经发现,要考察不同制度如何引发国家之间经济绩效的差异,单靠对美国经济史的研究已经不能回答上述问题。诺斯随后将历史计量学的研究对象从美国转向了欧洲,寻找可以进行比对的研究对象。体现这一转变的研究成果,正是诺斯和托马斯在 1973 年合作出版的《西方世界的兴起》一书。诺斯关注的问题一如既往,即"持续的经济增长是如何发生的",但这次的案例素材来自近代欧洲多个国家的经济史。长期以来对此问题的传统解释,是蒸汽机车、纺纱机器的出现引发英国的工业革命,导致了上述现象。而诺斯对此的解释沿袭了《制度变迁与美国的经济增长》中的发现,即传统观点中提及的资本积累、技术进步和经济规模等因素只是经济增长的结果而非原因;有效的经济组织和制度安排才是西方世界兴起的关键,它可以为经济增长提供有效的激励,增加个人和社会的福利。

诺斯将历史计量学从历史科学分支的附属地位解放出来,首次实现了经济史研究与经济理论的互动:一方面,经济史分析补充并完善了经济理论。通过对英、法、荷兰和西班牙等国家的对比分析,诺斯发展了两个新观点:一是有效的制度安排由于搭便车和交易成本的存在,未必能自动产生;二是发展并不是与时间无关的生产函数,它与促进经济增长的制度之间存在路径依赖,而后者是由政治系统实施的。改良后的政治制度实施对私有产权的有效保护,是富国之路。可以说,对史料的描述归纳在诺斯提炼新观点时起了重要作用。另一方面,利用经济理论来分析史料。虽然诺斯此时还未提出自己的制度变迁理论,但他从契约理论的视角建立了一个理论模型,分析西欧历史上的庄园制案例,以此成功解释了西欧封建主义的兴衰。这个模型有初始条件、外在变量和决定因素,综合运用了产权、交易成本和公共产品理论。从研究范式上看,诺斯此时运用的是标准的新古典主义经济学研究范式。但他在具体理论层面对新古典主义经济学有所发展,将"制度"这个新古典主义经济学遗漏的变量作为其分析的对象,并将时间变量引入其分析中,突破了新古典经济学"制度既定"、"发展是与时间无关的生产函数"的局限,为发展一个完整的制度变迁理论奠定了基础。

诺斯的制度变迁理论是在《经济史中的结构与变迁》一书中形成体系的,由产权理论、国家理论和意识形态理论组成,仍以新制度经济学的交易费用、产权和公共选择理论为基础。诺斯还就制度变迁的动力、方式、主体、评价标准等进行了回答。这是对《西方世界的兴起》观点的发展和系统化,也是历史计量学与新制度经济学结合的结晶。在产权理论中,诺斯坚持了新制度经济学提出的产权对经济增长具有重要作用的观点,但通过创建自己的国家理论,他进一步揭示了新制度经济学所未能说明的内容:为什么由国家实施产权制度?国家如何选择和实施产权制度?诺斯洞察了政治制度与产权制度的关系,提出了两个命题:政府实施产权保护等制度,可以降低交易成本从而提升经济绩效;政治市场中交易成本过高往往导致相对无效率的制度出现,有效的制度变迁未必发生,制度选择和路径依赖反映的是政治集团间利益的分配。这两个命题以及他就制度变迁动力提出的第三个命题,即技术进步、人口增长和市场扩展等因素可以引发原有制度的变迁,从而影响经济绩效等,成为后来者实证研究的重点。诺斯为了回答他先前发现的制度变迁中搭便车问题而发展了意识形态理论,将其作为产权和国家理论的补充。他早先发现,有效的制度安排由于搭便车和交易成本的存在,未必能自动产生和顺利实施。诺斯提出,由于意识形态的存在,可以教育大家减少搭便车的行为并降低制度运行和变迁中的交易成本。通过发展意识形态理论,他弥合了国家理论和产权理论之间存在的逻辑缝隙,意识形态从而成为国家和产权等制度之间的填充物和润滑剂,也使诺斯的理论成为一个相对完整的体系。虽然诺斯制度变迁理论沿用的仍是新古典主义经济学的研究范式,但他进一步扩展了其研究对象,将新古典主义经济学很少涉及的国家和意识形态纳入进来。历史计量学在第一次实现史学和经济学交叉的基础上,又吸收了政治学、社会学等其他社会科学的内容,实现了第二次跨学科发展。这种跨学科发展的步伐并未终止,历史计量学第三次吸收和借鉴的理论来自心理学和认知科学。在《制度、制度变迁与经济绩效》一书中,诺斯表达了对新古典经济学"完全理性"假设的怀疑和批判,并讨论了"有限理性"假设在制度及其变迁中的应用。沿着"有限理性"的思路进行延伸,他将自己当前研究的重点放在了吸收和借鉴认知科学上。对"完全理性"假设的怀疑和批判,正是诺斯超越新古典主义经济学和新制度经济学的开始。

在经济史分析中对经济理论的不断借鉴、吸收、扩展和超越,恰恰反映了历史计量学的主要特征,即促进经济理论和经济史料的互动发展。而且只有历史计量学具有这个独特的优势。经济理论不仅应该能够解释现实,而且还应能说明过去,何况从某种意义上说,今天的现实明天看就是历史。浩如烟海的经济史料时间跨度长、数据多、案例丰富,作为经济理论的试金石具有其他资料无法替代的作用。与新制度经济学结合的历史计量学,这个特征表现得更加突出:首先,对新古典主义经济学"经济增长源于技术变迁"这个结论的怀疑和历史检验,促使诺斯发现了制度对经济增长至关重要的命题。其次,诺斯在分析经济史案例时发现了新古典主义经济学"制度既定、时间无涉"这个理论假设的不足,通过借鉴和发展新制度经济学的概念和理论,利用交易费用进行制度的供求分析,发展了制度变迁和路径依赖理论。最后,对新古典主义经济学"完全理性"基本假设的怀疑,促使诺斯转向有限理性假设和认知科学。整个过程是以"问题导向"为指引,从反方向逐步颠覆了新古典主义经济学"假设、推导和结论"的逻辑链条。在当前的研究中诺斯走得更远,不仅放弃了新古典主义经济学和新制度经济学的理论观点,而且试图超越新古典主义经济学的方法论,走向吸纳认知科学等多学科发展成果的道路。历史计量学本身就起源于不同学科间的交叉和碰撞,其跨学科发展的步伐将一直持续下去。

与新制度经济学结合的历史计量学激发了众多学者的兴趣,许多文献不断涌现以至汗牛充栋。这些文献多是对诺斯开创性工作的补充和发展,或是更广范围内的案例分析。在这些文献中有一个值得一提的研究方向,即对诺斯提出的三个重要命题的经验分析。有些学者延续了诺斯案例分析的传统,选择多个国家和地区的微观案例进行分析,支持了国家实施产权保护等制度可以促进经济绩效的观点。如哈珀(Haber)对比分析巴西、墨西哥和美国的工业化垄断程度的案例;罗森索(Rosenthal)对比分析英法两国排水和灌溉系统的案例。其他学者在数据选择和分析工具上更进一步,采用跨国数据进行大样本计量分析,为诺斯的观点提供了更具说服力的经验证据。如奈克(Knack)和基佛(Keefer)定量分析了高效政府和制度、制度和经济绩效间的相关性,发现产权和投资、经济增长间存在强相关性。贝斯利(Besley)采用工具变量法研究加纳的土地产权对投资的影响,认为对土地拥有产权会引发家庭采取更多的投资行为。还有学者如利布凯(Libecap)对美国渔业、矿业等行业中产权形成过程的分析,奥尔斯顿(Alston)等对巴西土地产权制度的形成进行的计量分析,从经验分析的角度支持了政治过程影响制度变迁的观点。另外,利瓦伊(Levi)对诺斯所提出的"文化可以减少交易成本"的观点进行了实证分析;沃利斯(Wallis)和诺斯合作还尝试对美国经济中的交易成本进行量化研究。其他更多的经验分析文献集中在了《制度变革的经验研究》一书中。这些学者的研究不仅仅验证了诺斯提出的相关命题,更重要的是弥补了历史计量学在这个时期擅长理论分析而缺乏经验研究的不足。有些学者已经开始使用计量经济学等新发展的分析工具,对制度等其他过去无法定量分析的对象尝试进行定量研究。这些努力恰恰反映了历史计量学在与新制度经济学结合后,向其最基本特征回归:在经济史分析中将经济理论和定量分析相结合。

与新制度经济学结合的历史计量学,引发了史学和经济学两种研究范式的冲突。诺斯这一时期的历史计量学研究,突破了以往研究中"历史优先、先史后论"的史学范式,实现了经济史和经济理论的互动,开启了在经济史研究中完善和发展经济理论的历程。从而,历史计量学研究中"逻辑优先、先论后史"的经济学范式成为共识,经济史中的史料逐渐变成了经济理论的素材和佐证。

历史计量学超越新制度经济学面临的任务,一方面是为了给经济史研究提供更加完备的经济理论和更加精致的定量分析方法,另一方面是尝试在经济理论中真正引入时间维度和政治因素来理解制度的演化。要完成这些任务除了发展新的经济理论和分析工具外,历史计量学本身的方法论也需要改变。

20 世纪 90 年代以来,历史计量学的发展表现为如下三种趋势:

第一,走向认知科学等跨学科发展的道路

历史计量学本身就是跨学科发展的产物,在完成了史学与经济学、政治学、社会学等学科的交叉后,一些历史计量学家开始将心理学、认知科学等内容包括进来，实现了历史计量学的第三次跨学科发展。其中的代表人物是诺斯。诺斯在早期的研究中沿用新古典主义经济学理性经济人假设，认为人们能够通过认知来比较交易成本的大小，选择制度从而实现制度变迁。后来他逐渐认识到，人们并不具备完全理性这种能力，比较静态分析无法解释制度的动态演化过程。诺斯随后在20世纪90年代转向人类认知、学习和意识形态研究，开始在其理论中增加人作为参与者对制度变迁认知和反映的内容，作为对交易成本来源和内生化的探讨。其部分研究成果反映在最近出版的《理解经济变迁过程》一书中。诺斯提出，在人们交易过程中，个体之间的知识交流和积累是交易成本的来源。但人们的认知模式是存在差异的，这便形成理解世界和处理问题的不同方式。如果将制度看做是内生的，那么它就是人们共享的认知模式，它有利于制度变迁参与者形成共有信念，采取协调一致的行动从而降低交易成本。而对制度的变迁，诺斯认为是人们针对环境的不断变化，通过学习积累知识，交流传播知识，不断修正自己的认知模式，从而促成了制度的选择和演化。诺斯的研究是对新古典主义经济学研究范式的彻底抛弃，从理论层次上看，产权、交易费用和公共选择等这些人与人的关系的讨论，被对人本身的讨论所取代，前者被看做只是后者的表象。这种对人的讨论，已经不是新古典主义经济学意义上的具有利己特征的完整的经济人，而是被诺斯拆分成了具有不同认知模式和学习过程的个体。诺斯由此构建了更高层次的概念和观点，来解决新制度经济学基本概念和观点的内生化问题。从理论内容上看，诺斯借鉴了认知科学，在当前研究中加入了以往研究中忽视的因素，即社会变迁的特征与人类对于这种变迁的理解和互动，他认为可以把制度变迁看做人类认知过程和认知积累的一部分。这次历史计量学走向跨学科发展的道路，和以往每次学科交叉的结果一样，留下了一个难题，那就是理论的发展将支撑其存在的分析工具远远抛在了后面，诺斯只能用经济史的个案研究来说明和验证自己的理论观点，大样本的实证分析和模型化研究面临许多困难。

第二，综合经济学和史学研究范式，创新历史计量学

在历史计量学发展的历程中，是“先论后史”还是“先史后论”，是“逻辑优先”还是“历史优先”，经济学和史学之间研究范式的冲突一直伴随左右。格雷夫(Avner Greif)于20世纪90年代初开创的历史制度分析，尝试从理论到方法论上突破以往历史计量学的局限，做出了综合两种研究范式的努力。在理论层面，格雷夫将制度定义为可自我实施的，是特定历史条件下制度博弈的一种均衡状态。这种将制度内生化的处理，克服了诺斯用新制度经济学观点定义制度及其特征的不足。同样是将文化信仰和认知差异引入制度变迁中，格雷夫使用的方法并不像诺斯那样去借鉴认知科学，而是运用博弈论。他在研究影响制度生成与进化的决定因素时，将文化信仰和文化传统等内容包含在博弈者的预期中，而后者又通过博弈影响着制度的均衡结果。格雷夫还形式化了诺斯的路径依赖思想，方法是以文化信仰为链条，把历史上前后相关的博弈与均衡连接起来，从而实现了路径依赖思想的模型化、具体化。在上述分析中尝试将博弈论引入制度及其变迁中，正是格雷夫对历史计量学具体方法论的创新。另外，格雷夫构建了特殊历史情境模型，恢复了历史计量学模型化分析的传统，更重要的是体现了他在方法论上尝试历史和逻辑统一的努力。在特殊历史情境模型中，格雷夫将史实描述和抽象建模有机地结合在一起，互为补充和支撑，实现了历史方法和逻辑方法的紧密结合，摆脱了以往研究中两者非此即彼的分裂状态。格雷夫还尝试将归纳和演绎统一起来，这既体现在他的案例分析中，也体现在理论构建的方式方法上。格雷夫坚持诺斯个案研究的传统，但不同于诺斯的是他在案例研究中使用数理模型进行定量研究，从而为从个案研究转向总体特征的描述提供了可能，因为数理模型分析才是产生有效经济学命题的唯一方法。格雷夫通过研究具有不同特征的制度变迁案例，揭示了制度变迁的几种关键类型。通过继续扩展这些研究的数量，尝试揭示制度变迁的全貌，并归纳出了一个一般化的理论框架。反过来，格雷夫运用自己发展的制度变迁理论，分析和解释了许多历史和现实中的案例。总体来看，格雷夫的努力主要对诺斯原有制度变迁理论的延伸思考和模型化处理，并不像诺斯那样构建一个更高层次的平台来解释整个理论体系。但他主要是实现了方法论上的突破，将博弈论引入其历史制度分析中，恢复了历史计量学建模的传统，还尝试实现历史与逻辑、归纳和演绎的统一。历史计量学综合经济学和史学研究范式的这一研究方向，目前遇到的主要困难是实证分析不足，无法形成对其理论和模型的强有力支撑。

第三，回归历史计量学定量研究的传统，进行实证分析

在各种研究范式均存在这样或那样不足的情况下，放下争执，收集数据进行实证分析也许是个不错的选择。毕竟实证分析是历史计量学的传统，也是辨析各种理论真伪更加直接的方法。福格尔数十年来一直坚持实证分析的风格，长期关注经济发展的中心议题：人们是如何摄取营养、促进身体健康，从而提高生产效率的。福格尔组织了包括经济学、历史学、医学、生理学、统计学等学科的研究人员，收集并分析这些领域的相关数据，进行人类营养学和健康状况的研究。他的研究对象包括美国、欧洲历史和现实中人体健康指标

的各个方面，如身高、体重、死亡率等。他提出，经济增长主要是源于人口营养状况的改善。通过对欧洲历史与现实长时间序列数据的观察和分析，福格尔发现了这样一个趋势，即人口早期的营养不良可以影响人以后的健康和生产效率。他还就如何避免饥荒等问题提出了政策建议。和诺斯关注人的认知类似，福格尔的研究焦点也转向了人本身，即人的营养。两位大师级人物的研究方向不约而同地转向，恰恰反映了历史计量学的一个新的发展方向：关注人本身的研究。而历史可以为这个研究主题继续提供丰富的数据和无穷的案例来进行经验分析。

参考文献：

［英］罗德里克·弗拉德：《计量史学方法导论》，上海译文出版社 1991 年版。

［英］罗德里克·弗拉德：《历史计量法导论》，商务印书馆 1992 年版。

North, Douglass C., Cliometrics-40 Years Later, Papers and Proceedings, *American Economic Review*, 87(2), 1997.

Conrad, Alfred and John Meryer, The Economics of Slavery in the Antebellum South, *Journal of Political Economy*, 66, 1958.

Fogel, Robert and Stanley L. Engelmann, *Time on the Cross: The Economics of American Negro Slavery*, New York: Little Brown and Company, 1974.

Davis, L., And It Will Never Be Literature: The New Economic History: A Critique, *Explorations in Economic History*, 6(4), 1968.

Fogel, Robert, *Railroads and American Economic Growth: Essays in Econometric History*, Baltimore: The Johns Hopkins University Press, 1964.

Greif, Avner, Cliometrics after 40 Years, Papers and Proceedings, *American Economic Review*, 87(2), 1997.

North, Douglass C., Sources of Productivity Change in Ocean Shipping, 1600-1850, *Journal of Political Economy*, 76(5), 1968.

Goldin, C., Cliometrics and the Nobel, *Journal of Economic Perspectives*, 9(2), 1995.

Greif, Avner, Historical and Comparative Institutional Analysis, Papers and Proceedings, *American Economic Review*, 88(2), 1998.

Parker, William N., From Old to New to Old in Economic History, *Journal of Economic History*, 31(1), 1971.

North, Douglass C., Beyond the New Economic History, *Journal of Economic History*, 34(1), 1974.

Solow, R. E., Economics: Is Something Missing? in William N. Parker, ed., *Economic History and the Modern Economist*, Oxford: BasilBlackwell, 1987.

（刘伟）

生物经济学
Bio-Economics

生物经济学是研究生物学与经济学之间的复杂联系的学科，即生物经济系统的结构及其矛盾运动发展规律的学科，是生物学和经济学相结合而形成的一门边缘学科。生物经济学是生物经济学家认为理性的行动者会在资源创造和资源窃取之间进行利润最大化的权衡。

经济学和生物学很早就开始了彼此之间的借鉴与启发，从蜜蜂的分工和人体血液循环中受到启发，曼德尔和魁奈分别在经济领域作出了“类推”，亚当·斯密和马尔萨斯的思想对达尔文的进化论也产生了深远的影响，19 世纪末期，受斯宾塞思想的影响，马歇尔也曾将生物学视为经济学的麦加，声言经济学只是作为广义生物学的一个分支。但在 20 世纪 30 年代以后，社会达尔文主义的出现使生物学和经济学的关系降到了冰点。20 世纪 70 ~ 80 年代，在经济学家贝克尔（G. Becker）和塔洛克（G. Tulock）以及生物学家基思林（M. Ghiselin）等人的努力下，生物学和经济学的关系开始恢复。20 世纪 90 年代，经济进化思想的复兴与脑科学、进化心理学等学科的发展极大地推动了生物经济学的发展，1999 年《生物经济学杂志》的创刊，标志着两个学科的交融达到了一个新的高度，生物经济学不仅拓展了传统经济学和传统生物学的研究领域，也丰富了两者的研究工具，并对社会福利政策产生了一定的影响。

生物经济学的发展主要归因于三个方面的原因：一是生物学尤其是基因科学、脑科学的飞速发展，世界卫生组织将 20 世纪 90 年代定名为“加强人脑研究的 10 年”，认为在这 10 年中所获得的关于大脑的知识比过去千百年来加起来都多，而对大脑功能的进一步认识也必然影响经济学对于人的行为选择、情感、理性等范畴的分析；二是 20 世纪 80 年代晚期林达·柯斯玛依达（Kda Cosmides）和约翰·托比（John Toobv）等人开创了“进化心理学”（Evolutionary Psychology）。作为一门研究人类心智模式如何在长期进化过程中被自然选择所塑形的学科，进化心理学直接在生物进化理论和经济学的理性、偏好、预期、效用等核心范畴之间建立了连接；三是现代经济学的多元化倾向，基于还原论和机械论思维的新古典经济学思维范式受到了来自多方面的质疑和挑战，如以反还原论、反个体主义和倡导个体群思考的进化分析范式，以后现代主义为底蕴的行为经济学、实验经济学等。桑塔费学派所倡导的“走向统一的社会科学”理念，深刻地反映了现代经济学必须在更广阔的知识领域内受益才能发展这一事实。在这种背景下，生物学与经济学的紧密结合是必然的，生物经济学家们希望，生物经济学能促使生物学和经济学这两个学科的融合与加强，能催生出新的理论范式，从而对于解释人类行为和社会进化，以至于在引导社会福利政策方面产生重大影响。

经济学向法律和政治领域的扩张产生了法经济学和公共选择理论，在这两个领域中，经济学都表现为一种单向"侵略"，即单纯地以经济学工具分析法律和政治制度，并因此强化了经济学的工具有效性。但生物经济学则不同，生物经济学固然也要用经济学工具去分析生物现象，但另一方面也要为个体的行为惯向寻找生物学尤其是进化视角的解释，并因此调整自己的基本假设，在这种互相检验和互为工具的过程中，生物学和经济学都能从中受益。

早期的探索者如贝克尔、塔洛克等人主要使用的经济学工具是成本和收益计算，研究的生物现象也比较有限，而近年的生物经济学则大量使用新的经济学工具，如制度分析、博弈论、激励理论和实验手段等，研究的生物现象也越来越广泛。

蓝达(J. Landa)指出，新制度经济绎学不仅可以用于分析人类社会，而且也可以分析所有能够开展合作的社会性生物，如蚂蚁、蜜蜂的活动，它们同样遵循新制度经济学原理，运用交易费用理论分析人—社会性生物的组织结构时，她得出结论：在人类社会和非人类社会中，身份确认对促进合作与防范欺骗和伪装都具有至关重要的作用；此外，蓝达还用公共选择理论解释了不同群体生物在选址、搬迁等活动中的投票差异(如蜜蜂搜寻新巢穴时采用一致性同意全体原则，鱼群在迁徙时则采用少数甚至一票原则)，用交换理论解释了蜘蛛、螳螂的寻偶活动等；纳塔尔·赫通嫩科(Natall Hritonenko)，由李·亚特森科(Yuri Yatsenko)采用资本生产率的制造期资本(Vintage Capital)模型，解释了一定年龄结构的狩猎—采集群体是如何最优化狩猎—采集收入与群体数量的，史达克和王则用博弈论证明了汉密尔顿法则，在详细地比较早期人类与三种类人猿经济活动方式差异的过程中，普瑞尔(F. Pryor)证实了亚当·斯密定理1和亚当·斯密定理2，认为食物的生产消费方式、技术工具和分工水平、生产的地域范围之间存在着交互促进与交互影响的关系。与此同时，更多的生物学理论和工具也被用于解释经济现象，除了早期的普莱斯方程、费雪方程之外，群体遗传算法、红色皇后理论(Red Queen Theory)和扎哈绎维的累赘原则都被应用于经济演化过程和信息传递等问题的研究中。例如，扎克(P. Zak)就从群体遗传学的角度分析了婚姻、生育、爱与经济增长之间的协同进化关系；尼曼(N. B. Niman)也曾用红色皇后理论解释了人类在社会行为中为什么有时候会呈现出对"少"的偏好，而不是像标准经济学假设的那样偏好"多"，只要他们能使自己处在一个比其他人相对优越的位置即可。

在分析方法上，生物经济学最突出的特点是累积因果原则，这一原则在凡勃伦、缪尔达尔那里已经得到了提倡，其中凡勃伦尤其强调对事物的因果解释，缪尔达尔更重视互为因果。这一特征也为进化经济学所有，但进化经济学的研究主题主要是制度和技术，而生物经济学则"研究人类行为规则和倾向如何进化而来，正是这一主题将其与进化经济学区分开来"。所谓累积因果有两重含义，一是分析现象时避免用抽象范畴替代解释，比如，不能将两个不同群体的差异性和共性归结为文化这类范畴，这等于对事物的差异性和共性没有进行任何解释；二是强调原因与结果之间的相互影响，即作用与反作用的动态交互影响过程。在第一个问题上，生物经济学在"穷极因果关系"上无疑比任何一种经济思想走得更远，也更彻底，不仅在时间尺度上进入了史前史阶段，而且在空间上将自然系统纳入分析范围。生物经济学不仅解释人类某些共同偏好，如食物结构、景观与居住的进化起源，也解释社会情境对行为倾向的影响，这些在传统经济学中都是通过假定而忽略不计的；在第二个问题上，生物经济学和进化经济学一样，强调协同进化(Evolution)原则，只不过进化经济学强调的是技术与制度之间的协同进化，而生物经济学强调的是社会—自然的协同进化。在生物经济学中，人的行为特质、偏好与情感都必定经过社会与自然的双重选择。之所以是自然的，是因为只有当社会经济行为被适当地置于接受自然选择的状态中，其蕴涵的行为特质才可以进化；之所以是社会的，是因为进化的行为特质会通过社会行为而得到强化，并反过来刺激生理层面的进化。在这样一个双向循环的回馈中，单纯切断一个方面强调另一个方面的影响是不可能的。霍奇逊近期在梳理生物经济学的发展脉络时也指出，双重的传递和影响理论在生物经济学中已经成为主流，而单向的生物简化论则明显已经被抛弃。

生物经济学主张经济学应当关注人对经济刺激的真实反应，而不是通过假设、臆断和公式推演来确认人的幸福感，社会福利政策必须建立在坚实的生物经济学基础上，换言之，必须建立在对人的生理和心理反应的测度的基础上。社会文化和基因遗传如何塑造了人的偏好，人的餍足感、沮丧与满足，又如何与之相关并得到更多的重视，瓦尔拉斯模型不能成为福利经济学的基石，"福利经济学的革命应从进化的视角出发，只有超越程式化的市场行为关注福利的真实效用，才能重构福利经济学理论和社会福利政策"。经济学中的伊斯特林(Easterlin)悖论和西托夫斯基(Scitovsky)悖论都说明，增长、消费、净收入、卡尔多—希克斯标准和帕累托改革在评价社会福利时都存在明显的局限性,由于旨在改善标准经济学"效用"定义的含混和不可测量的缺陷,生物经济学的大多数福利政策建议都是建立在进化心理学、脑科学、神经实验方法的基础上,通过生理测度和心理调查来比较人对不同刺激的真实反映,虽然生物经济学并未提出一个完整的、系统的福利理论,但大量的基于生物基础的研究还是有着非常强的现实意义,尤其是借助于神经元科学的发展,在生理和心理性快乐的测度基础上,生物经济学家得出了一系列迥异于传统经济学的结论,藉此提出了相应的政策建议。其中比较有代表性的有:

第一,福瑞(Frev)等人的研究表明,在某些公共物品领域中采用经济刺激往往导致相反的结果,比如,义务献血在血量、血质和献血者心理满足感上明显优于报酬性献血。福瑞等经济学家提出,市场刺激在公共物品领域中往往起到相反的效果,而彰显利他动机和激励社会责任能起到比货币刺激更好、也更易于被社会所接受的效果。

第二,雷亚德(Layard,2003)通过对闲暇的心理感受评价的调查发现,闲暇具有非竞争性特征,在"你有两周别人有一周,或者你有 4 周别人有 8 周这样的备选方案中,绝大多数人会选择后者,因此,闲暇作为替代货币的刺激手段将更有利于整个社会群体的福利改善。

第三,科林(Coming,2000)的研究则表明,快乐程度在很大程度上取决于我们的童年经历,人的基本生理和心理需求快乐与童年时期的健康水平、营养状况有着密切的关系,为此,应在童年期的生长环境、儿童的营养改善、家庭与社会问题的咨询服务等方面有更多的公共支出,从而更好地增进人们未来的幸福感。

第四,雷亚德(Layard,2003)等人的研究表明,收入与快乐程度仅存在很弱的相关性,但相对位置感却在很大程度上影响着人的满足感。雷亚德指出,如果所有人都少工作收入少,反而会使总的幸福度增加,那么在税收政策上,伴随着人均收入的提高,应对奢侈品课以更高的税收,这样一方面富裕者能通过凡勃伦效应得到更多的福利,另一方面政府也能用更多的财力去改善低收入者的福利。

第五,福瑞等人(Frey & Stutzer,2002)的研究表明,生命的"幸存"对人的快乐具有强烈而持久的刺激,通过对空难幸存者和中彩票者的神经测度发现,前者能获得极强的满足感与快乐感,并具有持久的影响;但后者的快感只能维持很短暂的时间就进入衰退期。由此得出的政策建议是对于生命价值给予更多的投入。

参考文献:

Jack J. Vromen. Neuroeconomics as a Natural Extension of Bioeconomics:The Shifting Scope of Standard Economic Theory,2007.

Geoffrey M. Hodgson. Taxonomizing the Relationship Between Biology and Economics: A Very Long Engagement,2007.

Natali Hritonenko, Yuri Yatsenko. Optimization of Harvesting Return from Age-Structured Population,2006.

Neil B. Niman. Sexual Selection and Economic Positioning,2006.

John M. Gowdy. Evolutionary Theory and Economic Policy with Reference to Sustainability,2006.

Oded Stark, You Qiang Wang. On the evolutionary edge of altruism:a game-theoretic proof of Hamilton's rule for a simple case of siblings,2004.

Paul J. Zak, Kwang Woo Park. Population Genetics and Economic Growth,2002.

Peter A. Corning. Biological Adaptation in Human Societies:a"Basic Needs"Approach,2000.

Janet Tai Landa, Michael T. Ghiselin. The emerging discipline of bioeconomics:aims and scope of the Journal of Bioeconomics,1999.

Janet T. Landa. Bioeconomics of some nonhuman and human societies: new institutional economics approach,1999.

(刘伟)

行为经济学

Behavioural Economics

行为经济学将行为分析理论与经济运行规律、心理学与经济科学有机结合起来,修正主流经济学关于人的理性、自利、完全信息、效用最大化及偏好一致基本假设的不足,进而增强了经济学的解释能力。行为经济学并不是对基于效用最大化、均衡和效率的新古典经济学思想的彻底否定,而是在更为现实的心理学方向上对标准理论中的假定进行修订。

行为经济学近十年才被经济学界广泛关注,但和其他经济学流派一样,行为经济学在思想上并非新鲜事物,早在亚当·斯密的《道德情操论》中,就已经论及诸如"损失厌恶"等个人心理,并注意到这些个人心理对观察经济现象的作用。真正把经济行为作为主要研究任务的经济学家有二个代表性人物:一是乔治·卡托纳(George Katona);二是赫伯特。继卡托纳和西蒙等人之后,许多具有探索精神的经济学家和心理学家开始联手研究经济行为的发生机制,并试图建立经济行为的心理基层。20 世纪 70 年代,心理学家卡尼曼(Kahneman)和特维斯基(Tversky)发表了一系列震撼人心的研究成果,通过吸收实验心理学和认知心理学等领域的最新进展，以效用函数的构造为核心，把心理学和经济学有机结合起来，彻底改变了西方主流经济学（特别是新古典经济学）中的个体选择模型，并激发了其他行为经济学家把相关研究领域拓展到经济学的各主要分支，从而形成了真正意义上的“行为经济学”流派。

行为经济学是通过对西方主流经济学（特别是新古典经济学）的反思和批判中兴起的，它试图在心理学关于人的行为的研究基础上，讨论经济活动的当事人的各种心理活动特征对其选择或决策模式的影响；不同的心理活动影响到相应的决策模式，从而表现出相应的行为特征，这些行为特征又通过决策后果反映到具体的经济变量当中。一方面，行为经济学继承了新古典经济学赖以生存的两大基石——个体主义方法论、主观主义价值论；另一方面，行为经济学又不满新古典经济学对行为假定的不现实性，主张通过心理学打造一个现实的行为基础。

绝大多数行为经济学家都同意下述基本观点：经济当事人进行理性决策，但理性是不完美的；经济学研究必须合理假定当事人的认知能力；经济模型的预测应该和决策的微观水平数据一致，包括实验数据；经济学家对当事人选择行为的讨论必须建立在心理学基础上。和新古典经济学相对应，行为经济学的这些基本观点来自其对前者理论硬核的挑战，围绕这些挑战，行为经济学逐步形成了自己的研究纲领。

行为经济学的核心观点在于：经济现象来自当事人的行为；当事人进行理性决策，但理性是有限的；在有限理性的约束下，当事人的决策不仅体现在目的上，而且体现在过程上；在决策过程当中，决策程序、决策情景都可以和当事人的心理产生互动，从而影响到决策的结果；个体决策结果的变化导致总量结果的变化，对经济总量的理解来自对个体行为的理解；有限理性和学习过程会导致决策的偏差以及结果演变路径的随机性，从而产生异常行为，这种异常行为增添了经济现象的复杂性，同时加剧了有限理性的约束。由此可见，在行为经济学当中，决策心理特征、行为模式和决策结果相互之间是互动的和关联的，存在许多决策反馈机制，一旦考虑到这点，新古典经济学关于偏好稳定的基本假定就被推翻了，在这些互动过程中，偏好在一些条件下被产生出来，并在和环境变化的互动中演化着，这就构成了当事人围绕偏好演化的学习过程。学习过程的存在使得行为经济学从一开始就是动态的分析，而不像新古典经济学那样重视静态和比较静态分析。

行为经济学强调当事人认知能力的局限和偏好的内生性，强调决策作为一个学习过程的动态变化，这种对人的基本假定构成了其与新古典经济学不同的硬核。尽管行为经济学坚持主观价值论，坚持理性假定，但通过对理性经济人本身的挑战，并通过利用心理学构造自己的行为基础，导致行为经济学逐渐成为一个独立的派别出现在当代经济学的丛林。我们可以把行为经济学和新古典经济学的硬核进行对比，参见表1：

表1　行为经济学和新古典经济学比较

类别	硬核	保护带	研究方法
新古典经济学	理性经济人假定；偏好和禀赋分布外生；主观价值论；交易关系为中心等	均衡；边际效用或产量递减；要素和产品自由流动；要素和产品同质；价格接受者等	方法论个体主义；边际分析方法；静态和比较静态分析为主；线性规划和动态规划
行为经济学	有限理性当事人假定；可能追求利他行为和非理性行为；偏好和禀赋内生；学习过程；主观价值论等	非均衡；非线性效用函数；要素和产品异质；随机性；路径依赖；现实市场和组织；有限套利等	方法论个体主义；演化分析；非线性规划；实验和微观计量为主

从表1可以看出，通过假定有限理性和偏好、禀赋内生化，即使在主观价值论下，行为经济学仍然表现出和新古典经济学非常不同的理论硬核：首先，行为经济学彻底改变了新古典经济学中静止的理想化的理性经济人假定，代之以演化的有限理性的现实当事人假定，通过假定的改变，行为经济学家眼中的当事人不再仅仅自利，人们会考虑利他，也可能冲动，采取非理性行为等；在行为经济学中，偏好的内生和演化带来了异常行为及其相伴随的学习过程，按照阿克洛夫的说法，这会导致近似理性，或学习中的理性。在这些基本假定的指导下，行为经济学从选择及相应的决策行为出发分析问题，这种分析能够单一针对某种具体行动，比如消费，也可同时分析某几个行动，比如消费和生产。而新古典经济学只能从交易出发来分析问题。其次，硬核的差异也会反映到保护带上，行为经济学不再需要假定要素产品同质，也不再需要假定市场充分流动或充分套利，有限理性的当事人本就不同，面临复杂环境不可能实现完美套利，也就不可能获得一种线性效用函数关系。在行为经济学家看来，决策过程中可能出现路径依赖，可能出现随机选择，而不像新古典经济学那样假定均衡存在。

按照拉卡托斯等人的科学哲学观，硬核和保护带构成了科学研究相互区别的纲领。行为经济学的硬核和保护带都和新古典经济学不同，就产生了一种特定的研究纲领，并且这种研究纲领会反映到研究方法上。为了贯彻上述研究纲领，行为经济学家需要寻找恰当的方法及方法论来理解现实的当事人的行为的心理基础。心理学在20世纪中叶的发展给经济行为的研究带来了契机。一些心理学家和经济学家开始在实验室中测试实验对象的动机、环境特征和行为之间的相互关系,以此来揭示当事人决策的规律。这些学者对新古典经济学把心理学和当事人决策行为人为割裂非常不满,于是从重复检验新古典经济学理性经济人所需的各项假定入手,逐步反驳其理论硬核。这种早期的实验研究给经济学带来了很大的冲击,但行为经济学自身也很脆弱,因为实验数据能否在统计上显著反映总体的特征是存在争议的,并且实验数据也很容易被实验者操纵。借助于麦克法登等人对微观计量经济学技术的发展,以及各种计算机模拟和计算技术的出现,行为经济学家开始借助新的工具来研究行为问题,比如采用市场数据研究金融市场上当事人的行为;采用场分析(Field Data)研究特定类别当事人的经济行为等。

实验方法和微观计量方法的广泛应用使得行为经济学可以在放弃新古典经济学的边际分析方法的基础上,寻求各种非线性的和动态的求解方式和经验实证方式。即使在坚持方法论个人主义的基础上,行为经济学仍然能够有效处理有限理性、偏好和禀赋内生等问题,比如演化分析和行为博弈分析等就能够很好地处理学习过程中的随机性、路径依赖性、角点解等问题。在行为经济学家看来,这种分析是更符合现实的,对现实也更有解释力。

行为经济学的研究方法方面,有这样两个突出特点:一是注重实验方法的运用。通过有针对性地设定特定的经济环境与决策条件(如特定的问卷、特殊的调查方式等)并对微观个体在相应情况下的事实决策结果进行收集与整理,能够尽可能准确地反映出微观经济主体的决策特征及其中的行为经济因素,从而显著区别于传统的经济模型构建方法。二是注重研究方法的综合与创新。这一点,由行为经济学界对于自身的定位可见一斑——“……行为经济学家是方法论的折中主义者。他们界定自身的标准,不是其所运用的研究方法,而是那些被他们引入经济学研究中的心理学视角的适用领域。”虽然如前文所述,行为经济学强调在经济研究过程中的心理学、社会学等学科研究成果的引入,但并不拘泥于相关学科的固有研究方法(如前所述的实验研究等),而是锐意创新,寻找更适合自己实际需要的研究方式,在结合现代高新技术开展研究方面不遗余力。比如,行为经济学家一方面推崇运用现代科学的数理研究方法及计算机高新技术对经济变量进行严谨的统计分析,另一方面又敢于将传统经济学中并不重视的数据(如一国人口精确统计、特定环境下实验者的作答/反应时间等“边缘化”数据)进行翔实的处理,并大胆地运用于其经济研究中,从而使得所采用的研究数据真正脱离了传统经济理论研究中对理想化环境中或是严格假定条件下的数据采纳的依赖,从而更具有现实指导意义。

总之,注重将各种非经济学的社会科学研究成果与理论的引入与综合,以及根据自身研究领域进行高新科技运用、大胆吸纳并创新传统研究方法,注定了行为经济学的研究方法呈现出极大的创造力与进取性。

从20世纪80年代开始,一些前卫的经济学家开始运用行为经济学尚不成熟的理论和方法来探讨金融市场问题,并取得了巨大的成绩,其中如芝加哥大学的泰勒、哈佛大学的史莱佛、耶鲁大学的希勒、桑塔克拉拉大学的斯特曼和谢甫林等都是极为活跃的人物。与行为经济学还在其他领域艰苦奋斗相对照,行为金融理论如今已成为金融研究领域的主流,并形成了比较成熟的学科体系。

行为金融学主要挑战了金融学的两大理论基石——有效资本市场假说和“MM”定理。在有效资本市场假说看来,“价格总是正确的”,因为它们由理解贝叶斯规则和一定偏好关系的当事人建立。在这种有效市场上,“没有免费的午餐”,也就是说,没有任何投资策略能够获取超过风险调整后的平均回报,或与其风险匹配的回报。通过理性投资者的套利行动,市场必然实现均衡,任何证券的价格必须符合其基本价值。因此,新古典经济学的“一价原则”总是成立的。但是,行为金融学认为,当事人是有限理性的,面临套利的风险和成本,比如交易者对金融产品基本面的风险判断多种多样;市场上总是存在“噪音交易者”,这些人可能盲从,可能过度悲观或过度乐观,也可能采取正反馈策略;套利本身存在较高的交易成本,如寻找替代品,规避制度约束,收集信息等,所有这些约束都导致完美套利不可能存在,现实的市场上都是不完美套利。套利限制说明市场不可能是有效的,一价原则不成立。大量的金融市场证据有力支持了行为金融学对有效资本市场的反驳。进一步看,如果有效资本市场假说不成立,那么“MM”定理肯定就不成立,即企业发售何种金融产品对其价值是有影响的,线性的证券供给曲线很难推出。

在批驳新古典金融理论的基础上,行为金融学提出了自己对金融市场行为的理解,一些代表性看法如下:

第一,股权溢价之谜。即从长期来看,股票的历史平均回报率要远高于债券。如果理性的投资者进行跨期决策,他们为什么还投资于债券呢?并且这些投资者都会考虑很长时期的决策问题,而在这么长时期内,长期债券与股票相比,是不可能有吸引力的。因为,长期债券的固定利息支付会受到物价指数的影响,这也是一种风险,并不能说,这种风险就比股票的风险低。那么这就不能用风险来解释股权溢价。而行为金融能够很好地解释这种现象，按照新的理论，投资者短视而且损失厌恶，无法预见到长期的溢价问题，并偏好安全的债券。

第二，市场波动之谜。如果市场是有效的，就不可能出现价格的剧烈波动。行为金融从后悔与认知偏差等角度解释了这个问题。按照这种理论，当股价下降时，投资者不愿卖出股票，而当股价上升时，他们加速卖出股票。投资者的这种行为并不是害怕错误，而是不愿意接受后悔。并且有限理性的投资者对证券的评价不同，在套利限制的情况下，这种观念差异就会反映到市场上，如果投资者事后检验自己的错误，那么一个不完全的学习和纠正过程就可能加剧市场价格波动。此外，投资者决策时的锚定效应（Anchoring）和框架效应也会影响到价格走势，主流经济学用随机游走在说明市场价格变化，但行为金融认为，锚定和框架效应明显对股价水平起了重要作用，比如美国和日本市场 PE 值的差距就是如此。投资者的投资心态和策略也会影响到股价。一方面，投资者普遍存在过度信心，过度信心可能导致跟风或者说从众心理。另一方面，投资者面对市场信息会出现过度反应或低度反应。前者是指股价的波动高于按照理性模型所预见的那样，后者是指股价的波动滞后于消息的发布。也就是说，股价对消息的反应是有时滞的。此外，公众的注意力、文化等也对股价有明显影响。

第三，季节效应和心智间隔（Mental Compartments）。与锚定和框架现象不同，人们趋向于按照一些特定事件的表征而把他们置于相应的心智间隔。也就是说，面对一种复杂现象的时候，人们经常采取多种相对分离的小决策。比如，个人投资者经常把资产的投资分成两个部分，一部分是安全的，用来防范风险，一部分是风险的，用来获取致富的机会。心智间隔可以用于理解所谓的“一月效应（January Effect）”，这种效应已经在十五个不同的国家被观察到。很明显，避税等客观因素无法解释这种效应。行为金融认为，人们普遍接受新年新气象的祝福，因而在年份转换的时候愿意采取不同的行动策略。

诸如金融市场参与者观念的多元化、投资者有限理性和心态特征、投资者的正反馈策略、投资者的心理账户等都导致了金融市场的价格波动和不同金融产品的价格差异，这种波动和差异无法像新古典金融理论那样通过套利来消除，特别是投资者的从众心理等带来了金融“传染”问题，由此产生金融危机。这些金融市场价格特征也表明预测的困难，不能通过标准的估价模型来加以测算。总的来看，行为金融学认为市场是并非有效的，市场参与者的心理通过其决策影响到价格和交易，对金融市场的监管就是对市场参与者心态和预期的监管，而不是对具体风险和价格、数量的管制。

一是行为经济和行为金融理论的构建。人类行为是复杂的，行为经济学和行为金融理论本身的构建也是复杂的。在构建行为经济学和行为金融理论体系时，理论的适用性、合理性，理论的模型化，理论应用的局限性、敏感性，对现实的解释度等都是今后研究的关键。

二是行为经济学研究将促进心理学传统和实验经济学的融合。这种全新的研究将会对经济学和金融学的所有领域都非常重要。经验证据表明，特定的心理现象——例如有限理性、受限理性、受限的自利行为和不完全自我控制，是一系列化市场结果背后的重要因素。

三是行为经济学的跨学科交叉研究。认知科学、心理学与经济学研究的结合已经引起经济学家的高度关注，这也是今后行为经济学发展的必然趋势。在其发展过程中行为经济学将广泛运用到政治、法律和经济领域，逐步形成了比较成型的行为决策理论、行为金融学、行为公司金融学、行为组织经济学、行为宏观经济学、行为劳动经济学、行为法律和经济学、行为福利经济学、行为财政学、行为公共经济学、行为政治经济学、神经元经济学，等等。

四是幸福经济学成为新的研究热点。芝加哥商学院行为经济学家奚凯元（Christopher K. Hsee）教授认为，财富仅仅是能够带来幸福的很小的因素之一，人们是否幸福，很大程度上取决于很多和绝对财富无关的因素。归根究底，人们最终追求的是生活的幸福，而不是有更多的金钱。因为，从“效用最大化”出发，对人本身最大的效用不是财富，而是幸福本身。即便是传统经济学家也承认增加财富的最终目的还是使人们更幸福。众多的心理学家也加入此行列研究展开共同探讨，对环境和性情研究、对幸福影响的研究、对人们幸福的心理感受的研究、对幸福的随机性的研究以及对主观心理幸福的研究等，逐渐成为行为经济学研究的新热点。

参考文献：

Akerlof, George A., Behavioral Macroeconomics and Macroeconomic Behavior, *American Economic Review*, Vol. 92, pp. 411-433, 2002.

Barberis, Nicholas and Richard Thaler, *A Survey of Behavioral Finance*, University of Chicago, Working Paper, 2002.

Benjamin, Daniel J. and David I. Laibson, Good Policies for Bad Governments: Behavioral Political Economy, Federal Reserve Bank of Boston, Behavioral Economics Conference Paper, June8-10, 2003.

Camerer, Colin F. and George Loewenstein, *Behavioral Economics*: Past, Present, Future, California Institute of

Thchnology, Working Paper, 2002.

Frederick, Shane, George Loewenstein, and Ted O' Donoghue, Time Discounting and Time Preference: A Critical Review, *Journal of Economic Literature*, Vol. 40, 2002.

Kahneman, Daniel and Amos Tversky, *Choices, Values and Frames*, Cambridge University Press, 2000.

Lewin, Shira B., Economics and Psychology: Lessons For Our Own Day From the Early Twentieth Century, *Journal of Economic Literature*, Vol. 34, 1996.

Rabin, Matthew, Economics and Psychology, *Journal of Economic Literature*, Vol. 36, 1998.

Starmer, Chris, Developments in Non-Expected Utility Theory: The Hunt for a Descriptive Theory of Choice under Risk, *Journal of Economic Literature*, Vol. 38, 2000.

（刘伟）

经济学和伦理学
Economics and Ethics

在社会活动和交往中，经济与伦理都是人类文明的基础和结果。在经济学与伦理学相对独立的发展中，形成经济学与伦理学分离，这种分离同时造成经济学和伦理学发展不足和缺陷。促进经济与伦理的共同发展，增进人们的幸福，正确理解经济学与伦理学之间的关系，不仅是经济学面临的问题，也是伦理学研究本身的要求。

谈经济与伦理的结合，必须理清经济人的假设问题。亚当·斯密在《道德情操论》和《国富论》阐述了许多有关经济人的思想，他的"经济人"假说的基本内涵是：经济人是自利的，追求自身的最大利益是驱动其经济行为的根本动机。这一假设至今仍为许多经济学家沿用。但问题是，现代经济学对经济人自利行为假设(AssumDti of Self Interested Behavior)的滥用已经严重损害了经济分析的性质，在现实生活中，经济学与伦理学严重分离开来，现代经济学也不自然地带有了"无伦理"的特征。在《伦理学与经济学》中，阿马蒂亚·森就指出，经济学有伦理学和工程学两个根源，而现代经济学的发展已经把伦理学方法的重要性严重淡化了，使得现代经济学与伦理学之间的隔阂不断加深，出现了现代经济学中的严重贫化现象。对于亚当·斯密的误解使得这种极为狭隘的自利行为假设，阻碍着现代经济学对一些非常有意义的经济关系的关注：二述是对经济理论界误导了经济生活，把经济与伦理二元分离的阐述。而为什么要把二者重新结合起来则具有更深刻的经济生活原因和伦理学原因。

阿马蒂亚·森在《伦理学与经济学》一书中，对经济学与伦理学的关系问题进行了可贵的探索。他认为，从亚里士多德开始，经济学本来就具有两种根源，即两种人类行为的目的：一种是对财富的关注，一种是更深层次上的目标追求。由此产生两种方法，一种是"工程学"的方法，也就是数学、逻辑的方法，一种是伦理的方法。这两种根源或方法，本来应是平衡的。但不同的学者重视的方面有所不同。从亚里士多德到亚当·斯密，比较注重伦理问题，而威廉·配第、大卫·李嘉图等更注重工程学方面。现代经济学则大大发展了工程学方面，却忽略了伦理方面。

科学研究总是把人们当作完全理性的对象，这样逻辑的方法才能有效。但具体的人，都是活生生的，有情感的，有许多非理性的东西。单纯的理性的逻辑方法，难以避免现实上的失误。人们的感情、人们的意志、人们的理想和道德，在经济行为中，也会起到巨大的作用。单纯的工程学或逻辑方法，是不够用的。亚当·斯密指出，人们的活动是受自利引导，市场则以互利为原则。这一点被现代经济学家所继承和发展了。但人们却忽略了他的另一些观点，即人们的同情心、伦理考虑在人类行为中的作用。一般来讲，个人有或至少应当有追求自利的自由，但并不意味着这种追求就一定有伦理正当。当这种追求损害他人和社会利益时，就违背了伦理正当，从而成为应受谴责的不道德行为。离开伦理学的经济学只能使经济学贫困，正如离开经济学的伦理学，只能使伦理学空洞一样。

经济学和伦理学的结合，其中也包括借助经济学所使用的各种方法和应用程序，使伦理学问题得到进一步的说明和解释。关于道德权利的分析便可证明这一点。人们常常从义务论的角度来看待权利，即表现为他人必须遵守约束。这类义务论结构可能不大适用于对道德中普遍存在的相互依赖性等一类复杂问题的解释。例如，甲侵犯了乙的权利，那么丙有义务去制止吗？丙有权利，但不一定出于义务。如果借助经济学的一些原理去解释某丙的行为，可能更有利。用福利主义的根据事物状态的好坏来判断行为的原则，又用结果主义的根据效用结果来判断事物状态好坏的原则，那么丙去制止甲，因其结果是好的，他便有道德权利去行事。评价一个道德行为，不应只看内在价值(自我完善)，还要看结果(与人为善)。显然，用结果主义的逻辑推理来分析道德权利，不见得完全充分，但却十分必要。

由此可见，经济学应具有伦理的方法，伦理学也可引进经济学的方法。伦理学与经济学之所以有相通之处，可以相互联系相互引进，是由人们的经济行为和道德行为本身相互关联决定的。例如在工业生产中，人们的创造能力不仅取决于知识和技术水平，也取决于是否肯于奉献的道德水平。任何人的行为都带有社会性，不管你是否自觉到这一点。而这种社会性既包含经济因素,也包含伦理因素。

经济学中独特于伦理学的方面考量,不排除能够更加促进经济学发展自己独特的方面,而且经济学推理受到“工程学”方法的影响才取得了非常实质性的发展,但值得注意的,不是经济行为或活动可以不伦理,遵守伦理的要求是决不能因此含糊的,这是社会文明发展前进的基本前提,阿马蒂亚·森指出对自利行为的假设的滥用已经严重损害了经济分析的性质,经济学与伦理学的严重分离铸就了当代经济学的一大缺陷。经济学其实正如它已经表现出的那样,可以通过更多、更明确地关注构成人类行为和判断的伦理思考而变得更有解释力,一些伦理思考也可以用经济学正在使用的各种方法进行更加深入的分析。现代经济学的发展,伦理学方法的重要性已经被严重淡化了,亚里士多德在伦理学和政治学的更加广泛意义上面论及的经济学作用。经济学问题本身就有可能是极为重要的伦理学问题,包括苏格拉底的疑问:“一个人应该怎样活着?”必须清楚的是“在讨论自利行为问题时,区分以下两种不同性质的问题是非常重要的。第一,人们的实际行为是否唯一地按照自利的方式行事;第二,如果人们唯一地按照自利的方式行事,他们能否取得某种特定意义上的成功,比如这样一种或者那样一种的效率。这两个问题都与亚当·斯密有关。人们常常引用关于自利行为的普遍性和有效性的观点。事实上,并没有证据表明他相信这两个命题中的任何一个。”经济学在理论上需要的假设,其无伦理的利他考量并非意指经济学的不伦理。阿马蒂亚·森指出:“极为狭义的自利行为假设的广泛使用,已经严重限制了预测经济学研究的范围,使其很难分析由行为多样性所引起的广泛的经济关系。”而且“根据‘自我目标’的选择,每个人都应该采取非合作的策略,但其结果却比采取合作的策略要差”。如果一个人从社会策略的角度进行行为选择,关心“囚徒的困境”中他人的目标而采用合作的策略具有一定的适宜性:“它对我们所有人各自的目标都更为有利。”无论社会关系或者利己的经济关系中,如果毫无利他或合作可能,并不能得到期望的目标,而且很可能让人类走向终结或者要么走向革命的道路。阿马蒂亚·森强调,更多的关注伦理学,福利经济学可以得到极大地丰富;同时,经济学与伦理学更加紧密的结合也可以使伦理学研究大受裨益,经济学与伦理学是否应该有更多的联系,却不能根据这些事情是否容易做到而定,而要看这样做是否值得,而且可以期望得到的回报是相当大的。

参考文献:

[美]保罗·萨缪尔森、威廉·诺德豪斯:《经济学》,华夏出版社1999年版。

[印度]阿马蒂亚·森:《伦理学与经济学》第1版,商务印书馆2000年版。

[英]亚当·斯密:《国民财富的性质和原因的研究》上卷,商务印书馆1972年版。

[英]亚当·斯密:《国民财富的性质和原因的研究》下卷,商务印书馆1974年版。

[英]亚当·斯密:《德情操论》,商务印书馆1997年版。

(何昌福)

经济学和历史学
Economics and History

经济学是现代的一个独立学科,是关于经济发展规律的科学。从1776年亚当·斯密的《国富论》开始奠基,已经有宏观经济学、微观经济学、政治经济学等众多专业方向,并应用于各垂直领域,指导人类财富积累与创造。

历史学是认识和阐释人类社会发展进程及其规律的一门学科,对于经济学的发展具有较大的促进作用。在经济学的研究中,历史学是仅次于数学的关键性学科,透过历史的视野,在诠释经济现象中,有助于更加透彻地理解经济学原理。中外不少学者在经济研究中显现出史学功力,如张培刚、朱绍文强调经济史、经济学学习,克鲁格曼年轻时曾憧憬成为心理史学家,卢卡斯也是史学专业出身。可见真正的经济学大师都得益于对经济史的分析和研究。仅1971~1993年诺贝尔经济学奖获奖学者中就有7位是直接研究经济史而成为大家的。在我国,老一代的经济学家如马寅初、陈翰笙、王亚南、孙冶方、薛暮桥、许涤新、严中平、巫宝三等都是吃透了中国的“昨天”,才对中国的“今天”提出明确、清晰的认识。

因此,在研究经济发展的过程中,历史与经济学研究存在着重要的相关性。因为,经济学就是从历史中的经济现象抽象出来的,从马克思主义政治经济学到诺斯、戴维斯、福格尔的新历史学派,从库兹涅茨的经济布局增长分析到索洛的技术进步分析,从里昂惕夫的投入产出理论到康德拉季耶夫的长波周期理论,甚至一个小小的概念提出,一条曲线的描成,都是从几十年、几百年经济发展的历史中总结出的。

第一,历史作为知识积累是经济学创新的基础

经济学是从历史和现实的社会经济实践中抽象出来的。历史为经济学家研究现实经济问题提供免费的自然实验和知识积累,经济史的发展可以超越由已知理论和现代数据分析推导的假说。通过对历史的研究,可以了解到经济发展的过程、规律、特点,经济发展已达到的水平与阶段,为解决经济发展问题而提出各种理论和方案。

历史知识是经济学创新的必要条件,没有历史感

的经济学研究，很难实现经济学理论的历史性突破。凡是对经济学做出重大贡献的学者，都是在对前人的思想或经济历史进行深入研究的基础上实现其理论创新的。

但是，经济学的这种创新并不是所有以历史为依据的研究都能获得的，没有对历史知识的深刻思考，一般化的历史回顾常常只能推导出似是而非的结论。

历史表明，经济思想无所谓对错，关键在于它是否有用，回顾19世纪70年代及其后的经济学发展历程，我们发现，与其说经济思想被接受是因为它正确，被拒绝是因为它错误，不如说被接受因为它有用，被拒绝因为它不再有用。

第二，历史作为实证资料是对经济学原理的检验

经济学所研究的是一种现实的社会活动，它的运行和绩效是检验经济理论是否正确的唯一标准，而能够被拿来用作检验实例的，只有已经发生的经济活动，即历史。一种经济学理论如果获得了历史的证明，那么它的说服力大大增加就将是毫无疑义的。也正是在这个意义上，诺贝尔经济学奖评审委员会指出："新经济史"的研究者——其代表人物是罗伯特·福格尔和道格拉斯·诺斯——通过他们的杰出工作，"证明了经济分析中加入历史因素的需要"。

当人们运用现代经济学的方法对历史事件进行审视时，历史不仅不再遥远，而且极大地增强了它的认知价值。特别是在现代经济学创立以后，运用规范的经济学方法去回顾历史，可以得出许多具有新意的研究结论，这些研究既推进了历史学的发展，也增强了经济学原理的解释力。而这样一种互动的学术效应，从根本上构成了经济学对现实经济增长和社会发展的导向价值。

第三，历史作为思想智慧是对现实经济发展的指向

要想从历史与经济学的交叉研究中汲取有益于当代改革和未来发展的思想启示，除了通过个案分析获得对某一理论的证明，还有另一种值得运用的考察视角，即对若干经济理论或政策思路的演变过程展开线性的追溯。人类的经济思想在历史中获得进展，这不仅体现在经济学家的重大理论创新中，而且——往往是更重要的——反映在各类群体（包括决策者、经济学家和社会公众）经济理念和行为方式的变化上。对经济思潮和经济政策的线性追溯，能够清晰地揭示后者。

新经济史学是新制度经济学的重要组成部分，包括计量经济史学和制度变迁理论两大内容。它将经济学的理论与技术应用于历史研究，开辟了一个融合历史学研究和经济学研究的新领域。

新经济史学最早起源于20世纪五六十年代的美国。在这一时期，一些经济学家开始将规范的经济学理论和计量、统计的方法相结合，应用于对美国经济史的研究，从而开辟了一个融合历史学研究和经济学研究的新领域。在半个多世纪的时间里，新经济史学获得了很大的发展，从单纯地对历史现象进行计量分析走向了关于社会历史演进的宏大理论体系的构建，并力图在其自身的理论框架内，对人类的发展与停滞、繁荣与衰退作出全新的和系统的解释。新经济史学逐步演变成了以经济发展和社会演进的全部为对象的经济学学科，与发展经济学存在着密切的关系。

新经济史学的发展不但是经济学领域中的一场重要运动，而且对传统史学也产生了重要影响。新经济史学用经济理论和统计、计量技术对历史重新诠释，得出了不同于传统史学的结论，人们关于历史的理解被大大改变；同时，经济学对历史的介入，也使得经济学和史学在经济史这一共有研究领域中产生了激烈的碰撞。

参考文献：

[美]熊彼特：《经济分析史》第一卷，商务印书馆1991年版。

[美]小罗伯特·B·埃克伦德、罗伯特·F·赫伯特：《经济理论和方法史》第四版，中国人民大学出版社2001年版。

[美]丹尼尔·R·福斯菲尔德：《现代经济思想的渊源与演进》，上海财经大学出版社2003年版。

Solow, Robert M., Economic History and Economics, *Economic History*, Vol. 75, No. 2, May, 1985.

（何昌福）

经济学与数学
Economics and Mathematics

早在古希腊时期，杰出的历史学家色诺芬的财富增长思想中就包含了简单的数量关系。他通过借助数学工具和统计资料来分析，模糊地意识到商品价格的波动是依供给和需求关系的变化而变化的。而到近代以来，经济学当中的数学分析方法更是俯拾皆是。边际革命以后，数学当中的各种新思想和方法更是大规模地涌入到经济学的分析中来，使得经济学变成一门愈加严谨的学科。在经济竞争更为激烈的当今社会，数学对现代经济学的发展起到了极大的推动作用，经济学理论越来越倚重数学，成果也愈来愈数学化。数学在经济学中的应用已是遍地开花。且经济学主要的研究对象，如劳动、资本、人口、价值、货币、地租、投入、产出等都与数学有不可分的联系。例如，如果没有20世纪60年代最优控制数学理论的发展，米尔利斯和维克里（Mirrcless and Vickrey）就不会因在不对称信息条件下的经济激励和控制问题所做出的贡献而获1996年诺贝尔经济学奖。又如，现在人们公认数学在管理

科学和运筹学中有非常广泛的应用；现代社会科学的主要工具——统计方法是建立在精深的数学基础之上的。数学在经济学中的应用，产生了包括数理经济学、经济计量学、经济控制论、经济预测、经济信息等分支。数学在这个庞大的数量经济学科群的表达经济理论方面，拥有难以替代的地位。不仅如此，商业数学、会计学、金融数学、投资数学、市场统计、营销数学、经济调控等众多交叉学科大量涌现。从中我们可以看出数学工具已在经济学各领域中得到广泛应用，包括线性规划、几何规划、非线性规划、不动点原理、变分法、拓扑学、概率论、数理统计、随机过程、矩阵论、微分方程、混沌理论和分形理论等。

对于经济理论家或一般经济工作者、经营行为实践者，数学理论的重要意义还在于：他们不应仅仅是一个定性思维者，他们不能只满足于粗线条的大致估计，他们必须同时是一位定量思维者。数学科学不仅帮助人们在经营中获利，而且给予人们以具体可操作的能力和深层经济决策能力，包括直观思维、逻辑推理、精确计算结论及宏观微观决策等。

在经济现象中，数量关系无处不在，像投入量、产出量、成本、效用、价格、价值、利率、商品量、生产量、产值、利润、消费量，等等。在18世纪，瓦尔拉斯为了弄懂"边际效用"专门去学习微积分，使他成为"边际效用学派"的奠基人之一。而数量经济学是在经济理论的分析基础上，利用数学方法和计算技术，研究经济数量关系及其变化规律的经济学科。

数学发展早已形成网状知识体系，相对成熟。而经济学作为一门独立学科发展较晚，有许多理论还没有完善。但在数学与经济学随时间共同发展的过程中，可以看出它们是相互促进，共同发展的。一方面，数学在经济学研究中起着重要作用。由于数学具有高度的抽象性及严密的逻辑性，所以它更容易冲破表面看到本质联系，继而抓住本质，建立模型，使其对经济原理的解释具有极大的帮助；另一方面经济现象的复杂性也不断地向数学提出新的问题。推动着数学科学的发展。研究经济现象要提出很多假设前提，数学模型不可能与现实经济完全一致，如张伯伦的垄断竞争模型，正是这种不一致性成为数学发展的源泉。由于这两个方面，使得数学与经济学在前进中相互促进、共同发展。

从18世纪中期亚当·斯密提出"看不见的手"，到19世纪瓦尔拉斯提出"供需均衡"，始终不可能解决一般经济均衡问题，因为证明一般经济均衡定理所需要的布劳威尔不动点定理是1911年才给出的。事实上，被阿罗和德布鲁于1954年证明的特殊形式的一般经济均衡存在定理与布劳威尔不动点定理是等价的，数学家与经济学家从不同的角度殊途同归。

首先，从理论研究角度看，借助数学模型至少有三个优势，即清晰、严密、深入。具体说来就是：第一，前提假定用数学语言描述既清晰明了又精练，省去了分析文字所耗费的精力；第二，逻辑推理严密精确，可以防止漏洞和谬误；第三，可利用已有的数学模型或数学定理推导新的结果，摒除一切琐碎干扰，更深入地得到仅凭直觉无法或不易得出的结论，发现现象之间更深层次的本质联系。运用数学模型讨论经济问题，可以不走或少走弯路，将讨论集中于假设前提、论证过程及模型原理问题上来，从而避免了许多无谓的争执，也使得在深层次上发现似乎不相关的结构之间的关联变成可能。

其次，从实证研究角度看，使用数学和统计方法的优势也至少有三：第一，以经济理论的数学模型为基础发展出可用于定性和定量分析的计量经济模型；第二，证据的数量化使得实证研究具有一般性和系统性；第三，使用精致复杂的统计方法让研究者从已有的数据中最大程度地汲取有用的信息。因此，运用数学和统计方法做经济学的实证研究可以把实证分析建立在理论基础上，并从系统的数据中定量地检验理论假说和估计参数的数值，这可以减少经验性分析中的表面化和偶然性，得出定量性结论，并确定它在统计和经济意义下的显著程度。

最后，从现代经济学发展趋势看，经济学研究需要引入数学。纵观整个经济学史，我们可以发现，数学与经济学自古就已结下了不解之缘。从早先简单的数量分析方法到后来的偏导数，以及后来的集合论、线性模型的概念，经济学中的数学可谓是越来越广博精深起来，数学方法已深深植入经济学研究的血液中。在今天，我们甚至会因数学基础不过关而无法看懂数理性较强的经济学论文。而数学本身作为一种强有力的分析工具，一种高效的推理语言，已成为严密逻辑和高度抽象的代名词，其地位是任何文字推理所无法取代的。可以说，数学使得经济学概念更加精确、清晰、明白、简洁，提高了人们争论时的效率。正如前所说，这里实际上显示了用数学代替语言的两个优势：简单、清楚。

数学引入经济学是大势所趋，这一趋势从每年颁布的诺贝尔奖获得者的学术背景也可看出，自1969年首届经济学诺奖颁发给计量经济学创始人弗里希和丁伯根（R. Frish and J. Jinbergen）至今，可以说绝大多数经济学理论创新都运用到高深的数学，获奖的多数经济学家都具有深厚的数学功底。正如茅于轼先生所言："利用数学方法研究复杂现象，不论其推演过程如何冗长，丝毫不会丧失其可靠性。而利用常识来推理，很快就会变得牵强附会，使人将信将疑，而这一点正是古典经济学中突出的一个弱点，由于数理经济学的建立，现在经济学家之间十分清楚他们的共同基础是什么，万一出现意见的分歧，沿着推理的思路逆流追溯，也很容易找到分歧的所在，能够明确什么是需要进一步研究的问题,这又使得讨论问题和探索问题的效率大大提高。其次,由于数学方法的客观性和严密性,当将它应用于经济现象的研究时一切先入为主的偏见都将被检验并暴露出来。有些我们认为理所当然,其实应当加以仔细检验的概念,数学将会帮助我们摆脱其影响。数学推理具有巨大的说服力,它能给人以信心。甚至最顽固的成见,也会在严密的逻辑面前节节败退。第三个原因是数学方法本身所提供的可能性。多变量微积分的理论特别适合于研究以复杂事物为对象的经济学。偏导数、全导数、全微分公式在数理经济学中是一些最基本的手段,当这些表达一旦被赋予经济学的含义时,复杂的事物就变得如此之清晰可辨,以致用不着任何多余的文字说明。尤其是数学规划理论可以说是为了经济学而创立的。它研究在满足一系列约束之下能够获得极值的条件。经济学的任务也正是在遵守资源约束、生产技术约束的条件下,求得消费者效用的最大化。"

虽然数学理论和方法已深深渗透于经济学研究之中,但是我们应注意的是:经济学是一门独立的学科,数学是经济学者工具箱中的重要工具,但工具本身并不能创造理论。它为理论生动直观地或需要定量地表达提供了可能的方式。过分强调数学在经济学中的作用,只会使数学成为经济学的主人,使经济学失去作为社会科学的人文性和真正的科学性。我们应克服以往忽视运用数学的缺陷,适当增添经济数量的成分,但又要防止走上过度数学化的另一个极端。应该把科学的定性分析与定量分析、人文精神与数理表达有机地结合起来。

参考文献:

[英]亚当·斯密:《国富论》,陕西人民出版社 2003 年版。

[英]A. 马歇尔:《经济学原理》,商务印书馆 2007 年版。

[美]保罗·萨缪尔森、威廉·诺德豪斯:《微观经济学》,人民邮电出版社 2007 年版。

[美]格里高利·曼昆:《经济学原理》上册,机械工业出版社 2007 年版。

[美]斯蒂格利茨:《经济学》上册,中国人民大学出版社 2007 年版。

[美]布拉德利·希勒:《当代经济学》第 8 版,人民邮电出版社 2003 年版。

(刘伟)

经济学和管理学
Economics and Management

经济学,按照新古典经济学的通用而简洁的定义,是研究将稀缺的资源分于不同用途的学科,即在给定生产力和资源稀缺的条件下,研究各种产品的相对比例如何在市场上决定。由于资源的稀缺性,每个经济必须解决生产什么、如何生产、为谁生产三个基本的资源配置问题,这正是经济学面临的问题和任务。管理学,虽然至今仍不存在统一的定义,但一般认为是研究管理活动、过程及其基本规律和一般方法,解决管理问题、指导管理实践的学科。而所谓管理,则是指在一定组织中通过计划、组织、控制、指挥、协调等职能充分调动与利用各种资源、协调组织成员的行为,从而以尽量少的投入实现组织目标的活动或过程。从直观的学科定义看,二者各不相同,似乎没有区分的必要,但当两门学科都把研究"目光"集中于企业——当今社会最重要、最普遍的经济组织时,它们之间的区别和关系也就产生了。

由于经济管理一词的使用频率非常高,所以许多人错误以为经济学与管理学大同小异。事实上经济学与管理学的区别是有很大区别的两门学科。他们的根本区别在于经济学与管理学中的人性假设。人在经济学与管理学中都是行为主体,但作为独立学科的经济学与管理学并不研究每一个具体的、各不相同的人;而是根据各自的学科目的与研究对象,基于人们的一般的普遍的行为特点,对人作抽象化、概念化的假定,以便于分析。这样得出的对人的认识就是行为主体的基本假定,这种基本假定是进一步分析的基本前提。因此,对行为主体的不一样认为或假定导致经济学与管理学的根本区别。经济学与管理学中对行为主体假定的表现在行为主体的基本倾向与相互关系两方面。

经济学以节约成本、扩大产出、优化资源配置为目标考虑规则的合理性,只能从大多数的一般行为出发进行分析,所以假定人是经济人(Economic Man)、理性人(Rational Man),或者是具有机会主义(Opportunism)倾向的人。

经济人的行为决策从自己的经济利益出发,通过收益与成本的比较使其净收益最大化。当然,讲到最大化时都是指一定条件下的尽可能大,而不是无限大,即最大化是条件极值。理性人的基本倾向与经济人一致,只是把经济利益扩大到综合利益和长期利益。如暂时的奉献是为了长远利益或心理上和声望上的满足。但是,经济学同时也认为,在商品经济条件下,货币是一般等价物,而且具有可测性、可比性和客观性,因而是衡量交易对象的价值和人(劳动力商品)的价值难以替代的尺度。所以综合利益的基础当然是经济利益,其衡量尺度也多用市场交易价值。因此,经济学的行为就是理性的行为,理性的行为就是追求利益最大化的行为。

经济人假设借助于可计量的货币作尺度,特别有利于定量化分析或模型化,但经济人的假定的根本原因在于经济学的目标,而不是为了计量和模型化。马克思主义经济学虽然没有明确提出人性假定,但隐含着经济人的假设。因为马克思把经济作为社会发展的决定力量,把经济基础作为上层建筑的决定因素,把资本家对剩余价值的贪欲作为其理论前提。无疑,马克思是把行为主体追求经济利益最大化作为前提的,只是这一前提在分析抽象规律和资本家的行为特点时强调得多;而在分析工人的行为特点时强调得少。

管理学以激励人的积极性、提高组织效率为目标,必须兼顾多数人的一般行为和少数人的特殊行为,因为少数的特殊行为以对提高组织效率非常重要。正因为如此,经济学坚守着经济人(机会主义)假设,而管理学却认为追求经济利益虽然是人的基本需要,但在人的多种需要中属于低级需要,因而管理学对人性的假设早已超越了经济人假设,而有了复杂人、社会人、管理人等新理论,沿着这一方向,管理学从经济学中分离出来并独立发展起来。较早的管理思想中把人当作会说话的工具,认为人总是好吃懒做、好逸恶劳,毫无责任心,麦格雷戈把这种传统称为人性假设的 X 理论。

以泰勒为代表的科学管理理论强调人追求经济利益的本性,使管理学与经济学的人性假设一度取得了共识。但不久后,梅奥从"霍桑实验"中认识到除了对经济利益的要求外,人们对社会和心理方面的要求也很重要,因而否定了经济人假设,提出了社会人假设。其他行为科学理论的代表人物从不同侧面强化社会人假设。其中马斯洛的需要层次理论把社会人假设发展为一个经典又精致的需要模型。

当代管理学学派犹如丛林,对人性的假设也如此,其中有代表性的是 1978 年诺贝尔奖得主西蒙在他的决策理论中阐述的人性假设。他认为管理就是决策,并且组织中不同层级的员工都在做决策,所以都是管理人。

经济人假设简单明了、便于分析,经济学以此为核心形成了公理体系和系统的方法、原理和定律;而社会人、管理人等假设内涵丰富、复杂,难以形成公理体系。管理学在此基础上结合丰富的实践,形成了艺术性和技巧性很强的许多方法原理和定理。二者各有优缺点,但区别是明显的。通俗地说,经济学中类似于"坏人假设",管理学中类似于"好人假设"。

当代经济学和管理学都是学派林立众说纷纭。但由于经济学的人性假设比较一致,因而经济学原理和实证分析领域的分歧并不是很大,分歧主要在经济学原理的应用(如经济政策的制定)和规范分析方面。

经济学不仅与数学、心理学一起共同构成管理学的理论基础,而且经济学还为管理学提供分析方法。这种分析方法要求对特定活动的费用(或成本)与效益(或效果)进行比较,旨在优化行为,以最低限度的支出获得最大限度的收入。这就是通常所说的"经济原则"。该原则与相应的分析方法,其使用范围远远超出了经济活动,几乎扩及人类的一切非经济活动,包括管理活动在内。管理学中的价值工程就是上述经济分析方法的一种发展和具体化。价值工程通过对决策过程和实施方案的管理,对产品或服务进行功能分析,用最小总成本可靠地实现必要的功能,以提高产品或服务的价值。

经济学与管理学的关系绝不是单向的,而是双方的可以说是一种彼此促进的互动关系。经济学和管理学的发展,都与资本主义制度尤其是工厂制度的出现有关。尽管经济学的历史比管理学的历史长些,从斯密的《国富论》于 1776 年出版算起,经济学已有 200 多年的历史,但是管理学的历史从泰勒的《科学管理》于 1926 年发表算起也有了近 100 年的历史,但是管理学对于经济学的实用化有着巨大的作用。经济学只有通过管理才能转化为生产力,应用经济学就是在管理学的参与和帮助下迅速发展起来的。宏观经济学、微观经济学的应用研究导致国民经济管理学、企业管理学的产生,而国民经济管理学、企业管理学的发展反过来又促进了宏观经济学、微观经济学的应用研究进一步深入。宏观经济学中的需求管理和供给管理,以及微观经济学中的价格管理和市场管理,都是经济学向管理学延伸所研究的问题。

由于经济学与管理学的相互渗透、交叉和融合,经济管理学和管理经济学等边缘学科相继出现的同时,在经济管理领域的研究大都兼有经济学与管理学的两栖性,几乎难以分清其为纯粹的经济学或纯粹的管理学。经济计划、经济决策(包括政策)、经济预测、经济调控、经济监督、经济评估等一系列问题的研究,以及公司治理、产业组织、企业竞争力、制度安排、机制设计、结构调整、发展战略及经济激励等问题的研究,既可属于经济学,也可属于管理学。如果把他们从经济学那里拉出来划到管理学范围,那就把应用经济学的内容架空了。如果认为凡用文科方法来研究的则属经济学,凡用理工科方法来研究的则属管理学,那么无异于看漏了近半个多世纪来经济学的数学化、数量化、公理化、工程化的发展潮流。其实上述诸问题本身就需要经济学和管理学共同来研究。分清学科界限既不容易也无必要。美国管理学家西蒙(H. A. Simon)因对经济组织内的决策程序所进行的开创性研究获得了 1978 年诺贝尔经济学奖,这说明他研究的经济决策问题不仅仅是管理学而且同时也是经济学。

任何管理都是以组织为基础的。离开组织的存在与发展,就谈不上具体的管理及其内容。工商管理是与企业这种特殊组织分不开的。在经济学中不同学派对企业组织有种种不同的解释。例如,制度学派认为企业是能够降低产生于市场运行的交易成本的组织,资源依赖学派认为企业是可用来获得特殊市场地位的各种专门化资源集合的组织。此外，还有把企业理解为代表不同要素所有者的各利益主体之间的契约组织，正在虚拟化和网络化的学习型组织，等等。不少管理学家对企业组织有种种更多的解释。从泰勒认为企业是以职能制为基础的适应传统经济分工的层级组织、巴纳得（C. I. Barnard）的企业是协作系统组织、本尼斯（W. G. Bennis）的企业是有机的适应性组织、大内（William Ouehi）的企业是适应文化环境的z型组织，到圣吉（P. M. Senge）提出企业通过培养学习气氛以发挥员工创造性思维能力可持续发展的学习型组织。从这里可以看出，经济学家与管理学家对企业是什么样组织的认识既有不同的角度又有相同的观点。基于对企业组织的不同理解就会有不同的企业管理的理论和方法。企业管理或工商管理像其他的经济管理一样，虽是管理学的主要研究领域，但也离不开经济学对该领域研究的参与，而应成为哺育管理学和经济学共同发展的公共的沃土。

上述经济学和管理学在企业问题研究上达成的默契"分工"，显然只是学科理论上的划分，不是绝对的，如同现实中的契约是不完全的一样。有分工，必须有协作，这种理论研究分工的存在绝不会妨碍在解决现实企业问题时，两门学科知识的综合运用，将会促进我们从不同角度对企业有全面而深入的认识。从学科发展看，经济学和管理学是相互借鉴、互为促进的，一方面，微观经济学作为更一般意义上揭示经济运行规律的科学，它给企业管理学提供基础经济理论支持，管理经济学就是以此为己任的经济学分支。另一方面，对管理学提出的实际问题的研究，有助于经济理论的修正和发展。如西蒙通过对管理性组织的决策过程的研究，提出"有限理性"和"令人满意准则"两个决策理论的基本命题，对微观经济学的基本命题提出了挑战，促进了经济理论的发展。学科间的相互借鉴、互为促进无疑有利于各自的完善和发展。

然而，由于学科性质和研究方法的不同，两门学科之间相互借鉴的程度差异很大。管理学是一门综合性、实践性很强的学科，被认为具有科学性和艺术性双重属性。其研究方法具有多学科移植交叉的特征。因而管理学是一个开放的知识体系，任何有利于解决管理问题的知识，无论其属于什么学科，都可以被吸收、借鉴到管理学中，当然这是以牺牲管理学自身的科学性为代价的，管理学家对此进行综合创新，促进管理学的发展。因此，管理学吸收、借鉴了大量的经济学知识，甚至完全可以认为企业管理学是以微观经济学为基础的。与管理学相比，经济学崇尚理性、追求科学主义，有自己固有的研究分析方法，任何没有用数学语言表达的知识都难以进入主流经济学，被经济学家所接受。这无疑保持了经济学的纯洁性和科学性，有利于经济学知识的长期积累，也阻碍了经济学从除数学以外的其他学科汲取营养、学习借鉴相关知识。这应是经济学中较少有管理学知识的原因之一。

参考文献：

孙继伟：《经济学与管理学的区别》，载于《经济学家》1998年第3期。

高鸿业、吴易风：《现代西方经济学》，经济科学出版社1988年版。

高鸿业：《西方经济学》，中国经济出版社1996年版。

张雄：《市场经济中的非理性世界》，立信会计出版社1995年版。

[美]罗杰・弗朗茨：《效率理论、论据和应用》，上海译文出版社1993年版。

[法]泰勒尔：《产业组织理论》，中国人民大学出版社1997年版。

钱颖一：《企业理论》，引自汤敏、茅于轼：《现代经济学前沿专题》第一集，商务印书馆1989年版。

芮明杰、袁安照：《现代公司理论与运行》，山东人民出版社1998年版。

[美]加里・S・贝克尔：《人类行为的经济分析》，上海三联书店、上海人民出版社2008年版。

[美]西蒙：《管理行为》，北京经济学院出版社1994年版。

杨小凯：《经济学原理》，中国社会科学出版社1998年版。

[美]哈特：《企业、合同与财务结构》，上海人民出版社2006年版。

（何昌福）

经济学和会计学

Economics and Accounting

从现代经济学诞生之日起，经济学和会计学就有着密切的关系。经济学和会计学都以经济活动作为研究的内涵，但在很长一段时间，它们都按不同的方式进行研究和分析，拓展了各自的研究框架、基本概念、专业术语和研究方法。

随着经济学的迅速发展，经济学的新概念、新思想的出现都会带来会计学的思想创新和新的会计理论学派的创立，经济学向会计领域的渗透是促进会计理论发展的重要动力之一。

会计学是在商品生产的条件下，研究如何对再生产过程中的价值活动进行计量、记录和预测；在取得以财务信息（指标）为主的经济信息的基础上，监督、控制价值活动，促使再生产过程，不断提高经济效益的一门经济管理学科。它是人们对会计实践活动加以系统化和条理化，而形成的一套完整的会计理论和方法体系。会计学的研究对象包括会计的所有方面,如会计的性质、对象、职能、任务、方法、程序、组织、制度、技术等。会计学用自己特有的概念和理论,概括和总结它的研究对象。

在中国对会计的解释有"管理活动论"、"工具方法论"和"经济信息系统论"三种主要不同观点。按照"管理活动论",会计是一种管理活动,会计学就是一门经济管理科学;按照"工具方法论",会计是一个反映和控制生产过程的方法和工具,会计学应当视为一门为经济管理服务的方法学或方法论的科学;按照"经济信息系统论"会计是一个以提供财务信息为主的经济信息系统,会计学应当既是一门经济管理科学,又是一门方法论的科学。

20世纪以来,会计表分析和成本会计学等新的会计学分科相继出现。到了50年代,由于生产规模的日益社会化和生产技术与经营管理的迅速现代化,在工业发达的西方国家,一方面,电子计算机引进会计领域,促进会计数据处理电算化的研究;另一方面,传统的企业会计学分化为财务会计与管理会计两门相对独立的学科。

会计学在经济活动中依赖数学和统计学得以发展并独立,经济学在市场经济活动中依赖哲学、伦理学得以发展并最终独立。严格意义上的经济学是从理论上研究人们的经济活动,会计学是从数量上运用名义货币来描述人们的经济活动,经济学注重质的研究,会计学注重量的描述。

经济学理论对会计学研究的支撑加深了会计研究的深度,会计学研究对经济学的应用也拓宽了会计研究的广度。最早的会计理论是受到以亚当·斯密为代表的古典经济学的影响,后来又受到制度经济学分支的重要影响。在国内无论是最初对马克思主义经济学理论的引用还是对西方经济学的研究,会计学研究与经济学理论的结合越来越密切。

第一,马克思主义政治经济学对会计理论发展的影响。马克思主义经济学认为,在市场经济条件下,会计的本质是以货币为计量单位记录、确定和控制企业资本价值的运动过程。就会计职能及其历史发展规律而言,马克思指出:"过程越是按社会的规模进行,越是失去纯粹个人的性质,作为对过程的控制和观念总结的簿记就越是必要;因此,簿记对资本主义生产,比对手工业和农民的分散生产更为必要,对公有生产,比对资本主义生产更为必要。"这里马克思所讲的"簿记"就是会计。马克思主义资本循环周转理论蕴涵着会计核算。货币资本循环是资本循环的典型形式。马克思主义经济理论认为固定资本损耗与会计中的折旧费用密切相关。固定资本损耗分为有形损耗和无形损耗。企业会计就是依据这个原理来计算折旧的。马克思主义经济学的价格理论中蕴涵产品成本核算的思想。

第二,新制度经济学对会计理论的影响。20世纪70年代中期以来以科斯、诺斯为代表的"新制度经济学"在经济学理论中的影响力日益增加,成为西方经济学界一个引人注目的理论现象。新制度经济学不但为经济理论研究提供了一种全新的思路及颇有价值的方法。同时对会计理论研究产生了重大影响。

制度经济学理论在会计研究中发挥着重要作用,已经渗透到了会计学的各个领域,委托代理理论、信息经济学、产权经济学、契约经济学等经济学理论和实证研究方法,被广泛地应用于会计研究领域以解释有关的会计问题。

按照契约理论的观点,企业是"若干契约的联结体",在各种契约签订后,各利益相关者就要对契约的履行情况进行监督。由于会计数据尤其是会计收益在契约中的重要性以及会计政策本身的契约特性,企业选择不同的会计处理方法会产生不同的代理绩效和契约责任。为了管理和协调各利益相关者之间的委托代理关系,避免某个利益集团产生侵害企业利益和其他利益相关集团利益的行为,就产生了如何进行会计政策选择的问题。在制定企业的各种契约条款以及在监督和评价这些条款的实施过程中,会计都发挥了重要的作用。例如,在企业的两大主要契约——经理报酬契约和企业与银行签订的债务契约中,往往都是使用会计指标来定义契约各方的责任和权利的。鉴于会计数据在契约中的重要作用及会计政策本身的契约特性,企业管理者和各利益相关者的会计政策选择行为就会对委托代理关系及其他契约关系产生较大的影响。从会计学的角度来看,会计政策选择问题就是怎样为企业代理契约等契约关系的确立和考核提供公平、合理的衡量基础。因此,基于以上分析可以发现,契约理论构成了企业会计政策选择的理论基础。

代理理论假设人有不同的偏好,并且都是自身效用最大化的,甚至会有机会主义行为。这就导致了代理成本(包括签约成本、监督成本、保证成本、剩余损失)的发生。所以委托人需要一种控制系统来使代理人按委托人的目标来行事。这种控制系统就是一系列"游戏规则",包括三部分:决策权的分配(即谁负责做决策)、业绩计量与评价(即向谁报告何种信息)和奖励与惩罚(收集到的信息与代理人报酬间的关系)。契约和决策的形成需要信息为基础,而会计和审计正与这种信息的收集和传播有关,所以代理理论被用在会计和审计研究中,以分析不同管理会计、财务会计和审计程序的效率特点。

产权会计理论认为:产权界定是会计产生的基本动因之一;产权制度是会计政策选择的出发点与归宿;提高产权效率是制定会计准则的基本要求;产权博弈关系决定企业会计的未来发展取向。

第三,会计由微观控制走向宏观控制。会计环境巨变促使它走向宏观经济控制领域,在宏观会计建设方面开创了新的格局。在这方面作出了突出贡献的当首推英国学者理查德·斯通,其次就是西蒙·库兹涅茨、约翰·希克斯和瓦西里·里昂惕夫。国民经济会计又称国民会计、总量会计或社会会计。最早提出“社会会计”概念的是1972年诺贝尔奖得主约翰·希克斯,约翰·希克斯指出:“正如私人会计是个别厂商会计,社会会计不过是社会或国家的会计。”关于什么是社会会计,希克斯在其名著《经济的社会结构——经济学入门》一书中认为:所谓社会会计学,简单地说,就如同借会计学能在一望之下把握企业经济活动全貌一般,利用相同的会计学方法,力图掌握国民经济的整体活动状况。

国民经济核算体系(SNA)是将微观经济簿记原理与宏观经济要素和模型相结合,综合运用会计、统计和数学方法,系统地测算某一时期内一国(地区、部门)的各经济主体的经济活动,包括这些活动的结果,各种重要的总量指标及有关的组成要素。它表示一国的国民经济结构及各部门之间的联系。该体系是建立宏观经济模型、进行计量分析的基础,为制定一国的经济发展计划和经济政策提供了有效的统计数据。目前,全世界已有170多个国家或地区采用SNA,由此可见,国民经济会计的作用和影响可谓是越来越大。

鲍尔和布朗于1968年将实证研究方法引入西方会计的理论研究中,实证研究成为了西方会计研究的主流。实证研究者认为,会计理论的目标是解释和预测会计实务,而且这也是经济学上大部分以经验研究为依据的研究的基础。在会计学的视野中,经济学是解释会计现象的一种工具,或用会计数据来验证经济理论。但是几乎所有的文章都利用事前的理论来提供构建实证检验的框架或检验这些理论,只有极少的文章基于经验证据来推导出事后理论。1986年瓦茨和齐默尔曼出版的《实证会计理论》可以看成是运用经济学实证方法研究会计实务的代表性著作。系统介绍了有效市场假说、资本资产计价模型、市场失灵、公共产品、信息不对称、企业理论、公共选择、管制理论、契约理论等在会计理论研究中的应用。

不仅会计学者认识到了经济理论的重要性,经济学家也认识到了会计学的重要地位。会计学的核心是计量,计量的本质是精确或尽量精确地定量反映交易实质。经济学从笼统的定性研究发展到力图进行定量研究,一定程度上也是受到了会计学的影响。科斯认为会计理论是企业理论的一部分。他鼓励在经济研究中利用会计数据。因为会计数据能够让经济理论定量化,所以经济学家也应学习会计学的框架和研究体系,理解会计数字的含义。

会计理论研究在经济学体系中可以朝两个方面发展:一是依靠资本市场,西方的研究已证明这是一个非常有潜力的领域;二是结合企业的实践,解决企业的实际问题,从企业的实践中总结归纳出新的思想。经济学研究需要更加重视会计学能起到的另一种作用,向经济决策人提供信息。任何一种理论如果想如实地预测某一项决策所产生的结果,都应考虑这些信息。通过经济学和会计学的互相借鉴,不断加深、拓宽会计学视野中的经济学,拓展会计理论的新领域。

参考文献:

葛家澍、杜兴强:《会计理论》,复旦大学出版社2005年版。

彼得·杜拉克:《21世纪管理的挑战》,三联书店2009年版。

刘峰、黄少安:《科斯定理与会计准则》,载于《会计研究》1992年第6期。

阎达五、支晓强:《会计学视野中的经济学》,载于《会计研究》2002年第1期。

Ronald H. Coase. Accounting and the Theory of the Firm, *Journal of Accounting and Economics*, 12, 1990.

Jensen, M. C., Organization Theory and Methodology, *The Accounting Review*, April, 1983.

Jensen, M. C., Agency Costs of Free Cash Flow: Corporate Finance and Takeovers, *American Economic Review*, 76, 1986.

(何昌福)

经济学和政治学

Economics and Politics

经济学和政治学的关系主要表现为对政治经济的整合研究,根据对政治经济相关性理解、研究对象和研究路径的区别,可以分为“政治的经济学”和“经济的政治学”两类研究。

“政治的经济学”中的“政治”指的是研究对象。在“政治的经济学”名义下,诸如选举体制、投票者参与、院外集团的游说、三权分立的权力模式、立法制度、分权、联邦主义、权威主义、特殊利益政治、大众传媒的政治作用、政治运动与社会知识对投票者行为的影响,等等,都是它的研究对象。很显然,这些研究对象具有“政治性”,一直以来都是政治学的研究领域。

话虽如此,“‘政治’是‘政治的经济学’的研究对象”其实是一个比较含糊的表述,因为仅就问题本身而言,我们并不能确定它是政治问题还是经济问题。譬如贫困,当其发生在个体身上时可以认为是经济问题;当其发生在群体身上时,基本上就是一个政治问题了。例如,在《南方贫困的政治的经济学》一书中,福特(Ford,1973)指出,农业的现代化(作者称之为农业转型)主要是因为农业领导人在政策形成过程中的政治干预,而不是生产者为了提高市场效率所创造的环境和机遇。正因如此,我们不妨根据所研究的问题是否具备集体性而确定它是政治问题还是经济问题。在笔者看来,“政治的经济学”中的“政治”,准确而言应该是“政治学中的问题”,也即“公共性”、“权威性”问题。

值得注意的是,在所有与政治有关的研究对象中,“政治的经济学”尤为关注当代西方民主国家政策领域中的重大问题,特别是经济政策的形成和制定过程。探讨经济政策由政治家制定这一事实在多大程度上影响经济政策的类型,一直是该领域的热门课题,我们不妨看看《布莱克维尔政治学百科全书》中“政治的经济学”(Political Economics)词条的叙述:“政治的经济学的重点在于试图解释总体的经济政策中政治和经济力量之间的相互作用……政治的经济学的第二个主要组成部分是政治因素如何在经济政策的形成中发挥作用。”(戴维·米勒等,2002)不难看出,经济政策是“政治的经济学”研究的重中之重。这也是为何英国萨塞克斯大学经济学系在所开设的“政治的经济学”的课程介绍中,将“政治的经济学”界定为“关于经济政策制定的政治学”,而托尔斯滕·佩尔松和圭多·塔贝利尼(Torsten Persson and Guido Tabellini,2000)所理解的“政治的经济学”也是围绕着“经济政策的制定”而展开的。《布莱克维尔政治学百科全书》是这样叙述“政治的经济学”的:“这个术语包括对一系列政治学和经济学共同关注的问题的分析。它不同于政治经济学这个术语,虽然二者有许多重叠之处。”但是,对于“政治的经济学”是如何分析“政治学和经济学共同关注的问题”的,此书并未提及。本文提出,“政治的经济学”不妨理解为“用经济学去研究政治”或是“政治问题的经济学解释”。

因此,“政治的经济学”中的“经济”指的是一种分析视角或研究路径。例如,将经济学的分析方法或理论工具如“经济人”假设、有限理性等直接引入政治领域,用于政治问题如制度选择、政策设计的分析和解释。说得更直白些,“政治的经济学”其实就是“政治的经济化”,如将政治市场等同于经济学中的私人市场。从这个角度看,“政治的经济学”的研究实践早于术语的形成。

20世纪五六十年代,一些经济学者将目光投向原本属于政治学的研究领域。如安东尼·唐斯(Anthony Towns)在《民主的经济理论》(1957)一书中,探讨了民主体制中的投票行为和党派竞争,堪称经济学研究政治的典范。作者用经济学理论研究民主制,跳出了传统的政治学的解读模式和问题视角,改而以经济学的视角,通过强调政治行动中行为人的不同算计来还原或解释政治运作与制度的形成、演变,从而生动地展示了民主国家的政治运作。布坎南(James M. Buchanan)、塔洛克(Gordon Tullock)《同意的算计》(1962)使用经济分析工具和方法以及当时的一些经济学概念,对国家政体的宪法组织进行分析,如他们从成本效益的角度分析美国的宪法解释近来出现的一些变化,指出修改宪法的过程相当困难、成本高昂,为了使个人主义社会在修宪成本高的情况下成功地将这些变化写入宪法,便采取让高等法院重新解释现行宪法的方式,这样便可回避困难。这一研究努力为人们观察或研究美国政治提供了一个分析性的框架,有助于人们更好地理解美国政治制度的生长过程。该时期的重要成果还有邓肯·布莱克(1958)对议会与选举理论的研究和布莱顿(1964)对国家主义的经济学分析,等等。这些虽然只是经济学理论的简单应用,却为政治问题的分析和解决增加了一种思路。

1983年阿尔特和克里斯特尔(Alt and Chrystal)《政治的经济学》一书出版,该书可以视为“政治的经济学”进入成熟期的代表作,只是它对于“政治的经济学”的意义不在于从经济的角度去分析政治领域中的选民投票和选举结果,而是扩大了“政治的经济学”这一术语的影响力。正因如此,《布莱克维尔政治学百科全书》不久便将“政治的经济学”作为词条正式收录。

在“经济的政治学”中,“经济”是研究对象,包括经济理论、经济制度、经济现象、经济问题,等等。早在20世纪上半叶,埃林伍德(Ellingwood,1928)在使用“经济的政治学”时,便是为了强调政治学在新的社会经济形势下不应停留于分析作为政治实体的政治机器的结构和运作,还应加强对国家经济活动的研究。本文将“Economic Politics”译为“经济的政治学”,并不只是为了与“政治的经济学”相呼应,更在于与“经济政治学”相区别,明确它是“经济”的政治学而非“经济政治”学。

“经济政策”也是“经济的政治学”的研究对象,国外大学的经济学类专业(如应用经济学和经济政策系)往往将“经济的政治学”作为一门自由选修的课程,内容主要是关于经济发展政策、宏观经济政策。需要指出的是,“经济的政治学”以“经济政策”为研究对象有别于“政治的经济学”以“经济政策的制定”为研究对象,“经济的政治学”研究的是作为客观结果的经济政策,而“政治的经济学”则是考察经济政策制定中的人为作用。具体而言,“政治的经济学”关注的是经济政策制定过程中的影响因素,特别是政策制定者的人为因素(如自利性)的影响;而“经济的政治学”关注的是经济政策的实施过程,包括实施过程中在政治层面所产生的影响,也即经济政策的政治效应。在“经济的政治学”中,“政治”指的是分析视角或研究路径。“经济的政治学”可以理解为“经济的政治化”,“政治”的含义虽然很丰富,但从分析范式的角度看,它强调的是务实的理念、事物的发展不以个人意志为转移的特性、政治的复杂性以及宏观的问题意识或分析视角。例如,在一个更广阔、更有深度的制度背景中理解经济政策、经济制度和经济活动的创造过程,而不是局限于简单的"经济人"逻辑。

"经济的政治学"试图向人们展示,经济问题并不能单纯依靠经济手段来解决,还必须从政治层面去分析,从政治层面寻找答案或对策。"经济的政治学"的源头主要有两个分支:其一是长期以来从政治的角度分析经济问题这一研究取向所取得的研究积淀;另一则出现于20世纪七八十年代,是对"政治的经济学"的完善、反思或进一步思考。

就分支一而言,从政治的角度去分析经济问题这一研究传统由来已久,并不陌生。例如,对于充分就业的问题,在卡莱茨基(Kalecki,1943)看来,工商业主并不喜欢长期的充分就业,因为这会让工人的安全感不断增长,并因此削弱工商业主的社会地位。因此,"从他们的角度看,维持充分就业是不利的,而失业才是正常的资本主义体系的一个组成部分"。不难看出,卡莱斯基关于"就业"这一经济问题的看法是一种政治的思维逻辑。由于是从政治的角度去分析经济,这一视角往往能看到不为经济学和政治学所关注的事物的另一面,因为对于充分就业的问题,传统的政治学通常愿意从阶级矛盾中寻求解释,而经济学则愿意从经济周期的角度去分析。

就分支而言,反思一方面是针对"政治的经济学"以经济学方法分析政治问题的适当性而提出的。另一方面则是针对"政治的经济学"的政策思维逻辑提出的更深层次思考。早在20世纪60年代,麦克弗森(Macpherson,1961)在《政治理论中的市场概念》一文中,便对经济学以经济学理论和工具分析政治领域中的现象和问题这一研究取向提出批评。不过,更为深刻的反思主要还是由"政治的经济学"领域取得重要成就的学者自己提出的。20世纪80年代初,基威特(Kiewiet,1983)通过分析经济问题对选民的重要性,揭示了个体的投票行为与经济环境的关系。结果,他向政治家明确传达了这样的信息:如果你能让经济增长,那么,不考虑你所选择的特殊政策,你也能再次当选。然而,和克里斯特尔(Chrystal,1983)的研究发现却恰恰相反:如果政治家未能实现经济增长,他们也会在自己选择的特殊政策上寻求选民的投票。两种相互冲突的观点却引出了一个关键性的政治问题,那就是关于经济绩效的判断是如何做出和散布的。这也因此引发对政治与经济孰为因、孰为果的进一步思考,即究竟是决策者的喜好决定了经济理论的构造,还是客观经济学现象预设了经济理论的内涵。例如,尽管"政治的经济学"建立了民主制下政治声望和经济业绩之间的联系,其实也就是经济业绩对政府政治声望的影响。但与此同时,人们还发现,不同的政府所强调的经济问题是不同的,而导致这种不同的原因,部分是因为思想意识的不同,部分是因为政府利用现有经济条件的愿望的不同,而这两种原因都可以改变民主制下选民的关注点。此外,除了政府对选民的影响,选民也会保持自己的独立性,会根据自己的准则评价政府,进而决定自己的投票对象(Borooah V K and Van der Ploeg F.,1984;Butler D. and Stokes D.,1974)。由此看来,虽然经济学可以针对经济成功的评价原则制定一系列科学、客观的指标,但在现实生活中,经济(学)并不永远是自变量,因为政府和选民两方面的因素都可以引起经济成功评价准则的变化。

区分"政治的经济学"与"经济的政治学"是为了梳理出新政治经济学中的不同学术路径。概而言之,作为研究范式,"政治的经济学"是以经济学方法分析政治问题,旨在揭示政治的经济属性;"经济的政治学"则是从政治的角度分析与经济相关的问题,通过揭示经济的政治属性来强调政治的主体性。20世纪经济学的扩张,实质上是为经济政策建构了一个去政治化的政策过程,但对经济学的过度推崇又导致经济学为政治观念、意识形态及偏见所利用,而后者往往不易察觉。"政治的经济学"与"经济的政治学"对政治经济问题的不同解读模式与问题视角提醒人们:学科自身的偏好不仅会降低认知的客观性,还有可能落入人为陷阱。对此,我们或许可以将其称之为"客观研究的主观性"。

此外,对于新学派、新范式我们还有必要保持一份清醒,因为形成一套新的分析架构是相当漫长的过程。尽管如此,就"政治的经济学"与"经济的政治学"而言,虽然我们不能断定这两种范式所取得的学术积淀最终能否带来政治学和经济学的重新融合,但可以肯定的是,它们的发展有助于我们更客观、更全面地认识和评价政治学与经济学中的理论、观点和方法。

参考文献:

Ronald H. Coase, Accounting and the Theory of the Firm, *Journal of Accounting and Economics*, 12, 1990.

Jensen, M. C., Organization Theory and Methodology, *The Accounting Review*, April, 1983.

Jensen, M. C., Agency Costs of Free Cash Flow: Corporate Finance and Takeovers, *American Economic Review*, 76, 1986.

(何昌福)

经济学和系统科学

Economics and System Science

系统科学是一门新兴学科,主要是研究自然界和人类社会各个系统的共同特性,探索系统的生成,演化和涌现等普遍规律的科学,与经济学在方法论上有着本质区别,经济学是研究人类社会在各个发展阶段上的各种经济活动和各种相应的经济关系及其运行、发展的规律的科学。主要表现在:经济学注重经济发展规律,而系统科学强调整体把握;经济学指出在经济活动是人们在一定的经济关系的前提下,进行生产、交换、分配、消费以及与之有密切关联的活动,在经济活动中,存在以较少耗费取得较大效益的问题,而系统科学则探索复杂性、偶然性、非决定性问题;在对相关系统进行描述时,经济学以稀缺资源为主,系统科学以突出群体组织为主。

系统科学的理论告诉我们,系统的定义可以理解为处于一定的相互关系中并与环境发生关联的各组成要素的总体,系统是整体性和动态性的统一。系统分为动态系统和静态系统两类。从本质上说,现实的具体系统都是动态系统,静态系统不过是动态系统的一种近似或理想化的描述。

动态系统理论的中心问题是对稳定性的理解,即系统对扰动的反应。稳定性概念来自力学理论。如果刚体移动后能回到原来的状态,它就处于稳定的平衡,如不倒翁,无论怎样推它,它都能恢复原状,就是一种稳定平衡。与系统的一定功能、一定活动相关联,系统内部要素之间、系统外部环境之间总是不断地发生物质、能量、信息的交换,不断地改变内部运动的格局,系统因而成为一个不断变动、充满生机的“活”的结构。

系统科学因此认为,扰动和非平衡,是平衡稳定之条件,无序和非平衡可能成为平衡有序之源。关于这一原理,最普通的例子是一个放在桌面上的三角块。如果用它的一个平面作底,则三角块处于稳定状态。用手晃动,它仍然可以恢复原状。如果以它的一个顶点为底,那么虽然在理论上它仍可维持一种定态,但这是一种不稳定的平衡,给它一个极小的扰动,三角块就会离开这一初始状态而移动到另一个稳定的状态上去。总之,定态不仅有平衡与非平衡之分,而且有稳定与不稳定之别。稳定和不稳定之间可以因为一定的条件而相互转化。无序和非平衡是有序之源,是平衡稳定之条件。

经济学的出现,突破了传统经济学理论的束缚,着重从人在由现实制度所赋予的制约条件中活动的角度出发,研究人、制度与经济活动,研究组织与制度之间的互动、制度环境、制度变迁(演化)、突变、协同、学习。而组织、外部环境、变迁(演化)、突变、协同、学习成为经济学和系统科学理论共同关心的内容,其原因一方面在于制度以及制度载体(组织)都是一个复杂自组织系统;另一方面系统科学恰是研究复杂系统问题,因此制度经济学在发展过程中应用系统科学的方法成为必然。

经济学在理论上涉及哲学、数理与技理等层次,是多学科交织而成的一个广义交互网,它也与许多学科或专题有区块性非网络性的交缘,特别是与系统科学的某些专题交缘,这部分自然是系统科学中具有自身特色的研究。从方法学看,一般认为系统科学的基本方法包括结构方法、功能方法、历史方法,而基本原则包括整体性、相关性、综合性、目的性、层次性、历史性等。反观经济学,这些方法与原则都可从广义系统模型的内外广义系统性或软件硬兼设性以及其他泛系原理派生出来。因此,经济学是系统科学研究的深化和发展。

此外,耗散结构理论、协同学、一般生命系统理论、资源物理学等都在一定程度上涉及不同类型的集散关系、扩散过程(扩散方程)、主方程、泛化的熵等,它们都不外乎描述集关系或其泛导关系。运筹学则不外是显生的特化数理技术性研究,投入产出法则是一种技术化的运用泛权场网表征因果关系的泛导法应用,而兰格的经济控制论则是泛导法对经济系统的一种准转化、准模拟过程。从这些角度看,经济学做了一些有益的补充、推广与探索。

交叉性、综合性和整体性——促进经济学和系统科学整合和整体性研究。

我们发现,经济学在解释社会经济现象时,自觉或不自觉地运用了系统的思想或系统科学的部分理论,早在20世纪90年代,经济学和系统科学就体现了融合的必要性,只是限于当时的历史条件限制,两种理论都还很不成熟,或者较少为人们所接受,所以没有人提出这一思想。而在系统科学和经济学研究都取得了较大进展的今天,对系统科学和经济学的研究资料丰富,很多学者也运用了部分系统科学的理论如耗散结构、自组织、协同、混沌和分形等,融合到经济学中,作为新视角来解释经济现象。但是,这些运用都是片面,甚至是无意识的融合,并没有人对二者的关系进行全面、系统的阐述,也没有提出经济学与系统科学融合的概念。这给我们运用经济学、发展经济学带来了不便,因此,有必要对经济学和系统科学的融合性加以研究,以期能为后来经济学的发展、完善提供支持,给经济学以新的发展空间和理论视角。

当代科学的突出特点是学科统一化进程的加速。几百年来形成的越分越细的学科划分和单个学科孤立、分割的研究已经难以适应当代和未来科学本身的发展,难以适应新的技术革命以及经济竞争的日益激烈和国际化趋势,难以适应日益困扰人类的人口、资源、环境、灾害等问题以及不断加剧的人类与自然的不协调性和人类社会的可持续发展问题。学科交叉极富创造性,也是整体性认识和实现学科整合、一体化的必然过程。

系统经济学遵循学科的交叉性、综合性和整体性原则，并以复杂性科学的思维方式不断发展着。正如预想的那样，系统经济学的成长受到学术领域的广泛关注和积极响应，跨学科研讨体系并没有因学科障碍和思维方式的不同而受到影响。我们深信，系统经济学将进一步打破严格的学科界限，促进学科整合和整体性研究，激励不同领域科学家之间的交流与合作。多学科的互动和融合必定会产生绚丽多彩的新的科学思想火花。

参考文献：

昝延全：《系统经济学》第一卷，经济与法律出版社1995年版。

昝延全：《系统经济学》第二卷，中国经济出版社1997年版。

许德祥、庞元正：《现代系统思想与领导系统概论》，中共中央党校出版社1989年版。

华霞：《短寿产品：现代社会的潮流》，载于《青年参考》1997年9月12日。

王建勋：《黑市不黑》，载于《青年参考》1994年8月5日。

魏杰：《区分不同原因造成的收入差距》，载于《经济参考报》2002年10月16日。

（何昌福）

经济学和心理学
Economics and Psychology

经济学和心理学是人类学科门类中的两大重要知识门类，两者的研究内容在很大程度上存在一定的交叉。前者研究个人和厂商的经济行为和经济决策，其研究目标是要揭示人们在经济生活中相互作用的过程和最后的均衡结果；后者是研究一定的社会环境或情景下个人和集体的行为特征及动机，其研究目标在于理解和认识人们在不同的社会背景和情境下的决策、判断及其背后的动机和根源。经济学和心理学尚在发展，它们对人类行为的认识程度在提高，因此，简单地给出任何一种肯定的结论也许并不科学，而且很可能还会误导更进一步的研究，而真正科学的态度也许是：看何者能够更好地解释现实和人类的经济行为。

宏观经济学中的很多概念都有一定的行为基础，都可以运用行为科学的内容进行有力的解释。就目前而言，心理学在宏观经济学领域大概有这么两类：第一类，运用心理学和行为科学一些发现能够解释经济学中的一些现象。第二类，心理学能够解释一些经济学所不能解释或者解释力不够强的现象；比如，价格和工资刚性是宏观经济学中一个重要现象，传统经济学家们的解释主要有这么几种：价格和工资的交叉调整、菜单成本、近似理性，等等，但是，这些解释都很难令人满意。行为经济学提出的一个解释是所谓的“损失规避”，因为消费者和工人在面临损失时表现得更加敏感，而不是相反，因此，每当价格发生变化时，消费者或者是不清楚有关的市场信息，或者是根据自己的以往经验，而总是会以一种戒备和防范心理来应对市场和价格信号，其结果工资和价格可能会表现出名义刚性。由于这种解释是从消费者和工人的主观心理和行为动机出发，所以，它可能比“菜单成本”等具有更强的解释力。又比如，宏观经济学中一个重要的模型是弗里德曼的“恒久收入假说”，该假说认为人们的消费并不是仅仅与当前收入相联系，而是与长期的收入相联系，也就是说，人们会根据其一生的收入情况来筹划他的储蓄和消费行为，结果，他的消费活动基本上会是平滑的，而不是突升或者突降式的。在每期的消费的边际效用递减以及人们对消费流的偏好在时间上是可分割的情况下，该理论是有一定说服力。但是心理学和行为经济学发现，事情并不一定如此。情况往往是人们常常受精神估计（Mental Accounting）的影响，比如，人们对房屋股权的边际消费倾向很低，而对意外所得的边际消费倾向很大，其原因主要是人们常常将房屋视作为非动产而不是现金，而将意外所得视为意外所得所导致的精神愉悦（Shefrin and Thaler，1992）所致。还有，货币幻觉描述了人们往往以货币的名义数量而不是真实数量作为决策的依据。贝克尔、吉布斯、霍姆斯特姆（Baker，Gibbs and Homstrom，1994）的一项研究发现货币幻觉在很多行业存在，沙菲尔等（Shafir et al.，1997）对此进行了模型化。

非自愿失业是劳动经济学中经常讨论的一个问题，传统的解释之一是“效率工资”，即将工资定得高于市场价格是促使工人更加卖力工作的一个办法，同时也是减少管理者的监督成本的一个良方，因为高于市场出清的高工资意味着工人被解雇以后的机会成本较高，结果，高于市场的高工资会在客观上起到促进工人努力工作的效果。但是，阿克洛夫和耶伦（Akerlof and Yellen，1990）的解释却颇具心理学家和行为经济学家的意味：顾主支付高于市场出清的工资在本质上类似于顾主给予工人的一个优厚的礼物，“礼尚往来”，于是，工人会更加卖力地工作，这完全是工人对于顾主的优厚“礼物”的一种公平回报。而这一点正是“交互式利他主义”的题中应有之义——当别人合作时，我也采取合作对他进行回报，当别人损人利己时，我宁可遭受损失也要对他的损人利己的行为进行报复——这正是人类在很多情况下的行为的天然动机之一。在费尔和盖希特（Fehr and Gachter，2000）的一项实验中，市场上工人的供给严重过剩，结果某一厂商雇佣了一部分本已超过其雇佣力的工人，结果，这些工人在进入该厂以后纷纷以积极劳动加倍回报厂商；对另一部分工人，厂商故意支付了低于市场价格的工资，结果，这批工人进厂后则纷纷偷懒。这些实验发现厂商支付的工资和工人的努力程度之间存在稳定的正相关关系。劳动经济学中另一个假说是：劳动和闲暇之间的跨期替代决定劳动的供给，即当工资较高且不太稳定时，工人会舍弃闲暇而增加工作时间以赚取较多的工资，相反，当工资较低时，他们应肯赋闲在家也不愿意接受较低的工资。但是，行为经济学家们发现工资的变化常常具有持久效应，并且工作的时间在短期内是固定不变的，因此，在实践中很难发现这种所谓的跨期替代现象（Mulligan，1998），而比较真实的情况也许是：工人们往往根据某种目标决定自己的劳动和闲暇。加默尔（Camerer，1997）对纽约市的出租车司机进行了一项实验，结果发现：这些出租车司机并不根据生意的好坏进行劳动的跨期替代，相反，他们往往给每天的工作确定一个营业目标，一旦达到这一目标，大多数司机就会收工。这样，在生意好的时候，他们往往会及早收工，因为他们的目标在天气好、生意好的时候容易达到，而在天气坏、生意不好的时候反倒收工较晚，因为他们达到目标的难度大，因而需要更长的工作时间，这与劳动的跨期替代的假说恰恰相反。还有，劳动经济学认为劳动的供给曲线是向右上方倾斜的，但是，格尼茨和拉切奇尼（Gneezy and Rustichini）等人的发现证明：在涉及一定的行为和道德等内在因素时，这样的关系并不存在。

金融领域有很多的反常现象是以往的经济学所难以解释的，于是，这促使了心理学的发现在金融学领域的应用，这就是所谓的“行为金融学”，如今行为金融学已成为一门新兴的学科，并已受到越来越多的学者和实践工作者的欢迎。比如，“有效市场假说”认为：投资者能够及时地对市场信息作出理性反应，股票市场上的资产价格能够真实地反映市场上公开发布的各种信息，这意味着股票价格变化之间的自相关性为零。但是，市场上却常常出现所谓的“股权收益难题”，即股票市场上风险较大的股票带来的收益要远远大于风险较小的债券所带来的收益。贝纳兹和塔莱（Benartzi and Thaler，1995）的解释是投资者常常运用一年为期限来考察股票的收益，同时，投资者在面临损失时存在“损失规避”的心理，所以，这就使得持股人感觉到的风险程度比根据期望效用理论预测的风险更大。巴伯里等人（Barberis et al.，1998）的研究发现标准的贝叶斯模型会产生两个方面的问题：短期内人们会低估股票的收益，而长期则会高估；希勒（Shiller）早在1981年就从经验上提出：股票价格的波动是如此频繁，实在难以想象它能完全反映各种信息；而欧登（Odean，1999）则发现股票市场交易金额如此巨大的一个原因是受投资人过度自信的影响所致。

参考文献：

［美］赫伯特·西蒙：《西蒙选集》，首都经济贸易大学出版社2002年版。

［美］贝克尔：《人类行为的经济分析》，上海三联书店1995年版。

叶航：《经济学与心理学：一个可以期待的融合》，载于《浙江社会科学》2002年第5期。

Vernon L. Smith, Rational Choice: The Contrast between Economics and Psychology, *Journal of Political Economy*, Vol. 99, No. 4, 1991.

Rabin, Matthew, Psychology and Economics, *Journal of Economic Literature*, 36(1), 1998.

Rabin, Matthew, A Perspective on Psychology and Economics, *European Economic Review*, 46, 2002.

Ajzen, Icek, Nature and Operation of Attitudes, *Annual Review of Psychology*, 52, 2001.

Arrow, Rational Choice Functions and Orderings, *Economica*, 1959, NS. 26.

（何昌福）

经济学和种族

Economics and Races

种族又称作人种，是在体质形态上具有某些共同遗传特征的人群。“种族”这一概念以及种族的具体划分都是具有相当争议性的课题，其在不同的时代和不同的文化中都有差异，种族的概念不仅反映出人们对不同人种的态度，而且还可以牵涉诸如社会认同感、民族主义等范畴，甚至在经济学领域，也可以找到“种族”的影子。

经济学分析是如何解释种族歧视问题及其引致因素呢？

首先，经济学理论是指什么。显然，“理性决策理论”要比“经济学理论”广泛。理性决策理论认为个人的行为都是依据个人喜好、技术水平、心理预期，规章制度等，根据所获信息追求最太利益而理性行事的。其中规章制度决定个人行为的相互作用将产生何种结果；心理预期本身就是一个理性的过程。依照经济学理论，市场是资源配置的中心环节，而个人行为的相互作用及其他规章制度都是次要的。

理论上的市场交换行为不带有任何个人感情色彩，而且是充满了竞争的。在某一既定商品价格下，单个经济单位决定自己的供求数量。商品供求量会自动相应地增减；而当价格一定，每个市场的供求都相等时，便达到了整体供求平衡。单个供应者与需求者之间并无特殊关系，即某个供应商并不寻求满足某一二个需求者的需求，反之亦是。在那些组织严密，管理先进的市场，如证券、期货市场，情况也是如此。但这种市场只适合少数商品交换,也不包括劳务与信贷市场。而在一些成熟市场上,如行业内贸易中,供需双方就有着直接的经济联系,就业也涉及受雇方与雇用方之间的直接接触。

而种族的概念,主要是通过劳动经济学的一些领域进入正式的经济理论。这些领域主要包括歧视、劳动供给、竞争等关系。

种族歧视反映了人们对不同人种的态度,与不同人种的社会关系,以及不同人种所得到的经济收入、工资水平等经济利益与经济成果的差异。这方面的经济学分析在经济学研究中为数不多,但是,其重要性不仅体现在种族歧视本身的不可忽视性,同时这方面的研究对经济学理论也具有积极的作用。

在新古典理论中对种族所引起的问题的重视,以加里·贝克尔(Gary Becker)1957 年的作品为开端,它从歧视的角度来探讨这一课题。贝克尔将种族表示为对歧视的"嗜好"问题或者对与特定种族进行人身交往的一种"厌恶"。种族歧视发生在雇佣、培训和鉴别生产率的人力资源成本有关的问题上。这些成本引起了正常追求利润的活动中的歧视。

只有很少或没有种族 B 工人的某种族 A 雇主也许想雇佣一些职工。然而种族 B 的低工资不能抵偿雇佣和培训新工人的成本。这些成本是利润极大化需要考虑的因素,因此种族不平等作为竞争的组成部分而继续存在。虽然会发生边际变化,但这种倾向不会对任一雇主所使用的劳动力的种族构成做出重大调整。这就是人力资源成本影响种族就业的方式。

种族 A 的雇主在招工时对种族 B 的工人生产率的主观性看法影响其雇用方式。由于在雇佣前要确定生产率会花费昂贵,种族 A 的雇主就假定种族 B 的所有工人比种族 A 的工人生产率低下。这样做可能使雇主有所保障,因为雇佣一个低效工人比错失一个高效工人的代价要高得多。结果,种族 B 的工人要么不被雇佣,要么以低工资率受雇。

种族是主要与人力资本理论有关的劳动供给分析的组成部分。人力资本的数量/质量差别说明了种族的收入差别。虽然一个种族对人力资本的主观需求也许与另一个种族对人力资本的主观需求相同,但由于歧视会使得这个种族的初始禀赋量较低,其客观的投资能力会较小。此外,人力资本的供给,例如教育和保健的供给,也很可能较少(Sowell,1975)。

从劳动供给方面对种族不平等所进行的分析,倾向于将歧视问题置于经济领域之外,一般将教育作为人力资本的关键形式而大谈特谈。当代对种族不平等的分析提出了对以教育形式体现的人力资本需求不相等问题(Sowell,1975)。相应地,与特定种族不成比例的"下等阶级"正在形成;由于不愿按现行的工资率工作,此类文化变量使得这一阶级对教育的需求很小。这些重要的文化变量可能产生于地理方位的错位,如从乡村移居城市,或脱离原先熟悉的劳动市场等。

所有对种族问题的分析都涉及竞争理论。马克思主义经济学家也从资本与劳动、资本与资本,或这两种类型的结构性冲突兼有的角度来看待种族问题。马克思的积累观念和阶级斗争观念为种族分析的方法奠定了基础。研究种族不仅是为了理解种族不平等,也是为了理解厂商间的竞争和劳资冲突(Baron,1975;Harris,1972;1981;Sysmanski,1975)。

按照这个理论,种族不平等是追求利润的产物。从寻求廉价的资源市场这一点来看,利用种族来作为降低某一种族的劳动成本的方法便具有经济理性。

种族不平等也是劳资冲突的产物,该冲突系由种族 A 的资本或劳动精心制约种族 B 的就业门路而引起的这种事例中,种族问题被用以强化或削弱冲突的特定一方。资方会利用种族 B 的廉价劳动削弱劳工的谈判力量。种族 A 的劳动也许与种族 B 的劳动联合起来预防这类计谋,从而使种族 A 劳工的姿态变得强硬。

在这一理论中,种族既影响经济进程,又受经济进程影响。从这一观点来看,种族不平等及在竞争/冲突中操纵种族的情况,常被认为是对利润的竞争性追求所特有的。

在过去几十年间,经济理论对种族及与种族有关的问题的注意已急剧增多。对种族歧视和种族不平等的解释,要么强调市场的不完善,要么强调资本主义的结构特点。大多数结构主义的分析也将种族作为解释经济过程的动态的一种方法。

参考文献:

Teun A. van Dijk, Elite Discourse and Racism', in IrisM. Zavala et al. (eds). *Approach to Discourse: Poetics and Psychiatry*, Amsterdam: John Bejam ins, 1987.

Anne McClitock, *Imperial Leather: Race, Gender, and Sexuality in Colonial Contest*, London: Routledge 1995.

(何昌福)

经济学和性别
Economics and Genders

性别这个词传统上,像性(Sex)一样,指的是男子和妇女之间生物学上的差异。近年来在社会科学著作和公开的谈话中掀起了一个运动来拓展这一定义,把根据生物学这一基础建立的社会区别也包括进来,而且优先选择 Gender 一词,而不是 Sex 来表示这个更为广泛的定义。

从历史上看,性别无论是在古典学派,或者是马克思主义经济学家之中，都不曾把它看成是经济分析的中心概念。但是，由于近年来种种事态发展的推动已经把与性别有关的问题推到显著的地位上，经济学家已经通过寻求对这些问题的分析作出了回答。这个寻求过程的结果，不但对经济行为与其后果中的性别差异的性质有了更好的了解，而且丰富了这一学科本身。

尽管经济分析主流很少注意有关性别问题，但19世纪争取妇女选举权的运动却把一些注意力集中到性别的不平等上，在古典经济学家中，J. S. 穆勒（J. S. Miller，1878）雄辩地主张，男女之间"完全平等原则"。他不但赞成家庭之内性别的平等，而且支持"准许妇女担任到那时为止仍然为男性继续垄断的所有职责和职业"。他也相信"她们到处都表示出缺乏活力，仅仅为的是，能继续保持她们在家庭生活中的从属地位"。在马克思学派中，恩格斯将妇女的从属地位和资本主义的发展联系起来，并且认为，妇女走出家庭，参加工资劳动以及社会主义的到来，是她们获取自由所必需的。相信走出家庭更充分地参加就业就能产生解放效应，这不但是穆勒和恩格斯的共同信念，也是吉尔曼（Gilman，1898年）这样的现代争取女权运动作家的信念。

现在，绝大多数先进的工业化国家里，妇女特别是已婚妇女参加到劳动力中去的业已增加了。这无疑地，在许多方面，既改变了男女性别之间的关系，又改变了这个社会的结构，但仍然保持着男女之间担任的工种、报酬等之间的显著差异。

性别歧视主义（Sexism）一般是指基于他人的性别差异而非他人优缺点所造成的厌恶或是歧视，但也可用来指称任何因为性别所造成的差别待遇。歧视的结果是损害了人与人之间的机会平等和待遇平等，由此必然影响到社会公正、社会稳定和社会经济发展。尽管各国都以立法的形式来保护女性，使之享有与男性平等的就业权利，但现实中这种平等的就业权很难得到实现，在就业市场上女性依然处于弱势。

用人单位通常在招聘的各环节中，除妨碍正常生产、工作或依法不适合女性的工种或岗位外，以性别为由歧视录用女性或提高对女性的录用标准而导致女性平等就业机会丧失。遭受歧视的女性普遍会感到有压力、情绪低落和缺乏动力，这不仅损害她们的自信和加大别人对她们的偏见，还影响她们的生产率。所以，找到歧视的原因所在并消除歧视能使人类的潜能得以更好地发挥和展示，于人和社会都具有重要的意义。

有关职业和收入的性别差异的人力资本的解释是明塞尔和波拉切克（Polachek，1974）和波拉切克（1981）以及其他人发展的，是直接根据家庭分析出来的。它假设家庭的劳动分工导致妇女极端地强调男子在整个生命周期中，都负担着家庭的责任。预见到较短而又经常中断的工作期限，妇女对投资于以市场导向的正规教育和在职培训所具有的刺激力量都比男子的要低。她们由此引起的较低的人力资本投资，将使他们的收入相对低于男子的。

妇女将选择的是，这种投资对其并不太重要的职业，而且中断劳动引起的工资削减的（因退出劳动力的时期中技能贬值产生的）这种惩罚是最轻的职业。由于她们预见到就业的中断，妇女们避免那些特别需要大量投资于以厂商为特点的技能上的那些工作（即一个特定企业所独有的技能），因为这些投资的利润只有在一个人继续待在那家厂商中才能收获到。相对于男子来说，预期妇女工作任期短，使得雇主不愿意雇佣妇女从事那些雇主负担一些培训费用的工作。因此，就这方面来说，很难将更有事业心的妇女和不大有事业心的妇女区分开，前者可能受到不利的影响。

女性是求职者中的弱势群体，在劳动力市场上女性遭受歧视，所以，即使男女求职者能力相同，考核结果也一样，由于歧视性雇主追求的是效用最大化而不是利润最大化，于是雇主们依然会因为主观偏好或客观信息不充分的理由坚持做出他们认为理性的选择，即女性的生产率低于男性，从而更偏向于雇佣男性员工。

以下从新古典经济学家中的代表观点贝克尔（Becker）歧视理论和女权经济学方面分别对女性就业歧视做出经济学分析。

1. 贝克尔歧视理论。从需求角度分析性别歧视，贝克尔提出了"偏好性歧视"。其基本内容是：如果某人具有歧视性的偏好，那么他宁愿以某一偏好的群体替代另一厌恶的群体并为此支付某种费用。这种费用可以是直接的，也可以是间接的，比如放弃一部分收入。

2. 女权主义经济学家观点。女权主义经济学家从女性的视野出发，对此问题提出了自己的看法。她们认为人的偏好不是给定的，而是在社会中形成的。人的行为要受社会结构，传统文化的限制，建立在个人理性选择基础上的结论并非真实反映现实世界的经济活动。同时，由于劳动力市场上基于种族、性别的歧视还将长期存在，通过市场机制自动消除歧视的过程是极其缓慢的，市场机制并不能消除雇主的偏见，且在劳动力市场上雇员众多，要实现雇主与雇员的信息对称几乎是不可能的。女权主义经济学家把劳动力市场分割理论作为一个分析工具，重点将外生的制度影响内部化。她们指出，劳动力市场和制度之间存在着复杂的反馈效应。她们认为市场中的职业分割和工作差异可能源于男女在心理构成上的差异，他们有不同的目标期望，抑或他们不同的社会化过程导致工种选择的不同。她们将性别的社会构想引入分析，个人的行为方式很大程度上受劳动力市场建构和社会制度的影响，理性选择的力量同文化，心理上的制约相比要小得多。

基于利润最大化的模型分析。在一个竞争性的产品市场和劳动力市场上,最大化的利润是企业从所投入的资本中获得正常的收益,也是企业最理性的选择。考虑到女性的自然附着成本及先天的性别差异和社会统计歧视导致用人单位认为女性的劳动生产率低于男性,为追求利润最大化,用人单位总是倾向于雇佣男性。即使雇佣女性,其工资率也显著低于男性,以此弥补用人单位认为雇佣女性所要付出的更多的成本。

竞争的力量将会惩罚那些歧视性的企业,使它的歧视偏好程度降低或者干脆持续不下去,所以从理论上说劳动力市场上的性别歧视现象将趋于消失。但在现阶段,歧视现象还是不断产生,人们与这些歧视的斗争也从来没有停止过。消除性别歧视现象可以通过强制性的法律手段来实现,然而要想真正消除性别歧视,还要从产生性别歧视的经济根源入手,积极探索。需要强调的一个基本原则是对妇女自然附着成本予以经济补偿的新办法,必须把原先由个别单位支付的成本转化为社会支付,用人单位缴纳的费用绝不能因为聘用女性数量越多费用越高,而恰恰应相反,甚至可以考虑用人单位妇女比例达到一定标准给予适当减免,推行比例越高减免越多的优惠政策。

我们也可以通过对全民文化素质的提高、女性员工技能的提高、雇主道德修养、法律意识等提高来减少和消灭歧视。当然,性别歧视是一种复杂的社会和经济现象,它根植于社会习惯中,尽管法律确立了平等,但只要社会和经济中的分层现象仍然存在,歧视就不可避免,因此,与歧视现象的斗争还将继续,不过无论在理论上还是实际中,歧视终将被最大程度地消灭是不容置疑的。

参考文献:

[美]加里·S·贝克尔:《人类行为的经济分析》,上海人民出版社1996年版。

[美]加里·S·贝克尔:《人类行为的经济分析》,三联书店1995年版。

E. M. King:《性别经济学和职业选择》,引自《教育经济学国际百科全书》,高等教育出版社2000年版。

[美]D. 霍夫曼:《劳动力市场经济学》,五南图书出版公司1991年版。

蔡秀玲:《女权主义劳动力市场理论评述》,载于《经济学动态》2005年第1期。

(何昌福)

经济学和混沌
Economics and Chaos

混沌也写作浑沌,中国古人想象中天地未开辟以前宇宙模糊一团的状态,后用以形容模糊隐约的样子;也形容人幼稚糊涂。在中西方神话和《圣经》中,都对混沌有不同的解释和理解。混沌理论自20世纪80年代被应用于经济领域以来,由于它能够揭示隐匿在貌似随机的经济现象背后的有序结构和规律性,并提供一种方法把复杂事物理解为自身内部某种有结构、有目的的行为,而不是外来的、偶然的行为,从而突破了经典经济学的思维方式,拓宽了人们对现实经济问题研究的视野,揭示了隐匿在复杂经济现象背后的有序结构和规律性。

与我们通常研究的线性科学不同,混沌学研究的是一种非线性科学,而非线性科学研究似乎总是把人们对"正常"事物"正常"现象的认识转向对"反常"事物"反常"现象的探索。

在非线性科学中,混沌现象指的是一种确定的但不可预测的运动状态。它的外在表现和纯粹的随机运动很相似,即都不可预测。但和随机运动不同的是,混沌运动在动力学上是确定的,它的不可预测性是来源于运动的不稳定性。或者说混沌系统对无限小的初值变动和微绕也具于敏感性,无论多小的扰动在长时间以后,也会使系统彻底偏离原来的演化方向。进一步研究表明,混沌是非线性动力系统的固有特性,是非线性系统普遍存在的现象。牛顿确定性理论能够充分处理的多维线性系统大多是由非线性系统简化来的。混沌现象是自然界中的普遍现象,天气变化就是一个典型的混沌运动。1972年12月29日,美国麻省理工学院教授、混沌学开创人之一E. N. 洛伦兹在美国科学发展学会第139次会议上发表了题为《蝴蝶效应》的论文,提出一个貌似荒谬的论断:在巴西一只蝴蝶翅膀的拍打能在美国得克萨斯州产生一个龙卷风,并由此提出了天气的不可准确预报性。

混沌不是偶然的、个别的事件,而是普遍存在于宇宙间各种各样的宏观及微观系统的,万事万物,莫不混沌。混沌也不是独立存在的科学,它与其他各门科学互相促进、互相依靠,由此派生出许多交叉学科,如混沌气象学、混沌经济学、混沌数学等。混沌学不仅极具研究价值,而且有现实应用价值,能直接或间接创造财富。今天,伴随计算机等技术的飞速进步,混沌学已发展成为一门影响深远、发展迅速的前沿科学。

混沌经济学(Chaotic Economics),也称为非线性经济学(Nonlinear Economics),是20世纪80年代兴起的一门新兴的学科,是指应用非线性混沌理论解释现实经济现象,在经济建模中充分考虑经济活动的非线性相互作用,在模型的分析上充分利用非线性动力学的分叉、分形和混沌等理论与方法。

在研究对象和研究方法上,混沌经济学与传统经济学都是利用提出假设,利用数学工具通过规范推演和实证检验来揭示社会经济现象的客观规律;但是由于客观地认识到经济系统的非均衡、非线性、非理性、时间不可逆、多重解和复杂性等特点，混沌经济学在研究和解决问题的具体思维方式和假设前提下以及确切的方法论上，与传统经济学存在显著差异。

混沌经济学假设关系是非线性的，认为经济系统所呈现的短期不规则涨落并非外部随机冲击的结果，而是系统内部的机制所引起的。经济系统中时间不可逆、多重因果反馈环及不确定性的存在使经济系统本身处于一个不均匀的时空中，具有极为复杂的非线性特征。非对称的供给需求、非对称的经济周期波动（现已证明：经济周期波动呈“泊松分布”而非“正态分布”）、非对称的信息、货币的对称破缺（符号经济与实物经济的非一一对应）、经济变量迭代过程中的时滞、人的行为的“有限理性”等正是这种非线性特征的表现。

混沌经济学的时间概念是时间具有不可逆性。认为系统的演化具有累进特征（积累效应），时间之矢是永远向上的。随着时间的演进，系统总是不断地具有新的性态，绝不重复，原因与结果之间的联系并非唯一确定的，是一种循环因果关系。因此，混沌经济学的一个核心命题是“对初始条件的敏感依赖性”（亦称“蝴蝶效应”）。用通俗的语言来说，混沌系统像一个放大装置，可以将初始条件带进的差异迅速放大，最终将真实状态掩盖，从而实质上导致长期演变轨道的不可预测性。

混沌经济学更注重对递增报酬的研究，认为经济系统在一定条件下（指系统结构演化的各种临界值），小效果的影响力不但不会衰减，而且还倾向于扩大。而这种小效果的扩大趋势也正是由非线性动力系统内的本质特征所决定的。混沌经济学并不排除理性因素，只是认为那种完全理性的假设是不现实的，只有将理性因素和非理性因素综合起来考虑才更符合现实。它认为混沌这种表面上看起来是随机的现象后面隐藏着一定的规律性和秩序，如奇异吸引子、分支、窗口等。混沌学研究的内容就是找出其中存在的规律和秩序，并将事物发展的必然性和偶然性，几率描述和决定论描述统一起来，最后再将研究结果作为工具去解决实践中困扰我们的复杂性难题。

受到众多自然、富有创建性思想体系综合启发的混沌经济学，其思想根基比传统经济学触及更广的自然科学领域，因而也就开阔了它的经济研究视野。混沌经济学的方法论是集体（整体）主义，即“理论必须根植于不可再分的个人集团的行为”。在混沌经济学看来，经济系统由数以百万计的个体和组织的相互作用所决定，而每一个个体和组织又涉及数以千计的商品和数以万计的生产过程，因此，个体行为并非是一种孤立的存在，仅仅完备地认识个体的行为并不能使我们掌握整个经济系统的演化状态。运用整体主义的方法论，混沌经济学在经济增长、经济波动、股市涨落、厂商行为、汇率浮动等领域进行探索，得出了经济波动源于经济系统的内生机制而非随机震荡、非均衡是经济系统的常态、杂乱无章的经济现象背后隐藏着良好的结构而非随机状态等一系列在新古典个人主义方法论下所无法得到的、更符合现实的结果。

国外的混沌经济学已涉及经济周期、货币、财政、股市、厂商供求、储蓄、跨代经济等几乎所有经济领域。威廉·鲍莫尔（William J. Baumol）和爱德华·沃尔夫（Edward Wolff）等人从微观经济角度研究了混沌经济问题。1983年他们在考虑企业的研究开发（R&D）支出水平与企业生产增长率之间关系时发现，在R&D支出水平占企业销售收入的比例到达一定范围时，企业的生产增长率就会呈周期性或混沌态。1985年，鲍莫尔（Baumol）和夸得特（R. E. Quandt）发表了论文“混沌模型及可预测性”，研究了利润与广告的关系模型。研究表明，这种关系模型经一段时间后，就会出现大幅度震荡，甚至出现混沌。戴（R. Day）研究了包括人口净自然出生率、生产函数和平均工资收入的古典经济增长模型，在最大人口数量时的收入若低于维持最低生活水平所需的收入时，人口的变化将会出现混沌状态。他和本哈比（Benhbib）还研究了不同消费倾向将会产生不同的消费者行为：穷人的消费选择很可能是相当稳定的，而富人的消费行为则可能是周期波动的，甚至是混沌的。博尔丁（Boldrin）的研究表明，经济现象的不规则波动是受到市场力、技术变革和消费倾向三者共同作用下经济系统内生决定的结果。鲁塞（J. B. Rosser）等人以东欧集团国家的经济变革作了实证说明。中央计划的社会主义经济既会出现周期性波动，也会出现混沌，而进入混沌的条件，往往也是将要发生经济制度变革之时。1992年，底考斯特（D. P. Decoster）和米契尔（D. W. Mitchell）研究了货币动力系统混沌问题。布劳克（Brock）、沙因克曼（Schenkman）和莱伯伦（Le Baron）等人提出了用关联性、“搅拌”、“残差”等方法诊断经济时间序列的混沌性。索耶斯（Sayers）、巴雷特（Barnett）和费兰克（Frank）等人也都在股票证券、外汇交易、期货等市场产生高频经济数据的经济活动中找到了低维混沌吸引子。这意味着只需少数几个经济变量就可以描述这类复杂的经济现象。

在国内，1987年，旅美经济学学者陈平用实际数据，计算了分维，从宏观货币指数中发现了维数为1.5左右的奇怪吸引子。自他将混沌经济学研究引入中国后，1992年杨培才等人在论文“经济混沌的实例及可预报性”中，用伦敦外汇市场发布的英镑对美元周平均汇率的时间序列作为原始数据，研究了外汇系统中的奇怪吸引子，推出了汇价变动的规律性及近期的可预报性。1993年，王军等在“标准普尔500指数（S&P

500）的混沌吸引子”一文中指出了S&500有一个混沌吸引子，其维数为2.33，并论述了该吸引子对资本市场运动的意义。刘洪在《系统工程理论方法应用》论证了道格拉斯生产函数产生混沌的条件。1994年，黄登仕、李后强在《非线性经济学的理论与方法》一书中对经济系统中的分形特征作了较深入研究。他们首次使用非线性经济学的一些统计方法、预测方法（BDS统计、R/S分析）对香港黄金价格、深圳股市价格等进行了预测和实证研究。现在国内已有越来越多的学者从事混沌经济的研究工作。如庄新田等运用混沌经济学的方法，对股票市场的流动性及交易群体数量变动问题进行分析，探讨如何实现市场的流动性和均衡状态。王春峰、康莉等利用混沌经济学和向量自回归（VAR）方法，实证分析了我国通货紧缩的成因及发展趋势。沈华嵩等根据中国国民经济的数据，提出确认经济混沌的理论模型。

经济混沌的研究应从两个方面加强：要扩大经济混沌的实证范围和提高实证的质量；要在经济系统的动力模型方面深入研究，以期在控制和预测方面有所突破。混沌经济学的发展对经济学的贡献将是不可估量的，而且将会引起数理经济学及计量经济学的变革，从而可能在新的规范下建立包容以往各据一词的各个学派的统一经济理论，更好地解释现代经济的运行规律。

参考文献：

何孝星、赵华：《关于混沌理论在金融经济学与宏观经济中的应用研究述评》，载于《金融研究》2006年第7期。

傅琳：《混沌经济学与新古典经济学的比较研究》，载于《经济学动态》1994年第1期。

Brock, William A., David A. Hsieh & Blake LeBaron, Nonlinear Dynamics, Chaos and Instability: Statistical Theory and Economic Evidence 1993.

Day, R. H., The Emergence of Chaos from Classical Economic Growth, *The Quarterly Journal of Economics* 1983.

Frank, M., R. Gencay & T. Stengos, International Chaos, *European Economic Review* 1988.

Hagtvedt, Reidar, Chaos in Stock Returns 1999.

Hsieh, David A., Chaos and Nonlinear Dynamics: Application to Financial Markets, The Journal of Finance 1991.

Stutzer, Michael J. Chaotic Dynamics and Bifurcation in a Macro Model, *Journal of Econometrics* 1980.

（何昌福）

词条英汉对照目录

（按英文字母顺序排列）

A

B

C

D

E

F

G

H

I

J

K

L

M

N

O

P

Q

R

S

T

U

V

W

Y

国家出版基金项目

现代经济学大典

A Dictionary of Modern Economics

[下　卷]

主　编　洪银兴

副主编　逄锦聚　顾海良　林　岗

刘　伟　黄泰岩

中国财经出版传媒集团

经济科学出版社

目　　录

国民经济学

一、国民经济学综述

二、国民经济运行

三、国民经济管理

四、国民经济管理指标与方法

产业经济学

财　政　学

一、基本财政概念

二、公共支出

三、公共收入

四、预算管理

五、政府间财政关系

六、财政政策

金融经济学

二、利率与汇率

三、金融机构体系

四、金融市场

五、货币政策与金融监管

区域经济学

经济统计学

一、理论与方法

二、国民经济核算

三、经济统计

计量经济学

国民经济学

一、国民经济学综述

国民经济学
National Economics

国民经济学是研究国民经济系统、国民经济运行和国民经济管理及其规律的应用经济学学科。

在西方,"国民经济学"是一门古老的学科。瑞典经济学家K·维克塞尔(1911)认为,"国民经济学这个名称出现在所谓'重商主义'时代。"但这是德国、奥地利和北欧学派一些学者的说法。在英国和法国,当时将国民经济学习惯地称之为"政治经济学"。1615年,法国重商主义的代表安徒安·德·孟克列钦发表了《献给国王和王后的政治经济学》,在法国第一次提出了"政治经济学"这个名词,并用作自己著作的书名。之所以如此,主要想说明这本书已不是论述"家庭管理"(北欧学派称之为"家计管理"),而是涉及整个"国家"的经济问题(北欧学派将其称之为"财政学"问题)。由此可见,早期的国民经济学与政治经济学比较接近,正如维克塞尔所说:"在那时叫做国民经济学是很适当的。因为这个名称适当地表达了它所含有的概念"。

马克思主义政治经济学来源于英国古典政治经济学。但在其早期著作中曾交替使用"国民经济学"和"政治经济学"的概念。如马克思曾对恩格斯1844年在《德法年鉴》上发表的《政治经济学批判大纲》作过详细的摘要,并给予高度的评价,题目为《〈国民经济学批判大纲〉一文摘要》。在《1844年经济学哲学手稿》中,马克思大量使用"国民经济学"和"国民经济学家"的提法,认为"国民经济学从私有财产的事实出发,但是,它没有给我们说明这个事实。……国民经济学没有给我们提供一把理解劳动和资本分离以及资本和土地分离的根源的钥匙"。在《詹姆斯·穆勒〈政治经济学原理〉一书摘要》中,马克思把国民经济学作为政治经济学的同义词,并加以评论:"国民经济学能够把这整个发展只作为某种事实,作为偶然需要的产物来把握。……在国民经济学家看来,生产、消费以及作为二者之间独有的交换和分配是孤立地存在的。"仅在这里,他曾先后12处提到"国民经济学"、4处提到"国民经济学家"、4处提到"现代国民经济学"。而在评李斯特的《政治经济学的国民体系》中,马克思指出:"如果说亚当·斯密是国民经济学的理论出发点,那么它的实际出发点,它的实际学派就是'市民社会',而对这个社会的各个不同发展阶段可以在经济学中准确地加以探讨。"在这里,马克思甚至把国民经济学和政治经济学并用,称之为"国民政治经济学",同时还提出"现代经济学"的概念。从这个意义上可以认为,马克思把"国民经济学"看作是"政治经济学"的另一种称谓。

尽管如此,在欧洲,除了英国和法国之外,在德国、奥地利特别是北欧学派(也称瑞典学派,因其信徒遍布于北欧各国而得名)盛行的国家,还是可以看出国民经济学与政治经济学的一些分野,这部分是由于方法论和理论观点的不同,也与各国所处的环境有关。哈耶克(F. A. Hayek)在为奥地利学派的开山鼻祖卡尔·门格尔(1871)的《国民经济学原理》撰写的导言中说道:"没有一个地方象德国那样,古典经济学衰落得如此干净利落……这部分出于方法论的考虑,但更多则是对古典英国学派实际结论的强烈厌恶,因为这个学派阻碍了以'伦理学派'之名为荣的年轻团体的改革热情","古典学派之所以从未在德国根深蒂固,原因之一便是德国经济学家一直清醒地意识到任何成本或劳动价值理论中内在的矛盾。"关于这一点,马克思在评李斯特的《政治经济学的国民体系》时也指出,德国的"资产者希望国家实行保护关税,以便攫取政权和财富,但是,既然[在德国]不象在英国和法国那样,他不掌握国家政权,因而不能随意支配它,而不得不诉诸请求,他就必须向国家……表明,他对国家的要求是他向国家作出的让步,而实际上他要求国家作出让步"。

在维克塞尔(1911)看来,国民经济学与政治经济学不仅名称不同,而且研究对象也有所不同。如果说英法的古典经济学是"国家经济学",那么,现代的国民经济学则是"国计民生"经济学,其意义是国家富强、百姓富裕。正如维克塞尔所说,国民经济学"这个名称指的是国民家计或国民家计的理论","而财政学虽应视为国民经济学的一部分(并且是一个重要部分),但它却绝对不是国民经济学的全部"。

在中国,国民经济学是一门年轻的学科。相对来说,尽管后来也叫"国民经济学",但国民经济学在新中国的早期发展与其在德国、奥地利、瑞典等国的发展并无直接的联系。与此相反,与社会主义在苏联的发展或"苏联模式"有很大的关系。换而言之,在中国后来出现的"国民经济学"这一学科定位,在客观上很大程度缘于"苏联模式"。

受斯大林模式或"苏联模式"的影响,改革前的中国实行计划经济体制。与此相适应,在我国一些高等学校一开始设立的是国民经济计划专业和统计专业(也说"计统专业"),以及后来又出现的"投资经济学"(也称"基建经济"或"基建财务")专业。因此,如果说那时有所谓的"国民经济学"的雏形,也只是以政治经济学为指导或以其为理论基础的部门经济学或应用经济学。

随着由传统的计划经济体制转向"有计划的商

品经济"、社会主义市场经济体制,特别是由于实行"在国家宏观调控下市场对资源配置发挥基础性作用的经济管理制度",我国高等学校适应时代发展的要求,积极进行新的教材建设,对国民经济计划专业及相关专业进行改革。1982 年,复旦大学、北京大学、辽宁大学等12 所院校共同编写了全国第一本《国民经济管理学》,1986 年又由辽宁大学率先在全国将原来的"国民经济计划"专业改为"国民经济管理"专业,并进行了学科体系的配套改革,从而推动了这一学科的发展。

由上可见,与国内其他经济学科相比,我国的国民经济学可以说是颇具特色的一个学科:它与政治经济学有联系,但现已不再是一回事;它似乎可从德国、奥地利、瑞典等国找到某些渊源,但二者并非同出一源;其在中国的初期发展虽主要受"苏联模式"的影响,然其现代发展显然与之相区别;国外有与其相近的学科(如美国经济学会的分类中与国民经济学相关的有 E 类、H 类、O 类、P 类),但却没有完全相同的学科。因此,国民经济学发展虽然必须国际化,但更多是中国本土化的产物,因而国民经济学学科建设要处理好本土化与国际化的关系。从这个意义上说,国民经济学既是一个历史学科,又是一个新兴学科。

在国内,最早提出"国民经济学"概念并进行系统研究且形成专著的当推厦门大学的钱伯海教授,他出版了上、下册的《国民经济学》。根据钱伯海(1986)的阐述,"国民经济学是研究国民经济运动规律的科学,既研究生产力,也研究生产关系","因此,有关马克思主义的社会主义政治经济学的基本原理,在本书的有关部分中,都要加以阐明和论述"。刘国光(1987)指出,钱伯海的这本书,"以社会主义国民经济运行机制为研究对象,试图'把社会主义政治经济学和宏观经济学有机地结合起来',正是创建社会主义经济学新体系的一个成果。"钱伯海教授的理论贡献在于主编并出版了国内第一部系统的《国民经济学》,并由此引申出一个新的学科——国民经济学,但其理论阐述无疑留有当时发展的历史痕迹,围绕这部著作产生了很多的争论,甚至对"国民经济学"这门学科本身也有一些不同看法。如我国著名经济学家卫兴华教授(2008)认为国民经济学是政治经济学的另一种称谓。也正是在这样的学术研讨中,国民经济学这一学科日臻完善,不断前进。

根据学科建设的发展特别是依其存在的经济环境的变化,对国民经济学研究对象的重新界定显得尤为重要。在钱伯海之后,国内一些学者继续对国民经济学的研究对象提出自己的看法,目前比较有代表性的是林木西、黄泰岩(2009)的观点。在"十一五"国家级规划教材、国家精品教材《国民经济学》(2010 年第二版)中,又进一步阐释了自己的看法,认为马克思的早期著作将"国民经济学"与"政治经济学"相提并论,认为二者无本质区别,从这一意义上说,正如卫兴华教授所指出的那样。但从其当代发展尤其在中国目前的发展来看,二者已经分离,并逐渐形成自己独立的研究对象和与政治经济学相区别的学科体系。因此,国民经济学的研究对象应当是"国民经济系统运行及其规律"。

"国民经济系统"的主要内涵在于:

(1)它不是封闭的,而是开放的系统,在经济全球化背景下,一国的经济发展必然与外部环境发生多种多样的联系,成为整个世界经济的一个组成部分;

(2)它不是静态的,而是由低到高和不断改革创新的动态系统,由于人的主观能动性的作用,会使整个国民经济系统充满生机和活力,这是它与其他系统的重要区别;

(3)它不是个别运动的系统,而是诸多部门、地区运动相互联系、相互依存的社会经济综合体;

(4)它不是相互脱节的,而是在社会再生产中的生产、分配、交换和消费各个环节之间相互衔接、相互制约的网络系统;

(5)它不是单纯的物质产品生产的运动,而是包括物质产品再生产、人口再生产、精神文化再生产、自然环境再生产四种再生产相互协调、相互促进,经济系统、人口系统、社会系统和自然系统有机组合的经济综合体;

(6)它不是单纯指宏观经济,而是包括宏观经济、中观经济和微观经济在内的多层次经济活动组成的网络系统,从系统论的角度看,宏观经济、中观经济和微观经济,只不过是国民经济系统的层次结构;

(7)它的目标不是一元化而是多元化的,用任何一个单一目标都难以概括其多方面的要求。

总之,国民经济系统是一个多部门、多地区、多环节、多层次相互交织,诸多子系统相互交错,多目标、开放型、动态化的巨系统。

从上述意义来说,研究国民经济系统运行及其规律,主要包括以下内容:

(1)国民经济系统。国民经济系统既是国民经济学的研究对象,也是国民经济学分析的前提或基础。对此可从三个方面加以把握:

一是分析国民经济系统总体。主要是要准确把握国民经济系统内部各方面、各环节、各层次之间的内在联系和相互关系,正确处理各方面的关系,引申来说,就是要正确处理国民经济学与其他学科之间的关系。

二是分析国民经济系统结构。但不是研究所有的子系统、分系统,而侧重研究其中与国民经济运行关系最为密切的主要结构,如国民经济系统结构中的产业结构、区域结构和城乡结构，目的在于说明其与国民经济运行、国民经济管理的关系。

三是分析国民经济系统环境。主要说明经济、社会、人口、资源与环境的协调关系，以及国民经济系统与国际经济环境之间的关系，从而为实现国民经济管理的目标即实现科学发展、统筹发展和可持续发展奠定基础。

(2)国民经济运行。国民经济运行是国民经济学研究的重要内容，也是国民经济管理的客体。对此可以从四个方面进行分析：

一是“国民经济运行总体分析”。主要研究社会总产出或总供给如何产生、社会总需求如何形成、社会总需求变动如何对社会总产出产生影响，以及社会总供求的平衡关系。

二是“国民经济运行的需求动力”。主要分析投资需求、消费需求和净出口需求三大需求或拉动经济增长的“三驾马车”。为了进一步说明问题，可以将汇率对社会总供求平衡影响考虑在内。

三是“国民经济运行的供给推力”。主要是资源禀赋、结构优化和制度创新这“三大推力”。

四是“国民经济运行周期波动”。主要分析周期波动的表象、成因及其传导机制。

(3)国民经济管理。主要包括国民经济管理目标、国民经济发展战略与规划、国民经济监测预警与综合评价、国民经济宏观调控和国民经济微观规制五个部分的内容，这里重要的是要把握“国民经济管理”既包括宏观经济调控，又包括微观经济规制。

与上述研究对象相适应，国民经济学的研究方法主要包括：

(1)国民经济理论分析。主要是运用辩证唯物主义和历史唯物主义、马克思主义经济理论和现代经济理论及其方法，对国民经济系统运动及其规律进行分析。在这方面，马克思主义政治经济学、宏观经济学、产业经济学、财政学、金融学、国际贸易学、人口资源环境经济学、比较经济学、新制度经济学、规制经济学等，以及应用数学、统计学、计量经济学等分析工具，都可为国民经济学研究提供帮助。国民经济学与其关系不是相互排斥，而是相互包容、互相促进的关系。

(2)国民经济数量分析。就是对国民经济总量进行数量分析，主要是对国内生产总值、国民收入、社会总供给、社会总需求、总消费、总投资、经济增长、就业状况、物价总水平、税率、利率、汇率等宏观经济总量指标的总体与平均水平、增长速度、变化趋势、波动规律等进行数量分析，以便从国民经济总体上把握经济发展状况。

(3)国民经济结构分析。就是对经济结构进行数量分析，主要是对国民经济一些指标或变量结构之间的关系进行数量分析，以便从宏观总体上把握这些指标或变量之间的相互依存关系。常用的数量分析方法有：边际分析、效用分析、弹性分析、乘数分析、投入产出分析、比较静力学分析等。此外还包括在时间和空间上、在国民经济各组成部分、各子系统中，从数量上对宏观经济结构所进行的数量分析，如宏观经济结构分析、产业结构分析、地区结构分析、投资结构分析和消费结构分析等。

(4)国民经济静态分析与动态分析。分析社会总需求与社会总供给的平衡关系，看起来是静态分析，因为暂时抽条掉了二者之间及其内部复杂的变动关系；而“社会总需求变动对社会总产出的作用机制”则既有静态又有动态，但为了分析的需要，只是分析二者之间的相互关系，而不分析具体如何变动。但对经济增长率、经济周期、通货膨胀和通货紧缩以及宏观经济调控政策的具体运用等，则是典型的动态分析。

(5)国民经济比较分析。在经济全球化背景下，分析国民经济系统及其子系统、分系统几乎都涉及国际比较。就一国经济来说，改革后与改革前是一种比较，改革的不同时期也是一种比较，改革开放和经济发展的具体内容也都存在一个比较的问题。

(6)国民经济案例分析。从系统论的角度看，国民经济系统及其子系统、分系统都可以看作是“案例”，对于整个“系统”而言，“国民经济系统”也是一个案例。在国民经济学分析中引入案例分析方法是为了在分析国民经济系统运动的过程中，通过个性寻找共性，通过分析“特色”更好地把握其运动的规律性。

参考文献：

[瑞典]K. 维克塞尔：《国民经济学讲义》，上海译文出版社 1983 年版。

[奥地利]卡尔·门格尔：《国民经济学原理》，上海世纪出版集团、上海人民出版社 2001 年版。

《1844 年经济学哲学手稿》，引自《马克思恩格斯全集》第 42 卷，人民出版社 1979 年版。

《弗里德里希·恩格斯〈国民经济学批判大纲〉一文摘要》，载于《马克思恩格斯全集》第 42 卷，人民出版社 1979 年版。

《评弗里德里希·李斯特的著作〈政治经济学的国民体系〉》，载于《马克思恩格斯全集》第 42 卷，人民出版社 1979 年版。

《詹姆斯·穆勒〈政治经济学原理〉一书摘要》，载于《马克思恩格斯全集》第 42 卷，人民出版社 1979 年版。

钱伯海：《国民经济学》上册，中国财政经济出版社 1986 年版。

刘国光：《创建社会主义经济学新体系的尝试——读

钱伯海主编的〈国民经济学〉》,引自《国民经济学》下册,中国财政经济出版社 1987 年版。
卫兴华:《“国民经济学”与“政治经济学”》,载于《人民日报》2008 年 11 月 3 日第 7 版。
鲁友章、李宗正:《经济学说史》上册,人民出版社 1979 年版。
林木西、黄泰岩:《国民经济学》第二版,经济科学出版社 2010 年版。

(林木西)

国民经济管理体制
Management System of National Economy

国民经济管理体制是国民经济管理的具体制度、组织机构、管理方式和方法的总称。其主要内容是如何组织社会的生产、分配、交换和消费,划分经济管理权限和责任以及有关的机构设置等。

当今世界,不同国家的国民经济管理体制往往存在着较大的差别。这是由各国的社会生产力发展水平、社会生产关系、国家的政治法律制度和文化传统所决定的,同时也受到国际环境的影响。如果对不同类型的经济体制加以理论抽象,以简化的、抽象的形式反映其基本架构和特征,就是经济体制模式。对经济体制模式的研究发现,经济体制一般由财产所有制结构、决策结构、信息结构、动力结构和组织结构等构成。迄今为止,世界上出现过各种不同的经济体制模式,对人类历史产生深远影响的国民经济管理体制有计划经济体制和市场经济体制。

计划经济体制始建于 20 世纪 20 年代末的苏联。以政府制定并实施统一的全国性计划作为资源配置的主要机制为基本特征。新中国成立初期、“一五”时期及其以后学习苏联经验,逐步建立并实行了这一体制。计划经济体制在恢复国民经济、应付战争和自然灾害,以及进行大规模经济建设等方面发挥了应有的作用,为社会主义现代化建设奠定了可靠的物质技术基础,但也暴露出一些弊端:在计划经济体制下,采取高度集权的计划决策制度,按照统一计划、分级管理的原则,中央拥有较大的决策权,地方政府拥有较小的决策自主权,企业缺乏经营自主权;国家对经济生活的管理往往通过一个统一的指令性计划自上而下地层层下达到企业,排斥市场和商品货币关系;按照行政区划和行政手段组织管理经济运行,政企不分,条块分割;企业不是独立的法人实体和经济主体,而是行政机关的附属物。计划经济体制的通弊是对地方政府和企业的激励不足,经济管理僵化,缺乏弹性,割裂了经济活动的内在联系,导致经济效率低下。因此,自 20 世纪 80 年代以来,实行计划经济体制的国家纷纷开始进行以计划经济体制向市场经济体制转变为主要内容的经济体制改革。

市场经济体制的基本特征是以市场机制作为资源配置的基础性机制。在这一体制下,自主经营、自负盈亏、自我约束和自我发展的市场主体和法人实体,在市场上实体公平竞争;市场体系成为社会经济运行的枢纽,商品市场和要素市场在资源配置中充分发挥作用;保证市场运行的健康有序。市场经济体制克服了传统计划经济体制的弊端,有效地激发了经济主体的活力,提高了整个经济运行的效率。但同时也不可避免地出现效率与公平之间的矛盾,而且单靠市场机制自发调节,容易出现较大的经济波动,对国民经济正常运行造成冲击。因此,市场经济国家采取各种措施,对经济进行干预,形成有国家干预的市场经济体制。

目前,混合经济体制是世界上最常见的国民经济管理体制。所谓混合经济体制,即既发挥市场机制在资源配置中的基础作用,又保留国家对宏观经济必要干预的经济。混合经济的思想可追溯到英国经济学家凯恩斯(1936)“让国家之权威与私人之策动力互相合作”的主张。美国的汉森发挥了凯恩斯的上述思想,认为大多数资本主义国家已经形成私人经济和“社会化”公共经济并存的混合经济或“双重经济”,这已成为一种发展趋势。后来美国经济学家萨缪尔森继续阐发了混合经济的内涵,指出在现代资本主义经济中,一方面依靠其经济组织中的价格体系解决生产什么、如何生产和为谁生产这些基本经济问题;另一方面鉴于市场失灵的存在,需要多种形式的政府干预来加以克服。混合经济就是“看不见的手”与“看得见的手”的结合体。

一国的国民经济管理体制不是一成不变的,而是不断变革和创新的。这是因为,国民经济管理体制是社会上层建筑的一部分,必须适应一定时期的社会经济基础和生产力的发展,对原有经济体制中不适合生产力发展的部分和环节进行改革,其主要途径就是实行制度创新。

始于 1978 年的中国经济体制改革是社会主义经济制度的自我完善,其目标是从计划经济体制转变为社会主义市场经济体制。主要内容是:在所有制结构上,由单一的公有制转变为以公有制为主体、多种所有制并存的结构;在决策结构上,由中央高度集中的计划决策制度转变为使企业成为自主经营、自负盈亏、自我积累、自我发展的独立的经济主体,政府在尊重市场作用的前提下对经济运行进行宏观调控;在信息结构上,由单一的指令性计划管理转变为以指导性计划为主,通过制定宏观经济发展战略与长远规划,自觉运用市场信号,来实现对经济的宏观调控;在动力结构上,由行政指令、行政手段为主进行经济管理转变为进行财政、金融、价格改革,综合运用各种经济杠杆,将各个经济主体的经济活动引导到有利于国民经济持续、稳定、健康发展的轨道；在组织结构上，由按照行政组织、行政区划来组织经济活动转变为按照经济的内在联系来管理经济活动，建立健全市场经济体系，推动公平竞争，提高经济效益。

参考文献：
陈岱孙：《中国经济百科全书》上册，中国经济出版社1991年版。
李华、刘瑞：《国民经济管理学》，高等教育出版社2001年版。
厉以宁：《市场经济大辞典》，新华出版社1993年版。
林木西、黄泰岩：《国民经济学》，经济科学出版社2008年版。
刘瑞：《国民经济管理学概论》，中国人民大学出版社2004年版。
王健：《政府经济管理概论》，中国人民大学出版社2007年版。
于光远：《经济大辞典》上册，上海辞书出版社1991年版。
张今声：《国民经济管理教程》，辽宁大学出版社1990年版。
张卓元：《政治经济学大辞典》，经济科学出版社1998年版。
中国管理科学学会管理大辞典编辑委员会：《管理大辞典》，中央文献出版社2008年版。

（张静）

国民经济运行机制
Operation Mechanism of National Economy

国民经济运行机制是指国民经济各构成要素之间的有机联系和运转方式。“机制”一词来源于希腊文，意指机器的构造和动作原理，后被引用到其他科学中。由于社会经济也是一个有机体，故而引用为经济机制。

国民经济运行的核心问题从一定意义上说是资源配置，即稀缺的经济资源如何在不同用途和不同使用者之间进行分配，以带来最大的经济效率。主要解决生产什么、生产多少、如何生产和为谁生产的问题。

资源配置的方式是国民经济运行的核心机制。不同的经济体制，其经济运行机制是不同的，由此构成了不同的资源配置方式。经济学将资源的最大效率配置称为“帕累托最优”，并将其作为检验社会经济体制、经济总体运行合意性的一种准则。除了效率原则外，资源配置还应确保社会公平和正义，以及给予经济主体最大的经济自由。

在经济全球化的趋势下，市场经济体制成为世界大多数国家的选择。市场机制作为“看不见的手”成为资源配置的基础性机制。但是，实践也证明，市场机制对资源配置也会时常偏离最优效率状态，即出现所谓“市场失灵”的状况。现代政府为了达到既定的经济社会发展目标，通常会采取一系列政策措施对市场经济施加影响，调节市场经济的运行。其采取的干预措施主要有：①反垄断措施；②纠正外部性措施；③调节收入分配措施；④提供公共产品和服务；⑤发布信息等。伯林纳（1957）将政府对市场经济进行调节和干预形象地比喻为“看得见的手”。

然而，政府干预所引起的经济运行效率下降和社会福利的损失也是在国民经济管理中经常出现的现象，故被称之为“政府失灵”。广义的政府失灵包括非成熟市场和成熟市场经济条件下的政府失灵两大类：前者又包括政府干预过度，如干预的力度过大、范围过宽，并以行政命令作为主要的干预手段，甚至试图取代市场，结果导致市场萎缩和市场机制扭曲，还有一种无效干预，即在市场体系不健全、市场功能被抑制和市场参数紊乱的情形下，政府建立在市场机制基础上的干预措施无法达到预定目标；后者主要是在政府和市场功能互补中所产生的某些非理想化行为，表现为：政府行为目标决策偏离社会公共利益；政府机构膨胀和效率低下；政府行为派生的外在负效应等。政府失灵的原因被解释为，政府官员也是“经济人”，有其相对独立的经济利益和行为目标，其决策并非在任何时候和任何情况下都自然而然地代表社会公共利益；与私人部门相比，政府并不必然地存在信息优势，而信息不完全往往导致决策失误；政府的投入与产出具有非市场性，缺乏衡量非市场活动的评价基准，造成政府在非市场活动中过多的投入和过多的供给，使资源配置效率降低；政府部门提供的公共产品和服务具有垄断性质，免除了竞争的压力，造成工作效率不高等。

参考文献：
陈岱孙：《中国经济百科全书》上册，中国经济出版社1991年版。
代鹏：《公共经济学导论》，中国人民大学出版社2006年版。
李华、刘瑞：《国民经济管理学》，高等教育出版社2001年版。
厉以宁：《市场经济大辞典》，新华出版社1993年版。
林木西、黄泰岩：《国民经济学》，经济科学出版社2008年版。
刘瑞：《国民经济管理学概论》，中国人民大学出版社2004年版。
王健：《政府经济管理概论》，中国人民大学出版社2007年版。
于光远：《经济大辞典》上册，上海辞书出版社1991年版。
张今声：《国民经济管理教程》，辽宁大学出版社1990

年版。

中国管理科学学会管理大辞典编辑委员会:《管理大辞典》,中央文献出版社 2008 年版。

(张静)

国民经济调控理论

Theory of National Economic Control

国民经济调控理论是研究政府如何对经济进行合理干预的基本理论,它是市场经济发展到一定阶段的产物。

国民经济调控又称宏观经济调控,有广义和狭义之分:广义的国民经济调控亦称国家干预,是政府对国民经济的总体管理,是一个国家的政府特别是中央政府的经济职能。具体包括资源配置、收入分配和宏观调控(狭义)三项基本内容。它是在发挥市场机制资源配置基础性作用的基础上,政府能动地指导经济发展,纠正市场失灵,提高资源配置效率,增进社会福利,引导国民经济协调运转的自觉行为;狭义的国民经济调控是政府的重要经济职能之一,主要指以国家为主体,从社会公共利益出发,运用各种调节手段,对国民经济总量进行调节和控制,旨在保障经济增长和充分就业,熨平经济波动,使国民经济健康稳定地发展。

在自由竞争资本主义时代,政府并未被赋予宏观经济调控职能。古典经济学主张政府远离市场,权利止于经济。但是 1929 ~ 1933 年的"大萧条"暴露出市场机制的局限性,证明仅靠市场机制这只"看不见的手"已经无法自动地实现市场供给与市场需求之间的均衡,无法避免严重的经济危机。凯恩斯将这场危机的根源归结为有效需求不足,主张政府必须进行旨在扩张需求的经济干预。以"罗斯福新政"为代表,美国等国政府对市场采取了一系列的干预措施,企图借助政府的外部干预来摆脱经济危机。这可视为国民经济宏观调控的开端。由此"干预主义"取代了"自由放任",成为市场经济国家主流经济政策的价值取向。20 世纪 70 年代,发达的市场经济国家出现了"滞涨"。这一时期,政府的经济职能也进行了重大调整,宏观经济调控方式由政府直接投资或政府购买和转移支付等直接干预转向了以提供公共产品和服务、维护市场的有效性和完全竞争为核心的间接干预。在中国,随着经济体制从计划经济向社会主义市场经济转轨,适应市场经济条件下国民经济管理实践的需要,国民经济调控理论应运而生。人们通过对宏观经济中具有一般性和特殊性的常规经济问题和热点经济问题的研究,揭示国民经济调控的规律性,探索其合理的制度安排和政策选择,目的是提高国民经济调控的效果。其主要内容包括:

(1)市场经济条件下国民经济调控的依据。国民经济调控的依据是"市场失灵"。在市场经济中,市场机制,即价格机制、供求机制、竞争机制和风险机制像"一只看不见的手",调节社会总供给和社会总需求,引导生产要素的合理流动,使微观经济和宏观经济高效率运转,促进经济增长。然而,市场机制并不是万能的,在公共产品供给方面,在存在垄断、外部性和信息不对称的情形下,在发生剧烈的经济周期波动的情形下,市场机制的自我调节作用就会失灵,即无法实现社会资源的优化配置。市场失灵的存在为政府进行国民经济宏观调控提供了必要性,并为确定政府经济职能范围提供了依据。

(2)国民经济调控的方法论。国民经济调控的概念和方法论都来源于经济控制论,该理论开创和奠定了经济系统调节与控制过程的普遍理论基础。根据经济控制论,在现实的经济过程中,从来就不存在纯粹自发的必然过程,而是充满着调节和控制的过程。从系统的角度来研究国民经济,国民经济控制就是为了保证系统在变化着的外部条件下完成某种有目的的行为:一是保持系统原有的状态,一旦发生偏离,就要使它复原;二是引导系统的状态转变为一种新的预期的状态。经济控制论系统是由控制部分和受控部分以及它们之间的各种经济信息的传输通道组成。在这些信息通道上,控制部分所输出的和受控部分所输入的,都是包含某种目的的经济信息,而信息的反馈与经济目标的趋近直接相关,由此实现了经济控制。经济控制的基本方式有多种类型:简单控制和多级控制、集中控制与分散控制、硬性控制与反馈控制、程序控制与目标控制、自控制与自调节、最优控制等。

(3)国民经济调控的模式。依据宏观调控的方式不同,国民经济调控模式可以划分为政府计划主导模式和政府政策主导模式。事实上,在当今世界,各国政府对于宏观经济的调控一般都是计划方式与政策方式并用,区别只在于在调控体系中哪一种调控方式居于主导地位。

计划主导模式的特点是存在一个较为权威的计划编制与执行机构,根据经济社会发展规律和对国民经济发展前景的预测,经过一定的民主决策程序,事先制定一个具有法律效力的、较为完整的、由长中短期规划相结合的发展规划体系。这些计划多是指导性的、预测性的、有弹性的,为社会经济主体的决策提供一种政策信息,也为各级政府对宏观经济调控提供目标。

政策主导模式的特点是经济运行主要依赖市场机制的调节,政府对国民经济的调控主要针对其运行中出现的问题,制定和实施相关经济政策或政策体系进行即期干预。政策调控目标是短期性的社会经济问题的破解,一般以完善的市场机制为基础,并不直接干预经济主体的经济活动,而是着力影响其运营的外部环境,藉此来影响经济主体的行为,是一种间接调控。

(4)国民经济调控体系。国民经济调控是一项极其复杂的任务,要有效地实现这一任务,需要建立一个完善的宏观经济调控体系,即政府进行宏观经济调控的一系列组织与制度的有机集合,也是一国经济管理体制的重要内容。一般由宏观调控的主体与客体、目标与手段、信息与监测等关联要素结合构成。国民经济调控体系的主要功能是:

第一,根据不同时期国民经济运转态势,确定具体调控目标和调控重点。一般来说,国民经济调控的短期目标一般是经济增长、充分就业、物价稳定和国际收支平衡;中期目标主要是经济结构的调整,包括产业结构、技术结构、地区结构和企业结构等诸多方面;远期目标则是经济社会的全面进步与可持续发展。

第二,根据国内外经济形势和国民经济调控目标选择和确定宏观调控的政策手段。国民经济的宏观调控需要多种宏观经济政策相互配合。宏观经济政策是政府为实现一定时期经济社会发展目标,依据客观经济规律和具体经济形势而制定的指导和规范国民经济活动的准则和措施。按照其属性可以分为:

经济手段。即国家用以调节和影响经济活动的各种经济政策和经济杠杆的总称。它包括政府可以使用的所有能够调节经济利益进而影响经济活动的方式和方法。最主要的经济政策是财政政策和货币政策,以及产业政策、区域政策、投资政策、消费政策和价格政策等;可常规使用的经济杠杆有:税率、利率、存款准备金率、再贴现率等。经济手段的特点:一是间接指导性。经济手段在调节经济活动时并不采取直接的强制性干预,而是营造一种与调控目标相适应的市场环境,间接影响市场主体行为;二是利益诱导性,经济手段的实质是利益驱动,即以经济利益为动力,从而影响生产经营者和消费者经济行为。

法律手段。即国家通过经济立法和经济司法活动而制定和执行的一系列旨在规范和约束经济主体的经济行为,维护市场秩序的法律法规。法律手段的主要特点:一是权威性,所有相关经济主体都必须遵守,逾越者将受到惩治;二是稳定性,法律不能朝令夕改,一经颁布就将在较长时期发挥效力。

行政手段。即国家借助于行政权力所采取的行政命令、指示、决定等直接干预经济生活的一系列行政措施。行政手段的特点:一是强制性,即以行政命令的形式下达,要求必须执行;二是直接性,它是对市场主体行为的一种直接干预方式。行政手段的特点决定了行政手段的运用应有合理范围和合理限度,避免行政手段的滥用;

第三,运行宏观经济信息反馈与监测预警系统,对经济运行状态进行跟踪、测量、分析和判断,以监控经济运行动向和发现问题与偏差,预测未来国民经济发展的态势以及可能出现的风险性因素。提高宏观经济调控中信息反馈效率和预警工作质量是进行有效的宏观调控的必要条件。

第四,确定国民经济调控的组织机构与责任分工。宏观调控组织机构,即宏观调控的主体——中央政府各级宏观经济管理部门和地方政府。其中,全国人民代表大会是国民经济调控的最高权力机关;国务院是国民经济调控的最高执行机关;国家发展和改革委员会是研究拟定经济和社会发展规划和政策,进行总量平衡,指导经济体制改革,调节经济运行的综合经济管理部门;中央银行是政府主管金融业的职能机构,依法制定和执行货币政策;财政部是国家主管财政预算、财政收支政策的宏观调控部门。

国民经济调控一般采取统一目标、分级管理的原则,实行区间调控、定向调控和相机调控相结合。宏观经济调控的总体目标需要各级地方政府贯彻执行,区域经济发展问题需要地方政府因地制宜地进行调节与控制。国民经济调控中合理的集权与分权可以提高整个宏观经济调控效率,也可以保证不同区域经济和谐发展。

参考文献:

何维凌、邓英淘:《经济控制论》,四川人民出版社 1984 年版。

李华、刘瑞:《国民经济管理学》,高等教育出版社 2001 年版。

李晓西:《宏观经济学(中国版)》,中国人民大学出版社 2005 年版。

林木西、黄泰岩:《国民经济学》第一版,经济科学出版社 2008 年版。

刘瑞:《国民经济管理学概论》,中国人民大学出版社 2004 年版。

彭森等:《经济体制改革的国家比较与借鉴》,中国人民大学出版社 2008 年版。

田应奎:《宏观经济调控》,中央党校出版社 2007 年版。

王健:《政府经济管理概论》,中国人民大学出版社 2007 年版。

张今声:《国民经济管理教程》,辽宁大学出版社 1990 年版。

中国管理科学学会管理大辞典编辑委员会:《管理大辞典》,中央文献出版社 2008 年版。

(张静)

国民经济监督理论

Theory of National Economic Supervision

国民经济监督理论是研究国民经济监督的合理机

制与制度安排,旨在提高国民经济监督效率与宏观经济运行效率的理论。

国民经济监督是由立法机关、司法机关和国家综合经济管理机关以及专门经济监督机关,以保障社会公平与效率和增进社会福利为目的,依据国家的法律和制度安排,对各类经济主体的经济行为进行的监察和督导。

对于国民经济管理而言,监督环节是必不可少的。国民经济监督担负着国民经济管理中的信息反馈和控制的重要功能。改革开放以来,国民经济监督的性质和内容发生了根本的转变。在确立市场经济体制改革目标之前,国民经济监督的指导思想主要是计划经济理论,国民经济监督是各级政府直接干预微观经济活动的一种手段,主观随意性很大,侵犯了经济主体经营自主权,目的是维护各级政府计划管理的权威性。随着社会主义市场经济体制的建立与完善,国民经济监督转变成为在市场经济条件下,依法对各类微观经济主体的经济活动进行必要的规制。这些监督行为在尊重经济主体经营自主权的前提下,依法行政,减少了随意性。从微观规制的视角出发,其目的在于发现、揭露、纠正逾越法律规范的经济行为,维护正常社会经济秩序,保护国家、企业和公民的合法权益,增进市场经济运行效率;从宏观调控的视角出发,其目的在于克服市场失灵、实现全社会资源的优化配置。

国民经济监管的理论主要内容包括:

(1)国民经济监督的职能。国民经济监督是与政府对国民经济各行各业的各个企业的规制活动相联系的,或者可以理解为政府依法对微观经济活动的一种规制。其监督的主体是政府规制机构,监督的客体是各类经济主体及其经济活动。按照监督的特点,可以分为经济性监督和社会性监督两大类:前者的监督对象主要是:自然垄断行业的产品与服务的价格水平和价格结构;产业的市场进入与退出;各种产品与服务的产量与质量等;后者是以劳动者与消费者的安全、健康、卫生和环境保护、防止灾害为目的,对产品和服务质量以及随之而产生的各种活动的标准的规定,还包括对一些特定行为的禁止和限制。经济性监督是针对某一特定行业的特点所进行的有针对性的监督,是一种纵向规制;社会性监督不是针对某一产业的特定行为进行的监督,而是针对所有可能发生外部性和内部性的行为主体的行为而进行的监督,是一种横向规制。

国民经济监督的主要功能:一是督导功能。在市场经济中,企业和个人在从事经济活动时总是追求最大的经济利益,为了保证市场的正常秩序,国家必须颁布必要的法律法规,对各种经营行为予以规范,为了维护法律的权威,督促和引导各类经济主体在经济活动中遵守国家的有关法律法规,诚实守信,合法经营,这就需要强有力的经济监督;二是防范功能。对各类经济主体的经营行为进行严格的监察和及时的督导,可以预防经济活动中的违纪违法、扰乱正常生产秩序事件的发生;三是惩治教育功能。对违反国家法律法规的经济主体依法处罚,强制纠正,并以此警示、教育其他经济主体自觉遵守经济活动的法律规范;四是效果评价功能。对经济主体行为的监察是通过考察描述其经营状况和反映其经营业绩的相关评价标准或指标进行的,客观上起到评价其行为合理性、经济效益大小和宏观经济运行态势的作用;五是信息传递控制功能。通过对经济主体行为的监督,可以发现经济运行中的偏差,及时反馈信息和纠正偏差,保障经济健康发展。

(2)国民经济监督体系。由于国民经济的活动包罗万象,其主体千差万别,国民经济监督的工作非常复杂,为此要求做到:一是监督的全面性,即对国民经济活动各个层次、各个领域以及各级人员进行全面、系统的监督;二是监督活动的独立性,这是经济监督客观性、公正性的必要保证。因此,国民经济监督体系是一个全方位、宽领域、多环节、多层次的监督网络体系。按照监督的方式来划分,主要包括以下方面:

经济监督。主要是由国家综合经济管理部门对社会经济运行进行的监察与督导。主要包括:计划监督,即国家综合经济管理职能部门在各自职权范围内对国民经济发展战略与规划的制定、实施和执行结果所进行的监察和督导;财政监督,即国家财政部门在聚集、分配、使用财政资金时,依据财政政策、法令、制度和计划,采取检查和财政制裁的形式对国民经济运行及财政资金运行情况进行的监察督导,包括预算监督、税务监督、财务和会计监督等;银行监督,即银行通过货币、存贷及结算等业务,及时掌握各部门、各企业财务收支和生产经营情况,对其财务和经营活动合理性进行的监督,包括信贷监督、结算监督、现金监督、工资基金监督等;物价监督,即对工商企业的定价行为和市场物价状况及价格总水平实行的监督。

行政监督。包括工商行政管理监督、审计监督、统计监督和海关监督。工商行政管理监督是国家工商行政管理部门依据国家法令、法规和政策,对工商企业的市场行为及生产经营的合法性实施监督,包括市场管理监督、工商企业注册与管理等;审计监督即由国家审计部门对各种监督客体的活动予以监督,尤其是对政府宏观经济决策制定与执行的监督以及财政性收支和企事业财务活动的监督;统计监督是国家统计部门通过对反映社会经济现象的数据进行收集、整理、计算、分析等调查研究活动,对社会经济运行状况的监测与监督;海关监督是海关机关依照《海关法》和其他有关法律、法规,对进出入境的运输工具、货物及其他各种物品,征收关税和其他税、费,查缉走私,并编制海关统计和办理其他海关业务所实施的监察和监督。

法律监督。它是具有法律监督权的机关对国家法律、法令、条例、决定等的制定、执行和遵守情况进行的监督，是国家经济立法、经济司法和经济守法教育活动的总称。法律监督的主体是国家权力机关、司法机关和政府机构。具体来说，包括各级人民代表大会及其常委会，国家各级专门司法机关，各级人民政府行政主管机关，综合经济管理机关和经济法规机构。法律监督的内容是在《宪法》的指导下，以经济法律、法规为准绳、以事实为依据，对各种经济违法行为进行事先教育和事后制裁。法律监督强调经济立法、经济司法及经济守法活动的统一，不单纯是为了对各种经济违法犯罪行为进行惩治，更重要的是为人们事先提供一个法律规范，并督促其共同遵守。

国民经济监督除了按照监督方式进行划分外，还可以：按照按监督时序，划分为事先监督、事中监督和事后监督；按监督与被监督关系，划分为自我监督、内部监督和外部监督；按监督组织的不同，划分为人民代表大会监督、党的监督、政府监督、部门监督、社会监督和舆论监督；按监督内容，划分为市场监督、财务监督、质量监督、技术监督等。

（3）国民经济监督的效能。国民经济监督的目的是维护市场经济秩序，克服市场失灵，实现资源优化配置，增进社会福利。但如同市场失灵一样也存在政府失灵，由于政府机构运转的低效率和某些政府官员寻租行为等会造成经济效率和社会福利的损失。因此，如何提高国民经济监督效能一向备受关注。

在经济监督中，政府既是立法者又是执法者。因此，提高国民经济监督效能的关键是加强对政府监督执法部门的规制，通过法律约束政府行为，使之依法行政：一方面，要防止政府监督规制执行机构职能不清、定位不准，在监督执法过程中出现主观随意性，过度干预微观经济主体的经济活动，政策朝令夕改，失信于民，降低政府公信力的问题；另一方面，又要防止监督执法部门的官员利用职权，设租寻租，以权谋私，渎职腐败，贪赃枉法，出现败德行为。解决的主要途径是：增加政府在国民经济监督中，立法、司法和执法的透明度与民主参与，建立公平、透明的决策程序和顺畅的信息沟通渠道，将监督管制的目标、政策、法规对利益相关者公开，消除监督者与被监督者之间的信息不对称；有关监督规制的政策法规要根据外部经济环境和产业结构的变换，与时俱进地进行调整，增强政府监督规制行为对国民经济运行的适应性；建立和完善听证制度，为被规制者和相关利益者提供表达自身诉求的机会与场合；建立对政府的监督规制行为的司法审查制度，将政府监督机构的行为置于法律监督之下。

（4）国民经济监督的理论依据。在市场经济条件下，国民经济监督的理论依据是规制理论。该理论研究在实现资源合理配置和利益主体之间利益均衡以及增进社会福利的目标下，政府如何对国民经济主体的经济行为进行合理规制的问题，运用经济学原理研究政府规制的需求与供给、政府规制行为的成本与收益，确定政府规制的必要性与可行性。

参考文献：
陈岱孙：《中国经济百科全书》上册，中国经济出版社 1991 年版。
李华、刘瑞：《国民经济管理学》，高等教育出版社 2001 年版。
厉以宁：《市场经济大辞典》，新华出版社 1993 年版。
林木西、黄泰岩：《国民经济学》，经济科学出版社 2008 年版。
刘瑞：《国民经济管理学概论》，中国人民大学出版社 2004 年版。
王健：《政府经济管理概论》，中国人民大学出版社 2007 年版。
于光远：《经济大辞典》上册，上海辞书出版社 1991 年版。
张今声：《国民经济管理教程》，辽宁大学出版社 1990 年版。
张卓元：《政治经济学大辞典》，经济科学出版社 1998 年版。
中国管理科学学会管理大辞典编辑委员会：《管理大辞典》，中央文献出版社 2008 年版。

（张静）

国民经济体系

National Economic System

国民经济体系是指国民经济的部门分工和产业划分，以及一国特有的经济属性。狭义的国民经济体系是指将国民经济按不同行业和经济职能分为不同的部门和不同的层次，各个部门、层次以及部门与层次之间的相互联系和相互协作，构成一个复杂的有机整体。广义的国民经济体系是指一个国家特有的经济属性，具体包含：一是生产财富的能力，主要体现于一个国家的产业种类和结构；二是经济部门的结构和分布；三是社会和政治状况以及制度，它将决定一个国家劳动分工和生产能力的合作是否行之有效。显然，一国国民经济体系决定该国自身是否富裕和其在国际社会中的地位。

西方国家依据社会经济活动的发展阶段，把国民经济部门分为三大类：（1）第一类产业部门，也称第一产业或初级生产，这是以农业为主包括农、林、牧、渔等业；（2）第二类产业部门，也称第二次产业或初级生产，这是以制造业为主包括采矿、建筑等业；（3）第三类产业部门，也称第三次产业或第三级生产，这是以服务业为主包括商业、交通运输、教育、卫生以及政府的行政管理等。在欧美各国的经济统计中,三类生产的分类法基本是一致的,只是各类所包含的具体部门稍有差别。联合国的统计组织曾将国民经济部门分类标准化,制定了国际标准分类,主要是采用四级分类体制,即在大部门分类中再按类别、业别进行层层分组,一般分为部门、分支部门、大组和组四级。其中,第一级部门分类是:(1)农业、林业、渔业;(2)采矿业;(3)制造业;(4)电力、煤气、供水;(5)建筑业;(6)商业、旅馆、饭店;(7)运输、储存、邮电;(8)金融、保险、商业服务;(9)团体、社会服务业。西方国家的经济部门分类是其计算和分析人口、劳动就业、生产、国民收入等统计资料的基础,也是观察各个部门经济活动和经济联系的依据。

我国最初按照两大部类区分国民经济体系,包括物质资料生产领域和非物质生产领域两部分。1982年出台的《国民经济行业分类标准》把整个国民经济体系划分为15个大类、62个中类、222个小类。1994年修订版则将整个国民经济体系划分为16大门类、92个大类、368个中类以及846个小类。2002年我国对《国民经济行业分类标准》再次进行了修订。新标准调整了1994年标准中与分类原则不相符的内容,大量充实了第三产业的新兴活动,新增加了“信息传输、计算机服务和软件业”、“住宿和餐饮业”、“租赁和商务服务业”、“水利、环境和公共设施管理业”、“教育”、“国际组织”六个门类。经过调整与修改,新标准共有行业门类20个、行业大类95个、行业中类396个、行业小类913个。同时也规范了标准名称,将新标准名称改为《国民经济行业分类》。2011年我国对《国民经济行业分类》再次进行修订,于2011年11月1日开始实施。新的标准将国民经济体系划分为20个行业门类、行业大类96个、行业中类424个、行业小类1094个。

国民经济体系是多部门、多领域的综合体。其中,属于物质生产领域的有农业、林业、牧业、渔业、采矿业、制造业、电力、热力、燃气及水生产和供应业、建筑业、批发和零售业、交通运输业、仓储业、邮政业、住宿和餐饮业、信息传输、软件和信息技术服务业等部门;属于非物质生产领域的有金融业、房地产业、租赁和商务服务业、科学研究和技术服务业、水利、环境和公共设施管理业、居民服务、修理和其他服务业、教育、文化、体育和娱乐业、卫生和社会工作、公共管理、社会保障和社会组织等部门。每个门类又下设中类和小类,将各个门类划分成不同的行业和部门。

通过对国民经济体系的各部门进行细分,便于对国民经济各部门的产出情况进行核算,及时发现整个国民经济活动中的矛盾和薄弱环节,便于国家相关决策机关和计划部门及时进行调节和平衡,加快改革步伐,优化经济环境,强化薄弱环节的发展以保证国民经济的平稳发展。

国民经济体系的基本特征,主要有:

整体性。国民经济体系是整个社会体系的重要组成部分,同时又是由许多经济部门构成的一个整体。每个经济部门作为经济体系的一部分发挥作用,这些经济部门都不能单独存在。国民经济体系的完善程度,是由组成国民经济体系的各个部门之间的相互作用与联系程度决定的。

规模性。国民经济体系的规模大小主要指的是其所含要素,即经济部门的多少。整个国民经济体系是由许多经济门类组成,其包含的经济分类数量十分庞大,层次和结构呈现多极化,涵盖了国民经济运行的各个方面。

关联性。组成国民经济体系的各个部门是相互关联的、相互制约的。由于国民经济体系是由不同的经济部门组成的,每个部门又包括许多行业,每个行业又可以分成若干个企业,各个部门之间、各个行业之间、各个企业之间是相互制约、相互联系的。因此,部门和行业之间、行业和企业之间也是相互制约、相互联系的。国民经济系统也是地区系统的综合体。地区有经济区和行政区,按行政区的序列,在省、市、县之间相互制约、相互联系;从行政层次上看,构成了地区的层次系统。

综合性。国民经济体系作为一个整体要达到多方面的经济目标,要求有一个综合性的评价指标。对国民经济体系的评价不仅局限于一个或几个部门,而应全面评价国民经济体系的总体状况。因此,国民经济体系应具有协调功能,做到各个门类、各个部门之间的相互协调。

时代性。国民经济体系是动态系统,随着社会环境与科学技术的不断进步,国民经济不断发展,国民经济体系的部门分类也应进行适当调整,使其内容与结构能够与时俱进,符合客观条件的变化,符合国民经济发展的需要,保证国民经济持续、稳定、健康地发展。

参考文献:

陈岱孙:《中国经济百科全书》,中国经济出版社1991年版。

连俊:《我国国民经济行业分类新增六个门类》,载于《经济日报》2002年7月12日。

马建堂:《党领导我们在民族复兴大道上奋勇前进》,载于《经济研究》2011年第6期。

徐伟立:《经济管理学辞典》,中国社会科学出版社1988年版。

张维达、李福林:《现代经济管理辞典》,吉林大学出版社1988年版。

张跃庆、张念宏:《经济大辞典》,海洋出版社1992年版。

(果艺)

看不见的手
Invisible Hand

"看不见的手"一词隐喻地指在利己行为基础上的调节经济运行的市场力量。就大众熟知的故事而言,亚当·斯密关于"看不见的手"的阐述来自他于1776年出版的那本广为人知的经典著作《国富论》。在讨论当时英国商人为回避远程贸易风险,相对更加偏爱国内的项目时,他写道:"他通常既不打算促进公共的利益,也不知道他自己是在什么程度上促进那种利益。由于宁愿投资支持国内产业而不支持国外产业,他只是盘算他自己的安全;由于他管理产业的方式目的在于使其生产物的价值能达到最大程度,他所盘算的也只是他自己的利益。在这场合,象在其他许多场合一样,他受着一只看不见的手的指导,去尽力达到一个并非他本意想要到达的目的。也并不因为事非出于本意,就对社会有害。他追求自己的利益,往往使他能比在真正出于本意的情况下更有效地促进社会的利益"。

事实上,在此之前,斯密在其早期写就的《天文学史》及1759年出版的《道德情操论》中也使用过"看不见的手"一词。但就其与后人理解并扩展的含义接近程度而言,显然还是《国富论》一书中描述的内容更具有代表性。虽然斯密自己在三本书中应用该词的含义都不相一致,但重要的在于该词真正的含义是什么,在现代社会又有什么样的发展与作用。

斯密受牛顿和伽利略关于"自然的伟大现象"的思想体系的影响,认为在经济社会中同样存在着"看不见的自然力",对人类的各种行为施加影响,自发调节经济发展中私利与公利之间的关系。这一思想的核心内容主要包括两个方面:一是自由竞争;二是自发调节机制。前者强调发挥各经济主体的能动作用,认为竞争会激发经济人的内在潜力;后者强调市场的引导作用,认为市场调节会实现资源的有效配置。"看不见的手"这一说法实际上是自由主义思想在经济领域的充分体现。

由于"看不见的手"关注人性的"本能"对其行为从而对现实世界的作用,并且强调自发调节机制对经济秩序和经济结果的决定作用,这就给人与社会之间的关系架设起一条可以理性分析的桥梁。正如门格尔所言,"看不见的手"是"对社会现象的有机理解"(Menger,1883),借助于这一概念,社会科学得以产生与发展。

另一个重要问题是"看不见的手"是否会产生好的结果。在《国富论》一书中,斯密列举了很多关于自利行为产生有害后果的事例,因而证明斯密的本意并非"看不见的手"都会产生好的结果。当然,"看不见的手"所隐喻的经济自由主义思想也是显然的,所以有人认为"看不见的手"是一个矛盾的概念,这可能与斯密分析问题的背景有关:一方面,他从反对重商主义从而反对政府干预出发推崇经济自由思想;另一方面,他又看到了由于人性存在的自私、虚荣、妒嫉、仇恨、贪婪和背信弃义等不道德方面而对社会造成的有害后果。所以,斯密从利己心出发来说明经济运行的机制,并不等于他也肯定不道德的利己行为。实际上,斯密非常赞赏平等、自由、仁慈、正义、善良等美德,这在《道德情操论》中已有较全面的表达,也是其一直思考的重点问题。

在凯恩斯之后,所谓政府干预主义与自由主义的分野更加明确了。特别是20世纪70年代以来,以现代货币学派、理性预期学派、供给学派、新制度学派为代表的新自由主义经济理论,在美欧等西方发达国家占据主流经济学地位,并提出所谓的"华盛顿共识"等政策主张,对拉美、前苏东等国产生了重要影响。新自由主义所强调的,正是"看不见的手"的核心思想即自由竞争与自发调节机制。

由于"看不见的手"发生良好调节作用是以完全竞争市场为假设条件,实际上要求施行新自由主义经济政策的国家具有良好的市场经济制度条件,并不符合一般发展中国家和经济转轨国家的实际情况,因而导致许多国家实施以"华盛顿共识"为指导的经济改革政策时,结果并不尽如人意,甚至出现较大失败。

21世纪以来,由于"中国模式"的崛起,使经济学界具有更加丰富的素材来探讨"看不见的手"与"看得见的手"的关系。理论与实践的分析表明,市场经济体制越完善、经济发展水平越高,则"看不见的手"发挥作用的范围越大、程度越深,反之亦然。此外,"看不见的手"发挥作用也受一国政治、文化、历史等制度条件的制约和影响。

参考文献:

李井奎:《亚当·斯密与"看不见的手"——一场经济思想史的知识考古》,载于《社会科学战线》2011年第2期。

[英]亚当·斯密:《国民财富的性质和原因的研究》下卷,商务印书馆1974年版。

Kennedy, G., Adam Smith and the Invisible Hands: From Metaphor to Myth, *Econ Journal Watch*, Vol. 2, No. 6, 2009.

Menger, C., *Problems of Economics and Sociology*, Urbana, Ill: University of Illinois Press, 1883.

(和军)

看得见的手
Visible Hand

作为与"看不见的手"相对应的概念,"看得见的手”泛指政府干预、宏观管理或计划管理(谭崇台,1987)。自亚当·斯密提出“看不见的手”一词以来,萨伊、李嘉图、马歇尔等自由主义经济学家主要从竞争机制角度论述自由市场的有效性,反对政府干预。后来,随着资本主义经济的发展,自由放任的弊端开始显现,特别是1930年左右的世界性经济危机,使人们认识到自由市场的局限性和政府作用的必要性,凯恩斯1936年出版的《就业、利息和货币通论》一书是这一思想的最好总结。但直到此时,理论界也尚未明确提出“看得见的手”这个概念。

1957年,杰·斯·柏林纳在《苏联的工厂和经理》一书中最先提出“看得见的手”一词。1966年,伊·纽伯格在《美国经济评论》5月号上发表题为《利伯尔曼主义、计算眼光与看得见的手:信息效率问题》的文章,这一概念开始流行起来。

如果从上述“看得见的手”的宽泛定义出发,显然,无论传统计划经济国家还是西方资本主义国家及发展中国家,都存在“看得见的手”的作用,只是程度不同罢了。尤其是20世纪30年代危机以来,以“罗斯福新政”为代表的西方政府干预经济实践,使“看得见的手”在此后三四十年内都是西方国家经济发展的重要力量。70年代,随着“经济滞胀”现象的出现,西方掀起以撒切尔政府经济改革为代表的“私有化、市场化、自由化”浪潮,“看不见的手”的理念重新占据经济政策主流地位,“看得见的手”的作用受到极大限制。而对于传统计划经济国家来说,曾经在经济中实施几十年的计划管理、排斥市场作用,使其在运用“看得见的手”时走向了与完全自由放任相对应的另一个极端,也被实践证明是不可行的。

世纪之交,随着两次全球性金融危机的出现,“看得见的手”再次得到重视。但正如萨缪尔森(1992)所言:“市场和政府这两个部分都是必不可缺的。没有政府和没有市场的经济都是一个巴掌拍不响的经济。”经济理论随着实践发展也在不断得到深化,各大流派也在相互借鉴中逐渐趋于融合。

目前来看,“看得见的手”之所以能够发挥作用,主要在于“看不见的手”在解决以下经济问题方面存在局限性:垄断、外部性、公共物品、充分就业、兼顾效率与公平等。不难看出,上述“看得见的手”的概念接近于针对市场失灵的政府干预内涵。

而另一个“看得见的手”的概念则强调政府与市场的共同作用,其含义接近于“有管理的市场”一词。罗伯特·韦德(1994)以韩国、中国台湾实施产业政策、大规模投资教育、在国家监督下推动私人企业在出口市场进行竞争、在国际竞争中对国内市场进行保护,借助这种既存在大量政府直接干预、又存在大量市场竞争的所谓“有管理的市场”这只“看得见的手”,二者取得了比单纯强调市场或政府一方更快的经济发展。

1977年,美国著名企业史学家钱德勒教授出版了《看得见的手:美国企业的管理革命》一书,为“看得见的手”的分析开辟了另一个新领域,探讨了工商企业作为市场替代者的作用:“现代工商企业在协调经济活动和分配资源方面已取代了亚当·斯密的所谓市场力量的无形的手。市场依旧是对商店和服务的需求的创造者,然而现代工商企业已接管了协调流经现有生产和分配过程的产品流量的功能,以及为未来的生产和分配分派资金和人员的功能。由于获得了原先为市场所执行的功能,现代工商企业已成为美国经济中最强大的机构,经理人员则已成为最有影响力的经济决策者集团”(钱德勒,1987)。此处“看得见的手”的内涵,主要是指现代大型企业内部的管理协调对市场调节的替代。

同时,针对跨国垄断、巨量热钱冲击等国际经济问题,客观上要求发挥“看得见的手”的管制作用,以国家力量应对普通私营企业难以胜任的挑战。

参考文献:

[美]保罗·A·萨缪尔森:《经济学原理》上册,中国发展出版社1992年版。

[美]罗伯特·韦德:《看得见的手:国家与东亚的经济增长》,载于《世界经济译丛》1994年第9期。

谭崇台:《西方发展经济学家对“看得见的手”与“看不见的手”的对应分析》,载于《经济研究》1987年第2期。

[美]小艾尔弗雷德·D·钱德勒:《看得见的手——美国企业的管理革命》,商务印书馆1987年版。

(和军)

市场失灵
Market Failure

“市场失灵”也称市场失败、市场失效,是指由于市场机制的内在原因,出现市场调节的局限性和失效性。亚当·斯密于1776年提出“看不见的手”以来,微观经济学的核心任务就是论证市场作用的前提条件与理想结果。20世纪的现代经济理论最大成果之一,就是利用现代数学方法论证一般均衡的存在性及其伴随一般均衡存在而衍生的福利经济学的基本定理。但福利经济学的基本定理依赖于帕累托最优或帕累托效率概念,进而又依赖于完全竞争市场假设(萨拉尼耶,2004)。当完全竞争市场的产品均一、价格接受者、进退自由、信息完全、无交易成本等假设条件难以满足时,市场机制作用受限,帕累托最优难以达到,出现了市场失灵问题。

目前,人们探讨比较深入的市场失灵主要包括以下四种情形:垄断、外部性、公共物品及信息不完全的市场。对于单一经济垄断会导致价高量少质低、造成福利损失的问题已经十分明朗了,需要关注的是自然垄断这个“技术性的垄断”问题。另外,对于转轨国家,还存在一个特殊的行政垄断问题。此外,对于现实中大量存在的由于产品差异而导致的垄断势力,还应该考虑到熊彼特基于创新而对垄断所做的辩护,针对不同的情况提供不同的解决方案。

外部性是指私人边际收益(或成本)与社会边际收益(或成本)不一致的情况,从经济学说史的角度看,庇古最早观察到了这种个人决策对他人的影响,从而导致市场调节难以达到帕累托最优的情况,进而提出通过税收来解决经济外部性的办法。罗纳德·科斯则认为当产权界定明确、交易费用为零时,外部性可以通过产权各方的自由交换而得以解决,结果对资源配置效率不产生任何影响,从而并不需要政府干预。但显然产权界定明确、交易费用为零的条件也比较苛刻。布坎南也对庇古的干预思想提出质疑,认为政府干预者作为理性人,其决策也存在局限性,也会带来外部性问题,进而提出通过“立宪对话”,用个人主义—契约主义—立宪主义来重新构造国家权力的立宪限制,以维护公民的利益要求。

公共物品理论可追溯到瑞典经济学家克努特·维克塞尔(Knut Wicksell),1896 年在其《财政理论研究》一书中,他将“边际成本定价”方法应用于公用事业服务及寡头垄断产品中,提出了“纯公共物品理论”。1919 年,林达尔(Erik R. Lindahl)在其博士论文《公平税收》中首次提出了“公共物品”概念。后来,经济学家进一步对公共物品的内涵进行了明确:“它一旦被生产出来,生产者就无法决定谁来得到它”(Friedman,1986),这被称为公共物品消费的非排他性;或者是指“每个人对该产品的消费不会造成其他人消费的减少”(Samuelson,1954;1955),这被称为公共物品消费的非竞争性。关于公共物品的市场失灵,林达尔在维克塞尔相关研究的基础上,建立了林达尔均衡模型,提出由于“免费乘车者”的存在,公共物品难以实现有效供给,从而政府有必要通过税收等方式获取提供公共物品的资金。此后,萨缪尔森探讨了公共物品的最佳供应问题,认为某种私人物品的总消费量等于所有消费者对该物品消费的总和,而某种公共物品的消费总量则等于每位消费者的消费量。具体而言,某种公共品的边际社会利益是由各种数量水平的个人边际利益加总得到的,其边际社会利益曲线等于每个人边际利益曲线的垂直加总,而边际社会成本曲线与边际个人成本曲线则是一条重合的曲线。当然,如帕金(2009)认为的那样,在这个领域,需要深刻理解科斯的观点。

如前所述,福利经济学的基本定理依赖于完全竞争市场条件,从而假设信息是完全的(并且信息应该是外生的)。哈耶克(1945)较早地意识到市场信息的分散性及其对个体决策的影响,施蒂格勒于 1961 年建立了搜寻理论,1970 年阿克洛夫讨论了市场质量信息不完全导致的萎缩市场问题,而斯蒂格利茨、格林沃尔德等人则关注资本、保险市场的信息不完全问题。理论分析表明,现实中广泛地存在信息不完全或不对称现象,产生逆向选择或道德风险问题,增加了市场交易成本,导致市场参与者和交易量减少,并有可能促使市场完全关闭。

针对各种市场失灵问题,经济学家提出了不同的解决办法。但究其思想而言,如同经济学的两大学派分野,其政策主张也大致可以区分为干预主义与自由主义:前者认为市场机制自身存在固有的缺陷,只有通过非市场机制才能得以克服;而后者则认为现实中表现出来的市场失灵问题并非政府干预的充分条件,只有当市场本身再无自我修复可能时,也即真正的市场失灵来临时,才需要通过非市场机制来解决。如萨缪尔森所言,“市场可以是我们驾驭下的一匹好马。但是马无论怎么好,其能量总是有个极限的,这个极限不会马上显露出来。……如果越过这个极限,市场机制的作用必然会蹒跚不前”(费尔德斯坦,1990)。卡斯林(Caslin,D.)等人也声称“如果人们想要在这样根本失灵的面前来实现有效率的资源配置,人们就必须承认自身利益,并探究非市场的选择办法”(胡代光、周安军,1996)。上述“极限”、“根本失灵”所指的就是所谓的“真正的市场失灵”。

因此,纠正市场失灵应该对这些市场失灵现象进行区分,判断哪些市场失灵问题只需为市场松绑(如降低政府许可壁垒)就可以解决,哪些市场失灵问题市场本身无法解决,而可以通过非市场制度加以解决。我们既要看到市场的力量和局限性,又要看到政府干预的力量和局限性(Stiglitz,1989)。

参考文献:

[法]贝尔纳·萨拉尼耶:《市场失灵的微观经济学》,上海财经大学出版社 2004 年版。

[美]布坎南:《自由、市场和国家》,北京经济学院出版社 1988 年版。

胡代光、周安军:《当代国外学者论市场经济》,商务印书馆 1996 年版。

刘世锦:《关于产权的几个理论问题》,载于《经济社会体制比较》1993 年第 5 期。

[美]马丁·费尔德斯坦:《转变中的美国经济》下册,商务印书馆 1990 年版。

[英]迈克尔·帕金:《微观经济学》第 8 版,人民邮电出版社 2009 年版。

(和军)

政府干预
Government Intervention

政府干预是应对市场失灵而提出来的,所以一般意义上的政府干预是指"政府旨在弥补市场失灵,促进经济活动效率、公平与稳定的行为"(萨缪尔森,1992)。以克鲁格曼为代表的新干预主义者强调由于新兴工业化国家经济实力不强、市场体系不成熟、结构方面存在严重问题,经济体存在脆弱性,特别是难以应对巨额国际投机资本冲击,政府干预和管制非常必要(陈东琪,2000)。

从经济思想史的角度看,比较系统的政府干预思想可追溯至"重商主义"。主要是为使金银尽可能多地流入国内,主张通过实行重出口的产业政策、低消费政策、低工资政策及垄断政策等,积累贵金属财富。到了18世纪,随着产业革命的兴起,资本主义经济快速发展,市场不断扩大,贸易保护思想及其政策已不符合经济发展的需要。18世纪中叶,重农学派兴起,认为保障财产权利和个人经济自由是社会繁荣的基础,主张依靠自由市场力量而非政府干预来运行经济。稍后,1776年亚当·斯密的《国富论》、1803年萨伊的《政治经济学概论》、1817年李嘉图的《政治经济学及赋税原理》中都阐述了经济自由主义思想,反对政府干预。新古典经济学的创始人马歇尔,其理论基础仍然是经济自由主义。

19世纪末到20世纪初,自由资本主义逐步向垄断资本主义过渡,垄断、不正当竞争等市场机制的固有缺陷开始显现,导致经济危机、贫富分化和大规模失业等严重社会问题,经济学家开始意识到自由放任理论的局限性。早在1926年,凯恩斯就在《自由放任主义的终结》一文中指出自由放任不可能摆脱资本主义固有的危机;1936年,他在《就业、利息和货币通论》一书中,全面地对自由放任理论及其经济政策提出挑战,针对市场机制存在的缺陷,提出应通过政府干预,采取刺激消费、增加投资、减税等经济调节手段,解决自由市场导致的"有效需求不足"问题。"罗斯福新政"在美国的成功实施,使凯恩斯主义的干预经济理论在第二次世界大战及战后初期的西方世界里处于主流地位。在东亚,日、韩及新加坡、中国台湾等则依据各自具体条件,通过实施产业政策、教育政策、贸易政策、金融管制等政府干预措施,在市场经济体制内最大限度地发挥政府促进经济的积极作用,创造出经济高速发展的所谓"东亚奇迹"。

进入20世纪70年代,西方资本主义国家经济陷入"滞胀"泥潭,凯恩斯主义理论及政策主张进退维谷。以货币主义、理性预期学派、供给学派、公共选择学派等为代表的所谓"新自由主义"经济学派再次复兴,"回到斯密和萨伊"的自由主义呼声日高,反对国家对经济活动的过度干预。70年代开始,以英国撒切尔政府的私有化改革为标志,西方资本主义国家掀起一股"私有化、自由化、市场化"浪潮,经济自由主义重新取得经济学主流地位。

关于干预主义与自由主义的区别与政策主张,我们不妨就其对市场失灵的看法进行一下对比:前者认为市场机制自身存在固有的缺陷,只有通过非市场机制才能得以克服;而后者则认为现实中表现出来的市场失灵问题并非政府干预的充分条件,只有当市场本身再无自我修复可能时,也即真正的市场失灵来临时,才需要通过非市场机制来解决。因此,纠正市场失灵应该对这些市场失灵现象进行区分,判断哪些市场失灵问题只需为市场松绑(如降低政府许可壁垒)就可以解决,哪些市场失灵问题市场本身无法解决,而可以通过非市场制度加以解决。我们既要看到市场的力量和局限性,又要看到政府干预的力量和局限性(Stiglitz,1989)。自由主义者哈耶克对二者关系的看法也具有代表性:"只要政府的计划是为了促进竞争,或者是在竞争无法正常发挥作用的时候采取行动,就不应当予以反对;但我相信,除此之外的一切政府活动都是非常危险的"(艾伯斯坦,2003)。

20世纪90年代以来,世界经济接连遭遇金融危机与衰退风险,新自由主义与干预主义都不能单独解决问题。正如萨缪尔森(1992)所言:"市场和政府这两个部分都是必不可缺的。没有政府和没有市场的经济都是一个巴掌拍不响的经济。"两大流派在争论中不断趋向融合,强调走介于凯恩斯主义和新自由主义之间的"第三条道路",一些国家在实践中采取了国家干预加自由主义的混合经济体制。特别是以新自由主义为理论基础而提出的"华盛顿共识",在前苏东、南美国家经济改革中遭遇挫折,而中国改革开放以来取得的巨大经济成就,为世人瞩目,也为经济发展思想提供了独特的分析素材。中国目前所致力于建设的社会主义市场经济体制,就是在以市场配置资源为基础的前提下,积极发挥政府的适度干预作用,努力克服经济转轨导致的经济社会不稳定现象,促进经济健康、稳定发展。加强中国案例研究,必将推动政府干预理论的进一步发展。

参考文献:

[英]阿兰·艾伯斯坦:《哈耶克传》,中国社会科学出版社2003年版。

陈东琪:《新政府干预论》,首都经济贸易大学出版社2000年版。

[美]萨缪尔森:《经济学原理》上册,中国发展出版社1992年版。

(和军)

法治政府
Law-based Government

法治政府是相对于人治政府的一种政府形态，其内涵是指政府的权力来源于法律授权，一切行政活动都要在法律的规范和制约下进行，从而保证行政权力的运用能够反映法律所集中体现的意志和利益，保障公民、法人和其他组织的合法权益。法治思想萌芽于奴隶社会，早在古希腊时期，亚里士多德就思考了法治与人治的问题，认为治国者应先受治于法，法治应包含两重意义：已成立的法律获得普遍的服从，而大家所服从的法律又应该本身是制定得良好的法律。进入现代社会，为了维护市场经济的运行，保护各个市场主体的权利，客观上要求限制政府的权力，将行政权力置于法律框架之下，并把立法权交由人民选举产生的代表机关来行使，从而使法治得以最终确立。关于法治的原则，1959 年举行的国际法学家会议上通过的《德里宣言》将其概括为：一是立法机关的职能在于创设和维护使每个人保持“人类尊严”的各种条件；二是不仅要为制止行政权的滥用提供法律保障，而且要使政府能有效地维护法律秩序，借以保证人们具有充分的社会和经济生活条件；三是司法独立和律师自由是实施法治原则必不可少的条件。

具体而言，法治政府主要包括以下含义：一是组织法定，即政府机构的设置、人员安排等必须依法进行；二是职权法定，即政府权力只能依法取得；三是程序法定，即政府权力的取得和运用要符合法律规定，政府权力的行使要符合法定程序；四是行为法定，即坚持法律是政府一切行为的根本准则和行动指南；五是责任法定，要求政府必须依法承担由自身行为引起的各种法律责任。

法制政府的特征主要包括：一是有限有为的政府。政府要有明确的权力边界，高效地履行其公共服务、社会管理、市场监管和经济调节的职能，而不能越位、缺位和错位。二是诚信负责的政府。包括各项政策制度的制定要科学合理、稳定连续，政府行为要公开、公平、公正，政府部门要依法行政、信守承诺等。三是透明、廉洁的政府。要做到勤俭从政，政务公开，接受公众监督，并且要通过制度规范，将权力置于制度的牢笼，预防权力腐败。四是便民高效的服务型政府。一切行政行为都应以公民和社会公共利益为其出发点和归宿，按照公民和社会公共利益的诉求提供适当服务，并且行政行为必须符合效率和效益原则，提高服务质量，降低服务成本，提升服务绩效。五是守法政府。一切政府行为必须在实体和程序上都严格遵守法律规定。

我国政府的治理逻辑曾经历了一个循序渐进的过程。1978 年，党的十一届三中全会的公报首次提出了“为了保障人民民主，必须加强社会主义法制”的重大决策。1999 年，九届全国人大二次会议将“依法治国，建设社会主义法治国家”写入宪法。2004 年，国务院颁布《全面推进依法行政实施纲要》，明确地提出我国依法行政的目标是“法治政府”。2006 年，党的十六届六中全会通过的《中共中央关于构建社会主义和谐社会若干重大问题的决定》，明确指出要加快建设法治政府，全面推进依法行政，严格按照法定权限和程序行使权力、履行职责，健全行政执法责任追究制，完善行政复议、行政赔偿制度。2010 年，《国务院关于加强法治政府建设的意见》指出，贯彻依法治国基本方略，推进依法行政，建设法治政府，是我们党治国理政从理念到方式的革命性变化，具有划时代的重要意义。2013 年，十八届三中全会《决定》指出，“建设法治中国，必须坚持依法治国、依法执政、依法行政共同推进，坚持法治国家、法治政府、法治社会一体建设”，“必须切实转变政府职能，深化行政体制改革，创新行政管理方式，增强政府公信力和执行力，建设法治政府和服务型政府。”2014 年，十八届四中全会《决定》进一步提出，“加快建设职能科学、权责法定、执法严明、公开公正、廉洁高效、守法诚信的法治政府。”

为推进我国建设法治政府：一是要提高行政机关工作人员特别是领导干部依法行政的意识和能力，奠定法治政府建设的思想基础；二是建立健全行政法律制度体系，为全面推进依法行政、进一步加强法治政府建设提供法律制度保障；三是深化行政管理体制改革，推进政府职能转变，健全部门间的协调配合机制，实现行政组织程序的法制化；四是规范行政行为，公正文明执法，削减不必要的行政审批，理顺政府与市场的关系；五是坚持依法科学民主决策，扩大民主实验，推进民主政治发展；六是强化行政监督和问责，全面推进政务公开，加强责任政府、廉洁政府、阳光政府建设；七是完善行政化解纠纷机制，畅通公民权利救济渠道，依法化解社会矛盾纠纷。通过上述多方面措施和努力，将行政权力置于法律制度的笼子里，最终实现从全能政府向有限政府、从管制型政府向服务型政府、从人治政府向法治政府的转变。

参考文献：

贾凌民等：《法治政府建设有关问题研究》，载于《中国行政管理》2012 年第 4 期。

［希腊］亚里士多德：《政治学》，商务印书馆 1983 年版。

周叶中等：《宪法》，高等教育出版社、北京大学出版社 2006 年版。

（和军）

服务型政府

Service-oriented Government

服务型政府是在公民本位、社会本位理念指导下，在整个社会民主秩序的框架下，通过法定秩序，按照公民意志组建起来的以为公民服务为宗旨并承担着服务责任的政府。“服务型政府”一词最早来源于德国行政法学家厄斯特·福斯多夫于1938年发表的《作为服务主体的行政》一文，后在国内外逐渐得到引述和阐发。其含义：一是政府的一切行为都以公民和社会公共利益而非政府利益为其出发点和归宿，坚持以人为本而非以官为本，体现社会本位而非政府本位；二是通过协调和协商公民、社区及团体利益，建立反映公民普遍意志的共同价值观，反映集体的、共享的公共利益，而非公民个体利益的简单相加；三是通过法定秩序和社会民主程序，将政府的行政行为纳入法制轨道和框架之中，确保政府依法行政，保障公民权利和社会利益；四是政府承担服务的责任和义务，政府服务具有“被支配”性质。这种服务是由公民意愿而非政府意愿决定的，由公民来自愿选择和接受。政府的职责在于帮助公民表达自身的利益诉求并按照公民意志提供适当服务，而非完全按照自己的主观愿望行事。此外，政府行为必须符合效率和效益原则，提高服务质量，降低服务成本，提升服务绩效。

作为上层建筑的政府治理模式，其演进与变化是由特定社会的经济社会发展水平条件所决定的，由此推动政府治理模式由统治型政府向管理型政府、服务型政府演变。

与统治型政府所对应的是中世纪和封建社会，生产力发展水平低，经济以农业生产为主，商品经济不发达，阶级阶层之间壁垒森严。这一政府治理模式依赖于传统文明和“家天下”的政治制度，以君主中心、官本位为指导理念，统治者拥有一体化的政治、行政和社会权力，将社会管理仅作为其加强阶级统治的一种工具，家长制和人治是政治系统运行的基本方式。

管理型政府是伴随工业化社会发展和福利国家兴起而逐渐成长和成熟的。18世纪后半期开始的产业革命浪潮，20世纪初的科学管理理论和马克斯·韦伯的官僚政府实践，以及大危机对政府干预的需求，推动了管理型政府的形成。主要特点是奉行政府中心、权力本位的指导理念，注重程序与过程，政府职能重心由统治转移到管理，管理内容扩大到经济社会各个领域。但这种全能政府模式也存在内在的缺陷，容易导致对私人领域的侵害，行政关系的支配性和服从性、行政行为的单方性和权力性不易发挥公民及社会的积极性，行政效率低下及行政成本较高，行政立法随意及行政权的滥用和腐败等。特别是在后工业社会，对公共治理质与量的要求都超过了管理型政府的能力范围。

针对这一情形，20世纪70年代末期，以英国为首的一些西方国家发起了重塑政府、再造公共部门的“新公共管理”运动。主要以工商管理理论和新制度经济学为理论基础，以“经济、效率、效能”（即三E：Economy, Efficiency, Effectiveness）为改革目标，其核心内容是将私营工商企业的管理方法应用于公共管理，在公共管理中尝试运用竞争机制、绩效评估等市场化的做法。经合组织（OECD）归纳了新公共管理理论七方面的特征：管理职业化、明确的绩效评估标准、产出与预算控制、小型化公共部门单元、强化公共部门内部竞争、引入企业管理方式、节约利用资源。但因其忽视公私部门间的本质差异，导致公共部门间协调关系的紧张，产生对民主、公平及公共利益的负面影响等，从而招致许多批评。20世纪末，新公共服务理论与实践开始兴起，其核心在于强调将公民置于整个政府治理体系的中心来提供服务，构建服务型政府。

我国新时期政府管理模式转变的目标之一是建立服务型政府。具体而言：一是明确建设服务型政府的基本任务。即以建立适合我国国情的基础教育、医疗、就业、住房、社保、基础科技及公共文化、安全、环境、基础设施等公共服务体系，作为建设服务型政府的基本任务；二是切实转变政府职能。明确中央与地方政府的职责权限，完善政府组织结构和行政运行机制，健全公共服务绩效评价机制，明确公共服务在政府职能中的中心地位，努力推进基本公共服务均等化；三是实现服务型政府流程再造。努力打造无缝隙政府，为公众提供及时、优质的公共服务；四是建立公共服务多元化供给机制。打造“小政府、大社会”的治理格局，实现公共服务从“单一供给模式”向“复合供给模式”的转变；五是努力培育公民社会组织。从而实现公民友好（Citizen-friendly）、价值关怀（Value-caring）和人民共享（People-sharing）的政府“善治”目标。

参考文献：

陈潭、黄金：《服务型政府建设：理论范式与实践逻辑》，载于《学海》2011年第2期。

程倩：《“服务行政”：从概念到模式——考察当代中国“服务行政”理论的源头》，载于《南京社会科学》2005年第5期。

姜异康：《国外公共服务体系建设与我国建设服务型政府》，载于《中国行政管理》2011年第2期。

刘熙瑞：《服务型政府——经济全球化背景下中国政府改革的目标选择》，载于《中国行政管理》2002年第7期。

（和军）

政府职能
Government Functions

政府职能是指国家行政机关依法对国家和社会公共事务进行管理时应承担的职责和所具有的功能，它反映着公共行政的基本内容和活动方向，是公共行政的本质表现。

早在自然经济状态下，政府职能就以承担“御外”和“安内”的职责而存在，而政府职能的理论则是从17世纪开始萌芽的，其标志是重商主义的产生。自政府职能产生以来，其内容、权限和作用都随着时间的推移发生了很大的变化，在不同的社会形态里，体现了不同的历史地位。按照这一变化过程，政府职能的产生和发展经历了以下几个阶段：

在自然经济状态下，生产力水平很低，社会分工也不发达，加上居住分散，信息不畅，政府职能主要局限在“御外”和“安内”，维持国家的统治。这一时期奴隶制度和封建制度及其自身的特点，使得本来就不多的社会公共事务在分散状态下得到自行解决。因此，政府职能表现为政治统治上极端强化，经济管理和社会管理上相对薄弱。

资本主义发展初期，在国家的保护和扶持下，经济力量相对较弱，资产阶级不断地发展壮大。当资产阶级已能够依靠自己的力量发展经济时，自由放任的思想便随之逐渐抬头，市场在资源配置中的作用越来越大。此时的政府职能和权限仅在于为国民的自由、财产、人身等提供保障，为经济运行提供良好的环境。社会的经济运行主要由市场这只“看不见的手”来自动调节，无须政府过多的干预。从18世纪到20世纪30年代，自由主义思想家们提出了“有限政府理论”，自由放任思想占据了主导地位，政府充当了“守夜人”的角色。斯密明确强调，“政府要想管理得好一些，就必须管理得少一些”。

随着自由竞争的资本主义过渡到垄断资本主义，资本主义社会的基本矛盾不断加深，最终导致了20世纪30年代西方世界的经济危机，市场出现严重失灵。为此，“政府干预理论”应运而生。这一理论的倡导者凯恩斯认为，市场资源配置的盲目性只有通过政府干预才能解决，国民经济运行需要通过财政政策和货币政策的共同控制。因此政府干预思想在第二次世界大战以后便占据了主导思想，西方各国政府都不同程度地加强了对经济的干预。随着世界格局和社会经济的发展变化，更多的社会公共事务无法通过市场有效解决，在社会福利、科技文化教育、环境保护等方面，政府职能不断得到强化。

20世纪70年代，“政府干预理论”的负面效应出现了，出现了“政府失灵”现象。“公共选择理论”应运而生。该理论认为，政府干预不但不能解决市场资源配置的盲目性，而且还会导致西方政府遭遇的“滞胀”等问题。这一时期的政府职能又重新定位于维护市场的秩序，为经济运行提供良好的环境。90年代出现的“公共行政合法性危机”促成了新型政府职能理论的形成，世界上绝大多数国家都要求对政府职能进行调整，实现公共事务民营化，提高政府部门的竞争力。

由上可见，政府职能是国家行政机关依法对国家和社会公共事务进行管理时应承担的职责和所具有的功能，它反映着公共行政的基本内容和活动方向，是公共行政的本质表现。政府职能的基本内容包括：(1)政治职能。主要是指政府为维护国家统治阶级的利益，对外保护国家安全，对内维持社会秩序的职能表现在维持良好的政治秩序和社会秩序，制定完整的社会发展和公共政策，调节社会的整体利益以及在西方国家还被当做政治一体化的工具，还可细分为军事保卫职能、外交职能、治安职能和民主政治建设等职能。(2)经济职能。主要是指政府为国家经济的发展，对社会经济生活进行管理的职能，具体主要体现在培育市场，调节和干预经济活动，充当经济活动的协调者和仲裁人，还包括宏观调控职能、提供公共产品和服务职能和市场监管等职能。(3)文化职能。即指政府为满足人民日益增长的文化生活的需要，依法对文化事业所实施的管理，体现在政府同时担当社会意识形态的倡导者以及社会科技、文化、教育等领域的公共政策的制定者的角色，主要内容有：发展科学技术的职能、发展教育的职能、发展文化事业的职能以及发展卫生体育的等职能。(4)社会保障职能。即指除政治、经济、文化职能以外政府必须承担的其他职能，主要体现在社会保障的法律制度的制定和社会福利、社会保障体系的建立，具体有调节社会分配和组织社会保障的职能、保护生态环境和自然资源的职能和促进社会化服务体系建立等职能。

实现政府职能的主要手段包括：(1)行政手段。它具有无偿性、强制性、具体性、垂直性和稳定性的特点，其优点是统一集中、迅速有效。缺点是容易产生与“人治”相联系的一些弊病，影响横向联系及下级的积极性、创造性。(2)经济手段。它具有有偿性、平等性、关联性和间接性的特点，最适于管理经济活动，但是经济手段只能调节经济利益关系，不能解决所有问题。(3)法律手段。它具有严肃性、权威性、规范性的特点，使行政管理统一化和稳定化，但其只能在有限范围内发生作用，很多经济关系、社会关系需结合其他手段才能发挥作用。

参考文献：

包洪涛、马庆胜：《论西方政能理论对我国转变政府经济职能的启示》，载于《军事经济学院学报》1999年第1期。

[美]布坎南:《自由市场和国家》,北京经济学院出版社 1989 年版。
何炜:《西方政府职能理论的源流分析》,载于《南京社会科学》1999 年第 7 期。
李峻登:《政府职能理论与政府职能转变的必然性》,载于《行政论坛》1996 年第 3 期。
[美]罗尔斯:《正义论》,中国社会科学出版社 1998 年版。
[美]诺齐克:《无政府、国家和乌托邦》,中国社会科学出版社 1991 年版。
[美]萨缪尔森、诺德豪斯:《经济学》,华夏出版社 2002 年版。
张劲松:《论西方政府职能理论在我国的本土化》,载于《汉江大学学报(人文科学版)》2004 年第 6 期。

(张华新)

政府经济职能

Economic Functions of Government

政府经济职能是指政府在经济领域所承担的职责和发挥的作用。政府经济职能理论可以分为两条主线:一条是西方经济学关于政府经济职能的理论。亚当・斯密认为通过市场“看不见的手”能够实现经济发展的均衡,政府只需要承担起“守夜人”的作用,这种作用主要体现在保护社会或社会成员免遭其他社会或其他社会成员暴力的侵害以及维护公共设施和公共工程等。但从长期来看,“看不见的手”不仅没有带来经济的均衡发展,而且还出现了周期性的经济危机。1929 年的经济大萧条,使得经济学家们开始反思“看不见的手”理论的缺陷。凯恩斯认为政府需要干预经济来解决有效需求不足的问题。萨缪尔森继承了凯恩斯的经济理论,并形成了新古典综合派,肯定了政府干预经济运行的重要性。20 世纪 70 年代出现了“滞涨”,供给学派和制度学派认为需要将政府干预经济和市场自行调节结合起来。

另一条是传统社会主义经济理论中的政府经济职能理论。马克思和恩格斯强调由国家来管理整个社会的全部生产资料,列宁根据十月革命的实践进一步进行了总结和发展,斯大林在这些理论的基础上建立了传统的计划经济体制,强调政府是经济运行唯一的组织者、指挥者和协调者。

新中国成立以来,我国的政府经济职能开始时主要是延续了传统的政府经济职能理论,之后经过了一系列的变迁过程:1949 ~ 1956 年间,主要是实行“政府统制”;1957 ~ 1978 年间先后出现了“政府统制”模式的内在调整。1978 年改革开放后,随着从传统计划经济体制向社会主义市场经济体制的转变,对政府经济职能不断做出新的调整。2013 年 11 月,党的十八届三中全会的《决定》明确指出,政府的职责和作用主要是保持宏观经济稳定,加强和优化公共服务,保障公平竞争,加强市场监管,维护市场秩序,推动可持续发展,促进共同富裕,弥补市场失灵。具体来说:

保持宏观经济稳定。随着经济全球化和区域一体化,我国的经济发展不仅要面对国内各种因素变化的影响,还要受到来自全球经济波动的影响,这就进一步需要政府保持宏观经济的稳定发展。宏观经济的不稳定主要表现在经济总量的失衡以及结构性失衡,而解决上述问题主要有四个方面的政策选择:(1)坚持以国家发展战略和规划为导向,保证宏观经济发展的正确方向;(2)坚持以财政政策和货币政策为主要手段,努力实现经济总量平衡;(3)加强财政货币政策与产业、价格等政策手段协调融合,努力实现经济结构平衡;(4)形成参与国际宏观经济政策的协调机制,努力实现内外贸平衡,推动国际经济治理结构完善。

加强和优化公共服务。公共服务体系包含就业、义务教育、医疗卫生、养老保障、保障性住房、基本生活保障等各个方面,但是由于地区经济发展的失衡以及城乡二元体制的分割,使得公共服务体系呈现出非均等化特征。因此,进一步要求政府加强和优化公共服务,实现公共服务体系的均等化。

保障公平竞争。公平竞争是市场经济体制下实现资源有效配置的有效途径。从理论上而言,市场经济机制如供求机制和价格机制有助于实现市场的均衡。但市场经济本身并不能维护公平竞争的市场环境,诸如自然垄断等会破坏公平竞争的环境,这就需要政府通过制定和实施相关经济政策、法律法规等维护市场公平的竞争环境。

加强市场监管。市场失灵的存在要求政府承担起市场监管的职能。有效的市场监管主要从两个方面来实现:(1)政府退出不需要监管的领域,最大限度减少政府对微观事务的管理,对市场机制能够有效调节的经济活动,一律取消政府审批;(2)政府应综合利用各种手段管理需要监管的领域,进而实现有效的竞争。

维护市场秩序。政府实行市场监管的目标就是要维护市场秩序,良好的市场秩序能够对经济发展起到积极的促进作用。但是不合格的市场主体(如政企不分)、不合理的市场行为(如官商勾结、欺诈、垄断、虚假广告等)等都会扰乱正常的市场秩序,这就需要政府的介入来维护市场秩序。

推动可持续发展。可持续发展涉及人口、资源、环境与经济发展的相互协调。以“唯 GDP 论”指导的经济过快增长,在很大程度上是以牺牲生态环境为代价的。为了加快生态文明制度的建设,必须实行可持续发展战略:(1)保持经济的理性增长;(2)提高经济增长的质量;(3)满足“以人为本”的基本生存需求;(4)调控人口的数量增长,提高人口素质;(5)维护、扩大和保护自然的资源基础；（6）注重科技进步对克服发展“瓶颈”的影响；（7）调控环境与发展的平衡。

促进共同富裕。城乡二元结构间、不同地区间、不同行业间的收入存在的差异过大，会进一步阻碍经济的发展，不利于经济结构的优化，并导致社会不稳定因素的增加。因此，政府应通过一系列政策来调整国民收入分配格局，加大再分配调节力度。

弥补市场失灵。垄断、外部性、收入分配不公平以及信息不完全等造成了市场失灵，经济效率的低下。政府可以通过进入规制来解决垄断问题；通过税收等方式减少负外部性的影响；通过调整初次分配和再分配的方式来解决收入分配不公平；建立信息传导的机制，增大信息的透明度，解决信息不完全的问题。

参考文献：

高会宗：《经济全球化背景下的政府经济职能》，载于《山西师大学报（社会科学版）》2004 年第 2 期。
高萍：《50 年来中国政府经济职能的变化与启示》，载于《中国经济史研究》2002 年第 4 期。
［英］凯恩斯：《就业、利息和货币通论》，商务印书馆 1988 年版。
刘志生：《论我国政府经济职能的定位及实现途径》，载于《上海经济研究》2008 年第 2 期。
［英］亚当·斯密：《国民财富的性质和原因的研究》，商务印书馆 1972 年版。
郁建兴：《中国的公共服务体系：发展历程、社会政策与体制机制》，载于《学术月刊》2011 年第 3 期。

（张广辉）

地方政府经济职能
Economic Functions of Local Government

地方政府的经济职能是指地方政府在经济领域所承担的职责和发挥的作用。党的十八届三中全会《决定》首次将地方政府的经济职能或职责界定为公共服务、市场监管、社会管理和环境保护。同时，各个职责之间并不是相互独立的，而是相互影响、相互联系的职责体系。

公共服务。主要是地方政府通过提供公共产品和服务，包括加强城乡公共设施建设，发展社会就业、社会保障服务和教育、科技、文化、卫生、体育等公共事业，发布公共信息等，为社会公众参与社会经济、政治、文化活动提供保障和创造条件。从发展趋势看，地方政府提供公共服务的方式之一是实现市场化。公共服务市场化包括多种形式。一是合同外包（Contracting Out）。主要是指将已经限定数量和质量的公共服务项目的生产权和提供权通过市场进行转让，地方政府通过财政拨款从中标的承包商那里购买公共服务。二是特许经营（Franchise）。主要是在一定时期和范围内通过授权书的形式将某些公共服务经营权授予给经营者，这种方式一般适用于石油、天然气、交通等公共物品，具体形式包括“建设—经营—转让”（BOT）、“转让—经营—移交”（TOT）、“公私合营”（PPP）、“租赁—建设—经营”（LBO）、“购买—建设—经营”（BBO）、“建设—拥有—经营”（BOO）、“运营和维护的外包或租赁”（OML）等方式。三是用者付费（User Fees）。主要是指消费者按照地方政府所确定的公共服务价格进行支付并获取公共服务，这种方式比较适合于效率与产出密切相关的领域。四是凭单制度（Voucher System）。一般应用于食品、医疗、教育以及住房补助等领域，主要是指地方政府通过对特定的消费个体发放优惠券进而接受特定的公共服务。五是内部市场（Internal Market）。主要是指在政府内部建立生产者和消费者的模拟市场，进而提高公共服务质量和效率。

市场监管。主要是指地方政府依法对市场主体及其行为进行监督管理或规制，维护市场秩序，形成统一开放竞争有效的现代市场体系。市场监管或规制包括：经济性规制，即对自然垄断行业或具有严重信息不对称行业（如银行保险业、证券期货业等）的规制；社会性规制，即为了保障居民医疗卫生安全、劳动安全、食品药品安全及环境保护而进行的规制；反垄断规制，主要通过禁止妨碍竞争的行为和规定合理的市场结构促进竞争。

社会管理。主要是指对社会公共事务的管理活动，涉及教育、科技、文化、卫生、体育等诸多领域，以维护社会秩序和公共安全，维护社会公平，化解社会矛盾，保障人民群众生命财产安全、保护以及优化生态环境等。为此，必须建立健全各种突发事件的应急响应机制，加强社会安全综合治理，提高各级地方政府应对公共危机能力，妥善处理不同利益群体关系，建设和谐社会，为经济发展创造良好的社会环境。

环境保护。主要是遵循自然规律实现可持续发展。从各国经济发展的历史来看，一般都以牺牲环境为代价促进经济发展，而当经济发展到一定水平后重视治理环境污染。地方政府则是环境治理的重要主体。地方政府在环境保护中扮演着多重角色：一是环境保护主体。通过出台环境保护政策，动员社会力量以及开展环境污染治理技术的攻关等，努力减少负外部性造成的损害。二是裁判者的角色。当出现民事以及行政环境纠纷时，地方政府就要配合环境执法机构公平公正地调解各种纠纷。三是监督者的角色。加强对空气环境、水环境、自然资源环境的保护与监督，防污染、防泄漏、防公害、防自然灾害等。

参考文献：
陈富良：《放松规制与经济规制——论转型经济中的政府规制改革》，上海三联书店 2001 年版。
［美］丹尼尔·F·史普博：《规制与市场》，上海三联书店、上海人民出版社 1999 年版。
刘晓、胡德平：《论地方政府公共服务的市场化与社会化》，载于《福州党校学报》2007 年第 4 期。
［美］萨瓦斯：《民营化与公私部门的伙伴关系》，中国人民大学出版社 2002 年版。
孙萍、王丹：《论地方政府在环境保护中的角色定位》，载于《社会科学辑刊》2002 年第 1 期。
王俊豪：《政府规制经济学导论》，商务印书馆 2001 年版。

（张广辉）

大部门制
Large Government Department System

大部门制是寻求一种实现整体性运作的政府治理模式，是对 20 世纪 90 年代的整体性治理理论思想的发展，强调治理结构从分散走向集中，从部分走向整体，从破碎走向整合。在政府内部机构和部门的整体性运作中，职能相近的部门、业务范围趋同的事项被相对集中，由独立部门统一管理，最大限度地避免政府职能交叉和多头管理，从而提高行政效率，降低行政成本。由此形成的大部门体系由核心化的行政决策中枢及其办事机构、综合化的政府组成部门和专门化的执行机构构成，决策权、执行权、监督权既相互制约又相互协调。大部门体制改革是政府组织架构调整与政府运行机制再造的统一。

根据政府职能范围大小和机构数量的不同，政府机构设置一般有小部制和大部门制两种类型。小部门制建立在科学管理、专业分工的基础之上，与科层制结构相契合。随着社会的进步，科层制的政府机构逐渐暴露出了一系列弊端。各国开始致力于探索适应新形势的行政组织结构和运作模式，在划清权力边界的同时，根据职能的特点对行政机构进行整合。

为了解决政府职能分工和专业化带来的政策矛盾和执行冲突，市场经济发达国家普遍采用了大部门制形态，通过整合政府部门的职能，将协调问题转移到内部。如美国 2002 年将政府部门设定为 15 个大部门，每个部门在职能上实现决策与执行相统一，全方位地涵盖该领域的一切职能。日本在 2001 年开始实施大部门制改革。在实行大部门制的同时，建立了三个层次的中央省厅间协调机制。英法等国的大部门制改革均经历了一个逐步完善的过程，对部门的调整基本遵循大部门体制的模式。

与成熟的市场经济国家相比，我国政府机构依然是小部门体制模式，不能完全有效地适应市场经济、全球化和信息化社会发展的要求，因此必须逐步对政府部门进行优化和整合。在实践中，政府可以根据形成背景、优势、局限和适用范围等选择不同形式。大部门制的形式主要有：一是横向整合。通过整合政府部门中相同、相近或相似的职能，形成大规模、宽职能和广领域的大部门结构。这种大部门制有利于化解职能分散和执行冲突难题。二是纵向整合。通过政府部门之间、政府层级之间的沟通和协商在各项发展规划上进行衔接和协调，实现整体协调发展。这种大部门制有利于健全规划体系，解决规划体系上的问题，实现规划间的协调。三是党政协调。通过整合政府部门和党委工作部门中相同、相近或相似的职能而形成的一种大部制形态。这种大部门制有利于理顺组织结构和责权关系，完善运行机制。

2007 年，在党的十七大报告中，大部门体制概念被首次明确提出。2008 年，中央及各地采取了一系列措施推行大部门制改革。党的十八大和十八届三中全会均提及完善大部制的目标和措施。我国大部门制改革的主要目标是合理配置宏观调控部门职能，加强能源环境管理机构，整合完善工业和信息化、交通运输行业管理体制，以改善民生为重点加强与整合社会管理和公共服务部门。

我国的大部门制改革经历了两个阶段：第一阶段改革的主要内容包括：合理配置宏观调控部门职能，国家发展和改革委员会减少微观管理事务和具体审批事项，集中精力抓好宏观调控。国家发展和改革委员会、财政部、中国人民银行等部门建立健全协调机制，形成更加完善的宏观调控体系。加强能源管理机构，设立高层次议事协调机构国家能源委员会，组建国家能源局，由国家发展和改革委员会管理。组建工业和信息化部，组建国家国防科技工业局，由工业和信息化部管理，国家烟草专卖局改由工业和信息化部管理。不再保留国防科学技术工业委员会、信息产业部、国务院信息化工作办公室。组建交通运输部，组建国家民用航空局，由交通运输部管理。国家邮政局改由交通运输部管理。不再保留交通部、中国民用航空总局。组建人力资源和社会保障部，组建国家公务员局，由人力资源和社会保障部管理，不再保留人事部、劳动和社会保障部。组建环境保护部，不再保留国家环境保护总局。组建住房和城乡建设部，不再保留建设部。国家食品药品监督管理局改由卫生部管理，明确卫生部承担食品安全综合协调、组织查处食品安全重大事故的责任。第二阶段改革的主要内容包括：民政部扩大社会管理等方面的权责。国务院食品安全委员会办公室与现有的食品安全监管部门进行整合，成立专门的市场秩序监管部门。国家海洋局扩权，强化海洋综合管理权限。铁道部与交通运输部进行整合。在不同阶段,各级地方政府结合中央大部门制改革的目标,根据自身的实际情况酝酿和推行了大部门制改革,取得了很多经验和成果,进一步促进了政府职能的转变。

参考文献:
崔会敏:《国家综合配套改革试验区行政体制研究》,中国社会科学出版社2013年版。
傅金鹏、陈晓原:《"大部制"的形态与前景:一项比较研究》,载于《南京社会科学》2010年第7期。
李军鹏:《深化行政管理体制改革若干重要问题解析》,中央党史出版社2008年版。
魏礼群:《中国行政体制改革报告》,社会科学文献出版社2013年版。
[美]詹姆斯·费斯勒:《行政过程的政治——公共行政学新论》,中国人民大学出版社2002年版。
周志忍:《当代国外行政改革比较研究》,国家行政学院出版社1999年版。

(张华新)

省直接管理县(市)
Direct Governance of a County(City) by the Province

省直管县是指我国在政治、经济、文化、社会等领域实行一个或多个方面的省直接对县(市)体制及与之相关的管理活动的总和,包括"行政省直管"与"财政省直管"两个方面。《中华人民共和国宪法》规定我国实行省级、县级和乡级三级行政区划,到20世纪80年代实行中央、省级、市级、县级和乡镇五级行政区划。自2002年起,浙江、广东、河南、辽宁、湖北等省在财政上进行省直管县的试点,现今已经实现省管县省份有四个直辖市和海南省。省直接管理县(市)改革的主要依据是提高行政管理效率,主要考量行政管理度的不均衡性和行政管理幅度的优化,通过行政区域管理幅度、行政管理机构及其职员数量三者之间的最佳耦合,达到最佳的规模管理效率。

新中国成立后,根据经济社会发展阶段的需要,我国行政层级先后经历了"中央—大区—省(地区)—县—区(乡镇)"体制、"中央—省—县—区(乡镇)"体制、"中央—省—市—县—乡镇"体制等不同阶段。近年来,随着经济社会发展,我国各级政府的权力格局、政府职能、行政流程与运行机制也发生深刻变化,"市管县"体制的消极因素和负面影响逐渐显现。由于政府层级过多,增加了管理层级和管理成本,降低了行政效率。为了提高行政效率,发展县域经济,精简政府层级,我国开始尝试"省直管县"改革。从1992年起开始实行省直管县(市)改革试点。2002年浙江、湖北、河南、广东等省先后开始把地级市的部分经济社会管理权限直接下放到一些重点县,主要包括计划管理、经费安排、税务办理、项目申报、用地报批、证照发放、价格管理、统计报送、政策享有、信息获得等方面。2004年以来,湖北、安徽、吉林等省开展了省直管县(市)的财政改革,在财政体制制定、转移支付和专款分配、财政结算、收入报解、资金调度、债务管理等方面,全部或部分实行省对县的直接管理。通过扩大试点,全国陆续有4个直辖市和18个省份,约占全国省市2/3的地区实施了财政省直管县的改革试验,省直管县成为国家"十一五"规划的目标之一,计划到2012年末,全国全面推进省直接管理县财政改革。

省直管县(市)包含财政直管和行政直管两种基本类型。我国当前推进的主要是财政直管方案,即在财政预算编制上,由省直接对县编制预算,在收入划分上也由省直接对县进行划分,同时省也将转移支付、专项资金补助、资金调度和债务管理等经济权限下放到县。从财政管理角度,省直管县(市)财政改革是在政府间收支划分、转移支付、资金往来、预决算和年终结算等方面,建立省、县之间的直接财政业务关系。在收支划分方面,主要是合理确定划分市、县财政各自的支出和收入范围。在转移支付、税收返还、所得税返还等方面实行由省直接核定并补助到市、县。对于政府间资金往来,取消市与县之间日常的资金往来,建立省与市、县之间的财政资金直接往来关系,省级财政直接确定各市、县的资金留解比例。

我国省直管县(市)的改革模式主要包括:一是行政体制省直管县(市)。即在政治、经济、文化、社会等各方面的管理均统一由省直接管理县(市),实现了省直管县的终极目标。二是财政体制省直管县(市)。主要是在政府间收支划分、转移支付、资金往来、预决算、年终结算等方面,省财政与市、县财政直接联系,开展相关业务工作。三是强县扩权。主要指把地级市的一些经济和社会管理权限直接下放给某些重点县,在经济和社会管理上形成近似于省直管县的格局。四是扩权强县。主要指在现有体制不变的前提下,将省辖市的部分经济管理权和社会管理权直接赋予所有县(市)的改革。可见,行政省直管县(市)和财政省直管县(市)改变现有的行政体制,强县扩权和扩权强县改革是在现有体制的框架下进行的行政性分权行为,并没有改变现有体制。其中,行政体制省直管县(市)模式变革程度高于财政体制省直管县(市)模式、扩权强县模式与强县扩权模式,财政体制省直管县(市)模式的变革程度高于后两者,而扩权强县模式由于对象包括所有的县(市),与强县扩权模式的对象仅限于经济强县相比,变革程度更高。

参考文献：
才国伟、张学志、邓卫广：《“省直管县”改革会损害地级市的利益吗?》，载于《经济研究》2011 年第 7 期。
何显明：《省管县改革：绩效预期与路径选择》，学林出版社 2009 年版。
魏礼群：《中国行政体制改革的回顾与前瞻》，国家行政学院出版社 2012 年版。
熊文钊：《大国地方—中央与地方关系法治化研究》，中国政法大学出版社 2012 年版。
薛刚凌：《行政体制改革研究》，北京大学出版社 2006 年版。
张占斌：《省直管县体制改革的实践创新》，国家行政学院出版社 2009 年版。
赵永茂等：《府际关系：新兴研究议题与治理策略》，社会科学文献出版社 2012 年版。
周湘智：《我国省直管县（市）研究中的几个问题》，载于《科学社会主义》2009 年第 6 期。

（张华新）

政府失灵

Government Failure

“政府失灵”是“市场失灵”的对称，是指政府干预或政府调控的局限性和失效性。政府失灵思想萌芽于 18 世纪中叶法国重农主义学派的观点，该学派遵循自然法则，认为经济秩序建立之后可以任由市场自行运转，反对重商主义主张国家干预经济的政策主张。重农主义者的一句名言：“不管也罢，管也罢，世界总是在自行运转”（现代经济学研究会，1990）即是其思想概括。此后，亚当·斯密、萨伊、李嘉图、马歇尔等自由主义经济学家主要从竞争机制角度论述自由市场的有效性，反对政府干预，但尚未对政府失灵问题进行深入探讨。

政府失灵是在通过政府克服市场失灵或市场缺陷的过程中所产生的。凯恩斯干预政策的广泛施行及其在西方世界造成的“经济滞胀”后果，使政府失灵问题凸显出来。1965 年，麦肯恩探讨了这一问题（McKean，1965），而对政府失灵理论进行了系统论述的则是公共选择学派创始人布坎南，他把“经济滞胀”现象的出现归结为政府的过度干预，认为政府至少与市场一样并不完美，市场存在缺陷并非把问题交给政府去处理的充分条件。斯蒂格里茨也认为，在纠正市场失灵时，既要看到市场力量的局限性，又要看到政府干预力量的局限性（Stiglitz，1989）。

关于政府失灵的原因，一般认为应包括以下几个方面：一是政府及利益集团也可能追求自身利益。布坎南强调，政治学中的所谓的“政治人”与经济学中的所谓“经济人”并无二致，正如勒帕日所言，“公共选择论的宗旨却是把人类行为的两个方面（经济决定与政治决定）重新纳入单一的模式，该模式注意到：承担政治决定之结果的人就是选择决策人的人。”布坎南（1988）认为，“萨缪尔森和其他经济学家把政府在试图弥补私营经济的缺陷时使情况恶比的可能性压至最低度。卓越的政治学家们也是如此，他们认为民主政府通过利益集团之间的竞争而反映社会的意志”，但阿罗不可能定理表明，即使是民选政府，其行为的公正性也值得怀疑，“个人的行为天生要使效用最大化，一直到受他们遇到的抑制为止”，这种抑制就是适当的法律与制度的构架。二是政府部门的低效率性。这主要是由于政府部门缺乏竞争压力，并且与社会大众相比存在信息优势，从而导致其行为难以监督，使其有可能浪费资源、追求集团利益。正如柏林大学教授阿道夫·瓦格纳早在 19 世纪所说的那样，政府有一种本性的扩张倾向，特别是政府干预机构在数量上和重要性上都具有一种内在的扩张趋势，被称为“公共活动扩张的瓦格纳定律”。政府这种内在的扩张性与社会对公共产品需求增长的现实结合，极易导致政府机构膨胀、干预范围扩大和行政成本剧增。三是政府寻租行为会造成社会福利损失（Tullock，1967；Kreuger，1974）。缪尔达尔（2002）在分析南亚一些国家的腐败问题时写道：“当人们逐渐认识到贪污腐化在不断蔓延，政府对此又不会采取什么行之有效的措施来加以防范时，贪污腐化便成为一种异乎寻常的力量，在深谙世故的人们看来，贪污腐化如同通货膨胀一样，是发展中国家不可避免的副产品，其结果是那种愤世嫉俗的态度发展了，对行贿受贿的抵抗力大大降低了。”四是最近的研究对传统理论中全能政府的假设进行了修正，探讨了政府管制机构的能力不足问题。其中，斯坎沃尔特别研究了管制机构的功能、责任和结构要求（Schware，2003）。戈登等提出管制机构应具有必要的能力，对于应对技术及商业环境的迅速变化十分关键（Goulden，2005）。

实践方面，发展经济学家的实证研究发现，许多发展中国家所制定的经济发展计划，并未取得预期的效果。正如托达罗（1999）所言，“回顾战后计划的历史显示，在发展计划的贯彻执行中，失败一直远远多于成功。除了在短期以外，大多数国家一直未能实现计划中的甚至是最保守的收入与产量目标。更令人不安的是，随着这些国家继续制定和实施发展计划，情况似乎不但没有改进，反而每况愈下了。”可能正是由于 20 世纪下半叶许多国家推行经济计划化所导致的低效率，使其在世纪末更容易接受新自由主义所提出的“华盛顿共识”。但是，以具有较完善的市场经济体制为施政前提的自由主义政策体系，与经济转轨国家及南美等发展中国家较不健全的制度条件并不能有效匹配，从而导致这些国家的经济改革出现较大挫折。目前来看，正如经济学两大流派相互借鉴、趋于融合那样，对于政府与市场，也应充分认识其各自的作用及存在的缺陷，并结合一国具体条件，平衡二者的关系，适应时代发展而动态变化，提供有效的政策组合以促进经济社会健康发展。

参考文献：

［日］现代经济学研究会：《世界十五大经济学》，求实出版社1990年版。

［法］亨利・勒帕日：《美国新自由主义经济学》，北京大学出版社1985年版。

［美］布坎南：《自由、市场和国家》，北京经济学院出版社1988年版。

［瑞典］冈纳・缪尔达尔：《亚洲的戏剧：南亚国家贫困问题研究》，首都经济贸易大学出版社2002年版。

［美］迈克尔・P・托达罗：《经济发展》第6版，中国经济出版社1999年版。

（和军）

二、国民经济运行

社会总需求
Aggregate Demand

社会总需求是一国（或地区）在一定时期（如一年）内有支付能力的需求，即指在既定的生产发展水平和分配制度下，人们在其收入限度内所能支付，并且相对于一定的价格水平也愿意支付的对于全社会物质产品和服务的有效需求，它是通过国内（民）生产总值或国民收入的分配过程而形成的。

早在18世纪，古典经济学就已提及总需求问题。但占主导地位的是萨伊定律，即“供给创造自身需求”。20世纪30年代，凯恩斯彻底否定了萨伊定律，这被称作当时的“凯恩斯革命”，继而提出有效需求不足理论，并成为其进行宏观经济分析的出发点和理论基石。第二次世界大战后，新古典综合派代表萨缪尔森和托宾等提出“需求决定论”，强调生产发展要看有效需求的大小。C. M. 奇波拉主编的《欧洲经济史》是需求导向的代表，其从总需求出发对每阶段进行分析。合理预期学派到20世纪70年代后期和80年代开始将研究集中于需求理论，着重点放在消费和投资。马克思阐释总需求是“社会需要所要求的商品量，也就是社会能够按市场价值支付的商品量”。其中的“能够按市场价值支付”反映的是一种支付能力，这一特征决定了总需求必然受到人们收入水平即支付能力的制约，它与“社会需要所要求”是社会总需求的两个本质规定。

在我国，改革开放以后最早在党的报刊上正式提出“社会总需求”和“社会总供给”概念的是宋则行（1981）。他认为社会总生产包括中间产品生产和最终产品生产，最终产品按用途可分为投资用品和消费用品，因此考察对最终产品的需求也就是考察对投资品和消费品的需求，而社会总需求分析主要也是分析对投资品和消费品的需求。

投资需求又称投资支出，指整个社会在一定时期（如一年）内通过货币资金的支出所形成的对投资品的需求（宋则行，1989）。从构成上来看，社会总投资包括固定资产投资和流动资产投资，固定资产投资主要是对设备和建筑物的投资，而在分析总需求时，流动资产投资主要指企业库存和国家物资储备增加。从资金来源上看，投资需求包括重置投资和新增投资。重置投资也称为更新改造投资，资金来源是原有资产的折旧费，主要用于原有固定资产的重新购置、替换、更新改造以及改建。新增投资又称为净投资，是用积累资金进行的投资，包括新增固定资产投资和新增流动资产投资。新增固定资产投资既有经营性的，又有非营业性的。营业性的固定资产投资即是指新建企业、国家重点工程建设以及企业新增固定资产投资等，而非营业性的固定资产投资是指物质生产部门内部的非营业性以及非物质生产部门内部的固定资产投资。在实际经济统计中，总投资额很难精确区分为重置投资和新增投资，一般将一年的总投资额减去当年的固定资产折旧费作为同年的新增投资额。扣除新增投资额之前的总投资额可代表投资需求。

消费需求又称消费支出，指整个社会在一定时期（如一年）内通过货币资金支出形成的对消费品（物质产品和服务）的需求（宋则行，1989）。社会总需求可分为居民个人消费和社会公共消费需求。个人消费需求是对个人消费品和为生活提供的服务的需求；社会公共消费需求包括对提高科学文化水平和居民素质所需服务需求以及一切部门、企事业单位为供集体消费之用而对物品和服务的需求。

社会总需求有广义和狭义之分。狭义社会总需求不包括对投资品和消费品生产所需的中间产品的需求，因此封闭条件下的狭义社会总需求就是前述投资需求和消费需求之和。而广义社会总需求包括对中间产品的需求，即派生需求。因为最终产品价值中包括了耗用的中间产品的价值，因此分析社会总需求最重要的是对狭义社会总需求的分析。狭义社会总需求与社会总供给对应起来便可进一步分析社会总供求的平衡问题。

开放条件下，将进出口贸易考虑进来，社会总需求由来自国内的需求和来自国外的需求共同组成。

社会总需求＝国内消费需求和投资需求
＋来自国外的需求
＝国内消费支出和投资支出＋出口

社会总供需的平衡即：消费支出＋投资支出＋出

口=国内生产总值+进口

由上式可以看出,要实现社会总供需的平衡,必须满足进口等于出口这一条件。社会总供给与社会总需求的平衡主要是通过财政、信贷、外汇、物资的各自平衡和相互间平衡来实现。

参考文献:

[英]凯恩斯:《就业、利息和货币通论》,商务印书馆1981年版。

马克思:《资本论》第3卷,人民出版社1975年版。

宋则行:《关于国民经济综合平衡的几个理论问题》,载于《人民日报》1981年3月2日。

宋则行:《社会主义宏观经济学》,辽宁大学出版社1989年版。

宋则行:《市场经济与宏观调控》,辽宁大学出版社1994年版。

林木西、黄泰岩:《国民经济学》第二版,经济科学出版社2010年版。

(刘海莺)

社会总供给
Aggregate Supply

社会总供给是指一个国家(地区)在一定时期(通常为一年)内,可供全社会使用的物质产品和服务的价值总和。社会总供给与社会总需求是宏观经济学中的一对基本概念,两者的关系构成了国民经济中最重要的比例关系。社会生产的总成果,也称为总产品,作为一定时期内生产的物质产品和服务的总和,绝大部分进入市场并且通过市场实现其价值,由此产生了社会总供给的概念。

社会总供给是研究宏观经济运行的总量、构成、决定及制约其增长的因素的重要指标。18世纪法国重农学派主导生产思想,由此开始论及(总)供给,著名的"萨伊定律"核心思想是"供给创造自己的需求"。这一定律后来遭到一些经济学家的质疑,最终由凯恩斯对其彻底否定,他认为萨伊定律"不是一个把总需求函数和总供给函数联系起来的正确的定律"。马克思在《资本论》里也提出社会总产品的概念,并对社会总供给的内容作了一定的阐述,认为这个商品量不仅满足了一种需要,而且满足了社会范围内的需要,所生产的商品量和按市场价值出售的商品量之间的差额,可以由双重原因产生:一方面由于供给变化,而需求不变,出现相对生产过剩或生产不足的现象;另一方面由于需求变化,供给不变,但会引起相对供给量的变化。由此可见,总供需平衡问题在马克思的著作中已有所涉及。20世纪70年代后期兴起的供给学派在继承萨伊定律的基础上,提出在经济运行过程中,应当采用相应的供给管理的政策。

我国研究社会总供给首先源于社会总生产的研究。著名经济学家宋则行教授(1981;1989)对社会总生产进行了系统阐述,认为社会总生产是一个国家在一定时期(如一年)内,根据社会需求和生产资料供应状况,将全社会的各种生产要素结合起来进行供社会消费和使用的产品的生产。社会总生产从其成果的表现形式来看,可分为物质产品生产和劳务生产两大部分,无论是物质产品生产还是劳务生产都是物质生产。

由社会总生产的成果可以得出另一概念——社会总产品或社会总产出,即一国在一定时期内所生产的物质产品和物质生产性劳务的总和。社会总产品与社会总供给不能完全等同,它们之间既有联系又有一定的区别。在开放经济条件下,一国供给的来源之一是本国的生产,但未被本国享用的物质产品和服务则不构成该国的供给。供给的另一个来源是非本国的生产,非本国生产,但能够被本国享用的物质产品和服务也构成本国的供给(谷书堂、宋则行,2003)。

社会总供给有广义和狭义之分。广义的社会总供给是包括中间产品、最终产品和服务的供给,国民经济统计中,以"总产出"为代表;狭义的社会总供给仅包括最终产品和服务的供给。若不考虑经济的开放性,国内生产的总产品全部由国内享用,则社会总产品或社会总产值的生产即形成广义的社会总供给,而狭义的社会总供给则由社会最终产品或社会最终产值的生产形成(宋则行,1989)。其中社会总产值指的是社会总产品的货币表现,而社会最终产值则是社会最终产品的货币表现。若考虑经济的开放性,则社会总供给水平还取决于进口与出口的差额(X-M),由此广义的社会总供给就是社会总产值加上进口值减去出口值;狭义的社会总供给可用国内生产总值,即"总产出"减"中间投入"来代表,开放经济条件下,还要将进口加上(此处实际上将出口也作为一国总供给的范围,这样国内生产总值中用于出口的部分无须减掉,恰好与社会总需求将出口作为需求的一部分相对应,使两者在结构上统一起来),即:

社会总供给=国内生产总值+进口

其中国内生产总值(GDP)是核算国民经济活动的核心指标,是指经济社会(即一国或一地区)在一定时期内运用生产要素所生产的全部最终产品(物品或服务)的市场价值(高鸿业,2007)。在研究社会总供求时,与总需求总量及结构相对应的总供给即是这里所讲的狭义社会总供给。如无特殊说明,宏观经济分析通常用的是狭义社会总供给。

社会总供给可从总量和结构两方面进行考察。社会总供给的总量即其规模或水平的决定因素主要由市场价格水平、经济增长水平和速度、经济结构的变化、对外经济联系、经济体制以及自然资源的丰裕程度等。

其中市场价格水平是最重要的影响因素，一般来说，价格水平高低与社会总供给水平呈同向变化。

对社会总供给的结构进行考察，首先从产业结构方面进行。产业结构是指各产业部门之间和每个部门内部的构成，以及它们之间形成的相互联结、相互制约和互为条件的关系。需求结构的变化、资本积累和技术进步、参与经济全球化的广度和深度以及产业结构政策等都会对产业结构产生影响。除产业结构外，地区结构是另一个考察的方面。地区结构即生产力布局，社会总生产在地区间布局是否合理，影响着社会总供给的总量，也影响着社会生产能否更好地满足社会需要。

参考文献：

［英］凯恩斯：《就业、利息和货币通论》，商务印书馆1981年版。

《马克思恩格斯选集》第3卷、第12卷、第23卷，人民出版社1995年版。

《资本论》第3卷，人民出版社1975年版。

宋则行：《关于国民经济综合平衡的几个理论问题》，载于《人民日报》1981年3月2日。

宋则行：《社会主义宏观经济学》，辽宁大学出版社1989年版。

谷书堂、宋则行：《政治经济学》，陕西人民出版社2003年版。

高鸿业：《西方经济学》，中国人民大学出版社2007年版。

林木西、黄泰岩：《国民经济学》第二版，经济科学出版社2010年版。

（刘海莺）

投资需求

Investment Demand

投资需求又称投资支出，是社会总需求的重要组成部分，即整个社会在一定时期（如一年）内通过货币资金的支出所形成的对投资品的需求。凯恩斯认为，投资者是否投资的决策取决于投资者对利息率和资本边际效率的比较，资本边际效率大于利息率是投资的条件。资本边际效率，是使未来收益折算成现值恰好等于新增资本设备重置价格的贴现率，即供给价格等于折成现值的预期收益。

从投资决定的角度进行分析，决定投资需求的因素包括利率、预期通货膨胀、预期利润和折旧。具体来说：第一，利率越低，投资量越大。无论以贷款进行投资，还是以自有资金进行投资，利率都是机会成本的一部分。利率越低，任何一项投资的机会成本也就越低，使更多的投资项目变得有利。第二，预期的通货膨胀率越高，投资量越大。预期通货膨胀率越高，所引起的预期的未来净收益越大。而且，相对于投资的最初成本的预期未来净收益越大，该投资的收益越大。预期通货膨胀率对投资的影响与利率相反，投资者的投资决策主要取决于实际利率。第三，新投资的利润越高，投资量越大。第四，折旧的资本量越大，用于更换这些资本的投资量也就越大。

从供求决定的角度进行分析，决定投资需求的主要因素：第一，社会经济发展和人民物质文化生活的提高。随着经济的发展和社会的进步，人们更加重视生活质量，不仅对物质生活提出更高要求，而且要求丰富的文化娱乐、更加优质的生活环境和医疗保障，这些需求决定了对工艺设施、社区建设、医疗保健等方面投资需求的增加。第二，投资成本。投资成本是指投资者为达到预期目的在投资过程中付出的代价，主要包括投资资金的成本和生产要素的成本。在现实经济生活中，债息率、银行利息率等投资资金成本的变化，以及人、财、物等生产要素的价格变化将会影响投资需求的规模。第三，市场需求。市场经济中，投资规模并不是无限扩大的，市场容量（需求）和利润最大化原则是重要的决定因素。第四，现有生产能力的利用程度和再建投资规模。

社会总需求中的投资需求变动对于社会总供给的增长有着极为重要的影响。在现有生产资源尚未充分利用的条件下，投资需求的增长可以导致大于以至几倍于投资需求增长本身的社会总需求和社会总供给的增长。这个由于投资需求增长而引起的扩张过程的机制可以用"投资乘数"理论来加以说明。

投资乘数是指社会总需求从而导致社会总供给（用国内生产总值衡量）的变动量与引起这种变动的最初投资量之间的比率。投资乘数的增加之所以会产生大于其本身增长的社会总供给的增加，即产生乘数效应，是因为国民经济各部门是相互联系的。某一部门的投资不仅会增加投资品生产部门的需求和收入，而且会在各经济部门引起连锁反应，从而使其他部门的需求和收入也得到增加，最终使国内生产总值成倍增长。投资需求的增长，在生产资源尚未充分利用的条件下，对经济增长具有决定性的作用。

当然，投资需求增长引起总需求和国内生产总值倍加增长的实现必须具备一定的条件。主要有：

一是生产资源尚未得到充分利用，各个产业部门特别是一些关键生产部门的设备能力普遍存在着有一部分闲置未用的现象。

二是由投资需求增长直接或间接引起的投资品需求、中间产品需求和消费品需求能顺利地得到满足，即满足这些需求的各部门的生产能顺利进行，不存在"瓶颈"（即某个部门产品短缺、供不应求的现象）的障碍。如果由于产业结构不合理，各个部门的设备能力、生产潜力不平衡，致使某些部门成为国民经济的薄弱环节，这样，由投资需求增长所引起的社会总供给扩张过程就可能出现中断，或者达不到应有的扩张倍数。

三是边际消费率比较稳定，否则，对投资乘数进行具体计量并用以预测和作为计划依据时，就会遇到困难。

参考文献：

宋则行：《社会主义宏观经济学》，辽宁大学出版社1989年版。

李华、刘瑞：《国民经济管理学》，高等教育出版社2001年版。

林木西、黄泰岩：《国民经济学》第二版，经济科学出版社2010年版。

张红伟：《国民经济管理》，四川大学出版社2008年版。

（张虹）

投资规模

Investment Scale

投资规模是一个总量范畴，即社会在一定时期内通过货币资金支出表现出来的对投资品的需求。投资规模主要可从以下几个方面进行分类：

从构成上看，由于社会总投资需求 = 固定资产投资需求 + 流动资产投资需求，其中的固定资产投资需求又包括重置投资需求和新增投资需求，社会总投资规模相应可分为：固定资产投资总规模和流动资产投资总规模，前者可以进一步分为重置投资规模和新增投资规模。

从资金来源上看，由于形成投资需求的资金来自折旧资金、积累资金和消费资金中暂不用于现实消费的部分，具体分为财政拨款，银行贷款，地方、部门企业自筹资金和个人投资等渠道。据此，社会投资总规模可分为预算内投资规模和预算外投资规模两种形式。前者是指用国家预算内资金安排的，通过财政预算拨款或银行贷款形式进行的投资，具体又分为中央和地方（省、直辖市、自治区）两个层次；后者是指不列入国家预算而由各地区、部门、企业和个人通过其他形式安排的投资。

从投资主体上看，在集中决策体制向分散决策体制转变后，投资主体呈现出多元化：国家（包括中央和地方）、企业和个人（包括农村个人建房投资等）。这样，投资规模便可分为国有单位投资规模和全社会投资规模。

从时间跨度上看，社会投资总规模可以分为年度投资规模和在建投资总规模两种形式。年度投资规模，狭义是指在一年内的固定资产投资额，广义是指在一年内的固定资产和流动资产的投资总额；在建投资总规模，是指当年施工的建设项目全部建成所需要的投资总额。以上仅仅是投资规模的几种主要分类方法，在实践中区分投资规模的方法还很多，而且随着经济体制改革的进行，上述各种投资规模的内容也在不断变化。

投资规模的决定取决于多种因素，主要有：

第一，社会总生产的增长，即社会在一定时期内的经济增长率是制约投资规模变动的重要因素，反过来，投资规模的增长是决定经济增长的重要因素。如果以国内生产总值作为经济增长的综合指标，则社会在一定时期（如一年内）的投资规模，首先取决于这一时期能够提取的固定资产折旧资金的数量和国民收入的数量及其增长率，即国内生产总值的数量及其增长率。

固定资产折旧资金是国内生产总值的一个组成部分。固定资产因磨损而转移到新产品中去的价值，通过产品的销售得到实现，并以货币资金的形式累积起来，形成折旧资金。折旧资金在一定的折旧年限内是逐年提取的。折旧年限的长短则取决于国家在一定时期内实行何种技术政策和由此决定的折旧政策。在单纯考虑生产能力补偿的条件下，折旧年限主要以技术设备的自然使用年限为依据，即实行直线折旧法；在注重技术进步和更新的条件下，折旧年限主要以技术设备的经济使用年限为依据，即实行加速折旧法。每年提取的折旧额一般是用固定资产原始价值乘以折旧率得出，这笔折旧资金既可以用作更新改造投资，又可以一并用于基本建设投资，由此构成年度投资规模的组成部分。由于我国固定资产拥有量将逐年增加，折旧资金的提取量也将逐年增加。

国民收入是指劳动者在一定时期内新创造的价值，是国内生产总值扣除固定资产折旧后的余额。在国民收入分为积累资金和消费资金的比例一定的条件下，社会用于新增投资的规模将取决于国民收入的数量及其增长率。国民收入数量越多，其中可用于投资的数量越多，投资规模越大；国民收入增长率越高，投资增长幅度越大，反之则相反。因此，凡是影响国民收入增长的因素，同时也是影响和制约投资规模变动的因素。

第二，消费率和积累率。消费率是指国内生产总值中用于现实消费的比率；积累率是指国内生产总值中用于现实积累的比率，是可供投资的资金来源。在国内生产总值既定的前提下，消费率和积累率二者之间是此消彼长的。在正常情况下，必须保证现有人口的人均收入水平和消费水平逐年有所提高。因此，一般应首先确定必要的消费率，然后在此基础上确定积累率。这样，一定时期内投资规模的大小必然受到消费率高低以及与之相对应的积累率高低的制约：积累率提高，投资规模增大；积累率下降，投资规模缩小。

需要指出的是，积累率和投资率不是等同的概念。积累率是国内生产总值中不用于现实消费的比率，它代表可供投资的资金来源；投资率代表社会总投资支出占国内生产总值的比率，它代表投资总需求。在无外资和国内其他资金来源（如上期折旧资金累积，上期财政、企业、个人资金结余，财政赤字拨款、信用过度扩张等）的条件下，本期投资资金只能来自本期的积累（国内生产总值中不用于现实消费的部分）。因此，在一般情况下，投资率不能超过积累率。如果投资率超过积累率，意味着对投资品的需求超过投资品供给，即表现为投资规模过大，在现有设备能力已经充分利用的条件下，必然导致需求膨胀，影响经济的稳定发展；反之，如果投资率小于积累率，即投资规模过小，需求不足，也不利于经济的增长。只有投资率等于积累率，才能促进国民经济的稳步增长，这时的投资规模才是合理和适度的。

第三，社会在一定时期（短期和长期）内所能提供的物力和人力。由于投资支出终究要转化为现实的生产要素，即转化成投资品和进行投资品生产所必需的生产资料和劳动力才能发挥作用，因此国内生产总值划分为消费和积累的比率必须同社会所能提供的物力和人力及其构成相适应。在物力方面，除了要考虑基本建设物资、能源、交通运输、机器设备等投资品外，还要考虑中间产品和相应的消费品的供应能力。在人力方面，目前我国确实有大量的剩余劳动力，但普遍存在着文化、技术水平不高的问题，因此应特别注意对劳动力进行普遍的教育和培训，提高其素质，否则投资难以取得应有的经济增长效果。

第四，投资效益的高低。投资规模与投资效益之间存在着密切的联系。表示投资效益的一个重要指标是投资效益系数。它是指一定时期内国内生产总值增加额与社会固定资产投资额的比例。其公式是：

$$投资效益系数=\frac{国内生产总值增加额}{固定资产投资额}$$

这一指标为正数，投资效益系数越大，说明投资效益越好；反之则相反。在投资效益系数较低的情况下，国内生产总值的增长必须依靠扩大投资规模或提高投资率；若投资效益系数较高，国内生产总值的增长主要依靠投资效益取得，就可以以等量的投资获得较高的效益，或者以较少的投资获得相同的效益，从而可以适当控制投资规模或降低投资率。由于我国目前存在着技术水平较低、产业结构不合理的情况，必然影响了投资效益系数的提高，因而投资规模不得不维持在较高的水平上。

第五，经济体制对投资主体行为的影响。以上分析的是制约投资规模的客观因素，但在实际经济生活中，影响投资规模的还有主观因素，其中主要是在一定经济体制下经济主体的投资行为。在以往的中央高度集权的体制下，投资活动中存在着投资风险与投资收益的不对称情况。企业作为国家行政机构的附属物，其投资决策主要由国家做出，并且投资资金主要通过财政拨款支付，企业完全不承担风险。另外，国家下达给企业的主要经济考核指标以及企业领导人晋升的主要依据，是看产值的增长，这种体制无疑会使企业具有强烈的投资冲动，从而导致投资规模的膨胀。

在市场经济体制下，通过建立现代企业制度，企业拥有独立的投资决策权，投资规模主要取决于多元化的投资主体的投资决策，取决于投资主体对经济增长前景和未来投资收益的预期，这样，投资规模的大小将在很大程度上受到理性决策的影响，但有时容易更多地出于局部利益的考虑。所以在充分利用市场机制调节作用的同时，国家从整体利益出发，为了保持社会总需求和总供给在增长过程中的基本平衡，就有必要运用间接手段对社会投资规模进行宏观调控。

参考文献：
林木西、黄泰岩：《国民经济学》第二版，经济科学出版社2010年版。
宋则行：《社会主义宏观经济学》，辽宁大学出版社1989年版。

（张虹）

投资效益
Investment Benefits

投资效益是指投资主体所进行的投资活动所取得的成果与所占用或消耗的投资之间的对比关系。各投资主体由于投资活动的动机或目的的不同，赋予了投资效益丰富的内容。投资效益可以从多角度进行测度：(1)宏观投资效益和微观经济效益。宏观经济效益是从整个国民经济角度来考察的投资效益，如投资带动国民收入和就业的增加等；微观经济效益是从单个项目角度来考察的投资效益，如投资增加企业的利润等。(2)直接效益和最终效益。直接效益是投资初始成果，如获取对企业经营的控制权，占领市场等；最终效益则是投资的最终成果，如获取经营控制权和占领市场的最终目的可能是为了增加利润、企业价值的增值、增加收入或财富。(3)投资者的财务效益和社会效益。财务效益可以用价值尺度计量，如利润、债息和股利；社会效益不一定能用价值尺度准确计量，如增加就业、改善生态环境等。

投资效益从其作用范围看，主要分为财务效益、国民经济效益和社会效益。

投资的财务效益，是指将投资项目的投入与产出进行比较，以评价项目能否获得预期盈利，是从投资主体的角度衡量投资活动是否具备经济意义的一个重要评价工具和标准。通常用价值量表示,如利润、债息、股利等,财务效益以现行价格为计算标准。

投资的国民经济效益,是指投资总量或每一个投资项目对国民经济有效增长和结构优化的贡献,通常可用由于投资引起的该部门、该行业、该地区经济效益的增量来表示。由于投资活动实质上是资源的配置和消耗活动,某项投资如果从国民经济整体而言,资源配置合理、资源消耗的机会成本低,其对国民经济的贡献就大。因此,国民经济效益的主要含义是指投资资源使用的有效性。由于受价格体系的影响,往往投入物或产出物的现行价格不能正确反映它的经济价值,这就决定了国民经济效益评价必须采用经过调整后的合理价格作为计算投入物和产出物的基础,通常采用影子价格来计算。影子价格又可称为经济价格、最优计划价格、核算价格,是指在社会经济处于某种最优状态时,能够反映社会劳动消耗、资源稀缺程度和对产品需求状况的价格。但用影子价格来计算投资项目的国民经济效益,一般能够反映的只是国民经济的现时效益,不能反映国民经济的长远效益。例如,对某些国际上已有的,但国内尚属空白的高新技术项目的投资,由于技术、管理等与国际上发达国家存在差距,投入会较多些,产出会较少些,用影子价格计算效益可能就比较低,但这样的项目可能对国民经济的长远发展是有积极意义的。目前对投资的国民经济长远效益评价尚没有完整、合理的计量分析方法。

投资的社会效益,是指投资项目的建设和运行对社会发展、资源、生态、环境、就业和分配等方面带来的影响。由于环境问题越来越受到社会的关注,也有人把环境效益从社会效益中单列出来,将投资效益分为财务效益、国民经济效益、社会效益和环境效益。

投资效益指标是投资经济活动成效的数量表现,是考核、比较和分析项目投入和产出对比关系的工具。投资的宏观效益指标主要有:

第一,投资效益系数。投资效益系数(通称"投资效果系数"),是指一定时期内单位固定资产投资所增加的国内生产总值 GDP。其计算公式如下:投资效益系数 = 国内生产总值增加额/固定资产投资总额。在运用这一指标考察投资效益时,要注意价格的可比性、注意影响 GDP 增加额的偶然因素以及投资规模对投资效益的影响因素等。

第二,建设周期。建设周期是从时间方面反映建设效果的指标,是固定资产在建总规模与年度投资完成额的比值。它表明已经铺开的在建工程全部建成所需的时间,也就是固定资产从投资到交付使用、发挥效益平均所需的时间。其公式如下:建设周期(年) = 在建投资总规模/年度投资完成额。

投资效益系数辅以建设周期,可以大致了解投资效益的实际情况。合理的建设周期,有利于提高投资效益。如果建设周期不合理拉长,表明在建投资规模增加或年度完成投资额减少,长时间占用和耗费大量资源而形不成产出,将对投资效益带来不利的影响。

第三,生产性投资效益系数。生产性投资效益系数是 GDP 增加额与同期生产性投资总额的比值,表示单位生产性投资所带来的 GDP 增加额。其公式如下:生产性投资效益系数 = GDP 增加额/同期生产性投资总额。生产性投资效益系数,不仅反映生产性投资的效果,而且可以辅助说明国民经济投资效益系数变化的原因。如果投资效益系数下降了,而生产性投资效益系数下降的幅度更大,表明投资效益系数下降主要是因为生产性投资效果差造成的。如果是生产性投资效益系数并未下降,则表明投资效益下降主要是因为非生产性投资比重上升或使用不当造成的。

第四,固定资产交付使用率。固定资产交付使用率是指一定时期内由投资而增加的固定资产价值与同期投资完成额之间的比较。用公式表示为:固定资产交付使用率 = 新增固定资产价值/同期投资完成额。固定资产交付使用率是反映投资活动在建设阶段所取得效益的重要综合指标,它以价值形式反映出投资所形成的固定资产的多少。一般来说,在有一定数量的未完工程作为建设正常周转的条件下,交付使用的固定资产所占比重越大,未完工程所占比重越小,说明建设速度越快,效益越好。

参考文献:
方芳、陈康幼:《投资经济学》,上海财经大学出版社 2010 年版。
宋则行:《社会主义宏观经济学》,辽宁大学出版社 1989 年版。
张中华:《投资学》,高等教育出版社 2006 年版。

(张虹)

消费需求
Consumption Demand

消费需求又称消费支出,是指整个社会在一定时期内通过货币资金支出所形成的对消费品(包括服务)的需求。它强调人们具有货币支付能力的需求。

消费需求是多方面、多层次的,可以从不同角度加以分类:(1)从需求的实际内容来看,消费需求可以分为物质需求和精神需求。物质需求包括对实物形态的各种消费品需求,也包括对各种直接劳动或消费服务的需求;精神需求包括对阅读、观看、收听等服务的需求。(2)从需求满足的形式和途径来看,消费需求可以分为个人消费需求和社会公共消费需求。个人消费需求主要是指居民个人日常生活中对各种个人消费品和生活服务的需求;社会公共需求指国家或集体通过分配社会消费基金或集体消费基金来实现的需求,主要包括国家行政管理和国家安全需求,文化教育、医疗卫生、公共交通需求,社会救济、社会保险等需求。(3)从消费的实际内容来看,消费需求可分为商品消费需求和服务消费需求。(4)从需求满足的程度来看,消费需求可分为实际消费需求和潜在消费需求。

消费需求的影响因素可以从社会生产力和生产关系两个方面考虑,具体包括:(1)社会生产中的产业结构和产品结构;(2)消费者的货币收入数量及构成,其中货币构成中非常规性收入越多,消费需求越旺盛;(3)消费品的价格水平,一般价格越高,消费需求越少,反之越多;(4)人口结构、风俗习惯、消费习惯等因素,这些都会在一定时期内影响消费者的消费需求,会使得同等收入下的消费者的消费需求实现程度有较大差异。

消费需求的变化趋势:(1)广泛化与高度化。随着生活水平的提高,生活领域不断扩大,生活方式多样化,人们具备或正在具备追求更高层次生活的愿望和能力,消费生活的范围不断扩延,其需求的层次逐步扩大。(2)情感化与感性化。随着产品质量、性能等物质指标差异化程度越来越小,情感在购买决策中的权重会越来越大,感性消费需求会越来越多。(3)个性化与差异化。随着心理需要层次的提高,需求变得越来越复杂、多样。特别是对于不同的个体,在情感、精神的追求方面将会表现出更大的差异。(4)健康化与绿色化。对生活质量越来越重视的消费者会注重消费的健康与绿色指数。(5)复合化与关联化。消费者的各类消费需求会随社会的发展而形成较为固定的消费体系,各类消费间的关联性必然会增强,消费的动态体系会成为发展趋势。

参考文献:

[美]N. 格里高利·曼昆:《宏观经济学》,中国人民大学出版社2000年版。

[英]安格斯·迪顿、约翰·米尔鲍尔:《经济学与消费者行为》,中国人民大学出版社2005年版。

姜彩分、余国扬、李新家、符莎莉:《消费经济学》,中国经济出版社2009年版。

林白旭、臧旭恒:《消费经济学大辞典》,经济科学出版社2000年版。

[美]迈克尔·所罗门:《消费者行为学》,电子工业出版社2006年版。

伊志宏:《消费经济学》,中国人民大学出版社2004年版。

(赵德起)

消费水平
Consumption Level

消费水平即消费需求的水平,是指居民在一定时期由实际消费的商品和劳务的数量和质量的总和。它是反映社会消费状况综合指标,受到社会生产力发展水平和一定的社会生产关系制约,包括狭义和广义的消费水平。狭义的消费水平指按人口平均的消费品(包括劳务)的数量,反映人们物质文化生活需要实际满足的程度;广义的消费水平不仅包括消费品和劳务的数量,还包括消费品和劳务的质量。宏观消费水平也称社会消费水平,指一国居民在一定时期平均享用的生活消费的产品(与劳务)的数量与质量,或全体消费者按人均达到的物质与文化需要获得满足的程度;微观消费水平也称个人消费水平,指某一消费者及其家庭在某一时期所获得的消费对象的数量与质量,或某一消费者及其家庭某个时期的生活消费需要获得满足的程度。

消费水平的测定一般分析与确定人均占有的价值消费量、实物消费量和劳务消费量的多少。价值消费量通常用人均国民生产总值、人均国民收入、人均消费基金等指标来表示,以价值量来衡量消费水平,一般有三种标准:(1)计算人均的个人消费基金(扣除消费基金中的公共部分);(2)计算人均的消费基金(包括消费基金中的公共部分);(3)计算人均的"消费基金+非生产性积累基金"。实物消费量通常用人均占有粮、乳、肉、禽、蛋、纺织品、耐用消费品等的数量来表示;劳务消费通常用某一数量的人口拥有的服务设施、服务人员数量和劳务消费品的数量来表示。另外,消费水平的高低还可以从消费结构的变化趋势上反映出来,消费结构的正向与逆向变动均会对消费水平产生影响。如在吃、穿、住、用等各项生活消费支出中,吃的比重下降;在消费支出中货币性消费比重上升,实物性比重下降等,都会反映出消费水平的提高。此外,劳动者自由支配的业余时间的多寡。自由时间增加,意味着人们有更多时间去学习、休息、娱乐,满足发展智力和体力的需求,并使单位劳动时间内的生活资料数量增加,消费水平提高。

参考文献:

[美]N. 格里高利·曼昆:《宏观经济学》,中国人民大学出版社2000年版。

姜彩芬、余国扬、李新家、符莎莉:《消费经济学》,中国经济出版社2009年版。

林白鹏、臧旭恒:《消费经济学大辞典》,经济科学出版社2000年版。

[美]平狄克、鲁宾费尔德:《微观经济学》,中国人民大学出版社2000年版。

[美]迈克尔·所罗门:《消费者行为学》,电子工业出版社 2006 年版。

(赵德起)

净出口需求

Net Export Demand

净出口需求是国内生产总值核算中用支出法核算时所使用的概念。国内生产总值(GDP)有三种表现形态,即价值形态、收入形态和产品形态。在实际核算中,国内生产总值有三种计算方法,即生产法、收入法和支出法。三种方法分别从不同的方面反映国内生产总值及其构成。支出法国内生产总值指一个国家(或地区)所有常住单位在一定时期内用于最终消费、资本形成总额,以及货物和服务的净出口总额,它反映本期生产的国内生产总值的使用及构成。也就是说,按照支出法进行核算,GDP 是消费需求、投资需求、净出口需求之和。由于 GDP 的增长是由消费、投资、净出口这三大需求的组合决定,因此经济学上常把消费、投资和净出口比喻为拉动 GDP 增长的“三驾马车”。

在三大需求中,投资可以分为固定资本形成和存货增加;消费可以分居民消费(农村居民和城镇居民消费)和政府消费;净出口指货物和服务出口减货物和服务进口的差额。出口包括常住单位向非常住单位出售或无偿转让的各种货物和服务的价值;进口包括常住单位从非常住单位购买或无偿得到的各种货物和服务的价值。由于服务活动的提供与使用同时发生,因此服务的进出口业务并不发生出入境现象,一般把常住单位从国外得到的服务作为进口,非常住单位从本国得到的服务作为出口,货物的出口和进口都按离岸价格(FOB 价格)计算。

由于净出口需求是一个差额,所以它可以是正值也可能是负值。如果是正值,表明货物和服务出口大于货物和服务进口,则净出口需求对 GDP 的增长有正向拉动作用;反之,则净出口需求对 GDP 的增长为负向作用,即缩减了 GDP 的增长。

对于净出口需求对一国经济发展的贡献,马克思指出:“产品贸易一旦离开生产本身而独立起来,它就会循着本身的运动方向进行。”列宁也指出“没有对外贸易的资本主义国家是不能设想的,而且的确没有这样的国家。”亚当·斯密提出的“剩余产品出口”理论阐述了净出口对于一国经济增长和劳动生产率提高的重要作用。大卫·李嘉图认为,一国应充分发挥比较优势,依靠对外贸易来带动资本积累和经济增长。20 世纪 30 年代,D. H. 罗伯特逊首次提出“对外贸易是经济增长的发动机”命题,20 世纪 50 年代由 R. 纳克斯进行了进一步的充实和发展。20 世纪 30 年代,凯恩斯的学生哈罗德和马克卢普发展了凯恩斯的成熟理论,认为正的净出口需求对一国就业和国民收入的贡献非常大。20 世纪 70 年代,克拉维斯提出了对外贸易不是增长的“发动机”,而只是增长的“侍女”的著名见解,指出一国的经济增长主要是由国内其他因素决定,外部需求只构成了对经济增长的额外刺激,这种刺激在不同国家的不同时期有不同的重要性;外贸既不是增长的充分条件也不是必要条件,而且还不一定必然对经济增长有益。但自 70 年代末期以来,越来越多的人注意到,那些对外贸易发展较快,实行外向型战略的国家和地区,同时实现了较高的经济增长率。

20 世纪 90 年代以来,关于净出口需求对国民经济发展的贡献问题再一次引起了经济学家的热烈探讨,并形成了不同的观点,而且以实证分析方法来研究这一问题的倾向日益明显,但迄今为止并未得出统一的结论。

参考文献:
崔日明、王厚双:《宏观经济调控与对外经济政策》,经济科学出版社 2005 年版。
高鸿业:《西方经济学》第四版,中国人民大学出版社 2007 年版。
张二震、马野青:《国际贸易》,人民出版社、南京大学出版社 2007 年版。

(刘向丽)

供给管理

Supply Management

供给管理是指通过调节总供给来达到一定的宏观经济目标。其政策工具包括控制工资与物价的收入政策、指数化政策、改善劳动力市场状况的人力政策,以及促进经济增长的政策。供给管理和需求管理是国民经济总量管理的两个方面,具有同样重要的地位和作用。但与需求管理不同,供给管理不受产量与通货膨胀率之间的竞争性关系的困扰,它主要着眼于增加社会潜在的生产能力,增加供给以消除通货膨胀。因此对两者的调控和管理也需要不同的思路和方法。

20 世纪 70 年代世界资本主义出现滞胀后,凯恩斯主义的需求管理主张遭到反对,遂形成与凯恩斯主义相对立的供给学派。供给学派认为,资本主义经济的症结在于供给不足、需求过旺,因此应通过减税等政策刺激投资,实行供给管理。供给管理的思想由此产生。但初期的供给学派并不成熟,其主张偏重于政策,缺乏系统的经济理论基础。供给学派的理论和政策主张,由蒙代尔开始经过曲折的道路到拉弗,才引起了普遍的关注和政府的采纳。拉弗(1979)将供给学派作为对个人刺激的新经济学。1981 年里根当政开始,美国把供给学派的理论变成政府的政策,使供给学派颇为得势，对西方经济学产生了重大影响。实践中，美国实施的靠供给学派理论支持的供给管理，虽然没有取得十分美好的结果，但在提高竞争力，促进美国经济健康发展方面却有明显成效。正如同国内外不少学者指出的那样，从长远来看，正是这种政策效应支持了美国自20世纪90年代以来所保持的经济长期繁荣。

供给管理的目标是政府通过各种调控政策的实施，促进经济增长进而增加社会总产出。供给管理的思想随着经济的进一步发展和形势的更加复杂化，内容更加丰富。现代供给管理的内容包括两个方面：一是当总供给过剩时，采取措施抑制总供给；二是当总供给不足时，采取措施刺激总供给。实际上，供给管理主要指的是后者，即指有效供给不足情况下的供给管理，其方向是增加供给以适应需求的增长。因为当供求关系表现为供给过剩时，其矛盾的主要方面在于需求不足，宏观管理的方向总是放在刺激需求而不是抑制供给。因为平衡本身并不是目的，宏观管理的真正目的在于经济稳定增长，抑制供给以适应需求无异于削足适履。若真的要抑制供给，也无需政府专门控制，因为需求不足本身就是对供给的有力约束。

供给不足的原因在于供给收缩。因而，供给管理的重点就在于通过生产技术方面的重大改造和供给动力机制的重构，充分挖掘供给潜力；合理规划与调整产业结构，以使供给结构适应需求结构，减少资源闲置和供给滞存。显然，与需求管理相比，供给管理难以在短期内收效，需长期不断地努力。然而，一旦供给基础得到真正改善，就能从根本上协调供求矛盾，为社会总供求的长期平衡打下坚实的基础。

过去几十年，我国曾一度出现忽视供给管理的情况。这种倾向的出现，与我国经济发展的实际状况有关。过去的中国经济一直深陷于投资膨胀和压缩投资的痛苦循环。改革以来，这种循环也并未完全消除。所有这些，必然使得人们把注意力集中在控制需求膨胀上面。而在经济新常态下，由于中国经济发展所面临的国际和国内形势都发生了根本性的变化，以需求管理或“三驾马车”拉动经济增长的传统模式已难以为继。新增长模式强调经济增长的长期动力在于供给侧，在于劳动力、资本和生产效率的提升，效率提升最重要的源泉在于创新。因此，必须塑造更多依靠创新驱动、更多发挥先发优势的引领型发展。从这个意义上说，宏观调控决不能轻视供给侧管理，而需要从供给管理和需求管理双向发力推动经济发展。

参考文献：

［美］霍尔索夫斯基：《经济体制分析和比较》，经济科学出版社1988年版。

侯军岐：《国民经济管理学》，社会科学文献出版社2009年版。

蒋自强、史晋川：《当代西方经济学流派》，复旦大学出版社2001年版。

刘瑞：《国民经济管理学概论》，中国人民大学出版社2009年版。

钱伯海等：《国民经济学》，中国经济出版社1992年版。

魏火艳：《现代西方经济理论研究》，沈阳出版社2007年版。

吴虹：《西方经济学》，湖北科学技术出版社2008年版。

吴树青、胡乃武：《国民经济宏观管理问题研究》，北京大学出版社1993年版。

薛进军：《凯恩斯革命的再革命》，湖南教育出版社1989年版。

袁宁启：《现代宏观经济学》，中国经济出版社2006年版。

（刘海莺）

需求管理
Demand Management

需求管理是指通过调节总需求以达到特定的宏观经济政策目标。即通过对总需求的调节，实现总需求与总供给的基本平衡，以达到社会充分就业（无失业或失业率极低）、无通货膨胀或通货膨胀率极低等基本经济目标。需求管理理论是宏观经济政策的基本理论，也是宏观调控法的经济学理论基础。

需求管理的思想根源于凯恩斯（1936）的《就业、利息和货币通论》。在凯恩斯之前的研究中往往忽视国内需求的重要性，并且在“萨伊定理”的影响下，认为国内的供给自然能创造需求，不会存在供求不平衡的问题，即使有短期的供求不平衡，也很快就能够调整过来。然而20世纪30年代的世界经济大危机引起的供求失衡并没有很快解决。针对如何结束经济的长期衰退，实现充分就业，提高国民收入的问题，凯恩斯认为消费者、投资者的微观行为并不能保证宏观总供求的平衡，因此必须推翻古典经济学的自由放任逻辑。他认为资本主义经济中对商品和服务的总需求可能小于经济中的生产能力，其结果便是失业，但需求不足可通过增加政府支出、减税以及降低利率等来刺激投资，从而可相对提高总需求；若出现过度需求，那么财政或货币政策可通过紧缩来缓解。

“需求管理”这一术语的广泛使用是在第二次世界大战之后，20世纪50年代和60年代期间，大多数国家实施积极的需求管理政策，美国在60年代之前一直未推行财政扩张政策。一些学者认为，需求管理对高水平经济活动与下降的经济波动的贡献只能够借助于宏观经济模型得到检验，讨论了很长时期之后，仍难得到这些模型及有关的序列数据。但关于需求管理的研究一直都没有停止。需求管理政策一般来说是有稳定作用的,因为经济行为者和企业家相信政府会运用经济政策来控制经济活动,私人部门的一定规模和平稳的投资将有助于整个经济的稳定。

20 世纪 70 年代发达国家存在的"滞胀"使其进入 80 年代的衰退,对需求管理的潜在作用也开始进行重新评价。货币学派的主要代表弗里德曼(1968)认为,失业与通货膨胀之间不存在持久的交替关系。根据他的说法,如果失业率被推到由实际经济的性质所决定的某一"自然"率之下时,就会造成加速的通货膨胀。此外,由于在所需行动的诊断和有关政策对经济的作用之间存在许多不确定的时滞,相机抉择的需求管理变得很危险。因此,弗里德曼建议实行一种控制货币供应增长的简单规则。货币主义的影响使一些国家开始采取货币目标,如英国,但其所限定的货币供应标准遭到货币主义者的反对。70 年代末期发展起来的"理性预期"学派对需求管理的批评较为激进,其与新古典经济学中"自然率"结合,否定需求管理的政策会对经济产生影响。

但一直有一些经济学家坚持,需求管理对实际产出和就业的潜在影响仍然存在。他们认为 20 世纪 70 年代和 80 年代发生的问题是需求管理目标转到降低通货膨胀,若目标恢复到原来,就需一种可行的收入政策来削减通货膨胀。还有一部分则希望将需求管理的目标由实际产出转到稳定国内生产总值的名义价值增长上。

中国的需求管理总体上可分为两阶段:第一,计划经济体制下的需求管理。按照宏观经济理论,支撑经济增长有四大支柱:消费、投资、政府购买和出口。在计划经济体制下,投资和政府购买融为一体。政府决定全社会固定资产投资,同时控制社会消费,国民自主的消费需求极少,出口更是微不足道。新中国成立以后,土地通过中国政府分配给农民,到 20 世纪 70 年代末,一直实施计划经济体制下的投资审批制,作为唯一投资主体的中央政府以财政拨款进行投资,安排行政部门进行具体设计和施工。用有偿使用资金的办法来管理财政投资的尝试是从 1979 年 8 月开始,其标志是国务院批准的《关于基本建设拨款改贷款的报告》。计划经济时期,由于生产力水平较低,投资需求和人口变动需求存在矛盾,即政府的需求管理目标:一方面由于人口增加,需满足由其导致的潜在需求膨胀;另一方面还要满足工业化要求,尽可能压低消费、增加积累。这种完全由政府操办的需求管理在新中国成立初期确曾发挥过积极作用,它使中国在较短时期内建立起了独立的、比较完整的工业体系和国民经济体系,因此有利于初期工业化发展。但随着经济复杂化和产品多样化,以实物管理为主的计划指标体系越来越庞杂,相应的需求管理方式无法满足现实的需要。因此,需要探索在实现工业化目标的同时满足人口需求的新体制和机制,即在计划体制下引入市场,通过市场满足人口需求的混合体制,这就是所谓的体制外改革或称为渐进之路。

第二,转型后的需求管理。这一阶段,需求管理随着经济形势的变化,需要不断调整相应的政策。改革初的需求管理实质是在满足人口增长需求的同时实现工业化目标。随着改革开放的进行,生产增加,国民需求开始自主满足。在计划经济体制下,需求管理只考虑人口的基本需求能否得到满足,即考虑即使在收入不足的情况下也会努力渴望满足的需求,但很少考虑人口的有效需求,即指有支付能力的需求。改革开放之后,市场主导型的工业化模式实质上是一种"节约型"和"效率优先型"的工业化模式,主要要求发挥各种要素的比较优势。改革至今,中国的宏观经济出现了很大转变,产品过剩、需求旺盛、通货膨胀等问题相继出现过,需求管理需要针对经济生活中出现的这些更加复杂的问题充分利用财政、税收等政策,并考虑国际社会影响来进行。

参考文献:

[美]霍尔索夫斯基:《经济体制分析和比较》,经济科学出版社 1988 年版。

[英]斯罗曼:《经济学》,经济科学出版社 2001 年版。

侯荣华、赵丽芬:《宏观经济政策调控力度及协调分析》,中国计划出版社 1999 年版。

胡代光等:《凯恩斯主义的发展和演变》,清华大学出版社 2004 年版。

[美]凯恩斯:《就业、利息和货币通论》,商务印书馆 1963 年版。

钱伯海等:《国民经济学》,中国经济出版社 1992 年版。

吴树青、胡乃武:《国民经济宏观管理问题研究》,北京大学出版社 1993 年版。

[英]伊特韦尔等:《新帕尔格雷夫经济学大词典》,经济科学出版社 1996 年版。

张军:《比较经济模式关于计划与市场的经济理论》,复旦大学出版社 1999 年版。

(刘海莺)

周期性波动
Cyclical Fluctuations

周期性波动是指国民经济运行中,经济扩张与经济收缩的相互交替,是经济发展中高低起伏而又持续不断循环出现的波动性现象。

周期性波动的主要特征：一是全局性，即指不仅仅表现在个别部门上，而是表现在国民经济各个部门上，即为经济总量（实际国内生产总值）的波动；二是长期性，即指一个较长时期内考察的经济波动，是由经济运行的特殊机制，而不是偶然因素造成的；三是相似性，即指在相同阶段上有着一般性的相似特征，一般是由四个首尾衔接的阶段组成，即繁荣、衰退、危机、复苏；四是反复性，即一个周期的结束就意味着下一个周期的开始，在较长时间内，周期性波动的间隔是大体稳定的。

周期性波动形成的原因主要有：(1)外部原因。第一，太阳黑子理论。英国经济学家威廉·杰文斯和美国的亨利·穆尔等认为，太阳黑子活动的周期会影响地球的气候变化，从而形成气候变化的周期，而气候变化的周期则会影响到农业收成的丰歉，从而形成农业生产的周期性波动。由于农业成为人们生活必需品和某些工业原料的来源，因而，农业的周期性波动，必然影响到工商业。太阳黑子的出现是有规律的，大约每十年左右出现一次，因而经济周期大约也是每十年一次。第二，战争和人口理论。西方一些经济学家认为，战争以及人口的变化会影响经济活动总水平，也会影响一个国家的出生率，如第二次世界大战后出现的“婴儿潮”，并于20世纪60年代再度出现。从长期来看，出生率的增长和下降会影响经济活动，从1854年以来美国所经历的各次经济周期中可以发现，和平时期或者出生率突然增长和移民骤增期间，周期性波动的发生次数要频繁得多。第三，政治周期理论。英国学者费雪和美国学者诺德豪斯认为，在每一次大选来临之前，执政党为了取得选民支持以求连任，往往采取扩大财政支出、减少失业和增加福利等政策，促使经济繁荣。一旦选举结束，新政府上台，为了弥补赤字、提高效率和抑制通货膨胀，又会采取紧缩政策，这一过程一直延续到下次大选之前。因此，由于大选和经济政策重点的变化，国民经济便呈现出周期性波动。第四，创新理论。奥地利经济学家熊彼特认为，创新是指一种新的生产函数，或生产要素的一种“新组合”。当新组合出现时，旧组合仍然在市场上存在，新旧组合的共存必然给新组合的创新者提供获利条件。而一旦新组合的技术扩散被大多数企业获得，最后的阶段——停滞阶段也就临近了。在停滞阶段，因为没有新的技术创新出现，很难再刺激大规模投资，从而难以摆脱萧条。这种情况直到新的创新出现才被打破，从而再现新的繁荣。(2)内部原因。主要有：第一，消费不足理论。即把经济衰退归因于消费品需求不足，主要表现为：一是购买力不强造成消费不足。英国的道格拉斯认为，经济体系未能分配足够的购买力，造成实际购买力低于产品总价值，因而社会的全部产品不能完全以至少抵偿成本的价格出售，是造成经济收缩的主要原因；二是过度储蓄形成消费不足。美国的福斯特和卡钦斯认为，由于人们将收入中用于储蓄的部分超过了一定的比例，从而用于购买消费品的部分比例太小，引起消费不足，导致经济萧条，而收入分配不均等是造成“储蓄过多”的原因。第二，投资过度理论。即把经济周期性波动看作是生产结构严重失调状态，是资本品生产与消费品生产相比相对过度的结果，资本品生产发展促使经济进入繁荣阶段，但资本品过度生产导致经济进入萧条阶段。第三，心理因素理论。即认为经济周期性波动取决于投资，而投资大小主要取决于人们对整个经济未来进程的预期。在扩张阶段，人们受盲目乐观情绪的支配，往往过高地估计了产品的需求、价格和利润，而生产成本（包括工资和利息）则往往被低估了，并且人们之间存在着一种互相影响决策的倾向，从而导致了过多的投资。当这种过度乐观的情绪所造成的错误显现出来后，扩张就到了尽头，衰退于是开始了。企业经营者认识到他们对形势的预测是错误的，乐观开始让位于悲观，经济转而向下滑动，由此导致萧条。第四，货币决定理论。英国经济学家霍特里提出纯货币论，认为货币供应量和货币流通度直接决定了名义国民收入的波动，经济波动完全是由于银行体系交替地扩张和紧缩信用所造成的。现代货币主义者在分析经济的周期性波动时，延续了霍特里的观点。弗里德曼认为，现实经济中出现的波动现象是因为货币供应量不规则变化所致，经济扩张源于货币供应量持续增加，经济衰退则是货币供应量持续减少造成的结果。第五，实际经济周期理论。强调随机的实际因素的冲击导致了经济的周期波动，而不是货币因素。实际因素中最重要的是技术变动带来的冲击，由于假定关于这些冲击的信息是不完全的，经济当事人必须以某种方式从噪音中选取信号，正是由于他们不能完全做到这一点而引起了经济周期性波动。

周期性波动的传导机制主要有：(1)乘数—加速数机制，主要反映的是构成总需求的投资和消费之间的作用和反作用过程，以及对总产出的影响。投资数量的增长会通过乘数作用使收入增加，并扩大消费，从而通过加速数的作用促进投资以更快的速度增长，而投资的增长又使国民收入增长，从而消费再次上升。如此循环往复，国民收入不断增长，于是，社会便处于扩张阶段。而收入的增大达到资源所能容纳的极限，经济达到周期性波动的峰顶，收入便不再增长，从而消费也不再增长。根据加速原理，消费增长的停止意味着投资量下降为零，由于投资的下降，收入减少，从而消费也因之减少；根据乘数原理，消费的减少使得投资进一步减少，国民收入进一步下降，如此循环往复，社会便处于周期性波动的衰退阶段。而收入的持续的下降使社会最终达到周期性波动的谷底。(2)产业关联机制,主要反映的是国民经济各产业之间前向、后向“连锁反应”。例如,有的产业(如农业和基础产业)主要有前向关联效应,需要超前发展,否则就会对经济发展产生阻碍效应;有的产业(如加工工业)则主要具有后向关联效应,需要与具有前向关联效应的产业协调发展,否则会造成产业结构的失衡。由此导致经济的周期性波动。(3)上限—下限缓冲机制,主要反映的是经济增长的制约机制,即经济扩张不可能是无限的,存在对经济扩张的上限约束;经济收缩也不可能是无限的,存在对经济收缩的下限约束。经济周期波动的上限取决于社会所达到的技术水平和资源的可利用程度。如果经济处于收缩阶段,经济活动不可能无止境地萧条下去,到了一定的程度便会稳定下来。这是因为收入不能下降到不能维持最低消费的地步,资本量也不会减少到净投资为负数的地步,这便构成了衰退的下限。

参考文献:

[美]罗伯特·丁·巴罗:《现代经济周期理论》,商务印书馆 1997 年版。

白海军:《我国经济周期的成因及其测度研究》,载于《现代财经》2006 年第 3 期。

林木西、黄泰岩:《国民经济学》第二版,经济科学出版社 2010 年版。

林木西、柳欣:《政治经济学》(社会主义部分),陕西人民出版社 2013 年版。

王志伟:《中国经济周期及其理论的比较研究》,经济科学出版社 1998 年版。

赵彦云:《宏观经济统计分析》,中国人民大学出版社 1999 年版。

(周健)

区域结构

Regional Structure

区域结构也称地区结构,是指人类从事社会经济活动的空间范围。从经济区域划分,可分为跨国经济区域(如欧盟、北美自由贸易区和东北亚经济区等)和国内经济区域(如东部、西部、中部和东北等)。国民经济学所研究的区域结构一般是指后者。

合理的区域结构,是在充分发掘区域优势和潜力的基础上,促进区域资源和生产要素的自由流动与优化配置,形成相互促进、相互协作的区域结构体系,从系统整体上实现最优的经济效益、社会效益和生态效益。从区域结构产生的根源来看,无论在世界范围还是在一国范围内,经济技术的发展是非均衡的,地区间客观上存在着经济技术的梯度或差距。生产力的空间推移一般表现为由高梯度地区率先发展或最早引进先进技术,然后向处于第二、三级梯度地区的推移,导致区域结构的逐步演化发展。

从 19 世纪至今,出现大量关于区域结构演变规律的理论。其中最具代表性的理论包括梯度转移理论(Industrial Gradient Transfer Theory)和区域趋同理论(Inverted-U Theory)。梯度转移理论源于弗农(Vernon,1966)提出的工业生产的产品生命周期理论,区域经济学家将这一理论引入到区域经济学中。该理论认为,区域经济的发展取决于其产业结构的状况,而产业结构的状况又取决于地区经济部门,特别是其主导产业在工业生命周期中所处的阶段。如果主导产业部门由处于创新阶段的专业部门构成,则说明该区域具有发展潜力,因此将该区域列入高梯度区域。创新活动被视作决定区域发展梯度层次的决定性因素,而创新活动大都发生在高梯度地区,随着时间的推移与工业生命周期变化,生产活动逐渐从高梯度地区向低梯度地区转移,而这种梯度转移过程主要是通过多层次的城市系统扩展开来的。梯度转移理论主张发达地区应加快发展,形成集聚效应,再通过产业和要素向欠发达地区转移,带动整个经济的发展。

区域趋同理论最早由威廉姆逊(Williamson,1965)提出,该理论认为国家在经济发展初期,为加快整体经济的增长,公共投资将相对集中于条件好的地区,即实行非均衡增长。在此期间,地区差距将会扩大,但随着经济的不断发展,国家和发达地区的整体实力提高,中心城市发挥的扩散效应将不断增强,而发达地区由于工资、土地、水资源等成本提高会促使资本转移到成本更低的地区,由此使区域间的差距逐渐缩小,区域经济趋向协调发展。从长期来看,区域经济发展表现出从非均衡到趋于均衡的趋同过程。这一理论虽与梯度转移理论的分析角度不同,但其结论基本一致。

区域结构演变的影响因素,主要有四个:

一是自然禀赋条件。自然禀赋差异对区域结构演变具有重要影响。由于自然要素分布的不均衡,使区域之间客观上存在着资源禀赋的差异,从而影响区域结构的形成和变化。虽然资金、劳动力、技术、原材料等要素可以在区域间流动,但一些要素如土地、矿山、水域、地理位置等条件是很难改变,这是区域分工和区域结构形成的重要因素。

二是经济社会发展水平。区域结构演变与经济社会发展水平、市场机制完善程度有着密切的联系。高梯度地区,一般多为经济社会发展水平较高、市场机制较完善的地区;二、三梯度的地区,多为经济欠发达、市场机制不完善的地区。

三是科技创新能力。科技创新日益成为推动区域结构演化的关键因素,表现为技术进步、先进技术的广泛应用与区域自主创新能力的提高,可以加速提高区域竞争能力。从长期来看，技术更新速度加快，产业结构不断提升，将大大提升区域经济发展水平，推进区域结构的不断优化。

四是区域经济政策。区域投资政策、产业政策、财税政策等，会对不同地区发展产生重要影响。近年来，政府从全局出发，根据不同阶段经济社会发展需要、国内外发展态势与区域结构存在的突出问题等，制定区域经济政策，并确定重点发展区域，给予优惠政策。从效果来看，政府的区域经济政策，已成为推动区域经济发展、促进区域结构演变和逐步优化的重要因素。

改革开放以来，我国区域结构演变经历了从非均衡发展到协调发展的转变，大体上可分为三个阶段：

第一，非均衡发展阶段（1979～1990 年）。在该阶段，为加快发展速度和实施对外开放，我国逐步建立起涵盖深圳等 5 个经济特区、14 个沿海开放城市、14 个沿海经济技术开发区的以东部沿海地区为主的开放格局，实行经济支持政策。在 1985～1988 年间，从全国基建投资地区分配比例来看，沿海与内地的比例由 1.07∶1 增加到 1.36∶1，1990 年为 1.29∶1。形成了珠江三角洲、长江三角洲为经济增长极的重点区域开发格局，并通过建立京津冀经济区，形成第三个经济增长引擎。

第二，区域协调发展战略形成阶段（1991～1998 年）。20 世纪 90 年代后，国家经济实力增强，同时东、西部地区差距不断扩大并由此产生的问题日益凸显，国家确立区域协调发展的长期战略，促进地区经济的合理分工和协调发展。将坚持区域经济的协调发展，逐步缩小地区发展差距作为长期的发展目标之一。与此同时调整并实施区域经济发展战略和政策，主要包括实行全方位对外开放，调整国家投资和产业布局政策，增加中西部地区投资比重以及完善国家扶贫政策和民族地区政策等。

第三，全面实施区域协调发展战略阶段（1999 年至今）。在该阶段，为促进区域经济协调发展，在东部率先发展的基础上，国家先后制定并实施了西部大开发、东北地区等老工业基地振兴和中部崛起战略。“十二五”规划明确提出“坚持实施推进西部大开发，振兴东北地区等老工业基地，促进中部地区崛起，鼓励东部地区率先发展区域发展总体战略”，“逐步形成主体功能定位清晰、东中西良性互动、公共服务和人民生活水平差距趋向缩小的区域协调发展格局”。需要指出的是，逐步缩小区域经济差距，实现区域协调发展，是区域结构演变的必然趋势，也是一项经过长期持续努力才能实现的极其艰巨的任务。

参考文献：

陈秀山、张可云：《区域经济理论》，商务印书馆 2003 年版。

郝寿义、安虎森：《区域经济学》，经济科学出版社 2009 年版。

林木西、黄泰岩：《国民经济学》第二版，经济科学出版社 2010 年版。

孙久文、叶裕民：《区域经济学教程》，中国人民大学出版社 2003 年版。

魏后凯：《现代区域经济学》，经济管理出版社 2006 年版。

张秀生：《区域经济学》，武汉大学出版社 2007 年版。

（张华新）

投资结构

Investment Structure

投资结构是指一定时期内投资总量中所包含的各类投资的构成及其数量比例关系。在一定的社会经济体制下，它是现存生产关系在投资活动中的反映。一般来说，投资结构具有质和量两方面的规定性，是二者的有机统一。从质的规定性来看，它是投资结构各要素之间经济、技术属性上的内在联系；从量的规定性来看，它是投资结构各要素之间的数量比例关系。

在不同的经济体制下，人们对投资结构概念的理解是不同的。在计划经济体制下，投资结构是指固定资产投资在国民经济各部门、各地区之间，生产性建设与非生产建设之间，不同的技术构成和投资方式之间以及各自内部的相互联系和比例关系的总和。它包括投资方向、生产力布局、大中小建设项目的构成、投资方式之间的相互比例等。应该说，计划经济时期的投资结构是国家财政拨款的结果。“六五”以前，一般讲“基本建设投资方向”，即基本建设投资分配于各部门、各地区的一定比例。在基本建设投资方向的安排和调整中，主要依据如下比例关系：一是经济建设与社会发展的投资比例；二是生产性建设与非生产性建设的投资比例；三是国民经济各物质生产部门的投资比例；四是各地区的投资比例；五是工业部门内部的投资比例；六是大型项目与中小型项目的投资比例；七是新建与扩建项目的投资比例；八是续建项目与新开项目的投资比例。“七五”以来，改用“投资结构”的概念来描述投资在各部门、各地区的分配，范围从基本建设投资扩大到包括技术改造投资在内的全部固定资产投资，除包括上述八种比例关系外，还包括基本建设与技术改造的投资比例。因此，在市场经济体制下，作为社会再生产重要活动的投资结构无论从内涵还是外延都得到进一步拓展。

在市场经济条件下，投资结构内涵有狭义和广义之分。狭义的投资结构就是指的实际投资与金融投资、直接投资与间接投资、固定资产投资和流动资产投资的结构问题。而广义的投资结构是指投资在国民经济中各经济成分之间、各地区之间、各产业之间的分配比例关系的总称，是将投资结构作为一个系统来考虑，并且认为系统的功能不等于各个子系统功能的简单加总，各子系统的关联方式不同，系统的总体功能也就不同。

广义的投资结构除涵盖狭义投资结构的全部内容外，还可以从不同角度对投资结构进行分类。根据投资来源不同，可以将投资结构分为国家预算内投资、银行信贷投资、企业自筹资金投资和利用外资，称为投资的资金来源结构；根据投资主体不同，可以将投资结构划分为政府投资（又分为中央政府投资和地方政府投资）和非政府投资（又分为国有企业投资、集体企业投资、个体私营企业投资、外商投资和个人投资等），称为投资的主体结构；根据投资总量在不同产业间的分布情况，可以将投资结构分为第一产业投资、第二产业投资和第三产业投资，称为投资的产业结构；根据投资总量在不同地区间的分布情况，可以将投资结构分为东、中、西部投资或者发达地区、不发达地区投资等，称为投资的地区结构；根据投资资金在不同所有制企业间的分布情况，可以将投资结构分为全民所有制企业投资、集体所有制企业投资、股份制企业投资、外商投资企业投资和个体私营企业投资等，称为投资的所有制结构；根据投资所形成资本流动性的不同分为固定资产投资和流动资产投资，称为投资的固流结构等等。当然，还可以从需求和供给的角度分为投资需求结构和投资供给结构；从投资需求和供给各自的内部关联看，投资需求和供给可以进一步分为替代性投资需求与供给及互补性需求与供给。

投资结构作为一个多层次的有机体系，其本身是不断发展变化的，因此，投资结构的合理化仅仅是在一定时期内，在一定的历史条件下和一定的经济发展阶段上的合理化。投资结构合理化调整的目标也是多重的，目标之间既有联系又有冲突。投资结构内部各种结构在一定的条件下都有自己合理的目标，如投资产业结构的均衡、地区结构的分布合理以及投资结构的整体经济效率的转换能力等，这些目标并不是完全一致或者说同步的。一种目标合理了，可能导致另一种或多种目标的不合理。由于各种结构在整个投资结构中并不处于同一层次，每种结构目标在整个投资结构中的地位和作用也是有区别的。因此，在现实经济中，既要综合全面地考虑投资结构调整目标的总体效益，也要分析这些目标在投资结构中的主次关系。只要占主导地位的结构目标合理，或综合的结构效益提高了，就可以认为投资结构合理。

在众多投资结构中，投资的部门结构和地区结构是研究投资结构的重要内容。

投资的部门结构是最重要的投资结构。首先，从产业结构与需求结构的相互关系上看，一定时期的社会需求结构及其变化，固然会推动供给结构的变化，但人们的生产消费需求和生活消费需求的满足，直接取决于一国供给结构或产业结构的状况及其变化，取决于各产业部门生产能力的大小和产品数量的多少。而一定的产业结构是由一定的投资在各产业部门分配的比例形成的。因此，投资的部门结构的变化，是同整个需求结构的变化相联系的，并最终决定社会总供求的结构是否相互适应。其次，从产业结构本身来看，一个合理的产业结构要求各部门之间在生产上相互衔接、紧密配合，即要求投资品生产、消费品生产、中间产品生产之间保持合理的比例关系，为此也必须使投资在各产业部门之间按一定比例合理分配。最后，从资源合理配置的角度来看，一定时期一国的生产资源的数量总是有限的，生产资源的开发和利用程度受到国内出口换汇能力和国际市场条件变化等的制约。如何将有限的资源进行合理分配，并取得较高的资源配置效率，也要取决于投资的部门机构的合理化。

投资的地区结构也是重要的投资结构之一。优化投资的地区结构，对于各种生产资源在地区之间的合理配置并取得较好的资源配置效率，充分发挥各地区的自然优势、经济优势和科学技术优势，缩短各地区经济发展水平的差距，促进各地区间大体协调的发展，保证社会总供求的平衡，具有十分重要的意义。

我国是一个国土辽阔、人口众多的大国，同时又是一个资金缺乏、人均资源占有量较少、地区间差异很大的发展中国家。根据我国的国情，在充分利用市场机制调节作用的同时，加强宏观调控，合理安排投资的地区结构，尤为重要。

参考文献：
戴玉林：《投资结构论》，中国金融出版社 1995 年版。
林木西、黄泰岩：《国民经济学》第二版，经济科学出版社 2010 年版。
庞明川：《中国的投资效率与经济可持续增长》，中国科学出版社 2008 年版。
张中华：《投资学》，高等教育出版社 2006 年版。

（张虹）

消费结构
Consumption Structure

消费结构包括狭义和广义两种内涵。狭义的消费结构指人们在消费的过程中，对不同的消费资料（包括劳务）的消费所形成的比例和组合关系；广义的消费结构是指人们在消费过程中各种要素之间按一定的方式、一定的顺序建立起来的相互关系的总和，如不同消费者群体间的消费的比例关系、个人消费和社会集体消费构成、商品性消费和自给性消费构成等。广义消费结构是在狭义消费结构基础上拓展来的，可以将其理解为消费结构研究的主要内容，因此对消费结构的研究主要研究狭义的消费结构。不过由此可知消费结构是一个理论内涵丰富、具有多层次、多角度规定性的一个经济学范畴，对于其分类，按消费的规模来划分可分为微观消费结构与宏观消费结构，按消费需要的层次划分可分为生存、享受和发展型的消费结构，按消费支出的不同方面可划分为吃、穿、用、住、行等消费形式结构等。

消费结构的研究大致始于 17 世纪末西方学者对工人阶级生活消费的分析，当时被称为“预算”，到 19 世纪末开始使用“消费结构”这一概念。

消费结构的影响因素较多，主要包括：(1)生产力的水平。生产决定着消费，因此影响生产的各种因素最终会决定着消费的基本结构；(2)市场的发展水平。市场的竞争水平及价格体系的完善水平等会直接制约着居民的消费结构；(3)收入水平。居民的收入是影响消费结构的基本因素，居民会在其收入水平下做出并实施各种消费；(4)制度、习惯等因素。一个国家或地区的经济制度、货币制度、社会保障制度等均会对消费结构产生影响。一个社会的人口结构和群体的消费习惯等会对某一国家或地区形成相对比较固定的消费结构产生一定的影响。

消费结构的作用主要表现在其对于生产结构、产品结构、分配结构和交换结构的制约及连通功能上。居民的消费行为下的消费结构会反作用于生产，形成新产品需求，从而促使生产结构调整。分配与交换会介于生产和消费中间，消费结构会通过促进交换与分配方式的调整来促进生产结构的转换。因此，消费结构是国民经济良性循环的重要一环。

参考文献：
姜彩芬、余国扬、李新家、符莎莉：《消费经济学》，中国经济出版社 2009 年版。
林白旭、臧旭恒：《消费经济学大辞典》，经济科学出版社 2000 年版。
梅洪常、王田、胡宝娣等：《消费增长与结构优化》，经济管理出版社 2007 年版。
伊志宏：《消费经济学》，中国人民大学出版社 2004 年版。
尹世杰：《消费经济学》，高等教育出版社 2003 年版。

（赵德起）

进出口结构
Import-Export Structure

进出口结构是指一定时期内一个国家进出口的构成，包括出口结构和进口结构两部分。进出口结构有狭义和广义之分。狭义的进出口结构指的是进出口商品或服务结构，即各类商品或服务在一国对外贸易中所处的地位，通常以某大类或某种商品或服务在进出口总额中所占的比重来表示。广义的进出口结构除了包括进出口商品结构外，还包括进出口的地区结构，即各个国家或国家集团在一国对外贸易中所占有的地位，通常以其在该国进出口总额中的比重来表示。

进出口商品结构可以反映出一个国家的经济和科技发展水平、经济和产业结构以及资源禀赋情况。如发达国家的出口中资本和技术密集型的机器设备等制成品占较大比重，而发展中国家的出口中初级产品和劳动密集型制成品占较大比重。

进出口地区结构反映一个国家或地区出口商品的去向和进口商品的来源，显示了该国与其他国家或地区之间的经济贸易关系密切程度和相互依赖程度。

进出口商品结构又可分为货物进出口结构和服务进出口结构。货物是可以看得见的有形实物，种类繁多，为便于统计，联合国秘书处颁布了“联合国国际贸易标准分类(简称 SITC)”，把国际贸易商品共分为 10 大类，每大类下面又划分为章、组、分组和基本项目。这 10 类商品依次按照数字 0～9 排列，分别为：食品及主要供食用的活动物(0)；饮料及烟类(1)；燃料以外的非食用粗原料(2)；矿物燃料、润滑油及有关原料(3)；动植物油脂及油脂(4)；未列名化学品及有关产品(5)；主要按原料分类的制成品(6)；机械及运输设备(7)；杂项制品(8)；没有分类的其他商品(9)。在国际贸易中，一般把 0 到 4 类商品称为初级产品，把 5 到 8 类商品称为制成品。为了协调和统一商品分类，海关合作理事会研究并制订了“商品名称及编码协调制度(简称 HS)”，于 1988 年正式实施，将商品分为 21 类，每类下面划分为章、税目、子目。由于服务的内容相当广泛，WTO 的《服务贸易总协定》将其概括为跨境提供、境外消费、商业存在、自然人流动，并进一步将其划分为十二大类，分别为商业服务、通讯服务、建筑及相关工程服务、销售服务、教育服务、环境服务、金融服务、卫生保健和社会服务、旅游及与旅游相关的服务、娱乐文化和体育服务、运输服务、其他服务。

一个国家或地区的进出口地区结构受国际、地区或国内的经济发展影响。对一国而言，如果与某一个或某几个国家的贸易额占其对外贸易总额的比重比较高，则进出口地区结构比较集中；反之，进出口结构则比较分散(张二震、马野青，2007)。进出口地区结构的集中虽然有利于降低交易成本，但容易受制于人，且在发生经济危机时易受重大影响，从而影响到国内经济的经济发展和就业稳定。进出口地区结构的分散虽然加大了交易成本，但却可以降低一国对外贸易的政治、外交和经济风险，从而有利于稳定贸易收益。因此，从长远来看，进出口地区结构分散有利于一国对外贸易的持续稳定发展。

参考文献：
陈同仇、薛荣久：《国际贸易》，对外经济贸易大学出版社1997年版。
崔日明、王厚双、徐春祥：《国际贸易》，机械工业出版社2009年版。
崔日明、王厚双：《宏观经济调控与对外经济政策》，经济科学出版社2005年版。
张二震、马野青：《国际贸易》，人民出版社、南京大学出版社2007年版。

（刘向丽）

收入分配结构
Income Distribution Structure

收入分配结构是指国民收入通过各个阶段的分配，所形成的不同所有制单位、不同地区、不同部门和城乡之间的收入分配和比例关系。

国民总收入（GNI）是由我国1993年开始实行的国民经济核算体系，即联合国通用的“国民账户体系”（SNA）出发来定义的。之前，我国主要采取苏联等国通行的“物质产品平衡表体系”（MPS）中的国民收入指标。在此体系中，国民收入是指一个国家或地区在一定时期内由物质生产部门的劳动者所创造的物质产品价值总和，等于社会总产值扣除生产中消耗的生产资料价值之后的净产值，国民收入核算仅限于物质生产部门。而“国民账户体系”所核算的国民总收入不仅包括物质产品价值，还包括服务等非物质产品价值。按照国家统计局的定义，在“国民账户体系”下，国民总收入是各种生产要素所得到的全部收入，在数值上等于国内生产总值（GDP）加上来自国外的净要素收入。

按照分配的不同阶段，国民总收入分配可分为初次分配、再分配和第三次分配。初次分配是以一个国家或地区所有常住单位在一定时期内所参与形成的国民收入为起点，经过初次分配，在劳动者、企业和政府间形成三部分原始收入，初次分配结构即表现为劳动者、企业和政府三大部门间的收入分配比例关系。再分配是在初次分配基础上，通过所得税、社会保障及转移支付等项制度安排，对各经济主体和不同收入人群间的收入进行调节。第三次分配则是进一步实行收入的转移支付，以民间捐赠来弥补政府调节的不足，属于社会互助性的分配，是对二次分配的必要补充。从国际经验看，由私人捐资建立的各种非赢利性基金会在第三次分配中扮演着重要角色。由于第三次分配是人们的一种自觉自愿行为，所带来的影响不仅是经济的，而且是社会的和政治的，因而发挥了市场调节和政府调节所无法替代的作用。三次分配的结果，形成各个经济主体的最终可支配收入。就国民收入分配的理论渊源看，可以追溯到古典政治经济学的理论思想。李嘉图是古典政治经济学家中研究收入分配的代表人物，在其著作序言中写道：“决定调节该分配的法则是政治经济学的主要问题”。后来马克思、斯拉法在分析中也遵循了收入分配的“古典主义传统”，把社会产品分为两部分，一部分用于社会再生产，包括工人的基本生活资料，另一部分形成社会的纯产品或剩余。古典主义理论的目的，就在于解释决定这一剩余产品多少及其在各阶级中如何分配的条件。后来，凯恩斯基于有效需求不足的判断，认为实现充分就业、解决收入分配不公的方法主要有两种：一是加强对富人直接税的征收，二是消灭食利者阶层，“资本主义体系中坐收利息阶级一经消灭，资本主义便将大为改观”。新古典学派则坚持边际生产力分配论，从消费者偏好、技术和要素供给来解释工资、利润等收入分配问题。以新剑桥学派为主的后凯恩斯主义收入分配理论则反对认为新古典学派的边际生产力分配论，认为是资本家阶级的储蓄率而非资本的边际产出影响资本利润率，并且认为，要使收入分配更加公平，尤其是如何保证财产收入所负担的赋税份额能够公平，就要把累进税的税基由个人收入改为个人支出，且最好这种税基还能包括资本增益和大宗的意外收入。此外，库兹涅茨的倒“U”型理论表明，随着经济增长，一国收入分配的长期变动轨迹呈现“先恶化，后改进”特征。

由前所述，按照分配的不同阶段，国民收入分配结构包括初次分配结构、再分配结构和第三次分配结构。此外，结合我国实际，收入分配结构还可进一步划分为城乡结构、地区结构、行业结构、社会群体结构以及所有制结构等多种具体形式。就目前而言，上述收入分配结构的不合理之处在于，城乡收入差距、地区收入差距仍然较大，垄断行业、既得利益群体收入畸高问题突出，亟待通过收入分配制度改革，规范收入分配秩序，缩小收入分配差距，进一步使收入分配结构合理化。

参考文献：
《马克思主义政治经济学概论》编写组：《马克思主义政治经济学概论》，人民出版社、高等教育出版社2011年版。
［英］凯恩斯：《就业、利息和货币通论》，商务印书馆1988年版。
张向达、王询：《现代西方收入分配理论比较研究》，载于《当代财经》1998年第3期。

祝洪娇:《中国现阶段收入分配差距与两极分化问题研究》,人民日报出版社 2006 年版。
余斌、陈昌盛:《国民收入分配困境与出路》,中国发展出版社 2011 年版。

(和军)

三、国民经济管理

国民经济决策
Decision-Making of National Economy

国民经济决策一般是指对未来宏观经济过程如何发展所作的选择和决定。经济决策作为一门科学,是在第二次世界大战前后产生的。当时,随着资本主义生产力的迅速发展和竞争的更加激烈,经济管理日益复杂繁重,过去仅凭经验和个人才智预计经济发展趋势和优选行动方案的决策已经难以为继。于是,人们转变了过去依靠经验和个人才智进行决策的办法,开始运用先进的科学技术进行决策。由于经济学、社会学、心理学、运筹学及电子计算机等先进科学技术广泛地应用于决策,大大地提高了决策的质量。在概括决策管理的新经验的基础上,一门新兴的边缘科学即科学决策理论产生了。19 世纪 50 年代前后,以美国卡内基—梅隆大学的赫伯特·西蒙和詹姆士·马奇为代表,提出了一门独立的学科,即决策理论。这一理论以社会系统理论为基础,并吸收了行为科学、系统理论、运筹学和计算机程序等学科的内容。

经济决策是关于未来经济如何发展所作的选择和决定。决策有如下性质及其主要特征。

第一,决策是面对未来的选择和决定。即在管理行动之前,对国民经济应当向何处发展和应当怎样发展所作的事先安排和决定。

第二,国民经济决策的实质是择优。即对未来经济发展的目标和实现目标的多种途径,作出符合客观规律的合理选择,寻求能够获取最大经济或社会效益的行动方案。

第三,决策的目的是为了采取正确的管理行动。经济活动需要有效的指导,指导的意义取决于正确的决策;即正确的决策产生正确的行动,正确的行动来源于正确的决策。也正是这一性质决定了决策在国民经济管理过程中是最关键、最重要的职能。

第四,国民经济决策形成的整个过程是一个动态过程。要在掌握大量信息、资料的基础上、经过系统分析、研究论证、思考判断等过程而后作出。国民经济决策是为解决问题和完成新任务而作出的决定,其最突出特征就是对经济活动、社会发展的直接指导性,最核心的问题就是择优,是创造性的管理活动。

第五,经济决策具有多层次性。可分为个人决策、企业决策、部门决策、国家决策等不同层次。由国家一级作出的关系到国民经济总体发展的重大决策,统称为国民经济决策。

人们在经济管理活动中,要对经济和社会发展目标、发展规划、行动方案、方针政策、重大战略措施等一系列问题作出决定和选择。这些研究、选择、拟定、编制、寻求活动就是国民经济决策的内容。

国民经济决策是统驭全局的最高层决策,是关于整个国民经济战略部署的长远大计,国民经济决策正确与否,直接关系到社会主义现代化建设事业的成败,在整个决策中占有重要地位:

第一,国民经济决策是全局性、战略性的决策。它关系到国民经济的整体运行,对整个经济机体的协调运转和经济发展总态势产生深刻、长远、广泛的影响,对整个经济发展有决定性意义。国民经济决策对企业经营决策、部门决策、地区决策具有指导作用,决定着企业、部门、地区发展的前途和命运,关系着亿万人民的生活、影响到政治形势、社会生活的各个方面。

第二,国民经济决策是制约国民经济管理水平的重要因素。国民经济管理具有计划、组织、指挥、调控、监督等职能。国民经济决策贯穿于整个国民经济管理过程之中,是各种管理行为的核心内容,各个管理职能作用的发挥都离不开决策。要提高国民经济管理水平,首先必须提高决策水平。

第三,国民经济决策是提高政府计划管理效率的重要依据。政府计划是国民经济决策的具体化,决策正确与否对政府计划管理工作的效率起着决定性作用。实践证明,正确的国民经济决策是政府计划管理取得良好效果的依据和关键。坚持正确的思想路线,从实际出发,正确决策,有利于提高政府计划管理效率。

第四,正确的国民经济决策是动员、鼓舞亿万人民群众进行现代化建设的行动纲领。正确的决策是客观经济规律的体现,根据一定时期政治、经济任务提出的发展方向、重点、措施,既为各行各业提出了明确具体的任务和要求,又为广大人民群众指明了美好的前景和奋斗目标,使广大人民群众都认识到自己所担负的任务与国家总任务之间的关系,明确自己的职责,从而统一人们的思想,调动人民的积极性,协调一致地进行社会主义现代化建设。

第五,国民经济决策具有复杂性。主要因为:一是由于国民经济决策是多目标的决策,综合考虑和协调各方面的要求是一个十分复杂的问题;二是由于在国民经济这一庞大机体内部,存在着多方面的依存关系,任何决策不能只孤立考虑本身的合理性,还要考虑与其他决策的关联性和综合效应;三是国民经济决策不仅必须考虑极其复杂的多种因素,而且这些因素又处于不断变化之中,从而使国民经济决策经常面临着复杂多变的环境和一些不确定因素,经常要研究新情况、新要求、新问题和可能出现的风险。

由于国民经济是一个错综复杂的整体,它包括经济、社会发展的各个方面、各个层次和所有过程,因此,国民经济决策可以从不同角度进行分类:

一是按经济决策的性质划分。可分为战略性决策和一般性决策:战略性决策是关于国民经济中涉及全局性、长远性和方向性问题的决策,如一定时期内经济发展的目标、重点、政策、措施、重大项目等,都属于战略性决策;一般性决策是指在日常管理工作中,对个别或局部问题进行的决策,这些决策在内容和方向上应该符合总体决策的目标,应成为实现战略性决策的手段或具体形式。

二是按时间划分。国民经济决策包括长期决策、中期决策与短期决策:长期决策一般指十年和十年以上的指导性、纲领性的决策;中期决策一般是指二年以上、十年以下,主要是五年左右的战略与战术紧密结合的决策,它是在长期决策的基础上加以制定的,既是长期决策的具体表现,又是短期决策的基础,以保证经济决策实施的连续性;短期决策是指一年及一年以下的经济活动实施决策,是具体指导经济发展的行动决策,也是中期决策的具体化,对中、长期决策的实施和贯彻落实起保证作用。

三是按照管理层次分。国民经济决策可以分为中央政府决策(包括中央各个管理职能部门的决策)和地方政府决策两个层次:按照统一领导与分级管理相结合的原则,中央与地方之间划分了必要的决策权限范围,一般涉及全局性和重大性问题的决策归属中央决策权限范围,地方政府不能越权,并且要积极贯彻和落实中央决策;而涉及区域性和局部性问题的决策则归属地方政府决策权限范围,中央政府不宜专权,干预过多会挫伤地方政府的积极性,造成消极后果。

总之,国民经济决策是为解决问题和完成新任务而作出的决定。其最突出特征就是对经济活动、社会发展的直接指导性,最核心的问题就是择优,是创造性的管理活动。

国民经济决策是社会经济活动组织管理的一个带有全局性、根本性的问题。决策是否正确、合理,对国民经济发展关系极大。因此,需要进一步完善国民经济决策,从组织体系上保证决策的科学性:

第一,坚持决策研究与决策行动紧密结合。所谓决策研究,是指专家或具体业务管理机构的研究中心(室、所)等提供各种备选方案和论证资料的过程。决策行动是指在决策研究的基础上,由领导或领导层集团作出选择和决定的过程。社会主义市场经济条件下,生产的社会化、工业化、商品化、现代化步伐加快,面临的重大决策越来越频繁,凡重大决策都设计到政治、经济、科学、技术、社会、思想等多方面的因素,对决策的要求很高。然而任何领导者其个人的知识和才能总是有限的,因而在现代科学决策过程中出现既独立又相互联系的两个决策环节,即决策研究、决策行动。这种谋、断相对分工而又相互配合的决策体制,保证了决策的科学化,顺应了现代化大生产发展的客观要求。

第二,合理划分决策权限。就是要建立合理分工、上下结合、相互协调、职责分明的决策体系,其实质是正确处理好中央与地方、企业经济管理权限,以调动各方面的积极性。国民经济的各项决策是一个互相协调的系统。在这个系统中,每一项决策都有特定的地位和作用范围。政府决策总揽全局,各地方和各基层单位既要根据本身特定的条件和面临的种种问题进行具体决策,又必须使这些具体决策服从政府的战略决策,真正做到合理划分,上下结合,互相衔接。

第三,建立健全国民经济决策责任制和审批制度。决策责任制是管理工作责任制中的一项最重要的内容。过去,在经济管理体制上,只强调权限的划分,没有相应地明确经济责任,也不与经济利益挂钩,是造成轻率决策,甚至瞎指挥的重要原因之一。因此,为保证政府经济决策的正确性,必须遵循经济权力、经济责任和经济利益相结合的原则,建立严格的国民经济决策责任制。建立决策责任制的前提是明确各级单位的职权,在正确划分各级权限的同时,明确地规定其责任,做到各司其职,各负其责。

参考文献:

[美]西蒙:《管理行为》,机械工业出版社 2007 年版。

李华、刘瑞:《国民经济管理学》,高等教育出版社 2001 年版。

裴元秀:《国民经济管理讲座——第七讲国民经济决策管理》,载于《学习与研究》1985 年第 6 期。

张今声:《国民经济管理学教程》,辽宁大学出版社 1990 年版。

(张虹)

经济社会发展战略

Economic and Social Development Strategy

经济社会发展战略是指在世界经济、政治、军事、文化等背景下,国家根据实际情况和发展规律的要求,对未来较长时期国民经济和社会发展的全局性重大问题提出的总体构想,以及实现这一构想的政策体系。

经济社会发展战略主要有以下特征:

一是全局性和宏观性。经济社会发展战略提出的背景和战略导向立足于经济和社会发展全局,着眼于经济和社会发展中的重大宏观问题,与研究经济和社会发展个量问题的范畴有明显区别,主要反映发展战略的空间特点。

二是长期性和阶段性。经济社会发展战略所确定的战略任务和目标,通常是一个国家或地区经过较长时间努力奋斗才能实现的。这个较长时间不仅具有相对的长期性,而且往往与经济发展的中长周期和经济建设的周期规律相关,因而具有明显的阶段性,主要反映了发展战略的时间特点。长期性和阶段性表明发展战略具有相对稳定性,如果规划期内国内、国际发展环境没有发生重大变化,虽然可能对发展战略做局部调整,但是一般不会有大的改变。

三是主观能动性和前瞻性。经济社会发展战略研究其本质是战略制定者和战略实施主体对未来经济和社会发展的预期,所确定的任务目标以及所提出的对策建议都建立在分析预测和优化选择的基础上,因此具有很强的主观能动性和前瞻性。由于发展战略具有重要指导作用,同时又具有强烈主观色彩,所以要求发展战略必须立足客观实际,符合发展规律,即要求战略制定者必须运用科学理论和方法,搞好对经济和社会发展的预测,确保发展战略科学合理。

四是综合性和系统性。经济社会发展战略统领经济和社会发展全局,其指导作用覆盖各个领域,辐射各个层面,必须经过全面的研究、比较、归纳、提炼才能形成,从而使其具有综合性和系统性,即是一个完整的目标体系和政策体系。一般来说,一定时期内一个国家或地区的经济社会发展只能有一个集中而鲜明的总体战略,在总体战略指导下,各领域、各层面有各自的分战略,从而形成系统的、分层次的战略体系。

经济社会发展战略主要有以下基本要素:

一是战略定位。随着科技进步对经济和社会发展的推动作用不断加强,世界产业结构调整不断深化,各国都在经济全球化和区域经济一体化进程中寻求自己的发展方向和国际定位,据此调整本国的战略方针、目标和重点,调整同其他国家的经济关系。所以,在制定发展战略时,科学定向成为首要任务,战略定位也因此具有第一战略要素的价值。我国幅员辽阔,各地的区位条件、发展基础不同,无论参与国际竞争还是加强国内合作,在制定发展战略时也要首先搞好战略定位。

二是战略方针。在明确战略方向和定位的前提下,制定发展战略必须研究确定战略方针,即发展战略的指导思想。它决定着发展的基本出发点和基本准则,是对整个发展战略的高度概括,也是发展战略的灵魂,对发展战略的制定和实施具有统帅作用。

三是战略目标。它是发展主体在特定时期所要实现的基本任务和所要达到的总体要求,通常由一系列定性和定量的指标来体现。战略目标是战略的核心,既是战略定位和战略方针的具体化,又决定着战略重点、战略布局、战略步骤和战略措施。战略目标一般涉及经济、社会全面协调可持续发展和人的全面发展等总体格局,是由多重目标组成的目标体系。它既有先进性,又有可行性,是定性与定量的统一,体现着即期目标与长远目标的衔接。

四是战略重点。它是对实现战略目标具有决定性影响的关键环节和因素,是发展全局中的主要矛盾。选择战略重点一般有两种情况:一是根据总体战略特别是发展目标的要求,抓住一定时期内对实现战略目标有重大带动作用的优势环节、部门,充分发挥其先导和牵动作用,促进整个国民经济的发展;二是抓住对实现战略目标有严重影响或“瓶颈”制约的薄弱环节、部门,解除发展中的“短板”限制和“瓶颈”约束,促进国民经济全面协调发展。

五是战略布局。如果说战略重点通常针对发展中的关键环节或部门,则战略布局主要针对空间布局中的关键环节或区域。过去研究战略布局往往着眼于微观上的生产要素配置和宏观上的区域协调发展,这在当前和今后一个时期仍然很重要。但应从更高层面和更宽背景下思考,把实现空间均衡即经济和社会发展、人口分布和流动、自然资源和生态环境的承载力三者互相适应、协调统一作为战略布局的中心环节。这不仅是当前中国经济社会发展所处阶段的要求,也是未来可持续发展的客观要求。

六是战略步骤。它是发展战略在时间上的表现,体现着战略制定者对实现战略目标的时序思考。从目前现实状态到预期目标状态往往是一个比较长的时期,一般需要经过若干个相互衔接的发展阶段。不同的发展阶段有不同的内部条件和外部环境,有不同的任务和要求,因此需要大体划分出战略阶段即战略步骤,做到总体谋划,分步实施。从事物发展的规律性和国内外的发展实践看,一个完整的战略通常包括近期起步、中期推进、远期完善三大步骤。正确划分战略步骤,合理确定阶段性目标,可以增强发展战略的科学性和可操作性。

七是战略措施。它是为实现发展战略所要采取的各种对策和手段的总和,是发展战略能否实现或实现到什么程度的具体保障。主要应根据战略定位、战略方针和战略目标的要求来设计,形成战略对策,在较长时间内发挥政策导向作用。同时它又要根据战略步骤的划分和特点,各时期的具体条件和环境,形成因时而生、因地制宜的具体措施,具有针对性和灵活性。在社会主义市场经济体制不断完善的环境下,战略措施在综合运用各种手段时,应更加注重经济手段和法律手段的运用。

概括起来,发展战略的上述七个基本要素可以分为“三大构成”:一是战略定位、战略方针、战略目标,它们在整个发展战略架构中处于高端,定向、定性、定量地展示着发展战略要义和精髓，是发展战略的核心与灵魂；二是战略重点和战略布局，它们在发展战略总体架构中处于中端，把发展战略的基本精神经纬交织而且纲目清晰地覆盖到经济和社会发展的各个主要领域；三是战略步骤和战略措施，二者处于发展战略总体架构的基础，保证发展战略有序运行和有效推进。

从国民经济和社会发展的基本脉络上考察，我国主要实行了以下战略：

一是社会主义工业化战略。从新中国成立初到十一届三中全会前，我国基本实行以赶超为主要目标、以重工业为发展重点、以高度集中的计划经济为体制基础的社会主义工业化战略。在新中国成立初期的国际国内政治经济背景下，优先发展工业的基本宗旨是正确的，问题在于在推进工业化过程中出现了急于求成的"左"倾冒进思想。虽然后来经过三年调整，国民经济重新走上发展轨道，但是对错误的战略思想并没有进行深刻反思。接下来就是"文化大革命"十年动乱。1976年粉碎"四人帮"时，国民经济已经到了濒临崩溃的边缘，本该及时理清发展思路，迅速扭转国民经济停滞和混乱局面，可是长期存在的"左"倾思想再次抬头，在战略部署中又一次提出新的冒进目标，试图在主要经济指标上赶超世界先进水平，这种脱离国力的安排使经济发展再次陷入盲目和徘徊状态。

二是社会主义现代化战略。党的十一届三中全会以来，我国实行以人民生活奔小康、基本实现现代化、国家富强民主为目标的社会主义现代化战略。同传统的社会主义工业化战略对比，这一战略具有以下特点：

第一，战略定位合理，战略目标稳健务实。中国是人口大国，人均占有资源相对不足，人均收入水平仍然比较低，将长期处于社会主义初级阶段。这个基本国情决定了我国的现代化不能急于求成，力争通过长期艰苦奋斗基本实现现代化，达到中等收入国家水平，是清醒而实际的判断。

第二，指导方针发生重大转变，体现了以人为本和全面发展精神。现代化战略摒弃了为生产而生产、以增长代替发展的错误思想，强调以提高人民生活水平为根本出发点和落脚点，注重城乡、区域、经济社会、人与自然的全面协调可持续发展，反映出我国经济建设指导方针视野更加开阔，更有战略高度。

第三，战略重点突出，战略布局明确。把发展教育和科技事业，加强能源、交通等基础设施建设放在更加突出的地位，把解决"三农"问题和建设社会主义新农村摆在了前所未有的重要位置。同时对东部沿海地区率先发展、中部地区崛起、西部大开发，东北地区等老工业基地全面振兴都做了具体指导和部署。

第四，战略措施富有时代特点，战略步骤扎实可行。过去实施社会主义工业化战略时，我国主要依赖高度集中的计划经济手段配置资源。社会主义现代化战略把发展与深化改革、扩大开放、科教兴国融为一体，根据社会主义市场经济体制要求、经济全球化要求和科学技术发展趋势，充分发挥市场配置资源的基础作用，积极利用国内外两种资源、两个市场，更加重视增强自主创新能力。在战略步骤上体现了总体设计，远近结合，分步实施，扎实推进的特点，在合理划分并适时调整战略步骤的基础上，通过五年规划和年度计划加以落实。

三是可持续发展战略。进入新世纪，确立了科学发展、和谐发展的战略思想，坚持经济发展与人口、资源、环境相协调，坚持推进经济发展方式的根本性转变。同时还成立了由多部门组成的全国推进可持续发展战略领导小组，编制了《中国21世纪初可持续发展行动纲要》，其指导思想：坚持以人为本，以人与自然和谐为主线，以经济发展为核心，以提高人民生活质量为根本出发点，以科技和体制创新为突破口，坚持不懈地全面推进经济社会与人口、资源和生态环境的协调，不断提高我国的综合国力和竞争力，为实现第三步战略目标奠定坚实基础。《纲要》还提出了21世纪初可持续发展的总体目标：可持续发展能力不断增强，经济结构调整取得显著成效，人口总量得到有效控制，生态环境明显改善，资源利用率显著提高，促进人与自然和谐，推动整个社会走上生产发展、生活富裕、生态良好的文明发展道路。近年来，我国政府把节能减排作为实现2006年至2010年可持续发展指标的突破口，努力建设资源节约型、环境友好型社会。2007年，还对节能减排和应对气候变化工作进行了全面部署。根据上述指导思想和总体目标要求，以增强自主创新能力为支撑，带动经济结构调整和经济发展方式转变，走新型工业化道路，大力发展循环经济，加大环境保护力度，切实保护好自然生态，建设资源节约型、环境友好型社会，将是今后一个时期实施可持续发展战略的主要任务。

此外，在中观层面和其他领域还配套地提出并实施了一些重要战略，如产业结构调整战略、区域发展总体战略、科教兴国、人才强国和创新型国家战略、创新驱动发展战略等。

参考文献：
洪名勇、马文彬：《中国经济发展战略研究》，贵州人民出版社2004年版。
林木西、黄泰岩：《国民经济学》第二版，经济科学出版社2010年版。
吴鹏森、王先俊、张奇才：《中国现代化发展战略》，安徽人民出版社2006年版。
张今声、王希文、张虹：《国民经济规划学》，经济科学出版社2005年版。

（张虹）

中国现代化建设“三步走”战略
“Three-Steps”Strategy for China’s Modernization

中国现代化进程三步走战略目标是邓小平率先提出的我国新时期经济社会发展战略，它描绘了我国全面建设小康社会、加快推进社会主义现代化建设的宏伟蓝图，为党和国家事业指明了方向，是中国特色社会主义经济的重要内容。

社会主义现代化战略思想最早出现在1964年12月，也就是三年调整取得显著成效时期。这一时期，中央提出了分两个阶段实现四个现代化的战略目标：第一阶段大体用三个五年计划时间，建立我国独立的比较完整的工业体系和国民经济体系；第二阶段力争在较短的历史时期内，实现工业、农业、国防和科学技术现代化，使我国经济走在世界前列。1975年1月四届全国人大一次会议，中央重提要在20世纪末基本实现工业、农业、国防和科学技术现代化。此后的政局变化固然喜人，可是“两个凡是”的政治方针和“洋冒进”的经济决策使“四个现代化”再次沦为泡影。

我国发展战略的真正转变是从1978年12月中共十一届三中全会开始的。这次全会纠正了长期存在的“左”倾思想，彻底否定了以阶级斗争为纲传统路线，明确提出以经济建设为中心，把党和国家的工作重点转移到经济建设上来，为制定和实施社会主义现代化战略奠定了基础：一是政治基础。粉碎“四人帮”后，我国政治局势发生了积极变化，党的基本路线发生了根本转变；二是理论基础。邓小平理论的核心思想——社会主义的根本任务是发展生产力——成为全党全国的统一认识，成为社会主义建设的指导方针；三是思想基础。我国认真总结了新中国成立以来的经验教训，对传统的经济理论与工作实践做了深刻反思；四是较好的国际环境。1971年我国在联合国的席位得到恢复，结束了长期以来的国际孤立状态，1972年与日本建交，1975年与欧共体建交，1979年与美国建交，我国同苏联、印度等周边国家的关系也得到明显改善，这些都为社会主义现代化战略的形成与实施提供了必要条件。

中国现代化建设三步走战略是邓小平提出的我国经济社会发展战略。党的十一届三中全会以后，邓小平恢复了党的解放思想、实事求是的思想路线，总结历史的经验教训，科学分析中国国情，重新思考和规划中国现代化发展战略，提出了中国现代化的发展目标——建设“小康社会”，制定了“三步走”发展战略，逐步形成了具有中国特色的社会主义建设战略目标和发展步骤的基本理论。

1982年中共召开第十二次代表大会，确定了新的发展战略：战略目标是从1981年到2000年，在不断提高经济效益的前提下，力争使全国工农业总产值（后来修改为国民生产总值、国内生产总值）翻两番；战略重点是解决好农业、能源、交通、教育和科技发展问题；战略步骤是前十年打好基础，后十年经济振兴；战略措施是集中资金搞重点建设，坚持国有经济主导地位和发展多种经济形式，坚持计划经济为主、市场调节为辅，坚持自力更生和扩大对外经济技术交流等。

1987年中共召开十三大，对国家发展战略做了进一步概括，提出了举世瞩目的中国现代化建设三步走战略：第一步，从1981年到1990年的十年间，实现国民生产总值比1980年翻一番，解决人民的温饱问题；第二步，从1991年到20世纪末的10年内，使国民生产总值再翻一番，人民生活达到小康水平；第三步，到21世纪中叶，人均国民生产总值达到中等发达国家水平，人民生活比较富裕，基本实现现代化。

1992年中共十四大重申了“三步走”战略。经过全党和全国各族人民的共同努力，到20世纪末我们实现了“三步走”战略的第一、第二步目标，人民生活总体上达到了小康水平，中国实现了从温饱到小康的历史性跨越。

为了把第二步战略和第三步战略很好地衔接起来，根据邓小平关于分阶段、有步骤实现我国现代化的战略思想，1997年中共十五大提出新“三步走”战略：第一步，2000年到2010年，国内生产总值翻一番，人民的小康生活更加宽裕，形成比较完善的社会主义市场经济体制；第二步，2010年到2021年，即中共成立100周年时，使国民经济更加发展，各项制度更加完善；第三步，2021年到2050年，即中华人民共和国成立100周年时，基本实现现代化，建成富强民主的社会主义国家。2002年中共十六大重申了新“三步走”战略，强调全面建设小康社会，同时指出“这是实现现代化建设第三步战略目标必经的承上启下的发展阶段……经过这个阶段的建设，再继续奋斗几十年，到本世纪中叶基本实现现代化，把我国建成富强民主文明的社会主义国家”。2007年党的十七大进一步提出人均国内生产总值2020年比2000年翻两番。2012年党的十八大明确提出“全面建成”小康社会的宏伟目标，确保到2020年国内生产总值和城乡居民人均收入比2010年翻一番。

无论原“三步走”战略还是新“三步走”战略，都把到21世纪中叶基本实现现代化作为根本目标。主要特点是：第一，战略定位合理，战略目标稳健务实。我国是人口大国，人均占有资源相对不足，人均国民收入水平仍然比较低，将长期处于社会主义初级阶段。这个基本国情决定了我国的现代化不能急于求成，通过五十年艰苦奋斗基本实现现代化，达到中等收入国家水平，是清醒而实际的判断。第二，指导方针发生根本转变，体现了以人为本和全面发展精神。现代化战略摈弃了为生产而生产、以增长代替发展的错误思想，强调以提高人民生活水平为根本出发点和落脚点，注重城乡、区域、经济社会、人与自然的全面协调可持续发展，反映出我国经济建设指导方针视野更加开阔，更有战略高度。第三，战略重点突出，战略布局明确。国家把发展教育和科技事业，加强能源、交通等基础设施建设放在更加突出的地位，把解决“三农”问题和建设社会主义新农村摆在了前所未有的重要位置。同时对东部沿海地区率先发展、中部地区崛起，西部大开发、东北地区等老工业基地全面振兴都做了具体指导和部署。第四，战略措施富有时代特点，战略步骤扎实可行。过去实施社会主义工业化战略时，我国主要依赖高度集中的计划经济手段配置资源。社会主义现代化战略把发展与深化改革、扩大开放、科教兴国融为一体，根据社会主义市场经济体制要求、经济全球化要求和科学技术发展趋势，充分发挥市场配置资源的基础作用，积极利用国内外两种资源、两个市场，更加重视增强自主创新能力。在战略步骤上体现了总体设计，远近结合，分步实施，扎实推进的特点，在合理划分并适时调整战略步骤的基础上，通过五年规划和年度计划加以落实。

改革开放的实践证明，社会主义现代化战略是顺应世界潮流、符合中国国情的正确选择。对中国特色现代化建设认识更加深化。

党的十六大科学总结了十三届四中全会以来中国特色社会主义建设的基本经验，提出要建设经济更加发展、民主更加健全、科教更加进步、文化更加繁荣、社会更加和谐、人民生活更加殷实的小康社会。这是我们党第一次在全国代表大会上把“社会更加和谐”明确为全党和全国各族人民的奋斗目标。十六大以后，中央又提出贯彻科学发展观、坚持“五个统筹”、构建和谐社会等一系列重大战略决策，明确指出科学发展观是对社会主义现代化建设指导思想的重大发展，要把科学发展观贯穿到改革开放和现代化建设的全过程。十六届四中全会进一步提出构建全体人民各尽所能、各得其所而又和谐相处的社会主义和谐社会的战略任务。2007 年 10 月，党的十七大再次强调了构建社会主义和谐社会的重要性，并对以改善民生为重点的社会建设作了全面部署。构建社会主义和谐社会完善和发展了中国特色社会主义的发展战略，是对中国特色现代化建设认识的深化：首先，构建社会主义和谐社会，既是完成“三步走”战略的现实任务，又是适应中国特色社会主义未来发展趋势的发展战略；其次，构建社会主义和谐社会，丰富和发展了中国特色社会主义理论体系；再次，构建社会主义和谐社会，体现了中国特色现代化进程中“发展观”的深刻变化；最后，高度关注民生问题，体现了对当前影响中国特色现代化建设进程“关键”的准确把握。党的十七大报告指出：“社会建设与人民幸福安康息息相关。必须在经济发展的基础上，更加注重社会建设，着力保障和改善民生……”加快推进以改善民生为重点的社会建设，抓住了维护和实现社会公平正义的关键，抓住了解决经济社会发展不平衡和影响社会和谐安定问题的关键。党的十八大进一步明确了加强和创新社会管理，推动社会主义和谐社会建设的举措。

参考文献：
张今声、王希文、张虹：《国民经济规划学》，经济科学出版社 2005 年版。
洪名勇、马文彬：《中国经济发展战略研究》，贵州人民出版社 2004 年版。
《中国现代化建设三步走战略与中国的现代化建设》，载于《保定日报》2009 年 2 月 24 日。

（张虹）

可持续发展战略
Strategy of Sustainable Development

可持续发展战略是一个国家为实现经济、社会、生态和环境协调发展，保持发展的适度性和永续性，对经济、社会、人口、资源、环境所做的总体谋划和部署，是多个领域发展战略的总称。

20 世纪 60 年代以来，环境问题逐渐引起各国有识之士的重视。1972 年联合国在瑞典首都斯德哥尔摩召开人类历史上首次环境会议，通过了《人类环境宣言》。1980 年由世界自然保护同盟等组织和许多国家的政府、专家参与制定的《世界自然保护大纲》，第一次提出“可持续发展”的概念。1983 年联合国成立了世界环境与发展委员会，1987 年该组织向联合国提交了《我们的共同的未来》报告，对人类发展与环境保护做了全面系统的评价，并对“可持续发展”内涵做了明确界定和深入阐述。1992 年在巴西里约热内卢召开的联合国环境与发展大会，是人类认识环境与发展问题的又一个里程碑，会议通过了《里约环境与发展宣言》、《21 世纪议程》，提出“人类要生存，地球要拯救，环境与发展必须协调”。至此，可持续发展思想被世界绝大多数国家和组织接受，也标志它开始从理论走向实践。

我国一些学者根据《里约环境与发展宣言》，对可持续发展的原则概括如下：(1) 发展原则。只有发展才能减少贫困，提高当代人的福利水平，并为未来发展提供必要基础。但是这种发展不能以牺牲未来的发展能力为代价，必须兼顾后代人的利益和发展机会。(2) 公平原则。其中包括代内公平、代际公平、公平利用有限资源。(3) 协调性原则。经济社会的发展与资源环境之间互相协调，人类在追求经济发展时，要适当投资于环境和自然资源的保护与改善，把环境保护作为发展进程的有机组成部分。(4)共同性原则。地球是人类共同的唯一的家园,可持续发展作为全球发展的总目标,需要各国本着全球伙伴关系的精神,在各方面密切配合,共同推动可持续发展。结合中国实际,我国学术界认为可持续发展战略应以经济发展为基础,以资源的可持续利用和良好的生态环境为依托,以科技进步为杠杆,以谋求社会全面进步为目标,以合理的制度、政策和社会公众的广泛参与为保障。

在国民经济持续快速发展过程中,我国对环境问题越来越关注,积极参与国际社会的有关活动,致力于环境保护和生态建设。1992 年,中国与 100 多个国家共同签署了《里约环境与发展宣言》,对世界做出了履行可持续发展职责的庄重承诺。1994 年《中国 21 世纪议程》经国务院审议通过,成为指导经济社会发展的纲领性文件。1996 年八届人大四次会议把可持续发展确定为国家的长远发展战略。多年来,我国在坚持可持续发展战略上做出了积极探索,特别是在生态建设、环境保护、资源合理开发利用方面,国家的投入明显增加,能源消费结构逐步优化,重点江河水域的水污染综合治理得到加强,大气污染防治有所突破,资源综合利用水平得到提高,通过开展退耕还林、还草、还湖,生态环境的恢复与重建取得成效。

进入 21 世纪,我国还成立了由多部门组成的全国推进可持续发展战略领导小组,编制了《中国 21 世纪初可持续发展行动纲要》。纲要提出了我国实施可持续发展战略的指导思想:坚持以人为本,以人与自然和谐为主线,以经济发展为核心,以提高人民生活质量为根本出发点,以科技和体制创新为突破口,坚持不懈地全面推进经济社会与人口、资源和生态环境的协调,不断提高我国的综合国力和竞争力,为实现第三步战略目标奠定坚实基础。纲要还提出了 21 世纪初可持续发展的总体目标:可持续发展能力不断增强,经济结构调整取得显著成效,人口总量得到有效控制,生态环境明显改善,资源利用率显著提高,促进人与自然和谐,推动整个社会走上生产发展、生活富裕、生态良好的文明发展道路。根据上述指导思想和总体目标要求,以增强自主创新能力为支撑,带动经济结构调整和经济增长方式转变,走新型工业化道路,大力发展循环经济,加大环境保护力度,切实保护好自然生态,建设资源节约型、环境友好型社会,将是今后一个时期实施可持续发展战略的主要任务。

参考文献:
白和金、林兆木:《21 世纪初期中国经济和社会发展战略》,中国计划出版社 2000 年版。
洪名勇、马文彬:《中国经济发展战略研究》,贵州人民出版社 2004 年版。
林木西、黄泰岩:《国民经济学》第二版,经济科学出版社 2010 年版。
吴鹏森、王先俊、张奇才:《中国现代化发展战略》,安徽人民出版社 2006 年版。
张今声、王希文、张虹:《国民经济规划学》,经济科学出版社 2005 年版。

(张虹)

科教兴国战略和人才强国战略
Strategy for Making China Strong through the Department of Science and Education and Strategy for Making China Strong through Training Competent Personnel

科教兴国和人才强国是我国国民经济和社会发展的两大重要而又相互联系的发展战略,前者是基础,后者是关键,二者共同构成我国由经济大国走向经济强国的战略体系的重要支撑。

科教兴国和人才强国战略的思想萌芽可以追溯到 20 世纪初期。1912 年,美籍奥地利经济学家约瑟夫·熊彼特在《经济发展理论》中提出了创新理论,认为创新是经济发展的重要动因。后来美国经济学家曼斯菲尔德等人通过对技术变革、扩散的深入研究,丰富了熊彼特思想,形成了技术创新理论,认为技术进步与创新是经济增长的主要因素。进入 80 年代,越来越多的技术经济学家认识到,技术创新不是一个孤立事件,实际上与一个国家的特殊性相关,并开始使用国家创新体系来描述这一现象。1987 年,英国经济学家弗里曼在《技术和经济运行:来自日本的经验》中指出,“国家创新体系是由公共部门和私营部门中各种机构组成的网络,这些机构的活动和相互作用促进了新技术的开发、引进、改进和扩散”。随着知识经济时代到来,世界各国的竞争日益激烈。人们越来越深刻地认识到,一个国家的兴旺发达取决于创新能力,取决于创新者的数量、素质以及人才的积极培养与合理使用,取决于科技教育发展水平。

我国对科教兴国和人才强国战略思想的概括与提出源于邓小平理论。邓小平指出,社会主义的根本任务是解放和发展生产力,科学技术是第一生产力,科技现代化是实现四个现代化的关键,教育是科技进步和现代化人才的形成基础。他还做出如下论断:知识分子是工人阶级的一部分,是先进生产力的开拓者,是发展科技教育事业的主力军;科技、教育与经济发展是三位一体的,要建立科技转化为生产力、教育面向现代化和经济建设相结合的新型市场经济体制和产业化运行机制;利用全人类文明成果,引进国外先进的科技成果和管理方法,加快我国现代化建设;提高全民族的科学文化素质,积极促进科技进步,大力发展高新技术产业,充分提高我国的国际竞争实力。这些重要观点和论断,为我国科教兴国和人才强国战略的形成提供了理论基础。

1995年中共中央、国务院《关于加速科学技术进步的决定》正式提出了科教兴国战略。该决定指出:“科教兴国,是指全面落实科学技术是第一生产力的思想,坚持教育为本,把科技和教育摆在经济、社会发展的重要位置,增强国家的科技实力及向现实生产力转化的能力,提高全民族的科学文化素质,把经济建设转移到依靠科技进步和提高劳动者素质的轨道上来,加速国家的繁荣昌盛”。科教兴国战略提出后,国家进一步明确了科技、教育发展方针,大力推进科技、教育体制改革,通过财政、信贷等手段加大支持力度,出台了一系列政策措施。在科技方面,加强中长期重大科学技术研究,面向全国推广先进适用技术和重大科技成果,引导促进重大科技成果产业化,支持科研院所和企业开发新产品。在教育方面,实施跨世纪素质教育工程、跨世纪园丁工程、现代远程教育工程、高层次创造性人才工程、高校新技术产业化工程“985工程”和“211工程”等,提高国民素质和高等教育的知识创新能力。人才强国战略是我国进入新世纪后提出的。中央明确指出,人才资源是第一资源,必须加强人力资源能力建设,实施人才培养工程,加强党政人才、企业经营管理人才和专业技术人才三支队伍建设,抓紧培养专业化高级技能人才和农村实用人才,着力培养学科带头人,积极吸引海外高层次人才。同时要求深化干部人事制度改革,健全人才评价、选拔任用和激励保障机制,注重在实践中锻炼培养人才,加大人力资源开发的投入,推进市场配置人才资源,规范人才市场,营造人才辈出、人尽其才的社会氛围。

近年来,我国实施科教兴国和人才强国战略成效显著。我国在航天高新技术方面取得重大突破,生物技术总体水平接近发达国家,高清晰度电视、大规模并行处理技术、大尺寸单晶硅材料、“曙光”系列和“神威”计算机、6000米水下机器人、干细胞再生技术等重大成就使我国在相应领域跃入世界先进行列。如果说这些内容专业性太强,那么国民经济持续快速健康发展,神舟五号和神舟六号飞船成功发射与回收,则从宏观总体和微观特例上生动地反映了科教兴国和人才强国战略的辉煌成就。当然,我国研发和教育投入仍然不足,科研和教育体制需要完善,企业没有完全真正成为创新主体,政府在创新体系中协调能力不强,人才规模、素质应该进一步扩大与提高,整个国家的创新环境尚未形成。这正说明今后必须认真贯彻落实中共十六届五中全会提出的任务:加快科学技术创新与跨越,坚持教育优先发展,加快推进人才强国战略。

参考文献:

白和金、林兆木:《21世纪初期中国经济和社会发展战略》,中国计划出版社2000年版。

洪名勇、马文彬:《中国经济发展战略研究》,贵州人民出版社2004年版。

吴鹏森、王先俊、张奇才:《中国现代化发展战略》,安徽人民出版社2006年版。

张今声、王希文、张虹:《国民经济规划学》,经济科学出版社2005年版。

(张虹)

区域协调发展战略

Regional Coordinated Development Strategy

区域协调发展战略有广义和狭义之分。广义的区域协调发展战略指区域内所有层面的协调发展,包括政治、经济、社会、文化、生态等领域,即区域发展总体战略。狭义的区域协调发展战略是指区域经济协调发展战略。

具体来说,区域协调发展战略指某一组织针对区域经济发展在一定时期内适用的、首要的、普遍性的、持久重要的计划或行动方向,战略的重点在区域经济协调发展。因此,理解区域协调发展战略重在理解区域经济如何协调发展。

区域经济协调发展理论是在相关理论基础上发展而来的。主要包括系统理论、区域均衡理论、区域非均衡理论、区域分工理论、新贸易理论、区域一体化理论、区域经济增长与差异的相关理论等等。在这些理论的基础上,人们提出了关于区域协调发展的一般概念。主要观点包括:(1)区域协调发展是在国民经济发展过程中,既要保持区域经济整体的高效增长,又能促进各区域的经济发展,使地区间的发展差距稳定在合理适度的范围内并逐渐收敛,达到区域协调互动、共同发展的一种区域发展战略;(2)区域经济协调发展是区域之间在经济交往上日益密切、相互依赖日益加深、发展上关联互动,从而达到各区域的经济均持续发展的过程;(3)区域协调发展是相关区域之间在经济、政治、文化、生态发展上相互联系、关联互动、正向促进,区域利益同向增长,区域差异趋于缩小的过程和状态;(4)区域协调发展是一种强调坚持均衡发展与非均衡发展相结合的动态协调发展战略;(5)区域协调发展是指在各区域对内对外开放的条件下,各区域间所形成的相互依存、相互适应、相互促进、共同发展的状态和过程。区域协调发展的不同概念从不同的角度对区域协调发展做出了界定。若从区域协调和发展的动态过程来看,区域协调发展的基本内涵可以从状态与过程两方面理解:状态强调区域之间相互开放、经济交往密切、区域分工合理、区域经济整体高效增长、区域之间的经济发展差距在合理适度范围内;过程强调经济交往日益密切、区域分工趋向合理、区域间经济发展差距的逐步缩小。区域协调发展战略的制定与实施需要体现区域协调发展的基本内涵。

区域协调发展战略强调在区域间存在着密切联系的前提下制定促进区域协调发展的战略规划。主要目标包括:促进区域间经济进一步密切;逐步缩小区域间的经济发展差距;区域经济发展方式更为合理;区域产业布局、分工更为合理;区域经济整体同步增长。区域协调发展战略的基本特征包括:重点与全面相结合、动态与静态相结合、独立与制约相结合、横向与纵向相结合。

参考文献:

蔡玉胜:《地区经济差距变动研究的理论流派与渊源》,载于《中州学刊》2005 年第 4 期。

陈栋生:《论区域协调发展》,载于《北京社会科学》2005 年第 2 期。

陈秀山、徐瑛:《中国区域差异影响因素的实证分析》,载于《中国社会科学》2004 年第 5 期。

陈秀山、张云可:《区域经济理论》,商务印书馆 2005 年版。

范剑勇、朱国林:《中国地区差异演变及其结构分解》,载于《管理世界》2002 年第 7 期。

高志刚:《区域经济差异预警:理论、应用和调控》,载于《中国软科学》2002 年第 5 期。

蒋清海:《区域经济发展的若干理论问题》,载于《财经问题研究》1995 年第 6 期。

覃成林:《中国区域经济增长分异与趋同》,科学出版社 2008 年版。

(赵德起)

计划

Plan

狭义的计划是对未来行动的部署和安排,是准备付诸实现的方案。广义的计划是经济管理的一项重要职能,它不仅包括拟定计划方案,而且包括依据计划方案组织和指导经济活动的整个动态过程。从这一定义出发,可以引申出计划的一些基本属性:

第一,计划是面向未来的,是在行动之前对未来经济向何处发展以及如何发展的一种预先的安排。从一定意义上说,计划就是在现实与预期目标之间架起的一座桥梁,引导人们一步一步地走向预期的目标。

第二,计划是对未来经济活动一种系统的有条理的安排,计划的本质在于协调。任何经济系统,无论是企业还是国民经济系统,都是由许多相互交融、相互依赖的要素所组成,并且受内部条件和外部环境诸多变数的影响。计划面临的一个突出问题,就是如何从系统整体出发,通过对经济活动的统筹规划与协调,使经济系统各组成要素,各个环节之间互相衔接、互相配合,促进经济系统协调有序地运行。

第三,计划与行动直接相关。计划的目的是为了行动,它是实际经济活动的蓝图,对现实经济生活具有直接指导性和广泛影响,因而直接关系到经济活动的成效。一个经过深思熟虑、精打细算的计划,可收事半功倍之效,是事业获得成功的重要因素;反之,失误的计划,也会导致不堪设想的严重后果。

第四,计划也是一种选择活动。未来经济发展客观上存在着多种可能性,因而需要对可能发生的种种情况和多种发展途径,进行周密思考、系统分析和充分论证,作出切实可行的理性的抉择,以有效地指导经济活动。从这个意义上说,计划就是一种决策,是人们运用知识和智慧,在深刻认识客观规律的基础上,对未来经济发展可能达到的目标和多种途径进行选择,寻求能获得理想效果的发展方案。计划是一种主观意识活动,但科学的计划在于主观与客观的一致,在于符合客观实际及其运行规律。

第五,由于经济活动的多层次性,相应具有多层次计划。微观经济活动的计划主要是企业经营计划,应由企业独立制定;中观经济活动的计划主要有部门计划、地区计划和跨地区空间规划;宏观经济活动的计划是由国家编制的关系国民经济总体发展的计划,称之为国民经济计划。

关于计划的起源,马克思主义认为,社会分工和私有制是商品经济存在的条件,商品经济的矛盾,在资本主义社会表现为生产的社会化和私人占有的矛盾以及个别企业的有组织性(即计划性)和整个社会生产的无政府状态之间的矛盾。在共产主义制度下,随着企业的私人性转变为社会性,企业的计划性将扩散到全社会,整个社会生产便可以有计划地安排。马克思、恩格斯的计划理论是对资本主义私有制和市场制度的"批判理论"的逻辑演进的必然结论,是对将作为资本主义社会的替代物的未来新社会的重要特征和优越性的阐述,属于"建设理论"的部分。按照他们的设想,在资本主义和社会主义(共产主义第一阶段)之间的过渡时期里,国家还需要利用银行、税收、公债、工资等市场工具来建构新社会,之后就连同市场退出历史舞台。这里所说的计划不是国家计划,而是社会计划。

西方的计划调节理论与凯恩斯主义有着渊源关系,属于以凯恩斯主义为理论基础的政府干预的范畴。从理论上看,二者都认同均衡、最大化等理念。但是严格来说,计划理论和凯恩斯主义还是有区别的:相对来说,计划理论是增长经济学,凯恩斯理论是萧条经济学;计划理论侧重于数量管理,凯恩斯主义是政策管理;计划立足于中长期发展,凯恩斯主义是短期和景气调节;计划理论强调优化市场调节,凯恩斯主义强调矫正市场调节;计划追求经济和社会的协调,凯恩斯主义则侧重经济自身的均衡。

莫里斯·伯恩斯坦(1980)对外延非常广泛的计划给出了定义,认为计划是未来行动的方案,它有三个特征:必须与未来有关;必须与行动有关;必须由某个机构负责这种未来行动。这里所说的计划,可以概括形形色色的具体计划的一般特征和性质。从计划的目的和功能来定义,计划是一种为克服资源和技术限制而实现最大化的工作,同时也要解决相关的计算问题。从计划的根源看,计划与不确定性密切相关,计划实际是克服不确定性的一种方式。

在实施国民经济发展战略中,国民经济发展计划扮演着重要的角色。从一定意义上讲,制定国民经济发展战略的同时就是在制定国民经济发展中长期计划或远景规划。其基本任务就是根据党和国家对经济发展提出的要求,对计划期内经济社会发展进行具体部署和安排,一般包括安排经济增长速度,比例关系,努力提高经济效益的措施,调整产业结构,恰当确定固定资产投资规模,合理布局生产力,保持社会总供给与总需求基本平衡等。国民经济发展计划主要包括:

第一,计划与规划。一般来说,计划与规划指的都是同一件事情,即是有关未来行动方案的谋划、部署和安排。但是由于国民经济管理行动的差异,计划与规划在实际管理操作中出现了细微的差别:一是时间上的差异。计划一般用来称呼有关短期的或近期的未来行动方案部署和安排,而规划则是用来称呼有关中长期或远期的未来行动方案部署和安排;二是管理程度上的差异。受传统体制的影响,我国目前有些政府计划还与强制性和指令性有一定联系,而规划则基本没有这种联系,它完全是一种前瞻性、指导性、弹性的计划。当然,这种概念之间的差异不能从字面上去简单理解,而是需要同实际的管理实践活动联系起来。

第二,国民经济发展计划体系,是指各种国民经济活动计划所形成的有机整体。这些计划从不同角度可以有不同的划分,按照不同的分类标准,可以形成不同的计划序列:①按社会再生产活动的内容划分,可分为经济发展计划、科技发展计划和社会发展计划。经济是基础,科技是手段,社会发展是目的,三者从计划内容上构成“三位一体”的完整体系,共同促进国家经济繁荣。②按照计划的期限划分,又可分为长期计划、中期计划、短期计划。长期计划(或远景规划)一般期限在10年以上,是对事关全局发展的预先安排;中期计划一般指五年计划,是长期计划的具体化;短期计划主要是指年度计划,它是贯彻实现中长期的具体执行计划。三种不同期限的计划形式有机结合,以保证计划的衔接,增强计划的科学性和预见性。③按照分级管理原则,可进一步分为中央计划、地方计划和企业计划。④按计划性质划分,可分为发展计划和调控计划等。最基本、最常用的计划划分是根据计划期限分成短期、中期与长期计划,以及根据管理行业分成农业、工业、交通运输、商贸,以及各项社会发展部门计划。

第三,国民经济计划指标体系。目前我国国民经济计划管理的主要形式是选择、确定和落实国民经济计划指标,指标管理成为国民经济计划管理的主要内容。一般说来,国民经济计划指标分为数量指标和质量指标,实物指标和价值指标,指令性指标和指导性指标,核算指标和考核指标等,由这些指标形成国民经济计划指标体系。每个国民经济部门和行业都有若干个代表性指标,作为各自发展任务的测算依据。

在计划经济时代,国民经济计划指标可以说无所不包。但从20世纪80年代中期起,随着国民经济计划管理体制的改革,计划指标分成了指令性与指导性两大类。指令性指标大大缩减,指导性指标虽然还有100多种,但真正起指导作用的指标已经不多。1992年以后,我国社会经济全面向社会主义市场经济体制过渡,国家发展和改革委员会只保留了极少数指令性指标,如货币发行量、有价证券发行总量、借用国际商业贷款,以及少量的重要生产物资分配额和社会指标,其余指标基本不再层层分解下达,只供高层决策作预测和参考之用。

参考文献:

李华、刘瑞:《国民经济管理学》,高等教育出版社2001年版。

《列宁选集》第1卷,人民出版社1972年版。

《马克思恩格斯选集》第3卷,人民出版社1972年版。

[美]莫里斯:《东西方的经济计划》,商务印书馆1980年版。

王文寅:《国家计划与规划——一种制度分析》,经济管理出版社2006年版。

张今声:《国民经济管理学教程》,辽宁大学出版社1990年版。

(张虹)

国民经济与社会发展规划
National Economic and Social Development Plan

国民经济和社会发展规划是国家或某一地区经济社会发展的总体纲要,是具有战略意义的指导性文件,是国家加强和改善宏观调控的重要手段,也是政府履行经济调节、市场监管、社会管理和公共服务职责的重要依据。建立健全国民经济与社会发展规划体系,科学编制并组织实施国民经济和社会发展规划,有利于合理有效地配置公共资源,引导市场发挥资源配置的基础性作用,促进国民经济持续快速协调健康发展和社会全面进步。

目前,我国的国民经济与社会发展规划体系为“三级三类”规划管理体系:

第一,按行政层级,规划分为国家级规划、省(自治区、直辖市)级规划、市(设区的市、自治州)、县(不设区的市、自治县)级规划。

中央规划是由国家规划职能部门制定的全国规划。中央规划是国家对国民经济和社会发展的总体谋划,谋划了国家在一定时期内经济和社会发展的主要方向和任务,确定发展的战略目标、战略重点和政策,关系到国家的全局和长远利益。

省、市、县级规划是由县级及以上地方人民政府,根据中央规划的方针和政策并结合本地区的具体情况,对所辖行政区的国民经济和社会发展或其特定行业、领域为对象编制的计划。

第二,按对象和功能,规划分为总体规划、专项规划、区域规划。

总体规划是国民经济和社会发展战略性、纲领性、综合性的规划,是编制本级和下级专项规划、区域规划以及制定有关政策和年度计划的依据。经批准的总体规划在本级各类规划中具有统领地位,其他规划应当符合总体规划的要求。国家总体规划和省级总体规划属中长期规划,规划期为5年以上。中期规划的规划期一般为5年,长期规划的规划期为10年或10年以上。市县级总体规划的规划期根据需要确定。国家总体规划和省(区、市)级、市县级总体规划分别由同级人民政府组织编制,并由同级人民政府规划主管部门会同有关部门负责起草。

专项规划是指以国民经济和社会发展的特定领域为对象编制的规划,是总体规划在特定领域的细化,是政府指导该领域发展以及审批、核准该领域重大项目,安排政府投资和财政支出预算,制定特定领域相关政策的依据。专项规划目标明确、任务具体,具有较强的可操作性,是对综合性规划任务的进一步延伸和细化。专项规划的规划期根据需要确定。一般与国民经济和社会发展五年规划相一致,对一些重大问题可以展望到更长时间。专项规划由各级人民政府有关部门组织编制,一般由县级以上人民政府或者县级以上人民政府有关部门在其职责范围内编制;如果专项规划的内容与其他部门职责相关,应当会同有关部门编制;如果专项规划的内容涉及多个部门职责,则应由本级人民政府确定的部门编制。编制国家级专项规划原则上限于关系国民经济和社会发展大局、需要国务院审批和核准重大项目以及安排国家投资数额较大的领域。主要包括:农业、水利、能源、交通、通信等方面的基础设施建设;土地、水、海洋、煤炭、石油、天然气等重要资源的开发保护;生态建设、环境保护、防灾减灾;科技、教育、文化、卫生、社会保障、国防建设等公共事业和公共服务;需要政府扶持或者调控的产业;国家总体规划确定的重大战略任务和重大工程;法律、行政法规规定以及国务院要求的其他领域。

区域规划是指以跨行政区的特定区域国民经济和社会发展为对象编制的规划,是总体规划在特定区域的细化和落实。跨省(区、市)的区域规划是编制区域内省(区、市)级总体规划、专项规划的依据。区域规划的主要任务是:确定区域经济社会发展的基本方向;搞好区域产业布局;拟定区域人口和城镇体系的发展规划;重视环境保护,建立区域生态系统的良性循环;统一规划,综合平衡,追求经济社会生态效果的统一。跨省、自治区、直辖市的区域规划是编制区域内省、自治区、直辖市总体规划、专项规划的依据,其规划期一般为5年,可以展望到10年以上。跨省(区、市)的区域规划,由国务院发展改革部门组织国务院有关部门和区域内省(区、市)人民政府有关部门编制。国家级区域规划的编制范围为:国家对经济社会发展联系紧密的地区、有较强辐射能力和带动作用的特大城市为依托的城市群地区、国家总体规划确定的重点开发或保护区域等,编制跨省(区、市)的区域规划。其主要内容包括:对人口、经济增长、资源环境承载能力进行预测和分析,对区域内各类经济社会发展功能区进行划分,提出规划实施的保障措施等。

与国民经济和社会发展规划紧密相关、互相补充、相辅相成的相关领域规划,主要有国土规划和城市规划:

国土规划是指对国土资源的开发、利用、治理和保护所进行的综合性战略部署和全面规划。包括对土地资源、矿山资源、水资源、生物资源等的开发利用,工业、农业、交通运输业的布局和地区组合等。其内容庞杂,涉及面广泛,而且在不同国家和地区以及不同发展阶段有很大差异。国土规划的基本任务,是根据规划地区的优势和特点,从地域总体上协调国土资源开发利用和治理保护的关系,协调人口、资源、环境的关系,促进地域经济的综合发展。国土规划一般分为国土综合规划和国土专项规划:国土综合规划是对规划地区,全部国土资源的开发、利用、整治、保护所做的总体的、战略的部署和安排,主要解决跨部门、跨行业的国土资源配置问题;国土专项规划是在国土总体规划的框架控制下,以完成某一项国土开发、利用、治理、保护任务为中心内容的规划。相对说来,国土规划侧重于资源的空间配置和布局,强调地域空间上的综合协调,具有战略性、综合性特点。它充分体现国民经济和社会发展战略的思想、目标和任务,为国民经济和社会发展规划提供依据和基础。由于空间结构的改变与移动往往具有滞后性的特征,由此国土规划必须比国民经济和社会发展中长期规划考虑得更长远一些,至少应预测到15~20年,国外有预测到30~50年。

城市规划是对一定时期内城市和社会发展、土地利用、空间布局以及各项建设综合部署、具体安排和实施管理。综合性城市规划涉及经济社会工程技术等各个领域。城市规划按其编制阶段和层次划分,可为:一是城镇体系规划,即一定地域范围内,以区域生产力合理布局和城镇职能分工为依据,确定不同人口规模等级和职能分工的城镇分布和发展规划。二是城市总体规划,包括对一定时期内城市性质、发展目标、发展规模、土地利用、空间布局以及各项建设的部署和实施措施。在城市总体规划编制前,一般先编制城市总体规划纲要。在城市总体规划阶段,要编制近期建设规划和各项相关的专业规划。如果该城市被命名为历史文化名城,还需编制历史文化名城保护规划。大中城市在城市总体规划阶段尚需编制分区规划。三是城市详细规划,则是以城市总体规划分区规划为依据,对一定时期内城市局部地区的土地利用、空间环境和各项建设用地所作的具体安排。

城市规划与国土规划、区域规划的关系十分密切。城市规划同国土规划一样也要以国民经济和社会发展规划为宏观指导,在明确长远发展方向和目标的基础上,对特定地域的各项建设进行综合部署。城市规划要在国土规划的宏观控制下编制,国土规划可为城市规划提供有关城市发展方向和生产力布局的重要基础及依据。区域国土资源的和经济社会文化的发展,特别是工业布局和人口分布的变化,对区域内已有城市的发展和新城镇的形成往往起决定性作用。而城市发展也会影响整个区域社会经济的发展和建设布局。城市规划与区域规划之间是点与面有机联系和不可分割的关系。城市总是与相应的区域相联系,而一定区域内必定有相应的经济中心城市。城市规划必须以区域规划为依据,在区域规划的基础上,一方面立足于大区域合理规划布局城镇体系,另一方面合理确定城市的规模、性质,城市各部分的组成,各城区的用地等,以促进城市与区域的协调发展。

国民经济与社会发展规划的重要功能,主要体现在:

一是目标导向。“凡事预则立,不预则废”,规划的主要作用之一,正在于通过对未来的预见和自觉安排,明确发展目标,减少经济活动的盲目性和可能出现的风险,增强对内外环境变化的适应性。国民经济与社会发展规划是关系着国民经济整体运行的总设计图,是把整个经济引向何处的经纶大计,规划通过主要目标、重大战略发展任务的确定,既为各个领域提出了明确的发展方向和要求,又为全国人民指明了美好前景和奋斗目标,从而产生一种强大的凝聚力,把各行各业和亿万人民动员和组织起来,积极促进社会主义现代化进程。

二是总体协调。规划的另一主要作用在于,通过统一筹划和多方面的协调使各项经济社会活动协调一致,各方面力量互相配合,从而促进经济与社会全面、协调、可持续发展。国民经济系统是多因素、多变量、多目标的复杂的巨系统。随着经济全球化、知识化、现代化进程,经济、社会、科技、环境日益相互渗透,相互融合,国民经济系统的运行,不仅受经济系统内部诸多变数及其运动规律影响和支配,还要受社会、政治、科学、技术、文化、教育、资源、生态多方面因素以及世界经济、技术、市场状况的影响。显然,面对国民经济这一复杂巨系统的特点,不能只从某一经济问题本身孤立去研究和解决问题,那种就事论事的狭隘的思维方式是难以奏效的,解决这一复杂系统的重大问题,必须全面考虑系统内外各项因素和种种内在联系,对诸多领域发展之间的关系和诸多方面利益关系进行整体协调,统筹城乡发展,统筹区域发展,统筹经济社会发展,统筹人与自然的和谐发展以及统筹国内发展和对外开放的要求。如何综合考虑和协调各方面要求,是规划工作一项最复杂的任务,也是规划工作的精髓。

三是资源配置。计划和市场都是经济调节手段,都具有资源配置的功能。各国实践证明,“看不见的手”与“看得见的手”的恰当结合,更有利于促进市场经济的健康发展。因此,既要重视充分发挥市场机制在资源配置方面的基础性作用,同时也不能忽视对国民经济的宏观调控与计划调节。需要指出的是,规划既是一种宏观调控手段,是对国民经济运行的预先的控制,同时也是宏观调控的依据,它主要是在宏观层面上发挥作用,并通过规划所确定的社会经济发展目标、战略、途径、任务、措施和相关政策,为市场配置资源提供宏观经济信息,引导和影响微观经济主体的行为。就整个经济来说,市场调节是基本的,是发挥基础性作用的。规划的资源配置功能则主要体现在:一是引导和影响市场主体行为;二是直接配置公共资源。显然,政府通过规划和政策等手段对微观经济主体予以指导,和政府运用所掌握的公共资源,促进各项社会事业发展和公共产品的供给,是影响资源配置的两种不同方式。从发展趋势看,一方面,随着体制改革的深化,社会主义市场经济体制日益完善,政府职能逐步转变,政府作为服务型政府其公共服务职能更为突出;另一方面,随着经济社会发展,公共领域在不断扩大,对公共产品、公共服务的需求在不断增长,而土地、水资源、能源等资源日益紧张,就业、社会保障等社会问题日益凸显,因而在规划中公共资源配置显得更为重要。

四是集聚合力。每一时期资源总是有限的,而社会主义现代化建设需要解决的问题却是成千上万,必须确定优先顺序,集中必要的资源,首先解决好某一发展阶段上对全局成败具有决定性影响的关键性环节,从而把整个链条带动起来,开创新的局面,大大加快现代化进程。

从制度创新的角度不断完善规划体制,主要应做到：

第一，建立规划编制、规划执行、规划评估、规划调控的完整的规划管理体系。重编制、轻执行是规划工作存在的突出问题之一。在社会主义市场经济条件下，规划虽然只具有指导性，但不等于可以忽视执行、评估和控制环节。否则，也就失去了规划的指导作用。在实际工作中，除强调落实规划任务、明确责任主体外，最重要的是依据规划所确定的战略目标和任务，制定各项政策措施，使规划的目标、任务与综合运用各种经济手段、政策工具有机结合起来。

第二，强化长期规划在规划体系中的作用。长期规划一般是指10年以上的发展规划，它主要规定国民经济与社会长远发展方向和重大战略目标，是战略性更强的纲领性规划。长年规划便于五年规划之间的衔接，便于保持规划的连续性，具有巨大的动员和鼓舞作用。计划经济时期没有编制过真正完整的长远规划，甚至第三、四、五个五年规划的编制，也受到政治运动的干扰而没有编成。改革开放以后，逐步重视长远规划，1991年在编制第八个五年计划时，同时编制了《国民经济与社会发展十年规划》。1996年编制第九个五年计划时，同时制定了《2010年远景目标纲要》。其后，2002年11月，党的十六大报告中，提出了到2020年全面建设小康社会的奋斗目标，但没有形成规划。这说明，改革开放以后，我们已经逐步重视远景规划的作用，但还有待于进一步加强。

第三，突出国土规划的地位。目前国家规划部门所编制的规划，主要包括国民经济与社会发展的总体规划，专项规划和区域规划，不包括国土规划，这是一个缺陷。国土规划是把各项资源和环境作为一个整体，通盘规划既定国土区域内各项资源的合理开发，国土环境的综合治理，基础设施建设与生产力布局，以及各项事业发展的综合性规划，它应当是国民经济与社会发展规划的基础和重要依据，国土规划与国民经济规划紧密结合，是全面、协调可持续发展的重要保证，也是建设资源节约型社会、环境友好型社会的重要条件。把国土规划纳入国民经济规划体系之中，也为国民经济与社会发展规划的编制提供可靠的科学的依据。

第四，推进规划工作的法制化。为避免规划工作的随意性，提高规划工作的科学性，推进规划工作的规范化和法制化，应尽快制定《规划法》。通过规划立法，对规划的性质、任务、内容、规划体系、编制主体、编制时间、编制程序、论证、评估、审批、颁布、实施、监控、调整以及规划后评估等，做出明确的法律规定，运用法律手段，加强对规划编制和执行的监督，促进规划的有效实施。

参考文献：

《国务院关于加强国民经济和社会发展规划编制工作的若干意见》，2005年。

成思危：《发展计划的制定与管理》，经济科学出版社2004年版。

张今声、王希文、张虹：《国民经济规划学》，经济科学出版社2005年版。

钟契夫、许光建：《中长期发展规划的基础理论和方法》，中国计划出版社2002年版。

（张虹）

专项规划
Special Plan

专项规划是以国民经济和社会发展特定领域为对象编制的规划，是为了解决国民经济和社会发展中某一关键问题或实现某一特定目标而制定的专门性规划。它可以是某些产业部门的规划，也可以是解决经济、科技、社会发展中某一重大课题的规划，即行业规划、部门规划、专题规划、重大工程建设规划等均属于专项规划的范畴。不论是哪个领域、哪个行业、哪个部门编制的，只要是单一方面的规划，都称为专项规划。专项规划是国民经济和社会发展规划的重要组成部分，是总体规划在特定领域的延伸与细化。

专项规划是为了解决经济社会发展中的薄弱环节和关键问题而制定的。它主要是通过对特定领域优势、劣势、机遇及挑战等的分析，制定出一系列目标体系，并确定该领域发展重点及重大项目的安排。因此，在资金筹措、组织保证、目标要求等方面都有详细的规定，是政府指导该领域发展以及审批、核准重大项目，安排政府投资和财政支出预算，制定特定领域相关政策的依据。专项规划具有较强的针对性、灵活性和可操作性。

专项规划是政府有关综合规划和战略意图的具体体现，是政府进行资源配置的手段。其主要特点：

一是导向性。专项规划实际上是为了达到一定目标而对经济社会发展进行调控的方案，是政府战略意图的具体体现，也是国家对经济社会活动进行宏观调控、引导资源配置的具体实施。专项规划通过对该领域现状的准确把握，对发展态势进行分析，提出战略意图、预期目标和政策支持等，这些信息要影响微观主体的战略制定和经营策略，从而发挥专项规划的导向功能，实现通过规划引导资源配置的目的。

二是协调性。专项规划涉及的部门比较广泛，关系到各方面的利益，因此需要协调各部门、各地区甚至企业之间的协作关系和资源配置关系，协调各种经济手段在调控宏观经济和引导微观经济活动中的相互关系。

三是服务性。专项规划的制定就是要通过政府的部分直接投入和相关经济的、行政的和法律的手段，吸收相关投资主体的进入,政府有步骤地完成一些具有公共特性的社会经济项目,如基础设施建设、欠发达地区发展、生态建设和环境保护、科技创新、克服经济社会的薄弱环节等。因此,可以为社会各主体创造一个较为有利的生存和发展环境,最终实现服务社会、引导资源配置、完成政府职能转变的目的。

专项规划所涉及的领域很广。对于国家级专项规划来说,其涉及的领域原则上限于关系国民经济和社会发展大局、需要国务院审批和核准重大项目以及安排国家投资数额较大的领域。主要包括:农业、水利、能源、交通、通信等方面的基础设施建设,如农业发展规划、水利发展规划、能源工业规划、可再生能源工业规划、综合交通网络规划、综合交通体系规划、信息网建设规划等;土地、水、海洋、煤炭、石油、天然气等重要资源的开发保护,如国土综合整治规划、耕地保护规划、水资源综合规划、海洋经济发展规划、煤炭工业发展规划、石油天然气工业发展规划等;生态建设、环境保护、防灾减灾,科技、教育、文化、卫生、社会保障、国防建设等公共事业和公共服务,如环境保护规划、重点流域水污染防治规划、地下水污染防治规划、防震减灾规划、科技发展规划、教育发展规划、文化发展规划、卫生发展规划、劳动和社会保障事业发展规划、社会救助体系规划、安全生产规划、邮政事业规划等;需要政府扶持或者调控的产业,如高技术产业发展规划、装备制造业发展规划、钢铁工业发展规划、汽车工业发展规划等;国家总体规划确定的重大战略任务和重大工程,如三峡工程、西气东输、西电东运、南水北调等工程;以及法律、行政法规规定和各级政府要求的其他领域。

对于省、市、县级专项规划,其规划领域由本级人民政府确定。其确定的原则主要有:一是与总体规划相配套,总体规划需要专项规划支撑的必须编制专项规划;二是与国家专项规划配套,国家要求编制的专项规划,地方必须编制,以使地方的项目和政策纳入国家专项规划;三是根据需要,如特色资源开发、特色产业发展、特大工程建设等需要专项规划来规范和约束。

专项规划的期限没有明确规定,一般与国民经济和社会发展五年规划相一致,对一些重大问题可以展望到更长时间。根据规划领域的特点和规划编制任务,可以按实际需要合理确定规划期以及滚动修订的间隔期。主要有:一是人口资源环境和基础设施领域。这些领域的全局性比较强,涉及方方面面,特别是与国家长远发展规划、发展战略以及政策密切相关,同时这些领域规划从前期研究工作到具体项目的前期准备,周期较长,论证应更加充分。因此这些领域专项规划的规划期较长,至少10年以上,一般20~30年,每5年可编制阶段性的调整规划。二是公共服务领域。该领域的规划更注重以人为本的理念。公共服务与人民生活息息相关,提高公共服务的水平和质量是政府的主要任务,也是政府关心人民生活、为百姓办实事的直接体现。因此,这一领域的专项规划编制周期应与政府换届一致。三是竞争性领域。市场供需变化和技术进步较快,对未来5年的发展趋势难以准确把握,因此这些专项规划的规划期要适当缩短,可以是2~3年。

专项规划是一个多层次、多领域、多主题的规划体系,根据不同的划分标准,专项规划可分为不同类型:

一是按规划所涉及的领域划分,可分为社会领域专项规划、经济领域专项规划、科技领域专项规划及资源环境领域专项规划。

二是按规划内容的重要程度划分,可分为重点专项规划和一般专项规划。

三是根据专项规划的性质和特点,以及我国经济和社会发展的阶段性特征划分,专项规划可以划分为:一是重大战略规划,主要是针对总体规划中提出的新的发展战略,提出分阶段、分地区或分领域的规划内容,具体落实战略目标、战略任务和重大政策措施。如西部开发、东北振兴、城镇化、信息化规划;二是重点领域(或产业)发展规划是以经济和社会发展中的某一关键领域或薄弱环节为主要对象编制的规划,如高速公路建设规划、贫困地区道路建设规划、清洁能源发展规划、水资源规划、电网规划、石油战略储备规划、环境保护规划、生态建设规划、国防工业和国家安全规划等,以及重点产业发展规划,如高技术产业规划、林纸一体化规划、汽车工业发展规划、乙烯规划等;三是重大工程规划,主要是以关系国计民生或国家安全的跨地区、跨行业重大工程为对象编制的规划,这些工程对经济和社会发展影响广泛、投资巨大,需要动员国家的力量组织建设,如三峡工程、西气东输、南水北调、西电东运等。

参考文献:

《国务院关于加强国民经济和社会发展规划编制工作的若干意见》,2005年。

张今声、王希文、张虹:《国民经济规划学》,经济科学出版社2005年版。

(张虹)

宏观经济调控

Macroeconomic Control

宏观经济调控是以市场机制为前提和基础,对于国民经济运行尤其着重于对社会总供求总量和结构平衡的调节。宏观调控的依据是市场失衡,即由于市场机制存在滞后性和盲目性等若干缺陷,单纯依靠市场调节无法解决各种非均衡问题。因此,需要国家通过宏观经济调控加以引导和控制,使社会总供给与总需求保持基本平衡。宏观调控主要含义:一是指保持宏观经济的正常运行，使其不偏离既定的目标和发展方向，主要强调控制；二是当国民经济出现严重偏离时，实施必要的调节，使其保持平稳发展，主要强调调节。

马克思在阐述资本主义生产总过程及经济危机发生原理时，从物质与价值形态对经济从非均衡向均衡演变的机制进行了研究，指出再生产过程的全部联系都是以信用为基础的生产制度，在信用普遍存在的情况下，生产可能会出现过剩，从宏观角度来看，会造成总供求失衡的问题。由于市场经济是以信用为基础的经济，总供给大于总需求会成为经济中的常态。因此，马克思的观点为宏观调控政策提供了理论基础。

在分析社会总供给与总需求的均衡条件时，马克思阐述了均衡实现的微观基础以及均衡的实现机制，依据价值理论指出价格和价值一致性是实现均衡的基础。在对市场经济矛盾的研究中，马克思对生产过剩的本质及根源进行了全面研究，指出现实买卖的扩大远远超过社会需要的限度这一事实，归根到底是整个危机的基础。由此，需要国家进行调控，实现总供给与总需求的平衡。

凯恩斯在对社会总供给与总需求失衡的原因的研究中，提出了基于失业和产出的非瓦尔拉均衡研究范式，为现代市场经济条件下宏观经济调控提供了理论基础。凯恩斯认为供给不能自动创造需求，市场机制不能实现充分就业均衡，国家必须调控经济，以提高有效需求。他指出消费倾向、流动偏好和资本边际效率是实现总供给价格与总需求价格均衡的主要因素，针对上述因素，提出国家必须用改变租税体系、限制利率，以及其他方法，指导消费倾向。

在宏观调控与市场经济关系上，凯恩斯认为自由放任难以解决经济危机和失业问题，加强宏观调控，有利于实现充分就业，但宏观调控要建立在市场机制基础上，通过市场机制来实现经济的高效率。

在宏观调控的方式上，凯恩斯针对需求不足提出以需求管理作为政策的中心，财政政策和货币政策应成为宏观调控的核心手段。国家通过采取宽松或紧缩的财政政策，调整公共基础设施投资、政府采购支出及各种转移支付，改变社会总需求。货币政策的实施也可以通过改变资金成本和资本边际效率，影响社会总供求。

在我国社会主义市场经济运行中，宏观经济调控对于保持总供给与总需求的平衡，促进国民经济的持续快速健康发展发挥了重要的作用。社会主义国家的宏观调控本身也处于不断发展完善中，它的发展与完善是与社会主义市场经济条件下政府经济职能密切联系的。在传统的计划经济体制下，政府既是管理者，又是直接投资者；既要控制宏观的规模和结构，又要负责微观的投入和产出。改革开放以来，我国进入经济发展和体制改革的新时期，政府经济职能开始发生变化。当前，政府的经济职能主要是健全宏观调控体系，运用经济、法律手段和必要的行政手段引导和调控经济运行，促进国民经济又好又快发展。

在实践中，宏观管理部门根据对国际和国内形势的分析和预测，发现经济运行中出现的问题，综合运用政府财政政策、货币政策、产业政策等经济政策以及价格、税收、利率等经济杠杆，对微观经济活动进行引导和调节，以保持经济总量平衡和促进经济结构优化。加强政府对经济活动的调控，是世界各国的普遍趋势。是弥补市场缺陷和不足，保障经济健康发展的客观需要。由于我国市场经济还处于成长完善过程中，同时面临经济增长方式转变；产业结构升级；城乡、区域协调发展等诸多问题，迫切需要政府适应市场经济的要求，积极有效地发挥宏观经济调控的作用，保持经济的平稳发展。

参考文献：

逄锦聚：《宏观调控新论》，湖南人民出版社 2000 年版。

［德］弗里德里希·李斯特：《政治经济学的国民体系》，商务印书馆 1997 年版。

［英］凯恩斯：《就业利息和货币通论》，商务印书馆 1988 年版。

［美］克莱因：《凯恩斯的革命》，商务印书馆 1980 年版。

林木西、黄泰岩：《国民经济学》第二版，经济科学出版社 2010 年版。

刘小怡：《试论马克思的总供给—总需求模型》，载于《经济评论》1996 年第 2 期。

《资本论》，人民出版社 1975 年版。

钱伯海：《国民经济学》上、下册，中国财政经济出版社 1986 年版。

汤在新、吴超林：《宏观调控：理论基础与政策分析》，广东经济出版社 2001 年版。

（张华新）

宏观调控目标

Macroeconomic Control Objective

宏观调控目标服从于经济运行总目标，主要是发挥政府的作用来弥补“市场失灵”，通过政府和市场的共同作用，保证国民经济为实现既定的经济目标顺利运行。一般来说，宏观调控主要有以下目标：

一是经济增长。经济增长即社会扩大再生产所引起的社会总产出的增加，是指一国在一定时期（如一年）内社会总产品，即物质产品和服务生产总量与前期相比所实现的增加。如果考虑到人口因素，经济增长可理解为按人口平均计算的总产出，即人均总产出的增加。社会总产出的增长侧重反映一国总体经济实力的提高,人均总产出的增长则突出反映人民生活水平和经济效益水平的提高。

二是充分就业。指所有愿意接受各种现行工资的人都能找到自己的工作,通常以失业率作为衡量充分就业的反向指标。如果经济中除了自愿性失业和摩擦性失业外,没有其他类型的失业,就可称为充分就业。这里,自愿性失业是指潜在的劳动者不愿意接受现行的工资率而形成的失业。摩擦性失业是指劳动者进入劳动力市场寻找工作直到获得就业岗位之间所产生的时间滞差,以及劳动者与就业岗位之间的变换所形成的失业,它反映劳动力市场经常的动态性变化,表明劳动力经常处在流动过程中,摩擦性失业是一种正常性失业,在劳动力供求均衡状态时也会存在。

三是物价稳定。即使经济增长、就业和收入增加,但若价格总水平较高,增长和就业就会大打折扣。因此,宏观经济管理的一个重要经济目标就是实现物价稳定。所谓物价稳定是指价格总水平的基本稳定,这是国民经济健康协调发展的重要标志,也是个人和企业在较为稳定的价格预期下安排消费和生产的重要前提。为使经济适度增长、就业不断增加,必须保持社会总供求在总量和结构上大体平衡,避免出现价格总水平的大起大落。为此,既要防止出现通货膨胀,又要避免出现通货紧缩。同时,不能把物价稳定看作是价格总水平固定不变,而应理解为物价变动要保持在经济顺利运行所允许、居民又能承受的一定范围内。因为物价稳定与经济增长既相适应又相矛盾,因此在经济发展的不同时期,或同一时期的不同阶段,政府实现调控的侧重点不同,采取的宏观调控政策不同,其政策效应也有不同的变化。

四是国际收支平衡。国际收支即国际间的外汇收支,反映一国在一定时期内的外汇收支(包括经常项目和资本与金融项目)总情况。由于出口是社会总需求的组成部分,进口是社会总供给的组成部分,因而对外贸易的规划和结构,关系到社会总供求和对外收支的平衡。国际间的资本流出、流入也对社会总供求产生不同程度的影响,并且资本净流量与贸易收支之间存在着双向调节、互为补充的关系。因此,国际收支平衡成为国家宏观调控的重要目标。

一般来说,上述目标之间并不完全一致,有时存在着矛盾。例如,经济生活中的失业率与通货膨胀率之间时常存在替代性关系。为了降低失业率,一般采用扩张性经济政策,而这又容易导致通货膨胀,而维持物价稳定又要以一定的失业率为代价。此外,经济增长与稳定物价之间,国际收支平衡的外在均衡与国内就业与物价稳定的内在均衡之间也都存在着矛盾。因此,一国政府在实现宏观调控时,并不是要使四项经济目标在一定时期都达到最优化,而应该从长期的、整体的宏观经济发展来考虑安排。

参考文献:
白和金、林兆木:《21世纪初期中国经济和社会发展战略》,中国计划出版社2000年版。
胡乃武:《国民经济管理学》,中国人民大学出版社2007年版。
林木西、黄泰岩:《国民经济学》第二版,经济科学出版社2010年版。
钱伯海:《国民经济学》,中国经济出版社2000年版。
张今声:《国民经济管理学教程》,辽宁大学出版社1990年版。
张维达:《政治经济学》第二版,高等教育出版社2004年版。

(张华新)

宏观调控手段
Macroeconomic Control Means

宏观调控手段是为实现宏观调控目标而使用的手段和方法,主要有经济手段、行政手段、法律手段和规划手段等。

宏观调控的经济手段是调控主体实现调控目标的最基本的手段,主要通过相关经济参数的变动,用经济利益来引导、调节和控制各种经济变量的变化与经济行为主体的活动。具体包括一系列经济杠杆,以及政府对其直接掌握的财力、物力资源的分配使用。主要有:

第一,价格杠杆。

价格杠杆是国家运用价值规律,通过商品价格与价值一定程度的背离,来调节国民收入的再分配,从而调节生产与消费,实现宏观调控目标的一种经济手段。与其他调控手段相比,具有灵敏性特点,价格杠杆调节领域广泛,既可以调节商品的供求关系,引导企业的生产经营,也可以调节国民收入分配、消费数量和结构。价格杠杆的调节力度受商品需求弹性、企业利润水平差异等因素影响。

价格杠杆发挥调节作用需要具备以下条件:一是国家对价格的控制。国家通过直接定价方式,实现对经济主体的调节。二是价格杠杆作用的发挥对其他经济杠杆配套使用的依赖性。国家运用价格杠杆只能确定不同商品之间的盈利水平,而不能较好地调节生产同种商品的价格水平和盈利水平,必须借助于税收等其他杠杆的配套使用。三是价格杠杆作用的驱动力来源于对经济调节所形成的物质利益差别性。通过价格杠杆的作用,使物质利益以国家调控主体的意志为转移,体现不同经济主体、不同部门的利益差别,实现调控的目标。在市场经济条件下,随着商品市场的完善和国家的价格管理权限放开，发挥价格杠杆作用的载体也由商品价格为主体转向以要素价格为主体，价格杠杆的作用受到弱化。

第二，税收杠杆。

税收杠杆主要通过宏观税率、税制结构以及税收优惠实现宏观调控目标。税收具有强制性、无偿性、固定性的特征，调节范围广，强度大。税收杠杆的调节作用表现在：一是税收具有“内在稳定器”功能，通过调节税收总量和税收结构可以调节社会总供求。特别是所得税，对经济波动反应特别敏感。经济繁荣期，收入提高，所得税增加，对经济扩张具有抑制作用。而经济衰退期，收入降低，所得税减少，对经济扩张具有促进作用。二是政府可以根据决策目标、对象、时间和形式的差别，通过税收设计来支持或限制特定产业的发展，发挥调节产业结构和优化资源配置的作用。三是通过税收可以调节国家、企业和个人之间的分配关系。调节财政收支平衡。调节各种收入，实现收入的公平分配。如个人所得税采取的累进税率制度，收入越高，缴纳的税越多，从而起到调节收入的作用。最后，税收杠杆可以通过对不同流通环节、流向确定不同的税收水平，可以改善商品的供求关系，加速商品流通。税收杠杆的局限性主要表现为：一是由于税收通过国家根据法律规定征收，故具有相对稳定性，与其他经济杠杆相比，使用的灵活性较差；二是主要调节微观主体，对宏观经济重大问题的调节作用有限。

第三，信贷杠杆。

信贷杠杆是国家根据经济形势变化和战略需要，通过信用来调节社会经济活动的一种手段。银行信贷是一种典型的信贷调控杠杆，银行贷款与其他金融资产相比具有不可完全替代性，特定类型的借款人只能通过银行贷款满足其融资需求。由于贷款的需求大于对贷款的供给，在信息不对称条件下，银行会有选择地对不同类型的借款人进行信贷配给，从而通过银行贷款的增减来影响实体经济，实现宏观调控政策的目标。银行借贷杠杆是典型的信贷传导机制，其前提条件：一是货币政策能够对实体经济产生影响，即货币是“非中性”的；二是银行贷款相对其他金融资产而言，对某些资金需求者具有不可替代性；三是中央银行能够通过存款准备金操作来影响贷款的供给。一般来说，中央银行对贷款供给的影响能力取决于银行通过资产负债结构调整抵消其准备金变动的能力、非银行中介的作用以及法定风险资本的影响这三个方面。

在西方工业化国家中，由于银行可以通过发行金融衍生工具来规避货币紧缩的影响，因此，通过银行贷款来影响宏观经济的作用受到削弱。信贷杠杆更多通过企业的资产负债表传导机制发挥作用。资产负债表反映了企业的财务状况。资产负债表传导机制与银行信贷相比，两者存在显著差异：资产负债机制从不同货币政策对特定借款人资产负债状况的影响角度，解释信用的影响，而银行信贷则从银行贷款供给角度，解释了信用对经济的影响。资产负债表传导机制表现为：中央银行经济政策能够通过资产负债的途径进行传导，直接或间接地影响企业的财务状况、现金流量以及资产负债净值，进而对实体经济产生影响。具体来看，扩张性货币政策导致资产价格上升，企业的财务状况得到改善，企业的道德选择风险降低，因而银行贷款的意愿增加。因此，企业可以获得的贷款量增加，进而投资和总需求得到扩张。同时，扩张性货币政策会导致名义利率下降，而名义利率又与企业的现金流密切相关，名义利率的下降将使企业负债利息支出下降，现金流量增加，道德风险趋向缓和，从而银行面临的风险降低，也愿意为企业提供更多的贷款，从而导致投资上升，产出增加。另外，扩张性财政政策还会引起通货膨胀率的提高，相当于降低了企业的实际债务，但企业资产的实际价值并没有下降，因此，企业资产负债的实际净值上升，同样降低了企业的道德风险，这样企业贷款获得量的增加将导致投资和产出的增加。资产负债表传导机制同样需要满足货币“非中性”以及贷款与债券的不完全替代性两个前提。

第四，利率杠杆。

利率杠杆是中央银行使用货币政策工具，调节货币供应量，影响货币资产收益率，实现调节经济主体的投资和产出行为的目标。当中央银行采取扩张性货币政策导致货币供应量增加时，在货币需求不变的情况下，利率会相应下降，进而刺激投资，引起总支出和总收入的相应增加。但利率下降后，降低了存款人的存款意愿，借贷资金减少或不变，同时，实体经济由于收入的增加而产生了更多的货币需求，使货币需求量超过了货币供给量，从而下降的利率重新回升，上升的利率又促使货币需求下降与利率回落，如此循环，最终达到均衡。

利率杠杆发挥作用需要具备的前提条件包括：一是完善的金融市场，包括货币市场和资本市场。各市场不存在分割状态，货币和债券的边际替代率等于两种资产对持有者的边际效用比；二是中央银行能够通过基础货币的发行和准备金比率的调整，直接影响名义货币供应量，从而影响市场利率，体现了货币供给的外生性特征；三是对于资金的需求者而言，贷款和其他融资渠道是完全替代的；四是经济政策运转的微观市场基础与企业基础比较完善，即市场利率的变化都会引起资金需求者和资金供给者的变化。

第五，汇率杠杆。

汇率杠杆是国家通过市场机制对外汇市场进行干预，影响进出口贸易和非贸易外汇收入，调节国际收支平衡。汇率杠杆也可以影响外资等领域。汇率杠杆的传导机制表现为：一是通过影响总需求。一国货币汇率下浮,使本国产品的国外价格下降,从而有利于出口,同时又使外国产品的国内价格上升,从而不利于进口。出口需求和进口替代品的需求增加,最终导致总需求的增加,如果一国尚存在闲置资源(劳动力、资本等),就会促进总产出增加和就业水平提高;二是通过影响资本的形成和投资的总量来影响总产出。一国货币汇率下浮,一方面通过相对生产成本下降和财富效应的作用,有利于该国吸引外国直接投资,从而使该国投资增加;另一方面由于进口产品相对价格上升,导致进口消费倾向下降,储蓄倾向增加,有利于资本的形成和投资的增加。总投资的增加进而促进总产出和就业的增加。反之,本币汇率升值对其经济增长具有抑制作用,也不利于就业。汇率杠杆也可以通过影响总需求的结构,进而影响总产出的结构,来改变产业结构。

宏观调控的行政手段是指政府凭借政权的力量和权威,通过发布命令、指示、决定、政策等有约束力的手段,直接调节和控制企业和居民经济活动的行为。行政手段是以国家机关的权威为基础,对社会经济活动进行强制性的直接干预,它具有及时、迅速的特点。在经济运行的关键时刻,能起到经济手段、法律手段等其他手段起不到的作用,在特定条件下对维护国民经济的稳定有着立竿见影的功效。

按行政措施受法律、法规约束的程度来划分,行政手段通常分为羁束性行政措施和自由裁量的行政措施。凡是法律或上级制定的行政法规已有具体的规定,行政机关或行政首长在处理具体事件时,只能依照执行没有自己提出意见和自由选择的余地,这样的行政措施是羁束的行政措施。凡是法律上和上级制定的行政法规中没有详细规定,行政机关在其职权范围内可以基于法理或事理做出自己的判断并进行酌量处理,这样的行政措施是自由裁量的行政措施。第二次世界大战后,许多西方国家出现了一种"指导式行政"的理念,也即在行政实务中,行政机关可以通过实施非约束性的建议,来指导公民避免违法和作为其市场活动的参考。"指导式行政"又称为行政指导,是行政机关在其职责范围内采取的指导、劝告、建议等不具有权力强制性的行为,它具有非强制性、主动补充性、主体优势性、行为引导性、方法多样性、柔软灵活性等特征,在行政手段中具有补充、辅导、促进、协调和抑制等作用,显现出特殊的功效性和适应性,因而广泛被各国政府所采用。

宏观调控的法律手段是指国家通过制定经济法律和法规,加强法律执行力等把经济关系和经济行为准则用法律形式固定来调节经济活动,对经济社会发展进行引导、规范和控制的一种手段。现代市场经济的一个显著特征,就是建立完备的经济法律体系,保证经济运行的法制化。市场经济越发达,经济法律就越健全,这是发达市场经济国家的共同特点。在市场经济中政府普遍重视用法律手段调控经济,因此在进行宏观调控时也非常重视法律手段的运用。政府通过制定相应的法律法规,从不同角度反映和贯彻政府的宏观政策,规范企业和居民的经济行为,保障政府调控政策目标的实现,并使政府采取的调控措施具有权威性和普遍性。由于经济活动的多样性和复杂性,很难用一部法律来对各类经济主体的活动进行规范,因此在发达的市场经济国家中,有关的法律条款往往是分布于各有关法律当中。企业和居民的行为是不断改变的,政府的调控意图也是经常改变的,因此政府在运用法律手段调控经济时也要根据经济形式的变化和调控的需要,不断地进行更新和补充完善,以求更好地发挥法律的调整和保障作用。

与经济手段等相比,法律手段具有非常显著的特点,即法律的严肃性、权威性和强制性,但也有比较明显的弱点,如起草和修改的时间比较长,难以根据现实的需要随时调整,执行起来缺乏灵活性等。因此,应利用法律手段主要对经济运行中的一些长期性问题进行调控。此外,法律手段也是经济手段和行政手段发挥效果的根本保障。

宏观调控的规划手段是指国家通过制定和实施国民经济和社会发展规划,用以引导社会发展,实现宏观调控目标,对国民经济和社会发展进行引导,控制和规范的一种手段。

经济和社会发展规划是政府干预和调节经济生活的一种重要手段,在宏观调控中具有其他调节手段所不可替代的功能和作用:一是规划方法能够帮助政府分析和把握宏观经济形势,找出经济运行中所要解决的主要矛盾和主要问题,并采取恰当的对策;二是规划手段可以发挥协调作用,为听取企业界、理论界和社会公众的意见,提供一种协商的形式与渠道;三是规划手段还具有引导作用,使企业了解宏观经济的发展趋势和政府的经济政策取向,引导企业的预期,使企业能够根据市场和社会需要进行决策。

在近几年建立的新的宏观调控体系中,国家规划从总体上是指导性的,具有宏观性、战略性和政策性等特征。国家规划成为宏观调控的基本依据,通过规划确立宏观调控的目标,提出宏观政策重点,综合协调各种宏观经济政策和经济杠杆的运用。在规划手段的运用中,规划目标是依据经济发展规律、经济预测结果和国内外经济社会发展特征制定的,对微观经济主体具有指导性。

参考文献:

宋则行:《市场经济与宏观调控》,辽宁大学出版社1994年版。

林木西、黄泰岩:《国民经济学》第二版,经济科学出版社2010年版。

逄锦聚:《宏观调控新论》,湖南人民出版社 2000 年版。
杨伟民:《规划体制改革的理论探索》,中国物价出版社 2003 年版。
张今声、王希文、张虹:《国民经济规划学》,经济科学出版社 2005 年版。

(张华新)

宏观调控力度

Vigor of Macroeconomic Control

宏观调控力度就是宏观调控主体通过运用调控手段,对调控对象和国民经济运行过程产生作用的大小和强度。宏观调控上所说的力度是对调控作用大小的一种形象的描述,不能准确计算和度量。政府进行宏观调控是以不破坏市场经济的内在规律为前提的,因而其调控力度是有约束的,如果调控力度太大,就会发展成为一个扭曲的市场经济。同时由于在社会经济生活中存在着众多干扰因素和不确定因素,经济运行面临的环境具有复杂性、经济发展存在着非均衡性,以及人们对客观经济规律认识的局限性,从而造成社会供求总量的不平衡,而且经济结构的失衡也时有发生,即使解决了原有的不平衡,又会出现新的失衡。因此,需要保持宏观调控力度并根据经济发展需要调整宏观调控力度。

在对宏观调控的力度的把握上,一般应遵循以下原则:一是合理搭配,协调使用宏观调控政策手段,对财政政策和货币政策的配合及其效应应当予以特别重视;二是选择使用,要使各种调控手段的力度有效搭配,防止调控不足或调控过度,尽可能避免因调控不当而造成经济大起大落;三是综合考虑,既要分析近期效应,也要研究远期效应;四是量力而行,根据经济运行的实际情况和经济发展的要求,来确定某一时期衡量调控力度的指标。

宏观调控力度是一个复合变量,其影响因素很多。具体来说,影响宏观调控力度的因素主要包括:一是调控行为的强制性。所谓调控行为的强制性,是指国家利用其政治权力,通过变更宏观调控变量,强制各经济主体改变原有的生产经营决策,使其在总体上符合宏观经济发展需要的特性。调控行为的强制性包含以下因素:①强制的主体或称之为强制者是国家,强制的客体或称之为被强制者是各经济主体,这包括一切中观和微观主体;②强制必须有强制依托,没有依托的强制不可能真正构成强制,在这里,国家强制的依托是其拥有的政治权力,而这种政治权力在现实经济运行过程中,又可以具体地演化为行政、经济和法律的各种手段;③强制的性质是被强制者的非意愿行为,如果是意愿行为,从本质上说并不构成强制,因为即使强制者不去强制他,他也可能从事这一行为;④强制的目的是国家为了实现宏观调控目标,从一般目的和手段的关系来说,又可以认为被强制者的行为不管是意愿的还是非意愿的,只要它的行为有利于国家宏观调控目标的实现,都可以看成是调控行为作用的效果。正是由于宏观调控对经济运行过程所产生的影响,需要通过各经济主体对调控行为产生相应的反应才能实现,因此宏观调控行为的强制性,就直接影响着宏观调控的力度。一般来说,调控行为的强制程度高,则宏观调控的力度大。二是调控行为的利益诱导性与制约性。在市场经济条件下,政府的宏观调控手段应以间接性的经济调控手段为主。而经济调控手段的实质,就是通过改变各经济主体之间的利益分配格局,来影响各经济主体的行为决策,从而借以实现宏观经济调控目标。因此,在市场经济条件下,调控行为本身的利益诱导性与制约性是影响宏观调控力度的重要因素。三是调控信息的完整性。对于宏观经济调控来说,如果增大宏观调控信息的传输量和传输频率,就会使调控力度大增。对于某一难度较大的调控目标,通过各条信息通道,多次传输调控信息,调控效率就会大大提高。同时,调控信息量的增大,使信息的有序化程度提高,信息流的方向更明确,调控作用力也相应增大。四是调控行为的持续性。调控行为的持续时间是指从调控行为开始实施至其终止之间的连续时间。也可以说是调控目标实现时间与调控效应惯性时间之差。一般来说,此时间越长,调控力度越大;反之越小。

参考文献:
胡乃武:《中国宏观经济管理》,中国人民大学出版社 1989 年版。
林木西、黄泰岩:《国民经济学》第二版,经济科学出版社 2010 年版。
刘长青、楚尔鸣:《宏观经济三维调控论》,山西经济出版社 1997 年版。
田江海:《转轨期投资宏观调控》,经济管理出版社 1996 年版。
王天义、王元龙:《新经济体制框架论》,企业管理出版社 1994 年版。
袁国敏:《经济政策评价》,中国经济出版社 2006 年版。

(张华新)

产业政策

Industrial Policy

产业政策可从狭义和广义两个方面理解:狭义产业政策即指产业结构政策;广义产业政策则指产业结

构政策、产业组织政策、产业发展政策、产业地区政策和产业技术政策等。

产业政策一词最早出现，源于1970年日本通产省代表在OECD（经济合作与发展组织）大会上所作的题为《日本的产业政策》的演讲。此后，有关产业政策的研究不断扩展，并逐步在各国政界和学术界受到关注。但是，关于产业政策概念，经济学家至今未达成共识，大致有以下观点：一是“市场否定说”。主要流行于欧美各国，并以美国为代表。这种观点认为产业政策就是政府对经济干预所有手段的总称，其实质是计划，因此，产业政策是对市场机制的排斥；二是“市场修正说”。主要起源于日本，认为产业政策就是为了使经济运作能够趋向于最优均衡的政府干预政策。这种观点的核心是，为了实现经济运作的最优化，有必要对市场机制的作用进行一定的人工修正；三是“经济赶超说”。赞同者主要是政府部门的官员及其研究机构，认为在存在后发优势的情况下产业政策为努力赶超发达国家的发展中国家提供了一种可能的政策选择。

产业政策的目标：一是效率目标，旨在提高某一产业或某一国家或地区的资源配置效率；二是社会目标，旨在通过实施产业政策弥补“市场失灵”，达到保护环境、人民健康、提高全社会福利的目的。

产业政策的分类有不同标准，最常见的一种分类方法就是按照产业政策的内容进行分类，由此可分为：产业结构政策、产业组织政策、产业地区政策、产业技术政策等。按产业政策目的进行分类，还可以分类为经济性政策和非经济性政策等。

产业政策的手段通常可以分为：(1)直接干预，包括政府以配额制、许可证制、审批制、政府直接投资经营等方式，直接干预某产业的资源分配与运行态势，及时纠正产业活动中与产业政策相抵触的各种违规行为，以保证预定产业政策目标的实现；(2)间接诱导，主要是指通过行政指导、信息服务、税收减免、融资支持、财政补贴、关税保护、出口退税等方式，诱导企业在有利可图的情况下自主决定服从政府的产业政策目标；(3)法律规制，通常是适用于比较成熟和比较稳定的产业政策，是以立法方式来严格规范企业行为、政策执行机构的工作程序、政策目标与措施等，以保障预定产业政策目标的实现。欧美各国大都采取法律规制的手段，来实现反垄断和反不正当竞争等产业政策的目标。

参考文献：
芮明杰：《产业经济学》，上海财经大学出版社2005年版。
史忠良：《产业经济学》，高等教育出版社2005年版。
苏东水：《产业经济学》，高等教育出版社2005年版。
夏大慰、史东辉：《产业政策论》，复旦大学出版社1995年版。
［日］小宫隆太郎等：《日本的产业政策》，国际文化出版公司1982年版。

（黄继忠）

投资政策
Investment Policy

投资政策是指国家或政府为了增进社会经济福利而制定的解决投资管理和调控问题的指导原则和措施。它是政府为了达到一定的投资目的而对投资活动有意识的干预。因此，任何一项投资政策的制定都是根据一定的投资管理和调控目标而进行的。投资管理和调控的目标是保持投资供给和需求的平衡，包括总量的平衡和结构的平衡，实现投资资源在全社会范围内的优化配置，促进经济持久快速发展和人民生活水平的不断提高。

目前，最重要的投资管理和调控政策主要有以下几个方面：

第一，财政政策。财政调节投资总规模及其结构的主要政策手段有：一是公共财政经常性收入。公共财政经常性收入的主要形式是税收和财政性收费。税率和费率的高低不仅影响企业投资的成本，还会影响企业投资的预期收益，从而直接影响企业投资的数量和结构。国家可以通过税负总水平的变化调节投资的总规模，还可以通过设置适当的税种调节投资的结构。二是折旧政策。折旧时企业重置投资的主要资金来源，通过规定折旧率，国家可以从资金来源上制约企业的投资规模，对不同的企业实行差别折旧率，则可以从资金来源方面起到调节企业投资结构的作用。三是财政支出政策。从财政投资对投资规模的影响看，全社会投资可以分为预算内投资和非预算投资两部分，预算内投资的变化必然引起全社会投资的变化。从财政投资对投资结构的作用来看，财政可以从社会整体利益和整体效益出发，将投资用于国家急需而不能直接盈利的产业部门、地区和项目。因此，财政投资是实现投资结构合理化，从而促进经济资源合理配置的重要手段。四是财政补贴。财政补贴可以看作是一种税负，不仅可以调节投资资金的形成，还可以直接调节投资的使用。五是财政信用。财政可以通过信用方式筹集部分国家投资资金，同时也可以运用信用方式供应部分国家投资资金。在民间投资需求不振的条件下，国家运用其他经济手段不能有效地扩大投资需求时，财政通过发行债券，将所筹集的资金用于公共部门的投资，不仅可以扩大投资需求，还可以改善投资结构。上述财政政策手段的主要功能在于调节投资的结构，其对投资总量的调节作用要综合财政投资对企业、个人投资的“挤出效应”来考察。

财政政策按其总量目标的不同可以划分为：扩张性财政政策、紧缩性财政政策和平衡性财政政策。就投资总量的调节而言，扩张性财政政策指通过降低税率或扩大政府投资支出等手段，刺激投资总需求增加，以此促进经济增长，增加就业；紧缩性财政政策指提高税率或降低政府投资支出，抑制投资总需求的增加，以此遏制通货膨胀；平衡性的财政政策指保持财政收入和支出的平衡。

第二，货币政策。在市场经济条件下，投资的过程也是货币投入流通的过程，因此可以通过对货币供求的管理来调节投资的总量及结构，尤其是调节投资总量。货币政策一般实行多重目标：经济增长、稳定物价、充分就业、国际收支平衡。同时实现这四大目标非常困难，比较现实的目标是在上述四大目标中寻求一种令人满意的组合，即低通胀，高增长；低通胀，中增长和中度通胀；高速增长三种。

货币政策调节投资总规模及其结构的主要政策手段有：一是法定存款准备率。在社会总需求小于总供给的情况下，中央银行降低法定存款准备率，可以使商业银行在活期存款额不变的情况下扩大放款，增加市场上的货币量，降低利率水平，促进企业投资，从而增加总需求；二是再贴现率。再贴现率的高低将影响商业银行向中央银行借款或贴现的数量，进而影响利率水平，达到鼓励或阻止企业投资的作用；三是公开市场业务。主要指中央银行通过市场上买卖政府债券以调节货币供应量及利率，以影响企业投资。

中央银行通过货币政策来调节企业投资，主要是通过利率传导的。利率是金融市场的核心，它既调节资金的供给，又调节资金的需求。货币政策是短期的，而且调节的对象主要是宏观投资总量。

第三，价格政策。投资调控的价格杠杆就是通过调整商品或服务价格、完善价格形成机制来引导企业和社会的投资行为，从而达到调控投资的目的。

商品或服务的价格主要由市场供求关系决定，反过来又是反映市场供求状况的重要经济信号。目前，国家实行并逐步完善宏观经济调控下主要由市场形成价格的机制。但为了规范价格行为，稳定市场价格总水平，促进社会主义市场经济健康发展，政府还对极少数商品和服务价格实行政府指导价或者政府定价。其范围包括：与国民经济发展和人民生活关系重大的极少数商品价格，重要的国家储备物资价格等；资源稀缺的少数商品价格，如石油、天然气等；自然垄断经营的商品价格，如电价、电信基本业务资费等；重要的公用事业价格，如自来水价格，供热价格等；重要的公益性服务价格，如部分药费，教材价格等。对上述实行政府指导价格和政府定价的行业领域内的商品或服务，政府可以通过“主动”调整其价格，引导相关行业领域投资者的投资行为，从而调控本行业领域固定资产投资规模，并达到投资结构调控的目的。但这种价格管制性质的调控方式，即便不属于采取行政措施干预微观企业的行为，也带有明显的行政性特征。

需要注意的是，价格杠杆的运用，应服从于更高、更重要的宏观调控目标，要有利于稳定市场价格总水平，防止价格总水平的大起大落。

第四，产业政策。产业政策是国家或政府为实现某种经济和社会目的，以产业为直接对象所实施的有关产业结构、产业组织等方面的政策。产业政策本质上是一种非市场属性的、政府调控经济的手段，是政府管理经济和调节经济运行的基本工具之一。其目标是产业结构的优化升级和各产业内部运营的高效化，从而促进资源配置结构的不断优化，提高社会经济效益，实现经济持续快速发展。

在一般情况下，当市场发育比较健全时，市场机制能在资源配置中有效发挥作用，政府就无须动用产业政策进行投资宏观调控；当市场出现“失灵”，市场机制不能自动调节结构趋于平衡时，政府就需要以产业政策为核心进行投资结构调整。尤其对于不发达国家而言，政府采取主动干预型的产业政策，可以集中优势资源重点扶植产业关联度强，能产生动态比较优势的战略性产业，使其尽快转化为主导产业和支柱产业，打破落后的恶性循环，实现赶超的目标。

产业政策主要包括产业结构政策、产业组织政策、产业技术政策和产业布局政策等。

参考文献：

高鸿业：《西方经济学（宏观部分）》，中国人民大学出版社2006年版。

庞明川：《中国的投资效率与经济可持续增长》，中国科学出版社2008年版。

张长春：《投资调控的若干问题研究》，中国计划出版社2009年版。

张中华：《投资学》，高等教育出版社2006年版。

（张虹）

消费政策

Consumption Policy

消费政策是由国家或地方政府颁布实施的与消费有关的各种方针、制度、规章等的总称，是宏观经济政策的重要组成部分。消费政策制定的目的是为了在一定时期内对消费水平的提高、消费结构的变化及消费方式的变动做出适当的合乎规律的规划，与整个社会经济发展战略相一致，保障国家经济的发展，消费政策具有阶段性和时效性。

消费政策的制定需要依据国家的发展水平，包括政治、经济和文化的发展水平。当代西方国家将消费政策的重点放在提高生活质量方面,发展中国则更侧重于解决人民的基本生活需求方面。合理的消费政策会稳定经济,促进经济增长方式转变,并最终有效地促进社会经济的发展。在市场经济条件下,消费政策一般会调节两个平衡关系:一是个人消费与个人投资间的关系;二是当期消费与远期消费间的关系。

消费政策包括总体消费政策和具体消费政策。总体消费政策具有战略性,会对一定时期内的消费做出总的指导,稳定性较高。具体消费政策是对一定时期内的消费总量和消费结构等进行政策方面的规定,包括人们的衣、食、住、行等各个方面,其目的是引导居民的现期消费结构、消费方式及消费质量等。具体的消费政策包括以下几个方面内容:(1)提高消费水平的消费政策,主要有调整居民收入与经济增长关系政策、收入分配政策、消费与储蓄关系政策、社会福利和社会保障政策等。(2)调整消费结构的政策,主要有调整消费品产业结构政策和消费品市场政策。

消费政策的实现需要借助于不同的手段,主要包括行政与经济手段两类,不同的国家和地区会根据本国的实现发展情况在不同时期采取不同的手段。在市场经济条件下,应该以经济手段为主,保证资源的有效配置。消费政策实施的经济手段主要包括:(1)税收手段,税收可以调整产业结构、促进或抑制进出口、调整消费者的收入,从而实现鼓励促进消费的目标;(2)利率手段,利率政策可以有效地调节消费者的储蓄与消费的比例,对市场中企业的融资产生重大影响,从而可以增加或减少流动性,消费得以释放或抑制;(3)国债或地方政府债券,国债和地方政府债券可以对消费者的当期收入产生影响,也可以通过融资对产业产生影响,从而调整消费结构;(4)政府购买及转移支付,政府转移支付会实现收入的再次分配,政府购买会直接对产业产生影响,这两者的变化会最终影响到消费。

参考文献:
林白鹏、臧旭恒:《消费经济学大辞典》,经济科学出版社2000年版。
刘子兰:《消费经济前沿理论研究》,经济科学出版社2010年版。
伊志宏:《消费经济学》,中国人民大学出版社2004年版。
臧旭恒、刘国亮:《新经济增长路径——消费需求扩张理论与政策研究》,商务印书馆2010年版。

(赵德起)

价格政策
Price Policy

价格政策是国家为了发挥价格合理配置资源的作用,稳定价格总水平,规范价格行为,保护市场主体的合法权益,促进国民经济持续健康发展,对商品和服务价格所进行的直接干预与间接调控的政策和措施。其中商品价格是指各类有形产品和无形资产的价格,服务价格是各类有偿服务的收费。

价格作为商品和服务价值的货币表现,其基本功能是实现社会资源的合理配置。在市场经济条件下,绝大多数的商品和服务价格是在市场竞争中自发形成的,同样绝大多数商品与服务的供求关系也都是由价格机制自发调节的。但无论是发达国家还是发展中国家都在不同程度上通过价格政策进行微观规制和宏观调控,政府对价格控制与调节与自发的市场调节同样具有普遍性。政府通过价格政策干预和调节经济运行的基本原因在于市场失灵。市场失灵主要表现在:第一,垄断的存在。价格机制实现资源合理配置的前提条件之一,是充分竞争的市场。在充分竞争的市场条件下,任何市场主体都是价格的接受者而不是价格的决定者,此时产量最大,价格最低,消费者剩余最大化。但在现实经济生活中,由于规模经济、范围经济和成本次可加性的存在,使得独家垄断经营的总成本小于多家分散经营的成本之和。在这种自然垄断的情况下,如果政府不对价格加以管制,垄断企业就会通过垄断价格侵占消费者剩余;不仅如此,更为严重的是由于垄断价格所造成的垄断利润增加抵不上消费者剩余的减少,垄断会造成社会福利的净损失。第二,市场价格具有不稳定性。市场对资源的合理配置是与价格的稳定性密切相联的。但在现实经济生活中市场价格具有不稳定性:一是价格总水平会随着经济周期的变化出现较大幅度的起伏波动;二是一些周期性生产的商品,在市场价格的自发调节下可能会使价格和产出发生剧烈波动。通货膨胀与通货紧缩的交替出现,不仅会扭曲价格信号、恶化资源配置,也会带来不利于社会公平的财富再分配效应;而个别商品价格的剧烈波动,不仅会影响价格总水平的稳定,还直接影响到生产者和消费者利益。第三,外部性的存在。所谓外部性是指个人或团体未经允许而采取影响他人福利的行为,从而给非参与人带来的不利或有利的影响。给非参与人带来有利的影响被称为正外部性;给非参与人带来的不利的影响被称为负外部性。负外部性的典型例子是环境污染,正外部性的典型例子是具有非排他性和非竞争性特征的公共物品。在外部性存在的情况下,价格机制对经济活动的调节会失灵。这是因为市场价格是根据定价主体的边际成本与边际收益来制定的,由于给非参与人带来的不利影响或有利影响都不能计入当事人的成本函数和收益函数,在负外部性条件下,由于私人成本低于社会成本,市场定价会导致社会对负外部性产品的生产配置过多的资源;而在正外部性的条件下,由于私人收益小于社会收益,市场定价则导致社会对正外部性产品的生产配置过少的资源。第四,潜在的信息问题。交易各方的市场定价是以掌握商品或服务的成本、质量、市场供求等信息为前提的,信息越是完全,交易各方所掌握的信息越是对称,交易各方利益博弈所形成的市场价格越能准确地反映资源的稀缺程度。但现实经济生活中信息是不完全或不对称的,如果交易各方占有不完全或不对称的信息,价格机制就难以实现对社会资源的有效配置。

市场经济下的价格政策主要有以下几个方面:

第一,管制性价格政策。

管制性价格政策是指政府对价格的直接干预性政策,包括政府定价、政府指导价、价格补贴,以及在特殊时期实行冻结物价等强行性管制措施等。在社会主义市场经济条件下,凡是能由市场形成价格的都交给市场,政府不进行干预,大多数商品和服务价格实行市场调节价,极少数商品和服务价格实行政府定价或政府指导价。根据《中华人民共和国价格法》,采取政府定价与政府指导价的适用范围是:与国民经济发展和人民生活关系重大的极少数商品价格;资源稀缺的少数商品价格;自然垄断经营的商品价格;重要公用事业价格;重要公益服务价格。

政府定价是指县级以上(含县级)各级人民政府的价格管理部门、业务主管部门按照价格法规定的权限制定商品价格和服务收费标准。政府定价主要限定在重要公用事业、公益性服务、网络型自然垄断环节。

政府指导价是指县级以上(含县级)各级人民政府的价格管理部门、业务主管部门按照价格法规定的权限,通过规定基准价格和浮动幅度、最高限价和最低保护价等形式,指导企业制定商品价格和服务收费标准。指导性价格主要包括三种形式:一是浮动价格。是指由政府规定商品价格和服务收费的基准价格和浮动幅度,企业根据市场供求关系在规定的幅度范围内自行制定和调整价格。浮动价格既有利于保持市场价格的基本稳定,又有利于企业在一定范围内自主定价,保持价格的灵活性。二是最高限价。是指政府对某些商品和服务价格规定了价格上限,禁止生产者超出价格上限出售商品或服务。由于生产者只能在价格上限以下出售商品或服务,最高限价不仅是保持市场价格基本稳定的重要手段,也是保护消费者利益的重要形式。如在价格水平大幅度上涨的条件下,政府对农产品、住房租金等实行最高限价,可以减轻由于物价上涨对消费者的影响,也有利于在短期内稳定市场价格水平。三是最低限价。是指政府规定某些商品和服务的价格下限,消费者只能在政府规定的价格以上购买商品和服务。由于生产者不会在价格下限以下出售商品,最低限价实质上是规定了买者必须为某种商品或服务所支付的最低价格,因此,最低限价是对生产者利益的一种保护。最低限价一般适宜于生产周期较长、受自然条件影响较大的产品,对于这类产品实行最低限价可以起到保护生产者利益、稳定市场、维护正常生产秩序的作用。正是基于上述原因,发达国家政府普遍对农产品实行最低保护价。除了以上指导性价格外,政府对还可以通过规定差价率和利润率、实行提价申报制度和调价备案制度等干预措施,指导企业定价。

价格补贴是政府为了消除价格变化对生产者、经营者和消费者造成的损失而进行的财政补贴。价格补贴按最终受益对象划分,可分为对生产者、消费者和流通环节的价格补贴。对于那些生产周期长、供给弹性较小的产品,在市场严重供过于求时,为了保持这些产品的一定供给能力,减轻生产者因价格大幅度下降而造成的严重损失,政府会对这些产品的生产者提供价格补贴;当关系到人民生活的少数重要商品和服务价格大幅度上涨时,政府为了减轻消费者损失,会对消费者提供价格补贴;当某种供不应求商品的购销价格由于国家的价格政策而出现倒挂时,政府会对经营该种商品的企业进行价格补贴,以弥补其政策性亏损,以稳定市场,平抑价格水平。

当市场价格总水平出现剧烈波动等异常状态时,中央政府可以在全国范围内或部分区域采取临时集中定价权限、部分或全面冻结价格的紧急措施。

第二,调节性价格政策。

调节性价格政策是指政府通过间接手段对商品和服务价格进行调控,以保持物价总水平基本稳定的价格政策。价格总水平的基本稳定是宏观调控的重要目标之一,不仅关系到国民经济的健康发展,更关系到人民生活的稳定与社会和谐。调节性价格政策主要是运用货币、财政、进出口、调节性物资储备等政策和措施,实现国家对价格总水平的控制目标。

货币政策的主要手段有公开市场业务、再贴现率和存款准备金率。当经济过热、通货膨胀之际,中央银行通常会在金融市场上卖出有价证券,通过回笼部分资金来减少货币供给;也有可能上调再贴现率,通过提高商业银行向中央银行的借款成本,达到减少货币供给的目的;在通货膨胀较为严重的情况下,中央银行会上调存款准备金率,通过影响货币乘数在较大程度上减少货币的供给;在严重通货膨胀的条件下,中央银行可能会综合采用上述三种调控手段。当经济不景气、通货紧缩之时,中央银行会对上述三种调控手段进行反向操作,以达到增加货币供给、稳定价格水平的目的。

财政政策主要包括财政支出政策、税收政策和自动财政稳定工具。当经济过热、通货膨胀之际,通常会缩小政府支出规模或增加税种、提高税率,以减少社会总需求;当经济不景气、通货紧缩之时,则会对上述两大政策手段进行反向操作,以扩大社会总需求,稳定价格总水平。财政政策并不完全依靠政府的主动操作,政府税收和失业救济等制度安排，会随着经济情况的变动化自动发挥调节总需求的作用。当经济不景气时，个人收入普遍下降，按照累进所得税制度，随着收入的减少，人们应当缴纳的税收也会自动减少；随着经济衰退，失业率上升，失去工作的人们可以申请失业救济，迫使政府增加福利支出。无论个人所得税的减少还是失业救济的增加都可以暂缓可支配收入的减少和总需求的下降。反之，在经济过热之时，上述制度安排则会自动导致个人所得税的增加和失业救济金的减少，从而暂缓可支配收入的增加和总需求的扩张。

政府可以通过进出口政策来增加或减少国内市场供给，以促进国内市场的供求平衡，保持价格总水平的基本稳定。

政府还可以建立重要商品的储备制度，设立价格调节基金，在重要商品供不应求时向市场投放储备物资，供过于求时收购商品充实库存，以平衡供求，稳定价格。

当然对政府对价格总水平的调控不局限于上述间接手段，当重要商品和服务价格显著上涨或有可能显著上涨时，政府可以对部分价格采取限定差价率或利润率、规定限价，实行提价申报制度和调价备案制度等干预措施；当市场价格总水平出现剧烈波动时，可以采取部分或全面冻结物价等直接干预手段来保持价格总水平的基本稳定。

第三，监管性价格政策。

监管性价格政策是指政府对价格活动进行监督检查，惩处、纠正价格违法行为，以建立良好的市场秩序，促进公平竞争。

价格监管的主体是县级以上（含县级）各级人民政府的价格管理部门和业务主管部门，其对价格行为进行监管的法律依据是《中华人民共和国价格法》以及与价格行为有关的其他法规。根据《中华人民共和国价格法》，不正当的价格行为主要有：相互串通，操纵市场价格，损害其他经营者或消费者的合法权益；为了排挤竞争对手或者独占市场，以低于成本的价格倾销商品，扰乱正常的生产秩序，损害国家利益或者其他经营者的合法权益；捏造、散布涨价信息，哄抬价格，推动商品价格过高上涨；利用虚假信息或者使人误解的价格手段，诱骗消费者或者其他经营者与其进行交易；提供相同商品或服务，对具有同等交易条件的其他市场主体实行价格歧视；采取抬高等级或压低等级等手段收购、销售商品或提供服务，变相提高或者压低价格；违反法律、法规的规定牟取暴利等行为。对上述不正当价格行为，要责令改正，没收违法所得，并根据情节轻重，依法予以警告、罚款、责令停业整顿，或由工商行政部门吊销营业执照等处罚。

价格监管还包括对政府指导价、政府定价以及法定的价格干预措施、紧急措施的执行情况进行监督检查。对于不执行上述国家管制性价格政策的行为，责令改正，没收违法所得，并根据情节轻重，依法予以罚款和停业整顿的处罚。

虽然价格监管的主体是政府的价格主管部门，但消费者组织、职工价格监督组织、居民委员会、村民委员会等社会监督机构和组织；新闻媒体以及消费者也都有权对经营者的价格行为进行社会监督。政府价格主管部门应充分发挥上述组织和个人对价格的监督作用。

价格是国民经济运行状况的综合反映，价格的变动与调整直接关系到生产者、经营者和消费者的切身利益。在市场经济条件下，价格通过其信息传递、经济激励、收入分配等职能，自动地调节着资源配置。虽然市场失灵为政府的价格提供了理论依据，但是鉴于价格的上述重要作用，以及政府失灵的存在，政府要慎用价格政策来干预或调节经济运行，特别是要慎用管制性价格政策直接干预价格的形成。为了有效地制定和执行价格政策，需要各级政府的价格管理部门和业务主管部门要职责清楚、权责利统一，依统一领导、分级管理原则做好工作；政府的价格管理部门要与财政、金融、工商管理等部门分工合作，加强财政政策、货币政策、产业政策与价格政策等手段的协调配合，增强价格调控的前瞻性、针对性、协同性；要加强对各种价格指数的统计和市场供求、价格信息的收集、咨询服务工作，根据价格运动规律，通过对各种影响价格形成因素的定性、定量分析，准确把握国内与国际市场的价格变动趋势，为制定价格政策提供科学依据；关系人民切身利益的政府指导价和政府定价，应通过价格听证会制度，征求消费者、生产者、经营者和有关方面的意见，论证其必要性和可行性；政府指导价和政府定价的具体适用范围、价格水平应根据市场供求关系和国民经济运行情况，按照法律规定的定价权限和程度适时调整；要加强对各级政府价格管理部门及业务主管部门的社会监督，严格禁止以权谋私的寻租行为和不认真履行其法定责任的行政不作为和行政乱作为现象。

参考文献：

［美］D. S. 沃森、M. A. 霍尔曼：《价格理论及其应用》，中国财政经济出版社 1983 年版。

［美］丹尼尔·F·史普博：《管制与市场》，上海三联书店、上海人民出版社 1999 年版。

杨君昌、曾军平：《公共定价理论》，上海财经大学出版社 2002 年版。

翟建华、孙德峰：《价格理论与实务》，东北财经大学出版社 2006 年版。

［美］詹姆斯·D·格瓦特尼、理查德·L·斯特鲁普、卢瑟尔·S·索贝尔：《经济学——私人与公共选择》，中信出版社 2004 年版。

张金才、左长青、牛江涛:《市场经济宏观管理概论》,吉林大学出版社 1995 年版。

（张桂文）

对外经济政策

Foreign Economic Policy

对外经济政策是一国经济政策的重要组成部分之一,是一国在一定的历史时期内根据该国的国内外环境制定的一系列关于对外经济发展原则、目标、内容以及措施的总和。

关于对外经济政策的探讨早已有之。古希腊经济思想家色诺芬认为,从事贸易活动不但可以给本国带来各式各样的消费品,并且可以给本国带来丰厚的税收。中世纪的思想家圣·托马斯·阿奎那认为,有两种方法可以使一个国家的财富增加起来,其中一种就是利用商业来把必需的东西从各地运到一个共同的市场上。重商主义的代表人物托马斯·孟认为,对外贸易顺差是使国家富强的手段,应实行"奖出限入"的对外经济政策。亚当·斯密、大卫·李嘉图、约翰·穆勒、伯蒂尔·俄林等人认为自由贸易政策能提高一国劳动生产率,有助于一国的资本积累和经济发展。亚历山大·汉密尔顿、弗里德里希·李斯特和凯恩斯等人则认为有条件的保护贸易政策是强国富民的手段。第二次世界大战后,关于对外经济政策的探讨更加复杂,大多数国家都将对外经济政策作为一国经济发展总体战略的重要组成部分。保罗·萨缪尔森、罗伯特·蒙代尔、保罗·克鲁格曼、阿尔弗雷德·斯蒂格利茨等著名经济学家都根据相应的理论提出了较为系统的对外经济政策主张。

一国的对外经济政策是在一定的约束条件下制定或修改的。这些约束条件包括:国内政治和经济体制、国内法律法规、国际经济体制、国际经贸组织规则、双边或多边政治和经济关系以及国内外利益集团等。

一国制定对外经济政策应遵循独立自主和平等协商的原则。对外经济政策的制定和修改是主权国家的重要权利,应以符合国家利益、国民利益为宗旨,在尊重国民意愿的基础上制定或修改。同时,在经济全球化时代,一国对外经济政策的制定或修改不可避免地会影响到他国利益或影响双边、多边关系,进行平等协商是非常必要的。同时,一国所参与的国际或区域经贸组织及其规则也要求一国在制定或修改对外经济政策时充分与成员方协商。

一国制定对外经济政策的目标主要是为了维护国家经济安全、促进国内经济增长、保持物价稳定、扩大就业、维持内外平衡、促进产业结构优化和升级等。这些目标表明对外经济政策不仅仅是为了追求经济发展,更体现了和谐发展和均衡发展。为了实现上述目标,要求一国要协调好对外经济政策和国内经济政策、外贸政策和外资政策、外贸政策和产业政策、外贸政策和汇率与货币政策、走出去政策和援外政策等。

对外经济政策的主要内容包括对外贸易、国际投资、国际金融、能源合作、科技合作、环境合作、经济援助与制裁等一系列政策、法规和行动。它既是一国国内经济政策的延伸,也是外交政策的经济部分。但它又不等同于各领域政策的简单叠加,而是各领域政策的综合,有着既不同于外交政策也不同于宏观经济政策的独特的规则和特征。

由于贸易是各国之间最古老、最重要的经济联系,因此,对外贸易政策包括货物贸易政策和服务贸易政策,是对外经济政策的核心和主体,其他政策是在对外贸易政策的基础上产生和演化的。对外贸易政策最基本的类型是自由贸易政策和保护贸易政策。自由贸易政策是指政府取消对进出口贸易的限制,不对本国商品和服务的进出口商提供各种特权和优待,力图消除各种贸易障碍,使商品和服务能够自由地输出和输入,在世界市场上实行自由竞争。保护贸易政策是指政府采取各种措施限制商品和服务的进口,以保护本国的产业和市场不受或少受外国的竞争。保护贸易政策的实质是奖出限入,目的是削弱和排斥外国产品的竞争。纯粹的自由贸易政策或保护贸易政策是不存在的。一些国家或地区实行相当宽松的外贸管理,比较接近于自由贸易政策类型,其他国家都采取程度不同的贸易限制措施。

对外贸易政策的具体措施主要包括:一是关税。这是历史最为悠久的贸易措施之一,是进出口商品经过一国关境时,由政府所设置的海关向其进出口商征税。二是非关税壁垒。主要是指关税以外的一切限制进出口的各种措施,20 世纪 30 年代开始出现,70 年代到 90 年代达到顶峰,进入 21 世纪后在 WTO 的约束下逐步减少,包括配额制、许可证制等。三是鼓励出口措施。主要有出口信贷、出口信贷国家担保制、出口补贴等。四是出口管制措施。主要是一国对武器、文物、黄金、高科技产品等采取的限制或禁止出口的行为。五是贸易救济措施。主要是指一国或地区在进口产品出现倾销、补贴、垄断和过激增长等损害国内产业的情况下,对外贸易管理机关依法启用的反倾销、反补贴、反规避、反垄断、保障措施和特别保障措施等。

国际投资政策主要包括对外投资和引进外资政策,即对外投资和引进外资的促进、服务、保障和监管政策,具体措施包括财税、信贷、保险、外汇等方面。

国际金融政策是一国对外经济政策的重要组成部分,范围较广,主要包括国际收支调节政策、汇率政策、资本流动政策、金融危机应对政策等。

其他政策。主要有:一是能源合作政策。即一国与他国在能源进出口、价格、运输、战略和商业储备等方面采取的合作政策。二是科技合作政策。是指一国与他国在科技研发、高技术软硬件的进出口、知识产权保护等领域采取的合作政策。三是环境合作政策。是指一国与他国在环境保护、污染治理、环境生态灾难应对等方面采取的合作政策。四是经济援助。主要有财政援助和技术援助、双边援助和多边援助、项目援助和方案援助等多种形式。五是经济制裁。主要指一国或数国对破坏国际义务、条约和协定的国家在经济上采取的惩罚性措施,具体包括财政、金融、贸易等领域的制裁措施。上述政策均为一国对外经济政策的有效组成部分,对一国双边或多边经济关系具有重大影响。

对外经济政策处于国际经济和国内经济、国际政治和国内政治四者的结合点上。因此,对外经济政策既属于经济学的研究对象,又属于国际关系学、国际政治经济学的研究对象。

参考文献:

[美]保罗·萨缪尔森、威廉·诺德豪斯:《经济学》第12版,中国发展出版社1992年版。

[美]贾格迪什·巴格瓦蒂:《现代自由贸易》,中信出版社2003年版。

崔日明、王厚双:《宏观经济调控与对外经济政策》,经济科学出版社2005年版。

郝雨凡:《中国对外经济政策50年》,载于《外交评论》2007年第10期。

李红岩:《美国对外经济政策及其独特性》,载于《科学决策月刊》2007年第11期。

宋志刚、丁一兵:《论发展中国家的对外经济政策调整》,载于《山东社会科学》2005年第8期。

Dominick Salvatore, *International Economics* (*Fifth Edition*), by the Prentice-Hall International, Inc. USA (1995).

(刘向丽)

负面清单
Negative List

负面清单也称为"否定清单"、"否定列表",是与"正面清单"、"肯定清单"或"肯定列表"相对应的一个概念。主要指不允许经济或社会组织采取措施、实施行为或经营领域的规则和一览表。"负面清单"实际上是原则的例外,遵循的是"除非法律禁止的,否则就是法律允许的"解释逻辑,体现的是"法无禁止皆可为"的法律理念,在经济、社会、文化领域都有较为广泛的应用。

在国际经济领域,通行的国际贸易和投资条约或协定中,主要有两种义务承诺模式:第一种为肯定模式。以《关税与贸易总协定》(GATT)为代表,其成员方的关税减免和减少贸易壁垒的承诺以正面清单的方式作出,即列明减免关税的产品名单和减少贸易壁垒的具体领域,不列明的则无承诺;第二种为否定模式。主要以《北美自由贸易协定》(NAFTA)为代表,即规定了一系列对国民待遇、最惠国待遇以及其他义务的例外措施,这些例外措施按照固定的格式列表,其法律地位是协定的一部分。NAFTA的"负面清单"根据例外措施适用的时间段分别列入两个附件:附件一是现有例外措施的保留清单,包括所有在协定生效后东道国希望保留的例外措施;附件二是未来可以实行新限制性措施的部门和活动领域。NAFTA的"负面清单"模式对亚洲和南美国家的区域或双边贸易或投资协定具有相当大的影响,目前正在谈判中的多个协议都采用这一模式。

在国际贸易与投资领域,负面清单的应用有较长时间的历史。1834年,普鲁士领导并建立了由18个邦国组成的德意志关税同盟(Zollverein),即采用了负面清单模式。在订立的贸易条约中,邦国间同意开放所有进口市场、取消所有进口限制,除非列明不开放和不取消的,这很可能是负面清单在国际贸易和投资协议中的首次运用。之后,各国之间的贸易条约和协定普遍采用负面清单作为例外措施。

以"负面清单"规则模式签署的国际贸易和投资条约或协定生效实施后,当事国家通常按照"负面清单"模式管理自己的对外贸易和外商投资活动。在对外贸易领域,列入负面清单的外贸商品主要包括:武器、军事设施、军用飞机、军舰、核能矿物、核武器研制的技术设备、生化武器研制的技术设备和原料等;矿产品、易制毒化学品、重要原料、麻醉和精神药品、某些食品;高科技产品与技术资料;珍稀动物和物品,象牙、犀牛角、虎骨等珍稀动物药材;文物、艺术品;黄金、白银等特殊制品;固体废弃物等。

在外商投资管理中,一国政府采用负面清单模式时,通常列出禁止外资进入或限定外资比例的行业清单,相当于投资领域的"黑名单"。其中要列明针对外资的与国民待遇、最惠国待遇不符的管理措施,如业绩要求、高管要求等方面的管理限制措施。负面清单的外资管理模式已逐渐成为国际投资规则发展的新趋势。目前国际上已有七十多个国家采用了这一模式。简而言之,负面清单将不允许政府采取的政策措施和不允许企业从事和实施的活动以清单方式列明。"正面清单"(Positive List)则与之相反,只有列在清单上的政策措施才允许政府使用、列在清单上的领域或业务才允许企业从事或经营。负面清单的优点是能够提高市场开放度和透明度,因为哪些政策措施、行业被排除在外可以一目了然,而要在正面清单中提高开放度和透明度,则需要另加相应条款。负面清单可以使得外资企业按照清单要求实行自检,对其中不符合要求的部分事先进行整改，从而提高外资进入的效率。同时，负面清单也限制了政府的行为，并鼓励创新和技术进步，因为如果负面清单内容太多，对外开放和自由化的幅度就较低，政府受到的压力就会加大。同时，由于现有技术水平的限制，负面清单很难囊括新行业，未来任何创新性的行业或技术进步较快的行业都将自动开放，因而鼓励资本、技术进入新行业、新领域中。

根据联合国贸发会议的统计，外资管理和准入的“负面清单”的内容主要归为三类：第一类为一般例外，如国家安全、公共卫生、健康、环境保护；第二类为特定主题例外，如政府采购、补贴；第三类为特定产业例外，如转基因生物研发、国防、文化等。就新近的双边投资协定的“负面清单”看，农业、制造业和服务业都有所涉及。

我国在外商投资管理方面的“负面清单”模式也取得了新突破，于2013年9月公布的《中国(上海)自由贸易试验区外商投资准入特别管理措施(负面清单)(2013年)》(以下简称“负面清单”)，列明了中国(上海)自由贸易试验区内对外商投资项目和设立外商投资企业采取的与国民待遇等不符的准入措施，禁止(限制)外商投资国家以及中国缔结或者参加的国际条约规定禁止(限制)的产业，禁止外商投资危害国家安全和社会安全的项目，禁止从事损害社会公共利益的经营活动。中国(上海)自由贸易试验区的“负面清单”管理模式适应了“以开放促改革”的需要，将为我国目前正在谈判和即将参与的多边和双边自贸区协定和投资协定提供有益的经验，从而为我国扩大改革开放注入新的活力。为了适应进一步扩大开放的需要，中国(上海)自由贸易试验区的负面清单也在不断修改瘦身。

除了经济领域外，负面清单在其他领域也广泛存在。例如，在一些国家的医疗管理政策中有“负面清单”的条目，德国的处方管理当中就明确规定有些药物属于不能报销的负面清单范围，一旦上了这一清单，在本国各个辖区都严格执行。在环境保护方面，澳大利亚将负面清单和正面清单指引同时列在“低碳农业倡议”的显著位置，成为应对气候变化方案中的重要组成部分。

参考文献：

[德]弗里德里希·李斯特：《政治经济学的国民体系》，中译本，商务印书馆1961年版。
陈同仇、薛荣久：《国际贸易》，对外经济贸易大学出版社1997年版。
龚柏华：《中国(上海)自由贸易试验区外资准入“负面清单”模式法律分析》，载于《世界贸易组织动态与研究》2013年第6期。
张相文、向鹏飞：《负面清单：中国对外开放的新挑战》，载于《国际贸易》2013年第11期。

（刘向丽）

国有资本经营预算制度
System of Budget for State Capital Operations

国有资本经营预算制度是指规范国有资本经营预算编制行为的一系列法律、行政法规和规章的总称。预算是对某事务收支的预先计划或打算，在不同的预算主体中，国家占据着重要地位。国家预算形式主要包括政府公共预算、国有资本经营预算和社会保障预算，前两种统称为政府预算，但国家在这两种预算中的身份却有着很大的区别：国有资本经营预算，是国家以所有者身份依法取得国有资本收益，并对所得收益进行分配而发生的各项收支预算，是政府预算的重要组成部分，是国家履行出资人职责、行使出资人权利的重要方式，也是对国有资本加强监管和考评的重要手段；而在政府公共预算中，国家是以具有公共权力的行政主体身份进行的。

国有资本经营预算制度的建立是一项涉及诸多方面的综合系统工程，所涉及的基本问题包括国有资本经营预算的性质、编制主体以及国有资本经营预算内容和运行机制等。国有资本经营预算制度的建立是我国国有资本管理体制改革的重要一步，将为国有经济资源的配置提供规范性安排制度，并有利于促进对国有资本收益的合理分配及使用，集中解决国有企业发展中的体制性、机制性问题，完善国有企业收入分配制度，推动国有企业的改革和发展，最终将增强政府的宏观调控能力。这一制度的建立也是推进国有经济布局和结构调整的重要手段。

国有资本经营预算制度建立的第一阶段是伴随着复式预算问题的研究而提出的，从基本理念的提出到最终建立实施历时20多年。这一制度建立的最初提法是“建设性预算”。最早在1986年底，就有部分全国人大代表提出将政府单一预算分为“经营性预算”和“建设性预算”的议案。之后5年，财政部将实行复式预算初步方案报送到国务院。经研究，复式预算的意见在全国人大常委会被正式提出，并由财政部再次报送复式预算的修订方案。1991年，《国家预算管理条例》的颁布标志着复式预算制度的初步建立。依据此条例，1992年中央预算和部分省级预算按“经营性预算”和“建设性预算”进行了试编。

第二阶段是首次提出建立国有资产经营预算制度。1993年，党的十四届三中全会通过的《关于建立社会主义市场经济体制若干问题的决定》首次明确提出“国有资产经营预算”这一概念，并提出除了建立政府公共预算和国有资产经营预算外，还可根据需要建立社会保障预算和其他预算。1995年的《预算法》规定中央和地方政府预算继续按照复式预算编制。同年的《预算法实施条例》正式规定各级政府的复式预算分为政府公共预算、国有资产经营预算、社会保障预算和其他预算。虽然当时在预算分类方面对公共预算和国有资产经营预算作了区别，但由于当时财政部是我国国有资产管理部门的直属单位，而财政部又是公共财政收支主体，因此国有资产管理很难独立于财政管理活动，这些制度也并未得到长期有效执行，但它们却是进一步建立国有资本经营预算制度的有益探索。

第三阶段是建立国有资本金预算制度。1998年，原国家国有资产管理局并入财政部，财政部新“三定”方案中明确提出建立政府公共预算、国有资本金预算和社会保障预算制度，由此国有资本金预算替代国有资产经营预算，预算司专职负责研究和编制国有资本金预算。这一提法的改变并未从实质上推进国有资本经营预算制度的发展，直至2003年党的十六届三中全会建立国有资本经营预算制度要求的提出。

第四阶段是推进国有资本经营预算制度建设。2002年，党的十六大开始对国有资产管理体制进行重大改革。2003年，十届人大宣布成立国资委(即国有资产监督管理委员会)，该部门整合多个与国有资本经营相关部门组成，由国务院直接授权，独立于财政部，是专门履行国有财产出资人职责的机构，使国有资本经营预算制度的建立和执行具有可行性。之后两年此项工作积极推进。2006年的《政府工作报告》更明确提出“完善国有资产监管体制，健全国有资本经营预算制度、经营业绩考核体系和国有资产重大损失责任追究制度”。2007年9月，国务院颁布《国务院关于试行国有资本经营预算的意见》，标志着我国国有资本经营预算制度正式启动，随后配套的《中央企业国有资本收益收取管理暂行办法》等相继出台。2008年2月，国资委下发《中央企业国有资本经营预算建议草案编报办法(试行)》，国有资本经营预算制度开始试行。在试行过程中必然伴随着适时的改革调整，使国有资本经营预算制度日益完善。

2013年，中共十八届三中全会进一步提出“完善国有资本经营预算制度”，并规定提高国有资本收益上缴公共财政比例，2020年提高到30%，更多用于保障和改善民生。这样，就将国有资本经营预算制度的建立推向一个新的更高阶段。国有资本经营预算制度的建立使国有资本经营预算单独设立，集中管理国有资本收益与再投资活动，有助于在预算制度方面将国家拥有的所有者权力与作为社会管理者的行政权力相分离，促进政府职能转换与政企分开。

参考文献：
金风：《国有财产法律体系研究》，贵州人民出版社2009年版。
欧阳淞：《国有资本经营预算制度的几个基本问题》，载于《法学家》2007年第4期。
汪立鑫：《国有资本经营预算制度与国有资产监督制度资产管理理论、体制与实务》，上海人民出版社2011年版。
魏成龙等：《国有资本产权市场的政府监管》，企业管理出版社2011年版。
张先治：《国有资本经营预算制度研究》，中国财政经济出版社2009年版。
张馨：《科学发展观与财税体制改革研究》，中国财政经济出版社2011年版。

(刘海莺)

国有资本收益
Earnings from State Capital

国有资本收益是政府非税收入的重要组成部分，包括国有资本分享的企业税后利润，国有股股利、红利、股息，企业国有产权(股权)出售、拍卖、转让收益和依法由国有资本享有的其他收益。我国的国有资产属于国家所有即全民所有，国务院代表国家行使国有资产所有权。国有资本收益通常按照同级财政部门规定执行，及时足额上缴同级国库。其中，应缴利润是国有独资企业按规定应当上缴国家的利润；国有股股利、股息是国有控股、参股企业国有股权(股份)获得的股利、股息收入；国有产权转让收入是转让国有产权、股权(股份)获得的收入；企业清算收入是国有独资企业清算收入(扣除清算费用)，国有控股、参股企业国有股权(股份)分享的公司清算收入(扣除清算费用)。

我国的国有资本收益的收缴(收取)和管理制度规定，中央企业国有资本收益直接上交中央财政，纳入中央本级国有资本经营预算收入管理。中央企业国有资本收益由财政部负责收取，国资委负责组织所监管企业上交国有资本收益。地方收益指上交给各级地方政府金库的国有资本收益，主要是归属地方政府管辖的国有企业的经营收益。党的十六大提出，在坚持国家所有的前提下，建立中央政府和地方政府分别代表国家履行出资人职责，享有所有者权益、权利、义务和责任相统一，管资产和管人、管事相结合的国有资本管理体制。与此相适应，国有资本收益的收缴和管理也进行相应调整。

在国有资本收益的收缴比例上，拥有全资或控股子公司的国有独资企业，应缴利润按照中国注册会计师审计的年度合并财务报表中反映的、归属于母公司所有者的净利润为基数申报，应缴利润的比例区别不同行业，分三类执行：第一类为烟草、石油石化、电力、电信、煤炭等具有资源型特征的企业，上缴年度净利润的比例为10%；第二类为钢铁、运输、电子、贸易、施工等一般竞争性企业，上缴年度净利润的比例为5%；第三类为军工企业、转制科研院所企业，实行暂缓3年上缴或者免缴。国有控股、参股企业应付国有投资者的股利、股息，按照股东会或者股东大会决议通过的利润分配方案执行。国有产权转让收入，根据企业产权转让协议和资产评估报告等资料核定。企业清算收入，根据清算组或者管理人提交的企业清算报告核定。其他国有资本收益，根据有关经济行为的财务会计资料核定。

国有资本收益的收取方式为国资委监管企业向国资委、财政部同时申报上缴，国资委提出审核意见后报送财政部复核，财政部按照复核结果向财政部驻申报企业所在地财政监察专员办事处下发收益收取通知，国资委按照财政部复核结果向申报企业下达收益上缴通知，企业依据财政专员办开具的"非税收入一般缴款书"和国资委下达的收益上交通知办理交库手续。

从国有资本收益的分配来看，国有资本收益分配是国家出资企业对其可支配的国有资产所取得的利润进行分配的行为。国有资本分配的收益包括企业留存收益和企业上缴收益两部分：企业留存收益是按照国家的有关规定，留归企业自行支配的那部分国有资本收益，留存收益的主要部分应当用于企业扩大再生产，少部分用于职工集体福利事业和职工奖励；企业上缴收益是国家作为国有资产所有者，依据国家投入的资本金所形成的生产资料所有权从企业获得的投资回报。企业上缴的国有资本收益包括：国有企业应上缴国家的利润；股份有限公司中国家股东应分得的股利；有限责任公司中国家作为出资者按出资比例应分得的红利；各级政府授权的投资部门或机构以国有资产投资形成的收益应上缴国家的部分；国有企业的产权转让收入；股份有限公司国家股股权转让收入；有限责任公司国家出资转让的收入；其他非国有企业占用国有资产应上缴的国有资本收益；其他按有关规定应上缴的国有资本收益。上缴的国有资本收益主要用于促发展和惠民生，党的十八届三中全会提出提高国有资本收益上缴公共财政比例，2020年提高到30%，更多用于保障和改善民生。

参考文献：

陈少晖：《公共财政框架下的省域国有资本经营预算研究》，社会科学文献出版社2012年版。

顾功耘：《国有资产法论》，北京大学出版社2010年版。

郭世辉：《国有股权结构变革》，中国社会科学出版社2012年版。

何加明：《国有资本营运新论》，西南财经大学出版社2006年版。

全国人大法制工作委员会：《中华人民共和国现行会计法律法规汇编》，立信会计出版社2013年版。

张先治等：《国有资本经营预算制度研究》，中国财政经济出版社2009年版。

（刘海莺）

国家资产负债表
National Balance Sheet

国家资产负债表是反映经济总体在某一时点上经济资产与负债及其净资产的总体规模与结构及其在不同部门间的分布状况的报表，据此可以了解该经济体拥有的财富、总体经济实力以及债务状况等重要信息。从国民经济管理看，资产负债总量代表了该经济体所具有的生产和收入创造能力，其结构则反映了其资源配置状况。为揭示经济体中不同机构部门的资产负债构成，显示各机构部门在经济体总量中的份额，并描述机构部门间的借贷关系，通常还要编制各机构部门的资产负债表。机构部门资产负债加总至国家层面得到国家资产负债表。因此，一个完整的国家资产负债表由国家、机构部门和子部门的报表构成，并保留了机构部门间的金融借贷关系。

现代国民资产负债核算的发源地在美国。1936年，美国经济学家迪金森（F. G. Dickinson）和伊金（Franzy Eakin）在《国民经济资产负债表》一文中首次提出将企业资产负债表技术应用于国民经济核算的构想。耶鲁大学教授雷蒙德·戈德史密斯（Raymond Goldsmith）进行了更为深入系统的研究，他是将国家资产负债表的研究系统化和理论化的第一人。1955年，他在《美国储蓄研究》中，以现行价格和1923年不变价格估算了美国1896～1949年的历年国民财富，并编制了若干年份的资产负债表。1962年，又出版了《战后时期的美国国民财富》，将估算扩展到1958年，并对数字做了详尽的分析和阐述。1963年，戈德史密斯、罗伯特·利普西（Robert Lipsey）和莫里斯·门德尔森（Monis Mendelson）完成了《美国资产负债表研究》，系统发表了国家资产负债表的编制技术，并提出了分部门的资产负债表，为国家资产负债表的编制提供了理论依据和实践经验。在戈德史密斯的带领下，西方其他国家也开始了对国家资产负债表的研究。1964年，在J. W. 肯德里克（John W. Kendrick）主持下，美国经济研究局财富存量专题小组提出了《国民财富计量》研究报告，其对国民财富计量的理论和方法作了系统的综合论述。1966年，英国经济学家J. 雷维尔（Jack Revell）和A. R. 罗出版了《国民财富》一书，在英国国家统计局和英格兰银行的支持下，1971年又发表了

《国家资产负债表和国民账户——进一步的研究》，估算了1951～1966年英国的国民财富。

自20世纪70～80年代起，日本、苏联、美国、加拿大、瑞典、澳大利亚、捷克、印度等国的经济学家开始尝试编制本国的国家资产负债表。戈德史密斯在1986年估算了1688～1978年20个经济体的国家资产负债表，着重考察金融资产和实物资产间的关系及其对经济发展的影响，并进行了国际比较。

国民资产负债表的标准化与国际化也体现在SNA的发展过程中。SNA—1953首次提出将资产负债核算引入SNA的设想，SNA—1968初步建立了将国民经济流量核算与存量核算有机结合的描述体系，1977年联合国专门颁布了《关于国民经济账户体系的国民和部门资产负债表及协调账户的临时国际指导》，从理论、原则和方法上对国家资产负债表核算作了较为详尽的说明，并设计了有关账户和表式供各国参考采用。SNA—1993则除了进一步厘清和细化部门（子部门）、金融工具和估值方法等的概念和定义外，还大量增加了有关资产负债表的指导规则。在资产范围界定方面，将矿产开采、计算机软件、娱乐、文学艺术原创作品等无形资产纳入生产性资产，将合同、租赁、执照、商誉等无形资产纳入非生产性资产。同时，将核算期资产负债的全部变化内容纳入积累账户，并引入资产其他变化的新账户，使资产负债核算更加完善。高度综合的资产负债表的建立，为各国进行资产负债核算指明了方向。2008年，联合国对1993年SNA再次进行了更新，增加了环境经济变动等方面的议题。

20世纪90年代中后期，许多国家（如澳大利亚和加拿大等）逐步实施SNA—1993标准，但在账户设置和部门分类方面仍部分保留了原有特点。加拿大、澳大利亚、英国、日本等国的官方统计部门开始定期公布其国家资产负债表。

20世纪80年代，中国国家统计局开始研究资产负债核算。1992年，把资产负债核算正式纳入《中国国民经济核算体系（试行方案）》。1995年，国家统计局制订了全国统一的《资产负债表试编方案》和国民资产负债核算制度，将在我国境内所有的常住机构单位确定为国民资产核算的统计调查单位，将核算对象及范围确定为所有权已经确定并已有效使用、持有或处置的全部经济资产，包括非金融资产和金融资产。同年制定了全国国民资产核算中长期工作规划，其主要内容：一是逐步扩大国民资产核算范围，包括对非生产性资产的核算；二是完成对固定资产、非生产资产的实物量核算和价值量核算；三是实行机构部门的债权债务核算，能够较完整地从国民财富、国民资产两个口径对宏观经济存量进行核算；四是逐步实现对国民资产总量及内部结构的重估价核算；五是逐步实现对机构部门及资产项目的细化，以反映国民资产较详细的分布状况。从时间上看，逢二、七年度采用直接法调查搜集资料，编制资产负债表，编制的范围包括：全国、省（自治区、直辖市）、地区（市、州、盟）、县（区、市、旗）。逢五、零年度采用间接法中的内插法调整资产负债表；其他年度采用间接法中的外推法。利用资金流量核算资料及其他有关资料测算、编制资产负债表；范围同上。

2000年，根据SNA—1993并在总结之前几年的编制经验以及学习加拿大固定资产存量核算经验的基础上，对资产负债核算方案和制度进行了修订。

编制国家资产负债表技术性很强，对基础资料要求很高。其最大难点是对各项历史形成的资产和负债按当期市场价格进行重估价。另一难点是需要搜集全面、可靠的各项资产和负债基础资料。正是因为编制国家资产负债表有上述两大难题，尽管中国从1997年开始编制，到目前为止已经编制出16张国家资产负债表，但是由于可靠性有待评估，尚未正式公布。

资产负债表的基本结构是二维矩阵平衡表，行标题列示各类资产和负债以及净值，列标题列示机构部门，每个机构部门都设有两列，分别为“使用”和“来源”，“使用”表示资产存量，“来源”表示负债和净值存量。

机构部门，包括非金融企业、金融机构、政府、住户以及国外。在企业（包括非金融企业和金融机构）部门之下列出国有企业子部门，便于分析国有企业的资产负债状况。

资产是指满足所有权明确且可以为持有人带来未来收益的实体。在国民经济核算中，将满足这两条性质的资产称为“经济资产”（Economic Asset），由此把经济资产界定为“执行价值贮藏功能的实体，并且有机构单位单个地或联合地对它行使所有权，通过在一定时期内使用或持有这些实体，所有者可以获取经济利益”（SNA—1993，10.2段）。

经济资产的完整分类如图1所示。

金融资产（Financial Asset）和非金融资产（Non-financial Asset）是经济资产的第一级分类：前者形成于金融交易过程，是建立在信用基础上资产；后者则是在实物交易过程中累积起来的，体现了实物经济特征。其中，大多数金融资产（货币黄金和特别提款权除外）都会对称地形成负债：一方面，在一项信用关系上同时牵动着债权人的资产和债务人的负债；另一方面，对一个特定的机构单位或部门而言，常常同时存在金融资产（作为债权人）和负债（作为债务人）。

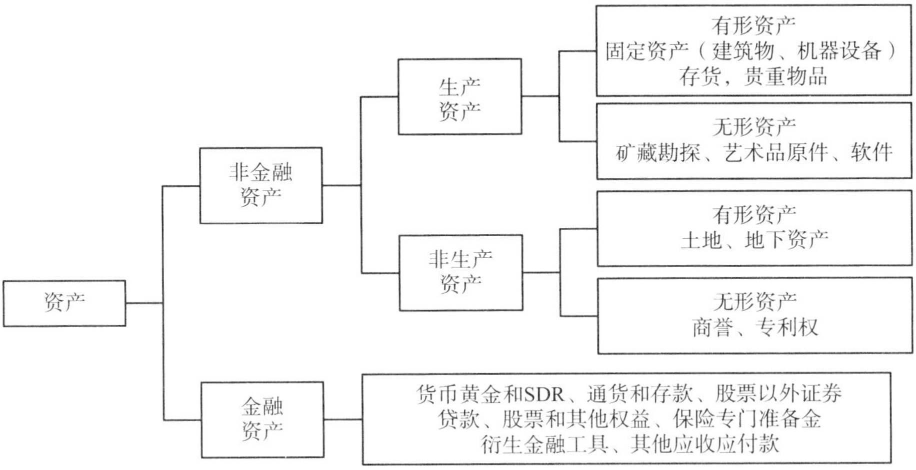

图1　经济资产分类

生产资产（Produced Asset）和非生产资产（Non-produced Asset）是对非金融资产的进一步分类。生产资产是经济资产的最重要类别，它是"生产出来的资产，同时又作为投入品进入生产过程"。

生产资产中包括固定资产（Fixed Asset）、存货（Inventory）和贵重物品（Valuables）三个类别，其中前两个类别是生产者为了生产目的而持有的资产，贵重物品则是作为价值贮藏手段持有的资产。固定资产是生产资产的最主要成分，在生产过程中充当生产工具，在很大程度上体现了生产能力，决定了生产规模。固定资产与存货的区别在于前者可以在较长时间里（超过一年）反复或连续用于生产，提供资本服务；而存货只能一次性地或短期地用于生产。在此意义上，固定资产不仅包括各种构筑物、机器设备，还包括可以反复或连续用于生产果实和奶制品以及进行繁殖的培育资产（植物或动物），以及诸如软件或艺术品原件等无形资产；而存货则泛指为准备用于中间消耗的、等待进一步加工和出售的产品库存。

与生产资产形成对比，非生产资产是指"生产所需的、但其本身并不能被生产的资产"（SNA—1993，10.8段），包括自然产生的资产，也包括商誉等无形资产。

在资产负债表的编制过程中，非金融资产项目全部记录在各部门的使用栏，金融资产和负债分别记录在各部门的使用栏和来源栏，净值作为资产与负债之间的差额，也记录在各部门的来源栏。为了突出反映对外资产负债状况，金融资产负债项目根据国内金融和国外金融做了区分，其中国内金融资产与负债是国内机构部门之间在国内市场上形成的资产负债，国外金融资产与负债以及储备资产则是与国外之间进行金融交易所形成的资产负债。

参考文献：
高敏雪：《国民经济核算原理与中国实践》，中国人民大学出版社2013年版。
马骏等：《中国国家资产负债表研究》，社会科学文献出版社2012年版。
许宪春：《中国国民经济核算与统计问题研究》，北京大学出版社2009年版。

（陈瑾玫）

垄断程度
Degree of Monopoly

垄断程度是运用某种指标或某些指标用来说明市场类型或市场垄断与竞争的情况。早期的经济学家首先认识到完全竞争和独家垄断这两种"纯粹"的市场形态。后来，古诺分析了双寡头竞争的情形（Cournot，1838），马歇尔在分析现实中企业由于害怕早先的低价阻止日后的提价，因而其短期供给曲线可能并非平均可变成本和平均成本之间的边际成本曲线，而是向左进行了移动时，含蓄地突破了完全竞争市场的假设。1926年，意大利经济学家斯拉法在其《竞争条件下的收益规律》一文中，认为传统经济学所论证的完全竞争并非现实生活中的普遍现象，而更要研究非竞争性因素。

受马歇尔和斯拉法思想的影响，1933年，美国经济学家张伯伦与英国经济学家罗宾逊分别出版了《垄断竞争理论》与《不完全竞争经济学》著作，探讨不完全竞争问题。张伯伦把市场分为完全竞争、垄断竞争、寡头垄断、完全垄断四种类型，并着重研究了现实生活中普遍存在的垄断竞争情况，认为形成垄断竞争的原因在于存在产品差别。罗宾逊在分析中引入边际成本、边际收益曲线等分析工具，分析了完全竞争、完全垄断和垄断竞争条件下的市场均衡模式。

随着经济的发展，市场集中问题也显现出来。市场集中度作为衡量某个行业中企业数目和相对规模差异的指标，是垄断程度判别的重要依据。具体而言，主要包括行业集中率(CRn)、赫芬达尔—赫希曼指数(HHI)、基尼系数和熵指数等。各个指数各有其优、缺点，例如行业集中率指数比较直观、易懂，但不能反映市场中企业数量及前几位企业之间的差异；赫希曼指数对前几位企业市场份额的变化反应敏感，能够反映市场中各个企业间规模的差距，但对数据的要求相对较高，并且含义与行业集中率指数相比较不直观。

市场集中度的一个较大的缺点是在确定“行业”范围时存在困难。特里芬在其1940年出版的《垄断竞争与一般均衡理论》一书中，引用勒纳、帕累托的观点，探讨了商品概念从物理定义向经济定义的过渡：“在把不同地点的同一事物称作不同商品时，我们已经不再把物质上的相似性作为识别商品和加以分类的标准，而已经开始用可替换性原则来替代它了。……可替换性程度成为唯一的分类标准。”(特里芬，1995)但是，以可替换性也即商品的交叉需求弹性确定“行业”范围也存在不足，因为某种商品的交叉需求弹性可以有很多，这种分析对于探讨行业中某些企业或企业集团的垄断程度存在困难。

另一类所谓的市场绩效指标有助于克服上述缺陷，这类指标包括勒纳指数，即商品定价超过边际成本的程度；以及贝恩利润指数，通过对超额利润进行量度来衡量企业的垄断程度。但是上述指标也并非完美，一方面，利润高低与企业效率和生产成本直接相关，可能并非垄断程度的结果；另一方面，现实中存在垄断程度较高的企业为了驱逐竞争对手而故意压低价格的情况。

此外，新经验产业组织理论提出了三种运用经济计量工具衡量垄断程度的方法：一是在考虑了买方和竞争对手的反映后，测算剩余需求曲线以判断企业提高价格的能力；二是测算行业需求弹性，以判断企业是否利用买方不能转向其他企业而提高价格；三是观察企业的价格行为，以判断行业价格结构是否是垄断定价、掠夺定价等(唐要家，2008)。

参考文献：

宋则行：《现代西方经济学辞典》，辽宁人民出版社1995年版。

唐要家：《反垄断经济学：理论与政策》，中国社会科学出版社2008年版。

[比]特里芬：《垄断竞争与一般均衡理论》，商务印书馆1995年版。

Cournot, A., *Researches into the Mathematical Principles of the Theory of Wealth*, Paris: L. Hachette, 1838.

(和军)

自然垄断
Natural Monopoly

自然垄断是指一个行业如果由一家厂商单独生产比两家或两家以上的厂商联合生产成本更低、效率更高，则该行业便是一种自然垄断。自然垄断拒绝竞争或限制竞争。

对于自然垄断的性质，早期的定义与规模经济紧密相关，甚至在较近期的一些教科书中，仍以规模经济来定义和说明自然垄断，如平狄克和鲁宾费尔德(1997)、斯蒂格利茨(1997)。也即在企业平均成本曲线下降区段，由于产量越大平均成本越低，所以由一家生产总成本更低。这种情况实际上只描述了强自然垄断的性质，尚未考虑到弱自然垄断的情形。事实上，一家生产总成本低于两家生产，并非只有在规模经济条件下，也即企业平均成本曲线下降区段可以得到，在规模不经济条件下，也即企业平均成本曲线开始上升区段也可能得到。

显然，包括强、弱自然垄断状态的定义仍然是为垄断的必要性提供解释的：在一定的产出范围内，单个企业提供全部产量比两家或两家以上的企业共同提供具有更低的生产成本，也即更能实现生产效率。这一性质被称为成本弱增性(Subadditivity)，又称成本劣加性、成本次可加性、成本部分可加性。以成本弱增性来定义自然垄断在近年来得到越来越广泛的认同，代表了对自然垄断的最新认识。

成本弱增性条件下，垄断是合理的。但缺乏竞争的垄断不可避免地缺乏激励，从而会导致X－非效率问题，并且在私人垄断情况下，垄断厂商出于利润最大化的目的，会将价格定在高于边际成本的水平上，从而引起哈伯格三角形的无谓福利损失(Deadweight Loss)；而争取垄断利润的寻租行为会造成社会资源的浪费，损害分配公平。这样，在追求自然垄断的效率作用与竞争的激励作用之间，会形成类似于“马歇尔困境”的矛盾。这显然是一道难题。正如弗里德曼所言：“不幸的是，根本没有什么好办法来解决技术的垄断问题(即自然垄断)。只有三种不怎么样的办法：一是不受政府规制的私人垄断，二是受到规制的私人垄断，三是政府亲自运作；因而只能是‘三害相权取其轻’”。

针对自然垄断被划分为强自然垄断与弱自然垄断两种情况，相关研究还分析了产业的进入障碍，探讨了自然垄断的可维持性(Sustainability)问题。伯格和车尔哈特对强、弱两种自然垄断条件下不同进入障碍和不同可维持性情况下对私有企业应采取的适当规制政策进行了汇总(见表1、表2)。

表 1 对单产品自然垄断的适当规制政策

垄断类型	有进入障碍	无进入障碍
强自然垄断(边际成本定价导致亏损)	实际边际成本定价并补贴企业,或者实施非边际成本定价以消除亏损	实施边际成本定价并补贴企业,或者不规制,让进入威胁促使企业制定盈亏平衡的价格
弱自然垄断(边际成本定价允许企业产生非负利润)	实施边际成本定价,并关注超额利润问题	实施边际成本定价,阻止新企业进入市场,并关注超额利润问题

资料来源:Berg & Tschirhart(1988),P. 34.

表 2 对多产品自然垄断的适当规制政策

垄断类型	有进入障碍	无进入障碍	
		可维持	不可维持
强自然垄断	规制使价格高于边际成本以消除亏损,并避免垄断价格	不规制,借助进入威胁促使企业制定盈亏平衡的价格	规制使价格高于边际成本以消除亏损,并避免在不允许进入时出现垄断价格
弱自然垄断	规制实施边际成本定价,并关注超额利润问题	不规制,借助进入威胁,促使企业制定边际成本价格	规制实施边际成本定价,并在不允许进入时,关注超额利润问题

资料来源:Berg & Tschirhart(1988),P. 237.

自然垄断产业的运营,除对私有垄断进行规制之外,国有化也是一种替代的办法。学术界比较一致的看法认为,在经济发展水平较低和市场制度不完善的历史阶段,借助政府的力量发展基础性产业,往往会比私有企业取得更好的效果。而随着经济的发展和市场制度的完善,国有企业内在低效率的缺点就会凸显出来。这时候,通过实施民营化、引入竞争机制,强化市场的积极作用,就成为提高自然垄断产业效率的必然选择。对于转轨期中国自然垄断产业而言,应通过"平行协调式渐进改革路径",同步推动市场竞争机制、政府规制体制、企业产权制度的逐步完善,提升自然垄断产业效率(和军,2008)。

参考文献:

和军:《自然垄断产业规制改革理论研究——新制度经济学视角》,经济科学出版社 2008 年版。

林木西、曹艳秋:《自然垄断行业管制的国际比较》,载于《经济学动态》2002 年第 2 期。

[美]平狄克、鲁宾费尔德:《微观经济学》,中国人民大学出版社 1997 年版。

[美]斯蒂格利茨:《经济学》,中国人民大学出版社 1997 年版。

宋则行:《现代西方经济学辞典》,辽宁人民出版社 1995 年版。

(和军)

行政性垄断

Administrative Monopoly

行政性垄断也称行政垄断,是指政府及其他具有行政能力的部门凭借行政权力,通过法律、法规等形式排除、限制竞争,维护这些部门或企业对生产、经营、供给进行垄断的行为。

从国际比较看,市场经济体制越发达,行政性垄断现象也越少。欧美等国很少有与中国类似的行政垄断,一些不发达国家行政性垄断现象也较为突出。

行政性垄断与经济性垄断一样,也存在正、反两方面的作用。对处于转轨时期的中国来说,由于市场经济体制尚不健全,对于一些关系国计民生、国家安全的关键性、特殊性行业,在一定时期内实施行政性垄断,具有一定的合理性。但是由于行政体制改革滞后、相关法律制度不够完善、地区及部门利益畸形发展、正常政企关系未能及时建立等多种原因,现实中广泛存在行政性垄断部门或企业滥用市场地位,谋取狭隘的地方利益和行业利益,导致国内收入差距不断扩大,抬高社会其他企业的生产成本和交易成本,诱发寻租腐败,阻碍社会主义市场经济体制的进一步发展和完善。

2007 年颁布的《中华人民共和国反垄断法》对行政性垄断进行了限定,其中第一章《总则》中第八条规定,"行政机关和法律、法规授权的具有管理公共事务职能的组织不得滥用行政权力,排除、限制竞争。"第五章《滥用行政权力排除、限制竞争》对行政性垄断进行了较为详细、具体的规定:"行政机关和法律、法规授权的具有管理公共事务职能的组织不得滥用行政权力，限定或者变相限定单位或者个人经营、购买、使用其指定的经营者提供的商品。……妨碍商品在地区之间的自由流通。……以设定歧视性资质要求、评审标准或者不依法发布信息等方式，排斥或者限制外地经营者参加本地的招标投标活动。……采取与本地经营者不平等待遇等方式，排斥或者限制外地经营者在本地投资或者设立分支机构。……强制经营者从事本法规定的垄断行为。……制定含有排除、限制竞争内容的规定。”

然而，如同《公司法》属于民商法范畴，不适用于国有独资企业，因而《公司法》没有处理好有关“国有独资公司”的问题那样，《反垄断法》主要适用于有关垄断协议（或合谋）、滥用市场支配地位和经营者集中（或并购）的经济垄断行为，而难以胜任反行政性垄断的任务。因此，需要建立行政特殊法规来应对非法行政性垄断行为。

由于中国垄断行业普遍具有自然垄断、行政性垄断、国有垄断三元性质，加之转轨时期的特殊制度条件及特殊国情，行政性垄断的合理性与非合理性交织，使得我国行政性垄断问题比较复杂。总体来说，只能在逐步推动经济、法律、行政等各类体制完善的基础上，渐进地推动垄断行业改革，消除非法行政性垄断行为，提升经济运行效率。

参考文献：
尚明：《〈中华人民共和国反垄断法〉理解与适用》，法律出版社 2007 年版。
余东华、于华阳：《反行政性垄断与促进竞争政策研究新进展》，载于《中国工业经济》2008 年第 2 期。

（和军）

歧视性垄断
Discriminating Monopoly

歧视性垄断是指存在价格歧视的垄断情形。价格歧视是指生产者对于以相同成本生产的同一产品，根据不同的个人、群体、市场或数量，以不同的价格进行出售的行为。广义的价格歧视还包括以不同成本生产的同一产品，以相同价格进行出售的情形。需要指明的是，这里的价格差异是指排除了商品的运输、贮藏以及批发商的劳务等成本差别之后的价格差异，即净价格差。

在非歧视性垄断下，以利润最大化为目标的垄断厂商根据边际收益等于边际成本的原则确定统一的价格，这种情形是以单一市场为假设前提的。

如果存在以下情形，则垄断厂商具备实施价格歧视的条件：一是垄断厂商了解不同消费者的偏好，从而能够对不同的消费者收取不同的价格；二是垄断厂商了解不同的消费市场，也即这些消费市场的需求价格弹性不同，并且市场之间不存在套利可能；三是由于信息成本、信息障碍等原因，消费市场相互分割，即使需求价格弹性相同，也可以形成不同的消费市场。

关于价格歧视的理论渊源，斯密在 1776 年出版的经典著作《国富论》中探讨了公共工程和公共机关的费用，在分析过路税设计时，提出应根据车辆的不同价值收取不同的费用，并将这种情况视为富人对穷人的补贴：“就车辆而论，如果以重量为标准，对极尽奢华的车辆和对四马大马车、驿递马车等等所课的通行税，略高于对不可缺少的车辆如二轮运货马车、四轮马车等等所课的税，那就可使懒惰与虚荣的富人，不觉困难地对贫民的救济有所贡献，换言之，使运往国内各地的笨重货物的运费减低若干”。

1920 年，庇古提出了三级价格歧视分析方法。此后，拉姆齐在一篇有关税收的论文中提出所谓的“拉姆齐定价法则”：价格偏离边际成本的程度与商品的需求弹性成反比关系。布瓦特（Boiteux，1956）进一步发展了拉姆齐模型，首先对一定预算约束条件下的公共企业定价问题进行了一般性分析，因而费尔德斯坦（Feldstein，1972）在《公共定价的分配公平与最优结构》一文中将这种基于一定约束条件寻求福利最大化的所谓“次优定价”称为拉姆齐—布瓦特定价法则。

此外，两部收费也是一种重要的价格歧视方法。两部收费的价格结构包括一个固定费用和一个使用费，前者是入门费，后者是按照使用量的收费。通过设计不同的两部收费价格结构，例如高入门费低使用费、或低入门费高使用费等，垄断厂商能够占有更多的消费者剩余。

时期间价格歧视（Intertemporal Price Discrimination）是基于产品的不同时间而制定不同价格，例如某个电影大片的首场入场票价远高于几周之后的票价。这其实是一种类似于三级价格歧视的定价方法，例如在上述例子中，通过设置首场入场高票价与后期低票价，放映公司将需求价格弹性不同的观众区分开来，实质上也是针对不同的消费群体制定不同的价格。

高峰负荷定价也常与上述歧视性定价相提并论，但是并不能将其归入价格歧视。高峰负荷定价的典型例子是分时电价，例如白天高峰用电期电价较高，而午夜区段电价较低。但是由于高峰期发电边际成本要高于午夜区段发电边际成本，所以并不完全符合价格歧视的内涵。

尽管对价格歧视的理论分析较为完善，但在现实中以提高社会福利为目的，针对价格歧视进行规制却存在较大困难。其主要原因在于价格歧视不易界定，以及现实中商品存在复杂性。前者如产品成本信息不易获得，厂商与规制者之间存在信息不对称问题，规制者确定价格歧视的前提不充足。后者如附带服务质量的同一商品,即使商品生产成本完全相同,但由于附带服务质量不同,也可以制定不同价格。此外,还存在规制法律不健全、规制的福利后果不确定等问题,需要在理论与实践中逐步完善和解决。

参考文献:
[英]斯密:《国民财富的性质和原因的研究》下卷,商务印书馆 1974 年版。
宋则行:《现代西方经济学辞典》,辽宁人民出版社 1995 年版。

(和军)

经济性规制
Economic Regulation

经济性规制是指在自然垄断行业和存在信息严重不对称的行业,为了防止资源配置低效和确保公民的使用权利,政府规制机构运用法律或行政手段,通过许可和认可的方式,对企业的进入或退出及提供产品或服务的价格、质量、投资等有关行为进行规范和限制。

经济性规制的领域主要是自然垄断行业和存在信息严重不对称的行业。自然垄断行业一般具有网络经济、规模经济、范围经济、关联经济、成本弱增性、可维持性、边界性等基本特征。典型的自然垄断产业包括电信、电力、铁路运输、自来水、管道煤气等产业。这些产业共同的特点是一家企业提供某种特殊的产品或服务最有效率,但是这些企业由于具有垄断地位而拥有一定的市场力量,如果不进行规制必然会产生垄断高价导致效率的损失。存在信息严重不对称的行业也是如此。主要包括银行、证券、保险产业。

经济性规制的内容主要包括:(1)价格规制。规制者制定特定产业或特定业务领域在一定时期内的最高限价(有时也制定最低限价),规定价格调整的周期。(2)进入和退出规制。为了维持产业的规模经济性和成本弱增性,规制者需要限制新企业的进入。同时,为了保证供给的稳定性,还要限制现有企业的任意退出。(3)投资规制。规制者既要鼓励企业投资,以满足不断增长的产品或服务需求,又要防止企业间过度竞争、重复投资,还要对投资品的最优组合进行规制,以保证投资效率和效益。(4)质量规制。规制者通过制定质量标准等方法保证企业产品质量达到一定水平。

上述四个方面,价格规制和进入规制是最基本的经济性规制方法。

价格规制是指政府从资源有效配置和服务公平出发,以限制具有较强的自然垄断性的产业制定垄断价格、谋取垄断利润的行为为目的,对企业产品或服务的价格水平和价格结构进行规制。主要方法有:

第一,价格水平规制。对于自然垄断产业来说,如果允许企业自行定价,追逐利润最大化的企业一定会按照边际收益等于边际成本的利润最大化原则制定一个垄断高价。为了防止自然垄断产业的企业利用自然垄断地位制定垄断高价扭曲资源配置造成效率损失,必须对自然垄断和信息不对称的企业进行价格规制。

按照经济学基本原理,为实现帕累托最优效率,达到促进社会分配效率目标,应该按照边际成本决定价格水平。但是,由于自然垄断产业具有显著的规模经济,在一定范围内表现为成本曲线一直向右下方倾斜,平均成本线位于边际成本线的上方。如果按照边际成本定价决定价格水平,就会使企业发生亏损,无法实现经济性规制的目标。为了保证企业的生产积极性,规制价格也可以选择平均成本定价方式,即将规制价格定在平均成本线和需求曲线的交点对应的价格水平上,这种定价方式虽然使企业摆脱了亏损状态,但是却会造成一定的社会福利损失。

因此,国际上应用比较多、比较典型的价格水平规制方法主要有:

一是投资回报率规制。不同行业的价格规制运用投资回报率进行价格规制时存在多样性,主要原因是产业性质不同、决策时间不同、规制者不同。投资回报率规制的具体做法是被规制企业首先向规制者提出要求提高价格(或投资回报率)的申请,规制机构经过一段考察期,根据影响价格的因素变化情况,对企业提出的价格(或投资回报率)水平作必要调整,最后确定企业的投资回报率,作为企业在某一特定时期内定价的依据。如果企业只生产一种产品(或服务),则投资回报率价格规制模型为:

$$R(pq) = C + S(RB) \qquad (1)$$

如果企业经营多种(n 种)产品,则价格规制模型:

$$R\left(\sum_{i=1}^{n} p_i q_i\right) = C + S(RB) \qquad (2)$$

其中,R 为企业收入函数,它决定于产品价格和数量之积;C 为成本费用;S 为政府规定的投资回报率;RB 为投资回报率基数,即企业的投资总额。

显然,在企业只生产一种产品(或服务)的情况下,规制价格等于企业总收入除以总产量,即 $P = R/Q$;而在企业经营多种产品的情况下,总收入除以总产量只是所有产品(或服务)的综合价格,对每种具体产品(或服务)的价格还要通过价格结构规制才能确定。

从(1)式和(2)式的右边可见,由于企业的成本费用一般容易估算,规制者对企业价格规制的难点是确定投资回报率水平和投资回报率基数。投资回报率水平问题是要找到一个合适的 S 值,使企业能取得正常的投资回报;投资回报率基数问题则是要合理确定资本投资的范围和计量方法,它直接关系到企业在一定S值下的利润总额。

二是价格上限规制,它是传统的投资回报率规制的替代方式。价格上限规制在英国应用比较成熟,目前已成为各国实践中最有影响的激励性规制方法。价格上限规制类似于在规制机构和被规制企业之间签订价格变动合同,规定价格上限,使价格原则上只能在这个限度下变动。价格上限规制采用RPI-X模型,RPI表示价格指数,即通货膨胀率,X由规制者确定,表示在一定时期内生产效率增长的百分比。例如,若某年通货膨胀率是4%(即RPI=4%),X固定为3%,那么,企业提价的最高幅度是1%。

这一模型意味着企业在任何一年中制定的名义价格取决于RPI与X的相对值。若RPI-X是负值,则企业就要降价,幅度为RPI-X的绝对值。这样,设企业本期的价格为P_t,下期的规制价格P_{t+1}的值由下式确定:

$$P_{t+1} = P_t(1 + RPI - X) \tag{3}$$

在这一模型当中,X值的确定比较关键,不同产业有不同的X值,同一产业的不同业务也会有不同的X值,而且X值并不是一成不变,政府可以根据情况确定几年调整一次X值。不断变化的X值一方面使得企业提高生产效率的压力不断增加,消费者从中受益;另一方面也使价格规制政策的操作难度加大,政策的连贯性和稳定性有一定程度的降低。

价格上限规制模型不仅适用于单一产品或服务,也适用于多种产品或服务的价格规制。这种模型不仅能够处理企业生产的某种特定产品的最高限价,而且能处理企业所生产的多种被规制的产品的综合最高限价。

第二,价格结构规制。即使企业只生产一种产品或提供一种服务,大型自然垄断企业一般也要面对不同的需求群体。不同收入的需求群体由于对产品需求的时间、空间、消费量、质量的不同而形成一定的需求结构,企业根据需求结构,针对不同的需求索取不同的价格,这些不同的价格水平就构成了价格结构。企业针对不同的消费群体进行的差别定价占有了绝大部分的消费者剩余,从而严重扭曲分配效率,必须对自然垄断企业的这种价格结构加以规制。价格结构规制的目标和任务就是,充分考虑需求结构对规制价格的影响,制定出与需求结构相适应的规制价格结构,并据此监督企业把共同成本合理地分摊到产品或服务之中,由不同的用户来承担。

如果被规制企业生产的不是单一产品,而是一系列产品,在产品生产的过程中,许多成本是"共同成本"。如自来水产业的生产设备、管网等的运行成本就具有共同成本的性质。对于生产一系列产品的垄断企业来说,不同的消费者需求的商品不同,不同的消费者对所需求商品的弹性也并不相同,为了获得更多的利润,垄断企业在制定不同产品价格时往往会对需求弹性小的消费者购买的产品制定高价,而对需求弹性大的消费者购买的产品制定低价,造成消费者在分担企业成本方面的不合理性,因此,同样应该进行价格结构规制。

对于生产多种产品的企业来说,最优偏离边际成本的定价方法为拉姆赛定价。拉姆赛定价是在以收支平衡为前提条件下实现福利最大化,即在销售收入等于总成本、利润为零的收支平衡条件下,生产者剩余和消费者剩余最大化时得出的价格。

进入规制和退出规制是指在自然垄断行业中,政府允许一家或几家公司进入该产业,或从防止过度竞争的立场出发限制新企业的进入;而在信息严重不对称行业中,对新企业(包括从业者)的进入和既有企业的退出进行严格的限制。进入或退出规制经常采取的手段是许可证制度、注册制度和申报制等。

传统的进入或退出规制是针对新的进入者而保护产业内既存企业的。可竞争市场理论出现以后,对政府实施进入或退出规制产生了越来越重要的影响。因为可竞争市场是指来自潜在进入者的竞争压力对市场供给者的行为产生很大约束的市场。可竞争市场不存在严重的进入和退出障碍,从而来自潜在进入者的潜在竞争能够起到与实际竞争一样的作用,并对市场现有厂商行为产生有力的约束,保证市场效率。因此,只要政府放松进入规制,新企业进入市场的潜在威胁自然会迫使产业内原有垄断企业提高效率,即使只有一个厂商,可竞争市场仍然能够实现良好的经济效率。正是从这个角度,可竞争性理论修正了对竞争与规制问题的传统看法。

但是,可竞争市场理论并不认为无约束的市场能自动解决一切经济问题,也不认为所有的进入规制都是不应该的。完全可竞争市场只是现实世界的一种理想情形,在判断对一特定部门的进入规制是否合理之前,应该分析该部门是否受人为进入障碍的保护以及该部门的可竞争性程度。

总之,在可竞争性的分析框架里,规制不再是卡恩所说的"用政府命令取代竞争,以取得良好的经济效率"(丹尼尔·F·史普博,1999),而是在详细分析现实市场可竞争性的基础上,运用规制手段来促进市场的可竞争性,以取得良好的经济绩效。根据可竞争市场的前提条件,结合政府实施进入规制和放松规制的实践,政府在实施进入规制政策的过程中,应该注意以下问题:其一,尽可能使市场的进入和退出变得容易,否则将最终损害经济效率;其二,利用有关的规制政策消除沉淀成本的不利影响,为此可采取相应措施,如确保其企业以合理的价格平等地得到沉淀设备,或者把沉淀成本的大部分与可竞争部分区分开来,对后者给予更大的进入和定价自由,同时也可以通过制度创新,降低、转移和出售资产的难度;其三,对原有企业和新企业的规制应遵循非对称原则,即对既有企业和新进入企业采取差别化的、旨在扶持新企业进入的规制措施;第四,保持定价政策和进入政策的协调,以有效提高市场效率。

参考文献:
[英]比哲等:《电信市场的规制与进入》,北京邮电大学出版社2006年版。
[美]丹尼尔·F·史普博:《管制与市场》,上海三联书店、上海人民出版社1999年版。
林木西、黄泰岩:《国民经济学》第二版,经济科学出版社2010年版。
马云泽:《规制经济学》,经济管理出版社2008年版。
王俊豪:《管制经济学原理》,高等教育出版社2007年版。
[美]维斯库斯、弗农、哈林顿:《反垄断与管制经济学》,机械工业出版社2004年版。
尹筑嘉、黄建欢:《证券业的进入、退出规制与市场结构的变迁研究》,载于《金融与经济》2006年第9期。
[日]植草益:《微观规制经济学》,中国发展出版社1992年版。

（曹艳秋）

社会性规制
Social Regulation

社会性规制是以确保居民生命健康安全、防止公害和保护环境为目的所进行的规制,是主要针对经济活动中发生的外部性的调节政策。主要通过设立相应标准、发放许可证、收取各种费用等方式进行。

实行社会性规制的必要性主要表现在:第一,公共物品的提供。如消防、环境保护、防止自然灾害、文物保护等都具有较强的"公共性质",因此必须由政府提供,政府为此要进行社会性规制。第二,外部性的存在。外部性问题不只指企业对外部的影响,也包括对企业内职工的影响,因此,需要旨在防止劳动灾害、疾病等的规制。另外,在产权不完备或产权残缺的条件下,企业的运行很容易出现对环境造成污染的行为,所以,还要进行防止公害和产业灾害的社会性规制。第三,信息不对称。要制定以保护消费者为目的的消费者保护法、消费者生活用品安全法、家庭用品质量法、食品卫生法等相关法律和法规,对企业的行为进行社会性规制,以减少消费者和企业之间的信息不对称,从而使市场经济能够顺利地运行。第四,"非价值"物品市场的产生。竞争性的市场会产生一些不希望出现的结果,如毒品、杀伤性武器。这种依照道德伦理规范而应在一定程度上或者全面限制和禁止其生产和销售的物品,称为"非价值物品"。政府的规制机构要根据公平和正义的标准采取的一些政策来干预经济主体的活动,或者利用多种法律体系取缔这些"非价值性物品"。

社会性规制的内容主要有:

一是健康、卫生安全规制。即指政府或相关规制机构为了保证公众的健康和卫生,而对被规制者(如医院等服务部门)进行必要的规范与制约。其内容包括:

第一,建立独立的规制机构。要求将政府的规制职能与经营职能相分离,明确医疗卫生安全规制机构的职能与权责。无论是在常规情况还是应急状态下,其监管、执法、保障的职能与责任范围和行为规范都应予以清晰阐释,完善规制机构的功能,提高依法行政与监管能力。

第二,构建完备的健康卫生安全规制的法律体系。主要包括:其一,制定一部基本法,明确界定规制机构、医疗机构、医务人员以及患者的权利和义务;其二,建立医疗机构和医务人员的相关法律,明确界定医疗机构的设立原则、设立程序和执业准入规则,以及医疗机构的设施设备标准、服务范围和管理规则,科学界定各类医疗服务人员的执业资格、服务标准和技术规范等,并明确对医疗服务从业人员奖惩办法;其三,制定医疗卫生服务质量、安全的相关法律,规定医疗服务质量评估机构的组建标准和评估的程序,切实保护患者的利益。

第三,实行科学合理的价格规制。首先,医疗卫生服务价格应该充分体现医务人员的劳动成本,规制机构应该在总量控制的前提下,加强对医疗服务价格的结构性规制,避免"以药养医";其次,实行合理的医疗卫生服务费用支付方式。对常见病和多发病实行按病种支付的方式,对比较复杂的疾病实行按服务项目支付,而对特殊困难群体可实行按人头支付的方式等。

第四,合理运用进入规制。首先,打破公立医院行政性垄断,构建公平有序、竞争高效的医疗服务市场。取消政府在资本与设备投资、人力资源与技术引进以及财政补助等方面对公立医院的政策倾斜,扶持相对弱小的新进入医疗机构。其次,加强基层医务人员的准入规制,建立良好的基层医生培养制度,逐步建立基层医疗服务的守门人制度和有效的双向转诊制度。

第五,加强医疗服务质量、安全规制。为此,应构建科学的医疗服务质量综合评价指标体系。建立包括行业自律组织、消费者保护组织以及公众传媒在内的发达的中介组织,积极发挥非政府组织的作用。

第六,建立信息披露制度。切实有效地克服信息不对称给医患双方带来的负面影响。对医疗服务信息的采集和发布,建立健全信息网络,通过电视、网络、报纸等多种信息传播平台,把医院的基本情况、规章制度、医疗卫生费用、服务质量、评估情况等大众都比较关心的信息定期公布并及时更新。

二是劳动安全规制。即指政府或规制机构为了防止在生产过程中发生中毒、车祸、触电、塌陷、爆炸、火灾、机械外伤等危及劳动者人身安全的事故,通过规制部门对特定产业和微观经济活动主体进入、退出、价格、投资及涉及环境、安全、生命、健康等行为进行监督与管理,从而实现对微观经济主体的规范与制约。其内容包括:

第一,建立独立的规制机构。即建立一个独立、统一的规制机构,将所有的劳动安全规制工作都覆盖起来,避免出现管理漏洞和空白,从而进一步落实政府和企业两个责任主体。

第二,构建完善的法律体系。立法目的应定位于保障从业人员的劳动安全与健康权利的保护,为此必须尽量细化、明确化、具有可操作性。法律法规要对规制机构的权力、资源、责任、程序、重要原则作出规定,有助于增强规制机构的独立性,减少规制随意性,赋予规制机构必要的权力和资源。

第三,构建完备的安全规制体系。首先,应建立健全工伤保险制度,把劳动安全规制与工伤保险制度有机地结合起来,实行工伤保险是为了保障因工作遭受事故伤害或者患职业病的职工获得医疗救治和经济补偿,促进工伤预防和职业康复,分散用人单位的工伤风险;其次,充分发挥中介机构的作用,通过中介机构对劳动安全与劳动者健康状况进行评估、认证、鉴定,例如设立劳动保护协会和专门的办公、研发机构,并保证有一批专职劳动保护监察和专业研究人员,从事安全管理、监督检查、事故预防研究和防护用品的研发工作。

第四,完善进入规制。增大规制俘获的成本。对此可以从规制机构和被规制企业两个方面考虑:一方面是规制规制者,使其不能受贿;另一方面是对被规制企业强化约束条件,使其贿赂成本巨大甚至无利可图。

第五,建立公开透明的规制程序。规制部门应该在规制过程中为利益相关者提供发表意见的机会,公开公布规制结果以及详细的理由,并为受屈方提供申诉的渠道。同时,规定规制机构可以采取非常公开、透明的规制程序,包括举行公开的规制听证会,听取规制意见,广泛利用咨询资料,实行独立的上诉制度,以及对有关决策进行详细的书面解释等。

第六,积极发展非政府组织。非政府组织如工会可以协助政府规制,达到保障劳动者安全的目的。政府要支持工会依法履行劳动安全卫生监督的权利和职责,充分发挥工会劳动保护监督检查网络的作用,重视工会意见和建议,为工会开展劳动保护工作提供方便和保证。

三是食品、药品安全规制。主要是指政府或规制机构利用各种法律法规,对从事食品、药品生产、销售和配套的企业进行规范和限制,以保证消费者和患者的安全。加强食品、药品安全规制,其主要内容有:

第一,健全食品、药品安全规制体制。发挥中央和地方食品、药品安全规制机构的作用,建立中央政府和地方政府既相互独立又相互协作的食品、药品安全监督网,全面监督食品生产与流通。发挥行业协会、消费者协会等中介组织的作用,解决食品安全中信息不对称的问题。

第二,建立健全食品、药品安全规制法律体系。保证食品、药品法律法规的系统性和完整性。整合现有法律资源制定食品安全基本法及药品管理法,扩大法律规制范围,避免法律出现制度盲区,加大违法的处罚力度和赔偿力度。另外,通过立法建立对规制执法者的考核制度,建立严格的问责机制。

第三,严格食品、药品安全进入规制。加强规制机构对食品、药品安全许可的审查力度,首先要求规制机构统一规制标准,审查的内容包括企业在食品、药品生产的原材料选择、生产设备、生产环境、产品标准、产品检验能力和从业人员健康状况等方面,是否具备保证产品质量的生产条件,对不符合生产标准的企业坚决加以取缔。其次,对已经取得食品、药品许可和标识企业,建立长效的监管制度,完善复检制度,使企业长期保持对食品、药品质量问题的高度警觉,对于质量下滑的企业坚决予以取缔,从而建立良好的信用体系。

第四,建立和完善食品、药品召回制。保证食品、药品质量安全应实行事先把关与事后监管有机结合,确保一旦发生安全事件,能及时启动应急措施。推动食品、药品生产企业完善内部管理,提高技术水平,强化企业产品质量消除安全隐患,最终切实保障消费者的健康和权益。加强食品、药品安全检测和风险评估的研究,做到根据食品、药品上市的时间长短、进入市场的数量多少、流通方式以及消费群体等资料,评估造成危害的严重度,从而认定食品或药品是否应当召回及召回的范围等。

第五,普及和加强全民食品、药品安全教育。引导社会消费,增强人民的食品安全意识,逐步改变购买价值取向,由过去食品消费中的"价格优先",向质量、价格并重的方向发展,使人们自觉地购买安全、无公害食品,使患者正确用药,避免乱用、滥用药品。对于故意乱用、滥用药者也要实施严格规制,对其进行严厉处罚。

第六,完善食品、药品安全信息体系。对食品、药品的包装、广告等进行严格规制。及时向消费者发布关于食品、药品安全的信息。建立安全预警体系,形成完善、透明、时效性强的信息平台。及时进行信息交流和发布。规制部门建立和完善覆盖面宽、时效性强的食品、药品安全预警信息收集、管理、发布制度和监测抽检预警网络系统，向消费者和有关部门快速通报食品、药品安全预警信息。

四是环境保护规制。主要是指对造成包括大气污染、水污染、固体废物污染、噪声污染等环境污染的负外部性问题进行规范和约束，以保护人类生存和发展所需要的环境安全。加强环境保护规制，其主要内容有：

第一，健全环境保护规制体制。建立独立的专门从事环境保护的规制机构，权力越是集中并趋向单一中心，责任就越明确、越统一。

第二，完善环境规制法律体系。首先，在国家基本法中体现对公众环境权益的保护，即公众可以对环境权益进行维护，并且在程序法中明确公众参与环境保护的程序，保证公众对环境权益保护的资格和参与可行性；其次，建立专项的环境保护法，其中既要明确各种环境标准，又要对企业违规排污行为做出何种惩罚做出明确规定，使环境规制部门、企业以及公众在环境问题及纠纷上有法可依；最后，在法律中明确规定环境规制部门人员的各种职责，以及如果不按职责办事，将要受到什么惩罚。

第三，建立环境规制的标准体系。主要包括环境质量标准和污染物排放标准：前者主要是为了保护人体健康和环境资源、维持生态系统的良性循环，并考虑了技术、经济等因素对自然环境中各种污染因素所做出的限制性规定；后者是为了实现环境质量标准，在充分考虑了经济上的合理性和技术上的可行性对人为污染源向自然环境释放污染因素所做出的限制性规定。环境质量标准提供了衡量环境质量的尺度，污染物排放标准为判别污染源是否超标违法提供了依据。

第四，对排污企业实行进入规制。包括完全进入规制和部分进入规制：前者是指不论新企业还是新项目，只要被社会公认为有可能引起危害和不良后果，就直接禁止；后者是指通过政府的批准、认可制度对可能产生环境污染和环境破坏的经营活动进行限制，对此采取分配、批准、认可和执业资格等制度，使企业在政府的特许下才能进行经营。

第五，对排污企业的排污数量进行规制。主要有浓度控制和总量控制：前者是对企业所排废物中的污染物浓度进行控制，如对废水中的COD等浓度的控制；后者则是对一定时期、一定区域内的污染物排放总量进行控制。

第六，建立环境规制的监督体系。监督的主体可以是企业本身，也可以是环境规制部门，还可以是公众。企业本身进行的监督是内部监督，从而使企业对自己的排污状况有准确的了解，并按要求上报；环境规制部门和公众对企业排污状况的监督是外部监督。在这一过程中，信息公开是基础，环境监测是技术保障。

参考文献：

［英］庇古：《福利经济学》，华夏出版社2007年版。

［英］马歇尔：《经济学原理》，华夏出版社2005年版。

王俊豪：《政府管制经济学导论》，商务印书馆2006年版。

张红凤、杨慧等：《西方国家政府规制变迁与中国政府规制改革》，经济科学出版社2007年版。

张五常：《经济解释》，商务印书馆2001年版。

［美］Coase，R. H.，The Problem of Social Cost，*Journal of Law and Economics*. Vol. 3，1960.

（韩蕾）

反垄断规制

Antitrust Regulation

反垄断规制是一种间接规制，即政府为了维护竞争而对市场进行干预。与经济性规制的目的不同，反垄断规制并不直接寻求具有特定目标的结果，而是通过宣布限制竞争的垄断行为为非法，运用法律的力量将市场还原为一个竞争性的市场。

经济性规制和反垄断规制之间的差异，具体表现在：

一是规制权的性质不同。前者是一种赋权性规制，有合理创设垄断但附带法律义务的特征，是发生在规制机构和被规制机构之间的行政法律关系，其自由裁量权较大；而后者是一种控权性规制，在合理垄断之外约束任何反竞争的行为，它所处理的是发生在企业之间以及企业与消费者之间的民事法律关系，自由裁量权受到庭审证据的约束。

二是规制的主体不同。虽然两者的规制主体都可能设置于政府的行政系统，但必须是分设的，不可能由一个行政机构同时兼顾这两种规制职能：前者以行政执法为主；后者以行政司法和准司法为主，而且法院也可通过直接受理当事人的诉讼或间接受理行政系统专门反垄断机构的诉讼，实施反垄断法。

三是规制的范围不同。前者只针对某一产业进行纵向性的规制，而后者是针对所有产业的横向性规制；而且前者只对被规制市场（企业和相关业务）进行规制，而后者的规制对象既包括被规制企业，也包括竞争性企业。

四是规制的干预作用不同。前者依授权可以创设规制，并可主动对被规制机构是否履行法定义务进行监督检查并施以相应处罚，规制机构的主动性大于被规制机构，因而是一种兼顾事前、事中和事后的全过程规制;后者虽然可以作为公诉人对违竞者直接提出诉讼,但在多数情况下主要是因民事主体的申请才开始启动准司法程序,并依据法律进行裁决,纠正垄断行为,使受害者达到民事赔偿并处以罚款,因此基本上是一种事后的规制。

五是信息结构不同。由于上述各类差异,决定了前者具有更强的专业性、日常性和对象的确定性,加上工作人员相对较多,因此对被规制企业的情况比较熟悉,但对象的确定性和信息优势,可能导致对企业的干预过多,或者增加被企业收买的概率,这也许是两种规制职能必须分设的主要原因。

反垄断规制依据的法律是反垄断法。反垄断法是一套法律规范的总称,它是政府通过制定各种法令、法规来限制垄断企业行为的规制。具体地说,反垄断法是调整竞争关系、防范和控制垄断、禁止企业以合谋、滥用经济优势等方式限制和破坏竞争,以保护和促进竞争的法律规范。反垄断法主要通过禁止妨碍竞争的行为和规定合理的市场结构类型这两种方式来实现促进竞争的目的。

现代意义的反垄断法起源于美国。1890 年,美国国会通过了《谢尔曼法》,宣布垄断和贸易限制为违法行为,它是第一部明确提出反垄断的法律。为了弥补《谢尔曼法》的漏洞,美国国会于 1914 年又通过了《克莱顿法》,这部法律将一些具体的垄断性行为纳入违法行为范畴。同年,美国国会还通过了《联邦贸易委员会法》,联邦贸易委员会依此法成立,并规定了不公正的竞争方法和欺骗行为为非法行为。1936 年的《鲁滨逊·帕特曼法》对《克莱顿法》有关价格歧视部分进行了修正;1937 年的《米勒·泰丁斯法》则对《谢尔曼法》做了修正;1950 年《塞勒·基福弗法》对《克莱顿法》做了修正,禁止任何能削弱竞争或倾向于制造垄断的企业合并。具体来说,美国的反垄断法通过以下途径得以执行:一是通过司法部的反托拉斯部门实行;二是通过联邦贸易委员会执行;三是大量地通过私诉的方式进行,这是现实中最普遍的方式。

参考文献:

[美]维斯库斯、弗农、哈林顿:《反垄断与管制经济学》,机械工业出版社 2004 年版。

[美]奥利弗·E·威廉姆森:《反托拉斯经济学——兼并、契约和策略行为》,经济科学出版社 1999 年版。

[美]丹尼尔·F·史普博:《管制与市场》,上海三联书店、上海人民出版社 1999 年版。

马云泽:《规制经济学》,经济管理出版社 2008 年版。

史际春、肖竹:《〈反垄断法〉与行业立法、反垄断机构与行业监管机构的关系之比较研究及立法建议》,载于《政法论丛》2005 年第 7 期。

王俊豪:《管制经济学原理》,高等教育出版社 2007 年版。

王中美:《外资在华并购的反垄断规制问题研究》,载于《世界经济研究》2007 年第 8 期。

[美]小贾尔斯·伯吉斯:《管制和反垄断经济学》,上海财经大学出版社 2003 年版。

(曹艳秋)

规制失灵
Regulation Failure

规制失灵是相对于有效规制而提出来的。传统的公共利益论以政府是仁慈的、全能的规制者为假设,认为可以通过政府对相关企业的规制行为,克服“市场失灵”,提高社会福利水平。但在规制实践中,却出现了被规制企业低效率、规制者被俘获等问题,使人们认识到公共利益论的局限性。因此,把政府规制难以达到假设有效结果的现象称为规制失灵。

根据规制对象的不同,规制可分为经济性规制与社会性规制。前者主要包括垄断、外部性、公共物品等经济问题;后者主要包括质量、安全等社会问题。传统经济性规制理论主要探讨价格规制和进入规制这两方面的问题,早期采用的规制方法主要是资本回报率(ROR)规制。1962 年,阿弗奇和约翰逊构造了著名的“A-J 效应”模型,证明 ROR 规制会导致企业内部的低效率。日本经济学家植草益(1992)归纳了当时 ROR 规制导致的失灵问题:企业内部无效率的产生、规制关联费用的增加、规制当局的自由裁决权和寻租成本的产生,以及由规制滞后产生的企业损失。

施蒂格勒(1971)用经济学方法分析了政府规制的产生,认为政府规制是为了适应利益集团收入最大化而产生的结果(Stigler,1971)。约旦(1972)分析了规制俘获问题,佩尔茨曼等人进一步完善了规制的经济理论(Posner, 1971; Peltzman, 1976; Becker, 1983)。总的来看,规制的经济理论突破了规制者只是作为公共利益代表的假设,而认为规制者也具有自身的利益函数,规制均衡是其在多种选择中实现自身利益最大化的结果。例如,佩尔兹曼在分析利益集团争取自身利益的博弈均衡决定了政府的规制供给时指出,政府规制多半发生在某一产业成本较低或者需求高涨时期:在需求高涨时,政府规制偏向于保护消费者;而在需求低落时,则偏向于保护生产者。

由于规制行为都是由具有行政职能的政府机构完成的,所以规制失灵与政府失灵在产生原因方面具有较高程度的相似性:机构及其官员也可能追求自身利益(布坎南,1988),政府部门的低效率性,寻租行为会造成社会福利损失,机构的工作能力问题,信息方面的制约等。但二者实际上存在区别，主要体现在失灵范围不同与失灵内容不同两个方面：前者，政府失灵包括宏观经济调控与微观经济规制失败，失灵范围较大，而规制失灵则包括在政府失灵之内；后者，规制主要包括价格、进入、许可等微观经济干预；而政府作用则涵盖经济增长、收入分配、就业、国际贸易等多方面内容。以信息约束导致的两种失灵为例，规制失灵主要指由于企业隐匿信息或利用对规制机构的信息优势实现自身利益最大化，降低规制效果的情形；而政府失灵则主要指由于政府难以掌握市场分散的真实信息，导致其经济干预决策（如经济计划）不能达到预想的效果。

针对传统 ROR 规制导致的企业效率低下问题，激励性规制理论（拉丰、梯若尔，2004；等等）提出通过设计激励合约提高企业内部效率、实现规制目标的规制方法，这是 20 世纪 70 年代发展起来的机制设计理论在规制中的具体应用。不同的激励性规制理论具有不同的假设前提，例如在有无转移支付、消费者剩余与生产者剩余的权重、信息结构，以及激励程度高低（高能或低能激励）等方面存在多种假设（和军，2008）。总的来看，规制理论的不断完善对规制实践的进一步深入产生了积极的推动作用。

相对于市场经济体制较完善的发达国家，转轨国家及广大发展中国家的规制失灵问题更加严重：官员的寻租腐败行为更加普遍，政府部门工作效率更低，规制机构的工作能力更差，信息更加不透明，等等。中国目前也存在与上述国家相似的规制失灵问题，只是在程度上有所不同。目前中国经济规制的主要领域是垄断行业，其中一个比较突出的特点是广泛存在行政垄断现象。垄断行业的国有制与行政垄断特征是转轨期中国经济渐进式改革的结果，具有一定的合理性，同时也具有一定的局限性。从长期来看，随着社会主义市场经济体制的不断完善，应不断发挥竞争机制对于提高效率的积极作用，在提高政府规制能力的同时缩小政府干预经济的范围，以发挥市场在资源配置中的基础性作用，实现经济效率与公平。

参考文献：

［法］拉丰、梯若尔：《政治采购与规制中的激励理论》，上海三联书店、上海人民出版社 2004 年版。

［日］植草益：《微观规制经济学》，中国发展出版社 1992 年版。

［美］布坎南：《自由、市场和国家》，北京经济学院出版社 1988 年版。

和军：《自然垄断产业规制改革理论研究——新制度经济学视角》，经济科学出版社 2008 年版。

（和军）

规制的低效能激励机制和高效能激励机制
Ineffective and Highly Effective Incentive Mechanism of Regulation

规制的低效能激励机制是指规制价格随着成本同比率变化，使得降低成本的激励最小，企业无法得到降低成本利益，社会也不会降低生产消耗的规制机制。投资回报率规制是一种典型的规制的低效能激励机制。这种规制已有一百多年的历史。19 世纪 80 年代，它被用来解决美国铁路公司的市场垄断问题。主要是由规制机构首先审核运营商的运营成本和财务成本，然后确定回报率，在经批准的回报率基础上，规制机构计算运营商的收入要求，将业务价格调整到一定水平，以使总体业务收入能够符合收入要求的需要，也即将运营商的业务价格设定在足以补偿其成本的水平。如果企业只生产一种产品（或服务），则投资回报率规制模型为：$R(p\times Q)=C+S(RB)$，如果企业经营多种（n 种）产品，则投资回报率规制模型为：$R(\sum_{i=1}^{n}p_iq_i)=C+S(RB)$，其中，R 为企业收入函数，它决定于产品价格 p 和数量 Q，C 为成本费用；S 为政府制定的投资回报率；RB 为投资回报率基数（Rate Base），即企业的资本投资总额。投资回报率规制机制保证了企业财务目标的实现，而且可以防止企业通过垄断获得暴利。但由于缺乏对企业实现效率目标和公平目标的激励，企业很难有动力降低成本提高效率，而消费者也不会分享到技术进步所带来的好处。

规制的高效能激励机制是指规制价格在事前制定，不管成本如何变化，规制价格均不变，降低成本的利润可以为企业获得，由此来激励企业降低成本和资源耗费的规制机制。价格上限规制（Price-cap Regulation）是一种典型的规制的高效能激励机制。这一规制起源于理查尔德的一份报告——《对英国 BT 私有化后利润的规制》，并被广泛运用于英国公用事业的私有化与规制改革。现已在全世界的范围内广泛地运用于能源、电信、交通和自来水产业，其中既包括私有企业，也包括国有企业。具体做法，事前通过在规制机构与被规制企业之间以类似于社会契约制度的形式签订价格合同，规定价格的上限，无论成本怎样变化，价格原则上只能在这个上限以下自由变动。价格上限规制的公式为：$P_t=P_{t-1}[1+(RPI-X)/100]$，其中，$P_t$ 为当前要制定的规制价格，P_{t-1} 为上一个规制时期的规制价格，RPI 为零售价格指数，即通货膨胀率，X 为一定时期内生产率增长的百分比，它是由规制者制定的。价格上限规制在理论上为企业降低成本提供了最大的激励，即在价格确定条件下，每节约 1 元成本就意味着增加 1 元净收益。规制的高效能激励机制考虑了效率目标和公平目标的实现，鼓励企业提高效率，允许消费者和运营商分享因生产效率提高而带来的利益，保护了消费者。但它也存在缺陷，例如没有考虑到对质量的要求，而且持续使用这种规制的高效能激励机制可能会导致棘轮效应。

参考文献：

黄莹：《电信业价格规制模式的比较与选择》，载于《价格理论与实践》2004 年第 8 期。

王俊豪：《政府管制经济学导论》，商务印书馆 2003 年版。

肖兴志：《自然垄断产业规制改革模式研究》，东北财经大学出版社 2003 年版。

（周健）

四、国民经济管理指标与方法

发展成果考核评价体系
Assessment System of Development

发展成果考核评价体系是由一套考核指标体系和评价方法构成的、对于发展目标实现程度进行考核的系统。这套指标体系是依据发展目标建立起来的，由若干个相互联系指标组成的有机整体。

发展成果考核评价体系决定着各级政府的行为导向，科学的考评体系可以引导发展方向，倡导先进理念，比较发展绩效，有助于实现发展目标，而不科学不合理的考评体系不但起不到促进发展目标实现的作用，反而会导致经济社会的畸形发展。

纵观新中国建立以来的发展历程，可以划分为由不同发展观驱动阶段：传统发展观——改革发展观——科学发展观，并形成与之相适应的发展成果考核评价体系。

新中国成立初期，我国经济文化落后，当时的发展战略是以追求经济增长为基本导向；以实现工业化、优先发展重工业为发展目标，通过外延式与粗放式发展，提高工业总产值及规模；在发展态势上，提出在短期内赶超西方先进国家。这一发展观顺应了中国发展初期通过工业化奠定发展初步基础的要求，对中华民族的复兴和社会发展起到了奠基作用。与这种发展观相对应的是以工业总产值以及工业总产值的发展速度为核心指标的考核评价体系。这种考评体系对中国工业基础的建立和重工业发展，奠定中国的经济社会发展基础起到了重要作用。然而，由于片面强调扩大规模、加快速度，也导致了许多负面问题的出现，生产效率低下、资源浪费、环境污染、人们物质生活长期得不到改善等。

1978 年改革开放后，党的十一届三中全会提出了改革开放和经济建设为核心的发展观。2003 年，党的十六届三中全会提出坚持科学发展，形成以人为本、全面协调可持续的科学发展观。在这 30 多年间，我国陆续制定了一系列经济社会发展评价指标体系。但现有的评价指标体系尚不完备，其明显的缺陷是评价指标的“唯 GDP 论”，过于偏重经济总量和增长速度，不能全面反映经济增长的全部社会成本、经济增长方式的适宜程度以及为此付出的资源环境代价，不能全面反映经济增长的效率、效益和质量，社会财富的总积累以及社会福利的动态变化，不能有效衡量社会分配的公平性和不同社会群体享受基本公共服务的均衡性。党的十八大明确提出，我们已进入全面建成小康社会的决定性阶段，发展仍是解决我国所有问题的关键。党的十八届三中全会《中共中央关于全面深化改革若干重大问题的决定》提出要完善发展成果考核评价体系，纠正单纯以经济增长速度评定政绩的偏向，加大资源消耗、环境损害、生态效益、产能过剩、科技创新、安全生产、新增债务等指标的权重，更加重视劳动就业、居民收入、社会保障、人民健康情况。

完善发展成果考核评价体系应做到：一是体现目的性原则。以党的十八届三中全会确立的发展目标为指导，结合中国经济“新常态”建立指标体系。二是体现全面性原则。指标体系的选择要从整体上考虑，包括经济、社会、文化、政治、环境等方面，各个指标之间要形成有机、有序的联系，从多方面反映发展成果。三是体现重要性原则。根据研究的目的选择重要的、有代表性的指标组成指标体系，使指标体系尽量简单明了，用尽量少的指标反映尽量多的内容，为此可采用经验选择和专家咨询相结合的方法。四是体现通用性原则。主要是指指标数据的广泛使用性和便捷的可获得性，大多数数据都能从现有统计部门公布的统计资料中取得，或者可以通过对现有的公开的统计数据计算取得，对较重要的指标，如缺所需年份或缺资料，可用相近年份代替或加以估算或通过调查问卷获得。五是体现可比性原则。既要满足动态可比和地区可比，也要满足国际可比，并尽量使指标和资料的口径、范围与国际常用的指标体系相一致。

按照上述原则，可以将发展成果考核评价指标体系分为三个评价指标层次：总体层次即一级指标，反映评价的总体意图，形成综合总体评价指数；中间层次即二级指标，反映评价的内容和细化领域，形成中间指标和分指数；基层层次即三级指标，主要评价具体对象和项目，形成基层指标。一级指标、二级指标、三级指标共同构成考核评价指标体系（见表 1）。

表 1 发展成果考核评价指标体系

评价总体层次：一级指标	评价中间层次：二级指标	具体评价指标：三级指标
经济发展	经济增长	地区生产总值(GDP) 经济增长率(%) 人均 GDP(万元) 全社会固定资产投资(亿元) 社会消费品零售总额(亿元)
	科技创新	研发经费(R&D)占 GDP 比重(%) 高新技术产业增加值占工业增加值比重(%)
	结构优化	三次产业结构(%) 城镇化率(%) 工业企业劳动生产率(万元/人)
	国际化程度	对外依存度(%)
	产能	产销比(%) 库存变化率(%)
	新增债务	新增公债占 GDP 比重(%)
社会建设	民生改善	CPI(%) 城镇居民人均可支配收入(元) 农民人均纯收入(元) 基尼系数 城镇登记失业率(%) 城镇净增就业人数(万人) 城镇职工基本养老保险参保人数(万人) 新型农村社会养老保险参保人数(万人) 城镇保障性安居工程(万套) 万人拥有医生数
	人口素质	劳动者平均受教育年限(年) 九年义务教育巩固率(%) 平均预期寿命(岁) 政府智力投入占财政支出的比重(%)
	安全生产	亿元 GDP 生产安全事故死亡率(%)
文化建设	文化产业	文化产业增加值占地区生产总值比重(%)
	科学教育水平	公民科学素养
	道德建设	诚信水平
政治建设	政府管理效率	政府对市民的透明度 政府政策受到公众舆论支持的程度 依法执政能力 决策科学化民主化程度
	法制建设	每万人律师数 治理腐败
	民主	公民参与政治的程度
生态文明建设	资源消耗利用	万元 GDP 消耗标准煤(吨) 万元 GDP 能耗累计下降(%) 单位工业增加值用水量降低(%) 非化石能源占一次能源消费比重(%)
	环境	空气污染指数 单位国内生产总值主要污染物排放量 地级以上城市空气质量达到二级标准以上的比例 城市生活垃圾无害化处理率(%) 工业固体废物综合利用率(%) 重金属污染物排放削减或控制水平 城镇生活污水处理率(%) 重特大环境事件发生件数 公众对环保的满意度
	生态效益	森林覆盖率(%)

科学的评价方法也是评价体系中重要的组成部分。综合评价方法可以分为三类:常规方法、模糊方法和多元方法。这些方法的基本步骤大体相同,均是在确定评价指标体系的基础上,确定无量纲的方法以及合成公式。将经过处理过的无量纲的指标值乘以权重,得出每个指标的评价值,相加得子系统的评价值以及综合评价值。

常规方法先将实际的指标值除以该指标的阈值,进行无量纲化处理;多元方法使用 Zscore 法进行无量纲处理。常规方法和模糊方法中的权数通常是主观赋予的,属于可调整权数;多元方法中的权数则是由系统来确定的,是不可调整权数。对于可调整权数,需要按照指标的重要程度赋权。

由于我国区域间的差异较大,国家"十二五"规划纲要中将我国分成4类不同主体功能区域,每一类地区的建设重点存在差异,因此,同样的指标在不同的地区,在进行评价时,权数是不同的。应当根据实行各有侧重的绩效评价的思路,在强化对各类地区提供基本公共服务、增强可持续发展能力等方面评价的基础上,按照不同区域的主体功能定位,实行差别化的评价考核:

对于优先开发的城市化地区,要强化经济结构、科技创新、资源利用、环境保护等的评价。按此设定权重体系是:经济建设类指标;社会建设类指标;文化与生态环境类指标。

对于重点开发的城市化地区,要综合评价经济增长、产业结构、质量效益、节能减排、环境保护和吸纳人口等。按此设定权重体系是:经济建设和生态环境建设类指标;社会建设类指标;文化建设类指标。

对于限制开发的农产品主产区和重点生态功能区,要分别实行农业发展优先和生态保护优先的绩效评价,不考核地区生产总值、工业等指标。按此设定权重体系是:农业经济类和生态环境类指标;社会建设类指标;文化建设类指标。

对于禁止开发的重点生态功能区,要全面评价自然文化资源原真性和完整性保护情况。按此设定权重体系是:文化建设类和生态环境建设类指标;社会建设类指标;经济建设类指标。

参考文献:
陈瑾玫:《宏观经济统计分析的理论与实践》,经济科学出版社2005年版。
刘勇、李仙:《国内各地区科学发展绩效评价体系比较研究》,载于《中国经济时报》2013年1月17日。
邱东:《多指标综合评价方法的系统分析》,中国统计出版社1991年版。

(陈瑾玫)

国家统一的经济核算制度
Unified System of National Accounts

国家统一的经济核算制度是指为进行国民经济核算而制定的一整套标准和规范,包括核算的概念、定义、核算原则、指标体系、分类标准,以及核算方法及表现形式。

中国的经济核算制度经历了 MPS 体系的建立与发展过程、MPS 体系向 SNA 体系的转换过程、SNA 体系的发展阶段。

1952年在全国范围内开展了工农业总产值调查;1956年在中国全面推行了 MPS 体系,先后编制了社会产品生产、积累、消费平衡表,社会产品和国民收入生产、分配、再分配平衡表,劳动力资源和分配平衡表。"大跃进"期间和"文革"期间,中国的国民经济核算两度遭受了重大挫折,几乎陷入停顿状态。

1978年开始,国民经济核算工作开始陆续恢复和发展,先恢复了 MPS 的国民收入核算,随后又编制了 MPS 体系的投入产出表。1985年,国家统计局建立了年度 GDP 核算,标志着中国国民经济核算体系从 MPS 体系向 SNA 体系转换的开始。1993年以取消 MPS 体系的国民收入为标志,中国的国民经济核算体系完成了从 MPS 体系向 SNA 体系的转换过程。

1993~2003年是 SNA 体系在中国的建立与初步发展过程。在此期间对于国内生产总值核算、投入产出核算、机构部门账户、资产负债核算等内容进行了时间和规范,制定了《中国国民经济核算体系(2002)》对中国国民经济核算的基本概念、基本核算原则、基本分类、基本核算框架和基本核算内容进行了新的规范。在国内生产总值核算方面,包括开展了第一次第三产业普查,调整了 GDP 核算产业部门分类,规范了 GDP 核算的资料来源和计算方法,规范了 GDP 核算步骤和数据发布制度,建立了周期性经济普查制度和 GDP 历史数据修订制度。

2004年以后,是 SNA 体系在中国的发展时期。2004年中国开展了第一次经济普查,所涉及的经济活动范围之广是前所未有的。国家统计局利用这次机会,对于普查年度的 GDP 核算进行了多方面的修订,之后,为了保证统计数据的准确性、历史数据可比性、国际数据的可比性,有些方面又进行二次、多次修订。具体包括资料来源的修订、生产范围的修订、基本分类的修订、计算方法的修订、GDP 数据的修订,等等。同时,对于机构部门账户也做了多方面的修订,包括资料来源的修订、机构部门分类的修订、编制方法的修订等。

2010年以来,统计部门陆续推出一系列统计方法制度的改革。其中,加强统计"四大工程"建设更成为夯实数据质量体系的基础。四大工程包括:建立统一完备、及时更新的基本单位名录库;建立统一规范、方便填报的企业一套表制度;建立功能完善、统一兼容的业务操作系统;建立安全畅通、方便高效的联网直报网络系统。

经过多年的改革和发展,中国国民经济核算体系取得了长足的发展,但是与最新国际标准相比、与政府宏观经济管理部门、社会公众和国际社会迅速发展的要求相比仍存在较大的差距,特别是地区 GDP 核算存在较大问题,导致地区 GDP 数值之和大于国家的 GDP,而且这种差距呈现出逐年扩大的趋势,导致出现差距的原因:一是实行分级核算的方式。国家统计局计算国内生产总值,地区统计局计算地区生产总值。二是地区之间存在重复计算。跨地经营的母公司和子公司所在地有可能将跨地区经营活动创造的增加值同时计算在本地区的 GDP,造成统计数字的重复。三是资料来源存在缺口。特别是服务业统计调查制度不完善,有些指标需要推算,由此会产生国家与地区的不一致;四是由于"唯 GDP 论"作祟,某些地区不同程度地存在虚报 GDP 的现象。

地区 GDP 数值之和大于国家的 GDP 现象的存在,严重减弱了国家公布的中国经济增长及其发展水平的相关数据的可信度,动摇国际投资者的信心,损伤了中国政府有能力支撑公共产品生产的形象,影响了国家管理水平与管理能力的提高。

党的十八届三中全会提出加快建立国家统一的经济核算制度,是对中国统计制度改革极大的推动。为此,应全力推进重点改革创新:一是积极稳妥推进国家统一核算地区生产总值。由国家统计局直接计算省、自治区、直辖市的地区生产总值数值,地市一级统计局直接计算区县地区生产总部总值,区县一级统计局不再计算地区生产总值。二是深化固定资产投资统计。从按项目以形象进度法统计,转向按单位以财务支出资料采集固定资产投资数据。三是加快改进能耗统计。当前,应尽快提出统一核算全国及分地区能耗总量和单位 GDP 能耗降低率的方案和路线图。四是加快完善包括电子商务在内的社会消费品零售额统计,全面客观反映全社会消费状况。五是深化服务业统计改革,加快建成科学、统一、全面、协调的服务业统计调查制度和信息发布制度。六是完成从标志着统计水平与统计质量处于较低水平的 GDDS(General Data Dissemination System)统计数据发布标准,向标志着统计水平与统计质量较高水平的 SDDS(Special Data Dissemination Standard)统计数据发布标准过渡,计划到 2015 年实现三个"全部",即所有由调查对象填报的调查全部通过互联网直接向国家数据中心报送,所有现场调查全部由调查员手持电子终端现场采集数据并通过网络直报国家数据中心,全部国家统计调查均在统一软件平台处理数据。

与此同时,进一步提高基础数据质量,确保源头数据真实准确,并且广泛应用大数据,积极利用空间信息技术。全面实施统计生产全流程质量控制,不断提高统计数据可靠性。严格执行统计法律法规、统计标准和统计调查制度,认真落实统计业务流程管理和国家统计质量保证框架等重要统计工作规范和行为准则,确保统计调查项目设计设定、统计调查组织实施、统计资料管理公布等各环节的制度化、程序化、规范化。不断完善主要统计指标数据评估办法,科学审核评估数据。严格落实县乡两级基层统计工作规范,提高基层一线统计工作水平。严格惩处统计上弄虚作假行为,加大对统计违法违纪行为查处力度。进一步完善统计管理体制,强化国家对统计工作的集中统一领导,坚决履行独立调查、独立报告、独立监督的职责,努力形成不能、不易在统计上弄虚作假的防范机制。

完善国民经济核算方法、积极稳妥推进国家统一核算地区生产总值等一系列措施,将有利于提高数据质量,客观反映全国经济发展实际,准确解释三次产业结构、投资消费结构等重大比例关系,有利于国家和各个地区摸清家底,为宏观经济良性发展提供数据支持,提高中国政府统计的公信力。

参考文献:
高敏雪等:《国民经济核算原理与中国实践》,中国人民大学出版社 2013 年版。
蒋萍:《核算制度缺陷与经济总量漏算》,载于《经济科学》2004 年第 2 期。
许宪春:《中国国民经济核算与统计问题研究》,北京大学出版社 2009 年版。

(陈瑾玫)

千年发展目标
Millennium Development Goals

千年发展目标是联合国制定并倡导的旨在促进国际社会发展的重要指标。2000 年 9 月,189 个国家的代表在联合国千年峰会上通过了《千年宣言》,倡导共同的价值观,宣言所提出"千年发展目标"包含的 8 大类 21 个具体目标,以及 60 个评价指标,现在已成为国际社会衡量世界各国发展进度的重要标准,即千年发展目标。大多数千年发展目标的期限是 2015 年,1990 年是测度进展所参照的基准年份。国别数据汇总生成区域和次区域层面的数据,以反映随时间推移总体的进展情况。通常情况下,各指标数据取自各国政府向负责该项指标的国际机构所提供的官方统计。联合国统计司负责维护千年发展目标指标跨机构和专家小组的官方网站及其数据库,网址为 http://mdgs. un. org。

八大项千年发展目标及其细化目标包括:

一是消灭极端贫穷和饥饿,主要目标:①使靠每日不到1美元维生的人口比例减半;②使所有人包括妇女和青年人都享有充分的生产就业和体面的工作;③使挨饿的人口比例减半。

二是普及小学教育:确保不论男童或女童都能完成全部初等教育课程。

三是促进两性平等并赋予妇女权力:最好到2005年在小学教育和中学教育中消除两性差距,最迟于2015年在各级教育中消除此种差距。

四是降低儿童死亡率:5岁以下儿童的死亡率降低2/3。

五是改善产妇保健:产妇死亡率降低3/4。

六是与艾滋病毒/艾滋病、疟疾和其他疾病做斗争,主要有:①到2015年遏制并开始扭转艾滋病毒/艾滋病的蔓延;②到2010年向所有需要者普遍提供艾滋病毒/艾滋病治疗;③到2015年遏制并开始扭转疟疾和其他主要疾病的发病率。

七是确保环境的可持续能力,主要有:①将可持续发展原则纳入国家政策和方案并扭转环境资源的损失;②减少生物多样性的丧失,到2010年显著降低丧失率;③到2015年将无法持续获得安全饮用水和基本卫生设施的人口比例减半;④到2020年使至少1亿贫民窟居民的生活有明显改善。

八是制定促进发展的全球伙伴关系,主要有:①进一步发展开放的、遵循规则的、可预测的、非歧视性的贸易和金融体制,包括在国家和国际两级致力于善政、发展和减轻贫穷;②满足最不发达国家的特殊需要,包括:对最不发达国家出口品免征关税、不实行配额,加强重债穷国的减债方案,注销官方双边债务;向致力于减贫的国家提供更为慷慨的官方发展援助;③通过《小岛屿发展中国家可持续发展行动纲领》和大会第二十二届特别会议成果满足内陆发展中国家和小岛屿发展中国家的特殊需要;④通过国家和国际措施全面处理发展中国家的债务问题,以便能长期持续承受债务;⑤与发展中国家合作,为青年创造体面的生产性就业机会;⑥与制药公司合作,在发展中国家提供负担得起的基本药物;⑦与私营部门合作,普及新技术,特别是信息和通信的利益。

千年发展目标确立以后,许多国家制定了具体的计划,并付诸实施。联合国每年在其网站上发表年度报告公布目标具体实施情况。根据联合国《2011年千年发展目标报告》显示,世界在实现减少极端贫困人口等目标方面取得了较大进展,但进展并不均衡,某些千年发展目标可能将无法按期实现。

参考文献:

陈志刚、游珂:《千年发展目标的回顾与展望》,载于《发展研究》2011年第6期。
贺斌:《世界银行发布〈2010年世界发展指标〉显示——实现千年发展目标进展不平衡》,载于《中国财经报》2010年4月29日。
联合国千年发展目标,www.un.org/chinese/millenniumgoals/index.shtml。

(白云飞)

经济自由度指数

Economic Freedom Index

经济自由度指数是由《华尔街日报》和美国传统基金会发布的年度报告,涵盖全球179个国家和地区,是全球权威的经济自由度评价指标之一。该指数根据经济自由度50个指标评价各个国家和地区的得分。每一个指标的最高得分为1分,最低得分为5分。在一个指标上分数越高,说明政府对经济的干涉水平越高,经济自由度越低。各个指标累加后的平均值可以计算出总体系数。美国传统基金会的观点是,具有较多经济自由度的国家与那些较少经济自由度的国家相比,会拥有较高的长期经济增长速度和更繁荣。

根据得分,所有国家和地区被分为如下四个等别:

(1)自由(2分以下);

(2)比较自由(2~3分);

(3)不太自由(3~4分);

(4)受压制(4分以上)。

50个指标可以分成10大类,每大类包括若干具体评价指标:

A. 贸易政策:加权平均关税,非关税壁垒,海关腐败;

B. 政府财政开支:所得税边际最高税率,公司税边际最高税率,政府支出占GDP比例的年度变化值;

C. 政府对经济的干预:政府开支在经济中所占比重,政府拥有的企业和产业,政府收入中来自国有企业和国有资产的收入所占的比重,政府的经济产出;

D. 货币政策:过去10年通货膨胀率的加权年均值;

E. 资本流动和外国投资:外资企业法规,对于外资企业的限制,对于向外国投资者开放的行业及公司的限制,对于外资公司的限制及业绩要求,外商的土地所有权,外资公司与国内公司在法律上的平等对待,对于外资企业收入汇出的限制,对于资本交易的限制,外资公司本地融资的方便程度;

F. 银行业和金融业:政府对金融机构的所有权,对于外资银行开设分支及子公司能力的限制,政府对于信贷配置的影响,政府管制,提供所有种类金融服务的自由、证券和保险政策;

G. 工资和物价:最低工资法,不受政府影响私下设定价格的自由,政府价格管制,政府价格管制使用的程度,政府对影响价格的企业的津贴;

H. 产权：司法系统不受政府干扰的自由，规定合同的商法，对合同纠纷中外国仲裁机构的认可，政府对财产的征用，司法系统内部的腐败，在接受司法裁定与执行之间的延迟，私有财产受到法律的承认和保护；

I. 规制：经营企业的许可要求，获取营业执照的容易程度，官僚机构中的腐败，劳动规制，如每周工作时间、带薪假期、产假等，关于环境、消费者安全，以及工人健康的规制，各规制给企业带来的负担；

J. 非正规市场活动（黑市）：走私，非正规市场中知识产权的盗版，由非正规市场提供的农业产品，由非正规市场所提供的工业产品，由非正规市场提供的服务，由非正规市场提供的运输，由非正规市场提供的劳动。

参考文献：

王金萍：《世界经济自由度指数报告解析》，载于《中国国情国力》2007 年第 5 期。

魏雅华：《什么是"经济自由度指数"》，载于《国际融资》2002 年第 9 期。

袁鹰、叶庆芳：《中国经济自由度分析与国际比较》，载于《武汉金融》2005 年第 6 期。

（杨爱兵）

奥肯定律
Okun's Law

奥肯定律是由美国经济学家奥肯（Arthur M. Okun）首次提出的，主要阐述一国失业率与 GDP 损失之间的经验关系。具体来说，在失业在自然水平之上每增加 1%，一个国家的 GDP 将从潜在水平上下降 2～4 个百分点。

许多经济学家观察到，奥肯定律根本就不是一个真实的定律，更多的是基于大量因素变动的一种倾向。尽管奥肯定律以数学的形式加以表示，但奥肯定律仍然是一个不完备的理论。这并非是由于奥肯本人有什么错误，而是奥肯定律缺乏可预测性。例如，自然失业率的准确数量是未知的，也不可能是已知的。奥肯定律的另一个不完备之处在于：一个给定的失业增量所产生的影响，可能会因为生产率以及对经济的悲观程度等因素处在不同状态而被放大或缩小。失业的定义（没有工作，但仍然在找工作）也可能会歪曲数据。因为失业的定义并没有考虑经过一段时间之后停止找新工作的那些人。

尽管存在着这样的不完备情况，但奥肯定律仍然描述了可测的经济趋势规律，这有助于经济学家以及学习经济学的学生弄清原因和结果之间的次序关系。所观察到的更多失业与更低 GDP 之间的关系变得更直观，因为失业人员不但停止生产活动，而且通常也会相应地显著减少消费支出。高失业、低产出这样的暗淡的经济数据也会阻碍投资。

这两个事实放在一起，就很容易看出，失业具有乘数效应，并非是一对一的权衡关系，这就是奥肯定律价值，即这种规律的描述也正是人们预期的。奥肯定律也意味着失业并非仅对 GDP 产生影响，如果生产率提高以及劳动力数量增加，则即使失业统计数据仍保持不变，GDP 也会增加。

奥肯定律的缺口可以表示成：

$$(\bar{y}-y)/\bar{y}=c(u-\bar{u}) \qquad (1)$$

其中，y 表示实际产出；$\bar{y}$ 为潜在产出，或完全就业时的 GDP；u 为实际失业率，$\bar{u}$ 为自然失业率；c 为失业变动对产出变动的影响因子。

大约在 1955 年前后，美国的 c 值在 2～3 之间。

奥肯定律的缺口很难在实践中应用。因为无论是潜在产出 $\bar{y}$，还是自然失业率 $\bar{u}$ 都是不可直接观测的，都需要进行估计。

奥肯定律更一般的形式差分形式或增长率形式可以表示为：

$$\Delta y/y=k-c\Delta u \qquad (2)$$

其中，Δy 表示从一年到下一年实际 GDP 的改变量；Δu 表示从一年到下一年实际失业率的改变量；k 为完全就业下的产出的年平均增长率；y 和 c 的含义同上。

参考文献：

Abel, Andrew B. & Bernanke, Ben S. (2005). *Macroeconomics* (5th ed.). Pearson Addison Wesley.

（郭万山）

菲利普斯曲线
Phillips Curve

菲利普斯曲线是用来表示失业率与通货膨胀率之间的负相关关系的曲线。简单地说，经济中失业率越低，通货膨胀率就越高；反之，失业率越高，通货膨胀率就越低。尽管在短期中失业率与通货膨胀率间的这种负相关被观测到，但从长期来看，并未发现存在这种关系。

1958 年，新西兰经济学家威廉姆·菲利普斯（William Phillips）在研究 1861～1957 年英国失业与货币工资变动率之间的关系时，发现英国的失业率与货币工资变化率间存在着统计上的负相关关系。对于其他国家来说，当时也发现了类似的"菲利普斯曲线"关系。菲利普斯曲线也因此成为 20 世纪 60 年代标准的凯恩斯主义教科书中重要的模型。

1960 年，保罗·萨缪尔森以及索洛在菲利普斯研究的基础上,将菲利普斯曲线从失业率与货币工资变化率间的关系推广到了通货膨胀与失业率间的关系:通货膨胀率越高,失业率就越低,反之亦然。

继菲利普斯曲线被发现后,许多发达国家的经济学家确信在通货膨胀与失业之间存在长期稳定的关系。对于政府来说,这种观点的政策意义在于可以通过凯恩斯政策来控制失业和通货膨胀率,即通过容许适度高的通货膨胀率来降低失业率。

在20世纪60年代之前,沿着菲利普斯曲线向左移动,恰好描述了美国经济低失业率和高通货膨胀的经济路径。然而,20世纪70年代许多发达的工业化国家出现了高通货膨胀和高失业率的所谓的滞胀现象,严重地违背了菲利普斯曲线关于滞胀现象不可能出现的主张。菲利普斯曲线也因此受到了以弗里德曼为首的经济学家的批评。弗里德曼认为,菲利普斯曲线关系仅仅是一种短期关系,而从长期来看,并不存在通货膨胀与失业率间的负相关关系。

近年来的研究表明,在低水平的通货膨胀率与失业之间存在着适度的负相关关系。乔治·阿克洛夫、威廉·狄肯斯以及乔治·佩里(George Akerlof, William Dickens and George Perry)的研究成果意味着,如果通货膨胀从2%降低到0,失业率就是持久增加1.5%。

传统的菲利普斯曲线将通货膨胀与某些周期性指标和通货膨胀滞后指标联系在一起。设 π_t 表示通货膨胀率,y_t 表示对数形式的GDP与其长期趋势背离,菲利普斯曲线通常设为:

$$\pi_t = \sum_{i=1}^{p} \varphi_i \pi_{t-i} + \delta y_t + \varepsilon_t$$

其中,ε_t 为随机扰动项。

尽管存在着相当多的批评,但传统的菲利普斯曲线对战后美国的通货膨胀给出了很好的描述(Rudebusch and Svensson,1999)。同样,传统的菲利普斯曲线对欧洲的通货膨胀也给出了合理的解释。通货膨胀依赖于其滞后值意味着在降低通货膨胀政策选择中,渐进的政策是最好的选择。

新古典菲利普斯曲线模型假定当前的通货膨胀由两部分构成:一部分取决于当前的产出缺口;另一部分则由滞后通货膨胀预期决定。

新古典菲利普斯曲线的简单形式可以表示为:

$$\pi_t = E_{t-1}\pi_t + \alpha y_t$$

其中,π_t 表示当前的通货膨胀,$E_{t-1}\pi_t$ 表示基于过去信息对当前通货膨胀所作的预期,y_t 为产出缺口。

理性预期学派主张,代理人对内生变量未来值具有理性的预期,而且不会作出系统性预测偏差。如果代理人具有理性预期,那么预测误差 $e_t = E_{t-1}\pi_t - \pi_t$ 应该是零均值的,即条件均值 $E(e_t) = 0$。在此情况下,产出处于自然产出率水平,菲利普斯曲线就是一条垂直于水平轴的直线。

之所以将这种模型称为新古典菲利普斯曲线,是因为在这类模型中,只有未预期到的通货膨胀才会导致产出波动,而且模型满足卢卡斯关于自然率假设的定义,即没有系统的可预期到的通货膨胀政策能够保持产出持续地偏离自然产出率水平(McCallum,1994)。

新凯恩斯-菲利普斯曲线是基于微观经济基础的公司定价机制,从供给方粘性价格理论(Calvo,1983)推导而得。所以,新凯恩斯-菲利普斯曲线在宏观和微观之间搭建了一座开创性的桥梁。

新凯恩斯-菲利普斯曲线可以简单地表示为:

$$\pi_t = E_t\pi_{t+1} + \beta y_t$$

与新古典菲利普斯曲线相比,新凯恩斯-菲利普斯曲线所包含的通货膨胀预期是前瞻性预期(Forward Expectation),这非常重要。因为在理性预期下,并不要求当前通货膨胀 π_t 与通货膨胀的前瞻性预期 $E_t\pi_{t+1}$ 相等。因此,也不要求实际产出等于潜在产出。

在新凯恩斯-菲利普斯曲线中,通货膨胀并不依赖于其滞后值,而是依赖于通货膨胀前瞻性预期,在当前通货膨胀与滞后通货膨胀有可能存在统计相关关系下,新凯恩斯-菲利普斯曲线拒绝了这种结构关系。根据新凯恩斯-菲利普斯曲线,中央银行没必要采取渐进政策来降低通货膨胀率,完全可以采取中央银行宣布承诺消除正的产出缺口的方式迅速降低通货膨胀率。

参考文献:

Calvo, Guillermo A., 1983, Staggered Prices in a Utility-maximizing Framework, *Journal of Monetary Economics*, Elsevier, Vol. 12(3).

Glenn Rudebusch & Lars E. O. Svensson, Policy Rules for Inflation Targeting, NBER Chapters, In *Monetary Policy Rules*, *National Bureau of Economic Research*, Inc, 1999.

McCallum, B. T., A Semi-Classical Model of Price Level Adjustment, *Arnegie-Rochester Conference Series on Public Policy*, Elsevier, 1994, Vol. 41(1).

Milton Friedman, The Role of Monetary Policy, *The American Economic Review*, Vol. 58, No. 1., Mar., 1968.

Phillips, A. W., The Relationship between Unemployment and the Rate of Change of Money Wages in the United Kingdom 1861-1957, *Economica* 25(100), 1958.

(郭万山)

恩格尔系数
Engel's Coefficient

恩格尔系数是恩格尔定律在分析消费结构变化中的具体应用，是表示生活水平高低的一个经济指标。19 世纪，德国统计学家恩格尔（Ernst Engel，1857）系统研究了消费支出与收入间的关系，并因此发现了恩格尔定律。后经霍撒克（Houthakker，1952）以及波莱斯（Prais，1952）等人的推广，使得该定律在经济结构变动分析、经济增长、收入分配、国际贸易以及通货膨胀测量等诸多领域得到广泛应用。

恩格尔根据统计资料对消费结构的变化进行了深入研究，得出了一个规律：一个家庭的收入越少，家庭收入（或总支出）中用来购买食物的支出所占的比例就越大；随着家庭收入的增加，家庭收入（或总支出）中用来购买食物的支出则会下降。推而广之，一个国家越穷，每个国民的平均收入中（或平均支出中）用于购买食物的支出所占比例就越大；随着国家的富裕，这个比例呈下降趋势。

恩格尔定律的公式为：

食物支出对总支出的比率（R_1）= 食物支出变动百分比/总支出变动百分比

或：

食物支出对收入的比率（R_2）= 食物支出变动百分比/收入变动百分比

R_2 又称为食物支出的收入弹性。

恩格尔定律是根据经验数据提出的，是在假定其他一切变量都是常数的前提下才适用的。因此，在考察食物支出在收入中所占比例的变动问题时，还应当考虑城市化程度、食品加工、饮食业和食物本身结构变化等因素，对家庭食物支出增加的综合影响。也就是说，只有达到相当高的平均食物消费水平时，收入的进一步增加才不会对食物支出发生重要的影响。

恩格尔系数是根据恩格尔定律得出的比例数，具体表示生活水平的高低，其计算公式如下：

恩格尔系数 = 食物支出金额/总支出金额

除食物支出外，衣着、住房、日用必需品等的支出，也同样在不断增长的家庭收入或总支出中，所占比重上升一段时期后，呈递减趋势。

恩格尔系数在诸多领域得到广泛应用。联合国根据恩格尔系数的大小，对世界各国的生活水平制定了一个划分标准，即一个国家平均家庭恩格尔系数大于60% 为贫穷；50% ~60% 为温饱；40% ~50% 为小康；30% ~40% 属于相对富裕；20% ~30% 为富足；20% 以下为极其富裕。按此划分标准，20 世纪 90 年代，恩格尔系数在 20% 以下的只有美国，达到 16%；欧洲、日本、加拿大一般在 20% ~30% 之间，达到富裕状态。东欧国家一般在 30% ~40% 之间，相对富裕；广大的发展中国家基本上处在小康状态。

参考文献：

林白旭、臧旭恒：《消费经济学大辞典》，经济科学出版社 2000 年版。

宋则行：《社会主义宏观经济学》，辽宁大学出版社 1989 年版。

伊志宏：《消费经济学》，中国人民大学出版社 2004 年版。

尹士杰：《消费经济学》，高等教育出版社 2008 年版。

（郭万山）

资本—产出比率
Capital-output Ratio

资本—产出比率又称资本系数，指资本与产出量的比值。表示一定经济条件下，单位产出所需的资本投入量，它标志着资本的生产效果和能力。

资本产出比率有两种具体形式：存量资本产出比（资本存量与产出量的比值）和增量资本产出比（资本增量与产出增量的比值）：前者反映的是存量意义上的资本、产出之比，可在更长的时间范围内考察资本效率的动态变化；后者表现增加的资本存量与所增加的产出量之间的比率。

资本产出比率主要反映一定的技术水平、技术含量基础上的劳动工具、劳动手段与劳动成果之间的关系：第一，资本与产出统一度量和比较的基础是劳动时间；第二，反映二者在同等劳动效率条件下的一般的、无差别的劳动时间量的比例关系；第三，在货币、商品或市场经济条件下，反映二者按可比价格尺度计算的劳动价值量的比例关系；第四，反映资本价值量与一定时期的（通常为一年）社会产品价值量的比例关系。资本产出比率是反映诸多经济关系和经济效益的综合性指标。资本存量一般采用国际上通行的永续盘存法来估算，产出一般用 GDP 或增加值表示。

在储蓄率既定的情况下，资本产出率可以用来确定经济增长率，即经济增长率等于储蓄率除以资本产出率。发展中国家制定经济发展计划时，可利用它来估算实现计划增长率所需要的新投资。

在卡尔多的经济增长的“程式化的事实”中，资本产出比率会大致稳定在一个数值。很多学者以此为蓝本构建了十分有价值的模型，其中最为经典的是索洛（Solow，1956）的增长理论。它从可变的资本产出比出发，证明在稳态中资本产出比保持不变。在这里，资本产出比是一个稳定器，用来缓解经济增长中的不稳定性。同时资本产出比也是衡量资本投资效率、经济发展水平、经济增长的可持续性的重要指标。罗默（Romer，1989）的研究中得出了以下结论：发达国家的资本产出比大致相当,发展中国家的资本产出比往往大于发达国家的资本产出比。这说明发达国家的资本投资效率高于发展中国家(林毅夫,1994;张军,2002)。

在国际经济中,资本相对丰裕而劳动相对比较贫乏的国家的资本—产出比率比较高;资本相对贫乏而劳动力又相对丰裕的国家的资本—产出比率比较低;在资本和劳动的丰裕程度相同的国家,资本—产出比率越高,表明等量产出量所需资本越大,经济增长率就相对缓慢。

在国民经济的各部门或行业中,因各自的技术构成与相对成本要素各异,资本—产出比率反映了各部门各行业的资本密集程度。一般地,各个部门之间的资本产出比率差别很大。使用资本密集型部门,如冶金、化工、交通、运输、能源等部门,资本产出比率高;而劳动密集型部门,如农业、消费品制造业和服务行业等则资本产出率较低。这个指标不仅反映投资形成固定资产的情况,而且反映固定资产形成后的使用情况,是衡量某一部门的设备等固定资产利用情况和资本密集程度的尺度。一国总的资本产出率是各个部门资本产出率的加权平均数。资本—产出比率不是一成不变的。它反映着一定时期的技术水平。一般地,资本效率的提高总是伴随着技术进步和创新活动而产生。

中国的长期的经济增长,主要依赖劳动密集型的劳动投入、资本密集型的资本投入以及自然资源投入,这造成了没有技术含量的原始劳动投入比较多,资源浪费比较大,资源短缺,资源价格上涨。过度依赖资本投入、投资拉动经济增长,造成了资本产出比率过高,投资回报递减,投资效率下降。因而必须转换经济发展方式,加大科技投入,提高技术水平,加快发展先进制造业、加快发展服务业、用信息化带动工业化,并实现农村富余劳动力向非农产业转移。

参考文献:

高鸿业:《西方经济学》第二版,中国人民大学出版社2000年版。

林毅夫:《中国的奇迹:发展战略与经济改革》,上海出版社1999年版。

张军:《资本形成、工业化与经济增长:中国的转轨特征》,载于《经济研究》2002年第6期。

(刘治松)

直接消耗系数

Direct Consumption Coefficient

直接消耗系数也称为投入系数或技术系数,是指在生产经营过程中第 j 产品(或产业)部门的单位总产出所直接消耗的第 i 产品部门生产的产品或服务的数量或价值量,记为 a_{ij}。其计算方法是依据投入产出表的数据,用 j 产品部门的总产出去除该部门生产经营中所直接消耗的第 i 产品部门的产品或服务的数量。

利用实物型 n 部门投入产出表计算直接消耗系数的公式为:

$$a_{ij} = \frac{q_{ij}}{Q_j}(i,j = 1,2,\cdots,n)$$

其中,a_{ij}——第 j 种产品对第 i 种产品的直接消耗系数;

q_{ij}——第 j 种产品在生产中,对第 i 种产品的直接消耗量;

Q_j——第 j 种产品的总产量。

由直接消耗系数 a_{ij} 的计算公式可知,利用实物型 n 部门投入产出表计算的直接消耗系数 $a_{ij} \geqslant 0$,且可 $a_{ij} > 1$。

利用价值型 n 部门投入产出表计算直接消耗系数的公式为:

$$a_{ij} = \frac{x_{ij}}{X_j}(i,j = 1,2,\cdots,n)$$

其中,a_{ij}——第 j 种产品对第 i 种产品的直接消耗系数;

x_{ij}——第 j 种产品在生产中,对第 i 种产品的直接消耗的价值量;

X_j——第 j 种产品的总产量的价值量。

由直接消耗系数 a_{ij} 的计算公式可知,利用价值型 n 部门投入产出表计算的直接消耗系数的取值范围在 0~1 之间。a_{ij} 越大,说明第 j 部门对第 i 部门的直接依赖性越强;a_{ij} 越小,说明第 j 部门对第 i 部门的直接依赖性越弱;$a_{ij} = 0$ 则说明第 j 部门对第 i 部门没有直接的依赖关系。

由直接消耗系数的定义可知,影响直接消耗系数 a_{ij} 的因素主要有:产品的生产技术、产品消耗结构、生产管理水平和产品分类及所选用的计量单位。

将直接消耗系数按下标顺序排列成的矩阵,称为直接消耗系数矩阵,记为 A。

$$A = \begin{pmatrix} a_{11} & a_{12} & \cdots & a_{1n} \\ a_{21} & a_{22} & \cdots & a_{2n} \\ \vdots & \vdots & \ddots & \vdots \\ a_{n1} & a_{n1} & \cdots & a_{nn} \end{pmatrix}$$

直接消耗系数矩阵 A 的第 i(i = 1,2,…,n)行表示第 i 部门对所有列部门生产单位产品的直接投入量,或理解为各列部门生产单位产品对第 i 部门产品或服务的中间使用量;其第 j 列表示第 j 部门生产单位产品对各行部门产品和服务的中间使用量(直接消耗量)。由实物型投入产出表计算的直接消耗系数矩阵 A 中的元素必非负;由价值型投入产出表计算的直接消耗系数矩阵 A 中的元素不仅非负,而且 $\sum_{i=1}^{n} a_{ij} < 1(j = 1,2,\cdots,n)$。

直接消耗系数体现了里昂惕夫模型中生产结构的基本特征，揭示了国民经济各部门之间的技术经济联系，即部门之间相互依存和相互制约关系的强弱，并为构造投入产出模型提供了重要的经济参数。直接消耗系数是建立模型的最重要、最基本的系数，是投入产出模型的核心。

参考文献：

干春晖：《产业经济学》，机械工业出版社 2006 年版。
国家统计局国民经济核算司：《中国 2007 年投入产出表编制方法》，中国统计出版社 2009 年版。
韩云虹：《国民经济核算与分析》，经济科学出版社 2005 年版。
刘起运、陈璋、苏汝劼：《投入产出分析》，中国人民大学出版社 2006 年版。
王玉潜、袁建文、李华：《投入产出分析的理论与方法》，广东高等教育出版社 2002 年版。

（王青）

完全消耗系数
Complete Consumption Coefficient

完全消耗系数是指某一部门每提供一个单位的最终产品，需要直接消耗和间接消耗（即完全消耗）各部门的产品或服务数量。具体地说，完全消耗系数是指第 j 产品部门每提供一个单位最终使用时，对第 i 产品部门货物或服务的直接消耗和间接消耗之和，记为 b_{ij}。其计算方法是依据投入产出表的数据，完全消耗系数 = 直接消耗系数 + 全部间接消耗系数。计算公式为：

$$b_{ij} = a_{ij} + \sum_{k=1}^{n} a_{ik}a_{kj} + \sum_{s=1}^{n}\sum_{k=1}^{n} a_{is}a_{sk}a_{kj} + \sum_{t=1}^{n}\sum_{s=1}^{n}\sum_{k=1}^{n} a_{it}a_{ts}a_{sk}a_{kj} + \cdots (i,j = 1,2,\cdots,n)$$

其中，a_{ij}——第 j 种产品对第 i 种产品的直接消耗系数；

$\sum_{k=1}^{n} a_{ik}a_{kj}$——第 j 种产品对第 i 种产品的第一次间接消耗系数。

$\sum_{s=1}^{n}\sum_{k=1}^{n} a_{is}a_{sk}a_{kj}$——第 j 种产品对第 i 种产品的第二次间接消耗系数；

$\sum_{t=1}^{n}\sum_{s=1}^{n}\sum_{k=1}^{n} a_{it}a_{ts}a_{sk}a_{kj}$——第 j 种产品对第 i 种产品的第三次间接消耗系数。

或：$b_{ij} = a_{ij} + \sum_{k=1}^{n} b_{ik}a_{kj} (i,j = 1,2,\cdots,n)$

式中，a_{ij}——第 j 种产品对第 i 种产品的直接消耗系数；

$\sum_{k=1}^{n} b_{ik}a_{kj}$——第 j 种产品对第 i 种产品的全部间接消耗系数。

由完全消耗系数的定义，$b_{ij} \geqslant 0$，且 $b_{ij} \geqslant a_{ij}$。

将完全消耗系数按下标顺序排列成的矩阵，称为完全消耗系数矩阵，记为 B。

$$B = \begin{pmatrix} b_{11} & b_{12} & \cdots & b_{1n} \\ b_{21} & b_{22} & \cdots & b_{2n} \\ \vdots & \vdots & \ddots & \vdots \\ b_{n1} & b_{n1} & \cdots & b_{nn} \end{pmatrix}$$

完全消耗系数矩阵 B 的第 i(i = 1,2,…,n) 行表示第 i 部门对所有列部门生产单位产品的完全投入量，或理解为各列部门生产单位产品对第 i 部门产品或服务的完全消耗量；其第 j 列表示第 j 部门生产单位产品对各行部门产品和服务的完全使用量（完全消耗量）。

完全消耗系数矩阵 B 可以在直接消耗系数矩阵 A 的基础上计算得到的，利用直接消耗系数矩阵计算完全消耗系数矩阵的公式为：

$$B = (I - A)^{-1} - I$$

其中，A——直接消耗系数矩阵；

I——单位矩阵；

B——完全消耗系数矩阵。

完全消耗系数不仅反映了国民经济各部门之间直接的技术经济联系，还反映了国民经济各部门之间间接的技术经济联系，并通过线性关系，将国民经济各部门的总产出与最终使用联系在一起。

参考文献：

陈锡康、杨翠红：《投入产出技术》，科学出版社 2011 年版。
干春晖：《产业经济学》，机械工业出版社 2006 年版。
韩云虹：《国民经济核算与分析》，经济科学出版社 2005 年版。
刘起运、陈璋、苏汝劼：《投入产出分析》，中国人民大学出版社 2011 年版。
许宪春、刘起运：《中国投入产出理论与实践 2004》，中国统计出版社 2005 年版。

（王青）

霍夫曼系数
Hoffmann Coefficient

霍夫曼系数又称霍夫曼比例，是指一国工业化进展中，消费品部门与资本品部门的净产值之比。1931年，德国经济学家W. G. 霍夫曼在《工业化的阶段和类型》中揭示了一个国家或区域的工业化进程中工业结构演变的规律。霍夫曼使用了近20个国家的工业结构方面的时间序列资料，重点分析制造业中消费资料工业和资本资料工业的比例关系，这个比例被称之为“霍夫曼比例”或“霍夫曼系数”：

$$霍夫曼比例(系数)=\frac{消费资料工业的净产值}{资本资料工业的净产值}$$

20世纪30年代初，霍夫曼根据工业化早期和中期的经验数据推算出以下结论：各国工业化无论开始于何时，一般具有相同的趋势，即随着一国工业化的进展，消费品部门与资本品部门的净产值之比是逐渐趋于下降，即霍夫曼比例呈现出不断下降的趋势，这就是著名的“霍夫曼定理”。

根据霍夫曼比例值的不同，工业化进程可分四个阶段：

首先是霍夫曼比例第一阶段：此时消费资料工业发展迅速，消费资料工业的生产在制造业中占主导地位，资本资料工业的生产不发达，此时，霍夫曼比例为5(±1)。

其次是霍夫曼比例第二阶段：此时资本资料工业发展较快，消费资料工业虽也有发展，但速度减缓，而资本资料工业的规模仍远不及消费资料工业的规模。资本资料工业的发展速度比消费资料工业快，但在规模上仍比消费资料工业小得多，这时，霍夫曼比例为2.5(±1)。

再次是霍夫曼比例第三阶段：此时消费资料工业与资本资料工业在规模上大致相当，霍夫曼比例是1(±0.5)。

最后是霍夫曼比例第四阶段：此时资本资料工业在制造业中的比重超过消费资料工业并继续上升。整个工业化过程，就是资本资料工业在制造业中所占比重不断上升的过程，后者的净产值将大于前者，霍夫曼比例小于1。

霍夫曼系数阐明了随着人类社会生产力水平不断发展，尤其是科学技术的突飞猛进，产业结构正由第二产业主导向第三产业主导转变，而且这一趋势是不可逆转的。

参考文献：
陈锡康、杨翠红：《投入产出技术》，科学出版社2011年版。
干春晖：《产业经济学》，机械工业出版社2006年版。
韩云虹：《国民经济核算与分析》，经济科学出版社2005年版。
刘起运、陈璋、苏汝劼：《投入产出分析》，中国人民大学出版社2011年版。
许宪春、刘起运：《中国投入产出理论与实践2004》，中国统计出版社2005年版。

（王青）

偿债率
Debt Servicing Ratio

偿债率亦称“还债率”，主要指当年外债还本付息额占当年出口创汇收入的百分比，是分析、衡量外债规模和一个国家偿债能力大小的重要指标。国际上经验数据表明，一般国家的偿债率的警戒线为20%，发展中国家为25%，危险线为30%。当偿债率超过25%时，说明该国外债还本付息负担过重，有可能发生债务危机。根据世界银行的建议，中国目前的偿债率应以15%为安全线。

根据偿债率的一般标准，可以计算出一国在现有外汇收入的条件下借入外债的适度规模，或者在现有外债的基础上所要求的出口创汇规模。同时，还要根据借款国的外汇储备、国内生产等综合考察。但在衡量偿债能力时，当年偿债率并不是唯一的依据。由于借款国各笔债务的期限、利率等条件不同，实际还本付息额各年不同，有的国家各年度的偿债率变化很大，所以衡量偿债能力时必须考虑这些因素。

衡量一国偿债能力，还要根据借款国的外汇储备、国际收支、国内生产等进行综合考察。其中尤其值得重视的是外汇储备。对于债务国来说，应该保持适度的外汇储备，如果外汇储备低于一定的程度，即使没有过多的债务也会出现清偿困难。有的国家还用其他比例作为债务监测的指标，如未清偿债务余额和商品劳务出口金额的比例、按人口计算的平均债务、未清偿债务余额占国民生产总值的比例等。与其他债务监测指标相比，一般来说，偿债率的优点是能反映出优惠债务在债务余额中所占的比重，它是一个临界线，因为优惠债务导致较小的偿债额；但缺点是不能反映因债务重新安排或拖延还本付息而尚未支付的偿债额。偿债率规定着国家利用外资的规模，是国民经济中一个必须严格遵守的数量界限。它表明，出口创汇的数量越大，利用外资的规模也可越大；反之则越小。当然，国外金融机构在决定贷款时，除要考虑偿债率的数量界限外，还要考虑政治因素和其他经济因素。

参考文献：
陈长民、李丽霞：《国际经济学》，中国人民大学出版社2004年版。
何盛明、刘西乾、沈云：《财经大辞典》，中国财政经济出版社1990年版。
赵海宽：《现代金融科学知识全书》，中国金融出版社1993年版。

（杨玉霞）

生产函数

Production Function

生产过程是在一定技术条件下，使用各种投入要素（如劳动、资本、土地等）生产出产品的过程。在生产过程中反映要素投入数量与所生产的最大产量之间数量关系的函数被称为生产函数。用公式表示为：$y=f(x_1,x_2,\cdots,x_n)$，其中 y 表示产量，$x_1,x_2,\cdots,x_n$ 表示生产中投入的各种要素的数量。通常人们假设生产中只使用两种投入要素：劳动和资本，从而得到简化的生产函数 $y=f(K,L)$，其中 K 表示资本数量、L 表示劳动数量。生产函数反映了在给定技术水平下，特定要素投入数量所能得到的最大产出。如果技术水平发生变化，生产函数也会相应地发生变化。

生产函数有不同的分类方法，按照生产中所投入的各种要素数量是否可变，可以分为短期生产函数和长期生产函数。短期生产函数是指在生产过程中至少有一种投入要素的数量保持不变。长期生产函数是指在生产过程中所有投入要素的数量都是可变的。以两种要素的生产函数为例，在短期中，资本的数量不容易发生变化，生产函数表示为 $y=f(\bar{K},L)$，而在长期中，资本和劳动的数量都是可变的，生产函数表示为 $y=f(K,L)$。按照研究对象范围不同，生产函数可以分为总量生产函数和微观生产函数。总量生产函数是从宏观角度研究一个国家或地区在一定时期内全部要素和产出之间的数量关系，反映了一个国家经济总体的行为和生产效率。微观生产函数是指某个产品的投入要素和产出之间的数量关系。

常见的生产函数有如下几种形式：

一是柯布—道格拉斯生产函数（C-D 生产函数）。美国经济学家道格拉斯和数学家柯布从 20 世纪 20 年代开始研究美国的总产出水平，主要研究经济增长与资本、劳动、生产率之间的关系，并于 30 年代提出该函数。其一般函数形式为 $Q=AL^{\alpha}K^{\beta}$，其中 A 表示技术水平，$\alpha,\beta(0<\alpha,\beta<1)$ 分别表示劳动对产量的贡献度和资本对产量的贡献度。C-D 生产函数是经济学中非常有用的一种生产函数，利用它可以判断规模报酬的情况。

二是投入品完全可替代的生产函数（线性生产函数）。这一函数是指生产中所使用的两种投入要素之间是完全可以代替的。如果生产函数为 $y=f(K,L)=aK+bL$，用大量的 K 来替代 L 或大量的 L 来替代 K 都能够生产出相同的产量。因此，具有这种生产函数的产业部门可以根据要素价格只使用其中一种投入要素，但这种生产函数在现实中很少见。

三是固定比例的生产函数。这一函数是指各种投入要素之间完全不能替代，必须按某一固定比例组合在一起才能进行生产。单独增加其中一种要素的投入数量，产出不会变化，只有同时按固定比例增加两种要素的投入数量，才会增加产出。其一般函数形式为 $y=\min(\alpha K,\beta L)\alpha,\beta>0$。

四是不变替代弹性生产函数（CES 生产函数）。1961 年，阿罗（Arrow）、钱纳里（Chenery）、米恩斯（Means）和索洛（Sollow）等人为研究总量生产函数的规模报酬情况提出了这种形式的生产函数。其一般形式为 $y=f(K,L)=[\alpha K^{\rho}+(1-\alpha)L^{\rho}]^{\frac{\gamma}{\rho}}$。其中 y 表示产出，K 表示资本，L 表示劳动，ρ、α 为参数，$\rho\leq1$，$\rho\neq0$，$\gamma>0$，$0\leq\alpha\leq1$，α 被称作"分配权数"用来表示投入要素的相对重要性。

生产函数可以用来描述规模报酬情况。规模报酬是指在长期中当生产规模发生变化时，产量对企业规模变化所做出的反应。主要有三种不同情况：第一，规模报酬不变，即当投入要素按相同的比例增加时，产出也等比例增加；第二，规模报酬递增，即当投入要素按相同的比例增加时，产出增加的比例高于要素增加的比例；第三，规模报酬递减，即当投入要素按相同的比例增加时，产出增加的比例低于要素增加的比例。在柯布—道格拉斯生产函数中，如果 $\alpha+\beta=1$，则表示规模收益不变；如果 $\alpha+\beta>1$，则表示规模报酬递增；如果 $\alpha+\beta<1$，则表示规模报酬递减。

长期实践证明，生产函数的测算和度量具有重要的作用和价值。因此，经济学家和统计学家对生产函数进行了大量的测算。其主要度量方法有时间序列分析法、横截面数据分析法和技术信息分析。

参考文献：

［美］范里安：《微观经济学：现代观点》，上海三联书店、上海人民出版社 1994 年版。

［美］曼斯费尔德：《微观经济学》，中国人民大学出版社 1999 年版。

［美］平狄克、鲁宾费尔德：《微观经济学》，中国人民大学出版社 2000 年版。

［美］斯蒂格利茨、沃尔什：《经济学》，中国人民大学出版社 2005 年版。

高鸿业：《西方经济学》，中国人民大学出版社 2007 年版。

宋则行：《现代西方经济学辞典》，辽宁人民出版社 1995 年版。

（赵莹）

消费函数

Consumption Function

消费函数主要表示消费与收入之间的函数关系，其研究的对象包括社会总消费与总收入的关系、一个集团可支配收入与消费支出间的关系和个人可支配收入与消费支出间的关系,其所研究的内容既包括微观也包括宏观。消费函数首先由凯恩斯(J. M. Keynes)提出,后来经济学家对其进行了补充和修正,形成了比较系统丰富的消费函数理论。主要包括:凯恩斯(J. M. Keynes)的绝对收入假说、杜森贝利(J. Duesenberry)的相对收入假说、弗里德曼(M. Friedman)的持久收入假说、莫迪格里安尼(F. Modigliani)的生命周期假说、霍尔(R. E. Hall)的随机游走假说、里兰德(Leland)的预防性储蓄假说、迪顿(Deaton)等人的流动约束假说、詹姆斯·摩根(James M. Morgan)的消费决策影响收入假说、霍撒克(H. S. Houthakker)和泰勒(L. D. Tayloy)的消费品存量调整假说等。

凯恩斯(1936)提出的绝对收入假说理论的核心是:消费取决于消费倾向和当期收入。由于消费倾向存在着递减的规律,因此消费需求水平一般取决于经济行为人收入。按此逻辑,凯恩斯得出了消费的基本原则:消费随着收入的变化而绝对地变化,随着收入的增加,消费也跟着增加,但不如收入的增加那么多。与此同时,储蓄在收入中所占的比重则是上升的。这一原则用消费函数可以表示为:

$$C = a + bY$$

其中,b 是边际消费倾向,$0 < b < 1$。这一函数表明:由于边际消费倾向递减,消费和收入间的差额会随着收入的增长而逐渐增大,反之缩小。政策含义在于调控消费需求首先调控收入,要增加消费就要增加收入。这一函数提出后的经验研究表明:国民收入和总消费的实际波动路径是不一致的,凯恩斯认为国民收入的波动与总消费的波动应该保持一致,但相对于国民收入的波动,总消费却保持相对平滑的时间路径。凯恩斯的绝对收入假说奠定了消费函数研究的基础。

杜森贝利(1949)的相对收入假说,则将消费者的消费行为置于同其他社会成员的社会关系之中,认为消费支出取决于相对收入水平,且个人消费是不可逆的。其核心内容是消费存在着示范效应和棘轮效应。杜森贝利(J. Duesenberry)认为,消费者的消费行为不仅受到自身收入的影响,还要受到他人的消费行为的影响,消费是有"示范效应"(Demonstraion Effect)的,基于此,人们更关心自己与他人相比的相对消费水平。同时该理论认为消费支出不仅受本人目前收入的影响,而且受过去收入和消费水平的影响,特别受过去"高峰"时期的收入和消费水平的影响,所以消费支出的变化往往落后于收入的变化,这种由于消费习惯的惯性所导致的现象被称为消费的"棘轮效应"(Ratchet Effect),即消费行为在短期内不可逆。上述两种效应表明相对收入包含两层意思:一是相对于别人的收入,消费者要将自己的收入和消费与周围人的收入和消费对比;二是相对于过去的收入,消费者的现期收入和消费要同自己的过去的收入与消费对比。这就构成了消费或储蓄是现期收入与以前最高收入水平之间的比率的函数,可以表示为:

$$C = KY$$

其中,C 是消费者的现期消费,Y 是消费者的相对收入,K 是消费与收入之比,接近于常数。

弗里德曼(1957)提出的持久收入假说,主要解决的是消费的跨时期决策问题。这一假说的出发点是人的一生中消费是稳定的,消费者是以效用最大化为目的的,家庭从稳定消费中获得的总效用将大于从被动消费中获得的总效用。家庭的收入包括消费者可以预料的"持久收入"和偶然得到的"暂时收入"。持久消费取决于持久收入,与暂时收入无关;暂时消费由暂时收入决定,与持久收入无关。可以表示为:

$$C_P = KY_P$$

其中,C_P 为持久消费,K 为持久消费与持久收入的比例,接近于常数,Y_P 为持久收入。这一假说变化之处在于它用人们的长期收入来分析人们现期消费支出的变化。

莫迪格里安尼(F. Modigliani)、布伦伯格(R. Brumberg)和安多(A. Ando)等人提出的生命周期假说,与持久收入假说的理论框架是一致的,只不过生命周期假说认为:追求效用最大化的人的消费取决于其一生的收入,一生中不同时期的收入不稳定,但其消费却是稳定的,理性经济人消费时将全部预期资产在各个时期进行最优消费。总之,持久收入假说和生命周期假说都是对凯恩斯提出的消费函数的重大发展,后来,经济学家把这两个理论合起来称为"生命周期—持久收入假说"简称为 LC-PIH。

霍尔(1978)将持久收入理论和理性预期相结合,提出了随机游走假说。这一假说认为:过去的消费或收入信息对现期的消费不产生影响,现期消费变化可以经验地模拟为通过"新信息"来确定的一种收入假定。在假定效用函数为二次函数的条件下,消费函数可以描述为

$$C_t = C_{t-1} + \varepsilon_t$$

其中,C_t 是现期消费,C_{t-1} 是前期消费,ε_t 是随机扰动项。这一函数表明:人们在 t 期的消费行为由 $t-1$ 期的消费行为决定,而 C_{t-1} 包含了所有可以得到的信息,这就说明人们的消费支出沿长期趋势呈现出随机游走的特征。此后经济学家们在对随机游走假说进行实证检验的研究中却发现,消费与劳动收入的变化呈显著的正相关性,进而提出了有关消费对劳动收入具有"过度敏感性"以及实际消费变化小于理论估计值(基于消费与劳动收入变化正相关性模型计算的估计值)即所谓的消费"过度平滑性"。上述两个实证检验结果对随机游走假说提出挑战,说明了该假说与实证研究结果之间的矛盾。

里兰德(1968)提出预防性储蓄假说和迪顿等人提出的流动约束假说,都是在生命周期假说和持久收入假说基础上,对随机游走假说进行的修正。预防性储蓄假说主要强调风险厌恶型消费者为了预防将来不确定性所带来的消费水平的急剧下降而进行事先的储蓄,其将不确定性引入分析框架,分析了消费者跨时优化选择行为,储蓄是为了生命周期内资源配置和预防不确定事件的发生。流动约束假说又称为"信贷约束",强调居民从金融机构以及非金融机构和个人取得贷款来满足消费时所受到的限制。该假说认为:存在流动约束的消费通常低于没有流动约束的情形;即使当期消费不存在流动约束,如果消费者预期到未来面流动约束,当期消费会下降;如果消费者在第 t 期面临流动约束,则以后各期的消费将受其影响。

詹姆斯·摩根的消费决策影响收入假说,进一步强调并不是收入决定消费,而是消费决策影响收入,包括:由于收入中包含着不确定的因素,家庭的消费决策可以通过某种努力的方式使不确定部分变为确定的部分,从而增加收入;消费决定会影响家庭的现期及未来的收入;经济的发展,尤其是信贷业的发展会促使消费决策影响收入。

霍撒克和泰勒的消费品存量调整假说,则强调其理论的核心是:现期消费依存于现期收入、消费品价格和已有的消费品存量。主要内容有:非耐用消费品购买对收入变动的依赖程度小于耐用消费品的购买对收入变动的依赖程度。根据这一假定,霍撒克和泰勒还将消费者过去耐用消费品的支出所留下的已经贬值(折旧)的余量或存量假定为"情况变量",从而将消费品存量调整的假定提升至动态的高度,把生产领域内的固定资本折旧和更新的概念引入了消费领域,并将消费习惯对消费者非耐用消费品支出的影响与消费品存量调整对耐用消费品支出的影响结合在一起,形成了消费者行为的一整套学说。这一研究被西方经济学界认为是霍撒克和泰勒在消费行为理论方面的突出贡献。消费品存量调整假定对"绝对收入假定"是具有一定的补充与修正作用。

参考文献:
方福前:《西方经济学新进展》第二版,中国人民大学出版社 2010 年版。
高鸿业:《西方经济学》,中国人民大学出版社 2003 年版。
[美]凯恩斯:《就业、利息与货币通论》,商务印书馆 1999 年版。
林白鹏、臧旭恒:《消费经济学大辞典》,经济科学出版社 2000 年版。
许进杰:《现代西方消费理论研究述评》,载于《玉林师范学院学报》2007 年第 2 期。
伊宏志:《消费经济学》,中国人民大学出版社 2004 年版。
[美]凯恩斯:《就业、利息和货币通论》,商务印书馆 2004 年版。
张书云:《中国农村居民消费水平与消费结构研究》,经济科学出版社 2010 年版。
朱春燕、臧旭恒:《预防性储蓄理论——储蓄(消费)函数的新进展》,载于《经济研究》2001 年第 1 期。
朱国林:《消费理论最新发展动态》,载于《经济学动态》2002 年第 4 期。
朱信凯、骆晨:《消费函数的理论逻辑与中国化:一个文献综述》,载于《经济研究》2011 年第 1 期。

(赵德起)

投资乘数
Investment Multiplier

投资乘数主要描述投资变动与收入变动之间的关系。它是基于英国经济学家卡恩的乘数理论发展而来的,后来由凯恩斯将其推广。凯恩斯认为,在一定的边际消费倾向条件下,当总投资增加时,国民收入和就业的增量将是投资增量的 K 倍,K 即投资乘数,用来表示投资的增加会使收入增加到什么程度的系数。若以 b 表示边际消费倾向,乘数公式可表述为 $K = 1/(1-b)$。因此,投资乘数理论被普遍地理解为:在有效需求不足,社会有一定数量的存货可以被利用的情况下,投入一笔投资可以带来数倍于这笔投资的国民收入的增加,因而投资乘数理论是关于投资变化和国民收入变化关系的理论。如果用 Δy 代表增加的收入,ΔI 代表增加的投资,则二者比率 $k = \Delta y/\Delta I$,投资乘数 = 1 ÷ (1 - 边际消费倾向)。

投资之所以具有乘数作用,是因为各经济部门是相互关联的。某一部门的一笔投资不仅会增加本部门的收入,而且会在国民经济各部门引起连锁反应,从而增加其他部门的投资与收入,最终使国民收入成倍增长。但一切经济理论都是建立在一定的假定条件基础上的,因此理论的运用也必须限定在一定的范围之内。为分析建立在投资乘数理论之上的财政投资政策的有效性,需要深入研究产生投资乘数效应需要的前提和条件,以及投资乘数在什么样的经济环境下才可能顺畅地一轮又一轮地作用下去。通常,投资乘数原理的假定条件主要包括:

第一,一国经济是在未达到充分就业的条件下运行的。如果没有闲置劳动力,投资不能实际发挥作用,随着投资不断支出,货币收入成倍增加,会引起通货膨胀。

第二,必须有一定的存货可以利用。在封闭经济条件下，如果某些产品存货不足，只能用劳动替代资本或抽调其他生产部门的存贷。但是，这两种方式都是有限的。用劳动替代资本仅限于生产设备不足的情况，只要最重要的物资供应不足，乘数的作用就会发生障碍。如果从消费品部门抽调存货，投资的增加则会引起消费的缩减，从而使就业的增加发生困难。在开放经济条件下，一国在增加投资后，如果发现物资供给不足，便可从国外进口，或减少出口。但如果没有足够的外汇储备，没有把握从国外取得足够的信贷，也无法影响世界市场价格，那么增加投资以后，既不能增加进口，又不能靠减少出口来弥补国内的产品短缺，投资的乘数作用也就发挥不出来。

第三，收入要既分解为储蓄，又分解为消费。如果将收入全部用于消费，边际消费倾向为1，投资乘数为无穷大；相反，如果将收入全部用于储蓄，边际消费倾向为零，投资乘数为零。

第四，投资的决定和储蓄的决定互为独立。如果储蓄决定不独立于投资决定，投资增加引起利率上升，促使储蓄增加，消费减少，会部分抵消投资增加收入的作用；相反，投资减少引起利率下降，促使储蓄减少，消费增加，则会部分抵消投资减少收入的作用。

第五，货币供应能适应其需求的变化。在投资运动以货币为媒介的现代经济中，如果货币供应量不足以适应投资和消费支出的增加时，投资和消费的增加就会使货币需求上升，从而促使利率提高。利率的提高又会对以后的投资意愿产生抑制作用，从而影响投资乘数作用。

第六，消费和储蓄水平完全由收入水平决定。如果消费储蓄所依赖的不只是一年的收入，乘数分析就不会很准确。例如，消费有时不仅受作用于本年和上年的收入水平，还受作用于预期平均收入水平。在这种情况下，短期内收入的增加所引起的消费的增加就不会很大，乘数也会降低。

第七，不考虑对外贸易的影响。在对外开放条件下，扩大出口所增加的收入中总有一部分用于购买本国产品，这样就会对国民收入和就业的增加起连锁的推动作用。相反，扩大进口，则起减少国内总需求的作用，影响国内收入增加。

第八，投资数量和当时的收入水平以及资本存量的规模无关。如果投资并不完全独立于现有的收入水平和资本总量的规模，那么投资最初的激增就会产生两种复杂后果：一种是使资本总量增加，使以后本应进行的投资成为不必要；另一种要求资本存量增加，以增加消费者所要求购买的商品。

同时，投资乘数发挥作用是有时滞的。投资乘数引起收入成倍增加的可能性转化为现实必须经历一段或长或短的时间。比如一批新增投资经购置机器设备、招工等转化为资本品生产者的收入后，用一起花时间。消费支出转化为消费品生产者的收入后，还得分配给其他生产要素的提供者，这又要花时间，等等。收入循环中的时滞有三种：销售变化与生产相应变化之间的生产时滞；生产和获取收入之间时滞；获得收入和支出之间的支出时滞。理论上一般把这些时滞并在一起，统称为乘数效应的时滞。依据是否考虑时滞因素，投资乘数可以分为静态乘数和动态乘数。静态乘数效应不跨期；动态乘数效应则为无限期。因为投资乘数效应有一定时滞，在拟定达到某种政策目标的计划时，往往要估计投资增加额在有限期内的乘数效应。这种估计有限效应的乘数被称为切断乘数。比如，估计第n期以前的乘数效应，则该期以前国民收入增量之和为：

$$\sum_{t=1}^{n} \Delta Y_t = \Delta I(1 + c + c^2 + \cdots + c^{n-1}) = \frac{1 - c^n}{1 - c}\Delta I$$

其中，ΔY_t 为国民收入增量；ΔI 为投资增加额；c 为边际消费倾向；$\frac{(1-c^n)}{(1-c)}$为到 n 期的切断乘数。

另一方面，凯恩斯的投资乘数理论被认为是有局限性的。凯恩斯的投资乘数效应是在一系列假定条件下的理论值。在现实经济生活中，由于受多种因素的制约，投资乘数的实际作用比其理论值低得多。而且，投资乘数作为一种有用的分析工具，其本身也是有局限性的。比如，它虽反映投资的变化如何引起国民收入的变化，却不反映国民收入的增减变化如何引起投资的变化。再如，投资增加使国民收入增加后，新增收入分解为消费生产的扩大，而当消费品生产能力达到饱和点时，势必要有一部分新增储蓄转化为消费品生产部门的投资，可投资乘数理论也不反映这一过程。在运用投资乘数理论分析现实问题时，必须综合考虑这些因素。

同时，凯恩斯的投资乘数理论是在社会总收入与总消费的基础上，基于边际消费倾向而产生的宏观投资理论，但它没有专门分析区域经济和产业经济中投资拉动问题。并且，按照对投资乘数理论的一般理解，以为扩大消费就能带来国民收入的增加。这是极为有害的，它只能导致指导思想上的失误，将人们引向重消费、轻生产，盲目提倡高消费的歧途。事实上，消费的对象——消费品是靠生产提供的，只有通过生产才能创造出国民收入，消费是不能直接生产出哪怕是微小的国民收入来；消费只能为国民收入的创造提供适当的经济环境，影响国民收入的创造。提高国民收入的主要视野，应该放在生产建设领域。如仅把目光投向消费领域，那是本末倒置，结果只能使国民经济蒙受损失。另一方面，当投资前供需平衡时，社会存货是由本期投资带来，投资引起的销售收入 ΔY 与投资带来的国民收入的关系有三种可能，只有在投资引起的销售收入 Y 与投资通过生产活动创造出价值为 ΔY 的国民收入在时间上同步时,可以用投资引起的销售收入代表投资带来的国民收入,但考虑到固定资产投资的长期性,ΔI 创造出 ΔY 的国民收入时间要比 ΔI 引起 ΔY 的销售收入时间长,第三种可能性一般不会发生,第一种可能性也只是努力的目标,通常只发生第二种可能。那么,要使第二种可能向第一种可能转化,使国民收入按照投资乘数增长。唯一的办法是缩短 ΔI 投资通过生产性活动创造出价值为 ΔY 的国民收入的时间,即提高劳动生产率。因此,可以得出结论:投资前供需平衡,社会存货靠新投资创造出来。

从凯恩斯传统理论的角度来讲,投资乘数是评价投资效应的一个重要指标。我国积极财政政策实施的过程中,由于财政投资主要集中在基础设施方面。这种投资主要作用于当期的经济增长,其产业拉动链条短,投资力度减弱马上会影响到经济发展速度。而基础设施建设往往需要几年时间,必须保持一定的投资力度。因此,国家投资力度的加大并没有将民间投资带动起来,使得投资乘数较小。政府的大规模公共投资未能取得理想的效果,财政政策的积极性从这个角度体现的不是十分充分。客观地讲,这也是我国积极财政政策的一个不足之处。所以,对于经济运行过程中出现的影响投资乘数扩大的因素,如交易成本的过大、市场化利率信息传导的缺乏、社会贫富差距过大等问题,如果不能及时改革推进,那么即使是在我国经济运行良好的未来,经济也一定不能够达到最大增长效应。

参考文献:

[英]凯恩斯:《就业、利息和货币通论》,商务印书馆 1983 年版。

伍楠林:《影响中国投资乘数效率发挥的因素分析》,载于《哈尔滨工业大学学报》(社会科学版)2006 年第 1 期。

张中华:《投资学》,高等教育出版社 2006 年版。

(张虹)

外资乘数

Foreign Investment Multiplier

外资乘数也叫外资倍数,表示外资注入的变动与国民收入变动之间的关系。在一国经济发展中,外资注入的增加会引起国民收入的增加,但注入所引起的国民收入的增加必定大于最初的注入量。乘数正是国民收入的变动量与引起这种变动量的最初注入量之间的比率。如果注入是投资,则该比率称为投资乘数,如果注入是净出口或外国直接投资,则该比率称为外资乘数。

外资乘数理论是凯恩斯投资乘数理论在对外经济关系方面的运用,其计算公式为:

$$\Delta Y = (K) \times [\Delta(X - M) \text{或} \Delta FDI]$$

其中,Δ 为增量,Y 为国民收入,K 为乘数,X 为货物或服务出口,M 为货物或服务进口,(X - M)为净出口,FDI(Foreign Direct Investment)为外国直接投资。

外资乘数理论是凯恩斯的学生马克卢普和哈罗德等人在投资乘数理论的基础上推导出来的。他们认为,一国的正的净出口和国内投资一样,有增加国民收入的作用;一国的负的净出口,则与国内储蓄一样,有减少国民收入的作用;当商品或服务出口时,从国外得到的货币收入,会使出口产品部门收入增加,消费也增加。它必然引起其他产业部门生产的增加,就业增多,收入增加。如此反复下去,收入增加量将为出口增加量的若干倍。当商品劳务进口时,必然向国外支付货币,于是收入减少,消费随之下降,与储蓄一样,成为国民收入中的漏洞。结论是,只有当净出口为正值时,即对外贸易为顺差时,才能增加一国就业,提高国民收入,国民收入的增加量将为贸易顺差的若干倍。这一结论有两个前提条件:一是一国未达到充分就业状态;二是其他国家不采取对等或报复措施。

与此同时,一国引进的外国直接投资(FDI)也具有乘数效应。外国直接投资以产业资本和货币资本的形式直接参与或控制东道国的企业的经营管理活动,不仅能弥补东道国经济发展中的资本和外汇“双缺口”,而且能够为东道国带来追加投资、增加就业、产业关联、先进管理经验的利益,所以也同外贸顺差一样具有乘数效应。不过,由于外国直接投资的本质是为了获取利润、获取市场或资源,也会给东道国带来经济和产业安全、外汇流失等风险。因此,世界上很多国家都对外国直接投资实施适度限制,以最大限度地发挥其积极效应,减少其负面影响。

参考文献:

[英]凯恩斯:《就业、利息和货币通论》,商务印书馆 1983 年版。

崔日明、王厚双:《宏观经济调控与对外经济政策》,经济科学出版社 2005 年版。

高鸿业:《西方经济学》第四版,中国人民大学出版社 2007 年版。

梁小民:《经济学发展轨迹——历届诺贝尔经济学奖获得者述要》第四辑,人民日报出版社 2000 年版。

张二震、马野青:《国际贸易》,人民出版社、南京大学出版社 2007 年版。

Dominick Salvatore, *International Economics*, *Fifth edition*, by the Prentice-Hall International, Inc. USA, 1995.

(刘向丽)

加速原理
Accelerator Principle

加速原理是说明投资支出变化与产出变化之间关系的原理。在凯恩斯简单国民收入理论模型中,投资是总需求的组成部分,乘数原理说明投资的变化会引起总需求的变化,而且具有扩大效应。因此,经济学家建立了一些模型,用来分析投资支出变化与产出变化之间的密切关系。美国经济学家克拉克(J. M. Clark,1917)最早研究了投资与产出之间的数量关系,用其解释在经济周期过程中投资的波动大于产出波动的原因。

由生产函数可知,扩大产量需要增加要素投入量,而增加要素投入即意味着扩大投资。假设在企业资本存量与企业产出水平之间存在着一个稳定的关系,即存在着一个最优的资本—产出比率,用 K 表示资本存量,Y 表示产出水平,a 表示产出中资本所占的比重,则有:

$$K = aY \qquad (1)$$

引入时间 t,由于 K 表示资本存量,而 Y 表示产出水平为流量,则净投资

$$I_t = K_t - K_{t-1} = aY_t - aY_{t-1} = a(Y_t - Y_{t-1}) \qquad (2)$$

净投资 I 是资本存量的增加额,它说明净投资是由产出水平的变化决定的而不是由产出水平的高低决定的,它等于产出水平的变化量乘以资本占产出的比率。这里资本在产出中所占的比率 a 被称为加速数,它通常为大于 1 的正数,如果 $Y_t > Y_{t-1}$,即当产出增加时。从时期 t - 1 到时期 t 的净投资为正,资本存量增加;如果 $Y_t < Y_{t-1}$,即当产出减少时,从时期 t - 1 到时期 t 的净投资为负,资本存量减少。

总投资是由净投资和重置投资两部分构成的,用 G 表示总投资、用 D 表示重置投资,则总投资 = 净投资 + 重置投资 G = I + D。在方程(2)两边加上折旧,则有

$$G = I_t + D_t = a(Y_t + Y_{t-1} + D_t) \qquad (3)$$

方程(2)或方程(3)的经济含义即为加速原理,它说明总投资是由净投资和重置投资(折旧)两部分构成,净投资的大小是由产出水平的变化和资本占产出的比率(即加速数)共同决定的。故投资不是产出绝对量的函数,而是产出变动率的函数。总投资是一个流量,如果总投资增加,意味着时期 t 的资本存量要大于时期 t - 1 的资本存量。由于加速数 a 通常大于 1,故资本存量的变化通常大于产出的变化。产量微小的变化即会引起投资率较大的变化。若保持投资增长率不致下降,产量必须持续按一定比率增长,如果产量的增长变慢,投资增长率就会停止或下降。加速数的作用是双向的,在产量增加时投资的增长是加速的,而产量下降时投资的减少也是下降的。

加速原理的作用需要一些假设前提,如生产的技术条件不变,资本存量可以得到充分利用,资本在产出中所占的比率不变(资本的使用成本不变)。如果这些条件得不到满足,则加速原理的有效性就受到制约:第一,加速原理要求资本的使用成本不变,如果资本的使用成本发生变化(如利率变化或资本所得税的税率变化)那么资本在产出中所占的比重就会发生变化;第二,加速原理发挥作用要求资本存量能够得到充分利用,即实际资本使用量等于最优资本使用量,但实际上资本存量只能渐进式地接近最优水平,而不会跳跃式的变化,故加速原理的这一前提条件是一种理想化的假设;第三,由于对下一时期的真实产量只是一种预期,故而投资是在对下期产出的预期基础上得到的,有时未必准确,因此,对投资回报的预期是投资增加或减少的重要原因。

参考文献:

高鸿业:《西方经济学》,中国人民大学出版社 2007 年版。

宋则行:《现代西方经济学辞典》,辽宁人民出版社 1995 年版。

Sachs, J. D. , Felipe Larrain B. , Macroeconomics in the Global Economy Prentice Hall, Englewood Cliffs, New Jersey, 1993.

Samuelson, P. A. , Nordhaus, W. D. , Economics(英文版·第 16 版),机械工业出版社 1998 年版。

(赵莹)

乘数原理
Multiplier Principle

乘数原理是描述收入变化与初始支出变动之间关系的原理。这一原理,最早是由英国经济学家理查德·卡恩(R. F. Kahn)于 1913 年提出的,用其说明公共工程支出与由此引致的就业量之间的关系。1936 年凯恩斯在《就业、利息和货币通论》中用乘数来说明投资变化与国民收入变化之间的倍数关系,这一倍数即为乘数。

在凯恩斯的国民收入模型中,乘数原理的作用机制如下:以封闭经济为例,国民收入(总需求)由消费、投资和政府购买支出三部分构成,用公式表示为 Y = C + I + G,其中 Y 为国民收入、C 为消费、I 为投资,G 为政府购买支出,当投资增加 ΔI 时,会引起国民收入增加 ΔY,$\Delta Y > \Delta I$,$\frac{\Delta Y}{\Delta I} = k$,k 即为投资乘数,是指国民收入变化与导致这种变化的投资变化之间的比例关系。投资增加之所以会引起国民收入数倍的变化,原因在于经济系统是一个有机联系的整体。当投资增加 ΔI 时,生产投资品所需各种生产要素的要素所有者的

收入会增加 ΔI，假设该社会的边际消费倾向为 $b = \frac{\Delta C}{\Delta Y}$，要素所有者的收入增加后，会将其中的一部分用于消费，即为 b·ΔI，于是消费品生产者的收入也会增加 b·ΔI。同样消费品生产者又会将其收入的一部分用于购买其他消费品，其他消费品生产者的收入也会相应增加，其增加额为 b·b·ΔI，……这种情况会一直持续下去，所有这些生产者的收入都是国民收入的组成部分，把他们的收入进行加总，就会得到倍增的国民收入：

$$\Delta Y = \Delta I + b \cdot \Delta I + b \cdot b \cdot \Delta I + \cdots + b^{n-1}\Delta I$$
$$= \Delta I(1 + b + \cdots + b^{n-1}) = \frac{1}{1-b} \cdot \Delta I$$

它说明当投资增加 ΔI 时，国民收入最终会增加 $\frac{1}{1-b} \cdot \Delta I$。于是我们可以得到投资乘数的公式为：$k = \frac{\Delta Y}{\Delta I} = \frac{1}{1-b}$，b 越大、k 越大。

在乘数的作用下，投资变化会引起国民收入数倍的变化。投资增加会引起国民收入数倍的增加，投资减少也会引起国民收入数倍的减少。因此，在经济扩张时期，增加投资可以引起国民收入更高倍数的增加，而在经济收缩时期，投资减少也会引起经济更大倍数的下降。凯恩斯在分析 1929～1933 年的大萧条时指出，大萧条产生的原因是总需求不足，总需求不足又是由消费需求不足引起的，为增加总需求就要增加投资，因为乘数会引起国民收入数倍的变化，增加投资会增加收入，刺激消费，增加总需求，进而影响就业水平。

在封闭经济中，在影响总需求的各种因素中，不仅投资乘数会引起国民收入数倍的变动，影响政府支出和税收的因素也会引起国民收入的数倍变动，因此还存在如下几种乘数：第一，政府购买支出乘数：反映政府购买支出变动所引起的国民收入的数倍变化。用 ΔG 表示政府支出变动，ΔY 表示国民收入变动，k_G 表示政府购买支出乘数，则 $k_G = \frac{\Delta Y}{\Delta G} = \frac{1}{1-b}$其中 $b = \frac{\Delta C}{\Delta Y}$ 表示边际消费倾向。第二，税收乘数：反映税收变化所引起的国民收入的数倍变动，用 t 表示政府净税收（总税收与政府转移支付之间的差额）、k_t 表示税收乘数，则 $k_t = \frac{-b}{1-b}$。第三，政府转移支付乘数：反映政府转移支付变动所引起的国民收入的数倍变动，用 k_{t_r} 表示政府转移支付乘数，则 $k_{t_r} = \frac{b}{1-b}$。第四，平衡预算乘数：指政府收入和支出同时以相等数量增加或减少，政府收支变化所引起的国民收入数倍变动。在政府支出乘数的作用下，政府支出增加 1 元会使国民收入增加 $\frac{1}{1-b} \times 1$（元），同时，若税收增加 1 元，在税收乘数的作用下，会使国民收入减少 $\frac{-b}{1-b} \times 1$（元），政府支出增加和税收增加对国民收入总的效应即为 $\frac{1}{1-b} + \left(\frac{-b}{1-b}\right) = \frac{1-b}{1-b} = 1$，即平衡预算乘数等于 1；也就是说国民收入的变化量等于政府税收的变化量也等于政府购买支出的变化量。

在凯恩斯国民收入理论中，乘数反映了自发性支出变化所引起的国民收入数倍的变化。故乘数的一般计算方法为：乘数 = 国民收入的变化量/自发性支出的变化量。

乘数的作用是凯恩斯简单国民收入理论中的一种理想化结果。实际上，由于受各种因素的影响，总需求的各种决定变量对国民收入的作用达不到乘数理论中的效果。例如，在存在财政政策的挤出效应时，乘数对国民收入的作用被削弱。假设边际消费倾向为 0.8，当政府支出增加 1 元，按照政府购买支出乘数的作用，国民收入应该增加 5 元，但实际上，政府购买支出增加在 IS-LM 模型中会引起 IS 曲线向右上方移动，利率上升，利率提高会减少消费和私人投资，使国民收入的实际增加量小于按政府购买支出乘数作用时的变化量。

参考文献：

［美］罗宾·巴德、［英］迈克尔·帕金：《宏观经济学原理》，中国人民大学出版社 2004 年版。

［美］斯蒂格利茨、沃尔什：《经济学》，中国人民大学出版社 2005 年版。

高鸿业：《西方经济学》，中国人民大学出版社 2007 年版。

宋则行：《现代西方经济学辞典》，辽宁人民出版社 1995 年版。

Sachs, J. D., and Felipe Larrain B., *Macroeconomics in the Global Economy* Prentice Hall, Englewood Cliffs, New Jersey, 1993.

Samuelson P. A. and Nordhaus W. D., *Economics*（英文版·第 16 版），机械工业出版社 1998 年版。

（赵莹）

乘数—加速器相互作用
Multiplier-Accelerator Interaction

乘数—加速器相互作用也称乘数—加速器原理，它是一个用来分析经济周期性波动的理论模型。1939 年，美国经济学家 P. A. 萨缪尔森在《乘数分析与加速原则的相互作用》一文中，将凯恩斯的乘数原理与克拉克的加速原理结合在一起，用来描述在经济周期变化过程中，收入的连续扩张与收缩形态，即为乘数—加速数原理。

根据加速原理,投资是产出变动量的函数,根据乘数原理,投资会引起收入的数倍变动。假设某种新技术的出现使投资增加,投资数量增加通过乘数的作用引起国民收入增加,收入增加会使消费增加,消费增加又会促使厂商扩大生产,增加产量,而产量的迅速扩张在加速数的作用下,会使投资以更快的速度增加。高投资在乘数原理的作用下又会引起新一轮的国民收入提高,消费增加,产出增长……这种变化过程不断循环往复,国民收入不断扩大,整个经济处于扩张阶段,直到达到生产可能性边界的限制,此时经济处于繁荣的顶峰,经济增长速度变慢,产量不再增加。在加速原理的作用下,产量停止增长就会导致净投资下降为零,存货积累减少,投资下降在乘数原理的作用下会使国民收入数倍减少。国民收入下降进而引起消费需求减少,企业销量下降、生产萎缩、产量降低,再根据加速原理,又引起新一轮投资下降,由乘数原理的作用,又会引起收入减少,消费减少……这种变化过程不断循环往复,国民收入不断降低,经济由繁荣走向衰退,陷入萧条之中,直到达到经济的谷底。萨缪尔森认为,由于乘数和加速数的相互作用,一方面,投资的变化会通过乘数的作用对收入水平发生影响;另一方面,产出的变动又会通过加速数的作用对投资产生影响,使得经济系统表现出自发性的周期变化,即扩张(高峰)—衰退(低谷)—扩张(高峰)—衰退(低谷)。

乘数—加速数模型的基本方程如下:

用C表示消费,C_0表示自主消费,b表示边际消费倾向,Y表示收入,a表示加速数,I表示投资,I_0表示自主投资,t表示时期,G表示政府购买支出。在封闭经济中,总需求为:

$$Y_t = C_t + I_t + G_t \tag{1}$$

消费函数为:

$$C_t = C_0 + bY_{t-1} \tag{2}$$

投资函数为:

$$I_t = I_0 + a(C_t - C_{t-1}) \tag{3}$$

这里萨缪尔森让加速数的作用仅适用于消费的变动而不是总产出的变动,原因在于,一般情况下,边际消费倾向是一个常量,消费在收入中所占的比例保持不变。

将方程(2)、(3)代入方程(1)中,可得

$$Y_t = C_t + I_t + G_t = C_0 + bY_{t-1} + I_0 + a(C_t - C_{t-1}) + G_t \tag{4}$$

方程(4)表示在每一时期t,总收入和产量等于自主消费和自主投资之和再加上由边际消费倾向决定的追加消费量,由加速数决定的追加消费量以及政府购买支出,如果知道C_0、I_0、b、a、C_t、Y_{t-1}数值,则可以求出当期的国民收入。

在这里,边际消费倾向越大,加速数越大,政府支出对国民收入变动的作用也越大。因此西方学者认为乘数和加速数的相互作用可以引起经济自发性的周期变动,通过政府干预(即使用财政政策工具)就可以改变或缓和经济波动。

参考文献:

[美]罗宾·巴德、[英]迈克尔·帕金:《宏观经济学原理》,中国人民大学出版社2004年版。

[美]斯蒂格利茨、沃尔什:《经济学》,中国人民大学出版社2005年版。

高鸿业:《西方经济学》,中国人民大学出版社2007年版。

宋则行:《现代西方经济学辞典》,辽宁人民出版社1995年版。

Sachs, J. D., and Felipe Larrain B., *Macroeconomics in the Global Economy Prentice Hall*, Englewood Cliffs, New Jersey, 1993.

[美]Samuelson P. A., and Nordhaus W. D., Economics(英文版·第16版),机械工业出版社1998年版。

(赵莹)

宏观经济计量模型

Macro-econometric Models

宏观经济计量模型方法是融统计学、经济学于一体的综合性分析方法,是进行宏观经济政策分析及预测的重要定量分析工具。建立宏观经济计量模型的主要方法包括:考利斯委员会方法、VAR方法、LSE方法和跨时最优/校准方法。

宏观经济建模的历史始于20世纪30年代中期,最早建立宏观计量经济模型的是著名的荷兰经济学家简·丁伯根。丁伯根(Tinbergen,1937)不但建立和估计了经济周期计量模型,而且还给出了统计检验方法。然而,真正将统计学引入经济学科和计量经济学科的是挪威经济学家特里夫·哈维默。哈维默(Haavelmo,1944)首次将概率方法引入计量经济学,并利用所有可观测的变量的联合分布为统计推断提供了一个最一般的分析框架。

在宏观经济计量模型建模方法中,考利斯委员会方法(也称为CC方法)是最早的,也是最传统的建模方法。该方法的建模思想可以概括为:“以先验给定的经济理论模型为基点,以测量估计模型的参数值(结构)为重心,以参数值呼应理论预期值域为估计的标准,以发展既不触动先验给定理论模型结构又能覆盖计量模型之统计问题的估计方法为研究方向”。所建模型主要是联立方程模型,最大的模型包含了1000多个方程。

然而,面对20世纪70年代初期的石油危机,使用

考利斯委员会方法所建立的宏观经济模型并没有准确预测出石油价格冲击对经济带来的影响，宏观经济计量模型也因此失去了应有的学术地位。此后，著名的“卢卡斯批判”（Lucas，1976）在某种程度上几乎宣告了宏观经济计量模型的终结。

继考利斯委员会方法之后，由于对CC方法失败原因认识出现分歧，宏观经济建模方法开始朝着VAR方法、LSE方法和跨时最优/校准三个不同方向发展。

VAR方法认为，传统的CC方法在模型约化过程中所施加的理论限制是令人“难以置信的”，因此主张直接从原始数据出发，建立非理论的宏观计量经济模型。VAR方法已经成为现代多元宏观经济计量模型最主要的建模方法。

LSE方法将传统的宏观计量模型的失败归咎于方法论上的缺陷，认为CC方法忽视了计量经济模型的特定结构，并存在误用问题。同时强调检验与评价在宏观经济计量模型建模过程中的重要性。

跨时最优/校准方法认为，只有对参数值做出正确估计时，具有微观基础的模型才可通过校准用于相关的政策分析（Favero，2001）。

自Keynes-Tinbergen纷争到现在，有关模型设定中经济理论的作用争论代表着计量经济学中的主要纷争（Granger，1999）。归纳起来有两个极端：一种极端观点主张，要依据经济理论来建立模型，且无需对此进行检验，例如，一般均衡模型（Kydland and Prescott，1991）；另一种极端观点来自基于数据的VAR方法。在所有模型中，VAR模型是对数据依赖程度最高，而最缺乏经济理论基础的模型。结构性向量自回归模型（SVAR）则介于前两者之间，或是对可检验的水平协整关系施加理论限制，或对模型的误差结构施加限制。

跨时优化是宏观计量模型的一个新的分枝（Poloz et al.，1994），重点关注于评价，也是介于基于数据的纯统计模型和经济理论模型之间的一种方法。一方面，努力从考虑数据过程中获得知识，另一方面，又避免作出较强的理论假设。

VAR方法是用来描述多个时间序列变量间相互线性依赖关系的统计模型，最初是由西姆斯（1980）提出的。在VAR模型中，所有的变量均被当作内生变量处理，即变量的生成过程完全由系统内部决定。VAR模型所描述的向量演变规律完全由向量的滞后值决定。

k阶VAR模型的一般形式：

$$x_t = \mu + \sum_{t=1}^{k} \prod_i x_{t-i} + \varepsilon_t$$

其中，误差项 $\varepsilon_t \sim i.i.dN(0, \sum_\varepsilon)$。

VAP(k)模型也是分析协整关系的出发点。当向量 x_t 中的分量均为非平稳的I(1)变量，且存在协整关系，那么，VAP(k)系统总是具有向量均衡修正模型表示（Vector Equilibrium Correcting Model，VECM）：

$$\Delta x_t = \sum_{t=1}^{k-1} A_i \Delta x_{t-i} + \alpha(\beta' x_{t-1}) + \varepsilon_t$$

其中，α 和 β 均为 $n \times r$ 阶矩阵，且 $rank(\alpha) = rank(\beta) = r < n$。$(\beta' x_{t-1})$ 包含了r个协整I(0)关系。协整过程被看作是一个长期均衡关系轨迹，当经济一旦偏离均衡路径，均衡修正机制会使经济重新回到均衡路径上来。

与一般均衡模型和VAR模型相比，LSE方法是兼顾经济理论和实际数据的一种方法。从建模思路角度来说，如果说CC方法是一种“从特殊到一般”的方法，那么LSE则采用了“从一般到特殊”的建模思路。

LSE方法的建模思想最早是由丹尼斯·萨根（Denis Sargan）提出的（Hoover，2005）。LSE方法强调以探寻数据生成过程作为建模的出发点，具体的做法是：

首先，从经济理论出发，结合经济发展规律，对数据进行预先分析，并在此基础上提出一个包含最广泛影响因素的“最一般性模型”。

其次，对“最一般性模型”进行不断检验，在信息损失最小的原则下，对“最一般性模型”逐步约化，最终寻找到最简洁的模型。

需要注意的是，在LSE方法中，经济理论所起的作用仅局限于对解释变量的筛选（Hoover，2005）。这里所说的“最一般性模型”是指模型“包容”了其他所有可能的模型。在建模过程中，必须对这种包容性进行检验。

最优跨时/校准方法的基本思想是：通常是从一个具有理性预期的代理人（机构）的选择作为出发点。在跨时最优的决策原则下，导出相关变量间可能的存在的函数关系。然后，再通过“校准”的方法确定一种待估参数的取值，并据此进行政策分析与预测。

遗憾的是，对经过跨时最优得出的理论模型的参数进行校准时，并无确切的准则可以遵循。

校准方法大致可以分为四类：(1)参考前人的研究成果；(2)以样本矩代替总体矩；(3)采用GMM（广义矩估计方法）方法进行估计；(4)采用极大似然估计方法。

近年来，与跨时最优/校准方法关系密切的动态随机一般均衡模型（Dynamic Stochastic General Equilibrium，DSGE）方法引起广泛的关注，并逐渐被用于对现实经济的分析与预测之中。DSGE方法采用了与跨时最优/校准方法中相同的理论推导，但对相关的参数值的选取却不是采用“校准”的方式，而是采用了统计上的极大似然估计方法。

参考文献：

Favero, C. A. , *Applied Macroeconometrics*, Oxford University Press, Oxford, 2001.

Granger, C. W. J. , *Empirical Modeling in Economics. Specification and Evaluation.* Cambridge Universty Press, Cambridge, 1999.

Haavelmo, T. , The Probability Approach in Econometrics, *Econometrica*, 12, Supplement, 1944.

Hoover, Kevin D. , The Methodology of Econometrics, Prepared for the Palgrave Handbooks of Econometrics, *Theoretical Econometrics*, *volume* 1, 2005.

Kydland, Finn E & Prescott, Edward, C. , The Econometrics of the General Equilibrium Approach to Business Cycles, *Scandinavian Journal of Economics*, Wiley Blackwell, 1991, Vol. 93(2).

Lucas, R. E. , Jr. , Econometric Policy Evaluation: A Critique, In Brunner, K. and A. H. Meltzer(eds.), The Phillips Curve and Labor Markets, Carnegie-Rochester Conference Series on Public Policy. Volume 1, *Journal of Monetary Economics*, Supplementary Issue, 1976.

Poloz, S. , D. Rose and R. Tetlow (1994). The Bank of Canada's New Quarterly Projection Model (QPM): An Introduction-Le Nouveau Mod'ele Trimesteriel de Pr'evision(MTP) de la Banque Du Canada: Un Aperc, u. Bank of Canada Review-Revue de la Banque du Canada, 1994(Autumn).

Sims, C. A. , Macroeconomics and Reality, Econometrica, 1980, 48.

Tinbergen, J. , An Econometric Approach to Business Cycle Problems, Hermann & Cie, Paris, 1937.

（郭万山）

总量分析

Aggregate Analysis

总量分析是对宏观经济运行总体指标的影响因素及其变动规律进行分析。1936年，凯恩斯《就业、利息和货币通论》一书的出版，标志着宏观经济学的产生。宏观经济学主张以“总量分析”取代对经济的个体分析。

总量分析是把多个经济主体统一为一个整体作为考察对象的分析方法。总量就是个量的总和。例如国民收入作为总量指标，是指一个国家或地区各个经济单位新创造价值的总和。总量分析假设制度等相关因素不发生变化，也不考虑个量变化对总量可能会发生的影响，单纯考虑经济发展的总量及其相互作用。如在研究消费的时候，只考虑社会总收入、总投资对总消费的影响，不考虑个人消费行为的变动对社会总消费的影响。总量研究可以抓住社会经济运动的总体状况，对把握国民经济全局具有重要作用，但是这种方法也很容易忽视个量对总量的影响。

总量分析指标包括总量、变量和相对量指标：总量指标包括国内生产总值、投资需求、消费需求等；变量指标包括财政差额、货币供应量 M_0、M_1、M_2、国际收支经常项目差额、债务总额等；相对量指标包括财政收入占GDP的比例(%)、财政支出占GDP的比例(%)、国际收支经常项目差额占GDP的比例(%)、负债率(%)、偿债率(%)和外债率(%)等。根据对总量指标的分析，才能选择适当的宏观经济政策来调控经济。

总量分析研究总体指标的变动规律，可能是动态分析，也可以是静态分析，分析一定时期内各总量指标之间的相互关系，主要有总投资、总消费与国内(民)生产总值之间的关系。

参考文献：

[英]伊特韦尔等：《新帕尔格雷夫经济学大辞典》，经济科学出版社1996年版。

[英]约翰·梅纳德·凯恩斯：《就业、利息和货币通论》，商务印书馆1999年版。

江晓薇：《宏观经济总量分析方法的探索》，载于《经济理论与经济管理》1995年第5期。

宋则行：《现代西方经济学辞典》，辽宁人民出版社1995年版。

张曙光：《总量关系及其制度分析——兼评宏观经济理论研究中的一些理论观点》，载于《经济研究》1993年第1期。

（高倚云）

结构分析

Structure Analysis

结构分析是指对经济系统中各组成部分及其相互对比关系及规律的分析，如国内生产总值中三次产业的结构分析、消费和投资的结构分析、经济增长中各因素作用的结构分析等。相对来说，结构分析主要是一种静态分析，即对一定时间内经济系统中各组成部分变动规律的分析。如果对不同时期经济结构变动进行分析，则属于动态分析。

结构指标(%) = (总体中某一部分/总体总量) × 100%

随着古典政治经济学的衰落以及19世纪70年代以来边际主义理论的兴起，经济学家将研究注意力从“国民财富”的变化转移到了资源配置问题上。20世纪20年代，出现了研究经济增长与结构变化之间关系的文献。佩鲁(Perroux, 1939)给经济结构下了一个定义：“作为具有一定时间和空间的经济背景的特征的——比例和关系”。20世纪60年代，帕西内蒂（Pasinetti，1962）、利昂（Leon，1967）等经济学家的著作主张结构变化与劳动生产率提高以及消费者收入变化之间存在联系。技术进步引起人均可支配收入的增长，使总需求构成发生变化，总产出结构和商品价格随之调整。商品需求扩大的部门会增加工人的雇佣数量，假如增加i个，商品需求缩小的部门则削减工人数量，削减人数为j。i<j，则意味着有人失业。

由此可见，在总量分析的同时进行结构分析，更容易理解国民收入增长的同时为什么有时会面临失业、物价上涨等短期困难，也容易弄清不同国家经济发展水平存在差别的原因。

结构分析和总量分析是相互联系的。总量分析侧重于总指标速度的考察，侧重于分析经济运动的动态过程；结构分析侧重对一定时期经济整体各组成部分相互关系的研究，分析经济现象的相对静止状态。结构分析要服从于总体分析的目标，又要深化和细化总体分析，因此，要把总体分析和结构分析结合起来使用，确保经济正常运行。

参考文献：
[英]大卫·李嘉图：《政治经济学及赋税原理》，光明日报出版社2009年版。
[英]伊特韦尔等：《新帕尔格雷夫经济学大辞典》，经济科学出版社1996年版。
宋则行：《现代西方经济学辞典》，辽宁人民出版社1995年版。
张曙光：《结构分析、结构分类、结构类型》，载于《数量经济技术经济研究》1986年第12期。

（高倚云）

存量分析和流量分析
Stock Analysis and Flow Analysis

存量分析和流量分析可以从时间维度和行为两个角度进行界定。从时间维度上讲，存量分析就是针对某特定时点测度的经济指标数值进行分析。例如，某周一银行金库有200万元存款，这就是特定时点上的银行货币存量。存量是在某一时点上测度的，其大小与时间维度无关。流量分析是指对一定时期内某种经济指标数值进行分析。例如，一星期内银行吸收存款100万元，向外贷出50万元，都是银行货币的流量。流量分析的时间维度，流量大小与时间有关系。

1956年，帕廷金（Patinkin，1956）的《货币、利息和价格》一书出版，赞誉卓著，但也引起了一些经济学家关于流量和存量分析的讨论。有关存量和流量的理论主要见布肖和克洛尔（Bushaw and Clower，1957）、克洛尔（Clower，1968）、帕廷金（Patinkin，1972）以及哈里森（Harrison，1980）和博斯坦（Burstein，1982）等人著述。

存量分析与流量分析经常用于财富和收入这两个经济变量的分析上。财富指任一时点社会或家庭拥有的财产数值，是存量；收入指一段时期内赚得的货币数，是流量。但存量与流量之间又有一定的关系：流量来自存量，如收入来自财富；存量变化又是由流量变化引起的，把收入划分为消费和储蓄两部分，一个家庭或国家都会因为收入中的储蓄流量增加而导致财富增加。

存量分析和流量分析是现代经济学中经常采用的两种分析方法。企业在一个生产时期结束时，形成的固定资产、流动资产和产品库存都是存量，而在生产期间不断增加的投资和产品销售出去获得的收入等是流量。一个国家经过一定时期形成的财政赤字或盈余是存量，而这个时期内新创造的收入、不断征收的税款等为流量。

存量分析和流量分析还可以从行为概念上进行界定。与收入相关的现期生产和消费活动称为“流量活动”，而与资产持有有关的行为称为“存量活动”。

凯恩斯（Keynes，1985）的《货币论》中认为，产业循环中为了保证现期商品和劳务的生产和消费必须投入的货币，是与收入有关的流量货币；而金融流通中的货币，与资本持有相关，是存量货币，这就是按照行为观念而不是时间维度，对存量和流量进行的界定。

希克斯（Hicks，1965）认为，坚持瞬间均衡的分析方法，存量与流量以完全相同的方式参与均衡决定，不需要区分存量与流量，在完全竞争市场上，同一时间，同一商品的价格不存在存量与流量的差别，但是在暂时均衡理论的单个时期中，供给和需求既包括存量部分，也包括流量部分，可能一部分供给是库存转移过来的，一部分来自生产，需求可能既包括现期需求，也包括未来一段时间的需求。希克斯进行的存量与流量分析，也是按照“行为”界定存量与流量的概念，意思是要弄清楚现期购买的商品，是为现期消费（流量需求）还是在一段时间内作为资产持有（存量需求）而购买的；商品供给是由现期生产出来的货物（流量供给）还是由库存（存量供给）满足的。

参考文献：
[以]唐·帕廷金：《货币、利息与价格》，中国社会科学出版社1996年版。
[英]伊特韦尔等：《新帕尔格雷夫经济学大辞典》，经济科学出版社1996年版。
[英]约翰·梅纳德·凯恩斯：《货币论》，商务印书馆1985年版。
师勇：《货币和利息率决定理论——存量和流量分析

史》,人民出版社 2005 年版。

宋则行:《现代西方经济学辞典》,辽宁人民出版社 1995 年版。

Archibald, G. C. and Lipsey, R. G. , Monetary and Value Theory: a Critique of Patinkin, *Review of Economic Studies*, 26, 1958.

Burstein. M. L. , Stock-flow Analysis. In *MaGraw-Hill Encylopedia of Economics. Homewood. III.* : Irwin, 1982.

Clower. R. W. , Stock-flow Analysis. In *International Encylopedia of the Social Sciences.* New York: Macmillan and Free Press, 1968, Vol. 12.

Don Patinkin, On Stock and Flows, *Study in Monetary Economics*, Harper International Edition, 1972.

Hafar, J. , Comparative Statics of Stock-flow Equilibrium, *Journal of Political Economy*, 73, 1965.

(高倚云)

综合评价法

Comprehensive Evaluation

综合评价是指把描述被评价对象的多项指标所含的信息通过某种方式进行处理,最终合成为一个单一综合指标,并对被评价对象依据该综合指标的取值大小进行排序,进而从整体上评估被评价对象的优劣。

综合评价的构成要素主要包括:(1)评价目的。综合评价必须建立在明确的评价目的基础上,否则对被评价对象进行优劣排序就失去了意义;(2)评价者及被评价对象。评价者可以是某个人或某团体;被评价对象可以是感兴趣的任何群体;(3)评价指标体系。评价指标体系是从多个视角和层次反映被评价客体数量规模与数量水平的指标集合;(4)权重系数。相对于特定评价目的来说,不同指标相对重要性程度是不同的,权重系数确定的合理与否,直接关系到综合评价结果的可信程度;(5)综合评价模型。是指通过一定的数学模型将多个评价指标值"合成"为单一的整体性的综合评价指标。

由于将多指标合成为单一指标所依据的理论不同,因而产生了各种不同的综合评价方法。传统的综合评价方法包括:综合评分法、标准化计分法和功效系数法等;现代综合评价方法主要包括主成分分析法、数据包络分析法、模糊评价法等。

构建指标体系应遵循以下基本原则:(1)功能性。综合评价指标应具备描述功能、解释功能、评价功能、监测功能和预测功能;(2)可行性。应尽量利用统计部门现有的统计资料去构建指标,确保构建指标所需要的资料的来源;(3)可观测性。综合评价指标必须是可观测的,或是可评估的;(4)可比性。指标体系中的每个指标必须具有明确的指标口径和范围;(5)完备性。指标体系必须是完备的,否则会导致评价结果的不公正性。

在综合评价指标体系中,不同的评价指标往往具有不同的量纲和量纲单位。为了消除量纲及量纲单位不同所带来的影响,在进行综合评价时,需要对评价指标作无量纲的标准化处理。

对于指标体系中的正指标来说,由于存在不同量纲问题,需要对指标进行无量纲化处理。对一个指标进行标准化处理是指将该指标减去其均值,再除以该指标的标准差,从而产生一个新的指标。新构建的指标是零均值的,其方差为 1。指标经标准化处理后,既消除了量纲不同所造成的影响,也消除了量纲单位不同所造成的影响。

在多指标综合评价中,权数是影响综合评价结果的一个重要因素。对综合评价指标集中的不同指标,都应该赋予相应的权数。权数的大小表明该指标的重要性程度。越重要的指标所赋予的权数就应该越大,反之,越不重要的指标所赋予的权数就应该越小。权重的取值在 0 ~ 1 之间,所有指标的权重之和等于 1。

权数按其确定方式可以分为:主观权数、客观权数以及主客观相结合的权数。

主观权数主要是以专家的专业知识和经验为依据给出的权数,这种确定权数的方式更多地体现了专家的主观意见。该方法的缺陷主要表现在所确定的权数完全是一种近似权数,而且不稳定;也就是说,当换成另外一组专家来重新确定权数时,由于专家的知识结构差异、看问题的角度不同,可能会给出另一组差异较大的权数。因此,有些人认为主观权数是缺乏客观依据的。

客观权数的确定方法则侧重于依赖指标本身的特征。采用客观权数最典型的例子是主成分综合评价方法。在主成分综合评价方法中,权数是用主成分的方差贡献率来表示的。方差贡献率的大小表明了主成分的相对重要性程度,因此可以作为主成分的权数。

主客观相结合的权重确定方法是介于主观权数和客观权数之间的一种确定权数的方法。如层次分析法就是采用这种方法来确定权数的。

综合评价模型通常采用评价指标的线性组合模式。由于综合评价指标体系中的指标均经过了标准化或无量纲化处理,指标取值越大,对被评价对象就越有利;反之,指标取值越小,对被评价对象就越不利。综合评价结果完全取决于指标的权数和指标的取值。

设综合评价指标集包含 p 个指标:$x_1, \cdots, x_p$,对应的权重为 $\omega_1, \cdots, \omega_p$,则综合评价模型的一般形式为:

$$W = \sum_{i=1}^{p} \omega_i x_i$$

典型的现代综合评价方法主要有：

一是主成分分析法(Principal Component Analysis, PCA)。

主成分分析是多元统计分析重要的组成部分，是由皮尔逊(Pearson, K.,1901)提出的一种多元统计分析方法。该方法的基本思想是使用正交变换，将一组相关变量的观测值转换成一组不相关变量的数值。这组不相关变量通常被称为主成分(Principal Components)。主成分的个数小于或等于原始变量的个数。第一主成分具有最大的方差，第二主成分次之，依此类推。当数据集合是联合正态分布时，主成分可以确保是彼此独立的。

在使用主成分分析方法进行综合评价时，通常以主成分作为新的综合评价指标，并以主成分的方差贡献率作为衡量主成分重要性程度的权重。

二是数据包络分析法。

数据包络分析方法(Data Envelopment Analysis, DEA)是一种非参数方法，被广泛应用于运筹学、管理科学与数理经济学等研究领域。它是根据多项投入指标和多项产出指标，利用线性规划的方法，对具有可比性的同类型单位进行相对有效性评价的一种数量分析方法。DEA 是由查恩斯、库伯和罗德(Charnes, A., W. Cooper and E. Rhodes,1978)提出的，现已广泛应用于不同行业及部门，并且在处理多指标投入和多指标产出方面具有明显的优势。

三是模糊综合评价法。

模糊评价法(Fuzzy Comprehensive Evaluation Method)是一种基于模糊数学的综合评标方法。该综合评价法根据模糊数学的隶属度理论把定性评价转化为定量评价，即用模糊数学对受到多种因素制约的事物或对象做出一个总体的评价。具有结果清晰，系统性强的特点，能较好地解决模糊的、难以量化的问题，适合各种非确定性问题的解决。

参考文献：

Charnes, A., W. Cooper & E. Rhodes, Measuring the Efficiency of Decision-making Units, *European Journal of Operational Research*, 1978, Vol. 2.

Pearson, K., On Lines and Planes of Closest Fit to Systems of Points in Space (PDF), *Philosophical Magazine*, 1901, 2(6).

（郭万山）

层次分析法
Analytic Hierarchy Process(AHP)

层次分析法是由美国运筹学家匹茨堡大学教授萨蒂(Thomas L. Saaty, 1992)提出的一项多准则决策技术，主要应用在不确定情况下并具有多个评估准则的决策问题上。

多准则决策问题通常由一些具有交互影响的多个要素构成，既可以包括有形的要素，也可以包括无形的要素，有些要素是质的要素，而另一些则是量的要素。要素间的交互影响使得决策问题构成了一个错综复杂的结构关系。层次分析法主要应用网络系统理论和多目标综合评价方法，将一个复杂的决策问题按其影响因素的支配关系，分解成一个递阶的层次。层次中的每个水平由特定元素构成，决策的总目标位于层次的最顶端，准则、子准则以及决策方案在层次中按层次的递减水平排列。一旦层次模型构建完成，决策者就可以通过对层次中每个水平下的元素进行两两比较，得到每个元素相对于处于上一个高水平的元素的权重因子。该权重因子为决策者提供了该元素相对重要性的一个度量。

层次分析法主要有以下基本假设：

第一，一个系统可以被分解为多个种类成分，并形成像网络的层次结构；

第二，层次结构中的每一个层次的要素均假定为具有独立性；

第三，每个层次内的要素，可以用上一级层次内某些或所有要素作为评价标准进行评估；

第四，比较评估时，可以将绝对数值尺度换算成比例尺度；

第五，各层次要素进行成对比较后，可以使用判定矩阵进行处理；

第六，偏好关系满足传递性，不仅优劣关系满足传递性(A 优于 B，B 优于 C，则 A 优于 C)，同时强度关系也满足传递性(A 优于 B 2 倍，B 优于 C 3 倍，则 A 优于 C 6 倍)；

第七，完全具备传递性不太可能，因此允许在不具备传递性的情况下，必须测试其一致性程度；

第八，要素的优势程度经由加权法则获得。

运用层次分析法进行系统分析、设计、决策时，主要包含四个步骤：

第一，通过分析系统中各因素之间的关系，建立系统的递阶层次结构；

第二，对同一层次的各元素关于上一层中某一准则的重要性进行两两比较，构造相应的判断矩阵；

第三，由判断矩阵计算被比较元素对于该准则的相对权重；

第四，计算各层元素对系统目标的合成权重，并进行排序。

构造递阶层次结构时，主要遵循以下原则：一是将系统元素按属性分为若干层次，同一层次的元素属性相同；二是上一层元素对下一层元素具有支配作用。

同时,下一层元素受上一层元素的支配。

最简单的层次可分为三类:

一是最高层(也称为目标层):这一层次只包含一个元素,代表问题的预定目标或理想结果。

二是中间层:这一层次包括要实现目标所涉及的中间环节中需要考虑的准则。该层可由若干层次组成,因而有准则和子准则之分,这一层也叫准则层。

三是最底层:这一层次包括为实现目标可供选择的各种措施、决策方案等,因此也称为措施层或方案层。

每一层次中各元素所支配的元素个数一般不要超过9个,因为支配的元素过多会给两两比较判断带来困难。层次结构的好坏对于解决问题极为重要。

AHP的评估尺度基本上被划分为5项:同等重要、稍重要、很重要、非常重要和绝对重要,并赋予重要性标度值1、3、5、7、9。另有4项介于5个值中间,标度值分别为2、4、6、8。

表1　　评估尺度解释

重要性标度	定义	解释
1	同等重要	两个元素对目标的贡献是相同的
3	稍重要	两个元素对目标的贡献存在微弱
5	很重要	两个元素对目标的贡献存在很大差异
7	非常重要	两个元素对目标的贡献存在强烈差异
9	绝对重要	两个元素对目标的贡献存在绝对差异
2,4,6,8	中间值	表示上述相邻判断的中间值

选择1～9标度的理由:

伊萨蒂所提出的理由,可以归纳为以下六点:

第一,恩斯特·海因里希·韦伯(Ernest Heinrich Weber,1795～1878)曾于1846年对心理反应进行了研究,发现人类对尺度的反应规律,当尺度成固定比例增加时,能够注意到增加部分所产生的改变。

第二,古斯塔夫·西奥多·费希纳(Gustay Theodor Fechner,1801～1887)于1860年对心理反应的研究结果表明,人们对间断的算术序列,能够注意到当中不同的地方。

第三,韦伯和费希纳(Weber and Fecher)的研究表明,人类的反应与所使用的尺度,成自然对数的线性函数,这就是Weber-Fecher精神物理法则。

第四,米勒(G. A. Miller,1956)在研究中发现,人类无法同时对7种以上的事务进行比较。为避免混淆,萨蒂(Saaty)采用了9标度,为了在同一数据值中进行同一比较,因此将初始值定为1,而标度的范围为1～9。

第五,在实际应用中,质的判别意义重大。当进行性质相近的比较时,需要有精确的划分,以表示人类的不同的感觉,这样才能进行比较。同时发现,人类对质的区别能力以利用同等重要、稍重要、很重要、非常重要和绝对重要这5个关系可以得到更好表达。

第六,萨蒂(Saaty)的研究发现,1～9标度能够提供较好的一致性测试。

设上一层次水平中某个元素C所支配的下一层次元素为 $u_1, u_2, \cdots, u_n$,为确定这n个元素的权重因子,通常采用1～9比例标度法。两两元素进行比较所使用的标度集为:

$$S=\left\{\frac{1}{9},\frac{1}{8},\frac{1}{7},\frac{1}{6},\frac{1}{5},\frac{1}{4},\frac{1}{3},\frac{1}{2},\right.$$
$$\left.1,2,3,4,5,6,7,8,9\right\}$$

对于元素C,n个元素之间通过相对重要性的比较得到一个两两比较判断矩阵:

$$A=(a_{ij})_{n\times n}$$

其中,a_{ij} 就是元素 u_i 和 u_j 相对于C的相对重要性的比例标度。例如,元素 u_i 对元素C的重要性比 u_j 对元素C的重要性具有较强优势,则按照9点标度解释,$a_{ij}=5, a_{ji}=\frac{1}{5}$。

判断矩阵A具有下列性质:$a_{ij}>0, a_{ji}=\frac{1}{a_{ij}}, a_{ii}=1$,判断矩阵A通常被称为互反矩阵(Reciprocal Matrix)。

下面,通过一个例子说明相对权重的计算方法:

设经两两相互比较得到的判断矩阵为3×3矩阵:

$$A=\begin{matrix} a \\ b \\ c \end{matrix}\begin{bmatrix} \overset{a}{1} & \overset{b}{\frac{1}{3}} & \overset{c}{5} \\ 3 & 1 & 7 \\ \frac{1}{5} & \frac{1}{7} & 1 \end{bmatrix}$$

计算矩阵A的每一列的和,并用每一列的和分别去除对应的各列元素,得到:

$$A=\begin{matrix} a \\ b \\ c \end{matrix}\begin{bmatrix} \overset{a}{\frac{5}{21}} & \overset{b}{\frac{7}{31}} & \overset{c}{\frac{5}{13}} \\ \frac{15}{21} & \frac{21}{31} & \frac{7}{13} \\ \frac{1}{21} & \frac{3}{31} & \frac{1}{13} \end{bmatrix}$$

注意到每列元素之和均为1,矩阵A中所有元素之和为3。将矩阵A的每行元素相加,再除以总和3,即可以得到标准化的主特征向量:

$$W=\frac{1}{3}\begin{bmatrix} \frac{5}{21}+\frac{7}{31}+\frac{5}{13} \\ \frac{15}{21}+\frac{21}{31}+\frac{7}{13} \\ \frac{1}{21}+\frac{3}{31}+\frac{1}{13} \end{bmatrix}=\begin{bmatrix} 0.2828 \\ 0.6434 \\ 0.0738 \end{bmatrix}$$

标准化的主特征向量 W 给出了要比较的三个元素 a,b,c 的相对权重:a 的相对权重为 28.28%,b 的相对权重为 64.34%,c 的相对权重为 7.38%。

在构建相对权重的过程中,必须进行判断的一致性检验。在上面的判断例子中,决策者喜欢元素 b 胜过喜欢元素 a,也就是说,元素 b 比元素 a 有更大的价值,记作 b>a;决策者喜欢元素 a 胜过喜欢元素 c,元素 a 比元素 c 有更大的价值,记作 a>c。

因为 b>a 且 a>c,从逻辑上来说,决策者喜欢元素 b 应该胜过喜欢元素 c,这种偏好逻辑被称为传递性。如果决策者最后的比较结果具有传递性,则称决策者的判断就是一致性的。

一致性与传递性是密切相关的。如果比较矩阵 A 中的元素满足:

$$a_{ij}a_{jk}=a_{ik}$$

对所有的 i,j 和 k 都成立,则称比较矩阵 A 是一致性的。当然,我们并不强求一致性的成立。一致性更多地注重顺序的可传递性。

对一致性互反矩阵来说,最大特征值等于比较矩阵的阶数,即 $\lambda_{max}=n$,Saaty 给出了测量一致性的指数:

$$CI=\frac{\lambda_{max}-n}{n-1}$$

为了使用一致性指数,萨蒂构造了一个一致性比率:

$$CR=\frac{CI}{RI}$$

其中,RI 为(通过随机生成的互反矩阵计算得到的)随机一致性指数(见表 2)。

表 2　　随机一致性指数

n	1	2	3	4	5	6	7	8	9	10
RI	0	0	0.58	0.9	1.12	1.24	1.32	1.41	1.45	1.49

当 C. R. <0.1 时,认为判断矩阵的一致性是可以接受的;当 C. R. ≥0.1 时,应该对判断矩阵做适当修正。

为了讨论一致性,需要计算比较矩阵的最大特征根 λ_{max}。

参考文献:

Saaty, T. L., *The Analytic Hierarchy Process*, McGraw-Hill Book Co., N. Y. 1980.

Saaty, T. L., Axiomatic Foundation of the Analytic Hierarchy Process, *Management Science*, 1980, 32.

Saaty Thomas L., *Decision Making For Leaders-the Analytic Hierarchy Process for Decisions in a Complex World*, Pittsburgh, PA: RWS Publications, 1990.

Saaty, T. L., How to Make a Decision: The Analytic Hierarchy Process, *European Journal of Operations Research*, 1991, Vol. 48.

Saaty, T. L., *How to Make a Decision: The Analytic Hierarchy Process*, Interfaces, 1994.

Saaty, Thomas L., *Decision Making with Dependence and Feedback*, RWS Publications, Pittsburgh, PA, 1996.

Saaty Thomas L., *Fundamentals of Decision Making with the Analytic Hierarchy Process*, PA: RWS Publications, 1994.

Alph L. Keeney & Howard Raiffa, *Decisions with Multiple Objectives-Preferences and Value Tradeoffs*, Cambridge, University Press, 1993.

(郭万山)

产业关联分析
Industrial Relationship Analysis

产业关联分析就是对细分的产业之间的投入产出依存关系进行分析。投入是指产品生产所需原材料、辅助材料、燃料、动力、固定资产折旧和劳动力的投入;产出是指产品生产的总量及其分配使用的方向和数量。通过投入产出分析,研究经济系统各个部门间表现为投入与产出的相互依存关系。

从国民经济总体进行分析,整个社会再生产体系是一个整体。在这个整体中,各个产业间存在着广泛的联系,而产业之间由于自身的特性使得不同产业间的联系是密切而复杂的,由此决定了各个产业在经济活动中的地位和作用。一个产业在生产过程中的投入品就是其他相关产业的产出品,而且该产业的产出品同时又是其他产业的投入品,因而某一产业的发展变化,必然会影响并波及与其相关的其他产业,也必然会影响到国民经济的运行。在不同的经济环境和条件下对产业间关联的分析,不仅有利于保持产业间的良性互动,又有利于调整经济规模和经济结构,促进国民经济发展。

产业关联是指产业间各种投入品和产出品为连接纽带的技术经济联系。在这里,各种投入品和产出品可以是各种有形产品和无形产品,也可以是实物形态或价值形态的投入品或产出品;技术经济联系和联系方式可以是实物形态或者价值形态的联系方式。由于实物形态的联系和联系方式难以进行研究,所以,在产业关联分析的实际应用中使用更多的是价值形态的技术经济联系和联系方式。产业关联方式是指产业间发生联系的相互依存的不同类型。主要包括:价格联系、产品和劳务联系、生产技术联系、劳动就业联系、投资联系。

对产业关联分析的工具主要是投入产出表和投入产出模型(包括实物型和价值型两类):

投入产出表(又称部门平衡表、里昂惕夫表或产业联系表)是以矩阵形式记录和反映一个经济系统在一定时期内各部门之间发生产品及服务流量和交换关系的工具。投入产出表包括:

一是实物型投入产出表。主要是以产品的标准单位或自然单位计量的,用于显示国民经济各部门主要产品的投入和产出的关系,即这些主要产品的生产、使用情况,以及它们之间在生产消耗上的相互联系和比例关系。一个标准的投入产出表,是在矩阵式表中安排的数字方阵。里昂惕夫曾经使用一个三部门的例子说明投入产出表,三个部门分别是农业、制造业和居民户。其中,农业的年产出为100蒲式耳小麦,制造业的年产出为50码布,居民户提供了300劳动人/年(表1)。

表1　三部门经济的简化投入产出表(实物型)

	农业	制造业	居民	总计
农业	25	20	55	100 蒲式耳
制造业	14	6	33	50 码布
居民	80	180	40	300 人/年

表1中第二行的数字表示100蒲式耳小麦中,农业部门本身消耗了25蒲式耳,制造业消耗了20蒲式耳,居民消耗了55蒲式耳。对制造业和居民户部分也可作同样的分析。可见,投入产出表中行的数字表示总产出在各部门的分配情况,或者说是各部门对总产出需求情况。列的数字代表了对应部门的投入关系,比如,在第二列中,为了生产100蒲式耳的小麦,农业部门消耗了25蒲式耳自己的产品、14码布和80人/年的劳动。所以,在投入产出表中列的数字表示了对某个部门的总的投入情况,或者说是对某部门总投入的供给。

二是价值型投入产出表。这是最常用的投入产出表。价值型投入产出表记录了全部用货币计量的中间产品价值、最终产品价值、毛附加价值以及总产值。纯部分是由生产工艺、消耗构成、产品用途基本相同的产品所构成的部门。如当小麦价格为每蒲式耳2美元,布为每码5美元,而居民提供的劳务为每人/年1美元时,里昂惕夫就把表1转化为表2的形式。

表2　三部门经济的简化投入产出表(价值型)

	农业	制造业	居民	总投入
农业	50	40	110	200
制造业	70	30	150	250
居民	80	180	40	300
总投入	200	250	300	

根据投入产出表建立起来的数学模型称为投入产出模型,具体有:

一是直接消耗系数。是指生产单位产品对某一产业产品的直接消耗量。如果用a_{ij}表示第j产业产品对第i产业产品的直接消耗系数,即生产单位j产业产品所消耗的j产业产品的数量,那么有:$a_{ij}=\frac{X_{ij}}{X_j}$。由实物型投入产出表可以确定实物直接消耗系数,由价值型投入产出表可以确定价值直接消耗系数。

二是完全消耗系数。一种产品对某种产品的直接消耗和全部间接消耗的总和被称为完全消耗,响应的直接消耗系数和全部间接消耗系数的总和就是完全消耗系数,通常用b_{ij}来表示j产业产品对i产业产品的完全消耗系数。完全消耗系数的公式:$b_{ij}=a_{ij}+\sum_{k=1}^{n}b_{ik}a_{kj}(i,j=1,2,\cdots,n)$。经济含义是:当某一产业部门的生产发生一个单位的变化时,导致各产业部门由此引起的直接或间接的是产出水平发生变化的总和。

投入产出分析的提出已经近半个世纪,在这段时间里,它有很大的发展。除产品模型外,还有固定资产模型、生产能力模型、投资模型、劳动模型以及研究人口、环境保护等专门问题的模型。除静态模型外,还有动态模型、优化模型等。

产业波及是指国民经济产业体系中,当某一产业部门发生变化,这一变化会沿着不同的产业关联方式,引起与其直接相关的产业部门的变化,而且这些相关产业部门的变化,又会导致与其直接相关的其他产业部门的变化,依此传递,影响力逐渐减弱,这一过程就是波及。这种波及对国民经济产业体系的影响,就是产业波及效果。

产业波及效果分析就是分析某一产业发展变化会导致其他产业部门怎样变化与响应,主要有:

一是感应度系数。

感应度系数反映当个部门均增加一个单位的最终使用时,某一部门受到的需求感应程度,即需要该部门为社会各部门的生产提供的产值。某产业的感应度系数$=\frac{\text{该产业逆矩阵横行系数的平均值}}{\text{全部产业逆矩阵横行系数的平均值的平均}}$。感应度系数大于或小于1,表明该部门的生产受其他部门的影响程度大于或小于社会平均水平。它是衡量某产业前向联系相关度和深度的指标。

二是影响力系数。

影响力系数反映某一部门增加一个单位最终产品时,对国民经济各产业部门的生产所产生的需求波及程度。某产业的影响力系数$=\frac{\text{该产业逆矩阵列行系数的平均值}}{\text{全部产业逆矩阵列行系数的平均值的平均}}$。影响力系数大于1或小于1,表明该部门生产对其他部门所产生的波及影响程度,超过或低于社会平均影响力水平。影响力系数大的产业发展对社会生产具有很强的拉动效应。

三是生产诱发系数。

生产诱发系数主要是衡量最终需求各构成项目(投资需求、消费需求、净出口)分别对各产业生产的影响程度。

四是需求依赖度系数。

生产最终依赖度是用来测算各产业部门的生产对最终需求项目(消费、投资、出口等)依赖程度的大小,包括直接依赖和间接依赖,即最终需求对各产业生产的直接或间接的影响程度。

近年来,产业关联分析不断发展,主要表现在:

第一,应用的内容不断拓展。从最初的产品投入产出表到要素投入产出表,同时运用投入产出的基本原理研究其他专门问题,如能源、环境保护、水资源、人口、人才、教育、银行、财会、信息等,从而为国民经济综合平衡和分析提供了更多信息。

第二,投入产出技术不断发展。主要有:一是编表工作经常化和制度化。目前世界上有80多个国家编制投入产出表,并已成为国民经济核算体系的一个有机组成部分;二是投入产出技术与其他经济分析方法和数量经济方法日益结合。如与经济计量学、数学规划方法、数量统计和概率论等相结合;三是投入产出技术的应用日益深入。如可持续发展,包括环境保护、资源利用、温室气体排放等;知识、创新、生产率增长;世界经济全球化,包括编制国际投入产出表、编制包含进121矩阵的C型投入产出表等。

第三,其理论地位不断提升。尤其是动态理论对于分析产业结构变化方向、规划产业发展具有重要作用。由于其分析方法立足于经济的微观结构及中短期变化趋势和影响因素,动态的产业关联理论又被称为"微观动态结构分析理论",并使产业关联理论成为产业经济学的重要组成部分,其理论与实践应用日益广泛。

参考文献:

[美]里昂惕夫:《投入产出经济学》,中国统计出版社1990年版。
苏东水:《产业经济学》,高等教育出版社2005年版。
唐晓华:《产业经济学》,经济管理出版社2007年版。

(黄继忠)

产业经济学

产业经济学
Industrial Economics

产业经济学是现代经济学在研究现实经济问题和细分化发展过程中产生的一门相对独立的经济学科,是应用经济学的重要分支。产业经济学以产业经济活动规律和相关政策为研究对象,包括产业发展、产业结构、产业布局、产业组织、产业分工、产业关联、产业生态和产业政策等领域。其中,产业发展主要研究特定产业孕育、成长和衰退的规律,寻求实现产业发展和转型升级的适当措施和合理路径。产业结构研究产业结构演化的规律,重点揭示产业结构调整和优化的途径和措施。产业布局主要研究产业及相关要素的空间配置规律,推动产业集群形成的路径和措施。产业组织主要研究产业内企业之间的关系,特别是企业间的交易关系、资源占有关系、利益关系和行为关系,目的是协调垄断和竞争关系,取得兼有竞争效率和规模经济的产业组织方式。产业关联则更广泛、精确、量化地研究产业间质的联系和量的关系。产业生态主要研究产业经济活动,特别是采掘业和重化工业对自然生态系统的影响,目的是通过改进生产工艺、发展循环经济等措施降低产业发展对环境的负面影响。产业政策主要研究评估政府相关政策,特别是产业的保护、扶植、兼并、补贴、审批等政策作用于产业发展的机理及其效果。随着研究的深入,我国产业发展中的一些综合性问题,如产能过剩、产业转型升级、转变经济发展方式等问题,也得到了产业经济学者的深入研究。这类综合性问题无法将其归入上述分类的某一个领域,而需要采取实证研究方法和规范研究方法从多个角度展开研究。

20 世纪 50 年代,中国学习和引进了苏联的产业经济学学科体系,初步形成了适应计划经济体制的工业经济学体系。当时,新中国的工业化和经济发展处于起步期,工业经济学主要研究计划经济体制条件下的产业发展战略、轻重工业比例、产业技术经济特征、工业布局和重大项目选址、专业化协作、产业间投入产出等问题。上述学科体系不能适应改革开放中产业经济问题研究的需要。20 世纪 80 年代以来,随着社会主义市场经济体制的初步建立和工业化的快速推进,产业经济中出现了许多问题需要研究,产业经济学受到各方面重视,产业经济学理论和方法的研究和应用步伐显著加快。这一时期,国内编著翻译了较多的教材与著作,代表性著作有 1985 年中国人民大学教授杨治(1985)编著的《产业经济学导论》、肯尼斯 · W. 克拉克森和罗杰 · 勒鲁瓦 · 米勒(1989)的《产业组织:理论、证据和公共政策》、丹尼斯 · 卡尔顿和杰佛里 · 佩罗夫著(1998)的《现代产业组织》、乔治 · 施蒂格勒(1989)的《产业组织与政府管制》,上述著作系统地介绍了国外有关产业经济学方面的理论和资料,在国内理论界产生了巨大影响,掀起了产业经济学学习和研究热潮,对西方产业经济学在中国的传播和创新应用起到了很大作用。之后,金碚(1999)的《产业组织经济学》体现了产业经济学学科在中国的体系融合与应用深化。除了大量相关书籍论文的涌现,国务院发展研究中心、中国社会科学院、国家发展和改革委员会宏观经济研究院均加强了产业经济研究机构建设。许多高等学校产业经济学教学和研究快速成长。1997 年,教育部颁布的《授予博士、硕士学位和培养研究生的学科、专业目录》公布了新的研究生专业学科目录,正式把产业经济学列为应用经济学一级学科下的二级学科,与国民经济学、区域经济学、财政学、金融学、国际贸易学、劳动学、统计学、数量经济学、国防经济学、劳动经济学并列为应用经济学的组成学科,标志着产业经济学在学科设置上得到政府认可。最近几年,产业经济学更加注重及时吸纳现代经济学发展的新成果和理论方法,对产业发展过程中不断涌现的现实问题进行深入研究,保持了理论体系和研究方法的活跃发展。

改革开放和经济发展,为国内学者学习、研究产业经济学提供了需求,为将产业经济学理论与方法用于研究现实问题提供了有利条件。同时,中国工业化快速集中推进出现的一些重大问题和特殊问题,成为中国产业经济学研究的对象和重要内容,产业经济学在中国的发展呈现很强的应用导向特点。总体看,我国学者在学习吸收欧美、日本产业经济学理论和方法的基础上,在运用产业经济学基本概念、理论体系与研究方法研究中国现实问题过程中,创建了具有中国特色的产业经济学框架和理论体系。产业经济学在我国的发展已经完成单纯理论和方法介绍、学习阶段,正在进入理论与方法创新应用、与实践融合发展的新阶段。产业经济学教学改革和教材建设扎实推进,国内学者能够及时掌握国外最新研究成果,改革和发展中出现的一些产业经济学问题得到更及时、更深入的研究,更科学、更可靠的解释。

欧美国家学者一般将产业经济学称为"产业组织"(Industrial Organization, IO)。产业组织是以微观经济理论为基础,主要研究特定产业内企业之间的垄断和竞争关系,并以结构、行为、绩效和产业组织政策、产业竞争政策为基本理论框架。在日本,大部分学者认为产业经济学还要研究产业结构,并由此导致对产业政策的倚重。这主要源于日本对市场、政府和企业组织三者关系的独特理解。欧美的产业经济学不重视研究除产业组织理论之外的产业和经济问题。欧美国家的学者普遍认为,高度发达成熟的市场经济可以通过"看不见的手"自动解决资源配置问题,这决定了西方产业经济学主要研究产业内部企业之间的资源配置问题及政府相应的政策问题。

在我国,市场经济体制不完善、不成熟,经济处于追赶和发展阶段，产业经济学除了需要重点研究我国的产业组织和市场结构外，还需要深入分析在产业演进和经济发展中的产业发展、产业结构、产业布局、产业关联以及政府和市场如何发挥作用等问题，以便为我国的产业培育与发展提供必要的理论支持。基于这种认识，我们除了借鉴西方产业组织学的成果和经验重点研究产业组织问题外，还必须结合中国的具体国情和实际情况对产业结构、产业布局、产业政策等进行深入研究。因此，我国在学习吸收欧美的产业组织理论和日本的产业结构理论，融合了东西方两种产业经济理论，形成目前的产业经济学理论体系。在学科内容上，产业经济学不仅涵盖产业组织理论，还包括产业发展、产业结构、产业关联、产业布局和产业政策等内容。中国将在相当时期内面临经济转型升级的任务。由于转型升级过程中市场发育不充分，功能不完善，产业结构的非均衡问题不可能像西方发达国家那样，在微观和市场层面上基本上通过市场机制得到自动解决，必须更好地发挥政府和非政府机制在调整产业结构中的作用。

根据对相关文献的分析，近年来产业经济学的研究方法主要包括计量经济学、数理模型、博弈论，经济实验和模型仿真受到越来越多的重视。同时，“结构—行为—绩效”等传统经验主义方法仍然经常被使用。埃尔津加和米尔斯（Elzinga & Mills，2011）对勒纳指数的原理和应用进行了综述和评价。勒纳指数作为分析垄断程度、测算垄断行业价格和边际成本之间的关系及其对社会福利影响的工具，能够迅速有效的对产业组织的基本面进行全局分析，在实践中一直发挥着重要作用。

参考文献：

［美］丹尼斯・卡尔顿：《现代产业组织》上下册，上海三联书店、上海人民出版社1998年版。

［美］冯诺伊曼、摩根斯顿：《博弈论与经济行为》，生活・读书・新知三联书店2004年版。

金碚：《产业组织经济学》，经济管理出版社1999年版。

［美］肯尼斯・W. 克拉克森和罗杰・勒鲁瓦・米勒：《产业组织：理论、证据和公共政策》，上海三联书店出版社1989年版。

［美］乔治・施蒂格勒：《产业组织和政府管制》，上海人民出版社、上海三联书店1996年版。

杨治：《产业经济学导论》，中国人民大学出版社1985年版。

Elzinga, Kenneth G. and Mills, David E., The Lerner Index of Monopoly Power: Origins and Uses. *American Economic Review: Papers & Proceedings*, Vol. 101, No. 3, 2011.

（刘戒骄）

第一、二、三次产业
Thrice Industry

经济学家费歇尔（Fisher）1935年在其著作《安全与进步的冲突》首先提出三次产业分类的方法；在费歇尔理论的基础上克拉克对三次产业结构变化的规律进行了大量的实证研究，此后三次产业分类方法被各国政府及经济学家所普遍接受。目前各个国家统计口径较为接近，但并非完全相同；特别是对于采掘业有些国家（如加拿大、澳大利亚、印度）将其放在第一产业中。美国官方没有对一产、二产和三产进行明确分类；但美国学者的文章一般都将采掘业放入第一产业。因而在进行三次产业结构的国际比较时，要注意对不同国家统计口径进行相应调整。

我国三次产业划分是按照《国民经济行业分类》（GB/T4754—2002）来进行的。第一产业是指农、林、牧、渔业；第二产业是指采矿业，制造业，电力、燃气及水的生产和供应业，建筑业；第三产业是指除第一、二产业以外的其他行业。

我国第一产业包括五个大类，即农业，林业，畜牧业，渔业，农、林、牧、渔服务业。2011年我国第一产业占GDP的比例为10%，就业占34.8%。

我国第二产业包括四大门类，即采矿业，制造业，电力、燃气及水的生产和供应业，建筑业；其中采矿业，制造业，电力、燃气及水的生产和供应业又被称为工业。我国第二产业目前包括44个大类，其中采矿业包括6个大类，即煤炭开采和洗选业，石油和天然气开采业，黑色金属矿采选业，有色金属矿采选业，非金属矿采选业，其他采矿业；制造业包括31个大类，即农副食品加工业，食品制造业，饮料制造业，烟草制品业，纺织业，纺织服装、鞋、帽制造业，皮革、毛皮、羽毛（绒）及其制品业，木材加工及木、竹、藤、棕、草制品业，家具制造业，造纸及纸制品业，印刷业和记录媒介的复制，文教体育用品制造业，石油加工、炼焦及核燃料加工业，化学原料及化学制品制造业，医药制造业，化学纤维制造业，橡胶制品业，塑料制品业，非金属矿物制品业，黑色金属冶炼及压延加工业，有色金属冶炼及压延加工业，金属制品业，通用设备制造业，专用设备制造业，交通运输设备制造业，电气机械及器材制造业，通信设备、计算机及其他电子设备制造业，仪器仪表及文化、办公用机械制造业，工艺品及其他制造业，废弃资源和废旧材料回收加工业；电力、燃气及水的生产和供应业包括3个大类，即电力、热力的生产和供应业，燃气生产和供应业，水的生产和供应业。建筑业包括4个大类，即房屋和土木工程建筑业，建筑安装业，建筑装饰业，其他建筑业。2011年我国第二产业占GDP的比例为46.6%，就业占29.5%。

目前我国的第三产业包括15个门类，即交通运输、仓储和邮政业,信息传输、计算机服务和软件业,批发和零售业,住宿和餐饮业,金融业,房地产业,租赁和商务服务业,科学研究、技术服务和地质勘查业,水利、环境和公共设施管理业,居民服务和其他服务业,教育,卫生、社会保障和社会福利业,文化、体育和娱乐业,公共管理和社会组织,国际组织。其中交通运输、仓储和邮政业包括9个产业大类,即铁路运输业,道路运输业,城市公共交通业,水上运输业,航空运输业,管道运输业,装卸搬运和其他运输服务业,仓储业,邮政业。信息传输、计算机服务和软件业包括3个产业大类,即电信和其他信息传输服务业,计算机服务业,软件业。金融业包括4个产业大类,即银行业,证券业,保险业,其他金融活动。文化、体育和娱乐业包括4个产业大类,即新闻出版业,广播、电视、电影和音像业,文化艺术业,体育娱乐业。公共管理和社会组织包括5个产业大类,即中国共产党机关,国家机构,人民政协和民主党派,群众团体、社会团体和宗教组织,基层群众自治组织。2011年我国第三产业占GDP的比例为43.4%,就业占35.7%。

参考文献:
《国民经济行业分类》(GB/T4754—2002)。
《国家统计局关于印发〈三次产业划分规定〉的通知》。

(李钢)

产业类型
Industry Type

产业类型可以根据不同的标准进行划分,一般可根据一个产业劳动与资本的比例划分为劳动密集型产业与资本密集型产业。可根据一个产业技术水平划分为高技术产业(也称为技术密集型产业)、中等技术产业、低技术产业。可根据一个产业单位产出所需要的投入的资源量划分为资源密集型产业与非资源密集型产业;如果将投入资源仅限定为能源,可将产业划分为高耗能产业与非高耗能产业。也可根据一个产业对环境的影响划分为高污染产业与环境友好产业。特别应说明的是,这些划分标准在很大程度上具有“正交”的特性,而不是高度相关的。例如,劳动密集型产业也可能是高技术产业,而资本密集型产业也可能是低技术产业。

一般认为在生产过程中,最重要的两个要素分别是资本与劳动;按在生产过程中所需投入的资本与劳动的比例,可将产业划分为劳动密集型产业与资本密集型产业这一对相对立的概念。劳动密集型产业在生产过程中需要使用大量的劳动,而相应资本投入量较少;而资本密集型产业是指在生产过程需要投入大量的资本,而所需劳动投入较少。过去主要采取人均固定资产或折旧与工资的比例两个指标进行划分;人均固定资产较少的行业被认为是劳动密集型产业,相反被称为资本密集型产业。近来,有些学者(李钢,2009)认为人均资产应是更加合适的指标,因为有些行业人均固定资产虽然不高,但人均资产却很高,如金融业,显然应属于资本密集型产业。还需要说明的是,一个产业是资本密集型产业还是劳动密集型产业是一个相对概念,并不是一成不变的;随着经济发展与人类物质财富的不断积累,原来一些资本密集型产业会变化为劳动密集型产业。例如,机械行业通常被视为典型的资本密集型行业,但李钢(2009)研究表明按五分位划分通用设备制造业属于偏劳动密集型产业。一般认为发展中国家由于劳动力丰富,劳动力工资较低,而资本价格较高,因而发展中国家具有发展劳动密集型产业的比较优势;而发达国家劳动力工资较高,而资本价格较低,因而发达国家资本密集型产业具有比较优势。比较优势理论前提假设一是要素跨国之间不能充分流动,二是在一国内部,要素市场是统一的,不存在分割的要素市场。但李钢(2009)认为,由于要素市场分割,实际上国有企业与非国有企业的要素成本有很大的差别。国有企业资金成本低于非国有企业,而国有企业的劳动力成本高于非国有企业;从而使国有企业在资本密集型产业具有比较优势,甚至在全球都具有了比较优势国;而民营企业在劳动密集型产业上具有比较优势。

技术密集型产业一般是指产业技术含量比较高的产业,也被称为高新技术产业。OECD提出,衡量一个产业技术含量的指标是一个产业的研发投入占销售收入的比例;美国商务部认为研发人员占员工的比重也是衡量产业技术水平的重要标准。根据国家统计局《高技术产业统计分类目录》,我国目前高技术产业包括核燃料加工、信息化学品制造、医药制造业、医疗仪器设备及器械制造、航空航天器制造、通信设备制造、雷达及配套设备制造、广播电视设备制造、电子计算机制造、电子器件制造、电子元件制造、家用视听设备制造、其他电子设备制造、通用仪器仪表制造、专用仪器仪表制造、公共软件服务。技术密集型与劳动密集型并非是互斥的概念,有些产业既属于劳动密集型产业,也属于技术密集型产业;对于中国目前而言,中国传统的数量型人口红利在减少,而新型的质量型人口红利正在增加,从传统低附加值的劳动密集型产业升级到高技术、高附加值的劳动密集型产业是产业升级的有效路径。

参考文献:
李钢:《新二元经济结构下中国工业升级路线》,载于《经济体制改革》2009年第10期。
《高技术产业统计分类目录》,http://www.stats.gov.

cn/tjbz/t20061123_402369836. htm。
李钢、刘吉超:《入世十年中国产业国际竞争力的实证分析》,载于《财贸经济》2012 年第 8 期。

（李钢）

战略产业
Strategic Industry

所谓战略产业,主要是指一国为实现产业结构的高级化目标所选定的对于国民经济发展具有重要意义的具体产业部门,它是根据在特定发展阶段对国民经济发展的意义而言,因此也是各国根据不同的经济技术发展水平和对未来经济技术发展的预见所确定的。

在传统社会主义经济学理论中,产业主要指经济社会的物质生产部门,一般而言,每个部门都专门生产和制造某种独立的产品,某种意义上每个部门也就成为一个相对独立的产业部门,如“农业”、“工业”、“交通运输业”等。产业经济学意义下的产业,常见的定义是生产具有替代性的产品的厂商集团,这主要是从供给的角度入手的。战略产业是一个相对的概念,任何一种产业部门在特定经济发展阶段都有可能成为战略产业,而且最终都有可能退出战略产业系统。战略产业的成长必须具有战略意义,即受国家政策保护和扶持的某些产业必须具有能够成为未来经济发展中主导产业和支柱产业的可能性,这种可能性的决定因素,首先是产业本身技术特点、市场前景、成长潜力,其次才是国家资源特定条件、现有产业结构状况、产业本身获取资源的能力等。

国内较早系统提出战略产业问题的王小强谈道:“如果我们说某一个产业是战略产业,也就是说,该产业不是从个人、企业、地方或部门的局部利益出发,而是从国家整体利益出发,有条件要上,没有条件创造条件也要上的少数产业(空中客车是典型范例)。这类企业的存亡,不仅关系到利润,而且关系到国家的安危,关系到国家在世界经济政治乃至军事事务中的战略行动能力。国家不能放任本国企业在全球竞争中,自生自灭。”(战略产业主要包括主导产业、支柱产业、先导产业和基础产业。)国务院总理温家宝 2010 年 9 月 8 日主持召开国务院常务会议,审议并原则通过《国务院关于加快培育和发展战略性新兴产业的决定》,会议指出,加快培育和发展以重大技术突破、重大发展需求为基础的战略性新兴产业,对于推进产业结构升级和经济发展方式转变,提升我国自主发展能力和国际竞争力,促进经济社会可持续发展,具有重要意义。《国务院关于加快培育和发展战略性新兴产业的决定》将战略性新兴产业定义为“以重大技术突破和重大发展需求为基础,对经济社会全局和长远发展具有重大引领带动作用,知识技术密集、物质资源消耗少、成长潜力大、综合效益好的产业。”从我国国情和科技、产业基础出发,会议确定了现阶段战略性新兴产业发展的重点方向,选择节能环保、新一代信息技术、生物、高端装备制造、新能源、新材料和新能源汽车七个产业,在重点领域集中力量,加快推进。可见,战略性新兴产业强调了该新兴产业对一个国家或地区长期经济发展的推动和引领作用。

参考文献:
杨瑞龙:《社会主义经济理论》,人民大学出版社 2008 年版。
于立、李平:《产业经济学理论与实践问题研究》,经济管理出版社 2000 年版。
苏东水:《产业经济学》,高等教育出版社 2005 年版。
王小强:《信息革命与全球化背景下的中国战略产业重组》,载于《战略与管理》1997 年第 5 期。
温家宝:《让科技引领中国可持续发展》,人民网,2009 年 11 月 24 日,http://politics. people. com. cn/GB/1024/10433333. html。
国务院办公厅:《国务院关于加快培育和发展战略性新兴产业的决定》,中央政府门户网站,2010 年 10 月 18 日,http://www. gov. cn/zwgk/2010-10/18/content_1724848. htm。

（戴翔）

基础产业、支柱产业、主导产业
Basic Industry, Pillar Industry, Leading Industry

基础产业、支柱产业和主导产业都是描述在特定时间阶段、特定国家、特定行业在整个产业结构中战略地位特征的概念。

基础产业是指在产业结构体系中为其他产业的发展提供基本条件并为大多数产业提供服务的产业。基础产业是整个国民经济的物质来源和物质基础,在产业链中处于起点,因而在一国或城市中的国民经济中占据重要的战略地位,其发展规模和水平直接影响着整个国民经济的发展规模和速度。如果未能充分发展,则会对整个国民经济的发展起制约、瓶颈作用。基础产业的这一特点,决定了基础产业必须优先发展以避免阻碍其他产业的发展。但也正是因为其基础性的特点,其发展也并非速度越快越好、规模越大越好,发展目标以能满足国民经济发展的需求、不成为国民经济进一步发展的制约为佳,否则也可能造成不必要的浪费。

目前,世界各国对基础产业没有统一的说法。在我国,一般认为基础产业包括能源、电力等生产基本生产资料的基础工业以及提供基础设施的产业部门如交通运输部门、邮电通讯部门等。也有学者认为基础产业为农业、基础工业、交通、邮电以及为此提供装备所需的关键的、基础的元器件等产业。

基础产业的特性决定了其主要通过自己的基础地位发挥作用,发挥作用的机制主要体现在当其得不到合理发展时对其他产业会产生制约。基础产业的发展目标在于满足国民经济的发展需要,由于其有机构成往往较高,投入需求大,其发展以适度为目标。基础产业的基础地位是客观存在的,只要社会经济环境不发生大的变动,诸如电力、钢铁、能源等处于产业链前端的基础产业的基础地位是无可动摇、相对稳定的,在短时间内不会有太大变化。

主导产业是产业结构中一个最为核心的概念。这一概念来源于发展经济学中的"不平衡增长"理论。该理论最初由美国著名经济学家赫希曼在其1958年出版的发展经济学经典著作《经济发展战略》一书中提出。赫希曼主张,在资源有限的发展中国家,应采取不均衡的发展战略。基于这一战略,以高产业关联度为标准选择的主导产业,对其他产业会产生较强的前向关联、后向关联和旁侧关联。政府通过首先重点扶持发展的主导产业,可以促进整个产业的发展。

著名经济学家熊彼特用创造性破坏理论来解释经济发展,为主导部门的形成、演变和发展提供了理论基础。熊彼特的创新理论提出了研究主导产业理论的非均衡动态分析的思路,对主导产业发展的基本规律做出了一种阐释。

在吸取熊彼特创新理论和赫希曼的不平衡发展理论的基础上,美国经济学家罗斯托对主导产业理论进行了明确、系统的研究。主导产业最早是由罗斯托提出的主导部门(Leading Sector)引申出来的。一个新部门在特定阶段可以被视为主导部门,则在该阶段这个部门往往具备两个特点:第一,有较快的增长速度和在产业结构中占有较大的比重;第二,该部门的前后向以及旁侧效应能够渗透到整个经济。

罗斯托将主导产业定义为:由于最迅速、最有效地吸收创新成果,满足大幅度增长的需求而获得持续较高的增长率,并对其他产业的增长有广泛的直接和间接影响的部门。作为主导产业应具有以下特征:(1)依靠科技进步,获得新的生产函数;(2)形成持续高速的增长率;(3)具有较强的扩散效应,对其他产业乃至所有产业的增长起着决定性的影响。这三个特性反映了主导产业的素质和特有的作用,缺一就不称其为主导产业了。

罗斯托通过对经济史的长期研究,首先提出了主导产业及其扩散理论和经济成长阶段理论。他认为,经济成长的各个阶段都存在相应的起主导作用的产业部门,即通常所说的主导产业,它在产业结构中占有较大的比重,它的迅速扩大又产生了扩散效应,迅速对整个国民经济发展和其他产业发展具有强烈的向前拉动或向后推动作用,对一个国家的经济发展起带头作用;经济成长阶段的演进又以主导产业部门的更替为特征,主导产业部门通过投入产出关系来带动整个经济增长;主导产业部门并非固定不变,而是与发展阶段相联系,是一个有序更替的过程。

多位国内学者也对主导产业进行了定义。

江小涓认为,主导产业是指能够较多吸收先进技术、面对大幅度增长的需求、自身保持较高增长速度并对其他产业的发展具有较强带动作用的产业部门。

刘伟认为,在特定的时间内,主导产业有快于其他产业的增长势头并正在或已经在产业结构中占据优势比重;主导产业通过其前后向关联与旁侧关联能够对整个经济增长和产业结构高度化发挥明显的"主导性作用",即能够确实地将其活跃的增长势头、优势的技术创新、制度创新效果广泛而深刻地扩散到整个经济体系中去。

综合而言,主导产业就是指在经济发展过程中,或在工业化的不同阶段上出现的一些影响全局的、在国民经济中居于主导地位的、能通过其前后向关联与旁侧关联带动整个经济增长的产业部门。主导产业之所以能够打破原来相对平衡的产业结构,是因为它创造并满足了新的社会需求。一般来说,主导产业往往代表着市场上新产生的需求,代表着产业结构转换的新方向,代表着现代科学技术产业化的新水平。因此,主导产业对整个产业结构系统的运行和发展起着重要的导向作用,目的在于培育国民经济未来的增长点,因而又可称为"先导产业"。

根据人们目前对主导产业部门的认识,一般认为主导产业是指在一国经济发展的某阶段有若干产业部门对产业结构和经济发展起着导向性和带动性作用并具有广阔的市场前景和技术进步能力的产业部门。通过对一些国家经济起飞阶段主导产业部门发展的历史考察,主导产业部门一般具有如下特征:

从供给方面它有生产的潜力,生产率上升或技术进步速度较高。该产业部门一般为反映当代世界科技新趋向的新兴产业,效益高,具有大规模生产的可能性,具有较高的产出能力和产出增长率。

从需求方面看,它有市场的潜力,需求的收入弹性高,国内和国际市场对该产品具有巨大的需求,因而具有发展前景。

从产业间的联系看,它与经济体系其他产业的关联程度大,带动能力强,即产业的连锁效应或关联效应强。

从产业的性质来看,该产业一般为中间需求型的制造业部门。产业增长的国民经济弹性大,对国民经济增长的贡献大,也即该产业部门的一定增长对国民经济增长的边际贡献大。

从动态演变来看,主导产业的存在及其作用受特定的资源、制度和历史文化影响,在不同的国家或同一个国家不同的经济发展阶段,主导产业也是不一样的。随着资源、体制、环境等因素的变化,原有的主导产业对经济的带动作用可能会减弱,被新一代的主导产业所替代。

关于主导产业的选择基准,罗斯托将后向、旁侧、前向这三种扩散效应视为判断主导部门的关键。但是,这些效应本身难以用精确的统计数据来说明,尤其是旁侧效应和前瞻效应。因而这一基准局限于定性的说明,还缺乏可供操作的选择依据。对于主导产业选择的理论,首次明确而具体提出主导产业选择基准的经济学家是日本的筱原三代平。20 世纪 50 年代,为规划日本的产业结构,以筱原三代平、植草益等为代表的日本经济学家,为规划日本产业结构提出了两个理论基准:需求的收入弹性基准;生产率上升基准。根据这两个基准所选择的产业考虑了产业产品的国际市场需求和产业的技术进步因素。1971 年,日本产业结构审议会在筱原三代平的二基准基础上又增加了环境标准和劳动内容两条基准。这两条基准是为了实现经济与社会、环境协调发展的目标。除以上基准外,有的学者还提出经验法则、高附加值基准、货币回笼基准、边际储蓄率基准、就业与节能基准、生产要素持续基准、产业链延伸效应基准、市场导向基准、经济效益比较基准,等等。

支柱产业是指产出或收入在整个国民经济中所占的比重比较大,对其他产业发展的影响也比较大,而且维系着整个国家经济增长的产业。支柱产业通过其在国民经济中所占的较大比重来发挥作用,由其大规模的发展来提供大部分的国民收入、支撑国民经济发展、推动产业结构的升级。广义来讲,产业收入或产出占国民经济比重大、就业人数占全部就业人数比例大,甚至对于一些外汇紧缺的国家,外汇创收产业也可能被称为支柱产业。支柱产业对国民经济现实经济效率和规模的提高至关重要,因此,其发展应以最大限度的壮大为目标,其规模越大、速度越快,越能更好发挥支柱产业对国民经济的支撑作用。

从产业生命周期理论看,任何产业都有其形成期、成长期、成熟期和衰退期,但一般来说,主导产业处于产业的形成期到成长期之间,而支柱产业则处于该产业的成熟期,有些则已经步入衰退期。

不同的国家或城市,或者同一国家或城市在不同的发展阶段上,支柱产业是随经济的不断发展而发展变化的,并且正是由这种发展变化反映出产业结构和国民经济的发展水平和发展阶段。一些特定的情况下,基础产业可能成为支柱产业。每个国家和城市都有自己独特的发展历程,在一些特定的历史条件下,某些基础产业很可能符合支柱产业的所有整体,从而完全有可能在一定甚至是相当长的时期内充当支柱产业。例如,日本、德国在"二战"重建之初,在经济总量不大、基础产业的瓶颈制约较为严重的情况下,大力发展电力、煤炭等基础产业的过程中,这些基础产业都曾发挥过支柱产业的作用。随着产业结构的演进,有的主导产业逐渐进入成熟期,成为新的支柱产业,而原来的支柱产业则会渐渐进入衰退期而失去其支柱的地位。

参考文献:

闫应福、贾益东、毕世宏:《产业经济学》,中国财政经济出版社 2003 年版。

邹晓涓:《中国主导产业理论研究综述》,载于《天府新论》2007 年第 1 期。

江小涓:《世纪之交的工业结构升级》,上海远东出版社 1996 年版。

刘伟:《工业化进程中的产业结构研究》,中国人民大学出版社 1995 年版。

胡建绩、张锦:《基于产业发展的主导产业选择研究》,载于《产业经济研究》2009 年第 4 期。

[美]约瑟夫·熊彼特:《经济发展理论——对于利润、资本、信贷、利息和经济周期的考察》,商务印书馆 1991 年版。

[美]华尔特·罗斯托:《经济增长的阶段:非共产党宣言》,中国社会科学出版社 2001 年版。

[美]艾伯特·赫希曼:《经济发展战略》,经济科学出版社 1991 年版。

（张沈伟）

产业发展阶段

Development Phases of Industry

1966 年,哈佛大学弗农(Raymond Vernon)教授首次提出了产品生命周期(Product Life Cycle)理论,产品通常要经历引入、成长、成熟、衰退的阶段。产业存在的基础是产品,因此产业同产品类似,也存在一定的生命周期。产业的生命周期(Industry Life Cycle)理论将产业分为四个发展阶段,包括形成期、成长期、成熟期和衰退期。区分不同发展阶段的指标包括产业内企业数量、产业规模增长速度、产业盈利能力、产业市场结构等。

在产业的形成阶段,产品逐渐开始获得现实需求,但是,未来发展前景仍然很不确定。这一阶段,产业总体生产规模较小、成本过高、技术不成熟。如果产业技术逐渐成熟、成本降低,需求扩大,则产业可能会度过形成阶段,进入成长阶段;反之,产业则可能会夭折。

当产业的产出在整个产业系统中的比重迅速增加,并且在产业结构中的作用也日益扩大时,就可认为该产业已经度过形成期而进入成长期。成长期产业的一个主要特征是该产业的发展速度大大超过了整个产业系统的平均发展速度，技术进步迅猛且日趋成熟，市场需求明显扩大。周期曲线上，斜率比较大。

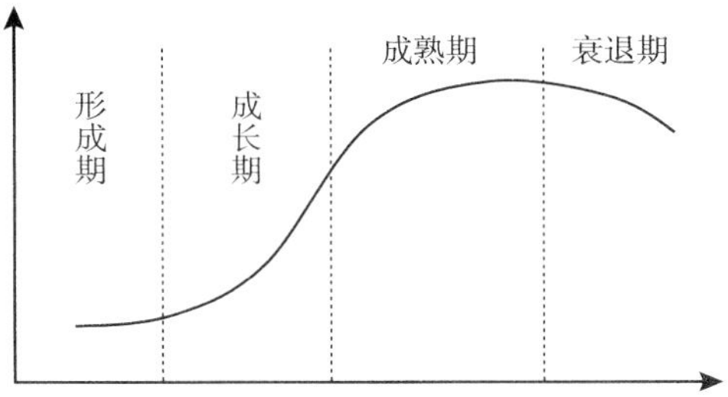

图1　产业生命周期

当产业经过成长期的迅速增长阶段后，发展速度将会放慢。因为产出的市场容量相对稳定，该产业在产业结构中的潜在作用也已经基本得到发挥。这标志着该产业从成长期进入了成熟期。成熟期产业的生命周期曲线变化比较平缓。成熟期，产业规模很大，产品的普及度高，产值在国民经济中占较大比重，产业内企业数量较大，经济效益好，技术先进，成熟，技术创新速度变缓。产品成熟，性能、样式、工艺等趋于稳定，已经被市场广泛认可，市场需求量大。

最后，随着技术的进步，市场上出现了可替代老产业的新产业，老产业面临的产品需求日渐萎缩，产能过剩，产业发展速度放慢，在国民经济中的地位和作用下降，产业即进入了衰退期。衰退期产业的周期曲线具有不断下降的趋势，斜率一般为负数。从长度来看，产业的衰退期可能会比较长，大量的产业会衰而不亡。产业进入了衰退期，意味着该产业在整个产业系统中的比重和作用的下降。当其比重和作用下降到零时，则该产业可被称为死亡了。但由于技术进步和经济发展，相对于新产业的不断形成而言，真正死亡的产业却不多见，大多产业则是衰而不亡。

以产业的生命周期阶段理论为基础，产生了幼稚产业、新兴产业、朝阳产业、夕阳产业、衰退产业、淘汰产业等概念。

幼稚产业一般是指处于形成阶段的产业，但是更加强调产业在国际竞争环境下的脆弱性。一国的幼稚产业往往规模较小、成本较高、技术不成熟，缺乏国际竞争力。因此，国家有必要对这些产业提供扶持和保护，以使其安全度过生存危险期。但是，有些幼稚产业因为技术、成本、需求、原料等方面的缺陷或其他原因，即使经过政府一定时期的保护和扶持也仍会最终夭折。

新兴产业一般是处于成长阶段的产业，它们已经度过了形成阶段，生存危险较低。新兴产业的产出比重目前可能也很小，但能在短期内获得迅速发展，而且新兴产业能够对整个产业结构的转换起较大的作用。新兴产业往往代表着市场对产业结构作为一个经济系统整体产出的新需求，代表着产业结构转换的新方向，也代表着现代科学技术产业化的新水平。因此，新兴产业对产业结构系统的运行和发展将起重要的导向作用。

朝阳产业和夕阳产业的概念首先由未来学家托夫勒在《第三次浪潮》中提出。朝阳产业与夕阳产业的区分主要是根据产业的未来发展前景来进行划分。朝阳产业是指新兴产业的进一步发展使其进入技术不断成熟、平均成本不断下降、产业规模不断扩大、市场需求不断增加的时期，处在这一发展时期的产业称为朝阳产业。而对于产业结构研究来说，又可以按照产业在全部产业中比重的增长速度来划分。比重快速提高的产业被称为朝阳产业，而不断下滑的则被称为夕阳产业。

衰退产业是指市场需求逐渐萎缩，并在整个产业结构中的地位和作用不断下降的产业。从产业生命周期曲线来看，衰退产业是处于衰退阶段的产业。产业衰退主要是由于新产业的出现带来了新的产出，而新的产出往往由于采用了新技术，使其具有更高的生产率和更强的竞争力。或由于创造了新的消费，满足了新的需求。从而，新产业在竞争中替代了老产业，夺走了老产业原油的市场，使老产业不得不步入生命周期的衰退阶段。

在产业政策中，对衰退产业的措施一般有两种。一是利用先进技术对该产业进行改造，或是开辟新的市场、创造新的需求。如在一些工业国，对部分原来的劳动密集型衰退产业通过技术改造，提高了他们的劳动生产率，增强了它们的竞争能力。二是对前景不好的产业，通过产业转移，使其平稳地退出产业结构这一经济系统。

衰退产业是指由于技术逐渐老化、需求逐渐萎缩、平均成本不断上升引起规模收益逐渐下降、产业规模逐渐缩小的产业。这类产业往往是由过了壮年期的产业发展而来的，继续衰退下去就会成为夕阳产业，最后成为淘汰产业。这类产业如果出现某些技术的重大突破也会重新获得新生，进入另一产业生命周期。

夕阳产业是指衰退产业继续衰退下去，得不到政府的有关扶持，也没有某项技术的重大突破来改革原有的技术条件而即将退出市场的产业或产业群。夕阳产业也可以在出现重大技术突破的条件下重新焕发青春，进入另一产业生命周期。否则，政府往往会采取产业转移政策，将此类产业转移到更有成本等竞争优势的地方去，活在适当时期引导该产业的人、财、物等资源向其他产业转移。对于正在进行工业化建设的发展中国家来说，传统上在西方国家被视为夕阳产业的行业往往还会有很大发展空间。很大程度上只能说有夕阳技术,没有夕阳产业。

淘汰产业是指产业发展到一定时候,由于技术老化、需求萎缩、成本上升、长期亏损而不能适应市场的需要而退出市场的产业。

参考文献:

[美]阿尔温·托夫勒:《第三次浪潮》,三联书店1984年版。

金碚:《新编工业经济学》,经济管理出版社2005年版。

苏东水:《产业经济学》,高等教育出版社2000年版。

闫应福、贾益东、毕世宏:《产业经济学》,中国财政经济出版社2003年版。

Raymond Vernon, International Investment and International Trade in the Product Cycle, *Quarterly Journal of Economics*, Vol. 80, No. 2, May, 1966.

(张沆伟)

出口导向与进口替代
Export Orientation and Import Substitution

自亚当·斯密与大卫·李嘉图以来,国际贸易怎样促进经济增长这一问题始终是经济学关注的焦点。从国际贸易与产业政策的视角来看,一国的工业化战略可以分为出口导向战略(Export-Oriented Strategy/Export-Led Strategy)与进口替代战略(Import Substitution Strategy)。

出口导向也称出口替代(Export Substitution)或出口促进(Export Promotion),是指一国制定有利于出口的贸易与产业政策,鼓励外向型产业发展与产品出口,并以此加速本国工业化进程,带动经济增长。出口导向意味着经济增长主要由国际市场推动,同时也意味着向外国开放市场,以换取对国外市场的准入。与出口导向战略相关,进口替代战略是另一种工业化发展战略。进口替代是指当一国的工业品进口量达到一定规模时,通过采取多种措施,如利用关税、进口配额等来限制进口,同时发展本国工业,替代过去进口的工业品,以此促进本国工业化进程与经济增长。

经济学家也常用外向型战略(Outward-Oriented Strategy)和内向型战略(Inward-Oriented Strategy)来描述出口导向战略和进口替代战略。世界银行在1987年《世界发展报告》第5章"贸易政策与工业化"中,把发展中国家的贸易战略分为外向型战略和内向型战略。外向型战略是指在生产时同等重视国内市场和出口市场,在消费时同等对待国内商品与外国商品的贸易与产业政策。外向型战略并不反对自由贸易,这种非歧视性贸易与产业战略常常被认为是出口促进战略。与此相反,内向型战略是指贸易与产业政策激励都偏向于国内市场而非出口市场,这种战略也就是我们常说的进口替代战略。

巴格瓦蒂(Bhagwati)用进出口的有效汇率(EER)来区分出口导向与进口替代战略。出口有效汇率(EER_X)是指均衡汇率加上任何形式出口补贴或税收优惠,进口有效汇率(EER_M)是指均衡汇率加上任何进口关税或配额限制等贸易壁垒。当 $EER_X < EER_M$ 时是进口替代战略,当 $EER_X = EER_M$ 时是出口促进战略,当 $EER_X > EER_M$ 时是极端出口促进战略。

当一国实行出口导向战略时往往是利用比较优势原理,发展本国生产要素密集型产业,通常是劳动或资源密集型产业,并结合鼓励出口的政策措施,如出口退税、出口补贴、出口信贷和出口保险等,为促进出口而引进生产所需设备、技术及经营管理知识,优先保障出口企业的原材料供给与外汇支持,建立出口贸易区等。实行出口导向战略的优点有:能利用比较优势生产出口产品,提升专业化水平,优化资源配置,有利于积累资本,获得先进技术与管理知识,促进本国工业化的发展(Kavoussi,1984;Ram,1985)。

实行出口导向战略也会存在一定的问题,在实行出口导向战略初期出口的是劳动密集型产品,如果不加速技术创新与知识资本积累,实现产业升级,产业发展就可能陷入低水平循环的陷阱。

第二次世界大战后,特别是20世纪60年代开始,日本以及亚洲"四小龙"(韩国、新加坡、中国台湾、中国香港)等国家和地区通过实施出口导向战略,把经济活动重心从本国或本地区转向国际市场,利用比较优势发展劳动密集型产业,导致了经济持续、快速的增长,在较短时间内实现了工业化。通过实施出口导向战略,韩国农业占GDP比重从1961年的47.4%降为1985年的15%,工业比重则从16.5%上升到33.4%。中国台湾农业占GDP比重从1952年的35.7%下降为1978年的12.1%,工业比重则从17.9%跃升为40.3%。亚洲"四小龙"成功的发展轨迹也被称为"东亚模式"。20世纪80年代开始,泰国、马来西亚、印度尼西亚和菲律宾等国家通过出口导向战略使国民经济,特别是工业得到了迅速发展,而被称为亚洲"四小虎",但1997年开始的亚洲金融风暴使这些国家发展受到重挫,经过数年挣扎才开始复苏。当然,中国等发展中国家的持续经济增长同样得益于出口导向战略。

出口导向战略导致的经济增长被称为"出口导向经济增长"(Export-Led Growth, ELG)。对出口导向经济增长这一假说进行检验的经验研究非常多,巴拉萨(Balassa, 1978)、费德(Feder, 1983)、道勒(Dollar, 1992)、麦克纳博和莫尔(McNab and Moore, 1998)的实证研究都支持ELG假说。有的经济学者,如麦切里(Michaely, 1977)、莫斯克斯(Moschos, 1989)认为出口导向经济增长存在"门槛效应"(Threshold Effect):只有超过一定发展水平的国家实行出口导向政策才会导致经济增长。有些经济学者，如郑和马歇尔（Jung and Marshall，1985）、邹（Chow，1987）、加塔克（Ghatak，1998）、达万和比斯沃尔（Dhawan and Biswal，1999）通过分析新兴工业化国家和地区（NICs）的数据发现，有的国家存在 GLE（Growth-Led Export）现象，有的国家出口增长与经济增长之间存在双向因果关系，还有的国家出口增长与经济增长之间没有因果关系。很多学者对中国进行了实证研究，关和科兹米迪斯（Kwan and Cotsomitis，1991），刘、宋和罗米利（Liu，Song and Romilly，1997）、单和孙（Shan and Sun，1998）、林毅夫和李勇军（2003）等人的实证研究都支持 ELG 假说，而沈程翔（1999）、刘瑞翔和安同良（2011）的研究发现出口增长与经济增长之间存在双向的因果关系，赵陵、宋少华和宋泓明（2001）的研究则发现中国的数据只在短期内支持 ELG 假说。格林纳威和萨普斯福德（Greenaway and Sapsford，1994）、丹尼加彦和德维（Dhananjayan and Devi，1997）、许和连和赖明勇（2002）等学者作了 ELG 研究的文献综述。

初级产品或大宗产品出口理论（Staple Theory）是"ELG 假说"的一个分支。初级产品理论最早由麦金托什（Mackintosh）提出。一些经济学家用这一理论来解释自然资源丰富的加拿大、芬兰、丹麦、澳大利亚，以及阿根廷等拉丁美洲国家在 20 世纪中叶之前的经济发展模式。初级产品理论认为，一些非工业化国家虽然资本稀缺，但在自然资源方面拥有比较优势。工业化国家对原材料的巨大需求导致了非工业化国家运输业及相关产业的发展，带动了非工业化国家的国内需求与城镇化发展。随着经济的开放与资本积累，非工业化国家经济发展会慢慢摆脱对初级产品出口的依赖，并逐步实现工业化。

1929 年开始的经济大危机使奉行初级产品出口导向增长模式的拉美国家遭受重创，经济学家们开始反思初级产品出口导向增长模式，于是有了"普雷维什—辛格假说"（Prebisch-Singer Hypothesis）：在国际市场上，由于技术等一系列条件对初级产品出口国家的不利影响，存在着非工业化国家初级产品价格相对发达国家工业制成品价格长期下跌的趋势，因此大量国际贸易利益被工业化国家所占有。

20 世纪 30 年代，由于初级产品出口工业化遭受打击，一些国家开始寻求"进口替代"战略来推进工业化的发展。拉美国家的进口替代战略引起了经济学家们的广泛关注。进口替代和出口导向两种战略是相互补充、相互作用的（吕铁，2001）。钱纳里（Chenery，1986）等人认为，一个后发国家在成功地进入世界市场，转向出口导向战略之前，往往需要一个进口替代时期。20 世纪 30 年代，奉行初级产品出口导向增长模式的拉美国家，如阿根廷、墨西哥、巴西、乌拉圭、智利、哥伦比亚等逐步转向进口替代战略（苏振兴、张勇，2011），并逐渐开始了对幼稚产业的保护，实施进口替代战略。20 世纪 50 ~ 70 年代，拉美国家的进口替代战略进入高潮，这一时期拉美国家保护本国产业的政策措施十分严格。60 年代，阿根廷的平均关税高达 90%，厄瓜多尔、巴拉圭的平均关税约 50%，巴西、智利和哥伦比亚等国的关税约 40%，而 1975 年墨西哥实行进口许可证的商品高达 100%。从 70 年代末开始拉美国家的工业化进程遭受前所未有的打击，出现经济持续后退、产业竞争力下降，工业占 GDP 比重从 1980 年的 27.8% 下降到 1991 年的 17.8%，之后降速减缓，1991 ~ 2010 年一直在 15% ~ 18% 之间徘徊，出现了所谓的"去工业化"（De-Industrialization）现象。20 世纪末拉美国家开始调整进口替代战略，一些国家启动出口导向战略，据美洲开发银行统计，1985 ~ 1995 年拉美国家的平均关税从 44.16% 降至 13.11%。进入 21 世纪，很多拉美国家开始实施新的产业政策——"竞争力政策"，墨西哥、巴西等国家的产业政策重点支持战略性产业，实施所谓的"部门政策"，而阿根廷、智利和乌拉圭等国实施无部门之间歧视的产业政策，即"横向政策"或"中性政策"。

很多学者都批评拉美国家的进口替代政策不仅违背自由贸易原则与比较优势原理，而且会带来一些弊端。普雷维什（Prebisch）认为进口替代政策有明显的缺点：产业发展受国内市场狭小的限制，而且贸易保护会带来低效率。克鲁格（Krueger）认为，发展中国家在实施进口替代战略初期能取得一定的效果，如国民收入的增加、建立较独立工业体系；但随着时间的推移，进口替代政策会体现出以下弊端：一方面，政府对经济与贸易的管制越来越多，寻租活动就会大大增加，导致经济效率下降；另一方面，国内资源的使用是有成本的，具有比较优势的生产要素得不到充分利用，这会导致资源配置效率低下，国际竞争力下降。其实，进口替代作为一种工业化发展战略很早就已经出现，18 ~ 19 世纪，英、德、法等一些资本主义国家在工业化初期较成功地实行了进口替代战略。但回顾世界经济发展史，几乎没有长期实施进口替代战略而成功实现工业化的国家，却有不少通过实施出口导向战略而成功实现工业化的国家，尤其是东亚国家。因此，经济学家们对出口导向战略的评价明显要高于进口替代战略。

参考文献：

林毅夫、李勇军：《出口与中国经济增长：需求导向的分析》，载于《经济学（季刊）》2003 年第 4 期。

苏振兴、张勇：《"从进口替代"到"出口导向"：拉美国家工业化模式的转型》，载于《拉丁美洲研究》2011 年第 4 期。

许和连、赖明勇：《出口导向经济增长（ELG）的经验研究:综述与评论》,载于《世界经济》2002 年第 2 期。
文礼朋、郭熙保:《初级产品出口导向发展理论述评——自然资源丰富的中小国家的经济发展思路》,载于《国外社会科学》2008 年第 1 期。
尹翔硕:《试论贸易战略选择的客观基础》,载于《世界经济》1992 年第 7 期。
B. Balassa, Exports and Economic Growth: Further Evidence, *Journal of Development Economics*, Vol. 5, No. 2, June 1978.
J. N. Bhagwati, *Political Economy and International Economics*, Cambridge: The MIT Press, 1996.
H. Chenery, S. Robinson and M. Syrquin, *Industrialization and growth*, New York: Oxford University Press, 1986.
P. C. Y. Chow, Causality Between Export Growth and Industrial Development: Empirical Evidence from the NICs, *Journal of Development Economics*, Vol. 26, No. 1, June 1987.
U. Dhawan, B. Biswal, Re-Examining Export-Led Growth Hypothesis: A Multivariate Cointegration Analysis for India, *Applied Economics*, Vol. 31, No. 4, April 1999.
S. W. Jung, P. J. Marshall, Exports, Growth and Causality in Developing Countries, *Journal of Development Economics*, Vol. 18, No. 1, May-June 1985.
Anne O. Krueger, Trade Policy and Economic Development: How We Learn, *American Economic Review*, Vol. 87, No. 1, March 1997.
X. Liu, H. Song and P. Romilly, An Empirical Investigation of the Causal Relationship between Openness and Economic Growth in China, *Applied Economics*, Vol. 29, No. 12, December 1997.
Raúl Prebisch, Commercial Policy in the Underdeveloped Countries, *American Economic Review*, Vol. 49, No. 2, May 1959.
J. Shan, F. Sun, On the Export-Led Growth Hypothesis: the Econometric Evidence from China, *Applied Economics*, Vol. 30, No. 8, August 1998.
The World Bank, *World Development Report* 1987, New York: Oxford University Press, 1987.

(曹虹剑)

工业部门
Industrial Sector

工业是以机器和机器体系为劳动手段,从事自然资源的开采,对采掘品和农产品进行加工和再加工的物质生产部门。统计上,工业领域通常包括对自然资源的开采、对农副产品的加工和再加工、对采掘品的加工和再加工以及对工业品的修理和翻新等部门。一般来说,工业生产的主题是对物质资料的加工以及同这一加工过程直接相关的生产性活动。

工业作为一个独立的物质生产部门,是社会生产力、社会分工和商品交换发展的产物。近代机器大工业发源于英国,它是在工场手工业的基础上经过工业革命而逐渐发展起来的。机器大工业的出现,大大提高了生产技术水平和劳动生产率,开创了生产力发展历史的新纪元。推动现代工业发展的关键因素主要包括:一是科学技术的进步;二是社会分工的发展。

在国民经济结构分析中,工业被称为第二次产业,而农业和服务业则分别对应第一次产业和第三次产业。

为了更好地统计和研究不同的工业部门,政府部门和学术界提出了不同的分类方法对工业部门进行分类。

按照产品的主要经济用途,可以把工业分为生产生产资料的工业和生产消费资料的工业两大部类,并大致可以称为"重工业"和"轻工业",其中重工业又可以分为生产重工业部门生产资料的工业(矿山机械、冶金设备等)和生产轻工业部门生产资料的工业(纺织机械、食品机械等);重工业有时也被称为"重化工业",特指其中包括了石油化学工业。重工业中装备制造业(生产机械设备的工业部门)又是重工业中最主要的部分,所以,重工业有时也直接被理解为装备制造业。

按原材料等劳动对象的性质和来源不同可分为采掘工业和加工工业。采掘工业是指直接从自然界取得原料和燃料的部门,其劳动对象直接取自自然界,包括矿物的开采、未经人工培植的动物性和植物性资源,以及其他自然界资源,例如,采矿、石油开采工业等。加工工业是对从采掘工业或农业取得的原料进行不同层次加工和再加工的工业。加工工业又可以分为原材料工业和制造工业,原材料工业是直接对采掘工业和农业产品进行加工的工业,而制造业是指对经过初步加工的工业原材料进行加工和再加工的工业。按照加工对象,加工工业又分为加工采掘工业产品的加工工业和加工农产品的加工工业,其中,加工采掘工业产品的部门进一步分为直接对采掘工业产品进行加工(如金属冶炼)和对经过初步加工的采掘工业产品进行加工和再加工(如金属制品、机械制造等)两类,而加工农产品的部门又分为直接对农副产品进行加工(如面粉工业、制革工业、纺织工业等)和对经过初步加工的农业原料进行加工和再加工两类。

按照生产过程的投入要素相对密集程度,可将工业划分为劳动密集型工业、资金密集型工业和知识技术密集型工业。劳动密集型工业是指在生产过程中依靠手工劳动程度大的工业行业,一般如服装工业、工艺品工业等;资金密集型工业主要是指占用资金多、需大量投资购置设备装置而耗费较多物化劳动的工业部门，如钢铁冶炼工业、电力工业、基本化学工业等；知识技术密集型工业是指依靠大量科学知识和先进技术工业的工业部门，如电子工业、计算机工业等。这种分类反映了工业化演进过程中工业部门的高级化趋势。

从统计角度，各个国家大多有自己的标准行业分类。比如，中国国家统计局修订的国家标准《国民经济行业分类》（GB/T 4754—2011）中，工业包括采矿业、制造业、电力热力燃气及水生产供应业。

参考文献：
丁宝山、任建平：《产业经济辞典》，中国财政经济出版社 1991 年版。
金碚：《新编工业经济学》，经济管理出版社 2005 年版。

（张沈伟）

常规能源和新能源
Conventional Energy and New Energy

常规能源，又被称为传统能源，是指已经大规模生产和广泛利用的能源。常规能源又可以按照是否可以再生利用而区分为不可再生能源和可再生能源。如煤炭、石油、天然气、核能等都属不可再生的常规能源，而水电则属于可再生的常规能源。煤和石油天然气则不然，它们在地壳中是经千百万年形成的（按现在的采用速率，石油可用几十年，煤炭可用几百年），这些能源短期内不可能再生。

新能源，又被称为非常规能源，是传统能源之外的各种能源形式，主要是在新技术基础上刚开始系统地开发利用、未来应用规模有待推广的能源，如太阳能、风能、海洋能、地热能、生物质能等。新能源主要是可再生能源，相对常规能源具有储量丰富的优点。据斯坦福大学土木和环境工程系马克·雅各布森（Mark Jacobson）教授估计，按在 80 米高度处 6.9 米/秒的风速来计算，全球风能可利用资源量为 72 万亿千瓦，即使只成功利用了其中的 20%，依然相当于世界能源消费量的总和。

常规能源与新能源的划分是相对的，同一种能源随着其应用规模的改变可能会从新能源转变为常规能源。比如，核裂变能于 20 世纪 50 年代初开始被用来生产电力和作为动力使用，当时被认为是一种新能源。而到 80 年代时，由于应用日趋广泛，世界上不少国家已把它列为常规能源。相对而言，太阳能和风能尽管被利用的历史比核裂变能要早许多世纪，但是由于技术限制，能源利用效率较低，使用规模相对有限，未来还有赖于通过不断的研发提高技术水平，降低成本。

新能源相对常规能源具有污染小的特点。常规能源，比如煤炭和石油，在开采过程中可能造成水资源污染、地表塌陷、矿区荒漠化等问题，而在使用过程中也会排放二氧化碳、二氧化硫等对环境产生污染的气体。而新能源一般是无污染的，比如，风电利用风能驱动电机产生电能；太阳能利用太阳能电池板将热能转化为电能，在应用过程中不排放有毒有害气体。新能源更加环保的特点也是各国大力发展的重要原因之一。然而，随着新能源产业实际应用的开展，人们对新能源的认识也更加丰富和全面，新能源的应用同样也存在可能会影响生态环境的风险。比如，太阳能电池板需要使用单晶硅，而单晶硅制造业则是典型的高耗能高污染产业；风能需要在较大的面积安装叶片直径高达数十米的大型风机，这也会对所在区域的鸟类等动植物的生存环境产生负面影响。因此，发展新能源需要从全产业链的角度判断评估其能耗情况和环保影响，也需要从全产业链角度来提升技术水平和应用效率。

新能源具有分布广泛的特点，而常规能源往往集中在少数区域。比如，新能源中的太阳能和风能，在全球几乎所有国家都有广泛分布，而传统能源中，据世界能源委员会统计 2011 年的统计数据，62.9% 的煤炭储量分布在欧亚大陆及美国，55.6% 的原油储量分布在中东地区。传统能源分布的不均衡往往带来全球能源供应的不稳定，影响国家安全。大力发展分布更为均衡的新能源，将有助于弥补常规能源的不足。

参考文献：
林伯强：《现代能源经济学》，中国财政经济出版社 2007 年版。
Mark Jacobson, *How Much Energy Can We Get from the Wind?* http://soe.stanford.edu/research/ate/jacobson.html.

（张沈伟）

里昂惕夫需求模型
Leontief Demand Model

里昂惕夫模型是由俄裔美国经济学家沃西里·里昂惕夫 20 世纪 50 年代提出的一种"投入产出分析模型"。即根据国民经济各部门产品交易数量和规模编制出一个投入产出表，既能横向反映某一部门的产品在其他部门中的分配，又能纵向比较某一生产部门在生产消费过程中从其他部门得到的产品投入。基于这一图表能够计算出投入系数，即每个部门的单位产出对其他部门投入产品数量的需求程度（也可显示出本部门的投入规模）。根据这些系数可以建立线性方程组，对各部门生产关系、运行流程等方面进行系统的分析研究。

里昂惕夫之谜。1931 年，瑞典经济学家俄林在《区际贸易和国际贸易》一书中将瑞典经济学家赫克歇尔的国际贸易理论发展成为著名的赫克歇尔—俄林理论。这一理论认为要素禀赋从根本上决定着一国在国际贸易中的比较优势和价格水平，因此，各国往往趋向于出口该国相对丰裕和便宜的要素密集型商品，进口相对稀缺和昂贵的要素密集型商品。20 年后，里昂惕夫利用对美国 1947 年数据进行分析研究得出了截然相反的结果：美国虽然是世界上资本最丰裕的国家，进口的多为资本密集型商品，出口的反而是劳动密集型商品，进口替代品的资本密集程度比美国出口商品资本密集程度约高出三成。这又被称作里昂惕夫悖论或里昂惕夫之谜。里昂惕夫认为原因可能是由于美国工人劳动效率具有优势，劳动生产率大约是其他国家工人的三倍，是劳动要素相对丰富、资本要素相对稀缺的国家。

经济学界对此争论不已。肯恩等人认为重要原因在于里昂惕夫所定义的资本忽略了人力资本，而这恰恰是美国重要的资源禀赋。如果把人力资本计入实物资本之内，美国出口品的资本密集度将高于进口替代品。利默尔等人认为仅仅比较出口商品和进口商品的相对资本密集度，不适用于成熟的商品经济社会和发达的商品贸易经济。也有观点认为里昂惕夫仅仅使用两种要素（资本、劳动）构建模型，忽略了自然资源、环境成本等其他要素的影响，没有考虑到自然资源密集型产品这一重要参数，事实上，在美国进口替代品中，初级产品占 65%，而出口商品仅占 15%。

美国经济学家基辛认为一个国家的劳动要素千差万别，很难真正同质，国与国之间的劳动要素就更难比较。美国是在技术要求相对较高的产业中具有国际比较优势的国家，同时低技能劳动要素相对稀缺，必然大量出口其具有比较优势的高技能劳动密集型商品，进口低技能劳动密集型商品，因此国家对外贸易结构和商品流向同要素禀赋理论的基本原理并没有矛盾。事实上，美国作为世界首席大国的重要竞争优势就在于高素质劳动力的聚集优势，如果把这部分人力资本计入物质资本，美国就仍然是出口资本密集型产品，进口劳动密集型产品，里昂惕夫之谜就迎刃而解了。

里昂惕夫生产函数又称固定投入比例生产函数，是指在任一产量水平之中，任何成对要素投入量之间的比例都是固定的生产函数。产量的多少要取决于投入最少的那对要素组合。

决定产量的两大要素是劳动和资本，固定投入比例生产函数则为：

$$Q = \min(L/U, K/V)$$

其中，Q 表示产品的产量，L 和 K 分别表示劳动和资本的投入量，U 和 V 分别表示为固定的劳动和资本的生产技术系数，它们分别表示生产一单位产品所需要的固定的劳动投入量和资本投入量。该生产函数表示产量 Q 取决于两个比值 L/U 和 K/V 中较小的那一个，即使其中的一个比例数值较大，也不会提高产量。这与短板效应或者木桶理论有相似之处。在这里，Q 的生产被假定为必须按照 L 和 K 之间的固定比例，当一种生产要素的数量不能变动时，另一种生产要素的数量再多，也不能增加产量。需要指出的是，在该生产函数中，一般通常假定生产要素投入量 L、K 都满足最小的要素投入组合的要求，所以有：

$$Q = L/U = K/V \text{ 即 } K/L = V/U$$

这一公式明晰了该生产函数的固定投入比例的性质，在这里，它等于两种要素的固定的生产技术系数之比。对于一个固定投入比例生产函数来说，当产量发生变化时，各要素的投入量以相同的比例发生变化，所以，各要素的投入量之间的比例维持不变。

参考文献：

[荷]泰斯·滕亚：《投入产出分析经济学》，经济管理出版社 2012 年版。

[德]波尔：《需求工程：基础、原理和技术》，机械工业出版社 2012 年版。

[澳]麦斯阿塞克：《需求分析与系统设计》，机械工业出版社 2009 年版。

[美]丹尼尔·耶金：《能源重塑世界》，石油工业出版社 2012 年版。

金碚：《资源与增长》，经济管理出版社 2009 年版。

向蓉美、孟彦菊：《地区投入产出模型扩展研究》，西南财经大学出版社 2011 年版。

廖明球：《投入产出及其扩展分析》，首都经济贸易大学出版社 2009 年版。

袁建文：《投入产出分析实验教程》，格致出版社 2011 年版。

陈锡康、杨翠红等：《投入产出技术》，科学出版社 2011 年版。

谭玲玲：《中国煤炭需求复杂网络结构建模研究》，经济管理出版社 2009 年版。

祁京梅：《我国消费需求趋势研究及实证分析探索》，中国经济出版社 2008 年版。

[美]克利斯托夫·帕斯、布赖恩·洛斯、莱斯利·戴维斯：《科林斯经济学辞典》，上海财经大学出版社 2008 年版。

（王卓明）

煤电价格联动机制

Coal-Electricity Price Linkage Mechanism

煤电价格联动机制是指电价根据煤炭价格的变动

作出相应调整，以确保电力企业的盈利能力和电力供应稳定的机制。

在经济学中，上下游之间的价格关系完全可以通过市场来进行调节。但是，随着上游煤炭价格逐渐市场化，煤价波动加剧，而下游电力价格市场化程度低，并且作为公共设施需要保持供应和价格的稳定性，这就很容易导致下游电力企业经营经常面临成本的较大波动，在特定情形下，电力企业为了确保盈利不得不减少电力供应，从而影响整个国民经济的电力供应稳定性。因此，政府部门往往会制定一定的煤价与电价的联动机制，以使电力企业根据煤价变动较为灵活地调节电力价格，从而确保电力企业盈利以及电力供应的稳定性。

煤电价格联动机制在国际上也有较广泛的应用。

日本能源供应严重依赖进口，石油和天然气等燃料进口价格变动对电力公司经营业绩有着巨大影响。为了使电力收费能够迅速反映燃料价格变动情况，日本从1996年1月开始实行"燃料费调整制度"。根据这项制度，用户电价每3个月进行一次自动调整，以海关统计所公布的上季度各种燃料进口价格3个月平均值为依据，计算的销售电价在变动幅度超过5%时进行调整，每次销售电价调整的上限为上涨50%。

美国煤电价格联动机制在其发电竞价上网实施前后有所不同。在实施发电竞价上网前，发电企业上网电价与用户电费均在基价之外单独设立燃料调整费，用户燃料调整费用与电厂燃料调整费用联动。当电厂燃料价格变动时，电厂自动调整与电网结算的燃料调整费用标准，电网则相应调整用户电费单中的燃料调整费，联动周期最短为1个月。政府对电厂采购燃料的原始单据进行审计以防范弄虚作假。在20世纪80年代末电力竞价上网后，煤等主要发电燃料价格的变动向发电价的传导主要依靠市场力量实现。

南非煤电价格联动需经政府审批。南非的电价机制中，明确提出了燃料成本变动情况下的电价调整机制。如果煤价变动偏离政府核定电价时采用的煤价（基准煤炭成本），则南非国营电力公司就采取实际煤炭成本与基准煤炭成本的加权值作为发电燃料成本。如果煤炭价格上涨，则电力公司可向电力监管部门提出调价申请，电价的变动最终由政府决定。电力企业也可通过参与煤炭开发或与煤炭供应商签订长期合同，抑制煤炭价格大幅波动，减轻电价压力。

煤炭是我国的基础能源，占一次能源生产和消费的70%左右。电煤是煤炭消费的主体，占消费总量的一半以上。深化电煤市场化改革，搞好产运需衔接，对保障电煤稳定供应和电力正常生产，满足经济发展和群众生活需求具有十分重要的意义。2002年，我国全面放开煤炭价格，为了理顺煤电价格关系，促进煤炭、电力行业协调与可持续发展，经国务院批准，2004年底发改委正式下发了《关于建立煤电价格联动机制的意见》，确定建立市场化的煤电价格联动机制。该机制主要内容包括：(1)上网电价与煤炭价格联动。以不少于6个月为周期，当周期内电煤综合出矿价格的变化超过5%后，在电力企业消化30%的煤价上涨因素基础上，将上网电价随煤炭价格变化调整；(2)销售电价与上网电价联动。上网电价调整后，相应调整电网企业对用户的销售电价，其中，居民电价、农业电价和中小化肥电价一年最多调整一次，其他电价随上网电价调整；(3)建立电煤价格信息系统以及指标体系，设立分煤种的煤炭交易量、交易价格统计指标体系，确定统计标准、采价点、报送制度、统计方法等，在此基础上计算平均煤价及变化幅度，定期对外发布，作为煤电价格联动的计算依据。

煤电价格联动机制的实施对于缓解我国的煤电矛盾产生了积极的作用。以往的定期调价方式需要对电力企业成本进行全面核查，效率低下，在成本快速上涨给电力企业造成严重冲击时，无法及时发挥作用。而价格联动机制确立的规则，可以帮助电力企业快速应对冲击，有效减少监管部门的时滞和行政成本；及时调整电价还可以发出正确的价格信号，避免生产消费过程中能源使用的扭曲；通过及时调整电价，也可以避免一次性调价时带来价格水平涨幅过大的问题。

但从实际实施情况来看，煤电价格联动机制也存在一定的问题：

首先，联动机制是否能够准确按照规定执行，如超过煤价上浮线后，电价能否及时调整。现实情况中，电价之所以难以市场化调整，主要就是因为电价涉及整个经济的运行成本，牵一发而动全身，政府对其变动十分谨慎。尤其是在通胀压力较大的情况下，电价上调必然会加大通胀风险。同时，在电价相应上调之后，实际上又会影响煤炭的生产和运输成本，从而有可能带来煤炭价格的新一轮上涨。这种自发性循环的过程使煤电价格联动机制面临较大的执行阻力。

其次，联动机制中存在较多的行政干预。通常情况下，电力企业需要承担部分煤价上涨的成本，不能完全将其转嫁给下游用户。电力企业自身承担的这一比例是否恰当将直接影响电力企业的盈利能力和电力供应的稳定性。当电力企业因为发电不能盈利时，政府为了防范价格风险，可能会进一步采取行政措施压制上游煤炭价格，要求煤企与电厂签订低于市场价格的供应合同，这种进一步的扭曲措施可能会导致电煤供应的短缺，从而最终还是威胁电力供应的稳定性。

最后，煤电联动机制难以解决煤电之间的价格传递问题。在完善的市场机制下，煤电价格联动本身是市场的自发行为,价格会自发进行调整。在煤炭价格市场化的背景下,为了最终确保煤电价格联动机制的顺畅运行,让价格信号的作用有效发挥,仍然有赖于电力价格的市场化改革,强化电力企业之间的市场竞争机制。与此同时,政府仍应加强对电力企业成本的监管,如果确定需要电力维持在一定的价格水平上,也应该以准确的成本计量和相互竞争的发电市场为基础进行补贴。

针对煤电价格机制存在的问题,国务院正在逐步推进相关领域的市场化改革。2012 年 12 月,国务院办公厅发布《关于深化电煤市场化改革的指导意见》,指出要以取消重点电煤合同、实施电煤价格并轨为核心,逐步形成合理的电煤运行和调节机制。将继续完善煤电价格联动机制,建立电煤产运需衔接新机制,推进电力市场化改革等。自 2013 年起,取消重点合同,取消电煤价格双轨制,发展改革委不再下达年度跨省区煤炭铁路运力配置意向框架。煤炭企业和电力企业自主衔接签订合同,自主协商确定价格。鼓励双方签订中长期合同。完善煤电价格联动机制,继续实施并不断完善煤电价格联动机制,当电煤价格波动幅度超过 5% 时,以年度为周期,相应调整上网电价,同时将电力企业消纳煤价波动的比例由 30% 调整为 10%。

参考文献:
东京电力:Fuel Cost Adjustment System. http://www.tepco.co.jp/en/customer/guide/fuelcost-e/html。
李成仁、高效:《煤电联动的国际经验及启示》,载于《成人高教学刊》2010 年第 5 期。
王小芳、纪汉霖:《我国煤电价格联动机制的可实施性和效率分析》,载于《煤炭经济研究》2009 年第 11 期。
辛莎莎、阚忠南:《煤电价格联动政策存在的问题与对策》,载于《华北电力大学学报》2011 年第 12 期。
林伯强:《为什么煤电需要联动》,载于《中国电力企业管理》2008 年第 1 期。

(张沈伟)

资本密集度
Capital Intensity

资本密集度从名义上衡量是简单的,也就是资本与总产出的比例。如果从一个国家整体来说,它也就被定义为一国资本存量与国内生产总值(GDP)的比值。在进行资本密集度的国际比较时,因为数据来源和计算方法都不同,学者们往往要根据自己的需要进行调整,同时考虑通货膨胀的因素,例如用购买力平价的方法。在一些文献中,资本密集度也被定义为资本和劳动的比例。

在经济增长理论中,在长期情境下,经济学家将经济体之间生产潜力差距的原因归结为两大方面:第一,经济体之间劳动效率的差异,也就是在即使维持资本水平不变的时候,如何利用技术,改善生产组织,去增加单位工人的产出;第二,经济体之间资本密集度的差异,也就是如何在技术和组织方式不变的情况下,如何利用有用的机械、建筑、基础设施等资本去提高工人的生产效率。那么增长政策也可以大体分为两种:一是通过技术进步,完善制度去提高劳动效率,从而促进增长,带来繁荣;二是增加投资,提高经济体的资本密集度。

当然,资本密集度的增长可能也是有限的。例如在索洛增长模型中,它的均衡是一种平衡增长均衡。当达到均衡时,资本集中度将保持不变,但是其他经济变量仍然保持增长。换句话说,经济体中单位产出所需的资本保持不变,资本存量和产出的变化保持相同速率。资本密集度和资本收益递减的参数决定了平衡增长时的人均产出等于劳动效率。在经验研究中,一个重要发现是,资本密集度的提高实实在在地提高了经济增长。例如乔根森和瓦努阿图(Jorgenson and Vu,2005)认为,人均产出的差异主要来源于单位资本投入的高低,而不是生产效率的差别。

参考文献:
[美]菲利普·阿吉翁、彼得·霍依特:《内生增长理论》,北京大学出版社 2004 年版。
[美]罗伯特·J. 巴罗、哈维尔·萨拉伊马丁:《经济增长》,中国社会科学出版社 2000 年版。
刘树成:《现代经济词典》,凤凰出版社 2005 年版。
Jorgenson, Dale W. and Khuong M. Vu, Information Technology and the World Economy, *Scandinavian Journal of Economics*, Vol. 107, No. 4, 2005.

(陈志)

生产方式
Mode of Production

生产方式是人类生产、生活所需物质和非物质资料生产或谋取的组织方式。工业革命以来,随着技术的变革与经济社会环境的变化,人类社会的生产方式发生了两次显著的转变。

在工业革命之前,生产方式的主要特征是使用手工工具,以手工劳动和手工工艺为主。工业革命之后,机器逐步取代了手工工具,成为主要的生产工具。在整个 19 世纪,有两种形式的技术发展处于冲突之中。一种是手工生产,它基于这样一种思想:机器和工艺能提高手工工匠的技能,这种技能使得工匠能把他的更多知识赋予更多样化的产品中:机器越灵活,工艺的应用越广泛,就越能扩展工匠的生产表达能力。另一种形式是大规模生产(Mass Production),它的指导原则是,如果机器能够代替人类技能,那么生产任何产品的成本都会大幅度降低。它的目的是将每一项手工工作都分解成简单的步骤,每一步都能被机器以比人手更快和更精确地执行(Piore and Sabel,1984)。可换的零部件、专用机器、以生产过程为中心、劳动分工等在大规模生产中尤为重要,它们不仅是大规模生产的基础,也是大规模生产的原则。此外,大规模生产的原则还包括:流水线生产、以低成本和低价格为目标、规模经济、产品标准化、专业化程度、以工作效率为中心、由专业管理人员组成的分层组织结构(科学管理)以及垂直集成(派恩,2000)。大规模生产创造了基于规模经济和范围经济的市场,产生了建立于功能专业化和劳动分工基础之上的巨型组织,第二次世界大战之后,大规模生产已经成为世界工业的主要生产方式。亨利·福特T型车的诞生及其巨大成功将大规模生产推向极致,因此,大规模生产方式又被称为福特制(Fordism)。

大规模生产方式具有手工生产方式不可比拟的优势,例如标准化、大规模、低价格。从19世纪末到20世纪70年代,大规模生产是美欧经济增长的发动机。但大规模生产有着很大的局限性,例如输入不稳定、变化的人口、变化的需求、饱和的市场、外来冲击、不确定因素以及产品和工艺技术的冲击等。20世纪60年代后期,主要发达资本主义国家的经济遇到困难,先是广泛的不满和社会动荡,接着是原材料短缺,再接着是快速的通货膨胀和增长的失业率,最后是经济停滞。到20世纪70年代,出现了两种长期的发展趋势,第一种是消费者的口味明显趋于多样化,第二种是原材料的枯竭。这两种趋势使得大规模生产方式的负面影响展现出来,并动摇了与大规模生产相伴的持续增长的可能性(派恩,2000)。在市场高度饱和、经济剧烈波动、社会动荡不安、消费者群体不断变化、能源和原材料价格上涨的压力下,大规模生产逐步转向柔性生产,或者说从“福特主义”到“后福特主义”的转型,而派恩则称之为从“大规模生产”到“大规模定制(Mass Customization)”(派恩,2000)。按照大规模定制的逻辑,消费者个性化的需求使市场分化成很小的细分市场,要求企业提供低成本、高质量且达到他们需求的产品,但是大规模生产难以以较低的成本做到这一点,因此企业必须增强制造过程的柔性和适应性。依靠灵活性和快速响应能力提供多样化和定制化是大规模定制的核心特征(派恩,2000)。

派恩将大规模定制分为日本公司、灵活的专业化、动态扩展企业三种模式,其中,由大规模生产转向大规模定制的美国企业(以高技术企业为代表)被称为动态扩展企业(派恩,2000)。灵活的专业化主要是以企业集群的形式存在,包括第三意大利、美国硅谷等(Piore and Sabel,1984)。日本公司显著的特征则是精益生产(Lean Production)方式(沃克麦等,1999)或精益制造(Lean Manufacturing)方式,由于最早由日本的丰田汽车公司采用,所以也被称为丰田生产方式。拉明进一步将汽车产业的生产方式细分为三种:以美国为代表的大规模生产方式、以欧洲为代表的修正的大规模生产方式、以日本为代表的精益生产方式或弹性大规模生产方式(拉明,2003)。精益生产方式遵循人本位主义,追求快速应对市场的变化、零库存和企业内外环境的和谐统一,及时生产(Just in Time,JIT)、全面质量管理、团队工作法、并行工程构成精益生产的显著特征。

英国《经济学人》杂志在2012年4月号刊出以“第三次产业革命”为题的特别报道。第三次产业革命兴起的基础是技术的根本性变革。随着机器人、人工智能、3D打印、在线协作制造等技术逐步进入成熟阶段,性能明显提高、成本大幅度下降、广泛应用成为可能(The Economist,2012)。第三次产业革命将会给生产方式带来深刻的变革,生产的柔性化更高,个性化、社会化生产方式将获得快速的发展。以可重构制造系统为代表的新型制造系统以重排、重复利用和更新系统组态或子系统的方式,实现快速调试以及制造,具有很强的包容性、灵活性以及突出的生产能力,企业可以频繁地更改设计而不用花费太多成本,传统的生产设备也变得更加灵活(中国社会科学院工业经济研究所课题组,2012)。随着3D打印技术以及新材料的发展,以低成本制造个性化产品成为可能,规模经济变得不那么明显,一次性样品乃至更多的东西可以被打印出来以满足用户个性化的需求。在计算机和互联网技术的帮助下,用户越来越善于开发他们自己的产品和服务(Von Hippel,2005),甚至个人都能够通过在线交流进行产品的研发、设计、筛选和完善,有效降低行业的进入门槛,个性化生产(Personalized Production)或社会制造(Social Manufacturing)这一新型生产方式正在逐渐形成(中国社会科学院工业经济研究所课题组,2012)。

参考文献:

[美]B. 约瑟夫·派恩:《大规模定制:企业竞争的新前沿》,人民大学出版社2000年版。

[美]理查德·拉明:《精益供应》,商务印书馆2003年版。

[美]詹姆斯·P. 沃克麦、[英]丹尼尔·T. 琼斯、[美]丹尼尔·鲁斯:《改变世界的机器》,商务印书馆1999年版。

中国社会科学院工业经济研究所课题组:《第三次工

业革命与中国制造业的应对战略》，载于《学习与探索》2012 年第 9 期。

Michael J. Piore and Charles F. Sabel, The Second Industrial Divide: Possibilities for Prosperity, New York: Basic Books, Inc., Publishers, 1984.

Manufacturing: The Third Industrial Revolution, *The Economist*, Apr 21st, 2012.

Eric Von Hippel, *Democratizing Innovation*, Cambridge, Massachusetts: The MIT Press, 2005.

（李晓华）

外包
Outsourcing

外包是指企业动态地配置自身和其他企业的功能和服务，并利用企业外部的资源为企业内部的生产和经营服务。在讲究专业化分工的 20 世纪末，企业为维持组织竞争核心能力，且因组织人力不足的困境，可将组织的非核心业务委托给外部的专业公司，以降低营运成本，提高品质，集中人力资源，提高顾客满意度。

根据供应商的地理分布状况划分，外包可以分为两种类型：境内外包和离岸外包。所谓境内外包，也称之为在岸外包，是指外包商与其外包供应商来自同一个国家，因而外包工作在国内完成；而所谓离岸外包，则是指外包商与其供应商来自不同国家，外包工作跨国完成。由于劳动力成本的差异，外包商通常来自劳动力成本较高地国家，如美国、西欧和日本，外包供应商则来自劳动力成本较低的国家，如印度、菲律宾和中国。虽然境内和离岸外包具有许多类似的属性，但它们差别很大。境内外包更强调核心业务战略、技术和专门知识、从固定成本转移至可变成本、规模经济、重价值增值甚于成本减少；离岸外包则主要强调成本节省、技术熟练的劳动力的可用性，利用较低的生产成本来抵消较高的交易成本。在考虑是否进行离岸外包时，成本是决定性的因素，技术能力、服务质量和服务供应商等因素次之。外包的范围按工作性质可分为“蓝领外包”和“白领外包”，其中“蓝领外包”主要是指产品制造过程外包；而“白领外包”则主要是指技术开发与支持其他服务活动的外包，因而通常也称之为“服务外包”。

科勒（Kohler，2001）指出，20 世纪后半期兴起的第二次经济全球化高潮一个新的显著特征，就是全球专业化分工的迅速发展以及建立在此基础之上的外包贸易的盛行。国际分工对象于是迅速从产业、产品层面转移到工序层面，特定产品的生产过程被拆分为不同的生产价值链环节，分散到具有不同要素禀赋相对优势的国家（地区）进行。大量的实证研究揭示了这种经济和贸易现象的重要性。根据胡梅尔斯等学者（Hummels et al.，2001）的测算，这种形式的贸易已经占到全球贸易的 1/3，并且有不断上升的趋势。芬斯特拉等学者（Feenstra et al.，1996）根据美国投入产出表的数据推断美国进口的中间投入品，发现美国进口的中间品比例从 1972 年的 5.3% 增加到 1990 年的 11.6%。坎帕等学者（Campa et al.，1997）的研究表明英国和加拿大都有相同的证据。平新乔（2005）以及刘志彪和吴福象（2006）的实证研究表明，在我国的出口产品中，来自国外的中间投入部分呈逐年递增之势。中间产品贸易快速增长的事实，实质上是对越来越多的国家所进行的特定产品内不同环节或区段生产活动实践的反映，是全球外包贸易的典型表现和结果。

中国改革开放的事业正是在产品内国际分工深入演进以及建立在此基础上的国际贸易迅速发展的背景下展开的。尤其是自 20 世纪 90 年代以来，以美国、欧盟为代表的发达国家产业结构不断升级，其国内产业结构日趋软化，更多的加工制造业产业向外转移，而产品内分工的快速发展又进一步推动产品价值链中资源和劳动密集型生产环节向外转移，中国则利用低成本特别是劳动要素禀赋优势，构筑了承接国际资本和产业转移的平台，通过吸引跨国公司进驻等方式，全面融入到跨国公司主导的产品内国际分工体系中，承接国际产业转移和产品价值链的梯度转移，充当了跨国公司的“价值增值地”和“出口平台”。受制于中国改革开放初期的要素禀赋以及特定经济发展阶段的约束，贴牌生产成为在全球外包迅猛发展之势下，中国融入国际分工体系所采取的主要方式。因此，贴牌生产现象在中国比较普遍。而所谓贴牌生产，原义是指原始设备生产商，在我国往往从不同角度称之为“贴牌生产”、“代工生产”、“委托生产”、“委托加工”、“定牌制造”、“生产外包”等。虽然称谓各异，其基本含义不外乎是指品牌生产者不直接生产产品，而是利用自己掌握的关键的核心技术负责设计和开发新产品，控制销售渠道，具体的加工任务通过合同订购的方式委托同类产品的其他厂家生产。

参考文献：

平新乔：《产业内贸易理论与中美贸易关系》，载于《国际经济评论》2005 年第 5 期。

刘志彪、吴福象：《全球化经济中的生产非一体化》，载于《中国工业经济》2005 年第 7 期。

刘志彪、吴福象：《贸易一体化与生产非一体化：基于经济全球化两个重要假说的实证研究》，载于《中国社会科学》2006 年第 2 期。

W. Kohler, A Specific Factors View on Outsourcing, *North American Journal of Economics and Finance*, Vol. 25, No. 22, December 2001.

D. Hummels, J. Ishii and K. M. Yi, The Nature and Growth of Vertical Specialization in World Trade, *Journal of International Economics*, Vol. 54, No. 1, January 2001.

R. C. Feenstra and G. H. Hanson, *Foreign Investment, Outsourcing and Relative Wages*, In R. C.

Feenstra, G. M. Grossman and D. A. Irwin(eds.), *Political Economy of Trade Policy: Essays in Honor of Jagdish Bhagwati*, Cambridge: MIT Press, 1996.

J. Campa and G. Linda, The Evolving External Orientation of Manufacturing: Evidence from Four Countries, *Economic Policy Review*, Vol. 3, No. 2, February 1997.

（戴翔）

基础设施

Infrastructure

经济学对基础设施的关注的时间很长，因为在现实中，铁路、通信、电力等物质资产对生产率和经济发展产生了种种影响，其中一个关键问题是基础设施是经济发展起飞的初始性（前提）要素，还是只是一个有积极作用但只是伴生的辅助要素？这些问题在20世纪70年代以后被很多经济学家津津乐道，特别是在新增长理论中，生产率的提高直接依赖于劳动力教育、研发投入、高速公路总量等基础设施。

但到目前，主流经济学对基础设施并没有一个完整的、一致的定义。西根（Buhr，2003）曾给基础设施一个相对比较宽泛的定义，也是目前最被接受的一种定义：经济活动参与人能获得的各类物质、制度、私人的设施和数据集合，基础设施是在资源获得适当配置的情况下，用以实现要素报酬的均等化。

从目前的研究看，研究者有两种主要方法来定义基础设施：

一是所谓特征法，这也是目前最主流的方法。研究者基于基础设施具体特征进行定义，主要从基础设施的技术、经济和制度等三个方面的特征去考量。利用特征法，约基姆森（Jochimsen，1966）将物质基础设施定义为三类：（1）经济体内提供能源供应、运输和通信服务的所有盈利性资产、设备；（2）最广泛意义上有关自然资源和交通设施保护相关的资产；（3）公共管理、教育、研究、健康和社会福利相关的建筑和设施。基础设施还有两个共同的特点特别值得关注：第一，基础设施是资本品，它需要大量投资，使用时间也长；第二，基础设施是公共品，符合传统意义上的非排他性（Not Excludable）和非竞争性（Not Rival）。

二是所谓功能法，根据基础设施的所谓“基本”（Essential）功能来定义。所谓“基本”，指的是基础设施能导致其他经济变量产生某些变化，那么每类基础设施都可以分为两种功能：激活（Activation）和实现（Mobilization）经济活动参与人的潜力。每一类基础设施都可以由它产生的效应来定义，例如市场导向的物质基础设施可以定义为协调各经济运行单位活动，实现其经济计划的各类资本品。

由于各类研究者采取不同的路径定义基础设施，即使利用相同的定义方法但由于研究需要，定义的角度也会不同，这导致基础设施的分类和相关定义存在很多互相重复的地方，例如道路是物质基础设施，也是网络基础设施，还是经济基础设施。

从主要的分类看，基础设施往往被分成个人、制度、物质三类：

个人基础设施被定义为市场经济中劳动者的数量和质量，劳动者根据自身能力进行分工合作，来促进经济发展。其实这是人力资本的另一种说法。

制度基础设施一般指的是各种法律条文、规范、程序、政策等，它们决定了经济活动人如何形成自身的决策并予以执行。这里的制度基础设施实际上是制度经济学中对制度的传统定义。

物质基础设施指的是那些为了满足经济活动人基本物质、社会需求，不可移动、非流动的资本品，对个体的经济活动单位（企业，家庭）的生产经营来说，在经济属性上是不可获得的。这个定义有两层，第一，在给定经济发展阶段和经济基础的情况下，基础设施要满足经济和社会需求。例如，洁净应用水的收集和提供，水库作为一个资本品可以看作物质基础设施的一个具体种类。第二，物质基础设施并不是为单个企业和个人的生产和生活服务，而是为了大规模生产服务。基础设施一般来说，固定成本很高，规模经济很明显。由于固定成本在不同情况下，其具体的规模是不同的，这也导致基础设施生产设施的市场结构变化很大，从自然垄断（例如电力供应）到竞争（例如建筑物建设），都可能发生。与物质基础相对应的还有非物质基础，这在文献中多指创新和教育基础设施，例如研究机构、创新网络等。

另外一种分类是将基础设施分为经济和社会基础设施两类。汉森（Hansen，1965）认为这两类基础设施对经济发展的促进作用是不同的。经济基础设施的作用是直接的，包括道路（包括高速公路）、机场、海运、污水处理网络、输水管道、输气管网、电力网络、灌溉设备、物流设施等；社会基础设施的作用相对而言是间接的，包括学校、公共安全设施、废弃物处理厂，等等。

阿肖尔（Aschauer，1989）则把基础设施分为核心和非核心两种。所谓核心基础设施，包括公路、机场、公共交通、输气网、电力网络、污水管网等，而非核心基础设施则是核心以外的所有基础设施。

相对于核心和非核心，也有经济学家将基础设施分为基本和补充两种类型。基本型的基础设施包括铁路、公路、运河、港口、排水系统等,互补型的基础设施则主要是轻轨、电车、输气管网、电力网络、供水设施、电话网等。

而根据基础设施的性状,很常见的一种分类是网络、点状基础设施。网络基础设施易于理解,包括各类运输人、物品、能源、水、信息的网络。点状基础设施相对而言,具有不可移动、不可分割、不可互换(Not-Interchangeability)和多种用途等特点,包括学校、医院、博物馆,等等。

表1 基础设施的基本分类

经济	核心	基本	物质	网络
公路 机场 海上运输设施 污水管网 输水管网 输气管网 电力网络 灌溉设备 物流设施	公路 机场 公共交通设施 污水管网 输水管道 输气管道 电力网络	公路 铁路 运河 港口 电报 排水系统 水利堤坝 土地垦荒	运输网络 水系统 能源系统	公路 铁路 通信网络 能源和水系统
社会	**非核心**	**补充**	**非物质**	**点状**
学校 公共安全设施 公营公寓 废弃物处理工厂 医院 体育设施 绿地	剩余的基础设施组成部分	轻轨 电车 输气管网 电力网络 供水设施 本地电话网	有关发展、创新和教育的设施	学校 医院 博物馆

资料来源:Torrisi,2009.

在基础设施分类的基础上,经济学家更感兴趣的是基础设施的外部性,换句话说,基础设施与经济发展的关系。那么首先要解决的是基础设施的测度问题。目前在测度问题上,主要就是物理和投入(货币)两种方式,但充满着各种困难。例如制度基础设施,包括政治稳定性、政府的效率等,很难转化为量化指标。但是物质基础设施、个人基础设施相对容易。如果从投入来测量基础设施,还要区分基础设施的流量和存量。测量存量的基本方法是永续盘存法(Perpetual Inventory Method)。如果从基础设施的物理面来测量的话,则比较简单,例如公路和铁路的长度、医院的个数。如果给予这些物品以适当的价格,那么物理层面的测度也可以转化为货币形式,这被称作普通盘存法(Common Inventory Method)。

在进一步研究基础设施和经济发展的关系方面,主要有生产函数法、成本函数和利润函数法等三种。由于在测度和具体研究方法选择方面的不同,研究结论有差异就不奇怪了。一些研究者发现基础设施存在对经济增长的正外部性(Nishimizu and Hulten,1978),而另外一些研究者则发现基础设施对经济增长的正外部性并不明显(Hulten and Schwab,2000)。下一步的研究除了继续在测量方法和数据质量上改进以外,关于基础设施的研究还需明确基础设施、经济增长的因果关系,研究基础设施影响社会福利、经济发展等的微观传导机制,从而对经济政策制定产生积极影响。

参考文献:

刘生龙、胡鞍钢:《基础设施的外部性在中国的检验:1988~2007》,载于《经济研究》2010年第3期。

范九利、白暴力、潘泉:《基础设施资本对经济增长贡献的研究进展——生产函数法综述》,载于《当代经济科学》2004年第2期。

Aschauer, D. A., Is Public Expenditure Productive? *Journal of Monetary Economics*, Vol. 23, No. 2, March 1989.

Buhr, W., What is Infrastructure? Department of Economics, School of Economic Disciplines, University of

Siegen. Siegen Discussion Paper No. 10703, 2003.

Hansen, N. M., The Structure and Determinants of Local Public Investment Expenditures, *Review of Economics and Statistics*, Vol. 47, No. 2, May 1965.

Hulten, C. and Schwab, R. M., Does Infrastructure Investment Increase the Productivity of Manufacturing Industry in the U. S.? In Lawrence J. Lau, (eds.), *Econometrics and the Cost of Capital*, Cambridge, MA: MIT Press, 2000.

Jochimsen R., *Theorie der Infrastruktur: Grundlagen der marktwirtschaftlichen Entwicklung*, Tübingen, J. C. B. Mohr, 1966.

Nishimizu, M. and Hulten, C., The Sources of Japanese Economic Growth: 1955 ~ 71, *Review of Economics and Statistics*, Vol. 60, No. 3, August 1978.

Torrisi, Gianpiero, Public Infrastructure: Definition, Classification and Measurement Issues, MPRA Working Paper, No. 12990, 2009.

（陈志）

虚拟企业
Virtual Enterprise

20世纪90年代以来，全球经济格局随着信息技术的迅猛发展发生了急剧的变化，经营环境的巨变迫使企业不得不寻求更为有效的竞争方式和组织形式。越来越多的企业意识到仅靠自己的资源与能力难以适应快速变化的市场机遇，完全竞争的观念逐渐被协同竞争的观念所取代，企业更加强调相互信任、合作与协同，实现“双赢”甚至“多赢”的共同目标。企业也开始反思已有的组织结构，试图建立有足够弹性的、更加灵活的组织和管理模式，虚拟企业由此走上了历史舞台。

虚拟是指在一定条件下无实体特征，却具备实体功能的技术。虚拟企业是由资源互补的伙伴企业进行的合作，为及时响应市场机遇而结成的动态联盟。联盟由至少两个以上企业构成，是一种临时的互惠互利合作组织。它有效整合并优化了各种生产要素——人、组织、制造资源、资金和信息，得以让成员企业以最快的反应速度、最小的投入把握市场机遇，完成生产任务。虚拟企业是美国Laccocca研究所在一份题为“21世纪制造企业战略”报告中提出的，该报告认为，虚拟企业是“为了快速响应市场机遇，利用信息与网络技术，将不同区域的具有不同规模和技术的企业特有资源快速配套，组成一个有时限的、无围墙的、超越空间约束的、互惠互利的由电子信息手段统一指挥、协调工作的经营实体”。虚拟企业以竞争能力和信誉为依据选择合作伙伴而组成动态企业，进行企业联合，共担风险，共获利益，是在短时间内迅速建立起灵活关系的合作者所构成的协作网络。虚拟企业因市场机遇的产生而产生，它是一种全新的富有生命力的生产模式，企业通过这种模式在全球竞争激烈的环境下，求得生存与发展。作为一种新型的企业模式，虚拟企业与传统实体企业有着本质的区别，而其根本就在于组织运行的基础环境与模式不同。虚拟企业必须在一定的基础平台支持下，建立有效的运行机制，采用合理的运行模式，才能获得和发挥竞争优势，实现其战略目标。

虚拟企业理论的创始人戈德曼（Steven L. Goldman）、内格尔（Roger N. Nagel）和普瑞斯（Kenneth Preiss）将虚拟企业产生的原因视为企业适应灵捷竞争（Adroitly Compete）的需要。与大量生产不同，在灵捷竞争中，组织的变化是迅速的、以机会为基础的。对于灵捷竞争者来说，虚拟企业是一个动态的组织工具。机会既不是暂时的，更不是长期的而是稍纵即逝的。如果组织设计是以机会为基础的，那么对于在变化和不确定的环境中寻求运用战略思维的竞争者来说，虚拟企业是一种实用的组织工具。它们将运用虚拟企业概念的六种战略上的原因归纳为：(1)共享基础设施和研究开发，共担风险和成本。(2)把互补性核心能力联系起来。(3)通过共享缩短从“观念到金钱”的时间。(4)增加便利性和外在规模。(5)获得市场渠道，共享市场或顾客忠诚度。(6)从出售产品过渡到出售方案。

虚拟企业的主要思想是有效利用外部资源优势来增强自身能力和功能，扩大资源应用水平，使组建的虚拟企业在运行时利用联盟整体资源和综合实力，抓住无法独立承担的市场机遇并完成任务。从运行技术角度看，虚拟企业是相互独立的一些企业通过信息网络技术彼此加以连接的企业网络，这种新型机构既无中心办公室，也无组织结构，而且企业内部员工通过信息网络进行沟通和合作。它强调的是，虚拟企业的技术基础和组织结构的虚拟化。从组织形式角度看，虚拟企业是若干独立企业为快速响应市场变化，达到预期目标，以信息网络技术相连接，共享技术、市场及利益，共担成本及风险的临时性组织。一旦预期目标实现，联盟即刻解散。它强调的是虚拟联盟性质，是目前最为主流的思想。从业务外包的角度看，虚拟企业指企业只保留少数核心能力或者关键功能，其余的功能或者业务活动外包给其他企业的一种企业结构形式。它强调的是，虚拟企业应保留自身核心能力，与其他企业实现优势互补的虚拟运作。从产出结果的角度看，虚拟企业是一种能对市场或顾客需求迅速做出反应的机构，它的产品具有生产与运输成本少、费时短、可同时在多地点适应顾客多样化选择等特点。它强调的是，企业运行结果。由于市场和企业是执行相同职能因而可以相互替代的两种机制，无论运用市场机制还是运用企业组织来实施协调，都是要有成本的。当现货市场的交易费用较高时，企业就会倾向于纵向一体化，以消除机会主义行为。以互联网为核心的信息技术的出现大大地降低了交易费用，在这种情况下，企业自然会走向“虚拟企业”。

参考文献：

［美］肯尼思·普瑞斯等：《灵捷竞争者与虚拟企业》，辽宁教育出版社 1998 年版。

Kenneth Preiss, Steven L., Goldman. Roger N. Nagel, 21st *Century Manufacturing Enterprises Strategy: An Industry-Led View*, Iacocca Institute. Lehigh University, 1991.

Preiss K. and M. R. Ray, A Method For Sharing Earnings in a Virtual Organization, *Agility and Global Competition*, Vol. 2, No. 1, 1998.

Tuma A. Configuration and Coordination of Virtual Production Networks, *International Journal of Production Economics*, 1998.

Upton D. M. et al., The Real Virtual Factory, *Harvard Business Review*, 1996.

John A. Byrne, The Virtual Corporation, *Business Week*, Feb. B. 1993.

Steven L. Goldman, Roger N. Nagel, Kenneth Preiss, Agile Competitors and Virtual Organization, Van Nostrand Renhold, 1994.

Nada Matta, Computational Conflicts: Conflict Modeling for Distributed Intelligent Systems, New York, USA: Springer-Verlag New York, Inc.. 2002.

George Chryssolouris, Sotiris Makris, Knowledge Management in the Virtual Enterprise: Web Based Systems for Electronic Manufacturing, Heidelberg, Germany: Springer Berlin, 2008.

Maynard Smith J., Evolution and Theory of Games. *American Scientist*, 1976.

Henk W. Volberda, *Building the Flexible Firm-How to Remain Competitive*, Oxford University Press. 1998.

（陈晓东）

网络产业
Network Industry

网络产业是指在产品或服务的生产、传输、分销和用户消费等环节具有很强纵向关系，生产厂商必须借助于传输网络才能将其产品或服务传递给用户，用户也必须借助于传输网络才能使用厂商生产的产品或服务的产业。也可以更简单地将网络产业定义为“以网络为基础进行经营的产业”，具体包括铁路、电力、电信、供水、供气、石油、天然气等产业。长期以来，网络产业受到政府的管制，市场准入、产品或服务的价格以及经营方式受到严格控制，市场结构呈现为独占垄断、区域垄断或寡头垄断的特征。根据韦氏新大学辞典的解释，Network 最初是指将多根绳或线以规则的间隔打结而形成的牢固、纵横交错的结构，后来也指由许多线、路或频道组成的系统。朗文当代英语辞典给出了 Network 的四种含义，前三种含义与韦氏新大学辞典的解释基本相同。本书之所以将前述产业称为网络产业，是为了强调这些产业的网络特征。产业革命以来的经济史表明，在网络产业无论是引入竞争机制还是管制都面临着一些特殊的技术障碍和问题，管制和竞争之间的关系实质上是资源配置的两种方式在网络产业的反映。

电力、电信、铁路、民航、邮政、供水、石油、天然气等网络产业，其产品或服务的生产、传输、分销和用户消费等环节具有很强的纵向关系，是网络产业区别于其他产业的基本特征。19 世纪以来，随着经济活动的增加，为了有效地提供产品或服务，一些部门逐渐形成了网络产业。铁路就是最早的网络产业之一，联结的车站越多，铁路对其所有者和消费者的价值越大。纵向一体化特许垄断经营和较高的国有化程度，曾经是世界各国网络产业的基本经营模式。自 20 世纪 60、70 年代起，人们逐渐认识到管制造成的成本和低效率，网络产业所具有的潜在和现实可竞争性为经济学所认可。20 世纪 80 年代以来，美国、欧洲等对网络产业进行了以引入竞争机制为核心的改革。改革的重要内容是开放网络接入，允许不拥有网络设施的进入者通过接入现有厂商的网络提供服务。从此，网络产业纵向一体化、垄断经营格局发生了根本变化，管制在很大程度上为竞争和市场机制所取代。

经济学对网络产业认识的转变，直接起因于长期的管制实践，网络产业和管制研究的许多成果也直接来源于实践。20 世纪 70 年代以前，经济学对网络产业的关注集中在自然垄断方面。20 世纪 80 年代以来的放松管制和引入竞争的实践，得到了微观经济学和产业组织经济学的支持。从经济史上看，当人们在 19 世纪开始设计经济管制时，将其作为最小化市场失灵影响的工具，管制的目的是鼓励受管制产业向自然垄断或寡头垄断结构转变。长期以来，新古典经济理论认为，无论竞争程度如何，垄断厂商和完全竞争厂商都在技术有效的生产边界线经营。这个逻辑的缺陷是，没有考虑现实经济中受管制厂商的特殊状态。尽管受管制厂商可以选择他们的技术，但这种选择是在价格、进入、退出等方面受到管制的情况下做出的，与竞争环境下的决策不同。尽管存在规模经济，但竞争仍然可能改进社会福利。

20 世纪 60 年代起，网络产业的两个问题开始受到普遍关注。一是服务质量没有随着技术进步得到改进,二是管制者无法了解受管制企业的真实成本,网络产业的产品和服务价格不断上涨。由于一些实证研究所揭示的垄断产业低效率,许多研究开始挑战经济理论的一个定论,即认为通过公用事业管制,政府能够解决自然垄断产业的市场失灵问题,实现社会福利的最优或次优。阿弗奇和约翰逊(Averch and Johnson,1962)提出的 A-J 效应使人们了解到,许可收益率管制下的收益水平以预期的成本为基础,厂商会产生扩大资本存量和过度投资的动机。莱宾斯坦(Leibenstein,1966)提出的 X—非效率解释了垄断的低效率,认为理论上假定的厂商行为和实际观察到的行为不同,垄断厂商可以将成本转嫁给用户,缺乏降低成本的激励。这个时期,许多实证分析企图计算垄断给国民经济造成的损失。阿诺德·哈伯格(Arnold Harberger)的研究,认为 1929 年垄断给美国制造业造成的福利损失占 GNP 的 0.1%(Ekelund and Tollison,1986;222)。理查德·波斯纳(Richard Posner,1975)的研究表明,70 年代中期垄断造成的损失占 GNP 的 3%,魏登鲍姆(Weidenbaum)的研究将这一比例提高到 5%(Gwartney and Stroup,1980;475)。拉班德和索福克勒斯(Laband and Sophecleus,1987)的计算表明,1985 年垄断的社会福利损失占美国 GNP 的 22.6%。这些研究得出的具体比例差异很大,但垄断和管制给消费者和整个国民经济带来损失则为经济学家普遍认可。尼克尔(Nickell,1996)以实证方法论证了竞争者数量与全要素生产率提升高度相关。

许多实证研究表明,政府对网络产业的管制会产生企业内部无效率,而且这种企业内部无效率在既实行价格管制又实行进入管制时更为严重。在理论上,自从经济管制能够带来公共利益的传统观点受到质疑以来,不仅管制目标和通过管制实现这些目标的能力受到挑战,而且经济管制在许多产业是否符合经济效率准则甚至经济管制存在的必要性也为微观经济理论所质疑。结果,被喻为"将政府从人民背上移走"的放松管制和管制改革作为一种新的制度安排和政策工具在世界范围内得到广泛的传播和应用。20 世纪 80 年代以来,以美国、日本、英国等主要国家为中心,对电信、电力、铁路、供水、供气、石油、天然气等网络产业都实行了放松管制。

在 AT&T 被支解后,20 世纪 80 年代、90 年代,网络经济学集中关注网络被分解之后所面临的互联和兼容问题。1982 年,在美国纽约 New Paltz 召开了公用事业和受管制产业的一次高级研讨会。1989 年管制经济学杂志(*Journal of Regulatory Economics*)创刊。20 世纪 80 年代中期,委托—代理理论、机制设计和信息经济学被纳入管制经济学,改变了管制理论长期以来忽视信息和激励问题的缺陷。拉丰和梯若尔(Laffont and Tirole,1994)使人们对激励机制有了新的理解,改变了长期以来管制理论忽视激励问题的弊病,拍卖和竞标理论在网络产业得到广泛应用。鲍莫尔和希达克(Baumol and Sidak,1994)研究了有效的接入定价规则,使接入网络或瓶颈设施成为网络经济学关注的一个问题。放松管制过程中,拥有网络的一体化厂商和不拥有网络的独立厂商,共同向最终用户销售产品并相互竞争时,这个问题更加突出。尼古拉斯·伊科诺米季斯(Nicholas Economides,1996)将网络区分为双向网络("Two-Way" Networks)和单向网络("One-Way" Networks),例如,电信、邮政、运输属于双向网络,电力、天然气、水属于单向网络。无论是双向网络还是单向网络,其各个组成部分具有互补性,关于纵向相关产业的分析可以用于单向网络。

20 世纪 90 年代,人们开始探索同时解决市场失灵和政府失灵问题,激励管制就是在这种背景下产生的一个理论。激励管制是政府在一定程度上授权厂商决定公共服务价格,以便达到理想的经济绩效。典型的激励管制包括:第二次世界大战后美国电力产业采用的利润分享管制(Profit Sharing Regulation),允许厂商取得部分因为改进管理带来的利润;利特柴尔德(Littlechild,1983)提出的价格上限管制(Price Cap Regulation),政府确定各种服务平均价格的最高限额,企业可以在这个限度内再平衡;标杆管制(Yardstick Regulation),通过比较各区域垄断厂商的经济绩效,以另外一个区域厂商的成本,来确定本区域厂商的最高价格限制,产生间接竞争;德姆塞茨(Demsetz,1968)提出的特许经营权竞标(Franchise Bidding),通过拍卖方式决定特许经营权的获得者;贝叶斯机制设计(Bayesian Mechanism Design),通过政府给厂商提供自选择合同来解决信息不对称问题。

在管制引起注意的同时,人们开始从产权角度分析网络产业的效率。20 世纪 60 年代以来,人们对公共企业进行了大量实证研究,这些研究的重点是揭示公共企业和私有企业的激励差异。从 20 世纪 80 年代末,一些研究注意到私有化并不能替代竞争。维克斯和亚罗(Vickers and Yarrow,1988)强调,私有化(Privatisation)不等于自由化(Liberalisation),网络产业结构重组的利益主要来自增加的竞争,而不是所有权的变动。这两位学者建议,英国电力改革不仅要私有化,而且要实施纵向分离(厂网分离)。施蒂格利茨(Stiglitz,1999)的研究表明,引入竞争和私有化对提高网络产业绩效都起作用,但引入竞争比私有化更重要。分析了引入竞争和私有化的顺序,他认为竞争是可以单独起作用的因素,在维持垄断的前提下实施私有化往往不能起到改进产业绩效的作用,在私有化之前引入竞争更能改进网络产业绩效。

问题是,在网络产业的网络传输环节引入竞争经常遇到障碍。一些研究开始关注这些变化对效率和社会福利的影响。由于网络外部性,竞争导致两个相反效应,即一方面减少厂商的垄断利润,另一方面通过扩大网络规模增加厂商的利润。两者的综合效应主要取决于网络效应强度。基姆(Kim,2002)的研究表明,无论网络效应多强,垄断厂商都没有动机向竞争者提供同质产品。只有在竞争者提供差异产品,而且网络效应较弱的情况下,垄断厂商才会邀请新的厂商进入。

自20世纪90年代以来,随着建立社会主义市场经济体制这一改革目标的确立和市场取向改革的深入,自然垄断产业的问题日益突出,我国开始注重网络产业改革和发展问题。电信、电力、民航等行业在实行政企分离、政资分开、业务分拆等方面,取得了比较明显的成效,对国有经济改革和政府职能转变具有积极的推动作用。放松管制作为一种新的制度安排和政策工具在一些垄断产业得到应用。在这种背景下,我国学者对网络产业及其管制改革给予了比较多的研究和注意,网络产业改革方面取得了不少有价值的研究成果。

参考文献:

Averch, H. A. and Johnson, L. L. Behavior of the Firm under Regulatory Constraint. *American Economic Review* 52(5), December, 1962.

Baumol, William J. and J. Gregory Sidak, *Toward Competition in Local Telephony*, Cambridge, MA: MIT Press and Washington, AEI, 1994.

Demsetz, H., Why Regulate Utilities, *Journal of Law and Economics*, 1968.

Ekelund, Robert B. and Rebert D. Tollison, Economics, Boston: Little, Brown and Company, 1986.

Gwartney, James D. and Richard Stroup, *Economics, Private and Public Choice*, 2nd ed., New York: Academic Press, 1980.

Laffont, Jean-Jacques, and Jean Tirole, Creating Competition. *Through Interconnection: Theory and Practice*, *Journal of Regulatory Economics* 1994, 10 (No. 3, November).

Littlechild, S., *Regulation of British Telecommunications Profitability*, London: HMSO, 1983.

Nicholas Economides. The Economics of Networks. *International Journal of Industrial Organization*, Vol. 14, No. 2(March), 1996.

Posner, R. A., The Social Costs of Monopoly and Regulation, *Political Economy*, Vol. 83 No. 4, August, 1975.

Stiglitz, E. Joseph, Promoting Competition and Regulatory Policy: With Examples from Network Industries, The World Bank, 1999.

Vickers, J. and G. Yarrow, *Privatization: An Economic Analysis*, London, MIT Press, 1988.

(刘戒骄)

产业链
Industry Chain

任何产品或服务的生产都涉及相当多的活动,例如原材料的采购、产品的设计、产品的生产、最终产品的分配和销售,从获取原材料开始到最终产品的分配和销售的过程,被称为垂直链条(Vertical Chains)(贝赞可等,1999)。随着原材料输入后沿着垂直链条流动,到转变为最终产品,并辅之以各种支持性活动,价值被创造出来,因而商品和服务沿着垂直链条从原材料转变为最终产品的过程同时就是一系列增加价值的过程。"价值链"(Value Chains)的概念就描述了企业内部和企业之间最终交易的产品或服务所经过的一系列价值增加活动的过程。价值活动可以分为两大类:基本活动和辅助活动。基本活动是涉及产品的物质创造及其销售、转移给买方和售后服务的各种活动,包括内部后勤、生产经营、外部后勤、市场销售、服务;辅助活动则包括采购、技术开发、人力资源管理和基础设施活动(如财务和会计)等辅助基本活动进行的活动(波特,1997)。产业链是与价值链密切相关但又有所不同的概念,与价值链关注于单个企业的价值创造过程不同,产业链关注于一个产业的价值创造过程。被各国普遍采用的产业分类标准是以联合国国际产业分类标准为基础的,是根据活动的相似性进行产业划分,被称为基于活动的体系(也被称为基于供应或生产的方法)。而达尔齐尔(Dalziel,2007)提出一种新的基于系统的体系,该方法将需求作为主要的组织原则,企业向其客户提供产品和服务并依赖于其他供应商提供投入品,原件提供商、子系统提供商、系统集成商、客户服务提供商以及各部分的补充企业构成一个产业或者子产业。基于达尔齐尔(Dalziel,2007)对产业的定义,产业链可以定义为:一种产品的生产加工过程——从最初的原材料到最终产品到达消费者手中——所包含的各个环节所构成的整个的生产链条(郁义鸿,2005)。

从整个社会生产体系的发展来看,分工深化显著表现为生产的迂回程度的加强、迂回生产链条的拉长。迂回生产的概念最早是由奥地利经济学家庞巴维克提出的。在庞巴维克看来,生产的最终目的是生产消费品,而生产消费品有两种不同的生产方式:一种是德国历史学派所说的不用资本的"赤手空拳的生产",即直接的生产方式;另一种生产方式被称作"迂回生产方式",这种生产方式是"首先将我们的劳力同财货的远因联系起来,目的并不在于获得所需财货本身,而在于获得这种财货的一个近因；然后再把这个近因同其他适当的物质和力量结合起来，直到最后——也许要经过许多周折——得到成品，即满足人类需要的手段”（庞巴维克，1964）。与直接的生产方式下直接将劳动作用于生产消费产品不同，迂回生产方式首先将劳动和资源投入到生产资料的生产上，然后再使用已经生产出来的资本品和劳动工具并作用于消费品的生产。分工的作用就是造成越来越迂回的生产方式，从而不断把先进的生产方式引入到生产过程中来，带来生产率的大幅度提高（杨格，1996）。迂回生产方式受到市场规模的限制，因为分工使一组复杂的过程转化为相继完成的简单的过程，其中某些过程可能会导致机器的采用，然而机器的采用从经济的角度看要受到市场范围的限制。因此，“迂回方法的经济，比其他形式的劳动分工的经济更多地取决于市场的规模”（杨格，1996）。斯密、杨格、施蒂格勒等人的分工理论可以概括为“分工决定于分工”，不但“分工决定于市场的范围”，而且“市场的范围决定于分工”，随着市场范围的扩张，生产的迂回程度会不断提高，从而分工会进一步深化，市场范围会进一步拓宽，并为新的分工做好准备。从产业链的视角来看，随着分工的深化，产业链的环节也越来越多并分化为新的产业（链），因此，产业链的每一个环节都是一个相对独立的产业，一个产业链也就是一个由多个相互链接的产业所构成的完整的链条（郁义鸿，2005）。

产业不仅向分工逐渐细化、产业链不断分解的单一方向演进，产业之间的融合也会经常出现。产业融合是指产业边界的收缩或消失，或者说不同产业相互渗透和交叉而融为一体。从产业融合的原因和过程来看，产业融合是从技术融合到产品和业务融合，再到市场融合，最后达到产业融合，是一个逐步实现的过程（郑明高，2011）。产业融合按成因可分为需求驱动型产业融合、供给驱动型产业融合。前者是指由于消费者的偏好形成跨产业的需求、多种产品联合使用的互补性、政府放松管理等因素的影响而形成；后者是指由于技术创新导致传统产业的边界模糊。按照融合的方式，产业融合可以分为产业渗透——高科技产业与传统产业之间的融合，产业交叉——通过产业间的功能互补和延伸实现产业间的融合；产业重组——某一大类产业内部子产业之间的融合（胡汉辉、邢华，2003）。20 世纪 80 年代以来出现的产业融合现象主要发生在信息产业、金融业、物流产业和能源产业等领域（于刃刚等，2006）。通过产业融合，不但形成一些具有活力的新兴产业部门，并逐步成为经济发展的新支柱，而且能够为传统的产业注入新的活力，特别是信息技术的发展已经使信息化与工业化高度融合，成为新型工业化的重要内容（周振华，2003）。

参考文献：

[美]阿伦·杨格：《报酬递增与经济进步》，载于《经济社会体制比较》1996 年第 2 期。

[美]戴维·贝赞可、戴维·德雷诺夫、马克·尚利：《公司战略经济学》，北京大学出版社 1999 年版。

胡汉辉、邢华：《产业融合理论以及对我国发展信息产业的启示》，载于《中国工业经济》2003 年第 2 期。

[美]迈克尔·波特：《竞争优势》，华夏出版社 1997 年版。

[奥]庞巴维克：《资本实证论》，商务印书馆 1964 年版。

于刃刚、李玉红、麻卫华、于大海：《产业融合论》，人民出版社 2006 年版。

郁义鸿：《产业链类型与产业链效率基准》，载于《中国工业经济》2005 年第 11 期。

郑明高：《产业融合：产业经济发展的新趋势》，中国经济出版社 2011 年版。

周振华：《信息化与产业融合》，上海三联书店、上海人民出版社 2003 年版。

Dalziel, Margaret, A Systems-Based Approach to Industry Classification, *Research Policy*, 36, 2007.

（李晓华）

三网融合

Three Networks Convergence

随着数字技术的发展，互联网、电信、有线电视三大产业得到了飞速发展。伴随着 ADSL、Cable Modem、FTTX 等技术的出现，这三大网络可以在统一的平台上实现语音、数据和视频传输多项业务。三网融合已经成为一种世界性的潮流，是信息业发展的必然趋势。三网融合是指电信网、广播电视网、互联网在向宽带通信网、数字电视网、下一代互联网演进过程中，三大网络通过技术改造，其技术功能趋于一致，业务范围趋于相同，网络互联互通、资源共享，能为用户提供语音、数据和广播电视等多种服务。三网融合并不意味着电信网、广播电视网和互联网三大网络的物理合一，而主要是指高层业务应用的融合。其表现为技术上趋向一致，网络层上可以实现互联互通，形成无缝覆盖，业务层上互相渗透和交叉，应用层上趋向使用统一的 TCP/IP 协议，在经营上互相竞争、互相合作，朝着向人类提供多样化、多媒体化、个性化服务的同一目标逐渐交汇在一起，行业管制和政策方面也逐渐趋向统一。三大网络通过技术改造，能够提供包括语音、数据、图像等综合多媒体的通信业务。三网融合应用广泛，遍及智能交通、环境保护、政府工作、公共安全、平安家居等多个领域。三网融合不是现有三网的简单延伸和叠加，而是其各自优势的有机融合，三网融合的最终结果是产生下一代全新的网络。

普遍服务是三网融合的高级阶段与最终目标，而普遍接入是其实现的前提条件、必经之路。普遍接入政策最早是由电信行业提出的，主要目标是使所有国民享受到迅速而高效的有线和无线通信业务，追求成本最小化、社会福利最大化。它源于普遍服务，是普遍服务的先导。对于发展中国家来讲，普遍接入是中短期目标，而普遍服务是长期目标。1934 年，美国《通信法》中对普遍服务做出了最早的说明："电信运营商要以充足的与合理的资费，尽可能地对国家所有国民提供迅速、高效的有线和无线通信业务"；1996 年，美国新电信法根据技术进步与电信业务的发展，又在普遍服务中增加了数据业务与多媒体网络业务的内容。根据国际经济合作与发展组织（OECD）的报告，电信普遍服务被定义为"任何人在任何地方任何时候都能以承担得起的价格享受电信服务，而且服务质量和资费一视同仁"。

三网融合有利于刺激用户消费语音、数据传输、视频等需求的增加，将导致网络价值的不断升高，这正是直接网络外部性所带来的效益，而间接网络外部性指随着某种产品的用户数量的增加而导致的该产品互补产品数量的增多和价格降低，从而引起网络价值的增加，如电子商务的应用，不仅促进了虚拟产品的消费，而且也增加了真实产品交易，经济效益得到大幅提高，同时也给网络带来更大的价值空间。三网融合的普遍接入程度越高，用户越多，成本越低，效益越好，规模经济潜力也会相应增大。如果普遍接入网络的承载能力无限大，从网络容量的角度看，意味着规模经济无可能性边界约束，可以持续吸纳用户，并把规模经济发挥到用户所能达到的极致状态，即规模经济的可能性边界是潜在的用户规模。由于互联网、电信网、有线电视网任何一个网络铺设的成本都是非常高昂的，而在一个网上同时提供两种或三种业务，减少了网络的投资，必然节省了大量成本，具有单一业务公司难以比拟的竞争优势。随着互联网、电信网、有线电视网三网融合数字技术的发展，运营商即使不拥有网络资源，也可以通过任意网络提供相应的服务，即出现了网络与服务分离的现象，这就使得基础设施变成了公共资源，具有准公共性。

三网融合作为信息技术、网络技术快速发展的产物，对世界各国都是一个重要的新课题。从 1996 年以来，世界各国都先后开始推进三网融合的进程，很多发达国家已经实现了各种形式、不同程度的融合。从法律层面推进三网融合做得最早的是美国。20 世纪 70、80 年代，为保护新生的有线电视业，美国联邦电信委员会禁止电信公司混业经营有线电视业务；20 世纪 90 年代初，联邦电信委员会认为，有线电视业经过整合后已发生很大变化，应允许电信公司进入视频节目服务市场，以促进视频节目多样化，建议国会废除混业经营的禁令。在此背景下，《1996 年电信法》出台。这一法律彻底打破了美国信息产业混业经营的限制，增强了基础电信领域内的竞争，允许长话、市话、广播、有线电视、影视服务等业务互相渗透，也允许各类电信运营者互相参股，创造自由竞争的法律环境。在限制垄断、维护公平竞争环境方面，英国走在了前面。2003 年，英国成立新的通信业管理机构 Ofcom，融合了原有电信、电视、广播、无线通信等多个管理机构的职能，实行非对称监管，防范主导运营商打压弱势对手，对新竞争者给予政策扶持，极大地促进了网络融合的产业发展。长期以来，中国三网融合普遍接入市场并没有建立起能够促进有效竞争的市场结构，产业集中度高是目前中国市场的突出表现，即使在中国电信一分为三之后，不对称的双寡头局面依然存在，主垄断效应十分明显。企业数量和实力决定中国电信市场的不均衡，普遍接入市场难以健康发展，市场结构由过去完全垄断演变为竞争日趋激烈的寡头垄断。"十一五"规划强调，加强宽带通信网、数字电视网和下一代互联网等信息基础设施建设，推进"三网融合"。2010 年 6 月 9 日，国务院办公厅颁布《国务院办公厅关于印发三网融合试点方案的通知》，标志着中国筹划十年之久的三网融合工作的正式启动。

参考文献：

[法]让·雅克·拉丰、让·梯若尔：《电信竞争》，人民邮电出版社 2001 年版。

周其仁：《数网竞争》，生活·读书·新知三联书店 2001 年版。

周振华：《信息化与产业融合》，上海三联书店、上海人民出版社 2003 年版。

[美]约瑟夫·布罗克：《电信大趋势》，人民邮电出版社 2002 年版。

[美]帕夫利克：《新闻业与新媒介》，新华出版社 2005 年版。

中国政府网，温家宝主持国务院常务会决定加快推进三网融合，http://www.gov.cn/ldhd/2010-01/13/content_1509622.htm。

NCCR, The New Concept of Universal Service in a Digital Networked Communications Environment, *A Journal of Law and Policy for the Information Society*, 2007.

Seamus Simpson, Universal Service Issues in Converging Communications Environments: the Case of the UK, Telecommunications Policy, 2004.

Seon-Kyou Choi, Dong-Ju Kim, Hyeong-Chan Kim. Network Spillovers as an Alternative Efficiency Argument for Universal Service Policy. Telematics and Informatics, 1998.

Friedlander, A, Natural Monopoly and Universal Service: Telephones and Telegraphs in the US Communication Infrastructure, 1837 ~ 1940. Reston, VA: Corporation for National Research Initiatives. 1995.

伊莱亚森等:《全球环境下的政治进程和技术变革——政府与电信改革》,国家行政学院出版社 2002 年版。

（陈晓东）

产业结构
Industrial Structure

产业结构是指一个经济体的产业构成及各产业之间的联系和比例关系。目前经常使用的产业结构的分类方法有两大部类分类法、三次产业分类法、资源密集度分类法和国际标准产业分类;其中特别是三次产业分类法是最常用的对产业进行分类,进而计算产业结构的方法。

经济理论一般认为各国的三次产业结构会从第一产业占总产出比例最高,到第二产业占比最高,再到第三产业占比最高的产业结构演化过程。英国经济学家威廉·配第(1961 年)提出由于不同产业的利润不同,因而劳动力会从农业转到工业,再从工业转到商业;此后英国经济学家科林·克拉克在此基础计量了就业人口在三次产业中的分布,提出随人均国民收入水平的提高,劳动力首先从第一产业向第二产业转移,当其进一步提高时,劳动力便向第三产业转移。后人称上述发现为配第—克拉克定理。此后,库兹涅茨、钱纳里都认为产业结构演化会有一定的规律,第一产业比重会不断下降,而第二、三产业比例会不断提升。目前的实际情况是发达国家第三产业的比例最高(一般占 GDP 的 60% ~ 70%),而第二产业次之(一般占 GDP 的 20% ~30%),第一产业最低(仅占到 5% 以下)。第二次世界大战后(特别是 20 世纪 70 年代后),发达国家又先后有过第三产业比重不断提高的产业演化历程;因而,很多学者得出的结论是产业结构演化的一般规律是第一产业首先向第二产业演进,第二产业比例不断提高;然后是第三产业加速发展,第三产业的比例不断提高。具体三次产业结构演化的原因,大体可分为三种解释:即各产业需求收入弹性的差异、价格变化的差异及统计口径变化的原因。产业需求收入弹性的研究是以恩格尔定律为基础(张平、余宇新,2012),假设不同产业产品的需求收入弹性不同,第一产业产品需求收入弹性最低,第三产业最高。因而随收入水平的提高首先是第一产业的比例不断下降,第二产业比例不断提高;随收入水平的不断提高,第二产业的比例开始下降,第三产业的比例开始快速提高。不同行业价格上涨的差异也可以解释各行业产值的演化。西蒙·库兹涅茨(1971)在研究产业结构演化时曾经提出"按当年价格计算的产值的份额与按不变价计算的产值的份额间的差别,从长期来看应该是重大的",因为"工艺技术的变动会在 I 部门比 A 部门导致净产值相对价格大量的削减"。为什么各行业价格上涨会存在较大的差异?其最重要的原因可以用巴拉萨—萨缪尔森效应(Balassa-Samuelson Effect)进行解释。由于不同行业技术进步的速度不同,技术进步快的产业劳动生产率提高快,这些产业劳动力工资会有所提高;若劳动力可以自由流动,在一价定律的作用下,技术进步率慢的行业工资也会有所提高,从而技术进步慢的行业价格上涨会高于其他行业。即使两个行业真实增长速度相当,价格上涨快的行业以当年价计算产业结构的比例也会不断提高。一般认为可贸易部门(特别是制造业)由于全球竞争使其技术进步速度要快于不可贸易部门。第二产业的主体是可贸易部门,第三产业的主体是不可贸易部门,因而第二产业技术进步速度快于第三产业,第三产业价格上涨速度会快于第二产业。即使第三产业与第二产业增长速度相当,由于第三产业价格上涨更快,也会使按当年价计算第三产业占 GDP 的比例不断提高。美国经济学家威廉·J. 鲍莫尔(William J. Baumol, 1967)利用两部门宏观经济增长模型说明技术进步快的部门相对技术进步慢的部门出现相对成本的不断上升;相对于第二产业,第三产业劳动生产率难以提高,随着制造业的生产率改进,服务业在整个经济中的比重反而上升了;这也被称为鲍莫尔病(Baumol's Disease)。发达国家在 20 世纪 70 年代后第三产业占比的提高还与现行国际经济制度安排有关。在现行国际秩序下,商品可以自由流动,而劳动力流动性较差;由于劳动力流动性弱,相对而言是减少了发达国家服务商品供给量,从而抬高了发达国家第三产业的价格,降低了发达国家第二产业商品的价格(李钢等,2011)。统计口径差异是指仅是由于统计核算范围及统计的技术性问题导致产业结构比例的变化。统计核算范围变化是指原来居民自我服务转化为市场服务,最为典型的是家务劳动社会化。经济发展的一般规律是随着经济水平的发展,家庭服务进入市场的比例会提高(西蒙·库兹涅茨,1965)。统计的技术问题主要是指由于目前企业所从事的生产活动中会有一部分其他行业生产活动,特别是第二产业企业会普遍存在一些第三产业的活动;而随着市场规模的发展与服务业外包的兴起,这一部分原来存在于第二产业企业内部的生产活动开始市场化,从而能被统计到第三产业中。统计核算范围及统计的技术性问题也是导致服务业占比快速提高的重要原因。上面三个原因都可以用来解释三次产业结构的变化。江小涓(2011)提出服务业的增长是服务业真实增长、服务业相对价格上升、服务专业化和外移、自我服务转为市场化服务共同的结果。虽然三个原因都能导致产业结构的变化,但由不同原因导致产业结构变化对现实经济含义有巨大的不同。如果产业结构演化主要是由于产业需求收入弹性不同导致的,产业结构演化将具有微观基础并且是真实产业力量的对比变化,这种产业结构的演化方向将有真实的导向作用。但如果产业结构的演化主要是后两种原因导致的,产业结构演化趋势也就仅是"数字游戏"并不具有产业发展的导向作用;产业结构的演化会自然发生,并不应成为产业政策的着力点。

三次产业结构计算主要有两大类计算方式,一是按三次产业的产值或增加值,二是按三次产业的就业。GDP的本质是衡量一国的总产出。由于各类商品物理量量纲繁多,难以直接相加,因而只能汇总各种商品的价值量。而价值量的计算要通过价格这一中间量;特别是计算产业结构时,各种产业商品价格的相对变动会极大影响产业的比例。在计算一国产业结构时,可以使用不同时点上价格的比例关系(以下为表述方便简称为不同时点上的价格)即过去(可以称为可比价或者不变价)、当年及未来某个时点。在一个国家某一静止时点上,按现价计算的产业结构的确能够反映这个国家目前的经济结构,因而也是有意义的。但对于一个经济体而言,有意义的经济增长是扣除了价格因素后实际的经济增长;同样在考虑与经济增长相关的产业结构演化时,需要剔除价格因素。确定过去某一个时点作为价格的基准点在理论上是十分困难的,因为不同基点的选择会导致以后同一年份产业结构有很大的差异;但在实践上却又是较为容易的,因为统计部门往往选择某一个整数年作为公布不变价的时点(如美国2005年),有些国家往往又会选择一个特定的年份作为基点(如中国1978年)。在进行不同国家产业结构比较研究时,即使同一年份的产业结构实际上也不能进行比较;因为不同国家之间,三次产业之间的价格比例关系会有较大差异。不同国家产业结构的差距有可能是各产业产出之间的差异造成的,也有可能是各国三次产业比价关系的不同造成的。

以中美之间2005年三次产业结构差异来说,2005年中国第三产业的比例为40.51%,比美国第三产业的比例76.35%低35.84个百分点;而李钢、廖建辉、向奕霓(2011年)根据ICP分行业数据计算显示若按美国不同产业比价关系中国2005年第三产业的比例应为54.35%,仅比美国低22个百分点。李钢等的研究表明,中美之间服务业占GDP比例的差异中近40%可以用两国三次产业的比价关系来解释,而仅有60%左右是由于两国三次产业产出的差异所致。因而对于后起国家而言,若仅从发达国家目前当年价所计算的产业结构来判断产业发展的方向及产业政策的着力点,有可能出现方向性的错误。因而有必要采取分行业购买力平价数据对一国的产业结构进行计算,而此方法相当于采取发展中国家未来某个时点的三次产业价格比例进行计算。因为如果我们假设中国在未来某一年份(比如2040年)能达到美国2005年的经济发展水平,就能以购买力平价分行业数据对中国产业结构进行计算,其实质可以看作用未来某个时点的价格比例来计算产业结构。如果都采取ICP项目分行业数据来计算一国产业结构,就可以较好剔除不同国家三次产业比价关系不同的问题,从而可以较好地进行国际比较。不同价格计算的产业结构比较见表1。

表1 不同价格计算的产业结构比较

	不变价	现价法	购买力平价
时间节点	某一时间节点上的价格;一般是指过去某一时间节点,如1990年的不变价,就是指1990年的各种产品的价格	当年价,如2010年的产业结构就是利用2010年当年的价格计算产业结构	以美国某一年份的价格比例关系为基础。例如2005年购买力平价价格比例就是以2005年美国的价格比例关系为基础
实质	以过去某一时点(如1978年)不同产业的产品价格比例关系为基础计算中国的产业比例关系	以当年不同产业的产品价格比例关系为基础计算中国的产业比例关系	以未来某一时点不同产业的产品价格比例关系为基础计算中国的产业比例关系
优点	剔除了价格因素的变化,可以认清一国产业结构变化的实质。特别是在研究经济增长时有不可替代的作用	便于理解,符合大家一般的认知	为进行国际上产业结构比较提供了基础
缺点	不好理解,有一定的计算工作量,不能直接进行国际比较。用不变价计算的GDP难以反映产品质量的变化;难以直接计量新产品对于旧产品的替代	没有反映价格因素的变化,在进行长周期及国际比较时结果失真	不好理解,计算工作量很大,数据不连续
与现价法的比较	第二产业比例提高,第三产业比例下降	—	第二产业比例下降,第三产业比例提高

资料来源:李钢:《服务业能成为中国经济的动力产业吗?》,载于《中国工业经济》2013年第4期。

这里还要特别指出的是按就业结构所计算的产业结构也并不能反映产业结构的真实变化。虽然当期而言,就业量与钢产出吨数、粮食生产吨数类似是一个"物理量",与价格无关,因而就业量所计算出的产业结构与各产业之间的相对价格水平无关。但如果从长期动态的眼光来看,按各产业就业量所计算出来的产业结构也无法剔除价格因素,甚至价格因素是产业就业结构演化的重要因素。由于不同行业的技术进步率有较大差异,长期而言技术进步率快的行业,劳动生产率提高快,价格上涨慢;而技术进步慢的行业,价格上涨快。我们可以用两个行业作一个简单的分析:假设两个行业分别为A、B行业;A行业十年劳动生产率提高了1倍,而B行业劳动生产率没有变化;原来两个行业就业量都是1万人;10年后两个产业都增长了一倍。因为A行业十年劳动生产率提高了1倍,因而A行业就业量没有变化仍旧是1万人;而B行业劳动生产率没有变化,就业量提高到2万人。十年间,这两个行业的比例仍旧是1:1(按产出来计算);但若按就业量计算则从1:1变化为1:2。如果一个国家仅由这两个产业组成,则按就业量计算产业结构将从各占50%,变化为33%与67%。从上面这个简单的案例分析可以看出,就业结构演化与产业技术进步率有很大关系;往往技术进步率最低的部门就业将会不断扩张。当然,上面的案例分析将产业就业结构演化的机制进行了简化,但实际上巴拉萨—萨缪尔森(Balassa-Samuelson)效应将会使技术进步慢的行业价格上涨快,由于价格的上涨才能使该行业承担劳动力上涨的成本,也才能雇用更多的劳动力。因而若用可比价的观点来看,不同年份就业结构应该用劳动生产率进行调整;不同年份的就业量都应按与基期相同的人均产出量进行调整,从而能更好地反映产业结构的变化。另外,由于各产业人均人力资本不相同,按就业结构来计算的产业结构不能反映各产业人员素质的差异;各产业人均固定资本也有较大的差异,而固定资本可以看成过去人类劳动的固化,按就业结构来计算的产业结构并不能反映各产业所拥有的人类固化劳动的差异。这些因素表明不能根据第二次世界大战后发达国家就业结构的变化来说明第三产业是发达国家经济增长的动力产业,而应看到第三产业就业量的增长是以第二产业快速的技术进步为基础。

参考文献:

[美]西蒙·库兹涅茨:《各国经济增长》,商务印书馆2007年版。

李钢、廖建辉、向奕霓:《中国产业升级的方向与路径》,载于《中国工业经济》2011年第10期。

江小涓:《服务业增长:真实含义、多重影响和发展趋势》,载于《经济研究》2011年第4期。

程大中:《收入效应、价格效应与中国的服务性消费》,载于《世界经济》2009年第3期。

Baumol W. J, Macroeconomics of Unbalanced Growth: The Anatomy of Urban Crisis. *American Economic Review*, Vol. 20, No. 3, 1967.

(李钢)

产业转移
Transfer of Industry

产业转移,又称产业区域转移,是以企业为主导的经济活动,是由于资源供给或产品需求条件发生变化后,某些产业从某一国家或地区转移到另一国家或地区的经济行为和过程,这是一个包含国际上与地区间投资与贸易活动的综合性的要素与商品流动过程,是一个具有时间和空间维度的动态过程,是国际上或地区间产业分工形成的重要因素,也是转移国(或地区)与承接国(或地区)产业结构调整和产业升级的重要途径(陈建军,2002)。如果从产业流出和流入地关系来看,产业转移可以分为国内区域间产业转移和国际上产业转移。

国内区域间产业转移最早可以追溯到美国工业化初期。当时制造业工厂通常设在靠近原料来源的地方,后来由于运输条件的变化,工厂更倾向于设在靠近产品市场的地方,这促进了美国工业由东部转移到西部,由北方转移到南方(张孝锋,2006)。目前,随着中国东部沿海土地、劳动力、资源环境等生产要素成本的上升,纺织、轻工等很多产业向中西部地区转移,这也属于国内区域间产业转移。

迄今为止,世界主要经历了四次大规模的国际上产业转移浪潮(潘悦,2006)。第一次国际上产业转移浪潮发生在20世纪50年代,美国在确立了全球经济和产业技术领先地位后,在国内集中力量发展汽车、化工等资本密集型重化工业,把纺织业等传统产业通过直接投资向正处于经济恢复期的日本等国家转移。日本承接了美国移出的轻纺工业后,很快成为全球劳动密集型产品的主要供应者,"日本制造"开始畅销全球。

第二次国际上产业转移浪潮发生在20世纪60、70年代,美、德、日等国家集中力量发展钢铁、化工和汽车等资本密集型产业以及电子、航空航天和生物医疗等技术密集型产业,而把劳动密集型产业尤其是轻纺工业大量向外转移。亚洲新兴工业化国家积极把握这一轮产业转移机遇,大力发展出口导向的轻纺工业,其工业化取得了突出的业绩。

第三次国际上产业转移浪潮发生在20世纪70年代后期。两次石油危机及其间世界性经济危机的爆发,迫使发达国家努力发展微电子、新能源、新材料等高附加值、低能耗的技术密集和知识密集型行业，将钢铁、造船和化工等重化工业以及汽车、家电等部分资本密集型产业进一步向外转移。亚洲“四小龙”积极承接从发达国家转移出的资本密集型产业。东盟国家沿着亚洲“四小龙”的发展路径，接过亚洲“四小龙”转移出的劳动密集型产业，将进口替代的轻纺工业纳入出口导向式的发展轨道，创造了良好的出口业绩和经济发展局面。

第四次国际上产业转移浪潮发生在20世纪80年代至90年代，亚洲“四小龙”以及美、欧、日等发达国家和地区将大量的加工制造环节和低端产业向中国沿海及其他发展中国家和地区转移。在这一阶段，中国成为世界上承接产业转移最多的国家。这也促进了中国经济的高速增长和外向型发展。

产业转移的动因可以从区域、产业、企业等不同角度，利用多种理论进行研究，主要包括：

成本上升论。刘易斯(Lewis, W. A. ,1978)认为发达国家由于人口自然增长率下降、非熟练劳动力不足，劳动力成本趋于上升，这种成本的变化导致劳动密集型产业比较优势逐步丧失，并最终使之向发展中国家转移。

“中心—外围”论。劳尔·普雷维什(Raul Prebisch,1959)从依附论的角度分析了处于“中心”位置的发达资本主义国家和处于“外围”地位的发展中国家之间的经济关系，认为发展中国家迫于发展的压力而实行的进口替代战略，是产业转移发生的根源。

生命周期论。汤普森(Thompson,1966)的区域生命周期理论认为，产业区就像有机生命体一样，有着年轻、成熟和老年的过程。从成熟期开始，区际竞争逐渐剧烈，现有产业的区位比较成本优势将逐渐削弱直至丧失，为了应付其他区域的竞争，区域企业将多区域化布局，呈现出“分厂的转移”。弗农(R. Vernon,1966)的产品生命周期理论认为，产品周期分创新产品、成熟产品、标准化产品三个阶段，产业转移是企业为了顺应产品生命周期的变化，回避产品生产的比较劣势而实施的空间移动，是产品演化的空间表现。

产业成长论。赤松要(Akamatsu,1935)提出的“雁行模式”是较早形成的产业转移理论，他通过对日本“二战”前工业发展的统计研究，总结出产业发展遵循的三种模式：第一种模式认为某一产业的发展是按照从接受转移到国内生产，再到向外出口的三个阶段，即按照“进口—国内生产(进口替代)—出口”的模式更替发展；第二种模式是从一般消费品到资本品，或者是从低附加值产品到高附加值产品的第一模式演进，产业结构不断高度化；第三种模式是某一产品的第一模式动态演化会在国与国之间传导，工业化的后来者会效仿工业化的先行者。小岛清(1987)的边际产业理论认为，一国向国外投资转移的是在本国失去比较优势的产业，而该产业在东道国却具有或潜在具有比较优势。

企业成长理论。邓宁(Dunning,1988)的国际生产折中理论从微观层面对产业的跨国转移进行了解释。该理论认为，企业会依据所有权优势、内部化优势和区位优势的情况，采取不同的国际经济活动方式。企业通过主动的对外投资，获取更大的经济利益，从而带动了产业的跨国转移。

产业转移对于促进区域经济发展能够起到十分积极的作用，二者之间能够形成相互促进的正向关系。贺炎林、袁敏华(2010年)认为，一方面区际产业转移使发达地区可以更容易地甩掉相对落后产业的包袱，集中人力、财力、物力发展高附加值、高技术含量的先进产业，从而进一步加快发达地区的产业升级；另一方面，区域产业转移也为欠发达地区承接产业转移、提升产业结构水平带来了机遇，欠发达地区可以以较低的成本引进对自身来说相对先进的产业与技术，以“后发优势”尽快提高产业层次与水平，从而实现产业转移方与被转移方的“双赢”。从区域产业分工的角度而言，一方面产业转移促进了各地的产业结构优化，并进而推动了各地的经济发展；另一方面各地产业结构优化与经济发展又反过来会进一步促进产业在地区间的不断转移，最终呈现出“螺旋式”上升的发展格局。

参考文献：

[阿]劳尔·普雷维什：《外围资本主义：危机与改造》，商务印书馆1990年版。

[日]小岛清：《对外贸易论》，南开大学出版社1987年版。

陈建军：《产业区域转移与东扩西进战略——理论和实证分析》，中华书局2002年版。

陈刚、刘珊珊：《产业转移理论研究：现状与展望》，载于《当代财经》2006年第10期。

贺炎林、袁敏华：《产业转移与产业结构调整的关系浅析》，载于《特区经济》2010年第8期。

潘悦：《国际产业转移的四次浪潮及其影响》，载于《现代国际关系》2006年第4期。

张孝锋：《以产业转移推进区域协调发展的政策建议》，载于《经济研究参考》2006年第87期。

Dunning J. H. , *Multinational Enterprises and the Global Economy*. Wokingham: Addison Wesley, 1993.

J. H. Thompson, Some Theoretical Consideration for Manufacturing Geography, *Economic Geography*, No. 1, March 1966.

Kojima K. , Reorganizational of North-South Trade: Japan's Foreign Economic Policy for the 1970's, *Hitotsubashi Journal of Economics*, Vol. 13, 1973.

（原磊）

产业转型升级
Industrial Transformation and Upgrading

产业转型升级主要包含两个方面的含义。一是产业转型,主要指通过转变产业发展方式,加快向创新驱动型、绿色低碳型、智能制造型、服务型、内需主导和消费驱动型转变。二是产业升级,主要是指通过全面优化技术结构、组织结构、布局结构和行业结构,促进产业结构整体优化提升。产业转型升级涉及理念的转变、模式的转型和路径的创新,是一个战略性、全局性、系统性的变革过程,必须坚持在发展中求转变,在转变中求发展。

从国家或区域层面来看,产业转型升级常常体现为支柱产业的转换,衡量的标准可以是三次产业比例的变化,也可以体现为产业发展效益的提高,衡量的标准可以是产业投入要素的密度和比例的变化。产业转型升级的本质是原有要素在变化环境下的一种重新组合,是产出结构、技术结构和产业组织的变动,是经济发展的一种过程和一个质的飞跃。

从企业层面来看,产业转型升级常常体现为一个企业从国际分工体系的低端环节向国际分工体系的高端环节延伸,从而进入更具技术能力、获利能力的经济领域的过程(加里·格里芬,1999),包括企业效益大大提升、国际竞争力显著增强;等等。

目前,产业结构失衡是中国经济发展中面临的突出问题,表现为资源消耗多、环境污染严重,经济增长的质量和效益不高,就业压力大;等等(郭树言、欧新黔,2008)。加快产业转型升级已经成为当前中国经济发展中的迫切任务。也正因如此,产业转型升级一词在我国中央政府文件中多次提及,体现了国家对产业转型升级的重视程度。2012 年 11 月 8 日,胡锦涛总书记在中国共产党第十八次全国代表大会上的报告中,提出"要加快传统产业转型升级,推动服务业特别是现代服务业发展壮大"。具体来讲,调整优化产业结构,加快构建现代产业体系,推动产业转型升级应重点做好以下几个方面的工作。

改造提升制造业。与西方发达国家相比,我国工业化有着很多独特的国情。一方面中国处于工业化进程的中期,而西方发达国家已经进入了信息化时代。拥有"后发优势"的中国不一定要重复发达国家的老路,可以充分利用发达国家的科技成果,坚持以信息化改造工业化,实现跨越式发展。另一方面中国是一个人口大国,区域之间发展很不平衡,而且城市化进程仍远未结束,大量的低层次劳动力就业问题需要解决,大量传统产业在未来很长一段时间里有其长期存在的必要性。制造业改造能够改变现有工业生产的组织方式,强化工业发展中的薄弱环节,提高能源资源综合利用水平、技术工艺系统集成水平,提高产品质量、技术含量和附加值。

加快培育发展战略性新兴产业。战略性新兴产业的核心在于其战略性和先导性,对国民经济的作用不仅仅在其自身发展带来的经济增长,更重要的是能够对传统产业产生辐射效应,促进整体产业发展效率的提高。中国拥有世界最大规模的传统产业,在某种意义上讲,也就拥有了世界最大的战略性新兴产业的市场需求空间。如果能够对此充分加以利用,那么就会大大促进战略型新兴产业的发展。对此,国家可从两个方面推动战略性新兴产业和传统产业的融合发展。一是大力支持那些能够促进传统产业改造的战略性新兴技术的研发和利用,大力支持利用战略性新兴产业技术改造传统产业的商业化项目。二是增加传统产业技术改造投资力度,对于那些能够促进战略性新兴技术应用的传统产业改造项目,国家应当给予重点支持。可以考虑以贴息贷款、税收优惠或者是直接财政补贴的方式鼓励信息技术、新能源技术、节能环保技术等在传统企业的推广和应用。

形成更加合理的三次产业结构和实现三次产业间的有效互动(金碚,2011)。一是提升和优化工业特别是制造业结构。加强制造业的集约化、清洁化和精致化程度,并且形成大、中、小型制造业企业的有效竞争、分工和合作的产业组织结构。二是加快发展服务业,包括生产性服务业和生活性服务业。在建立发达制造业的基础上,逐步提高服务业在三次产业中的比重,提高现代服务业在整个服务业中的比重,提高生产性服务业在现代服务业中的比重。推动特大城市形成以服务经济为主要比重,以高端制造业特别是高端制造业的核心技术创新实体为精髓的产业结构。三是形成一、二、三次产业之间的合理分工和有效互动。第一产业是第二、三产业发展的重要物质基础,而且第一产业的现代化也是第二、第三产业现代化的前提。第二产业要为第一、第三产业提供技术支持,同时也是第一、第三产业市场需求的重要来源之一。第三产业不仅是第一、第二产业的基础条件,而且要为第一、第二产业提供高效率的综合运输体系和信息传送系统,更要为第一、第二产业的高效化、品牌化和延伸化提供必要的支持条件。

实施资源战略的重大调整(金碚,2011)。一是实现能源生产结构和消费结构的调整,即推动能源生产和利用方式变革,构建安全、稳定、经济、清洁的现代能源产业体系。在确保能源安全供应的基础上推进传统能源清洁高效利用,同时加快新能源开发,逐步推进可再生清洁能源对化石能源的替代。二是实现土地和矿物资源战略的调整。做到土地资源的科学规划、集约开发、兼顾各方、合理利用。同时,更科学和合理地开发利用战略性矿物资源,使现代产业体系具有长期稳固的物质资源基础。三是发展海洋经济,为工业化拓展更广阔的地理空间和资源条件。坚持陆海统筹，制定和实施海洋发展战略，提高海洋开发、控制、综合管理能力。

参考文献：

郭树言、欧新黔：《推动中国产业结构战略性调整和优化升级探索》，经济管理出版社 2008 年版。

金碚：《中国工业的转型升级》，载于《中国工业经济》2011 年第 7 期。

金碚：《资源约束与中国工业化道路》，载于《求是》2011 年第 18 期。

李毅中：《加快转型升级等不得、坐不住、误不起》，载于《中国工业报》2012 年 3 月 20 日。

裴长洪：《中国经济转型升级与服务业发展》，载于《财经问题研究》2012 年第 8 期。

王维：《全球视角下的中国工业转型升级制约因素分析》，载于《亚太经济》2012 年第 4 期。

Gary Gereffi, International Trade and Industrial Upgrading in the Apparel Commodity Chains, *Journal of International Economics*, Vol. 19, 1999.

（原磊）

重化工业化
Heavy and Chemical Industrialization

重化工业通常是指重工业和化学工业的合称，而重化工业化是产业经济学中对工业化其中一个阶段的称谓，但是并非是以重化工业为支柱产业和发展重点的阶段。一般来说，工业内部结构变动分为三阶段四时期（赵国鸿，2005）。其中第一阶段就是重化工业化阶段，包括以原材料、基础工业为重心和以加工装配工业为重心两个时期；第二阶段为高加工度化阶段，包括以一般加工工业为重心和以技术密集型加工工业为重心两个时期；第三阶段为技术集约化阶段，也包括以一般技术密集型工业为重心和以高新技术密集型工业为重心两个时期。这三个工业结构变动阶段之间是相互衔接和部分重叠的，前一阶段的第二时期同时也是后一阶段的第一时期。根据各国的具体情况不同，三阶段四时期的发展顺序可能存在交错混杂。通常，当工业结构处于重化工业化阶段的第一时期时，工业化处于初期阶段；当进入高加工度化阶段，工业化转入中期；当向技术集约化阶段转变时，工业化进入后期。

追溯“重化工业论”的理论渊源，一是霍夫曼的“轻重工业转换定理”。他以消费品工业（轻工业）产值与资本品工业（重工业）产值的比例（霍夫曼系数）为依据把工业化的过程分为四个阶段。在这四个阶段中，轻重工业产值比重此消彼长，重工业比重逐渐占据上风；二是 H. 钱纳里的“经济结构转换模型”。他以人均 GDP 为参照指标，将经济发展的全过程分为三大阶段：初级产品生产阶段、工业化阶段和发达阶段。而工业化阶段又进一步细分为初级阶段、中级阶段和高级阶段。其工业化各阶段中的中、高级阶段就是重化工业大发展时期；三是罗斯托的“经济成长阶段理论”。他认为，任何国家的经济发展都要经历六个成长阶段：“传统社会”、“为起飞创造前提阶段”、“起飞阶段”、“成熟阶段”、“高额群众消费阶段”和“追求生活质量阶段”。“成熟阶段”和“高额群众消费阶段”就是工业化进程中的重化工业阶段。而除“传统社会”以外的后五个阶段，就是一般所指的工业化进程诸阶段；四是马克思主义的经济增长理论。马克思指出，在社会再生产过程中，资本家为了能够使再生产持续进行并不断地获取更多的剩余价值，生产资料生产的增长必须快于消费资料生产的增长。

重化工业发展的特点主要有以下几个方面（金成晓，2006）：

增长速度快。重化工业属于资本密集型工业，是一种规模经济，能支持区域经济高速增长。

增长周期长。重化工业是适应居民消费结构升级需要的产业，附加价值比较高，市场生命力比较强。汽车、住房等商品的长周期特性，能为国民经济的较快而长期增长奠定重要基础。

企业规模较大。庞大的规模使重工企业的生产经营更容易产生规模效应，但由于投资规模大，投资期长，回收期亦长，投资风险比较大，属高风险、高利润的行业。

技术含量较高。重化工业是为国家各产业提供技术装备和生产原料的产业。各国很多最新的科研成果都应用于重化工业尤其是军工生产。相对于轻工业尤其是需要大量人手进行加工生产的传统轻工产业来说，重化工业属于技术密集型产业。重工企业使用大型机器设备，进行机械化、规模化生产，生产技术含量较高。

产业牵动性强。重化工产业关联度高，产品链条长，带动能力强。由于产业关联度高，大型重化工业项目的带动效应非常显著。因此，重化工业是一个国家或地区工业化水平乃至经济、科技总体实力的重要标志，是工业化、现代化建设的重要支撑，是关系长远发展的战略性产业。

消耗能源较多。很多重化工业产品尤其是电解铝、钢铁等的生产需要进行切割、熔化、冷却等耗能很多的工序。再加上大多数重工产业生产使用大型重型机器，这些机器的正常运转需要耗费大量的能源。据统计，我国重工业单位产值能耗约为轻工业的 4 倍。

环保成本较高。重化工业如炼钢、石化、建材等产业产生的废水、废气、固体废弃物比较多。如果不妥善处理，很容易对周围环境产生污染。很多现代重工企业需要投入大量资金进行排污、净化处理设施建设，才能尽量降低对当地环境的污染，实现清洁生产。

如何判断一国是否进入重化工业化阶段？蔡昉(2005)提出按照经济规律，必须具备以下几个条件，中国的工业化才可能进入重化工业化阶段。如果在不满足以下几个条件的情况下出现了重化工业化的趋势，则意味着引导产业发展的市场信号被人为地扭曲了。第一个条件，生产要素禀赋结构应该发生根本性的变化，即劳动力出现实质性的短缺从而工资水平上涨，而资本开始过剩从而利率水平降低。第二个条件，以前一个条件为前提，重化工业获得了比较优势，因此，其投资效率应该优于它所要替代的产业。第三个条件，重化工业所要求的其他投入资源是可以获得的，而且相对价格比较低廉。

当前，对我国重化工业化的理论研究仍存在不同的观点，这些不同的观点主要集中在我国进入重化工业化是否具有必然性以及重化工业化的推动力量等方面。

一是我国进入重化工业阶段是否具有必然性。在我国进入重化工业阶段是否具有必然性的争论中，一种观点认为我国近期进入重化工业阶段是有其必然性的，主要原因有：消费需求结构变化，城市化进程明显加快以及发达国家的产业转移。他们认为，工业化进入中后期，就进入了重化工业比重不断上升的阶段。同时，消费结构的升级对重化工业产品产生了巨大需求(李佐军,2004)。另一种观点认为，重化工业化并不是我国的必然选择，目前的重工业化趋势不符合中国的比较优势，中国的优势在于劳动密集型产业，而非资本密集的重化工业，重化工业创造的就业机会也较少(林毅夫,2004)。因此，我国应当大力发展第三产业、IT产业和中小企业，以提高效率，实现集约增长。

二是重化工业化的推动力量。对于我国重化工业化过程中背后的推动力量及其影响，众多学者的观点也有分歧。一种观点认为，此次重化工业发挥主要作用的是市场机制，主体是民营企业。例如，在资源配置方面，在重化工业化过程中，增长最快的是“三资企业”，其次是民营企业，非国有企业和混合所有制企业成为增长的主要力量；在技术进步方面，重化工业发展与国际产业转移相一致，有条件把引进技术与增强我国自主创新能力结合，依托高新技术提升重化工业的技术水平。另一种观点却对我国近期重化工业化发展过程中的实际情况有不同认识。在资源配置方面，重化工业发展调整的主体是政府(吴敬琏,2004)。一是由于政府财政收入、政绩考核等原因，必然要发展产值大、税收高的重化工业；二是由于政府拥有土地和贷款权这两个最大的资源，有能力发展重化工业；在技术进步方面，重化工业化易导致粗放式增长，这与经济增长方式向集约增长方式转变不相符合。

近年来，我国进入新一轮重化工业化阶段的特征日益明显。新一轮重化工业发展阶段的特征表现为：重化工业发展受市场供需机制调节的作用日益显著，具有较鲜明的大国经济特征和需求拉动特征(付保宗,2010)。“十二五”时期，我国重化工业化面临的新形势和趋势主要表现在：

第一，基本已步入工业化中后期，城镇化加速和城乡差距拉大。根据相关预测，到2020年我国的城市化率将达到60%，实现基本城市化；2050年达到75%，实现高度城市化。伴随城镇化及收入水平的继续提高，对能源原材料及其他重化产品的需求增长也将会持续一段时间。同时，由于城乡二元结构矛盾突出，传统低端产品和高端制造产品需求的二元市场也将会在较长时间内存在，低端市场需求必然对较高消耗的低端产品形成支撑。因此，将一定程度上延长重化工业化阶段的持续时间。

第二，重化工业发展与增加就业的矛盾日益突出。我国人口数量庞大，随着重化工业的规模扩大和发展，工业接纳就业的总体能力将有所减弱。近年来，我国第二产业就业人数增长率明显低于其增加值增长率，一方面，这是由于劳动生产率不断提升造成的；另一方面，工业结构重型化导致的就业吸纳能力减弱也产生了一定的推动作用。与此同时，近年来城镇登记失业率也维持在较高的水平。

第三，资源环境的制约作用日益增强。目前，我国已经成为仅次于美国的世界能源消耗大国。我国主要矿产资源储量增长已经远低于开采量增长，开采量增长又低于消费量增长，国内资源保障程度快速下降，新增部分主要依赖进口。与此同时，我国重化工业增长和环境消耗之间存在着明显的正相关关系，环境污染给我国经济发展造成了重大的损失，每年用于治理各类污染的投入超过1000亿元。国际上，由于对减少温室气体排放等环保行为的呼声日益高涨，国际贸易领域的环保门槛和壁垒日益提高。

第四，具备应用先进技术和管理提升产业发展质量的后发优势。当前，世界节能环保技术、信息技术等发展已远远超越了历史上发达国家重化工业发展时期的水平。先进的技术环境优势，一方面，为重化工业本身通过改善技术工艺，实现低投入、低能耗、低污染和高效益提供了可能；另一方面，技术进步将促进产业结构升级和出口商品结构升级，提高“中国制造”的质量和水平，从而将间接降低重化工业产品的需求，带来重化工业结构的调整升级。

面对新形势，“十二五”时期，我国重化工业发展的关键任务是继续推进重化工业的高新化、链群化、集约化和清洁化。加快产业升级步伐，促使其向深加工、高附加值方向发展；充分发挥重化工业产业链条长、前后向投入产出联系效应大、对相关产业有很强带动作用的特点，在加速发展重化工业的同时，协同培育发展与重化工业关系密切的上下游产业；加快推进节能环保技术进步和循环经济发展，实现资源的再生利用，降低资源的消耗；加快推进对现有的众多落后设备、工艺的改造升级步伐，鼓励发展和应用清洁能源、清洁生产技术，发展推广先进环保技术。

参考文献：

蔡昉：《发展阶段判断与发展战略选择——中国又到了重化工业化阶段吗?》，载于《经济学动态》2005 年第 9 期。

付保宗：《当前我国重化工业发展阶段特征与建议》，载于《宏观经济管理》2010 年第 2 期。

金成晓、任妍：《重化工业是中国经济发展的必经阶段——基于产业结构调整角度的分析》，载于《经济纵横》2006 年第 7 期。

李佐军：《中国进入重化工业阶段符合客观规律》，载于《经济》2004 年第 9 期。

林毅夫：《2004 目前重工业热不符合中国国情》，载于《经济参考报》，2004 年 12 月 23 日。

马克思：《资本论》第 2 卷，人民出版社 1964 年版。

吴敬琏：《注重经济增长方式转变，谨防结构调整中出现片面追求重型化的倾向》，载于《经济管理文摘》2004 年 11 月。

赵国鸿：《重化工业化之辩与我国当前的产业政策导向》，载于《宏观经济研究》2005 年第 10 期。

（孙凤娥、原磊）

产业关联

Inter-industrial Linkage

产业关联是指不同产业之间的投入和产出相互运动形成的技术经济联系。投入是指产品生产所消耗的原材料、燃料、动力、固定资产折旧和劳动力，产出是指产品生产出来后多种分配的去向、流向，即使用方向和数量。产业关联的纽带是指不同产业之间是以什么为依托连接起来，这种产业间连接的不同依托就构成了产业间联系的实质性内容，包括：(1)产品、劳务联系，是产业间最基本的联系；(2)生产技术联系，技术进步是推动产业联系方式，即产业结构变动的最活跃、最积极的因素；(3)价格联系，实质上是产业间产品和劳务联系的价值量的货币表现；(4)劳动就业联系；(5)投资联系。

产业关联有多种形式，主要有：按产业间供给与需求的联系分为前向联系和后向联系；按产业间技术工艺的方向和特点分为单向联系和多项循环联系；按产业间的依赖程度分为直接联系和间接联系。

产业关联分析主要借助于投入产出表（又称产业关联表、里昂惕夫表）来对产业之间生产、分配、交换上发生的关联进行研究。产业关联分析又称投入产出分析，由美国经济学家沃西里·里昂惕夫（Wassily Leontief）于 20 世纪 30 年代首先提出。随着经济学、统计方法、计算机和信息技术的进步，投入产出分析和投入产出模型获得了长足发展，已广泛应用于国民经济、地区经济、部门经济、企业经济单位中各个部分之间投入和产出相互依存的各种关系之中。

假设在投入产出平衡关系式 $AX + Y = X$ 中，X 为总产出，Y 为最终产出，$A = (a_{ij})_{n\times n}$ 是直接消耗系数矩阵，则有 $Y = (I - A)X$ 或者 $X = (I - A)^{-1}Y$。其中，I 为单位矩阵，$(I - A)^{-1}$ 为里昂惕夫（Leontief）逆矩阵，记为 $B = (b_{ij})_{n\times n}$。利用投入产出表和投入产出模型可对产业关联进行度量分析，其中，最基本的衡量产业之间联系程度的指标有：

一是直接消耗系数与完全消耗系数。直接消耗系数 a_{ij}，表示第 j 部门生产单位总产品所消耗的第 i 部门产品的数量，其计算公式为：

$a_{ij} = x_{ij}/X_j (i, j = 1, 2, \cdots, n)$，其中，$x_{ij}$ 是 j 部门生产中消耗的第 i 部门产品的数量，X_j 是 j 部门的总投入（总产出）。

完全消耗系数是指某一部门每提供一个单位的最终产品，需要直接和间接消耗（即完全消耗）各部门的产品或服务数量。完全消耗系数揭示了部门之间的直接和间接的联系，更全面反映了部门之间相互依存的数量关系。完全消耗系数在直接消耗系数 a_{ij} 基础之上计算得到，完全消耗系数矩阵等于里昂惕夫逆矩阵减去一个单位矩阵，即 $B = (I - A)^{-1} - I$。

二是直接分配系数与完全分配系数。直接分配系数是一个部门的产品分配（提供）给各个部门作生产使用和提供给社会最终使用的数量占该部门产品总量的比重。直接分配系数有直接中间产品分配系数 d_{ij} 和直接最终产品分配系数 d_{ik} 之分，其计算式分别为：

$$d_{ij} = x_{ij}/X_i (i, j = 1, 2, \cdots, n)$$

$$d_{ik} = Y_{ik}/X_i (i, j = 1, 2, \cdots, n; k = 1, 2, \cdots, m)$$

其中，x_{ij} 表示 i 部门的产品提供给 j 部门用作中间使用的价值量，Y_{ik} 表示 i 部门的产品提供给社会作第 k 种最终使用（如最终消费、固定资本投资、存货、出口等）的价值，X_i 表示国民经济中第 i 个产品部门以价值计算的年产品总量。

直接分配系数实际上是对投入产出表横行计算的结构相对数，因此直接中间产品分配系数与直接最终产品分配系数之和等于 1。d_{ij} 表示 i 部门的产品被 j 部门用作中间产品的数量占 i 部门产品总量的比重，该值越大，说明 i 部门向 j 部门提供的中间使用越多。d_{ik} 表示 i 部门的产品提供给社会作第 k 种最终使用（如最终消费、固定资本投资、存货、出口等）的数量占 i 部门产品总量的比重，该值越大，说明 i 部门向社会提供的最终产品越多。

完全分配系数(用 w_{ij} 表示)是 i 部门单位总产出直接分配和全部间接分配(包括一次间接分配、二次间接分配,……,多次间接分配)给 j 部门的数量。它反映了 i 部门对 j 部门直接和通过别的部门间接的全部贡献程度,等于 i 部门对 j 部门的直接分配系数和全部间接分配系数之和。完全分配系数矩阵表示为:

$$W=(I-D)^{-1}-I$$

其中,D 为直接分配系数矩阵。

三是影响力系数和感应度系数。在投入产出分析方法中,用影响力系数反映一个产业影响其他产业的波及程度;用感应度系数反映一个产业受其他产业的波及程度。影响力系数反映了国民经济中的某一产业增加一个单位最终使用时,对国民经济各产业所产生的需求波及程度。假设在投入产出平衡关系式 AX + Y = X 中,产业影响力系数的计算公式是:

$$F_j=\frac{\sum_{i=1}^{n}b_{ij}}{\frac{1}{n}\sum_{i=1}^{n}\sum_{j=1}^{n}b_{ij}},(j=1,2,\cdots,n)$$

其中, $\sum_{i=1}^{n}b_{ij}$ 为里昂惕夫逆矩阵第 j 列之和, $\frac{1}{n}\sum_{i=1}^{n}\sum_{j=1}^{n}b_{ij}$ 为里昂惕夫逆矩阵各列行之和的平均值。

影响力系数越大,该部门对其他部门的拉动作用越大。当影响力系数大于 1 说明该部门对其他部门产生的波及程度大于社会平均水平,影响力系数如果小于 1,说明该部门对其他部门产生的影响小于社会平均水平,影响力系数等于 1,说明该部门对其他部门产生的影响正好与社会平均水平相当。

感应度系数是反映当国民经济各个部门均增加一个单位最终使用时,某一部门由此而受到的需求感应程度,也就是需要该部门为其他部门的生产而提供的产出量。产业感应度系数的计算公式是:

$$E_i=\frac{\sum_{j=1}^{n}b_{ij}}{\frac{1}{n}\sum_{i=1}^{n}\sum_{j=1}^{n}b_{ij}},(i=1,2,\cdots,n)$$

其中, $\sum_{j=1}^{n}b_{ij}$ 为里昂惕夫逆矩阵第 i 行之和, $\frac{1}{n}\sum_{i=1}^{n}\sum_{j=1}^{n}b_{ij}$ 为里昂惕夫逆矩阵各行之和的平均值。

感应度系数越大,说明该部门对国民经济的推动作用越大。当感应度系数大于 1 时,表示该类产品部门所受到的感应程度高于各部门平均感应度水平,当感应度系数等于 1 时,表示该类产品的感应程度相当于各部门平均感应度水平,当感应度系数小于 1 时,表示该类产品的感应程度低于各部门平均感应度水平。

四是生产诱发系数。生产诱发系数表示某一单位最终需求所诱发的各个部门的生产额,表明各生产部门的生产受各最终需求项目的影响程度。生产诱发系数越大,它的生产波及效果也就越大。在计算生产诱发系数时,需要剔除进口因素的影响。设 α = (总产出 - 出口)/总使用,表示国内总使用中由国内生产的产品所占的比例,记 $\hat{\alpha}$ 为国内使用国内生产比例的角阵。则最终使用的生产诱发系数的计算公式表示为:

$$R=(I-\hat{\alpha}A)^{-1}\times S$$

其中,R 是最终使用的生产诱发系数列向量,$(I-\hat{\alpha}A)^{-1}$是剔除进口(输入)影响的里昂惕夫逆矩阵,S 是最终使用结构系数列向量。当 S 分别表示最终消费、资本形成或出口列向量时,R 就表示相应的最终消费、资本形成或出口而引起的生产诱发系数列向量。

参考文献:

[美]沃西里·里昂惕夫:《投入产出经济学》,商务印书馆 1982 年版。

刘起运、陈璋、苏汝劼:《投入产出分析》,中国人民大学出版社 2006 年版。

向蓉美:《投入产出法》,西南财经大学出版社 2007 年版。

陈锡康、杨翠红等:《投入产出技术》,科学出版社 2011 年版。

张亚雄、赵坤:《区域间投入产出分析》,社会科学文献出版社 2006 年版。

芮明杰:《产业经济学》,上海财经大学出版社 2005 年版。

廖明球:《投入产出及其扩展分析》,首都经济贸易大学出版社 2009 年版。

(郭朝先 刘芳)

前向联系和后向联系

Forward Linkage and Backward Linkage

前向联系(也称前向关联)和后向联系(也称后向关联)是产业关联的重要方面,是根据产业之间供给与需求联系来划分的。按照美国经济学家艾伯特·O. 赫希曼在其《经济发展战略》一书中的解释,前向联系就是通过供给联系与其他产业部门发生的关联。如对钢铁业来说,它与汽车制造业的关系就是前向联系的关系。后向联系就是通过需求联系与其他产业部门发生的关联。如对钢铁业来说,它与煤炭采掘业的关系就是后向联系的关系。前向联系和后向联系所产生的产业间关联效应,是指一个产业的发展对其他相关产业所产生的影响,后向联系像"拉力",前向联系像"推力"。衡量前向关联和后向关联效应程度的指标分别是感应度系数和影响力系数。

在投入产出平衡关系式 $AX+Y=X$ 中，X 为总产出，Y 为最终产出，$A=(a_{ij})_{n\times n}$ 是直接消耗系数矩阵，则有 $Y=(I-A)X$ 或者 $X=(I-A)^{-1}Y$。其中，I 为单位矩阵，$(I-A)^{-1}$ 为里昂惕夫(Leontief)逆矩阵，记为 $B=(b_{ij})_{n\times n}$。

则反映前向关联效应程度的感应度系数表示为：

$$\text{某产业的感应度系数}=\frac{\text{该产业在里昂惕夫逆矩阵中的行系数均值}}{\text{全部产业在里昂惕夫逆矩阵中的行系数均值的平均值}}$$

$$=\frac{\sum_{j=1}^{n} b_{ij}}{\frac{1}{n}\sum_{i=1}^{n}\sum_{j=1}^{n} b_{ij}},\ (i=1,2,\cdots,n)。$$

感应度系数反映了当国民经济各个产业部门均增加一个单位最终使用时，某一部门由此而受到的需求感应程度，也就是需要该部门为其他部门的生产而提供的产出量。感应度系数越大，说明该部门对国民经济的推动作用越大。当感应度系数大于 1 时，表示该类产品部门所受到的感应程度高于各部门平均感应度水平，当感应度系数等于 1 时，表示该类产品的感应程度相当于各部门平均感应度水平，当感应度系数小于 1 时，表示该类产品的感应程度低于各部门平均感应度水平。

反映后向关联效应程度的影响力系数表示为：

$$\text{某产业的影响力系数}=\frac{\text{该产业在里昂惕夫逆矩阵中的列系数均值}}{\text{全部产业在里昂惕夫逆矩阵中的列系数均值的平均值}}$$

$$=\frac{\sum_{i=1}^{n} b_{ij}}{\frac{1}{n}\sum_{j=1}^{n}\sum_{i=1}^{n} b_{ij}},\ (j=1,2,\cdots,n)。$$

影响力系数反映了国民经济中的某一产业增加一个单位最终使用时，对国民经济各产业所产生的需求波及程度。影响力系数越大，该部门对其他部门的拉动作用越大。当影响力系数大于 1 说明该部门对其他部门产生的波及程度大于社会平均水平，影响力系数如果小于 1，说明该部门对其他部门产生的影响小于社会平均水平，影响力系数等于 1，说明该部门对其他部门产生的影响正好与社会平均水平相当。

一个产业的发展，通过前向联系和后向联系促进相关产业的发展，而这些产业的发展，再通过前向联系和后向联系，最终促进国民经济的发展。关联效应较高的产业能够对其他产业和部门产生很强的前向关联、后向关联和旁侧关联，并依次通过扩散影响和梯度转移形成波及效应而促进区域经济的发展。美国经济学家艾伯特·O. 赫希曼提出，应根据产业关联效应标准(即赫希曼基准)来选择地区主导产业。根据赫希曼基准，主导产业应选择具有较大影响力系数和感应度系数的产业，即"双高"产业，只有影响力系数和感应度系数比较大的产业才能带动其他产业的发展。

一个产业的前向联系与后向联系效应程度，一般是由产业的技术特点决定的。钱纳里和渡边曾根据特定产业前向关联和后向关联效应的大小，把产业划分为四类：(1)中间制造产业，是前后关联程度都很高的产业；(2)最终制造品产业，是前向关联程度低而后向关联程度高的产业；(3)中间初级产品产业，是前向关联程度高而后向关联程度低的产业；(4)最终初级产品产业，是前后向关联程度都低的产业。随着产业的技术进步，产业类型并不是一成不变的，而是动态地发生变化，与其他产业的联系状态也会发生变化。

参考文献：

[美]沃西里·里昂惕夫：《投入产出经济学》，商务印书馆 1982 年版。

刘起运、陈璋、苏汝劼：《投入产出分析》，中国人民大学出版社 2006 年版。

向蓉美：《投入产出法》，西南财经大学出版社 2007 年版。

陈锡康、杨翠红等：《投入产出技术》，科学出版社 2011 年版。

张亚雄、赵坤：《区域间投入产出分析》，社会科学文献出版社 2006 年版。

芮明杰：《产业经济学》，上海财经大学出版社 2005 年版。

廖明球：《投入产出及其扩展分析》，首都经济贸易大学出版社 2009 年版。

(郭朝先　刘芳)

结构—行为—绩效范式
Structure-conduct-performance Paradigm (SCP)

产业组织理论将产业分解成特定的市场，构造了市场结构(Structure)—市场行为(Conduct)—市场绩效(Performance)的分析范式(简称"SCP 范式")。SCP 范式中，市场结构是指一个市场的组织结构特征，主要衡量标志有：(1)市场集中度，可以通过市场上的买者或卖者的数量和大企业所占比例表达出来；(2)产品差别化，是指同一市场不同企业生产同类商品在质量、款式、性能等方面的差异性；(3)新企业的进入壁垒，是指阻止新竞争者进入市场的因素或障碍。市场行为是指企业在根据市场供求条件并考虑与其他企业关系的基础上，为取得竞争优势所采取的各种决策行为，它包括价格策略、产品策略、排挤对手等。市场绩效则是指企业在市场竞争中所获得的最终成果的总和，反映了市场运行的效率,包括利润率水平、技术进步、充分就业等。

学术界一般将20世纪60年代梅森(E. S. Mason)、贝恩(J. S. Bain)及其之前的产业组织理论称为传统的产业组织理论,它主要涉及厂商之间的经济行为和关系,强调市场结构对行为和绩效的影响作用。而将70年代后期出现的产业组织理论称为新产业组织理论,该理论大量引入了新的分析方法,包括可竞争市场理论、博弈论、新制度理论(产权理论和交易成本理论)、信息理论,通过整合厂商内部组织和外部关系,进一步考察了厂商行为的多重复杂关系。事实上,新、旧两种产业组织理论在一定程度上具有互补性,在本质上均采用了SCP分析范式,只是在分析方法和内容上有所不同。

新产业组织理论对传统SCP范式不足的修正。(1)传统的SCP分析多是经验性的,常常直接从结构推导出绩效,对中间的市场行为很少进行分析,通常运用回归分析来找出各个变量之间的关系。虽然这种描述性的统计研究可以使我们对各个经济变量之间可能存在的关系有所认识,但是却对回归结果缺乏因果关系的逻辑解释。新的产业组织理论针对这一缺陷,提出应该对产业组织中涉及的各个经济变量作严格的理论分析,寻找其中逻辑关系,并引入非合作博弈论,通过市场行为间接地将市场结构和市场绩效结合起来形成SCP分析框架,使得其逻辑严密也更令人信服。(2)传统的SCP范式是建立在新古典经济学理论基础上,仍然坚守着静态均衡的阵地,并且认为SCP范式是具有单向传递作用的线形框架,即市场结构决定了市场中的企业行为,而企业行为则决定了市场绩效的各个方面。然而,大量的理论和实证研究表明市场结构、行为和绩效之间的关系远不止这么简单,单向线形SCP范式只反映了问题的一个方面。市场结构、行为和绩效之间的关系是复杂的和相互作用的。产业组织理论中逐渐包含动态演化的思想,在揭示经济现象时更具有说服力也更接近于社会实践。尤其是博弈论和信息经济学的应用,使SCP范式由单向静态分析范式转变为双向的、动态分析范式,不仅能够更敏锐、更完善地反映现实,同时还突破了厂商单纯追求利润最大化的单一目标。其中最具有代表性的当属泰勒尔(Tirole)的《产业组织理论》的出版,泰勒尔借助博弈论的方法将企业行为对结构和绩效的影响研究推向新的高度。博弈论的引入同时还意味着对传统的市场机制决定的瓦尔拉斯均衡可行性的怀疑。鲍莫尔(W. J. Baumol)、潘泽(J. C. Panzar)和威利格(R. D. Willing)等人创立的"可竞争市场理论"进一步克服了传统SCP范式中市场结构、行为和绩效间的单向线形关系和逻辑关系,强调潜在竞争对现有厂商行为的影响。由于市场中潜在进入的威胁,必然迫使在位厂商通过降低成本、进行技术创新、扩大经营规模等行为的改变来改变市场结构,同时也改变了运行绩效。

此外,SCP范式还存在以下不足之处。主要有:第一,SCP分析框架虽然也考虑了结构、行为和绩效之间的互动影响,但较为简单,在理论解释中只强调了短期分析的意义,而没有从长期演化变迁角度动态地进行历史性分析,忽略了长期过程中产业的动态效率和配置效率,因此也就不能真正辩证地把握短期与长期中结构、行为和绩效之间内在关系的差异。并且,尽管SCP分析框架中将市场行为的分析作为研究的重要方面,但对于企业行为的分析仍然存在简单化和抽象化的不足,尤其是在一个重要方面:垄断企业主动谋求对自身有利的政策制度方面的行为方面,研究不够深入。第二,技术因素在产业发展中也发挥着十分重要的作用,但是SCP分析框架对技术涉及不多,实际上往往将其作为隐含假设和外生变量,大部分文献仅仅是将之作为企业行为进行分析,研究特定市场结构下的企业技术创新行为,而没有考虑到,技术在长期中对市场结构和绩效等起着非常重要的作用,在对产业进行系统全面研究时同样需要考虑。第三,由于SCP分析框架没有深入研究制度与市场结构、行为以及绩效之间的关系,把重点放在结构、行为和绩效之间谁决定谁的问题,而对为什么是谁决定谁、谁又如何决定谁的机制以及反作用等问题研究不够,而现实经济中导致行为和绩效变化的原因是非常复杂的,因此SCP模型的线条式分析缺乏全面性,简单化的逻辑也削弱了模型对经济现象的解释力度,不能深刻揭示问题本质,也就不能够很好地回答对策问题:如何进行制度创新以改善结构、规范行为和提高绩效,促进产业发展等。

参考文献:

齐兰:《西方现代市场结构理论撰要》,载于《中南财经大学学报》1998年第8期。

金碚:《产业组织经济学》,经济管理出版社1999年版。

臧旭恒、徐向艺、杨蕙馨等:《产业经济学》,经济科学出版社2002年版。

[英]多纳德·海、德理克·莫瑞斯:《产业经济学与组织》,经济科学出版社2001年版。

[美]克拉克森、米勒:《产业组织:理论、证据和公共政策》,上海三联书店1989年版。

[英]J. 卡布尔:《产业经济学前沿问题》,中国税务出版社、北京腾图电子出版社2000年版。

Bain, Joe S., Relation of Profit Rate to Industry Concentration: American Manufacturing, 1936-1940, *The Quarterly Journal of Economics*, Vol. 65, No. 3, August 1951.

Scherer, F. M., *Industrial Market Structure and Economic Performance*, Chicago: Rand McNally Press, 1980.

(张航燕)

哈佛学派
Harvard School

哈佛学派是指自20世纪30～60年代,由一批哈佛大学的学者所研究形成的比较完整的产业组织理论,作为最早的产业组织理论,哈佛学派开创了产业组织研究的先河,具有奠基性意义。代表人物有梅森、贝恩、凯维斯(R. E. Cawes)、谢勒(F. M. Scherer)、谢菲尔德(W. H. Shepherd)等。

克拉克(J. M. Clark,1940)《论有效竞争的概念》一文的发表,对产业组织理论的发展和体系的建立产生了重大影响。克拉克认为,不完全竞争存在的事实表明,长期均衡和短期均衡的实现条件是不协调的,这种不协调反映了市场竞争与实现规模经济的矛盾,而为了研究现实条件下缩小这种不协调的方法和手段,就有必要明确有效竞争的概念。所谓有效竞争,简单地说,就是既有利于维护竞争又有利于发挥规模经济作用的竞争格局。其中,政府的公共政策将成为协调两者关系的主要方法或手段。但从1890年开始的美国反垄断实践表明,没有一个清楚的关于企业行为和绩效的判断标准,反垄断政策就难以实施。哈佛学派受克拉克有效竞争理论的影响,其理论正是在寻求如何判断市场的有效竞争程度,以及政府应当从何管起而发展起来的。贝恩(1959)出版了第一部系统论述产业组织理论的教科书《产业组织》,成为产业组织的集大成者,同时,也标志着哈佛学派正式形成。

哈佛学派的产业组织理论,以新古典学派的价格理论为基础,在承袭了前人一系列理论研究成果的基础上,构造了一个市场结构(Market Structure)—市场行为(Market Conduct)—市场绩效(Market Performance)的分析范式,简称SCP分析范式。哈佛学派认为,竞争是结构问题,判断一个行业是否具有竞争性,不能只看市场行为或市场绩效,而应看该行业市场结构是否高度集中,是否实际上由一个或数个寡头所控制,此外还要看进入该行业的壁垒是否很高,以至扼制新厂商进入该行业。其主要观点包括:(1)在一个部门内过高的生产集中程度会导致糟糕的市场结果,但规模效益显著的部门除外;适度集中的寡头市场和带有某些原子市场的市场结构,可以实现按照竞争要求所期望的市场结果;因此,具有决定性的结构的边界不是位于原子市场和寡头市场之间,而是位于较高集中度的寡头市场和适度集中的寡头市场以及某些原子式结构的市场之间。(2)过高的产品差异程度通常并不会带来很好的市场结果,因为消费者常常只有在两个十分近似的产品之间进行选择,所以可供消费者选择的产品数量并不会随产品差异程度而相应地扩大;有效竞争所要求的并不是特别高的产品差异程度,而只是要求适度的产品差异。(3)高度的市场进入限制,与中等的和较低的市场进入限制相比,对市场结果具有负面影响;通过高度市场进入限制得到保护的高度集中的生产部门比带有中等程度市场进入限制的高度集中生产部门,一般来说会导致更为糟糕的市场结果。因此,要获得有效的市场结果就必须消除市场进入的限制,其中主要是人为的市场进入限制。由于该学派强调市场结构对市场绩效的决定性作用,因此又被称为"结构主义学派"。

哈佛学派主张通过公共政策(产业组织政策)来调整和直接改善不合理的市场结构,以便获得理想的市场绩效。在SCP分析范式中,作为市场结构指标之一的集中度和作为市场绩效基准之一的利润率之间关系的研究处于核心地位。贝恩调查了美国制造业42个产业,并将它们分为两组:一组是CR_8(8家最大企业的市场集中度)大于70%的21个产业;另一组是CR_8小于70%的另外21个产业。调查结果显示,这两个不同集中度的产业群之间存在着明显的利润率差异,前者利润率平均为11.8%,而后者平均只有7.5%。据此,贝恩认为如果存在着集中的市场结构,厂商就有可能成功地限制产出,把价格提高到正常收益以上的水平。在哈佛学派看来,在具有寡占或垄断市场结构的产业中,由于存在着少数企业间的共谋、协调行为以及通过高进入壁垒限制竞争的行为,削弱了市场的竞争性,其结果往往是产生超额利润,破坏资源配置效率。这就是"集中度——利润率"假说。如果具有市场支配力的企业增加的话,整体经济就会受到垄断弊病的侵害,因此该假说主张,必须采取企业分割、禁止兼并等直接作用于市场结构的公共政策,以恢复和维护有效竞争的市场秩序。

第二次世界大战后,在积极推进反垄断政策的美国,哈佛学派的观点作为正统派的产业组织理论而被长期接受。其中,最为典型的是1968年总统特别咨询委员会的关于反托拉斯政策的报告书。该报告书提出,现行法律(谢尔曼法)对已有的寡占结构的规制力过于薄弱,需要通过立法来加以解决;同时认为,有效的反托拉斯法律制度,应能带来竞争的行为和竞争的市场结构,而从长期看,竞争的市场结构将为促进竞争的市场行为创造条件,因此,比起竞争的市场行为,竞争的市场结构更具有重要性。依照这种观点起草的法律草案于1972年正式在国会提出。这是一个试图通过结构规制和企业分割来构筑竞争性市场的法案。然而,即便在结构主义兴盛的20世纪70年代前期,企业分割带来的社会收益将超过由此产生的社会损失的见解并未能得到社会的支持。因此,哈佛学派市场结构主义者的上述法律提案以失败而告终。其后,结构主义的反垄断政策开始向在充分广泛地考虑其他市场结构、市场绩效形成要因的基础上,更严格地选择作为分割对象的产业、企业方向转变。

参考文献：
［法］让·梯若尔：《产业组织理论》，中国人民大学出版社1997年版。
牛晓帆：《西方产业组织理论的演化与新发展》，载于《经济研究》2004年第3期。
夏大慰：《产业组织与公共政策》，载于《外国经济与管理》1999年第8期。
王忠宏：《哈佛学派、芝加哥学派竞争理论比较及其对我国反垄断的启示》，载于《经济评论》2003年第1期。
臧旭恒：《从哈佛学派、芝加哥学派到后芝加哥学派》，载于《东岳论丛》2007年第1期。
Bain, J. , *Industrial Organization*, New York: John Wiley & Sons, 1968.
Scherer, F. M. , *Industrial Market Structure and Economic Performance*, Chicago: Rand McNally Press, 1980.
William G. , Shepherd, *The Economics of Industrial Organization: Analysis, Markets, Policies*, 4th edition, London: Prentice Hall, 1997.

（张航燕）

芝加哥学派
Chicago School

产业组织理论的芝加哥学派是在与哈佛学派的论争中崛起的。施蒂格勒（V. Stigler, 1968）的名著《产业组织》一书的问世，标志着芝加哥学派在理论上的成熟。芝加哥学派的代表人物有施蒂格勒、德姆塞茨（H. Demsetz）、佩尔兹曼（S. Peltzman）、布罗曾（Y. Brozen）、波斯纳（R. Posener）等。

芝加哥学派在理论上继承了奈特（F. Knight）以来芝加哥传统的经济自由主义思想和社会达尔文主义，信奉自由市场经济中竞争机制的作用，即相信市场本身是完美的，认为市场机制的调节能力会在竞争过程中充分发挥作用。该理论认为：（1）市场竞争过程是一个没有国家干预条件下市场力量自由发挥作用的过程，在这一过程中"适者生存，不适者死亡"，施蒂格勒把它称之为"生存检验"；（2）从长期看，在没有人为的市场进入限制的条件下，市场竞争过程是有效的，它会在很大程度上带来能够保证消费者福利最大化的生产效率和资源配置效率；（3）因此，国家应该尽量减少对市场竞争过程的干预，把它仅仅限制在市场竞争过程确立的制度框架条件上。芝加哥学派特别注重判断集中及定价结果是否提高了效率，认为即使市场是垄断的或高集中寡占，只要市场绩效是良好的，政府规制就没有必要。在芝加哥学派看来，高集中市场长期出现高利润率，只能说明该市场中大企业的高效率经营，因为不是建立在高效率经营基础上的高利润率水平，都会招致其他企业的大量进入，而使利润率很快降至平均水平。正是各个企业通过合理的选择采取最优行为的结果，在适者生存的法则下效率高的企业的市场占有率不断扩大，才导致高集中市场的出现。由于他们强调市场绩效对市场结构的决定性作用，因此，芝加哥学派又被称为"效率主义学派"。

在高集中度的市场结构中通常具有的高额利润究竟是来自垄断势力还是来自大企业的高效率，这是芝加哥学派与哈佛学派争论的一个焦点。德姆塞茨等人通过许多实证研究，批判了哈佛学派的"集中度——利润率"假说，指出高集中产业中的高利润率与其说是资源配置非效率的指标，倒不如说是生产效率的结果。德姆塞茨认为，集中度与利润率的正相关很可能并不反映高集中产业内主要企业相互勾结提高价格的行为，倒是更能反映高集中产业内主要大企业的更高效率和更低的成本。因为如果市场集中和大企业利润率的正相关关系是由于协调定价和价格上升的结果，那么按照这种逻辑，产业寡头垄断定价行为能获得利益，即它们的利润率也应该同该产业内的小企业或该产业中不同规模企业的利润率相关。德姆塞茨通过比较不同集中水平、规模的企业，发现最小资产规模的企业利润率并没有随不同产业集中程度的上升而提高，这表明，高度集中导致企业垄断、勾结定价，从而获得垄断利润的假定并不符合实际情况。在芝加哥学派看来，如果高度集中的市场上长期出现高利润率，这只能说明是该市场大企业高效率经营的结果。因为不是建立在高效率经营基础上的高利润水平，都会招致其他企业的大量进入而使利润率很快降至平均水平。正是各个企业通过合理选择采取最优行为的结果，在适者生存的法则下效率高的企业的市场占有率不断扩大，才导致高集中度市场的出现。从这一立场出发，芝加哥学派对哈佛学派进行了猛烈抨击，认为与其说存在着市场结构决定市场行为进而决定市场绩效这样的因果关系，倒不如应该说是市场绩效或市场行为决定了市场结构。

20世纪70年代以后，由于传统产业国际竞争力日趋减弱，美国经济出现了大量的财政赤字和贸易赤字，一些重要产业的生产活动向国外转移，发生了所谓的产业空心化现象。许多人士认为，实施过分严格的反垄断政策和过分的且无意义的规制政策是使美国经济丧失活力的重要原因，而反垄断政策其目的在于实现经济效率性的观点已被越来越多的人所接受。1981年，里根就任美国总统后，任命信奉自由主义的贝格斯特（Baxter）和米勒（Miller）分别担任美国司法部反托拉斯局局长和联邦贸易委员会主席，以后波斯纳又被任命为联邦法院的法官，芝加哥学派成了美国垄断政策的主流，并直接推动了美国反垄断政策的重大转变，被人们称之为反垄断政策的"芝加哥革命"。

芝加哥学派也存在一些缺陷。主要有:第一,芝加哥学派的基本出发点是相信市场本身是完美的,市场机制的调节能力会在竞争过程中充分发挥作用,否认市场失灵的存在,这就弱化了反垄断政策的作用,使政府处于一种从属的被动地位,忽视政府的干预力量。事实上政府的干预力量是不能忽视的,通过及时调整市场、限制企业行为,才能保证市场机制的正常运行。第二,芝加哥学派没有意识到合资公司、纵向一体化、企业间协调行为等市场力量对消费者利益和社会福利的损害。而且,芝加哥学派认为垄断势力的负面影响可以轻易地被市场的竞争力量消除,但厂商的控制力却鲜有提及。第三,在芝加哥学派将反垄断的目标仅仅归结为消费者福利的最大化,却没有将保证社会财富公平分配,抑制市场中大型垄断势力的增长等也应纳入反垄断政策的目标之中。第四,芝加哥学派忽略了过高的集中度和过大的企业规模还会造成"X—非效率"问题。垄断企业在缺乏市场竞争机制约束的情况下,将会放松内部管理和技术创新,从而导致生产和经营的低效率。此外,芝加哥学派个体观察的分析方法也有着一定的局限性。

参考文献:

[美]施蒂格勒:《产业组织和政府管制》,上海三联书店1989年版。

[美]丹尼斯·卡尔顿、杰弗里·佩罗夫:《现代产业组织》,上海三联书店1998年版。

夏大慰:《产业组织与公共政策:芝加哥学派》,载于《外国经济与管理》1999年第9期。

王忠宏:《哈佛学派、芝加哥学派竞争理论比较及其对我国反垄断的启示》,载于《经济评论》2003年第1期。

臧旭恒:《从哈佛学派、芝加哥学派到后芝加哥学派》,载于《东岳论丛》2007年第1期。

牛晓帆:《西方产业组织理论的演化与新发展》,载于《经济研究》2004年第3期。

Stigler, George J., *The Organization of Industry*, Chicago: University of Chicago Press, 1983.

Demsetz, Harold, Industry Structure, Market Rivalry and Public Policy, *Journal of Law and Economics*, Vol. 16, April, 1973.

（张航燕）

贝恩假设

Bain's Hypothesis

贝恩假设是贝恩(Bain, 1951)在20世纪50年代提出来的关于传统产业组织理论结构—行为—绩效(SCP)分析范式的基本假设。贝恩假设的主要内容分为两个部分,第一个部分是假设存在卖方市场集中度与有效串谋的盈利性之间的正相关关系;第二个部分则假设进入条件的存在也会影响市场的绩效水平,而进入条件则由规模经济、产品和信息的差异化以及在位企业的成本优势所决定。贝恩特别重视市场结构和行为对市场绩效水平的影响,他认为市场结构的各种组成因素(比如买者和卖者的规模、产品的差异化水平和进入的条件等)决定厂商的行为,结构和行为共同决定了市场绩效。以上的贡献使得贝恩在规模经济、进入壁垒和限制定价方面为产业组织理论开辟了新的领域。

贝恩在1951年最早对结构—行为—绩效(SCP)之间关系进行了经验性检验,其目的便是检验贝恩假设的第一个部分:卖方市场集中度与有效串谋的盈利性之间存在着系统的正相关关系,也即假定行业的需求与成本不变,进入条件不变,相较于较低市场集中度的行业,有着较高市场集中度的垄断行业和具有有效串谋的寡头垄断行业将会获得一个较高的超额平均利润率。

为了验证这一假设,则需要测度行业的集中度和盈利性水平。因此,贝恩(1951)首先定义了产业以及行业集中度的概念,并提供了行业集中度和衡量市场绩效的盈利水平的度量方法。贝恩认为,需求的可替代性是产业定义的基础:"产业似乎主要是一种需求意义上的概念——它是一组这样的产出群体,对组内的全部(或大部分)买者而言,群体内各种产出之间一般都是较近的替代品,而相对于所有其他组外的产出是较远的替代品"。根据这一概念,贝恩主要采用需求的交叉价格弹性来定义产业,他将具有相互之间较高需求交叉弹性,而和其他任何产出的需求交叉弹性较低的那些产出放在一个产业。而在实际应用当中,需要决定需求交叉价格弹性达到水平时,才能把有关产品归入同一个产业。对这个问题就需要做出一些价值判断,这也是富有争议的地方(Martin, 2002)。

卖方市场集中度主要指的是某个行业的产出的集中程度。在早期的经验性研究当中,最常采用的就是CR_n指标(最大的n家企业的集中度比率),也即最大的n家企业的市场份额之和。贝恩(1951)采用了最大的8家企业的CR指标,同时他认为产业层面的集中度比率实际上会低估产品层面的集中度。在盈利性水平的测量上,贝恩采用了股东资产报酬率作为利润率,以资本净值为权重对产业内企业的利润率进行了加权平均得出产业的平均利润率。

贝恩(1951)通过对样本的回归得到实证的支持,他发现:对资本净值超过500万美元的企业而言,当该企业处于8家企业的集中度超过70%的产业时,在其他条件不变的情况下,产业内企业的平均利润率有着显著的提高;而对资本净值不超过500万美元的企业而言,企业平均利润率似乎与产业集中度并不显著相关。

贝恩假设的第二部分是贝恩在1956年的《新竞争壁垒》(*Barriers to New Competition*)一书中提出并验证的。在该书中,他认为进入条件对市场绩效起了至关重要的作用,即在集中度高到使得有效的串谋成为可能的条件下,当进入壁垒提高进入变得更困难时,资本权益报酬率就会上升,从而使得寡头垄断的大企业得利。贝恩将进入条件定义为"指产业内现有企业相对于进入企业的优势,通常以在位企业当前的价格与竞争价格水平之间的相对值进行衡量"。同时,贝恩分析了规模经济、产品差异化和现有企业绝对成本优势的重要性,并对样本产业的进入条件进行了划分,分为三个产业群:进入壁垒非常高(成本加成10%以上)、进入壁垒较高(成本加成7%左右)和进入壁垒中等到低(成本加成小于4%)。贝恩采用CR_4作为卖方集中度,大企业股东权益报酬率的加权平均值作为行业利润率,通过对数据进行回归,并引入进入壁垒作为虚拟变量,得到实证结果。他发现,在引入进入壁垒虚拟变量之后,卖方集中度对产业盈利水平的解释能力有所下降,仅仅在高壁垒的情况下,集中度对平均利润率才有显著的影响作用。

参考文献:

金碚:《新编工业经济学》,经济管理出版社2005年版。

J. S. Bain, Relation of Profit Rate to Industry Concentration: American Manufacturing, 1936 ~ 1940, *The Quarterly Journal of Economics*, Vol. 65, No. 3, August 1951.

J. S. Bain, *Barriers to New Competition: Their Character and Consequences in Manufacturing Industries*, Cambridge: Harvard University Press, 1956.

J. S. Bain, *Industrial Organization: A Treatise*, New York: John Wiley, 1959.

Stephen Martin, *Advanced Industrial Economics*, 2nd edition, London: Wiley-Blackwell, 2001.

J. Tirole, *The Theory of Industrial Organization*, Cambridge, MA: The MIT Press, 1988.

(龚健健)

纳什均衡
Nash Equilibrium

纳什均衡,又称为非合作博弈均衡,表示博弈的一般解,是博弈论的基础性核心术语。假设有n个局中人参与博弈,在给定其他人策略的条件下,每个局中人选择自己的最优策略(个人最优策略可能依赖于也可能不依赖于他人的策略),所有局中人策略构成一个策略组合(Strategy Profile)。纳什均衡是指由所有参与人的最优策略组成的策略组合,即任何一个局中人i在其他n-1个局中人保持在此局势的条件下,单独偏离此局势时,其期望收益(效用水平)不会增大。通俗地讲,纳什均衡描述的是这样一种均衡状态,在给定别人策略的情况下,任何参与人要改变这一策略组合都可能导致降低自身的效用水平(或只能保持原有的效用水平),因而任何参与人都没有积极性去改变这一策略组合,这一策略组合即为该博弈的纳什均衡。

纳什均衡的数学定义为:在博弈$G=\{S_1,\cdots,S_n;u_1,\cdots,u_n\}$中,如果对于每一个i,$s_i^*$是给定其他参与人选择$s_{-i}^*=(s_1^*,\cdots,s_{i-1}^*,s_{i+1}^*,\cdots,s_n^*)$的情况下第i个参与人的最优战略,即:$u_i(s_i,s_{-i})\geqslant u_i(s_i,s_{-i}),\forall s_i\in S_i,\forall i$,则策略组合$S^*=(s_1^*,\cdots,s_i^*,\cdots,s_n^*)$是一个纳什均衡。

纳什均衡因博弈论专家约翰·福布斯·纳什(John Forbes Nash)而得名。纳什1948年作为数学博士生进入普林斯顿大学,其研究成果见于题为《非合作博弈》(1950)的博士论文。该博士论文导致了题为《n人博弈中的均衡点》(1950)和《非合作博弈》(1951)两篇论文的发表。在上述论文中,纳什对冯·诺依曼(Von Neumann)和奥斯卡·摩根斯坦恩(Oscar Morgenstern)(1944)的冲突性零和博弈的最小最大解进行一般化,从而得出了n人非零和博弈的一般解,由此"纳什均衡"概念被明确提出。在此基础上,泽尔腾、哈萨尼、克雷普斯、威尔逊、弗登伯格和泰勒等学者又提出了多种深化的纳什均衡概念。博弈可以分为:完全信息静态博弈、完全信息动态博弈、不完全信息静态博弈、不完全信息动态博弈。其相应的均衡分别为纳什均衡、子博弈完美纳什均衡、贝叶斯纳什均衡、完美贝叶斯纳什均衡。典型的"囚徒困境"博弈属于完全信息静态博弈,相应的均衡即为纳什均衡。

"纳什均衡"实现了合作博弈向非合作博弈的转化,但纳什均衡是"基于一个时期的模式"而非"动态模式",纳什均衡没有考虑自己的选择行为如何影响博弈对手的战略,且允许不可置信威胁战略的存在,经常遇到一个博弈中存在多个纳什均衡,难以预见哪个均衡会发生等问题。为了弥补纳什均衡的上述缺陷,泽尔腾发展了动态的博弈。泽尔腾动态博弈模型思想集中体现在他1965年发表的著名论文《一个具有需求惯性的寡头博弈模型》一文之中,在该文中泽尔腾对"子博弈精练纳什均衡"给出了正式的定义。其基本思想是:"在扩展型博弈中的任一决策点,现行局中人利用其先行优势及后行者必然做出理性的反应这一事实,来进行选择以达到最优的纳什均衡,有限完美信息动态博弈求解可采取倒推归纳法"。泽尔滕定义"子博弈精炼纳什均衡"的中心意义是将纳什均衡中包含的不可置信威胁战略剔除出去,使均衡战略不再包含不可置信的威胁战略。它要求参与人的决策在任何时点上都是最优的,决策者要随机应变,向前看而不是固守旧略。由于剔除了不可置信的威胁战略,在多数情况下,精炼纳什均衡也缩小了纳什均衡的个数,这也是子博弈精炼纳什均衡的优点所在。

纳什均衡严格依赖于现实博弈环境难以满足的"完全信息"假设,即"所有博弈参与人均知道博弈的结构、博弈的规则和支付函数",针对纳什均衡中"完全信息"假设的缺点,哈萨尼建立了不完全信息博弈模型,拓展了纳什分析的应用范围。哈萨尼的不完全信息博弈是在纳什均衡的基础上吸收了贝叶斯研究成果,以贝叶斯定理为出发点,对纳什均衡做了广泛拓展。哈萨尼在其论文《贝叶斯参与人完成的不完全信息博弈》中提出了不完全信息博弈模型,还证明如何把不完全信息博弈模型转化为完全但非完美信息博弈模型,使得博弈模型易于处理,为信息经济学的发展奠定了理论基础。哈萨尼提出的"贝叶斯纳什均衡"是指在静态不完全信息博弈中,参与人同时行动,没有机会观察到别人的选择;由于每个参与人按照贝叶斯原则仅知道其他参与人类型的概率分布而不知道其真实类型,且不可能准确地知道其他参与人实际上会选择什么战略;但是能准确地预测到其他参与人的选择是如何依赖于其各自的类型;因此参与人决策的目标就是在给定自己的类型和别人的类型依从战略的情况下,最大化自己的期望效用。即"给定自己类型和别人类型的概率分布的情况下,每个参与人的期望效用达到了最大化,也就是说没有人有积极性去选择其他战略组合"。而应用于不完全信息动态博弈的均衡的概念是"精炼贝叶斯均衡",这个概念是完全信息动态博弈的精炼纳什均衡和不完全信息静态博弈的贝叶斯均衡的结合,泽尔腾、克雷普斯和威尔逊及弗登伯格和泰勒等学者为此做出了重要贡献。精炼贝叶斯纳什均衡的要点在于当事人要根据所观察到的他人的行为按照贝叶斯原则来修正自己有关后者类型的主观概率,并由此选择自己的行动。也就是说精炼贝叶斯纳什均衡是一个数学上的"不动点"。即满足:给定每个关于其他参与人类型的主观概率的情况下,参与人的战略选择是最优的;每个参与人有关其他参与人类型的主观概率均是按照贝叶斯法则从所观察到的行动中获得的。不完全信息博弈运用现代随机分析方法解决信息不完全或不对称下的决策问题,由此发展起来的不完全信息动态博弈模型使博弈论的理论研究与实际应用更加紧密。

"纳什均衡"理论的提出,使经济学中的均衡问题发生了质变,由"瓦尔拉斯均衡"突破到更具有普遍意义的"纳什均衡",奠定了现代主流博弈理论和经济理论的根本基础。但是,由于经典博弈理论具有"理性人"假设、不可观测的效用函数假设和主观概率假设等严格限制条件,往往使得经典博弈被戏称为"研究'天才'决策的理论",纳什均衡往往无法解释现实经济社会中的诸多现象。在放松经典博弈理论假设的前提下,纳什均衡也因博弈由静态向动态、由完全信息到不完全信息的发展而不断深化,目前已产生了子博弈纳什均衡、贝叶斯纳什均衡、完美贝叶斯纳什均衡等概念。随着经典博弈论上述假设的放宽,纳什均衡概念必将进一步发展深化,纳什均衡与经济社会现实将会更加接近,实用性和对经济社会现象的解释能力将会进一步增强。

参考文献:

张维迎:《博弈论与信息经济学》,上海人民出版社1996年版。

[美]斯蒂格利茨、[瑞典]沃因、[瑞典]韦坎德:《契约经济学》,经济科学出版社1999年版。

谢识予:《经济博弈论》,复旦大学出版社2001年版。

John Chahes Harsanyi. Games with Incomplete Information Played by Bayesian Players Parts Ⅰ, Ⅱ and Ⅲ, *Management Science*, 1967.

John von Neumann and Oskar Morgenstern, *The Theory of Games and Economic Behavior*, Princeton: Princeton University Press, 1944.

Akerlof, G., The Market for Lemons: Quality Uncertainty and the Market Mechanism, *Quarterly Journal of Economics*, 1970.

Nash, J., Non-Cooperative Games, *Annals of Mathematics Journal*, 1951.

Nash, J., Equilibrium Points in N-Person Games, *Proceedings of the National Academy of Sciences*, 36(1950).

Harsanyi, J. and Selten, R., *A General Theory of Equilibrium Selection in Games*, The MIT Press. 1988.

Selten Reinhard, Reexamination of the Perfectness Concept for Equilibrium Points in Extensive Games, *Int. J. Game Theory*, 1975.

(胡文龙)

博弈
Game

博弈,是指在多个决策主体之间行为具有相互作用时,各主体根据所掌握信息及对自身能力的认知,做出有利于自己的决策的一种行为。博弈是互动决策的行为过程,是博弈论研究的主要对象。博弈论,亦名"对策论"、"赛局理论",主要是研究一些个人、团队或组织面对特定的环境条件,在一定的规则制约下,依靠所拥有的信息,同时或先后,一次或多次,从各自允许选择的策略进行选择并加以行动,并从中各自取得相应结果或支付的过程的理论。博弈的类型分为:合作博弈、非合作博弈、完全信息博弈、非完全信息博弈、静态博弈、动态博弈等。运用严谨的数学模型研究冲突对抗条件下的最优决策问题是博弈论的典型特征。当前,博弈论已成为现代经济学占据主流地位的基本分析工具之一。

博弈思想早在人类社会2000多年前"齐威王与田忌赛马"文献中就有所记载。一般认为,博弈论萌芽于在20世纪20年代初,法国数学家波莱尔最先提出了"策略"和"混合策略"概念,并用数学方法处理了一些简单的博弈问题。博弈论的诞生则开始于冯·诺伊曼(J. Von Neumann)1928年对博弈论基本定理——极小极大值定理的证明。1944年冯·诺依曼和奥斯卡·摩根斯坦恩(Oskar Morgenstern)合著的《博弈论和经济行为》形成了现代博弈论的基本分析框架,标志着系统的博弈论初步形成。20世纪50年代,纳什明确提出了"纳什均衡"这一基本概念,揭示了博弈论和经济均衡的内在联系(从"瓦尔拉斯均衡"突破到"纳什均衡"),奠定了非合作博弈的一般理论和合作博弈的谈判理论的基础,从而标志着现代博弈论的建立。随后,莱茵哈德·泽尔腾(Reinhard Selten)提出了著名的"子博弈精炼均衡"和"颤抖手完美纳什均衡",率先开辟了动态模型的研究,为成功解决不完全信息下的动态博弈作出了开创性贡献,并发展了"倒推归纳法"等分析方法,使经济博弈论的发展向前迈了一大步。20世纪70年代,哈萨尼开辟了不完全信息博弈研究的新领域,首先提出了"贝叶斯纳什均衡",运用现代随机分析方法解决信息不完全和不对称问题,使得博弈论分析易于被处理,为"信息经济学"奠定了基础。除此之外,维克里和莫里斯等对在不对称信息条件下的激励理论进行了基础性和开创性的研究;阿克洛夫、斯宾塞、斯蒂格利茨等在不对称信息条件下的激励理论和市场交易理论方面作出了巨大贡献;奥曼和谢林所创建的博弈理论或者说交互决策理论将博弈论由经济领域拓展到社会领域。20世纪80年代以来,作为一种一般分析方法,博弈论逐渐从应用数学、经济学进入了政治学、军事学、生物学、统计学等多门学科中,并获得了广泛应用。

一个完整的博弈应当包括五个方面的内容:第一,博弈的参加者,即博弈过程中独立决策、独立承担后果的个人和组织;第二,博弈信息,即博弈者所掌握的对选择策略有帮助的情报资料;第三,博弈方可选择的全部行为或策略的集合;第四,博弈的次序,即博弈参加者做出策略选择的先后;第五,博弈方的收益,即各博弈方做出决策选择后的所得和所失。

博弈根据其所采用的假设不同而分为合作博弈和非合作博弈。两者的区别在于参与人在博弈过程中是否能够达成具有约束力的协议。倘若不能,则称非合作博弈。所谓合作性博弈是指参与者从自己的利益出发与其他参与者谈判达成协议或形成联盟,其结果对联盟方均有利;而非合作性博弈是指参与者在行动选择时无法达成约束性的协议。人们的分工与交换等经济活动就是合作博弈,而"囚徒困境"博弈以及"公地悲剧"博弈都是非合作博弈。非合作博弈是现代博弈论的研究重点,纳什等博弈论专家研究得更多的是非合作性博弈。

博弈根据局中人行动的次序不同又分静态博弈和动态博弈。静态博弈是指参与者同时采取行动,或者尽管参与者行动的采取有先后顺序,但后行动的人不知道先采取行动的人采取的是什么行动;动态博弈是指参与者的行动有先后顺序,并且后采取行动的人可以知道先采取行动的人所采取的行动。

从知识(信息)的拥有程度来看,博弈还可以分为完全信息博弈和不完全信息博弈。信息是博弈论中重要的内容。完全信息博弈是指参与者对所有参与者的策略空间及策略组合下的支付有"完全的了解",否则是不完全信息博弈。严格地讲,完全信息博弈是指参与者的策略空间及策略组合下的支付,是博弈中所有参与者的"公共知识"的博弈。对于不完全信息博弈,参与者所做的是努力使自己的期望支付或期望效用最大化。

比较经典的博弈类型主要包括"囚徒困境"博弈、"性别战"博弈、"智猪"博弈等。

"囚徒困境"讲的是,两个嫌疑犯作案后被警察抓住,分别关在不同的屋子里接受审讯。警察知道两人有罪,但缺乏足够的证据。警察告诉每个人:如果两人都抵赖,各判刑1年;如果两人都坦白,各判8年;如果两人中一个坦白而另一个抵赖,坦白的放出去,抵赖的判10年。于是,每个囚徒都面临两种选择:坦白或抵赖。然而,不管同伙选择什么,每个囚徒的最优选择是坦白:如果同伙抵赖、自己坦白的话放出去,不坦白的话判1年,坦白比不坦白好;如果同伙坦白、自己坦白的话判8年,不坦白的话判10年,坦白还是比不坦白好。结果,两个嫌疑犯都选择坦白,各判刑8年。如果两人都抵赖,各判1年,显然这个结果好。但这个帕累托改进办不到,因为它不能满足人类的理性要求。"囚徒困境"博弈所反映出的深刻问题是,人类的个人理性有时能导致集体的非理性——聪明的人类会因自己的聪明而作茧自缚。

"性别战"博弈,刻画的是这样一种博弈局势:在博弈中,双方存在一定的共同利益,但是具有共同利益的不同结果又有着相对冲突的偏好。比如,夫妻两人都宁愿一起看同一个电视节目,而不愿意分开各自看各自喜欢的电视节目;但是给定大家看同一个节目,夫妻两人又各自偏好于能够看自己喜欢的节目。性别战博弈结构的显著特点是,博弈有两个均衡,博弈双方各自会偏爱一个均衡,比如丈夫偏爱(足球赛,足球赛)均衡,而妻子偏爱(肥皂剧,肥皂剧)均衡;不过他们还是有一些共同利益的,因为任何一个均衡中,他们都可以得到比非均衡状态更多的赢利。在性别战中,究竟哪一个均衡会出现?也许这取决于夫妻俩在家庭的地位,如果什么都是丈夫说了算,那么很可能出现丈夫偏爱的均衡。或者也可能出现轮流做主的情况。但更多的时候,在性别战博弈中建立一个强硬的形象也许是有好处的。性别战博弈的启示是:在对方不会拆台的情况下,都有共同达到赢利的目标时,成功达到均衡的关键是谁先采取行动,谁就能够占领先机,获得优势。

"智猪博弈"由约翰·纳什(John Nash)1950年提出。假设猪圈里有一头大猪、一头小猪。猪圈的一头有猪食槽,另一头安装着控制猪食供应的按钮,按一下按钮会有10个单位的猪食进槽,但是谁按按钮就会首先付出2个单位的成本,若大猪先到槽边,大小猪吃到食物的收益比是9:1;若同时到槽边,收益比是7:3;若小猪先到槽边,收益比是6:4。那么,在两头猪都有智慧的前提下,最终结果是小猪选择等待。其原因是:在大猪选择行动的前提下,小猪选择等待的话,小猪可得到4个单位的纯收益,而小猪行动的话,则仅仅可以获得大猪吃剩的1个单位的纯收益,所以等待优于行动;在大猪选择等待的前提下,小猪如果行动的话,小猪的收入将不抵成本,纯收益为-1单位,如果小猪也选择等待的话,那么小猪的收益为零,成本也为零,总之,等待还是要优于行动。

严格地讲,博弈论并不是经济学的一个分支,它只是一种方法,这也是为什么许多人将其看成数学的一个分支的缘故。博弈论已经在政治、经济、外交和社会学领域有了广泛的应用,它为解决不同实体的冲突和合作提供了一个宝贵的方法。然而,随着行为经济学的兴起并得到社会的认同,基于理性人假设的经典博弈理论自然而然遭受到行为学派的挑战,考虑参与者"有限理性"、"情感"、"环境"、"经验"、"制度文化"等现实因素的行为博弈论成为近年来博弈论的发展方向。

参考文献:

彭建刚:《博弈论与西方经济学的发展》,载于《经济学动态》1998年第5期。
张维迎:《博弈论与信息经济学》,上海三联书店、上海人民出版社1999年版。
高鸿业:《西方经济学》,中国经济出版社2003年版。
[美]斯蒂格利茨、[瑞典]沃因、[瑞典]韦坎德:《契约经济学》,经济科学出版社1999年版。
谢识予:《经济博弈论》,复旦大学出版社2001年版。
Taylor, Peter D. and Leo B. Jonker, Evolutionary Stable Strategies and Game Dynamics, *Mathematical Biosciences*, 1978.
Mary Ann Dimand and Robert W. Dimand, *A History of Game Theory*, London and New York. 1996.
J. Von Neumann, Morgenstern O, *Theory of Game and Economic Behavior*, Princeton: Princeton University Press, 1944.
Harold W. Kuhn. *Classics in Game Theory*, Princeton: Princeton University Press, 2002.

(胡文龙)

市场结构
Market Structure

市场结构指的是市场被组织的方式,即一定产业的特定市场中存在交易关系或竞争关系的企业(或拟进入市场的企业)或消费者之间关系等因素及其特征,涉及企业的规模及规模分布、进入退出壁垒及条件、产品差异、成本结构和政府管制程度等方面,其核心内容是竞争与垄断的关系(金碚,2005)。一般地讲,市场结构是根据竞争企业的数量和规模分布定义的。

在新古典经济学中,市场结构主要有三个因素来决定:卖方或买方市场的集中度;进入壁垒;产品的差异化程度。市场的集中度通常用市场中类似企业的数量来衡量,它提供了在一个特定市场上企业相对规模的信息,反映了该特定市场的竞争程度。衡量市场集中度的常用指数有n家企业集中率(CR_n),赫芬达尔指数(Herfindahl Index),基尼系数(Gini Coefficient),勒纳指数(Lerner Index)等。根据市场的竞争程度,可以将其分为完全竞争市场和不完全竞争市场。根据厂商的数量和进入壁垒的情况,又可以将不完全竞争市场分为:垄断、买方垄断、双边垄断、寡头、买方寡头、垄断竞争。这些市场结构类型的主要特征如下表所示,其中完全竞争和垄断竞争的主要区别就在于产品的差异化程度,完全竞争的产品没有差异,而垄断竞争的产品有差异。

表1　市场结构的主要类型和特征

市场结构	卖方		买方	
	进入壁垒	数量	进入壁垒	数量
完全竞争	无	很多	无	很多
垄断	有	一个	无	很多
买方垄断	无	很多	有	一个
双边垄断	有	一个	有	一个
寡头	有	少数	无	很多
买方寡头	无	很多	有	少数
垄断竞争	无	很多	无	很多

资料来源:金碚:《产业组织经济学》,经济管理出版社1999年版,第113页。

鲍莫尔(Baumol,1982)提出了一种新的市场结构类型——可竞争市场(Contestable Market)。可竞争市场理论认为,在一个少数企业所组成的市场中,由于短期潜在进入者的存在,使得该市场将会产生竞争性的均衡,从而出现合意的福利结果,也即社会福利总损失最小。一个完全的可竞争市场具有这样三个主要特征:没有进入和退出壁垒;没有沉没成本;对于潜在进入者和在位者来说,技术的可获得性一致。进入和退出壁垒的存在,使得垄断企业在没有市场竞争的情况下可以获得超额的垄断利润。如果没有进入和退出壁垒,潜在的进入者将会轻易地进入市场,从而推动整个市场的竞争水平并且降低产品的价格,也即市场的可竞争性提高。沉没成本的存在,一定程度上反映了退出壁垒的存在,因此,一个具有沉没成本的行业也不会是可竞争的。同等的技术可获得能力将会决定产品生产的平均成本。在位企业由于可以获得更多的技术知识,使其能够以较低的平均生产成本获得较高的规模经济,从而获得垄断利润。如果一个新进入企业并不具有在位企业所具有的相应技术知识将会带来更高的生产成本,从而导致在竞争中落败退出市场。

完全的可竞争市场是一个极端的例子。在现实经济当中,完全的可竞争市场并不常见,因此较低的进入和退出壁垒将更加符合现实。可竞争市场具有"打了就跑"(Hit and Run)的特点,当在位者将产品价格提高到平均成本以上赚取超额利润时,潜在的竞争者就会进入市场,谋取短期利润。而当在位者对此进行反应,并把价格调低至正常利润水平时,这些新进入企业又会迅速以较低的成本地撤出。因此,即使市场上仅有一个企业,该市场仍然极具竞争性(Brock,1983)。

可竞争市场理论认为,由于"打了就跑"的威胁,特定市场上的垄断企业可能并不具有市场势力来操纵市场价格从而获得超额利润,因此该理论常被用来限制反垄断法的应用范围。同时,该理论也使政府逐渐重视潜在竞争对产业的影响,对政府管制政策的制定和实践有着重要作用。

参考文献:

金碚:《产业组织经济学》,经济管理出版社 1999 年版。

金碚:《新编工业经济学》,经济管理出版社 2005 年版。

W. J. Baumol, J. C. Panzar and R. D. Willig, *Contestable Markets and the Theory of Industry Structure*, New York: Harcourt Brace Jovanovich, Inc. ,1982.

W. A. Brock, *Contestable Markets and the Theory of Industry Structure: A Review Article*, *The Journal of Political Economy*, Vol. 91, No. 6, 1983.

(龚健健)

市场集中度
Market Concentration

市场集中度是衡量某一行业内厂商之间市场份额分布的指标。是指某行业的相关市场内前 N 家最大的企业所占市场份额(产值、产量、销售额、销售量、职工人数、资产总额等)的总和,是对整个行业的市场结构集中程度的测量指标,用来衡量企业的数目和相对规模的差异,是市场势力的重要量化指标。衡量市场集中度的计量指标有:CR_n 指数、HHI 指数、熵指数以及基尼系数。其中 CR_n 指数、HHI 指数、熵指数是绝对值集中度指标,基尼系数是相对集中度指标。

CR_n 指数。集中率(Concentration Ration, CR_n)用产业中规模最大的前 n 个企业所占市场份额的累计数占整个产业市场的比例来表示。计算公式如下:

$$CR_n = \sum_{i=1}^{n} \frac{X_i}{X} = \sum_{i=1}^{n} S_i$$

其中,X 为某产业的销售总额,X_i 为第 i 个企业的销售额,S_i 为第 i 个企业的市场份额(X_i/X)。

n 的大小可以根据测算的需要来确定,一般来说 n 常取 4、6、8 等。利用这一指标,根据某产业的 CR_1,CR_2,…,CR_n 数值绘成曲线,可以反映和比较特定产业大企业的规模分布状况。

按完全竞争市场结构条件,每家企业的市场份额都非常小,因此 CR_n 趋近于 0;按完全垄断市场结构条件,市场上只有一家卖主,因此 $CR_n = 1$;而在垄断竞争和寡头垄断市场上,$0 < CR_n < 1$。

由于 CR_n 指标计算简单,直观易懂,获得所需资料容易,因而它在市场集中的实证研究中被广泛应用。但是该指标也存在一些不足,主要表现在:该指标只反映规模最大的前几位企业的总体规模,忽略其余企业的分布状况,也忽略了前几位企业内部的规模分布状况,因而难以全面反映整个产业的市场集中度状况。

贝恩最早运用集中度指标对产业的垄断和竞争程度进行分类研究,他依据产业内前四位和前八位企业集中度指标,将集中类型分为 6 个等级,并依据这种分类对当时美国产业的集中度进行了测定,见表 1。

表 1 贝恩的市场结构分类

市场结构	CR_4	CR_8
寡占Ⅰ型	$85\% \leq CR_4$	—
寡占Ⅱ型	$75\% \leq CR_4 < 85\%$	或 $85\% \leq CR_8$
寡占Ⅲ型	$50\% \leq CR_4 < 75\%$	$75\% \leq CR_8 < 85\%$
寡占Ⅳ型	$35\% \leq CR_4 < 50\%$	$45\% \leq CR_8 < 75\%$
寡占Ⅴ型	$30\% \leq CR_4 < 35\%$	$40\% \leq CR_8 < 45\%$
寡占Ⅵ型	$CR_4 < 30\%$	$CR_8 < 40\%$

在贝恩分类的基础上,日本著名产业组织理论学

者植草益利用日本1963年的统计资料，对日本产业市场结构做了不同的分类(见表2)。

表2　　植草益分类法

市场结构		CR_8	产业规模状况(亿日元)	
粗分	细分		大规模	小规模
寡占型	极高寡占型	70% < CR_8	年生产额 > 200	年生产额 < 200
	高、中寡占型	40% < CR_8 < 70%	年生产额 > 200	年生产额 < 200
竞争型	低集中竞争型	20% < CR_8 < 40%	年生产额 > 200	年生产额 < 200
	分散竞争型	CR_8 < 20%	年生产额 > 200	年生产额 < 200

赫芬达尔指数(HHI)是指市场上所有企业市场份额的平方和。具体公式记为：

$$HHI = \sum_{i=1}^{n} S_i^2$$

HHI指数实际上给每个企业的市场份额 S_i 赋予了一个权数，这个权数就是其市场份额。显然，HHI≤CR_n，只有当市场中只有一个独占垄断企业时，HHI = CR_n。

一般来说，HHI值越大，说明市场集中程度越高；反之，HHI值越小，市场集中程度越低。在完全竞争市场上，HHI趋近于0；在完全垄断市场上，HHI = 1；而在介于完全垄断和完全竞争之间的市场，0 < HHI < 1。

因为HHI指数对规模较大的企业比规模较小的企业给予了更大的权重，因此，指数对规模较大的前几家企业的市场份额比重的变化反应特别敏感，能真实反映市场中企业之间规模的差异大小，并在一定程度上可以反映企业支配力的变化。这一指数的缺点在于：对数据的要求较高，而且含义不直观。

美国司法部根据赫芬达尔指数把市场分为三种市场结构：高度集中市场、适度集中市场和非集中市场(见表3)。

表3　　美国司法部分类

HHI	市场竞争状况
HHI≥1800	高度集中市场
1800 > HHI≥1000	适度集中市场
HHI < 1000	非集中市场

熵指数(又称因托比指数，Entropy Index，简称EI)是借用信息理论中用以度量系统有序程度的熵的概念提出来的。其计算公式为：

$$EI = \sum_{i=1}^{n} S_i \cdot \log(1/S_i)$$

从上述公式可见，熵指数实质上是对每个企业的市场份额 S_i 赋予一个 $\log(1/S_i)$ 的权数。所以，它与HHI指数相反，给予大企业的权数较小，而给予小企业的权数较大。EI值越大，产业集中度就越低，反之EI越小，产业集中度就越高。由于EI的计算公式比较复杂，因此，在实践中很少被使用。

洛伦茨曲线是洛伦茨(Lorenz，1905)最早提出来的，当时主要用于衡量收入和财富分配的不平等程度。现在已广泛用于衡量收入分配、地区差异、产业集中等诸多领域。在图1中，以企业数目百分比(从企业规模最小的企业数目开始，到全部企业为止)为横轴，以某一数目的企业所占市场份额为纵轴，并将其交点连接起来，便形成OS线下面的弧线，这条曲线就是反映企业集中程度的洛伦茨曲线。当洛伦茨曲线与OS线重合时，意味着该市场是一个均齐的结构，即任何企业所占份额都相等。当该市场只有一家独占企业时，洛伦茨曲线则与OPS线相交。

基尼系数就是洛伦茨曲线所反映出来的特定市场中企业规模的差异值，等于洛伦茨曲线与对角线围成的面积(A)除以对角线以下的三角形面积(A + B)，

即为　　$GI = A/(A + B)$

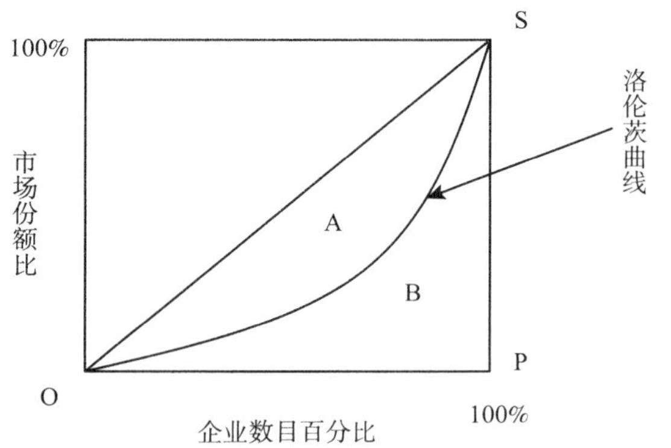

图1　洛伦茨曲线

基尼系数是建立在洛伦茨曲线基础上的一个相对集中度指标。基尼系数在0与1之间变动。当基尼系数等于0时，即意味着所有企业规模完全相等；反之，当基尼系数越大时，意味着阴影部分的面积越大，企业规模分布越不均匀。

基尼系数的优点在于：直观地反映了某一行业内

所有企业规模分布状况。其缺点在于:没有顾及领先企业的集中程度。也可能会出现一些特殊情况使得基尼系数不能如实反映市场集中度。如两家各自拥有50%市场份额的企业组成的市场会与由100家各占市场1%的企业组成的市场所绘制的洛伦茨曲线相同,此时他们的基尼系数都是0,但显然两者的市场集中度是不一样的,这时基尼系数无效。

参考文献:
纪玉山、李兵:《对产业集中度决定因素的一项文献归类与总结》,载于《产经评论》2012年第1期。
金碚:《产业组织经济学》,经济管理出版社1999年版。
臧旭恒、徐向艺、杨蕙馨等:《产业经济学》,经济科学出版社2002年版。
魏后凯:《市场竞争、经济绩效与产业集中》,中国社会科学院研究生院,2001年。
[英]多纳德·海、德理克·莫瑞斯:《产业经济学与组织》,经济科学出版社2001年版。
[日]植草益:《微观规制经济学》,中国发展出版社1992年版。

(张航燕)

产品同质性和产品差异
Product Homogeneity and Product Differences

被广泛用于营销领域的策略思维。产品同质性是指产品在外观、性能和感知体验等方面的相似性或趋同性,是指消费者对产品性能、特点等方面感到趋同或相似的程度。当质量战、价格战已经不再奏效,产品生产和营销发展到同质化竞争阶段,往往意味着以品牌竞争为标志的体系战拉开大幕,产品更新换代、品牌定位升级浪潮即将到来。同质化是价格战的原因之一,推动企业不得不依靠品牌化等差异化策略重构发展之道。

产品差异是指同一产业领域内部不同企业生产的同类商品,由于在品质、外观、性能、营销服务、使用感受和认知体验等方面存在着不同,从而形成产品之间的差异存在和多元化竞争。作为企业竞争的主要手段,产品差异是一种非价格壁垒,它意味着产品在质量和品牌营销体系方面的某种特殊性,经由消费体验和媒介传播所塑造和传达的某种形象或气质。产品生产和营销体系以分众化定位和多元化竞争策略赢得市场的行为进程。产品差异是企业占领市场的基本前提,是产品得以吸引用户的要义所在。经济学界对于产品差异主要分为:垂直差异、水平差异、信息差异、策略性差异以及服务差异五大类别。(1)垂直差异又称质量差异或硬差异,是指消费者对于质量的偏好,通常消费者偏好消费质量较高的产品。(2)水平差异也称空间差异或软差异,是指在价格相同的情况下消费者根据个人偏好进行的主观选择。(3)信息差异是指在消费者和企业之间信息不对称的情况下进行广告等信息传播对消费决策的影响。(4)策略性差异描述了进入市场先后顺序导致的比较差异对于消费者决策所产生的影响。策略性消费者在掌握一定信息的基础上会对消费时机、预算规模和心理预期进行比价和选择,这对厂商动态定价决策及其收益具有重大影响。(5)服务差异是指在产品营销和使用进程中提供的服务内容和服务质量等方面的差异。

参考文献:
张维迎:《市场的逻辑》,上海人民出版社2012年版。
金碚:《金碚经济文选》,中国时代经济出版社2011年版。
杨公朴:《产业经济学》,复旦大学出版社2005年版。
屈云波、张少辉:《市场细分:市场取舍的方法与案例》,企业管理出版社2010年版。
刘志彪、安同良:《现代产业经济分析》,南京大学出版社2009年版。
周辉:《产品研发管理》,电子工业出版社2012年版。
[美]唐纳德·R. 莱曼、拉塞尔·S. 温纳:《产品管理》,北京大学出版社2006年版。
王卓明:《影视传媒产业与媒介素养建设研究》,现代出版社2011年版。
[美]恰安、博赫尔:《创造突破性产品:从产品策略到项目定案的创新》,机械工业出版社2004年版。
[加]罗伯特·G. 库珀:《新产品开发流程管理:以市场为驱动》,电子工业出版社2010年版。
[美]诺曼:《未来产品的设计》,电子工业出版社2009年版。
高鸿业:《西方经济学:宏观部分》,中国人民大学出版社2011年版。

(王卓明　董宁宁)

进入与容纳
Enter and Accept

进入是指一家或多家厂商进入市场。关于进入存在两种理论,新古典经济学认为由于产业中存在超额利润会导致企业进入。新市场理论认为进入是进入企业对在位企业的替代,是由于企业之间的效率差异、产品差异等原因导致的。即使市场内的在位企业获得零利润也会存在新企业的进入。

市场结构是市场的组织方式。市场理论强调市场结构中对厂商和购买者行为,以及对市场表现有重要影响的方面。只要行业中存在正利润,潜在厂商就有进入的欲望。这种进入市场分享利润的愿望对在位厂商构成进入威慑。厂商的进入、在位企业的反应与市场结构是息息相关的。如果市场容量小,在位厂商按短期利润最大化原则组织生产所留下的剩余市场需求达不到新厂商所要求的厂商规模,那么潜在进入者在预期到进入后只有亏损一条出路时,它就会继续充当潜在的进入者。此时,企业可以采取进入封锁策略。所谓进入封锁,就是指即使在位厂商不采取策略性行动,新厂商也难以进入市场。此时在位厂商之间进行竞争,就像不存在进入威胁一样。如果市场容量有一定规模,在位厂商按短期利润最大化原则进行生产不能有效封锁进入者进入,那么在位企业就可能要采取策略性行为来遏制进入。即在位者通过调整自己的行为来成功地阻止进入。这种通过策略性行为来阻止进入的方法构成了进入壁垒的一部分。主要的方法有:保有过剩生产能力,提高转换成本,提高竞争对手的成本,掠夺性定价和限制性定价。

过剩生产能力是指相对于现在需求,企业或行业保有一定闲置生产能力时的一种情况。斯宾塞(Spence,1977)最早使用过剩生产能力作为策略性手段,他建立了一个技术上的要求,生产能力必须在生产之前设置好的模型,竞争对手相信在发生进入时,该企业能充分利用该生产能力而达到的产量上限,从而阻止进入。迪克塞特(Dixit,1980)对斯宾塞的模型进行了修正,对于威胁施加使用过剩生产能力可信性的条件以及使用过剩生产能力产生的诸多后果进行了探讨,即阻止策略的可信性分析。

转换成本是指消费者要放弃使用一种老产品或者系统,需要在购买产品或系统之外承担的成本。这种成本可能包括雇员重新培训成本、学习和信息收集成本等。由于这些转换成本的存在从而阻碍了消费者转向其他新的产品或系统。马丁(Martin,2003)分析了存在转换成本且转换成本由厂商承担时,转换成本如何成功阻止潜在进入者进入。

提高竞争对手的成本要求新进入者承受额外的成本,使本企业在成本上获得优势。在位者提高竞争对手成本的方法有很多。在位企业可以通过垂直一体化的方式进入原材料生产阶段或销售阶段,通过提高竞争对手的原材料价格或者通过控制分销渠道从而提高竞争对手的分销成本,进而提高竞争对手的生产和进入销售的成本。在位企业也可以凭借自身的在位优势,利用政府管制增加进入企业的生产和进入成本。比如,在位企业可以游说政府对新进入企业制定更严格的环保制度,而在位企业可以执行相对宽松的政策等。一般来说在位企业在产品市场上拥有优势,在位企业如果采取拒绝与竞争对手的产品相兼容的话,竞争对手的成本也会被提高。在位企业也可以提高投入品的价格来增加竞争对手的成本。如果在位企业采用的技术资本密集程度比竞争对手更高,那么它就可以通过支付更高的工资使竞争对手支付更高的价格(Willianmson,1968)。

掠夺性定价是主导企业把价格下降到竞争对手平均成本以下,以把竞争对手逐出目标的策略,即使这意味着主导企业要承担短期亏损。一旦竞争对手离开了市场,现有企业就会提高价格,其所获得的经济利润足以使掠夺性定价的贴现收益为正。静态的掠夺性模型认为掠夺性定价一般不会发生。引入博弈论后,掠夺性行为的博弈论分析表明,除非信息是完备的,并且具有无限讨价还价的能力,否则在一个市场和一个时期采取掠夺性定价行为的主导企业可以创造一种资产——声誉,这种资产会使它得以在其他市场和时期榨取利润。塞尔顿(Selten,1978)提出了一个典型的博弈,提出了在某种信息条件下,掠夺性定价不能成为均衡价格,即连锁店悖论。连锁店悖论是指,连锁店博弈在逻辑上是无懈可击的子博弈完美均衡在作为对现实世界的行为描述时,却令人难以置信。克雷普斯和威尔森(Kreps and Wilson,1982)把不完全信息引入连锁店博弈。证明了当现有企业选择反击进入时可能获得的收益高于选择合作时的收益,同时进入者并不能确定现有企业的收益情况。此时进入阻止就可能成为一个均衡策略。米尔格罗姆和罗伯茨(Milgrom and Roberts,1982)探究了连锁店悖论在不完全信息下的后果。在此博弈中,博弈双方对竞争对手的收益都不确定。如果潜在进入者在不能确定是哪类现在企业与之博弈的话,潜在进入者就选择不进入市场,阻止进入政策成功。

限制性定价是指通过在位厂商的当前价格策略来影响潜在厂商对进入市场后利润水平的预期,从而影响潜在厂商的进入决策。贝恩认为在一定条件下,在位的垄断者(或勾结的寡头集团)可以采用限制性定价手段,借以实现阻止进入的目标,只要它认为低于垄断价格的限制性价格所致的短期利润损失至少可被将来进入威胁消除后获得的垄断利润的贴现值所补偿。后来经过西洛斯(Sylos-Labini,1962)和莫迪利亚尼(Modigliani,1958)的发展与加工,形成了一个较为成熟的模型,该模型以规模经济为基础,刻画限制价格策略如何阻止进入发生,以及限制价格如何确定。米尔格罗姆和罗伯茨(1982)将不完全信息引入模型,进入者不知道在位者的生产成本类型,在位者试图利用限制性定价手段向进入者显示自己是个低成本的厂商,使进入者慑于进入后的价格战而不进入市场。如果市场和厂商技术特征不能对潜在进入者形成封锁,阻止新厂商的进入又会使在位厂商得不偿失,在位厂商对新的进入者就只能采取容纳的策略。

可竞争市场理论(Baumol,1982)认为,进入者能够立即复制并完全替代任何现存的企业,进入则是绝对自由和没有任何限制的。即:进入时没有任何成本或者其他显著的差距,进入者能够在任何方面,比如规模、技术、成本、产品排列、品牌忠诚度以及其他方面与显著企业媲美时,则进入是自由的。退出时,企业不用牺牲任何代价,沉没成本为零,退出是自由退出。在进入、退出自由的可竞争市场中,潜在进入者可以采取"打了就跑"(Hit-and-Run)的策略来攫取利润。"打了就跑"的策略是说,只要任何一个部门具有高额利润,潜在进入者为了追求利润就会迅速地进入,即使是一个短暂的、微弱的获利机会,也会吸引潜在进入者进入,并能够在现存企业对价格做出反应之前就站稳脚跟。当现存企业做出报复反应使价格下降到无利可图时,它们会带着获得的利润离开市场。"打了就跑"的策略可以保证产业内无任何超额利润,市场能处于新古典经济学中零利润均衡状态。

参考文献:

[美]斯蒂芬·马丁:《高级产业经济学》,上海财经大学出版社2003年版。

Michael A. Spence, Entry, Capacity, Investment Oligopolistic Pricing, *Bell Journal of Economics*, Vol. 8, No. 2, 1977.

Avinash Dixit, The Role of Investment in Entry-Deterrence, *Economic Journal*, Vol. 90, 1980.

Oliver E. Williamson, Wage Rates as a Barrier to Entry: the Pennington Case, *Quarterly Journal of Economics*, Vol. 58, No. 1.

Steven C. Salop and David T. Schfffman, Raising Rivals' Costs, *American Economics Review*, Vol. 73, No. 2, 1983.

Reinhard Selten, A Simple Model of Imperfect Competition Where Four are Few and Six are Many, *International Journal of Game Theory*, No. 2, 1973.

David Kreps and Robert Wilson, Reputation and Imperfect Information, *Journal of Economic Theory*, No. 27, 1982.

Paul Milgrom and John Roberts, Reputation, and Entry Deterrence, *Journal of Economic Theory*, Vol. 27, No. 2, 1982.

Sylos-Labini, P, *Oligopoly and Technical Progress*, Cambridge, Mass, 1962.

Paul Milgrom and John Roberts, Limit Pricing and Entry under Incomplete Information, *Econometrica*, Vol. 50, No. 2, 1982.

William J. Baumol, Contestable Markets: An Uprising in the Theory of Industry Structure, *The American Economic Review*, Vol. 72, No. 1, 1982.

(江飞涛)

壁垒
Barriers

经济学中的壁垒主要包括进入壁垒(Barriers to Entry)、退出壁垒(Barriers to Exit)和移动性壁垒(Barriers to Mobility)三种形式的壁垒。

进入壁垒。当前学术界对进入壁垒存在不同的定义,最具代表性的主要有以下几个:一是贝恩(Bain)的定义。贝恩(1956)认为,从长期来看,进入壁垒是允许在位企业赚取超额利润而又不招致潜在进入者进入的一切因素。二是冯·魏茨萨克(Von Weizsäcker)的定义。冯·魏茨萨克(1980)认为,进入壁垒是一种生产成本,这种生产成本须由谋求进入一个行业的潜在进入者承担而已有的在位者无须承担,且从社会的观点来看,这种生产成本意味着资源配置的扭曲。三是弗根森(Ferguson)的定义。弗根森(1974)认为,进入壁垒是指所有使得新进入者无利可图、而在位者却可以将价格定在高于边际成本并获取垄断利润的因素。

现实世界中,能够形成企业进入壁垒的因素很多,如规模经济、产品差异、技术优势等。一般而言,进入壁垒可以分为结构性进入壁垒和策略性进入壁垒。贝恩只强调了四种主要的进入壁垒,随着对这一问题的深入研究,又发现了许多其他来源的进入壁垒,有学者对这些壁垒来源进行了整理,整理结果如表1所示:

退出壁垒(Barriers to Exit)是指在长期不景气或衰退行业中,如果存在企业经营业绩不佳而又难以退出的情况,就表明存在退出壁垒,而那些阻扰企业退出生产的因素便构成退出壁垒。构成退出壁垒的主要有以下因素:一是沉没成本。企业先前投资形成的固定资产如果专用性较强,则退出时难以实现转用或转卖,此时退出将会造成很大损失。二是职工解雇难度大。解雇职工时需要支付退职金、解雇工资等。三是联合生产问题。在联合生产中,即使某种或某些产品的市场萎缩,企业作为整体也难以轻易退出。四是法律或政策上的限制。

在我国,诸多产业的退出壁垒表现出较为特殊的特点。其一,地方政府压力的壁垒。企业退出后,尤其国有企业,将会造成大量职工下岗,为减小对这些下岗人员的社会保障支出,地方政府将会阻碍企业退出;并且,如果国有企业退出,地方政府便失去了向中央申请优惠政策和财政支持的工具,使其处于不利地位。其二,体制不完善造成的壁垒。主要包括社会保障体制不健全形成的壁垒和资本市场不完善、不发达造成的壁垒。

表 1 进入壁垒的常见原因

Ⅰ. 外生因素:壁垒的外部来源	1. 资本要求:与工厂及企业的最小有效规模、资本密集度以及资本市场的不完全性有关。 2. 规模经济:既指技术上的,也指成本上的;进入需要承担较高的成本和风险,以及面临在位者的打击报复。 3. 绝对成本优势:有多种可能的原因,包括较低的工资以及较低成本的技术。 4. 产品差异:可能很大。 5. 沉没成本:由进入者招致的任何不能追回的成本。 6. 研究与开发的强度:要求进入者花费巨资于新技术和产品上。 7. 设备是高度持久耐用的且是高度专业化的("资产专用性"):进入者要安装昂贵的且高度专业化的设备;而一旦他们的进入失败,他们将会蒙受巨大的损失。 8. 垂直一体化:要求进入者至少进入生产的两个甚至更多的阶段;这样一来增加了成本和风险。 9. 在位者实施的多样化:在位者能够调配自有资源来打击进入者。 10. 转换成本:复杂的系统会带来承诺和培训成本,从而阻碍了消费者转向其他新的系统。 11. 特定的风险和不确定性:进入者的高风险会增加他们的资本成本。 12. 信息的不对称和差距:在位者所拥有的更加优越的信息渠道能够帮助他们阻碍进入者的进入并增加进入者的资本成本。 13. 由政府机构或者行业组织所设定的正式官方壁垒:这类例子有公用事业特许权以及外贸关税和壁垒。
Ⅱ. 内生因素:壁垒的自主和战略性来源	1. 在位者的报复和优先购买行为:包括旨在威慑和惩罚进入的选择性价格折扣。 2. 过剩的生产能力:它让在位者能够有效地威慑和报复进入者。 3. 销售费用,包括广告:增加了产品差异化的程度并使得进入变得困难。 4. 市场分割:通过消费者的需求弹性将他们分为不同的组,而且让进入者想要进入整个市场变得更加困难。 5. 专利:对重要的或者低成本的技术和产品提供排他性的控制。 6. 对其他战略资源的排他控制:这类例子包括:最好的矿砂、最好的选址以及各种各样具有特殊才能的人。 7. 提高竞争对手的成本:它要求新进入者承受额外的成本。 8. 捆绑产品空间:这种情况会在具有高度产品差异的行业,比如谷类食品行业中发生。 9. 对关键竞争状况的保密:一些特定行为会导致对关键竞争状况的保密。

资料来源:威廉・G. 谢泼德、乔安娜・M. 谢泼德:《产业组织经济学》(第五版),中国人民大学出版社 2007 年版。

移动性壁垒(Barriers to Mobility)这一概念最早由凯夫斯和波特(Caves and Porter,1977)提出,其被定义为,移动壁垒是某个产业内部存在的阻碍企业从一个群组移动到另一个群组的结构因素。移动壁垒的存在可以解释为何在同一个产业内部会持续性的存在利润差异,它是确保产业内成功厂商免于被竞争者侵扰而保持持续相对较高利润的原因。移动壁垒来源于与产业相关的战略、与市场相关的战略和与企业相关的战略,或者因为某些企业之间通过协议或非协议的形式组成了特殊利益集团,由此对集团以外的企业而言,便形成了移动壁垒。

参考文献:

戴伯勋、沈宏达:《现代产业经济学》,经济管理出版社 2001 年版。

[美国]威廉・G. 谢泼德、乔安娜・M. 谢泼德:《产业组织经济学》,中国人民大学出版社 2007 年版。

[法]梯若尔:《产业组织理论》,中国人民大学出版社 1997 年版。

金碚:《产业组织经济学》,经济管理出版社 1999 年版。

唐晓华、刘春芝:《我国产业组织的进入与退出壁垒分析》,载于《经济管理》2002 年第 6 期。

Bain, Joe S. , *Barriers to New Competition*, Cambridge, MA:Harvard University Press,1956.

Von Weizsäcker,A Welfare Analysis of Barriers to Entry, *Bell Journal of Economics*,1980,11(2).

Ferguson,James M. ,*Advertising and Competition:Theory, Measurement,Fact*,Cambridge,MA:Ballinger,1974.

Caves,R. E. and M. E. Porter,From Entry Barriers to Mobility Barriers:Conjectural Decisions and Contrived Deterrence to New Competition,*Quarterly Journal of Economics*,91,1977.

(廖建辉)

垄断与垄断力

Monopoly and Monopoly Power

垄断是指"独占"或"排他性控制",是与完全竞争相反的且完全排斥竞争的一种市场结构。经济行为上的垄断,可以理解为任何个人、单位或组织排他性地控制或独占某种经济资源、产品、技术或市场。垄断大致有三种类型:第一,自然垄断,它是以资本投入及其沉淀性以及相应的规模经济性和范围经济性所决定的;第二,法定垄断,由政府限制竞争的法令和政策导致的;第三,经济性垄断,是企业凭借其资本集中、生产集中和技术集中等经济优势,单纯或合谋在生产经营和服务领域限制、排斥或控制竞争的,也称厂商垄断或行为垄断。

由于垄断者是其所生产产品的唯一卖方,因此,将面对向下倾斜的市场需求。而买方人数众多,因此是竞争性的,也就是说,买者是价格接受者。因此,卖方可以通过控制产品价格,或者产量来最大化自己的利润。垄断是市场竞争的必然结果,一方面能带来规模经济,实现降低产品单位成本、促进生产和科学技术进步等;另一方面,垄断的出现会破坏竞争机制,进而影响社会资源优化配置、技术革新和经营者组织效率,损害消费者利益或造成社会公共利益的损失。垄断的两面性决定了反垄断法的困难。各国均设立了反垄断执法机构,通过制定反垄断法规制垄断行为,所涉及的垄断行为包括垄断协议、滥用市场支配地位、经营者集中和行政性垄断。

各国的实践表明,对于垄断的界定主要采取了结构与行为两种方法。结构方法就是以市场份额来判断一个市场是否达到了垄断状态。结构方法的关键是确定相关市场,因为垄断地位和支配市场的能力并不是抽象的概念,它们存在于和市场的关系之中。正确地确定市场范围是判断是否存在垄断的前提。相关市场包括两个方面,即"相关地区市场"与"相关产品市场"。行为方法就是以企业行为为调整对象,这种方法不认为企业在市场的支配能力就是违法,只有发生了垄断行为时才构成违法。也就是说,行为的方法并不针对企业规模的大小。由于本身的规模而获得经济利益的大型企业不能因政府的干预而受到分裂。

垄断力是指厂商影响价格的能力,即厂商所具备的市场势力。现实经济生活中,厂商在市场上一般都具有一定的市场势力,这主要是因为完全垄断和完全竞争都是极端,实际中的市场大多都是既有垄断又有竞争的市场,介于完全竞争和完全垄断之间。卖方垄断的象征是厂商可以把产品的价格定得高于边际成本。产品价格高出边际成本越多,厂商具有的市场势力就越强,厂商的垄断力越强。完全竞争市场上任何个别厂商都对价格施加不了任何影响,此时,产品价格等于边际成本,因而竞争性厂商不具有任何程度的卖方垄断力。垄断厂商总是把产品价格定在高于边际成本的某个水平上,而不制定得过高。这是因为如果价格定得太高,将会失去大量顾客,导致销售量大幅下降,利润减少。显然,不同垄断厂商的边际成本不同,制定的垄断价格也不同,并且垄断价格与边际成本之差也不可能相同。因此,垄断价格与边际成本之差的变化就不会有一个上限。所以,一个厂商要具有完全垄断力,产品的市场需求必须无弹性,即需求曲线是一条平行于价格轴的直线,也就是说,产品的市场需求量必须是固定的,不随价格的变化而变化。只有这样,厂商在决定产品价格时才不会受需求方面的影响。然而现实中,任何商品的需求曲线都不会是这样,充其量不过是需求弹性较小罢了。因此,任何厂商包括完全垄断市场上的垄断厂商都不具有完全垄断力。1934 年,阿贝·勒纳(A. Lerner)提出用价格高出边际成本的部分相对于价格的大小来测定厂商的垄断力,即把卖方垄断力规定为:$L=(P-MC)/P$(其中:P 为市场价格,MC 为厂商的边际成本),即勒纳垄断力指数(Lerner's Degree of Monopoly Power),简称为勒纳指数(Lerner's Index)。勒纳指数通过对价格与边际成本偏离程度的度量,反映了市场中垄断力量的强弱。勒纳指数在 0 到 1 之间变动,勒纳指数越大,市场中的垄断力量越强;反之,竞争程度越高。在市场完全竞争时,勒纳指数等于 0。

参考文献:

[英]马歇尔:《经济学原理》,商务印书馆 1981 年版。

[英]哈耶克:《自由秩序原理》,上海三联书店 2003 年版。

吴敬琏:《当代中国经济改革》,上海远东出版社 2004 年版。

[法]梯若尔:《产业组织理论》,中国人民大学出版社 1997 年版。

金碚:《竞争秩序与竞争政策》,社会科学文献出版社 2005 年版。

林毅夫、蔡昉、李周:《充分信息与国有企业改革》,上海人民出版社、上海三联书店 1997 年版。

[美]J. E. 克伍卡、L. J. 怀特:《反托拉斯革命——经济学、竞争与政策》,经济科学出版社 2007 年版。

[美]迈克尔·D. 温斯顿:《反垄断经济学前沿》,东北财经大学出版社 2007 年版。

刘戒骄:《垄断产业改革——基于网络视角的分析》,经济管理出版社 2005 年版。

Williamson, Oliver E., Economies as an Antitrust Defense: The Welfare Tradeoffs, *American Economic Review*, 58(March 1968).

Hay, G. A., D. Kelley, Daniel Empirical Survey of Price Fixing Conspiracies, *Journal of Law and Economics*, 1974. 17(April).

Turner, D. F., The Definition of Agreement under the Sherman Act: Conscious Parallelism and Refusals to Deal, *Harvard Law Review* 1962. 75(February).

Posner, R. A., *Antitrust Law*, 2nd edition, Chicago: University of Chicago Press, 2001.

(陈晓东)

寡头垄断
Oligopoly

寡头垄断,亦称寡占,指市场上有多个企业经营,它们互相竞争,但每个企业都有一定的影响力,同时每个企业的市场力量又受到其他企业的牵制与约束。寡头垄断是现实经济运行中最常见的市场结构，主要集中在规模经济显著、产品标准化程度较高、专用性投资导致较高的沉淀成本的行业中。寡头垄断是同时包含垄断因素和竞争因素而更接近于完全垄断的一种市场结构。它的显著特点是少数几家厂商垄断了某一行业的市场，这些厂商的产量占全行业总产量中很高的比例，从而控制着该行业的产品供给。在现代工业社会的主要产业领域如钢铁冶炼、化学工业、机械制造、通信、银行等行业中，这些特征均有所体现。在许多重要的行业中，四五家公司的产量占全行业产量 70% 以上。因此，寡头垄断行业被认为是高度生产集中的一类行业。寡头垄断的形成首先是由某些产品的生产与技术特点所决定的，寡头垄断行业往往是生产高度集中的行业；其次，寡头厂商为保持自身地位而采取的种种排他性措施，以及政府对某些寡头厂商的扶持政策等，也可促进寡头垄断市场的形成。

寡头垄断的市场结构因为少数几个厂商在市场中占有很大的份额，它们具有相当强的垄断势力。寡头垄断厂商的产品可以是同质的，也可以是有差别的。前者有时被称为纯粹寡头垄断，后者则被称为有差别的寡头垄断。产品差异性越大，厂商对市场就越具有操纵力量，不同厂商出售的产品间的替代性就会降低，厂商可以制定较高的市场价格以获得高额垄断利润；如果消费者能够识别不同厂商产品间的细微差别并且将其作为选择依据，就必须花更多的钱购买自己想要的产品。寡头垄断的市场存在明显的进入障碍。这是少数厂商能够占据绝大部分市场份额的必要条件，也可以说是寡头垄断市场结构存在的原因。最重要也是最基本的因素是这些行业存在较明显的规模经济性。如果这些行业中要容纳大量企业，则每家企业都将因生产规模过小而造成很高的平均成本。规模经济性使得大规模生产占有强大的优势，大公司不断壮大，小公司无法生存，最终形成少数企业激烈竞争的局面。对试图进入这些行业的企业来说，除非一开始就能形成较大的生产规模，并能占据比较可观的市场份额，否则过高的平均成本将使其无法与原有的企业相匹敌。

在寡头垄断市场结构中，企业间存在着被认识到的很强的相互依存性或激烈对抗的竞争。实际上，垄断竞争企业之间也存在一定的相互依存性，但相对而言，垄断竞争企业的相互依存性比较弱，以至于几乎不被垄断竞争者所认识。在垄断竞争行业中，企业数量较多，每家企业都只占很小的市场份额，因此单个厂商产销量的变化对于其他竞争者的影响是微不足道的。在寡头垄断市场中，这种相互依存关系是被明确认识到的，单个厂商降低价格或扩大销售量，其他厂商都会受到显著影响，从而作出相应的对策。这就使得任何一家企业作出某项决策的时候，都必须考虑其竞争对手的反应，并对这种反应作出估计。由于寡头垄断企业之间存在很强的相互依存性，使其在经营上有着与其他类型的企业不同的重要特点，即寡头垄断者的某项决策会产生什么结果完全取决于其对手的反应。因此，寡头垄断者的竞争结果具有很大的不确定性。

在寡头垄断市场上，当不存在相互勾结时，各寡头根据其他寡头的产量决策，按利润最大化原则调整自己的产量。当寡头之间存在勾结时，产量由各寡头协商确定。而确定的结果对谁有利，则取决于各寡头实力的大小。寡头垄断市场上的价格，通常表现为由各寡头相互协调的行为方式所决定。对于寡头在市场中的行为分析经典的模型主要有古诺模型、斯威齐模型和卡特尔模型三种寡头垄断的模型。古诺模型和斯威齐模型是假定各家寡头并不相互串谋，而卡特尔模型属于有正式串谋的寡头模型。

在一个产业中，如果新企业不断加入，市场产量因竞争会不断上升，价格也将有助于增加消费者福利。新进入的企业增加到一定程度，市场结构向完全竞争状况演化。因此，与其通过削减寡头企业的市场势力达到竞争政策关于市场绩效的目标，不如实行自由进入政策，放松对进入的管制从而形成可竞争市场，使潜在进入者能够对产业中原有企业的垄断行为产生进入威胁，迫使在位企业降低垄断性定价、扩张产量以提高市场运行效率。

从社会福利最大化的角度看，当行业生产存在固定成本时，垄断竞争格局并不符合社会最优。主要表现在：价格高于边际成本，行业生产太少的产出，潜在的生产能力没有得到充分发挥；在边际成本不随产量变化时，每个新进入厂商都支付了固定成本，整个社会承担超额固定成本。从最优解看，当产品的平均成本随产量增加而减少时，存在显著的规模经济效应，该行业属于自然垄断行业，竞争政策应该让一家厂商提供行业中的所有产出，并将价格管制在边际成本的水平，由此产生的厂商亏损由政府予以补贴。当政府无法为厂商提供补贴时，无法实现最优社会福利，政府则可以通过控制进入厂商数目增加社会福利。这样虽然赋予了厂商一定的市场势力，但节约了固定资产的重复投资，可以获得次优社会福利。

参考文献：

［英］马歇尔：《经济学原理》，商务印书馆 1981 年版。

［美］威廉姆斯：《反托拉斯经济学——兼并、协约和策略行为》，经济科学出版社 1987 年版。

张伯伦：《垄断竞争理论》，上海三联书店 1958 年版。

［美］平狄克、鲁宾菲尔德：《微观经济学》，中国人民大学出版社 1997 年版。

金碚：《产业组织经济学》，经济管理出版社 1999 年版。

H. Demsetz, Industry Structure, Market Rivalry, and Policy, 16 *J. L. & Econ*, 351, 1971.

H. Demsetz, Barriers to Entry, 72 *Am. Econ. Rev.*, 47, Mar. 1982.

C. Holt and B. Scheffman, Strategic Business Behavior and Antitrust, *Economics and Antitrust Policy*, R. Lamer & J. Meehan, Jr., eds., 1989.

（陈晓东）

双寡头垄断

Duopoly

双寡头垄断是指只有两个厂商主体的寡头垄断市场。双寡头垄断模型是寡头垄断中最基本的分析工具，它包括三个最重要的模型：基于数量决定的模型——古诺模型（Cournot Model，竞争对手同时行动的模型）和斯塔克尔伯格模型（Stackelberg Model，竞争对手分领导者—追随者的序贯博弈模型），以及基于价格决定的模型——伯川德双寡头模型（Bertrand Model），寡头垄断中的许多模型可以以此为基础进一步展开。这些模型最早没有使用博弈论，其假设和结论常常受到质疑。随着博弈论在寡头垄断理论中的应用，这些模型获得了更坚实的理论支持。

双寡头垄断最重要的特征是厂商之间产量、价格和利润水平的相互依赖。1838 年，法国经济学家奥古斯都·古诺（Augustin Cournot）最早尝试构建双寡头垄断行为的正式模型。在古诺模型中，厂商 1 的利润依赖于厂商 2 的产量（生产能力）决策，古诺模型最基本假设就是假定竞争对手产量不变。通过推测竞争对手产量，厂商 1 在厂商 2 选择产量后的剩余需求曲线范围内决策，继而，厂商 2 在厂商 1 选择产量后的剩余需求曲线范围内继续决策……每个厂商依据竞争对手行为再决定其行为，以实现利润最大化，这种过程称之为“反应曲线”（反应方程）。这种情况，直到两个厂商反应曲线相交为止。这时，每个厂商关于竞争对手的产量预测都是正确的（见图 1）。

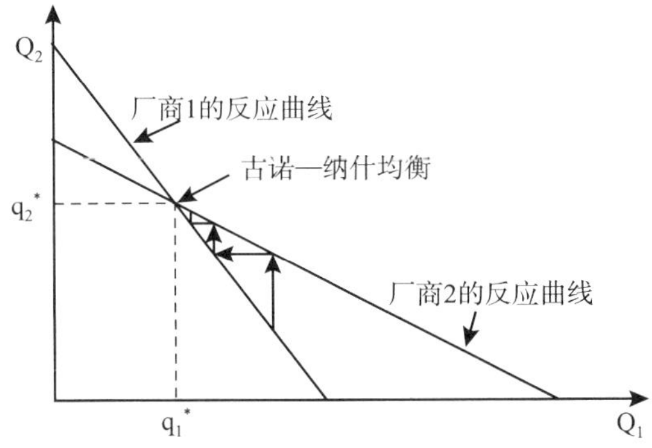

图 1　古诺—纳什均衡示意

注：两条反应曲线的交点是古诺—纳什均衡。

因为古诺均衡也是一个纳什均衡，这个均衡也被称为古诺—纳什均衡（Cournot-Nash Equilibrium）。古诺均衡和纳什均衡是等价的，因为两者都发生在两条反应方程的交点上。古诺均衡能在这一点实现是因为只有在这一点，两个厂商认为对方产量不变的假设才是正确的。纳什均衡也能在这一点实现是因为在已知对方选择的情况下，这是唯一的一点能使两个厂商都是最优选择，并获得更好的产量组合。虽然分析结果相同，但是纳什假设比古诺假设更合理，因而为均衡提供了更稳固的理论基础。

古诺—纳什模型是一个时期同时行动的博弈，因而是一个非完全信息博弈。1934 年，德国经济学家海因里希·冯·斯塔克尔伯格（Heineich Von Stackelberg）向古诺的假设提出质疑，并提出了斯塔克尔伯格模型。斯塔克尔伯格模型是一个序贯博弈模型，两个厂商中有一个是领导者，另一个是追随者，领导者先行动，追随者后行动，然后博弈结果。在该模型中，由于领导者利用他的对手的信息，选择一个使其利润最大化的产量，领导者具有先发优势，最终博弈均衡不同于古诺模型。

斯塔克尔伯格均衡如图 2 所示。这里，厂商 1 的等利润线代表了能够产生一个不变利润的产量水平组合，较低的等利润线与更高水平的利润相联系。厂商 1 欲在厂商 2 反应曲线的某点上运作，此时，他能得到最大可能的利润。事实上，斯塔克尔伯格模型中的领导者拣起最优点放在竞争者的反应曲线上。相比之下，古诺均衡就有一些“任意”拣起一个点放在他的竞争者的反应曲线上。由于斯塔克尔伯格模型是序贯博弈模型，因此，所谓的斯塔克尔伯格均衡其实是一个子博弈精炼纳什均衡。

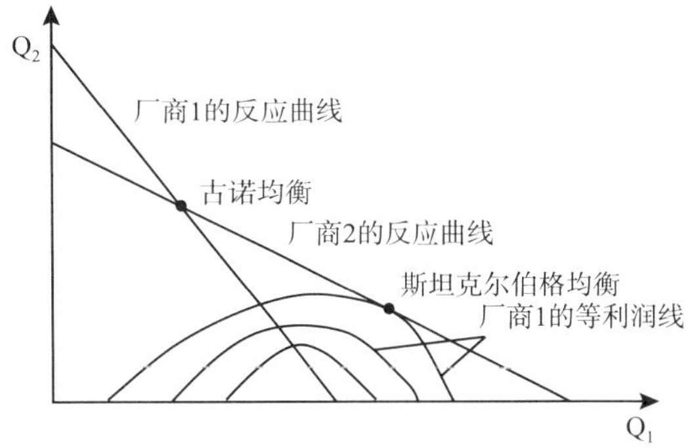

图 2　斯塔克尔伯格均衡与古诺均衡的比较

注：古诺—纳什均衡发生在两条反应曲线的交点上，斯塔克尔伯格均衡发生于一条反应曲线与另一厂商的等利润线相切处。在斯塔克尔伯格均衡中，领导厂商的利润将高于他们在同等条件下古诺均衡中所能得到的，并且，比古诺均衡有更大的行业总产出和更低的价格。

与古诺—纳什均衡相比，斯塔克尔伯格均衡具有如下特点:(1)领导厂商的产量增加,跟随厂商的产量减少;(2)社会总产量增加,价格下降,由此消费者剩余提高;(3)领导厂商的利润增大,跟随厂商的利润减少;(4)在领导厂商的边际费用不超过跟随厂商的边际费用的范围内,斯塔克尔伯格均衡的总社会福利高于古诺—纳什均衡的总社会福利。

在斯塔克尔伯格模型中,领先厂商具有优势,那么,一个普遍的争论是,谁是领导者,谁是跟随者?在现实生活中,历史因素往往决定企业成为领导者或追随者,如哪一个企业首先进入市场。另外,由于每个厂商的需求和成本并不完全相同,具有成本优势的厂商最终成为领导者。

古诺模型和斯塔克尔伯格模型都是把厂商的产量作为竞争手段,是一种产量竞争模型,而伯川德模型是价格竞争模型。伯川德模型是由法国经济学家约瑟夫·伯特兰德(Joseph Bertrand)于1883年建立的。伯川德模型的假设为:(1)各寡头厂商通过选择价格进行竞争;(2)各寡头厂商生产的产品是同质的;(3)寡头厂商之间也没有正式或非正式的串谋行为。

假设在双寡头垄断模型中,厂商1面临的是如下需求曲线:

$$d_1(p_1,p_2)=\begin{cases}D(p_1) & \text{当 } p_1<p_2\\ D(p_1)/2 & \text{当 } p_1=p_2\\ 0 & \text{当 } p_1>p_2\end{cases}$$

厂商1相信,制定一个小于厂商2的价格,他就能获得全部市场。当然,厂商2也被假定具有同样的信念。为方便论述,假定两个厂商的单位边际成本均为c,伯川德(1883)指出,两个厂商的均衡价格是 $p_1^*=p_2^*=c$(图3)。

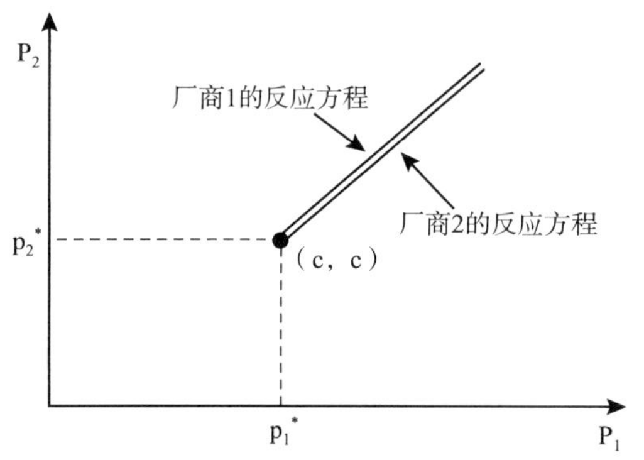

图3　同质产品的伯川德模型的均衡

注:每个厂商都试图将价格定在比对手略少的水平上,最终形成均衡价格(c,c)。伯川德均衡是纳什均衡,在两条线的交点处。

证明如下(反证法):假设 $p_1^*>p_2^*>c$,那么对于企业1就没有需求,而且它的利润为0。另外,如果企业1索取的价格为:$p_1=p_2^*-\varepsilon$,这里,ε是一个"任意小"的数。那么,它就得到全部市场需求 $D(p_2^*-\varepsilon)$,和一个正利润边际 $p_2^*-\varepsilon-c$。因此,企业1索取价格 p_1^*,它就不能按自身最佳利益运作。

现在,假设 $p_1^*=p_2^*>c$,那么,企业1的利润就是:$D(p_1^*)(p_1^*-c)/2$。如果企业1稍微把价格降到 $p_1^*-\varepsilon$,它的利润就变成了 $D(p_1^*-\varepsilon)(p_1^*-\varepsilon-c)$,由于ε很小,显然,这时利润比价格为 p_1^* 大些。在这种情况下,企业占有市场份额将以不连续的形式增长。由于没有企业愿意索取低于单位边际成本c的价格(索取最低价的企业将招致负利润),于是,只剩下两个索取恰恰相当于c的价格的企业。为表明两个索取c的企业的情况,假设 $p_1^*>p_2^*=c$,于是,不盈利的企业2就可以稍微提高它的价格,仍然供应所有的需求,并获得正利润——这就构成矛盾。

伯川德模型的简要结论是:(1)企业按边际成本定价;(2)企业没有利润。这个结论是非常特殊的,这意味着只有两家企业的寡头垄断也足以恢复竞争,这就是"伯川德悖论"。因为,很难相信,即使在一个行业中只有两家企业,也永远不能成功操纵市场,获取垄断利润。

注意到伯川德模型的一个重要假定是,各个厂商的产品是同质的。这种条件下,消费者最关心的是价格,这样迫使厂商不得索取高于边际成本的价格。但是,在产品存在差别的情况下,可以允许厂商索取不同的价格。比如,考虑销售同一产品而在不同地点的两个厂商,厂商1索取价格 $p_1=c$,厂商2索取的价格 $p_2=c+\varepsilon$(ε是很小的数),厂商2仍能保住一些顾客。因为,对于消费者来说,价格差别与"交通成本"差别相比还是很少的。这时,零利润的价格体系($p_1=c$, $p_2=c$)就不再是均衡,产品差异化允许厂商有一定的市场势力,并获得短期垄断利润。

在现实市场中,相同航线的航空业定价可以看成是伯川德定价模型的近似,每个运营商都担心,如果他的票价稍高于其竞争者的票价,他将几乎失去整个市场份额。

参考文献:

[美]沃德曼、詹森:《产业组织理论与实践》,机械工业出版社2009年版。

[美]派波尔、理查兹、诺曼:《当代产业组织理论》,机械工业出版社2012年版。

[法]梯若尔:《产业组织理论》,中国人民大学出版社1997年版。

[日]植草益等:《日本的产业组织》,经济管理出版社2000年版。

金碚:《产业组织经济学》,经济管理出版社1999年版。

干春晖:《产业经济学教程与案例》,机械工业出版社 2010 年版。

(郭朝先)

价格竞争和非价格竞争
Price and Non-price Competition

厂商可以使用多种手段在市场上进行竞争,厂商间的竞争大致可分为两类:价格竞争和非价格竞争。在短期内,价格是厂商容易调整的主要手段,价格竞争是指厂商借助价格手段来与竞争者争夺市场份额的一种竞争方式。

短期价格竞争。伯特兰德(Bertrand)竞争模型是由法国经济学家伯特兰德(1883)提出的,其基本思想是不同的厂商可以制定不同的价格。对于两个生产同质产品的厂商,厂商 1 和厂商 2,如果其产品的价格分别是 p_1 和 p_2,边际成本分别是 c_1 和 c_2,市场价格为 p,那么有 $p = \min(p_1, p_2)$,也就是说,消费者总是从价格较低的厂商那里购买产品。对于一般的市场需求函数 $Q = Q(p_1, p_2)$ 而言,厂商 i 的市场需求可以表示为:

$$q_i = \begin{cases} 0 & p_i > p_j \\ \frac{Q}{2} & p = p_i = p_j, i, j = 1, 2, i \neq j。 \\ Q & p_i < p_j \end{cases}$$

在伯川德竞争条件下,给定厂商 j 的价格 p_j,厂商 i 选择自己的价格以最大化自身的利润,亦即:

$$\max_{p_i} \pi_i(p_i, p_j) = (p_i - c_i) q_i。$$

厂商伯特兰德竞争的均衡结果是:

$$p = \max\{c_1, c_2\}。$$

同质产品厂商伯特兰德竞争的结果是市场价格等于(某一)厂商的边际成本。然而,在现实生活中,厂商的产品价格很难等于厂商的边际成本,显然伯川德竞争模型的结论与经济学直觉和经验证据明显不符。这种悖论可以有多种解释,比如生产能力约束、产品异质性以及重复博弈,等等,都会使得价格高于边际成本。

生产能力约束与价格。埃奇沃斯(Edgeworth,1987)是首个探讨生产能力约束对伯特兰德模型影响的经济学家。为明晰生产能力约束的重要性,假定伯特兰德双寡头模型中所有厂商的边际成本都为 c,在这种情况下纳什均衡是 $p_i = c, i = 1, 2$,而且每个厂商供应的产出为 $Q(c)/2$。在纳什均衡中,没有厂商有动机去提高价格,因为如果这样做,它的所有消费者将流失到竞争对手那里,但是这一结果成立的前提是竞争对手具有能够满足整个市场的或者生产 $Q(c)$ 产量的能力。然而,如果保持或扩张生产能力需要很高的成本,那么均衡时仅供应 $Q(c)/2$ 消费者的厂商将不太可能投资于能力的扩张。

当把生产能力约束因素加入博弈之中,两个厂商之间的博弈就变成两期博弈。在第 1 期,两个厂商选择生产能力水平;在第 2 期,它们进行价格竞争。根据逆向归纳法,我们必须考虑厂商知道由于生产能力的约束自己无法满足整个市场需求情况下,它将如何设置价格。回到我们的双寡头例子,假设 $p_1 < p_2$,但是产量 $Q(p_1) > K_1$,这里 K_1 是厂商 1 的最大生产能力。在生产能力约束下可能出现以下均衡结果。首先,如果两家厂商在第 1 期选择的生产能力不低于完全竞争时的产量(即 $K_1 \geqslant Q(c), K_2 \geqslant Q(c)$),那么在第 2 期的纳什均衡为 $p_i = c$,这是因为生产能力成本是沉没成本,只要价格超过边际成本每个厂商都有激励去降低价格。其次,如果所有厂商都不能在 $p = c$ 时满足整个市场的需求(即 $K_1 < Q(c), K_2 < Q(c)$),则 $p_i = c$ 不可能是均衡价格。最后,如果每个厂商选择的生产能力等于古诺(Cournot)均衡产量 q^c,那么两个厂商都将价格设定在 $p_1 = p_2 = p^c$ 水平,这里 p^c 是古诺均衡价格,此时厂商恰好使用了所有可用的生产能力。

现在考虑厂商对于生产能力的选择,假定生产能力的单位成本是 γ。显然,没有厂商会选择 $K_i > Q(c)$ 的生产能力,因为过量的生产能力将迫使厂商以低于边际成本的价格来销售产品。进一步,选择 $K_i = Q(c)$ 也不能是均衡产量,这是因为厂商为了充分利用它们的生产能力必定将价格设在 $p_i = c$,厂商将损失 $\gamma Q(c)/2$。基于上述预期,厂商为了降低损失可能会在第 1 期减少产能投入。克雷普斯和沙因科曼(Kreps and Scheinkman,1983)指出最终的纳什均衡为($K_1 = K_2 = q^c, p_1 = p_2 = p^c > c$)。也就是说,生产能力事前承诺的伯特兰德竞争复制了古诺竞争。

产品差异化与价格竞争。各厂商的产品之间存在差异是伯特兰德竞争不能产生边际成本定价的另一原因。例如,考虑销售同一商品而位于不同地点的两个厂商,此时消费者并不总是从价格最低处购买产品,因为距离构成了影响其购买决策的一个因素,这就为厂商索取不同价格提供了可能的空间。以霍特林(Hotelling,1929)的线性城市模型为例,假如消费者均匀分布在长度为 1 的"线性城市",厂商 1 与厂商 2 分别位于城市的两个极端:厂商 1 位于 $y_1 = 0$,厂商 2 位于 $y_2 = 1$。每个厂商的单位产品成本为 c,位于 x 的消费者,当其从厂商 $i(i = 1, 2)$ 购买产品时,除支付产品价格 p_i 之外,还需要支付运输成本 $t(x - y_i)^2$。假定每个消费者从消费一单位产品中获得的效用 $\bar{s}$(未扣除价格和运输费)足够大,也就是说市场全部被覆盖。厂商 1 与厂商 2 同时选择价格 p_1 和 p_2,并且厂商间的价格差不至于使一个厂商被挤出市场。无差异消费者所处的位置 $\hat{x}$ 满足:

$$p_1 + t\hat{x}^2 = p_2 + t(1 - \hat{x})^2$$

厂商 1 与厂商 2 面临的市场需求分别为:

$$D_1(p_1,p_2)=\hat{x}=\frac{p_2-p_1+t}{2_t}$$

$$D_2(p_1,p_2)=1-\hat{x}=\frac{p_1-p_2+t}{2_t}$$

在竞争对手价格 p_j 给定的情况下，厂商 i 选择价格 p_i 以实现利润 $\prod^i$ 最大化，即

$$\max_{p_i}\prod^i=(p_i-c)\frac{p_j-p_i+t}{2_t}$$

求解得到产品差异化情况下价格竞争的均衡结果为：

$$p_1=p_2=c+t$$

显然，高于边际成本的定价能够在产品差异化情况下得以维持。并且，当 t 增大时，两个厂商对于"同一个消费者"的竞争就较为弱化，距离厂商较近的消费者赋予了邻近厂商一定的垄断权力，这是因为对这些消费者而言，价格差别与交通成本所抵消的费用相比还是很少的；当 t=0 时，缺乏产品差异化，导致了伯川德结果。

动态价格竞争。造成伯特兰德悖论的决定性假设是博弈只发生一次，但实际上各厂商往往存在相对稳定的长期竞争关系。如果引进时间维度，在反复的相互博弈中，削价能为减价的厂商带来短期利润的增加，但是会引发价格战，因而超过边际成本的价格可能在均衡中维持。与伯特兰德均衡相比，合谋行为更会持续存在。在动态博弈工具发明以前，霍尔和希奇（Hall and Hitch，1939）借助扭结需求曲线（Kinked Demand Curve）模型对合谋的可能进行了解释，但其局限性是博弈参与人无法根据其他参与人的历史行为作出反应，而这恰恰是重复博弈的核心。随后诸多学者运用三种不同方式发展动态价格竞争模型，这包括强调自我实施（Self-Enforcement）力量的重复博弈方法、强调夺取市场份额的价格刚性（Price Rigidity）方法以及强调信号（Signaling）作用的声誉（Reputation）方法。

非价格竞争。非价格竞争是指运用价格以外的因素进行竞争的一种方式，主要手段包括广告、改善产品质量、销售服务等。一般来说，厂商会选择价格竞争与种种非价格竞争手段结合使用，但从典型厂商的产出变化来看，从最初的同质产品发展到了异质产品，竞争形式就从价格竞争发展到了非价格竞争，所以非价格竞争原本是作为价格竞争的替代办法。虽然价格竞争具有一定的优势，但在实际应用中仍具有一定的局限性。主要有两种情况促使厂商进行非价格竞争：第一，厂商都不倾向于打破建立在价格基础上的均衡；第二，价格受到限制不能任厂商自主决定。例如当价格被限制在适合成本较高厂商的某一水平，那些成本较低的厂商只能以非价格竞争来提升自身的竞争力。传统观点认为，非价格竞争可能没有价格竞争那么残忍，因为它不可能完全消除潜在的超额利润。但是斯蒂格勒（Stigler，1968）的研究表明，结果如何依赖于很多条件。

参考文献：

Bertrand，J.，Théorie Mathématique de la Richesse Sociale，*Journal des Savants*，67，1883.

Edgeworth，F.，La Theoria Pura del Monopolio，*Giornale degli Economisti*，40，1987.

Hall，R. and C. Hitch.，Price Theory and Business Behavior，Oxford Economic Papers，20，1939.

Hotelling，H.，Stability in Competition，*Economic Journal*，39，1929.

Kreps，D. and J. Scheinkman.，Quantity Precommitment and Bertrand Competition Yield Cournot Outcomes，*Bell Journal of Economics*，14，1983.

Schemalensee，R.，Advertising and Market Structure，In Stiglitz，J. E.，and G. F. Mathewson，*New Developments in the Analysis of Market Structure*，Cambridge，Mass：MIT Press，1986.

Stigler，G. J.，Price and Nonprice Competition，*Journal of Political Economy*，76，1968.

（李姝）

兼容性
Compatibility

对于许多产品来说，一个给定用户从消费该产品获得的效用依赖于消费该产品的其他用户的数量，使用该产品的所有用户就构成了一个网络。决定网络范围的核心特征是不同企业的产品能够一起使用（Katz and Shapiro，1985）。在存在多个硬件平台以及多种互补产品的情况下，兼容性对用户的价值及网络效应显得非常重要。计算机是最有代表性的具有网络效应的产品，因此可以用计算机产业中的"硬件—软件"范式来定义兼容性。如果两台机器可以在一起工作就是兼容的，否则，机器就是不兼容的（谢伊，2002）。对兼容性可以做进一步的划分：（1）计算机硬件品牌使用相同的操作系统时称之为强式兼容。在这种情况下，我们的品牌商品按照同样标准运行。（2）如果新型号与老型号相兼容，就说品牌是向下兼容的。反之则不是。（3）如果一机器可以识别由另一机器产生的文档，而倒过来却不可以的话，就称产品是单向兼容的（谢伊，2002）。如果两家企业的系统是相连的或兼容的，那么这两个系统的用户的数量之和就构成了一个网络；如果系统是不兼容的，每一个系统的用户数量构成不同的独立网络。完全兼容是无法实现的，现实生活中也没有百分之百的兼容。当有两家以上的企业时，其产品兼容性的程度可以介于完全不兼容和产业范围的兼

容之间，即局部兼容（Partial Compatibility）（Katz and Shapiro，1985）。更具体的，如果为 j 品牌计算机开发的软件中有 ρ_i（$0 \leq \rho_i \leq 1$）比例的软件也能够在 i 品牌计算机上运行，就说 i 品牌计算机与 j 品牌计算机以兼容度 ρ_i 部分兼容（谢伊，2002）。

如果硬件平台是兼容的，那么用户选择不同的硬件所能够获得的价值就不存在太大的差异。一般来说，消费者喜欢更丰富的产品，他们常常将来自不同硬件厂家和不同互补品厂家的产品进行混搭（Mix and Match）使用。在硬件不兼容并且存在多家企业生产多种不同互补品的情况下，用户就会倾向于选择兼容性互补产品多的硬件产品。网络效应市场中的企业——无论是在位者还是挑战者——都需要在技术兼容和开放与否之间做出抉择。如果能够与其他类似的商品兼容，那么网络效应产品对于用户就能够产生更多的价值，也就是说兼容策略更容易增加系统对用户的可接受性。但是另一方面，过度的兼容可能降低产品的独特性，削弱企业的竞争优势，从而加剧价格竞争（Encaoua et al.，1996；Palma et al.，1999）。一般来说，具有良好声誉或大的现存网络的企业倾向于反对兼容性，即使当转向兼容会增加整个社会的福利；相反，具有小的网络和弱的声誉的企业倾向于喜好产品的兼容性，即使在一些情况下，兼容的社会成本超过收益（Katz and Shapiro，1985）。

实现兼容的方式有两种。一种是标准化，通过明确或不明确的协议来以同样的方式做特定的关键事情，不同企业的产品、技术都建立在共同的标准之上来实现兼容。标准化能够通过市场参与者的相互依赖的行动来实现，如通过自愿的产业标准委员会的正式协调活动，或通过政府行动。但标准是有成本的，第一，它会妨碍创新；第二，标准化过程本身就有成本；第三，标准化会限制产品的多样性。由于兼容收益（网络外部性）创造了需求侧的规模经济，在某些方面，这一问题与在多样性与生产的规模经济之间的权衡非常相似（Farrell and Saloner，1992）。另一种实现兼容的方式是通过双向转换器（Two-Way Converter）使基于不同技术平台的产品能够一起工作（Sarkar，2004）。

任何技术的拥有者都要面临对技术开放还是控制的选择，是允许别人使用（兼容）你的界面和规格，还是独占系统来维持对技术的控制。开放和控制取决于企业能否强大到依靠自身的力量来引发正反馈。与兼容的两面性类似，技术控制的好处是企业可以获得"垄断"的高额利润，用户的转移成本高，但其弊端在于难以获得互补品企业的支持，用户基础的扩大比较慢；技术开放的好处在于企业可以使产品为消费者迅速接受，形成网络效应，但其弊端在于容易造成过多的市场进入，加剧市场的竞争，导致利润率的降低。

面临一个已经确立的网络，要为自己的新技术建立安装基础是非常困难的，转换成本的存在使消费者不愿意转向新的技术和产品。在存在兼容性收益的时候，除非其他当前用户转移到新的、更好的技术，新用户也采用该技术，否则某一个转移到新技术的用户不能获得该项技术产生的全部收益。这就造成了过度惰性（Excess Inertia）的可能：当现有标准存在重要的网络外部性时，社会对转向更好的新标准表现出过度的不情愿（Farrell and Saloner，1986）。要推动产品的转变就要使新技术的总价值超过旧技术，而网络效应产品带给消费者的价值包括产品的基本价值与网络效应价值两个方面，因此对付消费者惰性的基本方法有两种：强调兼容的渐进性策略和强调卓越功能的革命策略（夏皮罗、瓦里安，2000）。一般而言，兼容性和功能是此消彼长的关系，也就是说企业如果重视兼容性，产品的性能可能会受到影响；如果重视产品性能，兼容性可能会受到影响。当然也可以将两种策略结合起来，在提高性能的同时也保持适度的兼容性。渐进策略的中心是降低用户的转换成本，这样用户可以比较容易地转移到新技术上来。但是，兼容策略一方面可能会限制技术的创新，并且向前兼容的策略会造成产品的笨重；另一方面，在位者有时会使用专利为竞争者的进入设置障碍。革命的策略中心是依靠卓越的性能弥补网络效应的欠缺。由于产品性能要优越于老产品很多，会有足够的消费者乐于转移到新的产品上，特别是那些最关心性能和追求与众不同的消费者。如果处于一个快速成长的市场中，由于新的用户没有转换成本，因此他们接受新技术要容易得多，革命策略相对更有吸引力。

参考文献：

[以]奥兹·谢伊：《网络产业经济学》，上海财经大学出版社 2002 年版。

[美]卡尔·夏皮罗、哈尔·瓦里安：《信息规则：网络经济的策略指导》，中国人民大学出版社 2000 年版。

Andre de Palma, Luc Leruth, Pierre Regibeau, Partial Compatibility with Network Externalities and Double Purchase, *Information Economics and Policy*, 11, 1999.

David Encaoua, Michel Moreaux, Anne Perrot, Compatibility and Competition in Airlines Demand Side Network Effects, *International Journal of Industrial Organization*, 14, 1996.

Joseph Farrell and Garth Saloner, Converters, Compatibility, and the Control of Interfaces, *The Journal of Industrial Economics*, Vol. 40, No. 1, Mar., 1992.

Joseph Farrell and Garth Saloner, Installed Base and Compatibility: Innovation, Product Preannouncements, and Predation, *The American Economic Review*, Vol. 76, No. 5, Dec., 1986.

Michael L. Katz and Carl Shapiro, Network Externalities, Competition, and Compatibility, *The American Economic Review*, Vol. 75, No. 3, Jun., 1985.

Sumit Sarkar, On Vertical Product Differentiation, Network Externalities and Compatibility Decisions: Existence of Incompatible Networks-An Example, *Contemporary Issues and Ideas in Social Sciences*, Vol. 1, No. 2, July 2005.

（李晓华）

完全竞争和垄断竞争
Perfect Competition and Monopolistic Competition

完全竞争和垄断竞争都是表示市场结构的概念，用来分析市场竞争的特征，企业的决策和社会福利等。

完全竞争市场是一种假设的理想市场，指代市场竞争达到了最大，市场机制能够以最有效率的方式配置资源。现实市场中极少能够达到完全竞争市场的状态。新古典经济学常用完全竞争市场模式证明厂商能够尽可能地满足消费者和市场的要求，市场达到均衡时实现了要素最佳配置。完全竞争市场必须具备一定的条件，主要有以下几个方面：(1)市场上有众多的生产者和消费者。任何一个生产者或消费者都不能影响市场价格，任何生产者和消费者的单独市场行为都不会引起市场产量和价格的变化，他们都只能是市场既定价格的接受者。(2)企业生产的产品是同质性，任何一个企业都无法通过产品本身与他人的产品展开竞争。对于消费者来说，各种商品互相之间就具有完全的替代性。(3)厂商自由进入退出。任何一个生产者，既可以自由进入某个市场，也可以自由退出某个市场。这就使得资源能够及时地投向能够获得最大利润生产，并及时从亏损的生产中退出。在这样的过程中，缺乏效率的企业被市场淘汰，取而代之的是具有效率的企业。(4)信息是完全的。市场上的每一个买者和卖者都掌握着与自己的经济决策有关的一切信息，做出自己的最优的经济决策，从而获得最大的经济效益。而且，由于每一个买者和卖者都知道既定的市场价格，这也就排除了由于信息不通畅而可能导致的一个市场同时按照不同的价格进行交易的情况。

在完全竞争市场中，企业面临一条水平的需求曲线，在给定的市场价格条件下按照边际成本等于边际收益原则安排最佳产量。完全竞争市场达到均衡时，厂商都以最低的成本提供产品，并且都获得最大利润；所有消费者都以最低的价格购买产品，并且各自都得到了最大的效用。因此，完全竞争市场被视为是价格机制这只“看不见的手”发挥作用的一种证明。

垄断竞争理论于1933年由美国经济学家张伯伦和英国经济学家罗宾逊分别出版的两部著作提出，认为现实中许多市场既有竞争因素，又有垄断因素，即垄断竞争。垄断竞争市场的条件主要有三方面：第一，同一产业中有大量的企业生产有差别的同种产品，这些产品之间都是非常接近的替代品。产品差别不仅指质量、构造、外观、销售服务条件等方面的差别，还包括商标、广告方面的差别和以消费者的想象为基础的虚构的差别。一方面，由于市场上的每种产品之间存在着差别，每个厂商对自己产品的价格都具有一定的垄断力量，从而使得市场中带有垄断的因素。另一方面，由于有差别的产品相互之间又是很相似的替代品，每一种产品都会遇到大量其他相似产品的竞争，因此，市场中又具有竞争的因素。第二，产业中企业数量非常多，以至于每个厂商都认为自己的行为的影响很小，不会引起垄断对手的注意和反应，因而自己也不会受到竞争对手的任何针对性策略的影响。第三，厂商的生产规模小，进入和退出一个产业较为容易。

由于垄断竞争厂商可以在一定程度上控制自己产品的价格，即可以通过改变自己所生产的有差别的产品的销售量来影响商品的价格，所以垄断竞争厂商所面临的需求曲线也是向右下方倾斜的。又由于各垄断竞争厂商的产品相互之间都是很近似的替代品，市场中的竞争因素又使得垄断竞争厂商需求曲线具有很大的弹性。因此，垄断竞争厂商向右下方倾斜的需求曲线是比较平坦的，比较接近完全竞争厂商的水平需求曲线。在垄断竞争市场上，厂商之间既存在价格竞争，也存在非价格竞争，例如通过改进产品品质、精心设计商标和包装、改善售后服务以及广告宣称等手段，来扩大自己产品的市场销售份额。

参考文献：

高鸿业：《西方经济学》第二版，中国人民大学出版社2001年版。

Mankiw Gregory, *Principles of Economics* (6th Edition), Gengage Learning, 2011.

（黄阳华）

退出
Exit

退出：所谓“退出”是指一个厂商从原来的业务领域中撤出来，即放弃生产或提供某一特定市场上的产品或服务。市场理论认为如果厂商不能在长期内赚取正常利润，就会退出市场。然而，由于各种退出壁垒的存在，厂商即使在面对持续不利的贸易条件时，仍可能需要很长时间才能退出市场。

退出可以是主动的，也可以是被动的。企业所有者在发现有更好的投资机会时，积极主动从原有市场退出来，进入新的市场，此时为主动退出。被动退出是指企业在面临经营困难且获得的收益低于成本,很难在原生产领域维持下去的情况下,不得不选择退出。退出引诱是指企业本来存在于市场中,其他竞争企业通过采取类似进入遏制的方法使得该企业在下一期利润为负,此时该企业被迫退出市场。退出引诱的结果实质上也是一种被动退出。

在完全竞争市场中,企业可以自由地进入和退出。在其他市场结构中,如同进入有进入壁垒一样,退出也有退出壁垒。退出壁垒是指当某一产业的在位厂商不能赚取到正常利润(亏损)而决定退出时所负担的成本,或者说是已经投出还未收回的那部分投资在退出时依然不能收回。在退出壁垒中,转换成本和沉淀成本是主要因素。

转换成本(Conversion Cost)最早是由迈克·波特在1980年提出,"即客户由原供应商处采购产品转换成到另一供应商那里时所遇到的一次性成本。转换成本可以包括雇员重新培训成本,新的辅助设备成本,检测考核新资源所需的时间及成本,由于依赖供应方工程支持而产生的对技术帮助的需要,产品重新设计,甚至包括中断老关系需要付出的心理代价。"消费者要放弃一种老产品,就得在购买产品之外承担额外的成本。因此在产品质量相差不大的情况下,消费者一般不倾向于转换供应商,这使得供应商对于现有的消费者而言具有一定的垄断势力。转换成本不仅仅由消费者承担,供应商也同样需要承担。夏皮罗和瓦里安认为转换成本应为顾客负担的成本和供应商所负担的成本之和(Shapiro and Varian,1999)。转换成本对供应商来说,一般不直接表现为成本上升,而是表现为新厂商为了让消费者减轻转换成本的压力和心理上的不适应,不得不降低产品价格。这时即使在位厂商的生产效率不如新厂商的高,只要两者的生产效率之差不高于转换成本,即在位厂商的价格低于新厂商的平均成本减去转换成本时,新厂商的进入就要被阻止。转换成本对于在位企业来说是一种优势,可以阻止潜在的进入者进入,使得在位者不容易退出市场。斯蒂芬·马丁通过一个模型来说明转换成本如何封锁和阻止进入,从而使在位企业难以退出市场的情形。在该模型中,存在一个转换成本为S,且用户的转换成本全部由厂商承担。在面对新客户时,厂商要额外支付转换成本S,而在位厂商在面对旧客户时则不需要支付转换成本S。即使在位厂商的效率低于潜在进入厂商的效率,只要在位厂商的边际成本减去转换成本S小于潜在进入者的边际成本,那么潜在进入者仍然不能进入市场,在位厂商仍居于市场中,不会退出市场。该模型侧面反映出转换成本是在位企业的优势,在一定程度上抵制了竞争企业的进入,避免退出市场。

沉没成本是指不能通过资产自身转移价格或者再出售价格得到完全补偿的那部分成本。包括有形资产和无形资产的沉没成本。有形资产的沉没成本包括设厂位置的专用性、设备机器的专用性、人力资本的专用性等。无形资产的沉淀成本包括企业的生产技术知识、市场营销成本、管理经验、广告、商标或声誉资本等。沉淀成本是企业在退出时遭受的损失。同时沉淀成本也会影响企业的决策。迪克西特(Dixit)模型中的可信进入壁垒,是潜在退出壁垒(沉没成本)影响竞争的一个特殊例子。在迪克西特模型里,沉没成本影响着在位厂商的竞争动机,它使在位厂商比其不存在沉没资产时更加难以对付。沉没成本的存在使在位厂商不会轻易从市场中退出,其会采取更加强硬的手段来保护自己的利益。

在存在沉淀成本的情况下,在位企业和潜在企业的成本函数就会不同。当企业运行时,在位企业仅仅以市场价格支付除沉没成本以外的成本,而把沉淀成本不计作成本,因为沉淀资产的所有者没有再生产的机会收益或机会价值,只要那些沉淀资产能够产生正租金,那么企业的最优行为是不退出市场。

当沉淀成本与其他资产(较低耐用专用性)联合使用于企业的生产时,退出将会变得更为不易(Caves and Porter,1976)。为使耐用专用性资产A持久产生准租金,即使厂商已面临经济亏损,它也将继续投资于与之联合使用的资产B。这种防御性投资将进一步增加总资产的耐用性和专用性,从而阻抑退出的发生。

此外,经营者(管理者)的行为也可能提高退出壁垒。众所周知,在现代制度中,经营权与所有权的分离成为普遍现象,经营者在委托—代理激励机制下日益发挥着重要作用。这就为经营者的效用函数如何影响在位厂商的退出决策提供了客观基础。根据卡夫斯和波特(Caves and Porter,1976)的观点,高层管理活动也是一项专门的技术。因为高层管理者能够影响企业的决策,考虑到高层管理者自身的效用,高层管理者会尽量使企业滞留在行业中,以便持久获取人力资本准租金,从而构成退出的壁垒,且厂商退出会作为经营者的不良业绩从而降低其在"经理市场"中的流动性及其人力资本价格。在通常情况下退出决策的形成——对于经营者来说——实在是迫不得已之举。尽管股东、债权人等能够对经营者的行为予以监督和约束,但有证据表明,这还是为经营者的控制期间效用最大化留下了余地。

总之,转换成本和沉淀成本的存在增加了企业退出市场的困难,加剧了竞争。

参考文献:

[美]迈克尔·波特:《竞争战略》,华夏出版社1997年版。

[美]斯蒂芬·马丁:《高级产业经济学》,上海财经大学出版社2003年版。

Carl Shapiro and Hal Ronald Varian, *Information Rules*: *A*

Strategic Guide to the Network Economy, Boston, MA: Harvard Business School Press, 1999.

Avinash Dixit, The Role of Investment in Entry-Deterrence, *Economic Journal*, Vol. 90, 1980.

Richard E. Caves and Porter E. Michael, Barriers to Exit, in P. David Qualls and Robert Masson, eds, *Essays on Industrial Organization in Honor of Joe S. Bain*, Cambridge, MA: Ballinger, 1976.

（江飞涛）

主导企业和边缘企业
Dominant Firm and Marginal Firm

在现实中，完全竞争、完全垄断市场几乎是不存在的，在现实的垄断竞争和寡头市场中，主导企业行为是一种影响市场结构和竞争方式的重要企业行为。主导企业在市场上具有较大的市场势力，在产业中一般实施其价格领导制并对其他企业市场进入施加影响。

如果一个较低成本的企业进入一个具有许多高价格、高成本的企业的市场，那么，较低成本的企业就会有一个较大的市场份额。如果一个企业是价格决定者并面对着较小的、接受价格的其他企业，它就称为主导企业。在市场上某一行业中具有价格决定者地位的企业，它面对着一群较小的、接受价格的其他企业，主导企业通常占有很大的市场份额。而那些较小的、接受价格的企业则被称为"竞争性从属企业"，每个从属企业只占有很小的市场份额，虽然它们加起来可能会占有相当大的市场份额。

市场结构与主导企业行为。主导企业之所以赢得很大的市场势力，是基于这样一种市场结构：第一，主导企业可能有比从属企业更低的成本。这可能是因为企业比其竞争对手更有经营效率，具有更好的管理方法或更先进的技术，具有较低的生产成本；也可能是某一产业中主导企业先行进入，掌握了该产业较低成本生产经验；也可能是主导企业率先实现了规模经济，并从最优规模中受益，通过把固定成本分摊到更多单位的产品上，由此产生比新进入者获得更低的生产成本。第二，主导企业比从属企业具有产品差别性。在一个各个企业所生产的产品互有差别的市场上，主导企业拥有一种具有优势的产品。这种优势可能来自于通过广告获得的声望，也可能来自于较早进入市场而建立的信誉。第三，一群企业作为主导企业而采取集体行动。一个明显采取集体行动来促进其最佳利益的企业群称作卡特尔。如果某一产业中的所有企业都联合行动，那么这个卡特尔实际上就是垄断企业；如果只有其中一部分这样做，那么这个群体就成为面对不合作的竞争性从属企业的主导企业。

价格领导制。在寡头垄断产业中，定价有时由占支配地位的企业（即该产业中最大的企业）所控制。该企业制定和变动价格，其他企业或快或慢跟着定价和变价，即为价格领导制。

价格领导制的存在隐含着以下假定：(1)最大的生产者实际上是市场价格；(2)所有其他企业像完全竞争者那样行动，认为他们自己的需求函数在占支配地位企业制定的价格处是有完全弹性的；(3)占支配地位企业能够预测市场需求曲线；(4)占支配地位企业只考虑它可能对市场产量的影响；(5)占支配地位企业能够预测在每一种价格上其他卖主的供给；(6)占支配地位企业由于规定了价格，并允许其他企业按该价格销售它们愿意销售的全部产品，所以它们的行为是被动的。

价格领导企业是根据其地位和实力确定价格政策的。如果企业市场地位稳固，经济实力强，该企业将按照自己的利润最大化（MR = MC）确定价格，否则，就会寻求一个所有企业者能够接受的价格。价格领导制通常有低成本企业的价格领导制和有支配力企业的价格领导制。

自由、即时进入模型。如果不受限制的进入是可能的，主导企业就不能像在进入受限制或被阻止的时候那样确定高价。如果总是相同的从属企业里的生产，市场价格最终不会高于一家从属企业的最小平均成本，所以人性企业总是不赚不赔。如果它们能够获得正利润，更多的企业就会涌入该企业，从而把价格拉低到每家企业者只获得零经济利润的水平。由于主导企业的成本比从属企业低，它能获得正利润，但也要比没有进入发生时低。即使进入不受限制，如果主导企业具有某种成本或其他优势，它仍能盈利并无限期地掌握一个大的市场份额。随着越来越多企业的进入，竞争性从属部分的供给曲线变得越来越平坦（它是一家典型企业的供给曲线或者 MC 的 n 倍）。随着企业数目的增多，从属部分的供给曲线基本上成了水平的。就是说，只要价格至少为 P，竞争性人性部分就能够并且愿意供给市场需求的任何数量。

参考文献：

臧旭恒、徐向艺、杨蕙馨：《产业经济学》第四版，经济科学出版社 2010 年版。

［法］梯若尔：《产业组织理论》，中国人民大学出版社 1997 年版。

杨公朴、夏大慰：《产业经济学教程》，上海财经大学出版社 2002 年版。

（杨维富、王智毓）

市场势力
Market Power

市场势力有狭义和广义之分。狭义的市场势力是指在不完全竞争条件下,行业或企业将价格维持在边际成本之上的能力(Lerner,1934)。广义的市场势力是指在一定时间、地点、资源条件、制度环境等特定条件下,一个或一群参与者(自然人、公司、全体合伙人或其他)通过整合各种要素,发挥竞争优势,从而获得的在价格、质量、产量、技术等方面的综合控制能力。市场势力的含义主要包括以下几个层面:(1)市场势力的主体是企业,产业的市场势力主要是通过一个或一组企业的市场势力表现出来;(2)市场势力是企业在某个时点上的所表现出来的一种能力状态;(3)市场势力只出现于非完全竞争市场中,从垄断市场到寡头垄断市场再到垄断竞争市场,市场势力程度依次降低,其取值由1到0不断降低;(4)市场势力的实施主要是通过价格与非价格行为来实现,市场势力的高低代表着企业提价能力的高低(占明珍,2011)。市场势力的表现形式主要有行业垄断、自然垄断、垄断竞争、价格—生产联盟等。

市场势力可以划分为长期市场势力和短期市场势力(Brandow,1969)。两者之间的区别为:第一,从时间长短来看,长期、短期市场势力的划分取决于企业、竞争者扩展及新进入者或其他能够限制企业市场势力的运用所需时间的长短;第二,从绩效与效率角度来看,长期市场势力的存在使得企业额外受益的同时引起资源配置的低效率,而拥有短期市场势力的企业具备稳定市场份额的能力,以及在一些短暂时刻做出利己的战略决策。市场势力也可以被划分为进攻性市场势力和防御性市场势力。进攻性市场势力指企业具有主动扩大市场份额或者获得额外收益的能力。通常企业拥有进攻性市场势力,并不意味着这种市场势力是长期性的。防御性市场势力指企业面对其他企业采取进攻行为时所拥有的抵御进攻的能力,且这种能力必须是可信的、确实存在的。通常企业具有更多的防御性市场势力,而不是进攻性市场势力,从这一点上来讲,防御性市场势力的存在具有稳定市场的功能。

形成市场势力的因素主要包括产品差异、进入壁垒和规模经济三个方面。产品差异是形成市场势力的重要因素之一,企业控制市场的程度取决于他们使自己的产品差异化的成功程度。企业对于那些与其他产品存在差异的产品拥有绝对的垄断权,这种垄断权构筑了其他企业进入该市场或行业的壁垒,形成竞争优势。同时,企业在形成产品实体的要素上或在提供产品过程中,造成足以区别于其他同类产品以吸引购买者的特殊性,从而导致消费者的偏好和忠诚。进入壁垒是潜在进入者进入后必须承担而在位者没有承担的成本,这个成本在一定程度上阻碍了潜在进入者的进入,使在位者具有一定的市场势力而不受到威胁。产业进入壁垒可分为结构性壁垒、策略性壁垒和制度性壁垒。由于进入壁垒的存在,在一定程度上阻碍了新企业以及其替代产品的出现,形成了现存的市场势力。规模经济带来的结果是产品成本的降低,如果国内、国际市场价格不变,则该产品的获利能力增大。因此,规模经济在一定程度上给企业或者整个行业带来了市场势力。

测度市场势力的方法可以分为直接观测法和间接推测法两类。直接观测法是指利用可得数据来直接测算市场份额、集中度、利润率等,通过利润率与市场结构指标(如集中度、进入壁垒等)之间的关系来反映市场势力的大小。间接推测法则是通过推测变分、需求价格弹性及价格——边际成本差率大小的间接推测来检验市场势力(臧旭恒,2004)。

一是直接观测法。直接观测法的测度指标包括集中度、价格—边际成本指数、利润率、贝恩指数及托宾q值。

结构主义常将市场集中度作为市场势力的代理指标,从而对市场势力进行直接测量。集中度指标主要包括绝对集中度指标和相对集中度指标。绝对集中度主要包括行业集中度指数(CR_n)、赫歇曼—赫芬达尔(HHI)指数、熵指数。相对集中度指标主要用来反映产业内企业的规模分布状况,通常有洛伦兹曲线及其基尼系数和企业规模的对数方差。

行业集中度指数(CR_n)是指规模最大的前几位企业的有关数值X(产销额、增加值等)占整个市场或行业的份额。

赫歇曼—赫芬达尔(HHI)指数是反映市场集中的综合指标。该指标同时反映了企业数目以及相对规模,且考虑了市场中所有企业的情况。

洛伦茨曲线最早由洛伦兹提出,主要用于衡量收入和财富分配的不平等程度,现已被广泛用于衡量收入分配、地区差异、产业集中等领域。

勒纳指数是经济学家勒纳(1934)提出的用相对价格加成能力来计算市场势力的一种方法。其计算方法为:

$$L = \frac{P - MC}{P}$$

勒纳指数L值在(0,1)之间变化,若L值越大,则说明价格超过边际成本的幅度越大,即企业市场势力也就越大。在完全竞争市场,企业和消费者都是价格的接受者,此时企业的边际成本与市场价格相等,因此L值就变为0,企业没有市场势力;在垄断市场中,企业边际成本为0,因此L值等于1,企业市场势力达到最高点,此时的市场势力就为垄断势力;在垄断竞争市场和寡头市场,L值在(0,1)之间变动,企业市场势力由弱变强。由于完全竞争市场与垄断市场是两种极端情况,因此可以推断出在非完全竞争市场中,L值为0和1之间的某个数值。

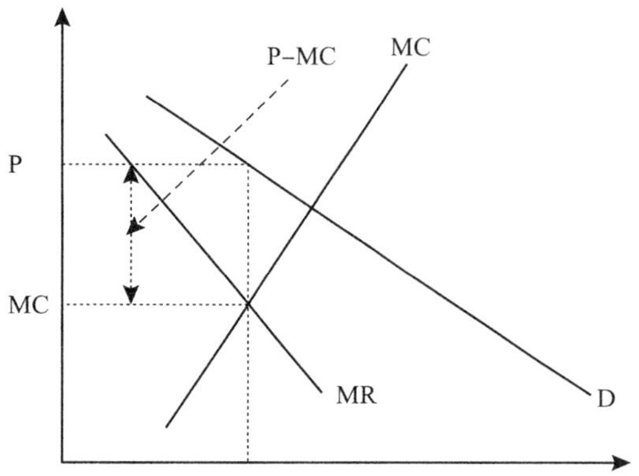

图 1　市场势力示意

与勒纳指数的定义类似,价格—边际成本指数表示的是价格和边际成本的比值,即:

$$M = \frac{P}{MC}$$

价格—边际成本指数法是市场势力测度方法中一个比较重要的测度指标之一。若 M 值越大,说明价格越高于边际成本,因此市场势力也就越强,反之则反。

倘若企业具有强市场势力,因此企业就可以凭借其优势地位来提高价格。很明显,市场势力越大,企业影响价格的能力也就越强,也就越能持续地摄取高额的超额利润,因此,企业利润率可以用来测度市场势力。一般,利润率越大,该企业在市场中的市场势力也就越大。利润率可以通过以下公式计算:

$$R = \frac{(\pi - T)}{E}$$

其中,R 为税后资本利润率,T 是税收总额,π 为税前利润额,E 是自由资本额。

贝恩(1941)认为,可以利用经济利润来衡量市场势力的大小,即贝恩指数:

$$B = \frac{\pi_\alpha}{v}$$

其中,B 表示贝恩指数,π_α 表示经济利润。若企业能够长时间地摄取超额经济利润,很明显,企业就具有市场势力。当企业获得的超额经济利润越高,企业市场势力也就越大。

托宾 q 值等于一个企业的股票市值与其资产重置成本的比值。若 $q>1$ 时,说明股票被高估了,此时企业市场势力较大,而 $q<1$ 时,说明股票被低估了此时企业市场势力较低。当 $q=1$ 时,股票市值恰好等于重置成本,此时企业市场势力是中等的。

二是间接推测法。间接推测法具体主要包括推测变分法、潘扎统计量测量法、剩余需求弹性测量法。

推测变分法主要是通过计算边际成本差率来间接推测企业市场势力大小。

在寡占且产品同质情况下的价格—边际成本差率。单个企业的价格—边际成本差率为:

$$\frac{p - MC_i}{p} = \frac{\alpha_i + (1-\alpha_i)s_i}{\varepsilon_{Qp}}$$

其中,MC_i 是企业 i 的边际成本,是 α_i 是企业 i 的推测变分,它表示第 i 个企业推测自身产量变化以后竞争对手整体产量的反应。S_i 是它的市场份额,ε_{QP} 是需求价格弹性。市场势力取决于市场份额、推测变分以及需求价格弹性三项因素,这是衡量竞争条件下按编辑成本定价基础上的比例加成。加总得到产业的价格—边际成本差率为:

$$\left(\sum_{i=1}^{n} pq_i - \sum_{i=1}^{n} c'_i q_i\right)/pq = \sum_{i=1}^{n} s_i^2(1+\alpha_i)/\varepsilon_{Qp} = H(1+\alpha)/\varepsilon_{Qp} = L$$

其中,L 为以市场份额为权重的企业勒纳指数的加权平均,表示产业的勒纳指数;$\alpha = \sum_{i=1}^{n} s_t^2\alpha_i/H$ 是各企业市场份额的平方与 H 指数的贡献加权的平均推测变差;$H \equiv \sum_{i=1}^{n} s_i^2$ 是赫芬达尔指数。

规模报酬不变情况下的价格—边际成本差率。假定规模报酬不变,因此边际成本等于平均成本,价格边际成本差与价格—成本差相同。则单个企业的价格—边际成本差率为:

$$\frac{pq_i - wL_i}{pq_i} = \frac{\alpha_i + (1-\alpha_i)s_i}{\varepsilon_{Qp}} + \lambda_i\frac{p^k K_i}{pq_i}$$

其中,λ_i 为资本租赁成本,等式左边表示包含资本成本的销售收益率,右边第二项为资本服务的租赁成本和资本—销售比率的乘积。企业价格—边际成本差率应该随着市场份额、企业资本成本和其余资本密集度的上升而上升。

企业规模报酬变化情况下的价格—边际成本差率。企业规模报酬变化情况下,价格—边际成本差率可表示为:

$$\frac{pq_i - wL_i}{pq_i} = 1 - FC_i + FC_i\frac{\alpha_i + (1-\alpha_i)s_i}{\varepsilon_{Qp}} + \lambda_i\frac{p^k K_i}{pq_i}$$

其中,$FC_i = \frac{AC_i}{MC_i}$。在所有其他条件既定的情况下,函数系数提高,即规模报酬增加,会减少企业利润最大化时的价格—成本差,但边际成本的下降幅度足以使得企业的利润增加。如果 $\frac{\alpha_i + (1-\alpha_i)s_i}{\varepsilon_{Qp}}$ 在统计上大于零,那就表明企业行使了市场势力。

潘扎—罗斯(Panzar-Rosse)模型采取潘扎统计量测量法测量市场势力。计算:

$$\varphi \equiv \frac{w_1}{R^*}\frac{\partial R^*}{\partial w_1} + \frac{\lambda_i}{R^*}\frac{\partial R^*}{\partial \lambda_i}$$

其中,φ 为潘扎统计量,R 是收益函数,w_1 是工资报酬率,λ_i 为资本租赁成本。当为垄断市场时,$\varphi<0$;

在对称的垄断竞争行业均衡中，$\varphi<1$；在长期竞争均衡中，$\varphi=1$。潘扎统计量的推测变分形式为：

$$\varphi_i = 1 - \frac{\varepsilon_{Qp}}{\alpha_i + (1-\alpha_i)}$$

剩余需求弹性测量法认为，在生产差异产品的产业中，企业面临的剩余需求曲线取决于它的每一个竞争对手的供给。假设一个产业中只有两个企业，每个企业可能索取的价格为：

$$P = P_1 = P_2 = a - bQ = a - b(q_1 + q_2) = a - bq_1 - bq_2$$

其中，a 和 b 是正的常数，即任一企业产出的增加会降低市场价格，从而等量降低每个企业的产品价格。

如果顾客认为两类产品不是完全替代的，企业 1 的需求曲线可能为：

$$P_1 = a - b_1q_1 - b_2q_2$$

其中，$a>0$ 且 $b_1-b_2>0$，表示企业 1 产出的增加比企业 2 产出的增加对价格影响要大。一个企业产品的差异做得越成功，它的需求与其他企业的行为越隔离，因此越能显示其市场势力。

参考文献：

郭海涛：《市场势力理论研究的新进展》，载于《经济评论》2006 年第 3 期。

臧旭恒、徐向艺、杨蕙馨：《产业经济学》，经济科学出版社 2004 年版。

刘志彪：《产业的市场势力理论及其估计方法》，载于《当代财经》2002 年第 11 期。

占明珍：《市场势力研究——来自中国汽车制造业的实证》，武汉大学博士学位论文，2011 年。

Brandow, G. E. , Market Power and Its Sources in the Food Industry, *American Journal of Agricultural Economics*, 1969.

Lerner P. , The Concept of Monopoly and the Measurement of Monopoly Power, *Review of Economics Studies*, 1934.

Massey P. , Market Definition and Market Power in Competition Analysis: Some Practical Issues, *The Economic and Social Review*, 2000.

（孙凤娥　原磊）

价值链
Value Chain

价值链，又名价值链分析、价值链模型等，是指每个企业在设计、生产、销售、传递和辅助其产品的过程中进行各种活动的集合体，这些互不相同但又相互关联的生产经营活动构成了创造价值的动态过程。价值活动作为价值链的有机组合，是企业创造产品价值的基石，价值活动包括基本活动和支持活动。

价值链由迈克尔·波特（Michael Porter，1985）在《竞争优势》一书中提出。波特指出企业要发展独特的竞争优势，要为其商品及服务创造更高附加价值，商业策略是解构企业的经营模式（流程），成为一系列的增值过程，而这一连串的增值流程，就是“价值链”。波特在《竞争优势》一书中，对价值链的范围作了延伸，提出了价值系统（Value System）的概念，将研究视角扩展到不同企业之间的经济交往过程。价值系统有横向价值系统和纵向价值系统之分，由不同竞争企业形成的共同创造价值的联系过程及其结构的价值活动体系被称为横向价值系统；由供应商、本企业、渠道商和顾客价值链形成的联系过程及其结构的价值活动体系则为纵向价值系统。

自波特提出价值链概念之后，诸如科格特（Bruce Kogut）、海因斯（Peter Hines）、格里芬（Gereffi）、斯特恩（Sturgen）、雷波特（Jeffrey F. Rayport）等人进一步拓展和深化了价值链理论。布鲁斯·科格特（Bruce Kogut，1985）将价值链引入国家比较优势分析的框架，指出国家比较优势是价值链的各个环节如何在不同国家之间进行空间配置的决定性因素，某一国家的企业竞争能力决定了企业应当侧重于价值链的哪个细分环节以确保其竞争优势。彼得·海因斯（Peter Hines，1993）提出“集成物料价值的运输线”的概念，强调生产过程的终点是顾客对产品的需求，将原材料和消费者满意度纳入价值链分析框架，强调沿着价值链流程广泛建立价值活动和现行的辅助活动应当包含信息技术的运用。

信息技术的发展和现代交通的成熟，使得全球资本流动变得日益自由和活跃，货物和服务贸易也变得更加快速和频繁。在此背景下，格里芬、斯特恩、汉弗莱（Humphrey）和开普林斯基（Kaplinsky）等诸多学者从全球价值链的治理、演变和升级等多个角度对全球价值链进行了系统的探讨和分析，建立起全球价值链（Global Value Chain）基本概念及其基本理论框架。此外，雷波特和斯威尔克拉（Jeffrey F. Rayport and John J. Sviokla，1995）提出了“虚拟价值链”（Virtual Value Chain）的概念，重点研究了信息技术联系下的价值链系统；李和杨（Lee and Yang，2000）把价值链和知识结合起来，提出了“知识价值链”（Knowledge Value Chain）的概念。

与价值链一样，供应链也是一条价值增加链，供应链可以定义为与计划、协调和原料控制、配件和成品生产等相联系的从供应商到消费者的一系列相关活动，包括供应商管理、采购、物料管理、生产管理、设备规划、客户服务、信息流通以及交通物流等各个方面。供应链从供应角度考察上下游企业之间的关系，其物质基础则是产业链。基于价值网络的概念，哈里森（Harrison，1993）将产业链定义为：采购原材料，将它们转换为中间产品和成品，并且将成品销售到用户的功能网络。不管是供应链还是产业链，都是企业获得竞争优势的一种组织模式,其目的都是创造价值,都与价值链有着密切联系。可以说,价值链是供应链和产业链的本质,供应链和产业链上价值链的不同表现形式。

价值链系统的构成与运作将管理和操作活动、职能与流程作业融合在一起。基于对这一结构形式的认识,有学者把价值链作为整合效率工具的模式。价值链整合是指,通过甄别企业内部价值链中核心竞争力的强弱、审视企业价值链与产业价值系统的结合点,寻求匹配的价值链整合路径与模式,重新组织企业价值链、提升核心竞争力的价值链管理过程。价值链整合包含横向整合和纵向整合两个方面(杨淑芬,2009)。

价值链纵向整合。价值链纵向整合可以分为前向整合和后向整合两种。价值链前向整合是一条基于价值链上游环节的外部延伸整合路径。它以价值链原料采购和技术研发这两个环节为衔接点,将企业价值链融入企业外部价值系统中。比如对原料采购节点,企业可以将原料采购职能融入企业外部供应方价值链中,并将外部价值链整合入企业内部价值链,发挥职能作用,以供应方价值链的专业性保证企业原材料供应的速度和质量。价值链后向整合是基于价值链下游环节的外部延伸的整合路径,主要针对价值链的市场销售和售后服务环节。以市场销售环节为例,可以整合营销渠道价值链,既能有效沟通顾客,又能节约销售渠道、维护成本。

价值链横向整合。价值链横向整合则以企业战略资源需求为导向,寻找外部优势环节进行整合,以期提升企业核心竞争力或者转移核心竞争力的过程。这一过程并不考虑价值链的链式衔接流程。在提升现有核心竞争力方面,横向价值链整合强调以价值链的核心竞争优势环节作为竞争整合的衔接点,实行强强联合;在核心竞争力转移方面,价值链横向整合的关键在于企业的长期战略规划。

在全球价值链分工模式中,中国大多以加工贸易方式参与垂直型的全球价值链分工,主要集聚了追求初级要素比较优势的加工制造价值链。这种价值链的功能分化在加强中国产业制造能力的同时,并不必然转化为高级要素优势,却强化了对国外高端技术研发和市场的依赖,形成所谓的“俘获型”产业发展形态(崔焕金、张强,2012)。这种产业发展形态的结果不仅阻碍了产业升级过程,也使宏观产业结构偏离正常经济发展路径。其根本机制在于经济体内部上下级产业的前后相联系被片段化的全球价值链分工所阻断,从而削弱了外向产业发展的技术溢出效应,抑制了中国本体市场需求容量的内在创新引致功能,使中国企业陷入技术引进—学习—再引进—再学习的恶性循环,难以从根本上缩小与发达国家的技术差距。

参考文献:

崔焕金、张强:《全球价值链驱动模式的产业升级效应——对中国工业部门的实证研究》,载于《首都经济贸易大学学报》2012 年第 1 期。

杨淑芬:《基于核心竞争力的企业价值链整合研究》,武汉理工大学硕士学位论文,2009 年。

Harrison, J. S. , E. H. Hall Jr. and R. Nargundkar, Resource Allocation as an Outcropping of Strategic Consistency: Performance Implications, *Academy of Management Journal*, 1993.

Hines, P. , Integrated Materials Management: the Value Chain Redefined, *International Journal of Logistics Management*, 1993.

Kogut, B. , Designing Global Strategies: Comparative and Competitive Value-Added Chains, *Sloan Management Review*, 1985.

Lee, C. C. and J. Yang, Knowledge Value Chain, *Journal of Management Development*, 2000.

Porter, M. E. , *Competitive Advantage: Creating and Sustaining Superior Performance*, Free Press, 1985.

Rayport, J. F. and J. J. Sviokla, Exploiting the Virtual Value Chain, *Harvard Business Review*, 1995.

(刘吉超)

产业分工
Industry Specialization

产业分工是指基于不同的自然资源禀赋、经济发展基础、产业规模经济等条件下引起的专业化现象,包括产业间分工和产业内分工。产业分工是生产率提高和经济增长的重要源泉和动力,产业分工能够有效地节省转换劳动的时间、促进机器的发明、发挥市场在资源配置中的作用。在计划经济条件下,产业分工主要依靠政府指令性计划和投资,在从计划经济向市场经济转轨的过程中,产业分工是政府和市场共同作用的结果,随着市场经济体系的逐步完善,产业分工更多的是市场主导、政府引导,即市场无形之手在产业分工过程中发挥着基础性的作用。

马克思认为产业分工体现了一个民族生产力发展的水平,任何新的生产力都会引起分工的进一步发展,而且机器的使用扩大了社会内部的分工,增加了特殊生产部门和独立生产领域的数量。产业间分工的理论基础建立在要素禀赋差异基础上的比较优势理论,其主要表现在不同国家间及一些具有大国经济特征的国家内部各地区之间的分工。产业间分工的特点主要有:以产业作为分工的对象,具有完全竞争的产品和要素市场,分工基于要素禀赋差异和比较优势。产业间分工支持自由贸易,反对贸易保护和非市场干预。古典经济学亚当·斯密(Adam Smith)认为产业分工促进了劳动生产率的提高,使得工人在运用劳动时表现出熟练、技巧和判断力。大卫·李嘉图比较优势理论阐述了国际分工下对外贸易的经济价值。杨格(Allyn Young)提出“分工自身决定分工”,认为行业累进的分工和专业化是递增报酬实现过程中至关重要的部分。贝克尔认为产业分工是规模收益递增和协调成本上升的一个轮番演进过程。新兴古典经济学的集大成者杨小凯认为基于专业化经济的劳动分工能够产生递增的规模报酬,进而通过市场机制和企业降低交易费用,促使市场规模扩张,形成新的产业分工。

随着产业间分工的不断发展,产业间的分工开始渗透到产业内,出现了产业内分工,产业内分工包括产业内水平分工和产业内垂直分工。随着第二次世界大战的结束,发达国家之间的贸易在国际贸易中占据了主导地位,它们之间的贸易方式出现了一些新的情况,即各国之间就同一种产品,既有进口,又有出口,这种现象被称之为产业内水平分工。1975 年,格鲁贝尔和劳埃德(Herbert G. Grubel and P. J. Lloyd,1975)最早提出有关产业内水平分工理论,认为“新要素比例理论”可以部分地解释产业内分工现象,认为“李嘉图—赫克歇尔—俄林模式”对产业内水平分工可以起到部分解释作用,但是要进行更加系统、全面的解释,还需从产品的差异性和规模经济入手,重新予以解释。之后,产业内水平分工的两大理论模型相继出现,分别是阿明顿(Paul. S. Armington)模型和新张伯伦产业内贸易模型,后者是由克鲁格曼(Paul Krugman)、赫尔普曼(Elhanan Helpman)和格罗斯曼(Gene. M. Grossman)等人把张伯伦(E. H. Chamberlin)的不完全竞争理论运用到产业内贸易分析的研究中得出来的,又被称作“LOV (Love-Of-Varieties)模型”,多数学者将 LOV 模型和阿明顿模型统称为“张伯伦—赫克歇尔—俄林”模式。其主要含义是,随着经济发展和人们收入水平的提高,以及国际贸易便利性的增强,消费者行为日趋多元化,进而推动了同一产业内产品的双向流动。与该模式相对应的是新霍特林(Harold Hotelling)模式,强调始于产品基本特征相关联的差异导致了差别化产品,且每一消费者都有一个“理想的产品”。此两种模式仅仅能够解释差别化产品的产业内分工,之后,伯兰德和克鲁格曼(James A. Brander, Paul Krugman, 1983)提出的相互倾销模型,能够有效解释同质性产品的产业内水平分工问题(黄晶,2009)。

产业内水平分工通常意味着经济发展水平接近的国家,其双边贸易越活跃。但是 20 世纪 70 年代后,国际贸易领域出现了一些新的现象,即发达国家和发展中国家的产业内贸易大幅度增加。根据产业内水平分工理论的解释,这些现象是由于 WTO 肯尼迪、东京和乌拉圭等回合谈判所形成的国际关税水平下降的结果,但是易(Kei-Mu Yi,2003)对 1962 ~ 1998 年 WTO 的统计数据分析表明,国际贸易额对关税的弹性要远远高于之前学者运用理论模型估算的弹性,这其中隐含着一种新的力量在推动国际贸易额的增长,我们称之为产业内垂直分工。20 世纪 90 年代之前,大多数学者将产业内垂直分工理解为一种多阶段生产模式,之后学界对此进行了修正,开始将产业内垂直分工作为一种新的国际分工模式进行研究。

阿迪特等学者(Arndt and Henryk,1997)提出了产品内分工,产品内分工(Intra-Product Specialization)指特定产品生产过程中不同工序、不同区段、不同零部件在空间中分布到不同国家或者地区,每个国家或者地区专业化于产品生产价值链的特定环节。阿迪特提出了产品内分工带来的资源节约类似于技术进步,能提高效率、增加产出、促进贸易发展、增进福利。

20 世纪 90 年代以来,随着市场环境的变化和产品复杂性的提高,特别是信息技术的发展,产业分工出现了一种新的产业结构和新的产业组织模式,即模块化分工(Modularity),模块化是分工进一步延伸和深化的结果。青木昌彦认为,模块是指可组成系统、具有某种独立功能的半自律子系统,可以通过标准界面与其他子系统按照一定的规则相互连接,从而构成更加复杂的系统,模块化组织是一种更能在市场与企业交界处充分发挥协调作用的新型组织形态(李想等,2008)。

产业分工是产业经济理论中的一个基本概念,随着经济的发展,这一概念的内涵也逐渐丰富和更新,反映了生产和劳动分工的精细化程度和产业组织方式逐渐从低级向高级升级的过程。

参考文献:

黄晶:《产业内垂直分工研究》,暨南大学博士学位论文,2009 年。

李想、芮明杰:《模块化分工条件下的网络状产业链研究综述》,载于《外国经济与管理》2008 年第 8 期。

Arndt, W. S. and K. Henryk, *Fragmentation: New Production and Trade Patterns in the World Economy*, Oxford: Oxford University Press, 1997.

Herbert, G. G. and L. P. J, *Intra-Industry Trade: The Theory and Measurement of International Trade in Differentiated Products*, Macmillan, 1975.

James A, B. and K. Paul, *A 'Reciprocal Dumping' Model of International Trade*, *Journal of International Economics*, Vol. 15, 1983.

Kei-Mu, Y. , Can Vertical Specialization Explain the Growth of World Trade? *Journal of Political Economy*, 2003.

(刘吉超)

战略(策略)性行为
Strategic Behavior

策略性行为定义最早源于2005年诺贝尔经济学奖获得者谢林(Schelling,1960),是指一个厂商意图通过影响竞争对手对该厂商行动的预期,使竞争对手做出对该厂商有利的决策行为,这种影响竞争对手预期的行为就称为策略性行为。现代产业组织学拓展了这一概念,认为策略性行为是一家企业为提高其利润所采取的旨在影响市场环境的行为总称。市场环境是指所有影响市场结果(价格、数量、利润、福利)的要素,包括顾客和竞争对手的信念、已经存在的和潜在的对手数目、每家对手厂商的生产技术和每家对手厂商进入自己行业的成本和速度。“市场环境”的术语因为包括了市场参与者的信念等,因而要比“市场结构”的内涵宽泛一些。

策略性行为的研究实际上考察了与传统产业经济学中SCP范式相逆的因果关系——从厂商行为到市场结构,研究工作集中于对价格、广告、生产能力,以及厂商的其他手段的策略性运用,以便影响未来的市场环境。策略性行为的产生源于厂商在市场决策方面存在的相互依赖关系。这种依赖关系在寡占市场上最为普遍;在垄断市场上,垄断者的市场行为也会对潜在进入者的行为产生影响,这两种市场构成了策略性行为分析的市场基础。策略性行为的研究方法主要是运用博弈论和信息经济学,通过纳什均衡来阐明企业的行为,分析在既定的初始均衡条件或状态下,如何运用策略性行为实现新的均衡。这种新的研究方法在寡占或垄断市场下现有企业间的竞争、在位企业与潜在进入企业间的策略行为、企业的进入—退出行为、价格竞争与价格共谋、广告、产品差异化、研发等方面的动态分析上取得了显著成效,使人们对复杂交易现象背后的动机和福利效果的理解达到了新的高度。

对策略性行为的划分可以有多个维度。最常见的是按照厂商之间的关系划分为非合作策略性行为和合作策略性行为。非合作策略性行为包括厂商为追求利润极大化所采取的提高其竞争地位的一些行动。这类行为通常以降低竞争者的利润为代价来实现己方的利润增长。合作策略性行为包括厂商旨在协调本行业各家厂商行动和限制竞争性行为发生而采取的一些行动。这种行为通过减少竞争使本行业内的各家厂商均获其利。按照策略手段的划分。关于策略性行为的文献涉及了广泛的模型,但每个模型都集中于一个单一的策略手段。三个最普遍的决策变量是价格(或产出)、耐久性资本和一次性投资的时间选择。根据行为调整和作用的时间长短,可以将策略性行为分为短期策略性行为、中期策略性行为和长期策略性行为。短期策略性行为主要涉及价格因素,长期策略性行为主要涉及研发和创新,而中期策略性行为则主要涉及产品选择、成本、生产能力及契约、企业边界等。

非合作策略性行为的研究在策略性行为中占据统治地位。采取非合作策略性行为的厂商借损人达到利己的目的。厂商利用多种手段,或阻止对手进入某一市场,或将对手逐出市场,或缩小对手的规模。在这诸多手段中,有一些是用来吓退潜在竞争对手的。厂商可以改变竞争对手的想法,让其相信它在未来会如何的厉行扩张。为使非合作策略性行为取得成功,厂商要注意满足两个条件:一是优势,为获取竞争优势,先下手为强。厂商要在对手行动前先发动攻势,以图先发制人。二是承诺,厂商要让对手相信,无论对手反应如何,他将坚决执行预定策略。

最广为人知的非合作策略性行为包括掠夺性定价(Predation)、限制性定价(Limit Pricing)、降低成本的投资和提高对手的成本。当存在快进快出的壁垒,从而阻止另一家势力相仿的对手厂商运用同样的策略时,这些策略才行之有效。其中,掠夺性定价和限制性定价属于短期策略性行为,掠夺性定价是利用价格来促进退出(也可能为了阻碍未来的进入),而限制性定价是利用进入前价格构筑进入壁垒,来阻碍进入。研发与创新属于长期策略性行为,投资于研发以及“干中学”(也可视为投资)可以降低厂商未来的成本,而每家厂商的成本又是市场环境的构成部分。当厂商拥有某种市场力量或政治力量时,提高对手厂商成本这一策略性行为有可能使厂商获益,如借助政府管制干扰对手、提高消费者的转换成本、提高工资或其他投入品价格,等等。

合作策略性行为是指厂商旨在协调本行业各家厂商行动和限制竞争而采取的一些行为。合作策略性行为要求厂商一致行动,其理论基于“合谋”理论,只要能够减少彼此的不确定性,就能够促成合谋。合作策略性行为主要有默契合作策略性行为和明确合作策略性行为两种形式。但它往往是不稳定的,特别是明确合作策略性行为。由于价格、成本或需求信息的不完全性,厂商有动力使用这种信息以产生对自己更为有利的结果;产品的异质性使得合谋变得复杂起来,使协议完全性变得更加困难;成本的非对称性和关于合谋后利润的分配也会使谈判的过程充满困难,增加了违约风险;此外,厂商偏好的非对称性、创新、不确定性均会使厂商对于未来的需求或成本的预期难以统一,从而也加大了违约的可能性。

参考文献:

[英]伊特韦尔等:《新帕尔格雷夫经济学大辞典》,经济科学出版社1996年版。

[美]理查德·施马兰西、[美]罗伯特·D. 威利格:《产业组织经济学手册》第1~4卷,经济科学出版

社 2009 年版。
干春晖、姚瑜琳:《策略性行为理论研究》,载于《中国工业经济》2005 年第 11 期。
[美]丹尼斯·卡尔顿、杰弗里·佩罗夫:《现代产业组织》,上海人民出版社 1998 年版。
Thomas C. Schelling. *The Strategy of Conflict*, Cambridge, Massachusetts: Harvard University Press, 1960.

(王燕梅)

战略(策略)互补和战略(策略)替代
Strategic Complementarity and Strategic Substitute

策略替代和策略互补是布罗、吉亚科波洛斯和克莱姆普尔(Bulow, Geanakoplos, Klemperer, 1985)创造的术语,对古诺竞争的向下倾斜的反应曲线和伯川德竞争向上倾斜的反应曲线提供了一种数学描述。为简单化,考虑两个企业之间的同时行动博弈,假定利润函数 $\pi_i(x_1, x_2)$ 对行动是两次连续可微的,x_1、x_2 分别代表企业 1、2 的行动。定义 $R_1(x_2)$ 为给定企业 2 选择 x_2 时企业 1 的最佳行动,根据严格凹的假定,$x_1 = R_1(x_2)$ 是唯一的,并且被称为企业 1 对 x_2 的反应。他们定义 x_i,使 $\frac{\partial\pi_i}{\partial x_j}<0$,水平较高的 x_i 代表企业 i 的更具有进攻性的行为。

若 $\frac{\partial^2\pi_2}{\partial x_1\partial x_2}<0$,则为策略替代;

若 $\frac{\partial^2\pi_2}{\partial x_1\partial x_2}>0$,则为策略互补。

以企业利润的交叉偏导数(边际利润对对手行动的导数)定义的策略替代和策略互补,体现了一方的行动对另一方的边际利润的影响。在策略替代的情况下,反应曲线向下倾斜;在策略互补的情况下,反应曲线向上倾斜。价格竞争涉及策略互补,产量竞争涉及策略替代。

按照同时行动的定义,一家企业总是在观察到其对手的行动之前,选择自己的行动。因此,它不可能做出反应。反应函数描绘的是,假如了解对手行动之后,企业将要怎么做。但是,在动态(连续)博弈中,反应函数就具有了确实的经济内容。比如,企业 1 先选择了 x_1,而企业 2 在选择 x_2 之前看到了这一选择,企业 1 可以用函数 R_2 来计算它的行动将如何影响对手行为。

将前面的两个企业间的同时行动博弈前推一期,考虑下面的两期两企业模型。在时期 1 中,企业 1(在位者)选择某个变量 K_1(例如,生产能力),我们将 K_1 称为一项投资。企业 2 观察到了 K_1,并决定是否进入市场。如果企业 2 进入市场,两企业将同时做出第 2 期选择 x_1 和 x_2。他们的利润分别是 $\pi_1(K_1, x_1, x_2)$ 和 $\pi_2(K_1, x_1, x_2)$。如果 $\frac{d\pi_2}{dK_1}<0$,我们说投资使企业 1 变得强硬;如果 $\frac{d\pi_2}{dK_1}>0$,我们说投资使企业 1 变得软弱。

富登伯格和梯若尔(Fudenberg, Tirole, 1984)描述了在位企业面对进入威胁时可能使用的 4 种行动策略:"恶狗"策略(或称"夺魁者"策略, Top-Dog)、"幼犬"策略(Puppy-Dog)、"肥猫"策略(或称"大亨"策略, Fat cat)、"饿狼"策略(或称"贫弱形象"策略, Lean and Hungry Look)。分类的关键因素是进入者反应曲线的斜率(是策略替代还是策略互补)和在位企业投资对其自身强弱的影响。在此之外,在位企业的最优行为取决于是选择进入遏制还是进入容纳(见图 1 的最优策略)。

	投资形成企业1	
	强硬的	软弱的
战略互补	A 幼犬 / D 恶狗	A 肥猫 / D 饿狼
战略替代	A 和 D 恶狗	A 和 D 饿狼

图 1 最优策略

注:A 表示进入容纳;D 表示进入遏制

资料来源:梯若尔:《产业组织理论》,中国人民大学出版社 1997 年版。

"恶狗"策略:企业大或强,使之看上去强硬或富于攻击性。显然,为了遏制进入,企业 1 想让自己看上去是强硬的,如果投资使企业 1 变得强硬,企业 1 应该"过度投资",即运用"恶狗"策略。在策略替代的情况下,反应曲线向下倾斜,企业 1 更具有进攻性的行为(增加 x_1 的产出)使企业 2 处于较为被动的地位(减少 x_2 的生产),在这种情况下,即使当进入被允许时(进入容纳),在位企业也要采用"恶狗"策略以提高其利润。

"幼犬"策略:企业小或弱,使之看上去软弱或无恶意。如果投资使企业 1 变得强硬,而且反应曲线是向上倾斜的(策略互补),企业 1 应该"投资不足",以不刺激企业 2 做出攻击性反应。"幼犬"策略是在位企业为了表现出对新进入者的友好而采取使投资低于正常水平的策略。

"肥猫"策略:企业大或强,使之看上去软弱或无恶意。如果投资使企业 1 变得软弱,而且反应曲线是向上倾斜的(策略互补),企业 1 应该"过度投资"而成为一只"肥猫",通过示弱以促使其竞争对手降低攻击性。

"饿狼"策略：企业小或弱，使之看上去强硬或富于攻击性。为了遏制进入，企业1想让自己看上去是强硬的，如果投资使企业1变得软弱，企业1应该"投资不足"，即运用"饿狼"策略。在进入容纳的情况下，如果投资使企业1变得软弱，而且反应曲线是向下倾斜的，企业1也应该采取"饿狼"策略。

参考文献：

[法]梯若尔：《产业组织理论》，中国人民大学出版社1997年版。

[美]理查德·施马兰西、[美]罗伯特·D.威利格：《产业组织经济学手册》第1~4卷，经济科学出版社2009年版。

Bulow, J., J. Geanakoplos, and P. Klemperer, Multimarket Oligopoly: Strategic Substitutes and Complements, *Journal of Political Economy*, Vol. 93, 1985.

Fudenberg, D. and J. Tirole, The Fat Cat Effect, The Puppy Dog Ploy and the Lean and Hungry Look, *American Economic Review*, Papers and Proceedings, Vol. 74, 1984.

（王燕梅）

合谋与共谋
Collusion

合谋是有竞争关系的若干企业之间以限制竞争、增加利润或欺骗其他市场参与者为目标的合作协议。合谋的形式有价格锁定、对价格折扣的惩罚、价格变动的提前通知、分割市场、限制产量、信息交换等。合谋协议的目标是通过降低竞争来提高合谋企业的利润。合谋行为通常会损害其他竞争者、消费者等市场参与者的利益。竞争企业之间的独立性能降低单个企业控制价格的能力，迫使企业竞相降低价格、提高产品质量、提高效率。但如果企业达成锁定高价格的合谋协议，合谋企业利润增加，而消费者就无法得到低价格、高质量的产品，合谋企业也缺乏提高效率的动机。价格锁定是合谋企业约定以同一价格销售产品，或通过控制产量使价格维持在某一水平的协议。价格锁定的目的是使价格保持在尽可能高的水平，使企业获得更大的利润。在新古典经济学中，价格锁定是非有效的。合谋企业设定的价格高于完全竞争价格导致的效率损失（Deadweight Loss）。

合谋理论结合博弈论、信息经济学和不完全契约理论，被运用于拍卖、委托代理和公司治理的分析中。在拍卖中，各竞标方可能达成合谋协议将招标合同许诺给某个竞标方，虽然从表面上看各竞标方都在竞标报价。例如，一些竞标方同意不竞标或故意报出不会中标的价格，而成功中标者会将合同的一部分分配给他们，竞标方通过合谋分享了利益，而招标方没有以最优的条件实施合同。另一种形式是轮流中标，各竞标方约定轮流成为中标者，这是市场分割的一种形式，各方无须竞争便可得到部分市场份额。在委托代理中，代理人之间可能合谋，代理人和监管者之间也可能合谋，这两种合谋都损害了委托人的利益。

卡特尔是一种竞争企业之间公开合谋的组织形式，有正式的合谋协议。卡特尔通常有政府的积极参与和支持。合谋在大部分国家都是非法的。但在执法实践中很难取得合谋存在的确切证据，不公开的合谋和默契合谋（Tacit Collusion）仍然存在。默契合谋是非公开的合谋，也称为隐性合谋（Implicit Collusion），其主要特征是没有公开或明文的协议。非公开的合谋隐藏了看似独立的合谋企业之间的非独立关系，因而欺骗了其他市场参与者。例如，寡头垄断企业尽量不进行降价、广告等竞争行为，行业内可能存在不成文的潜规则，由一个领头企业设定行业价格，其他企业跟进。再如行业会议能使各企业了解其他企业的定价策略，默契合谋容易实现。

博弈理论认为合谋本身是不稳定的，合谋的存在和稳定性受到参与者欺骗和潜在进入的威胁。参与合谋的成员能通过违背协议获得更大的利润，例如产量多于协议或价格低于协议，但如果所有成员都违背了协议，所有成员将受害。这类似于囚徒困境。欺骗的动机导致了合谋组织难以长期稳定地存在。施蒂格勒（Stigler, 1964）指出欺骗动机是造成卡特尔不稳定的最重要原因。在重复情景模型中，企业将当前欺骗的收益与未来利润的预期损失相比较，决定是否违背协议。当企业的行为没有充分地被其他企业观察到，或延迟一段时间才被观察到时，两者的权衡还取决于各企业监督其他企业遵守协议的难度。如果监督的难度大，某个成员企业就可能长期违背协议获利而不被其他成员发现，成员企业更可能违背协议，合谋就更不稳定。因此提高合谋稳定性需要收集信息用以监督各企业的行为，有效的监督能阻止欺骗。弗里德曼（Friedman, 1971）证明合谋成员可能利用非均衡路径的价格战作为对其他成员欺骗的报复，从而使各企业失去欺骗的动机。当企业既不能观察到其他企业的产出或价格行动，也不能从公共信息中推测出这些信息时，就需要经常通过惩罚或价格战来维持合谋的动机。在重复的囚徒困境博弈情形，存在合谋的均衡。当行业内企业数量很多时，监督和协调的难度大，也更可能出现特立独行的企业，合谋难以实现。合谋通常发生在寡头垄断的市场结构中，因为在这种市场结构中少数企业的合谋就能够显著影响整个市场。成功的合谋都制造了进入壁垒。因为新企业的进入并设立新的价格将打破合谋价格协议。例如通过集体掠夺行动（Collective Predation）阻止新企业进入。还会求助于国家制定法律、关税或提供反倾销保护来阻止外来者进入市场。

此外，迅速的行业增长和未预知的波动也会影响合谋的稳定性。行业整体利润下降会使参与合谋的企业有动机为了提高利润而脱离合谋。

参考文献：

Friedman, J. W., A Non-Cooperative Equilibrium for Supergames, *Review of Economic Studies*, 38, 1971.

Green, E. and Porter, R., Noncooperative Collusion under Imperfect Price Information, *Econometrica*, 52(1), 1984.

Levenstein, M. C., and Valerie Y. S., "*Cartels*" *The New Palgrave Dictionary of Economics*, Second Edition, Edited by Steven N. D. and Lawrence E. B., Palgrave Macmillan, 2008.

Stigler, G., A Theory of Oligopoly, *Journal of Political Economy*, 72, 1964.

Tirole, J., *The Theory of Industrial Organization*, Cambridge, MA: MIT Press, 1988.

（刘昶）

生产能力
Production Capacity

生产能力是指在一定时期内（通常是一年），企业的全部生产性固定资产，在合理的技术组织条件下，经过综合平衡后，所能生产的一定种类合格产品的最大数量，或者能够处理加工的一定原材料的最大数量。生产能力是由企业可能达到的技术条件确定的，不考虑劳动力不足和物质供应中断等不正常现象。生产能力反映企业所拥有的加工能力，是一个技术参数，它也可以反映企业的生产规模。在实际生产时，企业可以可根据市场的需求来确定企业的产量，长期内可以通过调整固定资本和劳动力来实现产量要求，短期内则主要通过对劳动力的调整产量。但生产能力一旦确定，短期内无法调整。企业面临的市场需求超过其生产能力时就出现了生产能力约束。

生产能力的选择和设置（包括选择设置过剩生产能力）可以作为企业的一种竞争策略。克雷普斯和沙因克曼（Kreps and Scheinkman, 1983）分析了在刚性生产能力约束的条件下企业的竞争行为。即两个企业在第一阶段同时、独立地确定各自生产能力，在该生产能力范围内，边际生产成本为零。在第二阶段，需求由伯川德式的价格竞争决定，生产在第一阶段设定的生产能力约束下进行，即厂商的最大产量不能超越其第一阶段建立的生产能力。这个两阶段博弈均衡时，第一阶段企业选择与古诺均衡产量相等的生产能力，并在第二阶段生产这些产量。当生产能力"不太高"时，两个企业都索取使需求等于总生产能力的价格，两个企业基本上都在市场上倾销其产量，其行为与古诺行为类似。当生产能力"高"的时候，情况比较复杂，最高生产能力企业的利润等于斯塔克尔伯格（Stackelberg）追随者的利润。即一个企业对其他企业的产出做出最佳反应时所得利润，该产出被设定等于生产能力。古斯（Guth, 1995）和玛吉（Maggie, 1996）分析了具有渗透性的生产能力约束模型。他们扩展了产品差别化的克雷普斯—辛克思模型，假定，在必要的情况下，企业能够在一个比第一阶段的生产成本更高的成本上生产来满足需求，那么就允许企业在第二阶段扩大生产能力。在古斯—玛吉模型中，如果企业在第一阶段选择中等或者较高的生产能力水平，均衡类型就与克雷普斯－辛克曼模型中的一样。如果一个企业在第一阶段选择了较低的生产能力水平，那么，在第二阶段均衡中，它将生产高于生产能力的产量。其价格最优反应函数曲线受第二阶段扩大生产能力成本的影响。在古斯和玛吉看来，对一个企业来说，保留超额生产能力从来就不是最优选择。

如果不考虑生产能力存在约束的情况，就会出现伯川德悖论。伯川德悖论是指，假定两企业生产同质的产品，且企业总能够提供其所面临的需求。两企业同时非合作地选定价格，这种价格上的均衡称为伯川德均衡。伯川德竞争是价格竞争，每个企业都会提出竞争性价格，即价格等于边际成本，此时企业没有利润。如果存在沉没成本的话，以边际成本定价，企业还会出现亏损的情况。只有两家企业的垄断也会出现竞争局面的情况就是伯川德悖论。因为很难让人相信，在一个行业中即使只有几个企业，也不能成功地操纵市场价格，获得利润。埃奇沃思考虑加入生产能力存在约束来试图解决伯川德悖论。

过剩生产能力是指相对于当前需求，企业或行业拥有过多的生产能力来提供产品时的一种情形，这时企业或行业的部分生产能力被闲置。在成熟市场经济中，供需的动态匹配与调整过程中以及经济周期性波动过程中，均可能出现生产能力相对于需求过剩的情形。这种过剩生产能力可能来自于暂时的（短期的）需求下降，也可能是来自于长久的（长期的）需求萎缩，或者是来自于与长期潜在需求相比新建生产能力的过度投资。在后两种情况下，激烈的竞争压力或者产业合理化方案都可以消除过剩生产能力，因为激烈的竞争压力会迫使更无效率的供应商退出市场。此外，企业还会保有一定的闲置产能以应付需求的突然增长。

在转型经济中，经济体制缺陷会扭曲企业的投资行为，导致企业在生产能力上的过度扩张，并进而导致企业和行业生产能力过剩。科尔奈（Kornai, 1992）指出在社会主义经济体制转轨过程中，投资决策的分散化，放松了政府通过行政机构对企业投资的外部控制，但是却没有通过利润动机或者对财务困境的担心建立起任何自我控制机制,这加重了经典社会主义体制所固有的(生产能力与规模)投资领域过热倾向。这种投资过热倾向,会进而导致企业乃至行业生产能力过剩。而在中国经济转型过程中,在土地、资本等生产要素市场扭曲等体制缺陷下,地区对于投资的补贴性竞争会导致企业过度产能投资,并进而导致企业乃至行业生产能力过剩(郭庆旺、贾俊雪,2006;陶然等,2009;江飞涛等,2012)。

企业也可以通过策略性的设置过剩生产能力来阻止潜在进入者进入。最早有关策略性的使用过剩生产能力的研究文献始见于斯宾塞的论文(Spence,1977)。他建立了一个由技术上的要求所致的生产能力必须在生产之前设置好的模型。一旦设定了生产能力,那就意味着强加了一个产量的绝对上限。作为市场的独家供给者,单个现有企业能够在潜在进入者做出进入决策之前便设定好本企业的生产能力。而潜在进入者相信,如果发生进入,那么现有企业就会充分利用已设置好的生产能力。在此基础上,斯宾塞考察了现有企业通过设置只有在进入发生时才使用的生产能力来阻止进入的情形。现有企业在进入发生前设置的生产能力越大,进入者的期望利润越低,也就越倾向于不进入市场,从而达到阻止潜在进入者进入的目的。迪克塞特(Dixit,1980)对斯宾塞的模型进行了修正,他改变了短期内生产能力是刚性而不可扩大的假设,认为虽然产量不能超过生产能力,但生产能力可以被扩大。在位者出于自身的利益考虑抢先选择某一生产能力,然后展开产量博弈。该生产能力决定了其边际成本曲线的形状,由此确定其特定的反应函数,从而影响在位者与潜在进入者之间进入后博弈的纳什均衡。在迪克赛特模型中,过剩生产能力战略在此不起作用,在位者在既定生产能力下实现了进入阻挠的目的。

参考文献:

郭庆旺、贾俊雪:《地方政府行为、投资冲动与宏观经济稳定》,载于《管理世界》2006 年第 5 期。

陶然、陆曦、苏福兵、汪晖:《地区竞争格局演变下的中国转轨:财政激励和发展模式反思》,载于《经济研究》2009 年第 7 期。

江飞涛、耿强、吕大国、李萍:《地区竞争,体制扭曲与产能过剩的形成机理》,载于《中国工业经济》2012 年第 1 期。

David M. Kreps and Jose Scheinkman, Quantity Precommitment and Bertrand Competition Yield Cournot Outcomes, *Bell Journal of Economics*, Vol. 14, No. 2, 1983.

Werner Gúth, A Simple Justification of Quantity Competition and the Cournot Oligopoly Solution, *Ifo-Studien*, Vol. 41, No. 2, 1995.

Giovanni Maggi, Strategic Trade Policies with Endogenous Mode of Competition, *American Economic Review*, Vol. 86, No. 1, 1996.

Janos Kornai, *Socialist System: The Political Economy of Communist*, Oxford: Clarendon press, 1992.

Michael A. Spence, Entry, Capacity, Investment Oligopolistic Pricing. *Bell Journal of Economics*, Vol. 8, No. 2, 1977.

Avinash Dixit, The Role of Investment in Entry-Deterrence, *Economic Journal*, Vol. 90, 1980.

(江飞涛)

声誉

Reputation

商店或是制造商会依赖于声誉来显示其产品的高质量。希望顾客进行重复购买的商店具有很强的激励来提供高质量的产品,而不是伪劣产品。总的说来,在相同的消费者和企业之间频繁发生交易的市场中更容易建立声誉,而在交易不太频繁发生的市场中很难建立声誉。

质量调整与声誉。对克莱因、莱福勒(Klein and Lesfowler,1981)、夏皮罗(Shapiro,1983)质量酬金模型进行简化描述,有两种可能的质量:低质量($s=0$)和高质量($s=1$)。生产低(高)质量的单位成本是 c_0($c_1>c_0$)。消费者是相同的,如果他们以价格 p 购买质量为 s 的产品,就获得平均每一时期的剩余,如果不购买,则获得的剩余为 0。并且满足以下三条假设:第一,垄断者每一时期都选择质量;第二,时期是无限的;第三,在时期 $t+1$ 开始时,所有的消费者都了解垄断者在时期 t 所选择的质量。

如果只有一个时期,生产者就会有选择质量 $s=0$ 的动机;而不论索取什么价格,消费者都不会购买这种商品。因此,在第 1 时期的模型中,有极端的次品问题。无限期的博弈中,消费者可能采取两种战略:第一,消费者可以根据厂商"声誉"形成质量预期。t 时期的声誉由垄断者在 $t-1$ 时期所选择的质量来衡量;第二,垄断者从价格 p_1 开始,并一直索取同样的价格,也总是提供高质量。如果他脱离常轨而在某一时期提供了低质量,就会从那时起一直提供低质量,消费者就停止购买。这种战略描述了声誉的一种特殊形式:消费者相信垄断者一直生产同样的质量,而无论是什么质量。并且垄断者确实保持同样的质量。

从模型中可以看出,为使垄断者不降低质量,高质量的价格必须获得酬金,价格至少比边际成本高。通过削减质量垄断者会节省生产成本,但他必然损失声誉租金。只有当高质量带来租金而生产者担心削减质量损失这种租金时,生产者才会有生产高质量产品的动机。最低限度质量酬金随着利息率而提高。例如，假定时期之间的间隔延长。这意味着消费者花更长的时间观察过去的质量。对于给定的平均每一单位时间的利率，平均每一时期的利率随信息时间间隔延长而提高。垄断者更会企图降低质量，因为质量的下降要更长时间才被察觉。为了使垄断者不降低质量（榨取声誉），必须提高质量酬金。

声誉之所以重要，只是因为消费者认为声誉重要性。如果他们认为声誉并不重要，而是认为无论过去的质量如何，垄断者在将来还是会提供低质量，那么，垄断者就不会有保持质量的动因，消费者的预期又一次得到实现。于是，我们有具有绝对次品效应的另一种均衡：无论历史是怎样的，生产者总是生产质量最低的产品，消费者也预期他会这样做。因此，重复可能会刺激提供质量，但未必一定会这样。

不对称信息下的声誉。克莱因、莱福勒和夏皮罗的质量本金理论在经济学上是有吸引力的。但其高度依赖于博弈的无限性。即使时限是无限的，重复购买对产品质量的正效应也只是一种可能性，而不是确定性的，因此存在许多种均衡，不形成声誉的均衡即为其中一种。克雷普斯和威尔逊（Kremps and Wilson，1982），米尔格罗姆和罗伯茨（Migrom and Roberts，1982）证明，只要消费者对厂商的技术及目标函数的信息是不完全的，即使是有限有博弈，也会有声誉效应。

假定在一个时期的问题中，从消费者的观点看，存在垄断者不想提供低质量的可能性。例如，垄断者可能是"诚实的"，即不愿意声称高质量却提供低质量，即使这样做会产生较高的货币盈利。或者，存在垄断者生产高质量的成本并不超过低质量的成本的可能性。在1期和T期博弈中，如果消费者知道他的类型，他就会提供低质量；假定"诚实"类型总是提供高质量。再假定只有垄断者知道他的类型，考虑两个时期的情况。不诚实可以一开始就像消费者知道其类型那样行动，在第1期提供低质量。这样的话，消费者就会推知他是不诚实型，预期他在第2期也提供低质量。但是，另一种战略可能更好。不诚实型可以在第1期提供高质量，力图使消费相信他是诚实的。于是，消费者预期第2期会是高质量，并愿意为此付高价。然后，不诚实型通过在高价格时提供低质量而榨取其声誉。这中战略要承受第1期的损失（为了对声誉投资），但在第2期得到来自声誉的收益所补偿。例如，这种情况可能会出现于一家餐馆，在前一两年提供高质量食物，然后降低质量，最后关门大吉。

不对称信息的声誉理论可以在T时期模型中进行更一般的研究，一般来说，它采取如下的形式：在早期，不诚实的垄断者总是提供高质量。后来，他在高质量和低质量之间随机化，一旦他提供了低质量，就一直会这样做到最后。在最后阶段，他总是提供低质量。

克雷普斯、米尔格罗姆、罗伯茨和威尔逊的贡献的要点是：如果时限充分长，贴现因子充分接近于1，垄断者是诚实的初始概率即使很小，也会导致可观的声誉投资。

为赢得友好行为的声誉。在一次性相互作用中，一个企业如果知道它的对手可能收取高价，它也更可能收取高价。由于一个企业喜欢它的对手收取高价，它会愿意说服其对手，它自己也很可能收取高价。在一次性博弈中，企业在说服其对手方面，可做的事很少。但在提供有用信息方面却不能受到信任。然而，在一个动态框架内，一个企业可以传达高成本的信号。例如，在一个两期价格对策中，一个企业可以在第1期中索取超过它第1期期望利润最大化的价格，以传达一个信号：它很可能在第2期索取高价。

假设该企业拥有关于它生产成本（或关于需求曲线）的私人信息。在一次性关系中，如果企业的边际成本高，它会企图收取高价（或者如果它得到了需求高的信息，也会这样），否则它就会收到低价。因此，在未对信息进行策略性利用的情况下，第1期的高价显示该企业具有高成本（或者是需求高）。如果成本（或需求）在整个时期内呈正相关关系，企业在第2期内也会收取高价。因此，对手应当使用该企业第1期高价传达的信息，来推测第2期的行为。在具有对边际成本或需求不对称信息的重复价格对策中，每个企业以提高价格而牺牲短期利润的办法，来建立索取高价的声誉。当然，在两阶段博弈中，这个效果只在第1期起作用。在第2期，在其信息给定的情况下，每个企业都会最大化该期预期利润，因为再没有带来信誉的未来时期了。

多市场声誉。在米尔格罗姆—罗伯茨限制性定价模型中说有了一个企业如何希望通过削价来建立一种强硬者的声誉，从而使同一市场上的对手或者不进入，或者退出，或者低价出售。自然地，一个多市场的在位者也可在一个市场上采用这样的战略，来增强它在其他市场上的地位。

克雷普斯等把一掠夺性定价博弈作了一些简化，然后把它拓展成了一个多市场模型。在一个特定市场上，进入者决定是否进入。在进入的情况下，在位者有两种选择：掠夺性定价或者默许。进入者的利润（包括进入成本）在在位者默许的情况下是正的，在在位者进行掠夺性定价时则是负的。我们可以把掠夺性定价（默许）想成是执行一个低（高）价，在位者可能是"强硬的"，也可能是"软弱的"。

在T市场或T阶段的多市场掠夺性定价模型中，如果是强硬者的概率不是太小的话，均衡有以下特征：在第1个市场上，进入不会发生。如果一个企业错误地进入了第1个市场，它成为掠夺对象的概率便是1（即不管强硬的还是软弱的在位者都会对它进入掠夺性定价）。由于需要保护的市场数目随时间减少，对声誉的关心也逐渐减弱；这会鼓励进入者进入，进入也许是随机的（软弱的在位者进入掠夺性定价的概率小于1）。这一声誉模型的另外一个要点是，如果T很大，那么即使在位者是一个强硬者的概率很小，软弱的在位者仍可能受到进行掠夺性定价的激励。

两期博弈的声誉是克雷普斯—威尔逊—米尔格罗姆—罗伯茨声誉模型一个非常简化的形式。存在两家企业，在第1期中，两家企业都在市场中。只有企业1（"在位者"）采取行动 a_1。企业1的行动空间中具有两个元素："掠夺"和"和解"。如果企业1采取和解行动，则企业2（"进入者"）的利润是 D_2；如果企业1采取掠夺行动，则企业2的利润是 p_2，$D_2>0>p_2$。企业1有两种可能类型："理智"和"疯狂"。当企业1是理智型时，它采取和解行动会得到利润 D_1；采取掠夺行动会得到利润 p_1，$D_1>p_1$。因此，一家理智企业喜欢采取的是和解行动而不是掠夺行动。但是，企业1更愿意成为一名垄断者，这样他每期得到的利润是 M_1，$M_1>D_1$。当是疯狂型时，企业1喜欢掠夺性行为并采取行动，它的效用函数使得采取掠夺行动总是值得的。设 P_1 表示企业1的类型是理智的先验概率，从而是 $1-P_1$ 表示企业1的疯狂的先验概率。

在第2期中，只有企业2采取行动 a_2。a_2 是两项可能行动之一："坚持"和"退出"。给定企业1是理智的，如果采取坚持行动，企业2得到收益 D_2，如果企业1是疯狂的，"坚持"给企业2带来 p_2 的收益。就是说除非企业1是疯狂的，事则它将不会在第2期采取任何掠夺性战略，这是因为它没有理由在博弈的终点建立并维持声誉。如果企业2采取坚持行动，理智企业得到 D_1；如果企业2采取退出行动，则它得到 M_1，$M_1>D_1$。

从一个静态的观点来看，如果企业1是理智的，他应愿意在第一期采取和解行动。但是，如果它采取掠夺行动，也许会使企业2相信它的类型是疯狂的，这样就会引致企业2退出。分离均衡中，不同类型的企业1在第1期中选择不同的行动，这意味着理智类型企业采取和解行动；混同均衡中，两类型的企业1在第一期选择相同的行动，这意味着理智类型企业采取掠夺行动；这里也可能存在杂系或准分离均衡，在声誉博弈中，理智类型企业可以在掠夺行动和和解行动之间进行随机选择，即在分离与混同两者之间进行随机选择。

参考文献：

［英］梯若尔：《产业组织理论》，中国人民大学出版社1997年版。

［美］丹尼斯·卡尔顿：《现代产业组织》上下册，上海三联书店、上海人民出版社1998年版。

［美］克拉克森、米勒：《产业组织：理论、证据和公共政策》，上海三联书店1989年版。

［荷］亨利：《产业组织理论先驱》，经济科学出版社2010年版。

P. Milgrom and J. Roberts, Predation, Reputation, and Entry Deterrence, *Journal of Economic Theory*, 27 August 1982.

（杨维富　王智毓）

质量
Quality

质量，是人类社会基本的认识尺度和计量范畴，随着经济、社会发展以及思想观念水平的提升，不断丰富和拓展着内涵和外延。质量意味着某种价值的富集程度以及使用价值的可靠性、持久性，它内在地表达了某种自然或人为力量的时空积淀与现实需求之间的呼应关系和契合程度。质量是市场的宠儿，在商品经济条件下，质量意味着其物质功效、使用性能、合同使命、消费预期、心理需求等多种要素的组合。就商品而言，狭义的质量是指商品的性能、功效和营销服务过程，广义的质量还包括其品牌体系和企业文化等。邓小平同志曾提出"质量是个战略问题"的著名论断。著名管理学家朱兰博士曾说20世纪是生产力的世纪，而21世纪将是质量的世纪。质量是品牌价值的核心内容之一，是商品生产者和经营者的生命线，是国家实力的体现和象征。

ISO8042标准对质量所下的定义是：反映实体满足明确或隐含需要能力的特性总和。ISO9000、2000认为质量是一组固有特性满足要求的程度。美国质量管理学者朱兰（J. M. Juan）从需求的角度认为产品质量就是产品的适用性，即产品在使用时能成功地满足用户需要的程度。我国学者于光远曾认为质量是指产品适合于规定的用途，能满足社会和用户一定需要的特性。蒲伦昌认为"质量是产品适合社会和人们需要所具备的特性"。质量工程学认为，"质量是产品出厂后给社会带来的损失，但是不包括由产品功能本身带来的损失"。

产品质量概念涵盖两个层面，即使用性能范畴和心理情感认知范畴，二者的微妙关系构成了企业产品到品牌的飞跃以及实现溢价销售的基础，这从一个侧面揭示了在商品理化指标之外介入的设计元素的重要性。消费行为背后存在着一系列动机指标，从多方面揭示了商品质量与重复购买之间的关系：

感性体验。顾客满意度是顾客期望值和体验值之间的一种差额，是影响重复购买行为的决定因素，感知经验是一种评价性的偏好或判断，是产品外观、性能与消费者互动的结果，以致消费者经验概念能够直接影响重复购买行为。衡量消费者满意度的几大指标包括：环境、成本、消费者关系、项目管理、心理感受和体验。

服务质量。服务质量是消费者和提供服务的组织之间相互作用的结果，衡量服务质量的基本维度包括：商品可靠性、服务响应性、准确性、移情性、有形性等，也有学者提出衡量服务质量的七大标准在于：专业和熟练的技巧、态度和行为、可得性和灵活性、可靠性和可信任性、服务补救、服务环境、名声和可信性。

产品质量。"现代营销之父"菲利普·科特勒指出整体产品的三个组成部分：核心产品、形式产品以及附加产品。消费者有时通过产品的某种暗示性符号来判断产品质量，这种暗示分为外在暗示和内在暗示。外在暗示包括基于产品性能之上的价格、品牌名称、原产地等，内在暗示包括颜色、气味、形状、大小、技术含量、营养成分和产品信息等产品内涵和气质性信息。大卫·加文（David A. Garvin）提出从可靠性、易于维护、满足消费者需求、真实性、便携性五个方面来衡量产品质量，随后他把该指标扩大到八个：绩效、特性、可靠性、一致性、耐用性、服务性、美学性和感知质量。

质量差别模型。主要是指服务质量差异模型，它揭示了消费和使用过程中一系列要素之间的错综关系。质量差别模型主要是指服务质量差异模型，服务质量是由一些重要性不同的，能满足人们需要的要素构成的一个要素体系。这些要素体现了消费者在评价服务质量时，对服务的各方面、各过程、各阶段的认知和评价。消费者对服务质量的评价林林总总，具有一定的综合性，既包括产品性能、也包括设计元素和服务流程以及消费和使用过程中的心理情感体验。

质量歧视。是指商品生产者借助某种垄断性优势，对不同地域执行有差别的质量标准的行为。垄断条件下往往存在着价格歧视和质量歧视现象，为实现更多利润，垄断者通过不同质量与价格的产品吸引消费，质量与利润之间构成正比例关系。

经验质量。是指消费者将感性体验和消费经历作为衡量商品质量的重要因素。消费者独特的经历或经验与商品质量及其消费密切相关。

质量溢价。质量溢价是指消费者因对产品质量及品牌忠诚度而衍生的多次重复消费。一般情况下，商品溢价幅度与企业盈利成正比。高质量的产品和优质品牌由于能更好地满足消费者的需求，因而具备溢价销售的可能。

参考文献：

《中华人民共和国产品质量法》，中国法制出版社 2010 年版。
于光远：《经济学大辞典》，上海辞书出版社 1992 年版。
金碚、李钢：《中国经济发展的历程与前景》，经济管理出版社 2010 年版。
张根保、何桢、刘英：《质量管理与可靠性》，中国科学技术出版社 2009 年版。
姚小风：《质量管理体系设计全案》，人民邮电出版社 2012 年版。
中国质量协会：《卓越绩效评价准则实务》，中国标准出版社 2012 年版。
何永军：《质量法学》，北京师范大学出版社 2011 年版。
王卓明：《国民素养与大国崛起》，载于《思想政治工作研究》2012 年第 11 期。
杨晓英等：《质量工程》，清华大学出版社 2010 年版。
柴邦衡：《ISO 9000 质量管理体系》，机械工业出版社 2010 年版。
约翰·布莱克：《牛津英汉双解经济学词典》，上海外语教育出版社 2006 年版。

（王卓明　刘冷馨）

品牌
Brand

品牌的英文单词 Brand，源出古挪威文 Brandr，意思是"烧灼"。人们用这种方式来标记家畜等以区别其他人的私有财产。到了中世纪的欧洲，手工艺匠人用这种打烙印的方法在自己的手工艺品上烙下标记，以便顾客识别产品的产地和生产者。这就产生了最初的商标，并以此为消费者提供担保，同时向生产者提供法律保护。

作为企业重要的无形资产，品牌用来标识企业一个或者多个产品或者服务的名称、象征、记号、音视频、设计等外表元素，目的是为了辨认某个企业或某些所售产品及服务的市场差异，并与竞争者的市场提供物加以区别。同时，品牌能够给拥有者带来溢价回报、产生增值的一种无形资产，其增值的源泉来自于消费者心理中形成的关于其载体的印象。

品牌也是一种联系消费者和企业的重要纽带，消费者通过品牌与企业建立情感意识，起到感知企业和认同企业的作用。所以品牌对于企业的作用是识别、促销、塑造形象、维护权利，识别功能可以帮助消费者迅速捕捉其所需要的产品和服务，为消费者购物节省时间和精力。品牌在消费者心中的良好形象，能够促使消费者成为忠实客户、反复购买。品牌也能将产品品质、档次予以分类，满足消费者各种各样的消费欲望，实现扩大产品销售的目的。同时，品牌代表着企业形象，良好的品牌口碑能够为企业创造并提高知名度、信赖度。

品牌具有四大特征：第一，品牌具有资产价值。品牌是一种无形资产，它代表企业和产品的特征、个性、意义，并能为企业品牌拥有者创造巨大的溢出价值。

企业可以自己创造品牌,也可以通过合法的市场手段购买品牌。第二,品牌具有依赖实体性。品牌必须依赖载体才能体现自身的价值。第三,品牌具有排他性。品牌是用以识别生产或销售者的产品或服务的。品牌拥有者经过法律程序的认定,享有品牌的专有权,有权要求其他企业或个人不能仿冒,伪造。第四,品牌具有风险性。任何事物都有双重性,品牌能给企业创造溢价效应及口碑效应,也能够因为出现突发性危机事件而将品牌价值急速摧毁。这种影响正是在不断告诫企业时刻把握良性的经营结果和市场形象。

由于品牌拥有者可以凭借品牌的优势不断获取利益,可以利用品牌的市场形象扩张,因此我们可以看到品牌的价值。这种价值我们并不能像物质资产那样用实物的形式表述,但它能使企业的无形资产迅速增大,并且可以作为商品在市场上进行交易。

与"商标"不同,"品牌"指的是产品或服务的象征。商标只是一种符号性的识别标记。品牌所涵盖的领域,则必须包括商誉、产品、企业文化以及整体营运的管理。因此,品牌不是简单的象征,而是一个企业总体形象的总和。品牌由于依附于某种特定的产品和企业而存在,所以通常它也就成为这种产品和企业的象征。当人们看到某一品牌时,就会联想到其所代表的产品或企业的特有品质,联想到在接受这一品牌的产品或企业时所能获得的利益和服务。这就构成了品牌的基本属性。然而由于品牌本身又是一种文字和图案,其本身所具有的文化内涵,也会使人们产生各种联想,所以品牌的内涵就变得十分复杂。通常来说,品牌的内涵可以从六个方面来认识:

一是属性:是指品牌所代表的产品或企业的品质内涵,它可能代表着某种质量、功能、工艺、服务、效率或位置。

二是利益:从消费者的角度看,他们并不是对品牌的属性进行简单的接受,而是从自身的角度去理解各种属性对自身所带来的利益,所以品牌在消费者的心目中,往往是不同程度的利益象征,消费者会以品牌所代表的利益大小来对品牌作出评价。

三是价值:品牌会因其所代表的产品或企业的品质和声誉而形成不同的等级层次,从而在顾客心目中形成不同的价值。同时它也体现了企业在产品设计和推广中的某种特定的价值观。

四是文化:品牌是一种文化的载体,其所选用的符号本身是一种显在文化,它可使人们产生同其文化背景相应的各种联想,从而决定其取舍。品牌所代表的产品或企业本身所具有的文化特征,也会在品牌中体现出来,被人们理解和认同,这是品牌的隐含文化。

五是个性:好的品牌应具有鲜明的个性特征,其不仅在表现形式上能使人们感到独一无二,新颖突出,而且会使人们联想到某种具有鲜明个性特征的人或物,这样才能使品牌产生有效的识别功能。

六是角色感:品牌还体现了一定的角色感,因为它往往会是某些特定的顾客群体所喜欢和选择的,从而使某些品牌成为某些特定顾客群体的角色象征。群体之外的人使用该品牌的产品会使人感到惊讶。这也就是使用者同品牌所代表的价值、文化与个性之间的适应性。

品牌所固有的内涵,使各种不同的品牌,具有了其可能衡量的价值。品牌价值量的形成主要是由于品牌使产品或企业在市场上所形成的竞争力产生差异,这会使其价格和营销成本发生很大的不同。在品牌管理中,品牌保护是一项十分重要的工作。品牌必须及时注册,以防被他人抢注。

参考文献:

[美]里斯:《品牌的起源:揭示打造品牌的最基本法则》,山西人民出版社2010年版。

[美]阿克:《创建强势品牌》,机械工业出版社2012年版。

[美]凯勒:《战略品牌管理》第3版,中国人民大学出版社2009年版。

余明阳、戴世富:《品牌战略》,清华大学出版社2009年版。

(杜培枫)

搜寻品、经验品和信任品
Search Goods, Experience Goods and Credence Goods

根据消费者与厂商对于产品质量信息的不对称程度,可以将产品分为:搜寻品、经验品和信任品。如果消费者在购买产品之前,通过简单观察便可以精确地确定产品质量,则该产品为搜寻品。这方面的例子有家具、服装(确定样式)以及其他主要性质可以通过视觉或触觉检查而确定的产品。如果消费者必须消费产品以确定其质量,该产品就为经验品。经验品的例子有加工食品、软件设计和心理治疗等(Nelson,1970)。一些经济学家定义了第三种类型,在这种类型中,一些商品的质量即使在消费后也不能断定,达比和卡尼(Darby and Kami,1973)将这类商品称为信任品。例如,许多修理服务和医疗护理就属于这一类型,消费者必须依赖服务提供者做出的良好的工作保证。当然由于商品往往具有多个属性,从而不同的属性可能具有不同的信息状况,因此把商品归结为某种类别的关键在于所考察的特性。

对于搜寻品,消费者与厂商之间不存在信息不对称。搜寻品面临的主要问题是产品选择(质量、产品多样化)。市场将由以不同价格出售的各种质量的相同产品加以描述,其中较高质量产品的价格也相应较高。

广义地来说,搜寻品包括担保品(Warranty Goods),即生产者承诺担保产品的质量,这样消费者就不需要搜寻质量信息。因此,对产品质量的完全担保制度可以消除质量信息不对称问题。但是,如果这种制度受到如下的限制,即物品的质量不仅取决于生产者,而且取决于消费者的使用,那么根据使用中的状况来界定质量就会使道德风险、逆向选择的发生成为可能。当质量的含义是耐用性时,消费者为了知道产品的确切质量,必须消费产品。由于产品的最终质量取决于生产者和消费者双方,那么消费者就存在一个道德风险问题:如果损坏可以得到完全赔偿,消费者就没有爱惜使用的动机。因此,现实中大多数厂商都不会提供完全担保,让消费者承担与自己行为有关的某些成本。从逆向选择考虑,也可能导致有限担保。因为带有完全担保的产品会吸引拙劣用户或"高风险"消费者,而不大可能从担保中获益的消费者则购买与低担保相联系的较便宜产品。此外,对担保制度的限制还来源于,当产品质量的描述涉及许多特性,以及使用后的质量状况有很大不确定性时,担保不仅可能要花很高的实施费用,而且对消费者的质量投诉进行评价也可能变得非常复杂。

经验品产生了消费者和厂商之间的质量信息不对称问题。由于道德风险和逆向选择的缘故,会有质量供给不足的倾向。在一次性购买的情况下,如果既不提供担保也不会因质量缺陷而被投诉,厂商就会有强烈的动机将质量降低到尽可能低的水平。因此,厂商存在道德风险。以二手车市场为例推导出的"次品定理"则描述了这种情况下的逆向选择,即只有低质量的产品才会被投入市场,因此低质量的产品会把高质量产品逐出市场。

对于经验品,主要问题是如何激励厂商提供高质量的产品,以及在厂商不存在道德风险的情况下,厂商如何将其生产高质量产品的信息显示出来。消费者信息、重复购买、担保、垄断者发信号(价格、广告)可以减缓这一信息问题。

经验品厂商确保质量的主要激励来自于消费者再次购买的可能性,它促使厂商保证质量以至不损害信誉和失去未来的销售。即如果垄断厂商有高质量的声誉时,重复购买才能发挥避免出现道德风险的作用。克莱因和莱福勒(Klein and Leffler, 1981)、夏皮洛(Salop, 1977)的质量酬金(贴水)模型,以及克雷普斯和威尔逊(Kreps and Wilson, 1982)、米尔格罗姆和罗伯茨(Migrom and Roberts, 1982)的不对称信息模型描述了"声誉"是如何形成的。另外一种激励垄断厂商选择高质量的条件是部分消费者可以搜寻到质量信息。这一思想主要由萨洛普(Salop, 1977)和萨洛普和斯蒂格利茨(Salop and Stiglitz, 1977)提供的。他们关注的问题是,对于经验品,如果消费者都是一次性的购买者,那么生产者就没有动力提供高质量;但是如果一部分消费者掌握了商品的质量信息,那么就存在改进质量的激励。

垄断者发出质量信号(价格、广告)可以减缓信息问题。以低价格还是高价格显示高质量的情况是不同的。在重复购买的情况下,高质量的生产者试图在开始推销期(始销期)收取低价,促使消费者尝试他的产品。但是,一方面这个低价格必须不能被消费者视为低质量的信号,也就是这个价格必须要低到低质量的供给者无法模仿。另一方面,在存在一部分直接掌握信息的消费者的情况下,高质量的厂商可能要通过高价格来显示其质量,以高价格来"证明"该厂商不怕因高价格缩小需求。实际上并不一定用始销价格作为质量的信号。垄断者一开始用来"证明"他将长期占据市场的大量花费都可以成为质量的信号。尼尔逊本来就认为,不包含实质性内容的广告可能是质量的信号。例如,并未向消费者提供直接信息的浪费的广告战有时可以被看做是保持市场的声明。

当信任品面临着十分严重的信息问题,它通常需要政府的干预。以关于产品质量的公共政策来干预市场(信任品以及经验品)的理由包括:(1)创造信息。对于信任品,要么无法获得信息,要么获得信息太慢太迟(以导致癌症和影响遗传因子的化学物质为例)。产品责任对于提供合格质量是一个很不完善的诱因,因而直接的质量控制可以完善或补充产品责任的法律。(2)消费者误解也可以用来作为支持产品责任立法的基础。斯宾塞(Spence, 1977)假设消费者系统性地高估产品不会损坏的可能性,具有理性预期的厂商则从提供价格低而较少担保的产品中获利,而较少的担保又使厂商降低可靠性。这样的误解自然要求政府提高超出私人契约水平之上的责任。(3)交易费用。交易费用可能导致不利于消费者的不完备的合同。法律可以替代不完备的合同,实际上,这是拥护产品责任立法的主要论据。

参考文献:

[法]梯若尔:《产业组织理论》,中国人民大学出版社 1997 年版。

[美]丹尼斯·卡尔顿、杰弗里·佩罗夫:《现代产业组织》,上海人民出版社 1998 年版。

[美]奥兹·夏伊:《产业组织理论与应用》,清华大学出版社 2005 年版。

Nelson P., Information and Consumer Behavior, *Journal of Political Economy*, Vol. 78, 1970.

Darby M. and E. Kami, Free Competition and Optimal

Amount of Fraud, *Journal of Low and Economics*, Vol. 16, 1973.

Klein B. and K. Leffler, The Role of Market Forces in Assuring Contractual Performance, *Journal of Political Economy*, Vol. 81, 1981.

Salop S., The Noisy Monopolist, *Review of Economic Studies*, Vol. 44, 1977.

Salop S. and J. Stiglitz, Bargains and Ripoffs: A Model of Monopolistically Competitive Price Dispersion, *Review of Economic Studies*, Vol. 44, 1977.

Kreps, D. and R. Wilson, Reputation and Imperfect Information, *Journal of Economic Theory*, Vol. 27, 1982.

Milgrom, P. and J. Roberts, Predation, Reputation and Entry Deterrence, *Journal of Economic Theory*, Vol. 27, 1982.

Spence M., Consumer Misperceptions, Product Failure and Producer Liability, *Review of Economic Studies*, Vol. 44, 1977.

（王燕梅）

信号传递
Signaling

市场信号理论主要包括信号传递和信号甄别两大方面，信号传递指通过可观察的行为传递商品价值或质量的确切信息，信号甄别（Screening Model）指通过不同的合同甄别真实信息。二者的主要差别在于，前者是信息优势方先行动，后者是信息劣势方先行动。实际上，信号传递和信号甄别是不利选择模型的特例，或者更确切地说，信号传递和信号甄别是解决不利选择问题的两种相似方法。但由于其独特的研究视角和广泛而深刻的现实应用意义，使其日益成为不对称信息经济学极富特色而又颇有影响的研究领域之一。

信息与信号传递。信号传递模型在本质上是一个动态不完全信息对策。寡头垄断者受到许多他们无法准确观察或估计的变量的影响，如他们自己的成本函数、对手的成本函数、需求状况或市场潜力，以及对手的战略性决策。由于在一定程度上，某些信息是归私人所有的，因此将市场上的相互作用视为不对称信息博弈。关于不对称信息博弈的直觉可以从一个简单的静态例子中获得。考虑一个两期的竞争。第2期也即最后一期，所以企业在第2期内的行为是一个静态博弈，该博弈的信息结构是由双方在第2期期初所形成的后验信念确定的。也就是说，通过对静态博弈的考察也可以看出，企业在第2期的收益是后验信念的函数。但是这些后验信念正是先验信念的更新，它们反映了企业在第1期中的行为所传递出来的信息。每个企业会希望其对手对它的私人信息持有什么样的推断，以及为了达到这一目的，它们将在第1期采取什么样的行动。假定第1个企业能够无成本报告有关第1期的成本信息，并可以得到证实。第一个企业尽管属于低成本类型时，信息显示将使它看起来更具攻击性，从而导致第2期的价格降低。因此，一个高成本的企业有强烈的激励公开其成本信息，以缓和对手的定价行为。低成本的企业将无此激励；但是，不公开成本信息本身就传递了一种信息，即它是低成本的，因为如果不是这样，成本信息就被公开。

在信号传递模型中，第1个企业的价格可以被对手直接观察到。但是有时价格是保密的，第2个企业能了解的只是它所面临的需求或利润。如果第1个企业拥有关于其成本（或关于需求）的私人信息，信号的原则也同样适用，只是这时候第1个企业的信号会被需求函数中的噪音所混淆。但是在价格保密的情况下，第1个企业并不一定要拥有私人信息才试图操纵对手的信息。

多维信号传递。斯宾塞（Spence, 1973）建立了一个正式的信号模型，来描述工人如何能通过进行（可能是浪费的）教育花费来向雇主显示他们的能力。在质量问题上，斯宾塞的分析意味着高质量的生产者能够用一种方法——例如价格或浪费的花费——来显示其质量，如果高质量生产者使用这种方法的成本（得到的收益）比低质量的生产更低（更高）的话。

信号传递与掠夺性定价。掠夺性定价又称劫掠性定价、掠夺价、有时也称掠夺性定价歧视，是指一个厂商将价格定在牺牲短期利润以消除竞争对手并在长期获得高利润的行为。掠夺性定价是一种不公平的低价行为，实施该行为的企业占有一定的市场支配地位，他们具有资产雄厚、生产规模大、分散经营能力强等竞争优势，所以有能力承担暂时故意压低价格的利益损失，而一般的中小企业势单力薄，无力承担这种牺牲。掠夺性定价是以排挤竞争对手为目的的故意行为，实施该行为的企业以低于成本价销售，会造成短期的利益损失，但是这样做的目的是吸引消费者，以此为代价挤走竞争对手，行为人在一定时间达到目的后，会提高销售价格，独占市场。

信号模型认为在位厂商通过掠夺性定价向潜在进入者表明进入是无利可图的。在进入者准备进入市场时，它不能判断在位厂商是高成本还是低成本。如果在位厂商是高成本，进入将有利可图；如果在位厂商是低成本，进入将会亏损。显然，在此情况下，高成本在位厂商会有极力显示自己是低成本，以试图阻止进入，而低成本在位厂商则无此激励。

这里存在两种可能的均衡结果：分离均衡和混合均衡。

在分离均衡情况下，低成本厂商制定一个低价格，这个价格是高成本厂商无法模仿的，由于其成本高，采用此价格会发生亏损。因此，高成本厂商的理性选择是制定垄断价格。在此均衡下,低成本在位厂商策略性的牺牲短期利润以阻止进入和获得未来收益并不会伤害福利。因为通过分离均衡排出了高成本企业的模仿行为,而且相对于完全信息下低成本企业始终制定垄断性价格的情况,在不完全信息下低成本在位厂商在短期会降低价格,这增加了福利。

在混合均衡情况下,由于不存在可以将低成本在位厂商和高成本在位厂商区别开来的定价。在此情况下,高成本在位厂商有可能通过在开始制定低价格来阻止进入,并在其后的阶段获取垄断利润以弥补损失。显然,这种掠夺性定价行为是降低福利的。

消耗战中的信号传递。消耗战略模型中存在着关于收益的不对称信息。每个企业都不能确定市场上其他对手利润或成本。在等待战略的背后,每个企业都隐藏着秘密的愿望,希望消耗战对于它的对手来说是成本高昂的。如果这种情况没有发生,企业的对手坚持留在市场上,该企业最终就必须离开这一产业。消耗战将选出那些财务状况最好的或动力最足的企业。不对称信息消耗战还有一个好处,是允许企业有正的预期利润。

信号干扰。在信号传递模型中,需求是不确定的,而且是时间相关的。这样第 2 个企业的需求就取决于两个未被观察到的变量:即需求不确定性和第 1 个企业的价格。第 2 个企业面临着一个"信号提炼问题",所以不能完全确定需求参数。因此,第 1 个企业定一个低价可能会被第 2 个企业错误地当做是需求水平低,因为二者都会减少第 2 个企业的需求,这样第 1 个企业会有干扰第 2 个企业的推算过程的激励。

参考文献:
[法]梯若尔:《产业组织理论》,中国人民大学出版社 1997 年版。
[美]丹尼斯·卡尔顿:《现代产业组织》上下册,上海三联书店、上海人民出版社 1998 年版。
[美]克拉克森、米勒:《产业组织:理论、证据和公共政策》,上海三联书店 1989 年版。
[美]亨利:《产业组织理论先驱》,经济科学出版社 2010 年版。
Michael Spence, Job Market Signaling, *Quarterly Journal of Economics*, No. 3, Aug 1973.

(杨维富　王智毓)

产品生命周期
Product Life Cycle

产品生命周期理论在 20 世纪 50 ~ 60 年代逐渐形成(Dean,1950),并发展成为重要的产业组织理论和国际贸易理论。

该理论有诸多变种,但最经典的产品生命周期理论是新产品的销售纪录表现为"S"型的曲线,经历四个依次展开的阶段,即导入期、成长期、成熟期和衰退期。在不同的时期,产品性能、创新形态、产业组织和市场结构等都会发生影响的变化。因此,产品生产周期理论为市场结构变化如何导致竞争的性质发生改变,以及产业创新的形态及创新的扩散提供了解释。(1)导入期。新产品投入市场,便进入导入期。此时,消费者对新产品的认知度和接受意愿都不高,只有少数不太注重产品性价比的实验性消费者购买,产品销售量很低,产品生命周期曲线较为平坦。在这一阶段,由于技术方面的原因,产品性能不高,市场需求有限等原因,产业规模扩张缓慢,不能大批量生产,单位产品生产成本高,销售额增长缓慢,企业不但得不到利润,反而可能亏损。(2)成长期。这一阶段,顾客对产品已经熟悉,大量的新顾客开始购买,市场逐步扩大。产品性能不断改进,生产工艺的创新提高了生产效率,产品大批量生产,规模经济使得生产成本降低,企业的销售额迅速上升,利润也迅速增长。产品生命周期曲线较为陡峭。由于产业利润较高,且进入门槛的降低,吸引大量的企业进入进一步加大产品的供给,价格随之下降,企业利润增长速度逐步减慢,最后达到生命周期利润的最高点。由于大量企业进入,市场集中度下降。(3)成熟期。市场需求趋向饱和,潜在的顾客已经很少,销售额增长缓慢直至转而下降,标志着产品进入了成熟期,产品生命周期曲线再次变得平坦。在这一阶段,为了争夺新的消费者,企业竞争逐渐加剧,价格竞争是企业的主要竞争手段,企业利润下降,企业数量减少。(4)衰退期。随着科学技术的发展,新产品或新的代用品出现,将使顾客的消费习惯发生改变,转向其他产品,从而使原来产品的销售额和利润额迅速下降,产品又进入了衰退期。

产品生命周期理论把技术变化作为国际贸易和国际投资的一个重要决定因素,并被用于解释"里昂剔夫之谜",并对"赫克歇尔—俄林"国际贸易定理进行了修正(Vernon,1966)。该理论认为,国际市场的产品生命周期一般经过三阶段:新产品引入阶段(即成长阶段)、产品成熟阶段和产品标准化阶段。在产品的引入阶段,产品尚未标准化,发达国家(如美国)国内消费者高收入以及国内创新性产品供不应求,产品的国内需求价格弹性低,同时厂商具有垄断势力,所以在此阶段,产品在国内创新,国内生产和消费。在成熟阶段,产品的设计和生产实现了一定程度的标准化,模仿者开始出现,厂商的竞争策略是降低生产成本,提高市场份额。当在国内的生产成本加上运输成本低于在国外市场生产的预期平均收益时,厂商则会选择出口;反之,厂商在目标市场进行国际投资,相对发达的国家(如西欧国家)称为投资的首选。最后,当产品进入标准化阶段后，降低产品成本称为企业市场竞争的核心，因而企业对外投资将选择成本最低的地点，发展中国家称为主要的投资对象。发展中国家开始生产并出口产品，而发达国家转向新产品的开发，由此完成一个产品生命周期。

产品生命周期理论与雁行形态理论有着诸多的相似之处，是研究产业演进、产业转移和区域分工的重要理论。

参考文献：

Vernon, Raymond, International Investment and International Trade in the Product Cycle, *The Quarterly Journal of Economics*, Vol. 80, No. 2, May 1966.

Dean, Joel, Pricing Policies for New Products, *Harvard Business Review*, 28 November-December, 1950.

Klepper, Steven, Entry, Exit, Growth, and Innovation over the Product Life Cycle, *The American Economic Review*, Vol. 86, No. 3, Jun. 1996.

（黄阳华）

威胁
Threats

在博弈论中，威胁是一种对策，参与者会使用威胁或者是承诺等方式来改变对手的期望，从而引导对手采用对威胁者有利的行动。威胁与承诺相对应，后者是指对方采取合作行动时，承诺方所能给予对方的好处，而前者是指，如果对方采取非合作行动时，威胁方将采取相应的应对行动以给对方造成一定的损失。

威胁旨在降低对方采取非合作行动时的收益，从而迫使对方采取合作行动。因此，威胁并不是已经发生了的行动，而是一种有条件的行动。从本质上看，威胁是参与人反应的一种行为准则，是惩罚不合作的对手时的行为方式。

威胁要发生作用，必须是可置信的威胁（Credible Threats）。博弈论的一个重要前提是每个决策主体都是“理性的”，其行动的目的在于得到最大的收益或者尽量减少自身的损失。如果威胁的内容本身并不符合参与人的利益，则这个威胁是不可置信的（Non-Credible Threats），因此也不会被对手所考虑。

威胁的可置信性并非一成不变。在一次性博弈中不可置信的威胁，会由于多次重复博弈而改变参与人的收益函数，从而使威胁变得可信。博弈论研究的一个重要领域就是如何提高威胁的可信度。通常来说，当竞争者做出一个威胁，并且从其自身来看，在未来实施这个威胁符合其利益、改变威胁的内容不符合其利益时，这个威胁就是可置信的。另一种提高威胁可信度的方法是采用冒险的边缘政策，即采取行动制造出一定程度的风险，如果对手置威胁于不顾而采取非合作行动，结果将对双方都不利。

参考文献：

Davis, Morton, *Game Theory: A Nontechnical Introduction*, New York: Dover Publications, 1997.

Abreu, D., On the Theory of Infinitely Repeated Games with Discounting, *Econometrica*, Vol. 56, Mar., 1988.

Drew Fudenberg and Jean Tirole, *Game Theory*. Cambridge: The MIT Press, 1991.

Gibbons, R., *Game Theory for Applied Economists*, Princeton: Princeton University Press, 1992.

（梁咏梅）

欺诈
Fraud

当一个代理人歪曲他所掌握的信息以便诱使他人（委托人）做出某种选择，而这种选择在委托人知道真实信息时是不会做出的，这个代理人就被认为是进行了欺诈。欺诈的基本要素是：存在两个个体，双方可以通过共同合作获得某种好处，但是双方又有利益的冲突，并且两个个体各自掌握的信息又有不同。更具体一点，是否有欺诈行为，关键在于这个代理人是否拥有比委托人更多的信息，又有可以通过这种拥有信息上的优势去影响委托人的行动为自己增加在总收益中的分成而使委托人的利益受到损害的地位。正如选择“欺诈”这个词所表示的那样，它是代理关系这类普通经济现象中的一种特殊情况（更详尽的讨论和引证参见阿罗（Arrow, 1985））。

欺诈可以表现为不同的形式。但是，就我们的讨论而言，我们认为他是虚假信息创造者（代理人）提供这一信息以便引诱顾客（委托人）去购买商品和劳务，而如果顾客有准确的信息则不会进行购买。我们的讨论很大程度上取自达比和卡尼（Darby and Karni, 1973），他们是第一次也是迄今为止对欺诈现象做出了详尽的经济分析的人。

欺诈具有普遍性。欺诈的存在就像不对称信息一样普遍和持久，而不对称信息又是它存在的基础。这样，每当在实际购买商品和劳务之前，为了核实信息提供者所言是否真实而付出的成本高到不可能支付时，欺诈就可能发生。对于某些商品，信息提供者所言很容易通过商品的使用加以证实，比如汽车的性能，镇痛剂的效果。在这些实例中，如果参与市场的人群是充分稳定的，已经立足的企业的欺诈范围会被他们要维持信誉的需求所限制。但在这样的市场中，那些暂时性的公司和只做“一锤子买卖”的商人仍有可能进行欺诈。

持久性较长的欺诈可能发生在服务业。在服务行业中,把服务方案和服务本身分离是不太可行的,并且,对服务质量的评判尽管不是不可能,但也是很困难的。当商品的最终维修结果取决于几个投入品,并且这些服务投入和最终维修结果之间关系难以对应时,就会发生上述这种持久性较长的欺诈。为了理解这一点,考察一个诉说胃痛的病人。假设这个病人接受了两种不同的药物治疗,并且进行了手术,如果病痛消失,病人也无法判定是哪个疗法治好了他的病。

欺诈导致不良经济后果。欺诈的出现机会出现在规定了委托—代理关系的自愿安排之中,这种安排的本意是禁止实际的欺诈恶行;欺诈也会出现在资源的不合理配置中。

像正式保证和服务合约这样的自愿安排和惯例,可以被认为是一种保险体制。然而,通过签订让供应者承担维修费用的合同,消除了供给者欺诈顾客的动机。这样,在没有直接证实方法的情况下,持续的保证和维修合约可以被看成是一种生产者证实他们许诺的方法[参见赫什利弗(Hirshleifer,1973),有关作为信息诱导的行为方式的证实讨论]。通常的"道德风险"问题,限制了正式服务合约和保证的范围。换言之,"道德风险"对物主想小心使用商品的负面影响,也可能对这些保证和服务合约造成不利影响。

一种不太正式的安排是"客户关系"。这种委托—代理关系的形式是一种内隐的非书面协议,即顾客将继续惠顾服务性商店,只要他没有理由怀疑欺诈。由于缺少必要的直接评判所提供服务的方法,顾客可以利用多次光顾的机会,通过统计的方法去检验供给者是否做到了令人满意的水平。由于认识到了这一点并且需要培养客户,这可以阻止供给者对常客欺诈的念头。这种个人关系替代了被赋予了对称信息的买卖双方的典型不具名市场。显然,这种考虑不适用于暂时性的顾客。确实,围绕旅游业的大部分民间说法,就是严重欺诈行为的例证[对顾客关系更详细的讨论,参见卡尼和达比(Kani and Darby,1973);格拉兹(Glazer,1984)]。

由于欺诈有可以获得利润的机会,这些利润又往往会引起资源的流动,当不存在进入壁垒时,超额利润会消失。然而这种流动后的资源配置已被扭曲,因为稀缺资源被错误地引导到了不必要提供服务的地方。

可以通过检举和执法机构制止欺诈。成功的查明和检举对欺诈行为有威慑作用,并且有利于社会。这样,就可以为了社会干预提供理由。这种社会干预可以采取对成功检举的欺诈加倍偿还损失的形式,并且可以通过威慑作用反映它的全部社会利益。这样的政策在处理欺诈时有增强个人警惕性的效果,并且对欺诈者的适当处罚,将把欺诈数量减少到社会满意水平。另一可选择的办法是通过政府的法律执行机构达到无欺诈行为的目标[详细讨论参见达比和卡尼(Darbi and Karni,1973)]。

由于虚假信息的提供可以是纯粹无能的结果,也可以是蓄意欺骗的结果,成功地制止欺诈的政策也会提高供给者的服务技能水平。然而,不像消除信息的蓄意虚假那样,增强供给者的技能水平涉及对部分供给者的投资。因此,在为减少欺诈而制定的政策目标中,必须权衡从增加技能水平中增加的利润和相应的资源成本。最优的欺诈水平可以不是零。

参考文献:

Arrow, K. J. ,The Economics of Agency. In J. N. Pratt and R. Zeckhauser(eds.), *Principals and Agents: The Structure of Business*, Cambridage, Mass: Harvard Business School Press, 1985.

Darby, M. R. and Karni, E. ,Free Competition and Optimal Amount of Fraud, *Journal of Law and Economics*, Vol. 16, No. 1, April 1973.

Glazer, A. , The Client Relationship and a ' Just ' Price, *American Economic Review*, Vol. 74, No. 5, December 1984.

Hirshleifer, J. ,Where are We in the Theory of Information? *American Economic Review*, Vol. 63, No. 2, May 1973.

(尹冰清)

价格领导
Price Leadership

价格领导是指行业中的一家企业首先确定产品价格,其他企业依据该价格确定各自的价格。行业中先确定价格并带动其他企业跟随调整价格的企业是价格领导者,无法控制市场价格的企业是价格接受者。价格领导企业通常是实力强的大企业,占有行业内较大的市场份额,因此有能力先确定价格。市场份额较小的企业接受该市场价格。研究表明寡头垄断行业通常可以采用领导者—跟随者的模型来描述,例如美国钢铁公司是美国钢铁行业的价格领导者,福特和克莱斯勒是美国汽车行业的价格领导者。在软饮料行业,可口可乐是价格领导者,百事可乐是价格跟随者。田志龙(2005)认为在寡头垄断的中国钢铁行业存在较明显的价格领导者—跟随者现象。价格领导模式根据市场结构可以分为主导企业领导定价模式、串谋领导定价模式"晴雨表"式领导定价模式 3 种模式。当市场集中度很高时,如主导企业占 50% 以上的市场份额,具有控制市场的能力,主导企业率先调整价格,其他企业只得跟随,主导企业是固定的,这是主导企业领导定价模式。当市场集中度处于中等水平时,行业中存在少数规模较大的寡头垄断企业,它们的成本结构类似,共同确定价格,其他小企业跟随,这是串谋领导定价模式。在产业的集中度较低、竞争程度较高的市场结构中,对成本和市场条件的变化反应敏感或有较强预测能力的企业会率先宣布调整价格,这种价格领导的地位具有临时性,价格领导的企业不是固定的,而是首先调整价格的企业。在价格领导模型中,最为著名的是斯塔克尔伯格模型(Stackelberg Model),也称作领导者—跟随者市场模型,是一种博弈模型。在这一模型中有两个企业,先后确定各自的产量,后行动的企业可以看到先行动企业的行动,由于行动有先后,这两个企业他们分别被称作领导者和跟随者。在实际中,若一个企业能先行动并且行动后无法反悔,例如行业中的垄断企业就有能力先行动,就可以用斯塔克尔伯格模型来描述,垄断企业是领导者,新进入者是跟随者。斯塔克尔伯格模型可以得到子博弈完美纳什均衡,即每个参与者的策略在给定其他参与者的策略的情况下对其自身都是最优的。斯塔克尔伯格模型与古诺模型都是产量的策略模型,在斯塔克尔伯格模型中,领导者先确定产量,跟随者能够观测到领导者的产量,而在古诺模型中,一方不能观测到另一方的行动。当信息不充分时,斯塔克尔伯格模型转变为古诺模型,斯塔克尔伯格模型的均衡价格低于古诺模型,领导者由于先行的优势,获得了高于跟随者的利润,这一利润也高于古诺模型中他获得的利润。信息不对称是造成价格领导者—跟随者关系不稳定的重要原因之一。

斯塔克尔伯格模型可以拓展到多时期、多个价格领导者等。在多期的博弈模型中,前一时期的行为将影响未来的价格和产量决策,因此参与者在决策时,会考虑当期行为对未来的影响。价格跟随者可以用当期的行为影响领导者未来的行为。在博弈开始前可以威胁领导者,迫使他选择较小的古诺产量,否则跟随者将以非均衡的产量大量生产造成两败俱伤。这种威胁在单期模型中是不可信的,因为一旦领导者选择了均衡产量,跟随者将不得不也选择其均衡产量,而并不会真正大量生产,因为那将是不理性的。而在无限期重复模型中,这种威胁就是可信的,跟随者可以通过在下一期大量生产来惩罚领导者,从而迫使领导者在各期都选择古诺产量。

参考文献:

田志龙、贺远琼、衣光喜、赵昌旭:《寡头垄断行业的价格行为——对我国钢铁行业的案例研究》,载于《管理世界》2005 年第 4 期。

(刘昶)

限制(反)竞争行为
Restrict Competition Behavior

限制(反)竞争行为是指利用某种优势排挤竞争对手的行为。既包括通过市场手段进行恶性竞争的行为,也包括滥用行政权力所实施的不正当竞争行为。它意味着具有某种优势的经营者或政府、行政力量对特定经营者进行限制、阻碍,以达到排斥竞争对手,保持和稳定其经济优势地位和经济利润的过程。

对于限制竞争行为,有明确的法律规定,即指妨碍甚至完全阻止、排除市场主体进行竞争的协议和行为。我国的反不正当竞争法列举了以下 4 种情况:(1)公用企业或者其他依法具有独占地位的经营者,不得限定他人购买其指定的经营者的商品,以排挤其他经营者的公平竞争。(2)政府及其所属部门不得滥用行政权力,限定他人购买其指定的经营者的商品,限制其他经营者正当的经营活动。政府及其所属部门不得滥用行政权力,限制外地商品进入本地市场,或者本地商品流向外地市场。(3)经营者销售商品,不得违背购买者的意愿搭售商品或附加其他不合理的条件。(4)投标者不得串通投标,抬高标价或者压低标价。投标者和招标者不得相互勾结,以排挤竞争对手的公平竞争。

由此可见,限制竞争行为的主要表现形式包括:(1)行政垄断。通过行政力量阻断或限制贸易往来,人为地分割市场的行为。(2)滥用特殊优势。公共(国有)企业和其他依法具有独占地位的经营者滥用特殊地位、资质或通过其他公共服务部门或经营者联合实施的限制竞争行为。(3)低价倾销。在特定市场和阶段进行的故意低于成本价格进行销售、危及市场正常竞争秩序的行为。(4)搭售。利用某种优势,在销售时规定必须附加不合理条件,超出购买者需求的行为。(5)串通招标投标。投标者之间相互串通抬高或压低标价,或者投标者和招标者相互勾结以排挤竞争对手的不公平竞争行为。(6)其他限制竞争行为。包括一些地方性法规所规定的限制竞争行为,如禁止联合限定价格、划分市场等联合操纵市场行为。

从经济学意义上看,限制竞争行为可以涵盖所有非法、非道德、非理性、影响正常市场竞争秩序的价格竞争和非价格竞争行为,以及行政力量进行的权力寻租行为。具体可分为联合限制竞争和纵向限制竞争两种情况,前者是指多个经营者或与行政部门一起按照协议或某种默契共同对特定市场竞争进行干预的行为,后者是指处于不同地域、领域、流程、阶段的经营者之间人为地订立某种协议或默契,对市场区域和消费者群体进行划分和相对独立地进行垄断性商业覆盖和市场营销的行为。

参考文献：
［美］迈克尔·波特：《竞争战略》，华夏出版社 2012 年版。
［英］罗宾逊：《不完全竞争经济学》，华夏出版社 2012 年版。
金碚：《产业组织经济学》，经济管理出版社 1999 年版。
李雪宇等：《不正当竞争诉讼证据实务操作指引》，知识产权出版社 2012 年版。
孙晋、李胜利：《竞争法原论》，武汉大学出版社 2011 年版。
谢晓尧：《在经验与制度之间：不正当竞争司法案例类型化研究》，法律出版社 2010 年版。
傅军、张颖：《反垄断与竞争政策：经济理论、国际经验及对中国的启示》，北京大学出版社 2004 年版。
［美］波多尼：《地位的信号：对市场竞争的社会学研究》，格致出版社 2011 年版。
古红梅：《纵向限制竞争的反垄断法规制》，法律出版社 2011 年版。
［法］克洛德·热叙阿、克里斯蒂昂·拉布鲁斯、达尼埃尔·维特里等：《经济学词典》，社会科学文献出版社 2012 年版。

（王卓明　刘冷馨）

定价策略
Pricing Strategy

定价策略是企业确定其提供的商品和服务的价格以获得更高利润的策略。下面介绍一下主要的定价策略。线性定价（Linear Pricing）是指总价格与购买商品的数量呈线性关系的定价策略，即单位价格不随数量而变化。非线性定价（Nonlinear Pricing）是指价格与购买数量不呈线性关系的定价策略，例如数量折扣、价格歧视。企业可以利用非线性定价对不同特征的消费者设定不同的价格，区别对待。均一定价（Uniform Pricing）指单位价格不随购买数量而变，与线性定价同义。差别定价（Non-Uniform Pricing）指单位价格随购买数量而变化，与非线性定价同义。

垄断定价是垄断企业利用垄断地位以实现利润最大化为目标确定价格。垄断企业具有定价权，但垄断价格受市场需求的约束，不能高于消费者所能承受的水平。如果垄断企业不能区分消费者的支付意愿类型，那么它会将价格设定为使边际收入等于边际成本的水平，达到利润最大化。如果垄断企业能够区分消费者的支付意愿类型，它会通过价格歧视为每类消费者设定一个价格，对那些支付意愿强烈、需求数量大或支付能力强的消费者设定更高的价格，价格歧视使垄断企业获得更高的利润。例如，同一本书籍在美国的售价高于发展中国家的售价，发行商利用其版权垄断权对支付能力不同的消费者设定了不同的价格。

渗透定价（Penetration）指设定较低的初始进入价格，低于最终价格，目标是为了吸引新消费者、扩大销售、抢占市场份额，而不是在短期获利。渗透定价可以使产品快速渗透进入市场，在新消费者中树立声誉，并设立了进入门槛。但渗透定价的低价格会成为市场长期的期望，造成企业很难提价，而低价格是企业无法持续承受的。其主要适用于产品的价格弹性很大、需求量大、未来的竞争激烈的市场。在行业标准尚未确立时采用渗透定价快速占领市场的产品就会成为行业标准，例如微软的视窗操作系统。

跨时定价（Intertemporal Pricing）指价格随时间而变化。具有创新性质的耐用消费品，例如新书、个人电脑等的价格在初始的价格较高，而随后会降价，企业采用跨时定价先以最高的价格将商品销售给购买意愿最强的消费者，然后逐步降价以吸引购买意愿较弱的消费者购买，从而获得最大利润。但如果消费者了解了企业的定价策略，就会推迟消费至价格下降。高峰定价（Peak-Load Pricing）是指价格在需求的高峰低谷时期不同的定价策略，在高峰期与非高峰期收取不同的价格，主要应用于供给缺乏弹性而需求随时间出现高峰的公共品，例如城市公共交通需求在昼夜的差别很大，高峰时段的电价高于非高峰时段，鼓励消费者将使用时间转换到非高峰时间。实行高峰定价可以改进整个社会资源配置的效率。

转移定价（Transfer Pricing）是企业集团的不同部门之间销售产品的定价。跨国公司为了降低整体税费，利用转移价格从高税负国家向低税负国家转移收入，以高价格从处在低税负国家的部门向处在高税负国家的部门销售内部产品，以低价格从处在高税负国家的部门向处在低税负国家的部门销售内部产品，这样处在高税负国家的部门的税费降低了，集团整体的利润提高了。各国税务部门会有独立企业交易价格规则，以避免跨国企业利用转移价格逃税。除了税以外，由于转移价格影响各部门之间的经营业绩，转移定价还被企业集团用于有效分配企业内部资源、激励员工、考核管理者和提高企业业绩。

被操纵价格（Manipulated Price）是多个企业之间以协商的价格销售商品的协定，从而提高各参与企业的利润。这种价格的协定减少了竞争，损害了消费者的利益，在很多国家是违反竞争法律的。

固定价格（限定价格）（Fixed Price）是多个企业之间以固定的价格销售商品的协定，是价格合谋的一种形式。价格合谋难以稳定存在，因为参与者有违背协议的动机，价格低于协议，或者以价格以外的优惠条款吸引消费者，就能获得更大的利润。

触发价格(Trigger Price)指价格高于它时企业开始愿意销售商品，或价格低于它时企业停止销售商品。一些合谋协议中设置了带触发价格的惩罚策略，当市场价格低于某一水平时，合谋组织实施惩罚策略，以约束成员企业不违背合谋协议(Green and Porter,1984)。

保留价格(Reservation Price)是企业销售商品时愿意接受的最低价格，或购买者购买商品愿意支付的最高价格。不同的消费者对相同的商品具有不同的保留价格，因为他们的偏好、可支配收入等不同。企业如果知道每一个消费者的保留价格，以每个消费者的保留价格销售商品，可以获得最大的利润，这就是完全价格歧视。保留价格在经济学理论中用于计算消费者剩余和生产者剩余。

参考文献：

Green, E. and Porter, R., Noncooperative Collusion under Imperfect Price Information, *Econometrica* 52 (1), 1984.

(刘昶)

价格歧视
Price Discrimination

价格歧视是市场竞争中常见的定价行为，企业凭借市场势力向不同的消费者收取与成本不成比例的价格。换言之，价格歧视存在于下述两种情形：当一个企业在提供成本相同的同样产品时向不同的消费者定不同的价格或者在产品成本不同时面对不同的消费者定同样的价格。成功实行价格歧视需要满足三个条件：首先，企业拥有索取高价的市场势力；其次，消费者对价格敏感度存在差异，且企业可以识别这种差异；最后，企业能够制止以低价购买商品的消费者向只能高价购买商品的消费者出售商品的转售行为。

经济学家通常把价格歧视分为三种主要类型：一级价格歧视、二级价格歧视和三级价格歧视。一级价格歧视又称完全价格歧视，每个消费者支付保留价格，即他所愿为商品付出的最高价格。二级价格歧视指厂商提供所有消费者相同的价格目录，消费者自选不同的价格种类。三级价格歧视依赖于企业有效地把消费者根据他们的需求弹性分成两组或两组以上的能力。与二级价格歧视不同，三级价格歧视中，消费者是被厂商分组而不能自行选择进入哪个组别。价格歧视往往对市场的产出和福利产生影响。

一级价格歧视均衡与竞争均衡相比有两个特点：一是只有最后一单位产品是以与边际成本相等的价格出售的，其余的单位都是按消费者的保留价格出售的，且都高于最后一单位商品的价格；二是社会总剩余没有变化，但全部为企业夺取。在实行一级价格歧视时，没有影响社会总福利，消费者的剩余减少为零，其减少的部分全部为生产者掠取，生产者剩余增加，数量为社会总剩余。如图1所示，在完全竞争的条件下，需求曲线与边际成本曲线即供给曲线相交决定了竞争均衡点 O_1，此时价格为 P_1，数量为 Q_1，消费者剩余为 A + B + C，生产者剩余为 D + E，社会总福利为消费者剩余与生产者剩余之和，且没有无谓损失。由于价格 P_1 等于边际成本 MC，市场是有效率的。在企业实行一级价格歧视时，每件产品都是按保留价格(需求曲线的高度)出售的，因此企业的边际收益曲线与需求曲线重合。此时的社会福利为需求曲线与边际成本曲线之间的区域，即 A + B + C + D + E，此部分剩余全部被企业占有，而消费者支付了全部保留价格所以剩余为零。完全价格歧视的均衡没有出现无谓损失，因为最后一单位产品的价格为 P_1，刚好等于完全竞争性市场下的边际成本 MC_1，完全价格歧视均衡和竞争均衡都是有效率的。

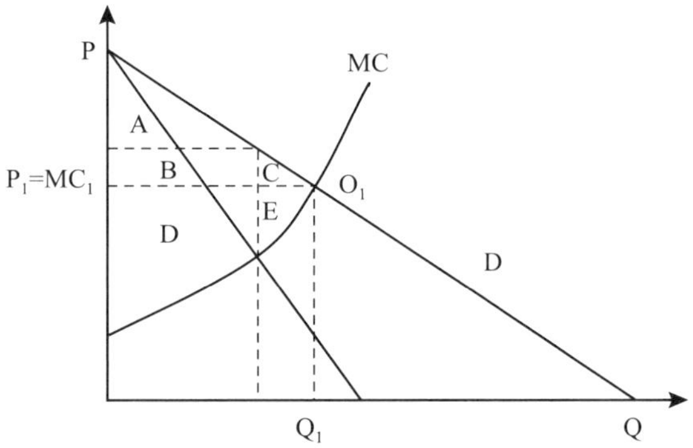

图1　一级价格歧视

二级价格歧视又称为数量歧视或非线性定价，即企业根据消费者购买产品数量的不同索取不同的价格，所有购买相同数量商品的消费者支付相同的价格。并不是所有的数量折扣都属于价格歧视，只有当数量折扣不是源于成本差异的话，实行数量折扣的企业才是实行价格歧视。二级价格歧视有利于扩大市场份额，增加厂商收益。当实行多阶段价格时，对具有高需求的消费者少量降低索取价格就可以扩大销售量，而且价格高于边际成本，垄断者就会从多出的销售中获取更多的生产者剩余，同时消费者的需求也得到了更大的满足。垄断企业能设定的区间价格越多，二级价格歧视就越趋近于一级价格歧视。在现实生活中，比较常见的二级价格歧视有两部收费、搭售和捆绑销售等。两部收费是指企业在提供产品或服务时,收费由一次性支付的基本固定费和每次单独支付的使用费两部分组成。搭售是指消费者只有在同意购买另一种商品的前提下才可以购买他想购买的商品。捆绑销售是不同产品以固定的比例交易的搭售协议。虽然是三个概念,但他们之间却是紧密相连的,只是技术上有所不同。

三级价格歧视又称多市场价格歧视。在厂商难以获得足够信息来判断每一位消费者确切的意愿支付价格,但能够判断各个消费者属于哪一类消费集团时,厂商根据不同消费集团的需求曲线,针对消费集团制定不同的商品价格,此时的价格歧视称为"三级价格歧视"。在三级价格歧视中,需求价格弹性越高的消费者集团将被收取越低的价格,而需求价格弹性越低的消费者集团将被收取越高的价格,因此,厂商在实际决策时,如何确定不同消费集团对价格的敏感性(即需求价格弹性)是一个重要的问题。三级价格歧视对效率的不同影响有两个方面:一是使价格高于边际成本,从而降低产量,即降低产出效率;二是导致消费效率的损失。因为不同的消费者对同样的产品支付不同的价格,每个消费者的边际支付意愿不同,由于不能通过进一步的交易而增加消费者福利,因而产生消费效率的损失。

与统一垄断定价相比较,二级价格歧视和三级价格歧视进行福利分析结果是不确定的。强迫垄断者制定统一价格的干预办法尽管可以降低垄断者的利润,但消费者并不一定因此而受益。尤其是当价格歧视的规制导致了部分市场的关闭,这样做尤其危险。因此,在不实施价格歧视时相应产品就不可能被厂商供应的情况下,进行价格歧视无论是对生产者还是对消费者来说都是有利的,这最终会增进社会福利。可见,尽管现实生活中存在大量的二级价格歧视和三级价格歧视,但由于其福利结果的不确定性,使得规制部门在对价格歧视进行规制时处于两难境地。

参考文献:

[美]沃德曼、詹森:《产业组织理论与实践》,机械工业出版社 2009 年版。

[美]派波尔、理查兹、诺曼:《当代产业组织理论》,机械工业出版社 2012 年版。

[美]杰弗里·M. 佩罗夫:《中级微观经济学》,机械工业出版社 2009 年版。

[美]保罗·克鲁格曼等:《微观经济学》,中国人民大学出版社 2009 年版。

[法]梯若尔:《产业组织理论》,中国人民大学出版社 1997 年版。

金碚:《产业组织经济学》,经济管理出版社 1999 年版。

干春晖:《产业经济学教程与案例》,机械工业出版社 2010 年版。

(郭朝先　刘芳)

捆绑销售和搭配销售

Tie-in Sale

捆绑销售通常指两个或两个以上的品牌或公司在促销过程中进行合作,或者某企业将两种或者两种以上的消费者可单独消费的商品打包出售,从而实现增加利润扩大影响力的营销方式。捆绑销售可分为纯捆绑销售(Pure Bundling)和混合捆绑销售(Mixed Bundling),纯捆绑销售是产品只以捆绑方式而不提供独立产品出售的策略,混合捆绑销售是厂商既可以分开出售他们的产品,也可以成套出售的策略,在提供捆绑产品的同时也提供其中的某种独立产品。搭配销售一般是指生产者要求买主在购买其一种产品(甲产品)的同时,必须购买它的另一种产品(乙产品),此时,甲产品被称为"结卖品",而乙产品被称为"搭卖品"。

在各类型捆绑销售的概念中,施蒂格勒(Stigler,1963)提出的成套订购是捆绑销售的一种早期表述形式,在当前的文献中已不多见,当前使用较多的是"捆绑销售"与"搭配销售"。顾成彦等(2008)等一些学者从不同的角度对"捆绑销售"和"搭配销售"的内涵进行了不同的界定,但埃文斯和塞林杰(Evans and Salinger,2007)等一些学者提出了不同的意见,认为搭配销售指厂商在销售一种商品时要求消费者必须购买另一产品,搭配销售一般被认为是纯捆绑销售的一种。在大多数情况下,单独销售和混合捆绑是多产品企业销售可被捆绑产品的两种极端形式,而搭配销售则是介于两者之间的一种捆绑销售形式。

混合捆绑销售可视为二级价格歧视的一个类型,即数量折扣和数量补贴的非线性定价。混合捆绑销售既分开出售产品也成套出售商品,成套出售的价格一般低于分开出售的价格,这样厂商对于不同购买数量的消费者就形成了二级价格歧视。纯捆绑销售要求必须配套购买商品组合,否则不予出售,如在早期复印机和复印纸的销售中,厂商通常对复印机要求一个较低的价格,对复印纸所要一个较高的价格,但要求消费者从复印机的厂商处购买全部复印纸,这就相当于对复印纸使用量不同的消费者实行了价格歧视。通过捆绑销售实现价格歧视需要一个条件,即消费者不能拆开捆绑商品在市场上转售,如果转售市场存在,顾客将不再选择捆绑商品。

通过捆绑销售和搭配销售,企业可以增强自身影响商品价格的能力,形成一定的市场势力。温斯顿(Whinston,1990)提出的杠杆理论认为,垄断企业可以利用捆绑销售将其垄断产品的市场势力延伸到竞争性的互补产品市场并获得额外的利润，这被称为捆绑销售的杠杆效应(Leverage Effects)。但这一观点遭到了“芝加哥学派”的批评，他们认为垄断企业捆绑销售的动机可能并非实施杠杆效应，并提出了著名的“寡头垄断价格原理”。该定理认为寡头垄断企业不能通过捆绑销售垄断产品及其互补产品增加利润，它只能在一个市场实施垄断势力。对于批评，温斯顿(Whinston)认为芝加哥学派的观点主要建立在“寡头垄断—完全竞争”的市场结构假设之上，该市场结构在现实中通常是难以满足，当产品处于为不完全竞争结构时，垄断企业可以利用该产品市场间的杠杆效应实现对现有竞争对手的市场关闭并阻止潜在竞争对手的市场进入，进而达到增加利润和反竞争的目的。卡尔顿和沃德曼(Carlton and Waldman, 2002)认为在存在进入成本和捆绑产品具有网络外部效应时，在位垄断企业可以通过捆绑销售维持基础产品的垄断地位，并可以把势力延伸到新产品市场。实行捆绑销售的厂商获得的市场势力具体表现在以下方面：首先，捆绑销售可以使在某一市场上具有市场势力的企业将市场势力延伸到另一市场并获得额外利润；其次，通过捆绑销售维持基础产品的垄断地位；最后，通过捆绑销售设置进入壁垒，在位厂商可以将两种商品捆绑在一起互相保护，竞争者难以单独进入其中任何一个产品市场，实际上就制造了进入壁垒。

捆绑销售的社会福利效应目前尚无统一的定论，既有其有利的一面也有不利的一面。捆绑销售的有利之处在于：第一，捆绑销售使垄断厂商会向一部分低需求者提供商品，从而增加了社会福利；第二，捆绑销售降低新产品、新市场的风险，新产品、新市场可以借助捆绑销售得以推广；第三，消费者在捆绑销售中可以获得价格折扣，如果把厂商组合的商品分开出售，消费者需要支付更高的价格，如婚宴套餐是酒店提供的捆绑商品可以节省消费者的开支；第四，捆绑销售可以减少消费者的搜寻成本，降低交易费用。捆绑销售的不利之处体现在以下方面：第一，提高了垄断厂商的垄断地位，提高了市场的进入壁垒，限制了市场竞争；第二，从长期看，厂商通过捆绑销售占有较大市场份额后会提高市场集中度，形成垄断后有可能减少消费者福利；第三，逃避价格管制，厂商可以通过捆绑销售以数量折扣、数量补贴、赠品的方式降低价格，逃避政府的市场限价；第四，捆绑销售减少了消费者自由选择商品的机会，消费者购买自身并不偏好的被捆绑商品之后会产生浪费，从而减少了社会福利。总之，捆绑销售作为是一种普遍的市场行为，在寡头垄断市场结构和不完全竞争市场结构中大量存在，捆绑销售既可能增加社会福利，也可能降低社会福利，因此捆绑销售的总体福利效应是正是负需要根据具体情况来确定。

早期美国的反垄断机构认为捆绑销售除了控制市场没有其他目的，对捆绑销售持否定的态度，主张采用“本身违法”的原则来禁止垄断企业的捆绑销售行为。后来芝加哥学派论证捆绑销售更多的是基于效率理由，受芝加哥学派影响，1984 年以后美国反垄断机构开始较多地考虑捆绑销售的效率因素和福利效应，对捆绑销售采用合理推定原则，美国最高法院判断捆绑销售的必要条件是：(1)存在两个以上独立的商品市场；(2)企业在某一种产品上拥有市场力量；(3)强迫消费者购买被捆绑的商品。美国法院审理捆绑销售案件的主要法律依据是《谢尔曼法》。

在我国，捆绑销售和搭配销售一般是不允许的，《中华人民共和国反垄断法》第 17 条第 5 款规定“没有正当理由搭售商品，或者在交易时附加其他不合理的交易条件”是具有市场支配地位的经营者严禁从事的滥用市场支配地位的行为。

参考文献：

顾成彦、胡汉辉：《捆绑销售理论研究评述》，载于《经济学动态》2008 年第 7 期。

Carlton, D. W. and M. Waldman, The Strategic Use of Tying to Preserve and Create Market Power in Evolving Industries, *RAND Journal of Economics*, Vol. 33, No. 2, 2002.

Evans, D. S. and M. A. Salinger, Curing Sinus Headaches and Tying Law: An Empirical Analysis of Bundling Decongestants and Pain Relievers, in Jay Pil Choi, ed., *Recent Developments in Antitrust: Theory and Evidence*, 2007.

Whinston, M. D., Tying, Foreclosure, and Exclusion, *American Economic Review*, Vol. 80, No. 4, 1990.

（刘吉超）

限制性定价和掠夺性定价

Limit Pricing and Predatory Pricing

限制性定价是指垄断企业或合谋团体设定的低价格，目的是阻止潜在竞争者进入市场。垄断企业设定的限制性定价低于其本可以获得的垄断利润，产量也高于其最优产量，以阻止潜在竞争者进入市场，并且能获得高于完全竞争状态下的利润。潜在进入者的存在限制了垄断企业的选择。贝恩(Bain, 1949)提出限制性定价是市场上现有的企业在不会引起新进入者进入市场可以选择的最高价格。由莫迪利亚尼(Modigliani, 1958)在贝恩(Bain, 1956)和西洛斯(Sylos-Labini, 1957)的基础上提出了限制性定价模型，模型建立在贝恩—西洛斯假设(Bain-Sylos Postulate)的基础上。贝恩—西洛斯假设是假设潜在的进入者相信市场中现有的企业会在他进入市场后继续保持现有产量。因此，如果现有企业继续保持足够高的产量，潜在进入者进入市场后所能面临的最高价格会低于其平均成本，因此不会选择进入市场。贝恩—西洛斯假设可能不是可信的威胁，因为一旦进入者已经进入了市场，威胁潜在进入者的高产量并不是现有企业的最佳选择。

掠夺性定价(Predatory Pricing)是指以低于成本的价格销售产品，目的是迫使竞争者退出市场或为潜在的新竞争者设置进入门槛。如果竞争者无法承受这一低价，就会退出或不进入市场，随后竞争者就会减少，竞争消失后掠夺性定价的企业甚至能独家垄断，可以设定高价。掠夺性定价的企业预期未来获得的利润足以弥补掠夺性定价期间的损失，而在短期看掠夺性定价与利润最大化的目标不一致。市场结构是决定企业能否实行掠夺性定价的因素之一。掠夺性定价的企业在竞争消失后要有能力提高价格，如果在自由进入的市场中，价格的上升会吸引其他企业重新进入市场竞争，价格又会下降。如果两家企业同时实行掠夺性定价以排挤对方退出市场，则成为双边掠夺性定价。参与企业需要考虑能够承受的最大损失和持续时间。“深钱袋”理论(Long Purse Story)是由泰瑟(Telser,1966)最早提出的。由于资本市场是不完善的，贷款方和融资企业之间存在信息不对称。现有企业通过长期经营积累了大量的资源(深钱袋)，没有融资约束，而新进入者资源短缺(浅钱袋)，需要融资进入市场，面临融资约束。现有企业的掠夺性定价降低了新进入者的利润以及获得融资的可能性，从而阻止新进入者进入市场。

掠夺性定价与并购都可以实现垄断，在两者的选择问题上，迈克吉(McGee,1958)认为掠夺性定价是不理性的，并购是实现垄断的更好手段，因为并购的交易成本较低，还能获得生产资料进行生产，用更短的时间实现垄断。泰瑟(1966)认为竞争者的合谋和合并都优于掠夺性行为。但在信息不对称的情况下，现有企业可以通过降低价格影响潜在进入者的预期，使其预期进入市场是无利可图的。掠夺性定价还能通过降低收购目标企业的利润和未来预期，降低收购成本。波恩(Burns,1986)的实证研究发现美国烟草公司在收购竞争者之前的掠夺性定价行为降低了收购成本。

掠夺性定价的意图是排挤竞争者实现垄断，因此在许多国家都是违反竞争法律的。但实际较难区分掠夺性定价与合法竞争导致的价格下降。合法的削价可能被竞争者指控为掠夺性定价诉诸法律。掠夺性定价著名的判定标准有阿瑞达—特纳的平均变动成本规则、威廉姆森的产量限制规则、鲍莫尔—伯尔顿的平均增加成本规则、乔斯科—克勒沃里克的两阶段规则和奥德沃—威利戈的占优规则。早期对掠夺性定价行为的检验是以成本为基础的阿瑞达—特纳检验(Areeda-Turner Test)，低于短期边际成本的价格被判定为非法的，他们建议用平均变动成本代替难以衡量的边际成本(Areeda and Turner,1975)，这一标准在多次反托拉斯诉讼中被美国法院所采用。

参考文献：

Areeda, P. and Turner, D., Predatory Pricing and Related Practices under Section 2 of the Sherman Act, *Harvard Law Review*, 88(4), 1975.

Bain, J. S., *Barriers to New Competition*, Cambridge, MA: Harvard University Press, 1956.

Burn, M., 1986, Predatory Pricing and the Acquisition Costs of Competitors, *Journal of Political Economy*, Vol. 94, No. 2, April, 1986.

Gaskins, Jr., D. W., Dynamic Limit Pricing: Optimal Limit Pricing under Threat of Entry, *Journal of Economic Theory*, 3, 1971.

McGee, J. S., Predatory Pricing Cutting: the Standard Oil (N. J.) Case, *Journal of Law and Economics* 1, 1958.

Modigliani, F., New Developments on the Oligopoly Front, *Journal of Political Economy*, 66, 1958.

Selten, R., The Chain Store Paradox, *Theory and Decision* 9(2), 1978.

Sylos-Labini, P., *Oligopolio e Progresso Tecnico*, Milano: Giuffrè, 1957.

Telser, L., Cut-Throat Competition and the Long Purse, *Journal of Law and Economics*, 9, October, 1966.

Yamey, B., Predatory Price Cutting: Notes and Comments, *Journal of Law and Economics*, 15, 1972.

（刘昶）

广告
Advertising

广告是为了某种特定的需要，通过一定形式的媒体，公开而广泛地向公众传递信息的宣传手段。广告是形成产品多样化(水平差异)的一个重要因素。广告可以分为信息性广告(Informational Advertisement)和劝说性广告(Persuasive Advertisement)，前者是指告知消费者关于产品真实信息，如真实价格、质量、产地等的广告，后者是指旨在改变消费者偏好的广告。

厂商采取何种广告类型，取决于厂商生产商品的类型。从信息的角度看，商品可以分为搜寻品、经验品和信任品，搜寻品是在消费之前通过观察检验就可以判断其质量的商品，经验品是只有通过消费才能判断其质量的商品，而信任品是即使在消费之后也很难判断其质量的商品。搜寻品因消费者在购买之前就知道产品的质量，因此，搜寻品生产者更有可能使用信息性广告，而经验品和信任品的生产厂商则更有可能使用劝说性广告。当今时代，劝说性广告越来越成为广告的主体。

关于广告的社会福利，最重要也最具争议的是迪克西特与诺曼（Dixit and Norman）于1978年提出的分析模型，他们分析了完全垄断、寡头垄断和垄断竞争条件下广告对社会福利的影响，得到相同的结论：厂商在广告支出方面过度，损害了社会福利。以垄断厂商为例，如图1所示。

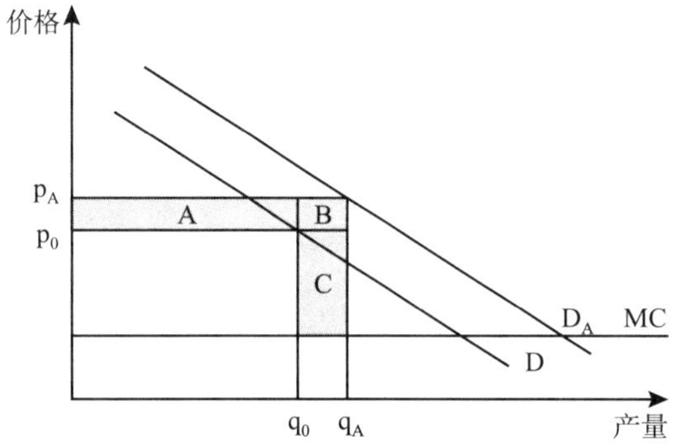

图1　迪克西特与诺曼模型中广告对福利的影响

图1中，D是无广告支出时的需求曲线，D_A 是广告支出为E时的需求曲线。广告增加了需求，也将利润最大化产量从 q_0 增加到 q_A，价格从 p_0 提高到 p_A。由此，和之前的需求曲线相比，广告使得垄断企业的利润增加了3个阴影面积 A + B + C，同时，支出为E（图中没显示出来）。垄断厂商利润的改变量为 $\Delta\pi = A + B + C - E$。与此同时，价格的上升减少了消费者剩余，消费者剩余减少量为区域 $A = q_0 \times (p_A - p_0) = q_0 \times \Delta p$。因此，总的社会福利变化为 $\Delta w = \Delta\pi - q_0 \times \Delta p$。因为，以利润最大化为目标的垄断厂商要使广告带来的边际收入等于其在广告上的边际支出，即 $\Delta(A + B + C) = \Delta E$，因此，$\Delta\pi = 0$。而 $-q_0 \times \Delta p$ 肯定为负值，所以，总的社会福利变化 $\Delta w < 0$。从全社会角度看，厂商在广告上的投入是过度的。

但是，这个结论招致许多批评，主要集中在以下两点：第一，该模型中，没有包括信息性广告的作用，信息性广告可传递给消费者有用信息但不影响需求曲线；第二，该模型忽视了广告投入会增加消费者的效用。一般认为，信息性广告对社会有积极效果，而劝说性广告是否带来社会效益则很难判断，但私人收益是显而易见的，劝说性广告能增加厂商的市场力量和经济效益。

广告经济学中对广告强度，即广告与销售比（A/S比率）的研究，最著名的是多夫曼—斯坦纳（Dorfman-Steiner）提出了广告最优水平的多夫曼—斯坦纳条件（D-S条件）。D-S条件假设如果存在差异化的产品，销售者必须同时解决两个问题：确定能够使利润最大化的价格，以及确定能够提高销售额的最优广告支出。多夫曼—斯坦纳条件（D-S条件）是：

$$\frac{A}{S} = \frac{\varepsilon_a}{\varepsilon_p}，\text{或者：}\frac{A}{S} = \varepsilon_a\left(\frac{p - C'}{p}\right)$$

其中，需求价格弹性 $\varepsilon_p = -\frac{\partial q \cdot p}{\partial p \cdot q}$，与勒纳指数（反映垄断厂商垄断加成能力的指数）成反比，即 $\frac{p - C'}{p} = \frac{1}{\varepsilon_p}$；需求广告弹性 $\varepsilon_a = \frac{\partial q \cdot a}{\partial a \cdot q}$。

上述表达式的含义是，为了实现利润最大化，厂商的广告强度应该等于其商品的广告需求弹性与价格需求弹性之比。也就是说，需求的广告弹性越大，需求的价格弹性越小（或者说垄断加价的能力越强，价格和成本之间差额越大）则广告强度越大。

上述D-S条件反映的是垄断厂商的行为，并且存在两个主要缺陷：一是现期广告支出直接进入需求函数，而不是间接地、通过声誉积累影响需求的方式进入需求函数；二是没有考虑其他企业的反应。后来的研究者根据这些缺陷对D-S条件进行了修正和扩展。

纳洛夫和阿罗（Nerlove M. and Arrow K. J.）首先提到广告导致商誉累积的观点，同时，消费者对于广告有一个遗忘率，也就是商誉的衰减率，考虑到这两个因素，则广告支出长期弹性的表达式为：

$$\varepsilon_a^* = \varepsilon_a\int_0^{\infty} e^{-(r+\delta)}\,dt = \frac{\varepsilon_a}{r + \delta}$$

其中，r为贴现率，δ为商誉的衰减率，因此，D-S条件可以修改为：

$$\frac{A}{S} = \frac{ka}{pq} = \frac{\varepsilon_a}{(r + \delta)\varepsilon_p}。$$

因此，广告强度与贴现率和商誉的衰减率成反比。

在寡头竞争情形下，考虑到其他企业的反应，在引入交叉弹性的概念时，D-S条件可以表示为：

$$\frac{A}{S} = \frac{ka}{pq} = \frac{\varepsilon_a + \varepsilon_{\bar{a}}\eta}{\varepsilon_p}$$

其中，$\varepsilon_{\bar{a}} = \frac{\partial q \cdot \bar{a}}{\partial \bar{a} \cdot q}$，代表需求对其他企业的广告弹性，$\eta = \frac{\partial \bar{a}}{\partial a} \cdot \frac{a}{\bar{a}}$，代表其他企业广告支出对该企业广告支出的反应弹性。

因此，企业的广告强度与下列因素有关：价格—成本差额，需求对自身广告支出的弹性、需求对其他企业广告支出的弹性、商誉累积的衰减率和企业的贴现率。

当今，广告经济学的热点研究领域还有：广告与进入壁垒、广告与声誉、广告与产品质量、广告竞争与价格竞争的关系等。并且，运用新产业组织理论中的博弈论，研究寡头竞争条件下厂商广告行为成为一种趋势。例如，盖思米等（Gasmi, et al.）研究了1968～1986

年可口可乐和百事可乐广告竞争与价格的关系，他们发现：(1)广告对可口可乐和百事可乐的总需求几乎没有影响；(2)百事广告支出增加1%导致可口可乐需求下降0.12%；(3)可口可乐广告支出增加1%导致百事可乐需求下降0.59%。因此，这种广告是掠夺性的，它不会影响市场总需求，只影响各自的市场份额。

参考文献：

［美］沃德曼、詹森：《产业组织理论与实践》，机械工业出版社2009年版。

［美］派波尔、理查兹、诺曼：《当代产业组织理论》，机械工业出版社2012年版。

［英］多纳德·海、德理克·莫瑞斯：《产业经济学与组织》，经济科学出版社2001年版。

［法］梯若尔：《产业组织理论》，中国人民大学出版社1997年版。

金碚：《产业组织经济学》，经济管理出版社1999年版。

干春晖：《产业经济学教程与案例》，机械工业出版社2010年版。

（郭朝先）

一体化

Integration

一体化是指两个或多个企业合并为一个组织的行为。根据企业合并前的关系，可以将一体化分为水平一体化和垂直一体化。前者是指在市场上处于相互竞争状态的不同企业合并为一家企业，而后者是指在产业链上下游具有协作关系的不同企业合并为一家企业。进一步的，垂直一体化又可以分为前向一体化和后向一体化。位于产业链上游的企业主动收购与其相关的下游企业的行为是前向一体化；反之，产业链下游的企业主动收购上游企业的行为则是后向一体化。就一体化的动机和后果而言，水平一体化与垂直一体化有明显区别。本词条阐述的是垂直一体化发生的原因和影响。有关水平一体化的动机和后果可参见“并购”词条。

对于垂直一体化出现的原因及后果主要有两类解释，即强调市场控制力的新古典经济学观点与重视合同不完备性及市场交易特征的组织理论观点。新古典经济理论认为，垂直一体化是企业对产业链上下游业已存在的市场控制力做出的有效反应，或者是企业为建立和增强其市场控制力而采取的行为。在新古典经济理论看来，导致垂直一体化发生的因素主要是垂直外部性、水平外部性、垂直封杀（Vertical Foreclosure）、价格歧视等，垂直一体化的福利影响主要取决于市场竞争状况。

垂直外部性。当分别处于产业链上下游的两家企业都有市场控制力时，上游企业提供给下游企业的中间产品价格PU会高于其边际成本MCU；对于下游企业而言，其投入品边际成本为PU，为了运用市场势力它会将其产品销售价格PD设定在高于PU的水平上。在此过程中，上游企业对中间投入品的定价相对于其边际成本有一定比例的加成，下游企业对终端产品的定价相对于其边际成本也有一定比例的加成，也就是说出现了双重加价现象（Double-Marginalization）。由于下游企业在定价时不会考虑上游企业生产中间投入品的边际成本，因此终端产品价格会高于垂直一体化条件下的价格，产量也低于垂直一体化条件下的产量，此即梯若尔（Tirole，1988）所说的垂直外部性。相应地，上下游企业独立决策获得的利润之和就低于垂直一体化条件下的利润额。这就使得企业有进行垂直一体化的动机，并且垂直一体化条件下的终端产品价格更低、产量更高、利润更多，因此对于消费者和生产者而言，福利水平都有所提高（Spengler，1950）。

水平外部性。在上游企业销售自有品牌产品给多家下游企业，下游企业通过提供零售服务、进行广告投资等方式将产品销售给终端用户条件下，如果投资于广告等零售服务的下游企业不能完全占有这些增值服务所产生的收益，而且这些收益有一部分由其竞争对手所分享，那么就会导致零售增值服务的投资不足，此即梯若尔（Tirole，1988）所说的水平外部性。显然，垂直一体化是消除水平外部性的选择之一。即所有下游企业都并入上游企业，合并后的垂直一体化企业的零售增值服务投资会达到最优水平（Mathewson and Winter，1986）。

垂直封杀。当产业链上游的关键设施或重要资源由一家企业垄断，并且它还参与下游的市场竞争时，上游垄断企业就会采取各种措施限制下游企业使用关键设施、防止下游企业获得重要资源，从而增强其自身在下游市场的控制力。对于此类垂直封杀行为，如果监管机构不能禁止在产业链上游处于垄断地位的企业进入下游市场，那么垂直一体化则是次优的选择，即相互之间相互竞争的下游企业都并入上游垄断企业，然后由监管机构对其进行监管（Ordover，Salop and Saloner，1990；Riordan，1998）。

价格歧视。当产业链下游的多家企业都需要从上游垄断企业中购买中间投入品，并且这些下游企业对中间投入品的需求弹性有明显差异时，上游垄断企业就有实施三级价格歧视的动机。不过，上游垄断企业在定价时实行三级价格歧视会面临下游企业转售的挑战。对中间投入品需求弹性较高的下游企业而言，由于购买投入品的价格较低，因此将其转售给中间投入品需求弹性较低的下游企业就能获利。垂直一体化是应对转售挑战的有效方案之一。上游垄断企业通过收购那些对中间投入品需求弹性较高的下游企业，消除转售现象发生的基础，实现对需求弹性较低的下游企业进行高定价的目标(Perry,1978)。

新古典经济理论在解释垂直一体化时，基本上都没有考虑市场交易成本和组织内部成本。事实上，垂直一体化作为市场交易的一种替代机制，其发生的原因及结果都会受到这两种成本的影响。交易成本经济学和产权理论等组织理论认为，垂直一体化是企业在无法签订一份涵盖交易中可能会出现的所有问题的合同的条件下，针对市场交易中可能会存在的资产专用性、交易复杂性和不确定性等问题而采取的有效治理机制。组织理论强调市场交易合同的不完备性和资产专用性是导致垂直一体化发生的主要因素，并且由于垂直一体化是企业在比较了市场交易成本和组织内部成本之后做出的选择，因此是其在所面临决策环境中的最优选择。

合同不完备性。由于市场交易一般都有不确定性，加之存在各种交易费用，因此交易各方很难事前签订一份完备的合同。在此条件下，当交易各方发现维持交易关系带来的潜在总利润高于中止合同转而寻求与其他交易方进行交易带来的利润时，即维持交易关系的准租金为正，它们都有采取机会主义行为的动机，以便在准租金的分配中获得更多份额。合同不完备性造成的机会主义行为风险，会对交易各方事前的投资激励产生负面影响，最终使事后的利润总额降低。在垂直一体化条件下，组织内部的分配机制能较好地协调各方的利益冲突，从而形成相对有效的投资激励(Grossman and Hart,1986)。

资产专用性。只要交易各方有可能会对事后的可占用准租金进行谈判，那么包括地点专用性、物质资本专用性、人力资本专用性、专用资产(Dedicated Assets)、无形资产等在内的资产专用性就会进一步弱化进行专用性资产投资的交易方的谈判能力，增强其他交易方采取机会主义行为的倾向，从而使得事前的专用性资产的投资低于最优水平。当消除机会主义行为带来的收益高于以科层组织的方式组织生产时会出现的静态和动态效率损失时，占据主导地位的交易方就会采取措施进行垂直一体化(Williamson,1996)。

参考文献：

Grossman,S. and O. Hart,The Costs and Benefits of Ownership:A Theory of Vertical and Lateral Integration, *Journal of Political Economy*,Vol. 94,1986.

Mathewson, F. and R. Winter, The Economics of Vertical Restraints in Distribution, In F. Mathewson and J. Stiglitz, New Developments in the Analysis of Market Structures, Cambridge, MA: MIT Press, 1986.

Ordover, M. , S. Salop and G. Saloner, Equilibrium Vertical Foreclosure, *American Economic Review*, Vol. 80, 1990.

Perry, M. , Price Discrimination and Vertical Integration, *Bell Journal of Economics*, Vol. 9, 1978.

Riordan, M. , Anticompetitive Vertical by a Dominant Firm, *American Economic Review*, Vol. 88, 1998.

Spengler, J. , Vertical Integration and Anti-Trust Policy, *Journal of Political Economy*, Vol. 58, 1950.

Tirole, J. , *The Theory of Industrial Organization*, Cambridge, MA: MIT Press, 1988.

Williamson, O. , *The Mechanism of Governance*, New York: Oxford University Press, 1996.

（李鹏飞）

纵向限制
Vertical Restraints

纵向限制是指处于商品或服务的生产及供应链条的不同环节上的企业之间签订的限制性协议条款。根据相关协议条款所要实现目标的不同，可以把纵向限制措施分为三类：一是限定支付方式的措施，主要包括非线性定价、特许使用权费、通道费等；二是规定协议一方决策行为的措施，主要包括转卖价格持平、数量定额、搭配销售等；三是弱化市场竞争的措施，主要包括排他性经营、特许经营使用费、排他性经营区域等。

关于纵向限制的成因和影响有两种大相径庭的解释。一种观点认为，企业是为了解决委托—代理问题及其他机会主义行为带来的问题才实行纵向限制，其目的在于节约交易成本、提高效率。而且纵向限制并不会使垄断势力从生产或销售的一个环节延伸至另一个环节，因此在完全竞争条件下，经济生活中所有的纵向限制都是有效率的，并不需要对此类措施采取反垄断规制(Posner,1976;Bork,1993)。另一种观点认为，由于销售商提供的信息发布和产品展示等服务会增加消费者对产品的认知度，也就是说，销售服务会对消费者需求产生影响，因此销售商通过提供这些服务而形成的差异化产品会转变为市场势力，这就意味着完全竞争条件难以实现，从而可以推定纵向限制措施很可能会带来不利于竞争的后果。当然，纵向限制有时也能通过校正下游价格扭曲、优化投资规模以及消除可避免的交易成本等方式增进社会福利。因此，要在综合考虑各种市场条件，谨慎判断各种纵向限制措施净福利效应的基础上，制定实施相应的反垄断政策(Mathewson and Winter,1984;Rey and Tirole,1986;Rey and Stiglitz,1988,1995)。

参考文献：

于立、吴绪亮：《纵向限制的经济逻辑与反垄断政策》，载于《中国工业经济》2005 年第 8 期。

Bork, R. H., *The Antitrust Paradox: A Policy at War with Itself*, *New York: Free Press*, 1993.

Mathewson, F. and R. Winter, An Economic Theory of Vertical Restraints, *RAND Journal of Economics*, Vol. 15, 1984.

Posner, Richard, *Antitrust Law: An Economic Perspective*, University of Chicago Press, 1976.

Rey, P. and J. Stiglitz, Vertical Restraints and Producers Competition, *European Economic Review*, Vol. 32, 1988.

Rey, P. and J. Stiglitz, The Role of Exclusive Territories in Producer's Competition, *RAND Journal of Economics*, Vol. 26, 1995.

Rey, P. and J. Tirole, The Logic of Vertical Restraints, *American Economic Review*, Vol. 76, 1986.

（李鹏飞）

许可

Licensing

许可是指专利权人许可他人在一定时期内实施其专利的行为。许可方式主要有三种，即普通许可、排他性许可和交叉许可。普通许可是指被许可人在合同约定期限与范围内可以实施其获得许可的技术的专利权，但许可人保留其在该区域实施专利权的权利，并且也有向该区域的第三方许可专利权的权利；排他性许可是指在一定区域范围内，被许可人在合同约定期限对其获得许可的技术的专利权享有排他性的使用权，许可人不得把技术专利权许可给该区域的第三方，但许可人自己有权在该区域内使用该技术专利权；交叉许可是指交易各方将自己所有的技术专利权相互许可使用，互相成为技术专利权的供给者和需求者，各方许可技术专利权的方式可以是普通的，也可以是排他性的。

关于许可行为的动因，主流的观点是企业为了实现利润最大化而进行许可。原因在于，在一定条件下，企业将技术专利权以许可的方式转移给竞争对手，可以有效地遏制潜在竞争对手开发替代性技术、增加产品总需求、便于企业之间合谋、有效降低研发支出，从而使企业在长期实现利润最大化目标。尤其是，在各方面临相同的市场竞争环境时，考虑到普遍存在的机会主义行为，与合资进行技术研发相比，交叉许可能够更加有效地激励各方开展研发投资。但是，在一定条件下，交叉许可也会对相关市场的竞争产生不良影响，这种影响既可能表现为对现实竞争的限制、排除，又可能表现为对潜在竞争的限制、排除。因此，对于企业行使其技术专利权中许可行为，要综合考虑该行为的促进竞争效果与反竞争损害，以便作出正确的判断（Salant, 1984; Katz and Shapiro, 1985; Shapiro, 1985; Shepard, 1987; Pastor and Sandons, 2002）。

参考文献：

Katz, M. L. and C. Shapiro, On the Licensing of Innovations, *RAND Journal of Economics*, Vol. 16, 1985.

Pastor, M. and J. Sandons, Research Joint Ventures vs. Cross Licensing Agreements: An Agency Approach, *International Journal of Industrial Organization*, Vol. 20, 2002.

Salant, S. W., Preemptive Patenting and the Persistence of Monopoly: Comment, *American Economic Review*, Vol. 74, 1984.

Shapiro, C., Patenting Licensing and R&D Rivalry, *American Economic Review*, Vol. 75, 1985.

Shepard, A., Licensing to Enhance Demand for New Technologies, *RAND Journal of Economics*, Vol. 18, 1987.

（李鹏飞）

价格挤压

Price Squeeze

价格挤压是指垂直一体化企业在向其下游产品的竞争对手提供关键投入品时，通过确定该投入品或下游产品的价格迫使下游竞争对手退出市场的行为。垂直一体化企业能够对其下游产品的竞争对手实施价格挤压的前提是，上游投入品对下游产品生产及市场竞争都具有关键性影响、垂直一体化企业在上游投入品市场拥有不可忽视的控制力、下游产品市场并非充分竞争（Crocioni and Veljanovski, 2003）。

价格挤压措施通常可以分为三类，即歧视性价格挤压、非歧视性价格挤压和掠夺性价格挤压。假设垂直一体化企业的下游产品的市场价格为 P^d，垂直一体化企业为其内部生产下游产品的部门提供上游关键投入品的价格是 P^{ui}_{in}、为其下游产品的竞争对手提供上游关键投入品的价格是 P^{ui}_{ex}，上游关键投入品的单位生产成本是 C^{ui}，生产下游产品的有效单位成本是 C^d，下游产品的竞争对手不退出市场的条件是其长期最低利润为 M。当垂直一体化企业将上游关键投入品的价格确定为 $P^{ui}_{in} < P^{ui}_{ex}$，并使得 $P^d - P^{ui}_{ex} - C^d < M$ 时，其行为就属于歧视性价格挤压；当垂直一体化企业将上游关键投入品的价格确定为 $P^{ui}_{in} = P^{ui}_{ex}$，并使得 $P^d - P^{ui}_{ex} - C^d < M$ 时，其行为就属于非歧视性价格挤压；当垂直一体化企业将上游关键投入品的价格确定为 $p^{ui}_{in} = P^{ui}_{ex} = C^{ui}$，并使得 $P^d - (C^{ui} + C^d) < M$ 时，其行为就属于非掠夺性价格挤压（Crocioni and Veljanovski, 2003）。

关于价格挤压的成因及后果，主要有两种不同的观点。一种观点认为，垂直一体化企业不会也不能利用其在上游关键投入品市场的控制力从下游产品市场中获得垄断利润。原因在于，在包含生产和销售等环节的垂直一体化链条中，只存在一种垄断利润，并且垂直一体化企业只能以对关键投入品进行垄断定价的方式获得该垄断利润。只要下游产品市场是竞争性的，垄断上游投入品的垂直一体化企业不可能将其市场控制力延伸至下游产品市场。需要向垂直一体化企业购买上游关键投入品的下游企业，其利润之所以会被前者"挤压"，是因为自身的效率不高。因此，垂直一体化企业的"价格挤压"行为并没有触犯反垄断法，因此无需对其进行监管(Bork，1993)。另一种观点认为，尽管在下游产品市场能够无成本进入退出，并且上下游的投入品严格互补的条件下，垂直一体化企业不能将其垄断上游关键投入品的控制力延伸到下游产品市场。但是，只要下游产品市场不是完全竞争性的，垂直一体化企业就能通过提高上游关键投入品的价格在下游产品市场获得更多垄断利润。具体作用机制是，上游关键投入品价格提高后，一方面会增加其销售投入品所获得的利润，另一方面也会让下游产品市场上其他竞争对手的成本增加、产量下降、产品价格上涨，从而使得垂直一体化企业在下游产品市场上的市场份额提升、单位产品利润和利润总额都增加。因此，在下游产品市场没有或者无法实现完全竞争的条件下，有必要依据反垄断法对垂直一体化企业的价格挤压行为进行限制(Whinston，1990；Economidies，1998；Carlton，2008)。

参考文献：

Bork，R. H.，*The Antitrust Paradox：A Policy at War with Itself*，New York：Free Press，1993.

Carlton，D. W.，Should "Price Squeeze" Be a Recognized Form of Anticompetitive Conduct? *Journal of Competition Law & Economics*，Vol. 4，2008.

Crocioni，P. and C. Veljanovski，Price Squeeze，Foreclosure and Competition Law：Principles and Guidelines，*Journal of Network Industries*，Vol. 4，2003.

Economidies，N.，The Incentive for Non-Price Discrimination by an Input Monopolist，*International Journal of Industrial Organization*，Vol. 16，1998.

Whinston，M.，Tying，Foreclosure and Exclusion，*American Economic Review*，Vol. 80，1990.

(李鹏飞)

排他性交易
Exclusive Dealing

排他性交易，又称为独占性交易，是指上游制造商要求下游经销商或者零售商在销售其商品时必须接受一定的条件和要求，不能兼营其他制造商尤其是直接竞争对手的产品。排他性交易本质上是纵向一体化的一种替代选择，但并非是所有权的一体化，而是一种契约式的一体化形式。

排他性交易在现实中并不少见，例如，麦当劳只能销售可口可乐一个品牌的碳酸饮料；在电脑芯片市场，英特尔与主要的电脑厂商都进行排他性交易；在手机芯片领域，欧美主要的芯片商也以排他性交易而闻名；在MP3芯片市场，曾占领全球70%市场份额的美国Sigmatel公司，同样向客户支付巨额报酬以换取对方签署排他性协议。

对于排他性交易到底是降低了还是提高了经济效率，目前在理论界尚有分歧。传统观点认为，排他性交易是垄断企业将其他企业排挤出市场的一种途径，因此加强了市场垄断程度，阻碍了市场竞争，降低了经济效率。但另一些研究则认为，排他性交易可以提高经济效率，主要有以下原因：一是排他性交易带来的规模效益可以降低供应商的销售成本与服务成本，而销售商只需要负责单一品牌的产品销售，管理工作也相应减少；二是批发商更有积极性打击劣质商品，而批发商也不会冒失去经营权的风险经营劣质商品，因此有助于稳定市场秩序；三是有助于供应商获得终端信息，以改进产品质量或开发新的产品。

2008年8月1日正式生效的《中华人民共和国反垄断法》明确规定禁止排他性交易行为。根据《反垄断法》第三章第十七条，"没有正当理由，限定交易相对人只能与其进行交易或者只能与其指定的经营者进行交易"，是"具有市场支配地位的经营者"被禁止从事的"滥用市场支配地位"的行为之一。

参考文献：

B. Douglas Bernheim and Michael D. Whinston，Exclusive Dealing，*Journal of Political Economy*，Vol. 106，No. 1，Feb.，1998.

Tirole，Jean，*The Theory of Industrial Organization*，Cambridge，Mass.：MIT Press，1988.

Patrick Rey and Jean Tirole，The Logic of Vertical Restraints，*The American Economic Review*，Vol. 76，No. 5，Dec.，1986.

(梁咏梅)

特许权和特许经营
Concessions and Franchising

特许权是指特许人(Franchisor)授予受许人(Franchisee)的某种权利，使受许人可以在约定的条件下使用特许人的某种工业产权或知识产权。特许权的形式较为灵活，既可能是如专利权、商标权、著作权(版权)等法定权利的单一元素，也可能是如某种产品的生产方法、某种经营模式(如连锁店经营)等多种元素的组合。

特许经营是指拥有注册商标、企业标志、专利、专有技术与运作管理经验等经营资源的企业，以合同形式将其拥有的经营资源许可其他经营者使用。特许经营关系实质上包含三个要素：特许人、受许人与特许权。特许人是指赋予他人（或企业）特许权的个人（或企业），受许人是指被赋予经营权的个人（或企业），特许权是指特许人赋予或者受许人被赋予的权力。受许人按照合同约定在统一的经营模式下开展经营，并向特许人支付一定的特许经营费用。特许经营作为一种组织模式，其形成和发展的主要原因在于它能够有效降低雇员监督成本、减少产品的单位初始投资，并能为老顾客更方便地提供产品和服务。

按特许权包含的要素内容来划分，特许经营模式可大致分为两类：产品商标特许经营和经营模式特许经营。在产品商标特许经营模式下，特许人向受许人转让某特定品牌产品制造权和经销权，向受许人提供技术、专利和商标等知识产权以及在规定范围内的使用权。这种特许经营被用于汽车、软饮料和汽油等行业。在特许经营模式下，对受许人的要求除了产品、服务、品牌商标以外，还包括整个经营模式本身，例如市场营销计划、生产操作方式和标准、质量控制等，也即，受许人的商店点名、产品与服务质量标准、经营方针等，都需要与特许人保持一致；特许经营的双方会保持持续的交流，特许人为受许人提供培训、广告等后续支持。这种经营模式特许经营范围广泛，尤其在零售业、快餐业等服务中最为普遍。

参考文献：

朱明侠、魏铁梅：《特许经营》，对外经济贸易大学出版社 2007 年版。

James A. Brickley and Frederick H. Dark, The Choice of Organizational Form the Case of Franchising, *Journal of Financial Economics*, Vol. 18, No. 2, June 1987.

Rubin, P., Theory of the Firm and the Structure of the Franchise Contract, *Journal of Law and Economics*, Vol. 21, April 1978.

Robert E. Martin., Franchising and Risk Management, *American Economics Review*, Vol. 78, Dec., 1988.

Paul H. Rubin., The Theory of the Firm and the Structure of the Franchise Contract, *Journal of Law and Economics*,, Vol. 21, Apr., 1978.

（梁咏梅）

专利和版权

Patent and Copyright

专利是知识产权的核心，它用一种产权类的权利来引发和激励各种创新。从目前的通用定义看，专利主要指的是对发明、实用新型和外观设计进行申请，经审查后获得的一种权利，国家依法在一定时期内授予发明创造者或者其权利继受者独占使用其发明创造的权利。专利权被授予后，未经专利权人的同意，不得对发明进行商业性制造、使用、许诺销售、销售或者进口。

知识产权的另外一个重要种类是版权。版权又被称为著作权，它包括人格权和产权两种，所以在法国它被称为“作者权”。人格权的内涵包括了公开发表权，署名权，禁止他人以扭曲、变更方式，利用著作损害著作人名誉的权利。而著作产权目前包括修改权、复制权、公开口述权、公开播送权、公开上映权、公开演出权、公开传输权、公开展示权、散布权、出租权等等，著作权人享有“使用”或“根据议定的条件许可他人使用”其作品的专属权。著作产权的种类在过去 100 年中不断得到扩充，原先只有比较单纯的出版权、演出权，后来因电影的发明而有公开上映权，因广播及电视的发明而出现公开播送权，时至今日，因为网络的产生与普及，公开传输权随之而生。在中国的《著作权法》中，著作产权共有 17 种。当然，著作权都有期限。期限一过，著作产权将属于公共领域，任何人都可以利用。

由于专利的特性和专利制度的产生，在市场中抢先进入或首先发明者往往能获得高额垄断利润，因此企业间的竞争就如同一场争夺第一的竞赛，只有最先取得可获得专利的创新企业才能被授予对该项创新的独占所有权，从而赢得比赛，这种现象被称为“专利竞赛”。

在现实中，专利已经成为企业竞争的一个核心手段，例如企业间结成专利联盟获得竞争优势。对于专利联盟，学术界有不同的概括。摩吉斯（Merges，1999）认为专利联盟是一种知识产权的集体组织，并将其定义为“一种多个专利所有人之间汇集其专利的协议安排，在一个典型的专利联盟中成员间共享汇集的所有专利，并且通常也向专利联盟成员之外的企业提供标准的许可条款”。勒纳等（Lerner et al.，2003）则认为专利联盟是指“正式或者非正式的组织，在这种组织中各独立的厂商可以分享专利权”。而其他的经济学家认为专利联盟是两个以上的企业联合起来关于许可相关专利组合的合作协议（Dequiedt and Versaevel，2012）。不管将专利联盟理解成合约还是组织，专利联盟都有专利联合、捆绑许可以及第三方授权三个主要特征和内容。

除了专利联盟这种积极或者正向的策略外，企业还运用文献公开、专利搁置等所谓反向的策略来达到特定的战略目的。对于一些获得独占权得不偿失的创新，但是被竞争对手获得又会妨碍企业实施，为破坏其新颖性，企业可以将创新的内容予以公开，阻止竞争对手获得专利的可能性。而当专利技术不成熟难以实施，或者专利权人出于种种战略目的不愿意实施，这会产生搁置不用的现象。企业实施专利搁置的手段，针对的往往是比较先进的技术，竞争对手难以挑战其地位，实施新的专利却会影响企业的成本结构，削弱竞争力。在现实中，原有技术竞争力没有丧失，利润未达到预期，企业也可能采取搁置的策略。

参考文献：

胡坚、何勇平：《企业专利申请战略研究综述》，载于《科技管理研究》2009 年第 5 期。

张韵君：《国内专利战略研究文献综述：2000 ~ 2009 年》，载于《科技管理研究》2011 年第 2 期。

Robert P. Merges, Institutions for Intellectual Property Transactions: The Case of Patent Pools, Working Paper, University of California at Berkeley School of Law, http://www.law.berkeley.edu/7937.htm.

Lerner, J., Tirole J. and Strojwas M., Cooperative Marketing Agreements Between Competitors: Evidence from Patent Pools, NBER Working Paper, No. 9680, 2003.

Dequiedt V. and B. Versaevel, Pools and the Dynamic Incentives to R&D, Working Paper, SSRN, http://ssrn.com/abstract = 988303.

（陈志）

流逝品与耐用品
Perishable Goods and Durable Goods

流逝品与耐用品的概念是相对于与消费者有关的一定时间范围而言的。流逝品是指重复购买和使用后就消失的商品，比如苹果和香蕉等食品，以及许多一次性使用的塑料品和纸制品。与此相反，耐用品在长时间内只购买一次，并且能用很长时间，例如，汽车、房子和地产。

与耐用品相关的一个概念是耐用性（Durability）。耐用性是质量的一个特定方面，经济学将耐用性从质量中分离出来进行集中分析，原因在于耐用性与产品的时间维度有关，而时间维度对消费者重复购买产品的频率有直接影响。对于一个企业垄断势力的程度与它选择纳入产品中的质量或耐用性之间的关系，有大量文献在进行争论。早期的研究者曾得出的结论是，具有垄断势力的企业比竞争性市场条件下的企业有动力去生产耐用性较差的产品。斯旺（Swan，1970）否定了前面的结论，他证明了，如果消费者仅仅关注产品提供的服务时间的长度，并且生产函数为产出的规模报酬不变，则垄断势力与耐用性选择之间实际上没有任何的暗含关系，这一结果被称为"斯旺最优耐用性定理"。

由于耐用品可以提供多期服务，因此，与流逝品相比，耐用品表现出以下特点：一是消费者可以选择购买的时期，这样如果一个厂商在不同的时期制定了不同的价格，那么会受到消费者在时期间套利的影响；二是可以再循环或者销售，例如二手市场，这种行为构成了对厂商垄断力量的限制。耐用品提出的问题是在给定的需求规模下，不同时期的产品实际上具有不完全的替代性，从而产生了跨期替代的竞争问题，耐用品在一个时期的销售创造了对自己的竞争。

耐用品垄断者（Durability Monopoly）是指提供耐用品的垄断厂商。科斯（Coase，1972）首先指出，出售耐用品的垄断者的行为，与出售流逝品的常见的垄断者不同。今天购买了耐用品的消费者明天不可能购买同一商品，因此，垄断者在不同时期提供的商品是互为替代品而不是互补品，垄断者前一期的销售降低了以后时期的需求。因而，垄断者会实施跨期价格歧视：在前一期以高价格出售而在以后时期降低价格（这样的例子包括：书籍初版的精装本和后期的平装本，电影在电影院首轮上映的高价格）。但是，跨期价格歧视的实施受到套利的限制，这里的套利问题就是如果消费者预见到这种价格变动的规律，第一期的部分消费者可能愿意付出等待成本而推迟购买。垄断者随时间调整价格的灵活性实际上损害了自己，在价格调整频繁时，垄断者的利润损失变得非常高；"科斯猜想"表述了这种极端的情景，当价格调整变得越来越频繁时，垄断者利润会收敛到零，所有交易几乎都是在价格接近边际成本时瞬间发生的。

在科斯猜想中，信用问题导致耐用品垄断者的利润为零。针对这个问题，布罗（Bulow，1982；1986）提出为了消除第一期出售产品给第二期销售带来的负面影响，垄断者可以选择出租而不是出售，经济学直觉就是我们可以把出租看成是把耐用品转化为易耗品的方法。但是，也有学者在离散需求的例子里，证明了存在有限个消费者，每人至多购买一单位耐用品的情况下，垄断者采用出售的方式比出租方式能从消费者身上取走更多的剩余。此外，实践中垄断者还可以通过做出承诺至少部分地避免科斯问题。更多的承诺办法包括垄断者与第三方（仲裁者）订立契约，并押下足够的钱。其条款是：如果他将来生产超过指定的数量或者要价低于指定的价格，他将把钱输给第三方；垄断者与消费者的长期关系存在时，垄断者的声誉可以考虑在内，例如钻石垄断者 DeBeers 有拒绝价格下降的声誉；垄断者可以通过销毁生产设备限制产出量（例如工艺品垄断者销毁模具；邮票发行者销毁印制邮票的模板等）；等等。

"计划废弃"也是承诺今后不降价的一种途径。"计划废弃"是指垄断者把产品的耐用性作为一个决策变量，通过降低耐用性，消灭了二手市场，因而相当于生产了一种低耐用性商品。一种典型的"废弃计划垄断者"是时常引入修订版本的出版商。如前所述，假设垄断者能够出租耐用品,或者能够承诺序列价格,他有积极性选择社会最优的耐用性,以使自身的跨期生产成本最小化,如同"斯旺最优耐用性定理"(Swan,1970)所得到的结论。但在无承诺销售的情况下,垄断者有积极性选择低于使其跨期生产成本最小化的耐用性,即计划废弃。这时,通过降低耐用性,垄断者减少了传留给下一阶段的商品的数量,增加了下一阶段的剩余需求,并通过这种承诺今后不降价的方式诱使消费者当期购买。

耐用品在一个时期的销售创造了对自己的竞争的问题,因二手市场的存在而进一步强化。二手产品市场使第一期的购买者在第二期成为供给者,这种再提供也许需要付出再循环成本,也许只能构成一个信息不充分下的二手市场,但不完全的替代仍然构成了一定的竞争。垄断厂商对二手市场没有垄断控制力,他们给自己培育了一个竞争对手,二手产品的价格、耐用性及可获得的难易程度都影响到新产品的产量和价格以及厂商对新产品的耐用度的选择。二手市场是耐用品市场中一个特殊的、不可或缺的组成部分。

参考文献:

[法]梯若尔:《产业组织理论》,中国人民大学出版社1997年版。

[美]奥兹·夏伊:《产业组织理论与应用》,清华大学出版社2005年版。

Coase, R., Durability and Monopoly, *Journal of Law and Economics*, Vol. 15, 1972.

Swan, P., Durability of Consumer Goods, *American Economic Review*, Vol. 60, 1970.

Bulow, J., Durable Goods Monopolists, *Journal of Political Economy*, Vol. 51, 1982.

Bulow, J., An Economic Theory of Planned Obsolescence, *Quarterly Journal of Economics*, Vol. 15, 1986.

(王燕梅)

市场分割
Market Segmentation

市场分割又被称为市场细分,最初由美国市场学家温德尔·史密斯(Wendell R. Smith,1956)提出。由于市场可以理解为是一种商品交换关系的总和,而作为市场主体的企业根据自身特点形成了不同的优势、消费者又具有不同差异性需求,从而在客观环境中出现企业的规模实力、产品特征与市场开拓的边界相互融合,即按照核心竞争力理论,每个企业都有与之匹配的核心市场(或称为主流市场),通过核心市场达到最有效销售产品的目的;同样,每个消费者由于共性的消费特征形成一定规模的群体,并形成某些企业最忠实的顾客。

市场分割的逻辑就是通过对整个市场的有机划分,寻找适合企业特色的目标市场,确定企业产品的市场定位,制定相应的营销战略和销售方针,从而获得最大市场占有率和利润。

根据企业的性质,市场分割可针对消费品和工业品市场两大类。消费品市场的受众是分散的多个消费个体,具有复杂的多变性,其分割标准涵盖地域、社会学等方面,可以概括为地理因素、人口统计因素、心理因素和行为因素四个方面,每个方面又包括一系列的细分变量。例如地理因素中可以分割的变量为:地理位置、城镇大小、地形、地貌、气候、交通状况、人口密集度等。人口统计因素中可以分割的变量为:年龄、性别、职业、收入、民族、宗教、教育、家庭人口、家庭生命周期等。心理因素中可以分割的变量为:生活方式、性格、购买动机、态度等。行为因素中可以分割的变量为:购买时间、购买数量、购买频率、购买习惯以及对服务、价格、渠道、广告等敏感程度。对于工业品的市场分割,除具备上述消费品市场的分割特征外,还应考虑所针对企业顾客的具体需求、经营规模和地理范围等进行不同组合的分割。

市场分割要遵循一定的原则基础,才能科学选定变量和精准地发现目标市场。

原则1:可衡量性,即指各个细分市场的购买力和规模能被衡量的程度。如果细分变量很难衡量的话,就无法界定市场,难以描述,那么市场分割就失去了意义。如年龄、性别、收入、地理位置、民族等变量都是易于确定的,并且较容易获得相关的信息和统计数据;而如心理等方面的变量,就比较难以确定。

原则2:可盈利性,即指企业新选定的分割市场规模容量足以使企业获利,值得企业为之设计可行的营销规划方案,以便顺利地实现销售目标,并且有可拓展的潜力。

原则3:可进入性,即指所选定的分割市场必须与企业自身实力相匹配,企业有能力进入、占领这一市场。可进入性具体表现在企业能够通过一定的宣传手段把产品的信息传递到该市场中的消费者,所生产的产品能通过一定的销售渠道和物流方式抵达该市场。

原则4:差异性,即指分割市场在形式和内容上能被区别并对不同的营销组合因素和方案有不同的反应。

原则5:相对稳定性,即指分割后的市场在较长的一段时间内处于稳定发展期。这个原则尤其适用于投资周期长、回报率慢的企业。

市场分割需要按照提前实施的市场调查结果计划执行。市场调查要从划定的市场分割各个变量入手,通过有效结果制订市场分割计划和营销定位计划。因此:第一,要选定产品市场范围。企业应明确自己所处行业中的市场范围,并以此作为制定市场开拓战略的依据。第二,列举潜在顾客的需求。可从地理、人口、心理等方面列出影响产品市场需求和顾客购买行为的各项变量。第三,分析潜在顾客的不同需求。企业对不同的潜在顾客进行抽样调查,并对所列出的需求变量进行评价,了解顾客的共同需求。第四,筛选。根据市场调查结果确定的诸多分割市场进行分析研究,剔除不满足市场分割原则的目标市场。第五,界定实际的分割市场。为便于产品和企业市场宣传,可结合分割市场上顾客的特点,用形象化、直观化的方法为分割市场命名。

经过以上五个步骤,企业便完成了市场分割的工作,市场分割后的子市场比较具体,比较容易了解消费者的需求,企业可以根据自己经营思想、方针及生产技术和营销力量,确定自己的服务对象,即目标市场,制定特殊的营销策略。同时,在分割的市场上,信息容易了解和反馈,一旦消费者的需求发生变化,企业可迅速改变营销策略,采取相应的对策,以适应市场需求的变化,提高企业的应变能力和竞争力。

根据各个分割市场的独特性和企业自身的目标,共有三种目标市场策略可供选择。第一种是无差异市场营销,即公司只推出一种产品,或只用一套市场营销办法来招徕顾客。当公司断定各个细分市场之间很少差异时可考虑采用这种大量市场营销策略。第二种策略是密集性市场营销,即公司将一切市场营销努力集中于一个或少数几个有利的细分市场。第三种策略是差异性市场营销,即公司根据各个细分市场的特点,相应扩大某些产品的花色、式样和品种,或制定不同的营销计划和办法,以充分适应不同消费者的不同需求,吸引各种不同的购买者,从而扩大各种产品的销售量。

参考文献:

[美]菲利普·科特勒、凯勒:《营销管理》第 5 版,清华大学出版社 2011 年版。

[美]迈尔斯:《市场细分与定位——高效的战略营销决策方法》,水利电力出版社 2005 年版。

[美]菲利普·科特勒:《营销管理》(亚洲版第 5 版),中国人民大学出版社 2011 年版。

[美]佩罗:《市场营销学基础》第 18 版,中国人民大学出版社 2012 年版。

(杜培枫)

联合生产

Joint Production

联合生产原本是一个自然科学的概念,描述的是化学转化和分离分裂过程中的一种必然现象。将联合生产与经济学结合始于联合产品概念的提出。斯蒂曼(Steeman,1977)在分析联合产品的生产时,将生产两种及两种以上产品的过程称为联合生产。对联合生产的界定存在较大的差别,但是在有关联合生产基本内涵的认识上,存在两种较为广泛的共识:一是将联合生产理解为"一个生产过程多种产品",即不同产品因在原料上存在依赖关系,同一厂商利用相同的生产过程产生两种或两种以上不同属性的产品,"联合生产"表现为一种技术上的"内在联合";二是将联合生产理解为"不同主体提供共同的联合产品",即多种产品是在独立的生产过程中生产出来,"联合生产"是一个加总的问题。鲍姆加特纳等人(Baumgartner et al.,2003)认为联合生产普遍存在,而且联合产品大多为期望的产品和不想得到的产品(Unwanted Goods)。

联合生产的原因。厂商进行联合生产的原因有很多,最突出的三个原因是:范围经济、产出间的联合性、需求的不确定性。首先,范围经济最典型的表现就是厂商可以用比独立生产更低的成本生产两种或多种产品。这意味着,在相同的投入下,由单一厂商生产联合产品比多个厂商分别生产这些联合产品中的单一产品的产出水平要高,显然厂商有动机进行联合生产以提高产出。其次,贝利和弗里德兰德(Bailey and Friedlaender,1982)指出多产出生产技术是普遍存在的,并伴有不同程度的联合性。不同产品之间存在一定的联合性,表示这些产品可以使用共用设备、技术、管理等资源条件的技术特性。最后,劳埃德(Lloyd,1983)认为需求的不确定性严重影响厂商的产品结构选择,厂商生产的多种产品可能在技术上不存在联合性,但通过产品多样化能够降低市场不确定而可能造成的利润损失。

线性模型中的联合生产。主要介绍三个关于联合生产的经典线性模型:里昂惕夫(Leontief,1936)投入—产出模型、冯·诺伊曼(Von Neumann,1937)模型、斯拉法(Sraffa,1960)模型。

联合生产常常是围绕"从属生产"来讨论的,基于投入—产出分析的产品技术模型被用来分析一般从属生产。假定存在一个"消耗矩阵",$Z=(z_{ij})$,z_{ij}代表产业 j(列)所使用的投入 i(行)的数量;存在一个"生产矩阵",$X=(x_{ij})$,x_{ij}代表产业 i 生产产品 j 的数量,$i, j=1,\cdots,n$,X 被分成 X_1 和 X_2,X_1 对角线上的是"主产品",所有非对角线上的元素都为零,$X_2=X-X_1$ 中出现的"副产品"与获取的数据共同确定一个投入—产出矩阵 A。在这里产品数等于产业数的假定是必要的,即 $A=Z(X')^{-1}$,X'是 X 的转置矩阵。吉甘蒂斯(Gigantes,1970)和查克拉博蒂等人(Chakraborty et al.,1984)认为"一般从属产品"和"副产品"不同,两者分别运用产业技术模型和副产品模型对副产品进行了分析。其中,产业技术模型假定每个产业都有固定的市场份额，$A=Z(\bar{X}_e)^{-1}X(\bar{X}'_e)^{-1}$，$\bar{X}_e$，$\bar{X}'_e$分别对应矢量 X_e，X'_e的对角矩阵，$e'=(1,\cdots,1)$；副产品模型假定副产品被当作负投入，因此 $Z-X'_2=AX_1$。

冯·诺伊曼以线性模型的形式第一次提出联合生产。在该模型中，联合生产包括固定资本（不含土地），以机器为例，把离开一个工序的旧机器看做是与最初进入该工序时不同的产品，因此机器的折旧必须与价格同时决定。基于利息（或利润）率统一并达到最小，平衡增长率最大并等于利率的假定，模型认为一般（而并非总是）应当设立 $k\leq m$ 个生产工序，或 $k\leq n$ 个定价为正的产品，其余 m-k 个工序（或 n-k 种产品）未被利用（或未被生产），因为这些工序是非盈利的，产品是生产过剩并可处理的，所以它们的价格将为零。值得一提的是，这个模型可以为上述投入—产出分析中使用"生产矩阵"提供理论依据。

不同于冯·诺伊曼与里昂惕夫的分析模型，斯拉法放宽了规模收益不变的限定条件。他的理论描述了一个封闭经济系统，在此系统中会产生剩余产品，并且剩余产品应在利润、工资和地组织间分配。在斯拉法模型中，假定机器的效率不变，一台机器在一个生产阶段开始时作为生产手段，当生产结束时与制成品一起作为一种联合产品，给定统一的利润率 r，n 个工序决定 n－1 种产品的价格和统一的工资率 w，联合产品的相对价格可以在古典理论中确定。

联合生产的应用。联合生产的概念在公共经济学、企业管理、农业经济学、生态经济学等领域得到广泛应用和发展。在公共物品理论中，以公私两种生产要素相结合的生产称为联合生产；在企业管理理论中，不同经济主体事前合作生产、事后共同参与分配的问题被理解为一种联合生产；在农业经济学与生态经济领域，联合生产更多地表现为经济品和非经济品的联合，其联合的性质有技术联合、生物联合、经济联合和制度联合。

参考文献：

Bailey, E. E. and A. F. Friedlaender, Market Structure and Multiproduct Industries, *Journal of Economic Literature*, 20, 1982.

Debesh Chakraborty, T. ten Raa and J. A. Small., An Alternative Treatment of Secondary Production in Input-output Analysis. *Review of Economics and Statistics*, Vol. 66, 1984.

Eatwell J., M. Milgate and P. Newman, *The New Palgrave: A Dictionary of Economics*. London: The Macmillan Press Limited, 1987.

Gigantes, T., The Representation of Technology in Input-output Systems. In A. P. Carter and A. Brody, *Contributions to Input-Output Analysis*, Amsterdam and London: North-Holland, 1970.

Lloyd, P. J., Why Do Firms Product Multiple Outputs? *Journal of Economic Behavior and Organization*, 4, 1983.

Pasinetti, L., *Essays on the Theory of Joint Production*, Macmillan, London, 1980.

Peris, J. E. and A. Villar, Linear Joint-Production Models. Economic Theory, 3, 1993.

Sraffa, P., *Production of Commodities by Means of Commodities Prelude to a Critique of Economic Theory*, Cambridge: Cambridge University Press, 1960.

Steeman, I., *Marx after Sraffa*, London: NLB, 1977.

Von Neumann, J., über em ökonomisches Gleichungssystem and eine Verallgemeinerung des Brouwerschen Fixpunktsatzes. In Ergebnisse eines Mathematischen Kollaquiums, ed, K. Menger, Leipzig: Verlag Franz Deuticke, 1937.

（李姝）

竞争力
Competitiveness

竞争力是指参与市场竞争的双方或多方在角逐和比较中体现出来的综合能力，是企业在市场经济的竞争环境中，相对于其他竞争对手所表现出来的生存能力和持续发展能力的总和。竞争力是一个比较的概念，是一种通过竞争才能表现出来的相对指标，可以通过一系列显性的量化指标加以衡量，一般地说竞争力有大有小或强或弱。

关于一国的国际贸易等方面的竞争理论很早就有相关的研究，早期的经济学家关于绝对优势、比较优势以及其成因的理论探索较为深入，但是没有针对竞争力问题进行系统深入的研究，由比较优势理论和要素禀赋理论所构建的传统比较优势理论为后来竞争力理论的产生和发展奠定了基础，是竞争力理论、企业竞争力理论的理论渊源。

在经济学中，根据竞争主体和竞争层次的不同，可以将竞争力分为企业核心竞争力、企业竞争力、产业竞争力、产业国际竞争力、国家竞争力等不同的类型。

企业核心竞争力是指企业独有的，能够给企业带来长期持续超额利润和行为活力的综合素质和整体技能，包括企业在研发、设计、制造、营销、服务等环节具备的显著优势和不易被竞争对手模仿的独特能力，以及企业长时期形成、蕴涵于企业内质，并使企业长时间在竞争环境中取得主动的核心能力。核心竞争力是企业在竞争条件下保持强大竞争力的根本所在，核心竞争力越强，则企业的整体竞争力越强。核心竞争力是企业获得和保持竞争优势的源泉。"企业的核心竞争力"这一概念最早由普拉哈拉德和哈默尔（Prahalad and Hamel,1990)首先提出,他们认为企业核心竞争力能够为企业通向广泛多样化的市场提供一个潜在的途径,使最终产品为客户带来重要的价值并且竞争者难以模仿。

企业竞争力是在竞争性市场中某个企业所具有的能够持续地比其他企业更有效地向市场提供产品或服务,并获得盈利和自身发展的综合素质(金碚,2001)。企业竞争力所体现的产业面越宽,即企业能够在很宽的产品系列中表现其竞争力,其竞争力的宽度就越高;企业竞争力所体现的市场细分化越高,即企业在产品系列中的某些细分化的市场中集中表现其竞争力,其竞争力的密度越高。企业竞争力包含五个基本含义:一是企业竞争力所涉及的产业,是竞争的和开放的市场;二是企业竞争力的实质是一个企业同其他企业相比较的生产率或工作效率;三是企业竞争体现在消费者价值和企业自身利益两个方面;四是企业竞争力决定了企业的长期存在状态;五是企业竞争力是企业所具有的综合性质,决定和影响企业竞争力的因素是非常多的,这些因素经常发生着相互间的作用(金碚等,2003)。

产业竞争力,也称产业国际竞争力,是指一国的某一产业能够比其他国家的同类产业更有效地向市场提供产品或服务,并能获得自身发展的能力或综合素质(金碚,1997)。迈克尔·波特是较早从产业层面研究竞争力的学者,他把产业定义为生产直接相互竞争产品或服务的企业集合。20 世纪 80 年代到 90 年代,迈克尔·波特在其连续发表的《竞争战略》(1980)、《竞争优势》(1985)和《国家竞争优势》(1998)等著作中最早研究在产业环境中如何形成企业竞争力,研究在产业竞争情况下企业竞争力的决定因素,并提出了包含产业竞争者、供应商、买方、潜在进入者和替代产品五种力量的"波特五力竞争模型",相应地影响企业竞争力的因素在于新进入者的威胁、替代品的威胁、买方的讨价还价能力、供方的讨价还价能力和现有竞争者的竞争能力。

迈克尔·波特教授从竞争优势来源角度研究产业国际竞争力,并于 1990 年提出"钻石模型"理论,认为产业竞争力是由生产要素、需求状况、相关和支持性产业、企业战略及其结构和同业竞争四个主要因素,以及政府行为、机遇两个辅助因素共同作用而形成的。其中,前四个因素是产业竞争力的主要影响因素,构成"钻石模型"的主体框架,四个因素之间彼此相互影响,形成一个整体,共同决定产业竞争力水平的高低。钻石理论模型着重于研究产业竞争力,其所提出的产业竞争力决定因素:主要因素(生产因素、市场需求、关联产业、企业策略)、辅助因素(机遇和政府)还是企业微观层次的因素,最终反映的是企业竞争力决定因素(余祖德等,2009)。

中国许多学者在借鉴国外的相关研究基础上,就中国的企业竞争力评价理论和方法进行了研究,逐步探索出了一些适合于中国企业的竞争力评价理论和方法。金碚(2003)构建了包括测评性指标和分析性指标的企业竞争力评价指标体系,测评指标包括可以直接计量的指标和难以直接计量的因素两类,分析性指标一般能够更详细具体地反映企业的实际竞争力状况,这些指标可以解释为什么一些企业竞争力强,而另一些企业则缺乏竞争力。张金昌(2001)设计了一套用进出口数据评价产业国际竞争力的指标体系,胡大立等(2007)提出企业竞争力来自企业所处的环境、企业所拥有或控制的资源、企业所拥有的能力以及企业的知识四个基本维度,企业竞争力是在外部环境与企业内部资源、能力、知识的互动过程中形成的。在长期的实践探索过程中,我国学者不断深化对竞争力理论的研究和探索,不断提高理论认识对实践的解释和指导能力。

参考文献:

胡大立、卢福财、汪华林:《企业竞争力决定维度及形成过程》,载于《管理世界》2007 年第 10 期。

金碚:《论企业竞争力的性质》,载于《中国工业经济》2001 年第 10 期。

金碚:《中国工业国际竞争力——理论、方法与实证分析》,经济管理出版社 1997 年版。

金碚:《企业竞争力测评的理论与方法》,载于《中国工业经济》2003 年第 3 期。

金碚等:《竞争力经济学》,广东经济出版社 2003 年版。

余祖德、陈俊芳:《企业竞争力来源的理论综述及评述》,载于《科技管理研究》2009 年第 6 期。

张金昌:《国际竞争力评价的理论和方法研究》,中国社会科学院研究生院,2001 年。

Porter, M. E. , *Competitive Strategy: Techniques for Analyzing Industries and Competitors*, New York: Free Press, 1980.

Porter, M. E. , *Competitive Advantage: Creating and Sustaining Superior Performance*, Free Press, 1985.

Porter, M. E. , *The Competitive Advantage of Nations*. New York: Free Press, 1998.

Prahalad, C. K. and G. Hamel, The Core Competence of the Corporation, *Harvard business review*, 1990.

(刘吉超)

X—效率
X-efficiency

X—效率这一概念,源自莱宾斯坦(Leibenstein)发表于 1966 年《美国经济评论》(*American Economic Review*)上的《配置效率对 X—效率》(*Allocative Effi-*

ciency vs.“*X-efficiency*”)一文,是利本斯坦对经济学的重要贡献之一。利本斯坦认为:效率概念是经济学的核心概念之一。然而,微观经济学中的配置效率概念却无法解释实证研究中的问题,特别是有关企业理论和增长问题。因而,利本斯坦提出,将微观经济学中现有的配置效率概念扩展为X—效率概念。

在《配置效率对X—效率》一文中,通过对哈伯格(Harberger,1959)、施瓦茨曼(Schwartzman,1960)、西托夫斯基(Scitovsky,1958)、维莫尔斯菲尔德(Wemelsfelder,1960)和约翰逊(Johnson,1958)等人关于配置效率重要性研究的分析,利本斯坦指出,尽管上述的研究分别从垄断的福利损失和国际贸易壁垒出发,但是,基于配置效率不高导致的损失却很小。利本斯坦认为,实证研究表明,在资本主义社会中,通过加强配置效率而获得的社会福利微不足道。对于由于市场内部因素所引起的低效率,并非是简单的组织低效率或者动力低效率所能概括,因而,利本斯坦提出X—效率这一包容性更强的概念。利本斯坦认为,X—效率的存在和X—效率的提高是提高产出的重要源泉,决定X—效率的三个重要因素是一是企业内部激励效率;二是企业外部驱激励效率;三是非市场的投入效率。利本斯坦认为,企业产出效率低下,个人或者企业不努力工作或者有效收集信息,其原因在于投入与产出关系并非是唯一确定的。四种原因导致给定的投入无法转化为所预订的产出,即第一种劳动合同不完备;第二种并非所有的生产要素都可以市场交易;第三种生产函数无法完全设定或者未知;第四种企业间的相互依赖和不确定性使得企业默默配合或者相互模仿。正是由于X—效率的存在,使得微观经济学中企业成本最小化的假设无法成立。

1978年,在《论X—效率理论的基本命题》(*On the Basic Proposition of X-efficiency Theory*)一文中,利本斯坦再次阐释了X—效率理论的基本要素和基本命题。通过与传统的新古典微观理论相比较,利本斯坦认为X—效率理论的基本因素如表1所示。

表1 X—效率理论与新古典微观理论的区别

内容	X—效率理论	新古典微观理论
心理假定	选择性理性	极大化或极小化
合同假定	不完备	完备
努力程度假定	任意性	假设给定
主体假定	个人	居民或企业
惰性区假定	重要	无
委托—代理假定	有区别	利益一致

X—效率理论的逻辑是,企业内个人合同的不完备,个人的努力程度决定于自己,由于企业内委托—代理关系所决定的利益关系不一致以及个人惰性区域的存在,在非极大化假定下,企业内个人没有理由会采取成本最小化行为。由此,得到X—效率理论的基本命题是:在预算约束允许的环境中,如果平均个人的努力责任后果(ERC,Effort Responsibility Consequence)约束越宽松,那么,企业生产的X—效率越低下。利本斯坦认为,相对新古典微观理论而言,X—效率理论的解释力更强,X—效率理论模型与经济现实更加吻合。

参考文献:

[美]哈维·利本斯坦:《X—效率理论》,引自[英]伊特韦尔等:《新帕尔格雷夫经济学大辞典》,经济科学出版社1996年版。

A. Harberger, Using the Resources at Hand More Effectively, *The American Economic Review*, Vol. 49, No. 2, May 1959.

D. Schwartzman, The Burden of Monopoly, *The Journal of Political Economy*, Vol. 68, No. 6, December 1960.

H. Johnson, The Gains from Freer Trade with Europe: An Estimate, *The Manchester School*, Vol. 26, No. 3, September 1958.

H. Leibenstein, Allocative Efficiency vs. “X-Effciency”, *The American Economic Review*, Vol. 56, No. 3, June 1966.

H. Leibenstein, On the Basic Proposition of X-Efficiency Theory, *The American Economic Review*, Vol. 68, No. 2, May 1978.

J. Wemelsfelder, The Short-Term Effect of the Lowering Import Duties in Germany, *The Economic Journal*, Vol. 70, No. 227, March 1960.

T. Scitovsky, *Economic Theory and Western European Integration*, Stanford: Stanford University Press, 1958.

(钱正培)

网络效应

Network Effect

通信、计算机和互联网技术的快速发展已经成为当代经济发展的重要推力,并且广泛地渗透到传统产业的各个生产环节当中,有效地促进了产业竞争力的提升。与传统产业相比,即时通信等互联网产业的一个显著特征便是“网络效应”。网络效应就是使用者从产品及其兼容产品的消费中得到的效用随着消费同一产品的消费者数量的增加而增加的现象。

经济学界对网络效应的研究最早可追溯到莱宾斯坦(Leibenstein)在1950年提出的“从众效应”(Bandwagon Effect)以及“势利效应”(Snob Effect),它们反映了消费者的消费行为所具有的一种从众心理,愿意追随大多数人的选择以决定自己的消费选择的现象。而将产业所具有的消费者效用相互依赖特征纳入经济学框架并做出具体理论研究的则应首推（Artle and Averours，1973）。他们分析了电话服务在消费方面的相互依赖性，并首次建立了通信服务对个人的效用与用户人数的函数。在关于网络效应的文献中，卡茨和夏皮罗（Katz and Shapiro，1985）最早对网络效应做出了较为明确的定义："当一个用户消费一种产品所获得的效用，随着使用该产品的用户人数而增加时，就存在网络效应"；"一个既定用户从产品中所获得的效用取决于同一网络中其他用户的数量"。法雷尔和塞隆纳（Farrenll and Saloner，1985）认为，实际上兼容产品的用户数量也会对消费者的收益产生影响。利博维茨和马戈利斯（Liebowitz and Margolis，1994）将网络效应的含义进行了推广，认为网络效应是指当采取相同行动的代理人数量发生改变时，该行动所产生的净价值的改变量。因此，可以认为，当一个用户消费一种产品所获得的效用随着该产品及其兼容产品的消费者数量的增加而变化时，就认为存在着网络效应。

从网络效应的角度考虑，一个消费者从一种产品中所获得的总价值可以被分为两个部分：产品的自有价值与网络价值。当一种产品只有一个消费者时，产品自身所具有的价值，它不随消费者数量而发生变化。网络价值是消费者数量N的函数，也就是当有新的用户加入网络时，原有用户所增加的价值（Liebowitz and Margolis，1996）。网络价值来自网络规模的扩大，因此，它是一种规模经济。但与传统经济学中的规模经济不同的是，它并非来源于供给方，而是产生于市场的需求方。这种网络价值就是网络效应的经济本质，因此，有的学者也将网络效应称为需求方规模经济（Shapiro and Varian，2000）。

需求方面的变化导致竞争性市场上厂商行为和产业结构的相应变化。网络效应减少了产品多样性和厂商数量，提高了市场集中度。但是，网络效应并不必然改变自身价格需求弹性，不会必然提高垄断竞争市场和垄断市场的产品价格。在产品价格与消费数量相同的情况下，相比没有网络效应的情形，网络效应提高了消费者的效用水平，而且在寡占、垄断竞争市场上，竞争可能降低了网络产品的价格，因此，网络效应可能提高了消费者剩余，进而增加了社会福利。

网络效应会导致用户之间的需求行为存在相互影响和相互依赖性，一个消费者的需求往往取决于其他消费者的数量。然而，需求行为的相互依赖性并不是网络效应所具有的独特现象，许多文献中所提到的从众效应（Bandwagone Effect）也表现为需求方的相互依赖。莱宾斯坦（Leibenstein，1950）认为，就某些产品而言，它们的需求会随着同种产品的消费者数量的增加而增加。从众效应源自消费者赶时髦的一种欲望，当存在从众效应时，消费者为了赶时髦只能够获得表面性的东西，而产品的内在价值并没有实实在在地增加。因此，网络效应与流行效应有着本质的区别。

当经济活动中存在无法通过市场反映出来的影响时，市场就存在外部性。外部性就是某个经济个体的生产或消费行为对其他个体的福利产生了影响，而这种影响又无法通过市场进行交易。外部性一般可以分为正外部性和负外部性。正外部性是指当经济个体为了自己的利益进行经济活动时，其行为导致了他人利益的增加；如果出现相反的情况，即为负外部性。正外部性通常会导致市场供给不足，负外部性正好相反，经常会导致市场供给过剩。无论是正外部性还是负外部性，都会使经济活动偏离最优的均衡状态，从而造成市场失灵。在这种情况下，政府对市场的干预和协调就成为一种必要的手段。

但是，网络外部性与网络效应并不能等同使用。莱宾斯坦和马戈利斯把网络效应和网络外部性区分开来，认为网络效应是指一种行动的价值受到采取同样行动的参与者的数目影响的情形；而网络外部性是指均衡时在网络参与者交易中展示出了未被利用的好处。网络效应和网络外部性的区别在于能否把网络中其他参与者的影响内部化，当所有的这些影响都可以被市场中的参与者内部化时，这种情形称为网络效应，反之则称为网络外部性。

莱宾斯坦和马戈利斯的观点后来被一些学者如卡茨（Katz）和夏皮罗（Shapiro）等所接受，尽管如此，在许多学者的文章中，网络外部性和网络效应都被当做同一个概念来使用。但是，利博维茨和马戈利斯的分析是严谨的，如果均衡时不存在市场失效，那么这种产品的价值随着使用者的增加而增加的现象就不应该被称为网络外部性，而应该被称为网络效应。

根据网络参与者的收益获取来源的不同，网络效应一般可以分为直接网络效应（Direct Network Effects）和间接网络效应（Indirect Network Effects）。而从网络效应的效果可以将其分为正网络效应和负网络效应。卡茨和夏皮罗（1985）最早提出了直接网络效应与间接网络效应的区分，如今，这种分类方法已经得到经济学家们的普遍接受。

直接网络效应是指用户收益直接随着相同或兼容产品用户数量的增加而增加。由于消费者需求的相互依赖性，一个新用户对产品的使用直接增加了该产品的价值，从而提高了其他用户的效用。对于一种具有直接网络效应的产品而言，它的价值直接取决于该产品网络规模的大小。直接网络效应产生的根源在于消费者消费的不是单个产品，而是由同种或兼容产品组成的一个网络。物理网络很容易与直接网络效应对应起来，但一些虚拟网络，比如电子邮件、字处理软件网络也都表现出明显的直接网络效应。所以，直接网络效应既可以出现在物理网络当中，也可以出现在虚拟网络当中。在表现为直接网络效应的网络当中，用户之间存在着直接的联系，而且这种联系是相互的。因此，直接网络效应同双向网络之间存在一种对应关系。这意味着凡是具有直接网络效应的网络都属于双向网络的范畴。

间接网络效应通常存在于由互补品构成的网络当中，其中互补品消费者的数量对于产品的价值没有直接的影响，但是通过互补品产生了间接的影响。只有当一种产品用户数量的增加引起互补品种类的增加，并进而引起用户的效用增加时，才能称之为间接网络效应。根据利博维茨和马戈利斯（1994；1995）的观点，互补品价格的下降不能称为网络外部性，只能称为网络效应。但在严格意义上，这也不应该属于网络效应的范畴。因为对于任何在生产过程中存在规模经济或者学习效应的产品而言，消费者需求的增加都会导致价格的下降。而价格下降的根源在于产品的生产过程，并非消费过程。因而，如果价格效应也属于间接网络效应，那么网络效应在我们的现实生活中几乎是无处不在的，任何具有互补性的产品都可能存在网络效应。

间接网络效应产生于基础产品与辅助产品在技术上的互补性。在网络效应是间接的情况下，消费者的收益并不直接依赖于网络的规模，个人之所以会关心其他消费者的数量，是由于消费者的数量会影响到互补品的供应。一种产品的用户基础越大，就能够吸引更多的厂商供应不同种类的互补品。因此，当消费者对互补品的种类有偏好时，网络的规模越大，它对消费者的吸引力就越大。间接网络效应主要产生于一些种类的虚拟网络（如录像机、银行卡等），但也会产生于单向的物理网络（如电视、广播等），这两种形式都可以称为硬件/软件范式。也就是说，硬件/软件范式既可以表现为虚拟网络，也可以表现为物理网络。虽然间接网络效应产生于硬件/软件范式，但并不是说所有表现为硬件/软件范式的产品都具有间接网络效应，在某种程度上，硬件/软件范式包含的范围更广。因此，在它们二者之间并不存在一种对等关系。

直接网络效应和间接网络效应是网络效应两种不同的表现形式，但二者并非是相互对立的，它们之间存在着密切的关系。不论是直接网络效应还是间接网络效应，网络价值的增加都来自于网络中系统种类的增加。一个消费者之所以能够从其他消费者的购买中获益，是因为其他消费者能够增加网络中可供选择的系统种类。因此，虽然直接网络效应和间接网络效应的来源在形式上是不同的，但在本质上它们是一致的。对于一些具有网络效应的产品而言，既表现出直接网络效应，同时也会表现出间接网络效应。也就是说，一种产品的用户可能会处于不同类型的网络当中。

参考文献：

［以］奥兹·谢伊：《网络产业经济学》，上海财经大学出版社 2002 年版。

Michael Katz and Carl Shapiro, Network Externalities, Competition and Compatibility, *The American Economic Review*, Vol. 75, No. 3, 1985.

Artle. R, Averours. C. The Telephone System as a Public Good: Static and Dynamic Aspects. *Bell Journal of Economics*, Vol. 4, 1973.

Farrell. J, G. Saloner, Standardization, Compatibility, and Innovation, *Rand Journal of Economics*, Vol. 16, 1985.

Farrell. J, G. Saloner, Standardization, Installed Base and Compatibility: Innovation, Product Pre-Announcements, and Predation, *The American Economic Review*, Vol. 76, 1986.

Michael Katz and Carl Shapiro, Produet Compatibility Choice in a Market with Technology Progress, *Oxford Economic Papers*, Vol. 38, 1986.

Michael Katz and Carl Shapiro, Product Introduction with Networks Externalities, *Journal of Industrial Economics*, March, 1992.

Michael Katz and Carl Shapiro, Systems Competition and Network Effects, *Journal of Economic Perspectives*, 1994.

Liebowitz. S. J. , Stephen E. Margolis, Understanding Network Externalities, *Research in Law and Economics*, 1994.

Liebowitz. S. J. , Stephen E. Margolis, Network Externality: An Uncommon Tragedy, *The Journal of Economic Perspectives*, Spring, 1994.

Liebowitz. S. J. , Stephen E. Margolis, Are Network Externalities a New Source of Market Failure? *Research In Law and Economics*, Vol. 17, 1995.

Liebowitz. S. J. , Stephen E. Margolis, Market Progresses and The Selection of Standards, *Harvard Journal of Law and Technology*, Vol. 9, 1996.

Leibenstein, H. , Bandwagon, Snob, and Veblen Effect in the Theory of Consumer's Demand. *Quarterly Journal of Economics*, 1950.

［美］卡尔·夏皮罗、哈尔·瓦里安：《信息规则——网络经济的策略指导》，中国人民大学出版社 2000 年版。

（陈晓东）

溢出效应
Spillover Effect

所谓溢出效应,是指某个经济主体例如个人或者组织在进行某项经济活动时对其他个体或社会产生的正的外部性,溢出效应一般可以分为经济溢出效应和技术溢出效应等。

关于溢出效应的理论,主要是围绕研究经济增长问题展开的。1962 年,在《干中学的经济影响》(*The Economic Implications of Learning by Doing*)一文中,阿罗(Arrow,1962)认为,知识在经济增长中具有非常重要的作用。由于知识逐渐为大家所了解,经过学习过程,厂商的新投资产生溢出效应。在溢出效应的作用下,厂商的投资行为使得未来的厂商也受益,但是整个市场却没有为此付出成本。因此,完全竞争模型中的投资总量低于社会计划者模型中的投资总量。在完全就业情况下,当社会计划者的最优增长率与完全竞争的最优增长率相等时,社会计划者的总投资—产出比高于完全竞争的总投资—产出比。1986 年,在《报酬递增与长期增长》(*Increasing Returns and Long-Run Growth*)一文中,罗默(Romer,1986)认为,将知识纳入到生产函数,可以获得长期的经济增长。尽管排除了外生的技术变迁,通过知识的累积,同样可以获得内生的经济增长。与传统的物质资本累积不同,新知识是技术研发的产物。由于新知识无法得到完全的专利保护或者完全保密,因而,新知识对其他企业产生正的外部性。所以,厂商的新知识在社会产生了溢出效应。1988 年,在《论经济发展的动力学》(*On the Mechanics of Economic Development*)一文中,卢卡斯(Lucas,1988)构建并比较了三个经济增长模型:即强调物质资本累积与技术变迁的增长模型、强调通过学校教育累积人力资本的增长模型以及强调通过干中学累积人力资本的增长模型。为了解释跨国和跨时的经济发展差异,在后两个强调人力资本累积的经济增长模型中,卢卡斯指出,较高人力资本对周围人产生了溢出效应,提高了社会生产效率。

关于国际直接投资的溢出效应,代表性的研究有 1992 年的科高(Kokko,1992)在《外国直接投资、东道国特征和溢出效应》(*Foreign Direct Investment, Host Country Characters and Spillovers*)一书。科高将跨国公司在东道国设立子公司带来的进步称之为"溢出"。科高认为,这种溢出效应主要通过跨国公司的竞争和东道国公司的模仿传播产生。1992 年,王和布洛姆斯特罗姆(Wang and Blomstrom,1992)同样研究了跨国公司的技术溢出效应。当跨国公司对新技术的投资越多,而且当地企业对学习的投资越多,则跨国公司对东道国的技术溢出效应越大。关于研发的溢出效应,代表性的综述文章有 1992 年格里利克斯(Griliches,1992)的《寻找研发的溢出》(*The Search for R&D Spillovers*)一文,在新增长理论基础上,将直至 20 世纪 90 年代初期关于研发溢出效应的文章进行了回顾和评述。格里利克斯指出,或许正是研发的溢出效应,使得我们能够逃脱报酬递减的厄运。

参考文献:

A. Kokko, *Foreign Direct Investment, Host Country Characters and Spillovers*, Stockholm: The Economic Research Institute, 1992.

K. Arrow, The Economic Implications of Learning by Doing, *The Review of Economic Studies*, Vol. 29, No. 3, June 1962.

M. Kremer, Population Growth and Technological Change: One Million B. C. to 1990, *The Quarterly Journal of Economics*, Vol. 108, No. 3, August 1993.

P. Romer, Increasing Returns and Long Run Growth, *The Journal of Political Economy*, Vol. 94, No. 5, October 1986.

P. Romer, Endogenous Technological Change, *The Journal of Political Economy*, Vol. 98, No. 5, October 1990.

R. E. Lucas Jr., On the Mechanics of Economic Development, *The Journal of Monetary Economics*, Vol. 22, No. 1, July 1988.

Wang, Jian-Ye and Magnus, Blomstrom, Foreign Investment and Technology Transfer: A Simple Model. *The European Economic Review*, Vol. 36, No. 1, January 1992.

Z. Griliches, The Search for R&D Spillovers, *The Scandinavian Journal of Economics*, Vol. 94, Supplement, 1992.

(钱正培)

产业区
Industrial District

产业区是产业地理集中的空间组织形式,是劳动地域分工的空间表现。产业区通常包括一个地方生产系统的相互作用和密集联系的网络(Oinas and Malecki,1999)。产业区发展模式很多,具有代表性的产业区包括马歇尔式产业区、轮轴式产业区、卫星平台式产业区、国家力量依赖型产业区和混合型产业区等。不同类型产业区之间既有区别,也有联系,广泛分布在世界许多国家或地区,成为当地工业发展的重要载体。

马歇尔式产业区是指大量的本地化小企业从事专业化生产,起着主导作用并实现空间集中的产业区。尽管这个定义比较简单,但不难看出,马歇尔式产业区是从事相同行业的小企业空间集聚并嵌入当地社会网络的地方产业系统,企业可以从专业化生产中获得外部经济带来的各种好处，例如，专业化的劳动力，服务和中间投入品可节约生产成本，专业化生产有利于提高企业生产效率。归纳起来，马歇尔式产业区具有如下特征：一是企业之间通过产业链上下游分工构成紧密的协作联系，形成垂直联系为主导的产业集群。二是工人和就业岗位之间有很好的“匹配”机会，人力资源能够得到优化配置。三是出现基于本地文化的价值观念和创业创新环境。四是不完全竞争的市场结构促使区内的企业推出差异化的产品，以赢得市场竞争优势。五是企业处于竞争和合作氛围之中，既有利于技术创新，又可以获得分工协作的好处。六是富有特色的本地诚信环境帮助小企业成长。由此可见，马歇尔式的产业区不仅体现在企业之间的相互依赖关系，还体现在经济和社会融入当地的“共同市场”，商业系统、文化系统、社会系统和地方机构相互促进（Dei Ottati，1994）。

轮轴式产业区是指发挥核心作用的少数关键大企业或设施和分布其周围的供应商及相关经济活动共同组成像轴和轮一样的空间结构形态。而这种结构客观上形成了由个别大企业主导、众多配套厂商相互协作的垂直一体化生产分工体系。这种类型产业区具有三方面的优势（Markusen，1996）：一是许多中小企业供应商通过产业协作关系非常依赖于核心企业发展，从而导致产业区内部合作一般是核心企业层面的合作，并加快了核心企业相关的地方文化发展。同时，产业区内贸易主要发生在核心企业和供应商之间，并主要表现为长期的合约和接受的义务。并且，这种合作有利于促进供应商进行产品质量升级、准时供货和控制投资风险，甚至可能扩大产业区边界，让更多供应商加入进来。二是核心企业造就的产业多样化环境有利于其他联系不紧密的新企业成长。产业区的分工组织体系客观上强化了核心企业带来的外部性，具体表现为核心企业为产业区培养大量的熟练劳动力和多样化的商业服务，从而吸引更多与核心企业联系不是很紧密的新企业，使他们从城市化经济中获得好处。三是核心企业的影响超过了产业区范围。处于垄断地位的核心企业辐射范围不局限于本地，而是与区外市场、供应商等形成了广泛的联系，尽管企业决策是从本地做出的，然而，决策影响范围很大，甚至扩大到全球，如日本丰田市的丰田公司、美国西雅图市的波音公司。尽管核心企业行为活动超越产业区，已超过实际地域范围，然而却根植于本地独特的分工网络。当然，这种类型产业区也有自身的不足之处，主要表现为：它缺少竞争者之间共担风险、稳定市场和分享创新的合作（Markusen，1996）。产业区内劳动力市场不太灵活，工人首先对核心企业忠诚，许多在小企业工作的工人一旦有机会就跳槽到核心企业，从而给小企业生存构成了很大的威胁。同时，以核心企业为导向的治理结构加大资源配置两极分化，地方政府和风险投资企业愿意把资源配置给核心企业，却冷落了小企业，核心企业过度集聚要素资源也埋藏着很大的产业衰退风险。此外，长期以核心企业为主导的产业结构可能妨碍了其他产业的发展，从而造成产业多样化不足。

卫星平台式产业区是以基地形式承接许多来自区外企业到本地设立分厂并建设相关配套设施的产业区。此类产业区通常分布在经济相对落后地区，中央或地方政府为了加快本地区经济跨越赶超发展而打造一个承接发达地区产业扩散、转移的载体，而这些迁入产业区的企业彼此之间保持相对的独立性，并与区外的总部和上下游厂商之间建立各种协作联系。实际上，这种产业分工组织模式之所以能够存在至少应同时具备两方面条件：一方面，产业链可以切成几个相对独立单元并在空间层面可以分散布局；另一方面，这种类型产业区要比发达地区拥有较低的商务成本优势。所以，这种产业区几乎能在不同发展水平的国家找到踪迹，即使在经济发达的美国，也分布着许多这种类型产业区。此类产业区具有以下特征：一是在产业区内，企业之间的联系很松散甚至没有，企业在缺少产业区网络的环境下发展。企业只是通过承租生产空间进行生产，但企业间很少发生业务往来，因而企业的经营活动经常取决于位于区外的集团总部的投资决策。二是产业区内的企业作为分支机构，经常与区外的总部保持日常的沟通，并与总部之间建立了企业内部垂直一体化的人才交流机制，而与区内其他企业人才流动却很少见。三是这种产业区客观上带动了本地供应商发展，也有利于促进本地人创业，只不过这种作用力量非常小，不足以打破现有的格局。总之，卫星平台产业区对于短期内加快落后地区产业发展起着积极的作用，然而，这类产业区发展前景并不乐观，企业“堆”而不联、配套条件不足、企业根植性不强等问题突出。

国家力量依赖型产业区是指由公共或非营利机构实体主导的产业区（Markusen，1996）。入住产业区的机构可能是军事基地、军工企业、军工研究机构、大学或政府新办公区，而商业活动是由这类机构支配，因而，政治力量关系到产业区的发展。这种产业区既有轮轴式产业区的特征，又有卫星平台式产业区的特点，所以很难对此加以区分，也不容易对此进行理论总结。这种产业区在世界许多国家都可找到典型的例子，如美国的圣菲、圣地亚哥、丹佛，日本的筑波，中国的中关村等。它们都是在政府主导之下，依靠国家力量，从国家层面招聘各种层次的专业人才，通过据点式开发，进行大规模投资，以实现国家战略发展需要。这种嵌入式发展模式在短期内可以带动当地经济和社会发展，然而，由于本地企业很难融入进去以及地方政府作用很小，所以很难形成地区发展的内生动力，从长远来看，这种发展模式容易受到中央政府决策变化的制约，面临较大的政策性风险。

混合型产业区是指由两种或两种以上类型产业区共存的发展模式。例如，北京市中关村科技园是一个轮轴式产业区、卫星平台式产业区和国家力量依附型产业区的“复合体”，产业区内拥有围绕着联想、紫光、方正、同方等核心企业以及共享社会设施的众多中小企业，同时也是承载来自欧盟、美国、日本、韩国等国家和地区的跨国公司设立分支机构的“平台”，并且分布着许多国家级研究机构和接受大量的国家科研资助。许多后发国家为了学习赶超而设立许多混合型产业区，也取得显著的成效。

总之，上述五类典型的产业区是实践过程中比较常见的，不过，随着产业分工组织和布局模式的变化，产业区也随之发生了变化，即使这样，节约成本、建立网络、促进创新和提高竞争力仍是产业区发展的基本方向。

参考文献：
王缉慈等：《创新的空间：企业集群与区域发展》，北京大学出版社 2001 年版。
Dei Ottati, G. Cooperation and Competition in the Industrial District as an Organizational Model, *European Planning Studies*, 2, 1994.
Markeuse, Ann, Sticky Places in Slippery Space: A Typology of Industrial Districts, *Economic Geography*, Vol. 72, No. 3, 1996.
Oimas, P. and Malecki, E., *Making Connection: Technological Learning and Regional Economic Change*, Aldershot: Ashgate, 1999.

（叶振宇）

产业园区
Industrial Park

产业园区是产业活动集聚的空间组织形式，承担着产业发展、新兴产业培育、发展战略、体制机制创新等功能。产业园区类型很多，既有特殊的产业园区，如，出口加工区、保税区，又有普通的产业园区，如经济开发区等。产业园区是支撑地区经济发展的空间载体，也是地区经济增长的引擎。

出口加工区是指一个国家或地区为吸引外资、鼓励发展出口导向产业和扩大对外贸易，由国家划定一定区域范围而设立的以加工、制造或装配出口商品为主的特殊区域，是经济特区的一种形式，通常享受优惠政策和特殊海关监管。从实践看，出口加工区的区位选择一般在经济发达、交通便利、开展外贸活动便捷、城市配套条件较好的地区，经常设在沿海、沿边和沿河的城市。1956 年，世界上第一个出口加工区建于爱尔兰的香农国际机场，以后，其他国家和地区纷纷效仿。20 世纪 80 年代，我国开始在沿海城市试点设立出口加工区，随后逐步在全国推广。从功能上看，出口加工区重点发展出口导向型产业，区内企业生产出来的产品也绝大部分面向国外市场，以开拓国际市场和发展开放型经济。从类型划分上，有专门产业类型的出口加工区，也有综合型的出口加工区。一般而言，出口加工区需要相应物流仓储作为基本配套条件，也吸引相关研发中心和物流企业落户。在出口加工区之内，鼓励和准许外商投资设立出口加工企业，并提供通关便利条件，同时给予关税等优惠政策，如企业在进口加工、制造所需的设备、原料辅料、元器件、半成制品和零配件可享受关税减免，生产出来的产品直接出口也享受减免关税等特殊优惠政策。而保税物流园区和保税区是对出口加工区的功能延伸，使之更能适应经济社会发展需要。

经济开发区是指根据国家法律法规，由国家或地方政府划定一定的区域范围，进行必要的配套设施建设，重点发展若干个产业，同时在项目审批、企业融资、税收减免等方面给予特殊的政策支持，使之成为带动地区经济发展的增长极。经济开发区按照行政等级划分，可分为国家级、省级、地市级、县级及其以下等类型。目前，比较常见的是高新技术开发区和经济技术开发区，有些经济技术开发区又可细分为汽车产业园、机电产业园、煤化工产业园等产业类型开发区。经济开发区作为地方政府发展工业的重要平台，通常进行“七通一平”（即给水、排水、通电、通天然气（煤气）、通暖气、通讯和平整土地）甚至更高标准的园区配套设施建设，同时设立园区管理机构，负责开发区的管理和招商引资。客观地讲，经济开发区是加快国家或地区工业化进程的重要载体，发挥了较强的集聚效应和辐射效应。

高新技术产业开发区是指在智力和技术密集的大中城市和沿海地区划出一定范围重点发展高新技术产业的经济区域，是经济开发区的一种特殊类型。美国硅谷、128 公路、英国剑桥城、日本筑波、中国台湾地区新竹科技园等都是典型的高新技术产业开发区，集聚了大量的科技型中小企业、风险投资机构、地方政府、公共服务机构、共性技术平台、行业协会等，彼此之间进行互动，形成创业创新的氛围，成为影响本国乃至世界的产业发展和技术创新的高地。我国高新技术产业开发区是从 20 世纪 80 年代初开始起步，尽管比较晚，但得到国家特殊政策支持，发展很快。1985 年 7 月，由中国科学院和深圳市人民政府共同创办的“深圳工业科技园”是国内第一家高新技术产业开发区。到 2010 年底，经国家批准设立的国家级高新技术产业开发区达到 56 家，另外还分布在全国各地、数量众多的省级高新技术产业开发区。经过多年摸索，我国对国家级高新技术产业开发区已形成相对完善的审批程序和日常管理机制，并由相关部委专门出台了《高新技术企业认定管理办法》，以保证国家高新技术产业开发区外的高新企业也能享受到同样的政策支持。各省也参照这种管理办法，加强对省级高新技术产业开发区进行管理。高新技术产业开发区的繁荣发展对于促进高新技术产业发展和提升自主创新能力等方面起到了引领示范作用。

保税区是经国家批准设立，由海关监管，在本国的港口、机场、边境口岸等地方实行境内关外的运作方式，允许国外货物享受免证、免税、保税等特殊政策，并担负进出口加工、国际贸易、保税仓储商品展示等功能的海关特殊监管区域。一般而言，保税区的功能定位是保税仓储、出口加工、转口贸易三大功能，是自由贸易区的一种形式，是国际贸易开放度和自由度较大的经济区域。20 世纪 80 年代，我国保税区建设开始起步，并出台了《保税区海关监管办法》等法律法规。经过这么多年的探索，我国保税区无论是数量还是占地规模都发生了很大的变化，并呈现向综合保税区转型的趋势。保税区对于提高地区开放水平和积累发展自由贸易经验具有重要的意义。

综合保税区是指在内陆地区设立的具有保税港区功能的海关特殊监管区域，通常设立保税区、出口加工区、保税物流区、港口等功能区，主要从事国际中转、出口加工、现代物流、商品展示、保税仓储等业务。综合保税区是保税区功能的拓展，是开放程度更高、政策更全面、功能更齐全的海关特殊监管区域。为了适应经济发展需要，我国已经设立了上海综合保税区、苏州工业园综合保税区、北京天竺综合保税区、天津滨海新区综合保税区、郑州综合保税区、唐山曹妃甸综合保税区等，这些综合保税区的设立，有力推动了内陆地区的开发开放，加快构建全方位的对外开放体系。

经济特区是在一国或地区之内划出一定范围，在开展对外经济活动、对外交流等方面采取较国内其他地区更加开放和灵活的特殊政策的特定区域。许多国家都在不同发展阶段设立了各种类型的经济特区，如巴西玛瑙斯自由贸易区、新加坡裕廊工业区、印度泰米纳杜邦金奈经济特区等。我国在 20 世纪 80 年代就设立了深圳、珠海、厦门、汕头、海南五个经济特区，在 20 世纪 90 年代设立了上海浦东新区，进入 21 世纪之后又陆续设立了天津滨海新区、上海浦东新区、重庆两江新区等综合配套改革试验区。最初设立经济特区的基本出发点是积极利用国外资本和先进的技术及管理经验，推进经济体制改革，并为日后扩大对外开放积累经验；同时也给予外来投资者在进出口通关、土地开发、结汇、外商及随员家属的居留及出入境手续办理等方面的优惠政策支持。而现阶段，我国经济特区已从过去率先开放的“特区”转向综合配套改革的“试验区”，在国家重大经济和社会领域体制机制创新中先行先试，发挥引领示范作用。应该说，经济特区发展在我国经济体制改革和经济建设中始终充当“试验田”和“增长极”的作用，对于我国扩大了对外开放和文化交流，吸引国外资本、技术和管理经验，推进体制机制创新等方面发挥了示范作用。

以上对几种典型的产业园区做了介绍，实际上，我国和其他国家或地区仍然存在许多类型的产业园区，即使是同一类产业园区也可能由于地理位置和发展阶段不同而形成各种类型的发展模式。总体看来，产业园区是产业活动高度集聚的载体，是工业化和城镇化互动发展的平台。

参考文献：

成思危：《从保税区到自由贸易区：中国保税区的改革与发展》，经济科学出版社 2003 年版。

梁运斌：《世界经济开发区的演进、类型及功能分析》，载于《国外城市规划》1994 年第 1 期。

魏礼群：《中国高新技术产业年鉴（2001）》，中国言实出版社 2001 年版。

Becattini G. , Bellandi M. , and Propris L. , *Handbook of Industrial Districts*, Cheltenham: Edward Elgar, 2009.

（叶振宇）

产业扩散
Industrial Diffusion

产业扩散是经济活动空间分布的表现，是产业布局调整的过程。通常情况之下，产业扩散和产业集聚是同步进行，是集聚力和分散力共同作用的结果。在克鲁格曼等经济学者创立的新经济地理（New Economic Geography）看来，产业扩散是在分散力超过集聚力条件之下发生的，需求分布变化引起产业布局调整。当然，产业扩散往往伴随着技术扩散、传播，并基本遵循技术扩散的基本规律。同时，产业扩散与产业转移之间具有紧密的联系，如果要加以区分，产业转移通常包括了产业扩散和产业集聚，涵盖了产业转出、扩散、承接和集聚四个具体过程；同时产业转移还表现为转移出来的产业可能在转出地已经面临衰退困境，而在转入地（即承接地）兴起的现象。从实践经验看，产业扩散包括墨渍式扩散、等级扩散、跳跃式扩散、发展极式扩散、串珠状扩散等主要类型，然而这些类型经常是同时进行，难以进行严格区分。

墨渍式扩散是指产业活动由中心地区向地理临近的周边地区蔓延式扩展，又可称之为破浪式扩散。这种扩散模式既可以表现为成熟产业向周边地区转移、扩散；又可以表现为中心地区和周边地区之间出于产业链的分工需要而呈现产业组织扁平化扩散趋势；当然，也有可能存在产能由中心地区向周边地区平推式扩张，从而导致项目低水平重复建设和产能过剩。墨渍式扩散的基本原理是市场需求急剧扩大和产品标准化生产技术及工艺容易被掌握，使得周边地区可以利用"近水楼台先得月"的区位条件和成本优势，从而可以节约产品运输成本、沟通成本和劳动流动成本。当然，墨渍式扩散也是有条件的，比如周边地区要具备产业发展的相应配套条件，包括产业园区、公共设施、服务机构和专业人才等。这种扩散模式对中心城市周边地区产业发展具有带动作用，也是疏散中心城市产业功能的一种有效途径。

等级式扩散是指产业遵循梯度转移的规律，从高梯度地区向次一级梯度地区依次推移的扩散形式，"梯度"往往包括技术、经济等方面的综合差距，这种差距为等级式扩散创造了驱动条件。对于技术门槛较高的行业而言，等级式扩散现象比较常见；相反，对于技术门槛较低的行业，情况并非如此。等级式扩散是根据产品生命周期理论提出的，在现实生活中，市场上客观存在新产品、成熟产品和标准化产品等不同阶段，当产品处于标准化阶段，处于高梯度的地区已不具有竞争优势，于是这类产业或产业链环节向低一级梯度地区扩散将成为趋势。产业等级式扩散意味着，加快产业向低梯度转移，是促进落后地区发展的有效途径。

跳跃式扩散是相对等级扩散提出来的另一种产业扩散形式，强调的是产业活动不必遵循梯度依次转移规律，可以直接由高梯度地区向低梯度地区"蛙跳式"扩散、转移。跳跃式扩散并不是彻底否定了产品生命周期理论，而是对该理论形成有益补充。因为当产品进入标准化阶段之后，低梯度的地区可能具备了进入该行业的技术和资本"门槛"条件，同时也有相应的配套能力，于是产业向这类低梯度的地区扩散是有可能的。另外，在产业链分工体系中，企业也可选择将产业链打碎，实行"切段"生产，将产业链部分环节向具有比较优势的低梯度地区扩散。跳跃式扩散对于落后地区跨过贫困陷阱和加快工业化进程具有非常重要的意义。

发展极式扩散是从空间开发视角提出来的一种产业扩散形式，它是通过选择一些条件较好的地方作为优先支持的发展极，通过大规模投资，提高发展极的配套条件，使其具备产业集聚能力和承接外来产业条件。这种扩散形式是依据法国经济学家佩鲁的增长极理论提出的。在实践中，许多地区发展就是依托发展极的载体作用，承接发达地区或中心城市产业转移，带动本地区要素集聚，逐步建立增长极发展的内生增长机制。同时，逐渐提高发展极的辐射效应，带动周边地区发展。可见，发展极式扩散是推动落后地区开发的一种有效产业发展模式。

串珠状扩散也是从空间开发的视角提出的一种产业带状扩散形式，是依托基础设施等重要轴线以及轴线上不同等级的发展极，促进产业沿着发展轴扩散的模式。这种扩散模式来源于点轴开发理论，是地带开发的产业发展途径。串珠状扩散至少需要具备以下基本条件：一是有发展轴线作为依托，并且该轴线有较强的物流或人流，轴线技术等级和流量直接关系到产业发展的规模和速度；二是发展轴分布着不同等级的发展极（即，不同等级的城市），这些发展极之间在城市职能和产业方面存在产业分工关系，城市之间重点发展各具特色主导产业，以确保彼此之间可以实现互动；三是各发展极之间建立联动协作机制，以便于促进发展轴线地区一体化和产业分工协作。可见，串珠状扩散是一种典型的产业混合型扩散方式，可能同时存在墨渍式、等级式、蛙跳式、发展极式等方式之中的几种，适用于解释经济带内部的产业转移现象。串珠状扩散对于横跨不同发展梯度的国家主干交通轴线开发具有重要的意义，利用轴线内在经济联系，推进产业转移，以带动沿线落后地区发展。

如上对几种常见的产业扩散模式进行总结，但不足以对产业扩散进行全面概括，而技术扩散是产业扩散的本质特征。同时，产业扩散是加快落后地区发展和促进要素合理配置的有效途径，当然，也需要具备一定外部条件，如配套能力、相关政策等。我国西部大开发、中部崛起、中西部承接产业转移等都是对上述几种产业扩散模式的具体应用。

参考文献：

［法］弗朗索瓦·佩鲁：《增长极概念》，载于《经济学译丛》1988 年第 9 期。

Perderson, P. O., Innovation Diffusion within and between National Urban System, *Geography Analysis*, Vol. 2, No. 3, 1970.

Vernon Raymond, International Investment and International Trade in the Product Cycle, The *Quarterly Journal of Economics*, 1966, Vol. 80, No. 2.

（叶振宇）

增长极
Growth Pole

增长极，又译为生长极或发展极。增长极是西方区域发展理论中的重要概念。这个概念最初是法国经济学家弗朗索瓦·佩鲁（Frnacois Perroux）于 1955 年提出来的。它的提出，并不是为了解决区域发展问题或具体解决问题，而纯粹是企图对"经济如何增长"设计出一种不同于凯恩斯（J. M. Keynes）和熊彼特（J. A. Schumpeter）的新构想。因此，增长极概念最初提出的出发点是抽象的经济空间，而非普通意义上的地理空间。佩鲁认为，增长并非同时出现在所有的地方，它以不同的强度首先出现在一些增长点或增长极上，然后通过不同的渠道向外扩散，并对整个经济产生不同的最终影响。

20世纪60年代，佩鲁对增长极理论作了进一步阐述。其主要的理论思想如下：(1)市场经济下的经济增长是不均衡的，存在着极化(Polarization)发展趋势；(2)由于技术创新，才带来经济发展，而技术创新是由推进型企业(Propulsive Enterprise)来实现的；(3)具有创新技术的推进型企业的形成需要特定的环境，这些推进型企业的集中地即为增长极；(4)推进型企业与其前后生产关联的企业之间存在着相互作用的“力场”(Field of Forces)，并由这种力场形成该企业的经济空间；(5)在推进型企业的经济空间中，相互企业之间的关系是不对等的，即推进型企业支配其他企业(企业间的支配依赖关系)；(6)增长极通过推进型企业的力场，来实现其在经济空间中的扩散效应(即增长极的增长向其他企业所在地区扩散)，从而带动整个经济的增长。

佩鲁增长极理论的出发点是抽象的经济空间，它所关心的主要是增长极的结构特点，尤其是产业间的关联效应，但忽略了增长的空间方面。针对这一缺陷，许多学者为把佩鲁的增长极概念转换到地理空间作出了很大努力。其中，法国经济学家布代维尔(J. R. Boudervi1le)在解释和修改增长极理论方面影响最大。由于他的研究出发点是区域经济规划，故首先将佩鲁的经济空间转换为地理空间。他在1966年提出，“地区增长极是位于都市中心的一组发展中的工业，它的发展促使它所影响地区的经济活动进一步发展”。布代维尔将增长极概念与城镇体系联系起来，增长极的层次性便对应于城镇体系的等级性，并且将这种结构发展成为具可操作性的区域模式。

增长极理论一出现，曾备受青睐。20世纪60年代和70年代初，很多国家把地区工业化的希望寄托在增长极这个法宝上，一些国家和地区进行了大规模的增长中心规划的尝试。很多国家的发展政策和法律中出现了增长极的概念，同时，增长极战略也得到了联合国机构的提倡。增长极理论之所以具有很大的吸引力，主要基于两点假设：第一，在一些特殊的区位创造良好的投资环境，推动型工业将在这里集中，而集聚经济的积累结果，会使都市中心达到自立型的经济增长。第二，都市的迅速增长可以逐渐扩散到周围地区。总体来说，增长极战略实行初期还比较顺利，但之后遭遇了一个很大的瓶颈，即增长极吸引劳动力的能力太低。20世纪70年代中期，随着多国该项政策的失败，增长极理论和战略在学术研究和区域规划实践中都受到了冷落。

参考文献：

李小建、苗长虹：《增长极理论分析及选择研究》，载于《地理研究》1993年第3期。

Perroux, F., Economic Space: Theory and Applications, *Quarterty Journal of Economics*, 1950, 64(2).

Perroux, F., Note on the Concept of “Growth Poles”, In: Livingstone I., *Economic Policy for Development: Selected Readings*, Harmondsworth: Penguin, 1971.

Boudeville J. R., *Problems of Regional Economic Planning*, Edinburgh: Edinburgh University Press, 1966.

B. Higgins and D. J. Savoie, *Regional Economic Development*, Unwin Hyman Ltd, 1988.

（石碧华）

区域主导产业部门选择
The Choice Criterion of Regional Leading Industry

主导产业这一概念最早由美国经济学家罗斯托在其著作《经济成长的阶段》中提出，其对主导产业的定义为：主导产业是能够最迅速、最有效地吸收创新成果，满足大幅度增长的需求从而获得持续的高增长率，并对其他产业部门的增长有广泛的直接影响和间接影响的部门。

主导产业对产业结构的演变具有推动和导向作用，因此，正确选择主导产业对于促进区域产业结构优化升级具有重要影响，也是促进区域经济发展的重要手段。选择主导产业便涉及选择基准问题，目前国内外主导产业的选择基准主要有以下几类：

赫希曼基准(Hirschman Criteria)。美国发展经济学家艾伯特·O. 赫希曼(Hirschman)在《经济发展战略》一书中，依据投入产出原理，提出了依据后向联系程度来确定主导产业的基准，即“赫希曼基准”。也就是说，主导产业部门的选择应依据后向联系系数的大小顺序排列。其意义在于：第一，突出后向联系意味着主导产业部门的选择以最终产品的制造部门为主，这样，主导产业部门的市场需求就有保证。第二，因为主导产业部门具有强烈的中间需求倾向，这又为支持主导产业部门增长的中间投入部门提供了市场。因此，主导产业部门通过需求扩大的连锁反应，可拉动经济的有效增长。

显然，赫希曼基准的出发点在于，在不发达国家，由于资本相对不足，而且扩大资本形成能力的要求相当迫切，所以基础产业的成长需要靠市场需求带动供给。因此，可以把赫希曼基准理解为以需求带动供给增长的不平衡结构的选择战略。

罗斯托基准(Rostow Criteria)。美国经济学家W. W. 罗斯托(Rostow)是最早提出主导产业理论的经济学家。他通过研究经济成长阶段与主导产业部门更替之间的关系,发现在特定时期内,国民经济总的经济增长率在一定意义上是某些关键部门的迅速增长所产生的直接或间接效果。他在《主导部门和起飞》一书中提出了主导产业的选择基准,即"罗斯托基准"。罗斯托认为,应该选择具有较强扩散效应(前瞻、回顾、旁侧)的产业作为主导产业,将主导产业的产业优势辐射传递到产业关联链上的各产业中,以带动整个产业结构的升级,促进区域经济的全面发展。

主导产业部门在经济起飞中的作用可以概括为三个方面:第一方面后向关联效应。即主导产业部门的高速增长,会对原材料和机器产生新的投入需求,从而带动一批工业部门的迅速发展。第二方面前向关联效应。即主导产业部门通过增加有效供给促进经济发展。例如,降低其他工业部门的中间投入成本,为其他部门提供新产品、新服务等。第三方面旁侧效应。即主导产业部门会引起周围的一系列变化,这些变化趋向于更广泛地推进工业化。

筱原基准(Shinohara Criteria)。日本经济学家筱原三代平在20世纪50年代中期为规划日本当时的产业结构提出了筱原基准。筱原基准包括两个重要的指标,即"收入弹性基准"和"生产率上升基准"。

收入弹性基准。是指选择需求收入弹性高的产业作为主导产业。某产业的收入弹性 = 该产业产出的人均需求增长率/人均国民收入增长率。收入弹性大于1,说明收入增加所导致的对该产业产品的需求的增加幅度超过收入增加的幅度;收入弹性小于1,说明收入增加所导致的对该产业产品的需求的增加幅度低于收入增加的幅度。显然,收入弹性高的产业具有良好的市场前景,其在产业结构中将占据更大的份额。一般而言,农产品的收入弹性不断低于轻工业品,而轻工业品的收入弹性又不断低于重工业产品。在工业化的不同阶段,不同产业的产品,其弹性系数是不相同的。因此,在某一时点上,不同工业部门的产品在收入弹性上的差异,显示了该时点上工业结构变化的趋势和方向;各工业部门之间在不同时点上收入弹性的显著变化,显示了工业化的阶段性和工业结构质的变化。

生产率上升基准。是指选择生产率上升快、技术水平高的产业部门为主导产业部门。这里的"生产率"是指全要素生产率(TFP),即产出对全部投入生产要素之比。全要素生产率的上升主要取决于技术进步,生产率上升的差异可以通过技术进步的变化速度加以考察,而技术进步率可以利用函数变换求得。其中,"技术进步的剩余计算法"的计算公式为:

$$\text{技术进步率} = \text{生产增长率} - \alpha \times \text{劳动力的增长率} - (1-\alpha) \times \text{资本的增长率}$$

其中,α 是工资总额占净产值的比例。

技术进步速度较快的产业,其成本下降速度也较快,相对应的是收益的递增,加快发展生产率上升快的产业就能提高整个社会的经济效益。一般而言,工业比农业、重工业比轻工业、加工业比原材料工业都具有较高的生产率上升率。

过密环境基准和丰富劳动内容基准均由日本产业结构审议会于20世纪70年代提出。其提出背景为:日本政府60年代在制定产业结构政策时采用了筱原三代平提出的"收入弹性基准"和"生产率上升基准",而在当时,日本重化工业相对其他产业部门而言更符合这两条标准,因而被当做主导产业并获得政府大力支持,并导致日本整个60年代经济快速增长;但进入70年代后,经济高速增长的同时也带来环境污染、经济过度密集及其他外部不经济问题,因此,日本政府在70年代制定产业结构政策时,又在筱原二基准之上增加了过密环境基准和丰富劳动内容基准。

过密环境基准要求选择能够提高资源利用效率、保护环境、防止和改善公害,并具有能补充由于由经济发展所带来的社会资本短缺的产业作为主导产业。过密环境基准的实质是要求经济发展同时与社会利益之间保持协调。对于发展中国家而言,如果在选择主导产业时遵循这一基准,就有可能避免重蹈发达国家经济发展历史上所经历过的先污染、后治理的覆辙。

丰富劳动内容基准要求在选择主导产业时考虑能够为劳动者提供安全、稳定和舒适的劳动环境的产业。该基准反映了经济发展的最终目的是为了提高社会成员的福利水平,而劳动者的劳动环境也是其福利的很重要一部分,但这一基准在经济发展水平较低时往往难以做到。

参考文献:

范金等:《应用产业经济学》,经济管理出版社2004年版。

芮明杰:《产业经济学》,上海财经大学出版社2005年版。

刘志彪等:《现代产业经济分析》,南京大学出版社2001年版。

史忠良:《新编产业经济学》,中国社会科学出版社2007年版。

闫应福等:《产业经济学》,中国财政经济出版社2003年版。

杨建文等:《产业经济学》,学林出版社2004年版。

张卓元:《政治经济学大辞典》,经济科学出版社1998年版。

周振华:《产业政策的经济理论系统分析》,中国人民大学出版社1991年版。

[日]小宫隆太郎等:《日本的产业政策》,国际文化出版公司1988年版。

(廖建辉)

产业空心化
Industry Hollowing Out

产业空心化又称产业空洞化。产业空心化问题最早出现在发达国家，特别是随着以美国和日本为代表的发达国家相继出现了产业空心化，这一经济现象开始逐渐得到了人们的关注。1982 年，B. 布鲁斯和 B. 哈里逊在《美国的脱工业化》一书中最早采用了产业空心化的提法，认为产业空心化就是在一国的基础生产能力方面出现了广泛的资本撤退。目前，学术界对产业空心化的定义尚未达成共识。一些日本学者认为，日本在向“后工业社会过渡的结构性变化”过程中，产业经济的“萧条与空心是由经济社会不可逆转的趋势引起的”（托田井，1996）。高野邦彦（1987）认为，产业空心化是特定地区为基础的特定产业的衰退，新产业的发展不能弥补旧产业衰退而形成的地区经济极度萎缩。池本清认为，产业空心化包括制造业空心化、金融空心化及服务空心化。而日本《经济白皮书》中对“产业空心化”的解释，则是指“由于海外直接投资的增大而带来的国内生产、投资、雇佣等的减少势态”，其实质是指制造业的空心化。

西方学术界对于产业空心化内涵的界定，大致有广义与狭义之分。广义空心化是指伴随对外直接投资而出现的服务产业经济化趋势，即国内第一产业、第二产业比重下降，第三产业比重上升的非工业化现象。狭义的产业空心化是指随着对外直接投资的发展，生产基地向国外转移，国内制造业不断萎缩、弱化的经济现象。这两种定义实际上都强调了一个国家或地区产业发展对制造业的偏离。目前，对于产业空心化比较流行的定义是，指以制造业为中心的物质生产和资本，大量、迅速地转移到国外，使物质生产在国民经济中的地位明显下降，造成国内物质生产与非物质生产之间的比例关系严重失衡。

关于产业空心化形成的原因，目前还没有比较一致的看法。多数学者认为，大规模地对外直接投资是产生产业空心化的根本原因。对外直接投资造成了投资国的国际收支逆差、国际竞争力下降和就业机会减少，进而导致了产业空心化。考林和汤姆林森（Cowling and Tomlinson，2000）通过研究 1981 ~ 1995 年日本跨国公司的对外投资情况，发现日本企业的对外直接投资年均增长率明显高于其他 G7 国家，认为这种大规模的对外投资导致了日本产业空心化。考林（K. Cowling，2001）在对日本机械部门进行案例研究的基础上，提出较高的海外投资回报率削弱了国内核心产业的基础地位，致使日本国际竞争力下降和产业空心化的出现。同时，一些学者从其他视角出发，研究产业空心化的成因。现在已有许多研究成果验证了对外直接投资仅仅引起了产业转移，并不是导致产业空心化的全部原因。随着研究的不断深入，除了对外直接投资因素外，更多的影响因子被纳入分析中，促进了产业空心化研究的进一步系统化。

参考文献：

［日］高野邦彦：《关于产业空心化》，载于《世界经济》1987 年第 2 期。

蒋志敏、李孟刚：《产业空心化新论》，载于《财经界》2006 年第 10 期。

李东阳：《对外直接投资与国内产业空心化》，载于《财经问题研究》2000 年第 1 期。

Cowling K. and Tomlinson P. R. , The Problem of Regional “Hollowing Out” in Japan: Lessons for Regional Industrial Policy, Working Paper, University of Warwick, 2001.

（石碧华）

雁行形态理论
Flying-geese Model

“雁行形态理论”（又被称为“雁阵理论”、“雁行模型”），首创者是日本经济学家赤松要（Kaname Akamatsu），后得益于日本经济学家大来佐伍郎（Sabro Okita）和小岛清（Kiyoshi Kojima）阐释和宣扬。常被用来表述工业化和经济发展形态，也常用于产业和经济结构的动态演进。雁行形态理论自提出后，根据研究对象的不同，衍生出两大理论变种：一是被用于研究特定一国的经济发展型态；二是被用于研究多个国家之间序贯出现的经济发展型态。

赤松要最先提出的雁行形态是一国模型，用来表述追赶型国家的产业演进，又被进一步细分为一国一种产品模型和一国多种产品模型，前者又被称之为产业内视角（Intra-Industry Aspect），后者被称之为产业间视角（Inter-Industry Aspect）。

一国一种产品模型又被称之为基本雁行形态（Akamatsu，1962），是指一国（通常是欠发达国家）某一产业要经历如下四个历史阶段：在第一阶段，由于产业发展落后，需要大量进口工业制成品；在第二阶段，国内开始生产工业制成品，逐渐替代进口致使进口逐渐下降；在第三阶段，国内生产的工业制成品开始出口；在第四阶段，工业制成品出口减少，该产业完成对发达国家的赶超。按照这几个阶段随着时间的推移，制成品的进口、国内产量和出口价值量的时间序列都呈现出倒“V”形，依时间先后像飞行的大雁排列成型，故而得名。

一国多种产品模型是对一国一种产品模型的拓展，即从初级产品（消费品）拓展为高级精密产品（资本品），初级产品和高级产品的发展先后呈现出雁行形态，并分析了产业关联和产业链。首先，如上述一国一种产品模型所展示的那样，在第一阶段，一国的初级工业品(消费品)经历“进口—进口替代—出口”历史阶段;在第二阶段,该国为了生产初级产品(消费品)而需要进口生产所需的高级产品(资本品);在第三阶段,消费品出口下降的同时,资本品的进口却随着国民收入的增长而不断增长,国内生产和出口将逐渐从初级产品升级为高级产品;在第四阶段,该国的消费品出口减少,转而出口更高级的资本品。

赤松要提出雁行形态之后,后续研究者对该模型进行了不同的修正,使用不同的变量替代“进口—进口替代—出口”价值量,如“生产—消费比”(Kosai and Tran,1994)、“比较优势指数”(Kwan,2002)和“净出口比率”,但是都没有改变基本的雁行形态。赤松要提出雁行形态理论是基于日本“明治维新”后到“二战”前经济发展的经验研究,没有对其加以理论解释。小岛清认为要素禀赋的变化是产业多样化的重要原因,即物质和人力资本的积累促进了资本密集型产业的出现,而技术进步、“干中学”、“规模经济”和产业内产品生命周期的缩短推动了资本密集型产业的发展(Kojima,2000)。在理论上,“雁行形态理论”与“产品生命周期”理论相互佐证,后者认为产业的发展经历“导入—成长—成熟—衰退”过程(Vernon,1966)。

赤松要的“雁行形态”理论主要研究的是发展中国家的经济发展,分析被预设在存有多个处于不同发展阶段的国家背景之下,所以“雁行形态”模型自然被多国模型。多国“雁行形态”模型由日本经济学家大来佐伍郎(Okita,1985)最先从一国模型拓展而来,用于解释东亚国家之间相继出现的赶超和产业跨国传递现象,既不是发展程度较差较大国家之间的纵向一体化,也不是发展程度相近国家之间的横向一体化,而是一种具有特殊动态性的雁行形态。按照多国“雁行形态”模型,随着时间的推移,某一特定产业的比较优势从一些处于发展更高级阶段的国家转移到发展相对低级阶段的国家,在东亚地区通常表现为从日本转移到新兴工业化国家,再转移到“东盟”国家,最后再转移到中国、印度等发展中国家。这种模式发生的条件是各个经济体之间发展阶段、自然资源禀赋、文化、宗教和历史遗产等方面存在较大差异(Okita,1985),驱动因素是后发工业化国家物质资本和人力资本的积累、政策等,更发达国家(如日本)的资本、技术和管理经验转移到后发国家也加速了这一产业转移过程。而更发达国家通过产业结构调整和升级,不断培育新兴产业,将生产要素从失去比较优势的产业转移到新兴产业,维持在其区域内的“领头雁”的地位。新兴产业不断向后发国家转移,带动后发国家的赶超和区域经济发展。

参考文献:

Akamatsu, Kaname, A Historical Pattern of Economic Growth in Developing Countries, *The Developing Economics*, Vol. 1, 1962.

Kojima, Kiyoshi, The "Flying Geese" Model of Asian Economic Development: Origin, Theoretical Extensions, and Regional Policy Implications, *Journal of Asian Economics*, 2000.

Kosai, Y. and T. V. Tran, Japan and Industrialization in Asia-An Essay in Memory of Dr. Saburo Okita, *Journal of Asian Economics*, 1994.

Kuan, C. , The Rise of China and Asia's Flying-Geese Pattern of Economic Development: An Empirical Analysis Based on US Import Statistics, NRI Paper No. 52, 2002.

Okita, S. , Special Presentation: Prospect of Pacific Economies, Korea Development Institute, Pacific Cooperation: Issues and Opportunities, Report of the Fourth Pacific Economic Cooperation Conference, Seoul, Korea, April 29-May 1, 1985.

Vernon, R. , International Investment and International Trade in the Product Cycle, *Quarterly Journal of Economics*, 1966.

(黄阳华)

产业集群与产业集聚
Industrial Cluster and Industrial Agglomeration

地理环境是人类赖以生存的基础,地理因素对经济发展有重要影响,社会经济活动会表现出各种地理特征。概括地讲,地理因素对经济发展最主要的影响是造成经济空间分布和发展的差异。在全球化的当今时代,迅捷的交通、高速的通讯和广泛的市场似乎让人感到经济区位和企业选址不再重要,然而生产、消费等要素受全球化影响的不同,反而加强了相关经济实体和经济行为的地理集中程度,产业集聚(Industrial Agglomeration)和产业集群(Industrial Cluster)现象越来越突出(Overman, Redding and Venables, 2003; Bellefiamme、Picard and Thisse, 2000)。

从概念来讲,产业集聚是指某一产业在地理空间上的集中,它侧重于某个产业的区域分布与工业整体的区域分布的对比,描述了某个产业的空间分布状态。产业集群是指在某一特定领域中(通常以一个主导产业为核心),大量产业联系密切的企业以及相关支撑机构在空间上集聚,并形成强劲、持续竞争优势的现象(Poter,1998)。因此,产业集聚不等于产业集群,产业集聚仅仅描述了某一领域相关的企业在地理上的集中和接近(张元智,2001),而产业集群则是一个类似于生物有机体的产业群落,它是企业自组织或有组织的综合体,而不是无组织的混合体和堆积物,它揭示了在一些地方相关企业集结成群，从而获得竞争优势的现象和机制（王缉慈等，2001）。可以说，特定产业的空间集聚是产业集群形成和发展的基础，但并非任何产业集聚都一定能发展成为一个产业集群。

一般认为，经济学史上第一个阐述产业集聚或集群理论的经济学家是马歇尔（Marshall，1964）。他从“外部经济”的角度对这个问题进行了探讨。他认为是由专门人才、专门机械、原材料提供、运输便利以及技术扩散等“一般发达的经济”所造成的“外部经济”促使形成企业的地理集中和相互依赖。工业区位经济学家韦伯（Weber，1997）最早提出集聚经济的概念，他在1909年出版的《工业区位论》一书中，把区位因素分为区域因素和集聚因素。他认为，集聚因素可分为两个阶段：第一阶段仅通过企业自身的扩大而产生集聚优势，这是初级阶段；第二阶段是各个企业通过相互联系的组织而实现地方工业化，这是最重要的高级集聚阶段，用现代的概念来说也就是形成了产业集群。随后，杨格（Young，1928）提出了规模报酬理论的一些核心内容，他重视分工、交易成本和市场范围的关系，重新阐发了亚当·斯密关于分工与市场规模的思想，从这一角度提出了一些对产业集聚的看法。

20世纪70年代末以来，一些经济学家将空间维度引入现代主流经济学，一些经济地理学家将主流经济学的研究方法和分析工具引入经济地理学研究，现代经济学和地理学的交融促使新经济地理学逐渐发展起来（Helpman，1981；Helpman and Krugman，1985；Krugman，1979，1991；Krugman and Venables，1995；Fujita，Krugman and Venables，1999）。其中最为典型的代表是克鲁格曼，他以传统的收益递增为理论基础，引入地理区位等因素，分析了空间结构、经济增长和规模经济之间的相互关系，提出了新的空间经济理论。通过其新理论，克鲁格曼发展了集聚经济的观点。他的工业集聚模型假设一个国家有两个地区，有两种生产活动（如农业和制造业），在规模经济、低运输费用和高制造业投入的综合作用下，地区将会形成专业化分工和地区产业集聚。克鲁格曼的贡献在于，他第一次通过数学模型分析证明了工业集聚将导致制造业中心区的形成。另外，他的垄断竞争模型在融合传统经济地理学理论的基础上，综合考虑多种影响因素，如收益递增、自组织理论、向心力和离心力等的作用，证明了低的运输成本、高制造业比例和规模有利于区域集聚的形成。

波特于1998年发表了《集群与新竞争经济学》一文，系统地提出了新竞争经济学的产业集群理论。在波特看来，产业集群是集中在特定区域的，在业务上相互联系的一群企业和相关机构，包括提供零部件等上游的中间商，下游的渠道与顾客，提供互补产品的制造商，以及具有相关技能、技术或共同投入的属于其他产业的企业。波特认为，产业集群的核心是企业之间及企业与其他机构之间的联系以及互补性，即产业集群内部的共生机制，这种机制既有利于获得规模经济，同时又有利于互动式学习和技术扩散，而且比垂直一体化的大型企业具有更大的灵活性（Poter，1998）。在这种产业集群内，某些特定产业中相互联系的企业和机构，通过价值链和各种联系渠道，相对集中在特定的地理空间，形成一个有机的群体。集群内的企业既有竞争又有合作，既有分工又有协作，彼此间形成一种互动性的关联，由这种互动形成的竞争压力、潜在压力有利于构成集群内企业持续的创新动力，并由此带来一系列的产品创新，促进产业升级的加快。产业集群的这些内在特点是它与产业集聚区别所在，产业集群所具有的竞争优势是产业集聚难以相比的（魏后凯，2003）。

产业集群内部的共生机制主要有技术扩散、非正规学习和合作竞争等几个方面。首先，产业集群内的技术扩散有独特的优势。现代经济中知识和技术的作用很大，企业能否及时掌握最新的知识和技术很大程度上决定了企业的竞争能力，地区技术扩散的速度也影响着地区经济的竞争力。但是，技术扩散受距离影响很大，特别是其传播速度会随着距离的增加急速地下降，而产业集群在这方面有不可比拟的优势（Markusen，1996）。这主要表现为两个方面：一方面，由于地域上的接近，集群内企业的技术保密成本很高而学习成本很低，企业学习其他企业的技术极为方便，因而技术和信息交流成为一种互利行为。另一方面，产业集群内部多重联系的组织关系，使得企业自觉不自觉地把质量管理、新产品生产方法、生产工艺流程设计、设备改良、新技术情报、新产品开发技术等传送到其他企业中，特别是从大企业传递到中小企业，从而产生了一种超市场的技术传递行为。产业集群内这种超市场的知识和技术传播打破了市场经济中技术扩散的产权屏障，有利于大中小企业的功能协调，有利于技术进步的加速发展和产品的更新换代。

其次，产业集群拥有学习和获得知识的有效手段——非正式学习。在集群内部，不仅技术和知识便于传播，而且技术和知识的传播方式也有自身的特点，那就是以大量的非正规交流方式为主。现代经济中有很多关键性技术和知识（如工艺、组织文化、制度认同等）很难通过正式学习的方式传播，而非正式交流则可以增进这种技术和知识的传播和积累。这就使得集群内部企业有机会学习到集群外企业学不到的技能和知识，能够加快集群内知识和技术的积累，促进不同类型知识的流动，并强化集群的创新能力和竞争能力。

集群的内在机制的另一个重要方面是其对传统竞争模式的变革——合作竞争。随着经济全球化和网络信息时代的到来，企业竞争力的形成方式正在发生重大转变。企业竞争力的形成是一个历史过程,是企业的长时期行为决策的结果,而且它不只是与大的决策有关,与无数个小决策关系更为密切。大的决策容易被模仿,而大量的小决策是无法模仿的,因而企业的竞争力大小往往取决于它能否正确作出无数个小决策(巴尼,1999)。产业集群的优势在于它为集群内企业指明了大的发展方向并提供了大量的市场信息和决策案例,可以使企业避免大决策的风险而专注于一些小决策,从而使企业在决策上拥有优势,增强企业的竞争力。当然,产业集群内许多企业集聚在一起,确实加剧了企业之间的竞争。但是竞争并不排斥合作,产业集群内集中在一起的大量企业,既展开激烈的市场竞争,又进行多种形式的合作(如联合开发新产品、开拓新市场、建立生产供应链等),并由此形成一种既有竞争又有合作的合作竞争(Cooperative Competition)机制。这种合作机制的根本特征是互动互助、集体行动,通过这种合作方式,中小企业可以在培训、金融、技术开发、产品设计、市场营销、出口、分配等方面,实现高效的网络化的互动和合作,以克服其内部规模不经济的劣势,从而能够与比自己强大的竞争对手相抗衡。这种集体行动的互动机制的形成,可以顺畅信息的流通,加快观念、知识和技术的传播,缓和经济利益的冲突,减少交易的困难,从而获取集体效率(Collective Efficiency)(聂鸣、李俊、骆静,2002)。在当前不断出现的技术创新过程中,没有一家企业能够独立地完成所有产品的研究与开发,企业之间必须合作;同时,企业要应付复杂多变的外部环境,也必须与其他企业结成网络,共同解决问题。与竞争的同行相互交流合作,共同分享本行业的知识与信息,不仅是可能的,也是十分必要的(达夫特,2002)。此外,采取合作竞争的方式,也有助于企业建立战略联盟和伙伴关系,实行灵活的专业化生产。总之,产业集群形成了产业集聚所没有的组织结构和发展模式,比产业集聚拥有更强的竞争能力和发展能力。

概括地讲,产业集聚与产业集群不是同一概念,但产业集聚是形成产业集群的必要条件,二者的关键区别在于产业集群内部的共生机制。产业集聚不等于产业集群,单靠地理上的集中并不能创造出共同得益的相互依赖性;产业集群必须以地区内部的相互联系和共同促进为基础,没有区域内部的共生机制,就不能真正发挥集聚优势。这一点对各国的产业发展很有指导意义,因为如果简单地认为产业的地理集中就能形成产业集群,则很容易忽视企业之间的内在联系机制的建立,导致产业发展战略的失败。

参考文献:

[德]阿尔弗雷德·韦伯:《工业区位论》,商务印书馆1997年版。

[英]阿尔弗里德·马歇尔:《经济学原理》上卷,商务印书馆1964年版。

[英]杰伊·B. 巴尼:《从内部寻求竞争优势》,引自安德鲁·坎贝尔、凯瑟琳·萨默:《核心能力战略:以核心竞争能力为基础的战略》,东北财经大学出版社1999年版。

[美]理查德·达夫特:《组织理论与设计精要》,机械工业出版社2002年版。

聂鸣、李俊、骆静:《OECD国家产业集群政策分析和对我国的启示》,载于《中国地质大学学报(社会科学版)》2002年第1期。

王缉慈等:《创新的空间:企业集群与区域发展》,北京大学出版社2001年版。

魏后凯:《对产业集群与竞争力的考察》,载于《经济管理·新管理》2003年第6期。

张元智:《基于企业核心竞争能力的产业集聚观点》,载于《人文杂志》2001年第4期。

Paul Belleflamme, Pierre Picard and Jacques-Franάois Thisse, An Economic Theory of Regional Clusters, *Journal of Urban Economics*, Vol. 48, 2000.

Masahisa Fujita, Paul Krugman and Anthony J. Venables, *The Spatial Economy*, London: MIT Press, 1999.

Elhanan Helpman, International Trade in the Presence of Product Differentiation, Economies of Scale and Monopolistic Competition, *Journal of International Economics*, Vol. 11, 1981.

Elhanan Helpman and Paul Krugman, *Market Structure and Foreign Trade: Increasing Returns, Imperfect Competition and the International Economy*, London: MIT Press, 1985.

Paul Krugman, Increasing Returns and Economic Geography, *Journal of Political Economy*, Vol. 99, 1991.

Paul Krugman and Anthony J. Venables, Globalization and the Inequality of Nations, *Quarterly Journal of Economics*, Vol. 110, 1995.

A. Markusen, Sticky Places in Slippery Space: A Typology of Industrial Districts, *Economic Geography*, Vol. 3, 1996.

Henry G. Overman, Stephen Redding and Anthony J. Venables, The Economic Geography of Trade, Production, and Income: A Survey of Empirics, In E. Kwan Choi, James Harrigan, eds, *Handbook of International Trade*, 2003.

M. E. Poter, Clusters and New Economics Competition, *Harvard Business Review*, No. 11, 1998.

Allen Young, Increasing Returns and Economic Progress, *Economic Journal*, Vol. 38, 1928.

(吴利学)

兼并
Merger

兼并，是指通过产权的有偿转让，把其他企业并入本企业或企业集团中，使被兼并的企业失去法人资格或改变法人实体的经济行为。在西方国家实践中，兼并和收购（Acquisition）往往交织在一起很难区分开，通常作为一个固定词组来使用的，简称为M&A。在中国，兼并的概念有狭义和广义之分。狭义的兼并概念是指两家或更多的独立的企业、公司合并成一家企业，通常由一家占优势的公司吸收另一家或更多的公司。广义的兼并概念范围较大，法律解释、会计解释和实务操作等方面都有所涉及。从法律角度来看，《公司法》中规定的企业兼并只有吸收合并和新设合并两种类型；在会计上，涉及的企业兼并问题则包括吸收合并、新设合并和控股合并三种方式；在实际操作过程中，企业兼并的范畴极其广泛，除严格属于法律和会计上界定的企业兼并外，还包括股权置换和分拆、资产剥离、合资、租赁、回购、托管、债转股、借壳和买壳等行为，这些在业界通称为兼并重组（Reconstruction）。目前，兼并被视为是企业通过市场力量调整企业边界、提高资源配置效率的有效手段，也是企业面对开放的激烈市场竞争的一种自我扩张和生存发展的有效途径。

企业兼并理论的发展和兼并实务的发生是紧密相连的，诺贝尔经济学奖获得者施蒂格勒（George J. Stigler）认为"一个企业通过兼并其竞争对手的途径成为巨型企业是现代经济史上一个突出的现象"。自从19世纪末美国发生历史上第一次兼并浪潮以来，以美国为代表的西方企业至少出现过五次兼并浪潮，且规模一次比一次大。第一次兼并浪潮（1897年～1903年），以同行业间横向兼并为主；第二次兼并浪潮（1915～1929年），以纵向兼并为主要特征；第三次兼并浪潮（1953～1970年），以混合兼并为主流；第四次兼并浪潮（1975～1992年），混合兼并比例急剧下降，举债兼并成为企业兼并的重要方式；第五次兼并浪潮始于1994年，跨国兼并日益增多，席卷西方各国及发展中国家。针对如火如荼的兼并浪潮，西方经济学家形成了诸多观点学派，主要用来解决两大问题：一是什么力量推动企业进行兼并，即成因问题；二是兼并为企业内外增加多少了收益和福利，即效率问题。具体的理论观点包括但不限于：效率理论、交易费用理论、市场势力说、财富分配理论、信息信号理论、税负理论、自由现金流量论、价值低估理论、多角化理论、规模经济理论等。特别是近二十年来，由于企业理论和博弈论等的长足发展，使得兼并理论的研究成为西方经济学最为活跃的领域之一。科斯（Coase，1937）、威廉姆森（Williamson，1971）等人创立和发展的产权经济学及企业理论为探讨企业兼并问题提供了理论基础。穆勒（Mueller，1969）、克莱因、克劳福德和阿尔钦（Klein，Crawford and Alchian，1978）等对兼并的动因及其效率问题进行了深入的研究。

由于企业兼并行为的复杂性，使得兼并的形式多种多样，并且不断发展和变化。从兼并企业与被兼并企业关系来看，企业兼并可分为三种：

横向兼并（Horizontal Merger），又称为水平兼并。这是一种传统的企业兼并形式，是指具有竞争关系的、经营领域相同或生产产品相同的同行业之间的兼并，这种兼并的目的在于扩大生产规模，实现规模经济，提高行业集中程度，增强企业在同行业中的竞争能力，控制或影响同类产品的市场。购买同一市场上制造相同产品的企业能增加市场份额，减少竞争对手；购买不同市场上制造相同产品的企业，能实现区域扩张，以形成在某一行业的垄断地位。这种兼并形式的缺点在于：很容易出现行业垄断。因此，许多国家都密切关注并严格限制这类兼并的进行。

纵向兼并（Vertical Merger），又称为垂直兼并。这是一种带有明显行业扩张意图的兼并形式，是指生产过程或经营环节相互衔接、密切联系的企业之间，或者具有纵向协作关系的专业化企业之间的兼并。主要是加工制造企业与其他有联系的原材料、运输、贸易公司实行的兼并。这种兼并的目的在于控制某行业、某部门生产及销售全过程，从而获得一体化的效益。兼并一家有利于接近最终消费者的公司，如产成品制造商、经销商、零售商等，这种方式又称为"前向合并"（Forward Integration）。其目的在于追求更高的边际利润，争取稳定的产出，或阻止竞争者。兼并一家供应公司有利于改善原材料供应条件，这种方式又称"后向合并"（Backward Integration）。其优势在于控制原材料的供应及半成品的投入。总之，兼并企业通过对原材料和销售渠道及用户的控制，可以降低生产成本，综合开发，提高对市场变化的应变能力，从行业角度看，有利于简化经营环节，密切上下游产业间的联系。另外，纵向兼并还可以避开横向兼并中经常遇到的反托拉斯法的限制。纵向兼并的缺点在于企业生存发展受市场因素的影响。

混合兼并（Conglomerate Merger），又称扩张兼并、跨行业兼并。是指横向兼并与纵向兼并相结合的企业兼并。其目的在于扩大企业自身的产业结构，积极参与和尽力控制企业可占有的市场。混合兼并一般可分为产品扩张型兼并、市场扩张型兼并和纯混合型兼并三种。产品扩张型兼并是指一家企业以原有产品和市场为基础，通过兼并其他企业进入相关产业经营领域，达到扩大经营范围、增强企业实力的目的。这种类型的兼并必须考虑组合的经济性。市场扩张型兼并是指生产同种产品，但产品在不同地区的市场上销售的企业之间的兼并，这种方式的兼并可以扩大市场，提高市场占有率。纯混合型兼并是指生产和职能上没有任何联系的两家或多家企业的兼并。这种兼并又称为集团扩张，其目的是为了进入更具增长潜力和利润率较高的领域，实现投资多元化和经营多元化，通过先进的财务管理和集中化的行政管理来取得规模经济效益。

按照兼并行为的具体手段来划分，兼并可分为以下四种：承担债务式，即在资产与债务等价的情况下，兼并方以承担被兼并方债务为条件接收其资产；购买式，即兼并方出资购买被兼并方企业的资产；吸收股份式，即被兼并企业的所有者将被兼并企业的净资产作为股金投入兼并方，成为兼并方企业的一个股东；控股式，即一个企业通过购买其他企业的股权，达到控股，实现兼并。

随着中国资本市场的建设和发展，中国企业从20世纪90年代至今也掀起过多次兼并重组风潮，企业兼并已成为中国改革开放新的经济环境下的一个热门话题。兼并被视为现代企业和跨国公司实现向外扩张、增强竞争实力和战胜竞争对手的一种重要战略手段，同时也是一个国家调整产业结构，保障社会福利的战略性工具。然而，由于我国资本市场的建设和发展时间短，市场机制和制度不够健全完善，企业兼并在理论和实践中主要以借鉴吸收西方国家为主，尚需进一步做好国际经验中国化的研究。

参考文献：

吴晓求：《公司兼并原理》，中国人民大学出版社2002年版。

干春晖、刘祥生：《企业并购理论与实务》，立信会计出版社1999年版。

［美］施蒂格勒：《产业组织和政府管制》，上海三联书店1989年版。

［美］J. 费雷德・威斯通等：《兼并、重组与公司控制》，经济科学出版社1998年版。

王玉霞：《现代企业兼并理论》，大连理工大学出版社2003年版。

龚唯敬：《企业兼并论》，复旦大学出版社1996年版。

［法］梯若尔：《产业组织理论》，中国人民大学出版社1997年版。

Cowling, K. et al., *Mergers and Economy Performance*, Cambridge: Cambridge University Press, 1980.

Stigler, G. J., Monopoly and Oligopoly by Merger, *American Economic Review*, 1950, 40(5).

（胡文龙）

收购与重组
Acquisition and Restructuring

收购与重组，是指通过市场交易行为取得被并购企业经营控制权并在新的企业边界内对组织形式、经营方式、经营范围、生产要素等进行重新整合的企业行为。收购，其含义主要是指企业通过购买和证券交换等方式获取其他企业的全部所有权或部分股权，从而掌握其经营控制权一种市场行为。其特点是目标公司的经营控制权易手，但其法人地位并不丧失。收购有两种：一是资产收购（Asset Acquisition），是指一家企业购买另一家企业的部分或全部资产；二是股权收购（Stock Acquisition），是指一家企业直接或间接购买另一家企业的部分或全部股票，并根据持股比例与其他股东共同承担目标企业的权利与义务。重组，狭义仅指资产重组，通常指企业将一项（批）资产转化为另一项（批）资产，从而达到资产有效配置的交易行为；广义是指公司重组，即在新的企业边界内对组织形式、经营方式、经营范围、生产要素等进行重新整合，其目的是优化资源配置，节约交易费用，提高经济效益，从而提升企业价值。乔桂云、余有红（1998）认为，资产重组使资源得到有效配置，为企业提供一个良好的物质基础，而公司重组则是在资产重组的基础上，利用内部经营管理手段进行有效的吸纳和重新配置，同时带动技术系统、管理系统及营销系统，形成互补和协同效应，以提高经营系统的竞争能力，它主要包括管理重组、组织机构与人员重组、开发战略重组、企业文化重组等。

在中国，企业收购行为（取得经营控制权）和后续重组行为（组织形式、经营方式、经营范围、生产要素等进行重新整合配置）往往交织在一起进行，因此并购重组这一提法十分常见。它来源于西方国家的兼并和收购概念，但其内涵和外延又超出了严格意义上的并购（M&A），可以看成是有关兼并、收购、托管、资产置换、借壳、买壳等企业行为的总称。中国真正意义上依托资本市场进行的并购重组始于1993年。经过多年的发展，并购重组当前已逐渐成为中国产业结构战略调整、上市公司优胜劣汰、社会资源优化配置的重要手段。目前，并购重组一般是指以资源优化配置为目的，以产权流动为特征，通过生产要素的重新组合和资本结构的动态调整，来提高社会资源运行效率的经营活动。按照中国证券市场上约定俗成的分类方法，并购重组主要分为四类：兼并收购、股权转让、资产剥离、资产置换。

兼并收购是市场经济中资产重组的重要形式。兼并又称为“吸收合并”，是指一个企业购买其他企业的产权，使其他企业失去法人资格或改变法人实体的一种行为。收购又称为“控股合并”，是指一家企业购买另一家企业股份并达到控股百分比的合并形式，被收购公司一般仍然保留法人资格。二者往往被简称为并购，都是通过公司控制权的转移和集中而实现公司对外扩张和对市场的占有。

股权转让是指上市公司的股东将其拥有的上市公司全部或部分股权转让给其他公司。股权转让可以具体分为无偿划拨和有偿转让。上市公司的股权无偿划拨是指政府即上市公司所有者通过行政手段将目标公司的产权无偿划归并购公司的产权重组行为，是中国产权重组中的一种特殊并购形式，目前已较少采用。股权有偿转让是指并购公司根据协议价格或者市场公开价格获得目标公司控制权的并购行为。

资产剥离是指上市公司出售资产或股权。剥离资产通常是对盈利能力差的资产进行处理，改善其他资产的盈利水平；或是由于有的公司投资范围过于分散，造成主业不突出、管理不善的状况，为了收缩产业战线，通过出售一些与主业无关的资产，来调整投资结构，集中搞好主业，增强企业核心竞争力。被剥离和出售的资产可以是企业持有的股权、经营性资产、非经营性资产、债权等。企业进行资产剥离的动机可以归结为：优化资产结构、提高公司的竞争力和盈利能力。资产剥离的交易方式有：协议转让、拍卖、出售；交易的支付方式则有现金支付、资产置换支付、混合支付等。

资产置换是指公司重组中为了使资产处于最佳配置状态，获取最大收益；或出于其他目的而对所拥有和控制的非货币性资产进行交换。资产置换是中国上市公司资产重组的一种特殊形式，大多发生于上市公司与其母公司之间。一般而言，上市公司置换出的大多是非经营性资产或不良资产，置换进的大多是母公司的优质资产。母公司的优质资产通过资产置换注入了上市公司，实现了借壳上市，从而迅速提高上市公司的资产质量和盈利能力。但是，此类重组很多涉及关联交易，资产置换的结果可能会损害其他利益相关者的权益，将会受到越来越严格的监管。

中国作为比较典型的转轨经济国家，目前已借鉴西方相关理论，从效率效应、组织资源、战略价值、信息信号、管理协同、财务效应、规模经济、价值重估、代理成本、市场力量及自由现金流等角度来研究企业并购重组活动，目前尚不能对所有的企业并购重组活动给出合理的合乎中国国情的解释，也未能形成权威、统一的理论体系，既不够全面，尚有其局限性。同时，由于资本市场建设和发展时间短，市场机制和制度不够健全完善，中国并购重组中存在一些普遍问题需要积极应对，如交易价格公允性、盈利能力与预测、资产权属及完整性、同业竞争、关联交易、内幕交易、持续经营能力、债券债务处置、股权转让和权益变动等方面，尚需结合中国国情进行深入研究。

参考文献：

乔桂云、余有红等：《中国企业资产重组的理论与实务》，上海人民出版社 1998 年版。

干春辉、刘祥生：《企业并购理论与实务》，立信会计出版社 1999 年版。

［美］J. 费雷德·威斯通等：《兼并、重组与公司控制》，经济科学出版社 1998 年版。

［法］梯若尔：《产业组织理论》，中国人民大学出版社 1997 年版。

陈维政、刘存绪：《资产重组》，西南财经大学出版社 1999 年版。

陈信元、张田余：《资产重组的市场反应——1997 年沪市资产重组实证分析》，载于《经济研究》1999 年第 9 期。

Cowling, K. et al., *Mergers and Economy Performance*, Cambridge: Cambridge University Press, 1980.

Stigler, G. J., Monopoly and Oligopoly by Merger, *American Economic Review*, 1950.

（胡文龙）

规模经济
Economies of Scale

在既定的技术条件下，如果在某一区间生产的平均成本随着产量增加而递减（或递增），就可以说此区间存在着规模经济（或规模不经济），其基本含义是生产要素一定比例的增长能够引起产出更大比例的增长。

考虑新古典齐次生产函数 $X=f(L,K)$，在每种生产要素均以乘数 λ 倍增长，则 $\lambda^k X=f(\lambda L,\lambda k)$，k 为方程的齐次指数，$k>1$ 时规模收益递增。该定义虽然侧重于从技术角度来考察规模经济与规模不经济，但它并不仅限于生产领域，有时也扩展到包括产品销售、资金筹措、人员培训等在内的整个商业活动。

需要注意的是，在生产复合产品的情况下，与主要研究产出组合变化时成本变化的范围经济不同，规模经济主要研究产品组合不变时的成本变化。这里成本变化来源于为使费用最小，各种生产要素投入的比例所进行的调整。与规模经济相关的一个概念是规模收益：在产出比例和投入比例均保持不变时，由一定的投入向量 x 所生产的单一或复合产量 $f(x)$ 和由向量 $\lambda x(\lambda>1)$ 所生产的产量 $f(\lambda x)$ 进行比较。如果 $f(\lambda x)$ 大于（小于或等于）$\lambda f(x)$，则规模收益递增（递减或不变）。有时，人们使用规模经济（或规模不经济）来表示规模收益递增（或递减）。

如果 f 是一个严格凹函数，且 $f(0)\geqslant 0$，或者，如果 f 是小于一次的齐次函数，那么总是存在着规模收益递减。而齐次指数 $k>1$ 则是规模收益递增的充分条件。

有关的文献，如多纳德·海和德理克·莫瑞斯(Donald A. Hay and Derek J. Morris, 2001)将规模经济划分为三个层次，即产品规模经济、工厂规模经济和企业规模经济。

产品规模经济也就是产品专业化的经济性，它最初来自分工和熟能生巧。由于分工，每个生产者可以提高同一产品的生产规模；由于熟能生巧，生产者能逐步节约生产要素的消耗。以后由于机械的运用、改良和分工的日益精细，这两方面的运动不断地深化。自亚当·斯密(Adam Smith)以来的许多经济学家都曾对分工、专业化生产、机器的普遍应用作过精辟的论述。在商品生产中，许多大小不同的企业，通过市场上的商品交换，有可能共同进行产品专业化生产，使各个企业的机械设备和生产能力都发挥最大的效益。这是历史上最早、最普遍也是最基本的规模经济层次。促成这种规模经济的重要因素不是由生产技术和管理技术所决定的工厂规模和企业规模，而是由社会制度所决定的市场完善程度。

工厂规模经济，从工厂本身来说主要是由生产技术结构所决定的，特别是由关键设备的生产能力和关键生产线的生产节拍所决定的，这在一些进行连续性生产的工厂如钢铁厂、石油化工厂、发电厂、汽车制造厂中特别明显。过去，我们常常将企业规模误认为工厂规模，这是由于我国的传统经济体制下工厂和企业两个概念混淆所引起的。随着市场取向改革的日趋深入，这两个概念间的区别已越来越泾渭分明。工厂的经济规模是由工厂的长期平均成本曲线所决定的。在几何图形上，长期平均成本曲线是短期平均成本曲线的包络线。长期平均成本最低时的产量就是工厂的经济规模，经济规模通常不是一个点而是一个区间。

企业规模经济则是一个企业拥有多个工厂所具有的经济性，它主要来自生产技术、专业人才、商品牌号、统一的营销和服务、资金等共享所获得的经济性，也可能来自风险分散所获得的经济性。但企业所拥有的工厂越多，也就越增加了管理上的困难和创新上的惰性，克服这些困难和问题的关键因素是建立新的大企业或巨型企业的管理技术。钱德勒(Chandler)观察到，在需求增长的产业中，经济规模所要求的经常是多工厂企业而不是单一工厂企业。至于多工厂带来的规模经济，涉及一个复合的方程式，即随着技术和市场变化而变动的这类方程式，起作用的因素除了按最低效率规模经营的成本和收益以外，还包括对市场区域分布、市场规模和市场份额的判断。如果把工厂设在国外，还需要计算由于关税和有关的限制性法律产生的成本。工厂效率规模和一个有多种工厂企业的效率规模之间的关系是复杂的。

根据生产函数的特征，规模收益有三种可能性：第一，产出按照比投入要素更大的比例增长。例如，两倍的投入导致多于两倍的产出，这是规模收益递增的情况。第二，产出按照比投入要素更小的比例增长。例如，两倍的投入导致少于两倍的产出，这是规模收益递减的情况。第三，产出恰好以和投入要素相同的比例增加。例如，两倍的投入刚好导致两倍的产出，这是规模收益不变的情况。此时，当投入要素的比例固定不变时，产出量的边际成本也不变。结果，只有每一种投入要素都增长 K% 时产出量才能增加 K%。对于竞争产业而言，生产要素的价格不会因个别企业规模的增大而变化，总成本也将上升 K%，平均成本和边际成本固定不变。因此，规模经济一定存在梯若尔(Tirole, 1997)提出的固定成本，即企业为了生产所必须承担并与产量多寡无关的成本。

在经济研究中，“规模收益不变”是一个十分流行的假设。考虑柯布—道格拉斯(Cobb-Douglas)生产函数：

$$P = kC^{\alpha}L^{1-\alpha}$$

其中，P 是产出量，C 是资本，L 是劳动力，k 是常数。由于这个生产函数可以得到固定的规模收益，在经济学文献中它几乎有一个垄断的地位。然而，它的普遍流行不是由于它作为对现实生产函数的描述是有效的。相反，倒是因为它分别对每个生产要素得到递减报酬，以及它具有方便运算的线性对数形式。

在具体情况下规模收益是递增、递减还是不变，是一个必须逐个确定的经验问题，不存在任何简单而包罗一切的答案。在某些产业中，有证据表明收益递增仅存在于特定的产出区间。在此区间以外，规模收益可能是递减或不变的。通常，答案往往取决于被考虑的产出水平。在较小的产出水平上，规模收益往往是递增的，而在较大的产出水平上，规模收益通常是不变的甚至是递减的。

衡量规模收益是递增、递减还是不变的一个基本方法是计算产出弹性。投入要素的变动会引起产出的变动，产出弹性是指由投入要素变动所引起的产出变动百分比与投入要素变动百分比的比值。如果产出弹性大于 1，规模收益就递增；如果产出弹性等于 1，规模收益就不变；而如果产出弹性小于 1，规模收益就递减。

产品或服务的生产函数之所以呈现出单位平均成本随着产量的增加而下降这一性质，除了大规模采购和数量折扣带来的成本节省之外，还有其他一些原因。一是部分生产要素具有不可分割性。一些生产要素，例如机器、工厂、轮船或铁轨等资本品，如果将它们在物质上进行分割，就会大大降低其生产能力甚至使其变得毫无用处。在这个意义上，这些资本品是不可分割的，它有确定的额定生产能力，但也会因利用不充分而使产量小于该额定生产能力。当这类生产要素被投入生产时，产品成本将随着产量增加而下降。因为，厂商将其规模扩大一倍，就可能使用在原来较小规模上不能使用的技术和投入要素。因而，尽管通过建立两家小工厂，就能简单地把企业规模扩大一倍，但是这往往是无效率的。一家大工厂也许比具有同样生产能力的两家小工厂更有效率，因为它规模大，足以使用一些小工厂不能使用的技术和投入品。生产要素不可分割的另一种情形是设置成本。设置成本是生产准备工作期间，包括为集中精力工作而进行的心理准备、熟悉如何工作的学习过程和准备所需要工具等活动耗费的时间和费用。设置成本具有固定成本的性质，一定范围内的产出量变化不会引起设置成本的变动，从而产生规模收益递增现象。二是某些特定的几何关系。以管道的流量为例说明这种几何关系。在长度不变时，随着管道直径的扩大，表面积和流量分别以算术级数和几何级数增加。管道直径扩大1倍，其表面积也增加1倍，而管道的流量则增加4倍。三是学习效应引起的成本节省。生产技术的提高不仅来自实验室中的科技成果，还有相当一部分来自重复操作所积累的经验，生产过程中的经验积累会提高当前和将来的生产率。经济学把这种生产率的提高带来的成本降低看做是动态规模经济的源泉之一。

参考文献：

［英］多纳德·海和德理克·莫瑞斯：《产业经济学与组织》，经济科学出版社2001年版。

［美］钱德勒：《企业规模经济与范围经济》，中国社会科学出版社1999年版。

［法］梯若尔：《产业组织理论》，中国人民大学出版社1997年版。

（刘欧）

范围经济
Economies of Scope

许多企业生产一种以上的产品。例如，一些石油公司生产汽油和化工产品，制药公司生产疫苗和镇静剂，电器公司生产电视和电冰箱。在许多情况下，追求生产优势或者成本优势是企业生产联合产品而不是单一产品的基本动机。金碚（1999）将一个企业或企业集团生产多种产品或在不同的地区生产同类产品定义为多样化经营。范围经济产生于联合生产两种或两种以上产品时的成本小于单独生产其中每种产品时的成本这种状态。

一般地，范围经济来自那些共享的或联合使用的并且没有完全拥挤的投入要素。共享要素可能是无法分割的，因而，一种商品子集的制造可能在某个产量区间上存在制造能力过剩；或者，某种人力或实物资本可能是一项公共投入品，当将其投入某一个生产过程时，它还可以被另一个生产过程免费使用（Willig，1979；Teece and David，1982）。

考虑一个产出矢量 $y=(y_1,\cdots,y_n)$ 和一个主要投入矢量 $x=(x_1,\cdots,x_m)$，两者通过以其二重性为特征的生产结构在技术上相互联系，联合成本函数是：$C=g(w,y)$，这里 $w=(w_1,\cdots,w_n)$ 是投入价格矢量。并假设，对于产品集合的所有分割的部分，成本函数是非加性的。对产品集合h的分割部分，范围经济定义为：

$$\sum_{h=1}^{s} C(y_h,w) < \sum_{j=1}^{m} C(y_j,w)$$

$$y_j=(0,\cdots,y_j,\cdots,0)，如果\ s<m$$

这里，$\sum C(y_j,w)$ 是每个产品都独立生产时的总成本。按照这个定义，对于产品集合中给定的分割部分，存在范围经济。

成本函数 $C(Q_1,Q_2)=F+C_1(Q_1)+C_2(Q_2)$ 可以更直观地说明范围经济。式中F是生产 Q_1 和 Q_2 这两种产品时都使用的固定成本，此时两种产品联合生产的总成本要比每种产品各自独立生产时的总成本低。

有关的文献将范围经济划分为四个层次。一是不可分割的非专用性实物资本用做两种或两种以上产品的公共投入。这个层次上的范围经济来源于某些生产要素的“公共品性质”，其“公共性”是指一旦它们被用于一种产品的生产中，它们同时可以被无成本地被用于其他产品的生产中，一种用途上的使用并没有排斥在其他用途上的使用。二是不可分割的专用性实物资本被用做两种或两种以上产品的公共投入。这种层次的范围经济源于一种或几种投入品可以被用于不同的生产过程生产不同的产品。如果为企业的一种主要产品线而建立的工厂还存在着闲置的生产能力，则企业就会利用这种空余的生产能力生产其他产品。就共享投入并不是公共投入这一点来说，它不同于第一种情形，因为当生产能力被用于一种产品时，就不能再被用于生产第二种产品。三是人力资本被用做两种或两种以上产品的公共投入。具有转换性特征的专有知识可以作为多种产品的公共投入。专有知识也具有某些公共品特征，它可以同时用于许多不同的非竞争性用途上，这时它在任何一个用途上的价值都不会严重受损；而且，以不同方式使用专有知识的边际成本可能比生产和传播专用知识的平均成本低得多。因此，专有知识的转移对于一些生产活动可能会带来重要的节约。四是外部性。源于外部性的范围经济至少包括在产品或服务的生产中，一个行业中的某项节省成本的创新降低了另一行业中的成本时，所产生的成本节省。也包括成本的互补性，即生产一种产品的边际成本随着另一种产品的产出量的增加而降低。

由于联合生产最终存在一个与使用公共投入品有关的拥挤问题，通过范围经济实现的成本节省是有限度的。例如，作为公共投入品的专有知识，虽然其价值不会因反复转让而受到损害。但是，当试图把信息同时转移到许多不同的用途上时，评估其价值的成本可能上升，原因在于专有知识一般并不仅仅存在于合约中。在技术转让中，人的因素至关重要。因此，随着对共享性专有知识需求的增加，科学家、工程技术人员和企业家的负担过重这一瓶颈就会出现。这样，与评价公共投入品有关的拥挤便限制了企业可进行的范围经济的程度。

参考文献：

金碚：《产业组织经济学》，经济管理出版社 1999 年版。

Teece, David, Towards an Economic Theory of the Multiproduct Firm. *Journal of Economic Behavior and Organization*, 1982, 3.

Willig, Robert, Multiproduct Technology and Market Structure, *American Economic Review*, 1979(69).

（刘戒骄）

成本次可加性

Cost Subadditivity

在经济学文献中，成本次可加性（也称部分可加性、劣可加性）是对自然垄断概念的数学描述。

次可加性是数学定义中的一个概念。成本函数 C(y) 在 y 处具有严格次可加性是指：如果对于任何的和所有的产出向量 $y^1, y^2, \cdots, y^k (y^i \neq y, i=1,\cdots,k)$，有 $\sum y^i = y$，则有 $C(y) < \sum C(y^i)$。从直观上看，成本函数在产出 y 处的次可加性保障了单个企业可以比任何两个以上企业成本更低地生产出产出向量。因此，成本函数的次可加性可以作为自然垄断的显性标准。

如果成本函数在整个相关产出范围内具有严格次可加性，则该产业被称为自然垄断产业。如果在所有的 $y' \leq y$，$C(y')$ 具有严格次可加性，该产业在遍及其产出水平 y 的范围内均为自然垄断。根据“次可加性”可以将自然垄断定义为：如果由一个企业生产整个行业产品的成本比两个或两个以上的企业分别生产该产品的成本总和更低，这个行业就是自然垄断的。

自然垄断的概念先于用次可加性术语对它的定义，引入成本次可加性概念之前，规模经济和范围经济是用以解释自然垄断形成的主要原因。1982 年，鲍莫尔、潘泽和威利格（Baumol, Panzar and Willig, 1982），用次可加性重新定义了自然垄断，新定义扩大了自然垄断的范围。而在以成本次可加性描述自然垄断之后，有必要厘清成本次可加性与“规模经济”和“范围经济”概念的关系。在单一产品的情况下，规模经济是自然垄断的充分但非必要条件，即遍及 y 的平均成本递减意味着在 y 的成本函数是次可加的，但逆命题并不成立；而在多产品情况下，规模经济既不是自然垄断的充分也不是必要条件。范围经济是成本次可加性的必要而非充分条件，成本次可加性意味着在多产品生产中存在范围经济效应，因为范围经济的定义要求，对于所有产出向量 y 的正交分割，成本函数是次可加的。例如，以两种产品为例，成本次可加性意味着：$C(q_1, 0) + C(0, q_2) > C(q, q_2)$。进一步，规模经济和范围经济同时存在也不能必然得到成本次可加性，即规模经济和范围经济同时成立并不是成本次可加性的充分条件。

尽管次可加性只是数学定义中一个简单的概念，但在实践中难以证明。不像规模经济可以用一个有关在产出 y 领域的成本函数的局部信息来定义，次可加性需要满足所有 $y' \leq y$ 的成本函数的全部信息。由于次可加性难以直接检验，确定在某些情况下易于证明的充分条件是有意义的。

对于次可加性，函数的可支持性为一充分条件。若存在价格向量 p，$\sum_{i=1}^{n} p_i y_i = c(y)$，且对于所有 $y' \leq y$ 都有 $\sum_{i=1}^{n} p_i y_i \leq c(y')$，则成本函数 C 在 y 点是可支持的。与其紧密相关的还有“可维持价格”的概念。夏基（Sharkey, 1982）将真正能够阻止拥有同等（或低级）技术的竞争对手进入市场的价格，定义为“可维持价格”。次可加性较强的充分条件，是基于“凸对策”定义的。其相应的性质，被认为是“成本互补性”。对于一般的可微成本函数来说，当成本函数的二阶偏导数处处非正时，则总体的“成本互补性”存在。大致来说，如果存在“递增的规模收益和范围收益”，成本互补性就会出现。

以成本次可加性定义自然垄断，也推进了自然垄断规制政策的研究。对于“可竞争”市场，如果存在“可维持价格”（而且自然垄断者的价格选择不受管制者干涉），全部潜在的市场进入者的所有产出品具有相同的或较高的成本，则其他竞争者进入市场不会使整个行业的总成本增加，这时不需要政府治理（Berg and Tschirhart, 1988）。另外，如果市场是可竞争的，潜在进入的威胁会迫使垄断者从一组垄断行为提供的可维持价格（因而获得零利润）中进行选择，正如在可维持性的定义中所假设的那样。仅当存在可以降低整个行业成本的技术创新时，才出现实际的进入市场。

参考文献：

［英］伊特韦尔等：《新帕尔格雷夫经济学大辞典》，经济科学出版社 1996 年版。

［美］理查德・施马兰西、［美］罗伯特・D. 威利格：《产业组织经济学手册》第 1 ~ 4 卷，经济科学出版

社 2009 年版。
于立、肖兴志:《自然垄断理论演进综述》,载于《经济学动态》2000 年第 6 期。
Baumol, W. J., J. C. Panzar and R. D. Willig, *Contestable Markets and the Theory of Industry Structure*, New York: Harcourt Brace Jovanovich, 1982.
W. W. Sharkey, *The Theory of Natural Monopoly*, Cambridge: Cambridge University Press, 1982.
Berg, S. V. and Tschirhart J., *Natural Monopoly Regulation*, Cambridge: Cambridge University Press, 1988.

(王燕梅)

模块化生产
Modular Production

模块化生产是指将繁杂的生产过程划分为若干相对独立又相互联系的逻辑体系,按照标准化流程作业来统筹推进和分工协作的生产模式。

模块化生产是一种开放性、网络式、标准化的生产方式,也是一种全球化、协同式、互动式的经济思维,它基于现代技术和科学管理方式,在某种程度上规避了地域和时间的局限,为集约生产、跨国运营和在全球产业分工格局中进行资源配置和产业整合提供了可能。在模块化生产网络中,信息、知识、技术、观念、标准在系统分解、编码、优化和重组、再循环过程中发挥着重大作用,成为贯穿生产全过程的关键要素。系统经济学的观点认为,模块化生产网络实际上是由系统集成商、通用,专用模块供应商及其它们之间的相互联系所共同构成的有机经济系统构成了一种新型的合作关系。

模块化生产的优势在于:

创新为王。处于模块化生产网络中的企业为提高效率,必须不断更新生产技术和强化零部组件性能。

降低风险。开发和生产费用可望经由模块单位进行分别负担和层层分解,新产品开发可能穿越初期资本规模障碍,降低了高新技术产业化的风险。

充分竞争。模块化生产网络中的标准零部组件单位具有广泛的通用性,生产线可以同时为几十家企业加工制造产品,分工更为细化,协作更为灵活有效,企业与企业结成了一种新型的生产协作关系,生产更具开放性,协作更具灵活性,生产效率在加速度拓展中实现了循环乃至飞跃。

活跃市场。模块化生产使基于模块化的大规模定制模式深入人心,企业能够根据市场动态迅捷实现产品的多样化和定制化,推出低成本、高质量、高定制化的产品和服务,从而为满足多样化市场需求及细分市场提供了可能。

尊重客户。传统生产模式下的价值链存在一定的滞后性,即客户的需求只能在交付阶段才得到验证。而模块化的生产安排可以将客户个性化需求渗透到产品从研发到售后的每一阶段,产品价值链的整个过程都可供开放进行客户参与,使客户的个性化需求能够得到及时、彻底的体现。

追求卓越。模块化生产强调精标准和细分工,可以通过精细化运营和扁平化管理规避产业集群内生性风险。模块集群通过突破企业的组织和空间的有形边界来延伸企业和集群的无形边界,通过充分利用外部资源来减少投资规模、降低运营风险,使生产体系有望成为具有高度柔性和适应性的敏捷制造体系和市场主体。

参考文献:
金碚:《新编工业经济学》,经济管理出版社 2005 年版。
彭本红:《模块化生产网络的形成机理及治理机制研究——以大型客机复杂产品为例》,经济科学出版社 2011 年版。
柯颖:《模块化生产网络:一种新产业组织形态研究》,经济科学出版社 2009 年版。
陈硕颖:《资本主义新型生产组织方式:模块化生产网络研究》,中国社会出版社 2011 年版。
肖灵机、戴爱明:《复杂产品模块化与供应链协同研究》,人民出版社 2010 年版。
陈劲、桂彬旺:《模块化创新:复杂产品系统创新机理与路径研究》,水利水电出版社 2007 年版。
何瑞:《模块化生产加工系统应用教程》,天津大学出版社 2008 年版。
刘增辉:《模块化生产加工系统应用技术》,电子工业出版社 2005 年版。
汪民安:《生产》,广西师范大学出版社 2006 年版。
[美]弗兰克·N. 马吉尔:《经济学百科全书》,中国人民大学出版社 2009 年版。

(王卓明)

补贴
Subsidy

补贴是指政府对产业、行业或企业进行无偿支持。既包括以货币形式的直接支持,也包括颁布政策、给予优惠待遇等进行间接支持。通常情况下,补贴由政府公共账户支出,通过法规的形式或行政机制实施。在国际贸易领域,补贴是指政府为刺激出口或限制进口而对行业或企业进行无偿支持的行为。

补贴,作为政府为促进生产、扶持帮助产业发展和进行经济结构调整的重要政策工具,旨在扶持战略性产业、维护经济主权、培育国家核心竞争力和拓展国际市场,与一国的宏观经贸政策、市场调控手段、产业扶持政策和政治取向、社会福利分配格局密切相关。当某一产业领域处于萌芽期、培育期或面临进口产品的竞争优势,外部需求和经营能力面临一系列挑战,市场之手和私有经济力量不能产生根本的救援或支撑作用,国家产业体系、经济结构随之遭遇风险,国民可能面临经济和社会负担时,补贴行为成为政府调节经济的重要手段,对国家经济发展意义重大。

布莱克法律词典将"补贴"定义为"政府为支持某一企业、事业或政府希望参与的某项改善或者其他被认为需要政府提供援助的目标而提供的资金"。

补贴的背后是战略视野,但也容易带来"双刃"后果。

生产补贴对于保护和扶持具有发展潜力的战略性新兴产业,强化产业质素和培育国际竞争优势、延伸本国产业链能够起到积极的作用。但补贴也存在着消极作用,可能在一定程度上影响社会资源分配的自由流动与平衡发展,并与生产与贸易的市场原则大相径庭。有时在国际贸易中,对出口产品的补贴使得产品的出口价格甚至低于其国内售价,对别国产业正常发展造成干扰。

在国际经济贸易领域,补贴被看做是一种有效的贸易保护工具,能够在一定程度上保护国内市场,缓冲产业因对外贸易竞争力不足而造成的国内经济连锁反应和社会问题,同时也被认为是对全球贸易自由化的不利因素之一。如出口补贴。1776 年,亚当·斯密在《国富论》中描述了"补贴"作为财政工具的情形,并称之为"倾销",即当时各国对出口进行财政支持和鼓励性政策,以降低生产成本和产品价格,进而在国际市场上形成比较优势。在 15 世纪到 16 世纪中叶的重商主义时代,出口补贴成为新兴资本主义国家普遍采取的贸易政策,借以在世界市场体系中获取优势地位。当先发国家在产业发展积聚充分的规模优势和成本优势的时候,补贴行为背后的国家干预和垄断思维又在一定程度上与自由竞争原则相冲突,阻碍经济、产业结构和自由贸易的发展。

随着国际金融危机的影响不断深化,保护主义盛行,国际贸易摩擦的领域不断延伸,由反倾销调查蔓延至反倾销、反补贴的合并调查,又称"双反"调查。中国企业动辄为此付出高额关税,遭受较大经济损失。作为一个处在全面开放进程中的大国,中国面临的国际经贸关系愈加复杂,在综合运用多种手段据法、据理力争的同时,也应当有序展开进口反补贴调查,并有效使用和应对反补贴、反倾销调查等贸易救济措施。

参考文献:

何海燕、任杰、乔小勇:《贸易安全政策与实践研究——补贴与反补贴新论》,首都经济贸易大学出版社 2011 年版。

黄东黎:《世界贸易组织补贴规则的条约解释》,法律出版社 2010 年版。

甘瑛:《WTO 补贴与反补贴法律与实践研究》,法律出版社 2009 年版。

单一:《WTO 框架下补贴与反补贴法律制度与实务》,法律出版社 2009 年版。

金碚、李钢:《中国经济的崛起与前景:中国经济学家的思考与探索》,经济科学出版社 2012 年版。

叶全良、孟阳、田振花:《国际商务与反补贴》,人民出版社 2005 年版。

梁耀文、黄永智:《我国应对反补贴调查的案例研究:以广东省为例》,中国经济出版社 2011 年版。

《中华人民共和国反倾销条例》、《中华人民共和国反补贴条例》,中国方正出版社 2003 年版。

邹琪等:《反补贴与中国产业安全》,上海财经大学出版社 2006 年版。

卜海:《国际经济中的补贴与反补贴》,中国经济出版社 2009 年版。

商务部条约法律司:《美国对部分中国产品征收最终反倾销反补贴税案(DS379 号)》,上海人民出版社 2010 年版。

米家龙、侯杰、郭双焦:《中国反倾销、反补贴和保障措施制度的完善研究》,经济科学出版社 2009 年版。

[美]约翰·道恩斯、乔丹·艾略特·古特曼:《金融与投资辞典》,上海财经大学出版社 2008 年版。

(王卓明 刘冷馨)

(业务)流程再造

Business Process Reengineering

流程是指企业生产经营过程中为客户创造价值而又互相关联的一系列活动。流程再造就是以提高组织运营效率和价值创造能力为出发点,运用先进的制造技术、信息技术等现代的管理手段对业务流程重新进行彻底的分析、设计和重组,消除不能创造价值或者效率较低的活动,最大限度地实现技术上的功能集成和各个部门管理职能上的无缝集成,从而实现企业经营在成本、质量、服务和速度等方面的巨大提升。

业务流程再造通过资源整合和资源优化,最大限度地满足企业和供应链管理体系高速发展的需要,它已经超越了管理工具的价值,更多地体现为一种管理思想,使企业能最大限度地适应以顾客、竞争、变化为特征的现代经营环境。作为组织的基本要素之一,业务流程再造会引起包括技术、人员、组织结构等多方面的变革,因而业务流程再造是一场全面系统的组织变革。

业务流程重组最早由美国的迈克尔·哈默(Michael Hammer,1990)提出,认为业务流程再造是对企业业务流程的基本问题进行反思,并对它进行彻底的重新设计,以便在企业的成本和质量控制、服务和效率提升等方面取得显著的进展。同年,达文波特等(Davenport T. H. et al. ,1990)提出"业务流程重新设计"这一概念,达文波特等提出的"业务流程重新设计"着重对组织内部或组织之间的工作流和流程进行分析和设计,突出强调流程再造最核心的工作是"对业务流程重新进行设计"。相比之下,迈克尔·哈默和詹姆斯·钱皮(Michael Hammer and James Champy,1993)将流程再造定义为对企业的业务流程进行根本性的思考和彻底重建,从而在成本、质量、服务和效率等关键绩效指标上取得显著改善。哈默和钱皮更多地反映了业务流程再造所引发的"系统性变革",不仅强调了对业务流程进行重新设计这一流程再造的核心内容,也反映了变革的深刻性和彻底性。

业务流程再造理论提出后,在企业和理论界引起了巨大的反响并掀起了再造的浪潮,一些企业也确实通过再造而受益匪浅,但也有很大一部分企业因再造而使情况更糟,哈默在其1995年与史蒂文·斯坦顿(Steven Stanton)合著的《再造革命》一书中回答了人们对再造的质疑。后来哈默也坦率承认,"再造"未将人的因素考虑在内,他在1997年出版的《超越再造》一书中对再造的得失做了总结,并澄清了实践中的混乱概念。2002年詹姆斯·钱皮出版了《企业X再造》,提出了X再造的概念,即通过信息技术的广泛应用,重新规划跨越组织界限的业务流程,以实现营商绩效的突破性提升(郭忠金等,2007)。

BPR理论在1994年左右进入中国,之后BPR理论的发展演进更多地体现在与其他管理理论和管理工具的融合和发展上,如BPR与企业资源计划(ERP)、供应链(SCM)、全面质量管理(TQM)、工业工程(IE)、标杆管理(Benchmarking)、知识管理(KM)、业务流程改进(BPI)和价值工程(VE)等其他管理思想进行了较多的融合发展。

在经历了信息技术突飞猛进的发展之后,业务流程再造已经成为企业资源计划系统(ERP)的前提与基础,并成为组织实施ERP系统工作中业务流程设计和优化的一部分,是组织管理信息系统成功实施并发挥良好作用的关键因素。随着ERP软件的不断完善以及咨询实施服务专业化水平的不断提升,基于管理信息系统的组织流程再造使得组织的管理变革逐步变得常态化,组织应对外部环境变化的及时调整也更加迅速。

参考文献:

郭忠金、李非:《业务流程再造理论的起源、演进及发展趋势》,载于《现代管理科学》2007年第11期。

Davenport, T. H. and J. E. Short, The New Industrial Engineering: Information Technology and Business Process Redesign, *Sloan Management Review*, 1990.

Hammer, M. , Reengineering Work: Don't Automate, Obliterate, *Harvard Business Review*, 1990.

Hammer, M. and J. Champy, *Business Process Reengineering: A Manifesto for Business Revolution*, Harper Business Press, 1993.

(刘吉超)

双赢
A Win-Win Situation

"双赢"源自英语词汇"Win-Win",意思是某种行为对相关各方都有利,能够令多方受益。它言下之意意味着有关各方既是利益攸关方,又存在着某种竞争与合作、对立与合作相交织的微妙关系,在某种特殊形势下,只有共同作出某种付出或让步,才能实现多方获益。

双赢进程中存在着先后关系,例如生产商与消费者的关系中,应是消费者先获益之后企业才获益,双赢强调利益兼顾,即付出者无须付出全部、无须承担全部风险,同样的,受益者也不是照单全收,而是与合作伙伴乐享其成。"双赢"模式是法制深入人心和市场充分竞争的产物,是竞争与合作的统一,分工与协作的统一,义与利的统一。

在经济学理论中,市场经济本身就体现着生产者和消费者的博弈和双赢,市场是组织经济活动的一种有效方法,通过价格机制、竞争机制、供求机制等方式指引个体决策者作出正确的经济决策,渐次抵达消费者渴望实现效用最大化、生产者倾向实现利润最大化之间的辩证统一。经济全球化进程中,双赢和共赢思维无处不在,不仅体现在企业、机构和组织之间,也体现在国与国之间、经济体之间、区域之间、跨区域之间。19世纪末大卫·李嘉图在其代表作《政治经济学及赋税原理》中提出了比较成本贸易理论(后人称为"比较优势贸易理论"),指出国际贸易的基础是生产技术的相对差别(而非绝对差别),以及由此产生的相对成本的差别。每个国家都应根据"两利相权取其重,两弊相权取其轻"的原则,集中生产并出口其具有"比较优势"的产品,进口其具有"比较劣势"的产品。在此基础上,20世纪80年代的"新贸易理论"提出:一个国家的开放度不仅影响到国内生产总值的实际水平,而且会长久影响一个国家的经济增长率。因为一个国家与其他国家经济交往程度高,将加快对前沿技术和全球先进管理经验的吸取速度,促进创新,降低成本,减少垄断的消极影响。双赢是一种分工协作的新型方法论和制度模式,可以广泛适用于企业、个人,生产者和消费者,国家与国家之间,经由一系列合理的制度安排,形成双赢的局面,达到一种双赢的均衡。

参考文献:
黄卫平等:《双赢的未来:全球化时代的中国经济》,中国人民大学出版社 2012 年版。
金碚:《竞争秩序与竞争政策》,社会科学文献出版社 2005 年版。
[美]米勒—怀特、戴敏、刘曼红、江浩:《中美商务新战略:开创中美商务双赢的未来》,中信出版社 2008 年版。
[英]切尔尼亚夫斯卡、[英]梅:《双赢咨询(英国管理咨询协会获奖案例研究)》,水利水电出版社 2007 年版。
常凯:《劳权保障与劳资双赢——〈劳动合同法〉论》,中国劳动社会保障出版社 2009 年版。
[美]布拉姆斯等:《双赢之道》,中国人民大学出版社 2002 年版。
叶民强:《双赢策略与制度激励》,社会科学文献出版社 2002 年版。
[美]卡伦·明斯特、伊万·阿雷奎恩—托夫特:《国际关系精要》,上海人民出版社 2012 年版。
[美]勒博:《国际关系的文化理论》,上海社会科学院出版社 2012 年版。
冯特君:《当代世界政治经济与国际关系》,中国人民大学出版社 2012 年版。
[美]詹姆斯·格伯:《世界经济》,中国人民大学出版社 2008 年版。
[美]布莱恩·斯诺登、霍华德:《宏观经济学百科词典》,江苏人民出版社 2012 年版。

(王卓明　董宁宁)

最大化目标与可满意目标

Maximized and Satisfactory Objective

最大化目标与经济学的基本假设"经济人"的完全理性相对应。完全理性指的是经济体的参与者总是会以效用最大化的方式行动,总是能够对任意复杂的过程进行推论。经济学家的经济人假设,赋予了参与者无所不知的理性。新古典经济学的主观效用论假定一切选择是基于以下条件做出的:(1)可供选择的对象是给定且固定的;(2)每种选择的概率分布是已知的;(3)目的是为了使得给定的效用函数的期望值最大(Savage,1954)。这些假定使得经济人似乎能够拥有完整、一致的偏好体系,让他始终可以在各种备选方案之中进行选择;他始终十分清楚到底有哪些备选方案;为了确定最优备选方案,他可以进行无限复杂的运算,并且选择对他们来说明显是最好可能的方式行动。因此,行为人便以最大化作为其选择的目标,对消费者而言,最大化目标是效用的最大化;而对生产者而言,最大化目标则是利润的最大化。

可满意目标与西蒙(Simon,1982)所提出的有限理性(Bounded Rationality)的概念相对应。它是基于人类生理学及心理学层面的思考,对于传统经济学所提出的修正。传统经济学一直以完全理性为前提,由于行为人可以得到所有信息,因此可以在多种方案中,总能选择使效用最大化的一种方案;但是在现实中,人们所获得的信息、知识与能力都是有限的,所要考虑的备选方案的数量太大,使其未必能作出效用最大化的合理决策。而由于现实中的任何人不可能掌握全部信息,也不可能获得确定性信息,决策者只能通过分析预测结果,并且在考虑风险和收益等因素的情况下做出自己较为满意的选择。所以他认为人的选择行为只能是有限理性的。从有限理性出发,西蒙提出了可满意目标的概念。在现实中,受人类行为的非理性方面以及可获得信息完备性的限制,最优决策是难以实现的。因而,西蒙提出用可满意目标代替最大化目标。所谓满意,是指行为人的选择只需要满足两个条件:一是有相应的最低满意标准;二是所选策略的最终结果能够超过最低满意标准。

参考文献:
[美]赫伯特·A. 西蒙:《管理行为》,机械工业出版社 2007 年版。
L. J. Savage, *The Foundations of Statistics*, New York: John Wiley, 1954.
H. A. Simon, *Models of Bounded Rationality*, 2 Volumes, Cambridge, MA: The MIT Press, 1982.

(龚健健)

企业社会责任

Corporate Social Responsibility

企业社会责任,阐述了企业作为一种营利性的组织,处于经济循环系统之中;作为社会生活的一员,又处于整个社会系统之中。企业从社会索取了各种生产经营资源,就应该通过一定的社会责任感和行动来回报和补偿整个社会,并自觉承担相应的社会责任,以保持企业利益、消费者利益同社会利益的一致性。具体到企业行动,就是指企业在正常的经营活动过程中,除了创造利润和对股东承担法律责任的同时,还要承担对员工、消费者、社会和环境的责任。

企业社会责任最初源自国际社会责任标准8000(Social Accountability 8000,SA8000),此国际标准的普及为企业社会责任的内涵超越了传统定义,并使企业社会责任在很大程度上更具可操作性,也让消费者和社会公众清晰地看到了企业社会责任具体可以以何标准去衡量一家企业称职与否。SA8000标准是全球第一个可用于第三方认证的社会责任国际标准,并且该标准将目光主要关注于企业员工的工作条件。认证程序要求企业在如下领域满足条件:员工的健康安全、集体谈判、差别待遇、工作条件及报酬等方面。作为是一个国际贸易前提和进入准则,企业若没有执行此标准,很有可能失去国外贸易市场。

经过企业间的不断实践和探索,在SA8000的基础上,逐渐完善了企业社会责任的内容,并且不断充实。诸多知名的跨国公司,为保证其长期利益,不仅考虑其经营指标,而且同时考虑其利益相关者的诉求,在社会责任投资方面,主要是通过"道德投资"和"环境投资"来引导社会和人们对其价值观念和发展观念的理解和信任。

这种责任首先来源于企业的社会权力,即对于平等就业和环境保护等重大社会问题的解决拥有重大影响力,因此就必然要运用这种影响力来为社会解决这些问题。其次,这种责任必须保证整个社会的稳定和进步,企业和社会之间必须保持连续、诚实和公开的信息沟通,要让社会公开地了解企业的经营、监督企业。企业的每项经营活动除考虑自身的经济效益之外,还必须考虑对社会成本和效益的影响,不仅要考虑短期行为,还要对长期行为负责。

目前,企业社会责任主要内容涉及"人权"、"劳动"、"环保"、"反腐败"等方面。具体而言,就是企业应在其所能影响的范围内支持并尊重对国际社会做出的维护人权的宣言,不袒护侵犯人权的行为。有效保证组建工会的自由与团体交涉的权利,消除任何形式的强制劳动,有效废除童工,杜绝在用工与职业方面的差别与性别歧视。企业应主动承担环境保护责任,推进环保技术的开发与普及。积极采取措施反对强取和贿赂等任何形式的腐败行为。

对企业而言,将社会责任提升至战略高度是一种挑战。从短期看制定社会责任标准会付出一些较高的成本,但是从长远看,则会给企业创造许多市场竞争优势,比如(1)以社会责任为代表的企业社会责任正在逐渐帮助企业获得国际贸易间谈判的壁垒优势;(2)防止合作公司对本企业形成的相关法律纠纷;(3)提升自身的国际形象,构建品牌知名度;(4)改善本企业内部的劳工关系,提高雇员的忠诚度。所以,围绕前述的社会责任具体标准,分阶段建设员工的健康安全、集体谈判、差别待遇、工作条件及报酬等相关制度,并且积极获得国际标准认证,能够保证企业的最大利益,并在企业社会责任战略上获得差异化的竞争优势。

重视企业社会责任,就是构筑社会价值理念,积极参与社会活动,获得社会认可程度。包括环境保护、生态平衡、健康教育、社区扶助(适当的捐赠)等多项内容的积极参与,是近年来企业构筑社会责任形象的通用做法,一些企业已经开始积极地充实这些社会价值,如构建专门的组织机构HSE部门(健康、安全、环境保护的简称,即Health,Safety,Environment),旨在通过此举提升企业的形象,改善员工的工作环境等,都作为企业重要的一项营销差异战略。

参考文献:

[美]菲利普·科特勒、南希·李:《企业的社会责任》,机械工业出版社2011年版。

刘长喜:《企业社会责任与可持续发展研究——基于利益相关者和社会契约的视角》,上海财经大学出版社2009年版。

黄晓鹏:《企业社会责任:理论与中国实践》,社会科学文献出版社2010年版。

彭华岗:《企业社会责任管理体系研究》,经济管理出版社2011年版。

(杜培枫)

产业同构化
Industrial Isomorphism

产业同构化,也称产业结构趋同,包括地区之间产业雷同、结构重复、规模相似以及同时存在着隔离的情况,是产业结构不合理的现象。产业同构化是由于过分强调各地区的自给自足,于是各地区追求产业的门类齐全、自成体系,而不考虑专业化协作的结果。产业同构化造成了生产规模小、产品成本高、质量低劣等后果,并且使地区经济封锁,也破坏了有效的产品竞争,使资源得不到合理的配置。

产业结构趋同的测度方法很多,一般常用的是联合国工业发展合作组织国际工业研究中心提出的相似系数,相似系数S_{ij}定义为:

$$S_{ij} = \frac{\sum_n X_{in}X_{jn}}{\sqrt{\sum_n X_{in}^2 \sum_n X_{jn}^2}}$$

式中,i和j分别代表两个进行比较的地区;X_{in}和X_{jn}分别代表部门n在地区i和地区j工业结构中所占比重;$0 \leq S_{ij} \leq 1$。若$S_{ij}=1$,表明两个地区的产业结构完全相同;若$S_{ij}=0$,表明两个区域的产业结构完全不相同;S_{ij}越大,表明两个地区的产业同构化现象越严重。产业结构趋同或是趋异,本质上反映的是产业的空间布局是趋于集中还是趋于均衡。因此,一些测量产业集中度的指标也可以用来测度地区间的产业同构化程度。常用的指标有赫希曼指数(Hirschman Index)、洛伦兹指数(Lorenz Index)两种。此外,还可以通过研究不同地区各产业部门的区位商,借此判断不同地区的专业化部门,如果专业化部门相似度高,可以一定程度上判断地区产业结构存在趋同现象。

产业结构趋同,是我国经济发展过程中长期存在的一个结构性问题,最早被提出于20世纪80年代,但其存在却可以追溯到新中国成立初期的计划经济时代。改革开放以前,在国家区域平衡发展战略和三线布局思路指导下,国家大量资源和政策向中西部地区倾斜,从而使得经济基础较差的中西部地区也建立了完善的工业体系,地区产业存在同构化现象(江世银,2005);改革开放以后,我国地区间产业结构趋同又经历过三次高峰期,前两次分别发生在20世纪80年代和90年代,最新的一次始于2002年,地区间盲目重复建设现象严重(张可云,2007)。改革开放以后的产业同构化现象产生的原因与计划经济时期存在差异。经济学家解释改革开放以后这种现象产生的原因最普遍的观点是,随着中央向地方行政性分权,地方政府出于利益驱动而实行地方保护主义,造成市场分割,从而导致产业同构化。也就是说,正是体制性问题造就了这一经济结构性问题(张平和李世祥,2007;银温泉和才婉茹,2001)。也有学者在行政性分权原因基础上也同时认为还存在历史原因(夏兴国和李洪斌,1998;江世银,2005)。但也有学者得出相反的结论,即改革期间(1980~2004)产业结构同构化有减缓的趋势(贺灿飞、刘作丽和王亮,2008)。

普遍的观点认为地区之间产业同构化是个较为严重的问题,其会损害分工效益和规模经济,并且地区之间市场分割必然造成资源浪费和产能过剩。研究表明不同省份之间产业结构同时存在趋同现象,且同一类别中的省份之间趋同现象更加明显,这又说明我国地区之间劳动分工表现得并不合理。且从过去10年经济发展的经验来看,地区之间并没有基于自身资源禀赋差异而建立更为合理的区域分工,相反,产业趋同在进一步加强,这种趋势无论是整体上,还是组内和组间都表现一致,我国经济发展过程中产业结构转换表现出各个类别的省份之间“齐步走”的现象。也有学者认为不能简单地就对产业趋同一棍子打死,而是要区分合意的和非合意的产业趋同(陈耀,1998);不同地区之间由于自然条件、要素禀赋、发展水平、技术条件等的相似性,必然导致一定程度的产业趋同(鲍华俊、徐青和王德全,2004;朱同丹,2003;王志华和陈圻,2007)。

参考文献:

鲍华俊、徐青、王德全:《长江三角洲地区制造业同构与经济效益的关系》,载于《经济论坛》2004年第23期。

陈耀:《产业结构趋同的度量及合意与非合意性》,载于《中国工业经济》1998年第4期。

陈耀:《对我国地区产业结构趋同要有准确判断》,载于《经济管理》1998年第4期。

贺灿飞、刘作丽、王亮:《经济转型与中国省份产业结构趋同研究》,载于《地理学报》2008年第8期。

黄赜琳、王敬云:《地方保护与市场分割:来自中国的经验数据》,载于《中国工业经济》2006年第2期。

江世银:《我国区域产业结构形成及其趋同的历史分析》,载于《中国经济史研究》2005年第1期。

沈坤荣、马俊:《中国经济增长的“俱乐部收敛”特征及其成因研究》,载于《经济研究》2002年第1期。

王志华、陈圻:《长三角省际贸易强度与制造业同构的关系分析》,载于《产业经济研究》2007年第1期。

夏兴园、李洪斌:《对转轨时期我国产业结构趋同的理论思考》,载于《经济评论》1998年第6期。

银温泉、才婉茹:《我国地方市场分割的成因和治理》,载于《经济研究》2001年第6期。

张可云:《中国第三轮区域经济冲突凸现——国家“十一五”规划专家委员会委员张可云访谈》,载于《南方周末》2007年3月22日。

张平、李世祥:《中国区域产业结构调整中的障碍及对策》,载于《中国软科学》2007年第3期。

朱同丹:《长三角产业同构之我见》,载于《江南论坛》2003年第12期。

(廖建辉 李钢)

财政学

一、基本财政概念

财政学
Public Finance

财政学是一门关于政府部门收支活动的科学。或者说,财政学的研究对象是政府部门收支活动的规律性。

作为国家治理的基础和重要支柱,财政是一个跨越经济、政治、社会、文化和生态文明等多个学科和多个领域的综合性范畴。所以,尽管现实中人们往往将财政学视为经济学的一个分支,但站在国家治理的总体角度,它实质上是一门跨越经济学、政治学、法学和公共管理学等多个学科的交叉学科。

从学科发展史上看,作为经济学的财政学始于亚当·斯密1776年出版的《国富论》(《国民财富的性质和原因研究》)。该书第五篇《论君主的收入》构建了财政学的基本框架。

财政学最初重点研究的是财政收入(即政府融资),特别是税收问题,而很少对财政支出进行经济分析。随着奥地利和意大利财政学者对公共物品理论研究成果的引入,财政学发生了很大的变化。公共物品理论成为现代财政学的核心理论,财政支出的经济分析内容大幅度增加。随着公共选择理论的发展,财政决策的经济分析也得到了加强。除财政收入、财政支出、公债、财政管理等财政学的传统研究领域外,财政政策研究则随着经济理论发展而变得日益重要起来。先是边际革命大大增强了财政学的微观经济分析内容,后是宏观经济分析的兴起,使得财政学中财政政策的内容大幅度增加。随着经济研究方法的发展,财政学研究中大量运用数量分析方法。近年来,行为经济学和实验经济学等对于非理性行为的研究,对财政学产生了越来越大的影响。

财政学与公共经济学有着密切关系。许多学者经常将财政学等同于公共经济学。但严格说来,二者还是有区别的。公共经济学是经济学的一个分支学科,是用经济学方法研究公共部门问题。财政学的跨学科特征,决定了它可以用经济学之外的其他方法进行研究。公共经济学也包含了一些财政学难以涵盖的内容,如公共规制等。

作为经济学的财政学有三条主线索:效率、公平和稳定,对应财政的三大功能,即资源配置、收入分配和经济稳定。

财政学的分支学科包括财政经济学、财政管理学、财政社会学、政府预算、财政制度学、财政史学、比较财政学、税收经济学、税收制度、比较税制、税务管理、财政法学、公共投资学、国有资产管理学、公共定价、政府采购、社会保障(社会保险)学、财政政策学、公债经济学、地方财政学,等等。

中国自20世纪初期起引入财政学,先是通盘引进,后一些学者立足中国国情,撰写了一批有影响的财政学教科书和财政学论著。何廉和李锐合著的《财政学》就是第一部与中国国情结合的财政学教科书。1949年之后,中国财政学者以马克思主义政治经济学为基础,构建了社会主义财政学。财政学者围绕国家职能,对财政定义、财政本质、财政职能、财政属性等进行了深入的研究,形成了国家分配论、价值分配论、剩余产品价值决定论、再生产理论、社会共同需要论等多个学术流派。20世纪90年代之后,随着社会主义市场经济体制改革目标的确立,以市场经济体制为背景,根植于中国国情,在广泛借鉴一切人类社会文明成果的基础上,探索构建中国特色社会主义财政学,就成为中国财政学界的一件重要任务。

中共十八届三中全会站在新的历史起点上,将财政融入国家治理体系并以其基础和重要支柱加以定位,从根本上摆正了财政与财税体制的位置。它不仅标志着中国特色社会主义财政基础理论建设的创新,而且,以此为转折点,将中国特色社会主义财政学学科体系建设推上了一个新的更高的平台。

参考文献:

高培勇:《"一体两翼":新形势下的财政学科建设方向——兼论财政学科和公共管理学科的融合》,载于《财贸经济》2002年第12期。

高培勇:《论国家治理现代化框架下的财政基础理论建设》,载于《中国社会科学》2014年第12期。

何廉、李锐:《财政学》,商务印书馆1935年版。

马寅初:《财政学与中国财政》,商务印书馆2001年版。

《社会主义财政学》编写组:《社会主义财政学》,第二次修订本,中国财政经济出版社1987年版。

王传纶、高培勇:《当代西方财政经济理论》,商务印书馆1995年版。

杨志勇:《财政学科建设刍议:结合中国现实的研究》,载于《财贸经济》2007年第12期。

张馨、杨志勇、郝联峰、袁东:《当代财政与财政学主流》,东北财经大学出版社2000年版。

张馨:《公共财政论纲》,经济科学出版社1999年版。

(高培勇　杨志勇)

规范财政学
Normative Public Finance

规范财政学是研究财政经济活动中政府的"目标应该是什么"、"应该如何选择以最优的方式实现这些目标"等价值判断问题的财政学分支。它以财政活动的价值判断为核心,其主要特点是通过确定最优准则,将最优准则与现有的财政经济活动所处的状态相比较,从而判断现实财政经济状态是否符合最优准则。如果不一致,偏离的方向是什么,偏离程度如何调整。

规范财政学的分析范式是:第一,考虑政府财政应该做哪些事情,覆盖哪些领域。例如,政府在某个时期是否应该实行积极财政政策,政府投资于哪些领域才更能符合公众利益。第二,设定一个最优准则和评价标准,说明什么是较好的状态和不好的状态。第三,未来应该如何调整才能使得现实状态与最优准则相一致。

在运用规范分析方法研究财政问题时,应当根据具体财政问题的变化而采取不同的研究思路。以税制改革为例,在规范分析方法应用于税制改革时,应该首先明确税制的效率和公平标准,来分析和判断现行税制是否符合效率和公平准则,然后根据准则来探讨现有税制该如何调整,按照什么速度调整。

规范财政学的研究应该与实证财政研究方法相结合,使价值判断具有坚实的事实基础。一方面,在利用规范研究方法研究财政问题时,需要利用实证财政研究方法来分析财政经济研究对象与所确定最优准则之间的关联程度;另一方面,在利用实证研究方法分析某些财政经济问题时,需要利用规范研究方法中的最优准则来验证分析结果的客观性。

参考文献:
樊丽明、李齐云、陈东:《公共经济学》,高等教育出版社 2012 年版。
郭庆旺、赵志耘:《公共经济学》,高等教育出版社 2010 年版。
蒋洪:《公共经济学》,高等教育出版社 2010 年版。
[美]萨缪尔森、[美]诺德豪斯:《经济学》,商务印书馆 2013 年版。
余永定、张宇燕、郑秉文:《西方经济学》,经济科学出版社 1997 年版。

(蒋震)

实证财政学

Positive Public Finance

实证财政学旨在用实证研究方法来研究财政问题。在分析财政理论和实际问题时,这种方法对财政问题的固有特征进行描述,不带有任何对财政活动的先验价值判断,只是研究财政活动中各个主体之间的相互联系,在作出与财政行为相关的若干假设前提下,分析和预测经济主体从事财政活动的经济后果。

实证财政学的特点就是通过对客观存在的财政经济现象,通过一定科学方法进行分析,来精确描述财政经济活动的本质,它对经济已经产生或者在未来的一段时期内会产生何种影响,揭示和回答各个财政变量之间的因果关系。由于财政学的内容涵盖了多个领域,实证财政学也涵盖了财政收支、政府间财政关系等多个方面。故而,实证财政学的重点在于说明和分析财政活动的"来龙去脉",进而描述财政活动的真实面目。

实证财政学的分析内容包括以下几个方面:第一,回答财政学领域的"是什么"。这个方面指的是弄清政府财政活动的事实,确认政府做了什么。通过调查和搜集财政经济数据,来反映财政活动如何展开。例如,地方政府年度财政收入和财政支出规模是多少,政府在某一年度的财政支出都花在了哪些领域,各级政府之间政府事权、财权之间的划分状况究竟是什么,等等。第二,回答财政学领域的"怎么样"。这个方面的实证财政研究围绕政府财政活动究竟发挥了哪些效果而展开。当然,由于效果发挥有一定的时滞,需要在未来一段时间之间观察和收集数据。例如,政府的事权和财权划分会对经济社会产生什么样的影响,政府的积极财政政策究竟怎样拉动了消费需求。第三,回答财政学领域的"为什么"。实证财政理论需要解决政府财政活动为什么会发生,即什么原因促使政府采取某些财政措施。例如,为什么政府需要提供某些公共服务,"土地财政"是如何产生的,等等。

实证财政学的分析方法包括两种:一是财政理论实证分析。这种方法较为抽象,它通过在一些基本假定的前提下,通过逻辑推理方法得出一些结论。由于这种分析方法以逻辑抽象作为分析基础,因此它不具备定量化分析的效果和精确性,只能指明财政经济活动的大体发展方向。例如,在分析商品税负提高对居民消费需求的影响时,理论实证分析采取无差异曲线的分析方法,通过对消费者既定预算约束条件的最优行为选择的分析,通过增税前和增税后的行为选择,从而分析消费者的最优消费组合变动,在其他条件不变的情况下,可以描述税制改革措施对消费需求的影响作用。但这种分析无法精确描述增税对消费需求的精确影响数量,这需要经验实证分析的方法进行辅助研究。二是经验实证分析。这种分析方法是以观察到的事实和搜集到的数据为分析基础,采取一定的数量模型研究方法来精确描述财政经济变量之间的关系。它虽然能够比理论实证研究方法更精确,但是也有一定的局限性。在样本选择和方法选择时,往往存在一定的局限性,可能会造成研究结果无法全面反映客观过程。理论实证研究方法和经验实证研究方法要相互配合来使用,才能精确描述财政活动中各个主体之间的相互联系。

规范财政学和实证财政学的二分法，来自于经济学划分为规范经济学和实证经济学的传统，这种划分有时候显得过于简单。现实中经验判断和实证分析往往是交织在一起的，实证分析的结果影响价值判断，价值判断则影响了人们对于实证分析问题的选择。大部分财政问题分析兼有价值判断和实证分析，二者密不可分。

参考文献：
樊丽明、李齐云、陈东：《公共经济学》，高等教育出版社2012年版。
郭庆旺、赵志耘：《公共经济学》，高等教育出版社2010年版。
蒋洪：《公共经济学》，高等教育出版社2010年版。
[美]萨缪尔森、[美]诺德豪斯：《经济学》，商务印书馆2013年版。
余永定、张宇燕、郑秉文：《西方经济学》，经济科学出版社1997年版。

（蒋震）

公共经济学
Public Sector Economics

公共经济学，又称“公共部门经济学”，与财政学存在密切联系。现实中，公共经济学常被视为现代财政学，但二者并非完全一致。因为，对公共部门和公共资源配置的研究已经远远超出了经济学的范围。公共经济学与许多学科有着密切的关系，但从根本上说，公共经济学是经济学的一个分支学科，是用经济学的方法研究公共部门活动的一个分支学科。

财政学在研究公共部门时，和公共经济学有一定的交叉。财政学主要涉及财政收支问题，但公共经济学还包括公共规制问题。按照马斯格雷夫的理解，从经济学视角研究财政问题，可以有资源配置、收入分配和经济稳定三大分支。无疑，从这三个方面研究财政学的内容，即财政经济学，都属于公共经济学的内容。财政经济学是公共经济学中发展较为成熟的部分。但财政学中有一些内容，则是公共经济学所无法涵盖的。财政管理是公共管理的重要组成部分。财政管理学，是公共管理学的一个分支，不属于公共经济学的分支。财政社会学专门研究财政对国家和社会制度的影响，公共经济学也无法将之涵盖其中。财政学所涉及的大量财税制度，政府预算制度与管理，也是通常意义上的公共经济学所无法包括的内容。财政学涉及企业税制问题，说明财政学与工商管理学科之间存在密切的关系，同样也是公共经济学所无法涵盖的。通过企业税制、纳税筹划等课程，财政学与会计学之间建立了较为紧密的联系。从企业角度研究政府财政，探讨政府财政与企业的关系，可以视为财政学的分支，也可以视为工商管理学科和政府管理学科的分支。

传统财政学主要研究税收问题，而很少对公共支出进行经济分析；公共物品理论和公共选择理论的发展对公共经济学的形成和发展起到了重要作用。财政学不再局限于政府收支活动研究，而是深入分析政府收支活动对资源配置、收入分配与经济稳定的影响。财政学研究的重点不再是公共融资活动，而是政府活动的经济影响。特别是，现代市场经济演变为私人经济与公共经济的混合经济，为公共经济学的兴起提供了最为直接的现实支持。公共经济学研究通常从市场失灵开始，引出政府经济活动，在分析政府干预有效性的同时，也重视政府失灵的研究，特别是关于公共部门决策的研究。

亨德逊（W. L. Henderson）和卡梅隆（H. A. Cameron）1969年的《公共经济》（*The Public Economy*）一书，立足于公共需要的自愿交换论，并试图去说明公共物品的需求与定价是经由政治程序确定的，是市场机制行为的一种转变和表现。此后，相同或相似书名的财政学教科书接连问世，它们都不仅是书名上的变更，而且在相当程度上还反映了财政学实质内容的转变，反映了关于财政与政府关系看法的变更。1972年，《公共经济学学报》（*Journal of Public Economics*）的创刊，可以视为公共经济学形成的一个重要标志。

在西方，公共经济学于20世纪60年代和70年代获得了迅速的发展。有些学者认为传统财政学仅研究税收问题，公共经济学则将政府收支融为一体进行研究（Brown and Jackson，1990）。如今，公共经济学已经作为经济学的一个大类，得到广泛的关注和研究。各国已有大量以“公共经济学”或“公共部门经济学”的教材著作问世。

在苏联、东欧国家和改革开放之前的中国，实行的是计划经济体制，这与西方国家所实行的市场经济体制有着根本性区别。在计划经济下，私人范畴和私人部门被否定，从而作为其对立物的公共范畴和公共部门也不存在了，存在的只是国家统揽和控制一切的国家经济。相反，在市场经济下，有着独立的私人范畴和私人部门，从而相应地在另一面形成了公共范畴和公共部门。中国从计划经济向着市场经济的伟大变革过程，也就是企业和私人范畴、企业部门逐步形成的过程，同时也就是公共范畴和公共部门作用不断凸显的过程。30多年的市场化方向改革，使中国初步建立了社会主义市场经济体制，也初步形成了中国的公共经济。中国公共经济学正在这样的基础之上起步。相应地，更多地基于中国财政实践来发展公共经济学，正成为中国公共经济研究的重要课题。

参考文献:
张馨:《公共财政论纲》,经济科学出版社 1999 年版。
杨志勇、张馨:《公共经济学》,清华大学出版社 2008 年版。
高培勇:《公共经济学》,中国人民大学出版社 2008 年版。
Harvey S. Rosen, and Ted Gayer, *Public Finance*, 9th ed., McGraw-Hill, 2010.
C. V. Brown, and P. M. Jackson, *Public Sector Economics*, 4th ed., Blackwell, 1990.
Joseph E. Stiglitz, *Economics of the Public Sector*, 3rd ed., Norton, 2000.
Jonathan Gruber, *Public Finance and Public Policy*, 3rd ed., Worth, 2010.

(杨志勇)

国家分配论

Fiscal Theory Focusing on State-dominating National Income Distribution

国家分配论是一种以马克思主义政治经济学为基础,对“财政本质”进行概括的财政学基础理论。该理论认为,财政即国家财政,是以国家为主体的财政,体现了财政分配关系。国家财政是一个历史的范畴,是随着社会生产的发展,人类社会分裂为对立阶级,出现了国家之后才产生的。国家是阶级国家,因此,财政的本质和阶级国家的职能有着密切的关系。以此为基础的财政学理论,强调阶级分析在财政学研究中的重要性。

国家分配论区分“财政一般”和“财政特殊”。前者是对各个时期各种社会形态的财政本质所作的概括;后者则是对特定阶段财政本质的概括。从“财政一般”来看,财政是国家分配的主体;财政分配的客体是一部分社会产品或国民收入,主要是剩余产品;在自然经济中,分配是实物的分配;在商品货币关系中,分配是价值的分配;财政分配的目的,是满足国家实现其职能的需要。关于社会主义财政本质的认识,则属于“财政特殊”的内容。社会主义国家财政是以生产资料公有制为基础的社会主义国家为了实现其职能而直接对一部分社会产品和国民收入(主要是剩余产品)进行的分配和再分配。

国家分配论是新中国成立后第一个形成的有影响力的财政学流派。丁方、罗毅在 1951 年出版的《新财政学教程》就提出“国家分配论”。尹文敬 1953 年出版的《国家财政学》对国家分配论有了较大的发展。1953 年前后,叶振鹏指出,关于财政本质是货币关系的提法是错误的,财政本质应是一种分配关系(张馨,1989)。1957 年,许廷星《关于财政学的对象问题》在质疑货币关系论的基础之上,提出了较为系统的国家分配论观点。他认为,财政学的对象是国家关于社会产品或国民收入分配与再分配过程中的分配关系,也就是人类社会各个发展阶段中国家对社会的物质资料的分配关系。在他看来,货币关系只是货币职能的表现形式,不能反映财政的本质,财政本身是一种分配关系,必须从再生产的分配关系入手研究财政的本质。再生产的分配关系包括两类:一类是以生产资料所有者为主体的分配;另一类是以国家为主体的分配。前者是经济属性的分配,后者是财政属性的分配。他认为,财政是以国家为主体的一种分配关系。财政的本质是国家凭借其主权,参与社会产品和国民收入分配过程所形成的分配关系。财政学的研究对象正是这种以国家为主体的财政属性的分配关系。

王传纶(1958)将财政的特殊本质职能归结为国家对社会产品的分配。胡鉴美(1962)明确指出,财政,作为一个经济范畴,其本质是国家为实现其职能,参与一部分社会产品的分配,而与有关方面发生的分配关系。邓子基(1962)指出,财政本质是人类社会各个不同社会形态国家为实现其职能并为其为主体无偿地参与一部分社会产品或国民收入的分配所形成的一种分配关系,简称为财政分配关系。

1964 年,财政部在辽宁旅大市召开第一次全国财政理论讨论会,是国家分配论最终确立其主流地位的标志。1964 年中国人民大学财政教研室编著的《财政学》(初稿)是以国家分配论为基础的一本重要的财政学教科书。国家分配论是该书的基础理论。

国家分配论是在不断吸收和借鉴其他理论的基础之上得到不断发展的。在传统中国财政学界那里,如何理解财政本质,是一个决定着“什么是财政”的基础理论问题。基于对财政本质认识的不同,传统财政学形成了多个流派。“国家分配论”是其中影响最大,且自 20 世纪 60 年代起就长期占据财政学主流地位的流派。70 年代末和 80 年代,最具影响力的财政学教科书莫过于《社会主义财政学》编写组编著的《社会主义财政学》。该教科书就是以国家分配论为基础编写的。有影响的以国家分配论为基础的财政学教科书还有许毅和陈宝森合著的《财政学》、邓子基的《财政学》、许廷星等编著的《财政学原论》。1991 年,陈共主编的《财政学》也明确立足国家分配论(陈共主编,1991)。

自社会主义市场经济体制改革目标确定之后,国家分配论不断受到其他财政学流派、特别是公共财政论的挑战。国家分配论者希冀通过强调国家的阶级性与公共性是并行不悖的思路,力图涵盖公共财政论,但由于国家分配论和公共财政论有着较大的差异,这种努力还只是在进行之中。

参考文献：
陈共：《财政学》，四川人民出版社 1991 年版。
邓子基：《财政学原理》，经济科学出版社 1989 年版。
邓子基：《略论财政本质》，载于《厦门大学学报（社会科学版）》1962 年第 3 期。
胡鉴美：《试论财政的本质与范围问题》，载于《学术月刊》1962 年第 2 期。
《社会主义财政学》编写组：《社会主义财政学》，中国财政经济出版社 1980 年版。
《社会主义财政学》编写组：《社会主义财政学》修订本，中国财政经济出版社 1982 年版。
《社会主义财政学》编写组：《社会主义财政学》第二次修订本，中国财政经济出版社 1987 年版。
王传纶：《对“财政学”对财政学对象问题的探讨》，载于《教学与研究》1958 年第 7 期。
许廷星、谭本源、刘邦驰：《财政学原论》，重庆大学出版社 1986 年版。
许廷星：《关于财政学的对象问题》，重庆人民出版社 1957 年版。
许毅、陈宝森：《财政学》，中国财政经济出版社 1984 年版。
叶振鹏：《社会主义国家财政的本质与职能》，载于《中央财政金融学院学报》1982 年第 4 期。
张馨：《公共财政论纲》，经济科学出版社 1999 年版。

（杨志勇）

剩余产品分配论
Distribution Theory of Surplus Products

1949 年新中国成立后，与整个社会意识形态的转向相一致，中国财政学研究表现出与西方财政学决裂的特征。当时财政学研究的直接目标是在马克思主义指导下，建构不同于西方财政学体系的马克思主义财政学。此后，从 20 世纪 50 年代到 60 年代，不同理论流派相继形成。“剩余产品分配论”学派即萌芽于这一时期。

“剩余产品分配论”认为，社会主义财政是剩余产品价值（社会纯收入）的生产、分配和使用，是剩余产品价值的运动过程，由剩余产品形成的社会共同需要则是财政关系的经济实质。这一学说主要从经济意义上论证了财政活动的本质和界限。

中国社会科学院王绍飞研究员被公认为“剩余产品分配论”学派的创始人和主要代表。

20 世纪 80 年代初，王绍飞曾表示，早在 60 年代初，他就想以马克思主义的剩余劳动与剩余产品理论为基础，建立社会主义财政学的理论体系。这主要有两方面的原因：一是由于当时受到某些社会现象的刺激。如 1958 年的“大跃进”、“大炼钢铁”等，不讲劳动效果、不计工本；以后又大肆批判“利润挂帅”，造成企业大面积亏损，国家财政产生严重困难。种种怪象不断使他经常想到马克思主义的剩余劳动和剩余产品理论的重要性。二是受孙冶方同志的启示。1958 年以后，王绍飞在孙冶方的直接指导下研究社会主义财政和流通问题，孙冶方曾多次表示，“财政部是管 M（剩余价值）的”，“财政学的核心是研究 M”。当时的经济现实也表明，财政状况的好坏是以国家可分配的剩余产品量为转移的，归国家分配的剩余产品价值（其表现形式是盈利）多，财政状况就好，反之，财政状况就恶化。新中国成立以来多次“扭亏增盈”的运动，反复证明了这是无可辩驳的真理，证明了孙冶方的观点的正确。因此，王绍飞想以马克思主义的剩余劳动与剩余产品理论为基础撰写一部财政学著作。只是当时由于客观社会条件限制，未能完成。一直到 80 年代初，他才将自己的观点比较系统地加以整理，完成专著《财政学新论》并出版。

在此前发表的《关于财政学的几个问题》一文中，王绍飞针对财政学的研究对象，已经明确提出，财政学是一门经济科学，它的研究对象是客观存在的财政关系，即社会对剩余产品的分配过程，而不是上层建筑，也不是经济基础和上层建筑的混合体。财政关系作为客观存在的剩余产品的分配过程，是社会再生产的一个不可缺少的组成部分。不管人们是否意识到它，它都要按照社会再生产的客观需要不断地进行分配和再分配；没有剩余产品的分配，社会再生产就不能进行。但是，在这个客观过程中，剩余产品在各个经济主体之间的分配比例和分配形式却是可以改变的。财政学把剩余产品的分配过程作为研究对象，就是要揭示剩余产品分配的客观规律性和剩余产品的分配过程在社会再生产中的地位和作用，探索剩余产品的分配比例和分配形式如何才能促进社会生产力的发展，有利于国民经济的综合平衡，从而提高社会再生产的经济效益。

1984 年 5 月，王绍飞出版第一部个人专著《财政学新论》，以“剩余产品价值决定论”为线索贯穿全书。他在财政学界的重要地位得以确立，从而也站在本学科的研究前沿。《财政学新论》曾获中国财政学会全国财政理论研究成果优秀奖，全书是以马克思的剩余产品理论为基础建立财政学理论体系的一次尝试。全书共分九章，分别探讨了财政关系的形成与发展过程，财政在社会再生产过程中的地位和作用，财政收入的经济内容和数量界限，财政支出的数量界线和支出结构，财政平衡的构成及其在国民经济综合平衡中的作用，财政效果，财政体制和财政发展战略等主要问题。

王绍飞也是对经济体制改革较早提出重要意见的学者之一，他主张按照经济核算的原则实行资金全面有偿使用、改变流动资金的无偿拨款、实行基本建设投资贷款制和企业资金的付息制度。针对改革中出现的新情况、新问题，他于 1989 年再度推出专著《改革财政学》，提出一些引起普遍重视的、富有创见的观点，并对《财政学新论》一书中的若干观点作了修正。有学者认为，如果《财政学新论》尚是以研究财政原理为主，那么，《改革财政学》则是要把《财政学新论》中提出的基本观点和商品经济理论衔接起来，它集中反映了作者研究经济改革，特别是财政体制改革的理念及理论观点的深化。

《改革财政学》内容丰富，颇多新意，全书共分四篇十三章。第一篇“财政关系的产生和发展”主要涉及财政关系的客观性质、商品经济中的财政关系、社会主义初级阶段的财政关系以及财政关系和社会再生产等。在该篇中，作者运用马克思主义基本原理，着重研究了财政关系的一些基本理论问题。第二篇“财政分配的经济分析”主要是关于财政收入、财政支出的经济分析以及财政政策的选择等内容。在论述财政政策的选择时，作者对西方财政理论进行了恰如其分的评价，并结合我国国情，对均衡财政和非均衡财政，紧缩财政政策和扩张财政政策以及补偿性理财方式提出了自己的观点，分析了资本主义国家奉行赤字财政政策带来的副作用和我国有关财政赤字理论和实践的矛盾，并指出从中国实际出发所应选择的财政政策措施。第三篇“财政体制”主要从广义角度探索各个财政主体在财政分配中的地位、作用及其相互关系。第四篇“财政的经济效益”从剖析含义入手，研究了财政经济效益的特点和判断财政经济效益的主要标志，提出了衡量财政经济效益的原则和具体方法，对提高财政经济效益的主要途径作了必要的阐述和说明。

总体看来，《改革财政学》具有如下显著特点：其一，密切联系社会主义初级阶段改革实际，具有强烈的改革意识和时代感，反映了我国经济体制新旧交替时期财政分配的特征，对改革时期财政理论和实践中出现的各种新问题作了深刻分析和研究，具有很强的实践性。其二，在内容构成和篇章结构上，增加了商品经济中的财政关系、社会主义初级阶段的财政关系、财政政策的选择、国家信用体制、财政的经济效益等内容，突破了传统财政学“收、支、平、管”的结构，扩大了财政理论的研究视野，使财政学和现实经济运行的联系更加紧密。其三，在研究方法上，把实证性研究和规范性研究结合起来，充分体现了作者实事求是的学术作风。

王绍飞在财政经济理论方面的主要贡献，大致体现在：(1)经济核算理论。早在20世纪70年代，王绍飞就指出：在商品经济继续存在的社会主义社会，企业盈利是物质生产领域劳动者为社会创造的剩余产品的货币表现，是国家为保证社会共同需要集中剩余产品的一种形式。(2)剩余产品理论。剩余产品是推动人类社会走向文明的物质基础，在社会主义制度下也必然存在；必要劳动与剩余劳动、必要产品和剩余产品的客观界限是党和国家制定经济政策、进行综合平衡的主要依据之一。(3)财政理论与制度建设。他以科学的认识阐释剩余产品、社会共同需要与财政关系三者之间的关系，认为在社会生产力不断发展的过程中，随着剩余产品的产生逐渐形成了财政关系，由剩余产品形成的社会共同需要是财政关系的经济实质，财政关系随着剩余产品的增长而不断发展(所以，财政关系是社会生产力发展的结果和客观需要，不是由国家权力决定的)，精心构建了以马克思主义的剩余劳动与剩余产品理论为基础的社会主义财政学理论体系。在王绍飞的众多贡献中，对财政理论的贡献最为突出，因而他被财政学界公认为“剩余产品价值分配论”学派的创始人和主要代表。

“剩余产品分配论”学派是在改革开放的过程中，围绕解释和指导中国经济发展实践而逐渐形成的一个财政学理论学术流派。在20世纪80年代、90年代，“剩余产品分配论”均曾引起不同程度的讨论，赞同及持不同观点者均有之。该学派自创始人王绍飞耕耘不辍以来，追随者刘溶沧、李茂生、马国强等人薪火相传，在中国财政学界曾有广泛影响，在今天仍具有很强的实践意义。

参考文献：

王绍飞：《财政学新论》，中国财政经济出版社1984年版。

王绍飞：《改革财政学》，中国财政经济出版社1989年版。

王绍飞：《中国社会科学院学者文选：王绍飞集》，中国社会科学出版社2002年版。

王雅龄：《剩余产品分配论的财政思想和实践意义》，载于《西部论丛》2009年第2期。

（范建鏋）

社会共同需要论
Theory of Social Common Demand

“社会共同需要论”是在与占据我国财政学主流学派地位的“国家分配论”的学术论争中逐步脱颖而出的一个财政学理论流派。其理论体系与系统观点主要体现于中国社会科学院何振一研究员所著的《理论财政学》一书之中。

何振一的研究开创了一个财政关系定性分析与定量分析相结合的、全新的中国特色的财政学科新体系，亦即财政学界后来将其称为“社会共同需要论”的新流派。

“社会共同需要论”理论于1980年在北戴河召开的全国财政基础理论高层研讨会上初露头角，会议结束后在《简报》中给这个新理论命名为“社会共同需要论”。此后，何振一多年潜心研究，在持赞同意见的学者积极参与研究、持不赞同意见学者的诚恳批评与帮助下，终于构造起财政一般理论的初步体系，于1987年推出《理论财政学》一书，2005年该书出版第二版。在发展“社会共同需要论”理论体系上，持相同观点的学者从不同角度对理论体系的形成做出重要贡献，不少持国家分配论观点的学者从自己的研究视角出发，也有间接贡献。

中国财政学研究在“文革”期间整体上陷入停顿状态，1979年之后重现活跃势头，一个突出表现是，占主流地位的“国家分配论”与其他理论流派的论争不断涌现。这一时期，“社会共同需要论”等理论对“国家分配论”提出了挑战。“社会共同需要论”强调剩余产品与财政产生之间的关系，强调财政活动是为了满足社会共同需要，这与“国家分配论”强调国家与财政的本质联系以及财政是为了实现国家的职能而存在的观点截然不同。在这次论争过程中，“社会共同需要论”得到了很大发展，影响力上升，赞同者甚众，特别是许多中青年学者对这一理论观点情有独钟。由此也逐步奠定了“社会共同需要论”的学术地位。

“社会共同需要论”理论是以唯物史观为指导，以人类社会财政一般为研究对象的理论体系。它改变了学者们过去只研究财政个别而不研究财政一般的理论思路。《理论财政学》一书以“社会共同需要论”为主线，从人类社会再生产发展的历史全过程这一广阔视野出发，对财政运行的一般规律及各个历史阶段上的财政特性，展开了系统的、创造性的探索。全书剖析了社会共同需要的内涵与本质，认为社会共同需要是社会共同事务需要的简称，是社会的再生产发展过程内在产生的一个客观范畴。社会共同需要并不是从来就有的，它是一个历史范畴。如果将生产单位和消费单位的需要归结为社会基本单位的需要的话，可以称之为社会个别需要，那么，可以将社会共同需要称为社会一般需要。社会共同需要与社会个别需要是有区别的，是两个不同的经济范畴。社会共同需要并不是社会个别需要的集合或加总，而是有其特定内涵的。其内涵就是：维持社会正常存在和发展所必须由社会统一实施的事务需要，其本质则是社会与社会成员之间在社会再生产过程中的分工关系。

社会共同需要具有三个重要特征：一是个人或社会基本单位无力从事，只能由社会力量方能实现的事务；二是对个人或社会基本单位无直接利益或利益极少而不愿办，又是社会存在与发展所必需的事务；三是唯有以社会为主体去举办，方能有效地协调相关社会成员各个方面利益的事务。这三点既是区分社会再生产者诸多事务中哪些属于社会共同需要事务的标准，也是界定财政职能范围的依据。

在界说“社会共同需要”这一重要范畴的基础上，《理论财政学》一书从四个领域展开了论述，全书由财政本质论篇、财政分配客观数量界限论篇、财政职能实现形态研究篇及财政效果研究篇等组成。首篇主要是对财政基础理论的各个主要范畴进行了全新的再探索；第二篇系统地剖析了财政分配存在客观数量界限的因由，并从理论和方法相结合上，具体地研究了财政分配总量与个量的客观数量界限；第三篇对财政分配及宏观调节两大职能的运行规律及其实现的路径，进行了全方位的剖析；第四篇对财政效果进行了较为全面系统的理论探索，并给出了一系列的评价方式和方法。

关于国家与财政的关系，“社会共同需要论”认为，财政不是国家产生的。在阶级社会中，国家是社会共同事务职能的执行者，国家成了财政分配关系中占支配地位的主体，因而人们把阶级社会的财政称为国家财政。那么，能不能根据这一点而得出国家财政是由国家产生的结论呢？“社会共同需要论”认为，不能这样理解。既然财政不是国家产生的，那么，财政的阶级性又是如何出现的呢？“社会共同需要论”认为，财政分配作为生产关系总体的有机组成部分，属于经济基础范畴，在阶级社会中，它本身就具有鲜明的阶级性，根本不需要上层建筑给它从外部打上阶级的烙印。在私有制下，财政作为社会再生产分配过程的一个特殊组成部分，它本身就具有鲜明的阶级性，至于财政分配中的阶级斗争，不是国家决定的，它根源于财政分配中的阶级性，根源于各个阶级都有着不同的经济利益。

“社会共同需要论”进而认为，国家职能并不是财政研究的出发点。不从国家职能出发研究财政，而是把财政放在社会再生产总体中进行研究，把财政看成是社会再生产的重要组成部分，作为社会自身存在和发展的需要进行研究，则是马克思为财政理论研究留下的宝贵财产。

“社会共同需要论”还认为，财政研究不能仅是质的分析，还必须有量的研究。认识事物的质，也是认识事物量的基础和前提。离开对质的正确认识，就无从正确认识量的规定性。质与量的研究应做到有机统一。在这方面，《理论财政学》一书（第二篇）专门对财政分配客观数量界限论展开了深入的探讨，这可以说是“社会共同需要论”在质的分析与量的研究相结合方面的一个重要特色。

“社会共同需要论”自提出之后，由于它构建的理论体系相对完整，分析视角相对于其他学派更注重研究财政一般问题，更由于它对“社会共同需要”这一范畴做出了比较清晰的界定，因而获得了不少认同。

但是，对这一理论学派的诘难，也未曾停止过，其中一个重要方面即来自对财政起源和财政本质的不同看法以及由此引发的学术争鸣。对财政起源及财政本质的分析，历来有不同观点，学界迄今亦未见有一致看法。在各学派研究财政问题的侧重点有所不同的背景下,“社会共同需要论”与“国家分配论”、“公共财政论”三个理论流派的研究成果,从不同角度看,已初步覆盖了财政一般与财政个别有机结合的完整学科体系,但是,各自的研究成果远未臻完善之境,如果能够彼此融合,互相借鉴,必然有望开创新的研究局面。

此外,也应该看到,虽然“社会共同需要论”受到质疑,这一学派试图不断完善自身理论体系的努力也值得肯定。2011 年 11 月召开的社会共同需要理论研讨会,可以看作是其最新一次的努力。

参考文献:

何振一:《理论财政学》,中国财政经济出版社 1987 年第一版,2005 年第二版。

李俊生、王雍君等:《社会共同需要:财政活动的起点与归宿》,中国财政经济出版社 2011 年版。

李俊生:《财政效率论》,东北财经大学出版社 1994 年版。

吴德明:《财政是为了实现国家职能的需要而存在的——与申长平同志商榷》,载于《山西财经大学学报》1984 年第 1 期。

邓子基:《财政理论在改革争鸣中不断发展》,载于《中国财政》2008 年第 8 期。

许方元:《也谈财政的起源——同何振一同志商榷》,载于《财贸经济》1982 年第 10 期。

(范建鏋)

社会集中分配论

Theory of Social Collective Distribution

“社会集中分配论”是由财政部财政科学研究所贾康研究员在 20 世纪 90 年代首先提出,并力图在理论研讨和财政改革发展的实践中不断加以完善的一个理论流派。迄今为止,这一理论的框架仍处于不断完善之中,它引起了财政学界的一定关注。集中阐释这一理论框架的文献,首推贾康 1998 年发表的《从“国家分配论”到“社会集中分配论”》。

财政起源和财政本质问题是构建整个财政理论体系大厦的基石,长期以来一直吸引着财政理论研究者的目光。其原因在于,这一问题不仅决定着财政理论的内容、框架和体系,而且从根本上支撑和制约理论对财政实践活动的指导作用。贾康在其《从“国家分配论”到“社会集中分配论”》一文中,总结了“国家分配论”以及其他各种较具影响力的理论流派的主要观点,并在此基础上创造性地提出了“社会集中分配论”的基本主张和逻辑体系,意在实现财政基础理论对人类社会各财政形态的贯通式覆盖,并在共性框架下更为严谨地说明“国家财政”的个性与历史趋向。

“社会集中分配论”的提出,有其社会实践背景和理论背景。从根本上看,源于财政改革实践和财政理论创新的内在需求。

从财政改革实践这一层面考察,迄今为止的我国经济改革历程可划为两个阶段:一是自 1978 ~ 1992 年,以发展社会主义商品经济为主要目标,本质上属于计划经济体制转轨时期的改革;二是从 1993 年起的阶段,以建立社会主义市场经济体制为目标模式,属于体制质变的改革。财政体制改革作为经济体制改革的重要组成部分,以上述目标为取向,存在着一个转型的过程。“社会集中分配论”即产生于市场型财政模式和体制的探索阶段。与社会主义市场经济体制框架相适应。1998 年 12 月召开的全国财政工作会议,提出建立公共财政框架的目标要求,财政模式的建立于是有了清晰目标。恰在这一时期,贾康开始系统发表关于“社会集中分配论”的相关论述,研究“社会集中分配论”在新的经济社会条件下的外化形式。其后又提出了包括公共财政概念、内涵、基本特征和基本框架在内的公共财政模式,从而不断丰富“社会集中分配论”的理论体系。

“社会集中分配论”体系的构建采取唯物史观的立场和研究方法,从社会集中分配最基本的事实出发,以求探究财政本质问题。贾康认为,“唯物史观,在我们作深入探讨以求正确认识财政本质的时候,应当成为理论的基础,逻辑体系的开端,解剖问题的指南”,否则就不能真正建立起系统阐述财政本质的理论架构。

“社会集中分配论”采取了从历史到现实、从现象到本质、再从本质到外化及其实践形式的逻辑思路。与马克思理论的观点一致,“社会集中分配论”以人类的需要为研究的逻辑起点,认为人的需要是理解人的活动和人类社会历史的一个关键范畴。在人类社会之初,人的需要即大致可以分为个人需要、群体需要和社会共同需要,并且更多地表现为三者之间的统一性。为了满足社会共同需要,一旦有了剩余产品,在经济前提和政治前提具备的条件下,就有了原始财政。随着其后国家的产生,原始财政也进入奴隶制国家财政、封建制国家财政、资本主义国家财政和社会主义国家财政等不同的形态。在对诸种表现形式各异的财政现象进行概括和抽象的基础上,“社会集中分配论”提出了理论的核心内容——财政的本质。

研究财政的本质,旨在更好地理解财政本质外化后所呈现出来的财政发挥其功能作用的动态过程,主要表现为财政收支与管理对于经济与社会中所有关联事物的影响。在研究财政职能作用时,采用了先一般共性、后具体特定的逻辑思路,即先在最一般的共性层次上概括财政职能作用的基准方向或主要线索,然后再探讨具体、特定环境下的财政职能作用。在第一次外化基础上,“社会集中分配论”将重点放在了研究本质外化的实践表现形式上。这是财政职能作用在实践中的具体表现形式,也是财政本质在财政实践中的终端反映。本质外化的实践表现形式主要包括:财政模式的选择、财政制度的变革、财政政策的运用,等等。可以认为,在财政模式的选择上,“社会集中分配论”提出和发展了自己的公共财政观及其实践要求,如其后关于公共财政“否定之否定”历史轨迹的分析。

以上大体就是“社会集中分配论”的逻辑思路。与此相应,可定义或讨论社会集中分配的最基本范畴——财政,以及社会集中分配的多重属性——经济属性与政治属性。

社会集中分配的最基本范畴——财政范畴——有广义、狭义之分。贾康认为,“广义财政在现象形态上指的是人类社会发展各阶段以社会性的权力中心为主体的理财活动,包括国家出现之前的原始财政、国家出现之后的国家财政,以及将来国家消亡之后公共权力中心的财政;狭义财政在现象形态上可以特指人类社会某个具体发展阶段上的以社会权力中心为主体的理财活动——由于我们现在处于国家作为社会权力中心的社会,所以今天通常所说的财政,即为国家财政(或国家各级政府的财政)。”至于社会集中分配的多重属性——经济属性、政治属性、社会属性和伦理道德属性,则可以做如下理解:一方面,社会生产的发展水平和状况决定了社会集中分配的具体内容和数量、方式,另一方面,社会集中分配带来社会资源的流动和配置,故而,经济的属性是第一位的,但是,社会集中分配亦是一种以社会权力中心为主体的分配,如果无权力中心,即使存在剩余产品,也有“财”无“政”。此外,随着人类需要的层次性演进,各阶段社会的发展任务和面临问题也不一样,社会权力中心所践行的基本伦理道德观也必然有所差异。

对于财政本质的探讨,是“社会集中分配论”理论的核心部分。在从历史到现时,从现象到内部联系的分析考察基础上,“社会集中分配论”提出了自己的财政本质观:即财政的本质,是在其种种繁复纷纭的现象形态后面掩盖着的某种带有集中性特征的分配关系,是一个客观经济范畴。这种带有集中性的分配关系,是生产资料所有制起决定性作用的广义社会生产关系的一个组成部分,即生产、分配、交换、消费四个环节构成的广义生产关系链条中分配环节的一个组成部分,它内在于社会再生产之中。当生产力发展到一定水平后,由集中性的分配来配置社会总产品中剩余产品的或大或小的一部分,成为总体社会再生产及人类社会生活的客观必要,于是这种集中性的分配关系便产生、形成了。这一财政本质论,既坚持了“国家分配论”的基本内核——把对财政本质的认识最终落在分配关系上,又吸收了其他流派的合理内容,使“国家分配论”在新的历史条件下得到了进一步的发展。这一本质论的提出,标志着“社会集中分配论”的基本形成。

“社会集中分配论”做出了大胆的理论尝试,构建起一个具有丰富内涵的理论框架,它试图突破既有“国家分配论”的不足,同时又意欲吸纳其余理论流派的合理、科学内容,为己所用。尽管其“综合”仍有未尽如人意之处,但突破已有理论约束的努力无疑是值得肯定的。

虽然在试图对各种财政理论流派“大综合”的进程中,由于受自身庞大理论体系的限制,一些论述也存在力有未逮之处,但这些并不妨碍这一学说所闪现的理论创新光芒。它仍在演进之中,尚未充分定型,相对而言,关于它的讨论也不够充分,这是它目前的不足,却也是它未来发展的潜力所在。

参考文献:

贾康:《财政本质与财政调控》,经济科学出版社 1998 年版。

贾康:《从“国家分配论”到“社会集中分配论”》上,载于《财政研究》1998 年第 4 期。

贾康:《从“国家分配论”到“社会集中分配论”》下,载于《财政研究》1998 年第 5 期。

贾康、叶青:《否定之否定:人类社会公共财政发展的历史轨迹》,载于《财政研究》2002 年第 8 期。

冯俏斌:《私人产权与公共财政》,中国财政经济出版社 2005 年版。

陈龙:《需要、利益和财政本质——“社会集中分配论”基本问题研究》,载于《财政研究》2009 年第 7 期。

陈龙:《从“社会集中分配论”的逻辑体系看未来财政研究的方向》,载于《财政研究》2010 年第 9 期。

陈龙:《“社会集中分配论”研究:兼论人本发展视角下公共财政的发展与转型》,经济科学出版社 2010 年版。

(范建鏋)

再生产前提论

Fiscal Theory Focusing on the Relationship between Production and Fiscal Distribution

再生产前提论是对马克思主义财政分配与社会再生产关系的讨论。马克思在《政治经济学批判》的导言中指出:“一定的生产决定一定的消费、分配、交换和这些不同要素相互间的一定关系”(《马克思恩格斯全集》第 12 卷,人民出版社 1998 年版,第 749 页)。就中国而言,财政作为分配的范畴表,现为国家对一部分社会产品价值的分配。如果将简单再生产延伸到扩大再生产领域,财政的再分配地位和作用则进一步凸显出来。因为,在资本主义社会,生产要素的分配主要掌握在生产资料所有者——资本家的手中,财政在扩大再生产当中的作用是间接的和辅助的，即使在凯恩斯主义干预经济下的资本主义国家，财政对生产的作用也仅仅是相对大一些。而在社会主义公有制国家，特别是我国计划经济时期，全民所有制的国有企业占主导地位，社会主义扩大再生产所需的生产资料，绝大部分依靠国家财政基本建设投资来统筹规划安排。因此，社会主义再生产中，财政资金作为生产要素的分配形式而“包含在生产过程本身中并且决定生产的结构”（《马克思恩格斯全集》第 12 卷，人民出版社 1998 年版，第 746 页）。

学说的由来与辨析：在 20 世纪 80 年代，侯梦蟾和陈共等学者运用马克思主义再生产理论，结合中国实践，对再生产视角下的财政学进行了较为全面的诠释与分析。这些研究提倡以再生产为前提建立财政学，为的是把财政理论研究从以国家为前提转到以再生产为前提的轨道上来，克服那时财政学所存在的弊病与不足。

“再生产前提论”肯定了财政是一个分配问题。财政是由于国家的产生而从社会再生产中分离出来的，在它的发展过程中也始终和国家直接关联，所以财政区别于其他分配环节的基本特征，是以国家为主导的分配活动和分配关系。然而，需要明确的是，由于国家产生使财政从社会再生产中分离出来，这种“分离”并没有也不能改变财政是经济的内在因素这个原有性质，因而财政仍是再生产的一个特殊环节，仍是一个经济问题。从根本上说，决定财政的产生和发展的不是国家，而是经济条件，即各社会现存的生产力和生产关系。在生产力低下的原始社会，无所谓国家，也无所谓财政。由于社会分工、产品交换和商品生产的发展，当劳动力能够提供维持本身需要以外的剩余产品时，才产生了阶级，产生了国家，从而产生了财政。

再生产前提论的理论内涵：按社会总资金运动过程建立财政学体系，从内容和形式上改变过去按财政收支过程建立的财政学体系。下面是采用马克思关于货币资金运动公式的解释。

$$G\text{-}W\left\langle\begin{matrix}A\\Pm\end{matrix}\right.\cdots P\cdots W'(W+w)-G'(G+g)$$

财政属于宏观经济范畴，是社会总资金运动的一个环节，但它在社会总资金中又是属于货币资金范畴，所以我们在这里采用货币资金运动的公式。这个公式更适于说明财政收支的来源和归宿以及财政在社会再生产中的地位与作用。

假定一个国营企业，建厂的货币资金全部由国家拨给。企业拿到的货币资金，其中一部分用于购置生产设备和原材料，一部分用于支付工资，于是货币资金转化为生产资金。企业开工生产以后，资金不断消耗，以不同方式逐渐加入产品价值，构成产品成本。当形成产成品离开生产过程时，生产资金又转化为商品资金。商品资金不仅包含资金消耗的价值（即成本），而且包含剩余产品价值（即盈利）。财政收入就是来自补偿成本以后的盈利。这里说明，基层企业是财政工作的基础，是财政工作的立足点，在理论上，资金周转过程中形成的资金（占用）、成本、盈利等范畴，是财政收支理论的基础。当然，财政学不是从企业管理角度研究资金、成本、盈利问题，而是从宏观角度，就是从比例关系、利益关系和经济效果几方面研究资金、成本和盈利问题。

同资金、成本、盈利直接相联系的有一个价格问题。资金的占用数量就是作用于再生产过程中的商品物资的价格的总和，而成本和盈利则是商品价格的组成部分。所以价格的变动必然触及资金、成本、盈利的量以及成本和盈利的比例的变动。还有一个工资问题。对财政来说，工资属于成本的一个要素，调高工资则成本上升，盈利下降，国家收入减少。当然工资形式——计件工资或是计时工资与财政是无关的，而工资水平及其在国民收入中的比重，则应同价格一样构成社会主义财政的因素。

马克思分析社会总资本运动，是以公式中的 W′－G′作为研究对象，财政收支就是发生在这个阶段。“社会总产品的分配（一方面分为个人消费基金，另一方面分为再生产基金），同任何单个商品资本的产品的特殊分配一样，已经包含在资本的循环中。”（《马克思恩格斯全集》第 24 卷，人民出版社 1998 年版，第 109 页）

先看财政收入怎样形成。财政收入是生产过程创造的剩余产品价值，从和资金的关系来看，企业上交的税利则是来自资金增值的结果——盈利，这说明增加财政收入的根本途径是增加生产和降低成本，特别是从经济效果的角度看，降低成本是增加财政收入的根本途径。财政收入又是通过流通的第一阶段（卖）最终实现了剩余产品价值，是商品资金（W′）完成向货币资金（G′）的转化带来的盈利。如果由于比例失调、产品质量低劣和货不对路等原因，使商品销售受阻，资金周转停止，即使生产增加，成本降低，实际的财政收入却可能是减少。因此，生产部门将尚未最终实现的商品转移给商业部门而上交的财政收入，还只能看作可能的财政收入，只有商品最后卖掉了才成为真实收入，一旦商品长期积压在商业部门，就会成为无可靠商品保证的虚假收入。

再看财政支出怎样实现。财政支出无非用于两个方面：一是用于追加投资，如基本建设拨款、增拨流动资金和增加储备等，形成扩大再生产基金。二是用于社会消费，如科学、文教、卫生、国防、行政等支出，形成机关团体收入或个人收入。扩大再生产基金是用于购买生产资料或支付工资，同企业原有的补偿基金（G）

一并重新投入生产过程，开始新的扩大了的资金周转。社会消费基金则作为一次性消费价值最终消费掉，不再参加资金周转。那么，是否可以认为，社会消费基金不再参加资金周转而排除在社会总资金运动之外呢？显然这里样的理解存在一定的问题。一方面，从它的来源看，也是来自盈利，是和资金一起流通的。另一方面，从它的实现过程（g-W）来看，一方是团体或个人购买商品，属于收入运动，但另一方则是商店出售商品，仍属于资金运动。正如马克思指出的："产业资本的总和运动，既是补偿生产资本的那部分产品的运动，又是形成剩余产品的那部分产品（通常部分作为收入花掉，部分要用作积累要素）的运动。只要剩余价值作为收入花掉已包含在这个循环中，个人的消费也就包含在这个循环中了。"

从表达式看出，财政收支既然发生在 W′－G′阶段，那么财政问题最终必然归结为社会再生产或社会产品（W′）的实现问题。所以财政理论应视为马克思主义实现论的组成部分。实现问题基本是两大问题：一是比例；二是平衡。比例协调，才有平衡，比例失调，就失去平衡，因而这里的关键是协调宏观经济的数量关系问题，即财政占国民收入的比重，基建拨款占财政支出的比重，生产性支出与非生产性支出的比例，基建拨款与增拨流动资金的比例，基建投资在各部门分配的比例，新建投资与更新改造资金的比例，等等。既是由现存的生产结构和产品结构决定的，又会反过来影响甚至决定消费与积累的比例以及生产结构和产品结构。平衡问题对财政来说包括两方面内容：一方面是属于价值分配内部的各类货币购买力的平衡，即预算收支平衡以及预算收支与信贷收支的综合平衡。另一方面是属于价值与使用价值平衡的货币的购买力与商品供应的平衡，即财政信贷的综合平衡与物资供求平衡的相互关系。与财政收支直接相关的，有一个中央与地方之间的相互关系问题，即预算体制。与资金、成本、盈利直接相关的，有一个资金、成本、盈利在国家与企业之间的相互关系问题，即企业财务体制。

再生产前提论的争鸣：在对"再生产前提论"的探讨当中，有学者认为这一理论强调从社会再生产出发，以社会再生产为前提认识财政的本质。但是这种说法在重视了财政产生的经济性基本前提的同时，忽略了政治性的基本前提，从来源上割裂了财政产生与国家之间的本质联系，难以认识和阐明财政分配区别及其他分配的特殊性质。为此，"再生产前提论"的论者们做出了如下回应：

在社会主义社会，以全民所有制为主导的经济结构和以计划经济为主、市场调节为辅的经济体制，决定了社会主义扩大再生产投资的大部分必须由财政集中进行。因而，社会主义财政资金就其主要内容来看，是直接用于扩大再生产。这就决定了社会主义财政是内在于再生产的一个不可缺少的环节。根据这个基本立论，进一步的逻辑必然是，社会主义再生产继续发展下去，这种用于满足扩大再生产需要，以及相应的其他社会需要的集中性分配，不可能被取消。再生产越是社会化，全民所有制经济越是发展，越需要和可能进行宏观的计划调节。这是社会主义经济规律决定的，不管具体的经济管理体制如何改革，不会影响这个根本方向。作为社会主义再生产内在环节的财政不会随着国家的消亡而消亡。基于上述看法，再生产前提论认为，社会主义财政就其主要内容来看，它的存在的前提是建立在全民所有制和计划经济基础之上的社会主义再生产，而不是国家。

一种观点认为，财政分配的对象既然是一部分社会产品，那么，任何社会财政都是内在于再生产的，不可能离开生产，因而"再生产前提论"，不能说明社会主义财政的特殊性。需要特别指出的是，这里所说的社会主义财政成为社会主义再生产的内在环节，着眼点是从财政投资的角度，不是财政收入来源的角度。尽管现代资本主义国家财政对经济的干预大大加强，但通过财政政策从外部影响经济仍然是主导方面，而不是对资本主义扩大再生产的直接投资。从这个意义上说，资本主义国家的财政，本质上是再生产的外部条件，而不构成再生产的内部因素。

另一种观点认为，"再生产前提论"，只是着眼于物质再生产过程，而没有把财政同生产关系联系起来，因而不能说明社会主义财政的特殊性。这是对"再生产前提论"的误解。"再生产前提论"的基本立论是建立在社会主义全民所有制和计划经济基础之上，而所有制问题是生产关系的决定性因素，因此不能认为"再生产前提论"没有把财政和生产关系联系起来。还需要说明，如果把社会主义财政和社会主义再生产之间的上述依存关系看作"本质联系"，那么，"再生产前提论"所指的社会主义财政和国家不是本质联系。仅从这个意义上而言，即国家消亡财政仍然存在，作为财政分配的主体可以是某一社会中心。这样说并不导致否定和削弱现阶段国家在财政分配中的地位和作用。因为现阶段代表社会执行财政分配职能的只能是无产阶级专政的国家。从这个角度上讲，如何强调国家的作用都不过分。

参考文献：

许毅、陈宝森：《财政学》，中国财政经济出版社 1984 年版。

王绍飞：《改革财政学》，中国财政经济出版社 1989 年版。

陈共：《财政学》，四川人民出版社 1999 年版。

陈共：《论以再生产为前提建立社会主义财政学》，载于《财政研究》1982 年第 3 期。
侯梦蟾:《关于社会主义财政以再生产为前提的几个问题》,载于《财贸经济》1983 年第 5 期。
侯梦蟾:《必须把社会主义财政放到再生产中来研究》,载于《财政研究》1980 年第 Z1 期。
叶选鹏:《中国财经理论与政策研究》上册,经济科学出版社 2004 年版。
《马克思恩格斯全集》第 12 卷、第 24 卷,人民出版社 1998 年版。

(何代欣)

生产建设型财政体制
Producer-Oriented Fiscal System

生产建设财政与社会主义经济建设实践联系在一起,是与计划经济体制相适应的传统财政模式的典型特征之一。传统的财政模式是计划经济体制的重要构成部分,后者的总体特征是政企不分和“统收统支”。这一制度背景下,国家承担了社会资源配置的职能,计划经济对财政职能的定位是发展经济、保障供给。计划经济体制下的企业基本没有投资权,没有生产决策权,利润上缴财政,企业生产经营所需要的资金大部分由财政部门提供,没有能力扩大再生产。国家财政代替企业,成为社会的投资主体,也是社会再生产的主要实现方式。

新中国成立之初,国家面临着发展工农业和基本建设的重要任务。新生政权需要从一个战乱频生的旧中国基础上建设新中国,迅速恢复经济,实现财政收支平衡,集中财力建设一批关系国计民生的大项目,实现工业化,满足人民群众的物质文化需要,全国实行统收统支财政管理模式。整个社会生产和扩大再生产的资金大部分是由中央财政直接拨款来支撑的,用于基本建设的投资性支出占到全部财政支出相当大的比例。这种财政支出模式决定了我国计划经济条件下的财政具有非常显著的生产建设特点,也就是学术界常说的“生产建设财政”。

在生产建设财政时期,财政不仅要负责满足从国防安全、行政管理、公安司法到环境保护、文化教育、基础科研、卫生保健等方面的社会公共需要,负责进行能源、资源、通信和江河治理等一系列社会公共基础设施和非竞争性基础产业项目的投资,而且还要承担为国有企业供应经济性资金、扩大再生产资金以及弥补亏损的责任,甚至为国有企业所负担的诸如职工住房、医疗服务、子弟学校、幼儿园和其他属于集体福利设施的投资提供补贴,财政包揽一切。

在生产建设财政模式上,国家财政全面负责国有企业的基本建设拨款和流动资金供应。基本建设拨款,是国家预算无偿拨给各部门、各单位用于固定资产扩大再生产的款项,包括固定资产的新建、改建、扩建和恢复等。其中既有对生产部门的拨款,也有对非生产部门的拨款。如图 1 所示,我国 1956 ~ 1978 年基本建设拨款支出居整个财政支出之首,通常占到国家财政支出的 40% 左右。在“大跃进”和“文化大革命”时期比例更高。

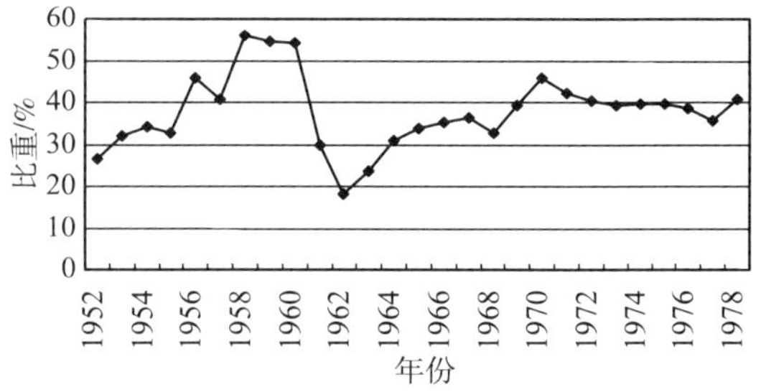

图 1 基建拨款占财政支出的比重

资料来源:国家统计局:《中国统计年鉴(1991)》,中国统计出版社 1991 年版,第 65 页。

高额的基本建设拨款支出,对国家财政收支以及整个国民经济运行产生了决定性影响。在财政困难的年份,甚至出现了先确定基建盘子、再安排其他财政支出的反常现象。财政对各部门、各地区、各单位基本建设拨款的多少,在很大程度上决定着该部门、该地区、该单位的经济发展速度、规模和结构。

受急躁冒进、急于求成思想的影响,加之基本建设投资责、权、利的脱节,在人民群众“大干快上”热情和国有资金无常拨付的情况下,“投资饥渴症”长期普遍存在。基本建设规模膨胀,成为国民经济比例关系失调、经济发展大起大落的主要原因。在 1958 年、1960 年、1962 年、1966 年、1976 年等基本建设拨款剧烈变动的年份,也往往是国民经济波动起伏较大的时期。陈云同志“一要吃饭、二要建设”、“基本建设要和国力相适应”等重要的论断,主要就是针对上述状况提出的。

除基本建设拨款支出之外,国家财政还承担为国有企业供应流动资金的任务。流动资金是企业用于购买原材料等劳动对象、支付工资和其他生产费用的资金。流动资金分为定额流动资金和非定额流动资金两部分,分别加以管理。定额流动资金,指企业正常生产经营所需的资金,由财政部门定期核定。非定额流动资金,则指的是企业季节性、临时性资金的需要。国有企业定额流动资金主要由财政无偿拨付。非定额流动资金几经变革,主要由银行通过信贷方式供应。由此形成的流动资金支出,往往占到国家财政支出的 20% 上下。

尽管前文已经提到,计划财政体制无所不包,除生产建设之外,还承担了大量的社会发展事业,但是这一财政体制的核心目标,依然是优先保证工业化所需的建设性资金。为此,群众需要勒紧裤腰带,一切生活改善都被压制到最低限度。1956 年以后,城市职工经常性的工资升级便被中止。在 1957 ~ 1977 年的 20 多年间,只有 1959 年、1963 年和 1971 年进行了小范围、小幅度的工资升级工作。其中,1959 年的升级面仅有 2%;企业的留利率也一直很低,1978 年只有 3.7%。城市职工的收入水平,在 1952 ~ 1978 年的 26 年间,年平均工资只增加了 170 元,年均增长率为 1.3%。而且,其中有 13 年还是较上年下降的。至于农民的收入,到 1978 年,家庭人均纯收入也只有 133.57 元。若按 1952 年价格计算,则 1952 ~ 1980 年的各个"五年计划"时期,农村集体人均年实际收入不超过 60 元,不到同期国家部门人均年度实际工资的 1/10(见表 1)。无论城镇职工的收入增长水平,还是农民的收入增长水平,显然都与那一时期投资增长率相距甚远。从这个角度上看,计划经济体制下的财政称为"生产建设财政"就具有了更直接的含义。

表 1　职工实际和名义工资与农村集体人均收入　单位:元/年

年度	国家部门年度平均工资		农村集体人均收入	
	名义	实际(1952 年的价格)	名义	实际
1952	446	446	—	—
1953 ~ 1957("一五"时期)	559	522	41.75	38.8
1958 ~ 1962("二五"时期)	546	461	42.9	35.8
1963 ~ 1965	651	530	48.7	39.2
1966 ~ 1970("三五"时期)	623	525	59.5	50.1
1971 ~ 1975("四五"时期)	614	513	63.8	54.4
1976 ~ 1980("五五"时期)	672	529	74.2	60.2

说明:职工的实际工资 = 名义工资/生活费用指数。农村地区由于没有合适的价格指数,故采用普通零售价格指数。

资料来源:德怀特 · H · 珀金斯:《中国的经济政策及其贯彻情况》,引自 R. 麦克法夸尔、费正清编:《剑桥中华人民共和国史:中国革命内部的革命(1966 ~ 1982 年)》,中国社会科学出版社 1992 年版,第 517 页。

与典型市场经济国家的财政相比,中国计划经济时期的生产建设财政具有如下典型特征:第一是以整个国民经济体系的扭曲为基础。在计划体系中,农产品价格被制度性压低,工业品价格被制度性抬高,从而使整个社会的剩余价值通过工农业产品剪刀差汇聚到工业企业部门。实际上,资金、劳动力、土地的价格也被大幅度扭曲。第二是财政收支活动主要在国有部门系统内部和城市区域内部完成。至于非国有部门和广大农村区域,则或是游离于财政的覆盖范围之外,或是位于财政覆盖范围的边缘地带(高培勇,2008)。第三是赢利性。公共财政支出的资金虽然对于企业来说是免费的,但是由于其支出主要用于经济建设和提供"私人物品",消费者不可能免费享受,因此只能通过市场交易方式来购买。

1978 年以后,随着计划经济体制的消亡和市场部门的快速发展,生产建设财政开始逐步退出历史舞台。1992 年中共十四大提出了建设社会主义市场经济的总目标,于此向适应的"公共财政"逐步成型。在 1978 ~ 1992 年间,我国经济体制从高度集中的计划经济体制逐步转向有计划的商品经济体制,财政支出结构逐步由经济建设为重要支撑领域转向支持各项社会经济体制改革。这个时期,生产建设支出在全部财政支出格局中仍然占据了重要地位。

参考文献:

陈共:《财政学》第七版,中国人民大学出版社 2012 年版。

樊丽明、李齐云、陈东:《公共经济学》,高等教育出版社 2012 年版。

郭庆旺、赵志耘:《公共经济学》,高等教育出版社 2010 年版。

项怀诚:《中国财政通史》,中国财政经济出版社 2006 年版。

翁礼华:《大行之道——中国财政史》,经济科学出版社 2009 年版。

[美]德怀特 · H · 珀金斯:《中国的经济政策及其贯彻情况》,引自[美]R. 麦克法夸尔、[美]费正清:《剑桥中华人民共和国史:中国革命内部的革命(1966 ~ 1982 年)》,中国社会科学出版社 1992 年版。

高培勇、温来成:《市场化进程中的中国财政运行机制》,中国人民大学出版社 2001 年版。

高培勇:《公共财政:概念界说与演变脉络——兼论中国财政改革 30 年的基本轨迹》,载于《经济研究》2008 年第 12 期。

(蒋震)

公共财政

Public Finance

公共财政是理论界关于财政概念的另一种表述，也是立足于中国体制转轨的特定历史背景而形成的标识中国财政改革与发展方向的概念。

20 世纪 20 年代，曾留学日本东京帝国大学的陈启修在其所著《财政学总论》和哥伦比亚大学经济学博士寿景伟(寿毅成)在其所著《财政学》中，均使用了“公共财政”概念(陈启修，1924；寿景伟，1926)。在当时的背景下，公共财政的用法与政府财政没有太多差异，公共财政实际是财政的另一种表述。

1949 年之后，也曾有学者使用过公共财政或近似的概念(如尹文敬，1953)。直至改革开放前，“公共财政”一词仍然使用，尽管使用的机会不多。不过，有时也将 Finance 作为财政的对称，而将 Public Finance 作为公共财政的对称。与此同时，在比较、批判与借鉴外国财政理论和构建中国社会主义财政理论时，也曾有学者将资本主义财政称为“公共财政”，将资产阶级财政学称为“公共财政学”。

公共财政一词在中国的不胫而走和全面操用是改革开放的产物。最初是将其作为典型市场经济国家财政的同义语，“借用”于压缩财政支出规模、缓解财政收支困难的实践。后来，在构建适应社会主义市场经济的财政体制的旗帜下，将其作为统领所有财政改革线索、覆盖所有财政改革项目的概念，直接用于标识中国财政改革与发展的目标(李岚清，2003)。

以纯学术的眼光看待公共财政，它与源远流长、一般意义上的“财政”范畴和“财政学”学科并无不同：无论是否有“公共”二字前缀，财政从来都是指的政府收支或政府收支活动，财政学从来都是关于政府收支或政府收支活动的科学。早在 20 世纪上半叶，中国财政学界便对公共财政一词存有争议。其中，最大的争议点在于“Public Finance”在中文中译为“财政”，在“财政”之前加上“公共”实属画蛇添足。马寅初 1914 年在美国哥伦比亚大学提交的博士论文 *The Finances of the City of New York*(《纽约市财政》)即用“Finance”一词来指代“财政”。1925 年 8 月，其所发表的演讲《中国财政之紊乱》，亦用“Science of Finance”来指代“财政学”。因而，一般说来，公共财政并非一个有别于以往“财政”的新范畴、有别于以往“财政学”的新学科。

从历史上看，巴斯塔布尔(C. F. Bastable)的《公共财政学》(*Public Finance*)(1892 年初版，1917 年第三版)是英语世界第一本用“Public Finance”命名的财政学教科书。他注意到“Finance”一词的多义，Finance 起初与支付罚款联系在一起，但在英国，该词涉及范围广泛，包括货币和产业事实。还有内容涉及面极广的杰文斯(Jevons)的《货币与财政探究》(*Investigation in Currency and Finance*)、帕特森(Patterson)的《财政科学》(*Science of Finance*)、吉芬(R. Giffen)的《财政文集》(*Essays in Finance*)等，故而他认为，为了避免误解，英语作家不得不在书中对该词加以限定。不过，尽管巴斯塔布尔用“Public Finance”来避免“Finance”所带来的歧义，他的财政学教科书书名虽为“Public Finance”，但在书中，用“Finance”指代“财政”之处比比皆是。他 1903 年为该书所写的“序”中提到法国的遗产税，奥地利的直接税改革，美国的临时关税等“Financial Policy”(财政政策)的变化，所提到的 Spanish finance(西班牙财政)，其中“Finance”均指财政。该书论及地方财政，所用的是“Local Finance”。书中回顾“Financial Theories”，所指的也是财政理论。

但是，转入中国改革实践层面，公共财政脱胎于计划经济时期的财政，是与社会主义市场经济体制建设相伴而生的。它与计划经济年代的“财政”有实质区别：计划经济年代的财政收支活动以所有制性质分界，主要在国有部门系统内部完成；公共财政框架下的财政收支活动则不再以所有制分界，而跃出国有部门的局限，延伸至包括国有和非国有在内的多种所有制部门。计划经济年代的财政收支活动以城乡分界，主要在城市区域内部完成；公共财政框架下的财政收支活动则不再以城乡分界，而跃出城市区域的局限，延伸至包括城市和农村在内的所有中国疆土和所有社会成员。计划经济年代的财政收支活动以财政支出的性质分界，主要围绕着生产建设领域而进行；公共财政框架下的财政收支活动则不再专注于生产建设事项，而跃出生产建设支出的局限，延伸至包括基础设施建设、社会管理、经济调节和改善民生等所有的公共服务事项。变局部覆盖为全面覆盖，变差别待遇为一视同仁，变专注于生产建设为覆盖整个公共服务领域，变适用国有部门的“自家”规范为适用整个社会的“公共”规范，实质是以公共财政标识的中国财政体制的主要着力点。因而，公共财政又是一个有别于以往“财政”的财政制度安排。

随着中国财政体制改革的进程，中国决策层围绕公共财政建设做出过多次战略部署：1998 年 12 月，以全国财政工作会议为契机，时任中共中央政治局常委、国务院副总理李岚清代表中共中央明确提出“积极创造条件，逐步建立公共财政基本框架”；2003 年 10 月，在中共十六届三中全会通过的《中共中央关于完善社会主义市场经济体制若干问题的决定》中，提出了进一步健全和完善公共财政体制的战略目标；2007 年 11 月，中共十七大操用了“围绕推进基本公共服务均等化和主体功能区建设，完善公共财政体系”的表述；2013 年 11 月，中共十八届三中全会通过的《中共中央关于全面深化改革若干重大问题的决定》，立足于匹配国家治理体系和治理能力现代化总目标，在公共财政体制建设取得突破性进展、属性特征趋于凸显的基础上，进一步强化了其时代特征的要求，以现代财政制度作为财政体制改革的新的目标标识。

围绕公共财政建设，中国学术界也做了多方面理论探索。例如，叶振鹏和张馨构建了“双元结构财政”理论。他们认为，与社会主义市场经济相适应的财政模式应该是公共财政与国有资本财政的混合体，即双元结构财政模式。张馨(1999)界定了“公共财政”的基本特征：弥补市场失效；为各市场主体提供“一视同仁”的公共服务；非市场赢利性的财政；法治化的财政。现实中，财政的活动范围不仅仅限于此。高培勇(2000)以着眼于满足社会公共需要、立足于非营利性和收支行为规范化归结公共财政的基本特征。继而又在全面界说公共财政的内涵与外延(2008)的基础上，进一步将其概括为公共性——以满足整个社会的公共需要而不是以满足哪一种所有制、哪一类区域、哪一个社会阶层或社会群体的需要，作为界定财政职能的口径，非营利性——以公共利益的极大化而不是以投资赚钱或追求商务经营利润，作为安排财政收支的出发点和归宿，规范性——以依法理财而不是以行政或长官意志，作为财政收支运作的行为规范。

参考文献：

陈共：《关于财政学基本理论的几点意见》，载于《财政研究》1999年第4期。

陈启修：《财政学总论》，商务印书馆1924年版。

高培勇：《“一体两翼”：新形势下的财政学科建设方向——兼论财政学科和公共管理学科的融合》，载于《财贸经济》2002年第12期。

何廉、李锐：《财政学》，商务印书馆1935年版。

马寅初：《财政学与中国财政》，商务印书馆2001年版。

马寅初：《马寅初演讲与论文集》，北京大学出版社2005年版。

社会主义财政学编写组：《社会主义财政学》第二次修订本，中国财政经济出版社1987年版。

寿景伟：《财政学》，商务印书馆1926年版。

李岚清：《深化财税改革确保明年财税目标实现》，载于《人民日报》1998年12月16日。

李岚清：《健全和完善社会主义市场经济下的公共财政和税收体制》，载于《人民日报》2003年2月22日。

胡锦涛：《高举中国特色社会主义伟大旗帜为夺取全面建设小康社会新胜利而奋斗——在中国共产党第十七次全国代表大会上的报告》，人民出版社2007年版。

杨志勇：《财政学科建设刍议：结合中国现实的研究》，载于《财贸经济》2007年第12期。

姚庆三：《财政学原论》，大学书店1934年版。

尹文敬：《财政学》，商务印书馆1935年版。

张馨：《“公共经济(学)”析疑》，载于《财贸经济》2004年第4期。

张馨：《公共财政论纲》，经济科学出版社1999年版。

朱青：《关于财政学科发展需要探讨的几个概念问题》，载于《财政研究》2006年第1期。

高培勇：《市场经济体制与公共财政框架》，引自财政部办公厅、国家税务总局办公厅：《建立稳固、平衡、强大的国家财政——省部级主要领导干部财税专题研讨班讲话汇编》，人民出版社2000年版。

高培勇：《公共财政：概念界说与演变脉络——兼论中国财政改革30年的基本轨迹》，载于《经济研究》2008年第12期。

Jürgen G. Backhouse and Richard E. Wagner(eds.), *Handbook of Public Finance*, Kluwer, 2004.

C. F. Bastable, *Public Finance*, Macmillan, 3rd ed., 1917.

Jonathan Gruber, *Public Finance and Public Policy*, 3rd ed., Worth, 2010.

Harvey. S. Rosen, and T. Gayer, *Public Finance*, 9th ed., McGraw-Hill, 2010.

（高培勇　杨志勇）

欧洲大陆财政学传统

Continental-Orientation of Public Finance

在西方财政学思想史上，一直存在着“英美传统”与“欧洲大陆传统”两大路线之分。二者的首要分歧在于国家理论。与英美财政学传统相比，欧洲大陆财政学传统的典型特征是将政府作为经济社会生活的内在生产性的参与者和市场主体，将国家作为众多个体互动的制度框架来看待，研究的范围和视野也更加宽阔。今天欧洲大陆财政学传统的典型代表是以布坎南为代表的公共选择学派。

对“英美传统”与“欧洲大陆传统”两大路线分歧的学术自觉，至少可以追溯到20世纪30年代(Musgrave, 1939)。此后，布坎南(Buchanan, 1949)、皮考克和马斯格雷夫(Peacock and Musgrave)等人持续向英美学界引介和传播欧洲大陆财政思想。随着马斯格雷夫在综合两大传统的基础上，完成了以英美财政学传统为主导的、当代主流财政学框架的构建(Musgrave, 1959)，欧陆传统在财政学发展上的影响力日渐式微。然而，在以布坎南为首的几代公共选择学者的长期坚持和不懈努力下，欧陆财政学传统并未失传，它以公共选择的名义在战后得以复兴和壮大。欧陆财政学传统的信仰者和同情者，不满足于这种“更名改姓”的发展模式，他们希望在财政学的名义下，真正地恢复欧陆财政学传统的影响力。以当代著名经济思想史家巴克豪斯(Jurgen G. Backhaus)及其合作者瓦格纳(Richard E. Wagner)为代表,他们不遗余力地详细辨析两大传统间的根本性差异,力倡欧洲大陆财政学传统的学术优势。这里着重介绍欧洲大陆财政学传统的起源与历史发展,它区别于英美财政学传统的主要特色,并简要分析它在"二战"前后衰落和复兴的曲折过程。

教科书普遍将亚当·斯密的《国富论》(1776)一书作为现代财政学的源头,将财政学视为政治经济学(以及后来的经济学)的一部分。这一观点仅适用于英美传统财政学,并不适用于欧洲大陆财政学。在欧洲,"作为一项系统的学术研究,财政学的出现早于经济学或政治经济学"(Backhaus and Wagner,2004)。其典型的代表,就是15~18世纪中叶活跃于德国、意大利等国的官房学。斯密的政治经济学尚未问世之时,各种旨在培训公务员的官房学讲座却已在欧洲大陆各国陆续开设,经济管理的课程亦包括在其中。官房学者的奠基性工作,使得欧洲大陆传统中的财政学成为多学科的研究领域,而绝不仅仅像目前的主流财政理论那样,只是宏微观经济学理论的一个应用分支,或是应用经济学的一个二级学科。与当今主流经济学专业化、科学化的研究取向不同的是,欧洲大陆财政学者对其研究对象——Public Household——的研究中,致力于寻求整合经济、政治、法律和行政等各种因素,其研究的视野也要宽阔得多(Backhaus and Wagner,2004)。

比官房学略晚,始于18世纪末,在英国诞生了以斯密为代表的英国古典财政学传统。在斯密主义的自由市场理想模式中,国家是一种干预经济秩序的暴力力量。斯密将税收作为主要财政收入,理想的情况下,税收应成为唯一的收入来源。而官房政权的一个显著特征是财政收入主要来源于国家的土地和产业。官房主义者尤斯蒂认为,理想的情况下,国家根本不应当征税。在官房主义的理想模式中,国家是经济秩序中一种和平的生产性的参与者(Wagner,2012)。

对比19世纪末期之前的英美财政学传统与欧洲大陆财政学传统,可以发现两点差异:一是,对国家在社会经济中的角色理解相反;二是,英美财政学在系统性上略胜一筹。官房学派是应用取向的,缺乏一个高度系统性的分析框架。他们重视实践原则的表述和丰富胜过分析模型的建立和逻辑计算(Wagner,2012)。正因为如此,在当代主流财政学家眼中,官房学也许算不得是一种学问。

但是,相比较19世纪末期以后二者的对立,此时的英美财政学与欧陆财政学亦不乏共同之处,主要体现在:一是它们都力行跨学科的研究方法;二是都坚持以主权者的最大利益为分析的基点(可视为最大化范式的先驱);三是都遵循选择—理论取向的方法论。

从19世纪中后期开始,德国的官房学已为国家科学(Staatswissenschaften)所取代。鉴于当时的德国(第二帝国)面临着国家建设(State-building)的重要任务,很多大学都有自己的国家科学教员,他们将今天称为法学、经济学、公共行政,政治学,社会学、当代历史与政策等学科融汇在一起(Backhaus,2004),继承了官房学跨学科的学术风格。19世纪80年代至20世纪40年代是意大利财政学蓬勃发展的历史时期之一,在此期间,意大利学者建立了一种独特的财政学研究方法。财政学不是作为经济学名目下的某个专门的分支学科,而是作为一种独立的研究对象,属于经济学、政治学、法律和行政学共同的研究范畴(Wagner,2003)。

无论官房主义还是重商主义的财政理论,都是选择—理论取向的,财政都被看作是统治者做选择的结果。在议会政治越来越普遍的背景下,到19世纪末交易分析范式的财政学(The Wicksellian, Catallactical Tradition)在欧洲大陆已经确立,其首次清晰的表述体现在瑞典经济学家维克塞尔的《财政学研究》一文中(参见词条:近似一致同意原则)。与此同时,以艾奇沃斯的最大化福利分析范式(The Edgeworthian, Choice-theoretic Tradition)为代表的英美财政学范式亦已成熟。欧陆和英美两大财政学传统间的分歧清晰化。

总的来说,"二战"之前两大传统之间虽然各有其历史上的高低潮,但作为竞争性的思想体系,二者是平行发展的。囿于语言关系,二者之间的交流有限。20世纪上半叶这一平行发展的轨迹发生改变,多种因素导致欧陆财政学传统的停滞。

纳粹上台后重创欧陆财政学。大陆财政学主要的作者在意大利、德国、奥地利和瑞典,纳粹政权上台大规模地实施种族主义政策,许多大陆财政学者要么被杀害,要么停止了学术生涯。其他的则大量移民海外,多数到了英国和美国。

作为文化载体的知识精英的移民及其今后的命运,对欧洲大陆财政学传统起到了至关重要的影响。动荡的生活打乱了学术研究的连续性,在新的环境里,流亡学者必须接受英语作为他们的学术语言,同时,也将理论思考的方向转向了盎格鲁—萨克逊传统。

被迫的移民起了决定性的作用,使形势有利于英美财政学传统。不仅在经济学上是这样,在财政学方面尤其如此。从此以后,财政学方面的重大进展不再发生在德语地区,而是发生在美国和英国。大多数的文章不再以德文而以英文发表。英语作为通用的学术语言取得了压倒性的优势,移民学者自然也发生了语言转向。第一代的移民学者当然能够运用德文、意大利经典财政文献。随着第一代移民学者渐次离世,这些文献也逐渐淡出了英语学界的视野。

学风的转向。首先是经济学科学化的进程加速。孔德以来,学术分科已成不可避免之趋势。战争的需要使得运筹学、计量学等获得大发展。20 世纪 50 年代以来,经济学的科学化的进程加快,其主要表现是形式化越发普遍。其次是后新古典经济学占据上风。因此,古典经济学下对人类治理组织与制度的研究,也相应地让位于价格理论和配置理论(Backhaus and Wagner,2005)。这两种原因都导致了以制度分析和历史分析见长的欧洲大陆传统的失势。

学者的个人化因素。作为 20 世纪 50 年代以来两位世界公认的财政学领袖,由于分执不同的财政学传统,其个人化的因素,亦与两大传统今天的不同地位有着直接关系。

布坎南比之马斯格雷夫不仅入行晚,而且成名更晚。布坎南的第一篇论文发表于 1949 年,但那时在马斯格雷夫的努力下,英美主流财政学差不多已经成型。马斯格雷夫将一种现代化的、折中主义的财政学引进美国。他所取得的成功,亦体现在以此为蓝本的教科书的畅销上。一些弗吉尼亚学派的学者认为,马斯格雷夫的教材避免提及弗吉尼亚学派的灵魂思路,妨碍了其思想和学说进入主流教学内容(Moss,2005)。

作为两种财政思想的杰出代表,马斯格雷夫和布坎南这种名声上的不对称一直延续了下来。马斯格雷夫的成功,在客观上阻碍了公共选择理论的发展,也使美国本土学者为他们所取得的成功付出更大的代价与努力,更为欧洲大陆财政学传统的复兴蒙上了一层阴影。1933 年以后欧洲学者大迁徙的这一负面后果,是很多人没有意识到的。

尽管上述种种原因导致"二战"期间欧陆财政学传统的衰落,但在以布坎南为首的几代学者的长期努力下,战后欧陆传统以公共选择的名义得以复兴。

尽管如大家所公认的那样,作为一种独立的科学研究纲领,公共选择早已超越了作为一个学科或子学科的地位(Buchanan,2003),但是不得不承认,至今为止,欧陆财政学传统仍未恢复其历史上作为财政学传统的一支,与英美财政学传统同等的地位。

表 1 两大财政学传统:历史发展线索

时期	英美	欧陆	备注
16～18 世纪中期		官房学	共性:跨学科 选择—理论方法;以主权者的最大利益为分析的基点(最大化范式的先驱) 差异:对国家在社会经济中的角色理解相反;此外,英美财政学在系统性上略胜一筹
18 世纪末～19 世纪早期	以斯密(Smith)为代表英国古典财政学传统	以尤斯蒂(Justi)为代表德、意等国的官房学	
自 19 世纪中后期以来对立明显			
19 世纪中后期	以埃奇沃斯的最大化福利分析范式为代表(The Edgeworthian, Choice-theoretic Tradition)	以维克塞尔的交易分析范式为代表(The Wicksellian, Catallactical Tradition) 德国 瓦格纳 意大利 黄金时代	从 19 世纪末开始,两大传统的分歧清晰化
20 世纪上半叶	财政学的主流是庇古(Pigou)以外部性为核心概念的局部均衡福利分析	停滞、倒退	纳粹政权的种族主义政策是欧陆财政学传统的灾难,导致了后者的停滞与倒退;移民学者的选择性继承使欧陆财政学传统变形
20 世纪中叶以来	马斯格雷夫(Musgrave)结合英美传统学、新古典财政学最大化范式的基础上	布坎南(Buchanan)等以公共选择的名义复兴欧陆财政学传统	战后虽以公共选择的名义复兴,但作为财政研究传统的重要一支,终为已成主流的英美财政学所掩盖

参考文献:

Jürgen G. Backhaus, Fiscal Sociology: What For, In Jürgen G. Backhaus and Richard E. Wagner (eds.), *Handbook of Public Finance*, Norwell, MA: Kluwer Academic Publishers, 2004.

Jürgen G. Backhaus & Richard E. Wagner, Chapter 1: Society, State, and Public Finance: Setting the Analytical Stage, In Jürgen G. Backhaus & Richard E. Wagner (eds.), *Handbook of Public Finance*, Boston: Kluwer Academic Publishers, 2004.

Jürgen G. Backhaus & Richard E. Wagner, From Continental Public Finance to Public Choice: Mapping Continuity, In Steven G. Medema and Peter Boettke, *The Role of Government in the History of Economic Thought* (Annual

Supplement to Volume 37 of *History of Political Economy*). Durham, N. C. : Duke University Press, 2005.

Jürgen G. Backhaus and Richard E. Wagner, Continental Public Finance: Mapping and Recovering a Tradition (with Jürgen G. Backhaus), *Journal of Public Finance and Public Choice*, 23, 2005.

James M. Buchanan, The Pure Theory of Government Finance: A Suggested Approach, *Journal of Political Economy*, Vol. 57, No. 6, Dec., 1949.

James M. Buchanan, Public Choice: The Origins and Development of a Research Program, Fairfax, Va. : Center for Study of Public Choice, George Mason University, 2003.

Laurence S. Moss, Richard A. Musgrave and Ludwig Von Mises: Two Cases of émigré Economists in America, *Journal of the History of Economic Thought*, Vol. 27, No. 4, Dec., 2005.

Richard. A. Musgrave, The Voluntary Exchange Theory of Public Economy, *Quarterly Journal of Economics*, Vol. 53, Issue 2, Feb., 1939.

Richard. A. Musgrave, *The Theory of Public Finance: A Study in Public Economy*, New-York: McGraw-Hill, 1959.

Richard E. Wagner, Public Choice and the Diffusion of Classic Italian Public Finance, *IL Pensiero Economico* Italiano, Vol. 11, Issue 1, 2003.

Richard E. Wagner, The Cameralists: Fertile Sources for a New Science of Public Finance, In Juergen G. Backhaus (eds.), Handbook of the History of Economic Thought: Insights on the Founders of Modern Economics, Dordrecht: Spring, 2012.

（马珺）

英美财政学传统
Anglo-Saxon Orientation of Public Finance

在财政学的发展历程中，英美财政学传统的特色一直非常明显。在国家理论上，英美财政学将国家定位为外在于经济秩序的干预者，把国家作为某一最大化主体看待的选择范式(the Choice-theoretic Approach to Public Finance)，财政现象被视为其最大化其福利的结果。英国古典经济学家亚当·斯密和英国经济学家埃奇沃斯(Francis Edgeworth)是历史上英美财政学传统的两位典型代表，当前的杰出代表是马斯格雷夫。

英美财政学是当前的西方主流财政学。在英美财政学传统(或盎格鲁—萨克逊传统)中，一般会将国家理解为经济秩序的外在干预力量和社会福利的最大化主体。鉴于马斯格雷夫在当代英美传统构建中的突出地位与贡献，我们以他的名字将英美财政学的发展分为三大阶段，分别展开阐述。

马斯格雷夫之前的英美财政学，无论是以斯密为代表的古典体系，还是以庇古为代表的新古典体系，都有如下共同的特点：

第一，强调政府活动的非生产性。从理论上看，英国古典政治经济学强调劳动是价值创造的最终源泉。由于政府不创造价值，因此，政府活动是非生产性的，国家的干预越少越好。“当时几乎所有经济学家都相信，自由放任是管理一国经济事务的通例，而被意味深长地称作国家‘干预’的那种东西则是例外。”因此，财政学中对国家的经济分析也成为市场的例外。直到前马斯格雷夫时代财政理论家的集大成者庇古为止，这一情况都没有根本性的改进。

第二，注重对预算收入方的分析，而缺乏对财政支出的关注。既然国家的活动是非生产性的，其“隐含的假设是，公民纳税并不能换取服务上的回报”。因此，为弥补国家所费而课征的税收，就成为纳税人(无论作为个人还是整体)的纯粹损失。

这样，国家征税就需遵循某些原则，才能做到税收负担最小并在纳税人中尽量公正地分配。在这一点上，新古典财政理论超越了古典税收理论的抽象“原则”，代之以税负归宿的“科学”分析，以艾奇沃斯版的“由一个无所不知的大脑来均等分派牺牲”的观点最为著名。

同样地，由于国家经济活动的非生产性，公共支出不会增加个人福利，因此，国家应将其活动限制到最小范围的、必需的公共服务。公共物品问题因此就被忽略了。对财政支出的忽视，给财政理论后来的发展带来了长期的负面影响。虽然后来马斯格雷夫将财政支出的分析纳入了英美财政学传统，但其关于财政支出与财政收入的分析始终是割裂的。

第三，单一决策主体的最大化分析范式。“在一个将大量政府支出用于供给单一君主、甚至一个精英阶层开销的政治制度下，不会有大量的服务流回馈给纳税人”，政府支出按君主或精英阶层的个人意愿来开销。这样的政治制度背景表明，假设财政决策由某个单一决策主体按自我效用最大化的方式做出是合理的。这一理论假定并未随着政治民主时代的到来而更新，在财政学上，仍然假设存在着作为单一决策者的某位开明君主，他根据社会利益式进行决策。新古典财政学中广泛使用的社会福利函数便隐含着这样的假设。

马斯格雷夫原籍德国，1933年移居美国深造。以《财政理论》一书的正式出版为标志，马斯格雷夫奠定了当代主流财政学科体系的基本概念与理论框架。与前一个阶段的财政学相比，马斯格雷夫的综合体系具有以下几个新特点：

第一，政府活动的生产性。在欧洲大陆财政学传统下，政府活动并非是没有价值的。在德国官房财政学中,国家直接参与社会经济活动,以此取得收入,并且是国家最主要的财政来源。19 世纪,国家科学取代了官房学,其代表人物阿道夫·瓦格纳就是当时德国最出色的财政学家。他指出,在社会经济发展过程中,国家的公共活动和私人经济活动是互补的,因此,才会有公共部门随经济发展而不断扩张的需求。

在意大利,当英国古典经济学被第一次介绍进来,它的劳动价值论就受到了批评。意大利学者认为,作为公共服务的生产者,由于国家能够满足人们在正义、国防等方面的需求,因而国家的活动是有价值的。税收就是对于国家提供的生产性服务的价值补偿。国家活动的生产性,奠定了全部意大利财政学的基础。同样的思想,也为奥地利学者萨克斯、维萨尔,以及瑞典学者维克塞尔和林达尔等人所共享。

第二,引入对公共支出的分析。现代财政学中的公共支出理论,围绕公共物品这一核心概念而展开。严格来说,在萨缪尔森之前,除了休谟、小密尔、斯密等人显示的一些关于公共物品的零星洞见之外,英美经济学和财政理论中,缺乏系统的公共物品理论,更谈不上以此为基础构建系统的市场经济下国家作用及其功能的理论。移居美国之后的马斯格雷夫,发现了英美财政学的这一缺陷。他说,假如不能把收支两方都纳入进来,财政理论就不能令人满意。他所发表的第一篇论文中,即向英语财政学引介了欧洲财政学上的成就,特别是将维克塞尔和林达尔关于公共物品—税收决定的交易模型引入了英美财政学界。这篇论文引起了成为哈佛研究生的萨缪尔森的注意,并受到启发而写成其开创之作——《公共支出的纯理论》一文。该文研究了一般均衡模型中私人物品和公共物品供给的帕累托最优条件,为现代公共物品理论的发展奠定了基础。

客观地说,英美财政学传统发展到庇古这里,忽视公共支出分析的问题已经有所改观。然而,这种分析还不是对与私人部门并立的、独立存在的公共部门的经济分析。马斯格雷夫以萨缪尔森的公共物品理论为基础,最终确立了公共部门独立存在的理由。

第三,引入税负分担的受益原则。意大利学者费拉拉最先指出,民主制度下那些承担公共服务成本的人,也是公共服务的受益人。既然政府的活动不是单方向征税,而是征税—提供公共服务两个相辅相成的过程,那么,财政的原则就不是片面地使牺牲最小化。应根据纳税人从公共服务中所得到的效用来分担税负,这就是税收分担的受益原则。受益原则能够使人们将预算的收支两面联系起来。马斯格雷夫是最先认识到受益原则相对于能力原则优势的人之一,他拒绝了传统思路(含古典与新古典)中占主导地位的只考虑税收面的方法。

第四,创立财政职能的三部门理论。财政职能的三部门分析法,是马斯格雷夫对财政学最重要的贡献。配置职能是指在市场失灵的领域,通过提供公共物品与服务,达到全社会资源配置的最优。公共物品理论是其核心内容,所依托的经济学基础是福利经济学。分配职能是指通过税收和财政转移支付,解决社会财富与收入分配不平等的问题。其实质就是要实现某一客观标准下的分配正义。稳定职能是指通过财政收支工具,保证社会一般物价水平的稳定和充分的就业。其主要内容是凯恩斯主义宏观经济学。鉴于当时凯恩斯主义的盛行,这部分内容占到全书的 1/3。但实际上马斯格雷夫认为,传统上财政学主要应对预算的两方,即收入方和支出方的分析构成。在后来的发展中,这一部分的内容在财政学体系中的地位逐渐淡化。

可见,马斯格雷夫财政学体系的三大思想来源:一是马斯格雷夫之前的英美传统财政学,特别是庇古在福利经济学框架下发展出来的分析体系;二是财政学的欧洲传统(主要是德国,其他国家是有选择地吸收);三是凯恩斯主义宏观经济学。

教科书是我们了解当代主流财政学的方式。尽管不同作者的教科书各有侧重,但就其主要内容来说,一般包含以下四个部分:(1)政府的作用。即从福利经济学基本定理出发,推导出市场失灵,引入对政府部门及其干预合理性的分析。(2)对财政收入的经济分析。(3)对财政支出的经济分析。(4)政府间关系的规范分析。其中,第(2)、(3)部分的顺序也可以对调。但无论顺序如何,它们都以微观经济分析作为基础,主要是利用微观经济学原理,通过分析个体对税收和公共支出的反应,来研究不同税收和公共支出政策的福利效果。

当代英美主流财政学教材,一般不涉及或仅仅简单涉及公债和财政政策问题,而对预算管理问题则基本不提及。在这一点上,实际上已经偏离了马斯格雷夫的三部门分析框架。政府稳定经济的职能作为宏观经济学的内容,不再作为财政学的主要探讨对象。

不变的是,当代英美主流财政学仍然是在福利经济学的框架下展开的,它对于政府及其作用有两个基本的前提假设:第一,政府是外在于其他经济主体的、社会经济生活的干预者,干预的目的就是要改善市场失灵。第二,存在一个客观的最优标准,也就是社会福利标准,用作政策分析的参照。这两点都是马斯格雷夫时代的遗产。

在这两个前提下,传统财政学倾向于做最优分析和次优分析,由于加入了更多的数学因素,当代英美主流财政学看上去比以往任何时候都更加形式化和科学化。这一走向极端,使得实际决策过程和规则的分析显得更不重要,以至于财政学离财政实践也越来越远。

参考文献：
[美]约瑟夫·熊彼特：《经济分析史》上册，商务印书馆2005年版。
James M. Buchanan, "La Scienza Delle Finanze" The Italian Tradition in Fiscal Theory, In The Collected Works of James M. Buchanan Vol. 15, Liberty Fund, Inc. ,2001.
Jürgen G. Backhaus & Richard E. Wagner, Chapter 1: Society, State, and Public Finance: Setting the Analytical Stage, In Jürgen G. Backhaus & Richard E. Wagner (eds.), *Handbook of Public Finance*, Boston: Kluwer Academic Publishers, 2004.
Jürgen G. Backhaus & Richard E. Wagner, From Continental Public Finance to Public Choice: Mapping Continuity, In Steven G. Medema and Peter Boettke, *The Role of Government in the History of Economic Thought* (Annual Supplement to Volume 37 of *History of Political Economy*), Durham, N. C. :Duke University Press, 2005.
Jürgen G. Backhaus & Richard E. Wagner, Continental Public Finance: Mapping and Recovering a Tradition, *Journal of Public Finance and Public Choice*, Vol. 23, No. 1-2, 2005.
Richard E. Wagner, Public Choice and the Diffusion of Classic Italian Public Finance, *Il Pensiero Economico*, Vol. 11, No. 1, 2003.

（马珺）

社会福利函数
Social Welfare Function

社会福利函数是采用函数形式来研究整个社会福利的方法，其内容是将任何可想象的社会状态从低到高进行排序，并将任何可以影响经济福利的变量作为自变量投影为实值函数。与将个人消费束转变为效用的个人无差异曲线相比，社会福利函数的不同之处是将社会中的个体偏好和个人判断投影到集体选择上。社会福利函数研究的方法论基础是西方传统的经济学和哲学中的个人主义，把社会福利看作是所有个人福利的函数。

社会福利函数是福利经济学的核心内容，它研究作为整体的"社会"所追求的目标，研究社会福利的定义、如何平衡各种不同群体和个人的利益以最大化社会总体效用等。社会福利函数对应着社会福利曲线，效用可能性曲线上每一点都代表了一定的社会福利水平，判断社会福利改进整个效用空间中每一点所代表的社会福利水平的大小。

柏格森（Bergson，1938）在经济学中引入了可导的社会福利函数，并推导出最大化社会福利的必要条件是：（1）对于每个个体和每种商品而言，边际福利的货币价值相等；（2）每个劳动者所生产每种商品的劳动"负福利（Diswelfare）"的边际货币价值相等；（3）每单位资源的边际货币成本，等于每种商品的边际生产率。萨缪尔森（Samuelson，1947）强调了社会福利函数应当具有弹性，函数形式尽量一般化，在此基础上形成的现代福利函数也被称为伯格森—萨缪尔森的社会福利函数（Bergson-Samuelson Social Welfare Function）。函数形式一般化避开了价值判断问题，它可以包括帕累托标准，还可以包括其他的标准。阿罗（Arrow，1951）研究是否有一种系统化的方法，使得一种具体形式的伯格森—萨缪尔森社会福利函数可以获得。他提出了一种不同的社会福利函数，即阿罗社会福利函数。阿罗社会福利函数是由定义在社会状态集合 x 上的个人偏好排序 r_i 来确定社会排序 r 的某种社会决策规则，即 $r=f\{(r_i)\}$。这种函数不同于伯格森—萨缪尔森社会福利函数——它的函数值恰好对应某种伯格森—萨缪尔森社会福利函数。

数学化的表述社会福利函数可能更加便捷，常见形式是：

以效用水平表示个人的福利，则社会福利就是个人福利的函数。假设社会中共有 n 人，社会福利函数 W 可以记作：$W=f(U_1, U_2, \cdots, U_n)$。

将不同的社会福利水平 $W_1, W_2, \cdots, W_n$ 连线可以得出等福利曲线，同一条等福利曲线上的点福利水平相等，但是不同的等福利曲线代表了不同的福利水平。一般来说，距离原点越远，福利水平越高。

社会福利函数是西方经济学研究整个社会福利的一种尝试，但是它的基础是西方传统的经济个人主义，以个人状态来判断整个社会状态的好坏、变好或者变坏。在社会福利函数下，每一个社会状态都可以分解为具体的单个个体状态。这种方法论特征，既是其优点，从而可以和个体分析的相关理论和结论相衔接，也是其主要缺陷，因为构成社会的个体关系比函数形式中的个体加总方式所要求的简单财富效应要复杂得多。

参考文献：
Kenneth J. Arrow, *Social Choice and Individual Values*, John Wiley & Sons, Inc, 1963.
Abram Bergson, A Reformulation of Certain Aspects of Welfare Economics, *Quarterly Journal of Economics*, 52 (2), February, 1938.
Paul Samuelson, 1947, Enlarged ed[1983], Foundations of Economic Analysis, ISBN 0-674-31301-1.
Paul Samuelson, Reaffirming the Existence of "Reasonable" Bergson-Samuelson Social Welfare Functions, *Economica*, N. S. ,44, 1977.

Amartya Sen, Distribution, Transitivity and Little's Welfare Criteria, *Economic Journal*, Vol. 73, 1963.

Amartya Sen, [1976], *On Economic Inequality* (*Expanded ed.*), Clarendon Press, Oxford University Press, 1997.

（马珺　付敏杰）

社会选择
Social Choice

社会选择理论是以社会总体来衡量个人利益、价值和福利的理论框架。它是在政治投票理论和福利经济学基础上形成的，主要分析个人偏好和集体选择之间的关系。社会选择在方法论上遵循了个人主义传统，将个人偏好和行为进行加总。一个典型的社会选择研究，将一系列社会选择公理映射到某个社会福利函数或制度束上。社会选择的早期研究，揭示了各种公理之间的不相容特征和加总困难。

社会选择认为，效用在人际之间是不可比的。从边沁开始，效用主义者们认为个人偏好和效用函数是人际可比的，可以将个体效用函数加总成社会效用函数，从而加以最大化。罗宾斯（Lionel Robbins）质疑了效用函数的可测量性。哈萨尼（Harsanyi）和阿玛蒂亚·森（Amartya Sen）认为效用函数至少在部分程度上是人际可比的。森认为人们的精神状态是在特定平台上延展的，如一个饥饿的农民可以从微小的收入中获得效用。社会选择应当以各种非延展性要素为基础，在满足基本需要的食物、自由和能力等实际变量基础上做出社会选择。

社会选择理论的两大基本来源是投票理论和柏格森（Bergson）、萨缪尔森（Samuelson）等人提出的新福利分析。阿罗不可能性定理是社会选择理论的基础。社会选择理论已经形成两个基本理论框架结构，即阿罗的社会福利函数框架和森的社会选择函数框架。社会选择理论的研究内容主要围绕三大不可能性定理，即阿罗不可能性定理（见阿罗不可能性定理）、防策略投票不可能性定理和阿玛蒂亚·森个人主权不可能性定理展开。阿罗不可能性定理是指如果众多的社会成员具有不同偏好和多种备选方案，那么投票结果不具有唯一性，投票过程就会直接影响到最后的结果。防策略投票不可能性定理是指如果将传递性条件修改为准传递性，社会选择过程将不存在偏好循环，并只存在一个多数票获胜的结局，使得按少数服从多数的投票规则总能达成唯一的结果。个人主权不可能性定理是指，森将自由与权利纳入社会选择函数中，保证最低限度的自由主义，但是不可能找到一个社会选择规则同时满足于这一条件和帕累托原则。

参考文献：

罗云峰：《社会选择的理论与进展》，科学出版社2003年版。

Kenneth J. Arrow, *Social Choice and Individual Values*, John Wiley & Sons, Inc, 1963.

John Harsanyi, Interpersonal Utility Comparisons, *The New Palgrave: A Dictionary of Economics*, Vol. 2, 1987.

Lionel Robbins, Interpersonal Comparisons of Utility: A Comment, *Economic Journal*, 43(4), 1938.

Amartya Sen, *Collective Choice and Social Welfare*, Elsevier Science Pub Co, 1970.

A. Sen, The Possibility of Social Choice, *American Economic Review*, Vol. 89, Issue 3, 1999.

（马珺　付敏杰）

公共选择
Public Choice

公共选择是用现代经济学的思路和方法研究政治问题，如研究选民、政治人物以及政府官员们的行为及其互动等。《公共选择理论Ⅲ》一书的作者丹尼斯·穆勒认为，公共选择是“对非市场决策的经济学研究，或者简单地说，是将经济学应用于政治科学”。公共选择与政治科学的研究主题完全相同，涵盖了国家理论、投票规则、投票行为、党派政治、经济周期、官僚政治、国际政治体制比较等。值得注意的是，公共选择研究可以分为公共选择理论研究和公共选择过程研究。对于公共选择理论的研究属于典型的采用新古典经济学研究政治问题，但是对于公共选择过程的研究则已经超过了传统的政治学研究范围，特别是关于政治决策中交易行为的研究，开辟了新的研究领域。

公共选择理论假设政治行为的主体与经济行为的主体一样，都是出于私利而采取行动的个人，在民主或其他类似的社会体制下进行的互动。公共选择的主要方法论特征是采用自由放任的（Laissez Faire）经济个人主义和边沁传统的功利主义来研究集体问题和非市场决策。布坎南（Buchanan, 2003）列举了公共选择的三个核心假设：方法论个人主义（Methodological Individualism）；理性选择（Rational Choice）和政治交易过程（Politics-as-exchange）。

与马斯格雷夫公共财政理论中假定的慈善性独裁政府（Benevolent Dictator）形成对比，公共选择在针对政府的研究中采用了“经济人”假设，因而公共选择与公共财政具有完全不同的国家观。但是公共选择和公共财政力图解决的，是相同的公共物品供给和公共支出问题，而公共选择的视角更加注重“政”对“财”的影响，立足于解决例如宏观税负、税收负担、如何受益等更为真实和基础的问题。

与公共财政强调国家财政应该具有资源配置、收入分配和稳定经济三种职能的理念不同，在方法论上公共选择理论注重将理论起点建立在实证研究所得出的典型事实上。公共选择理论的基础是理性选择理论(Rational Choice)，即人们的行为都是出自从有限的可用手段里挑选达成目标的最优途径。

公共选择理论认为，很多制度运行的结果，已经远远背离了其设计的初衷。例如，由利益集团推动的公共政策，会造成与民主政治理念相反的结果。尽管这些政策对于民主政体整体而言是一种效率损失，但政客为自身利益而支持这些政策。利益团体都是理性的，从政府手上获得大量补助和优惠，个别纳税人则很少从政府支出和公共政策中受益。相对于传统公共财政的效率与分配分析而言，公共选择为其增加了公共财政中的政治经济学问题。公共选择理论强调两点：一是不同的税收体制具有不同的政治寻租机会成本，而是实际的边际税收等于采用不同税收工具增加收入的边际政治成本，而非边际效率成本(Poterba，1998)。

从思想史来看，邓肯·布莱克(Duncan Black)由于在1948年提出了一套后来发展成中间选民理论(Median Voter Theory)的概念而被塔洛克(Gordon Tullock)称为“公共选择理论之父”(中间选民理论在20世纪70年代被经济学家和政治学家普遍接受)。布坎南和塔洛克在1962年共同发表了公共选择学派的里程碑之作《同意的计算：立宪民主的逻辑基础》(*The Calculus of Consent*：*Logical Foundations of Constitutional Democracy*)一书具有广泛的影响，而成为公共选择理论的奠基人。

在《同意的计算》一书中，布坎南和塔洛克关注了不同决策规则对参与集体决策的行为主体所可能产生的影响。这本书是以经济的逻辑阐释了美国1789年宪法框架，在该框架下，政府是经被统治者的同意而成立的。尽管一致同意是分析起点，但是任何想要实施一致同意规则的努力，都会遇到搭便车者和战略性不合作问题。如果需经全体一致同意才能采取一项集体行动，就会诱导一些成员做出对自己更加有利考虑而拒投赞成票的策略性行为。这种谋求分配性利益的策略行为，将会破坏那些真正对全体人都有利的方案。因此，人们有可能出于理智而同意接受非一致同意规则的约束。该书从集体选择参与者的视角，建立了一个权衡决策成本与外部成本框架。采取一项集体行动所需的共识程度越高，外部成本就会越小，而在一致同意规则下，外部成本为零。布坎南和塔洛克认为，使决策成本与外部成本之和最小的规则，就是最优的投票规则。

在后续的一系列研究里，他们发现在一个民主政体里，由于选民存在理性无知(Rational Ignorance)，必然会造成唐斯难题：每个选民所投下的一票对于选举的结果影响微乎其微，若要更充分了解选举的候选人和议题，便需要花费更多他自己的时间及货币资源。选民会理性地选择在政治上保持无知，甚至不参与投票，从而导致政府所能提供的公共利益最终无法满足民众的需求。虽然政府的存在纯粹是为了提供公共利益给广大民众，但却有可能导致利益团体出于私利而进行游说活动，推动政府实行一些会带给他们利益、但却牺牲了广大民众利益的错误政策，导致寻租出现。虽然这样的部门往往只存在于垄断部门，从而产生“政府失灵”。

从经济学的角度来看，如果说交易成本理论揭开了企业这个“黑箱”，那么公共选择就是力图打开公共部门这个“黑箱”。关于选民、政府、官僚机构、官员的行为及其相互关系就成为公共选择的研究对象，政治参与者的经济人特性和政治参与过程的复杂性，是其研究的重要内容。在传统的仁慈的利他主义独裁政府中，政治决策非常简单：政治家代表大众以社会福利最大化为目标来统一做出决策。一旦政治决策的参与者是自利的，决策过程存在复杂的选民、政府、官僚结构和官员的互动过程，集体决策的形成就变成不同利益群体之间相互博弈的过程。由于一致同意的成本过于高昂，投票规则就显得非常重要。

公共选择学会(Public Choice Society)在1965年于美国成立，公共选择理论的发展也随之加快。该组织的所在地开始发行一份名为《公共选择》(*Public Choice*)的学术期刊，并且定期举行学术讨论会。参与期刊和讨论会的主要是经济学家和政治学家，经济学家们引入他们以“选择”为基础、架构研究模型的技巧，政治学家们则引入他们对不同政治体制的知识，以及对于政府体制和政治互动之间的研究。其他许多领域的学者，包括了哲学、公共行政学以及社会学家们也都推动了公共选择理论的发展。

公共选择理论发展的结果，是产生了一批专精于研究集体决策的学者，在研究上这些学者假设所有的经济人都是出于私利而采取行动的。最早将公共选择理论套用至研究政府管制上的经济学家包括斯蒂格勒和佩兹曼(Sam Peltzman)。尼斯坎南(William Niskanen)则通常被视为是公共选择理论在官僚研究上的创始人。一些著名的公共选择理论学家还获得了诺贝尔经济学奖，包括了布坎南(1986)、施蒂格勒(1982)、贝克尔(1992)。史密斯曾在1988~1990年担任公共选择学会(Public Choice Society)的主席。

公共选择的研究存在局限。首先，作为经济学分析在政治研究中的应用，除了个人理性以外，还必须要注意到个人行为加总的市场制度和政治制度是完全不同的(Mueller，2004)。其次，公共选择力图证明新古典经济学的错误，但其本身却不过是新古典经济学在政治领域中的应用(North，1993)。再次，大多数研究非常具体,大多数公共选择领域的著作都只是研究某些特定议题,研究主题非常分散,缺乏统一的理论框架,这使得公共选择理论更像是以“经济人”为基础的各种政府失灵的汇总(Tullock et al. ,2002)。最后,实证分析是公共选择的特色,但是数据往往很难获得,这是由公共选择所涉及的政治交易特征所决定的。大部分研究只是说公共选择过程非常重要,但却没有说明如何重要,为什么重要。布坎南和塔洛克(2000)列出了公共选择理论的局限性:“公共选择理论只能用以解释集体行为的一小部分。”

参考文献:

[美]布坎南、[美]塔洛克:《同意的计算:立宪民主的逻辑基础》,中国社会科学出版社 2000 年版。

[英]丹尼斯·穆勒:《公共选择理论Ⅲ》,中国社会科学出版社 2010 年版。

Duncan Black, *The Theory of Committees and Elections*, Cambridge:Cambridge University Press,1958.

James Buchanan, Public Choice:The Origins and Development of a Research Program, Fairfax, Va. Center for Study of Public Choice, George Mason University,2003.

Anthony Downs, *An Economic Theory of Democracy*, Cambridge, York:Cambridge University Press,1957.

Donald Green and Ian Shapiro, *Pathologies of Rational Choice Theory:A Critique of Applications in Political Science*, New Haven:Yale University Press,1994.

Dennis Mueller, Public Choice:An Introduction, Chapter 2, in Charles Rowley and Friedrich Schneider, *Readings in Public Choice and Constitutional Political Economy.* Kluwer Academic Publishers, Vol. 1,2004.

Douglass North, What Do We Mean by Rationality? *Public Choice*, Vol. 77, No. 1, The Next Twenty-Five Years of Public Choice,1993.

J. Poterba, Public Finance and Public Choice, *National Tax Journal*, Vol. 51, No. 2,1998.

Gordon Tullock, Arthur Seldon, Gordon Brady, *Government Failure:A Primer in Public Choice*, Cato Institute,2002.

（马珺　付敏杰）

财政职能

Fiscal Functions

在汉语中,“职能”是指人、事物或机构本身所应有的功能。财政职能则是财政的客观固有功能,它回答的是“财政应该干什么”和“财政怎样干”的问题。其范围和具体内容,是随着经济社会发展而进行动态调整的,特别是随着政府运行制度环境的变化而变化。

财政职能是由政府职能决定的,而政府职能边界随着社会的进步、市场的发育成熟而发生着阶段性的变化。从鼓励自由竞争的“小政府”到政府通过宏观调控的方式干预经济,再从有限干预到积极干预,甚至是政府主导资源配置、包揽一切经济事务,直至“政府失灵”的负面影响越来越大,政府干预开始受到反思并有所收缩。在这些不同的阶段,财政以其职能变化,适应并调节着政府与市场的关系:从仅提供少量纯公共物品的守夜人“小财政”到弥补“市场失灵”、通过多种工具调节宏观经济总量平衡。其中,在计划经济体制或者战争、灾难等极端情况下,成为政府包揽一切经济事务的物质基础,而在市场经济发展到一定程度后,“以人为本”、提供满足社会公共需要的基本公共服务(如多种社会福利等)。

在思想史上,如果从古典经济学的亚当·斯密开始梳理,有关财政职能的理论发展与实践发展基本保持一致。亚当·斯密(1983)认为,市场可通过“一只看不见的手”自行地调节经济,政府的职能仅限于三个方面:“第一,保护社会使之不受其他独立社会的侵犯。第二,尽可能保护社会上每个人,使之不受社会上任何其他人的侵害或压迫。第三,建设并维护某些公共事业及某些公共设施”。也就是说,国家的作用只是为私人经营提供一个有利的外部环境,国家仅需要在保卫国家安全、维护社会秩序、建设和维护某些公共事业和公共设施等方面发挥作用,所需经费由财政承担,除此之外,国家对经济的干预应该取消,财政也无须介入。

约翰·穆勒(1991)的国家适度干预理论对经济自由主义与国家干预主义采取折中的态度,政府职能的范围和政府干预的准则为财政行使职能划定了范围。他认为:“被普遍承认的政府职能具有很广的范围,远非任何死框框所能限定,而行使这些职能所依据的共同理由除了增进普遍的便利外,不可能再找到其他任何理由,也不可能用任何普遍适用的准则来限制政府的干预。能限制政府干预的只有这样一条简单而笼统的准则,即除非政府干预能带来很大便利,否则便决不允许政府进行干预”。在此基础上,其列举了一些政府职能,例如规定计量标准、铸造货币、修建或扩建海港、建造灯塔、对土地和海洋进行勘测、绘制精确的地图和海图、筑造海堤和河堤等。

福利经济学的创始人庇古(2009)将消除外部性作为公共财政行使职能的一个目标,认为政府应采用对边际私人纯产值大于边际社会纯产值的部门进行征税,对边际私人纯产值小于边际社会纯产值的部门进行补贴的经济政策,由此进一步明确财政的职能范围,以实现国民收入的最大化和收入分配的均等化。德国著名财政学家阿道夫·瓦格纳主张政府要充分利用财政分配工具,矫正社会收入分配不公。他认为政府要通过一种家长式的社会政策与再分配性的税收政策来干预市场。针对1929～1933年西方国家空前的经济危机,凯恩斯创建以国家干预为政策基调的宏观经济学体系,提倡由政府利用非市场手段矫正宏观经济波动,并同时强调国家对经济的干预与调节应该以维护市场的自由竞争为前提,国家只对市场存在缺陷的地方加以弥补,以充分发挥市场的功能作用。

西方国家经济"滞胀"的存在导致了公共选择理论的诞生。布坎南等人将经济交易和政治决策这两种行为纳入单一的私人利益分析模式,指出政府行为是由具体的个人实施的,很难保证决策是完全有效率的,认为市场缺陷和政府缺陷是共同存在的,政府应通过财政手段只对市场缺陷大的地方进行干预,同时严格限制政府权力,防止财政职能的滥用。

美国经济学家马斯格雷夫在《美国财政理论与实践》一书中明确提出财政的三个职能:资源配置职能、收入分配职能、经济稳定职能。通过财政的资源配置职能,向社会提供公共物品,或者说通过这一分配过程,将社会总资源分为私人和社会物品,从而使资源配置达到优化。通过财政的收入分配职能,调节收入和财富的分配,以达到社会所认同的公平。通过财政的经济稳定职能,运用预算、税收、公债等财政政策来维持充分就业、物价稳定、适宜的经济增长、贸易和国际收支平衡。这一观点被国内外理论界广泛认同和接受。

我国的财政职能的演变也取决于政府职能、范围和社会经济条件。在计划经济体制时期,政府几乎包办一切,这决定了整个社会资源基本上都是直接通过财政加以配置的,财政职能延伸到生产、投资、消费的所有领域并几乎包揽了一切社会事务。财政的职能大而全,导致财政配置资源的效率不高,大量财政资金被注入生产建设领域,成为名副其实的"生产建设财政"。随着计划经济体制向社会主义市场经济体制转轨,"生产建设财政"逐渐被"公共财政"所取代。财政活动的范围逐渐收缩到市场不能有效运作的领域,弥补市场失灵,提供公共服务,满足社会公共需要,逐渐从营利性的经济领域退出。

在我国财政理论界,财政职能问题也一直备受关注,"三职能说"、"四职能说"及其他有关财政职能的观点纷纷形成。许多学者从财政职能的实质出发,归纳出了财政职能的"使命观"、"作用观"、"功能观"、"职责观"。

"三职能说"存在着几种不同的观点,包括:分配职能、调节职能和监督职能(叶振鹏,1982);分配、调节经济和监督管理(何盛明、梁尚敏,1987);分配、调控和监督(齐守印,1993;姜维壮,1994);资源配置、收入分配、经济稳定(吴俊培,1993;朱柏铭,1997);资源配置、收入分配、经济稳定和发展(陈共,1999)。"四职能说"也存在着几种不同的观点,包括:分配、配置、调控和监督(时建龙,1994);公共保障职能、收入分配职能、经济调控职能和国有资产管理职能(谢旭人,1994);财力分配职能、价值管理职能、经济调节职能和财政监督职能(郭代模,1994)。"四职能说"的一个分支是"一带三职能说",有两种观点,其一,认为财政职能由基本的分配职能派生出资金(资源)配置、调节、监督的职能,由分配派生的这三大方面又可细化为筹集资金与供应资金、调节经济总量、调节经济结构、调节收入分配、调节地区差异、政府预决算监督和企事业财务监督,等等(贾康,1998);其二,认为社会主市场经济体制下的财政具有收入分配、资源配置、稳定经济和监督四个职能,其中收入分配是财政最基本的职能,其他三个职能都是在收入分配职能的基础上派生形成的(刘邦驰,1996)。

随着20世纪90年代关于政府职能"缺位"和"越位"、财政职能转换的讨论、西方财政理论的引入,学术界提出财政具有效率、公平和稳定三个职能定位。效率、公平和稳定职能分别与马斯格雷夫提出的资源配置、收入分配、经济稳定三项职能对应,说明我国财政职能理论已经与现代公共财政理论充分接轨。

当前,对财政职能的认识和把握要重点解决两方面问题:一是协调各项职能的冲突。由于效率、公平和稳定的财政职能目标在实际中往往无法兼顾,资源配置职能、收入分配职能、经济稳定职能在经济过热和过冷时往往会发生冲突,必须从经济大局出发,针对经济社会的突出问题,对财政职能进行阶段性侧重和取舍,最大限度地实现预期目标。二是在社会主义市场经济建设过程中,财政职能的转变要符合经济转轨的进程,尽量避免发生财政职能"越位"、"缺位"、"不到位"等对经济发展产生消极影响的情况。

参考文献:

[英]亚当·斯密:《国民财富的性质和原因的研究》下卷,商务印书馆1983年版。
[英]约翰·斯图亚特·穆勒:《政治经济学原理》下卷,商务印书馆1991年版。
[美]理查德·A·马斯格雷夫:《财政理论与实践》,中国财政经济出版社2003年版。
[英]约翰·梅纳德·凯恩斯:《就业,利息和货币通论》,商务印书馆1988年版。
[美]詹姆斯·M·布坎南:《自由市场和国家:20世纪80年代的政治经济学》,北京经济学院出版社1988年版。
[英]亚瑟·赛斯尔·庇古:《福利经济学》,上海财经大学出版社2009年版。
叶振鹏:《社会主义财政的本质与职能》,载于《中央财政金融学院学报》1982年第4期。

何盛明、梁尚敏:《财政学》,中国财政经济出版社 1987 年版。
齐守印:《试论财政职能的社会主义市场经济化》,载于《财政研究资料》1993 年第 12 期。
姜维壮:《论我国财政在社会主义市场经济体制中的地位、职能与作用》,载于《财政研究》1994 年第 1 期。
吴俊培:《怎样认识市场经济下的财政职能》,载于《财政研究》1993 年第 10 期。
朱柏铭:《论财政职能的内涵与概括》,载于《中央财经大学学报》1997 年第 5 期。
陈共:《财政学》,中国人民大学出版社 1999 年版。
时建龙:《走出财政职能误区》,载于《财政研究》1994 年第 5 期。
谢旭人:《我国财政职能的转换及财税体制改革》,载于《财政研究》1994 年第 1 期。
叶振鹏:《适应社会主义市场经济的要求重构财政职能》,载于《财政研究》1993 年第 3 期。
郭代模:《深化财税改革的思考》,载于《财政研究》1994 年第 4 期。
刘邦驰:《当代财政学建设的若干理论问题》,载于《财政研究》1996 年第 7 期。
贾康:《财政本质与财政调控》,经济科学出版社 1998 年版。

(于树一)

福利国家
Welfare States

福利国家最初是“二战”以后西欧的一种独特政治状态。在后来的实践中,随着其基本制度框架和模式特征逐渐形成,从欧洲扩展到美洲、亚洲等地区,从而成为当前一种典型的社会模式。广义上,福利国家是以“福利”进行界定的一种国家形态,专指以推行覆盖所有社会成员的、“从摇篮到坟墓”的社会福利为基本特征的发达资本主义国家。狭义上,是指这些国家实施的包括社会保险、社会救助和公共服务在内的制度和政策体系,或者是国家主导下的“高税收、高支出、高福利”的经济和社会发展模式。一方面,福利国家强调享有福利是公民的权利,提供福利保障是国家的义务,体现了公民权和国家义务的统一;另一方面,福利国家强调经济发展和社会公正协调并进,以实现经济效率和社会公正之间的平衡。

从历史上看,福利国家是生产社会化长期发展的产物,其演变是多种因素综合作用的结果。随着工业化广泛发展,经济增长、人口增长(特别是老龄化)、社会分工的发展、工人阶级的斗争、工人周期性失业的出现、家庭和社会生活模式的变化、工业对高素质劳动力的需求膨胀等因素,促使社会福利从分散的、低水平的社会救助,发展成为覆盖所有公民的、项目多样化的社会福利网络,并最终发展成为经济和社会发展的基本制度。

马克思主义认为,福利国家发展壮大的基本原因是西方国家生产关系适应生产力发展的现实需要,是在国家垄断资本主义的制度框架内生产关系不断调整的过程。从 19 世纪初期,垄断资本的统治、经济危机和战争,加剧了欧洲无产阶级和资产阶级的矛盾。在国际共产主义思潮的影响下,工人阶级开始组建政党,举行罢工和武装斗争,引起资本主义国内的政治危机。资产阶级意识到,只有推行大规模社会福利政策,保障工人的最低生活水平,使其不至于为生活所困而铤而走险。1929~1933 年的经济危机加速了福利国家的形成和发展,危机造成了大萧条,大批工厂倒闭,物价飞涨,经济严重倒退,大量工人的生活没有保障,社会阶级矛盾日益尖锐。在资产阶级内部,有越来越多的人感受到实行社会改革的迫切性。在资本主义外部,有来自于苏东社会主义阵营国家经济快速发展,尤其是财政功能覆盖全社会的强有力示范。在这种形势下,资本主义国家由政府在资本和劳工之间“居中调停”,促成二者的“妥协”,“企图在不改变基本阶级结构的情况下管理阶级社会”(米尔斯,1987)。“妥协”的主要内容就是推行以经济民主化和国家干预为主的社会福利制度。从这个意义上看,福利国家是一种超越阶级差别的“妥协”,在不同程度上照顾到各阶级与各阶层的利益,而在应对经济危机过程中出台的一系列政策措施为福利国家模式的形成奠定了基础。此外,社会改良主义思潮的再度活跃、凯恩斯主义的产生以及早期欧洲社会救济的成功经验,也都对福利国家的形成和发展产生了重要的影响。

1937 年,牛津大学教授齐默恩(A. Zimmern)首次使用“福利国家”一词,用来泛指西方民主国家。1942 年英国社会学家贝弗里奇发表《贝弗里奇报告》,系统阐述了国家在福利领域所应该承担的责任范围,对福利国家的基本目标和主要原则进行了界定,奠定了福利国家理论和制度的框架。贝弗里奇主张建立一个全国性的国民保险制度,为每一公民提供失业救济、养老金、儿童补助、残疾津贴、救灾补助等。他还将社会保险分为三类:一是满足国民基本需要的社会保险;二是满足国民特殊需要的国民补助;三是满足收入较高的国民较高层次需要的自愿保险。自 1945 年英国工党在战后选举中胜出后,在其执政期间,为建立和完善按“贝弗里奇报告”设计的一整套以国民保险制为核心的社会福利制度,先后颁布并实施了一系列的社会立法,如《住房法》、《国民保险法》和《国民救济法》等。1948 年,英国首相艾德礼宣布,英国率先建成“福利国家”,此后,各主要资本主义国家为了取悦于民,争相宣称自己为“福利国家”。20 世纪 50 年代末,这些国家基本完成了有关社会保障制度的立法,设立了相应的管理机构,建立起完整的以高福利为核心的现代社会保障制度,"福利国家"初步建成。20世纪50年代末到70年代中期,"福利国家"得到了充分发展,主要表现为:社会保障制度所覆盖的国家越来越多,社会保障制度受益范围进一步扩大,社会福利项目有所增加,社会福利水平大幅提高。

但由于各国的具体情况差异很大,形成了不同的福利国家的模式,学者们对其进行了分类研究。威伦斯基和勒博(Wilensky and Lebeaux)在1958年出版的《工业社会与社会福利》一书中,对不同福利国家的社会福利从"接受服务人群的种类"、"资金来源渠道"、"管理机构"、"服务性质"四个方面进行考察后,提出福利国家可以分为两种类型——"补缺型"和"制度型"(H. Wilensky. and C. N. Lebeaux,1985)。蒂特马斯(Titmuss)在1974年出版的《社会政策》一书中,借鉴了威伦斯基对于福利国家的两分法,把福利国家分为三种理想类型:第一种是"补救型"(Marginal)福利国家,其与"补缺型"相类似,美国是典型代表。在这类福利国家中社会福利机构只有当市场和家庭这两个部门不能正常有效提供福利支持时才临时发挥作用。第二种是"工业成就型"(Industrial Achievement)福利国家,其主要存在于欧洲大陆国家,代表是德国。在这类模式中,社会福利机构在满足社会价值需要、实现地位差异和工作表现以及生产力方面具有显著的作用。第三类是"制度再分配型"(Institutional Redistributive)福利国家。这类福利国家中排除了市场的作用,社会福利的提供是根据需要的原则来提供一种"普享性"(Universality)和"有选择性"(Selectivity)相结合的服务,其目标是平等和社会团结(R. M. Titmuss,1974)。

实践证明,福利国家并不是一种可持续的国家形态,自20世纪70年代中期以来,福利国家普遍陷入了危机。原因是,在经济繁荣时期,福利国家不断扩大社会福利范围,提高社会福利标准,增加福利项目,放宽公民享受社会福利的条件,社会福利支出日益膨胀。70年代中期以后经济危机给福利国家造成严重打击,经济增长乏力、失业率居高不下,但社会福利已成为刚性支出,政府难以压缩,甚至通过负债维持,导致福利国家出现财政危机,国家干预经济的财政能力显著降低,福利制度难以为继。同时,高福利带来企业生产成本上升、竞争能力下降、失业人员增加,又对社会福利产生巨大的需求,使得福利国家陷入恶性循环,甚至导致社会矛盾和冲突加剧。此外,世界人口老龄化趋势进一步发展,使相应社会福利性支出骤增,为福利国家提出更严峻的挑战。

2009年下半年起,欧洲主权债务危机爆发,全面暴露了福利国家背后的长期财政赤字,也暴露了政府不得不大规模债务融资的重要原因——维持超越经济增长承受能力的高福利水平。这充分证明了福利国家代价高昂,难以持续,在导致国家陷入主权债务危机的严重后果时,迫使各国必须选择福利国家改革之路。

参考文献:
《马克思恩格斯选集》第4卷,人民出版社1972年版。
[美]C. 赖特·米尔斯:《白领——美国的中产阶级》,浙江人民出版社1987年版。
张世鹏:《全球化时代的资本主义》,中央编译出版社1998年版。
顾俊礼:《福利国家论析》,经济管理出版社2002年版。
[英]诺曼·巴里:《福利》,吉林人民出版社2005年版。
周弘:《福利国家向何处去》,社会科学文献出版社2006年版。
Harris Bernard, *The Origins of the British Welfare State*, Basingstoke: Palgrave Macmillan, 2004.
H. Wilensky and Lebeaux, C. N., *Industrial Society and Social Welfare*, The Free Press, 1958.
R. M. Titmuss, *Social Policy: An Introdution*, London: George Allen, 1974.

(于树一)

拉弗曲线
Laffer Curve

拉弗曲线形象地描述了税收收入与税率之间的关系。该曲线由美国供给学派代表人物拉弗(Arthur B. Laffer)于20世纪70年代提出并因此而得名,是当时供给学派主张降低税率以刺激生产与经济增长的主要依据。

拉弗曲线的示意如图1所示。

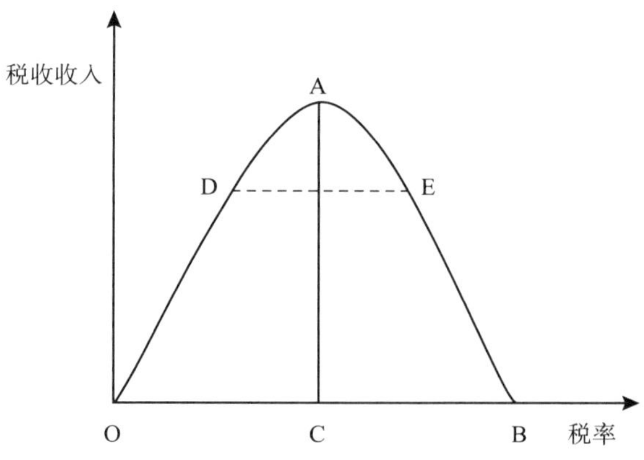

图1 拉弗曲线

图1中的横轴表示税率,纵轴代表税收收入。原点O表示在税率为零时税收收入亦为零;B点则表示在税率为100%时,税收收入也为零,因为经济体不会进行任何市场活动。这意味着在O与B这两个极端,尽管税率非常不同,但税收收入却都为零。从图中的其他点也可以看出,如D点与E点,在这两点,虽然税率不同,但政府实现的税收收入却相同。也就是说,政府为取得一定的税收收入,既可以实行低税率,也可以实行高税率。但是,如果以A点为界,如图所示,在OAC部分,税率提高,税收收入则相应增长,直到达到A点,此处政府实现的税收收入为最大,实现了低税率、高收入和高增长的成功组合。当税率高于C点继续提高时,税收收入反而随着税率提高而减少,直至B点,此时税率最高,但税收收入为零,因而图中的ACB部分被视为课税的"禁区"。

拉弗曲线直观地说明了税率与税收收入以及经济增长之间的关系。一方面,高税率不一定就带来高税收收入,因为高税率会挫伤市场主体的积极性,从而会严重影响经济,并使税收收入减少。另一方面,低税率虽然近期看可能减少了税收收入,从长期而言,却调动了市场主体的积极性,刺激了经济增长,反而有助于税收收入的增长。

拉弗曲线为长期奉行凯恩斯主义而陷入滞胀的美国经济提供了一副解药,成为时任美国总统里根所推行的"里根经济复兴计划"的重要理论之一,实行了大幅度的减税政策,并取得了一定的效果。里根执政期间,美国经济确实出现了第二次世界大战以后少有的经济恢复与经济增长。20世纪80年代美国的减税政策虽然起到了刺激经济增长的作用,但却导致了税收收入的下滑与连年的财政赤字。可见,拉弗曲线的适用性是有限的。

虽然拉弗曲线认为最优税率是存在的,即图1中的A点,当税率为A点处所代表的值时,政府就能取得最大程度的税收收入,不过,现实中A点处的值该是多少,或者说最优税收规模是多少才最适合于经济增长,不仅拉弗及其追随者没有明确地指出来,也没有告诉我们寻求最优税率的方式方法。

参考文献:

[美]保罗·克雷·罗伯茨:《供应学派革命》,格致出版社、上海人民出版社2011年版。

[美]詹姆斯·M·布坎南、[美]里查德·A·马斯格雷夫:《公共财政与公共选择:两种截然对立的国家观》,中国财政经济出版社2000年版。

[印]韦特·P·甘地等:《供应学派的税收政策:与发展中国家的相关性》,中国财政经济出版社1993年版。

郝硕博:《拉弗曲线探析》,载于《财政问题研究》2000年第6期。

王竹:《拉弗曲线与现实应用评析》,载于《经济评论》1996年第6期。

Arthur B. Laffer, Supply-Side Economics, *Financial Analysts Journal*, Vol. 37, No. 5, Sep. -Oct. ,1981.

Basil Dalamagas, Testing the Validity of the Laffer-Curve Hypothesis, *Annals of Economics and Statistics*, No. 52, Oct. -Dec. ,1998.

Jonas Agell, Mats Persson, On the Analytics of the Dynamic Laffer Curve Original Research Article, *Journal of Monetary Economics*, Vol. 48, No. 2, Oct. 2001.

Philip Mirowski, What's Wrong with the Laffer Curve? *Journal of Economic Issues*, Vol. 16, No. 3, Sep. ,1982.

(张德勇)

财政幻觉
Fiscal Illusion

财政幻觉是解释20世纪后半期西方国家政府规模膨胀的重要理论。该理论认为,公共选择的投票者,从而也就是纳税人,往往只看到了政府支出增长所带的福利改进,而忽视了维持预算平衡所必需的税收增长成本,从而产生财政增加和政府支出膨胀一定会带来福利改进的幻觉。财政幻觉也用以指代某些财政制度可以改变公众可以察觉到的公共部门成本。18~19世纪的古典经济学家们已经提出了财政幻觉的主要思想,意大利学者阿米利尔·帕维亚尼(Amileare Puviani)在20世纪40年代将其引入了规范的财政学分析(Buchanan,1960)。

产生财政幻觉的第一个原因来自税收体制。首先是间接税包含在产品价格中,不容易被纳税人觉察到自己缴纳的税收量。一般来说,间接税征收初期会导致产品价格上升,但存在一段时间后,消费者就会慢慢忽略到其存在。萨伊(J. Say)看到,消费税使得销售者只是轻微提高了产品价格,从而每个消费者都难以觉察。斯密在食盐消费税分析中看到,人们很难觉察少量的、逐步的税负,甚至是稍高的税负。约翰·穆勒(John Stuart Mill)提出,相对于可见的直接税而言,居民可能系统性低估不可见的间接税负担(Sausgruber and Tyran,2005)。其次是税收弹性越大,即使不提高税率,不增加新的税种,政府也会因为通货膨胀或者经济增长而获得更多的税收收入。更重要的是,政府收入的增长不会引起个人直接反对。最后,税制结构越复杂,税收来源越多,越容易形成财政幻觉(张铭洪、罗振华,2002)。

产生财政幻觉的第二个原因是公债。斯密提到,政府宁愿选择借债而不是增加税收,以免触怒纳税人,从而公债只会不断增加。李嘉图很早就论述了李嘉图等价定理的含义,即政府的债务和税收筹资是等价的,但是李嘉图也强调了公债可能造成的财政幻觉,托马斯·查莫斯(Thomas Chalmers,1968)认为,相对于征税而言,纳税人并没有感觉到政府借债是在向他们的口袋要钱。布坎南(Buchana,1958)认为从总量上来看,内债只是把资源从一些人手里转移到另一些人手里,并不形成总量负担,也不会影响后代的债务负担,因为任何持有债务的人都会获得债务收益,这一点与私人部门债务没有任何差别。不同之处是,政府从资本市场借贷避免了个人的债务负担。官僚的信息垄断可以扭曲纳税人,也就是投票人的主观感受,从而造成财政幻觉。帕内尔(Henry Parnell,1968)发现居民的不完全信息会降低人们对于公共服务价值的判断。巴罗(Barro,1974)的经典论文从侧面揭示了私人资本市场不完全、政府公共服务垄断和信息不完全等因素,都可能会造成财政幻觉。

产生财政幻觉的第三个原因是政府支出及其伴随的政府间转移支付。当代国家政府间财税关系中,收入面中中央政府占据绝对优势,支出面则以地方为主。课税权和支出权重点的分离会模糊纳税人对于税收的真实感受。在很多国家,来自中央政府的转移支付成为地方政府支出的重要部分,使政府支出产生"粘蝇纸效应(Flypaper Effect)"。接受转移支付地区的居民往往认为上级政府的补助来自其他地方居民的支付,而忽视了接受地区也会对其他地区进行部分转移支付。从而使得转移支付范围越大,对于政府规模膨胀的影响就越大。库柏(Thomas Cooper,1971)认为政客转向间接税从而隐藏政府支出成本的行为,可以看作是"对无知的征税(Taxes on Ignorance)"。

财政幻觉的实证研究是很困难的。从根本上讲,财政幻觉衡量的是纳税人对于税收负担的心里感觉误差,而人们的心理误差往往是难以客观度量的。研究者很难在财政幻觉的定义上达成一致。大部分的研究采用公债、税收结构弹性、税收的可觉察性和税制结构的复杂程度等作为财政幻觉的替代变量。很多研究也或多或少的得出了某种形式的相关关系,例如研究者发现税收融资与政府支出规模呈现负相关,从而认为可以支持债务导致政府膨胀的观点。奥茨(Oates)发现,政府支出与税收弹性正相关。但是这些相关关系在理论的面前显得非常苍白。财政幻觉难以衡量的技术性原因,是其假定投票者的财政幻觉决定了政府的规模,是对政府规模从需求一面的解释。在实证研究中,一方面很难将供给面—需求面分开,另一方面也很难将其与其他解释政府增长的众多理论:瓦格纳法则、马斯格雷夫和罗斯托的发展阶段理论、利益集团假说等截然分开,从而形成单独的解释。实验经济学的兴起,以及新的工具变量思路的引进,或许有助于验证财政幻觉的存在。

参考文献:

R. Barro, Are Government Bonds Net Wealth? *The Journal of Political Economy*, Vol. 86. Issued 1974.

R. Sausgruber and J. -R. Tyran, Testing the Mill Hypothesis of Fiscal Illusion, *Public Choice*, 122(1), 2005.

R. Blewett, Fiscal Illusion in Classical Economic Literature, *Journal of Economics*, 7, 1981.

T. Chakmers, *On Political Economy, in Connection with the Moral State and Moral Prospects of Society*, New York: A. M. Kelley, 1832.

T. Cooper. *Lectures on the Elements of Political Economy*, New York: A. M. Kelley, 1971.

J. Buchanan, *Public Principles of Public Debt*, Homewood, IL: Richard D. Irwin, 1958.

J. Buchanan, *Fiscal Theory and Political Economy*, Chape 1 Hill. NC: University of North Carolina, 1960.

J. Buchanan, *Public Finance in Democratic Process*, Chape 1 Hill, NC: University of North Carolina, 1967.

J. Mill. , *Principles of Political Economy with Some of Their Applications to Social Philosophy*, New York: A. M. Kelley, 1936.

H. Parnell, *On Financial Reform*, New York: A. M. Kelley, 1968.

P. Ravenstone, *Thoughts on the Funding System and Its Effects*, New York: A. M. Kelley, 1966.

(付敏杰)

激励与机制设计
Incentives and Mechanism Design

信息是一种有价资源,掌握更多信息的一方在交易中往往会做出有利于自己的行为。信息不对称是由于一方拥有另一方可能所不了解的私人信息,这些私人信息的存在会影响交易双方的利益。在不对称信息下,市场均衡将不再具有新古典所强调的唯一性、最优性和稳定性特征。此时如何激励经济主体做出有利于社会的行为?剑桥大学教授詹姆斯·米尔利斯(James Mirrless)和哥伦比亚大学经济学教授威廉·维克瑞(William Vickrey)因为对于不对称信息下激励理论的研究而获得1996年诺贝尔奖经济学奖。2007年诺贝尔奖经济学奖得主里奥尼德·赫维茨(Leonid Hurwicz)、埃里克·马斯金(Eric S. Maskin)和罗杰·迈尔森(Roger B. Myerson)对于不对称信息下机制设计的研究,则深化了我们对于激励问题的了解。

信息不对称来源于两种情况:一种外生于交易本身,包括参与者的能力、偏好和健康状况等,其在市场交易之前已经客观存在,被经济学家们称为隐藏信息或知识;一种产生于交易之后当事人本身的行为,签订合约之前,交易双方的信息是对称的,签订合约之后,一方因为另一方无法实施有效的监督和约束而产生机会主义行为。例如,签订保险合同之后,原本细心谨慎的司机开始粗心大意,造成事故概率上升。这种产生于交易行为的私人信息被经济学家称为隐藏行动。迈尔森将第一种信息不对称称为逆向选择,将第二种信息不对称称为道德风险。米尔利斯对这两种信息不对称的研究都做出了初创贡献。

在信息不对称条件下,激励相容(Incentive Compatibility)作为机制设计的基准,用来显示交易双方的真实能力就显得尤为重要。赫维茨(Hurwicz,1960;1972)的原创性工作标志着机制设计理论的诞生。在赫维茨的框架中,机制是一个信息系统。参与者相互交换信息,从而决定了结果。赫维茨(1972)的激励相容概念是:在一个激励相容的机制下,每个参与者真实报告其私人信息是占优策略。此外,一个标准的机制设计还要满足参与约束:没有人因参与这个机制而使其境况变坏。赫维茨证明了在一个标准的交换经济中,满足参与约束条件的激励相容机制不能产生帕累托最优结果,也就是说,私人信息并非完全有效。

米尔利斯研究了信息不对称条件下的最优所得税问题。在信息不对称条件下,政府并不能准确地得知每个人的能力,而只能了解人们的收入,只有个人才能知道自身的真实生产能力。以纳税为主要特征的税收体系,个人往往会隐瞒自己的真实能力。如果政府征收高额边际税率的累进所得税,一旦税收收入低于劳动的边际负效用,个人就会减少和放弃劳动供给。有的高能力劳动者人会假装自己是低能力劳动者,做出不利于整体的逆向选择。以收入均等化为目标的高额累进所得税政策会消弱高能力者努力工作的动机,从而造成社会福利的巨大损失。换言之,平等与效率不可兼得,一个最优的所得税框架就是在平等和效率之间寻找最优平衡点。米尔利斯(Mirrless,1971)的开创研究发现:在一系列基本假设下,税收的最优规模取决于能力分布和人们的工作——消费偏好。考虑到税收所带来的社会净损失,最优所得税受到再分配对于产出损失的影响,其最大化条件是收入均等化带来的社会福利改进与效率损失相等。米尔利斯研究发现,最优税的重要特征是边际税率递减:最高收入者的边际税率应该为零,即对于高能力者的边际收入应该不征税。

新动态公共财政(New Dynamic Public Finance)的研究成果动态化了米尔利斯框架下对于边际税率的理解,但是其结果却往往大相径庭。威宁(Werning,2002)、格洛索夫(Golosov et al.,2003)独立研究了个人能力随机衍生、存在信息不对称并且满足激励相容条件情况下的动态最优税收问题。新动态公共财政理论本质上是通过更加接近现实的假设探究米尔利斯税问题,最重要的初始假设是对传统理论中个人能力分布假设的改变。戴蒙德和米尔利斯(Diamond and Mirrless,1978,1986)的动态税收研究中假设个人能力是隐藏的,阿特金森和斯蒂格利茨(Atkinson and Stiglitz,1976)则假设个人的能力是不变的,而在新动态公共财政理论中则将个人的能力进行了随机的、信息不对称的假设。这些新的研究大多是在新古典经济增长框架下进行的,对于税收动态效果的数值模拟开始成为研究的基准。这些研究的结论与米尔利斯存在差别,但是不同新动态公共财政研究之间政策结论相差很大。例如,格洛索夫等(2003)认为存在最优的"正的资本税"。在"公平与效率"关系中,基于新动态公共财政的标准分析框架,法赫和威宁(Farhi and Werning,2005)分析了宏观经济模型中具有动态私人信息的最优遗产税。他们认为:最优的遗产税应该是负的——即遗产应该被补贴而不是征税。并且他们还认为,穷人比富人应该补贴更多的遗产税。在假设经济系统面临总冲击的情况下,柯切拉科塔(Kocherlakota,2005)认为"最优的财富税(Wealth Taxes)"应该为零。

除了研究累进所得税对于个人的激励外,维克瑞还研究信息不对称下的拍卖问题,就是著名的维克瑞拍卖法则:通过不公开招标,将物品拍卖给出价最高的投标者,却让他只支付次于他的投标价格的价格,即只支付第二拍卖价格,这样就会诱使个人吐露出愿意支付的真实价格。如果一个竞买者的出价高于自己愿意支付的价格,他就得冒着其他人也如此行事的风险,结果极可能以某种损失为代价买下拍卖物;相反地,如果他的出价低于自己愿意支付的价格,那他就得冒着其他人在低于他自己愿意支付的价格夺走此物品的风险。这种拍卖法已被用于许多商品的销售,也被扩展到一定的公共物品定价中。

参考文献:

M. Golosov, N. Kocherlakota and A. Tsyvinski, Optimal Indirect and Capital Taxation, *Review of Economic Studies*, 70(3), 2003.

M. Golosov, A. Tsyvinski and I. Werning, *New Dynamic Public Finance: A User's Guide*, *NBER Macroeconomics Annual*, The MIT Press, 2007.

I. Werning, *Optimal Dynamic Taxation*, PhD Dissertation, University of Chicago, 2002.

R. Diamond and J. Mirrless, A Model of Optimal Social Insurance with Variable Retirement, *Journal of Public Economics*, Vol. 10, 2002.

J, Mirrless, and R. Diamond, Payroll-tax Financed Social Insurance with Variable Retirement, *Scandinavian Journal of Economics*, 88(1), 1986.

A. Atkinson and J. Stiglitz, The Design of Tax Structure:

Indirect vs. Direct Taxation, *Journal of Public Economics*, Vol. 6, Issue 1, 1976.

E. Farhi and I. Werning, Inequality, Social Discounting and Progressive Estate Taxation, NBER Working Papers No. 11408, 2005.

N. Kocherlakota, Zero Expected Wealth Taxes, *Econometrica*, Vol. 73, Issue 5, 2005.

J. A. Mirrlees, An Exploration in the Theory of Optimum Income Taxation, *The Review of Economic Studies*, Vol. 38, Issue 2, 1971.

L. Hurwicz, 1972, On Informationally Decentralized Systems, R. Radner and C. B. McGuire, eds, Dicision and Organization in Honor of J. Marschak(North Holland).

L. Hurwicz, Optimality and Informational Efficiency in Resource Allocation Processes, In Arrow and Karlin, *Mathematical Methods in the Social Sciences*, Stanford University Press, 1960.

（付敏杰）

外部效应
Externality

外部效应也称为"外部性"、"外部经济"，是未在价格中得到反映的交易成本或收益。

一般认为，外部性的概念最早由阿尔弗雷德·马歇尔提出。马歇尔在1890年出版的巨著《经济学原理》中，首次使用了"外部经济"的概念来分析工业组织的贡献。"我们可把因任何一种货物的生产规模之扩大而发生的经济分为两类：第一是有赖于这工业的一般发达的经济；第二是有赖于从事这工业的个别企业的资源、组织和经营效率的经济。我们可称前者为外部经济，后者为内部经济"。

随后，马歇尔的学生阿瑟·塞西尔·庇古发展了外部性的理论，他在《福利经济学》中，创新性地引入了"私人边际净产品"和"社会边际净产品"的概念。庇古进一步从国民福利的角度指出，"一般来说，实业家只对其经营活动的私人净边际产品感兴趣，对社会净边际产品不感兴趣。……在这两种净边际产品相背离时，自利心往往不会使国民所得达到最大值；因而可以预计，对正常经济过程的某些特殊干预行为，不会减少而是会增加国民所得"。

传统的经济学分析假定经济主体具有完全理性，市场价格可以反映全部成本或收益，在价格这只"看不见的手"的指引下，社会收益与私人收益、社会成本与私人成本完全一致，资源实现最优配置，市场亦处于符合帕累托效率准则要求的有效状态。但如果某些个人或厂商的经济活动影响了其他个人或厂商，却没有为之承担应有的成本费用或没有获得应有的报酬，也就是说，出现了私人收益与社会收益、私人成本与社会成本不一致的情形，此时价格反映的信息就不再完全准确，市场便不再有效。因此也可以说，外部效应是"市场失灵"的表现之一。

外部效应可以根据结果和来源两个维度进行划分。从结果来看，如果是对他人产生了收益却没有获得应有的报酬，我们称之为正外部效应（也称外部收益、外部经济）；相反，如果是对他人产生了成本却没有进行补偿，我们称之为负外部效应（亦称外部成本、外部不经济）。从来源看，外部效应可能是在生产中产生，也可能是由消费行为引起，我们分别称之为生产的外部效应和消费的外部效应。这样，我们可将外部效应现象作以下分类，如表1所示。

表1　外部效应的分类

		外部效应的来源	
		生产	消费
外部效应的结果	正	生产的正外部效应 如：养蜂对果园的影响	消费的正外部效应 如：接种疫苗对他人的影响
	负	生产的负外部效应 如：工厂排污对周围环境和居民的影响	消费的负外部效应 如：某人吸烟对他人的影响

当外部效应存在时，人们在进行经济活动决策中所依据的价格信号失真，因为其既不能精确地反映全部的社会边际收益，也不能精确地反映全部的社会边际成本。据此所做出的经济活动决策，会使社会资源配置发生扭曲，不能实现帕累托效率准则要求的最佳状态。在正外部效应的情况下，由于私人收益仅仅是全部社会收益的一部分，个人缺乏继续供给此类物品或劳务的动力，此类物品或劳务往往供给不足。但在负外部效应的情况下，由于私人成本小于社会成本，实际上相当于社会对个人进行了补贴，此类物品或劳务往往存在供给过度的现象。无论哪种情况，都意味着资源配置不合理，出现效率损失现象，而这种效率损失又是竞争性市场机制所不能克服的。因此，外部效应往往需要政府进行介入和干预。

矫正外部效应，实际上就是对外部效应进行定价，即把私人收益（或成本）调整到实际的社会收益（或成本），这一过程也被称作外部效应内在化的过程。

一般来说，外部效应的矫正可以采取以下措施：

第一，政府管制（Government Regulation）。或称公共管制，主要是对某些生产消费行为作出某些禁止或限制的规定。这种措施主要适合对负外部性的矫正。比如，吸烟会产生负外部效应，所以世界各国一般都会通过法律法规，禁止在公共场合吸烟。

第二，政府提供(Government Provision)。对于一些产生正外部效应的物品(公共物品即是其中一类)，如教育、公共卫生防疫等，市场主体往往不愿提供或供给不足，完全可以交给政府，由政府提供。

第三，征税(Tax)。如果能对制造负外部性的个人或企业征税，并且使得税额恰好等于社会处理这些外部效应(如污水)的成本，那么将可以完全实现负外部效应的内部化。这样一来，生产此类物品或劳务的成本将会大大提高，私人成本将完全等于社会成本，因此，这些物品或劳务的供给将会减少，从而资源配置的效率得到提高。这也就是通常所说的庇古法则，这种税收也被称为庇古税(Pigovian Tax)。

第四，补贴(Subsidy)。与"庇古税"针对负外部效应的思路类反，如果能将外部收益进行定价，并通过某种方式补贴给产生外部性的个人(或企业)，则可以实现外部效应的内部化，从而鼓励这类物品的生产。

上述四种方式都是从政府干预的视角进行分析，罗纳德·科斯提供了另外一种市场方式的解决思路。科斯(1960)曾指出，如果外部效应各方之间的谈判没有交易成本，通过谈判可能会得到最终解决外部效应方案，并且负外部性的结果与施加影响和被影响双方的最初法律地位无关。这一思路后来被称为"科斯定理"(Coase Theorem)。严格地说，科斯定理所要求的交易费用为零假定很难满足，但其确实给我们提供了一种利用市场交易来解决外部效应的思路。

参考文献：
[英]马歇尔：《经济学原理》，商务印书馆 1964 年版。
[英]庇古：《福利经济学》，商务印书馆 2006 年版。
R. H. Coase, The Problem of Social Cost, *Journal of Law and Economics*, Vol. 3, October 1960.
J. J. Laffont, *Externalities*, *The New Palgrave Dictionary of Economics*, Palgrave Macmillan, 2008.

(樊丽明)

公共物品
Public Goods

公共物品是具有非竞争性和非排他性的物品。有时也被称为公共品、公共物品、公共商品，是与私人物品(Private Goods)相对的一个概念。

人们对公共物品的研究源于公共性问题的讨论。最早对这一问题做出贡献的经济学家是大卫·休谟，在其《人性论》(1739)一书中，他以"草地排水"的案例说明了公共物品供给中的困境，并指出政治社会，即政府可以弥补这一缺陷，因为"虽然这个政府也是由人类所有的缺点所支配的一些人所组成的，但是它却借着最精微的、最巧妙的一种发明，成为在某种程度上免去了所有这些缺点的一个组织。"亚当·斯密在其鸿篇巨著《国富论》论述君主或国家的义务时，提出并分析了国防、司法制度及公共设施等公共物品的供给问题。约翰·斯图亚特·穆勒也指出，保障人们生命财产安全、建设公共设施、举办初等教育等是政府的主要职责所在，他对灯塔的分析成为后期经济学家论述公共物品时经常引用的经典案例之一。

真正开始对公共物品进行系统的理论研究，当首推保罗·萨缪尔森。在萨缪尔森(1954)开创性论文中，首次对公共物品[他当时称为"集体消费品(Collective Consumption Goods)"]给出了形式化的定义，以及公共物品最优供给的条件。他比较了私人物品与公共物品的区别，对私人物品来说，$X_j = \sum_{i=1}^{s} X_j^i$，私人物品 X_j 的总量等于每个消费者 i 所拥有或消费的该商品数量 X_j^i 的总和；而对公共物品来说，$X_{n+j} = X_{n+j}^i$，公共物品的总量 X_{n+j} 等于每个消费者 i 所消费的数量 X_{n+j}^i，并在比较中首次分析了公共物品的非竞争性，即任何人对公共物品的消费不会导致他人可消费量的减少。理查德·马斯格雷夫对公共物品的理论研究也做出了巨大的贡献。马斯格雷夫(1959)在其财政学扛鼎之作《公共财政分析》中，继承了萨缪尔森有关公共物品非竞争性特征的分析，同时他还首次将价格排他原则的非适用性引入现代公共物品定义，与联合消费性并列，作为界定公共物品的两大标准。之后，马斯格雷夫(1969)用"社会物品(Social Goods)"来称谓公共物品，用消费的非竞争性取代联合消费性，将消费的非排他性取代了排他原则的非适用性。由此，经典财政学教科书中经常提及的公共品的两个基本特征——非竞争性(Non-rivalry)和非排他性(Non-excludability)——正式形成。

与萨缪尔森和马斯格雷夫等主流观点略有不同，詹姆斯·布坎南从供求实现的机制视角给出了公共物品的另外一种定义。布坎南(1968)认为，公共物品是指那些通过政治制度实现需求与供给的物品和服务，而私人物品是通过市场机制来实现需求与供给物品与服务。

市场有效首先要求供需实现均衡，而微观经济理论中一系列复杂精巧的均衡条件都隐含着私人物品的假设前提，即物品必须具备完全的竞争性和排他性。在存在公共物品的情况下，建立在私人物品假设之上的市场均衡理论不再继续适用。由于增加一个人消费的边际成本为零，而且无法排他，每个人都希望不用支付价格而免费享用公共物品带来的好处，从而"免费搭车"问题难以避免，公共物品的有效供给难以实现。因此，从本质上说，公共物品可以看作是外部效应的一种极端情形,也是"市场失灵"的主要表现之一。

虽然在理论上可以使用两个特征来界定公共物品,但实际生活中,完全具备这两个特征的物品非常少见,典型的例子是国防,这样的物品也被称为纯公共物品(Pure Public Goods)。许多物品往往并不同时具备非竞争性和非排他性,或是非竞争但排他(俱乐部物品,Club Goods),或是竞争但非排他(公共资源物品,Common-pool Resources),而且不同物品的非竞争性和非排他性的程度也各不相同,这样的物品经常被称为准公共物品(或准公共物品,Quasi Public Goods),或混合物品(或混合物品、混合品,Mixed Goods)。理论界根据不同的竞争性或排他性特征,将全部物品划分为如下四类,如表1所示。

表1　根据竞争性和排他性程度的物品分类

	排他性	非排他性
竞争性	纯私人物品(Private Goods) 如:面包	公共资源物品(Common-pool Resources) 如:公共草场
非竞争性	俱乐部物品(Club Goods) 如:剧院	纯公共物品(Pure Public Goods) 如:国防

公共物品还可以根据其受益范围的大小分为地方公共物品(Local Public Goods)、国家公共物品(National Public Goods)、地区公共物品(Regional Public Goods)和全球公共物品(Global Public Goods)四个层次。地方公共物品、国家公共物品和地区公共物品的受益范围分别是某个特定地方区域、一个国家以及那些有连续边界的国家地区,而全球公共品的受益范围则是地球上的多数国家,甚至是全球国家。

从世界各国公共物品的供给实践来看,公共物品供给不外乎通过三种机制实现,即政府供给机制、市场供给机制及自愿供给机制。其中,政府供给是最主要的实现机制,市场供给和自愿供给有时也被称为非政府供给,或私人供给。

政府供给机制是指政府通过公民或其代表的集体选择程序,以强制地征收税收为主要手段筹集资金,安排政府支出以供给纯公共物品和准公共物品的机制。

市场供给机制是营利组织根据市场需求,以营利为目的,供给教育、基础设施等准公共品,并以收费方式补偿支出的机制。

自愿供给机制是公民个人、单位,以自愿为基础,以社会捐赠或公益彩票等形式无偿或部分无偿地筹集资金,直接或间接地用于教育、体育、济贫等公益用途,并接受公众监督的一种机制。

几乎在每一个市场经济国家中,公共物品供给的三种机制都在发挥作用,但三者的作用范围有所差别,而且在同一国家的不同历史时期,三种机制的作用领域也有所不同。而且,公共物品的供给主体不是一成不变的,同一种公共物品在不同时期,因技术条件、需求状况、供给能力、制度规范不同,可能采取不同的供给方式。

随着我国市场经济体系的不断完善和社会日渐进步,政府在改善公共物品供给状况中发挥了巨大的作用,除此以外,一些市场力量和社会组织在基础设施供给、老年保障、扶贫等公共物品的供给方面,也发挥着越来越重要的作用。

参考文献:

[英]休谟:《人性论》,商务印书馆1980年版。

马珺:《公共物品的含义》,引自高培勇、杨之刚、夏杰长:《中国财政经济理论前沿(4)》,社会科学文献出版社2005年版。

Joseph E. Stiglitz, The Theory of Local Public Goods Twenty-five Years after Tiebout: A Perspective, NBER Working Paper No. 954, 1982.

Paul A. Samuelson, The Pure Theory of Public Expenditure, *The Review of Economics and Statistics*, Vol. 36, Issue 4, 1954.

Richard A. Musgrave, *The Theory of Public Finance: A Study in Public Economy*, McGraw-Hill, 1959.

Richard A. Musgrave, Provision for Social Goods, In J. Margolis and H. Guitton, *Public Economics*, McGraw-Hill, 1969.

James M. Buchanan, *The Demand and Supply of Public Goods*, Rand-McNally, 1968.

(樊丽明)

混合物品
Mixed Goods

混合物品有时也称为准公共物品。

纯粹的公共物品与纯粹的私人物品是社会物品中典型的两极。在现实中,有些物品只具有一部分公共物品特征,不同时具备非竞争性和非排他性,或者是兼有公共物品与私人物品的某些特征,因而可称之为混合物品或准公共物品。如教育和卫生防疫。受教育者学到知识和技能后,增加了获得收入和享受优越生活的能力,从这个角度看,它具有排他性与消费上的竞争性。但是,个人受教育后,有助于提供劳动能力,为社会创造更多财富和服务,有助于提高全社会的文化水平、民主水平和文明程度,因此它是有外部效益的。卫生防疫既提交了接受防疫的个人的健康水平,也防止了疾病对他人的传染,同样具有外部效益。

混合物品主要包括如下两类:

(1)俱乐部物品(Club Goods)。具有非竞争性而不具有非排他性的物品,有时也称价格排他的公共物品(Excludable Public Goods)。最早提出这一理论的是詹姆斯·布坎南。布坎南(1965)认为萨缪尔森(1954)文章中分析的只是极端的纯粹私人物品和纯粹公共物品,没有一个理论能够涵盖全部的物品谱系。由此,布坎南提出构建一个"俱乐部理论",从而可以弥补萨缪尔森在纯私人物品与公共物品之间的"缺口"——如果俱乐部中只有一位消费者,对应的物品就是纯私人物品,而如果俱乐部拥有无数的消费者,则对应的物品就是纯公共物品。"有趣的是有这样的物品和服务,它们的消费包含着一定的'公共性',在这里,适度的分享团体多于一个人或一家人,但小于一个无限的数目。'公共性'的范围是有限的。"因此,这种介于纯私人物品和公共物品之间的物品或服务就是"俱乐部物品"。俱乐部物品主要有两大特征:一是对外的排他性,俱乐部物品仅由具有某种资格并遵守俱乐部规则的会员共同消费,因而排他是可能的;二是对内的非竞争性,单个"会员"对俱乐部物品的消费不会影响或减少其他会员对同一物品的消费,比如公园。在一般情况下,多一个参观者,并不影响其他游客的参观,也就是增加一个人并不增加边际成本,具有非竞争性;但要阻止其他游客进入也是可能的,只要在门口设置一个收费处即可实现,所以又具有排他性。

(2)公共资源物品(Common-pool Resources)。具有非排他性但具有竞争性的物品,有时也称拥挤性公共物品(Congestible Public Goods)。埃莉诺·奥斯特罗姆(2000)将这类公共物品成为"公共池塘资源",并认为"公共池塘资源是一种人们共同使用整个资源系统但分别享用资源单位的公共资源。在这种资源环境中,理性的个人可能导致资源使用拥挤或者资源退化的问题。"此类物品的特点是具有明显的拥挤点,在拥挤点之前不具有竞争性,但超过拥挤点,则具有较强的竞争性。以城市道路为例,在上下班高峰期,虽然每个人都可以开车进入城市道路,具有非排他性,但在车辆较多,道路开始拥挤以后,道路上行驶的车辆便具有竞争性,就会影响交通,甚至增加交通事故的风险。

对于混合物品来说,其供给要点是要根据物品类型不同而选择不同策略。

其一,对于俱乐部物品,虽然其可以在技术上可以实现排他,但其生产和消费很有可能会产生外部效应,而且是正的外部效应。如果它由私人部门通过市场提供,由此而带来的外部效应,必须由政府财政给予补贴,否则很可能会出现供给不足。如果由政府部门直接出资经营,往往也要利用市场的价格机制,通过市场的销售渠道提供出来。无偿(免费)供给的情况容易导致过度消费,因而比较少见。

其二,对于公共资源物品,因其只在消费者达到一定数量之后,才有竞争性,而在此之前,则不具有竞争性。这就意味着,为了防止过度拥挤,通过收取费用,也可以在技术上实现排他。既然如此,市场提供或政府提供都是可以选择的方式。至于哪个更好,或以政府提供为主,还是以市场提供为主,则可视其具体情况而定。如公路、桥梁、公共设施的建设,通常以政府的税收为资金来源,并由政府部门经营,但同时,这些公共品的使用者、受益者则要向政府交纳一定的费用作为使用的代价。而影剧院、体育场馆等,通常是由私人部门出面提供,但其建设和经营的资金,一方面来源于向使用者收取的费用,另一方面也应由政府给予补贴,否则就会因正外部效应的外溢而出现供给不足。所以这类物品或劳务的供给中,市场因素与政府的财政因素兼而有关。除政府和市场之外,奥斯特罗姆认为,即便没有彻底的私有化,没有完全的政府权力的控制,公共池塘资源的使用者也可以通过自筹资金来制定并实施有效使用公共池塘资源的合约。"通过自主组织来治理和管理公共池塘资源的占用者所面临的一些问题与私益物品占用者的问题相似,所面临的另一些问题与提供公益物品占用者的问题相似。"(奥斯特罗姆,2000)

对混合物品的分析在实践中有一定的政策含义:一是混合物品由市场提供时,适当收费可使消费者在使用这项物品或服务时认真地对其效益和成本进行权衡,从而防止过度消费而造成资源浪费。二是可以减轻完全由政府提供给政府带来的增加税收的压力,并把税收成本和因征税而引起的效率损失(如对再生产造成的不利影响,对纳税人劳动热情的挫伤)限制在一个较低的水平上。因此,合理评价公共物品及混合物品的外部效应大小,并由此决定由政府提供还是由市场提供,以及在由市场提供时政府应给予多少补贴才是合适的,才符合效率最大化准则,是制定政府(财政)政策时必须考虑的因素。

参考文献:

[美]埃莉诺·奥斯特罗姆:《公共事物的治理之道》,上海三联书店2000年版。

James M. Buchanan, An Economic Theory of Clubs, *Economica New Series*, Vol. 32, No. 125, Feb., 1965.

Paul A. Samuelson, The Pure Theory of Public Expenditure, *The Review of Economics and Statistics*, Vol. 36, Issue 4, 1954.

Suzanne Scotchmer, Local Public Goods and Clubs, In A. Auerbach and M. Feldstein, *Handbook of Public Economics*, Vol. 4, North Holland Press, 2002.

T. D. Sandler and J. D. Tschirhart. Club Theory: Thirty Years Later, *Public Choice*, Vol. 93, No. 3. 1997.

（樊丽明）

俱乐部物品
Club Goods

参见混合物品。

（樊丽明）

全球公共物品
Global Public Goods

全球公共物品有时也称为全球公共产品、全球公共品，或国际公共品（International Public Goods）。

全球公共物品是一种原则上能使不同地区许多国家的人口乃至世界上所有人口受益的公共物品。它是公共物品概念在地理和空间范围内的引申和拓展，因此也必然具有公共物品的两个基本特性，即消费上的非排他性和非竞争性。桑德尔（T. Sandier, 1998）根据国际公共物品是否满足两个基本特性，将其分为纯国际公共物品和准国际公共物品两类。但实际上，真正同时满足两大特性的纯全球公共物品十分少见，更多的全球公共物品可以归为全球准公共物品类。

随着全球化进程的不断加快，国家或地区之间的联系越来越紧密。全球化在建立国家之间新的分工秩序、实现互惠互利的同时，也在客观上加速了风险因素跨国（境）传播的速度，从而使得原本只需在一国（或地区）内面临的公共问题，迅速转化为世界各国共同面对和解决的全球公共问题。而这些全球公共问题的最终解决，又可以在很大程度上归结于全球公共品的供给问题。比如，随着人类活动的不断增加，因大量温室气体排放所导致的全球气候变化问题，正成为当前世界各国亟待解决的公共问题，而要解决这一问题，需要在世界范围内建立一个有效的减排体系，而这即是一种全球公共物品。

加亚拉玛和坎博（Jayaraman and Kanbnr, 1998）根据国际公共物品供给中参与者的地位，将其供给分为加总供给、弱者供给和强者供给三种类型。加总供给是指国际公共物品由所有具有相同重要性的参与者的贡献加总而得。弱者供给是指国际公共物品由那些弱势参与者来供给，如防止疾病传播和避免国际恐怖主义的预防措施等。强者供给是指由强势参与者单独来供给国际公共物品，此种方法适用于解决那些需要迅速反应的国际问题，如先进的药品，最新的农业科技，或对紧急事件的快速反应等。库尔、歌伯格和斯特姆（Kaul, Grunberg and Stem, 1999）指出，目前国际公共物品的供给与消费环节中存在的主要问题，一方面是供给不足，另一方面是消费过度与消费不足并存。究其原因，主要在于缺乏世界政府（司法缺口）、调缺少足够多的参与者（参与缺口）、缺乏有效的激励机制或措施以保证国际合作的顺利进行（动机缺口）。正是上述三种缺口的存在，无法有效解决国家（或地区）“免费搭车”的现象，也无法有效激励国家之间的稳定合作。除非出现突然意外的巨大风险，比如，发生非典、全球金融危机等特殊现象，全球公共物品的供给往往难以令人满意，只能在不断谈判中缓慢前进，甚至没有任何进展。

以全球气候变化为例。虽然深知全球气候变化将会带来严重挑战，但世界各国却没有形成统一的应对方案。经过多轮谈判，目前已经达成了三个主要的国际协议，分别是1992年5月通过的《联合国气候变化框架公约》（United Nations Framework Convention on Climate Change, UNFCCC）、1997年12月签订的《京都议定书》（Kyoto Protocol）以及2007年12月通过的《巴厘路线图》（Bali Road Map）。尽管如此，在全球统一减排的具体政策上，各国仍存在较大分歧，每年召开的联合国气候变化框架公约缔约方会议（Conferences of the Parties, COP）虽然讨论的热火朝天，但往往最终难以形成实际的统一行动。我国是《联合国气候变化框架公约》缔约国之一，也是世界上最大的发展中国家，尽管目前碳排放量最大，但在整个人类社会发展过程全部碳排放量中所占的比例较小。作为一个负责任的国家，虽然我国整体社会发展水平较低，但仍然宣布到2020年单位国内生产总值温室气体排放比2005年下降40% ~45%的行动目标，并作为约束性指标纳入国民经济和社会发展中长期规划。

2008年金融危机以来的实践表明，全球秩序、全球治理和全球政策协调也具有重要的公共物品性质。

参考文献：

T. Sandler, Global and Regional Public Goods: A Prognosis for Collective Action, *Fiscal Studies*, Vol. 19, Issue 3, 1998.

Rajshri Jayaraman and Ravi Kanbur, International Public Goods and the Case for Foreign Aid, in Inge Kaul, Isabelle Grunberg, and Marc A. Stern eds, *Global Public Goods: International Cooperation in the 21st Century*, New York: Oxford University Press, 1999.

Inge Kaul, Isabelle Grunberg and Marc A. Stern, *Global Public Goods: International Cooperation in the 21st Century*, New York: Oxford University Press, 1999.

Todd M. Sandler, On Financing Global and International Public Goods, World Bank Policy Research Working Paper No. 2638.

（樊丽明）

权益—伦理型公共物品
Rights-Ethics Public Goods

权益—伦理型公共物品是2010年由贾康和冯俏彬在研究扩展的公共物品定义时提出的，旨在从理论上对经典公共物品定义进行改进和补充。“扩展的公共物品定义”，是将萨缪尔森的公共物品定义（强调公共物品的“非竞争性和非排他性”）和布坎南的公共物品定义（强调公共物品的“公共选择”）两个方面统一在更全面且可自恰的解释框架之内。将两种公共物品定义打通并桥接起来凝练出的概念，正是权益—伦理型公共物品。

权益—伦理型公共物品和扩展的公共物品的理论框架：在扩展的公共物品定义下，政府既可以提供公共物品，也可以提供直观形式上的私人物品，前提是只要公共选择程序决定这么做。教育、医疗、住房固然可以排他也有竞争性，是可以由市场提供的私人物品，但是，当社会发展到一定程度以后，每一个公民能得到基本的教育、生病的时候能得到救治、有基本的住房保障、有一份工作、年老的时候能得到基本生活品等被视为人之所以为人的“基本权利”，被视为一个文明社会理应具备的仁慈与人道关怀。这种价值观在得到广泛的共识后，经过公共选择的程序，转化为现实的社会政策。于是，这些以前的私人物品顺理成章地进入了政府提供的公共物品的清单。不可否认，由政府提供基础教育、医疗服务、住房等在满足当代社会对于公民权利的诉求，在贯彻“公平”、“平等”等基本价值观的同时，的确还对全社会带来实实在在的利益，即大多数文献中所声称的效用不可分割的“正外部性”或公益性。由此，我们将这类新的公共物品称为“权益—伦理型公共物品”。在扩展的公共物品定义基础上，公共物品的范围如图1所示。

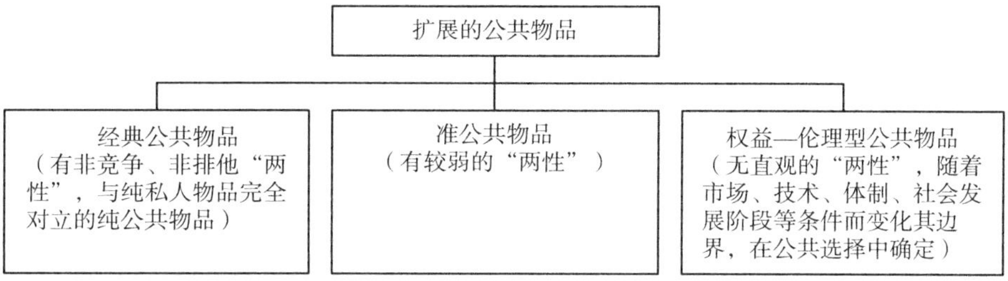

图1 扩展的公共物品结构示意图

权益—伦理型公共物品的基本特点是“有私人物品特征的公共物品”。

相对于经典公共物品，权益—伦理型公共物品具有双重性，即“有私人物品特征的公共物品”。也就是说，基于政治伦理，它应当由全体社会成员平等消费，因此只能按照政治原则分配。但是，基于物品属性，则既能排他也有竞争性，且某种这类物品在一定时间的消费总量X等于i（$i=1,2,\cdots,n$）个消费者消费量之和，用公式表示为$X=\sum_{x=1}^{n}X_i$，因此消费它们的效用可分割、受益主体可识别且受益程度可计量，具备了收费的全部条件。由此，在其生产中可以引入经济原则，并打开通向公共部门与私人部门合作的大门（见图2）。

1. 按政治原则进行分配，但特别重视那些缺乏权利的人群。大凡公共物品，都应是可由全体国民平等享受的。权益—伦理型公共物品基于“每个人都应平等地享有某种权利”的价值观念而产生，因此理论上讲政府更应当向全体国民平等地提供。权利的普及对象应该是那些还没有权利的群体。注意到这样一个事实，有助于精准锁定权益—伦理型公共物品在某一特定时期的重点供给对象。即那些由于自身不能控制的原因，无力支付学费、医药费、生活费等的低收入者。

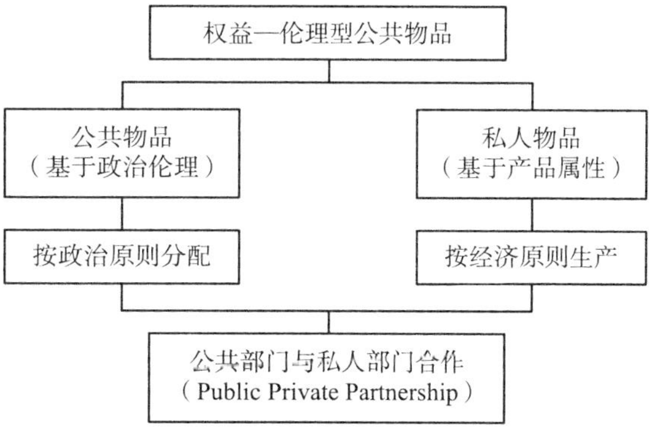

图2 权益—伦理型公共物品的基本特点

2. 具备由私人部门生产的条件，因此生产中可全面引入“经济”、“效率”原则和“使用者付费”、“公私伙伴关系”模式。

权益—伦理型公共物品的提供主要体现政府收入再分配的功能。

突出强调权益—伦理型公共物品私人生产的种种优点,并不意味着否认和降低政府在其提供中的重大作用。如前,在公共物品的生产和消费之间,横亘着政府这一中介体。除了在消费环节要按政治原则进行分配这一点必须要由政府执行和保证以外,政府还必须在如何筹资、如何付费、如何管理等“中间环节”上发挥不可替代的作用。

权益—伦理型公共物品的边界确定和相关决策制度问题。

在当代,权益型公共物品的主要内容是教育、医疗、住房、就业、个人服务以及对低收入人群的救济等。在经典理论中,公共物品的边界漂移与动态调整已是可观察的普遍事实,对此最一般性的解释是排他性技术的进步与成本的下降导致了某些物品从“公域”到“私域”的移动;另外,市场经济体制的发展和经济社会发展阶段的不同等因素,也造成其边界的漂移。就权益—伦理型公共物品而言,确定边界的标准则不仅是纯粹的技术条件与冰冷的经济因素,而且要包含有复杂政治互动因素的社会政策,其中决定性的影响因素是大多数人持有的某种“政治伦理”或“价值观”。进一步说,最重要的不是政府应当提供什么样的权益—伦理型公共物品,而是要在制度层面建立其动态调整、定期重划的公共选择机制。

加入权益—伦理型公共物品后的社会物品“光谱”。

扩展公共物品定义后的公共物品构成扩展的公共物品定义及其相关阐释,使我们可以粗线条地勾画一张社会物品从公共物品到私人物品基本分布状态的“光谱”示意图(见图3)。在最左侧的纯粹公共物品和最右侧的纯粹私人物品之间,分布着边界可漂移的、为数众多的准公共物品和权益—伦理型公共物品,这个领域的社会物品特征,是不严格满足“非排他性”和“非竞争性”两个性质,以及微观上不满足、宏观上却有一定程度的满足,这既有别于左侧的“完全满足两性”,也区别于右侧的“完全不满足两性”。但无论是纯公共物品,还是准公共物品和权益—伦理型公共物品,都具有不可分割的“正外部性”效应,区别于私人物品的“无明显正外部性”,但程度可以明显不同。

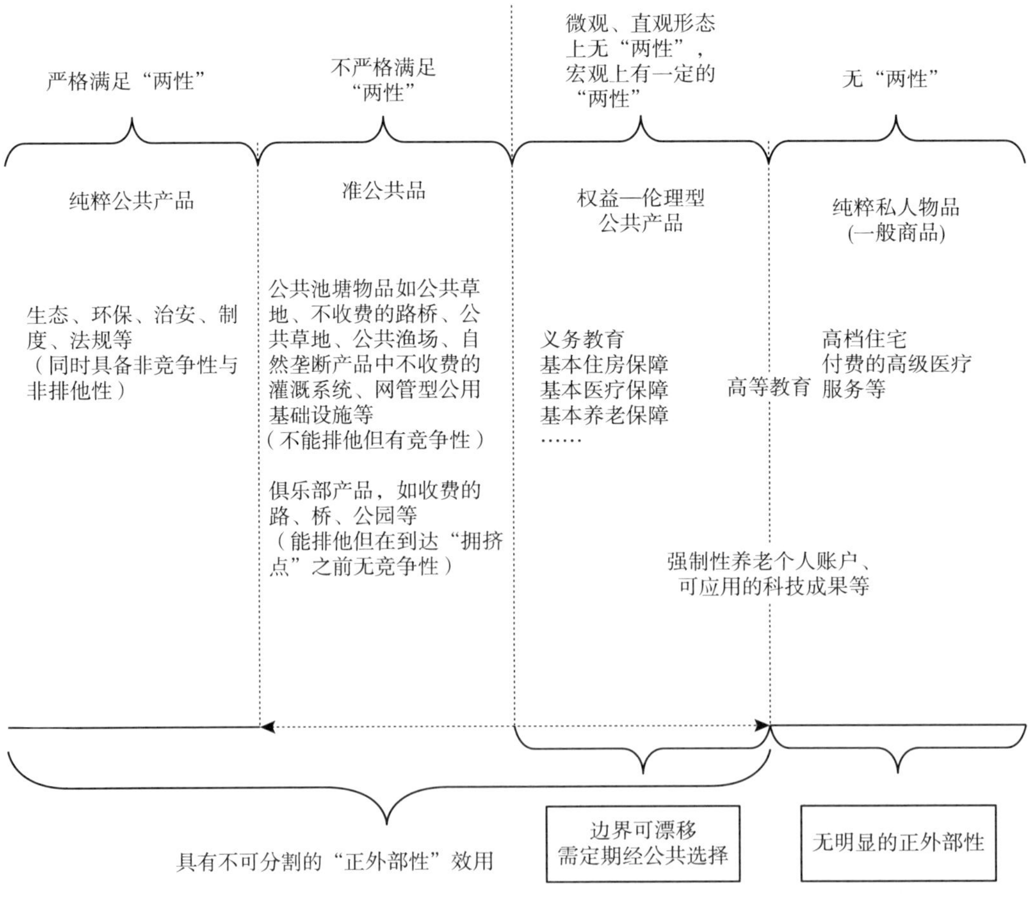

图3 公共物品—私人物品“光谱”示意

综上所述,可形成关于扩展的公共物品定义下公共物品三个部分的基本认识:(1)确定无疑具备消费的非排他性与非竞争性的纯粹公共物品;(2)部分满足上述"两性"的准公共物品;(3)微观、直观形态上不具"两性"而宏观、综合形态上则具有一定"两性"的权益—伦理型公共物品。进一步地,应明确地加以强调:公共物品内部各分类之间及其与私人物品之间的分界是可以随发展阶段、技术、市场、体制等相关因素和条件的不同而漂移的;权益—伦理型公共品的具体范围,尤需每隔一段时间经公共选择程序重新进行界定。

参考文献:

[美]布坎南:《民主过程中的财政》,三联书店1992年版。

[美]萨缪尔森、诺德豪斯:《经济学》,人民邮电出版社2008年版。

[美]哈维·罗森:《财政学》第四版,中国人民大学出版社2000年版。

冯俏彬、贾康:《权益—伦理型公共物品:关于扩展的公共物品定义及其阐释》,载于《经济学动态》2010年第7期。

Buchanan, James M., *The Demand and Supply of Public Goods*, Chicago: Rand McNally & Company, 1968.

R. H. Coase, The Lighthouse in Economics, *Journal of Law and Economics*, Vol. 17, No. 2. Oct., 1974.

Dennis Epple & Richard E. Romano, Public Provision of Private Goods, *The Journal of Political Economy*, Vol. 104, No. 1. Feb., 1996.

Musgrave, R. A., *The Theory of Public Finance*, New York, McGraw-Hill, 1959.

Samuelson, P. A., The Pure Theory of Public Expenditure, *The Review of Economics and Statistica*, Vol. 36(4), 1954.

Pickhardt M., Fifty Years After Samuelson's ' The Pure Theory of Public Expenditure: What' are We Left With? Paper presented at the 58th Congress of International Institute of Public Finance, Helsinki, August 26-29, 2002, http://www.pickhardt.com.

（贾康　冯俏彬）

租

Rent

租是一个内涵相当丰富的概念,无论是在中国还是西方都有广泛的社会经济含义。从大的社会行为角度讲,租包含了田赋、租金、租税等内涵,大范围的分布于文学、史学等文字资料当中;从小一些的经济学角度看,租与税之间有密切的关系,特别是与土地及土地相关的产出,是经济学家们长期讨论的热点。相关著述也印证了上述的判断:马克思为代表的学者对租与地租(Rent and Land Tax)的内容进行过深入分析;租与税(Rent and Tax)的关系也曾被学界广泛讨论;近现代关于"租"的探讨则主要集中在以克鲁格为代表的"寻租理论"(Rent Seeking)。

地租是"租"的最基本形式。地租是土地所有权在经济意义上的实现。无论何种形式的地租都是以一定的土地所有权为前提,不同的土地所有制,产生不同形式的地租。马克思主义政治经济学认为,封建社会末期,随着商品经济的发展,小商品生产者的分化,资本主义关系不仅在工业中,而且在农业中也发展起来。为了发展资本主义经济,获取资本利得,资产阶级对旧的土地所有制形式进行了改造,建立起适合资本主义发展的,有别于封建社会的,新的土地所有权形式。

尽管资本主义在农业中发展的道路有所不同,但所形成的资本主义土地所有权却有鲜明的共同特征。其一,这种土地所有权已从统治和从属的传统关系下完全解放了出来,不再有人身的依附和各种超经济的强制约束,而成为纯粹的经济关系。其二,它使土地的经营权与土地所有权完全分离。在资本主义社会,掌握土地所有权的土地所有者一般不从事农业经营,而是把土地租给农业资本家。农业资本家靠承租土地雇佣农业工人进行农业生产经营,从而使资本主义农业中形成了三个相互依存又相互对立的阶级,即土地所有者、农业资本家和农业雇佣工人,产生了农业的资本主义经营方式。

这种资本主义土地所有权,使农业摆脱了分散落后的经营方式,细化了社会分工,能够采用科学的社会化的方式进行经营,使农业生产效率显著提高。从这个角度讲,这是历史的进步。但是,这种进步,是以直接生产者的赤贫为代价,农业无产阶级随之而生。在资本主义制度下,农业资本投资农业,目的就是获取剩余价值。而为了取得进行剥削的条件,必须向土地所有者租用土地。这个土地,不管是用于耕种、建筑、开矿、养殖,还是用于其他生产项目,都必须按契约的约定向土地所有者支付一定数额的货币。这些数额的货币的实质就是地租。资本主义关系下,实际耕种土地的往往不是农业资本家,而是受农业资本家雇佣的农业工人。所以,资本主义地租的实质是农业工人创造的剩余价值。

租与税的关系则是地租泛化之后产生的。形式上,无论是租还是税,在全民所有制条件下,实际都是公共部门集中公有财产收益的过程。同样,在封建和资本主义等以私有制为基础的社会当中,租是一种对有限范围财产权即土地所有权的收益,即地主和资本家凭借土地所有权带来的收益。税则是一种对更广泛甚至无线范围的财产权即土地所有权的收益，“普天之下莫非王土”便是“税”的一个重要基础。

关于土地收益的税，马克思就指出：“土地税按规定本来只应该由土地所有者负担，而不是由承租者或者佃户负担。”这里所说的土地税就是一种土地收益税，针对的是土地所有者获取的地租收益。事实上应把土地收益税的范围扩大为国家凭借政治权力，以土地收益为课征对象，从土地所有者或土地使用者那里无偿地、强制地取得部分土地收益的一种方式，这里的土地税就是指对土地收益课征的各种税。

租与税的明显区别体现在：

第一，二者凭借的权力不同。土地税的征收凭借的是国家政治权力，而地租的取得凭借的是土地所有权，租的范围要小得多，权力属性大不相同。

第二，二者分配的层次不同。土地税属于国民收入的再分配，而地租则属于国民收入的初次分配，二者所处的分配层次不一样。

第三，二者的作用不同。土地税重在调节土地的所得和使用，属于市场微观行为，而地租则重在实现国家对土地的所有权和国家对土地资源分配的调控功能，属于宏观经济管理。

第四，二者使用方向不同。土地税由于是国家行政权力获取，因而应主要用于国家社会行政方面的支出，而地租由于是土地所有权的收益，因而主要应用于土地的再开发及其配套建设。由上可知，国家获得的两种土地收益——即租与税有显著的区别。因此，必须实行租税分离，国家凭借土地所有权收租，凭借政治权力征税。只有这样，才能理顺租税分配关系，有效地发挥其各自的调节作用；才能建立起合理的土地收益机制，保证获得稳定而可靠的土地收益，并合理安排使用国家土地收益，进而加强国家对土地的管理。

中国特色社会主义建设，经历了租税分流的讨论过程。计划经济时期通行的分配模式模糊了租与税之间的边界，租税合一较为普遍，税收无用论横行。大致从1986年，企业经营承包责任制开始，先后经历了与“利改税”并行的阶段，房地产（土地）“租税”分流，资源税“租税”分流等事件，构成了我国收入分配领域的重要内容之一。

最初的租税分流是基于“利改税”改革的讨论。所谓租税分流，是指对含租利润中的租金和利润予以明确区分并进行分离，同时分别对二者进行费用扣除。租税分流和税利分流在形式上有五个显著区别：

其一，作为财政收入形式，前者是租而不是利（上缴利润），后者是利不是租；其二，前者税中不含租，后者税中含租；其三，前者适用于所有不同所有制的企业，后者仅适用于国有企业；其四，前者对企业税后利润不需再进行财政扣除，后者则还要作财政扣除；其五，前者在企业税后利润中不含租金，后者在税后利润中则含有税金。

实行租税分流的两个基本依据：第一，租金和利润是完全异质的，二者分别对应的费用扣除租与税的性质完全不同，即前者是租金的转化形态，后者则是利润的转化形态；第二，国家对租金进行扣除凭借的是对资源的所有权，并实现这一所有权的经济利益；而对利润征税凭借的是政治权力。虽然前者体现国家同资源使用者之间的契约关系，但仍具有征税的强制性特征。

而后的租税分流较之开始的意义有了比较大的转变，房地产（土地）的“租税”分流是在我国城市用地“批租制”框架下的讨论（戚名琛、张瑜，1989等）。而资源税的租税分流，基于资源税费改革及矿产资源价格补偿和定价机制方面的问题（汪丁丁，1991等）。

租的意义在20世纪得到了极大丰富，不仅因为工业化令社会分工日趋细化，还因为社会交往日趋复杂。寻租理论便是人类在认识自身行为过程中的重大发现和提炼。“寻租理论”（Rent Seeking）的理论框架以西方市场经济条件下实行政府干预或政府管制所导致的种种经济现象为现实基础，给中国经济研究许多有益的启示。其中最重要的启示，在于它所运用的理论实证方法——不是分析技术，而是研究经济问题的思维方式和逻辑出发点。

克鲁格在1974年最先将“寻租理论”模型化。他定义了寻租的基本概念，是指经济人对非生产性利润的追求，也泛指企业领导人通过政治手段（主要是通过游说与贿赂），从不合理的价格差中得到收益。事实上，寻租是市场经济条件下，由于政府对经济干预而产生的一类特定现象。第二次世界大战后，因为战后重建的需要，国家对经济活动的干预较之战前已经成为一种极为普遍的现象。除了微观规制和宏观调节之外，还有设立了规范的关税制度，实行了进出口许可证制度，实施了投资许可证（以限制投资规模），制定了信贷分配制（以保政府希望的优先项目）等。寻租理论正是对这一系列政府干预的后果进行科学分析的理论。

寻租理论的主要论点包括：第一，（寻租）租金的产生是政府干预的结果。因为政府拥有政策、法律、行政权威等强制手段，制造了一个相对自由经济来说不平等竞争的经济环境。第二，寻租活动会造成社会浪费。克鲁格在《寻租社会的政治经济学》著作中建立了模拟寻租的数学模型，测算了印度1964年因政府的干预形成的（寻租）租金约占当年国民收入的7.3%。第三,寻租活动严重影响了政府的廉洁及信誉。经济人总是追求最大的经济利益,政府如果也像经济人一般有趋利倾向,势必动摇其声誉,降低民众的信任。虽然寻租理论提炼于资本主义政府干预的背景,但中国的寻租现象可能比资本主义国家更为广泛,因为公有制体制模糊了产权边界,政府的权威和所涉范围也较之西方国家更大,更易滋生寻租。

参考文献:

吴兆莘:《马克思恩格斯论租税——论资本主义租税的本质》,载于《中国经济问题》1962年第10期。

汪丁丁:《资源的开采、定价和租》,载于《管理世界》1991年第3期。

戚名琛、张瑜:《中国城市的土地批租》,载于《城市问题》1989年第3期。

邓晓兰、申嫦娥:《土地收益的租与税》,载于《当代经济科学》1992年第6期。

王雍君、吴强:《论租税分流与税制改革》,载于《经济学家》1990年第4期。

A. O. ,Krueger,The Political Economy of the Rent Seeking Society,*American Economic Review*,Vol. 64,No. 3,1974.

R. V. ,Tollison, Rent Seeking: A Survey, *Kyklos*, Vol. 35,1982.

J. ,Mokyr and V. C. ,Nye,Distributional Coalitions,the Industrial Revolution,and the Origins of Economic Growth in Britain,*Southern Economic Journal*,Vol. 74,No. 1,2007.

W. R. ,Dougan,The Cost of Rent Seeking:Is GNP Negative? *Journal of Political Economy*,Vol. 99,No. 3,1991.

M. ,Gradstein,Rent Seeking and the Provision of Public Goods,*The Economic Journal*,Vol. 420,No. 103,1993.

K. M. ,Murphy,A. ,Shleifer and R. W. ,Vishny,Why is Rent-Seeking So Costly to Growth? *American Economic Review*,Vol. 83,No. 2,1993.

(何代欣)

公共定价
Public Pricing

公共定价是"公共"与"定价"两个核心词汇组合而成的词组。"公共"(Public)一词与"公共品"(Public Goods)的用意大体一致,往往相对于私人品对应的物品而言,又作为定价主体的角度,出自政府或公共部门。"定价"(Pricing)的意义相对简单,是指政府定价或者政府指导价格。

关于公共品定价的探讨,西方国家均起步较早,费尔德斯坦(Fieldstein,1972)认为该研究领域比较具有代表性的人物包括以霍特林(Hotelling)、拉姆齐(Ramsey)为代表的经济学家。霍特林(1938)主张,公共物品应该按边际成本定价,而对于占成本中绝对份额的固定成本则应由所得税、遗产税以及地价税等各种税收予以支付。而后,施泰纳(Steiner)在边际定价的理论基础上,提出了电力价格的高峰负荷定价理论,并由威廉姆森(Williamson,1966)进行了完善,成为针对某一项公共品定价策略研究的范例。由于边际成本定价法,依然未能彻底解决厂商亏损问题。学者们开始考虑,拉姆齐(Ramsey,1927)建立的拉姆齐定价模型,以使在厂商盈亏平衡下促进社会福利最大化,应按平均成本定价。李特查尔德(Littlechild,1983)针对当时英国电信产业管制设计了最高限价模型(RPI-X模型),将管制价格和零售价格指数与生产效率挂钩,实现了动态监管的模型化,解决了最高限价范围内管制价格波动优化的问题。克拉克(Clake)提出多部定价理论,此后部分学者还证明了从社会分配效率的角度看霍特林提出的公共部门两部制定价是可行的。20世纪90年代以后,随着委托代理理论、博弈论及信息产业经济学等微观经济学的前沿理论的广泛运用,激励管制理论作为一种新的管制理论产生了。特许投标制度、价格上限规制等制度被广泛运用,也成为各发展中国家借鉴的管制制度。

我国国内对公共物品定价管制研究起步稍晚。温桂芳、王俊豪、于良春、冷淑莲等学者对公共定价管制理论进行过系统的研究,提出的理论和政策建议为我国公用事业体制改革奠定了基础。我国部分学者借鉴西方发达国家政府对自然垄断行业进行管制的成功经验,结合我国市场经济体制与公用事业发展现状,重点提出我国公用事业管制改革可行性、必要性和紧迫性、管制改革的思路及如何放松规制等问题。也有学者对公用事业企业主体进行研究。随着非政府组织的萌芽,中国的公共定价还牵涉到新兴部门的物品及服务定价,这些方面的研究成为近期的研究热点。

与私人定价相比,公共定价有四个基本特征:

一是定价主体的专门性。一般而言,承担公共定价职责的是政府机构或公共职能部门。我国主要是政府价格主管部门,如国家发改委有责任把握整体的宏观价格,就包括了水、电、油、气及公共服务行业等主要公共品的定价,或者一些行业主管部门,如铁道部、民航总局等在法律法规授权范围内也有一定的定价权。

二是定价客体的特殊性。公共定价往往具有严格的范围限定性。随着社会主义市场经济的完善,我国公共定价的范围仅限于部分商品及服务的价格:与国民经济发展和人民生活关系重大的极少数商品价格;资源稀缺的少数商品价格;自然垄断经营的商品价格;重要的公用事业价格;重要的公益性服务价格。

三是定价目标的福利性。公共定价主要是为了矫正市场配置资源失灵所带来的公共利益受损，维护社会公共价值与利益。一般认为“政府应当追求社会福利最大化”是定价和价格管制的最终目标。

四是公共定价的严肃性。多数国家规定政府公共部门的定价行为必须严格依照法定程序进行。实行公共定价的原因比较复杂，在现代经济学中，经济学家基本上是从市场失灵的角度进行解释的，也有从宏观调控的角度予以分析的。公共定价相对私人定价影响范围大，严肃性也更突出。政府出于维护社会公共价值与利益的需要，对相关领域的物品价格进行适度的干预。关于公共定价的性质，虽然学术界和司法界都还存在很大的争议，但是大多认为政府的公共定价行为属于抽象行政行为。

公共定价是政府对某些特定商品或服务的收费标准进行决策的方式，因此有一套区别与市场定价不同的定价方法。为了实现合理有效的公共定价，克服由于垄断经营而引起的各种弊端，促进公用事业企业生产效率和服务质量的提高，激励企业发挥基础设施的优势，积极开拓增值服务需要抓住公共定价的实质，并更具不同公共品特性选定合适的定价方法。

公共定价方法要考虑两个方面的内容。

一方面，由于公共品与民众的生活关系密切，也与市场其他商品和劳务的价格紧密关联。公共品的相当部分属上游商品，通过政府公共定价或者价格管制，可以为公用事业物品或服务明确收费标准，在一定程度上起到稳定市场物价的作用。公用事业物品（服务）的价格必须反映企业的生产和运营成本，尽量地使企业保持赢利或微利。另一方面，由于城市公用事业本身具有一定的公益性特征，承担着一定的公共责任。为此，公用事业物品或服务必须维持较低的价格水平，体现一定的社会福利性。也就是说，合理有效的公共定价，既要顾及公共品的公共属性，同时也应在一定程度上体现经济效益的追求；既要考虑建立价格约束机制，以刺激公用事业企业提高服务质量和效率，又要考虑公众特别是低收入人群的承受能力。

目前比较主要的公共定价方法包括了传统的规制定价机制和激励性定价机制。这两种机制的出发点有显著的区别，规制定价是一套自上而下的管制性定价策略，激励性定价是一套自下而上的鼓励性定价策略。

第一，规制定价。规制定价是基于微观经济学的公共品定价方法。它的理论依据是自然垄断行业导致的市场失灵，而政府规制是可以作为解决市场失灵的办法，主要通过价格规制和收益率规制来限制垄断力量，提高资源配置效率。公共品供给方往往存在不同程度的垄断，因此符合这样的商品特性。

拉姆齐给出的这类商品的定价方式是边际成本定价法，依据厂商收支平衡条件下实现经济福利最大化的模型。公式如下：

$$[p(Q_i) - MC]/p(Q_i) = R/\varepsilon_i$$

其中，$p(Q_i)$为第 i 种物品的需求函数；MC 为边际成本；R 为拉姆齐值；ε_i 为需求弹性。

这种定价方式考虑了不同物品的需求弹性，即物品的异质性，因此对不同用户来说，定价往往不同。

拉姆齐定价模型要求获知关于技术和需求、需求弹性等参数信息。但如此充分的信息很难获得。现实中，采用变通的定价方式是资本收益率定价法：根据历史规律和现实情况，政府制定合理、公正的利润水平，来限制垄断行业的利润率。在这种规制条件下，企业的成本和价格变动刚好满足补偿成本的需要，是一种建立在市场经济运行规律之上的管理计划。

第二，激励定价。激励定价是建立在不完全信息基础上的，激励规制理论得益于信息经济学的发展，进一步精确化了公共定价的过程。激励定价的基本原理是：它假设同一经济行为中的不同当事人所拥有的信息不对称，有事前不对称所引起的逆向选择，也有事后信息不对称所引起的道德风险。

“激励相容”与“委托代理”理论对定价理论的贡献。诺贝尔经济学奖得主——赫维兹（Hurwicz）在其创立的机制设计理论中，首先提出了“激励相容”的理念。即在市场经济中，每个人都有自利的一面，其个人行为按照自利的规则行动，如果能有一种制度安排，恰好使个人自利与社会福利最大化的目标重合，那这一制度安排就是“激励相容”。而后，莫里斯创立了信息不对称条件下的委托代理理论。他提出委托人需要设计有效的激励机制，以促使有信息优势的代理人采取最大限度地增进委托人利益的举措。为此，委托人需要支付信息租金，即信息的价格，由于这个价格包含在交易价格当中，委托—代理关系达不到本应预期存在的最优结果，只能是次优结果，二者之间的差别称为代理成本。

参考文献：

[美]鲍德威、[美]威迪逊：《公共部门经济学》，中国人民大学出版社 2000 年版。

杨君宜：《公共定价理论》，上海财经大学出版社 2002 年版。

庄序莹：《房地产市场中的政府公共定价》，载于《经济管理》2002 年第 24 期。

王利娜：《公共品定价理论评述》，载于《东岳论丛》2012 年第 1 期。

傅惠君、潘旭兵：《论公共定价公益诉讼制度的构建》，载于《法制与社会》2007 年第 10 期。

[美]约瑟夫·E·斯蒂格利茨、[美]沃尔什:《经济学》上册,中国人民大学出版社 1997 年版。

[英]安东尼·B·阿特金森、[美]约瑟夫·E·斯蒂格利茨:《公共经济学》,上海三联书店 1992 年版。

[英]伊特韦尔等:《新帕尔格雷夫经济学大辞典》,经济科学出版社 1996 年版。

H. Hotelling, The General Welfare in Relation to Problems of Taxation and of Railway and Utility Rates, *Econometrica*, Vol. 6, No. 3, 1938.

O. E. Williamson, Peak Load Pricing and Optimal Capacity under Indivisibility Constraints, *American Economic Review*, Vol. 56, No. 4, 1966.

V. V. Chari and L. E. Jones, A Reconsideration of the Problem of Social Cost: Free Riders and Monopolists, *Economic Theory*, Vol. 16, No. 1, 2000.

J. G. Cross, Incentive Pricing and Utility Regulation, *The Quarterly Journal of Economics*, Vol. 84, No. 2, 1970.

M. S. Feldstein, Distributional Equity and the Optimal Structure of Public Prices, *American Economic Review*, Vol. 62, No. 2, 1972.

W. J. Baumol and D. F. Bradford, Optimal Departures from Marginal Cost Pricing, *American Economic Review*, Vol. 60, No. 3, 1970.

F. P. Ramsey, A Contribution to the Theory of Taxation, *The Economic Journal*, Vol. 145, No. 37, 1927.

O. E. Williamson, Peak Load Pricing and Optimal Capacity under Indivisibility Constraints, *American Economic Review*, Vol. 56, No. 4, 1966.

V. V. Chari and L. E. Jones, A Reconsideration of the Problem of Social Cost: Free Riders and Monopolists, *Economic Theory*, Vol. 16, No. 1, 2000.

J. G. Cross, Incentive Pricing and Utility Regulation, *The Quarterly Journal of Economics*, Vol. 84, No. 2, 1970.

M. S. Feldstein, Distributional Equity and the Optimal Structure of Public Prices, *American Economic Review*, Vol. 62, No. 2, 1972.

W. J. Baumol and D. F. Bradford, Optimal Departures From Marginal Cost Pricing, *American Economic Review*, Vol. 60, No. 3, 1970.

F. P. Ramsey, A Contribution to the Theory of Taxation, *The Economic Journal*, Vol. 145, No. 37, 1927.

（何代欣）

公益事业

Public Utility

公益事业作为一种非营利性事业,其目的是为了造福他人、社会乃至整个人类。它具有社会性、共享性以及福利性等特点,使其能够在缩小贫富差距、整合社会资源、缓和社会矛盾、弘扬社会道德风尚,构建和谐社会等方面发挥重要作用,为社会可持续发展提供重要保障。关于公益事业的定义大都是根据《中华人民共和国公益事业捐赠法》第三条:公益事业是指非营利的下列事项:(1)救助灾害、救济贫困、扶助残疾人等困难的社会群体和个人的活动;(2)教育、科学、文化、卫生、体育事业;(3)环境保护、社会公共设施建设;(4)促进社会发展和进步的其他社会公共和福利事业。

从公共经济学和公共管理学的角度看,公益事业属于私人部门提供公共物品,具有很强的利他性。传统理论认为,政府应成为公共物品的唯一供给者,但政府财政支出规模的不断膨胀,公共部门的运行效率偏低,都影响了政府提供公共物品的能力。20 世纪 80 年代以来,全球范围内出现了私人部门提供公共物品的现象,开始较多地引起人们关注,这是与私人部门在公共物品提供中越来越多地发挥作用相适应的。各国经验表明,公益事业应致力于形成以政府为核心的公权部门、以企业为核心的私人部门、以慈善机构为代表的第三部门、社会大众媒体以及以公民为主体的社会志愿群体共同参与,共同行使公共权力,共同承担责任,联合投入资源,共同承担风险,共同分享收益,联合生产和提供公共物品与公共服务的发展模式,以改变此前以政府为中心、一元主体独大、其他多元主体发展受制约的传统公益事业的发展格局。

政府存在"政府失灵"的问题,公益性事业领域同样存在"市场失灵"问题。在公益事业的提供上,过去政府倾向于提供单一化、标准化的物品或服务,而一些公众的特殊需求常常无法得到满足;另外,政府能力往往有限,有时候受到财政能力或信息获取方面的限制,政府组织只能关注那些重要的公益事业,而对于更广泛的其他类别的公益事业无法顾及。此外,有些公益事业虽然具有"私益性",但其服务或物品提供者和消费者之间存在"信息不对称",缺少足够的信息来评估服务或物品的质量,如果由营利性的市场主体来经营,有可能以次充好来欺骗消费者,谋求自己利益;而由政府来经营,效率又比较低下。在上述各种情况下,非营利组织可以发挥一定的补充作用。非营利组织是一种特定的社会组织形式,他们介于政府和企业之间。在不同的国家,非营利组织有不同的称呼,概念的界定也不完全一致,但民间性(非营利组织是独立于政府的组织,不是政府的组成部分,也不受制于政府)和非营利性(非营利组织可以从事营利活动但其营利利润不能分配给所有者、管理者和任何其他人)是非营利组织的本质性规定。

除了非营利组织的作用,企业的作用越来越多地被提及和重视。因为,企业在"私益性"社会事业领域扮演着主要角色。在市场经济体制下,就私益性物品的提供而言,无论从理论分析还是实践经验都表明,以市场为基础配置资源、由追逐利润为主要目标的营利性市场主体自发提供最有效率。因此,凡是具有私益物品性质的公益事业,原则上都应当由企业通过市场机制来提供。但这并不是说政府不可以参与公益性社会事业,政府可以通过购买服务的方式引导企业参与公益性社会事业。

中国的公益事业发端于近现代的社会大变革时期。从相关的历史资料来看,清代中后期的商业资本集团在推动中国公益事业发展方面起到了直接作用。两淮盐商便是清代最大的商业资本集团之一。当时,他们拥有巨额商业利润,其资本流向多个方面,捐助公益事业就是其中之一。他们在获取巨额利润后,积极回馈社会,将大量财富投资于修路造桥、救灾济荒、抚孤恤贫及捐资助学等具有社会公益性质的活动,为清代民间公益事业的发展做出了贡献。事实上,无论是道路桥梁,还是水利设施,都是与老百姓生活密切相关的基础性工程。在我国传统社会,这些基础性工程的建设往往极度落后,其中很重要的原因就是地方政府缺乏必要的资金支持,因此,在大多数情况下,民间资助就成了支撑这些基础设施建设的主要后盾。两淮盐商积极捐资道路桥梁及水利设施建设的历史事实就很好地说明了这一点。

如果说两淮盐商还是集体公益的话,近现代中国以个人为代表的公益事业,已经犹如雨后春笋般遍布神州。19 世纪末在戊戌维新运动的影响下民间慈善事业产生了一些新的发展变化,并开始出现具有近代意义的公益事业。这一时期,慈善与公益事业的发展在很大程度上与救亡图强的维新变法运动紧密相连,不仅产生了有关的新思想观念,而且早先的某些慈善组织也发生了变化,并诞生了许多新的民间公益个人和团体,其活动内容与以往单纯的慈善义举不无差异,显得更为广泛和多元化,所产生的社会影响自然也较诸过去有所不同。经元善是其中的代表人物。19 世纪后半期,作为江南著名的绅商的经元善,其声望素孚广施善举,成为影响全国的慈善活动家。在赈灾的组织方式上,经元善也在以往的基础上有所发展。其中最为引人瞩目的新举措,就是联合一部分绅商设立了新型民间赈灾机构。同时,管理科学化和制度化成为中国公益事业组织萌芽与发展的显著特征。当时,民间自设机构,领导一方民众进行义赈活动的方式,不仅在上海没有过,而且在全国也是第一次。经元善倡导的社会公益组织使义赈活动增强了组织性和计划性,克服了某些弊端也扩大了义赈的规模和作用。

对当代中国公益事业发展的研究,首先表现在关于慈善公益事业的理论基础、运行规范,公益组织建设与项目运作,慈善事业的现实需要、功能定位与评估等问题的综合分析上。2008 年,民政部政策法规司与麦肯锡公司、北京大学法学院合作进行深入研究论证,形成"发展中的中国慈善事业"和"《公益事业捐赠法》与《慈善法》之间的关系"两个研究报告。麦肯锡公司在报告中提出了未来中国慈善事业发展的"三步走"战略,并针对中国慈善事业的发展提出尽快出台慈善事业法,建立由政府监管、公众监管、内部治理和行业自律组成的"四管齐下"的开放监管体系等九点具体建议。北京大学法学院在报告中则明确了《慈善法》在慈善事业法律体系中的统率作用,建议"以《慈善事业法》取代《公益事业捐赠法》",并配有相关法律法规的支撑,推动慈善事业的持续健康发展(民政部政策法规司,2009)。

20 世纪 90 年代随着公益组织的大量出现和志愿活动的发展壮大,作为公益事业的重要组成部分的志愿服务逐渐引起了各界关注。此外,各界还多次举办论坛探讨宗教与公益事业、企业与公益事业的关系。通过国内外比较,从第三部门的募捐资助机制、激励、监督机制、法律环境、效益评估等方面,总结了中国非政府公益组织的发展途径和趋势。

(何代欣)

公共政策
Public Policy

公共政策是以政府为主的公共机构,为实现公共目标、解决公共问题,运用公共资源,通过公共参与和公共选择,制定法令、条例、规划、计划、方案、措施、项目,等等,以此实施公共管理,实现公共利益。

公共政策包括六大要素:一是公共政策主体,可以分为政策制定主体、政策执行主体、政策评估主体。二是公共政策目标,总体目标是要保持社会稳定、公正、民主、和谐;具体目标是解决各类社会公共问题,消除社会正常运行的各种威胁,协调、平衡公众的利益矛盾和冲突。三是公共政策客体,包括公共政策所要解决的核心问题,公共政策执行中所要直接作用的对象,公共政策的制定与实施所要改变的状态等三个层次的内容。四是公共资源,广义是指公共政策运行中可以获得并加以利用的各种支持和条件,狭义是指公共政策运行中的成本。五是公共政策的实现手段,包括行政手段、经济手段、法律手段、科学技术手段、思想诱导手段。六是公共政策的形式,包括路线、战略、方针、规划、计划、方案、措施、项目,等等,通过法律、计划、文件等形式下达。

公共政策的这些要素间相互作用,发挥出公共政策的引导、调控、分配等功能。公共政策发挥引导功能,是因为公共政策的路线、方针、战略等形式发挥了行为准则的效力,规范和指导着人们的行为,指引和约束着经济社会发展方向、速度和规模。公共政策发挥调控功能,是因为在经济社会发展过程中,不可避免地产生利益矛盾和冲突,公共政策致力于体制、制度和模式的建立健全,从而调整和规范人们之间的行为和利益关系,纠正不和谐达到和谐。公共政策发挥分配功能,是因为实施公共政策的结果,必然改变社会的人力、物力、财力等资源在空间的分布与时间上的配置,在公平与效率之间进行权衡,使社会公共资源合理有效地发挥作用。

公共政策是相对稳定和绝对变动的统一。公共政策必须保持稳定,因为社会政治、经济稳定是公共管理的基本目标,而公共政策是公共管理的途径和手段,为了追求稳定,要求政策环境、政策机构、政策制定、执行和评估的程序等相关因素保持稳定,政策内容具有连续性。由于人类社会都是处于不断的发展变化之中,公共政策保持永远稳定是不可能的,必须不断出台新政策以解决新出现的社会问题、矛盾和冲突,政策的目标、内容、范围、资源、手段应及时随经济社会的发展需要的变化而变化。

自我国改革开放以来,公共政策的制定和执行能力取得了显著的提高。从"一个中心、两个基本点"的党在初级阶段的基本路线,到"一国两制"的国策;从科技是第一生产力政策,到"走出去"战略;从"西部大开发",到"振兴东北老工业基地"、"中部崛起";从允许一部分人、一部分地区先富起来,到实现基本公共服务均等化。既体现了在特定发展阶段,公共政策保持相对稳定,也体现了在不同发展阶段,公共政策随之发展变化。

由于公共政策对经济发展和社会治理的作用越来越大,受到世界范围的广泛重视,已经逐渐发展为一门独立的学科——公共政策学。斯坦福大学的政治学教授哈罗德·拉斯韦尔是公共政策学的创始人,他对公共政策学下了一个定义:公共政策学就是"以制定政策规划和政策替代案为焦点,运用新的方法论对未来发展趋势进行分析的学问"。他认为,公共政策学应当具备六项规定性:第一,公共政策学是关于民主的学问。第二,公共政策学的哲学基础是理论实证主义。第三,公共政策学是一门对时间和空间都非常敏感的科学。第四,公共政策学是跨学科的一门学问。第五,公共政策学是政府官员与学者共同研究的学科。第六,公共政策学是包含"发展模型"(Developmental Construct)的学科。叶海卡·德洛尔在1968~1971年期间,写出了被称为公共政策科学"三部曲"的《重新审查公共政策的制定过程》(1968年)、《政策科学探索》(1971年)、《政策科学构想》(1971年),这也标志着西方公共政策学进入发展阶段。德洛尔要确立的公共政策是一种"总体政策",包括下列内容:第一,制定总体目标的政策,即在制定具体政策之前要确定总体目标。第二,制定政策范围的政策,即要确定政策范围,确定将什么划入政府的政策之中。第三,设定时间单位的政策,即要设定时间单位,只有有了严格的时间概念,才会有政策的连贯性。第四,设定风险的政策,即要设定风险承受力,必须预测一个政策可能遇到的风险。第五,选择普遍性或特殊性的政策,即要在普遍性与特殊性中进行选择,虽然所有政策都具有这两种特性,但对不同的政策来说,总有某一种特性明显一点。第六,选择协调性与侧重性的政策,即要确定制定的政策是重在协调,还是有所侧重,前者是实现均衡,后者是倾斜。

在西方,公共政策研究从20世纪50年代正式成为政治科学、公共行政科学中的重要分支,经过了60年代的政策咨询研究,70年代的包括政策执行、政策评估、政策终结在内的政策周期研究,80年代的政策效率、政策信息多元化、政策学家与政治家关系的研究,90年代的公共政策伦理、价值、公共政策与公共管理的关系研究以及诸如电脑犯罪、信息政策、试管婴儿、温室效应等一系列新的社会问题研究,同时,许多政策学者转向政策调查研究,通过政策调查、政策辩论获得政策实施的合理性。

在我国,中国公共政策研究是从改革开放以后才兴起的。20世纪80年代初,改革开放中出现的大量问题,尤其是社会转型时期的经济政策问题为公共政策研究提供了历史契机。起初,公共政策研究包含在公共行政学和政治学这两门学科之中,90年代正式分离出来成为一个独立的研究领域,开设了公共政策课程、创办了研究机构、培养了专业人才、出版了专业书籍、建立了全国性的研究会,在学科建设方面取得了长足的发展。

参考文献:

[美]R. M. 克朗:《系统分析与政策科学》,商务印书馆1986年版。

[美]查尔斯·E·林德布洛姆:《政策制定过程》,华夏出版社1988年版。

[美]詹姆斯·E·安德森:《公共决策》,华夏出版社1990年版。

[美]史蒂文·凯尔曼:《制定公共政策》,商务印书馆1990年版。

[美]丹尼斯·C·缪勒:《公共选择》,商务印书馆1992年版。

孙光:《政策科学》,浙江教育出版社1988年版。

陈振明:《政策科学》,中国人民大学出版社1998年版。

刘伯龙、竺乾威:《当代公共政策》,复旦大学出版社

2000 年版。
严强:《公共政策学——南京大学 MPA 教育丛书》,南京大学出版社 2002 年版。
Daniel Lerner and Harold D. Lasswell, *The Policy Sciences: Recent Development in Scope and Method*, Standford, CA: Standford University Press, 1951.
Yehexke Dror, *Public Policymaking Reexamined*, Scranton, Pennsyvania: Chandler, 1968.
Yehexke Dror, *Ventures in Policy Sciences: Concepts and Application*, N. Y.: American Elsevier, 1971.
Yehexke Dror, *Design for Policy Sciences*, N. Y.: American Elsevier, 1971.

(于树一)

二、公共支出

公共支出
Public Expenditure

公共支出,亦称财政支出或政府支出,系指政府为履行其职能而支出的一切费用的总和。换句话说,一旦政府在以多少数量、以什么质量向社会提供公共物品或服务方面做出了决策,公共支出实际上就是执行这些决策所必须付出的成本。所以,公共支出也就是政府行为的成本。

公共支出是公共财政活动的一个重要方面。这不仅是因为公共财政对经济的影响作用主要表现在公共支出上,而且,政府干预、调节经济的职能也主要是通过公共支出来实现的。公共支出的数额反映着政府介入经济生活和社会生活的规模和深度,也反映着公共财政在经济生活和社会生活中的地位。

公共支出有资源配置、收入分配和宏观调控三种不同的性质、功能和目标。政府提供公共物品或劳务的支出属于政府资源配置活动。这里的"提供"并不是从公共物品的生产角度,而是从资源配置角度来说的。一般说来,政府在市场失效领域从事资源配置活动。市场失效是指市场经济资源配置的无效率。市场经济资源配置效率需要满足以下条件:成本收益内部化、充分竞争、信息充分、没有交易费用等。经济中存在下列情况就会导致市场失效,具体包括经济外部性、公共物品、混合物品、自然垄断、垄断以及未来的不确定性等方面的原因。但市场失效领域的消费品未必一定由公共部门提供;混合物品的提供方式在各个国家也都不一样。因此公共支出的资源配置范围在各个国家是不一样的,政府资源配置的范围并不是由物品的性质而是由制度安排决定的。属于资源配置的公共支出也称为政府购买支出。这类支出是政府购买生产要素,以便提供公共物品,这种支出构成公共物品的成本。

公共支出中的转移支付支出具有收入再分配的性质。转移支付是为了实现社会公平。市场经济的分配通常被认为是不公平的,这是市场经济的缺陷。弥补市场缺陷是公共支出的又一重要职能。转移支付支出并不是提供公共物品的支出,而是给低收入或无收入者的补助。

为了经济稳定的公共支出也称财政宏观调控支出。在混合经济中,改变公共支出的规模是可以影响总需求的,在现代市场经济中,政府支出是社会总需求的重要组成部分。在社会总需求不足的情况下,减少公共收入、增加公共支出都会扩大总需求。

主流理论认为,公共支出有不断增长的趋势,被称为瓦格纳定律。瓦格纳定律主要含义有两点:一是公共支出存在刚性,即增加容易,下降难;二是随着社会总福利的提高,对于公共需求的增长速度总是快于对于私人需求的增长速度。

大部分国家通常设置中央政府和地方政府,并且有一级政府就有一级政府预算。因此,公共支出从结构上看是由中央政府和地方各级政府的预算支出组成的,这样就存在中央和地方之间的财政关系。这表明财政体制是公共支出功能发挥的重要条件。

一般说来,公共支出都应在政府预算中反映。我国的公共支出不仅包括一般公共预算支出,而且除此之外,还包括政府性基金预算支出、国有资本经营预算支出和社会保险基金预算支出。

作为一种从计划经济到市场经济的过渡性现象,我国曾存在规模较大的预算外支出。预算外支出的来源是预算单位的预算外收入,主要有以下三类主体:一是受政府预算资助的国有事业单位;二是各级政府的职能部门;三是地方政府。随着我国经济体制改革的逐步深入,预算外支出的概念已经消亡,全部政府收支进预算,已经被写入新预算法并成为全面推进依法治国的重要内容之一。

2013 年我国四本预算支出决算的规模依次分别为 140212.1 亿元、50500.86 亿元、1561.52 亿元、28744 亿元(见图 1)。除公共预算外,其余三大预算皆收大于支。

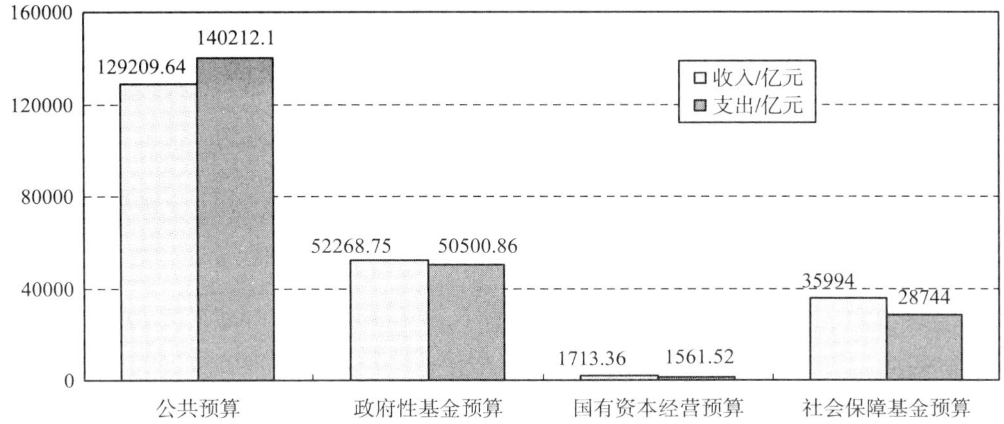

图 1　2013 年财政年度四大预算的决算收支

资料来源：财政部网站。

四本预算之间资金存有交叉，其中最规范、规模最大的是一般公共预算。改革开放以来，中国公共预算的绝对规模不断膨胀，但相对规模（公共支出/GDP）先降后升，1994 年的分税制改革成为趋势变化的拐点（见图 2）。

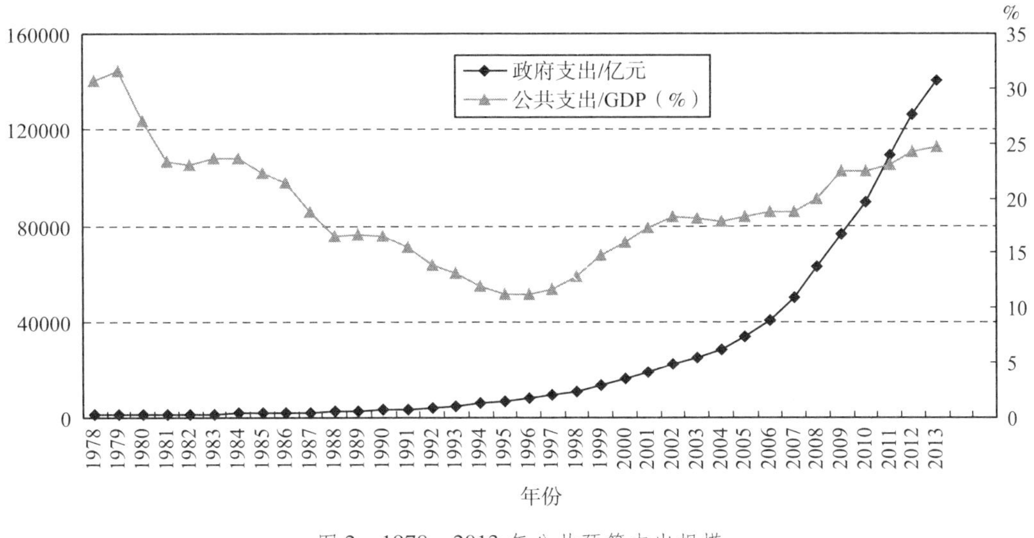

图 2　1978～2013 年公共预算支出规模

资料来源：《中国统计年鉴（2014）》，中国统计出版社 2014 年版。

参考文献：
吴俊培：《公共经济学》，武汉大学出版社 2009 年版。
Richard A. Musgrave & Peggy B. Musgrave, *Public Finance In Theory And Practice*, McGraw-Hill Company, 1980.

（吴俊培　刘谊军）

政府支出
Government Expenditure

参见“公共支出”。

财政支出
Fiscal Expenditure

参见“公共支出”。

购买性支出
Purchasing Expenditure

根据交易的经济性质进行分类，可将财政支出区别为购买性支出（或消耗性支出，Exhaustive Expenditure）和转移性支出。其中，购买性支出指政府为了履行其职能，从私人部门取得物品与劳务并支付相应资金而发生的费用。这些物品与劳务或者被用于政府自身的消费，或者形成投资，分别被称为政府消费性支出和政府投资性支出。

通过购买性支出，政府与私人部门发生经济交换，并在实际上参与社会资源的配置，影响着社会投资与消费的总量与构成。与转移性支出不同，购买性支出作为总需求的组成部分而直接计入 GDP。而在实施转移性支出的过程中，政府仅扮演中介者的角色，依法向受益对象拨付财政资金但并不要求获得相应的物品与劳务，从而也不会参加社会总产品的价值实现。虽然这一过程不涉及与私人部门的等价交换，却可以造成购买力和社会财富在其他社会主体中的重新分配。利用这一分类体系，可以从宏观上考察一国政府在多大程度上作为经济主体直接参与经济过程，其职能是偏好于资源配置，还是收入再分配。

政府购买性支出属于资源配置的范畴，政府从事公共物品的资源配置，并不表明政府一定要从事公共物品的生产（寇铁军，2006）。比如，政府要改善城市交通，道路建设却需要委托工程队去完成，但政府选择工程队的方式对生产效率影响很大。又比如教育劳务被认为是混合商品，属于公共物品部分的成本应该由政府承担；属于私人物品部分的成本应该由私人承担。实际上，公共资源配置和私人资源配置是一个统一过程，对于混合物品来说，政府资助的是公共物品部分，因此资助数量、资助方式都会影响公共物品的生产效率（吴俊培，2009）。

购买性支出可区分为消费性支出和投资性支出两类。

消费性支出即政府消费，构成公共物品的流动成本，即这类支出相当于私人物品生产的流动资本，在生产过程中一次消耗完毕。在公共物品的生产中，这类支出主要用于人员经费、办公经费等支出。只要公共物品的生产是连续的，这类支出也必须是连续的。政府消费是社会总消费的组成部分。

投资性支出即政府投资，形成公共物品生产的固定设施，相当于私人物品生产的固定资本。公共物品生产单位没有固定资本折旧的概念，事实上也无法回收折旧。因此，生产公共物品所需要的固定设施需要预算资助，包括新建、扩建和重建。政府投资是社会总投资的组成部分。

参考文献：

高培勇等：《“十二五”时期的中国财政支出结构改革》，载于《经济理论与经济管理》2010 年第 11 期。

高培勇等：《公共经济学》，中国社会科学出版社 2007 年版。

寇铁军等：《财政学教程》，东北财经大学出版社 2006 年版。

吴俊培等：《公共经济学》，武汉大学出版社 2009 年版。

（吴俊培　李淼焱）

转移性支出
Transfer Expenditure

转移性支出指政府预算对社会低收入或无收入者提供资助的支出。转移支出的主要目标是社会公平，通常称为社会福利支出，属于收入再分配的范畴（高培勇等，2007）。其他原因也会导致转移性支出，主要有价格补贴、政府债务的利息支出和国际援赠支出等三种。

社会福利支出是转移支付的基本形式，是履行社会公平职能的重要手段。社会福利支出有社会救助和社会优抚两种方式。社会救助主要对社会成员提供最低生活保障，即对没有收入或收入达不到最低需要的居民提供资助，这是生存权的保障。社会优抚的对象是有特殊界定的，目的是让劳动者没有后顾之忧，例如，对烈军属的优抚，对工伤人员的优抚，等等。

从理论上说，社会福利支出是在市场效率的前提下进行收入再分配，因此不影响资源配置效率。社会福利支出的来源是税收，根据税收的能力原则，高收入者多纳税，低收入者少纳税，无收入者不纳税，因此福利支出具有社会公平的目标取向。事实上完全不影响资源配置效率是难以做到的，因此社会公平目标完全不影响效率也是难以做到的。

价格补贴是我国特有的，分物价补贴和企业亏损补贴两类。1978 年以来我国进行市场经济体制改革。市场经济体制是一个系统，对于社会改革来说，不可能一下子推倒重来，即改革总是一步一步进行的，即有的制度先改，有的制度后改，或者有的制度改革力度大一些，有的制度改革力度小一些，这就会导致改革的不平衡，也就是利益关系的不平衡。价格补贴就是为了解决初次分配改革相对滞后的矛盾，即企业资源配置的权力扩大了，效率提高了，价格相应也上升了，但收入分配制度的改革滞后，导致职工收入增长滞后，因此采用物价补贴的方式增加职工收入。同样，由于改革不平衡导致的国有企业亏损称为政策性亏损。政策性亏损在政府预算中列在收入方，显然是“负收入”。政策性亏损通常通过“退库”解决。因此政策性亏损补贴属于税式支出，本质上仍然属于政府预算支出的范畴。

政府债务利息支出是由国债引起的。国债的存在表明政府预算收支不平衡，是政府经济稳定职能的表现形式。国际援赠支出，是指国际关系中的政府间转移支付，通常是项目资助。例如，国际资助的建设项目，国际救灾等。从政府预算支出的最终用途看，分为购买支出和转移支出两类（高培勇等，2010）。政府预算之间的支出称为政府间转移支付，有时也称政府转移支付。

政府间转移支付通常是纵向关系，与政府之间科层组织构架是一致的。根据财政体制的要求，由于地方之间存在资源流动性和经济水平差别性的特点，结构上保证资源配置效率和收入分配公平，就需要上级政府对下级政府补助，即发生纵向的转移支付关系。政府间的转移支付并不是最终支出，因为对于上级政府的支出来说，形成下级政府的收入。

政府间转移支付通常是纵向关系，但也有横向的，如德国。我国也存在横向转移支付，但主要是横向专项资助，比如汶川大地震后的灾后重建。

参考文献：

高培勇等：《公共经济学》，中国社会科学出版社2007年版。

吴俊培等：《公共经济学》，武汉大学出版社2009年版。

高培勇等：《"十二五"时期的中国财政支出结构改革》，载于《经济理论与经济管理》2010年第11期。

吴俊培：《中国地方政府预算改革研究》，中国财政经济出版社2012年版。

（吴俊培　李淼焱）

税式支出
Tax Expenditure

税式支出是政府为了执行社会经济政策、以牺牲一定的财政利益为代价，通过税收制度向特定纳税人或特定经济活动提供的财政援助。虽然没有进入政府预算收入口径，但由于它会造成政府本可以取得的部分税收的流失，所以被视为政府预算支出。

税收是政府预算收入的主要形式，属于收入概念。收入概念转化为支出概念，是因为存在应征未征的税收，相当于政府预算在税收阶段就形成了支出。这里所说的应征未征的税收是指政府主动放弃的，有相应的法律法规的，这被称为税收优惠。

对于市场经济体制来说，税收是按中性原则设计的。根据公平原则，相同的征税对象应该征收相同的税收。这在税法中通常通过征税对象、计税依据、税率、纳税人、纳税环节等规定中体现。上述这些规定称为一般规定，是税法的基本内核。在一般规定之外通常有税收优惠条款。税收优惠条款对征税对象或纳税人处于某种税法规定的特别状态时可以减少纳税义务。从形式上看税收优惠条款似乎不符合税收中性的一般要求，其实不然，是为了更好地贯彻税收中性原则，因为情况是复杂的，除了一般规定之外还需要特别的规定处理。

上述所说的税收优惠的特别状态有以下几种情形：第一，区域性税收优惠，即征税对象和纳税人处于特定区域时享受税收优惠。这些特定的区域包括特区、经济开发区、科技园区等，对遭受严重自然灾害的地区也规定税收优惠；第二，产业性税收优惠，即征税对象和纳税人处于特定的产业时享受税收优惠。这是配合产业结构调整的税收政策，通常是对新兴产业、高科技产业发展的激励；第三，对纳税人的税收优惠，即对征税对象和纳税人给予政策性优惠。这又分为三种情况：(1)是从社会公平角度考虑的税收优惠，例如在个人所得税中设置的优惠条款；(2)是为了鼓励企业发展的税收优惠；(3)是对其他财政支出政策的辅助，例如对价格补贴单位的退税优惠等；(4)对外关系的税收优惠，即征税对象和纳税人处于国际关系时享受的税收优惠。这包括对出口商品的优惠和外资外商企业的优惠。出口商品的价格通常是不含税价格，即不含一般税的价格。我国商品劳务税的一般税是增值税，但如果被征过增值税的商品出口，那么就可以享受退税的优惠，即已征的增值税在出口时被退回给纳税人。外资外商企业包括外国独资企业、中外合资企业和中外合作企业，为了引进外资和外国先进技术，通常有税收优惠条款。

税收优惠条款通常在计税依据、税率、应纳税额、纳税期限、退税等方面作出规定。另外在企业会计核算中通过加速折旧等方式给予优惠。计税依据的优惠通常设置起征点、免征额的规定。前者是对征税对象规定一个数额不征税，对高于这个数额的部分再征税，后者是对征税对象有一个数量规定，达到的对征税对象全额征税，达不到的不征税。税率优惠是通过差别税率的方式实施，即对税收优惠对象实行比一般税率低的税率。应纳税额优惠是对纳税人免除或减少应纳税额的规定。纳税期限优惠是指允许纳税人延长一般规定的期限，相当于在延长期占用了税款。退税是对已经缴纳的税收（即进入国库的税收）给予退回的优惠。企业利润是会计核算的结果，因此核算准则各国都有规定，固定资产折旧是影响企业利润的重要因素。加速折旧是指比一般折旧率规定高的折旧率，意味着允许固定资产更新速度的提升。但折旧率提高等于减少了利润额，也等于税收优惠。税收优惠条款根据优惠的政策目标在不同的税种中安排。优惠条款同样要符合经济、便利、确实和节俭的原则。

税式支出这一概念形成于20世纪60年代末至20世纪70年代初前联邦德国和美国的财税管理实践（孙健夫，2011）。20世纪90年代初，税式支出概念被引入中国，已成为税收立法中应予考虑的重要原则之一（毛捷，2011）。

参考文献：

高培勇：《有关税收支出的几个问题》，载于《财政研究资料》六十三，1990年12月25日。

孙健夫：《财政学》，人民邮电出版社2011年版。

毛捷:《税式支出研究的新进展》,载于《经济理论与经济管理》2011 年第 5 期。

(吴俊培　张斌)

"民生"支出
People's Well-being Expenditure

"民生"支出,也称"民生性"支出,系指财政直接用于居民基本生存状态和基本发展机会均等的支出。

民生支出是在我国公共财政框架的构建过程中形成的概念。此前在以经济建设为中心的大背景下,财政在民生方面虽然也有支出,但规模上极其有限,而且民生方面的支出大都是临时性的,而非计划性的和非制度性的。在公共财政体制框架初步建立之后,财政在民生方面的支出呈现出范围不断扩大的趋势,并且是有计划、制度性地安排民生支出。2007 年十七大报告中首次明确提出要强化民生支出,其范围包括教育、就业、收入分配、社会保障、基本医疗卫生和社会管理等方面的支出。2008 年温家宝总理政府工作报告中进一步强调民生支出的重要性,民生支出范围在十七大报告的基础上有所扩大,包括教育、卫生、就业、社会保障、居民收入和消费、社会管理、住房保障和人口和计划生育等支出。在西方,这些支出往往也被称为权益支出。

学术界对于民生支出的研究也比较丰富。从宏观调控的角度来说,只要用于提高国民消费水平、防范消费差距过大、推进基本消费平等化、增加社会总福利等支出都称为民生支出(刘尚希,2008)。从法学角度来说,民生支出的范围主要包括养老、医疗、住房、教育、就业、生产、生活基础设施以及"三农"问题等支出(陈治,2011)。还有些学者对民生支出的实施方式方法进行了研究。民生支出为主导的支出体制的形成需要一个过程,当前,我国公共资源的有限性决定了短时间内全面较快地提升民生支出的规模是有困难的,民生支出的实施必须循序渐进,分步实施(夏杰长,2008),这为民生支出的实施设定了整体基调。具体实施方式方法主要包括"阶梯型"、"层级化"、"需要和可能"原则。"阶梯型"和"层级化"方法都根据与居民关系的紧密程度,把民生支出分为五个阶梯:就业、收入分配、社保、医疗卫生等是第一阶梯的民生支出;教育和计划生育等是第二阶梯的民生支出;文化、体育、传媒等活动是第三阶梯的民生支出;环境保护和生态建设是第四阶梯的民生支出;社会管理活动等是第五阶梯的民生支出(张馨,2009;马海涛、和立道,2010)。根据"需要和可能"原则,民生支出可以分两个层级来实施:一是制度安排、法治环境、产权保护、宏观经济社会政策等为经济社会稳定健康发展所必备的制度与政策导向服务;二是就业、教育、科技、文化、卫生、住房、社会保障等百姓生活主要事项中需要由政府介入来"托底"的基本部分(贾康等,2011)。

民生支出反映了我国在理财观念方面的转变。第一,民生支出强调关注居民的生活质量,意味着在财政支出中要增加最终公共消费品的支出。第二,民生支出强调居民的基本权益,强调基本公共劳务均等化。第三,民生支出强调消费的多维需求,即不仅要满足物质消费方面的公共消费需求,也要满足精神方面的公共消费需要。因此提出民生支出这一概念具有重大的理论意义和现实意义。

基本生存状态支出不仅是指生态环境即人与自然的和谐方面的支出,同时也指社会环境即人与人之间的和谐方面的支出。前者财政支出要注重环境保护、生态平衡;后者财政支出要注重公共文化、法制建设。

基本公共劳务均等化支出在学界有不同的理解。从基本生存权的角度理解,它包括义务教育、健康卫生、基本文化、社会福利等方面的支出。义务教育是使居民生活在社会中达到必须具备的道德、知识、能力方面的最低要求的水平。健康卫生不仅有家庭、个人方面的因素,也有社会公共方面的因素,如卫生、防疫等。基本文化是指精神生活方面的需要,包括网络、通讯、电视、广播等其他文化设施支出。社会福利主要指财政转移支付用于社会救济的支出。这是保障每个社会成员生存权的必要举措。

基本发展机会均等支出强调的是保障机会均等。机会均等不等于结果均等,是从基本权利方面着眼的均等。这主要包括高等教育的机会均等支出和就业机会均等支出。高等教育的机会均等体现在考试制度面前的机会均等。这就是说只要通过考试了,不论民族、不论地区、不论家庭、不论男女等差别都有权利上大学。但有机会上大学不等于有经济能力上大学。这就要靠政府资助。有政府的财政资助,对贫困生生活补助;也有通过政策性银行贷款的方式解决上大学期间的经济困难问题。就业的机会均等是指在同等条件下就业机会相等,不允许种族、性别、出身等方面的歧视。这需要就业机会均等的公共监督和有关方面的法律建设。

财政支出的预算是按公共部门为基础编制的,原有的支出分类就是以公共部门分类为基础的。民生支出的分类和传统方法不一样,在公共部门支出中,有些支出有民生支出的各项内容,要一项一项地细分开来是非常困难的。但这一概念对于理财观念、支出结构调整有重要意义。

对于民生支出的实施需注重结合中国实际,合理把握好民生中的轻重缓急,量力而行,动态的优化民生支出,正确处理好当前利益与长远利益的关系。

参考文献:

刘尚希:《论民生财政》,载于《财政研究》2008 年第 8 期。

陈治:《构建民生财政的法律思考》,载于《上海财经大学学报》2011 年第 2 期。
夏杰长:《大力推进民生财政的意义和思路》,载于《领导之友》2008 年第 3 期。
张馨:《论民生财政》,载于《财政研究》2009 年第 1 期。
马海涛、和立道:《公共财政保障民生的次序研究——基于民生支出项目的“层级分布”要求》,载于《地方财政研究》2010 年第 2 期。
贾康、梁季、张立承:《“民生财政”论析》,载于《中共中央党校学报》2011 年第 2 期。

(吴俊培　张斌)

社会保障支出
Social Security Expenditure

社会保障支出包括社会保险、社会救济、社会福利和社会优抚支出等四个方面,其中有的属于社会保险预算(也称社会保障预算)支出;有的属于政府预算支出,还包括其他预算,尤其是未来重点发展的国有企业利润补充社会保障预算。

社会保险是社会保障体系中的重要部分。社会保险是国家强制保险,社会保险项目包括养老保险、伤残保险、医疗保险、疾病生育保险、工伤保险、失业保险等。从个人的角度看,并不是每个人都能做到自我保障的。社会保险就是解决个人在市场经济体制中可能存在的风险问题,构筑社会安全网。

我国是从传统体制改革为市场经济体制的,在这个改革过程中需要建立社会保险制度,解决个人可能存在的风险。在传统计划体制下,职工所在企业的所有制性质不同,保障方式也不同。对于国有企业职工来说,有相应的退休制度和医疗保障制度。因为当时对国有企业采取国家经营的方式,国有企业的利润直接上缴政府预算,同时职工的养老金以及医疗费用可以计入企业成本。这样的保障,从形式上看,有点像企业保障。但国有企业属国家经营,因此本质上是国家保障。对于政府公务员和国有事业单位职工来说,实行公费医疗制度和退休制度,所需费用由政府预算安排。对于城镇大集体职工来说,退休制度和医疗保障制度参照国有企业职工的办法执行。所谓参照执行,是指职工享受的保障待遇可以和国有企业职工相当,但资金来源靠自身的税后利润解决。在农村,医疗和养老基本上以家庭保障为主,但对鳏寡孤独的困难户由集体保障。那时,农村实行人民公社的集体组织形式,经济核算单位是生产队(相当于目前的村民小组),即人民公社的基本生产单位。集体保障,实际上是生产队保障。后来人民公社实行合作医疗制度,即依靠集体的力量解决农民的医疗问题。经费来源靠集体纯收入的提留。合作医疗的核算单位是生产大队,相当于现在的行政村。

改革开放以来,传统的保障方式已经不符合市场经济体制的要求,必须改革。企业职工保障制度的改革目标是建立社会保险制度。这一制度是由国家立法的,凡属于法律规定的社会保险人员都必须参加,因此也称强制保险。我国规定,凡是企业单位的职工,不论所在单位的所有制性质,都必须参加失业保险、养老保险和医疗保险。参加者必须交纳相应的保险费。保险费以工资的一定比率缴纳,通常由个人和企业共同承担。交纳的费用就形成相应的失业保险基金、养老保险基金和医疗保险基金。各类基金专款专用,目前在市一级政府辖区的范围内统筹使用。这就是说社会保险并不是全国性的统筹。

社会保险制度同样规定参加者的相应权利,当风险发生时将得到社会保险的资助。对于失业保险来说,当发生失业风险时,符合相应条件者可获得失业救济但有期限规定,通常不超过一年。对于养老保险来说,男职工年满 60 岁、女职工年满 50 岁享受养老保险待遇。养老保险待遇的水平与缴纳的保险费和缴纳的期限有关。对于医疗保险来说,对职工建立医疗保险的个人账户,个人账户中按规定由医疗保险基金统筹一定数量的金额,用于支付职工的医疗费用。当职工大病住院时,医疗保险基金则按医疗费用的一定比例支付,职工承担一部分,通常医疗费用越高,个人承担的比例也越高。

从整体来看,我国的社会保障缴费率超过职工工资水平的 40%。按职工工资水平来看,其中养老保险个人缴纳 8%,单位缴纳 20%;医疗保险个人缴纳 2%,单位缴纳 7%;失业保险个人缴纳 1%,单位缴纳 2%,生育保险单位缴纳 0.5%,工伤保险单位缴纳水平按照行业分为 0.5%、1% 和 2% 三档。合计来看,单位缴纳总数超过了职工工资的 30%,职工个人缴纳超过了 10%。我国社会保障缴费改革的趋势是降低缴费率,尤其是单位代缴部分。

上述表明,社会保险支出实际上是参加者的互济。社会保险的交费率就是根据大数规律决定的。因为社会保险是强制保险,因此当社会保险支出发生困难时,政府预算是最终担保者。

我国对事业单位职工的医疗保险和养老保险制度也进行改革。由于社会保险统筹的范围不大,因此各地改革的方式和进程也不一样。改革的一个原则是“老人老办法,新人新办法”,即社会保险制度改革前的老职工暂不参加,之后就业的职工则也和企业职工一样加入社会保险。但“老人”在医疗保障方面已经取消了公费医疗,个人也要承担一部分医疗费用。对于政府公务员来说也没有进行社会保险的改革,基本上还是传统的方式。

对于农村来说,传统的保障方式必须改革。实行新的农村合作医疗制度。这相当于是农村的医疗保险制度，也是一种强制保险，参加者也需缴费。但与城镇职工的有所不同，新的农村合作医疗制度得到政府预算的资助。另外，也有学者主张在农村实行养老保险制度。

对于西方国家来说，社会保险体系是由"二战"以后发展起来并逐步完善的。从发达国家的情况来看，主要有两种类型：一是以美国为代表的公平和效率兼顾、效率优先的社会保险体系；二是以英国和北欧国家为代表的公平和效率兼顾、公平优先的社会保险体系。前者参加社会保险的人员是有选择性的，例如，美国的养老保险制度，要求公司职工、公务员、非营利组织的职工参加，个体企业、独资企业、合伙人企业的职工并不属于强制保险的对象。后者的社会保险覆盖所有社会成员，被称为福利国家，可以说是从"从摇篮到坟墓"的社会保障体系。从国外的情况看，一是社会保险的统筹层次高，即在全国范围内统筹；二是社会保险的筹资方式通常都是个人和雇主共同承担一半，都是按职工工资的比率征收，但有的国家用"税"的名称，有的国家用"费"的名称；三是社会保险独立编制预算，如果发生支付困难，政府预算是最终担保者。

社会救济、社会福利和社会优抚支出可以说是政府预算的传统职能，但范围在不同时期是不一样的。

社会救济支出主要是对丧失劳动能力的生活困难者给予的资助，或者是对遭受严重自然灾害的地区进行资助，以解决因自然灾害导致的生活困难和生产困难（赵曼，2010）。

社会优抚支出是国家按规定对法定的优抚对象，如对因公伤残人员、现役军人及其家属、退休和退伍军人、烈属等，按国家规定的标准给予资助（赵曼，2010）。

社会福利支出是一个很宽泛的概念，有的把社会救济和社会优抚也看作是社会福利支出的内容。但社会福利支出通常是指义务教育、城市公共交通、公园、博物馆等文化设施等方面的支出（储敏伟等，2008）。

参考文献：
吴俊培：《公共经济学》，武汉大学出版社2009年版。
储敏伟等：《我国社会保障的和谐发展之路》，中国财政经济出版社2008年版。
赵曼：《社会保障》，科学出版社2010年版。

（吴俊培　李俊杰）

社会支出
Social Expenditure

社会支出有广义和狭义之分。根据OECD国家社会支出数据库（SOCX）的定义，狭义的社会支出是指"当个人和家庭的福利受到不利影响的情况下，由公共（和私人）机构向其提供的帮助。这种帮助可能是现金形式的转移支付，也可能是直接提供实物形式的物品与服务，受益人无须提供任何形式的经济补偿作为交换"，欧盟一般称之为"社会保护支出"。中国财政统计中的"社会保障与就业支出＋社会保险金支出－对社会保险基金的财政补贴"在口径上与此接近。广义的社会支出还包含教育支出和健康支出。这里我们采用广义的社会支出概念。

以2008年中国按功能分类的财政支出为例（见表1），按由高到低顺序排名前三位的分别是：经济事务支出（含农林水事务、交通运输、工业商业金融等事务，占23.1%）、一般公共服务支出（含外交，占17.7%）、教育支出（占15.9%）。而根据OECD国家2004～2007年平均数据，排名前三位的支出分别为：社会保护支出、健康支出、教育支出（韩国和美国例外，前者的第一大支出为经济事务，后者为健康支出）（Dewan S. and Ettlinger，2009）。

也就是说，平均而言，OECD国家政府的前三项主要支出均为旨在改善人力资本的社会支出。而中国前三位的财政支出主要用于经济事务和一般公共服务，其中，经济事务占全部财政支出的比重超过1/5，与OECD国家相比均偏高，后者的这一比重普遍在10%以下，只有韩国例外，其经济事务支出占财政总支出的比重与中国相当。社会支出中唯有教育支出，在总支出中占有较大份额，但其占GDP的比重仍处于较低的水平上。1994年以来大多数年份都低于3%，平均在2.26%。这不仅远低于世界发达国家6%的平均水平，也低于一般发展中国家4%的平均水平。而且，中国财政教育资金的运用效率相对较低，其人员经费占教育支出的比重大大高于其他国家，并且一半的人员经费用于非教育人员（贾康、郭文杰，2002）。

表1　部分OECD国家（2006年）与中国（2008年）按功能分类财政支出结构比较　单位：%

支出功能	美国	法国	德国	英国	日本	韩国	北欧三国	转型三国	中国
一般公共服务	13.5	13.3	12.5	11.0	14.0	13.2	12.2	15.1	17.7
国防	11.5	3.4	2.3	5.7	2.6	9.2	3.4	3.4	7.4
公共安全	5.7	2.4	3.6	5.8	3.9	4.7	2.2	4.7	7.2
经济事务	**10.0**	**5.4**	**7.2**	**6.3**	**9.9**	**21.3**	**8.1**	**11.0**	**23.1**

续表

支出功能	美国	法国	德国	英国	日本	韩国	北欧三国	转型三国	中国
环境保护		1.7	1.4	2.3	3.4	3.2	1.1	1.6	2.6
城乡社区事务	1.9	3.6	1.9	2.1	1.8	3.9	1.3	2.4	7.4
医疗卫生	21.1	13.7	14.3	16.0	19.6	13.5	14.6	11.8	4.9
文化体育传媒	0.9	2.9	1.6	2.0	0.4	2.9	2.5	2.8	1.9
教育	16.9	11.2	8.8	13.0	10.6	15.7	13.7	12.0	15.9
社会保护/社会保障与就业	18.6	42.4	46.5	35.9	33.9	12.4	40.9	35.2	12.0

注:本表由汪德华博士制作。北欧三国分别为瑞典、丹麦和挪威。三个转型国家分别为匈牙利、捷克和波兰。在合并时均采用了先计算各国财政支出比重,然后简单平均的方法。

资料来源:National Accounts of OECD Countries Volume II:DETAILED TABLES(2009)。

相比之下,中国的社会保障与就业支出排在各项支出的第4位,占全部财政支出的12%。虽然位次不低,但与GDP相比很有限。2003~2008年间,其占GDP的比重平均仅为2%或者略高一些,2008年为2.1%。一般而言,凡是总支出占GDP比重较高的国家,其社会保护支出占GDP的比重也较高。OECD社会支出占GDP的比重(2000~2005年),平均在20%左右。捷克和波兰虽然是转型国家,但也基本都达到这一水平。韩国传统上就是小政府的国家,其社会支出占GDP的比重相对较小,不到10%,而瑞典有的年份则高达30%以上(见图1)。

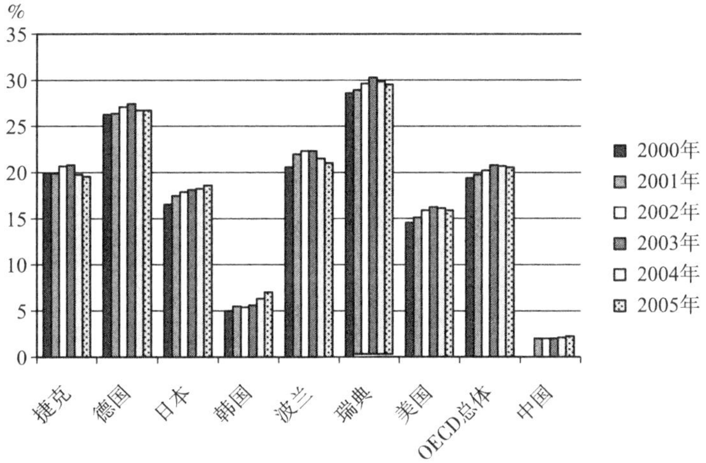

图1 中国与部分OECD国家的社会支出占GDP的比重

资料来源:OECD Factbook 2009:Economic,Environmental and Social Statistics,中国为2004~2008年数据,资料源自财政部网站。

人们十分关注的医疗卫生支出,在所有OECD国家的财政支出中都位居前三位(除了在匈牙利排第五位,在韩国、荷兰、葡萄牙和瑞典均排第四位),而在中国各项功能支出中排名(2008年)倒数第二。1994~2008年,中国政府医疗卫生支出占全部财政支出的比重平均仅为4.4%,大大低于OECD国家10%~20%的水平,占GDP的比重更不足1%,仅为0.69%,OECD国家的这一平均水平则为5.5%。在世界卫生组织发布的《世界卫生报告2006》公布,中国政府卫生支出占GDP的比重,在196个国家中居第156位,排名比很多低收入国家还要靠后。

正如按功能分类的中国财政支出结构所显示的那样,社会支出的低比例,与经济事务支出的高比例密切关联。图2显示了1994~2008年,中国按功能分类的部分财政支出结构。无论是从占财政支出的比重来看,还是从占GDP的比重来看,中国财政用于固定资产投资和城市维护建设的支出都远高于医疗卫生、社会保障与就业、农业和科技支出。这表明,中国财政支出结构的实质性转型才刚刚开始,其"重经济发展和基建投资、轻社会发展和人力资本投资"的传统特征仍然十分明显。

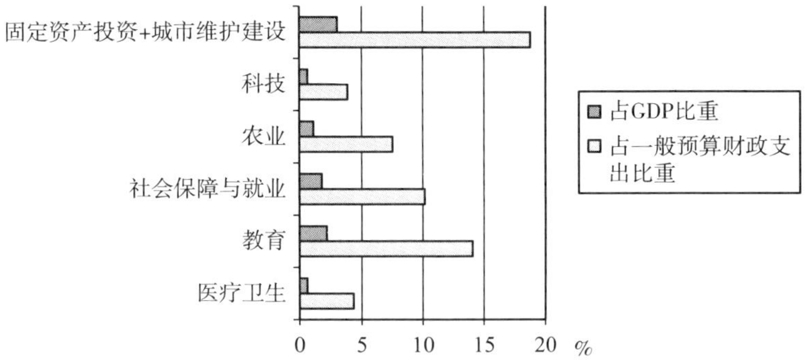

图 2 中国的固定资产投资支出和社会支出

注：本图数据由汪德华博士提供。GDP 采用当年价数据。医疗卫生财政支出来自于《中国卫生统计年鉴》，但采用新的政府收支分类标准核算。城市维护建设数据为“中国历年城市维护建设资金收入统计”中的财政性资金，来自于《中国城市建设统计年鉴(2007)》。需要注意，这些财政性资金中，部分来自于预算外和土地出让金。

资料来源：各年《中国财政年鉴》，载于《中国卫生统计年鉴(2009)》、《中国城市建设统计年鉴(2007)》，以及财政部公布的 2007 年、2008 年一般预算决算资料。

根据联合国开发计划署(UNDP)的定义，经济发展体现在总体经济规模、人均收入和增长的结构平衡等方面；社会发展指标则包括人口、教育、卫生、科技、文化、环境、基础设施、人类发展等。经济发展是社会发展的前提和必要条件，同时，世界历史经验也证明，在其他条件相同的情况下，社会发展指标记录良好的国家和地区，往往更具有经济发展方面的优势(胡鞍钢、邹平，2000)。尽管经济发展与社会发展之间存在紧密的联系，但没有足够的事实证明，两者之间存在着明显的因果联系。经济增长能否促进主要社会发展指标不断改进和提高，有赖于其他经济因素和政策因素的共同作用，例如，财政支出是否有利于社会发展。

中国财政支出结构上的偏离，即重视经济服务(特别是经济建设事务)和一般公共服务，而忽视社会支出的现状，是造成中国社会发展严重落后于经济发展的关键原因之一。在中国经济持续增长 30 余年之后，社会发展滞后已经成为经济结构转型和人民福利改善最大的制约因素。因此，中国的财政支出结构向“社会发展和人力资本投资”转型的任务依然十分艰巨。

参考文献：

贾康、郭文杰：《财政教育投入及其管理研究》，中国财政经济出版社 2002 年版。

OECD Factbook，Economic，Environmental and Social Statistics，2009.

(马珺)

林达尔模型

Lindahl Model

林达尔(Lindahl)，北欧经济学派(瑞典经济学派)的代表人物之一。林达尔模型以其名字命名，是指小规模人群中公共物品自愿交易的供需均衡模型。

林达尔模型认为，假如每一位社会成员均根据所享受到的公共物品效用的大小，确定其应负担的公共物品成本，则存在一个均衡状态，使得公共物品的供给数量达到最优水平，所有社会成员自愿负担的公共物品成本之和恰好等于最优数量公共物品的供给成本，此时公共物品的供给实现了林达尔均衡。

林达尔模型将政府引入一个包含 A 和 B 两名社会成员的社会中，由政府负责向社会成员提供公共物品并向社会成员征税以弥补其成本。政府将公共物品的成本(相当于政府向社会成员征收的税额)信息提供给 A 和 B 二人，二人各自向政府报告在既定税额条件下对公共物品的需求量。如果二人对公共物品的需求量不一致，则政府需要对税额分配进行调整，旨在使全社会对公共物品的需求量和需求价格达成一致。根据林达尔模型的设计，全体社会成员消费着相同数量的公共物品，而对公共物品的总成本进行分担，每一位社会成员均可对所享受的公共物品的效用进行评价，并据此确定负担的税额，公共物品的供给在这种“讨价还价”的过程中实现全体一致同意的均衡状态，达到最优公共物品供给数量以及与之相应的税额分配结构。这个过程可用图 1 来表示。

设横轴表示公共物品供给量，纵轴表示 A 和 B 二人分摊的税收份额，其中，纵轴自下而上代表 A 分摊的税额 h，自上而下代表 B 分摊的税额 $(1-h)$，D_a 和 D_b 分别表示 A 和 B 在不同的税额下对公共物品的需求曲线。假定政府初始确定的税额分摊分别为 h_1 与 $(1-h_1)$，即 A 分摊的税额为 h_1，B 分摊的税额为 $(1-h_1)$。由图中可以看出，在这一税额分摊结构下，A 对于公共物品的需求量 G_a 小于 B 对于公共物品的需求量 G_b，政府需要对税额进行调整，提高 B 的税额以降低其对公共物品的需求，同时降低 A 的税额以提高其需求。只要 A 与 B 对于公共物品的需求量不一致，则调整过程将继续进行，直到找到一种税额分摊结构，此时双方对公共物品的需求量恰好相等，这也就是图中所对应的均衡点 E 点。图中 E 点所对应的税额分摊结构为(h_0, $1-h_0$)，A 与 B 对公共物品的需求量均为 G_0，实现了林达尔均衡。

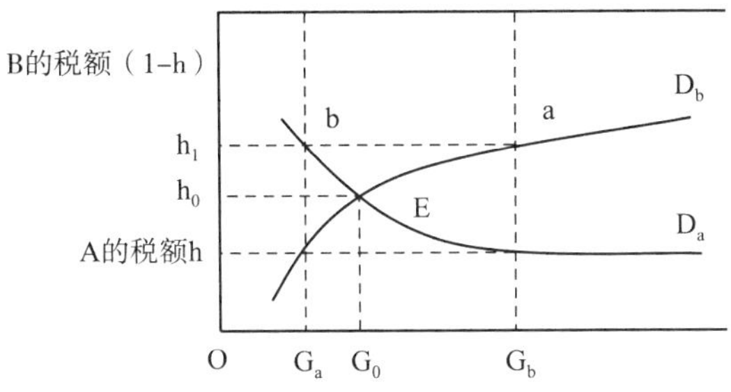

图 1　林达尔模型与公共物品最优供给

林达尔模型假设，公共物品产出水平与社会成员间税收分担比例作为一个决策方案同时决定，不存在两者之间决策顺序的先后问题；社会成员均将真实表达自己对公共物品的需求偏好，并根据其从公共物品的消费中所获得的收益自动计算并负担公共物品的生产成本。

林达尔模型中，单个社会成员可以直接参与公共物品供给决策，在不断的“讨价还价”对备选方案进行表决的过程中，单个社会成员的真实需求偏好“汇总”，最终达成全体成员一致同意的公共物品供给决策。林达尔模型作为研究公共物品供给的理论模型，同时是一种以一致同意为通过条件的政治决策程序。尽管在现实操作中这种决策程序决策成本过高，但在理论研究上，林达尔模型为后续的研究提供了可以借鉴的标准(奥尔森，2011)。

现实经济社会中，“经济人”的理性行为作为经济学的一个基本假设是客观存在的。在林达尔模型的集体决策过程中，社会成员隐瞒自己对公共物品的真实需求偏好以降低其负担的公共物品生产成本是难以避免的，同时由于信息不对称的作用，政府难以充分掌握全体社会成员的全部相关信息，“经济人”假设的现实性与信息不对称现象导致“搭便车”现象的广泛存在，进而使得公共物品供给水平低于均衡水平，造成公共物品供给不足。

参考文献：
[美]约瑟夫·熊彼特：《经济分析史》第 3 卷，商务印书馆 2009 年版。
[美]曼瑟尔·奥尔森：《集体行动的逻辑》，格致出版社 2011 年版。

（吴俊培　安钢）

萨缪尔森模型
Samuelson Model

保罗·萨缪尔森，美国经济学家，新古典综合学派创始人，1970 年诺贝尔经济学奖获得者，是在英语国家最早把公共物品纳入新古典方法分析的经济学家。萨缪尔森于 1954 年建构了在一般均衡分析框架下公共物品最优供给的理论模型，后以他的名字命名。他的经典著作《经济分析基础》将数学分析方法引入经济学，而其编著的教科书《经济学》影响甚广，自 1948 年第一年出版后几十年内一直作为里程碑式的教科书长盛不衰。根据萨缪尔森模型的一般均衡分析，当公共物品与私人品之间的边际生产转换率等于全体社会成员对公共物品与私人品的边际替代率之和时，即满足公共物品最优供给的一般均衡条件时，便实现了公共物品的帕累托最优供给。

萨缪尔森模型假设前提：第一，在一个包含 A 与 B 的两人社会中，只生产两种最终消费品，即所谓纯私人品 X 与纯公共物品 G；第二，A 与 B 的需求偏好既定；第三，纯私人品 X 与纯公共物品 G 生产可能性边界既定。通过一般均衡分析，得出当公共物品与私人品之间的边际生产转换率等于 A 对两种最终消费品的边际替代率与 B 对两种最终消费品的边际替代率之和时，公共物品实现最优供给。萨缪尔森模型的推导可由图 1 表示。

该图分为三部分，图 1(1)表示 A 对公共物品与私人品消费的无差异曲线，图 1(2)表示 B 的消费无差异曲线，图 1(3)给出了该经济的生产可能性曲线。

首先，假定消费者 B 的效用水平既定，寻找消费者 A 可能达到的最高的消费无差异曲线，由图 1(1)与图 1(3)可知，图 1(1)中的 TT 曲线就是对应的 A 的消费无差异曲线，TT 曲线上任意点与 B_2B_2 曲线相应点的横轴坐标相同，TT 曲线上该点的纵坐标与 B_2B_2 曲线上相应点纵坐标的数量和等于生产可能性曲线 FF 上相应点的纵坐标数量。在 B 的效用水平由无差异曲线 B_2B_2 给定的条件下，A 的消费可能性曲线只能是 TT 曲线，TT 曲线与 A_2A_2 曲线的切点 M 点是 A 与 B 结合起来的最优消费组合状态，即帕累托最优状态。此时，消费者 A 的无差异曲线不可能在不损害消费者 B 的前提下移动到更高的状态。在 M 点，消费者 A 与 B 消费公共物品的数量均为 G_N，A 消费私人产品的数量为 X_{aN}，B 消费私人产品的数量为 X_{bN}。

根据该图，在公共物品的数量 G 的任意数值上，均存在 FF 曲线的斜率等于 A_2A_2 曲线与 B_2B_2 曲线的斜率之和这一恒等关系。而在帕累托最优状态条件下，FF 曲线的斜率就是公共物品与私人产品之间的边际生产转换率(MRT)，A_2A_2 曲线与 B_2B_2 曲线的斜率分别是消费者 A 与 B 在公共物品与私人产品消费之间的边际替代率(MRS_A, MRS_B)。由此,可以得到满足帕累托状态的必要条件:

$$MRT = MRS_A + MRS_B$$

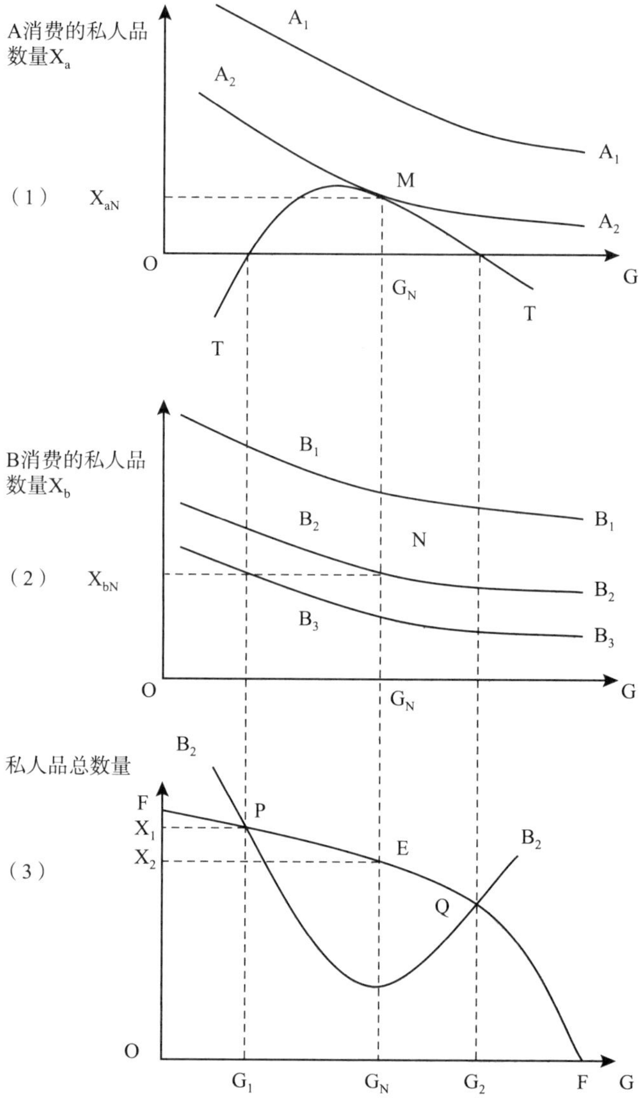

图 1 萨缪尔森公共物品最优供给一般均衡分析

即公共物品与私人产品之间的边际生产转换率等于消费者 A 与消费者 B 对两种物品的边际替代率之和。这个结论可以进一步推广,在一般均衡分析中,撤销 B 的效用水平既定的条件后,在一个包含多个社会成员、存在多种公共物品与私人物品的社会中,公共物品最优供给的条件是:所有消费的边际替代率之和等于生产的边际转换率(Samuelson,1955)。这一均衡条件用公式表示如下:

$$\sum MRS_i^{jk} = MRT^{jk}$$

其中,i = 1,2,…,n(社会成员数量);j、k = 1,2,…,m(消费品数量)。

事实上,每个人消费公共物品的数量是以减少其对私人产品的消费为代价的,即消费者对于公共物品与私人产品之间的边际消费替代率等于其公共物品与私人产品的价格比率:

$$MRS_A = \frac{P_G^A}{P_X^A} \quad MRS_B = \frac{P_G^B}{P_G^A}$$

又可知:

$$MRT = \frac{MC_G}{MC_X}$$

可得:

$$MRS_A + MRS_B = \frac{P_G^A}{P_X^A} + \frac{P_G^B}{P_X^B} = \frac{MC_G}{MC_X} = MRT$$

又由于:

$$P_X^A \equiv P_X^B \equiv P_X$$

可得：

$$\frac{P_G^A + P_G^B}{P_X} = \frac{MC_G}{MC_X} = MRT$$

设 PX = 1，则有 $P_X = MC_X = 1$，即：

$$P_G^A + P_G^B = MC_G$$

这表明，公共物品最优供给的帕累托条件为，在一组公共物品的消费者中，所有消费者为公共物品支付的价格之和等于公共物品的边际成本（Samuelson，1954）。

萨缪尔森模型建立在一系列严格的假定条件基础上，该模型要求政府的行为方式追求公共利益极大化，并且足够有能力保证有效地提供公共物品并在社会成员之间公平分配；社会成员对公共物品的需求偏好真实表达；不存在不完全信息等。现实中，如此严格的假设条件很难满足。首先，即便不考虑政府出于自身利益最大化考虑而使政府行为偏离公共利益极大化的情况，也难以保证政府有足够的能力保证公共物品的有效供给及公平分配，事实上，在现实经济运行中也不可能存在一个“万能政府”负责一切公共事务。其次，“经济人”假设作为经济学的基本假设有其客观性与普遍性，难以避免社会成员出于利益考虑隐瞒自己对公共物品的真实需求偏好；再次，萨缪尔森模型中考虑的公共物品限定为纯公共品，现实经济社会中满足纯公共品定义的公共物品极少，这极大地限制了萨缪尔森模型在实践中的作用。

萨缪尔森模型对公共物品最优供给的研究是一种合理的理论抽象，为判断一种公共物品供给是否最优提供了理论上的标准或规范，具有极高的理论价值。但在现实中，萨缪尔森模型过于严格的假设条件难以满足，极大地影响了萨缪尔森模型在现实中的广泛应用。

参考文献：

Paul A. Samuelson, Diagrammatic Exposition of a Theory of Public Expenditure, *The Review of Economics and Statistics*, Vol. 37, No. 4, Nov. ,1955.

Paul A. Samuelson, The Pure Theory of Public Expenditure, *The Review of Economics and Statistics*, Vol. 36, No. 4, Nov. ,1954.

（吴俊培　安钢）

公共支出分配理论
Allocative Theory of Public Expenditure

公共支出分配理论是指由意大利学者潘塔莱奥尼（Pantaleoni）于 1883 年提出的关于公共支出分配标准的理论，即有限的公共支出在不同的支出项目之间的分配取决于不同项目间边际效用的比较。根据该理论，公共支出的分配标准总体上包含两个方面：一方面需要考虑支出项目本身的效用，另一方面需要考虑支出项目与其他可能支出项目的效用比较。潘塔莱奥尼进一步指出，如果财政收支之间存在直接的对应关系，如现行税制体系中每一种税收均与一定的财政支出项目相对应，则财政支出的分配标准需要进一步考虑两个因素：一是需要保证纳税人从财政支出项目中所获得的效用满足足以弥补其缴纳税款带来的效用下降；二是需要考虑特定的税收—支出组合与其他可能的组合之间效用的比较（熊彼特，1935）。

潘塔莱奥尼认为，在财政收支原则上，收入与支出没有先后之分。在确定财政收支计划时，根据实际以追求效用最大化为目标决定财政支出项目的取舍，二者又是对一定的财政收支组合根据边际效用进行分析，财政的收入与支出在决策过程中是并行的。

潘塔莱奥尼关于公共支出分配标准的理论建立在边际效用价值论基础之上，作为奥意学派的代表人物之一，潘塔莱奥尼积极将边际效用学说引入财政学研究，对西方财政学的发展产生了深远的影响。首先，公共支出分配理论的提出拓展了财政学的研究范畴，将财政支出研究微观化，而在此之前，财政学研究多数局限于财政收入领域；其次，公共支出分配理论强调考虑纳税人的个人需要，使得财政学对于财政活动的目的分析由政府需要转向公众个人需要；最后，公共支出分配理论引入了边际效用学说，使得政府部门提供的公共物品用价值度量成为可能，从此人们可以使用新古典方法研究财政支出，为公共物品理论的发展奠定了理论基础。

西方财政理论对于财政支出研究的发展经历了漫长的历史阶段，古典经济学家最早对政府公共支出展开研究。英国古典经济学家威廉·配第认为，政府开支的一般范围主要包括六项“公共经费”，即军事经费、行政经费、宗教费用、教育经费、赡养费用以及公共福利事业经费。威廉·配第主张增加前三项支出，缩减后两项支出，对于教育经费主张区别对待；大卫·李嘉图主张政府应尽量压缩开支，缩小政府活动范围，降低赋税负担（约瑟夫·熊彼特，1935）。作为古典经济学理论体系的奠基人，亚当·斯密认为财政支出是对国家经济资源的损耗，应尽可能缩小财政支出规模。他提出政府公共支出应主要集中于国防支出、司法支出、公共工程和公共机构支出三个方面（亚当·斯密，1776）。

英国经济学家凯恩斯强调政府应利用财政支出调节总需求，实现经济稳定增长，在经济萧条时期，扩大政府财政支出，可以有效刺激社会总需求（约翰·梅纳德·凯恩斯，1936）。凯恩斯学派主张政府积极干预经济，财政支出则是政府干预经济运行的最有效手段之一,通过相机抉择的财政政策,调整财政支出的规模和结构,利用财政手段调节总需求,保障经济均衡增长。

以萨缪尔森为代表的新古典综合学派重视通过实证研究分析财政支出,萨缪尔森认为政府公共支出对于产出与就业发挥着重要影响(萨缪尔森、诺德豪斯,1948);而马斯格雷夫认为在经济发展的不同阶段应采取不同的财政支出政策,特定时期通过增加财政支出可以起到促进经济增长的作用(马斯格雷夫,2003)。以弗里德曼为代表的货币学派强调市场机制的自发调节,反对凯恩斯主义主张的相机抉择的宏观经济政策,在财政政策上主张实行平衡预算,反对基于干预经济的目的对财政支出进行调整(弗里德曼,1953)。以萨金特和卢卡斯为代表的理性预期学派认为,在理性预期下,经济政策是无效的,为保证宏观经济稳定,税率应保持稳定,同时财政支出政策应向公众公开(卢卡斯,1987)。

参考文献:
[美]约瑟夫·熊彼特:《经济分析史》第3卷,商务印书馆2009年版。
[英]亚当·斯密:《国富论》,上海三联书店2009年版。
[英]约翰·梅纳德·凯恩斯:《就业、利息和货币通论》,商务印书馆1999年版。
[美]保罗·A·萨缪尔森、威廉·D·诺德豪斯:《经济学》,人民邮电出版社2008年版。
[美]理查德·A·马斯格雷夫、佩吉·B·马斯格雷夫:《财政理论与实践》,中国财政经济出版社2003年版。
[美]米尔顿·弗里德曼:《弗里德曼文萃》,首都经济贸易大学出版社2001年版。
[美]罗伯特·卢卡斯:《经济周期模型》,中国人民大学出版社2003年版。

(吴俊培 安钢)

公共部门的集体决策
Collective Decision-making in Public Sector

公共部门的集体决策系指通过某种政治过程,将公众对公共物品的个人偏好加总或综合,从而决定公共物品提供的一种政治决策。在现代社会,民主体制分为直接民主制与代议民主制两种。在直接民主制下,投票者以投票直接反映个人对公共物品的偏好;在代议民主制下,投票者先选举代表,由这些代表投票决定公共物品的供给。投票规则是将个人对公共物品的偏好通过政治过程转移为集体行动的方法,主要包括了一致同意规则与多数同意规则。

一致同意规则是指只有当全体投票者毫无例外地一致赞同而没有任何一个人反对时,集体决策才能做出。一致同意规则实行的是一票否决制,投票者对于可能的集体决策,都会根据自己的切身利益通过投票,或支持或反对。若有一个人认为自己的利益受损,经由投票的集体决策就将不会做出。因此,一致同意规则可以使每个投票者都受益而不受损,因此可以达到帕累托最优状态。

一致同意规则从理论上看是一种理想的集体决策的规则,但现实中因存在明显的缺点得不到普遍采用。首先,一致同意的决策成本过高。全体投票者达到一致同意所需的时间往往非常长,投票人数越多,他们的偏好差异就越大,彼此间可能进行的协商与讨价还价所耗的时间与精力损失也许超过从公共物品供给中的受益。其次,这一规则鼓励了策略性行为。"为决策所需要的规则越是接近于全体一致同意,个体谈判者的权力就越大,而下述可能性也就越大:至少会有一些个人,将力图最大限度地利用他们的讨价还价地位"。最后,这一规则可能导致威胁和敲诈。如果一个人认识到某项议案或决策可以被他否决的话,那么他就会以抗拒的形式来敲诈那些想使这项议案或决策得以通过的人,从而使他和他的支持者获得好处(方福前,2000)。

鉴于一致同意规则难以实现,因此多数同意规则成为最常用的集体决策方法,它多指一项集体决策只有在超过半数以上的赞成票时才能做出,过半数就能通过也称为简单多数,与此相对应的还有比例多数。过半数规则的显著优点是节省决策成本,决策成本包括解释待通过的议案、讨价还价、修改议案、协商、议案表决等花费的资源和时间成本,这种成本随着通过议案所需人数的增加而递增(杨龙,2003)。在多数同意规则下,若是从多项议案中选定一项,结果就不一定是唯一的,而可能存在不确定性的结果,这种可能出现的各种备选议案之间的循环,被称为投票悖论或孔多塞悖论(见图1)。

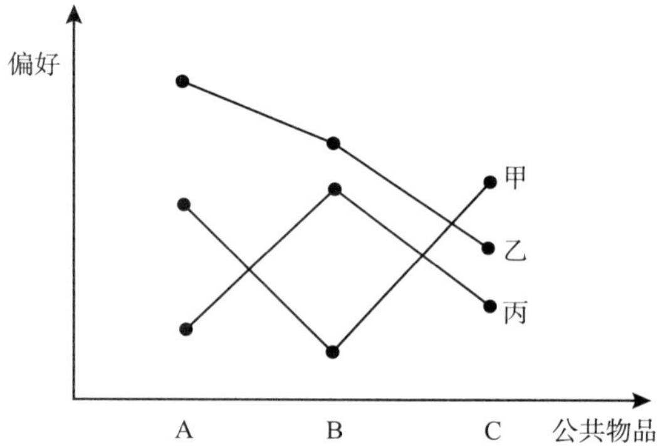

图1 投票悖论

将图1中某个人的偏好比相邻点都高的点称为峰。如果一个投票者最偏好某一方案，当转向其他议案时，他的偏好程度都是下降的，那他就具有单峰偏好；如果转向其他议案时，他的偏好程度始而下降继而上升，则他具有双峰偏好。图1中，甲与丙是单峰偏好，乙是双峰偏好。正是由于乙是双峰偏好，所以在投票决定三个以及三个以上议案时，就会出现投票悖论。

如表1所示，甲对公共物品供给量的偏好由高到低依次为C、A、B，同样，乙为A、B、C，丙为B、C、A。假如采用二选一的选择过程来确定公共物品供给量，在A与B之间，甲与乙会选择A，丙则选择B，A以2:1的票数胜出；同理，在B与C的选择中，B以2:1的票数胜出；在A与C的选择中，C以2:1的票数胜出。由此就导致了投票悖论。因为A优于B，B优于C，所以按常理应得出A优于C的结果，但实际的投票结果却是C优于A。如果改变投票顺序，先是在A与B之间进行选择，然后用胜出的A与C之间做选择，C将最后胜出。同样，如果先是在B与C之间进行选择，再用胜出的B与A之间做选择，A将成为最后的选择。这样的配对投票会一直持续下去而没有结果，从而出现投票循环。

表1　导致循环的投票者偏好

选择	投票者		
	甲	乙	丙
第一种	C	A	B
第二种	A	B	C
第三种	B	C	A

对于可能成为集体决策的某项议案，除非允许交换选票，否则每个投票人将受到是对一个给定的议案投赞同票或是投反对票的约束（Mueller，1999）。在买卖选票为非法而被明令禁止的情形下，投票者之间可能会进行互投赞成票的交易。由于各投票者对不同议案有不同程度的偏好，如果投票者根据自己真实的偏好来投票，付诸投票的议案就可能得不到通过，而通过相互捧场，即投票者在投票时赞成自己最偏好的议案时，出于换取他人对自己最偏好议案的支持，也会赞成对自己无关紧要甚至有所损害但对另一投票者却至关重要的议案，这样就使得在多数同意规则下被否定的议案因互投赞成票而获得通过。互投赞成票既可能增加社会福利，也可能减少社会福利，导致塔洛克所认为的公共支出过度。

阿罗（Arrow）在其1951年出版的《社会选择与个人价值》一书中对多数同意的投票规则进行了研究，提出民主社会中集体决策规则应满足的条件：

第一，个人排序的普遍相容性。对于一个相当广泛的范围内的个人排序集合，都能根据社会福利函数给出一个真正的社会排序。

第二，社会价值与个人价值的正向关系。当每个人都认为X优于Y时，社会的排序也必须是X优于Y。

第三，对无关备选对象的独立性。如果个人对备选方案X和Y的偏好顺序不变，X和Y的社会偏好顺序不会因其他备选方案Z的中选或撤销而受到影响。

第四，不受限制的个人选择自由。每个人都能按照自己的价值观对可能的备选对象自由地进行选择，即个人的偏好顺序不受限制。

第五，不存在独裁。即集体选择不能完全由一个人的偏好来决定。

此外，阿罗提出了社会选择的两条公理：

公理1：连贯性。在X和Y两个选项共存时，必定有X≥Y，或Y≥X。

公理2：传递性。在有X、Y和Z三个选项时，若X≥Y，Y≥Z，则必有X≥Z。

阿罗认为，投票规则必须同时满足上述五个条件和两个公理，才能把个人偏好顺序转换为社会偏好顺序或集体偏好顺序，但现实中它们不可能同时都得到满足。这就是阿罗不可能定理。因此，按照阿罗的理论，将个人偏好整合为合意的社会偏好的集体决策规则是不存在的。

政治家如同企业家一样是立法或公共物品的供给者，从事政治活动从严格意义上讲，除了个人的政治利益外，还可能有其他因素影响他们的参政活动，但政治家的最终动机，是使选票最大化。这意味着政治家不总是基于公共利益选择政策，他所关心的是在下次选举中能否再次当选。他所在的政党亦是如此，对选票的关心胜于对政策的关心。正如唐斯（Downs，2005）所说的，政党是为了赢得选举而制定政策，而不是为了制定政策而赢得选举。当然，政治家在考虑如何使选票最大化时，中间选民的偏好是在多数票规则中能否胜出的决定因素。在这种情形中，追求选票最大化的政治家将会采取能够反映中间选民偏好的政纲。

选民如同市场中的消费者，在政治市场中追求个人利益的极大化。对利己的考虑，意味着选民是理性的，他要在各种损益权衡后决定是否参与投票。但同时他缺乏投票所需要的候选人的详细信息，由于他以为他的个人选择对选举结果不太可能有重要的影响，因此他也没什么动力去花费时间了解应知的信息，这样的选民被称作理性而无知的。这在一定程度上说明了代议制民主制下投票率可能不高的原因。

官僚也可称作公务员，他们类似于企业经理与雇员，从事已确定公共物品产量的具体生产。没有官僚的存在，政府也就无法运转。一方面，官僚的工作可以在某种程度上解释为为了权力、收入、地位或安全，或着眼于公共利益，但另一方面，尼斯坎南（Niskanen，2004）认为，权力、地位等都与官僚的预算规模大小正相关,官僚是以预算最大化为目标,而非以公共物品的产出最大化为目标。

代议民主制以选举为特征,使政策的供给者与需求者相分离,虽然这种民主形式可以避免高的决策成本,但社会福利最大化无论在多党制下还是在两党制下都难以实现。

参考文献:
[荷]汉斯·范登·德本、本·范·韦尔瑟芬:《民主与福利经济学》,中国社会科学出版社 1999 年版。
[美]安东尼·唐斯:《民主的经济理论》,上海人民出版社 2005 年版。
[美]丹尼斯·C·缪勒:《公共选择理论》,中国社会科学出版社 1999 年版。
[美]哈维·S·罗森、特德·盖亚:《财政学》第八版,中国人民大学出版社 2009 年版。
[美]肯尼斯·阿罗:《社会选择和个人价值》,四川人民出版社 1987 年版。
[美]威廉姆·A·尼斯坎南:《官僚制与公共经济学》,中国青年出版社 2004 年版。
[美]詹姆斯·M·布坎南、戈登·塔洛克:《同意的计算——立宪民主的逻辑基础》,中国社会科学出版社 2000 年版。
方福前:《公共选择理论——政治的经济学》,中国人民大学出版社 2000 年版。
文建东:《公共选择学派》,武汉出版社 1995 年版。
杨龙:《西方新政治经济学的政治观》,天津人民出版社 2003 年版。

(张德勇)

偏好显示机制

Mechanism of Preference Revelation

偏好显示是与公共物品相联系的一个概念。公共物品具有非竞争性与非排他性的特征,这意味着公共物品的消费者会出于私利的考虑,提供虚假的信息,不显示自己的真正偏好,对公共物品的消费装作比自己真实需求更少的偏好,从而逃避因享用公共物品所应缴纳的税收份额,成为免费搭车者。因此,要确定公共物品该提供多少,就需要一定的偏好显示机制,即社会成员通过何种途径或方式能够真实地表达对公共物品需求的信息。

个人对公共物品的需求或偏好,可以通过一定的政治过程——投票过程——表达出来。一致同意规则的投票方式是一种理想的解决思路,但现实中因每个人的偏好情况不同而难以实现。于是,最常用的投票方式是多数票决,也就是基于多数同意规则下的投票。在多数投票情形下,如果投票人具有单峰偏好,由投票做出的选择是单向连续的,投票人按照自己的真实偏好进行投票,那么中间投票人所偏好的公共物品供给水平可以使整个群体的福利损失最小,因此可视为代表了社会整体对公共物品需求的偏好显示。这是一种无流动性的公共选择。"以手投票"可以一定程度上有助于实现公共物品的有效供给。当然,投票规则以及偏好是单峰还是多峰都会影响到偏好显示,如在多数投票情形下,如果社会成员具有多峰偏好,那么投票就可能没有确定的结果。

"以脚投票"是公共物品消费者表达偏好的另一种方式。蒂伯特(Tiebout,1956)的观点是,公共物品分为全国性的和地方性的,在每个地区提供不同的税收与公共物品组合的情况下,公共物品消费者可以通过流动来显示自己的偏好。每个人都会选择一个最能满足其偏好的地区定居,并缴纳因享用当地政府提供的公共物品所需的税收。这样,每个人都可以根据自己的偏好迁移到相应的地区,类似于市场中的自愿交换,避免了以投票方式表达偏好的缺陷,也不再存在中间投票人定理。这是一种流动性的公共选择。然而,蒂布特模型的严格假设——消费者是充分流动的,消费者完全了解社区间税收与服务组合的差异,流动不受就业限制,公共服务的收益或税收没有外溢性,以及每个社区在管理者的领导下,试图吸引规模适当的人口以实现规模经济——与现实情况存在相当的距离。

在市场机制下,消费者对私人物品的偏好显示可以通过"货币投票"的方式实现,然而社会成员对公共物品的偏好因"免费搭车者"的存在而可能产生不真实的表达。迄今提出或尝试的偏好显示机制都不同程度存在这样或那样的缺陷,因此,探讨有效的偏好显示机制仍是各方努力的方向,如 20 世纪 90 年代以来旨在揭示人们对某种公共物品偏好的问卷调查法得到广泛采用。

参考文献:
[美]罗纳德·C·费雪:《州和地方财政学》,中国人民大学出版社 2000 年版。
[美]詹姆斯·M·布坎南:《民主财政论——财政制度和个人选择》,商务印书馆 2009 年版。
[英]拉本德拉·贾:《现代公共经济学》,中国青年出版社 2004 年版。
Charles M. Tiebout, A Pure Theory of Local Expenditures, *Journal of Political Economy*, Vol. 64, No. 5, Oct. ,1956.
Paul A. Samuelson, The Pure Theory of Public Expenditure, *The Review of Economics and Statistics*, Vol. 36, No. 4, Nov. ,1954.

(张德勇)

一致同意规则
Rule of Unanimity

参见“公共部门的集体决策”。

多数投票规则
Majority Rule

多数投票规则是一种选举投票的方法，是政治市场中的人们表达公共需求偏好的一种规则和方式。由于一致同意规则在现实中很难实现，多数投票规则往往作为全体一致同意法则的重要弥补而成为民主国家政治生活中常用的选举制度，多用于政府官员的选举或作为立法机构、委员会进行决策的议事办法。多数投票规则要求方案或人选需获得多数，如获得1/2以上比例的选票，方能通过。当然，具体的比例要求也可根据实际情况而定。与一致同意规则相比，该法则的优点在于决策成本相对小，易作出决定，同时满足中立、匿名、公正、单一性等要求。

多数投票规则最基本和常用的模式是简单多数投票规则（Simple Majority Rule）。它是指投票人每人一票，对提案进行赞成或反对投票。只要获得1/2以上赞成票，则通过提案。若有多个提案，按照简单多数投票法则，方案先两两加以比较，再依据传递性公理得出最终结论。即若X被认为好于Y，Y被认为好于Z，那么，X必然好于Z。简单多数投票规则的优点在于：简单易行，投票效率较高；每人都有且只有一票，保证投票的公平；由于要求占总数一半以上的成员赞成才能通过，避免了相对多数法则下相互矛盾的提案通过。

多数投票规则仅仅是一个实用性的法则，天生并不具有伦理的合法性，它伴随着社会民主的建立出现并发展。当所有常规性的社会交往还是依据习俗来约束时，“政府”的存在仅仅是遵从于传统而不是开创先例。社会新规则往往是由个人或是绝对权威来确定。但这并不意味着个体的决策就是鲁莽的、肤浅的。如在印度教义中就规定，国王需要指定7~8名部长帮助其决策。当面临战争、和平、收入等问题时，国王需分别咨询，再综合这些部长的意见，形成最有利的公共决策。这被认为是多数投票规则最早的雏形。很显然，多数投票规则在当时的决策过程中仍未发挥决定性的作用，直到出现能够颁布具有一定法令性规则的组织或机构。如斯巴达的长官就是由伯罗奔尼撒半岛联盟约定根据多数投票规则来确定。罗马元老院也是依据多数投票规则来制定决策。但是，此时实施的多数投票规则抑或是存在着制度漏洞，抑或是程序非常复杂。直到1215年，为限制王权，英国的《自由大宪章》执行条款中首次提到了多数投票规则。1430年，该法则在英国下议院选举时发挥了决定性作用。16世纪下半叶，多数投票规则成为下议院的议事规则。之后，英国的实践被西方世界广泛效仿。当然，作为一种规则，多数投票规则并非固化和绝对。其内容会依据投票方法、裁判官或主持者的力量、选举的程序以及使用的哲学理据而有所变化。

现实中，多数投票规则也遭到了公共选择学派的批评。他们认为多数投票规则是一种很不完善的制度，没有考虑到个人偏好的强度；以序数为基础的投票法，无法以集体方式对个人偏好进行真正意义上的归总和集中；用多数人的偏好代替了集体的偏好。尽管满足了多数人偏好，但对投反对票的少数人利益未得到充分的考虑和保障，意味着福利的损失。最严重的缺陷在于，在投票人存在多峰偏好的情况下，可能会出现投票循环悖论。

参考文献：

吴敬琏、张卓元：《中国市场经济建设百科全书》，中国工业大学出版社1993年版。

［美］理查·穆斯格雷夫、［美］皮吉·穆斯格雷夫：《美国财政理论与实践》，中国财政经济出版社1987年版。

J. Heinberg, History of the Majority Principle, *American Political Science Review*, 1926.

J. Heinberg, Theories of Majority Rule, *American Political Science Review*, 1932.

Mathias Risse, Arguing for Majority Rule, *The Journal of Political Philosophy*: Vol. 12, No. 1, 2004.

Peter J. Coughlin, *Probabilistic Voting Theory*, Cambridge University Press, 1992.

D. Rae and E. Schickler, Majority Rule. In Mueller, 1997.

（冯静）

中间投票人定理
Median Voter Theorem

中间投票人定理亦称中位选民定理，最早由霍特林（Harold Hotelling, 1929）在《竞争的稳定》中提及。在这篇关于地域竞争（Spatial Competition）的著名文章中，他假定选民是沿着一条直线标尺在空间分布，并证明在民主选举的过程中，为了争取更多的选票，两党体制竞争将导致每个政党在意识形态上向其对立面移动。当这种收敛产生时，两党各自的政策上会变得比较温和，激进程度降低，竞选人选举纲领趋同化。斯密驰（Arther Smithies, 1941）把弹性需求引入模型，以反映选民的分布空间，对霍特林的结论进行补充修正。他认为由于担心失去极端投票人的支持，尽管两党纲领趋于一致，也会迫使两党保持一定的区别。1948年，邓肯·布莱克（Duncan Black）在《集体决策的理性》一文专门论述了政治领域集体决策的问题。之后，经安东尼·唐斯（Anthony Downs, 1957）在《民主的经济理论》一书中进一步提炼和深化，形成了中间投票定理。该理论逐步在公共政治领域得到广泛的关注。

所谓中间投票人定理是指在一个多数决策模型中,如果所有投票人偏好都是单峰型(Single-peaked)的——每一个投票人偏好都存在最优的可能选项,一旦偏离该选项(不论是向左,还是往右),投票人对选择项的满意度越来越低——那么,投票结果是反映中间投票人的偏好或意愿的方案总能击败其他方案而获得通过。即所有投票人偏好是单峰的条件下,依据多数同意规则,存在着唯一选择项的均衡状态。所谓中间投票人就是指处在所有投票者最优偏好结果中间状态的投票者。

用微观经济学术语解释,中间投票人定理是指在每一个投票人偏好都是严格凸函数的假设下,如果且只要存在所谓的中间投票人的最优选项,那么,在多数法则下,该选项就不可能被别的任何其他选项胜过,投票结果符合帕累托效率。当然,这一结论成立的重要假定是选民(投票人)对公共物品的偏好呈正态分布。若投票人对公共物品偏好呈偏态分布时,虽然中间投票人个人最优的公共物品水平仍是社会最终选择结果,但不再符合帕累托效率。

如图1所示,若众多投票人及其偏好呈现以50为均值的正态分布,A、B两党初始状态分别位于25、75,那么,两党将迅速收敛于中点。可能的极端投票人的损失将不能阻止它们的相向运动,因为在多数人选举制度中,中间可能争取到的投票人规模将远多于边际投票人。当然,这种政治的收敛和均衡依赖于投票人的单峰分布。或是分布尽管有很小差别,但也集中在一个模式附近。相反,若投票人分布呈现两极极端分布形态,则在两党体制中,每个获胜政党将执行与另一政党意识形态极为对立的政策,一方上台即可能把遭到另一方强烈反对的政策强加于人,这就意味着政策极为不稳定,公开冲突甚至战争可能爆发,民主制度陷入混乱。因此,除非投票人能向中间温和带运动,消除两极分化,否则,民主政府根本不能很好地发挥作用,政治体制无法实现长期的稳定均衡。

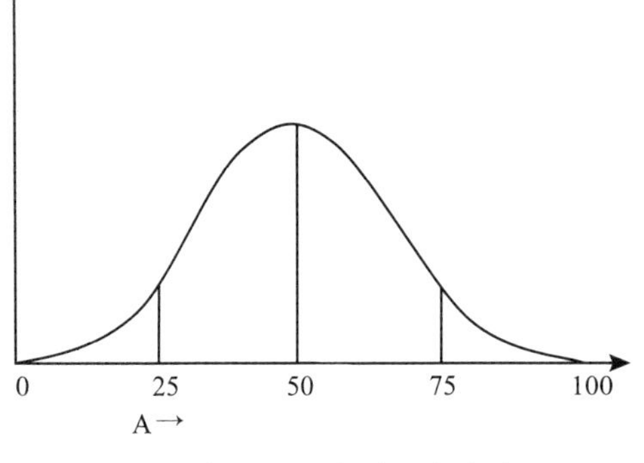

图1 投票人偏好的正态分布

中间投票人定理在公共选择学派的政治行为理论中具有重要地位,被广泛运用于解释多数人选举制度方面的问题。例如,在民主选举国家,公共政策往往比较"温和"。其一,因为政治均衡最终在中间投票者最偏好的结果上形成,即中位选民所选择的公共物品供给水平往往是多数决策机制下可能得出的政治均衡。因此,在民主国家,任何一个政党为获取多数选票,必须使自己的竞选方案、纲领符合中间投票人的意愿。公共政策往往走"温和"的中间路线。以美国为例,为赢得总统选举,民主党和共和党竞选人常常将各自竞选纲领迎合人口比例最高的中产阶级的观点或利益。其二,现实中,由于选民年龄、职业、收入、品位、信息量等的差异,许多人并不完全满意政府政策的选择。其三,投票人偏好分布离散度增加,对公共政策影响不大,除非这种离散程度的增加影响到中位投票人的分布。相反,任何中位投票人约束条件的变化或是身份变化都可能对政府政策规模和构成产生系统性影响。如由于中位选民对政府服务的需求随着其收入水平的提高而有所增加,可能导致政府供给的公共水平整体要求提升,等等。

当然,中间投票人定理也有一些不足之处。其一,克莱比(Keith Krehbie,2004)指出,在多数人投票过程中,由于投票人无法直接修订法律,会减低政治过程的效率。其二,为简化分析,中间投票人定理将集体决策过程的假设定义在一维政治序列当中,若选民同时面临超过一个以上的决策事项,该理论无法适用。另外,政府代表的激励结构也是一个问题。部分学者提出,政府官僚部门由个人官员组成,这些政府的代表是自利性的,除公共利益之外,也包括对权利、收入以及荣誉的追求。目标的偏离可能导致选举人政策有利于为自身争取更多的利益。

此外,现实中模型的运用也受到质疑。如实行两党制的国家,两党政策纲领并不都呈现出明显的趋同,也并非所有政党都会为了赢得选举,而一味迎合选民偏好,放弃自己所坚持的主张。

参考文献:

邓子基、林致远:《财政学》,清华大学出版社2008年版。

杨志勇、张馨:《公共经济学》,清华大学出版社2008年版。

Anthony Downs, An Economic Theory of Political Action in a Democracy, *Journal of Political Economy*, Vol. 65, No. 2, 1957.

Anthony Downs, *An Economic Theory of Democracy*, Harper Collins, 1957.

Anthony Downs, A Theory of Bureaucracy, *The American Economic Review*, Vol. 55, 1965.

Arther Smithies, Optimum Location in Spatial Competition, *The Journal of Political Economy*, XLIX. 1941.
Congleton, Roger, The Median Voter Model, In Charles K. Rowley, Friedrich, 2002.
Schneider(Ed.), *The Encyclopedia of Public Choice*, Kluwer Academic Press, 2003, ISBN 978-0-7923-8607-0.
Duncan Black, On the Rationale of Group Decision-making, *Journal of Political Economy*, Vol. 56, No. 1, 1948.
Harold Hotelling, Stability in Competition, *The Economic Journal*, Vol. 39, 1929.
Keith Krehbiel, Legislative Organization, *Journal of Economic Perspectives*, Vol. 18, No. 1, 2004.

（冯静）

孔多塞悖论
Condorcet's Paradox

孔多塞(Marquis de Condorcet)是18世纪法国启蒙运动时期最杰出的代表之一，同时也是一位数学家和哲学家。孔多塞于1785年提出了著名的"孔多塞悖论"，又称"投票悖论"(The Voting Paradox)。

投票悖论是指在多数投票规则(Majority Voting Rules，参见相关词条)下个人偏好次序转化为社会偏好次序过程中出现的得不到稳定一致均衡结果的情况。

假设甲、乙、丙三个人对A、B、C三种方案进行两两投票，即先对其中两个方案进行投票，然后再对第一轮胜出的方案和第三个方案进行投票，以此决定最终的胜出方案。如果甲、乙、丙三人的个人偏好次序如下所示：

甲：A > B > C

乙：C > A > B

丙：B > C > A

如果先对A、B两个方案投票，A方案将得到甲和乙的支持，会在第一轮胜出；然后对A、C两个方案投票，C方案会得到乙和丙的支持最后胜出。但是如果先对B、C两个方案投票，B方案将得到甲和丙的支持，然后对A、B两个方案投票，A方案会得到甲和乙的支持最后胜出。如果先对A、C两个方案投票，则最终胜出的将是B方案。投票程序不同导致最终胜出的方案不同，这就是"投票悖论"。

还有另一种版本的投票悖论，假设甲、乙、丙三人的个人偏好次序不变，对A、B、C三个方案按照一定的顺序逐一表决，第一个得不到大多数人同意的方案将被淘汰。在这种投票规则下，三种方案的表决顺序仍然会决定最终胜出的方案。三个方案共有六种投票组合，分别是：

(1)ABC；(2)ACB；(3)BAC；(4)BCA；(5)CAB；(6)CBA

组合(1)和组合(2)首先表决A方案，只有甲认为A方案最优，因此A方案被淘汰，第二轮表决B方案和C方案，甲和丙均认为B方案优于C方案，B方案胜出。组合(3)和组合(4)首先表决B方案，只有丙认为B方案最优，因此B方案并淘汰，第二轮表决A方案和C方案，乙和丙均认为C方案优于A方案，C方案胜出。组合(5)和组合(6)首先表决C方案，C方案会被淘汰，第二轮表决A方案和B方案，A方案会胜出。

在上面的例子中，大多数人认为方案A要优于方案B，方案B优于方案C。按照逻辑的一致性，这种偏好应当是可传递的，即大多数人认为方案A要优于方案C，但实际情况是大多数人认为方案C要优于方案A。投票悖论揭示了在多数投票规则下，个人偏好次序转化为社会偏好次序的不稳定性，即个人的理性选择并不一定能得到符合理性的集体选择，这被视为民主制度的潜在缺陷。

投票悖论是社会选择理论以及社会福利函数研究关注的重要问题，肯尼斯·J·阿罗(Kenneth J. Arrow)在1951年出版的《社会选择与个人价值》一书中提出了著名的阿罗不可能定理，将投票悖论形式化和一般化了。如何解决投票悖论、绕过阿罗不可能定理的研究推动了社会选择理论的发展。

参考文献：

K. J. Arrow, A Difficulty in the Concept of Social Welfare, *Journal of Political Economy*, Vol. 58, 1950.
K. J. Arrow, *Social Choice and Individual Values*, New York: Wiley, 1951.
D. Black, *The Theory of Committees and Elections*, Cambridge: Cambridge University Press, 1958.
J. M. Buchanan and G. Tullock, *The Calculus of Consent*, Ann Arbor: University of Michigan Press, 1962.
M. Condorcet, *Essai Sur L'application de L'analyse a La Probabilite Des Decisions Rendues a La Pluralite Des Voix*, Paris, 1785.
A. Downs, *An Economic Theory of Democracy*, New York: Harper & Row, 1957.
K. May, A Set of Independent Necessary and Sufficient Conditions for Simple Majority Decision, *Econometirca*, Vol. 20, No. 4, 1952.
H. Moulin, *The Strategy of Social Choice*, Amsterdam: North Holland, 1983.
H. P. Young, Optimal Ranking and Choice form Pairwise Comparisons, In B. Grofman and G. Owen(eds.), *Information Pooling and Group Decisionmaking*, Greenwich, Conn: JAL Press, 1986.

（张斌）

阿罗不可能定理

Arrow's Impossibility Theorem

在一个集体中,如果组成集体的个体之间存在着偏好差异,那么如何从个体的偏好出发得到集体的选择,即如何由个人偏好次序得到社会偏好次序,是社会选择理论研究的核心问题。人们通常认为,在多数投票规则下运行的民主制度,能够通过个人的理性选择(投票)产生理性的社会偏好。

但是,早在18世纪,法国启蒙思想家孔多塞就提出了著名的投票悖论,指出个人偏好次序转化为社会偏好次序的不稳定性,即个人的理性选择并不一定能得到符合理性的集体选择。而肯尼斯・J・阿罗(Kenneth J. Arrow)在1951年出版的《社会选择与个人价值》一书中提出了著名的阿罗不可能定理,将投票悖论形式化和一般化了。

阿罗在书中提出了这样一个问题:是否存在这样一种投票规则,在不限制投票人的偏好并进行独立决策的情况下,所产生的结果不受投票程序的影响,并能将个人偏好转化为前后一致的社会偏好(社会福利函数)。阿罗通过严格的公理化方法证明这是不可能做到的,这就是阿罗不可能定理。

阿罗不可能定理的核心,是对民主社会的集体决策规则提出了五个前提假设,即民主社会的集体决策规则应符合以下五个标准:

1. 无约束的定义域。在决策过程中所有个体均能毫无约束地表达他们的真实偏好,决策的备选方案应包含个人偏好排序的一切可能的组合。

2. 集体理性。集体理性是指社会选择具有传递性和连通性。传递性是指在集体选择过程中,如果方案A优于方案B,方案B优于方案C,那么方案A必然优于方案C。连通性是指对任何两个方案A和B,要么A优于B、要么B优于A,要么两者无差异。集体理性要求在个体能够自由做出选择的情况下,能够获得逻辑上前后一致的社会选择。

3. 帕累托原则。社会选择应符合帕累托原则,即如果社会中的每个个体都认为方案A优于方案B,那么社会选择的结果也应是方案A优于方案B。而且,如果个人偏好发生了变化,社会选择也应产生相应的变化。

4. 无关备选方案的独立性。社会选择依赖于个体对特定选择的排序,不受其他方案的影响。如果认为方案A优于方案B,那么无论方案C是否存在,A始终优于B。

5. 非独裁。即在社会选择过程中,不存在这样一个人或一组人,如果他们认为方案A优于方案B,那么社会选择的结果就是方案A优于方案B,而不管其他人的选择如何。

阿罗提出的上述五个前提假设是相当合理的,符合民主社会的基本要求。但阿罗证明在这五个前提下,不可能存在一个能够将个体偏好转化为逻辑上前后一致的社会决策规则。这一结论说明民主社会普遍采用的多数投票规则是有缺陷和不可靠的,在这一规则下可能产生不合理的结果。

阿罗不可能定理的影响不仅限于对投票悖论的研究,对社会福利函数的研究也产生了巨大冲击。社会福利函数是福利经济学研究的核心问题,长期以来,福利经济学家假定社会福利基于个人效用,而个人效用源于个人偏好,社会福利函数是集合了所有个人偏好,反映社会利益最大化的数学表达式。然而,由于阿罗证明了不可能存在逻辑上前后一致的将个人偏好转化为社会偏好的规则,因此也不存在符合所有个人偏好的社会福利函数。

阿罗不可能定理提出后,围绕如何解决投票悖论从而绕过阿罗不可能定理产生了一系列研究成果,推动了社会选择理论和社会福利函数的发展。

解决阿罗不可能定理的一种思路是放松阿罗提出的五个条件,如对个人偏好进行限制。邓肯・布莱克(Duncan Black)提出了单峰偏好理论(Single Peak Preference Theory),并证明如果每个选民的偏好都是单峰偏好,那么就可以避免投票悖论,得到确定的唯一社会偏好。

阿玛蒂亚・森(Amartya Sen)提出了价值限制理论,在任意三个备选方案中,如果所有投票人对其中一个方案达成一致意见(即价值限制,Value Restriction)就可以消除投票悖论。一致意见有三种模式:

1. 所有投票人都同意其中一个方案不是"最优的"。

2. 所有投票人都同意其中一个方案不是"次优的"。

3. 所有投票人都同意其中一个方案不是"最差的"。

在有四项或四项以上的备选方案时,每个包括三项选择的子集合须符合这三种条件之一。价值限制理论通过放松阿罗的条件使阿罗不可能定理失效。

解决阿罗不可能定理的另一个思路是采用基数效用论来构建社会福利函数,阿罗的研究以序数效用论为基础,假设人与人之间的效用无法比较。许多学者,如黄有光和阿玛蒂亚・森都指出以基数法度量个体效用,增加人与人之间效用比较的信息有助于解决阿罗不可能定理。

参考文献:

M. Allais, Le Comportement De L'homme Rationnel Devant Le Risque: Critique Des Postulats Et Axiomes De L'école Américaine, *Econometrica*, Vol. 21, No. 4, 1953.

Sen Amartya, The Impossibility of a Paretian Liberal, *The Journal of Political Economy*, Vol. 78, No. 2, 1970.

K. J. Arrow, *Social Choice and Individual Values*, New

York: Wiley, 1951.

D. Black, *The Theory of Committees and Elections*, Cambridge: Cambridge University Press, 1958.

M. Friedman, and J. L. Savage, The Utility Analysis of Choices Involving Risk, *Journal of Political Economy*, Vol. 56, August 1948.

J. Marschak, Rational Behavior, Uncertain Prospects and Measurable Utility, *Econometrica*, Vol. 18, No. 2, April 1950.

J. Marschak, Why "Should" Statisticians and Businessmen Maximize Moral Expectation? In *Proceedings of the Second Berkeley Symposium on Mathematical Statistics and Probability*, Berkeley: University of California Press, 1951.

J. Von Neumann and O. Morgenstern, *The Theory of Games and Economic Behavior*, Princeton: Princeton University Press, 1953.

L. Savage, *The Foundations of Statistics*, New York: Wiley, 1954.

（张斌）

互投赞成票

Logrolling

互投赞成票是一种最为常见的选票交易行为。"投票人之间在投票表决的内容方面进行的相互交易，表现为投票人将投票赞成他们实际上反对但反对不强烈的候选对象，以换取其他投票人投票支持他们想要得到的候选对象。"（塔洛克，2007）

塔洛克（Tullock）是较早使用"互投赞成票"这一术语的学者。"他在与布坎南合作撰写《同意的计算》时，查阅了许多政治学基础教材的索引，发现'互投赞成票'这一术语并未在这些索引中出现。尽管许多严肃的政治学家都知道互投赞成票这个事实，但互投赞成票却没有成为一个常用术语。"（塔洛克，2007）为了研究互投赞成票的现象，塔洛克以公共选择理论为基础，从方法论的个体主义出发，构建了一个简单的模型，论证了在多数票规则的条件下出现互投赞成票的逻辑及其可能存在的问题。

互投赞成票包括两种基本形式。第一种形式是显性互投赞成票（Explicit Logrolling）。简单地说，这种形式是一种"今天我帮你，明天你帮我"的情况，即"我同意投票赞成你想要的东西，而你同意在以后投票赞成我想要的东西作为报答"（塔洛克，2007）。在西方民主国家的许多政治选择制度之中，"当对一系列连续议案中的每一个议案都进行公开投票的个人数合理地少时，这种现象几乎无所不在。通常，这正是代议制议会的特征，而且还有可能存在于使用'直接民主'的小政治单位之中"（布坎南、塔洛克，2000）。第二种形式是隐性互投赞成票（Implicit Logrolling）。简言之，为了使不同投票人关注的议案获得通过，或者为了使不同投票人所支持的政党赢得选举，可以将各自赞成的事项纳入同一个议案进行表决。具体而言，"大批的投票者被号召拢来决定各种复杂的问题，诸如由哪个党派统治或在某次全民复决投票中哪些议案将获得通过等。在这里，不存在任何正式的选票交易，但发生了一种类似的过程。那些向投票人提供候选人或选举纲领的政治'企业家'，编织了一个复杂的政治混合体，以吸引支持。在这样做时，他们牢牢地记着下述事实：单个的投票者也许对一个具体议案的结果非常感兴趣，以致他会投票赞成那个支持议案的党派，尽管他可能反对该党派在所有议案上的立场。以这种隐含的互投赞成票为特征的制度，是许多现代民主程序的特征。"（布坎南、塔洛克，2000）

以政党与议案为划分标准，可以进一步将隐性互投赞成票细分为两类："第一，在投票选举执政党的情形下，假设一个政党的一部分议案与一些选民的偏好相互冲突，但是这些选民对该政党的另外几个议案强烈支持，非常关注这几个议案的结果。在此情况下，该政党为了赢得这些选民的支持，就把所有议案作为一个整体或者叫作'政策混合体'，从而使得这些选民因为强烈支持少数几个议案而忽略其他略为反对的议案，仍然投票支持这个政党。第二，在投票决定议案的情形下，此时执政党的目的不是为了赢得选举而迎合选民的偏好，而是以执政党的身份为了实行一些竞选政纲中没有体现的议案而争取选民的支持。此时，投票者可能对一些议案非常感兴趣，然而执政党的目的是想要通过其他一些略微不受投票者欢迎的议案。于是，执政党会把所有这些议案作为一个单位进行全民公决，从而通过他们想要施行的议案。"（吕普生，2008）

至于如何评价显性与隐性两种不同形式的互投赞成票，学者们有不同看法。"从数学和理论的角度看，塔洛克认为这两种形式之间没有什么差别，但许多人认为他们之间存在很大的道德差别。例如，邓肯·布莱克（Duncan Black）就认为，第一种形式极不道德，但第二种完全正确。因为，在布莱克看来，第一种形式意味着人们统一投票赞成自己不认可的东西，因此他的投票是在说谎。相反，在第二种形式中，尽管人们自然不赞成议案中某部分内容，但他们赞成整个议案，因此他没有说谎。塔洛克觉得这种看法有点天真，既然一项议案由两部分各自赞成的内容组成，将这两部分各自赞成的内容组成一项议案就是在说谎，只不过是在立法机构不是在委员会而已。尽管多数人很看重这一点，但塔洛克并不以此为然。"（塔洛克，2007）

通常而言，发生互投赞成票的现象需要一些必要条件。这些条件主要包括：第一，在多数表决的规则下,投票人的偏好强度应有所差异,更确切地说,少数派的偏好应比多数派的偏好更为强烈。如果所有投票人对所有议案或政党的偏好强度都一样,则不会发生互投赞成票的现象。“权利的交换所以发生,是因为人们之间是不同的,无论这种区别是基于生理的能力(由于天赋的分布),还是由于品位或偏好的差别。”(布坎南、塔洛克,2000)第二,投票在一定时间内可以重复,或者说,投票行为是一个持续的独立决策流,具有时间序列的特点。“在这个时间序列中,任何一个对某一问题偏好强烈的投票者都会愿意用他在其他问题上的选票来换取其他投票者在这一问题上对他的利益的互惠性支持。”(吕普生,2008)如果仅有一次性投票,显性互投赞成票的情况不会发生。第三,选票应具有经济价值。“通过经济向度的引入,政治选票已经不单纯是一种政治意义,它还可以用经济学的收益与损失来度量,这赋予了政治选票以经济价值。”(吕普生,2008)如果选票没有经济价值,互投赞成票的行为也自然不会出现。因此,促成互投赞成票至少需要满足以上这三个条件。

尽管互投赞成票是政治投票过程中经常发生的现象,但是,我们却无法断定互投赞成票所产生的结果。为便于理解,试举一例,说明互投赞成票可能产生的不同结果。假设:投票人1、2、3对A、B两个议案进行投票,投票规则采用简单多数原则;三个投票人对A的支付为(5,-1,-1),对B的支付为(-1,5,-1)。如果每个投票人都诚实投票,则A、B都无法获得多数票,也就无法获得通过。但是,如果投票人1和2愿意达成投票协议:投票人1同意赞同B,投票人2作为交换要同意支持A。有了互投赞成票的承诺(投票人1与2结成联盟),两个议案都能获得通过。与此前两个议案都无法通过相比,互投赞成票的结果是,每个议案的总效用都增加了3。在这个例子中,互投赞成票增强了社会福利,其结果是一个正和博弈。但是,如果改变一下初始条件,将支付矩阵中的“-1”变为“-3”,则结果会发生逆转。在新的支付条件下,投票人1和2仍然愿意达成交易,因为他们都会从投票交易中获益。但是,对于每个议案而言,社会总收益都是-1。也就是说,互投赞成票降低了社会总体福利,其结果变成了负和博弈。

在现实中,为了研究清楚互投赞成票的结果是正和博弈还是负和博弈,人们进行了实证分析。研究的总体结论表明,在现实中,两种情况(正和博弈与负和博弈)都有可能发生。维克塞尔(Wicksell,1896)、黑费尔(Haefele,1971)与科福特(Koford,1982)的分析认为,互投赞成票的最终结果将是正和博弈。与其相反,塔洛克(Tullock,1959)的分析表明,互投赞成票引发了较高的政府支出水平,降低了社会的经济效率,其结果是负和博弈的一种表现。由此可见,互投赞成票的结果并不稳定,可能是正和博弈,也可能是负和博弈。换言之,对于投票交易市场来说,不存在稳定的均衡解(Mueller,1967;Park,1967)。

与互投赞成票结果相关的另一个问题是,互投赞成票所形成的联盟是否稳定。多数学者[例如,施特拉特曼(Stratmann,1992;1995;1996)与梅休(Mayhew,1966)]认为,人们不会普遍背弃互投赞成票的协定,使得互投赞成票所形成的联盟较为稳定。因为如果互投赞成票所形成的联盟总是不稳定的,那么,在现实中就很难长期存在互投赞成票的现象。这与我们通常所见的事实(互投赞成票的现象普遍存在)并不相符。因此,互投赞成票所结成的联盟是稳定的。不过,也有少数学者认为,遭受损失的投票人总希望打破原有联盟,使其能够成为受益的一方,这一动机会破坏联盟的稳定性。由此可见,在互投赞成票所形成的联盟是否稳定这一问题上,现有研究仍存在一定争议。

参考文献:

[美]戈登·塔洛克:《贫富与政治》,长春出版社2006年版。

[美]戈登·塔洛克:《论投票——一个公共选择的分析》,西南财经大学出版社2007年版。

吕普生:《公共选择理论中互投赞成票的逻辑与模型》,载于《公共管理学报》2008年第2期。

[美]詹姆斯·M·布坎南、戈登·塔洛克:《同意的计算——立宪民主的逻辑基础》,中国社会科学出版社2000年版。

[美]詹姆斯·布坎南:《自由的界限》,台湾地区联经出版事业公司2002年版。

Charles K. Rowley and Friedrich Schneide, *Encyclopedia of Public Choice*, Kluwer Academic Publishers, 2004.

E. T. Haefele, A Utility Theory of Representative Government, *American Economic Review*, Vol. 61, 1971.

K. J. Koford, Centralized Vote-trading, *Public Choice*, Vol. 39, No. 2, 1982.

D. R. Mayhew, *Party Loyalty among Congressmen: The Difference between Democrats and Republicans*, Cambridge: Harvard University Press, 1966.

D. C. Mueller, The Possibility of a Social Welfare Function: Comment, *American Economic Review*, Vol. 57, 1967.

R. E. Park, The Possibility of a Social Welfare Function: Comment, *American Economic Review*, Vol. 57, 1967.

T. Stratmann, The Effects of Logrolling on Congressional Voting, *The American Economic Review*, Vol. 82, No. 5, 1992.

T. Stratmann, Instability in Collective Decisions? Testing for Cyclical Majorities, *Public Choice*, Vol. 88, 1996.

T. Stratmann, Logrolling in the U. S. Congress, *Economic*

Inquiry, Vol. 23, July 1995.

G. Tullock, Problems of Majority Voting, *Journal of Political Economy*, Vol. 67, No. 6, 1959.

K. Wicksell, A New Principle of Just Taxation, 1896, In Musgrave and Peacock, *Finanztheoretische Untersuchungen*, 1967.

（姜明耀）

工具性投票

Instrumental Voting

工具性投票是理性投票人模型(The Rational-Voter Model)发展过程中的一个代表性成果。在理性投票人模型的最初发展阶段，投票只不过是一种纯粹的工具性行为。对理性选民而言，投票只是实现效用最大化的手段或工具。投票行为本身并不能为选民带来效用，理性选民参与投票的目的是为了实现投票人所期望的最满意的选举结果。

投票作为一种广泛的政治行为，是民主社会政治活动的基础。从投票行为看，人们可以选择参与投票，也可以选择放弃投票。研究人们的投票行为有多种方法与视角。其中，"政治学对投票行为的分析主要依靠的是社会心理学的模型。这些模型认为，人们是否参与投票，主要取决于一些心理上的变量。例如，对政党的认同感、参与政治活动的兴趣、公民的责任感等"。与政治学所使用的研究工具不同，公共选择理论在分析投票行为时，主要借助了理性投票人模型。

理性投票人模型将选民看成经济学中的"经济人"，认为理性的选民会在比较投票的成本与收益后，根据效用最大化的目标做出是否投票的决定。理性选民假说由唐斯(Downs, 1957)首次提出，而后经瑞克与沃尔德舒克(Riker and Ordeshook, 1968)等得以完善。在发展过程中，产生了两个代表性的成果：工具性投票与表达性投票(Expressive Voting)。

工具性投票起步较早，且在很长一段时间内占有主流地位，有时甚至被当作理性投票人模型的基本特点。作为理性投票人模型的开山之作，唐斯(1957)分析了投票的工具性动机。其模型具体如下：

如果 p 代表投票影响选举结果的概率(投票人的选票成为最终决定票的概率)；B 代表投票人所选的候选人赢得选举后的净收益(在只有两个候选人的模型中，投票人所偏好的候选人赢得选举为投票人所带来的收益与另一候选人赢得选举对投票人所带来的收益之间的差额)；C 代表投票的成本，那么，理性选民参与投票的条件是 $pB-C>0$。这意味着，理性选民只有在投票所产生的结果的收益大于成本时，才会选择投票。

不过，唐斯(1957)也注意到了工具性投票所产生的一个悖论。从工具性投票的分析中可以看出，如果参与投票的选民数量众多，那么，每一个选民决定选举结果的可能性会非常小(即 p 很小，甚至接近于 0)。但是，投票的成本(注册、搜集候选人立场的信息、游行、标记选票等)往往是较高的。其结果是，投票的成本可能远大于收益。在这样的条件下，理性选民不会参与投票。但问题是，从民主选举的实践看，投票率(Turnout)并没有像只包含工具性动机的理性投票人模型所预测的那样低。理性选民似乎是参与了成本大于收益的投票行为，这有悖于"经济人"的基本假设，对早期的理性投票人模型提出了严峻挑战。

随后，许多学者都试图破解这一投票悖论。其中一个重要的解决思路是，"理性选民参与投票，可能并非只是要把所偏好的选举结果变成现实，也可能有其他因素促使理性选民做出投票的决定"(Ashworth et al., 2006)。瑞克与沃尔德舒克(1968)在保留唐斯(1957)理性投票人模型的工具性动机的基础上，加入了表达性动机。这一改进使表达性投票成为对理性投票人模型的一项重要突破。在瑞克与沃尔德舒克(1968)的模型中，除了工具性动机之外，参与投票还可以使选民从表达政治偏好或履行公民义务的过程中获得直接效用。理性选民参与投票的条件变为：$pB+D>C$。其中，D 代表投票的非工具性回报(比如说，履行了公民义务所产生的满足感)。即使 pB 为 0，只要 $D>C$，理性选民也会选择参与投票。

表达性动机的合理性虽然也得到了实证研究的检验(Copeland and Laband, 2001)，但是不得不承认，"即使是极为爱国的人，仅仅因为参与投票带来的满足感而投票似乎不太合乎情理"(Stigler and Becker, 1977)。因此人们普遍认为，工具性动机与表达性动机共同制约着人们的投票行为，是投票率的两个主要影响因素(Butler et al., 1969)。工具性投票与表达性投票的融合成为公共选择理论研究投票行为的一个新的发展方向。

尽管工具性投票与表达性投票同属于理性投票人模型，但两者仍有明显区别。其区别主要体现为，工具性投票的效用来自选举结果，而表达性投票则更加强调投票行为本身所产生的效用。"如果将工具性投票类比为市场中消费者购买行为的话，那么，表达性投票则更像是足球比赛中的掌声。"(Brennan and Hamlin, 1998)

参考文献：

[美]丹尼斯·C·缪勒：《公共选择理论》，中国社会科学出版社 1999 年版。

G. Brennan and L. Lomasky, *Democracy and Decision*, Cambridge: Cambridge University Press, 1993.

Brennan and Hamlin, Expressive Voting and Electoral Equilibrium, *Public Choice*, Vol. 95, No. 1-2, 1998.

C. Copeland and D. N. Laband, Expressiveness and Voting, *Public Choice*, Vol. 110, No. 3, 2001.

Charles K. Rowley and Friedrich Schneide, *Encyclopedia of Public Choice*, Kluwer Academic Publishers, 2004.

A. Downs, *An Economic Theory of Democracy*, New York: Harper & Row, 1957.

David Butler and Donald Stokes, *Political Change in Britain*, New York: St. Martin's, 1969.

A. C. Elms, *Social Psychology and Social Relevance*, Boston: Little Brown, 1972.

John Ashworth, Benny Geys and Bruno Heyndels, Everyone Likes a Winner: An Empirical Test of the Effect of Electoral Closeness on Turnout in a Context of Expressive Voting, *Public Choice*, Vol. 128, No. 3-4, 2006.

K. Kan, and C. C. Yang, On Expressive Voting: Evidence from the 1988 US Presidential Election, *Public Choice*, Vol. 108, No. 9, 2001.

Morris P. Fiorina, The Voting Decision: Instrumental and Expressive Aspects, *The Journal of Politics*, Vol. 38, No. 2, 1976.

W. Riker, and P. C. Ordeshook, A Theory of the Calculus of Voting, *American Political Science Review*, Vol. 62, No. 3, 1968.

G. J. Stigler, and G. S. Becker, De Gustibus Non Est Disputandum, *American Economic Review*, Vol. 67, No. 3, 1977.

G. Tullock, The Charity of the Uncharitable, *Western Economic Journal*, Vol. 9, No. 9, 1971.

（姜明耀）

寻租

Rent-seeking

寻租是市场主体为了获得或维持其垄断地位而对公共政策施加影响的行为。与企业的正常经营行为相比，寻租是非生产性的。

寻租的概念最早是由克鲁格（Krueger）在其1974年发表的《寻租社会的政治经济学》一文中提出的。克鲁格以印度、土耳其为例，阐述了国际贸易中因进口许可证而产生的寻租问题。不过，关于寻租的基本思想是由塔洛克1967年发表的《关税、垄断与盗窃的福利成本》做了具体的阐释。因此，一般认为，克鲁格与塔洛克是寻租理论的奠基者。

关于寻租的定义，塔洛克（Tullock，1989）曾经说过，“我们需要一个一般性的定义，这个定义使我们既可以考虑不合理的经济制度，又可以考虑我们所称的销售努力上的过度投资。遗憾的是，我们并没有这样的定义。”当然，最具代表性的是布坎南（Buchanan）在1980年发表的《寻求租金与寻求利润》中，将“寻租”定义为“寻求租金一词是要描述这样一种制度背景中的行为，在那里，个人竭力使价值极大化造成社会浪费而不是社会剩余。”与寻租不同，寻利（寻求利润）虽然是一种追求私利的活动，但能够产生足够的外部经济效应（有时伴有外部不经济现象），但结果是有益于社会的。

与寻租一词所表达的意涵很相近，也是寻租文献中经常用的一个术语是巴格瓦蒂（Bhagwati，1982）提出的“直接非生产性寻利活动”（DUP）。他指出，直接非生产性寻利活动是指产生货币收益但并不产出货物与劳务的活动，包括四种情况：一是为寻求关税好处的院外游说活动，目的是通过改变税率和要素收入获得货币收益；二是为寻求收入好处的院外游说活动，目的是把收入从政府引向自己；三是为寻求垄断利益的院外活动，目的是形成一种人为的、产生租金那样性质的垄断；四是逃避关税或走私，目的是减少或取消关税，并通过缴纳关税的合法进口品与不缴纳关税的非法进口品之间的价差获得收益。

在相关理论研究中，寻租与直接非生产性寻利活动常常混合起来使用。对于两者之间的微妙关系，柯兰德（Colander，1984）指出，“每个人都同意‘寻租’这个名称不理想，但也别无一致的替代词。由于缺乏更好的名称，大多数公共选择经济学家愿意继续使用‘寻租’，许多国际贸易理论家喜欢用‘直接非生产性寻利活动（DUP）’。”由此也可以看出，对于寻租理论，大致主要是沿着两个轨迹来进行的，一条轨迹是公共选择理论，另一条是国际贸易理论，但就实质内容上，两者之间并无大的差别；而区别在于方法论上，公共选择学者用思想推理代替数学模型，国际贸易学者则是用各种数学模型来推导。

寻租理论多是把政府对自由市场经济的干预当作寻租现象出现的原因。政府通过特许、许可证、配额、批准等法律或行政手段，有意或无意地对市场经济设限，如行业准入限制，使市场经济处于不完全竞争状态，此时，一些人或企业通过游说活动，企图将这种不完全竞争所产生的好处占为己有，从而形成寻租。

布坎南（1980）以某市政府限制出租车数量为例，对寻租活动做了三个层次的剖析。他指出，如果发放数额有限的出租车营运牌照，人们就会进行疏通活动，通过各路手段以期从政府官员那里获得出租车营运牌照，这是寻租活动的第一层次；如果市政府决定拍卖牌照，“潜在的政府企业家现在可能想法进入的，不是直接进入出租车行业，而是进入各种政治的官僚职位或能获得拍卖权力的职业”，即“直接进入政治，以便能够取得决策权”，这是寻租活动的第二层次；当市政府因干预出租车市场得到一部分财政收入时，各利益集团又可能为此笔收入的归宿展开竞争，从而形成寻租活动的第三层次。

寻租活动虽然是无益于社会的一种极大的浪费活动,但它能给一部分人带来好处。这部分人因此就会采取诸如游说、行贿等各种手段,促使政府用行政命令的方式设立各式各样的可据租金,如实施新的关税、以新的考试资格限制他人进入某一职业。另外,某些政府官员也会因政府的这些限制性规定而获益。其结果是,社会上的部分人与某些政府官员,共同参与了寻租活动,并导致利益集团的建立,对社会而言这是不小的浪费。据克鲁格(1974)的估算,1964 年印度在公共投资、进口、控制商品、贷款分配、铁路方面因寻租而形成的租金约占其国民收入的 7.3%,土耳其 1968 年进口许可带来的租金占其国民生产总值的 15%。

对于寻租行为的治理,克鲁格(1974)认为,没有限制的制度与完全限制的制度这两种极端的制度都不可能存在,因此人们需要在这两者之间的连线上寻找某些最佳点。既然无法根除寻租行为,科福特(Koford,1984)等提出了减少寻租行为成功的几点政策建议:(1)对寻租行为予以揭露;(2)形成一种反对寻租的道德或思想环境;(3)改进调整财产权的程序;(4)制定结束性条款,使既得利益在法律上无保障;(5)出钱使垄断者放弃垄断地位;(6)变革制度结构,使所有寻租活动都更加困难,例如建立公开咨询制度;(7)对特定的寻租活动征税,并对破坏寻租和反寻租行为给予补贴。但是,他们也承认,这些政策存在着内在矛盾,“通过政府部门来限制寻租的企图本身为寻租创造了新的可能性,实行新政策所带来的新的寻租问题可能远远多于该政策在减少寻租活动中所取得的成就。因此,制定新政策时必须谨慎从事。”

参考文献:

[美]大卫·柯兰德:《新古典政治经济学:寻租和 DUP 行动分析》,长春出版社 2005 年版。

[美]戈登·塔洛克:《特权和寻租的经济学》,上海人民出版社 2008 年版。

[美]詹姆斯·布坎南:《寻求租金和寻求利润》,载于《经济社会体制比较》1988 年第 6 期。

贺卫:《寻租经济学》,中国发展出版社 1999 年版。

李政军:《寻租与 DUP 活动:一个比较分析》,载于《江海学刊》2000 年第 9 期。

钱颖一:《克鲁格模型与寻租理论》,载于《经济社会体制比较》1988 年第 5 期。

张春魁:《“寻租理论”述评》,载于《学术研究》1996 年第 9 期。

Anne O. Krueger, The Political Economy of the Rent-seeking Society, *American Economic Review*, Vol. 64, No. 3, Jun., 1974.

Gordon Tullock, The Welfare Cost of Tariffs, Monopolies, and Theft, *Western Economic Journal*(*now Economic Inquiry*), Vol. 5, No. 3, 1967.

Jagdish N. Bhagwati, Directly Unproductive Profit-Seeking (DUP) Activities, *Journal of Political Economy* Vol. 90, No. 5, Oct., 1982.

(张德勇)

近似一致原则(维克塞尔)
Principle of Approximate Unanimity (Wicksell)

维克塞尔(Kunt Wicksell)是 19 世纪末至 20 世纪初享誉世界的经济学者,他在资本、生产和边际生产率理论,货币、利息和经济稳定理论以及财政税收、政治决策理论等诸多领域都有卓著贡献。然而,在他有生之年,其在财政领域和政治决策规则方面的贡献所获关注甚少。直到 1958 年其著作《财政学研究》(*Finanztheoretische Untersuchungen*)第二部分的主要内容[即“正义税收的新原则”(Wicksell,1958),马斯格雷夫(Musgrave,1939)称之为“自愿交换的财政理论”]被译为英文出版,维克塞尔对于财政学的贡献才广为人知。“近似一致同意”原则即是威克塞尔在此所提出的用于判断税收政策“正义”与否的新标准。

在这里,维克塞尔提出的一个主要问题是:应实施一种怎样的议会决策规则,才利于发挥国家在社会经济生活中的生产性角色?人们通常不会反对,只要国家提供的服务带给纳税人的利益尚未超过后者通过税收为此支付的成本,继续扩大国家的功能就是值得的。然而,要将这一原则付诸实施并不容易。为此很多学者总是避开试图这一难题,他们要么根本不研究政府问题,要么假定既定的政府预算规模是合适的(Wagner,2012)。

不同的是,维克塞尔选择直面这一难题。他为此类问题的解决提供了一个制度框架,即:在代议制下的税收决策中运用一致同意规则,以推动实现税收正义。其基本的精神是,个人是自我利益的最佳判断者,当每个社会成员都对某一税收政策的变化表示同意时,意味着这一政策变化对所有人都有利,或者至少没有人遭受损失。

维克塞尔的财政研究是有所针对的。19 世纪末已经形成了两种竞争性的财政理论。其中之一是理论—选择取向的英美财政理论,其主要内容是关于税收、税收负担、税负归宿的分析,缺乏对财政支出和国家的分析。它承袭英国古典政治政治经济学中“劳动价值论”的观点,认为劳动是创造价值的唯一源泉,国家活动是非生产性的,税收因此是纳税人的纯粹牺牲,并不能给后者带来利益。自斯密(其《国富论》第五篇是此后英美财政学的基础)以来,非生产性国家的理念便根深蒂固地植入英美财政传统。既然如此,税收负担便不应按纳税人从财政支出中受益的比例来分担,而只应按纳税人承受牺牲的能力来分担,这就是"按能力纳税"原则的由来。于是,一个社会的税收分配或者税制的正义性,就看它是如何按能力分配"牺牲"的。英美传统下的财政学者提出了"均等牺牲"、"比例牺牲"、"最小牺牲"等诸原则,无论是哪一种,都是依据某一外在的规范标准(如某一形式的社会福利函数),求解使某个单一决策主体效用最大的那些条件。

另一种便是维克塞尔为代表的交换财政理论。依据威克塞尔对当时民主制度实践的看法,在社会成员已经参与政治决策的情况下,英美传统财政理论仍把税收问题当作某个权威者福利最大化的问题来看待,实在是不合时宜。税收也不只是社会成员的无谓牺牲。在威克塞尔看来,国家并非外在于社会的、暴力性的介入力量。它是一系列规定社会成员之间如何交往和相互作用的规则,是社会成员为寻求共同利益而互动的舞台。在这个意义上,国家活动能够发挥生产性的作用,带来社会成员私人利益的增进。问题是在一种怎样的决策规则下,财政决策的结果才能对全体(或尽量多的多数)社会成员都有利。很显然,在政治活动中运用一致同意,能够保护每个社会成员的利益都不会受到损害。

维克塞尔的《财政学研究》共分为三个部分。其中第一部分研究了传统的税负归宿理论;第二部分提出了与之相对的"交换财政理论";第三部分则以瑞典本国的经验,证明(接近)一致同意原则,并非只是一种理论构想,它在现实政治中是可行的。他认为,在瑞典这样人口较少的国家,依比例代表制选出代表组成议会,若议会实行一致同意规则,可近似等于直接民主制下的全体公民一致同意。

不过,由于在现实中应用一致同意决策规则必定导致决策成本增加,甚至出现"议而不决"的情况,威克塞尔并不主张在实际的决策中应用一致同意规则。一致同意只是现实政治决策规则的理想标准,他提出了一种妥协方案,即近似一致同意。也就是说,只要议会中表示同意的多数达到某一规定的标准——即"合格多数"(Qualified Majority),比如75%、78%——即可。近似一致同意是出于现实便利的考虑而对一致同意原则做出的理性妥协。

之所以有人批评维克塞尔的一致同意原则和近似一致同意原则缺乏现实性,另一个重要原因就是,威克塞尔是在日常政治层面来讨论这些决策规则的。受弗兰克·奈特"相对绝对的绝对"哲学原则的影响,布坎南区分了"两个立宪阶段"——"立宪阶段"与"后立宪阶段",并与戈登·塔洛克一起创立了宪法经济分析的框架(Buchanan,2007;Buchanan and Tullock,1962)。对应地,他将政治过程分为日常政治和立宪政治两个层面。日常政治层面就具体的公共事务进行决策,立宪政治层面的人们就日常政治决策的规则进行选择。

理性的个人为了最大化其长远利益,有可能选择日常政治中的自我约束,接受那些对自己来说既无效率,又有失公正的集体行动规则。在立宪阶段,个人将根据事务本身的重要性、对决策成本和外部成本的承受能力,决定是否通过集体行动处理此类事务。采取集体行动的目的,是为了减少私人行动的外部性。但集体行动同样会发生组织成本(含强制成本和外部成本),一个重要的问题是如何确定投票规则,以使组织成本最小化?或者说,对于一项集体行动,需经多少集体成员同意后才能成为有效的决议?

理性的个人将根据事务本身的重要性,以及各自对于不同决策规则下外部成本和组织成本的权衡,来选择在何种程度上趋向一致同意规则。

一般而言,越是事关社会成员的基本权利的问题、集体决议的实施将使团体中持不同意见者感受到的外部成本(或强制成本)越巨大的问题、集体行动本身具有重大再分配性质的问题,其决策规则越应当朝一致同意的方向确定合格多数规则(Qualified Majority Rule)。

有些问题尽管需要集体地完成,但活动本身并无重大的分配效果,即使个人处于政治少数派的地位,其福利也不受重大影响,为了提高决策效率,简单多数决策规则(Simple Majority Rule)便是较佳的选择。最好的例子便是交通法规中关于交通规则(如靠左行还是靠右行、驾驶速度限制、交通标志的含义)的规定。

此外,还有一些权利性的事务,由于在非一致同意规则下,其牵涉的外部成本和组织成本过高,人们倾向于将之列入宪法的权利条款予以保护。假定对个人的偏好域不做限制,不同的个人所珍视的自由有可能相互冲突。因此,个人权利获得实施,必然以其他社会成员的消极同意,即承诺不干预为前提。从整个社会来讲,意味着个人欲选择行使某些自由权利,必然要同时放弃另一些自由权利。有些自由权利的行使,对于个人来说意义重大,但同时有可能给其他社会成员造成巨大的负外部性,而招致其他多数成员的反对,或立法禁止。处于无知面纱之下而做理性计算的个人,为了防止这种情况出现以最大化自己的效用,倾向于同意将这类自由权利写入宪法而加以明文保护,此为宪法权利。一项行动被列入宪法权利,表明个人实施该项行动时,自动获得了社会的一致同意。但是,与单纯的一致同意规则相比,其成本(包括决策成本和外部成本)被降到极低(Muller,1997)。

所有这些事务,均涉及宗教信仰、言论及表达、通信、人身、人格尊严等各项基本自由,以及获得知识和教育、工作、休息和退休、各项保障和救济等基本生存权。在以上领域,个人的自由权利是民主社会所要捍卫的基本价值。因此,尽管对于此类自由权利的个人偏好可能五花八门,但仍然可以低成本地一致同意。如果适用多数规则进行决策的话,那些权利未得到保护的个体,将承受重大的外部成本。而如果适用一致同意规则,又往往难于达成一致意见。因此,将这些内容归入宪法的权利条款,是保障个人基本自由与权利,同时节约集体活动成本的好办法。

不过,何种个人权利能够被写入宪法,与制宪者所处的现实情境紧密相关。任何现实的立宪过程,都不可能在真正意义上的无知之幕背后进行。这也解释了为什么美国的制宪元勋们将宗教自由列为宪法权利,而奴隶的人身及财产权利却不受保护。其中,制宪者对其自身及其他社会成员所处社会状态,及权利条款对各自利益的潜在影响,都将影响到实际的制宪过程及其结果。

参考文献:

James M. Buchanan and Gordon Tullock, *The Calculus of Consent*, Ann Arbor: University of Michigan Press, 1962.

James M. Buchanan, *Economics From the Outside In: Better than Plowing and Beyond*, Texas A&M University Press, College Station, 2007.

Dennis C. Muller, Constitutional Public Choice, In Dennis C. Muller, *Perspective on Public Choice: A Handbook*, Cambridge University Press, 1997.

Richard A. Musgrave, The Voluntary Exchange Theory of Public Economy, *Quarterly Journal of Economics*, Vol. 53, Issue 2, Feb., 1939.

Richard E. Wagner, Knut Wicksell, In Ronald Hamoway, *Eycyclopedia of Libertarianism*, Los Angeles: Sage, 2008.

Richard E. Wagner, Knut Wicksell and Contemporary Political Economy, In Jürgen G. Backhaus, *Handbook for the History of Economic Thought*, Dordrecht: Springer, 2012.

Knut Wicksell, A New Principle of Just Taxation, In Richard A. Musgrave and Alan T. Peacock, *Classics in the Theory of Public Finance*, London: Macmillan, 1958.

(马珺)

公共物品的提供与生产
Provision and Production of Public Goods

公共物品的提供与生产有时也称为公共物品的供给与生产。

公共物品的提供与生产是两个不同的概念,或者说是两个不同的环节。典型的例子是美国国防。美国国防的重要内容——各种武器装备等军品都是由私人企业生产,但美国国防的各种费用却是通过美国联邦预算安排。从中可以看出,公共物品生产的实质则是利用各种资源,产出公共物品(或服务)的过程;而公共物品提供的关键是谁来提供(提供主体选择)以及资金如何筹集。奥斯特罗姆、蒂伯特和瓦伦对公共服务的生产与提供进行了区分,他们认为,“生产是指物理过程,据此公益物品或服务得以成为存在物,而提供则是消费者得到产品的过程”(麦金尼斯,2000)。

供给公共物品是政府的主要职责,但这并不意味着公共物品唯一由政府提供。根据不同的供给主体,公共物品可以有三种提供机制,即政府提供、市场提供和自愿提供。而且,政府提供公共物品并不意味着一定要由政府组织生产,从生产主体来看,一般可以采取政府生产和市场生产两种方式。这样一来,公共物品的提供与生产可以形成多种组合模式,如表1所示。

表1 公共物品的提供与生产

提供＼生产	政府生产	市场生产
政府提供	**政府提供、政府生产** 比如:学生去公立学校接受基础教育	**政府提供、市场生产** 比如:政府发放教育券,学生可以选择去私立学校
市场提供	**市场提供、政府生产** 比如:根据TOT模式,政府把已有的基础设施转让给私人企业运营	**市场提供、市场生产** 比如:私人投资兴建跨河桥梁,收费弥补成本
自愿提供	**自愿提供、政府生产** 比如:通过福利彩票筹集资金,举办社会福利院	**自愿提供、市场生产** 比如:非营利组织向私人企业采购体育器材,捐赠给偏远地区中小学校

区分公共物品的提供与生产具有重要的意义。奥斯特罗姆、蒂伯特和瓦伦认为,“公益物品和服务的提供与其生产相区分,开启了最大的可能性,来重新界定其公共服务经济中的政府职能。”……“把公益物品的生产与提供区分开来,这就有可能分化、利用和衡量生产,同时继续对公民消费提供无差别的公益物品。”……“生产与提供相分离,也可能有使地方政府变成等同于消费者协会的效应”(麦金尼斯,2000)。我国正处于经济社会快速发展的阶段,整体公共物品的供给数量、质量以及结构都有待进一步完善和加强。如果完全采取政府提供及政府生产公共物品的

模式，可能会因受到财政收入水平的制约，或是政府生产效率的影响，导致不能实现公共物品的有效供给。近年来，我国逐渐放宽对民间资本的限制，允许社会资本进入一些垄断行业，并且不断加强社会组织在公共服务提供中的作用。因此，在公共物品提供与生产领域中，政府采购、BOT、TOT 等项目管理方式、NPO（NGO）组织等现象不断增多，这不仅有助于提高财政资金的使用效率，而且还可以促进整体公共物品供给水平的提高，最大程度上满足了社会发展对公共物品的需求。

参考文献：

[美]迈克尔·麦金尼斯：《多中心体制与地方公共经济》，上海三联书店 2000 年版。

[美]奥斯特罗姆、[美]帕克斯、[美]惠特克：《公共服务的制度建构》，上海三联书店 2000 年版。

[美]戴维·奥斯本、[美]特德·盖布勒：《改革政府：企业家精神如何改革着公共部门》，上海译文出版社 2006 年版。

（樊丽明）

公共物品的自愿供给

Voluntary Provision of Public Goods

公共物品自愿供给机制是公民个人或组织，以自愿为基础，以社会捐赠或公益彩票等形式无偿或部分无偿地筹集资金，直接或间接地用于教育、体育、济贫等公益用途，并接受公众监督的一种机制。它是在市场、政府机制发生作用的基础上进行资源配置的，因而可被称为“第三层次”的机制。比如，美国是世界上非营利组织最发达的国家，全美约有 160 万个非营利组织，其中 101 万个从事教育、健康、退休保护等服务，6.5 万个私人基金会，35 万个免税宗教组织。58% 以上的医院、46% 以上的高校、86% 以上的艺术组织以及近 60% 的社会服务都是由非营利组织负责的。

公共物品自愿供给机制的特点在于：（1）决策机制。它是以公民或单位的独立、分散、自愿决策为基础的，较充分地尊重其个人选择，既可以对指定项目和对象提供捐助，也可以对已知用途的不确定对象捐赠，还可以对特定对象提供不限用途的捐赠。（2）使用机制。自愿供给的公共物品主要是基础教育、公共体育、社会救助、公共福利等公益事业，这些公益事业提供的大都属于准公共物品。自愿供给公共物品或通过出资人直接捐赠给受益人而实现，或以民办慈善机构等社会团体（非营利机构）、政府民政部门、社区为中介而间接实现。（3）筹资机制。筹资形式主要有两类：一是无偿的社会捐赠（含捐款收入，捐物折合收入或捐物变卖收入）；二是部分无偿的政府或慈善机构发行的公益彩票，如福利彩票、体育彩票等，彩票发行收入扣除奖金、费用之后的余额形成社会公益基金。（4）激励约束机制。由于自愿出资人关心捐资使用状况，因而要求国家制订实施有关法律，中介机构定期公布捐资使用情况，通过政府审计部门予以监督；在直接捐助的情况下，出资人往往与受助人保持联系获取信息，并据以做出是否满意的表示和是否继续捐赠的选择。与上述两种机制相比，监督力度较大。政府对捐助的优惠税收政策、返还或褒奖政策，以及有效的捐助管理和透明度，会对自愿供给公共物品产生激励作用。

在我国，“希望工程”是一个典型的公共物品自愿供给的案例。中国青少年发展基金会（简称中国青基会）是 1989 年 3 月由共青团中央、中华全国青年联合会、中华全国学生联合会和全国少先队工作委员会联合创办的、具有独立法人地位的全国性非营利社会团体。“希望工程”即是由其于 1989 年发起实施的一项社会公益事业，主要内容是援建希望小学与资助贫困学生。截至 2010 年年底，“希望工程”累计募集捐款达 70 亿元人民币，资助农村家庭经济困难学生（包括小学、中学、大学生）逾 380 万名，建设希望小学 17079 所，建设希望工程图书室 14753 个，配备希望工程快乐体育园地 3188 套，配备希望工程快乐音乐教室 163 个，配备希望工程快乐电影放映设备 241 套，培训农村小学教师 62000 余名。“希望工程”的实施，改变了一大批失学儿童的命运，改善了贫困地区的办学条件，促进了我国贫困地区基础教育的发展。

参考文献：

樊丽明：《中国公共物品市场与自愿供给分析》，上海人民出版社 2005 年版。

Bergstrom, Theodore & Blume, Lawrence & Varian, Hal, On the Private Provision of Public Goods, *Journal of Public Economics*, *Elsevier*, Vol. 29(1), February, 1986.

（樊丽明）

基本公共服务均等化

Equalization of Basic Public Service

基本公共服务主要是指根据当时的社会共同价值信念，全体居民共同需要的基本层次的公共服务。基本公共服务的特征包括基本层次性、同质性和动态性等三个方面。基本公共服务的外延与人的基本需求密切相关，并随社会共同价值信念与政府财力的变化而变迁，结合当前我国国情，目前基本公共服务的外延至少应包括安全保障、基础教育、医疗卫生、养老保障、住房保障、就业保障、基础设施等内容。

基本公共服务的均等化强调机会公平，为保证居民拥有相等的对基本公共服务的消费权利，向全体社会公众提供最低水平的基本公共服务，也是政府为促进人的自由发展，维护公平秩序，承担保证市场经济发展"托底"之责的重要表现。因此，基本公共服务均等化实质上是一种"底线均等"，其宗旨是保障公民的基本生存权和发展权，确保宪法和法律规定的公民基本权利，确保每个公民能够共享改革发展成果、平等消费基本公共服务。

在我国，由于长期以来重建设轻发展，重城市轻农村，以及严格户口登记管理制度等原因，城乡之间、地区之间以及不同群体之间的基本公共服务存在不均等的情况，特别是城乡之间，基本公共服务的差距十分悬殊。如果任由这种不均等的局面持续，不仅会影响居民生活水平的提高，更会影响到中国经济社会的持续稳定发展。

从西方发达国家的实践经验来看，其基本公共服务均等化的实现都要求具备一定的前提条件，即经济发展水平、城市化水平、政府财力丰裕程度、责任的明晰划分以及政府治理的民主性等五个方面。改革开放三十多年来，中国的经济社会不断发展进步，GDP 总量及人均 GDP 快速增长，经济结构发生重大变化，居民收入持续提高，城市化进程加快，财政保障能力不断提高，政府间事权财力配置关系趋于规范，服务型政府的雏形开始显现，目前在中国已经基本具备了实行基本公共服务均等化的条件。

2006 年 10 月召开的中共中央十六届六中全会审议通过了《中共中央关于构建社会主义和谐社会若干重大问题的决定》。其中，"基本公共服务体系更加完备"被明确列为到 2020 年中国构建社会主义和谐社会的九大目标和主要任务之一，并把"完善公共财政制度，逐步实现基本公共服务均等化"作为加强制度建设、保障社会公平正义的重要方面予以规划和要求。这是中国执政党和政府在中国社会转型的关键时期做出的战略决策，也是向中国人民的郑重承诺。由此，"逐步实现基本公共服务均等化"成为中国各级政府在现阶段的重要职责。

实现基本公共服务均等化是中国发展现实的迫切需求。经过 30 余年的改革开放，中国综合国力显著增强，2010 年国内生产总值超日本，成为世界第二经济体；我国人均 GDP2003 年超过 1000 美元，2008 年超过 3000 美元，2010 年达到 4382 美元[国际货币基金组织(IMF)公布的数据]；公共财政收入规模连年高速增长，2011 年财政收入超过 10 万亿元；城乡居民收入增长迅速，扣除物价上涨因素年均增长 7% 以上。这标志着我国社会从温饱型、生存型转为小康型、发展型。但这一转型期不容忽视的问题之一是居民的财富差距和收入差距也在不断拉大。其结果是不仅扩大了居民的衣、食、住、行等个人消费水平差距，而且在现有制度框架下，大大限制了医疗卫生、教育、文化等主要由政府提供的公共服务消费的可及性和可获得性，扩大了整体消费的差距。而消费的不平等又反过来进一步加大了居民之间获取要素、取得收入、积累财富的能力差异，进一步扩大了城乡居民的消费差距，导致实质上的更大不平等。如此恶性循环，一方面容易造成国内消费需求不足、增长乏力的经济问题，同时不可避免地引发影响社会稳定的突出矛盾和突发群体事件，甚至诱发局部政治危机。因此，逐步实现基本公共服务均等化，有助于缩小居民的收入差距和消费差距，实现经济发展、政治稳定和社会和谐。

实现基本公共服务均等化是我国政府的战略选择。中共中央十六届六中全会决议明确提出，构建社会主义和谐社会的原则之一是"必须坚持以人为本"，十七大报告则明确系统地阐述了科学发展观。"要始终把实现好、维护好、发展好最广大人民的根本利益作为党和国家一切工作的出发点和落脚点，尊重人民主体地位，发挥人民首创精神，保障人民各项权益，走共同富裕道路，促进人的全面发展，做到发展为了人民、发展依靠人民、发展成果由人民共享。"科学发展观昭示了党的执政理念的深刻变化，体现了现代政府的公共责任，意味着我国社会转型期政府职责的重心将由促进经济增长转向改善公共服务，而公共财政的目标和重点任务则是"完善公共财政制度，逐步实现基本公共服务均等化"。

实现城乡基本公共服务均等化将是中国社会进步的历史性突破。回顾我国历史，不难得出这一结论。新中国成立前的中国战乱频仍，满目疮痍，积贫积弱，国破民穷。新中国成立后，尤其是改革开放以后，我国公共服务水平明显提高，但城乡之间、地区之间差异甚大。应该说，我国面向全体公民的公共服务正在逐步改善，但对于一个拥有 13 亿人口的国家而言，实现基本公共服务均等化对中国政府是一个严峻的挑战，需要较长时期的艰苦不懈的努力。

参考文献：

中国海南改革发展研究院：《基本公共服务与中国人类发展》，中国经济出版社 2008 年版。

中国海南改革发展研究院：《中国基本公共服务建设路线图》，世界知识出版社 2010 年版。

樊丽明、石绍宾等：《城乡基本公共服务均等化研究》，经济科学出版社 2010 年版。

卢洪友：《中国基本公共服务均等化进程报告》，人民出版社 2012 年版。

（樊丽明）

公私部门的伙伴关系

Public-Private Partnership，PPP

公私伙伴关系，一般是指政府部门与一个或多个私人公司，通过契约形式构成伙伴关系，以向社会公众提供公共物品或服务，其中主要是在基础设施领域。

公私伙伴关系最早起源于英国。为应对 20 世纪 70 年代和 80 年代的经济衰退，世界各国政府都大量举债债务。为减少公共部门的借债需求，1992 年，英国保守党政府首次引入了“民间融资计划”（Private Finance Initiative），旨在鼓励公私伙伴关系，吸引民间资本投资基础设施。此后，迅速在欧洲、美洲等国推广开来。根据欧洲各国的统计，截至 2009 年，累计有 1340 个项目通过公私伙伴关系建立，项目总值超过 2500 亿欧元。

与完全由政府提供相比，通过公私伙伴关系提供基础设施，主要有以下优势：可以弥补政府部门在专业知识方面的不足；节省投资成本和运营费用；能更好满足公众需求等。在具体运营形式上，可以灵活多样。根据萨瓦斯（2002）的分析，公私合作可以采取多种形式，如表 1 所示。

表 1　　公私合作类型连续体

政府部门	
国有企业	完全公营 ↑
服务的外包	
运营和维护的外包（Operations and Maintenance Contract or Lease）	
合作组织	
租赁—建设—经营（Lease-Build-Operate，LBO）	
建设—转让—经营（Build-Transfer-Operate，BTO）	
建设—经营—转让（Build-Operate-Transfer，BOT）	
外围建设（Wraparound Addition）	
购买—建设—经营（Buy-Build-Operate，BBO）	↓
建设—拥有—经营（Build-Own-Operate，BOO）	完全民营

资料来源：［美］E. S. 萨瓦斯：《民营化与公私部门的伙伴关系》，中国人民大学出版社 2002 年版，第 254 页。

但同时需要指出，基础设施领域引入公私伙伴关系也一直伴随着反对声音，其中最主要的理由包括价格上涨、垄断、腐败等。比如，印度尼西亚自 1997 年东南亚金融危机后，接受世界银行和国际货币基金组织的建议，推行供水行业私有化。结果英国泰晤士供水集团和法国苏伊士集团两家外资水务公司垄断了首都雅加达的自来水供应，以筹资维修供水工程为名连续提高水价，导致有一半左右的市民家中没有接入自来水，不得不依靠水车送水。

长期以来，我国城市的公用行业领域以政府投资为主。2002 年建设部推出《关于加快市政公用行业市场化进程的意见》，鼓励民间资本和外资进入我国的市政公共行业。之后许多城市掀起了“合资风”，但从实际运行效果来看，许多城市基础设施项目并没有实现预期的目的，反而是进一步加剧了城市财政的负担。究其根源，改革方案简单、过度让利、政府监管不到位等是主要原因。未来一方面要降低进入壁垒，吸引民间资本和外资进入基础设施领域；另一方面还要完善政策，加强监管，以促进我国在公私伙伴关系实践的健康发展。

参考文献：

［美］E. S. 萨瓦斯：《民营化与公私部门的伙伴关系》，中国人民大学出版社 2002 年版。

［英］达霖·格里姆赛、［澳］莫文·K·刘易斯：《公私合作伙伴关系：基础设施供给和项目融资的全球革命》，中国人民大学出版社 2008 年版。

（樊丽明）

中国事业单位

Public Service Units（PSUs）in China

事业单位是一个具有中国特色的概念。尽管它与源自国外的非营利组织、非政府组织、社会公益组织、第三部门等概念有某些类似之处，但又不尽相同。

事业单位的存在与发展，是政府部门行政管理的自然延伸与有效补充，一定程度上满足了各阶层社会成员基本的社会公共需要，促进了中国教育、科技、文化、卫生等各项事业的蓬勃发展。但是，事业单位在发挥其积极作用的同时，自身的一些问题也逐渐显露出来。从中国开始经济体制改革伊始，事业单位改革就成为其中的重要的一部分，改革也在一直持续探讨和进行中。

1984 年中共十二届三中全会通过了《中共中央关于经济体制改革的决定》。在经济体制改革的推动下，事业单位改革开始从科教文卫等具体领域起步。1985 年 3 月，中央发布《关于科学技术体制改革的决定》；4 月，国务院批转卫生部《关于卫生工作改革若干政策问题的报告》，中共中央办公厅、国务院办公厅转发文化部《关于艺术表演团体的改革意见》;5月中央发布《关于教育体制改革的决定》等,这些政策文件的出台,通过简政放权、内部搞活、转换机制等手段,旨在增强事业单位活力,调动单位职工的工作积极性,改变长期以来计划经济体制下所形成的僵化的事业单位体制。

进入20世纪90年代,1992年党的十四大提出,加快工资、人事制度改革,逐步建立起符合企业、事业单位和机关各自特点的科学的分类管理体制和有效的激励机制。1993年,党中央印发的《关于党政机构改革的方案》和《关于党政机构改革方案的实施意见》中明确提出,事业单位改革的方向是实行政事分开,推进事业单位的社会化;事业单位在职能、人事制度、工资制度、管理体制等方面,都要与党政机关区别开来。1996年7月,中共中央办公厅、国务院办公厅印发的《中央机构编制委员会关于事业单位机构改革若干问题的意见》指出,遵循政事分开、推进事业单位社会化的方向,建立起适应社会主义市场经济体制需要和符合事业单位自身发展规律、充满生机与活力的管理体制、运行机制和自我约束机制;改革的基本思路是:确立科学化的总体布局,坚持社会化的发展方向,推行多样化的分类管理,实行制度化的总量控制。

发端于20世纪80年代的事业单位改革,起初是着眼于增强事业单位活力、提高其发展事业的效率,精简机构与人员,逐步走向社会化与市场化,减轻政府财政负担,但是这种改革思路,并未解决事业单位发展的根本性问题,特别是严重影响了诸如教育、卫生、科研等公益性事业单位的良性发展,导致它们在追求社会公共利益与追求机构本身利益中出现偏差,造成中国公共服务提供数量和质量与广大社会成员的需要相差不小。对此,中国政府也意识到了这个问题,逐步将分类改革作为深化事业单位改革的方向。

进入21世纪后,事业单位改革速度在加快,改革方向进一步得到明确。2003年党的十六大报告进一步指出,按照政事分开原则,改革事业单位管理体制。2008年党的十七届二中全会通过的《关于深化行政管理体制改革的意见》,对推进事业单位分类改革指明了方向,要按照政事分开、事企分开和管办分离的原则,对现有事业单位分三类进行改革。主要承担行政职能的,逐步转为行政机构或将行政职能划归行政机构;主要从事生产经营活动的,逐步转为企业;主要从事公益服务的,强化公益属性,整合资源,完善法人治理结构,加强政府监管。推进事业单位养老保险制度和人事制度改革,完善相关财政政策。2008年8月,经中央编委领导批准,中央编办会同有关部门制定的《关于事业单位分类试点的意见》正式印发,选择山西省、上海市、浙江省、广东省、重庆市作为试点地区,全面推进事业单位分类工作。2011年3月发布的《中华人民共和国国民经济和社会发展第十二个五年规划纲要》要求"按照政事分开、事企分开、管办分开、营利性与非营利性分开的要求,积极稳妥推进科技、教育、文化、卫生、体育等事业单位分类改革。"

2011年3月,《中共中央、国务院关于分类推进事业单位改革的指导意见》(以下简称《指导意见》)进一步明确提出,"在清理规范基础上,按照社会功能将现有事业单位划分为承担行政职能、从事生产经营活动和从事公益服务三个类别。对承担行政职能的,逐步将其行政职能划归行政机构或转为行政机构;对从事生产经营活动的,逐步将其转为企业;对从事公益服务的,继续将其保留在事业单位序列、强化其公益属性。今后,不再批准设立承担行政职能的事业单位和从事生产经营活动的事业单位。""根据职责任务、服务对象和资源配置方式等情况,将从事公益服务的事业单位细分为两类:承担义务教育、基础性科研、公共文化、公共卫生及基层的基本医疗服务等基本公益服务,不能或不宜由市场配置资源的,划入公益一类;承担高等教育、非营利医疗等公益服务,可部分由市场配置资源的,划入公益二类。"

上述行政类、生产经营类与公益服务类事业单位的划分,是一种暂时性的临时安排,随着事业单位改革的深入,行政类事业单位与生产经营类事业单位将分别通过"转行政"与"转企业"而消失,而公益服务类事业单位将因此成为切实提供能够满足社会公共需要的公共服务的机构,其公益属性得到进一步强化,并就公益一类与公益二类事业单位的不同特点,将实施不同的改革与管理。

《指导意见》确定事业单位改革的总体目标是"到2020年,建立起功能明确、治理完善、运行高效、监管有力的管理体制和运行机制,形成基本服务优先、供给水平适度、布局结构合理、服务公平公正的中国特色公益服务体系。"今后5年的阶段性目标是"在清理规范基础上完成事业单位分类,承担行政职能的事业单位和从事生产经营活动的事业单位的改革基本完成,从事公益服务事业单位在人事管理、收入分配、社会保险、财税政策和机构编制等方面的改革取得明显进展,管办分离、完善治理结构等改革取得较大突破,社会力量兴办公益事业的制度环境进一步优化,为实现改革的总体目标奠定坚实基础。"

事业单位改革是否能取得成效、达到预期的效果,要取决于政府、事业单位与个人以及中央与地方之间的利益如何实现平衡。当前及今后的改革,已不再是简单的"减负",而是在科学分类的基础上,重构中国事业单位管理体制。一部分事业单位转为政府行政部门以及为数不少的公益类事业单位,都需要政府拿出一定的财政资金满足这些单位正常运转的经费需要,这就很可能会增加政府的财力负担。如何分类,事关事业单位的切身利益,尤其关系到财政拨款方式,“转行政”与公益一类事业单位,其经费都会得到财政的全额保障。因此,在具体分类过程中,某个事业单位应归于哪一类,自然免不了事业单位与政府之间的讨价还价。改革还将冲击到事业单位员工的切身利益。如2008年年底,人力资源和社会保障部出台了《事业单位养老保险制度改革方案》,将山西、上海、浙江、广东、重庆五省市列为试点地区。此方案一出台,有的地区的事业单位出现了提前退休的苗头,以避免将来按正常年龄退休后退休金福利的降低。此外,事业单位改革必然会增加地方政府的财力负担,这部分改革成本在现行财政体制下是由中央财政负担,或是由地方财政自我消化,或是由中央与地方财政共同负担,也是事业单位改革需要面临的考验。

参考文献:
成思危:《中国事业单位改革——模式选择与分类引导》,民主与建设出版社2000年版。
迟福林:《以公共服务体系建设为目标的事业单位改革》,载于《中国机构改革与管理》2012年第1期。
范恒山:《事业单位改革:国际经验与中国探索》,中国财政经济出版社2004年版。
世界银行:《中国:深化事业单位改革,改善公共服务提供》,研究报告,2005年6月。
王保安:《创新政策完善制度 大力支持分类推进事业单位改革》,载于《中国机构改革与管理》2012年第1期。
王澜明:《改革开放以来我国事业单位改革的历史回顾》,载于《中国行政管理》2010年第6期。
王明珠、黄宏志:《关于分类推进事业单位改革 加快建设服务型政府的几点思考》,载于《中国机构改革与管理》2011年第5期。
赵立波:《公共事业主体多元化及规制探析——事业单位改革视角的研究》,载于《国家行政学院学报》2005年第5期。
赵路:《公共财政框架下事业单位改革的几个问题》,载于《中国机构改革与管理》2011年第5期。
左然:《构建中国特色的现代事业制度——论事业单位改革方向、目标模式及路径选择》,载于《中国行政管理》2009年第1期。

(张德勇)

公共部门规模的计量
Measuring the Size of Public Sector

公共部门规模历来为人们所关心,特别是对中国政府规模的讨论。评判一个社会公共部门规模大小的标准到底应该是什么是一个比较复杂的问题,仅凭数字指标并不足以说明问题,还牵涉到方方面面的内容。客观来看,判断公共部门的规模,不仅应有数量的标准,还应有质量的标准,更有测量方法。这就是我们要说的公共部门规模计量。在中国,大家更多关注到了政府规模的计量,其中包含经济指标和非经济指标两大类。

第一,瓦格纳(Wagner)法则。

第二,最优政府规模的计量。

既然政府规模随经济增长而变动,那么就存在一定时期之中最合适的政府规模大小,这被学者们称之为“最优政府规模”。多数经济学家习惯选用经济增长最大化作为“最优政府规模”的评价标准,但并非无懈可击。事实证明,政府必须承担保护私有财产、提供公共服务、设立行业标准、保卫国家安全、立法执法等职能,此时保持足够大的政府规模确有利于经济增长。然而,现实却复杂得多,随着政府规模的持续增加,政府开始越界去承担一些更适合私人部门来做的事情,这时候,再扩大政府规模很可能就有损市场效率乃至经济增长。因此,如果以经济增长为主要为目标,政府规模应该存在一个最有利于经济增长的临界点,这个临界点就是最优政府规模。然而这个临界点的找寻并不那么容易,近几十年来,关注最优政府规模的研究始终是经济学与管理学的难点。

从宏观经济大视角来看,政府收支行为被作为研究最优政府规模的切入点,受到广泛关注。最开始是巴罗(Barro,1990)提出了这样的计量方法。他认为按政府支出和税收衡量的政府规模的扩大会对经济增长产生双重效应:增税将降低政策对经济发展的激励效应,从而降低经济增长;政府支出的增加提高了资本的边际生产率,可以提升经济增长。当一国政府规模较小时,后一效应占主导地位,但政府规模较大时,前一效应将占主导地位。因而,政府规模的扩大对经济增长的影响并不是线性的,政府规模与经济增长之间存在着倒“U”关系论。

这样总结经验其实并不够细致,计量政府最优规模的不仅是一般规律,还有很多特定的外部条件。为此,雅凡斯(Yavas,1998)按照经济发展状态分析了政府规模与经济增长之间的互动关系。他认为如果经济的稳态水平较低,政府规模的扩大将会提高稳态的产出水平;如果经济的稳态水平已经很高,则政府规模的扩大只会降低稳态的产出水平。他分析认为,造成这种非线性关系的主要原因在于:在经济稳态水平较低的不发达国家中,大部分政府支出用于兴建基础设施,属于生产性行为,这对提高私人部门的生产率有益;而在经济稳态水平高的发达国家,其基础设施已经比较完善,所以政府支出主要集中于社会福利项目上,侧重于消费支出,其促进私人部门生产率提高方面的作用显然要比生产性投资弱。

实际上,私人物品供给递增引致的政府规模的扩大不利于经济增长,而核心公共物品(如法律和秩序的维护、知识产权的保护、国家安全等)供给递增引致的政府规模的扩大则有助于经济增长。赫特格(Heitger)就指出了政府规模过大对经济增长的两种不利影响:高额税收降低了工作、投资和创新激励,私人物品的政府供应挤出了更有效的私人部门供应。

判断公共部门规模计量有两个主要的非经济指标:"官民比系数"和"公民自主系数"。"官民比系数"是指一个社会的公共部门人员占总人口的比重,他是从人口数量的角度,衡量公共部门的大小。"公民自主系数"相对抽象,是指现实社会民众自我管理的能力与未来共产主义社会公民自治能力的对比关系。两个指数既包含了现实人数规模,又体现了公众基本素质和能力,是公共管理通向公共治理的主要测量指标。

"官民比系数"和"公民自主系数"有着彼此相依的紧密联系。事实上,对一个社会共同体公共部门的规模不能仅从一个经济或人数数量的标准做出简单的定论,还应看"公民社会"的发育状况。因为,现代社会要求了公众的基本自主能力,所以对两个社会共同体的公共部门规模作比较,必须在"公民自主系数"相同的前提下比较"官民比系数"。然而,现实中的人们往往容易在国家间或者地域间或者时间上作简单的数量对比,而忽视一个基本的常识:各国发展的起点并不一致,各个社会的发展进度也并不整齐划一,各自选择的道路往往因势利导,因此,具体到发展的历程更是不尽相同。这就要求我们在判断公共部门规模的时候,选取标准应该更具代表性、更有参考性,不仅是单一的数量标准,或者静态的质量标准。

事实上,影响公共部门规模的因素非常多样,既有内生的,也有外生的。然而,"官民比系数"和"公民自主系数"是最基本的因素,它们两个共同决定着公共部门的状态,主导着公共部门的发展,而其他的因素则会在这两个指数上反映出来,从而使两个指数的变化呈现出短暂的蜿蜒曲折,有助于我们大致勾勒出公共部门规模的发展及演化历程。

中国公共部门(政府)规模的计量,起步相对较晚,但近些年来的研究进展较快,虽然有的研究内容有待完善,但其中的发展轨迹折射出了中国公共管理的研究特色。可以将制约官员规模的因素分为两类:一类为外生变量,另一类是内生变量。其中,外生变量指经济发展水平、城乡社会结构、政府能力;内生变量指政府职能、政府财力及官员薪酬水平。倪海东和安秀梅认为,政府行政成本较高由以下四个方面的因素所决定:一是政府职能转变不到位,公共服务供给过宽;二是政府行政层级设置不合理;三是政府机构重叠,不仅有职能交叉的问题,还有冗员的问题;四是行政支出管理不健全,政府行为约束机制不足。

总的来看,中国公共部门(政府)规模的计量发掘了现阶段中国的一些现实,很多新的研究方法,研究设计及研究结果较之国外公共管理的传统范式都有创新。这一方面受益于我国经济社会转轨的现实环境,另一方面得益于日趋优越的研究环境及数据来源。相信这样的研究特色不仅有益于我国公共部门规模计量的发展,而且有益于加快经济发展方式转变,并作为推动行政体制的有益参考,乃至重要依据。

参考文献:

《马克思恩格斯全集》第4卷,人民出版社1956年版。

[德]恩格斯:《家庭、私有制和国家的起源》,人民出版社1999年版。

张康之:《公共管理伦理学》,中国人民大学出版社2003年版。

江泽民:《在庆祝中国共产党成立八十周年大会上的讲话》,人民出版社2002年版。

陈志尚:《人的自由全面发展论》,中国人民大学出版社2004年版。

谢庆奎:《政府学概论》,中国社会科学出版社2005年版。

[美]詹姆斯·M·布坎南、理查德·A·马斯格雷夫:《公共财政与公共选择》,中国财政经济出版社2000年版。

[美]丹尼斯·C·缪勒:《公共选择理论》,中国社会科学出版社1999年版。

钟正、饶晓辉:《我国存在最优政府规模曲线吗?》,载于《财贸研究》2006年第6期。

胡家勇:《我国政府规模的系统分析》,载于《经济研究》1996年第2期。

胡德仁、任康、曹铂:《县级政府规模影响因素的实证研究》,载于《公共管理学报》2010年第3期。

张光:《"官民比"及差异原因研究》,载于《公共行政评论》2006年第1期。

张光:《规模经济与县政区划:以江西省为例的实证研究》,载于《当代财经》2006年第8期。

方福前:《公共选择理论——政治的经济学》,中国人民大学出版社2000年版。

周黎安、陶婧:《政府规模、市场化与地区腐败问题研究》,载于《经济研究》2009年第1期。

吴木銮、林谧:《政府规模扩张:成因及启示》,载于《公共管理学报》2010年第4期。

孙群力:《经济增长对中国地方政府规模的影响》,载于《江西财经大学学报》2007年第2期。

R. M. Bird, Wagner's Law of Expanding State Activity, *Public Finance*, Vol. 26, 1971.

R. J. Barro, Government Spending in a Simple Model of Endogenous Growth, *Journal of Political Economy*, Vol. 98,

1990.

G. Brennan and J. Buchannan, *The Power to Tax Analytical Foundations of a Fiscal Constitution*, Cambridge University Press, 1980.

A. Yavas, Does Too Much Government Investment Retard Economic Development of a Country? *Journal of Economic Studies*, Vol. 25, No. 4, 1998.

（何代欣）

政府活动扩张法则——瓦格纳法则
Wagner's Law of Expanding State Activity

19世纪80年代，德国著名经济学家阿道夫·瓦格纳（Adolph Wagner）在对诸多国家的资料进行实证分析的基础上，得出了政府支出规模不断扩张是社会经济发展之客观规律的结论。他认为当国民收入增长时，政府支出会以更大的比例增长；随着人均收入水平的提高，政府支出占GNP的比重将会提高。这一结论后被人归纳为“瓦格纳法则”（见图1）。

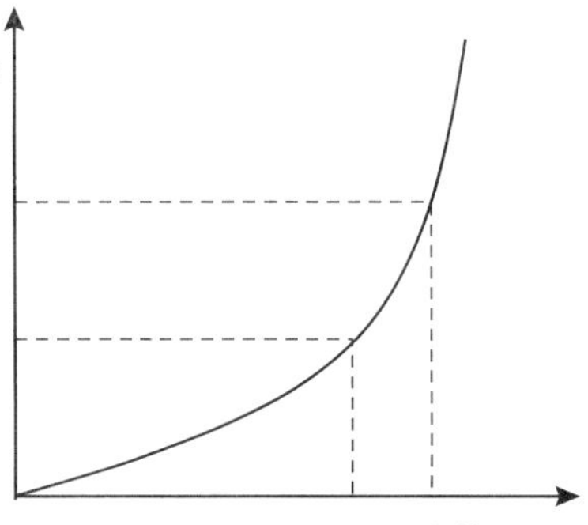

图1　瓦格纳法则

瓦格纳是对欧洲国家和美国、日本等工业化国家的资料进行分析后得到这个结论的。他认为这种政府支出增长趋势可以从两个方面加以解释：政治因素和经济因素。

在政治因素方面，随着经济的工业化，正在扩张的市场与这些市场中的当事人之间的关系会更加复杂，市场关系的复杂化引起了对商业法律和契约的需求，并要求建立司法机构执行这些法律。这样，就需要把更多资源用于提供治安和法律设施。

在经济因素方面，工业发展推动了都市化的进程，人口居住将呈现密集化，由此将产生拥挤等外部性问题。这样就需要政府进行管理与调节，需要政府不断介入物质产品生产领域，故而形成了很多公共企业。

此外，瓦格纳还把对教育、娱乐、文化、保健与福利服务等方面的支出增长归因于需求的收入弹性，即随着实际收入的上升，用于这些项目的政府支出增长将会快于国民经济增长。

瓦格纳法则适应了当时俾斯麦政府强化国家机器，扩大干预经济，以加紧对内镇压、对外扩张的帝国主义政策需要，成为包括德国在内的各个帝国主义国家推行帝国主义财政政策的理论基础。

参考文献：

A. Wagner, Three Extracts on Public Finance, In R. A. Musgrave and A. T. Peacock (1958), *Classics in the Theory of Public Finance* (Eds), London: MacMillan, 1883.

A. Wagner, Zur Methodik der Statistik des Volkseinkommens und Volksvermögens, Zeitschrift der Königlich-Preussischen Statistischen Bureaus, 1904.

A. Wagner, Staat in Nationalökonomischer Hinsicht, Handwörterbuch der Staatswissenschaften, 743-745, Third edition, Book VII. Jena: Lexis, 1911.

（苑德宇）

公共支出增长的历史
History of Public Expenditure Growth

公共支出的增长在工业化国家和发展中国家显示出不同趋势。

在过去的一个多世纪中，当今工业化国家的公共支出发生了巨大变化。从1870年开始这些国家的政府支出经历了大幅增长。20世纪80年代初，很多工业化国家的公共支出增长开始降速，甚至有一些国家出现了下降。可以将整个时期划分为四个阶段（见表1）。

第一个阶段是在第一次世界大战结束之前的自由资本主义时期，古典经济学家通常主张政府的经济作用尽可能小。古典经济学家认为政府作用应被限制在国防、警察、行政管理等方面。1870年美国的公共支出大约占其GDP的7%；一些新兴工业化国家，比如德国、英国、荷兰等，公共支出占GDP的比重均未超过10%。此时澳大利亚、意大利、瑞士、法国等国的公共支出占GDP的比重大约分布在12%~18%之间，被认为是政府过度干预了经济。

到19世纪末，自由资本主义观点仍占主导地位，政府相当一部分作用也受到限制。在1870年至第一次世界大战前夕，大部分工业化国家公共支出占GDP的比重增长很缓慢，即仅从1870年的10%增长至1913年的12%左右。[①] 随着奥地利、德国、法国和英国参与

① 这个比重包括中央、州/省、地方政府支出的总和。

第一次世界大战，其公共支出出现急剧膨胀。这段时间中，日本、挪威、荷兰等国家的公共支出占 GDP 的比重却低于 10%；在少数国家此比重甚至出现下降。

在 19 世纪末，德国经济学家施穆勒和瓦格纳开始强调政府对财富的分配功能，即从富人向穷人的财富转移。在那之前，政府的再分配功能仅体现在保护国民免受饥荒、融资危机等方面。而到那时，政府提供的初等教育已经占据主要位置，尽管仍有很大一部分人没有学上；第一个社会保障制度在德国建立，尽管只提供最低程度的保障水平（Altenstetter，1986）。

为第一次世界大战筹资成为政府支出增长的重要因素，用于军费和其他战争相关支出的增长。仅 1920 年或之后较短时间中，大部分国家公共支出占 GDP 的比重猛增至 18% 以上。其中，法国、德国、意大利和英国等受战争影响最为严重，公共支出占 GDP 的比重超过了 25%。此时，仅有少量国家，如瑞典、西班牙和美国的公共支出占 GDP 比重仍处于 10% 左右。

第二个阶段是第一次世界大战结束至第二次世界大战期间自由资本主义的终结。凯恩斯《通论》中写道："政府最重要的作用不是做个人正在做之事，不是在于比个人做得更好些或更坏些，而是在于去做那些现在还没人在做的事情。"为应对"大萧条"，各国政府纷纷出台扩张性公共支出政策。美国开始了以增加公共支出项目为主的罗斯福新政；其他国家也批准了更高的失业支出和公共设施建设支出，以在大萧条的环境下创造更多就业。20 世纪 20 年代末，很多国家建立了基本社会保障制度并提高了公共支出总体水平。从 20 世纪 30 年代中期开始，面对希特勒时期德国的威胁，各国政府做出回应并不断提高军事相关支出，进一步推高了欧洲国家的公共支出水平。到 1937 年，大部分国家的公共支出占 GDP 的比重已经上升到 24% 上下，相比于 1913 年水平普遍翻了一番。由于大萧条引起了 GDP 下降，这就部分抵销了公共支出绝对水平的真正增长。

第三阶段是 1980 年以前凯恩斯主义的蔓延时期。面对大萧条的影响和战后扩张财政支出政策的成功，加尔布雷斯（Galbraith，1958）认为，在需求不足之时，应该减税和增加公共支出。他认为所有时期均要求预算平衡的传统观点已经变得非常绝对，"公共短缺"（Public Poverty）不仅表现在教育方面，而且表现在基础研究、污染控制等方面，更多的公共支出可能会使"公共贫困"得到缓解。鉴于社会保障制度引入后的几十年中在消除人们生活不确定性方面所取得的成绩，加尔布雷斯认为应该加大社会保障支出。

表 1　1870～2010 年发达国家一般政府支出的增长情况（占 GDP 比重）　单位：%

国家	19 世纪末	"一战"前	"一战"后	"二战"前	"二战"后				
	约 1870 年	1913 年	1920 年	1937 年	1960 年	1980 年	1990 年	1996 年	2005 年
澳大利亚	18.3	16.5	19.3	14.8	21.2	34.1	34.9	35.9	34.0
奥地利	10.5	17.0	14.7	20.6	35.7	48.1	38.6	51.6	50.4
加拿大	—	—	16.7	25.0	28.6	38.8	46.0	44.7	39.3
法国	12.6	17.0	27.6	29.0	34.6	46.1	49.8	55.0	53.4
德国	10.0	14.8	25.0	34.1	32.4	47.9	45.1	49.1	46.9
意大利	13.7	17.1	30.1	31.1	30.1	42.1	53.4	52.7	48.1
爱尔兰	—	—	18.8	25.5	28.0	48.9	41.2	42.0	34.0
日本	8.8	8.3	14.8	25.4	17.5	32.0	31.3	35.9	38.4
新西兰	—	—	24.6	25.3	26.9	38.1	41.3	34.7	38.2
挪威	5.9	9.3	16.0	11.8	29.9	43.8	54.9	49.2	42.3
瑞典	5.7	10.4	10.9	16.5	31.0	60.1	59.1	64.2	53.9
瑞士	16.5	14.0	17.0	24.1	17.2	32.8	33.5	39.4	35.3
英国	9.4	12.7	26.2	30.0	32.2	43.0	39.9	43.0	44.0
美国	7.3	7.5	12.1	19.7	27.0	31.4	32.8	32.4	36.2
比利时	—	13.8	22.1	21.8	30.3	57.8	54.3	52.9	52.1
荷兰	9.1	9.0	13.5	19.0	33.7	55.8	54.1	49.3	44.8
西班牙	—	11.0	8.3	13.2	18.8	32.2	42.0	43.7	38.4
平均	10.7	12.7	18.7	22.8	27.9	43.1	44.8	45.6	42.9

资料来源：Vito Tanzi and Ludger Schuknecht, *The Public Spending in 20th Century: A Global Perspective*, Cambridge University Press; OECD, 2000.

由表1可以看出，在1937～1960年，大部分国家的公共支出占GDP的比重增长相当缓慢，并且部分增长可能与防御支出增加密切相关（特别在“二战”期间）。大部分国家公共支出占GDP的比重从1937年的20%左右增长到1960年的28%左右；日本、瑞士和西班牙等1960年的公共支出占GDP的比重低于20%，出现了下降情况；而澳大利亚、匈牙利、荷兰、挪威、瑞典和美国公共支出却出现了大幅增长。在1960～1980年，大部分国家的公共支出占GDP的比重由1960年的28%左右增加到1980年的43%。到1980年，比利时、荷兰、瑞典等国的公共支出占GDP的比重超过了50%，仅西班牙、日本、瑞士和美国这个比重保持在30%以下。政府在分配和再分配资源以及稳定经济方面的有效性已被广泛接受，各国纷纷建立基本社会保障制度，福利国家基本形成。

第四阶段是20世纪80年代至21世纪初，政府干预怀疑论的扩张，导致公共支出增长呈现新趋势。政府在20世纪70年代的滞胀时期稳定经济的失败，以及高税收对经济抑制作用相关研究结果的出现，使许多学者也开始质疑政府干预政策的现实效果。此外，随着赤字和公共债务不断增多，许多经济学家认为政府已经超出了其合理作用的界限，破坏了经济激励、财产权和经济自由，并且“抵押”了未来子孙后代的收入。

20世纪80年代开始，政府作用开始缩小。英国首相撒切尔夫人和美国总统里根，两个大政府的反对者上台在这两个国家产生了重要影响。从他们上台伊始，便开始了对大政府的政治攻击。在20世纪80年代至90年代整个过程中，越来越多的社会和政治团体开始抨击政府的过度支出和昂贵的社会福利，以及由政府批准和发起的改革。许多OECD国家也开始了对政府管制的强烈攻击。

到2005年为止，仅有很少一部分国家在减少政府干预和削减政府支出的方面取得成功。大部分国家的公共支出水平还在增长，但是步调明显放缓。1980～2005年公共支出占GDP的比重下降的有澳大利亚、比利时、爱尔兰、挪威、荷兰和瑞典；增加了超过5%的国家有法国、意大利、西班牙、日本、美国和瑞士。其中，挪威、意大利公共支出占GDP的比重在20世纪90年代增长超过了10%，但之后出现了一定幅度的下降；尽管在1980年后美国和英国采取了强有力的削减政府支出的措施，但是这两国并没有取得明显的成功。

与工业化国家相类似，发展中国家在经济发展中的过程也伴随着公共支出规模的不断扩张，特别是在20世纪80年代之后近30年的时间里，公共支出的增长态势更趋明显。

从公共支出绝对规模来看，1980年以后发展中国家的公共支出经历了持续增长的过程。从1980～1990年，发展中国家公共支出规模平均每年大约增长4%；在20世纪90年代，公共支出增长的势头有所加快，到1998年，年均增长超过了5%；进入21世纪后，发展中国家公共支出的快速增长态势得以进一步延续。从区域上看，20世纪80年代后，亚洲国家公共支出增长速度最快，相比之下，非洲和拉丁美洲国家公共支出增长速度则较缓。从公共支出相对规模来看，发展中国家公共支出占GDP的比重总体上呈现先下降后上升的态势，但具有明显的区域性（见表2）。亚洲国家公共支出占GDP的比重呈现不断下降态势，即从1980的20%下降到1998年的17%。非洲国家公共支出占GDP的比重最高，且呈现持续增长的态势。在1980～1998年近20年时间里，非洲国家公共支出占GDP的比重大体分布在23%～30%，大概比亚洲和拉丁美洲国家高5～10个百分点。

表2　20世纪80年代后发展中国家公共支出增长情况（占GDP比重）　单位：%

发展中国家	1980年	1990年	1998年	2007年
非洲	23.16	23.86	26.77	
博茨瓦纳	29.82	33.80	35.94	
布基纳法索	12.20	14.98	22.89	
喀麦隆	15.74	21.17	16.18	
科特迪瓦	31.68	24.48	23.99	19.37
埃及	50.28	27.81	30.12	
埃塞俄比亚	18.75	27.17	25.20	27.54
加纳	10.89	13.25	19.40	
肯尼亚	25.26	27.46	28.03	
摩洛哥	33.09	28.82	31.31	33.73
尼日利亚	12.80	24.49	19.79	
乌干达	9.47	15.60	16.15	
津巴布韦	27.92	27.32	52.23	
亚洲	20.29	17.09	16.39	
孟加拉国	7.41	11.06	13.77	11.92
中国	27.20	16.63	13.60	19.20
印度	12.25	15.96	14.37	
印度尼西亚	22.13	18.36	17.88	19.48
韩国	17.28	16.22	20.24	28.7
缅甸	15.85	16.03	7.71	8.46
斯里兰卡	41.36	28.37	25.02	
泰国	18.80	14.08	18.55	20.89

续表

发展中国家	1980 年	1990 年	1998 年	2007 年
拉丁美洲	20.06	16.13	18.36	
阿根廷	18.23	10.57	15.41	28.74（2004 年）
智利	28.01	20.38	21.57	20.49
哥伦比亚	11.48	9.94	16.00	
哥斯达黎加	25.04	25.61	29.06	23.00
萨尔多瓦	17.14	10.90	9.18	
危地马拉	14.32	10.04	12.24	
墨西哥	15.75	17.88	14.88	15.95
巴拿马	30.53	23.70	28.51	24.85
总平均	21.45	19.72	21.40	

资料来源:IMF 统计资料;Fan,S. and Rao N. ,2003,Public Spending in Developing Countries:Trends,Determination and Impact,EPTD Discussion Paper No. 99.

中国作为发展中国家典型代表,其公共支出增长具有发展中国家的普遍特征,即 20 世纪 80 年代后,中国的公共支出绝对规模持续快速增长,而相对规模呈现先下降后增长的态势。

以公共预算为例,1980 年后中国公共支出绝对规模除了 1981 年出现负增长外,其余年份均是增长的,而且增长速度很快。“六五”时期,中国公共支出年均增长速度为 10.8%,“七五”时期至“十一五”时期,其年均增长速度分别为 9.1%、17.4%、18.4%、16.4% 和 21.5%。因此,中国公共支出增长率基本是一条波折上升的曲线,而且有些年份波折程度较大。

然而,中国公共支出相对规模变化却呈现另一种情形。1995 年以前那段时期内,由于公共支出增长速度慢于 GDP 增长速度,导致公共支出占 GDP 的比重一路下滑,直至 1996 年(11.3%)才停止下滑,1997 年开始回升,而且回升速度较快,至 2002 年和 2010 年该比重分别上升至 18.5% 和 22.6%。总体来看,中国公共财政支出占 GDP 比重呈现先下降后上升的“V”型特征。

尽管中国公共支出增长具有发展中国家的一般特征,但究其原因却具有特殊性。中国的社会主义市场经济体制是从高度集中计划经济体制转变而来的。在这个转变过程中,政府财政的集中程度逐渐下降,国民收入分配开始向企业、个人倾斜,尽管公共支出绝对规模大幅增长,但 1980 ~ 1994 年财政支出占 GDP 的比重却不断下降。而在中国社会主义市场经济确立后,政府出于对经济建设的补偿支出,公共支出无论是绝对规模还是相对规模(占 GDP 的比重)均出现大幅度增长。特别的是,中国公共支出相对规模的这种“V”型变化特征说明了中国的公共支出在经济转型过程中的独特变化。

参考文献:

陈共:《财政学》第六版,中国人民大学出版社 2009 年版。

邓子基、陈工:《财政学》第二版,中国人民大学出版社 2010 年版。

J. M. Keynes,The End of Laissez-faire,In *Essays in Persuasion*,London:The Macmillan Press,1926.

J. K. Galbraith, *The Affluent Society*, Boston: Houghton Mifflin,1958.

C. Altenstetter,German Social Security Programs:An Interpretation of Their Development, 1883-1985, In D. E. Ashford, E. W. Kelley, *Nationalizing Social Security in Europe and America*, Greenwich, Connecticut: JAI Press,1986.

V. Tanzi and L. Schuknecht,*Public Spending in the 20th Century: A Global Perspective*, Cambridge: Cambridge University Press,2000.

S. Fan and N. Rao,Public Spending in Developing Countries:Trends,Determination and Impact,EPTD Discussion Paper No. 99,2003.

（苑德宇）

公共支出增长:非政治解释
Growth of Public Expenditure:Apolitical Interpretation

1961 年,皮考克(Peacock)和魏斯曼(Wiseman)出版了《联合王国公共支出增长》(*The Growth of Public Expenditure in the United Kingdom*)一书,对英国从 1900 ~ 1955 年的公共部门成长情况进行了研究,提出了梯度渐进增长理论。此理论是基于一个假设提出的,即政府喜欢多花钱,而居民不愿意多缴税。

梯度渐进增长理论认为公共支出的增长并不是均衡、以同一速度向前发展的,而是在稳定增长的过程中,由于社会激变(如战争、饥荒等)的出现,不时会出现一种跳跃式的发展过程(见图 1)。因此又有人将这一理论称为“偶然事件理论”。这样的公共支出增长是在一个较长时期内进行的,在这一时期内稳定增长和突发性增长是交替进行的,因而这一理论又被称为“时间型态理论”。梯度渐进增长理论的关键之处在于:认为在社会激变后的公共支出仍将保持激变期间的增长态势。

皮考克和魏斯曼认为由于存在三种效应使得在社会激变后的公共支出仍延续激变期间的增长态势:

(1)替代效应(Displacement Effect)。在战争等突发性事件出现时,社会公众能够忍受比平时更高的租税水平,当租税大量增加以满足公共支出需要时,相应地就挤压了整个社会的私人支出,这种公共支出代替私人支出的现象被称为“替代效应”。在社会激变结束后,公共支出并不会减少至动荡前的水平,这是因为社会激变所造成的后果还需要政府去处理。(2)审视效应(Inspection Effect)。社会激变出现,往往会暴露社会存在的许多问题,这些问题使人们认识到解决这些问题的重要性,在这种情况下,社会成员就会同意增加税收,以满足为解决这些问题所需的财政资金。(3)集中效应(Concentration Effect)。在正常时期,中央政府和地方政府的职责分工相对而言是固定的,但在社会激变时期,中央政府集中更多财权的这种做法却很容易受到社会的认同,中央政府职能的扩大增大了财政收支的规模,即出现了集中效应。由于集中效应的出现,使得政府公共支出规模趋向于进一步增长。

马斯格雷夫(Richard A. Musgrave)和罗斯托(Walt W. Rostow)在分析经济发展阶段与公共支出关系时,强调不同的经济发展阶段会形成不同的公共支出结构(Musgrave,1969;Musgrave and Musgrave,1988;罗斯托,1998;罗斯托,2001)。他们把公共支出按其经济性质又进一步划分为公共投资支出、公共消费支出和公共转移性支出;同时把经济发展划分为三个阶段,即初级阶段、中级阶段和成熟阶段,并认为在不同发展阶段,这三类支出增长情况也不同。

在经济发展初级阶段,公共投资支出所占比重大、增速快。这是因为,在此阶段各种基础设施均较落后,这就直接影响了私人生产性投资的效益,进而间接影响整个经济发展。然而,这些基础设施一般投资数量大、投资周期长、投资收益相对较小,私人部门通常不愿参与其中或没有能力参与其中。考虑到这些基础设施投资具有较强的外部经济效益,因此需要政府予以提供。在该阶段,由于私人资本积累是有限的,这就使得某些资本品必须由政府提供,即使这些资本品的利益是内在的、不具有外部性,也要求政府通过财政来提供。这些均在一定程度上促进了公共投资支出的增加。在这一阶段,人们的生活水平不高,主要是人们的基本生活需要,如吃、穿等,因而对政府的公共性消费支出需求不大。在这一阶段,主要考虑的是经济发展速度,对于公平方面的考虑欠缺,因而相关的公共转移性支出也不大。

在经济发展中级阶段,政府公共投资支出还在继续,但此时公共投资仅为对私人投资的补充而已。因为这时私人部门已经发展起来,资本存量不断扩张,那些需由政府提供的具有较强外部性的基础设施已经建成,对它们的强烈需求也逐渐缓和,此时私人投资开始上升,公共投资的增幅下降,公共投资支出占 GNP 的比重下降。在这一阶段,人们生活水平不断提高,他们在满足了基本生存需要的同时,开始关注其他方面的需要,如教育、卫生和安全等。随着人们对这些消费需求的增加,相应地,政府也就提高了公共消费支出在整个公共支出中的比重。在这一阶段,随着经济不断发展,贫富分化开始加剧,并逐渐成为一个社会问题。这就要求政府着手解决这一问题,因而用于解决收入分配问题的转移性支出开始增加。

在经济发展成熟阶段,公共投资支出又呈增长态势。人均收入水平有了较大提高,人们对生活的质量提出了更高要求,如汽车普及要求更为宽阔和发达的交通基础设施等,这些都需要政府参与投资。这一时期公共投资的特点为一种对私人消费的补偿性公共投资。但总体而言,公共投资占 GNP 的比重是呈现不断下降趋势的。在这一阶段,由于生活水平提高,人们对提高生活层次的消费性支出增加,资源更多地用于满足教育、卫生等方面的需要,这些消费性项目需要政府通过消费性支出方式对其进行补充,由此导致公共消费性支出占社会总消费支出的比重上升。在这一阶段,生产力水平已经很高,在效率与公平之间,政府更加强调对社会分配方面的作用,因而用于解决社会公平问题的转移性支出将会大幅增加。

上述三个理论主要是从宏观角度对公共支出增长现象进行解释,可以称之为“公共支出增长的宏观理论”。而公共支出增长的微观理论则是从微观角度把公共支出问题转化为公共物品的供给过程,并将私人产品市场的有效供应理论用于公共物品之中,从中得出公共支出增长的内在规律性。

公共部门的生产函数。公共支出的直接目的是服务于公共部门的产出。公共部门的产出很难度量,因为在多数情况下,公共物品和服务是无形的且具有多重性。例如,教育、警察、消防、卫生等公共物品和服务均具有这些特征。尽管如此,为简化分析,通常假设整个社会只提供或高或低的一种水平的教育、一种水平的警察保护或一种水平的医疗服务等。这就使得可以考虑有不同数量服务需求的个人(即不同服务水平),并且考察提供不同服务水平的公共部门情况。

假设第 i 个人(任何人均是消费者)从公共部门和私人部门的产品消费中获得的收益可用以下公式表示:

$$U^i = U^i(G, P) \tag{1}$$

其中,G 表示公共部门的最终产出向量;P 表示私人部门最终产出的向量;U 为效用函数。

这样,个人在一定的预算约束下要求特定公共物品水平 G_k(即第 k 种公共物品)。用 G_k^i 表示个人 i 对第 k 种公共物品(水平)的需求。为提供特定的公共物品水平 G_k,公共部门组织了若干劳动。公共部门的

最终产出以及用于生产这些公共物品的公共部门活动之间的关系,可概括为:

$$X_k = X_k(L_k, M_k) \quad (2)$$

$$G_k = G_k(X_k, N) \quad (3)$$

其中,G_k 是第 k 种公共服务的最终产出;L_k 是生产 G_k 的劳动要素;X_k 是用于生产 G_k 的中间活动;M_k 是生产 G_k 的使用的物资;N 表示人口规模。式(2)表明用于生产公共物品 G_k 的中间活动的生产函数取决于劳动与物资的投入;式(3)表明 G_k 的规模是生产 G_k 中间活动和人口规模的函数。

由式(2)和式(3)可以得出影响公共支出增长的因素有:一是公共部门的产出水平;二是公共支出的环境因素;三是人口因素;四是公共物品的质量;五是公共部门投入品的价格。

公共产出水平决定理论

公共产出水平决定理论认为公共物品是由需求和供给双方共同决定的,最终产出水平则取决于双方力量的对比。

作为公共物品的供给者——政治家的效用函数设为:

$$U^p = U^p(S, G, P) \quad (4)$$

其中,U^p 表示第 P 个政治家的效用函数;S 表示因职位而获得的个人收益。

政治家为了能够当选,通常要考虑中间投票人的偏好。按照唐斯的选票最大化模型,公共部门的产出水平是由中间投票人的效用函数所决定的,用公式可以描述如下:

$$\begin{aligned} &\max U^i(G, P) \\ &s.t.\ pP + tB_i \leq Y_i \\ &T_i = tB_i \\ &G_k = G_k(M_k, N) \quad (5) \end{aligned}$$

其中,i 表示中间投票人;p 表示私人部门产品的相对价格向量;Y_i 表示中间投票人的收入;t 表示税率;B_i 表示中间投票人的税基;T_i 表示中间投票人的纳税总额。

为简化模型,假设经济中仅有一种税基,并且对于每个人而言只有一个税率,则有:

$$t \equiv \frac{eG}{\sum B_i} \quad (6)$$

其中,e 表示所有公共物品的单位成本向量,即 $e = \{e_1, \cdots, e_k \cdots, e_m\}$;$\sum B_i$ 表示经济中的总税基。式(6)表明,当经济中只有一种税基时,其税率取决于公共产出的总成本与总税基之比。当公共部门生产成本越高(效率越低)时,或者当税基越窄时,税率也就越高。

据此,可以推导中间投票人对公共部门产出的需求曲线以及由需求曲线所决定的公共产出的水平。

在其余变量不变时,当中间投票人的税基 B_i 相对减少,其可支付的实际收入提高,则他们对 G 的需求就会增加,即 B_i 下降产生了收入效应;若其他变量不变,中间投票人的实际收入 Y_i 上升,则他们也会增加对 G 的需求;其他变量不变,总税基 $\sum B_i$ 上升,t 因此而下降,从而使中间投票人对 G 的需求量上升。

以上各种情况也可以用图 1 表示。

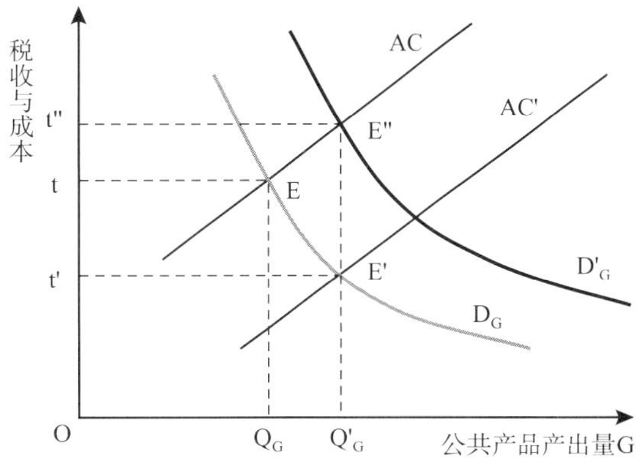

图 1　中间投票人对 G_k 的需求

由图 1 可知:当政府效率提高,生产公共物品的平均成本 AC 下降,从而可降低中间投票人的税基(从 t→t′),那么均衡点将从 E 移至 E′,公共产出的供给量增加;当中间投票人的收入增加,其税基 B_i 也随之增加,这会导致对 G 的需求以及 G 的供给增加,于是均衡点将从 E 移至 E″;在总税基 $\sum B_i$ 上升的情况下,税率 t 会下降,中间投票人对 G 的需求会增加,在公共产出的平均成本 AC 不变时,均衡点亦会从 E 移至 E″。

一是服务环境变化对公共物品产量的影响。

用于生产公共物品的中间活动是决定公共支出的又一重要因素,这些中间活动实际上是提供公共物品的生产组合,它随着服务环境的变化而改变。

这里说的环境,是指生产一定水平的产出量所需资源的社会经济变量和地理变量。由于不同的生产活动对资源的需求不同,因此随着环境的变化和生产活动方式的调整,相同的公共产量水平会需要不同的公共支出水平。

随着社会的不断发展,公共劳务的服务环境越来越复杂,公共服务的难度也有所加大,这使得公共部门维持原有公共服务水平的投入增加。

以警察为例。中间投票人任何时候都有某一水平的需求。假设供应的是均衡水平,提供社会治安保护和公共安全的警察活动将随着特定环境变化而变化,而该环境则是由该地区的“赃物”数量、逮捕犯人的概率以及该地区总的社会稳定状态和人口构成形态等因素所构成。

二是人口因素的影响。

首先,人口的规模会对公共支出产生影响。就纯公共物品而言,由于它具有消费的非竞争性,人口规模的增长不会引起公共支出增长,但是每个人分摊的公共物品成本反而会下降。这种下降,即相对于价格变化,会导致对服务需求水平的上升。

对于公共部门提供的产品,从人口规模对公共支出影响的角度出发,可以将两者之间的关系用"拥挤函数"来表示,即:

$$A_k = \frac{X_k}{N^a} \quad (7)$$

其中,A_k 为第 k 种公共物品为各个社会成员提供的服务;X_k 为用于生产 G_k 的活动费用(设备);N 为人口规模;a 为拥挤系数。此关系式表明:人口规模和公共支出规模之间的关系,取决于被提供的公共物品和服务的性质。具体情况如下:

当公共部门所提供的是纯公共物品时,$a=0$,则 $N^a=1$,$A_k=X_k$。这时,各人得到的公共物品服务是整个社会所提供的第 k 种服务的总量。这表明人口增加后,由于每增加一个消费者的边际成本为零,所以公共支出不会增加;但随着人口的增加,公共总支出将由更多的人来负担,使每一成员承担的成本份额得以下降,如果考虑这一价格效应的话,将会使每个人对公共物品的需求上升,从而使公共支出有所增加。

如果公共部门提供的是私人物品,则 $a=1$,则有 $N^a=N$,即产品的效用可以分割,每个成员得到的效用为$\frac{X_k}{N}$。人口增加将会导致每个人的效用以相同比例减少,因此它至少要求公共支出以同等速度增加。

如果公共部门提供的是混合品,则 $0<a<1$,这时每个成员得到的效用满足程度将会随人口的增加而减少。因此,要保持原有的效用水平,必然要求增加公共支出,只是公共支出增速小于人口的增速。

其次,人口结构变化也会对公共支出的增长产生影响。从人口结构考察,人口中某一特定人群的增长或某一地区人口密度的增长,对公共支出需求的影响较为显著。例如,适龄儿童比重的增加,必然要求政府扩大教育开支;人口老龄化,将要求政府扩大对社会保障的支出;城镇化建设带来的城市人口密度增加,就要求政府增加城市基础设施的供给等。

三是公共物品质量的影响。

对公共物品质量的精确测定是非常困难的,但可以大致上进行区分。例如,当人们享受政府的某一项公共服务时,如果需要较长时间的排队,则可认为该项公共服务的质量较差,而当政府雇用更多职员以解决排队问题时,则可认为该项公共服务的质量有了提高。

居民对公共物品的需求增长,包含着两个层次的内容:一是指愿意在相同价格下购买更多的产品,即相同的公共支出要求更多的公共服务;二是指在相同需求数量上,对产品质量要求的提高。一般而言,公共物品质量的高低取决于生产该公共物品有效投入的多少;也就是说,如果公共物品的生产是有效率的,那么投入(公共支出)越多,质量就越高。可见,公共物品的质量作为社会公众一个更高层次的需求,它对公共支出有着不容忽视的影响。

随着社会经济的发展,对质量的需求更能代表人们对公共物品需求的增长趋势。它不仅反映在人们对更高水平的安全、教育、保健、环境的需求上,而且也反映在人们希望获得更快捷、高效、公正的公共部门服务的需求上。这必然促使公共部门更多地加大投入,引进先进设备和先进技术。因此,公共物品质量的提高是导致公共支出增长的又一重要因素。

除了公共物品最终需求变化、环境变化、人口增长以及公共物品质量高低外,公共物品投入价格的变化也是影响公共支出增长的重要因素。美国经济学家鲍莫尔(William J. Baumol)对此进行了深入研究。

1967 年鲍莫尔发表了论文《不平衡增长的宏观经济学》(*Macroeconomics of Unbalanced Growth: The Anatomy of Urban Crisis*, 1967, AER),通过建立"非均衡增长模型"分析了当公共部门投入价格上升不能被技术进步、规模经济所抵销时,公共支出如何增长的问题。

在非均衡增长模型中,鲍莫尔将经济分为两个部门:进步部门和非进步部门。进步部门是指通过技术进步及规模经济能带来劳动生产率大幅提高的部门。非进步部门是指与进步部门相比,劳动生产率提高缓慢的部门。非均衡增长模型正是建立在这两个部门的劳动生产率差异的基础之上的。

在进步部门中,劳动只是一种基本手段,它被用来生产最终产品,因而劳动可以由资本来替代,比如以机器代替劳动力,而不影响产品的性能。在非进步部门中,劳动本身就是最终产品,因而劳动投入的减少就可能引起产品性能发生变化。比如,政府服务、餐馆、手工业等劳动密集型产业都可以称之为非进步部门。这些部门的劳动生产率并不是没有可能提高,而是在以很低的速度提高。

进步部门的劳动生产率的提高会导致工资率的提高,假定这种提高和劳动生产率提高是同步的。为了防止劳动力从非进步部门流向进步部门,非进步部门的工资率也必须作相应提高,其增长率要与进步部门的工资增长率保持一致。考虑到非进步部门的劳动生产率提高缓慢,因而其单位成本会上升。这意味着相对于进步部门而言,非进步部门下一时期产出的机会成本是要提高的。如果非进步部门的产出水平没有减少,而单位成本上升了,则非进步部门的总成本必然上升。

鲍莫尔将公共部门视为非进步部门,把私人部门视为进步部门,于是得出结论:如果公共部门的生产率增长比私人部门的生产率慢,而公共部门的工资水平又要和私人部门的工资水平保持同步增长,在其他条件不变的情况下,公共支出将会增加。

参考文献:

[美]W. 罗斯托:《从起飞进入持续增长的经济学》,四川人民出版社1988年版。

[美]R. 马斯格雷夫:《比较财政分析》,上海人民出版社、上海三联书店1996年版。

[英]C. 布朗、[英]P. 杰克逊:《公共部门经济学》第四版,中国人民大学出版社2000年版。

[美]W. 罗斯托:《经济增长的阶段——非共产党宣言》,中国社会科学出版社2001年版。

[美]R. 马斯格雷夫、[美]P. 马斯格雷夫:《财政理论与实践》,中国财政经济出版社2003年版。

杨志勇、张馨:《公共经济学》,清华大学出版社2008年版。

Peacock, A. T. and Wiseman, J. , *The Growth of Public Expenditure in the United Kingdom*, Princeton, NJ: Princeton University Press, 1961.

Musgrave, R. A. and Musgrave, P. B. , *Public Finance in Theory and Practice*, New York: McGraw-Hill Book Company, 1988.

Peacock A. T. and Wiseman J. , *The Growth of Public Expenditure in the United Kingdom*, London: George Allen and Unwin, 1967.

Baumol, W. J. , Macroeconomics of Unbalanced Growth: The Anatomy of Urban Crisis, *American Economic Review*, Vol. 6, No. 57, 1967.

Rosen, H. S. , *Public Finance*, 9th ed. , New York: McGraw-Hill, 2010.

(苑德宇)

公共支出增长:政治解释

Growth of Public Expenditure: Political Interpretation

从政治角度来解释和分析公共支出增长的理论主要有:官僚行为增长论、多数投票规则增长论、选举权扩大增长论。

在西方许多国家,政府预算通常是多个政党交易的结果。在预算形成过程中,官僚与选民、政治家一样也起到重要作用。按照公共选择理论的观点,官僚是指负责执行通过政治制度作出集体选择的集团,与其他所有人一样,官僚也是效用最大化者。官僚效用可以是他的薪金、为他工作的职员人数及薪金、他的公共声誉、他的额外收入、他的权力或地位、现代化的办公设施、公费活动等变量的函数。为了达到效用最大化,官僚竭力追求机构最大化。因为机构规模越大,他们的权力就越大。鉴于官僚效用函数中的许多变量与预算规模直接相关,因此可以认为,作为效用最大化者的官僚同时也是预算规模的最大化者。

正因为官僚机构以机构规模最大化作为目标,导致公共支出规模不断扩大,甚至公共支出规模增长超出了公共物品最优产出所需要的支出水平。利用这种官僚行为模型,可以考察官僚的产量决策。像非营利私人部门组织和垄断者那样,官僚是不受竞争力量影响的。然而,官僚行为与其他组织行为之间确有差异:垄断者选择在市场上出售的产量水平,以便使其利润最大化;而官僚从上级机关(如财政部门)取得一次性拨款,并保证提供一定数量的公共物品产量。官僚机构与拨款单位之间的关系类似于双边垄断情况。虽然从正常情况来看,拨款单位拥有立法权和权威,但在实践中他们主要依靠官僚取得有关服务提供的信息;正因为是官僚对有关服务提供、投入价格以及服务需求趋势等了如指掌,故拨款单位没有足够的信息对官僚的预算要求提出质疑。

20世纪60年代末和70年代初,尼斯克南(William A. Niskanen)通过构建模型全面系统地对官僚行为对公共支出增长的影响进行了分析,即"尼斯克南模型"。该模型表明,政府官僚机构具有把公共部门产量扩大到2倍于"社会最适产量"的趋势。选民选举政治家,他们代表了选民对公共物品的偏好。立法机关决定公共物品的不同产量水平,反映出中间投票人的评价。因此,立法机关拨给官僚机构的用以购买公共物品的预算,将满足中间投票人的偏好。而官僚机构需要的预算不仅满足反映公共物品供给的生产函数和成本函数,而且还要满足官僚自身的效用函数。

在图1中,纵、横轴分别表示价格和公共物品数量,(a)图表示社会总成本曲线与社会总收益曲线,(b)图表示社会边际成本曲线与社会边际收益曲线。效率所要求的产量应由社会边际成本曲线与社会边际收益曲线的交点E所决定,即公共物品数量为Q^*;而官僚只强调公共物品应由社会总成本曲线与社会总收益曲线的交点D决定,即公共物品数量为Q_B。EAB的面积为由E点移到D点所形成的效率损失。

设图中总收益曲线为TB,总成本曲线为TC,且:

$$TB = aQ - bQ^2 \quad (1)$$

$$TC = cQ + dQ^2 \quad (2)$$

两式中,a、b、c、d均为大于0的常数。

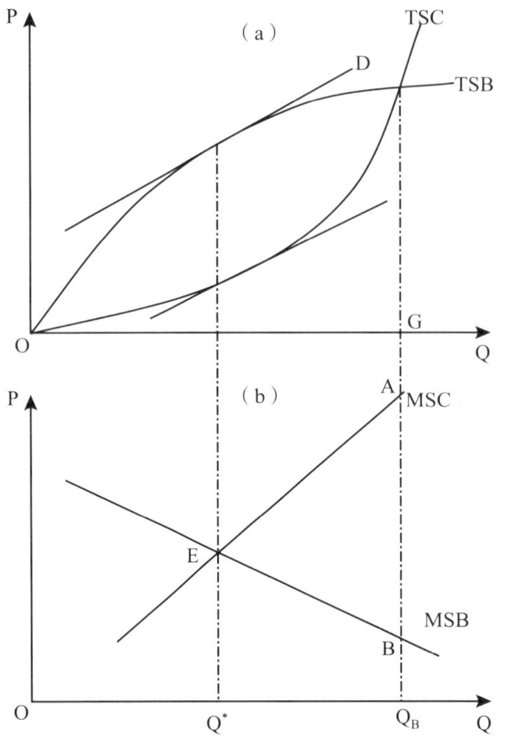

图 1 政府预算规模和社会最适产量的决定

官僚通常认为凡是总成本不超过总收益的政府预算方案均是可取的,即从 0 点到 G 点之间的产出对他们都是有意义的。若按照总收益等于总成本的原则决定产量,那么:

$$aQ - bQ^2 = cQ + dQ^2 \tag{3}$$

易得"官僚垄断产量":

$$Q_B = \frac{a - c}{b + d} \tag{4}$$

实际上,要使资源配置富有效率,不仅应当满足"总收益大于总成本"这个条件,而且必须满足"边际成本等于边际收益"这一条件。根据边际成本等于边际收益原则求得的预算规模才是"社会最适规模",即图中 MB 线与 MC 线的交点 E 所对应的产量。

由总收益函数与总成本函数可得边际收益函数与边际成本函数:

$$MB = dTB = a - 2bQ \tag{5}$$

$$MC = dTC = a + 2dQ \tag{6}$$

当 MB = MC 时,

$$Q^* = \frac{a - c}{2(b + d)} \tag{7}$$

可见,社会最适产量(Q^*)是总收益等于总成本时规模(Q_B)的一半。

之所以出现这种结果,是因为官僚机构作为公共物品(公共服务)的专门供给者,他们对生产函数和成本函数的了解远比拨款单位多。由于存在这种信息不对称性,当讨论预算时,官僚机构能够索取消费者剩余(总收益曲线与总成本曲线之间的差额),并把它们转化成更多的产量,从而扩大了政府预算规模。此外,由于官僚机构通常拥有提供公共物品的垄断权,例如,环境保护、国防、社会保险等都是由专门机构提供的。在很多情况下,官僚们独家掌握着特殊信息,这就使他们能够让政治家们相信他们确定的产出水平的社会收益比较高,从而实现预算规模最大化的产出。

然而,杰克逊(Jackson,1982)认为,对官僚行为的这种描述事实上不尽合理。官僚的效用函数要比尼斯克南所说的复杂得多。在很多情况下,官僚的动机是服务于公共利益或为了完成公共职责,而不是通过预算最大化使其自身效用最大化。

从现实情况来看,有些公共服务的消费者(选民)认为产量水平太低,而有些人认为产量水平太高,这说明在每个人都是公共物品的数量接受者,中间投票人决定公共物品数量的情况下,不可能使所有人在任何时候下都感到满意。此外,一些经济发达国家的公共支出增长很大程度上是由转移性支出增加导致的。由于这种支出对官僚机构没有什么直接利益,受益者是广大公众,因此官僚没有明显的动力来增加这类支出。因此,公共支出扩张的此类解释实际上没有说明公共支出增长的根源。

众多学者研究了在简单多数票规则这种政治程序下所形成公共部门预算的规模"过度"扩张的情况,包括塔洛克、唐斯(Downs,1967)等。塔洛克认为,多数投票可能导致公共部门比私人部门提供更多的私人产品。他举了五个农场主作为例子,这五个农场主利用简单多数投票规则决定维护通往农场道路的公共支出方案。在 A、B、C、D 和 E 这五个农场主当中,多数人可能会投票赞同用于其道路上的支出达到某一水平,即维护道路的边际成本等于其边际收益。对 A、B 和 C 而言,维护道路的资金用一般税收来筹措,故 2/5 的税收成本由 D 和 E 来承担。对 D 和 E 而言,即使他们没有道路支出计划,只要遵循中间投票人规则,A、B 和 C 依然会投票赞同并通过这项计划。这项计划成本由整个经济来分担,实际上是把某些成本转嫁给利益无关者,因此只要多数人有这种隐含的好处,他们就会赞同更多的道路维护支出。公共支出增长的一种政治解释是由唐斯(1967)提出的财政幻觉分析。

所谓选举权扩大是指选举权扩大到更多的贫穷阶层,这种政治权利从一国的富人阶层转向穷人阶层,导致社会福利性支出显著增加,从而促使公共支出总规模不断扩张。这种解释分为两类模型:一种是收入再分配模型,另一种是政府服务模型。

收入再分配模型又分为三种,即纯再分配模型、利他主义的中间投票人模型和特殊利益集团模型。①纯再分配模型。麦尔特泽和理查德(Meltzer and Richard,

1981）认为公共支出的增长在一定程度上是因为投票选举权扩大所致，因为收入分配中最低阶层的人加入选民行列，一般会拥护“大政府”，以便获更多的再分配利益。在他们的模型中，假定人们的人力资本是不同的。每个人获得相同的一次性转移支付，这种转移性支付是按收入的一定比例融资的。人力资本最少的人没有工作，希望税率提高；而工作的那些人随着人力资本的增加而希望税率降低。在该模型中，该税率是由中间投票人决定的，而中间投票人的人数因投票选举权的扩大，增加了穷人的人数，因此税率可能会提高，再分配性的公共支出会增加。②利他主义的中间投票人模型。利他主义的中间投票人模型假定不是福利受益者的中间投票人出于利他主义（或关心犯罪率和社会安定问题）而偏向穷人，从而使再分配性的公共支出增加。后来，又有学者从利他主义和自身利益出发构建再分配模型，认为潜在的和现有的福利受益者的自身利益将促使他们投赞同提高福利支出的利他主义富人的票。这些人掌政之后，无疑要考虑增加福利性的公共支出。③特殊利益集团模型。特殊利益集团模型也可以解释福利性公共支出水平的增长趋势。在这个模型中，选票最大化的政治家会在来自穷人的选票与失去其他集团的选票之间进行权衡；由于福利性支出的受益人口所掌握的选票数量增加了，特殊利益集团就会支持增加福利性公共支出，以赢得选票。

政府服务模型旨在解释对政府服务的需求状况，强调投票选举权扩大在公共支出增长中的重要作用。该模型假定税收按收入的一定比例征收。拥有收入 M_k 的个人能够购买 C_k 单位的私人产品，有：

$$M_k = C_k + tM_k \quad (8)$$

其中，t 表示税率。在政府服务模型中，政府服务水平 G 用税收来融资，这些服务由全体公民消费，即政府预算约束要求总收入等于总支出：

$$tMR = PG \times G \times N \quad (9)$$

其中，MR 代表该社会的总收入，PG 代表政府所提供服务的单位价格，N 代表该社会的人数。根据（9）式，可以得到 t 的表达式：

$$\begin{aligned} t &= PG \times G \times N/MR \\ &= PG \times G/Mm \quad (10) \end{aligned}$$

其中，Mm 代表平均收入。把（10）式代入（8）式，得到：

$$M_k = C_k + PG \times G \times M_k/Mm \quad (11)$$

可见，政府服务的相对价格（$PG \times M_k/Mm$）与个人收入—平均收入比率（M_k/Mm）成正比。如果改善社会的收入分配状况使穷人状况变好，政府服务的相对价格下降，政府服务需求就会增加。相反，如果穷人的境况变差，他们对政府服务的需求就会减少。

在政府服务的价格弹性大于其收入弹性的情况下，增加穷人选民的这种投票选举权扩大将使政府服务的支出增加。但是，有学者利用经验估计结果表明，政府服务的价格弹性不一定大于其收入弹性，二者很可能相等。由此，投票选举权的扩大会明显推动福利性公共支出，但其他公共支出不会改变。

参考文献：

G. Tullock, *The Politics of Bureaucracy*, Washington: Public Affairs Press, 1965.

A. Downs, *Inside Bureaucracy*, Boston: Little Brown, 1967.

H. Hochman and J. Rodgers, Pareto Optimal Redistribution, *American Economic Review*, Vol. 59, 1969.

W. A. Niskanen, *Bureaucracy and Representative Government*, Chicago: Aldine-Atherton, 1971.

W. A. Niskanen, Bureaucrats and Politicians, *Journal of Law and Economics*, Vol. 18, 1975.

A. H. Meltzer, and Richard, S. F., A Rational Theory of the Size of Government, *Journal of Political Economy*, Vol. 89, 1981.

P. M. Jackson, *The Political Economy of Bureaucracy*, Oxford: Philip Alan, 1982.

B. A. Abrams and Lewis, K., A Median-voter Model of Economic Regulation, *Public Choice*, Vol. 52, 1987.

J. Alm and M. Evers, The Item Veto and State Government Expenditures, *Public Choice*, Vol. 49, 1991.

T. W. Gilligan and J. G. Matsusaka, Deviations from Constituent Interest: The Role of Legislative Structure and Political Parties in the States, Working Paper, University of Southern California, 1994.

（苑德宇）

财政补贴

Financial Subsidy

财政补贴是国家财政部门在一定的时期内，根据国家政策的需要，对某些特定的产业、部门、地区、企事业单位或某些特定的产品、事项给予的补助和津贴。它属于财政转移性支出，其实质是国民收入的再分配，是国家在经济管理中自觉运用价值规律、实现宏观经济调控的一个重要经济杠杆。财政补贴的对象、数额、环节、时期等具体内容，都由财政部门根据国家政策的需要来确定。财政补贴具有鲜明的政策性、灵活性和时效性特征，在弥补市场缺陷、调节供求结构、贯彻产业政策和推行价格改革过程中发挥着积极作用。

联合国经济和社会事务部统计处编辑的《国民经济核算体系》一书，对财政补贴所做的定义为“政府对生产者的现期转移”，并对补贴所包括的内容作了详细的说明：“包括现期账户上私营产业部门从政府取得一切补助金”，“补助金可以用于所生产的、所出口的或所消费的商品数额或价值，生产中使用的劳动力或土地，或者以组织和经营生产的情况为基础。而政府当局为投资目的或为补偿破坏、损毁及其他资本和流动资产损失而对私营产业部门的转移则归入资本转移。”并且，满足下列等式：补贴 = 按要素收入计算的国内生产总值 - 按购买者价值计算的国内生产总值 + 间接税。

《国际社会科学百科全书》（*International Encyclopedia of the Social Sciences*）中将财政补贴看作为一种“负税”——“很多补贴都可看成是负的税收，从而可以运用税收分析的工具来估价补贴的效果”。我国也有学者支持财政补贴的负税论，宋则行、汪祥春（1986）认为“可以把财政补贴看作是一种负税，当价格高于价值时，用税收调节；当价格低于价值时，用财政补贴来调节”。也就是说，可以把财政补贴看成正的财政支出，也可把它视为负的财政收入。相应地，可以把税收看作为正的财政收入，也可把它视为负的财政支出。

在理论研究方面，马克思虽没有直接论述财政补贴，但其讨论的很多内容都与财政补贴有关。在《哥达纲领批判》中就明确指出：“用来应付不幸事故、自然灾害等的后备基金或保险基金，如国家的原料、燃料、粮食等储备和人民公社的粮食储备等是必要的”。这些基金具有财政补贴的性质，涵盖了工业补贴、农业补贴、价格补贴等内容。庇古在其著作《福利经济学》中表示，为了纠正自由竞争的市场经济所造成的不利后果，政府应当一方面通过累进的所得税限制那些边际私人纯产值小于边际社会纯产值的产业的发展，一方面通过补贴鼓励那些边际私人纯产值大于边际社会纯产值的产业的发展。希克斯的研究为分析财政补贴的经济效应提供了重要的分析工具，他所著的《价值与资本》一书较全面地分析了相对价格结构变动所带来的两种经济效应——收入效应和替代效应，而财政补贴能够改变相对价格，能够产生收入效应和替代效应。

在实践方面，我国早在春秋时期就运用财政补贴来调节经济，“平粜”就是运用价格补贴将谷价限制在一定幅度内的政策。在计划经济阶段，财政补贴对于避免经济行为失常，保证国民经济顺畅运行具有重大意义。发展到市场经济阶段，由于市场失效的存在以及与经济体制转轨相关的各项改革的要求，财政补贴仍然发挥着不可替代的重要作用。西方国家的财政补贴制度，可追溯到 1601 年，英国伊丽莎白女王颁布《济贫法》，包含了通过国家财政对贫民实行补贴的规定。目前，世界上许多国家都实行财政补贴政策，并且其发展很快，数量日益增多，内容日益丰富，已经发展成为政府干预经济、缓解社会矛盾、参与国际竞争的一项重要经济手段。

财政补贴的类别多样。按财政补贴的环节可分为对生产的补贴、对流通的补贴和对消费的补贴三种。我国主要集中在消费和流通环节，对生产者的直接补贴不多，大多是通过对商业部门的补贴间接惠及生产者。西方国家则主要集中于生产环节，对农产品生产和出口的补贴较多。我国还常常按照补贴方式将财政补贴分为价格补贴、企业亏损补贴、财政贴息、税式支出等，其中价格补贴所占比重最大；财政贴息对经济发展方式转变的作用较大；企业亏损补贴相对盲目，没有区分经营性亏损和政策性亏损，影响了补贴效率；税式支出的项目繁杂，管理混乱，难以实现既定目标。此外，还按照补贴的手段将财政补贴分为实物补贴（暗补）和现金补贴（明补）。实物补贴是政府通过政府采购的形式购买某种或某类商品，并按规定发放给既定人群的政府行为。现金补贴是政府直接面向公民发放现金，以增加公民的现金收入，但依靠货币发行来发放现金补贴会产生很大的通货膨胀风险，并不可取。

由于实施财政补贴必然会形成一定数量的货币购买力，所以财政补贴会改变相对价格体系，进而改变需求结构，再通过供需链条影响企业的利润水平，进而改变供给结构。正因如此，财政补贴的作用是正反两个方面的，必须辩证分析。首先，财政补贴具有优化资源配置、改善经济结构、实现供需平衡、保持销售价格稳定、保证人民基本生活水平、有利于经济稳定和社会安定等方面的积极作用。但是财政补贴运用不当会产生一系列负面效应，例如财政赤字、价格扭曲、对经营不善形成“负激励”、对工资收入的补贴具有一定的“累退性”等等。目前我国财政补贴的规模大、范围广、渠道多、管理乱，已经成为财政的沉重负担，甚至越来越成为经济改革的拖累，阻滞经济发展速度。所以财政补贴必须在充分考虑国家财力的前提下量力而行，最大化地发挥其积极作用，减轻财政负担。

针对我国具体情况，可考虑从如下几个方面加以改进：第一，优化财政支出结构，合理控制财政补贴规模，调整财政补贴占国家财政收入的比重处于合理限度，防止财政补贴破坏财政收支平衡。第二，调整财政补贴结构，增加直补比例，使财政补贴从单一环节向生产、流通、消费多重环节扩展，同时，增加对落后地区的补贴、环保补贴，调整粮食补贴和农业补贴政策，取消对企业经营亏损的补贴。第三，改善财政补贴的管理监督机制，提高财政补贴政策的执行效率。

参考文献：

［德］马克思：《哥达纲领批判》，引自《马克思恩格斯全集》，人民出版社 1973 年版。

［英］希克斯：《价值与资本》，商务印书馆 1982 年版。

宋则行、汪祥春：《社会主义经济调节概论》，辽宁大学出版社 1986 年版。

胡寄窗、谈敏：《中国财政思想史》，中国财政经济出版社 1989 年版。

联合国经济和社会事务部统计处:《国民经济核算体系》,中国财政经济出版社 1982 年版。
[美]D. L. 西尔斯:《国际社会科学百科全书》,美国麦克米兰出版公司、自由出版社 1979 年版。
A. C. Pigou, *The Economics of Welfare*, MacMillan Company Ltd. ,1952.
H. Hotelling, *The General Welfare in Relation to Problem of Taxation and of Railway and Utility Rates*, Richard D. Irwin Inc. ,1969.

（于树一）

三、公共收入

公共收入
Public Revenue

公共收入通常也被称为财政收入或政府收入,是政府为了履行其职能,凭借其所拥有的公共权利筹集的一部分社会产品,而在货币经济条件下,这种社会产品表现为一定数量的货币资金。

公共收入是公共支出的前提,公共支出则是公共收入的去向。在一般情况下公共收入的数量决定着公共支出的规模,掌握一定数量的社会产品是实现国家职能的财力保证。公共收入的取得并不是单纯的资金筹集过程,通过采取不同的收入形式和调节收入数量的机制与政策,可以起到维护经济稳定、优化资源配置和调节收入分配等作用。

公共收入最常用的分类形式是按收入来源渠道。我国目前的公共收入分类是在 2007 年政府收支分类改革中确立的,这次改革对全部公共收入进行统一分类,将原一般预算收入、基金预算收入、社会保险基金收入和预算外收入等都统一纳入政府收入分类体系,并按国际通行做法划分为税收收入、社会保险基金收入、非税收入、贷款转贷回收本金收入、债务收入以及转移性收入等,形成了一个既可继续按一般预算收入和基金预算收入分别编制、执行预算,又可根据需要汇总、分析整个政府收入的分类统计体系。在公共收入构成中,税收是其主要收入形式,市场经济国家中税收收入占公共收入的比例通常在 90% 以上。改革开放后,我国通过"利改税"等财税体制改革举措,税收收入比例由占预算收入不足一半上升至 90% 左右。

公共收入的取得要遵循一定的原则:公共收入的规模取决于经济发展状况,不能超越经济发展水平;公共收入的取得方式必须有利于国民经济协调发展;公共收入政策要有利于新财源的拓宽,为扩大财源创造条件,例如以税收优惠扶持某些新兴产业的发展;公共收入的取得要兼顾国家、企业和个人的收入分配,调动和发挥企业和个人的积极性。

公共收入规模受到经济发展水平、经济体制、传统及风俗习惯、政府职能范围和国家经济政策等因素的影响。衡量公共收入规模有公共收入绝对规模和公共收入相对规模两个指标。公共收入绝对规模是指在一定时期内各种公共收入的总量;公共收入相对规模是指一定时期内公共收入占 GDP 的比重,它主要反映一国政府集中财力的能力,在时间序列上能反映变化趋势及其相关问题。发达国家公共收入占 GDP 的比例一般在 35% ~45% 或更高,发展中国家这一比例较低,约为 20% ~30% 。

参考文献:
黄恒学:《公共经济学》,北京大学出版社 2009 年版。
黄达:《黄达书集》,中国金融出版社 2005 年版。
[美]阿尔伯特·C·海迪:《公共预算经典》第二卷,上海财经大学出版社 2006 年版。
胡乐亭:《财政学》,中国财政经济出版社 2002 年版。

（贾康　程瑜　花爱岩）

财政收入
Fiscal Revenue

参见"公共收入"。

政府收入
Government Revenue

参见"公共收入"。

税收
Tax, Taxation

税收是政府为履行公共职能和满足公共需要按照法律规定的范围与标准对经济主体收入进行的强制征收,是政府公共财政最主要的收入形式和来源。

税收的产生与存在首先是由政府履行公共职能的需要决定的。在经济社会中,人的需要可以分为私人需要和公共需要两部分。私人需要主要是社会成员个体对包括生活资料和生产资料的私人物品的需要,公共需要是全体社会成员对生活和生产的共同外部条件即公共物品的需要。由此决定,社会活动包括私人事务和公共事务两部分。私人事务是提供私人物品、满足私人需要的活动,公共事务是提供公共物品、满足公共需要的活动。为有效提供私人物品和公共物品,必须对私人事务和公共事务实行相对确定的社会分工。私人事务主要由私人部门——经济主体负责,公共事务主要由公共部门——政府负责。政府为履行公共职能,必然要发生各种费用,为了补偿这些费用,政府必须取得一部分收入,这是税收产生与存在的必要条件。

税收的产生与存在还取决于税收的相对优越性。一般来讲,政府取得收入有两种规范形式:一是占有一部分土地与资本,直接从事生产经营活动,获取生产经营收益,或通过所有权与经营权的分离,向经营者收取租金或利息;二是以履行公共职能为依据向经济主体征收一部分收入,包括以履行公共职能产生的共同利益为依据取得的税收和以履行公共职能产生的特定利益为依据收取的规费与使用费。在以上收入不足以满足政府支出需要时,政府还可以借债。与其他各种收入形式相比,税收具有以下三个方面的优越性:(1)税收以政府履行公共职能产生的共同利益为依据,不受占有资产等情况的限制,具有来源的广泛性;(2)税收以法律形式规定,不受经济主体支付意愿变化的支配,具有数额的确定性;(3)税收不需要归还,也不需要支付利息,具有占有的直观的无偿性。税收的这些优越性,使税收成为政府取得收入的主要形式。

在市场经济条件下,政府不仅要提供公共物品,还要调节经济活动,包括调节资源配置,提高经济效率,调节收入分配,实现社会公平,调节经济总量与结构,保持经济的稳定与增长。由此决定,税收不仅是政府取得收入的主要形式,而且是政府调节经济的重要杠杆。税收调节职能的产生与存在,对税收的发展演变产生了重要影响。

在西方,早在古希腊和古罗马,政府为满足其支出需要,一方面向农民征收土地租金与矿山租金,另一方面向市民征收人头税,同时对进出口货物和过往商旅征收港口税与关税。到中世纪,随着土地的私有化,土地租金逐渐演变为土地税,形成了土地税、人头税与关税并存的税收制度。到近现代,随着商品经济与民主政治的发展,多数国家开始对商品征收消费税,人头税则逐渐消亡,形成了土地税、消费税与关税并存的税收制度。并且随着市场化程度的提高与政府职能的扩大,越来越多的国家开始征收个人所得税、公司所得税与社会保障税,形成了个人所得税、公司所得税、社会保障税、国内消费税、进出口税、财产税并存的税收制度。在中国,有关税收的传说始于夏代的“贡”、商代的“助”和周代的“彻”,有文献记载的税收则始于春秋战国时期的土地税,如齐国的“相地衰征”(前685年)、鲁国的“初税亩”(前594年)和“作丘甲”(前590年)、郑国的“作丘赋”(前538年)与秦国的“初租禾”(前408年)。秦汉时期,在继续征收土地税(称“田租”)的同时,开始按人口征收人头税(称“口赋”与“算赋”),此外,还对矿产、渔猎、农林等资源产品及手工业、服务业等征收工商业税,形成了人头税、土地税与工商业税并存的税收制度。清代康熙年间,为减轻无地或少地农民与工商业者的税收负担,实行了“摊丁入亩”,不再单独征收人头税,形成了土地税(农业税)、工商业税与财产税并存的税收制度。民国时期,借鉴西方国家税收制度建设的成功经验,在工商税收领域,开始征收消费税与所得税,为建立现代税收制度奠定了重要基础。中华人民共和国成立后,为减轻农民负担,2006年取消了农业税,形成了所得税、商品与劳务税和财产税并存的现代税收制度。

目前,世界各国的税收主要有以下几种类型:(1)所得税,包括个人所得税、公司所得税和资本利得税;(2)社会保障税,又称税收保障缴款,包括雇员的社会保障缴款、雇主的社会保障缴款和自主经营者的社会保障缴款;(3)国内商品和劳务税,包括销售税(主要是增值税)与货物税;(4)国际贸易和交易税,包括进口税与出口税;(5)财产税,包括财产占有税、遗产税与赠与税等;(6)其他税,包括印花税等。中国2015年时的税种主要有增值税、营业税、消费税、关税、资源税、企业所得税、个人所得税、土地增值税、耕地占用税、土地使用税、房产税、城市维护建设税、车船税、车辆购置税、契税、印花税、烟叶税、船舶吨税等。

参考文献:
[日]小川乡太郎:《租税总论》,商务印书馆1931年版。
胡善恒:《赋税论》,商务印书馆1934年版。
侯梦蟾:《税收概论》,中国人民大学出版社1986年版。
侯梦蟾:《税收经济学导论》,中国财政经济出版社1990年版。
马国强:《税收学原理》,中国财政经济出版社1992年版。
马国强:《税收概论》,中国财政经济出版社1995年版。
马国强:《中国税收》,东北财经大学出版社2012年版。
王诚尧:《国家税收教程》,中国财政经济出版社1995年版。

(马国强)

税制结构
Structure of Taxation

税制结构是指构成税制的各税种在社会再生产及收入分配中的分布状况及相互之间的比例关系,包括税种的设置(Tax Mix)与各种税占税收总额的比重(Tax Share)。从表现形式来看,可以从两个角度理解税制结构:(1)纵向税制结构,即中央税与地方税的设置及中央税与地方税占税收总额的比重;(2)横向税制结构,即直接税与间接税的设置及直接税与间接税占税收总额的比重。

一国税制结构,主要由以下因素决定:(1)各税种的收入能力和调节能力。收入能力和调节能力大的税种,如所得税与商品劳务税,通常会成为主体税种,收入能力和调节能力小的税种,如行为税,通常会成为辅助税种。(2)各税种的公平符合度和效率符合度。一般而言,所得税更符合公平原则,商品劳务税更符合效率原则。某国或某阶段,在更加关注公平税时,会将所得税确立为主体税种,在更加关注效率时,会将商品劳务税确立为主体税种。(3)各税种的稽征难度。一般认为,所得税的稽征难度大,商品劳务税的稽征难度小。一国在税收稽征水平比较低的情况下,会将商品劳务税确立为主体税种,在税收稽征水平比较高的情况下,会将所得税确立为主体税种。

世界各国的税制结构有三种基本类型:(1)以所得税为主的税制结构;(2)以商品劳务税为主的税制结构;(3)所得税与商品劳务税并重的税制结构。

进入20世纪后,世界上多数国家税制结构变化的总趋势是:(1)财产税占税收总额的比重降低,所得税与商品劳务税占税收总额的比重提高;(2)在所得税与商品劳务税之间,商品劳务与国际交易税的比重降低,所得税的比重提高;(3)在国内商品劳务税与进出口税之间,进出口税的比重降低,国内商品劳务税的比重提高;(4)在所得税中,企业所得税的比重降低,个人所得税的比重提高。

中国的情况则有所不同,中国2012年的税制结构如表1所示。

表1　　中国现阶段各种税占税收总额的比重(2012年)

税种	税种	税收收入(亿元)	占税收总额(%)
商品劳务类	国内增值税	26415.51	52.5
	国内消费税	7875.58	
	营业税	15747.64	
	关税	2783.93	
进出口环节	进口货物增值税、消费税	14802.16	4.3
	出口货物退增值税、消费税	-10428.89	
所得类	企业所得税	19654.53	25.32
	个人所得税	5820.28	
财产类	房产税	1372.49	6.11
	土地增值税	2719.06	
	耕地占用税	1620.71	
	车船税	393.02	
	船舶吨税	40.98	
资源税类	资源税	904.37	2.43
	城镇土地使用税	1541.72	
行为税类	城市维护建设税	3125.63	9.29
	印花税	985.64	
	契税	2874.01	
	烟叶税	131.78	
	车辆购置税	2228.91	
其他税收	其他	5.22	0.005
各类税收总计		100614.28	

资料来源:《中国统计年鉴(2013)》,中国统计出版社2013年版。

参考文献:

[美]理查德·A·马斯格雷夫:《比较财政分析》,上海人民出版社、上海三联出版社1996年版。

[美]V. 坦齐:《发展中国家税收制度的数量特点》,引自[美]大卫·纽伯里、尼古拉斯·斯特恩:《发展中国家税收理论》,中国财政经济出版社1992年版。

叶静:《税收结构的决定因素》,载于《浙江省委党校学报》2010年第4期。

马拴友:《税收结构与经济增长的实证分析》,载于《经济理论与经济管理》2001年第7期。

李绍荣、耿莹:《中国的税收结构、经济增长与收入分配》,载于《经济研究》2005年第5期。

(马国强)

税收分类
Classification of Taxation

参见“税制结构”。

宏观税负
Macro Tax Burden

在西方财政学文献中,宏观税负通常被称作税收水平(Tax Level)或税收比重(Tax Ratio),是税收总量的相对表现形式,通常以一定时期(一般为一年)的税收总量占国内生产总值或国民收入(NI)的比重来测度。这一指标也有加入非税收入的广义口径。

宏观税负水平的高低,一方面取决于政治偏好,另一方面取决于经济发展水平。政治偏好对宏观税负水平的决定作用表现为:集权制国家倾向于“求取高税”,宏观税负水平偏高;分权制国家倾向于“求取低税”,宏观税负水平偏低。从经济发展角度讲,一方面,随着经济发展和居民收入水平的提高,收入中满足生存消费之后的剩余越来越多,为宏观税负水平的提高提供了可能;另一方面,经济结构与社会结构也发生一系列变化,公共需要的范围与规模不断扩大,政府职能随之扩张,对宏观税负水平的提高提出了要求。首先,随着经济发展和居民收入水平的提高,消费结构不断升级,在满足生存消费的基础上,发展性消费与享乐性消费不断增加,出现了医疗卫生、文化教育等方面新的公共需要,要求政府发展医疗卫生、文化教育等公共事业。其次,随着消费结构的升级,产业结构不断优化,城市化水平不断提高,公共服务业比重不断上升,出现了交通运输、邮政电讯等方面新的公共需要,要求政府发展交通运输、邮政电讯等基础设施和公共工程。最后,随着生活水平提高,人口的平均寿命不断增加,出现了社会保障等方面新的公共需要,要求政府增加社会保障职能。

从历史上看,在较长时期内,宏观税负水平的变化呈现"S"型曲线的特点,可以分为三个发展阶段。第一阶段,在经济发展水平比较低且长期处于相对稳定状态的情况下,由于剩余收入比较少,政府职能比较窄,宏观税负水平也比较低并长期处于相对稳定状态,类似位于"S"型曲线的底部。第二阶段,随着经济发展水平的提高,剩余收入增加,政府职能扩张,宏观税负水平也相应提高,类似位于"S"型曲线的中部。第三阶段,在经济发展水平提高到一定程度后,经济结构与社会结构相对稳定,政府职能相对稳定,宏观税负水平比较高且长期处于相对稳定状态,类似位于"S"型曲线的顶部。

从现实情况看,由于各国经济发展水平不同,宏观税负水平也不同。目前,北欧各国的宏观税负水平为50%左右,西欧各国的宏观税负水平为40%左右,美国与日本的宏观税负水平为30%左右,多数发展中国家的宏观税负水平为20%左右,少数发展中国家的宏观水平为10%左右。1994年以来,中国的宏观税负水平持续提高,目前为20%左右。

长期以来,经济学家一直在探讨宏观税负水平是否适度的判断方法。主要有四种方法:(1)支付能力法。具体标准是税收不可侵蚀资本和必要生活费用。(2)公共需要法。具体标准是税收必须满足政府履行公共职能发生的必要费用。(3)税收效应与政府支出效应均衡法。具体标准是,税收负担具有负效应且效应递增,政府支出具有正效应且效应递减,适度的宏观税负水平是税收负担负效应与政府支出正效应相等。(4)税收—产出法。具体标准是,随着宏观税负水平提高,若产出不断增加,则说明宏观税负水平不高,应继续提高宏观税负水平;若产出不断减少,则说明宏观税负水平过高,应降低宏观税负水平;适度的宏观税负水平是使产出最大化的宏观税负水平。

参考文献:

[美]理查德·A·马斯格雷夫:《比较财政分析》,上海人民出版社、上海三联出版社1996年版。

[美]V. 坦齐:《发展中国家税收制度的数量特点》,引自[美]大卫·纽伯里、尼古拉斯·斯特恩:《发展中国家税收理论》,中国财政经济出版社1992年版。

杨斌:《宏观税收负担总水平的现状分析及策略选择》,载于《经济研究》1998年第8期。

安体富、杨文利、石恩祥:《税收负担研究》,中国财政经济出版社1999年版。

许善达:《中国税收负担研究》,中国财政经济出版社1999年版。

马国强:《宏观税负变化与税制结构调整》,载于《税务研究》2011年第12期。

(马国强)

直接税与间接税

Direct and Indirect Tax

直接税是由纳税人直接负担的税,间接税是由纳税人缴纳并由纳税人通过提高商品销售价格或降低要素购买价格等方式转嫁给他人负担的税。

判断一种税是否由纳税人直接负担,或是否由纳税人转嫁给他人负担,理论探讨中主要涉及以下标准:(1)预期标准。J. S. 穆勒认为,预期由纳税人负担的税是直接税,预期由纳税人转嫁给他人负担的税是间接税。实际上,预期转嫁的税有可能不转嫁,预期不转嫁的税收有可能转嫁。按转嫁预期划分直接税与间接税,具有不确定性。(2)主体标准。多数经济学家认为,所有税收都由个人或家庭负担。直接对个人或家庭征的税是直接税,而对其他经济主体征收的税则是间接税。(3)客体标准。魁奈认为,一切税收都来自纯产品,只有农业能够生产纯产品。因此,所有课征于土地的税都是直接税,其他税则属于间接税。现代经济学家认为,一切税收都来自所得,直接对所得征的税是直接税,对所得之外的其他物征的税是间接税。

在现代税收制度中,一般认为所得税、支出税、净财富税、遗产税属于直接税。其中,所得税主要指个人所得税。对于公司所得税是否属于直接税,经济学家之间存在较大分歧。支出税又称直接消费税,是直接对消费支出征收的税。此税曾在印度和斯里兰卡短期施行过,但没有成功。净财富税是对净财富征的税。净财富=资产-负债。居民不动产税(亦称财产税、房地产税)很大程度上具有净财富税特征。遗产税包括两种形式:一是对继承人收到的遗产征收的税;二是对死者留下全部财产征的税。销售税、货物税、关税、印花税等属于间接税。其中,销售税是对所有商品与服务征收的税。从征税环节看,销售税包括单阶段销售税与多阶段销售税。单阶段销售税是在一个环节征收的销售税;多阶段销售税是在生产与流通的各环节征收的税。从税基看,销售税包括流转税和增值税。流转税(Turn-over Tax)亦称周转税,是在生产与流通各环节按商品价款征收的税,增值税(Value-added Tax)是在生产与分配各环节按增加值征收的税。货物税是对特定商品与服务征收的税。关税是对进出口商品征收的税。印花税是对财产转让行为征收的税,具体形式是在法律或商业文书上加盖印戳以证明纳税。

参考文献:

[日]小川乡太郎:《租税总论》,商务印书馆1931年版。

[美]理查德·A·马斯格雷夫、佩吉·B·马斯格雷夫:《财政理论与实践》,中国财政经济出版社2003年版。

胡善恒:《赋税论》,商务印书馆1934年版。

高培勇:《西方税收——理论与政策》,中国财政经济出版社1993年版。

马国强:《税收学原理》,中国财政经济出版社1992年版。

马国强:《税收概论》,中国财政经济出版社1995年版。

（马国强　王春雷）

税收公平:受益原则与支付能力原则
Tax Equity:Benefit Principle vs. Ability to Pay Principle

税收公平是指国家征税应使各类纳税人的税负与其纳税能力相适应,并使同类纳税人间的负担水平持平,包括横向公平与纵向公平两个方面。横行公平意味着对同等状况的纳税人同等对待,纵向公平意味着对不同等状况的纳税人适当区别对待。

对于税收负担公平分配的依据,或“同等状况”与“不同等状况”的衡量指标,经济学家提出了两种不同的思想,一种思想被称作“受益原则”,另一种思想被称作“支付能力原则”。

受益原则主张以受益作为税收负担公平分配的依据,实行受益大者多负担,受益小者少负担。

对于受益的衡量指标,经济学者之间存在很大分歧。早期学者认为,经济主体的受益程度可用财产、消费、收入(所得)衡量。例如,孟德斯鸠认为,受益是个人在国家保护下拥有的财产,实行受益原则应当征收财产税;霍布斯认为,受益是个人的消费,实行受益原则应当征收消费税;亚当·斯密认为,受益是个人在国家保护下享得的收入,实行受益原则应当征收所得税,包括地租税、利润税和工资税。

在税率确定方面,主张受益原则的早期学者大都主张实行比例税。现代学者认为,当需求的收入弹性大于价格弹性时,应当实行累进税率,当需求的收入弹性等于价格弹性时,应当实行比例税率,当需求的收入弹性小于价格弹性时,应当实行累退税率。

受益原则的优点是把税收负担的分配与政府支出的效应联系起来,在确定政府支出效应的同时确定税收负担的分配。受益原则的缺点主要是:公共物品具有非竞争性与非排他性,要准确衡量每个经济主体的受益程度其实是不可能的;作为理性经济人,经济主体也不会主动申报自己的受益并按受益程度负担税收。

支付能力原则主张以支付能力作为税收负担公平分配的依据,能力大者多负担,能力小者少负担。

对于支付能力的衡量指标,经济学家提出了三种选择:(1)所得标准。塞利格曼认为,所得能反映人们的真实纳税能力。海格和西斯蒙认为,所得是当期消费与净财富之和,包括各种来源的货币所得与非货币所得。一般认为,税收最终来自所得;以所得作为支付能力的衡量指标是最佳选择。所得标准的主要缺陷是:对于对工作与闲暇具有不同偏好的人,或对于劳动所得与非劳动所得比重不同的人,存在着横向不公平。(2)支出标准。谢夫勒认为,所得是直接的支付能力,支出是间接的支付能力。根据经济学恒等式,对支出征税意味着对储蓄不征税,有利于在现在消费与未来消费之间保持中性。支出标准的主要缺陷是:无论是直接计算支出还是通过所得与净财富增加间接计算支出,都是极其困难的。同时,对于一定时期所得与支出具有不同对应关系的人,存在着税收的横向不公平。(3)财富标准。财富是累积的购买力存量,是所得的来源,对财富征税等于对将来所得的现值征税。财富标准的主要缺陷是:一些资产没有市场价格;对资产进行估价存在困难。

在税率确定方面,主张支付能力原则的早期学者大都主张实行比例税。约翰·穆勒将功利主义哲学引入税收公平的规范分析,开创了均等牺牲分析方法,提出按均等牺牲程度求得税收公平。其之后,经济学家用均等牺牲原则分析税率的确定问题,创立了绝对均等牺牲说、比例均等牺牲说与边际均等牺牲说。绝对均等牺牲说要求每个纳税人因纳税而牺牲的总效用相等。比例均等牺牲说要求每个纳税人因纳税而牺牲的效用与其收入成相等的比例。边际均等牺牲说要求税后每个纳税人的收入边际效用均相等。假定收入的边际效用递减,按均等绝对牺牲的要求,应根据效用的收入弹性确定税率,弹性大于1时实行累进税率,弹性等于1时实行比例税率,弹性小于1时实行累退税率,按均等比例牺牲的要求,应当实行累进税率,按均等边际牺牲的要求,应当实行高度的累进税率。

参考文献:
[美]理查德·A·马斯格雷夫、佩吉·B·马斯格雷夫:《财政理论与实践》,中国财政经济出版社 2003 年版。
[美]哈维·S·罗森、特德·盖亚:《财政学》第八版,中国人民大学出版社 2009 年版。

(马国强 王春雷)

税收转嫁与税负归宿
Shifting and Incidence of Taxation

税收转嫁是指纳税人将其所纳税款转移给他人负担,表现为税收负担在纳税人与负税人之间的再分配。税收归宿是指税收负担的最后归着点,表明税收负担最终由谁承担。

税收转嫁的主要手段是变动价格。纳税人将其所纳税款顺着商品流转方向,通过提高商品价格的方法,转移给商品的购买者或最终消费者,为"前转",也称之为"顺转"。纳税人将其所纳税款,逆商品流转的方向,以压低商品(要素)价格的方式,向后转移给商品(要素)提供者,为"后转",也称之为"逆转"。若既向前转嫁又向后转嫁,为"复转",也称之为"散转"。

西方对税收转嫁的讨论,始于 17 世纪的英国,为 18 世纪重农学派所特别关注。而后逐步形成了"绝对转嫁论"和"相对转嫁论"两种转嫁理论学说。"绝对转嫁论"认为一切税收皆可转嫁,此学说始于 18 世纪的欧洲国家,盛行于 19 世纪中叶以前。"相对转嫁论"认为税收负担是否转嫁以及转嫁的程度如何,视税种、课税商品的性质、供求关系以及其他经济条件的不同而异。有时可以转嫁,或完全转嫁,有时则不能转嫁,或只能部分转嫁。"相对转嫁论"最先由德国财政学家劳(Rau)提出,至赫克(Von Hock)有所发展,后由美国经济学家塞利格曼(E. R. A. Seligman)系统化。此观点于现代依然占主流地位。

在市场经济条件下,商品的供求弹性是制约税负转嫁形式及规模的关键因素。商品需求弹性愈大,税负前转的可能性愈小;商品需求弹性愈小,税负前转的可能性愈大。特别地,当需求完全无弹性时,税负将全部前转;当需求有完全弹性时,税负将不能前转,只能实现后转或不能转嫁。商品供给弹性愈大,税负前转的可能性愈大;供给弹性愈小,税负前转的可能性较少。特别地,当商品供给完全无弹性时,税负将全部后转或不能转嫁;当供给有完全弹性时,税负将全部前转。当商品的需求弹性大于供给弹性时,则税负向后转嫁或不能转嫁的可能性较大,税负转嫁规模较小;当商品的需求弹性小于供给弹性时,税负前转的可能性较大,税负转嫁规模较大。

市场结构也是制约税负转嫁的重要因素:在完全竞争假设条件下,任何个别厂商都无法单独提高和控制商品的价格,故不能把税负向前转嫁给消费者(购买者),但从长期来看,各个生产者会形成一股整个行业的提价力量,从而实现一定的税负转嫁。在垄断竞争条件下,单个厂商可以利用自己产品的差异性对价格进行适当调整,税负可向前转嫁给消费者。但由于没有形成垄断市场,不能完全转嫁出去,因此只能实现部分转嫁。在寡头垄断条件下,各寡头生产厂商可在原价基础上,各自提高其价格,把大部分税负转给消费者(购买者)。在完全垄断市场结构下,垄断生产厂商会千方百计将税负转嫁给消费者。但转嫁多少及转嫁方式要视其产品的需求弹性大小而定。

除受供求弹性和市场结构影响外,税收转嫁还受其他因素的制约。主要包括:(1)课税范围的大小。一般而言,课税范围越宽,税负越易于转嫁;课税范围越窄,税负越不易转嫁。(2)课税商品的性质。对生产用品的课税,税负辗转次数多,转嫁速度快;对生活用品的课税,税负辗转次数小,转嫁速度慢。(3)税种。一般而言与价格密切的商品税较容易转嫁,与商品价格关系不大的所得税、财产税往往不容易转嫁。(4)市场期。税负转嫁一般是在经济交易发生时实现的。不同的市场期决定着税负转嫁可能的大小。短期市场可通过调整价格部分实现税负转嫁;长期市场可通过价格变动较充分的实现税负转嫁。

参考文献:
[美]塞力格曼:《租税转嫁与归宿》,商务印书馆 1931 年版。
[美]理查德·A·马斯格雷夫、佩吉·B·马斯格雷夫:《财政理论与实践》,中国财政经济出版社 2003 年版。
[美]哈维·S·罗森、特德·盖亚:《财政学》第八版,中国人民大学出版社 2009 年版。
于洪:《中国税负归宿研究》,上海财经大学出版社 2004 年版。

(马国强 王春雷)

超额负担
Excess Burden

超额负担亦称无谓损失(Deadweight Loss),是政府征税引起的社会福利损失大于税收收入的部分。由于社会福利一般用消费者剩余和生产者剩余来度量,所以,税收的超额负担通常被表述为消费者剩余损失和生产者剩余损失的总额超过税收收入的部分。

消费者剩余这一概念由法国工程师杜标特(J. Dupuit)在 1844 年提出。他在确定桥梁建设成本补贴数额时发现,消费者愿意支付的数额往往大于实际支付的数额，因此得到“超额满足”或剩余。马歇尔在《经济学原理》中将消费者剩余概念介绍到英语世界。他把消费者剩余看作是效用的变化，并用需求曲线以下、代表消费者实际支付的长方形以上的三角形表示消费者剩余。其后，经济学家倾向于把消费者剩余看作是支付意愿的一个客观度量。1943 年，希克斯还根据不同的补偿方式定义了消费者剩余的四种度量方式。如果不存在收入效应，消费者需求就不会因支付补偿而受到影响，已补偿的需求曲线和马歇尔需求曲线重合，根据马歇尔定义计算的消费者剩余和根据席克斯四种定义计算的消费者剩余就是一样的。

图 1 说明了超额负担的大小和影响因素。

假设消费者需求是线性的，并假设商品征税前后的需求弹性保持不变。由图 1 可以看出，征税前，商品价格为 p，消费量为 X^0，征收从量税 t 后 $q = p + t$，消费量下降为 X^1。价格的上涨和消费量的下降使消费者剩余减少为三角形 aef，税收筹集的收入为 tX^1，即区域 cdef，初始消费者剩余中没有被转化为税收收入的部分即区域 bde 就是超额负担，此时有：

$$EB = \frac{1}{2}\mid \varepsilon^{d} \mid \frac{X^0}{p}t^2$$

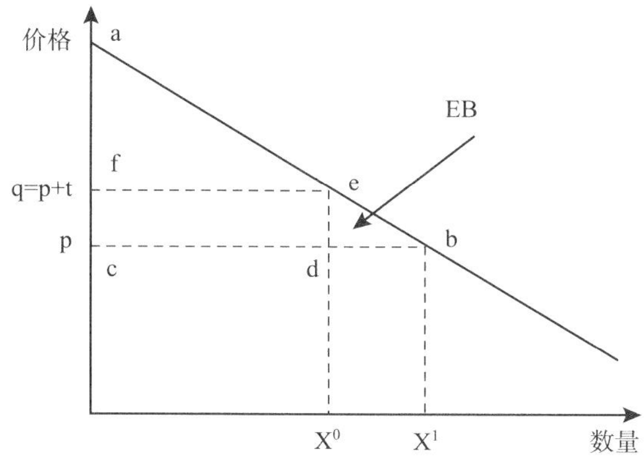

图 1　超额负担的大小和影响因素

其中，EB 是超额负担，ε^d 是需求弹性（假设征税前后的消费者需求弹性不变）。由此可以有如下结论：超额负担的大小和税率的平方成正比，随着税率的增加，超额负担会增加得更快；超额负担与需求弹性成正比，在税率给定时，商品的需求弹性越人，超额负担也就越大。

超额负担的度量，除剩余外，还可用无差异曲线来进行。图 2 中的点 a 代表没有税收时的初始状态，现在比较总额税与对商品 1 征收的商品税（假定两种税收工具筹集的收入相同）。在图 2 中，总额税由点 a 到点 b 的变动表示，预算线向内移动，但斜率不变，效用水平由 U_0 下降到 U_1。对商品 1 征收商品税提高了商品 1 对商品 2 的相对价格，使预算线变得更陡。在点 c 商品税筹集的收入与总额税相同，这是由于在点 c 消费的商品价值与点 b 相等，在这两种情形下政府征收到的税额也一定相同。商品税使得效用水平下降到 U_2，低于 U_1。$U_2 - U_1$ 的数值就是直接用效用度量的超额负担。

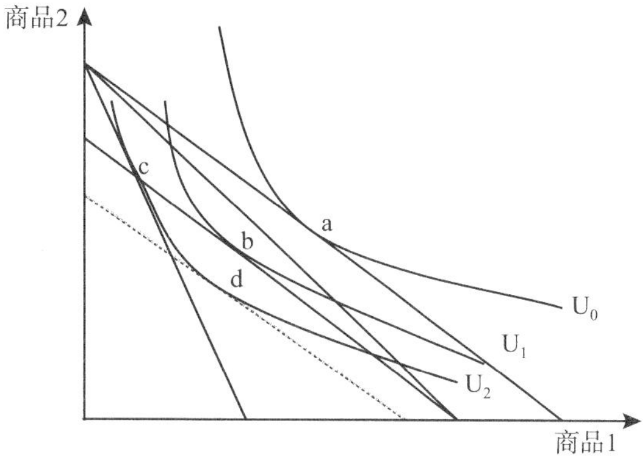

图 2　采用无差异曲线度量超额负担

商品税与使消费者达到 d 点的总额税产生的效用相同，这个总额税的数额显然大于使消费者达到 b 的总额税，这两个总额税的差异提供了对超额负担的一种货币度量方法。商品税的效应现在可以分为两个部分：首先从初始点 a 移到点 d，这就是收入效应；其次是由于商品 1 对于商品 2 的相对价格上升，替代效应使消费者的选择沿着无差异曲线由点 d 转向点 c。对图 2 进行扩展论证可以说明导致超额负担的正是替代效应。注意到图 3 中的消费者无差异曲线都是 L 形的，即两种商品是完全互补品，这样就不存在需求的替代效应，相对价格的改变仅仅使预算约束线以无差异曲线的拐角为中心转动，如图 3 所示，此时总额税与商品税导致的结果完全相同，商品税的超额负担是零。没有税收的初始状态位于点 a，两种税收工具最后导致的均衡都位于点 b。这就说明超额负担是由商品间的替代所导致的。

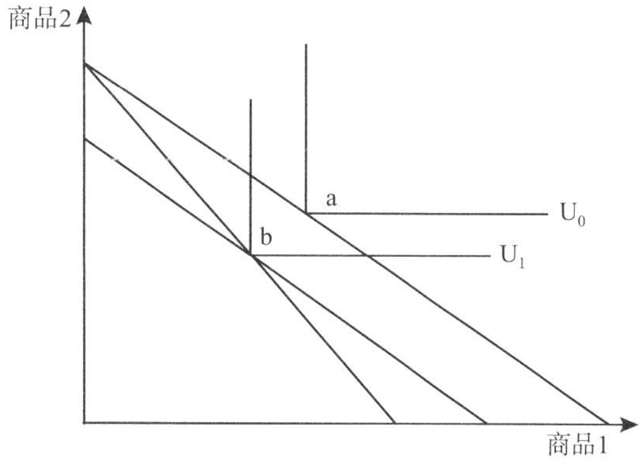

图 3　完全互补品的超额负担

无差异曲线的分析方法既揭示了超额负担产生的原因,也指出了消除商品税的超额负担的出路。理论上说,如果能够选择一种税,使政府能够得到消费者的全部损失,那么商品税的超额负担就可以消除。人们曾认为,由于不存在替代效应,按照人头征收的总额税满足这样的条件。但 20 世纪 80 年代末,英国向消费者征收人头税,由于纳税人可以通过搬家并不向政府报告新地址来确保自己的名字不被登记以达到逃避税收的目的,同时税务机关收集和维护所有纳税人的家庭住址信息非常困难,使得征税成本一直居高不下。所以,总额税除了没有体现公平的原则外,在实践中也很难实行。

参考文献:

[美]大卫・纽伯里、[英]尼古拉斯・斯特恩:《发展中国家的税收理论》,中国财政经济出版社 1992 年版。

[英]安东尼・B・阿特金森、[美]约瑟夫・E・斯蒂格利茨:《公共经济学》,上海三联书店、上海人民出版社 1994 年版。

[比]吉恩・希瑞克斯、[英]加雷思・D・迈尔斯:《中级公共经济学》,格致出版社、上海人民出版社、上海三联书店 2011 年版。

[英]加雷斯・D・迈尔斯:《公共经济学》,中国人民大学出版社 2001 年版。

[美]约瑟夫・E・斯蒂格利茨:《公共部门经济学》,中国人民大学出版社 2005 年版。

(马国强　孙永君)

最优税收理论
Theory of Optimal Taxation

税收会扭曲经济行为,产生超额负担。在获取一定数额税收收入的同时,如何使超额负担最小,就是最优税收问题。

最优税收理论最早可追溯至拉姆齐(Ramsey)在 1927 年发表的最优商品税论文(*A Contribution to the Theory of Taxation*)。在拉姆齐的最优商品税理论提出前,经济学界流行的是埃奇沃思(Edgeworth)的商品税原则。埃奇沃思认为,只有当每个人在消费上花费的最后一个单位货币的边际效用都相等时,社会福利才能实现最大化。在效率与公平的权衡上,埃奇沃思的商品税原则明显地偏向于公平。庇古(Pigou)和凯恩斯(Keynes)对这一忽视效率的商品税原则并不满意。1927 年,他们的学生拉姆齐在只考虑效率的基础上得出了后来广为人知的拉姆齐规则,即著名的商品税效率准则。1971 年,戴蒙德(Diamond)和米尔利斯(Mirrlees)在其论文(*Optimal Taxation and Public Production*)中推广了拉姆齐的结论,得出了兼顾效率与公平的戴蒙德－米尔利斯规则。此后,最优税收理论的发展集中于所得税方面,并与信息经济学的发展同步而行。在这方面做出重要贡献的是维克雷(Vickrey)和米尔利斯,他们在最优税收理论方面的贡献也是其获得 1996 年度诺贝尔经济学奖的重要原因。在此之后,最优税收理论的发展主要是沿着维克雷和米尔利斯开拓的分析范式进行的。

最优商品税理论研究的主要内容是,如果政府只以商品税作为筹集既定收入的工具,设计怎样的商品税才能使税收的超额负担最小化。

最优商品税理论最早的正式表述为拉姆齐规则,是在单一家庭的框架下基于效率准则分析最优商品税问题的,其主要结论是,相对于税前状态,最优商品税制应使每种商品的补偿需求以相同比例下降,其中的补偿需求是指剔除收入效应影响以后的需求。如果进一步假设商品之间的交叉弹性为零,则拉姆齐规则退化为逆弹性规则,即最优商品税的税率应该和商品的需求弹性成反比。

戴蒙德—米尔利斯规则推广了拉姆齐规则,考虑了异质消费者的情况,兼顾了效率与公平,这样就在拉姆齐的效率规则基础上,将公平问题纳入最优商品税的分析框架。戴蒙德—米尔利斯规则的主要结论是,税收的引进会使商品的消费下降,由于对公平的关注,那么以政府收入来衡量有较大净社会边际效用值的消费者所消费商品的下降程度就应小一些,在实践中就是对这些商品征收较少的税。一般来说,若有较高净社会边际效用且对征税商品有较高边际消费倾向的消费者消费的商品越多,则因征税所引起的需求下降就应该越少。

关于最优商品税理论的详细推导可以参考迈尔斯(Myles)于 1995 出版的《公共经济学》(*Public Economics*)。

最优所得税理论研究的主要内容是,如果政府只以所得税作为筹集既定收入的工具,设计怎样的所得税才能使税收的超额负担最小化。

由于变量的内生性,最优所得税的分析结果严重依赖于模拟结果。在线性所得税假设下,斯特恩(Stern)在 1976 年的文章(*On the Specification of Models of Optimum Income Taxation*)中得出如下模拟结果:假设消费和劳动的替代弹性是 0.4,政府取得 20% 的国民收入,所得的社会边际评价大约随收入的平方下降,在这些假设下,最优所得税率是 54%。最优政府补助比例占个人平均收入的 34%,如果几乎不考虑公平,则最优所得税率仅为 25%,如果赋予公平很高的权重,则所得税率为 87%,如果劳动供给弹性非常低,则最优所得税率为 79%,如果劳动供给弹性很高,则最优所得税率为 35%。如果考虑非线性的税率表,而不再是单一的比例税率,则最优所得税的主要结论是:随着收入的下降，所得税率应该提高，在极端的情况下，高收入群体的最优边际税率会趋于零。这一结论对估计最优所得税率表的传统观念形成了很大冲击。实际中观察到的边际税率总是随着收入的增加而增加，这使得高收入者面临最高的边际税率，而不是零边际税率。根据这一分析，这种所得税率表不是最优的。如果边际税率随所得增加而提高，那么税收体系将是累进的，而最优所得税的启示在于最高收入者面临的边际税率为零，因此，最优的税收体系不可能全部是边际税率累进的。同样，由于变量的内生性和处理上的复杂性，非线性最优所得税的结论具有局限性。

最优商品和所得税理论研究的主要内容是，如果政府可以采用商品税和所得税作为筹集既定收入的工具，设计怎样的税制才能使税收的超额负担最小化。

最优所得税的分析框架可以用来分析最优所得和商品税问题。最优商品和所得税理论的主要结论是：如果效用函数对劳动是可分的，在所得税已经实现最优时，最优商品税的税率为零。在这一分析框架内，只要是使税后消费者价格与生产者价格同比例变化的商品税率，都是最优的。这背后的逻辑关系是简单的，比如商品税率是 10%，那么可以调整所得税率表，使得相应的可支配收入也上升 10%，这样，商品税率上升的影响被所得税的调整所消除。上述结论也符合直觉，尽管由于存在所得税对劳动努力供给的扭曲作用，经济是次优的，但如果效用函数对劳动是可分的，商品税除了扭曲消费以外，再不会起到其他作用。

关于最优所得税和最优商品和所得税的理论分析可以参考阿特金森（Atkinson）和斯蒂格利茨（Stiglitz）1980 年出版的《公共经济学讲义》（*Lectures on Public Economics*），以及斯蒂格利茨 1987 年的文章（*Pareto Efficient and Optimal Taxation and the New Welfare Economics*）。

参考文献：

［美］大卫·纽伯里、［英］尼古拉斯·斯特恩：《发展中国家的税收理论》，中国财政经济出版社 1992 年版。

［英］安东尼·B·阿特金森、［美］约瑟夫·E·斯蒂格利茨：《公共经济学》，上海三联书店、上海人民出版社 1994 年版。

［英］加雷斯·D·迈尔斯：《公共经济学》，中国人民大学出版社 2001 年版。

［美］伯纳德·萨拉尼：《税收经济学》，中国人民大学出版社 2005 年版。

Peter A. Diamond and James A. Mirrlees, Optimal Taxation and Public Production: I-Production Efficiency, *American Economic Review*, *American Economic Association*, Vol. 61(1), March, 1971.

James A. Mirrlees, An Exploration in the Theory of Optimum Income Taxation, *Review of Economic Studies*, Wiley Blackwell, Vol. 38(114), April, 1971.

Torsten Persson, *Nobel Lectures in Economic Sciences* (1996-2000), World Scientific Publishing Co. Pte. Ltd., 2003.

Frank P. Ramsey, A Contribution to the Theory of Taxation, *The Economic Journal*, Vol. 37(145), Mar., 1927.

Nicholas Stern, On the Specification of Models of Optimum Income Taxation, *Journal of Public Economics*, 6(1-2), 1976.

Joseph E. Stiglitz, Pareto Efficient and Optimal Taxation and the New Welfare Economics, In A. J. Auerbach & M. Feldstein, *Handbook of Public Economics*, Vol. 2, Chapter 15, 1987.

（马国强　孙永君）

中性税收与税收中性

Neutral Taxation and Taxation Neutrality

中性税收是指不影响社会经济活动按市场机制正常运行的税收。其理论假设是，征税如不影响社会资源在市场自身调节作用下形成的最佳配置，不影响人们按市场取向做出的投资和消费等决策，不产生税收之外的超额负担，即为中性税收。与中性税收相对应的是扭曲性税收，即带来超额负担，影响人们的投资和消费等决策，使社会资源偏离市场调节下最优配置的税收。

经济学文献中关于中性税收的重要思路有两条。一是对效率原则的强调（即要消除效率损失），征税有可能带来效率损失，由此要求政府征税应尽量减少对经济个体行为的不正常干扰，一个理想的税收制度应是超额负担最小的制度，其评价依据是课税对消费选择和生产决策的影响程度；二是对普遍原则的强调，即"对价值增值普遍征税，也就是对所有经济活动按统一税率普遍征税。"作为政府管理国家经济的一种手段，税收很难避免对市场机制效率构成损害，其关键是如何减少损失，普遍原则反对差别课税的原因即在于此。在上述认识的基础上，明确提出政府征税应当对市场资源配置作用保持中性的主张。

从实践来看，20 世纪 50 年代前没有一个国家真正实行过中性税收。1954 年以后，前欧洲经济共同体相继推行税率比较单一的增值税制度，是一种近似中性的税收。

税收中性是指政府课税不扭曲市场机制正常运行的取向性表达。一般包括两种含义：一是国家征税使社会所付出的代价以税款为限，尽可能不给纳税人或社会带来其他的额外损失或负担；二是国家征税应避免对市场经济正常运行的干扰，特别是不能使税收超越市场机制而成为资源配置的决定因素。

实际上，中性税收只是一种理论上的设想，在现实中是不可能的。由于税收涉及面广，渗透各方，个人或企业总要考虑税收的作用，税收对经济的影响不可能仅限于征税额本身而保持"中性"，必然会存在税收额之外的收益和损失。因此，"中性税收"和"税收中性"只是相对概念和取向表达，通常用来表示政府利用税收干预经济的程度应力求节制。

参考文献：

［英］伊特韦尔等：《新帕尔格雷夫经济学大辞典》，经济科学出版社 1996 年版。

胡代光、高鸿业：《西方经济学大辞典》，经济科学出版社 2000 年版。

项怀诚、郑家亨：《新财税大辞典》，中国统计出版社 1995 年版。

（温娇秀）

负所得税

Negative Income Tax

负所得税是政府对于低收入者，按照其实际收入与政府确定的维持一定社会生活水平所需要的收入保障（最低收入水平）之间的差额，借用税收形式，依率计算给予低收入者补助的一种方法。计算公式是：

负所得税 = 收入保障数 -（个人实际收入 × 负所得税税率）

个人可支配收入 = 个人实际收入 + 负所得税

负所得税是货币学派的主要代表人物米尔顿·弗里德曼（Milton Friedma）提出的用以代替现行的对低收入者补助制度的一种方案。1962 年，弗里德曼在其《资本主义与自由》一书中，第一次明确提出了实行负所得税（Negative Income Tax）的建议。弗里德曼认为应该逐步取消各种政府福利计划，代之以负所得税。这一思路实际上是试图将所得税的累进税率结构进一步扩展到最低的收入阶层去。通过负所得税对那些纳税所得低于某一标准的人提供补助，补助的依据是被补助人的收入水平，补助的程度取决于被补助人的所得低到何种程度，补助的数额随着其实际收入的增加而逐步减少。严格地说，负所得税实质上是一种财政转移支付制度，目的是提高低收入者的福利水平，实现收入公平分配。

负所得税的主要优点是：（1）低收入者得到负所得税补助产生收入效应，其福利水平会大大提高；（2）实行自动累进机制，可消除定额补助下临界点附近的不公平现象与负激励影响，改善社会保障机制，使公平和效率均有所提高；（3）解决了福利制度中现金和物品救济并存、申请手续复杂等问题，在管理上更方便有效，同时克服了社会福利政策与国家税制在管理上脱节的不足。

负所得税的主要缺点是：（1）无法按照每一贫困家庭的特定需要来进行逐一调查；（2）部分反对者认为，政府填平了某一特定的收入水平与每一家庭的实际收入标准之间的差额，会影响劳动者工作积极性；（3）由于地区差异，很难形成一个统一的负所得税制度，付诸实施有技术难度。

实践中，人们对负所得税持有不同的看法，在美国争论更为激烈。一个主要观点就是负所得税会对工作努力产生负面影响。为了揭示负所得税对工作的影响究竟有多大，一些人在美国进行了负所得税的实验。第一次试行负所得税实验是 1967 ~ 1969 年，时间长达 3 年之久，对象是新泽西州和宾夕法尼亚州的城市居民。美国还在北卡罗来纳和艾奥瓦两个农业州进行过负所得税实验。为了评价税率随着收入上升而下降这样一种制度的影响，在西雅图和丹佛两个城市进行了试验。为了把握负所得税的长期影响，部分样本试验长达 20 年之久，短的也有 3 ~ 5 年。这些试验后来所得出的许多结论同新泽西州试行负所得税所得出来的结论大致相同，即负所得税妨碍了大多数人的工作积极性，对已婚妇女的影响更大。

1969 年，美国尼克松政府曾提出一项采用了负所得税概念的家庭救济计划（Family Assistance Plan，FAP），该提案在众议院通过，但在参议院未获批准，终未实施。

参考文献：

［美］米尔顿·弗里德曼：《资本主义与自由》，商务印书馆 1988 年版。

［英］西蒙·詹姆斯、［英］克里斯托弗·诺布斯：《税收经济学》，中国财政经济出版社 1988 年版。

（马国强　王春雷）

单一税制

Flat Tax

单一税制是指一个国家的税收制度由一个税类构成，也包括表示所得税只设一个比率税率。

美国经济学家在 20 世纪 80 年代初期提出了以消费性所得为基础、按单一税率征收的单一税制概念，又称"统一税"、"归一税"。

依据霍尔和拉布什卡（Hall and Rabushka，2003）的分析，严格意义的单一税具有以下特点：（1）实行单一税率。对各种所得，包括营业所得与工资（包括薪金和退休金），不论数额多大，只要超过规定的免征额，均按一个相同的税率征税。（2）以消费为税基。在企业和个人的全部收入中，对用于投资的部分免税，用于消费的部分征税，税基相当于 GDP 减去投资后的余额。(3)取消全部或大部分特定类型消费或投资的优惠政策。

单一税的优点主要是:(1)适应经济变化的要求。在现代经济体中,社会分工体系日益复杂,交易过程以及交易主体之间的关系错综交织,商品流转环节日渐模糊,特别是随着电子商务的发展,间接税的某些课税环节已经无法捕捉。因此,间接税所具有的先天缺陷逐渐使其难以适应后工业时代的社会生产方式变迁。单一税所倡导的就所得或消费课税的税制设计思想将课税的标的指向最终收益主体,从源头上捕捉税源,规避了千变万化的商品流转环节,符合社会分工演进的时代要求。(2)有助于免除重复征税。对各类所得采用统一的平等税率,且只征一次税,可以免除重复征税。(3)有助于提高税收确定性。在现行税制下,实际财政收入经常大幅度超过预算收入,二者差异已超出预测误差的正常变动区间,导致企业对于政府税收规模预期的混乱,影响企业的投资预期和永续经营信念。实行单一税,可以提高税收的确定性和稳定性。(4)适应征收管理实际。现实中,对小型企业和个体工商户采用简易征税办法,根据收益率确定综合课征率,再以此征税,已具有了某种单一税制的雏形。实行单一税,只是在立法上确认实际中应用的这种税收征管模式。

单一税的设计思想对世界各国的税制改革产生了重要影响。20 世纪 80 年代中期,牙买加率先实行单一税率的所得税。20 世纪 90 年代,爱沙尼亚、立陶宛和拉脱维亚在欧洲国家中最早实行了单一税。进入 21 世纪后,俄罗斯也加入单一税的改革行列。随后,乌克兰、斯洛伐克、罗马尼亚、吉尔吉斯斯坦、马其顿、哈萨克斯坦、冰岛、黑山、捷克和保加利亚等国也先后加入。

欧盟各国实行的单一税率的所得税均未扣除资本所得,与严格理论意义上的单一税还有一定差距,只是近似的"单一税"。

参考文献:

[美]罗伯特·E·霍尔、阿尔文·拉布什卡:《单一税》,中国财政经济出版社 2003 年版。

(马国强　李晶)

非税收入

Non-tax Revenue

非税收入是指除税收以外,由各级政府、国家机关、代行政府职能的社会团体、事业单位及其他组织利用政府权力、国家资源、国有资产提供特定公共服务、准公共服务取得的财政性资金。

非税收入是政府收入财政资金的重要组成部分。狭义的非税收入是指纳入政府预算管理的非税预算收入,包括收费、基金等收入。中义的非税收入是指在狭义的基础上加上没有纳入政府预算的预算外收入,即地方财政部门集中管理的预算外资金和由财政拨款的行政、事业单位自收自支、自行管理的财政性资金。广义的非税收入是指政府体系获得的除税收以外的一切收入。根据财政部《关于加强政府非税收入管理的通知》的规定,政府非税收入管理范围包括行政事业性收费、政府性基金、国有资源有偿使用收入、国有资产有偿使用收入、国有资本经营收益、彩票公益金、罚没收入、以政府名义接受的捐赠收入、主管部门集中收入以及政府财政资金产生的利息收入等。

我国曾长期使用"预算外资金"的概念。非税收入与预算外资金相比,既有区别又有联系。非税收入是按照收入形式对政府收入进行的分类,预算外资金则是按照资金管理方式对政府收入进行的分类。从实践上看,非税收入的主体长期表现为预算外资金,预算外资金则全是非税收入。随着部门预算和综合预算改革推进,从 2011 年开始,我国预算外资金概念已告别历史舞台,所有政府财力全部纳入预算管理,广义的非税收入概念得以被规范的预算形式全面覆盖。

(申长平　吉淑英)

预算外资金

Extra-budgetary Funds

我国政府预算外资金的定义和实际范围在历史上屡有变化。在这一概念于 2012 年不再使用之前,预算外资金是指国家机关(即国家权力机关、国家行政机关、审判机关和检察机关)、事业单位、社会团体、具有行政管理职能的企业主管部门(集团)和政府委托的其他机构,为履行或代行政府职能,依据国家法律法规和具有法律效力的规章而收取、提取、募集和安排使用的未纳入财政预算管理的各种财政性资金。

预算外资金是国家财政性资金,依照部门和单位的财政隶属关系,实行统一领导、分级管理,按预算外资金的用途分类进行核算。预算外资金包括以下未纳入财政预算管理的财政性资金:(1)根据国家法律、法规和具有法律效力的规章收取、提取的各种行政事业性收费、基金和附加收入等;(2)按照国务院和省、自治区、直辖市人民政府及其财政和计划(物价)部门共同审批的项目和标准,收取和提取的各种行政事业性收费收入;(3)按照国务院或财政部审批的项目和标准向企事业单位和个人征收、募集或以政府信誉建立的具有特定用途的各种基金、附加收入等;(4)主管部门按照国家规定从所属企事业单位集中的上缴资金;(5)用于乡镇政府开支的乡自筹和乡统筹资金;(6)其他未纳入预算管理的财政性资金。

预算外资金是新中国成立初期高度集中、统收统支财政体制的产物。国家财政集中了国营企业、事业单位的全部收入,支出则由国家财政拨付,地方的财政收支也均由中央财政直接掌握安排。这种统收统支的财政管理方式,不能适应经济发展的客观要求,不能调动地方、企业、部门的积极性。为了弥补高度集中体制的缺陷,国家设置一些收支项目放在预算外管理,从而形成了预算外资金。比如,1950 年中央人民政府政务院在《关于统一管理 1950 年度财政收支的决定》中明确规定:“乡村各项经费可由县人民政府征收地方附加公粮解决,各城市市政建设开支,可征收城市附加政教事业费解决”。再如,自 1954 年起,经政务院全国财经会议决定,允许各省、直辖市、自治区自筹一部分资金,放在预算外管理,当时主要有工商税附加、育林费收入、中小学杂费收入、养路费收入等。不过,当时的预算外资金规模很小,1953 年只占当年预算资金的 4.2%。预算外资金的设置,对于各地区、各部门因地制宜灵活机动地进行经济建设,发展各项事业起到了积极作用。

随着经济体制的改革,地方、企业的自主权不断扩大,预算外资金的数量也随之逐步增加,1985 年预算外资金相当于预算资金的 8%,到 1995 年则与预算资金基本相当。预算外资金规模的不断扩大带来了不少问题,分散了政府财力,削弱了政府宏观调控能力,助长了不正之风和滋生腐败现象,导致地方、部门和企业乱上项目,重复投资,降低资金使用效益,严重干扰了正常的财政经济秩序。

国务院曾于 1986 年下发《关于加强预算外资金管理的通知》,要求对预算外资金实行规范管理,各级政府和财政部门据此相继实行了“计划管理,财政审批,专户储存,银行监督”的管理办法。但是,随着我国经济体制改革的不断深入,社会财力分配格局和经济活动发生了很大变化,原有的预算外资金管理制度已不能适应市场经济发展和宏观调控的需要,也难以达到防范腐败和廉政建设的要求。针对预算外资金制度以其管理中存在的问题,国务院、全国人民代表大会分别于 1996 年、1999 年下发了《关于加强预算外资金管理的决定》《关于加强中央预算审查监督的决定》。这两个“决定”以及财政部配套下发的一系列规定,主要内容包括:重新界定预算外资金的范围;控制规模,严肃法纪,约束行为;将部分预算外资金纳入预算管理;建立预算外资金预决算制度;编制综合预算,将预算外资金全面纳入政府预算。这标志着我国预算外资金管理进入一个崭新的阶段。

为了从根本上解决预算外资金管理中存在的突出问题,2010 年 6 月财政部颁发《关于将按预算外资金管理的收入纳入预算管理的通知》,规定自 2011 年 1 月 1 日起,除教育收费纳入财政专户管理外,中央各部门各单位的全部预算外收入纳入预算管理,收入全额上缴国库,支出通过公共财政预算或政府性基金预算安排。地方各级财政部门要按照国务院规定,自 2011 年 1 月 1 日起将全部预算外收支纳入预算管理。相应修订《政府收支分类科目》,取消全部预算外收支科目。从此,预算外资金正式退出历史舞台,财政管理进入了全面综合预算管理的新阶段。

(申长平)

制度外资金
Funds Beyond the Regulation

制度外资金是指由各级政府及其职能部门自定规章、自行收取、自行使用、自行管理的一部分资金。制度外资金收入又被称为“非规范收入”、“预算外的预算外收入”,由于这类收入既不列入预算也没有专门的规定列入预算外管理,而是由征收主体自由支配、几乎没有任何法律约束,故这部分资金被称为“制度外资金”。

制度外资金的形成和发展依附的是预算外资金的政策环境,二者既有共同点也有区别。共同点是都属于非预算收入,带有明显的非规范性和历史过渡性的特点。二者的区别表现在:(1)征收依据不同——预算外资金的征收依据是国家、法规和财政规章中的有关规定,制度外资金的征收依据则是各级政府及部门的自定规章;(2)监督部门不同。预算外资金虽然存在监督不力问题,但至少有较为确定的监督部门;而制度外资金则完全脱离于监督之外,自行管理,成为部门和单位的私有财产。

制度外资金来源主要包括制度外收费、制度外集资摊派和制度外罚没,实际管理中将这三部分来源统称为“三乱”。通过这三种方式筹集的资金相当一部分被存入各单位私自开设的“小金库”之中,成为拥有部门和单位经费开支的来源之一。利用“三乱”等不规范行为形成的资金,名目繁多、秩序混乱,具有极强的不规范性和隐蔽性。它的大量存在给社会生活带来了严重危害,引发了诸多不良后果,危及国家稳定和发展大局。为了制止“三乱”,国家出台了很多措施和办法,并多次清理整治“小金库”,取得了显著成效。根治制度外资金,需要进一步深化财政分配体制改革和配套措施。

参考文献:
高培勇:《市场经济条件下的政府收入机制问题》,载于《上海财税》1998 年第 1 期。

(申长平　吉淑英)

特许权收入
Royalties Revenue

特许权收入全称为特许权使用费收入,是指纳税人提供或者转让专利权、非专利技术、商标权、著作权以及其他特许权的使用权而取得的收入。

特许权使用费是一个综合性概念，这一类权利绝大部分属于知识产权类（非专利技术除外）。

特许权收入是财政收入的来源，是通过对其征收一定的税收形成的，可从企业所得税、个人所得税、营业税三方面分析。

企业所得税方面。根据《中华人民共和国企业所得税法实施条例》规定，特许权使用费收入作为企业的一项应税收入，应依法缴纳企业所得税。特许权使用费收入，应当按照合同约定的特许权使用人应付特许权使用费的日期确认收入的实现，即应于特许权已经转让，同时收讫价款或取得收取价款的凭据时确认收入的实现。特许权使用费收入的方式有两种，一是转让所有权，二是转让使用权。在财务上，所取得的收入均应作为企业的销售收入处理。企业应纳税所得额为企业每一纳税年度的收入总额，减除不征税收入、免税收入、各项扣除以及允许弥补的以前年度亏损后的余额，特许权使用费收入构成企业收入总额中的其中一项。

个人所得税方面。根据《中华人民共和国个人所得税法实施条例》（2011 年）第八条规定，个人提供专利权、商标权、著作权、非专利技术以及其他特许权的使用权取得的所得应缴纳个人所得税。但提供著作权的使用权取得的所得，不包括稿酬所得。对于专利权，许多国家只将提供他人使用取得的所得，列入特许权使用费，而将转让专利权所得列为资本利得税的征税对象。我国没有开征资本利得税，因此将个人提供和转让专利权取得的所得，都列入特许权使用费所得征收个人所得税。一个纳税义务人，可能不仅拥有一项特许权利，每一项特许权的使用权也可能不止一次地向他人提供。因此，对特许权使用费所得的“次”的界定，明确为每一项使用权的每次转让所取得的收入为一次。如果该次转让取得的收入是分笔支付的，则应将各笔收入相加为一次的收入，计征个人所得税。特许权使用费所得，适用 20% 的比例税率。应纳税所得额的计算，每次收入不超过 4000 元的，减除费用 800 元；4000 元以上的，减除 20% 的费用，其余额为应纳税所得额。

营业税方面。根据《中华人民共和国营业税暂行条例》的有关规定，对于个人获得的特许权使用费，应按 5% 的税率征收营业税，可以在个人所得税前扣除。其中减征或免征营业税的项目有：对单位和个人（包括外商投资企业、外商投资设立的研究开发中心、外国企业和外籍个人）从事技术转让、技术开发业务和与之相关的技术咨询、技术服务业务取得的收入，免征营业税。个人转让著作权，免征营业税。

参考文献：

中国注册会计师协会：《税法》，经济科学出版社 2011 年版。

（申长平　刘彩丽）

国有企业利润上缴
SOE's Profit Delivery

国有企业利润上缴是国家以投资者身份从企业税后利润中获得的收益。作为投资者，国家享有企业所有者拥有的各项权利，包括税后利润分配权。国有企业上缴利润属于财政的一种非税收入。

国家与国有企业之间利润分配模式的设置与政治权力、财产权力的行使方式及其与之相适应的政治、经济体制密切联系。新中国成立以来，国有企业利润分配制度大体经历了以下阶段：（1）高度集中（1949 ~ 1978 年）。经济恢复时期，国有企业实行利润全额上缴制度，企业所需固定资产投资和定额流动资金全部由财政拨付。（2）放权让利（1978 ~ 1992 年）。从 1978 年开始，先后实行了国有企业基金制度、利润留成制度、两步利改税制度、承包制度、税利分流制度，为建立现代企业制度奠定了基础。（3）利润留存（1992 ~ 2007 年）。1992 年后加快了市场化进程。1993 年 12 月，国务院下发《关于实行分税制财政管理体制的决定》，规定国有企业统一按国家规定的 33% 税率交纳企业所得税，增设 27% 和 18% 两档照顾税率。取消对国有大中型企业征收的调节税，取消对国有企业征收的能源交通重点建设基金和预算调节基金。1993 年以前注册的多数国有全资老企业实行税后利润不上缴的办法，并逐步建立国有资产投资收益按股分红、按资分利或税后利润上缴的分配制度。（4）分类上缴（2007 年至今）。随着国有企业的外部经营环境和盈利状况的显著改善，2007 年 9 月，国务院发布《关于试行国有资本经营预算的意见》。同年 12 月，财政部会同国资委发布《中央企业国有资本收益收取管理办法》，明确国有资本收益主要形式是国有企业上缴的税后利润，国有资本收益收取对象为中央管理的一级企业，中央企业上缴利润的比例分三类执行：第一类为资源型特征的企业，上缴比例为 10%；第二类为一般竞争性企业，上缴比例为 5%；第三类为军工企业、转制科研院所企业，上缴比例 3 年后再定。由于这一上缴比例与国有企业利润的大幅度上涨不相适宜，为进一步完善中央国有资本经营预算制度，财政部决定从 2011 年起扩大中央国有资本经营预算实施范围，将 5 个中央部门（单位）和 2 个企业集团所属共 1631 户企业纳入中央国有资本经营预算实施范围，同时，兼顾中央企业承受能力和扩大中央国有资本经营预算收入规模，适当提高中央企业国有资本收益收取比例。除中国储备粮管理总公司和中国储备棉管理总公司继续免交国有资本收益外，其余央企税后利润提交比例统一提高了5%，并逐步将金融类国有企业也纳入收缴范围。

《关于完善中央国有资本经营预算有关事项的通知》规定，从2011年起，将适当提高中央企业国有资本收益收取比例，并按四类方式执行：第一类为企业税后利润的15%，如中国烟草总公司、中石油、中石化、中海油、国家电网、长江三峡集团、中电投、华能集团、国电集团、华电集团、大唐集团、神华集团、中煤能源集团、中国移动、中国电信等15家公司被列为第一类企业；第二类为企业税后利润的10%，如中国铝业、中国有色、宝钢等78家企业被列为第二类企业；第三类为企业税后利润的5%；第四类免交国有资本收益。

2013年11月中国共产党第十八届中央委员会第三次全体会议通过的《中共中央关于全面深化改革若干重大问题的决定》中要求："提高国有资本收益上缴公共财政比例，二〇二〇年提到百分之三十，更多用于保障和改善民生。"

政府一方面作为社会管理者向国有企业征税，另一方面作为出资人获得国有企业国有资本收益。国有企业利润分配制度的不断发展与完善，为建立现代企业制度、增加财政收入、规范国有企业与国家的财政分配关系、促进社会经济的协调发展奠定了坚实基础。

参考文献：
邓子基：《财政学》，高等教育出版社2005年版。
陈少强：《国有企业利润分配制度变迁与完善》，载于《中国财政》2009年第8期。
韩洁、徐蕊：《财政部：2011年起扩大中央国有资本经营预算实施范围》，新华网，2010年12月30日。

（申长平）

国有企业利改税
SOE's Substitution of Tax Payment for Profit Delivery

国有企业利改税是指将国有企业向国家交纳的纯收入由利润形式改为税收形式，企业纳税后剩余的利润，则全部留归企业支配使用。这是改革国家与国有企业利润分配关系特定阶段上的一项重大措施。

经济体制改革中，为了建立国家与国有企业之间以法律为依据的、稳定的利润分配关系，使国有企业逐步走上自主经营、自负盈亏的道路，从1980年起，中国先后在18个省市的几百户国有企业中进行了利改税试点工作，并在总结经验的基础上全面推行，实施了两步"利改税"。

第一步"利改税"：1983年初，国务院决定在全国试行国有企业利改税。同年2月28日，国务院批转《财政部关于国营企业利改税试行办法（草案）的报告》，以开征国有企业所得税为中心，对不同规模、不同行业企业采取了不完全相同的办法，开始了利改税的第一步改革。基本内容为：（1）凡有盈利的国营大中型企业，对其利润按55%的税率上缴所得税；（2）有盈利的国营小型企业，其利润则按八级超额累进税率上缴所得税，税后利润由企业自主支配；（3）国营企业归还各种专项贷款时，经财政部门审查同意后，可用缴纳所得税之前该贷款项目新增加的利润归还。实施"利改税"，是国家与企业之间分配关系的一次重大调整，把企业中的大部分利润通过征收所得税的办法上缴国家，用法律形式把国家与企业的分配关系固定下来，较好地处理国家与国有企业的分配关系。

第二步"利改税"：1984年10月，国有企业开始实施第二步"利改税"。1984年9月18日国务院批准颁布《国营企业第二步利改税试行办法》。基本内容为：（1）改革工商税制。将工商税按照纳税对象分为产品税、增值税、营业税、盐税，增加资源税、城市维护建设税、房产税、城镇土地使用税、车船使用税等新税种。（2）改革利润分配办法。将国有大中型企业所得税后利润上缴形式改为征收国有企业调节税，对小型企业的所得税，实行新的八级超额累进税率征收。（3）经财政部门批准，企业的专项贷款可在缴纳所得税前，用贷款项目投产后的新增利润归还，并根据规定的比例按还款利润提取职工福利基金和职工奖励基金；对微利和亏损企业给予一定的补贴和减免税。实施第二步"利改税"，是国有企业改革的一个重要组成部分，把国家与企业的收益分配关系用"税"的形式固定下来，为落实企业自主权和以商品生产经营者身份加入市场公平竞争，调动企业和职工的积极性提供了必要条件，以使企业逐步做到"自主经营，自负盈亏"。

两步"利改税"的实施，在利用税收杠杆调节经济、促进生产、调动企业和职工积极性方面起到了一定作用，同时在明确政企关系、确保国家财政收入方面也收到预期效果。但在实践中还存在一定缺陷，表现为：（1）在指导思想上企图用单一的税收形式完全替代利润上缴形式，混淆了"利"和"税"两个不同的概念；（2）虽然对国有企业征收所得税，但却按企业经济性质设立不同的所得税率，打击国有大中型企业的生产积极性，而且也不利于企业间横向经济联合，有悖于市场竞争的公平性。

为了消除利改税的上述缺陷，国家又先后实行税利分流制度以及分税制财政体制改革，取消了对大中型国有企业征收的调节税，并不断建立和完善国有企业的税后利润分配制度。

参考文献：
邓子基：《财政学》，高等教育出版社2005年版。

刘玉平:《国有资产管理与评估》,经济科学出版社 2004 年版。
朱永德、付伟:《财政学》,北京理工大学出版社 2011 年版。

(申长平)

国家能源交通重点建设基金
State Construction Funds for Key Projects in Energy and Transportation

国家能源交通重点建设基金是指按照税收强制性和无偿性原则,从预算外资金中筹集用于国家能源开发和交通建设的专项基金。

1978～1992 年,针对能源、交通对国民经济的"瓶颈"制约,国家急需加大交通等基础设施和能源等基础建设。改革开放初期,高度集中的计划经济投资体制尚未改变,能源和交通基本建设投资的筹资渠道窄,基本依靠国家财政投入。当时国家财政支出压力很大,而同期财政对国有企业的不断放权让利又导致财政预算内收入大幅下滑,难以满足能源交通重点建设的需要。当时,还出现了国家计划内的重点建设项目缺乏资金,而地方、企业自有资金大幅度上升,计划外建设项目大大增加的现象。为此,国务院于 1982 年 12 月 15 日发布《关于征集国家能源交通重点建设基金的通知》及《国家能源交通重点建设基金征集办法》(以下简称《征集办法》),决定从 1983 年 1 月 1 日起开征国家能源交通重点建设基金。主要内容有:

一是征集范围。包括地方财政的预算外资金,行政事业单位的预算外资金,国营企业及其主管部门提取的各项专项基金,其他没有纳入预算管理的资金,以及城乡集体企业、私营企业和个体工商业户缴纳所得税后的利润。

二是征集比例。按 15% 计征。对纳入征集范围的城镇合作商店、运输合作社、街道企业、知青办企业、乡村办的乡镇集体企业、农村信用合作社和经工商行政管理部门批准的其他城乡集体企业,以及私营企业和城乡个体工商户缴纳所得税后的利润,从 1987 年 5 月 1 日起按 7% 计征。

三是减免规定。对地方财政的农(牧)业税附加、中小学校的学杂费、国营企业的大修理基金、国营石油企业的油田维护费、林业部门的育林基金,以及城乡集体企业、私营企业和个体工商户的税后利润不足 5000 元的,都予以免征,对因遭受自然灾害需要给予减征或免征照顾的,根据单位申请报告,由省、自治区、直辖市和计划单列市税务局审核批准,给予定期减征或免征照顾。为了增强企业活力,国务院决定,从 1991 年起,分 3 年免征国营大中型工业企业用税后利润缴纳的国家能源交通重点建设基金。

四是中央与地方的基金收入分成比例。能源交通重点建设基金开征以后,中央与地方的分成比例做过几次调整:从 1986 年起,将原来与地方按分配的任务超收分成的办法改为总额分成办法,即省、自治区、直辖市和计划单列市征收的地方单位能源基金总额中,30% 留给地方财政,70% 上缴中央财政。为了鼓励各地征收的积极性,对当年超额完成国家下达任务的部分,多给地方分成 20%。

该项基金由地方各级政府和中央各主管部门负责分配,实行专款专用,各级税务部门负责征收。国家能源交通重点建设基金自 1983 年开征到 1993 年停止征收,1994～1996 年对尾欠款进行了清收,该项基金累计征收 1810.89 亿元。2001 年 10 月依据《国务院关于废止 2000 年年底以前发布的部分行政法规的决定》,国家能源交通重点建设基金正式停止征收。

国家能源交通重点建设基金对发展电力、煤炭、交通运输和通信等重点建设事业起到了非常重要的作用,成为支援重点建设、调整产业结构和增强国家宏观调控能力的重要物质基础和调控手段,一批能源、交通重点建设项目的建成投产,对国民经济和社会可持续发展以及改善人民生活作出了贡献。

参考文献:
谢旭人:《中国财政 60 年》,经济科学出版社 2009 年版。

(申长平)

使用费
User Fees

使用费是政府依法向特定公众提供特定公共服务或转让特许权所收取的费用,用于支付提供特定公共服务的全部或部分成本。

长期以来,学术界对于使用费的定义不尽一致。有学者从政府收费的角度,将规费(Fees)与使用费(User Charges)区分开来,前者专指政府部门对公民个人提供特定服务或实施特定行政管理所收取的工本费或手续费,如行政规费(护照费、商标登记费,律师执照费等)和司法规费(民事诉讼费、刑事诉讼费、结婚登记费等);后者指政府部门对公共设施的使用者按一定的标准收取的费用,如高速公路通行费、桥梁通行费、汽车驾驶执照费。可以看出,无论规费还是使用费,实质都是政府为履行其职能而取得收入的形式。还有学者认为,使用费是一个存在于政府部门的关于特定支出与特定收益的市场化交易形式,包括规费、收费、租金和特许权使用费、证照许可费、政府资产转让收入、政府性贷款利息、公共企业收益、政府性养老和健康保险收入等形式(弗里德曼,1981)。使用费相对狭义的定义,是消费者自愿购买政府公共服务或公共产品时的价格。这一定义排除了像自来水、煤气和污水处理的收费,理由是上述物品并不是消费者自愿购买的(Mikesell,1986)。

使用费大致可以分成三类:一是对使用公共设施或消费物品和服务的直接收费(Direct Charges);二是对转让从事某种活动特许权收取的执照税或费(License Tax or Fee);三是公共事业特种费(Special Assessments),属于财产税的一种,按财产的某种物质特征征收,为特定公共服务融资。另一视角的分类是:使用费的构成包括三个部分:一是准入费,用以弥补全部或部分公共产品和服务的生产成本;二是使用费,用以维持公共服务的正常运行;三是拥挤费,用于弥补因额外增加消费者造成的拥挤成本。

使用费与税收有明显区别:一是使用费的收取与获得服务之间具有直接联系,而纳税与获得公共服务没有直接联系;二是使用费一般用于特定用途,即"专款专用",而税收作为政府一般性收入,用于政府提供基本公共服务;三是使用费不具有强制性。

使用费表现为政府非税收入。使用费的优点也可通过与税收的比较呈现出来。一是它是公众对政府公共服务的需求信号,可以反映政府公共服务的供求状况;二是可以减少在公共服务消费上的浪费;三是可以有效取得财政收入;四是可以避免"搭便车",促进公平。

使用费的一般原则是:非盈利原则;支付能力原则;受益等价原则。

参考文献:
高培勇:《财政税务部门的历史责任》,载于《中国人民大学学报》2000 年第 1 期。
郭庆旺、赵志耘:《财政理论与政策》,经济科学出版社 2002 年版。
Fred L. Smith, Prospective and Historic Role of User Charges as an Alternative to Taxation, Proceedings of the National Tax Association-Tax Institute of America, 1981.
John L. Mikesell, *Fiscal Administration*, Chicago: The Dorsey Press, 1986.

(申长平 冷永生)

行政事业性收费
Administrative Charges

行政事业性收费是指国家机关、事业单位、代行政府职能的社会团体及其他组织根据法律、行政法规、地方性法规等有关规定,依照国务院规定程序批准,在向公民、法人提供特定公共服务的过程中,按照成本补偿和非营利原则向特定服务对象收取的费用。

行政事业性收费项目和收费标准实行中央和省两级审批制度。国务院和省、自治区、直辖市人民政府及其财政、价格主管部门按照国家规定权限审批管理收费项目和审批收费标准。

行政事业性收费包括行政性收费和事业性收费两部分。行政性收费,是指具有行政管理职能的国家机关、事业单位在其公务活动和管理职责范围以外,应社会或公众要求履行某一特定职责时,依据法律、法规、规章需收取的费用。行政性收费一般分为以下几种:(1)劳动管理收费,如劳动力管理费、招工手续费等;(2)企业管理收费,如集体企业管理费、企业登记费、商标注册费、经济合同仲裁签证费、药品审批管理费、酒类生产许可证、酒类经销许可证、烟草专卖生产许可证、烟草专卖零售许可证等收费;(3)交通管理收费,如航道养护费、运输管理费、交通监理收费、公路养护费等;(4)民事管理收费,如律师收费、公证费、民事诉讼费等;(5)婚姻管理收费,如办理结婚证、离婚证、婚姻关系证明等收费;(6)户籍管理收费、如常住户口簿、临时居住户口簿,寄居证、暂住证、迁移证、准迁证等收费;(7)资源管理收费,如土地管理费、办理土地证收费、草原管理费、办理草原管理证收费、地下水资源费等。上述各项收费主要用于国家机关进行管理的一些成本性开支,如各种证件工本费、办公费等。事业性收费,指事业单位在为社会、公众提供某一特定服务时,依据法律、法规、规章或由物价管理机关批准所需收取的费用。

为了激励企业和地方发展经济的积极性,改革开放之初我国实行了"放权让利"政策,同时在国家财政收支矛盾较为突出的情况下,一方面开始发行国债,另一方面也鼓励行政事业单位利用服务性收费进行融资。20 世纪 80 年代初期行政事业性收费呈现快速增长,对缓解当时政府财力不足、促进经济建设和发展社会事业起到一定的积极作用。1987 年,国家制定了《价格管理条例》,条例附则中要求将行政事业性收费比照价格管理。由于把政府部门行为作为经营行为对待,收费项目越来越多,出现了一定程度管理失控、加重企业和群众负担等问题。1990 年,国务院发布《关于坚决制止乱收费、乱罚款和各种摊派的决定》,在全国范围内开展治理"三乱"的工作。1991 年,国务院决定重新调整收费管理权限,收费审批权集中在中央和省两级,由财政部门会同物价部门审批。

以 1994 年工商税制改革为标志,我国政府收入体系改革进入一个新的历史时期,逐步形成了"税收收入为主,非税收入为辅"的收入格局。在清理收费的基础上,财政部不断规范行政事业性收费管理,会同有关部门每年向社会公布《全国性及中央部门和单位行政事业性收费目录》,凡未列入《收费目录》的行政事业性收费项目,公民、法人和其他组织有权拒缴。各省、自治区、直辖市每年也编制本行政区域的行政事业性收费目录。2004 年财政部颁布的《关于加强政府非税收入管理的通知》正式将行政事业性收费纳入非税收入管理范围。2011 年起全面改革非税收入管理办法,将各部门收取的行政事业性收费全部纳入预算管理,落实“收支两条线”管理规定,切断部门和单位支出与其收费、罚没收入之间的利益联系,消除引发乱收费、乱罚款的制度性因素。

参考文献:
何盛明:《财经大辞典·上卷》,中国财政经济出版社 1990 年版。
谢旭人:《中国财政改革三十年》,中国财政经济出版社 2008 年版。

(申长平　冷永生)

国有土地使用权出让收入
Revenue of Assignment and Transfer of the Right to the Use of the State-owned Land

国有土地使用权出让,是指国家将国有土地使用权(以下简称土地使用权)在一定年限内出让给土地使用者,由土地使用者向国家支付土地使用权出让金的行为。国有土地使用权出让收入(以下简称土地出让收入)是政府以出让等方式配置国有土地使用权取得的全部土地价款,其中可包括受让人支付的征地和拆迁补偿费用、土地前期开发费用和政府土地出让收益等。土地价款的具体范围包括:以招标、拍卖、挂牌和协议方式出让国有土地使用权所确定的总成交价款;转让划拨国有土地使用权或依法利用原划拨土地进行经营性建设应当补缴的土地价款;变现处置抵押划拨国有土地使用权应当补缴的土地价款;转让房改房、经济适用住房按照规定应当补缴的土地价款;改变出让国有土地使用权的土地用途、容积率等土地使用条件应当补缴的土地价款,以及其他和国有土地使用权出让或变更有关的收入等。按照土地出让合同规定依法向受让人收取的定金、保证金和预付款,在土地出让合同生效后可以抵作土地价款。

传统体制下,我国的国有土地使用一直实行划拨制度。改革开放后,以深圳特区为代表的部分地区开始尝试土地有偿使用制度。1988 年修订的《中华人民共和国宪法》第十条第四款规定:“土地的使用权可以依照法律的规定转让。”同年修订的《中华人民共和国土地管理法》第二条规定:“国有土地和集体所有的土地的使用权可以依法转让。土地使用权转让的具体办法,由国务院另行规定。国家依法实行国有土地有偿使用制度。国有土地有偿使用的具体办法,由国务院另行规定。”1990 年 5 月 19 日国务院颁布第 55 号令,即《城镇国有土地使用权出让和转让暂行条例》,首次以法规的形式对土地使用权出让和转让的概念、范围和方法等作出具体规定。

1994 年 7 月颁布的《中华人民共和国城市房地产管理法》第十九条规定:“土地使用权出让金应当全部上缴财政,列入预算,用于城市基础设施建设和土地开发。土地使用权出让金上缴和使用的具体办法由国务院规定。”

国有土地使用权出让收入作为地方政府性基金,曾长期游离于政府预算之外。2006 年 12 月国务院下发《关于规范国有土地使用权出让收支管理的通知》,对国有土地使用权出让收入管理作了进一步规定,一方面明确了国有土地使用权出让收入范围,规范了国有土地使用权出让收入的征收管理机制;另一方面明确从 2007 年 1 月 1 日起,将土地出让收支全额纳入地方基金预算管理,实行彻底的“收支两条线”管理,在地方国库中设立专账,专门核算土地出让收入和支出情况,同时要求建立健全年度土地出让收支预决算管理制度。

参考文献:
《中华人民共和国城市房地产管理法》,法律出版社 2009 年版。

(申长平　冷永生)

赤字融资
Deficit Financing

赤字融资,是指政府以弥补财政赤字为目的的融资行为。

财政赤字,是政府经常性支出超过经常性收入的差额。政府融资的根本原因是出现了支出大于收入的情况即财政赤字,因此广义上讲政府的一切融资行为都属于赤字融资,也就是说,政府非赤字融资在理论上讲是不存在的。

在现代市场经济下,当一国政府出现预算赤字后,必须通过一定方式予以弥补。在财政赤字的弥补方式上,主要有四种:动用历年财政结余、增加税收、向中央银行借贷(透支)和举借公债。其中,一般将向中央银行借贷和举借公债称为赤字融资。动用历年财政结余的方法,被认为是一种最安全的弥补财政赤字的方式。但以有财政结余为前提,这一方法在实践中有较明显的局限性。增加税收是最简单的一种赤字弥补方式,但由于税收具有法定性、对国民经济运行影响的直接性以及社会成员对增税的敏感性等特点,在历史上除战争、特大自然灾害等特殊情况外,较少有政府轻易采取这一形式。向中央银行借贷(透支)实质上是通过发行货币的办法来弥补赤字。这种方法也被称为弥补赤字的货币融资法。主要有两种形式:(1)中央政府直接指令中央银行向财政部透支,在增加财政在中央银行账户上存款余额的同时，中央银行释放等量的基础货币。（2）如法律限制中央银行向财政透支，中央银行可直接购买政府（财政部）发行的公债券或国库券。同样，中央银行在买入一定数额的公债增加财政部门在中央银行存款余额的同时，也释放了等量的基础货币。总之，央行采用货币融资法进行赤字融资，必然会增加基础货币的投放，引发通货膨胀效应。

举借公债也叫债务融资法，即政府向公众发行债券以弥补财政赤字。公债的形式包括短期国债、中期国债、长期国债，发行对象包括公众个人和各类机构，发行范围可以是国内也可以是国外。利用债务融资法进行赤字融资是目前世界各国的普遍做法。与增加税收的方法相比，发行公债具有自愿性、低风险性、可流通性和收益稳定性的特点；与货币融资法相比，发行公债不会直接增加基础货币的供给，对流动性影响较小，一般认为不会对通货膨胀产生直接影响。但也有学者认为，在货币供给不变的情况下，发行公债一方面有可能对私人部门产生“挤出效应”，另一方面会增加未来的债务本息支出负担，这种负债很可能会越背越重，从而产生未来的通货膨胀或税负压力。

债务融资的对象除了国内公众和机构外，还包括国外公众和机构，形式主要有：取得国际贷款（包括外国政府贷款、国际组织贷款和国际商业贷款）和向国外发行国际公债。

自20世纪凯恩斯主义盛行以来，世界各国政府对财政赤字利弊以及规模限度的认识和把握不断发生变化，但到目前并未形成完全统一的认识和标准。一般认为，一定规模的财政赤字及赤字融资对促进经济社会发展，特别是公共基础设施建设是有益的；但过量的财政赤字必然会积聚一定的财政风险，从而影响经济发展。因此，尽管以举借公债为主的现代赤字融资方式已成为经常行为，但各国普遍认为将财政赤字的规模控制在一个合理、安全、可控的限度之内是十分重要的预算原则。

1995年之前，我国财政支出大于财政收入的部分，在无可动用的结余的情况下，除了一部分依靠发行国债外，其余都是通过向央行透支或借款来解决，造成不仅央行的独立性无法得到保障，货币政策操作受到干扰，而且会引起通货膨胀。1993年12月25日，《国务院关于金融体制改革的决定》正式下发，文件要求“财政部停止向中国人民银行借款，财政预算先支后收的头寸短缺靠短期国债解决，财政赤字通过发行国债弥补”。此后，《预算法》和《中国人民银行法》相继颁布实施，正式以立法形式切断了财政和央行货币发行的直接联系。其中《中国人民银行法》第二十九条明确规定，“中国人民银行不得对政府财政透支，不得直接认购、包销国债和其他政府债券。”

参考文献：

［美］弗兰克·N·马吉尔：《经济学百科全书》上，中国人民大学出版社2009年版。

平新乔：《财政原理与比较财政制度》，三联书店上海分店、上海人民出版社1995年版。

郭庆旺等：《财政赤字概念问题新探》，载于《当代财经》1992年第9期。

谢旭人：《中国财政60年》，经济科学出版社2009年版。

（申长平）

通货膨胀税
Inflation Tax

通货膨胀税是指在通货膨胀条件下，货币持有者的真实购买力下降，它显示以货币表示的社会资源通过物价和货币存量的变动向货币发行部门转移。在真实货币需求既定的情况下，物价上涨意味着货币贬值，公众由此损失的购买力转移到货币发行当局——政府手中，即被称为通货膨胀税，属于政府的一种隐蔽性征税。

通货膨胀导致公众所持有的非指数化货币（现金+存款，以及非指数化债券）余额实际价值的降低。这种损失额的一部分虽然会在公众内部进行再分配，但公众作为一个整体所承担的净损失总额将转为政府的实际收益。因为纸币和硬币作为政府的一项负债，也是公众的一项资产，降低其实际价值则减少了政府未偿还的实际负债。因此，无论从政府而言，还是从公众而言，通货膨胀都产生了一种赋税效果——即所谓通货膨胀税，其课税对象或税基为公众以实际价值计算的货币余额。

实际生活中只要通货膨胀率不至于过高，那么在动态变化中居民的实际货币余额一般能保持在一个较高和较稳定的水准上，使通货膨胀税具有较深厚的税基。公众所持有的实际货币余额水平的高低，即税基的深度，则取决于既定收入水平下公众的货币支出行为对通货膨胀的反应。

若通货膨胀率较低较稳定，那么会产生较稳定的边际税率，使其具有较宽厚的税基，从而能为政府提供一个较为稳定的税额。

铸币税与通货膨胀税之间是有区别的。在稳定状态，真实的铸币税（S）等于流通中的货币增量，而通货膨胀税（T）是作为通货膨胀的结果使货币持有者遭受的损失。即：

$$S=\frac{\dot{M}}{P}=\frac{\dot{M}}{M}\times\frac{M}{P}=g_M\times\frac{M}{P}$$

$$T=\frac{M}{P_0}-\frac{M}{P}=M\left(\frac{1}{P_0}-\frac{1}{P}\right)=M\left(\frac{P-P_0}{PP_0}\right)$$
$$=\frac{M}{P}\left(\frac{P-P_0}{P_0}\right)=\pi\frac{M}{P}$$

如果货币供应量的增长速度完全等于物价上涨即通货膨胀的速度，即 $S_M = \pi$，那么可以认为铸币税等于通货膨胀税，货币持有者的损失完全由政府获得。但物价和通货膨胀未必完全像货币主义所说的单纯的是由货币供应量的增加所引起的，而且影响程度也未必是一对一的，在现实经济生活中，物价水平变化的幅度一般与货币供应量变化幅度不一致。

当经济增长时，如货币供给的增长完全被经济所吸收，即 $g_M > \pi = 0$，不会造成通货膨胀，铸币税收入就是增发货币取得的收入，并且其数量随着货币供给的增加而增加；通货膨胀税为0，政府从通货膨胀中没有获得任何收入，相对应，货币持有者没有因货币存量的增加而遭受损失。

当经济停滞时，或者当货币供给的增长率大于经济增长率，货币供给的增长反映在物价水平上时，货币供给的增长引起通货膨胀，即 $g_M > \pi > 0$，货币贬值，购买力下降，政府铸币税收入的实际购买力也随着下降，此时的实际铸币税收入大于通货膨胀税。通货膨胀税的税率是货币贬值率，等于通货膨胀率，税基则是货币持有者实际持有的货币数量。货币持有者因通货膨胀遭受的损失完全转化为政府铸币税收入的一部分。在税基不变的情况下，通货膨胀率越高，政府的铸币税收入越高，即政府可以通过增发货币获得收入。但是，随着通货膨胀率上升，货币贬值加快，人们持有货币的机会成本就越高，个人倾向于持有更少的现金，银行也尽可能减少其超额准备金。这样因通货膨胀率提高所增加的政府铸币税会因为人们不愿意持币而使得税基缩小，进而铸币税也减少，它在达到一个最大值后迅速下降。这样，如出现恶性通货膨胀，政府最终趋向于无法征收通货膨胀税。

参考文献：
[英]约翰·F·乔恩：《货币史》，商务印书馆 2002 年版。
[美]卡尔·E·沃什：《货币理论与政策》，上海财经大学出版社 2004 年版。
[美]金德尔伯格：《西欧金融史》，中国金融出版社 1991 年版。
王雍君：《论通货膨胀的赋税效果》，载于《财政研究》1989 年第 2 期。

（贾康　刘薇）

税收扣除和税收抵免
Tax Deduction and Tax Credit

税收扣除和税收抵免都是为减轻税负或避免国际重复征税而采取的办法。二者在计算方法上存在一定差别，税收扣除是直接从应税收入中减去一定金额，而税收抵免则是在计算出应纳税额后，从中减去一定数额。

税收扣除是指在征税对象的全部收入中扣除一定的数额，只对超过扣除额的部分征税。应用于避免国际重复征税时，是指一国政府在对本国居民的国外所得征税时，允许其将该所得负担的外国税款作为费用从应税国外所得中扣除，只对扣除后的余额征税。由于扣除法只能在一定程度上减轻跨国纳税人的税收负担，不能从根本上解决国际重复征税问题，因此经合组织《关于对所得和财产的重复征税协定范本》与联合国《关于发达国家与发展中国家间双重征税的协定范本》没有推荐使用这种方法。

税收扣除有两种方法：直接扣除法和费用增加法。直接扣除法是允许纳税义务人就某些规定的项目所发生的费用作全部或部分扣除。如对法人所得的税收扣除采取了规定允许税前列支项目的形式，直接缩小所得税税基，减轻纳税义务人的税负。费用增加法是用增加费用、多计成本的办法来减少税收负担，如规定企业可按加速折旧提取多于实际发生的固定资产损耗的折旧额。税收扣除的作用在于减轻税负、对某些纳税人的照顾和体现国家的激励目的。因为在既定税率下，税收扣除相当于缩小税基，减轻税负。此外，如果在累进税制下，因税收扣除形成的缩小的税基将随之适用于较低税率，纳税人因此获得更多减负。

税收抵免是指允许纳税人按照规定以一定比率从其应纳税额中扣除一定数额，以减轻税负或避免国际重复征税，包含投资抵免和国外税收抵免。

投资抵免，类似于政府对投资的一种补贴，因此也称为投资津贴，是指政府规定投资者可在当年应付公司所得税额中扣除相当于新投资设备一定比率的税额，以减轻税负，促进资本形成和经济增长。例如，日本为促进科技创新和发展，从 1966 年起开始实行 R&D 税收抵免制度，在《增加实验研究经费的纳税减征办法》中规定，日本法人当年发生的 R&D 费用，同基准年度以后各年 R&D 费用的最高金额相比，超出部分可按 20% 抵免所得税，最高限额为法人税的 15%。此外，还允许 R&D 密集型企业从税前销售额中提取 10% 作为损失准备金，以弥补万一产生的损失。

国外税收抵免，是为了避免国际重复征税，对纳税人来源于国内外的全部所得或财产课征所得税时允许以其在国外缴纳的所得税或财产税税款抵免应纳税款的一种税收优惠方式，也是解决国际上所得或财产重复课税的一种措施。其计算公式为：跨国总所得 × 居住国所得税税率 - 允许抵免的已缴来源国税款 = 居住国应征所得税税额。抵免法可以有效地免除国际重复征税，是国际上比较通行的消除双重征税的方法。经合组织《关于对所得和财产的重复征税协定范本》与联合国《关于发达国家与发展中国家间双重征税的协定范本》特别推荐使用这种方法。

税收抵免也分为直接抵免和间接抵免两种。直接抵免,适用于同一经济实体的跨国纳税人,包括同一跨国自然人和同一跨国法人的总分支机构。间接抵免,适用于被同一经济渊源联系起来的不同经济实体的跨国纳税人,如跨国的母公司与子公司。不论是直接抵免还是间接抵免,其准许抵免的税额不得超过境外所得或一般财产价值按照居住国(或国籍国)税法计算的应纳税额,即通常所称的抵免限额。超过限额的部分不准抵免,也不得列为费用开支。

在国际税收实践中,有些国家在既采取税收抵免法的同时往往又采取税收扣除法,如新西兰规定,对本国居民来自英联邦成员国的所得已缴纳的所得税,可以用抵免法,而对来自英联邦以外国家的所得已缴纳的所得税,则列入费用,在应税所得中扣除。

参考文献:

吴昊:《境外所得税收抵免政策的分析与研究》,载于《中国财政》2012 年第 9 期。

(贾康　李成威)

消费税
Consumption Tax

消费税是对货物和劳务的最终消费课征的一种税,税基为个人对货物和劳务的消费支出金额。

消费税的征收一般采取间接税形式,如销售税、增值税、特殊消费税等,但也有一种特殊形式的消费税可称为直接税,这就是支出税,也称为个人消费税。

销售税是对货物和劳务在流通的所有环节或单一环节的流转总额课征的税收。

增值税是对货物和劳务在生产和流通中各个环节的新增价值课征的一种销售税。

特殊消费税是对一些特定消费品的流转额课征的一种税。

间接税形式的消费税在征收管理上具有很多优点,如它主要是对生产经营企业课征,征收管理比较便利;只要有市场交易行为发生就要课税,税收收入比较稳定。但是间接税形式的消费税也有许多缺点,比如,它的税收负担与纳税人的支付能力并不是对应的,而是累退的,但是如果要根据个人的不同支付能力实行差别对待又难以做到。一种新的征税方法可以解决这个问题,即以消费者在一定时期内的总消费支出为计税依据,直接对消费者课征税收,实质上是对所得课税的一种特殊形式,因而属于直接税的范畴。这种直接税形式的消费税被称为支出税,或者个人消费税。

支出税的概念最早是由霍布斯(Hobbes,1651)提出的,作为替代个人所得税的一种方法。霍布斯认为,一个人的消费支出比所得更能体现他的支付能力,因此,应该用消费而不是收入作为主要的课税基础。对这个问题的争议目前尚没有定论。可以确定的是,相比个人所得税而言,支出税的一个优点是可以避免对储蓄的双重征税。但是,如果课征支出税的话,征收管理将非常困难,这是因为个人的消费支出数据很难获取和核查。

从各国的征收实践来看,目前世界各国普遍征收的消费税是增值税和特殊消费税,此外还有一些国家课征了销售税和其他形式的间接消费税。而支出税则还处于理论探讨阶段,目前并没有一个主要国家采用,只有印度和斯里兰卡在 20 世纪 50 年代曾经短暂实行过。

我国目前课征的消费税税种包括增值税、营业税和消费税(也就是特殊消费税)。其中,增值税的征税对象是销售和进口货物以及加工、修理修配劳务,营业税的征税对象是除加工修理修配外的其他劳务、转让无形资产及销售不动产行为。而消费税的征税对象则包括烟、酒、成品油、小汽车等特定消费品。

参考文献:

张馨、杨志勇:《公共经济学》,清华大学出版社 2008 年版。

Hobbes, T. , *Leviathan*, London: Andrew Crooke, 1651.

Kaldor, N. , *An Expenditure Tax*, London: Allwen & Unwin, 1955.

Meade, J. , *The Structure and Reform of Direct Taxation*, London: Allen & Unwin, 1978.

(贾康　施文波)

增值税
Value-added Tax

增值税是消费税的一种,是对货物和劳务的最终消费课征的税收,在表现形式上是对货物和劳务在流转过程中产生的增值额课税。除了增值税这个一般性的称谓外,也有一些国家和地区采用了其他的称谓,如澳大利亚称为货物和劳务税,日本称为消费税。

增值税是针对原来的营业税或产品税等周转税的缺陷而设立的一种新税。周转税对商品在生产、流通等所有环节的流转额环环全额课征,具有严重的重复征税弊端,而增值税虽然也是在生产和消费的各个环节征收,但在中间每一环节,仅对流转额中的增值部分课税,从而有效避免了重复征税的问题。

增值税的优点,一是在避免其他流转税重复征税弊端的同时,体现了税收的中性原则,有利于资源配置效率的实现。二是具有充裕的税源,税基广且普遍征收,同时在征管上采取多环节征税、环环抵扣的方式,征收便利,因此具有很强的财政收入能力。当然,增值税也有其缺陷,这主要体现在它的累退性上。增值税以消费为税基,且中性原则要求尽可能地采取单一税率,产生了低收入阶层实际承担的增值税税负痛苦程度要高于高收入阶层的问题。

在理论上,增值税只对增值额征税,但在实践中,根据计税时对外购固定资产税额处理方法的不同,可以将增值税分为三种类型,即生产型增值税、收入型增值税和消费型增值税。生产型增值税在计算税金时不允许扣除购入固定资产中所含的税款,其税基相当于国内生产总值;收入型增值税只允许扣除固定资产折旧部分所含的税款,其税基相当于国民收入;消费型增值税则允许将购入固定资产价值中所含的税款一次性全部扣除,其税基相当于国民收入中用于消费支出的部分,目前大部分国家实行的是消费型增值税。

增值税的概念最早是由美国经济学家亚当斯(Adams,1917)和德国企业家西门子(Wilhelm von Siemens,1921)提出的。第一个将增值税从理论变成现实的国家是法国:1954 年法国开始在制造环节和批发环节实行增值税。随后近 60 年,增值税迅速被世界各国所采纳,到 2011 年,全球已有超过 170 个国家与地区采用了增值税。目前在主要的国家中,只有美国没有实行(全国性的)增值税。

我国从 1979 年开始在襄樊、上海和柳州等地对机器机械和农业机器两个行业以及自行车、缝纫机、电风扇三种产品试行增值税,1983 年试点地区扩大到全国。1984 年,第二步利改税改革中,国务院发布了《增值税条例(草案)》,标志着增值税成为一个独立的税种,但当时的征税范围仍只限于生产环节的 12 项工业产品。1994 年对增值税进行了全面、彻底的改革,把增值税征税范围扩大到货物的生产、批发、零售和进口环节以及加工、修理修配环节,成为我国的第一大税种,为促进经济发展和财政收入增长发挥了重要作用。

1994 年建立的增值税制度适应了当时的经济体制和税收征管能力,但它本身也包含了两个缺陷。一是实行生产型增值税,不利于投资和经济增长;二是征税范围较窄,没有覆盖全部的货物和劳务,对一些劳务行为课征营业税,破坏了增值税的抵扣链条,不能完全消除重复征税因素。从 2009 年 1 月 1 日起,我国在全国范围内实行增值税转型改革,由生产型增值税转为消费型增值税。2012 年 1 月 1 日起,在上海市选择部分行业试点进行营业税改征增值税改革,并将择机逐步将改革推广到全国范围。改革的最终目标是建立一个覆盖全部货物和劳务的增值税。

参考文献:

韩绍初:《改革进程中的中国增值税》,中国税务出版社 2010 年版。

谢旭人:《中国财政 60 年》,经济科学出版社 2009 年版。

Adams, T. S., The Taxation of Business, *Proceedings of the National Tax Association*, 1917.

Schenk, A. and O. Oldman, *Value Added Tax: A Comparative Approach*, New York: Cambridge University Press, 2007.

Simens, Von W., *Verdelte Umstatsteuer*, Siemenstadt, Germany, 1921.

(贾康　施文泼)

营业税
Business Tax

营业税是对工商业经营者的营业总收入课征的税收。

营业税的计税依据为各种应税行为主体的营业收入额,其收入不受企业成本、费用高低的影响,同时计征方法简单明确,易于征收管理,因此能带来稳定的税收收入。但是,营业税也存在一定的弊端。由于营业税是对营业额全额征税,货物和劳务每经过一道流通环节就要纳一次税,不可避免地会产生重复征税。为了消除重复征税,人们提出了一种改进的税——增值税。增值税只对每一环节新增加的价值征税,在保持营业税普遍征收优点的同时,又能克服营业税因重复征税而不利于经济发展的缺点。

现代意义上的营业税起源于法国。1791 年法国营利事业准许金改制,被认为是营业税制的创始。在增值税概念提出来之后,1954 年法国又第一个开征了增值税,取消了原来的营业税。随后世界各国纷纷开征增值税,逐步取代营业税。

我国古代并没有营业税这个概念,但对商人课征的具有营业税性质的税制自古就有,如秦汉时期的"市租"、唐朝的"除陌钱"、宋元时期的"住税"等。民国时期(1931 年)"国民政府"颁布《营业税法》,营业税制度基本建立,随后"国民政府"根据国内经济发展形势,多次对营业税进行调整,使营业税制度逐渐完善。

新中国成立后很长一段时期内,并没有设立单独的营业税,但在先后开征过的工商业税、工商统一税、工商税等税种中都设置了若干税目征收营业税的内容。1984 年,第二步利改税和工商税制全面改革中,营业税从工商税中分离出来成为独立的税种。

现行营业税税制是在 1994 年税制改革中确定的。1994 年把原对内资企业征收的产品税、增值税、营业税及对外商投资企业和外国企业征收的工商统一税,加以调整合并,形成了以增值税为主体的增值税、消费税、营业税三税并立的流转税制。其中,增值税是改革的核心,征税范围扩大到货物的生产、批发、零售和进口环节以及加工、修理修配环节。营业税则仅对原营业税改征增值税后的剩余项目征收,包括加工修理修配外的其他劳务、转让无形资产和销售不动产等经营行为。

营业税的征税范围很广,几乎覆盖了整个第三产业的所有劳务经营。随着我国第三产业的蓬勃发展,营业税在组织财政收入中的地位也不断提高,成为仅次于增值税、企业所得税的第三大税种。但是,随着我国经济的发展,营业税内在的重复征税弊病也变得越来越难以接受,对第三产业的发展和社会专业化分工程度的提高造成了严重影响。消除重复征税的途径则是对第三产业由征收营业税改为征收增值税。从2012年1月1日起我国开始进行营业税改征增值税的改革,首先在部分地区部分行业进行试点。随着改革的不断推进,我国的营业税最终将被增值税所取代。

参考文献:
谢旭人:《中国财政60年》,经济科学出版社2009年版。
刘佐:《新中国税制60年》,中国财政经济出版社2009年版。
张馨、杨志勇:《公共经济学》,清华大学出版社2008年版。

(贾康　施文泼)

销售税
Sales Tax

销售税是对货物和劳务从制造到零售等流通环节中的流转总额课征的税收。根据不同的标准,销售税可以分为不同的种类。

按照课税对象选择的不同,销售税可以分为一般性销售税(General Sales Tax)和选择性销售税(Selective Sales Tax)。一般性销售税对所有的商品和劳务的销售,都按照统一税率课税。选择性销售税,也称为特殊消费税(Exercise Tax),是对部分特定商品课征。从世界各国的征收实践看,各国大多是在课征一般性销售税后,再对部分特定商品课征一道选择性销售税。

按照课税环节的多少,销售税又可以分为多环节销售税和单一环节销售税。多环节销售税在商品从制造到销售的所有流通环节都对销售收入全额课税,因此一般又称为周转税或流转税(Turnover Tax)。单一环节销售税则只在商品的制造、批发、零售三个环节中的一个环节进行课税,按照选择的课税环节不同,又可以进一步分为制造商销售税(Manufacturing Sales Tax),批发销售税(Wholesale Sales Tax)和零售销售税(Retail Sales Tax)。

由于多环节销售税会造成严重的重复征税,因此在现代国家中已经很少采用,各国要么代之以增值税,要么课征单一环节的销售税。至于销售税选择在哪一个环节进行课征,不同国家的做法不同,如美国和加拿大只在零售环节课征销售税。

从理论上说,如果一般销售税只在零售环节课征,那么它与对生产和销售的所有环节征收的增值税在结果上是一样的,税收都是由最终消费者负担。但是在实践中,零售销售税与增值税相比仍有不少劣势,这是因为零售销售税的税基较窄,且单环节征收容易导致偷漏税行为,较难保证税收收入的充足稳定,而增值税的税基宽阔,环环抵扣的征管方式具有高效率,能够保证充足的财政收入。

我国在1994年之前课征的工商税、产品税等税种,就属于多环节销售税,具有严重的重复征税弊端。1994年的税制改革取消了产品税,代之以在生产和流通环节普遍征收的增值税,在此基础上再选择少数消费品加征一道特殊消费税。但是,增值税并没有覆盖全部的货物和劳务,对大部分劳务仍然课征营业税,而营业税本质上仍属于一种多环节销售税,在劳务流通的所有环节道道全额征收,因此存在重复征税问题。2012年1月1日起我国开始进行营业税改征增值税改革,最终将取消营业税,达到消除重复征税的效果。

参考文献:
谢旭人:《中国财政60年》,经济科学出版社2009年版。
刘佐:《新中国税制60年》,中国财政经济出版社2009年版。
张馨、杨志勇:《公共经济学》,清华大学出版社2008年版。

(贾康　施文泼)

特殊消费税
Special Consumption Tax

特殊消费税是指对一些特定消费品的流转额所课征的一种税,是政府基于一定的公共目的或者财政目的而对一些特殊类型的货物及劳务征收的特殊税种,也被称为选择性销售税、特殊货物税,等等,我国称之为消费税。

选择性课征的特殊消费税使政府可以通过它来实现特定的目的。比如,对烟、酒等有害或具有外部性的商品课税,可以起到"寓禁于征"、限制消费的作用;对贵重首饰、化妆品、游艇等奢侈品课税,可以起到收入再分配、缩小贫富差距的作用;对燃油等商品课税,可以用来对使用特定物品或服务的人群增加负担而调节其消费行为。

特殊消费税的开征具有悠久的历史,在西方最早可以追溯到古罗马帝国时代即有的对特定消费品的课税，如盐税、酒税、矿产品税等。18世纪中叶西方各国随着工业革命后商品经济的快速发展，开始根据不同的目的，有选择性地对特定消费品和消费行为征税，特殊消费税由此盛行开来。目前特殊消费税已被世界各国广泛采用，在各国(特别是发展中国家)的税收收入中占有相当比重。

对特定消费品征税在我国的历史同样久远。我国早在周代就开征了“山泽之赋”，春秋战国时期就有渔税、齿角等税，西汉时期开征了酒税，唐朝时开征了茶税。近代中国对特定消费品的课税则始于民国时期对卷烟、棉纱、火柴、水泥等商品课征的统税。

新中国成立后相当长一段时期内，我国没有开征特别消费税，但在货物税、商品流通税、工商税、工商统一税、产品税、增值税等先后开征的税种中，对烟、酒、化妆品、轮胎等商品都设计了较高的税率，1989年国务院曾经开征过彩色电视机特别消费税和小轿车特别消费税，在一定程度上具有对特殊消费品课税的性质，但与国际通行的特殊消费税在调节目标、课税手段上都存在差异。

我国现行的符合国际规范的消费税是在1994年的税制改革中确立的，1994年将原征收产品税的产品全部改为征收增值税后，考虑到将有不少产品的税负大幅下降，为了保证财政收入，体现基本保持原税负的原则，同时考虑对一些消费品进行特殊调节，所以，选择了少数消费品在征收增值税的基础上再课征一道消费税。消费税的税目设有11个，包括烟、酒、化妆品、贵重首饰、烟花爆竹、摩托车、小汽车、汽油、柴油等。此后，随着我国经济社会的发展，消费税也在不断进行改革完善。2006年对消费税的税目、税率及相关政策进行调整，扩大了消费税的征收范围。2009年实行燃油税费改革，取消了养路费，代之以提高成品油的消费税税额。此外，还调整了卷烟消费税的税率，并加强对酒消费税的征管。经过一系列的调整，我国的消费税制日益完善，其特殊调节功能和收入功能也不断加强。

参考文献：
谢旭人：《中国财政60年》，经济科学出版社2009年版。
刘佐：《新中国税制60年》，中国财政经济出版社2009年版。
张馨、杨志勇：《公共经济学》，清华大学出版社2008年版。

（贾康　施文泼）

支出税
Expenditure Tax

参见“消费税”。

所得税
Income Tax

所得税是以纳税人的所得额为课税对象的各种税收的统称。所得是一个比较模糊的概念，仅是从经济学角度分析，所得也有多种含义。国际上公认的权威解释为两位美国经济学家海格(R. Haig)和西蒙(H. Simons)共同提出的“纯资产增加”理论，即所得增加的评判标准为资产价值的净增长。

世界上大多数国家课征所得税。由于税种的设置取决于国家所要实现的政策目标，而政策目标又是由国情决定的，因此，各个国家所得税的构成体系不同。有的国家只设个人所得税，有的国家不仅设个人所得税，还设企业所得税，还有的国家设多种个人所得税或多种企业所得税，如德国的所得税包括个人所得税、公司所得税、工商税和附加税；美国的所得税包括个人所得税、社会保险税和公司所得税。我国现行的所得税主要是企业所得税和个人所得税，征税对象是自然人、法人和其他经济组织在一定时期内的纯所得额。

所得税的主要理论依据是公平课税论，其基本指导原则是税收待遇的统一性。具体表现在，所得税的纳税人和实际负担人通常是一致的，因而可以直接调节纳税人的收入，不存在税负转嫁的可能。另外，所得税是以所得的多少作为负担能力的标准，作为所得税课税对象的所得额，是扣除了企业等经济组织的成本、费用或个人的基本生活费之后的纯所得，不会侵蚀纳税人的营业资本或个人财产。在政府经济杠杆中，所得税(特别是具有超额累进税率设计的个人所得税)是具有“内在稳定器”功能的一种政策调节工具，在宏观和微观两个方面都是调节企业利润和个人收入的最佳杠杆。在宏观方面，所得税可以作为国家产业政策调整、稳定宏观经济的工具之一，即国家可以通过调整税率、税收优惠政策来鼓励或抑制某些行业的发展，并在经济过度繁荣或萧条时，影响消费、储蓄和投资，进而达到反周期的调控目的。在微观方面，所得税可以帮助国家调节收入分配，缩小贫富差距。因为所得税纳税人和实际负担人的一致性，使得国家可以通过税收优惠，对穷人实行免税照顾，通过采用累进税率对富人实行超额征税，抑制财富的过度聚集。

所得税产生于英国。1798年，英国政府为弥补英法战争所需的经费，财政大臣威廉·彼得(William Pitt)创设了“三级税”，实为英国所得税之雏形。进入19世纪以后，大多数资本主义国家相继开征了所得税，其在市场经济发达国家的税收收入中所占比重不断提高，逐渐成为这些国家取得税收收入的主要税种。20世纪80年代以来，随着经济全球化的加快发展，国际竞争日趋激烈，为提升本国企业的国际竞争力，促进本国经济的长期发展，许多国家纷纷推出以调低税负为核心的所得税改革政策，具体包括：降低所得税税率、简化所得税制度、减少所得税重复征税现象等，改革使所得税的国际协调进一步加强，所得税制结构出现国际趋同。

近代中国所得税的征收起源于南京国民政府执政期间，1936 年南京国民政府通过所得税八项"原则"，并经立法院审议修改后，于当年开征薪给报酬所得税与证券存款利息所得税。1937 年以后又陆续开征营利事业所得税、非常时期过分利得税、财产租赁出卖所得税等。新中国成立后，1950 年政务院发布《全国税政实施要则》，规定所得税有工商税、存款利息所得税与薪给报酬所得税，这标志着所得税体系的初步建立。中国现行所得税制度是 1994 年税制改革时期奠定的，包括企业所得税和个人所得税两种，迄今的突出问题是所得税主体地位尚未确立，主要表现在所得税收入占 GDP 和税收总收入的比重偏低，这直接导致所得税在政府宏观调控中的作用不能够充分、有效地发挥出来。

参考文献：
解学智：《所得课税论》，辽宁人民出版社 1992 年版。
平新乔：《财政原理与比较财政制度》，上海三联书店 1992 年版。
高培勇：《西方税收——理论与政策》，中国财政经济出版社 1993 年版。
邓力平：《中国税制》，经济科学出版社 2005 年版。

（贾康　程瑜　何平）

工薪税
Payroll Tax

工薪税是以雇主向雇员支付的工资或薪金为课征对象、由雇员和雇主分别缴纳、为筹集社会保障基金而征收的一种专门目的税。工薪税是社会保险税的主体，有时也称为社会保险税（Social Security Tax）。

工薪税的课税范围通常是参加本国社会保险，并存在雇佣关系的雇主和雇员在本国支付和取得的工资、薪金。雇主和雇员的纳税义务一般以境内就业为标准，即凡在征税国境内就业的雇主和雇员，不论国籍和居住地，都必须在该国承担纳税义务。对于本国居民为本国雇主雇佣但在国外工作取得的工资、薪金，一般不列入课税范围。

工薪税有如下几个特点：一是课税对象不包括纳税人工资薪金以外的其他收入，即不包括由雇主和雇员工资薪金以外的投资所得、资本利得等所得项目，但作为税基的工资薪金既包括由雇主支付的现金，还包括具有工资薪金性质的实物及其他等价物形成的收入。二是对应税工资薪金通常规定最高限额，超过部分不纳税。三是一般不规定个人宽免额和扣除额。因为社会保险税实行专税专用原则，筹集的保险基金将全部用于支付相关参保人的社会保障支出。

工薪税一般实行比例税率，雇主和雇员适用相同税率，各负担全部税额的 50%（也有个别例外）。雇主应纳的税额由雇主自行申报纳税，雇员应纳的税额，由雇主在支付雇员工薪时预先扣除，定期报缴。

社会保障（险）费（工薪税）首创于 19 世纪末的德国，正式的工薪税名称起始于美国，现在已成为西方国家的主要税种之一。1935 年，在罗斯福总统的领导和主持下，美国通过了历史上第一部社会保障法典——《社会保障法》，当时的目的是为老年人筹措退休金，其后陆续实行残疾人保险、医疗保险等。工薪税收入和个人所得税收入是联邦政府最重要的税收收入。

随着经济的发达和政治民主化趋势的加强，西方发达国家如英国、法国、加拿大等都实行了"普通福利"政策，纷纷征收社会保障税。1990 年世界上大约已有 80 多个国家开征社会保障税，到 1998 年，全球开征社会保障税的国家增加至 100 多个。据国际货币基金组织统计，2010 年，全世界 170 多个国家里至少有 132 个国家实行社会保障税制度。各国对社会保障筹资方式的称谓不尽相同。挪威等国家称"Social Security Contributions"（一般被译为社会保障税、社会保障缴款或社会保障捐），英国称"National Insurance Contributions"（一般被译为国民保险税或国民保险捐），爱尔兰称"Pay Related Social Security"（社会保障付款），美国等国家在立法中将社会保障筹资方式称为"税"（美国称为 Payroll Tax，即工薪税）。有些国家将保障筹资收入归类为"Special Assessments"（特别税）。国际上对社会保障筹资方式没有统一的表述，不同的国家根据不同的国情和理解，各自确定本国社会保障筹资名称。

工薪税作为一种特殊形式的所得税，其税收收入专门用于社会福利、保障等支出，与一般税相比，具有两个主要特点：

一是累退性。工薪税采用比例税率，一般没有扣除额和免征额，同时规定有课税上限，也不考虑纳税家庭人口的多寡和其他特殊情况，具有较强烈的累退性。

二是有偿性。工薪税一般纳入政府成立的专门基金管理，指定用途，专款专用，因而带有有偿性质。也就是说权利与义务对等，只有缴费参加保险，才能在符合条件的时候享受相应的待遇。

作为包含工薪税的社会保障税，还具有内在稳定器功能。社会保障税的支出同一定时期的经济形势有相关性。当经济繁荣时，失业率下降，社会保障支出特别是失业救济支出减少，有利于抑制社会总需求。反之，当经济衰退时，失业率上升，社会保障支出特别是失业救济支出增加，有利于刺激社会总需求。所以，社会保障税及其社会保障制度具有内在灵活性特点，它与所得税相配合,可以起到对经济的自动稳定作用。

以工薪税为收入来源的社会保险,各国在理念上有不同,如在德国,虽然也具有权利与义务对等的含义,但不是特别强调,所以在以工薪税组织收入之外,政府也有财政补贴;在美国,以工薪税为收入来源的社会保险,则十分强调体系的自我平衡要求,但后来随体系的运行,也出现这种要求逐渐放松的倾向。目前各国以工薪税为收入来源的社会保险,一般或多或少都有政府财政补贴作配合。

在中国改革开放以来,随着市场经济发展和社会保障制度建设,已经征收社会保障费,关于“开征社会保障税”提法则出现在1996年。在国民经济和社会发展“九五”计划和2010年远景目标纲要中提出,要逐步开征社会保障税。在发达国家和大部分发展中国家,普遍设有社会保障税这一税种,以筹集社保资金,并在全国范围内统筹使用。而中国的养老、医疗和失业等社会保障,主要是以收取社会保险费的形式建立社保基金,经过多年努力,也大多仅做到在省一级统筹。各地筹集和发放的标准不一。如果按社会保障税筹集资金,势必要求全国统筹。因此,在中国一直存在社会保障费改税的争论。

主张开征社会保险税的人认为:首先,开征社会保险税,有利于增强筹资的强制性,强化社会保险基金的征收力度,为社会保障提供稳定的资金来源;其次,采取税收的征管形式,可以在全国范围内使用同一征税率,为劳动力在全国范围内无壁垒流动提供制度配套与物质保障;再次,开征社会保障税,有利于健全社会保障基金的监督机制,保证基金的安全性,降低征缴成本;最后,有利于与国际接轨。目前,全世界有172个以上的国家和地区建立了社会保障制度,100多个国家开征了社会保险税。

反对开征社会保险税的人认为:首先,开征社会保险税与税收特性相冲突。税收具有强制性、无偿性和固定性三个特性,我国社会保险实行社会统筹和个人账户相结合,是社会保险与基金储备两种模式融合的部分积累模式,权利义务相对等的特征突出,尤其是个人账户具有私人所有性质,与税收特性相冲突;其次,开征社会保险税与我国社会保障制度模式相冲突。收费还是征税,关键取决于社会保障的制度模式,部分积累的社会保险制度适宜采取收费方式;第三,我国现实的社会经济状况决定社会保障制度安排的多样性,改变征缴方式不适应我国的实际情况,而社会保险税要求社会保险制度安排一体化;第四,开征社会保险税会使政府重新陷入负担沉重的困境。

总体而言,反对者的论据牵强、短视和片面的成分居多。

参考文献:

英国文书局:《贝弗里奇报告——社会保险和相关服务》,中国劳动和社会保障出版社2004年版。

[英]约翰·伊特韦尔等:《新帕尔格雷夫经济学大词典》第三卷,经济科学出版社1996年版。

吴敬琏:《当代中国经济改革》,上海远东出版社2004年版。

Edward D. Berkowitz, *America's Welfare State from Roosevelt to Reagan*, Baltimore and London: Johns Hopkins University Press, 1991.

(贾康　赵福昌)

人头税

Poll Tax,Head Tax

人头税是以人为征税对象定额征收的一种直接税。一般来讲,由于只要具备良好的户籍管理制度就可以方便地计征人头税,因此人头税计税依据简单、征收简便、征税成本低、效率高。但由于没有考虑纳税人的支付能力,最富有的人和最贫穷的人要缴纳同样多的税款,因此富人福利损失少,穷人福利损失多,这与税收“按能力纳税”的原则相悖,导致税负不公。绝大多数现代国家已经不再征收人头税。

人头税是一个古老的税种。在我国可以追溯到战国时期,一直到清朝初期延续了几千年。战国时期的秦、齐、魏等诸侯国开征了按户头征收的户赋税和按人头征收的口赋税,可谓我国最早的人头税。秦统一后,在按土地数量征收赋税的同时,也按人头征收人头税,正如《汉书·食货志》记载:“田租口赋,盐铁之利,二十倍于古。”汉代的人头税制度渐趋规范,分为算赋和口赋,算赋对十五岁以上六十岁以下的成年人征收,用于国家购置车马兵器,口赋对七岁以上十四岁以下的未成年人征收,用于皇室支出。三国两晋南北朝时期,由于战事频繁,人口变动大,按人头征税非常困难,改由按户征收,名曰“户调”。唐朝初期为恢复农业生产,实行对每一男丁授田百亩的均田制,在此基础上实施租庸调法,规定每丁每年向国家输粟2石,为租;输绢2丈、绵3两(或布2丈4尺、麻3斤),为调;服役20日,称正役,不役者每日纳绢3尺(或布3.6尺),为庸。此后将“租庸调”改为“两税法”,即按田亩和财产数量征税,将对“人”征税改为对“物”征税,是税制发展的一大进步。到了宋朝,在沿袭唐朝两税法的同时,也开征了以男丁为征税对象的“身丁钱”,规定二十岁到六十岁的男丁都需缴纳,缴纳标准各地不一。元代仍然征收丁税,但地区间差异较大,西域以人丁为课税对象,南方汉民则按户征收。明朝在实行“一条鞭法”后,基本采取按田征税的制度,但仍随田征收丁税。清康熙年间实行“摊丁入亩”,丁税和田赋都改按田亩征收。自此,延续上千年的人头税几近绝迹。此后虽然北洋政府的地方税种中也有属于人头税范畴的税收,如自治捐、警税捐等,但数量有限。

国外的人头税也历史悠久,可追溯到古希腊、古罗马以及公元前12世纪的波斯,并在中世纪的欧洲盛行,英、德、法等国都曾开征。18世纪末俄国的人头税收入曾占到其国家收入的一半以上。在美国,部分地区人头税曾被用来界定投票资格,以排除非裔美国人、美洲原住民及非英国后裔白人的投票权。加拿大也曾于1885年通过《1885年华人移民法案》,向所有进入加拿大的华人征收50美元人头税,意在阻挠底层华人在加拿大太平洋铁路完工后继续向加拿大移民,但加拿大仍欢迎负担得起人头税的华人富商移民,并在1900年将人头税税额提高至100美元,1903年提高至500美元,直至1923年该税被更严厉的排华法所取代。2006年6月22日,加拿大政府对一百多年前向华裔移民征收人头税正式道歉。

随着商品经济的发展和社会的进步,税收理论日渐完善,目前除日本、韩国、非洲和拉美的几个国家还存在类似人头税性质的税收外,世界上征收人头税的国家已经不多。日本设有居民税,由道府县征收的称"道府县民税",由市町村征收的称"市町村民税",合称居民税。居民包括个人和法人,针对法人征收的是所得部分,针对个人的,则是按人头定额征收的人头税。韩国有四个城市首尔、釜山、大邱、仁川设有居民税,与日本居民税类似,也是同时对个人和法人征收,分为"按人头定额征收部分"和"所得部分"两部分。区别在于韩国只对缴纳个人所得税、公司税和农田税的纳税人征收居民税,所得部分分别依据应纳个人所得税、公司税额和农田税额的7.5%征收。此外,非洲的利比里亚、毛里塔尼亚、塞拉利昂、布基纳法索和拉丁美洲的洪都拉斯等国家也征收不同名称的"人头税"。英国曾经在1989年开征名为"社区税"的人头税,但受到国民反对而于1993年取消。

虽然我国早已取消人头税,但对税费制度的讨论也时常与人头税相联系。例如,2005年后我国个人所得税费用扣除额为1600元,但随着经济发展和人均收入水平的提高,1600元的费用扣除额大有把中低收入者"一网打尽"之势,而个人所得税的宗旨应该是调节居民个人收入所得,费用扣除额过低则使得个人所得税有成为普遍适用的"人头税"之嫌。2011年4月,我国将个人所得税费用扣除标准提高至3500元。此外,还有人认为我国与计划生育相关的"社会抚养费",也与人头税有某些相近之处。

人头税的负面影响大于正面作用。如管子所言:"以正人籍,谓之离情也;以正户籍,谓之养赢也。"即对成年人征税,就会出现隐瞒人口的问题;按户征税就会出现有利于人口多的大户,而抑制弱小的小户。此外,人头税还会将人口束缚于土地不能自由流动,影响商品经济的产生和发展。从历史上也可以看出,只有在唐实行"两税法"以后,特别是在明实行"一条鞭法"和清实行"地丁银"以后,国家对户口逐渐放松管理,人口的流动性增强,中国才缓慢地出现了资本主义萌芽。

参考文献:

彭宁、石坚、龚辉文:《人头税制度与评述》,载于《涉外税务》1996年第2期。

吴家俊:《话说人头税》,载于《税收与社会》1997年第10期。

娄献忠:《个人所得税不能变成"人头税"》,载于《法人》2007年第12期。

孙文学:《中国古代人头税制度的社会价值评估》,中央财经大学网站,2009年1月1日,http://czs.cufe.edu.cn/html/kexueyanjiu/20090101/296.html。

(贾康　程瑜　李成威)

财产税

Property Tax

财产税是以法人和自然人拥有和归其支配的财产为对象所征收的税。财产税的课税对象一般可分为不动产(如土地和土地上的改良物)和动产两大类。动产又包括有形资产和无形资产,前者如耐用消费品、家具、车辆等,后者如股票、债券、借据、现金和银行存款等(马国强,2008)。财产税属于对社会财富的存量课税,通常不是课自当年的价值增量,而是课自以往各年度价值增量的各种积累形式。当今世界各国对财产课征的税种主要有:房屋税、土地税、土价税、土地增值税、固定资产税、流动资产税、遗产税和赠与税等(李国淮,2005)。

由于土地、房产等不动产的位置固定,标志明显,作为课税对象税收不易逃漏,具有收入上的稳定性(刘隆亨,2006)。征收财产税还可以防抑财产过度集中于社会中的少数人,调节财富分配,因此,世界许多国家都将财产税作为税制中的地方税种。

财产课税既有对个人全部财产课税和对某一种财产课税的区别,又有对财产占有额课税和对转移中的财产额课税的区别。各国对财产课税的具体名称各不相同,如美国称财产税,英国称不动产税,联邦德国称不动产取得税,意大利称不动产增值税,荷兰称不动产转移税,墨西哥称房地产税等。西方国家对死亡者财产课征的有遗产税、赠与税和继承税等名称,如美国对死亡者的全部财产课征的称遗产税,对死者生前赠与他人的财产课征的称赠与税,由州政府课征的称继承税(杨志勇,2005)。

我国现行征收的财产税主要有房产税、土地使用税、土地增值税和契税。房产税以房产为对象,按照房产的现行评估价格计算征收,以房产的产权所有人为纳税人。房产属于全民所有的,以房屋的经营管理单位为纳税人;房产出典的,以房屋承典人(即受让人、使用人)为纳税人;对产权所有人、承典人不在房屋所在地的,或产权未确定及租典纠纷未解决的,应以房产使用人或代管人为纳税人。土地使用税是国家对拥有土地使用权的单位和个人,就其使用土地的面积按规定税额征收,由拥有土地使用权的单位和个人缴纳。若拥有土地使用权的纳税人不在土地所在地,则由代管人或实际使用人缴纳;土地使用权未确定或权属纠纷未解决的,由实际使用人纳税;土地使用权为共有的,则由共有各方分别纳税。土地增值税对有偿转让国有土地使用权、地面建筑物及其附着物(以下简称房地产)取得收入而就其增值的部分征收。凡有偿转让房地产并取得收入的单位和个人,为土地增值税的纳税人。严格说来,土地增值税是一种利得税而非财产税,非主营房地产业务的企业,因土地使用权已在无形资产账户中反映,则应将应纳的土地增值税记入其他业务支出账户。契税是对房产在买卖、典当、赠与(包括有奖储蓄中的中奖房产)和交换而订立契约时,向产权承受人征收的。

参考文献:
马国强:《中国税收》,东北财经大学出版社 2008 年版。
李国淮:《中国税收》,高等教育出版社 2005 年版。
刘隆享:《财产税法》,北京大学出版社 2006 年版。
江沁、杨卫:《政府经济学》,同济大学出版社 2009 年版。
杨志勇:《国际财税理论前沿报告 2005》,中国财政经济出版社 2005 年版。

(贾康　程瑜　李全)

房地产税
Real Estate Tax

我国现行的税收种类中并没有"房地产税"这一概念。房地产税在我国目前的学术讨论中主要有两种理解:一种是将房地产税等同于房地产保有环节曾做过"模拟评税试点"的物业税的概念。有些学者认为源自中国香港的"物业税"概念并不能贴切描述我国对房地产保有环节进行的税制改革思路,为避免混淆,就将涉及不动产保有环节的税收称作房地产税。实际上,在有关物业税的学术研究和讨论中,财产税、不动产税、房地产税和物业税四个概念经常被混淆和相互代用。中共中央十八届三中全会提出的"加快房地产税立法并适时推进改革",所用的房地产税概念当属此种。另一种更为广义的理解是将房地产税作为一个从房地产行业角度理解的税收体系,包括与房地产有关的所有税种。我国现行的税制体系是在 1994 年税制改革的基础上建立起来的,属于房地产税的有两大类:一类是直接以房地产为征税对象的税种,具体有房产税、城镇土地使用税、耕地占用税、土地增值税和契税;另一类是在房地产发生相应的经济行为,如开发、保有和转让时,在相应环节上,与房地产紧密相关的税种,具体有营业税(还包括以营业税税额为计税依据,附加于营业税税额的城市维护建设税和教育费附加)、企业所得税、个人所得税和印花税。

参考文献:
谢伏瞻等:《中国不动产税收政策研究》,中国大地出版社 2005 年版。
安体富、王海勇:《重构我国房地产税制的基本思路》,载于《税务研究》2004 年第 9 期。
贾康:《对房地产税费改革思路与要点的认识》,载于《涉外税务》2005 年第 8 期。
吴俊培:《我国开征物业税的几个基础理论问题》,载于《涉外税务》2006 年第 1 期。
北京大学中国经济研究中心宏观组:《物业税改革与地方公共财政》,载于《经济研究》2006 年第 3 期。

(贾康　程瑜　何平)

物业税
Property Tax

"物业"一词源于中国香港,是粤港方言对房地产的称呼。在中国香港,物业税是对作为出租用途的房地产征收的,在每一个课税年度按照土地或楼宇的应评税净值,以标准税率向拥有土地或楼宇的业主征收。

目前在我国内地,"物业税"并没有十分明确的概念,一度被理解为针对土地、房屋等不动产在其保有环节征收的税种,具体课税对象为土地及附着于其上的建筑物等不动产,课税税基一般为不动产的市场价值或租金价值。因此,此物业税含义并不完全等同于中国香港的物业税概念,它的课税对象不仅是出租房产,还包括非出租房产,其实质更接近于"财产税"、"不动产税"。实际上,在有关物业税的学术研究和讨论中,财产税、不动产税、房地产税和物业税四个概念经常被混淆和相互代用。改革实践中,曾有若干城市以"物业税"称呼在不动产保有环节的模拟评税"空转"试点,意在为在不动产保有环节建立税种做准备。

世界上大多数成熟的市场经济国家,都对房地产征收物业税,只是名称不同,但多以财产的持有作为课税前提，以财产的价值作为计税依据。我国最早的类似物业税的税种始于唐代，公元783年，唐朝政府在全国开征“间架税”，将百姓的房产按照占地面积、修筑年代以及房屋质量的好坏作为标准进行征税。

到目前为止，“物业税”这一概念在我国内地经历了两个阶段。

第一阶段，“物业税”概念的提出、盛行阶段。“物业税”一词最早在我国内地被正式提出是在2003年中国共产党十六届三中全会上通过的《中共中央关于完善市场经济体制若干问题的决定》，文件明确提出：“实施城镇化建设税费改革，条件具备时对不动产开征统一规范的物业税，相应取消有关收费”。虽然国家没有明确提出征收物业税的具体实施细则，但当时物业税改革的基本思路是将房产税、城市房地产税、土地增值税及土地出让金等税费合并，借鉴国外做法，转化为房产保有环节统一收取的物业税。

2003年以后，随着房地产市场的快速发展，我国内地1994年建立起来的房地产税制“轻保有、重流转”，即在房地产保有环节税负轻、流转环节税负重的弊端逐渐显现出来，不利于房地产市场的健康发展。房地产保有环节的税制改革成了整个房地产税制改革的重点。此时，“物业税”被设计为增加房地产保有环节税收负担的税种，希望通过出台“物业税”来抑制房价过快增长，解决房地产资源闲置和使用低效率问题，并让国家参与房地产自然增值的收益分配。自2003年5月起，我国内地开始在北京、辽宁、江苏、深圳、重庆、宁夏、福建、安徽、河南、大连等10个省区市开展物业税“空转”试点工作。虽然一切步骤与真实收税流程相同，但“物业税”始终没有正式开征。主要原因是物业税属于新税种，开征需要启动立法程序，另外，开征物业税后取消已存在的可能产生重复征税的税种，又会涉及现行税务体系的调整和中央地方的税收分成等问题。

第二阶段，“物业税”名称的逐步淡化阶段。“稳步推行物业税”曾作为税制改革的一项重要内容写入“十一五”规划中，而“十二五”规划中，仅提出“研究推进房地产税改革”，没有明确提出物业税概念，表明此前设立物业税这样一个新税种作为住房保有环节税收改革方向的概念在淡化中由房地产税替代。2010年5月31日，国务院批准并公布了国家发改委制定的《2010年深化经济体制改革重点工作的意见》，将“逐步推进房产税改革”列入了财税体制改革的重要内容。随后，国务院常务会议同意在部分城市进行对个人住房征收房产税改革试点，具体征收办法由试点省（自治区、直辖市）人民政府从实际出发制定。2011年1月27日，上海、重庆宣布开始试行房产税，上海征收对象为本市居民新购房且属于第二套及以上住房和非本市居民新购房，税率暂定为0.4%～0.6%；重庆征收对象是独栋别墅、高档公寓，以及无工作、无户口、无投资的三无人员所购的第二套房，税率为0.5%～1.2%。这表明，作为物业税的替代概念，在住房保有环节开始试行房产税改革。房产税作为一个地方税种一直存在，只是此前该税种仅对个人的经营性房产按租金的一定比例征收，对个人所拥有的非营业性用房免征房产税。房产税改革试点可在全国人大对国务院已有授权的框架下以该税名义加入新内容，正是针对个人所拥有的非营业用房产征税，所以房产税改革两地试点的内容与物业税一直被赋予的含义相趋同。

参考文献：
谢伏瞻等：《中国不动产税收政策研究》，中国大地出版社2005年版。
贾康：《对房地产税费改革思路与要点的认识》，载于《涉外税务》2005年第8期。
吴俊培：《我国开征物业税的几个基础理论问题》，载于《涉外税务》2006年第1期。
北京大学中国经济研究中心宏观组：《物业税改革与地方公共财政》，载于《经济研究》2006年第3期。

（贾康　何平）

遗产税和赠与税
Inheritance Tax and Donation Tax

遗产税是以被继承人去世后所遗留的财产为征税对象，向遗产的继承人和受馈赠人征收的税。赠与税是以赠送的财产为课税对象，向赠与人或受赠人课征的税。

遗产税和赠与税本是两个税种，但它们之间的关系非常密切。征收赠与税，目的是防止财产所有人生前利用赠与的方式逃避死后应纳的遗产税，因此通常与遗产税同时实行。例如，美国1976年修改了联邦财产转移税，将原分别适用于遗产税和赠与税的两套税率，统一为同时适用于两种税的同一套税率，遗产税和赠与税都不再是独立的税种，而只是财产转移税的一个组成部分。再如中国台湾地区1949年开始课征遗产税，1973年颁布专门的“遗产及赠与税法”，遗产税和赠与税的应税财产相同，均实行累进税率，税率差别不大。

遗产税是一个历史悠久的税种，最早产生于4000多年前的古埃及，出于筹措军费的需要，由法老胡夫决定开征。近代遗产税始征于1598年的荷兰，其后英国、法国、德国、日本、美国等国相继开征。1924年，美国率先开征赠与税作为遗产税的配套税种。现在征收遗产税的国家和地区大多同时设置赠与税，如美国、法国、德国、日本、韩国、安哥拉、摩洛哥、智利、委内瑞拉、俄罗斯、匈牙利和中国的台湾地区等。也有少数国家和地区只设置遗产税，不设置赠与税，如英国、冰岛、罗马尼亚、新加坡、文莱、津巴布韦、马拉维等。还有极少数国家只设置赠与税，不设置遗产税，如新西兰、孟加拉国、加纳和巴拿马等，其中新西兰和孟加拉国都曾经征收过遗产税，后来分别于 1992 年和 1982 年停征。

总遗产税对财产所有人死亡后遗留的财产总额综合进行课征，规定有起征点，一般采用累进税率，不考虑继承人与被继承人的亲疏关系和继承的个人情况。分遗产税是对各个继承人分得的遗产分别进行课征，考虑继承人与被继承人的亲疏关系和继承人的实际负担能力，采用累进税率。总分遗产税是对被继承人的遗产先征收总遗产税，再对继承人所得的继承份额征收分遗产税，两税合征，互补长短。

目前各国实行的赠与税制度，按照纳税人的不同，可以分为总赠与税制和分赠与税制两类。总赠与税制也称赠与人税制，按照财产赠与人一定时期内赠与财产的总价值征税，纳税人为赠与人。分赠与税制也称受赠人税制，按照受赠人一定时期以内受赠财产的价值征税，纳税人为受赠人。

一般来讲，实行总遗产税制的国家往往同时采用总赠与税制，如美国就同时实行总遗产税制和总赠与税制；实行分遗产税制和混合遗产税制的国家通常采用分赠与税制，如日本实行分遗产税制，同时实行分赠与税制；意大利在 2001 年以前实行混合遗产税制，同时实行分赠与税制。但是也有例外，如韩国实行总遗产税制，但是赠与税的纳税人却是受赠人。

遗产与赠与税，作为财产课税体系中的重要分支，对公平社会财富、调节收入分配、抑制社会浪费、促进生产投资等方面，可起积极作用：一是调节社会分配。国家通过遗产与赠与税，实行区别税负，将拥有高额遗产者的一部分财产归为社会所有，用以扶持低收入者的生活及社会福利事业。二是增加财政收入。三是限制私人资本，在贫富悬殊社会里，缓和社会矛盾。四是抑制社会浪费。遗产继承所得和受赠财产，对接受者而言是不劳而获，容易使继承人和受赠人奢侈浪费。课征遗产税和赠与税，将一部分财产转为社会拥有，对抑制浪费，形成良好社会风气有一定作用。五是允许对公益事业的捐赠从财产额外负担中扣除，鼓励大众多向社会捐赠，有利于社会公益事业发展。六是平衡纳税人的心理。由于重课由继承遗产或接受赠与而得的非劳动所获财产，减少因血统、家庭等非主观因素带来的财富占有，使人们在心理上感觉较为公平。也有国家和地区出于吸引投资、吸引资金流入或其他考虑，没有设立遗产与赠与税或者废除遗产与赠与税。

参考文献：
蒋晓惠：《台湾遗产税和赠与税简介》，载于《涉外税务》1992 年第 12 期。

（贾康　李成威）

净财富税
Net Wealth Tax

净财富税又称净值税，是国家对纳税人的净财富征收的一种财产税，允许纳税人从财产总额中扣除债务及其他外在请求权，即就扣除后的财产余额课税。这里的纳税人根据国别不同有可能是企业也有可能是自然人，而净财富则是包括了动产和不动产在内的所有财产（王国清，2006）。

财富同收入一样，指某人或某企业所控制的经济资源。财富和收入的区别在于，财富一般指任何一时点上资源的存量，而收入是指一段时间内资源的流量。如果说所得税和商品税是对收入流量征税，那么，对财产或财富课税是对收入存量征税（李海莲，2004）。

财富税是包括在财产税之内的。但狭义的财富税，即净财富税，只对纳税人的全部净资产（包括动产和不动产）课征，因此，也称为“资产净值税”，有时也称为“资本税”。财富税可对企业、个人同时征收或区别化征收。

计算净财富税时，税基包括在适当估价日期所拥有的全部财产的净公平市场价值。也就是说，净值税是按财产总额减去债务部分，仅就其扣除后的余额课征。这种税同一般财产税有两点不同：第一，它是对财富征税，而不是对财产项目本身征税；第二，它是对净财富征税，即对资产和负债的差额征税，而不是对总财富征税。

净财富税是一种新的财产税，为许多国家（如德国、瑞士、荷兰、印度及拉丁美洲等国家）所采用，将它作为一种新的财政收入来源。

在大多数国家净财富税的纳税人仅为自然人，只有德国、印度等四个国家对公司也征此税，其课税对象是纳税人在一定时期中拥有的全部财产（包括动产和不动产），计税时要进行债务和有关项目扣除。各国都设有免税额，一般都比较低，是个人同期所得的 2～3 倍，而印度的净值税主要是对巨富者征收，免税额要高得多。多数国家采用比例税率，一般为 0.5% 或 1%，少数国家采用累进税率，为 0.5%～3%。税收征管时一般采用申报纳税，多以家庭为申报单位，配偶或子女的财产合并申报。一些由中央政府征收净值税的国家，在实际征收中与所得税同时申报，甚至用同一申报表。瑞士、丹麦则由地方政府征收（国家税务总局税科所，2009）。

参考文献：
王国清：《税收经济学》，西南财经大学出版社 2006 年版。
李海莲：《税收经济学》，对外经济贸易大学出版社 2004 年版。

[英]西蒙·詹姆斯:《税收经济学》,中国财政经济出版社2005年版。
国家税务总局税科所:《外国税制概览》,中国税务出版社2009年版。
财政部课题组:《财产税制国际比较》,中国财政经济出版社1996年版。
朱青:《国际税收》,中国人民大学出版社2004年版。

(贾康 李全)

一次总付税

Lump-sum Tax

一次总付税是一种定额税,纳税人采取任何行动都不能改变他的纳税义务,除非自杀或移民,而且税额不因纳税人的能力、财富、收入或支出的不同而不同。现实生活中几乎没有完全符合一次总付税定义的税种,唯历史上的人头税与此类似。

一次总付税是现代西方经济学重要的分析工具,特别是在一般均衡理论和福利经济学中得到应用,对经济模型的构建和经济理论的阐释起到特定作用。在一般均衡理论中,实施一次总付税或补贴等同于调整要素的最初禀赋,不会改变均衡的特征,而只会改变均衡点的位置。在福利经济学中,一次总付税用于对符合帕累托最优条件的社会福利状况进行调整。所谓帕累托最优是指资源分配的一种状态,即在不使任何人情况变坏的情况下,不可能再使其他人的处境变好。但达到这种最优条件时的社会财富分配却可能是不平均的,极端的情况是一个人拥有社会的全部财富,而其余人则一无所有。只有在这种情况下,用一次总付税办法可以纠正社会财富分配极端不平等的状况而不会破坏帕累托最优条件。

总体而言,由于一次总付税无视纳税人的纳税能力,如同人头税一样,因此不符合税收"按能力纳税"的原则,缺乏公平性。

参考文献:

华民:《公共经济学教程》,复旦大学出版社1996年版。
梁小民、雎国余、刘伟、杨云龙:《经济学大辞典》,团结出版社1994年版。

(贾康 李成威)

公司所得税

Company Income Tax, Company Tax

公司所得税以公司、企业法人取得的生产经营所得和其他所得为征税对象。世界上许多国家都将公司所得列为征税对象,并将这种所得税称为公司所得税。

法国税法规定,公司所得税是针对法人按年度征收的一种税,纳税人包括三类:一是资本公司,即股份公司、股份有限公司和责任有限公司,此类公司无论从事何种经营活动,均应缴纳所得税;二是选择缴纳公司所得税的其他企业,如民事公司、合伙公司、自由职业者等;三是从事盈利活动的民间团体、协会及政府管理的具有营利性质的服务机构。与大多数实行"全球性"原则的国家不同,法国公司所得税按"本土"原则征收。凡在法国境内从事经营活动的纳税人,无论法国公司还是外国公司均以平等身份照章纳税,在法国投资的外国企业不享受任何特殊优惠待遇。为避免双重征税,法国公司在境外经营所得只在所在国纳税,而法国政府不再对其征收所得税。

在英国,公司所得税是指公司税或法人税(Corporation Tax),于1965年正式开征,结束了将公司视为非法人企业(Unincorporated Business)征收所得税和利润税(Profits Tax)的历史。

理论上,有法人实在说和法人拟制说两种不同观点。持法人实在说观点的人认为,公司法人是独立的经济实体,理应征税。持法人拟制说观点的人认为,公司组织的法人资格是虚构的,它是由自然人的股东组成的,不应当独立征税,否则会引起同个人所得税的重复课税。在实践中,世界各国已逐渐确立了单独课税制,对于重复课税问题已采取相应解决办法(解学智,2003)。

公司是依公司法规定设立的,全部资本由股东出资,并以股份形式构成的,以营利为目的的法人实体。而企业包括非法人企业(个人独资企业、合伙企业)和法人企业(公司)。我国实行的企业所得税,纳税人范围比公司所得税大。纳税人为所有实行独立经济核算的中华人民共和国境内的内外资企业,包括国有企业、集体企业、私人企业、外资企业、联营企业、股份制企业和有生产经营所得和其他所得的其他组织(是指经国家有关部门批准,依法注册、登记的,有生产经营所得和其他所得的事业单位、社会团体等组织)。独立经济核算是指同时具备在银行开设结算账户,独立建立账簿,编制财务会计报表,独立计算盈亏等条件。

我国实行的企业所得税有其制度演变过程,《中华人民共和国企业所得税暂行条例》在1994年工商税制改革后实行,把原国营企业所得税、集体企业所得税和私营企业所得税统一起来,克服了原来按企业经济性质的不同分设税种的种种弊端,贯彻"公平税负、促进竞争"原则,并为进一步统一内外资企业所得税打下了良好的基础。2008年终于将此条例与《中华人民共和国外商投资企业和外国企业所得税法》合并为新的《中华人民共和国企业所得税法》。

参考文献:

解学智:《公司所得税(国外税制概览)》,中国财政经济出版社 2003 年版。
蔡昌:《新企业所得税法解读与运用技巧》,中国财政经济出版社 2008 年版。
李波:《我国个人所得税改革与国际比较》,中国财政经济出版社 2011 年版。

(贾康 李全)

个人所得税

Individual Income Tax

个人所得税是国家对本国和外国居住在本国境内的个人的所得以及境外个人来源于本国的所得征收的一种收益税,不仅是国家财政收入的来源之一,而且也是调节收入分配、维持宏观经济稳定的手段之一。

个人所得有广义和狭义之分,个人所得税制中的个人所得概念,通常情况下是指广义的个人所得,即个人在一定期间内通过各种来源渠道或方式获得的一切经济利益,不论这种利益是常规取得还是偶然取得,是以货币、有价证券形式还是实物形式表现,都属于个人所得税课税对象。

目前,世界普遍实行的个人所得税制,大致分为分类所得税制、综合所得税制和混合所得税制三大类(韩国荣,2008)。我国目前对个人所得征税实行的是分类所得税制,将个人取得的各种所得具体划分为 11 大类,按不同的所得项目,分别采用不同的费用扣除标准、适用不同的税率和计税方法。

实行分类个人所得税税制,一般采用比例税率计征税款,其特点就是计算简便,便于源泉控管。可是,国家对个人征收所得税的另一目的是为了合理调节收入分配,促进社会公平。而最能体现这一功能特点的,就是对个人所得采用累进税率进行课税。我国现行的个人所得税制,仅对工薪收入部分实行超额累进税率,由纳税人所在公司或机构实行代扣代缴。

中国早在"中华民国"时期,就曾开征薪给报酬所得税、证券存款利息所得税。1950 年 7 月,政务院公布的《税政实施要则》中,就曾列举有对个人所得课税的税种,当时定名为"薪给报酬所得税"。1980 年 9 月 10 日第五届全国人民代表大会第三次会议通过《中华人民共和国个人所得税法》。现行的个人所得税制度于 1993 年颁布,经多次修订,最新版本是中华人民共和国第十一届全国人大常委会第二十一次会议于 2011 年 6 月 30 日表决通过的全国人大常委会关于修改个人所得税法的决定。根据决定,工薪收入的个税免征额从 2000 元提高到 3500 元,自 2011 年 9 月 1 日起施行。

参考文献:

韩国荣:《个人所得税实务》,中国财政经济出版社 2008 年版。
徐晔、袁莉莉、徐战平:《中国个人所得税制度》,复旦大学出版社 2010 年版。

(贾康 李全)

关税

Customs Duty,Tariff

关税是海关代表国家,对国家准许进出关境的货物和物品征收的一种流转税。

关税主要可分为进口关税、出口关税和过境关税。(1)进口关税是对进入关境的货物或物品所征收,是关税中最重要的一种,国际关税谈判中所指的关税就是进口关税。(2)出口关税是对本国出口的货物或物品征收。19 世纪资本主义迅速发展后,国际贸易日益成为影响一国经济发展的重要因素,许多国家为降低本国产品成本而提高国际竞争力,已不征收出口关税。我国也在逐步缩小对本国出口商品的征税范围,现在的征税对象主要包括国内紧缺的原材料、矿产和一些受保护的稀有资源等。(3)过境关税是一国对通过其关境运往他国的货物或物品所征收,是关税最早期的一种形式。19 世纪中后期以来,随着交通逐渐发达,国际贸易广泛开展,这种过境关税在许多国家被取消。1921 年 4 月 14 日巴塞罗那会议上通过的过境自由公约正式宣布了过境关税的终结。

关税的主要职能为财政职能、保护职能和调节职能。财政职能和调节职能是指关税作为税收的一种,与其他税种一样具有筹集财政收入、调节经济的作用。保护职能主要指政府可以通过提高关税(进口关税)税率的办法限制和阻止外国商品输入本国,保护本国经济利益、政治利益等。但是"二战"后,随着国际经济一体化进程加快,各国实现全球贸易自由化的意愿加强,关税税率逐渐降低,其作为贸易壁垒的保护作用逐渐减弱。之后,通过各种隐藏的行政措施如"绿色壁垒"、"技术壁垒"、"环境关税"等,设置非关税壁垒来保护经济的办法在各国盛行起来。

从各个国家关税职能的发展历史来看,关税职能的发挥与一国的生产力发展水平密切相关,处于不同经济发展阶段,关税职能发挥的侧重点不同。在经济欠发达阶段,关税职能侧重于"财政"和"保护";在经济发达阶段,关税职能侧重于"调节"。在当今开放的经济条件下,由于国际贸易日益发达,各国必须遵守与他国签订的贸易协定,且加入 WTO(世界贸易组织)后,其关税制度还要受 WTO 规则的约束,所以,关税制度的具体设计是国家意志和国际惯例共同作用的结果,关税政策是关税职能发挥的重要载体。

关税是随着商品交换和商品流通领域的扩大以及国际贸易的发展而产生和发展的,经历了使用费时代、国内关税时代和国境关税时代。最初的关税是征税人因纳税人的货物和物品使用了自己的道路、桥梁等设施而收取的使用费。早在公元前5世纪,古希腊就已经开始征收关税。当时,雅典是欧洲的贸易中心,作为使用港口的报酬,雅典对输出输入的货物征收2% ~ 5%的使用费。封建社会时期,封建主对其领地上的过往客商征收捐税,各城市也征收这种捐税。这一时期的关税为国内关税与国境关税并存,征收关税的主要目的是为了筹集财政收入。资产阶级政权建立后,为了发展资本主义生产,废除了封建割据形成的国内关税,实行统一的国境关税。1640年,英国资产阶级革命取得胜利后,开始实行国境关税。随后,法国、比利时等国家也相继实行国境关税,关税的保护和调节职能才开始逐渐体现出来。

据史料记载,我国早在西周时期为防止外敌入侵和人员外逃就设有"关",其主要任务是检查进出入境人员及其货物,但不征收关税。西周后期随着商品交换的发展,开始对通关的货物征收关税。鸦片战争后,我国关税自主权的丧失状况从清末一直延续到国民政府。新中国成立后,我国成立海关总署,由其统一领导全国海关机构和关境业务,并行使关税权。1949 ~ 1979年,我国对外交往少,贸易额小,实行高关税保护本国产业的政策。1980 ~ 1992年,我国对外经济贸易活动迅速发展,为保护和促进国民经济的发展而保证国家的关税收入,成为这一时期我国关税的主要特征。1992年关税体制改革后,我国关税税率不断降低,关税职能的定位是以调节出口贸易和国际经贸关系为主,兼顾增加中央财政收入和保护幼稚产业。

关税按照计税标准的不同,可分为从价关税、从量关税、复合关税、选择关税以及滑准关税(指对同种商品制定适应其不同市价档次的税率,高档的税率低而低档的税率高,以稳定该种商品的国内市价,尽量减少国际市场价格波动影响)。以对进口货物的转出国的差别待遇为标准,关税又可以分为加重关税和优惠关税。其中,加重关税包括反倾销税和反补贴税;优惠关税包括互惠关税、特惠关税、普惠关税、最惠国关税。

参考文献:
平新乔:《财政原理与比较财政制度》,上海三联书店1992年版。
杨圣明:《中国关税制度改革》,中国社会科学出版社1997年版。
王普光:《关税理论政策与实务》,对外经济贸易大学出版社1999年版。
刘孝诚:《关税》,中国财政经济出版社2002年版。
黄天华:《中国关税制度》,上海财经大学出版社2006年版。

(贾康　程瑜　何平)

税收资本化
Capitalization of Taxation

税收资本化也称资本还原,或称"赋税折入资本"、"赋税资本化"、"税负资本化"等,是税收转嫁的一种特殊形式,即生产要素购买者将所购买的生产要素未来应纳税款,通过从购入价中预先扣除的方法,向后转移给生产要素出售者。比如纳税人在购买不动产或有价证券时,将以后应纳的税款在买价中预先扣除,以后虽然名义上是买方在按期缴纳税款,但实际上是由卖方负担。

税收资本化的实现是有条件的,要求被课税的商品必须具有耐久性,可以经受多次课税,而且可以预计今后各年应纳税额总数,如土地、房地产等,从而有助于从课税商品的资本价值中扣除;课税商品必须具有资本价值,而且拥有年利和租金额,比如长期债券、土地等,既有应纳税款,又有年利和租金,便于税款一次性收取和转嫁分期进行;课税商品不能是生产工具,因为生产工具如机器、设备、厂房等课税后税负可以转移到产品的价格上去,随产品出售而顺转给消费者,因此没有必要折入资本内,不能达到税收转化为资本的目的和要求(侯梦蟾,1990)。

税收资本化是商品经济发展到一定阶段的必然产物。在商品经济社会任何延迟纳税或预选征税的做法,都可成为税收资本化的表现形式。国外利润收入推迟汇回国的目的是推迟纳税,以便纳税者有更多的资本投入,扩大生产规模;国内纳税者延期纳税的目的,也是利用应纳税款协助其满足资本周转需要;政府预先征税是为了增加政府手中持有的资金量和投入资本量的目的。税收和资本有此种十分密切的关系,其原因在于税收和资本均以货币形态为其主要表现,征税要收取货币,资本投入也需要货币。货币可以是将税收转化为资本的联系纽带。

参考文献:
盖地:《税务会计与纳税筹划》,南开大学出版社2003年版。
侯梦蟾:《税收经济学导论》,中国财政经济出版社1990年版。
朱青:《企业转让定价税务管理操作实务》,中国税务出版社2003年版。
许善达:《中国税收负担研究》,中国经济出版社1999年版。
[美]迈伦·斯科尔斯等:《税收与企业战略》,中国财政经济出版社2003年版。
[美]哈维·S·罗森:《财政学》,中国财政经济出版社1992年版。
平新乔:《财政原理与比较财政制度》,上海人民出版

社 1995 年版。

（贾康　李全）

资本利得税
Capital Gains Tax(CGT)

资本利得是指资本商品，如股票、债券、贵金属、房产、土地或土地使用权等，在出售或交易时发生收入大于支出而取得的收益，即资产增值。资本利得税是对投资者资本买卖所获取的价差收益（资本利得）所征的税。这仍然属于所得税的征税范畴，是公司、个人所得税应税所得纳税的组成部分。由于理解不同，在对资本利得是否征税，以及如何征税问题上形成了不同的处理方式，如视同普通所得征收资本利得税，以及对资本利得免税。

并不是所有国家都征收资本利得税。中国目前尚未开征资本利得税，但是有证券投资所得税，即对从事证券投资所获得的利息、股息、红利收入的征税。一般情况下，资本利得税并非独立存在，而是并入个人所得税体系。

目前，各国（地区）资本利得税的征收对长期投资资本利得与短期投资资本利得一般不作区分，但也有某些例外情况。德国对出售已持有 1 年以上的股票所获的收益和对出售已拥有 10 年以上的房地产所获的收益，都不征收资本利得税。中国香港地区没有资本利得税，以股票或股票期权形式获得的收入是不用缴税的，但中国香港地区的企业仍需为企业资本收益缴税。新西兰没有正式的资本利得税，但是某些资本利得被划入可征税的个人所得，因此将被征收个人所得税，比如股票交易所获收益。英国居民（以及信托的管理者）的资本利得，除了出售自己主要居所、个人储蓄账户（ISA）和持有英国国债所获的收益外，都要被征收资本利得税，但个人每年资本利得的一部分被豁免缴纳资本利得税。瑞典资本利得税率为已实现的资本利得的 30%。法国规定无论收入水平如何，资本利得税率统一，某些情况下，可以享受减免，比如出售自己的主要居所所获收益等。澳大利亚对已经实现的资本利得收益征收资本利得税，某些条款也规定对延期收益债征收资本利得税（国家税务总局税收科学研究所，2008）。美国个人和企业都要为资本利得缴税，但是，对于个人来说，长期投资的资本利得（超过 1 年的投资）税率较低，短期投资的资本利得税率较高，与一般所得税税率相同。美国允许个人利用有关税收规划策略来延迟缴纳资本利得税。与很多其他国家不同，美国公民无论居住在哪个国家，都要向美国国税局缴纳所得税。因此对美国公民来说，很难利用世界上的个人税收天堂来避税。虽然某些离岸银行账户宣称可以被用作税收天堂，但是事实上美国法律要求美国公民申报离岸银行账户的收入，否则将构成“漏税”。

参考文献：

资本利得课税研究小组：《资本利得课税理论与实践》，中国税务出版社 2003 年版。

王乔、席卫群：《比较税制》，复旦大学出版社 2004 年版。

国家税务总局税收科学研究所：《外国税制概览》，中国税务出版社 2008 年版。

财政部税收制度国际比较课题组：《美国税制》，中国财政经济出版社 2004 年版。

财政部税收制度国际比较课题组：《英国税制》，中国财政经济出版社 2004 年版。

[德]汉斯—沃纳、斯恩：《资本所得课税与资源配置》，中国财政经济出版社 1998 年版。

（贾康　李全）

边际税率
Marginal Tax Rate

边际税率是征税对象单位税基增加引起的税额增量占税基增量的比率。边际税率由税法规定，即征税对象每单位税基增加所适用的税率。以个人所得税为例，该税种的税基是个人应纳税所得额，个人所得税法规定的边际税率即为个人应纳税所得额增加时所适用的税率。当然，税法制定时不可能对每 1 元税额都规定相应的边际税率，而是按照一定数额的跨度划分等级的起点和止点的区间（即税收级距），并规定相应的边际税率。比如，税法可规定个人所得税中的劳务报酬实行 3 级超额累进税率，即对属于劳务报酬的应纳税所得额划分三个税收级距分别确定相应的边际税率。具体来讲，可规定个人劳务报酬应纳税所得额在 20000 元以下的部分，边际税率为 20%；超过 20000 元至 50000 元的部分，边际税率为 30%；超过 50000 元的部分，边际税率为 40%。这意味着，个人劳务报酬应纳税所得额只要在 20000 元以下，不论是第 1 元还是第 20000 元，适用的税率都为 20%；但是第 20001 元所适用的税率就为 30%，一直到第 50000 元适用的税率仍为 30%，第 50001 元适用的税率为 40%，以后无论再增加多少，每 1 元适用的税率都为 40%。由此可以计算，如果一个人的应纳税所得额为 60000 元，则其应纳税额为 17000 元（计算过程为：$20000 \times 20\% + (50000 - 20000) \times 30\% + (60000 - 50000) \times 40\% = 17000$）。

与边际税率相对应的一个概念是平均税率，它是全部税额与税基之比。仍以个人所得税为例，平均税率为全部应纳税额与应纳税所得额之比。两者不同之处在于，边际税率是由税法规定的，而平均税率则是经过计算得出的。上例中个人应纳税所得额为60000元,其应纳税额经计算为17000元,则其平均税率可由计算得出为28.3%(计算过程为:17000 ÷ 60000 = 28.3%)。边际税率有时不能全面真实反映纳税人的实际税负水平,而平均税率则可以。仍以个人所得税为例,如纳税人甲的劳务报酬应纳税所得额为21000元,纳税人乙的为50000元,则根据税法规定他们所适用的最高边际税率都是30%;而甲的平均税率经过计算为20.5%,乙的为26%。可见,如果比较边际税率,甲乙适用的税率是相同的,而实际上两人的真实税负是不同的。因此,比较税负高低应该运用平均税率指标。

根据征税对象税基增加时边际税率不变、上升及下降的变化情况,可将税率依次划分为比例税率、累进税率和累退税率。比例税率是指边际税率不随税基规模的变动而变动,当税基规模增大时税率保持不变。对比例税率来说,平均税率与边际税率是相同的。累进税率是指边际税率随着税基规模的增大而提高的税率。对累进税率来说,其最高边际税率必定会超过平均税率。边际税率的提高会带动平均税率的上升,边际税率上升的幅度越大,平均税率提高就越多。累退税率与累进税率相反,是指边际税率随着税基规模的增大而降低的税率。对累退税率来说,其最低边际税率必定低于平均税率。边际税率的降低会带动平均税率的下降,边际税率下降的幅度越大,平均税率降低就越多。

边际税率的高低会影响经济主体的行为选择,比如在其他条件不变的情况下,所得税的边际税率越高,纳税人工作或生产的边际收益就越少,个人就可能越会倾向于以闲暇替代工作,企业就可能保持原有规模而放弃生产扩张。因此,边际税率的高低与税收收入的增减未必按同一方向变化,故边际税率的设置如何适度是十分重要的问题。

参考文献:

[英]西蒙·詹姆斯:《税收经济学》,中国财政经济出版社1988年版。

何振一:《理论财政学》,中国财政经济出版社1988年版。

(贾康　何平)

累进税率

Progressive Tax Rate

累进税率是税率的一种类型,为累退税率的对称,是指对同一征税对象,随其数量增加而征收比例也上升的税率,一般是将征税对象按数量的大小划分若干档次,对不同档次规定由低到高不同比率的税率。

累进税率作为一种税率结构,由来已久。早在15世纪的欧洲,佛罗伦萨就采用过累进税率(甘行琼,2005)。1791年亚当·斯密在《国富论》中阐述了“公民对政府开支所做的贡献应与他们各自的能力成比例”的原则。同年,法国的《人权宣言》第13章中也提出,应根据每个公民的财力,平等分摊政府开支的负担。此后,“量能负税(Ability to Pay)”便成为税收公平的一个重要标志。而量能负税的具体实施就是采用累进税制。1889年荷兰经济学家A. J. 科恩·斯图亚特(Cohen Stuart)运用边际效用原理证明了累进税率的合理性。随着社会经济的发展,后来学者普遍认为,量能负税的原则还不足以证明一个特定的累进税收方案的合理性,也并不是累进的唯一根据,政府还从政治角度出发,为取得所需的货币收入而采用累进税率(杨晓明,1993)。

到19世纪初期,欧洲大陆开始普遍倡导累进税制。第二次世界大战以后,西方国家的累进税制变得十分复杂,边际税率之高、税率档次之多前所未有。早期的累进税率是作为与政府收入汲取机制相伴随的一种平等分配税收负担的工具出现的,到了后来更作为一种对收入进行再分配的手段而被重视。累进税率对近现代民族国家的发展做出了巨大贡献,在近现代政府职能目标的实现过程中发挥了重要作用。20世纪80年代以来随着反政府干预思潮在西方的盛行,复杂的累进税制开始向较低税率、较少档次、较宽税基的简单累进税制演变(甘行琼,2005)。

按照累进依据和累进方式的不同,累进税率又可分为全额累进税率、超额累进税率、超率累进税率和超倍累进税率等(黄衍电,1998)。

全额累进税率是指征税对象的全部数额都按照与之相应等级的税率计税,一定征税对象的数额只适用一个等级的税率。其优点是计算简便,缺点是在所得额级距的分界点附近,税负不合理,往往造成纳税人增加的税额超过增加的所得额的不合理情况。

超额累进税率是将全部课税对象按照税率表的级距分割成若干段,分段使用由低到高不同的税率,各段课税对象应纳税额的总和,就是全部课税对象的应纳税额。超额累进税率在级距交界处税负累进较为合理,但计算较为复杂。为克服计算上的复杂性,在实际工作中,通常采用速算扣除数法计税(应纳税额 = 用全额累进方法计算的税额 - 速算扣除数)。

超率累进税率是指对纳税人的全部征税对象,按其增长率规定相对量级距,划分为若干段分别适用由低到高不同的税率,各段应纳税额的总和就是全部征税对象的应纳税额。超率累进税率与超额累进税率的原理相同,不同的是前者以征税对象的增长率为累进依据,后者则以征税对象的数额为累进依据。如把前者各段的增长率换算成各段的绝对额,则超率累进税率就成为超额累进税率。

超倍累进税率是指对纳税人的全部征税对象按其数额增长中成倍的递进量值分段设计各级次适用的由低到高的征税比率。采用这种税率,先要对课税对象设计一个计税基数,作为累进依据。然后将课税对象的全部数额换算成计税基数的倍数,并从小到大设定级距分为若干级次,分别规定从低到高的税率。实际征税时,纳税人的全部课税对象数额就按相应级距划分为若干段,各段分别按相应的税率计算纳税。如果把上述基数的一定倍数换算成绝对额,则超倍累进税率就是超额累进税率。可见,超倍累进税率实际上是超额累进税率和超率累进税率的转化形式。

累进税率的特点是税率随税基的增大而逐步提高,税负呈累进趋势,使负担能力大者多负税,负担能力小者少负税,符合公平原则。由于累进税率对于调节纳税人收入有独特的作用和效果,所以在现代税收制度中,一般所得税都采用了累进税率。

参考文献:
贾康、白景明:《财政与发展》,浙江人民出版社2000年版。
高培勇:《公共部门经济学》,中国人民大学出版社2001年版。
何振一:《理论财政学》,中国财政经济出版社2005年版。
黄衍电:《中国税制》,中国财政经济出版社1998年第3版。
王诚尧:《中国社会主义税收》,黑龙江人民出版社1986年版。
马国强:《中国税收》,东北财经大学出版社2008年版。
杨晓明:《国外对累进税率与税收公平的新解》,载于《涉外税务》1993年第12期。
甘行琼:《累进税率的制度经济学分析》,载于《税务研究》2005年第1期。
董庆铮:《浅谈累进税率及其有关问题》,载于《中央财政金融学院学报》1983年第3期。

(贾康　王敏)

累退税率

Regressive Tax Rate

累退税率也称"累减税率"、"逆进税率",是指边际税率随课税对象的增加而递减的税率,与累进税率相反,征收累退税率,纳税人的收入越低,所承担的税负占其收入的比率越高。因此,它对收入再分配具有反向调节作用。

19世纪后期西方经济学说提出了边际效用价值论,孕育了再分配论和累进税率的思想。20世纪30年代,凯恩斯认为有效需求不足的一个重要原因就是社会消费倾向过低,而社会消费倾向过低又源自于所得和财富的分配不均,因此更加主张累进税率的扩张。同时,累退税率也因反向累进和进一步加剧贫富不均而被认为是"不良税率"。但是,20世纪70年代后,西方经济陷入"滞胀"困境,供给学派认为,累进税率导致生产者的可自由支配收入太少,从而不利于投资和储蓄及经济的增长;累退税率则刚好相反,能够促进生产者扩大投资增加供给。虽然当时政府并没有采用累退税率,但20世纪80年代以来美国的累进税率逐步下降了。

在世界各国税制中,对课税对象规定逐级递减的税率并不多见,但累退税率作为一种分析方法已被广泛使用,现代学者认为一些使用比例税率或定额税率的税种可能具有累退性(胡怡建,2004),如人头税的税率可以认为是累退的,因为边际税率和平均税率随课税对象的增加而下降,从税负占收入的比例看,这种税率就具有累退性;再如,对生活必需品征收的消费税一般采用比例税率,由于穷人与富人在必需品消费方面并无多大差别,故所承担的税负相近,但相对于穷人与富人的收入而言,却呈现出累退性(陈艳清,2008)。

累退税率具有有利于效用平等、鼓励提高资本效率和规模经济等优点,但它也存在着有违税收公平原则、影响社会稳定和计算比较复杂等缺陷。尽管如此,在某些特殊情况下,累退税率又有其他税率不可替代的作用。

参考文献:
贾康、阎坤:《中国财政:转轨与变革》,上海远东出版社2000年版。
杨志勇、张馨:《公共经济学》,清华大学出版社2005年版。
郝春虹:《我国现行税制结构考察——兼论现行流转税的累退性》,载于《财政研究》2006年第1期。
廖又泉、龙菊梅:《实施负所得税制的必要性和可行性》,载于《华东经济管理》2005年第1期。
陈艳清:《浅谈累退税率及其应用》,载于《经济视角》2008年第Z1期。
尹佳利:《生态税收累退效应对策》,载于《公共财政》2007年第8期。

(贾康　王敏)

公司现金流量税

Corporation Cash-flow Tax

公司现金流量税是以公司为纳税人和其在一定时

期内的现金净流量（现金流入量减去现金流出量）为计税依据课征的税收。

这里的现金流量既包括真实交易，也包括金融交易和股权交易。因此，按照现金流量的不同衡量标准，公司现金流量税可以有不同的形式，但作为一种比较现实的选择，以真实交易为标准的公司现金流量税可能更为合适。因为在封闭经济中，股权交易和金融交易的现金流量在整体上可以相互抵消，因此征税的财政意义不大；在开放经济中，如果对股权交易的现金流量征税，就会干扰资本的国际流动，对征税国来说，会产生限制外国投资和鼓励本国资本对外投资的倾向，从而引起复杂的国际经济和政治问题。正因为如此，在国际税收学术讨论中，现金流量通常是以真实交易为标准的，而金融交易和股权交易的现金流量不纳入税基。因此，应纳入税基的现金流入主要包括公司销售商品或提供劳务获取的现金收入，而公司获得的借款和利息收入、吸收的现金股本和投资获得的股息收入均不征税；可以扣除的现金流出一般包括支付给职工的工薪支出和福利支出、支付给供货商的存货投资支出和设备投资支出等，而公司偿还的贷款和支付的利息支出、抽回的现金股本和支付的股息则不被列入扣除范围（朱为群，2001）。

公司现金流量税的典型特点是免除了对投资所得的税收，有利于促进储蓄和投资，进而推动经济的持续增长；若从技术上看，现金流量税是以收付实现制而不是权责发生制来确认收入和支出的，从而避免和摆脱了后者必然产生的许多问题，简化了税制，减少了随意性；而其在实务上的优点是定义的清晰和衡量的简便，克服了包括所得税内在的某些复杂性问题。这一税种在我国研究较少，在外国也鲜有实施，但却已引起了西方发达国家经济学家和政策制定者的关注。研究现金流量税的目的是试图用它来取代现行的所得税，将课税基础从所得转向消费，从而达到刺激储蓄、投资和经济增长的政策目标（迈克尔·J·博斯金，1997）。

现金流量税最早是由美国耶鲁大学的欧文·费雪（Irving Fisher）和他的兄弟赫勃特·费雪（Herbert Fisher）在他们开拓性的专著《建设性的所得税》中首次提出的，当时是想用以解决个人支出税的实施问题，后来才发展运用于公司部门（尼古拉斯·卡尔多，1955）。较早对公司现金流量税作出论证的是美国供给学派的代表人物马丁·费尔德斯坦，他提出改革公司所得税，建立公司现金流量税，就等同于对所有收入（除了新发行股票的收入）与所有现金支出（除了支付的股息）之间的差额课税，可消除对固定资本投资的歧视，也可以解决公司超额债务问题。

参考文献：

朱为群：《国外现金流量税研究情况》，载于《税务研究》2001 年第 6 期。

［美］迈克尔·J·博斯金：《美国税制改革前沿》，经济科学出版社 1997 年版。

［英］尼古拉斯·卡尔多：《支出税》，绿林出版社 1977 年版。

（贾康　李全）

自然资源税

Natural Resource Tax

我国的自然资源税，在立法上称为“资源税”。资源税是以各种自然资源的开发主体为纳税人，为促进资源集约开发利用、调节资源开发者的级差收入并体现国有资源有偿使用原则和增加政府收入，优化资源产品比价关系等目的而征收的一种税。

威廉·配第（William Petty）在《赋税论》（1662）中提出：“土地乃财富之母，劳动乃财富之父”，成为资源经济学的思想发端。大卫·李嘉图（David Ricardo）在《政治经济学及其赋税原理》中提出了报酬递减规律，并专门论述了地租以及矿山租金。作为新古典经济学的集大成者以及剑桥学派的创始人，阿尔弗雷德·马歇尔（Alfred Marshall）最早提出了“内部经济”和“外部经济”，还指出依靠价格机制配置稀缺资源、以较高价格反映耗竭性资源的相对稀缺等资源经济领域的基础性理论，并分析了自然资源的级差收益以及准租金。

资源税可分为一般资源税和级差资源税两种类型。一般资源税是以自然资源的开发和利用为前提，而不管资源的好坏和收益的多少，其课征对象是绝对地租收入，带有资源补偿性质的税收；级差资源税是根据开发和使用自然资源的等级以及收益的多少而进行课征的税收，其课征对象是级差地租收入。世界各国大都将这两种类型的资源税结合在一起征收（安体富，2005）。

我国资源税具有以下特点：（1）对一些特定资源征税。自然资源是自然界存在的天然物质财富，如矿产资源、土地资源、森林资源、海洋资源、水资源、动物资源、植物资源、太阳能资源等。我国资源税是选择亟须用税收进行调节的一些矿产资源征税，如矿产品、盐等，但改革方向是扩大资源品种覆盖面。（2）具有收益税的特性。在我国，国家对自然资源拥有所有权，国家在凭借政治权力征税的同时，还有权利凭借对自然资源的所有权向资源的开发经营者收取占用费或租金。资源税的征收成为国家政治权利和所有权的统一，一方面体现了税收的强制性、固定性特征，另一方面则体现了国有资源占用的有偿性。（3）具有级差税的特性。不同的自然资源在客观上都存在着好坏、贫富、储存状况、开采条件、选矿条件、地理位置等很多差别，受这些客观条件的影响，不同资源的开采者和使用者在资源的丰富程度和收益的多少方面存在很大差距。对资源条件好、开采条件好、收入多的，多征税；对资源条件差、开采条件差、收入少的，少征税。(4)曾多年实行从量定额征收。即应纳税额的多少只与资源开采数量和销售数量有关系，与产品的成本和价格无关。在改革中的取向是改为从价定率征收。

资源税的功能和作用主要有：(1)调节自然资源的级差收益，排除因自然资源优劣而造成的分配上的不合理状况促进资源开发者公平竞争；(2)加强对资源的保护和管理，使资源得到合理开发和利用；(3)优化产业结构和区域经济结构；(4)与其他税种以及价格形成机制的市场化相互配合形成合力，发挥税收杠杆功能，促进降耗节能集约发展(贾康，2003)。

我国对资源课税，始于明末清初。如清康熙十四年(1675年)颁布《开采铜铅之例》，规定："采铜铅以十分内二分纳官，八分听民发卖"。纳官的二分称"矿税"，便带有资源税性质。民国时期，北洋政府继续征收矿税，分为矿区税、矿产税、矿统税三种。1927年国民政府将矿产税和矿统税合并为矿产税。1930年公布矿业法后，规定矿商盘交矿区、矿产两种税。新中国成立后，资源税一度停征。1984年10月1日，国务院决定开征资源税。鉴于当时的一些客观原因，资源税税目只有煤炭、石油和天然气三种，后来又扩大到对铁矿石征税。1987年4月和1988年11月我国相继建立了耕地占用税制度和城镇土地使用税制度。国务院于1993年12月25日重新修订颁布了《中华人民共和国资源税暂行条例》，同年财政部还发布了资源税实施细则，自1994年1月1日起执行。修订后的"条例"扩大了资源税的征收范围，由过去的煤炭、石油、天然气、铁矿石少数几种资源扩大到原油、天然气、煤炭、其他非金属矿原矿、黑色金属矿原矿、有色金属矿原矿和盐等七种。2011年10月28日，财政部发布《中华人民共和国资源税暂行条例实施细则》，从2011年11月1日起，石油、天然气将在全国范围内实行从价征收，税率定为5%，煤炭等其他资源实行从量征收。2014年12月1日起，煤炭资源税改为从价征收。但总的来看，我国资源税仍只囿于矿藏品，对大部分非矿藏品资源没有征税。未来资源税的改革方向是扩大征税范围、从价计税和提高征税标准。

参考文献：

贾康：《税制三题》，载于贾康：《转轨时代的执着探索——贾康财经文萃》，中国财政经济出版社2003年版。
许毅、陈宝森：《财政学》，中国财政经济出版社1984年版。
陈共：《财政理论与财政改革》，东北财经大学出版社1995年版。
马国强：《中国税收》，东北财经大学出版社2008年版。
贾康：《资源税改革时机已到可促相关经济关系优化调整》，载于《中国财政》2010年第10期。
高培勇：《2010年税改：将在审慎与务实中前行》，载于《中国税务》2010年第7期。
张捷：《我国资源税改革设计》，载于《税务研究》2007年第11期。

(贾康　王敏　程瑜)

环境税

Environmental Tax

环境税是指政府为实现特定的环境保护目标、筹集环境保护资金、强化纳税人环境保护行为而征收的税。也有人称之为生态税(Ecological Tax)、绿色税(Green Tax)，是20世纪末国际税收学界提出的概念。环境税有狭义与广义之分。狭义的环境税是指国家为了保护环境与资源，对企业、单位和个人，按照其开发、利用自然资源的程度或污染、破坏环境资源的程度征收的税；广义的环境税是指国家开征的所有能够保护环境和资源的税收的总称，既包括为实现环保目的而专门征收的税收，也包括其他并非以环保为主要目的，但可对环境起到一定保护作用的税收。

环境税作为国家宏观调控的一个重要手段，其理论基础源于庇古税。剑桥学派的奠基人之一马歇尔在分析"公共物品"时提出了"外部性"概念，随后英国经济学家庇古(Pigou)在其20世纪20年代的名著《福利经济学》中对其进行了扩展和完善，将外部性分为正的外部性和负的外部性，纠正负的外部性的方案是政府通过征税来矫正经济当事人的私人成本。他认为污染是一种典型的负外部性，提出对单位污染征收等于污染所造成的边际社会损失的税收，即所谓庇古税。

环境税的积极作用主要有：(1)有利于资源优化配置。通过征收环境税，使环境污染和资源破坏者承担一定量的税收负担，外部成本内部化，有利于矫正他们对环境造成污染与破坏的行为，优化资源配置。(2)有利于促使企业改进技术，减少污染量。企业对环境污染程度越严重，缴纳的环境税就越多，成本随之增加，为了要获取最大利润，企业必须采用更先进的环境保护技术，减少环境污染。(3)环境税有利于环境资源的永续利用。通过征收环境税，既可调节环境和资源的利用，又能及时、稳定、足额筹集补偿资金，对环境综合治理和资源永续利用提供保障(邓筱燕、黄孝林，2000；白贵、周婷婷，2009)。

20世纪，随着工业化的推进，许多国家发生了一系列重大环境污染事件，人类面临着日益严重的、累积性环境污染问题，生存和发展都受到严重威胁。加强环境保护,以税收强制手段控制全球环境退化问题,已成为世界经济可持续发展研究的核心问题。1972 年,联合国环境规划署召开了人类环境会议,强调发展与环境问题,并通过了《人类环境宣言》。1987 年,世界环境与发展委员会发表了《我们共同的未来》报告,使关注环境保护问题的可持续发展准则得以公认。随着全球宏观税负的提高,税收宏观调控的区域一体化发展,国际贸易中关税壁垒和绿色壁垒的宏观税收调控作用的凸显,世界各国已逐步开始探讨有关生态环境保护的"绿色环境税收"问题,促使经济学家庇古的"调节环境污染行为的绿色环境税收"理论得以付诸实践,于是顺应世界潮流的绿色环境税收应运而生。

国外环境税大体经历了三个阶段:(1)20 世纪 70 年代到 80 年代初。这个时期的环境税主要体现为补偿环境成本的收费,其产生主要是基于"污染者负担"原则,要求排污者承担监控排污行为的成本,主要包括用户费、特定用途收费等,尚不属于典型的环境税,只能说是环境税的雏形。(2)20 世纪 80 年代至 90 年代中期。这个时期的环境税种类日益增多,如排污税、产品税、能源税、二氧化碳税和二氧化硫税等纷纷出现。在功能上综合考虑了政策引导和财政功能。(3)20 世纪 90 年代中期至今。这个时期是环境税迅速发展的时期,为了实施可持续发展战略,各国纷纷推行有利于环保的财税政策以及碳税等新税种,许多国家还进行了综合的环境税制改革。总体来说,世界各国开征环境税愈加普遍,环境税费一体化进程也在不断加快,但由于各国国情、社会经济发展水平、面临的环境问题等有所不同,环境保护政策以及反映环境管理思路的具体税费结构存在很大差别,开征的具体税种、征管方法等也有很大不同。

我国自 1989 年颁布《环境保护法》以来,逐步发展了利用经济手段调控资源环境保护的环境费税制度。具体分为两类,一是环保方面的收费制度,如排污费、污染处理费、生态环境补偿费、水资源费等;二是涉及环保方面的税收制度,如对香烟、石油产品、交通设备、鞭炮焰火征收的消费税等。我国现行的环境收费制度存在诸多缺陷:因浪费和污染最严重的小企业量多面广难管理而收不到费,造成企业间不平等竞争;因资源补偿费远远低于资源本身价值,无法通过对供求关系的有效影响反映其稀缺性等。2011 年 10 月国务院发布了《关于加强环境保护重点工作的意见》指出,"积极推进环境税费改革,研究开征环境保护税"。2011 年 12 月财政部提出将适时开征环境税。2013 年十八届三中全会后,财税配套改革方案中,环境税改革是任务之一。

参考文献:

贾康、王桂娟:《改进完善我国环境税制的探讨》,载于《税务研究》2000 年第 9 期。

邓筱燕、黄孝林:《关于环境税的探析》,载于《上海会计》2000 年第 3 期。

雷明:《开征环境税的意义》,载于《时事报告》2007 年第 7 期。

吴俊培、李淼焱:《国际视角下中国环境税研究》,载于《涉外税务》2011 年第 8 期。

刘源、邹正峰:《国内外关于环境税问题研究的文献述评》,载于《财经政法资讯》2011 年第 2 期。

葛蔡忠、王金南等:《环境税收与公共财政》,中国环境科学出版社 2006 年版。

高萍:《中国环境税制研究》,中国税务出版社 2010 年版。

(贾康　王敏)

中国的社会保险缴费
Social Insurance Contribution in China

社会保险是指依照国家法规,多渠道筹集资金,对劳动者在年老、失业、患病、工伤、生育而减少劳动收入时给予经济补偿,使他们能够享有基本生活条件的社会保障。社会保险费是指按当期职工工资总额的一定比例向社会保险机构缴纳的用于社会保险的款项。国际上很多国家将筹集社会保障(险)采用的税收形式,称为社会保障(险)税或工薪税。中国的社会保险缴费,则属于非税形式,由基本养老保险、基本医疗保险、工伤保险、失业保险、生育保险五个险种组成。

目前中国的社会保险仍然是一个带有"碎片式"特点的制度。基本养老和基本医疗保险,最开始是服务于企业改革而建立起来,覆盖的范围仅是城镇企业职工,随着经济社会发展,逐步覆盖全民,但按照人群区分城镇职工(城镇各类企业、事业单位职工、个体工商户和灵活就业人员)、城镇居民和农村居民三大群体。后两类人群的保险费多采用分档交费的模式,并不与工资水平挂钩,而城镇职工社会保险的缴费,则是采用比例费率的模式,与国外的工薪税有些类似。中国改革开放过程中社会保险缴费制度的初始规定是:

企业职工基本养老保险的缴纳比例是,职工所在企业缴纳 20%,职工个人承担 8%。按职工缴费工资的 11% 建立基本养老保险个人账户,职工个人缴费全部记入个人账户,其余部分从企业缴费中划入。职工退休后,个人账户养老金月标准为本人账户储存额除以 120。城镇个体工商户和灵活就业人员参加基本养老保险的缴费基数为当地上年度在岗职工平均工资,缴费比例为 20%,其中 8% 记入个人账户,退休后按企业职工基本养老金计发办法计发基本养老金。按照国家对基本养老保险制度的总体思路,未来基本养老保险的目标替代率确定为 58.5%。基本养老保险基金要纳入财政专户,实行收支两条线管理,严禁挤占挪用。

随着人口老龄化、就业方式多样化和城镇化的发展,现行企业职工基本养老保险制度还存在个人账户没有做实、计发办法不尽合理、覆盖范围不够广泛等问题。为与做实个人账户相衔接,从2006年1月1日起,个人账户的规模统一由本人缴费工资的11%调整为8%,全部由个人缴费形成,单位缴费不再划入个人账户。同时,进一步完善鼓励职工参保缴费的激励约束机制,相应调整基本养老金计发办法。个人账户养老金月标准为个人账户储存额除以计发月数,计发月数根据职工退休时城镇人口平均预期寿命、本人退休年龄、利息等因素确定,由初始的120个月调整为139个月。

城镇居民养老保险和新型农村基本养老保险,缴费采取国家和个人共同负担的原则,个人缴费部分分为若干档,由参保人根据经济情况选择缴费的不同档次,国家财政给予适当补助。随着经济发展水平的提高,缴费和补助水平也不断提高。

基本医疗保险费的征缴范围:各企业职工,国家机关及其工作人员,事业单位及其职工,民办非企业单位及其职工,社会团体及其专职人员。按照不同的群体,设有不同的缴费比例,缴费比例为单位6%,个人2%;基本医疗保险基金由统筹基金和个人账户构成,个人缴费全部计入职工个人账户,单位缴费部分用于建立统筹基金,部分划入个人账户(一般为单位缴费的30%左右)。城镇居民医疗保险和新型农村合作医疗缴费则由国家和个人共同负担。

失业保险费的征缴范围:各类企业和事业单位及其职工。缴费比例为单位2%,个人1%。

上述三项社会保险缴费,加上工伤、生育保险缴费,中国的社会保险缴费达到工资的40%左右。

社会保险费实行集中、统一征收,具体征收机构由省、自治区、直辖市人民政府规定,可以由税务机关征收,也可以由劳动保障行政部门按照国务院规定设立的社会保险经办机构征收。

缴费单位必须向当地社会保险经办机构办理社会保险登记,参加社会保险。社会保险基金按照不同险种的统筹范围,分别建立基本养老保险、基本医疗保险、失业保险等基金,分别单独核算。社会保险基金不计征税费。

社会保险缴费所形成的基金,原来由各地分散管理,游离于预算之外。随着预算管理的加强,2012年后各级政府建立社会保险基金预算,纳入预算管理体系,进一步提高了社会保险缴费所形成基金的管理水平。

社会保险缴费的费改税和提高统筹层级问题一直成为人们讨论的焦点,有待在全面深化改革中形成基本共识与可行方案。

参考文献:

英国文书局:《贝弗里奇报告——社会保险和相关服务》,中国劳动和社会保障出版社2004年版。

世界银行报告:《防止老龄危机:保护老年人及促进经济增长的政策》,中国财政经济出版社1995年版。

葛寿昌:《社会保障经济学》,上海财经大学出版社1999年版。

吴敬琏:《当代中国经济改革》,上海远东出版社2004年版。

（贾康　赵福昌）

税收收入预测

Tax Revenues Forecasting

税收收入预测是指基于税收收入的主要影响因素和实证数据,运用数量模型和逻辑思维方法等手段进行分析推理,判断未来的税收收入情况。

税收收入预测对于制定税收计划,增强税收预见性,合理安排税收任务,正确处理税收与经济发展的相互关系具有重要现实意义。税收收入是衡量国家财力和政府在社会经济生活中职能范围的重要指标,税收收入预测和相应的税收计划也是世界各国政府普遍关心的问题。在市场经济条件下,国家预算既要考虑政府运转、宏观调控、基本建设支出的需要"量出制入",又要以税收收入和非税收入为根据,"量入为出"。随着我国市场经济发展,国民经济的走向与变化已不再完全为计划所控制,无论是经济发展速度还是经济结构的调整都要受到市场变化的重大影响,这也要求我国的税收管理体系必须以基于市场机制的税收收入预测为重要信息,在依法经营的前提下力求掌握组织税收收入必要的主动性。

税收收入预测的内容首先是分税种预测,其后可合并为税收总量预测。根据不同税收类别和各个税种自身的特点,税收收入预测考虑的主要影响因素包括经济因素、政策因素、征管因素等。其中,经济因素主要为经济增长、投资、消费和进出口贸易等方面,政策因素主要为经济体制改革、税制改革和税收优惠政策调整等方面,征管因素主要为税收征管力度、征管模式和征管制度改革等方面。

税收收入预测方法和模型十分丰富,较为典型的有IMF(国际货币基金组织)的税收努力指数分析法、美国政府间关系咨询委员会的代表性收入法等方法,以及回归模型、灰色模型、时间序列模型、CGE(可计算一般均衡)模型、投入产出法、神经网络模型、马尔可夫模型、组合模型等。我国政府对税收收入预测给予了很大关注,全国人大常委会预算工作委员会建立了全国税收收入预测模型和海关关税预测模型,国家税务总局等管理部门也组织有关单位对税收CGE模型进行了深入研究。

参考文献：
张晓峒：《计量经济分析》，经济科学出版社 2000 年版。
曾国祥：《税收学》，中国税务出版社 2000 年版。
国家税务总局：《中国税制》，中国税务出版社 2010 年版。
江之源：《经济预测方法与模型》，西南财经大学出版社 1999 年版。
何晓群、刘文卿：《应用回归分析》，中国人民大学出版社 2001 年版。
李子奈：《计量经济学》，高等教育出版社 2000 年版。
刘新利：《税收分析》，中国税务出版社 2000 年版。
何晓群：《现代统计分析方法与应用》，中国人民大学出版社 1999 年版。

（贾康　梁强）

中国 1994 年税制改革

Tax Reform of 1994 in China

中国 1994 年为匹配业已确立的社会主义市场经济体制目标模式，实施了与财政体制构建分税制相结合的全面税制改革。1992 年 10 月，党的十四大首次提出我国经济体制改革的目标是建立社会主义市场经济体制。此后一年多，积极酝酿、准备财税、金融等宏观经济体制改革，其中税制改革是重要组成部分。改革前，中国的税制虽已有“两步利改税”等重要进步，但仍存在税种重复设置、纳税人负担不合理、税收调节作用差等问题，更为严重的是，对许多企业实行的“包税制”，使税制名存实亡，已无法适应市场经济发展的需要。1993 年 8 月国务院常务会议通过了税制改革实施方案，经过准备于 1994 年 1 月 1 日起全面推行。

1994 年税制改革的指导思想是：统一税法、公平税负、简化税制、合理分权、理顺分配关系、保障财政收入，建立符合社会主义市场经济要求的税制体系。税制改革内容主要有以下几个方面：

第一，改革流转税制。原流转税体系是在 1984 年全面工商税制改革时建立起来的。主要税种有：产品税、增值税、营业税、对外商投资企业征收的工商统一税等。1994 年改革中，参照国际上流转税制改革的一般做法，根据公平、中性、透明、普遍的原则，保持流转税原有的总体负担水平，建立了以规范化的增值税为核心，消费税、营业税相互协调配套的新流转税体系。

改革增值税。改革后的增值税与原增值税相比，主要区别包括：一是扩大了征税范围。在货物的生产、批发、零售和进口环节以及加工、修理配环节普遍征收增值税。对原增值税的征收范围，从工业环节部分工业品的销售，延伸到全部工业品，以及商业批发和商业零售环节。二是简化了税率。新老增值税均采用比例税率。原增值税有 11 档税率，新增值税只设三档税率，即 17%（基本税率）、13%（低税率）以及小规模纳税人的 6% 的征收率。三是由价内税改为价外税。原增值税是商品价格的组成部分，增值税的税金包含在价格之中。改革后，除销售环节外，新增值税不构成商品价格，按不含税金的销售额计算销项税金，由购货方支付。四是规范了计税方法。新增值税使用全国统一的专用发票，企业按发票上注明的税款进行扣除，简便易行。五是划分了小规模纳税人，简便计算征收。新增值税规定，生产经营规模小，会计核算制度不健全的纳税人为小规模纳税人，不能自己使用增值税专用发票，不进行税款抵扣，只按规定的征收率计算缴纳增值税。

开征消费税。消费税是对中国境内从事生产和进口应税消费品的单位和个人，就其销售收入或产品销售数量征收的一种税。征税的产品主要包括：烟、酒、化妆品、护肤护发品、贵重首饰及珠宝石、鞭炮及焰火、汽油、柴油、汽车轮胎、摩托车、小汽车 11 类产品。开征此税的目的，是调节消费结构，引导消费方向，并增加财政收入。

改革营业税。改革后的营业税与原营业税相比，主要区别包括：一是缩小了征税范围。改革后的营业税由原 14 个税目减为 9 个税目，原来的一些项目改征增值税。对提供劳务、转让无形资产和销售不动产征收营业税。二是简化了税率。根据基本保持原税负和中性、简便的原则，改革后的营业税，大部分行业税率为 5%，一小部分行业税率为 3%。

第二，改革所得税制度，包括企业所得税和个人所得税改革。

改革企业所得税。理顺并完善国家与企业的利润分配关系，为各种不同经济性质的企业创造平等竞争环境。改革的主要内容是取消按企业所有制形式设置所得税的做法，将国营企业所得税、集体企业所得税、私营企业所得税统一合并为企业所得税，实行统一的企业所得税制和 33% 的比例税率，对部分微利企业增设 27% 和 18% 两档优惠税率；同时，用税法规范税前列支项目和标准，建立新的规范化的企业还贷制度。

改革个人所得税。宗旨是对较高收入者征税，对中低收入者不征或少征，体现不使纳税人税负增加过多和总体税负有所降低的原则。改革的主要内容是将原个人所得税、个人收入调节税和城乡个体工商业户所得税合并，建立统一的个人所得税制。工资、薪金所得的月扣除额定为 800 元，对外籍人员另规定附加减除标准。其中，工资、薪金所得实行 5% ~45% 的九级超额累进税率；个体工商户的生产、经营所得实行 5% ~

35%的五级超额累进税率。

第三，改革其他税种。主要内容有：开征土地增值税、证券交易税、遗产和赠与税；改革城市维护建设税；调整撤并其他一些零星税种，包括取消集市交易税、牲畜交易税、资金税和工商调节税，将盐税并入资源税，将特别消费税和烧油特别税并入消费税；取消对外商投资企业，外国企业以及外籍人员征收的城市房地产税和车船使用牌照税，实行统一的房产税和车船使用税；调高土地使用税税额；下放屠宰税和筵席税；原有税种不作废的有外商投资企业和外国企业所得税、印花税、固定资产投资方向调节税。

1994年的税制改革确立了社会主义市场经济税收制度的基本框架，形成了以流转税和所得税为主辅之以若干税种的较规范较完整的复合税制体系，是新中国成立以来规模最大、范围最广、内容最深刻的一次税制改革。经此改革，税种由原来的43个减少至28个，税制得到简化，结构趋于合理，税负趋于公平。在1994年改革基础上，逐步扭转了税收占国内生产总值比重逐年下降的局面，进一步增强了中央财政调控能力，为分税制创造了重要的配套条件。

参考文献：
谢旭人：《中国财政改革三十年》，中国财政经济出版社2008年版。
谢旭人：《中国财政60年》，经济科学出版社2009年版。
刘佐：《中国税制改革三十年》，中国财政经济出版社2008年版。
贾康：《中国财税改革30年：简要回顾与评述》，载于《财政研究》2008年第10期。
丛明：《我国税制改革的成效、问题及展望》，载于《经济研究参考》2003年第87期。

（贾康　程瑜　李婕）

费改税
Fee to Tax Reform

费改税也称税费改革，是指在对政府收费进行清理整顿的基础上，用税收取代一些具有税收特征的收费，进一步深化财税体制改革，建立起以税收为主，少量必要的政府收费为辅的政府收入体系。

改革开放以后，尤其是20世纪90年代后，我国收费项目和数额逐渐增加，预算外、"制度外"收费在若干年间不断膨胀。据有关部门统计，截至1997年年底，全国性的中央部门和行政事业性收费项目有344个，各类部门基金有421项，其中，经国务院或财政部批准的基金有46项，其余基金均为地方和有关部门自行设立。过多的收费直接加重了社会经济负担，严重影响企业的经营和投资。各行其是、不断膨胀的"乱收费"分散了政府财力，削弱了政府宏观调控能力，恶化了投资环境，造成整个社会资金运用的效率损失，严重危害了企业正常生产经营、农民群众正常生活、社会安定以及政府系统规范运作，对国民经济运行和改革的深化造成极大的负面影响，必须加以清理整顿。

我国"费改税"总的指导思想是分类进行，"分流归位"，即取消收费项目一部分，由费改税一部分，收费项目保留一部分，降低收费标准一部分，收费改为价格一部分。基本思路是：按照建立社会主义公共财政框架的要求，结合政府职能的转变，取消政府实施公共管理和提供普遍性服务收取的管理费，所需经费通过税收筹集，由财政预算统筹安排；将体现市场经营服务行为、由服务者向被服务者收取的费用转为经营性收费，所得收入依法征税；将政府为筹集资金支持某些重点产业和重点事业发展设立的政府性基金或专项收费，用相应的税收取代，通过税收形式筹集资金；保留政府向社会实施特定管理或提供特殊服务收取必要的规费，按照有偿使用原则，保留开发利用国有资源而向使用者收取的费用，并对资金实行规范化管理。

为建立规范的农村税费制度、探索从根本上减轻农民负担的有效办法，2000年3月2日，中共中央、国务院印发了《关于进行农村税费改革试点工作的通知》，由此拉开税费改革序幕。农村税费改革首先在安徽以省为单位进行试点，并逐步扩大试点范围。其主要内容可以概括为："三取消、两调整、一改革"。"三取消"，是指取消乡统筹和农村教育集资等专门向农民征收的行政事业性收费和政府性基金、集资；取消屠宰税；取消统一规定的劳动积累工和义务工。"两调整"，是指调整现行农业税政策和调整农业特产税政策。"一改革"，是指改革"村提留"的征收使用办法。农村税费改革是规范农村分配制度，遏制面向农民的乱收费、乱集资、乱罚款和乱摊派，从根本上解决农民负担问题的一项重大措施，对于农民减负增收、促进农村发展、维护农村社会稳定具有重大意义。

除农村税费改革外，我国税费改革还有开征车辆购置税取代车辆购置附加费和实施成品油税费改革等。收费乃至乱收费产生的原因不仅仅是管理问题，更重要的是财税体制和深层次的制度问题，包括中央和地方财政管理体制、分税制的完善、税收制度、税收征管体制、地方税收管理权限、地方公债制度与地方国有资产管理制度以及政府职能转变等。这些问题需要综合考虑，纳入全面改革。

因此，按照社会公共需要与现代化发展战略重新界定政府职能，从而合理界定政府支出规模，在权衡"量出制入"和"量入为出"、规范政府收支行为的前提下，使税制改革和收费管理制度改革、公债与资产管理制度改革等多管齐下，实现财政体制、收入分配机制、民主和法制建设等的配合，应是今后税费改革的基础框架。

参考文献：
高培勇：《"费改税"经济学界如是说》，经济科学出版社 1999 年版。
贾康：《税费改革研究文集》，经济科学出版社 2000 年版。
高培勇：《中国税费改革问题研究》，经济科学出版社 2004 年版。
贾康、白景明、马晓玲：《"费改税"与政府收入规范化思路研究》，载于《管理世界（双月刊）》1999 年第 4 期。

（贾康　李婕）

增值税转型改革
Transformation of VAT Reform

我国的增值税转型改革是指将生产型增值税转为消费型增值税。增值税是对生产、销售商品或者提供劳务过程中实现的增值额征收的税种。根据对外购固定资产所含税金扣除方式的不同，增值税分为生产型、收入型和消费型三种类型。生产型对固定资产的增值税不予抵扣；消费型允许对固定资产的增值税进行一次性抵扣；收入型则是对固定资产当期实现的增值额（相当于折旧部分）征税。目前，世界上大多数国家都采用消费型增值税。

1994 年正式全面推行增值税时，正值宏观经济寻求"软着陆"，出于对投资过热、通货膨胀、财政资金紧张等综合因素的考虑，规定对购置固定资产所含进项税额不得抵扣。在当时，这既有利于遏止非理性投资、防止通货膨胀加剧，又能增加税收收入。其后随着我国经济发展，生产型增值税的重复征税、抑制投资、阻碍技术更新等弊端逐步显露出来，国家对增值税转型试点的研究随即展开。从 2004 年 7 月起，在东北地区"三省一市"（黑龙江省、吉林省、辽宁省和大连市）的装备制造业、石油化工业、冶金业、船舶制造业、汽车制造业、农产品加工业等 8 个行业开始实施扩大增值税抵扣范围，即"生产型"转为"消费型"的试点改革；2007 年 7 月起，又将增值税转型改革试点范围扩大到中部 6 省 26 个城市，2008 年继续扩大改革试点范围到内蒙古东部 5 盟市和汶川地震受灾严重地区（除国家限制发展的特定行业外的所有行业）。一系列试点为增值税的全面改革积累了经验。为抵御 2008 年国际金融危机后国际经济环境对我国的不利影响，2008 年 11 月 5 日，国务院第 34 次常务会议决定自 2009 年 1 月 1 日起在全国范围内实施增值税转型改革。

这次增值税转型改革的主要内容包括：允许企业抵扣新购入设备所含的增值税；取消进口设备免征增值税和外商投资企业采购国产设备增值税退税政策；将小规模纳税人的增值税征收率统一调低至 3%；将矿产品增值税税率恢复到 17%。与前期试点改革相比，此次全国增值税转型改革方案在三个方面作了调整：一是企业新购进设备所含进项税额不再采用退税办法，而是采取规范的抵扣办法，企业购进设备和原材料一样，按正常办法直接抵扣其进项税额；二是转型改革在全国所有地区推开，取消了地区和行业限制；三是为保证增值税转型改革对扩大内需的积极效用，转型改革后企业抵扣设备进项税额时不再受其是否有应交增值税增量的限制。

增值税转型改革允许企业抵扣其购进设备所含的增值税，也成为积极财政政策的重要组成部分，有利于消除生产型增值税制存在的重复征税因素，降低企业设备投资的税收负担，鼓励投资和扩大内需，促进企业技术进步、产业结构调整和经济增长方式转变，对于提高我国企业竞争力和抗风险能力，克服国际金融危机的不利影响，起到了积极作用。

但是，增值税转型改革全面推开后仍面临着一系列问题，需要进一步研究解决：

第一，财政收入先降后升，短期内造成财政压力。增值税在我国税收收入中占据着较大比重，转型后由于外购固定资产所含增值税款允许抵扣，使得消费型增值税的税基小于生产型增值税的税基，在保持原有税率不变的情况下，势必会在转型初期引起增值税减收。

第二，固定资产税款抵扣存在诸多问题。首先，存量固定资产的税款不能抵扣。这次增值税转型改革，只允许抵扣新增机器设备（固定资产）所含税款，对存量固定资产的税款则不准扣除。这将在一定程度上造成企业之间的不平等。经营好的企业在同等条件下宁愿购买新的固定资产而不愿实施兼并，从而不利于企业资产重组，诱发盲目投资和重复建设。其次，房屋建筑物税款不能抵扣。由于建造房屋建筑物所购各项材料需缴纳的增值税额不允许抵扣，无形地中断了增值税征收链条，造成重复征收问题。

第三，税制结构不合理，限制了增值税优越性的发挥。消费型增值税课税对象主要是商品，而劳务则属营业税征收范围，这就使增值税转型在第三产业领域的影响极为有限。增值税与营业税适用范围不同，抵扣衔接不顺畅，不能最大限度地发挥消费型增值税的优势。

第四，中央、地方税收利益分配矛盾更加凸显。在我国目前分税制体制中，增值税由中央与地方按照 75∶25 的比例分成，营业税则基本归地方，在地方税收收入中占较大比例。随着增值税转型改革，增值税征税范围扩大，将使变化中的地方收入承受更大压力。

参考文献：
许善达：《国家税收》，中国税务出版社 2007 年版。
国家税务总局货物和劳务税司：《增值税转型：税制改革与经济发展共赢》，载于《中国税务》2009 年第 1 期。
刘剑文：《机遇与挑战：全球经济危机下的中国增值税转型改革》，载于《中国税务》2009 年第 1 期。
马国强：《增值税转型的预期效应》，载于《中国税务》2009 年第 1 期。
高培勇：《增值税转型改革：分析与前瞻》，载于《税务研究》2009 年第 8 期。
杨志安：《完善增值税转型改革的对策》，载于《税务研究》2010 年第 11 期。

（贾康　李婕）

增值税扩围改革

Expansion of VAT Reform

增值税扩围改革是指将增值税征税范围扩大至全部的商品和服务，以增值税取代营业税，简称“营改增”。

1994 年分税制改革以来，增值税和营业税是我国流转税领域的两大主要税种，其中增值税的征税范围包括在我国境内销售、进口货物以及提供加工、修理修配劳务，而营业税的征税范围主要覆盖了第三产业的大部分劳务行为以及无形资产转让和不动产销售。这一制度安排适应当时的经济体制和税收征管能力，为促进经济发展和财政收入增长发挥了重要作用。但随着市场经济的发展和完善，这种按行业分别适用不同税制的做法，日益显现出其内在的不合理性和缺陷，对经济运行造成了一系列扭曲，不利于经济结构转型。从完善税制的角度来看，增值税和营业税并行破坏了增值税的抵扣链条，使增值税的中性效应大打折扣。从产业发展和经济结构调整的角度来看，将大部分第三产业排除在增值税的征税范围之外，对服务业的发展造成了不利影响。从税收征管的角度看，两套税制并行造成了税收征管实践难题，特别是随着多样化经营和新经济形式的不断出现，税收征管面临新的挑战。

为进一步解决货物和劳务税制中的重复征税问题，完善税收制度，支持现代服务业发展，国务院决定，从 2012 年 1 月 1 日起，在上海交通运输业和部分现代服务业中开展营业税改征增值税试点，由此拉开了增值税扩围改革的序幕。此后，北京、深圳、江苏、天津、重庆等地相继提出了增值税扩围改革试点方案。随着试点范围的扩大，营业税改征增值税改革在“十二五”期间将逐步推向全国。

推行增值税扩围改革，是继 2009 年全面实施增值税转型之后，货物劳务税收制度的又一次重大改革，也是一项重要的结构性减税措施。它有利于完善税制，消除重复征税；有利于促进社会专业化分工和三次产业融合；有利于降低企业税收成本，增强企业发展能力；有利于优化投资、消费和出口结构。

虽然“营改增”意义深远，但是将服务业纳入增值税征收范围，对产品和服务实行统一的货物和劳务税制，也有许多棘手的问题需要解决，既有税收征管方面的技术性难题，也有财政管理方面的体制性障碍。主要包括：

一是扩围顺序如何选择。我国营业税征税范围包括建筑业、交通运输业、金融保险业、邮电通信业、文化体育业、服务业、转让无形资产、销售不动产、娱乐业共 9 个行业，这 9 个行业的特点各异，差异较大。在增值税的扩围上，首先要考虑这些行业是一次性全部纳入增值税征收范围，还是采取渐进方式分批纳入增值税征收范围？如果采取一次性全部纳入增值税征收范围，其优点是改革比较彻底，可以根本解决营业税与增值税两税并存对企业生产经营行为的扭曲，但是将对税收征管提出很高的要求。如果采取渐进方式分批纳入增值税征收范围，则可以将改革的负面影响控制在可承受范围内，但是改革不彻底，可能造成改革过渡时间太长，并且哪些行业先纳入增值税征收范围，哪些行业后纳入，分几步纳入，其依据是什么，要不要设定时间表，这些都必须周密考虑。

二是增值税税率如何设定。增值税取代营业税后，如何调整税率将成为一个共同关注的问题。在现行税收制度中，营业税按行业设置了三种税率，即交通运输业、建筑业、邮电通信业、文化体育业税率为 3%，金融保险业、服务业、转让无形资产和销售不动产税率为 5%，娱乐业税率为 20%。如果这些项目全面纳入增值税征收范围后，是统一按现行的标准税率（17%）征税，还是另设一档税率？如果另设，税率水平多高合适？现行适用不同营业税税率的项目，是否适用同一档税率，还是应有所区别？

三是财政管理体制如何调整。根据我国目前的分税制体制，营业税（除了银行业、铁道部、保险公司外）属于地方税，由地方税务局征收；增值税属于中央、地方共享税，分成比例为 75∶25，由国家税务局征收。由于目前地方财政对营业税的依赖度较高，增值税扩围，将导致地方财政收入大幅度降低，势必对现行财政管理体制造成冲击。如果调整财政管理体制，是通过改变增值税的分成比例调整，还是通过其他方式调整？

虽然这一改革难度不小，但是，鉴于其对我国服务业发展和产业结构优化调整具有重要意义，同时，对货物和劳务实行统一的税制也是国际上通行的做法，因此，在坚定改革决心前提下形成了增值税扩围改革的思路：

关于增值税扩围顺序的选择。采取渐进方式分批进行更加符合我国改革的“路径依赖”。交通运输业与企业的生产经营活动关系密切，其他与生产密切相关的服务业(如物流业、融资租赁业)也应先行改革。考虑到我国税收征管情况以及财政承受能力,短期内把金融业、销售不动产纳入征收范围有难度,可以等条件更成熟后再行扩围。

关于增值税税率的设定。改革后增值税税率的确定必须兼顾产业发展、企业负担、政府收入、税制特点等各方面要求,不宜再提高增值税税率,档次也不宜设置过多,以免影响增值税中性特点的发挥。可以保持17%的基本税率不变,对于目前征收增值税的行业来说,由于其购进服务所承担的增值税可以抵扣,其实际税收负担情况也将下降。对于确因改革造成税收负担变化过大的行业,可以给予其一定的过渡期,最终通过价格的调整消化税收负担的变化。对于娱乐业,由于原适用的营业税税率较高,改革使其税收负担明显降低,可以通过消费税辅助进行调节。对于公共服务业,如教育、卫生、公共交通等,应给予免税或优惠税率。

关于财政管理体制的调整。在增值税扩围后,为弥补地方财政收入缺口,一个最简单的处理是相应提高增值税的地方分享比例。然而,这一简单的调整显然会进一步加剧现行增值税收入分享体制的弊病。有鉴于此,应该借增值税扩围这一契机,重新构建我国增值税的收入分享体制。为更好地发挥增值税的经济效率,促进各类经济要素在全国范围内的无碍流通和全国统一大市场的完善,增值税的税权应归属中央政府,由中央政府统一立法、在全国范围内统一征收管理,在分配上仍可实行中央和地方分成,但依据不再仅是各地征收的增值税数额,而是各地的人口数量、消费能力、基本公共服务需要,以及地方政府的财政收入能力等诸多因素。此外,有必要加快房产税改革和资源税改革,增加地方政府收入,使它们成为地方政府的主体税种,构建完善稳定的地方税体系。

参考文献:

许善达:《国家税收》,中国税务出版社2007年版。

汪德华、杨之刚:《增值税"扩围"——覆盖服务业的困难与建议》,载于《税务研究》2009年第12期。

龚辉文:《关于增值税、营业税合并问题的思考》,载于《税务研究》2010年第5期。

贾康、施文泼:《关于扩大增值税征收范围的思考》,载于《中国财政》2010年第19期。

魏陆:《扩大增值税征收范围改革研究》,载于《经济问题探索》2011年第7期。

(贾康　程瑜　李婕)

税收征管与遵从

Tax Administration and Compliance

税收征管与税收遵从是税制运行的两大要素。由于征纳双方目标的天然差异性,再加上双方信息不对称等因素的长期客观存在,纳税遵从与税收征管两者间的博弈是一个永恒的话题。

税收征管是指国家税务征收机关依据税法、征管法等有关法律法规规定,对税款征收过程进行的组织、管理、检查等一系列工作的总称。广义的税收征管包括各税种的征收管理,主要是管理服务、征收监控、税务稽查、税收法制和税务执行五个方面,具体涉及税收行政执法,包括纳税人税务登记管理、申报纳税管理、减免缓税管理、稽查管理、行政处罚、行政复议等管理;以及税收内部管理,即以宏观经济管理需要出发而运用税收计划、税收会计、税务统计、税收票证等进行的内部管理活动。

税收征管是将潜在的税源变为现实的税收收入的实现手段,也是贯彻国家产业政策,指导、监督纳税人正确履行纳税义务,发挥税收作用的基础性工作。

税收遵从是从国外翻译过来的术语,简单说就是纳税人遵守税法之意。税收遵从的研究起源于美国,从新古典经济学理性经济人假定和经典博弈论到多因素分析,使研究接近现实情况。对影响遵从因素进行深入分析,有利于有针对性地强化税收征管。

对纳税人遵从行为的理论研究最早源于阿林哈姆和桑德默(1973)的逃税模型,该模型构建了一个基本的个人逃税决策框架,主要是从理论上分析纳税人在不确定情况下如何选择申报额,使自己预期效用最大化。该模型涉及影响纳税人逃税的主要因素是罚款率、查处概率。

西方经济学之父亚当·斯密在其著名的《国民财富的性质和原因的研究》一书中提出了赋税四大原则,其中有三个与税收遵从成本直接或者间接相关,其中"确定"和"简便"是针对税收遵从成本而言的,而"经济"原则既同征收成本有关,也同税收遵从成本有关。斯密在经济原则中谈到,"税吏频繁的访问及可厌稽查,常使纳税者遭受极不必要的麻烦、困扰与压迫。这种烦扰严格地讲,虽不是什么金钱上损失,但无疑是一种损失,因为人人都愿设法来摆脱这种烦扰"。这里提到的"烦扰"恰是税收遵从成本中的心理成本。19世纪后期,德国政策学派的代表人物瓦格纳提出了税务行政原则,指出征收费用不单纯指税务稽征的费用,还应包括因征税而直接负担和间接负担的费用。

参考文献:

薛菁:《税收遵从成本研究:国外文献综述》,载于《西安财经学院学报》2009年第5期。

李林木:《国外税收遵从成本研究述评》,载于《涉外税务》2004年第8期。

(贾康　孙洁)

税收天堂
Tax Haven

税收天堂一般指以低税收或零税收来吸引外国投资的国家和地区。

税收天堂在向外国投资者提供有吸引力的低税甚至无税投资环境的同时,行政监管或限制力度也很小,投资活动缺乏信息透明度。税收天堂通常具有以下四个特点:一是政治稳定且具备健全完善的法律制度。税收天堂政治上的稳定性是其税收政策和制度稳定性的前提条件,而健全的法制可以保护外国投资者的权益,有利于高效率地从事经营管理活动。税收天堂基本都制定了严格保护银行秘密和商业秘密的法律制度,政府对商业活动的干预很少,投资者享有很大的经营自由权。二是低税率简税制。税收负担低是税收天堂的基本特征和最重要的条件,税收负担越低,对投资者越具有吸引力。税收天堂在重要的所得税类型上,几乎都是低税或不课税。税制结构也十分简单,基本没有流转税,商品进出口税十分宽松。三是地理位置优越且配套设施健全。税收天堂优越的地理环境、便利的外部交通和完善的内部设施能够充分满足跨国投资者往来以及现代生产、经营和管理的需要。大都具有发达的国际航空等交通基础设施,现代化、高效率的电讯设施,宽松的外汇管理手段,便利的资金筹措渠道,而且地理位置距北美、西欧、东南亚和澳大利亚等高税负的经济发达国家较近。四是对跨国投资者的经营活动以及财产的保密措施严密。有利于帮助国际投资者规避相关税收。税收天堂的商业、银行业几乎都具有完善严密的保密制度,甚至还以立法的形式对跨国投资者的经营活动及其财产实施保密。

按税收优惠的程度及相关条件,税收天堂大致可以分为三类:第一类,对投资者所得及财产完全不征税。这类国家和地区都有将来不会立法征税的法律保证,很少和其他国家签订税收协定,也不会主动与外国交换税收信息,并且为企业的合法经营提供财务保密,主要包括巴哈马、百慕大、开曼群岛、特克斯与凯科斯群岛、瓦努阿图等。第二类,对特定公司免税或低税。这类国家和地区普遍课征综合所得税,但控股公司、信箱公司、金融公司、投资公司、受控保险公司等合乎条件的特定公司例外,且要求公司全部或大部分经营活动必须在境外进行,主要包括巴巴多斯、根西和泽西两岛等海峡群岛、塞浦路斯、直布罗陀、马恩岛、卢森堡等。第三类,对外国来源的所得不征税,包括哥斯达黎加、马来西亚、巴拿马等。

参考文献:

朱青:《国际税收》,中国人民大学出版社 2001 年版。

刘隆亨:《国际税法》,法律出版社 2007 年版。

张诗伟:《离岸公司法理论、制度与实务》,法律出版社 2004 年版。

陈松林:《避税与逃税方式、实例、对策》,四川人民出版社 1993 年版。

廖益新:《国际税法学》,高等教育出版社 2008 年版。

邓力平、陈涛:《国际税收竞争研究》,中国财政经济出版社 2004 年版。

(贾康　梁强)

转移定价
Transfer Pricing

转移定价是指跨国公司内部关联企业之间相互销售货物、提供劳务、借贷资金以及租赁和转让有形与无形财产等经济往来时人为确定价格的方式。以这种形式确定的价格,也被称作转移价格。

转移定价主要分为三类:

第一,利用有形商品交易进行的转移定价。根据转移定价的动机,此类转移定价包括三种情形:一是以减轻所得税和预提税负担为目的的跨国公司转移定价。处在高税区的母公司(子公司)向处于低税区或无税区的子公司(母公司)出售商品时,采用调低价格的做法,减少位于高税区的关联企业利润。处于低税区或无税区的母公司(子公司)向位于高税区的子公司(母公司)出售商品时,采用调高价格的做法,将利润集中在低税区或无税区。高税区的关联企业减少了税前利润,就缩小了所得税与预提税的纳税基数,从而减轻了所得税和预提税负担。二是以降低关税负担为目的转移定价。出口商品的关联企业降低产品的价格,以降低纳税基数,在进口国税率不变时降低关税。三是以独占或多得合资企业利润、避免外汇风险、绕过东道国外汇管制为目的的转移定价。通过设在东道国的跨国公司“高价购进、低价销售”的方式,尽量减少东道国关联企业的利润。

第二,利用跨国公司内部贷款进行的转移定价。在外部交易市场上,资金借贷是有偿的,其价格就是利息。跨国公司的转移定价就是人为调高或降低利率或者是采用预付利息、不收取利息的方法来影响特定子公司的经营成本和利润水平,以增强子公司的实力,或减少税负支出。

第三,利用分摊管理费和支付特许使用费进行的转移定价。跨国公司的分支机构在开展业务工作中,经常会需要母公司提供管理、财会、审计、技术等方面的咨询以及培训、科研、设计、维修等服务。各子公司必须向母公司提供劳务费用、技术使用费用。如果要降低子公司、分公司在当地的利润水平,母公司就会提高劳务费、技术的特许使用费。这样也可以起到减少在东道国纳税、减少汇率变动的风险等作用。

转移定价对跨国公司具有显著的利益。

首先,可以减轻跨国公司的税收负担。跨国公司通过转移定价将利润集中在低税或无税的国家(地区),可以有效避税,达到少交或不交所得税的目的。大多数国家对外国公司或个人在本国境内取得的收入(例如股息、利息、租金、特许权使用费等),往往以毛所得为税基征收预提税,通过转移定价减少毛所得,可以减轻预提税负担,还可以通过调低商品价格降低缴纳关税的基数,以减轻关税负担。

其次,可以增加跨国公司利润转移收入。为了独占或多得利润,跨国公司母公司可以利用自己与海外子公司进行交易的机会,通过转移定价,将子公司利润转移到跨国公司的关联企业,使合资企业的利润减少或亏损。这样东道国合资方不仅无法得到自己应得的那部分利润,反而要分担一定比例的"亏损"。

再次,可以规避东道国的价格管制。跨国公司通常在需要实行垄断高价时,人为调高从国外进口原料、半制成品的价格,或者支付高昂的技术使用费,抬高生产成本;在需要低价倾销商品时,人为调低从国外进口原材料、半制成品的价格。在遇到东道国价格监管时,他们往往能够以正常利润水平为由,规避东道国的价格管制。

最后,可以规避外汇风险。当跨国公司预期某东道国的货币有贬值风险时,就通过高价向该东道国关联企业提供原材料、低价收购其产成品等方式,将利润从该关联企业转移出去,起到避免关联企业所得利润贬值的作用。

此外,还可以绕过东道国外汇管制。为了及时从东道国取得股息、红利,跨国公司也会使用转移定价让设在东道国的关联企业高进低出,或者支付母公司高额的技术指导费、劳务费等,及时将利润从关联企业调出。

参考文献:

计金标:《税收筹划》,中国人民大学出版社 2004 年版。

刘永伟:《转让定价法律问题研究》,北京大学出版社 2004 年版。

朱青:《国际税收》,中国人民大学出版社 2001 年版。

张诗伟:《离岸公司法理论、制度与实务》,法律出版社 2004 年版。

陈松林:《避税与逃税方式、实例、对策》,四川人民出版社 1993 年版。

孙国辉:《跨国公司内部贸易研究》,山东人民出版社 2002 年版。

朱青、汤坚、宋兴义:《企业转让定价税务管理操作实务》,中国税务出版社 2003 年版。

(贾康　梁强)

逃税与避税

Tax Evasion and Tax Avoidance

逃税是指纳税人故意或无意采用非法手段减轻税负的行为,包括以隐匿收入、虚开或不开相关发票、虚增可扣除的成本费用等方式逃避税收。避税是指纳税人利用税法上的漏洞或税法允许的办法,作适当的财务安排或税收策划,在不违反税法规定的前提下,达到减轻或避开税负的目的。

企业避税的方式主要包括以下几个方面:

一是利用税收的差异性。利用国与国之间、地区与地区之间税负差异避税,如经济特区,经济技术开发区等;利用行业税负差异避税,如生产性企业,商贸企业,外贸出口企业;利用不同纳税主体税负差异避税,如外资企业、民政福利企业等;利用不同投资方向进行避税,如高新技术企业;利用组织形式的改变避税,如分设、合并、新办;改变自身现有条件,享受低税收政策,如改变企业性质,改变产品构成,改变从业人员身份构成等。利用特殊税收政策,如三来一补、出口退税等。

二是利用税法本身存在的漏洞避税。利用税法中的选择性条文如增值税购进扣税的环节不同,房产税的计税方法(从租从价)不同;利用税法条文的不一致、不严密,如起征点、免征额等;还有利用一些优惠政策没有规定明确期限的,如投资能源、交通以及老少边穷地区再投资退税等,无时间限制。

三是通过转移定价避税。关联企业高进低出,或者低进高出,转移利润,涉及企业所得税,营业税或增值税等;改变利息、总机构管理费的支付,影响利润;改变出资情况,抽逃资本金等,逃避税收。

四是通过资产租赁避税。如关联企业中,效益好的向效益差的高价租赁设备,调节应纳税所得,以求得效益好的企业集团税收负担最小化;关联企业之间资产相互租赁,以低税负逃避高税负,如以缴纳营业税逃避缴纳所得税。

五是利用避税地避税。纳税人利用国与国之间、地区与地区之间特区、开发区、保税区的税收优惠政策,在这些低税负地区虚设常设机构营业、虚设中转销售公司或者设置信托投资公司,转移利润从而减少纳税。

六是通过让利销售避税。让利销售减少销项税额,大幅降低销售价格,以换取价格优势,增强产品市场竞争力,但国家税收(如增值税、企业所得税等)受到影响,对企业有益而对税收不利。

七是运用电子商务避税。电子商务活动具有交易无国籍无地域性、交易人员隐蔽性、交易场所虚拟化、交易信息载体数字化、交易商品来源模糊性等特征,给避税提供了更安全隐蔽的环境。企业利用电子商务的隐蔽性,避免成为常设机构和居民法人,逃避所得税;利用电子商务快速的流动性,虚拟避税地营业,逃避所得税、增值税和消费税;利用电子商务隐蔽进出口货物交易和劳务数量,逃避关税。因而电子商务的迅速发展既推动了世界经济和贸易的发展,同时也给包括我国在内的各国税收制度提出了国际反避税的新课题。

参考文献:
计金标:《税收筹划》,中国人民大学出版社 2004 年版。
陈松林:《避税与逃税方式、实例、对策》,四川人民出版社 1993 年版。
梁朋:《税收流失经济分析》,中国人民大学出版社 2000 年版。
贾绍华:《中国税收流失问题研究》,中国财政经济出版社 2002 年版。
梁云风:《税务筹划实务:纳税人节税指南》,经济科学出版社 2001 年版。
樊虹国、满莉:《新避税与反避税实务》,中国审计出版社 1999 年版。
张中秀:《现代企业的合理避税筹划》,中华工商联合出版社 2000 年版。

(贾康　梁强)

国际税收竞争与协调
International Taxation Competition and Coordination

国际税收竞争是国家或地区之间以税收为手段,采取各种能提高本国吸引力的税收措施(包括低税率、税收减免等优惠措施),吸引国际流动性资源,促进本国或地区经济发展的行为。国际税收协调是指通过国家之间的协调,遏制和消除有害的国际税收竞争,建立良好的税收竞争秩序,以实现国际税收一体化,减轻企业税负,促进资本在世界范围内合理流动,实现资源的优化配置。

国际税收竞争的手段包括减税、税收优惠和提高税收征管服务水平等方面。减税是国际税收竞争的主要手段和各国参与国际税收竞争的首选方式,可以有效减轻纳税人的税收负担,从而降低纳税人的投资成本,以吸引资本、技术及劳动力。税收优惠是不同于降低税率的另外一种减税方式,这里是指为了引导外资注入特定的项目或部门而给予的可使企业减少税收负担的任何优惠。通常来说,降低税率是同一课税对象的纳税人普遍享有的,而税收优惠则是部分纳税人享有,可通过税收差别待遇实现对纳税人税收利益的调整,以达到吸引国际资本、鼓励投资、调整产业结构等目的。此外,随着国际税收竞争的加剧,提供富有竞争力的税收征管服务也开始成为国际税收竞争的重要手段。

按照国际税收竞争主体的经济发展水平不同来划分,可以将国际税收竞争划分为发达国家间的税收竞争、发达国家与发展中国家间的税收竞争和发展中国家间的税收竞争。

根据税收竞争发生的层面,可以将国际税收竞争分为税收立法竞争、税收司法竞争和税收征管竞争。税收立法竞争是指主权国家通过制定税收法规等立法活动来影响税收资源在国际间的分配。税收司法竞争是主权国家通过司法手段,采用法律救济等方式来维护本国的税收资源,保护本国税收主权的完整。税收征管竞争是主权国家间为了争夺国际税收利益,在税收征管方面互不向对方国家提供有关的国际税收信息的非合作行为,同时税收征管竞争还表现为提高本国的征管服务水平和质量,为纳税人纳税提供便利。

根据国际税收竞争产生的结果来划分,可以将国际税收竞争划分为良性(共赢)国际税收竞争和恶性(有害)国际税收竞争。良性国际税收竞争是能够产生双赢或者多赢结果的税收竞争,而恶性国际税收竞争是最终导致两败俱伤的有害税收竞争。

国际税收协调主要可包括四种方式:一是单边主义协调模式,指一国或国际组织仅仅从本身的利益和本国的意志出发来要求他国有为或不为,以抑制并最终消除有害国际税收竞争。二是税收协定模式,指两国或者多国在相互协商的基础上,通过签订双边或多边税收协定,寻求消除国际间有害税收竞争以及由此引起的逃税和避税问题。三是区域税收一体化协调,指在区域经济一体化的背景下,区域经济组织成员对本国税收主权进行部分让渡,通过多边努力,逐步消除各国税制的差异,使成员国的某一税制乃至整个税制趋同化或一体化。四是全球协调,指建立一个全球性的政府间国际组织,对各国税收政策进行协调。

参考文献:
邓力平、陈涛:《国际税收竞争研究》,中国财政经济出版社 2004 年版。
朱青:《国际税收》,中国人民大学出版社 2001 年版。
邓力平:《经济全球化、WTO 与现代税收发展》,中国税务出版社 2000 年版。
靳东升:《税收国际化趋势》,中国税务出版社 2002 年版。
钟晓敏:《竞争还是协调——欧盟各国税收制度和政策的比较研究》,中国税务出版社 2002 年版。
余永定、李向阳:《经济全球化与世界经济发展趋势》,社会科学文献出版社 2002 年版。

(贾康　梁强)

关税同盟
Customs Union

关税同盟是指两个或两个以上国家缔结协定，建立统一的关境，在统一关境内缔约国相互间减让或取消关税，对从关境以外的国家或地区的商品进口则实行共同的关税税率和外贸政策。

关税同盟采取的政策措施主要包括：第一，减低直至取消同盟内部的关税。为达到这一目的，同盟往往规定成员国在同盟内部必须在一定期限内，分阶段、逐步从各自现行的对外关税税率过渡到同盟所规定的统一关税税率，直至最后取消成员国彼此间的关税。第二，制定统一的对外贸易政策和对外关税税率。在对外方面，同盟国成员必须在规定时间内，分别调高或调低各自原有的对外关税税率，最终建立共同的对外关税税率，且逐步统一各自的对外贸易政策，如对外歧视政策、进口数量限制等。第三，对从同盟外进口的商品，根据商品的种类和提供国的不同，征收共同的差别关税，如特惠税率、协定国税率、最惠国税率、普通优惠税率、普通税率。第四，制定统一的保护性措施，如进口限额、卫生防疫标准等。

关税同盟大体可分为两类：一类是发达国家间建立的关税同盟，如欧洲经济共同体，其目的是确保西欧国家的市场，抵制美国产品的竞争，促进内部贸易发展，推进欧洲经济一体化的进程。另一类是由发展中国家建立的关税同盟，其目的主要是为了维护本地区各国的民族利益，促进区域内的经济合作和共同发展。如中非关税同盟与经济联盟，安第斯条约组织、加勒比共同体和共同市场、西非国家经济共同体、大湖国家经济共同体、中非国家经济共同体等。

关税同盟对参与国具有显著的正效应，主要表现为：一是关税同盟内部取消关税，实行自由贸易后，关税同盟内某成员国国内成本高的产品被其他成员成本低的产品所替代，从成员国进口产品，创造了过去不发生的一部分新贸易。二是关税同盟建立后，为成员国之间产品的相互出口创造了良好条件。这种市场范围的扩大可促进企业生产的发展，使生产者可以扩大生产规模，降低成本，享受规模经济的好处，且可以进一步增强同盟内的企业对外与非成员国同类企业竞争的能力。因此关税同盟所创造的大市场效应引发了企业规模经济的实现。三是关税同盟的建立可促进成员国之间企业的竞争。在各成员国组成关税同盟以前，许多部门已经形成了国内垄断，几家企业长期占据国内市场，获取超额垄断利润，不利于各国的资源配置和技术进步。组成关税同盟以后，由于各国市场相互开放，各国企业面临来自于其他成员国同类企业的竞争。结果各企业为在竞争中取得有利地位，会纷纷改善生产经营，增加研究与开发投入，采用新技术，不断降低生产成本，从而在同盟内营造一种浓烈的竞争气氛，提高经济效率，促进技术进步。四是关税同盟的建立有助于吸引外部投资。关税同盟的建立意味着对来自非成员产品的排斥，同盟外的国家为了抵消这种不利影响，可能会将生产工厂转移到关税同盟内的一些国家，在当地直接生产并销售，以便绕过统一的关税和非关税壁垒，客观上产生了一种伴随生产转移而生的资本流入，可以吸引更多的外国直接投资。

参考文献：
宋岩：《关税同盟福利效应》，经济管理出版社 2007 年版。
黄天华：《中国关税制度》，上海财经大学出版社 2006 年版。
陈大钢：《海关关税制度》，上海财经大学出版社 2002 年版。
黄天华：《WTO 与中国关税》，复旦大学出版社 2002 年版。
吴家煌：《世界主要国家关税政策与措施》，法律出版社 1998 年版。

（贾康　梁强）

四、预算管理

公共预算
Public Budget

公共预算通常指公共部门的预算或政府预算。中国预算工作中，曾以“公共预算”或“公共收支预算”概念特指与国有资本金、社会保障预算和政府基金预算相对应的一个预算类别（大致相当于国际上通用的“一般预算”）。广义的公共预算指由预算原则、预算规则、预算程序和预算报告构成的整个预算体系。

作为民主政治的产物，现代公共预算诞生于 19 世纪的欧洲大陆，其主要功能是实现立法机关对政府收入和支出实施控制。“二战”以后，随着政府在经济社会生活中的作用日趋扩大和凯恩斯主义“功能财政观”的兴起，公共预算逐渐成为政府落实公共政策的主要管理工具。20 世纪 70 年代以后，在新公共管理运动（MPM）的推动下，公共预算成为妥善管理公共资源，确保效率和有效性的重要运作载体。此外，人们还认为公共预算在促进政治民主发展中扮演着重要角色。

普遍认为，公共预算除了应遵循年度（时段）原则、全面性（完整性）原则等传统预算原则外，还应遵循受托责任、透明度、预见性和参与等现代原则，这些原则应该融入预算过程的各个阶段。一般来讲，预算过程可以划分为四个阶段(预算准备与编制、预算审查与表决、预算执行与监控、预算评估与审计),预算过程的运作必须受一系列相关规则的约束。这些规则界定了立法机关、行政部门和其他参与者在预算过程中的角色、职责和权限,以及必须遵循的相关特定约束,比如赤字率(预算赤字/GDP)、债务率(政府债务/GDP)、年度平衡和部门预算限额。

根据预算过程关注的焦点不同,公共预算大致分为投入导向(Input-orientation)和绩效导向(Performance-orientation)两类模式。前者是传统预算的典型特点,旨在引导对公共资源投入的合规性控制,由此制定的预算称为投入预算或条目预算(Line-item Budgeting);后者指预算资源的分配与结果计量的绩效标尺——尤其是产出(Outputs)和成果(Outcomes)——相联系,旨在形成令人满意的财政成果。

根据制定预算的资源基础不同,预算方法可分为增量预算法(基数预算法)和零基预算法。前者在制定预算时不变动以前年度的支出"基数",主要是就预算年度新增加的资源部分制定预算(保留基数);零基预算法则要求对两者一并进行考虑,即在假设基数为零的基础上重新制定全套预算内容,工作量大而复杂。此外,预算方法还有一个重要类别是基线预算(基线筹划),包括线下预算法与线上预算法。前者在"假如维持现行政策和支出项目不变"的基础上制定预算;后者在"假如颁布和实施新的政策"的基础上制定预算。基线预算对于强化支出控制、财政纪律和优化预算资源配置有一定的意义。

参考文献:
王雍君:《公共预算管理》,经济科学出版社 2010 年版。

(王雍君　江月)

政府预算
Government Budget

政府预算是指以政府为主体的收支计划,通常指公共预算(参见"公共预算")。

(王雍君　江月)

预算年度
Budget Year

预算年度又称财政年度,是指政府预算的法定起讫期限。在期限内,政府预算收支才被认为具有合法性。如果某个财政年度已经开始但预算尚未得到立法机关批准,许多国家规定,在此期间政府的财政支出需要经过特别的法律程序授权,才能获得合法性。

预算年度要求预算以年度为基础逐年准备、呈递(立法机关)、审查和执行。在现代预算制度确立的早期,年度预算的编制起源于立法机关的要求。在英法等国历史上,代表新兴资产阶级利益的议会(立法机关)经过与君主政体的长期斗争,最终取得了控制课税权和批准税收提案的权力,以后,立法机关对公共财政事务的注意力便转向支出控制,进而要求政府每年提交预算报告,经议会审批后方可实施。

根据起讫时间的不同,预算年度区分为日历年制和跨日历年制两类。日历年制又称为公历年制,以公历1月1日至12月31日作为预算年度,中国和大多数国家都采用这种预算年度;跨日历年制指预算年度跨越了两个日历年度的预算年度(总时仍是一年),大致可分为以下三种:一是从当年4月1日起至次年的3月31日止,英国、加拿大和日本等国采用这种预算年度;二是从当年7月1日起至次年6月30日止,瑞典、澳大利亚等国采用这种预算年度;三是从当年10月1日起至次年9月30日止,美国采用这种预算年度。各国对预算年度的选择主要受国会/议会开会时间、历史习惯和收入旺季等因素的影响。

设立财政年度的理由主要有两个:一是明确立法责任。立法机关是以年度为时间单位来审核政府预算的,而政府财政收支只有经过立法机关的审核并获得批准后,才具有法律效力。二是出于统计的需要。如果忽视时间因素,所有的统计数据就没有实际意义,也没有可比性。

预算年度原则是基于预算法定控制功能而产生的。现代预算可在形式上超越这个原则而采纳中期框架,即编制3~5年时间框架下的滚动预算。编制多年期预算有利于协调往往超过一年的预算政策周期,但尽管如此,其并不否定在各预算年度内预算内容的法定效力。

参考文献:
王雍君:《公共预算管理》,经济科学出版社 2010 年版。

(王雍君　江月)

预算报告
Budget Report

预算报告是预算过程中涉及的文件,包括指导行政部门编制预算的预算指南、宏观经济展望、财政政策报告和呈递立法机关审查的预算草案,以及预算执行情况的报告、预算评估报告和决算报告。20世纪80年代以来,越来越多的国家将政府资产、政府负债、财政风险和财政支出绩效纳入预算报告的范围。

预算指南的关键是预算限额的确定,包括支出、赤字、债务和收入总量以及按功能、经济性质、规划和组织类别分类的部门支出限额。在美国预算系统中,确定支出限额被当做一项“由上至下的预算编制目标”，这些限额必须由法律确定，而且国会与总统最终必须就预算中设定的支出限额达成一致意见。

宏观经济展望重点预测未来宏观经济状况、收入、债务和财政赤字。这里涉及的关键问题是财政战略，即政府应该如何运用税收和支出去影响经济活动。

在年度预算的准备中，提供一份清晰的财政政策报告非常重要。其应阐明政府所关注的广泛的财政政策目标及优先性和当前财政政策对未来年份的含义，以及中长期财政状况的可持续性。关于财政可持续性的评估报告应尽可能量化。

经立法机关表决通过的预算报告具有法律效力，说明立法机关为政府活动提供的收入和支出授权。结构良好、清晰有序的预算报告不仅能表达政府活动和支出的法定目的和意图，也是其政策宣言和施政纲领。

预算报告是政府与公民沟通的桥梁，也是公民观察政府的主要窗口。一份清晰有序、公开透明、亲善公民的预算报告将帮助人们理解政府行为的范围和特征、政府的政治抱负、治国理念与智慧以及政策要领、受托责任。

参考文献：
王雍君：《公共预算管理》，经济科学出版社 2010 年版。

（王雍君　江月）

平衡预算
Balanced Budget

平衡预算是指预算收入与预算支出相等的预算。

预算政策手段的调节功能主要体现在财政收支规模、收支差额和收支结构上。预算通过对国民收入的集中再分配，可以影响民间部门的可支配收入规模，决定政府的投资规模和消费总额，从而对整个社会的总需求和总供求关系产生重大影响。

预算收支差额包括三种情况：预算赤字、预算盈余和预算平衡。赤字预算对总需求的影响是扩张性的，在有效需求不足时可以对总需求的增长起到一定刺激作用；盈余预算对总需求产生的影响是收缩性的，在总需求膨胀时，可以对总需求起到有效的抑制作用；平衡预算对总需求的影响是中性的，在总供求相适应时，有利于维系经济的稳定增长。

参考文献：
王雍君：《公共预算管理》，经济科学出版社 2010 年版。

（王雍君　谢林）

预算赤字
Budget Deficit

预算赤字可以简单地定义为预算总支出减去总收入得到的差额。

经济活动中支出多于收入的差额在进行会计处理时以红字书写，故称“赤字”。预算赤字的出现有两种情况：一种情况是政府有意安排形成的“赤字财政”或“赤字预算”，通常被视为扩张性财政政策的标志；另一种情况是预算并没有设计赤字，但在预算执行过程中由于种种原因产生了“财政赤字”或“预算赤字”。

当政府全部财政收入和支出都在年度预算报告中披露时，“预算赤字”与“财政赤字”的口径完全相同。但在实践中，许多国家的某些财政收入和支出并不全部反映在立法机关批准通过的年度预算报告中，或者某些项目只列示“净值”（收支相抵后的差额）而不是总值，在这种情况下，预算赤字只是展现政府财政赤字全景图中的部分图景。有关财政政策的宏观经济影响分析以及对政府财政状况的全面衡量，需要以全面的预算赤字概念为基础。

然而采用全面的预算赤字概念也有其局限性，当预算收入和支出中包含政府债务时尤其如此。如果以前年度债务本息某个预算年度进入偿债高峰时而使预算赤字看起来很大，这通常并非表明政府实施了大规模的扩张性财政政策。类似地，假设政府为实现比如8%的经济增长率目标和失业率低于3%的宏观经济政策目标需要5000亿元的预算赤字，当其中包含比如2000亿元的债务本金偿付时，这一口径的预算赤字总量对于上述目标而言很可能远远不够。由此可知，为确保实现宏观经济目标，政府和立法机关都需要对预算赤字（或盈余）作出严格的定义：预算赤字概念中应剔除政府债务，即支出中不包括债务本金的偿付，并且收入中不包含本年和以往结余的银行存款与现金。这一计算口径的预算赤字称为“基本赤字”，其大小恰好等于政府融资净额（借款—还款）。原则上，赤字通过债务（净融资）来弥补，1000亿元的预算赤字对应有1000亿元的净融资（借款）需求。只有当预算赤字定义为“基本赤字”而不是全口径赤字时，赤字才能真正反映政府的净融资需求。只是将预算赤字（或盈余）简单地定义为“总收入与总支出的差额”，并不与政府净借款需求相对应，并且不是政府财政政策取向和政府财政状况的良好指示器。为了将政府预算活动置于宏观经济政策的指导之下，政府与立法机关在预算过程的各个阶段都保持对预算赤字或盈余的清楚了解十分重要，这进一步要求在预算法案和预算分析中清楚地定义主要的财政收支概念，区分什么是真正的“收入”（资产销售收入应单独列示）、“财政拨款”、“借款”和“债务本金的偿付”等。

参考文献：
[美]艾伦·希克:《公共支出管理方法》,经济管理出版社 2001 年版。
[美]罗伊·T·梅耶斯等:《公共预算经典(第 1 卷)——面向绩效新发展》,上海财经大学出版社 2005 年版。
王雍君:《公共预算管理》,经济科学出版社 2010 年版。
王利民、左大培:《关于预算赤字、铸币税和货币扩张通货膨胀税的关系》,载于《经济研究》1999 年第 8 期。

(王雍君　陈建华)

赤字支出
Deficit Spending

赤字的出现有两种情况,一是政策上的有意安排,被称为“赤字财政”或“赤字预算”,它属于财政政策的一种;另一种情况是预算并没有设计赤字,但执行到最后却出现了赤字,也就是“财政赤字”或“预算赤字”。赤字支出属于第一种情况,体现为赤字财政政策,属主动推动和设计的赤字财政(Deficit Financing)。

赤字财政的理论与政策出现于 1929 年世界经济危机之后,其中,英国经济学家约翰·梅纳德·凯恩斯(John Maynard Keynes)和美国经济学家阿尔文·汉森(Alvin H. Hansen)的理论最具代表性。他们认为,财政收支平衡不是国家理财的原则,负债多少并不是衡量一国财政稳定的标准。资本主义经济之所以陷入了长期萧条和危机,原因在于有效需求不足。为了促进就业和消除危机,国家应该积极进行经济干预,采用扩大国家预算支出的方式,举办公共工程、增加政府投资、增加军事订货、支付出口补贴等。国家在实行这些政策中难免会出现赤字,但可以刺激社会总需求,增加就业,从而增加国民收入,缓解或消除经济危机。第二次世界大战前后,西方许多国家使用了这种政策并取得了一定成效。但是,20 世纪 70 年代以后,就业不足、经济停滞和通货膨胀同时出现,形成“滞胀”的严重问题,赤字支出手段的适用性就变得明显不足了。

一般而言,在短期内,经济若处于非充分就业状态、社会闲散资源并未充分利用时,财政赤字可扩大总需求,带动相关产业发展,刺激经济回升。实际上财政赤字是国家为经济发展、社会稳定等目标,依靠国家坚实稳定的国家信用调整和干预经济,在经济调控中发挥作用的表现。但是,赤字财政政策并不是包治百病的良药。财政赤字可能增加政府债务负担,可能诱发通货膨胀,引发财政危机。从长期来看,赤字财政是今天花明天的钱,这一代人花下一代人的钱,所以在国民经济中,财政赤字是负储蓄,即会减少储蓄,而长期经济增长要依靠投资,投资来自储蓄。美国的赤字财政政策本是应对大危机的短期政策,但政府却不自觉的使之长期化,给经济带来了严重危害,这足以作为中国的前车之鉴。

参考文献：
[英]约翰·梅纳德·凯恩斯:《就业、利息和货币通论》,华夏出版社 2005 年版。
[美]保罗·A·萨缪尔森、威廉·D·诺德豪斯:《经济学》,首都经贸大学出版社 1996 年版。
王雍君:《支出周期:构造政府预算会计的逻辑起点——简论我国政府会计改革的核心命题与战略次序》,载于《会计研究》2007 年第 5 期。

(王雍君　陈建华)

国债
National Debt

国债全称为“国家公债”,指中央政府或主权国家举借并由其负责偿还的债务。与之相对应的是“地方公债”,即地方政府举借和负责偿还的公债。国债和地方公债统称为公债,即与私债相对应的、由政府举借和偿还的债务。

马克思曾指出,国债“在中世纪的热那亚和威尼斯就已产生,到工场手工业时期流行于整个欧洲”(马克思:《资本论》第 1 卷,人民出版社 1975 年版,第 822 页)。国债是在政府职能不断扩大,支出日益增加,仅靠税收已不能满足财政支出需要的情况下产生的。也就是说,国债在历史时序上比税收晚,是作为弥补财政收支差额的来源而产生的。弥补财政赤字是国债最基本的功能,其他功能都是在弥补财政赤字功能基础上派生出来的。

中国历史上最早的国债出现于清朝光绪年间(1894 年)。因甲午战争爆发需筹措巨额军费,故根据当时的户部建议,效法西方国家做法而向“富商巨贾”借款。从此开了中国政府举债之先河。在北洋军阀政府时期和国民政府时期,都曾举借过大量国债。新中国成立初期,曾先后发行过“人民胜利折实公债”和“国家经济建设公债”。在 1959 ~ 1979 年,曾有过一段“既无内债,又无外债”的国债“空白”期。从 1979 年起,中国政府恢复了国债发行,包括国库券、国家重点建设债券、财政债券、国家建设债券、转换债、特种国债、保值公债、长期建设国债和特别国债等国债券种。

参考文献：
马克思：《资本论》第1卷，人民出版社1975年版。
[美]A. 普雷姆詹德：《预算经济学》，中国财政经济出版社1989年版。
王雍君：《公共预算管理》，经济科学出版社2010年版。

（王雍君　陈建华）

公债

Public Debt

公债是指政府为了筹措资金等目的而向债权人承诺在一定时期支付利息和到期还本的信用活动，包括由中央政府举借的国债和地方政府举借的地方债。当政府收入不足以满足公共开支需求时，政府通常会举借公债。在法律不允许地方政府借债的国家，公债与国债这两个概念是一致的，都是指中央政府的借债。但在允许地方政府借债的国家，一般只把中央政府的借债称为国债，而地方政府的借债只能称为公债或地方债。所以，公债 = 国债 + 地方债券（法律允许前提下）。公债可以是国内公债，也可以是国外公债，可以是由地方政府举借的债，也可以是中央政府举借的债，但中央政府借债更为普遍。公债虽然是政府财政的一个重要来源，但按照国际惯例，在正式的政府财政统计中并不把公债收入作为政府的财政收入处理。从1994年开始，中国的政府财政统计中也采用了这种处理办法，在此以前，公债收入是作为政府经常性财政收入加以统计的。

公债是个古老的财政范畴。中国成语"债台高筑"的来历是：相传在战国时代，周赧王欠债很多，无法归还，被债主逼迫在宫内高台上，后人称为逃债台，并用此成语形容欠债很多。不过，纵观中国数千年封建历史，很少有以君主名义发行公债的记录，这与欧洲国家的情形有所差别。马克思曾经指出："公共信用制度，即国债制度，在中世纪的热那亚和威尼斯就已经产生，到了工场手工业时期流行于整个欧洲"（《马克思恩格斯全集》第23卷，人民出版社1972年版，第822页）。公债的历史虽然久远，但在财政体系中地位显著提升，则是在20世纪30年代以来随着凯恩斯主义的广泛传播才出现的。在此以前，欧美各国政府理财长期奉行收支平衡、不轻易举债的原则和信念，对举借公债持非常谨慎的态度。

公债是相对于私债而言的，虽然都是债，但两者之间存在关键的区别。在私债场合，个人的债务责任非常明确，因为债权人对债务人的个人资产拥有明确的债权要求；即使他人愿意，也不能将债务责任转移。对于公债来说，情况就不同了。政府决定借公债时，并未指定某个特定的债权人（包括政府官员）承担一个确定的偿付责任份额，因为这个责任属于整个社会。公债与私债的这种区别，可能导致举借公债比举借私债更不谨慎，包括政府可能在不具备发行条件时也会决定举债。正是认识到这一点，古典学派主张对政府举借公债加以明确限制，并要求在限定时间内建立偿债基金或类似的专款，以保证到期时清偿债务。鉴于过度举债会带来许多消极后果，对公债规模与增长的有效控制在现代社会同样十分重要。许多国家建立了严格的公债规模控制制度。欧盟采纳的标准——政府债务余额占GDP的比率不应超过60%——就是典型例子。

参考文献：
《马克思恩格斯全集》第23卷，人民出版社1972年版。
[美]理查德·A·马斯格雷夫、[美]佩吉·B·马斯格雷夫：《财政理论与实践》，中国财政经济出版社2003年版。
[美]爱伦·鲁宾：《公共预算中的政治：收入与支出，借贷与平衡》，中国人民大学出版社2001年版。
王雍君：《公共经济学》，高等教育出版社2007年版。
王雍君：《中国国库体制改革与防火墙建设：代理—经理之争的诠释》，载于《金融研究》2012年第7期。

（王雍君　陈建华）

政府债务

Government Debt

根据发行主体不同，政府债务分为中央政府债务和地方政府债务。中央政府债务即国债。政府债务还可以按以下分类方法进行划分：第一，按发行的方式可分为强制公债和自愿公债。强制公债是国家凭借其政治权利，按照规定的计量标准，强制居民或团体购买的公债。这类公债一般是在战争时期或财政经济出现异常困难的情况下才采用的。自愿公债是政府按照信用原则发行的由居民或团体自愿认购的公债，这种公债容易被国民接受。第二，按发行对象可分为货币公债、实物公债和折实公债。第三，按流动性分为上市公债和非上市公债。第四，按偿还期限可分为短期（通常指偿付期不超过1年）、中期（偿付期超过1年不超过5年）和长期公债（偿付期超过5年）。

政府债务与财政风险相关。基于管理财政风险的目的，目前国际上采用的政府债务分类标准是把政府债务分为四类：（1）显性负债和承诺（Explicit Liabilities and Commitments），无论特定事项是否发生，偿付这些负债和履行这些承诺都是政府必须承担的财政义务，例如，已纳入预算安排的支出项目，已纳入预算安排但尚未支付的负债、多年期投资合同、公务员薪金、养老金和负债;(2)显性或有负债(Explicit and Contingent Liabilities)。由可能发生或不发生的孤立事项触发的法定义务或合约性义务,例如,政府的贷款担保和政府对金融机构的存款保险;(3)隐性负债(Implicit Liabilities),由公众期待而非法律引起的支付义务或者预期的财政负担。例如,公众一般会期待政府维修基础设施,支持社会保障计划,即便法律并不要求政府这样做;(4)隐性或有负债(Implicit Contingent Liabilities)。这类财政义务具有最低的可预见性,是由可能发生(或不发生)的特定事项引起的"非法定的"财政义务,例如,当大的金融机构破产或大的自然灾害发生时,人们预期政府会进行干预。与直接举借的债务不同,政府或有负债系一种不确定性的债务,包括政府的担保、抵押、赔偿、针对政府的诉讼以及欠缴的资本(如应缴未缴国际金融机构的资本)等。

马克思关于政府债务问题的观点如下:(1)公债是未来的财政负担。"借债使政府可以抵补额外的开支,而纳税人又不会立即感到负担,但借债最终还是要求提高税收"(马克思:《资本论》第1卷,人民出版社1975年版,第824页)。(2)公债促进了资本原始积累。"公债成了原始积累的最强有力的手段之一。它像挥舞魔杖一样,使不生产的货币具有了生殖力,这样就使它转化为资本……国债还使股份公司、各种有价证券交易、证券投机,总之,使交易所投机和现代的银行统治兴盛起来。"(马克思:《资本论》第1卷,人民出版社1975年版,第823页)(3)举债会导致税收的增加。"由于债务的不断增加而引起的增税,又使政府在遇到新的额外开支时,总是要借新债……过重的课税与其说是一件偶然的事情,倒不如说是一个原则。"(马克思:《资本论》第1卷,人民出版社1975年版,第825页)

以亚当·斯密为代表的古典学派的公债理论,是以谨慎财政原则为核心内容的古典财政理论的重要组成部分。谨慎财政原则来源于古典学派对政府债务的两个基本认识:首先,债务财政足以导致牺牲人民将来的生活换取近期的生活改善,造成明显的社会浪费和纳税人的沉重负担;其次,发行公债是目前纳税人将一部分费用转移到将来纳税人身上的一种手段。这样的思想与后来的凯恩斯主义公债观截然不同。后者认为,政府只是把负担转移给以公共支出提供公共服务时期的公民身上,而无论这些公共服务是通过征税还是通过发行公债筹措,公债理论的这一变化对认可赤字至关重要。

古典公债理论并不主张禁止政府在任何时间、任何地点借债,只是必须附加一些限制性条件,主要指政府借债应被限定在支出需求在时间上很紧的情况下(如自然灾害或一项资本投资项目),并且每种情况都必须伴随一个预定的偿债计划。如果因创造资本而负债,偿债必须预先与资本资产的使用或生产情况相一致。比如,在发行公债修建公路的情况下,只要预定能够在多少年归还,以及在此时间内给居民带来足以偿债的收益,就是可行的。这样的考虑也为此后实行复式预算——短期预算(经济性预算)和资本预算——提供了材料。

与古典学派公债观相对立的是凯恩斯主义的公债观。后者认为,对于政府而言,借债并不存在负担的时间转移问题,因为政府需服务社会全体成员,不可能实现成本或负担的时间转移;而且,只要公债是由国内负担的,那么,"我们自己拥有它",借贷双方的损益相互抵消,政府、公民、企业无论如何都不会负债。这意味着借款可以无代价地获取公共开支的利益,而对任何个人都不存在成本或负担问题。

凯恩斯关于公债无负担的新教条遇到的挑战是公共选择理论的代表人物布坎南于1958年提出的。他认为,从根本上讲,古典债务原理是正确的。这一观点受到广泛的批评,并于20世纪60年代初在经济学家中引起激烈的争论。公共选择学派的公债理论正是在清算凯恩斯主义公债理论,同时复兴和发展古典学派公债理论的基础上形成的。布坎南以非常严肃的笔调对政府公债提出了严厉的批评:"民主政府经过深思熟虑决定以公债筹集日常支出资金,这是威胁社会秩序长期稳定的讯号,如果以最尖锐的形式提出问题,那么福利国家在发行第一张价值一美元的债券时,就已宣布它自己的死亡。"(布坎南,1989)之所以如此,布坎南认为原因在于政治家的不良习性和喜欢挥霍、日常压力、利益集团政治的诱惑以及缺乏道德制约,特别是凯恩斯主义别具一格的学说影响到政治家对大量举债无法抗拒。

参考文献:

[英]亚当·斯密:《国富论》,湖南文艺出版社2012年版。
[德]马克思:《资本论》第1卷,人民出版社1975年版。
[美]詹姆斯·M·布坎南、理查德·E·瓦格纳:《赤字中的民主》,北京经济学院出版社1988年版。
[英]安东尼·B·阿特金森、[美]约瑟夫·E·斯蒂格利茨:《公共经济学》,上海三联书店、上海人民出版社1994年版。
[美]罗伯特·蒙克斯、[美]尼尔·米诺:《公司治理》,中国财政经济出版社2004年版。
王雍君:《公共预算管理》,经济科学出版社2010年版。

(王雍君 陈建华)

权利项目

Entitlement Programs

权利项目是由英语直译过来的一个词(也有人翻译为资格项目、应得权益计划等),在国外是指政府对个体提供个人财政福利(有些时候是一些政府特别给予的商品或服务)。这里的个体(通常数量很庞大)是指符合该政府项目所规定资格条件的受益人。他们拥有法律权利(如果有必要,这种权力需要通过认定生效)获得该福利。权利项目的潜在受益人通常是公民或者是长期定居者,但是有些机构,比如说公司、地方政府以及政治团体也可能在特定的项目下拥有相似的"权利"。在美国联邦政府层面上,权利项目最重要的例子有社会保险、联邦医疗保险、医疗补助计划、大部分退伍军人管理局的项目、联邦雇员和军人的退休计划、失业补偿、贫民粮票以及农业价格补贴项目等。

从政治经济学的角度来看,权利项目的存在有重大影响。国会在制定年度拨款数额的过程中,权利项目会给国会控制预算赤字与盈余带来一些难题。通常情况下,在任何一个预算年度前很难预测将会有多少人符合资格条件。所以,当起草下一个预算年度的拨款法案时,预测政府总共将会花费多少钱是十分困难的。由于平稳渡过经济周期或者实现宏观经济目标需要对政府预算赤字或者盈余的规模大小有一个量化预测,而预测的困难使得政府难以通过财政政策来顺利实现上述目标。

建立一个权利项目所需要的资金量通常在事前难以预测,因为拥有权利的个体数量会随着当时的经济状况而变化。比如,政府要拨付的失业救济金取决于当年的失业人数。相当一部分权利项目(包括养老保险以及联邦雇员退休计划)受到通货膨胀的影响。所以,要支付的资金就要通过固定的公式作调整,而这个公式是以不易预测的 CPI 的变化为基础的。在美国,20 世纪 80 年代中期以来,权利项目占去了一半以上的政府支出。将一些(从短期来看)不可控的政府债券利息支出以及来自政府已经签署的长期合同的支付义务考虑进来,权利项目只给国会留下了大约 25% 的年度预算空间,这实际上大大减少了政府通过财政政策来抵消经济上下波动的能力。因为在短时间内,拨款和预算委员会可以机动使用以进行一些有意义的改变的预算资金,实在显得太少。

参考文献:

http://www.wisegeek.com/what-is-an-entitlement-program.htm.

http://wiki.answers.com/Q/What_are_some_government_entitlement_programs.

http://www.auburn.edu/~johnspm/gloss/entitlement_program.

http://uspolitics.about.com/od/thefederalbudget/a/Entitlement-Programs-And-Their-Role-In-The-Federal-Budget.htm.

(贾康　孙洁)

社会安全网

Social Safety Net

社会安全网一般泛指政府主导形成的社会安全保障系统,是指人们在遇到困难时可以依赖的社会保护体系和社会保障体系(包括社会保险)两个层次。由于涵盖内容非常广泛,没有特定和严密的法律概念,在政策法规的制定中较少使用这一概念,较多提到的"社会保障安全网"则是社会安全网的一部分。广义的社会安全网,是指那些具有保险、救助和服务等防范风险和不确定性功能的正规和非正规制度构成的社会保护体系。社会保障制度只是在现代工业国家才占据了社会保护体系的主导地位。在中国,社会安全网在正式文件中的第一次出现是在"九五计划"中,目的是保护穷人、妇女、儿童、失业人员、残疾人、老年人等弱势群体。

社会保障制度是当人们因疾病、生育、工伤、失业、残疾、年老和家庭成员死亡等原因造成收入下降或缺失的时候予以帮助,以渡过难关。我们平时所说的社会安全网多指社会保障安全网,由社会保险、社会救助、补贴和社会服务,以及其他辅助和补充计划所组成。一般包括三类项目:与就业相关的社会保险项目、普及性项目(也称人口项目,以统一的现金津贴支付给居民或国民,而不考虑其收入、财产和就业状况。它通常包括付给特定年龄界限以上的人群的养老金,发放给伤残工人和军人、遗属和孤儿的抚恤金,以及给予多子女家庭的补贴,等等)和以家庭经济情况调查为前提的救济项目。从理论上来讲,这三类保障项目连接而成的安全网可以从不同方面对社会成员提供保护,以使受益人群免受生存危机的磨难。中国共产党的十四届三中全会《关于建立社会主义市场经济体制若干问题的决定》提出,把建立多层次的社会保障体系作为建立社会主义市场经济体系的重要组成部分,明确社会保障体系包括社会保险、社会救济、社会福利、优抚安置和社会互助、个人储蓄积累保障,它是国家、企业和个人三者责任共担而构建的一张适应社会主义市场经济体制要求的安全网。

社会安全网的建设要与一国经济社会发展能力相适应。一些国家曾经的高福利创造了"从摇篮到坟墓的社会",但高额的财政负担压力往往使之难以为继,同时,采用高保障和高福利的社会政策会提高劳动力成本,削弱这些国家在国际市场上的竞争力。高保障高福利的社会政策尤其不适合中国这样的发展中国家。中国的社会安全网应以"基础普惠制"为方向,在考虑扩大覆盖面的同时,也强调社会安全网与国力相适应、注意激励公民就业,促进经济增长的作用。

政府应把对最困难的社会群体进行救助和提供服务的责任充分承担起来,兼顾收入安全和社会公平的政策目标,让能够自立的社会群体最大限度地自立,从而达成利用最低的经济成本保障社会安定的社会福利和社会保障政策。人们应最大限度地寻求家庭成员、亲属、朋友、社区、社会上的宗教或非宗教的慈善组织或慈善活动的帮助。政府的帮助实际上是发挥最后兜底的作用。

参考文献:

英国文书局:《贝弗里奇报告——社会保险和相关服务》,中国劳动和社会保障出版社 2004 年版。

尚晓援:《中国社会安全网的现状及政策选择》,载于《战略与管理》2001 年第 5 期。

俞可平:《和谐社会与政府创新》,社会科学文献出版社 2008 年版。

朱玲:《试论社会安全网》,载于《中国人口科学》1999 年第 3 期。

丁开杰:《参与和治理:中国社会安全网建设的战略选择》,载于《经济社会体制比较》2003 年第 4 期。

Edward D. Berkowitz, *America's Welfare State from Roosevelt to Reagan*, Johns Hopkins University Press (Baltimore and London), 1991.

(贾康　赵福昌)

补贴及其经济后果

Subsidies and Their Economic Consequences

根据 WTO 的《补贴与反补贴措施协议》,补贴是指由一成员方境内的政府或公共机构提供的财政资助或其他任何形式的收入或价格支持措施。

《补贴与反补贴措施协议》将补贴分为禁止性、可诉性和不可诉性三类。禁止性补贴,也称红灯条款,包括出口补贴和进口替代补贴两类。禁止性补贴一旦被证实存在,无须证明其是否对其他成员方造成损害或损害威胁,都必须取消,否则会招致其他成员实施的经 WTO 争端解决机构授权的反补贴措施或征收反补贴税。可诉性补贴,也称黄灯条款,是指在一定范围内可以实施的补贴,但如果使用此类补贴的成员方在实施过程中对其他成员方的经济利益造成不利影响,则受损的成员方可以向使用此类补贴的成员方提起申诉。使用可诉补贴不能造成以下任何情况发生:第一,取代或阻碍另一成员方的产品进口;第二,取代或阻碍另一成员方对第三成员方的出口;第三,补贴造成大幅度削价、压价或销售量减少;第四,实施补贴后的商品在国际市场上的份额增加。不可诉补贴,也称绿灯条款,包括两大类:一类是不具有专向性的补贴,另一类是符合特定要求的专向性补贴。不具有专向性的补贴可普遍获得,不针对特定企业、特定产业和特定地区。符合特定要求的专向性补贴,包括研究和开发补贴、贫困地区补贴、环保补贴等。

我国采取的补贴方式主要包括拨款和转移支付、补助、税收减免、贷款贴息以及债务担保等。具体而言,其中的财政手段包括中央预算提供给亏损国有企业的补贴、地方预算提供给亏损国有企业的补贴、根据汽车生产的国产化率给予的优惠关税税率、外资企业优惠政策、出口产品的关税和国内税退税、企业关税和进口税减免、高科技企业优惠所得税待遇、技术转让企业优惠所得税待遇、受灾企业优惠所得税待遇、为失业者提供就业机会的企业的优惠所得税待遇、投资政府鼓励领域的投资者进口技术和设备的关税和增值税免除、技术革新和研发基金、用于水利和防洪项目、对某些林业企业的补贴、对废物利用企业优惠所得税待遇、贫困地区企业优惠所得税待遇等;金融手段包括国家政策性银行贷款等;外贸外汇手段包括以出口业绩为基础优先获得贷款和外汇等;物资供应手段包括对特殊产业部门提供的低价投入物等;区域优惠手段包括经济特区的优惠政策、经济技术开发区的优惠政策、用于扶贫的财政补贴等。

我国的补贴主要发挥了以下作用:

一是支持农业和特定产业的发展。我国的财政补贴曾大部分用于以粮、棉、油、猪为主的农产品价格补贴。同西方国家在农产品生产相对过剩的条件下,为了保持国内市场供求平衡和增强在国际市场的竞争力而对农产品实行保护价格和出口补贴不同,我国的农产品补贴政策主要立足于扶持农业生产的发展,增加农产品的生产量、增加农民收入。近些年有对种田农民的直接补贴,农用生产资料的补贴和能繁母猪补贴等。

二是稳定人民生活。长期以来,我国政府实行了保持人民生活基本必需品特别是粮油、猪肉、民用煤等价格基本稳定的政策,并对城市住房、水电、公共交通等实行低租金、低收费制度,经营主体因此而发生的政策性亏损由国家给予财政补贴。还曾在提高与人民生活关系密切的商品价格后,对职工或城镇居民给予适当的物价补贴。

三是缓解经济矛盾。在中国经济体制改革特别是价格改革的不断深入过程中,我国通过适当运用财政补贴政策,在很大程度上缓解了因价格和利益关系变动带来的矛盾,为价格改革的顺利进行和社会稳定创造了必要条件。

四是支持某些产品的推广应用。比如为释放农村居民中消费潜力的"家电下乡"补贴和为鼓励社会成员购买和使用新能源汽车而实行的购车补贴。

参考文献：
王新奎、刘光溪：《WTO与反倾销、反补贴争端》，上海人民出版社2001年版。
李杨：《财政补贴经济分析》，上海三联书店1990年版。
平新乔：《财政原理与比较财政制度》，上海三联书店、上海人民出版社1995年版。
佟家栋：《贸易自由化、贸易保护与经济利益》，经济科学出版社2002年版。
石广生：《中国加入世界贸易组织知识读本》，人民出版社2002年版。
国家经贸委反倾销反补贴办公室：《反倾销反补贴保障措施知识读本》，中国经济出版社2001年版。
王琴华：《补贴与反补贴问题研究》，中国经济出版社2002年版。
段爱群：《论WTO中的财政补贴与我国的战略取向》，中国财政经济出版社2003年版。

（贾康　梁强）

财政透明度

Fiscal Transparency

财政透明度是指政府向公众最大限度地公开关于政府收支的信息，财政政策的目标和意向，公共部门账户的信息等，并且这些信息应是可靠的、详细的、及时的、容易理解并且可以进行比较的，以便于选民和金融市场准确地估计政府的财政地位和政府活动的真实成本和收益。通俗地讲，就是让反映政府活动、体现政府职能的财政收支公开可见，让公众看得到、看得懂、看得清。初始的财政透明度的定义是由乔治·考皮兹和乔恩·格雷格（George Kopits and Jon D. Craig，1998）给出的，其含义可以从制度、会计、指标与预测的透明度等三个方面进行说明。

财政透明度是良好财政管理的一个方面，但财政透明本身不是目的，它是促进效率、保障政府和官员负起责任的一种方法，被视为宏观经济稳定、政府良治和财政公平的一个重要前提条件。在经济全球化的背景下，国际社会担心任何国家宏观经济的不稳定都会迅速对世界经济产生不良影响。为此，IMF和OECD都制定了财政透明度的最佳做法准则，作为指导各国财政透明度实践的指南。

财政透明度最初在欧盟国家得以强调和执行。由于担心其中一国不良的财政政策造成的后果将成为其他国家的沉重负担，在面临各成员国为实现马斯特里赫特条约规定的财政目标而有可能大造假账的严峻形势下，欧盟国家首先对财政透明度问题进行讨论，并将其作为加强财政管理的首要目标。一些经济转型国家，如东欧各国，在转型过程中出现了严重的贫困问题，公众和一些非政府组织将解决此问题的希望寄托于预算改革，迫使政府增加财政透明度和民众参与度。

目前，大多数对财政透明度的研究都是通过经验证明来分析财政透明度的情况。由于各国的情况复杂不一，得出的结论并不一致，有的甚至截然相反。研究涉及财政透明度与政府规模、政治竞争、赤字和公债、反腐败、财政绩效、效率、媒体的关系。研究表明财政透明度具有众多优点，但是，是不是透明度越高越好呢？如果不是，怎样来确定一个合适的透明度？有学者认为透明应该有所限制，因为它可能会破坏某些支持社会正常运转的规则，而且，当某一领域存在难以调和的冲突时，过度的透明会不利于问题的解决。

中国近年在经济社会转轨和财政深化改革过程中高度重视和积极实施提高财政透明度的措施，以此来落实公众对于公共资源配置与政府行为及其职能履行的知情权，进而则会推进发展公众的质询权、建议权、监督权和更体现民主法治特征的制度安排。已形成了以公开透明为常规、以保密为特例的取向。

参考文献：
国际货币基金组织编著，财政部财政科学研究所整理：《财政透明度》，人民出版社2001年版。
申亮：《财政透明度研究述评》，载于《经济学动态》2005年第12期。
George Kopits, Jon D. Craig, Transparency in Government Operations, Occasional Paper, International Monetary Fund, January 1998。

（贾康　赵福昌）

一般预算收支

General Budgetary Revenue and Expenditure

一般预算收支是指通过一定的形式和程序，有计划地支配管理没有规定用途的资金收支，是与基金预算收支等相对而言的。一般预算收支和其他概念在中国预算管理制度变化过程中有它的演变过程。随着社会主义市场经济体制的发展，在财政管理实践中，1997年将财政收支分为一般预算收支、基金预算收支、专用基金收支、资金调拨收支和财政周转金收支。2007年起财政执行一般预算收支、基金预算收支、社会保障基金收支和预算外资金收支。一般预算收支是与基金预算收支相对而言的一个概念，实际上就是规定了资金用途的资金和未规定用途的资金的差别对待。

一般预算收入，是指通过一定的形式和程序，有计划有组织地由国家支配纳入预算管理的资金，包括税收收入和非税收入。一般预算收入在中央与地方间的划分是：

中央固定收入。包括关税以及海关代征的消费税和增值税；海洋石油资源税；消费税；中央企业上缴利润；铁道部门、各银行总行、保险总公司等集中缴纳的营业税、所得税、利润和城市维护建设税；地方银行和外资银行及非银行金融企业所得税等。

地方固定收入。包括营业税（不含铁道部门、各银行总行及保险公司集中缴纳的营业税）；地方企业上缴利润；城镇土地使用税；城市维护建设税（不含铁道部门、各银行总行、各保险总公司集中缴纳的部分）；房产税；车船税；印花税；屠宰税；农牧税；农业特产税；耕地占用税；土地增值税；国有土地有偿使用收入等。

中央与地方共享税。包括增值税、所得税；证券交易税；海洋石油资源以外的资源税等。

一般预算收入缴库方式有就地缴库、集中缴库、自缴自汇三种，其核算方法是：各级财政设“一般预算收入”科目核算国库报来的一般预算收入，该科目按“国家预算收支科目”中的一般预算收入科目设置明细账。

一般预算支出是指国家对集中的一般预算收入有计划地分配和使用而安排的支出，是与基金预算支出相对而言的。一般预算支出类别分为“类”、“款”、“项”、“目”四个级次，具体划分由国家财政部门统一规定。以《2000 年政府预算收支科目》为例，一般预算支出的主要内容有以下几项：基本建设支出、企业挖潜改造资金、地质勘探费、科技三项费用、流动资金、支援农村生产支出、农业综合开发支出、农林水利气象等部门的事业费、工业交通等部门的事业费、流通部门事业费、文体广播事业费、教育事业费、科学事业费、卫生经费、税务等部门的事业费、抚恤和社会福利救济费、行政事业单位离退休经费、社会保障补助支出、国防支出、行政管理费、公检法司支出、城市维护费、政策性补贴支出、支援不发达地区支出、专项支出、其他支出、总预备费、一般预算调拨支出。2007 年政府收支分类改革，执行一般预算支出，包括 15 类 154 款：一般公共服务类 32 款、外交类 8 款、国防类 3 款、公共安全类 10 款、教育类 10 款、科学技术类 9 款、文化体育与传媒类 6 款、社会保障和就业类 17 款、医疗卫生类 10 款、环境保护类 10 款、城乡社区事务类 10 款、农林水事务类 7 款、交通运输类 4 款、工业商业金融等事务类 18 款、其他支出。

参考文献：
陈共：《财政学》，中国人民大学出版社 2009 年版。
林新有：《浅谈财政总预算会计制度改革难点及解决思路》，载于《行政事业资产与财务》2011 年第 24 期。

（贾康　赵福昌）

预算外收支
Extra-budgetary Revenue and Expenditure

参见公共收入部分的“预算外资金”。

制度外收支
Revenue and Expenditure Beyond the Regulation

参见公共收入部分的“制度外资金”。

经典预算原则
Classical Principles of Budgeting

经典预算原则又称古典预算原则，产生于 18 世纪末和 19 世纪初的欧洲。在此之前，欧洲各国基本处于君主专制时期，预算控制权完全掌握在各国君主手中。为了限制或剥夺封建君主的财政权，一些学者提出一系列经典预算原则，致力于将政治上的可靠性和有效的行政控制引入政府预算管理当中。

私有化和权宜性是君主专制财政管理模式的两大重要特征，它以最大限度地汲取收入为目的，然而，其代价是极低的预算管理可靠性（或负责程度）和行政控制。随着越来越多的欧洲国家过渡到民主政府，预算资源不再是由君主或某一政治团体垄断，预算资源的分配权通常由议会和政府来分享，并主要控制在议会手中，对预算收支进行控制往往是议会控制政府部门的重点。同时，19 世纪的工业革命和经济发展所带来的金融和技术上的进步，也大大地降低了实行严格预算控制所面临的交易费用。正是在这样一种新的历史需要和技术条件下，经典预算原则逐渐发展起来。

在经典预算原则形成过程中，具有代表性的有尼琪（Nitti）预算原则、纽玛克（Neumark）预算原则、舍德（Seidel）预算原则分类和桑德森（Sundelson）的预算原则分类框架。西方预算理论界对上述原则加以总结归纳，形成了一套为多数国家所接受的一般性预算原则。主要包括以下六条：一是全面性原则。要求政府预算应该包括其全部的财政收支，反映政府的全部财政活动。不允许有预算以外的政府收支活动，任何政府部门的收支都要以总额列入预算，而不应只列入收支相抵后的净额。二是一致性原则。要求预算收支按照统一的程序和标准来计量和编制。该原则强调对所有的政府收入和支出应该同等对待。纽玛克的“收入的非专用性原则”实际上可以视为达成预算一致性原则的重要途径。因为，收入的非专用性原则强调应该用“一般性收入”（General Revenue）为各种支出提供资金,而不能将某项收入变成某项特定支出的专项收入。三是可靠性原则。要求政府预算的编制和批准所依据的资料信息必须可靠,收支数据必须符合实际。四是严格性原则。该原则强调预算一经做出就必须严格执行,并能有效地约束各个政府部门的行为。该原则又包括定性和定量两个层面的内容。在定性层面上,预算拨款只能用于预先规定的预算目的,禁止将拨款从某一个项目(或部门)转移到另一个项目(或部门)。在定量层面上,该原则规定只有当政府决定在预算中提供某笔资金后才允许进行支出。五是公开性原则。要求各级政府的全部财政收支都必须经过立法权力机关审议批准,并向社会公布。六是年度性原则。要求所有政府预算都按预算年度编制,列出预算年度内收支总额。该原则意味着预算只能覆盖以年度为单位的某一个特定时期。与此相联系的是事前批准原则,即在进行预算支出前,必须确保所有的支出——有时也包括收入——必须通过立法机关投票获得批准。

经典预算原则是与自由资本主义时期"健全财政"的最高原则相一致的,即制定预算原则的指导思想是控制预算收支以达到预算平衡。这些传统的预算原则对实现政府对预算收支的计划管理与执行和立法机构对政府财政活动的控制与监督这两大传统预算目的,都具有重要的指导意义。

20 世纪初 30 年代世界经济大危机后,凯恩斯主义风行于西方国家,各国政府对经济逐步进行了全面和深入的干预。与此相适应,西方各国政府在预算上明显地表现出主动性,传统的古典预算原则在一些方面已不再适应新的经济形势和政府职能的变化,于是,各国便开始对古典预算原则进行修改和补充。其中,最具有代表性的是 1945 年美国联邦政府预算局局长史密斯(H. D. Smith)提出的八条预算原则,表示出在当代社会经济条件下,美国行政机构谋求预算主动权的一种倾向性要求,也反映了当代西方国家预算原则变动的一种趋势。

20 世纪 70 年代以后,各国的预算实践对古典预算原则提出了更大挑战。首先,古典预算原则强调预算的非连续性或年度性,但是,70 年代以来,预算越来越具有连续性,过去形成的预算承诺,比如各种社会保障项目,常常不能随意终止,因此,许多预算决策就变成连续的而非年度性的。凯顿将其概括为"预算的非弹性"(Budgetary Inflexibility)。其次,由于长期性的预算承诺所导致的支出每年都在变化,并取决于不可改变的上一财政年度的决策、涉及的受益人数和部门、经济波动等不可控制的因素,因此,预算变得越来越不可预测。凯顿将其概括为"预算的不可预测性"(Budgetary Unpredictability)。再次,古典预算原则强调预算的全面性或完整性,然而,20 世纪 70 年代以来预算常常被各种隐蔽的方法拆散、某些领域逐渐形成供自己自由支配的资金预算外活动。预算外项目和基金的大量存在,以及复式预算的引入,致使预算的完整性原则逐渐被打破。因而凯顿将其概括为"预算的零碎化"(Budgetary Fragmentation)。最后,由于公共和私人部门之间的区别越来越模糊以及各种准政府组织参与到公共产品和服务的供给当中,一些私人部门和准政府组织实际上介入了政府收支活动,但是却常常不受政府预算控制。凯顿将其概括为"预算的私有化"(Privatization)。

参考文献:

陈工:《政府预算与管理》,清华大学出版社 2004 年版。

彭健:《政府预算理论演进与制度创新》,中国财政经济出版社 2006 年版。

马蔡琛:《政府预算》,东北财经大学出版社 2007 年版。

马骏:《公共预算原则:挑战与重构》,载于《经济学家》2003 年第 3 期。

(贾康　李婕)

年度预算平衡论

Annual Budget Balance Theory

年度预算平衡论又称"年度财政平衡论",是 20 世纪 30 年代大衰退之前的正统预算原则。在资本主义自由竞争时期,西方经济学家一般是主张经济自由,反对国家干预,体现在对财政预算行为准则的解释上,就是古典学派提出的、以严格的年度平衡为核心的谨慎财政原则。其内容包括:(1)公共财政实践中,预算如果不是有盈余,至少必须平衡,只有在非常特殊的情况下才容忍出现赤字;(2)虽然微小的赤字有时是难以避免的,但实践中要求在正常的年度预算中设计适量的盈余,用以弥补不景气年份的赤字,从而使赤字的可能性被降低到最低限度;(3)大量持续的财政赤字是愚蠢财政的标志;(4)当政府利用负债筹措资本开支时,必须建立并保持偿债基金。

古典学派并不苛刻地要求政府每年的预算必须平衡。考虑到波动问题,古典学派认为政府也可以出现赤字,但赤字应该主要出现在战争期间以及发生重大自然灾害的年份,在和平年代中政府的正常预算应该有盈余。

古典学派的经济学家们之所以主张年度预算平衡,主要有以下四个方面的原因:第一,政府对私人部门发行公债会延缓后者的发展,因为这会造成原可为私人部门用于生产投资的资本,被挪作政府花费。第二,政府支出是非生产性的,财政赤字更会造成巨大的浪费。第三,财政赤字必然导致通货膨胀。第四,年度预算平衡是控制政府支出增长的有效手段。

年度预算平衡的基本原理与亚当·斯密(Adam

Smith)的古典经济学理论一脉相承。后者的基本内容包括:第一,一个国家的财政管理与一个家庭的财务管理道理是一样的。如果夫妻两人的支出多于他们的收入,那么他们将破产,困苦即将来临。这个道理同样适用于一个政府。第二,政府预算每年都要平衡。预算规模要小,其支出要节俭,支出用途要严加控制。第三,政府债务是给子孙后代造成的沉重负担,每一元的债务都是压在人们肩膀上的沉重石头。一切欠债都是罪恶,政府公债更是如此。

随着资本主义自由经济向垄断经济的转变,年度预算平衡在理论和实践上都面临无法解决的难题:第一,束缚了政府在反衰退方面采取有力的财政措施。第二,更为严重的是,年度预算平衡实际上起到了加剧经济波动的作用。在经济衰退时期,由于国民收入的大幅度下降,政府税收减少,而财政支出却往往处于上升或不变的状态。在这种情况下,为了实现年度预算平衡,政府面临的选择只有三种:要么提高税率,要么减少开支,要么增税和减支并举。很显然,这些都是紧缩需求的措施,其结果只能是给已经存在的以有效需求不足为特点的经济衰退雪上加霜。而在通货膨胀时期,由于国民收入增加,政府税收也自动增加,这时的支出则处于相对下降或不变状态。在这种情况下,为了平衡预算,政府面临的选择也只有三种:要么降低税率,要么增加开支,要么减税和增支并举。显然,这三种措施都是在加大需求,其结果只能是给已经出现的通货膨胀火上浇油。认识到这些局限性,凯恩斯学派提出了与年度平衡理论截然相反的周期预算平衡理论。

参考文献:

[英]亚当·斯密:《国富论》,湖南文艺出版社 2012 年版。

[英]约翰·梅纳德·凯恩斯:《就业、利息和货币通论》,华夏出版社 2005 年版。

[美]爱伦·鲁宾:《公共预算中的政治:收入与支出,借贷与平衡》,中国人民大学出版社 2001 年版。

王雍君、张拥军:《政府施政与预算改革》,经济科学出版社 2006 年版。

(王雍君　陈建华)

周期预算平衡论
Cyclical Budget Balance Theory

周期预算平衡论又称"长期预算平衡论"和"周期财政平衡",与"年度预算平衡"相对称,主张财政发挥逆经济周期的调节作用。在经济衰退时期,为了消除衰退,政府应该减少税收,增加支出,有意识地使预算形成赤字;在经济繁荣时期,政府应该增加税收,紧缩开支,有意识地使预算形成盈余。这样,从整个经济周期来看,繁荣时期的盈余可以抵消衰退时期的赤字。尽管从年度看财政预算是不平衡的,但从一个经济周期看财政预算是平衡的。

1929 年大衰退的爆发动摇了西方经济学家对自由放任的市场经济内在稳定机制的信念,把政府干预经济提上了议事日程,反映在预算准则上,就是所谓"周期预算平衡论"的产生,一直到 20 世纪 70 年代止,都作为正统预算理论。

周期预算平衡论的出发点是主张财政发挥反经济周期的作用,同时也实现预算平衡。不过,这种平衡不是年度平衡,而是在控制经济周期波动的条件下,作预算周期平衡。其基本观点可概括为以下三个方面:

第一,在经济衰退时期,为了消除衰退,政府应该减少税收,增加支出,有意识地使预算形成赤字,这既可直接扩大投资和消费,补充私人投资和消费需求的不足,又可间接地刺激私人投资和消费需求,从而提高国民经济的有效需求水平。

第二,在经济繁荣时期,政府应该增加税收,紧缩开支,有意识地使预算形成盈余,这既可直接压缩投资和消费,抵消私人投资和消费需求的过旺,又可间接抑制私人投资和消费需求,从而降低国民经济的有效需求水平。在上述情况下,财政将发挥其反经济周期乃至"熨平"经济周期波动曲线的效力。

第三,政府仍可使其预算保持平衡。只不过这时的预算平衡,不是年度平衡,而是周期平衡,即从整个经济周期来看,繁荣时期的盈余可以抵消衰退时期的赤字。因此,从年度看财政预算是不平衡的,但从一个经济周期看财政预算是平衡的。

参考文献:

[美]小罗伯特·D·李等:《公共预算制度》,上海财经大学出版社 2010 年版。

王雍君:《公共预算管理》,经济科学出版社 2010 年版。

(王雍君　谢林)

功能财政论
Functional Finance Balance Theory

功能财政论又称"功能财政平衡论",是由美国经济学家阿巴·勒纳提出的财政理论。强调财政预算应从其对经济的功能着眼,而不应仅仅注重其收支是否平衡。用财政政策的经济效果作为评判财政措施的准则,这种原则被称为功能财政准则。

功能财政论的基本观点认为:财政预算应从其对经济的功能上来着眼。政府财政的基本功能是稳定经济;政府预算的首要目的,是提供一个没有严重通货膨胀或通货紧缩的充分就业,即经济平衡,预算平衡只是第二位的；政府预算盈余或赤字的问题本身与严重的通货膨胀或持续的经济衰退相比是不重要的。

功能财政论将预算平衡与否的判断，从实际的预算收支差额转向对经济进行分析，这是预算平衡理论的重大转变。这一理论证明了经济衰退期存在预算赤字的必要性。但功能财政论是一个宏观静态理论，也有其局限性。例如，在通货膨胀时期，不管什么类型，只要实施减少总支出的办法，就可以取得货币稳定，但可能出现牺牲经济长远发展利益的局面。因此，功能财政论对于抑制短期的周期波动效果比较理想，而对长期的经济增长影响不够明显。此外，这一理论在实际运用中，由于存在认识时滞、执行时滞等因素，可能出现错过政策措施实施的最佳时机，或者实施不恰当的政策而加重经济波动的情况。

参考文献：

王雍君：《公共预算管理》，经济科学出版社 2010 年版。

［美］罗伯特·D·李、罗纳德·W·约翰逊、菲利普·G·乔伊斯：《公共预算体系》，中国财政经济出版社 2011 年版。

（王雍君　谢林）

预算过程
Budgetary Process

在实务操作上，公共预算表现为一个周而复始的循环过程，始于预算准备，终于预算评估和决算审计，期间依次经历预算审查与辩论、预算执行与控制两大部分。每个国家的预算程序并不完全相同，但是通常都覆盖四个彼此相连的阶段，统称预算过程，依次为：

行政计划阶段（Executive Planning Stage），行政部门制定预算草案；

法定审批阶段（Legislative Approval Stage），立法机关对行政部门提交的预算草案进行审查和批准，使其具有合法性（形成法定授权）；

行政实施阶段，行政部门执行和实施预算；

基于法定授权的评估、检查和决算审计——事后的完结受托责任（Accountability）阶段。

预算过程（Budgetary Process）与预算程序（Budgetary Procedure）是两个相关但是含义有所不同的概念。预算程序是按照特定标准对预算过程所作的个性化阶段划分，通常因预算制度而异。预算制度将预算过程区分为不同步骤从而形成特定的预算程序，决定谁在某个步骤做什么，以及如何处理各阶段的接续关系。

参考文献：

王雍君：《公共预算管理》，经济科学出版社 2010 年版。

［美］阿伦·威尔达夫斯基：《预算与治理》，上海财经大学出版社 2010 年版。

（王雍君　谢林）

预算控制
Budgetary Control

预算具有控制功能。公共预算的控制功能强调对公共资源进行法律、行政和其他方面的限制，这也通常被认为是政府履行对纳税人受托责任的机制。控制功能是公共预算最基本的功能。预算的本意就是控制政府支出，使其实际的开支水平、结构和实施支出的行为被约束在预算和法律的框架内。在民主政治和法治社会中，除非获得法律上（立法机关批准的预算本身就是具有法律效力的文件）的明确授权，否则，政府既不能从纳税人那里拿钱（征税），也不能实施任何支出，任何超越预算授权范围的开支都是不允许的。公共预算的控制功能是确保政府财政活动——重点是公共支出——遵守法律约束所不可或缺的。事实上，在西方较成熟的民主政体中，预算是议会控制政府最重要的工具，这也是约束政府的宪政功能在公共预算上的直接反映。

预算控制模式可区分为外部控制、内部控制以及产出控制。实施外部控制要求在政府预算体系中，由法律法规（甚至由宪法）加以规定或认可的一整套事前的、正式的预算管理程序和规则，这些程序和规则贯穿从预算编制到预算执行、评估和审计的整个预算过程，并规范着立法部门、行政部门和预算过程中其他的参与者的行为；内部控制强调分权，管理者在采取具体行动之前，并不需要得到支出控制者的批准，也不需要大量的自下而上的信息流动，支出机构必须确保其预算实施过程的合法性、适当性和效率，为此必须建立起服从于政府预算管理规则的内部管理制度，同时养成自觉服从正式预算规则与程序的良好习惯；与着眼于投入控制的外部控制和内部控制相比，产出控制将预算控制的重心转向了预算过程的产出（绩效）方面，通过赋予较低层的支出管理者更多的使用营运成本的自由裁量权，以及通过强调对产出及其成本进行计量和绩效审计评价，产出控制模式直指支出资金及支出管理机构的营运效率。

参考文献：

［美］艾伦·希克：《当代公共支出管理方法》，中国经济管理出版社 2001 年版。

王雍君：《公共预算管理》，经济科学出版社 2010 年版。

（王雍君　谢林）

中国预算体制

China's Budgetary System

一国的预算管理体制是指国家处理中央与地方、地方各级政府之间预算资金分配关系,确定各级预算收支范围和管理职责权限的根本制度,其核心是预算管理权限的划分。政府预算体制是国家财政管理体制的重要组成部分。财政管理体制有广义和狭义之分。广义的财政管理体制一般由预算管理体制、税收管理体制、公共部门财务管理体制、国家金库管理体制、国有资产管理体制等组成。狭义的财政管理体制就是指政府预算体制。

我国现行预算管理体制是在1994年财税体制改革的基础上形成的,还在经历调整和完善。其基本内容如下:

根据现行体制文件规定,中央财政主要承担国家安全、外交和中央国家机关运转所需经费,调整国民经济结构、协调地区发展、实施宏观调控所必需的支出,涉及由中央直接管理的事业发展支出。具体包括:国防费,武警经费,外交和援外支出,中央级行政管理费,中央统管的基本建设投资,中央直属企业的技术改造和新产品试制费,地质勘探费,由中央财政安排的支农支出,由中央负担的公检法支出和文化、教育、卫生、科学等各项事业费支出。

地方财政主要承担本地区政权机关运转所需支出以及本地区经济、事业发展所需支出,具体包括:地方行政管理费、公检法支出、部分武警经费、民兵事业费、地方统筹的基本建设投资,地方企业的技术改造和新产品试制经费,支农支出,城市维护和建设经费,地方文化、教育、卫生等各项事业费,价格补贴支出以及其他支出。

根据分税制的基本原则,按税种划分中央与地方的收入,将维护国家收益、实现宏观调控所必需的税种划分为中央税;将同经济发展直接相关的主要税种划为中央与地方共享税;将适合地方征管的税种划为地方税,并补充地方税税种,增加地方收入。1994年财税体制改革时具体划分如下:

中央固定收入包括:关税,海关代征的增值税和消费税,消费税,中央企业所得税,地方银行和外资银行及非银行金融企业所得税,铁道部门、各银行总行、各保险总公司等集中缴纳的收入(包括营业税、所得税、利润和城市维护建设税),中央企业上交利润等。外贸企业出口退税,除1993年地方已经负担的20%部分列入地方上交中央基数外,以后发生的出口退税全部由中央财政负担。

地方固定收入包括:营业税(不含铁道部门、各银行总行、各保险总公司集中交纳的营业税),地方企业所得税(不含地方银行和外资银行及非银行金融企业所得税),地方企业上交利润,个人所得税,城镇土地使用税,固定资产投资方向调节税,城市维护建设税(不含铁道部门、各银行总行、各保险总公司集中交纳的部分),房产税,车船使用税,印花税,屠宰税,农牧业税,对农业特产收入征收的农业税,耕地占用税,契税,遗产和赠与税,土地增值税,国有土地有偿使用收入等。

中央与地方共享收入包括:增值税、资源税、证券交易税。增值税中央分享75%,地方分享25%。资源税按不同的资源品种划分,大部分资源税作为地方收入,海洋石油资源税作为中央收入。证券交易税,中央与地方各分享50%。

1994年以来,中央与地方的收入划分有所调整,主要内容有:2002年开始,除铁路运输、国家邮政、中国工行、农行、中行、建行、开发行、农发行、进出口行以及海洋石油天然气企业缴纳的所得税继续作为中央收入外,其他企业所得税和个人所得税一律由中央和地方按比例分享。中央保证各地区2001年地方实际的所得税收入基数,实施增量分成。2002年纳入共享范围的企业所得税和个人所得税按五五比例分享。2003年改为中央分享60%,地方分享40%。以2001年为基期,按改革方案确定的分享范围和比例计算,地方分享的所得税收入,如果小于地方实际所得税收入,差额部分由中央作为基数返还地方;如果大于地方实际所得税收入,差额部分由地方作为基数上解中央。2003年10月,中央公布了《关于进行出口退税制度改革的决定》,对整个出口退税制度进行了较大的改革。主要内容包括:适当调整出口退税率,从2004年起,以2003年出口退税实退指标为基数,对超基数部分的应退税额,即出口退税的增量部分由中央和地方按75%和25%的比例负担,以前累计欠退税则仍由中央财政负担。同时为加大中央财政对出口退税的支持力度,2003年后中央财政从进口环节所取得的增值税、消费税的增量部分首先用于出口退税;从2005年1月1日起,出口退税超基数部分将在原批准核定基数不变的基础上,按92.5:7.5的比例由中央与地方财政共同负担;2014年后,再改为全部由中央负担。在1994年印花税分成比例中,国家和地方各50%。1997年1月1日起国务院决定将证券交易印花税分享比例调整为中央80%、地方20%。1997年5月对证券交易印花税再次调整分享比例,改为中央88%、地方12%。2000年国务院决定,将证券交易印花税分享比例由中央88%、地方12%,分三年调整到中央97%、地方3%。即2000年中央91%、地方9%;2001年中央94%、地方6%;从2002年起中央97%、地方3%。其中,2000年的分享比例,自2000年10月1日起执行。证券交易印花税中央分享97%,上海、深圳分享3%。从2006年停征了农业税。取消除烟叶外的农业特产税。另外车船使用税改为车船税。

中央财政对地方财政返还数额，以1993年为基期年，按照1993年地方实际收入以及税制改革和中央与地方收入划分情况，核定1993年中央从地方净上划的收入数额（即消费税+75%的增值税-中央下划收入）。1993年中央净上划收入全额返还地方，保证现有地方既得财力，并以此作为以后税收返还基数；1994年以后，税收返还基数在1993年基数上逐年递增，递增率按本地区增值税和消费税的平均增长率的1∶0.3系数确定，即本地区上述两税平均每增长1%，中央财政对地方的税收返还增长0.3%，按环比计算，即每年在上年税收返还数额的基础上增长。如若1994年以后中央的净上划收入达不到1993年基数，则相应减少税收返还数额。

除税收返还外，1994年后还实行“过渡时期转移支付办法”，由中央对地方按公式计算进行转移支付，以平衡地区财力差距，不过数额不大。目前，已将过渡时期转移支付改为一般性转移支付。现在中央对地方财政转移支付制度体系由一般性转移支付和专项转移支付构成，以2010年为例，一般性转移支付包括均衡性转移支付、民族地区转移支付、县级基本财力保障机制奖补资金、调整工资转移支付、农村税费改革转移支付等。专项转移支付是指中央财政为实现特定的宏观政策及事业发展目标，以及对委托地方政府代理的一些事务进行补偿而设立的补助资金，地方财政需按规定用途使用资金，专项转移支付重点用于教育、医疗卫生、社会保障、支农等公共服务领域。

采取原体制分配格局暂时不变、经过一段时间过渡再逐步规范的办法，以减少推行分税制改革的阻力。原体制中央对地方的补助继续按规定执行。原体制地方上解仍按不同体制类型处理；实行递增上解的地区，按原规定继续递增上解；实行定额上解的地区，按原规定的上解额继续定额上解；实行总额分成地区和原分税制试点地区按1993年实际上解数和递增额，并核定一个递增率，每年递增上解。原中央对地方下拨的一些专款，该下拨的继续下拨。地方1993年承担的20%部分出口退税以及其他年度结算的上解和补助项目相抵后，确定一个数额作为一般上解或一般补助处理，以后年度按此定额结算等。

1994年预算管理体制改革以来，分税制体制运行中除了局部调整外，基本框架保持相对稳定。从经济社会发展实际、政府职能转变的具体进展以及预算体制自身运行存在问题分析，我国分税制预算管理体制还需要进一步改革和完善，基本思路如下：(1)在转变政府职能基础上，进一步明确划分各级政府事权和预算收支范围。(2)建立规范的转移支付制度，正确处理政府间财政关系。(3)进一步完善省级以下地方税体系和预算管理体制。

参考文献：

［美］小罗伯特·D·李等：《公共预算制度》，上海财经大学出版社2010年版。

财政部预算司：《中央部门预算编制指南（2011）》，中国财政经济出版社2010年版。

李燕：《政府预算管理》，北京大学出版社2008年版。

温来成：《预算管理》，中国人民大学出版社2008年版。

马海涛：《政府预算管理》，复旦大学出版社2003年版。

马蔡琛：《政府预算》，东北财经大学出版社2007年版。

（马海涛　温来成）

中国的预算改革
China's Budget Reform

中国的预算改革是指中国在构建公共财政制度框架过程中，为强化对财政资金使用的内部行政控制、提高财政资金使用绩效而推行的一系列预算管理制度变革。1999年后的中国预算改革涉及预算编制、审批、执行、决算、报告等各个环节。

第一，预算编审机制改革——部门预算的引进。部门预算是市场经济国家财政预算管理的基本形式，指各预算部门依据国家有关政策规定及其行使职能的需要，由基层预算单位编制，逐级上报，再由主管部门按规定汇总，经财政部门审核后提交立法机关依法批准的涵盖部门各项收支的综合财政计划。相对于传统的功能预算，这种预算编制在编制的基础、范围、方法等方面都有较大进步。在编制原则上，保证了部门行使职能与财力可能之间的一致性；在编制内容上，涵盖了部门或单位所有收入和支出，包括预算外资金和政府性基金等；在编制方法上，部门基本支出实行定员定额管理，项目支出采用“项目库”管理方式，预算编制内容不断细化；在编制程序上部门作为预算编制的基础单元，财政预算从基层部门编起，通过逐级上报、审核，经单位和部门汇总形成。

第二，预算收支执行改革——国库集中收付制度改革。中国的国库集中收付制度改革正式启动于2001年3月，是一项涉及整个财政管理的基础性改革，贯穿于财政预算执行的全过程。明显有别于传统的国库分散支付模式，国库集中收付制度是指对预算资金实行集中收缴和支付的制度，其核心是通过国库单一账户对现金进行集中管理，建立一个以单一账户为核心、资金缴拨以国库集中收付为主要形式的集中型国库管理制度。具体讲，是在账户集中、现金余额集中、会计处理集中和交易监管集中的基础上由财政部门对各个部门的收入收缴、支出决策和支出行为进行控制。通过信息网络全过程实时监测预算资金收缴和支付，从而控制和保障预算资金的安全和高效。在国库单一账户体系基础上，以信息系统为支撑，由"集中汇缴"方式为主变为"直接缴款"方式为主，规范收入收缴程序；健全非税收入收缴管理机制，进一步拓展国库集中收付制度改革的资金范围；规范支出拨付程序，逐步完善各类财政资金国库集中支付机制，支出在没有支付到实际收款人之前不流出国库单一账户体系。

第三，预算支出执行改革——政府采购制度的改革。相对于分散采购模式而言，政府集中采购由一个专门的政府采购机构负责本级政府的全部采购任务。根据《预算法》有关规定，财政部自1999年先后颁布了《政府采购管理暂行办法》、《政府采购招标投标管理暂行办法》和《政府采购合同监督暂行办法》等规章制度。2003年1月1日《政府采购法》正式实施。这些法规为依法开展采购活动提供了制度保障，对政府采购的范围、管理机构、采购模式、采购资金拨付以及采购监督等有关问题作出了明确规定，并对准入条件、程序以及政府采购资金预算单列和支付形式等，都作了原则规定，标志着我国政府采购工作进入规范化、法制化轨道。

第四，预算收支管理改革——实行"收支两条线"管理的改革。2001年，国务院办公厅转发《财政部关于深化收支两条线改革进一步加强财政管理意见的通知》，要求以部门综合预算编制为出发点，以预算外资金管理为重点，以强调收支脱钩为中心，以国库管理制度改革为保障，明确提出进一步深化"收支两条线"改革的步骤与相关措施。2002年，财政部进一步加大"收支两条线"管理工作力度，采取了以下措施：一是清理整顿现行收费、基金项目。财政部陆续将公安部等五部门的行政事业性收费及其他部门的100多项行政事业性收费全部纳入预算管理，将26项政府性基金纳入预算管理，实行彻底的收支脱钩。二是对中央部门区分不同情况，将预算外资金分别采取纳入预算或实行收支脱钩等办法加强预算管理。

第五，预算支出绩效改革——推进财政支出绩效考评。从2003年起，财政部开始研究制定财政支出绩效考评管理办法，组织部分中央部门开展预算支出绩效考评试点工作。2005年，制定了《中央部门预算支出绩效考评管理办法（试行）》，对绩效考评的组织管理、工作程序、结果应用和考评经费来源等作了明确规定，确立了财政部门统一领导、预算部门具体组织实施的绩效考评分工体系。

第六，预算管理信息化改革——建设政府财政管理信息系统（GFMIS）。财政部在推进上述预算制度改革的同时，从1999年下半年开始着手规划建立政府财政管理信息系统（简称"金财工程"），利用先进的信息技术，构建以预算编制、国库集中收付和宏观经济预测为核心的政府财政管理综合信息系统。"金财工程"以财政系统纵横向三级网络为支撑，以细化的部门预算为基础，以所有财政收支全部进入国库单一账户为基本模式，以预算指标、用款计划和采购订单为预算执行的主要控制机制，以出纳环节高度集中并实现国库资金的有效调度为特征，以实现财政收支全过程监管、提高财政资金使用效益为目标。

第七，预算管理科目改革——积极推进政府收支分类改革。财政部从1999年年底开始启动政府收支分类改革研究工作，在认真借鉴国际政府收支分类经验的基础上，结合公共财政、部门预算、国库集中收付等改革对科目体系的要求，在全国人大、中央有关部门、地方财政部门等各有关方面的积极参与、支持和配合下，于2004年年底形成了《政府收支分类改革方案》，并于2007年在全国范围内实施。改革后的政府收支分类体系由"收入分类"、"支出功能分类"、"支出经济分类"三部分构成，初步建立适应市场经济和公共财政建设要求，符合国际通行口径的政府收支分类科目。

中国预算改革的评述。经过1999年以来的改革，中国基本上建立起一种"控制取向"的预算管理体系，将财政部门转变成真正意义的"核心预算机构"，由它集中资源配置权力，并在预算执行中对支出部门的支出行为施加"外部控制"。随着改革的不断深入，下一步预算改革的重点将集中于政府会计与政府财务报告、参与式预算、预算透明度等领域。

2014年后，根据中共中央政治局审议通过的财税配套改革方案，预算改革又在提高预算透明度，实行全口径预算，构建由一般预算、资本预算、社保预算和基金预算组成的预算体系，改进转移支付，对地方债"开明渠，增暗沟"实行阳光化规范管理，建立引入权责发生制的中期财政规制和跨年度滚动预算，形成政府财务报告制度，清理税收优惠和盘活存量资金等方面，采取了一系列举措。

参考文献：
王雍君：《中国的预算改革——评述与展望》，载于《经济社会体制比较》2008年第1期。
肖鹏：《新中国60年预算管理制度改革与总结》，引自马海涛、肖鹏：《财政改革与发展论》，经济科学出版社2009年版。
李燕：《政府预算管理》，北京大学出版社2008年版。
马骏：《中国公共预算改革的目标选择：近期目标与远期目标》，载于《中央财经大学学报》2005年第10期。

（马海涛　肖鹏）

量入为出与量出为入
Expending According to Revenue and Levying According to Expenditure

量入为出与量出为入是两种相反但又相互补充、相互配合的理财思想。我国早在夏、商、周时期,就出现了量入为出的财政思想。《礼记·王制》记载“冢宰制国用,必与岁之杪,五谷皆入,然后制国用,用地大小,视年之丰耗。以三十年之通制国用,量入以为出”。量入为出是指在自然经济条件下,政府根据农业的收成和能组织到收入的多少,来安排财政支出,一般要求财政支出不得突破财政收入。量入为出的财政思想,即使在现代市场经济条件下,仍有积极借鉴意义,是政府财政管理的一条基本准则。在经济发展水平一定,政府所能组织的税收、规费、公债等财政收入已达到最大极限时,财政支出应坚持量入为出;否则,就会产生财政赤字,影响国民经济和社会的健康发展。在国际上,美国、欧盟等国债务危机频发,也从反面印证了量入为出的必要性。

量出为入也称为量出制入,即根据国家财政支出需要确定组织财政收入的数额。西汉初,量出制入原则已被应用。《汉书·食货志上》有“量吏禄,度官用,以赋于民”的说法。最早明确提出量出制入的是唐代的杨炎。他在奏行两税法时说:“凡百役之费,一钱之敛,先度其数而赋于人,量出以制入”(《旧唐书·杨炎传》)。在实际财政管理中,安排财政支出不是消极的能组织多少收入,就安排多少财政支出,也要考虑政府履行职责,提供公共服务的需要。政府各项支出也是国家经济社会发展所必需的,特别是公债还本付息支出、社会保障支出、公务人员工资支出,是刚性支出,必须保证按期支付。当然,量出制入也不能超越经济发展水平的客观界限。因此,在财政管理中,需要将量入为出与量出为入相结合,管理政府收支,保持宏观经济的稳定与增长。

参考文献:

陈共:《财政学》,中国人民大学出版社 2009 年版。
苏明:《政府支出政策研究》,中国财政经济出版社 1999 年版。
雷良海:《政府支出增长与控制研究》,上海财经大学出版社 1997 年版。
高培勇、崔军:《公共部门经济学》,中国人民大学出版社 2004 年版。
孙翊刚:《中国财政问题源流考》,中国社会科学出版社 2001 年版。
温来成:《政府经济学》,国家行政学院出版社 2009 年版。

(马海涛　温来成)

全口径预算管理
Full-covered Budget Management(FCBM)

全口径预算管理是指全部政府性收支都纳入预算,实行统一、完整、全面、规范的预算管理。凡是政府获得的收入与所发生的一切支出,都纳入政府预算管理范围。

我国关于全口径预算管理的表述,最早出现于 2003 年 10 月中共十六届三中全会所通过的《中共中央关于完善社会主义市场经济体制若干问题的决定》第 21 条,提出“实行全口径预算管理和对或有负债的有效监控。加强各级人民代表大会对本级政府预算的审查和监督”。此后,国务院在《关于 2005 年深化经济体制改革的意见》中进一步提出“改革和完善非税收入收缴管理制度,逐步实行全口径预算管理”。

全口径预算管理的基本含义是,通过预算管理制度的改革充分实现政府预算的完整性,即在政府预算之外,不允许政府及其各个部门有任何收支活动,从而最大限度优化预算作为行政层面内部控制与立法层面外部控制的管理工具,最终使得以财政部门为财务统领的政府整体是能够对立法机构负责的,进而确保整个政府活动是对公民负责的(高培勇,2009)。

全口径预算是最大统计口径的财政收支,即“全部公共收支”,包括政府为履行公共职责直接或间接控制和管理的各种形式的资金收支,与预算原则中“全面性、综合性原则”的要求相一致,是保证预算透明和可问责的基石。

我国全部政府收支曾划分为预算内收支、预算外收支与制度外收支。所谓“预算内收支”,主要包括一般预算收支与政府性基金预算收支。政府性基金最初属于预算外收支范畴,直到 1996 年国务院颁发《关于进一步加强预算外资金管理的决定》,从 1997 年起,政府性基金开始逐步逐项地进入预算内,截至 2010 年,所有政府性基金均纳入预算管理。预算外资金,部分纳入“预算外财政专户”、按照“收支两条线”的资金管理办法管理;还有部分既没有纳入预算内管理也不上缴预算外财政专户管理,而是经财政部门核准批准、部门得以留用、以自收自支的形式按计划直接使用的预算外资金,体现在部门预算当中。制度外收支是指各级政府及部门凭借其行政权力,直接或间接掌握的,未通过正式预算管理程序、游离于财政预算管理和预算外资金管理范畴之外的政府性资金,包括“小金库”的资金。经过多年改革与加强管理的努力,我国预算内、预算外、制度外三个层次的资金已经过首先取消制度外空间,并入预算内式预算外(“三而二”),进而取消预算外资金范畴(“二而一”),实现了全口径预算管理的清晰制度框架。这一框架有些在 2014 年开始实施的财税配套改革中得到充分巩固。

参考文献：

高培勇：《中国财政政策报告2008/2009：实行全口径预算管理》，中国财政经济出版社2009年版。

李冬妍：《全口径预算管理：制度演进与框架构建》，载于《郑州大学学报（哲学社会科学版）》2010年第1期。

李冬妍：《打造公共财政框架下的全口径预算管理体系》，载于《财政研究》2010年第3期。

（马海涛　肖鹏）

基金预算收支

Revenue and Expenditure of Fund Budget

基金预算是指独立于国家公共收支预算之外，以基金形式反映政府特定收支状况的一种预算制度模式。如以出让国有土地使用权、发行彩票等方式取得收入，并专项用于支出特定基础设施建设和社会事业发展的财政收支预算，是政府预算体系的重要组成部分。

基金预算收入包括按照规定收取、转入或通过当年财政安排，由财政管理且具有指定用途的政府性基金收入以及原属预算外的地方财政税费附加收入（《财政部关于将按预算外资金管理的收入纳入预算管理的通知》）。基金预算支出是指财政预算部门用基金预算收入安排的支出。

1996年财政部颁布的《政府性基金预算管理办法》规定，从1996年起，将养路费、车辆购置费、铁路建设基金、电力建设基金、三峡工程建设基金、新菜地开发基金、公路建设基金、民航基础设施建设基金、农村教育费附加、邮电附加、港口建设费、市话初装基金、民航机场管理建设费等13项数额较大的政府性基金（收费）纳入政府预算管理。

2009年，财政部发布的《政府性基金预算编制情况》显示，纳入政府性基金预算管理的基金共43项。按收入来源划分，向社会征收的基金有31项，包括铁路建设基金、民航基础设施建设基金、港口建设费、国家重大水利工程建设基金等。其他收入来源的基金12项，包括国有土地使用权出让收入、彩票公益金、政府住房基金等。按收入归属划分，属于中央收入的基金有9项，属于地方收入的基金有20项，属于中央与地方共享收入的基金有14项。按支出用途划分，用于公路、铁路、民航、港口等交通建设的基金有9项；用于水利建设的基金有4项；用于城市维护建设的基金有8项；用于教育、文化、体育等社会事业发展的基金有7项；用于移民和社会保障的基金有5项；用于生态环境建设的基金有5项；用于其他方面的基金有5项。

根据财政部2012年7月公布的《2011年全国政府性基金收入决算表》和《2011年全国政府性基金支出决算表》，2011年全国政府性基金收入和支出主要包括47个项目，具体为：农网还贷资金、山西省煤炭可持续发展基金、山西省电源基地建设基金、铁路建设基金、福建省铁路建设附加费、民航基础设施建设基金、民航机场管理建设费、海南省高等级公路车辆通行附加费、转让政府还贷道路收费权、港口建设费、散装水泥专项资金、新型墙体材料专项基金、旅游发展基金、文化事业建设费、地方教育附加、江苏省地方教育基金、国家电影事业发展专项资金、新菜地开发建设基金、新增建设用地土地有偿使用费、育林基金、森林植被恢复费、水利建设基金、南水北调工程基金、山西省水资源补偿费、残疾人就业保障金、政府住房基金、城市公用事业附加、国有土地使用权出让金、国有土地收益基金、农业土地开发资金、大中型水库移民后期扶持基金、大中型水库库区基金、三峡水库库区基金、中央特别国债经营基金财务、彩票公益金、城市基础设施配套费、小型水库移民扶助基金、国家重大水利工程建设基金、车辆通行费、船舶港务费、贸促会收费、长江口航道维护、核电站乏燃料处理处置基金、铁路资产变现、电力改革预留资产变现、无线电频率占用费、其他政府性基金。

政府性基金预算的管理原则是“以收定支，专款专用，结余结转使用”。基金支出根据基金收入情况安排，自求平衡，不编制赤字预算。当年基金预算收入不足时，可使用以前年度结余资金安排支出；当年基金预算收入超出预算支出的，结余资金结转下年继续安排使用。各项基金按规定用途安排，不调剂使用。

2009年以来，财政部按照全国人大和国务院的要求，制定印发了《关于进一步完善政府性基金预算编制的工作方案》，明确了完善基金预算编制的主要目标和任务，并抓紧组织实施，逐步落实各项任务措施。2009年10月10日，财政部颁布了《关于进一步加强地方政府性基金预算管理的意见》，就进一步加强地方基金预算管理提出了指导意见。

（马海涛　白彦锋）

国有资本经营预算收支

Revenue and Expenditure of Budget for State Capital Operations

国有资本经营预算是指国家以所有者身份依法取得国有资本收益，并对所得收益进行分配而发生的各项收支预算，是政府预算的重要组成部分。往往简称“资本预算”。

2007年9月，国务院发布《国务院关于试行国有资本经营预算的意见》，决定试行国有资本经营预算，标志着我国开始正式建立国有资本经营预算制度。

2008年10月中华人民共和国第十一届全国人民

代表大会常务委员会通过的《中华人民共和国企业国有资产法》第六章对国有资本经营预算制度作了特别规定，其中，第五十八条提出国家建立健全国有资本经营预算制度，对取得的国有资本收入及其支出实行预算管理。第十六条规定国有资本经营预算按年度单独编制，纳入本级人民政府预算，报本级人民代表大会批准。国有资本经营预算支出按照当年预算收入规模安排，不列赤字。第六十一条提出国务院和有关地方人民政府财政部门负责国有资本经营预算草案的编制工作，履行出资人职责的机构向财政部门提出由其向其履行出资人职责的国有资本经营预算建议草案。第六十二条提出对国有资本经营预算管理的具体办法和实施步骤，由国务院规定，报全国人民代表大会常务委员会备案。

国有资本经营预算收入由财政部门、国有资产监管机构组织收取，企业按规定及时足额上缴财政。收入项目主要包括：从国家出资企业分得的利润，国有资产转让收入，从国家出资企业取得的清算收入，其他国有资本收入。

纳入中央国有资本经营预算实施范围的中央企业税后利润的收取比例分为四类执行：第一类为烟草、石油石化、电力、电信、煤炭等具有资源垄断型特征的行业企业，收取比例15%；第二类为钢铁、运输、电子、贸易、施工等一般竞争性行业企业，收取比例10%；第三类为军工企业、转制科研院所、中国邮政集团公司、2011年和2012年新纳入中央国有资本经营预算实施范围的企业，收取比例5%；第四类为政策性公司，包括中国储备粮总公司、中国储备棉总公司，免交国有资本收益。符合小型微型企业规定标准的国有独资企业，应交利润不足10万元的，比照第四类处理。其后，央企税后利润收取（上缴）方案又有陆续的调整。2013年11月十八届三中全会通过的《中共中央关于全面深化改革若干重大问题的决定》中要求：“提高国有资本收益上缴公共财政比例，2020年提高到30%，更多用于保障和改善民生。”

根据财政部发布的《2011年中央国有资本经营收入决算表》，中央国有资本经营预算收入项目主要包括：（1）利润收入：具体包括烟草企业利润、石油石化企业利润、电力企业利润、电信企业利润、煤炭企业利润、有色冶金采掘企业利润、钢铁企业利润、化工企业利润、运输企业利润等21类利润收入；（2）股利、股息收入；（3）产权转让收入：具体包括金融类国有股减持收入、其他国有股减持收入；（4）清算收入；（5）其他国有资本经营预算收入。

国有资本经营预算支出按照当年预算收入规模安排，不列赤字，由企业在经批准的预算范围内提出申请，报经财政部门审核后，按照财政国库管理制度的有关规定，直接拨付使用单位，主要用于国有经济和产业结构调整、中央企业灾后恢复生产重建、中央企业重大技术创新、节能减排、境外矿产资源权益投资以及改革重组补助支出等。

同样地，根据财政部发布的《2011年中央国有资本经营支出决算表》，按照用途方向划分，其预算支出项目主要包括：（1）教育：包括其他教育支出；（2）文化体育与传媒：具体包括文化、广播影视和新闻出版；（3）社会保障和就业：具体包括补充全国社会保障基金；（4）农林水事务；（5）交通运输：具体包括公路水路运输、民用航空运输以及邮政业支出；（6）资源勘探电力信息等事务：具体包括资源勘探开发和服务支出、制造业、建筑业、电力监管支出、工业和信息产业监管支出、其他资源勘探电力信息等事务支出项目；（7）商业服务业等事务：具体包括商业流通事务、旅游业管理和服务支出、涉外发展服务支出；（8）地震灾后恢复重建支出：具体包括工商企业恢复生产和重建；（9）转移性支出。

实行国有资本经营预算制度的必要性主要是：

第一，实行国有资本经营预算有利于国有资本出资人充分发挥其职能作用。国资委作为国有资本出资人代表，其职能定位为对国有资本的监督管理，包括国有资本的产权监管、运营监管和国有资本总量与结构的调控管理，但不能直接干预企业的生产经营活动。国有资本经营预算反映的预算期内国有资本经营的目标，是国有资本经营计划的财务安排，是国资委职能作用发挥的基础。

第二，有利于实现政府作为国有资本所有者的监管职能。在市场经济条件下，按照政资分离的原则下，公共预算的编制和实施体现着政府行使社会管理职能的需要；而国有资本经营预算则体现政府行使国有资本所有者职能的需要，其收入应主要来源于国家以国有资本所有者身份取得的各种国有资本收益，其支出必须用于国有资本的再投入。

第三，有利于国有资本出资人加强对国有资本经营者的约束与控制。在国有资产管理中，国资委与国有资本经营公司既是国有资本的出资人代表，又是国有资本的经营者。国资委要对国有资本经营公司的经营者进行约束控制，国有资本经营公司要对被其控制或参股公司的经营者进行产权约束。而约束与控制的一个重要手段就是分级建立国有资本经营预算。

第四，有利于强化对国有资产的规范化管理。国有资本所有权和经营权随着国有企业的改组和改制实现了分离后，政府与国有企业经营者之间就形成了一种“委托—代理”关系。由于信息不对称，代理人有可能发生损害所有者权益的“道德风险”。为了预防这种“道德风险”的发生，必须建立国有资本经营预算，以便对国有资本经营活动进行统筹规划，对国有企业经营者的业绩进行考核和评价，从而最大限度地减少

"道德风险",确保国有资本的保值增值。

第五,有利于完善我国预算制度体系。我国国家财政必须建立起包括公共预算、国有资本经营预算和社会保障预算等在内的预算制度体系,以进一步转变和优化国家财政职能,增强财政宏观调控能力,强化预算约束。可见,建立国有资本经营预算乃是深化我国财政体制改革,促进我国复式预算制度不断完善发展的需要。

参考文献:
国务院国有资产监督管理委员会研究中心课题组:《加快建立国有资本经营预算》,载于《证券时报》2007年6月16日。

(马海涛　白彦锋)

社会保障预算收支
Revenue and Expenditure of Social Security Budget

社会保障预算是指国家为保障社会成员的基本生活权利而提供救助和补给,以便实现国家社会保障职能、完善社会保障制度而编制的预算。社会保障预算由社会保障预算收入和社会保障预算支出组成。

社会保障预算收入是指国家为实施社会保障事业,通过多种渠道参与国民收入分配而筹集的社会保障资金。社会保障预算支出是指国家和社会为实施社会保障事业,对干部、职工等社会成员因年老、疾病、伤残、失业、生育、死亡、自然灾害致使生活遇到困难时,为保证其基本生活而发生的各项支出。

早在1996年,财政部就开始积极研究建立社会保障预算问题,草拟了《关于建立社会保障预算的初步设想》,提出了社会保障预算编制的两种形式,即"板块式"社会保障预算方案和"一揽子"社会保障预算方案。此后,又在调研的基础上,对《初步设想》不断加以完善,提出应先行试编社会保险基金预算,在条件成熟时再编制社会保障预算的工作思路。2007年,按照党中央、全国人大、国务院要求,根据先建立社会保险基金预算,经过一段时间试行,待条件成熟后再将公共财政预算中用于社会保障的支出与社会保险基金预算合并建立完整的社会保障预算的思路,有关部门积极研究建立社会保险基金预算制度,起草了《国务院关于试行社会保险基金预算的意见(代拟稿)》。

在广泛征求全国人大预工委、中央有关部门及部分地方财政、人力资源社会保障部门以及部分高校和研究机构专家意见的基础上,经过数十次反复协商后,财政部和人力资源社会保障部于2009年9月初步达成共识,联合向国务院上报了《财政部、人力资源社会保障部关于试行社会保险基金预算的请示》。2009年12月9日,《国务院关于试行社会保险基金预算的意见》经国务院常务会议审议通过并正式颁布实施,决定从2010年起在全国建立社会保险基金预算制度。

社会保险基金预算的编制原则包括:依法建立、规范统一;统筹编制、明确责任;专项基金、专款专用;相对独立、有机衔接;收支平衡、留有结余。

社会保险基金预算按险种分别编制,包括企业职工基本养老保险基金、失业保险基金、城镇职工基本医疗保险基金、工伤保险基金、生育保险基金等内容。

社会保险基金收入项目主要包括:基本养老保险费收入、失业保险费收入、基本医疗保险费收入、工伤保险费收入和生育保险费收入。社会保险基金收入预算的编制应综合考虑统筹地区上年度基金预算执行情况、本年度经济社会发展水平预测以及社会保险工作计划等因素。

社会保险基金支出项目主要包括:基本养老金支出、失业保险金支出、基本医疗保险待遇支出、工伤保险待遇支出和生育保险待遇支出。社会保险基金支出预算的编制应综合考虑统筹地区本年度享受社会保险待遇人数变动、经济社会发展状况、社会保险政策调整情况及社会保险待遇标准变动等因素。

(马海涛　白彦锋)

部门预算
Department Budget

部门预算是市场经济国家编制政府预算的一种制度和方法,作为公共财政管理框架的一个重要组成部分,能够使财政活动的公开性、透明性和完整性得到保证。

部门预算以部门为基础单元,各部门编制本部门预算、决算草案,组织和监督本部门预算执行,定期向本级财政部门报告预算执行情况。实行部门预算制度,需要将部门的各种财政性资金、部门所属单位收支全部纳入预算编制。部门预算收支既包括行政单位预算,也包括事业单位预算;既包括一般收支预算,也包括政府基金收支预算;既包括基本支出预算,也包括项目支出预算;既包括财政部门直接安排预算,也包括有预算分配权部门安排的预算。部门预算将预算管理的出发点和着力点转移到部门,可以有效提高政府宏观调控和各部门统筹安排资金的能力。

通俗地讲,部门预算就是一个部门一本预算。在我国部门预算改革中所谓的"部门"具有特定含义,是指那些与财政直接发生经费领拨关系的一级预算会计单位。具体而言,根据中央政府部门预算改革中有关基本支出和项目支出试行单位范围的说明,部门预算改革中所指"部门"应包括三类:一是开支行政管理费的部门,包括了人大、政协、政府机关、共产党机关、民主党派机关、社团机关;二是公检法司部门;三是依照公务员管理的事业单位。

作为国家财政管理的基本方法，部门预算是一个综合预算，以单位所有收入统筹安排、所有支出具体编制到项目为主要内容。我国采取自下而上的编制方式和“二上二下”的基本流程。“一上”指部门编报预算建议数，由基层预算单位编起，层层汇总，由一级预算单位审核汇编成部门预算建议数，上报财政部门；“一下”指财政部门下达预算控制数，由财政部门各业务主管机构对各部门上报的预算建议数进行初审，由预算主管机构审核平衡汇总成预算测算方案报同级人民政府，经批准后向各部门下达预算控制限额；“二上”指部门上报预算，部门根据财政部门下达的预算控制限额，编制部门预算草案上报财政部门。“二下”指财政部门批复预算，财政部门在对各部门上报的预算草案审核后，汇总成按功能编制的本级财政预算草案和部门预算，报经同级人民政府审批后，提交人代会审议，按法定程序批准后，预算主管机构统一向部门批复预算，各部门在财政部门批复本部门预算，批复所属各单位的预算，并负责具体执行。这样一个从基层预算单位编起、逐级汇总、所有支出项目落实到具体的预算单位的过程，避免了上级代编预算的随意性和盲目性。

我国的部门预算编制改革开始于20世纪90年代末。1999年9月20日，经国务院批准，财政部在广泛征求相关部门意见的基础上，提出了《关于改进2000年中央预算编制的意见》，提出了具体的编制要求，主要包括：细化报送全国人大预算草案的内容；中央部门按财政部统一规定和标准表格，编制反映本部门所有收支情况的预算，初步构建了“一个部门一本预算”的部门预算基本框架；选择教育部、农业部、科技部和社会保障部4个部作为部门预算试点单位，向全国人大报送部门预算；统一规定预算编制、报送时间及需要各部门配合的其他事项。在2000年部门预算改革试点工作取得成功的基础上，部门预算改革逐年深入，如调整财政部内设机构及其职能来适应部门预算的管理要求，进一步延长预算编制时间，编制基本支出预算和项目支出预算，加大预算外资金纳入预算内管理力度等。

参考文献：

项怀诚：《中国财政管理》，中国财政经济出版社2001年版。

财政部预算司：《中央部门预算编制指南(2003)》，中国财政经济出版社2002年版。

（马海涛　王威）

国库集中收付制度

Centralized Treasury Payment System

国库集中收付制度是指对财政资金实行集中收缴和支付的制度，由财政部门代表政府设置国库单一账户体系，政府将所有的财政性资金均纳入国库单一账户体系收缴、支付和管理。

国库集中收付制度的核心是通过国库单一账户对现金进行集中管理，所以国际上又称作“国库单一账户制度(TSA)”。美国称这一账户为国库总账户或一般账户，法国则把它叫做国库公共会计账户。严格意义上的标准TSA包含五个关键元素：(1)支出部门(指本级政府的直属部门——现行预算体制下的“一级预算单位”)在中央银行开立账户作为国库账户的附属账户(Subsidiary Accounts)；(2)支出部门下属的支出机构要么在中央银行，要么在中央银行指定的商业银行(方便起见)开设账户，两种情况下账户的开设都必须得到国库的授权；(3)支出机构的账户是零余额账户——该账户的钱必须转移到那些已得到特别批准的付款账户上；(4)在银行具备必要的技术能力时，支出机构的账户每日终了必须自动结清；(5)中央银行每天终了应汇总反映政府的财务状况，包括所有政府账户的现金余额。

这一制度在市场经济国家已普遍实行，其基本特征包括：一是以国库单一账户体系为政府资金的运作基础。即所有的政府资金都要通过财政部门在银行开设的统一账户体系管理和核算，一级政府只能有一本收支账。二是以国库集中收缴和集中支付为政府资金收支运行的基本方式。我国按照财政国库管理制度的基本发展要求，所有财政性资金都纳入国库单一账户体系管理，收入通过国库单一账户体系直接缴入国库，支出通过国库单一账户体系直接支付到商品和劳务供应者或最终用款单位。三是实行高效的国库现金管理。即所有未支付的财政资金余额均由财政部门统一持有，并可在货币市场上进行安全投资运营。

国库集中收付制度具体包括收入收缴管理制度和国库集中支付制度。在我国，财政收入的收缴分为直接缴库和集中汇缴两种方式。直接缴库是指由缴款单位或缴款人按有关法律法规规定，直接将应缴收入缴入国库单一账户或预算外资金财政专户。直接缴库的税收收入，由纳税人或税务代理人提出纳税申报，经征收机关审核无误后，由纳税人通过开户银行将税款缴入国库单一账户。直接缴库的其他收入，比照上述程序缴入国库单一账户或预算外资金财政专户。集中汇缴是指由征收机关(有关法定单位)按有关法律规定，将所收的应缴收入汇总缴入国库单一账户或预算外资金财政专户。小额零散税收和法律另有规定的应缴收入，由征收机关于收缴收入的当日汇总缴入国库单一账户。非税收入中的现金缴款，比照此集中汇缴程序缴入国库单一账户或预算外资金财政专户。

在我国，财政性资金的支付实行财政直接支付和财政授权支付两种方式。财政直接支付是指由财政部门向中国人民银行和代理银行签发支付指令，代理银行根据支付指令通过国库单一账户体系将资金直接支付到收款人(即商品或劳务的供应商等)或用款单位(即具体申请和使用财政性资金的预算单位)账户。在财政直接支付程序中,预算单位按照批复的部门预算和资金使用计划,向财政国库支付执行机构提出支付申请,财政国库支付执行机构根据批复的部门预算和资金使用计划及相关要求对支付申请审核无误后,向代理银行发出支付令,并通知中国人民银行国库部门,通过代理银行进入全国银行清算系统实时清算,财政资金从国库单一账户划拨到收款人的银行账户。财政授权支付是指预算单位按照财政部门的授权,自行向代理银行签发支付指令,代理银行根据支付指令,在财政部门批准的预算单位的用款额度内,通过国库单一账户体系将资金支付到收款人账户。在财政授权支付程序中,预算单位按照批复的部门预算和资金使用计划,向财政国库支付执行机构申请授权支付的月度用款限额,财政国库支付执行机构将批准后的限额通知代理银行和预算单位,并通知中国人民银行国库部门。预算单位在月度用款限额内,自行开具支付令,通过财政国库支付执行机构转由代理银行向收款人付款,并与国库单一账户清算。

国库集中收付制度是建立公共财政框架的重要组成部分,促进了财政资金运转有序与结果高效的统一。按照国务院批准的财政国库管理制度改革方案,我国自21世纪初开始实施国库集中收付制度改革,经过十余年的时间已基本完成。国库集中收付制度的推行提高了政府财政资金的使用效率,减少了中间环节,降低了财政资金流失的可能性。国库集中收付制度的推行也有助于健全和完善财政收支监督,加强政府宏观调控能力。近年来,市场经济国家普遍结合信息技术的发展,不断改进财政国库管理制度的运行条件,完善国库单一账户的操作系统,在加强预算执行的监督控制、提高预算执行透明度和信息反馈效率以及降低财政筹资成本和提高财政资金运行效益方面,都取得了显著进展。

参考文献:
马海涛:《国库集中收付制度问题研究》,经济科学出版社2004年版。

(马海涛　王威)

政府采购
Government Procurement

政府采购即以政府为主体发生的采购,近些年在我国结合政府采购制度的改革,是特指各级国家机关、事业单位和团体组织,使用财政性资金采购依法制定的集中采购目录以内的或者采购限额标准以上的货物、工程和服务的行为。

现代意义上的政府采购最早形成于18世纪末19世纪初的自有资本主义时期。1782年英国设立了政府文具公用局,作为采购政府部门所需办公用品的机构,其后发展为物资供应部,专门采购政府各部门所需物资。此后,西方各国都成立了专门的机构或通过相关的法律,确立了政府采购管理的重要地位。随着社会经济的发展,政府采购的适用范围逐步扩大,当今西方发达国家政府采购的含义已同过去大不相同了。可以说,真正完整意义上的政府采购,是现代市场经济发展的产物。

政府采购的特征包括:(1)公共性。包含两个方面的内容:一是政府采购资金来源的公共性,主要是以税收为主的财政性资金;二是政府采购的目标具有公共性,政府采购的物品是为政府履行其职能服务的,间接服务于公共利益。(2)经济主体性。政府采购直接表现为一种对商品物资的购买活动。政府在市场上与其他经济主体地位相同,都要遵循市场经济自愿平等的市场交易规则。从这个意义上说,政府采购是政府作为经济主体进行市场交易的经济行为。(3)经济性。政府采购的经济性是指政府采购追求效益最大化目标,这是由政府采购的经济主体性决定的。(4)非营利性。政府采购的非营利性是指政府采购活动本身并不以营利作为目的,这是由政府采购的公共性决定的。

政府采购的主要方式包括:

第一,公开招标采购。公开招标采购也称竞争性招标采购,即采购方根据已经确定的采购需求,提出招标采购项目条件,邀请所有有兴趣的供应商参与投标,最后由招标人通过对各投标人所提出的价格、质量、交货期限和该投标人的技术水平、财务状况等因素进行综合比较,确定其中最佳的投标人为中标人,并最终与其签订合同。

公开招标最大的特点为竞争性。有些采购产品不具有竞争性,不适用公开招标采购,总体说来可分以下三种情况:其一,采购的商品不存在竞争的情况或者要求采购的产品是独家产品;其二,不适合用竞争方式进行采购的情况,如采购物资价值太低时公开招标会增加成本,再如紧急采购的情况下公开招标会耗时太久,另外出于安全性的考虑,有些物资不宜公开采购;其三,排除竞争的情况,如研究和开发、工程扩建、采用计划价格的产品等。

公开招标采购的程序主要包括:招标、投标、开标、评标、决标、授予合同。

第二,邀请招标采购。邀请招标采购也称选择性招标,是指由采购人根据供应商或承包商的资信和业绩,选择一定数目的法人或其他组织(一般不能少于三家),向其发出招标邀请书,邀请他们参与投标竞争,从中选定中标的供应商。

邀请招标采购方式的缺点:由于邀请招标带有局

限性，不利于充分竞争，而且一旦操作不当，容易出现舞弊行为等，因此一般情况下都限制邀请招标的使用，严格规定其适用条件，只有采购复杂的采购项目时才允许使用。

邀请招标的适用范围包括：其一，采购项目比较特殊，如保密和急需项目或者因高度专业性等因素使提供产品的潜在供应商较少，公开招标与不公开招标都不影响提供产品的供应商数量；其二，在采购一些价值较低的采购项目中，采用公开招标方式的费用占政府采购项目总价值的比例过大，在这种情况下，采购人只能通过邀请招标方式来达到经济和效益的目的；其三，邀请招标的适用范围是政府采购的货物和服务项目，不包括工程项目。

第三，竞争性谈判采购。竞争性谈判采购是指采购机关通过与多家供应商进行谈判，最后从中确定中标商的一种采购方式。

竞争性谈判采购的优点包括：其一，缩短准备期，使采购项目更快地发挥作用；其二，减少工作量，省去了大量的开标、投标工作，提高了工作效率，减少了采购成本；其三，供求双方能够进行更为灵活的谈判；其四，更有利于对民族产业进行保护；其五，激励供应商自觉提高拟采购商品的性能，转移采购风险。

竞争性谈判采购的缺点包括：其一，无限制的独家谈判，容易造成厂商任意抬高价格；其二，有可能违反自由企业精神，助长企业垄断价格；其三，秘密洽谈，容易为作业人员提供串通舞弊的行为。

竞争性谈判采购的适用条件包括：其一，招标后没有供应商投标，或者没有合格标的，或者重新招标未能成立的；其二，技术复杂或者性质特殊，不能确定详细规格和具体要求的；其三，采用招标所需的时间不能满足用户紧急需要的；其四，不能事先计算出价格总额的。

第四，询价采购。询价采购也称货比三家，是指采购单位向国内外有关供应商（通常不少于三家）发出询价单，然后对供应商提供的报价进行比较，并确定中标供应商，以确保价格具有竞争性的采购方式。

询价采购的适用条件包括：其一，采购现成的而非按采购实体要求的特定规格、特别制造或提供的货物和服务；其二，采购合同的估计价值低于采购条例规定的数额。

第五，单一来源采购。单一来源采购也称直接采购，是指采购机关向供应商直接购买的采购方式。它是一种没有竞争的采购方式，是采购实体在适当的条件下向单一的供应商、承包商或服务提供者征求建议或报价来采购货物、工程或服务。

单一来源采购的优点包括：其一，采购环节相对较少，手续相对简单，过程相对简化；其二，程序简单，有很强的时效性，在紧急采购时能够很好地发挥作用。

单一来源采购的缺点包括：其一，缺乏必要竞争，采购方往往处于不利地位，可能增加采购方的采购成本；其二，供应商为了获得更多的利益，可能在谈判中贿赂采购方代表，容易滋生腐败现象。

单一来源采购的适用条件包括：其一，招标失败；其二，采购标的来源单一；其三，紧急采购时效的需要；其四，附加合同；其五，研究、实验或开发合同；其六，重复合同；其七，设计竞赛。

我国财政部从1995年开始结合财政支出改革对政府采购进行理论上的研究，1996年上海、河北、深圳等地启动了政府采购试点工作，2002年6月29日第九届全国人民代表大会常务委员会第二十八次会议通过了《中华人民共和国政府采购法》，从制度上对政府采购进行了规范。

参考文献：

财政部国库司：《政府采购》，中国方正出版社2004年版。

苏明：《政府采购》，中国财政经济出版社2003年版。

高培勇：《政府采购管理》，经济科学出版社2003年版。

马海涛、姜爱华：《政府采购管理》，北京大学出版社2008年版。

冯秀华：《政府采购全书》，改革出版社1998年版。

（马海涛　姜爱华）

收支两条线管理
Divided Management on Incomings and Expenses

“收支两条线”是一种资金管理制度，指政府在对财政性资金的管理中将取得的收入与发生的支出相脱钩，即收入上缴国库或财政专户，支出则由财政根据各部门、各单位完成工作任务的需要审核批准，对收入、支出分别进行核定。

根据2001年国务院办公厅转发的《财政部关于深化“收支两条线”改革，进一步加强财政管理意见的通知》要求，2002年开始选择部分单位进行“收支两条线”试点，改革内容包括：

第一，甄别性质，分类管理，清理整顿行政事业性收费、基金。中央按照“一清、二转、三改、四纳”的原则，对各项收费和基金区别情况，分类管理。“一清”是指根据政府职能及财政制度要求，在对现有收费进行全面清理整顿的基础上，取消不合法和不合理的收费项目；“二转”是按照政企职责分开的要求，将现有收费中一些不再体现政府职能的收费转为经营性收费，所得收入要依法纳税；“三改”是将一部分具有税收特征的收费，改为相应的税收；“四纳”是保留一些必要的行政事业性收费，并逐步纳入预算管理。与此同时,地方也加大了清理收费、基金的力度,通过清理整顿,摸清了家底。

第二,清理账户,严控票据,建立非税收入收缴分离制度。包括两项基本工作:一是清理账户,二是加强收费、罚款票据管理。

第三,强调脱钩,统筹支出,编制综合预算。中央及行政事业单位从2002年开始编制基本支出预算、项目支出预算和政府采购预算;地方在执行中央政策的基础上,也编制了各具特点的综合预算。

第四,总结经验,建章立制,促进规范化管理。一是中央和地方不断总结经验,完善制度,相继制定了以部门预算管理、银行代收代缴、财政票据管理、罚没收入管理、单位财务管理、财政性资金拨付等为主要内容的一系列管理制度和办法;二是根据资金管理方式的发展,不断修正了与新要求、新精神、新形势不符的制度、规章;三是各地普遍探索出了一些行之有效的管理方法和典型的资金管理模式。

第五,强化监督,依法办事,严厉查处违纪行为。中央及各地都多次组织专项检查,及时发现问题,纠正和解决问题,确保财政性资金应缴尽缴。

"收支两条线"改革的意义:第一,建立公共财政体制的需要。从政府可供利用的财力看,能够将大量游离于财政预算之外的预算外资金、制度外资金等非预算资金都逐渐纳入预算管理,大大增加政府可支配的收入规模;从财政体制的透明度来说,将部门的收入、支出通过一本明细账反映出来,高度透明;从财政的宏观调控看,可以实现财政部门对财政资金的统一协调权利,以更好的实现财政职能;从财政收入分配秩序看,严格预算外资金及罚没收支控管,规范了政府收入分配行为。第二,政府职能转变的需要。通过"收支两条线"管理,对不同收费确定合理的资金管理模式,将大大有利于促进政府与市场的合理分工。第三,建立社会主义市场经济体制的需要。通过深化"收支两条线"管理,严格核定各项行政事业性收费并不断加强收支脱钩管理,能够消除"设租寻租"式利益驱动和公权执行环节的行为扭曲,减少对微观主体生产经营行为的非理性干预,使市场和政府各司其职。通过规范收费资金管理,体现公平竞争要求,不断实现我国市场经济体制的法制化。第四,反腐倡廉的需要。通过"收支两条线"管理,规范了部门的财政性收支,建立了政府内部财政部门和其他部门之间的资金制约机制,增强了执收执罚的透明度,遏制了"三乱"收费,提高了财政透明度。

参考文献:

马海涛、李燕、石刚等:《收支两条线管理制度》,中国财政经济出版社2003年版。

中华人民共和国监察部办公室:《收支两条线工作——探索与实践》,中国方正出版社1999年版。

贾康、苏明:《部门预算编制问题研究》,经济科学出版社2004年版。

(马海涛　姜爱华)

政府收支分类改革
Government Revenue and Expenditure Classification Reform

"政府收支分类改革"特指我国从2007年1月1日起全面实施的针对收支类别和层次划分的预算管理制度改革。政府收支分类是对政府收入和支出进行类别和层次的划分,以求全面、准确、清晰地反映政府收支活动。政府收支分类科目是编制政府预决算、组织预算执行以及预算单位进行会计明细核算的重要依据。

随着公共财政体系的逐步建立和各项财政改革的深入推进,我国原有政府预算科目体系的弊端日益突出,极有必要进行改革。比如,作为反映政府职能活动需要的预算收支科目,如基本建设支出、企业挖潜改造支出、科技三项费用、流动资金等仍然是按照过去政府代替市场配置资源的思路设计的,既不能体现政府职能转变和公共财政发展的实际,也带来了一些不必要的冲突,影响各方面对我国市场经济体制的认识。

我国原有政府预算科目体系不能清晰地反映政府职能活动,反映公共需要,不利于强化公共监督。比如我国原预算支出类、款、项科目主要是按经费性质进行分类的,把各项支出划分为行政费、事业费等。这种分类方法使政府究竟办了什么事情在科目上看不出来,很多政府的重点工作支出如农业、教育、科技等都分散在各类科目中,形不成一个完整概念。由于科目不透明、不清楚,导致政府预算"外行看不懂,内行说不清"。

我国原有政府预算科目体系制约财政管理的科学化和信息化。按照国际通行做法,政府支出分类体系包括功能分类和经济分类。我国原有支出目级科目属于支出经济分类性质,但它涵盖的范围偏窄,财政预算中大多数资本性项目支出,以及用于转移支付和债务等方面的支出都没有经济分类科目反映。另外,原有目级科目也不够详细、规范和完整。这都对细化预算编制,加强预算单位财务会计核算,以及提高财政信息化水平,带来一些负面影响。

我国原有政府预算科目体系只反映财政预算内收支,不包括应纳入政府收支范围的预算外收支和社会保险基金收支等,给财政预算全面反映政府各项收支活动、加强收支管理带来较大困难,尤其是不利于综合预算体系的建立,也不利于从制度上、源头上预防腐败。

我国原有政府预算科目体系与国民经济核算体系和国际通行做法不相适应,既不利于财政经济分析与决策，也不利于国际比较和交流。我国货币信贷统计核算体系以及国民经济核算体系均按国际通行标准作了调整，而政府预算收支科目体系与国际通行分类方法一直存在较大差别。尽管财政部门和国家统计部门每年都要做大量的口径调整和数据转换工作，但还是难以保证数据的准确性以及与其他国家之间的可比性。

为解决原预算科目体系存在的问题，财政部从1999年年底开始启动政府收支分类改革研究工作，2005年选择了部分地方和部门进行模拟试点。2005年12月27日，经国务院批准，政府收支分类改革正式进入实施阶段。

改革主要包括三方面内容：第一，对政府收入进行统一分类，全面、规范、明细地反映政府各项收入来源。在原来一般预算收入、政府性基金预算收入、债务预算收入的基础上，将预算外收入和社会保险基金收入纳入了政府收支分类范畴，并按照科学标准和国际通行做法重新划分。第二，确立新的政府支出功能分类，清晰反映政府职能活动的支出总量、结构与方向。新的支出功能分类不再按经费性质设置科目，而是按政府的职能设置，如国防、教育等。第三，确立新的政府支出经济分类，清晰反映政府各项支出的具体用途。如政府教育支出，究竟是盖了校舍、买了设备还是发了工资，可通过经济分类来反映。

为完整、准确地反映政府收支活动，进一步规范预算管理、强化预算监督，自2007年1月1日起，全面实施政府收支分类改革。改革后的政府收支分类体系由“收入分类”、“支出功能分类”、“支出经济分类”三部分构成。

收入分类主要反映政府收入的来源和性质。根据目前我国政府收入构成情况，结合国际通行的分类方法，将政府收入分为类、款、项、目四级。税收收入类分设20款：增值税、消费税、营业税、企业所得税、企业所得税退税、个人所得税、资源税、固定资产投资方向调节税、城市维护建设税、房产税、印花税、城镇土地使用税、土地增值税、车船使用和牌照税、船舶吨税、车辆购置税、关税、耕地占用税、契税、其他税收收入。社会保险基金收入类分设6款：基本养老保险基金收入、失业保险基金收入、基本医疗保险基金收入、工伤保险基金收入、生育保险基金收入、其他社会保险基金收入。非税收入类分设8款：政府性基金收入、专项收入、彩票资金收入、行政事业性收费收入、罚没收入、国有资本经营收入、国有资源（资产）有偿使用收入、其他收入。贷款转贷回收本金收入类分设4款：国内贷款回收本金收入、国外贷款回收本金收入、国内转贷回收本金收入、国外转贷回收本金收入。债务收入类分设2款：国内债务收入、国外债务收入。转移性收入类分设8款：返还性收入、财力性转移支付收入、专项转移支付收入、政府性基金转移收入、彩票公益金转移收入、预算外转移收入、上年结余收入、调入资金。

支出功能分类主要反映政府活动的不同功能和政策目标。根据社会主义市场经济条件下政府职能活动情况及国际通行做法，将政府支出分为类、款、项三级。其中，类、款两级科目设置情况如下。一般公共服务类分设32款：人大事务、政协事务、政府办公厅（室）及相关机构事务、发展与改革事务、统计信息事务、财政事务、税收事务、审计事务、海关事务、人事事务、纪检监察事务、人口与计划生育事务、商贸事务、知识产权事务、工商行政管理事务、食品和药品监督管理事务、质量技术监督与检验检疫事务、国土资源事务、海洋管理事务、测绘事务、地震事务、气象事务、民族事务、宗教事务、港澳台侨事务、档案事务、共产党事务、民主党派及工商联事务、群众团体事务、彩票事务、国债事务、其他一般公共服务支出。外交类分设8款：外交管理事务、驻外机构、对外援助、国际组织、对外合作与交流、对外宣传、边界勘界联检、其他外交支出。国防类分设3款：现役部队及国防后备力量、国防动员、其他国防支出。公共安全类分设10款：武装警察、公安、国家安全、检察、法院、司法、监狱、劳教、国家保密、其他公共安全支出。教育类分设10款：教育管理事务、普通教育、职业教育、成人教育、广播电视教育、留学教育、特殊教育、教师进修及干部继续教育、教育附加及基金支出、其他教育支出。科学技术类分设9款：科学技术管理事务、基础研究、应用研究、技术研究与开发、科技条件与服务、社会科学、科学技术普及、科技交流与合作、其他科学技术支出。文化体育与传媒类分设6款：文化、文物、体育、广播影视、新闻出版、其他文化体育与传媒支出。社会保障和就业类分设17款：社会保障和就业管理事务、民政管理事务、财政对社会保险基金的补助、补充全国社会保障基金、行政事业单位离退休、企业关闭破产补助、就业补助、抚恤、退役安置、社会福利、残疾人事业、城市居民最低生活保障、其他城镇社会救济、农村社会救济、自然灾害生活救助、红十字事业、其他社会保障和就业支出。社会保险基金支出类分设6款：基本养老保险基金支出、失业保险基金支出、基本医疗保险基金支出、工伤保险基金支出、生育保险基金支出、其他社会保险基金支出。医疗卫生类分设10款：医疗卫生管理事务、医疗服务、社区卫生服务、医疗保障、疾病预防控制、卫生监督、妇幼保健、农村卫生、中医药、其他医疗卫生支出。环境保护类分设10款：环境保护管理事务、环境监测与监察、污染防治、自然生态保护、天然林保护、退耕还林、风沙荒漠治理、退牧还草、已垦草原退耕还草、其他环境保护支出。城乡社区事务类分设10款：城乡社区管理事务、城乡社区规划与管理、城乡社区公共设施、城乡社区住宅、城乡社区环境卫生、建设市场管理与监督、政府住房基金支出、国有土地使用权出让金支出、城镇公用事业附加支出、其他城乡社区事务支出。农林水事务类分设7款:农业、林业、水利、南水北调、扶贫、农业综合开发、其他农林水事务支出。交通运输类分设4款:公路水路运输、铁路运输、民用航空运输、其他交通运输支出。工业商业金融等事务类分设18款:采掘业、制造业、建筑业、电力、信息产业、旅游业、涉外发展、粮油事务、商业流通事务、物资储备、金融业、烟草事务、安全生产、国有资产监管、中小企业事务、可再生能源、能源节约利用、其他工业商业金融等事务支出。其他支出类分设4款:预备费、年初预留、住房改革支出、其他支出。转移性支出类分设8款:返还性支出、财力性转移支付、专项转移支付、政府性基金转移支付、彩票公益金转移支付、预算外转移支出、调出资金、年终结余。

支出经济分类主要反映政府支出的经济性质和具体用途,支出经济分类设类、款两级。工资福利支出类分设7款:基本工资、津贴补贴、奖金、社会保障缴费、伙食费、伙食补助费、其他工资福利支出。商品和服务支出类分设30款:办公费、印刷费、咨询费、手续费、水费、电费、邮电费、取暖费、物业管理费、交通费、差旅费、出国费、维修(护)费、租赁费、会议费、培训费、招待费、专用材料费、装备购置费、工程建设费、作战费、军用油料费、军队其他运行维护费、被装购置费、专用燃料费、劳务费、委托业务费、工会经费、福利费、其他商品和服务支出。对个人和家庭的补助类分设12款:离休费、退休费、退职(役)费、抚恤金、生活补助、救济费、医疗费、助学金、奖励金、生产补贴、住房公积金、提租补贴、购房补贴、其他对个人和家庭的补助支出。对企事业单位的补贴类分设4款:企业政策性补贴、事业单位补贴、财政贴息、其他对企事业单位的补贴支出。转移性支出类分设2款:不同级政府间转移性支出、同级政府间转移性支出。赠与类下设2款:对国内的赠与、对国外的赠与。债务利息支出类分设6款:国库券付息、向国家银行借款付息、其他国内借款付息、向国外政府借款付息、向国际组织借款付息、其他国外借款付息。债务还本支出类下设2款:国内债务还本、国外债务还本。基本建设支出类分设9款:房屋建筑物购建、办公设备购置、专用设备购置、交通工具购置、基础设施建设、大型修缮、信息网络购建、物资储备、其他基本建设支出。其他资本性支出类分设9款:房屋建筑物购建、办公设备购置、专用设备购置、交通工具购置、基础设施建设、大型修缮、信息网络购建、物资储备、其他资本性支出。贷款转贷及产权参股类分设6款:国内贷款、国外贷款、国内转贷、国外转贷、产权参股、其他贷款转贷及产权参股支出。其他支出类分设4款:预备费、预留、补充全国社会保障基金、未划分的项目支出、其他支出。

参考文献:

财政部预算司:《实行政府收支分类改革的必要性》,财政部网站,2008年6月30日,http://www.mof.gov.cn/pub/yusuansi/zhuantilanmu/yusuanguanligaige/zfszflgg/200806/t20080630_55273.html。

财政部预算司:《政府收支分类科目设置情况》,财政部网站,2008年6月30日,http://www.mof.gov.cn/pub/yusuansi/zhuantilanmu/yusuanguanligaige/zfszflgg/200806/t20080630_55275.html。

(马海涛　任强)

中央预算稳定调节基金
Central Budget Stabilization Fund

中央预算稳定调节基金指中央财政通过超收安排的具有储备性质的基金,用于弥补短收年份预算收支缺口,以及视预算平衡情况,在安排年初预算时调入并安排使用,基金的安排使用接受全国人大及其常委会的监督。中央预算稳定调节基金单设科目,安排或补充基金时在支出中反映,调入使用基金时在收入中反映。我国中央预算稳定调节基金于2006年建立。2006年中央财政建立中央预算稳定调节基金500亿元。2007年中央财政安排中央预算稳定调节基金1032亿元。2008年中央财政调入中央预算稳定调节基金1100亿元,安排中央预算稳定调节基金192亿元。2009年中央财政调入中央预算稳定调节基金505亿元,安排中央预算稳定调节基金101.13亿元。2010年中央财政从中央预算稳定调节基金调入100亿元,安排中央预算稳定调节基金2248亿元。中央预算稳定调节基金2010年年底余额为2368.13亿元。

参考文献:

财政部:《中央预算稳定调节基金》,国家税务总局网站,2007年8月24日,http://www.chinatax.gov.cn/n480462/n480483/n480675/n6368230/n6368245/6373143.html。

(马海涛　任强)

五、政府间财政关系

全国财政收入
National Government Revenue

全国财政收入系指各级政府部门(包括中央和地方各级政府部门)为履行其职能而取得的所有社会资源的总和。通常表现为各级政府部门在一定时期(一般为一个财政年度内)所取得的货币收入。

2001年,国际货币基金组织(International Monetary

Fund,IMF)提出了新的政府收入统计标准。这套体系是在总结近年来世界上一些主要市场经济国家政府财政统计制度和实践经验的基础上建立起来的,是政府财政统计领域的国际通用口径。IMF(2001)将增加广义政府部门净值的全部交易都划作收入,按照这种定义和口径,在政府财政统计中,政府财政收入是指由交易造成的政府权益增加,包括税收、社会保障缴款、赠与和其他收入。

IMF 的统计口径超过了我国官方统计意义上的全国财政收入。作为一个统计概念,官方数据中的"全国财政收入"仅仅涵盖政府一般公共预算收入,即进入一般公共预算的收入,并不包括政府性基金预算收入、社会保险基金预算收入和国有资本经营预算收入。

在我国政府统计年鉴中,将国家财政收入划分为各项税收收入和非税收收入。其中,各项税收包括:国内增值税、国内消费税、进口货物增值税和消费税、出口货物退增值税和消费税、营业税、企业所得税、个人所得税、资源税、城市维护建设税、房产税、印花税、城镇土地使用税、土地增值税、车船税、船舶吨税、车辆购置税、关税、耕地占用税、契税、烟叶税等。非税收入包括:专项收入、行政事业性收费、罚没收入和其他收入(《2011 年中国统计年鉴》)。

2010 年 6 月,我国财政部制发了《关于将按预算外资金管理的收入纳入预算管理的通知》,规定自 2011 年 1 月 1 日起,中央各部门各单位、地方各级财政部门的全部预算外收入纳入预算管理,相应修订了《政府收支分类科目》,取消全部预算外收支科目。

根据修订后的《2011 年政府收支分类科目》,收入具体分类情况是:

第一类:税收收入,下设增值税、消费税、营业税等 21 款;

第二类:社会保险基金收入,下设基本养老保险基金收入、失业保险基金收入、基本医疗保险基金收入等 9 款;

第三类:非税收入,下设政府性基金收入、专项收入、行政事业性收费收入等 9 款;

第四类:贷款转贷回收本金收入,下设国内贷款回收本金收入等 4 款;

第五类:债务收入,分设国内债务收入、国外债务收入 2 款;

第六类:转移性收入,分设返还性收入、一般性转移支付收入、专项转移支付收入等 11 款。

参考文献:

陈共:《财政学》,中国人民大学出版社 2009 年版。

财政部预算司:《政府收支分类改革问题解答》,中国财政经济出版社 2006 年版。

中华人民共和国财政部:《2011 年政府收支分类科目》,中国财政经济出版社 2010 年版。

中华人民共和国财政部:《中国财政年鉴(2011)》,中国财政杂志社 2011 年版。

(杨灿明　毛晖)

全国财政支出
National Government Expenditure

全国财政支出系指各级政府部门(包括中央和地方各级政府部门)为履行其职能而支出的一切费用的总和。通常表现各级政府部门为提供公共物品和服务,把筹集到的财政资金按照一定的方式和渠道,有计划地用于社会生产与生活的各个方面,以满足经济建设和各项事业需要的分配活动。

我国现行政府支出分类采用了国际通行做法,即同时使用支出功能分类和支出经济分类两种方法对财政支出进行分类。支出功能分类是按政府主要职能活动进行的分类。支出经济分类是按支出的经济性质和具体用途所作的一种分类。在支出功能分类明确反映政府职能活动的基础上,支出经济分类明确反映了政府的钱究竟是怎么花出去的。支出经济分类与支出功能分类从不同侧面、以不同方式反映政府支出活动。

根据我国修订后的《2011 年政府收支分类科目》,支出经济分类类级科目包括:工资福利支出、商品和服务支出、对个人和家庭的补助、对企事业单位的补贴、转移性支出、赠与、债务利息支出、债务还本支出、基本建设支出、其他资本性支出、贷款转贷及产权参股和其他支出等 12 类。支出功能分类类级科目包括:一般公共服务、外交、国防、公共安全、教育、科学技术、文化体育与传媒、社会保障和就业、社会保险基金支出、医疗卫生、环能节保、城乡社区事务、农林水事务、交通运输、资源勘探电力信息等事务、商业服务业等事务、金融监管等事务支出、地震灾后恢复重建支出、国土资源气象等事务、住房保障支出、粮油物资管理事务、储备事务支出、预备费、国债还本付息支出、其他支出和转移性支出等 26 类。

参考文献:

陈共:《财政学》,中国人民大学出版社 2009 年版。

中华人民共和国财政部:《2011 年政府收支分类科目》,中国财政经济出版社 2010 年版。

中华人民共和国财政部:《中国财政年鉴(2011)》,中国财政杂志社 2011 年版。

财政部预算司:《政府收支分类改革问题解答》,中国财政经济出版社 2006 年版。

(杨灿明　毛晖)

中央财政收入
Central Government Revenue

中央财政收入是指按财政体制划分的属于中央政府的财政收入。

我国国家财政收入由中央财政收入和地方财政收入组成,在中央统一领导下,实行中央和地方财政分级管理。中央财政收入包括中央本级收入和地方上解收入。2009年将地方上解收入与部分中央对地方税收返还作对冲处理后,中央财政收入即为中央本级收入。中央本级收入含划归中央财政的税收和非税收入,主体是税收收入。自1994年分税制改革开始,税收收入占中央财政收入的比重都在90%以上,主要包括消费税、关税等固定收入,增值税、企业所得税、个人所得税等共享收入部分。

1994年实施分税制财政体制后,属于中央财政的收入主要包括:(1)地方财政的上缴;(2)中央各经济管理部门所属的企业,以及中央、地方双重领导而以中央管理为主的企业(如民航、外贸等企业)的缴款;(3)关税、海关代征消费税和增值税、消费税、中央企业所得税,地方银行和外资银行及非银行金融企业所得税,铁道、银行总行、保险总公司等集中缴纳的营业税、所得税和城市维护建设税、增值税75%的部分,海洋石油资源税50%的部分,证券交易印花税分享比例由1997年的中央88%、地方12%,自2010年10月1日起调整证券交易印花税中央与地方分享比例,分三年调整到中央97%、地方3%,即2000年中央91%、地方9%,2001年中央94%、地方6%,从2002年起中央97%、地方3%;(4)银行结益的缴款、国债收入和其他收入等。

中央财政收入在我国财政收入中具有重要地位。它担负着保障国家具有全局意义的经济建设、文化建设、科学、国防、行政、外交等各项经费的供给,对支援少数民族地区、调节各级地方预算和救济地方重大自然灾害等,发挥着不可替代的重大作用。

改革开放之初,中央财政收入在全国财政收入之中的比重先上升后下降,从1978年的15.5%上升到40.5%,再下降到1993年的22%,如此大幅波动对国家功能的正常运转形成严重挑战。分税制改革扭转了上述趋势,并逐步开始形成稳定的中央地方收入分配格局。1994年后中央财政收入占全国财政总收入的比重份额基本稳定在50%左右,为经济体制改革提供了宝贵的财政资金支持(见图1)。

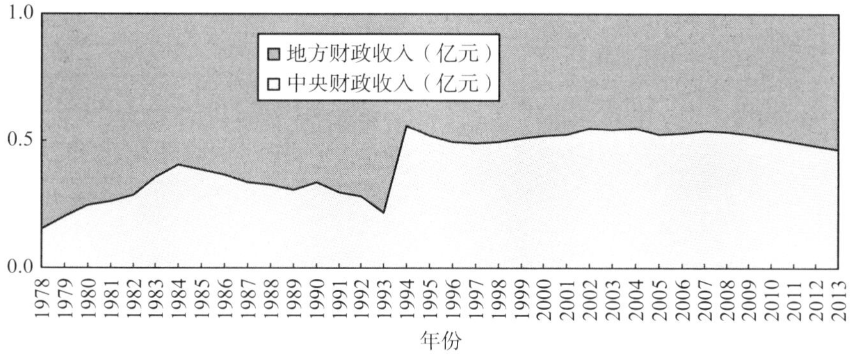

图1 改革开放以来的中央地方收入相对规模(1978~2013年)

参考文献:

中华人民共和国财政部:《中国财政年鉴(2011)》,中国财政杂志社2011年版。

财政部预算司:《政府收支分类改革问题解答》,中国财政经济出版社2006年版。

中央财经大学课题组:《中央与地方政府责任划分与支出分配研究》,载于《经济体制改革》2006年第6期。

《2010年财政预算报告解读》,中华人民共和国财政部网站,2010年3月16日,http://www.mof.gov.cn/zhuantihuigu/10nianyusuanbaogao/mingcijieshi10/201003/t20100306_274717.html。

《2006年财政预算报告解读》,中华人民共和国财政部网站, http://www.mof.gov.cn/zhuantihuigu/2006ysbgjd/tjsj/200805/t20080519_23351.html。

(杨灿明 毛晖)

中央财政支出
Central Government Expenditure

中央财政支出是指中央政府为履行其职能而支出的一切费用的总和。通常表现为根据政府在经济和社会活动中的不同职责,划分中央和地方政府的责权,然后按照各级政府的责权划归中央政府的年度支出。官方公布的中央财政支出数据不包括中央对地方的税收返还和转移支付。

中央与地方财政支出划分的具体原则为:(1)受

益原则。凡政府所提供的服务,其受益对象是全国民众,则支出应属于中央政府;其受益对象是地方居民,则支出应属于地方政府。(2)行动原则。凡政府公共服务实施在行动上必须统一规划的领域或财政活动,则支出应属于中央政府;凡政府活动在实施过程中必须因地制宜的,则支出应属于地方政府。(3)技术原则。凡地方政府活动或公共工程,其规模庞大,需要高度技术才能完成的项目,则支出应属于中央政府;否则,则支出应属于地方政府。

中央财政和地方财政支出责任划分如表1所示。

表1　中央财政和地方财政支出责任划分

中央政府	地方政府	中央政府和地方政府共同负责
国防支出	城市维护建设支出	基本建设支出
外交外事支出	武警部队支出	农林水事务支出
中央政府行政管理支出	地方政府行政管理支出	教育、科学支出
全国性交通支出	地方性交通支出	社会保障支出
国内外债还本付息支出	医疗卫生支出	资源勘探、电力、信息等事务支出
中央一级承担公检法司支出	公检法司支出	
	文化体育与传媒支出	

改革开放以来,中央财政支出在全国财政支出中的比重呈现出不断下降的趋势。1984年之前,中央地方支出的比重基本相同。到了2010年以后,中央支出的比重已经下降到20%以下(见图1)。在分税制改革以来中央和地方事权没有发生大的调整的背景下,这种中央财政支出比重的下降主要是由于政府职能的结构性调整所导致的。

中央财政支出主要包括:

一般公共服务支出,主要用于保障机关事业单位正常运转,支持各机关单位履行职能,保障各机关部门的项目支出需要,以及支持地方落实自主择业军转干部退役金等。

外交支出,反映政府外交事务,包括外交行政管理、驻外机构、对外援助、国际组织、对外合作与交流、边界勘界联检以及其他外交支出。

国防支出,指国家预算用于国防建设和保卫国家安全的支出,包括国防费、国防科研事业费、民兵建设以及专项工程支出等。

公共安全支出,反映政府维护社会公共安全方面的支出,包括武装警察、公安、国家安全、检查、法院、司法行政、监狱、劳教、国家保密、缉私警察等。

中央政府调整国民经济结构、协调地区发展、实施宏观调控的支出。

2010年中央财政支出项目组成如图2所示。

参考文献:

贾康:《中国财政改革:政府层级、事权、支出与税收安排思路》,载于《改革》2005年第2期。

中华人民共和国财政部:《中国财政年鉴(2011)》,中国财政杂志社2011年版。

文政:《中央与地方事权划分》,中国经济出版社2008年版。

(杨灿明　毛晖)

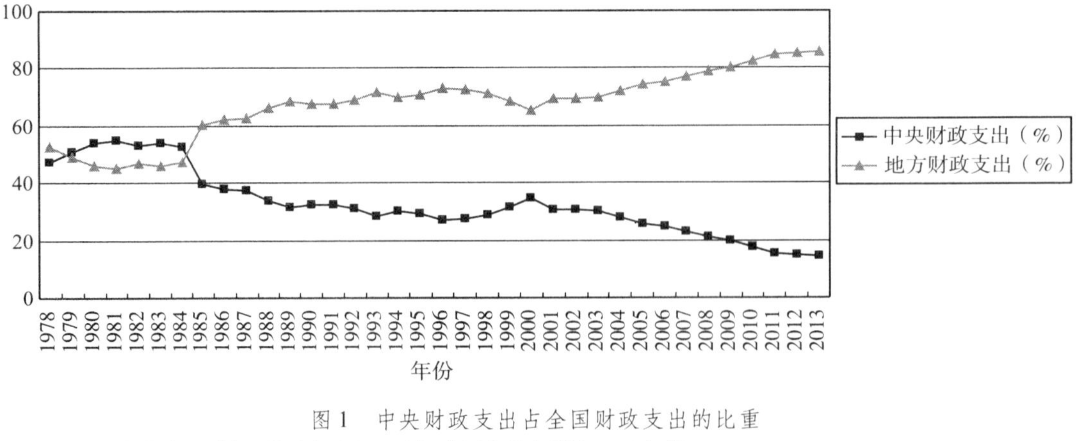

图1　中央财政支出占全国财政支出的比重

资料来源:国家统计局:《中国统计年鉴(2014)》,中国统计出版社2014年版。

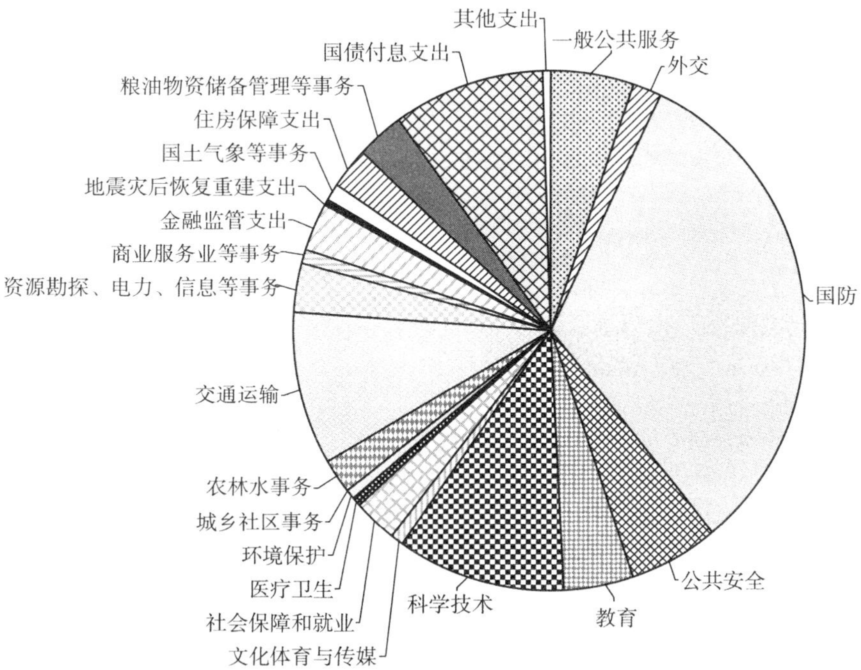

图2 2010年中央财政支出项目组成

资料来源:国家统计局:《中国统计年鉴(2011)》,中国统计出版社2011年版。

地方财政收入

Local Government Revenue

地方财政收入是指按财政体制划分的属于地方政府的财政收入。在我国,它由省(自治区、直辖市)、县或市(自治州、自治县)的财政收入组成。地方财政收入含有两种含义:一是指地方经济中形成的可供中央与地方各级政府及其职能部门使用的财力;二是指地方政府及其职能部门占有和支配的财政资金数量。

按地方财政收入的项目可分为:

一是税收。包括地方固定税收收入和与中央共享税收收入,即营业税(不含铁道部门、各银行总行、各保险公司总公司集中交纳的营业税),地方企业上交利润,城市维护建设税(不含铁道部门、各银行总行、各保险公司总公司集中交纳的部分),房产税,城镇土地使用税,土地增值税,车船税,耕地占用税,契税,烟叶税,印花税,增值税25%部分,纳入共享范围的企业所得税40%部分,个人所得税40%部分,证券交易印花税3%部分,海洋石油资源税以外的其他资源税等。

二是地方政府收费。政府收费收入在地方政府财政收入中占有一定比重。政府收费是目前我国地方政府的重要收入来源之一,为地方政府履行公共管理职能提供了重要的财力保障。

三是地方债。在我国,《预算法》第28条明确规定,"地方各级预算按照量入为出、收支平衡的原则编制,不列赤字。除法律和国务院另有规定外,地方政府不得发行地方政府债券。"但在中国实施积极财政政策的过程中,采用的是由中央财政发行国债、再转贷给地方的做法。2014年新通过的《预算法》赋予了地方政府有限的举债权,但早期的地方政府举债行为主要是用规范的地方债来置换原有的地方"政府性债务"。

影响地方财政收入的因素主要有:(1)经济因素,包括经济发展水平、产业结构、所有制结构、国民收入分配结构等;(2)社会因素,包括国民纳税意识、政府服务意识和年龄结构;(3)税制因素,包括税制结构调整、税制要素调整和税费制度改革;(4)体制因素,包括税种归属调整和转移支付制度;(5)政策性因素,包括经济政策调整和财政政策变化(财政部国库司编,2008)。

值得注意的是,中央对地方政府的转移支付也应当是地方财政收入的一种形式,但是目前并没有包含在官方口径的地方财政收入中。这一点可以从《中国统计年鉴(2014)》的地方财政收入数据中查到。在服务业营业税改征增值税之后,地方财政收入会迎来重构。

改革开放以来,伴随着全国财政收入的快速增长,地方财政收入保持了高速增长。分税制改革后,地方财政收入占国家财政收入的比重开始趋于稳定。

参考文献:

中华人民共和国财政部:《中国财政年鉴(2011)》,中国财政杂志社2011年版。

国家统计局:《中国统计年鉴(2011)》,中国统计出版社2011年版。

(杨灿明　毛晖)

地方财政支出
Local Government Expenditure

地方财政支出是指地方政府为履行其职能而支出的一切费用的总和。通常表现地方政府为实现其职能,取得所需物品和劳务而进行的财政资金的支付。

通过地方财政支出,能够为地方政权建设提供物质基础;能够直接或间接地对地方经济资源进行配置,弥补市场经济的不足,实现资源的合理配置;能够对地方经济的运行和结构进行宏观调控促进地方经济持续、稳定、快速、健康的发展;能够提高低收入者实际支配资源的能力,缓解由市场机制带来的收入分配不均等,从而提高社会收入分配的公平。

按支出的项目分类,地方财政支出主要包括地方行政管理费,公检法经费,民兵事业费,地方统筹安排的基本建设投资,地方企业的改造和新产品试制经费,地方安排的农业支出,城市维护和建设经费,地方文化、教育、卫生等各项事业费以及其他支出。

按支出的具体用途分类,可将地方财政支出区分为经济建设费、社会文教费、行政管理费和其他支出四大类。

按支出最终用途分类可分为:(1)补偿性支出;(2)积累性支出,主要是基本建设拨款,以及新产品试制、支农、各项经济建设事业、城市公用事业等支出中增加固定资产的部分;(3)消费性支出,主要是科教科学卫生事业费、抚恤和社会救济费、行政管理费等项支出。

衡量地方财政支出规模的指标通常有绝对指标和相对指标。绝对指标是指以一国货币单位表示的地方财政支出的实际数额,使用绝对指标可以直观反映某一财政年度内地方政府支配的社会资源的总量。相对指标通常有两类,一是指地方财政支出占GDP的比重,二是指地方财政支出占全部财政支出的比重,这其中也蕴涵着地方财政支出与中央财政支出比例。改革开放以来,地方财政支出总额持续上升,说明地方政府控制的支配社会资源能力的加强,干预社会经济能力的提高。同时,地方财政支出的总额占全国财政支出总额的比重也在波动中稳步上升,说明了中国不断加大的财政支出分权趋势。

影响地方财政支出的因素有:(1)经济因素,体现在由于经济发展水平的提高引起了地方财政支出的增长;(2)政治因素,包括政府职能的扩大、政府机构的设置和政府的工作效率;(3)社会历史因素,如人口状态、文化背景等在一定程度上也会影响地方政府财政支出规模(孙开,2006)。

参考文献:
[美]费雪:《州与地方财政学》,中国人民大学出版社2000年版。
中央财经大学课题组:《中央与地方政府责任划分与支出分配研究》,载于《经济体制改革》2006年第6期。
孙开:《公共产品供给与公共支出研究》,东北财经大学出版社2006年版。

(杨灿明　毛晖)

地方性公共物品
Local Public Goods

"地方性公共物品"(Local Public Goods),是指在地方层次上被消费者共同且平等地消费的物品,如城市的消防队、治安警察、路灯等。地方性公共物品一般而言只能满足某一特定区域(而非全国)范围内居民的公共消费需求。

地方性公共物品是与全国性公共物品相对应的一个概念,都属于公共物品的范畴。公共物品具有非排他性和非竞争性特征。现实中多数公共物品和服务都具有其特定的受益区域,这就意味着社会成员对公共物品的享用程度,要受到来自地理和空间等因素所产生的不可忽视的影响。这就导致了地方性公共物品的产生。

学者从不同的角度对地方性公共物品进行了界定:斯蒂格利茨(2005)从受益归宿和受益范围的角度,指出全国性公共物品是指全国居民都受益的公共物品,而地方性公共物品是指住在某个地方的人受益的公共物品。如国防是全国性公共物品,路灯和消防则是地方性公共物品。马斯格雷夫(2009)进一步指出受益归宿的空间范围是公共物品的关键特征,某些公共物品的受益范围是全国性的,而另一些则是有地理上限制的。鲍德威从消费的角度认为并不是所有公共物品都是在一国范围内共同消费的,某些公共物品的消费局限在指定的地理区域内,这些物品可称为地方性公共物品。

地方性公共物品除了具有公共物品的一般特征外,同时还具有自身的一些特征,主要表现为:一是地方公共物品的提供主体是地方各级政府,而不是中央政府;二是地方公共物品的受益范围基本上被限定在某一个区域之内,并且这种受益在这个区域内的分布相当均匀(至少,地方政府以此作为目标来提供);三是地方性公共物品的受益者主要是本辖区内的居民。这种收益范围的锁定,往往导致财政支出分权。

作为地方性公共物品,其地方外溢性一般要多于全国性公共物品,因为全国性公共物品的外溢性在一国范围内实际上是被内部化了,而地方性公共物品的外溢性则因一国内部各行政辖区之间的经济文化联系、人口流动等因素的影响而在所难免且难以内部化。

因此，往往需要上级地方政府甚至中央政府来加以协调，如建立费用分摊机制，有些公共物品由某一级地方政府负责提供，但所需经费则由多级政府按一定标准分担，常用的资金分担方式是政府间转移支付。

参考文献：

［美］斯蒂格利茨：《公共部门经济学》，中国人民大学出版社 2005 年版。

［美］鲍德威、威迪逊：《公共部门经济学》，中国人民大学出版社 2000 年版。

吴伟：《公共物品有效提供的经济学分析》，经济科学出版社 2008 年版。

［美］马斯格雷夫、［美］卡克皮尔：《经济学》，世界图书出版公司 2009 年版。

（杨灿明　李祥云）

财政联邦主义
Fiscal Federalism

财政联邦主义来源于对联邦制国家的研究。联邦制是处理中央政府与地方政府间财政关系的规范性制度之一。相对于单一制财政管理体制是人类历史演进的自然后果而言，联邦制从产生之初就具有明显的人为设计色彩。与单一制国家中央政府先于地方政府产生不同，联邦制国家州政权先于联邦政权而独立存在，拥有独立的主权和管理权，后经过部分主权让渡而结合成联邦政府。从联邦制国家产生的历史背景看，“财政联邦主义”一词强调的是联邦制国家的联邦政府而非作为地方政府应当发挥重要作用。从这个意义上讲，财政联邦主义强调的是联邦成员内部的集权而非分权。美国是第一个建立现代联邦制的国家。

与单一制国家的地方政府而言，联邦成员往往又具有更高的自主性，这一点是财政联邦主义研究的重要出发点。这是因为联邦成员政治权力和管理权的不完全让渡。相对于单一制国家的地方政府而言，一般来说联邦制国家的地方政府（州政府）具有税收立法权，从而可以自主制定地方税，具有更高程度的地方自治。实际上现代单一制国家在经历过 20 世纪 90 年代的大规模权力下放（Devolution）后，地方政府和地方议会也被授予了很大程度的税收立法权。例如，最典型的单一制国家英国在 1997 年改革后，就通过法案的形式将英国议会的立法权力，下放至英格兰、苏格兰、威尔士和北爱尔兰四个地方议会。

财政联邦主义提供了一组关于政府职能及其对应的财政收支在不同层级政府之间分配的分析框架。奥茨（Oates，1999）强调，财政联邦主义与“哪些功能和工具（Functions and Instruments）适用于用集权或者分权框架去理解”联系在一起，在上述论断中，功能对应财政支出，工具对应财政收入。政府间功能和资金的分配上自然会涉及政府间转移支付，所以转移支付的研究也是财政联邦主义的重要内容。

地方政府所具有的信息优势一直是财政联邦主义研究的核心。这种优势来自于三个方面：第一是地方政府更加理解本地居民的多样化偏好，从而能够更好地满足居民需求；第二居民的自由迁徙使得其能够寻找最大化本人效用和福利的公共产品和税负组合，从而使人口流动促进公共产品供给质量的提升（Tiebout，1956）；第三是通过居民选举地方政府而发挥“用手投票”机制，从而决定本地公共产品的适宜规模。

财政联邦主义研究的理论化扩展使其很快超越了联邦制国家，而走向分析一种特定的经济机制，这种机制提供了关于政府收入和支出在不同层级政府之间分配的框架。奥茨（1999）认为，无论是联邦制国家还是单一制国家，只要中央政府与地方政府的财政职能有明确的分工，地方政府财政有较大的自主性和独立性，这样的财政体制就属于财政联邦意义上的财政体制。这就涉及如何区分财政联邦主义和财政分权的问题，沙马（Sharma，2005）认为，财政联邦主义“集中于指导原则，它帮助设计全国性政府以及全国性级次以下政府之间的财政关系”，而财政分权仅仅是“应用这些原则的过程”。因为联邦制与非联邦制国家政府的政治与立法环境不同，应用这些原则的方式自然不同，从而具有了不同的财政分权。

“中国式财政联邦主义”（Federalism，Chinese Style）是中国学者对于财政联邦主义、财政学和海外研究中国地方政府驱动型发展模式最重要的理论解释。这种观点判断中国式财政联邦主义存在的五个基准是：（1）每一级政府都在各自管理范围内具有权威性；（2）地方政府对其辖区经济具有首决权（Primary Authority）；（3）中央政府致力于建立全国统一市场，促进商品和要素的跨区域流动；（4）由于政府间有限的收入分享和政府借债行为受限，各级政府面临“预算硬约束”（Hard Budget Constraint）；（5）中央政府和地方政府之间的权责划分具有制度化色彩，不会因为中央政府和地方政府的单边行为而改变（Montinola et al.，1995）。

“中国式财政联邦主义”认为，中国快速增长的原因在于实行了具有分权性质的财政包干制，这种激励模式有利于保护市场，形成“保护市场的财政联邦主义”（Market-preserving Federalism）。财政包干制实质上形成了地方政府对经济的控制与市场机制之间的微妙平衡，相对于计划经济时期高度集中的财政管理体制体，“包干制”给地方政府提供了更加明确的财政激励，使得地方政府必须通过自己的财政努力来实现收支平衡，从而不得不做大市场（Montinola et al.，1995；Qian and Weingast，1997）。

中国式联邦主义是“第二代财政联邦主义理论”

(Second-Generation Theory of Fiscal Federalism)的重要内容。第二代财政联邦主义强调政治和财政激励对政府行为的重要性,对政府和经济主体之间的一般关系研究视野更宽,已经远远超越了财政问题。相对于第一代财政联邦主义而言,新财政联邦主义的特点在于:(1)坚持了公共选择视角,放弃了仁慈型政府假设,强调政府的自利行为和适当的激励结构对于善治至关重要(Oates,2005);(2)承认哈耶克的知识论,认为地方政府更容易获取与公共产品有关的知识和信息;(3)强调"用脚投票"的重要性,认为地方政府间的竞争和居民自由流动,会使得居民向更符合其偏好的社区流动,从而实现社会居民福利最大化;(4)与第一代财政联邦主义强调通过转移支付促进横向和纵向财力均等化不同,第二代财政联邦主义更加强调通过非线性转移支付制度设计同时实现财政均等化和对促进地方经济增长的激励(Weingast,2009)。

参考文献:

[美]华莱士·E·奥茨:《财政联邦主义》,译林出版社2012年版。

W. E. Oates, An Essay on Fiscal Federalism, *Journal of Economic Literature*,37(3),1999.

Sharma,Chanchal Kumar,The Federal Approach to Fiscal Decentralization:Conceptual Contours for Policy Makers,*Loyola Journal of Social Sciences*,XIX(2),2005.

G. Montinola, Y. Qian and B. Weingast, Federalism, Chinese Style:The Political Basis for Economic Success in China,*World Politics*,48(1),1995.

Y. Qian and R. Weingast,Federalism As a Commitment to Preserving Market Incentives,*Journal of Economic Perspectives*,11(4),1997.

C. Tiebout,A Pure Theory of Local Expenditures,*Journal of Political Economy*,64,1956.

W. E. Oates,Toward A Second-Generation Theory of Fiscal Federalism,*International Tax and Public Finance*,12,2005.

W. E. Oates,On The Evolution of Fiscal Federalism:Theory and Institutions, *National Tax Journal*, Vol. LXI, No. 2,2008.

Barry R. Weingast,Second Generation Fiscal Federalism:The Implications of Fiscal Incentives,*Journal of Urban Economics*,Vol. 65,Issue 3,May,2009.

(付敏杰)

财政分权
Fiscal Decentralization

财政分权是指给予地方政府一定的税收权力和支出责任范围并允许其自主决定预算支出规模与结构的一种体制类型。其目的是使处于基层的地方政府能自由选择其所需要的政策类型,提供更多更好的公共物品和服务。财政分权不仅在发达国家得到普遍的重视,许多发展中国家也将财政分权视为打破中央计划束缚,走上自我持续增长道路的重要手段。与财政联邦主义相比,财政分权更强调过程而非框架,所以并不要求分权的主体局限于联邦制国家。

如果中央政府能够完全根据居民的偏好、经济中的产品和服务总量以及资源禀赋供给公共物品,从而实现社会福利最大化,一个国家就不可能出现多级政府,也就没有必要讨论财政分权。然而,在现实中地方政府不仅实实在在地存在,且作用很大。为弥补新古典经济学原理不能解释地方政府客观存在这一缺陷,便产生了财政分权理论。

财政分权理论又分为传统的财政分权理论和现代财政分权理论。传统财政分权理论是以蒂伯特(Tiebout,1956)发表的《一个关于地方支出的纯理论》为代表,此后马斯格雷夫(Musgrave,1959)、奥茨(Oates,1957)等经济学家对此做出了补充和发展,主要用于解释和说明地方政府存在的合理性和必要性。钱颖一和温格斯特(Weingast,1997)等借助新厂商理论打开了政府这个"黑箱",从而构建了现代财政分权理论。现代财政分权理论在主题思想上与传统的分权理论基本是一致的,只是在分析框架上引入了激励与机制设计学说。该理论主要关注两个问题:其一,政府本身尤其是地方政府本身的激励机制;其二,政府与经济当事人之间类似于委托—代理的经济关系。所谓"激励",是指政府也有自身的物质利益方面的考虑;而财政分权至少会从两个方面使地方政府的激励机制与效率的改进挂钩:一是如果地方政府对经济活动干预太多,会使有价值的投资活动转向政府干预较少的区域,因此,地方之间的竞争会减少干预;二是由于地方财政收入与支出挂钩,会使地方政府有动力去促进本地区的经济繁荣。

分权优势主要表现在:地方政府提供的公共物品可以更符合当地居民的偏好;分权体制鼓励地方政府的竞争,而竞争可以增进效率;分权有利于制度的创新和缩小政府规模。财政分权的劣势主要是指:分权不利于形成规模经济,且难以克服跨地区外部性问题;财政分权容易滋生地方政府的腐败行为;财政分权在实现宏观经济稳定和解决收入分配问题上可能是无效或低效的。

20世纪80年代以来,世界范围内的财政分权改革呈现出三个基本趋势。第一是财政收入集权,将更多地收入汇集到中央政府和联邦政府手中,以保证全国范围内的公共资源配置和国家功能的发挥。第二是财政支出分权,赋予地方政府更多的支出比重和支出自由,使其可以根据本地居民需求而提供更加地方化的公共服务。第三则是由于财政收入集权和财政支出分权导致的政府间转移支付规模膨胀,使其成为任何一个国家地方政府收入中的重要组成部分。

参考文献:

[美]查尔斯·蒂伯特:《一个关于地方支出的纯理论》,载于《经济社会体制比较》2003 年第 6 期。

[美]华莱士·E·奥茨:《财政联邦主义》,译林出版社 2012 年版。

Musgrave, R. A., *The Theory of Public Finance-A Study in Public Economy*, McGraw-Hill Press, 1959.

Qian Yingyi and Weingast B. R., Federalism as a Commitment to Preserving Market Incentives, *Journal of Economic Perspectives*, Vol. 2, No. 4, 1997.

(杨灿明 李祥云)

分权定理

Decentralization Theorem

"分权定理"又称"奥茨分权定理",系传统财政分权理论之一。

1972 年,华莱士·奥茨(Wallace E. Oates)在《财政联邦主义》一书中通过一系列假定,提出了分散化提供公共物品的比较优势,即奥茨"分权定理":对某种公共物品来说,如果对其消费涉及全部地域的所有人口的子集,并且关于该公共物品的单位供给成本对中央政府和地方政府都相同,那么让地方政府将一个帕累托有效的产出量提供给他们各自的选民,则总是要比中央政府向全体选民提供的任何特定的且一致的产出量有效率得多。因为与中央政府相比,地方政府更接近自己的公众,更了解其所管辖区选民的效用与需求。也就是说,如果下级政府能够和上级政府提供同样的公共物品,那么由下级政府提供则效率会更高。

奥茨分权定理是建立在偏好差异和中央政府等份供给公共物品的假定上,这些限制性条件在一定程度上有些牵强,难以令人信服,所以后续的研究对此进一步做出了说明。奥茨在 1999 年指出,在完全信息条件下,中央政府就很可能根据各地不同的需求提供不同的产出,以使社会福利最大化,此时也就无财政分权存在的必要性。但现实是,由于信息不对称的客观存在,地方政府对其辖区内居民的偏好、公共物品提供的成本比中央政府了解得多,更具有信息优势;而且政治压力的存在也限制了中央政府对某地提供相对于其他地方来说更多更好的公共物品和服务,这些因素使得中央政府等份提供公共物品的假定可以成立。另外,分权与地方政府之间对公共物品的需求差异以及供给成本的差异有关,即使政府供给公共物品的成本相同,只要需求不同,中央政府统一供给带来的福利损失将随着公共物品需求价格弹性的下降而增加,而大量实证研究表明,地方政府公共物品的需求价格弹性恰恰很低。

参考文献:

[美]华莱士·E·奥茨:《财政联邦主义》,译林出版社 2012 年版。

(杨灿明 李祥云)

标尺竞争

Yardstick Competition

标尺竞争,主要是指规制者(委托人)会比较提供相似产品或服务的代理人之间的效率,并按照比较结果直接决定代理人的收入;通过代理人之间的相互竞争达到减少成本、提高效率的目的。在满足一定的条件下,标尺竞争能够有效缓解委托人和代理人之间的信息不对称并对代理人形成有效的激励。由于具有上述的优点,标尺竞争在西方发达国家得到了广泛的应用。在英国的水产业、挪威的电力销售产业、日本的铁路产业、瑞典的汽车产业都已经实行了标尺竞争。

施莱弗(Shleifer, 1985)是最早明确提出标尺竞争概念,并首先将标尺竞争理论应用于政府管制领域的学者。随着财政分权理论的发展,该理论也被用来分析地方政府间的竞争行为。对于地方政府间支出竞争的理论解释,早先主要使用"用脚投票"理论,从财政收支及居民福利变动对地区影响的角度出发,分析税收或支出政策趋同的现象及行为。然而,这一理论远不能解释类似于中国地方政府间在支出方面的竞争行为。中国现存的户籍制度严格限制了人的自由(或低成本)流动,主要的地方性公共物品差异性(如福利政策)也因户籍限制而无法对人口迁移起主要的影响作用,而且城乡迁移和地区迁移的主要诱因也不在于财政政策的差异性。其后,很多研究将"标尺竞争"理论(Besley and Case, 1995)引入到分权框架下,从类似公共选择学派的角度解释地方政府的支出竞争及其影响。钱颖一和罗兰(Qian and Roland, 2005)的研究就表明:任期限制将导致地方政府间比较和模仿行为,进而出现政策趋同的现象。可以看出,如果将官员的任期与选民对邻区观测的信息相联系,进而将任期引入官员的效用函数,任期就成为促使地方财政政策趋于一致的因素之一。

一段时间以来,中国政府官员的 GDP 考核体制,造就了自上而下的"标尺竞争"行为。上一级政府在任免下一级官员时的参考标准,在很大程度上导致了以 GDP 为标尺的地方竞争。各地方政府之间将会以相邻区域的 GDP 或其他相关考核标准为标尺进行财政政策的竞争。地理相邻或 GDP 水平相近的省份之间会出现生产性支出增长趋同的现象及地方财政支出结构严重扭曲的问题,包括低水平重复建设和产能过剩等问题(周黎安,2004;2007)。这种源于企业车间中的简单同质竞争,也成为中国推进国家治理的最大障碍。

随后,博迪格龙(Bordignon,2003)等在"标尺竞争"理论的基础上对意大利财产税设置问题进行了实证研究。他们在基本的税收模型中将"标尺竞争"理论与战略影响的理论相区别,提出选举的激励约束会影响地方官员的税率选择政策,并进一步揭示了地区间税收设置的相关性(如税率设置趋同)并非与空间相关性必然相连。

参考文献:

周黎安:《晋升博弈中政府官员的激励与合作——兼论我国地方保护主义和重复建设长期存在的原因》,载于《经济研究》2004 年第 6 期。

周黎安:《中国地方官员的晋升锦标赛模式研究》,载于《经济研究》2007 年第 7 期。

Andrei Shleifer, A Theory of Yardstick Competition, *The Rand Journal of Economics*, Vol. 16, No. 3, 1985.

Besley and Case, Incumbent Behavior: Vote Seeking, Tax Setting and Yardstick Compet ition, *American Economic Review*, 85, 1995.

Qian and Roland, Regional Decentralization and Fiscal Incentives: Federalism, Chinese Style, *Journal of Public Economics*, 89, 2005.

M. Bordignon, F. Cerniglia, F. Revelli, In Search of Yardstick Competition: A Spatial Analysis of Italian Municipality Property Tax, *Journal of Urban Economics*, 54, 2003.

(杨灿明　李祥云)

分税制

Tax-sharing System

分税制是指在国家各级政府之间,按照事权和财权相统一的原则,结合税种的特性,以划分各级政府事权为基础、以税收划分为核心相应明确各级财政收支范围和权限的一种分级财政管理体制。

实行分税制是市场经济国家的一般惯例。市场竞争要求财力相对分散,而宏观调控又要求财力相对集中,这种集中与分散的关系问题,反映到财政管理体制上就是中央政府与地方政府之间的集权与分权的关系问题。从历史上看,每个国家在其市场经济发展的过程中都曾遇到过这个问题,都曾经过了反复的探讨和实践;从现状看,不论采取什么形式的市场经济的国家,一般都是采用分税制的办法来解决中央集权与地方分权问题的。我国在清朝末期曾出现过分税制的萌芽,1994 年我国开始将分税制作为一种财政管理体制。

分税制的实质主要表现为:按照税种划分税权,分级管理。其中,税权是政府管理涉税事宜的所有权利的统称,主要包括税法立法权、司法权和执法权。其中,执法权主要包括税收组织征收管理权、税款所有权(支配权)。分税制就是要将这些税权(立法权、司法权、执法权)在中央及地方政府间进行分配。所以,分税制财政管理体制的实质,就是通过对不同税种的立法权、司法权、执法权在中央和地方政府进行分配,以求实现事权同财权的统一。

完善的分税制要求中央政府和地方政府根据自己的事权自主地决定所辖的税种。中央政府和地方政府有权根据自己的事权自主决定税法的立法、司法、执法事宜;划归地方政府征管的地方税税种,地方政府可以因地制宜、因时制宜地决定立法、开征、停征、减税、免税,确定税率和征收范围。

在税种设置合理的前提下,原则上应把收入大、对国民经济调控功能较强、与维护国家主权关系紧密、宜于中央集中掌握和征收管理的税种或税源划为中央税,把宜于发挥地方优势、税源分散不宜统一征收管理的税种或税源划为地方税;把征收面宽、与生产和流通直接相联系、税源波动较大、征管难度大、收入弹性大的税种划为中央地方共享税。这种以税种特性为依据划分中央税、地方税和中央地方共享税的方法,有利于加强税收的征收管理和强化税收功能。

中央税与地方税的划分,对于正确处理中央与地方政府之间的财政关系和税收分配关系,对于加强税制建设有着特殊的含义。其意义主要表现在:通过税收立法权、司法权和执法权在不同级政府之间的划分和让渡,能够体现出一国政府的行政管理方式、法制建设程度、民主建设程度、财政管理体制和税收管理体制的科学化程度。

1994 年我国成功实施了分税制改革。分税制财政体制改革是我国政府间财政关系方面的一次重大制度创新。分税制确保了中央财政的稳定增长,为保证中央财政收入、增强中央的宏观调控能力、规范财政收入分配秩序、促进社会主义市场经济体制的建立和国民经济持续、快速、健康的发展作了很大贡献。但随着我国经济发展的市场化程度的不断深入,以及政府职能的转变,分税制财政体制在运行中也表现出了一些问题。主要表现在:

第一,事权和支出范围越位。目前实施的分税制没有重新界定政府职能,各级政府事权维持不甚明确的格局,存在越位与错位的现象,事权的错位与越位导致财政支出范围的错位与越位。

第二，收入划分不规范。现行分税制在收入划分上既有按税种、税目划分，又有按行业、隶属关系划分。企业所得税按隶属关系分别划归中央和地方，导致地方政府为追逐税收利益而大搞重复建设，结果各地结构趋同现象严重，严重阻碍着资产重组，制约着结构调整。

第三，地方税收体系不健全。目前，地方税种除营业税、所得税外，均为小额税种，县、乡级财政无稳定的税收来源，收入不稳定。地方税种的管理权限高度集中在中央，地方对地方税种的管理权限过小。

第四，省以下分税制财政管理体制不够完善。主要是地方各级政府间较少实行按事权划分财政收支的分权式财政管理体制。县级财政没有独立的税种收入，财政收入无保障。

第五，转移支付不规范。我国现行转移支付制度存在一些缺陷：政府间财政资金分配因保留包干制下的上解、补助办法，基本格局未变；采用基数法实行税收返还不合理；中央对地方专项补助发放的条件、程序、使用管理无法可依；地方政府之间如何转移支付不明确。

第六，财政管理体制层次过多。我国目前仍在实行中央、省、市、县、乡五级行政体制和与之配套的财政体制，过多的财政级次分割了政府间财政能力使各级政府之间的竞争与权力、责任安排难以达到稳定的均衡状态，并进一步加大了纳税人对政府的监督难度。

面对分税制面临的一系列困难，不同的学者提出了不同的观点，以贾康(2006)为代表的学者认为应继续推进分税制改革，在分税制的改革进程中解决面临的困难；但是也有学者对此提出了质疑。

第一，减少财政管理层级。从国际经验来看，一般来说，分税制的国家，就是三个层级左右，比如说实行联邦制的美国，还有实行单一制的英国；既有单一制特征，又有地方自治特征的日本也是三个层级。从我国目前省以下财政体制看，五级政府、五级财政造成基层财政困难、主体税种缺乏、难以进一步推进分税制改革等问题，应首先简化财政管理级次，这样做会使财政级次与政府级次出现一定时期、一定程度上的不对应，但从长远看是应该最终对应起来的。改革的方向是实行省、市、县三级财政管理体制，县市同级，乡财县管；简化财政级次之后，乡级政府随着事权的大量减少，一般应转为县级政府的派出机构，而市级政府由于其事权与财权同县级政府趋于一致，也需要改变原来的上下级关系，成为平级政府(贾康，2006)。

第二，完善转移支付制度。建立科学、规范的财政转移支付制度，不仅是分税制财政体制的题中之意，也是公共财政框架下调节地区差异、加速经济社会发展、全面建设小康社会的客观要求。规范和健全、完善转移支付制度，提高基层财政的公共服务水平，必须在改革、创新的基础上，重点加大以“因素法”为主要方式与手段的均等化转移支付的力度，尽快构建与分税制体制相适应的财政转移支付制度体系。一方面，要在确保中央财政财力分配主导地位和调控能力有效发挥的基础上，强化中央财政的再分配功能。另一方面，要在提高转移支付总量和增加转移支付规模的基础上，加大中央财政对中西部地区转移支付的力度和省级财政对县级财政转移支付的力度。

第三，改革税收征管体制，降低税收征管成本。从长远看，国税和地税应合并，但并不意味着否定分税制，回到分税制改革之前的状态，而是按照国际经验对分税制的完善。目前，已经有了成功的经验和创新的道路，这就是浙江省、上海市的经验。但要避免操之过急，在实践中稳步推进，不搞一刀切；根据各地的具体条件推进此项改革的进程。

参考文献：

胡鞍钢：《分税制：评价与建议》，载于《中国软科学》1996年第8期。

贾康：《分税制改革需要继续深化》，载于《中国改革》2006年第2期。

贾康、白景明：《县乡财政解困与财政体制创新》，载于《经济研究》2002年第2期。

安体富、王海勇：《我国公共财政制度的完善》，载于《经济理论与经济管理》2005年第4期。

赵云旗：《中国分税制财政体制研究》，经济科学出版社2005年版。

焦国华：《分税制：问题与对策》，载于《现代经济探讨》2003年第10期。

（杨灿明　薛钢）

税收划分理论

Tax Assignment Theory

税收划分是指在分税制的财政体制下，根据财权与事权相适应的原则，如何合理划分税种、分配税权的一种税收理论。在复合税制条件下，各种不同的税收在组织收入与调控方面具有不同的功能和作用，中央税与地方税的划分，对于正确处理中央与地方政府之间的财政关系和税收分配关系，以及加强税制建设有着特殊的含义。

税收划分是一个政策性和理论性很强的问题，对税收在各级政府间如何划分，国外的学者从不同的角度提出了一些划分税种的原则。

美国财政学家塞利格曼(Seligman，1909)认为，税收划分应坚持以下三个原则：一是效率原则，即以征税效率的高低为标准来确定税种的归属。如果某种税由地方政府征收效率更高，就应将此税种作为地方税；相反，应划作中央税。二是适应原则，即以税基的宽窄作为中央与地方分税的标准，税基宽的税种应作为中央税，如印花税；税基窄的划为地方税，如房产税。三是恰当原则，即以税收负担公平与否作为分税的标准。为使全国居民公平地负担税收而设立的税种应划为中央税；反之，税源、纳税人只涉及部分地区和部分人群的税种应作为地方税。

美国经济学家马斯格雷夫认为，根据税收的公平权力与有效利用资源的准则，提出了中央与地方税种划分的七条原则：一是用于调节社会收入分配不公的累进性税收应归中央管理；二是作为经济稳定手段的税收归中央，带有周期性的税收归地方；三是地区间分布不规则的税源归中央；四是生产要素多变的税源归中央；五是依附于居住地的税收比如销售税等适合于地方管理；六是生产要素基本不变的税源归地方；七是与利益或使用相关的税种既适合中央也适合地方管理（Musgrave，1959）。

加拿大学者杰克·M·明孜也提出过税种划分的五条原则：一是效率原则：税收划分要尽量减少对资源优化配置的影响；二是简化原则：应使税制简化，便于公众理解和执行，提高税务行政效率；三是灵活标准：有利于各级政府灵活地运用包括预算支出、税收补贴等措施在内的一系列政策工具，使税收与事权相适应；四是责任标准：各级政府的支出与税收的责任关系应协调；五是公平标准：要使全国各地区间的税种结构、税基税率大体上平衡，即各地居民的税负应平衡（Mintz and Poschmann，1999）。

世界银行专家罗宾·鲍德威等在考察研究了世界各国的财税体制以后，提出了六条指导性建议：一是所得税关系到全社会的公平，应划归中央；二是为保证全国统一市场的形成和资源在全国范围内自由流动和优化配置，对与此相关的资本税、财产转移税等税种也划归中央；三是对资源课税涉及公平与效率目标之间的权衡，应由中央与地方共享；四是具有非流动性特征的税收是地方所辖市政府收入的理想来源；五是作为受益性税收的社会保障税，可由中央与地方协同征收管理；六是多环节征收的增值税、销售税应划归中央，单一销售税、零售税等较适宜于划归地方（Boadway and Wildasin，1984）。

世界上多数国家的中央与地方，以及地方各级之间的财政收入划分的主要形式是税种的划分，即以税种为依据划分各级政府之间的财政收入，把税种划分为中央税、地方税、中央地方共享税。综合与借鉴西方国家的税收划分理论与原则，按照市场经济效率和公平原则，我国税收在中央与地方各级政府之间的划分应遵循以下要求：具有再分配行政的累进税应该归中央征收；具有稳定经济职能的税收应该归中央征收；税基在各地区间分布高度不平衡的税收应该归中央征收；对在全国范围内能自由流动的生产要素的税收应该归中央征管；以居住为基础的税收适合于省级地方政府征收；对完全不流动要素的税收适合于地方政府征收；应按受益原则划分税种，即生产经营活动及其所得执意要受益于哪一级政府所提供的服务，其税收就应主要归该级财政。所以，该原则适用于利益税和使用费的收取（安体富、王海勇，2007）。

我国自1994年分税制改革以来，虽然在正确处理中央与地方财政之间的分配关系、建立新型财政体制方面，迈出了关键的一步，但财政体制依然存在缺陷和不足，主要表现为税收的立法权和管理权过分集中、税收划分不科学、地方政府缺乏主体税种等，已经成为我国财税体制有效运行的重要制约因素，离一个完整的、规范化的分税制财政体制目标要求还有一定差距（卢洪友、龚锋，2007）。

参考文献：

安体富、王海勇：《税权、税权划分及其理论依据》，载于《经济研究参考》2007年第55期。

钟晓敏：《税收划分的理论和实践》，载于《财经论丛》1996年第3期。

卢洪友、龚锋：《中国政府间税权分配的规范分析》，载于《经济评论》2007年第3期。

Richard A. Musgrave, *The Theory of Public Finance*, New York: McGraw-Hill, 1959.

Seligman, *Principles of Economics*, London: Longmans, Green, and Co., 1909.

J. M. Mintz, F. Poschmann, *Tax Reform, Tax Reduction: The Missing Framework*, Toronto: CD Howe Institute, 1999.

R. W. Boadway, D. E. Wildasin, *Public Sector Economics*, Boston: Little Brown & Co., 1984.

（杨灿明　薛钢）

地方税制
Local Tax System

地方税制是相对于中央税制而言的，指划归地方负责征收管理并由地方政府支配使用，构成地方财政固定收入来源的那一部分税收收入的制度。它属于财政管理体制的范畴。

地方税制不仅仅是根据收入归属来进行划分的各地方税种，它还包含了税收管理权限等多方面的内容，税收管理权限包括税收立法权、税收执法权、税收解释权、税收减免权等。与此相适应，地方税制应包括各地方税种、征收管理以及司法保障在内的整个地方税的立法、执法和司法所组成的统一体。

地方税制作为财政管理体制的重要组成部分，与政府间支出责任的划分和政府间分税有密切联系。一方面，按照边际效用理论和偏好多样化理论的分析，由中央统一提供公共物品会造成效率损失，因此公共物品的提供必然是多层次性的;另一方面,从政府管理体制来看,由于受到管理能力和管理效率的制约,世界各国实行的都是多级政府体制。地方政府理应作为公共物品的提供主体,才能更有效地满足全社会的公共需要,从而达到或接近帕累托最优状态(许建国,1993。)

公共物品和服务的层次性,使财政的资源配置职能在中央政府和地方政府之间有必要进行相应的分配,使地方政府的财权基本满足一般性财政支出的需要。因此,以分税为基础在整个政府内部实行由中央向地方的放权,建立中央和地方两套税制,并确定各级政府相应的权限,从而使整个国家的税收权利在中央和地方之间进行分配。

对于地方税制的核心标准存在不同的判断:(1)基于税收立法权的判断强调地方税制应由地方政府立法;(2)基于税收征管权的判断强调地方税制应由地方政府征收;(3)基于税收归属使用权的判断强调收入全部归地方政府所有并由地方政府支配使用(白景明,1995)。

从税种划分的原则来看,作为地方税制的主体税种应该具备几个基本特征:一是税基具有非流动性,将税基具有流动性的税种作为主体税种容易导致各地方政府的税收纠纷和地方政府从本地区利益出发进行的低税竞争;二是基于受益原则进行课征,某些税种的征税对象收益的大小与地方政府提供的公共物品直接相关,纳税人所缴纳的税收与其享受的公共物品和服务是对称的;三是税基较宽,税源丰富,且具有增长潜力,其收入总量应在地方税体系中处于主体地位;四是具有稳定增长能力,与经济增长成正相关关系。

我国最早产生的地方税的萌芽当属清朝末年的厘金,此后,在北洋政府及国民党政府时期都先后颁布了有关地方税的法规。新中国成立后,我国地方税的发展历程与预算管理体制及预算调节方法密不可分。目前,我国的地方税制主要包括下列税种:营业税(不含铁道部门、各银行总行、各保险总公司集中缴纳的营业税)、地方企业所得税(不含上述地方银行和外资银行及非银行金融企业所得税)、个人所得税、城镇土地使用税、固定资产投资方向调节税、城市维护建设税(不含铁道部门、各银行总行、各保险总公司集中缴纳的部分)、房产税、车船税、印花税、耕地占用税、契税、土地增值税、地方教育费附加等。

1994年的分税制改革使我国初步奠定了地方税制与地方税体系的基础。然而,我国目前的地方税制建设与地方税体系的发达程度、调控力度、税种结构及运行成效等方面,尚未达到市场经济及分级财税管理体制的要求,主要表现在:现行地方税税源狭窄、收入规模小;地方税体系不健全、不到位、主体税种缺位;收费名目繁多、以费挤税现象严重等。因此进一步深化地方税改革和完善地方税体系是走向市场经济的税制改革的一个重要方面。

根据建设适合市场经济发展要求的财税体制原则与目标,我国今后地方税制建设的方向与路径选择应该是:正确处理好事权、财权与税权的关系;合理配置税种,明确地方税制建设中的主体税种,优化地方税制结构;规范地方政府的收费行为,清费立税拓宽税基,加强地方税制建设。

参考文献:

许建国:《重构我国地方税体系的几个理论问题》,载于《中南财经政法大学学报》1993年第6期。

白景明:《究竟应该如何构造地方税体系》,载于《财贸经济》1995年第12期。

汪孝德、尹音频:《分税制改革的实践与走向》,载于《财经科学》1999年第6期。

中国税务学会《完善税制》课题组:《关于分步实施税制改革的具体建议》,载于《税务研究》2004年第3期。

[美]费雪:《州和地方财政学》,中国人民大学出版社2000年版。

(杨灿明　薛钢)

财政体制
Fiscal System

财政体制是指国家通过规定各级政权管理财政收支的权限和各企事业单位在财务管理上的权限,以处理国家各级政权之间、国家与企事业之间的财政分配关系的管理制度。它是国家财政管理工作中的一项主要制度,是国民经济管理体制的组成部分。

财政体制是处理一国各级政府间财政关系的基本制度,其核心是各级政府预算收支范围和管理权限的划分以及相互间的制衡关系。确立财政体制的根本目的,是为了保证国家财力在各级政府间合理分配,保障各级政府行使职能的资金需要,提高财政资金管理和使用的效率。财政体制的主要内容包括政府财政管理级次的确定、财政收支范围的划分以及财政转移支付制度的安排等方面。

第一,政府财政管理级次。政府财政管理级次是政府分级管理体制的必然要求。迄今为止,世界绝大多数国家的政府都实行分级管理制度,即一个国家的政府不是由单一的或完全集中的一级组成,而是多级政府组成的政府体系。财政是以政府为主体的经济活动,是为实现政府职能服务的,因此,有一级政府就有一级财政,这就形成了多级政府间的财政分配关系。如何处理政府间的财政分配关系,则是一个关于财政分权的问题。无论是联邦制国家,还是单一制国家,与多级政府管理相适应,财政预算管理级次也呈多级化。

第二,财政收支范围的划分。财政收支范围的划分是为了确定各级政府的事权和财权,即如何进行财政分权的问题。财政收支范围划分是否合理,关系到财政体制的运行是否有效率,各级政府的职责能否充分实现,各层次的公共需要能否有效满足,因而是财政体制设计的核心问题。如何进行财政分权,西方财政理论认为,财政支出的划分应遵循三个原则:一是受益原则,即全国受益的支出应划归中央,地方受益的支出划归地方;二是行动原则,即必须在全国范围内实施的公共服务活动,其支出由中央承担,反之则由地方承担;三是技术原则,即投资大、受益广、协调难、技术难度高或者关系到国际竞争力的项目,列入中央支出,其他应由地方承担。财政收入的划分也应遵循三个原则:一是效率原则,即以征税效率的高低为标准划分各级财政收入;二是适应原则,即以税基的宽窄为标准划分各级财政收入;三是恰当原则,即以公平分享税收标准划分各级财政收入。

第三,财政转移支付制度。由于收支的划分遵循的标准不完全一致,以及地区间经济发展的非均衡性造成不同级次财政主体之间的收支不对称,因此,财政收支范围的划分并不能完全解决各级政府财政收支均衡的全部问题。为了实现各级政府事权与财权的最终统一,有必要在既定的财政收支范围划分的基础上进行收支水平的调节。这种调节包括上下级政府间的纵向调节即纵向转移支付,和同级政府间的横向调节即横向转移支付。政府间转移支付制度通过财政资金的无偿拨付,对各财政主体收支水平的调节,保证了财政资金的公平分配和有效使用,满足了各级政府履行事权的财力需要。

自从新中国成立以来,我国在财政体制的变革中进行了不断探索,从总体来看,大致分为以下四个阶段:

第一,统收统支的财政管理体制。新中国成立初期经济形势是通货膨胀严重,工人大量失业,国民经济处于崩溃的边缘;为促进国民经济的恢复发展,采取了统收统支的财政体制。该体制的基本特征是中央政府处于主导地位,并且中央政府统一制定所有收支项目管理办法,一切开支标准也同样由中央政府统一决定。地方政府组织的财政收入要全部上缴中央财政,地方政府所需的相关支出全部由中央财政另行拨付。因此,该体制也被称为"收支两条线"。

第二,分类分成的财政管理体制。分类分成的财政体制实行了三个时期,包括"一五"计划时期、"二五"计划时期的第一年(1958 年)和"六五"计划时期。为了完成"一五"计划确定的任务,即奠定我国社会主义工业化基础,以及确定我国农业、工业、资本主义工商业的社会主义改造的初步基础;必然要求变统收统支的财政体制为分类分成的财政体制。在 1954 年实行的"统一领导、划分收支、分级管理、侧重集中"财政管理体制,即是所说的"分类分成"财政体制。

第三,总额分成的财政管理体制。为了克服分类分成的财政体制的一些不利方面,我国自 1959 年实行"收支下放、计划包干、地区调剂、总额分成、一年一变"的总额分成的财政管理体制。该体制的实行大致包括 1959~1967 年、1969~1970 年、1976~1979 年和 1986~1990 年。总额分成在一定程度上调动了地方的积极性,使全国财政收入有一定比例的增长。

第四,分税制财政管理体制。随着改革开放进程的加速,分类分成和总额分成的财政管理体制已经无法满足经济发展的需要,其弊端不断出现。1992 年党的十四大明确提出了建立社会主义市场经济体制的目标。为了正确处理中央和地方的关系,调动一切积极因素加快社会主义市场经济体制的建立,实现社会主义现代化,在前期试点的基础上,于 1994 年 1 月 1 日起开始在全国推行分税制财政体制。

1994 年我国实行的分税制财政体制改革虽然基本建立了比较规范的中央政府与地方政府间的财政分配关系,但地方各级政府间的财政关系并未理顺,由此成为导致省以下地方财政困难的重要原因。

参考文献:

高培勇:《奔向公共化的中国财税改革——中国财税体制改革 30 年的回顾与展望》,载于《财贸经济》2008 年第 11 期。

贾康、赵全厚:《中国财政改革 30 年的路径与脉络》,载于《经济研究参考》2009 年第 2 期。

邓子基:《建立稳固、平衡、强大的国家财政与构建公共财政的基本框架》,载于《财贸经济》2002 年第 1 期。

戴毅:《中国财政体制改革路径探析》,载于《四川大学学报(哲学社会科学版)》2010 年第 5 期。

[美]理查・A・穆斯格雷夫、[美]皮吉・B・穆斯格雷夫:《美国财政理论与实践》,中国财政经济出版社 1987 年版。

Tiebuot, The Pure Theory of Public Expenditure, *Journal of Political Economy*, Vol. 64, No. 10, 1956.

W. E. Oates, *Fiscal Federalism*, New York: Harcourt Brace Jovanovich, Inc. 1972.

(杨灿明　薛钢)

预算管理体制

Budget Management System

预算管理体制是确定中央政府与地方政府以及地方各级政府之间各级预算管理的职责权限和预算收支

范围的一项根本制度。它是国家预算编制、执行、决算以及实施预算监督的制度依据和法律依据,是财政管理体制的主导环节。

建立预算管理体制的基本任务,是通过正确划分各级政府预算收支范围,规定各级预算管理权限及相互间的制衡关系,使国家财力在各级政府及各地区间合理分配,保障相应级次或地区的政府行使职能的资金需要,提高财政资金管理和使用的效率。

预算管理体制的主要内容包括:(1)确定预算管理主体和级次,一般是一级政权即构成一级预算管理主体;(2)预算收支的划分原则和方法;(3)预算管理权限的划分;(4)预算调节制度和方法。预算体制的核心是,各级预算主体的独立自主程度以及集权和分权的关系问题。

作为处理国家财政体系中各级政府间财政分配关系的一项基本制度,预算管理体制的核心问题是各级政府预算收支范围及管理职权的划分和相互间的制衡关系。预算收支范围的划分决定国家财力在中央与地方,以及地方各级政府间的分配,而预算管理职权的界定则明确各级政府在掌握和控制国家财力上的权限和责任。预算管理体制体现着财政集权与分权关系的变化,具体体现在不同级次政府的收入权、支出权、政策制度制定权和管理权等方面。

预算管理体制的模式不是按收支划分方法区分,它的主要区别是各级预算主体的独立自主程度,核心问题是地方预算是否构成一级独立的预算主体。世界各国采用的财政管理体制模式都不完全相同,主要由其经济发展、政治制度、民族习惯、历史原因等多种因素决定,并且也不是固定不变的。按财政管理权限的集中或分散程度,可将预算管理体制分为不同的类型,如集中型体制、分散型体制、集中与分散相结合体制。预算管理体制类型的选择,不仅取决于制度设计中的技术因素,更重要的,是取决于一国的政治和经济管理制度。一般来说,在市场经济条件下,实行将中央和地方的财政管理权限作规范性的划分,把集中管理与分散管理按一定标准结合起来的分税分级预算管理体制,是较为普遍的现象。

联邦制国家的特点是地方财政独立性强,中央对地方的转移支付较少。而在中央集权制国家,中央政府财政集中程度高,地方虽有一定自主权,但在较大程度上依赖于中央财政的转移支付。在现代社会,各国财政体制正在逐步趋同。单纯集权型或单纯分散型财政体制,都在向集权和分权有机结合的类型发展,使单一制国家与联邦制国家在财政管理体制方面有了不少共同之处。过去比较集权的国家,如法国、日本等正在逐步走向权力的分散化,日本正在大量运用税收分享手段,法国也已形成了中央与地方各有独立财源的比较彻底的分税体制,地方政府有了较大的自主权。而过去财权分散的国家,如美国和澳大利亚,也出现了中央政府权力加强的现象。

参考文献:
陆百甫:《推进财政管理体制改革——学习十六届三中全会〈决定〉体会》,载于《财政研究》2003 年第 11 期。
钟守英:《改革预算管理制度 积极推行部门预算》,载于《湖北财税》2000 年第 24 期。
刘国光:《中国经济体制改革中计划与市场的关系问题》,载于《财贸经济》1981 年第 1 期。
王文华:《中央与地方政府财政关系的博弈行为分析》,载于《社会科学研究》1999 年第 2 期。
寇铁军、周波:《我国政府间事权财权划分的法治化选择》,载于《财经问题研究》2008 年第 5 期。
贾康:《财政体制改革视角下的政府间事权划分》,载于《21 世纪经济报道》2007 年 11 月 12 日。

(杨灿明　薛钢)

财政均等化
Fiscal Equalization

财政均等化是指基于实现社会性基本服务水平均等化目标,中央政府通过调整各级政府间财政关系,促进各级政府横向、纵向财政能力均衡,提高资源配置效率、缩小公共服务的供给差距、实现各级政府公共服务供给均衡的宏观调控过程。财政均等化的实质是中央政府向地方政府提供资金,以减轻各级政府通过自身能力取得收入的不均等程度,是政府加强社会均等化建设的有效手段,也是现代国家处理政府间财政分配关系、实现社会平等的财政平稳制度。

财政均等化的观点较早由布坎南等(Buchanan,1950)提出。布坎南致力于研究水平财政均等化,他指出,基于公平与效率的兼顾,财政政策应致力于财政均衡,使具有相同地位的人得到相同的净财政剩余,即每个人从公共物品获得的回报与其所承受的税负之差相等。在蒂伯特(Charles M. Tiebout,1956)模型中,居民可以用脚投票,由于对大多数公共服务的需求具有收入弹性,如果征收受益税,人们自然会倾向于迁移至偏好相同的地区,这种情况下的均等化政策可能会扭曲各地区公共服务的真实成本,抑制经济行为和人口在地区间的效率配置,即在贫困地区,均等化拨款使得公共服务的价格被人为降低;在富裕地区则刚好相反。格拉汉姆(Graham,1963)认为,公共服务因其整体性和不可分割性无法完全按照受益原则来提供,因此他主张设定尽可能高的基本公共服务最低标准。鲍德威(Boadway)、佛拉特斯(Flatters)和加拿大经济委员会合作完成的财政横向均衡模型指出,在对比了各州实际人均税收与平均人均税收后再进行均衡性转移支付,就能达到州际间人均财力的横向均衡,实现全国范围内公共服务的均等化。

财政能力决定社会性基础公共服务产品供给能力,财政均等化程度决定社会性基础公共产品供给均衡化程度,财政均等化在一定程度地实现公平的基础上,也会导致效率的损失。但世界上大多数国家,无论是单一制政体还是联邦制政体,都实行这种制度。

通常情况下,财政均等化按目标不同分为两类:水平公平均等化(HEE,以居民之间的公平为目标)、财政能力均等化(FCE,以地区间公平为目标)。选择哪种均等化模式,要根据各国整体结构、垂直和水平财政差异、均等化补助推广难度等因素。一般而言,单一制国家可推广 HEE 模式,如加拿大、德国,联邦制国家可推广 FCE 模式,如美国、澳大利亚。但中国虽然是单一制的政权国家,但政府间财政关系安排具有明显的联邦制特征。加之中国受幅员辽阔、人口众多、资源相对缺乏、人均收入水平较低、地区差异显著、财政分权不完善等国情约束,FCE 模式更有利于向各级政府提供足够的资金,确保贫困地区能满足最低标准的公共服务供给。因此,在我国,FCE 是财政均等化的显示模式选择。

我国已推行的分税制,理应以财政均等化理论为基础。在我国的国情约束下,在考虑税收输出和税收努力的前提下,建立以地区财政能力和支出需求为基础的公式化转移支付,加强对地方政府支出行为与绩效的监督,有助于财政均等化的实现。

参考文献:

谷成:《财政均等化:理论分析与政策引申》,载于《经济理论与经济管理》2007 年第 10 期。

孙红玲、王柯敏:《公共服务均等化与"标准人"财政分配模型》,载于《财政研究》2007 年第 8 期。

William H. Oakland, Fiscal Equalization: An Empty Box, *National Tax Journal*, Vol. 47, No. 1, 1994.

Charles M. Tiebout, A Pure Theory of Local Expenditures, *Journal of Political Economy*, Vol. 64, 1956.

Buchanan M. James, Federalism and Fiscal Equity, *American Economic Review*, Vol. 40, No. 4, 1950.

F. John Graham, International Fiscal Relationships: Fiscal Adjustment in a Federal Country, Canadian Tax Foundation Tax Papers, No. 40, 1964.

Scott D. Anthony, The Economic Goals of Federal Finance, *Public Finance*, 1964.

Boadway Robin, Frank R. Flatters, *Equalization in a Federal State: an Economic Analysis*, Ottawa: Economic Council of Canada, 1982.

(杨灿明　胡洪曙)

政府间补助(转移支付)
Intergovernmental Grants(Transfers)

政府间补助(转移支付),也称"预算转移支付"或"预算补助",是指在既定的政府间支出责任和收入划分框架下,基于各级政府收入能力与支出需求不一致的情况,通过财政资金在政府间的无偿拨付,以弥补财政间的横向和纵向失衡,鼓励地方政府通过提供外溢性公共服务来实现基本公共服务均等化和特定政策目标的一项制度。

我国财政部对转移支付的定义为:"中央政府按照有关法律、财政体制和政策规定,给予地方政府的补助资金。"

以转移支付为基础的财政转移支付制度是市场经济国家处理政府间财政关系时普遍采用的一种财政分配制度,广泛存在于多级政府体系国家中。它以法治作为制度基础和保障,是分税制基础上的财政调节制度,是协调中央和地方财政分配关系、强化中央政府宏观调控能力的重要手段,是规范政府间财政关系的制度安排,是各级政府间权责关系和利益协调关系的机制。

转移支付包括一般性转移支付和专项转移支付。转移支付立足于政府间财权事权划分和资金分配标准问题,是现代国家政府间财政运作的主要形式之一,其规模越来越大,甚至成为中央政府财政支付的主要形式。财政转移支付资金是财政转移支付的关键点,由于中央和地方政府的目标存在差异,因此其规模难以确定。如果规模过大,会导致地方政府降低税收努力,鼓励"懒惰";但如果规模过小,中央政府难以实现其目标,不能达到均等化作用。与之相关的理论基础包括分级公共物品理论、财政宏观调控理论以及分权与制衡理论。

我国目前的财政转移支付制度是建立在 1994 年分税制改革基础上的具有过渡性质的一项制度安排。我国的政府间转移支付除了一般性转移支付和专项转移支付外,还有税收返还。总体来看,分税制改革后中央对地方的转移支付占地方预算内财力的比重在 50% ~60% 之间,已经具有举足轻重的角色,2013 年的总规模接近 4.8 万亿元(见图 1)。按照"存量不动,增量调整,逐步提高中央的宏观调控能力,建立合理的财政分配机制"。通过分税制改革,调整财政收入增量,扭转过去中央财政收入占全部财政收入过低的局面,提高中央税收收入比重,增强中央政府宏观调控能力,建立一个有助于缩小地区财政不平衡差距的财政体制,推进基本公共服务均等化。分税制改革后,有利于中央通过财政转移支付的方式均衡各级政府财政能力。可以说,财政转移支付制度就是均衡各级预算主体间收支规模不对称的预算调解制度。同时,政府通

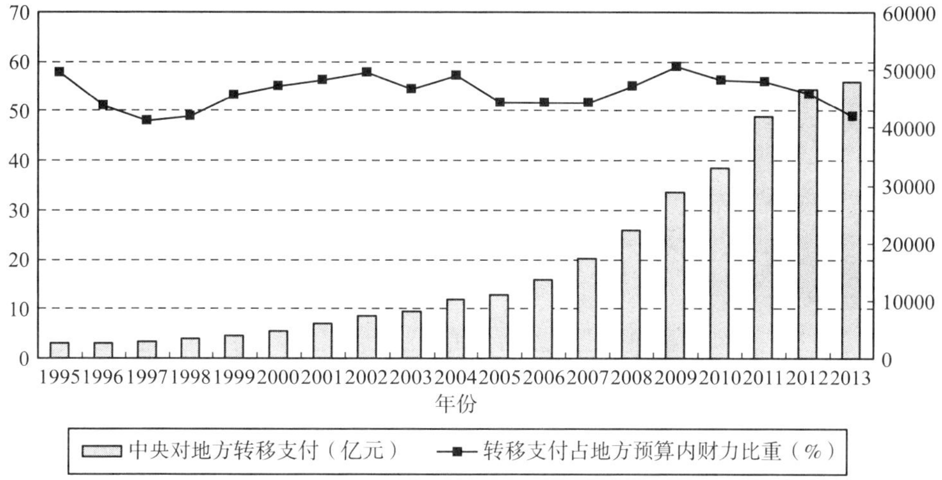

图1 分税制以来中央对地方转移支付及其占地方预算内财力的比重（1995～2013）

资料来源：《1995～2013年地方预算内财力、中央返还及上解情况》，载于《地方财政研究》2014年第12期。

过强制性税收以及发行公债等，使基本公共服务的供给成本得到不同程度的补偿，促进了基本公共服务的均等化。

参考文献：

卢现祥：《西方新制度经济学》，中国发展出版社2003年版。

[英]阿尔弗雷德·马歇尔：《经济学原理》，人民日报出版社2009年版。

[美]威廉姆·斯坦利·詹姆士：《政治经济学原理》，江苏人民出版社2009年版。

（杨灿明 胡洪曙）

一般性转移支付

Unconditional Grants

一般性转移支付是政府间最常见的资金补助模式。与专项转移支付相比，一般性转移支付的主要目标是促进地方基本财力和基本公共服务均等化。许多发达国家将一般性转移支付定位为保证本国公民在国内任何一个地区可以享受到无差别的公共服务的基本财力保证机制。与专项转移支付相比，国外一般性转移支付往往不限制转移支付资金的适用范围，允许地方政府可以按照本地居民的意愿来提供所需要的公共物品。对于地方政府来说，这种机制可以保证转移支付资金和地方税一样，成为地方稳定可靠的收入来源。

我国对一般性转移支付的定义为：中央政府对有财力缺口的地方政府（主要是中西部地区），按照规范的办法给予的补助。它包括均衡性转移支付、民族地区转移支付、农村税费改革转移支付、调整工资转移支付等，地方政府可以按照相关规定统筹安排和使用。

与专项转移支付相对，一般性转移支付能够发挥地方政府信息对称的优势，有利于实现因地制宜，更能满足地方需求。按照分税制财政体制的设计初衷，转移支付制度是一项弥补地方财政因分税制财政体制改革确定的财权事权之差，中央政府给予的一种财力性补助。随着地方财政支出结构的扩大，其主要功能已转变为向全社会提供均等化基础公共物品和服务。

我国在1994年分税制改革时，由于条件不充分，并未实行标准化的转移支付制度。作为分税制财政管理体制改革的配套措施，1995年中央立足国情，借鉴成熟市场经济国家转移支付制度经验，制定了“过渡期财政转移支付方法”，奠定了中央对地方一般性转移支付制度的框架。其基本思路是：按照规范和公正的原则，根据客观因素测算各地区的标准财政收入和标准财政支出，以标准财政收支缺口为依据进行公式化分配。财政越困难的地区，补助程度越高。从2002年开始，过渡期转移支付改为一般性转移支付。十几年来，我国一般性转移支付制度在不断完善。目前的一般性转移支付制度，遵循“增加因素、调整系数”，以提高标准财政收入、标准财政支出的计算科学性。

一般性转移支付属于无条件补助，对各地区的补助规模采用公式法测算，是我国目前最规范最客观的补助项目，也是提高地方财力，增强公共服务水平的主要手段。实行分税制改革以来，我国一般性转移支付快速增长，已经成为中央对地方转移支付的主体，2013年的总规模在2.4万亿元左右（见图1）。地方政府对一般性转移支付资金有自主支配能力，而我国的一般性转移支付资金存在“粘蝇纸效应”，它在地方政府提供公共物品与服务方面具有正负两个作用。在多重目标，尤

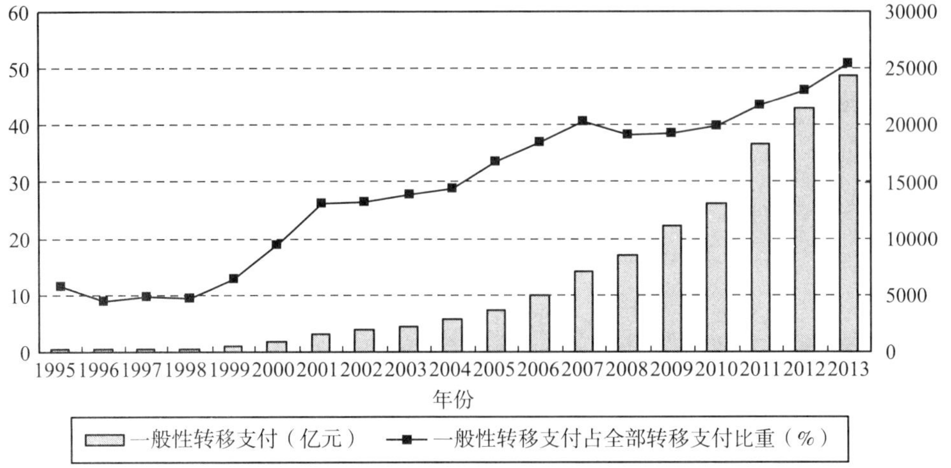

图1 分税制改革以来一般性转移支付规模及其占中央对地方转移支付总和的比重(1995～2013)

说明:转移支付总和包括税收返还、一般性转移支付和专项转移支付。

资料来源:《1995～2013年地方预算内财力、中央返还及上解情况》,载于《地方财政研究》2014年第12期。

其是经济目标的压力下,一般性转移支付资金可能被挪用和挤占,上级政府实现公共服务均等化的政策意图难以达到预期的效果。因此,我国的转移支付制度需要进一步的完善。

参考文献:

方福前:《福利经济学》,人民出版社1994年版。

卢现祥:《西方新制度经济学》,中国发展出版社2003年版。

[英]阿尔弗雷德·马歇尔:《经济学原理》,人民日报出版社2009年版。

[美]威廉姆·斯坦利·詹姆士:《政治经济学原理》,江苏人民出版社2009年版。

Arthur Cecil Pigou, Some Aspects of Welfare Economics, *American Economic Review*, 1932.

（杨灿明　胡洪曙）

专项转移支付

Categorical Grants, Conditional Grants

专项转移支付也称“专项补助”、“专项拨款”或“有条件补助”,也是普遍采用的政府间转移支付类型之一。与一般性转移支付强调的机会均等和地方自由支配相比,专项转移支付更多强调中央政府的政策意图和政治意图,从而会对资金使用施加特定的限制。但这并不表示其必须用于特定项目,许多发达国家的专项转移支付只是用于规定地方政府在某个特定领域的最低支出水平,超过最低水平的资金依然由地方自由支配。

在我国,中央财政为实现特定的宏观政策及事业发展战略目标,以及对委托地方政府代理的一些事务或中央地方共同承担的事务进行补偿而设立的补助资金,重点用于教育、医疗卫生、社会保障、支农等公共服务领域,缩小区域、城乡差距、扶弱济困是专项转移支付资金宏观调控的主要目的。这也表示了重点支出需要的含义。财政部对专项转移支付的定义是:中央政府对承担委托事务、共同事务的地方政府,给予的具有指定用途的资金补助,以及对应由下级政府承担的事务,给予的具有指定用途的奖励或补助,主要用于教育、社会保障、农业等方面。

我国专项转移资金专款专用,是一种附加条件的政府间财政资金转移。上级政府基于特定的资金用途在某种范围和程度上指定资金的用途,下级政府必须按照规定使用这些资金。如果转移支付的目的在于增强受方提供某一种或者某几种特定公共物品的能力,运用专项转移支付通常会更直接有效,意识性掺杂更加明显,更具有政策性和福利性。

专项转移支付具有无偿性,可以说是块“诱人的牛排”。国外专项转移支付也大多采用公式拨款,但我国还没有做到这一点。如果其制度缺乏透明性和合理规范的申请与分配标准,在实际操作中会存在很多问题:如拨付效率较低、资金运行不规范、透明度不高,滋生寻租现象等。

在我国,受中央政府和地方政府的支出需求存在差异,中央集权约束财政分权,上级而非民众决定政治家升迁,地方人大和民众对政治家的监督相对较弱的国情影响,专项转移支付比重过高,“跑部钱进”的能力决定拨款额度,支付的随意性较大,难以真正实现平衡财力、公平分配。因此,减少专项转移支付规模成为我国财税体制改革过程中达成的共识之一。但专项转移支付制度对突发事件的快速支持,对民生及“三农”的资金支持,对弱势群体的扶助,对特定行业的发展都起到了不可否认的作用。尤其是自1994年分税制改革以来,我国采取了以专项转移支付为主的制度,通过强化项目审查和加强绩效评估的手段来应对制度运行中存在的问题,它在实现国家政府宏观调控,缓解地方基层财政困难等方面发挥了重要作用。但是,专项转移支付为主的转移支付体系只是用于短期,从长期来看,加大一般性转移支付,减少专项转移支付,实现地区政府间的财力与事权的对称,实现地区间财力均衡,更有利于优化国家治理。

1995年以来,专项转移支付规模迅速膨胀,目前占全部转移支付的40%左右。自2008年以来,专项转移支付占全部转移支付的比重开始下降,2013年在全面深化改革“清理、整合、规范专项转移支付项目”的背景下,专项转移支付的规模还出现了绝对下降,从2012年的18886.2亿元下降到18609.8亿元(见图1)。

专项转移支付作为中央对地方补助的一种形式,优化转移支付制度,是财政部门的基本职责。我们不仅要加强各相关部门的参与性和项目实施透明度,加大监管力度和经济效益分析,中央政府还要在宏观布局和制度建设上起主导作用,以立法来规范专项转移支付制度及其资金分配,公开财政信息,接受各方监督,加强审计,问责到底,继续采用项目管理办法,削弱分配过程中的非正式制度安排,强化整个财政分配的动态管理,提高财政拨款的规范性和相关财政资金的使用效率。

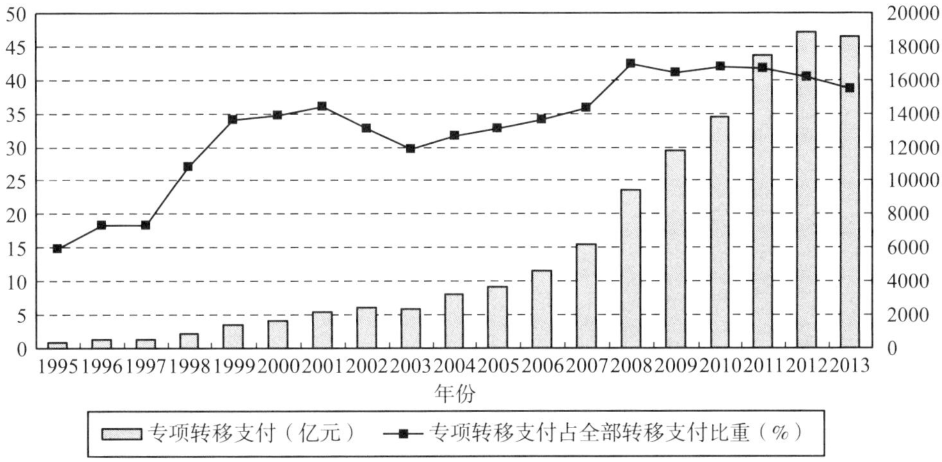

图1 分税制改革以来专项转移支付规模及其占中央对地方转移支付总和的比重(1995~2013)

说明:转移支付总和包括税收返还、一般性转移支付和专项转移支付。

资料来源:《1995~2013年地方预算内财力、中央返还及上解情况》,载于《地方财政研究》2014年第12期。

参考文献:

[美]威廉姆·斯坦利·詹姆士:《政治经济学原理》,江苏人民出版社2009年版。

方福前:《福利经济学》,人民出版社1994年版。

[英]阿尔弗雷德·马歇尔:《经济学原理》,人民日报出版社2009年版。

卢现祥:《西方新制度经济学》,中国发展出版社2003年版。

Arthur Cecil Pigou, Some Aspects of Welfare Economics, *American Economic Review*, 1932.

(杨灿明 胡洪曙)

税收返还

Tax Return

税收返还是指中央返还地方的税收收入。在我国,它系针对地方财政收入减少的情况,在1994年分税制财政体制改革之后中央给予地方的一种财力补偿,属于对地方既得利益的保护。

税收返还包括两方面的含义:一是中央对地方的税收返还,该项税收返还制度就其性质而言属于转移支付的范畴;二是国家对人民的税收返还,尽管税收不能直接归还给每个具体的纳税人,但却具有整体意义上的返还性。

我国1994年实行分税制改革后,税收返还伴随着税收收入上划中央应运而生,并在分税制财政体制改革及后续的分税改革中作为一项过渡性措施发挥着重要作用。在表现形式上,主要包括增值税和消费税返还、所得税返还以及成品油价格和税费改革税收返还。从整体上看,无论是何种具体的税收返还方式,其直接原因都是由于税收归属的重新划分以及由此带来的地方收入的减少。

税收返还的总规模在1994年分税制改革、2002年所得税分享改革和2008年成品油税费改革后上了三个台阶(见图1)。“两税”返还是出于1994年分税制改革中将原属于地方的消费税和75%的增值税上划中央;所得税返还则是由于2002年除铁路运输、国家邮政、中国银行、中国工商银行、中国建设银行、中国农业银行、国家开发银行、中国农业发展银行、中国进出口银行、海洋石油天然气、中石油、中石化企业缴纳的企业所得税全部归属中央外,其余绝大部分的企业所得税和全部的个人所得税实行中央与地方分享;成品油价格和税费改革税收返还则是由于燃油消费税的开征代替了地方原有公路养路费等六费的征收。分税制改革改变了原有的中央与地方收入分配格局,而税收返还的设计体现了对地方既得利益的维护,有利于推进改革的顺利进行。

伴随着中国规范的政府间转移支付制度的建立,立足于保护地方既得利益的税收返还占全部政府间转移支付的比重不断下降。1995年两税返还的总规模为1867.3亿元,占中央对地方全部转移支付的73.72%。此后,伴随着区域人均财力和基本公共服务均等化的推进,税收返还的相对规模快速下降。截至2013年,中央对地方成品油税收返还的规模稳定为1531.1亿元,所得税返还稳定为910.2亿元,两税返还基本稳定为3949亿元,合计6390.3亿元,占全部中央地方转移支付的13.3%。

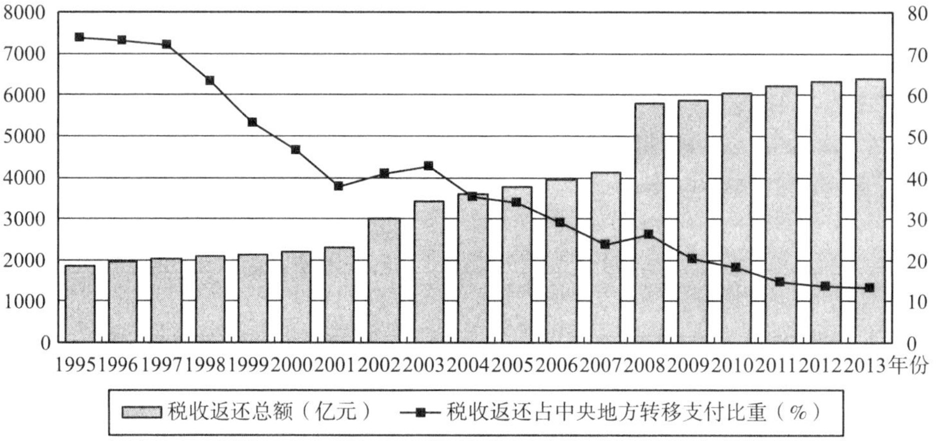

图1　分税制改革以来税收返还规模及其占中央对地方转移支付总和的比重(1995~2013)

说明:转移支付总和包括税收返还、一般性转移支付和专项转移支付。

资料来源:《1995~2013年地方预算内财力、中央返还及上解情况》,载于《地方财政研究》2014年第12期。

参考文献:

谢旭人:《中国财政改革三十年》,中国财政经济出版社2008年版。

徐博:《关于分税制下税收返还问题的思考》,载于《财政研究》2010年第4期。

(杨灿明　胡洪曙)

过渡期转移支付
Transfer Payment in Transitional Period

过渡期转移支付是我国分税制改革初期基于中央财政用于转移支付的财力有限且规范的财政转移支付制度尚未完全建立起来的背景下所实施的财政转移支付政策。它是中国为建立现代政府间转移支付制度而进行的最早努力,目标是逐步向规范化的转移支付制度靠拢。过渡期转移支付制度包括一般性转移支付和民族优惠政策转移支付两部分。

1994年分税制改革后,为解决地方财力上收所带来的财力不足的困难,中央对地方实施财政转移支付。但由于中央财政可用于转移支付的财力有限,且在转移支付制度的设计方面,还面临着诸如统计数据不完整、测算方法不完备等技术性问题,难以建立规范的转移支付制度。因此,1995年财政部开始制定和实施《过渡期财政转移支付办法》,主要内容包括:一是按照影响财政支出的因素核定各地的标准支出数额,凡地方财力能够满足标准支出需要的中央不再转移支付。对地方不能满足支出需要的，再对财政收入进行因素分析，财政收入未达到全国平均水平的地区，收入不足的部分由地方通过增收解决相应的支出需要；财政收入达到全国平均水平或通过增收仍不能解决其支出需要的，其财力缺口作为计算转移支付的依据。

作为分税制财政体制改革的重要组成部分，转移支付制度改革始终受到各界的普遍关注，《过渡期财政转移支付办法》自1995年出台以来，得到不断的规范和完善，从而推动了我国规范性财政转移支付制度的构建。同时，过渡期转移支付并未触动地方既得利益，保持了分税制的相对稳定，进而保护了地方政府发展经济、组织财政收入的积极性。

参考文献：
谢旭人：《中国财政改革三十年》，中国财政经济出版社2008年版。
钟晓敏：《地方财政学》，中国人民大学出版社2001年版。
寇铁军、汪洋：《完善我国过渡期财政转移支付的对策》，载于《财经问题研究》2003年第8期。

（杨灿明　胡洪曙）

粘蝇纸效应
Fly Paper Effect

粘蝇纸效应是与财政转移支付制度密切相关的经济现象。特指由于参与公共决策的人的偏好及其在公共决策中的影响力不同，其可以通过对公共决策的影响，使得中央政府对地方政府拨付的无条件的转移支付资金“粘”在它所到达的地方部门，从而增加该地方政府的财政支出，且增加的支出水平大于辖区税收收入增加带来的地方政府公共支出水平。通俗地讲，地方公共部门更倾向于将中央的转移支付资金留存在公共部门，且地方政府获得的财力的增加会以不恰当的比例用于公共支出，而不是通过合理地削减地方税等形式让利于辖区居民。

粘蝇纸效应是作为布莱德福德和奥茨所提出的分权化定理的反论而建立起来的概念，最初被用来解释等额的财政拨款与税收减免对地方政府支出的不同影响。根据公共经济学的一般性理论，倘若地方政府的支出模式真正反映了辖区绝大多数居民的主观偏好，那么上级政府对该地方政府的无条件拨款与一笔等额的直接给予该地方政府所辖居民的拨款（抑或税收减免）对受补政府的支出影响应该是相同的。然而，20世纪60年代以来的大量实证研究发现，上级政府对地方政府的无条件的转移支付对地方政府公共支出的扩大效应更为显著，两者并不等效。该现象即被称为“粘蝇纸效应”或“归宿的粘蝇纸理论”，即钱被粘在它所到达的地方。“粘蝇纸效应”也是当前我国实证财政学的重要研究内容，许多研究表明中国地方政府规模的膨胀和转移支付资金规模有关。

财政幻觉理论、官僚行为模型以及利益集团游说模型均可以用来解释粘蝇纸效应的成因。其中，个人决策与集体决策的差异则是粘蝇纸效应的根源所在，而政府官员与辖区居民双方之间的利益差异则是导致该现象出现的直接原因。

参考文献：
钟晓敏：《地方财政学》，中国人民大学出版社2001年版。
钟晓敏：《政府间财政转移支付论》，立信会计出版社1998年版。
胡洪曙：《粘蝇纸效应及其对公共物品最优供给的影响》，载于《经济学动态》2011年第6期。

（杨灿明　胡洪曙）

分权化政府的财政自主、问责与约束
Financial Autonomy, Accountability and Constraint of Decentralized Government

通过制度契约划分权力后，政府有权管理本层级财政资金收支活动，同时对其经济活动承担相应的责任，接受相应的规制，即所谓分权化政府的财政自主、问责与约束。

我国政府自20世纪80年代起逐渐将经济管理的权力下放给地方政府，使其拥有更多自主经济决策权。财政分权可以看成是广义的政治性分权的一个环节，它以财政包干为主要内容，中央将财权下放到地方，实现中央地方财政收入的分享。分权化改革是释放地方政府与地方治理能量的制度基础，从总体上为地方治理以及地方政府创新提供了制度平台（张毅，2010）。

分权化政府的财政自主是行政性放权的结果，分权后的地方财政拥有自主筹集、分配、使用本级财政资金的权限。在中央的统一领导下，根据分级管理的原则，地方拥有财政自主权，一般包括：（1）财政收入自主权，政府可以自主筹集财政资金，在中央授予地方资金调入权的体制下，地方可以按规定将本级预算外资金调入预算内分配使用，但只限于弥补财政赤字，超越这个范围的，需报经财政部核准；（2）财政支出自主权，在中央对预算支出指标实行总额控制的体制下，地方财政对支出有调剂权；在中央对地方实行收支挂钩，财政包干的体制下，地方财政有根据收入安排支出的权限，多收可以多支，结余留用不上缴；在中央允许地方提留机动财力的体制下，地方对获得的机动财力有自主安排使用权；（3）财政管理自主权，在中央授予地方制定实施办法的体制下，地方对中央颁发的各项收支制度，在不违背总政策的条件下，有权因地制宜地制定具体实施办法和细则（何盛明等，1990）。

对分权化政府的财政约束，就是运用财政手段来规范政府行为。对财政约束问题的研究，最早出现在公共选择理论的文献中。该理论认为，政府官员和政治家均为理性经济人，他们“天然”有一种扩大政府权力的倾向，而这种权力的泛化和异化是以牺牲社会、公民以及其他利益集团的合法利益为代价的，并导致寻租活动和腐败行为盛行。因此，对政府行为进行约束是有其必要性的。一般表现在财政收入约束、财政支出约束和预算原则约束三个方面。

（1）财政收入约束。政府提供公共物品，须有相应的财力保障，即财政收入。但政府不能随意地取得收入，其组织收入的行为要受制于以下因素：其一，财政收入规模的约束。如果政府的财政收入规模过大，意味着公众为公共物品支付了过高的价格，这会损害经济的效率，并可能会招致公众的抵制；相反，如果财政收入规模过小，则无法保证政府机构的正常运转。其二，财政收入形式的约束。政府可以通过多种形式取得财政收入，比如税收、收费、举债以及铸币税等。在特定的历史时期，每一种都会产生不同的社会经济效应。如果政府职能部门不受限制地选择对自己有利的收入实现形式，很可能会给整个社会带来不可估量的效率损失。其三，对政府取得收入权力的约束。政府有权为其所提供的公共物品融资，但并不是所有的政府部门都可以自行组织收入。最后，在分税制财政体制下，不同级次的政府享有不同的征税权，各自拥有自己的收入来源，彼此之间的收入权力界限应该受到规范。（2）财政支出约束。第一，财政支出的数量要适度，如果财政支出的规模过大，政府可能会挤占市场有效发挥作用的空间；同时，过量的公共物品供给会使公众承受过重的财政负担；相反，如果财政支出的规模过小，会导致公共物品的供给数量不足，甚至会削弱公众对政府的合法性支持。第二，财政支出要讲究质量。公众要能够从政府提供的公共物品中受益，而不是从中获得负效应。第三，财政支出责任的约束，根据财政分权理论，在公共物品的提供过程中，各级政府承担着不同的财政支出职责，其中受益范围主要是地方的公共物品则由地方政府来提供。（3）预算原则约束。预算约束的软化会导致巨额的财政赤字和债务规模，并由此引发了财政风险甚至是财政危机。为了防范风险，各国政府都开始重新思考预算平衡原则的重要性，并在实践中都将财政收支平衡作为一个理想的目标来追求。政府财政预算作为一种约束政府的责任性工具和政府财政收支管理的工具，已经扩张为实施经济政策的工具（冯海波，2005）。

分权化政府财政约束的有效实行有赖于监督机制的建立，既包含政府部门的内控，也包括外部监督财政问责制度的建立健全。财政问责制是行政问责制在财政资金管理上的具体体现，本着“谁用款、谁负责”的原则，对政府的财政活动建立有效的外部监督，设立一套有效的制度确保政府财政活动对公众负责。

参考文献：
张毅：《地方政府创新的分权化制度供给模式》，载于《科学与管理》2010 年第 3 期。
何盛明等：《财经大辞典》，中国财政经济出版社 1990 年版。
冯海波：《财政约束软化：表现、后果及其治理》，载于《中央财经大学学报》2005 年第 7 期。

（杨灿明　李波）

财政兜底
The Ultimate Request of Public Finance

财政兜底指当对于某项目的实际支出超过项目预算时，政府将对额外产生的支出部分予以补贴，即政府间财政关系中的预算软约束。

由于制度上、客观上和合理的因素造成的缺口，财政可以“兜”；对于管理上、主观上和不合理因素造成社会养老资金缺口的，财政就不该“兜”，也不能“兜”。只有区别情况，保障重点，才能使现有的财力发挥大的效益，促进经济协调、持续、稳定地发展，体现效率与公平的原则（梁争平、李敏，2004）。

从财政兜底的资金接受主体与资金给予主体的关系来看，它的产生实际上是这两个主体之间的动态博弈。如果上级政府能够让下级政府认定它不会救助超支项目，那么效率就会增进，下级政府就会在项目的资金预算与用度上进行更加精细化的管理。

20 世纪 70 年代末，匈牙利籍经济学家科尔奈率先提出“预算软约束”的概念，用以描述匈牙利从传统计划经济向市场经济转型时期，由于总是受到财政补贴或其他形式的救助，长期亏损的国有企业不能被市场淘汰，不仅严重削弱市场机制，而且腐蚀整个市场机体（谭志武，2006）。

政府预算软约束的表现形式很多，诸如随意调剂使用或者截留、挤占、挪用预算资金，其结果是——政府该管的没有足够的财政资金支持，不该管的却插手管，即政府越位与缺位并存。这一问题产生的根本原因在于制度供给不足，主要表现有二：一是政府预算制度本身存在制度缺陷，政府预算无法对政府行为形成有力约束；二是配套制度不健全，导致各级政府间财权与事权关系失衡。

在我国，要硬化政府预算约束，从制度层面讲，必须完善国家的预算管理制度，深化分税制的财政管理体制改革。实行预算硬约束意味着下级政府(地方政府)在获得财政自主权的同时,也必须保证实现预算的自身平衡,不能在预算年度末向上级政府(中央政府)申请用以弥补赤字的补助金,只有这样才能实现预算硬约束。

参考文献:
梁争平、李敏:《浅谈"财政兜底"》,载于《山西财税》2004 年第 3 期。
谭志武:《政府预算软约束的制度分析》,载于《审计研究》2006 年第 1 期。

(杨灿明　李波)

"分灶吃饭"
Eating at Different Pots

"分灶吃饭"体制是对 1980 年实行的分级财政体制的一种形象称呼,是相对 1980 年以前统收统支财政体制而言的。

从 1980 年起,我国财政部门采用"划分收支,分级包干"的新体制,该体制也被称为"分灶吃饭"的财政体制。原来的统收统支办法就好像中央财政一家烧饭,然后分给各地方吃一样,所以称为吃"大锅饭"的财政体制。1981 年改革后,实行了分级财政,中央与地方之间明确划分财政收支,各自平衡自己的预算。这样,各地方就不再是在中央这个大锅中一块吃饭了,而是各烧各的饭,各吃各的,故称为"分灶吃饭"体制(马洪、孙尚清,1988)。

其主要内容是:按照经济管理体制规定的隶属关系,明确划分中央和地方财政的收支范围,中央所属企业的收入、关税收入和中央其他收入作为中央财政的固定收入;中央的基本建设投资、中央企业的流动资金、国防费、中央级的事业费等由中央支出;地方所属企业的收入、盐税、工商所得税和地方其他收入作为地方财政的固定收入;地方的基本建设投资、地方企业流动资金、地方各项事业费及行政费等,由地方财政支出。

分灶吃饭财政体制具有以下几个特点:(1)由过去全国"一灶吃饭",改变为"分灶吃饭",地方财政收支的平衡也由过去中央一家平衡,改变为各地自求平衡。(2)各项财政支出,不再由中央归口下达。(3)包干比例和补助数额改为一定五年不变。(4)明确划分中央和地方的收支范围,以 1979 年各地方的财政收支数为基础,核定地方收支包干的基数,对收入大于支出的地区,规定收入按一定比例上缴,对支出大于收入的地区,将工商税按一定比例留给地方,作为调集收入;工商税全部留给地方后仍收不抵支的,再由中央给予定额补助。收入分成比例或补助支出数额确定后,五年不变。地方多收可以多支,少收可以少支,中央不再增加补助,地方财政必须自求平衡。(5)基于调动地方积极性和转嫁中央财政负担的考虑,中央政府逐步下放与地方经济自身发展事业密切相关的若干权力,一些原由中央部委管辖的企业也下放给地方政府管理,同时,地方政府逐步负责地方性公共物品的提供。

由于做到了财权、事权统一,收支挂钩,所以"分灶吃饭"改变了吃财政"大锅饭"的现象,形成了以划分收支为基础的分级包干和自求平衡的中央与地方财政关系,更好地调动了地方的积极性。但是在执行中也存在一些问题:中央财政的负担较重,收支难以平衡,没有充分考虑到在中央与地方财力分配上中央要有适当的集中。财政体制改革与经济体制改革没有同步进行,而是先行一步。实行"划分收支、分级包干"的办法后,一些地方为了争取财源盲目建设,从而影响了整个国民经济效益。

财政承包制度的大面积推行逐步改变了政府预算财政的增长格局和中央财政的相对地位,集中表现在财政预算收入的增长开始出现落后于 GDP 增长的趋势,中央财政也出现相对下降的趋势。"分灶吃饭"财政体制侧重划分收入(财权),而中央和地方的职责(事权)却交错不清。其次,收入划分没有摆脱行政隶属关系的制约,地方在与中央的利益博弈中,总能争取主动,如在 1986 年以前实行总额分成阶段,许多地方特别是留成率低的地方的税收减免和"税前还贷"急剧增长,而在 1988 年之后实行"边际增长分成"虽然可以抑制地方"藏富于民",但又必然造成中央财政收入比重下降;"财政包干"对于地方政府来说是一种软约束,常常是"包收不包支"、"包而不干",使中央政府面临巨大的财政支出压力和风险;地方政府在与中央"讨价还价"中,倾向于增加支出基数,压缩收入基数,以提高分成比例;而且,地方在财政利益的刺激下,生产高税产品和预期价高产品,重复建设严重,地区产业结构趋同,地区间相互封锁,盲目竞争,阻碍了"统一市场"的形成(张军,2008)。

参考文献:
马洪、孙尚清:《经济社会管理知识全书》,经济管理出版社 1988 年版。
张军:《分灶吃饭》,经济观察网,2008 年 2 月 25 日,http://www.eeo.com.cn/observer/special/2008/02/25/92839.shtml。

(杨灿明　李波)

大包干
All-Round Responsibility System

"大包干"财政体制的正式名称是"划分收支,定额包干”财政管理体制。即中央对地方确定固定数额实行财政包干的预算管理体制，是财政包干体制的一种形式。

自 1980 年起，我国财政部门采用“划分收支，分级包干”的新体制。这一体制的特点是明确划分中央和地方的收支范围，地方财政必须自求平衡。这种办法改变了吃“大锅饭”的现象，所以又被称为“分灶吃饭”的财政体制。

1985 年和 1988 年进行了两次调整，调整的内容主要体现在包干方法上，从 1988 年开始对 37 个省、自治区、直辖市和计划单列市分别实行边际增长分成、收入递增包干、总额分成、总额分成加收入递增包干、上解额递增包干、定额上解和定额补助等包干办法。从 1989 年起，又调整基数，实行“划分税种，核定收支，分级包干”的体制，使得财政包干制度更加完善。

包干方法有几种模式：(1) 大部分地区实行“划分税种、核定收支、分级包干”的财政体制，基本上按照利改税第二步改革以后的税种设置，按隶属关系划分中央财政收支和地方财政收支，根据地方的收支基数，计算确定地方新的收入分成比例和上解、补助数额，一定五年不变。(2) 福建、广东两省实行“大包干”的体制。国务院决定从 1980 年起，福建省实行“划分收支、定额补助、五年不变”；在广东省实行“划分收支、定额上交、五年不变”的体制。(3) 在财政收支方面，除中央直属企业、事业单位的收支和关税划归中央外，其余收支均由地方管理。“划分税种、核定收支、分级包干”的财政管理体制调动了地方的积极性，但也存在一些问题，主要是收入较多、上交比例大的地区组织收入的积极性不高，个别地区甚至出现收入下降的情况。因此，从 1988 年起，国务院对收入上交较多的 13 个省、市，实行“财政包干、一定三年不变”的办法，以便进一步调动这些地方的积极性。

财政大包干制度指地方的年度预算收支指标经中央核定后，由地方包干负责完成，超支不补，结余留用，地方自求平衡，对少数民族地区，中央予以特殊照顾。其具体办法在不同年度不同，财政包干的方法从 1971 年开始实行，在当时情况下被证明是一种传统有效的方法。它扩大了地方的财政收支范围和管理权限，调动了地方筹集财政基金的积极性，有利于国家财政的综合平衡。

1980 年广东、福建两省实行这种特殊体制。具体办法是，以 1979 年预算收支数字为基数，确定包干定额。对收大于支的广东省，确定一个上缴任务数；对支大于收的福建省，确定一个中央补助数。上缴或补助数确定后，按绝对数包干五年不变。执行中增收节支部分全部留归两省支配使用。民族自治区的体制也属于这种类型（何盛明等，1990）。

但随着市场在资源配置中的作用不断扩大，财政大包干制度弊端日益明显：税收调节功能弱化，影响统一市场的行程和产业结构优化；国家财力偏于分散，制约财政收入合理增长，特别是中央财政收入比重不断下降，弱化了中央政府的宏观调控能力。在此背景下，我国的财政管理体制进行了相应改革，1993 年 12 月 15 日国务院发布《关于实行分税制财政管理体制的决定》。从 1994 年开始，我国开始实行分税制财政管理体制。

参考文献：

何盛明等：《财经大辞典》，中国财政经济出版社 1990 年版。

董再平：《中国财政分权改革的历程考察和问题分析》，载于《生产力研究》2007 年第 21 期。

（杨灿明　李波）

1994 年财政体制改革
Fiscal Reform of 1994 in China

专指我国 1994 年所进行财政管理体制改革。为贯彻党的十四届三中全会通过的《中共中央关于建立社会主义市场经济体制若干问题的决定》中有关建立符合市场经济体制要求的财政体制要求精神，我国于 1994 年进行了以“分税制”为主要内容的财政体制改革，此次改革是新中国成立以来范围最广、调整力度最强、意义最为深远的一次财政体制改革（孙开，2004）。

分税制是市场经济国家普遍实行的财税制度，是处理中央政府与地方政府间分配关系的规范方法，大致做法是：按税种划分收入；中央集中必要的财力实施宏观调控；中央和地方分设税务机构分别征税；有一套科学、完整的中央对地方收入转移支付制度。通过这次改革，使新中国财政体制有飞跃式的发展，基本建立了符合社会主义市场经济体制要求规范的财政体系。但从我国当时国情来看，在短期内建立分税制财政体制的理想模式还缺乏必要条件，随着市场经济体制改革的深化和社会经济事业的发展，暴露出许多问题和矛盾，因此整个改革在循序渐进，逐步到位下推进并予以完善。

此次改革的具体内容主要有几个方面（谢旭人，2008）：

第一，支出划分。按照中央政府和地方政府各自的事权，划分各级财政的支出范围，这也是分税制财政体制的重要内容。此次改革划分的原则是：中央财政主要承担国家安全、外交和中央国家机关运转所需经费，调整国民经济结构，协调地区发展，实施宏观调控所必需的支出，以及由中央直接管理的事业发展支出；地方财政主要承担本地区政权机关运转以及本地区经济、事业发展所需的支出。

第二，收入划分。根据财权、事权相统一的原则，合理划分中央和地方收入。按照税制改革后的税种设置和各税种的特点，将维护国家权益、实施宏观调控所必需的税种划为中央税；将适宜于地方征管的税种划为地方税；将与经济发展直接相关的主要税种划为中央与地方共享税。

第三，税收返还制度。为使新旧制度平稳转换，保证地方政府既得利益，制定税收返还办法：中央财政对地方税收返还数额以1993年为基期年核定，当年返还分税后地方上划中央的税额，1994年8月以后，税收返还额在1993年基数上逐年递增，递增率按各地区缴入中央金库的增值税和消费税增长率的1∶0.3系数确定。这部分收入从本质上讲是地方的收入而不是中央对地方的转移支付。增量共享是中国分税制改革的一个创造，有鲜明的中国特色。

第四，妥善处理原体制中央补助、地方上解以及有关结算事项。原体制中央对地方的补助继续按规定执行。原体制地方上解仍按不同体制类型处理；实行递增上解的地区，按原规定继续递增上解（1995年一律改为按1994年实际上解额定额上解）；实行定额上解的地区，按原规定的上解额继续定额上解；实行总额分成地区和原分税制试点地区按1993年实际上解数和递增额，并核定一个递增率，每年递增上解（1995年改为定额上解以1994年为基数）。原中央对地方下拨的一些专款继续下拨。

第五，建立中央对地方的转移支付制度。在不调整地方既得利益的情况下，兼顾效率和公平，中央财政从收入增量中拿出部分资金逐步调整地区分配格局，转移支付具体数额的计算采用公式法，分别计算各地的标准财政收入、标准财政支出，根据转移支付系数确定中央对地方的转移支付额。

改革主要方面的同时，也进行必要的配套改革，主要有国企利润分配、税收管理体制、预算、国库体系、省及以下分税配套改革等方面。

1994年分税制财政体制改革基本上理顺了市场经济中两大宏观基本经济关系，即中央与省一级政府的利益分配关系和政府与企业尤其是国有企业的利益分配关系。增强了中央政府按照市场经济体制要求进行政策引导调节、宏观经济调控的能力。同时通过破除财政包干体制运行以来的各地市场割据局面，促进了全国统一、开放、竞争、有序大市场的形成，为全社会资源的充分整合与要素的自由流动提供了富有效率的“载体”。

参考文献：

孙开：《财政体制改革问题研究》，经济科学出版社2004年版。
谢旭人：《中国财政改革三十年》，中国财政经济出版社2008年版。
刘积斌：《我国财政体制改革研究》，中国民主法制出版社2008年版。

（杨灿明　王敏）

省直管县财政体制改革
Finance System Reform of Administration between Province and County

“省管县”是相对于1982年以来的“市管县”而提出的新的体制改革思路。

之所以提倡“省管县”财政体制改革，究其根源，是因为分税制财政体制并未彻底所致。1994年之后，省以下四个层级实际上没有进入真正的分税制状态。基层财政事权过大、财权过小，事权与财权不相匹配，政府间财政关系不规范成为基层财政困难的最直接根源。因此，必须通过财政体制创新，才能解决基层财政困难问题，即应取消“市管县”，推行“省管县”财政体制，同时推进乡镇体制变革，使我国的政府级次由原来的五级精简为三级，并以这三级财政为基础，来重新设计财政体制。

“省管县”财政体制改革是新时期进一步深化我国财政体制改革的需要；也是由管制型政府向服务型政府转变的需要。它的实施有利于政府组织结构的扁平化，可以有效地降低协调运行成本，提高政府效率；对于富民强县，建设社会主义新农村具有十分重要的意义。

“省管县”财政体制改革的一个难点是如何处理好市级的利益得失问题。从短期来看，市级财政会有一定的损失。但是从城乡统筹发展来讲，市县分治不但有利于阻止农村资源外流，还有利于实现“工业反哺农业、城市支持农村”，增强县级财政能力和农村经济发展，农村经济的发展可以为城市经济的发展提供更充足的资源、更广阔的市场，市级利益的短期的损失可以从城乡统筹发展中获得更长远与持久的回报（黎雄辉等，2011）。

“省管县”以后，行政与公共事务按照原来的体制运行，产生的开支仍由市级财政负担，而市级财政被弱化不能从县级财政得到补偿，这样等于把行政运行的成本全部由省级财政来负担。财权与事权不统一，不仅会给市级财政造成压力，更严重的是会给省直管县财政体制改革造成很大的阻力，最终会影响到改革的实施。为了确保市县财政各自的利益，合理承受财政负担，市县两级政府的事权就必须科学、合理地予以划分，按照行政职能及社会事业的利益关联度来确定财政收入的分享比例，理顺财政收入分配关系，使市县两级财政的利益都能得到保障(黎雄辉,2011)。

在改革的过程中,要结合地方实情,注意三个方面的问题:首先,“省管县”财政体制改革不能一哄而上,现在我国并不是所有的省份都具备了实施省直管县财政体制改革的条件,那些省域范围较大、县级数量众多、省级自身调控能力有限的省份要反复权衡,慎重出台,不宜各省一哄而上。其次,“省管县”财政体制改革不能一刀切。各个省份都有自己的特点,在改革推进的过程中要摸索出适合自己的模式,如浙江、湖北、广东等省份在改革实施过程中,都探索出了与自己条件相适合的具有各自特色的改革模式,取得了很好的效果。最后,还要考虑到本地区行政体制与区域调整能否按照改革的要求得到同步推进,如果现在行政体制与区域调整达不到改革的要求,省管县改革最终也无法进行下去(黎雄辉等,2011)。

参考文献:
黎雄辉:《省管县财政体制改革研究》,载于《才智》2011 年第 5 期。

(杨灿明　王敏)

土地财政
Land Finance

“土地财政”是对我国地方政府利用土地所有权和管理权从土地开发及相关领域取得收益模式的一种形象表述。

严格说来,土地财政与现行政府预算格局下的“财政”并无重要关联。从其收入来源来看,所谓“土地财政”收入主要包括与土地有关的政府非税收入,如土地出让金、土地租金、新增建设用地有偿使用费、耕地开垦费、新菜地建设基金等。这些收入系政府性基金预算的收入来源,而非进入一般公共预算。在当前的中国,只有一般公共预算政府收入才是真正具有可统筹意义加以安排的财政收入。至于政府性基金预算收入,则一般归属特定政府部门支配,在相当程度上还具有政府部门“私房钱”性质,难以基于全局需要而在全国范围内作统筹安排。所以,它系有别于规范性的财政收入的一种非规范性的政府收入来源。

我国改革开放之前实行的是计划经济体制,城市土地基本上采取无偿、无限期、无流转性使用制度,故基本不存在“土地财政”的可能。直到 1978 年中外合资企业在我国出现,土地有偿使用才第一次以“三资”企业的场地使用费的形式产生,从此孕育了“土地财政”。1990 年国务院颁布《中华人民共和国城镇国有土地使用权出让和转让暂行条例》,宣告了我国土地出让金制度的确立,但之后的十多年里,行政划拨仍是最主要的供地方式,在出让土地中,协议出让占据了主导地位。直到 2002 年国土资源部发布《招标拍卖挂牌出让国有土地使用权规定》,引入市场竞争机制,将经营性土地、工业用地纳入“招拍挂”范围,协议出让的比重才明显有了下降,以拍卖、挂牌出让的土地比重逐渐上升。

土地财政已成为地方政府财力的重要组成部分。国土资源部公布的数据显示,2009 年全国土地出让金收入同比增加 63.4%,相当于地方一般公共预算收入的 48.8%。

土地财政是种现实,本身无所谓好与不好(刘尚希,2011)。近些年土地财政的过度膨胀主要有两个方面的原因:现行土地管理制度是其内因。政府有关部门既负责土地管理,又负责国有土地的经营,所谓集“裁判员”与“运动员”于一身。经营是市场主体的活动,具体到国有土地的经营,就是要保值增值,追求土地收益最大化。把这个作为政府的职责,客观上使各级地方政府成了市场竞争的主体,这是土地财政形成的主要制度基础。近些年发生的许多土地问题,也都是由此派生出来的。以 GDP 增长率为核心的干部考核标准和选拔办法,仍未根本改变,这也是导致干部片面追求土地财政的重要内因。1994 年分税制改革之后地方政府财权、事权的不匹配,加剧了地方政府财力压力,是导致土地财政扩张的外因。

在我国工业化、城市化的进程中,土地财政发挥过重要的、积极的作用。地方政府通过经营土地,积聚了大量建设资金促进了城市经济的飞速发展,市民生活质量的不断提高,很大程度上没有土地财政,也就不会有中国快速的城市化。但随着改革的深入,其制度弊端也越来越突出。第一,土地财政恶化了国民收入分配,抑制了民间投资。政府收入占 GDP 比重过高,一方面导致居民特别是农民收入增长缓慢,另一方面抑制了社会投资。虽然中央采取了许多措施,大力调整国民收入分配格局,但迄今并未根本改变。第二,政府投资影响了产业结构调整,加剧了产能过剩。政府掌握的大量资金投向哪里,对产业结构的变化有重要的引导作用。地方政府的土地出让收入主要投向城市建设,刺激了建筑业、房地产业的大繁荣,带动了建材、民用电器、民用五金、民用化工等产业的发展,生产能力严重过剩。第三,更不能忽视的是资源、资金的严重浪费。土地出让收入由本级政府“自收自支”,长期缺乏收支规范与监督机制。近些年来,各地搞了不少“楼、堂、馆、所”和“政绩工程”,攀比之风愈演愈烈,老百姓深恶痛绝。在此过程中,少数党政干部财大气粗,挥金如土,为所欲为;同时“土地寻租”活动愈演愈烈,公款化为个人“灰色收入”的现象屡见不鲜,公众反应强烈。第四,土地财政机制不改变,保护耕地、保护农民的合法土地权益,只能流于空谈。同时,土地财政使地方政府的收入过分依赖房地产开发商。而在中国现实中，由于集体土地不能开发房地产，现有的开发商其实处于天然垄断地位，这使其有可能大肆抬高房价，广大中低收入市民的住房问题，很难得到解决（黄小虎，2010）。

参考文献：

黄小虎：《解析土地财政》，载于《中国改革》2010 年第 10 期。

刘尚希：《土地财政是一种现实　本身无所谓好与不好》，凤凰网财经，2011 年 3 月 8 日，http://finance.ifeng.com/news/special/tudicaizheng/20110308/3605143.shtml。

（杨灿明　王敏）

乡财县管乡用

Fiscal System of Township Finance Managed by County

“乡财县管乡用”是在现行财政体制和政策不变的前提下，对乡（镇）财政实行“预算共编、账户统设、集中收付、采购统办、票据统管”的预算管理方式，做到所有权、使用权与管理权、核算权相分离，由县（市、区）财政部门直接管理并监督乡镇财政收支。

新中国成立 60 多年来，县级财政制度变革大致经历了三个阶段。1993 年以前以“财政包干”为主；1994 年以后比照中央与省级的分税制实行了分税的模式；2003 年农业税制度改革以后开始实行“省直管县”和“乡财县管”的体制调整。

2003 年农村税费制度改革在全国范围内试行，各省开始逐步降低农业税税率。2006 年，全国所有的省（自治区、直辖市）全面取消了面向农民征收的农业税，农民彻底告别了几千年来缴纳“皇粮国税”的历史。然而农业税的取消加重了县级财政的困难，县级财政一般预算收入通常分为三个部分：一是国税收入；二是地税收入；三是财政部门收取的农业税费部分。对于以农业为主的地区，农业税一般占到当地财政收入的 30% 以上，个别县达到 70% ~80%。取消农业税后，必然使得这些地方的财政更加困难，更加依赖上级财政的转移支付。所以，取消农业税后，农业税占财政收入比重较大的地区，在总体的财力中，上级财政补助的收入比重不断上升，已经从“吃饭财政”沦为名副其实的“要饭财政”。“乡财县管”是为了配合农村税费制度改革而推出的在基层财政内部的一项改革举措（马昊、庞力，2010）。

其基本原则，主要是坚持“三权”不变：第一，乡镇预算管理权不变。按照《预算法》规定，继续实行一级政府一级预算，县乡财政之间的收入范围和支出责任仍按县乡财政体制划分。在此基础上，乡镇财政在县级政府财政主管部门的直接指导和监督下，编制本级预算、决算草案和本级预算的调整方案，组织本级预算的执行。第二，乡镇资金所有权和使用权不变。乡镇财政资金的所有权和使用权归乡镇，资金结余归乡镇所有，乡镇原有的各项债权债务仍由乡镇享有和承担。第三，财政审批权不变。属于乡镇财权和事权范围内的支出，仍由乡镇按规定程序审批（牛世斌、王甲午，2007）。

其主要内容包括：一是预算共编。即县级财政部门要按年度经济社会发展规划、有关政策和财力情况，提出乡镇财政预算安排指导意见并报同级政府审批，明确乡镇财政预算安排顺序和重点。乡镇政府根据县级财政部门具体指导意见编制本级预算草案并按程序报批。在年度预算执行中，乡镇政府提出的预算调整方案，需报县级财政部门审批，调整数额较大的需向县政府报告。二是账户统设。即取消乡镇财政总预算会计，由县级财政部门代理，核算乡镇各项会计业务。同时相应取消乡镇财政在各银行和金融机构的所有账户，由县级财政部门在各乡镇金融机构统一开设财政专户，并设立“结算专户”、“工资专户”、“支出专户”、“村级资金专户”和“预算外专户”，分别核算乡镇经济往来业务。三是支付统一。即全面推行综合预算管理制度，乡镇财政收入直接缴入县级国库，乡镇预算外收入全部缴入县级财政设立的“结算专户”。由财政按照收入类别和科目，分乡镇单独进行核算。支出拨付以乡镇年度预算为依据，将资金直接拨入县财政设立的各乡镇专户。县级财政必须搞好资金调度，切实保障乡镇支出，不能挤占乡镇资金用于县级支出。建立乡镇公用经费支出备用金制度，方便乡镇及时用款。四是票据统管。即乡镇使用的行政事业性收费等所有票据，其管理权全部上收到县级财政部门，由各乡镇财务经办员统一到县财政结算中心办理票据领、缴、销，做到票据同行，以票管收，严禁坐收坐支，严禁转移和隐匿各项收入。五是采购统办。即乡镇物资采购业务须报请县级集中采购部门批准，其管理权全部收到县级财政部门，由县级财政部门统一办理。六是强化管理。即乡镇财政所，根据授权管理或协助管理的要求，代理本辖区由县财政管理的所有单位的财政管理事项，各项业务的具体管理方式按财政局制定的相关办法执行。乡镇财政所作为财政局的派出机构，人、财、物上划到县财政局，业务由财政局和乡镇共同管理。

参考文献：

马昊、庞力：《中国县级财政制度的历史变迁与改革思路》，载于《湖南师范大学社会科学学报》2010 年第 5 期。

牛世斌、王甲午：《农村“乡财县管乡用”改革与实践》，载于《安徽农业科学》2007年第36期。

（杨灿明 王敏）

六、财 政 政 策

财政政策
Fiscal Policy

财政政策通常是用作政府以调整财政收支水平与结构来影响经济活动和社会生活，实现经济社会稳定和经济增长等目标的一系列措施的总称。

财政政策是市场经济条件下宏观政策体系的重要组成部分。在20世纪30年代前的近200年时间里，因受自由放任思想的影响，政府财政政策的作用有限；而伴随着西方国家1929～1933年的“大萧条”和股市崩盘，拯救西方世界经济的“药方”出炉——凯恩斯财政政策思想形成，要求政府全面干预经济运行。到了20世纪70年代以后，随着新自由主义思潮的盛行，各国又开始限制政府的规模和作用。而到2008年世界金融危机爆发后，西方发达国家又重启更加积极的财政政策。

各国政府之所以在经济不景气时大力实施财政政策，是因为财政政策可以在短期内增加总需求，其理论来源是凯恩斯于1936年出版的《就业、利息和货币通论》所形成的基于有效需求原理的需求管理政策主张。下列国民收入核算基本方程式可以说明财政政策的作用机理。

$$GDP = C + I + G + NX$$

式中，GDP代表国内生产总值，即一国在一定时期内生产的全部最终商品和服务的价值；C代表私人消费支出，I代表私人投资支出，G代表政府购买性支出，NX代表出口减进口后的净出口，它们都是总支出或总需求的组成部分。显然，政府可以通过直接控制购买性支出（G）及通过改变税收和支出（包括购买性支出和转移性支出）间接影响私人消费支出（C）、私人投资支出（I）和净出口（NX），调控经济活动，影响GDP的大小。

根据财政政策调节总需求的作用性质，财政政策可区分为扩张性财政政策、紧缩性财政政策和中性财政政策。扩张性财政政策是指通过改变财政收支水平来增加和刺激社会总需求，主要手段有减税（降低税率）和（或）增加支出。一般来说，减税可以增加居民可支配收入，在财政支出规模不变的情况下，可以扩大社会总需求。购买性财政支出是社会总需求的直接构成因素，增加支出会直接增加总需求。在减税与增加支出并举的情况下，扩张性财政政策一般会导致财政赤字，从这个意义上说，扩张性财政政策等同于赤字财政政策。紧缩性财政政策是指通过改变财政收支水平来减少和抑制总需求，主要手段是增税（提高税率）和（或）减少支出。增加税收可以减少居民可支配收入，降低其消费需求；减少支出可以降低政府的消费需求和投资需求。所以，无论是增税还是减支，都具有减少和抑制社会总需求的效应。如果在一定经济状态下，增税与减支同时并举，财政盈余就有可能出现。在一定程度上说，紧缩性财政政策等同于盈余财政政策。中性财政政策是指财政收支水平对社会总需求的影响保持中性。在一般情况下，这种政策要求财政收支要保持平衡。

根据财政政策调节总需求的作用机制，财政政策可分为自动稳定的财政政策和相机抉择的财政政策。自动稳定的财政政策指政府设计的财政制度体系能够根据经济波动情况自动发生稳定作用，无须借助外力就可直接产生调控效果。比如实行超额累进税率制度的个人所得税和通过社会保障制度发生的转移性支出，都是典型的“自动稳定器”。相机抉择的财政政策指政府根据经济形势变化，采用一系列新的财政措施，以消除通货膨胀缺口或通货紧缩缺口，是政府稳定经济运行的主动行为，其中包括汲水政策（Pump Priming Policy）和补偿政策（Compensatory Policy）。汲水政策是对付经济波动的财政政策，在经济萧条时采取增加一定数额的公共投资使经济自动恢复其活力。补偿政策是政府根据民间（私人）需求总量的短缺或过剩状况而大力度地采取财政措施，以达到熨平经济波动的目的。在经济繁荣时期，为了减轻通货膨胀压力，政府通过增收减支等政策以抑制和减少民间的过剩需求；而在经济萧条时期，为了减轻通货紧缩压力，政府又通过增支减收等政策来增加消费和投资需求，谋求整个社会经济有效需求的增加。

我国自1992年确立社会主义市场经济体制目标模式以来，政府根据宏观经济形势的变化和经济运行的需要，先后实施过三种财政政策，即适度从紧的财政政策、积极财政政策和稳健财政政策。适度从紧的财政政策属于紧缩性财政政策，是轻度紧缩，旨在抑制总需求膨胀，又不至于对总供给产生消极影响。在1992年和1993年国内生产总值增速分别为14.2%和13.5%、固定资产投资增速分别为42.6%和58.6%、造成1993年和1994年全国商品零售价格指数分别上升13.2%和21.7%的经济过热与严重通货膨胀情况下，1994年中央经济工作会议提出实行适度从紧的财政政策，促成其后几年我国经济成功实现了“软着陆”。然而，1997年亚洲金融危机的爆发，导致我国从1998年上半年开始出口需求锐减，外商投资下滑，国内消费需求增长缓慢，投资需求增长乏力，出现严重的经济不景气。为应对这种情况，我国从1998年第二季度开始，实施了积极财政政策。积极财政政策从理论上说可能是扩张性财政政策，也可能是紧缩性财政政策。而从现实来看，我国当时实施的积极财政政策，显然是一种扩张性的财政政策，而且主要以增发长期建设国债为筹资手段，以增加基础设施投资为主要措施，辅以结构性减税，以实现增加投资、促进消费、扩大出口、刺激经济增长的目标。在实施了7年的扩张性积极财政政策后，2004年年底中央经济工作会议提出实行稳健的财政政策。稳健财政政策接近于理论上的中性财政政策，其核心是松紧适度，既要控制投资需求膨胀，又要扩大消费需求，既要抑制部分行业的投资过热，又要支持经济社会发展中的薄弱环节。具体来说，稳健财政政策体现为“控制赤字、调整结构、推进改革、增收节支”十六个字，其核心特征是“有增有减，有保有压”，既要控制固定资产投资规模过快增长，又要加大对农业、就业、社会保障、环境和生态建设、公共卫生、教育等领域的投入。2008年之后，为应对金融危机的冲击，中国再次实行了扩张性积极财政政策。

现实生活中，积极财政政策也可以配合政府的收入分配政策、区域发展政策、产业和技术经济政策等的实施，发挥其调节作用。

参考文献：
［英］约翰·梅纳德·凯恩斯：《就业、利息和货币通论》，华夏出版社2005年版。

（郭庆旺）

积极财政政策
Procative Fiscal Policy

参见“财政政策”。

稳健财政政策
Prudent Fiscal Policy

参见“财政政策”。

适度从紧的财政政策
Moderately Tight Fiscal Policy

参见“财政政策”。

货币主义视角下的财政政策
Fiscal Policy from the Perspective of Monetarism

货币主义作为一个学派，混合了包括经济理论、哲学信念和政策建议在内的多种内容。因此即使自称货币主义者的学者，观点也不尽相同。不过，以下几点对于货币主义来说是至关重要的。第一，货币数量论，即认为在货币流通速度相对稳定的情况下，货币供给是影响名义GDP（实际GDP与物价水平的乘积）的主要因素。如果增加货币供给，而实际GDP不能相应增长的话，就一定会导致通货膨胀。第二，“自由放任”，即相信市场经济是高度稳定的，除非政府干预扰乱了这种稳定性。第三，货币政策当局必须具有固定的货币政策目标，相机抉择的货币政策对经济有百害而无一利。第四，财政政策相对于货币政策而言是次要的，一个小政府才是一个好政府。强调财政政策的作用，只会造就膨胀的官僚机构、不必要的社会项目和巨额赤字。总之，货币主义者对财政政策作为需求管理工具提出质疑，认为政府支出和税收的变化只能对总需求、产出和就业产生暂时性影响。

因此，货币主义对财政政策的轻视，与凯恩斯主义对财政政策的重视形成了鲜明对比。货币主义由于相信市场的高度稳定性，因此假设短期总供给曲线是陡峭的，但凯恩斯主义则认为总供给曲线很有可能是水平的，在这种情况下，只有调节总需求的财政政策才有效。

货币主义与凯恩斯主义在财政政策问题上相左的两种意见，在实践中不断受到检验。从其发源地美国的情况看，货币主义基本上已经输掉了这场论争。货币主义的一个基本假设是货币流通速度稳定，否则货币总量就会丧失与名义GDP的关联性。但美国自20世纪80年代后，货币流通速度高度不稳定，增减变化难以预期。因此，在1979年宣布以货币总量为重点执行货币政策仅仅三年后，美联储就不得不宣布放弃货币总量目标，转向利率目标。到90年代，美联储采用的主要是控制利率的“泰勒规则”。在这一规则下，货币主义所强调的“货币”基本上对宏观经济没有任何显著影响。目前，货币主义者将关注的重点从短期转向了长期，即关注货币数量与长期经济增长之间的关系。这就为在短期政策中主张财政政策发挥主导作用的观点提供了充分理由。

中国改革开放后所形成的市场经济，具有明显的转轨经济特征，市场的稳定性极其脆弱，从而极不对应货币主义的另一条基本假设，使得货币政策难以发挥理论上的应有效果。1998年爆发亚洲金融危机前后，突出表明了财政政策相对于货币政策的有效性。在1996年5月至1998年7月两年多的时间内，中央银行一度奉行积极扩张的货币政策。连续5次降低存贷款利率，存款利率平均降低4.23%，贷款利率平均降低5.17%，并在1998年年初取消了国有商业银行的贷款限额控制，一次性降低存款准备金率5个百分点，颁布了积极实行贷款支持的指导意见等措施，以求扩大企业贷款需求，刺激投资。但1998年上半年的各项统计数据表明，国民经济多项指标并未好转，物价下降幅度超过降息幅度，实际利率不降反升。在这种情况下，1998年年中，财政部正式提出了以增加财政赤字和大规模发行国债为特征的“积极财政政策”。此后六年中,“积极的财政政策”和“适当的(稳健的)货币政策”就成为中国经济政策的固定政策搭配模式。从政策角度看,财政政策在今后一段时期中仍将是中国实现经济政策的主导力量。但随着市场经济的逐步完善,市场稳定性的增加,货币主义原则下的货币政策或将有发挥作用的更大空间。

(郭庆旺　刘晓路)

新兴古典宏观经济学视角下的财政政策
Fiscal Policy from the Perspective of New Classical Macro-economics

新兴古典宏观经济学与货币主义,都是在20世纪70年代西方发达国家陷入滞胀时,因反对和试图替代凯恩斯主义的性质而受到学术界的重视。两者具有相同的信念基础,即相信市场经济具有自我稳定性,政府的频繁干预只会破坏这种稳定性,而不可能加强它。凯恩斯主义之所以强调政府干预的必要性,是因为凯恩斯否认完全市场和充分理性的存在。而新兴古典宏观经济学则在这两点上持坚定的古典主义立场,并将市场出清与理性预期作为自己的理论基础。

市场出清的理论假设,与经济周期性波动的现象明显有差距。新兴古典宏观经济学对此进行的解释是,造成这种波动的原因不是市场,而是来自供求两方面的意外冲击,如财政货币政策对需求的冲击和技术变动对供给的冲击。好的冲击会造成经济繁荣,坏的冲击会导致经济衰退,但不论是在繁荣时期还是衰退时期,市场都是有效的。之所以萧条时会出现大批失业,是因为对于失业者来说,失业尽管使他们不高兴,但仍是其在当下最好的选择。既然是最好的选择,因而就不存在“非自愿失业”这一凯恩斯主义的常用术语,市场自然是出清的。

理性预期是指人们可以从经验中学习,从而纠正过去预期中的错误。因此社会中不可能存在持久的和系统性的错误预期。换言之,政府的经济政策只有在人们尚未认识到其原理时才可能发挥意料中的作用,一旦人们了解了这一原理,市场就会将政府政策的效果完全吸收,使得政策无效。譬如说,扩张性的财政政策之所以可以增加就业,一方面是因为价格出乎意料的上涨,使企业误以为增加生产可以提升利润;另一方面是因为失业者误以为高工资就意味着高购买力,所以尽快就业。但事实上,通货膨胀会侵蚀利润和购买力。因此,在认识到自己的错误后,企业和失业者都会调整自己的预期,不再对扩张性的财政政策做出反应。

应当注意的是,新兴古典宏观经济学的“政策无效论”观点,不是说财政政策没有作用,拿财政支出来说,作为政府实际的花费,不可能不对GDP与就业产生作用。“政策无效论”主要局限于否认政府债务(包括国债和基础货币)能对通货膨胀产生实际影响。著名的“李嘉图等价定理”就认为,当前的政府债务就是未来的政府税收,两者没有本质上的区别。纳税人起初会认为政府支出的增加少于税收的增加,对自己是有利的,但他们很快就会意识到,政府未来偿还债务时势必会增加税收,因此有必要将与当前政府债务等值的收入储蓄起来,以应对未来税收的增加。其结果就是,在社会总支出水平上,政府支出的增加被居民支出的减少所抵消,从而对总需求没有扩张作用。

根据上述两个基础理论假设,认为政府利用财政政策来有意识地调节经济,既无必要,也无可能:财政政策不能调节出清的市场,只能对其产生冲击,而冲击的后果是由市场自身决定的,政府的政策意图只要被市场所了解了,就会归于无效。但在现实中,即使属于这个学派的经济学家,也不会提出如此简单的政策主张。一方面,新兴古典宏观经济学改变了决策者对于财政政策的看法,将理性预期和公众对于政策规则的反应纳入到考虑因素中来,从而促成了一种动态的政策思想,即财政政策不仅要解决当前的问题,还要影响人们对于未来的判断。另一方面,大多数经济学家都相信市场不大可能迅速出清,这就为短期中财政政策发挥作用提供了基础。

(郭庆旺　刘晓路)

自动稳定器
Automatic Stabilizer

自动稳定器又称自动财政稳定器(Automatic Fiscal Stabilizers)或内在稳定器(Built-in Stabilizer),通常指存在于预算结构之中伴随经济周期变化而自动作出反应的机制,是一种无须政府直接干预而有助于减轻收入和价格波动的减震器。比如,在经济繁荣时期,税收收入将增加,失业保险(救济)金将下降,减少有效需求;而在经济下滑或经济衰退时期,税收收入将下降而失业保险(救济)金将增加,增加有效需求。正因为无须政府公开采取措施,故自动稳定器属于自动稳定的财政政策或非相机抉择的财政政策。

从预算结构来看,自动稳定器可分为税收自动稳定器和支出自动稳定器。税收自动稳定器是内在财政稳定器的基础。在课税范围和税率保持不变的情况下,税收收入会随着国民收入的变化而变化,即税收收入是国民收入的一个函数,并存在三种函数关系:单位函数关系——税收收入增长率与国民收入增长率相同,税收收入占国民收入的比率不变;递增函数关系——税收收入增长率高于国民收入增长率,税收收入占国民收入的比率上升;递减函数关系——税收收入增长率低于国民收入增长率，税收收入占国民收入的比率下降。显然，具有后两种函数关系的税制或税种会起到明显的内在稳定作用。因此，税收自动稳定器的作用大小取决于税种性质和税率结构。个人所得税不仅直接对家庭所得征税，而且一般都实行超额累进税率，这意味着在繁荣（萧条）时期，家庭收入将上升（下降）且缴纳的所得税额占其收入的比例将提高（降低）；企业所得税尽管一般都实行比例税率，但因基于利润而非收入征税，而在繁荣（萧条）时期，利润比收入增加（减少）得更快；其他流转税如增值税、营业税、消费税等，不管是对增值额征税，还是对营业额或消费额征税，在繁荣（萧条）时期都将趋于增加（减少）。可见，当来自私人部门的税收收入在周期上升期间的增长速度快于国民收入增长速度时，税收收入占国民收入的比率将会提高，其结果将对私人部门的购买力产生一种"抑制"作用（Dampening Effect），有利于实现充分就业，减轻可能出现的通货膨胀压力。相反，在周期下降期间，国民收入下降，税收收入的下降速度可能快于国民收入的下降速度，相对地给私人部门留下更多的购买力，从而对萧条时期的经济产生一种"减震"作用（Cushioning Effect）。支出自动稳定器主要是转移支付计划，如公共救济款、对有儿童家庭的援助等社会福利计划以及失业救济金。在周期下降期间，由于国民收入下降，失业人数增加，转移支付数额就要增加。这就使得国民收入的下降不会像没有转移支付计划时那么大，从而对经济体系产生一种减震作用。相反，在周期上升期间，越来越多的人得到了工作，国民收入随之增加，失业救济金等支出减少。这将对经济体系产生一种抑制作用，从而使国民收入的增加不会像在失业救济金不变的情况下那么多。

从对可支配收入产生影响的程度来看，自动稳定器可分为直接自动稳定器和间接自动稳定器。直接自动稳定器是指对可支配收入产生直接影响的自动稳定器，有时也称为"一类"自动稳定器。相对来说，直接自动稳定器比间接自动稳定器更为重要，其中包括个人所得税、就业（工资）税、失业救济金。个人所得税在预算的收入一方作为重要的自动稳定器，而失业救济金在预算的支出一方作为重要的自动稳定器，二者在经济周期波动中相互配合，具有强大的减震作用。在周期上升期间，随着劳动就业的增加，个人所得税收入增加，而失业救济金下降，从而相对地使私人部门的购买力下降，抑制了货币通货膨胀。另一方面，在周期下降期间，随着非自愿性失业工人的增加，个人所得税收入下降，而失业救济金增加，从而通过增加私人部门的购买力，对经济衰退产生一种减震作用。间接自动稳定器是指对可支配收入产生间接影响的自动稳定器，有时也称为"二类"自动稳定器。间接自动稳定器主要包括公司所得税和各项消费税。间接自动稳定器在不严重的衰退期间作用很小，因为它们使私人支出增加的数量比它们使政府预算收入减少的数量实际上要少。

从自动稳定器的影响效果来看，充其量只能使经济波动的幅度减小，也就是说，财政制度的内在可变性或自动反应，不可能彻底地消除经济的不稳定性，只是有助于经济稳定的实现，或缓冲了经济活动的波动幅度。尤其在经济处于萧条时期，自动稳定器的反应比较缓慢，而且刺激效果不强，阻碍了就业的恢复，应采取相机抉择的财政政策。

（郭庆旺）

财政乘数
Fiscal Multiplier

财政乘数通常指财政收支的外生变化对总产出的影响程度或倍数。

乘数理论是由英国经济学家 R. F. 卡恩 1931 年在其所著《国内投资与失业的关系》中首次提出并将其应用于经济分析。后来，凯恩斯对这一概念加以利用，用来研究投资变动对总收入的倍增作用，形成投资乘数——投资增加引起收入增加，而收入的增加将是若干倍于投资量。以后，西方经济学家根据这一基本概念，提出了许多专门的乘数，如出口乘数——出口增加引起的 GDP 增加的倍数、货币乘数——货币供给量增加引起的基础货币增加的倍数等。财政乘数研究财政收支变化对国民收入的影响作用，其中包括财政支出乘数、税收乘数和平衡预算乘数。

国民收入决定理论是推导和理解财政乘数的基础。为了简化起见，假定在封闭性经济条件下，以支出法核算的简单国民收入决定模型可写为：

$$Y = C + I + G \tag{1}$$

式中，Y 代表国民收入，C 代表家庭（个人）消费支出，I 代表私人投资支出，G 代表政府购买性支出。其中，

$$C = C_a + bY_d \tag{2}$$

式中，C_a 代表消费函数中的常数，也就是说，人们即使在短期没有收入也要消费，这可能就需要动用原有资产（如储蓄）或借债等。b 代表边际消费倾向，Y_d 代表可支配收入，即扣除税收（T）后的收入：

$$Y_d = Y - T \tag{3}$$

把（2）式和（3）式代入（1）式可得：

$$\begin{aligned} Y &= C_a + b(Y - T) + I + G \\ &= C_a + bY - bT + I + G \\ &= \frac{C_a - bT + I + G}{1 - b} \end{aligned} \tag{4}$$

根据（4）式，就可以求得简单的财政政策乘数。

税收乘数指政府税收增加（减少）而引起的国民

生产总值或国民收入减少(增加)的倍数。求(4)式对T的偏导数,税收乘数为:

$$\frac{\partial Y}{\partial T} = -\frac{b}{1-b} \qquad (5)$$

从(5)式看出:(1)税收乘数是负值,说明税收增减与国民产出呈反方向变动;(2)政府增税时,国民产出减少,减少量为税收增量的b/(1-b)倍。假定边际消费倾向(b)为0.8,则税收乘数为-4。可见,若政府采取减税政策,虽然会减少财政收入,但将会成倍地刺激社会有效需求,有利于民间经济的增长。

购买性支出乘数指政府购买性支出的增加(减少)所引起的国民生产总值或国民收入增加(减少)的倍数。求(4)式对G的偏导数,购买性支出乘数为:

$$\frac{\partial Y}{\partial G} = \frac{1}{1-b} \qquad (6)$$

从(6)式看出:(1)支出乘数是正值,说明购买性支出的增减与国民产出呈正方向变动;(2)政府增支时,国民产出增加,增加量为支出增量的1/(1-b)倍。假定边际消费倾向为0.8,则购买性支出乘数为5;(3)同税收乘数相比,支出乘数大于税收乘数,这说明,增加财政支出政策对经济增长的作用大于减税政策。

平衡预算乘数指政府支出与税收同时且相等的变化而引起的国民生产总值或国民收入减少或增加的倍数。将(5)式和(6)式相加,得到平衡预算乘数:

$$\frac{\partial Y}{\partial G} + \frac{\partial Y}{\partial T} = \frac{1}{1-b} - \frac{b}{1-b} = 1 \qquad (7)$$

平衡预算乘数说明,即使增加税收会减少国民收入,但若同时等额地增加支出,国民产出也会等额地增加。换言之,即使实行平衡预算政策,仍具有扩张效应。

财政乘数与一般乘数理论一样,具有很多局限性。比如经济运行状况的约束,倘若经济运行已处于充分就业状态,财政乘数的作用只会引起物价上涨,不会增加实际收入;在经济尚未实现充分就业的情况下,随着经济的扩张,充分就业日趋接近,财政支出增加所代表的有效需求的提高,一部分被物价的上涨所抵消,使得实际收入的增加滞后于货币收入的增加。又如相关变量的约束,上述乘数的推导是局部均衡分析,没有考虑各相关变量同时变化的综合影响。

参考文献:

R. Kahn, The Relation of Home Investment to Unemployment, *Economic Journal*, Vol. 41, No. 162, 1931.

(郭庆旺)

IS-LM 模型及其政策含义
IS-LM Model and its Policy Implication

IS-LM 模型又称投资—储蓄与流动性偏好—货币供给(Investment-saving/Liquidity Preference-money Supply)模型,是阐释商品市场和货币市场中利率与实际产出关系的一个宏观经济分析工具。

IS-LM 模型是凯恩斯主义的经典表述形式,最早由希克斯(Hicks)于1937年提出。该模型主要由IS和LM两条曲线构成。IS指的是在封闭的没有政府部门的经济中,商品市场实现均衡的条件是投资(Investment)等于储蓄(Saving)。LM指的是在同样背景中,货币市场实现均衡的条件是流动性偏好(Liquidity Preference)等于货币供给(Money Supply)。因此,IS曲线与LM曲线的交点,意味着商品市场与货币市场的共同均衡决定了均衡产出与均衡利率,如图1所示。

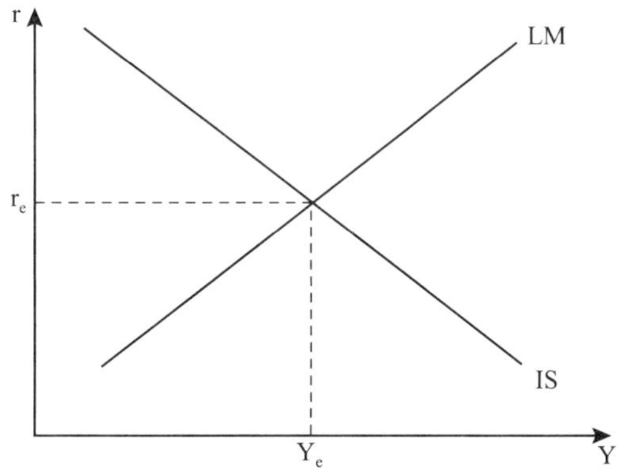

图1　IS-LM 模型的一般形式

IS曲线是在既定的政府收支水平和预期下画出的,因此扩张性的财政政策(增支、减收和乐观的经济前景)能够将IS曲线向右上方移动,紧缩性的财政政策则将IS曲线向左下方移动。LM曲线是在既定的货币供给、价格水平和预期下画出的,因此扩张性的货币政策(增加货币供给)能够将LM曲线向右下方移动,紧缩性的货币政策能够将LM曲线向左上方移动(见图2)。

尽管财政政策与货币政策都可以影响总产出水平及就业水平,但两者的有效性取决于IS曲线与LM曲线的斜率的相对大小。凯恩斯主义认为,由于货币需求对利率变动非常敏感,因此,LM曲线比较平坦,而投资对利率变化却不太敏感,因此IS曲线比较陡峭。在这种情况下,财政政策的效果要比货币政策的效果好得多。

凯恩斯主义对财政政策的强调,在20世纪70年代受到了货币主义的挑战。货币主义者认为扩张性的财政政策会产生排挤效应,即利率升高导致私人投资被公共投资所代替,从而减弱了财政政策对总需求、收入和就业的影响能力。凯恩斯主义者则提出了政府债券融资的财富效应来加以反驳。

在图3的下半部分,G是财政支出,与税收T是相

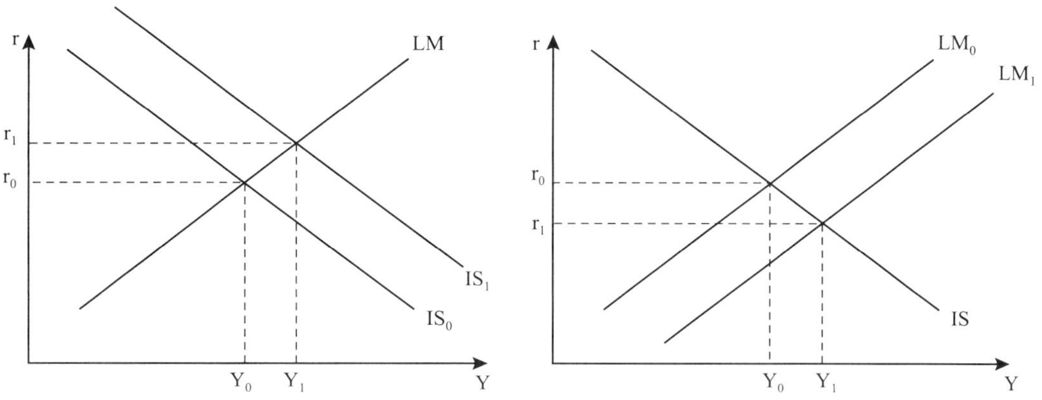

图 2　扩张性的财政政策与货币政策

互独立的变量。产出为 Y_0 时，财政收支平衡，没有赤字。当政府通过增支的手段来实行扩张性的财政政策时，IS_0 曲线被移动到 IS_1 的位置，同时 G_0 移动到 G_1 的位置，导致在 Y_1 产出水平上，出现了赤字 AB。政府通过发债来弥补赤字，导致私人部门由于持有债券而产生财富效应，进而增加私人部门的消费和货币需求。财富效应导致的消费增加推动 IS 曲线向右移动的效果，如果超过了货币需求增加推动 LM 曲线向左移动的效果，则长期产出可以扩大到 Y_2，此时财政收支再次出现平衡，挤出效应也就消失了。

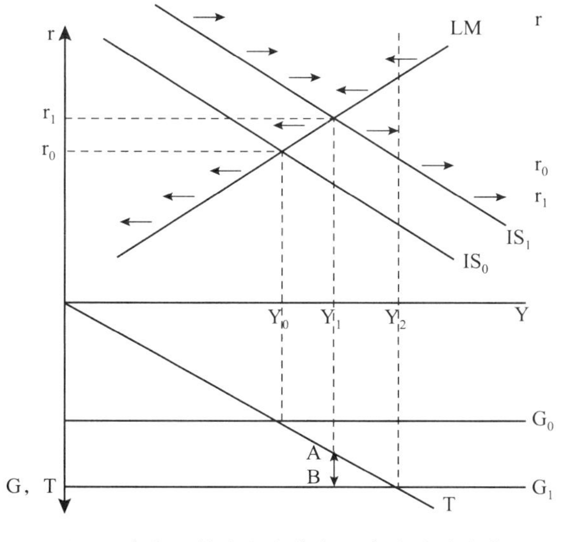

图 3　政府预算约束和债务融资的财政支出

针对凯恩斯主义对财政政策有效性的辩护，新兴古典主义宏观经济学重提"李嘉图等价定理"。该定理认为，在理性预期的作用下，私人部门会认识到当前的债务等价于未来的税收，因此政府发债时，私人部门会为今后支付更多的税收而增加储蓄，政府的债务融资因而不会增加总支出，公共部门支出的增加会被私人部门支出的减少所抵消。因此，系统性的财政政策会由于理性预期而失效。不过，由于理性预期对于现实来说是个较为严苛的假设，因此并未对政府的财政政策实践产生重大影响，只是对其方式方法产生了一定的修正作用。

（郭庆旺　刘晓路）

蒙代尔—弗莱明模型及其政策含义 Mundell-Fleming Model and its Policy Implication

蒙代尔—弗莱明模型又称投资—储蓄、流动性偏好—货币供给与国际收支（Investment-saving/Liquidity preference-money supply/Balance of Payments, IS-LM-BP）模型，是由蒙代尔和弗莱明于 20 世纪 60 年代将 IS-LM 模型扩展到开放经济条件下的一个经济模型。

在开放经济条件下，IS 曲线比封闭条件下要陡峭一些，因为开放经济意味着总需求中除了消费、投资和政府支出外，还包括了净出口（出口与进口之差）。也就是说，当收入增加时，一部分需求会转化成进口，漏出到国外去，从而减小了对投资的拉动作用。另外，一切能够影响净出口的因素，都能导致 IS 曲线向右下或左上移动。在开放经济条件下，如果采用的是浮动汇率制度，外汇市场会自动出清，国际收支既不会盈余也不会赤字，LM 曲线与封闭经济条件下就是完全一样的。但如果采用的是固定汇率制度，国际收支盈余会导致本国居民将外汇出售给货币当局，从而引起货币当局外汇储备的增加和本国货币供给的增加，这就会将 LM 曲线推向右方。反之，国际收支赤字则会将 LM 曲线推向左方。

蒙代尔—弗莱明模型与 IS-LM 模型最大的区别是增加了一条 BP 曲线，即小型开放经济的总体均衡，需要 IS、LM 和 BP 三条曲线交于一点，如图 1 所示。其中 BP 指的是小型开放经济中，国际收支实现均衡的条件为经常账户和资本账户之和为零。该曲线向右上方倾斜，因为国内收入的增加（减少）会恶化（改善）国际收支的经常账户，要想保持国际收支均衡，就必须提高（降低）利率来改善（恶化）国际收支的资本账户。BP 曲线的左面是国际收支盈余的区域，BP 曲线的右面则是国际收支赤字的区域。BP 曲线的斜率取决于进口的边际倾向和国际资本流动的利率弹性。进口的边际倾向越小，资本流动的利率弹性越大，BP 曲线就越平坦，反之则越陡峭。BP 曲线是在既定的世界收入水平、利率和价格水平，以及汇率和本国价格水平的基础上画出的，任何能够对这些因素的影响，都会导致 BP 曲线的移动。

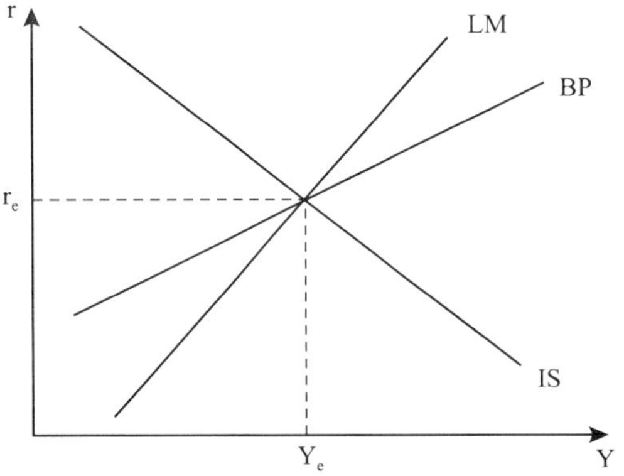

图 1 蒙代尔—弗莱明模型

在固定汇率制度下，财政政策的效果会因 LM 曲线与 BP 曲线的相对斜率大小而有所不同。图 2（a）中 LM 曲线比 BP 曲线更陡峭，图 2（b）则相反。其结果是扩张性的财政政策，在（a）中产生了国际收支盈余（B 点在 BP 曲线左面），在（b）中则产生了国际收支赤字（B 点出现在了 BP 曲线右面）。图 2（a）中的国际收支盈余会导致 LM 曲线向右方移动，C 点将成为新的均衡点。在这一点上，商品市场、货币市场和国际收支都达到了均衡。

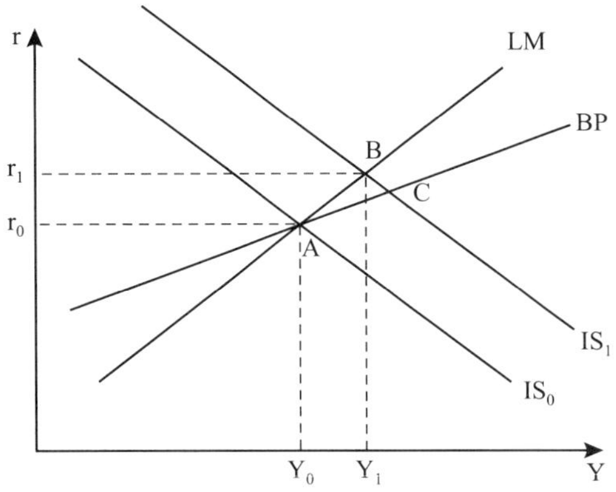

（a）

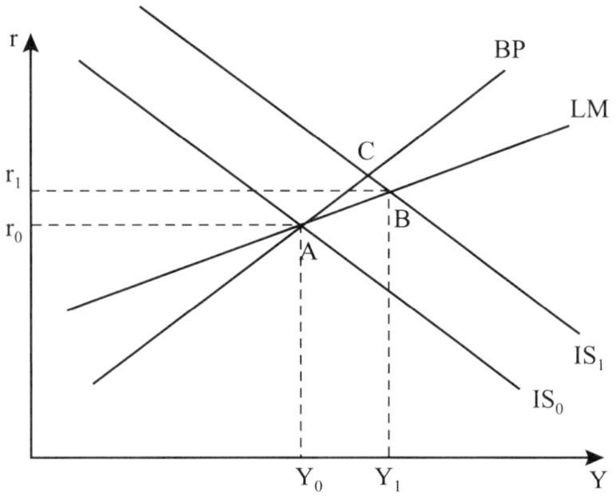

（b）

图 2 固定汇率制度下的扩张性财政政策

和财政政策相比，固定汇率制度下货币政策效果要糟得多。如图 3 所示，经济初始处于 IS、LM_0 和 BP 曲线相交的均衡点 A，扩张性的货币政策使 LM_0 曲线移动到 LM_1 的位置，形成新的均衡点 B。此时利率由 r_0 降低到 r_1，产出由 Y_0 增加到 Y_1，对于国际收支来说，前者使得资本账户恶化，后者使得经常账户恶化。因此，不论 LM 曲线和 BP 曲线的斜率大小如何，扩张性的货币政策都只会造成国际收支赤字。在前面财政政策的类似讨论中，B 点最终会被 C 点的最终均衡取代，实现了对产出的扩张作用。但在货币政策的情形下，B 点的国际收支赤字导致货币供给收缩，LM_1 会回到 LM_0 的位置，新的均衡点仍旧是 A，因此，货币政策对于扩张经济是无效的。

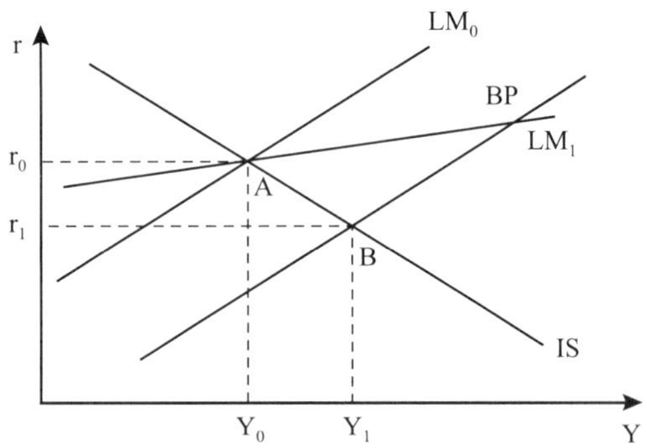

图 3 固定汇率制度下的扩张性货币政策

在浮动汇率制度下，财政政策的效果同样受到 LM 曲线与 BP 曲线的相对斜率大小的影响。图 4（a）中 LM 曲线比 BP 曲线更陡峭，图 4（b）则相反。在（a）的情形中，扩张性财政政策将 IS_0 向右移动到 IS_1，新的均衡点 B 意味着国际收支赤字的出现。在浮动汇率制度下，国际收支赤字会导致外汇市场上本币贬值，从而推动 IS_1 和 BP_0 沿着 LM 曲线向右移动到 IS_2 和 BP_1

的位置，由此形成新的均衡点 C。财政政策的扩张效果因为外汇市场的变动而更加显著。在(b)的情形中，扩张性财政政策将 IS_0 向右移动到 IS_1，新的均衡点 B 意味着国际收支盈余的出现。在浮动汇率制度下，国际收支盈余会导致外汇市场上本币升值，从而推动 IS_1 和 BP_0 沿着 LM 曲线向左移动到 IS_2 和 BP_1 的位置，由此形成新的均衡点 C。显然，财政政策的扩张效果被本币升值带来的后果抵消了一部分。

在浮动汇率制度下，货币政策的效果如图 5 所示。扩张性的货币政策将 LM_0 移动到 LM_1 的位置，与 IS_0 形成新的均衡点 B。由于 B 点在 BP_0 曲线的右面，意味着国际收支赤字。在浮动汇率制度下，本币通过贬值来恢复国际收支平衡，这就推动了 IS_0 和 BP_0 沿着 LM_1 曲线向右移动到 IS_1 和 BP_1 的位置，由此形成新的均衡点 C。因此，本币贬值加强了货币政策的扩张效果。

综上所述，在固定汇率制度下，财政政策能够影响总产出，而货币政策无效；在浮动汇率制度下，财政政策和货币政策都能够影响总产出，同时引起汇率升值或贬值。

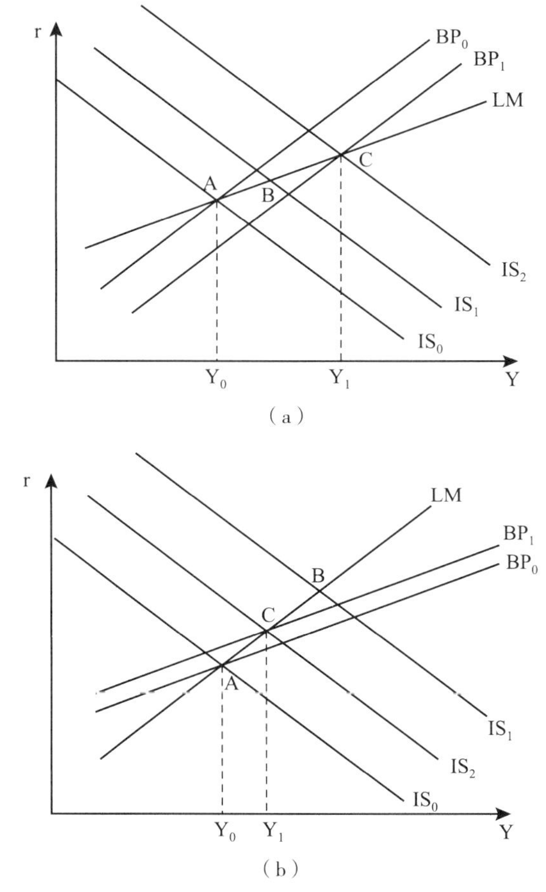

图 4　浮动汇率制度下的扩张性财政政策

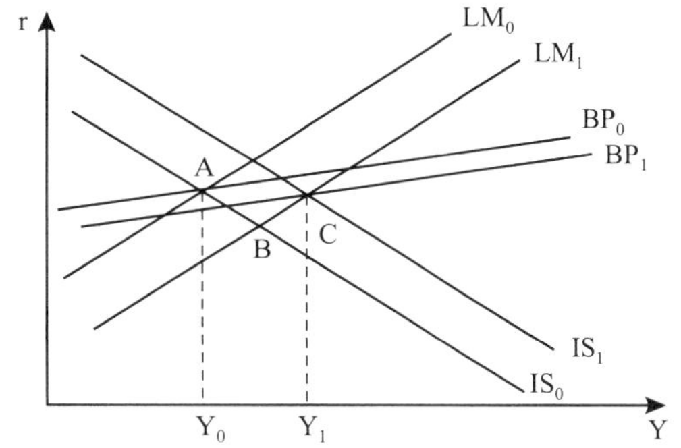

图 5　浮动汇率制度下的扩张性货币政策

参考文献：

J. M. Fleming, Domestic Financial Policies under Fixed and under Floating Exchange Rates, Staff Papers, International Monetary Fund, Vol. 9, No. 3, 1962.

R. A. Mundell, The Appropriate Use of Monetary and Fiscal Policy under Fixed Exchange Rates, Staff Papers, International Monetary Fund, Vol. 9, 1962.

（郭庆旺　刘晓路）

财政分配的“三元悖论”
Impossible Trinity of Financial Distribution

中国学者贾康、苏京春在 2012 年明确提出了财政分配的“三元悖论”。这一概念是比照蒙代尔、克鲁格曼的“不可能三角”与“三元悖论”形式，考察财政分配的内在制约，认为可以于常规限定条件下得出财政分配的“三元悖论”，即在财政经常性支出的管理水平、政府的行政成本水平和政府举债资金融资乘数既定情况下，财政分配中减少税收、增加公共福利和控制政府债务及赤字水平三大目标，至多只能同时实现其中两项，而不可能全部实现。如图 1、图 2 所示。

图示所关联的分配关系在现实生活中表现为：A. 减税可减少企业、居民负担，因而会受到广泛欢迎；B. 增加公共服务方面的福利性支出会增加社会成员的实惠，因而也会受到广泛欢迎；但这两者并行恰会扩大政府收支缺口，必带来第三个表现——C. 增加赤字，从而提升为弥补赤字而必须举借的政府债务的总水平——这便涉及“安全问题”——其实公众对这个问题也并不缺少“常识”：因为一说到政府债台高筑，又往往会有公众广泛的忧虑与不满。所以可知，“巧妇难为无米之炊”，“鱼与熊掌不可兼得”的常识，在财政分配中不过是说：税为收入，福利为支出，两者必须是顺向匹配的。一般情况下，加则同加，减则同减，如果一定要顺向增加福利而逆向削减税收，那就必须找到另一个收入

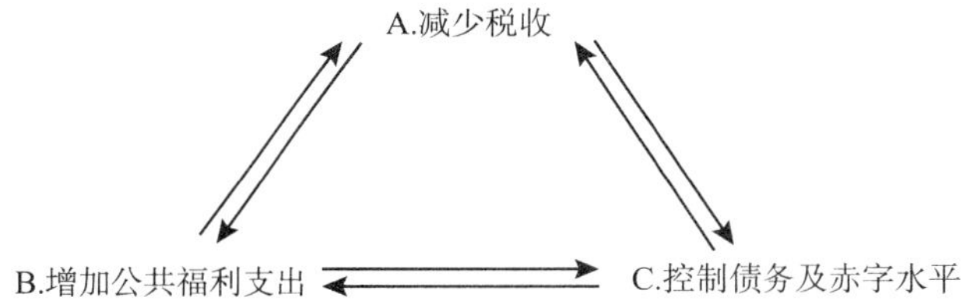

图1 限定条件下财政分配“不可能三角”的图示

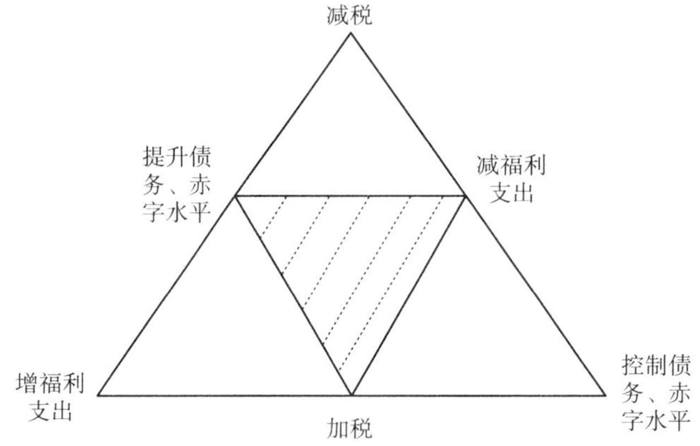

图2 财政分配“三元悖论”的图示

项——举债，来顺向地提高它以支撑原来的匹配关系。前述A、B、C三者中，要同时保A、B，就必须放弃对C项的控制，但这又会遇到公共风险的客观制约。若想三全其美，则绝没有可能。这里体现的约束是客观规律，并一定会引申、联通到整个经济社会生活“可持续”概念下的终极约束。

以上分析可归结出一个基本认识：虽然公众福利的增进是经济社会发展的出发点与归宿，但在某一经济体发展的任一特定阶段、具体条件下，公众福利的水平（可以用公共福利支出规模为代表）却并非越高越好，高过了一定点，对于经济发展的支撑作用会迅速降低，甚至导致经济增长过程不可持续。福利支出水平带来的福利增进对于经济发展的正面效应及其转变，在直角坐标系上可简明表示为图3。

图3中横轴表示公共福利水平（以公共福利支出水平为代表），纵轴表示福利增进对于经济可持续发展的正面效应或支撑作用（也可按一定数值单位量化），在原点O，假设无福利，其正面效应当然无从谈起，其右方一旦有一定的公共福利，便会随其水平上升迅速表现为对经济成长的正面支撑效应的上升（现实生活中常被称为人民群众的积极性，因为基于物质利益原则的激发与调动等措施而促成经济活力的上升），一直可上升到对应于横轴上“O′”的曲线上T这一最高点（最佳值）。但若还一味继续增进福利，其正面效应的下滑（现实生活中表现为经济体成长活力的迅速滑落）将迅速导致O″点上正面效应丧失殆尽而进入负值区间（可与拉美式“中等收入陷阱”案例比照），而O′－O″的距离是相当短的。也就是说，公共福利水平一旦超出最佳值，其对一国经济可持续发展的正面支撑作用会很快转变为迅速下滑后的负面效应，所以从调控当局而言，必须精心、审慎地把状态控制在接近或达到峰值，但不超过临界点的区间内。

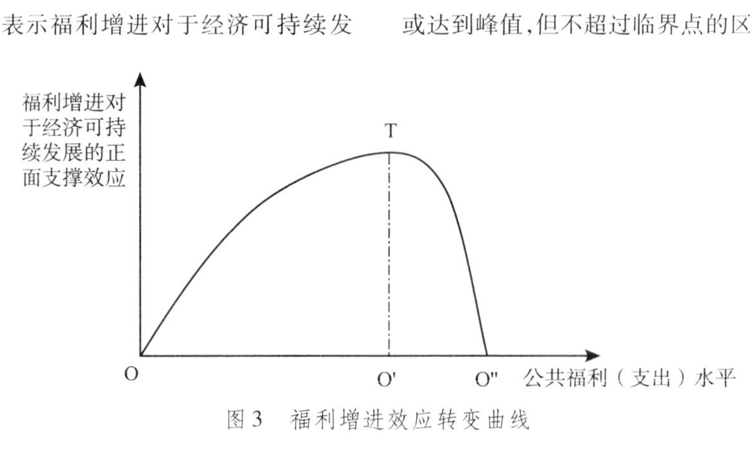

图3 福利增进效应转变曲线

这一福利增进效应转变曲线与贾康于20世纪90年代提出的国债规模正面效应变化曲线十分相似，两者的内在逻辑完全一致，在某种意义上可认为是同一演变过程的不同角度表述。

两位作者在以上认识基础上还展开了一系列相关的深化分析，如美元“世界霸权”范式下这一“三元悖论”形式上的放松及终极适用性等，特别是针对与“中等收入陷阱”相关联的经济社会矛盾提出相关的政策主张取向。基于财政分配的“三元悖论”制约是在一定限定条件下即既定的财政支出管理水平、政府行政成本水平和政府举债资金乘数效应之下的一般认识，且存在正负相关性，即财政支出管理水平越高，行政成本水平越低，融资乘数越大，则越有利于减少税收、增加公共福利和控制债务及赤字水平，因此，加入对政府职能转型、机制创新、深化改革的思考角度，缓解财政分配“三元悖论”制约的可能途径主要可从以下四方面考虑：(1)切实提高财政支出管理水平——“少花钱，多办事”；(2)有效降低政府行政成本——“用好钱，办实事”；(3)扩大政府举债资金融资乘数——“少借钱，多办事”；(4)实质转变政府职能类型——“扩财源，优事权”。

参考文献：

贾康、苏京春：《财政分配“三元悖论”制约及其缓解路径分析》，引自《收入分配与政策优化、制度变革》，经济科学出版社2012年版。

贾康：《关于我国国债适度规模的认识》，载于《财政研究》1996年第10期。

贾康、赵全厚：《国债适度规模与我国国债的现实规模》，载于《经济研究》2000年第10期。

（贾康　苏京春）

财政赤字
Fiscal Deficit

财政赤字通常指政府在一个财政年度内的总支出大于总收入的差额。政府在参与社会经济活动的情况下，公共部门范围的大小不同，财政赤字的界定也不一样。如果公共部门仅指中央政府（或联邦政府），财政赤字是指中央政府（或联邦政府）的赤字；如果公共部门包括中央（或联邦）政府和地方政府，则财政赤字是指这两级政府的赤字总和，可称为国家财政赤字或一般政府财政赤字；如果公共部门的范围不仅包括这两级政府，而且还包括国有企业（或公共企业），财政赤字则既包括国家财政赤字，又包括国有企业的亏损，可称为公共部门财政赤字。一般来说，财政赤字指的是中央（联邦）政府的财政赤字，但研究中国的情况时，一般是指国家财政赤字，因为中国的国家预算是包括中央预算和地方预算两个层面的汇总预算。

由于分析财政赤字问题的角度不同，财政赤字的分类也多种多样。比如，从公债收支的处理方法来看，可分为明显赤字（即国家预算中不包括债务收入，财政收支相抵之后存在的赤字）、隐蔽赤字（即是把国债收入当做财政收入的一部分，财政收支相抵基本平衡，财政赤字由国债全部抵补）、净赤字或硬赤字（即用公债收入抵消了一部分收支差额之后仍存在的赤字，只能用发行货币来弥补）。又如，从财政赤字与通货膨胀的关系来看，可分为名义赤字（Nominal Deficit）和实际赤字（Real Deficit），前者是指没有扣除通货膨胀因素的赤字，后者是指针对通货膨胀而进行调整后的赤字，也称通货膨胀调整赤字（Inflation-adjusted Deficit）。在财政赤字的经济分析中，最常见的分类有两种，一种是从计算方法角度，把财政赤字分为总赤字与原始赤字；另一种是从财政赤字与经济运行状况相关的角度，把财政赤字分为周期性赤字与结构性赤字。

原始赤字（Primary Deficit）又称基本赤字（Basic Deficit）指不含债务还本付息支出的财政支出大于收入的差额；总赤字则指基本赤字加上债务本息支出。区分总赤字与基本赤字非常重要。首先，总赤字容易使人们对相机抉择政策产生错误认识，因为它包括了一个非常重要的非相机抉择因素——未偿债务的本息支付，而此项开支是由以前的赤字规模预先决定的。其次，货币政策可能影响利率，故利息支付不受当期财政政策控制。再次，基本赤字更能准确反映政府部门吸纳的实际资源，当估价财政刺激程度时，它对政策的指导意义更大。最后，基本赤字反映政府的当期相机抉择措施对债务余额产生怎样的影响，在估价财政赤字的可持续性时起很重要的作用。

周期性赤字（Cyclical Deficit）指经济运行的周期性引起的赤字。在经济衰退期间，财政支出增加而税收收入减少，“自动稳定器”的作用在经济衰退中又使赤字更趋恶化，所以周期性赤字是经济衰退的产物。结构性赤字（Structural Deficit）又称高度就业赤字（High-employment Deficit）或充分就业赤字（Full-employment Deficit），指非周期性因素引起的财政赤字；换言之，结构性赤字是指其他条件不变，经济活动保持在某种“潜在”水平时，预算赤字依然存在的情况。这种赤字剔除了经济周期对财政赤字的影响。可以看出：(1)结构性赤字是在特定的失业水平的情况下计算出来的赤字，而标准化的失业水平通常设定为5%～6%；(2)结构性赤字是在剔除经济活动偏离其基点高度就业水平的影响之后，反映政府收入与支出之间的基本结构不平衡的赤字；(3)结构性赤字有时是政府在一定时期内实施减税和（或）增加支出等措施的结果，是政府扩张性财政政策的结果；(4)结构性赤字和周期性赤字构成现实赤字，或者说，结构性赤字是现实赤字与周期性赤字之差。

古往今来,财政赤字的出现总是有一定的原因和目的的。一般而言,政府出于下列三种目的而求助于财政赤字:(1)为战争经费筹资融资;(2)拯救经济衰退;(3)促进经济与社会发展。我国在 1950~2011 年的62 年里,国家财政出现赤字的年份有42 年,或者说有 68% 的年份存在财政赤字。改革开放前的 28 年里,财政赤字年份有 11 年,占 39%;而近 34 年里,财政赤字年份有 31 年,占 91%。我国改革开放以来的连年财政赤字,既不主要是为拯救经济衰退更不主要是为战争经费筹资融资,而是为了促进经济与社会发展。

(郭庆旺)

排挤效应

Crowding-out Effect

排挤效应又称挤出效应,通常指政府支出的增加(或赤字支出)导致私人投资减少,或导致私人部门对利率具有敏感性的支出减少。在一般情况下,一种旨在增加财政支出和保持税收收入不变的政策,将使支撑民间部门投资的储蓄转用于购买政府债券,而这些债券的发行又是为了弥补赤字;与此同时,在货币供给量不变的情况下,赤字支出导致利率水平提高,从而产生对民间部门投资的“排挤效应”。总之,财政赤字排挤效应的是否生成,在于赤字支出是否导致利率上扬或国民收入降低。

假定 ΔG 代表财政支出的增加,ΔZ 代表民间部门支出的减少。排挤效应可分为三种类型:(1)如果 $|\Delta G| = |\Delta Z|$,这种排挤是一种完全排挤;(2)如果 $|\Delta G| > |\Delta Z|$,这是一种部分排挤;(3)如果 $|\Delta G| > |\Delta Z| = 0$,则这是一种零排挤。如果从政府支出乘数的大小来看,当政府支出乘数等于零时,排挤效应是一种完全排挤;当政府支出乘数小于 1 时,排挤效应是一种过度排挤;当政府支出乘数大于零但小于 1 时,排挤效应是一种部分排挤。其实,这三种类型也正是财政理论界对赤字排挤效应问题展开激烈争论的三种观点。

各种排挤效应理论都是基于 IS-LM 模型进行分析的。比如,古典完全排挤论依据古典经济理论分析了排挤现象,认为财政赤字具有完全的排挤效应。根据古典理论,货币需求函数对利率完全无弹性。因此,在 IS-LM 分析框架里,LM 曲线是完全垂直的(见图 1)。利用公债融资的财政支出水平的提高,将使 IS 曲线从 IS′向右移至 IS″。均衡利率从 i′上升至 i″,而实际国民收入水平和收入流通速度未变。在这种情况下,利率的提高将导致民间部门投资支出和私人消费支出降低,它们正好抵消了财政支出的增加,排挤效应是完全的。而零排挤论则依据早期的凯恩斯理论,商品市场不存在利率的影响,所以,IS 曲线是完全垂直的,但与古典理论不同的是,LM 曲线有正的斜率(见图 2)。

在图 2 中,与初始 IS-LM 均衡相对应的利率为 i′,实际国民收入水平为 Y′,IS 曲线是 IS′曲线。如果财政支出增加,并只利用公债融资,则 IS 曲线向右移动至 IS″,实际国民收入水平增至 Y″,利率水平升至 i″。但在商品市场的利息无弹性的情况下,这种扩张财政政策导致的利率水平的提高,不会影响(即不降低)民间部门支出。因此,民间部门支出丝毫不会被扩张性财政政策所排挤。即使考虑到总体价格水平提高对 LM 曲线有影响,早期凯恩斯的零排挤结论也不会改变。这是因为,在早期凯恩斯理论下,当价格水平提高时,LM 曲线趋于向上移动,IS-LM 均衡依然相对应于相同的新的实际国民收入水平,即实际国民收入水平 Y″。

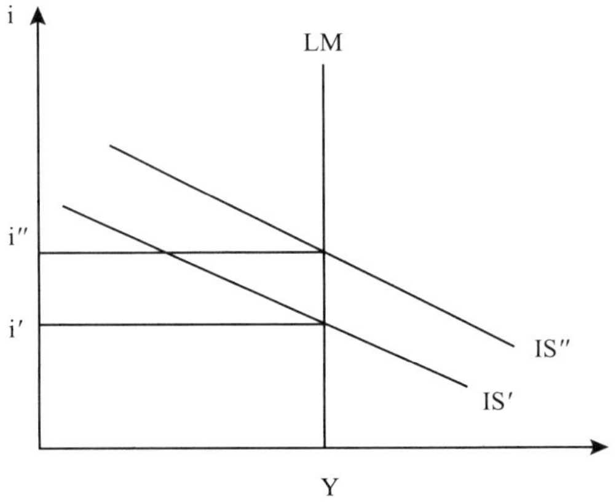

图 1　完全排挤效应

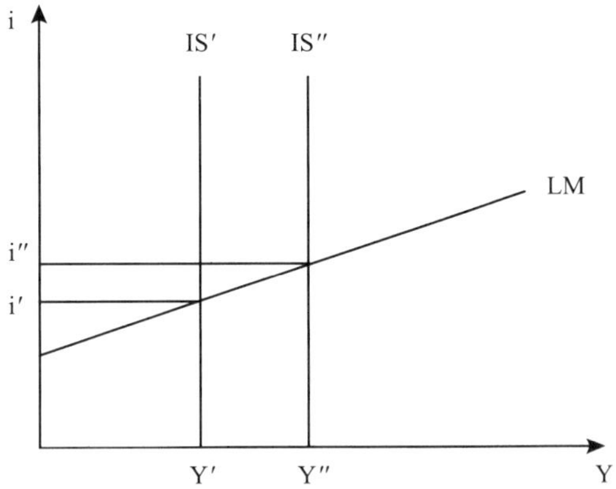

图 2　零排挤效应

部分排挤效应是在 LM 曲线的斜率是正的、IS 曲线的斜率是负的情况下产生的,是因为由于利率提高对民间部门支出产生抑制作用所致。比如,在图 3 所示的初始经济均衡中,利率为 i′,实际国民收入水平为 Y^*。假定政府增加财政支出,并以发行公债予以融资。

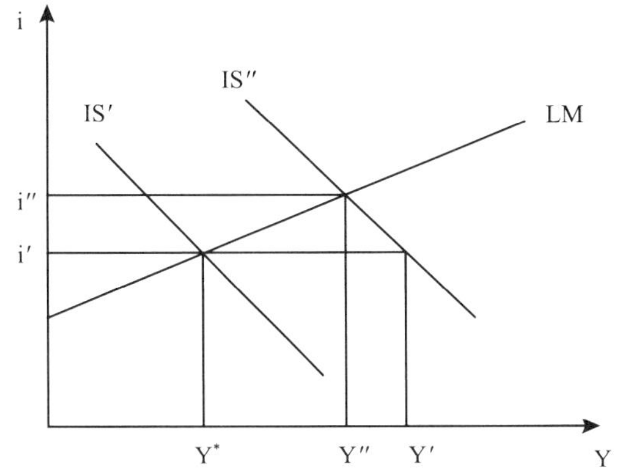

图 3 部分排挤效应

财政支出增加使 IS 曲线从 IS′向右移至 IS″。当国民收入开始增加时,交易货币需求增加,货币总需求也增加。而货币总需求增加会抬高利率,使得经济沿着 LM 曲线从坐标值(Y*,i′)移至坐标值(Y″,i″),最终提高了利率水平,抑制了投资和消费。倘若没有部分排挤效应,国民收入的变化应为(Y′ - Y*),而国民收入的实际变化为(Y″ - Y*)。因此,这种部分排挤效应的数量为:Y′ - Y″ = (Y′ - Y*) - (Y″ - Y*)。显然,部分排挤效应的程度主要取决于 IS 曲线和 LM 曲线的相对斜率。

可以看出,排挤效应是否存在以及程度大小,主要取决于货币需求或投资需求对利率变化的灵敏度以及利率的变化。也就是说,扩张性财政政策是否造成排挤效应,要视利率的变化而定。一般而言,造成排挤效应的赤字不是周期性赤字,而是结构性赤字。结构性赤字是经济处于潜在产出水平状态下依然存在的赤字。在经济繁荣时期,政府如仍以赤字扩大支出刺激经济,势必造成货币需求增加,利率水平上升;利率不断攀升,无疑要使民间部门支出减少一定数量。

(郭庆旺)

李嘉图等价定理
Ricardian Equivalence Theorem

李嘉图等价定理通常指政府选择征收一次总付税(Lump-sum Tax)还是发行政府公债为政府支出筹措资金,对社会总需求水平的影响是相同的。换言之,从最终的经济效应来看,政府为其支出筹措资金而选择增税还是发债无关紧要。古典政治经济学家大卫·李嘉图早在 19 世纪初就表达了政府征税与举债在经济影响上的这种看法。一百年后,罗伯特·巴罗于 1974 年发表的《政府债券是净财富吗?》论证了李嘉图的这种思想,但直至 1976 年,公共选择理论的主要奠基人詹姆斯·布坎南在《巴罗论李嘉图等价定理》中,才首次使用了"李嘉图等价定理"这一术语,并掀起了经济学界对这一理论的大讨论。

李嘉图在《政治经济学及赋税原理》第 17 章中讨论了政府征税与举债的基本关系,认为个人在税收与公债面前所做出的反应是相同的。他说"如果为了一年的战费支出而以发行公债的办法征集 2000 万英镑,这就是从国家的生产资本中取去了 2000 万英镑。每年为偿付这种公债利息而征课的 100 万英镑,只不过是由付这 100 万英镑的人手中转移到收这 100 万英镑的人手中,也就是由纳税人手中转移到公债债权人手中。实际的开支是那 2000 万英镑,而不是为那 2000 万英镑必须支付的利息。付不付利息都不会使国家增富或变穷。政府可以通过赋税的方式一次征收 2000 万英镑;在这种情形下,就不必每年征课 100 万英镑,但这样做并不会改变这一问题的性质"。

李嘉图的这段话至少表达了三层意思:(1)在政府为战争筹资的情况下,征收 2000 万英镑的一次总付税与发行 2000 万英镑的公债,都会使一国的生产资本减少 2000 万英镑。(2)在发行公债的情况下,政府每年偿付的利息不会使一国财富发生增减变化。(3)无论是征税还是举债都会使一国净损失 2000 万英镑,减少社会需求支出。李嘉图认为,在发债取代增税的情况下,尽管纳税人现在持有的货币相对较多,但他们认识到将来必须支付更多的税,因而把没有被征税拿走的钱存起来,以备支付未来增加的税收。所以,政府发债对当期需求的影响恰好与征税的影响相同。对政府(纳税人)来说,只是现在征(纳)税(Tax Now)与以后征(纳)税(Tax Later)之间的选择。

尽管现代经济学家分别站在政府和个人角度,利用跨期政府预算约束分析和生命周期假说或永久收入假说分析,论证了李嘉图等价定理成立的基本原理。但在论证李嘉图等价定理成立的过程中,设定了许多前提条件,其中包括:(1)不论是用税收还是用公债融资,初始时期的政府支出是不变的。(2)初始时期发行的公债必须用以后时期课征的税收收入来偿还。(3)资本市场是完全的,而且个人与政府的借贷利率是相同的。(4)个人对现在和将来的收入流量预期是确定的。(5)个人作为现行纳税人和将来的潜在纳税人,其行为就好像能永远生存下去一样。(6)个人能完全预见包含在公债发行中的将来时期的纳税义务。(7)所有税收都是一次总付税。

许多经济学家正是从这些假设条件的局限性出发,对李嘉图等价定理提出质疑。

李嘉图等价定理不但要求消费者是世代利他主义者,而且要求他们留给后代的遗产净值必须是正的。这些条件是非常苛刻的,在现实中往往不成立。首先,上一代遗留下来的遗产,不一定是出于利他动机,也可能是因遗赠人意外夭折所致,或者是因遗赠人就有积攒财产的嗜好,而且更有可能的是谁都想积攒一些财产防老而不知道自己去世的确切时间。因此,在通常情况下,人人都有可能有一些遗产。其次,遗产净值不一定是正的。在现实生活中可能会存在这样的情况:消费者的子女可能比消费者本人更富有,消费者可以从子女那里取得资源来满足本人消费而不影响子女的效用。在这种情况下,处于政府举债取代课税时期的消费者,如果偿还公债的支出所需要的税收在他去世后才征收,他就会增加自己的当期消费。

李嘉图等价定理隐含的假定条件是以举债取代征税不会发生再分配效应,而且消费者的边际消费倾向都相同。可是,实际上,以举债取代征税可能会引起收入再分配,并且在边际消费倾向不同的情况下,社会总消费水平会发生变化。如果所有消费者都具有相同的边际消费倾向,举债取代征税不会影响总消费和总资本积累;如果得益者的边际消费倾向大于其余消费者的边际消费倾向,总消费就会增加。无论如何,只要所有消费者的边际消费倾向不一样,举债代替征税就会影响消费者的消费行为。

李嘉图等价定理成立的一个前提条件是政府所课征的税收是一次总付税。一次总付税意味着政府所增加的税收将由所有消费者等量地承担。可是,一般情况下,税收是根据经济活动而征收的,而且大多数国家的税制都或多或少地具有累进性。因此,以举债取代征税而引起的税收上的变化,无疑会引起消费者相应地调整其经济行为和消费行为。

李嘉图等价定理的实质是当人们选择他们的消费时,他们理性地预见到政府的债务隐含着将来的税收。可是,人们是短视的,或许是因为他们没有充分理解政府预算赤字将会意味着什么,或许他们在决定储蓄多少时采用的是简单的不尽合理的粗估法。他们没有考虑现在的财政政策会意味着将来的税收变化。债务融资的减税将导致人们认为其永久收入增加了,即使其实没有增加。因此,减税将导致其消费增加,国民储蓄降低。

总之,李嘉图等价定理在现实经济生活中很难成立。正因为如此,政府在筹措公共收入和调控经济运行时,要依据当时的经济运行状况和宏观经济政策目标的要求,正确选择征税或举债。

参考文献:

[英]大卫·李嘉图:《政治经济学及赋税原理》,华夏出版社 2005 年版。

R. J. Barro, Are Government Bonds Net Wealth? *Journal of Political Economy* Vol. 86, No. 6, 1974.

J. M. Buchanan, Barro on the Ricardian Equivalence Theorem, *Journal of Political Economy*, Vol. 84. No. 2, 1976.

（郭庆旺）

财政风险
Fiscal Risk

财政风险通常是指由于不当的财政行为和财政政策以及经济、社会和政治发展的各种不确定因素导致的财政状况出现持续恶化进而爆发财政危机的债务因素。

财政风险产生的原因和形成机理较为复杂,概括起来,无外乎两个层面:一是财政系统自身各种不利因素,包括财政收入来源不稳定、财政支出过度扩张、财政管理效率低下以及财政制度缺陷等带来的财政清偿能力的持续恶化;二是经济、社会和政治发展的不确定性,包括宏观经济失衡、社会冲突加剧以及政局不稳定等导致的财政状况恶化。无论是什么原因所导致,财政风险的主要表现都是巨额的财政赤字和债务危机。

世界银行专家白海娜(Brixi)和希克(Schick)提出一个财政风险矩阵的概念,对政府可能存在的各种财政风险进行了系统分类。具体而言,从两个角度将政府负债划分为四类,即直接显性负债、直接隐性负债和或有显性负债、或有隐性负债。其中,直接负债和或有负债是依据政府负债的不确定性程度进行划分的:直接负债是在任何条件下都存在的政府负债责任,例如,公债;或有负债是基于某些特定事件的发生而带来的政府负债责任,其规模难以预测,具有很大的不确定性。显性负债和隐性负债则主要依据的是政府负债有无法律依据划分的。显性负债是由法律和合约确定的政府负债,隐性负债是由于公众和利益集团压力带来的政府道义上的负债责任,如社会养老金缺口。这四类债务几乎涵盖了政府当前和未来时期可能承担的所有负债责任和潜在的财政风险压力。

由于政府往往担负着经济和社会风险的最后兜底责任,因此财政风险不仅对财政本身也对整个国家经济和社会健康发展以及政治稳定造成严重冲击,所以世界各国都非常重视财政风险的预警和控制。不过,由于缺乏较高质量的财政高频数据,目前的财政风险预警更多的是基于年度数据,通过设定一套尽可能全面反映经济、财政、金融、政策和制度等各种风险的指标体系,采用指标对比分析方法来判断财政风险的程度,尚未构建出高效的财政风险预警系统。财政风险控制是一项系统工程,不仅需要规范政府行为、完善财政体制、加强财政和债务管理,在适度范围内控制财政赤字和政府债务规模,更为关键的是要能够有效促进经济的健康持续发展,在发展中更好地化解财政风险。

改革开放以来,中国的财政赤字和政府债务规模总体上处于低风险状况。但潜在的财政风险压力仍然存在,特别是政府隐性负债与或有负债的大量增加可能会形成财政风险的累积效应,需要重点加以防范。

参考文献：

H. P. Brixi and A. Schick (Edited), Government at Risk: Contingent Liabilities and Fiscal Risk, World Bank, 2002.

（郭庆旺　贾俊雪）

财政可持续性
Fiscal Sustainability

财政可持续性通常指政府在确保具有良好财政清偿能力的同时，能够保持财政收支及其他政策安排的相关风险长期处于可承受状态的能力。

财政是否具有可持续性，不仅取决于财政赤字规模的大小，进而与一国的财政收支计划和财政政策有关，还取决于财政赤字的弥补方式，进而取决于一些财政当局并不能直接控制的因素，例如，公债的利率、潜在产出增长率和通货膨胀率等。对一个开放经济体而言，当其存在外债时，财政可持续性还与该经济体的出口增长率、汇率和世界利率水平等因素有关。从理论上讲，存在着一个确保财政可持续性（即保持长期政府债务压力可承受）的最大财政赤字规模以及三种可持续的财政赤字弥补方式：(1)当一国的潜在产出增长率大于国内利率时，政府可以通过增加内债来弥补财政赤字，此时财政赤字和内债规模的暂时增加并不会改变政府债务规模的长期稳态水平；(2)当出口增长率大于世界利率与本国汇率贬值之和时，政府可以借助外债来弥补财政赤字，此时财政赤字和外债规模的暂时增加也不会改变政府债务规模的长期稳态水平；(3)政府也可以通过适度的货币创造来弥补暂时增加的财政赤字。

当一国的财政赤字规模过大并超出了其可持续水平或者采取的财政赤字弥补方式不合理，从而导致政府债务规模出现激增时，那么财政是不可持续的。此时意味着：(1)财政收支计划必须予以调整，削减财政赤字规模以使财政具有可持续性；(2)财政赤字的弥补方式必须加以调整，包括调整公债（包括内债和外债）政策、汇率政策以及货币政策，以使财政具有可持续性。因此，实现财政可持续性需要多种政策特别是财政政策与货币政策的协调配合。

具体实践中，经济学家们提出了各种财政可持续性指标。确切地说，这些指标度量的是实现财政可持续性所需的财政调整或财政稳固（Fiscal Consolidation）的力度。常见的指标包括原始赤字缺口（即现实原始赤字与可持续原始赤字规模之间的差距）、财政收入缺口（即现实财政收入与可持续财政收入规模之间的差距）和政府债务缺口（即现实政府债务与可持续政府债务规模之间的差距）等。这些指标既可以是短期（即当年）的也可以是长期的。原始赤字缺口直接给出了财政赤字规模的调整幅度，因而看起来更为直观也更具吸引力。但是，这一指标往往忽略了人口变化等结构性因素带来的财政支出压力，因此现实经济中使用更为普遍的指标是财政收入缺口。例如，欧洲委员会使用的财政可持续性指标为长期税收缺口。需要注意的是，实现财政可持续性还涉及一个非常重要的问题，即采取何种财政调整或财政稳固策略是有效的。由于增加财政收入往往面临着较大的政治阻力，因此，一般而言，削减财政支出比增加财政收入更容易实现财政稳固。

改革开放以来，中国在 2004 年出现了一次较为明显的财政稳固过程。为了削减 1998 年积极财政政策以来累积的较大规模的政府债务，中国政府在 2004 年实施了稳健的财政政策，采取了以增加财政收入为主、削减财政支出为辅的财政调整策略，在实现财政可持续性方面取得明显成效。

（郭庆旺　贾俊雪）

财政清偿能力
Fiscal Solvency

财政清偿能力通常指政府偿还到期债务（包括本金和利息）的能力，是反映一国财政状况好坏的重要指标。当一国政府具有良好的清偿能力时，其财政是稳健的、可持续的；反之，其财政是不可持续的，有爆发债务危机甚至是“破产”的可能性。

清偿能力这一概念来源于公司财务理论，主要用于反映企业财务状况与经营能力，当企业的净财富（即资产减去负债）为负时意味着其不具有清偿能力。财政清偿能力是清偿能力概念在政府（公共）部门的拓展和应用。目前，经常使用的度量指标为政府当年债务的还本付息额占当年中央财政收入的比率。该比率越低，说明中央政府的财政清偿能力越强；该比率越高，说明中央政府的财政清偿能力越弱。

从理论上讲，为了确保政府具有良好的财政清偿能力，要求政府跨时预算约束方程和非蓬齐约束条件必须得到满足，即以现值计算的未来政府债务余额（债务余额的极限水平）为零。这意味着，以现值计算的未来政府支出必须等于以现值计算的未来政府收入。换言之，政府在短期内可以存在较大规模的财政赤字，但从动态角度来看必须保持长期的财政平衡。因此，一国政府是否具有良好的财政清偿能力，主要取决于财政赤字和政府债务规模的大小，进而与政府的财政管理能力包括财政支出控制能力和财政收入筹措能力有关。一般而言，为了确保政府具有良好的财政清偿能力，要求政府必须将财政赤字和政府债务规模控制在一个适度的范围内。例如，欧盟 1992 年制定的《马斯特里赫特条约》规定成员国必须将财政赤字率（即财政赤字占 GDP 的比值）和国债负担率（即国债余额占 GDP 的比值）分别控制在 3% 和 60% 以内。不过，一国财政赤字和政府债务的适度规模还在很大程度上取决于财政赤字和政府债务对经济增长的影响以及货币政策的态势,进而与一国的产出增长率和实际利率水平有关:如果财政赤字和政府债务未能有效促进经济增长以及实际利率水平明显高于产出增长率时,财政赤字和政府债务规模的适度规模应小一些;反之,财政赤字和政府债务规模可大一些。

改革开放以来,虽然20世纪90年代中后期因实施积极财政政策导致国债规模出现了较快增长,但由于基数低因而总体上仍然处在一个较低的水平上财政赤字率始终低于3%。而且,中国政府利用财政赤字和国债有效地动员了社会资源,不仅支持了国有企业和价格制度改革,也在促进经济持续高速增长中发挥了积极作用。特别是在此期间,中国财政收入规模持续快速增长,政府财力得到明显增强。因此,中国政府总体上具有较好的财政清偿能力,财政状况较为稳健。

（郭庆旺　贾俊雪）

地方政府的隐性负债
Implicit Debt of Local Government

地方政府的隐性负债通常指由于潜规则融资、公众预期、政治压力和政府道义责任等因素造成的地方政府需要承担的负债,反映的是地方政府承担的非法律和非合同义务的负债,即并非由法律或政府合同所规定的负债,主要包括地方政府"融资平台"的举债,以及负有担保责任以及债务人出现偿债困难时进行救助所产生的各种负债。

现代经济社会中,地方政府不仅是一个重要的公共主体,也是一个重要的经济主体。这种双主体属性决定了地方政府需要承担因法律义务、合同义务以及公众预期和政治道义等原因形成的多种支出责任,由这些支出责任而产生的负债共同构成了地方政府的负债。其中,由法律和合同义务所产生的支出责任属于地方政府的显性负债,而潜规则融资、公众预期和政治道义带来的支出责任属于地方政府的隐性负债,包括地方政府的直接隐性负债和或有隐性负债。

地方政府的直接隐性负债是指在经济发展过程中地方政府在政绩追求、公众和政治压力下必须承担的各种直接债务责任,例如,未来用于"融资平台"债务还本付息的支出、改善义务教育质量和经济基础设施状况的支出、未来用于弥补社会保障资金缺口的支出以及公共事业的未来经常性维护费用等。虽然这些未来可能发生的支出并没有直接反映在当前的财政预算中,但它们随时都可能会转化为现实的财政支出,从而成为地方政府的直接隐性负债。地方政府的或有隐性负债是一种推定的政府责任,是否会成为现实取决于某一或有事项是否会发生以及由此引发的债务是否最终由地方政府来承担。只有在一些特定情况下,地方政府迫于公众压力或者是出于维护社会稳定的目的,才有可能会接受这些非法律和非合同义务的债务责任。地方政府的或有隐性负债包括地方性国有银行和其他金融机构不良资产的处置成本以及地方国有企业破产救助成本等。目前,世界各国的地方政府都较为普遍地存在着各种隐性负债,地方政府的隐性负债业已成为一个世界性现象。

1994年颁布的《中华人民共和国预算法》明确规定,除国务院特批之外各级地方政府均不能通过借债来编制赤字预算。但在现实经济中,由于各种原因,中国的各级地方政府都普遍存在着较大规模的债务。其中,很大一部分属于隐性负债,成为我国地方财政乃至于全国财政安全的一个重大隐患,对整个国民经济的健康运行形成了一定的负面影响。根据国家审计署的调查,截止到2010年年底,全国省、市、县三级地方政府性债务余额达到10.7万亿元。其中,可以划归为地方政府隐性直接负债的金额总计约为4万亿元,占整个地方政府性债务余额的比重为37.4%。因此,加强法制化和制度化建设,逐步构建管理规范、运行高效的地方政府债务管理制度,有效控制地方政府负债规模,将是我国完善财政管理制度的一项重要内容。

（郭庆旺　贾俊雪）

主权债务
Sovereign Debt

主权债务通常指一国政府为满足其支出需要而向其他国家或外国投资者以外币计值出售债券形成的债务。

理解主权债务概念,首先要了解另外两个术语,即主权债券(Sovereign Bond)和政府债券(Government Bond),二者的主要差异在于发行货币上。当政府缺钱时,它就会以本币或国际货币发行债券。如果债券是以本币发行的,就称为政府债券。主权债券是以国际货币发行的,可以卖给其他国家或外国投资者。主权债务与外债或对外债务(External Debt or Foreign Debt)是有区别的。按照国家外汇管理局发布的《外债统计监测暂行规定》和《外债统计监测实施细则》的规定,外债是指中国境内的机关、团体、企业、事业单位、金融机构或者其他机构对中国境外的国际金融组织、外国政府、金融机构、企业或者其他机构用外国货币承担的具有契约性偿还义务的全部债务。可见,主权债务与外债的区别主要表现在两个方面。第一,债务主体范围不同。主权债务主体是政府,而对外债务主体不仅有政府,还有其他各类主体。第二,主权债务主要是通过发行主权债券形成的,而举借不仅可以使用主权债务形式,也可以使用对外借款等形式。

主权债务是政府债务的一部分。政府债务(Government Debt)也称公债或国债(Public Debt or National Debt),是一国各级政府所欠的债务,可分为政府内债

(Internal Public Debt)和政府外债(External Public Debt)。而主权债务则是政府外债的一部分,是专指政府以外币发行债券形成的外债。不过,国外有些学者也把主权债务与政府债务(或公债)视为同一范畴,时有互用。

人们通常比较喜欢购买政府发行的债券,是因为它具有高安全性和高流动性,是一种典型的固定收益工具。但也有迹象表明,如果是发展中国家的主权债务,购买其主权债券并不一定是安全的投资,也可能是一种有风险的投资。历史经验表明,从1820年到20世纪末,世界经历了5次债务违约周期,66个样本国家和地区中平均约有40%的国家和地区出现过债务违约,其中不乏发达国家(Reinhart, C. M. and K. S. Rogoff, 2009)。特别是2008年爆发金融危机后,欧洲许多发达国家都出现了债务违约。当评估投资于主权债务的风险时,发行主权债券的政府的稳定性、该国经济增长状况和财政可持续性是要考虑的重要因素,而主权信用评级有助于投资者评估这种风险。

参考文献:

C. M. Reinhart and K. S. Rogoff, *This Time is Different: A Panoramic View of Eight Centuries of Financial Crises*, Princeton University Press, 2009.

(郭庆旺)

债务违约
Debt Default

债务违约在财政事务中特指主权债务违约,通常是指一国政府无法按照合同约定或承诺严格履行到期偿债义务,从而导致债权人无法按时收回全部本金和利息的现象。

债务违约既可能是对国内债权人的债务违约,也可能是对国外债权人的债务违约。一般而言,由于国内债务是以国家财富作为担保,而且一国政府可以通过增加货币发行来偿还内债,因而出现内债违约的风险较小。债务违约更多的是表现为对国外债务的违约。对一些主要发达国家而言,由于其货币通常是世界各国普遍接受的清偿手段,因此从理论上讲这些国家也可以通过增加货币发行来偿还其外债,因而发生外债违约的风险同样较小。但货币超发会导致通货膨胀以及本国货币贬值等问题,因此对于任何国家而言,其主权债务总额都存在上限。当一国的主权债务规模过高并超过其财政清偿能力时,出现债务违约的风险就会增加,这对国内经济较为脆弱的发展中国家以及一些部分丧失货币主权的欧元区国家而言往往表现得更加明显。

从近200多年的历史来看,债务违约现象时有发生,似乎形成了有规律性的债务违约周期(见图1)。拿破仑战争时期,在所考察的66个样本国家和地区中有大约27%的国家和地区出现债务违约;1820年到19世纪年代末,样本国家和地区中大约有一半出现债务违约。到20世纪末,经历了5次债务违约周期;如果考虑到2008年爆发金融危机后许多国家出现的债务违约,已是第6次债务违约周期。

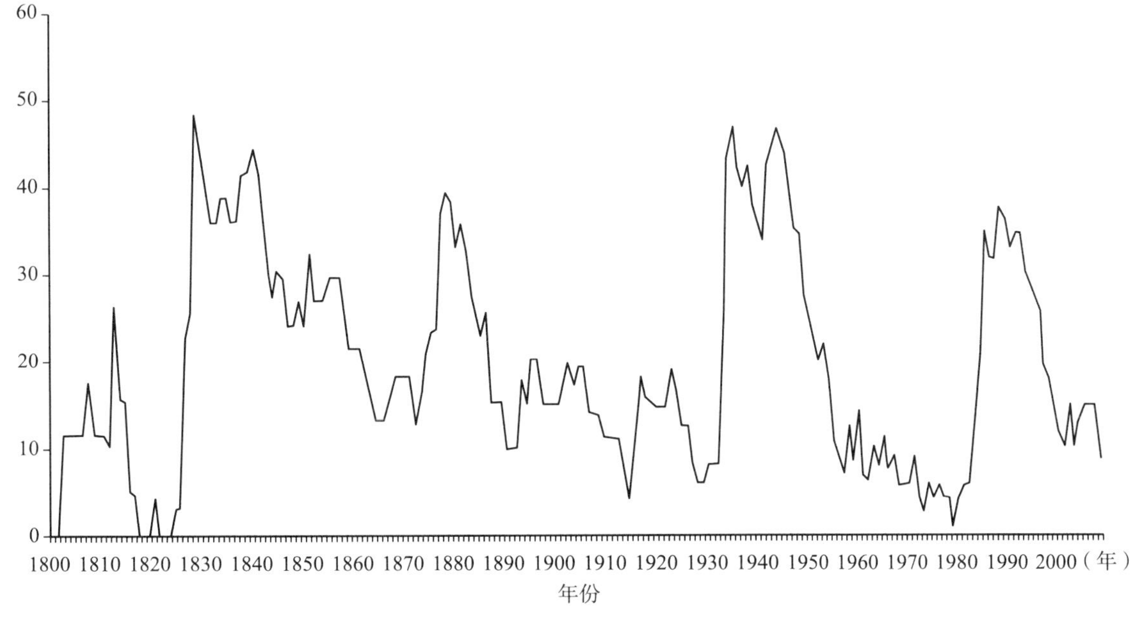

图1 66个发生“主权”外债违约国家和地区所占比例(1800~2006年)

资料来源:Reinhart, C. M. and K. S. Rogoff, 2009。

目前,国际上主要是通过考察主权信用违约掉期的担保成本、主权债券的风险溢价水平(即主权债券的贴现率与无风险利率的差)以及主权信用评级,对一国是否会发生债务违约进行风险评估。一国的主权信用评级越低、违约掉期的担保成本和风险溢价水平越高,该国发生债务违约的风险就越大。一旦出现债务违约,违约国通常会采取三种方式来解决,即债务重组、债务资本化以及寻求国际组织(如世界银行、国际货币基金组织)的贷款救助。其中,债务重组是指违约国与债权人进行协商以达到延期偿还本息或减免本息的目的,债务资本化则是指违约国通过将债权转化为股权以及债务置换等方式将部分外债转变为对本国的直接投资从而达到减少外债的目的,而寻求国际组织的贷款往往面临着较为苛刻的救助条件。因此,无论是采取哪一种解决方式,都会给债权人的权益带来较大损失,同时也会对违约国的政府声誉和经济产生严重负面影响。债务违约会导致违约国的政府信誉和主权信用评级下降,投资者不愿购买该国的主权债券,增加该国未来的融资难度和融资成本。同时,债务违约也会导致违约国的外国直接投资下降,加剧该国金融体系的系统性风险。这些影响往往会带来连锁反应,从而对整个世界经济造成不利冲击。

中国政府自改革开放以来才重新发行国债,而且长期以来一直对国债特别是外债保持着非常审慎的态度,中国国债总体规模保持在一个较低水平上,外债规模更是远远低于国际公认的警戒水平。经过30多年的经济快速发展,中国积累了大量外汇储备,因此,中国目前的主权信用评级较高,发生债务违约的概率很小。

参考文献:

C. M. Reinhart and K. S. Rogoff, *This Time is Different: A Panoramic View of Eight Centuries of Financial Crises*, Princeton University Press, 2009.

(郭庆旺　贾俊雪)

出口退税
Export Duty Refund

出口退税是指各国政府为了实现消费地课税原则,对本国出口的商品退还其在生产和流通环节所缴纳的商品税的一种制度。

世界各国采用的商品课税管辖权原则不尽相同,主要分为产地原则和消费地原则两种。所谓产地原则,就是一国政府有权对产自本国的所有商品征税,不论这些商品是在本国消费还是在外国消费。所谓消费地原则,就是一国政府有权对在本国消费的所有商品征税,不论这些商品产自本国还是他国。如果两个商品课税管辖权原则不同的国家间发生了商品贸易,会造成重复征税问题。例如,当出口国实行产地原则、进口国实行消费地原则时,两个国家都有权对贸易商品征税,这一商品在进口国市场上就会因为税负高于本地商品而难以进行公平竞争。

为了避免重复征税,在国际贸易中有必要使用统一的商品课税原则。如果各国国内的商品课税实行的都是单一税率,而且汇率可以自由调整,那么不管是产地原则还是消费地原则,都可以在避免重复征税的同时,保持各国之间的生产比较优势,从而不会对国际分工产生扭曲性影响。但如果上述两个条件不能成立,产地原则就会较明显地改变国际分工格局。在这种情况下,消费地原则就是更优的选择。

落实消费地原则,要求各国只对在本国消费的商品征税,因此对于在商品出口前已经在制造或其他环节上负担了的税收,要在出口时予以退还。《关贸总协定》第6条第4款规定,一缔约国的产品输入到另一缔约国,进口国不得因产品在出口国已经退税便对它征收反倾销税或反补贴税。第16条的补充规定也指出,退还与所缴纳数量相等的国内税,不能视为出口补贴。这些都反映出对出口退税合理性的认可。

1994年,中国在实行新的增值税制度之初,出口货物增值税的退税率曾按货物的适用税率退税,以保证实现出口环节的零税率。但从1995年7月1日之后,退税率便一直低于国内适用税率。这种不完全退税的情况,最初是由进口环节征税与出口环节退税的不平衡引起的。由于我国常常处于贸易顺差状态,加上出口骗税活动猖獗,导致进出口活动中征税少、退税多,在财政收入吃紧的情况下,不得不降低退税率来减轻财政负担。这种做法导致出口商品在国际市场上竞争力下降。

正是由于我国出口退税水平与出口额之间存在密切关联性,使得出口退税率的调整具有了政策性功能。1997年东南亚金融危机爆发后,我国在“人民币不贬值”承诺下,提高了部分商品出口退税率以促进出口。2004年经济形势好转后,又降低了部分商品的出口退税率,其目的既是减轻财政的退税负担,也是缓解贸易顺差过大带来的诸多矛盾。2008年美国金融危机爆发后,为缓解其对我国实体经济的冲击,又采取了提高出口退税率的政策。这些出口退税水平的调整表明,在具体的政策实践中,出口退税不仅仅是消费地课税原则的落实,也是能够对实体经济加以干预和调整的重要政策工具。

(郭庆旺　刘晓路)

矫正性税收
Corrective Tax

矫正性税收通常指对产生负外部性的市场活动课

征的税收。由于这种税使负外部性制造者的边际私人成本等于边际社会成本，使其承担了真实的社会成本和社会收益，故而得名矫正性税收。因英国经济学家庇古在1920年出版的著作《福利经济学》中首先提出了这一作用机理并使用了这一名词，故也常称其为"庇古税"（Pigouvian Taxes）。从经济学角度来看，现在通常所说的环境税（或环境保护税）、生态税、污染税、碳税等，都是依据矫正性税收原理所进行的税制或税种设计。

由于负外部性的制造者对于其所引起的不良后果不承担任何成本，故矫正性税收就是政府通过征税的方式对负外部性定价来使负外部性的社会成本在其制造者身上内部化。如图1所示，比如一家企业为了实现利润最大化，根据私人边际成本（MPC）等于私人边际收益（MPB）来决定最优产量X。然而由于生产过程会产生负外部性（比如说污染），使得社会成本大于私人成本，因此社会最优的产量是X^*。设定一个恰当的税率t^*对该企业征税，企业的成本上升，企业根据利润最大化原则决定的最优产量将等同于社会最优的X^*。这个t^*就是我们所说的矫正性税收，它促使企业在进行私人生产决策时将社会成本考虑在内，实现了负外部性的内部化。

如图1所示，在社会最优产量X^*上，矫正性税收的税率等同于负外部性造成的边际社会损失。在存在多个负外部性来源的情况下，比如每家钢铁厂都向空气中排放同样的污染物，决定社会矫正税税率大小的就是所有钢铁厂在社会最优产量下排放的污染物的边际社会损失。换言之，最优税率仅与污染物排放的总和有关，与单个钢铁厂无关。

根据边际社会损失来确定税率也意味着，矫正性税收必须以污染物本身作为征税对象。譬如说，一家企业排放的气体中含有水银，因此具有了负外部性。如果以气体的体积作为征税对象，企业就可能通过对气体进行干燥的方式，减小其体积，从而避税。但实际上气体中水银的浓度提高了，水银的排放量没有改变，

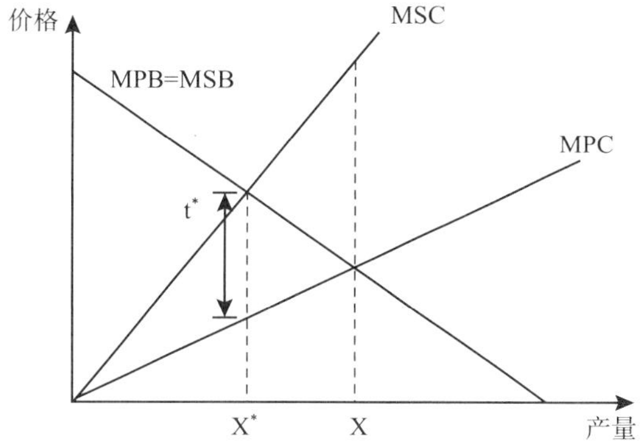

图1 矫正性税收

因此水银造成的边际社会损失并未被充分内部化。但在现实中，监控污染物排放的成本很高。另外，即便是同样的污染物，造成的社会损失也不一样，排入海洋的污水所导致的损失显然小于排入湖泊的污水，因此同样的污染物在不同的地区面对的税率也应有所不同。

在实践中，最大的问题在于估算边际社会损失的大小。确定某种产品的社会最优产量已经十分困难，而在此基础上测算边际社会损失则可以说是不可能的，特别是在这类损失中还包括了心理损失。一般来说，政府能做的只是确立一个社会能够接受的负外部性的最低标准，根据这一标准来确定税率。

减少负外部性造成的社会损失，除了降低产量外，还可以通过引导企业采用更"清洁"的技术来实现。但减少污染排放获得的减税收益未必能够超过企业转换技术所需的成本，所以往往需要与鼓励采用新技术的补贴配合使用。

参考文献：
［英］A. C. 庇古：《福利经济学》，华夏出版社2007年版。

（郭庆旺　刘晓路）

金融经济学

金融经济学
Financial Economics

金融经济学是研究货币、信用、资本市场等与金融相关的经济问题的经济学科。在现代社会中，与金融相关的经济问题几乎覆盖了社会生活的方方面面，因此，金融的范畴极为广泛。新中国金融学科的奠基人黄达教授曾对金融一词的词源、词义及在东西方语言中的差异、金融范畴的形成、金融作为独立学科的发展进行过精致的考察。在古代，信用活动和货币流通即已伴随在经济活动中，随着商品经济的发展，特别是现代银行的产生，信用活动和货币流通更紧密地联系在一起，业务范围迅速扩大，并最终形成了极为复杂的现代金融活动和包涵制度、机构、工具、市场、调控机制等在内的庞大的金融体系。

随着金融范畴的不断扩大和金融活动的日益复杂，以金融为研究对象的学科发展也日新月异。金融作为独立的学科或经济学相对独立的分支学科，最早形成于西方，以"货币银行学"的名称最为普遍。20世纪70年代后也有些西方学者使用"货币银行经济学"、"货币银行金融市场学"等名称。中国在改革开放前该学科的正式名称是"货币银行学"，改革开放后学科名称定为"金融学"。正像西方经济学随着发展逐步细分为宏观经济学、微观经济学、计量经济学等一样，金融学科在发展中，宏观分析、微观分析和计量分析也广泛采用，于是出现了宏观金融与微观金融、传统金融与现代金融、理论金融与市场金融等概念。同时，关于"金融"概念的内涵或"金融范畴"的界定也出现了很大的争议。金融学科在欧美国家的发展过程中，基本上是分为两条线路进行的：一条线路是综合性大学的经济院系对金融学科的研究与经济理论紧密结合在一起，重点研究货币供求、通货膨胀、货币政策、金融与经济的关系等基本原理和规律问题，侧重于宏观、理论和政策等方面；另一条线路是综合性大学的商学院和一些市场研究机构，重点研究金融业务运作、金融工具创新、资产定价、公司财务等与金融市场密切相关的金融问题，侧重于微观、市场和技术等方面。于是有些学者认为，经济院系研究的是宏观金融、传统金融、理论金融，商学院系研究的是微观金融、现代金融、市场金融。更有些学者认为，经济院系研究的内容可归入宏观经济学的扩展，使用"货币经济学"的名称，商学院系研究的内容与市场联系紧密，内容丰富且发展迅速，应用性和技术性强，已成为相对独立的现代金融学科，学科的统帅课程和学科的冠名可用"金融经济学"。

改革开放后，随着中外学术交流的广泛开展和在欧美国家接受系统经济学和金融学教育的中国学者回国，欧美国家经济学和金融学研究的新成果迅速引入国内，极大地推进了中国经济学和金融学的发展。在这个过程中，关于金融学科的界定和如何发展也引起了一场大讨论。讨论的焦点主要集中在两个方面，一是"金融"涵盖的范围究竟应该如何界定以及"金融"一词能否与"Finance"直接对应，二是金融学科应该在什么界定下进行发展。

关于第一个问题，黄达教授曾从词义、历史演进、中西差异等多角度进行了考察，认为"虽然中文组成的这个词尚无普遍被接受的统一的理论界定，但在国家事务、金融业界和日常生活中，人们对其边界，即某一事物是否属于金融的判断，却大体一致，即包括：对物价有直接关系的货币供给，银行与非银行融资系统及短期资金拆借市场，以证券及其衍生物交易为基本内容的资本市场，以及保险系统等"。西方对"Finance"的诠释大体有三个口径：最宽泛的诠释为包括政府、企业、个人和家庭等全部社会成员和单位与货币及信用相关的收支、融通、借贷、投资、管理等，也即与金钱相关的全部事务。最狭窄的诠释仅限定在与资本市场相关的金融活动领域之内。介于两者之间的诠释是指货币的流通、信用的授予、投资的运作、银行的服务等。大体包括中央银行、商业银行、投资银行、保险公司、证券公司、基金公司等各类银行和非银行金融机构提供的各类服务，以及为各类服务提供便利的金融中介服务。因此，中国的金融一词不能与"Finance"简单互译。对比来看，中国的金融概念所涵盖的范围比西方最大口径的金融范围要小一些，因为政府的货币收支等经济活动另有财政的范畴，虽然政府的经济活动也与金融相关，但也不能简单归入金融的范畴。个人家庭的货币收支等与货币资财相关的活动也不应全部纳入金融这一词义中。但是，中国的金融范畴要比西方最窄的诠释大得多，仅限于资本市场，与中国人的理解和现实远远不符。因此，中国的金融涵盖的范围与西方对"Finance"一词的中口径诠释比较接近，即涵盖货币、银行与非银行金融机构、各类有价证券、保险等相关的领域，这也是大多数中国学者使用的"大口径"。

关于第二个问题，即金融学科应该如何发展，讨论与第一个问题紧密相连。使用"小口径"的学者主张金融学科应该重点研究与资本市场相关的金融问题，分析理性投资者如何通过最有效的方式使用资金和进行投资以期达到目标。着重讨论金融市场的均衡与运作原理，其核心是资产定价。具体内容包括资产估值、资本资产定价理论与定价模型、均衡与套利、期权期货、各类衍生工具、风险配置、最优投资组合、公司财务等。在分析方法上大量采用数学原理和计量模型，呈现了高度的技术性。使用"大口径"的学者在赞同加强金融微观分析和市场分析的同时，认为金融的宏观分析仍然十分重要，金融学科的发展应该在"大口径"的基础上向前发展，把宏观分析与微观分析结合起来，也就是建立和发展"大金融"的现代金融学科。

因此，金融经济学有不同的使用方法。在把金融限定在“小口径”的资本市场前提下，是指金融微观分析和市场分析的基础理论和原理方法，也是“小口径”金融学科最基本的统帅课程。在中国学者使用的“大口径”金融学科定位下，金融经济学也有两种使用方法，一种是仍然作为微观分析的统领课程，与货币经济学是宏观分析的统领课程一起，构成现代金融学科最重要的两大理论支柱课程。而把货币经济学和金融经济学结合在一起的广义的“金融学”作为金融学科统一的统领课程，反映和承续了中国金融学科发展的传统。另一种使用方法是把金融经济学的概念扩展，作为“大口径”广义金融学的另一学术词汇，与经济学的其他分支学科在名称上相匹配。21 世纪以来，“小口径”金融经济学的引进极大地促进了中国现代金融学的发展，但从中国金融学科发展的传统和中国经济的现实运行出发，“大口径”的金融定位是合适的。因此，宽口径的使用金融经济学有利于中国现代金融学科的发展，并对现实金融的健康发展起到更为有利的推动作用。当宽口径使用金融经济学这一词汇的情况下，金融作为现代经济学的一个分支学科，广义金融学所涵盖的范畴便可以用金融经济学来概括。

参考文献：

黄达：《与货币银行学结缘六十年》，中国金融出版社 2010 年版。

宋逢明：《金融经济学导论》，高等教育出版社 2006 年版。

（王广谦）

一、货币与信用理论

信用货币
Credit Money

信用货币是国家或发行人以自己信用为保障发行的货币，货币职能的发挥完全来自于大众对于国家或发行人的信任。当今世界各国政府发行的货币几乎都采用这一货币形态。

信用货币与金属货币之间是有区别的。金属货币本身就是一种有商业价值的商品，如金、银、铜等。而信用货币的价值与制造它的材料无关，它的价值是由发行人的信用和国家法律赋予的，体现在它的购买力上。

那么，硬币是信用货币吗？人们常常认同早期流通的硬币的币值是依据其所含金属的价值而不是随意确定的面值。然而，早在 1914 年的英国和德国，当时的英镑和马克就已经不再是由金子制造。如今流通的硬币，只不过是被官方确定了重量和纯度的铸块（Chevalier，1850），多由贱金属铸造，其原材料的价值一般远低于其面值，因铸币权由政府独占而作为法币的辅币，用来提供小额或零售交易的支付。

参考文献：

Chevalier，Cours d'économie politique，III.，La monnaie（Paris，1850），ff；Goldschmidt，*Handbuch des Handelsrechts*（Erlangen，1868），Vol. 1，Part II.

Mises，Ludwig von，*The Theory of Money and Credit*，Indianapolis，IN：Liberty Fund，Inc. 1912.

（万晓莉）

电子货币
Electronic Money

电子货币是一个争议很大的新概念，有狭义和广义两种理解。狭义的解释是指商业银行等存款货币机构发行的可用以支付的各类银行卡。广义来说，任何通过电子化的方式进行交易的货币都是电子货币。电子货币的使用一般涉及计算机网络、互联网、数字储值系统。可以说电子货币是人类在不断追逐交易支付方式更便捷、更迅速的动力下随着计算机和网络技术的发展而诞生的。相对于纸币，电子货币在支付上更迅速、方便，从运输和携带角度看更安全。同时电子货币的普及也减少了纸币和硬币的发行量，降低了社会支付成本。

从广义上说，电子货币有多种表现形式，依据不同分类方法可以划分为多种类别。按发行主体可以分为银行电子货币和非银行电子货币。银行电子货币指由商业银行发行的各种银行卡或经由银行进行的电子转账系统的货币；非银行电子货币主要是指政府、事业单位或企业等非金融机构发行的各种智能卡，如海关、工商、税务部门，社会保障体系的社保、医保，社会公共服务单位发行的公交、地铁、供水、供电、供气、供暖及商业零售企业等部门发行的各种智能卡；按技术特性分为磁卡、接触式 IC 卡，非接触式 IC 卡（即射频卡）和基于 Internet 网络环境使用的保管在微机终端硬盘内的电子现金。

但更常见的分类方法是按业务功能进行区分。如信用卡型、预付款卡型（即通常所说储值卡）、存款汇兑型和现金模拟型。信用卡型即商业银行、信用卡公司发行的贷记卡或准贷记卡，发行主体依据申请人的各项特征如收入、资产、职业、年龄等确定信用额度，持卡人可在信用额度内贷款消费，并于一定时限内还款；储值卡主要指前述的非银行电子货币，一般由企业或其他非金融机构依据客户选择的固定面额预收资金后，发行等额的磁卡或 IC 卡，如中国移动通信公司发行的神州行充值卡等；存款汇兑型主要指电子支票等，用于对银行存款以电子化方式支取现金、转账结算、划拨资金，但没有投资和贷款功能；现金模拟型主要有电子现金和电子钱包,以加密序列数来表示现实中各种金额的纸币,代替实体现金使用。

电子货币的发展速度比较快,因其使用的便捷性、发行主体的多样性,尤其是随着电子商务的推广以及银行追求中间业务利润,电子货币已经在全世界推广开来。电子货币在我国的发展速度也非常迅猛。以信用卡这一主要电子货币形式为例,自1985年3月中国银行珠海分行发行第一张银行信用卡"中银卡"后,目前各家商业银行已把信用卡业务作为重要的业务竞争手段,但在1993年10月国务院批准启动的金卡工程实施以前,因各家银行的信用卡不能联网,信用卡业务发展速度受到很大制约。2000年以来,银行卡联网极大地促进了银行卡的发展。非银行电子货币也发展迅猛,目前我国各大中城市均已发行各自的公交乘车卡、校园卡、医保卡和社保卡。各种企业发行的储值卡有加油卡、话费充值卡、超市购物卡等。电子货币已经广泛而深入地成为大众日常生活必不可少的交易和支付工具。2009年,不受央行和任何金融机构控制的比特币诞生。比特币是一种"电子货币",由计算机生成的一串串复杂代码组成,新比特币通过预设的程序制造,随着比特币总量的增加,新币制造的速度减慢,直到2140年达到2100万个的总量上限。

但是,电子货币的发展也存在一些问题。首先是电子货币的本质。这还得从货币的演变说起。从金属货币、纸币再到电子货币都是朝着支付方式更便捷的方向在发展。电子货币替代纸币的过程,与纸币替代金属货币的过程具有相当大的类似性。纸币在最开始与金属货币具有完全对等的兑换关系,到后来的部分兑换,直至金本位彻底崩溃后,纸币与金属完全脱钩成为彻底的信用货币。目前在我国,电子货币与具有法偿地位的纸币,保持双向1:1的完全兑换关系,在本质上仍是纸币的某种电子替代品,与纸币这种纯粹的信用凭证的货币相比,还不能称其为真正的新的货币形式。

其次是电子货币的发行主体。在我国目前还没有对各类电子货币发行主体规定的法律。除了1996年4月1日起实行的《信用卡业务管理办法》中规定信用卡的发行者仅限于商业银行,对于信用卡之外的其他电子货币种类,尚无法律规定。如前所述,各种类型的非银行电子货币不仅可以是行政性事业单位发行的,也可以是一般的非金融企业发行的。如目前腾讯公司发行的Q币,就其是否是电子货币,并且实质上已经形成可以实现与纸币的双向兑换的事实,即使不是一对一的兑换(阮一峰,2008),因为没有相应的法律和监管条例,也就无从对企业这种发行虚拟货币行为的规范性进行管理。

此外,电子货币是基于计算机和网络技术发展起来的,其使用过程中的加密技术也是电子货币是否能够广泛推广的必要条件,目前加密技术都是基于各发行机构自行设计和执行的,是否需要将加密等安全技术统一处于国家的监管之下,如果是,监管的边界在哪里,目前还没有定论。

参考文献:

郭传波:《电子货币依法全面监管势在必行》,载于《金融电子化》2008年第10期。

阮一峰:《电子货币特性及对货币政策影响实证研究》,载于《电子商务》2008年第8期。

(万晓莉)

货币制度
Monetary System

货币制度指与一国货币体系相关的所有法律、法规以及各种规则的制度结构。货币制度规定了一国货币发行,流通与回收,兑换,货币管理,甚至公众对货币政策预期管理的一系列问题。

在金属货币体制下,货币制度一般要确定以何种金属为货币的载体,并规定货币的发行额度。政府货币政策的最大特征就是因为自由足额兑换而变得格外透明。在不兑现的信用货币体制下,货币制度通常规定只有中央银行拥有发行货币的垄断地位,并规定货币发行、流通和管理的具体细则。

新中国货币制度的建立始于解放战争即将胜利之时。以1948年12月1日中国人民银行在石家庄正式成立,并在华北地区首先发行了人民币为标志。到1950年年末已经初步形成了一套自有的货币制度,即人民币制度。新中国货币制度主要规定了:人民币是我国的本位货币,是我国唯一合法流通的货币;人民币制度是一种不兑现的信用货币制度,其发行实行高度集中统一和经济发行原则。随着我国社会主义经济建设和改革开放的逐步推进,货币制度也日臻完善。

参考文献:

Peter Bernholz (2003), *Monetary Regimes and Inflation: History, Economic and Political Relationships*, Edward Elgar Publishing Limited, UK.

Capie, F. (1986), Conditions Under Which Very Rapid Inflation Has Appeared, in *Carnegie-Rochester Conference Series on Public Policy*, 24, Amsterdam: North Holland.

(万晓莉)

货币币值
Currency Value

货币币值一般指一国货币的购买能力,这是由货币的价值尺度功能延伸出来的一个重要概念。正是因为商品的价值都以货币进行计量，所以币值稳定在一个封闭经济体中就指国内物价的稳定，而在开放经济体中，还包括一国货币对外国货币的汇率稳定。

币值是怎么决定的呢？早期的金属货币的购买力直接可由构成货币的金属本身的价值决定，当完全由政府信用作支撑的信用货币取代了金属货币后，货币的币值就与该货币的供给和需求密切相关。若政府多发货币，使得货币供给大于需求，一国总体物价就会上升，产生通货膨胀；而在国际市场中，一国货币的价值在外汇市场中可由买卖双方的供需来决定。若一国货币受到欢迎，净购买的人多，则该货币币值会升值，相反会贬值。许多因素会影响到货币的供需。比如一国经济形势、政治环境，甚至一国汇率制度都会影响到一国货币的受欢迎程度。一般，经济发展较好，如就业率高，增长潜力大会使得为了满足不断扩大的经济活动需要的货币需求增加，而使该国货币升值，在固定汇率或不完全浮动汇率体制下，因为政府的行为存在不确定性，若市场升值预期大于实际货币升值幅度，则对该国货币的投机性需求也会增加，若货币供给的增加小于需求的增加，则该国货币也会升值。而一国货币供给会受到中央银行的独立性，以及央行的目标的影响。

参考文献：

Coudert, V. and Couharde, C, 2005, Real Equilibrium Exchange Rate in China, CEPII Working Paper.

（万晓莉）

外汇兑换券
Foreign Exchange Certificate

外汇兑换券俗称外汇券，是中国在改革开放初期的特定产物。由当时主要负责海外业务的中国银行发行，1980～1995 年在中国境内流通，在某些特定场合使用，面额与人民币等值的一种人民币凭证。人民币是中华人民共和国的唯一法定货币，外汇券严格说只是一种票券，而不是一种货币，但它又在一定范围内具有了计价、流通等货币职能。

外汇券的产生源于我国 20 世纪 80 年代改革开放初期对外交往的扩大和当时物资紧缺的现实。20 世纪 70 年代末期，随着中国打开国门，旅游事业和国际经贸活动的增加，来中国的外国人、华侨和港澳同胞也与日俱增，由于我国当时禁止外币在国内流通，为了满足这些特定人群在中国的消费，尤其是能够在涉外商店买到当时市场上紧俏的商品，如彩电、冰箱等，而又能防止个别人通过倒卖这些紧俏商品扰乱市场秩序，外汇兑换券应运而生。正因为这个背景，外汇券的兑换只针对外国人、华侨和港澳同胞，当其入境时，可以一次向中国银行将其所携带的外币兑换成外汇券，在某些特殊的地点如友谊商店等，购买当时人民币无法购买的紧缺商品。出境时，可将外汇券兑换回外币，若来不及兑换的可以带出境外，以后入境时可再带入使用。

外汇券有 1979 年版和 1988 年版两种，1979 年版的面值有七种：1 角、5 角、1 元、5 元、10 元、50 元和 100 元；1988 年版的面值有两种：50 元和 100 元。真正在市面上流通始于 1980 年 4 月 1 日。因为外汇券能够购买人民币买不到的紧缺商品的特别功能，到后来出现了外汇券黑市和逃汇的现象。虽然政府出台了针对这一问题的治理办法，但是上述现象并没有真正减少。随着对外开放的进一步扩大，以及境内各地金融机构实行了人民币对外币的直接兑换，尤其是人民币信誉的提高和生产生活物资的日益丰富，使得外汇券的吸引力不断下降。1993 年 12 月 28 日《中国人民银行关于进一步改革外汇管理体制的公告》宣布："1994 年 1 月 1 日开始，实行人民币汇率并轨。并轨后的人民币汇率，实行以市场供求为基础的、单一的、有管理的浮动制……停止发行外汇券，已发行流通的外汇券，可继续使用，逐步兑回。"至 1995 年 1 月 1 日，外汇券停止在市面上流通，由中国银行收回。由于外汇券设计精美，并且尚未收回的数量极少，外汇券在近年已被作为一种特殊的票据，成为收藏的对象。

参考文献：

达津：《谈外汇兑换券》，载于《中国钱币》1994 年第 2 期。

（万晓莉）

货币流通速度
Velocity of Money

货币流通速度是指同一单位的货币在一定时期内流通的次数，是决定商品流通过程中所需要货币量的重要因素之一。货币流通速度的定义虽然简单明了，但在实际测量时，往往使用间接的方法进行界定，且往往不容易测量出严格意义上的流通速度。最早给出测量公式的是欧文·费雪（Irving Fisher, 1911），通过给出著名的交换恒等式：

$$MV = PT$$

将式中的 V 定义为货币流通速度，M 是指流通中的货币，P 是价格水平，T 是交易量。PT 就是按现值计算的交易总额。PT/M 就给出了计算货币流通速度的公式。假设货币流通速度是给定的，那么 PT/V 则给出了合意的货币需求量。后来，这一货币需求理论被更为复杂的学说代替，货币需求由收益率和财富或收入以及清偿能力等决定。表现在公式中，是用名义收入或财富 Y 代替交易量，同时假定货币市场出清，那么货币需求 L(i，Y) 与货币供给 M 相等，则货币流通速度 V 等于 PY/L(i，Y)。在现实生活中，由于货币和交易类型的不同，以上公式可以进行分解，如以商品零售额与现金余额的比值，可测定一段时期内现金的流通速度；以国民生产总值与 M_1 或 M_2 的比值，则测定了 M_1 或 M_2 的流通速度。

在对货币流通速度进行检测的实证过程中，大多认为货币流通速度受到经济总量、货币供给、利率，甚至交易支付方式的影响，并且当这些因素随着时间的改变，货币流通速度也会随着时间发生改变。如伴随着电子交易技术以及银行间隔夜拆借、回购协议等新技术的发展，大多实证研究均支持美国货币流通速度自 20 世纪 60 年代以来的巨幅增长。与美国货币流通速度在金融创新下不断提高相反的是，我国自从 1952 年以来货币流通速度总体呈现出下降的趋势，目前国内大多数学者提出的解释是虽然我国也有金融创新，但是创新与我国经济货币化进程相比，其作用仍显得有限。货币化的进程是指我国经济从非货币化经济向货币化经济转型的过程，以前诸多自给自足和物物交换的经济活动正向以货币为媒介的交换经济转型，这一过程导致我国货币流通速度呈现下降趋势。随着这一转型经济特有的进程的终结，其对货币流通速度的影响也将逐步减弱。

货币流通速度这一概念也在遭受一些学者的质疑。如亨利·赫兹利特(Henry Hazlitt)就批评说货币流通速度这一概念忽略了心理作用对于货币价值的影响。货币数量等式给出的推论是货币流通速度等决定了货币的价值，而他则认为是个人对于货币价值的看法加总决定了货币流通速度。路德维希·冯·米塞斯(Ludwig von Mises，1953)认为货币流通速度这个概念没有从个人行为角度出发而是从整个经济系统角度来看问题。因为他认为货币流通速度关系到个人对价格和购买力的看法，而不是如货币数量等式所说的，假定其他条件不变，价格必须与当时的货币供给成比例变动。

参考文献：

Fisher，I. 1911. *The Purchasing Power of Money*，2nd edition，1922. Reprinted New York Kelley，1963.

Friedman，Milton，Quantity Theory of Money，in The New Palgrave：A Dictionary of Economics(1987)，Vol. 4.

Henry Hazlitt，2008，The Velocity of Circulation. http：//mises. org/daily/2916.

Ludwig von Mises，*Human Action*(New Haven：Yale University Press，1949)，and *The Theory of Money and Credit*(London：Jonathan Cape，Limited，1934，and New Haven：Yale University Press，1953).

（万晓莉）

货币流通规律
Law of the Circulation of Money

货币流通规律是指在一定时期内商品流通所需要的货币量的规律。货币作为交易媒介，其流通是基于为商品流通服务的。因此货币流通的规模和速度是由商品流通的规模来决定的。费雪(Fisher，1911)最早提出了货币交换的恒等式：MV = PT。这一恒等式清楚地刻画了货币流通的基本规律：商品流通过程中需要的货币量由流通中的商品价格总额和货币流通的平均速度来决定。流通商品数量越大，价格越高，货币流通速度越小，则社会需要的满足商品流通的货币量就越大。但是货币数量的交易方程在实际统计中存在难度，即交易量的度量并不容易。而对于社会合意货币需求量更关心的政府常倾向于用收入交易而不是按总交易量来表示货币数量方程。因此交易方程后来多以货币数量方程的收入形式展现。即 MV = PY，其中 Y 代表总收入或财富。

货币流通规律适用于一切有商品生产和货币流通的社会。当信用货币代替金属货币流通时，也并没有否定这个规律。信用货币的发行量必须以流通中所需要的货币量为限。当货币发行量超过了流通中的商品量的需要，币值会下降；反之，如果实际流通的货币量少于商品流通量，货币的币值就会上升。

参考文献：

Fisher，I. ，1911，*The Purchasing Power of Money*，2nd edition，1922，Reprinted New York Kelley，1963.

Friedman，Milton，Quantity Theory of Money，in *The New Palgrave：A Dictionary of Economics*(1987)，Vol. 4.

（万晓莉）

货币时间价值
Time Value of Money

货币的时间价值主要是指同样数量的货币，在当前获得比在未来获得要更有价值，这是因为当前的货币可用来投资从而在未来获得收益。这一观念也是金融学的核心准则，既然货币可以收获利息，那么任意数量的货币越早获得就越有价值。

从经济学理论上来说，之所以有货币的时间价值，是基于人类对于消费可以带来更大效用这一前提假设。当把现在的货币拿去投资，是以减少当前消费为代价的，因此在未来需要获得更多的消费用以弥补这种等待的价值。而利息等报酬就是为了弥补当前减少消费带来的效用损失。

有关货币时间价值的计算,举个最简单的例子,比如说今天用100元投资了年利率为5%的项目(如存款,或其他任意投资方式),那么在一年后就可以获得105元。这意味着对于投资人来说,当前的100元和一年后的105元是等价的。而其中100元被称作未来价值105元的现值。这一方法也可用于计算未来一段时间里一系列收入加总的现值,而这是财务中最常使用的净现值计算公式,即:

$$PV = \sum_{t=0}^{n} \frac{FV_t}{(1+i)^t}$$

其中,FV_t 是未来时间 t 收到的现金流,i 是利率,PV 是未来一系列现金流贴现到当前的现值。基于这一最基本的公式,可以延伸出在未来每一期现金流 FV_t 都相等的净现值计算公式,即年金现值计算模型,或者以某一固定增速增长的 FV_t 的年金增长现值计算模型,或者无限期固定 FV_t 的永续年金现值计算模型。

在这里值得关注的是利率的决定。之所以货币具有时间价值,除了因为以当前消费减少为代价的前提外,还因为资金和其他资源的稀缺性才能保证在未来能获得更多消费为回报。利率就体现了市场中对于经济增长和资金紧缺程度综合起来的报酬。在当今各国货币体系均为信用货币的背景下,还要注意通货膨胀对于货币时间价值的影响。由于信用货币有增加的趋势,所以货币贬值、通货膨胀成为一种普遍现象,即使没有任何投资收益,现有货币也总是在价值上高于未来等量的货币。

参考文献:

Atkins, Allen B., and Edward A. Dyl, The Lotto Jackpot: The Lump sum versus the Annuity, *Financial Practice and Education*, Fall/Winter 1995.

Cissell, Robert, Helen Cissell, and David C. Flaspohler, *Mathematics of Finance*, 8th ed. Boston: Houghton Mifflin, 1990.

(万晓莉)

基础货币
Monetary Base

基础货币,又称为货币基础、强力货币或高能货币。是经过商业银行的存贷款业务而能扩张或收缩货币供应总量的货币。基础货币是中央银行控制力较强的变量,也是银行体系的存款扩张、货币创造的基础,其数额的大小会影响货币供应量的增减变化。

从构成上看,基础货币包括银行体系的法定准备金、超额准备金、库存现金以及银行体系之外的社会公众的手持现金四部分。基础货币具有以下四个属性:第一是负债性,它是中央银行的负债;第二是可控性,即中央银行能够控制它,并且通过对它的控制来调控整个货币供应量;第三是派生性,即基础货币运动的结果能够产生出数倍于它本身的货币量,具有多倍的伸缩功能;第四是初始来源唯一性,即其增量只能来源于中央银行,不能来源于商业银行,也不能来源于公众。

参考文献:

曹龙骐:《金融学》,高等教育出版社2003年版。

[美]弗雷德里克·S·米什金:《货币金融学》,中国人民大学出版社2011年版。

(颜文业　王锦阳)

货币乘数
Money Multiplier

货币乘数,又称"基础货币的扩张倍数",是指中央银行提供的基础货币与货币供应总量之间的数量关系,即中央银行扩大或缩小一定数量的基础货币之后,能使货币供应总量扩大或缩小的倍数。

影响货币乘数的因素主要有:现金漏损率、法定存款准备金率、超额存款准备金率等。通常来说,货币乘数与现金漏损率、法定存款准备金率、超额存款准备金率呈反方向变动关系。因此,中央银行可以通过调高或调低法定存款准备金率的政策操作作用于货币乘数,进而调控货币供应量。

参考文献:

戴相龙、黄达:《中华金融词库》,中国金融出版社1998年版。

[美]弗雷德里克·S·米什金:《货币金融学》,中国人民大学出版社2011年版。

(颜文业　王锦阳)

原始存款与派生存款
Primary Deposits and Derivative Deposits

原始存款(Primary Deposit),是指商业银行吸收的现金存款或中央银行对商业银行贷款所形成的存款。原始存款是银行扩张信用、创造存款货币的基础。

派生存款(Derivative Deposit),是相对于原始存款而言的,是指由商业银行以原始存款为基础发放贷款而派生出的超过原始存款的存款。

原始存款与派生存款的概念通常用来说明商业银行的货币创造过程:在获得原始存款的基础上,商业银行通过贷款、投资等业务活动,就可以创造出数倍于原始存款的派生存款来。派生存款是商业银行货币创造的结果。影响商业银行存款派生能力的因素主要有现金漏损率、法定存款准备金率和超额存款准备金率，商业银行的存款派生能力与这三个影响因素呈反向变动关系。

总体而言：第一，派生存款必须以一定量的原始存款为基础。在一定时期内，如果存款派生的系数相对稳定，银行可作为派生基础的原始存款数量越大，创造派生存款的能力亦越大；反之，可作为派生基础的原始存款数量越小，创造派生存款的能力也就越小。第二，派生存款是通过银行业务形成的。在现实的银行信用活动中，凡是在银行具有创造信用流通工具能力的货币，都具有创造派生存款的能力。第三，以原始存款为基础，通过商业银行内的存贷活动形成的派生存款量是存款总量减去最初原始存款的数额，或者说原始存款与派生存款之和即为存款总量。

参考文献：
戴相龙、黄达：《中华金融词库》，中国金融出版社 1998 年版。
[美]弗雷德里克·S·米什金：《货币金融学》，中国人民大学出版社 2011 年版。
曾康霖：《基础货币、原始存款、派生存款的再认识》，载于《金融研究》1987 年第 4 期。

（颜文业　王锦阳）

狭义货币、广义货币与准货币
Narrow Money, Broad Money and Quasi-money

狭义货币和广义货币是货币供应量的不同统计口径。

狭义货币通常由流通于银行体系之外的现金加上私人部门的活期存款构成。这一口径的货币可以随时作为交换手段和支付手段，因而流动性较强。大部分国家用字母 M_1 来表示狭义货币。

广义货币是在狭义货币的基础上加上各类准货币。所谓准货币，又叫亚货币或近似货币，是指本身虽然不能直接用来购买，但在经过一定的程序后就能转化为现实的购买力，如各种定期存款一般可以通过提前支取转化为现实购买力，以此类推，储蓄存款、可转让定期存单、易转手的短期债券等也可视为具有货币性质的准货币。各国货币当局依据本国金融机构和金融市场发展状况划定本国的准货币口径，由此形成不同国家具有不同的广义货币统计口径，一个国家在不同的发展阶段其广义货币统计口径也会不同。广义货币通常用 M_2、M_3 等来表示。

自 1996 年中国人民银行开始对外公布我国不同层次的货币供应量后，也多次修订广义货币 M_2 的统计口径。2014 年，我国狭义货币 M_1 包括流通中现金、单位活期存款、机关团体存款和农村存款，广义货币 $M_2 = M_1$ + 储蓄存款 + 企业定期存款 + 证券公司客户保证金 + 非存款类金融机构在存款类金融机构的存款 + 住房公积金中心存款 + 其他存款。

截至 2014 年年底，我国狭义货币 M_1 的余额为 348056.41 亿元，广义货币 M_2 的余额为 1228374.81 亿元。

参考文献：
李健：《金融学》，高等教育出版社 2010 年版。
[美]弗雷德里克·S·米什金：《货币金融学》，中国人民大学出版社 2011 年版。

（颜文业　王锦阳）

货币供给与需求
Money Supply and Money Demand

货币供给是指一定时期内一国银行系统向经济中投入或抽离货币的行为过程。这个过程体现为一种货币供给的形成机制。在现代信用货币制度下，货币供给过程一般涉及中央银行、商业银行、存款人和借款者四个行为主体。在这四个行为主体中，中央银行和商业银行起着决定性作用。货币供给的过程可分为两个紧密相连的部分：中央银行创造基础货币；商业银行创造存款货币。两个层面的货币创造过程形成了一个完整的货币供给形成机制：中央银行通过其资产业务创造基础货币，基础货币成为商业银行原始存款的来源，在此基础上，商业银行通过其业务活动创造出数倍于原始存款的派生存款来，货币供给量由此扩张。紧缩的过程正好相反。

货币供给模型从整体视角出发，用一个精炼的数学公式抽象了货币供给的形成机制。$Ms = B \cdot m$。式中，Ms 为货币供给量，B 为基础货币，m 为货币乘数。该模型表明：基础货币与货币乘数共同作用于货币供给总量的多少，货币供给量与基础货币和货币乘数均呈正相关关系。

职能产生需求，货币也是如此。因此，可以将货币需求界定为在一定的资源（如财富拥有额、收入、国民生产总值等）制约条件下，微观经济主体和宏观经济运行对执行交易媒介和资产职能的货币产生的总需求。

货币需求理论历来为经济学家所重视。20 世纪以前的西方经济学家侧重于从宏观角度研究商品流通所产生的货币需求，重点探究一个国家在一定时期内的经济发展和商品流通所必需的货币量；20 世纪及其以后的经济学家则在重视宏观分析的同时，侧重于研究个人、家庭、企业等微观主体对货币的需求，重点探究这些微观经济主体为什么持有货币，在既定的收入水平、利率水平和其他经济条件下,持有多少货币才能获得最大收益。

我国学者在20世纪60年代初,从宏观角度对我国多年的商品流通与货币流通之间的关系进行实证分析,得出了一个经典的“1∶8”经验式,即:每8元零售商品供应需要1元人民币实现其流通。公式可表示为:

$$\frac{\text{社会商品零售总额}}{\text{流通中货币量(现金)}}$$

如果按这个公式计算的值为8,则说明货币流通正常,否则,说明货币供应超过了经济运行对货币的客观需求。

应该说,“1∶8”公式提出的虽是单一比例,即现金流通量与零售商品总额间的比例关系,但却反映着商品供给金额与货币需求之间的本质联系。事实上,任何货币需求理论,或直接或间接地都肯定这种联系。因此,对这种联系进行实证分析,并求得经验数据,在方法论上是成立的。问题在于,1∶8这个数值本身所以能够成为一个不变的尺度,是有条件的,那就是经济体制及与之相应的运行机制,乃至一些体现和反映经济体制及其运行机制的性质和要求的重要规章法令,都必须相当稳定。例如,生产和分配等各种重要比例关系的格局稳定,整个经济货币化的水平稳定,计划价格体制保证价格水平稳定,现金管理制度保证现金使用范围稳定等,如此才能决定社会商品零售总额与流通中现金存量应该并且可以有一个稳定的对应比例。在改革开放之前的20多年间,中国恰恰具备这样的条件,于是,当时的很多现象都可以用它来解释:第一个五年计划期间货币流通比较正常,这个比值在这几年间均稍高于8;20世纪60年代初生产极度紧张,这个比值一度降到5以下;1963年以后,经济迅速恢复,这个比值恢复到8;“文化大革命”期间,市场供应一直紧张,这个比值明显低于8;粉碎“四人帮”后经济迅速好转,这个比值很快逼近8,等等。

改革开放后,“1∶8”公式赖以存在的基础不复存在。经济体制改革对中国的货币需求产生了重要的影响。经过30多年的体制改革,中国经济运行的市场化程度大幅度提升,经济货币化进程、价格改革基本完成,金融市场从无到有、规模逐渐壮大、运营日渐规范,企业的约束机制也逐渐建立起来。新的市场经济体制的基本确立使我国现阶段货币需求的决定与影响因素更多地符合西方货币需求理论的分析,除了收入、财富等规模变量外,其他金融资产的收益率水平等机会成本变量也成为影响我国货币需求的重要因素。

参考文献:

李健:《金融学》,高等教育出版社2010年版。

Frederic S. Mishkin, *The Economics of Money, Banking and Financial Markets*, 8th Edition. Prentice Hall, 2006.

(颜文业　王锦阳)

国际货币体系

International Monetary System

国际货币体系,也称作国际货币制度,是各国政府为适应国际贸易与跨国投资的需要而形成的支配各国货币关系的一系列规则和惯例。其主要内容包括汇率制度的确定、各国货币的兑换性和国际结算原则的规定、国际收支的调节、国际储备资产的确定、黄金外汇的流动与转移是否自由等。

国际货币体系是国际经济交往和合作发展到一定阶段的产物。纵观国际货币体系的发展,其主要经历了国际金本位制度、布雷顿森林体系和牙买加体系三个阶段:

历史上最早的国际货币体系是国际金本位制。1880~1914年,西方各主要资本主义国家实行的是典型的国际金本位制——国际金铸币本位制。国际金本位制度具有“三自由”特征:金币自由铸造、自由兑换和黄金自由输出入。在国际金本位制下,黄金是最主要的国际储备,黄金自由输出入国境自动形成固定汇率制,各国的内外均衡目标可以在政府不对经济进行干预的条件下,通过经济的自动调节机制而实现。世界经济在这一时期得到了较快的发展。但随着资本主义矛盾的发展,绝大部分黄金为少数强国占有,破坏国际货币体系稳定性的因素日益增长。第一次世界大战以后,国际金本位制度慢慢削弱,在1929~1933年世界经济大危机的冲击下,国际金本位制度瓦解。随后,国际货币体系一片混乱,直至1944年布雷顿森林体系建立。

布雷顿森林体系确立了以美元为中心的国际货币体系。其主要内容为实行美元与黄金挂钩、其他国家货币与美元挂钩的“双挂钩”制度和固定汇率制。布雷顿森林体系使美元替代黄金成为国际储备货币。布雷顿森林体系对第二次世界大战后各国经济的发展起过较大的促进作用,但其自身具有不可克服的矛盾,即“特里芬难题”:为了满足世界各国发展经济的需要,美元供应必须不断增长;而美元供应的不断增长,使美元同黄金的兑换性难以维持。美国从20世纪50年代起国际收支出现逆差,各国对美元的可兑换性产生怀疑,从60年代到70年代曾发生多次美元危机,布雷顿森林体系于20世纪70年代初崩溃。

1976年国际货币基金组织通过《牙买加协定》,形成新的国际货币体系——牙买加体系。牙买加体系确认了布雷顿森林体系崩溃后浮动汇率制的合法性、黄金非货币化、国际储备资产多元化和国际收支调节形式多样化。牙买加体系为国际货币关系提供了最大限度的弹性，它没有建立稳定货币体系的机构，没有指定硬性的规则或自动的制裁办法，各国政府可以根据自己的考虑和责任来履行它们的义务。鉴于这种情形，不少经济学家和国际法学家认为，牙买加体系是一种“没有体系”的体系。规则弱化导致矛盾重重，特别是经济全球化引发金融市场全球化趋势在90年代进一步加强时，该体系所固有的诸多矛盾日益凸显。

20世纪80年代末至今，国际金融危机频繁发生，2008年由美国次贷危机引发的国际金融危机更是充分暴露了当前国际货币体系存在的内在缺陷和系统性风险。在全球经济一体化进程日益发展的大背景下，改革国际货币体系的呼声越来越高，国际社会对国际货币体系的研究与探索也随之不断深入。

参考文献：

李健：《金融学》，高等教育出版社2010年版。

［美］弗雷德里克·S·米什金：《货币金融学》，中国人民大学出版社2011年版。

王道平、范小云：《现行的国际货币体系是否是全球经济失衡和金融危机的原因》，载于《世界经济》2011年第1期。

B. Eichengreen, *Globalizing Capital, A History of the International Monetary System (Second Edition)*, Princeton: Princeton University Press, 2008.

（颜文业　王锦阳）

信用
Credit

信用是以偿付为条件的借贷行为，属于跨期的财产权转移交易，其本质是在债权债务关系上的一种承诺。

现代经济中，很多交易不需要货币这个交换媒介，而是依靠信用作为交易基础。在信用交易下，交换不是同时进行的，必须有赖受信方的承诺。由于承诺带有一定的主观性，对授信一方而言，信用具有风险，因此信用只有在对受信一方的诚实和价值具有信任和信心的条件下才会被授予。信任是除物质资本和人力资本之外决定一个国家经济增长和社会进步的一种主要社会资本。由于授受信用的主体不同，现代信用形成了商业信用、银行信用、国家信用、消费信用等这些不同的主要信用形式。从理论上讲，信用总量包括对私人部门和非金融部门的信用总和，不仅包括国内和国际银行以及非银行金融机构发放的贷款，同时也包括为住户和其他非金融私人部门融资而发行的债务性证券。巴塞尔银行监管委员会2010年在实证研究的基础上提出了广义信用的概念。广义信用囊括实体经济部门债务资金的所有来源，即对住户和其他非金融私人实体提供的所有信用，无论这些信用以何种形式、由谁来提供。

信用价值的判定可以通过信用评级来实现。信用评级能解决信息不对称问题，它是从专业的层面上对发行的债务按时还本付息的可能性的评定，目的是对信用进行评估以评价风险的大小。信用评级又称资信评级或信誉评级，其基本方法是运用概率理论，准确判断出一种金融资产或某个机构的违约概率，并以专门的符号来标明其可靠程度。现代信用评级的前身是商业信用评级，最早出现在美国。20世纪初，信用评级有了新的发展。其标志是1902年约翰·穆迪开始为美国铁路债券评级，使评级首次进入证券市场。随着金融市场的发展壮大，投资方式的增多，社会对信用评级的需求不断增加，信用评级所涉及的领域也不断扩展，评级对象不仅包括各种有价证券，如主权债、公司债、资产证券化、私募等，同时也包括各种机构和团体，如国家、工商企业、银行、证券公司、共同基金等。

我国改革开放之后在信用方面产生了两次影响很大的挑战，一次是20世纪90年代初的三角债，发生在企业之间；一次是20世纪90年代末的银行不良资产，发生在企业与银行之间。而政府在处理国有银行不良资产时采取了两大举措：一是成立资产管理公司，收购国有商业银行的不良资产，表明政府承认这部分贷款的合理性或合法性；二是实行国有企业债转股，将国有重点企业所欠银行的债务转为国有商业银行对企业的股权。最近的全球性信用危机是在2008年美国次贷危机之后，美欧各国纷纷采取扩张性政策以刺激经济，由此带来了政府巨额的财政赤字和不断增长的外债水平。最终，2009年希腊爆发主权债务危机，其后迅速蔓延至欧洲各国，葡萄牙、西班牙、爱尔兰、意大利等欧元区国家均深陷其中，欧元区外的英国也未能幸免于难。2011年8月，美国政府宣布提高债务上限，随后国际评级机构标准普尔下调其主权债务的级别，此举引爆了新一轮的全球性债务危机。

货币政策信用传导理论分为银行借贷渠道与资产负债表渠道两种具体的信用传导理论。银行借贷渠道是一种典型的信用传导机制理论。这种观点认为，在信息不对称环境下，商业银行的资产业务与负债业务一样，具有独特的政策传导功能。换言之，银行贷款与其他金融资产（如债券）不可完全替代，特定类型的借款人的融资需求只能通过银行贷款得以满足，从而使得货币政策除经由一般的利率机制传导以外，还可通过银行贷款的增减变化进一步强化其对经济运行的影响。资产负债表渠道又称净财富额渠道，在表现形式上非常接近银行借贷渠道，即同样认为货币政策对经济运行的影响可以经由特定借款人受信能力的制约而得以强化。由于信用传导机制,货币政策会发挥单一利率传导机制下不存在的分配性影响,即对不同类型经济主体的影响力度不一,如当货币紧缩时,中小型企业的生产状况恶化程度将远远高于平均水平。与发达国家基本完善的市场体系相反,我国正处于一个由封闭的计划经济体系转向开放市场经济体系的过渡阶段,非货币金融资产与货币金融资产、金融资产与实际资产之间的联系不紧密,反馈不灵敏,而金融体系与实体经济体系各行为主体和运行环节之间也远未衔接成一个牵一发而动全身的联动体,因而利率传导机制的资产结构调整效应与财富变动效应远远不能充分发挥作用,真正发挥货币政策传导机制功能的,恰恰是发达经济中即便存在也处于次要地位的信用传导机制。

可利用的信用规模对经济活动有直接影响。在现代社会中,一国信用体系的核心部分,就是中央银行借助对信用可获得性施加影响来管理经济,即如何以及何时促使银行发放更多或更少的贷款,或者以更宽松或更严格的条件发放。为此,信用配给理论认为,货币政策之所以发挥作用,不是因为它导致贷款所索取的实际利率的大幅度变化,而是因为它带来信用可获得性的变化。

在我国,中央银行制度建立以后的很长一段时间,与当时大一统的、单一的国家银行体制相适应,人民银行的货币政策调控,实质上是一种直接的信贷配给,基本依靠现金投放和信贷规模控制。直到1996年,我国的货币政策框架正式引入货币供应量中介目标,1998年放弃了信贷规模控制。从此,我国中央银行重点监测的中介指标是M_2和贷款增量。虽然银行信用的授受活动依然是我国货币政策作用于经济运行的主要传导途径,诸如信贷总额之类的信用供给变量始终构成我国货币政策传导过程中最为关键的中介变量。但是,2011年,基于创新型金融机构、金融工具的出现部分替代了信贷资金融通功能及货币创造功能,替代了传统银行业期限转换功能,“社会融资规模”成为人民银行的监测指标和中介目标。社会融资规模是一定时期内实体经济以金融为媒介获得的全部资金总额。按照人民银行的统计,社会融资规模包括各项贷款、银行承兑汇票、企业债券、非金融企业股票、保险公司赔偿、保险公司投资性房地产及其他各项之和。

参考文献:

谢平、许国平、李德:《运用信用评级原理加强金融监管》,载于《管理世界》2001年第1期。

易宪容:《美国国家信用危机引爆全球股灾,专家热评美国国家信用危机(1)》,载于《上海证券报》2011年8月8日。

盛松成:《社会融资规模概念的理论基础与国际经验》,载于《中国金融》2011年第8期。

[英]约翰·伊特韦尔等:《新帕尔格雷夫货币金融大辞典》,经济科学出版社1996年版。

曾康霖:《论通货膨胀与信用膨胀》,载于《经济问题探索》1983年第5期。

刘锡良:《论货币均衡》,载于《经济学家》1993年第1期。

(程均丽)

商业信用
Commercial Credit

商业信用是指企业之间在商品交易中因延期付款或预付货款而形成的借贷关系,主要有赊销和预付两大类。

典型的商业信用包括两个同时发生的经济行为:买卖行为和借贷行为。它既是一种提前付款或延期付款的结算方式,也是一种短期融资方式。商业信用具有悠久的历史,在欧洲可以追溯到中世纪,在原始的简单交易场所——集贸市场上,商人允许顾客先行得到商品,然后在规定的期限内支付。在中国,赊销作为一种商业信用始于先秦时期,并在宋代得到广泛发展。经过数百年的发展,如今商业信用已成为一种被广泛应用的短期融资形式。

商业信用在一定条件下可以代替银行信用,成为企业在银行信贷之外的另一条融资渠道,国外一些学者称为“商业信用渠道”。由于商业信用渠道、货币政策变化会影响经济中提供商业信用(信用条件好)的企业的行为,从而使得接受商业信用(受信用约束)的企业的信用条件发生变化,由此对实体经济产生影响。在不对称信息存在的信贷市场中,受信贷约束较弱的非金融性企业通过向受信贷约束较强的企业提供商业信用的行为,类似于在市场上充当一种“金融中介”的职能。这种渠道的存在使受到较强信贷约束的企业能够从金融机构间接地获得贷款。但是,企业与企业之间通过商业信用联结而形成一条长长的马尔可夫支付链(Markov Chain)。在这条长长的链条上面,任何企业由于市场风险而出现危机都可能导致整条链条的断裂。这意味着:若一国经济中的大多企业在交易过程中过分依赖商业信用,那么该国经济将存在潜在的系统性支付风险,其金融系统将是不稳定的。

商业信用微观基础理论主要集中于对其产生动机的挖掘与剖析上。商业信用的动机主要可分为经营性动机和融资性动机两类,经营性动机包括降低交易成本动机、价格歧视动机、质量保证动机和促销动机等。商业信用也已成为企业重要的短期资金来源,融资性需求是企业对商业信用总需求的重要组成部分。然而,在金融机构作为专业的信贷供给组织存在的条件下,商业信用作为企业的融资手段为何继续存在? 对该问题的研究是商业信用研究的焦点。对于这个问题,主要有两方面的理论解释:商业信用的融资比较优势理论与信贷配给理论。融资比较优势理论认为,商业信用之所以不能完全被银行信用替代,是因为企业提供商业信用具有其比较优势,包括信息获取优势、对客户的控制力优势和财产挽回优势。而信贷配给理论为商业信用使用的融资性动机提供了另一种解释:金融市场的不完善形成信贷配给,这种情况对大企业有利而对小企业不利。在信贷配给下,商业信用是银行信用的一种替代资金来源,即使商业信用的使用成本较高,企业在得不到银行信用的情况下也会使用它。这在一定程度上也解释了商业信用作为一种成本相对昂贵的融资方式却仍被广泛使用的这一现象。研究表明,不能从金融机构获得贷款的企业会使用更多的商业信用,较易获得贷款的企业(往往是规模较大的企业)则提供较多的商业信用。

发达的商业信用有赖于健全的商业信用体系。商业信用体系是有机的制度系统,由商业信用道德文化、信用公共服务、企业自律以及相关法律法规等组成。世界主要发达国家经过近百年的实践,已经建立了比较完善的商业信用体系。发达国家商业信用体系建设主要有三种模式:美国模式、欧洲模式和日本模式。美国模式,是市场主导型模式,信用服务全部由私营机构提供,政府在商业信用体系中仅进行信用管理立法,并监督执行,市场主体具有较强的信用意识。信用中介服务机构在信用体系中发挥重要作用,它们专门从事征信、信用评级、商账追收、信用管理等业务,提供各类专业信用服务。欧洲模式,是公共征信和私营征信并存的模式。具体来讲,中央银行建立的信贷登记系统和私营信用服务机构并存,中央银行信贷系统是由政府出资建立全国数据库,直接隶属于中央银行,主要征集企业信贷信息和个人信贷信息;而私营信用服务机构主要是弥补中央信贷信息的不足;中央银行服务于商业银行防范贷款风险,并承担主要的监管职能,私营信用服务机构则满足于社会化的信用服务需求。日本模式,是会员制模式,是由日本银行业协会牵头、以其银行会员为主共同出资建立一个会员制机构,主要负责收集银行所需要的信用信息并在会员之间进行交换、共享,其征信的范围包括个人征信和企业征信。这个会员制信用信息中心是一个非营利机构,它在提供信息时仅仅收取一定的维护费用。与银行业会员制信用信息机构并存的还有一些商业征信公司,是市场化运营的商业性实体,以利润为目的向市场提供信用信息产品和服务,是会员制信用信息机构必要而有益的补充。

新中国成立之初,国家禁止商业信用。一切交易货款一律通过银行结算,取消货款的预收、预付、赊销和拖欠。直到20世纪70年代末,政府启动市场化的经济体制改革后,商业信用制度由“非法”制度安排转向“合法”制度安排,国家制定了有控制、有条件地逐步放开商业信用的政策。为了有控制地放开商业信用,80年代初国家确定了以银行信用控制、引导商业信用的政策,但政策重点偏重于控制。80年代后期,国家对于商业信用的政策重点逐渐转到引导方面,并从1988年起推行商业信用票据化政策。1993年中国人民银行成为金融宏观调控中心后,国家又制定了推进商业信用票据化与建立、完善票据市场并重的政策。随着商业信用的票据化发展走上正轨,商业票据市场日渐扩大,票据市场逐渐成为传导中国人民银行货币政策的重要渠道。

参考文献:
朱桦:《略论加快商业信用体系建设》,载于《中国流通经济》2010年第9期。
晏艳阳、蒋恒波:《信用制度变迁、商业信用与企业绩效》,载于《经济问题》2011年第11期。
刘民权、徐忠、赵英涛:《商业信用研究综述》,载于《世界经济》2004年第1期。
赵学军、吴俊丽:《略论国家商业信用政策的演变》,载于《中国经济史研究》2006年第4期。

(程均丽)

银行信用
Bank Credit

银行信用是以商业银行为代表的存款机构,在中央银行创造的信用货币(基础货币)基础上,吸收存款并发放贷款所提供创造的信用。

银行信用是资金的有偿借贷行为,从广义上讲,既包括银行存款又包括银行放款;从狭义上来说,它仅包括银行放款,即以收回本金并附加利息为条件的银行的贷款行为。非全额准备金,即部分准备金是银行信用创造的基本条件,由此商业银行可以通过贷款创造出存款,货币乘数反映了这一信用创造能力。

中央银行通过调节商业银行的法定存款准备金率,能够影响它们的可贷资金数量,从而调节信贷总额,实现对经济变量的调节,这便是货币政策狭义的银行信贷传导机制。

但是,2007年美国金融危机以来,影子银行(Shadow Bank)的信用创造问题受到了高度关注。影子银行,是指游离于传统银行体系之外,从事类似于传统银行业务的非银行机构,最有代表性的机构包括投资银行、按揭金融公司、私募股权基金和对冲基金等。其典型特征是:除了吸收存款,几乎所有的银行业务都经营,具有实际银行信贷补充融资作用,却不纳入准备金政策范围。影子银行信用创造功能表现在:作为金融市场的主体,通过各种金融创新工具和产品为商业银行提供融资渠道,从而间接支持商业银行的信贷行为;购买商业银行的贷款或直接为企业和居民提供信贷,直接创造信用。与商业银行相比,这些影子银行机构虽然受到一定的金融市场监管,但却逃避了中央银行的存款准备金约束,不缴纳存款准备金,因而信用创造能力大大增强。

我国在建立社会主义市场经济体制中,对于培育、发展银行信用,经历了三个主要阶段:

第一阶段是"大一统"银行体系向四大专业银行体系转变(1978~1992年)。在计划经济体制下,中国的银行业实行的是"大一统"的银行体制。随着改革开放,"大一统"的银行体制逐渐被打破,从人民银行中相继分设出中国农业银行、中国银行、中国工商银行,又从财政部分离出中国人民建设银行。这四大专业银行成立伊始就有明确的分工,国家以法规形式明确这些分工范围,并规定企业必须在相对应的专业银行开户办理信贷及结算业务。特别是,从1984年开始,中国人民银行专门行使中央银行职能,这标志着我国以中央银行为领导、国家专业银行为主体的金融体系的形成。

这一阶段,我国银行信用管理实行"存贷差额"管理。在"大一统"体制中,没有中央银行和商业银行的分别。人民银行不仅要经营商业银行业务,吸收存款、发放贷款,同时还担负着货币发行和信贷管理的任务。存贷差额可以直接地反映经济运行、信用扩张和资金使用的情况。

第二阶段是专业银行体系向商业银行体系转变(1992~2002年)。1992年10月,中共十四大确立了我国经济体制改革的目标是建立社会主义市场经济体制。为了使四大国家专业银行尽早转变为真正的商业银行,1994年,中国成立了三家政策性银行:国家开发银行、农业发展银行和进出口银行,将原来国家专业银行经营的政策性贷款业务分离出来,由这三家政策性银行办理。1995年,又实施了《商业银行法》。三大政策性银行的诞生标志着四大"国家专业银行"特殊历史身份的终结,开始向真正"国有商业银行"转型。

在对四大国有商业银行进行内在经营机制改造的同时,中国银行业也不断地在培植新的竞争者,力图从外部环境上打破垄断、促进竞争。1992~1996年,我国第二批股份制商业银行(中国光大银行、华夏银行、浦东发展银行和中国民生银行等)先后创立。与此同时,第一批创设的股份制商业银行进一步发展壮大,它们的分支机构基本上覆盖了全国的主要大中城市。1995年国务院决定,在城市信用合作社基础上合并组建"城市合作银行"。从1997年年底开始,各地的城市合作银行又纷纷通过改组改制而改名为"城市商业银行"。

这一阶段,我国的银行信用管理又以1994年为"分水岭"。1994年之前,实行存款准备金制度下的信贷规模管理制度,银行信用领域出现了再贷款倒逼放贷机制,始终出现贷款大于存款的"贷差"状态。在这种特定的信贷管理体制下,实际上是商业银行信用决定了中央银行的信用供给,中央银行无法有效管理社会信用。1994年以后,我国银行信用管理进行了诸多改革,其中最为显著的变化是取消了对商业银行的贷款限额控制;将货币政策中介目标由原来的贷款限额计划改为货币供应量,并在每年初公布货币供应量增长控制目标;改革存款准备金制度,将超额储备(备付金)账户与存款准备金账户合并。信贷规模管理制度取消,商业银行只能够按照其吸收的存款规模来进行放贷业务,从而使得商业银行通过再贷款来发放贷款的倒逼机制从制度上得到了彻底解决。也就是说,商业银行只能以中央银行的基础货币为其信用创造的基础。我国银行信用随着由专业银行体系向商业银行体系转变后,由"贷差"变为"存差"的状况出现了。

第三阶段是传统商业银行向现代商业银行转变(2002年至今)。在经济改革深化和加入WTO后参与国际竞争的内、外压力之下,国家对国有商业银行进行股份制改造,创造条件上市。2004年开始,国家通过外汇注资、引入国际战略投资者等措施,推动国有银行全面改制上市。2010年7月,中国农业银行正式在上海和香港两地同时上市,至此,中国四大国有商业银行全部实现上市。国有银行的成功上市,标志着我国国有商业银行的改革之路走完了重要的一步,传统的商业银行正式转变为国家控股的股份制商业银行。

然而,我国在银行信用管理上,如何完成货币政策由计划手段向市场化手段的转变依然是货币政策的重要挑战。虽然早在1998年就取消了贷款的"指令性计划"制度,但是,由于我国货币政策传导严重依赖银行信贷渠道,商业银行经过股份制改革和上市后并没有彻底实现银行市场化运作目标,政府对商业银行的"指导"实际上一直存在。

参考文献:

谢平:《新世纪中国货币政策的挑战》,载于《金融研究》2000年第1期。

李宏瑾:《中央银行、信用货币创造与"存差"——兼对近年中国人民银行货币操作行为的分析》,载于《金融研究》2006年第10期。

曾康霖:《怎样看待我国银行的存贷款关系》,载于《金融研究》1983年第12期。

刘锡良:《国有商业银行改革值得研究的八个问题》,载于《中国金融》2004 年第 1 期。

(程均丽)

国家信用

National Credit,State Credit

国家信用是以国家为主体而发生的借贷行为。

国家信用是信用的最高形式,虽然国家信用中的筹资信用——国家公债,是一个古老的财政范畴,但由于信用促进了生产的集中,出现了垄断,而国家垄断以国家信用为基础,因此现代经典意义上的国家信用最早产生于资本主义时期。国家信用的基本形式是发行政府债券,包括发行公债、国库券、专项债券等,以及政府财政向中央银行透支和借款等。

国家信用是政府对国民经济进行间接管理的重要组成部分,它直接为实现国家的宏观经济目标服务。从筹集资金而言,国家信用是直接为国家财政的需要借款和发放债券。从运用资金而言,由于国家信用职能源于财政职能,因而具有鲜明的政策性,主要目的不是为了盈利,而是从国家的宏观经济政策和战略目标出发,着重考虑资金运用的宏观经济效益。同时,国家信用也是国家财政为实现国家职能的需要,通过调节社会资金的分配,运用有偿的信用形式进行的分配活动。在筹集国家重点建设资金方面,国家信用比银行信用更具优越性,主要表现在它高度的计划性、一定的主动性、可靠的稳定性和特殊的投向性。

国家信用是货币政策与财政政策的结合部。政府财政向中央银行透支和借款,是间接国家信用;政府财政发行债券,是直接国家信用。如果政府财政可以在较高的自由度上向中央银行借款和透支,通过中央银行账户增发货币,代替中央银行行使职能,会成为另一种类型的高能货币供应主体。相应地,出现二元高能货币供应主体并存的格局(周慕冰,1987)。这样,国民经济运行的调控不但不能取得财政政策与货币政策取长补短、相辅相成的结合效应,反而在一定程度上使货币政策成了财政政策的附属物,削弱中央银行对国民经济运行的调控能力。

国家信用的主要形式是发行公债,但是,发行公债要受特定经济因素制约,客观上存在着一定的数量界限。从理论上说,决定公债数量界限的因素,主要是公债发行对象的应债能力、发行主体的偿债能力和国民经济综合平衡。公债发行主体的偿债能力,即政府清偿债务的能力。政府的偿债能力受多种因素决定,其中最主要的是经济增长率、债务收入的使用方向和债务收入的使用效果。

国家信用评级是衡量一国能否及时偿还其国际债务的重要指标,在国际资本市场中受到广泛重视。一直以来,国家信用评级主要来自专业的评级机构,由美国三大评级机构标准普尔、穆迪和惠誉所垄断。2010 年 4 月以来,欧洲希腊、西班牙、爱尔兰以及葡萄牙等四国主权信用评级被大幅度下调,欧洲主权债务危机爆发。2011 年 8 月 5 日美国主权信用风暴更是席卷全球,三大评级机构之一的标准普尔公司将美国主权信用评级由 AAA 下调至 AA+,这是 1917 年美国主权信用评级被穆迪授予 AAA 级后的首次下调,立刻引起美国乃至世界金融市场的强烈震动。我国自 1988 年被标准普尔评为 BBB 之后,一直长达 17 年,直至 2005 年 7 月才调升到 A。2010 年 7 月,"中国版"国家信用评级问世,中国大公国际资信评估有限公司发布了对全球 50 个国家的主权信用评级报告,这是发展中国家评级机构首次发布的全球范围主权债务评级。

在中国,20 世纪 50 年代初期曾发行过公债券,后来一度取消。经济改革以来,从 1981 年开始发行国库券,后又发行国家重点建设债券等国家信用工具。一方面筹集部分资金弥补财政赤字,另一方面主要是为了增加生产投资,加快国家重点建设。到 90 年代,国家信用已成为中国筹集社会主义建设资金的重要工具,债券、发行市场和流通市场也有了很大发展。2008 年,为应对世界金融危机,中国出台了 4 万亿元经济刺激计划,强劲地扩大国内需求,增加总供给。在这 4 万亿元的投资资金中,其中一部分来源于国家信用,中央财政代地方财政发行 2000 亿元国债,发放部分政策性贷款。

从 20 世纪 90 年代末开始,中国更是不断动用国家信用手段为金融体制改革铺路,其中一些做法具有独创性,成为世界金融史上的拓荒之举。一是发行特别国债注资。1998 年为补充国有商业银行的资本金,国家发行了 2700 亿元的特别国债,由四大国有商业银行用法定准备金率降低后一次性增加的可用资金购买。二是剥离不良资产注资。1999 年国家相继设立了四家金融资产管理公司,这些专业性资产管理公司以发行财政部担保债券、金融债券或中央银行贷款为资金来源,收购四家国有商业银行剥离出来的不良贷款,然后通过催收、债权转股权、证券化、拍卖、置换和债务重组等方式处置这些不良贷款。三是外汇储备注资,对国有商业银行进行股份制改造,创造条件上市。2004 年 1 月,国务院宣布对中国银行和中国建设银行进行股份制改造试点,同时决定动用 450 亿美元国家外汇储备等为两家试点银行补充资本金,通过新成立的中央汇金投资有限责任公司注入这两家银行。2005 年、2008 年,工行、农行也先后获得了汇金公司的外汇储备注资和财政部资本金权益注资。这次注资行动用美元直接注入,不仅使用了国际上罕见的外汇储备方式,还成立了国有金融投资公司代表国务院专门行使出资人权利,是一场宏大的金融改革实践,也是一次颇有争议的改革尝试。有学者认为,这是自 1979 年中国经济体制改革以来国家在金融领域推行的最为“昂贵”的一次改革行动。

参考文献:
吴晓灵:《充分利用国家信用加强对国民经济的间接管理》,载于《金融研究》1987 年第 12 期。
叶振鹏:《关于国家信用的几个理论与实践问题》,载于《财政研究》1989 年第 1 期。
周慕冰:《货币供应量的控制与国家信用制度的改革》,载于《经济理论与经济管理》1987 年第 2 期。
张杰:《注资与国有银行改革:一个金融政治经济学的视角》,载于《经济研究》2004 年第 6 期。
刘锡良:《信贷失衡,财政能弥补吗?》,载于《中央财经大学学报》1987 年第 4 期。

(程均丽)

消费信用

Consumer Credit, Consumption Credit

消费信用,是对消费者个人提供的直接用于消费的信用,主要有消费信贷、赊销和分期付款等形式。

消费信贷是现代消费信用的主体,可以划分为两类,一种是以信用卡形式出现的普通消费信用,另一种以借贷方式出现的特种消费信用,如汽车、住房等消费信贷。

消费模式主要有自主性消费和信用消费。自主性消费是一种积累性的消费,主要靠自己的收入能力进行消费支出,遵循“储蓄、消费、再储蓄”的模式;而信用消费是“消费、储蓄、再消费”的模式。消费信用把未来的购买力提前实现,借以刺激个人消费,人为地扩大商品需求,改变消费结构,是促进生产发展的一种重要手段。

现代消费信用 19 世纪在西方国家兴起,发展十分迅速,目前已成为西方发达国家消费者十分重要的消费方式。值得注意的是,这些国家都建立了与消费信用相配套的比较健全的个人征信体系。征信机构是个人征信体系中最为重要的一部分,它们通过合法渠道采集、调查、整理、分析消费者个人的资信,以信用调查报告的形式提供给个人信用信息使用者,供其授信决策参考依据。个人征信机构在国外通常被称为消费者信用报告机构或信用局。目前国际上存在的个人征信体系主要有两种:公共个人征信体系和私营个人征信体系。公共个人征信体系存在于大部分欧洲国家,比如法国、德国、比利时等,而私营个人征信体系则存在于美国、英国等国家。

1986 年,我国发行了长城卡(中国银行)、牡丹卡(工商银行)、金穗卡(农业银行)等,但当时这些信用卡仅仅是一张替代现金交易的记账卡,不允许透支。1993 年,上海银通信用资信有限公司率先在中国推出个人消费信用服务——耐用商品分期付款。随后,上海的房地产商联合有关银行又不失时机地在上海推出了商品房抵押贷款购房等这一消费信用服务。

我国消费信用受到社会广泛关注是在 20 世纪 90 年代后半期。期间,我国市场情况发生了明显反转,即由过去产品供不应求,转变为供求基本平衡或供过于求,亦即由卖方市场转变为买方市场。经济发展的主导因素也随之而改变,由生产主导型转变为消费主导型。我国个人消费信贷试点开始于 1998 年。受 1997 年东南亚金融危机的冲击和 1998 年夏季国内特大洪涝灾害的影响,中国经济从 1998 年下半年开始,内需严重不足并逐步呈现出通货紧缩趋势。为了活跃消费、扩大内需,中国人民银行推出了个人消费信贷政策,积极鼓励、引导和支持居民扩大个人消费。在 1998 年这一年,中国官方文件第一次正式提出了“消费信贷”概念,允许商业银行开展“住房消费贷款”、“汽车消费贷款”。1999 年,国家助学贷款业务也全面推开。2009 年 7 月,在美国金融危机后,中国银监会出台了《消费金融公司试点管理办法》,强劲地进一步扩大信用消费市场。现在,个人住房消费贷款、汽车消费贷款和助学贷款,已经发展成为我国消费信用的主体。

我国个人征信体系建设始于 1999 年,基本采取了政府主导、各地试点的模式。1999 年,第一家开展个人信用联合征信业务的专业资信机构——上海市资信有限公司成立。它承担着上海市个人信用档案信息数据中心的建设和管理任务,开展个人信用信息咨询、资质认证和风险评估业务。2000 年 7 月 1 日,上海市个人信用联合征信数据库初步建成,并出具了我国内地第一份个人信用报告。从全国来看,在总结试点经验的基础上,2004 年中国人民银行加快了个人征信系统的建设,在银行信贷登记咨询系统上增加了“个人信用信息系统”——个人信用信息基础数据库,该数据库经试点成功后于 2006 年 1 月正式运行。目前,我国的个人征信系统已经初步建立。

参考文献:
郝备、温燕萍:《发展我国消费信用的思考》,载于《南方经济》2002 年第 12 期。
庞贞燕:《论我国消费信用制度的完善》,载于《金融理论与实践》2001 年第 12 期。
张强、刘玫:《消费信用中的个人征信问题探析》,载于《财经理论与实践(双月刊)》2006 年第 144 期。
谈儒勇、金晨珂:《我国个人征信体系建设的模式探讨》,载于《征信》2010 年第 1 期。
钟永红、何丽君:《消费信贷发展中的个人征信体系建设问题探讨》,载于《征信》2011 年第 3 期。

(程均丽)

直接融资与间接融资
Direct Financing and Indirect Financing

经济社会中,资金盈余单位与赤字单位之间的资金余缺调剂,主要有两种方式:直接融资与间接融资。直接融资,通常是指资金供求双方不需要借助于金融中介机构发行辅助证券,而直接通过对初级或原生证券(股票、债券、商业票据)的交易实现资金融通,即使在证券交易过程中,有金融中介机构为之提供介绍、咨询、传递、结算等服务,也不改变其"直接"的性质。这种融资方式,不仅具有直接性,还具有长期性、流通性、不可逆性等特点。间接融资,是通过银行等金融中介机构发行自己的债务凭证——间接证券进行的融资方式,在这种融资中,金融中介机构通过吸收存款形成资金来源,再以贷款形式进行资金运用,从而将盈余单位贷出的资金转变为自己的负债,将对赤字单位的借款变为自己的债权。间接融资不仅具有间接性,还具有短期性、非流通性、可逆性等特点。从信用关系来看,代表间接融资的银行信用也有着不同于代表直接融资的证券信用的特点,银行是创造信用的金融机构,特别是能够创造被普遍接受的作为货币的信用流通工具,而证券业不能创造信用流通工具,不具有货币创造功能,只能通过证券的发行、流通媒介信用。

由此,融资业务一般也可分为直接融资和间接融资两大类,主要是证券业与银行业两大部分。二者的分合取向问题,围绕着"风险"和"效率"两条主线,形成了"分业论"和"混业论"观点。1996 年底,中国颁布了《商业银行法》,以法律形式确定了金融业的分业模式,明确规定商业银行"不得从事信托投资和股票业务,不得投资于非自用不动产","不得向非银行金融机构和企业投资"。1998 年,中国又在分业经营的基础上实行了分业监管的体制,即中央银行监管商业银行、信托投资公司、信用社和财务公司,证券监管委员会监管证券公司(投资银行),保险监管委员会监管保险公司。2003 年初银监会的成立,使中国金融业"分业经营、分业监管"的框架最终完成。

直接融资和间接融资能满足不同的资金需求,二者的规模和结构,会随着社会经济结构和环境的变化而相应发生变动。根据世界各国金融发展的轨迹,通常情况下在经济和金融发展的初级阶段,银行体系发挥着主导作用,而在经济较为发达、金融体系较为完善的经济体,直接融资较为发达,包括股票、债券,以及风险投资、私募股权投资基金等组成的资本市场,在发达国家经济转型和战略性新兴产业发现过程中发挥着根本性的作用。20 世纪 80 年代以来,随着全球金融自由化浪潮,发达国家的直接融资兴起,在储蓄动员与资源配置这两个社会经济的重要方面的影响日渐加大,使得直接融资与间接融资形成不相上下的态势。但在发展中国家,间接融资则仍然扮演主要角色。

20 世纪 90 年代以前,中国金融体系由间接融资完全主导。在 80 年代中期,中国就展开了要不要直接融资,要不要建立证券市场的讨论,在设计金融体制改革方案时,确定了"间接融资为主,直接融资为辅"的融资体制。在 90 年代初,建立了股票市场,1990 年,上海、深圳两家证券交易所开始营业。长期以来,中国一直以间接融资为主,且在间接融资中以国有银行为主体,市场结构比较单一。为适应多元化的投资与融资需求,我国逐步建立起主板、中小板、创业板、代办股份转让系统构成的多层次资本市场体系,资本市场的出现和发展,大大改善了金融结构。中国资本市场在短短 20 多年的时间里,取得了非凡成长,成为全球第二大资本市场,但是,至今总体上依然是"新兴加转轨"的市场特征。

参考文献:
林毅夫、沈明高:《股票直接融资与银行间接融资的比较和选择》,载于《金融研究》1993 年第 5 期。
曾康霖:《怎样看待直接融资与间接融资》,载于《金融研究》1993 年第 10 期。
王鸿义:《直接融资与间接融资的一般理论分析》,载于《上海金融》1995 年第 1 期。
刘伟、王汝芳:《中国资本市场效率实证分析——直接融资与间接融资效率比较》,载于《金融研究》2006 年第 1 期。
陈野华:《中国证券市场国际化的几个问题》,载于《经济体制改革》1997 年第 5 期。

(程均丽)

本票
Promissory Note

本票,是由出票人签发的一种信用凭证,承诺自己在见票时无条件支付确定的金额给收款人或者持票人。它和汇票、支票一起构成最常用的三大票据。

本票是自付证券,出票人就是付款人,是由出票人自己对收款人支付并承担绝对付款责任,无须承兑。它的票据关系简单,基本当事人只有出票人和收款人,从而债权债务关系也相对简单。

根据约期时间的不同,本票可分为即期本票和远期本票;根据出票人的不同,本票又可分为商业本票和银行本票。商业本票是由企业或个人签发的本票,也称为一般本票;银行本票是由银行业金融机构签发的本票。特别是,银行本票作为一种传统的非现金支付结算工具,是见票即付证券,既可以支取现金也可以转账。在同一交换区域内办理支付结算,银行本票比支票、银行卡具有更大的优势,可以适用于单位或个人(包括未在银行开户的单位和个人)商品交易、劳务供应以及各种债权债务款项的结算。

新中国成立以后,一切信用集中于银行,因而实践中缺乏票据使用的基础。随着经济体制的改革,票据使用又渐渐有了空间。1986 年 4 月 1 日起,上海开办银行本票业务,这是全国首次开办这项业务。随后,1989 年 4 月 1 日,我国进行结算制度改革,推出了以支票、汇票、本票和信用卡(简称三票一卡)为主体的新的结算方式体系。

1995 年颁布的《中华人民共和国票据法》(以下简称《票据法》)规定:"本法所称本票,是指银行本票",即《票据法》将本票限定为银行本票,不允许企业和个人作为出票人签发本票。票据的功能包括汇兑、支付、结算、流通、融资和信用,其中对票据市场的发展起决定作用的是流通、融资和信用功能。《票据法》突出票据在经济贸易中的结算和支付功能,明令禁止融资性票据的使用,强调商业票据的真实交易背景,这就在事实上否定了商业本票的合法性。

在香港回归祖国后,双方的经济、金融合作更加紧密。特别是随着中国加入 WTO,香港作为国际金融中心,为内地经济发展提供资金融通的作用将更加突出,加强粤港合作的内在要求更加强烈。为适应粤港经济、金融日益融合的发展趋势,从 2001 年 9 月 1 日起,粤港港币票据联合结算增加银行本票、汇票业务。

为了推广使用银行本票,进一步改进个人支付结算服务,2007 年,中国人民银行制定了《依托小额支付系统办理银行本票业务处理办法》,2008 年 5 月 8 日,小额支付系统银行本票业务正式上线运行,改变了以往办理银行本票业务单一依托同城票据交换或同城清算系统的结算方式,业务通用范围也扩大到了同一省(自治区、直辖市)。

但是,迄今为止,与汇票、支票相比,银行本票应用范围较小,使用量相对较少。预缴保证金,导致资金事先占用,一定程度上影响结算单位或个人对本票的选用。此外,社会公众对银行本票的优越性认知度也不高,仍习惯同城结算使用支票,异地结算采取电汇或汇票结算方式,制约了银行本票业务开展。

参考文献:

安启雷:《上海开办本票业务》,载于《中国金融》1986 年第 6 期。

钱中先:《谈谈银行本票》,载于《上海金融》1986 年第 7 期。

《加强粤港金融合作　促进两地经济繁荣——人行广州分行负责人就粤港港币票据增加本票、汇票业务答记者问》,载于《南方金融》2001 年第 9 期。

(程均丽)

支票

Banker's Checks, Cheque, Check

支票,是代表存款的信用流通工具,由出票人签发并委托办理存款业务的银行在见票时即期、无条件支付确定金额给收款人或持票人的票据。

支票是一种以银行为付款人的即期支付工具,而出票人则是银行的存款人。支票分为现金支票和转账支票。现金支票直接用于向银行取现,而转账支票用于通过银行转账。支票还可以背书转让,但用于自取现金的支票不得背书转让。

支票金额,不得超出出票人在付款人处的存款金额,如果存款低于支票金额,即空头支票,银行将拒付。支票是以商业信用为基础的,对持票人来说,会承担空头支票的风险,从而产生了支票保付制度。保付是由付款银行在支票上记载"保付"等同义的字样并签名,以表明在支票提示时一定付款。支票一经保付,付款责任即由银行承担,出票人、背书人都可免于追索。

支票是一种多用途的支付工具。支票支付便捷、灵活,不受机具外部硬件设备限制,其使用范围非常广泛,大至企业之间的交易往来,小至个人的日常消费支出,如缴税款、水电费等的支付。目前,在国际上,支票是除现金、银行卡之外在人们的经济生活中占主导地位的支付方式,也是通用的一种支付手段。

20 世纪 80 年代初,中国在推行支票结算时,出现过"支票与通货膨胀"的争议。在纸币流通的条件下,银行有可能创造过多的派生存款,从而导致支票流通的规模也会超过流通的需要。因此,支票流通转让,是否会扩大信用,引起通货膨胀?一种观点提出,支票的开发是以出票人在银行有足额的存款为必要条件,支票的转让流通,不会引起通货膨胀,如果支票流通的规模超过流通的需要,那是因存款过多引起,而不是支票转让流通所造成的。相反,另一种观点认为,如允许支票流通,就可不经清算过程将原票转让使用,会加快资金周转速度,也就是增加了市场货币流通量,因而会助长通货膨胀。

1984 年 7 月 1 日,工商银行上海分行徐汇区办(现徐汇支行)率先在全国恢复开办中断了 30 多年的"活期支票储蓄"业务。1986 年,中国人民银行、中国工商银行、中国农业银行又发布了关于个体经济户和个人使用支票结算的基本规定。但因种种原因,发展个人支票进展一直缓慢。很长时间以来,个人支票作为日常支付工具使用依然很少,支票使用主要以企事业单位为主。根据中国人民银行发布的《中国支付体系发展报告》,2007～2009年,在非现金支付交易中,按笔数计,银行卡约占90%,占据绝对优势,支票约占5%左右。其中一个重要原因是信用制度不完善。1995年颁布的《中华人民共和国票据法》,虽然将包括支票在内的票据在我国的恢复和使用推进到一个崭新的阶段,却没有恢复相应的支票保付制度,以防范空头支票的发生,保障支票活动当事人的合法权益。实践中,随着支票被越来越多的单位和个人接受使用,一些商业银行从1999年起开办了个人支票保付业务。中国人民银行的个人征信系统从2006年也开始在全国正式运行,这在一定程度上有助于抑制支票风险,在办理个人支票业务时,银行可以利用征信系统对客户进行信用评估。

为了推动支票业务发展,中国人民银行也不断地在建设基础设施,2007年6月,完成了全国支票影像交换系统在全国的推广建设,中国的支票电子化迈出了关键的一步。依托小额支付系统完成资金清算,支票影像交换系统突破了支票同城或者区域范围内使用的限制,使支票实现了全国通用。异城之间也可使用支票进行支付、结算,为个人支票的普及创造了条件。此前,中国的支票几乎一直在同城或较小的区域范围内使用。

参考文献:

盛慕杰、韩孝迟:《广泛推行支票结算适应经济发展需要》,载于《上海金融》1984年第12期。

李良、陈晓红:《关于建立支票保付制度的探讨》,载于《上海金融》2004年第4期。

《中国人民银行、中国工商银行、中国农业银行关于个体经济户和个人使用支票结算基本规定》,载于《上海金融》1986年第8期。

曹海峰:《中美两国支票业务异同分析》,载于《金融理论与实践》2010年第11期。

(程均丽)

汇票

Bill of Exchange,Postal Order,Draft

汇票,是委托付款证券,由出票人签发委托付款人在见票时或者在指定日期无条件支付确定的金额给收款人或者持票人的票据。

汇票是国际结算中使用最广泛的一种信用工具。受托人不止限于银行或其他法定金融机构,还可以是企业或个人。汇票有三个基本关系人,即出票人、收款人和付款人。出票人是汇票的主债务人;收款人是汇票的主债权人。但汇票一经付款人承兑,付款人即成为承兑人,承兑人成了汇票的主债务人,出票人退居从债务人的地位。

按出票人不同,汇票可分为银行汇票和商业汇票。银行汇票,出票人是银行,付款人也是银行;商业汇票,出票人是企业或个人,付款人可以是企业、个人或银行。按承兑人的不同,汇票又可分成商业承兑汇票和银行承兑汇票。商业汇票的提示承兑,是确定汇票付款人付款义务的重要环节,是必不可少的。远期汇票需要承兑。远期的商业汇票,经企业或个人承兑后,称为商业承兑汇票;经银行承兑后,称为银行承兑汇票。商业承兑汇票区别于银行承兑汇票的本质特征是以商业信用为基础,而银行承兑后就成为该汇票的主债务人,银行承兑汇票是一种银行信用。承兑汇票虽有商业承兑与银行承兑之分,但最终付款人都是赊购单位。

已承兑的商业汇票能够用于贴现、转贴现和再贴现,是贴现市场主要融资手段之一。承兑汇票尚未到期,而收款人需要用款,可凭汇票向其开户银行申请贴现,而贴现银行可向中央银行申请再贴现或向其他银行申请转贴现。汇票承兑属于银行结算范围,而贴现则属于贷款范围,通过汇票承兑和贴现,可将商业信用纳入银行信用轨道。对中央银行来说,在办理再贴现业务时,可以通过控制再贴现额度,调整再贴现率来影响商业银行头寸和市场利率,从而间接调控市场的货币供应量。

推行商业汇票承兑、贴现业务,是我国金融管理体制改革的一项重要内容。据统计,上海自1980年起开始试办商业汇票承兑贴现业务。为了适应多种经济的发展和多种商品流通渠道的需要,1984年,中国人民银行决定重新恢复使用银行汇票,并称之为票汇结算。1985年,中国人民银行制定了全国统一的《商业汇票承兑、贴现暂行办法》;2001年7月发布了《中国人民银行关于切实加强商业汇票承兑贴现和再贴现业务管理的通知》强调,严禁承兑、贴现不具有贸易背景的商业汇票;2006年11月,再次发布了《关于促进商业承兑汇票业务发展的指导意见》。

推行商业承兑汇票,有利于控制商业信用转为银行信用。商业承兑汇票,是基于商业信用的短期债务凭证,相对于银行承兑汇票和贷款而言,具有无抵押、无担保、自主签发等优点,因此它更具有自偿性、生产性的特点,既是企业最优的贸易融资工具,也是最具"真实票据"特征的商业票据。"真实票据"特征意味着商业承兑汇票应当在票据市场中占据重要的市场地位,规范的票据市场是银行承兑汇票和商业承兑汇票并存,并且以商业承兑汇票为主。我国商业承兑汇票的发展较慢,统计显示,流通中的商业汇票90%以上为银行承兑汇票。

参考文献:

《汇票结算新办法人民银行自一九八四年二月一日起

恢复票汇结算》,载于《财会月刊》1984 年第 3 期。
《央行加强商业汇票承兑贴现和再贴现管理》,载于《中国金融》2001 年第 9 期。
颜永嘉:《我国商业汇票转贴现市场的发展状况、影响及建议》,载于《上海金融》2010 年第 7 期。
赵小广:《关注银行承兑汇票总量失控的金融风险》,载于《中国金融》2006 年第 17 期。
杨子强、王晓青:《信用的组合与分离:商业承兑汇票发展的逻辑》,载于《金融研究》2006 年第 10 期。

(程均丽)

信用证

Letter of Credit(L/C or LOC)

信用证,是银行用以保证买方有支付能力的凭证,由开证银行应申请人的请求和指示向第三方开立的载有确定金额的,在一定期限内凭符合规定的单据付款的承诺书面文件。它是银行的一种担保文件,是银行为买方提出"信用保证",只要卖方按信用证要求提交有关商业单据,银行即保证付款,其性质属于银行信用。

信用证独立原则是信用证的一个重要原则,信用证一经开立,在银行与买卖双方之间即建立起一种独立于买卖合同的关系。开证行及其他参加信用证业务的银行处理与该信用证有关的业务时,只以信用证规定为准,无须过问买卖合同的内容和合同的履行情况。也就是说,按照信用证方式,银行在审单时强调的是信用证与基础贸易相分离的书面形式上的认证,信用证不依附于买卖合同;只要单据相符,开证行就应无条件付款,信用证是凭单付款,不以货物为准。

软条款风险是信用证结算中可能存在的主要风险。信用证中的软条款,是指开证行开立的信用证条款中付款条件模糊,所附条件受益人不易办到或即使办到也会被开证行借故拒付,从而让开证申请人或开证行单方面有主动权解除应负有的第一性的付款责任,使得不可撤销信用证变为可撤销信用证。

信用证能较好地解决买卖双方在支付问题上的矛盾,是目前国际贸易中最主要、最常用的支付方式,被誉为"国际商业生命的血液"。国际信用证之所以能成为国际贸易中最常用和最主要的结算方式,是因为受到国际商会《跟单信用证统一惯例》这一近似"法律"的保护和约束,而且对该《惯例》大约每 10 年就要进行一次修改,以适应国际贸易的发展和最新科技的应用。2007 年 7 月 1 日,各国银行开始采用国际商会制定的信用证新规则——UCP600。

在中国,信用证的发展历程是伴随着改革开放和国际化步伐不断完善和发展的过程。信用证结算方式在我国第一个五年计划时期就已存在。当时,成立不久的中国人民银行,在集中办理全国结算业务之后,根据全国各地已有的结算方式参照苏联的结算办法,制定了全国统一的八种结算方式,其中就包括了国内信用证结算方式。1989 年 4 月 1 日实施的《银行结算办法》中,又一度取消了国内信用证结算方式。1997 年 7 月,中国人民银行颁布了《国内信用证结算办法》,为国内信用证业务的规范发展提供指引,也实现了国内信用证方式与国际信用证方式的接轨。为了推动人民币的国际化进程,2009 年 7 月中国人民银行、财政部、商务部、海关总署、税务总局、银监会共同制定了《跨境贸易人民币结算试点管理办法》,支持人民币跨境结算。跨境人民币信用证,成为国际信用证的重要组成部分,实现了人民币国际化和国际贸易的紧密连接,通过这一结算渠道,为人民币投资和储备功能的发挥奠定基础。

参考文献:

原擒龙、王桂杰:《境内外人民币信用证结算的现状与发展趋势》,载于《金融论坛》2011 年第 2 期。
孙琦、王扬:《关于信用证独立原则的两个问题》,载于《商业研究》2004 年第 3 期。
周会青:《信用证的最新规则 UCP600 诠释》,载于《商业时代》2007 年第 21 期。
宋洁:《对外贸易中信用证软条款的表征及其风险防范》,载于《商业时代》2010 年第 10 期。

(程均丽)

储蓄存款

Savings Deposits

储蓄存款是指城乡居民将暂时不用或结余的货币收入存入银行或其他金融机构的一种存款活动,又称储蓄。储蓄存款是信用机构的一项重要资金来源,一般来说将上述定义看作是狭义的储蓄存款。从广义上看,西方经济学通行的储蓄概念是,储蓄是货币收入中没有被用于消费的部分,这种储蓄不仅包括个人储蓄,还包括公司储蓄、政府储蓄,其内容包括在银行的存款、购买的有价证券及手持现金等。英国经济学家凯恩斯提供一个有关储蓄的简单定义:储蓄的意义是收入超过其被用之于消费的部分。

我国的银行开办储蓄存款业务始于 1906 年创办的信诚银行。这是第一个办理储蓄的股份银行。1908 年清政府创立了官办的北京储蓄银行,1912 年法商在上海设立了万国储蓄会,并开办了有奖储蓄。1914 年新华信托储蓄银行成立,之后各商业银行就无不兼办储蓄。至 1921 年,经营储蓄的银行以及邮政储金局、储蓄会、信托公司等已达 140 余家,储蓄金额也直线上升。据不完全统计,1914 年全国各银行的储蓄存款只有94万银圆,1927年就增达9275万银圆。到1936年抗战前,储蓄总数上升到58200万元左右。

新中国成立后,党和政府十分重视储蓄事业,通过各项措施,创办新储种、提高人民币信誉、制定储蓄章程、统一人民币利率、建立全国统一的储蓄网,逐步建立完善储蓄政策和原则,储蓄规模迅速地增加。到1964年,我国储蓄机构网遍布全国城乡,参加储蓄者有数千万户,形成真正的人民储蓄。

改革开放以来,伴随着经济的持续快速发展,我国居民储蓄存款一直保持了比较高的增长速度,成为支撑经济增长的重要资金来源。随着社会主义市场经济体制的建立和宏观经济运行方式的改变,关于储蓄与消费、储蓄与投资、储蓄与资本市场、储蓄与银行经营等方面的内在关系也成为学术界讨论的话题。

参考文献:
高翔:《论社会主义制度下的人民储蓄》,载于《经济研究》1964年第6期。
贝多广:《储蓄结构、投资结构和金融结构》,载于《经济研究》1986年。
武剑:《储蓄存款分流与货币结构变动》,载于《金融研究》2000年第4期。
沈伟基、蔡如海:《储蓄分流、金融风险和储蓄——投资转化效率》,载于《金融论坛》2002年第1期。
李涛、王志芳、王海港、谭松涛:《中国城市居民的金融受排斥状况研究》,载于《经济研究》2010年第7期。

(洪正)

信用贷款
Loan on Credit

信用贷款是指以借款人的信誉而发放的贷款。其特征就是债务人无须提供抵押品或第三方担保,以借款人信用作为还款保证。

原始的信用贷款在中国很早就有,中国旧式钱庄、票号的主要业务之一就是信用贷款。南北朝时称出债和举贷,唐朝时叫做出举、举放、举债、放债、放息钱或债息钱,一般以高利贷为主。在现代经济中,信用放款成为银行支持企业和社会公众的一种重要融资形式。

信用贷款按照贷款的主体可以分为个人信用贷款和企业信用贷款。

参考文献:
陈彩虹:《论我国商业银行的信用转型》,载于《金融研究》1997年第9期。
魏锋、沈坤荣:《所有制、债权人保护与企业信用贷款》,载于《金融研究》2009年第9期。

(洪正)

抵押贷款
Collateralized Loan

借款人用自己的财产所有权作为抵押而取得的银行贷款称为抵押贷款。抵押是以抵押人所有的实物形态为抵押主体,以不转移所有权和使用权为方式作为债务担保的一种法律保障行为。

抵押贷款是银行办理贷款业务的一种传统方式。在我国,目前实行的抵押贷款,根据抵押品的范围,大致可以分为六类:(1)存货抵押,又称商品抵押,指用工商业掌握的各种货物,包括商品、原材料,在制品和制成品抵押,向银行申请贷款。(2)客账抵押,是客户把应收账款作为担保取得短期贷款。(3)证券抵押,以各种有价证券,如股票、汇票、期票、存单、债券等作为抵押,取得短期贷款。(4)设备抵押,以机械设备、车辆、船舶等作为担保向银行取得定期贷款。(5)不动产抵押,即借款人提供如:土地、房屋等不动产抵押,取得贷款。(6)人寿保险单抵押,是指在保险金请求权上设立抵押权,它以人寿保险合同的退保金为限额,以保险单为抵押,对被保险人发放贷款。

参考文献:
刘萍:《个人住房抵押贷款风险探析》,载于《金融研究》2002年第8期。
郑毅:《房地产抵押贷款证券化》,中国社会出版社2008年版。
杨建莹、钱皓:《商业银行抵押贷款问题调查》,载于《金融研究》2008年第3期。

(洪正)

流动资金贷款
Working Capital Loan

流动资金贷款,是指贷款人向企(事)业法人或国家规定可以作为借款人的其他组织发放的用于借款人日常生产经营周转的本外币贷款,是企业流动资金的重要组成部分。早期的流动资金贷款,按贷款用途划分为流动基金贷款(即铺底贷款)、周转贷款、临时贷款和其他贷款。1997年,中国人民银行发出《关于合理确定流动资金贷款期限的通知》,将流动资产贷款以3个月、1年、3年为界,划分为临时贷款、短期贷款和中期贷款三类。

改革开放以前,我国流动资金管理体制曾先后采取过"信贷参与制"、"定额贷款"、"双轨供应制"、"全额信贷"等形式,但还是以"双轨供应制"为主,即定额资金由财政拨给,银行只解决临时资金需要。1983年,国家决定将国有企业流动资金改由人民银行统一管理,同时规定,此前财政历年拨付的资金转为企业自有资本金,此后企业要从每年的利润中增补自有流动资金，使之保持30%的比重，银行每年根据企业销售计划核定企业流动资金定额，发放流动资金贷款。这一做法解决了过去资金管理多头、谁也管不了的问题，调动了银行管理的积极性，并在一定程度上增强了企业使用资金的经济责任，加速了资金周转。但是由于企业缺乏管理流动资金的自主权，银行缺乏管理流动资金的严肃性，结果只是解决了流动资金的供应问题，即由银行把企业的流动资金包下来，而相应的管理措施却不配套。

进入20世纪90年代，随着经济体制改革的逐步深化，企业的自主经营权，包括对各种资金的统一支配、融通使用权逐渐增大，银行不再对企业下达流动资金周转计划，也不再核定企业的流动资金计划占用额。同时，金融体制逐步改革，中央银行不包专业银行资金，专业银行不包企业资金，银行信贷资金自求平衡，并逐步向资产负债比例管理过渡。1994年《国务院关于金融体制改革的决定》颁布后，专业银行商业化步伐加快，《商业银行法》、《资产负债比例管理规定》、《贷款通则》等先后实行。银行根据市场经济条件下企业生产经营活动的新情况，对流动资金贷款实行以防范和控制贷款风险为宗旨，以安全性、流动性和盈利性为原则的管理。1998年1月1日，国家取消了对国有商业银行流动资金贷款的限额控制，实行“计划指导、自求平衡、比例控制、间接调控”管理体制，授权授信制度得到进一步完善。

2010年2月，银监会颁布《流动资金贷款管理暂行办法》，针对普遍存在的流动资金贷款被挪用现象，重点规范了合同签订、发放与支付、贷后管理部分，并明确提出了对流动资金贷款进行需求测算的要求，指出该需求量应基于借款人日常生产经营所需营运资金与现有流动资金的差额（即流动资金缺口）确定。

改革开放30多年来，银行向企业投放了大量的流动资金贷款。资料显示，1985～1997年，我国银行流动资金贷款余额由5489亿元增加至5.9万亿元，增长了10倍。周小川在“2004中国金融国际年会”上指出，我国流动资金贷款余额已逾8万亿元，占GDP比重达70%，处于全世界最高比例之列，即银行业对整个经济流动资金支持的力度是最大的。

然而，就在流动资金贷款占GDP比重如此之高的情况之下，我国企业仍然存在流动资金紧张的问题，引起了理论界广泛的讨论。周小川（2005）从流动资金供给制、不同经济主体间的博弈、资源配置机制以及商业银行的风险控制四个角度进行了初探性的讨论。姜建清、詹向阳（2005）认为我国企业流动资金紧张的根源在于企业流动资金的银行供给制。这种体制最为明显的弊端是其资金财政化倾向是与资金市场化改革方向相悖的。而正是由于这一体制特征，我国企业长期处在缺乏自有资金补充机制，以及错配流动资金致使流动资金贷款长期化等非正常状态，导致企业不断出现流动资金短缺；国家银行为了弥补短缺而大量贷款，并由此导致流动资金贷款的高不良率。因此，只有彻底改革企业的融资体制，将资金资源由配置模式转变为市场化配置模式，才能从根本上消除企业流动资金紧张问题。

此外，流动资金短缺还是一种结构上的短缺，从中小企业融资难便能明显地看出这一点。普遍认为，解决中小企业融资难，首先要深化金融体制改革，建立完善与中小企业发展相匹配的金融组织体系，大力发展中小金融机构；其次要改革完善信贷资金管理体制，转变银行观念，使其认真对待中小企业的合理融资需求，积极进行金融创新；最后要进一步完善中小企业信用担保体系，实现金融资产安全、中小企业发展的“双赢”目标。

参考文献：
王朝弟：《中小企业融资问题与金融支持的几点思考》，载于《金融研究》2003年第1期。
周小川：《再谈中国经济中的股本—债务比例关系》，载于《中国金融》2005年第1期。
姜建清、詹向阳：《金融转轨中的流动资金贷款问题》，载于《金融研究》2005年第7期。
易纲：《中国金融改革思考录》，商务印书馆2009年版。

（洪正）

固定资产贷款
Fixed Asset Loan

固定资产贷款，是指贷款人向企（事）业法人或国家规定可以作为借款人的其他组织发放的，用于借款人固定资产投资的本外币贷款。目前，按照国家统计局的口径，固定资产投资可分为基本建设、更新改造、房地产开发投资和其他固定资产投资四个部分。

通过信用方式来增加固定资产投资，在世界金融史上，只有几十年的时间。早前，银行信贷只限于流动资金。20世纪六七十年代以来，市场瞬息万变，工业投资规模迅速扩张，单靠私人筹资或由资本市场提供投资，远远不能满足扩大再生产的需要，于是，银行发放固定资产投资贷款得以迅速发展。法国、意大利、联邦德国、日本等国家开始设有以中、长期信贷为主的专业银行，苏联及东欧各国的固定资产投资也逐步由财政无偿拨款演变为银行贷款。

我国银行经营固定资产投资贷款，可追溯到20世纪60年代初由建设银行利用财政专项资金发放的小型技改贷款和为支持出口工业品生产专项贷款，不过由于当时在理论上、制度上都不允许银行触及固定资产领域，这些贷款规模都很小。十一届三中全会以后，在解放思想，搞活经济的方针指导下，我国开始试行"拨改贷"，突破了信贷资金只能用于流动资金、不能参与固定资产投资的禁区。1979 年下半年，银行开始发放中短期设备贷款（1983 年起改称为技术改造贷款），随后又举办了工交企业挖潜、革新、改造贷款以及轻纺、建材、小水电等专项贷款。为了巩固和发展固定资产投资信用，更好地发挥信贷杠杆作用，1985 年，"拨改贷"全面推行。同时，建设银行继续办理"建行基建贷款"、"更改措施贷款"、"临时周转贷款"、"委托贷款"，工商银行、农业银行、中国银行继续办理中短期设备贷款、外汇贷款等固定资产投资贷款，银行贷款开始在固定资产投资中发挥越来越重要的作用。从历史来看，固定资产贷款的开办，显著地推动了转轨时期我国企业资本的形成，对我国改革开放 30 多年来经济稳定高速的增长起到了决定性作用。有资料显示，1980～2010 年，我国全社会固定资产投资总额由 910.9 亿元增至 278121.9 亿元，年均增长 21.69%；投资资金来源中的国内贷款金额也由 1981 年的 122 亿元增至 2010 年的 47258 亿元，年均增长率高达 24.74%。在银行贷款的强力支持下，1980～2010 年我国工业总产值由 5154.26 亿元增至 698590.54 亿元，并在 2009 年占到了世界工业生产总值的 15.6%，首超日本，位居世界第二。

2008 年，为应对国际金融危机，政府出台了 4 万亿元投资等一揽子经济刺激计划，提出要加快保障性安居工程、农村民生工程和农村基础设施建设、铁路、公路和机场等重大基础设施的建设，并加大银行信贷对经济增长的支持力度。在宏观政策的引导下，各银行加快了对基础设施建设等领域的信贷投放：（1）铁道部国内借款增速连续两年超 50%，并于 2010 年达到 12554 亿元，资产负债率也由 2008 年的 46.81% 增至 2010 年的 57.44%，直逼一般企业的负债警戒线；（2）地方政府融资平台贷款规模迅速扩张。据审计署公布数据显示，截至 2010 年年底，全国省、市、县三级地方政府性债务余额共计 10.7 万亿元，占 2010 年 GDP 的 1/4。

随着贷款项目相关运营问题的逐步出现，其潜在风险引起了社会各界的广泛关注。2009 年，银监会出台了《固定资产贷款管理暂行办法》，对商业银行的固定资产贷款业务和项目融资业务进行了规范。学术界也就如何防范这一风险进行了积极的探讨。

参考文献：

陈晚荷、肖业璋、宫哲仁：《固定资产贷款管理》，中国财政经济出版社 1989 年版。

蒋东生：《开发性金融参与铁路建设的对策》，载于《管理世界》2009 年第 11 期。

（洪正）

全额信贷

Full Credit

全额信贷是指国有企业的全部流动资金经有关部门核定后，由银行用信贷的方式统一提供的办法，改变了以前企业的流动资金是由财政拨给的状况，是中国改革开放后曾经实行的一种流动资金管理办法。

在"大一统"金融管理体制下，国有企业同时要受国家经济计划的管理和资金总额的管理，因此在使用资金上，最初的管理体制为采用无偿和有偿两种形式，由财政和银行分别供应、分口管理企业所需的资金。企业再生产过程中经常性的最低限度需要的流动资金，称为定额流动资金，由国家预算拨给（或者按照一定比例，由预算拨付一部分，其余部分由银行贷款），由企业自行负责支配和运用；至于各种季节性及其他临时性需要的流动资金，则为定额外资金，由银行根据企业实际需要，提供短期贷款。

流动资金分别定额内外，由银行和财政双口供应，是有它的理论依据的。因为定额流动资金既然是企业经常占用着，为再生产的正常进行所必需的最低限度的资金，在一般情况下，这部分资金在一个计划年度以内，变动是不大的。但随着年度生产计划指标的变动，定额流动资金亦相应地随之而变更。因此，采取逐年核定额，定额流动资金由国家预算拨付办法，是符合实际情况的。至于定额外资金，既然是由于季节性及其他临时性需要而产生的，这就需要经常地加以再分配，而采取有偿性贷款方式，才能适应生产过程千变万化的需要，在各部内、各企业进行灵活的再分配。

而实行全额信贷，是指企业所需的流动资金，统一由银行进行供给，不再区分定额内外流动资金。

全额信贷首先在 1958 年 8 月在上海市九个工业企业试行，把原来由财政和银行分别按供应的工业企业所需的定额流动资金，改为全部由银行信贷供应。1979 年 7 月，国务院发出《关于扩大国营工业企业经营管理自主权的若干规定》等五个改革管理体制的试点文件，其中在《关于国营工业企业实行流动资金全额信贷的暂行规定》中指出："现行国营公交企业的流动资金，由财政和银行分别供应、分口管理的办法，管理多头，调剂困难，企业占用资金多少与企业和职工的经济利益没有关系，不利于调动企业和职工管好流动资金的积极性。为了充分发挥银行信贷这个经济杠杆的积极作用，促进企业改善经营管理减少物资积压，加速资金周转，国营公交企业（包括物资部门所属企业）

的全部流动资金,逐步改由人民银行以贷款方式提供”。到1983年6月,国务院决定:国有企业的流动资金由人民银行统一管理。至此,由财政和银行分头管理的流动资金管理体制的局面被终结了。

全额信贷的实行在当时的背景下,是一项重要的改革,标志着企业的独立性逐渐增强,通过这样的改革,决策当局希望通过信贷工具的使用,解决无偿使用财政资金导致的低效率,以及发挥信贷的监督和甄别功能,提高企业的经济效益。从日后的情况看,全额信贷的改革部分达到了预期的目的。

参考文献:
喻瑞祥:《关于改革流动资金管理体制的几点意见》,载于《金融研究》1983年第7期。
夫中:《关于全额信贷问题的讨论意见》,载于《中国金融》1979年第8期。
全劲兴:《“全额信贷”非搞不可》,载于《金融研究动态》1979年第23期。
吴敬琏:《当代中国经济改革教程》,上海远东出版社2010年版。

(洪正)

基本建设贷款
Construction Loan

基本建设贷款是指用于基础设施、市政工程、服务设施和以外延扩大再生产能力或工程效益为主的新建或扩建工程等基本建设项目的贷款。它的形成与发展是在我国投资体制的改革中不断推进的。

新中国成立之后,实行了高度集中统一的投资管理体制。基本建设投资实行国家财政预算无偿拨款制度。十一届三中全会以后,我国进行了投资体制的初步改革与探索。一方面,简政放权、缩小指令性计划范围、在投资项目建设实施阶段开始引入竞争机制。另一方面,改进投资资金配置方式:(1)对国家预算内基本建设投资实行“拨改贷”;(2)尝试建立投资资金市场,开辟多种融资渠道。除“拨改贷”外,建设银行还进行了利用存款发放基本建设贷款的尝试,银行贷款开始在投资中发挥越来越重要的作用。同时,财政上实行了“分灶吃饭”,预算外资金成为重要的投资来源。此外,鼓励外国投资者以各种方式来华投资。1984年在上海、北京等地开始的“股份制”试点以及1986年进行的“企业债”试点,更是为企业直接融资开辟了新渠道。1987年全社会固定资产投资总额中,国家预算内投资占13.1%,国内贷款占23.0%,利用外资占4.8%,自筹投资占47.9%,其他投资占11.2%。

1988年,为保证国家重点建设有稳定的资金来源,我国建立了中央基本建设基金制度,停止实行“拨改贷”。“基金制”将原来由国家财政安排的年度中央级基本建设投资支出,从中央其他经常性财政支出中独立出来,实行专款专用,在财政预算中列收列支,由建设银行按计划管理,并通过投资公司的经营活动,实现基金的滚动增殖和周转使用。1993年年底,国务院作出《关于金融体制改革的决定》,成立国家开发银行等3家政策性银行,并将建设银行等专业银行所从事的政策性贷款与商业性贷款加以分离,建设银行原代理的管理预算内基本建设资金等财政性职能归还财政部。这样,“基金制”不复存在,取而代之的是国家财政部门和开发银行分别管理一部分预算内基建资金的“双管制”制度。此外,基础设施项目建设领域开始BOT(建设—营运—移交)方式和项目融资的试点,投资项目、融资渠道进一步拓宽。

随着我国基本建设贷款的从无到有,股份制、企业债、项目融资等融资方式的试点到实施,我国基本建设融资体制经历了从财政融资、信贷融资到信贷融资为主、财政融资和证券融资为辅的演变。进入21世纪后,国家一方面加快国有银行的商业化进程,提高商业银行对基本建设贷款的自主决策能力、管理能力以及独立承担风险的能力;另一方面,积极培育和规范资本市场,在国家产业政策和经济结构调整的要求下,企业直接融资比重逐步提高。在2010年我国全社会固定资产投资资金来源中,国家预算内资金占4.7%,国内贷款占15.2%,利用外资占1.6%,自筹资金占63.4%,其他资金占15.1%。

近年来,我国的经济增长开始由主要依靠投资、出口拉动向依靠消费、投资、出口协调拉动转变,城市化作为扩大内需、调整经济结构、转变经济增长方式的重要途径,越来越受到各界的关注。陈元(2010)提出,将开发性金融引入我国的城市化建设,可以较好地解决城市化进程中出现的基础设施建设、产业转化与非农就业问题。国家开发银行也在不断地摸索中,将“政府入口、开发性金融孵化、市场出口”这一运行机制引入到了对基础设施建设的金融支持当中,通过提供长期稳定的资金来源,筹集和引导社会资金参与城市基础设施建设,在城市化进程中发挥了开发性和引领性的重要作用。此外,充分利用资本市场拓宽基建融资渠道,也是近年来学者们的普遍建议。

参考文献:
刘立峰:《基本建设基金制度分析》,载于《中国工业经济研究》1993年第5期。
应望江:《新中国投资体制改革的回顾与展望》,载于《财经研究》1999年第10期。
蒋时节、刘贵文、李世蓉:《基础设施投资与城市化之间的相关性分析》,载于《城市发展研究》2005年第2期。

陈元:《开发性金融与中国城市化发展》,载于《经济研究》2010年第7期。

(洪正)

小额信贷
Micro-credit

小额信贷是指针对中低收入者和微型企业提供的额度较小的金融服务,主要是小额无担保贷款。从本质上讲,小额信贷是一类包含独特信贷风险管理机制的金融工具。小额信贷有以下几方面的含义:就贷款金额而言,金额较小,属于小额贷款;就贷款对象而言,主要是中低收入者、微型企业;就贷款用途而言,主要用作生产资本,当然也用于教育、医疗等非生产性目的;就贷款条件而言,具有灵活性,易于接受,并且与当地条件相适应。

小额信贷在国际上产生于20世纪70年代,最初目的是消除贫困和发展农业生产。目前,世界各国都有小额信贷的实践,因各国的国情不同,小额信贷的运作方式及发展路径具有差异性。国际上几种有影响的小额信贷模式有孟加拉的乡村银行、泰国的农业和农村合作社银行、印度尼西亚的人民银行的小额信贷体系等。

中国小额信贷业务开展得比较早,远在新中国成立初期农村信用社就有零星的针对农户资金需求的小额信贷。但真正大规模发展从20世纪80年代开始,是在借鉴国外扶贫经验,经过政府的大力推广蓬勃发展起来的。其发展历程大致可分为三个阶段:第一个阶段是20世纪80年代到20世纪90年代中期。这个阶段是中国小额信贷的试点阶段。一些国外机构对中国的扶贫援助项目开始采用小额信贷的一些做法,如小额、联保等。这个时期的小额信贷较多是以项目的方式运作,很少成立专门的机构,同时这一阶段的主要项目试点都是在农村。第二个阶段是90年代中期到20世纪末,其标志是易县扶贫社的成立。在这个阶段中,孟加拉模式被完整地引入,同时别的一些模式也开始被引入,如贵州草海的"村寨资金",它具有明显的"村银行"模式的特点。这个时期政府开始介入小额信贷扶贫中来,金融机构也开始了小额信贷的试点,引入的孟加拉模式一般都经过了本土化过程,即与本国国情结合的过程。这些实践大部分在农村进行,但是部分试点的城市小额信贷也开始出现。第三个阶段是从20世纪末至今,其特点是政府大力介入推广小额信贷,金融机构小额信贷业务扩展迅速,同时非金融机构小额信贷开始关注机构的可持续性发展。在这一时期,农村的小额信贷全面推广,城市小额信贷也进入了快速发展阶段。

目前,在中国提供小额信贷的机构有三类:正规金融机构,非正规金融机构及政府或非政府/非营利组织。正规金融机构包括农村信用社、村镇银行、农村商业银行、农村合作银行、农村资金互助社、城市商业银行、邮政储蓄银行以及涉足小额信贷的商业银行及政策性银行。非正规金融机构主要是指由民间资本投资的、只贷不存的小额贷款公司。政府或非政府/非营利组织包括NGO小额信贷组织、社团、基金会、民办非企业和事业单位等发放公益性小额信贷的机构。按照服务对象和提供者的不同,可以把我国的小额信贷分为三类:公益性小额信贷,互助性小额信贷和商业性小额信贷。就小额信贷的运行模式而言,我国的小额信贷运行模式主要有以下几类:(1)金融机构主导模式。这种模式的主要特点是以依托现行的金融机构,充分利用现行商业银行或农村信用社的网点、专业管理和资金优势,通过设计定位于中低收入者和微型企业的小额信贷产品来开展小额信贷服务。通常采用个人贷款与小组联保的方式来发放小额贷款。(2)民间资本主导的小额贷款公司模式。主要是民间资本投资的、只贷不存的小额贷款公司通过中小组互保的方式发放的小额贷款。这种方式在城市发展迅速,在一定程度上满足了微型企业的贷款需求。(3)非金融机构模式。主要是由中国的一些社会团体、科研单位获得的国内外企业界、基金会、慈善机构等的资助,开展的形式多样的小额信贷扶贫试验。大多是通过借鉴孟加拉等国小额信贷的成功经验和管理技术来开展小额信贷。当然还包括政府部门所开展的扶贫帮困小额信贷项目。

小额信贷在发展面临的一个问题就是小额信贷需求量大,小额资金供给不足。为此,国家鼓励其他银行业金融机构根据自身的发展战略和风险管控能力,积极开展小额信贷业务。随着我国小额信贷法律、监管环境的不断健全,小额信贷参与机构和参与主体的逐步扩大,小额信贷模式的稳步创新,小额信贷必将在支持微型企业和中小企业融资,提高企业员工与农民收入,乃至促进经济结构转型和推动城乡一体化发展方面发挥巨大作用。

参考文献:

梁山:《对农户小额信贷需求、安全性、营利性和信用状况的实证研究》,载于《金融研究》2003年第6期。
胡金焱、张乐:《非正规金融机构与小额信贷:一个理论评述》,载于《金融研究》2004年第7期。
刘锡良、洪正:《多机构共存下的小额信贷市场的均衡》,载于《金融研究》2005年第3期。
高建辉:《商业银行参与小额信贷业务的国际经验与发展建议》,载于《中国金融》2010年第13期。
李东荣:《拉美小额信贷监管经验及对我国的启示》,载于《金融研究》2011年第5期。

(洪正)

贴现与转贴现
Discount and Rediscount

贴现是银行的放款形式之一，指银行承兑汇票的持票人以未到期票据向银行兑取现款，银行从票面额中扣除自兑现日起至到期日止的利息，将余额支付给持票人的票据行为，是资金融通的一种方式。票据到期时，由银行向票据付款人按面额索款。转贴现是商业银行的同业借款业务之一，是指商业银行将其贴现收进的未到期票据，再向其他商业银行或者贴现机构进行贴现的资金融通行为。

票据贴现与转贴现的区别在于：贴现反映的是企业与商业银行之间的信用关系。通过贴现，企业之间的商业信用转化为商业银行与企业之间的银行信用，货币流通量直接增大；转贴现是商业银行之间同业拆借的方式，不影响整个社会的货币流通量，只是将信贷资金在银行体系内部进行各商业银行间的转移。

1982 年，上海率先开展票据承兑贴现业务，但在整个 80 年代，票据市场并没有真正发展起来。到 1988 年，由于票据业务发展过程中的问题比较突出，银行的票据承兑与贴现活动基本停止。1994 年，人民银行明确商业银行票据承兑、贴现、转贴现和再贴现管理办法。1995 年 5 月，全国人大通过并颁布执行《中华人民共和国票据法》。1999 年 9 月，人民银行调整票据业务政策，改善再贴现管理，建立区域性票据市场，试办商业票据贴现和转贴现。

目前转贴现市场的交易品种主要有两类：买断式转贴现和回购式转贴现。两者都是由持票金融机构在商业汇票到期日前，将票据权利背书转让给其他金融机构，由其扣除一定利息后，将约定金额支付给持票人的交易行为。不同的是前者不约定日后赎回，票据权利发生了实质性转移；后者约定日后赎回，票据权利并未转移，相当于用商业汇票作为抵押进行短期融资。从利率上看，近年来，转贴现利率的市场化程度越来越高，与其他货币市场利率变动联动显著。

参考文献：
胡乃红：《中国票据市场现状透视》，载于《财经研究》2002 年第 6 期。
易纲、谭霖、莫倩、宋红海：《规范发展票据市场至关重要》，载于《金融研究》2003 年第 3 期。
赵鹏飞：《银行业票据贴现、再（转）贴现会计处理的几点探讨》，载于《财务与会计》2010 年第 5 期。

（洪正）

贷款五级分类
Five Classifications of Loans

贷款分类是根据贷款的风险程度对信贷资产质量进行管理的一种方法。巴塞尔银行监管委员会把贷款风险分类管理作为银行开展信用风险管理的最低标准。从 1998 年起，我国在国有商业银行试行贷款五级分类法，即以风险程度为基础，按照借款人的还款能力，把贷款划分为：正常、关注、次级、可疑、损失五类（简称“五级分类法”），其中后三类合称不良贷款。

（1）正常贷款是指借款人能够履行合同，一直能正常还本付息，不存在任何影响贷款本息及时全额偿还的消极因素，银行对借款人按时足额偿还贷款本息有充分把握。贷款损失的概率为 0。（2）关注贷款是指尽管借款人目前有能力偿还贷款本息，但存在一些可能对偿还产生不利影响的因素，如这些因素继续下去，借款人的偿还能力受到影响。贷款损失的概率不会超过 5%。（3）次级贷款指借款人的还款能力出现明显问题，完全依靠其正常营业收入无法足额偿还贷款本息，需要通过处分资产或对外融资乃至执行抵押担保来还款付息。贷款损失的概率在 30% ~50%。（4）可疑贷款指借款人无法足额偿还贷款本息，即使执行抵押或担保，也肯定要造成一部分损失，只是因为存在借款人重组、兼并、合并、抵押物处理和未决诉讼等待定因素，损失金额的多少还不能确定。贷款损失的概率在 50% ~75%。（5）损失贷款是指借款人已无偿还本息的可能，无论采取什么措施和履行什么程序，贷款都注定要损失了，或者虽然能收回极少部分，但其价值也是微乎其微，从银行的角度看，也没有意义和必要再将其作为银行资产在账目上保留下来，对于这类贷款在履行了必要的法律程序之后应立即予以注销。贷款损失的概率在 75% ~100%。

在较长的时期内，我国商业银行主要依据《贷款通则》和《金融保险企业财务制度》规定，以期限管理为基础，按贷款到期是否归还，把贷款划分为正常、逾期、呆滞、呆账四类（简称“贷款通则法”），其中后三类合称不良贷款（简称“一逾两呆”）。“一逾两呆”分类方法简单易行，但随着经济改革的逐步深入，弊端逐渐显露。只要贷款未到期都被视为正常，只有超过贷款期限才会表现为不良贷款，引发借新还旧的现象，随着不良贷款问题的突出，这种分类方法也到了非改不可的地步。五级分类法正是在此背景下应运而生。2001 年年底，中国人民银行发布了《贷款风险分类指导原则》，要求我国各银行从 2002 年 1 月 1 日起正式全面推行贷款质量五级分类管理。从 2004 年起，国有独资商业银行、股份制商业银行两类银行将奉行国际标准，取消原来并行的贷款四级分类制度，全面推行五级分类制度。贷款五级分类管理是建立在动态监测的基础上，它的实施有利于银行及时发现贷款发放后出现的问题，便于银行及时采取措施，提高信贷资产质量。按照贷款五级分类管理办法，银行应按贷款风险分类结果,提取贷款损失准备金。准备金提取有利于加强银行信贷抗风险的能力,从而提高银行经营管理水平。发展到目前,贷款五级分类是我国各银行信贷管理的基石和信贷风险管理的依据。

参考文献:

顾玉清、丁美荣、凌荣华、季圣华:《国有商业银行推行贷款五级分类的实证分析》,载于《现代管理科学》2002 年第 8 期。

严洪艳、林玉琼:《贷款质量五级分类管理实施中存在的难点及对策》,载于《银行调研》2003 年第 2 期。

李元元、黄辉、邢宏杰:《国有商业银行贷款五级分类管理调查》,载于《金融理论与实践》2003 年第 9 期。

张翔、王仕红、薛靖:《贷款分类管理中的问题与改进》,载于《金融理论与实践》2004 年第 2 期。

邹平座、张华忠:《贷款风险分类的国际比较》,载于《中国金融》2007 年第 4 期。

(洪正)

规模控制

Control of Credit Scale

规模控制在金融领域主要指信贷规模控制。信贷规模控制是中央银行在一定时期内为实现其货币政策目标而对贷款规模进行的直接控制和管理。它包括存量和流量两层含义,前者指一定时点上的贷款余额,后者指一定时期内的贷款增量。在货币政策调控实践中,信贷规模控制主要指后一层含义,即为实现一定时期内的货币政策目标而确定的新投放贷款的最高限额。

在我国,信贷规模控制曾是金融管理的一种重要手段。具体内容是:根据国家经济发展对货币需求情况,由央行统一编制全社会综合信贷计划,按照“统一计划,划分资金,实存实贷,相互融通”的原则,每年核批给各专业银行贷款额度。从新中国成立初期到1998 年,我国银行的信贷管理经历了统存统贷、差额包干、实存实贷、限额管理的变迁。1979 年以前,信贷管理采取的是统收统支、统存统贷计划,即各银行吸收的存款全部上缴总行,由总行统一运用,统一核定计划指标,各级银行都根据指标额度从事贷放。但这种办法集中过多、统得过死、不利于搞活金融。1980 年开始改为存款差额指标管理,在完成计划的前提下,多存可以多贷,基层银行有了一定的发放贷款的自主权,有利于调动积极性。但这种方式仅仅控制了存贷款差额,难以对基层银行派生存款过程进行有效调控。1984 年起又改为实存实贷方式,即将信贷资金全部纳入国家综合信贷计划,由央行进行综合平衡,允许专业银行之间和其他金融机构之间相互拆借资金。这种方式强化了央行对专业银行货币信贷的调控能力,也有利于促进资金市场的形成和发展。但也存在专业银行容易超计划放贷,造成信贷失控现象等问题。1988年,又将实存实贷方式改为限额管理方式,即核定和控制各专业银行和各地区贷款增加额的最高限额。这种半计划半行政的宏观金融调控方式基本上是针对信贷计划失控情形的补救办法,难以实现对信贷资源的有效配置。1995 年后,央行调控的中介目标开始由信贷规模向货币供应量转化。

作为一种行政性较强的直接调控手段,信贷规模控制不仅在发展中国家普遍使用,也为一些发达国家(如英国、日本)所采用,并在特定的时期收到良好的效果。就我国而言,在信贷管理高度集中、金融工具品种单一、金融机构较少、金融市场不发达的计划经济时期,信贷规模控制对调控货币总量、抑制通货膨胀起了重要而且十分有效的作用。首先,它对信贷资金供应过程中企业倒逼银行、银行倒逼中央银行、中央银行被迫扩大基础货币供应的倒逼机制形成有力的制约,有助于限制基础货币的派生能力,控制住全社会的货币供应量。其次,由于地方政府职能转换的不到位,地方政府干预商业银行信贷行为的现象普遍存在,信贷规模控制则有助于国有商业银行抵制地方政府的行政干预。最后,它是调整经济结构的一个重要手段。央行可以通过纵向分配信贷规模的方式实现对不同地区经济发展和产业结构的调整,扶优限劣,集中资金保证国家重点建设,同时限制信贷资金向某些产业、行业及地区的过度投放。

但是,随着我国经济体制改革的深化和推进,信贷规模控制在实践中也暴露出了一系列弊端:第一,单一的国家银行体系逐渐被多种金融机构所替代,直接融资比例越来越大,难以通过信贷规模控制来实现调控社会货币供应总量的目标。第二,随着货币政策工具的多元化,货币政策传递机制不再单一,通过信贷规模控制的执行程度来反映货币政策或货币供给总量的执行程度和效果,是失真低效的。第三,票据贴现、再贴现市场和资本市场的相继开放、政策性银行的成立,信贷规模指标逐步失去了政府信贷产业政策的功能,央行为了调节经济生活中资金的结构性矛盾,每年都不得不追加或者调整信贷计划目标,但都没能解决总量控制和结构调整之间的矛盾。第四,从发展的趋势而言,信贷规模控制有悖于市场金融三大体系的培育完善。信贷规模控制的存在,使许多存款增长较快的银行因缺少规模而使吸收的大量资金无法运用,丧失盈利机会。第五,从中央银行宏观调控角度来看,信贷规模调控是指令性的直接调控,从规模的测算、制定、切块下达、监督、调整等一系列过程来看都较复杂而缺乏弹性。同时,长时间使用信贷直接控制,会削弱利率工具的调控作用,使银行、企业和居民对价格型工具逐渐变得“迟钝”,影响利率的市场化进程。虽然上述问题不能单纯地归咎于信贷规模控制,但信贷规模控制的生存土壤和环境已经发生了变化,与经济的市场化取向和银行的商业化经营之间也存在一定的矛盾和摩擦。

1998年1月1日,中国人民银行取消了对国有商业银行贷款限额的控制,代之以利率、公开市场操作、存款准备金、再贷款、再贴现和“窗口指导”等多种货币政策工具进行间接调控。尽管货币政策传导渠道已呈现出多元化趋势,但银行贷款渠道仍然是我国货币政策传导的主渠道。2007年年底,为了有效控制中国经济的高通胀水平,实行适度从紧的货币政策,央行在“窗口指导”中实质上引入了信贷限额控制。2008年金融危机爆发以后,我国推行适度宽松的货币政策和保增长政策,贷款规模迅猛扩张,为使信贷规模增速回归理性,促进金融体系和实体经济体系的良性循环,我国于2010年3月重启信贷规模控制手段,对银行业金融机构(不含村镇银行)实施信贷规模控制,这一政策延续至2011年,并且将实施范围扩大至村镇银行。

信贷规模控制与市场经济有一定的矛盾,学者们对此有较多的讨论。多数学者认为,在当前以间接调控为主的信贷调控体系下,辅之以必要的贷款规模控制,有助于控制信贷规模、遏制信贷投放的过快增长。但是在使用综合手段“救急”的同时,应尽量避免信贷规模控制的“一刀切”问题,以及信贷配置效率低下、影响市场公平竞争机制、对行政干预过于依赖等副作用,增加信贷政策的灵活性和弹性,综合运用数量型和价格型工具,进一步完善以间接调控为主的信贷调控体系。

参考文献:
胡国瑞:《试论信贷规模调控及其完善》,载于《金融理论与实践》1993年第1期。
李裕:《中国政府不要放松宏观经济调控和信贷控制——IMF的建议》,载于《国际金融报》2004年10月13日第7版。
吴丽华:《我国信贷规模控制的有效性分析》,载于《经济学动态》2008年第10期。
盛松成、吴培新:《中国货币政策的二元传导机制——“两中介目标,两调控对象”模式研究》,载于《经济研究》2008年第10期。
赵珩:《信贷规模控制该不该退出舞台?》,载于《人民政协报》2011年11月8日第B01版。

(洪正)

拨改贷

Replacement of Appropriation by Loan

“拨改贷”是对国家预算内基本建设投资由财政(包括中央和地方)拨款改为贷款的简称。它的实行是我国基本建设管理体制的一次重大改革。

计划经济体制下,我国基本建设投资实行的是财政无偿拨款制度。投资资金安排和项目审批由计划部门负责,资金由财政部门掌握和核销,各行业主管部门负责资金的具体使用和项目建设。经济体制改革开始后,统收统支的财政体制被打破,基本建设投资开始向有偿方式过渡。为促使建设单位树立经济观念,提高资金使用效益,1979年,国家首先在北京、上海、广东三个省市及纺织、轻工、旅游等行业试行“拨改贷”。1980年,国家扩大了“拨改贷”的范围,规定凡是实行独立核算、有还贷能力的建设项目,都要进行“拨改贷”改革。1984年,在总结试点经验的基础上,国家计委、财政部、中国人民建设银行制定了《关于国家预算内基本建设投资全部由拨款改为贷款的暂行规定》,决定自1985年1月起,凡是由国家财政预算内安排的基本建设投资全部由拨款改为贷款。1988年,中央基本建设基金制度建立,“拨改贷”退出了历史的舞台。

参考文献:
陈汉流:《深化基建投资“拨改贷”改革》,载于《南方金融》1987年第8期。
李命志:《从“拨改贷”到股份制》,载于《经济问题》1993年第3期。
何伟:《从“拨改贷”到“投改贷”》,载于《经济研究》1995年第10期。
吴敬琏、马国川:《重启改革议程:中国经济改革二十讲》,生活·读书·新知三联书店2013年版。

(洪正)

剥离不良贷款

Stripping Off Bad Loan

20世纪90年代,由于之前的各方面原因,中国银行业体系尤其是四大国有商业银行积累了大量的不良贷款,为化解潜在的金融风险,满足巴塞尔协议对银行资本充足率的合规要求并迎接即将到来的“入世”考验,我国自1999年以来对国有商业银行的不良贷款进行了两次大规模的剥离。

第一次剥离始于1999年,终于2000年6月。1999年,我国先后组建了包括中国长城资产管理公司、中国信达资产管理公司、中国华融资产管理公司和中国东方资产管理公司在内的四家资产管理公司,接收中国工商银行、中国农业银行、中国银行和中国建设银行四大国有商业银行及国家开放银行的不良贷款13939亿元。通过这次剥离,国有商业银行的资产负债状况得到了极大的改善。

中国银行业不良贷款的第二次剥离起始于2003年的国有商业银行股份制改造。这次剥离的主要事件包括：2003年年底，政府动用中央财政原油的所有者权益冲销了中国银行和中国建设银行1969亿元的损失类贷款后，两家银行各获得225亿美元的外汇注资；2004年6月，中国信贷资产管理公司整体收购交通银行414亿元的可疑类贷款，接收交通银行227亿元的核销和冲销贷款，同时，中国银行和中国建设银行将2787亿元可疑类贷款转让给中国信贷资产管理公司；2005年5月末，中国工商银行将2460亿元损失类贷款剥离给中国华融资产管理公司，并于次月将4590亿元可疑类贷款转让给四家资产管理公司；2007年，中国农业银行8157亿元的不良贷款也实现了“二次剥离”。与之前不良贷款剥离不同，此次剥离中，中国农业银行与财政部建立“共管基金”，规定在15年内偿还农行应收财政部款项的本金，并支付相应利息。转让资产相关的权利和风险由财政部承担，财政部委托农行成立专门的资产处置机构对不良资产进行处置。

经过两次不良贷款剥离，中国主要商业银行不良贷款余额从2003年的24406亿元降至2012年的4929亿元，不良贷款率也从17.8%降至不足1%(0.95%)，为商业银行转型起到了重要作用。

参考文献：
韩伟：《“二次剥离”的可行性研究：国有商业银行不良贷款化解的现实设计》，载于《金融研究》2003年第11期。
谭劲松、简宇寅、陈颖：《政府干预与不良贷款——以某国有商业银行1988～2005年的数据为例》，载于《管理世界》2012年第7期。
姚树洁、姜春霞、冯根福：《中国银行业的改革与效率：1995～2008》，载于《经济研究》2011年第8期。

（刘晓辉）

信托与租赁
Trust and Leasing

信托是指委托人基于对受托人的信任，将其财产权委托给受托人，由受托人按委托人的意愿以自己的名义，为受益人的利益或者特定目的，进行管理或者处分的行为。在经济和金融领域，信托可以划分为集合投资类信托、集合运用类信托和非集合类信托。集合投资类信托在我国主要包括证券投资基金、券商理财计划和商业银行理财计划等；集合运用类信托包括社保基金、企业年金、慈善基金和保证金等；而非集合类信托主要包括遗嘱信托、交易保证金等。

租赁是一种金融契约，契约规定在约定的时期内，出租人将资产使用权让与承租人使用以获取租金。租赁常分为融资租赁和经营租赁。融资租赁，又称为金融租赁，是现代租赁信用的主要形式，它是指出租方根据承租方对租赁物的要求，出资购进租赁物，并根据签订的租赁协议或合约将租赁物出租给承租人使用的一种资金融通方式；后者，即经营租赁，又称为服务性租赁，是由出租人向承租人提供租赁资产或租赁物，并提供维修、保养和人员培训等方面服务的一种租赁形式。融资租赁和经营租赁在业务性质、租赁目的、租赁期限、租赁契约的稳定性、租赁数额、租金构成、筹资方式、出租人的偿债压力和会计处理等方面都存在显著的差异。

参考文献：
《中华人民共和国信托法》，2001年。
李友申：《论融资租赁》，载于《世界经济》1998年第3期。
林志新、蒋光栋、顾洪波：《对经营租赁与融资租赁比较问题的研究》，载于《事业财会》1998年第2期。

（刘晓辉）

综合信贷计划
Comprehensive Credit Plan

综合信贷计划，又称为信贷计划，是计划经济时期和改革开放初期国家组织和分配信贷资金的基本计划。它规划了国家银行的全部信贷收支规模和货币发行总量，集中体现了国家的货币信贷政策，是国家进行财政、信贷、物资和外汇综合平衡的一个重要方面。

信贷计划的编制采取平衡表的方式，由资金来源和资金运用两部分构成。资金来源项目包括银行自有资金、财政增拨银行信贷资金和各项存款（包括企业存款、财政存款、基本建设存款、机关团体存款、部队存款、城镇储蓄、农村存款及其他存款）；资金运用项目主要包括工商业贷款、国营农业贷款、社队农业贷款、预购定金贷款、金银库存占款、外汇库存占款及上缴财政等。通常来说，信贷计划表的资金来源和资金运用项目总额是不等的。如果资金来源总额大于资金运用总额，其差额就是国家的货币回笼计划数；反之，如果资金运用总额超过资金来源总额，其差额就是国家的货币投放计划数额。

综合信贷计划的编制大体上可分为试编、审核、综合平衡、上报审批四个步骤。编制的依据分为以下几个方面：第一，党和国家发展国民经济的路线、方针和财政金融政策；第二，国民经济计划的主要指标；第三，有关历史资料。编制的方法包括存款计划的编制和贷款计划的编制两个方面。综合贷款计划的执行情况的检查,是信贷计划工作的一项经常性任务。通过检查,及时发现信贷计划中存在的矛盾,采取必要的措施,予以合理地解决,使得信贷资金的分配,符合国民经济发展的需要,并且和生产、商品流转的发展相适应。计划执行情况检查的过程,是一个继续进行信贷同财政、物资以及整个国民经济计划的综合平衡的过程,它对于不断提高信贷计划的质量,改进银行各项工作,发挥银行的"寒暑表"作用,都有重要的意义。

信贷计划的编制和执行,不仅有效动员和组织了社会的闲置货币资金,满足了生产和商品流通的需要,而且通过信贷计划合理安排货币发行,控制货币投放,使流通中的货币量适合国民经济发展和商品流通的正常需要,起到了总量控制的作用。总而言之,通过信贷计划的编制,对信贷资金进行合理分配,支持了社会主义商品的生产和流通,促进了产业结构的合理化,最终促进了国民经济的持续、稳定和协调的均衡发展。

参考文献:
当代中国编委会:《当代中国的金融事业》,中国社会科学出版社 1989 年版。
中国人民银行计划局计划处:《综合信贷计划知识问答》,载于《中国金融》1979 年第 8 期、第 9 期。

(刘晓辉)

统存统贷与统收统支
Integrated Management of Deposits and Loan

"统存统贷"与"统收统支"是我国曾经实行的一种信贷资金管理方式。这种方式与"差额包干"、"实贷实存"、"贷款限额下的资产负债比例管理"和"资产负债比例管理"构成我国信贷资金管理体制的五个发展阶段。

"统存统贷"是高度集中统一的计划经济的产物。新中国成立后,实行了高度集中统一的国民经济计划管理体制。与这一体制相适应,我国建立了"大一统"的金融体制,从 1953 年起正式确立了"统存统贷"信贷资金管理体制,直至 1980 年这一体制为"差额包干"体制所代替。所谓"统存",是指各级银行吸收的存款全部上缴总行,由总行统一管理使用;所谓"统贷"是指各项贷款由总行统一核定计划指标逐级下达。总行对各级银行实行指标管理,存款指标必须完成,贷款指标未经批准不得突破。所谓"统收统支"是指现金的收支由总行统一按计划管理,具体方法与存贷款相同。中国人民银行于 1950 年开始编制《中国人民银行业务收支计划编制办法(草案)》。1953 年,全国各级银行普遍建立了信贷资金计划管理机构,编制年度综合信贷计划及季度信贷计划,以季度计划为主进行检查与考核,统存统贷信贷资金管理体制正式确立。这一体制的确立为新中国的经济建设起到了重要的促进作用。

参考文献:
段引玲:《中央银行信贷资金管理体制改革回顾》,载于《中国金融》2008 年第 3 期。
林波:《论中国金融制度变迁中的国家模型与效用函数——及以信贷资金管理体制的变迁为例的解释》,载于《金融研究》2000 年第 12 期。
中国人民银行:《中国人民银行业务收支计划编制办法(草案)》,1950 年。

(刘晓辉)

差额控制与差额包干
Balance Control and Balance Undertaking

差额控制与差额包干是我国改革初期实行的一种信贷资金管理方式。为了适应经济体制改革和发展的需要,我国从 1979 年开始改革信贷资金管理体制,放弃了过去长期实行的"统存统贷、统收统支"的管理体制,由中国人民银行开始颁布实施《关于改革信贷计划管理体制的决定》,在上海、江苏、陕西等六省市试行"统一计划、分级管理、存贷挂钩、差额控制"的管理方法(简称"差额控制")。该体制于 1980 年起在全国范围内试行,1981 年总结试行经验,将这一管理方法进一步改进为"统一计划、分级管理、存贷挂钩、差额包干"(简称"差额包干"),在全国内推行这一新的信贷资金管理体制。

差额包干的主要内容有:(1)按国家统一规定制定信贷差额包干计划,包干的差额由中国人民银行总行统一核定,包给各专业银行和人民银行分行;(2)在国家统一计划指导下,明确各家银行的各级银行在信贷资金差额包干范围内管理信贷资金的责任和权限;(3)实行差额包干的各家银行,吸收的存款与发放的贷款挂钩,存款大于贷款称为"存差",贷款大于存款称为"借差",在核定的存差或借差包干指标内,各级银行可以自由进行信贷管理。

与计划经济时期的"统收统支"管理体制相比,"差额包干"体制有如下优点:(1)赋予各级银行多存多贷的权力,调动了各级银行吸收存款的积极性和主动性;(2)赋予各级银行存贷之间、工商贷款之间的调剂权,使得各级银行可以灵活调剂资金,减少了指标管理上的许多烦琐手续,有力地支持了生产和商品流转;

(3)激励各级银行掌握资金来源和运用的变化规律,提高经营管理水平。

但是,在后来的政策实践中,差额包干也不断显示出一定的问题,如差额指标一年一核,各级银行为了增加次年的借差指标或减轻次年的存差指标,往往采取年底突击放款,影响资金的使用效率等,1985 年 1 月 1 日改为“统一计划、划分资金、实贷实存、相互融通”的信贷资金管理办法。

参考文献:
黄金墉、刘德徽:《对改进“存款挂钩,差额控制”办法的几点意见》,载于《广东金融研究》1980 年第 30 期。
蒋世绩:《中央银行控制信贷规模的方法——兼论信贷资金差额包干管理办法的利弊》,载于《农村金融研究》1984 年第 3 期。
叶其星:《“存贷挂钩”与差额包干需要改进》,载于《金融研究》1983 年第 7 期。

(刘晓辉)

实贷实存
Deposits Distribution Based on Lending Quota

“实贷实存”是我国在 20 世纪八九十年代实行的一种信贷资金管理方式。“实贷实存”的信贷资金管理体制是为适应我国建立中央银行与专业银行两级银行体系而产生的。这个新的信贷资金管理体制弥补了“差额包干”体制的不足,于 1985 年 1 月正式实行。具体内容是“统一计划、划分资金、实贷实存、相互融通”。(1)统一计划。中国人民银行和各专业银行的信贷资金全部纳入国家综合信贷计划,经国务院批准,再核定专业银行的信贷收支计划和向人民银行的借款计划。(2)划分资金。各专业银行和各金融机构作为经济实体,实行自主经营和独立核算,其经营活动必须具有一定的自有资金和其他各种信贷资金来源;中央银行为在宏观上调节资金供求、平衡外汇收支、保证国家建设等重点需要和临时需要等项支出,也必须掌握一定的信贷资金。因此,在统一计划和综合平衡的基础上,需要按照一定的比例,在中央银行和各专业银行之间划分资金,经中央银行核定后,作为各行的营运资金。(3)实贷实存。中央银行核定给各专业银行的贷款资金和向中央银行的借款要存入中央银行,各行在营运中根据实际使用和放款进度情况向中央银行贷款,实行“实贷实存”。存款付给利息,贷款收取利息,从而按照经济的内在联系组织信贷活动,建立资金分配使用的经济责任制。(4)相互融通。各专业银行加强对所属行处的资金调度,允许资金的横向调剂和拆借。

参考文献:
段引玲:《中央银行信贷资金管理体制改革回顾》,载于《中国金融》2008 年第 3 期。
姜维俊:《“实贷实存”是银行信贷计划管理体制的重大改革》,载于《中央财政金融学院学报》1985 年第 1 期。
庞小红:《我国信贷资金管理体制的历史沿革》,载于《新疆金融》1998 年第 10 期。

(刘晓辉)

资产负债比例管理
Asset-Liability Ratio Management

资产负债比例管理是我国 20 世纪 90 年代末开始实行的一种信贷资金管理方式。20 世纪 90 年代以来,随着中国金融机构数量的增加、金融创新和资金融通渠道的日趋多样化以及各种政策性银行的设立,国有独资商业银行逐步推行了资产负债比例管理和风险管理等,其他商业银行和合作金融机构也都取消了贷款规模管理。于是,从 1998 年 1 月 1 日开始,中国人民银行取消了贷款限额管理,在逐步推行资产负债比例管理和风险管理的基础上实行“计划指导、自求平衡、比例管理、间接调控”的信贷资金管理体制。

以资产负债比例管理为核心的新的信贷资金管理体制的基本内容是:第一,取消国有银行贷款增量的指令性贷款规模控制,改为指导性计划,在逐步推行资产负债比例管理和风险管理的基础上实行“计划指导、自求平衡、比例管理、间接调控”的管理体制;第二,商业银行以资金来源制约资金运用,合理安排存款比例。新增存款在缴纳存款准备金、按计划进度归还人民银行再贷款及认购政策性金融债券之后,按照信贷原则和国有有关政策自主发放贷款。

与之前实行的规模控制的信贷资金管理体制相比,“资产负债比例管理”体制下,商业银行内部计划管理成为商业银行的根本的管理手段,商业银行由外部约束开始向自我约束转变。并且,由于资产负债比例管理是根据银行自身特点所实施的硬性约束,因此实现了信贷资金管理体制由软约束向硬约束的转变。总体而言,取消对商业银行贷款限额的控制,实行资产负债比例管理是我国金融宏观调控方式的一个重大转变。它不仅标志着人民银行货币政策的实施开始由直接调控转向间接调控,而且也促进了现代商业银行经营机制的形成。

参考文献:
段引玲:《中央银行信贷资金管理体制改革回顾》,载于《中国金融》2008 年第 3 期。
吴建光、杨子健:《信贷资金管理体制改革与国有银行管理方式调整》,载于《国际金融》1998 年第 6 期。
黄怀亮:《论我国信贷资金新管理体制的实施》,载于《山西财经大学学报》1999 年第 1 期。

(刘晓辉)

现金管理
Cash Management

现金管理是中国计划经济时期开始实行的一种管理方式,是由中国人民银行对一切非个人主体(包括企业、事业、机关、团体、部队、学校、集体经济单位)使用的现金数量和范围进行严格管理和控制的制度。现金管理制度始于 1950 年,几经演变延续至今,成为中国一项重要的财政金融制度。

1950 年 4 月 7 日,为有计划地调节现金流通及节约现金使用,政务院决定对国家机关实施现金管理,指定中国人民银行为现金管理的执行机关,并公布《关于实行国家机关现金管理的决定》,要求一切公营企业、机关、部队及其合作社等所有现金及票据,除准予保留规定的限额外,其余一律存入中国人民银行,不得存入私人行庄;一切商业往来转账支票,均须经中国人民银行转账。1977 年 12 月 28 日,国务院将现金管理的对象扩大至所有非个人主体。

1988 年 9 月 8 日,为改善现金管理,促进商品生产和流通,加强对社会经济活动的监督,国务院制定了《现金管理暂行条例》,构成了中国现行现金管理制度的基础。主要内容有:(1)现金管理的对象为在银行和其他金融机构(简称开户银行)开立账户的机关、团体、部队、企业、事业单位和其他单位(简称开户单位);(2)开户单位不得在规定的使用范围和额度外使用现金;(3)除规定的使用范围,开户单位之间的经济往来应通过开户银行进行转账结算;(4)除经开户银行核定的现金库存限额外,开户单位不得持有多余现金,超出限额部分应当在规定时间内存入开户行;(5)开户单位应当建立健全现金账目,逐笔记载现金支付;(6)开户银行应当建立健全现金管理制度;(7)开户银行对开户单位的现金收支和使用进行监督管理,人民银行对开户银行的现金管理进行监督稽核。

1988 年的《现金管理暂行条例》及人民银行制定的实施细则仍是目前我国目前现金管理的基本规章制度。随着中国最近 20 多年的经济高速发展和市场经济主体的培育,现行的现金管理制度还会不断完善。

参考文献:

曹四宏:《当前现金管理工作面临的主要问题及对策建议》,载于《金融经济》2012 年第 10 期。
师自国:《完善我国现金管理制度的建议》,载于《武汉金融》2010 年第 11 期。
谢志华:《关于现金管理的几个问题》,载于《会计之友(中旬刊)》2010 年第 9 期。
中华人民共和国国务院:《关于实行现金管理的决定》,1977 年。
中华人民共和国国务院:《现金管理暂行条例》,1988 年。
中华人民共和国政务院:《关于实行国家机关现金管理的决定》,1950 年。

(刘晓辉)

三角债
Chain Debt

三角债是指因企业间的不合理拖欠而形成的债务链,即购货方超过购销双方事先约定的结算时间和商业信用行为中约定的支付时间,单方面以不正当的理由或根本无理由拒绝支付应付款而引发的债务链。20 世纪 80 年代末,三角债曾成为中国经济的一个突出问题。至 1991 年上半年,全国企业间三角债规模高达 3000 亿元以上,严重影响了国民经济的正常运行。清理三角债成为当时经济工作的重点。

关于三角债产生的原因,经济学界做了许多的讨论和研究,主要有以下几种观点:

第一,企业经营体制缺陷论。计划经济时代企业的生产、经营和销售都是按照计划进行,并不需要自主决策,而随着改革的推进与深化,要求企业自主进行经营决策,而大部分企业并不适应市场化的经营模式,企业管理混乱,经营决策不科学,不重视产品研发,质量控制不过关,销路不畅,产品大量积压,企业亏损严重。

第二,经济周期与经济结构失调论。20 世纪 80 年代的中国存在经济过热现象,面对旺盛的市场需求,企业盲目扩大生产,加工业的发展超出了基础工业的发展,导致能源、运输和原材料等价格上升明显。为整顿经济,国家采取了紧缩的经济政策,压缩固定资产投资规模,导致建材和机械设备等需求下降产品积压,资金紧张状况沿产业链向上传递,形成相互拖欠的债务链。

第三,通货膨胀论。有些学者认为三角债问题产生的根源并不是先过热后紧缩的经济周期,而是通货膨胀。通货膨胀导致产品成本上升,需求下降,市场疲软,产成品积压严重。物价上涨导致固定资产投资预算不足,资金缺口大,投资项目无法顺利完成投产,从而对上游材料供应商和工程款进行拖欠,导致企业三角债。

第四,体制论。三角债爆发在中国经济改革的初期,体制上存在许多不合理之处,如指令性计划、行政干预和企业软预算约束,这些经济体制上的内在矛盾促成了企业间的三角债问题。

1990 年 3 月 26 日,国务院成立清理三角债领导小组,在全国范围内开展三角债清理工作。1991 年 6 月 1 日,李鹏总理和朱镕基副总理主持会议专门研究三角债的清理问题,并在东北地区试点开展清理工作,后扩展至全国。清理的思路是由国家向投入专项信贷资金,同时清理固定资产投资项目拖欠和流动资金拖欠,实际上是将企业之间的债权债务关系转移到企业与银行之间。经过两年的集中清理,至 1992 年年末,全国共注入清欠资金 555 亿元,共清理拖欠款 2190 亿元。通过清理三角债,明显缓解了企业的资金紧张状况,加速了资金周转,提高了经济效益,增强了经营活力,全国三角债清理工作基本完成。

参考文献:
胡平生:《物价上涨是形成企业三角债的根本原因》,载于《价格月刊》1992 年第 7 期。
王荫乔:《"三角债"不是紧缩政策造成的》,载于《金融研究》1990 年第 7 期。
赵海宽和夏斌:《通货膨胀与"三角债"是同一机体的两个病象》,载于《改革》1991 年第 5 期。

(刘晓辉)

资产证券化
Asset Securitization

资产证券化最早产生于 20 世纪 60 年代末的美国,而最早的资产证券化产品出现于 1970 年,是由美国国民抵押贷款协会担保发行的住房抵押贷款证券化。随着金融技术的发展,资产证券化在各国发展迅速,应用领域日渐扩展,成为国际资本市场发展最快的金融产品之一。

所谓资产证券化就是将金融市场上原有的流动性较差但有稳定现金流入的资产分类打包,形成金融创新产品再投放到金融市场,并通常由金融机构担保在市场上交易的过程。这些缺乏流动性的资产通常包括对消费者的住宅贷款债权、汽车贷款债权和信用卡债务要求权等。通常来说,资产证券化产品分为住房抵押贷款证券化(Mortgage-Backed Securitization, MBS)和资产支持证券(Asset-Backed Securitization, ABS)两类。

资产证券化最根本的目的或者说基本功能是增加流动性。部分学者认为,资产证券化的出现为非流动资产或流动性较差的资产提供了一个流动的二级市场,提高了非流动性资产的流动性;还有学者认为,住房抵押贷款证券化实现了抵押贷款等非流动性资产的流动化,有利于减少银行体系对自身自有资本的依赖和消耗,扩大了银行的流动性来源。

然而,2008 年的全球金融危机使学界意识到,资产证券化也可能导致流动性的紧缩,从而导致金融危机。因此,危机之后,全球证券化产品发行大幅度下跌,美国证券化产品发行量从 2006 年的 3 万多亿美元下跌至 2008 年的 1 万亿美元。由于这种理论的反思和危机的教训,中国也放慢了证券化试点的推进步伐。

参考文献:
高保中:《中国资产证券化的制度分析》,社会科学文献出版社 2005 年版。
胡燕、胡利琴:《资产证券化反思:宏观与微观视角》,载于《新金融》2012 年第 4 期。
张超英:《对金融资产证券化经济学意义的再认识》,载于《财贸经济》2002 年第 11 期。

(刘晓辉)

银行中间业务
Off Balance Sheet Business

中间业务,是指商业银行代理客户办理收款、付款和其他委托事项而收取手续费的业务。中间业务不构成商业银行的表内资产和表内负债,从事中间业务的商业银行也无须动用自己的资金,只需依托自身的业务、技术、机构、信誉和人才等优势,以中间人的身份代理客户承办收付和其他委托事项,提供各种金融服务并收取相应的手续费用。

自 20 世纪 80 年代以来,西方国家商业银行的中间业务以惊人的速度发展。不仅业务量大幅增长,而且中间业务收入的增长幅度也非常大,中间业务收入占商业银行收入的比重已经达到或超过银行总业务收入的 25%,一些大型银行的中间业务收入占总收入的比重甚至超过 50%。

中国商业银行的中间业务自改革开放以来逐步得到发展,近些年来呈现快速的发展势头。但相比于西方大型商业银行,中国商业银行中间业务还有很大的发展空间。

参考文献:
李京阳:《论我国商业银行中间业务的发展、会计核算及人民银行对其实施统计、监管的构想》,载于《改革》2002 年第 2 期。
袁春晓:《商业银行中间业务的服务特征研究》,载于《管理世界》2003 年第 7 期。
张国海、高怿:《商业银行中间业务的国际比较与发展战略》,载于《金融研究》2003 年第 8 期。

(刘晓辉)

保险
Insurance

保险是人类对于经济社会面临的各种涉及生命与健康、物质与利益的约定风险进行集中与分散而形成的商业契约关系。由于保险关系中对于约定风险进行集中与分散的过程是通过货币标定或衡量风险标的的价值而形成的，具有共同风险压力的个体通过支付保险费的方式获得超过其所付保险费数百乃至数万倍的保险合同，在投保人的约定风险在契约规定的条件下形成之后，保险人将向被保险人支付相应的保险金。这种通过货币进行风险集中与分散的过程具有以少量支出获得保全财务利益的行为，通常被视为一种特殊的金融行为。因此，保险公司被视为非银行金融机构。

在中国，保险行为是舶来品，保险在古汉语中的原意具有稳妥及可靠之意。真正意义上的保险源于14世纪初地中海沿岸城市的商业文件，即保险的语源出自Sigurare一词，含有抵押、担保、保护和负担之意。14世纪后半期，在海上贸易活动中，Sigurare开始具有保险的含义。从保险一词的起源可以看出，现代保险行为源于海上贸易。随着国际贸易的发展，英国在17世纪初取代地中海沿岸的诸侯国成为海上贸易的霸主，英国人开始用Ensurance取代Sigurare。17世纪中叶，保险行为已经从海上贸易延伸到针对房屋等建筑物的火灾保险，并且在18世纪初覆盖人寿保险，Ensurance一词已经不能反映保险业务的真实状况，Assurance成为保险合同中的标准用词。进入19世纪之后，保险事业在北美大陆迅速发展，由于美式英语发音的缘故，美国保险业将Assurance拼写为Insurance，使得Insurance迅速成为保险一词的标准英文用语。但是，在英国涉及人寿保险的合同中，还经常可以发现使用Assurance的保险文件。

保险按照保障范围可以分为人身保险、财产保险、责任保险、信用与保证保险。

人身保险是以人的身体或者生命作为保险标的的保险，保险人承担被保险人在保险期间遭受到人身伤亡，或者保险期满被保险人伤亡或者生存时，给付保险金的责任。人身保险包括人寿保险、健康保险和人身意外伤害险。

财产保险是以各种物质财产为保险标的的保险，保险人对物质财产或者物质财产利益的损失负赔偿责任。财产保险包括机动车辆保险、企业财产保险、货物运输保险、建筑工程保险、安装工程保险、农业保险等。

责任保险是以被保险人的民事损害赔偿责任作为保险标的的保险。企业、团体、家庭或个人，在进行各项生产业务活动或在日常生活中，由于疏忽、过失等行为造成对他人的损害，根据法律或契约对受害人承担的经济赔偿责任，都可以在投保有关责任保险之后，由保险公司负责赔偿。

信用保险以订立合同的一方要求保险人承担合同的对方的信用风险为内容的保险。保证保险以义务人为被保证人按照合同规定要求保险人担保对权利人应履行义务的保险。

保险由经过政府主管机构批准的保险公司具体经营。保险公司是通过销售保险产品、提供风险保障的非银行金融企业。保险公司分为两大类型——人寿保险公司、财产保险公司。

保险公司的组织形式包括股份制保险公司、相互制保险公司和专业自保公司。

股份制保险公司类似于其他产业的股份公司，由发起人根据《公司法》设立，由此具体规定了公司发起人的人数、公司债务的限额、发行股票的种类、税收、营业范围、公司的权力、申请程序、公司执照等。西方发达国家的公司组织由三个权力层次组成，即股东大会、董事会、高级管理人员。

相互制保险公司是一种会员制公司，公司由投保人（会员）拥有，投保人具有双重身份，既是公司所有人，又是公司的客户。相互制保险公司的投保人作为公司所有人可以参加选举董事会，由董事会任命公司的高级管理人员具体管理公司业务经营活动。投保人可以通过公司分红的形式分享经营成果。

专业自保公司通常由大型企业集团设立，注册地通常选择离岸港，主要为集团内部企业、附属企业及其他相关企业提供保险或再保险服务。

参考文献：

［美］瑞达：《风险管理与保险原理》，中国人民大学出版社2012年版。

郝演苏：《财产保险学》，中国金融出版社2002年版。

郝演苏：《保险学教程》，清华大学出版社2004年版。

（郝演苏）

财产保险与人身保险
Property Insurance and Life Insurance

财产保险和人身保险是现代商业保险的两大类，两者共同构成现代商业保险的全部业务。其中财产保险是以各种财产物资和相关利益为保险标的的保险，人身保险是以人的生命或身体为保险标的的保险。

根据保障范围不同，财产保险分为财产损失保险、责任保险、信用保证保险。财产损失保险是以物质财产及相关利益为保险标的的保险，又称狭义的财产保险，包括火灾保险（含企业财产保险、家庭财产保险、利润损失保险）、货物运输保险、运输工具保险、工程保险、农业保险等。责任保险是以被保险人对第三者依法应负的民事损害赔偿责任为保险标的的保险，分为第三者责任险和独立的责任保险（包括公众责任险、雇主责任险、产品责任险、职业责任险）。信用保证保险是以义务人履行合同的信用为保险标的的一种保险，分为信用保险和保证保险。信用保险是保险人根据权利人的邀请担保义务人(被保证人)信用的保险,包括国内商业信用保险、出口信用保险、投资保险等。保证保险是义务人(被保证人)根据权利人的邀请,要求保险人向权利人担保义务人自己信用的保险,包括诚实保证保险和确实保证保险。

根据保障范围不同,人身保险可以分为人寿保险、人身意外伤害保险和健康保险。人寿保险,简称寿险,又称生命保险,它以被保险人的生命作为保险标的,以被保险人生存或死亡作为保险事故,当被保险人在保险期限内发生保险事故或达到保险合同约定的年龄、期限时,保险人依照保险合同给付一定保险金额。人身意外伤害保险,又称意外伤害保险或意外险,在保险合同有效期内,当被保险人由于外来的、突发的、非本意的、非疾病的客观事件(即意外事故)造成身体的伤害,并以此为直接原因致使被保险人死亡或残疾时,保险人按合同规定向被保险人或受益人给付死亡保险金、残疾保险金或医疗保险金。健康保险是以人的身体为保险标的,当被保险人因疾病或意外伤害事故所发生费用支出或损失获得补偿或给付的一种人身保险。按中国保险监督管理委员会的规定,"按保险责任,健康保险分为疾病保险、医疗保险、收入保障保险"(中国保险监督管理委员会,2000)。其中,疾病保险是以疾病为给付保险金条件的保险,当被保险人罹患合同约定的疾病时,保险人按投保金额定额给付保险金。医疗保险,又称医疗费用保险,是提供医疗费用保障的保险,为被保险人的医疗费用支出提供保障。收入保障保险,又称失能收入补偿保险、收入损失保险等,是对被保险人因疾病或遭受意外事故而导致残疾、丧失部分或全部劳动能力而不能获得正常收入或劳动收入减少造成损失的补偿保险。健康保险业务的发展潜力与一国人口结构、经济发展与居民收入水平以及社会保障机制的完善程度密切相关。

财产保险起源于共同海损制度,经过海上保险、火灾保险时代,在18世纪因工业保险与汽车保险的出现和普遍发展而跨入现代保险阶段,19世纪末产生的责任保险和20世纪下半叶出现的科技保险则使现代财产保险实现了新的飞跃。人身保险制度的形成亦与海上保险有密切联系。15世纪的欧洲流行奴隶贩卖活动,奴隶作为商品在海上贩运,为了保证所贩运奴隶的价值,产生了对奴隶的人身保险。后来发展到对船长和船员乃至旅客进行人身保险。在近代人身保险发展过程中,公典制度和年金制度曾产生不可忽视的影响。意大利的洛伦佐·佟蒂因从1656年起草了联合养老保险法(简称"佟蒂法"),而成为人身年金保险的创始人。1693年,天文学家哈雷(Edward Halley)编制出一个完整的生命表,为人们通过大数法则分摊人身风险提供了依据,人身保险由此开始进入科学发展阶段。

由于保险标的属性不同,财产保险和人身保险在许多方面存在差异。

首先,财产保险的保险标的是各种财产物资及相关利益,其价值可用货币衡量。财产保险保险金额的确定具有客观依据,以被保险人享有的实际财产价值为上限。人身保险的保险标的是人的寿命和身体,其价值无法用货币衡量,其保险金额根据投保方的需要程度和缴纳保费的能力,由双方协商确定。

其次,财产保险是补偿性保险,仅在保险事故发生使被保险人遭受了经济损失时,保险人才支付赔款,且赔款不超过被保险人的实际损失金额。财产保险遵循补偿原则及其派生原则——比例分摊原则和代位求偿原则。而人身保险是给付性保险,只要在保险期限内发生保险责任范围内的保险事故,保险人就依据合同约定支付保险金额。人身保险,除医疗保险外,不适用于补偿原则,所以也不存在比例分摊和代位求偿问题,且不受重复投保的限制。

最后,财产保险与人身保险在保险利益原则的适用性上有所不同。保险利益是保险合同有效的必要条件。财产保险的保险利益一般要求从保险合同订立时到保险事故发生时始终要有保险利益(除海上货物运输保险)。人身保险中,保险利益只是订立保险合同的前提条件,而不是维持合同有效或给付保险金的条件。

国际上,通常是根据各自保险业务的性质和经营规划,将整个保险业务划分为非寿险和寿险。非寿险是指人寿保险之外的一切保险业务的总称,包括广义财产保险与短期人身保险业务(主要是短期人身意外伤害保险和短期健康保险)。之所以将短期人身保险业务与财产保险相提并论,一同并入非寿险的范围,主要原因在于这两者都具有一定的补偿性质,保险期限短,财务处理方式与责任准备金计提等方面相一致。我国1995年出台的《保险法》中规定,同一保险人不得同时兼营财产保险业务和人身保险业务。2002年我国《保险法》修订后,规定经营财产保险业务的保险公司经保险监督管理机构核定,可以经营短期健康保险业务和意外伤害保险业务。

参考文献:

李继熊:《人身保险学》,中国财政经济出版社1997年版。

陈继儒:《保险学概论》,中国财政经济出版社2001年版。

李晓林、刘子操:《人身保险》,东北财经大学出版社1999年版。

许谨良:《财产保险原理和实务》,上海财经大学出版社2010年版。

郑功成、许飞琼:《财产保险》,中国金融出版社2010年版。

中国保险监督管理委员会:《关于印发〈人身保险产品定名暂行办法〉的通知》,2000 年 3 月。

(李晓林)

再保险
Reinsurance

再保险是保险人将其承担的保险业务以分保形式部分转移给其他保险人的行为。在再保险中,转移风险责任的一方或分出保险业务的公司叫原保险人或分出公司,承受风险责任的一方或接受分保业务的公司叫再保险人或分入公司;分出公司自己负责的那部分风险责任叫自留额,转移出去的那部分风险责任叫分出额。分出公司所接受的风险责任还可以通过签订合同再分摊给其他保险人,称为转分保。按责任分配方式分类,再保险可分为比例再保险和非比例再保险。比例再保险又可细分为成数再保险、溢额再保险以及成数和溢额混合再保险三种;非比例再保险也可细分为险位超赔再保险、事故超赔再保险和赔付率超赔再保险三种。按分保合同安排方式分类,再保险可分为临时再保险、合约再保险和预约再保险。

随着海外贸易和航运业的发展,保险人承担的风险责任越来越大,客观上产生了分保的需求。1370 年,一位意大利海上保险人首次签发了一份转嫁风险责任的保单,这份保单保的全程是从意大利的热那亚到荷兰的斯卢丝,原保险人将全航程分作两段,自己只承担地中海段航程的保险责任,而将航程从加的丝到斯卢丝段风险较大的责任部分转嫁给其他保险人承担,这被认为是再保险的开端。18 世纪中叶以来,工业革命兴起,工商业繁荣发展,带动了保险业的相应发展,也使再保险从内容、方法到组织形式等诸方面都发生了深刻变化。再保险业务原来是在经营直接保险业务的保险人之间进行的,随着再保险业务的不断发展和保险公司之间竞争的加剧,要求再保险公司经营专业化,到 19 世纪中叶,开始出现专业再保险公司,专门从事再保险业务。

再保险的作用具体表现为:(1)分散风险。通过再保险,保险公司可将超过一定标准的风险责任转移出去,对自留的同类业务保额实现了均衡化,既不减少所接受的业务量,又达到了保持保险经营稳定的目的。如果必要的话,原保险人可以在整个世界范围内寻找再保险人,使巨大的损失风险在世界范围内的众多再保险人中得到分散。(2)扩大承保能力。保险人的承保能力受很多条件的限制,尤其为资本金和公积金等制约。由于业务量的计算不包括分保费,保险公司可以在不增加资本额的情况下通过再保险增加业务量,扩大承保能力。(3)控制责任,稳定经营。再保险通过控制风险责任使保险经营得以稳定,具体作法分为两个方面:一是控制每一风险单位的责任;二是对累计责任的控制。(4)降低营业费用,增加运用资金。由于年终会计结算时一些保单的责任尚未终了,保险公司需要对这些未了责任提存未满期保费准备金,以争取核算当年的损益。如果保险人在提存未满期保费准备金时,根据保险法规定不能扣除营业费用的话,就必须从保险资金中另外支取营业费用。但通过再保险,就可以在分保费中扣存未满期保费准备金,还可以有分保佣金收入。这样,保险人由于办理分保,摊回了一部分营业费用。(5)有利于拓展新业务。再保险具有控制责任的特性,可以使保险人通过分保使自己的赔付率维持在某一水平之下,所以准备拓展新业务的保险公司可以放下顾虑,积极运作,使很多新业务得以发展起来。

中国的再保险业务是在 19 世纪西方保险业进入中国后,随着中国保险业的发展而逐步发展起来的。1929 年后,陆续成立了若干家再保险经营机构。1949 年新中国诞生后,再保险业务与原保险业务统一由中国人民保险公司经营。1996 年,在中国人民保险公司再保部的基础上,成立了中再保险公司,1999 年组建成立中国再保险公司,2003 年成立中国再保险(集团)公司,2007 年,由国家注资,整体改制为股份公司。2014 年,中国的再保险公司总资产为 3513.56 亿元,占全部保险公司总资产的 3.5%。

参考文献:

戴凤举:《现代再保险理论与实务》,中国商业出版社 2003 年版。
郝演苏:《保险学教程》,清华大学出版社 2004 年版。
钟明:《再保险学》,上海财经大学出版社 2003 年版。
Principles of Reinsurance, The Chartered Insurance Institute, October 2004.

(郝演苏　徐晓华)

保险精算
Actuarial Science

保险精算是精算学的原理与方法在保险业务中的实际应用。精算学是利用概率统计为主的数学工具,在经济学等理论的指导下,对未来的、不确定的、与财务相关的事物提供数量化意见的应用科学。

精算学作为一门交叉学科,主要研究保险、金融、社会保障、投资等行业中的风险问题,测算风险事物的损失分布和资产的时间价值,定量刻画其经济价值和运行规律,研究其风险监测与防控机制和价值优化方案,以期推进社会发展。

传统精算学主要服务于保险业,其基本模型包括利息理论、生命模型和风险统计模型,前两者构成寿险精算的基础,后者是非寿险精算的基础。

利息理论又称复利数学，研究复利条件下资产的时间价值，包括利率与利息力、复利函数基础、确定年金、收益分析、资本赎回保单、证券估价、累积偿债基金、随机利率模型等内容。

生命模型又称生存模型，是定量刻画生存、健康规律的模型，包括生存模型与生命表、一元生命模型、复合生命状态模型、疾病模型、期权模型。

寿险精算是在此基础上形成的一元生命保险与年金、联合生命保险与年金等模型，进而实现了寿险保费定价、负债评估与准备金测算、产品利润测算等。

风险统计模型是以概率统计为基础，描述和分析风险规律的模型，包括数据的整理、风险模型、破产分析理论、贝叶斯统计推断与置信度理论、无赔款优待、递推三角形等内容，进而实现了非寿险的保费定价、负债评估与准备金测算、产品利润与经验分析。

古典精算历史较长，现代保险起源以前，人们便利用古典概率论研究各种风险。1693 年，著名的天文学家哈雷（Edward Halley）根据德国布勒斯劳市的居民死亡资料，编制出一个完整的生命表，用科学的方法计算出各年龄人口的死亡率。布勒斯劳市的居民都是固定的长期居民，流动性很小，居民的死亡记录被长期保存。这个生命表表明，人们可以依据大数法则，用统计的方法计算人的死亡概率。不同年龄的人死亡概率不同，人的年龄越大，死亡的概率就越高。1756 年，英国人弗雷姆斯·多德森（Frames Dodson）首先提出，保险费的计算应考虑死亡率，并研究出总保费和责任准备金的计算模式。1762 年，英国的一家人寿保险公司开始设立了精算机构，分析年度利润来源、计算红利分配、测定死亡率、编制生命表、设计新的寿险险种，等等，为保险经营管理的科学化提供数量依据，由此正式拉开了精算学的序幕。这家公司的业务因此长期领先。1848 年成立了总部在伦敦的英国精算师协会，标志着精算行业专业组织的形成。

进入 20 世纪以后，一方面出现了前所未有的巨大风险；另一方面，在日益完善的国际保险市场上，保险人之间的竞争愈演愈烈，保险费率剧烈下降，奉行客户至上主义，甚至政府对某些险种的费率实行管制等多种因素；同时统计理论和计算工具不断发展，保险人在确定保险费率、应付意外损失的准备金、自留限额、未到期责任准备金和未决赔款准备金等方面，都力求采用更精确的方式取代以前的经验判断。因此，精算学在发展中又吸收了鞅论、群论、模糊数学、非线性动力学、神经网络、拓扑学、现代偏微分方程等更多的数学知识，以及随机过程分析、运筹学、动态最优分析技术、系统工程等分析处理手段。

现代精算学的应用领域已远远超越保险，以金融领域的相关研究为多，例如在数据整理和检验的基础上，借鉴寿险精算的生命模型思想可以建立“正常—损失”模型，进而实现对贷款损失率的解释；结合非寿险准备金测算的链梯法可以测算长短期贷款的坏账准备金（李晓林、曾毳毳，2007）。目前，精算学广泛应用于金融资产负债管理、投资领域、证券交易、经济预测、社会保障、人口分析、海洋开发、军事、气象等领域的风险分析和预测决策。

参考文献：

李秀芳：《精算理论与实务研究》，中国金融出版社 2009 年版。

李晓林：《精算学原理》第 1 卷、第 2 卷、第 3 卷、第 4 卷，中国财政经济出版社 1999 年版。

李晓林、曾毳毳：《基于精算方法的信用风险的量化》，载于《金融论坛》2007 年第 11 期。

李晓林、孙佳美：《生命表基础》，中国财政经济出版社 2006 年版。

J. J. McCutcheon, W. F. Scott, *An Introduction to the Mathematics of Finance*, London: Heinemann, 1987.

John E. Freund, *Mathematical Statistics*, New Jersey: Prentice-Hall International, Inc. , 1992.

David C. M. Dickson, Mary R. Hardy, Howard R. Waters, *Actuarial Mathematics for Life Contingent Risks*, London: Cambridge University Press, 2010.

（李晓林）

支付体系
Payment System

支付体系是在法规制度框架下，由支付服务机构和专业技术手段共同组成，用以实现债权债务清偿及资金转移的综合金融安排。支付体系是经济金融体系的重要组成部分，是一国经济金融运行的基础。一个高效、安全、稳健的支付体系，对加速社会资金流转、提高资源配置效率、维护金融稳定与国家安全、满足社会公众的支付需求、促进经济金融和社会发展具有重要意义。

支付体系包括支付服务组织、支付工具、支付系统及法规制度等基本要素。

支付服务组织是通过账户服务、支付系统、支付工具等手段为社会提供资金清算和结算服务的机构，主要有中央银行、银行业金融机构、清算服务组织、证券结算机构等。支付服务组织在支付体系运行中发挥着不可或缺的基础作用，影响着支付体系的运行效率与稳定性。（1）中央银行。作为支付体系建设的组织者、推动者、监督者，中央银行对维护国家（地区）支付体系的正常运行负有法定职责，包括：制定发展规划；建设运行重要支付系统；确保支付系统正常运行；提供跨行支付服务；制定支付结算规章制度并组织实施；推进支付工具应用与发展创新等。随着金融影响力的与日俱增以及技术创新的日新月异,支付体系效率及稳定性的重要性愈加突出。中央银行在强化支付清算职责的同时,有效实施支付政策,构建支付体系监督机制,并与制定执行货币政策、维护金融稳定、提供金融服务紧密结合。(2)银行业金融机构。银行业金融机构是非现金结算和支付服务的供给主体,其利用密布的营业网点和吸收存款的基础功能,为企业、机构和个人提供形式多样的支付结算服务,具有广泛的社会影响力。(3)支付清算组织。票据交换所、资金清算中心、清算协会等支付清算组织是提供支付清算服务的专业机构,在支付服务组织体系中占有重要位置。(4)证券结算机构。证券结算机构主要为证券市场交易提供结算清算、登记托管等专业服务,其运作与管理水平对证券市场发展创新具有重要影响。

支付工具可分为现金和非现金两种类型。非现金支付工具包括票据、银行卡、电子支付和汇兑等其他支付方式。随着金融发展和支付文化的进步,非现金支付工具的应用愈来愈广泛。(1)票据。票据历史悠久,分为支票、本票、汇票等形式,在经济金融活动中发挥着重要作用。随着信息技术的广泛运用,票据介质也发生了变化,除纸质票据外,电子票据的应用日渐普及。(2)银行卡。作为20世纪金融创新的重大成果,银行卡支付充分显现出高效、便捷、低成本、增值化的优越性。在科技的强力支持下,银行卡的通用性越来越强,网络化、国际化程度越来越高。将取代磁条卡的IC卡(智能卡),更是具有可靠性高、功能强、数据容量大、成本低、一卡多用等突出优势。(3)电子支付。电子支付是指单位、个人直接或授权他人通过电子终端发出支付指令,实现货币支付与资金转移的行为。电子支付的类型按电子支付指令发起方式分为网上支付、电话支付、移动支付、销售点终端交易、自动柜员机交易和其他电子支付。随着IT技术和电子商务的快速发展,以电子货币为载体的电子支付方兴未艾,功能优势突出。(4)其他支付工具。包括汇兑、委托收款和托收承付等,是银行业金融机构提供支付结算服务的基础产品。

支付系统是支持各种支付工具应用、实现资金清算并完成资金转移的通道。作为重要的金融基础设施,支付系统是维系金融机构、金融市场及社会公众之间的纽带,在支付体系的整体效率与安全方面具有重要意义,对其支持的金融经济运行和社会运转具有重要影响。支付系统分为不同类型,各个支付系统既可独立运行,又相互关联。(1)中央银行和其他支付服务机构运行的支付系统。鉴于支付系统对经济金融及社会生活的重要影响,很多国家(地区)的中央银行负责建设运行重要核心支付系统,例如美国联邦储备体系建设运行的联邦资金转账系统(Fedwire)、欧洲中央银行建设运行的欧洲间实时全额自动清算系统(TARGET),以及中国人民银行建设运行的大、小额支付系统等。建设运行重要核心支付系统,是中央银行提供跨行支付服务的基本途径以及控制国家支付命脉的核心手段,有助于中央银行制定和执行货币政策,维护金融稳定,更是坚定社会公众对金融体系信心的基础。银行业金融机构运行的行内支付系统是其内部资金往来与清算的管道,是其为社会公众提供支付服务、拓展金融业务的重要设施,在支付系统中居于基础地位。支付清算组织运行的支付系统主要为经济金融活动和社会公众提供支付服务,例如纽约清算所协会的CHIPS系统、英国支付清算服务协会的CHAPS系统、中国银联的银行卡跨行交易清算系统等。(2)大额支付系统和小额支付系统。大额支付系统是一国(地区)的主干支付系统,一般采用实时全额结算模式,主要处理跨行支付清算、经济金融交易、跨国交易等产生的大额资金支付业务,具有准确、快速、安全的运行功能。为控制国家(地区)支付系统的"主干线",中央银行高度重视大额支付系统的建设、运行与监管,并与制定和执行货币政策、维护金融稳定、提供金融服务等职责紧密结合。大额支付系统通常与中央银行公开市场操作系统相连接,是中央银行实施公开市场操作,进而调节货币供应量的基础通道,其高效、稳定运行直接影响中央银行货币政策效果。小额支付系统的特点是支付业务量(笔数)大,单笔支付金额较小,覆盖范围广泛。小额支付系统的运行能力反映了一个国家(地区)金融基础设施的整体水平,其运行质量关乎支付服务的整体效率,其运行风险对金融体系及社会稳定构成威胁。所以,各国(地区)高度重视小额支付系统的稳健运行。(3)净额结算系统和实时全额结算系统。在以两级银行结构为基础的现代支付体系中,存在着净额结算与全额结算两种实现银行间资金转移的基本模式。净额结算只在规定时点(而不是实时)将净结算头寸在付款银行和收款银行之间进行转账划拨,因而降低了资金流转速度。若净债务银行在结算时刻没有足够的资金清偿债务,结算则无法完成,还可能导致支付系统风险。而依托于金融科技进步的实时全额结算模式(Real Time Gross Settlement,RTGS),以实时、全额、最终、不可撤销的运行特质,根本性地缩短了结算时隔,提高了支付效率,降低了支付系统风险,受到各国货币金融当局的普遍推崇。1972年,美国联邦储备体系运行的大额支付系统Fedwire率先引入了RTGS模式;到20世纪80年代末,国际清算银行十国集团大多数中央银行运行的大额支付系统引入了RTGS模式;20世纪90年代以后,金融自由化快速推进,金融创新层出不穷,金融不稳定加剧,实时全额结算系统的效率及安全优势愈加凸显,成为更多中央银行实施支付政策、执行货币政策、维护金融稳定、提供高效金融服务的重要工具。

法规制度是支付体系的法律基础,各国(地区)通过立法和颁布行政规章为促进支付体系效率、安全与公平提供必要的保障。一些国际组织也发布了多项关于支付体系监督的文件和国际标准，为全球化背景下支付体系的稳健运行提供了重要的指导原则。

参考文献：

中国人民银行：《中国支付体系发展报告（2006）》，中国金融出版社2007年版。

中国人民银行：《中国支付体系发展报告（2009）》，中国金融出版社2010年版。

中国人民银行：《中国支付体系发展报告（2010）》，中国金融出版社2011年版。

陈元：《中央银行职能》，中国金融出版社1995年版。

布鲁斯·萨莫斯：《支付系统——设计、管理和监督》，中国金融出版社1996年版。

王广谦：《中央银行学》，高等教育出版社2011年版。

（贺培）

信用风险
Credit Risk

信用风险又称违约风险，是指合约的一方无法或不愿履约而导致合约的另一方遭受损失的风险。在经济金融领域，这一风险主要发生在债券市场和商业银行贷款这两个领域。造成这一风险的原因主要有两个：一是合约双方的信息不对称造成的事前的逆向选择和事后的道德风险问题。二是经济环境的变化导致借款人经营困难或破产，无法正常履约。因此，由于信用风险的存在及其可能给投资者和商业银行造成的损失，在进行债券等金融工具的发行以及在向商业银行进行贷款时，投资者或商业银行往往要求对筹资者进行信用评级。例如，在发行债券时，标准普尔公司将根据债券的安全性将其划分为六个等级：最高等级为AAA，表示公司偿还本金与利息的能力非常强；最低等级为D，表示债券已出现违约现象，或者本金和利息的偿付已被拖欠（博迪等，2012）。信用风险也是各国金融监管机构监管的重点。我国银行业监督管理委员会在2008年发布了《商业银行银行账户信用风险暴露分类指引》、《商业银行信用风险内部评级体系监管指引》和《商业银行信用风险缓释监管资本计量指引》等监管规章，对商业银行信用风险进行监管。

参考文献：

中国银行业监督管理委员会：《商业银行信用风险缓释监管资本计量指引》，2008年。

中国银行业监督管理委员会：《商业银行信用风险内部评级体系监管指引》，2008年。

中国银行业监督管理委员会：《商业银行银行账户信用风险暴露分类指引》，2008年。

［美］滋维·博迪、［美］亚历克斯·凯恩、［美］艾伦·J·马库斯：《投资学》，机械工业出版社2012年版。

（刘晓辉）

信用评级
Credit Rating

信用评级，又称资信评级或资信评估，最早产生于20世纪初的美国。为满足金融机构对借款人的信用状况的了解，路易塔班于1837年在纽约建立了世界上最早的信用评级机构。1902年美国人穆迪创建的穆迪公司开始为美国铁路债券评级，这带来了信用评级的新的发展。1929～1932年的大萧条之后，美国首次在立法中明确了评级制度。其后，随着金融市场的发展和金融产品的增多，社会对信用评级的需求不断增加，信用评级所涉及的领域因此不断扩展，评级的对象和范围也不断增加。

一般来说，信用评级是指评估机构利用完整的评估技术，对受评主体的履约能力及可信任程度进行综合评定，从而直观地反映特定时期内评估对象的总体信用水平的活动。目前世界各国的信用评级主要分四类：（1）证券的评级；（2）企业信用评级；（3）项目信用评级；（4）主权信用评级。

信用评级的方法可以分为因素分析法和模型分析法两类（沈凤武、郭海川、席宁，2011）。因素分析方法是早期信用风险评价的主要方法，主要是根据影响信用的相关风险因素及其变化来评估受评对象的信用情况。这种方法主要有5C分析法（借款人品德、经营能力、资本、资产抵押和经济环境）、5P分析法（个人因素、资金用途、支付因素、债权保护和企业前景）和CAMEL分析法（资本充足率、资产质量、管理水平、收益状况和流动性）等。具体的要素分析方法在内容上大同小异，主要都是根据信用的形成要素进行定性分析，必要时配合定量的计算，都将道德品质、还款能力、资本实力、担保和经营环境条件或者借款人、借款用途、还款期限、担保物及如何还款等要素逐一进行评分。

随着数学、统计学和计量经济学的发展，信用分析的模型分析方法不断发展起来，逐渐成为主流的评级方法。主要的模型分析方法包括多变量信用评级模型、KMV模型和Creditmetrics模型等。多变量信用评级模型是以主要的财务比率作为解释变量，运用计量模型（如线性概率模型、Logit模型和Probit模型等）建立的评级方法，典型的代表就是Z评分法。KMV模型是KMV公司根据数理统计方法推导出债务人预期违约概率的模型方法。Creditmetrics模型是1997年由JP摩根公司联合其他几个国际金融机构推出的信用矩阵模型，主要运用VaR框架来评估信用风险。

目前，主要的信用评级机构包括穆迪、标准普尔、惠誉等，基本为美国所垄断（博迪，2012）。1997～1998年亚洲金融危机和2008年全球金融危机之后，由西方所垄断的信用评级机构的霸权地位及其所实施的不公正的信用评级受到了各国和学界的质疑。为了避免被这些信用评级机构所左右和影响，中国也开始采取各种政策措施，培育和发展自己的信用评级机构了。但是中国信用评级机构的发展起步晚、发展时间短，技术方法还相对不成熟，仍需逐渐完善。

参考文献：
马林影、赵放：《国际信用评级机构在危机中的行为分析及启示》，载于《国际贸易问题》2013年第1期。
沈凤武、郭海川、席宁：《信用评级理论方法综述》，载于《化工管理》2011年第12期。
［美］滋维·博迪、［美］亚历克斯·凯恩、［美］艾伦·J·马库斯：《投资学》，机械工业出版社2012年版。

（刘晓辉）

二、利率与汇率

利率
Interest Rate

利率又称利息率，表示一定时期内利息量与本金的比率，通常用百分比表示。利息是借款者为取得货币资金的使用权而支付给贷款者的代价，或者说是货币所有者因暂时让渡货币资金使用权而从借款者手中获得的报酬。利息作为借入货币的代价或贷出货币的报酬，实际上就是借贷资金的“价格”。

影响利率的因素主要有资本的边际生产力或资本的供求关系，此外还有承诺交付货币的时间长度以及所承担风险的程度。由于这些因素的影响，金融市场上的利率水平并不稳定，甚至会发生较为剧烈的波动。利率的高低，决定着一定数量的借贷资本在一定时期内获得利息的多少，反过来也会影响货币资金的供求。因此，利率政策是政府宏观调控货币政策的主要措施，政府可通过调节利率的办法来间接调节流通中的货币。在萧条时期，降低利率，扩大货币供应，刺激经济发展；在过热时期，提高利率，减少货币供应，抑制经济的恶性膨胀。

利率在现实中有不同的表现形式，各种利率是按不同的标准和角度来分类的，以此更清楚地表明不同种类利率的特征。按计算利率的期限单位分为年利率、月利率与日利率；按利率的决定方式分为法定利率与市场利率；按借贷期内利率是否浮动分为固定利率与浮动利率；按利率的地位分为基准利率与一般利率；按信用行为的期限长短分为长期利率和短期利率；按利率的真实水平分为名义利率与实际利率；按借贷主体不同分为中央银行利率、商业银行利率和非银行利率；按是否具备优惠性质分为一般利率和优惠利率。

各种利率之间相互联系，共同构成一个有机整体，从而形成一国的利率体系。

参考文献：
黄达：《金融学》，中国人民大学出版社2004年版。
中国人民银行：《2011年金融市场运行情况》。

（王汀汀）

名义利率与实际利率
Nominal Interest Rate and Real Interest Rate

名义利率是指公布的未调整通货膨胀因素的利率，即包括补偿通货膨胀（包括通货紧缩）风险的利率。名义利率并不是投资者能够获得的真实收益，它与货币的购买力有关。如果发生通货膨胀，投资者所得的货币购买力会贬值，因此投资者所获得的真实收益必须剔除通货膨胀的影响，这就是实际利率。实际利率，指物价水平不变，从而货币购买力不变条件下的利息率，也是投资者能够获得的真实收益。

以 i 表示实际利率，r 表示名义利率，p 表示通货膨胀率，那么名义利率与实际利率之间的关系为：$r=(1+i)\times(1+p)-1$，即：名义利率 =（1+实际利率）×（1+通货膨胀率）-1，一般简化为：实际利率 = 名义利率 - 通货膨胀率。

有关名义利率与实际利率之间关系的经典论述是费雪效应（Fisher Effect）。经济学家欧文·费雪（I. Fisher）依据英美两国物价指数与利率实际变动的情况，认为利率和物价的循环趋势和长期趋势一般是在同一方向的，从而揭示了通货膨胀率预期与利率之间关系的一个现象，指出当通货膨胀率预期上升时，利率也将上升，这种分析被称为费雪效应。费雪效应表明，当物价水平上升时，利率有提高的倾向，而物价水平下降时，利率有下降的倾向。对费雪效应的检验在现代文献中主要有两类：一类集中于检验费雪效应是否存在，如萨金特（Sargent，1973）、法玛（Fama，1975）等，结论是正反都有；另一类是检验费雪效应在不同时期的强弱变化，如弗里德曼和施瓦茨（Milton Friedman and Anna Jacobson Schwartz，1976；1982）、萨默斯（Summers，1983）等，认为时期不同，经济、社会背景相对不同，从而对费雪效应存在不同的强弱影响。后来，费雪效应被更为广泛地应用在开放经济条件下两国汇率与利率联动关系的分析中，也被称为国际费雪效应（International Fisher Effect）。国际费雪效应所表达的是两国货币的汇率与两国资本市场利率之间的关系，认为即期汇率的变动幅度与两国利率之差相等，但方向相反。用公式表达则是：

$$(S_1 - S_2)/S_2 = i_d - i_f$$

其中，S_1 是当前即期汇率，S_2 是一定时间结束后的即期汇率，i_d 是国内资本市场利率，i_f 为国外利率。近年来研究发现，国际费雪效应在预测长期汇率变动方向上有作用，但短期内实际数据与理论方面有很大偏差，而且，很多货币存在外汇风险溢价，各种未冲销的套汇活动扭曲了货币市场，因此，多数情况下汇率的变动幅度会大于两国利率之差。

现实中准确理解名义利率与实际利率的区别，对于微观投融资和宏观管理都具有重要的意义。从微观而言，在不同的经济背景下，名义利率和实际利率的变化会对投资、消费与储蓄产生影响。比如1996年以前的中国，在经济快速增长及通胀压力难以消化的长期格局下，很容易出现实际利率为负的情况，即便央行不断加息并出台保值贴补政策，也很难抵消。名义利率越来越高也可能会出现储蓄分流，因为真正的投资收益需要以实际利率来计算，理性的投资者只有在实际利率为正时，才会从消费和投资逐步回流到储蓄。从宏观管理而言，只有管理当局明晰和重视实际利率的内涵，才能对经济运行进行如实的判断，真正把握经济运行的实际状况，以便在宏观调控中作出准确的决策。比如1996年以来中国的经济出现疲软下滑的状况，消费者物价指数持续下降甚至为负，这就意味着实际利率是超过名义利率的。在这种情况下，人民银行在维持实际利率为正的条件下，通过连续下调名义利率，刺激投资和消费来拉动经济增长。实践表明，这样的调控比较准确地把握了当时经济运行中出现的问题，调控举措是合理有效的。

参考文献：

［美］欧文·费雪：《利息理论》，商务印书馆1982年版。

［美］多恩·布什、［美］费希尔·斯塔兹：《宏观经济学》，中国人民大学出版社2000年版。

［美］本杰明·M·弗里德曼、［英］弗兰克·H·哈恩：《货币经济学手册》，经济科学出版社2002年版。

王广谦：《20世纪西方货币金融理论研究：进展与述评》，经济科学出版社2010年版。

施兵超：《利率理论与利率政策》，中国金融出版社2003年版。

（马亚）

法定利率与市场利率

Official Rate and Market Rate

法定利率又称官定利率，是由政府金融管理部门或者中央银行确定的利率。它是政府机构实现政策目标的一种经济手段，反映了非市场的强制力量对利率形成的干预。政府机构通过规定法定利率，控制社会资金流动的成本，调节资本增值的速度。

20世纪90年代以前，我国的利率基本上属于法定利率。利率由国务院统一制定，中国人民银行统一管理。法定利率作为一个重要的经济调节杠杆，通常包括三类：一类是中央银行对商业银行等金融机构的再融资利率，即再贴现利率和再贷款利率；一类是中央银行在公开市场上买进卖出证券的利率；还有一类是商业银行的存贷款利率以及为了管制金融市场上股息、债息所确定的利率。

法定利率的调整可以控制社会需求量和投资规模，调节社会资金流量和流向，对市场产生广泛的影响。新中国成立初期，由于我国存在严重的通货膨胀，经济秩序混乱，政府采取了一系列的管制措施，其中就包括调整法定利率。这一时期的利率管制帮助迅速恢复经济秩序、引导社会经济的发展。

市场利率是指在市场机制下可以自由变动的利率。它是由资金市场上供求关系决定的利率，反映了借贷的真实成本。当资金的供给大于需求时，利率下降；当资金供给小于需求时，利率上升。市场中的资金供给表现为储蓄，资金需求表现为投资。在市场机制发挥作用的情况下，储蓄和投资趋于平衡，形成了相对稳定的利率，即均衡利率。影响市场利率的因素除了储蓄和投资外，还有一些其他因素，比如收入水平。凯恩斯的流动性偏好理论认为，人们持有货币资金是为了满足交易动机、预防动机和投机动机等多种需求，而前两种需求与收入水平相关，因此利率也取决于人们的收入水平。

一般来说，市场利率上升会引起债券类固定收益产品价格下降、股票价格下跌、储蓄收益增加等一系列现象。市场利率尊重市场经济规律，淡化政府机构对市场的干预，很好地反映了信贷资金的价格，引导资金由效益低的部门向效益高的部门转移，实现资金的合理配置，促进经济发展。

法定利率和市场利率互相影响。法定利率的确定需要考虑市场利率的大小，以市场决定的利率为基准，并将政策倾向考虑在内。法定利率反过来也能影响市场中的资金供求关系，从而影响市场利率的大小。

参考文献：

黄达：《金融学》，中国人民大学出版社2004年版。

（王汀汀）

即期利率与远期利率

Spot Rate and Forward Rate

即期利率指当前时点上零息证券的到期收益率。从债券的角度来讲，该利率为使得零息债券到期剩余期限内所产生的未来现金流的现值与债券当前市场价格相等的贴现率，表示为公式如下：

$$P_0 = F_t e^{-r_t t}（连续复利） \quad (1)$$

或

$$P_0 = \frac{F_t}{(1 + r_t)^t}（间断复利） \quad (2)$$

其中，F_t 是剩余到期期限为 t 的零息债券的到期价值，P_0 为债券当前的市场价格，r_t 即为期限为 t 的即期利率。

远期利率是与即期利率相对的概念，指隐含在即期利率中的未来某一时点到另一时点的利率。目前常用的远期利率表示方法为 s × t 远期利率，表示 s 个月后期限为 t - s 个月的远期利率，如 1 × 3 远期利率表示 1 个月后、期限为 2 个月的远期利率。从表示方法可以看出，远期利率的种类由其起算时点和期限共同决定，相同期限的远期利率会随着未来起算时点的不同而不同。

即期利率与远期利率的差别在于利息的起算时点不同：即期利率是从当前时点上起算的，远期利率则是从未来某一时点上起算的。虽然二者的起算时点有差别，但是远期利率是由即期利率决定的，给定各个期限的即期利率便可得出未来各个时点上各个期限的远期利率。假设当前时点为 t_0，已知期限为 T 的即期利率为 r_T，期限为 T^* 的即期利率为 r_{T*}（$T^* > T$），那么 T 时刻开始期限为 $T^* - T$ 的远期利率 r_F 可由以下公式算出：

$$e^{\gamma_F(T-t_0)} \times e^{\gamma_T(T^*-T)} = e^{\gamma_{T^*}(T^*-t_0)} \quad (3)$$

或

$$(1 + r_T)^{(T-t_0)} \times (1 + r_F)^{(T^*-T)} = (1 + r_{T*})^{(T^*-t_0)} \quad (4)$$

$$求解得\ r_F = \frac{r_{T*}(T^* - t_0) - r_T(T - t_0)}{T^* - T} \quad (5)$$

$$或\quad r_F = \sqrt[T^*-T]{\frac{(1 + r_{T*})^{T^*-t_0}}{(1 + r_T)^{T-t_0}}} - 1 \quad (6)$$

利率期限结构是推导即期利率与远期利率的基础。利率期限结构给出了零息债券到期收益率与其期限的关系，也即显示了各期限的即期利率，据此即可通过远期利率与即期利率的关系推导出各远期利率。最传统的拟合利率期限结构的方法为息票剥离法，该方法以具有相同到期日期限结构但期限不同的一组附息债券为样本，运用已知的短期附息债券当前价格以及短期即期利率逐步推导出各长期即期利率。例如，已知以年利率表示的6 个月即期利率为 $r_{0.5}$，票息为 C 半年付息一次的 1 年期零息债券的当前价格为 P_0，到期价值为 F，则以年利率表示的 1 年期即期利率 r_1 应满足以下关系式：

$$P_0 = \frac{\frac{C}{2}}{1 + \left(\frac{r_{0.5}}{2}\right)} + \frac{\frac{C}{2}}{\left(1 + \frac{r_1}{2}\right)^2} + \frac{F}{\left(1 + \frac{r_1}{2}\right)^2} \quad (7)$$

以此类推即可得到各期限即期利率。

远期利率可以起到对未来即期利率走势的预期作用。变换公式（5）可得：

$$r_{T*} = \frac{r_F(t_{T*} - t_T) + r_T(t_T - t_0)}{t_{T*} - t_0} \quad (8)$$

上式说明，当远期利率 r_F 大于当前即期利率 r_T 时，长期即期利率 r_{T*} 将大于短期即期利率 r_T，从而产生对未来即期利率上行走势的预期，反之亦然。当远期利率能够准确反映市场交易信息和投资者需求时，其对预期未来利率走势的作用便可以为央行制定和执行货币政策提供参考，因此我国正努力推进利率市场化改革，完善资本市场的价格发现功能，以期更有效地发挥利率水平变动对于我国实施货币政策的指导作用。

另外，远期利率还对利率衍生品的定价起着至关重要的作用。目前我国的利率衍生品市场交易对象种类稀少，只有分别于 2006 年和 2007 年推出的利率互换和远期利率协议两种。但这两种产品均建立在投资者对于未来即期利率的预期的基础上，所以远期利率水平可以影响其价格。而由于远期利率协议中的利率水平综合体现了市场上来自套利、套期保值、投机等各方面需求，我国推出远期利率协议还可以反过来有助于更加合理的市场利率水平的形成。

参考文献：

张亦春、郑振龙、林海：《金融市场学》，高等教育出版社 2009 年版。

（王汀汀）

基准利率
Benchmark Interest Rate

基准利率是一国金融市场及利率体系中具有普遍参考价值、能够影响其他利率水平变化的利率，其他利率水平均根据基准利率的大小来确定。基准利率是一国实现利率市场化的核心，不仅为金融市场参与者提供衡量融资成本及投资收益的标准，而且为宏观政策当局提供政策制定参考和实施手段。基准利率还是联结一国宏观调控和金融市场的纽带，政府可以将基准利率作为货币政策的操作目标，通过影响基准利率水平来实现对金融市场资金规模及资产价格的影响从而使得金融市场的发展配合政府的宏观经济政策。

基准利率的以上重要功能决定了其应该具备以下三个特征：第一，充分市场化。这意味着基准利率应该由市场供求关系决定，从而能够充分反映市场实际供求状况及对未来的预期。第二，基础性。这是由其应具有普遍参考作用决定的，说明基础利率应该在金融市场价格体系中处于基础性地位、能够影响其他价格水平。第三，传导性，即基准利率应能将市场的供求信号及政府的宏观调控信号传导到金融市场上各个产品的价格中去。

一般来讲,各国实践中经常将银行间同业拆借利率作为基准利率,其中最具代表性的是英国的伦敦银行同业拆借利率(LIBOR)和美国的联邦基金利率(FFR)。LIBOR一般是由几家指定参考银行在伦敦时间上午11点对银行间短期资金借贷利率进行报价并取平均值而形成,分为拆出利率报价和拆进利率报价。LIBOR已成为国际金融市场上浮动利率计算的基准并可以辅助各国衡量对外融资成本,目前最经常使用的是3个月利率和6个月利率两个品种。美国联邦基金利率是美国的银行间同业拆借利率,即联邦储备系统各成员银行调整准备金头寸和日常轧差而拆解联邦基金时适用的利率,是美国政府实施货币政策的工具,最主要的品种是隔夜拆借利率。

我国在货币市场基准利率形成之前,一直以中国人民银行对商业银行和其他金融机构规定的1年期存贷款利率作为基准利率。但是由于该利率是由政府制定和发布的,因此在一定程度上缺乏市场性,并不能及时反映市场的资金余缺状况。为了顺应国际金融市场利率市场化的趋势、理顺国内生产要素及商品价格从而为我国外汇管制和资本自由流动的逐步放开创造条件,我国从20世纪90年代初开始逐步推进利率市场化改革。而利率市场化的重要前提和核心就是形成合理的、真正市场化的货币市场基准利率。中国人民银行在构建货币市场基准利率体系的过程中先后选用了银行间同业拆借利率(CHIBOR)、7天回购利率和1年期央行票据发行利率作为货币市场基准利率。但这些利率在期限、交易的连续性和可能被人为控制等方面存在的缺陷使得我国货币市场亟待更合理、精准的基准利率的推出。2007年1月4日,中国银行间同业拆借中心发布了具备基准利率主要特征的“上海银行间同业拆放利率”(SHIBOR),并开始将其作为中国的基准利率培育。

上海银行间同业拆放利率(SHIBOR)由全国银行间同业拆借中心发布,是单利、无担保、批发性利率。SHIBOR的形成机制类似于伦敦银行同业拆放利率,由报价银行团每日对各期限资金拆借利率进行报价,在剔除最高最低各2家报价后取算术平均数得出。报价银行团由16家具有公开市场一级交易商或外汇市场做市商资格、在中国货币市场上人民币交易相对活跃、信用等级较高、信息披露比较充分的银行组成。2011年报价银行团的成员除国家开发银行与中国银行、中国农业银行、中国工商银行、中国建设银行、中国交通银行等大型商业银行外,还包括招商银行、中信银行等6家全国性股份制商业银行,北京银行、上海银行2家城市商业银行和汇丰银行、渣打银行2家外资商业银行。目前SHIBOR主要包括隔夜、1周、2周、1个月、3个月、6个月、9个月和1年8个品种。

上海银行间同业拆放利率作为货币市场基准利率的推出对我国金融市场的深化有着重要意义。一方面,SHIBOR的推出深化了我国利率市场化改革的进程。它的发布不仅填补了我国市场化、合理化基准利率的空白,而且弥补了之前探索的7天回购利率和1年期央票发行利率的缺陷,规范了我国的基准利率体系。另一方面,SHIBOR便利了我国货币政策的实施,提高了货币政策的精准性。SHIBOR的推出为我国货币政策由数量型调控转向价格型调控做了铺垫,可以使货币政策的中介目标从货币供应量转为利率。由于市场化的利率可以更精确地反映市场供求状况并影响生产要素和资产价格,从而使得我国货币政策的中介目标更加精确,调节作用更加适当。

参考文献:
张晓慧:《全面提升Shibor货币市场基准利率地位》,载于《中国金融》2011年第12期。
彭红枫、鲁维洁:《中国金融市场基准利率的选择研究》,载于《管理世界》2010年第11期。
蒋贤锋、王贺、史永东:《我国金融市场中基准利率的选择》,载于《金融研究》2008年第10期。

(王汀汀)

单利与复利
Simple Interest and Compound Interest

单利是指在各个计息期间内均按照不变的初始本金数额计算利息的方法。假设一笔n年期的存款,本金为P,年利率为r,每年计息一次,到期一次还本付息。那么,如果采用单利法计算,每年的利息均为$I=P\times r$,该笔存款n年后到期时的本息总额为$F=P(1+nr)$。单利法是最简单的利息计算方法。

复利是指各个计息期间的利息按照初始本金加上一个计息期间产生的利息所形成的新的本金数额乘以相应期间的利率计算的方法,俗称“利滚利”。上面提到的n年期存款如果采用复利方法计算利息,则第n年利息为$I_n=P(1+r)^{n-1}\times r$,n年后到期时本息总额为$F=P(1+r)^n$。

具体来说,假设 笔本金为10000元的存款,以3%的年利率存2年:若采用单利法计息,则每年利息为300元,到期本息总额为10600元;若采用复利法计息,则第一年利息为300元,第二年利息为309元,到期本息总额为10609元。

从上面的分析可以看出,单利与复利只是两种不同的利息计算方法,二者的区别在于计息期间产生的利息是否并入本金计息,即利息是否也产生利息。上面对同一笔存款用两种方法计算出的利息总额的差额

9元即为利息的利息。复利暗含了本金随期限的增加而增加的思想,这种本金随时间的推移而发生的增值正体现了资金的时间价值。时间价值理论说明同样数额的资金,其价值在当前和未来是不一样的,且当前价值大于未来价值,因此若要使资金达到与现在相同的购买力,未来需持有更多的资金。正是复利这种时间的乘数累积效应使其成为资本积累的驱动,复利也因此被爱因斯坦称为"世界第八大奇迹"。

复利的计算方法又分为两种,即间断复利和连续复利。前面介绍的复利为间断复利,即按照一定的周期(如一个月、一个季度、一年等)计算复利。间断复利假设资金仅在各分开的计息期间发生增值,而连续复利则建立在资金每分每秒都会增值的基础上计算。上文的n年期存款利息若按连续复利方法计算,则到期时本息总额将为 $F = Pe^{rn}$。

目前我国银行活期存款利息按季结算,前一季度结算的利息在下一季度可以实现"利滚利";整存整取定期存款利息到期按单利一并结算,若在存款时约定了到期自动转存,则原存款期间产生的利息在下一存款期间也应计息,若未约定到期自动转存,则逾期利息按活期利率单利计算。

参考文献:
刘力:《公司财务》,北京大学出版社2007年版。
陈雨露:《公司理财》,高等教育出版社2008年版。

(王汀汀)

终值与现值
Future Value and Present Value

由于货币时间价值的存在,必须将发生在不同时间点的现金流通过一定的方法变换为可比价值,这个过程就是计算终值或现值。

终值是指现在的一笔资金在未来一段时间后所具有的价值。比如,1000元以每年10%的收益率进行投资,1年后的价值为 $1000 \times (1 + 10\%) = 1100$ 元。

当投资期n期时,如果按照单利计算,终值的公式可以表示为:

$$FV_n = PV(1 + r \times n) \tag{1}$$

多期投资按复利计算终值的公式为:

$$FV_n = PV(1 + r)^n \tag{2}$$

在实际计算时,通常选择复利计算终值和现值。

公式(2)中的 $(1 + r)^n$ 称为复利终值系数,在金融上记作 $FVIF_{r,n}$。为方便计算,人们编制了复利终值系数表,表中的数字表示1元的初始投资,按照一定利率水平投资n年后的终值。因此,在进行时间价值计算时,只需要在表上直接查出相应的终值系数,再乘上初始价值就可以了。

现值是指未来的现金流现在的价值。比如,1年后收到1100元钱,按照10%的收益率计算,其现在的价值是:

$$PV = 1100/(1 + 10\%) = 1000(元)$$

道理非常简单,因为现在的1000元用于投资,按照10%的利率在1年后可以获得1100元。所以,1年后的1100元,现在的价值就是1000元。

如果未来的现金流量是发生在多期以后的,其复利现值的计算公式可由多期复利的终值计算公式(2)导出:

$$PV = \frac{FV_n}{(1 + r)^n} \tag{3}$$

公式(3)中,$\frac{1}{(1 + r)^n}$ 叫做复利的现值系数或贴现系数,可以简计为PVIFr,r为贴现率。由于利率大于0,所以现值小于终值,因此这一由终值求现值的过程也称为贴现。

与复利终值系数相同,复利现值系数也有表可查。

参考文献:
刘力:《公司财务》,北京大学出版社2007年版。
陈雨露:《公司理财》,高等教育出版社2008年版。

(王汀汀)

贴现率
Discount Rate

贴现率指将未来一定现金流折算成现值时所使用的利率,常用于金融工具定价或者项目评估。比如,贴现率为10%,一年后的100元在今天就相当于90.9元,而如果是后年收到的100元,则只相当于今天的82.6元。贴现率是现代经济学中的一个极重要的基本概念,它解决了未来经济活动在今天如何评价的问题。贴现率为正值,说明未来一块钱没有现在的一块钱重要;而且时间隔得越长,未来的价值越低。贴现率以利率为基础,并受到现金流稳定性的影响。一般而言,未来收入或支出的不确定性越大,那么贴现率也越大。在金融实务中,往往运用资产预期收益率作为贴现率来进行定价。

此外,银行在贴现票据时,所使用的利率也称为贴现率。所谓贴现指银行承兑汇票或商业票据的持票人在汇票到期日前,为了取得资金,贴付一定利息将票据权利转让给银行或公司的行为,票据到期时银行或公司再向出票人收款。票据贴现是持票人向银行融通资金的一种方式。对持票人而言,贴现是将未到期的票据卖给银行以获取流动性的行为,如此就可提前收回垫支于商业信用的资本;而对银行或贴现公司而言,贴现是与商业信用结合的放款业务。

票据贴现按不同的交易对象可分为贴现、转贴现和再贴现三种。商业银行对工商企业的票据贴现业务称贴现。转贴现是指银行以贴现购得的没有到期的票据向其他商业银行所作的票据转让，转贴现一般是商业银行间相互拆借资金的一种方式。中央银行对商业银行已贴现的未到期工商企业票据再次贴现，称再贴现。贴现率是受市场资金供求状况变化而自发形成的，再贴现率则是由中央银行规定的。

再贴现政策是中央银行三大货币政策之一。中央银行通过变动再贴现率来调节货币供给量和利息率，通过货币传导机制，促使经济扩张或收缩。当需要紧缩银根，控制货币发行量时，中央银行可提高再贴现率，商业银行减少向中央银行的借款，从而减少其在中央银行的准备金，同时商业银行将提高贷款利率，进而导致商业银行信贷量下降，货币供给量减少。与之相反，当经济萧条时，中央银行降低再贴现率，银行就会增加向中央银行的借款，即提高准备金，进而降低贷款利率，商业银行信贷量上升，货币供给量增加，由此起到稳定经济的作用。

参考文献：
黄达：《金融学》，中国人民大学出版社 2004 年版。
刘力：《公司财务》，北京大学出版社 2007 年版。
马丽娟：《金融市场、工具与金融机构》，中国人民大学出版社 2009 年版。

（王汀汀）

利率的期限结构
Term Structure of Interest Rates

利率的期限结构是指金融工具的收益率与其到期期限之间的关系。对于具有相同风险、流动性和税收待遇的债券，利率由于到期日的时间长短不同而不同。利率的期限结构并不是自古有之，在久远的巴比伦王朝和古罗马，法定利率同时适用于长期贷款和短期贷款，因期限而产生的利率差异几乎不存在。但在现代，利率期限结构普遍存在，并在市场化经济体系中发挥越来越重要的作用：在宏观经济方面，利率的期限结构具有连接货币市场和资本市场以及宏观经济的作用，在货币政策决策上有重要的信息价值；在微观方面，利率的期限结构是金融资产定价、金融产品设计、保值和风险管理、套利以及投资的参考依据。

以债券为例：实际中，债券的收益率曲线呈现出向上倾斜、水平、向下倾斜以及更为复杂的波动性等形状。这些形状反映出长短期债券利率之间的关系：如果向上倾斜则长期利率高于短期利率；如果向下倾斜则长期利率低于短期利率；等等。而经验事实常表现为：债券收益率曲线大多是向上倾斜；债券的期限不同其利率也随着时间波动。

依据对事实的观察，利率期限结构理论进行了多方面的解释与探讨。在理论分析中，经济学家们多不考虑其他因素的变化对收益的影响，仅从债券期限的不同考察收益与期限的关系，在解决为什么短期利率或者高于长期利率或者低于长期利率，长短期利率或者一致或者不一致的问题上，形成各种不同的理论。根据前提假设的不同，大体从两个角度分析了利率期限结构。

第一，以预期利率确定且现金流固定为假设形成的期限结构理论。在确定的预期利率和固定的现金流为假设前提下，利率期限结构理论包括三个分支。一是预期理论，由费雪（I. Fisher）于 1896 年提出，后经希克斯（J. R. Hicks）等后来者完善。认为长期利率是预期未来短期利率的函数，长期利率等于当期短期利率与预期未来短期利率之和的平均数。二是市场分割理论。由于预期理论假定长期和短期资金市场是统一的，资金可在长短期资金市场上自由移动，因此，长期证券和短期证券就能够顺利相互替代转换，从而导致长短期利率发生相应的变动。这一假定受到一些经济学家的质疑，他们认为那不完全符合现实，以科伯森（J. M. Culbertson）、莫迪利亚尼（Franco Modigliani）为代表提出市场分割理论。他们认为各种资金市场是彼此分割、相互独立的，而长短期利率由各自的供求所决定，两者互不影响。每一独立的市场证券各自的供求关系的相互作用，形成了各自的利率曲线。市场分割理论虽然考虑到某些投资者或借贷者偏好长期投资的事实，一定程度上补充了预期理论的不足，但其最大的缺陷是忽略了长、短期证券市场之间的重要联系。三是流动性升水理论。该理论认为前两种理论都存在对风险这一重要因素较极端的假设：预期理论假设不存在风险，市场分割理论则作为完全的风险回避者。希克斯指出不同利率之间的相互关系不仅与对未来利率的预期有关，更与风险的回避有关。这一观点获得迈泽尔曼（Meiselman）、豪根（R. Haugen）的认同，他们进一步完善了该理论，认为在不同的期限的债券之间存在一定的替代性，而投资者对不同期限的债券具有一定的偏好，故长期利率高于短期利率是用于补偿债权人流动性偏好的更长时间的放弃所承担的风险。该理论因综合了前两种理论的特点并解释了不同期限债券利率而得到较广泛的认可。

第二，以利率与现金流随机变动为假设形成的期限结构理论。20 世纪 80 年代以来，世界各国金融管制趋于放松、金融衍生工具及其市场飞速发展在促进经济、金融发展的同时也大大增强了经济运行中的不确定性，引起世界利率起伏动荡，经济学家因之更多地关注随机性研究。一是随机利率估价模型。包括对连续时间变动的研究和离散时间变动的研究。二是利率敏感性现金流估价分析。认为一组给定现金流的价值与经济当时状态存在一定关联,因此在利率不确定的情况下,现金流将随不确定的利率而变动,并对收益率产生影响。

随着中国债券市场的建立与发展,利率期限结构的作用为人们逐渐关注,尤其是国债收益率曲线的生成与分析已成为进一步完善我国国债市场的重要方面。由于国内债券市场本身的不完善,中国债券市场一直以来缺乏一个统一和完整的收益率曲线。目前市场上有多家机构编制收益率曲线。比如中央国债登记结算公司、路透公司等。此外,市场成员使用的债券系统北方之星、红顶等也都提供各自编制的基准债券定价参考和收益率曲线。中央国债登记结算有限责任公司依托债券托管结算的中立地位和专业优势,自1999年起开始编制中国国债收益率曲线,2012年3月6日,推出的"中债—国债收益率曲线"是在中国债券市场中形成的期限结构最为完整丰富的无信用风险利率体系,同时也客观反映了市场对未来利率走势的预期,是金融市场重要基础设施之一。中债收益率曲线的编制目的是最大限度地反映出中国债券市场上各类债券不同期限的真实、合理的收益率水平。

目前,我国债券市场上国债的期限结构过于单一,一年以下的短期国债和10年以上的长期国债所占的比例太小,绝大部分国债的期限都是1~10年的中期国债。而不同的投资者对不同期限的国债有不同的投资偏好,导致短、中长期的市场分割现象。同时交易所市场和银行间国债市场的不统一也强化了这种分割,导致不同期限国债市场之间的联动性较差,其所反映的利率期限结构的价值也就大打折扣。但随着利率市场化的推进和债券市场的进一步完善,利率期限结构的功能将会有更大的发挥空间。

参考文献:

王广谦:《20世纪西方货币金融理论研究:进展与述评》,经济科学出版社2010年版。

施兵超:《利率理论与利率政策》,中国金融出版社2003年版。

谢建平:《固定收益证券》,中国人民大学出版社2004年版。

[美]悉尼·霍默、[美]理查德·西勒:《利率史》,中信出版社2010年版。

Mark Blaug, *Economic Theory in Retrospect*, Cambridge University Press, 1997.

(马亚)

利率敏感性缺口

Interest Rate Sensitive Gap

利率敏感性缺口是指当市场利率发生变化时,商业银行的不同种类、不同期限的资产和负债所受到的影响程度,即银行的资产或负债暴露在利率风险下的敞口头寸。它等于利率敏感性资产减去利率敏感性负债,即:利率敏感性缺口 = 利率敏感性资产 - 利率敏感性负债。利率敏感性缺口可以用来衡量商业银行资产负债的利率风险。

商业银行为了实现资产与负债的匹配,在历史上曾经严格地遵循对冲原理来管理自己的资产和负债,在贷款业务上比较侧重于短期的工商贷款和消费贷款,以此降低利率风险。但是,随着金融创新和放松金融管制,商业银行的业务渗透到房地产贷款其他类型金融机构的领域,这就使银行难以严格地遵守对冲原理管理资产和负债。因此,商业银行需要从利率变动对资产与负债的双重影响来进行商业银行资产负债管理,这就产生了商业银行资产负债管理的重要技术方法——利率敏感性分析,与此相应的,也出现了资产负债管理的缺口管理方法。

商业银行可以依据利率敏感性缺口的大小来判断资产负债的成本收益变化。利率敏感性缺口的绝对值越大,银行承受利率风险的净头寸就越大。如果缺口大于0,则称为正缺口,此时,当利率上升时,正缺口对商业银行的影响是积极的,银行资产收益的增长要快于负债成本的增加,银行收益会增加;但利率下跌时,正缺口对商业银行资产负债的影响是消极的,银行资产收益的损失也会比负债成本的降低要快,银行将面临损失。如果缺口小于0,则称为负缺口,上述所有的情况都要反过来。如果缺口为0,则说明银行资产负债的期限和利率匹配程度较高,计划期内的市场利率波动对银行的利息收支现金流不产生影响。

利率敏感性缺口还可以用于衡量银行净利息收入对市场利率的敏感程度,当利率变动时,缺口数值的大小将直接影响到银行净利息收入。假定借款、贷款利率幅度一致,那么,净利息收入的变化就可以由下式计算得出:净利息收入变动 = 利率变动 × 利率敏感性缺口。另外也可以用利率敏感性系数来衡量商业银行的利率风险。利率敏感性系数为利率敏感性资产与利率敏感性负债之比,即:

$$\text{利率敏感性系数} = \frac{\text{利率敏感性资产}}{\text{利率敏感性负债}}$$

当利率敏感性缺口大于0时,利率敏感性系数 > 1;利率敏感性缺口小于0时,利率敏感性系数 < 1;利率敏感性缺口等于0时,利率敏感性系数 = 1。利率敏感性缺口和利率敏感性系数表达的分析结果类似,两者所不同的是,前者属于绝对量指标,是以金额表示的;后者属于相对量指标,是以比率表示的,可以用于横向比较。

需要说明的是,利率敏感性缺口和系数的大小同样与资产负债管理计划期的选择有密切关系。对同一家商业银行,计划期长短不一样,计算出来的利率敏感性缺口和系数也会不相同。

采取利率敏感性缺口管理一般有两种策略可以选择:一是保守型管理策略。商业银行通过分析其利率敏感性资产和负债的情况,通过不断调整银行资产负债头寸,努力使银行的利率敏感性差额接近于零,从而把利率风险降至最低限,保持银行收益的稳定。采取这种策略的商业银行往往是在利率变动较为频繁时期,这种时期银行难以准确地预测利率走势。二是积极型管理策略。商业银行根据其对利率走势的预测,在利率的周期性变化中积极调整资产负债结构,扩大或缩小利率敏感性差额,从而获得更高的收益。例如,在预测市场利率将要上升时,商业银行可以主动扩大利率敏感性资产的数量,尽量减少负缺口,力争正缺口;或者是在预测市场利率下跌时,主动扩大利率敏感性负债,尽量减少正缺口,力争负缺口,这样就可以使银行获取更高的净利息收益。采取这种策略的商业银行一般要有能力预测市场利率波动的趋势,而且预测较准确。主动型差额管理的结果不仅取决于利率变化的方向,同时也取决于未来利率的不确定程度。

利率敏感性缺口管理抓住了沟通资产与负债之间内在联系的关键因素——利率,把管理重点放在根据不同资产和负债的利率特性所确定的利率敏感性缺口上,并根据利率周期的变化,及时地调整利率敏感性资产和利率敏感性负债的规模组合。它能够以部分带动全体,还能够根据市场情况的变化,采取积极有效的经营措施,从而使资产负债管理更富有灵活性、准备性和应变力。利率敏感性缺口管理的另一大优点是能够简单明了地衡量、表达出利率变动对净利息收入的影响程度,提高了资产负债管理的严密性,而且理解、计算也很容易,非常便于商业银行对利率风险的测定。正是由于利率敏感性缺口具有上述优点,利率敏感性缺口管理被视为银行经营管理领域内的一场变革,在20世纪80年代以前,它是商业银行评估和防范利率风险、进行资产负债管理时运用最为广泛和普遍的技术分析工具。

中国商业银行资产负债管理起步较晚,且由于利率尚未市场化,对敏感性缺口分析的应用也相对落后。中国商业银行资产负债管理最早源于1985年的信贷资金体制改革,当时银行内部设有计划信贷部门专司其职。但由于受计划经济的影响,并不具有真正意义上的资产负债管理功能。直到1994年2月,中国人民银行借鉴巴塞尔1988年资本协议出台了《关于对商业银行实行资产负债比例管理的通知》,才标志着国内商业银行正式向真正意义上的资产负债管理迈进。在市场化程度日益加深的经济金融背景下,资产负债比例管理已不能满足和适应商业银行的业务管理和发展的需要,一些比例管理指标也将逐步退出,如备付金比例、中长期贷款比例和资产流动性比例等指标。取而代之的是缺口类指标、敏感性分析指标以及现值类指标等,现代统计理论和研究成果必将深植于银行的资产负债管理之中。缺口分析主要包括对流动性缺口、利率敏感性缺口和久期缺口等的分析,通过对一定时期内的业务发展状态来管理业务风险,改变了以往单纯依靠静态比例指标的管理方式。

当然,利率敏感性缺口管理在实际操作中也存在一些明显的弱点:一是商业银行资产负债管理的计划期对确定资产或者负债的利率敏感性具有很大差异,因此计划期的选择会对商业银行利率敏感性缺口管理造成很大障碍。二是要实现利率敏感性缺口的套利,需要具备预测市场利率在计划期内走势的能力。三是即使银行对利率变化预测准确,银行对利率敏感资金缺口的控制也只有有限的灵活性。因为,银行能否灵活地调整资产负债结构,还要受其他许多因素如市场、制度因素等的限制。四是会带来信用风险。商业银行在资产负债表内项目上频繁调整,可能会从总体上带来一定信用风险。五是缺口分析是一种静态的分析方法,它没有考虑外部利率条件和内部资产负债结构连续变动的情况。上述欠缺导致缺口管理具有一定的局限性,它促使商业银行在应对利率风险方面研究与使用更加多元的分析手段与管理方法。

参考文献:
[美]彼得·S·罗斯、[美]西尔维娅·C·赫金斯:《商业银行管理学》,机械工业出版社2004年版。
[美]斯蒂芬·A·罗斯、[美]道夫·W·威斯特菲尔德、[美]杰弗利·F·杰富:《公司理财》,机械工业出版社2011年版。
马亚:《商业银行经营管理学》,东北财经大学出版社2010年版。

(马亚)

久期
Duration

久期又称为持续期,这一概念最早是由经济学家麦考雷(F. R. Macaulay)于1938年提出的。他在研究债券与利率之间的关系时发现,到期期限(或剩余期限)并不是影响利率风险的唯一因素,事实上票面利率、利息支付方式、市场利率等因素都会影响利率风险。基于这样的考虑,麦考雷提出了一个综合了以上四个因素的利率风险衡量指标,并称其为久期。

麦考雷对久期的定义如下:

$$D = \frac{\sum_{t=1}^{T} PV(CF_t) \times t}{P_0} \quad (1)$$

其中,D是麦考雷久期;P_0是债券当前的市场价格,$PV(CF_t)$是债券未来第t期现金流(包括)的现值,

T 是债券的到期时间。

从上述公式可以看出，麦考雷所定义的久期实际上可以看成是债券各项现金流（包括期末本金和各期利息）到期时间的加权平均，而权重就是各现金流现值在当前债券价格中所占比例。

在债券分析的实际应用中，久期除表示债券的加权平均到期时间外，还有一个更重要的含义，即用来衡量债券价格变动对利率变化的敏感度，也称债券的利率风险。债券的久期越大，意味着对于给定的利率变动幅度其价格的波动幅度越大，因此利率风险也越大。如果对债券定价方程简单求微分，可以得到下面的等式：

$$\frac{\Delta p}{p} \approx -D \times \frac{\Delta y}{1+y} \qquad (2)$$

其中，y 为到期收益率。

从公式（2）可以看出，对于给定的到期收益率的变动很小时，债券价格的相对变动幅度与久期大小近似成比例。在实际应用中，为了方便，人们把麦考雷久期与 1 + y 的比率称作修正久期（用 MD 表示），即：

$$MD = \frac{D}{1+y} \qquad (3)$$

与久期相比，修正久期可以较为精确地量化利率变动给债券价格造成的影响。

将公式（3）代入公式（2）中，可以看出修正久期度量了收益率与债券价格的近似线性关系，即到期收益率变化时债券价格的稳定性。由于修正久期的概念非常直观，它直接度量了当市场利率变动 1 个百分点时，债券价格变动的百分点的数量，因此，实际操作中的人们常常用修正久期来评估债券价格对收益率的敏感性，并以此为基础，估计利率变动后债券的市场价格。需要注意的是，久期可以用来计算收益率微小变动时债券价格的变动幅度，但是当收益率有较大变动时，久期在计算价格波动幅度时误差就会变大，并且收益率变动幅度越大，久期计算的价格波动幅度的误差越大，此时需要引入凸性调整。

在现实中，投资者往往构造由多种债券组成的投资组合，以便分散风险。而投资组合的修正久期是组合中每个债券修正久期的加权平均数，权数是每个债券的市值占组合市值的比重。

由于久期在债券利率风险管理方面的重要性，人们根据债券对利率变动的反应特征总结出如下的久期定理：

定理 1：只有贴现债券的麦考雷久期等于它们的到期时间。

定理 2：直接债券的麦考雷久期小于或等于它们的到期时间。只有仅剩最后一期就要期满的直接债券的麦考雷久期等于它们的到期时间。

定理 3：统一公债的麦考雷久期等于（1 + 1/y），其中 y 是计算现值采用的贴现率。

定理 4：在到期时间相同的条件下，息票率越高，久期越小。

定理 5：在息票率不变的条件下，到期时期越长，久期一般也越大。

定理 6：在其他条件不变的情况下，债券的到期收益率越低，久期越大。

久期或者修正久期作为利率风险管理工具在金融市场中的应用广泛。久期缺口管理是商业银行利率风险管理的重要工具之一。其原理为商业银行资产的久期应与负债久期大致匹配。商业银行通常使用久期缺口指标来度量资产久期与负债久期之间的差异：

$$GAP_D = D_A^* - D_L^* \frac{L}{A} \qquad (4)$$

其中，GAP_D 为久期缺口，D_A^* 和 D_L^* 分别为总资产和总负债组合的修正久期，L 和 A 分别为总负债价值和总资产价值。商业银行利用久期缺口对资产和负债组合进行利率风险免疫管理，使得银行的资产和负债在利率变动时，所受的影响能相互抵消。

此外，债券投资者也将久期作为投资组合管理的重要指标。例如，债券型基金往往会制定久期的控制目标。久期越大，债券基金的资产价值对利率的变动越敏感，某支债券基金的久期是 5，就表明如果市场利率下降 1 个百分点，则基金的资产价值上涨约 5 个百分点；反之，如果利率上涨 1 个百分点，则基金的资产价值要遭受 5 个百分点的损失。在利率变动的环境中，投资者还可以通过调整债券组合的久期来获取更高收益或规避风险。比如，在未来利率可能上涨的市场中，投资者需要调整投资组合，持有那些久期较小的债券，以降低组合的利率风险；而在未来利率可能下降的市场中，投资者持有那些久期较大的债券就能够在利率下降时获得更多的好处。

参考文献：

张亦春、郑振龙、林海：《金融市场学》，高等教育出版社 2009 年版。

马丽娟：《金融市场、工具与金融机构》，中国人民大学出版社 2009 年版。

史建平：《商业银行管理》，北京大学出版社 2011 年版。

（王汀汀）

利率市场化
Interest Rate Liberalization

利率市场化是指建立由市场供求决定金融机构存、贷款利率水平的利率形成机制，通过运用货币政策工具调控和引导市场利率，使市场机制在金融资源配置中发挥主导作用。

利率市场化是金融市场发展的内在要求。以美国为例,美国的利率市场化始于20世纪60年代,当时,美国通货膨胀率提高,市场利率开始明显上升,有时已经超过存款利率的上限。证券市场的不断发展,金融国际化、投资多样化,又导致银行存款大量流向证券市场或转移至货币市场,产生"脱媒"现象,并愈演愈烈,Q条例约束和分业经营的限制,使银行处于一种不公平的竞争地位。从70年代起,美国提出了解除利率管制的设想。1970年6月,美联储首先将10万美元以上、3个月以内的短期定期存款利率市场化,后又取消90天以上的大额存款利率管制。同时,继续提高存款利率上限,以此来缓和利率管制带来的矛盾。1980年3月,美国政府制定了《存款机构放松管制的货币控制法》,决定自1980年3月31日起,分6年逐步取消对定期存款利率的最高限,即取消Q条例。1982年颁布的《加恩-圣杰曼存款机构法》,详细地制定了废除和修正Q条例的步骤。1983年10月,"存款机构放松管制委员会"取消了31天以上的定期存款以及最小余额为2500美元以上的极短期存款利率上限,并于1986年1月取消了所有存款形式对最小余额的要求,同时取消了支付性存款的利率限制。1986年4月,取消了存折储蓄账户的利率上限。对于贷款利率,除住宅贷款、汽车贷款等极少数例外,也一律不加限制。至此,Q条例完全终结,利率市场化得以全面实现。

随着我国金融体系的发展,利率市场化也成为我国金融体系改革的重要内容。1993年,十四届三中全会提出"中央银行按照资金供求状况及时调整基准利率,并允许商业银行存贷款利率在规定幅度内自由浮动"。2001年九届人大四次会议提出要"稳步推进利率市场化改革"。2002年十六大报告中进一步提出"稳步推进利率市场化改革,优化金融资源配置"。2003年十六届三中全会通过了《中共中央关于完善社会主义市场经济体制若干问题的决定》,进一步明确要"稳步推进利率市场化",按照先外币、后本币,先贷款、后存款,先大额长期、后小额短期的基本步骤,"建立健全由市场供求决定的利率形成机制,中央银行通过运用货币政策工具引导市场利率"。2005年1月,中国人民银行货币政策分析小组在《稳步推进利率市场化报告》中提出下一步利率市场化目标是:统一金融机构贷款利率浮动政策,研究存款利率市场化的有效形式,逐步形成完整合理的收益率曲线,完善中央银行利率调控体系,简化小额外币存款利率管理。从2007年起,Shibor利率的建立和完善成为利率市场化改革的重要内容,相关产品和市场得到了较快的发展。

我国的利率市场化进程实质上分为货币市场的利率市场化、资本市场的利率市场化和金融机构存贷款的利率市场化这几个阶段。

1996年1月3日,全国统一的银行间拆借市场的启动试运行,是中国利率市场化改革的第一步,拆借市场的利率由交易双方根据市场资金供求状况在规定的浮动范围内确定;同年6月1日取消了原先按同档次再贷款利率加2.28个百分点的上限限制,利率完全由交易双方自行议定,单个交易品种在每一交易日的加权平均利率形成"全国银行间拆借市场利率"(简称CHIBOR)。2007年7月3日颁布的《同业拆解管理办法》规定,"同业拆借交易以询价方式进行,自主谈判、逐笔成交,同业拆借利率由交易双方自行商定",同业拆解利率彻底市场化。

1996年4月9日,中国人民银行以国债回购方式启动了公开市场业务,其回购利率实行市场招标,利率市场化改革进一步深化。在1996年的国债发行中,改变过去发行利率计划确定的做法,对一年期以上的国债实行发行利率市场招标。1997年6月,银行间债券市场正式启动,1998年9月实现国债在银行间债券市场的利率招标发行。

贴现利率基本实现市场化定价,并与市场利率形成了较好的联动关系。1998年3月以前,我国的贴现利率比照贷款利率管理,贴现利率在同期同档次贷款利率基础上下浮5%~10%。1998年3月,人民银行改革贴现利率形成机制,贴现利率根据再贴现利率加点生成,最高不超过同档次贷款利率(含浮动)。随着2004年10月贷款利率上限放开,贴现利率与贷款利率同步实现下限管理。2005年以后,金融机构办理贴现业务的资金来源逐步转向自有资金或货币市场融入资金,与再贴现资金无关,贴现利率与再贴现利率逐渐脱钩。2008年以来,为有效发挥再贴现促进结构调整、引导资金流向的作用,人民银行进一步完善再贴现管理。调整再贷款和再贴现利率对金融市场的影响相对较小,其主要目的在于向市场传达出紧缩货币政策的信息,作用于市场心理层面。目前,再贴现利率成为中央银行一项独立的货币政策工具,服务于货币政策需要。

在机构的存贷款利率方面,目前外币存贷款利率已经实现了市场化。1996年以来,随着商业银行外币业务的开展,各商业银行普遍建立了外币利率的定价制度。与此同时,境内外币资金供求相对宽松,外币利率市场化的市场基础和时机日渐成熟,因此步伐相对较快。2000年9月,外币贷款利率放开,各项外币贷款利率及计结息方式由金融机构根据国际市场的利率变动情况以及资金成本、风险差异等因素自行确定。各金融机构以法人为单位制定本系统的外币利率管理办法。外币贷款利率管制放开后,外币贷款利率由借贷双方根据市场资金供求情况以及国际市场利率走势按照商业原则自主确定。外币贷款利率市场化的同时,外币存款利率也逐步放开。2000年9月,300万美元以上大额外币存款利率放开；2003 年 7 月，小额外币存款利率管制币种由 7 种外币减少为 4 种；同年 11 月，小额外币存款利率下限放开；2004 年 11 月，1 年期以上小额外币存款利率全部放开。至此，外币存贷款利率全部实现了市场化。

金融机构的人民币存贷款利率市场化进程相对滞后。随着利率市场化改革的推进，我国人民币存贷款利率调控大致分为两个阶段：2004 年以前，中央银行根据宏观经济形势和货币政策的需要，直接调整金融机构存贷款利率水平，金融机构基本没有或拥有很小的贷款利率浮动权；2004 年以后，中央银行不断扩大金融机构存贷款利率浮动范围，直至完全放开贷款利率管制，将更多的利率定价权赋予金融机构。目前中央银行贷款基准利率对金融机构定价发挥指导性作用，贷款利率水平由市场供求关系决定。

存款利率市场化是改革的重要环节和最终目标，存款利率上限管理扭曲金融市场定价机制。由于资金成本低下，商业银行面对特别优质企业的贷款基本按照贷款利率下限执行，但依然能取得稳定的利差收入。此外，存款利率上限管理与利率调控改革方向也不一致。

但存款利率市场化会产生一定的消极影响。存款利率市场化后会促使利率上涨，使实际利率水平普遍上升，存贷利差趋于缩小；同时还可能会对财政、货币政策，金融市场以及宏观经济产生较大影响。

因此，我国推进存款利率市场化依然需要保持中央银行的调控力度和对市场的影响，保证国民经济的稳健运行。在取消存款利率管制之前，最为根本的是要建立完善中央银行利率调控框架，理顺利率传导机制，实现公开市场操作利率——短期市场利率——企业存贷款利率的顺畅传导。对此，我国要对存款利率实行渐进式市场化改革。

参考文献：

宋芳秀：《中国转型经济中的资金配置机制和利率市场化改革》，中国金融出版社 2007 年版。

易纲：《中国改革开放三十年的利率市场化进程》，载于《金融研究》2009 年第 1 期。

肖欣荣、伍永刚：《美国利率市场化改革对银行业的影响》，载于《国际金融研究》2011 年第 1 期。

张建华：《利率市场化的全球经验》，机械工业出版社 2012 年版。

（王汀汀）

双重汇率

Dual Exchange Rates

双重汇率又称复汇率，是指在双重汇率制度下，两种货币存在两个或两个以上汇率的情况。双重汇率制的典型做法是允许一国经常账户的全部或部分外汇交易在官方市场进行，适用固定的商业汇率，而资本账户及另外一部分经常账户的外汇交易则在自由市场进行，适用浮动的金融汇率。中央银行在官方市场进行干预，以保持商业汇率的稳定，对金融汇率则任其自由浮动。

复汇率制按其表现形式包括公开和隐蔽的两种形式。公开的复汇率制指外汇管理当局明确公布对不同的交易实行法定的差别汇率，例如针对经常账户和资本与金融账户的交易分别制定、公布贸易汇率和金融汇率。外汇管理当局制定差别汇率的原则是对需鼓励的交易制定优惠汇率（如进口技术含量较高的产品时，进口商可使用较低汇率），对需要抑制的交易制定不利的汇率（如进口奢侈品时，进口商需按照较高的汇率进行交易）。

不同国家所实行的差别汇率种类有较大差异。隐蔽的复汇率制主要包括补贴或征税、影子汇率、外汇转移证制度等形式。其中，影子汇率是指通过附加在不同种类进出口商品之后的一个不同的折算系数。假设官方汇率为￥6.8/＄，而某商品的生产成本为 7 元人民币，在国外售价为 1 美元，则该商品有 0.2 元人民币的生产成本未能弥补，为鼓励出口，可在该类产品的官方汇率后附加一个 1.05 的折算系数，则该产品出口后，1 美元的外汇收入可以兑换到 $6.8\times1.05=7.14$ 元人民币，从而使该商品出口有利可图。

实行双重汇率制，主要是由于资本在国际间自由流动的情况下，单一固定汇率制和单一浮动汇率制都有其自身的局限性，使政府在汇率制度的选择上顾此失彼。双重汇率制可以解决这一难题：一方面，双重汇率制下的商业汇率稳定可以避免浮动汇率制的缺陷，使本国的经济不受资本流动和汇率波动的影响。另一方面，在双重汇率制下，金融汇率的浮动使中央银行控制官方储备水平的能力相对于固定汇率制显著增强。金融汇率反映资产持有者预期的变动，并反映资本流动情况，体现市场汇率的灵活性。商业汇率不受资本流动影响，资产组合偏好的变动不会影响工资和贸易商品的价格，从而成为一个名义变量的稳定点。

双重汇率制还可以防止一国的外汇储备耗尽，特别是当一国由于扩张性经济政策的实施或受到外部冲击的影响而面临大规模的资本外逃时，一部分对外汇需求的压力可以引导到适用浮动汇率的外汇市场，并通过本币升值以阻止资本迅速外流。另外，双重汇率制可作为一种非常有效的过渡性措施。特别是对要调整汇率的国家来说，往往难以明确其调整的幅度应为多大，暂时性的双重汇率制可作为获取这类信息的手段。

当然，这样一种制度很好运作的前提是外部冲击和资本流动是暂时的、短期的。如果资本流动起因于人们对商业汇率波动的预期,金融汇率变化出现本币持续的大幅度升值,则一味保持商业汇率稳定的双重汇率制会导致严重扭曲。这也表明运作良好的双重汇率制必须保持商业汇率与金融汇率之间的适当升值率。官方汇率小幅的高估意味着非法交易的动机较弱,从而可导致较少的资源配置效率成本。

所以,从宏观的角度,经济需要一个稳定点;从微观角度,汇率应该反映外汇市场供求状况,而运作良好的双重汇率制兼顾了这两个要求。虽然市场的完全分割难以真正实现,这种做法至少可以在短期内缓解外部冲击的压力,为政府赢得时间探求各种问题造成的原因,并采取措施加以解决。世界上有许多国家在其汇率制度发展进程中曾实施过双重汇率制,包括法国、意大利、比利时等发达国家,也包括墨西哥、阿根廷和中国等发展中国家。

在社会主义市场经济过渡的改革开放新时期,我国的汇率体制经历了官方汇率与贸易外汇内部结算价并存(1981~1984年)和官方汇率与外汇调剂价格并存(1985~1993年)两个汇率双轨制时期。其中,以外汇留成制为基础的外汇调剂市场的发展,对促进企业出口创汇、外商投资企业的外汇收支平衡和中央银行调节货币流通均起到了积极的作用。随着我国改革开放的不断深入,官方汇率与外汇调剂价格并存的人民币双轨制的弊端逐渐显现出来。1994年1月1日,人民币官方汇率与外汇调剂价格正式并轨,结束双重汇率制走向单一汇率制的历史时期。

参考文献:
张碧琼:《国际金融管理学》,中国金融出版社2007年版。
陈学彬、李世刚、芦东:《中国出口汇率传递率和盯市能力的实证研究》,载于《经济研究》2007年第12期。
施建淮、余海丰:《人民币均衡汇率与汇率失调:1991~2004》,载于《经济研究》2005年第4期。

(张碧琼)

官方汇率
Official Exchange Rate

官方汇率又称为法定汇率,是在外汇管制比较严格的国家授权其外汇管理当局(如财政部、中央银行、外汇管理局)制定并公布的汇率。官方汇率由于具有法定性质,所以又称为法定汇率,外汇管制比较严格的国家,通常禁止自由外汇市场的存在,一切外汇交易都采用官方汇率。在外汇市场上,真正起作用的是按供求关系变化而自由波动的市场汇率,官方汇率经常只起中心汇率的作用。市场汇率是外汇管制较松的国家外汇市场上进行自由外汇交易的汇率。

在金币本位制下,法定汇率的确定比较容易,只要将本国货币与外国货币的含金量加以对比就可确定。在纸币制度下,官方汇率曾经以纸币的黄金平价为依据,例如布雷顿森林体系下的货币汇率。布雷顿森林体系崩溃后,黄金的货币作用被削弱,官方汇率或者根据某种综合价格指数的对比而确定,或者根据某种“货币篮子”的变动而确定,或者根据某种“关键货币”的变动而确定。官方汇率有的是单一汇率,有的是复汇率(多重汇率)。

中国经济发展进程中,人民币的官方汇率经历了各种变迁。改革开放前,中国的汇率体制经历了新中国成立初期的单一浮动汇率制(1949~1952年)、20世纪五六十年代的单一固定汇率制(1953~1972年)和布雷顿森林体系后以“一篮子货币”计算的单一浮动汇率制(1973~1980年)。党的十一届三中全会以后,为鼓励外贸企业出口的积极性,汇率体制从单一汇率制转为双重汇率制。经历了官方汇率与贸易外汇内部结算价并存(1981~1984年)和官方汇率与外汇调剂价格并存(1985~1993年)两个汇率双轨制时期。

以外汇留成制为基础的外汇调剂市场的发展,对促进企业出口创汇、外商投资企业的外汇收支平衡和中央银行调节货币流通均起到了积极的作用。但随着我国改革开放的不断深入,官方汇率与外汇调剂价格并存的人民币双轨制的弊端逐渐显现出来。一方面,多种汇率的并存,造成了外汇市场秩序混乱,助长了投机;另一方面,长期外汇黑市的存在不利于人民币汇率的稳定和人民币的信誉。外汇体制改革的迫切性日益突出。

1993年12月,国务院正式颁布了《关于进一步改革外汇管理体制的通知》,采取了一系列重要措施,具体包括:实现人民币官方汇率和外汇调剂价格并轨;建立以市场供求为基础的、单一的、有管理的浮动汇率制;取消外汇留成,实行结售汇制度;建立全国统一的外汇交易市场等。1994年1月1日,人民币官方汇率与外汇调剂价格正式并轨,开始实行以市场供求为基础的、单一的、有管理的浮动汇率制。企业和个人按规定向银行买卖外汇,银行进入银行间外汇市场进行交易,形成市场汇率。中央银行设定一定的汇率浮动范围,并通过调控市场保持人民币汇率稳定。自2005年7月21日起,我国开始实行以市场供求为基础、参考一篮子货币进行调节、有管理的浮动汇率制度。

人民币汇率不再钉住单一美元,而是参照一篮子货币、根据市场供求关系来进行浮动。这里的“一篮子货币”,是指按照我国对外经济发展的实际情况,选择若干种主要货币,赋予相应的权重,组成一个货币篮子。同时,根据国内外经济金融形势,以市场供求为基础,参考一篮子货币计算人民币多边汇率指数的变化,对人民币汇率进行管理和调节，维护人民币汇率在合理均衡水平上基本稳定，据此形成有管理的浮动汇率。这将有利于增加汇率弹性，抑制单边投机，维护多边汇率稳定。

中国人民银行于每个工作日闭市后公布当日银行间外汇市场美元等交易货币对人民币汇率的收盘价，作为下一个工作日该货币对人民币交易的中间价格。这一中间价格仍然是官方汇率，但已经具有市场汇率的意义。目前，每日银行间外汇市场美元对人民币的交易价仍在人民银行公布的美元交易中间价上下1%的幅度内浮动，非美元货币对人民币的交易价在人民银行公布的该货币交易中间价3%的幅度内浮动率。推动官方汇率向市场汇率的根本转变，是未来中国外汇管理制度进一步改革的方向。

参考文献：

张碧琼：《国际金融管理学》，中国金融出版社2007年版。

夏南新：《中国官方汇率与黑市汇率的结构平稳性和联动性研究》，载于《数量经济技术经济研究》2007年第7期。

徐小松：《我国出口商品的需求弹性与人民币汇率的走向》，载于《经济问题探索》1993年第7期。

（张碧琼）

调剂市场汇率

Exchange Rates of Swap Market

调剂市场汇率是在官方汇率之外，由外汇调剂市场供求关系所形成的市场汇率。外汇调剂市场就是在官方市场之外，从事外汇额度买卖和借贷的最原始的外汇市场。1979年以前，中国对外汇实行统收统支的管理体制。出口收入全部结售给国家指定银行，企业用汇由国家计划安排。改革开放以后，我国在外汇分配方面实行了外汇留成制度，地方、部门、企业有了自行使用外汇的权力，但同时也产生了一些单位外汇有余，急需使用人民币；另一些单位外汇短缺的结构性不平衡现象，即在经济生活中出现了调剂外汇余缺的客观要求。

1979年开始，我国实行钉住一篮子货币的固定汇率制度，同时施行适用于外贸的内部结算价，各地企业多余的外汇可到官办的外汇调剂市场交易，在官方汇率之外，又产生了调剂汇率，形成了官方汇率与外汇调剂市场汇率并存的双轨格局。例如，从1981年1月到1984年12月期间，我国贸易外汇汇率1美元=2.80元人民币；官方牌价即非贸易外汇汇率1美元=1.50元人民币。前者主要适用于进出口贸易及贸易从属费用的结算；后者主要适用于非贸易外汇的兑换和结算。

1980年10月以后，国家批准允许通过中国银行及其分行进行外汇调剂，标志着我国外汇调剂市场雏形已经产生，随后中国银行在各主要城市陆续开办了外汇调剂业务。当时参加外汇调剂的单位仅限于国营、集体所有制的企、事业单位；调剂范围为各企、事业单位及地方部门的留成外汇；主要鼓励进料加工和轻纺增产所需物资的进口以及科技、文教、医药卫生、工农业生产急需的仪器设备的进口；调剂价格以美元兑人民币的贸易内部结算价（1美元折合2.80元人民币）为基础，并在10%的浮动幅度内，由买卖双方议定。

1985年年底，首先在深圳，随后在其他几个经济特区陆续设立了外汇调剂中心。1986年10月公布了《国务院关于鼓励外商投资的规定》，在经济特区和主要沿海城市允许外商投资企业通过外汇管理部门买卖外汇；提高了外汇调剂价格，规定1美元外汇留成额度价格为1元人民币，现汇调剂最高限价为4.20元人民币，经济特区、海南行政区、外商投资企业的外汇调剂陆续放开了价格，由买卖双方自由议定；继深圳等经济特区之后，各省、自治区、直辖市以及计划单列城市都设立了外汇调剂中心或外汇交易所。

根据国家外汇管理局《外汇调剂市场管理规定》，外汇调剂中心是由国家外汇管理局领导和管理下的经营外汇调剂业务的法定外汇交易机构。外汇调剂中心办理外汇调剂业务可以向买卖双方收取手续费。手续费的收取标准由国家外汇管理局等有关部门确定。经国家外汇管理局批准，外汇调剂中心可开办人民币与美元、港币、日元、英镑、德国马克和法国法郎等货币间的外汇交易业务，外汇调剂中心本身不得进行外汇买卖。经国家外汇管理局批准，下列外汇可在外汇调剂市场卖出：各项留成外汇、外商投资企业的外汇、捐赠外汇以及经国家外汇管理局批准的其他外汇。经国家外汇管理局批准，符合调剂外汇用汇投向指导序列的用汇，可以通过外汇调剂市场买入。经国家外汇管理局批准，金融机构可以代理客户在外汇调剂市场买卖外汇。调剂外汇的价格（市场汇率）根据市场供求状况浮动。

到1987年年底，我国外汇收支总额已达700多亿美元。外汇储备总额已由1981年的66.1亿美元，增加到1988年的175.5亿美元。为了适应我国进一步对外开放和加速发展对外贸易的需要，1988年年初，国务院决定全面推行对外贸易承包经营责任制，要求国家外汇管理局进一步做好外汇调剂工作，适应外贸体制改革的需要。1988年起增加外汇留成比例，普遍设立外汇调剂中心，放开调剂市场汇率。1980年10月至1993年12月30日，外汇调剂市场与官方外汇市场并存，从而形成两个市场、两个汇价并存的局面。调剂汇价与调剂市场所起的作用日益增大，1993年年底调剂外汇市场的成交额占我国进出口外汇成交额的80%。

我国外汇调剂市场虽然是初级外汇市场，但它对国民经济的发展已经起到了积极的推动作用。首先，通过调剂外汇余缺、弥补企业亏损，调动了地方、部门、企业的创汇积极性，促进了外贸承包经营责任制的顺利推行和外贸出口稳定增长；其次，通过外汇的横向融通，促进了外汇资源合理配置，提高了外汇使用效益；此外，有利于外商投资企业解决外汇平衡，在一定程度上改善了外商投资环境，推动了外商投资企业发展。但调剂市场与官方外汇市场并存，不能形成公开统一的外汇市场，不利于我国向市场经济体制过渡。而且，两个汇率的并存，也不符合国际货币基金组织对成员国的有关规定，不利于扩大国际经济金融合作。

1994年，中国外汇管理体制进行了重大改革，人民币官方汇率与外汇调剂价并轨。在汇率双轨制时，官方汇率1美元兑换人民币5.8元，调剂市场汇率1美元兑换人民币8.70元左右。从1994年1月1日起，将这两种汇率合并，实行单一汇率，人民币对美元的汇率定1美元兑换8.7元人民币。至此，调剂市场汇率完成了以外汇市场供求为基础的单一的有管理的浮动汇率的转身。

参考文献：
张礼卿：《国际金融》，高等教育出版社2011年版。
胡晓炼：《人民币汇率形成机制改革的成功实践》，载于《中国金融》2010年第16期。
曹守年：《国家平抑外汇市场调剂汇率趋稳》，载于《中国经济信息》1994年第1期。

（张碧琼）

汇率并轨
Unification of Dual-Track Exchange Rates

汇率并轨，作为一个具有特定内涵的专用名词，是指根据1994年初实施的外汇管理体制重大改革方案，中国外汇管理部门将原先同时并存的“调剂市场汇率”和“官方汇率”合二为一的事件。这是一个具有重大历史意义的改革，标志着人民币汇率制度结束了长达10多年“双轨制”时代，开始走向以市场为基础的、单一的、有管理的浮动汇率制度安排。

在改革开放初期（1978～1986年），为了减少美元等国际通货之间的汇率变动对我进出口贸易造成不利影响，人民币官方汇率实行了钉住包括美元在内的一篮子货币的方针。这一时期，当篮子内货币的上下浮动幅度未达到我国规定的调整限度时，人民币官方汇率保持不变；反之，如果超过调整限度，人民币官方汇率便适当小幅调整。针对20世纪80年代上半期国内物价逐步上升的势头，为了更好地调节进出口贸易，人民币于1985年进行了一次大幅度的法定贬值，即从1981年的1美元合1.53元人民币贬值为2.80元人民币。

1986年6月至1993年12月，人民币官方汇率改为钉住美元制，即人民币对美元的汇率在一定时期内基本固定，同时与其他外国货币之间的汇率则随美元与这些货币的汇率变动进行同步调整。由于这一时期国内物价持续上涨，为了鼓励出口，人民币官方汇率分别于1986年7月、1989年12月和1990年11月实行法定贬值，即由1美元和2.80元人民币先后下调至3.70元、4.72元和5.22元人民币。自1991年4月起，又多次进行了小幅调整，至1993年年底，1美元约合5.70元人民币。

从20世纪70年代末至1993年底，由于面临较为严重的通货膨胀，相对稳定的人民币官方汇率时常处于高估状态，甚至出现了“出口越多，亏损越大”的局面。为了鼓励出口企业的创汇积极性，1980年至1985年，当局实行了贸易内部结算价（1美元折合2.8元人民币）。1985年，由于人民币官方汇率一次性贬值至1美元折合2.8元人民币，贸易内部结算价自动消失。1985年至1993年底，在外贸企业外汇留成制度的基础上，当局允许拥有留成外汇额度但暂时无使用需求的企业将额度按照市场原则调剂给其他企业。因这类调剂而形成的市场被称为外汇额度调剂市场，其价格则被称为额度调剂价格（该价格仅仅是针对额度交易形成的价格，而不是调剂市场汇率。当企业通过这个市场有偿获得其所需的额度后，它还得按照人民币官方汇率去购买其所需的外汇。因此，额度调剂价格仅仅是调剂市场汇率的一部分。完整的调剂市场汇率应该是额度调剂价格和人民币官方汇率这两个部分之和）。由于这些年的国内外汇需求旺盛，额度调剂价格不断攀升，调剂市场汇率也随之上升。截至1993年年底，调剂市场汇率升至1美元折合8.7元人民币，比当时的官方汇率高出3元左右。

无论是贸易内部结算价还是调剂市场汇率，它们的存在都使人民币汇率安排具有“复汇率”的特征。复汇率制度是一种带有歧视性质的做法，不利于国际经济与贸易活动的公平进行，也相容易引起投机套汇。因此，为了完善社会主义市场经济制度，积极融入国际经济一体化的进程，在1994年年初实施外汇体制重大改革之际，当局决定将调剂市场汇率和官方汇率合二为一，即实行汇率并轨，明确提出人民币汇率制度将是“以市场为基础的、单一的、有管理的浮动汇率制度”。

汇率并轨之后，由于多项相关措施的同时实施，人民币汇率并没有出现过于剧烈的波动，而是保持着“稳重趋升”的良好势头。这些措施包括：第一，通过银行结售汇、外汇指定银行的头寸上限管理，政府有效地控制了企业、银行和个人对于外汇的供给和需求，从而在根本上限制了人民币汇率的浮动幅度。根据银行结售汇制度，国内出口企业不再需要向当局上缴外汇，也不按比例取得留成额度，但必须将出口收入于当日全额结售给外汇指定银行（即不能保留现汇账户）。为了防止可能出现的外汇超额需要，以及由此产生人民币的贬值压力，中国人民银行对各外汇指定银行实行了结售汇周转头寸的上限控制，即超过上限的外币头寸必须于当日及时出售给中国人民银行。第二，在银行间外汇市场上，通过向外汇指定银行提供基准汇率并要求其遵守浮动区间限制，政府从操作层面进一步控制了人民币汇率的浮动可能性。根据有关规定，中国人民银行将根据前一日银行间外汇市场的加权平均价，公布当日人民币汇率基准汇率（中间价）；各外汇指定银行以此为依据，在中国人民银行规定的浮动范围（美元为 0.25%，港元和日元为 1%，欧元为 10%）内自行挂牌确定对客户买卖外汇的汇率。第三，中国人民银行自始至终对外汇市场进行着强有力的干预，通过适时的入市干预，将人民币汇率有效地控制在合理的范围之内。

总之，1994 年年初的人民币汇率并轨改革取得了圆满成功，成为中国经济体制诸多改革中的一个亮点，也为几年后中国成功加入世界贸易组织创造了有利的条件。

（张礼卿）

有效汇率

Effective Exchange Rate

有效汇率分为名义有效汇率和实际有效汇率。名义有效汇率是指一种货币与全球其他所有货币的综合兑换率。它与日常所说的（双边名义）汇率的主要区别在于，双边名义汇率是一对一的关系，反映的是一种货币购买另一种货币的价格；而名义有效汇率是一对多的关系，反映的是一种货币购买一篮子其他货币的价格。因此，一国的名义有效汇率贬值说明，该国的货币购买一篮子国外货币的购买力下降；反之，名义有效汇率升值说明，该国的货币购买一篮子外国货币的购买力上升。

通常，名义有效汇率的计算公式是：$NEER_j = \sum_{i\in I} w_i S_{ij}$。其中 S_{ij} 表示兑换 1 单位货币 i 所需的货币 j 的数量，即双边名义汇率，w_i 表示权重，$\sum_{i\in I} w_i = 1$。权重根据不同的目的会有所不同。较常用的确定权重的方法有，根据双边贸易规模的大小确定，根据各国的相对经济总量确定。此外，计算不同时期的名义有效汇率时，权重可以选取可变权重和不变权重进行计算。可变权重可以根据每一期贸易规模或者经济规模的动态变化进行调整。不变权重则在初期选定一组权重后，在计算以后各期的名义有效汇率时，不进行调整。

实际有效汇率是在名义有效汇率的基础上剔除国内外物价水平的相对变化。实际有效汇率反映一国的商品与全球其他所有国家商品的综合兑换率，即一国的商品购买全球各国商品组成的一篮子商品的购买力。因此，从宏观上来说，实际有效汇率反映该国对外的实际购买力。实际有效汇率升值，该国在国际上的购买力就上升；实际有效汇率贬值，该国在国际上的购买力就下降。实际有效汇率的计算公式是：$REER_j = \sum_{i\in I} w_i S_{ij} P_i / P_j$，其中 P_i 表示 i 国的物价水平。

在实际使用中，通常计算名义（或实际）有效汇率指数来反映货币综合兑换率的变化和一国实际购买力的变化。因此，该指数的绝对值并没有实际意义，不能用绝对值的横向比较来说明不同货币之间的购买力差异和各国实际购买力的差异。该指数只有相对变化才有意义。该指数的相对变化反映了一国货币或者商品的全球购买力在一段时期内的变动。

实际有效汇率是一个比名义有效汇率更加有用的变量。因为名义有效汇率是名义变量，它的变化很大程度上受到一国货币供应变化的影响，而实际有效汇率的变化反映的是国内外经济基本面的相对变化。一个经济成长较快的国家，通常会出现实际有效汇率的升值。这种升值很大程度上与巴拉萨—萨缪尔森效应有关。这一点在中国改革开放以来的经济发展中得到了体现。国际清算银行计算的实际有效汇率指数显示，中国 2011 年的实际有效汇率相对于 1994 年升值幅度达到 48%。这是中国经济快速成长带来的变化。

参考文献：

卢锋：《解读人民币实际汇率之谜（1978 ~ 2005）——人民币实际汇率长期走势研究之五》，北京大学中国经济研究中心工作论文 No. C2006012，2006 年。

Klau, Marc, and San Sau Fung, The New BIS Effective Exchange Rate Indices, *BIS Quarterly Review*, March 2006.

Dubas, Justin, Byung-Joo Lee, and Nelson Mark, Effective Exchange Rate Classifications and Growth, NBER Working Paper, No. 11272, 2005.

Rhomberg Rudolf, Indices of Effective Exchange Rates, Staff Papers, International Monetary Fund, 23(1), 1976.

（黄志刚）

购买力平价

Purchasing Power Parity

购买力平价理论是最古老的汇率决定理论，尽管该思想早在古典经济学者中就有提及，通常认为是卡塞尔在1918年将其正式提出。购买力平价有两个版本：绝对购买力平价和相对购买力平价。绝对购买力平价是指两国间的双边名义汇率等于两国的物价水平之比。即一种货币在国内的购买力的下降（表现为物价水平的上升）会引起该货币在外汇市场上等比例的贬值；而货币在国内购买力的上升则引起相应的货币升值。相对购买力平价是指，在任何一段时期内，两种双边名义汇率变化率等于同时期两国国内物价水平变化率之差。因此，绝对购买力反映的是两国物价水平与汇率水平之间的关系，相对购买力平价反映的是物价水平变动与汇率水平变动之间的关系。

论证购买力平价理论有多种逻辑。第一种观点主要是建立在"一价定律"上。一价定律认为，在一个无摩擦的经济中，国际间的商品套利会使得同一种商品在不同国家的价格相等。如果两国生产的商品完全相同，并且都是可以自由贸易的，那么一价定律直接等价于购买力平价理论。第二种观点认为，即使一价定律不成立，购买力平价也可能成立。因为在一个自由市场中，人们总是用货币的购买力来评价一种货币的价值。因此，人们在追求高购买力货币的过程中，购买力平价会自动实现。第三种观点从生产成本指数出发论证购买力平价，认为国际竞争和工业的国际化是实现购买力平价的原动力。第四种观点从实际利率均等、费雪方程和利率平价的关系论证购买力平价，提出事前购买力平价关系，即通货膨胀差异等于期望的汇率变化。

在实际运用中，相对购买力平价比绝对购买力平价更有用。绝对购买力平价要求各国的物价水平计算时采用同样篮子的商品。由于各国政府计算的物价水平所有的篮子存在很大差异，实际使用中不得不另行计算。而相对购买力平价正确反映了汇率变化与通货膨胀差异之间的关系，即使两个国家为计算各自物价水平所选的商品篮子不同时也能进行很好的比较。相对购买力平价之所以重要，是因为当绝对购买力平价不成立时，它还可能成立。只要那些使得实际情况偏离绝对购买力平价的因素不随时间变化，相对物价水平的变化仍然能大体等于汇率的变化率。

在现实中，购买力平价理论并不是一个预测汇率的好理论。经验表明，市场汇率经常性的偏离购买力平价决定的汇率水平。有一种共识认为，尽管购买力平价理论不能决定短期汇率的走势，但是在长期中，汇率具有向购买力平价收敛的趋势。然而，也有很多经验表明，市场汇率偏离购买力平价不仅是经常性的，而且还具有长期性。因此，即使作为一种解释汇率长期运动的理论，购买力平价的作用也显得非常有限。

参考文献：

卢锋：《解读人民币实际汇率之谜（1978～2005）——人民币实际汇率长期走势研究之五》，北京大学中国经济研究中心工作论文 No. C2006012，2006年。

Balassa, Bela, The Purchasing Power Parity Doctrine: A Reappraisal, *Journal of Political Economy*, 72 (6), 1964.

Dornbusch, Rudiger, Purchasing Power Parity, *The New Palgrave Dictionary of Economics*, Macmillan, 1986.

Rogoff, Kenneth, The Purchasing Power Parity Puzzle, *Journal of Economic Literature*, 34(2), 1996.

（黄志刚）

利率平价
Interest Rate Parity

利率平价是一种汇率决定理论，它反映汇率变动与利率之间的关系。利率平价分为抛补利率平价和非抛补利率平价。抛补利率平价是指汇率的远期升贴水率等于国内外利率差，用公式表示是：$(F-S)/S=r-r^*$，公式左边是汇率的远期升贴水率，右边是国内外利差。抛补利率平价也是外汇市场的无风险套利均衡条件，它反映了在市场均衡时，持有两种货币收益完全相等这一事实。

抛补利率平价为外汇市场参与者提供了避免外汇风险的手段。对于一个参与者来说，只要购买与持有的外汇或者与即将收到的外汇具有同等数量的远期外汇合约，就能锁定未来汇率的兑换率。在抛补利率平价下，他持有的外汇或即将收到的外汇与持有本国货币具有完全相同的收益，从而避免了汇率变化带来的风险。

非抛补的利率平价是指汇率的预期变化等于国内外利差，用公式表示是：$(S^e-S)/S=r-r^*$，公式左边是汇率的预期变化率。在理性预期的角度，未来汇率的预期值应该等于远期汇率，即 $S^e=F$。因此形式上抛补利率平价与非抛补利率平价是相同的。但是，由于未来的即期汇率实现之前，还会出现各种影响汇率变化的没有预期到的事件发生，因此未来的预期汇率与未来的即期汇率并不一定相等。采用非抛补方式进行外汇买卖，将仍然面临汇率风险。非抛补利率平价可以作为一种外汇投机的工具。对于单个投机者来说，当他预期到非抛补利率平价不成立时，可以进行外汇投机获取汇率变化带来的收益。但是，该收益必须建立在投机者预期正确的基础上。

利率平价成立必须建立在自由交易的外汇市场上。它是大量市场参与者自由交易的结果。经验研究表明，抛补利率平价通常都成立；但非抛补利率平价是否成立受到很大的怀疑。汇率变化的历史数据表明，即期汇率的波动性大大高于远期汇率的波动性，即远期汇率对未来即期汇率的预测能力很差。另外，到底是利差决定了远期汇率，还是市场参与者对未来汇率的预期决定了远期汇率仍然是一个存在争议的问题。

对于受到政府干预的外汇市场，利率平价通常不成立。因为受到资本管制的影响，资本流动受到限制，所以外汇市场的套利机会无法通过外汇供给和需求的自发调整来消除。中国一直以来采取的资本管制制度，使得利率平价长期来处于不成立的状态下。然而，利率平价不成立时，资本总是有动机进行套利。20世纪90年代大量资本外逃和新千年以来持续的短期资本（热钱）非法流入就是这种情形下的必然结果。

参考文献：

Aliber, Robert, The Interest Rate Parity Theorem: A Reinterpretation, *Journal of Political Economy*, 81(6), 1973.

Gandolfo, Giancarlo, *International Economics* Ⅱ: *International Monetary Theory and Open-Economy Macroeconomics*, 2ed, Springer-Verlag, 1995.

Hallwood, C., and Ronald MacDonald, *International Money and Finance*, Blackwell Publishing, 2000.

（黄志刚）

汇率制度
Exchange Rate System

汇率制度也称为汇率安排，是指一国货币当局独自或通过加入国际协定的方式，对本币汇率的确定、维持和调整所做的系统性安排。

在标准的教科书中，为了便于进行理论分析，汇率制度通常被分为固定汇率制度和浮动汇率制度两大基本类型。而在现实中，对于汇率制度的分类往往更为细致和具体。自19世纪中期以来，世界各国先后经历了金本位时期的固定汇率制度、布雷顿森林体系下的固定汇率制度（可调整的钉住汇率制度）和牙买加体系下的浮动汇率制度。应该说，前两个时期的固定汇率制度相对单一，各国的做法基本一致。但是，自20世纪70年代初期起，虽然全球总体上进入了浮动汇率制度时代，但各国的汇率制度则呈现出多元化的趋势，而且出现了官方宣称的制度特征与实际运行的不相符合的情况。据国际货币基金组织于1999年提出的最新分类方法，世界各国的汇率制度可以分为八种类别，即：(1)放弃本国的法定货币；(2)货币局制度；(3)钉住单一货币；(4)钉住一篮子货币；(5)水平波幅内的钉住汇率；(6)爬行钉住；(7)有管理的浮动；(8)自由浮动。参见表1。

表1　汇率制度的类型

汇率制度	主要特征	实行国家
1. 放弃本国的法定货币	使用外国货币作为法定货币(legal tender)	共41个国家，包括：厄瓜多尔、萨尔瓦多、巴拿马等
2. 货币局制度	以法律形式实行固定汇率，当货币发行量增加时，同比例增加相应的外汇储备	共7个国家，包括：爱沙尼亚、保加利亚、文莱等
3. 钉住单一货币	钉住某一主要货币，通常为美元，货币当局干预非常频繁，汇率波幅低于1%	共33个国家，包括：马来西亚、乌克兰、沙特、委内瑞拉、尼泊尔、中国等
4. 钉住一篮子货币	货币篮子通常是由该国主要的贸易伙伴国货币组成的。货币的权数反映了该国贸易、服务和资本流动的国别分布	共8个国家，包括：斐济、拉脱维亚、摩洛哥、博茨瓦纳、利比亚、马耳他、萨摩亚群岛、瓦努阿图
5. 水平波幅内的钉住汇率	汇率波幅通常超过1%	共6个国家，包括：塞浦路斯、匈牙利、丹麦、斯洛文尼亚等
6. 爬行钉住	定期以固定微小幅度调整汇率，或根据本国与主要贸易伙伴国的通胀差异调整汇率	共6个国家，包括：玻利维亚、哥斯达黎加、洪都拉斯、突尼斯、所罗门群岛、尼加拉瓜
7. 有管理的浮动汇率	货币当局干预外汇市场的目的不是为了干预汇率的长期走势，事先也没有特定的目标	共51个国家，包括：阿根廷、印尼、泰国、印度、俄罗斯、越南、巴基斯坦、新加坡等
8. 自由浮动	汇率由市场决定，货币当局干预的目的仅限于防止汇率过度波动	共35个国家，包括：美国、英国、智利、波兰、菲律宾等

资料来源：国际货币基金组织：《汇兑安排与汇兑限制年报》(2004)。

进入20世纪的最后10年，关于汇率制度研究的最重要进展之一是针对汇率制度选择是否正在出现“两极化”趋势的讨论。一些经济学家对上述八种汇率制度做了进一步的划分，他们将最前面两类归为“固定汇率”或“硬钉住”类型，最后面两类归为“浮动汇率”类型，而其余的则归为“中间汇率”或“软钉住”类型(Fischer, 2001)。依据这样的划分，他们认为，在国际资本流动高度发达的情况下，新兴市场经济体的汇率制度选择将逐渐转向“两极化”，即要么采用自由浮动的汇率制度，要么采用具有非常强硬承诺机制的“硬钉住”类型的固定汇率制（如货币联盟和货币局制度）。任何中间汇率制度，包括软的钉住汇率制如可调节的钉住爬行钉住、幅度（目标）汇率制以及管理浮动制等都是不稳定的，而且容易招致金融危机。作为两极汇率制度的主要倡导者，巴里·埃森格林（Barry Eichengreen，2001）认为，唯一可持久的汇率制度是自由浮动制或具有非常强硬承诺机制的固定汇率制，在21世纪介于两者之间的中间汇率制度将会消失。

尽管“硬钉住”汇率制度为决策者提供了易于操作和透明的目标，有助于提高公信力，但这种安排也会严重制约一国的货币政策独立性。而完全自由浮动的汇率制度虽有助于保持一国货币政策独立性，并且便于隔离外部冲击和消除实际经济波动，但汇率的频繁波动则会明显增大企业从事国际贸易和投资的汇率风险，扩大微观经济主体经营活动的不确定性。因此，与汇率制度选择“两极化”观点相对立，以约翰·威廉姆森（John Williamson，2000）为代表的一些经济学家则强调，如果能对国际资本流动进行必要的控制，那么中间汇率制度安排仍将长期存在下去。

自1978年改革开放以来，人民币的汇率制度经历了许多变革和创新，但总体上仍然相对缺乏弹性。从中长期看，进一步提高人民币汇率安排的弹性是一种难以避免的趋势。这是发挥更好地汇率在国际收支调节过程中的作用，以及保持我国货币政策独立性的必然要求。当中国经济深度融入全球经济之后，更多地发挥汇率杠杆的作用不可避免。这是因为，在可供选择的各类国际收支调节工具中，最具直接影响的当属贸易管制、外汇管制和汇率调整这三类（在资本高度自由流动的国家，利率也有明显的影响）。在贸易管制可用、外汇管制严格并且有效的情况下，汇率对国际收支的调节作用可以不占重要地位。事实上，在改革开放后的前20年里，中国国际收支的调节便主要依靠贸易和外汇管制。但是，当贸易管制大幅度放松、外汇管制逐渐放松或者在事实上已经变得十分低效并且成本巨大的时候，汇率的主导性调节地位就呼之欲出了。

扩大人民币汇率安排弹性的另一个重要原因，是维持中国货币政策的独立性。根据“蒙代尔不可能三角”，任何开放经济体都无法同时实现汇率稳定、货币政策独立和资本自由流动这三个政策目标，而只能选择其中之二。目前，中国仍然维持着较为严格的资本管制，因此，同时实现汇率稳定和货币政策独立性的冲突似乎并不明显。但是，伴随着资本管制的逐步放松，这种冲突势必会加剧。中国是一个发展中大国，在一个相当长的时间里，维持货币政策的独立性具有极为重要的意义。因此，当资本账户逐步开放后，只有相应地提高人民币汇率安排的弹性，才能使中国的货币政策继续保持独立性。

进一步扩大人民币汇率制度的弹性，将目前的“参考一篮子货币”改为弹性更大的“管理浮动汇率制”需要创造一些重要条件。其中，最为重要的是深化国内金融体制的改革。近年来，越来越多的研究表明，退出钉住安排能否取得成功在很大程度上与一国国内金融体系的健康状况密切相关。之所以密切相关，是因为在一个较为脆弱的金融体系内，汇率的频繁波动会通过企业“资产负债表效应”拖累银行部门，使银行的不良资产问题变得更为严重。具体地讲，无论是升值还是贬值，都会使一部分企业的资产负债状况恶化，从而导致其债权银行的问题贷款增加。以中国的情况而言，这一点无疑需要引起高度重视。在国内金融体系变得更为健康和稳固之前，人民币汇率制度的任何明显调整都会包含着巨大的风险。

参考文献：

Eichengreen B. , What Problems Can Dollarization Solve? . *Journal of Policy Modeling*, 23, 2001.

Fischer, S. , Exchange Rate Regimes: Is the Bipolar View Correct?, *Journal of Economic Perspectives*, Vol. 15, No. 2, spring 2001.

Frankel, J. Schmukler, S. and Servén, L. , Verifiability and the Vanishing Intermediate Exchange Rate Regime. *In Brookings Trade Forum 2000*, ed. by Susan Collins and Dani Rodrik, The Brookings Institution.

Williamson, John, Exchange Rate Regimes for Emerging Markets: Reviving the Intermediate Option, Peterson Institute for International Economics, 2000.

（张礼卿）

直接标价与间接标价
Direct and Indirect Quotation

明确两种货币的汇率数值，首先要确定以本国货币还是以外国货币作为标准来表示两种货币的相对价格，因选择标准不同，产生两种不同的标价方法：直接标价法和间接标价法。

直接标价法，又称应付标价法，是以一定单位（1、100、1000、10000）的外国货币为标准来计算应付出多少单位本国货币。就相当于计算购买一定单位外币所应付多少本币，所以就叫应付标价法。在国际外汇市场上，包括中国在内的世界上绝大多数国家目前都采用直接标价法。如人民币兑美元汇率为6.3050，即购买1美元须支付人民币6.3050元。

在直接标价法下，若一定单位的外币折合的本币数额比前期更多，则相对于前期汇率而言外币升值或本币贬值；反之，如果要用比原来较少的本币即能兑换到同一数额的外币，则相对于前期汇率而言外币贬值或本币升值。直接标价法与商品的买卖常识相似，例如美元的直接标价法就是把美元外汇作为买卖的商品，以美元为1单位，且单位是不变的，而作为货币一方的人民币，是变化的。一般商品的买卖也是这样，500元买进一件衣服，550元把它卖出去，赚了50元，商品没变，而货币却增加了。

间接标价法，又称应收标价法，是以一定单位（1、100、1000、10000）的本国货币为标准，来计算应收若干单位的外汇货币。在国际外汇市场上，欧元、英镑、澳元、新西兰元等均为间接标价法。如欧元兑美元汇率为1.2705，即1欧元可兑换1.2705美元。在间接标价法中，本国货币的数额保持不变，外国货币的数额随着本国货币币值的变化而变化。如果一定数额的本币能兑换的外币数额比前期少，这表明外币升值，本币贬值；反之，如果一定数额的本币能兑换的外币数额比前期多，则说明外币贬值，本币升值。由此可见，间接标价法与直接标价法下汇率变化的含义相反，所以在引用某种货币的汇率和说明其汇率高低涨跌时，必须明确采用哪种标价方法，以免混淆。

第二次世界大战后，美国成为世界上经济实力最强的国家，美元也因此成为国际经济交往中最主要的结算货币，许多商品如石油、咖啡、黄金都是以美元交易结算，外汇市场中美元交易占很大比例，所以世界主要金融中心都采用美元标价法。美元标价法又称纽约标价法，是指在纽约国际金融市场上，除对欧元、英镑、澳元和新西兰元用直接标价法外，对其他外国货币用间接标价法。

参考文献：

姜波克：《国际金融新编》，复旦大学出版社2007年版。

张碧琼：《国际金融管理学》，中国金融出版社2007年版。

（张碧琼）

三、金融机构体系

金融体系
Financial System

金融体系是指在促进资源配置过程中发挥作用的一系列组织机制，包括各种金融市场、金融工具、金融机构，以及维护和规范各组成部分的活动并发挥支持性作用的管理机构、规章制度。

理论文献中对金融体系的定义有许多不同表述，但其内涵一致。例如，英国的巴克尔与汤普森（Buckle and Thompson，1998）的定义是"金融体系是一种提供融资手段与各种金融服务的、市场与机构的设置集合"。美国的博迪与莫顿（Bodie and Merton，2002）的定义是"金融体系包括市场、中介、服务公司和其他用于实现家庭、企业及政府的金融决策的机构。"加拿大的尼夫（2005）提出"金融体系是一组市场、一些市场上交易的工具，以及为项目提供新资金的金融市场和金融中介……金融体系有助于一国经济的平稳运行，是一国经济发展中的一个极其重要的力量。"中国台湾李荣谦（2007）的定义是"金融体系是所有的金融中介、金融市场、金融工具，以及指导所有资金活动的金融管理规范。"

一般而言，在健康有活力的经济中都存在一个完善的、有效率的金融体系，这样的体系是经济增长的必要条件，同时，有活力的经济也会刺激金融体系的扩展。金融体系的基本框架包括如下内容：

有确定的交易场所。指各种经济主体进行金融交易的场所。确定的交易场所是有组织的金融市场体系的重要组成部分。在确定的交易场所内，不同的融资需求和融资条件形成不同的交易区域（即不同的交易场所），并有相应的工具对应。金融工具的种类、性质、数量反映出经济运行中盈余部门和赤字单位之间，以及金融机构和非金融机构之间错综复杂的关系。就一个具体的、特定的金融市场而言，市场可以是有形的，也可以是无形的。有形的金融市场一般有固定的交易场所，拥有特定的地理位置，如，上海证券交易所、纽约证券交易所；无形的金融市场是指没有特定地点的交易市场，如股票、证券的柜台交易市场（即场外交易市场），往往是指全球范围内或在一定区域连接交易商及其客户计算机和远程通信系统的集合。

有明确的交易载体和交易价格。在相应的金融市场内，会有组织地发行可交易的金融工具。一方面，这些金融工具以书面法律文件形式存在，受到法律的约束和保护，避免了因融资载体自身不足而造成的融资补偿问题。另一方面，这些金融工具公开发行和销售，可以灵活转让，可以满足不同融资规模的需求，从而使最终借贷者克服了在期限、数量方面存在的障碍。此外，金融工具通过合理的价格机制，确定适当价格（即利率），从而既保证了资金借贷交易的统一性，又保证了交易的规范性，便于维护金融交易的秩序。

有多元化的金融中介机构组织。金融工具的存在直接为资金借贷交易提供了载体，但这一载体并非凭空而生，是由一定的金融中介机构直接创造出来或辅助创造出来的。在有组织的金融市场体系中，在相应的金融市场内部，存在许多种类的金融机构。其中有些金融机构提供辅助金融服务，帮助企业通过股权凭证和债权凭证的发行和销售，直接向社会储蓄部门进行筹资;有些金融机构则直接承载资金转移,如商业银行、保险公司、养老基金等(其中,人们关注最多的是商业银行)先发行某种类型的间接融资证券,吸收储蓄部门的剩余资金,而后再将资金运用到需要投资的部门,帮助企业间接完成向储蓄部门的融资。概括而言,各种金融机构通过从事两方面基本活动,推动融资:一方面创造各种金融工具以便利金融交易,另一方面又参与金融工具的买卖实现其自身作为独立经济实体对利益的追求。无论是哪一种类型的金融中介机构,通过各自的专业化运作和规模化经营,都直接或间接充当了资金剩余单位与资金短缺单位进行资金交易的中介载体。事实上,金融机构概念的内涵一直处于不断地深化和丰富之中。

有规范交易的各项金融法规以及监管机构。在金融交易中,各微观主体的利益不同,交易的出发点和选择的交易手段会有不同,从而使交易过程所面临的风险及其产生的危害或程度也有所不同。因而在有组织的金融体系中,除强调交易主体的自律性,还专设各种监管机构,并为各种金融交易制定一定规则,比如各种对金融交易进行规范和支持性的管理规定;各种为防止金融交易欺诈行为或极度风险的专门性法规建设。

参考文献:

[美]兹维·博迪、[美]罗伯特·C·莫顿:《金融学》,高等教育出版社2002年影印版。

[美]尼夫:《金融体系:原理和组织》,中国人民大学出版社2005年版。

李荣谦:《货币银行学》,台湾智胜文化事业有限公司2007年版。

马丽娟:《金融市场、金融机构与工具》,中国人民大学出版社2009年版。

Buckle and Thompson, *The UK Financial System: Theory and Pratice*, Manchester University Press, 1998.

(马丽娟)

金融中介
Financial Intermediary

金融中介是指在经济金融活动中充当媒介体,为资金盈余者和资金需求者提供条件,促进资金从储蓄者向借款人转移,为金融活动提供相关辅助服务的组织。

在现代经济中,各类行为主体货币收入消费后的盈余形成储蓄,储蓄构成投资的来源,但储蓄与投资是两个相对分离的范畴,并不是自然联系在一起。于是,储蓄向投资的转化即融资成为经济运行中一个重要的问题,金融中介便是处于储蓄向投资转化的中间环节。随着经济的高度发展和金融活动的日益复杂,在现实经济金融活动中,金融机构在提供融资服务的同时,还提供着其他各类金融服务。在金融发展的早期阶段,充当金融中介的既有法人机构,也有自然人。特别是在民间借贷(一般是高利贷)中,自然人居中介绍并收取手续费的行为比较普遍。但随着金融发展和金融活动的规范化,除互相帮助性质的民间借贷行为以外,属于经济目的的民间借贷行为逐渐被各国法律所禁止,自然人便失去了充当金融中介的资格。因此,在现代金融体系中,金融活动一般不再包括民间借贷,尽管民间借贷在许多国家特别是在欠发达国家的边远地区仍然存在。相应地,在现代金融体系中,充当金融中介的都是具有法人资格的金融机构。

金融中介的定义口径有三个,即宽口径、中口径和窄口径。资金供需双方融资和其他金融活动的实现是一个过程,因此,从严格意义上讲,为资金供给者和需求者实现资金融通和其他金融活动而提供服务的金融机构、实现资金融通和其他金融活动的场所——各类金融市场,以及融资和其他金融活动的过程安排与机制等都应涵盖于金融中介的范畴之内。这是宽口径的定义和理解,也是在英文文献中经常使用的金融中介(Financial Intermediation)的内涵。但在现实金融活动中,融资和其他金融活动的过程安排及其运作机制是包括在金融机构的各种业务运作和各类金融市场的组织与运行之中,因此,金融中介又可从金融机构和金融市场两方面来定义,这是中等口径的定义法。由于金融市场有其复杂的组织方式和运行机理,特别是随着科技成果的广泛运用和各种复杂的金融工具定价方式的出现,金融市场已成为一个相对独立的研究范畴和专门的研究体系,因此,对金融中介又有了一个较窄的定义口径,即专指从事金融业务的各类金融机构,即英文文献中使用的Financial Intermediary或Financial Institution。本条目采用窄口径定义法。在一般的行文中,金融中介、金融机构、金融中介机构基本上是通用的。

在目前所有的金融中介机构中,商业银行历史最悠久、规模和影响最大,它以接受存款、提供贷款和办理转账结算为基本业务,其他金融机构都是在商业银行发展和新兴业务发展基础上建立的,以致在历史上很长的时期内,"商业银行"或"银行"基本上是金融机构的代名词。

从中央银行货币控制角度出发,金融机构可分为存款货币机构和非存款货币机构,其中存款货币机构又可分为存款货币银行机构和特定存款机构。在中国人民银行颁布的《金融机构编码规范》中将存款货币机构分为银行业存款类金融机构(银行、城市信用合作社、农村信用合作社、农村资金互助社、财务公司)和银行业非存款类金融机构(信托公司、金融资产管理公司、金融租赁公司、汽车金融公司、贷款公司、货币经纪公司)。货币当局资产负债表与存款货币银行资产负债表合并形成货币概览,货币概览与特定存款机构资产负债表合并形成银行概览,一个国家的货币供应情况即可从货币概览和银行概览中得到反映。在国际货币基金组织的统计中,金融机构便是按这一标准分类。

从金融机构在金融活动中的业务特点和基本功能出发,可将金融机构划分为以下四大类:(1)商业银行及其他以融资业务为主的存款类金融中介机构,主要是商业银行、政策性银行、储蓄银行、城市信用合作社、农业信用合作社、财务公司、金融资产管理公司、金融信托投资公司、金融租赁公司等;(2)证券公司及其他以投资服务业务为主的投资类金融中介机构,主要有投资银行(证券公司)、投资基金管理公司、证券交易所等;(3)保险公司及其他以保障服务业务为主的保障类金融中介机构,主要指各类保险公司和养老基金等;(4)以金融信息咨询业务为主的信息咨询服务类中介机构,主要有信用评估公司、征信公司、会计师事务所、提供金融法律服务业务为主的律师事务所等。

参考文献:

[美]米什金:《货币金融学》,中国人民大学出版社1998年版。

[英]约翰·伊特韦尔等:《新帕尔格雷夫经济学大辞典》,经济科学出版社1996年版。

王广谦:《金融中介学》,高等教育出版社2011年版。

(马丽娟)

中央银行
Central Bank

中央银行是制定和执行货币政策、监督管理金融业、在金融体系中处于核心地位的特殊金融机构。

中央银行的历史起源,大致可以追溯到17世纪中后期。在此之前,习惯上称为商业银行的银行已经存在和发展了相当长的一个时期。此时,商品经济在欧洲已得到很大发展,货币关系与信用关系广泛存在于经济和社会体系之中。但这时的银行信用体系还很脆弱,银行券的分散发行由于其发行银行的经营和信誉问题使其被社会接受的程度差异很大,票据交换业务的迅速增长使其清算的速度减缓,许多银行因支付困难而破产倒闭使经济运行不断受到冲击,等等。一方面,这些矛盾的出现和不断积累为中央银行的产生提出了客观的内在要求。另一方面,国家对经济、金融管理的加强又为中央银行产生提供了外在动力。中央银行的产生便是这两种力量共同作用的结果。当国家通过法律或特殊规定对某家银行或新建一家银行赋予某些特权并要求其他所有银行和金融机构以及整个经济、社会体系接受该银行的这些特权时,中央银行制度便形成了,享有特定授权并承担特定责任的银行便成为中央银行。

在谈到最早的中央银行时,一般会提到瑞典银行和英格兰银行。瑞典银行成立于1656年,最初是一般的私营银行,1668年政府出面将其改组为国家银行,1897年,完成了向中央银行转变的关键一步。英格兰银行成立于1694年,虽然比瑞典银行的成立晚,按照中央银行的基本性质与特征及其在世界中央银行制度形成过程中的历史作用来看,英格兰银行则是最早全面发挥中央银行功能的银行。19世纪和20世纪初,在当时资本主义经济与金融比较发达的地区,出现了中央银行成立与发展的第一次高潮,许多国家的中央银行相继成立,法兰西银行、西班牙银行、德国国家银行、日本银行等就是成立于这一时期。1913年美国建立的联邦储备体系,是这一阶段最后形成的中央银行制度,同时也标志着中央银行初建阶段的基本结束。

从第一次世界大战开始到第二次世界大战结束的30多年间,一些新的国家走向独立,也有一些国家联为一体,因此中央银行的建立与重组亦随之变动较大。从1944年国际社会建立布雷顿森林货币体系到70年代初该体系解体的近30年间,中央银行制度的发展主要表现在两方面,一是欧美国家中央银行以国有化为主要内容的改组和加强,美洲少数前期未设立中央银行的国家在这一时期基本上也都建立了自己的中央银行;二是亚洲、非洲等新独立的国家普遍设立中央银行。这一时期新成立的中央银行绝大部分是由政府直接组建,并借鉴了欧美中央银行发展的经验,使中央银行直接具备了比较全面的现代中央银行的特征。经济和金融发展较晚的亚洲和非洲国家中央银行的普遍设立,完成了中央银行制度在全世界范围内的扩展。目前除极少数的殖民地、附属国外,几乎所有国家都设立了自己的中央银行,中央银行制度普遍成为世界各国的一项基本经济制度。

中国虽然在古代就有银钱业的发展,货币起源更可追溯至4000年前,但现代意义上的银行在中国却出现较晚,中央银行制度的萌芽也只能追溯到20世纪初。1904年清政府设立的户部银行,成为中国最早出现的具有部分中央银行职能的国家银行。1908年户部银行更名为大清银行,1912年改组为中国银行。1913年交通银行(1908年成立)也取得了法偿货币的资格以及“分理国库”的特权,实际上也就具有了部分中央银行职能。1924～1926年孙中山曾先后在广州和武汉成立过中央银行,但存在的时间都很短,并没有真正行使中央银行的基本职能。1927年南京国民政府成立,制定了《中央银行条例》,于1928年11月新成立了中央银行,同时对中国银行和交通银行进行了改组,规定中国银行为政府特许的“国际汇兑银行”,交通银行为政府特许的“发展全国实业之银行”。但这时中国银行和交通银行仍享有货币发行权。1933 年成立的中国农民银行也具有发行兑换券的权力。1935 年 12 月国民政府实行币制改革,规定以中央银行、中国银行、交通银行三家银行所发行的钞票为法定货币,其他商业银行的发行业务由这三家银行接收。中国农民银行虽未加入法币集团,但它发行的钞票仍准许与法币同时流通。法币改革在一定程度上确立了中央银行的特定职能,终结了中国货币同白银的联系,顺应经济发展的需要改行纸币,这是中国货币制度的一大进步。1937 年 7 月,国民政府为应付战时金融紧急情况,成立了四行联合办事总处,1939 年对四联总处进行了一次大的改组,由四行之间的联系机构改变为中国金融的最高决策机构。在这次改组中,中央银行的地位明显加强,1942 年 7 月 1 日,四联总处对四家银行的业务又作了重新划分,货币发行权完全集中到了中央银行,代理国库、调剂金融市场,外汇储备和金银储备管理也集中到了中央银行。至此,中央银行的职能基本上健全起来。中国的中央银行制度得到了较大的发展。

在国民政府下中央银行制度发展的同时,共产党领导的革命根据地的中央银行也在建立和形成之中。1931 年 11 月,在江西瑞金成立了中华苏维埃共和国临时中央政府,并于 1932 年 2 月成立了国家银行,该行享有发行货币的特权,并代理国库、代发公债及还本付息等中央银行及商业银行业务。在革命根据地建设中发挥了重要作用。

新中国的中央银行是中国人民银行。中国人民银行于 1948 年 12 月 1 日在原解放区的华北银行、北海银行和西北农民银行的基础上在石家庄建立,并在当日统一发行了第一套人民币。1949 年 2 月,中国人民银行总行迁至北京,各解放区的银行逐步合并改组为中国人民银行的分行。中华人民共和国成立后,对国民政府时期的银行采取了不同的政策,由中国人民银行接管了原国家资本银行,取缔了外国在华银行的特权,整顿改造了民族资本银行,将全国的农业、工业、商业、短期信贷业务和城乡居民储蓄业务全部集中于中国人民银行,并在全国各地设立了中国人民银行的分支机构。作为发行的银行和政府的银行,中国人民银行成为新中国的中央银行。

中国人民银行成立和发展的过程中,经历了几个不同的历史阶段,新中国成立后不久至 1978 年底以前,全国实际上只有中国人民银行一家银行,有些银行虽然在名义上存在,同时也还有农村信用社等金融机构,但这些银行和金融机构实际上没有独立的或真正意义上的银行业务,中国人民银行同时具有中央银行和商业银行的双重职能。1979 ~ 1983 年,中国人民银行的双重职能开始逐步剥离,中央银行的职能逐步增强。1983 年 9 月,国务院作出《关于中国人民银行专门行使中央银行职能的决定》,1984 年 1 月 1 日,中国工商银行成立,中国人民银行承担的工商信贷、城乡储蓄等非中央银行业务划归工商银行,中国人民银行从双重职能转变为专门行使中央银行职能。1986 年 1 月,国务院发布《中华人民共和国银行管理暂行条例》,首次以法规形式规定了中国人民银行作为中央银行的性质、地位与职能。1995 年,《中华人民共和国中国人民银行法》的颁布实施,标志着中国现代中央银行制度正式形成并进入法制化发展的新阶段。

中央银行是特殊的金融机构。从中央银行业务活动的特点看,它是发行的银行、银行的银行和政府的银行。从中央银行发挥的作用看,它承担着监督管理普通金融机构和金融市场的重要使命,是货币供给的提供者和信用活动的调节者,负有重要的公共责任。因此,中央银行的性质既是为商业银行等普通金融机构和政府提供金融服务的特殊金融机构,又是制定和实施货币政策、监督管理金融业、规范与维护金融秩序、调控金融和经济运行的宏观管理部门。

中央银行的职责由中央银行的性质所决定,现代各国中央银行的职责大致相同。按照法律规定,中国人民银行履行下列职责:发布与履行其职责有关的命令和规章;依法制定和执行货币政策;发行人民币,管理人民币流通;监督管理银行间同业拆借市场和银行间债券市场;实施外汇管理,监督管理银行间外汇市场;监督管理黄金市场;持有、管理、经营国家外汇储备、黄金储备;经理国库;维护支付、清算系统的正常运行;指导、部署金融业反洗钱工作,负责反洗钱的资金监测;负责金融业的统计、调查、分析和预测;作为国家的中央银行,从事有关的国际金融活动;国务院规定的其他职责。

中央银行在履行自身职责时具有一定的独立性,即根据法律赋予的权力,在货币政策制定和实施中有一定的自主权。中央银行的独立性比较集中地反映在中央银行与政府的关系上。经过多年的争论和探讨,目前学术界对中央银行的独立性问题已逐步达成共识:中央银行应对政府保持一定的独立性,但这种独立性只能是相对的;与此同时中央银行还要处理好与各部门之间的关系。

参考文献:
黄达:《货币银行学》,中国人民大学出版社 2000 年版。
戴相龙:《中国人民银行五十年》,中国金融出版社 1998 年版。
盛慕杰:《中央银行学》,中国金融出版社 1989 年版。

黄达、刘鸿儒、张肖:《中国金融百科全书》,经济管理出版社 1990 年版。
[美]P. 金德尔伯格:《西欧金融史》,中国金融出版社 1991 年版。
[美]F. S. 米什金:《货币金融学》,中国人民大学出版社 1998 年版。
[美]本杰明·M·弗里德曼:《货币经济学手册》,经济科学出版社 2002 年版。

(王广谦)

商业银行
Commercial Bank

现代商业银行是以获取利润为经营目标、以多种金融资产和金融负债为经营对象、具有综合服务功能的金融企业。

早期的商业银行由于从事短期性商业融资而被称为"商业银行",但现代商业银行的业务范围早已超出工商业存、放款范畴。现代商业银行除经营传统的存款、贷款、汇兑业务外,还直接或间接经营证券、保险、信托等业务以及许多表外业务。商业银行逐渐成为综合性的"金融百货公司"。

现代商业银行是随着资本主义生产方式的产生和发展而逐步形成的。1694 年英格兰银行的成立标志着现代商业银行的诞生。20 世纪 70 年代以来,随着全球金融市场一体化趋势的增强,世界银行业竞争日益激烈,金融创新层出不穷,银行业务的传统界限逐渐被打破,很多国家对商业银行经营业务的限制趋于放松。现代商业银行在经济活动中发挥着信用中介、支付中介、信用创造、金融服务等基本职能,对整个社会经济生活发挥着重要的作用。

商业银行的业务基本上可以分为三类,即负债业务、资产业务和中间业务。负债业务是商业银行以自有资本为基础来吸收外来资金的业务,包括存款业务和借款业务(金融债券),其中最重要的业务是存款业务。商业银行存款业务按期限可分为活期存款、定期存款、储蓄存款三种类型。资产业务是商业银行运用自有资金和负债以获取收益为目的而开展的业务,主要由贷款和投资两部分组成,其中又以贷款业务为核心,商业银行贷款可分为短期贷款、长期贷款、抵押贷款、信用贷款等多种形式。中间业务是商业银行不运用自己的资金,代替客户办理款项收付和其他委托事项而收取手续费的业务。这三大类业务中,资金的存取贷放是商业银行最基本的业务,是其他各种业务的基础。

我国全国人大 2003 年 12 月通过修改的《商业银行法》第 11 条规定:"设立商业银行,应当经国务院银行业监督管理机构审查批准。未经国务院银行业监督管理机构批准,任何单位和个人不得从事吸收公众存款等商业银行业务,任何单位不得在名称中使用'银行'字样。"我国的金融业目前实行分业经营。商业银行不得从事信托投资和股票业务,不得投资于非自用不动产,不得向非银行金融机构和企业投资。

目前我国商业银行体系的构成大致有四类:一是国有大型商业银行,包括中国工商银行、中国农业银行、中国银行、中国建设银行以及交通银行;二是股份制商业银行,包括中信银行、光大银行、民生银行、招商银行等;三是城市商业银行,包括上海银行、北京银行、南京银行等;四是其他商业银行,主要有中国邮政储蓄银行、农村商业银行和外资银行等。

参考文献:

戴国强:《商业银行经营学》,高等教育出版社 2011 年版。
[美]彼得·S·罗斯、[美]西尔维亚·C·赫金斯:《商业银行管理》,机械工业出版社 2011 年版。
彭建刚:《商业银行管理学》,中国金融出版社 2009 年版。

(李俊峰)

股份制商业银行
Shareholding Commercial Bank

股份制商业银行指通过股份制方式筹集银行资本,并通过股份制公司形式进行经营管理的商业银行。在我国,主要是指与中国工商银行、中国建设银行、中国农业银行和中国银行这四大国有商业银行相区别的,在全国范围内开展业务的商业银行。

1986 年 7 月,国务院根据经济体制改革的需要,批准恢复设立交通银行。交通银行是我国第一家股份制商业银行。根据中国银行业监督管理委员会的统计标准,我国现有 12 家股份制商业银行,它们是中国光大银行、上海浦东发展银行、招商银行、华夏银行、中信银行、兴业银行、广东发展银行、深圳发展银行、中国民生银行、恒丰银行、浙商银行和渤海银行。

股份制商业银行体现了资本社会化性质,与社会主义市场经济体制相适应,与传统的国有商业银行相比,具备完善的公司治理结构,经营管理规范化。股份制商业银行从建立伊始,就脱离了各种行政隶属关系,以股东大会、董事会、监事会约束企业的经营行为,按照"自主经营、自担风险、自负盈亏、自我约束"的原则进行经营管理,在业务上不受或少受地方政府干预,具有很大的独立性。

我国股份制商业银行虽然起步较晚,但发展迅速,已成为我国银行体系中的重要组成部分,在金融系统的运作中发挥着填补国有银行资金利用空白、增强银行业竞争力、为中小企业融资、开拓多样化金融服务等重要的作用。

参考文献：
王力:《国有商业银行股份制改革》,社会科学文献出版社2008年版。
李浩:《股份制商业银行发展战略研究》,载于《金融研究》2005年第1期。

（李俊峰）

城市商业银行
City Commercial Bank

城市商业银行是在城市信用合作社的基础上,由城市企业、居民和地方财政投资入股组成的股份制商业银行。其前身是城市合作银行。1995年9月,国务院发布了《国务院关于组建城市合作银行的通知》,开始在一些城市进行城市合作银行组建的试点工作,并明确提出城市合作银行的主要任务是"为本地区经济的发展,特别是城市中小企业的发展提供金融服务"。

之所以要在城市信用合作社的基础上组建城市合作银行,是基于当时存在的两种状况:一是伴随着市场经济体制改革的逐步推进,城市集体经济、个体经济实力不断发展壮大,但却缺乏正规金融的支持;二是当时全国有5000多家城市信用合作社,普遍存在规模小、风险大、资金成本高、业务经营违规多、经营管理混乱等问题,其中相当数量的城市信用合作社是由银行、政府或企事业单位组建的,合作性质十分淡薄,实质为面向社会经营的小型商业银行。在这种背景下,为解决城市信用合作社存在的问题,规避金融风险,发挥规模效应,国家决定在城市信用合作社清产核资的基础上,通过吸收地方财政、企业入股组建城市合作银行,依照商业银行经营原则为地方经济发展服务,为中小企业发展服务。组建后的城市合作银行实行"一级法人"体制,加入城市合作银行的城市信用合作社相应取消独立法人地位,成为城市合作银行的分支机构,其债权债务转为城市合作银行的债权债务。1998年,城市合作银行全部改名为城市商业银行。

城市商业银行在发展初期,普遍存在人员素质差、不良资产率高、经营不规范等问题,经营困难。通过多种方式处置不良资产、补充资本金、计提拨备、完善经营管理体制等一系列改革,城市商业银行的经营效益明显改善,抵御风险的能力有了较大的增强。经营地域的差异导致了城市商业银行的两极分化,北京、上海及江浙等发达城市的城市商业银行受惠于当地经济的良好与快速发展,规模扩展迅速,资产质量不断提高,其良好的经营状态又进一步促使其获得更多的资源与政策优惠,如北京银行2005年引进境外战略投资者、2006年获准跨区经营、2007年在上海证券交易所上市,之后,成立香港代表处、荷兰阿姆斯特丹代表处,发起设立国内首家消费金融公司——北银消费金融公司,合资设立中荷人寿保险公司等,截至2014年年底,北京银行资产总额达到1.52万亿元,不良贷款率为0.86%,在英国《银行家》杂志2014年最新公布的全球1000家大银行排名中,北京银行按一级资本排名第99位。但总体来说,与大型商业银行和股份制商业银行相比,城市商业银行仍普遍存在产品创新能力差、风险防范能力较弱等问题。

截至2014年年末,全国共有133家城市商业银行,资产总额为18.08万亿元,负债总额为16.84万亿元,所有者权益总额为1.25万亿元,城市商业银行已经成为我国商业银行体系的重要组成部分。

参考文献：
国务院:《国务院关于组建城市合作银行的通知》,1995年9月。
银行业监督管理委员会:《城市商业银行监管与发展纲要》,2004年11月5日。

（贾玉革）

农村商业银行
Rural Commercial Bank

农村商业银行是由辖内农民、农村工商户、企业法人和其他经济组织共同发起成立的股份制地方性金融机构。主要任务是为当地农民、农业和农村经济发展提供金融服务,促进城乡经济协调发展。农村商业银行是在农村信用社改革的背景下产生的,主要以农村信用社和农村信用社县(市)联社为基础组建。经中国人民银行批准,2001年11月,国内首家农村商业银行——张家港市农村商业银行正式挂牌营业。

2003年6月,国务院出台了《国务院关于印发深化农村信用社改革试点方案的通知》,正式启动了新一轮农村信用社改革,"在经济比较发达、城乡一体化程度较高、信用社资产规模较大且已商业化经营的少数地区,可以组建股份制银行机构。"2003年9月,中国银监会制定并发布了《农村商业银行管理暂行规定》,对农村商业银行的组建、经营管理和监管进行了规范。2004年8月,国务院下发《国务院办公厅关于进一步深化农村信用社改革试点的意见》,进一步明确了"在组织形式上,有条件地区的农村信用社可以改制组建农村商业银行"。2004年8月,深化农村信用社改革试点启动后第一家农村商业银行——江苏吴江农村商业银行成立,这也是中国银监会成立以来全国第一家改制组建的股份制农村商业银行。

根据《农村商业银行管理暂行规定》，设立农村商业银行应当具备下列条件：有符合本规定的章程；发起人不少于500人；注册资本金不低于5000万元人民币，资本充足率达到8%；设立前辖内农村信用社总资产10亿元以上，不良贷款比例15%以下；有具备任职所需的专业知识和业务工作经验的高级管理人员；有健全的组织机构和管理制度；有符合要求的营业场所、安全防范措施和与业务有关的其他设施；中国银行业监督管理委员会规定的其他条件。农村商业银行高级管理人员任职资格条件比照城市商业银行高级管理人员任职资格规定执行。农村商业银行高级管理人员任职资格由中国银行业监督管理委员会批准。

经中国银行业监督管理委员会批准，农村商业银行可经营《中华人民共和国商业银行法》规定的部分或全部业务。农村商业银行资产负债比例管理按照《中华人民共和国商业银行法》规定执行。农村商业银行要将一定比例的贷款用于支持农民、农业和农村经济发展，具体比例由股东大会根据当地农村产业结构状况确定，并报当地省级银行监管机构备案。银行监管机构应定期对农村商业银行发放支农贷款情况进行评价，并可将评价结果作为审批农村商业银行网点增设、新业务开办等申请的参考。并规定农村商业银行执行国家统一的金融企业财务会计制度。

虽然农村商业银行是我国农村金融格局中的新生事物，但其经营业绩、社会声誉和知名度已经得到了前所未有的提高。农村商业银行与其他商业银行相比，进行差别化定位和差别化经营，立足于支持地方经济的发展，服务"三农"、服务中小企业和个体民营经济、服务优质客户。农村信用社实现制度变迁，建立股份制的商业银行组织，使其具有了新的发展机制和更大的发展空间。但是农村商业银行是在农村信用社的基础上组建起来的，其内部制度和外部政策环境都带有深刻的农村信用社痕迹，仍面临着诸多与股份制商业银行这一制度安排不相适应的困境和约束。因此，继续深化农村信用社的改革是农村商业银行发展的先决条件。

（李德峰）

政策性银行

Policy Bank

政策性银行是指由政府创立或担保、以贯彻国家产业政策和区域发展政策为目的、具有特殊的融资原则、不以营利为目标的金融机构。设立政策性银行的理论基础是"市场失灵"的存在——资金的趋利性使市场机制在配置资金时出现"马太效应"：资金由低效率地区、低收益领域向高效率地区和高收益领域流动，使发达地区、成熟产业、大企业资金供给更加充足，急需资金的不发达地区、农业等基础产业、小企业等反而出现资金流失。政策性银行是政府参与资金配置的特定方式与途径，是解决"市场失灵"问题的有效方法。

政府参与资金配置的规范途径主要有：一是政府通过预算安排，实现财政性资金流向市场失灵领域；二是政府可以设置政策性银行，通过一部分财政投入安排或者政府优惠政策，借助于市场化的运作机制，调动、引导更多的社会资金进入政府支持和鼓励发展的领域。这两种途径相比，预算途径的资金配置具有无偿性、强制性等特点，能够非常直接有效地服务于政策目标，但是资金规模会受到诸多限制，同时以预算拨款通过行政安排方式配置资金的效率在开发领域一般较为低下；而以政策性银行方式可以构建"政策性导向、市场化运作、专业化管理"的混合机制和放大机制，把不以营利为目的的政府资金以有偿而优惠的方式运用于市场失灵领域。就效率、规模和灵活性而言，政策性银行途径比财政直接投入方式更具优势（贾康、孟艳，2009）。由此可知，政策性银行的产生和发展是国家干预、协调经济的产物。20世纪30年代的经济萧条时期，美国、德国、法国、英国等国由政府出资先后在农业、进出口、小企业、住房等领域成立了各种形式的政策性银行；第二次世界大战之后到20世纪60年代，日本、韩国、印度等赶超型国家迅速建立了覆盖领域非常广泛的政策性银行体系，政策性银行被广泛应用于各国经济复兴计划或经济赶超战略，逐渐成为各国金融体系中不可或缺的组成部分。

作为特殊的金融机构，政策性银行具有不同于商业银行的特点：一是资本金多由政府财政拨付；二是具有双重经营目标：既有维护国家整体利益、社会效益的政策性目标，也有保本微利、坚持银行"三性"经营原则的市场性目标；三是主要依靠发行金融债券或向中央银行举债获得资金来源，一般不面向公众吸收存款；四是有特定的业务领域，不与商业银行争利。

双重经营目标是政策性银行的典型特征，也是其设立的立论基础。但是，双重经营目标却决定了政策性银行经营中的两难选择：市场性目标要求政策性银行在实现政策性目标过程中，首先必须遵循商业性贷款的基本原则，以资金的本金安全和贷款按期回收作为发放贷款的前提，但这很可能导致某些应该受到政策支持的产业和企业得不到相应资金支持，从而使政策性目标难以实现。但如果过于强调政策性目标，又很有可能导致政策性资金遭到无约束的占用，资金的循环利用机制难以建立，银行的业务经营难以为继。在现实的各国政策性银行发展过程中，普遍存在着或者过分倾向于市场性目标或者过分倾向于政策性目标的问题。过分倾向于市场性目标，会诱发政策性银行滥用政府提供的优惠条件，导致不公平竞争和金融市场混乱，典型的例子是美国的“两房”借助政府的信用大力发展房地产贷款抵押市场从中获取高额利润，但最终导致房地产贷款抵押市场出现泡沫，并引发“次贷危机”波及整个金融体系乃至实体经济；过分倾向于政策性目标，则产生政府的过度干预，导致政策性银行陷入财务危机，如菲律宾开发银行由于政府部门及政府官员对贷款业务插手过多，导致不良资产高达50%，被迫进行改组和整顿（贾康、孟艳，2009）。

双重经营目标的两难选择推动着政策性银行的变革。20世纪90年代以后，一些国家对本国的部分政策性银行进行了商业化改革。突出表现：将政策性银行的股权结构由单一政府股东转向多元化；扩大政策性银行经营的业务种类与范围；经营机制上引进现代公司治理制度，建立风险管理系统，注重稳健经营和提高效率；监管方式借鉴对商业银行的监管要求，促使政策性银行实现其财务可持续性等。需要说明的是，部分政策性银行的商业化改革并不意味着对政策性银行制度的全盘否定，“市场失灵”是政策性银行制度长期存在的客观基础，回顾政策性银行发展的近百年历史，也会发现伴随着经济发展阶段的变迁，政策性银行的业务领域也会相应出现顺序更替的演进过程，一些原有的政策性需求转为商业化，新的政策性需求产生。

1994年，适应经济发展需要，按政策性金融与商业性金融相分离的原则，我国相继设立了三家政策性银行，即国家开发银行、中国进出口银行、中国农业发展银行。国家开发银行的主要任务是筹集和引导境内外资金，向国家基础设施、基础产业和支柱产业的大中型基本建设和技术改造等政策项目及其配套工程发放贷款；中国进出口银行的主要任务是执行国家产业政策和外贸政策，为扩大机电产品和成套设备等资本性货物的出口提供政策性融资支持；中国农业发展银行则主要是筹集农业政策性信贷资金，支持农业和农村经济发展。中国政策性银行的发展历史比较短，政策性银行的内部治理结构、管理体制与运行机制都存在较多问题。随着我国现代市场经济体制的逐步确立，政策性银行所面对的外部环境发生变化，带有补贴性、政府指令的政策业务逐渐减少，我国的政策性银行也面临着改革。

2007年的全国金融工作会议正式确立了对三家政策性银行改革的原则和思路。2014年，三家政策性银行的改革方案得以确定：国家开发银行坚持开发性金融机构定位，依托信用支持、市场运作、保本微利的优势，进一步完善开发性金融运作模式，通过开展中长期信贷和投资等金融业务，为国民经济重大中长期发展战略服务；中国进出口银行进一步强化政策性职能定位，坚持以政策性业务为主体，充分发挥其在支持外贸发展、实施“走出去”战略中的功能与作用；中国农业发展银行支持以政策性业务为主体，通过建立规范的治理结构和决策机制，增强其可持续发展能力。政策性银行改革是个复杂的问题，中国的政策性银行改革需要结合中国的国情，实事求是地借鉴政策性银行改革的国际经验，有序推进。

参考文献：

贾康、孟艳：《政策性金融何去何从：必要性、困难与出路》，载于《财政研究》2009年第3期。

白钦先、谭庆华：《政策性金融功能研究：兼论中国政策性金融发展》，中国金融出版社2008年版。

贾康、孟艳：《政策性金融演化的国际潮流及中国面临的抉择》，载于《当代财经》2010年第12期。

（贾玉革）

储蓄银行
Savings Bank

储蓄银行是专门吸收居民小额储蓄存款，并用于发放各种抵押贷款的银行性机构。储蓄银行因其机构性质或业务性质的不同，又称为“互助储蓄银行”、“信托储蓄银行”、“住房储蓄银行”、“邮政储蓄”和“储蓄贷款协会”等。

储蓄存款的金额比较分散，但存款期限比较长，由于储蓄存款余额较为稳定，因此储蓄银行是长期信贷和长期投资市场上主要资金提供者。在过去，储蓄银行的业务活动受到很多限制，如不能经营支票存款、不能经营一般工商贷款。但随着金融管制的放松，储蓄银行的业务不断扩大，有些储蓄银行已经可以经营商业银行的许多业务了。

储蓄银行的资金来源除了自身自有资本外，主要依靠吸收小额居民储蓄存款，各种存款占其总负债的比重达80%左右。此外，还通过同业拆借方式借入资金，其资产业务主要用于中长期的贷款，如发放中长期不动产抵押贷款，购入政府债券、公司债券与股票，向市政机构发放市政建设项目贷款等。近年来，储蓄银行开始涉足商业贷款与消费信贷。

我国专门办理储蓄业务的金融机构是中国邮政储蓄银行。我国的邮政储蓄业务在1986年恢复发展，经过20多年的发展，现已建成全国覆盖城乡网点面最广的个人金融服务网络。

参考文献：

喻晓帆：《中国邮政储蓄银行及其小额信贷业务》，经济科学出版社2012年版。

张维：《金融机构与金融市场》，科学出版社2008年版。

（李俊峰）

村镇银行
Village Bank

村镇银行是经中国银行业监督管理委员会依据有关法律、法规批准，由境内外金融机构、境内非金融机构企业法人、境内自然人出资，在农村地区设立的主要为当地农民、农业和农村经济发展提供金融服务的银行业金融机构。村镇银行作为我国新型农村金融机构中的一种，与小额贷款公司、农村资金互助社和贷款公司这三类新型农村金融机构一起发挥着服务农村金融、支持社会主义新农村建设的重要作用。

村镇银行的设立是由我国农村地区金融供给的状况决定的。广大农村地区面临银行业金融机构网点覆盖率低、金融供给不足、竞争不充分等问题。为了进一步推动农村金融改革的步伐，激活农村金融市场、增强市场竞争氛围，建立健全农村地区金融组织体系，2006 年 12 月，中国银监会发布了《中国银行业监督管理委员会关于调整放宽农村地区银行业金融机构准入政策更好支持社会主义新农村建设的若干意见》，提出要进一步调整和放宽农村地区银行业金融机构的准入门槛，推动农村金融市场进一步开放。在这一政策背景下，各种新型农村金融机构应运而生。2007 年 1 月，中国银监会制定并发布《村镇银行管理暂行规定》和《村镇银行组建审批工作指引》，为村镇银行的建立、规范经营和监督管理提供了依据。2007 年 3 月，全国第一家村镇银行——四川仪陇惠民村镇银行开业。

关于村镇银行的设立门槛，《暂行规定》要求在县（市）设立的村镇银行，其注册资本不得低于 300 万元人民币；在乡（镇）设立的村镇银行，其注册资本不得低于 100 万元人民币。村镇银行最大股东或唯一股东必须是银行业金融机构且最大银行业金融机构股东持股比例不得低于村镇银行股本总额的 20%，单个自然人股东及关联方、单一非银行金融机构或单一非金融机构企业法人及其关联方持股比例不得超过村镇银行股本总额的 10%。任何单位或个人持有村镇银行股本总额 5% 以上的，应当事前报经银监分局或所在城市银监局审批。村镇银行的名称由行政区划、字号、行业、组织形式依次组成，其中行政区划指县级行政区划的名称。

村镇银行以安全性、流动性、效益性为经营原则，自主经营，自担风险，自负盈亏，自我约束。经银监分局或所在城市银监局批准，村镇银行可经营下列业务：吸收公众存款；发放短期、中期和长期贷款；办理国内结算；办理票据承兑与贴现；从事同业拆借；从事银行卡业务；代理发行、代理兑付、承销政府债券；代理收付款项及代理保险业务。此外，村镇银行按照国家有关规定，还可代理政策性银行、商业银行和保险公司、证券公司等金融机构的业务。村镇银行应建立健全内部控制制度和内部审计机制，确保依法合规经营。村镇银行作为一种银行性金融机构，要执行国家统一的金融企业财务会计制度以及银行业监督管理机构的有关规定，建立健全财务、会计制度。有条件的村镇银行，可引入外部审计制度。村镇银行应建立信息披露制度，及时披露年度经营情况、重大事项等信息。

村镇银行开展业务，依法接受银行业监督管理机构监督管理。银行业监督管理机构依法审批村镇银行的业务范围和新增业务种类。银行业监督管理机构对村镇银行实施持续、动态监管，并根据监管评级结果，实施差别监管。

考虑到我国地区经济发展不平衡的实际情况，2009 年 7 月，中国银监会下发了《新型农村金融机构 2009 ~ 2011 年总体工作安排》，决定实施村镇银行“东西挂钩、城乡挂钩”的双挂钩政策，旨在引导更多的村镇银行设立在贫困边远地区和中西部地区，更好地发挥村镇银行弥补农村金融服务空白点、提高金融服务覆盖率、支持“三农”发展建设的作用。

为做好小额贷款公司改制设立村镇银行工作，2009 年 6 月，中国银监会发布了《小额贷款公司改制设立村镇银行暂行规定》，就小额贷款公司改制设立村镇银行进行了规范。

2011 年 7 月，为支持优质主发起行发起设立村镇银行，有效解决村镇银行协调和管理成本高等问题，促进规模发展、合理布局，提高组建发展质量，进一步改进农村金融服务，中国银监会发布了《中国银行业监督管理委员会关于调整村镇银行组建核准有关事项的通知》，就村镇银行组建核准有关事项进行了调整：一是调整组建村镇银行的核准方式。由银监会负责指标管理、银监局确定主发起行和地点并具体实施准入的方式，调整为由银监会确定主发起行及设立数量和地点，由银监局具体实施准入的方式。二是完善村镇银行挂钩政策。在地点上，由全国范围内的点与点挂钩，调整为省份与省份挂钩；在次序上，按照先西部地区、后东部地区，先欠发达县域、后发达县域的原则组建。村镇银行主发起行要按照集约化发展、地域适当集中的原则，规模化、批量化发起设立村镇银行。

2012 年 5 月，为贯彻落实《国务院关于鼓励和引导民间投资健康发展的若干意见》，鼓励和引导民间资本进入银行业，加强对民间投资的融资支持，中国银监会发布了《中国银行业监督管理委员会关于鼓励和引导民间资本进入银行业的实施意见》，支持民营企业参与村镇银行发起设立或增资扩股。并将村镇银行主发起行的最低持股比例由 20% 降低为 15%。同时要求村镇银行的主发起行应当向村镇银行提供成熟的风险管理理念、管理机制和技术手段，建立风险为本的企业文化，促进村镇银行审慎稳健经营。村镇银行进入可持续发展阶段后，主发起行可以与其他股东按照有利于拓展特色金融服务、有利于防范金融风险、有利于完善公司治理的原则调整各自的持股比例。

村镇银行的成立对我国的农村金融改革意义深远，是实现农村金融组织多元化、完善我国农村地区金融体系的一项重大措施。村镇银行的建立有利于缓解和改善我国农村地区金融服务不足、竞争不充分、小微型企业融资难等现状，对投资多元化、种类多样、覆盖面广、服务高效的新型农村金融体系的形成也起到一定的推动作用。

（李德峰）

外资银行
Foreign Bank

外资银行是指由境外资本在本国境内注册建立的银行机构。外资银行从清朝末年开始进入我国，至今已有百余年历史。1949年中华人民共和国成立之初，汇丰银行、渣打银行、东亚银行和华侨银行四家外资银行被保留下来。我国外资银行从改革开放以来的发展大致经过了三个阶段：

1978～1993年，是我国进行中国社会主义经济路线的探索阶段，外资银行在当时只能以代表处的形式开设分支机构。当时监管机构对外资银行的监管非常严格，准入和经营都受到很大限制，只能经营外币，局限于经济特区，服务对象主要是外资企业和外国居民。截至1993年年底，我国共有外资银行机构76家，涉及城市13个，涉及资产总额89亿美元。

1994～2001年是外资银行迅速发展阶段。我国基本确立了社会主义市场经济地位，加速经济体制改革，倡导积极引入外资发展经济，进一步完善涉外经济法律法规，改善外商环境，加大外商来华投资支持力度，促进外资企业对我国经济的拉动作用。《中华人民共和国外资金融机构管理条例》、《上海浦东外资金融机构经营人民币业务试点暂行管理办法》有条件地放开部分人民币业务，扩大外资银行经营区域限制，规范外资银行发展。截至1997年年底，外资银行机构在华数目达到175家，资产总额增长了270多亿美元。

2001年12月，中国正式加入WTO，并承诺在五年内放开金融领域。2002～2006年为过渡期，外资银行可以经营所有客户的外汇业务；人民币业务地域扩大到全国所有地区；将中国企业和居民的人民币业务逐步纳入外资银行业务范畴；取消对外资银行在华经营的非审慎性限制，取消外资银行人民币负债不得超过外汇负债50%比例限制，放宽对外资银行在境内吸收外汇存款的比例限制，逐步放松对外资银行在华的经营限制；在承诺基础上给予外资银行国民待遇。2006年11月，国务院颁布《外资银行管理条例》，取消外资银行经营人民币业务的地域限制和客户限制，取消对外资银行在华经营的非审慎性限制，允许外资银行自主选择其形式的前提下，鼓励机构网点多、存款规模较大并准备发展人民币零售业务的外资银行分行转制为法人银行。转制后，外资法人银行在注册资本、设立分支机构、运营资金要求以及监管标准方面，完全与中资银行相同。截至2014年年底，外国银行在华已设立41家外资法人银行、97家外国银行分行和182家代表处。外资银行资产总额为2.65万亿元。

加入WTO以来，中外资银行在互利共赢的基础上展开多层次合作，不仅在资金清算、信贷融资、跨境结算、金融市场业务等方面进行广泛合作，还积极通过战略协作共同开拓市场、联手推出金融服务。一方面，外资银行差异化的市场定位、细致的客户选择标准、严格的风险回报要求、个性化的营销方式和积极的中间业务策略促进了中资银行经营理念的转变。另一方面，中资银行全面的综合服务体系、丰富的本地运营经验和稳定的客户关系也对外资银行优化业务策略及流程产生了积极影响。

参考文献：
姜鹏：《我国外资银行市场准入监管研究》，中国金融出版社2011年版。
张红军：《外资银行：进入与监管》，社会科学文献出版社2009年版。

（李俊峰）

中外合资金融机构
Sino-Foreign Joint Venture Financial Institution

中外合资金融机构是指由外国资本的金融机构同中国资本的金融机构合资经营的银行、财务公司、投资银行等金融机构。中外合资金融机构属于广义的外资金融机构。

根据《中华人民共和国外资金融机构管理条例》，合资银行的最低注册资本为3亿元人民币等值的自由兑换货币；合资财务公司的最低注册资本为2亿元人民币等值的自由兑换货币。

我国第一家中外合资金融机构是1988年在深圳成立的，由中国银行深圳分行、香港东亚银行、日本野村证券等五家金融机构共同出资设立的中国国际财务有限公司。

鼓励合资金融机构的设立，有利于推动金融体制改革。合资金融机构引进了多种经济成分，活跃了我国的金融市场，也引进了发达国家金融业先进的管理和经营经验，打破了国内银行尤其是国有商业银行一统天下的局面，有利于促进我国金融体制改革，完善金融体系内的竞争机制，带动我国现代金融体系和金融制度的形成。中外合资金融机构的设立,为中资金融机构引进了国外战略投资者,改变了单一的股权结构,实现了投资主体多元化,有助于完善中资银行的公司治理结构。对于外资银行来说,在参股中资银行中占据控股地位,有利于调动外资银行开拓中国市场的积极性,提高外资银行在华竞争力。

参考文献:
姜鹏:《我国外资银行市场准入监管研究》,中国金融出版社 2011 年版。
吕耀明:《中外合资银行:变迁、反思与前瞻》,中国金融出版社 2007 年版。

(李俊峰)

三资银行
Foreign-Funded Bank

三资银行是我国对设在大陆的华侨资本银行、中外合资银行和外商独资银行的简称。其中,外商独资银行指全部由外商独资创建的银行。侨资银行是指由华侨资本创建的银行,广义的侨资银行还包括合资方中有侨资的中外合资银行、侨资法人银行和具有侨资性质的外国银行。

根据《中华人民共和国外资金融机构管理条例》,中外合资银行指外国的金融机构同中国的公司、企业在中国境内合资经营的银行。合资银行属于广义范围内的"外资银行"。根据《中华人民共和国外资银行管理条例》,合资银行控股股东必须是外国商业银行。中外合资银行的最初萌芽,是外国银行中的华裔付股。这种活动首先出现在总行设在中国的英商汇丰银行。北洋政府时期,中外合办银行在中国大量出现,业务范围从早期的国际汇兑为主,扩展到了包括国际汇兑、存贷款业务、发行钞票、经办中国政府外债等各个领域。旧中国时期外国银行在华的经营客观上促进了中国金融市场和旧中国银行业的发展,但是不平等的竞争带给外国银行的巨大利益要远远超过其带给中国经济和社会发展的积极贡献。1985 年 11 月,新中国第一家中外合资银行——厦门国际银行成立,之后,中国又陆续设立了福建亚洲银行、浙江商业银行、华商银行、青岛国际银行、华一银行、中德住房储蓄银行等中外合资银行。2001 年,中国加入 WTO,同时承诺 5 年内向外资银行全面开放银行业务。在此背景下,部分中外合资银行开始进行转型,通过一系列并购重组活动,或者成为中资控股银行,如福建亚洲银行 2003 年被平安保险集团和香港上海汇丰银行收购,并于 2004 年更名为平安银行;或者成为外资独资银行,如华商银行 2005 年成为中国工商银行(亚洲)有限公司("工银亚洲")的全资控股机构。

参考文献:
房汉庭:《中国外资金融机构分析》,载于《管理世界》1997 年第 1 期。
吕耀明:《中外合资银行:变迁、反思与前瞻》,中国金融出版社 2007 年版。

(李俊峰)

手机银行
Mobile Banking

手机银行也称移动银行,是商业银行通过移动通信网络,为客户办理相关业务的新一代电子银行服务。手机银行是一种结合货币电子化与移动通信的全新服务,该业务使人们办理银行业务时不再受时间和空间的限制,使银行能以便利、高效而又较为安全的方式为客户提供传统和创新的服务。

1996 年 9 月,捷克斯洛伐克推出了世界上首个商业性手机银行产品,此后,美国银行、富国银行、德意志银行等国际著名金融机构也相继展开了针对手机银行的业务创新。

手机银行业务发展经历了三个阶段:一是短信手机银行(2000 ~ 2003 年),由手机、GSM 短信中心和银行系统构成。用户通过 SIM 卡上的菜单对银行发出指令后,SIM 卡根据用户指令生成规定格式的短信并加密,然后指示手机向 GSM 网络发出短信,GSM 短信系统受到短信后,按相应的应用或地址传给相应的银行系统,银行对短信进行预处理,再把指令转换成主机系统格式,银行主机处理用户的请求,并把结果返回给银行接口系统,接口系统将处理的结果转换成短信格式,短信中心将短信发给用户。通过短信手机银行,客户可以使用账户查询、缴费等简单的金融服务。

二是 WAP 手机银行(2004 ~ 2009 年),这一时期移动互联网门户蓬勃发展,银行业随之开发了基于 WAP 技术标准的手机银行产品。与短信手机银行相比,WAP 手机银行具有图形化操作界面和加密机制,产品功能更加丰富。

三是客户端手机银行(2009 年至今),随着智能手机的研发、普及以及"手机 PC 化"的潮流,一些著名的金融机构相继开发出针对手机的金融应用软件,即客户端手机银行。客户端手机银行为客户提供更为灵活、便捷的贴身金融服务,具有高度差异化、以服务为导向的特征。手机银行通过终端和通信网络实现客户需求,无须依赖银行网点,可以节省大量的资源和成本。通过客户端手机银行,客户可以办理如下业务:(1)查缴费业务,包括账户查询、余额查询、账户的明细、转账、银行代收的水电费、电话费等;(2)网上购物,指客户将手机信息与银行系统绑定后,通过手机银行平台进行购买商品;(3)理财业务,包括炒股、炒汇、买卖贵金属等。

中国银监会颁布了《电子银行业务管理办法》和《电子银行安全评估指引》,这两项规定将手机银行业务、个人数字辅助银行业务纳入监管体系,进一步加强了手机支付的交易安全保证。

参考文献:
史建平:《商业银行管理》,北京大学出版社 2011 年版。
戴小平:《商业银行学》,复旦大学出版社 2012 年版。
蔡鸣龙:《商业银行业务经营与管理》,厦门大学出版社 2012 年版。

(李俊峰)

网上银行
Internet Banking

网上银行又称在线银行,是指商业银行利用电脑和 Internet 技术,通过网络在线方式,向世界各地的客户提供的一系列金融服务,如查询、对账、行内外汇款转账、信贷、网上证券交易、投资理财等,客户可以足不出户就能够便捷地管理活期和定期存款、支票、信用卡等传统金融服务,而且突破了银行经营的行业界限,深入到证券投资、保险甚至是商业流通等领域。与有具体办公场所的实体银行相比,属于虚拟银行。通常情况下,网上银行均有一个所属的实体银行。

网上银行业务与传统银行业务相比有许多优势:(1)从一定意义上降低银行经营成本,有效提高银行盈利能力。开办网上银行业务,主要利用公共网络资源,无须设置物理的分支机构或营业网点,减少了人员费用,提高了银行后台系统的效率。(2)无时空限制,有利于扩大客户群体。网上银行业务打破了传统银行业务的地域、时间限制,能在任何时候、任何地方、以任何方式为客户提供金融服务,这既有利于吸引和保留优质客户,又能主动扩大客户群,开辟新的利润来源。(3)有利于服务创新,向客户提供多种类、个性化服务。通过银行营业网点销售保险、证券和基金等金融产品,往往受到很大限制,主要是由于一般的营业网点难以为客户提供详细的、低成本的信息咨询服务。利用互联网和银行支付系统,容易满足客户咨询、购买和交易多种金融产品的需求,客户除办理银行业务外,还可以很方便地进行网上买卖股票债券等,网上银行能够为客户提供更加合适的个性化金融服务。

网上银行业务的主要种类包括三方面:(1)涉及资金的交易服务,包括个人业务和公司业务两类。这是网上银行业务的主体。个人业务包括转账、汇款、代缴费用、按揭贷款、基金买卖和外汇买卖等。公司业务包括结算业务、信贷业务、国际业务和投资银行业务等。银行交易服务系统服务器与银行内部网络直接相连,无论从业务本身或是网络系统安全角度,均存在较大风险。(2)不涉及资金交易的客户服务,包括电子邮件、账户查询、贷款申请、档案资料(如住址、姓名等)定期更新。该类服务使银行内部网络系统与客户之间保持一定的链接,银行必须采取合适的控制手段,监测和防止黑客入侵银行内部网络系统。(3)信息服务,主要是宣传银行能够给客户提供的产品和服务,包括存贷款利率、外汇牌价查询,投资理财咨询等。这是银行通过互联网提供的最基本的服务,一般由银行一个独立的服务器提供。这类业务的服务器与银行内部网络无链接路径,风险较低。

信息技术保证是网上银行业务发展最为重要的条件。网络具有虚拟性、开放性和普遍性的特点,客观上对利用网络建立的网上银行及其业务开展提出与传统金融服务不同的技术要求。这个技术要求是指网上银行的信息技术保证,即必须首先做好客户的网上认证工作,重点解决好数据传输过程中的泄密问题,并努力使防火墙技术成熟、完善。在科学技术日新月异的今天,网络技术上的不完善有可能给网上银行造成损失。因此,与传统银行业务相比较,网上银行业务更需要及时更新与网络有关的一切新技术、新装备,保证各类网上业务都能够得到当前最好的后台技术支持。网络银行的安全性包含三个内容:物理安全、密钥安全、数据通信安全。

目前我国各商业银行普遍开办网上银行业务。1996 年 6 月,中国银行在国内率先设立网站,向社会提供网上银行服务。其后,招商银行、建设银行、工商银行、农业银行等商业银行也先后开办网上银行业务。与此同时,在华外资银行,如渣打银行、汇丰银行和花旗银行也开办了网上银行业务。目前,我国中资银行开办的网上银行业务以转账、支付和资金划拨等收费业务为主,还未开办经营风险较大、直接形成银行资产或负债的业务,如网上发放贷款等。

加强网上银行用户的身份管理,采用 CA 认证(身份认证)的方式来预防用户身份的泄露,是当前公认的预防网上银行安全隐患的最有效措施。目前,国内多数网上银行的专业版都采用数字证书作为客户身份认证,一是确保交易的真实性,二是有效防止用户身份的泄露。因为即使黑客盗取了客户密码,没有证明身份的数字证书,同样无法操作,无法盗取资金。在 CA 认证机构的选择上,我国银行以采用第三方认证机构为主。

参考文献:
马丽娟:《商业银行业务与经营》,中国财政经济出版社 2009 年版。

(马丽娟)

中国银联

China Union Pay

中国银联是2002年经中国人民银行批准以股份有限公司形式成立的我国唯一一家银行卡联合组织，总部设在上海。其主要功能是建立和运营中国银行卡跨行交易清算系统，借以实现银行卡跨行、跨地区和跨境使用。中国银联的成立对我国银行卡产业的快速发展发挥着重要的基础性作用，在银行卡产业的发展中居于核心和枢纽地位。

我国的银行卡产业起步于20世纪80年代，各家商业银行各自发卡、各自布放受理终端的发展模式导致不同银行间的银行卡和终端标准不统一，致使银行卡不能跨行、跨地区使用，既浪费资源，又降低了银行卡的使用效率。为改变这种局面，1993年我国启动“金卡工程”，开始建立银行卡信息交换中心。2002年，在合并银行卡信息交换中心的基础上，中国银联成立，通过制定和推广银联跨行交易清算系统入网标准，统一银行卡跨行技术标准和业务规范，形成银行卡产业的资源共享和自律机制，有力地推动了我国银行卡产业集约化、规模化发展，同时联合商业银行，创建了“银联卡”品牌。截至2014年年末，全国累计发放银联卡49.36亿张，联网商户1203.4万户，联网POS机具1593.5万台，ATM机61.49万台。2014年，银行卡消费金额达到42.38万亿元。银联卡成为重要的非现金支付工具。

在国内银行卡市场快速发展的同时，中国银联启动了国际化发展战略，积极展开国际受理网络建设，积极推动境外发行银联卡。截至2014年年底，银联卡受理网络已经延伸至境外150多个国家和地区，银联卡在我国港澳地区和新加坡等国已成为境内持卡人境外用卡首选品牌，已有10多个国家和地区的金融机构正式在境外发行了当地货币的银联卡，中国银联已经成为在国际上具有一定竞争力和影响力的国际性银行卡组织。

万事达卡、维萨两大国际信用卡组织作为国际性的综合支付服务公司，向其持卡人提供全方位的支付产品和服务，中国银联的未来发展将面临这两大公司的激烈竞争。与此同时，中国银联的快速发展，尤其是在国内人民币支付领域的规模快速扩张也制约了这两大国际信用卡组织在中国业务的发展，以至于为应对中国银联的竞争，2010年6月VISA向其全球会员银行发函，要求从当年8月起，各银行在处理VISA与银联共同发行的联名卡国际支付交易时不要使用中国银联的网络，同时将对境外违规收单银行采取惩罚措施；9月，VISA又向世界贸易组织提起诉讼，指控中国银联的市场垄断地位。

中国的电子支付市场将会越来越开放。随着电子商务的快速发展和各类非金融支付机构在支付市场的参与度不断深化，2011年，中国人民银行分批分次地为非金融支付机构发放了支付业务许可证。电子支付渠道经过产业各方的不断探索创新，已由ATM、POS传统受理渠道，扩展到了以POS消费、ATM取现为基础，以互联网支付、手机支付、固定电话支付、智能电视支付、自助终端支付以及其他各类新兴支付方式为补充的综合性、立体化支付渠道体系，产业规模快速扩大，并逐步形成了以银行卡为载体的电子支付网络和电子支付产业链。这既为中国银联的未来发展提供了新的空间，也带来了新一轮的挑战。

（贾玉革）

农村资金互助社

Rural Mutual Funds Cooperative

农村资金互助社是指经银行业监督管理机构批准，由乡（镇）、行政村农民和农村小企业自愿入股组成，为社员提供存款、贷款、结算等业务的社区互助性银行业金融机构。2006年12月，为解决农村地区银行业金融机构网点覆盖率低、金融供给不足、竞争不充分等问题，中国银监会发布了《中国银行业监督管理委员会关于调整放宽农村地区银行业金融机构准入政策 更好支持社会主义新农村建设的若干意见》，适度调整和放宽了农村地区银行业金融机构准入政策，降低了准入门槛。农村资金互助社就是在这种背景下出现的一种新型农村金融机构。2007年1月，中国银监会颁布了《农村资金互助社管理暂行规定》和《农村资金互助社组建审批工作指引》。2007年2月，中国银监会办公厅发布了《农村资金互助社示范章程》，为农村资金互助社的组建、规范运营和监督管理提供了依据。2007年3月，全国第一家农村资金互助社——吉林省梨树县闫家村百信农村资金互助社正式开业。

农村资金互助社在农村地区的乡（镇）和行政村以发起方式设立，其名称由所在地行政区划、字号、行业和组织形式依次组成。在乡（镇）设立的，注册资本不低于30万元人民币，在行政村设立的，注册资本不低于10万元人民币，注册资本应为实缴资本。农村资金互助社不得设立分支机构。

农村资金互助社是独立的企业法人，对其财产享有占有、使用、收益和处分的权利，并以其财产对债务承担责任。社员以其社员股金和在本社的社员积累为限对该社承担责任。符合入股条件的农民及农村小企业，通过向农村资金互助社入股，就可以成为农村资金互助社的社员；单个社员持股比例不得超过农村资金互助社股金总额的10%，超过5%的应经银行业监督管理机构批准。农村资金互助社实行社员民主管理，以服务社员为宗旨,谋求社员共同利益。

农村资金互助社的资金主要来源于吸收社员存款、接受社会捐赠资金和向其他银行业金融机构融入资金;这些资金主要用于向社员发放贷款,满足社员贷款需求后如果有富余可以存放到其他银行业金融机构,也可以购买国债和金融债券。农村资金互助社还可以办理结算业务,并且在经过属地银行业监管机构及其他有关部门批准后,可以开办各种类型的代理业务。但是,农村资金互助社不能向非社员吸收存款、发放贷款和办理其他金融业务,不得以该社的资产为其他单位或个人提供担保。

农村资金互助社作为一种银行性金融机构,要执行国家有关金融企业的财务制度和会计准则;并且其经营活动应遵守有关法律法规和国家金融方针政策,诚实守信,坚持审慎经营的原则,严格进行风险管理,接受银行业监督管理机构的持续动态监督。银行业监督管理机构根据农村资金互助社的资本充足和资产风险状况,采取差别监管措施。此外,农村资金互助社的合法权益和依法开展经营活动受法律保护,任何单位和个人不得侵犯。

农村资金互助社可以较好地利用熟人社会的激励约束机制,减少资金供求双方的信息不对称,降低资金借贷的交易成本,增加农村金融有效供给,促进农民组织化生产和经营,提高农民生产经营水平,增加农民收入,增强农民信用意识和互助合作精神,促进乡风文明建设,提高农民生活水平,实现农村和谐快速可持续发展。

(李德峰)

农村信用社
Rural Credit Cooperative

农村信用合作社,是由社员入股组成、实行民主管理、主要为社员提供金融服务的农村金融合作机构。与一般的商业银行不同,农村信用合作社主要为它的社员(即出资人)提供金融服务,而非为社会公众提供金融服务。

德国是合作金融事业的发源地,历史悠久,在合作制的制度、规范建设方面成绩显著。19世纪初期,普鲁士政府发布命令,在农村解放农奴,进行土地改革,允许土地自由买卖。这些改革措施促进了农业的社会化大生产。但是农村许多自耕农,因为资金困难而濒临破产。为了维护自己的利益和地位,农民建立起了自我帮助、自我管理的合作社。1859年雷发巽信用合作社成立,它的成立使得农民免受高利贷的剥削,并且促进了农业生产和防止农业灾荒。雷发巽农村信用合作社的建立,不仅促进了德国农村合作运动的蓬勃发展,而且对世界农村信用合作运动也产生了深远的影响。

1923年,中国第一家农村信用社在河北香河成立,开创了中国信用合作事业发展的先河。新中国成立后,面临恢复国民经济,解放农村生产力和发展工业的历史任务,我国政府将发展合作经济作为一项重要措施。1950年3月,中国人民银行召开第一届全国金融工作会议,决定试办农村信用合作社。经过典型试办,逐步推广,在1956年基本实现农村信用合作化。1957年,国家对信用合作社的发展原则进行了完善,其中包括:增加社员享受“股金分红”的权利;确定农村合作信用社的任务是帮助农户解决生产、生活困难,支持农业生产合作组织发展农副生产及消灭高利贷剥削;农村信用合作社在国家银行的指导和支持下独立经营业务等。农村信用合作社在这一时期发挥了一定的积极作用:一是支持了农业生产的发展,促进了农村生产力的提高;二是限制和打击了高利贷剥削;三是配合国家,稳定了农村金融市场。但是,在农村信用合作制度供给安排中,政府处于主导地位,存在控制农村信用合作社的意愿和能力。

1958年,随着人民公社化运动的开展,国家把农村信用合作社和银行基层营业所合并下放给人民公社,称为公社的信用社,同时也把人权和资金管理权下放给公社管理。1959年银行营业所从公社收回,仍由中国人民银行领导和管理。1962年中国人民银行明确提出农村信用合作社是农民的资金互助组织,是中国社会主义金融体系的重要组成部分,农村信用合作社得到了恢复和发展。“文化大革命”爆发后,在极“左”思潮的影响下,信用合作事业再次遭到严重破坏。1966年信用合作社再次被下放给人民公社,由“贫下中农管理”,走所谓的“亦工亦农”的道路。1970年,由于信用社管理混乱,又基本废止了由贫下中农来管理的办法,信用社干部由中国人民银行任命。1977年,国务院在《关于整顿和加强银行工作的几项规定》中指出:农村信用社既是集体金融组织,又是国家银行在农村的基层机构,采取一套人马,两块牌子、两本账分别核算的办法。信用社人员统一调配,资金统一安排。农村信用合作社严重脱离了社员群众,完全丧失了合作金融的特性,成了国家银行的基层机构。

1979年以后,农村信用合作社主要交给中国农业银行管理。较人民公社时期,农村信用合作社在中国农业银行的领导下,业务得到了一些恢复。但是,由于中国农业银行管得过多、多死,农村信用合作社的发展受到约束,自主权受到伤害。1984年,国务院批准了中国农业银行《关于改革信用合作社管理体制的报告》。这次改革的主要内容是:恢复和加强农村信用合作社的群众性和民主性,变“官办”为“民办”;实行民主管理;加强信用合作社经营上的灵活性;允许信用合作社实行浮动利率;实行独立经营、独立核算、自负盈亏;建立信用合作社县联社;加强和改善中国农业银行对农村信用合作社的领导。1990 年 10 月,中国人民银行发布《农村信用合作社管理暂行规定》,强调农村信用合作社信贷资金管理的基本原则是以存定贷、自主运用、比例管理,另外还对农村信用合作社的性质、任务、机构管理、业务管理、资金管理、利率管理、劳动管理、财务管理、民主管理、行政管理等做了明确规定。这一时期,农村信用合作社"三性"原则有所恢复,开始发挥农村金融主力军的作用,一定程度缓解了"三农"融资问题,促进了农业发展、农民增收和农村稳定。但是由于中国农业银行与农村信用社存在目标函数不一致,农村信用社的外部经营环境恶化,业务经营出现困难。

为了解决农村信用社在经营中出现的困难,1996 年国务院颁布了《关于农村金融体制改革的决定》,改革的核心是把农村信用合作社逐步改为由农民入股、社员民主管理、主要为入股社员服务的合作性金融组织。1998 年 11 月国务院办公厅转发《中国人民银行关于进一步做好农村信用社改革整顿规范管理工作意见》,要求对农村信用社进行清产核资,按合作制进行规范改造。1999 年 4 月中国人民银行召开全国农村信用社工作会议,会议提出,根据需要,逐步组建(市)联社,承担行业管理和服务职能;在全国各省建立信用合作协会,主要职能是对信用社提供联络、指导、协调、咨询、培训等方面的服务。2002 年 3 月中共中央、国务院联合发布《关于进一步加强金融监管,深化金融企业改革,促进金融业健康发展的若干意见》,提出农村信用社改革的重点是明确产权关系和管理责任,强化内部管理和自我约束机制,进一步增强为"三农"服务的功能,充分发挥农村信用社支持农业和农村经济发展的金融主力军和联系农民的金融纽带作用。这一时期,农村信用社与农业银行脱离行政关系后,内部管理得到了一定程度的规范,资产质量及经营状况有所好转。但是这次农村信用合作社改革仍然没有摆脱强制性变迁的路径依赖,改革也没有解决农村信用社的根本问题。改革中"合作"成分淡化,"商业"氛围增浓,非农化特征日趋明显。但这一时期,江苏农村信用社的改革取得了一定成效,为新一轮改革的全面推广打下了制度基础。

2003 年 6 月,国务院印发了《国务院关于印发深化农村信用社改革试点方案的通知》,在吉林、山东等 8 省市进行试点改革。改革按照"明晰产权关系、强化约束机制、增强服务功能、国家适当支持、地方政府负责"的总体要求,加快农村信用社管理体制和出安全制度改革,把农村信用社逐步办成由农民、农村工商户和各类经济组织入股,为农民、农业和农村经济发展服务的社区性地方金融机构,充分发挥农村信用社农村金融主力军和联系农民的金融纽带作用,更好地支持农村经济结构调整,促进城乡经济协调发展。2003 年 9 月,中国银监会发布《中国银行业监督管理委员会关于农村信用社以县(市)为单位统一法人工作的指导意见》和《农村信用社省(自治区、直辖市)联合社管理暂行规定》,对改革工作做了进一步部署。

2004 年 8 月,国务院下发《国务院办公厅关于进一步深化农村信用社改革试点的意见》,进一步深化农村信用社改革,坚持市场化的改革取向,以服务"三农"为宗旨,按照"明细产权关系、强化约束机制、增强服务功能、国家适当支持、地方政府负责"的总体要求,在国家监管机构依法实施监管的基础上,由地方政府负责对农村信用社的管理,管理权下移至地方政府。2007 年 8 月,随着最后一家省级合作社——海南省农村信用社联合社的正式挂牌,我国新的农村信用社经营管理体制框架已经在全国范围内建立起来。这次改革在产权和管理权方面有很大的突破。首先是强调信用社的商业化、市场化,其次是将信用社的管理权下放给了省级政府。权力的下放有利于因地制宜,但也增加了政府对信用社的行政性控制,同时容易引发信用社的道德风险。

此次农村信用社改革在产权制度方面采取多样化方针,允许各地区根据自身发展水平以及信用社自身状况来选择以下三种不同的产权模式:农村信用社制度框架内重组模式、股份制农村商业银行模式和农村合作银行模式。

相比较以前农村信用社改革,此次改革取得了重大进展和阶段成果。但是,由于多方面因素的影响和制约,农村信用社一些深层次的体制机制问题还没有根本解决,有待进一步深化改革。

参考文献:
李德峰:《中国农户资金互助合作研究》,中央财经大学博士论文,2007 年。
李恩慈:《合作金融概论》,西南财经大学出版社 2000 年版。
卢汉川:《中国农村金融历史资料(1949 ~ 1985)》,湖南出版事业管理局 1986 年版。

(李德峰)

财务公司
Financial Company

财务公司是以加强企业集团资金集中管理和提高企业集团资金效率为目的,为企业集团成员单位提供财务管理服务和金融服务的非银行金融机构。

财务公司的产生和发展与我国经济体制和金融体制的改革和发展密切相关。1987 年为了增强国有大中型企业的活力，盘活企业内部资金，增强企业集团的融资能力，支持大型企业集团的发展，探索具有中国特色的产业资本与金融资本结合的方式，中国人民银行批准设立了我国第一家财务公司——东风汽车工业财务公司，至1991年年底共批准设立了17家财务公司。几年的试点表明财务公司对搞活国有企业内部资金融通，促进产业结构调整，支持国有企业集团的发展具有积极的意义，1992年财务公司进入了快速发展的阶段，至1995年年底全国共有财务公司65家，涵盖了我国大部分重点行业。1996年中国人民银行发布了《企业集团财务公司管理暂行办法》，从机构设立、业务范围、财务会计、监督管理等方面对财务公司的经营进行了全面规定，对规范财务公司经营，促进其健康发展发挥了积极作用。

随着中国加入WTO进程的加快，财务公司面临巨大的竞争压力，为了明确财务公司在我国金融体系中的地位和作用，加强对财务公司的风险控制和业务监管，2000年中国人民银行颁布了《企业集团财务公司管理办法》，将财务公司定位为“为企业集团成员单位技术改造、新产品开发及产品销售提供金融服务，以中长期金融业务为主的非银行金融机构”；确定了财务公司的市场准入标准；强化了对财务公司的监管，突出了集团公司及股东单位对防范和化解财务公司风险的责任，提出了资本充足率要达到10%的较高要求；等等。中国银行业监督管理委员会建立以后承担了对财务公司的监管职责，2004年8月中国银监会正式发布了修订后的《企业集团财务公司管理办法》，调整了企业集团财务公司的市场定位；降低了市场准入标准；调整了财务公司业务范围；允许财务公司设立分支机构。新的管理办法使更多的企业集团能够设立财务公司，到2014年年底我国企业集团财务公司达到186家。

中国银监会《企业集团财务公司管理办法》规定了申请设立财务公司的企业集团应当具备的条件：符合国家的产业政策；申请前一年，母公司的注册资本金不低于8亿元人民币；申请前一年，按规定并表核算的成员单位资产总额不低于50亿元人民币，净资产率不低于30%；申请前连续两年，按规定并表核算的成员单位营业收入总额每年不低于40亿元人民币，税前利润总额每年不低于2亿元人民币；母公司成立2年以上并且具有企业集团内部财务管理和资金管理经验；母公司近3年无不良诚信记录等。申请设立财务公司，母公司董事会应当作出书面承诺，在财务公司出现支付困难的紧急情况时，按照解决支付困难的实际需要，增加相应资本金，并在财务公司章程中载明。设立财务公司的注册资本金最低为1亿元人民币；财务公司的注册资本金应当是实缴的人民币或者等值的可自由兑换货币；经营外汇业务的财务公司，其注册资本金中应当包括不低于500万美元或者等值的可自由兑换货币；财务公司的注册资本金应当主要从成员单位中募集，并可以吸收成员单位以外的合格的机构投资者的股份。合格的机构投资者是指原则上在5年内不转让所持财务公司股份的、具有丰富行业管理经验的外部战略投资者。2006年中国银行业监督管理委员会将此款修改为：“本条所称的合格的机构投资者是指原则上在3年内不转让所持财务公司股份的、具有丰富行业管理经验的战略投资者”。

财务公司可以设立分公司，分公司不具有法人资格，其民事责任由财务公司承担。财务公司申请设立分公司，应当符合下列条件：确属业务发展和为成员单位提供财务管理服务需要；财务公司设立2年以上，且注册资本金不低于3亿元人民币，资本充足率不低于10%；拟设立分公司所服务的成员单位不少于10家，且上述成员单位资产合计不低于10亿元人民币，或成员单位不足10家，但成员单位资产合计不低于20亿元人民币；财务公司经营状况良好，且在2年内没有违法、违规经营记录；财务公司分公司的营运资金不得少于5000万元人民币。财务公司拨付各分公司的营运资金总计不得超过其注册资本金的50%。

财务公司业务经营范围包括：对成员单位办理财务和融资顾问、信用鉴证及相关的咨询、代理业务；协助成员单位实现交易款项的收付；经批准的保险代理业务；对成员单位提供担保；办理成员单位之间的委托贷款及委托投资；对成员单位办理票据承兑与贴现；办理成员单位之间的内部转账结算及相应的结算、清算方案设计；吸收成员单位的存款；对成员单位办理贷款及融资租赁；从事同业拆借。具备相关条件的财务公司，可以向中国银行业监督管理委员会申请从事下列业务：经批准发行财务公司债券；承销成员单位的企业债券；对金融机构的股权投资；有价证券投资；成员单位产品的消费信贷、买方信贷及融资租赁。相关条件是指：财务公司设立1年以上，且经营状况良好；注册资本金不低于3亿元人民币，从事成员单位产品消费信贷、买方信贷及融资租赁业务的，注册资本金不低于5亿元人民币。财务公司不得从事离岸业务，不得从事任何形式的资金跨境业务；财务公司不得办理实业投资、贸易等非金融业务。财务公司分公司不得办理下列业务：担保业务；同业拆借业务；发行财务公司债券；承销成员单位的企业债券；对金融机构的股权投资；有价证券投资；成员单位产品的消费信贷、买方信贷及融资租赁。

《企业集团财务公司管理办法》还明确了对财务公司的监督管理和风险控制。规定财务公司经营业务，应当遵守下列资产负债比例的要求：资本充足率不得低于10%；拆入资金余额不得高于资本总额；担保余额不得高于资本总额；短期证券投资与资本总额的比例不得高于40%；长期投资与资本总额的比例不得高于30%；自有固定资产与资本总额的比例不得高于20%。财务公司应当按照中国人民银行的规定缴存存款准备金，并按有关规定提取损失准备，核销损失；应遵守中国人民银行有关利率管理的规定；经营外汇业务的，应遵守国家外汇管理的有关规定。财务公司对单一股东发放贷款余额超过财务公司注册资本金50%或者该股东对财务公司出资额的，应当及时向中国银行业监督管理委员会报告；财务公司的股东对财务公司的负债逾期1年以上未偿还的，中国银行业监督管理委员会可以责成财务公司股东会转让该股东出资及其他权益，用于偿还其对财务公司的负债。财务公司应当按规定向中国银行业监督管理委员会报送资产负债表、损益表、现金流量表、非现场监管指标考核表及中国银行业监督管理委员会要求报送的其他报表，并于每一会计年度终了后的1个月内报送上一年度财务报表和资料。财务公司应当在每年的4月底前向中国银行业监督管理委员会报送其所属企业集团的成员单位名录，并提供其所属企业集团上年度的业务经营状况及有关数据。中国银行业监督管理委员会根据审慎监管的要求，有权依照有关程序和规定采取下列措施对财务公司进行现场检查：进入财务公司进行检查；询问财务公司的工作人员，要求其对有关检查事项作出说明；查阅、复制财务公司与检查事项有关的文件、资料，对可能被转移、藏匿或者毁损的文件、资料予以封存；检查财务公司电子计算机业务管理数据系统。

参考文献：

中国金融年鉴编辑部：《中国金融年鉴》（1988～2011年），中国金融出版社1989～2012年版。

（左毓秀）

保险公司

Insurance Company

保险公司是金融机构体系中专业经营保险业务的非银行金融机构。

60多年来我国保险公司经历了曲折的发展阶段。新中国成立初期，国内保险市场由官僚资本保险公司、民族资本保险公司和外资保险公司垄断。1949年10月20日中国人民保险公司在北京开业，随后通过接管、清理、改造和限制等措施，旧的保险公司逐渐消失，中国人民保险公司成为国内唯一的保险机构。成立之初，中国人民保险公司不仅经营各种保险业务同时又兼有领导和监督中国保险业务的职能。1950年1月，由中国人民银行负责对保险机构的监督管理，中国人民保险公司成为专职经营保险业务的金融机构。中国人民保险公司最早开办的业务是火灾保险，1951年开始办理公民财产保险、物资运输保险和人身自愿保险。1950年试办农业保险，但1953年年底停办。1951年开办财产强制保险；船舶强制保险；铁路车辆强制保险；轮船、铁路和飞机旅客意外伤害强制保险业务。1957年所有强制保险业务停办。1959年国内保险业停办，中国人民保险公司专营涉外保险业务，主要经营进出口货物运输保险、远洋船舶保险、国际航线飞机保险、再保险和海外业务。1961年中国人民保险公司机构精简，“文化大革命”期间保险从业人员减少到13人，机构并入中国人民银行。

改革开放后，中国保险公司进入了一个新的发展阶段。1979年经国务院批准，中国人民保险公司恢复了停办20年的国内保险业务，1984年1月1日，中国人民保险公司正式从中国人民银行中分立出来，但仍然接受中国人民银行的领导、管理、监督和稽核。1986年之前，中国人民保险公司是我国唯一的保险机构，独家垄断中国保险市场。1985年国务院发布《保险企业管理暂行条例》，规定只要符合一定的条件即可设立新的保险公司。1986年中国人民银行批准设立“新疆生产建设兵团农牧业生产保险公司”，专门经营种养两业保险，后更名为“中华联合财产保险公司”，转为全国性财产保险公司。1987年交通银行开设保险部，经营保险业务，1991年以此为基础组建了中国太平洋保险公司，这是继中国人民保险公司之后的第二家全国性商业综合性保险公司。1988年平安保险公司在深圳成立，这是新中国第一家股份制保险公司，1997年更名为“中国平安保险股份有限公司”，成为中国第三家全国综合性保险公司。1994年由20多家大型企业合资组建的天安保险股份有限公司成立，是中国第一家企业出资组建的股份制保险公司。1992年10月美国友邦保险获准在上海经营寿险和非寿险业务，成为改革开放后进入中国的第一家外资保险公司。1996年由加拿大宏利人寿保险公司和中国对外经济贸易信托投资公司合资组建了中国第一家中外合资人寿保险公司：中宏人寿保险公司。一个以国有保险公司为主体，中外保险公司并存的多元化保险机构体系初步形成。

1996年我国保险公司机构体制开始进行重大改革。依据1995年颁布的《保险法》关于产、寿险分业经营的原则，保险公司不能同时经营财产险和人身险，保险公司开始实施产、寿险分业经营体制的改革。1996年中国人民保险公司改制成立中国人民保险（集团）公司，下设中保财产保险有限公司、中保人寿保险有限公司、中保再保险有限公司。1998年，三家公司成为独立法人，分别更名为中国人民保险公司、中国人寿保险公司和中国再保险公司，中国人民保险公司专门经营人寿保险以外的保险业务，中国再保险公司成为中国第一家独立的专业再保险公司。与此同时，保险公司监管体制也进行了改革，新中国成立初期，中国人民银行和财政部行使对保险业的领导和管理职能，1998年中国保险业监督管理委员会成立，标志着我国保险监管转向了专业化阶段。2003年开始，我国保险公司开始利用资本市场筹集资金，改革经营体制。2003年中国人民保险公司改为中国人保控股公司，发起设立中国人保资产管理有限公司和中国人民财产保险股份有限公司，2003年11月6日中国人民财产保险股份有限公司在香港联交所主板市场以H股成功挂牌上市，发行股票34.55亿股，募集资金62.2亿元。是内地第一家完成股份制改造的国有金融机构和第一家在境外上市的金融机构。中国人寿保险公司也进行了改制重组，2003年和2004年分别成立了中国人寿保险(集团)公司、中国人寿保险股份有限公司和中国人寿资产管理公司。中国人寿保险股份有限公司分别于2003年12月17日、18日在美国纽约证交所和香港联交所成功挂牌上市，是第一家在美国纽约和香港两地上市的国内金融机构，公开发行融资34.75亿美元，创造了当年全球资本市场融资额的最高纪录。2003年12月以中国再保险公司重组改制为中国再保险(集团)公司，发起设立了中国财产再保险股份有限公司和中国人寿再保险股份有限公司。2001年12月，以中国人民保险公司和中国进出口银行出口信用保险部为基础组建的中国出口信用保险公司成立，这是我国第一家政策性保险公司。2004年全国首家服务三农的专业农业保险公司上海安信农业保险股份有限公司成立，2005年全国首家相互农险公司阳光农业相互保险公司在黑龙江开业。至此，一个以保险管理机构和经营机构分离，商业保险机构和政策性保险机构并存，以股权投资为主的保险集团公司和经营具体保险业务的保险公司并存，财产保险、人寿保险和再保险"分业经营"，保险自身业务与资金运用业务专业化运作的完善的保险机构体系形成。截至2010年年末，保险法人机构达到142家。其中，保险集团和控股公司8家，财产险公司54家，人身险公司61家，再保险公司9家，资产管理公司9家，出口信用保险公司1家。

在机构体系发展的同时，我国保险公司的业务运作和风险监管也日益完善。按照产、寿险分业经营的原则，我国各类保险公司可以选择经营以下保险业务：第一，人身保险业务，包括人寿保险、健康保险、意外伤害保险等保险业务；第二，财产保险业务，包括财产损失保险、责任保险、信用保险、保证保险等保险业务；第三，再保险业务，包括分出保险和分入保险。保险公司的资金运用限于下列形式：银行存款；买卖债券、股票、证券投资基金份额等有价证券；投资不动产等。保险公司在进行上述投资时必须稳健，遵循安全性原则。同时保险公司应当按照其注册资本总额的20%提取保证金，存入指定金融机构，除公司清算时用于清偿债务外，不得动用。保险公司对每一危险单位，即对一次保险事故可能造成的最大损失范围所承担的责任，不得超过其实有资本金加公积金总和的10%；超过的部分应当办理再保险。2014年我国保险业资金运用余额9.3万亿元。其中，银行存款2.53万亿元，占保险资金运用总额的27.12%；债券投资3.56万亿元，占比38.15%；股票与证券投资基金1.03万亿元，占比11.06%。

目前保险公司作为我国金融体系的重要构成部分，在社会经济发展中充分发挥了转移风险、分散风险、融通资金、提供经济保障的功能，成为市场经济条件下风险管理的基本手段和社会保障体系的重要组成部分。2014年，全国实现保费收入20235亿元。保险密度达到1480元，保险深度为3.18%。

参考文献：

中国金融年鉴编辑部：《中国金融年鉴》(1986~2014年)，中国金融出版社1987~2015年版。

(左毓秀)

信托投资公司

Financial Trust and Investment Company

信托投资公司是金融机构体系中主要经营信托业务的非银行金融机构。所谓信托业务是指信托公司以营业和收取报酬为目的，以受托人身份承诺信托和处理信托事务的经营行为。

新中国成立至今，我国信托投资机构的发展经历了曲折的过程。新中国成立初期，通过对国民党政府经营的信托机构和民营信托机构进行接管和改造，信托机构成为新中国金融机构体系中的一部分。随着"大一统"金融体系的建立，信托机构陆续停止营业。1979年经济体制的改革使得单一银行信用难以满足经济发展对融资形式和融资渠道多元化的需求，信托业务开始恢复，信托机构随之产生。1979年中国银行成立信托咨询部，同年中国国际信托投资公司成立。1980年中国人民银行发布《关于积极开办信托业务的通知》，各地纷纷设立信托机构。1982年底，全国各类信托机构达620家，其中中国人民银行设立的信托部为186家，中国建设银行、中国农业银行和中国银行设立信托机构383家，地方设立信托公司50多家。1982年国务院开始对信托机构进行第一次整顿，清理了非金融机构设立的信托公司，信托业务统一由银行办理。1983年年初，中国人民银行颁布了《关于办理信托业务的若干规定》，首次明确了信托业务的发展方向和范围等问题，信托机构应主要从事"委托、代理、租赁、咨询"业务。但是由于信托公司管理不规范，加剧了当时的固定资产投资膨胀，1985年国务院对信托业进行了第二次整顿，整顿的重点是信托机构办理的信托贷款和投资等业务。1986年4月,中国人民银行发布《金融信托投资机构管理暂行规定》,明确由中国人民银行负责管理监督信托机构,并对信托公司的业务方向、经营范围和机构的设置审批等方面进行了具体规定。1988年由中国人民银行批准设立的信托公司达745家,信托公司开办了信托、委托、代理、租赁、投资、担保、房地产、证券、咨询等诸多业务,在国民经济中的作用也不断增大。但是与此同时受当时经济和金融秩序混乱的影响,信托公司的业务活动也在一定程度上偏离了国家宏观经济调控的要求,违规违法经营严重,因此在1988年信托业开始了第三次整顿,重点是业务清理与行业整顿,实行银行与信托分业管理,将信托公司的数量由745家撤并为377家。1993年在全国金融秩序整顿中,中国人民银行对信托业进行了第四次整顿,重申银行和信托投资公司"分业管理、分业经营"的政策,强调商业银行经营的银行业务和信托业务必须分别经营,严禁信托公司业务银行化,信托公司应主要经营信托性业务,对一般性投资、放款、证券和房地产投资要加以严格限制;同时清理违规越权批设的金融机构,对1993年7月以后越权批设的信托公司一律撤销,共撤销专业银行信托公司新设分支机构和地方信托公司的分支机构416家。1999年,中国人民银行对信托业进行了第五次清理整顿,目标是实现信托业与银行业、证券业的分业经营、分业管理,减少信托机构数量,关闭规模小、经营混乱的信托公司,使信托公司成为真正从事信托业务、规范运作的金融机构,同时健全监管,化解信托业风险。整顿前全国239家信托公司,资产规模6000多亿元,整顿后信托公司减至64家,资产规模1000多亿元。2001年《中华人民共和国信托法》颁布,中国人民银行制定的《信托投资公司管理办法》颁布,我国信托公司进入依法经营发展的阶段,2002年依据《信托投资公司管理办法》最终获得重新登记的信托公司为59家。银监会建立后,信托公司由银监会监督管理,2007年1月,银监会颁布《信托公司管理办法》,信托公司成为名副其实的"受人之托,代人理财"的金融机构。通过并购重组、增资扩股,信托公司形成了新的行业发展特色。2009年我国金融集团控股类信托公司9家,中央企业控股类信托公司14家,地方政府控股类信托公司9家,地方国企控股类信托公司19家,其他控股类信托公司6家。2010年8月银监会颁布《信托公司净资本管理办法》,将信托公司管理的信托资产规模与其净资本直接挂钩,对信托公司的监管进入精细化阶段。截至2014年年底,68家信托公司管理信托资产13.98万亿元,存续信托项目37762个,支付投资者收益4831亿元。

目前我国信托公司的设立、经营和监管等事项依然以2007年银监会颁布《信托公司管理办法》为依据。《管理办法》详细规定了信托公司经营的业务范围:资金信托;动产信托;不动产信托;有价证券信托;其他财产或财产权信托;作为投资基金或者基金管理公司的发起人从事投资基金业务;经营企业资产的重组、购并及项目融资、公司理财、财务顾问等业务;受托经营证券承销业务;居间、咨询、资信调查等业务;代保管及保管箱业务;公益信托业务等。信托公司的业务方式可以采用多种形式。在管理运用或处分信托财产时,可以依照信托文件的约定,采取投资、出售、存放同业、买入返售、租赁、贷款等方式进行。但是信托公司不得以卖出回购方式管理运用信托财产。同时,信托公司固有业务项下可以开展存放同业、拆放同业、贷款、租赁、投资等业务。投资业务限定为金融类公司股权投资、金融产品投资和自用固定资产投资。信托公司不得以固有财产进行实业投资。相对于其他银行业金融机构,信托公司的负债业务受到较大限制,除同业拆入业务以外,信托公司不得经营其他负债业务,且同业拆入余额不得超过其净资产的20%;信托公司办理担保业务时对外担保余额不得超过其净资产的50%。

由于信托公司的特殊性质,《管理办法》对信托公司的经营规则做了详细规定。要求信托公司从事信托活动,应遵守法律法规的规定和信托文件的约定,不得损害国家利益、社会公共利益和受益人的合法权益;信托公司管理运用或者处分信托财产,必须恪尽职守,履行诚实、信用、谨慎、有效管理的义务,维护受益人的最大利益;信托财产不属于信托公司的固有财产,也不属于信托公司对受益人的负债。信托公司终止时,信托财产不属于其清算财产;信托公司在处理信托事务时应当避免利益冲突,在无法避免时,应向委托人、受益人予以充分的信息披露,或拒绝从事该项业务;信托公司应当亲自处理信托事务;信托公司对委托人、受益人以及所处理信托事务的情况和资料负有依法保密的义务;信托公司应当将信托财产与其固有财产分别管理、分别记账,并将不同委托人的信托财产分别管理、分别记账;对信托业务与非信托业务分别核算,并对每项信托业务单独核算;信托公司的信托业务部门应当独立于公司的其他部门,其人员不得与公司其他部门的人员相互兼职,业务信息不得与公司的其他部门共享。信托公司开展信托业务,不得有下列行为:利用受托人地位谋取不当利益;将信托财产挪用于非信托目的的用途;承诺信托财产不受损失或者保证最低收益;以信托财产提供担保;信托公司开展固有业务,不得有下列行为:向关联方融出资金或转移财产;为关联方提供担保;以股东持有的本公司股权作为质押进行融资。信托公司以信托合同形式设立信托时,信托合同应当载明以下事项:信托目的;委托人、受托人的姓名或者名称、住所;受益人或者受益人范围;信托财产的范围、种类及状况;信托当事人的权利义务;信托财产管理中风险的揭示和承担;信托财产的管理方式和受托人的经营权限;信托利益的计算,向受益人交付信托利益的形式、方法;信托公司报酬的计算及支付;信托财产税费的承担和其他费用的核算;信托期限和信托的终止;信托终止时信托财产的归属;信托事务的报告;信托当事人的违约责任及纠纷解决方式;新受托人的选任方式;信托当事人认为需要载明的其他事项。以信托合同以外的其他书面文件设立信托时,书面文件的载明事项按照有关法律法规规定执行。

参考文献:
中国金融年鉴编辑部:《中国金融年鉴》(1986 ~ 2011年),中国金融出版社 1987 ~ 2012 年版。
金建栋、马鸣家:《中国信托投资机构》,中国金融出版社 1992 年版。

(左毓秀)

金融租赁公司
Financial Leasing Company

金融租赁公司是指由中国银行业监督管理委员会监管的、以经营融资租赁业务为主的非银行金融机构。金融租赁公司是在改革开放以后出现在我国金融机构体系中的新型金融机构,我国金融租赁公司的设立、监管和发展经历了曲折的过程。

我国第一家金融租赁公司产生于 20 世纪 80 年代中期,由中国人民银行批准设立。在当时的金融租赁公司中,有些是直接作为金融租赁公司成立的,有些则最初是作为内资融资租赁公司设立,后来才取得金融租赁公司牌照的。如原深圳租赁有限公司是在 1984 年 12 月经深圳市人民政府批准成立的,1985 年 10 月,原中国人民银行深圳分行依据当时的《深圳经济特区非银行性质国营金融机构暂行管理办法》,正式将其定性为非银行金融机构。原中国租赁有限公司是在 1981 年 7 月由中信公司和国家物资总局合资组建的全国第一家内资融资租赁公司,1987 年转为金融租赁公司。20 世纪 90 年代我国金融租赁公司经历了发展中的第一个鼎盛时期,商业银行等各类金融机构都参与设立金融租赁公司,1996 年全国共有金融租赁公司 16 家。但是当时大部分金融租赁公司并未将融资租赁业务作为主业经营,管理混乱,效益低下,形成了大量的不良资产。1997 年中国人民银行决定商业银行与金融租赁公司实行分业经营,金融租赁公司不得直接从商业银行获得信贷资金,金融租赁公司随后进入了萎缩阶段。2000 年 7 月,中国人民银行颁布《金融租赁公司管理办法》,允许民营资本入股设立金融租赁公司,金融租赁公司迎来了一个重组发展的高潮。但是民营资本的进入并未将金融租赁公司带入良性发展的轨道,不少金融租赁公司成为大股东“圈钱”的工具,金融租赁公司的经营重新陷入困境。2003 年中国银监会建立以后,金融租赁公司的设立、退出和经营监管都由银监会负责。2007 年 3 月 1 日,由中国银监会修订颁布的《金融租赁公司管理办法》正式施行,管理办法规定商业银行可以作为主要出资人设立金融租赁公司,我国金融租赁公司进入了一个新的发展时期。2007 年底由中国工商银行、中国建设银行和中国交通银行出资设立的金融租赁公司正式挂牌营业,此后,国内主要的大中型商业银行或通过出资设立新的金融租赁公司,或通过对现有金融租赁公司重组的方式陆续将金融租赁公司纳入商业银行整体发展版图中。除了商业银行之外,各种企业集团也入股组建金融租赁公司。截至 2014 年年底,我国共有金融租赁公司 27 家。

金融租赁公司属于我国金融机构体系中的非银行金融机构,在我国目前分业经营的环境下,为了保证金融租赁公司正常发挥其特定的功能,即以融物的方式进行融资,为企业经营和发展提供固定资产资金来源,银监会对金融租赁公司的业务范围做了明确的界定。根据中国银监会《金融租赁公司管理办法》规定金融租赁公司的主要资产业务应当是融资租赁业务:出租人根据承租人对租赁物和供货人的选择或认可,将出租人从供货人处取得的租赁物按合同约定出租给承租人占有、使用,向承租人收取租金的交易活动。并且规定适用于融资租赁交易的租赁物为固定资产。对金融租赁公司的负债业务也做了规定,金融租赁公司获取资金来源的方式应当不同于商业银行,不能以吸收公众存款的方式筹集资金,金融租赁公司的资金来源主要应通过以下方式获得:一是吸收股东 1 年期(含)以上定期存款,但是银监会又同时规定:金融租赁公司不得吸收银行股东的存款;二是接受承租人的租赁保证金;三是发行金融债券;四是进行同业拆借;五是向金融机构借款;六是利用境外外汇借款。除了上述业务之外,金融租赁公司还可以经营向商业银行转让应收租赁款业务、经营租赁物品残值变卖及处理业务以及从事经济咨询业务等。

在金融机构体系中,金融租赁公司经营的主业融资租赁业务具有较强的专业性。因为融资租赁业务是以出租固定资产的形式运作的,一项融资租赁业务会涉及与固定资产有关的各个方面,比如固定资产的性能、固定资产的购买、固定资产的管理、折旧、税收等,需要经营人员具备专业背景和知识,因此银监会对金融租赁公司的出资人资格进行了特别的规定。《金融租赁公司管理办法》把金融租赁公司的出资人分为主要出资人和一般出资人。主要出资人是指出资额占拟设金融租赁公司注册资本 50% 以上的出资人。一般出资人是指除主要出资人以外的其他出资人。设立金融租赁公司,应由主要出资人作为申请人向中国银行业监督管理委员会提出申请。金融租赁公司的主要出资人主要包括三类机构:商业银行、租赁公司和大型企业。

作为非银行金融机构,金融租赁公司在日常经营中必须接受银监会的监管,遵守银监会的监管要求。银监会对金融租赁公司的监管主要集中在以下几个方面:第一,资本充足率监管。规定金融租赁公司资本净额不得低于风险加权资产的8%。第二,单一客户融资集中度监管。规定金融租赁公司对单一承租人的融资余额不得超过资本净额的30%。计算对客户融资余额时,可以扣除授信时承租人提供的保证金。第三,单一客户关联度监管。金融租赁公司对一个关联方的融资余额不得超过金融租赁公司资本净额的30%。第四,集团客户关联度监管。金融租赁公司对全部关联方的融资余额不得超过金融租赁公司资本净额的50%。第五,同业拆借比例监管。金融租赁公司同业拆入资金余额不得超过金融租赁公司资本净额的100%。除此之外,《金融租赁公司管理办法》针对金融租赁公司经营的售后回租业务进行了专门的监管规定。售后回租业务,是指承租人将自有物件出卖给出租人,同时与出租人签订融资租赁合同,再将该物件从出租人处租回的业务,是承租人和供货人为同一人的融资租赁方式,与抵押贷款有异曲同工之效。为了防止企业利用虚假售后回租套取资金,控制业务风险,银监会规定:售后回租业务必须有明确的标的物,标的物应当是适宜于融资租赁业务的固定资产。同时售后回租业务的标的物必须由承租人真实拥有并有权处分。金融租赁公司不得接受已设置任何抵押、权属存在争议或已被司法机关查封、扣押的财产或其所有权存在任何其他瑕疵的财产作为售后回租业务的标的物。在售后回租业务中,金融租赁公司对标的物的买入价格应有合理的、不违反会计准则的定价依据作为参考,不得低值高买。并且从事售后回租业务的金融租赁公司应真实取得相应标的物的所有权。标的物属于国家法律法规规定其产权转移必须到登记部门进行登记的财产类别的,金融租赁公司应进行相关登记等。最后,与其他金融机构一样,金融租赁公司应实行风险资产五级分类制度,按照有关规定制定呆账准备制度,及时足额计提呆账准备。未提足呆账准备的,不得进行利润分配。

参考文献:

中国金融年鉴编辑部:《中国金融年鉴》(1986~2011年),中国金融出版社1987~2012年版。

(左毓秀)

汽车金融公司

Auto Financing Company

汽车金融公司指经中国银行业监督管理委员会批准设立的,为中国境内的汽车购买者及销售者提供金融服务的非银行金融机构。

改革开放以来,我国的汽车生产和汽车消费发展迅猛,汽车产业在经济发展中的作用不断扩大,已经成为我国国民经济中的支柱性产业。2003年中国银监会发布《汽车金融公司管理办法》,鼓励汽车企业发起设立汽车金融公司。2004年8月18日,上海通用汽车金融有限责任公司正式成立,这是《汽车金融公司管理办法》实施后中国出现的首家汽车金融公司,此后丰田、福特、大众、戴姆勒、标致雪铁龙、沃尔沃、菲亚特和东风日产等汽车巨头都在我国建立了汽车金融公司。2008年银监会颁布了新的《汽车金融公司管理办法》,2009年我国《汽车产业调整和振兴规划》发布,规划指出要"支持符合条件的国内骨干汽车生产企业建立汽车金融公司,促进汽车消费信贷模式的多元化,推动信贷资产证券化规范发展,支持汽车金融公司发行金融债券",为汽车金融公司的发展创造了良好的政策环境。截至2014年年末,中国共有汽车金融公司19家。

根据银监会《汽车金融公司管理办法》的规定,目前我国汽车金融公司的业务范围包括:接受境外股东及其所在集团在华全资子公司和境内股东3个月(含)以上定期存款;接受汽车经销商采购车辆贷款保证金和承租人汽车租赁保证金;经批准发行金融债券;从事同业拆借;向金融机构借款;提供购车贷款业务;提供汽车经销商采购车辆贷款和营运设备贷款,包括展示厅建设贷款和零配件贷款以及维修设备贷款等;提供汽车融资租赁业务;向金融机构出售或回购汽车贷款应收款和汽车融资租赁应收款业务;办理租赁汽车残值变卖及处理业务;从事与购车融资活动相关的咨询、代理业务;经批准从事与汽车金融业务相关的金融机构股权投资业务;等等。

按照《汽车金融公司管理办法》的要求,目前我国汽车金融公司的出资人应是中国境内外依法设立的企业法人,其中主要出资人须为生产或销售汽车整车的企业或非银行金融机构。商业银行不能作为主要出资人设立汽车金融公司。在汽车金融公司的出资人中至少应有1名出资人具备5年以上丰富的汽车金融业务管理和风险控制经验。汽车金融公司注册资本的最低限额为5亿元人民币或等值的可自由兑换货币。注册资本为一次性实缴货币资本。

汽车金融公司设立之后,在日常经营过程中应当按照中国银监会有关银行业金融机构内控指引和风险管理指引的要求,建立健全公司治理和内部控制制度,建立全面有效的风险管理体系。具体来说,汽车金融公司应遵守以下监管要求:(1)资本充足率不低于8%,核心资本充足率不低于4%;(2)对单一借款人的授信余额不得超过资本净额的15%;(3)对单一集团客户的授信余额不得超过资本净额的50%;(4)对单一股东及其关联方的授信余额不得超过该股东在汽车金融公司的出资额;(5)自用固定资产比例不得超过资本净额的40%。同时汽车金融公司还应该按照有关规定实行信用风险资产五级分类制度,并且建立审慎的资产减值损失准备制度,及时足额计提资产减值损失准备。未提足准备的,不得进行利润分配。

汽车金融公司是我国金融机构体系中的新型金融机构,完善了我国金融机构体系的构成,丰富了我国消费信用形式,增加了融资渠道。但是受我国汽车产业结构的影响,在我国目前的汽车金融公司中,外商独资和中外合资汽车金融公司占有重要的份额,中资汽车金融公司主要有两家,即2009年成立的奇瑞徽银汽车金融有限公司和2010年成立的三一汽车金融有限公司。

参考文献:

中国金融年鉴编辑部:《中国金融年鉴》(2003～2011年),中国金融出版社2004～2012年版。

(左毓秀)

证券公司
Securities Company

在现代金融中介体系中,证券公司(在欧美则一般称为投资银行)是一类以金融市场为业务平台、专门从事相关证券承销、经纪以及财务顾问等证券服务业务的金融机构。从其业务构成看,当前投资银行或证券公司的主要业务大致可分为三大类,即:(1)(传统)投资银行业务,涵盖了为企业和政府安排权益、债券或可转债等融资和兼并收购顾问等两种业务。(2)交易业务,涵盖了客户交易和自营交易两大业务,其中客户交易指证券公司作为客户代理人,充当各类证券交易的中介、向客户提供研究报告和投资建议以及权益和固定收益、商品及货币交易部的业务,而自营交易则指的是证券公司从事的影响自身资产负债表的投资活动(不包括代理客户),其投资对象集中在权益(含公开和私募)、债券、可转换债券以及衍生品以及私募股权基金和对冲基金等。(3)资产管理业务,指证券公司向零售或机构客户提供权益、固定收益、货币市场投资产品以及对冲基金、私募股权基金或其他可出售基金等另类投资渠道。

从功能层面考察,证券公司在现代市场经济中,借助于以其为核心的独特信息市场及其信息优势,创造了一个"超越法律"的信息市场和使用合约以及相应的合约"自我实施"机制,进而为经济主体提供与信息高敏感度证券资产相关的各种金融服务(莫里森和维尔勒姆,2011)。历史地看,这一功能定位在早期的证券公司身上表现得最为明显——尽管19世纪的银行业是一个比今天广泛得多的概念,进而导致了诸多横跨银行和证券的大银行的出现,但无论是对于英国的商人银行还是美国的合伙制私人银行中的投资银行家而言,直到20世纪二三十年代,其业务范围都较为狭窄,一般都专注于传统的投资银行业务,进而基于银行与客户之间长期关系所形成的信息优势成为其开拓市场的关键所在。1933年的《格拉斯—斯蒂格尔法案》第一次明确了商业银行和投资银行的分野,并将当时主宰美国金融业的摩根(J. P. Morgan)公司限制于商业银行领域,而其证券业务部则独立出来,成立了摩根士丹利(Morgan Stanley)公司,专营股票和债券业务。一般认为,这一法规在实践中进一步强化了证券公司的独特机构与功能定位,使其更专注于专业技能信息的创新和传承,进而与商业银行表现出极为明显的差异,进而成为现代证券公司诞生的标志。

进入20世纪70年代以来,随着内外部经济环境的不断变化,尤其是放松管制、信息通信技术以及金融理论创新的不断深入,证券公司和商业银行、保险公司等其他金融中介机构之间的界限日益模糊,来自市场的激烈竞争压力与自身追求利润的创新动力使得投资银行得以介入更为广阔的业务活动,相应的其业务重点也从80年代早期之前的专注咨询与中介等传统低风险业务开始转向自营以及客户财富管理等高风险业务。事实上,到2000年,美国的独立投行已经演变为提供全能服务的金融机构,超过半数的收益来源于80年代才出现的技术性交易业务。从实践来看,在2007年金融危机爆发之前的20余年间,机构业务重点的转移再加上其自身杠杆率的不断增加尽管从根本上改变了独立大型投资银行的业务及收益模式并有效地维持了长期的极高资本回报率,但不可避免地这一业务转型也使其承担了与高利润相伴随的巨额业务风险。因此,当由2007年规模仅5000亿美元次级抵押贷款市场崩溃所引发的全球金融风暴袭来之际,以摩根士丹利(Morgan Stanley)、高盛(Goldman Sachs)、美林(Merrill Lynch)、罗曼兄弟(Lehman Brothers)、贝尔斯登(Bear Stearns)等为代表的美国独立大型投资银行突然发现其所面临的风险导致的亏损已经超出了自身资本所能承受的范围,除了宣告破产或被收购之外只能通过组织模式转型为银行控股公司接受联储的救助来渡过难关,进而导致严格独立法人意义上的投资银行在美国成为了历史。

与美欧投资银行基于市场的漫长历史演变不同,证券公司作为一类非银行金融机构在中国是伴随着1978年的改革开放,尤其是20世纪80年代资本市场的重新恢复及发展逐步得以创设和发展的。总体而言,中国证券公司不仅发展历史颇为短暂,且在相当长一个时期内由于计划经济和国有经济双重约束,没有赋予其明确的功能定位,再加上中国资本市场制度性缺陷导致的诸多约束,导致在几经起伏的今天,尽管中国证券业已初步形成了一个机构体系——据中国证券业协会的统计,2014 年年底,中国证券公司总计 119 家,行业总资产 4.09 万亿,净资本 6791.6 亿元,但相对而言,不仅其总体规模仍显得极为有限(占中国金融机构总资产的规模不到 2%),社会影响力及功能在中国远逊于商业银行,且整体上看,行业创新能力不强,业务或盈利模式较为单一,同质化现象较为突出。

历史地看,随着金融管制措施以及内外部环境的变迁,中国证券公司的发展大致经历了四个阶段,即萌芽起步阶段(1987 ~ 1995 年)、稳健提升阶段(1996 ~ 2000 年)、治理整顿阶段(2001 ~ 2005 年)和规范发展阶段(2005 年至今)。

1987 ~ 1994 年可以视作中国证券公司的萌芽起步期。自 1987 年 9 月深圳经济特区证券公司掀开序幕之后,以 1988 年万国、申银、海通三家证券公司在上海的先后设立为标志,伴随着 1990 年上海和深圳证券交易所的创设,这一时期证券公司如雨后春笋般在全国普遍出现,迅速构成了一个行业体系:1990 年年底中国证券公司达 44 家,资产 72 亿元,而 1995 年年底就分别达到了 97 家和 831 亿元,短短 5 年资产增长就达 10 余倍。但可惜的是,由于这一时期中国证券公司多采用了国有独资公司的组织模式,实际上可以视为依附发起机构(多为专业银行)的一类附属金融机构,普遍缺乏独立的机构定位。

鉴于 20 世纪 90 年代初期的中国专业银行体系出现了较为严重的资金运用问题,相当一部分银行通过其全资或参股的证券公司、信托投资公司,将信贷资金和同业拆借资金挪用、投放到证券市场或房地产市场,增大了银行的经营风险,助长了投机行为和泡沫经济,造成了通货膨胀等极为严峻的宏观冲击。在这样一种背景下,1995 年相继颁布实施的《中国人民银行法》、《商业银行法》和《保险法》确立了我国金融体制"分业经营"的基本格局,证券公司在 1996 ~ 2001 年进入了一个新的稳健发展阶段。在这个时期,尽管中国证券公司数量整体稳定,但随着机构分离或股权结构的规范治理,中国证券公司取得了独立机构定位(相应的有限责任公司制成为主流,且 1998 年后部分证券公司在资本市场快速发展背景下出于增资扩股的目的,尝试改制为"股份有限公司")的同时,证券公司整体盈利能力普遍增强,海通、君安等一批资本实力雄厚的大型证券公司迅速崛起。

2001 年 6 月中国证券市场的大幅结构性调整在引致连续 4 年股市低迷,进而证券公司业绩滑坡的同时,也导致证券业风险的集中爆发,结果促成了一次中国证券业最为严格的治理整顿。据统计,自 2002 年鞍山证券处置开始,到 2006 年 3 月底中国共有 31 家证券公司因严重违规(如挪用客户保证金和国债、违规委托理财、向社会发放个人柜台债以及操纵市场等)和面临巨大风险(如严重资不抵债、存在较大资金黑洞等)而被处置(形式包括政府救助、停业整顿、责令关闭和撤销、并购重组、行政接管、破产等),占证券公司总数的 22.7%。此外,值得一提的一点是随着中国加入 WTO 的相关安排,这一时期中国证券业的开放走出了重要一步,中外证券机构之间的合作成为现实。

在治理整顿取得阶段性效果的同时,2005 年 4 月启动的股权分置改革重新激发了市场的信心。而在市场转暖的同时,2005 年 8 月中国证券投资者保护基金有限公司的成立以及 2007 年 7 月证券公司分类管理制度的出台,使得中国证券公司迎来了一个新的发展阶段,期间证券公司整体资本实力不断增强,资产规模不断扩大,业务范围不断拓展,产品种类不断丰富,经营业绩稳步提升,表现出了良好的发展态势。

现实地看,尽管中国证券公司在中国证券市场发展,推动国有企业股份制改造以及盘活社会资产存量,提升国民经济运行质量等方面发挥了历史性的重要作用,但鉴于中国经济转型的特殊环境以及资本市场的诸多制度性限制,加之监管缺陷以及专业人才的缺乏等因素的存在,中国证券公司在过去 20 余年间暴露出缺乏行为制约进而损害投资者利益乃至市场公信力、创新动力不足等缺陷,积累了相当规模的不良资产(或金融风险),和国外同行相比仍存在较为明显的差距,急需在未来一个时期内通过"内外并举"提升自身的核心竞争力来迎接金融全球化时代的挑战。

参考文献:

[美]查理斯·R·盖斯特:《华尔街投资银行史》,中国财政经济出版社 2005 年版。

[美]阿兰·莫里森、[美]小威廉·维尔勒姆:《投资银行:制度、政治和法律》,中信出版社 2011 年版。

中国证券监督管理委员会:《中国资本市场二十年》,中信出版社 2012 年版。

Carosso Vincent, *Investment Banking in America: A History*, Harvard University Press, 1970.

Hayes Samuel and Philip Hubbard, *Investment Banking: A Tale of Three Cities*, Harvard University Press, 1990.

Williamson J. Peter ed., *The Investment Banking Handbook*, John Wiley & Sons, 1988.

（应展宇）

证券登记结算公司

Securities Depository and Clearing Corporation

证券登记结算公司指的是证券市场中为证券交易提供集中的登记、托管与结算服务且不以营利为目的的中介机构。证券登记清算公司在中国目前主要有两种形式:一种是专门为证券交易所提供集中登记、集中存管、集中结算服务的专门机构,即中国证券登记结算有限责任公司；二是代理中国证券登记结算有限责任公司为地方证券经营机构和投资者提供登记、结算及其他服务的地方机构，即地方登记结算机构。

2001年3月30日，按照《证券法》关于证券登记结算集中统一运营的要求，经国务院同意、中国证监会批准，中国证券登记结算有限责任公司在北京组建成立，总资本12亿元人民币，上海证券交易所和深圳证券交易所两个股东各占50%。同年9月，中国证券登记结算公司上海和深圳分公司正式成立。从2001年10月1日起，中国证券登记结算公司承接了原来隶属于上海和深圳证券交易所的全部登记结算业务，标志着全国集中统一的证券登记结算体制的组织架构基本形成。

中国证券登记结算公司的发展宗旨是构建一个符合规范化、市场化和国际化要求，具有开放性、拓展性特点，有效防范市场风险和提高市场效率，能够更好地为中国证券市场未来发展服务的集中统一的证券登记结算体系。按照中国《证券法》和《证券登记结算管理办法》等相关规定，中国结算目前主要履行的职能包括：证券账户、结算账户的设立和管理；证券的存管和过户；证券持有人名册登记及权益登记；证券和资金的清算交收及相关管理；受发行人的委托派发证券权益；依法提供与证券登记结算业务有关的查询、信息、咨询和培训服务以及中国证监会批准的其他业务。在中国证监会主管下，公司实行董事会领导下的总经理负责制，目前下设上海、深圳和北京数据技术分公司三家分公司。

自成立以来，中国证券登记结算有限责任公司与中国证券市场共同成长，随着开放式基金、QFII、上市开放式基金、中小板、股权分置改革、ETF、融资融券以及跨市场ETF等市场创新而不断地完善与登记结算服务相关的软硬件技术建设，积极推进行业数据中心和行业标准服务中心的各项建设工作，为市场的健康发展提供了重要的技术支持。截至2014年年底，中国证券登记结算公司管理的证券账户达1.84亿户，登记存管的证券6330只，登记存管的证券总市值达40.57万亿元，全年处理过户笔数达778052.9万笔，处理过户金额达5032516亿元，结算总额达5413609.6亿元，结算净额达237922亿元。

（应展宇）

基金管理公司
Fund Management Company

作为证券市场中基金的组织者和管理者，基金管理公司不仅负责基金的投资管理，而且承担着产品设计、基金营销、基金注册登记、基金估值、会计核算以及客户服务等多方面的职责，成为在整个基金的运作中发挥核心作用的一类金融中介机构。基金管理公司一般由证券公司、信托投资公司发起设立，具有独立的法人地位。鉴于基金管理公司的主要业务是发起设立基金和管理基金，其面对的客户通常是人数众多的中小投资者，因此，为了保护中小投资者的合法利益，各国监管当局对基金管理公司的设立都有着严格的资格和准入规定——尽管各国相关规定有所差异，但一般都要求基金管理公司符合以下条件：符合公司法的有关规定；实收资本不低于规定的数额；有合格的基金管理人才；有完善的内部控制制度以及法律、行政法规和相关监管机构规定的其他条件等。

从实践来看，尽管在没有相关专业性法规的约束下，中国首家专业化的基金管理公司——深圳投资基金管理公司早在1992年10月就已成立，其设立和运用很不规范，但随着《证券投资基金管理暂行办法》（1997年）、《证券法》（1999年）、《证券投资基金法》（2004年）等一系列法规的颁布实施，目前中国对基金管理公司实行较为严格的市场准入管理——依据相关法规，不仅基金管理公司的注册资本不低于1亿元人民币，而且其主要股东（出资额占公司注册资本的比例最高且不低于25%的）还必须满足从事证券经营、证券投资咨询、信托资产管理或者其他金融资产管理的金融机构，注册资本不低于3亿元人民币、经营业绩良好等规定，其他股东的注册资本、净资产也不低于1亿元人民币——的同时，公司必须在较为严格界定的范围内开展相关业务，不得擅自拓展。

自1998年规范意义上的基金管理公司以及证券投资基金创设以来，随着证券市场的不断发展，中国资金管理公司实现了较为稳健的增长。从1998年的6家起步，在经历了2001～2006年的快速发展期（各年新增公司数分别为5家、7家、13家、11家、8家和5家，2006年总数达到58家）之后，从2007年后进入了缓慢增长期（新增数2007年仅1家，2008年为2家，2009年为0家，2010年为3家），2011年以后这一态势有所变化，2014年年末，基金管理公司总数达到95家，基金管理的资产总规模为6.68万亿元人民币。值得指出的是，相对其他金融中介而言，基金管理公司是中国金融服务业对外开放步伐较快、国际化程度颇高的一类机构，中外合资基金管理公司自2002年以来，截至2014年年底已达46家，接近基金管理公司总数的50%。

从市场结构看，当前中国基金管理公司的行业内部分化现象非常严重，马太效应非常明显。如果按管理资产规模的区间划分，2011年年底中国有23家基金公司的资产管理规模徘徊于100亿元以下，占比超过1/4；而在100亿～200亿元的“盈亏平衡”区间内，分布着11家基金公司；20家公司规模处于200亿元以上500亿元以下,超过500亿元的公司仅有15家(其中超过1000亿元的则仅5家);如果按市场集中度看,资产规模排名前十的中国基金管理公司的市场份额总和达到48.75%,总计10555.03亿元(其中前三名华夏基金、嘉实基金和易方达基金的规模分别为1790.88亿元、1374.66亿元和1347.85亿元),几乎占据整个行业资产管理规模的半壁江山;而在排名的另一端,规模最小的前十家基金公司其资产管理规模之和仅占市场总量的0.79%(若剔除新近成立的几家基金公司,当年末规模最小的基金公司资产管理规模仅9.7亿元)。

就中国基金管理公司的主要业务而言,尽管最初其主要局限于证券投资基金的募集和管理,但随着市场的发展,目前除该业务之外,中国基金管理公司已被允许从事特定客户资产管理(又称"专户理财",指基金管理公司向特定客户募集资金或接受特定客户财产委托承担资产管理人,为委托人利益运用委托财产从事证券投资)、(面向QFII、境内保险公司及其他依法设立运作的机构等特定对象提供)投资咨询、全国社保基金管理及企业年金管理以及QDII等多元化的业务,呈现出向综合资产管理机构转变的发展态势。

参考文献:
中国证券监督管理委员会:《中国资本市场二十年》,中信出版社2012年版。
中国证券监督管理委员会:《中国资本市场发展报告》,中国金融出版社2008年版。

(应展宇)

资产管理公司
Asset Management Company

资产管理公司是各国在对陷入困境银行的救助过程中采纳分离银行资产负债表这一不良资产处置方式后的特殊制度性产物。鉴于银行业存在的基础是信誉,因此,为维持公众对银行的信心,就得把这些银行资产负债表中的"坏资产"分离出去,而分离出去的"坏资产"则需要一个金融中介来经营和管理,但考虑到这类中介机构尽管功能定位非常明确但其性质却颇为独特(既不以营利为目的,又不类似于以纠正市场缺陷为宗旨的政策性金融机构,故很难纳入传统金融机构的分类体系),一般统称为"资产管理公司(AMC)"从世界范围看,美国的RTC,德国的托管银行,日本的过渡银行,法国的CDR,瑞典的AMC都属于此类机构,而转轨经济体中的匈牙利、波兰、捷克和新兴市场经济体中的墨西哥以及亚洲金融危机爆发后的韩国、泰国、马来西亚、菲律宾也都曾成立过类似AMC的机构来处理成因各异的银行坏账。从实际运行的结果看,美国、德国、瑞典、匈牙利、波兰、捷克、墨西哥已在20世纪末取得了成功,AMC均已完成使命而解散。因此,AMC模式确是世界范围内一种银行不良资产处置较为有效的方式。

从各国的情况看,AMC的基本形式大致可分为两类:集中式和分散式,以集中式为主。集中式的资产管理就是由一个专门机构接管参加重组的各银行的不良贷款,集中进行处置,而分散式的资产管理则没有这种专门机构,各银行的不良贷款由各银行自己设立专门机构进行处置。作为一类性质特殊的中介机构,AMC的主导业务基本可分为两类:融资权和处置权。处置不良资产是AMC的使命,而在处置过程中,必要发生资金支出,这就需要有融资权。当然,各国AMC由于所处具体情况各异,开展这两项业务的机构权限及方式也存在较大的差异。

尽管在中国通过设立中介机构来解决国有银行不良资产问题的想法早在1990年初就已提及(如周小川,1993;刘遵义和钱颖一,1994等),但其真正被采纳并得以实施的契机是亚洲金融危机:在危机爆发并不断蔓延、国内外针对"中国银行业已处于技术性破产"的声音甚嚣尘上的背景下,以补充资本金和剥离不良资产为核心的国有银行财务重组就成为1998年中国政府夯实国有银行运营基础,恢复进而强化市场信心,弱化长期累积的系统性金融风险爆发的可能性,避免出现类似泰国、印度尼西亚、马来西亚等国出现的重大金融冲击的当务之急,而与AMC相关的"好银行/坏银行"模式则被确定为国有银行不良资产处置的基本方式。当1998年财政部利用特种国债向四家国有银行注资2700亿元之后,为了剥离国有银行长期积累的巨额不良资产,1999年由财政部出资400亿元人民币(通过向AMC出售债券获得)独资创建了华融、长城、东方、信达四家资产管理公司(每家AMC的资本金为100亿),分别用于购买工、农、中、建四行的不良资产。

但问题是,对于4家AMC,相对工、农、中、建四行长期累积的巨额不良资产规模而言,400亿元资本金显然是无法完成收购任务的,于是为了完成第一轮来自四家银行、面值高达约1.4万亿元人民币的不良资产处置,AMC在向人民银行贷款6340亿元的同时还向4家国有银行定向发行8580亿元10年期债券,作为其按账面价值收购不良资产的支付对价。之所以这次处置中发行的AMC债券期限被定为10年,是因为在当时的决策者看来,AMC仅仅是一个暂时处置不良资产的过渡性机构,当不良资产处置完毕损失得以冲销之际,AMC就应该自然消失,而最初设想的不良资产处置周期就是10年。

显然,考虑到四大国有银行曾长期在中国经济转轨中所肩负的特殊历史作用,第一轮的1.4万亿元资产绝非AMC需要处置不良资产的全部。因此,当

2003 年新一轮国有银行改革进程启动的时候，AMC 再次承担了收购和处置不良资产的重任，且其面对的对象也不仅限于四大国有银行，而是包含了交行、股份制商业银行甚至其他非银行金融机构，而这一轮不良资产的账面价值规模超过 1.6 万亿元，所幸的是面对这部分不良资产，这一次 AMC 不再按照 100% 账面价值购买，而是通过拍卖等较为市场化的方式来确定对价。AMC 为收购这一轮不良资产，此间再次获得了来自中国人民银行的 6195 亿元再贷款。这样仅在 2000～2005 年，中国 4 家 AMC 就承担了账面面值共计 3 万余亿元人民币的不良资产，在 AMC 的账面估价接近 2 万亿元，而其融资额也达到 2.1 万亿元。

对于 AMC 而言，其不良资产处置的方式及质量显然是确保中国银行业，尤其是国有银行财务重组至关重要的问题之一。时至今日，接近 5000 余亿元的 AMC 债券仍在国有银行的资产负债表内，而这意味着剥离了不良资产的国有银行仍直接暴露在 AMC 的经营风险之中。但问题是，对于在 2000 年按 100% 面值购买了 1.4 万亿元不良资产的 AMC 而言，既然这些不良资产的市场价值远低于账面价值，按 AMC 登记账面值回收不良资产也就成为一个几乎无法完成的任务。截至 2006 年年末，当第一轮剥离的不良资产近 80% 处置完毕时，公开报道的资产回收率只有 20% 左右（近 1.16 万亿元不良资产只回收了 2300 亿元），几乎无法支付各种债券的贷款的利息，而即便 2004～2005 年通过拍卖获得的第二轮不良资产处置回收率较之前有很大的提升（如 35%），加上第一轮剩余不良资产的部分回收（按 10%），所有的处置收益再减去 AMC 承担的债务利息以及自身的运营成本（约 10%），AMC 资产组合的损失可能接近 80%，约 1.5 万亿元。一方面，即便财政部对部分 AMC 进行了增资，但其资本金仍在数百亿的规模，如此庞大的资产组合损失显然是其无法承担的。另一方面，考虑到国有银行仍有数千亿 AMC 债券的风险暴露，如果在 2009 年 AMC 债券到期之际就宣告其消亡，中央财政将承担极大的资金规模压力。也正是在这样一个特殊的背景下，AMC 的转型近年来成为中国金融改革颇为重要的事件之一。事实上，目前除长城公司外，信达、东方、华融 3 家 AMC 已转型成为金融控股公司，获得了多类金融牌照，广泛涉足证券、保险、信托等多个金融业务领域。

之所以 AMC 的机构功能定位在时隔 10 年之后会出现这样的转变，在我们看来大致有以下几个原因：

首先，制度变迁的路径依赖。从当前中国金融机构体系中的功能定位来看，AMC 业已被视为各类机构转移不良资产、摆脱历史包袱最为便捷的制度设计，在中国金融改革仍处于深化阶段，多类金融机构面临潜在巨额不良资产剥离动机的今天，其存续显然是一种必然。此外，即便不考虑未来的需求，但就 AMC 当前所处的资产负债状况而言，一旦当时选择关闭就意味着中央财政必须一次性地提供数以万亿元人民币计的资金来解决历次财务重组的历史欠账，而这一资金规模决定了这种做法在现实中无法采纳，国家必须通过延长存续期限的方式来避免重大冲击，期待在未来通过经济规模的不断增长消化这一问题。

其次，尽管早在 2005 年 10 月，党的十六届五中全会通过的“十一五”规划建议中就明确提出：“加快金融体制改革……稳步推进金融业综合经营试点”，并在随后几年国家也逐步推出了系列以市场深化和放松管制为基调的改革措施，但不可否认的一点是始于 2007 年夏并于 2008 年 9 月雷曼破产引发的全球金融危机在很大程度上动摇了中国决策层对美国式金融模式的信心，进而对之前 10 余年间以美国模式为蓝本的众多金融改革措施（包括不良资产剥离，长期坚持的“分业经营、分业管理”等）的现实性和有效性产生了质疑，而在有些人看来，以德国为代表的欧洲大陆全能银行模式似乎更适合中国并且也更具有现实性，进而加快了中国金融机构综合化试点的步伐。在当前中国银行组织目标模式尚处于争论的背景下，包括国有银行、股份制银行乃至转型中的 AMC 在内的各类金融机构都带有极强的扩张动机，尝试尽可能地多获得业务牌照，扩展业务范围。

最后，对于 AMC 而言，其转型更为现实的一个背景是在过去 10 余年的不良资产处置过程中，不仅承担了来自各类银行的不良资产，而且还承担了一批处于破产状况的证券公司、租赁公司、财务公司、保险公司以及商品期货公司的债务。尽管在之前中国人民银行主导的这些金融机构重组过程中，初衷是通过债务重组把债权转变为股权进而试图通过向第三方（含境外机构和公司）的股权出售来进行处置，但实际运营的情况却是在大量债权并没有完成原定的重组，仍然停留在 AMC 的账面的同时，这些破产机构也没有被清算关闭。这样，简单地通过机构更名，在保留雇员及其他资产的情况下，这些原本已陷入破产的金融机构就转变成 AMC 的子公司，而 AMC 就成为具有金融控股性质的全新金融机构。

现在看来，尽管中国 AMC 在 2009 年的存续并不意外，但一个极为现实的问题是，对于注册资本仅以百亿元人民币计、国有独资的 AMC 而言，一旦转变为具有营利性质的经营性金融机构，鉴于其控制的名义资产账面价值已经极为庞大（作为不良资产，其实际价值显然远低于账面价值），这导致其在极高的杠杆上开展业务。对于金融机构而言，杠杆率过高一方面极有可能引发管理层道德风险行为，过多地涉足风险过高的金融业务，进而在是财政增加弥补缺口压力的同时危及市场对国有银行资本充足率的信心。另一方面也会内生出一个如何消化其自身不良资产，降低杠杆率的要求。显然，AMC如何成功地实现这一点，将在极大地考验未来中国政府决策层能力的同时，也可能成为中国金融体制改革进一步推进进程中的一个不可忽视的影响因素。

参考文献：
周小川：《企业与银行关系的重建》，载于《改革》1996年第6期。
刘遵义、钱颖一：《关于中国的银行与企业财务重组的建议》，载于《经济与社会体制比较》1994年第5期。
黄金老：《中国的资产管理公司：运营与前景》，载于《国际金融研究》1999年第11期。
[英]约翰·伊特韦尔等：《新帕尔格雷夫货币金融大辞典》，经济科学出版社1996年版。

（应展宇）

期货公司
Futures Company

期货公司指的是在期货市场中接受客户委托，并按照客户的指令、以自己的名义为客户进行期货交易并收取手续费的一类金融中介机构。在期货市场中，尽管众多的交易者出于套期保值、投机或者套利等自身考虑，希望直接进入期货市场进行交易，但期货交易内在的高风险性却决定了期货交易所只能通过严格的会员制度来限制直接参与交易的主体范围（非会员不得入场交易），客观上导致了严格的会员交易制度与吸引更多交易者、扩大市场规模之间的现实矛盾，而期货公司这类中介机构的出现和发展则是化解这一矛盾的制度设计——从实践来看，期货公司充当了期货交易者和期货交易所之间的桥梁和纽带，其职能不仅限于接受客户交易委托、充当客户的代理，还承担着为客户管理资金、控制交易风险以及提供市场信息，进行交易咨询、充当客户交易顾问等角色，进而是实现期货市场顺畅运行的关键环节之一。

从全球范围看，不同的期货公司因其在期货市场中的业务、交易权限或服务对象等不同而种类繁多，名称也不尽相同——换句话说，期货公司是一个包括期货佣金商、介绍经纪人、商品交易顾问、商品基金经理、经纪商代理人、场内经纪人等在内的期货服务机构体系的统称（当然，不同的期货服务机构之间也可能存在交叉关系），其中：（1）期货佣金商指的是在期货市场中那些既从事客户招揽，也直接接受和处理商品购买或卖出指令的公司或个人，其基本职能是代表非交易所会员的利益，代理客户下达交易指令，征缴并管理客户履约保证金，管理客户头寸，提供详细的交易记录和会计记录，传递市场信息，提供市场研究报告，充当客户的交易顾问和对客户进行期货和期权交易及制定交易策略的培训，还可以代理客户进行实物交割。要想获得期货佣金商的资格，其必须在相应的期货监管机构（美国则是国家期货协会和商品期货交易委员会）注册。（2）商品交易顾问，通过直接或间接形式（包括对客户的账户实行交易监管或通过书面刊物或其他报刊发表）建议为他人提供是否进行期货交易、交易何种合约、如何进行交易以及资金管理等方面建议或实际上代表客户进行交易的主体。为他人进行交易的商品交易顾问必须拥有一个其作为交易顾问以来业绩的注册跟踪记录。（3）商品基金经理，指的是对商品资金池进行管理或招揽相关资金的个人或组织，一般亲自分析市场，制定交易策略并直接下指令。（4）介绍经纪人，指那些经过注册、负责招揽客户和维护账户但却不能执行或清算交易的证券经纪公司。介绍经纪人往往将执行与清算交易的责任转移给期货佣金商或商品基金经理，只收取介绍费，不收客户保证金和佣金。（5）经纪商代理人，即作为期货佣金商、介绍经纪人、商品交易顾问或商品基金经理的代表，在期货市场中招揽委托订单、顾客或是客户基金的人，可以是任何销售人员。（6）场内经纪人，又称出市代表，指在交易池中代理任何其他人从事指令执行活动的交易所会员。

历史地看，由于中国期货市场发展的相对滞后，期货（经纪）公司在中国属于起步时间较晚的金融机构之一——在1990年10月中国郑州粮食批发市场经国务院批准，以现货交易为基础引入期货交易机制以及1992年深圳有色金属交易所（1月）和上海金属交易所（5月）先后开业之后的1992年10月，中国第一家期货经纪公司——广东万通期货经纪公司才成立。同年年底，中国国际期货经纪公司开业。但问题是，尽管期货公司在中国的起步较晚，由于当时人们认识上的偏差，尤其是受部分和地方利益驱动，在缺乏统一管理的情况下，随着期货交易所数目的快速增加，中国期货经纪机构在此后1年多时间内迅猛增加，1993年年底已发展到近千家，无论是期货市场还是期货公司都基本陷入无序混乱发展状态，市场风险迅速累积。针对当时中国期货市场的这种盲目发展局面，中国政府从1993年年底开始进行清理整顿，在确立期货市场监管架构的同时，对期货经纪公司进行了重新审核，清理关停了一大批机构的同时还严格限制其业务范围，取缔了当时所有查出的非法期货经纪公司和地下期货经纪机构。到1995年年底，只有330家期货经纪公司获得《期货经纪业务许可证》。此后3年间，中国证监会又陆续注销了一批违规违法和财务状况差、潜在风险大的期货经纪公司的经营资格（1996～1998年中国期货经纪公司的数量依次减少到329家、294家和278家），并在1999年颁布的《期货交易管理暂行条例》把期货经纪公司的最低注册资本门槛提升到3000万元人民币，以增强机构的抗风险能力，改善财务状况的同时，对其设立及业务范围做了较为明确的规定。监管架构确立后规范治理的直接后果是中国期货经纪公司数量的进一步减少——在1999年年底已减少到213家的基础上，2000年年底公司的总数就只有178家了，但此后有所反复，2001年、2002年、2003年、2004年和2005年分别为200家、179家、186家、188家和183家，2006年年底的数目则和2005年持平，仍为183家。

2007年3月《期货交易管理条例》颁布之后，鉴于条例对中国期货公司的定位、业务范围等进行了新的调整，原有"期货经纪公司"名称中的"经纪"两字被删去，改为"期货公司"，可以认为中国期货公司进入了一个新的发展阶段。目前中国的期货公司由中国证监会主管，实行业务许可制度，由中国证监会按照其商品期货、金融期货业务种类颁发许可证。期货公司除申请经营境内期货经纪业务外，还可以申请经营境外期货经纪、期货投资咨询以及国务院期货监督管理机构规定的其他期货业务。此外，条例明确规定，在中国从事期货投资咨询以及为期货公司提供中间介绍等业务的其他期货经营机构，同样应当取得中国证监会批准的业务资格。

如果仅就公司数目而言，2007年至今中国期货公司仍延续了之前的态势，通过合并收购等途径其数目不断减少，2010年年底为164家，2014年年底为152家。而从业务许可范围看，目前中国期货公司仍主要从事国内商品期货的经纪业务，但值得注意的是，随着2010年4月16日股指期货在中金所的正式上市交易，可以预计金融股指期货的经纪业务将可能成为中国期货公司未来的业务重点。

参考文献：
中国证券监督管理委员会：《中国资本市场二十年》，中信出版社2012年版。
中国证券监督管理委员会：《中国资本市场发展报告》，中国金融出版社2008年版。

（应展宇）

私募股权
Private Equity

从投资方式角度看，私募股权（基金）指的是通过非公开方式向少数特定投资者筹集资金后对私有企业（即非上市企业）进行权益性投资的一类金融中介，其在交易过程中一般会附带考虑将来的退出机制，即通过上市、并购或管理层回购等方式出售股权来获利。私募股权（基金）在实践中有广义和狭义之分，广义的私募股权不仅涵盖了企业首次公开发行前生命周期各阶段的权益投资（即对处于种子期、初创期、发展期、扩展期、成熟期和Pre-IPO各个时期企业所进行的投资），其名称随投资进入阶段不同而各异，如风险投资（Venture Capital，旨在为新兴企业提供融资支持）、成长资本（Growth Capital，作为成熟企业的少数股东权益，为其业务拓展、重组以及进入新市场提供资金支持）、杠杆收购基金（Leveraged Buyout，为兼并现有企业服务）、夹层资本（Mezzanine Capital，以投资次级债或优先股方式为公司发展提供资金支持）、重振资本（Turnaround），Pre-IPO资本（如过桥融资，Bridge Finance），而且还包括上市后私募投资（Private Investment in Public Equity，即PIPE）等；狭义的私募股权则把风险投资排除在外，主要指对已经形成一定规模的，并产生稳定现金流的创业投资后期或者成熟企业的私募性股权的投资，在美国最为典型的形态是杠杆收购基金。

作为一类定位较为特殊的金融中介，私募股权基金具有一些颇为鲜明的特征：一是该金融中介的资金并非由管理者或发起者自身提供，而是通过非公开发行的方式向大型养老基金、人寿保险基金等特定机构投资者或个人筹集而得（这意味着仅使用自有资本的天使投资人和私募投资公司一般并不能视为私募股权基金）；二是基金的投资对象要么是非上市公司，要么是在有退市或私有化设想的前提下暂行性地购买上市公司股权（杠杆收购基金），绝少一般性地投资上市公司的股票（这一点不仅使私募股权基金有异于共同基金和对冲基金，而且直接导致其投资一般流动性较差，往往在持续3～5年的整个股权投资持有期界内无法通过交易所交易变现）；三是与共同基金这样的消极机构投资者不同，私募股权基金的管理者在股权持有期间对其所投资的企业要给予非常积极的监控、关注和辅导。之所以如此，是因为私募股权投资风险极高，通常只有10%～20%的私募股权投资项目能带给投资者丰厚的回报，其余的要么亏损、要么持平，进而投资者一般不会一次性注入所有投资，而是采取分期投入方式，每次投资以企业达到事先设定的目标为前提，这就需要管理者监控所投公司的运营，并在必要时提供管理支持和辅导，协助实现企业发展；四是基金的首要目标是通过未来的股权出售、兼并收购、管理层LBO或IPO等方式实现退出来获得财务回报。

尽管欧洲是创业投资最早的发源地——15世纪英国和西班牙投资者投资创建远洋贸易企业即被视为世界创业投资的起源，而1945年英国成立的"31"公司被视为世界最早的创业投资基金，但私募股权基金这一概念起源于美国，也盛行于美国。仅以狭义层面的私募股权基金发展来看，尽管1955年美国就完成了第一次LBO，且20世纪60年代在巴菲特和佩尔茨的几次成功的LBO后引发了一次杠杆收购的浪潮，但一般认为私募股权基金这一投资模式确立的标志是1976

年3位投资银行家发起的 Kohlberg Kravis and Roberts（KKR）公司的创设。此后，随着1979年美国劳工部对1940年《投资公司法》中“谨慎人原则”的重新澄清——在良好的风险分散的投资组合策略中，高风险投资是合法的，大型的退休金和人寿保险基金得以投资一些高风险的金融中介之后以及垃圾债券市场的出现和发展，美国的私人股权市场得到了迅猛的发展：1980年，美国私人股权市场的筹集总额就达50亿美元，1999年则发展到1750亿美元，几乎相当于与当时世界第五大经济体意大利的全年投资额。此外，在美国纯粹LBO基金管理的资产规模从1985年的80亿美元增长到2008年的12490亿美元的同时，2002～2007年，美国私募股权基金完成了一大批超过300亿美元的LBO，其中仅2006年私募股权基金就花费3750亿美元收购了654家美国公司。2007年夏次贷危机爆发后，美国私募股权基金的发展受到了很大的冲击。总体上看，私人股权市场在美国的迅猛发展拓宽了直接和间接的融资渠道，在提高整个金融市场运行效率的同时，也为企业的成长提供了新的支撑制度。

从组织架构上看，美国私募股权公司多采用管理层合伙或有限合伙公司的形式，并往往会利用控股公司架构来掌控若干只由一般合伙人管理的私募股权基金。美国最大的私募股权公司一般有20～40个一般合伙人——这些人不仅自己投入部分资金，而且承担了向机构投资者或高净值个人筹资（这些主体以有限合伙人身份介入）的任务。对于私募股权公司的一般合伙人而言，其收益来源大致可分为三个部分：一是向有限合伙人每年收取基金管理资产总值1%～3%的管理费；二是从基金创造的利润中收取部分（一般为20%）作为“起息”（值得注意的是，和对冲基金不同，由于私募股权在持有期结束未退出之间往往并没有实现真实的利润，这部分收益只能待退出且利润货币化后收取，而不是每年收取）；三是股权退出后按投资比例获得扣除相关支出的货币化利润。私募股权公司中一般合伙人和有限合伙人之间的合伙协议期限通常为10年或15年。但对于成功的私募股权公司而言，为了继续拓展相关业务每3～5年会筹集一笔新的资金，且这笔资金一般被期望在5年内投资完毕，并在初始投资完成后的3～7年内实现退出。

私募股权基金在中国的出现和发展时间并不长。但从实践来看，目前的中国已成为亚洲最活跃的私募股权投资市场。2006年以来，随着2004年中国中小企业板的创设，尤其是2009年10月创业板的正式推出，中国私募股权呈现出较为迅猛的发展态势。据清科公司的统计，2006～2011年，中国私募股权的新募基金数（括号内为人民币基金数）分别达到了40（3）只、64（10）只、51（20）只、30（21）只、82（71）只和235（209）只，募资额（括号内为人民币基金募资额）分别为141.96亿（9.47亿）美元、355.84亿（33.05亿）美元、611.53亿（213.28亿）美元、129.58亿（87.28亿）美元、276.21亿（106.78亿）美元和388.58亿（234.08亿）美元，年度投资额分别为129.73亿美元、128.17亿美元、96.06亿美元、86.52亿美元、103.81亿美元和275.97亿美元，投资案例数分别为129个、177个、155个、117个、363个和695个。2014年，共有2903家私募股权投资基金，管理人在中国基金业协会进行登记备案，管理基金2699只，管理基金规模12745亿元人民币。

中国私募股权基金的组织形式多样，既有采取投资公司或信托方式的，也有采取有限合伙公司模式的。从基金类型看，与欧美成熟国家不同，中国近年设立的私募股权基金以成长基金为主，房地产基金和夹层资本分列其后，收购基金所占的比例极低。从基金管理者看，尽管早期中国的私募股权基金均带有外资色彩，但近年来，随着大型本土机构投资者陆续获准从事股权投资，更多优质合格投资者被引入市场，在本土机构发起的基金数明显上升，PE市场投资者结构进一步优化的同时，呈现出“外资机构本土化”和“本土机构国际化”的发展态势，其主要表现就是部分本土和外资机构计划采取双币种基金并行的方式。

参考文献：

［美］拉古拉迈·拉詹、［美］路易吉·津加莱斯：《从资本家手中拯救资本主义》，中信出版社2004年版。

华雷、李长辉：《私募股权基金前沿问题：制度与实践》，法律出版社2009年版。

Andrew Metrick and Ayako Yasuda, The Economics of Private Equity Funds, *Review of Financial Studies*, Vol. 23（6）, 2010.

George W. Fenn, Nellie Liang, Stephen Prowse, The Private Equity Market: An Overview, *Financial Markets, Institutions & Instruments*, Vol. 6（4）, 1997.

（应展宇）

合格境外机构投资者
Qualified Foreign Institutional Investor（QFII）

合格境外机构投资者特指在那些存在资本项目管制的新兴市场国家或地区中，经其证券监管以及外汇管理部门批准，允许符合特定标准的境外基金管理机构、保险公司、证券公司以及其他资产管理机构等机构投资者在一定规定或限制下汇入特定额度的外汇资金并以当地货币形式通过严格监管的专门账户投资当地证券市场，其投资的资本利得、股息等经审核后，可转为外汇汇出的过渡性制度安排。

自20世纪90年代初开始，QFII制度曾在中国台湾、印度、韩国、巴西等众多新兴市场国家或地区得以实施。作为推进金融开放,尤其是资本市场国际化的重要措施之一,QFII 制度在中国推出的标志是 2002 年 11 月中国证监会和中国人民银行联合发布《合格境外机构投资者境内证券投资管理暂行办法》的颁布。2002 年 12 月 1 日,国家外汇管理局发布《合格境外机构投资者境内证券投资外汇管理暂行规定》(简称《外汇规定》),进一步体现了严格资金管理政策的各项细节,比如单个合格投资者申请的投资额度不得低于等值 5000 万美元的人民币,不得高于等值 8 亿美元的人民币,合格投资者应当而且只能在托管人处开立一个人民币特殊账户等。2003 年 5 月,瑞士银行和野村证券正式获得中国证监会对其 QFII 资格的批复,6 月 4 日,这两家机构分别获外汇管理局 3 亿美元和 0.5 亿美元的额度批复。到了 2003 年 7 月 9 日,随着 QFII 第一单交易的确认,QFII 制度真正落到了实处,正式登陆中国资本市场。

从中国的实践看,QFII 作为一种制度安排,实际上是在资本项目实现完全开放之前,对进入内地证券市场的外资所进行的一套管理办法,其主要目的在于:一是维护证券市场的稳定,防止大规模境外资金自由进出带来的冲击,降低市场风险;二是为了方便控制汇率,减轻大量资金流动和兑换带来的汇率压力。从制度设计原则导向及内容上看,相比其他国家和地区,《暂行办法》中的中国 QFII 制度有如下六个特点:(1)没有采用渐进的“海外基金”(即开放境内投资信托公司募集海外基金投资于内地市场)或“开放性国际信托基金”等间接形式,而是一步到位,直接引入了合格境外机构投资者;(2)合格境外机构投资者的范围较广,涵盖了境外基金管理机构、保险公司、证券公司、商业银行以及其他资产管理机构等;(3)不仅对基金管理机构、保险公司、证券公司和商业银行等各类合格境外机构投资者资产规模等条件设置的初期要求非常严格,而且对其经营时间、实收资本、管理证券资产的规模或者排名都提出了具体标准,而几乎所有的标准都远远超过了其他国家或地区;(4)将吸引中长期外资投资放在突出位置,在希望能够吸引境外机构进行中长期投资,维护市场中长期稳定的政策导向的同时,引进对中国经济发展和证券市场具有长期看好的投资信心的资金,培育国内市场投资价值的长期投资理念;(5)投资对象和持股比例与国内基金近乎同享国民待遇,但范围有所区别——在就单个上市公司的持股比例而言,单个境外机构的投资限额与国内基金一样不得超过该公司总股份的 10%,而全部境外机构对单个上市公司的持股上限为 20% 的同时,QFII 的投资范围受《外商投资产业指导目录》的限制;(6)资金管理政策严格,对本金及利得汇出设置的门槛较高——在本金汇出时间要求上,封闭式中国基金要求汇入满 3 年后方能汇出,其他境外投资者须满 1 年方能汇出。

随着内地证券市场的不断成熟以及开放步伐的进一步加快,近年来中国 QFII 制度的相关规定有了一定的变化,其核心是准入门槛的降低和管制的不断放宽。2006 年 9 月 1 日《合格境外机构投资者境内证券投资管理办法》的实施,在基金管理机构、保险公司申请内地 QFII 的资格门槛显著降低——基金管理机构、保险公司等长期资金最近一个会计年度管理的证券资产规模由原先的 100 亿美元下调到 50 亿美元,保险公司取消了实收资本限制,成立年数的要求也由 30 年降到 5 年的同时,不仅养老基金、慈善基金会、捐赠基金、信托公司、政府投资管理公司等也获得了申请资格,且养老基金等长期资金锁定期则从 1 年以上减少至 3 个月。在 2009 年 9 月国家外汇管理局《合格境外机构投资者境内证券投资外汇管理规定》发布后,不仅单家 QFII 机构申请投资额度的上限提高(由 8 亿美元增至 10 亿美元),而且允许账户分立,明确了开放式中国基金的管理原则,规范和简化了审批程序和手续,为 QFII 的进一步发展提供了条件。进入 2011 年,随着中国证监会《合格境外机构投资者(QFII)参与股指期货交易指引》的公布,明确 QFII 可介入股指期货交易,但其参与期指只能从事套保交易,不得利用股指期货在境外发行衍生品,每个 QFII 可分别委托三家境内期货公司进行期指交易,QFII 在中国的投资范围进一步得以拓宽。

尽管 QFII 的门槛及相关管制进一步放宽,但为了掌控其潜在的市场冲击,到目前为止,中国仍对 QFII 实行严格的额度管理。截至 2014 年年底,中国证监会共批复 274 家境外机构获得 QFII 资格。

现实地看,QFII 曾一度成为 A 股市场的重要机构投资者之一。2006 年年末,52 家 QFII 持有 A 股的总市值已经达到 971 亿元,占沪深两市 2006 年末流通总市值的比例达到 3.88%,一跃成为 A 股市场仅次于基金的第二大机构投资者。但可惜的是此后,一方面由于审批的停滞(2006 年 10 月之后有近 17 个月的暂停期),另一方面则由于 2008 年国际金融危机的爆发导致的市场低迷,QFII 持股规模不断下降,2007 年、2008 年末其占 A 股流通股份额下降到 1.7% 和 0.5%,2009 年随市场回暖则略有回升,到 2014 年年末,QFII 持有已上市流通 A 股市值的 1.71%。

值得一提的是,在近年来 QFII 得到稳健发展的同时,2011 年年底推出的“人民币境外合格投资者”(RMB Qualified Foreign Institutional Investors,RQFII)标志着中国 QFII 外延进一步拓宽,内地证券市场开放度不断增加的同时,人民币国际化进程也有了新的试点。

所谓的 RQFII,指的是境外机构投资人可将批准额度内的人民币资金投资于境内的证券市场。2011

年12月中国证监会、人民银行、外管局联合发布《基金管理公司、证券公司人民币合格境外机构投资者境内证券投资试点办法》,允许符合条件的基金公司、证券公司香港子公司作为试点机构开展RQFII业务。按照《试点办法》的规定,RQFII主要面向香港,在业务初期试点额度约人民币200亿元,经批准的试点机构可以在经批准的投资额度内投资于人民币金融工具,但为控制风险,试点初期其不少于募集规模80%的资金应投资于固定收益证券,而投资于股票及股票类基金的资金不超过募集规模的20%。

尽管RQFII推出的时间较为短暂,但中国香港的机构申请者颇为活跃,到2012年年初200亿元额度已经分配完毕,共有21家金融机构(其中9家基金系机构,12家证券系机构)获得相关额度。

客观地说,作为中国内地证券市场开放的一个重要试点,QFII(含RQFII)在过去的10年间已经获得了较快的发展。而在大批国际知名金融机构得以通过QFII这一通道进入了内地证券市场的大背景下,诸多QFII一方面已成为改变内地证券市场投资者结构尤其是市场投资理念的一支重要力量;另一方面,也成为迫使内地证券市场在开放进程中重新审视市场功能定位,进一步加快市场制度规范性变革的动力之一。

参考文献:
中国证券监督管理委员会:《中国资本市场二十年》,中信出版社2012年版。
中国证券监督管理委员会:《中国资本市场发展报告》,中国金融出版社2008年版。
高翔:《QFII制度:国际经验及其对中国的借鉴》,载于《世界经济》2001年第11期。

(应展宇)

合格境内机构投资者
Qualified Domestic Institutional Investor(QDII)

QDII是一种与QFII对应,在存在资本项目管制的国家或地区,经相关监管部门批准,有控制地允许本地投资者前往海外证券市场从事证券投资的过渡性制度安排。

中国推出QDII制度的直接目的是为了进一步开放资本账户,以创造更多外汇需求,使人民币汇率更加平衡、更加市场化,并鼓励国内更多企业走出国门,从而减少贸易顺差和资本项目盈余,直接表现为让国内投资者直接参与国外的市场,并获取全球市场收益。而之所以有如此的目的表述,首先,是因为在中国当前实行利率、汇率、资本账户三位一体的管制制度约束下,内地居民不仅无法获得市场化的储蓄存款收益,也被禁止买卖境外证券。但与此同时,随着中国国民经济总量的快速增长以及国民收入分配结构的调整,涌现出了一批相当数量的高资产净值人群,其调整个人金融资产结构进而对外投资的欲望不断增强,已成为经济社会中一个无法回避的现实问题。进而为了满足来自市场的这一内在需求,就需要中国政府设计一种既符合资本管制原则,又能疏通内地居民投资海外证券市场渠道的机制,QDII便是其中一项制度性创新。其次,自2004年以来,在人民币汇率形成机制成为国内外关注焦点且与外汇储备迅猛增长相伴随的外汇占款成为央行货币投放的主要途径的背景下,央行资产负债表规模急剧扩张,货币冲销的压力不断增强,成本急剧攀升,国家急需寻求新的渠道缓解这一压力,以外汇境外投资为内核的QDII也成为一种新的探索。最后,随着中国加入WTO 5年宽限期的结束,中国经济金融全球化程度日益加深,急需提升境内金融机构参与国际金融服务竞争的核心竞争力,以"走出去"为内核的QDII制度则可以为内地众多金融机构提供一个全新的尝试机会。

从制度设计理念上看,QDII机制是在目前中国各项金融管制格局不发生大的变化情况下,在外汇管制中所创设一条特殊通道(在外管局开立一种特殊的可自由兑换的、进出数额相互关联的子账户,而各个获认可的境内机构投资者再在各子账户下开设二级账户,所有账户均须接受相关监管当局的实时监控),再利用这一通道由境内机构投资者通过面向内地居民公开募集资金,并将部分或全部资金以资产组合方式(可借助境外投资顾问)进行境外证券投资管理的安排。

历史地看,QDII制度并非中国内地的自发性产物。这一概念最初是中国香港政府有关部门在2001年上半年提出的。在经历了2003年开始的QFII制度试点之后,随着内地机构投资者队伍的不断扩展以及国民经济总量的扩张,时隔近5年之后开展机构性的海外证券投资逐渐为中国政府所认可,于是2006年3月全国社保基金成为国内第一个允许开展海外投资的机构。2006年4月,中国银监会发文允许商业银行开展海外投资业务,并在2007年5月对其海外投资证券范围做了进一步拓宽(允许其投资权益和基金类产品);2007年4月,中国证监会通过《合格境内机构投资者境外证券投资管理试行办法》,允许证券公司和基金公司发起QDII基金,开展海外证券投资业务,标志着内地QDII制度进入了一个新的发展阶段。

与QFII类似,中国针对QDII的管理采取了额度审批制度,必须获得相关管理机构和外管局的额度审批后方可进行海外证券投资。根据管理机构的差异,中国当前的QDII可分为基金系、券商系和银行系三大类。从实践来看,尽管QDII这一制度创新在中国推出的时间并不长,时机也很难说非常恰当(2007年就适逢美国次贷危机,而后则是至今仍在延续的全球性金融危机的爆发)，中国各类QDII机构及其产品在过去5年间还是获得了较快的发展，截至2011年年底，获得证监会批复的QDII资格并得到外管局外汇额度审批的各类金融机构96家，其中包括基金公司、证券公司以及资产管理公司在内的证券类机构37家(其中基金30家，证券公司5家，资产管理公司2家，外汇额度总计为444.0亿美元)，保险公司26家(获批外汇额度195.87亿美元)，中外商业银行26家(获批外汇额度91.6亿美元)，信托公司5家(获批外汇额度18亿美元)，总额度为749.47亿美元。但问题是，鉴于中国内地众多QDII产品是在国内股市暴涨、外汇储备急增进而严重影响货币政策的时机下推出的，再加上境内机构缺乏足够的风险控制能力同时也对境外市场缺乏了解，QDII制度近年来的运营普遍未达到预期效果，其收益状况很不理想，极大地影响了市场信心和参与度。2007~2008年基金系QDII产品净值普遍亏损，规模也不断缩减趋势；银行系QDII产品主要集中在外资银行系产品，其收益也极不理想，据统计，2008年9月，231个银行系QDII产品仅9只收益为正，占比仅3.9%，222只亏损，即便在2009年市场大幅回暖的背景下，到2010年2月，正在运行的248款银行系QDII产品中，累计收益率为正的理财产品有75款(占比仅30%)。2010年，得益于海外市场的持续回暖，基金系QDII有了较为明显的提升，2010年前成立的9只基金平均回报率达到3.04%，几个投资新兴市场的次新QDII基金的收益甚至超过了10%；与此同时，银行系QDII产品在保持分化的同时也出现了改善迹象，2010年在近半数银行QDII产品仍然浮亏的同时，在229款可比银行系产品中，净值平均增长幅度为10.38%，仅有23款年末净值低于年初。进入2011年，由于全球金融危机尚未结束，欧洲主权债务危机不断深化，中国QDII产品的表现仍不尽如人意，其中QDII基金收益均为负数。

现实地看，作为金融证券领域对外开放的一种全新尝试，QDII在中国尽管在过去的5年间在规模和种类上有了长足的发展，但就诸多QDII产品的市场表现看其远未实现既定的政策初衷，主要原因是境内机构投资者资产管理业务的核心竞争力不强，以及近年来全球市场所受的诸多外部系统性冲击。从长远来看，鉴于资本项目管制仍然有可能在未来相当长的一个时期存在，因此QDII制度不仅仍是未来一个时期中国境内居民从事海外证券投资的首选，而且考虑到中国高资产净值群体的潜在需求，可以认为QDII在中国未来一个时期具有极大的发展空间。

参考文献：

中国证券监督管理委员会：《中国资本市场二十年》，中信出版社2012年版。

中国证券监督管理委员会：《中国资本市场发展报告》，中国金融出版社2008年版。

(应展宇)

小额贷款公司
Micro-Credit Company

小额贷款公司是由自然人、企业法人与其他社会组织投资设立，不吸收公众存款，经营小额贷款业务的有限责任公司或股份有限公司。小额贷款公司是企业法人以其全部财产承担民事责任。出资人以出资额为限承担有限责任，并依法享受收益权、参与决策等股东权利。小额贷款公司的资金来源于股东缴纳的资本金、捐赠资金以及来自不超过两个银行业金融机构的融入资金，且融入资金余额不得超过资本净额的50%；单一自然人、企业法人、其他社会组织及其关联方持有的股份，不得超过小额贷款公司注册资本总额的10%。小额贷款公司在坚持为农民、农业和农村经济发展服务的原则下自主选择贷款对象，按照市场化原则进行经营，主要从事贷款业务，也可以从事中间业务、资产租赁、信用担保等业务。小额贷款公司发放贷款坚持"小额、分散"的特点，同一借款人的贷款余额不得超过小额贷款公司资本净额的5%，其中无担保、无抵押的信用贷款或者保证贷款比重较高，从而在一定程度上缓解了借方的担保难问题。

小额贷款这个概念始于20世纪70年代的孟加拉乡村银行，该银行由穆罕穆德·尤努斯创建，主要业务是向贫民发行无须担保的小额贷款。孟加拉乡村银行提供的小额贷款模式，经过实践证明了其在扶贫方面的有效性，因此得到各国的借鉴。2005年，即国际"小额信贷年"，中国人民银行按照"投资者自愿、地方政府自愿"的原则，在国内山西、陕西、四川、贵州和内蒙古五省区各选一个市，开展了小额贷款公司的试点工作。2008年4月，中央人民银行与银监会联合发布了《关于村镇银行、贷款公司、农村资金互助社、小额贷款公司有关政策的通知》，同年5月两部门再次联合发布《关于小额贷款公司试点的指导意见》，这两份文件同意将小额贷款公司的试点工作从局部扩展到了全国。在短短3年多时间内，小额贷款公司的数量、从业人数到放款规模都有较大幅度的上升。2008年全国各地的小额贷款公司不到500家，2009年年底，达到了1334家，各项贷款余额仅仅766.41亿元，占整个金融机构人民币贷款的比重也只有0.19%。而中国人民银行发布的统计报告显示，截至2014年年末，全国共有小额贷款公司8791家，贷款余额9420亿元。

小额贷款公司设立初衷是为了扶持农村和欠发达地区的经济，正如《关于小额贷款公司试点的指导意见》中指出的，小额贷款公司的目的是"引导资金流向农村和欠发达地区,改善农村地区金融服务,促进农业、农民和农村经济发展,支持社会主义新农村建设",但在地方政府的《小额贷款公司试点实施办法》中,几乎都明确加入了对"中小企业"的扶持。作为金融市场的有益补充,小额贷款公司对中小企业和需要燃眉资金的农民开辟了新的融资渠道,尤其是面对国际金融危机、欧债危机和填补乡镇金融服务空白,其在解决困难企业和农民贷款难的问题上发挥了重要作用。

我国小额贷款业务和小额贷款公司在飞速发展的过程中,也出现了很多问题,形成了制约小额贷款发展的瓶颈,如资金渠道瓶颈导致资金不足、多头监管导致监管缺位以及其自身风险控制能力弱等。地方政府在加强对小额贷款公司监管的同时,应进一步创造条件,赋予小额贷款公司合法化的身份,加强小额贷款公司风险控制意识,推进小额贷款公司的信用环境建设,提升小额贷款公司的发展空间。同时,关于小额贷款公司改制为村镇银行的相关规定只有《小额贷款公司改制设立村镇银行暂行规定》,因此相关部门应进一步出台改制村镇银行法律法规,以解决具体操作层面问题。

参考文献:

王家传、冯林:《小额贷款公司发展态势的现实考量》,载于《金融发展研究》2011 年第 9 期。

王洪斌、胡玫:《中小金融机构研究:基于小额贷款公司发展的实践分析》,载于《经济问题》2009 年第 16 期。

刘沫茹、罗猛:《我国小额贷款公司可持续发展的路径选择》,载于《学术交流》2012 年第 10 期。

周迟:《小额信贷国内外研究现状及发展动态》,载于《生产力研究》2012 年第 5 期。

汪合黔:《创新与发展中的小额贷款公司》,安徽大学出版社 2010 年版。

杜晓山等:《中国小额信贷十年》,社会科学文献出版社 2005 年版。

（李建军　雷雅钦）

"大一统"金融体系
Unified Financial System

"大一统"金融体系,是指从新中国成立到 1978 年改革开放前,与当时高度集中统一的计划经济体制和财政信贷管理体制相适应的,由中国人民银行统揽一切金融业务的金融体系。

新中国成立后,按照社会主义公有制的原则和要求,国家接管了官僚资本银行,整顿私营金融业,将金融资源集中起来,其目的是配合并保证计划经济的实现。在这种体系下,中国人民银行作为政府金融管理机构和金融企业的混合体而存在,既行使中央银行职能,又履行商业银行功能,是全国唯一的信贷中心和结算中心。在中央银行职能方面,中国人民银行承担着发行法定货币,代理国家财政金库,管理金融行政的任务;在商业银行功能方面,中国人民银行统揽国内信用业务,负责各地单位存款和企业贷款业务。在管理体制方面按行政区划实行总分行制,依次设置各级管理机关,通过行政手段递次管理分支机构的经营行为。例如,在信贷管理上实行统存统贷,各级银行吸收的存款全部集中于人民银行总行,由总行统一调配使用;贷款由总行统一核批指标,各级机构严格执行。外汇、保险业务虽然分别由中国银行、中国人民保险公司经营,但这两个机构对内是中国人民银行的一个部门,不具有严格意义上的独立法人资格。交通银行也先后由财政部和中国人民银行管理。中国农业银行的前身农业合作银行于 1951 年成立,1952 年撤销;1955 年作为中国人民银行的直辖行成立中国农业银行总行,两年后合并入人民银行;1963 年中国农业银行作为国务院的直属机构再次成立,两年后于中国人民银行合并;直到改革开放后的 1979 年中国农业银行才第四次恢复建立。中国建设银行的前身中国人民建设银行是 1954 年成立的,隶属于财政部专门负责国家基本建设拨款与财务管理的专业银行,基本上不具有现代商业银行的属性。可以说,"大一统"金融体系是以人民银行为主体,高度集中统一的,以行政管理为主的单一的国家银行体系结构。

这一时期的银行性质属于行政机构,银行业务服从并依附于财政,中国人民银行、中国银行、交通银行、中国人民建设银行基本属于财政的会计、出纳机构,按指令性计划向社会供应资金,并不是自主经营、自负盈亏的银行实体。银行事实上是各级政府实现经济计划、组织调解现金流通的工具和实现财政收支平衡的手段。

"大一统"的金融体系使国家迅速掌握了金融、财政、物资等资源,可以集中资金投入重大工程的建设,有力地推动了新中国成立初期的工业化建设进程,奠定了新中国工业的基础。该体系有助于国家经济政策贯彻、协调与统一,保证了计划经济的有效运行。但是,在这种体制下中国人民银行作为央行缺乏独立性,政府的金融抑制过重,金融机构难以有效发挥其功能。同时,由于信用形式单一,整个金融系统缺乏活力和效率,没有资本市场、货币市场,金融产业发展困难。

随着 1978 年第十一届三中全会改革开放政策的确立,我国的金融体制改革逐步展开,金融体系逐渐打破了单一国家银行的"大一统"模式。中国人民银行从财政部分离出来,并于 1983 年 9 月开始专门行使中央银行职能,现代中央银行制度逐渐形成。中国农业银行、中国银行、中国建设银行先后恢复独立设置，增设了中国工商银行，交通银行获得重建，中信实业银行、深圳发展银行等全国性股份制银行依次组建；全国性保险公司、农村信用合作社、城市信用合作社、信托投资公司、证券公司、租赁公司等金融机构逐步发展起来。资本市场、货币市场先后投入运行，"一行三会"的分业监管模式逐步确立，"大一统"的金融体系转向了金融机构与金融市场全面发展，货币政策与金融监管相互协调的，充满生机与活力的多元竞争型的现代金融体系。

参考文献：
杨双奇：《"大一统"银行的理论与改革》，载于《农村金融研究》1987 年第 S1 期。
赵桂芬：《"大一统"要比"小一统"好》，载于《金融研究》1990 年第 7 期。
朱海城：《接管与改造：建国初期浙江金融业的大变革》，载于《福建金融管理干部学院学报》2012 年第 1 期。
尚明：《新中国金融 50 年》，中国财政经济出版社 2000 年版。
中国人民银行：《中国人民银行六十年：1948 ~ 2008》，中国金融出版社 2008 年版。
宋士云：《中国银行业（1979 ~ 2006）》，人民出版社 2006 年版。

（李建军　赵琪）

民间金融
Informal Finance

民间金融也称为"非正规金融"，是指在政府批准并进行监管的金融活动（正规金融）之外所存在的游离于现行制度法规边缘的金融活动行为，泛指非金融机构的自然人、企业以及其他经济主体（财政除外）之间以货币资金为标的的价值转移及本息支付。民间金融的行为主体一般是指那些并未在工商部门登记注册，没有被纳入国家金融管理体系的从事资金融通活动的个人或组织，具有非官方性质和非国有性质。

我国民间金融存在了 4000 年，历史悠久，繁荣一时。从公元前 2000 多年的夏商时期到秦朝统一货币直至中国盛唐，伴随着国家统一，经济发展，民间借贷经济形式出现，民间金融发展日益昌盛。到明清时期，钱庄、票号的兴起，民间金融从单一的借贷发展为借贷与汇兑相结合的新金融形式，从而促进了资金的跨地区流通，中国民间金融发展进入鼎盛时期。从辛亥革命到新中国成立期间，民间金融一直在官僚资本与帝国主义国家外来金融机构的夹缝中生存，并逐渐衰落。而在高度集中的计划经济时期，民间金融由于缺乏存在的基础，仅存在自然人之间的互助性借贷。随着有计划的商品经济和社会主义市场经济的发展，民间金融以其灵活、便捷的优势满足了中小企业、个体工商户和农户的融资需要，从而再次活跃在中国经济的舞台上。

民间金融作为制度内金融市场化创新的产物，它所承载的不仅是新生经济现象的简单表述，而是从局部到整体的诱致性制度变迁转变过程，是对经济制度"路径依赖"的打破。改革开放 30 多年来，我国正规金融体系经过不断改革和培育发展，已经初步形成了与市场经济发展相适应的金融体系，但金融抑制并未根本消除，金融寻租空间依旧存在。在这样的背景下，民间金融继续存在并发展有其必然性，民间金融可以补充正规金融的不足，在多层次信贷市场体系中发挥基础性作用。在我国，传统的民间金融组织形式主要是合会和互助基金，包括标会、台会等，互助基金主要形式是农村资金互助合作社与互助合作基金。近年来随着我国经济形势的发展和宏观经济政策的变化，民间金融的形式也不断地创新和发展，出现了新的金融组织形式，如带有信用合作转移机制的商会和企业家俱乐部、由银行职员和一些拥有信贷资源的专营组织所形成的信贷经纪人和快速放贷组织、以互联网络为平台的民间借贷、企业向特定少数人私下募集资金等的形式以及借贷型私人钱庄与汇兑型私人钱庄。这些不断变化的民间金融资金借贷形式，适应了社会各类主体融资的需要，也促进了竞争型金融市场的形成，推动了金融深化与发展。当然，由于民间金融游离于金融监管体系之外，其更易产生风险。民间金融活动过程中，契约形成的基础是亲缘、友缘与地缘纽带，而缺乏这些纽带的借贷关系需建立在高利率（风险补偿较高）的基础上，这无疑给借款者造成比较大的还款压力，一些企业高息集资，最后陷入还债危机，有的破产倒闭，造成了局部社会不稳定。同时，民间金融活动中存在的信息不对称、行为不规范和规则不健全等问题也阻碍了民间金融的良性发展。因此，逐步健全金融法律法规，规范民间金融行为，合理引导民间资金进入可监管、可监测的信用体系，构建民间金融和正规金融公平竞争的制度环境，推动民间金融的合法化，对于维护金融稳定和金融安全至关重要。

参考文献：
高晋康：《民间金融法制化的界限与路径选择》，载于《中国法学》2008 年第 4 期。
宋东林、徐怀礼：《中国民间金融的兴起与发展前景：温州案例》，载于《北方论丛》2005 年第 1 期。
姜旭朝、邓蕊：《民间金融合法化：一个制度视角》，载于《学习与探索》2005 年第 5 期。
武翔宇：《中国农村正规金融与民间金融关系研究》，

中国农业出版社 2008 年版。

Meghana Ayyagari, Asli Demirgüç-Kunt, Vojislav Maksimovic, Formal versus Informal Finance: Evidence from China. Policy Research Working Paper, The World Bank Development Research Group Finance and Private Sector Team, January 2008.

（李建军　赵承宇）

地方政府融资平台
Local Government Financing Platform

地方政府融资平台是由地方政府及其部门和机构、所属事业单位等通过财政拨款或注入土地、股权等资产设立，具有政府公益性项目投融资功能，并拥有独立企业法人资格的经济实体，包括各类综合性投资公司，如建设投资公司、建设开发公司、投资开发公司、投资控股公司、投资发展公司、投资集团公司、国有资产运营公司、国有资本经营管理中心等，以及行业性投资公司，如交通投资公司等。地方政府融资平台的口径在不断拓宽：2010 年 6 月，国务院下发《关于加强地方政府融资平台公司管理有关问题的通知》，其中将地方政府融资平台定义为公司性机构；2010 年 8 月，财政部、发改委、央行、银监会发布了《关于贯彻国务院加强地方政府融资平台公司管理有关问题的通知相关事项的通知》，将事业性机构加进了地方政府融资平台的范围；2011 年 6 月审计署发布的第 35 号审计公告中，又加进了行政性机构。地方政府融资平台本质上是经济实体，是政府直接或间接设立的符合融资标准的公司，这类公司依靠政府信用给予隐性担保，必要时以财政补贴等作为还款承诺开展融资。正是因为地方政府融资平台与地方政府之间存在隐性的担保关系，其债务就成为地方政府的或有负债。地方政府融资平台的出现是对我国法律中关于地方政府不能作为独立的发债主体的限制的一种规避，是我国经济转轨的特殊产物。

早在 1988 年，国务院发布《关于投资管理体制的近期改革方案》，基本建设项目资金来源由拨款改为贷款，在中央政府层面成立了六大专业投资公司，在省级层面组建了建设投资公司，这是融资平台的雏形。20 世纪 90 年代，在国务院治理金融环境的大背景下，省级地方政府融资平台进入调整整顿时期。1998 年以后，在城市化和工业化的需求下，由国家开发银行牵头倡导成立，地方政府融资平台建设进入新时期，出现了“银政合作”，比较有效地满足了地方政府融资的需要，但同时也造成了地方政府债务链条的增长和延长。为了控制风险，国家发改委、财政部、建设部、中国人民银行和银监会五部门在 2006 年联合发布《关于加强宏观调控，整顿和规范各类打捆贷款的通知》，地方政府融资平台发展受到限制。

受美国金融危机的影响，为了满足中央政府 4 万亿元投资地方融资配套需要，2009 年年初，中国人民银行和银监会联合发布《关于进一步加强信贷结构调整促进国民经济平稳较快发展的指导意见》，提出“支持有条件的地方政府组建投融资平台，发行企业债、中期票据等融资工具，拓宽中央政府投资项目的配套资金融资渠道”。地方融资平台得到了金融监管部门的支持与肯定，国内各级地方政府再度掀起发展平台的高潮。按照国家审计署 2011 年 6 月 27 日发布的第 35 号审计公告，截至 2010 年年底，全国省、市、县三级政府共设立融资平台公司 6576 家，其中：省级 165 家、市级 1648 家、县级 4763 家；有 3 个省级、29 个市级、44 个县级政府设立的融资平台公司均达 10 家以上。从这些公司的经营范围看，以政府建设项目融资功能为主的 3234 家，兼有政府项目融资和投资建设功能的 1173 家，还进行其他经营活动的 2169 家。

地方政府融资平台的主要职能一般包括以下四项：一是融资，即从多渠道筹集资金用于城市基础设施建设，再通过转贷或直接投资方式为基础设施项目提供资金；二是投资，平台在政府的指令下投资、经营和管理城市资产，并负责资产保值；三是土地开发，指对政府在城市规划地区划拨的土地进行先期开发、管理和经营；四是项目建设与管理，这要求平台作为城市建设项目的发起人并负责参与到项目建设管理中。在新一轮的经济建设中，地方政府融资平台作为投资主力，加快了城市基础设施建设，有效地将经营性资产、非经营性资产、国有企业资产和自然资源整合起来，提高了公共资源使用效率，改善了居民生活环境。同时，大量地方融资平台的涌现，使得城市基础设施建设项目的运作更加市场化和专业化。

但随着各级地方政府凭借融资平台举债融资规模的迅速扩大，地方政府融资平台暗含的风险也逐渐显现，并且引起管理层的高度关注。据审计公告显示，截至 2010 年年底，融资平台公司政府性债务余额 49710.68 亿元，占地方政府性债务余额的 46.38%，其中：政府负有偿还责任的债务 31375.29 亿元、政府负有担保责任的债务 8143.71 亿元、其他相关债务 10191.68 亿元，分别占 63.12%、16.38%、20.50%。为此，2010 年 6 月，国务院下发《关于加强地方政府融资平台公司管理有关问题的通知》，在要求对融资平台公司及其债务进行核实、清理的同时，还要求加强银行业金融机构对融资平台公司的信贷管理。同时地方融资平台还存在着缺乏规范的管理制度，部分公司法人治理结构不完善，内部管理级次多、链条长，资本金到位率低等问题。

尽管地方政府融资平台产生了挤出效应和捆绑了财政风险和金融风险的负面效应。但其作为地方投资主力，在拉动内需，促进经济发展，加快地方基础设施建设，优化资源配置和推进经济转型等方面仍然发挥了重大作用。

参考文献：
巴曙松：《地方投融资平台的发展及其风险评估》，载于《西南金融》2009 年第 9 期。
曹大伟：《关于地方政府融资平台公司融资的分析与思考》，载于《商业研究》2011 年第 4 期。
程俊杰、唐德才：《地方政府融资平台成因与对策研究》，载于《现代管理科学》2011 年第 6 期。
唐洋军：《财政分权与地方政府融资平台的发展：国外模式与中国之道》，载于《上海金融》2011 年第 3 期。
马若微、原鹏：《我国地方政府融资平台运行情况探析》，载于《经济纵横》2012 年第 10 期。

（李建军、王芳）

地方金融办公室
Local Financial Office

地方金融办公室是由各省、自治区、直辖市政府或省政府办公厅主管，主要负责服务和联系中央金融机构，协助“一行三会”执行金融监管，积极推动当地金融发展并履行地方金融管理职责的金融协调机构。

20 世纪 90 年代以后，中国金融体制不断深化，“一行三会”和国有金融机构均加强了“纵向垂直管理”体制改革。在这种垂直管理的过程中，面向地方政府和区域金融产业发展的矛盾逐渐凸显出来。以银行为例，为防范和化解金融风险，国有商业银行 1998 年开始上收地方分支机构的信贷审批权，地方业务不断收缩，导致地方金融服务越来越薄弱。1998 年，随着亚洲金融危机的爆发，我国金融体制进行了重大改革，中国人民银行建立了跨省区九大分行，“大区行”的设置保证了金融监管的独立性，减少了地方政府对金融政策的干预，随后以金融监管为工作核心的“一行三会”分业监管体制确立，保证了金融监管部门在各自行业范围内行使监督职能。然而“大区行”的设置和分业监管体制却使得监管部门之间缺乏统一有效协调，也使得地方政府原本由人行省分行组织全省金融机构支持地方经济、发展金融产业的任务失去了担当者。此外，近年发展起来的民间金融、小额贷款公司、担保公司等地方性影子信用体系已经成为“一行三会”的监管死角，发挥这些机构对经济发展的积极作用已经成为地方政府必然要承担的重要职能之一。加之，经济快速发展对金融服务的需求不断强烈，以及经济生活中不断增加的金融违法事件处置任务繁重，地方金融办公室应运而生，以填补当前金融监管体系的监管空白，协调宏观监管与地方金融发展的关系。

自 2002 年 9 月和 12 月上海市金融服务办公室和北京市金融工作办公室正式挂牌以来，截至 2011 年年底，全国 31 个省级行政区划单位（不包括港澳台）都相继成立了金融办，全国 283 个地级以上的城市有 222 个成立了金融办。地方金融办公室设立之初，被定义为议事协调机构，并不在政府序列，也不具备行政审批权，主要任务是联系并配合“一行三会”及全国性金融机构在当地的工作。在随后的较长一段时间内，地方金融办权责有限，在某些省份，地方金融办被列为省办公厅或者发改委的下属部门。2008 年，随着新一轮地方机构改革的深入，全国省、市两级政府普遍加大了金融办建设力度，并在各地掀起了金融办改革浪潮，开始着手扩充其机构职能、部门设置和人员编制。其中北京市金融办于 2009 年 3 月在全国率先升格为金融局，独立成为政府工作部门。此次机构改革之后，大部分金融办的地位得到了提升。在组织形式上，副省级城市的金融办以正局级建制为主，地市级城市金融办大都改为政府直属机构。

根据全国各省金融办的“三定”方案，地方金融办的工作主要体现为“两个基本点”：一是要为地方经济社会发展服务，二是要为金融机构的发展服务。具体来讲，地方金融办的职责定位可以归纳为“制定规划、协调机构、市场建设和监管指导”四个方面。制定规划，就是根据当地经济发展的战略定位、发展目标和主要任务，制定推动本地区金融业发展的中长期规划和年度工作计划，完善地方金融业空间布局，加强对金融功能区的服务和指导。协调机构，即协调金融机构综合运用各种金融工具和平台为当地经济建设提供融资支持服务，协调金融监管机构和政府部门做好信息交流工作，建立金融监管协调机制和金融风险处理机制。市场建设，指鼓励和吸引国内外金融机构集聚当地，推进企业上市和并购重组，协调推动企业发行公司债券、短期融资券和中期票据等债务融资工具，指导和推动创业投资、股权投资基金规范发展。监管指导，表现为监管地方新型融资型机构，如负责小额贷款公司的审批和监管、承担当地集体改制企业上市的产权确认职责，指导地方金融业的改革和发展，提出地方性金融机构改革建议及方案。

近年来，特别是在国际金融危机的特殊历史背景下，地方金融办异常活跃，开展了大量卓有成效的工作。金融管理已经成为地方政府行政管理的重要内容，地方金融工作已经成为全国整个金融体系的重要组成部分。但由于中央金融管理派出机构和地方金融管理体制的边界不是十分清晰，金融办与中央金融派出机构的职能可能产生交叉和重叠，容易产生国家宏观调控政策与地方经济发展局部利益之间的不协调，不利于金融机构的稳健和自主经营。因此，在完善地方政府金融管理体制的过程中，需要进一步推动中央与地方金融管理体制的协调运行,通过地方与中央之间的尊重、沟通和配合,促进辖内金融发展,增强金融支持地方经济发展的力度,确保金融安全的强大合力。

参考文献:
杨勇、滕西鹏:《关于金融办组建的历史背景与使命任务》,载于《西部金融》2011 年第 8 期。
中国人民银行西安分行金融研究处:《对部分省(市、区)设立金融服务办公室的调查与思考》,载于《西安金融》2006 年第 11 期。
程方泽:《地方金融办监管职能探讨》,载于《时代金融(下旬)》2011 年第 7 期。
承列:《中央与地方金融管理体制协调运行思考》,载于《青海金融》2011 年第 9 期。
刘永刚、魏华:《金融办秘史》,载于《中国经济周刊》2012 年第 2 期。
吴智慧、张建森:《我国地方金融发展促进策略研究》,载于《开放导报》2010 年第 6 期。

(李建军　秦砚之)

港澳台金融
Financial Systems of Hong Kong, Macao and Taiwan in China

港澳台金融是指中国香港、澳门和台湾地区的金融体系及其运行机制状况。金融体系一般由金融机构、金融市场、金融监管、中央银行与货币政策等部分组成。由于特殊的历史和自然环境条件,港澳台地区的金融体系发展形成了各自鲜明的特色。香港是重要的国际金融中心,台湾地区的金融市场也是远东地区具有一定影响力的金融市场。

香港的金融机构主要包括银行和保险机构。银行业实行三级制,即持牌银行、有限制持牌银行和接受存款公司,统称为认可机构。截至 2014 年年底,香港共有认可机构 266 家,其中持牌银行 159 家,有限制持牌银行 21 家,接受存款公司 30 家,银行类代表处 63 家,银行业本外币资产总额约为 18.4 万亿港元。香港的保险业比较发达,国际大型保险公司在港设有分支机构,据香港保险业监理处统计,截至 2015 年 6 月 30 日,香港共有 158 家获授权保险公司,其中 95 家经营一般业务,44 家经营长期业务,19 家经营综合业务。2013 年,香港保险业的毛保费总额为 2995 亿港元,占本地生产总值的 14%。香港保险业高度国际化,是亚太区主要保险业中心之一。

香港的金融市场主要包括股票市场、债券市场与货币市场。香港回归 15 年来,社会经济稳步发展,在内地经济强劲增长的推动下,股票市场发展迅速。到 2014 年底,香港交易所共有上市公司 1752 家,总市值为 250718 亿港元。债券市场形成于 20 世纪 70 年代,近年来取得较快的发展,成为香港交易所中重要的板块。香港的货币市场主要是短期存款市场、同业拆借市场、商业票据市场和外汇基金票据市场。在短期存款市场上,持牌银行占有绝对优势。同业拆借市场是认可财务机构相互拆借资金的市场,是批发市场。通过这一批发市场拆放或借入资金,各认可机构可以灵活调节资金余缺。同业拆借市场是香港货币市场中发展最早和最具规模的部分。外汇市场是香港成交量最大、与银行业关系最密切的金融市场。香港外汇市场发展迅速,国际化程度很高,已成为全球 24 小时外汇市场的重要一环。

香港的金融监管机构由香港金融管理局、保险业监理处、证券及期货事务监察委员会组成。香港金融管理局成立于 1993 年 4 月 1 日,其前身是 1935 年根据《外汇基金条例》成立的外汇基金,它集中了货币政策、金融监管及支付体系管理等中央银行的基本职能。香港金融管理局的职能主要有:在联系汇率制度下,通过外汇基金的健全管理、货币政策运作及其适当的措施来维持货币的稳定;通过监管银行业务和接受存款业务,以及监管认可机构,确保银行体系的安全及稳定;促进金融体系的效率、完整性及发展,尤其是支付和结算的安排。香港保险业监理处依据《保险公司条例》对香港保险业实行审慎监管。香港证券及期货事务监察委员会是对香港证券、金融投资及商品期货买卖实行审慎监管工作的最高机构,它不隶属于政府部门,财务上与政府独立。它的主要工作包括:监管上市公司资料的披露及收购与合并工作;执行与上市公司有关的证券法律条例等;监管交易所;监察投资经理及顾问的业务操守等。

香港没有中央银行,回归前,中央银行的职能由港英政府和英资商业银行共同行使。香港是世界上由私营商业银行发行钞票的极少数地区之一。长期以来,由汇丰银行、渣打银行执行发行货币职能。从 1994 年 5 月开始,中国银行参与在香港发钞。香港曾实行过多种汇率制度,1983 年 10 月 15 日起,开始实施与美元固定挂钩的联系汇率制度。其核心是对港元发钞安排的规定,发钞银行在发行港元钞票时,须按照 1 美元兑 7.8 港元的固定汇率向外汇基金购买无息的负债证明书,作为发钞的法定准备。由于实施联系汇率制度,资本市场对外开放,香港的货币政策自主性比较弱。

澳门的金融机构主要包括银行、保险公司、财务公司等。邮政储金局是澳门特区政府邮电司属下的一个信用机构,成立于 1917 年,是唯一可以办理存放款业务而由官方经营的非银行金融机构,属非营利性质。澳门还有多家找换店与银号,作为银行兑换业务的补充,为顾客和居民提供方便。澳门没有货币市场,也没有有形的资本市场、期货市场和贵金属市场。

有关金融活动都要通过银行或金融公司在香港办理，银行间的拆借活动主要通过无形市场进行。澳门特别行政区实行与港元挂钩的联汇制，货币政策的目标主要是维持澳门元与港币之间固定汇率的稳定，从而达到提高澳门元信用和可兑换性以及确保金融稳定等目标。

澳门金融监管的范围很小，主要是银行和保险两大行业，由澳门金融管理局实施。澳门金融管理局是一个自治机构，不在政府架构内，但金融管理局主席由特别行政区行政长官任命。其主要职能有：协助特别行政区政府制定和实施货币、金融及保险等方面的政策；规范、指导、统筹及监管金融、外汇及保险业，确保其正常运作；确保货币的内部稳定及其对外支付能力，确保其可兑换性；行使类似中央储备库的职能，负责管理澳门外汇储备及其他对外支付工具；推动澳门货币的使用；维护澳门金融体系的稳定。

澳门是不设立中央银行的地区，长期以来，通过委托银行或指定代理银行的形式代行印制和发行货币的职能。从1905年起，澳葡政府一直委托大西洋银行在澳门印制和发行澳门元(PATACA)。1995年10月，中国银行澳门分行开始参与澳门元的发行。按照规定，发钞行在发行澳门币时必须向澳门监理署交缴相应数额的外汇。1977年4月前，澳门元与葡萄牙货币埃斯库多固定联系。从1977年到1983年期间，澳门元与港元固定联系，通过中介货币——港元，与美元和其他外币自由浮动，间接地完成了浮动机制。1983年之后，澳门元与港元固定联系(103澳门元兑换100港元)，由于港元钉住美元，因此澳门元与其他外币的汇率也是固定的，并实行自由兑换。

台湾的金融机构主要有商业银行、合作金库、信托机构、保险公司、票券金融公司、证券金融公司等。商业银行分为本地一般银行、中小企业银行、外资银行及其办事处等。基层合作金融机构由合作金库、信用合作社、农会信用部以及渔会信用部组成。合作金库是基层金融机构的中枢机构，收受基层金融机构的余裕资金，并调节其资金余缺。邮政储金汇业局只能经办储蓄、汇兑等业务，不能从事贷款、保证、信托等其他一般金融机构的业务。自1992年开始，该局所吸收的存款可以自由转存其他行库或购买"公债"等，但是不能直接用于放款。台湾经营信托投资业务的机构包括信托投资公司与各银行附设的信托部，附设银行的信托部为独立单位，其资本、营运及会计必须与银行独立。保险公司分为人寿保险公司和财产保险公司，专业型保险公司数量很少。票券金融公司业务包括买卖"国库券"、可转让银行定期存单、银行承兑汇票、商业本票以及其他短期债务凭证，或担任商业票据的承销人或经纪人、保证人、背书人及签证人。证券金融公司的主要业务包括证券融资、融券等。

台湾的金融市场大致可分为货币市场、资本市场和外汇市场。货币市场可以分为票券市场和同业拆款市场两部分。票券市场又由"国库券"市场、商业本票市场、银行可转让定期存单、银行及商业承兑汇票市场等组成。资本市场由股票市场和债券市场组成。债券市场主要交易"公债"、公司债券、金融债券等。台湾外汇市场形成于1979年2月，当时市场上最重要的美元汇率由5家外汇指定银行与"中央银行"共同制定，其他外币汇率由外汇指定银行自行决定。从1989年4月起，台湾当局废除了长达10年之久的机动汇率和加权中心汇率制度，改用浮动汇率制度。

金融监管方面，"财政部"为银行的主管机关，负责银行的审批、业务项目核定及监管、银行资本额核定、勒令停业等。"中央银行"负责审批外汇、外币、金银经营权，确定存款准备率和再贴现利率等。"财政部"除负责监管银行等货币机构外，还负责证券、保险等非货币机构的监管。"财政部证券管理委员会"是资本市场及期货市场的主管机关。保险市场则由"财政部保险司"负责管理。

在货币政策方面，台湾当局货币政策的最终目标为：促进金融稳定，健全银行业务，维护对内及对外币值的稳定，并在上述目标范围内，协助经济发展。以货币供应量为中间目标，自1984年1月起，当局将狭义货币供应量 M_1 一分为二，即 M_1A(通货净额+支票存款+活期存款)和 M_1B(M_1A+活期储蓄存款)两个指标，并把 M_1B 作为货币供给额的监控指标。货币政策工具分为一般性信用控制工具和选择性信用控制工具两类。一般性信用控制工具主要包括传统的三大货币政策工具，即存款准备金比率、再贴现率和公开市场操作。选择性信用工具是指"中央银行"对金融业的某些领域实行区别对待的信用控制政策，主要包括规定流动资产比率以及直接信用分配等。

参考文献：
廖宗亮：《走进澳门金融》，载于《金融经济》2004年第8期。
帅晋瑶、陈晓剑：《澳门银行业发展研究：现状、监管和借鉴》，载于《预测》2006年第4期。
李春平：《台湾金融自由化改革及启示》，载于《上海经济研究》2006年第5期。
冯邦彦：《香港金融业百年》，东方出版中心2007年版。
朱磊：《台湾产业与金融研究》，九州出版社2012年版。
于宗先等：《台湾金融体制之演变》，联经出版事业股份有限公司2005年版。

（李建军）

影子银行体系
Shadow Banking System

影子银行体系也称影子银行(Shadow Bank),是在美国"次贷危机"爆发后出现的概念,并很快引起国际社会的广泛关注。国外就影子银行体系内涵的界定主要有三个标准:第一,监管标准,指游离于监管体系之外的与商业银行相对应的金融机构与信用中介业务;第二,机构标准,指持有复杂衍生金融工具的非银行金融机构;第三,功能标准,即具有信用转换、期限转换与流动性转换的信用中介。

2007 年 8 月,在美联储年度讨论会上,美国太平洋投资管理公司(PIMCO)执行董事保罗·麦克库雷(Paul McCulley)提出了"影子银行体系"概念,他专指那些游离于监管体系之外的,与传统、正规、接受中央银行监管的商业银行相对应的金融机构(保罗·麦克库雷,2009)。此后不久,他又将影子银行的范围扩大到非银行金融机构体系和信用衍生品两部分。保罗·克鲁格曼(Paul Krugman)于 2008 年将影子银行描述为通过财务杠杆操作,持有大量证券和复杂金融工具的非银行金融机构,其组成主要是投资银行、经纪商、私募股权、对冲基金、保险公司、货币市场基金、结构性投资工具及非银行抵押贷款机构。纽约联储银行的经济学家佐尔坦·鲍兹等(Zoltan Pozsar et al.)于 2010 年将影子银行界定为通过广泛的证券化与抵押融资技术工具,如资产支持商业票据(ABCP)、资产支持证券(ABS)、抵押债责(CDOs)与回购协议(Repos)来调节信用的中介。影子银行在信用转换、期限转换、流动性转换方面与商业银行类似。2011 年 4 月 12 日,金融稳定理事会(FSB)发表的《影子银行:内涵与外延》报告中,从广义角度定义了影子银行体系:指游离于传统银行体系之外的信用中介组织和信用中介业务,其期限与流动性转换,有缺陷的信用风险转移和杠杆化特征增加了系统性金融风险或监管套利风险。

就中国影子银行范畴而言,前两个标准定义的影子银行并不全面。从监管角度看,有些非银行金融机构是受到监管的,如信托公司、证券公司、保险中介等,但这些机构金融创新日益提速,监管规避和监管套利不容忽视,影子银行特征越发明显;从机构角度分析,商业银行的理财业务及其他一些表外业务发挥影子银行流动性转化、信用转化和期限转化的功能,且接受的监管相对较弱,不应该排除在影子银行系统之外。比较而言,功能角度界定更为全面,即发挥流动性转换、期限转化及信用转换功能,具有高杠杆特点,而未接受严格审慎监管的提供信用中介职能的实体和活动。按照这一标准,银行的表外理财业务,信托公司与银行、证券公司合作的理财业务,信贷资产证券化业务、保险公司投连险业务,以及债券市场回购业务,都发挥一定的流动性、期限和信用转化的功能,同时在一定程度上游离于监管之外,可纳入影子银行的范畴。

2014 年 1 月,国务院办公厅下发了《关于加强影子银行监管有关问题的通知》,明确规定中国影子银行的范围,主要包括三类:一是不持有金融牌照、完全无监管的信用中介机构,包括新型网络金融公司、第三方理财机构等;二是不持有金融牌照,存在监管不足的信用中介机构,包括融资性担保公司、小额贷款公司等;三是机构持有金融牌照,但存在监管不足或规避监管的业务,包括货币市场基金、资产证券化、部分理财业务等。该文件只是列出中国影子银行的类型,并未对影子银行内涵作出清晰界定。尽管如此,监管部门至少可以从形态上认识影子银行的类型,为制定相应的监管政策奠定了基础。

参考文献:

[美]保罗·麦克库雷:《影子银行系统和海曼明斯基的经济旅程》,载于《科学与财富》2009 年第 9 期。

国务院办公厅:《关于加强影子银行监管有关问题的通知》2014 年 1 月 7 日。

Krugman, Paul., Partying Like It's 1929, *New York Times*, March 21, 2008.

Pozsar Zoltan., Adrian, Tobias., Ashcraft, Adam., Boesky, Hayley., Shadow Banking, *Federal Reserve Bank of New York Staff Reports*, 2010(7).

Tucker, Paul., Shadow Banking, Financing Markets and Financial Stabilit, 2010.

FSB. Shadow Banking, Scoping the Issues. Background Note of the Financial Stability Board, 2011.

(李建军)

互联网金融
Internet Finance

互联网金融是一个有别于过去的"网络金融"的新型概念,自 2012 年出现并随着实践的快速发展而引起人们的关注。但是,互联网金融尚没有一个得到广泛共识的定义。

互联网金融的本质是金融,它是依托互联网信息技术形成的一种金融模式,所发挥的依旧是金融的支付结算、动员储蓄、转化投资、财富管理等基本功能。这种模式与传统的金融模式有一定的区别。有学者(谢平,2012)认为,它是一种既不同于商业银行间接融资,也不同于资本市场直接融资的第三种金融模式。在这种模式下,支付便捷,市场信息不对称程度非常低;资金供需双方直接交易,银行、券商和交易所等金融中介都不起作用;可以达到直接融资和间接融资一样的资源配置效率,并在促进经济增长的同时,大幅度减少交易成本。

从功能角度分析,互联网金融是依托现代信息科技进行的金融活动,具有融资、支付和交易中介等功能(宫晓林,2013)。互联网金融在功能上凭借信息技术以及组织模式的优势,与传统金融模式相比其效率会更高且交易成本与风险成本都会更低(曾刚,2012)。

从技术角度分析,互联网金融是利用互联网技术和移动通信技术等一系列现代信息科学技术实现资金融通的一种新型金融服务模式。互联网"开放、平等、协作、分享"的精神渗透到传统金融业态,对原有金融模式产生根本影响及衍生出来的创新金融服务方式,具备互联网理念和精神的金融业态及金融服务模式统称为互联网金融(罗明雄等,2013)。

从发展的角度分析,传统金融植根于经济的发展,是由商务活动过程中产生的资金汇兑、支付结算、融资与投资管理等需求推动的。经济交易对金融服务最主要的要求是便捷准确,效率高且成本低。近代银行的萌芽、交易所的出现、中央银行制度的建立等金融形态与模式的发展与演进,都具有这样的规律。互联网金融同样是以支付为先导,它率先出现在电子商务活动领域,以第三方支付的形式,较好地解决了传统银行与电商、消费者之间支付信用难题。1998 年在美国出现的 Paypal,2004 年在中国诞生的阿里巴巴支付宝(Alipay)就是电子商务活动应运而生的第三方支付服务,它依托互联网技术,有效解决了电子商务的支付瓶颈问题,大大拓展了电子商务的发展空间。

伴随着云存储、云计算、移动互联网、物联网和大数据挖掘技术的发展,金融功能在互联网领域的实现更加便利,率先创新的阿里小贷。凭借电子商务平台的交易账户和物流信息优势,以及阿里电子商务生态圈的透明化信用约束机制,阿里巴巴于 2007 年与中国工商银行合作推出针对阿里电子商务平台客户的小额贷款;2010 年阿里巴巴成立自己的小额贷款公司,为客户提供 50 万元以下的贷款。互联网技术有效地解决了借贷双方的信息不对称问题,使得贷款审核方法周期大大缩短。传统的民间借贷也借助互联网技术,将个人之间的放贷转移到互联网上,催生了一批 P2P(Peer to Peer)公司,如 2006 年出现的"宜信(Creditease)"、2010 年成立的"人人贷"等公司具有一定的代表性。平安集团设立的陆家嘴金融资产交易所是金融企业集团设立的 P2P 网络交易平台,依托其担保优势,业务发展迅速。这类机构有的从事的是债权转让业务,面向债务人提供贷款服务,同时将债权标准化转让给个人投资者;有的是提供个人之间借贷的中介信息服务,不提供信用担保,风险由借贷双方自担。

互联网金融领域还出现了小额权益类融资,一般称为"众筹"(Crowdfunding),是筹资者或筹资项目采用"团购"加"订制"的形式,向互联网的网民投资者募集项目资金的一种直接融资模式。这种模式充分利用了互联网与社交性网络(SNS)快速传播的特性,让小企业、艺术家或个人对公众展示他们的创意,获取社会的关注和公众的支持,筹集到所需的资金。与私募股权或私募债权相比,众筹带有公募的色彩;与 IPO 或公募债相比,众筹的规模小,没有严格的上市审批程序,在服务小微经济方面具有灵活便利等优势。

互联网金融是依托信息与数据技术的金融创新形态,具有解决信息不对称、降低交易成本等优势。随着技术的不断进步,互联网金融形态还将有新的模式出现。在互联网金融快速发展对整个金融业产生极大影响的同时,也对金融业的监管提出了新的挑战。

参考文献:

谢平、邹传伟:《互联网金融模式研究》,载于《金融研究》2012 年第 12 期。

曾刚:《积极关注互联网金融的特点及发展——基于货币金融理论视角》,载于《银行家》2012 年第 11 期。

宫晓林:《互联网金融模式及对传统银行业的影响》,载于《南方金融》2013 年第 5 期。

罗明雄、唐颖、刘勇等:《互联网金融》,中国财政经济出版社 2013 年版。

(李建军)

四、金融市场

货币市场
Money Market

货币市场亦称"短期资金市场"、"短期金融市场",指 1 年期以内短期信用工具的发行与转让市场的总称。货币市场有以下特点:(1)交易期限短。最短交易期限只有半天,最长不超过一年(西方国家有的工具可能长达 13 个月)。(2)交易目的是解决短期资金周转的需要。资金主要来源于暂时的闲置资金,一般用于弥补流动资金的临时不足。(3)所交易的金融工具有较强的货币性,流动性(变现力)强。(4)风险较小,货币市场上的信用工具主要由政府和商业银行发行,信誉好,具有很高的安全性。

货币市场上常见的交易对象是一年以内的短期证券,如国库券、商业票据、银行承兑票据、可转让存单、欧洲美元存款、联邦机构短期证券、联邦基金、市政债券、货币市场共同基金、外汇掉期等。货币市场的参与者主要有中央银行、商业银行、保险公司、金融公司、证券经营商、工商企业及个人,他们既是资金的借给者,又是资金的需求者。

货币市场的功能主要有:(1)为经济部门调节其资金流动性提供便利,为企业部门随时调整资产结构、变现手中持有的非货币资产提供交易市场;(2)为短期资金的运用提供投资场所,提高资金使用效率;(3)为实施宏观货币政策操作提供基础。中央银行一方面通过再贴现率和法定准备率的调整,影响银行同业拆借利率,进而调节利率水平,起到紧缩和放松银根的作用;另一方面,中央银行通过直接参加货币市场短期信用工具的买卖,增加或减少流通中的货币供应量。大多数国家的政府都不仅是货币市场上重要的作为贷款人,也是重要的借款人,并利用其地位影响货币供应量和货币的利率,以现实其货币政策目标。

货币市场在不同国家、不同经济发展阶段的表现不同。从欧美及亚洲国家发展金融市场的情况来看,由于各国在不同时期有着不同的经济发展背景,在货币市场与资本市场的发展策略上就有不同表现,往往在一国经济高速发展需要大量资本作为依托时该国就偏重于发展资本市场,而一国货币市场的发达程度则与该国中央银行制度的完善及货币政策的实施程度相关。另外政府的政策主张和态度也会对这两个市场的发展产生很大影响。

我国货币市场的起步相对资本市场来说较晚,同业拆借市场始于1986年,总体上看货币市场在1995年之前处于相对滞后的状态,之后才逐渐得到规范和发展。

参考文献:

何盛明:《财经大辞典》上卷,中国财政经济出版社1990年版。

李琮:《世界经济学大辞典》,经济科学出版社2000年版。

聂庆平:《货币市场》,引自《中国大百科全书(财政 税收 金融 价格)》,中国大百科全书出版社1993年版。

(潘席龙)

资本市场

Capital Market

资本市场亦称"长期金融市场"、"长期资金市场",这一市场的交易对象偿还期通常在1年以上,长的可达20~30年,甚至是没有期限的(股票)。资本市场有以下特点:(1)交易期限长。资本市场所交易的金融工具期限至少在一年以上,最长的可达数十年。其中股票没有偿还期,可以长期交易。(2)交易的目的主要是为解决长期投资性资金的需求。资本市场所筹措的长期资金主要用于补充固定资本、扩大生产能力,如开办新企业、更新改造或扩充厂房设备、投资于国家长期建设性项目。(3)资金借贷量大,一般受到各国金融监管机构,如中国的证券监督管理委员会(CSRC),英国金融服务管理局(FSA)或美国证券交易委员会(SEC)的严格监管,以保护投资者利益,打击欺诈行为。以满足长期投资项目的需要。(4)风险较大。用于资本市场融资交易的有价证券,其收益较高而流通性差,价格变动幅度大,有一定的风险性和投机性。

资本市场流通的工具,主要有政府的中长期公债、公司股票、公司债及抵押贷款证券化的长期债券等。

资本市场的参与者主要是商业银行、投资放款协会、保险公司、投资公司、信托公司、金融公司等金融机构,以及居民个人和养老金基金会和慈善与教育基金等各类基金组织、各国政府、工商企业、房地产经营商等。通常,政府和企业是资金的需求者。

资本市场的主要职能是:(1)筹资功能。利用社会上可以动员的资金,为工商企业生产经营、中央政府弥补财政赤字或地方政府某些特定用途所需提供一年以上的中长期资金借贷;(2)为长期资金的运用提供投资场所,提高资金使用效率;(3)为实施宏观经济政策操作提供基础。资本市场具有财政货币政策传导功能,货币政策的资本市场传导机制主要借助于投资渠道、财富效应渠道、资产负债表渠道和流动性渠道实现,财政政策的传导机制往往是通过政府支出和税收来影响经济增长的,而在这一过程中资本市场的功能不容忽视。

西方国家的资本市场从19世纪中叶开始得到迅速发展,主要表现为企业股票和政府中长期公债等有价证券发行量的剧增,股票交易所的建立,以及交易量的猛增。之后资本市场在20世纪30年代世界经济大危机中所暴露出的各种弊端,导致了各国政府相继颁布证券法规对资本市场进行严格的管理,为各国资本市场的发展创造了良好的条件。70年代以后由于资本的相对过剩和投资收益的递减,资本市场日趋成熟,发展减缓。

我国从1981年发行国库券(5年期)到20世纪80年代末发行股票,并于1990年、1991年成立了沪深两大证券交易所,到现在为止资本市场发展已相对成熟,但仍然存在一些问题。

参考文献:

黄达、刘鸿儒、张肖:《中国金融百科全书》上,经济管理出版社1990年版。

刘树成:《现代经济词典》,江苏人民出版社2005年版。

应展宇:《资本市场》,引自胡代光、高鸿业:《西方经济学大辞典》,经济科学出版社2000年版。

黄汉江:《投资大辞典》,上海社会科学院出版社1990

年版。

O'Sullivan and Steven M. Sheffrin, *Economics: Principles in Action*, Upper Saddle River: Pearson Edition, 2007.

（潘席龙）

同业拆借市场
Interbank Lending Market

同业拆借市场是金融机构同业之间进行短期临时性资金融通的市场，是各国货币市场的核心组成部分。同业拆借市场主要是满足金融机构在日常经营活动中经常发生的头寸盈缺调剂的需要，那些存款增长相对大于贷款增长需求的银行可以通过这一市场向处于相反状况的银行提供资金。

同业拆借市场通常只允许金融机构参加，非金融机构不能参与拆借业务。在金融市场开放的国家，外国中央银行及商业银行也可以参加同业拆借市场。

同业拆借市场源于存款准备金政策的实施。存款准备金是为防止商业银行经营风险，预防存款挤兑及清算资金不足而向中央银行缴纳的资金储备，这是现代银行制度的一个显著特点。商业银行的法定准备率必须与其存款负债保持中央银行所规定的最低比例。通常，西方国家的中央银行对准备金存款不支付利息，而我国则有所不同。由于商业银行的负债结构及负债余额是不断变化的，其法定准备金数额也不断变化，这样，其在中央银行的存款准备金就会经常高于或低于法定准备率。低则必须及时补足，否则会受到中央银行处罚；高则应及时将超额部分运用出去，否则银行收益会受到损失。这就产生了银行同业之间相互拆借资金的条件。许多银行还把同业拆借市场与其负债管理计划联系起来，以同业拆借市场的资金来源扩大资产业务，这一方面增加了资金的需求，刺激了供给；另一方面也增加了同业拆借市场的参加者，大大促进了同业拆借市场的发展。

同业拆借市场按组织形式可以分为有形和无形两市场：(1)有形拆借市场，拆借业务通过专门的拆借经纪公司来媒介交易，但不普遍。(2)无形拆借市场，拆借双方直接达成交易或者由经纪人传递信息或代理资金拆借业务，通过电话、电传等电信方式联系成交，迅速方便。例如：电子金融服务(EBS)和汤森·路透3000Xtra是电子经济平台中两家主要的竞争对手，连接有1000家以上的银行。

同业拆借市场具有以下一些特点：(1)同业拆借的期限通常在7日之内，一般不超过一个月，期限最短的甚至只有半日；(2)拆入资金一般不需要缴纳存款准备金，但要支付利息，即“拆息”，其利率由交易双方自定，拆息变动频繁，通常能灵敏地反映资金的供求情况；(3)同业拆借每笔交易的数额较大；(4)日拆一般无抵押品，单凭银行间的信誉；(5)拆借双方均能得益，拆出银行能取得利息收益，而拆入行尽管要支付利息，但与临时被迫变现营利资产来抵补法定准备金的状况相比较，其实际成本小得多。

不同国家的拆借市场有不同的运作模式。美国联邦资金市场是美国主要的拆借市场。从运作形式看美国联邦资金市场是一个无形的电话市场，没有专门的机构组织来中介联邦资金的大量的交易活动，主要是由愿意买卖联邦基金的金融机构通过其在联邦储备系统开设的账户进行直接交易。日本的拆借市场上短资公司是资金交易的中介者所以短资公司又被称为资金经纪人。目前在日本受大藏大臣的指定进行营业的短资公司有7家。短资公司既是拆借市场的中介者又是中央银行宏观金融调控操作的中介者在促进日本货币市场乃至整个金融体系的平稳运行方面发挥了十分积极的作用。

中国的同业拆借市场是随着我国经济体制改革和金融体制改革的不断深化而产生和发展的，最早可追溯至1981年。这一年中国人民银行首次提出开展同业拆借业务，1984年10月中国人民银行总行颁布《信贷资金管理办法》制定了“统一计划，划分资金，实贷实存，相互融通”的信贷资金管理体制，事实上承认了通行于商业银行间的同业拆借市场。但是，直到1986年国务院颁布《银行管理暂行条例》，规定“专业银行之间的资金可以相互拆借”，中国的同业拆借才真正启动并逐渐发展成为我国短期金融市场的主体。1996年，人民银行建立了全国银行间同业拆借市场，将同业拆借交易纳入全国统一的同业拆借网络进行监督管理，同年6月1日，中国人民银行取消了对同业拆借利率的上限管理，同业拆借利率由交易双方根据市场资金的供求状况自行确定，开始了我国同业拆借市场市场化改革，我国银行间同业拆借市场也步入了不断完善的阶段。

同业拆借市场的形成和发展能够充分利用资金的地区差、时间差、行际差，对加速资金周转，提高资金利用率，沟通横向经济往来，均具有重要的作用。其职能表现在：(1)拆借市场是中央银行进行宏观金融调控的基础性市场，是中央银行政策意图的关键性传导环节。拆借市场上的资金供求状况及其变化直接影响着中央银行的金融调控决策。中央银行控制货币供应量的种种措施通过拆借市场传导和反映到经济运中去。(2)拆借市场是货币市场和整个金融市场体系的重要组成部分。在一定意义上可以说拆借市场直接影响并反映着一个国家货币市场的发展水平对于货币市场乃至整个金融市场的发展发挥着基础性的作用。(3)拆借市场是金融机构进行头寸调剂和准备金管理的主要渠道。一家追求利润最大化的商业银行其理性的经营行为必然是尽可能在不影响其支付能力的基础上尽可能降低准备金水平扩大资产的收益。从经济功能来说这一市场促使商业银行有效地运用准备金以及超额储备从而无须持有过多的低收益超额储备还能够维持足够的支付能力。另外拆借市场还是金融机构之间进行短期资金融通的重要手段。

参考文献：
赵志君：《同业拆借市场》，引自刘树成：《现代经济词典》，江苏人民出版社 2005 年版。
应展宇：《同业拆借市场》，引自胡代光、高鸿业：《西方经济学大辞典》，经济科学出版社 2000 年版。
巴曙松：《拆借市场发展的国际经验以及我国拆借市场发展的思路》，载于《浙江学刊》1997 年第 4 期。
朱从玖：《同业拆借市场》，引自《中国大百科全书（财政 税收 金融 价格）》，中国大百科全书出版社 1993 年版。

（潘席龙）

证券回购市场
REPO Market

证券回购交易是指在卖出（或买入）证券的同时，事先约定到一定时间后按规定的价格买回（或卖出）这笔证券，是一种附有购回（或卖出）条件的证券交易。证券回购市场就是办理此类业务的市场，是一种现货市场与远期市场的结合。广义的回购市场既包括正回购交易，即交易者在卖出某种证券的同时，确定于未来某一日再以事先约定的价格将同种证券购回的交易，也包括逆回购交易，即投资者在买进某种证券的同时，约定于未来某一时日以预定价格再将该种证券卖给最初出售者的交易。证券回购交易的对象主要是国库券、政府债券或其他有担保债券，也可使用其他货币市场工具，如大额可转让定期存单、商业票据等。证券回购的期限一般都较短，属于一种短期资金流通方式，因而证券回购市场也相应成为货币市场的重要组成部分之一。

证券回购市场对于证券交易商和商业银行而言，增加了债券的运用途径和资金的灵活性。证券交易商可以通过回购交易融入短期资金，也可以通过逆回购交易获得证券以满足自己或顾客的需要，有的证券商甚至利用证券回购市场开展空头交易，实现套利目的。商业银行作为国库券等高等级债券的持有者，在调整资产流动性时，常常会以手中持有的债券进行回购交易，以融入资金满足流动性要求。对于投资者而言，证券回购市场能够灵活修正证券，尤其是债券的实际到期日，以满足不同投资者的到期日需要。此外，证券回购有助于投资者避免债券价格变动的风险，获得直接购买证券无法得到的收益。中央银行也是证券回购市场的重要参与者。证券回购是中央银行进行公共市场业务的重要工具，中央银行通过证券回购可以有效地控制货币供应，以加强宏观经济管理，采用卖出回购交易是扩张性货币政策，采用买入回购交易是紧缩性货币政策。

证券回购交易是在第二次世界大战以后才产生并逐渐发展起来的。最初的证券回购是证券商（主要是非银行的证券商）借入资金的渠道之一，其出现的直接原因是替代利率水平上升导致成本提高的抵押贷款。证券回购交易自产生之日起，便获得了飞速的发展，20 世纪 60 年代初，美国的证券商通过回购方式融通的资金占其总融资量的 65%。自 20 世纪 70 年代以来，商业银行也开始大规模参与证券回购，将其作为重要的借款来源，以补充短期资金头寸的不足。进入 80 年代，回购继续以年 17% 的速度高速发展，迄今融资规模已经超过 4000 亿美元。目前，证券回购在以美国为代表的西方国家已日趋成熟，同时，各新兴的发展中国家也在积极引入这一交易方式，以促进本国货币市场的发展。

1993 年 12 月 19 日，上海证券交易所开办了债券回购交易，规定当时在该交易所上市的五个债券品种，均作为回购业务的基础债券。由此，债券回购作为一种新的金融交易方式，便正式地融入到了我国的金融市场之中。我国早期的回购交易主要是质押式回购。为了规范发展我国的证券回购市场，1995 年，财政部、证监会和中国人民银行联合发出《关于坚决制止国库券卖空行为的通知》和《关于重申对进一步规范证券回购业务有关问题的通知》，对证券回购的交易主体、场所、券种、期限和证券保管进行严格规定。1996 年 4 月 9 日，中国人民银行正式在公开市场业务中启动以短期国债为工具的回购交易。1997 年 6 月，全国银行间债券回购市场启动运行。该市场利用全国银行间同业拆借中心的交易网络，由中央国债登记结算有限责任公司（前身为 SI，AQ 系统）负责债券托管和结算。2004 年 5 月，中国人民银行在银行间债券市场推出债券买断式回购业务；2004 年底，上海证券交易所在大宗交易系统上进行国债买断式回购的试点，并于 2005 年 3 月 21 日起在公开竞价交易系统上进行国债买断式回购。

参考文献：
李伟民：《金融大辞典》二，黑龙江人民出版社 2002 年版。
黄达、项怀诚、郭振乾：《中国证券百科全书》，经济管理出版社 1993 年版。
魏振瀛、徐学鹿、郭明瑞、钱明星、李仁玉等：《北京大学法学百科全书》，北京大学出版社 2004 年版。

许施智、吴革:《现代企业与金融市场》,湖北科学技术出版社 1998 年版。

(潘席龙)

票据市场
Commercial Paper Market

票据是约定由债务人按期无条件向债权人或持票人支付一定金额,并可以转让流通的债务凭证。票据市场是流通转让票据的场所。

按照票据的种类,票据市场可划分为商业票据市场和银行承兑、贴现汇票市场。商业票据,是指以大型工商企业为出票人,到期按票面金额向持票人付现而发行的无抵押担保的远期本票。这种票据不是基于商品买卖或劳务供应等原因而产生的票据关系,而是发行人与投资者成为一种单纯的债权债务关系,商业票据上不用列明收款人,只需签上付款人而成为单名票据,票面金额也是整齐划一的标准单位,期限最长在一年之内。银行承兑、贴现汇票市场,是以银行汇票为媒体,通过汇票的发行、承兑、转让及贴现而实现资金融通的市场。换言之,它是以银行信用为基础的市场。银行汇票是银行受汇款人委托而签发的汇款支付命令,汇款人可将此汇票寄给或自身携带给异地收款人,凭此兑取汇款的票据。银行承兑汇票是指出票人以银行作为付款人,命令其在确定的日期,支付一定金额给收款人,经付款银行承兑的汇票。汇票经付款银行承兑后,承兑银行就承担到期付款的不可撤销的责任,持票人则可凭承兑银行的付款信用保证,请求任何银行对汇票贴现、重贴现,出票人与正当持票人之间就可获得资金融通。

以美国为例:美国票据市场的客体主要是银行承兑汇票和商业票据。美国的商业票据是美国卓著的金融公司、银行持股公司和工商企业为筹措短期资金而以贴现方式发行的一种短期无担保本票,其投资者多为保险公司或银行信托部、非金融企业、投资公司、中央和地方政府、私人养老基金、公益基金和个人。该市场早在 18 世纪就已创立,20 世纪 60 年代以后,初级市场发展迅速,但二级市场并不发达。美国银行承兑汇票市场诞生于 20 世纪初,美国政府为了发展对外贸易和将纽约建成能够与伦敦竞争的国际货币市场,采取了一系列措施,积极刺激银行承兑汇票市场的发展。第二次世界大战时期由于受战争的影响,承兑汇票市场一度萎缩,至 20 世纪 50 年代后期再度发展。1973 年爆发世界性石油危机,为扩大石油进口,石油进口商多以成本较低的银行承兑汇票筹资,此后使银行承兑汇票市场得到了快速发展。1982 年 10 月,美国国会通过了《银行出口服务法》(Bank Export Service Act),大大放宽了对银行承兑汇票的限额,致使市场竞争加剧,承兑手续费下降,银行承兑交易额上升。由于美国为银行承兑汇票市场提供了一种非常有吸引力的短期资金融资方式,故吸引了大量的外国借款人。同时外资银行也开始参与美国银行承兑汇票市场上的竞争,促进了银行承兑汇票市场的持续发展。

在旧中国,由于经济发展的畸形和票据的不发达,票据市场的形成十分缓慢。19 世纪末,钱庄开始办理票据贴现。20 世纪初,虽然银行的营业项目中也列有“各种期票的贴现”,但一直到 1936 年上海的银行票据承兑所成立,才标志着近代中国的贴现市场在上海步入雏形阶段。新中国成立以后,政府曾一度限制票据的使用。改革开放之后,票据在中国才重新启用,国家允许银行发行汇票和本票,允许企事业单位签发商业汇票和支票,允许个人使用支票。随着我国市场经济体制的建立,我国的票据制度得到了确定,票据的使用范围得到了扩大,也逐渐形成了票据市场。1994 年,中国人民银行在“五行业、四品种”领域大力推广使用商业汇票,票据市场开始以较快的速度发展。票据市场交易成员逐步扩展为商业银行、政策性银行、城乡信用社、企业集团财皂公司等金融机构和各类企业。目前,以中小城市为依托,以商业银行票据专营机构为主体的区域性票据市场基本形成,它为缓解中小企业融资难发挥了重要作用。

参考文献:

黄汉江:《投资大辞典》,上海社会科学院出版社 1990 年版。
刘树成:《现代经济词典》,凤凰出版社、江苏人民出版社 2005 年版。
刘定华等:《中国票据市场的发展及其法律保障研究》,中国金融出版社 2005 年版。

(潘席龙)

企业短期融资债券
Enterprise Short Term Financing Debenture

企业短期融资债券是指企业为解决临时性或季节性资金需要面向社会公开发行的期限在 9 个月以内的债券。根据人民银行规定,企业短期融资债券主要是为一些经济效益好,具有出口创汇能力,属优异产业型的大中型企业解决流动资金短缺的矛盾。因此,它规定发行单位必须是工业企业,发行额度在 500 万元以上,筹资用途是流动资金,并须经评估公司评估,债券的偿还资信等级在 A 级以上的,才有资格委托证券经营机构代理发行。

企业短期融资债券的特点是:第一,企业发行短期融资债券所筹的资金只能用于解决企业临时性、季节性流动资金不足，不得用于企业的长期周转和固定资产投资；第二，企业短期融资债券的发行额度，必须控制在人民银行批准的额度以内，根据国家的产业政策和调整经济结构的要求掌握发放，按余额控制，周转使用；第三，期限最长不得超过一年，其发行一般不受政府债券发行的影响。

我国企业短期融资债券的发行条件包括：企业短期融资债券的期限多为3个月、6个月和9个月三种，大部分以平价发行，少部分采用贴现发行，债券利率可在套算的同期居民储蓄利率的基础上浮40%，每次发行限额在100万元以上到3000万元以下，同时企业已发行的债券和这种短期融资债券的总额不能超过企业自有资产净值。企业短期融资债券由投资者自愿认购，由企业委托银行或非银行金融机构代销或包销，债券发行后可上市转让。

中国企业短期融资债券的发行始于1988年，当时仅在江苏、浙江、重庆等地进行试点，当年累计发行额达10亿元。1988年第4季度，国家采取紧缩银根政策。1989年初，企业流动资金短缺矛盾十分突出，中国人民银行于1989年2月27日发出的《关于发行企业短期融资券有关问题的通知》规定，允许企业在中国人民银行批准的前提下发行企业短期融资债券，并将发行规模纳入全国资金计划，发行额度由中国人民银行总行年初一次下达，各地区人民银行分行实行余额控制，企业可委托金融机构承销发售。企业短期融资债券的发行对象为企业、事业单位和个人，并规定企业、事业单位只能用其可自行支配的自有资金认购，债券期限为3个月、6个月和9个月三种类别，利率可在同期银行储蓄利率的基础上浮10%，债券发行期满后，可以交易转让。1989年4月4日，中国人民银行又发出《关于发行企业短期融资券问题的补充通知》，进一步规定，企业短期融资债券利率可在同期银行储蓄存款利率的基础上浮40%，由此，这种债券在全国展开，发行额逐年有所增加，但1994年后，在整顿金融秩序的过程中，其发行受到了严格限制，发行量也明显下降。

参考文献：

戴相龙、黄达：《中华金融辞库》，中国金融出版社1998年版。

黄达、项怀诚、郭振乾、李茂生等：《中国金融百科全书》下，经济管理出版社1990年版。

李春亭等：《企业债券融资韬略》，河南科学技术出版社1993年版。

邱玉华、杨志发：《企业与银行经济业务往来指南》，山东人民出版社1993年版。

（潘席龙）

外汇市场
Foreign Exchange Market

外汇市场是经营外币和以外币计价的票据等有价证券买卖的市场，是一个分散于全球各地用于交易货币的市场，是金融市场的组成部分。外汇市场的存在，解决了各国在贸易、投资、旅游等经济往来中，由于各国货币制度不同而产生的本国货币与外国货币的兑换问题。外汇市场上的主要交易有即期外汇交易、远期外汇交易、套利业务、套汇业务、掉期外汇交易、外汇期货交易和外汇期权交易、利率互换与货币互换等。

外汇、外币以及用外币表现的用于国际结算的支付手段，是外汇市场上的市场工具。外汇市场的中心是汇率，即两种货币的兑换比率，也叫汇价。汇价既是各种外汇交易活动的结果，又是外汇交易的指示讯号。它表现了各种货币的软硬变化及趋势，决定着交易各方的利害得失，支配着市场交易活动的方向及其平衡，是外汇市场稳定与否的重要标志。

外汇市场的参与者主要有外汇交易商、外汇经纪人、中央银行、外汇投机者和外汇实际供应者和实际需求者（包括进口商、出口商、国际投资者、跨国公司和旅游者等）。其中，中央银行为执行外汇政策，影响外汇汇率，经常买卖外币。在外汇交易中，外汇实际供应者向从事外汇买卖的商业银行或专营外汇业务的银行卖出贸易等活动所得外汇，实际需求者则向商业银行买入外汇以满足对外支付活动需求。在这里，银行起到了外汇经纪人的作用。同时，银行可以及时在外汇市场上抛售或补进，以避免汇率变化所带来的损失，也可以独自进行套汇交易，以及远期外汇交易等。

按照组织形态，外汇市场可以分为有形的外汇市场和无形的外汇市场两种。前者是指为外汇交易专门设立的固定场所，通常位于世界各国金融中心，参加者于一定时间集合于一定地点买卖外汇，如法国巴黎、德国法兰克福、比利时的布鲁塞尔等汇市；后者又称柜台交易方式，通常没有固定的交易地点，买卖双方通过电话、电传、电报或其他通信手段进行交易。无形市场是外汇交易的主要市场，当今世界三大外汇市场——伦敦、纽约和东京汇市，都是无形外汇市场。根据经营外汇的，外汇市场还可分为即期外汇市场和远期外汇市场。

外汇市场市场作用主要有：(1)实现购买力的全球转移，这是外汇市场的主要功能和作用；(2)为国际间经济往来提供的支付手段和清算手段，这是外汇市场的最基本作用；(3)提供借贷融通，由于银行经营外汇业务，它就有可能利用外汇收支的时间差为进出口商提供贷款；(4)提供套期保值场所，在浮动汇率制度下，减少或转移汇率风险；(5)为投机者提供机会，即投机者通过预期价格变动而买卖外汇，获取收益。

随着全球经济一体化的发展，各国间金融体系联系密切程度与日俱增，国际外汇市场成为全球金融市场中最活跃、最开放的组成部分。根据国际清算银行（Bank for International Settlements）每三年一次对国际外汇市场的调查数据分析得出，目前全球外汇交易量巨大且上涨趋势明显，且相对于外汇衍生品在市场上占据的绝对优势，即期交易的重要性有所下降；从全球外汇市场的分布格局来看，尽管亚洲市场也占有一定交易份额，但外汇交易主要集中于欧洲与美国；在国际外汇市场的各交易主体中，报告交易商占据主导地位，其他金融机构的地位也日趋上升，外汇交易集中化程度不断提高，大银行市场地位越来越强。

我国外汇市场的发展经历了三个阶段：1980～1985年，外汇调剂市场的萌芽与起步，严格来说，外汇调剂市场并不是真正的外汇市场，只是不同市场主体之间外汇使用权的有偿转让；1986～1993年，外汇调剂市场的形成阶段，1992年建立了调剂价格及成交情况的信息网络，运用了更多市场机制；1994年至今，中国外汇交易中心成立且发展迅速，交易主体不断增加，交易品种不断丰富，业务范围不断扩大，服务时间不断延长。1994年4月5日增设港币交易。1995年3月1日开办日元交易。2002年4月1日增加欧元交易。2003年10月1日起，允许交易主体当日进行买卖双向交易。2005年5月18日开办了8种外币对交易。2005年8月15日推出远期外汇交易。2006年1月4日开始即期交易增加询价方式，并正式引入做市商制度。2006年4月24日，推出人民币与外币掉期业务。2006年8月1日起增设英镑交易。在增加交易品种的同时，交易时间进一步延长。2003年2月8日开始，即期竞价交易时间从9:20～11:00延长到9:30～15:30；2006年10月9日起收市时间进一步延长到17:30，与询价交易的交易时间保持一致。自2005年7月21日起，我国开始实行以市场供求为基础、参考一篮子货币进行调节、有管理的浮动汇率制度。以汇改为契机，中央银行连连推出系列举措。场外交易的正式启动，改变了长期以来集中撮合交易一统天下的市场格局，较大幅度地降低了机构的交易成本，活跃了人民币对外币的资金交易。在场外交易模式下，做市商的交易制度是推动市场运行和价格形成的根本动力，因而被称之为“报价驱动”机制。人民币汇率形成机制的更加市场化，是外汇衍生品发展的现实基础。在继远期结售汇业务两次扩大试点后，人民币与外币掉期业务也开始走入人们的视野，这必将从供需两方面促进外汇衍生市场的发展。外汇市场向广度和深度的拓展，使人民币汇率的市场化进程日益加快。

参考文献：

陈乐怡：《国际外汇市场的最新发展及启示》，载于《新金融》2006年第1期。

黄达、刘鸿儒、张肖：《中国金融百科全书》上，经济管理出版社1990年版。

何盛明：《财经大辞典》上卷，中国财政经济出版社1990年版。

张龙平：“外汇市场”，引自余秉坚：《中国会计百科全书》，辽宁人民出版社1999年版。

（潘席龙）

结售汇制度

Exchange Settlement and Sales System

结售汇制度是结汇制和售汇制的统称。其中，结汇制指我国境内机构和个人获得的全部外汇收入必须到外汇指定银行结算，由外汇指定银行兑给人民币的制度；售汇制指我国境内机构和个人根据用汇需要，到指定外汇指定银行办理手续，由外汇指定银行售与外汇的制度。结汇制与售汇制同步实行，合称结售汇制度。外汇指定银行必须把高于国家外汇管理局头寸的外汇在银行间市场卖出。在这一制度里，央行是银行间市场最大的接盘者，从而形成国家的外汇储备。

结汇制的主要内容是：（1）境内所有企事业单位的外汇收入，包括出口或转口货物及其他交易行为取得的外汇，交通运输、邮电、旅游、保险业等提供服务和政府机构往来取得的外汇，境外劳务承包以及境外投资应调回境内的外汇，都要按银行挂牌汇率卖给外汇指定银行；（2）境外法人或自然人作为投资汇入的外汇，境外借款、发行债券或股票取得的外汇，劳务承包公司境外工程合同期内调入境内的工程往来款项，经批准具有特定用途的捐赠外汇，外国驻华使领馆、国际组织及其他境外法人驻华机构的外汇收入，个人所有的外汇，可以在外汇指定银行开立现汇账户。

我国实行结汇制度的目的是将我国企业的外汇收入及时足额地汇入外汇储备，为进口支付外汇提供保障，通常在外汇储备规模较小时，主要采取强制结汇方式，即指所有外汇收入必须卖给外汇指定银行，不允许保留外汇；随着外汇瓶颈的解除，间接管理更适合采用意愿结汇，即外汇收入可以卖给外汇指定银行，也可以开立外汇账户保留，结汇与否由外汇收入所有者自己决定。

根据我国目前的外汇收支状况，我国同时采用强制结汇和限额结汇两种方式，即对一般中资企业经常项目外汇收入实行强制结汇；而年进出口总额和注册资本达到一定规模、财务状况良好的中资企业以及外商投资企业可以开立外汇账户，实行限额结汇。在银行结汇制度下，特别是在强制结汇制度下，外汇指定银行比较被动地从企业和个人手中购买外汇，无法对外汇币种、数量进行选择，由此形成的外汇头寸特别容易遭受外汇风险。

售汇制的主要内容是：(1)一般贸易用汇，只要有进口合同和境外金融机构的支付通知，就可以到外汇指定银行购汇；(2)对实行配额、许可证和登记的贸易进口，只要凭相应的合同和凭证，就可以购汇；(3)对于非贸易项下的经营性支付，凭支付协议(或合同)和境外机构的支付通知书办理购汇。

结售汇制是我国外汇管理体制改革的一项重要内容，是向人民币迈向完全可兑换过程中的重要一步。我国 1994 年进行外汇管理体制改革，开始实行银行结售汇制度，根据当时的国际收支状况和体制环境，对外汇指定银行实行结售汇周转头寸外汇限额管理，规定银行用于结售汇业务周转的外汇资金不得超过核定的区间，否则须进入银行间外汇市场进行平补。各外汇指定银行以中国人民银行公布的当日汇率为依据，在规定的浮动幅度范围内自行持牌，对客户提供外汇买卖业务。实行银行结售汇制后，原来实行的企业外汇留成、外汇上缴和额度管理等外汇管制被取消。1996 年，将外商投资企业也纳入结售汇体系，实行全面的银行结售汇制度。2005 年 8 月，国家外汇管理局大幅度提高了境内机构经常项目外汇账户限额，使境内机构可以更大限度地按自己的意愿保留经常项目外汇收入。2006 年 4 月，外汇局又发布通知，进一步提高企业经常项目外汇账户限额，并将个人购汇额度扩大到每年 2 万美元，并首次放行 QDII，允许银行、保险公司、基金公司投资于境外金融市场。2006 年 8 月，央行发布《人民币汇率形成机制改革平稳实施一周年》的总结报告里提出，将逐步由经常项目强制结售汇制度向意愿结售汇制度过渡。外汇管理制度改革的有序推进，目的是解决当前中央银行政策操作中面临的困境，配合人民币汇率形成机制改革，实现“藏汇于民”，最终实现完全的意愿结汇和售汇。

参考文献：

袁钢明：《结售汇制度》，引自刘树成：《现代经济辞典》，江苏古籍出版社 2005 年版。

赵玲华、王林：《汇率风险管理手册》下，中国轻工业出版社 2006 年版。

（潘席龙）

A 股、B 股、H 股
A Share，B Share，H Share

我国股票按不同发行对象、上市地区划分，主要有 A 股、B 股、H 股、N 股、S 股等类型。

A 股正式名称是“人民币普通股票”，由中国境内的中资公司发行并由中国境内中资机构和中国公民认购投资的以人民币计价的记名式普通股股票。在中国股份有限公司的股份中，除了外资股以外，国家股、法人股、社会公众股所采取的股票形式，均为 A 种股票。A 股交易在上海和深圳证券交易所及证券交易中心进行，以无纸化电子记账，实行“T＋1”交易制度，当日买进的股票，要到下一个交易日才能卖出，有涨跌幅限制(10%)，超过该范围的报价视为无效，不能成交。

1990 年 12 月 19 日 A 股市场随着上海证券交易所开业而正式运行，A 股交易范围仅限中国大陆内，投资者在认购时须凭合法的证件(如法人机构的营业执照，居民身份证等)，外国和中国的香港、澳门、台湾地区的投资者不得购买。随着我国资本市场的逐步开放，中国境外基金管理机构、保险公司、证券公司以及其他资产管理机构，按照自 2006 年 9 月 1 日起施行的《合格境外机构投资者境内证券管理办法》(证监会令第 36 号)的规定，在具备相关条件并经中国证券监督管理委员会和国家外汇管理局批准后，允许投资于中国 A 股市场。

B 股正式名称是“人民币特种股票”，又称“境内上市外资股”。由在我国注册的公司在境内发行的记名式人民币特种股票，它是以人民币标明面值，以外币认购和买卖，在境内证券交易所上市交易的外资股。B 股公司的注册地和上市地都在境内(上海、深圳证券交易所)，投资者在外国或在中国香港、澳门及台湾地区。境外投资者认购时，以当时当地外汇市场价折合成外币付款；发行公司向投资者分派的股利先以人民币计价，再按当时当地的外汇市场价折合成外币支付；其交易价格随行就市，在上海证交所，以美元标价，在深圳证交所，以港元标价。

B 股交易以无纸化电子记账，实行“T＋3”交易制度，有涨跌幅限制(10%)。它的投资人限于：外国的自然人、法人和其他组织，中国香港、澳门、台湾地区的自然人、法人和其他组织，定居在国外的中国公民，中国证监会规定的其他投资人。现阶段 B 股的投资人，主要是上述几类中的机构投资者。2001 年 2 月 19 日后 B 股市场对境内投资者开放，即持有合法外汇存款的大陆居民也可开立 B 股账户进行投资交易。

中国 B 种股票的发行始于 1991 年 11 月 30 日，由上海真空电子股份有限公司委托上海申银证券公司代理发行了第一张 B 种股票。1992 年 2 月 21 日，上海证券交易所 B 股开始挂牌上市。后来中国还在 B 股衍生产品及其他方面作了一些有益的探索。例如，1995 年深圳南玻公司发行了 B 股可转换债券，蛇口招商港务在新加坡进行了第二市场上市，上海、深圳两地的 4 家公司还进行了将 B 股转为一级 ADR 在美国场外市场进行交易。为了更好地反映中国 B 股的股市行情，上海和深圳证券交易所在编制“上证指数”、“深证指数"的同时,还专门编制并发布了B股分类股价指数和A、B股综合指数。1999年起中国外汇储备迅速增加,人民币显现出升值的压力,外汇短缺成为历史,B股市场的融资功能逐渐丧失。

H股又称"国企股",由中国境内公司发行的以人民币标明面值,供海外投资者用外币认购,并在香港联合交易所上市交易的记名式普通股股票。它以人民币为面值单位,但以港币进行认购及交易。"H"取自于"Hong Kong"的第一个字母。H股上市公司不但必须遵守香港证券法规,受香港证券监督机构监管,还须遵守中国法律法规,受中国证券监管机构的监管,即H股的发行、交易,受中国和中国香港的证券管理部门双重监管。H股实行"T+0"交易制度,无涨跌幅限制。投资者主要限于中国地区机构投资者、国际资本投资者。

H股的意义和作用在于:一方面,H股是我国企业通过香港这个国际资本市场进行筹资的主要工具,是我国企业解决资金问题、管理经营与国际接轨的重要途径,因此H股又称"国企股";另一方面,H股作为香港证券市场的组成部分,既有利于国际投资者深入了解中国内地企业和宏观经济,也有利于香港证券市场吸引国际投资者,进一步奠定国际金融中心地位。简而言之,境内企业赴港上市,扩大了中国企业的融资渠道,也为国际投资者提供了更多的投资选择,增强了港股的吸引力。

参考文献:
戴相龙、黄达:《中华金融辞库》,中国金融出版社1998年版。
王铁军:《中国企业香港H股上市》,中国金融出版社2004年版。
祁小伟、宋群超:《中国A股市场18年(1990~2008年)》,中国财政经济出版社2009年版。
证监会:《合格境外机构投资者境内证券投资管理办法》,中国证监会网站,2006年8月24日。

(潘席龙)

首次公开发行
Initial Public Offerings(IPO)

首次公开发行也叫首次公开募股、首次公开招股,是拟上市公司首次在证券市场公开发行股票募集资金并上市的行为。通常,首次公开发行是发行人在满足必须具备的条件,并经证券监管机构审核、核准或注册后,通过证券承销机构面向社会公众公开发行股票并在证券交易所上市的过程。通过首次公开发行,发行人不仅募集到所需资金,而且完成了股份有限公司的设立或转制,成为上市公众公司。

根据中国证监会2006年5月发布实施的《首次公开发行股票并上市管理办法》的规定,首次公开发行股票应符合以下条件:(1)主体资格。发行人应当是依法设立且合法存续的股份有限公司,持续经营时间应当在三年以上,但经国务院批准的除外。发行人的注册资本已足额缴纳,发起人或者股东用作出资的资产的财产权转移手续已办理完毕,主要资产部存在重大权属纠纷。生产经营要符合法律、行政法规和公司章程的规定,符合国家产业政策。最近三年内主营业务和董事、高级管理人员没有发生重大变化,实际控制人没有发生重大变更。(2)独立性。发行人应当具有完整的业务体系和直接面向市场独立经营的能力。主要表现在其资产的完整性、人员独立、财务独立、机构独立和业务独立等方面。(3)规范运行。发行人已经依法建立健全股东大会、董事会、监事会、独立董事、董事会秘书制度,相关机构和人员能够依法履行职责。董事、监事和高级管理人员已经了解与股票发行上市有关的法律法规,知悉上市公司及其董事、监事和高级管理人员的法定义务和责任。发行人的内部控制制度健全且被有效执行,能够合理保证财务报告的可靠性、生产经营的合法性、营运的效率与效果。公司章程中已明确对外担保的审批权限和审查程序,不存在为控股股东、实际控制人及其控制的其他企业进行违规担保的情形。发行人有严格的资金管理制度,不得有资金被控股股东、实际控制人及其控制的其他企业以借款、代偿债务、代垫款项或者其他方式占有的情形。(4)财务会计要求。发行人资产质量良好,资产负债结构合理,盈利能力较强,现金流量正常。内部控制有效,会计基础工作规范,由注册会计师出具了无保留结论的内部控制鉴证报告和审计报告。发行人编制财务报表应以实际发生的交易或者事项为依据,在进行会计确认、计量和报告时应当保持应有的谨慎,对相同或者相似的经济业务,应选用一致的会计政策,不得随意变更。发行人应完整披露关联关系并按重要性原则恰当披露关联交易,关联交易价格公允,不存在通过关联交易操纵利润的情形。发行人应依法纳税,各项税收优惠符合相关法律法规的规定。不存在重大偿债风险,不存在影响持续经营的担保、诉讼以及仲裁等重大或有事项。(5)募集资金运用要求。上市公司募集资金应当有明确的使用方向,原则上应当用于主营业务。除金融类企业外,募集资金使用项目不得为财务性投资,不得直接或者间接投资于以买卖有价证券为主要业务的公司。募集资金数额和投资项目应当与发行人现有生产经营规模、财务状况、技术水平和管理能力等相适应。募集资金投资项目应当符合国家产业政策、投资管理、环境保护、土地管理以及其他法律法规和规章的规定。发行人董事会应当对募集资金投资项目的可行性进行认真分析,确信投资项目具有较好的市场前景和盈利能力,有效防范投资风险,提高募集资金使用效率。募集资金投资项目实施后,不会产生同业竞争或者对发行人的独立性产生不利影响。发行人应当建立募集资金专项存储制度,募集资金应当存放于董事会决定的专项账户上。

首次公开发行股票的原则:(1)"三公"原则,即"公开、公平、公正"原则。发行人和主承销商按中国证监会对股票发行的有关精神和规定,应公开本次股票的认购方法、认购地点、认购时间等,利用公共传播媒介进行宣传,给每一位投资者提供平等认购股票的机会,坚决杜绝各种营私舞弊行为。(2)高效原则。在整个发行过程中,发行人和主承销商应周密计划发行方案和发行方式,灵活组织,严格管理,认真实施,保证社会秩序的稳定。(3)经济原则。发行过程中,发行人忽然主承销商应采取各种措施,最大限度地降低发行成本。股票承销活动中违反以上原则出现重大问题时,主承销商应立即向中国证监会报告。如果承销商在承销过程中违反有关法规、规章,中国证监会将依据情节轻重给予处罚,直至取消股票承销资格。

首次公开发行股票的发行方式:(1)上网申购方式。上网申购是指通过交易所交易系统采用资金上网申购方式公开发行股票。上海证券交易所规定每一申购单位为1000股,申购数量不少于1000股,超过1000股的必须是1000股的整数倍;而深圳证券交易所规定申购单位为500股,每一证券账户申购数量不少于500股,超过500股的必须是500股的整数倍。(2)向询价者配售股票的发行方式。股票发行申请经中国证监会核准后,发行人应公告招股意向书,开始进行推介和核准。招股意向书除不含发行价格、筹资金额以外,其内容与格式应与招股说明书一致,并与招股说明书具有同等法律效力。此外,首次公开发行股票还存在其他一些发行方式,如"全额预缴款、比例配售、余额即退"方式、"全额预缴款、比例配售、余额转存"方式、"与储蓄存款挂钩"方式、上网竞价方式和市值配售方式等。与其他发行方式相比,上网竞价发行可以充分发挥证券市场的价格发现功能。上网竞价的过程实际上是一个广泛询价的过程,每个证券投资者都可以充分表达其申购愿望和价格取向,发行价格在此基础上形成,更能体现市场化原则。但在投资者不成熟及市场供求关系严重失衡时是难以形成合理价格的。

2009年至今,证监会已经启动了五轮IPO改革:第一轮改革伴随着IPO的第七轮重启,开启了询价制度完善之旅。随后的2010年,监管层推出第二轮IPO改革,主要举措包括取消新股发行定价窗口指导,完善报价和配售约束机制,加强公众监督和约束,加强新股认购风险提示,主承销商自主推荐并扩大网下询价范围,重视中小投资者申购新股意愿等。

然而,尽管历经两轮改革尝试,还是没有改变IPO投资者短线操作、新股上市初期可流通比例较低、发行人和中介机构责任不够清晰等问题。2012年,第三轮IPO改革启动:个人投资者参与网下询价的引入、老股转让带来的新股流通量增加、预披露提前至发审会前一个月等,都是重大的创新突破。2013年6月7日,第四轮新股发行体制改革启动。此次改革主要围绕推进新股市场化发行机制、强化发行人及其控股股东等责任主体的诚信义务、进一步提高新股定价的市场化程度、改革新股配售方式、加大监管执法力度等五方面。2013年11月,《中共中央关于全面深化改革若干重大问题的决定》明确指出,完善金融市场体系,推进股票发行注册制改革,多渠道推动股权融资。这标志着以注册制为导向的第五轮IPO改革正式起航。证券发行注册制又叫"申报制"或"形式审查制",是指政府对发行人发行证券,事先不作实质性审查,仅对申请文件进行形式审查,发行者在申报申请文件以后的一定时期以内,若没有被政府否定,即可以发行证券。在证券发行注册制下,证券机关对证券发行不作实质条件的限制,证券主管机关不对证券发行行为及证券本身作出价值判断,其对公开资料的审查只涉及形式,不涉及任何发行实质条件。

参考文献:

葛正良:《证券市场学》,立信会计出版社2008年版。

项俊波:《现代金融市场知识手册》,中国金融出版社2007年版。

吴晓求:《证券市场概论》,中国人民大学出版社2001年版。

(周凯)

证券交易所
Stock Exchange

证券交易所指政府特许专门进行证券交易的场所,是一个有组织、有固定地点的、集中进行证券交易的二级证券市场。证券交易所集合有价证券的买卖者,经过经纪人在投资者和券商之间活动而完成交易,其功能是为买卖双方提供一个进行公开交易的场所,使交易能迅速合理地成交。投资者能随时在市场上买进或卖出证券,使现金可以随时买进证券,或证券可以随时变卖成现金,其次是及时准确地传递有关上市公司的财务状况、经营业绩等方面的信息,以及由交易所随时公布的市场成交数量、金额、价格等信息,作为投资者决策的参考。各国对证券交易所的设立都有严格的规定,并须经政府批准。证券交易所须有完备的组织章程和管理规则。其章程和细则应按有关法律拟定,经政府有关部门批准后,方可付诸实施。

最早的证券交易所是1531年在比利时安特卫普

设立的。16世纪在法国里昂出现了另一个证券交易所。随着资本主义的发展,企业股票和公司债券的交易增多,各国证券交易所相继成立。17世纪初,荷兰阿姆斯特丹证券交易所成为重要的交易中心。在中国,最早的证券交易所是1905年由外商建立的上海众业公所和1918年设立的北京证券交易所。目前,以伦敦和纽约的证券交易所为世界最大。

在西方发达国家,对证券交易所的管理遵循两个原则:一是完全公开的原则。政府要求所有申请将其发行的证券在交易所上市的企业,必须定期将其经营与财务情况完全公开,包括资本结构、资金运用、资产负债、损益、财产目录、成本、开支等,除报告政府主管部门外,还应公开发表,供投资者决策参考。二是防止背信的原则。政府禁止并防止有欺诈、垄断、操纵或其他非法行为的发生,为此对交易所会员的经营及财务状况进行监督与管理。

证券交易的组织形式主要有公司制和会员制两种。公司制证券交易所是按股份制原则设立的、由股东出资组成的组织,是一个以营利为目的的法人团体。其特点是本身不参加证券买卖,只为证券商提供交易场地、设施和服务。公司制证券交易所一般采取股份有限公司的组织形式,在公司章程中明确规定参与该所作为股东的证券经纪商和证券自营商的名额、资格和公司的存续期限,规定由股东大会选举管理机构。公司制证券交易所的最高权力机关是股东大会,股东大会从股东中选任董事组成董事会,另设监事会,负责对公司的业务和财务状况进行调查和监督。公司制证券交易所的参加者主要有证券经纪商和证券自营商两大类,它们与交易所是合同关系。进场买卖证券的证券商要与交易所签订合同,并缴纳营业保证金,交易所依法收取证券上市时的上市费和交易时的手续费。

会员制证券交易所是由成为其会员的证券商自愿出资共同组成的、不以营利为目的的法人团体。交易所的会员必须是出资的证券经纪人或自营商,同时只有会员才能参加证券交易。交易所由会员共同经营,实行高度的自我管理。会员与交易所不是合同关系,而是自治自律关系。会员主要包括佣金经纪商、证券自营商、交易厅经纪商、零数自营商等几种,在美国的证券交易所中,还有一种兼具经纪商和自营商双重身份和职能的专业证券商。会员制证券交易所的最高权力机关是会员大会,下设理事会,理事会由全体会员选举产生,理事会中必须要有部分理事由非会员担任,代表公众利益。交易所的会员遵照交易所制定的规章制度在所内参加交易,对于违反法令或所内规定者,由交易所给予处罚,包括罚金、暂停营业和取消会员资格三种。

证券交易所是商品经济发展的产物,是证券流通市场的重要组成部分。它的产生和发展为证券的买卖创立了一个常设市场,成为筹集社会资金、调节资金投向和转换的中心。改革开放之后,我国证券市场开始恢复和发展,当时最主要的市场活动是国债发行。1990年12月19日,我国第一家证券交易所——上海证券交易所挂牌成立,深圳证券交易所成立于1991年7月3日。经过20多年发展,目前这两大交易所都取得了长足发展,逐步走向成熟。

1990年上海证券交易所成立时,在该所挂牌交易的只有八只股票,而几乎同时成立的深圳证券交易所也仅有五只股票挂牌,至1991年年底,两地交易所的上市公司总数为14家,总市值为109.19亿元。经过20多年发展,特别是2005年中期启动股权分置改革,以及2006年工商银行、中国银行等一批大型蓝筹国企的登陆,大大拓展了市场规模,截至2014年12月末,在上海、深圳证券交易所挂牌的上市公司总数为2613家,股票总发行股本4.36万亿股,流通股本3.91万亿股。股票有效账户数1.42亿户。2014年年末,股票市场总市值约为37.25万亿元,流通市值为31.56万亿元,较20年前的上市公司总数和股票总市值,规模明显扩大。此外,交易产品逐步多元化,交易系统达到世界先进水平,国际发展初见成效也是两大证券交易所在发展过程中呈现的重要特征。

参考文献:
汪玲:《资本市场》,电子工业出版社2003年版。
金建栋、吴晓求、朱仁学:《股票债券全书》,北京理工大学出版社1992年版。
贺强:《证券投资教程》,中国经济出版社1998年版。
任淮秀:《证券投资与管理》,中国人民大学出版社1999年版。
张亦春、郑振龙:《证券投资理论与技巧》,厦门大学出版社2000年版。

(周凯)

中小企业板
Small and Medium Enterprises Board

中小企业板于2004年5月推出,是深圳证券交易所为了鼓励自主创新而专门设置的中小型公司聚集板块。板块内公司普遍收入增长快、盈利能力强、科技含量高,而且股票流动性好,交易活跃,被视为中国未来的"纳斯达克"。中小企业板是在吸取了国外创业板成功的经验和失败的教训、结合我国现有实际情况推出的,是我国政府根据经济建设和社会发展的客观需要作出的重大战略决策。

中小企业板设立独立的指数,代码不同于主板中其他股票的代码,交易结算独立进行。中小企业板主要面向已符合现有上市标准、成长性好、科技含量较高、行业覆盖面较广的各类公司。

一般来讲,广义的中小企业,一般是指除国家确认的大型企业之外的所有企业,包括中型企业、小型企业和微型企业。狭义的中小企业则不包括微型企业。由国家计委、国家统计局、国家经贸委和财政部共同设立的《大中小型企业划分标准》规定:我国的特大型企业要求年销售收入和资产总额在50亿元以上;大型企业要求年销售收入和资产总额均在5亿元及以上;其余为中小企业。因此,中小企业是与所处行业的大企业相比,人员规模、资产规模以及经营规模都比较小的经济单位。中小企业板设立的基本思想可以概括为"两个不变、四个独立","两个不变"是指所遵循的法律、法规和部门规章与主板市场相同;上市公司符合主板市场的发行上市条件和信息披露要求。"四个独立"是指运行独立、监察独立、代码独立、指数独立。

中小企业板的推出体现了证券市场改革的力度、发展的速度和市场承受程度的统一,是分步推出创业板市场建设的实际步骤。中小企业板推出后几年来的运行实践表明,上市公司的成长性是中小企业板市场发展的核心,是衡量企业和市场发展的主要条件,是未来创业板市场发展的基础,也决定着创业板市场发展的成败。

我国中小企业板的行业分布集中于制造业,涵盖高新技术及传统产业。进入中小企业板块交易的股票主要是已经通过发审委审核的、流通规模较小的公司股票,以"小盘"为最突出的特征。中小企业板块的股票还是有流通股与非流通股之分,与主板市场中其他股票相同,但由于总股本较小,比较适合进行金融创新的实验,板块中的股票很有可能作为非流通股减持的试点对象。中小企业板的上市对象主要是成长型的中小企业,定位于高成长性的中小企业融资市场,为中小企业融资提供平台,同时肩负着完善我国资本市场结构的使命,改善资本市场结构,有效发挥资本市场优化资源配置的功能。2004年5月17日,经国务院批准,中国证监会正式发出批复,同意深圳交易所在主板市场内设立中小企业板,酝酿已久的"分步推出创业板市场建设"终于迈出了实质性的一步,这也标志着我国向培育多层次资本市场迈出了坚实的一步。中小企业板的设立,拓宽了中小企业直接融资渠道,投资者可以更多地分享我国经济增长成果,对我国推进多层次资本市场建设意义深远。

参考文献:
[英]路透:《股票市场导论》,北京大学出版社2001年版。
吴琳芳:《中小企业板上市公司成长性评价分析》,载于《中小企业管理与科技》2011年第6期。
岳川:《中小企业板块的成长性及制度完善》,载于《中国金融》2004年第22期。

(周凯)

创业板
Growth Enterprise Board,ChiNext Stock Market

创业板又称二板市场,即第二股票交易市场。在中国,主板市场指的是沪、深股票市场。而创业板是指主板市场之外的专为暂时无法上市的中小企业和新兴公司提供融资途径和成长空间的证券交易市场,它是对主板市场的有效补充。

创业板的出现主要是解决相比大型企业而言的中小型企业的融资问题。19世纪末期,一些不符合大型交易所上市标准的小公司只能选择场外市场和地方性交易所作为上市场所。到了20世纪,众多地方性交易所逐步消亡,而场外市场也存在着很多不规范之处。因此,自60年代起,以美国为代表的北美和欧洲等地区为了解决中小型企业的融资问题,开始大力创建各自的创业板市场。直至1971年,美国建立了纳斯达克市场,培育了微软等世界500强企业,成为创业板市场的典型。美国纳斯达克市场的成功促使法国、德国等国家也开始纷纷建立创业板市场。由于国内证券市场发展不够成熟,中国的创业板市场建立比较晚。虽然在1999年11月25日,香港创业板已经正式建立,而到了2009年10月23日,深圳交易所才建立创业板,而建立初期总共有28家公司在创业板上市。

创业板可以分为三种形式。第一种是独立运作模式。和主板市场一样,创业板市场有自己独立的交易管理系统和上市标准,也就是说创业板市场完全是另外一个市场。目前世界上采用这种模式的有美国的NASDAQ、日本的JAS-DAQ、我国台湾地区的场外证券市场(ROSE)等,我国建立的创业板市场也是属于这种模式。第二种是附属市场模式。在这种模式下,创业板附属于主板市场,虽然与主板市场具有不同的上市标准,但和主板市场拥有相同的交易系统,并且部分和主板市场拥有相同的监管标准和监察队伍。因此,其独立性弱于第一种模式,同时,创业板和主板之间不存在转换关系。采用这种模式的主要有中国香港的创业板和新加坡、马来西亚、泰国等国的二板。第三种是新市场模式。在现有证券交易所内设立的一个独立的为中小企业服务的交易市场,上市标准低。上市公司除须有健全的会计制度及会计、法律、券商顾问和经纪人保荐外,并无其他限制性标准。如伦敦证券交易所的替代投资市场(AIM),加入AIM市场两年后如果没有出现较大的经营或者财务问题,即可申请在伦敦股票交易所挂牌。这种模式的创业板和主板之间是一种从低级到高级的提升关系。

随着创业板的建立,它为中小企业融资提供了一些机遇:(1)创业板为中小企业提供了直接融资平台。与主板市场相比,创业板市场对上市企业要求较低,这便有利于企业通过股权融资获得资金,产生新股上市的溢价效应,使原始投资迅速增值。同时,创业板激发了民间资本投资热情,有利于中小企业吸收民间资本。(2)利于企业间接融资。一方面由于监管机构对上市公司的严格要求和它本身具有的良好成长盈利能力,企业通过创业板市场进一步增强了自身信用等级,更加利于从银行筹措资金。另一方面担保行业不仅经营担保业务,同时对好的项目进行一定额度的投资,即保投结合的中间融资模式。创业板的推出,能吸引更多的资本加入到担保行业中,这些资本按照担保倍率放大,将在一定程度上解决中小企业融资难的问题。(3)产生了供应链融资渠道。虽然通过创业板上市来进行融资的中小企业只占很小一部分,但企业业务经营包括产品开发、采购、生产、分销、财务和客户服务等环节,各个环节并非孤立存在于企业内部,而与外部企业有着联系,企业相互间形成的网络,即为供应链。于是,上市企业便存在于供应链之中,它可能通过对其上下游企业提供资金支持和信用担保等方式促进融资。与此同时,创业板还提高了中小企业融资效率。首先,上市企业可以作为股权融资主体,相比其他形式的融资方式而言,所筹集到的资金约束较小、自由度大,并且没有到期偿还本金的风险。其次,股权融资机制可以使资金流向高成长性和高生产效率的企业,促进企业在由初创到成熟的过程中快速成长,提高资本使用效率。

创业板在一定程度上解决了中小企融资难的问题。但在创业板上市的企业多是中小型创新企业,它们具有高成长性的同时也存在高投资风险、高创业失败率等特点。与此同时,创业板和主板市场相比,上市规则、申报程序和监管制度等多方面都存在显著差异,上市要求更低,易导致管理不规范和发展不成熟。中国发展创业板两年多来,很多问题也显现出来,比如上市中小型企业数量有限、存在发行上市风险和创业板退市风险等,甚至出现了,首富头衔频频易主且至少有超过1200人曾经一夜之间身家超过千万、高管闪电辞职潮和至今未有退出机制等怪异现象。因此,加强创业板的市场退出机制,积极探寻各种有用的风险监管制度,如英国的AIM保荐制度等,是十分必要的。

参考文献:
黄运武:《新编财政大辞典》,辽宁人民出版社1992年版。
项俊波:《现代金融市场知识手册》,中国金融出版社2007年版。

(周凯)

股指期货
Stock Index Futures

股指期货全称是股票价格指数期货,也可以叫做股价指数期货、期指,股指期货的交易双方需要按照事先确定的股价指数的大小,在将来某个时刻进行标的指数的买卖。它是一种标准化的期货合约,与一般期货相比,其不同点是以股价指数为标的物。股指期货的出现最初是为了满足套期保值的需求,由于股指期货以整个市场股指作为标的物,于是在整个股票市场波动较大的时候,它便成了投资者进行套期保值的首选工具。1982年2月24日,美国堪萨斯期货交易推出了第一份股票指数期货合约——价值线综合指数期货合约。到20世纪80年代末和90年代初,许多国家和地区都推出了各自的股票指数期货交易,1990年至今股指期货更是进入了蓬勃发展的时期。中国的沪深300股指期货合约也于2010年4月16日起正式上市交易。

股指期货有几项基本制度:(1)保证金制度。股指期货的买卖双方都是采用的集中对手交易,即双方都是和一个对手交易,因此不用考虑合约的买方或者卖方自身的信用水平,这样有利于交易的顺利进行,而作为集中交易对手的清算所为了保证交易的安全性,要求交易的双方需要缴纳交易合约一定金额的现金,即保证金。例如:一项合约的保证金率为10%,合约乘数为300,按首日结算价3000点计算,那么需要支付的保证金应该为:$3000 \times 300 \times 0.1 = 90000$元。(2)价格限制制度。也叫涨停板制度。这样做的目的主要是为了防止价格过度波动,按照规定,一个交易日内,股指期货的以上一个交易日的价格为准,涨幅和跌幅限制设置为10%,这个制度和股票的涨停板制度是一致的。(3)持仓限额制度。持仓限额制度是交易所为了防范市场操纵和少数投资者风险过度集中的情况,对会员和客户手中持有的合约数量上限进行一定的限制。(4)逐日盯市制度。也就是每天都要对股指期货进行价格清算,并根据交易双方的盈亏状况,把现金从一方的保证金账户划入另一方的保证金账户中。(5)强行平仓制度。所谓平仓即是结束此项合约,一般当交易者保证金中的金额不能满足要求或者交易者持有的交易量超过了规定的需求,为了降低风险,保证市场的有效进行,交易所可以进行强制平仓。(6)大户报告制度。当投资者的持仓量达到交易所规定的持仓限额时,应通过结算会员或交易会员向交易所或监管机构报告其资金和持仓情况。(7)现金结算制度。由于股指期货的标的物为股票指数，如果采用实物交割的话，那么交割实物的一方应该要交割构建出股指的股票组合，这样做非常麻烦且不利于股指期货的推广，现实操作中，股指期货合约往往以现金进行结算。

股指期货就最初的目的而言，主要是用于套期保值，主要原理是利用期货市场和现货市场走势的基本一致，从而在两个市场上持有不同的头寸以达到套期保值的目的。但是，随着期货市场的发展，它还产生了投机和套利行为。就投机而言，简单的投机策略是利用股市指数期货预测市场走势以获取利润。若预期市场价格下降，投资者便卖出期货合约并预期期货合约价格将下降，与投资股票相比，它的交易成本较低、杠杆比率较高，使股票指数期货更加吸引投资者。而套利行为则是指股指期货与股指现货之间、股指期货不同合约之间的不合理关系进行套利的交易行为。

自2007年5月《期货交易管理条例》颁布后，我国期货市场规模稳步扩大，市场功能逐渐发挥出来，经历4年的扎实筹备，股指期货终于于2010年4月16日成功上市。金融界和学术界对股指期货的研究逐渐增多，国内学者对股指期货的研究包括对比国内国外股市风险、股指期货推出对股票市场的作用以及从波动率、系统风险和正反馈交易三个角度来研究S&P500、法国CAC、日经225等全球12个市场的股指期货推出对稳定股市的作用等。上述研究要么是以国外较为成熟的股市作为研究对象，要么以研究股指期货推出前后的波动率和系统风险为主。而我国证券市场尚处于新兴发展阶段，金融市场环境不同于国外发达证券市场，因此针对国外市场实证研究得出的结论未必适用于国内。投资者在投资的过程中承受和关注的则是股市的整体风险，研究股指期货推出前后的市场风险对投资者而言具有更强的参考价值。

参考文献：
胡志勇：《英汉金融新词汇》，上海科学技术文献出版社2007年版。
黄斌元：《新编英汉路透金融词典》，中国金融出版社2009年版。

（周凯）

融资融券
Securities Margin Trading

融资融券又称证券信用交易，是指投资者向具有交易所会员资格的证券公司提供一定担保物，借入资金买入证券或借入证券并卖出的行为。具体主要包括金融机构对券商的融资、融券以及券商对投资者的融资、融券业务。融资是借入资金购买证券，称为“买空”，证券公司借款给客户购买证券，客户到期偿还本息；融券是借入证券来卖，称为“卖空”，然后以证券归还，证券公司出借证券给客户出售，客户到期返还相同种类和数量的证券并支付利息。目前国际上流行的融资融券模式基本有四种：证券融资公司模式、投资者直接授信模式、证券公司授信的模式以及登记结算公司授信的模式。融资融券业务最早起源于美国，我国于2010年2月12日开始在上海证券交易所进行融资融券的试点，2011年11月25日，经中国证监会批准，《上海证券交易所融资融券交易实施细则》正式发布，并自发布之日起施行。意味着融资融券业务将由“试点”转为“常规”。

融资融券业务有一些基本的规定：证券公司与投资者约定的融资融券期限最长不得超过6个月，并且投资者信用证券账户不得用于买入或转入除担保物及本所公布的标的证券范围以外的证券。与此同时，在进行业务时还规定有初始保证金比例和维持担保保证金比例。初始保证金比例是指投资者交付的保证金与融资、融券交易金额的比例。具体而言：融资保证金比例 = 保证金/（融资买入证券数量 × 买入价格）× 100%；融券保证金比例 = 保证金/（融券卖出证券数量 × 卖出价格）× 100%。对维持担保比例而言，指客户担保物价值与其融资融券债务之间的比例。其中客户收取的保证金以及客户融资买入的全部证券和融券卖出所得的全部价款，全部作为客户对会员融资融券所生债务的担保物，当这个比例低于规定时，证券金融公司将通知券商补交保证金，否则将强行卖出抵押证券，券商的保证金可以是现金，也可以是符合条件的证券。就目前中国规定，初始保证金比例不能低于60%，而维持担保保证金比例不得低于130%，只有维持担保比例超过300%时，客户可以提取保证金可用余额中的现金或充抵保证金的有价证券，但是提取后维持担保比例不得低于300%。

融资融券业务的开展对于市场具有重大的影响。正面影响包括：首先，可以为投资者提供融资，必然给证券市场带来新的资金增量，这会对证券市场产生积极的推动作用。其次，活跃市场，完善市场的价格发现功能。融资交易者是市场上最活跃的、最能发掘市场机会的部分，对市场合理定价、对信息的快速反应将起促进作用。欧美市场融资交易者的成交额占股市成交总量的18% ~ 20%，中国台湾市场甚至有时占到40%，而卖空机制的引入将改变原来市场单边市的局面，有利于市场价格发现。再次，融资融券的引入为投资者提供了新的盈利模式。融资使投资者可以在投资中借助杠杆，而融券可以使投资者在市场下跌的时候也能实现盈利。这为投资者带来了新的盈利模式。负面影响包括：首先，融资融券可能助涨也可能助跌，增大市场波动，进而可能助长市场的投机气氛。其次，可能增大金融体系的系统性风险。融资可能导致银行信贷资金进入证券市场,如果控制不力,将有可能推动市场泡沫的形成,而在经济出现衰退、市场萧条的情况下,又有可能增大市场波动,甚至引发危机。

我国证券市场自1990年年底成立以来,就明确规定禁止市场买空卖空交易行为,投资者都只能通过采取股价下跌时低买,股价上涨时高卖才能赚钱的单边做多方式获取收益。2008年10月5日,我国证监会正式宣布启动融资融券业务试点工作,并初步奠定了我国融资融券交易制度运行的基本模式、微观运行基础、宏观监管体系及监管机制,这标志着我国融资融券制度的推行进入实质性操作阶段。2010年3月31日融资融券业务试点正式在我国国内市场运行,这对我国证券市场来说是具有里程碑式意义的改革,它标志着我国证券市场从此告别了20年以来的"单边做市"时代,开启了新的信用交易时代。投资者不仅可以做多获利,在股价下跌时也可以通过融券交易机制做空获利。从而为投资者提供新的交易模式和更加丰富的盈利渠道。融资融券制度的引入对我国证券市场以及融资融券交易的参与各方都产生了深远的影响,截至2012年2月29日,融资融券业务在我国内已运行近两个年头了,从沪深两市运行情况来看,无论是融资买入额、融券卖出量,还是融资融券余额、交易规模都呈快速增长趋势。尤其是在试点业务转常规以及融资融券标的范围扩大以后,融资融券业务规模进一步的扩大。到目前为止,先后被批准参与融资融券业务试点的证券公司已有三批,共有25家证券公司,2200多家证券营业部,市场投资者参与的积极性也在不断高涨。

融资融券信用交易机制的引入对于完善我国证券市场的交易机制具有重要意义,从理论经验来看,融资融券业务能增强市场流动性、抑制股市波动,最终起到稳定市场的功能。但由于其本身的则务杠杆效应,在放大收益和亏损的同时,也潜藏着风险。由于融资融券业务在我国刚开展不久,其对我国股票市场产生的影响还需要进行更深入的研究。

参考文献:
刘鸿儒:《简明金融词典》,改革出版社1996年版。
黄斌元:《新编英汉路透金融词典》,中国金融出版社2009年版。

(周凯)

市盈率与市净率
P/E Ratio and P/B Ratio

市盈率(P/E),是在一定期间内(一般为12个月)普通股每股市价与每股收益的比率(市盈率 = 每股市场价格 ÷ 每年每股盈利)。在计算每股收益的时候,要扣除优先股的股利。我们假设某股票的市价为20元,而过去一年的每股盈利为2元,则市盈率为20/2 = 10。该股票被视为有10倍的市盈率,即在假设该企业以后每年净利润和去年相同的基础上,回本期为10年,折合平均年回报率为10%(1/10),投资者每付出10元可分享1元的企业盈利。

投资者计算市盈率,主要用来比较不同股票的价值。低市盈率通常是那些已经发展成熟的,成长潜力不是很大的公司股票的特点,此外还有蓝筹股和正在面临或将要面临困境的公司。如果低市盈率是由于低迷的销售、经济增长缓慢或投资者看空等暂时的市场状况造成的,股票的价值可能被低估,低市盈率很可能是买价的标志。但同时,低市盈率也有可能是公司破产的一种征兆。在购买低市盈率的股票以前,应该对公司安全性和财务稳定性进行查看。而高市盈率是成长型公司股票的特点。对于市场中存在的高速发展的企业,为了积累资金用于业务拓展,它便会给股东发较少的红利,从而导致有很高的市盈率,但这并不能说这家公司的股票不值得投资;相反,由于这样的公司处在高速成长期,一旦企业成功便会给投资者带来巨大的收益,从某种程度而言,是很值得投资的股票。高市盈率通常意味着高风险,高风险意味着可能会有高回报。并且市盈率高,在一定程度上反映了投资者对公司增长潜力的认同,从这个角度去看,投资者就不难理解为什么高科技板块的股票市盈率接近或超过100倍,而摩托车制造、钢铁行业的股票市盈率只有20倍了。

市净率(P/B),是指普通股每股市价和每股净资产的比率,它反映了普通股股东愿意为每1元净资产支付的价格,表示了市场对该公司资产质量的评价。而在计算每股净资产时,我们应该排除优先股股权。净资产的多少是由公司经营状况所决定,公司经营状况越好,那么股票净值越高。一般而言,公司每股含净资产值高而每股市价不高的股票,即股票市净率越低,那么它具有的投资价值越高;相反,则投资价值越低。

市净率可以用于投资分析。每股市价是由市场供求关系决定的现有价值,而每股净资产是股票的账面价值,以成本核算。当市价高于账面价值时企业资产质量较好,有发展潜力,反之则资产质量较差,没有发展前景。在用市净率时,一定要注意动态去看。由于会计制度的不同使得净资产在国内和国外之间存在较大差异,更为重要的是,净资产的概念是静态的,存在一定变数,去年亏损会减少每股净资产,如果今年盈利则会增加每股净资产。同时,每股净资产的构成基数不同也可能造成不同结果。比如某家企业的每股净资产较高,但若其构成中含有大量的应收账款,一旦计提坏账准备,那么每股净资产就会大幅下降。

市盈率和市净率都是影响股价的重要指标，当然，除此之外还有政策、市场、分红等多方面的因素，但是这两种指标仍是值得关注的。

参考文献：
洪阳：《经济与金融词典》，中国金融出版社1995年版。
张亦春、郑振龙：《金融经济学》，高等教育出版社2008年版。

（周凯）

企业债券
Corporate Bond

企业债券又称为公司债券，是企业依照法定程序发行，约定在一定期限内还本付息的债券。企业债券代表着发债企业与投资者之间的一种债权债务关系。债券的持有人即为企业的债权人，但不是其所有者，无权参与或干涉企业的经营管理决策，但债券持有者有权按期收回本金和利息。债券的求偿次序要先于股票，不论公司业绩如何都应先于股票偿还债券的本金和利息，因而其风险小于股票，但高于政府债券。公司债券的品种繁多，不同的公司发行不同的公司债，即使是同一家公司发行的债券，在期限、利率、清算次序、抵押担保方式等方面也存在着很大的差异。在债券市场比较发达的国家，公司债券可以达到上万个品种。

第一，按利率不同可以将公司债券分为固定利率债券、浮动利率债券、指数债券和零息债券。固定利率债券是指事先确定利率，每半年或1年付息一次，或一次还本付息的公司债券，是一种最常见的公司债券。浮动利率债券是在某一基础利率之上增加一个固定的溢价，以防止未来市场利率变动可能造成的价值损失。指数债券是通过将理论与通货膨胀率挂钩来保证债权人不因物价上涨而遭受损失的公司债券。零息债券是以低于面值的贴现方式发行，到期按面值兑现，不再另付利息的债券，与短期国库券类似，其价格对利率的变动极为敏感。

第二，按抵押担保状况可以将公司债券分为信用债券、抵押债券、担保信托债券和设备信托证。信用债券是指完全凭公司信誉，不提供任何抵押品而发行的债券。这种债券大多由信用良好的大公司发行，期限较短，利率较高。抵押债券是以土地、房屋等不动产为抵押品而发行的一种公司债，也称固定抵押公司债。如果公司不能按期还本付息，债权人有权处理抵押品以资抵债。担保信托债券是以公司持有的各种动产或有价证券为抵押品而发行的公司债券，也称为流动抵押公司债。用作抵押品的证券必须交由受托人保管，但公司仍保留股票表决及接受股息的权利。设备信托证是指公司为了筹资购买设备并以该设备为抵押品而发行的公司债券。此种债券常用于铁路、航空或其他运输部门。

第三，按内含选择权可以将公司债券分为可赎回债券、偿还基金债券、可转换债券和带认股权证的债券。可赎回债券是指公司债券附加提前赎回和以新偿旧条款，允许发行公司选择于到期日之前购回全部或部分债券。偿还基金债券是要求发行公司每年从盈利中提取一定比例存入信托基金，定期从债券持有人手中购回一定量的债券以偿还本金。这种债券与可赎回债券相反，其选择权为债券持有人所有。可转换债券是指发行人按法定程序发行的，赋予债券投资者在发行后的特定时间内，按自身的意愿选择是否按照约定的条件将债券转换为股票的权利的一种公司债券。可转换公司债券不仅有利于发行公司融资和投资者投资，也丰富和完善了金融市场。

随着社会生产力的高度发展，资金社会化的要求越来越激烈，直接融资成为社会化大生产筹集资金的重要手段。我国经济体制改革不断深入，为了适应企业体制改革，进行股份制试点，提高企业运行效率和完善市场体系，建立资金市场，通过发行企业债券筹集企业所需资金是一项不可或缺的选择。我国企业债券市场从20世纪80年代开始发展以来，虽然经历了1992年繁荣，但总体上看，发展速度明显慢于股票市场和国债市场，在市场规模、交易品种、流动性等多方面，都存在着较大的差距，使整个资本市场看起来更像一个“跛足”市场。与国外成熟市场相比，我国债券市场存在较大差距。今后，还需在以下几个方面进一步完善企业债券市场：首先，进一步将企业债券发行计划纳入国民经济管理和计划轨道，使之与投资规模协调发展；其次，适当增加企业债券的发行规模，以满足社会和经济效益好的企业的资金需求；再次，促进全国统一的企业债券市场形成，加强资金的横向流通；最后，加强企业债券市场的法规建设、提高服务质量，以保证企业债券资金的合理使用和按期兑付，防止资金的挤占挪用。

参考文献：
蒋屏：《中国企业债券融资》，对外经贸大学出版社2000年版。
［美］斯蒂芬·G·切凯蒂：《货币、银行与金融市场》，北京大学出版社2008年版。

（周凯）

金融债券
Financial Bond

金融债券是指金融机构发行的有价证券。这些金融机构包括政策性银行、商业银行、企业集团财务公司及其他金融机构。在英、美等欧美国家,金融机构发行的债券归类于公司债券。在我国及日本等国家,金融机构发行的债券称为金融债券。

1985 年,为筹集资金用于发放城镇集体企业和乡镇企业特种贷款,中国工商银行和中国农业银行首次发行了金融债券,面值有 20 元、50 元、100 元三种,期限 1 年,年利率 9%,共发行 8.2 亿元,其中中国工商银行发行 3.52 亿元,中国农业银行发行 4.68 亿元。以后其他专业银行(包括交通银行)及各种非银行金融机构也相继发行金融债券。随着经济金融体制改革的不断推进,金融债券的发行主体和方式越来越多。目前,各国商业银行等存款类金融机构已把发行金融债券作为改善资产负债期限结构的主动负债工具,近些年来,许多商业银行还把发行次级金融债券作为商业银行补充附属资本的一条途径。2014 年,国家开发银行等三家政策性银行在银行间债券市场发行债券 2.3 万亿元,商业银行等金融机构发行金融债券 5460 亿元。

参考文献:

[美]约翰·道恩斯:《金融与投资》,上海财经大学出版社 1998 年版。

[美]兹维·博迪:《金融学》,中国人民大学出版社 2000 年版。

Hicks, J. R., *Value and Capital*, Oxford University Press, 1946.

Macaulay, F. R., Some Theoretical Problems Suggested by the Movement of Interest Rates, Bond Yields, and Stock Prices in the U. S Since 1856, *National Bureau of Economic Research*, 1938.

(周凯)

政府债券
Government Bond

政府债券是政府或者政府有关机构为了筹措资金,而向投资者发行的承诺在一定时期支付利息和到期还本的债务凭证。根据发行主体的不同,政府债券可以分中央政府债券、地方政府债券和政府机构债券。

中央政府债券也叫做国债,是以政府的国家信用为后盾并由一国的中央政府发行的债券。其所筹集的资金一般用于弥补财政赤字或进行公共建设。由于国债有着政府的支持,通常只要政府能够正常运行便能够保证国债的支付,因此,虽然国债收益较低,但其较高的安全性使其成了一些投资者比较热衷的投资工具之一。而像美国和欧盟等发行的国债更是成为许多国家外汇储备投资的重要组成部分,比如中国的外汇储备中,美国国债便占据了相当一部分份额。由于国债的高安全性,人们往往也把国债利率视为无风险利率。此外,国债也成为一国政府控制经济中流通货币的强有力的手段,当经济中的货币供应量较多时,央行可以卖出手中的国债以回收一部分货币,从而减少经济中流通的货币。同样,当经济中的货币供应量较少时,央行可以买入国债从而释放一部分货币,以使经济中的货币量能够满足人们的需求。

地方政府债券是地方政府为了发展地方经济而发行的债券,比如用于基础设施、社会福利等。地方政府的债券发行是以地方政府的信用为保证,其偿债来源主要是地方税收或项目收益。在美国,地方政府债券也被称作市政债券,其收入具有免税的特性,因此即使安全性相比国债来说要稍微低一点却依然受到广大投资者的青睐。中国在 1995 年 1 月 1 日起实施了预算法,明确规定地方政府不得发行地方政府债券。直到 2009 年,为了应对国际金融危机,破除地方政府融资难难题,中国在现行预算法基础上有所突破,通过中央财政代发地方政府债券的形式,当年发行 2000 亿地方债,并将其纳入地方预算构成地方债券,并在此后两年每年以此方式发行 2000 亿地方债,并于 2012 年将额度增加至 2500 亿。

政府机构债券是政府所属的公共事业机构、公共团体机构或公营公司所发行的债券。这些债券的收支偿付均不列入财政预算,而是由发行单位自行负责。政府机构债券整体来看发行规模较少,也是国债和地方政府债券的有效补充。

参考文献:

[美]约翰·道恩斯:《金融与投资》,上海财经大学出版社 1998 年版。

财政部财政科学研究所课题组:《中国政府债券市场存在的问题及政策建议》,载于《经济研究参考》2012 年第 19 期。

Dyer, L. J. and Jacob, D. P., Guide to Fixed Income Option Pricing Models, In F. J. Fabozzi, *The Handbook of Fixed-Income options*, Probus Publishing, 1989.

Fabozzi, F. J. and Modigliani, F., *Capital Markets: Institutions and Instruments*, Englewood Cliffs, Prentice-Hall, 1992.

Hicks, J. R., *Value and Capital*, Oxford University Press, 1946.

(周凯)

债券收益率
Bond Yield

债券收益率就是衡量债券投资收益通常使用的一个指标,是债券收益与其投入本金的比率,通常用年利率表示。

债券收益率主要有票面收益率,当期收益率,持有期收益率和到期收益率。

票面收益率 = (票面额 - 发行价)/发行价 × 债券期限 × 100%

当期收益率 = (债券面额 × 票面收益率)/债券市场价格 × 100%

持有期间收益率 = (出售价格 - 购入价格) + 利息总额/购入价格 × 持有期间 × 100%

计算到期收益率的方法是求解含有折现率的方程,即:购进价格 = 每年利息 x 年金现值系数 + 面值 x 复利现值系数,公式为 V = I · (p/A,i,n) + M · (p/s,i,n)(其中:V 为债券的价格,I 为每年的利息,M 为面值,n 为到期的年数,i 为折现率)。

债券收益率的构成主要是基础利率和风险溢价。基础利率是投资者所要求的最低利率,一般使用无风险的国债收益率作为基础利率的代表,并应针对不同期限的债券选择相应的基础利率基准。风险溢价为债券收益率与基础利率之间的利差,反映投资者投资于非国债的债券时面临的额外风险。可能影响风险溢价的因素包括:(1)发行人种类。不同的发行人种类代表了不同的风险与收益率,他们以不同的能力履行其合同义务。例如,工业公司、公用事业公司、金融机构、外国公司等不同的发行人发行的债券与基础利率之间存在一定的利差,这种利差有时也称为市场板块内利差。(2)发行人的信用度。债券发行人自身的违约风险是影响债券收益率的重要因素。债券发行人的信用程度越低,投资人所要求收益率越高;反之则较低。(3)提前赎回等其他条款。如果债券发行条款包括了提前赎回等对债券发行人有利的条款,则投资者将要求相对于同类国债来说较高的利差;反之,如果条款对债券投资者有利,则投资者可能要求一个小的利差。(4)税收负担。债券投资者的税收状况也将影响其税后收益率。(5)债券的预期流动性。债券的交易有不同程度的流动性,流动性越大,投资者要求的收益率越低;反之则要求的收益率越高。(6)到期期限。由于债券价格的波动性与其到期期限的长短相一致。

债券收益率具有重要的意义,对于投资者而言,可以用来作为预测债券的发行投标利率、在二级市场上选择债券投资券种和预测债券价格的分析工具;对于发行人而言,可为其发行债券、进行资产负债管理提供参考。

参考文献:

王墨春、赫守俭:《中国证券市场大全》,东北大学出版社 1993 年版。

张亦春、郑振龙:《证券投资理论与技巧》,厦门大学出版社 2000 年版。

（周凯）

股权分置改革
Split-Share Structure Reform

股权分置现象指的是中国 A 股市场的上市公司股份按照能否在证券交易所上市交易,分为非流通股和流通股。这是中国经济体制转型过程中出现的特殊问题,有其历史的必然性和合理性。首先,中国发展股票市场的初衷是为了给经营效率低下、缺乏资金进行改革的国企解困,而理论界与实务界普遍担忧国企上市流通将导致国有资产私有化、流失等问题。其次,《股份制试点企业国有股权管理的实施意见》规定:"关于特定行业和特定企业以及在本地区经济中占有举足轻重地位的企业,要保证国家股(或国有法人股,该国有法人单位应为纯国有企业或国家独资公司)的控股地位"。因此,为了保持国家控股不因企业上市流通而改变,为了避免国有资产因企业上市流通而流失,中国 A 股市场做出了"国有存量股份不动,增量股份筹集转让"的股权分置制度安排。

股权分置初期的确达到了该制度设计的初衷,即为国企筹资。但随着改革的深化,股权分置所导致的股票市场价格扭曲、大小股东共同利益基础缺乏、内部人控制严重等弊端愈发明显,逐渐成为制约中国资本市场发展的瓶颈,股权分置改革势在必行。

2004 年 1 月 30 日,国务院发布《国务院关于推进资本市场改革开放和稳定发展的若干意见》,提出"积极稳妥解决股权分置问题。规范上市公司非流通股份转让行为,防止国有资产流失。稳步解决目前上市公司股份中尚不能上市流通股份的流通问题。在解决这一问题时要尊重市场规律,有利于市场的稳定和发展,切实保护投资者特别是公众投资者的合法权益。"2005 年 4 月 29 日,中国证监会发布《关于上市公司股权分置改革试点有关问题的通知》,正式拉开了股权分置改革的序幕。2005 年 5 月 9 日,上海证券交易所、深圳证券交易所、中国证券登记结算有限责任公司联合颁布《上市公司股权分置改革试点业务操作指引》,标志着股权分置改革进入具体实施阶段。

经过第一、第二批企业试点,市场形成了股权分置改革的稳定预期,股权分置改革的操作原则及方案也得到了市场的初步认可。在经验总结的基础上,2005 年 8 月,五部委(中国证监会、国务院国资委、财政部、中国人民银行、商务部)联合颁布《关于上市公司股权分置改革的指导意见》,对下一步上市公司股权分置改革进行指导。2005 年 9 月 5 日,中国证监会颁布《上市公司股权分置管理办法》。2005 年 9 月 7 日,上海证券交易所、深圳证券交易所、中国证券登记结算有限责任公司联合颁布《上市公司股权分置改革业务操作指引》。2005 年 9 月 10 日,国务院国资委颁布《关于上市公司股权分置改革中国有股股权管理有关问题的通知》。一系列文件的颁布为全面积极稳妥地推进股权分置改革建立了完整的法制框架,启动了上市公司股权分置改革全面推进阶段。

股权分置改革的目的是实现上市公司股份的全流通,非流通股股东和流通股股东应在平衡双方利益的前提下共同协商改革方案,设计选择非流通股股东向流通股股东支付"对价"以换取非流通股上市流通权的方式。股权分置改革的实施方案大致有以下几种:股份对价、现金对价、权证对价、资产重组。影响股改对价的主要因素包括:非流通股比例、公司业绩和成长性、流通股股权集中度、公司治理水平等。

参考文献:

姚颐、刘志远、王健:《股权分置改革——机构投资者与投资者保护》,载于《金融研究》2007 年第 11 期。

郑志刚、孙艳梅、谭松涛、姜德增:《股权分置改革对价确定于我国上市公司治理机制有效性的检验》,载于《经济研究》2007 年第 7 期。

曹红辉、刘华钊:《股权分置改革绩效评价:对大股东行为模式影响的分析》,载于《经济学动态》2009 年第 5 期。

张慧莲:《股权分置改革前后股指波动性测度及原因分析》,载于《金融研究》2009 年第 5 期。

汪昌云、孙艳梅、郑志刚、罗凯:《股权分置改革是否改善了上市公司治理机制的有效性》,载于《金融研究》2010 年第 12 期。

唐国正、熊德华、巫和懋:《股权分置改革中的投资者保护与投资者理性》,载于《金融研究》2005 年第 9 期。

廖理、张学勇:《全流通纠正终极控制者利益取向的有效性——来自中国家族上市公司的证据》,载于《经济研究》2008 年第 8 期。

张俊喜、王晓坤、夏乐:《实证研究股权分置改革中的政策与策略》,载于《金融研究》2006 年第 8 期。

晏艳阳、赵大玮:《我国股权分置改革中内幕交易的实证研究》,载于《金融研究》2006 年第 4 期。

中国人民银行、中国银行业监督管理委员会:《商业银行次级债券发行管理办法》,2004 年 6 月。

(王擎)

国有股减持

Reduction of State-Owned Shares

国有股的减持,指代表国家投资的部门或机构减少其直接或者间接持有的国有股的数量。国有股即国有股权,由国家股和国有法人股组成。其中,国家股指有权代表国家投资的部门或机构以国有资产向公司投资形成的股份,包括以公司现有国有资产折算成的股份。国有法人股,是指具有法人资格的国有企业、事业单位以及其他单位以其依法占用的法人资产向独立于自己的股份公司出资形成或依法定程序获取的股份。

在中国股票市场成立之初,中国的经济体制突出地表现为公有制的"主体地位"。由国有企业改制的上市公司,国家会牢牢掌握上市公司的国有股股权,形成国有股"一家独大"的现象。这部分股权占总股本的比例占有绝对优势,而且不能流通。

对于国有股"一股独大"的弊端,学术界首先从国家所有权的代理行使问题没有得到妥善的解决角度进行分析。大多数国有控股公司采取由授权投资机构(控股公司、国有资产经营公司、集团公司等)全权代理行使国有股权的办法。由于"授权投资机构"一旦建立,就会有自己区别于国家这个最终所有者利益的独立利益,同时,这些机构又是以国家所有者的全权代表的身份出现的,因而这些机构的领导人就有可能运用他们握有的控制权追求自身的利益。于是,就出现了授权投资机构的"代理风险"或"内部人控制"问题(吴敬琏,2001)。也就是说,作为国家所有权受托人(代理人)的"授权投资机构"离开委托人要求的目标,甚至不惜为了本机构或者本机构领导人的利益,损害作为最终所有者的国家的利益(郑江淮,2002)。

其次,国有股一股独大,也会造成中国股市市场的不公平。由于国有股不能流通,造成证券市场中同股不同权、同股不同利和同股不同价。通过溢价发行、配股和增发使国有股净资产大量增值,发行价越高增值越多(曹凤岐,2002)。国有股东获得的这部分溢价收入,是由其他股东无偿贡献的。

最后,国有股一股独大,也会使投资主体多元化和产权约束无法实现。国有股东利用大股东的特权,与上市公司进行关联交易,或通过借款和担保等形式,占用甚至掏空上市公司的资金,把上市公司当成了"提款机",严重损害了其他股东和上市公司的权益(曹凤岐,2002)。

党的十五届四中全会明确指出,国家将从战略上调整国有经济布局,在总体不削弱国有经济主体地位的前提下,除了在关系国民经济命脉的重要行业和关键领域保持国有经济的控股地位外,国有经济要逐步从一般性竞争领域中退出。

2001 年 6 月 22 日,《减持国有股筹集社会保障资金管理暂行办法》出台,办法规定为了充实全国社会保障基金,国有股减持主要采取国有股存量发行的方式。凡国家拥有股份的股份有限公司(包括在境外上市的公司)向公共投资者首次发行和增发股票时,均应按融资额的 10% 出售国有股;股份有限公司设立未满 3 年的,拟出售的国有股通过划拨方式转由全国社会保障基金理事会持有,并由其委托该公司在公开募股时一次或分次出售。国有股存量出售收入,全部上缴全国社会保障基金。该方案的出台给资本市场带来强大的冲击,股市一路下跌。2001 年 10 月 22 日,证监会报告国务院,决定暂停执行《减持国有股筹集社会保障资金管理暂行办法》中关于"国家拥有股份的股份有限公司向公共投资者首次发行和增发股票时,均应按融资额的 10% 出售国有股"的规定,国有股减持改革暂时搁浅。2002 年 6 月 24 日,国务院发出通知,对国内上市公司停止执行《减持国有股筹集社会保障资金管理暂行办法》中关于利用证券市场减持国有股的规定。

此后的国有股减持另辟蹊径,与股权分置改革紧密联系起来。股权分置改革的进行为国有股减持提供了客观条件。通过股权分置改革,原有的国有股股东通过向中小股东支付对价,在限售期后可以在二级市场上自由流通。国有股与原先流通股实现同股同权。2008 年 4 月 20 日,证监会出台《上市公司解除限售存量股份转让指导意见》,规定持有解除限售存量股份的股东预计未来一个月内公开出售解除限售存量股份的数量超过该公司股份总数 1% 的,应当通过证券交易所大宗交易系统转让所持股份。通过这个平台,大宗解禁后的国有股实现减持。

2009 年 6 月 19 日,国务院出台《境内证券市场转持部分国有股充实全国社会保障基金实施办法》,规定股权分置改革新老划断后,凡在境内证券市场首次公开发行股票并上市的含国有股的股份有限公司,除国务院另有规定的,均须按首次公开发行时实际发行股份数量的 10%,将股份有限公司部分国有股转由社保基金会持有。目前国有股减持的工作仍在进行中,任重而道远。

参考文献:

吴敬琏:《控股股东行为与公司治理》,载于《上海证券报》2001 年 6 月 8 日。

曹凤岐:《论国有股减持与流通——八论社会主义条件下的股份制度》,载于《北京大学学报(哲学社会科学版)》2002 年第 7 期。

郑江淮:《国有股减持中的代理冲突、股权价值与路径依赖》,载于《管理世界》2002 年第 1 期。

国务院:《减持国有股筹集社会保障资金管理暂行办法》,2001 年 6 月。

证监会:《上市公司解除限售存量股份转让指导意见》,2008 年 4 月。

财政部、国资委、证监会、社保基金会:《境内证券市场转持部分国有股充实全国社会保障基金实施办法》,2009 年 6 月。

(王擎)

战略投资者
Strategic Investor

战略投资者主要是指在符合国家法律、法规和规定要求的框架下,与被投资企业处于同一或近似的行业,并且与产业和业务关系密切,资本实力与产业背景比较雄厚、积极参加公司治理、谋求企业的长期战略利益为目的,对于区域经济发展中的产业结构调整、产业升级发挥重要作用的有影响力的法人投资者。对于上市公司发起人而言,战略投资者是指与发行人具有合作关系或合作意向和潜力并愿意按照发行人配售要求与发行人签署战略投资配售协议的法人。在我国,新股发行引入战略投资者的过程中,允许战略投资者在发行人发行新股中参与申购。主承销商负责确定一般法人投资者,每一发行人都应在股票发行公告中给予其战略投资者一个明确的界定。

改革开放之后,伴随我国在经济领域的对外开放不断深化,积极引入战略投资者帮助我国经济发展的政策一直都在延续。目前,已有相当多一批各个行业的企业成功引进了战略投资者。引入方式主要是通过首次公开募股、增资扩股或出售国有股权三种方式,从而实现增强企业实力,提高产品水平,扩大企业规模,不断发展壮大的目标。

在引入境外投资者实践中,涉及案例数量最多、金额巨大、影响深远的"重头戏"当属银行业。不少学者认为,外资入股我国银行业大致可分为三个阶段:第一阶段是 1999 ~ 2000 年,中资银行中引进境外战略投资者的较少,引进境外资本的规模较小,境外战略投资者参股比例较小,对中资银行经营管理的影响也较小。第二阶段是 2001 ~ 2004 年,境外投资者的入股对象已扩展到我国国内的股份制银行,外资在中资银行中的持股比例显著提高,在经营管理中的话语权显著增强。第三阶段是 2003 年至今,国有大型商业银行、股份制商业银行为了冲刺上市而巨额引入国外战略资本,城商行也积极探索,扩大引入战略投资者的范围。

在战略投资者对公司治理及公司绩效及价值的影响方面,国内的学者进行了相应的论证。姚峥和汤彦峰(2009)以美国新桥投资收购深发展为例,考察引入战略投资者后银行公司治理和公司价值的变化,发现新桥投资控股后深圳发展银行的公司治理和公司价值有了一定程度的提升。王咏梅(2009)从财务价值和回报价值两个角度考察研究引入境外战略投资者的价值,结果显示:境外战略投资者的进入领域和持股特征显示了一定的长期战略投资倾向,境外战略投资者并没有明显改善上市公司的财务绩效,但却明显提升了上市公司的市场回报,说明战略投资者有利于通过增强资本市场的认同度,提升投资者对上市的信心来增加上市公司的投资价值。田国强、王一江(2004)提出国有、外国战略投资者和非国有法人三种股份的合作与监督,形成了稳定的三方相互制衡体系,这将提高银行的经营水平。李石凯(2006)从宏观角度分析境外战略投资者对中东欧8国银行业转型与发展的影响,认为由于境外战略投资者的示范作用,其先进的金融管理、技术和产品能够在东道国得到广泛传播与运用,促使银行业的现状得到根本性改变,既改善了中东欧八国的宏观经济金融环境,也带动了本土银行的发展。该结论对于研究我国商业银行引入境外战略投资者的长期效应具有借鉴和思考的价值。朱盈盈、曾勇、李平、何佳(2008)认为短期内,引进境外战略投资者对中资银行盈利能力和资本充足率的影响不明显,但对资产质量的提高有明显的正向效应。

部分战略投资者选择退出。战略投资者在投资了相关企业一定的期限(一般至少是5年)以后,由于已经投入了各种资金、技术、管理等资源,且股权也得到了相当程度的价值增值,所以,部分战略投资者此时进行了一定程度的减持退出。特别地,当金融危机、欧债危机这种系统性危机爆发时,对于遇见重大经营困难或需要断臂求生的战略投资者来说,出售已经有丰厚账面浮盈的优质股权必然是最好的解决路径之一。

参考文献:
王咏梅:《境外战略投资者的价值研究》,载于《中国软科学》2009年第3期。
李石凯:《境外战略投资者对中东欧8国银行产业转型与发展的影响》,载于《国际金融研究》2006年第9期。
姚峥、汤彦峰:《商业银行引进境外战略投资者是否提升了公司价值——基于新桥投资收购深发展的案例分析》,载于《管理世界》2009年第S1期。
田国强、王一江:《外资银行与国有商业银行股份制改革》,载于《经济学动态》2004年第11期。
证监会:《关于进一步完善股票发行方式的通知》,1999年。
朱盈盈、曾勇、李平、何佳:《中资银行引进境外战略投资者:背景、争论及评述》,载于《管理世界》2008年第1期。

(王擎)

大小非解禁

Unlocking of the Nontradable Shares

"大小非"是股权分置改革的历史产物。2005年9月证监会颁布了《上市公司股权分置改革管理办法》(以下简称《管理办法》),限制了一些上市公司的部分股票上市流通的日期。其中,大非指的是占总股本5%以上大规模的限售流通股,小非指的是占总股本5%以下小规模的限售流通股。所谓的"大小非"就是大规模和小规模限售流通股的简称。

解禁,即解除非流通股票禁止上市流通的权力,允许其上市流通。《管理办法》规定股权分置改革后公司原非流通股股份的出售,自改革方案实施之日起,在12个月内不得上市交易或者转让;持有上市公司股份总数5%以上的原非流通股股东,在前项规定期满后,通过证券交易所挂牌交易出售原非流通股股份,出售数量占该公司股份总数的比例在12个月内不得超过5%,在24个月内不得超过10%。

随着大量获得解禁的限售股逐步上市交易,中国A股市场迎来了大规模的扩容时代。2009年,随着众多上市公司的大规模限售流通股即"大非"的解禁流通,将"大小非解禁"推向一个新的高潮。总限售股解禁量达11505亿股,市值达88453.6亿元,从而使得二级市场的可流通股票数量急剧扩张。

国内学者对大小非减持给市场带来的效应进行了相应的研究。郦金梁、廖理、沈红波(2010)发现限售股解禁以后,随着股票供给的增加,股票价格面临向下波动的压力。廖理、刘碧波、郦金梁(2008)发现解禁前后股改限售股存在-13%的累积异常收益,价格下跌主要发生在解禁40天之前。

在股票减持过程中,大股东特别是控股股东的行为也会对股票市场产生影响。俞红海、徐龙炳(2010)通过对控股股东在减持过程中的相关数据进行实证分析后发现,公司治理水平越好,控股股东现金流越好,外部投资机会越好,控股股东最优减持比例越高;市场平均资本回报率越高,控制权私利越大,控股股东最优减持比例越低。此外,由于调整成本的存在,控股股东减持是一个持续向目标减持比例靠近的动态调整过程。吴育辉、吴世农(2010)研究证实了大股东,尤其是控股股东会通过操控上市公司的重大信息披露来掏空中小股东利益。具体而言,大的控股股东可以通过提前披露被减持上市公司的好消息,借此来推高被减持上市公司的股价;或延迟被减持上市公司的坏消息,从而减少股价下跌对减持收益的不利影响。

参考文献:
赵自兵、卫新江、朱玉杰:《IPO锁定期解除效应的实证分析》,载于《保险研究》2010年第1期。
廖理、刘碧波、郦金梁:《道德风险、信息发现与市场有效性——来自于股权分置改革的证据》,载于《金融研究》2008年第4期。
俞红海、徐龙炳:《终极控股股东控制权与全流通背景下的大股东减持》,载于《财经研究》2010年第1期。
何诚颖、卢宗辉:《沪深股市限售股制度安排及流通效应分析》,载于《管理世界》2009年第4期。

吴育辉、吴世农:《股票减持过程中的大股东掏空行为研究》,载于《中国工业经济》2010 年第 5 期。

赵自兵、徐金明、卫新江:《中国 A 股股票需求弹性——基于全流通 IPO 锁定期解除效应的实证分析》,载于《金融研究》2010 年第 4 期。

证监会:《上市公司股权分置改革管理办法》,2005 年 9 月。

郦金梁、廖理、沈红波:《股权分置改革与股票需求价格弹性——基于供给需求的理论框架和经验证据》,载于《中国工业经济》2010 年第 2 期。

(王擎)

借壳上市

Back-Door Listing

借壳上市是指非上市公司通过对上市公司的收购兼并,取得上市公司控制权以达到上市目的的一种股权或产权交易行为。广义的借壳上市既包括母子公司之间的借壳上市行为,又包括非母子公司之间的买壳上市行为。借壳与买壳之间唯一的区别就是壳公司是否与拟借壳方已经存在实质关系。

美国自 1934 年已开始实行借壳上市,其主要特点是待上市的公司在股市收购一家无业绩、无债务、无法律诉讼、保持上市公司身份的空壳公司,待上市的公司在完成了与壳公司合并后自然成为上市公司,继而销售股票融资。

作为企业兼并收购的一种方式,借壳上市在我国的运作首先是被用于购并中国香港企业,以达到在香港上市的目的。国企在香港借壳上市最早可追溯到 1984 年,这段时间主要是注资购买财政上出现问题的香港上市公司。20 世纪 80 年代与 90 年代初,大陆企业借壳上市主要是以香港为试验田。此后,便转移到了内陆沪、深两地证券市场。大陆首例借壳上市发生于 1993 年深宝安借壳延中实业。此后,越来越多的非上市公司通过借壳实现了上市。

借壳上市之所以如此迅速的盛行,是由于宏观上有利于社会生产要素的合理流动,调整产业结构和加速资本集聚,微观上还能给借壳上市企业带来潜在的增量收益。企业借壳上市的正面效应主要有如下几个方面:(1)融资成本低。首次公开发行上市(IPO)是传统的直接上市方式,借壳上市与其相比具有上市成本明显降低、所需时间少以及成功率高等优势。(2)获取更多的融资机会。企业在借壳上市后可以通过增发新股或者配股的方式再融资,即通过扩大股本数,从股票市场上募得现金;倘若资本运作得当,获得二次融资的速度与成本会低于首发上市,这也是众多企业为何热衷于买壳上市的原因。(3)优化配置企业生产要素。从帕累托最优原则及边际效用对平均效用的影响角度看,借壳上市后,股市多了一家盈利企业,而少了一家亏损企业,则整个股市的上市公司平均业绩相对上升,即借壳企业的优质资产注入将逐步改善股市状况。(4)品牌效应好。并购重组所引起的戏剧性改朝换代方式,远比正常的上市运作更能引起投资者和消费者的关注。(5)取得协同效应。并购重组剥离不良资产后,上市公司维系多年的客户关系、金融关系、营销体系、管理体系等软性资产会立即承接到并购者的经营管理链上。

正因为借壳上市的上述优势,加之中国严格的上市准入制度、证券交易所对上市公司严格的基本条件规定以及需要上市融资的企业众多等因素导致越来越多的企业,尤其是民营中小企业热衷于以这种方式达到上市融资的目的。

目前我国企业尤其是中小企业可选择的借壳上市的市场主要有中国内地、中国香港和美国。客观地说,国内企业选在这三地借壳上市各有利弊。

在中国内地资本市场借壳上市,政府的大力支持保证了上市公司的壳资源不流失,也带来了良好的社会效益,为企业的持续快速发展创造了契机;但是许多重组自始至终都得到地方政府和中国证监会的大力支持,其实资产重组应该也必须是一种市场行为,因此政府在其中起关键性作用不利于企业的长期发展。

倘若内地企业在中国香港资本市场借壳上市,不仅可以筹集到资金,还可以通过市场以及香港证券监管部门的严格管控提升企业的管理水平和财务透明度。但是有利仍有弊,在香港借壳上市一般会有以下弊端:(1)市盈率低。港股市的市盈率很低,许多行业的市盈率值都在 10 倍以下。(2)维持费用高。香港上市公司年度维持费至少每年 700 万港币以上。(3)再融资能力小。香港股市资金容量有限,上市企业二次融资能力不足。

自 1999 年年底国内企业美国上市的一波浪潮之后,2002 年下半年开始,出现了国内民企海外借壳上市的又一波热潮。新亚洲食品、山东宏智、托普、蓝带啤酒、天狮国际、中国汽车系统、四方信息等企业纷纷通过借壳登陆海外资本市场。为了利用境外资本市场实现融资需求,我国中小企业选择了美国的 OTCBB (Over-The-Counter Bulletin Board)市场买壳上市融资。OTCBB 市场是全美证券商协会设立并管理、由做市商主导的证券报价市场。对于中国中小企业是否应该在 OTCBB 买壳上市,理论界有很大分歧。

对于企业而言,借壳上市正如一把双刃剑,有利也有弊,既是机遇又是挑战,在是否进行借壳上市以及境内境外资本市场的选择时,企业必须对自身情况,包括企业的财务状况、产品市场前景、竞争者的情况以及可能存在的风险有一个清楚、全面的了解,才能作出最后的抉择,以便于发挥资本市场的作用。

参考文献：
卢阿青：《借壳上市》，企业管理出版社 1998 年版。
刘世锦、张军扩：《资本市场新论——与企业重组相适宜的资本市场》，中国发展出版社 2001 年版。
叶育甫、沈卫：《借壳上市与风险控制》，载于《学术论坛》2002 年第 5 期。
肖敏：《企业借壳上市的资本市场选择》，载于《财会通讯》2007 年第 5 期。
郎咸平：《警惕海外买壳上市骗局》，载于《国际金融》2004 年第 9 期。

（王擎）

国库券

Treasury Bill

国库券是国家财政当局为弥补国库收支不平衡而发行的一种政府债券。在国际市场上，国库券是短期国债的常见形式，它是由政府发行用于弥补临时收支差额的一种债券，偿还期限为 1 年或 1 年以内。我国 20 世纪 80 年代以来也曾使用国库券的名称，但它与发达国家所指的短期国债不同，偿还期限大多是超过一年的，实际上是中长期国债。

国债制度由来已久，"在中世纪的热那亚和威尼斯就已产生"（马克思，1975）。国库券是 1877 年由英国经济学家和作家沃尔特·巴佐特发明，并首次在英国发行。沃尔特认为，政府短期资金的筹措应采用与金融界早已熟悉的商业票据相似的工具。1877 年，英国财政部根据《1877 年财政部证券法》发行国库券，美国财政部根据《1917 年第二自由公债法》于 1929 年开始发行国库券。

国库券因期限较短，一般采用贴现方式发行。国库券通常实行招标发行制，银行等金融机构和其他大额投资机构，通常以"竞争性投标"的方式购买，个人和其他小额投资者主要采取"非竞争性投标"的方式，即按照竞争投标平均中标价格购买。

国库券风险极小，而且期限短、流动性高。在一些国家，其收益还可享受税收方面的优惠，是一般金融机构热衷于投资的对象，因而成为各国中央银行开展公开市场业务、实施货币政策的有效工具，在货币市场上占有重要地位。国库券的信用工具功能，使财政信用作用与银行信用作用连接起来，并使财政运行体制发生根本性变化（钱津，1994），这也使得短期国债市场（国库券市场）成为最主要的货币市场之一。

1949 年新中国成立以后，我国国债发行基本上分为两个阶段：20 世纪 50 年代是第一阶段，80 年代以来是第二阶段。

20 世纪 50 年代，我国发行过两种国债。一种是 1950 年发行的"人民胜利折实公债"，其募集与还本付息，均以实物为计算标准，其单位定名为"分"。每分公债应折合的金额由中国人民银行每月公布一次。1950 年公债的发行拉开了中国发行国库券的序幕。另一种是 1954 ~ 1958 年发行的"国家经济建设公债"。到了 1958 年，国家的经济秩序由于"大跃进"、"浮夸风"被打乱，国债发行被迫暂停。

进入 20 世纪 80 年代以后，中央政府于 1981 年再次发行国债实物券，并借鉴了美国国债的名字，正式定名为"国库券"，由财政部根据《中华人民共和国国库券条例》，每年定期发行。1981 ~ 1994 年，面向个人发行的国债一直只有无记名国库券（实物券）一种。1994 年我国面向个人发行的债种从单一型（无记名国库券）逐步转向多样型（凭证式国债和记账式国债等），逐渐采用不印制债券实物的形式发行"非实物国库券"，并且将其首次作为信用工具发行。随着 2000 年国家发行的最后一期"中华人民共和国国库券"实物券（1997 年 3 年期债券）的全面到期，无记名国债宣告退出国债发行市场的舞台。2006 年财政部研究推出新的储蓄债券品种——储蓄国债（电子式）。

目前我国发行的普通国债品种中：记账式国债是由财政部面向全社会各类投资者、通过无纸化方式发行的、以电子记账方式记录债权并可以上市和流通转让的债券。凭证式国债是由财政部发行的、有固定票面利率、通过纸质媒介记录债权债务关系的国债。其发行一般采用填制"中华人民共和国凭证式国债收款凭证"的方式，通过部分商业银行和邮政储蓄柜台，面向城乡居民个人和各类投资者发行，是一种储蓄性国债。储蓄国债（电子式）是财政部面向境内中国公民储蓄类资金发行的、以电子方式记录债权的不可流通的人民币债券。

我国的国库券最初发行时不允许流通转让，从 1985 年起，允许个人持有的国库券向银行贴现，单位持有的国库券可作为抵押品向银行借抵押贷款。但由于种种不合理的规定，在实行过程中并未达到预期效果。1988 年 4 月，国家决定允许个人持有的 1985 年、1986 年两个年度的国库券上市买卖，这是我国国债交易市场开放和开始形成的标志（曹凤岐，1992）。国债流通性的提高，可以 1990 年上海证券交易所成立并开设国债交易系统为界线，自此开辟了新的、市场化的国债发行和流通渠道（中国国债协会"国债市场化"课题组，2002）。

参考文献：
马克思：《资本论》，人民出版社 1975 年版。
钱津：《国库券与现代市场经济调控》，载于《经济研究》1994 年第 4 期。
[美]米什金、[美]埃金斯：《金融市场与金融机构》，机

械工业出版社 2008 年版。
［美］马杜里著，何丽芬译：《金融市场与机构》，高等教育出版社 2005 年版。
殷孟波、曹廷贵：《货币金融学》，西南财经大学出版社 2007 年版。
财政部国债司：《1994 年国库券发行、流通、兑付的新特点》，载于《财政》1994 年第 5 期。
曹凤岐：《论社会主义证券市场》，载于《北京大学学报（哲学社会科学版）》1992 年第 6 期。
中国国债协会“国债市场化”课题组：《国债的流通性与增发空间》，载于《经济研究》2002 年第 5 期。

（王擎）

国家重点建设债券

Priority Construction Treasury Bond

国家重点建设债券是我国国家债券的一种，它是由银行代理财政部发行的一种用于生产性项目的专项政府债券，该债券所筹集资金全部用于计划内能源、交通、原材料等重点建设项目。

国家重点建设债券是中国第一次发行的明确项目和用途的政府债券，只在 1987 年发行过一次。1987 年我国发行的国家重点建设债券绝大部分面对企事业单位发行，采取分配任务和自愿认购相结合的办法，由中央、国务院各部委及直属企事业单位，地方政府及全民所有制和集体所有制企业、机关团体和事业单位用预算外资金认购；一小部分对城乡个人发行，采取自愿认购的办法。国家重点建设债券由财政部委托银行代理发行。对单位发行部分由中国人民银行统一组织，由中国人民建设银行（现中国建设银行，下同）、中国工商银行、中国农业银行、中国银行及其所属机构办理；对个人发行部分由中国人民建设银行及其所属机构办理。1987 年，国家重点建设债券共发行 55 亿元，其中对单位发行 50 亿元，对个人发行 5 亿元。这笔资金作为“拨改贷”专项资金，由中国人民建设银行按照国家重点建设项目安排，负责具体实施投放。国家重点建设债券偿还期 3 年，对单位发行的年利率为 6%，对个人发行的年利率为 10.5%，免征个人所得税；该债券一律不计复利。单位购买的从 1987 年 7 月 1 日起开始计息，个人购买的从购买之日起开始计息，到期后由财政部一次偿还本息，逾期不另计息，面额分别是 50 元和 100 元两种。国家重点建设债券对单位发行的可以抵押，不准转让，对个人发行的可以转让、继承，不能作为货币流通。

国家重点建设债券作为筹集建设资金而专项发行的债券，在国外也有类似的尝试，如日本的建设国债。日本的建设国债所筹资金主要用于公共工程的建设，其发行规模一般是根据国家投资需要与预算安排资金之间的缺口来确定，须经国会批准，由大藏省发行。1965 年，由于经济的萧条，日本政府在第二次世界大战后首次发行了长期性的建设国债。

国务院于 1987 年发行的国家重点建设债券，是运用经济手段压缩预算外固定资产投资规模，调整投资结构，更好地集中资金保证国家重点建设的一项重要措施。一方面，国家重点建设债券的发行保证国家重点建设的需要，1987 年，我国国家建设资金的供求矛盾比较突出，国家预算内资金不足，而国家重点建设任务很重，投资缺口比较大；另一方面，预算外资金有了较大的增长，一些地区和企业投资热情很高，搞了不少非急需的加工工业和非生产性建设项目，这不仅扩大了自筹固定资产投资规模，而且进一步扩大了已经十分紧张的能源、交通、原材料的需求。针对这一情况，必须加强对整个固定资产投资规模的控制，调整投资结构，适当压缩预算外投资，集中一部分资金保证国家的重点建设。1987 年发行国家重点债券就是为实现这一目标而采取的比较积极妥善的办法。同时，发行国家重点建设债券有利于长期资金市场的发展。国家重点建设债券意味着对我国国家重点建设项目筹资开拓了一条发行债券的渠道，是对我国长期资金发行市场的一大促进，并为长期资金二级市场的发展创造了条件。1987 年发行的国家重点建设债券有利于打破当时我国长期资金单纯依靠银行贷款和财政拨款的体制，也有利于金融体制改革的深化。

（王擎）

基本建设债券

Basic Construction Treasury Bond

基本建设债券是由国家有关部门发行的债券，其债券的发行机构为债务人，所筹资金和还本付息均不列入国家预算，是一种国家代理机构债券。

1988 年，我国成立了能源、交通、原材料、轻纺、机械电子、农业六大专业投资公司，为充实国家投资基金，1988 年和 1989 年由国家能源、交通、原材料 3 家投资公司和石油部、铁道部共发行基本建设债券 94.6 亿元。其中，1988 年发行基本建设债券 80 亿元，期限 5 年，年利率 7.5%，分配给各专业银行按 1987 年储蓄存款增加额的一定比例认购，债券到期后，由国家专业投资公司和石油部、铁道部还本付息。1989 年，由国家计委和中国人民银行共同组织工商银行、建设银行、农业银行、中国银行和其他金融机构代理国家能源投资公司、国家原材料投资公司、国家机电轻纺投资公司、中国石油天然气总公司和铁道部统一发行基本建设债券 14.59 亿元，期限 3 年，利率比银行 3 年期定期储蓄利率高 1 个百分点，加保值补贴率，由城乡居民自由购买，债券本息由上述公司和铁道部偿还。另外 1991 年发行了基本建设债券0.02亿元。截至1991年,共发行基本建设债券94.61亿元人民币。1992年,基本建设债券与重点企业债券合并为国家投资公司债券,基本建设债券不再单独发行。

参考文献:

中国人民银行、国家计委:《关于发行1988年基本建设债券的通知》,1988年3月21日。

中国人民银行、国家计委:《关于发行1989年基本建设债券的规定》,1989年5月3日。

中国建设银行:《关于国家专业投资公司债券资金管理的暂行规定》,1989年9月1日。

(王擎)

次级债券

Subordinated Bond

次级债券是指持有人在公司破产或清算时,拥有的债务要求权排在其协议规定的要求权较高的债券之后的一类债券。次级债券的第一次公开发行是在1936年通用金融公司发行的10年期债券(Johnson,1955)。之后,次级债券的应用在金融和工业部门等其他领域开始展开。

次级债券保持了债券的流通性和筹资功能,同时又与股票一样有较高的收益。布莱克和考克斯(Black and Cox,1976)提出了随着企业价值的增加,次级债券对企业价值由凸性函数逐渐变为凹性函数。即当企业的价值接近偿还排序靠前的证券价值时,次级债券的有效部分则是剩余要求权,此时的次级债券与净资产相似,有可能出现违约风险;但是如果企业的价值很高,即使次级债务的偿还顺序不很靠前,也能得到充分的偿还保障,具有完全的债务性质,违约风险小。

法玛和米勒(Fama and Miller,1972)以及史密斯和华纳(Smith and Warner,1979)都提出了拥有次级债券会减少股票持有人侵占债券持有人的可能性。因为一般新债的发行加大了企业破产的可能性,因此先前的债权人就处于不利地位,其旧债价格可能下跌。相对而言净资产持有人就处于有利地位了——他们支付给旧债的利息率要低于他们如果一次性同时发债的利息率。后来的很多学者(如Kim, McConnell, Greenwood,1977)确实发现了财富从债券持有人向股票持有人转移的证据。

次级债券的发行主体在我国主要是各大商业银行,发行资金用于补充资本充足率。2004年7月7日中国银行在银行间债券市场上成功发行了100亿元"2004年中国银行债券(第一期)",并追加发行了40.7亿元。此次成功发行标志着商业银行次级债券正式进入中国资本市场。由于次级债券的发行承销成本低,商业银行开始越来越频繁使用其作为补充资本金的手段。但是由于次级债券的资本属性有限,并非银行自有资本且需要偿还,因此次级债券并不能从根本上解决银行资本充足率不足的问题。同时,除非银行破产或清算,否则次级债券不能用于冲销银行的坏账,次级债券也因此被划为附属资本的范畴。在我国,银监会负责对商业银行发行次级债券资格进行审查,并对次级债券计入附属资本的方式进行监督管理;中国人民银行对次级债券在银行间债券市场的发行和交易进行监督管理。银行次级债券的发行有公募和私募两种方式,均需要达到一定的条件,需要聘请证券信用评级机构进行信用评级,还需要定期进行信息的披露等。我国以充实银行资本为目的的次级债务具有期限长于5年、偿还顺序靠后、无担保等金融特性。

出于对偿还顺序的让步,商业银行次级债券的风险高于一般债券,债券持有人对银行经营风险的关注程度相应更高,出于风险收益匹配的考虑,次级债券持有人往往会通过价格信号直接或间接来影响商业银行经营行为,确保商业银行稳健经营。这一目标与金融监管部门的关注点趋于一致,因此,次级债券也常常被作为一种重要的市场监管手段来防范和控制商业银行风险。喻鑫、庄毓敏、李威(2009)采用我国次级债券价格和银行风险指标对次级债券市场约束有效性趋势问题进行了第一次实证,研究显示次级债券收益差与存贷比例呈负相关。但是通常而言,商业银行存贷比越高说明商业银行流动性风险越大。由于目前我国次级债券投资者主要是金融机构,在强大的隐性担保的风险约束下,机构投资者更关注次级债券的收益,忽略"次级清偿"的风险补偿;其次我国目前商业银行存贷利差的单一收入方式,让市场投资者会以商业银行的高存贷比例推断其良好的营利性。但之后,随着我国商业银行股份制改革步伐加速以及证券投资基金、企业年金、各类理财产品等集合性资金和境外合格投资者等债券投资者主体的丰富,2006年后发行的次级债券收益率差与银行自身风险因素相关性明显增强。

我国次级债券的定价也还处于不成熟的阶段。米黎钟、毕玉升和王效俐(2007)通过对建设银行与华夏银行次级债券的实证分析,表明这两家银行的次级债都存在价值被高估的问题,也即中标利率远低于理论收益率。旷绍春和鄢密(2010)也分析了次级债券的"次级"没在其利率上充分体现而出现的一些次级债券的利率甚至低于国债的"倒挂现象"。究其原因,两篇文章都提到了当前的次级债券主要被银行间互相持有的现象。银行成为次级债的主要投资者,那么银行必然对次级债的发行定价施加影响,降低发行利率,从而降低银行间互相融资的成本,形成银行互惠、多赢的默契局面;其次我国的次级债券刚刚起步,还缺乏类似金融债券品种的定价参考。对于银行间互持次级债券的现象,毕玉升、林建伟等(2010)在其文章中指出通过互持次级债券,银行显著提高了自身的资本充足率,但是会压低债券的发行价格,引发巨大的信用风险传染可能性,特别当互持次级债券中的一方发生违约(或破产),将使另一家银行的违约概率骤然增大,甚至破产,从而使违约风险在银行之间迅速蔓延。监管当局也高度重视这个问题,并在《商业银行次级债券发行管理办法》中指出商业银行发行的次级债券不得超过其核心资本的20%,且商业银行持有其他银行的次级债券按照100%风险权重计算风险资产。

参考文献:

中国人民银行、中国银行业监督管理委员会:《商业银行次级债券发行管理办法》,2004年6月。

喻鑫、庄毓敏、李威:《我国银行次级债券市场约束效应趋势分析》,载于《管理世界》2009年第11期。

米黎钟、毕玉升、王效俐:《商业银行次级债定价研究》,载于《管理科学》2007年第4期。

旷绍春、鄢密:《我国商业银行次级债券发行分析——基于中国银行的案例分析》,载于《经营管理者》2010年第9期。

毕玉升、林建伟、任学敏、姜礼尚、王效俐:《银行间互相持有次级债券的风险分析》,载于《管理科学学报》2010年第5期。

Black, F. and Cox, J., Valuing Corporate Securities: Some Effects of Bond Indenture Provisions, *Journal of Finance* 31(2), 1976.

Fama, E. F. and Miller, M. H., *The Theory of Finance*, Holt, Rhinehart and Winston, 1972.

Johnson, R. W., Subordinated Debentures: Debt that Serves as Equity, *Journal of Finance*, 10, 1955.

Kim, E. H., McConnell, J. J. and Greenwood, P. R., Capital Structure Rearrangements and Me-first Rules in an Efficient Capital Market, *Journal of Finance* 32, 1977.

Smith, C. W. and Warner, J. B., On Financial Contracting: An Analysis of Bond Covenants, *Journal of Financial Economics*, 7, 1979.

Winton, A. J., Costly State Verification and Multiple Investors: the Role of Subordination, Ch. 2 of Three Essays on Information, Contracting, and Financial Intermediation, Ph. D. Thesis, University of Pennsylvania, Philadelphia, 1990.

(王擎)

中小企业集合票据
SMEs' Collection Notes

中小企业集合票据是指2个(含)以上、10个(含)以下具有法人资格的企业,在银行间债券市场以统一产品设计、统一券种冠名、统一信用增进、统一发行注册方式共同发行的,约定在一定期限还本付息的债务融资工具。它是中国人民银行与中国银行间市场交易商协会为了方便中小企业融资推出的创新金融产品。

众所周知,中小企业的融资问题是一个世界性难题,对于如我国这样金融市场不成熟且企业信用记录不完善的发展中国家更是如此。从2008年6月开始,中国银行间市场交易商协会对中小企业直接债务融资问题进行调研,发现中小企业通过发债融资的活动中主要存在着单个企业独立发行规模小、流动性不足、承担的发行费率相对较高、规模不经济与金融机构参与意愿不强等问题。在这种情况下,中小企业集合票据这种"抱团融资"式的金融创新产品应运而生,并于2009年11月25日成功发行全国首支中小企业集合票据——北京市顺义区中小企业2009年度第一期集合票据。根据中国债券信息网数据进行统计,截至2012年2月9日,国内共发中小企业集合票据(不含中小企业区域集优票据)43只,有191家(次)企业实现融资124.66亿元,发行数量最多的省市为北京、江苏、山东、上海等东部沿海省市。中小企业集合票据有效地规避了中小企业发债主体资格不够、发行规模偏小、发行成本过高等弱点,使中小企业发行债券成为可能,为解决中小企业融资难的问题提供了新的途径。

近年,中小企业集合票据已经有了一种创新形式——区域集优票据。中国银行间市场交易商协会于2011年10月底发布《银行间债券市场中小非金融企业区域集优票据业务规程(试行)》,标志着酝酿已久的新融资工具正式推出。区域集优票据在中小企业集合票据的基础上更进一步,创造性地将地方政府引入了参与主体,发挥了地方政府是最有协调各方主体和调配各种资源的能力,使集合内中小企业拥有政府偿债基金的支持。自此,中小企业集合票据又有了一个重要的发展方向。

参考文献:

王峰娟、安国俊:《集群融资——中小企业应对金融危机下融资困境的新思路》,载于《中国金融》2009年第21期。

刘超:《中小企业集合票据法律问题研究》,中国政法大学硕士论文,2011年。

中国人民银行南昌中心支行货币信贷处:《对中小企

业开展集合债券融资的可行性探讨》，载于《金融与经济》2008 年第 10 期。

（王擎）

开放型基金和封闭型基金
Open-End Fund and Closed-End Fund

证券投资基金是一种投资人和管理人利益共享、风险共担的集合投资方式，具体而言是管理人发行基金份额，集合投资人的资金，由基金托管人托管，由基金管理人管理和运用资金，从事证券投资。根据基金规模在约定期限内是否固定和份额交易方式的不同，证券投资基金分为开放型基金和封闭型基金。

开放型基金的规模不固定，基金公司可以发行新份额，投资人也可以要求基金管理人赎回份额。投资者在买卖开放型基金时，需要支付申购费和赎回费。开放型基金的基金单位的买卖价格是以基金单位对应的资产净值为基础，不会出现折价现象。投资开放型基金的收益则主要来自赎回价与申购价之间的差价，其风险也仅为基金管理人能力的风险。因为要面对不确定的赎回，所以基金管理人必须进行流动性管理，长期投资会受到一定限制。另外，开放型基金的投资组合等信息披露的要求也比较高。

封闭型基金的规模在发行前已经确定，一般情况下在发行完毕后的规定期限内，基金规模固定不变，特殊情况下封闭型基金可以进行扩募，但扩募应具备严格的法定条件。基金投资人持有的份额只能通过证券交易场所与其他基金投资人进行交易，在合同约定的基金存续期内不得向基金管理人申请赎回；投资者在买卖封闭型基金时，在基金价格之外要支付证券交易的手续费；封闭型基金的交易价格受基金份额净值和市场供求关系的影响；封闭型基金的风险也就来自二级市场以及基金管理人的风险。封闭型基金条件下，管理人没有随时要求赎回的压力，基金管理人可以实行长期的投资策略；封闭型基金的信息披露要求明显低于开放型基金（何孝星，2003）。

从开放型基金和封闭型基金在全球的发展历程来看，在发展初期，各国基本都首先发展封闭型基金。主要原因有三方面：证券市场初期流动性不足；封闭型基金的管理难度低于开放型基金；国家的政策导向。待各国证券市场整体流动性增强并积累一定经验后，逐渐过渡到封闭型和开放型基金并存，最终实现开放型基金占主导地位。18 世纪 60 年代成立的英国投资信托是全球第一只封闭型基金，1893 年波士顿个人财产信托的建立则标志着美国第一只封闭型基金问世。美国证券基金投资市场的发展路径在全球证券投资基金的发展历程中具有典型意义，其发展大致可以分为以下几个阶段：

1893～1924 年，证券投资基金起步阶段，都为封闭型基金，规模很小。

1924～1940 年，开放型基金诞生并得到初步发展。1924 年 3 月，由 200 名哈佛大学教授在波士顿成立的“马萨诸塞投资信托基金”是全球第一支现代意义的开放型基金。到 1940 年封闭型基金仍为市场主体，开放型基金的资产规模只有封闭型基金的 2/3。在此期间，规范证券投资基金尤其是开放型基金行为的法律得到完善，其中代表性的法律为《证券法》（The Securities Act of 1933）、《证券交易法》（Securities Exchange Act of 1934）、《投资公司法》（The Investment Company Act of 1940）和《投资顾问法》（The Investment Advisers Act of 1940）。

20 世纪 40～80 年代后半期，开放型基金资产规模快速增长，产品创新不断发展，并成为基金的主流形式。1950 年，开放型基金的资产已经增长为封闭型基金资产的近 3 倍。开放型基金快速增长的趋势一直延续到 20 世纪 80 年代后半期。

从 20 世纪 80 年代后半期至 90 年代初，由于证券市场的国际化和新兴市场的兴起，流动性要求低的封闭型基金重新获得发展。

从 20 世纪 90 年代后半期至今，封闭型基金的增长速度逐渐放缓，而开放型基金增长速度开始上升，但次贷危机导致了整体基金规模的 30% 左右的大幅下降（李曜，2007；胡琦，2010）。

中国大陆的第一批封闭型基金为 1998 年 3 月 27 日设立的“基金开元”和“基金金泰”。随后四年多时间里，共计推出了 54 只封闭型基金。在这期间封闭型基金无论基金数目，还是资产规模都占有绝对优势。但是，2000 年和 2001 年相继爆发的“基金黑幕”和“银广夏事件”，大大降低了投资者对封闭型基金的信任度。在此背景下，管理层将证券投资基金发展重心从封闭型基金转移到开放型基金。从 2002 年 8 月起，五年时间里都没有发行新的封闭型基金，直到 2007 年我国才恢复了封闭型基金的发行，但是创新型封闭型基金发展速度不快，发行规模也相对较小。与封闭型基金发展受阻形成鲜明对比的是我国的开放型基金发展迅速，从 2001 年华安创新的出现到 2003 年底，经过短短 2 年多的发展，开放型基金的净资产规模达到 854 亿元，与封闭型基金的 862 亿元相当。此后，开放型基金更是快速增长，数量和资产净值都远远超过封闭型基金，截至 2011 年 8 月末，我国大陆证券市场封闭型基金 42 只，开放型基金 796 只。封闭型基金份额 1154 亿元，开放型基金份额 23163 亿元。封闭型基金的份额占比不足 5%，逐渐被“边缘化”（何德旭，2003）。

面对产品种类如此丰富的各类开放型和封闭型基金产品，如何选择？如何权衡风险与收益？一般理论认为投资者会根据自身的期望报酬和风险承受能力来选择相应的基金产品。大卫·W·哈利斯和史蒂文·P·彼得森(David W. Harless and Steven P. Peterson)分析的结论是:投资者选择基金时依据的是收益回报,而不在乎系统性风险和费用成本(David W. Harless and Steven R. Peterson,1998)。

大量的实践表明,开放型基金和封闭型基金管理者的行为存在较为明显的交易行为的"羊群特征",拉科尼肖克、施莱弗和维什尼(Lakonishok,Shleifer and Vishny,1992)曾通过对美国341家基金公司经理在1985年到1989年的投资行为进行调查来研究羊群行为的实际作用。沙尔夫斯坦和施泰因(Scharfstein and Stein,1990)的声誉模型认为各个基金经理因害怕"不从众",而导致业绩落后,背负业绩落后于整体行业其他经理的声誉责任,因此在投资上选择了"从众"策略。

我国和国外封闭型基金的交易价格往往存在先溢价后折价的价格波动规律,业界称为"封闭基金折价之谜"。王擎(2004)认为影响因素为理性预期成分和噪声成分,其中主要是噪声成分,股票市场噪声交易程度大于基金市场噪声交易程度是封闭型基金折价的主要原因。

参考文献:

何德旭:《中国投资基金制度变迁分析》,西南财经大学出版社2003年版。

胡琦:《美国基金市场发展与启示》,深交所研究报告,2010年。

何孝星:《中国证券投资基金发展论》,清华大学出版社2003年版。

李曜:《证券投资基金》,上海财经大学出版社2007年版。

王擎:《再析中国封闭型基金折价之谜》,载于《金融研究》2004年第5期。

David W. Harless, Steven R Peterson, Investor Behavior and the Persistence of Poorly-Performing Mutual Funds, *Journal of Economic Behavior & Organization*, Vol. 37, 1998.

Lakonishok, Josef, Andrei Shleifer, and Robert W. Vishny, The Impact of Institutional Trading on Stock Prices, *Journal of Financial Economics*, 32, 1992.

Scharfstein, David S., and Jeremy C. Stein. Herd Behavior and Investment, *American Economic Review*, 80, 1990.

(王擎)

货币市场基金
Money Market Fund

货币市场基金是指投资于货币市场短期有价证券的一种投资基金。货币市场基金只有一种分红方式——红利转投资。货币市场基金每份单位始终保持在1元,超过1元后的收益会按时自动转化为基金份额,拥有多少基金份额即拥有多少资产。

货币市场基金最早于1972年出现在美国。当时的美国政府出台了限制银行存款利率的Q条例,存款的收益性受到重大影响,银行存款对投资者的吸引力骤然下降。因此,投资者急于为自己的资金寻找新的能够获得货币市场利率水平收益的投资渠道,货币市场基金就在这种情况下应运而生。自美国之后,欧洲经济发达国家以及日本、中国香港地区的货币市场基金也逐渐产生和发展起来,并在证券投资基金中占有重要地位。发展到现在,发达市场经济国家中货币市场基金在全部基金中所占的比例较大。与国际货币市场基金发展相比,我国的货币市场基金业务还处于起步阶段。2003年12月,国内第一批货币市场基金——"华安现金富利"、"招商现金增值"和"博时现金收益"三只准货币市场基金问世。三只准货币市场基金的出现,受到了社会公众的热烈欢迎,从此货币市场基金发展规模不断增大,基金品种不断增多。

(王擎)

可转让支付命令账户
Negotiable Order of Withdrawal Account(NOW)

可转让支付命令账户(NOW)又可称付息的活期存款,是一种既可支付利息,同时又能转账结算的存款账户。

可转让支付命令账户,与支票相同,可自由转让流通,提款需要使用相应的支付命令,年利率略低于储蓄存款。它是一种特殊的支票账户,用支付命令来代替支票。开立这种存款账户,其存款可计息,因此这种账户具有储蓄账户的意义。与此同时,存户又可随时开出支付命令书,或直接向第三者支付,或提取现金。通过这种账户,商业银行在为客户提供便利支付的同时,又能支付利息,从而带来大量存户,增加存款。可转让支付命令账户一般都仅限于非营利性团体和个人开立。

可转让支付命令账户一大优势,就是存款余额可以生息。同时可转让支付命令账户是参加存款保险的。

可转让支付命令账户允许不限数量的第三方支付和其他交易,被列为D条例下的交易账户。如同"储蓄存款",存款机构必须保留任何时间都可以要求七天之内得到转让命令的书面通知的权利,以此来将账户列为可转让支付命令(实务中,这种权利即使有,也很少)。然而,与"储蓄存款"不同,可转让支付命令账户只对个人、政府单位、企业、合伙企业、协会以及涉及宗教、慈善、博爱的非营利组织。

在美国20世纪60年代末期市场利率上升，致使金融机构为规避存款利率限制，开始创造新型支票存款品种。当时“Q条例”规定活期存款不准支付利息，定期存款的利息也存在上限。在利率上升之时，大量资金转投向了高利率的金融投资工具，这导致互助储蓄银行、储蓄贷款协会等存储机构遭受了重大的损失。1970年，一家位于马萨诸塞州的互助储蓄银行发现“Q条例”的漏洞，于是创造了可转让支付命令账户。客户签发支付命令书后，就可以让储蓄银行付款，同时支付命令也可以背书转让，这种实质上的支票在法律上却不作为支票账户，因此储蓄银行可以不受相关支票账户法规的种种限制。可转让支付命令账户为储蓄银行吸收了大量存款。1972年5月，马萨诸塞州批准的互助储蓄银行发行支付利息的NOW账户，同年9月，新罕布什尔州的法院也认可了可转让支付命令账户的合法性。之后国会曾于1974年1月通过法令，只确认可转让支付命令账户在新英格兰各州之内的合法性，最终法律还是在1980年允许全美各地的银行开办可转让支付命令账户。

近年来，可转让支付命令账户得到很大发展，同时又有所创新。如超级可转让支付命令账户（Super NOW），它与普通可转让支付命令账户的不同之处是：如同普通支票账户，可以不断地签发支付命令；拥有比普通可转让支付命令账户更高的利率，但有最低余额限制；它的成本比普通货币市场存款账户要高，因此所付利息要比货币市场存款账户低。

参考文献：

Mishkin, Frederics, *The Economics of Money, Banking, and Financial Markets (Alternate Edition)*, Addison Wesley, 2007.

Board of Governors of the Federal Reserve System, Regulation D: Reserve Requirements for Depository Institutions.

（胡颖毅）

对冲基金
Hedge Fund

对冲基金是指采用各种交易手段进行对冲、降低风险来赚取高额利润的金融基金。对冲基金可采用的交易手段通常有卖空、杠杆操作、程序交易、互换交易、套利交易、衍生品种等。

20世纪50年代初，对冲基金在美国产生，第一只对冲基金是琼斯对冲基金。当时的对冲基金利用期货期权等衍生工具和与其相关的股票进行风险对冲，达到规避和降低证券投资风险的目的。从20世纪80年代开始，对冲基金才开始进入快速发展期，20世纪90年代随着金融工具的多样化和世界经济的稳定，对冲基金高速发展。

对冲基金本来的目的是通过投资组合设计来对冲掉风险，以获得风险比较小的利润收益。但是，由于对冲基金本身所具有的操作隐蔽和监管宽松的特点，对冲基金已经不仅是进行风险对冲了。现在，对冲基金已成为一种新的投资模式，这种模式利用不同金融工具的杠杆作用，承担较高风险、追求较高收益。现在的对冲基金特点有：投资越来越复杂，利用高杠杆，多采用私募来筹集资金，具体操作比较隐蔽。

参考文献：

巴曙松：《对冲基金信息披露的两难》，载于《证券时报》2003年7月13日第13版。

温天纳：《认清对冲基金的真面目》，载于《证券时报》2005年12月22日第16版。

司斌、肖瑾：《对冲基金机器在中国的发展》，载于《经济论坛》2012年第1期。

（胡颖毅）

场内市场和场外市场
Floor Market and OTC Market

场内市场即交易所场内市场，是有组织的进行有价证券的转手交易的场所固定的市场。比如国际上著名的纽约证券交易所、伦敦证券交易所和法兰克福证券交易所、我国的上海证券交易所和深圳证券交易所。进入一个交易所进行交易的经纪商与交易商必须具备一定的资格，并持有交易所席位方可入场交易。此外，交易所内的交易商必须随时按照客户要求买入与卖出证券，为客户提供证券的即时性交易。在交易所内，交易是由代理人面对面地进行的，由买方与卖方同时递价，并以最高的买价和最低的卖价撮合交易。

证券交易所是指经国家批准有组织、专门集中进行有价证券交易的有形场所。证券交易所实行“公平、公开、公正”的原则，交易价格由交易双方公开竞价确定，实行“价格优先、时间优先”的竞价成交原则。

场外市场又称柜台交易市场，是指交易对手双方直接进行股票、债券、商品和衍生工具等金融工具的交易。这个市场的组织人不提供即时性交易，场外市场的交易商也不负有稳定市场的义务。场外市场的交易有两种形式，一种是在证券商的柜台进行（称这种市场叫柜台市场），另一种通过计算机网络和电话进行交易，这种通过通信设备使分散在全国各地的经纪人与交易商互相保持联系而形成的市场称为无形交易市场，如全美证券交易商自动报价系统纳斯达克及我国的法人股交易系统STAQ和NET市场。在场外市场上市的公司一般是资产规模较小的公司,特别是成长型公司的股票一般在这个市场上交易,一些规模大的公司为了避免注册成本也愿意在这个市场上市。场外市场主要交易未在证券交易所上市的证券,在交易中既可通过经纪人,也可由交易双方直接交易。交易价格的确定也有两种方式,一是交易双方协商议定,二是可以像场内市场那样公开竞价。

随着"新三板"(全国中小企业股份转让系统)扩容的一步到位,以地方股权交易市场为主的场外市场发展迅速。目前,天津股权交易所、齐鲁股权交易中心、重庆股权交易中心、广州股权交易中心等区域性股权交易市场在为中小企业提供股权、债券等融资方式中发挥着重要作用。

参考文献:
中国证券业年鉴编委会:《中国证券业年鉴》,新华出版社1997年版。
《中华人民共和国证券法》,2005年10月27日第十届全国人民代表大会常务委员会第十八次会议修订。
《美国1934年证券交易法》。
[美]兹维·博迪、[美]罗伯特·C·莫顿、[美]戴维·L·克利顿:《金融学》,中国人民大学出版社2010年版。

(胡颖毅)

多头交易与空头交易

Bull Transaction and Bear Transaction

多头交易与空头交易是相互对应的两种证券交易方式。

多头交易即为"买空",交易者预期价格为上涨,现在利用资金买入证券,在未来一段时间内高价卖出,期望获得收益。一般而言,其主要通过保证金账户进行。交易者也可以先缴纳部分保证金,向券商借入资金,购买股票期货。如果股价上涨,投资者则会高价卖出股票,归还证券公司款项。但是股价在未来下跌,那么投资者损失惨重,在交易的过程中,投资者并没有股票经手,但在市场上却出现了股票买卖交易,故而称为"买空"。

买空方在交易的过程中,除了支付少量的保证金外,其购买的股票的大部分资金则有证券公司垫付,要靠借入资金交易。买空交易的全过程是由先买入后抛售股票两次交易构成。

空头交易与多头交易相对,即是证券公司给交易者借出证券,交易者卖出,在未来的一段时间买入相同的证券还给证券公司,获取利益。在现代证券市场上,卖空交易同样是利用保证金账户来进行的。这样的情况是交易者预期股价会下降,如果市场股价的走向与交易者的预测相背,那么卖空者非但无利可图,并且将遭受损失。在交易中,交易者本身没有任何股票经手,却在市场上进行卖出股票的交易,故称为"卖空"交易。

在实际操作中,通常由卖空投资者的经纪公司贷出证券用于卖空,因为经纪公司以转让记名的形式持有了大量其他投资者的各类证券(即经纪人以其自身的名义而不是投资者的名义注册),而且证券被借出用于卖空这个过程也无须通知证券的所有者。如果该证券所有者希望卖出证券,经纪公司仅需从其他投资者处借入证券即可。因此,卖空的期限可能是不确定的。但是,如果经纪公司找不到可借的证券来填补已售的空缺,那么卖空的投资者就要立刻从市场中买入证券并将其还给经纪公司。

参考文献:
田源、李建中:《期货交易全书》,中国大百科全书出版社1993年版。
任自力:《最新证券实用知识300解》,京华出版社2000年版。
贾秀岩:《期货交易原理与实务》,天津人民出版社1993年版。
[美]唐·M·钱斯:《衍生金融工具与风险管理》,中信出版社2004年版。

(胡颖毅)

即期交易与远期交易

Spot Transaction and Forward Transaction

即期交易是买卖双方成交之后,交易对象所有权即时发生转移的交易行为。灵活简便是即期交易的最大特点,只需要买卖双方协商同意,就可以在任何地点,以任何方式进行交易。

远期交易是指现货商品的买卖双方通过签订现货远期合约的方式进行的一种交易,商品和货币交换的时间被推向了未来某一个日期,故而成为远期交易。其中,远期合约是指由现货商品的买卖双方事先签订的在未来的某一个日期交割一定数量和质量的商品的合约或者协议,在签订合约的时候,双方均要承担一定的责任和义务。远期交易的优点:一是排除现货交易的偶然性,二是有助于买卖双方缓解价格风险。

远期价格与现期价格的关系为:

对于不支付收益证券的远期合约,由于没有套利机会,所以合理的远期价格应该等于现货价格加上下一期(T-t)时段内该本金产生的利息,在联续复利的条件下,其远期价格F与现价S之间的关系应该是:$F=S\times e\hat{}[r\times(T-t)]$。r为持有成本。

对于支付已知收益率证券的远期合约而言,这意味着证券价格百分比的收益是已知的,假定红利收益率按照年率q连续复利支付,那么远期的价格F=S×

$e^{[(r-g)\times(T-t)]}$，如果在远期合约有效期内收益率是变化的，该式依旧正确。

对于货币的远期合约，变量 S 代表以美元表示的一单位外汇的即期价格，K 是远期合约中约定的交割价格。外汇的持有人能获得货币发行国的无风险利率的收益，我们设 r_f 为外汇的无风险利率，连续复利。则有：$F = S\times e^{[(r-r_f)\times(T-t)]}$

参考文献：
田源、李建中等：《期货交易全书》，中国大百科全书出版社 1993 年版。
[美]弗雷德里克·S·米什金：《货币金融学》，中国人民大学出版社 1996 年版。
葛玲芝、刘葳：《华尔街金融词典》，天津大学出版社 2004 年版。
王建国、刘锡良：《衍生金融商品》，西南财经大学出版社 1997 年版。
叶永刚：《衍生金融工具概论》，武汉大学出版社 2000 年版。
曹廷贵、马瑾：《衍生金融工具》，西南财经大学出版社 2011 年版。

（胡颖毅）

远期合约市场
Forward Contract Market

远期合约是以现在约定的价格在将来某一特定日期交割货物或资产的协议。交易发生的日期则是交割日或到期日，交割日交易价格被称为远期或到期价格，在到期日前，现金支付与货物交割都不会发生。远期合约交易的场所称为远期合约市场。

远期合约最主要的优点在于，合约的具体条款可以根据双方的具体需求而定，投资者可以在远期市场上找到在某一特定日期确定其特殊的投资组合。

参考文献：
叶永刚：《衍生金融工具概论》，武汉大学出版社 2000 年版。
曹廷贵、马瑾：《衍生金融工具》，西南财经大学出版社 2011 年版。
[美]弗雷德里克·S·米什金：《货币金融学》，中国人民大学出版社 1996 年版。

（胡颖毅）

金融期货市场
Financial Future Market

金融期货市场是指进行期货交易的场所，是各种期货交易关系的总称。

期货市场是全球金融市场相当重要的组成部分，其功能在于为投资者提供规避风险之渠道，亦为全球交易者投资提供获利与套利的机会。

期货交易有专门的"清算所"进行结算。对于多头方，"清算所"是合约的卖方，而对于空头方，"清算所"是合约的买方。"清算所"有义务交割商品给多头方获得商品，因此，"清算所"的净头寸则为 0。也就是说，买卖双方的违约只会影响到"清算所"。在这种制度下，投资者只需要告诉经纪人进行反向操作便可以退出期货市场。

期货市场有助于分散并降低风险，还具有"价格发现"的功能。

期货交易的起源，可追溯至 13 世纪。欧洲地区当时已经出现了预先约定的品种标准，1570 年成立于英国伦敦的皇家交易所，其交易方式则是期货交易之原始形态；而现代期货交易始于 1848 年美国芝加哥期货交易所（CBOT）成立。国际期货市场的发展，大致经历了由商品期货到金融期货、交易品种不断增加、交易规模不断扩大的过程。

在国际期货市场上，虽然金融期货始于 20 世纪 70 年代才开始发展，但随着资本市场的成长，目前金融期货已经逐渐占据了主导地位。金融期货主要有外汇期货、利率期货、股指期货和期权期货等。（1）外汇期货：这是第一种金融期货，1972 年 5 月，芝加哥商业交易所（CME）设立了国际货币市场分部（IMM），首次推出外汇期货合约。（2）利率期货：1975 年 10 月，芝加哥期货交易所（CBOT）上市国民抵押协会债券（GNMA）期货合约，是世界上第一个利率期货合约。1977 年 8 月，美国长期国债期货合约在芝加哥期货交易所（CBOT）上市，是迄今为止国际期货市场上交易量较大的金融期货合约之一。（3）股指期货：1982 年 2 月，美国堪萨斯期货交易所（KCBT）开发了价值线综合指数期货合约。（4）期货期权：1982 年 10 月 1 日，美国长期国债期货期权合约在芝加哥期货交易所（CBOT）上市。期权交易与期货交易都具有规避风险、提供套期保值的功能，但期货交易主要是为现货商提供套期保值的渠道，而期权交易对现货商、期货商均有规避风险的作用。目前，国际期货市场上的大部分期货交易品种都引进了期权交易方式。目前国际期货市场的基本态势是：商品期货保持稳定，金融期货后来居上，期货期权方兴未艾，芝加哥期权交易所（CBOE）是世界上最大的期权交易所。

我国的期货市场于 20 世纪 80 年代开始发展，中国郑州粮食批发市场率先引入了期货交易制度，到了 1993 年，期货交易所一共有 50 多家。为规范期货市场发展。国家于 1993 开始对期货交易所进行全面审核，到 1998 年，14 家交易所重组调整为大连商品交易所、郑州商品交易所、上海期货交易所三家；35 个期货交易品种调减为 12 个;兼营机构退出了期货经纪代理业,原有的 294 家期货经纪公司缩减为 180 家左右。1999 年经过几年的努力与调整,以《期货交易管理暂行条例》及四个管理办法为主的期货市场规划框架基本确立,中国证监会、中国期货业协会、期货交易所三层次的市场监管体系已经初步形成,期货市场主体行为逐步规范。2004 年 1 月 31 日,国家发布了《关于推进资本市场改革开放和稳定发展的若干意见》,明确提出了稳步发展期货市场,在证监会的指导下,已经从"量的扩张"向"质的提升"转化。

至 2014 年年底,我国拥有的交易所有:上海期货交易所、郑州商品交易所、大连商品交易所、中国金融期货交易所,期货品种共 46 个,其中商品期货品种 44 个,金融期货品种 2 个,覆盖农业、金属、能源化工、金融等国民经济主要领域。有期货公司 153 家,总资产为 728.76 亿元。

参考文献:

尹纯:《期货贸易概论》,企业管理出版社 1995 年版。
江岩:《期货与期权市场》,泰山出版社 2004 年版。
田源、李建中:《期货交易全书》,中国大百科全书出版社 1993 年版。
[美]唐 · M · 钱斯:《衍生金融工具与风险管理》,中信出版社 2004 年版。

(胡颖毅)

金融期权市场
Financial Options Market

金融期权市场是金融期权交易的场所。期权,又称选择权。买入方在某一限定时期内有按照协定价格买进或者卖出某一特定商品合约的权利,但是不承担买进或者卖出的义务,只有期权的卖方才有履约的责任。

期权交易是一种权利的买卖。买主买进的并不是实物,只是买一种权利,这种权利使他可以在一定时期内的任何时候以事先确定好的价格(一般称为协定价格),向期权的卖方购买或出售一定数量的某种证券。这个"一定时期"、"协定价格"和买卖证券的数量及种类都在期权合同中事先规定。在期权合同的有效期内,买主可以行使或转卖这种权利。

现代期权市场体系可以追溯至 19 世纪,在那时基于股票的卖出期权和买入期权开始出现。20 世纪初期,一个中介公司创立了场外期权市场,成为期权买方和卖方的中介,并担任发行期权的角色。1973 年 4 月 26 日,芝加哥期权交易所为买入期权敞开了大门。这种合约非常受到投资者的喜爱,排挤了原来的股票期权交易的场外交易。芝加哥期权交易所为期权合约创设了中心市场地位,实现术语和期权合约交易条件的标准化,增强了期权市场的流动性。同时其将清算所增加了进来,保障了期权发售人履约并对期权买方的终端合约义务。此后,几乎所有的商品期货交易所都开设了期权的交易,标的资产有股票、股票指数、外汇、农产品、贵金属与利率期货等。最大的几个交易所是芝加哥期权交易所(CBOE),纽约股票交易所(NYSE),费城股票交易所(PHLX),旧金山的太平洋证券交易所(PSE),伦敦国际金融期货期权交易所(KIFFE),巴黎的国际期货期权交易所(MATIF),以及欧洲期货期权交易所(EUREX)。欧洲期货期权交易所是德国期权期货交易所(DTB)和瑞士期权以及金融期货交易所(SOFFEX)合并的产物。

期权可以分为看涨期权(也称买进期权)和看跌期权(也称卖出期权)。买了看涨期权,买主可以在期权有效期内的任何时候按协定价格向期权的卖主购买事先规定数量的某种证券;买了看跌期权,买主可以在期权有效期内的任何时候按协定价格向卖主出售事先规定数量的某种证券。期权交易合同有统一标准,对交易金额、期限及协定价格有统一规定,这为期权市场的发展创造了便利条件。随着金融市场的发展和投资多样化,期权交易的对象从最初的股票,逐渐发展为黄金、国库券、大额可转让存单及其他一些产品。

期权交易的方法包括:(1)套做期权;(2)差额期权;(3)套跌期权和套涨期权。期权交易不同于现货交易,现货交易完成后,所交易的证券的价格就与卖方无关,因价格变动而产生损失或收益都是买方的事情。而期权交易在买卖双方之间建立了一种权利和义务关系,即一种权利由买方单独享有,义务由卖方单独承担的关系。期权交易赋予买方单方面的选择权,在期权交易合同有效期内,当证券价格波动出现对买方有利可图局势时,买方可买入期权或卖出期权,合同为买入期权的内容,卖方必须按合同价格收购证券。期权交易在合同到期前,买方随时可以行使期权,实现交割,而期货交易的交割日期是固定的。期权交易合同的权利和义务划分属于买卖的单方,只对卖方具有强制力;而期货交易合同的买卖双方权利和义务是对等的,合同对于买卖双方都具有强制力,双方必须在期货交易的交割日按合同规定的价格进行交易。

期权交易的清算所,类似于期货市场中期货清算所,在交易者之间充当中间人,记录所有的多头和空头头寸,确保期权的出售方按照合约的规定条款履行其义务,要求期权卖方缴纳保证金来确保其履约合约,买方则不需要。要求的保证金部分取决于投资者手中持有证券。例如,看涨期权的卖方将持有的标的股票记入经纪人账户中,就可以满足保证金要求;如果没有标的证券,那么保证金额则取决于标的资产与期权实值或虚值金额,虚值期权要求的保证金相对要少一些。

我国期权市场的起步较晚。郑州期货交易所从1995年开始探索期权市场的发展,郑州商品交易所被接纳为国内唯一的"国际期权市场协会"会员,并于2003年运行"网上期权交易模拟平台"。但目前我国的期权市场仍处于探索阶段。

参考文献:
胡俞越:《期货期权》,中央广播电视大学出版社2006年版。
江岩:《期货与期权市场》,泰山出版社2004年版。
田源、李建中:《期货交易全书》,中国大百科全书出版社1993年版。
[美]唐·M·钱斯:《衍生金融工具与风险管理》,中信出版社2004年版。

(胡颖毅)

金融互换市场
Financial Swap Market

互换是一种金融衍生工具。在金融互换市场上,交易者之间达成协议,按照事先约定的合同条款交换现金流量。互换主要用于对冲特定风险(如利率风险和汇率风险),或者对标的价格的变动方向进行投机。绝大多数的互换通过交易所柜台进行交易(OTC),也有一些互换在期货市场中交易,如芝加哥期货交易所等。

金融互换最早出现在1981年,所罗门兄弟公司安排的IBM和世界银行之间的货币互换。在20世纪80年代初,互换交易对大多数潜在参与人来说颇为复杂,因此互换交易受到很多人的反对。随后,1985年,国际互换交易协会(ISDA)制定了一项标准法律协定,使得互换交易得以在一个统一的规则框架下进行,极大地促进了互换交易的发展。今天,互换的交易双方可以在几秒钟内依据事先约定的标准化的法律文件完成交易。金融互换交易成为世界上交易量最大的金融合约之一,年合约价值总量大约为426.7万亿美元(ISDA,2009)。

金融互换本质上是一种改变风险的方法,它可以改变利率风险、货币风险、股权风险和信用风险。理论上讲,任何的金融变量只要存在风险的自然买方和卖方,就可以成为互换结构的对象。

互换交易的常见类型包括利率互换和货币互换。

利率互换(Interest Rate Swap)是交易双方协议以一定数量的名义本金作为交易标的,相互交换不同类型的利率,如浮动利率和固定利率的交换。利率互换交易通常是由于交易双方对不同类型的利率具有比较优势,一些公司在浮动利率市场具有比较优势,而另一些公司在固定利率市场具有比较优势。但是,在取得新贷款时不一定能进入其具有比较优势的贷款市场,因而产生了利率互换的需要。利率互换还可以进一步分为息票利率互换、基本利息互换以及基差互换交易等。

货币互换(Currency Swap)是一种一定数量的货币与另一种相同数量的货币本金进行交换。在货币互换中,交易对手按照当时的即期汇率交换不同币种的货币,在之后约定时间的反向互换中,仍以相同的汇率将本金换回。

参考文献:
[美]约翰·赫尔:《期权、期货及其他衍生产品》,机械工业出版社2012年版。
[美]斯塔夫里:《金融数学》,机械工业出版社2004年版。
[美]约翰·马歇尔、[美]维普尔·班赛尔:《金融工程》,清华大学出版社1998年版。
黄河:《互换交易》,武汉大学出版社2005年版。

(胡颖毅)

黄金市场
Gold Market

世界上的黄金交易也有一个固定的交易场所,即黄金市场,集中进行黄金买卖。世界各国的黄金市场由各个黄金交易所构成,这些黄金交易所通常在国际金融中心,它们组成了国际金融市场的重要部分。

黄金作为商品最主要的用途是首饰加工,其次才是工业与商业使用。财政用途的黄金库存占到了黄金总库存量的40%以上。

世界上主要的黄金生产国是南非、美国、澳大利亚、中国、俄罗斯等,这些国家的黄金资源占世界的75%,年产量近2500吨,供应了大部分的国际黄金市场。黄金的需求则包括储备需求、消费需求、投资需求等。其中,储备需求来自各国中央银行,国际货币基金组织和国际清算银行等。我国的黄金储备一度占到储备总量的60%以上,随着中国外汇储备量的不断攀升,截至2014年年底,我国黄金储备仅占储备总量的0.24%。消费需求包括工业、商业与首饰用金等,而投资与投机需求则主要来自黄金远期预售与套期交易等。

黄金贸易24小时连续进行着,世界上最主要的黄金市场包括伦敦和纽约商品交易所、苏黎世黄金市场、香港黄金市场、东京工业品交易所和孟买大宗商品交易所等,这些市场拥有巨大的交易量,并对其他黄金市场的价格有较大的影响。

世界上第一个黄金市场在伦敦建立,经过百年发展成为了最具国际影响力的黄金市场。伦敦黄金市场是一个场外交易市场,交易由五大黄金交易商等为核心组成的销售网络完成。

伦敦金银市场协会(LBMA)是伦敦黄金市场的自律组织,伦敦金银市场协会的清算数据是由其会员自己上报的,公布的清算额要远远小于实际交易额,但能代表全球柜台黄金交易的大概情况。据伦敦国际金融服务协会(International Financial Services London,IFSL)的报告估算,伦敦大约3/4的黄金交易和一半的白银交易是外国在伦敦完成的交易。它也是一个现货批发市场,是世界上唯一一个能购买到成吨黄金实物的市场。同时,伦敦黄金市场金锭品质认证是国际上金锭品质的标准。

苏黎世黄金市场则是在20世纪70年代,伦敦交易所关闭时期发展起来的,其交易主要在银行间进行。纽约商品交易所是全球最早的黄金期货交易市场,也是全球最具规模的黄金期货交易所。香港黄金市场则是由香港金银业贸易场、本地伦敦金市场和黄金期货市场三部分组成。源于1974年对黄金进出口管制的撤销,香港黄金市场也迅速发展为四大黄金市场之一。

中国的黄金产量自2008年成为全球之冠,首饰用金量仅次于印度为全球第二,场内交易市场黄金现货交易量居全球首位,黄金期货交易量位列世界第七。中国的黄金市场是以上海黄金交易所为主体,采取会员制的方式形成的。其交易可以分为场外交易和场内交易。场内交易是具有会员资格的单位,在黄金交易所和期货交易所交易标准化程度较高的产品。场外交易是标准化程度较低的投资产品,主要由商业银行销售给场外投资者。

参考文献:

中国期货业协会:《黄金》,中国财政经济出版社2010年版。

周洁卿:《中国黄金市场研究》,上海三联书店2002年版。

Gold Annual,Gold Fields Mineral Servers,2001-2006.

(胡颖毅)

股利贴现模型

Dividend Discount Model(DDM)

股利贴现模型是一种现金流贴现模型在证券市场上的运用。现金流贴现模型是一种普遍使用的、并且理论上合理的资产定价模型,它用特定的利率对特定资产预期的未来现金流量进行贴现,估计资产的现值。这一模型需要估计资产预期的未来现金流量,以及用来折现的利率。

对于股权价值来说,预期现金流是支付给股东的红利或来自公司经营活动产生的现金,折现率则是经过风险调整的或是市场资本化比率。

股权的现金流量可以通过对以往的会计数据和未来可变价值的预测结合起来进行估计。这些数据可以估计未来的财务报表现金流量,进而计算出股利现金流。

折现率可以利用夏普的资本资产定价模型来估计。模型中,资产的收益率为无风险利率与相关风险所要求的风险溢价之和。如果用β来衡量相关风险,等于该资产收益与市场资产组合收益的协方差除以市场证券组合收益的方差,实际操作中,资产收益率可以表示为:

$$R = R_f + \beta \times (R_m - R_f)$$

其中,R是资产收益率,R_f是无风险收益率,R_m是市场收益率。

在股利贴现模型中,持有期为M的情况下,股票价值可以表示为:

$$V = \frac{D_1}{1+R} + \frac{D_2}{(1+R)^2} + \cdots + \frac{D_M + P_M}{(1+R)^M}$$

其中,$D_1, D_2, \cdots, D_m$是各期的股息支付额,P_m是持有期末出售时的股票价格。

而持有期不确定时,最终的出售价格是不确定的,股票价值可以表示为:

$$V = \frac{D_1}{1+R} + \frac{D_2}{(1+R)^2} + \frac{D_3}{(1+R)^3} + \cdots$$

股利贴现模型说明了股票价值最终取决于股票持有者获得的现金流,包括股息和资本收益等。

为了使股利贴现模型更具实用性,将模型进行简化,一个普遍和有用的做法是假设股息增长率是不变的g。于是,股票价值可以表示为:

$$V = \frac{D_1 \times (1+g)}{1+R} + \frac{D_1 \times (1+g)^2}{(1+R)^2} + \frac{D_1 \times (1+g)^3}{(1+R)^3} + \cdots$$

固定增长率的股利贴现模型的关键假设是股息增长率固定不变,这一假设适合那些可预见未来有稳定增长率的公司。但是事实上,在公司的不同发展阶段,其股息支付政策差异很大。早期,公司有大量高盈利投资机会,股利支付较低,增长速度快。公司成熟后,缺少增长机会,增长缓慢。因此,固定增长率的股利贴现模型并不是一个接近现实的模型。

多阶段增长模型则允许股利在公司发展的各个阶段具有不同的增长率。较常使用的是三阶段增长模型。在各阶段增长率不变,初期和成熟期阶段之间有一个转换期,在这一期间,增长率从高增长逐渐变为稳定增长。

利用股利贴现模型,可以判断股票价值的低估或是高估,从而指导证券的买卖。

利用下式计算股票投资的净现值NPV:

$$NPV = V - P = \left[\sum_{t=1}^{\infty} \frac{D_t}{(1+R)^t}\right] - P$$

当NPV大于零时,可以逢低买入。当NPV小于零时,可以逢高卖出。

比较贴现率与内部收益率的大小。内部收益率(Internal Rate of Return),简称IRR,是当净现值等于零时的一个特殊的贴现率,即:

$$NPV = V - P = \left[\sum_{t=1}^{\infty} \frac{D_t}{(1 + IRR)^t} \right] - P = 0$$

利用上述公式计算出内部收益率,然后与估计的贴现率比较。若内部收益率大于估计的贴现率,则股票被低估,可以买进。反之则可以卖出。

参考文献:

[美]阿斯沃斯·达摩达兰:《投资估价》,清华大学出版社2004年版。

[美]滋维·博迪:《投资学》,机械工业出版社2007年版。

(胡颖毅)

有效市场假说

Efficient Markets Hypothesis(EMH)

有效市场假说是现代金融学的范式,它的出现深刻地改变了人们对资本市场的认识,为人们研究市场效率提供了一个基本的参照系。有效市场假说起源于20世纪初,法国人路易·巴舍利耶(Louis Bachelier)提出随机游走假说,他首先提出用对数正态分布刻画资产的价格,指出"过去、现在甚至将来事件的折现值已经反映在市场价格之中,但是价格变化之间没有明显的联系",也就是说,投机行为的期望利润等于零。1953年,一个名为莫里斯·肯德尔(Maurice Kendal)的英国统计学家从实证角度研究股票价格,发现不列颠工业股指数的价格的变化是随机的,并且这些变化是足够消灭可能存在的系统性影响,而这些数据的行为方式很像漫步序列。1959年,奥斯本(Osborne)对美国股票价格运动特征进行了分析,认为股票价格的运动特征与原子运动的特征非常类似。1964年,库特纳(Cootner)收集了有关市场价格行为的经典论文,出版了《股票市场价格的随机特性》一书,认为价格的变化是新信息的结果,而新信息的出现是随机的,这就使得价格变化是随机运动。萨缪尔森(Samuelson,1965)、曼德布络特(Mandelbrot,1966)通过数学严格证明并构造了"公平游戏"期望收益模型,为有效市场假说进行了理论上的铺垫。在总结前人理论和实证的基础上,并借助萨缪尔森(1965)的分析方法和罗伯特(Roberts,1967)提出的三种有效形式,尤金·法玛(Eugene Fama,1970)提出了有效市场假说,法玛在文章中清晰阐释了"有效市场"的含义:"一个'有效率'的市场是指一个存在大量理性参与者活跃竞争的市场,在这个市场上,每位参与者都尽力预测未来证券的市场价值,并且当前重要的信息几乎是免费地被所有的参与者获得。在有效市场中,参与者的竞争导致这样一个状况,在任何时点上证券的实际价格已经反映了已发生事件和市场预计将来会发生事件的信息。换句话说,在一个有效市场上,证券在任何时点的价格都是它内在价值的最好估计。"简而言之,有效市场是一个价格充分反映全部可以获得的信息的市场。法玛根据可用信息集的不同将EMH划分为三种形式:弱式有效形式、半强式有效形式、强式有效形式。

弱式有效市场假说(Weak-Form Market Efficiency)认为在弱式有效的情况下,市场价格已充分反映出所有过去历史的证券价格信息,包括股票的成交价、成交量,卖空金额、融资金额等。半强式有效市场假说(Semi-Strong-Form Market Efficiency)认为价格已充分反映出所有已公开的有关公司营运前景的信息。这些信息有成交价、成交量、盈利资料、盈利预测值、公司管理状况及其他公开披露的财务信息等。假如投资者能迅速获得这些信息,股价应迅速作出反应。强式有效市场假说(Strong-Form Market Efficiency)认为价格已充分地反映了所有关于公司营运的信息,这些信息包括已公开的或内部未公开的信息。为此,如果弱式有效市场假说成立,则股票价格的技术分析失去作用,基本分析还可能帮助投资者获得超额利润;如果半强式有效假说成立,则在市场中利用技术分析和基本分析都失去作用,内幕消息可能获得超额利润;在强式有效市场中,没有任何方法能帮助投资者获得超额利润,即使基金和有内幕消息者也一样。

EMH的修正与拓展。由于是讨论信息与价格之间的关系,EMH理论暗含了三个与信息特征有关的假设前提:第一,理性投资者假设,即市场中存在大量相互竞争的、追求利润最大化的投资者,并且他们对证券的评价都相互独立;第二,随机交易假设,即证券信息是以随机的方式进入市场的,信息公布后市场对价格进行的调整是相互独立的;第三,有效套利假设,即相互竞争的理性投资者试图迅速调整市场价格,以反映新信息对证券的影响。后续的研究大多来自于对这些假设的拓展。鲁宾斯坦(Rubinstein,1975)提出同质概念只存在于禀赋、偏好和信息都相同的同质经济中,由于现实经济的异质性,因而市场参与者具有异质信念。鲁宾斯坦认为非投机信念是参与者感觉新信息充分反映到价格中的充要条件;一致信念是参与者感觉全部信息反映到价格中去,即EMH成立的充要条件。这就修正了法玛的同质信念假定。詹森(Jensen,1978)提出考虑将交易成本加入到有效市场定义中,这为以后的实证研究奠定了基础。其后,格罗斯曼和斯蒂格利茨(Gross man;Stiglitz,1980)将信息成本和交易成本引入EMH中,并且从理论上证明了价格反映信息的充分程度,即是说这种充分程度将达到按信息行动的边际收益等于其边际成本之处,同时也说明了完全信息有效是不可能存在的。从另一个角度说明,市场无效的程度也取决于投资者愿意收集信息和用其进行交易的努力。勒罗伊(LeRoy,1973)经过建模研究,证明了随机游走模型不是EMH的充分必要条件,放弃了随机游走模型。换句话说,过去的收益、红利收益率、市盈率、违约溢价等都可以在一定程度上预见股价未来的走势。为此,法玛(Fama,1991)重新对有效市场进行了分类,建议将第二类和第三类的名称修改为事件研究检验和内幕信息检验,并扩大了弱型有效市场覆盖的范围,增加了股利回报率、利率等变量对收益的预测。马尔基尔(Malkie,2003)没有强调三种有效形式,从三个不同的层面对有效性进行定义:信息是指全部信息,价格对全部信息得到了反应;若主要交易者得到了某种信息,但是证券价格却不受影响,则说明市场对这种信息是有效的;如果某种信息的存在并不能使其持有者获得超额利润,则该信息是有效的。

弱式有效市场假说的检验主要是通过检验过去的价格(或收益率)走势能否预测将来的价格(或收益率)来实现的。这方面的研究早期检验大部分是针对随机游走的检验,后续研究侧重于对一些价格异象的解读。反转效应(Contrarian)和动量效应(Momentum),动量效应是指投资组合在持有期股价的波动方向与形成期(过去一段时间)的方向一致的现象;反转效应是指投资组合在持有期的波动方向与形成期的方向持续相反的现象。邦德和泰勒(De Bondt, Thaler, 1985, 1987)最早提出反转效应的存在,他们发现1926~1982年在NYSE股票形成期和持有期为3~5年时的零投资反转策略可获得25%的超额收益,从而表明资产价格具有长期反转特征。杰格迪什和蒂特曼(Jegadeesh, Titman, 1993)对动量效应的研究广为人知,他们利用美国股市1965~1989年的股票历史数据来构造零成本动量策略,结果发现各零成本组合策略的异常收益(赢者组合减去输者组合)都显著为正,平均年收益达到12%。这表明资产价格具有短期正反馈特征。总体而言,虽然随机游走模型不是严格成立的,但确实存在着对随机性的背离并未大到足以有未挖掘的投资机会。最后,有大量的经验证据支持若有效市场假说,股票价格运动的历史好像也没有为投资者提供任何使它们能更好地实施简单的购买——持有投资策略的信息。

半强式有效市场假说主要通过检验是否能够利用证券交易史之外的现有公开信息来提高投资业绩。但令人惊奇的是,有几个容易获得的统计量似乎能够预测非常规风险调整收益,即市场异象。具体包括:规模溢价之谜(Size Premium Puzzle),也称为小公司效应(Small-Size Effect),规模溢价之谜是考虑市场风险后,小规模公司的股票收益大于大规模公司的股票收益的现象。雷格纳姆(Reinganum,1981)发现规模排名在后10%的公司与规模排名在前10%的公司之间年收益率的差异高达30%。B/M效应,B/M是实业资本账面价值B和市场价值M的比值,B/M效应指股票收益和B/M比值成正比的现象。拉孔尼施科特(Lakonishoketal,1994)发现增长型股票的收益显著低于价值型股票的收益,并且这种差异并非两类股票风险的差异造成的,因为增长型股票的风险比价值型股票的风险大,尤其在大盘下跌和经济衰退时,增长型股票的相对业绩尤其差。P/E效应是指市场价格P和实业资产的盈利E的比值——市盈率P/E对横截面的资产价格具有显著解释力。雷格纳姆(Reinganum,1981)、尚塔尔(Chanetal, 1991)、法玛、弗伦奇(Fama, French, 1992)和布洛维托(Brouweretal,1996)也发现投资于低市盈率的股票会带来较高收益。盈利动量效应是指公司盈利信息公布后,盈利增加公司的累计异常收益率(Cultimate Abnormal Return, CAR)持续增加,而盈利下降公司的累计异常收益率持续下降的现象。对于这些异象,法玛和弗伦奇认为这些效应可以被解释为风险溢价的典型表现,并且值得注意的是一些异象在学术公布后并没有太大的持续力。

强式有效市场假说的检验方法是通过了解具有内幕信息的投资者是否能获得超额收益,主要集中于对公司经济、专家经济人和投资基金管理人能否获得超额收益。马尔基尔(Malkiel,1995)研究发现,即使在一些业绩不好的基金被其他基金吸收而忽略这些差业绩基金的数据情况下,基金业总体仍无法战胜市场。詹森(Jensen,1968,1969)研究了100余只基金在十年中的表现,在不考虑各种费用时,基金并不总能战胜市场,而在考虑投资者支付费用后的收入时,115个基金中的89个低于市场表现。总体而言,市场是十分有效的,但是特别勤奋、智慧或创造力的基金经理都可以期待得到应有的报酬。

综而述之,在利用信息方面,股票市场显然是有效率的。无规则的定价确实可能存在,甚至持续一段时间,市场也会经常为一时的浪潮所左右,然而,任何市场股价的过度调整最终将得到校正。毫无疑问,随着时间的流逝以及我们在资料基础的经验方法精度上的提高,我们将会进一步证实效率上的偏差,并更充分地理解它们的成因。

从20世纪90年代开始,我国不少学者开始检验我国股票市场的有效性。总体而言,1997年以前的研究多倾向于我国并未到弱有效的结论;但1998年以后的一些实证检验都表明中国股票市场开始从无效向弱有效迈进。

参考文献：

[英]约翰·伊特韦尔等：《新帕尔格雷夫货币金融大辞典》，经济科学出版社1996年版。

[美]滋维·博迪等：《投资学》，机械工业出版社2010年版。

丁志国、苏治：《基于市场摩擦的广义有效市场假说》，载于《吉林大学社会科学学报》2009年第6期。

陈雨露、汪昌云：《金融学文献通论（微观金融卷）》，中国人民大学出版社2006年版。

宋军、吴冲锋：《金融资产定价异常现象研究综述及其对新资产定价理论的启示》，载于《经济学季刊》2008年第1期。

刘少波：《资本资产定价理论：范式转换与演进》，经济科学出版社2010年版。

Fama, E., The Behavior of Stock Market Prices, *Journal of Business*, Vol. 38, 1965.

Fama, E. Efficient Capital Markets: A Review of Theory and Empirical Work, *Journal of Finance*, Vol. 25, 1970.

（董青马）

套利定价理论
Arbitrage Pricing Theory

20世纪70年代以来，资本资产定价模型面临重大挑战，越来越多的学者认为投资组合理论和资本资产定价模型的假设不符合现实，如信息不能免费立即获得，交易成本是存在的。1976年，美国经济学家罗斯（Stephen A. Ross, 1976）在《经济理论杂志》上发表了经典论文《资本资产定价的套利理论》，在这篇论文中，罗斯放松了资本资产定价模型中的假设，在“完善市场中不存在套利机会”的假设前提下，导出了证券市场中一种替代性的均衡模型，即套利定价理论（APT）。套利定价理论的出发点是假设证券收益率与一组未知数量的未知因素线性相关，这组因素代表影响证券收益率的一些共同的基本因素。套利定价模型理论包括单因素模型和多因素模型。

套利定价的理论假设：(1)证券收益能用因素模型表示；(2)有足够多的证券来分散不同的风险；(3)有效率的证券市场不允许持续性的套利机会。

套利定价理论的基本原理为：由无套利原则，在因素模型下，具有相同因素敏感性的资产（组合）应提供相同的期望收益率。单因素套利定价理论假设证券收益率符合单因素模型，考虑充分分散的投资组合i（组合的非因素风险为零），其收益率为：$R_i = E(R_i) + b_iF$，其中，F表示公共因素对其期望的偏离，即未预期到的变化，根据市场有效性原则，其期望=0；那么，当市场无套利均衡时，有：$E(R_i) = R_f + b_i(ER_F - R_f)$。

多因素套利定价理论。在现实生活中金融市场的具体运作里，有许多影响证券收益率的因素，例如国民收入、通货膨胀、产业、公司本身规模等。因此，分析某一投资组合或某一证券时，多因素模型将具有更为实际的也更为有力的解释能力与预测能力。多因素模型如下：$\bar{r}_i = r_f + (\delta_1 - r_f)b_{i1} + (\delta_2 - r_f)b_{i2} + \cdots$，其中$\lambda_i = \delta_i - r_f$为纯因子组合i的风险价格，b被称为风险敏感度或因子载荷。针对因素的选择，罗尔和罗斯（Roll、Ross, 1986）对其进行了研究，他们将股票分组后，对每一组股票首先采用因子分析方法来估计影响股票收益率的因子数目，并估计每只股票的因子载荷；然后，利用股票收益率数据和已估计出的因子载荷做横截面回归，估计因子的风险溢价，进而检验多因子模型的适用性。帕里和陈（Pari, Chen）收集了1975～1980年，2090家公司股票月报酬回报率，以因子分析辨认重要因素，使模型的残差相互独立，以符合APT的假设，他们归纳了三类因素，即总体经济活动（其强弱可以GDP的增减来代表）、通货膨胀因素（影响消费者的消费能力）、利率变动（影响公司的资本成本，进而影响公司的发展）。

套利定价模型不像资本资产定价模型那样依据预期收益率和标准差来寻找资产组合，对风险资产的组合也仅依据收益率，即使该收益率与风险有关，风险也不过是影响组合收益率的众多因素之一。套利定价模型允许资产收益与多种因素相关，其中纳入了增长系数、周期系数、能源系数和稳定系数等超市场因素，用其计算的风险值比用单一指数模型（资本资产定价模型）更为精确。并且，套利定价模型适用于任意资产组合集合，因此在检验该理论时不必去衡量全部资产的集合。此外，套利定价模型假定收益是一个因素模型产生，因而对投资者的效用函数（风险偏好）未做特定假设，仅仅要求投资者是一个偏好拥有财富多多益善者即可。因此，套利定价模型理论较资本资产定价模型更具有实用性。但是套利定价模型还存在缺陷，首先，模型结构模糊。关于套利定价模型中的多因素模型中，因素中应该包含哪些风险因子，还没有定论。目前影响证券收益率的因素有：商业周期、利率的期限结构、违约风险、短期通货膨胀率、通货膨胀率的预期。根据红利贴现模型，任何证券的价值是由其未来现金流的现值所决定的，商业周期与公司的盈利能力密切相关，即影响公司未来的红利政策，而其他4个风险因子会显著影响现金流的贴现率。至于其他因素对资产收益的影响可以通过以上5个风险因子来反映，套利定价模型中的因素应当包括这些风险因子。其次，实证检验非常困难。就目前而言，对套利定价模型的实证研究还停留在早期阶段，特别是对套利定价模型的检验难以设计，因为套利定价模型本身只是说明了资产定价的一个结构。因此，在实际运用中，我们仍需根据不同的投资目的、投资方式等进一步完善套利定价模型,使套利定价模型更贴近现实。

套利定价理论在我国的应用。曹红英、阳玉香(2005)通过对套利定价模型在深圳股票市场的有效性进行实证检验,得出公司规模、市值与账面价值比以及市盈率对股票收益率的影响是不显著的,套利定价理论目前在我国证券市场是不适用的。李佼瑞(2002)认为股票市场的非系统风险对股票的价格、投资者的投资信心及投资决策都有较大的影响,这就要求政府部门制定监管政策时,要充分考虑使政策对股票市场的非系统风险影响尽可能减小。刘霖、秦宛顺(2006)以我国沪深市场6年的股票价格数据为依据,利用因子分析方法检验了影响股票收益率的因子数目,在此基础上进一步对套利定价模型在中国股票市场的适用性做了细致的检验。研究发现,影响股票收益率的因子有9个左右,明显多于美国股市上的因子数目。但套利定价模型并不适用于中国股市,这很可能意味着中国股市没有达到充分竞争的要求,市场中可能存在套利机会。王荣娟(2010)用探测性因子法,对上海证券交易所重工业制造业的股票日收益率数据进行了因子分析,得出了上海证券交易所的钢铁、汽车、医药以及重工业等行业基本符合套利定价理论的结论。

参考文献:

刘红忠:《投资学》,高等教育出版社2003年版。

王江:《金融经济学》,中国人民大学出版社2006年版。

宋逢明:《金融工程原理——无套利均衡分析》,清华大学出版社1999年版。

邵宇、刁羽:《微观金融学及其数学基础》,清华大学出版社2008年版。

苏萍:《套利定价理论的检验及在证券组合投资决策中的应用研究》,南京气象学院硕士毕业论文,2004年。

刘霖、秦宛顺:《中国股票市场套利定价模型研究》,载于《金融研究》2004年第6期。

王荣娟:《套利定价理论及其在重工制造业的实证分析》,载于《经营管理者》2010年第3期。

田大伟:《宏观因子套利定价模型的因子筛选及在中国股票市场的应用》,载于《西安财经学院学报》2006年第5期。

Ross. S. A. , The Arbitrage Theory of Capital Asset Pricing, *Journal of Economics Theory*, 1976.

Roll, R. and Ross. S. A. A. , Critical Reexamination of the Empirical Evidence on the Arbitrage Pricing Theory: A Reply, *Journal of Finance*, 1984.

Huberman, G. , A Simple Approach to Arbitrage Pricing, *Journal of Economics Theory*, 1982.

Ingersoll, J. , Some Results in the Theory of Arbitrage Pricing. *Journal of Finance*, 1984.

(董青马)

期权定价理论
Option Pricing Theory

期权价格等于期权的内在价值加上时间价值。期权的内在价值是指期权的买方行使期权时可以获得的收益的现值。期权的时间价值则是指在期权有效期内标的资产价格波动为期权持有者带来收益的可能性所隐含的价值。影响期权价格的因素众多,期权定价较之其他衍生金融工具的定价更为复杂,因而其定价问题也成为金融理论界研究的重点。早在1900年,路易·巴舍利耶(Louis Bachelier, 1990)首次提出用随机游动描述股票价格运行规律的数学模型,给出了确定到期日看涨期权的预期价值,但是其模型忽略了股票价格不可能为负以及平均预期价格变化不为零的条件。经过半个多世纪的发展,斯普里克尔(Sprenkle)修正了巴舍利耶模型的一部分缺陷,他假设股票价格遵从几何布朗运动,即用股票回报代替股票价格,避免了股票价格出现负值的情况。巴恩斯(Baness)和萨缪尔森(Samuelson)对巴舍利耶的模型进行了更为完整的修改,不仅避免了股票价格为负的可能性,并且还考虑到了贴现率的问题。但是他们的模型仍然有缺陷,在实际交易中不能得到广泛的应用,因为他们的研究结果依赖于投资人的个人偏好。1973年布莱克(Black)和斯科尔斯(Scholes)在前面几位学者成果的基础上,在作出一系列假设的情况下,推导出了著名的Black-Scholes定价公式。同年,莫顿(Merton)也得到了同样的有关期权定价的公式和相关结论。他们的研究结果大大推动了衍生品市场的发展,斯科尔斯和莫顿也因此获得了1997年的诺贝尔经济学奖。由于Black-Scholes定价公式是在很多假设条件存在的前提下得到的,因此之后的学者都在致力于弱化其假设条件,对期权定价问题做了大量研究。

1973年布莱克和斯克尔斯在《期权定价与公司债务》一文中提出的期权定价模型(Black-Scholes模型)在期权定价理论的发展中具有里程碑的意义。该理论的核心在于设计了一个套期组合策略,使得期权市场投资的风险为零。模型告诉我们,如果构造了这样的套期组合,在完全复制期权的收益及风险特性的情况下,构造该套期组合的当前成本、该套期组合在期权到期日价值的期望值按无风险利率贴现的现值,均应当与期权当前的公平价值相等。B-S期权定价公式是在一系列假设前提下得到的,分别是:第一,作为基础商品的股票价格是随机波动的,而且满足几何维纳(Geometric Wiener Process),同时股价服从对数正态分布;

第二,允许使用全部所得卖空衍生证券;第三,资本市场是完善的,不存在交易费用税收以及保证金等因素;第四,市场提供了连续交易机会;第五,在期权的有效期内,无风险利率为常数,投资者可以此利率无限制地存款或者贷款;第六,股票不派发股息,期权为欧式期权;第七,不存在无风险套利机会。

布莱克—斯科尔斯(Black-Scholes)期权定价方法的基本思想是:衍生资产的价格及其所依赖的标的资产价格遵循相同的维纳过程,通过建立一个包含恰当的衍生资产头寸和标的资产头寸的资产组合,消除维纳过程,使标的资产头寸与衍生资产头寸的盈亏相互抵消,最终构成无风险资产组合。在不存在无风险套利机会的情况下,该资产组合的收益应等于无风险利率,由此可以得到衍生资产价格的布莱克—斯科尔斯微分方程。通过求解这个偏微分方程,可以得到欧式看涨期权的定价公式,即B-S公式:

$$p(S,t)=SN(d_1)-XN(d_2)\cdot\exp[-r(T-t)]$$

其中,

$$d_1=\frac{\ln\left(\frac{S}{X}\right)+(r+\sigma^2/2)(T-t)}{\sigma\sqrt{T-t}}$$

$$d_2=\frac{\ln\left(\frac{S}{X}\right)+(r-\sigma^2/2)(T-t)}{\sigma\sqrt{T-t}}=d_1-\sigma\sqrt{T-t}$$

N(·)为累计正态分布函数,N(x)表示均值为0标准偏差为1的标准正态分布变量的累计概率分布函数(即这个变量小于x的概率)。

$$p(S,t)=-SN(-d_1)+XN(-d_2)\exp[-r(T-t)]$$

布莱克—斯科尔斯模型为投资者提供了适用于股票的任何衍生证券且计算方便的定价公式,但它的推导及运用同样受到各种条件的约束,显然过于严格的假设削弱了原始定价公式在现实中的运用,使其在理论和应用上存在缺陷。因此,自从布莱克和斯科尔斯的论文发表以后,由莫顿、考克斯(Cox)、鲁宾斯坦(Rubinsetein)等一些学者相继把这一理论扩展到基于支出连续红利收益的欧式期权、股票指数期权、货币期权和美式期权等的定价问题上,大大增强了其适用性。

在为期权定价时,理论界还经常采用数值方法。用数值方法为期权定价的代表性理论是二项式期权定价模型、蒙特卡洛模拟方法和有限差分法。

1979年,考克斯、罗斯(Ross)和鲁宾斯坦的论文《期权定价:一种简化方法》提出了二项式模型(Binomial Model),也称为二叉树法(Binomial tree),该模型建立了期权定价数值法的基础,解决了美式期权定价的问题。

二项式模型有两个重要的假设前提:股价生成的过程是随机游走过程,服从二项分布,即把期权的存续期T分成N个相等的区间Δt,在每一个区间内,股价会上下波动;风险中性。在两个假设成立的条件下,考虑一个不付红利股票期权的估值。令标的资产价格在每一个相等的时间间隔Δt内,从S上升到Su的概率为p,下降到Sd的概率为1-p。而标的资产价格的变动率服从正态分布,在风险中性条件下,可以得到:

$$u=e^{\sigma\sqrt{\Delta t}}\qquad d=\frac{1}{u}\qquad p=\frac{e^{u\Delta t}-d}{u-d}$$

蒙特卡罗模拟方法是一种对欧式衍生资产进行估值的方法,其基本思想是:假设已知标的资产价格的分布函数,然后把期权的有效期分为若干个小的时间间隔,借助计算机的帮助,模拟Δt时间股价在风险中性世界中的一条可能的路径。这样就可以计算出期权的最终价值。这一结果可以被看作是全部可能终值集合中的一个随机样本,再选取该变量的第二条样本路径,可以获得第二个随机样本。更多的样本路径可以得出更多的随机样本。如此重复多次,得到T时刻期权价格的集合,对这些随机样本进行简单的算术平均估计$\hat{E}(f_T)$,就可求出T时刻期权的预期收益。最后,把T时刻期权的预期收益f_T用无风险利率折现就可以得到当前时刻期权的价值。当然,也可以将计算出每个样本终值进行贴现,再做算术平均,也可以得到期权0时刻的价值,公式表示为:

$$f=e^{-rT}\hat{E}(f_T)$$

其中,f为期权价格,$\hat{E}$代表风险中性世界中的期望,r为无风险利率。蒙特卡洛模拟方法借助计算机,可以进行高效的运算,可以克服标的资产的预期收益率和波动率函数形式复杂时的情况,但是只能给欧式的衍生证券定价,而不能用于可以提前执行的美式衍生证券,当然也包括美式期权。

有限差分法将标的变量的微分方程转换成差分方程来求解。类似于二叉树图方法,计算是从衍生证券有效期最后时候开始,倒推回衍生证券有效期的初始时刻。外推的有限差分法在功能上与三叉树图方法类似。内含的有限差分法比外推的有限差分法更加复杂,但优点是使用者不必为了保证收敛性而进行特定的事先假设。有限差分法既可以用来求解欧式期权的价格,也可以用来求解可以提前执行的美式期权的价格。

除了上面介绍的这些常见的期权定价理论之外,近年来,各种从不同角度对期权进行定价的研究发展迅速,研究重点转到了随机波动性、差异利率、具有交易费用等条件的定价问题。比如ε-套利定价方法和区间定价法,是基于非完全市场来进行定价的。在非完全市场,传统定价方法、布莱克—斯科尔斯定价法、二项式模型法和有限差分法失去了适用性,因为在这样的市场上,不存在可以完全复制的策略,这也为其他期权定价方法的发展提供了契机。

国内对于期权定价方面的研究主要分为两大类：

一类是对国外各期权定价模型进行总结综述，并在此基础上进行扩展，推导出在不同假设条件下的期权定价模型。比如宋逢明（1998）比较全面地介绍了期权定价理论的基本内容、后续发展及其在理论上和实践中对于推动现代金融发展的重大意义。杨峰（1998）对布莱克、莫顿和斯科尔斯期权定价理论进行了评述，并对其应用进行了简单介绍。马超群，陈牡妙（1999）在股票价格几何布朗运动之上加上各种跳跃，推导出了不同于布莱克—斯科尔斯微分方程的一个期权定价模型。郑立辉（2000）在鲁棒控制的框架下给出了期权卖价、买价和公平价格的严格定义，然后求解得到了定价模型值函数的封闭解，最后给出了期权价格及其对冲策略的显式表达式。屠新曙、巴曙松（2001）在总结外汇期权定价理论的基础上，把 Markov 过程应用进去，成功地推出了基于这一过程的外汇期权定价模型。刘海龙、吴冲锋（2002）对期权定价方法及其实证研究进行了较详细的分类综述，突出综述了既适用于完全金融市场、又适用于非完全的金融市场的确定性套利定价方法、区间定价方法和 ε－套利定价方法。闫海峰、刘三阳（2003）假定股票价格过程遵循带非时齐 Poisson 跳跃的扩散过程，并且股票预期收益率、波动率和无风险利率均为时间函数的情况下，获得了欧式期权精确定价公式和买权与卖权之间的平价关系。魏正元（2005）在布莱克—斯科尔斯模型的基础上，用含有多维 Poisson 过程的 Ito-Skorohod 随机微分方程描述标的资产价格的动态运动，应用等价鞅测度变换方法导出一般形式的欧式期权定价公式。安占强、徐洁媛（2007）完善了非正态分布二叉树模型的参数计算，给出了美式期权的非正态分布算法和有派息二叉树模型及非正态分布二叉树模型的 VBA 函数，实现了非参数期权定价。程度琴、杨琴（2008）围绕布莱克—斯科尔斯期权定价模型，对其成立的前提条件、推导过程作了较为详细的说明，并通过实例运用模型进行期权定价，简单分析了期权价值对布莱克—斯科尔斯期权定价模型中各个变量的敏感性。李长林、丁克诠（2008）在假设跳跃幅度服从均匀分布假设前提下，初步建立起股票价格服从不对称跳跃—扩散过程期权定价模型。汪来喜、丁日佳（2008）将应用 GARCH 模型估计出的标的股票的收益波动率代入 B-S 期权定价公式，成功地提高了 B-S 期权定价公式的精确度。洪铁松（2010）就 B-S 拓展模型当中的 Takaoka 模型，利用蒙特卡洛法对基于该类模型上的欧式期权的定价进行了数值计算等。

另一类研究的重点集中在期权定价理论的应用方面，又可以分为对可转债等有期权性质的金融工具的定价和对实际项目如公司并购的定价。

在实际项目定价方面，如朱玉旭、黄洁纲、吴冲锋（1997）探讨了用期权理论去评估序列投资项目的方法。姚铮（2000）分析和探讨了企业战略投资的期权性质及期权的种类，并对投资决策中的期权价进行了案例分析。安瑛晖、张维（2001）对期权定价理论和博弈论在企业项目投资估价和决策中应用的新方法——期权博弈理论方法进行分析研究，总结归纳出期权博弈方法的一般化分析框架。魏志宏（2004）用莫顿（Merton）的期权定价模型及其扩展给中国的存款保险进行定价。王志诚（2004）用期权定价理论成功的分析了抵押贷款的信用风险。郑振龙、王保合（2006）将股权分置改革看做上市公司拥有的永久性美式看涨期权多头，运用期权分析框架，分析了股权分置改革时机的选择问题、流通股股东与非流通股股东的博弈、预期与价格跳跃过程，找到了该期权定价公司和提前执行该美式期权的最优执行边界。刁兆峰、程婧（2008）指出公司股票是基于公司价值的看涨期权，因此可用B-S模型和欧式看涨期权二叉树定价公式对公司股价进行计算。毛捷、张学勇（2009）根据我国金融机构贷款定价决策的经验事实，建立了一个基于亚式期权定价方法的内生违约贷款定价模型来给贷款进行定价。王三强、李金山（2011）将 Black-Scholes 期权定价模型应用到房地产投资分析中，对其进行推导并构建适用于房地产投资决策的模型等。

在可转债等具有期权性质的金融工具定价方面，顾勇、吴冲锋（2001）为国有股权的退出设计了发行基于回售条款的可换股债券这一退出模式，在作理论分析的基础上，给出了定价的数值仿真算法。郑振龙、林海（2004）根据中国可转换债券的具体特征，构造了中国可转换债定价的具体模型，并通过具体的参数估计，对中国的可转换债券的合理价格进行了研究。赖其男、姚长辉、王志诚（2005）针对我国可转债市场与条款设计的特殊性，综合考虑各种模型的应用条件、参数估计等因素，寻找最适合我国可转债特色的定价模型。李杰、刘君（2006）选用类似于麦康纳（McConnell）和施瓦茨（Schwartz）的单因素模型，结合中国的实际加入了信用风险考虑，使用布莱克—斯科尔斯模型对可转债进行全面的成分定价分析。潘涛、邢铁英（2007）在经典的 Black-Scholes 模型基础上做了一系列定价修正模型的经验分析，从随机波动率的角度对公式进行了相应的调整，运用 GARCH 定价修正模型，力求找出适应中国权证市场的 Black-Scholes 模型定价方法。王晓庆（2007）以西方理论界的期权定价研究为基础，对适合我国证券市场的权证定价模型进行了系统的研究，得出修正的权证定价模型，以期更为精确地计算权证的价值。魏法明（2007）以招行认股权证为研究对象，运用 Black-Scholes 模型和数值法时其进行实证定价，并对二者之间的差距进行了探究。郑振龙、邓雪春(2010)应用线性多因子模型研究了我国权证的定价能力,发现权证是非冗余的,故对风险资产的收益率有解释能力,且对小公司和价值股的解释能力强于大公司和成长股。朱鲩华、谢燕(2011)运用Black-Scholes期权定价和二叉树定价对我国沪市发行4只认购权证和1只认沽权证的理论价值进行了测度。

就国外经验来看,期权定价理论的进步,推动了金融衍生产品产生和发展,这些新型的衍生产品扩展了风险共担的机会,促进了金融市场的完备,降低了交易成本,有效提高了市场的流动性,从而提高了风险管理的有效性,促进了金融市场的发展。因此,可以预见,我国对于期权定价理论的研究也将促进我国金融市场的发展和进一步完善。

参考文献:

郑振龙、邓雪春:《金融衍生品的定价能力研究:以中国市场权证为例》,载于《商业经济与管理》2010年第2期。

屠新曙、巴曙松:《基于Markov股价过程的外汇期权定价模型》,载于《国际金融研究》2001年第12期。

安瑛晖、张维:《期权博弈理论的方法模型分析与发展》,载于《管理科学学报》2001年第1期。

刘海龙、吴冲锋:《期权定价方法综述》,载于《管理科学学报》2002年第4期。

李长林、丁克诠:《股票价格服从不对称跳跃——扩散过程的期权定价模型》,载于《经济研究导刊》2008年第18期。

安占强、徐洁媛:《非正态分布下的二叉树期权定价模型》,载于《统计与决策》2007年第11期。

宋逢明:《期权定价理论和1997年度的诺贝尔经济学奖》,载于《管理科学学报》1998年第2期。

Black, F., Scholes, M., The Pricing of Options and Corporate Liabilities, *Journal of Political Economy*, Vol. 81, No. 3, 1973.

Cox, J. C., Ross S. A., Rubinstein M., Option Pricing: A Simplified Approach, *Journal of Finance*.

(董青马)

投资组合理论
Portfolio Theory

投资组合理论的思想起源于分散投资的理念。在马科维茨(Markowitz)投资组合理论提出之前,已有许多学者提出了分散投资的思想。希克斯(Hicks, 1935)阐述了分离定理的思想,即投资者为了获得高收益低风险,会选择无风险资产和风险资产的最优组合点。凯恩斯(Keynes, 1936)和希克斯(Hicks, 1939)提出了风险补偿的概念,并且认为风险可以分散。威廉姆斯(Williams, 1938)认为证券投资多样化有助于降低风险,提出了分散折价模型,并假设总存在一个满足收益最大化和风险最小化的组合。李文斯(Leavens, 1945)证明了分散化的优势。马科维茨(Markowitz, 1952)发表了《资产选择》一文,首次提出投资组合理论,并进行了深入分析和研究。马科维茨提出用统计上的均值—方差概念来衡量证券或证券组合的收益与风险,进而对投资组合和选择问题进行了研究。1959年,马科维茨(Markowitz)出版了同名著作,进一步阐述了他的投资组合问题。

马科维茨投资组合理论假设:(1)投资者全部是风险规避者,即投资者每承担一定的风险,就必然要求与其所承担的风险相应的收益来补偿。如果用纵坐标表示证券或证券组合的预期收益率,横坐标表示证券或证券组合的风险大小(用标准差衡量),那么该投资者的无差异曲线为向右上方倾斜的二次型曲线。(2)投资者投资于公开金融市场上的交易资产,只进行单期投资决策,其投资决策只受当期因素的影响。并且投资者对其证券或证券组合的持有期完全相同,因而该理论实质上是一种静态的投资决策。(3)假设资产的收益和风险状况可以通过资产收益率的均值和方差反映。投资者是理性的,即,同一均值水平上方差小的投资优于方差大的投资;同一方差水平上均值大的投资优于均值小的投资。(4)市场不存在不完全信息,所有的市场参与者均能免费获得同样的信息。并且,投资者对市场上各种风险资产的预期收益率和风险大小以及各种资产之间的相关系数都有一致的认识,即齐性预期假设。(5)不考虑税收、交易成本等因素,即市场环境是无摩擦的;不允许风险资产的卖空交易。(6)不考虑无风险资产,投资者不可以按无风险利率进行资金的借贷。

投资组合的可行集和有效边界。可行集是指投资者面临的所有可能的投资组合的集合。有效集中的投资组合必须满足以下两个条件:既定的风险水平下实现最大的预期收益率;既定的收益水平下实现最小的风险水平。变换两资产在组合中所占的权重,可以模拟出不同相关系数 ρ 情况下组合的标准差与预期收益率的关系,即可求出可行集。然后,在此基础上求解在既定预期率收益水平下的最小标准差组合和在标准差既定下的最大预期收益率组合,就得到了有效集。全局最小方差以上的最小方差集被称为风险资产的有效边界(Efficient Frontier of Risky Assets)。如图1所示,M点所代表的组合称为最小方差组合;曲线AB称为最小方差集;曲线BM为有效边界。绿色区域代表可行集。

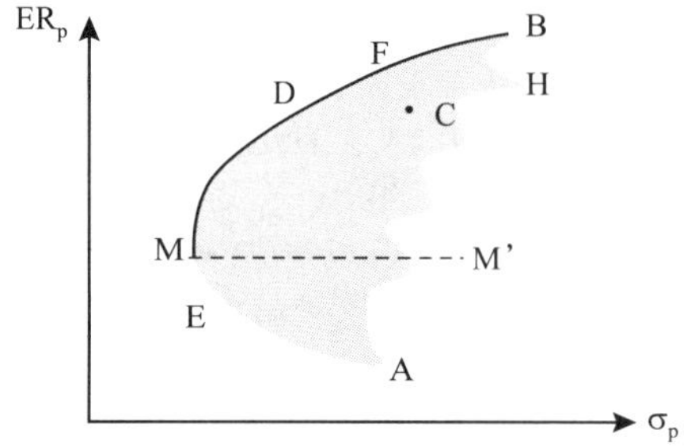

图1 投资组合的可行集和有效边界

马科维茨投资组合理论是历史上第一次运用现代微观经济学和数理统计的规范方法对投资领域中的收益和风险进行的全面研究，是现代投资组合理论的起点，为后续的CAPM等理论发展奠定了基础。马科维茨投资组合理论运用统计学的均值和方差等概念为金融资产的风险与收益分析提供了科学的依据，使得现代风险分析基本框架在现代金融理论中得到确立，并且建立了一系列的基本概念。同时，马科维茨投资组合理论提出的有效投资组合概念和投资组合分析方法大大简化了投资分析的难度。此外，该理论严格证明了只要投资者投资于多样化的风险资产就能够降低非系统风险。也就是说，只要投资组合设计得足够好，那么投资组合不应该含有任何非系统性风险。因此，市场不对非系统风险进行风险补偿，而只对系统风险进行补偿。但是，马科维茨投资组合理论存在局限。马科维茨投资组合理论的理论假设过于严格，与现实相去太远，比如，该理论没有考虑到西方金融市场实践中现实存在的可以卖空风险资产的情况。还有，该理论没有考虑现实中存在的无风险资产情况。马科维茨投资组合理论面临的主要问题是，他所提供的方法对普通投资者而言应用难度太大，只有一些大型的机构投资者才能运用，并且该理论在实际运用中还面临计算烦琐等问题。

马科维茨投资组合理论的扩展。1963年，威廉·夏普（William F. Sharpe）发表了《对于"资产组合"分析的简化模型》一文，首次提出了一个单指数模型，解决了马科维茨投资组合理论实际运用时所面临的大量繁重和复杂的计算，极大地简化了马科维茨投资组合模型，从而提高了投资组合理论的实际应用价值。更重要的是，单指数模型为资本资产定价模型奠定了基础。布莱克（Black）模型允许卖空风险资产，放宽了马科维茨投资组合理论的前提条件。理论上讲，在允许风险资产卖空，且不存在无风险资产借贷的条件下，只要建立两个有效基金就可以复制出整个最小方差集和有效集，投资者无须购买单只股票，只要购买基金所发行的收益凭证或股份即可。托宾（Tobin）模型引入了无风险借贷，在引入无风险借贷假设之后，马科维茨有效集就蜕变成为一条射线，该射线经过无风险资产并且与初始的马科维茨有效集相切于一点。此外，有的学者针对马科维茨组合模型假设中的市场效率、风险测度、参数估计时效性、零交易费用等假设条件进行了分析，提出了马科维茨组合理论在我国运用存在的主要问题，并对组合证券投资优化模型的改进提出自己的思路；有的学者对马科维茨组合模型进行了修正、调整或提出投资组合新模型，例如有线性规划方法、二次规划方法和神经网络方法等。

马科维茨投资组合理论在我国的研究与应用。国内有许多学者对投资组合理论进行了研究。张金清（2004）对非理性条件下的投资偏好与投资组合选择问题进行了研究，作者用VAR值的大小反应投资者承担风险的意愿程度，值越大，风险容忍程度越高，值越小则风险厌恶程度越高，并在正态分布假定下讨论了投资选择问题。唐小我等对均值－方差类模型做了深入的研究，同时，对模型求解算法进行了分析，其有关研究成果收录在《现代组合预测和组合投资决策方法及应用》（2003年版）一书中。陈金龙和张维（2002）是国内早期介绍洛克菲勒和尤尔约瑟夫的CVaR投资组合优化模型的学者。刘彪和刘小茂（2006）运用蒙特卡洛模拟法对VaR和CVaR模型做了分析和模拟。朱书尚、李端、周迅宇和汪寿阳（2004）对投资组合优化问题做了比较系统的总结和研究展望。侯成琪、徐绪松（2007）在"上证180指数"的指标股中任意选取15种股票，以这15种股票在2000～2006年这7年内的周收盘价为样本数据并计算相应的连续复利收益率，通过实证研究发现，在保险资金投资管理中，采用基于Kendall τ 的投资组合模型能够取得比均值－方差投资组合模型更好的风险分散效果。

马科维茨投资组合理论与我国证券市场投资者组合投资实践尚存在许多问题。一是市场有效性问题。目前，我国上市公司信息披露存在着大量的虚假性，不充分性和不及时性，导致市场信息不能完全反映在价格中，我国市场不是一个有效市场。二是交易费用问题。马科维茨投资组合理论没有考虑证券组合投资过程中的交易费用，但在现实中交易费用是证券投资不可忽视的问题，忽略交易费用会导致非有效的证券组合投资。三是风险的测度问题。证券市场投资活动复杂而又充满风险，根据投资组合理论，投资者将投资资金分配在多种证券上，可以达到分散风险的目的，由于风险和效用相互依存，不同偏好的投资者可能具有不同的衡量标准，其效用函数不同，因而拥有不同的风险测度，而马科维茨均值－方差模型仅仅是效用函数的特例。

参考文献：

曹兴、彭耿：《马科维茨投资组合理论在中国证券市场的应用》，载于《中南大学学报（社会科学版）》2003

年第6期。
刘红忠:《投资学》,高等教育出版社2003年版。
[英]约翰·伊特韦尔等:《新帕尔格雷夫货币金融大辞典》,经济科学出版社1996年版。
[美]滋维·博迪等:《投资学》,机械工业出版社2010年版。
Harry Markowitz, Portfolio Selection, *The Journal of Finance*, Vol. 7, No. 1, Mar. 1952.
Williams, J., Speculation and the Carryover, *Quarterly Journal of Economics*, Vol. 50, May. 1936.
Marschak, J., Why "Should" Statisticians and Businessmen Maximize "Moral Expectation"? In *Proceedings of the Second Berkeley Symposium, Mathematical Statistics and Probability*, University of California Press, 1951.
Von Neumann, J., Morgenstern, O., *Theory of Games and Economic Behavior*, Princeton University Press, 1944.

(董青马)

资本资产定价模型
Capital Asset Pricing Model(CAPM)

资本资产定价模型是现代金融学的奠基石,它在遵循现代资产组合理论的基础上,进一步给出了在市场均衡状态下风险资产的预期收益的预测方法,为投资者衡量风险投资的预期收益和风险补偿提供了理论依据和参考。

马科维茨(Markowitz,1952)的分散投资与效率组合投资理论第一次以严谨的数理工具为手段向人们展示了一个风险厌恶的投资者在众多风险资产中如何构建最优资产组合的方法。但是,分析师必须能够持续且精确地估计标的证券的预期报酬、风险及相关系数,这个过程将随着组合标的数量的增加而变得异常复杂。为此,从20世纪60年代初开始,夏普(W. Sharpe,1964),林特纳(J. Lintner,1965)和莫辛(J. Mossin,1966)开始研究在市场均衡状态下,资产的价格如何依风险而确定?这些学者的研究直接导致了资本资产定价模型(Capital Asset Pricing Model,CAPM)的产生,CAPM阐述了在投资者都采用马科维茨的理论进行投资管理的条件下市场均衡状态的形成。

模型假设。(1)完全市场假设;(2)投资者都是理性假设,即投资者都运用马科维茨的投资组合理论;(3)投资风险用投资收益率的方差或标准差标识;(4)影响投资决策的主要因素为期望收益率和风险两项;(5)投资者都遵守占优原则(Dominance Rule);(6)同质预期,他们对预期收益率、标准差和证券之间的协方差具有相同的预期值。

CAPM理论的内核。第一,所有投资者按所有交易资产的市场组合M来等比例配置资产;第二,资本市场线(CML)与有效前沿相切于M点,所有的投资者选择持有市场组合作为最优的风险组合,投资者的差异只是依据自身风险偏好投资于最优风险投资组合与投资于无风险资产的比例不同而已;第三,市场组合的风险溢价与市场风险和个人投资者的平均风险厌恶程度成比例 $E(r_M)-r_f=\overline{A}\delta_M^2$;第四,单个资产的风险溢价与市场组合M的风险溢价是成比例的,市场投资组合与证券的β系数也成比例,β的表达式为:

$$\beta_i=\frac{Cov(r_i,r_M)}{\sigma_M^2}$$

单个证券的风险溢价可表述为:

$$E(r_i)-r_f=\frac{Cov(r_i,r_M)}{\delta_M^2}[E(r_M)-r_f]=\beta_i[E(r_M)-r_f]$$

市场投资组合即加总的风险投资组合。当把所有个人投资者的投资组合加总起来时,借入与贷出将互相抵消,加总的风险投资组合等于整个经济中的全部财富,这就是市场投资组合,每只股票在整个投资组合中的比例等于这只股票的市值占所有股票市场价值的比例。根据CAPM的假设前提,每个投资者均有优化其投资组合的倾向,最终所有的个人投资组合都会倾向于一致,每种资产的权重等于它们在市场投资组合中所占的比例。

风险溢价即风险资产收益率高于无风险资产收益率的部分,取决于单个资产的β值与市场组合的风险溢价水平。整个市场组合的风险溢价取决于平均风险的厌恶水平,即

$$E(r_M)-r_f=\overline{A}\delta_M^2$$

资本市场线与证券市场线。资本市场线(CML)给出的是市场组合与无风险证券构成的组合的有效集,表示了有效市场投资组合的风险溢价与投资组合标准差之间的函数关系,任何资产(组合)的期望收益不可能高于CML。证券市场线(SML)给出的是单个证券或者组合的期望收益,表示了单项资产期望收益与β的函数关系,它是一个有效市场给出的定价,但实际证券的收益可能偏离SML。均衡时刻,有效资产组合可以同时位于资本市场线和证券市场线上,而无效资产组合和单个风险资产只能位于证券市场线上。

在实证检验中,CAPM模型仍存在以下缺陷:(1)模型的参数可能随时间变化而变化;(2)所有系统都是同时被估计,但这些估计值可能不是独立的,特别是β系数的偏差问题;(3)市场投资组合的不可获得性,检验存在基准误差,即著名的罗尔批判。在检验过程中,最常用的方法为R平方效应、超额收益法、横截面检验法(Fama,1973)。总体而言,早期的检验结果表明,在西方成熟的股票市场中是有效的。但是,从20世纪80年代后,CAPM模型在资本资产定价模型的实际应用中,许多经济学家对其提出了质疑。尽管存在实证的缺陷,但CAPM模型已成为发达国家普遍接

受的准则，被广泛应用于业绩评价、项目评估等领域。

模型的修正与拓展：

第一，限制借贷条件下的零β模型。在现实的资本市场上，投资者以无风险利率借贷时往往受到很多限制，在这种情况下，市场组合就不再是适合于所有投资者的风险资产组合了。1972年，布莱克提出了无风险借入限制条件下的预期收益－β均衡关系，即零β模型（Black，1972）。该模型以一个零β资产组合来代替原来的无风险资产。零β模型指出，在风险资产的有效组合边界上的任意一个资产组合，在双曲线的下半枝（无效部分）存在着一个与之相对应的资产组合，称为该有效资产组合的零β组合。同时，任意资产i的期望收益都可以由风险资产的有效组合边界上的两个不同的资产组合（记为P和Q）期望收益的线性组合表示：若取P为风险资产的市场组合M，Q为市场组合M对应的零β组合Z(M)，其模型表达式为：

$$E(r_i) = E[rZ(M)] + E[rM - rZ(M)]\frac{Cov(r_i, r_M)}{\sigma_M^2}$$

第二，跨期的动态资本资产定价模型。简单的静态资本资产定价模型假设所有投资者在一个共同的时期内计划他们的投资，这使它只注重均衡收益率，而忽略了投资者的消费决策。卢卡斯（Lucas，1978）、莫顿（Merton，1990）等人在静态资本资产定价模型的基础上提出了跨期的动态资本资产定价模型——ICAPM（王春发，2001）。ICAPM分为离散时间模型和连续时间模型两种。

第三，基于消费的资产定价理论。基于消费的资产定价理论直接用消费数量来定义效用函数，认为理性消费者的效用大小由消费量决定。消费者（投资者）持有资产减少了当期的消费，会降低其效用水平；但持有资产带来的收益又会增加未来的消费，提高其效用水平。如何实现消费者现在和未来总的效用最大化显然是一个跨期选择的最优化问题，其最优解中既包括均衡时的边际替代率，也暗含着资产的均衡价格或资产价值。消费者均衡、资产定价在基于消费的资产定价理论中是同一个问题的两个方面。

第四，行为金融与资产定价。行为金融学用自己独特的分析方法，以马科维茨投资组合理论和资本资产定价模型CAPM为基础，针对其缺陷提出了修正模型，即行为组合理论和行为资产定价模型BAPM。

CAPM在我国检验效果并不理想。陈浪南、屈文洲（2000）对上海证券市场进行了CAPM实证研究，认为其符合布莱克（Black，1972）的Zero-Beta CAPM，并证实：Zero-Beta CAPM比标准的CAPM能更好地描述资产收益。马静如（2001）利用深圳股票市场数据对该市场作了检验得出CAPM模型不符合我国的深圳股票市场的结论。冯佩（2010）以2002年已上市的沪市前20只权重股为样本对CAPM模型进行验证。由于我国市场起步晚，信息披露不充分，透明度低，得出结论：在我国股票市场，CAPM模型并不完全适用。吴强（2007）运用法玛（Fama）的横截面检验，结果表明，资本资产定价模型在我国上海股市并不适用。杨眉（2009）对证券板块上市公司β系数进行的实证检验分析，得出结论整个板块的股票的β系数具有对其收益率的显著解释能力；由证券板块指数回归估计的β系数具有对收益率的显著解释，可以由此得出证券板块的风险情况并进而找出符合理性人假设的风险投资组合。

参考文献：

涂祖相、张琼、王国强：《基于资本资产定价模型下的最优组合研究》，载于《当代经济》2011年第22期。

陈雨露、汪昌云：《金融学文献通论（微观金融卷）》，中国人民大学出版社2006年版。

刘少波：《资本资产定价理论：范式转换与演进》，经济科学出版社2010年版。

戴金平、李治：《现代资产定价理论的比较和发展》，载于《世界经济》2008年第3期。

陈浪南、屈文洲：《资本资产定价模型的实证研究》，载于《经济研究》2000年第4期。

[英]约翰·伊特韦尔等：《新帕尔格雷夫货币金融大辞典》，经济科学出版社1996年版。

[美]滋维·博迪等：《投资学》，机械工业出版社2010年版。

（董青马）

内部融资与外部融资

Internal Financing and External Financing

企业融资方式可分为内部融资和外部融资两类。

内部融资是指公司经营活动结果产生的资金，即公司内部融通的资金，它主要由留存收益和折旧构成。是指企业不断将自己的储蓄（主要包括留存盈利、折旧和定额负债）转化为投资的过程。内部融资来源于自有资金，公司在使用时具有很大的自主性且无须支付多余费用。未分配利润融资而增加的权益资本不会稀释原有股东的每股收益和控制权，对于股东而言具有一定的节税效应。但是，内部融资受公司盈利能力及积累的影响，融资规模受到较大的制约。

外部融资指企业吸收其他经济主体的储蓄，使之转化为自己投资的过程。外部融资包括直接融资和间接融资。外部融资类型分为债权融资、股权融资、混合融资、结构融资等。其中，债权融资包括银行贷款、发行企业主体债券、信托贷款、利用银行承兑汇票、银行保理、委托贷款、融资租赁、固定资产售后租回交易等；股权融资包括增资扩股、上市、股权出售、换股收购等；

混合融资包括发行可转换债券、可分离债券、可交换债券、优先股(在我国不允许)等;结构融资包括企业资产证券化、项目融资(BOT)、房地产投资信托(REITs)等。

有关企业外部融资作用的考察最早可追溯至熊彼特(Schumpeter,1990)。他在1912年出版的《经济发展理论》一书中指出,为了使用新技术以求发展,企业家需要信贷。这说明企业发展离不开银行的融资支持。后来的理论和实证研究进一步支持了熊彼特的看法。麦金农(Mckinnon,1973)借助费雪(Fisher,1930年)的分析框架,通过图形说明,如果企业家的投资受自我融资(Self-Financing)的限制,那么最优策略是投资于传统技术,从而降低总体收益水平,进而必然会制约企业本身的发展和经济的增长;相反,如果他能够从金融体系中得到外部融资,那么新技术就会被采纳,从而获得较高的收益。这说明外部融资有助于企业收益水平的提高。拉詹和晶格尔斯(Rajan,Zingales;1998)的实证研究表明,在金融发达国家,外部融资依赖程度较高的行业的发展速度超乎寻常的快。这说明在金融发达国家,外部融资对行业成长有明显的促进作用。德米尔古克·肯特和马科斯莫维奇(Demirguc Kunt and Maksimovic,1998)的融资计划模型表明,受限于内部融资的企业的最大可能增长率小于受限于内部融资和短期融资的企业的最大可能增长率,并且小于受限于内部融资和债务融资的企业的最大可能增长率。也就是说,他们认为外部融资能够提高企业增长率。

现代经济学对企业融资结构的研究,始于莫迪利亚尼和米勒提出的M-M定理。莫迪利亚尼和米勒(Modigliani and Miller,1958)基于完美资本市场的假设指出:(1)在没有企业所得税的情况下,负债企业的价值与无负债企业的价值相当,即无论企业是否有负债,企业的资本结构与企业的价值无关;有负债企业的权益资本成本随着财务杠杆的提高而增加;(2)在有企业所得税的情况下,有负债企业的价值等于具有相同风险等级的无负债企业的价值加上债务利息抵税收益的现值;有债务企业的权益资本成本等于相同风险等级的无负债企业的权益资本成本加上与以市值计算的债务与权益比例成比例的风险报酬,且风险报酬取决于企业的债务比例以及所得税税率。

此后,在M-M理论的基础上不断放宽假设,从不同的视角对融资结构进行了大量研究,推动了资本结构理论的发展。这其中最具有代表性的理论有权衡理论、代理理论、优序融资理论和企业生命周期理论。

所谓权衡理论(Trade-Off Theory),就是强调在平衡债务利息的抵税收益与财务困境成本的基础上,实现企业价值最大化时的最佳资本结构。此时所确定的债务比率是债务抵税收益的边际价值等于增加的财务困境成本的现值。基于修正的M-M理论的命题,有负债企业的价值是无负债企业价值加上抵税收益的现值。再减去财务困境成本的现值。

代理理论(Agency Theory)是在融资结构的权衡理论模型的基础上考虑企业债务的代理成本与代理收益。在资本结构的决策中,不完全契约、信息不对称以及经理、股东与债权人之间的利益冲突将影响投资项目的选择,特别是在企业陷入财务困境时,引发过度投资问题或投资不足问题,发生债务代理成本。然而,债务在产生代理成本的同时,也会伴生相应的代理收益。债务的代理收益将有利于减少企业的价值损失或增加企业价值,具体表现为债权人保护条款引入、对经理提升企业业绩的奖励措施以及对经理随意支配现金流浪费企业资源的约束等。

优序融资理论(Pecking Order Theory)认为各种融资方式的信息约束条件和向投资者传递的信号是不同的,由此产生的融资成本及其对企业市场价值的影响也存在差异。企业的融资决策是根据成本最小化的原则依次选择不同的融资方式,即首先选择无交易成本的内部融资;其次选择交易成本较低的债务融资;对于信息约束条件最严,并可能导致企业价值被低估的股权融资则被排在企业融资顺序的末位。

优序融资理论存在一个重大缺陷:它属于解释在特定的制度约束条件下企业对增量资金的融资行为的理论,具有短期性,无法揭示在企业成长过程中资本结构的动态变化规律。企业金融成长周期理论部分地弥补了融资顺序理论的上述缺陷。企业成长周期理论认为,伴随着企业成长周期而发生的信息约束条件、企业规模和资金需求的变化,是影响企业融资结构变化的基本因素。其基本的变化规律是,越是处于早期成长阶段的企业,外部融资的约束越紧,渠道也越窄。(Berger and Udell,1998)。

改革之初我国有企业的融资方式非常单一:无非是企业内部融资——自有资金的积累,抑或债权融资。由于在传统体制下,财政、银行和国有企业之间基本上属于“三位一体”的关系,企业融资基本上依赖于财政拨款和银行的指令性、政策性贷款,融资成本很低甚至于负利率,形成了国有企业长期以来比较单一的融资结构和信贷软约束。

在讨论中国国有企业的债权融资偏好及其过高的资本负债率时,有相当多的文献认为,引起国有企业高额负债的主要原因之一是企业的经济效益水平不高。坚持这种观点的学者指出,经济效益好坏是决定企业负债率高低的主要因素。忻文(1997)认为以此解释中国国有企业过高的资本负债率存在漏洞,他认为中国国有企业之所以具有这么高的资本负债率,在很大程度上是由于"软预算约束"条件下的企业行为所致。

但当考察我国上市公司的融资结构时,却发现了有趣甚至相反的情况,即一方面上市公司大多保持了较低的资产负债率,另一方面上市公司的融资偏好仍是股权融资,甚至有些公司资产负债率接近于零,仍然渴望通过发行股票融资。

针对上市公司股权融资偏好,黄少安、张岗(2001)对我国上市公司融资结构进行了描述分析,认为公司股权融资的成本大大低于债务融资的成本是股权融资偏好的直接动因,深层的原因在于现行的制度和政策。强烈的股权融资偏好对公司融资后的资本使用效率、公司成长和公司治理、投资者利益以及宏观经济运行等方面都有不利影响,应该采取相应的对策。例如:对公司上市和发行股票,实行真正的核准制;严格会计制度,改进对经营业绩考核的指标体系;防止内部人控制,完善公司的治理结构;减持国有股,调整上市公司股权结构等。

对于中小企业而言,融资主要通过内部融资和外部融资中的银行贷款方式,其融资难是一个老话题了。张捷、王霄(2002)在企业生命周期理论模型的基础上,通过对中美两国中小企业融资结构的比较,验证了金融成长周期规律对中国中小企业的适用性。他通过对"所有制歧视"和"规模歧视"的检验,认为构成我国中小企业融资壁垒的主要因素仍然是市场经济中普遍存在的规模歧视而非转轨经济中特有的所有制歧视,并建议放松金融市场的准入管制,让更多面向中小企业的民营中小金融机构和民间金融市场得到发展,为中小企业融资创造一个良好的信用制度环境;以创业板市场的推出为契机,推动各类低端资本市场(如私募基金和天使资本市场等)的发展等。

我国国有企业、上市公司与中小企业有其各自的融资偏好,且总的来说外部融资中直接融资的比例较低,直接融资中债券融资的比例更低。但伴随着我国国企改革和资本市场的不断发展,直接融资的发展潜力巨大,在解决企业融资问题上将会发挥越来越重要的作用。

参考文献:
黄少安、张岗:《中国上市公司股权融资偏好分析》,载于《经济研究》2001 年第 11 期。
孙永祥:《所有权、融资结构与公司治理机制》,载于《经济研究》2001 年第 1 期。
忻文:《国有企业的资本结构分析》,载于《经济研究》1997 年第 8 期。
张捷、王霄:《中小企业金融成长周期与融资结构变化》,载于《世界经济》2012 年第 6 期。
[英]约翰·伊特韦尔等:《新帕尔格雷夫货币金融大辞典》,经济科学出版社 1996 年版。
Berger A. N. , Udell G. F. , The Economics of Small Business Finance: The Roles of Private Equity and Debt Markets in the Financial Growth Cycle, *Journal of Banking and Finance*, Vol. 22, 1998.
Harris M. , Raviv. A. , The Theory of Capital Structure, *Journal of Finance*, Vol. 46, No. 1.
Myers S. C. , The Capital Structure Puzzle, *Journal of Finance*, Vol. 39, 1984.

(董青马)

金融工程
Financial Engineering

20 世纪 80 年代末期,一些从事金融和财务理论应用研究的领先学者开始意识到,金融作为一门科学正在经历一次根本性的变革,它正在从分析的科学向工程的科学转变。组合保险的创始人海恩·利兰德(Hayne Leland)和马克·鲁宾斯坦(Mark Rubinstein)开始谈论"金融工程新科学";1988 年,约翰·芬纳蒂(John Finnerty)在公司财务的背景下给出了金融工程的正式定义。利兰德、鲁宾斯坦和芬纳迪是最早意识到金融科学步入工程阶段的学者。

芬纳蒂(Finnerty, 1988)把金融工程学定义为"创新性金融工具和过程的设计、发展和利用,以及对金融问题提出有创造力的解答"。金融工程学主要包括三类活动:证券创新、创新性金融过程的发展、对公司财务问题提出有创造力的解决方案。证券创新包括创新性金融工具的开发,如新型的居民抵押贷款、风险管理工具、债券、优先股票,以及可转换的普通股票工具。创新性金融过程的发展主要是为减少完成金融交易的成本。对公司财务问题提出有创造力的解答包括创造性的现金管理策略、创造性的债务管理策略以及特定的公司融资结构(诸如各种形式资产担保融资中所出现的融资结构)。

金融工程学推动了金融创新的过程。历史上四位最重要的金融学家已对金融创新过程提出了各自不同的看法。西尔伯(Silber, 1975, 1981, 1983)把创新性金融工具和过程看成是公司试图减少他们所面临的金融限制的手段。金融工程学能对新的或更严格的限制作出反应,并提出相应的对策。范霍恩(Van Horne, 1985)指出,为使一种新的金融工具或过程成为真正的创新,这种新的金融工具或过程必须能使市场更有效率或更完全。这种更高的效率或者更完全的市场来自金融工程学的进展,并以那些只能带来某种期望的会计处理方法的"创新"为例论证了自己的观点。米勒(Miller, 1986)将金融创新的特征归结为可获得的金融产品和过程基本上"不能预见的改进"。他认为金融创新常常因为经济环境受到意外的外部冲击而显得尤为重要,如利息率的急剧上升。罗斯(Ross,1989)用代理理论的说法解释了金融创新。金融机构通过重新调整其收入来源以便从现存证券中创造出新证券,然后出售新证券并用所得收益进行再投资,从而可以达到重组其证券组合以获得更满意的证券结构和风险披露的目的,这时就发生了金融创新。

金融工程创新产品包括可转换债券、外汇交易期权、远期汇率协议、指数化证券、剥离式债券等。结合米勒、罗斯、西尔伯和范霍恩对金融创新的解释,可以把推动金融工程学发展的因素分成10类:(1)减少某种风险——如信用风险或流动性风险——的机会,或者重新分配风险,即将风险从一个市场参与者转移给另一个不太厌恶风险的参与者或者愿意以更低的成本承担风险的市场参与者;(2)代理成本的减少;(3)发行成本的减少;(4)可以被发行者或(和)投资者用来减少税负的税收不对称,且这种税负的减少不会被其他人税收责任的增加而抵消;(5)规章或法律的变动;(6)利率水平及其波动;(7)价格和汇率水平及其波动;(8)学术研究和其他带来金融理论发展的研究,或者对现有证券等级的风险—收益特征更好的理解;(9)会计利益(这可能对股东财富至少有短暂的影响,实际上也确实经常有影响);(10)技术进步和其他因素。

金融工程学在提高资本市场效率方面有着极其重要的作用,如果资本市场想要在资本配置过程中最有效地完成其任务,金融工程学绝对是必不可少的:创新性证券可以减少流动性风险,以更具经济效率的方式在市场参与者之间重新分配风险,减少源于信息不对称和其他原因的代理成本,减少发行费用,减少税收不对称的影响。所有这些都减少了那些阻碍证券交易的市场摩擦力,从而达到更高的市场效率。金融工程在西方的应用,大致分为以下四个方面:

一是用于投资者的证券组合保险。证券组合保险由海恩·利兰德(Hayne Leland)和马克·鲁宾斯坦(Mark Rubinstein)创立,是通过运用期权、期货或模拟期权等衍生金融工具对冲和转嫁风险,是一种利用期权原理向股市投资者提供的类似保险单的风险管理产品,即保证投资者可以得到一定收益并继续享有股市上升带来的潜在收益,投资者为此支付相当于期权费或风险费的代价。

二是用于基金或投资公司的战略管理,例如量化投资和统计套利。量化投资是利用数学、统计学、信息技术的量化投资方法来管理投资组合。统计套利的核心是对金融及其他经济时间序列应用计算建模技术发现和利用投资机会。随着金融工程、计算建模技术(如协整方法和神经网络方法)的不断发展,量化投资和统计套利模型越来越受到学者和投资者的重视。

三是用于企业的风险管理。金融工程对风险管理采用的是表外控制法(Off-Balance-Sheet Transaction),即是利用金融市场上各种套期保值工具来达到规避风险的目的。例如对生产要素的价格风险进行保值,对货币兑换进行保值,利用信用衍生品对违约风险进行保值等。例如风险价值(Value-At-Risk)是由摩根银行于20世纪90年代初期提出的(Darrell Duffie,1997),被许多金融机构采用为衡量市场风险大小和企业内部资本充足性的依据,也被金融监管当局用作风险定量监管的有效手段,是金融工程在企业金融风险管理中的一个成功运用。

四是用于企业的盈利。金融工程阐明了如何通过衍生产品最小化税收和管理违约风险,进而降低资本的成本。通过期权和信用衍生物在税收当局之间转移收入就是两个例子。金融工程极大地丰富了可以满足的投资者的偏好范围,因此降低了资本的成本。这些例子包括可转换债券、灾难债券、资产债权、担保债券、以看跌期权或领子期权(Collar Options)为基础的股票等。

金融工程虽然在西方已有多年的发展历史,但在中国兴起较晚。20世纪90年代中期,金融工程被引进介绍到中国国家自然科学基金"九五"重大项目"金融工程"课题。早期的引进介绍性文章包括中国人民银行研究生部课题组的《论金融工程学的发展》(1996),宋逢明的《金融科学的工程化》(1997)等。

至此,国内金融业界也开始对金融工程引起重视,包括中国人民银行、证监会等政府部门积极支持金融工程研究;上海期货交易所、大连期货交易所、郑州商品交易所积极开展新型衍生品的研究;国家开发银行积极研究可转换债券和信用衍生产品;中信证券、银河证券、国泰君安等券商,鹏华基金、博时基金、大成基金等基金公司成立了专门的金融工程研究机构;各商业银行都高度重视风险管理,开展金融工程研究。

到目前为止,金融工程在我国券商与基金战略投资、商业银行风险管理、企业套期保值等方面都有所应用。

在券商与基金战略投资方面,以量化投资为例,我国国内现有十几只相关的基金,包括光大量化核心基金、中海量化策略基金、上投摩根阿尔法、嘉实量化阿尔法基金、南方策略优化、大摩华鑫多因子精选策略基金、申万菱信量化小盘基金等。

随着我国利率市场化进程的推进以及中国加入巴塞尔委员会,自2000年以来,很多学者对利用金融衍生品管理商业银行风险进行了研究。黄金老(2001)提出国内银行可以从规避利率风险的角度开展金融衍生品业务。我国目前存在的利率衍生工具包括远期利率协议和利率互换。光大银行和国家开发银行于2006年2月10日完成了首笔人民币利率互换交易。

我国企业运用金融衍生产品进行风险管理主要涉及的领域是对外贸易中的汇率风险管理。经典案例但也是失败的案例是2006年中信泰富与澳大利亚采矿企业 Eralogy Pty Ltd 交易磁铁矿资源开采权时,利用外汇衍生品合约亏损155亿美元。企业运用金融衍生产品进行风险管理前路漫漫。

参考文献:
黄金老:《利率市场化与商业银行风险控制》,载于《经济研究》2001年第1期。
宋逢明:《金融科学的工程化》,载于《金融研究》1999年第7期。
[英]约翰·伊特韦尔等:《新帕尔格雷夫经济学大辞典》,经济科学出版社1996年版。
Darrell Duffie, Jun Pan., An Overview of Value at Risk, *Journal of Derivatives*, 4(3), 1997.
Finnerty, J. D., Financial Engineering in Corporate Finance: An Overview, *Financial Management*, 17(4), 1988.
Kidwell, D. S., Marr, M. W. and Thompson, G. R., SEC Rule 415: the Ultimate Competitive Bid, *Journal of Financial and Quantitative Analysis*, 19, 1984.
Miller, M. H., Financial Innovation, the Last Twenty Years and the Next, *Journal of Financial and Quantitative Analysis*, 21, 1986.
Ross, S. A., Institutional Markets, Financial Marketing, and Financial Innovation, *Journal of Finance*, 44, 1989.
Siber, W. L., The Process of Financial Innovation, *American Economic Review*, 73, 1983.
Van Horne, J. C., Of Financial Innovations and Excesses, *Journal of Finance*, 40, 1985.

(董青马)

行为金融学
Behavioral Finance

行为金融是行为经济学的一部分,研究金融市场中真实投资者的实际投资行为,研究投资决策中的各种心理因素,如认知,态度,以及面临不确定性时如何做出投资决策。目前在该领域并没有一个学术界公认的严格定义。

美国芝加哥大学教授泰勒(Thaler)认为,行为金融学是研究人类理解信息,作出投资决策过程的学科。大量的实验表明投资者行为并不总是理性,可预测或是正确的,投资者经常会犯错。

美国耶鲁大学教授希勒(Shiller)认为,行为金融学从研究人进行决策时的心理状态开始,讨论投资者的决策行为。由此,行为金融学的投资决策模型建立在一系列心理学假设之上(当然这些关于投资者心理因素的假设则是建立在心理学实证研究结果的基础上)。

行为金融学的研究与传统经济学相比是一种逆向的研究。传统经济学理论是从一个一个的假设条件下的理性世界走向现实,注重于在假设条件之下所出现的情况;行为金融学是从现实开始,以经验的角度考虑现实状况的内在因素等深层次的原因。行为金融学在根本上研究的是市场参与者的真实动因,并从市场参与者的一些表现特征来解释金融现象。

行为金融是20世纪80年代中期兴起的研究领域。其起源最早可以追溯到19世纪的两本书,勒帮(Lebon)的《群众》和麦凯(Machay)的《非同寻常的大众幻想与群众性疯狂》,这两本书是研究群体行为的经典著作。凯恩斯是最早强调投资者的心理预期在决策中的作用的经济学家,他提出的"选美竞赛"和"空中楼阁"理论,认为投资者的非理性心理因素所形成的合力,决定了证券的价格。1951年,布鲁尔(O. K. Burell)提出了构造实验来检验理论的思路,开创了量化的投资模型与人的行为特征相结合的金融研究新领域。由此,巴曼和斯洛维奇更进一步地指出了金融学和行为学的结合是金融研究的发展方向。

1979年,心理学家卡尼曼(Kahneman)和特维斯基(Tversky)的文章"前景理论:风险状态下的决策分析"奠定了行为金融学兴起的理论基础,成为行为金融学研究史上的一个里程碑。1982年,卡尼曼、特维斯基和斯洛维奇(Slovic)的著作《不确定性下的判断:启发式与偏差》中研究了人类行为与投资决策经典经济模型的基本假设相冲突的三个方面,即风险态度、心理账户和过度自信,并将观察到的现象称为"认知偏差"。

20世纪80年代中后期,芝加哥大学的泰勒,耶鲁大学的希勒成为行为金融学的第二代研究核心。泰勒主要研究股票回报率的时间模式,投资者的心理账户;希勒主要研究了股票价格的异常波动,股票市场的羊群效应,投机价格与人群流行心态的关系等。

20世纪90年代,卡尼曼与特维斯基的研究指出,投资者对风险的态度是以一个参考点为基准,来看待收益或者损失,因而每次决策时都会因情况不同有改变。一些学者还对处置效应,IPO异常现象,过度反应与反应不足的转换机制等做了研究。90年代中后期开始注重研究投资者心理因素对最优投资组合决策和资产定价的影响,以及行为公司金融等理论。

目前行为金融的研究大多集中在传统金融学与行

为金融学的比较研究、市场非有效性的实证研究,以及个体和群体心理研究等方面。行为金融学来源于资本市场,其应用前景也在资本市场,未来将加强对资本市场的研究,并与法律等学科相交叉融合。

行为金融学对传统理论的质疑。传统的有效市场假说成立要求两个有关于投资者自身的假设前提。首先,投资者进行证券组合价值最大化决策时采取的行为模式不存在偏差;其次,投资者总是以自身利益最大化为目标。

行为金融学认为有效市场假说并没有保证这两个假设前提一定成立。相反,行为金融学根据对实际情况的分析,质疑这两个假设前提的正确性与合理性。心理因素的影响使得这两个假设前提经常被违反。传统理论没有考虑基金经理的心理因素造成的主观错误以及投资失误,这是一个重大的缺陷。

行为金融学的核心理论。

前景理论:前景理论研究人们在不确定条件下如何做出决策,针对性地解释传统理论中的理性选择与现实相背离的现象。它是由卡尼曼和特维斯基于1979年提出的,并在之后得到了不断的补充和修正。一方面,前景理论采纳了传统理论中考虑成本收益的效用最大化原则;另一方面认为,由于有限理性的存在,不能完全与传统理论所假设的那样,在任何情况下都会清楚地计算风险得失的概率,同时人们决策往往会受到个人偏好、社会规范、观念习俗的影响,因而便存在不确定性。

行为资产定价模型:舍夫林和斯特曼(Shefrin and Statman,1994)建立了与传统金融理论中资本资产定价模型相对应的行为资产定价模型。行为资产定价模型将投资者分为信息交易者和噪声交易者两种类型。信息交易者即在资本资产定价模型下的理性投资者,他们从不犯认知错误,并且不同个体之间表现出良好的统计均方差性,不会出现系统性偏差;噪声交易者则是处于资本资产定价模型框架之外的投资者,他们时常犯认知错误,不同个体之间具有显著的异方差性。这两类投资者之间相互作用,决定了资产价格。

行为资产组合理论:舍夫林和斯特曼提出了行为资产组合理论以取代马科维茨(Markovitz)的均方差组合理论。行为资产组合理论认为,投资者认为资产组合具有金字塔状层级结构。在这一层级结构中,每层都与投资者特定的投资目的和风险特征相对应,而各层之间的相关性则被投资者所忽略。

套利限制:行为金融学认为套利的力量不可能没有条件限制,套利无法真正消除非理性行为对于理性行为长期、实质的影响。

心理账户:行为金融学认为,行为人决策时并非是在权衡了各种情况之后进行全局性的考虑,而是无意识地把一项决策分为几个部分来看待,即分成了若干个心理账户,对每一个心理账户都会进行相互独立的决策。

参考文献:

薛求知等:《行为经济学——理论与应用》,复旦大学出版社2003年版。

周战强:《行为金融理论与应用》,清华大学出版社2004年版。

(董青马)

五、货币政策与金融监管

货币政策目标

Monetary Policy Objective

货币政策目标指中央银行制定和实施某项货币政策所要达到的特定的经济目标,也称货币政策最终目标。货币政策最终目标一般包括充分就业、稳定物价、经济增长和国际收支平衡四项内容。

从中央银行运用货币政策工具到货币政策最终目标实现之间,有一个较长的传导和作用过程,货币政策工具并不能直接作用于货币政策最终目标。中央银行通常需要设置一些受货币政策工具影响且与货币政策最终目标密切相关的中介指标,来及时了解货币政策工具是否得力,估计货币政策最终目标能否实现。货币政策中介指标的选择,通常需要遵循如下条件:(1)可控性。即要求中介指标的变动容易被中央银行所控制,对货币政策工具反应灵敏,能够在较短时间内对货币政策工具变动作出反应,并要求中介指标与货币政策工具之间在统计上要具有密切、稳定的数量联系。(2)可测性。即对中介指标应该有明确的定义,以便中央银行进行观察、监测与分析,中央银行应能够迅速获取有关中介指标的准确数据。(3)相关性。即被选择的指标应该与货币政策最终目标有明显的经济相关和统计相关性,实现中介指标应该有助于货币政策最终目标的实现。(4)抗干扰性。要求中介指标能够较少地受到货币政策实施过程中诸多外来因素或非政策因素的干扰,以便中央银行对政策效果和非政策效果加以区分。

依据上述四个条件所确定的中介指标通常有利率、货币供应量、超额准备金和基础货币等。而根据这些指标对货币政策工具反应的先后和作用于最终目标的过程,又可以将其区分为近期指标和远期指标:近期指标是指中央银行对其控制力较强,但距离货币政策最终目标较远的中介指标,如超额准备金和基础货币;远期指标则是指中央银行对其控制力较弱,但距离货币政策最终目标较近的中介指标,如利率和货币供应量。

一般来说,各国都会从本国国情出发选择自己的中介指标,对于选定的指标,各国中央银行也有不同的控制目标值。一种是根据经济发展状况,提出今后一个时期所要达到的计划指标或目标值区间,如美国、英国、德国采取公布中介指标范围的办法,而且控制得比较严格;而日本等国家,则采取发表货币供应量“预测值”的办法,中央银行以“预测值”为目标来调整经济有一定的灵活性,也可以改变政策和操作手段,使“预测值”朝着有利于实现货币政策目标的方向发展。发展中国家因市场不够成熟,通常采用货币供应量等数量控制指标,发达国家目前则更多地运用利率等价格控制指标或逐步向价格控制指标过渡。1975 年,国际货币基金组织建议各成员国(主要是发展中国家)以货币供应量为货币政策的中介目标,并提出该项指标应由货币当局每年预先公布、严格执行。

货币政策最终目标之间的关系较为复杂,有的在一定程度上具有一致性,如充分就业与经济增长;有的则相对独立,如充分就业与国际收支平衡;更多的表现则为目标间的冲突,如经济增长、充分就业与物价稳定。由于各目标之间存在的矛盾和冲突,中央银行通常需要根据不同的情况来选择具体的政策目标。在一国经济发展的过程中,货币政策要同时满足四项目标的要求,通常是不可能的,在矛盾和冲突面前,各国中央银行有的是明确突出单一目标,有的则追求多个目标。

在同一时期,不同国家通常会有不同的货币政策目标。美联储在 2006 年 2 月宣布了最大限度的就业和价格稳定的双重目标;欧洲中央银行将保持价格稳定设定为首要的货币政策目标,在不违背价格稳定目标的前提下,欧元体系也为共同体其他目标的实现提供支持,包括高就业率和无通货膨胀的增长;英格兰银行的货币政策目标为:保持价格稳定,并以此支持产出增长和就业增加的政府经济目标;2006 年 3 月,日本银行法规定货币政策目标是:通过追求价格稳定,促进国民经济的健康发展。

就不同时期而言,各个国家的货币政策目标也在发生变化。20 世纪 30 年代以前,各国中央银行货币政策的主要目标是稳定币值和汇率。到了 20 世纪 40 年代中期,凯恩斯主义的国家干预经济主张盛行以后,英、美等国相继以法律形式宣称,谋求充分就业是其货币政策的目标之一。自 50 年代起,由于普遍的、持续的通货膨胀,各国中央银行的货币政策目标中,把稳定币值解释为将物价上涨控制在可以接受的水平之内。70 年代,伴随着两次美元危机,一些国家又将平衡国际收支作为一项货币政策目标。70 年代中期之后,“滞胀”促使一些西方国家的货币政策目标先后转为以稳定货币为主。80 年代末 90 年代初,面对更加严重的通货膨胀,各国再次将降低通货膨胀作为主要目标。进入 21 世纪,价格稳定依然是许多国家货币政策的重要目标。

国际货币基金组织和其他国际金融组织对于货币政策的主流观点,则是强调单目标的稳定币值。

根据《中国人民银行法》,我国的货币政策目标为:“保持货币币值的稳定,并以此促进经济增长”。显然,在“稳定”与“增长”之间,有先后之序,主次之分。对于中国货币政策应有什么样的目标,我国也一直存在着争论。

单一目标观点:又可分成两种相当对立的意见。一种是从稳定物价乃是经济正常运行和发展的基本前提出发,强调物价稳定是货币政策的唯一目标;另一种是从货币是再生产的第一推动力出发,主张以最大限度的经济增长作为货币政策的目标,并在经济发展的基础上稳定物价。

双重目标观点:中央银行的货币政策目标应当同时兼顾发展经济和稳定物价两方面的要求。强调它们两者的关系是:就稳定货币而言,应是一种积极的、能动的稳定,即在经济发展中求稳定;就经济增长而言,应是持续、稳定、协调的发展,即在稳定中求发展——不兼顾,则两者的要求均不能实现。

多重目标观点:鉴于经济体制改革的进一步深化和对外开放的加快,就业和国际收支问题对宏观经济的影响越来越重要,有人认为我国的货币政策目标必须包括充分就业、国际收支均衡和经济增长、稳定物价等诸多方面。

2007 年 11 月,中国人民银行指出,我国货币政策要坚持多目标。强调促进经济发展,通过发展来不断解决工作中所面临的各种难题;要兼顾多个重要经济参数变量(周小川,2007)。

2007 年金融危机的爆发,使得“是否应当将资产价格纳入货币政策目标体系之内”的问题,再次成为理论界关注的焦点。传统理论认为,货币政策的首要目标是维持物价稳定,因此消费价格指数(CPI)才是应该关注的首要问题,资产价格则相对不重要。其中比较有代表性的是美联储前任主席艾伦. 格林斯潘的观点:货币政策不应针对资产价格波动进行反应,这样做一方面是可能会损害实体经济发展,另一方面是资产价格泡沫的事后处理成本不高。但许多学者则提出,只关注 CPI 容易让货币政策对资产泡沫采取放任态度,使得在 CPI 稳定情况下资产泡沫不断膨胀并最终破裂,从而导致金融危机的爆发。日本泡沫经济的形成以及美国次贷危机的爆发都有这方面的原因。他们因此提出,中央银行在制定货币政策时,似应将资产价格波动纳入到考虑的范围。但从实际操作以及后果影响来看,这种做法似乎还存在不少难点(中国人民银行国际司课题组,2011)。

参考文献：
黄达：《金融学》精编版，中国人民大学出版社 2009 年版。
周小川：《货币政策仍要坚持多目标》，载于《证券时报》2007 年 11 月 7 日。
中国人民银行国际司课题组：《对货币政策目标的重新思考》，载于《经济研究参考》2011 年第 24 期。
《中国人民银行法》，中国人民银行网站，http://www.pbc.gov.cn/rhwg/19981801.htm。

（蔡如海）

货币政策工具

Monetary Policy Instrument

货币政策工具是中央银行可以直接操作的政策手段，通过其运用可对基础货币、银行储备、货币供给量、利率以及金融机构的信贷活动产生直接或间接的影响，有利于中央银行货币政策目标的实现。货币政策工具多种多样，各有其特点和适用条件，特别是各个国家各个时期的经济管理体制和金融体制的差别对货币政策工具作用的发挥具有重要制约。因此，在运用货币政策工具的时候，必须根据其政策目标的要求、政策工具的特点、经济体制和经济运行的客观条件有针对性地选择使用。20 世纪 80 年代以来，中国曾以现金计划、信贷总规模控制、利率管制等计划性和行政性的手段为主要的货币政策工具。1998 年以后，随着经济、金融市场化改革的推进，中国人民银行取消了原来的贷款规模管理，转为主要采取间接货币政策工具调控货币供应总量。现阶段，中国的货币政策工具主要有公开市场操作、存款准备金、再贷款与再贴现、利率政策、汇率政策和窗口指导等。

一般而言，货币政策工具大体可分为一般性政策工具、选择性政策工具、直接信用控制工具和间接信用控制工具四大类（各类工具的具体解释参见相关词条）。

第一类一般性货币政策工具是对货币供给总量或信用总量进行调节和控制的政策工具。此类工具是针对总量进行调节的，是中央银行经常使用的且对整个宏观经济运行能够产生一定的影响。主要包括法定存款准备金政策、再贴现政策和公开市场业务三大政策工具，俗称"三大法宝"。

第二类是选择性货币政策工具，是指中央银行针对某些特殊的经济领域或特殊用途的信贷而采用的信用调节工具。主要包括：消费者信用控制、证券市场信用控制和不动产信用控制等。

第三类是直接信用控制工具，是指中央银行从质和量两个方面以行政命令或其他方式对金融机构尤其是商业银行的信用活动进行直接控制。其手段包括利率最高限额、信用配额、流动性比率管理和直接干预等。规定存贷款利率或最高限额是最常用的直接信用管制工具。

第四类是间接信用控制工具，通常指通过道义劝告和窗口指导的方式对信用变动方向和重点实施间接指导。间接信用指导的优点是较为灵活，但其发挥作用的大小，取决于中央银行在金融体系中是否具有较强的地位、较高的威望和控制信用的足够的法律权利和手段。

在经济运行相对正常的状况下，各国中央银行会依据自身的独立性和金融体系的状况选择经常使用的政策工具，如美联储对公开市场业务的日常使用，辅以搭配使用季节性或临时性的政策工具。而当经济处在特殊时期如危机或萧条阶段，或有关政策工具缺乏使用条件时，各国中央银行也会进行一些创新。例如中国人民银行的中央银行票据的发行与使用就是由于公开市场操作缺乏充足的操作工具。2007 年次贷危机后美联储也通过货币政策工具的创新对危机机构实施救助和对经济进行刺激，比如新设科目"定期拍卖信贷（Term Auction Credit）"项目，用于反映定期拍卖便利（TAF）所投放的信贷。美联储推出的 TAF 机制，能够允许存款类金融机构使用更广泛的抵押品，通过拍卖机制获得联储的短期贷款；所持"LLC 的商业票据融资便利（简称 CPFF）净额（Net Portfolio Holdings of Commercial Paper Funding Facility LLC）"项目，反映了 CPFF 发放的信贷。根据 CPFF 机制，美联储设一个 SPV，来向票据发行者购买无担保商业票据和资产担保商业票据，意味着美联储可以绕开金融机构直接对工商企业实施融资支持。"央行间货币互换（Central Bank Liquidity Swaps）"项目，爆发金融危机以来，美联储与 14 家外国中央银行签订了双边货币互换协议，这些国家央行可以从美联储获得美元，并贷给国内的金融机构。"定期资产支持证券贷款便利（Net Portfolio Holdings of TALF LLC）"项目，反映定期资产支持证券贷款便利发放的信贷。2008 年 11 月 25 日新设的 TALF 计划旨在向资产支持证券的持有者以这些证券作为抵押品发放贷款，这些抵押品范围比较宽泛，包括学生贷款、消费贷款和小企业贷款支持的证券，目的是提升消费者的贷款量。

对货币政策工具的文献研究，代表性的观点有丁伯根（Tinbergen，1952）、普尔（Poole，1970）、皮尔斯和汤姆森（Pierce and Thomson，1972）、戴维斯（Dvis，1971）、普尔和利伯曼（Poole and Lieberman，1972）、桑多买罗（Santomero，1983）以及古德夫伦德（Goodfriend，1983）等。主要集中在围绕货币政策目标而言的工具的选择与使用、中央银行可以直接通过自主操作而独自确定的价格或量值以及对某些政策工具如公开市场业务、利率、法定存款准备金、贴现窗口等的针对性研究,包括工具如何使用、其作用怎样和哪一个更好。需要指出的是在研究方法上大多采用实证归纳和统计分析。

参考文献:
王广谦:《中央银行学》,高等教育出版社2011年版。
[美]本杰明·M·弗里德曼、[英]弗兰克·H·哈恩:《货币经济学手册》第2卷,经济科学出版社2002年版。
周小川:《金融政策对金融危机的响应》,载于《比较》2011年第2期。

(马亚)

中央银行贷款
Central Bank's Lending

中央银行贷款指中央银行对商业银行和其他金融机构的贷款,是中央银行调控基础货币的渠道之一。中央银行根据经济发展需要和货币供应量的状况,适时调整对商业银行等金融机构的贷款数量和利率水平,可以增减基础货币,实现调控货币供应量和信贷规模的目标;并能引导资金流向和信贷投向,实现调整经济结构目标,其作用机制与再贴现相同。从世界范围看,在实行计划经济体制的国家,中央银行贷款通常是其中央银行的一项重要资产业务,发达市场经济体国家的中央银行则因其信用贷款性质较少使用。

中央银行贷款在我国被称为再贷款(Re-Lending)。1984年中国人民银行专门行使中央银行职能后,决定实行"统一计划、划分资金、实贷实存、相互融通"的信贷资金管理体制。其中"实贷实存"规定人民银行和专业银行的资金往来采用存贷款形式的运行机制,从而奠定了中国人民银行通过对金融机构贷款调控基础货币的基础。在1994年以前,中央银行对专业银行的贷款是其吞吐基础货币的主要渠道,如1985~1990年,再贷款占中国人民银行资金运用的比例都在70%以上。贷款主要用于支持农副产品收购、国家重点建设、国有大中型企业生产、外贸收购以及清理"三角债"等政策性资金需求。1994年我国进行了外汇管理体制改革,实行汇率并轨、银行结售汇制度,并组建了三家政策性银行。之后,外汇占款快速增加,基础货币的供应渠道发生变化,再贷款成为控制基础货币投放的主要对冲手段,中央银行大量收回对国有商业银行的再贷款,再贷款余额大幅下降。1998年,中国人民银行取消了对国有商业银行贷款规模的指令性计划,在推行资产负债比率管理和风险管理的基础上,实行"计划指导,自求平衡,比率管理,间接调控"的新的管理体制,这一信贷管理体制的变化从基础上弱化了再贷款调控基础货币的作用。近年来,中国人民银行再贷款的结构和投向发生重要变化,新增再贷款主要用于促进信贷结构调整,引导扩大县域和"三农"信贷投放。

参考文献:
刘光第、戴根有、李健:《中国经济体制转轨时期的货币政策研究》,中国金融出版社1997年版。
戴根有:《走向货币政策间接调控》,中国金融出版社1999年版。
王广谦:《中央银行学》,高等教育出版社1999年版。

(贾玉革)

公开市场业务
Open-market Operations

公开市场业务是中央银行在金融市场上买进或卖出有价证券,用以调节存款性金融机构的准备金和基础货币,进而影响货币供给量和市场利率,实现货币政策目标的一项政策工具。与法定存款准备金制度、再贴现政策相比,公开市场业务具有主动性、灵活性、微调性等优点。因此,在20世纪50年代后各国金融市场特别是债券市场快速发展的背景下,公开市场业务成为各国中央银行进行货币政策操作日益倚重的主要政策工具。

公开市场业务发挥作用的理论基础是货币供给量与基础货币之间的倍数关系。通过基础货币与债券之间的互换,中央银行增加或减少银行体系的准备金数量,进而影响银行准备金的成本与可获得性,最终影响货币供给量。公开市场业务作用的有效发挥需要一个完整的操作体系,具体包括操作目标、操作工具、操作方式、交易对手和操作程序等。从发达国家的经验看,一国一定时期公开市场业务的操作体系取决于该国该时期的货币政策体系,原因不说自明:作为中央银行重要的货币政策工具,公开市场业务是在整个货币政策框架内发挥作用的。因此,各国应根据各自不同的金融制度、金融市场发展情况以及货币政策传导机制等因素,选择与建立适合本国国情的公开市场业务操作体系。

确定合适的操作目标是公开市场业务的核心内容。从世界范围来看,伴随着金融市场的发展和货币需求的日益复杂,公开市场业务的操作目标有由数量型目标向价格型目标转变的客观趋势。货币市场利率作为公开市场业务操作目标的优势在于:既集中反映货币市场资金供求的状况,同时又对整个市场利率体系有着基础性影响,在发达的金融市场条件下,其政策传导效应非常快。公开市场业务操作工具的使用,关系到公开市场业务的效率和操作的结果(张红地,

2005）。国债因其政府信誉、良好的流动性、稳定的收益率水平、广泛的参与主体和巨大的市场交易规模等特质，而成为世界上绝大多数国家公开市场业务的基本操作工具。一些发展中国家因其国债市场发展的广度与深度无法满足公开市场操作的需求，会在国债之外，选择中央银行债券等其他债券型资产作为公开市场业务操作工具的补充。

公开市场业务的操作方式可以分为两大类型：一类是“主动性业务”，指中央银行根据政策的需要主动地在公开市场上进行的单向的净买入或净卖出债券，改变银行体系在较长时间内的准备金数量；另一类是“防御性业务”，指中央银行为了抵消临时性因素的变化对准备金的影响，在公开市场上买入或卖出一定数量的债券以保持银行体系的准备金数量。一般来说，主动性业务采用的交易方式是单向的买断或卖断，防御性业务采取的交易方式是回购协议。现实中，防御性业务使用的频率和次数远远大于主动性业务，因此，回购与逆回购成为公开市场业务的主要操作方式。各国已普遍建立起公开市场业务一级交易商制度，中央银行选择一批能够承担大额债券交易的金融机构作为交易对手，金融机构的种类因国而异，有的国家以银行为主，有的国家以证券公司为主。公开市场业务操作程序包括决策、执行、信息反馈与报告程序等，其与一国的金融体制和货币政策的操作程序密切相关。

1996 年，中国人民银行正式将货币供应量作为我国货币政策的中介指标。为了保证货币供应量按计划增长，人民银行更加重视对基础货币的管理，开始制定基础货币规划。作为调控基础货币的政策工具之一，人民银行于 1996 年 4 月启动了公开市场业务，但由于银行间债券市场规模很小，全年交易额仅为 21 亿元，1997 年甚至停止了操作。1998 年，中国人民银行加快了宏观调控机制由直接向间接转变的步伐，取消了对国有商业银行的信贷规模控制，改革存款准备金制度，大幅调低法定存款准备金率。与此同时，亚洲金融危机的紧缩与风险效应逐渐扩散，扩张性财政政策的实施增加了国债的供给，商业银行基于风险的考虑开始调整资产结构，增加债券资产的持有，银行间债券市场的交易规模快速扩大，公开市场操作的市场基础得以形成。在这样的背景下，我国公开市场业务的操作体系逐步建立，公开市场业务成为中国人民银行货币政策日常操作的重要工具。

目前，由于我国利率尚未完全实现市场化，中国人民银行在公开市场业务操作中，仍主要将金融机构的流动性作为操作目标，但密切关注货币市场利率。操作工具主要有国债、政策性金融债券和中央银行票据；交易方式包括回购和现券买卖，回购有 7 天、14 天、28 天、91 天、182 天和 365 天 6 个期限品种；在操作中，根据商业银行流动性变化相机选择，实际操作以 7 天、14 天的居多。交易主要采用价格招标和数量招标方式，价格（利率）招标是指中国人民银行明确招标量，公开市场业务一级交易商以价格（利率）为标的进行投标，价格（利率）由竞标形成。数量招标是指中国人民银行明确最高招标量和价格，公开市场业务一级交易商以数量为标的进行投标，如投标量超过招标量，则按比例分配；如投标量低于招标量则按实际投标量确定中标量。价格招标以利率或价格为标的，旨在发现银行间市场的实际利率水平、商业银行对利率的预期，是中国人民银行发现市场价格的过程；数量招标旨在引导债券市场回购利率和拆借市场利率的走势，是中国人民银行用指定价格发现市场资金供求的过程。中国人民银行根据不同阶段的操作意图，相机选择不同的招标方式。

我国公开市场业务的基本操作程序是：每年年初召开的金融工作会议和中国人民银行行长办公会确定当年公开市场操作的原则、总的操作方向和操作目标；中国人民银行货币政策司据此并结合经济金融运行的实际情况、商业银行流动性的松紧情况等，分阶段提出公开市场操作的方向、交易方式及目标值的意见，报批后，具体负责日常操作的实施。目前，人民银行公开市场操作交易的频率是一周两次，一般是在星期二和星期四的上午 10 点进行。

作为我国重要的货币政策工具之一，公开市场业务的操作体系需伴随我国经济金融的发展不断调整与完善。

参考文献：
戴根有：《走向货币政策间接调控》，中国金融出版社 1999 年版。
张红地：《中国公开市场操作工具的选择》，上海三联书店 2005 年版。

（贾玉革）

再贴现政策
Rediscount Policy

再贴现是指中央银行对金融机构持有的未到期已贴现商业汇票予以贴现的行为。在这种行为基础上，再贴现政策是中央银行通过适时调整再贴现总量及利率，明确再贴现票据选择，达到增加或减少货币供给量，合理引导资金流向和信贷投向，实现货币政策目标的一种政策工具。

再贴现政策的内容主要包括三个方面：一是制定和调整再贴现率。再贴现率是商业银行将所持有的未到期的已贴现商业票据向中央银行再贴现时所付的利率，表现为再贴现票据金额的一定折扣率。再贴现率的制定和调整是中央银行运用再贴现政策的关键。当中央银行提高再贴现率时,商业银行向中央银行贴现或借款的资金成本随之上升,商业银行的准备金则相应减少,若其准备金不足则会自行缩减对客户的贷款和投资规模,从而引起市场上货币量的减少并带动市场利率上升。反之,降低再贴现率可以引起市场货币量的扩大和市场利率的下降。二是对申请再贴现票据资格的规定。主要是对再贴现票据种类和期限的限制,这方面的规定有利于中央银行对票据的科学管理及影响商业银行和全社会的资金投向。三是规定再贴现规模。即规划一定时期再贴现的总体规模,以资金总量的多少来调节货币供应。

再贴现政策作为中央银行调控货币供给量最古老的政策工具,英格兰银行在1833年开始有意识地加以运用。美国在20世纪20年代以前,也曾以其为主要的货币政策工具。学术界对再贴现政策的应用长期存在着争论。凯恩斯学派因主张政府干预经济,强调利率在宏观经济调控中的作用而倾向于支持使用再贴现政策。货币学派则站在自由主义的立场上,反对政府使用再贴现政策调控经济,甚至提出取消再贴现业务,认为同业拆借市场可以发挥再贴现的功能,提倡中央银行的货币政策操作主要使用公开市场业务。从各国的政策实践来看,第二次世界大战之后,再贴现政策的作用效果逐渐减弱,这降低了其作为一般性货币政策工具的重要性。造成这种结果的主要原因在于:同业拆借市场、欧洲货币市场等快速发展,商业银行借入资金的来源日益多样化,对中央银行贴现贷款的依赖性降低,对贴现率变动的敏感性随之降低。在这种情况下,再贴现政策的被动性增强,告示效应减弱。

再贴现政策作为中国人民银行的货币政策工具始于1986年。针对当时经济运行中企业之间严重的货款拖欠问题,人民银行下发了《中国人民银行再贴现试行办法》,决定在北京、上海等十个城市对专业银行试办再贴现业务。这是自人民银行独立行使中央银行职能以来,首次进行的再贴现实践。自此至1994年,人民银行再贴现政策的重点是:通过再贴现推动商业汇票业务发展,利用票据的结算与信用双重功能帮助企业解决拖欠问题。如1994年下半年,为解决一些重点行业的企业货款拖欠、资金周转困难和部分农副产品调销不畅的状况,中国人民银行对"五行业、四品种"(煤炭、电力、冶金、化工、铁道和棉花、生猪、食糖、烟叶)领域专门安排100亿元再贴现限额,推动上述领域商业汇票业务的发展。这一时期,再贴现政策并没有真正发挥一般性货币政策工具的作用。

1995年年末,人民银行规范再贴现业务操作,开始把再贴现作为货币政策工具体系的组成部分,并注重通过再贴现传递货币政策信号。通过颁布《商业汇票承兑、贴现与再贴现管理暂行办法》等一系列相关法规制度,人民银行初步建立了较为完整的再贴现操作体系:中国人民银行总行设立再贴现窗口,对各商业银行总行办理再贴现;中国人民银行分行设立再贴现授权窗口,并依据总行授权进行业务操作。1998年,人民银行改革再贴现利率生成机制,与再贷款利率脱钩,单独发布再贴现利率,使其成为中央银行的基准利率,为再贴现率发挥传导货币政策的信号作用创造了条件。2008年,为有效发挥再贴现促进结构调整、引导资金流向的作用,人民银行进一步完善再贴现管理:适当增加再贴现转授权窗口,以便于金融机构尤其是地方中小金融机构法人申请办理再贴现;适当扩大再贴现的对象和机构范围,城乡信用社、存款类外资金融机构法人、存款类新型农村金融机构,以及企业集团财务公司等非银行金融机构均可申请再贴现;推广使用商业承兑汇票,促进商业信用票据化;通过票据选择明确再贴现支持的重点,对涉农票据、县域企业和金融机构及中小金融机构签发、承兑、持有的票据优先办理再贴现;进一步明确再贴现可采取回购和买断两种方式,提高业务效率等。

参考文献:
王广谦:《中央银行学》,高等教育出版社1999年版。
陈观烈:《货币、金融、世界经济》,复旦大学出版社2000年版。
贾玉革:《货币市场结构变迁的效应分析》,中国人民大学出版社2006年版。

(贾玉革)

存款准备金制度
Reserve Requirement System

存款准备金制度也称存款准备金政策,是在中央银行体制下建立起来的,要求存款类金融机构按其存款总额的一定比例,以库存现金或在中央银行存款的形式保留存款准备金的一种制度。是中央银行的一个重要货币政策工具,与再贴现率、公开市场业务一起被称为中央银行的"三大法宝"。

通常认为,存款准备金制度最初源于美国1863年颁布的《联邦银行法》,该法首次以法律形式提出了准备金要求,规定国民银行必须对其发行的银行券和存款持有25%的准备金以满足兑换的需要。但19世纪末20世纪初出现的一系列银行挤兑事件表明,法定存款准备金并不能为整个银行体系的存款的兑现性提供真正的保障。1913年美国联邦储备体系建立,其主要职能是充当银行体系的最后贷款人和流动性担保人,要求成员银行必须持有一定比例的准备金。一方面是按惯例以此保证银行存款的支付和资金清算，另一方面是伴随着货币政策重点的变化，逐渐认识到存款准备金制度有助于控制信贷的过度膨胀。1935 年的《银行法》赋予了联邦储备银行调整法定存款准备金率的权力，存款准备金制度演变成为最主要的间接货币政策工具之一（美国联邦储备委员会，1998），并陆续被世界上大多数国家所效仿。

作为控制信贷和货币供应的政策工具，存款准备金制度的作用机制主要是：中央银行通过提高或降低法定存款准备金率，增加或减少金融机构必须存入中央银行的存款数量，从而改变货币乘数的大小，达到扩张或收缩信贷和货币供应的目的（戴根有，1998）。

一国的存款准备金制度一般要规定哪些金融机构的哪些存款需缴纳存款准备金，法定存款准备金的比率是多少，哪些资产可以作为准备金资产，如何计算与考核金融机构缴纳的存款准备金、是否对准备金付息等内容。其中，确定法定存款准备金比率是存款准备金制度的核心内容，比率的高低取决于货币政策松紧的需要、金融机构的体系结构和资金调度能力、存款的流动性差别等因素。由于存款准备金与货币供应量密切相关，因此，决定一国哪些金融机构的哪些存款需缴纳存款准备金的核心因素是该国确定的货币供应量目标。例如，如果一国确定 M_2 为货币政策的监测指标，则纳入 M_2 统计范畴里的各类金融机构的相应存款就应按规定的比率缴纳存款准备金。金融机构持有的库存现金和在中央银行的存款被各国普遍作为准备金资产。计算与考核金融机构缴纳的存款准备金是否达到法定比率的要求是一个技术性比较强的问题，特定时期的会计统计制度及其效率、支付体系的时效性及金融机构资金管理与调度的能力决定了该时期一国中央银行能够采用的计算与考核方法。是否应对存款准备金付息长期以来一直存在争论。赞同付息的观点认为，存款准备金要求实质上是对存款的一种课税，这将增加存款机构的经营成本，为了降低与转嫁这种经营成本，存款机构可能会降低服务水平，创造新产品规避准备金要求，以较低的存款利率和较高的贷款利率的形式向客户转嫁成本。这些行为扭曲了金融资源的合理配置，降低了金融服务效率，解决此问题的可取方法是向法定准备金支付利息，极端方法是取消存款准备金制度。反对付息的观点主要是担心对存款准备金付息将减少中央银行向财政交纳的利润，同时认为，政府支持的存款保险计划弥补了准备金要求带给存款机构的负担。

当决定存款准备金制度各项内容的因素发生变化时，存款准备金制度便也会随之发生相应的变革。20 世纪六七十年代，西方金融领域掀起了金融创新浪潮，大量货币性极强的信用工具相继产生，货币供应量的统计口径不断扩大。据此，80 年代初，西方主要发达国家相继对本国的存款准备金制度进行改革，扩大存款准备金制度的管辖范围。如美国 1980 年颁布《放松管制和货币控制法》，规定所有吸收存款的机构，无论是商业银行还是非银行金融机构，不论其是否是联邦储备体系的会员，都要按规定的存款类型和比例缴存准备金。英国、日本等国也进行了类似的存款准备金制度的改革（王元龙，1997）。20 世纪 90 年代后，随着各国相继以利率替代货币供应量作为货币政策的中介指标，存款准备金制度作为货币政策工具的重要性被降低，法定存款准备金的比率被大幅调低，一些国家甚至取消了存款准备金制度。应该说，取消存款准备金制度对中央银行的公开市场操作提出了更高的要求，因为它增加了中央银行对准备金市场中准备金需求的预测难度。

1984 年，中国人民银行开始专门行使中央银行职能，中国的中央银行体制建立起来，与之相适应，建立了存款准备金制度。1998 年以前，我国存款准备金制度的主要功能不在于满足商业银行支付与资金清算的需要和调控货币总量，而在于让中央银行集中一部分资金用于发放再贷款，支持农副产品收购和某些重点产业、重点项目的资金需求，因此，初期规定的法定存款准备金比率比较高，如 1984 年规定企业存款的法定存款准备金率为 20%、储蓄存款为 40%、农村存款为 25%。1985 年，人民银行改变按存款种类核定存款准备金率的做法，统一将存款准备金率调整为 10%。后又经过 1987 年、1988 年两次调整，使法定准备金率达到 13%。此外，由于规定法定存款准备金不能用于支付与清算，所以，中国人民银行又设立了备付金存款账户，且在 1989 年规定备付金需保持在 5% ~7%。

随着我国金融体制改革的不断深入，由直接金融调控向间接金融调控的条件日益成熟，为充分发挥存款准备金制度对货币供应量的调控功能，1998 年，人民银行对存款准备金制度进行了改革，主要内容包括：合并“准备金存款”和“备付金存款”两个账户，称为“准备金存款”账户；将法定存款准备金率从 13% 下调到 8%；对各金融机构的法定存款准备金按旬、按法人统一考核；下调准备金存款利率等。这次改革恢复了存款准备金制度的原有功能，使其真正成为中国人民银行的货币政策工具之一。2004 年，中国人民银行开始实行差别存款准备金制度，将存款准备金率与金融机构的资本充足率、资产质量状况等指标挂钩，以抑制资本充足率较低且资产质量较差的金融机构盲目扩张贷款，存款准备金制度又成为维护金融稳定的工具。

2003 年，特别是 2006 年以后，中国人民银行调整法定存款准备金率的次数日益频繁，存款准备金制度俨然成为人民银行的常用政策工具，这与这一时期货币供应量仍是我国货币政策的中介指标、外汇占款持续增长导致基础货币投放过多、公开市场操作与再贴现政策受到货币市场发展的制约等因素相关。事实上，世界上许多国家都曾在特定的经济发展时期因为特定的因素而将存款准备金制度作为本国中央银行经常使用的政策工具之一。在未来的改革与发展中，当决定我国存款准备金制度的各种因素发生变化时，存款准备金制度便会按其特有的规律随之发生变化。

参考文献：

美国联邦储备委员会：《法定准备金：历史、现状及潜在变革》，引自中国人民银行货币政策司：《存款准备金制度的理论与实践》，企业管理出版社1998年版。

戴根有：《我国存款准备金制度及其改革》，引自中国人民银行货币政策司：《存款准备金制度的理论与实践》，企业管理出版社1998年版。

王元龙：《西方国家存款准备金制度的改革及其借鉴》，载于《国际金融研究》1997年第4期。

Weiner, Stuart E., Payment of Interest on Reserves: Federal Reserve Banks of Kansas City, *Economic Review*, Vol. 68, January 1983.

Milton Friedman, *A Program for Monetary Stability*, Fordham University Press, 1960.

（贾玉革）

窗口指导与道义劝告

Window Guidance and Moral Persuasion

窗口指导是指中央银行根据产业行情、物价趋势和金融市场动向，规定商业银行的贷款重点投向和贷款变动数量，并要求其执行的政策手段。道义劝告是指中央银行利用其在金融体系中的特殊地位和威望，通过对商业银行及其他金融机构发出通告、指示或与各金融机构的负责人举行面谈的方式，解释政策意图，使商业银行和其他金融机构自动采取相应措施贯彻中央银行的政策。窗口指导与道义劝告同为中央银行间接指导信贷变动方向和重点的政策工具，其作用发挥的大小取决于中央银行在金融体系中是否具有较强的地位、较高的威望和控制信用的足够的法律权利和手段。

窗口指导产生于20世纪50年代的日本。第二次世界大战之后，由于战争的破坏和战后相关事宜的处理，日本供给极度短缺，而需求急剧增加，致使日本发生了恶性通货膨胀，1945～1951年的6年间，批发物价上涨了98倍（铃木淑夫，1993）。在这样的经济背景下，日本的中央银行——日本银行直接参与资金分配，介入商业银行的贷款投放活动。1952年日本经济全面复兴，1953年超过战前经济水平，日本银行随即停止直接干预商业银行借贷活动的做法。但为了实现赶超欧美战略，日本银行人为将银行借贷利率抑制在市场均衡利率水平之下，为避免银行超额放贷，1957年日本银行开始逐步根据各家商业银行的规模、贷款计划额和资金头寸，对各商业银行的贷款增长额进行规定，实施窗口指导。在20世纪80年代之前，企业融资对银行贷款的依赖性较高，信贷途径是日本银行货币政策的主要传导途径，窗口指导便因之成为日本银行控制信贷数量增长的一个重要手段，也取得了较好的作用效果。20世纪80年代之后，日本加速了金融自由化进程，金融市场快速发展，利率市场化改革进一步推进，企业通过金融市场融资规模的大幅增长和利率在货币政策传导中的作用日益重要，使窗口指导的作用效果不佳。与此同时，理论界对窗口指导存在的限制银行竞争、使信贷份额固定化、信用配额导致资源分配效率低下等问题的指责越来越多。基于现实，1991年7月，日本银行取消了窗口指导。

“道义劝告”一词出自《圣经新约·约翰书》，原意是指传教士对广大信徒进行道德说教，规劝他们笃信上帝。金融领域使用“道义劝告”源于18世纪的英格兰银行从道义上规劝商业银行降低贷款利率，使借款者免受“高利贷”的盘剥。伴随着英格兰银行向中央银行的转变以及中央银行制度在全世界范围的普遍确立，道义劝告逐渐成为各国中央银行重要的货币政策工具之一，在金融结构日益复杂、金融市场运作与金融机构经营不确定性日益增强的现代金融体系中，道义劝告的地位与作用也不断增强。道义劝告在各国采用的方式不尽相同，如英格兰银行往往以行长的名义向当事的金融机构发一封正式的信函，要求其规范业务活动；美联储在20世纪80年代之前主要采用约请商业银行负责人到联储银行的办公地点共进茶点和咖啡的方式督促其认真执行联储制定的货币政策；80年代之后则广泛地通过在公共媒体公开讲话扩大道义劝告的影响力，并将道义劝告与公开市场业务相结合，即利用银行业及金融市场电子化和网络化的特点，在公开市场委员会举行会议的前后一段时间内，针对商业银行信贷水平乃至整个金融系统的运行状况发表公开讲话，讲解美联储近阶段的政策目标，对市场内的行为和状态发出警告或呼吁，敦促银行系统的信贷政策向美联储指定的目标靠拢（高钧，2003）。

窗口指导与道义劝告是中国人民银行重要的货币政策手段。1998年，中国人民银行取消了对四大商业银行的贷款规模管理，改为在年初确定当年全部金融机构的贷款增量，并对贷款的投向进行指导。通过定期召开“经济金融形势分析会”、“窗口指导会议”,随时举办小型座谈会、发出书面指导意见等多种形式,向商业银行等金融机构负责人介绍中央银行货币政策的意图。对于不遵从指导的金融机构,中国人民银行将对其进行相应的惩罚,如“对于部分贷款增长过快的银行通过发行定向央票引导其注重贷款平稳适度增长”(2009 年第四季度货币政策执行报告)。

从未来的发展趋势看,在间接融资在我国的融资结构中居于主要地位的阶段,窗口指导仍将发挥其应有的作用,并取得良好的作用效果。但 2009 年以后,企业债券市场发展迅速,证券、保险类非银行金融机构对实体经济的资金支持力度增强,商业银行表外业务大量增加,已经对贷款表现出明显的替代效应,显示出绕过窗口指导的融资渠道不断拓宽,导致新增贷款量与经济增长率等宏观经济指标的相关性降低。2011 年中国人民银行增加社会融资总量作为货币政策的监测指标,正是针对这种现象做出的反应。可以预见,伴随着金融市场的发展以及利率传导机制的建立,窗口指导在我国的有效性将会逐步降低,“道义劝告”则可通过公共媒体的广泛传播而作用得到加强。

参考文献:

[日]铃木淑夫:《日本的金融政策》,中国发展出版社 1993 年版。

高钧:《道义劝告在美国货币政策和银行管理中的应用》,载于《中国金融》2003 年第 6 期。

[日]福本智之、[日]木村武、[日]稻村保成、[日]东将人:《中国窗口指导的有效性与金融环境——日本的经验与启示》,载于《金融发展评论》2011 年第 10 期。

(贾玉革)

直接信用控制与间接信用控制

Direct Credit Control and Indirect Credit Control

直接信用控制是指中央银行以行政命令或其他方式对金融机构尤其是商业银行的信用活动进行直接控制。其手段包括信用配额、利率控制、流动性比率管理和直接干预等。

信用配额是中央银行根据金融市场的供求状况及客观经济需要,分别对各个商业银行的信用规模加以分配和控制,从而实现其控制整个社会信用规模的一种手段。中央银行使用信用配额这种工具的基础性条件通常是:首先,在一国的融资结构中,间接融资占主导,且几家大的商业银行在本国金融体系中居于主体地位;其次,贷款需求旺盛,商业银行自我约束能力和风险控制能力较弱,有较强的发放贷款的冲动;最后,货币市场不发达,公开市场业务、再贴现等政策工具难以有效发挥作用。在特定的经济发展阶段和金融体制下,世界上特别是亚洲一些国家或地区,都曾不同程度地采用过这种手段。

1998 年以前,信用配额是我国中央银行控制信用规模的主要手段。在“大一统”的金融体系下,中国人民银行实质上是我国唯一的一家银行,实行“统存统贷,计划管理”的信贷资金管理体制。这种资金管理体制决定了中国人民银行总行只有通过贷款的指令性指标管理才能控制全国的贷款总量,因此,给各级分支机构分配、下达贷款指标——允许发放贷款的最高限额——几乎是中国人民银行控制货币供给规模的唯一手段。改革开放后,两级银行体制逐渐建立,信贷资金管理办法也相应改革。1980 年,银行信贷资金开始实行“统一计划、分级管理、存贷挂钩、差额包干”的管理办法,控制与调节各级分支机构的“信贷差额”计划成为中国人民银行总行调节货币供应总量的主要手段,而信贷差额计划为指令性计划,不经中国人民银行上级行批准不能突破。1984 年 1 月 1 日中国工商银行从中国人民银行中分设出来,人民银行专门行使中央银行职能。1985 年 1 月 1 日,人民银行对各专业银行的信贷资金开始采取“统一计划、划分资金、实贷实存、相互融通”的管理办法,其与各家专业银行的资金往来关系成为借贷关系,从技术上说,这种管理办法已为人民银行对专业银行实施间接调控创造了条件。但是,在当时政府直接管理经济但又不承担风险,因而对贷款形成无限需求,专业银行缺少风险约束普遍具有贷款扩张冲动的现实背景下,中国人民银行难以通过运用法定存款准备金率、再贷款、再贴现等间接货币政策工具调控基础货币,从而实现调控货币供应量的目的,于是,贷款限额便顺理成章地成为中国人民银行调控货币供给量最重要的手段:在贷款限额内,多存可以多贷,一旦达到限额,即使仍有存款,也不许继续放款。应该说,在我国特定的经济发展阶段,信用配额这种直接信用控制手段对于控制我国信贷总量,集中资金保证国家重点建设,发挥了应有的积极作用。

随着我国经济、金融体制改革的逐步推进,单一的国家银行体系逐渐被多种金融机构所替代,1996 年国有商业银行以外金融机构新增贷款占全部金融机构新增贷款的比重已达到 49%;20 世纪 90 年代以后,金融市场快速发展,企业通过直接融资渠道获得资金的数量越来越多;与此同时,随着我国对外开放的扩大,外汇资产的变动对国内货币供应量的影响也越来越大。在这种情况下,对国有商业银行的贷款进行限额管理已难以达到调控货币供给量的预期效果。1998 年 1 月 1 日,中国人民银行取消了对国有商业银行的贷款限额控制,改为对商业银行按年(季)下达贷款增量的指导性计划,推行资产负债比例管理和风险管理,并在此基础上实行“计划指导、自求平衡、比例管理、间接调控”的信贷资金管理体制，对货币供给总量的控制转变为通过对基础货币的调控来实现。

规定存贷款利率或对存款利率规定最高限额等利率控制措施是中央银行最常用的直接信用工具。如在1980年以前，美国有Q条例和M条例，条例规定，活期存款不准付息，对定期存款及储蓄存款则规定最高利率限制。其目的是为了防止银行用抬高利率的办法竞相吸收存款和为谋取高利而进行风险投资和放款，从而保证银行的正常经营。我国在计划经济时期执行严格的利率管制。以计划为主的利率管制虽然使中央银行对利率的控制较为直接和迅速，但它也存在许多弊端，如计划利率很难准确反映市场中资金供求的真实状况，从而难以很好地发挥利率的调控作用。随着我国金融改革的逐步深化，中国人民银行对利率的控制逐步放松，逐渐走向市场化。我国利率市场化改革的进程请参考“利率市场化”条目。

流动性比率管理是中央银行为了限制商业银行扩张信用，规定其流动性资产对流动性负债的比重。一般说来，流动性比率与收益率成反比。为保持中央银行规定的流动性比率，商业银行必须采取缩减长期放款、扩大短期放款和增加易于变现的资产的持有量等措施。现在，流动性比率管理更多地体现为国家金融监管当局控制商业银行流动性风险的监管指标，如中国银监会规定我国商业银行的流动性比率不得低于25%。

直接干预也被称为直接行动，是指中央银行直接对商业银行的信贷业务、放款范围施以干预。中央银行直接干预的方式有：直接限制放款的额度；对业务经营不当的商业银行拒绝再贴现，或采取高于一般利率的惩罚性利率；明确规定各家银行的放款或投资的范围、放款的方针等。

间接信用指导是指中央银行采用各种间接的措施对商业银行的信用创造施以影响。其主要措施有道义劝告、窗口指导等，具体内容请见“窗口指导与道义劝告”词条。

参考文献：

谢平等：《中国的金融深化与金融改革》，天津人民出版社1992年版。

刘光第、戴根有、李健：《中国经济体制转轨时期的货币政策研究》，中国金融出版社1997年版。

戴根有：《走向货币政策间接调控》，中国金融出版社1999年版。

王广谦：《中央银行学》，高等教育出版社1999年版。

《人民日报》评论员：《金融宏观调控的重大改革》，载于《人民日报》1997年12月26日。

（贾玉革）

超额准备金
Excess Reserve

超额准备金也称备付金、支付准备金。广义的超额准备金是指商业银行的存款准备金（包括商业银行在中央银行的准备存款和商业银行的库存现金两部分）扣除法定存款准备金以后的余额；狭义的超额准备金则仅指准备存款扣除法定存款准备金以后的余额。超额准备金是商业银行扩大资产业务（主要是贷款业务）的基础，在商业银行扩大资产业务的同时，其存款余额上升，所需占用的法定存款准备金增加，超额准备金随之降低，因此超额准备金比率（超额准备金与存款总额之比）通常被用作判定银行体系流动性的重要指标。

超额准备金一般包括借入准备金和非借入准备金。借入准备金是商业银行由于准备金不足而向拥有超额准备金的银行借入的货币资金。超额准备中扣除借入准备金，即为非借入准备金，又称自有准备金。

由于中央银行规定了商业银行的准备金与存款总额的最低比率，即法定准备金率，因此，超额准备金数量的多少，也就直接影响着商业银行的资产业务扩张能力以及与此密切相连的存款货币派生能力。超额准备金的变动也会影响货币乘数大小，在其他参数不变的情况下，货币乘数大小与超额准备金比率的高低负相关。而在银行准备金总量不变的情况下，超额准备金与法定存款准备金之间存在此消彼长的关系。当法定存款准备金率提高时，法定存款准备金要求增加，商业银行的超额准备金相应减少，其信用和信贷扩张能力下降；反之，法定存款准备金率下调，商业银行的信贷扩张能力则随之增强。因此，超额准备金通常作为货币政策的操作指标，直接影响社会信用总量（吴念鲁，2009）。

中央银行的业务操作对商业银行保留的超额准备金水平有着重要的影响。中央银行的资产业务扩张和收缩，包括买卖外汇、黄金、有价证券、再贴现、再贷款等业务，直接导致基础货币的投放和回笼，也直接导致商业银行存款准备金的增减以及超额准备金的增减。中央银行的负债业务变化，如政府存款余额、央行债券余额的变化，也会导致基础货币总量、存款准备金总额和超额准备金总额的变化。此外，中央银行还可以通过调整超额准备金的利率水平，来影响商业银行所保留的超额准备金水平。

1998年我国存款准备金制度改革之后，金融机构的超额准备金率出现了较大幅度的变动，但总体上呈现出逐步下降的趋势，资本市场的发展，商业银行股份制改革的不断推进，支付清算系统的创新和发展等，对超额准备金率的稳步下降起到重要作用（朱芳、李俊，2009）。

近年来,国际学术界高度关注银行出于预防性动机而持有的非自愿超额准备金问题。银行出于预防性动机而持有超额准备金的目的在于,当银行面临流动性风险时,为避免不可预计的资金支出导致准备金不足而出现的损失。但是,当银行持有预防性超额准备金的同时,也意味着放弃了贷款和债券投资所带来的收益,这是持有预防性超额准备金的机会成本。那么,最优的预防性超额准备金水平将是由银行避免准备金不足带来损失而产生的边际潜在收益,与放弃贷款和债券投资收益而产生的边际机会成本所决定的。可以推论,如果银行超过这一最优水平而继续累积超额准备金,就有可能会使边际收益递减而小于边际成本。在此情形下,多出的超额准备金既无须应付不可预计的支出,也不能产生盈利,即为银行持有的非自愿超额准备金。

银行出于预防性动机而持有的超额准备金,是在预防性动机下最优资产组合行为的结果,不会对产出和价格构成压力,对此货币当局无须过多关注。但是,超过这一动机持有的非自愿超额准备金,则可能是因为银行出于投机性动机而在非自愿超额准备金与贷款、债券投资之间的资产组合行为的周期性变动,从而加剧和放大了产出和价格的波动,并构成了导致宏观经济运行不稳定的重要因素。在此情况下,货币当局在流动性管理中则应审慎针对非自愿超额准备金展开微调性操作,以实现经济平稳运行。

参考文献:
吴念鲁:《商业银行经营管理》,高等教育出版社2009年版。
张勇:《银行非自愿超额准备金与宏观经济波动:来自中国的经验证据》,载于《当代财经》2012年第1期。
朱芳、李俊:《我国金融机构超额准备金率变动分析》,载于《暨南学报(哲学社会科学版)》2009年第3期。

(张勇)

银行流动性
Liquidity of Bank

银行流动性是指商业银行在一定时间内、以合理的成本获取资金用于偿还债务或增加资产的能力。商业银行提供现金满足客户提取存款的要求和支付到期债务本息,这部分现金称为"基本流动性",基本流动性加上为贷款需求提供的现金称为"充足流动性"。保持适度的流动性是商业银行流动性管理所追求的目标。

银行流动性体现在资产和负债两个方面。资产流动性是指商业银行持有的资产可以随时得到偿付或在不贬值的情况下出售,即无损失情况下迅速变现的能力。变现能力越强,所需成本越低,则流动性越强。因此,银行应当估算所持有的可变现资产量,把流动性资产持有量与预期的流动性需求进行比较,以确定流动性适宜度。负债流动性是指商业银行能够以较低的成本随时获得需求的资金。筹资能力越强,筹资成本越低,则流动性越强。保持适度的流动性是商业银行流动性管理所追求的目标(吴念鲁,2009)。

商业银行流动性的衡量方法主要有财务比率指标法和市场信号指标法。

财务比率指标法又叫流动性指标法,是指商业银行根据资产负债表的相关数据,计算资产流动性和负债流动性指标,用以衡量商业银行流动性状况的预测方法。

市场信号指标法则主要包括以下指标:公众信心、银行股票价格、银行发行债务工具的风险溢价、银行资产售出时的损失、履行对客户的承诺能力、向中央银行借款的情况以及银行的外部资信评级等。

商业银行在进行流动性管理时,一方面面临着复杂的外部市场环境,另一方面其自身的流动性资产与负债也处于不断变化中。因此,针对特定时点上的流动性需求有多种方案可供选择。银行在进行流动性管理决策时主要应遵循以下原则:

一是进取型原则,当出现流动性缺口时,银行管理者不是依靠收缩资产规模和出售资产,而是通过主动负债的方式来满足流动性需求。

二是保守型原则,当出现流动性缺口时,银行管理者不采取主动负债的方法,而是靠自身资产转换、出售的方式来满足流动性需求。

三是成本最低原则,流动性缺口的满足应以筹资成本最低为原则。

流动性是银行的生命线,商业银行的流动性不仅是整个金融体系甚至是整个经济体顺畅运行的基本保证。1977年,美国花旗银行前任财务主管在与一群华尔街银行分析师的谈话中,对银行流动性的重要意义做出了十分精辟的论述:"美国金融监管机构(如联邦存款保险公司,简称FDIC)的银行风险评级制度CAMEL分别代表资本、资产、管理、盈利和流动性,但这一表述次序应该完全掉转过来,即流动性应放在首位——LEMAC,原因在于,流动性永远是第一重要的,没有它,银行不能开门营业;而有了它,银行可以有足够的时间去解决其他问题"(葛奇,2001)。

流动性不仅直接决定着单个商业银行的安危存亡,对整个国家乃至全球经济的稳定都至关重要。1997年爆发的东南亚金融危机中,泰国、马来西亚、印尼、菲律宾等国家都发生了因客户挤兑而引发的流动性危机,并迫使大批商业银行清盘,以致引发了一场波及全球许多国家和地区的金融危机。

以上关于银行流动性的分析,更多地是从单个银行流动性的视角来进行分析，以确保单家银行的稳定和安全。但从整个银行体系的角度，还存在着一个银行体系流动性的问题。从国际上看，流动性可以区分为金融机构融资流动性和市场流动性。前者不仅包括银行体系，还包括各类非银行金融机构。而在银行体系提供的融资占主导地位的国家，银行体系流动性则是金融机构融资流动性讨论的重点。一般来说，银行体系流动性是指银行体系在整体上的头寸充裕程度，它会直接影响到其货币扩张能力，从而对市场流动性产生影响，而市场流动性又会对实体经济产生重要影响，并左右着宏观经济政策（尤其是央行的货币政策决策）。

从货币政策操作的实践来看，中央银行流动性管理所涉及的流动性主要是直接针对银行体系流动性，从而间接影响市场流动性，并对实体经济产生影响。也就是说，是试图运用货币政策工具向银行体系注入或回笼基础货币，调节银行体系的流动性，实现引导银行贷款和债券投资行为，从而实现信贷和货币总量目标，以保证宏观经济平稳运行。

长期以来，中国人民银行加强对银行体系流动性情况的分析监测，视银行体系流动性变化情况，合理把握公开市场操作力度和节奏，与存款准备金政策相配合，促进银行体系流动性供求的适度均衡（中国人民银行，2011）。

参考文献：
吴念鲁：《商业银行经营管理》，高等教育出版社 2009 年版。
葛奇、霍团结：《美国商业银行流动性风险和外汇风险管理》，中国经济出版社 2001 年版。
中国人民银行：《货币政策执行报告》2006 年、2011 年。
蔡如海、沈伟基：《流动性过剩、分层界定、判定指标及成因分析》，载于《经济理论与经济管理》2008 年第 7 期。

（蔡如海）

相机抉择

Discretionary Monetary Policy

相机抉择又称权衡性货币政策，指货币当局在运用货币政策工具调节经济的过程中，并不受遵循任何显性的或隐性的程序或原则的约束，而是依据实际经济状况相机而动，以实现特定的货币政策目标。

如何处理货币政策与经济周期的关系，最早的原则是"逆风向"调节：经济趋热，相应紧缩；经济趋冷，相应扩张。这种模式的货币政策被概括为"反周期货币政策"，而"相机抉择"就是指这种调控模式。

相机抉择的货币政策规范具有以下特点：

第一，货币政策本身属于一种能动性的短期经济稳定政策，货币当局之所以要根据经济运行态势相机抉择，其目的是要用货币政策所造成的能动性名义国民收入波动来抵消因总需求扰乱所导致的自发性名义国民收入波动，借以调节经济周期，稳定经济运行。

第二，货币政策对经济运行的稳定作用，是通过"逆经济风向行事"的"反经济周期"的具体操作方式而实现的。

第三，在"逆经济风向行事"的"反经济周期"货币政策的具体操作过程中，货币当局被赋予广泛的权力，它可以根据自己的主观判断权衡取舍，从而扮演了一个"货币列车"的"驾驶员"角色。

传统经济学支持相机抉择政策最重要的论据之一，在于它赋予政策制定者对那些没有遇见到的或是在可能规则中未可描述的偶然情况，做出快速反应的灵活性。相机抉择的货币政策能够针对不利的供给波动或意外的需求波动迅速、灵活地进行政策调整，以缓解不利冲击可能引起的危害（Rogoff，1985）。

但是，相机抉择政策思想先后受到两方面的批评。先是来自货币主义，货币主义者不主张国家干预经济生活，他们认为，由于干预的时滞等原因，反周期的干预会导致周期波动的加剧。根据货币主义的货币需求理论，他们主张货币政策应该遵循固定的货币增长率的规则，被概括为"单一规则"，或简称为"规则"，以区别于"相机抉择"。弗里德曼（Friedman，1991）主张固定增长率规则，以避免货币政策本身成为经济波动的根源。他认为在货币政策决策问题上，中央银行更容易受到公众意见和政治压力的左右，所以相机抉择的货币政策造成了经济的波动。尔后，是来自理性预期学派的批评。理性预期学派认为，对于宏观干预政策，公众依据预期会采取相应行动，即"上有政策，下有对策"。结果会使政策不能实现预定的目标，这就是他们有名的政策无效命题。

随着理论不断的发展，初期的"相机抉择"与"规则"这组对立概念已经演进。现在，对"相机抉择"概念有否定意义的解释，即把它解释为货币当局以不同于公开目标的隐蔽目标来贯彻自己的政策意向；同时也有肯定意义的解释，即肯定货币当局有必要针对不同的经济形势相机调节自己的政策措施，但要求这样的"相机抉择"应有"规则"。今天讲"规则"也非"单一规则"，而是在更一般的意义上，要求中央银行在货币政策目标的决策中应该遵循规则——包括"相机抉择"的"规则"（黄达，2009）。

在世界各国的具体实践中，纯粹的单一规则和纯粹的相机抉择都不存在，更常见的情况是以规则为主、以相机抉择为辅的混合政策模式。大多数国家采取长期政策遵循单一规则，而短期调整则依靠相机抉择，规则与相机抉择相互补充的原则。通货膨胀目标制的兴起,则是对此现象的一个最好证明:斯文森(Svensson,1999)指出,盯住通货膨胀实际上是一种货币政策规则,且该规则结合了货币政策规则与相机抉择两种模式的优点,因而是一种相机抉择型规则。

经济哲学的观点告诉我们,不存在普遍适用的规则。就规则与相机抉择之争而言,其更为重要的意义是在于让人们了解它们的优劣之处,从而方便决策者选用,以提高全社会的福利水平。值得注意的是,在经济发展的不同阶段,货币当局随着宏观经济环境的变化而在各种规则之间的政策转换行为,比如从固定货币增长率规则到标准泰勒规则及其各种变形,这个过程本身就是一种相机抉择。哪种货币政策规则,它都是依据特定的经济模型来进行模拟和预测并据以行事的,而这些模型的参数又是依赖于经济结构至少在一段时间内是稳定的假设。

从一国货币政策操作实践变迁的历史角度来看,货币政策的制定和实施是一个连续的过程。在这个连续过程中,不同的货币政策规则只是相应于不同的经济发展阶段或宏观经济状况的要求而出现的,因此只是这个过程的一系列环节。货币当局相机抉择地在这些规则中做出选择,并将其串联起来,从而形成了一个连续的系统。纵观世界各国货币政策调控模式的选择,总是规则与相机抉择相伴,并不存在二者的极端状态。1984 年中国人民银行正式履行中央银行职能以来,我国货币政策表现的繁复多变似也印证了这一观点(索彦峰,2006)。

我国经济的运行表现出典型的转型经济特征,经济政治体制正处于制度变迁过程中,在经济领域政府干预的色彩十分浓厚。就货币政策来说,虽然中央银行的独立性有所增强,但货币政策决策的政治过程仍十分明显。货币当局相机抉择地在各种规则之间进行转换的频率较高。

由于我国特殊的经济金融环境,相机抉择的货币政策在我国灵活有效的运用还存在以下三个问题:

第一,中央银行独立性仍需进一步加强。我国目前是由中央银行提出政策建议,由国务院批准。由于在特定的情况下,国务院与中央银行的目标有可能不一致,结果经国务院批准后的政策会更多地体现了国务院的目标,而不是中央银行的目标,这必然会影响中央银行货币政策的可信性,继而影响货币政策的有效性。

第二,要提高研究能力,努力实现基于对未来经济的预期来制定货币政策。我国目前的货币政策框架主要是基于简单的反馈规则,即根据对过去经济运行结果的反馈,来决定货币政策的松或紧。这种政策框架受到所依据的信息不能涵盖所有经济活动,统计数据本身的不完全,统计数据具有一定时滞等不利影响而导致政策缺乏前瞻性、科学性和灵活性。而基于对未来经济的预期来制定货币政策能够增进决策判断的前瞻性、科学性,并提高政策的灵活性,真正实现一定规则范围内的相机抉择,提高政策的可信性。

第三,要进一步推进金融体制改革,保证货币政策的顺利传导。货币政策要发挥作用,需要经过一系列中间环节,最终作用于经济主体。我国当前仍处于转轨时期,金融市场发展滞后,企业融资主要依靠商业银行,货币政策的传导机制也主要依赖于商业银行系统,而不是整个金融市场。然而,目前我国商业银行的盈利模式较为单一,其抵抗风险的能力较差,以上这些因素都会妨碍我国货币政策的顺利传导。货币政策传导的不畅必然造成货币政策不能发挥预期效果,从而导致货币政策的可信度下降。因此,需进一步推进金融体制改革,以保证货币政策顺利传导,继而增进货币政策的可信性。

参考文献:

黄达:《金融学》精编版,中国人民大学出版社 2009 年版。

[美]米尔顿·弗里德曼:《货币稳定方案》,上海人民出版社 1991 年版。

索彦峰、高虹:《规则还是相机抉择:货币政策选择的交易成本政治学视角》,载于《经济评论》2006 年第 1 期。

Rogoff, Kenneth, The Optimal Degree of Commitment to an Intermediate Monetary Target, *Quarterly Journal of Economics*, Vol. 39, 1985.

Susanne, Optimal Commitment in Policy: Credibility versus Flexibility, *American Economic Review*, 1992.

(蔡如海)

货币的内生性与外生性

Endogeneity and Exogeneity of Money

货币的内生性与外生性是货币供给量是否可控的一种理论表述,反映货币当局与货币供给调控之间的基本关系。货币的内生性是指货币供给的变动主要取决于经济体系中的实际变量,如收入、储蓄、投资、消费等因素以及公众、商业银行等微观主体的经济行为,而不取决于货币当局的政策意愿,因而货币当局并不能有效地控制货币供给量。货币的外生性是指货币供给的变动主要是由货币当局的政策行为决定的,而不是直接取决于经济体系中的实际变量和微观主体,因而货币当局对货币供给量是能够进行有效控制的。

货币供给是内生的还是外生的,人们最早讨论这一命题集中在对货币本质的认识上。而对货币本质的认识在贵金属充当货币的时代基本上有两种对立的观点,即货币金属观和货币名目观。货币金属观认为,货币等同于财富，它自然应该是具有实体价值的贵金属；货币名目观认为，货币是便利交换的技术工具，货币的价值是由国家的权威决定的。到信用货币时代，货币金属观发展为“足额准备论”，货币名目观发展为“管理通货论”。足额准备论认为，信用货币的发行必须要有足额的黄金及其他实质货币资产作准备，货币本质上是内生的；管理通货论则认为信用货币的数量应由国家根据经济的客观需要来决定，货币是外生的。凯恩斯（John Maynard Keynes）在货币本质的看法上是一个名目主义者和国定货币论者，认为货币供给是由国家授权的货币当局控制的外生变量，在社会有效需求不足的经济背景下，可以利用赤字财政和膨胀性货币政策促进经济的增长。

货币数量说认为货币具有外生性。早期的货币数量说认为，商品流通接受所有的货币数量，货币数量增加，物价必然上涨。在金属货币制度下，不管贵金属的增加是来自金银矿的开采还是来自对外贸易顺差，都会导致物价的上涨。在信用货币制度下，货币数量决定物价变动更为明显。近代货币数量说在定性分析基础上引入了数学模型，着力于研究货币需求，从现金交易数量说的甘末尔（E. W. Kenmerer）交易方程式和费雪（Irving Fisher）交易方程式到现金余额数量说的马歇尔（Alfred Marshell）理论和剑桥方程式，都把货币供给看成是外生的，其政策主张是货币当局应该严格按货币需求提供货币供给。反对货币数量说的人则认为货币供给是内生的。在金属货币条件下，流通中的货币量取决于商品的价值量，货币数量受制于商品价格总额。在信用货币条件下，信用货币的需求量依存于它所代表的实体货币量，也即经济体系自身决定了货币的需求与供给。

现代货币金融理论对货币供给内生性与外生性的分析是通过解析货币供给形成机制中的几个决定因素进行的。现代经济生活中的货币都是由银行体系创造和提供的。从商业银行等存款货币机构的角度来看，银行通过支票存款转账结算系统会创造出新的存款货币。作为创造基础的最初的存款一般称为“原始存款”，在此基础上扩大的存款称为“派生存款”。原始存款与派生存款之和即为银行货币创造机制作用下的存款总额，这个存款总额与原始存款之比即为存款的派生倍数。存款的派生倍数决定于商业银行等机构的存款准备率和人们的提取现金比率等因素。在法定存款准备制度下，商业银行等机构的存款准备率又可区分为法定准备率和超额准备率，在对活期、定期存款规定不同准备率的情况下，活期存款与定期存款的比例也对存款货币的派生产生影响。从中央银行角度看，社会经济生活中的货币供给也可分为两个部分：其一是中央银行创造和提供的基础货币，在构成上包括商业银行等起创造存款货币作用的金融机构在中央银行的法定存款准备金、超额存款准备金以及自身持有的库存现金等准备金总额和流通于银行体系之外的通货之和；其二是在基础货币基础上通过整个银行体系和经济体系的共同作用形成的远超过基础货币量的货币总量。货币供给总量与基础货币之比即为货币乘数。可见，货币供给主要取决于基础货币、通货—存款比率、准备—存款比率这三个基本因素。影响存款派生倍数的几个因素均可包括在这三个基本因素中。货币供给是内生的还是外生的，争论的焦点在于货币当局对上述决定货币供给的三个基本因素能否进行有效控制。米尔顿·弗里德曼（Milton Friedman）认为，在上述决定货币供给的三个基本因素中，基础货币完全能够由货币当局直接来决定，中央银行根据自己对经济形势的判断确定增加或减少基础货币，然后通过自身的资产业务来实现这一政策。虽然准备—存款比率和通货—存款比率表面上分别取决于商业银行和公众的行为，但中央银行通过直接决定基础货币，会对准备—存款比率和通货—存款比率产生决定性影响。在这种分析下，弗里德曼认为，货币供给无疑是外生变量，中央银行通过政策操作，可以有效控制货币供给量。也有经济学家给出了不同分析，J. 托宾（James Tobin）认为，决定货币供给的三个变量之间会发生交叉影响，特别是准备—存款比率和通货—存款比率与真实经济活动的关系密切，往往随经济活动的涨落呈现周期波动。通货—存款比率的变动在很多情况下与中央银行货币政策取向并不一致。准备—存款比率基本上决定于商业银行，盈利率与风险偏好程度及与此相关的利率结构，是商业银行超额储备比率变动的重要决定因素。特别是在经济波动时期，存款—准备比率变动与基础货币之间往往具有明显的反向变化关系。因此，货币供给不应视作中央银行可以控制的变量，它更多地取决于整个经济体系的行为。有些学者还从金融发展的角度寻找理由。认为在现代金融体系中，随着各类机构业务创新的不断涌现，商业银行与其他金融机构之间的区别正在消失，其他金融机构的货币创造力正在增强，中央银行对货币供给的控制力大大降低。另一方面，金融创新使金融机构和公众的资产选择日益多样化，金融机构的资产和负债种类越来越多，表外业务数量增长很快，资金余额的调剂越来越通过金融市场，而对中央银行的依赖减弱。因此，随着金融创新和金融体系及金融市场的发展，中央银行对货币供给的控制就越来越困难，货币供给基本上应算是一个内生变量。

关于货币供给是否可控的问题，中国学者也有很大争论，争论主要集中在对中国现实状况的分析上。不少学者认为，现行体制下的货币供给基本上是内生的。一是因为在信贷方面存在“倒逼机制”，存款货币的数量中央银行很难控制。二是由于现金发行与信贷供应在机制上密切联系在一起,现金的发行中央银行也难以控制。另一些学者认为,信贷供应的倒逼机制固然存在,但在货币供应中不起决定性作用,中央银行有足够的权威和手段控制其信贷规模和货币供应量。倒逼机制的作用大小取决于中央银行的决心,并且,随着企业改革和金融改革的不断推进,倒逼机制存在的客观环境发生了极大变化,只要中央银行严格按照自己对经济金融形势的判断确定货币政策,并根据自己制定的货币政策进行资产负债操作,那么,货币供给就是完全可以控制的。

从货币供给是否可控的争论可以看出,货币供给的内生性与外生性问题是一个具有较强政策含义的货币理论问题。对于这样一个十分复杂的问题,是不可能用"非此即彼"来判断其正误的。货币供给外生论者强调中央银行可以有效控制货币供给,并不否认经济活动对货币供给是会产生影响以及中央银行控制货币供给的艰巨性。货币供给内生论者强调中央银行难以控制货币供给,也并不否认中央银行的货币政策完全无效。两种观点的对立或差异,在于强调的重点和主次的不同。

参考文献:

[英]M. 凯恩斯:《就业利息与货币通论》,商务印书馆 1983 年版。

[英]琼·罗宾逊、[英]伊特韦尔:《现代经济学导论》,商务印书馆 1982 年版。

[美]汉森:《货币理论和财政政策》,1949 年英文版。

[美]F. S. 米什金:《货币金融学》,中国人民大学出版社 1998 年版。

[美]托宾:《十年来的新经济学》,商务印书馆 1980 年版。

[美]弗里德曼:《货币分析的理论架构》,(中国台湾)黎明文化事业公司 1974 年版。

黄达:《货币供给与宏观调控》,中国人民大学出版社 1999 年版。

戴相龙、黄达:《中华金融辞库》,中国金融出版社 1998 年版。

(李健)

货币中性论
Neutral Money Theory

货币中性论是关于货币在经济中能否对实际变量发挥作用的一种理论表述。货币中性论认为货币在经济中的作用是中立的,既不发挥推动作用,也不产生消极影响,经济活动的变化由实体因素起决定作用。分析货币是不是中性的理论方法一般是看名义货币供应量变动对经济均衡产生的具体影响,也即看名义货币供应量的变动是仅仅引起绝对价格水平的同比例变动还是会引起相对价格和利率的变动。因为相对价格和利率的变化能够影响经济中实际变量和产出水平,而绝对价格水平的变动不会改变经济中的实际变量,所以只要名义货币供应量变动后只引起绝对价格水平的同比例变动,不引起相对价格和利率的变动,进而不影响实际变量和产出水平,货币就是中性的,反之,则为非中性的。

货币中性论的思想可以追溯到早期的货币名目观和货币数量说的著作中,如大卫·休谟(David Hume)在 1752 年发表的经典著作《货币论》、《利息论》和《贸易平衡论》中曾论述过这一思想;法国经济学家萨伊(Jean B. Say)的货币面纱观中即包含着货币中性的思想。货币名目观认为货币本身并没有价值,只是一种价值符号,是用于媒介交换的流通手段,而对实际经济活动没有作用。货币数量论认为,货币总量与可交换的商品总量之间存在着一种比价关系,流通中的货币数量仅影响经济中的绝对价格水平,而不影响实际变量和产出水平。萨伊认为,在"供给会自动创造需求"的经济活动中,货币不过是一个乘数因子,货币的数量增减只是使一般商品的价格水平同比例上涨或下跌,无法改变商品的供求关系进而对实际产出发生实质性影响。

最早提出"货币中性"这个概念的是瑞典经济学家威克塞尔(Knut Wicksell)。他在 1898 年出版的《利息与物价》一书中,把货币利率和自然利率相等时,经济均衡取决于实物因素而不受货币因素干扰的状况,称作货币中性。威克塞尔货币中性思想的实质是要让货币在经济中保持中性,减少货币量变动对经济的影响。他认为在现实经济中,货币量变化往往成为经济危机的原因,如果能使货币对经济保持中立,阻隔货币对于经济的不良影响,使经济的均衡仍取决于实物因素,经济状况最为理想。同时,他认为,保持货币的中性是有条件的,就是必须使市场利率等于自然利率。只有这样,才能使投资(资本的需求)恰好等于储蓄(资本的供给),各种商品的相对价格和产量以及生产要素的价格和数量,完全由实物因素决定,因此,维克塞尔主张用调节市场利率等于自然利率的办法来保持货币的中性。

20 世纪 30 年代前后,哈耶克在维克塞尔基础上,进一步研究了货币与物价、货币与经济均衡的关系,他在 1931 年版的《物价与生产》一书中,一方面继承了威克塞尔的思想,认为货币在经济中的最理想状态就是保持中性,货币的任何失衡(不管是过多或过少)都对经济发展起副作用,因此,货币中性是经济均衡发展的重要条件;另一方面他认为保持货币中性的条件不是市场利率与自然利率的一致,应是货币供应的总流量不变。在哈耶克看来,变动货币数量,不论其对一般物价水平有无影响，都必然会使商品相对价格和生产结构发生变动，生产结构的变化影响着经济均衡。因此，要使货币保持中性，消除货币对商品相对价格的形成和生产结构调整的影响，必须使货币供应量保持不变，只要货币数量不变，只用人们的自愿储蓄来进行投资，扩大生产，虽然货币流向和生产结构会发生变动，但却不会破坏三个相等的比例关系，经济可以自动重建新的均衡并有助于经济发展。这种情况如同不存在货币的自然经济内通过实物储蓄增加生产的结果相同。如果变动货币供应量，就将使货币失去中性而引起经济失衡。在上述分析的基础上，哈耶克认为，如果在货币失去中性时企图避免经济危机，只有一个办法，那就是不断地增加货币供应量，如果货币一直膨胀下去，物价上涨将变得难以收拾，货币制度就会面临崩溃的危险。因此，货币信用的膨胀不可能是无止境的。一旦终止货币信用的膨胀，断绝了企业家的资本来源，必然引起资本供给不足。与此同时，物价上涨使人们增加消费支出，减少储蓄，更加重了资本的供给不足。他认为 20 世纪 30 年代大危机的根源就在于此。

哈耶克对经济危机的这种解释被后人称作“资本供给不足论”或“投资过度危机论”。这一理论与凯恩斯对 30 年代大危机的解释恰好相悖。凯恩斯认为，货币在经济中的作用并不都是负面的，在经济萧条时期可以通过增加货币量和扩大政府投资来促进经济增长。他认为危机的主要原因是消费需求和投资需求不足，而通过膨胀性的财政货币政策来提高有效需求，是经济走出困境的必要措施。

20 世纪 60 年代以后，西方经济学家对货币中性的问题进行了更为深入的研究，主要集中在有关货币中性的条件、货币中性与经济增长的关系、货币中性在长期和短期中有无差异、货币中性与货币政策的有效性等方面。

格利和肖在 1960 年出版的《金融理论中的货币》一书中认为，只有在以下两种情况下，货币在经济中才是中性的：(1)在静态的均衡分析中，当一切货币都是内在货币(即在私人内部债务基础上由金融机构债务组成的货币资产)时，货币和货币政策对经济中的实际变量不起作用。因为内在货币不会导致私人和政府部门之间的财富转移，而只会引发私人部门之间的财富转移，一个部门的得益等于另一部门遭受的损失。(2)在初始经济中，当一切货币都是外在货币(即以外国证券、政府证券、黄金为后盾或无任何后盾而由中央银行发行的货币)时，货币和货币政策对经济中的实际变量不起作用。因为外在货币代表政府对私人部门的债务净额，是一种“外在于”私人部门的债务净额。如果不是这两种情况，经济中同时存在内在货币或外在货币，货币就会失去中性。因为不同金融资产之间往往因收益性的变化而相互替代，当中央银行实施货币政策如增加名义货币供应量后，人们调整资产组合的行为就会引起私人部门、企业部门、政府部门改变金融资产的构成和规模，造成利率变动从而引起投资、产出和财富等实际变量的变动。此时，货币中性就会遭到破坏，货币政策的作用就不是中性的。

帕廷金在 1965 年出版的《货币、利息和价格》一书中认为，在借贷经济中，无货币幻觉的个人需求函数，取决于相对价格、利率和初始财富(包括实物资本、债券持有量、和货币余额)的真实价值，货币是中性的。在静态的经济中从长期看，货币也是中性的，货币数量的变化不会影响经济体系中的任何真实变量。他认为，要使增加的货币数量对实际经济均衡不产生影响，从而维持货币中性，需要具备六个条件：(1)实际工资的反应高度灵敏。(2)不存在货币幻觉。(3)不存在收入分配效应。(4)价格和利率的预期具有一致的弹性。(5)不存在支付利息的政府债务，(6)保持内在货币与外在货币同比例增加。

在卢卡斯的合理预期假说中，货币被认为是中性的。他认为由于公众的合理预期和预防性对策，名义变量的变动对实际变量不发生作用，只有当货币数量突然而剧烈地变动，才可能使人们的预期出现误差，从而对实际变量产生暂时的影响。但公众很快就能从各种信息中觉察出来，并迅速地调整预期，一旦人们作出合理预期，这种短暂的影响也随之消失。因此，从总体上看，无论松的或紧的货币政策都是无效的。不仅如此，政府实施不当的货币政策，例如经常采用的扩张性货币政策，还会对经济产生严重的副作用。

货币中性问题讨论的政策意义在于中央银行能否通过提供货币供应量促进经济的增长，它可以说明货币对于实体经济运行的影响力和货币政策的作用力究竟有无或有多大的问题。如果货币不是中性的，货币量变动可以对实体经济运行产生重大影响，政府就能够运用货币政策来干预经济运行；如果货币是中性的，那么货币量的变化不会导致真实变量的变化，货币政策就是无效的。由于学者们在货币中性问题上认识存在较大分歧，所以在政策主张上也各不相同。一种观点认为货币是中性的，政府应该放弃运用货币政策干预经济运行的企图。另一种观点认为，由于存在货币幻觉，货币是非中性的，名义货币量的变动可以作用于实际变量。因此，当经济失衡时，政府应该积极运用货币政策，通过变动货币供应量改变人们的预期及行为，以实现新的均衡。第三种观点认为，货币在长期内是中性的，但短期可以是非中性的，政府在特殊时期可以运用货币政策影响经济，但从长期看，还是应该尽量保持货币的稳定以实现经济的均衡。

参考文献：
[瑞典]K. 维克塞尔：《利息与物价》，商务印书馆1982年版。
[奥地利]F. A. 哈耶克：《物价与生产》，上海人民出版社1958年版。
[英]M. 凯恩斯：《就业、利息和货币通论》，商务印书馆1983年版。
[美]J. G. 格利、[美]E. S. 肖：《金融理论中的货币》，上海三联书店1988年版。
[美]M. 弗里德曼：《货币政策的任务》，引自《最适货币量论文集》，(中国台湾)中华书局1974年版。
[美]R. E. 卢卡斯：《货币中性》，引自罗汉：《诺贝尔奖获奖者演说文集——经济学奖》，上海人民出版社1999年版。
戴相龙、黄达：《中华金融辞库》，中国金融出版社1998年版。
李健：《当代西方货币金融学说》，中国财政经济出版社1989年版。

（李健）

中央银行独立性
Central Bank Independence

中央银行独立性是指中央银行履行自身职责时法律赋予或实际拥有的权力、决策与行动的自主程度。中央银行的独立性比较集中地反映在中央银行与政府(国家行政当局)的关系上，这一关系包括两层含义：一是中央银行应对政府保持一定的独立性；二是中央银行对政府的独立性是相对的。具体而言，中央银行独立性是指中央银行的权利和责任相统一，在制定、实施货币政策和宏观调控方面能自主地、及时地形成决策，并保证决策的贯彻执行不受政府和政治集团的干扰，从而提高货币政策的效果。它强调中央银行与政府其他部门之间的政策相互补充和制约，体现为中央银行独立地制订和实施货币政策，中央银行的分支机构全面、准确地贯彻总行的方针政策，少受地方政府的干预。

一般而言，中央银行与政府的关系或中央银行的独立性，主要取决于中央银行的法律地位。由于各国的国情与历史传统不同，各国对中央银行确定的法律地位也有所不同。中央银行对政府独立性的强弱，体现在以下几个方面：一是法律赋予中央银行的职责及履行职责时的主动性大小。有些国家把稳定货币明确为中央银行的主要职责，并授予中央银行独立制定和执行货币政策的特权，不受政府制约。当中央银行的政策目标与政府的经济目标出现矛盾时，中央银行可以按自己的目标行事，这种类型的中央银行独立性较强，而有些国家法律对中央银行的授权就较小。二是中央银行的隶属关系。一般来说，隶属于国会的中央银行，其独立性较强，而隶属于政府或政府某一部门(主要是财政部)的中央银行，其独立性就弱一些，当然这也不是绝对的。三是中央银行负责人的产生程序、任期长短与权力大小。四是中央银行与财政部门的资金关系。主要是中央银行对财政部是否允许透支及透支额的大小，中央银行对政府融资的条件是否严格、限额及弹性大小、期限长短等；五是中央银行最高决策机构的组成，政府人员是否参与决策等。这几个方面在各国的中央银行法中一般都有明确的规定。

回溯历史，中央银行的独立性问题的提出与争议往往与经济金融发展过程中对中央银行职能强弱的需要密切相关。在危机或战争期间对中央银行独立性的关注较少，而一旦归于运行稳定则争议较多，争论的焦点无非是中央银行对政府应该保持多大的独立性。

在第一次世界大战期间，由于战时财政问题，各国政府都开始加强了对中央银行的控制，为政府筹集战争经费一度成为中央银行的主要任务。政府在加强对中央银行控制的同时，中央银行在发行货币等方面也获得了更多的授权。由于战争和战后的经济恢复，这期间中央银行在政府的干预下，货币发行增加很快，致使许多国家出现了严重的通货膨胀，货币制度和金融制度受到严重冲击，又反过来加深了经济与金融的困难。第一次世界大战后于1920年在布鲁塞尔和1922年在日内瓦召开的两次国际经济会议上，许多国家的中央银行提出了减少政府干预、实行中央银行独立于政府的主张，如当时的英格兰银行总裁诺曼(Montagn Norman)、德国国家银行总裁薛德(Schacht)、美国联邦储备委员会主席司脱朗(Strong)等都持这一观点。这是中央银行发展史上第一次比较集中地提出中央银行独立性问题。由于强调中央银行独立性的观点受到重视，在这之后纷纷设立中央银行的国家都在法律上给中央银行明确了相对独立的地位，许多原已存在的中央银行也通过修订或制定新的法律加以确定。但实际上，政府对中央银行的控制总体上是加强的趋势。特别是20世纪30年代发生了世界性经济金融危机之后，以凯恩斯主义为代表的国家干预主义经济理论兴起，中央银行在经济、金融体系中的重要性日益突出，政府越来越重视通过中央银行来调控宏观经济，因此，政府对中央银行的控制明显加强。20世纪70年代，国际货币体系发生了很大变化，经济运行出现了许多新的特点，中央银行的独立性问题再次被提出。总体来说，当各国经济社会处于平稳发展的时候，政府与中央银行的关系是比较协调的，中央银行能够比较自主地履行自己的职责，而在经济、金融出现困难甚至危机的时候，政府与中央银行往往出现不协调的情况，政府较多地考虑就业、保障等社会问题,中央银行较多地考虑稳定、秩序等经济问题,虽然政府和中央银行在最终目标上是一致的,但在实现目标的措施选择上往往有不同的考虑。在面对需要解决的重要社会问题时,政府一般认为中央银行应更多地按照政府的安排行事方能实现目标,而中央银行则认为保持自身的独立性才是实现政府最终目标的有效保证。因此,中央银行独立性问题,既是一个理论问题,又是一个现实选择问题。

在中国,中央银行独立性问题也同样伴随中国人民银行的发展及其在中国经济金融运行中所发挥作用的不断增强而为人们关注。从1948年中国人民银行成立、1983年9月国务院决定中国人民银行专门行使中央银行职能、1995年颁布《中国人民银行法》至今近30年间,中国人民银行的独立性问题屡屡被经济金融理论界和政府有关部门所研究探讨。总结中国人民银行成立以来的建设与发展,其独立性是明显呈逐步增强趋势的。

首先,从中国人民银行的行政地位看,在1962年之前,中国人民银行是国务院的直属机构,虽然在1962年中共中央、国务院决定将中国人民银行升格为与国务院所属部委同等的地位,但在1969年7月又决定中国人民银行系统与财政部系统合并,一套机构两个牌子,业务分别管理。1977年底,国务院决定自1978年1月1日起,中国人民银行总行作为国务院部委一级单位与财政部分设。之后,虽然国务院的部委机构多次变化,但中国人民银行都一直保持了国务院部委机构的地位。1998年,第九届全国人民代表大会批准国务院机构改革方案,国务院的机构设置大幅精简,但中国人民银行仍然成为国务院组成部门之一,并且作为国家宏观经济调控部门之一,其地位进一步增强。

其次,从法律赋予的权利来看,按照通常意义上的标准衡量,中国人民银行属于独立性较弱的中央银行,但自中国人民银行法颁布以来,其实际上的独立性呈不断增强的趋势。《中国人民银行法》第2条第2款规定,"中国人民银行在国务院领导下,制定和执行货币政策,防范和化解金融风险,维护金融稳定",这就明确了中国人民银行隶属于国务院,是国务院领导下的宏观调控部门。该法第5条第1款规定,"中国人民银行就年度货币供应量、利率、汇率和国务院规定的其他重要事项作出的决定,报国务院批准后执行。"该法第12条第1款规定,"中国人民银行设立货币政策委员会。货币政策委员会的职责、组成和工作程序,由国务院规定,报全国人民代表大会常务委员会备案。"1997年4月15日国务院颁布了《货币政策委员会条例》,规定货币政策委员会为"中国人民银行制定货币政策的咨询议事机构"。法律在规定中国人民银行必须接受国务院领导的同时,也对中国人民银行的独立性给予了一定范围的授权:该法第7条规定,"中国人民银行在国务院领导下依法独立执行货币政策,履行职责,开展业务,不受地方政府、各级政府部门、社会团体和个人的干涉";第13条第1款规定"中国人民银行根据履行职责的需要设立分支机构,作为中国人民银行的派出机构。中国人民银行对分支机构实行统一领导和管理";第5条第2款规定,中国人民银行就第5条第1款规定以外的"其他有关货币政策事项作出决定后,即予执行,并报国务院备案"。另外,法律还对中国人民银行的具体业务活动作了更大程度的授权。从上述法律规定看,中国人民银行在重要事项的决策方面对政府的独立性是较弱的,但这只是对中央政府而言,对地方政府和各级政府部门等,法律赋予中央银行完全的独立性。同时在货币政策操作、业务活动等方面,中央银行的独立性就更强一些。

最后,从实际运作看,中国人民银行虽然在国务院领导下履行其职责,但中国人民银行在货币政策制定和实施方面提出的方案一般都能得到国务院的顺利批准,并在执行中还能得到国务院有力支持,特别是在中央银行的具体运作上,国务院越来越重视其自主操作。因此,中国人民银行实际上的独立性呈不断增强的趋势。

参考文献:
王广谦:《中央银行学》,高等教育出版社2011年版。
范方志:《中央银行独立性:理论与实践》,经济管理出版社2007年版。
孙凯、秦宛顺:《关于我国中央银行独立性问题的探讨》,载于《金融研究》2005年第1期。
钟伟:《论货币政策和金融监管分立的有效性前提》,载于《管理世界》2003年第3期。
[美]卡尔·E·沃什:《货币理论与政策》,上海财经大学出版社2004年版。

(马亚)

货币统计分析
Monetary Statistical Analysis

货币统计分析是中央银行进行的一项基础性活动。中央银行的宏观调控必须以对货币供给状况的准确把握为前提,因此选取合适的反映货币供给状况的金融指标,通过科学的方法搜集、汇总、整理,并对这些指标进行分析研究就十分重要。由于经济体制和金融体制的差异,各国货币统计分析的具体内容各不相同。为了规范货币统计活动,并便于进行国别之间的比较研究,2000年国际货币基金组织确定了一个货币统计的基本范本,在此框架下,各国根据本国情况确定合适的货币统计内容。

货币统计数据一般都采用资产负债表和概览表的形式进行表述，国际货币基金组织为货币统计构建的基本框架由部门资产负债表和概览表两大部分构成。部门资产负债表是货币统计的基础层次，依据金融性公司部门的分类，金融性公司部门可以划分为中央银行部门、其他存款性公司部门和其他金融性公司部门，为此部门资产负债表分为中央银行部门资产负债表、其他存款性公司部门资产负债表和其他金融性公司部门资产负债表。各部门资产负债表的基本项目是一致的。资产项目包括金融资产和非金融资产两大类，非金融资产未进行详细分类。金融资产分为 8 项：(1)货币黄金与特别提款权；(2)货币与存款；(3)非股票证券；(4)贷款；(5)股票和其他股权；(6)保险技术准备金；(7)金融衍生工具；(8)其他应收账款。负债项目具体分为：(1)流通中货币；(2)纳入广义货币的存款；(3)不属于广义货币的存款；(4)属于广义货币的非股票证券；(5)不属于广义货币的非股票证券；(6)贷款；(7)保险技术准备金；(8)金融衍生工具；(9)其他应付账款；(10)股票和其他股权。概览是对金融性公司各部门资产负债表数据进行汇总而得到的资产负债分析报表。概览可以分为三个层次：首先根据部门资产负债表汇总编制概览，包括在中央银行部门资产负债表基础上形成的中央银行概览，在其他存款性公司部门资产负债表基础上形成的其他存款性公司概览，以及在其他金融性公司部门资产负债表基础上形成的其他金融性公司概览；其次，将中央银行概览与其他存款性公司概览合并，形成存款性公司概览；最后，将存款性公司概览和其他金融性公司概览合并形成金融性公司概览。概览主要包括资产和负债，所有概览的资产方都表示金融部门对非居民和国内其他部门所提供的信贷资产，但是负债方列示的项目各有不同：中央银行概览负债项目显示了基础货币的构成；其他存款性公司概览负债项目显示了在广义货币中占有重要比率的存款货币的信息数据；存款性公司概览的负债项目显示了经济中广义货币的全部构成；金融性公司概览的负债项目显示的是金融部门为整个经济提供的信贷规模。

资产负债表和概览可以分别适用于不同的分析目的。部门资产负债表反映了各种金融机构资产负债状况和经营特点，对部门资产负债表进行分析，有助于理解掌握各种金融机构在经营及管理上的特点与区别，为金融监管提供信息。概览则可以从其他角度分析金融信息。中央银行概览显示了基础货币总量与构成的所有数据，对中央银行概览进行分析，可以了解把握基础货币构成及基础货币形成两个方面的状况，为中央银行进行宏观金融调控提供依据。对其他存款性公司概览的资产和负债进行分析，可以了解存款货币创造的途径和构成。利用存款性公司概览可以分析广义货币的规模与构成，分析广义货币与存款性公司资产的关系，了解引起广义货币变化的根源，计算货币乘数，分析中央银行基础货币扩张能力。对其他金融性公司概览进行分析可以了解非银行金融机构的资金融通情况，金融性公司概览为分析整个金融性公司部门对其他经济部门和非居民部门的债权和负债提供数据，通过信贷总量的变化可以衡量和判断金融性公司部门对宏观经济发展的作用和影响。

中国的货币统计经历了不同的发展阶段。1984 年之前，货币统计基本限于信贷收支统计和现金收支统计。1984 年中央银行体制确立后，中央银行资产负债表从当时的专业银行的资产负债账户中独立出来，货币统计的层次框架开始形成。1999 ~ 2005 年中国人民银行曾经编制过货币概览和银行概览，货币概览由货币当局资产负债表与存款货币银行资产负债表合并而成，银行概览是在货币概览基础上将特定存款机构资产负债表并入而成。2006 年中国人民银行按照国际货币基金组织的要求修订了我国的货币统计体系，不再编制货币概览和银行概览，在对金融机构重新分类的基础上开始编制货币当局资产负债表、其他存款性公司资产负债表和存款性公司概览。此外还保留了传统的金融机构人民币信贷收支表，从 2002 年开始增加金融机构外汇信贷收支表和金融机构本外币信贷收支表。2010 年开始，又增加了中资全国性大银行人民币信贷收支表、中资全国性中型银行人民币信贷收支表和中资全国性四家大型银行人民币信贷收支表。在货币统计框架中还包括货币供应量统计表。2011 年中国人民银行开始将社会融资总量指标纳入货币统计框架。

货币当局资产负债表是中国人民银行对国外部门、金融机构、政府和非金融机构的债权与债务统计报表。其资产项目有：(1)国外资产；(2)对政府债权；(3)对其他存款性公司债权；(4)对其他金融性公司债权；(5)对非金融性公司债权；(6)其他资产。负债项目有：(1)储备货币；(2)债券发行；(3)政府存款；(4)自有资金；(5)其他负债。

其他存款性公司资产负债表由政策性银行和商业银行的资产负债表合并而成。其资产项目主要有：(1)国外资产；(2)储备资产；(3)对政府债权；(4)央行债券；(5)对其他存款性公司的债权；(6)对其他金融性公司的债权；(7)对非金融性公司的债权；(8)对其他居民部门的债权；(9)其他资产。负债项目主要有：(1)对非金融机构及住户负债；(2)对中央银行负债；(3)对其他存款性公司负债；(4)对其他金融性公司负债；(5)国外负债；(6)债券发行；(7)实收资本；(8)其他负债。

存款性公司概览由货币当局资产负债表与其他存

款性公司资产负债表合并编制而成。主要项目包括:(1)国外净资产,将货币当局和其他存款性公司的国外资产与国外负债分别轧差后相加得到;(2)对政府的债权(净),将货币当局对政府债权与政府存款轧差后与其他存款性公司对政府的债权相加后得到;(3)对非金融部门债权,将货币当局对其他非金融性公司债权与其他存款性公司资产项目中的对非金融机构的债权和对其他居民部门的债权项目加总后得到;(4)对其他金融部门的债权,将货币当局资产项目中的对其他金融性公司债权与其他存款性公司资产项目中对其他金融机构债权加总得到;(5)国内信贷是对政府债权(净)、对非金融部门债权、对其他金融部门债权加总之和;(6)货币项下流通中现金是货币当局负债项目中发行货币减去其他存款性公司资产项目中的库存现金;活期存款直接取自其他存款性公司负债项目中的企业活期存款;(7)准货币项目下,定期存款、储蓄存款直接取自其他存款性公司负债项目下的企业定期存款和居民储蓄存款;其他存款取自对其他金融性公司负债中计入广义货币的存款;(8)不纳入广义货币的存款以及债券直接取自其他存款性公司负债项目中的对应项目;(9)实收资本是货币当局自有资金与其他存款性公司实收资本加总之和。不在存款性公司概览中单独列示的货币当局和其他存款性公司的资产负债项目合并计入其他(净)。货币供应量统计表按照我国货币供应量的三个层次分别列示了总量和结构数据。

信贷收支统计是我国货币统计中较早建立的一项专门统计,是对金融机构资金来源与资金运用的规模、结构和渠道的描述,是资产负债表的简化统计。纳入信贷收支表统计范围的金融机构包括:中国人民银行、政策性银行、国有商业银行、其他商业银行、城市商业银行、农村商业银行、农村合作银行、城市信用社、农村信用社、财务公司、信托投资公司、金融租赁公司、邮政储蓄银行、外资金融机构、村镇银行和汽车金融公司。金融机构信贷收支表分为人民币信贷收支表、外汇信贷收支表和本外币信贷收支表。信贷收支表资金来源项目包括:(1)各项存款;(2)金融债券;(3)流通中的现金;(4)对国际金融机构的负债;(5)其他。信贷收支表资金运用项目包括:(1)各项贷款;(2)有价证券及投资是金融机构持有的国家债券等资产;(3)黄金占款;(4)外汇占款;(5)在国际金融机构的资产。

参考文献:

李建军、左毓秀、黄昌利:《金融统计分析——实验教程》,清华大学出版社 2011 年版。

(左毓秀)

资金流量分析

Flow-of-funds Analysis

资金流量分析是利用资金流量核算体系来研究经济社会中部门之间货币流入和货币流出之间关系的一种经济分析方法。由美国经济学家柯普兰(Morris A. Copeland)于 1947 年在美国经济学年会上提出,资金流量分析在美国被广泛用来预测一般的信贷市场和特定的信贷市场的压力,以及这种压力对利率产生的影响。同时,在研究金融市场和实体经济的相互依赖关系、评价货币和财政政策变动的影响方面,资金流量分析都是有力的分析工具。在其他国家,如加拿大、日本和英国,由于所获得的当期金融数据不如美国那样详尽,所以,它们虽然已经建立资金流量体系并用于分析,但是,尚未进一步把它发展为一项预测工具。

资金流量包括来源和运用两个方面。资金运用是当期支出、投资和金融资产的变动,而资金来源是当期收入、储蓄和负债的变动,两方合计数据应当平衡。所以,资金流量核算体系反映了经济中各个部门之间金融关系的全部状况,并清晰地表现出经济扩张和经济收缩的过程。然而,流量不同于存量,存量代表一定时点上的累积额,而流量代表一定时期的变动额。当代资金流量体系只包含各种未偿还的资产和负债的净变动额,但很难取得已发放贷款周转累积总额的完整统计数据。因此,在总额基础上建立起完整的资金流量体系仍然是困难的。作为一种简化,人们把注意力集中于储蓄投资以及借款贷款的关系方面。例如,美国联邦储备体系建立并定期公布的资金流量账户,就致力于探索不同形式的储蓄通过贷款和借款交易流入不同形式投资的渠道。

资金流量分析的依据是编制的资金流量表。资金流量表从内容上分为实物交易和金融交易,两部分通过净金融投资项目联结起来,表明实物交易部分形成的盈余或不足由金融交易部分来进行运用或筹集。在形式上包括主栏和宾栏。宾栏将各种经济单位按财务特征分成五大部类,即住户、非金融企业、政府、金融机构以及国外。这些部门可以进一步划分出若干个子部门,如企业部门可按所有制性质或生产活动性质进一步划分。主栏由各种交易项目组成,从实物交易而言主要是对经济增加值的分配,包括投资、消费、储蓄和资本形成额等;从金融交易而言主要是各种金融工具的获得与使用。在为各部门编制资金来源运用平衡表的基础上,把各部门报表中的资金来源和资金运用汇总,形成整个经济的资金流量矩阵表。

具体来看,资金流量表实物交易部分的主要内容包括收入初次分配和再分配。初次分配主要是增加值在劳动要素、资本要素和政府之间的分配。将增加值分解为劳动者报酬、生产税净额、固定资产折旧、营业盈余,即个人获得劳动者报酬,企业获得固定资产折旧和营业盈余,政府获得生产税净额(生产税扣除付给企业的生产性补贴后的余额)。各部门初次分配收入的另一来源是财产收入。财产收入是进行金融投资、土地出租、专利权出让而获得的利息、红利、土地租金、专利使用费等收入,是使用这些财产的部门的支出。收入初次分配的结果形成国内各机构部门的初次分配总收入,它们之和为国民总收入。收入再分配是在收入初次分配基础上进行的单方向的收入转移。包括:各机构部门上缴所得税即对收入所征收的税,同时各部门之间还会发生经常性转移收支,如社会保险付款、社会补助等。经过以上对收入的分配和再分配最终形成各机构部门可支配总收入,即各部门可自由支配的可用于最终消费和投资的收入。

从逻辑关系看,可支配总收入首先用于消费,包括居民个人消费和政府部门的公共消费,剩余部分是总储蓄。总储蓄是各机构部门实现非金融投资(固定资本形成和库存增加)的主要资金来源。除此之外,各机构部门用于非金融投资的资金来源还包括资本转移即一个部门无偿地向另一个部门提供用于固定资本形成的资金或实物,包括投资性补助及其他资本转移。各机构部门的储蓄加上资本转移净额就是该部门进行非金融投资的自有资金来源总和。各部门实际完成的非金融投资即资本形成总额往往与其自有资金来源不相等,即出现资金余缺。当某一部门总储蓄加资本转移净额大于其投资额时,资金有余,多余部分转化为金融投资;而另一些部门总储蓄及资本转移净额之和小于其实际资本形成总额,就需要通过融资弥补资金缺口,其净金融投资为负数,表示该部门核算期增加了负债。将国内各机构部门加总,如果国内净金融投资是负数,表示国内资金不足,国外资金净流入;如果国内净金融投资是正数,表明国内资金富余,剩余资金流向国外部门。由此可以看出,上述各部门资金余缺是通过融资调剂实现各自平衡的。

资金流量表中有如下主要平衡关系:资金总来源 = 资金总运用;总储蓄 = 可支配总收入 - 最终消费;净金融投资 = 总储蓄 + 资本转移净额 - 资本形成总额;净金融投资 = 金融资产增加 - 金融负债增加。以上的平衡关系说明资本形成同金融交易是密切相连的。储蓄正是连接实物资金流量和金融资金流量的桥梁。在国民经济各机构部门中,除住户部门的投资来源于本部门的储蓄,其他机构部门的投资大部分来自住户部门的储蓄。从住户部门储蓄到其他机构部门投资的转变,正是借助于金融中介和金融交易才得以实现的。就整个国民经济而言,某一机构部门增加的金融资产必是另一个机构部门增加的负债,反之亦然。所有国内部门之间的金融交易会相互抵消,金融交易只起资金融通作用,并不增加经济总体的实际资源。

资金流量表全面地反映了资金在不同机构部门之间的流量与流向,以及资金的余缺情况,具有许多其他统计报表所不具有的功能。利用资金流量表的数据,可以直接分析收入、储蓄、消费和投资之间的关系,分析各机构部门资金余缺状况,以及金融市场变化情况和债务变动情况,从而发现问题,提出解决问题的方法。因此,利用资金流量表进行分析,可以深入研究经济运行状况和问题,为制定和调整货币政策、财政政策服务,为宏观经济调控提供依据。当然,由于其涉及经济主体和活动的全面,对利用资金流量账户预测持批评态度的人认为,这种数据统计起来本身误差幅度很大,没有能力精确预测,以致其实用性降低。

中国的资金流量核算,是在借鉴国际标准、立足中国实际的基础上,于 1992 年按国务院颁发的《关于实施新国民经济核算体系方案的通知》,在国家和省、自治区和直辖市开始实施编制的。中国的资金流量核算工作由国家统计局和中国人民银行分工负责,国家统计局负责编制实物交易部分,人民银行负责编制金融交易部分,按年度进行编制。目前,资金流量表(金融交易)通过中国人民银行季报、中国人民银行年报、中国金融年鉴、中国统计年鉴,向全社会发布。

中国资金流量表的编制是以联合国 1993 年版国民经济核算体系(SNA)为模式确定的,指标的概念、定义以及核算原则,总体上采用了 SNA 的标准。整个表式分为"实物交易"和"金融交易"两部分,采用标准式矩阵表,行(主栏)设资金流量的交易项目,即反映资金流量的各项指标。列(宾栏)设机构部门,是资金流量核算的主体,每个机构部门下设"使用"与"来源"两栏,分别反映各种资金流量发生的性质,"来源"表示资金的流入,"使用"表示资金的流出。表中每个数据均由所在行列的经济概念所决定。资金流量核算运用复式记账原理,并遵循权则发生制原则,对每笔交易都作双重反映。资金流量核算正是通过这种记账方式把各部门间的收入分配和金融交易连成一体,使社会资金运动的来龙去脉一目了然。

目前,我国中央银行对资金流量分析更偏重于金融交易分析,主要内容包括:从资金总量上分析宏观经济各变量间关系,分析资金总量的适度性;从各部门资金来源使用以及构成,分析资金的分布与流向,判断资金结构的合理性。具体包括:一是利用资金流量表分析实体经济运行与金融市场的关系,各部门资金余缺的情况,以及总储蓄、总投资与金融市场的关系,深入研究经济运行状况和问题,为制定和调整货币政策、财政政策服务。二是分析融资方式和金融工具在金融市场的作用变化情况,并观察各种交易的市场规模,分析融资结构,为资金筹措者在选择融资方式和金融工具方面提供咨询。

参考文献：
赵彦云：《宏观经济分析》，中国人民大学出版社 1999 年版。
钱伯海：《国民经济统计学》，中国统计出版社 2000 年版。
庞皓、黎实：《社会资金总量分析：中国社会总资金配置监测与调控的数量研究》，西南财经大学出版社 1999 年版。
李鹰：《中国资金宏观配置问题研究》，中国金融出版社 2001 年版。

（马亚）

通货膨胀与通货紧缩
Inflation and Deflation

通货膨胀是指在一段时期内总体物价水平持续上涨的现象。发生通货膨胀时，单位货币的购买力下降，即同样数量的货币能够购买到的商品或服务的数量减少。相反，通货紧缩是指在一段时期内总体物价水平持续下降的现象。发生通货紧缩时，货币的购买力将上升。通货膨胀与通货紧缩应与物价一次性上升和下降区别开来。物价水平的一次性上升（下降）不是通货膨胀（通货紧缩），只有持续性的物价上升（下降）才能被判断为通货膨胀（通货紧缩）。根据弗里德曼的观点，物价水平持续上升超过 6 个月，可以判断经济中发生了通货膨胀。衡量通货膨胀的主要方法是通货膨胀率，即物价指数在一定时期内的变化水平。经常采用的物价指数包括消费者价格指数、生产者价格指数、GDP 平减指数，等等。

通货膨胀对社会经济会产生各种影响，首先，通货膨胀会扭曲经济中的消费储蓄结构。通货膨胀具有强制储蓄效应，在名义收入不变时，居民按原来的模式和数量进行消费，会因物价的上涨而相应减少，其减少的部分等于被强制储蓄了。其次，通货膨胀会带来收入再分配效应，通货膨胀会引起固定收入群体的实际收入下降，而灵活收入群体的实际收入上升；通货膨胀有利于贷款者，不利于借款者。再次，通货膨胀具有资产结构调整效应，通货膨胀会引起金融资产价格的变化，由于各种金融资产价格对通货膨胀敏感性存在差异，不同价格变化幅度不同，从而引起人们重新调整资产组合，由此影响货币需求和金融资产的结构。最后，发生恶性通货膨胀时，会产生危机效应。物价飞涨会破坏人们的信心，拒绝接受货币，发生危机，甚至引起社会和政治的动荡。第二次世界大战后的德国和新中国成立前夕的中国都是恶性通胀的突出典型。

不同的学派对引发通货膨胀的原因存在不同的解释。货币主义学派认为，通货膨胀是货币供给过多引起的，通货膨胀是一种货币现象。正如弗里德曼所说，“无论何时、无论何地，通货膨胀都是一种货币现象。”凯恩斯主义者将通货膨胀归结为实际因素，提出三种引发通货膨胀的原因：需求拉动的通货膨胀、成本推动的通货膨胀和固有型通货膨胀。

基于引发通货膨胀原因的不同认识，不同学派对通货膨胀治理也存在明显的区别。弗里德曼提出的通胀治理手段是控制货币增长率。他提出货币增长率的“单一规则”。而凯恩斯主义更加强调相机抉择的货币政策和财政政策来控制通货膨胀。政策意见的这一差异还源于两个学派对“菲利普斯曲线”的不同认识。凯恩斯学派强调通货膨胀与失业率的替代关系，而货币学派提出“自然失业率假说”反驳这种关系的稳定性，从而反对相机抉择政策，并将 20 世纪 70 年代西方世界发生的“滞胀”现象归罪于政府采纳的凯恩斯主义政策。除以上治理措施外，各国政府还时常依赖于对物价和工资的直接控制来控制通货膨胀。然而，经济学家一般视物价控制为不良做法，因其助长短缺、降低生产品质，从而扭曲经济运行。

我国改革开放以来曾经发生过几次较大的通货膨胀，分别为改革初期、1985～1988 年、1993～1996 年、2007～2008 年。不同时期通货膨胀产生的原因不尽相同。改革初期的通货膨胀主要是因为恢复生产过程中物资短缺所致；20 世纪 80 年代出现的通货膨胀与价格改革的推进有关；90 年代上半叶出现的超过 20% 的通货膨胀率是社会主义市场经济体制确立后各地大规模投资所引起；2007～2008 年的通货膨胀与国际收支持续盈余密切相关。在各次通货膨胀治理中，政府主要采用从紧的货币政策和财政政策，通过管理总需求引导物价维持稳定，并在一定程度上也采用了价格管制办法来稳定局部市场价格上涨过快的局面。

通货紧缩是与通货膨胀完全相反的货币经济现象。然而，通货紧缩不像通货膨胀一样得到广泛的重视。因为，在当前信用货币制度下，发生通货紧缩的可能性比较低。因为，作为控制货币发行的政府通常有冲动多发货币，而不是少发货币。理论上来说，发生通货紧缩时，政府只要开动印钞机就能解决问题。

然而，一些国家和地区也间断性地会发生短暂的通货紧缩。通货紧缩出现也会对经济产生一些不良影响。首先，通货紧缩下，经济衰退，失业增加，通货紧缩通常被认为是经济衰退的加速器。其次，通货紧缩会引起投资和消费需求的不足。通货紧缩使得实际利率上升，增加投资成本，提高居民消费的机会成本。最后，通货紧缩还会破坏信用关系。在价格大幅度下跌的情况下，过高的实际利率有利于债权人，不利于债务人，债权人和债务人关系会失去平衡，信用规模萎缩。

改革开放以来，我国也曾出现过两次较严重的通货紧缩过程，分别是 1989～1992 年和 1998～2002 年。引发这两次通货紧缩的原因各不相同。1989～1992

年的通货紧缩是由于治理1988年通货膨胀政策紧缩过度、经济改革停滞所致,1998～2002年的通货紧缩主要是东南亚金融危机影响下实际有效汇率升值、外部需求下滑所致。我国政府主要采用了积极的财政和货币政策,通过刺激有效需求来解决这两次通货紧缩问题。

参考文献:

易纲:《中国的货币化进程》,商务印书馆2003年版。

易纲、张帆:《宏观经济学》,中国人民大学出版社2008年版。

Friedman, Melton, *Money Mischief: Episodes in Monetary History*, Harcourt Brace and Company, 1994.

Cagan, Phillip, Determinants and Effects of Changes in the Stock of Money, 1875-1960, NBER Books, *National Bureau of Economic Research*, Inc, number caga65-1, January, 1965.

(黄志刚)

社会融资规模
Scale of Aggregate Financing

社会融资规模是指实体经济(除金融部门之外的社会各经济主体,包括公司企业、事业单位、政府部门、居民个人等)在一定时期内(月、季或年)从金融体系(各类金融机构和金融市场)获得的全部融资总额。从金融与经济的关系看,社会融资规模反映了金融体系在一定时期内对实体经济提供资金支持的全部融资总量。

社会融资规模是中国人民银行2011年开始统计和监测的一个金融总量指标。从严格词义上讲,实体经济的融资规模还应该包括实体经济内部各行为主体之间不通过金融机构和正规金融市场的所谓"非正规融资",也即"民间融资",但由于这部分融资难以统计,并且法律和规则环境较差,以及国家将会对此逐步规范引导的趋势,中国人民银行目前暂未将其列入统计的范畴。从广义上说,社会融资规模还应该包括金融体系内部各金融机构之间的融资(如同业拆借、互相持有的金融债券、金融机构之间的股权债权融资等)和金融体系从实体经济各行为主体中获得的融资(如非金融部门持有的金融机构的股权和债权以及购买的金融债券等),但由于中国人民银行统计和监测社会融资规模这一指标的主要目的是着眼于金融对实体经济提供资金支持的数量调控,因此目前也暂未将其列入统计的范围。这样,社会融资规模目前限定为实体经济通过金融机构和金融市场获得的全部融资总额。

社会融资规模这一概念的提出和统计监测,是由于中国经济和金融发展使社会融资结构发生了巨大变化。在改革开放之前和之初的一段时期内,中国的金融机构主要是银行且金融产品单一,金融市场很不发达,实体经济的融资主要是通过银行贷款,其他形式的融资比重很小。随着改革开放的深入和中国经济金融的快速发展,情况发生了很大变化。一是金融市场的快速发展使实体经济通过金融市场的直接融资规模不断扩大,中国目前已是全球第二大股票市场和第五大债券市场,企业通过发行股票筹资和债券筹资的数额已达到贷款融资的25%左右。二是在金融体系内部,证券类、基金类、保险类和其他非银行金融机构对实体经济的资金支持数额快速增长,其规模也已接近贷款融资的15%。三是银行业金融机构的表外业务随着金融产品和融资工具的创新而不断增加,银行承兑汇票、委托贷款、信托贷款等形式的融资已超过一般贷款的40%。因此,人民币贷款这一指标(银行业金融机构向实体经济发放的一般贷款和票据贴现)已不能准确反映金融体系向实体经济提供融资的实际情况。对国家的金融调控来说,在统计监测人民币贷款规模和增长速度等指标的同时,及时扩大融资规模的统计监测范围是很有必要的。

目前,中国人民银行对社会融资规模的统计范围包括:人民币各项贷款、外币各项贷款、委托贷款、信托贷款(代客理财及资金信托产品资金运用中的贷款部分)、银行承兑汇票、企业债券融资、非金融企业股票融资、保险公司赔偿支付和投资性房地产、小额贷款公司贷款、贷款公司贷款、产业投资基金等。这些项目的总和即为统计期的社会融资规模。2014年,上述口径的社会融资规模为16.41万亿元,其中,人民币贷款为9.78万亿元,约占60%。人民币贷款之外的融资额为6.63万亿元,约占40%,其中,企业债券和股票市场融资比重为17.2%,银行承兑汇票和委托贷款等银行业金融机构表外业务融资比重为17.6%,非银行金融机构对实体经济的融资比重为3.2%。

社会融资规模统计范围内的各个项目都有余额(存量)和当期增加额(流量)两个数据。而汇总、监测和公布的社会融资总量是当期的增加额,也即是一个增量或流量概念。在统计时,一般采用期末余额减期初数额的办法,也就是当期的融资发生额减当期的偿还、兑付额。对于股票和债券融资,统计时采用发行价或账面价值计值,以减少市场价格波动的影响,从而反映实体经济当期真实的筹资数额。以外币标值的融资根据所有权或债权转移时的汇率折算成人民币统计。银行表外业务的融资采用表内表外并表后的数据以减少重复,如银行承兑汇票在统计时要从为企业签发的全部承兑汇票中减扣已在银行表内贴现的部分。

社会融资规模的统计口径是可以调整的。如私募股权基金、对冲基金等,条件成熟时也可以纳入。随着金融机构和金融市场的发展和创新,新的融资方式还会不断出现,社会融资规模的统计范围也会根据实际情况而扩大。

在国际货币基金组织公布的货币与金融统计框架中,有一项"信用与债务总量"指标,推荐各成员国编制和报送。"信用和债务总量"指标反映的是各类贷款、银行承兑汇票、债券和股票等金融工具的总值。从统计的项目看,中国人民银行开始编制的社会融资规模与此相近,但两者仍然有明显的不同。一是"信用和债务总量"指标包涵了金融机构在内的全部经济行为主体;二是该指标为存量指标,统计的为期末余额。随着中国金融统计技术的发展,"社会融资规模"向"信用与债务总量"指标的过渡应该是一个趋势。

社会融资规模把实体经济人民币贷款融资之外的融资包括进来,扩大了监测实体经济融资的范围,这对分析社会资金运行和资金配置的变化很有意义。但人民币贷款指标仍然非常重要。这是因为在各种融资形式中,贷款具有很强的信用创造功能,与货币供给量紧密相连。实体经济中的直接融资只是改变了社会总资金的配置,并不影响货币供给总量的变化。银行表外业务的融资和非银行金融机构对实体经济的融资虽然也有了一定的货币创造功能,但与贷款相比,这种创造功能要小得多。理论上分析,社会融资规模虽然与经济中的主要指标有较高的相关性,但这种相关性主要是通过改善资金配置和提高资金使用效益实现对经济的影响。而对经济社会的总体发展,不论是总量上还是深度广度上,最直接相关的金融指标是货币供给量。因此,社会融资规模并不能取代货币供给量。社会融资规模指标的编制,意义在于为金融调控和货币政策实施增加了一个重要的监测指标。

参考文献:

中国金融年鉴编辑部:《中国金融年鉴(2011)》,中国金融出版社 2012 年版。

盛松称:《社会融资规模与货币政策传导》,载于《金融研究》2012 年第 10 期。

(王广谦)

一行三会
One Central Bank and Three Regulatory Committees

一行三会是对中国金融监管体系现行管理框架的简称。"一行"是指中国人民银行,"三会"是指中国证券监督管理委员会、中国保险监督管理委员会和中国银行业监督管理委员会(简称证监会、保监会和银监会)。

中国金融监管体系的形成与发展和中国经济金融的发展密切相关。新中国成立之前,中国近代的金融监管以内部稽核为基本形式。新中国成立之后到改革开放之前,大一统的金融体系决定了金融监管由中国人民银行承担。改革开放以来,随着中国金融业的迅猛发展,出现了多元化的金融机构、多种类的金融工具和金融业务,引进了外资金融机构,迫切需要加强金融监管。为了适应这种局面,我国金融监管体制的变化划分为两个阶段:1992 年以前,中国人民银行同时行使金融监管职能,对所有金融机构和金融活动进行监管,是单一金融监管机构模式。中国人民银行于 1982 年设立了金融机构管理司,负责研究金融机构改革,制定金融机构管理办法,审批金融机构的设置和撤并等。1986 年国务院颁布的《中华人民共和国银行管理暂行条例》中,突出了中国人民银行的金融监管职责。

从 1992 年开始,监管体制开始向分业监管过渡。1992 年 10 月国务院决定,将证券业监督管理职能从中国人民银行分离出来,成立中国证券监督管理委员会,对全国证券机构和证券市场进行监管。1993 年 12 月由国务院公布的《关于金融体制改革的决定》是分业监管体制形成的政策基础。该《决定》提出,要转换中国人民银行的职能,强化金融监管,并对保险业、证券业、信托业和银行业实行分业管理。不过,银行业、信托业的分业监管仍由中国人民银行负责。1995 年全国人民代表大会通过并颁布的《中国人民银行法》,首次以国家大法的形式赋予中国人民银行金融监管的职权。分业监管体制正式形成的标志是 1998 年 11 月 18 日成立中国保险监督管理委员会,把保险业监管职能从中国人民银行分离出来,确立了金融监管"三分天下"的格局。

2003 年 3 月,我国的金融监管体制又进行了一次大的调整。根据第十届全国人民代表大会第一次会议的批准,国务院决定设立中国银行业监督管理委员会(简称中国银监会)。中国银监会根据第十届全国人大常委会第二次会议通过的《关于中国银行业监督管理委员会行使由中国人民银行行使的监督管理职权的决定》,统一监督管理银行、金融资产管理公司、信托投资公司及其他存款类金融机构,维护银行业的合法、稳健运行。中国银行业监督管理委员会自 2003 年 4 月 28 日起正式履行职责。

随着三大监管机构的建立和不断完善,对我国金融业的稳健运行必将产生重大影响。近年来,银行、证券和保险交叉经营的趋势越来越明显,银行、证券公司和保险公司纷纷通过建立全面合作关系,不断开拓新业务。同时,国内已出现了一些兼营银行、证券和保险两种以上业务的金融集团。因此,在金融创新不断涌现的大趋势下,三大金融监管机构之间的协调和创新金融监管新模式是十分必要的。

2004 年 6 月银监会、证监会、保监会正式签署在金融监管方面分工合作备忘录，备忘录依据分业监管、职责明确、合作有序、规则透明、讲求实效的指导原则制定。备忘录再次明确了银监会、证监会、保监会三会的职责分工：银监会负责统一监督管理全国银行、金融资产管理公司、信托投资公司及其他存款类金融机构；证监会依法对全国证券、期货市场实行集中统一监督管理；保监会统一监督管理全国保险市场，维护保险业的合法、稳健运行。根据授权，银监会、证监会、保监会分别向其监管对象收集信息和数据，并负责统一汇总、编制各类金融机构的数据和报表，按照国家有关规定予以公布。银监会、证监会、保监会密切合作，就重大监管事项和跨行业、跨境监管中复杂问题进行磋商，并建立定期信息交流制度，需定期交流的信息由三方协商确定。三会之间应互相通报对其监管对象高级管理人员和金融机构的处罚信息，应建立对外开放政策的交流、协调机制，并互相通报在有关银行、证券、保险国际组织和国际会议中的活动信息和观点。

中国银监会、中国证监会、中国保监会和中国人民银行各司其职，分工合作，共同承担金融业的监管责任。在具体的金融监管中，中国人民银行与三个监督管理委员会还有一定的业务交叉。如金融机构业务活动涉及的银行间同业拆借市场和银行间债券市场、外汇市场等，中国人民银行负责直接的监督管理；当银行业金融机构出现支付困难，可能引发金融风险时，中国人民银行经国务院批准，有权对这些机构检查监督。为了实现金融业的整体稳健运行和健康发展，中国人民银行与三个监督管理委员会建有信息共享机制和工作联系机制。

分业监管有利于集中专门监管人才，提高监管效率和监管水平，也有利于更好地贯彻分业经营的原则，与我国目前的经济金融运行体制是一致的。与此同时，绝大部分金融机构都设立了内部稽核部门，金融同业自律组织和社会中介组织的监督也已起步，政府对金融业的审计监督也走上经常化、法制化和规范化的轨道。可以认为，中国已经建立起了现代金融监管组织体制的基本框架。未来，伴随中国经济金融改革发展的深化，一行三会的管理框架与职能分工也应该注意相应甚至超前进行调整与改进，以实现中国金融运行的安全、效率与稳定。

参考文献：
王广谦：《中央银行学（第三版）》，高等教育出版社2010年版。
中国证券监督管理委员会、中国保险监督管理委员会和中国银行监督管理委员会网站。

（马亚）

大区行
PBC Region Branch

大区行是中央银行分支机构设立的一种类型，也是1999年以来我国中央银行实行的组织和管理体制，即中央银行分支机构的设置既按照经济区域的需要同时又兼顾行政区划，在一个包含了多个行政区划的经济区域内设置一个中央银行分行，这样的分行被称为大区行。

在一元式中央银行制度下，中央银行的机构设置通常采用总分行制。中央银行总行一般设在首都，在全国其他地方设置分支机构，总行对分支机构实行垂直管理。中央银行分支机构的设置分为三种类型：第一，按经济区域设置分支机构。经济区域是根据经济与金融发展状况和中央银行业务量的大小对国家地理区域进行的一种划分。经济区域划分考虑的因素主要包括：地域联系状况；经济和金融联系的密切程度；金融业务量的大小等。中央银行分支机构一般设置在该区域内的经济和金融中心。第二，按行政区划设置分支机构。中央银行分支机构的设置与国家行政区划相一致，按照行政区划逐级设置分行或支行，分支机构的规模大小与其所在的行政区级别相关，与中央银行的业务量关系不大。第三，以经济区域为主、兼顾行政区划设置分支机构。中央银行首先按照经济区域设置分行，分行之下分支机构的设置则考虑行政区划并尽量与行政区划相一致。

上述三种中央银行分支机构设置类型各有其不同的特点和适应环境：按照经济区域设置分支机构有利于中央银行货币政策的独立操作和金融监管，地方政府部门对中央银行宏观调控的干预较小。由于分支机构的设置还考虑了金融业务量的大小，因此中央银行各个分支机构承担的业务量比较均衡，也有利于分支机构更有效地行使中央银行的各项职能。目前世界上大多数国家的中央银行分支机构是按照经济区域设置的。按照行政区划设置中央银行分支机构一般是实行计划经济体制的国家采用的方式，因为在计划经济体制下，中央银行货币政策的独立性很弱，各项经济和金融活动都要依从于国家高度集中统一的计划管理，中央银行分支机构设置与国家行政机关保持一致，便于国家集中统一计划的实施。以经济区域为主、兼顾行政区划设置分支机构既可以增强中央银行货币政策的独立性，同时又兼顾与地方政府部门的协调配合。

1984年中国人民银行专门行使中央银行职能后，在组织和管理体制上实行的是总分行制。中国人民银行分支机构按照行政区划设置，总行设置在首都北京，各省、自治区、直辖市以及经济特区和国家确定的计划单列重点城市设立一级分行，在省辖地区和市设立二级分行，在全国的县一级设立支行，总行、分行、支行机构实行垂直领导和管理。全国省级分行31个，副省级城市分行15个，地（市）分行318个，县（市）分行1985个，城市（郊区）办事处6个。在高度集中统一的计划管理体制下，这种分支机构的设置选择较好地配合了国家宏观经济政策的实施，有利于计划经济的运转。

随着改革开放的不断发展，我国的经济体制和经济发展模式发生了巨大的变化，中国人民银行独立实施货币政策和金融监管的必要性和重要性不断增强。但由于中国人民银行分支机构按照行政区划设置，分支机构与地方政府部门关系紧密，总行统一制定的货币政策和金融监管举措在分支机构的贯彻过程中往往由于地方政府的干预其效果大打折扣。因此，为了增强中国人民银行执行货币政策和金融监管的独立性，分支机构的设置模式需要进行改革。改革的方向是分支机构的设置不再按照行政区划设置，转而改为以经济区域为主、兼顾行政区划的模式。具体内容是：撤销中国人民银行原各省级分行和直辖市分行，设立九大经济区域分行，在不设分行的省会城市设立中心支行，经济特区和国家确定的计划单列市的分行改设为中心支行，原在省辖地区和市设立的二级分行也改设为中心支行，县级支行仍然保留。分行按照经济区域设置，中心支行和支行则按照行政区划设置。在两个没有设置分行的直辖市设置营业管理部。

分行设置及其职责：九大分行的设置城市和管辖区域是根据地域关联性，经济金融总量和金融监管的需要确立的，分别在天津、沈阳、上海、南京、济南、武汉、广州、成都和西安9个中心城市设立中国人民银行分行。天津分行管辖天津、河北、陕西、内蒙古等地；沈阳分行管辖辽宁、吉林、黑龙江等地；上海分行（现改为上海总部）管辖上海、浙江、福建等地；南京分行管辖江苏、安徽等地；济南分行管辖山东、河南等地；武汉分行管辖湖北、湖南、江西等地；广州分行管辖广东、广西、海南等地；成都分行管辖四川、贵州、云南、西藏等地；西安分行管辖陕西、甘肃、青海、宁夏、新疆等地。在北京、重庆两地设立中国人民银行营业管理部和中国人民银行重庆营业管理部。

由于当时中国人民银行还承担对银行业金融机构的监管职责，因此分行的基本职责也包括了金融监管的职责。具体包括：认真贯彻执行有关法律、法规和方针、政策，依据中国人民银行的授权，对辖区内金融机构的业务活动进行全面的监督管理，依法查处辖区内金融违法、违规案件；对辖区内经济金融形势和区域金融风险进行分析、研究，防范和化解区域金融风险；管理中央银行资金、存款准备金、再贴现、利率和现金管理等有关货币信贷政策业务；协调辖区内中心支行的国库经理、支付清算、现金发行、金融统计和安全保卫等业务；对辖区内外汇、外债和国际收支业务进行协调、管理和监督；管理辖区内金融监管办事处和中心支行的人事教育、财务会计工作；对辖区内金融监管办事处和中心支行进行内审检查；领导、管理并直接经办分行所在省（直辖市）的各项中央银行业务和外汇管理工作。中国人民银行营业管理部，中国人民银行重庆营业管理部，则承担原中国人民银行北京市分行和重庆市分行的管理职能。

1998年中国人民银行分支机构的调整工作正式开始。首先调整撤并人民银行地（市）分行所在地重复设置的分支机构，到1998年9月，共撤销人民银行地、市重复设立的分支机构148个。1998年11月18日~12月18日，中国人民银行9家跨省区分行先后挂牌成立。与此同时，撤销了31家省级分行，对跨省区分行和中心支行的职能分工进行了调整。为了保证中央银行工作的连续性和稳定性，确立了“先建后撤”的原则，原省级分行继续履行职能到1998年12月31日，中国人民银行九大分行从1999年1月1日起正式对外履行职能，新的管理体制开始运行。

改革后，中国人民银行总行、分行、中心支行和支行的职能进行了重大调整。在货币政策职能上，总行进一步集中了货币政策决策权，分行负责为货币政策决策提供政策建议，保证货币政策的权威性和货币政策操作的针对性和灵活性。在金融监管职能上，分行承担了重要的职责，全面监管辖区内的金融机构，依法查处金融违法、违规案件，分析研究、防范和化解金融风险，保证各项金融监管政策的贯彻执行，强化金融监管的独立性。金融服务职能的执行上，遵循属地原则，主要由中心支行承担，以便于利用现有的设备和技术力量，改进和提高金融服务效率。九大区行成立以来，各大区行履行中国人民银行总行赋予的职责，在相当程度上实现了削弱地方政府对金融业的干预、加强监管与增强独立性的目的，九大区行的历史作用是积极的。

参考文献：

中国金融年鉴编辑部：《中国金融年鉴》（1986~2011年），中国金融出版社1987~2012年版。

王广谦：《中央银行学》，高等教育出版社1999年版。

（左毓秀）

系统性风险与非系统性风险

Systemic Risk and Non-systemic Risk

系统性风险是指通过资产组合无法规避的风险，又称市场风险，或不可分散风险。非系统性风险是指通过增加资产持有的种类能够相互抵消的风险，又称个别风险。通常来说，通货膨胀、经济萧条、利率等宏观因素的变化会带来系统性风险，而企业的经营失败、信用违约、操作不当等因素带来的是非系统性风险。

举例来说，一个投资组合中有两家公司的股票A和B。A公司由于经营管理团队决策英明使得A公司获利丰厚，而B公司由于生产线发生火灾出现亏损，从而使得A股票价格上升，B股票价格下降，由此引起影响投资组合的收益率发生变化。这种由个别公司经营管理带来的股价变化对于该投资组合来说属于非系统性风险。该投资组合通过合理持有这两只股票的比例可以达到完全抵销风险。如果，市场利率上升，导致A和B两只股票价格同时下跌，那么，无论如何改变这两支股票的比例，投资者都无法完全消除利率下降带来的损失的可能性。因此，对该投资组合来说，市场利率变化属于系统性风险。

但是应该注意的是，系统性风险和非系统性风险是一个相对的概念。某种风险在某种场合属于系统性风险，在另外的场合可能是非系统性风险；反之亦然。这里的关键是所分析的系统的范围的划定。如果将一个国家的股票市场作为一个系统来研究，那么上述例子中说市场风险是系统性风险是正确的。但是，如果投资者还允许投资国外股票市场，那么，投资者可以调整国内股票和外国股票的组合来降低国内利率变化带来的影响。在这种情况下，本国的市场利率风险就成为非系统性风险。同样，如果将全球金融市场看成一个系统，那么单独一个国家的经济波动就是非系统性风险，因为投资者可以通过国际化资产组合将国别风险相互抵消。但是，如果投资者只投资于国内市场，那么该国的经济波动就构成其资产组合的系统性风险。

参考文献：

De Bandt, Olivier and Philipp Hartmann, Systemic Risk: A Survey, *ECB Working Paper*, No. 35, 2000.

Schwarcz, Steven L., Systemic Risk, *Georgetown Law Journal*, 97(1), 2008.

Lehar, Alfred, Measuring Systemic Risk: A Risk Management Approach, *Journal of Banking and Finance*, 29(10), 2005.

（黄志刚）

集中监管与分业监管

Mixed Supervision and Separate Supervision

集中监管与分业监管是金融监管的两种模式。集中监管指把金融业作为一个相互联系的整体统一进行监管，一般由一个金融监管机构承担监管的职责，绝大多数国家是由中央银行来承担，有时又称为"一元化"监管体制，即同一个金融监管当局实施对整个金融业的监管。分业监管是根据金融业内不同的机构主体及其业务范围的划分而分别进行监管的体制。各国的分业监管体制通常由多个金融监管机构共同承担监管责任，一般银行业由中央银行负责监管，证券业由证券监督管理委员会负责监管，保险业由保险监督管理委员会负责监管。各监管机构既分工负责，又协调配合，共同组成一个国家的金融监管组织体制。一国采取集中监管还是分业监管通常与该国的金融业经营模式密切相关。通常来说，混业经营的金融业采用集中监管，分业经营的金融业采用分业监管，但也有例外。

从历史的角度来看，金融监管体制大致经历了三个阶段的发展。第一阶段是20世纪30年代之前的集中监管体制。在20世纪30年代之前，金融业主要以银行业为主，证券业和保险业不发达，主要在商业银行主导下运作，金融业处于混业经营阶段。在此金融体制下，金融监管职能基本上归中央银行履行，中央银行是唯一的监管机构，属于典型的集中监管体制。第二阶段是20世纪30年代到70年代的分业监管。大危机之后，银行和证券业遭受毁灭性打击，美国1933年颁布《格拉斯—斯蒂格尔法》，确立了银行与证券、银行与非银行机构分业经营的制度，并于1934年设立"证券交易委员会"专门行使对证券业的监督，从而掀起了全球分业监管浪潮。第三阶段是20世纪70年代至今的混业监管。由于制度和市场原因，银行业发展受到严重威胁，为了生存和发展，银行业开始不断创新，模糊了银行业、证券业和保险业的界限，出现混业经营趋势。1999年美国《金融服务现代化法》的颁布宣告了《格拉斯—斯蒂格尔法》的废止，美国再次走上混业经营道路，这再次掀起了全球混业经营浪潮，与此同时，监管制度也逐步向集中监管转变。例如，尽管美国仍然实行分业监管模式，但是2007年次贷危机之后，美联储的集中监管权力被加强。因此，全球金融监管制度经历了从集中监管向分业监管再向集中监管演变的历史过程。

我国改革开放以来，伴随着金融业格局的变化，金融监管制度也经历了两个阶段的变化。第一阶段是1984～1992年集中监管阶段。1984年，中国工商银行从中国人民银行分离出来，中国人民银行成为真正意义上的中央银行，负责制定货币政策和金融监管。从此，银行、保险、信托、证券等所有金融业务都归中国人民银行监管，形成了集中监管体制。第二阶段是1992～2003年分业监管体制的形成和发展。1992年，国务院证券委员会和中国证券监督管理委员会成立，负责股票发行上市的监管。1998年，中国保险监督管理委员会成立，将中国人民银行的保险监管权力分离出来。2003年，中国银行业监督管理委员会成立，将银行业的监管权力从中国人民银行分离出来。从此，我国金融监管制度形成三驾马车式垂直的分业监管体制。

参考文献：

Taylor, Michael, and Alex Fleming, Integrated Financial Supervision: Lessons of Northern European Experience, World Bank Policy Research Working Paper, 1999.

De Luna-Martinez, José and Thomas Rose, International Survey of Integrated Financial Sector Supervision, World Bank Policy Research Working No. 3096, 2003.

（黄志刚）

金融稳定与安全
Financial Stability and Security

金融安全指货币资金融通的安全和整个金融体系的稳定。金融安全是金融经济学研究的基本问题，在经济全球化加速发展的今天，金融安全在国家经济安全中的地位和作用日益加强。金融安全是和金融风险、金融危机紧密联系在一起的，既可以用风险和危机状况来解释和衡量安全程度，同样也可以用安全来解释和衡量风险与危机状况。安全程度越高，风险就越小；反之，风险越大，安全程度就越低；危机是风险大规模积聚爆发的结果，危机就是严重不安全，是金融安全的一种极端。

金融稳定是指一种状态，即是一个国家的整个金融体系不出现大的波动；金融作为资金媒介的功能得以有效发挥，金融业本身也能保持稳定、有序、协调发展；但并不是说任何金融机构都不会倒闭。“金融稳定”一词，目前在我国的理论、实务界尚无严格的定义。西方国家的学者对此也无统一、准确的理解和概括，较多的是从“金融不稳定”、“金融脆弱”等方面来展开对金融稳定及其重要性的分析。

学者提出各种方法来度量金融安全和稳定。有的方法通过各种经济变量构造特定的指标和指标体系来反映金融安全和稳定的程度，有的方法通过计量的方法来判断不同经济状态下金融安全和稳定的基本状况。无论是采用指标法还是采用计量方法，通常将以下变量纳入在分析金融稳定和安全的评价体系中，包括：银行系统的不良贷款率、资本充足率、信贷情况、利率水平、货币供给、汇率水平、外汇储备、外债数量和结构、政府治理能力、政治社会经济环境等。例如，国际货币基金组织经济学家马森根据发展中国家金融危机的教训，列出了7个危机预警信号：短期外债与外汇储备的比例是否失调、经常账户逆差与GDP之比、消费比例是否过大、财政赤字占GDP比例、资本流入结构是否合理、汇率定值是否合理、货币供应量是否适当。

政府通常可以采取适当的措施增强金融安全和稳定。根据瑞典央行副行长皮尔森的建议，确保金融体系稳定应具备三根支柱：（1）由规章和法令组成的确立金融机构活动范围的监管框架；（2）对个别机构风险评价和合规行为检查以及央行对系统风险评估的即时监察；（3）危机管理措施。这三根支柱需要中央银行和监管部门的分工和合作。随着金融安全和稳定变得越来越重要，各国和国际性金融机构纷纷开始定期出版金融稳定报告。如国际货币基金组织从2002年以来开始定期出版《全球金融稳定报告》，集中关注世界金融市场的“系统性、结构性缺陷”。中国人民银行从2010年开始每年定期发布《中国金融稳定报告》，对我国金融市场的运行进行研究和分析，及时发现不稳定性因素，并制定相应的政策进行纠正。

参考文献：

Demirguc-Kent, Asli and Detragiache, Enrica, Financial Liberalization and Financial Fragility, No. 1917, Policy Research Working Paper Series, The World Bank, 1998.

Borio C., C Furfine, and P Lowe, Procyclicality of the Financial System and Financial Stability: Issues and Policy Options, BIS Paper No. 1, 2001.

（黄志刚）

金融危机
Financial Crisis

金融危机指一个国家或几个国家与地区的全部或大部分金融指标，如短期利率、汇率、证券资产价格和金融机构倒闭数等急剧恶化，导致经济增长与经济总量出现较大幅度的缩减，工商企业破产率、失业率大幅上升，社会出现普遍的经济萧条或停滞。依据危机发生的原因，金融危机可以分为货币危机、债务危机、银行危机、系统性危机等类型。货币危机是指当某种货币的汇率受到投机性冲击时，该货币出现持续性贬值，从而引发金融和经济状况的恶化。银行业危机是指银行不能如期偿付债务，乃至迫使政府出面，提供大规模援助，以避免银行体系崩溃现象的发生。一家银行的危机发展到一定程度，可能波及其他银行，从而引起整个银行系统的危机。债务危机是指一国工商企业、金融机构乃至政府过度负债引发国内的支付系统严重混乱，不能按期偿付所欠内外债，不管是主权债还是私人债等。系统性金融危机是指主要的金融领域都出现严重混乱，如货币危机、银行业危机、债务危机等同时或相继发生。

伴随着20世纪金融危机的频发，金融危机相关理论也不断深入完善起来。从最初致力于金融危机发生原因的分析，拓展到研究危机传染路径和探讨金融危机如何防范的方法，涵盖金融、经济、社会、政治、公众心理等多元化的研究视角。在对不同类型的金融危机的理论分析中，对货币危机的分析相对呈现出系统性，而银行危机、债务危机的理论剖析则关注了众多的影响因素。但诸多理论的共性都在于强调能够对现实金融危机进行合理有效的解释。

基于20世纪七八十年代的拉美货币危机、1992年的英镑危机和1997年亚洲金融危机的客观现实,形成了三代货币危机模型。第一代货币危机模型由保罗·克鲁格曼(Paul Krugman,1979)构造,该理论从一国经济的基本面解释货币危机的根源在于经济内部均衡和外部均衡的冲突。如果一国外汇储备不够充足,财政赤字的持续会导致固定汇率制度的崩溃并最终引发货币危机。这种分析恰好解释了20世纪七八十年代的拉美危机。而到1992年英镑危机发生后,此理论则无法进行合理解释,因为当时英国不仅拥有大量的外汇储备,而且其财政赤字也未出现与固定汇率冲突的局面。这促使经济学家找寻其他方面的原因,逐渐形成了第二代货币危机理论,其中最具代表性的是由毛瑞斯·奥伯斯法尔德(Maurice Obstfeld,1986;1994)提出的危机理论。他强调危机的自我促成性质,并引入博弈论,关注政府与市场交易主体之间的行为博弈。同时也有一些观点认为危机可能纯粹由投机者的攻击导致,投机者的攻击使市场上的广大投资者的情绪、预期发生了变化,产生传染效应和羊群效应,从而促成危机的爆发。

到1997年下半年爆发亚洲金融危机时,第一代、第二代模型都无法较好地进行解释。因为这次金融危机发生之前,亚洲许多国家都创造了经济发展的神话,而且大多实行了金融自由化。第三代货币危机模型是由麦金农(Ronald Mekinnon)和克鲁格曼首先提出,该模型强调在发展中国家普遍存在的道德风险问题。这个问题归因于政府对企业和金融机构的隐性担保,以及政府同这些企业和机构的裙带关系,从而导致了在经济发展过程中的投资膨胀,大量资金流向股票和房地产市场,形成经济泡沫,泡沫破裂或行将破裂所致的资金外逃会引发货币危机。该理论认为脆弱的内部经济结构和亲缘政治及腐败是导致这场危机的关键所在。

与货币危机理论不同,有关银行危机的解释,没有呈现系统化和演进性,更多的是从银行危机的实例中找寻学者认为最核心的因素加以说明。其中代表性的观点包括:弗里德曼(M. Friedman,1959)的货币政策失误论,明斯基(Hyman P. Minsky,1982)的金融不稳定假说,托宾(J. Tobin,1960)的银行体系关键论,戴蒙德和狄伯威格(Diamond and Dybvig,1983)的银行挤兑理论和麦金农(Ronald Mekinnon,1998)的道德风险理论。这些理论分别从货币当局对经济现状的判断失误从而运用失误的货币政策方面、不同类型的投资者在金融运行中的自然选择所导致的金融内在不稳定性方面、经济运行中发挥关键作用的银行方面、银行体系的脆弱性方面以及存款保险制度所导致的道德风险方面对银行危机的产生进行了较为深入的剖析,也为银行危机的研究提供了更多的视角。

债务危机的理论主要是从债务的视角解释金融危机的出现。代表性的观点包括:欧文·费雪(Owen Fisher,1932)的“债务—通货紧缩”理论、马丁·沃尔芬森(Martin Willfenshen,1986)的“资产价格下降”理论和综合性国际债务论。这些理论从工商企业、银行和国家的角度分析了“过度负债”所导致的企业违约、银行资产低下以及政府信用崩溃等情况的产生,尤其在经济陷入衰退时,会使情况持续恶化。

可见,20世纪以来对金融危机的研究趋向全面、细致和深入,不仅强调金融自身因素如金融内在脆弱性对金融危机的促成机制,而且也特别注意联系全球化背景的国际视角,将金融危机放在一个内外部因素交织的系统性的金融经济体系中进行考量,并且拓展到信息不对称、博弈论以及心理预期等更广泛角度的联动分析。这些研究从不同的角度和影响因素上为金融危机的发生找寻原因,其所归纳的一些规律性的共识为预警和防范金融危机提供了有效的思路和对策。但需要明确的是,在不同的经济背景、社会环境和发展阶段下,金融危机的出现仍然存在着差异和区别。对金融危机的认识,既要依据已有的理论进行多角度的剖析,又要注意观察每次危机出现的新特点,以求得对金融危机更具针对性的预警和防范。

回溯历史,金融危机对中国来说也不陌生,不仅因“银荒”、“铜荒”等实物货币危机曾给中国社会带来冲击,而且宋代以后各朝代都曾因为滥印纸钞而导致一次次危机。当然,也正因为除货币之外没有更广义的证券票据发展,并且直到1897年中国通商银行成立之前也没有现代意义的银行,所以,在晚清之前中国的金融危机还只停留在货币的层面上,形式相对单一。此后,随着股票、债券的出现以及证券交易所和信托公司的开办,中国的金融危机的形式相对复杂起来。1883年上海经历了中国历史上第一次现代意义上的金融危机,1921年年底的“信交风潮”算是中国的第二次现代金融危机。而风潮之后,1924年8月京、沪两地又经历了“二四公债风波”和1926年12月的“二六公债风波”。

新中国成立以后,由于金融机构体系的国有性质和金融管理的行政化,许多金融经济问题更多是隐蔽的形式,而非公开化。经济体制改革后,随着金融机构的市场化变革和金融市场尤其是资本市场的建立与发展,改革前遗留下的问题和改革进程中产生的各种金融风险不断累加以及外部经济环境的变化等,都给中国当前的金融、经济体系带来了金融危机的压力。因此,学习国外金融危机理论、考察金融危机的现实表现,积极防范金融风险、有效预警金融危机就成为当代中国金融体系特别需要关注的重要内容。

参考文献：
[英]约翰·伊特韦尔等：《新帕尔格雷夫货币金融大辞典》，经济科学出版社1996年版。
[美]米尔顿·弗里德曼：《货币稳定方案》，上海人民出版社1991年版。
[美]保罗·克鲁格曼：《萧条经济学的回归》，中国人民大学出版社1999年版。
F. Allen and D. Gale, Bubbles and Crisis, *Economic Journal*, Vol. 110, 2000.
I. Fisher, *Booms and Depressions*, Adelpui Press, 1932.
T. F. Hellmann, K. Murdock, J. Stiglitz, Liberalization, Moral Hazard in Banking, and Prudential Regulation: Are Capital Requirement Enough? *American Economic Review*, 90, 2000.
P. Hyman and Minsky, *The Financial Instability Hypothesis: A Clarification*, *The Risk of Economic Crisis*, The University of Chicago Press, 1991.
M. Obstfeld, Rational and Self-fulfilling Balance of Payment Crisis, *American Economics Reviews*, 76, 1986.

（马亚）

金融脆弱性
Financial Fragility

广义的金融脆弱性是指金融领域风险累积，整个金融领域所处的高风险状态。狭义的金融脆弱性是指以一个运行良好的金融中介组织体系由于内部或外部的突然冲击而导致整个体系运行混乱、功能受损。金融脆弱性与金融风险有区别，又有联系。金融脆弱性更强调“内生性”因素的作用，即与金融市场、金融中介组织的资本高杠杆运作这一内在特征分不开，与信贷资金使用与偿还在时间上的分离分不开。

关于金融脆弱性问题的研究可以追溯到20世纪30年代经济大危机时期，但较为系统的理论研究与学说思想建立于20世纪80年代。20世纪30年代经济大萧条的发生引起了金融脆弱性的早期研究，研究内容主要集中在经济周期和银行危机理论，费雪（I. Fisher,1932）是这一时期的代表人物。海曼·明斯基（Hyman P. Minsky,1985）从企业角度研究信贷市场上的脆弱性，他以50年间资本主义经济繁荣与萧条的长期波动现象为基础，从债务—通货紧缩的角度分析金融体系的脆弱性，其理论核心是“金融不稳定性假说”，认为商业银行和其他具有信用创造功能的金融机构的内在特性，使得它们不得不经历周期性危机和破产浪潮，而商业银行和其他金融部门的周期性波动又会外溢到经济的其他部门，最终导致经济周期的发生。基于此，明斯基支持政府对金融部门干预，反对20世纪80年代开始的放松金融管制政策。在2007年爆发全球金融危机之后，西方理论界开始重新重视马克思、费雪和明斯基三位经济学家的思想。克瑞格（Kregel,1997）的研究是从银行角度研究信贷市场上的脆弱性。克瑞格使用安全边界的概念来说明金融制度的脆弱性问题。银行在做出贷款决策之前，仔细研究企业的预期现金流量说明书和计划投资项目承诺书是确定安全边界的关键。金融脆弱性正是建立在安全边界的变化上，即那些缓慢的、不易察觉的行为对安全边界进行侵蚀。当安全边界减弱到最低程度时，即使经济现实略微偏离预期，借款企业为了兑现固定现金收入流量承诺，也不得不改变已经计划好了的投资行为。这意味着企业将拖延支付，或另找贷款，若不能实现，就只能推迟投资计划，或变卖投资资产。由以上分析可以看出，一旦市场环境和企业的盈利能力发生很大的变化，银行和企业就都会陷入财务困境。银行等金融机构利用借款人的信用记录估计安全边界时，在经济持续稳定时期很可能降低安全边界的标准，批准了低于安全边界的项目，导致金融业的脆弱性增加。

参考文献：
王广谦：《金融中介学》，高等教育出版社2011年版。
Fisher, I. , *Booms and Depressions*, Adelphi Press, 1932.
Hyman P. Minsky, The Financial Instability Hypothesis, The Jerome Levy Economics Institute Working Paper No. 74, May 1992.
Kregel, J. A. Margins of Safety and Weight of the Argument in Generating Financial Fragility, *Journal of Economic Issues*, June, 1997.

（马丽娟）

巴塞尔协议
Basel Accord

巴塞尔协议是关于商业银行资本构成和计算标准的国际银行监管协议，至今已有三个版本。

第一个版本全称是《统一资本计量与资本标准的国际协议》（International Convergence of Capital Measurement and Capital Standards），即Basel I，是1988年由西方十国集团成员通过和实施的，其重要内容之一是规定银行的资本构成。目前，各国银行业普遍采用的资本构成框架基本源自此协议。巴塞尔协议另外的两个重要内容是：(1)根据资产类别、性质以及债务主体的不同，将银行资产负债表的表内和表外项目划分为不同风险档次，并规定了不同的风险权重与系数；(2)规定最低目标比率，即总资本充足率≥8%，核心资本充足率≥4%。该协议为银行建立了一个公平竞争的环境，有助于银行风险控制。但是，这个版本的《巴塞尔协议》监管重点是针对信用风险，对于其他风险考虑少。1996年进行过补充修订，增加了市场风险。

第二个版本的协议全称《统一资本计量和资本标准的国际协议：修订框架》（International Convergence of Capital Measurement and Capital Standards：A Revised Framework），即Basel Ⅱ，是2004年由巴塞尔委员会通过和实施，欢迎十国集团成员国以外的国家参与实施。该协议保留了原协议的主要内容，保持了一定的连续性，主要内容是：（1）确立了信用风险、市场风险、操作风险作为资本监管的三大风险类型；（2）建立了资本监管、监管机构、社会监管三大监管支柱；（3）推荐风险裸露充分的银行使用内部评级法计量资本。虽然资本的结构以及8%的比率没有变化，但权重与以往相比，有很大提高。该协议旨在推动银行业采用更加灵活的风险管理方法。

第三个版本的协议全称《建立银行体系稳定性的全球框架》（A Global Regulatory Framework for More Resilient Banks and Banking Systems），即Basel Ⅲ，2010年9月由巴塞尔委员会拟定，在当年11月12日韩国首尔召开的二十国集团（G20）领导人峰会上通过，2013年所有成员国开始执行。第三个版本是在2007年美国次贷危机所引爆的全球金融危机爆发及尚未结束的背景下出台的，因而所关注的内容更加强调了监管的重要性。其中主要内容包括：强调杠杆风险、流动性风险，新设资本留存缓冲和逆周期资本缓冲，引入"系统重要性银行"概念；并在2011年11月，依据银行规模、与他行的关联度、在某类业务或市场的可替代性、在全球的影响力这四个基本面，由金融稳定理事会发布了备受市场关注的29家全球"系统重要性金融机构"名单。其中，欧洲国家共有17家银行，美国为8家，日本3家，中国1家（中国银行）。西班牙和意大利等国的一些大型银行未进入名单，原因是这些银行的主要业务都放在本土市场上。

巴塞尔协议三个版本内容的变化显示出全球金融监管愈发关注提高银行体系安全性的问题。从1988年《巴塞尔协议》的颁布及补充修订到第二个版本的制定，使人们感受到商业银行的管理思想、管理对象、管理策略等许多方面发生重要改变；2010年推出的第三个版本更是凸显了2007年金融危机后国际金融监管思想的发展和措施的完善。我国有关部门于2011年5月发布文件，要求我国银行业2012年1月开始实施巴塞尔协议Ⅲ，2018年年底全面达标。

参考文献：

马丽娟：《商业银行经营与管理》，经济科学出版社2012年版。

（马丽娟）

核心资本
Core Capital

根据《巴塞尔协议》的规定，商业银行的资本包括核心资本和附属资本两大部分。其中，核心资本是银行的所有权资本，至少应该占全部资本的50%，代表了银行真实的资本实力。其余部分则为附属资本。

根据《巴塞尔协议》的定义，银行的核心资本也称为一级资本，主要包括永久的股东权益和公开储备。（1）永久的股东权益，也即股本。主要包括已经发行并完全缴足的普通股和非累积的优先股，非累积性的优先股是指股息当年结清不能累积发放的优先股票。对股份制企业而言，发行非累积优先股票不承担以往未付足优先股股息的补偿责任，故不会加重公司付息分红的负担。由于非累积优先股在股息的支付方面与普通股股息支付有相同的特性，因此被列入银行的永久性股东权益中。（2）公开储备。公开储备必须是从商业银行税后利润中提留的，它是银行权益类资本的重要组成部分，一般由资本盈余和留存盈余等组成。①资本盈余也称股本盈余，是由银行外部来源形成的盈余，主要是由于商业银行在发行股票时采用了溢价发行方式，导致投资者缴付的出资额超过按面值所确定的所应缴纳的股本金额所致，也即溢价收入。另外，资本盈余还包括银行资本的其他增殖部分，如：接受的非现金资产捐赠准备和现金捐赠、股权投资准备、外币资本折算差额、关联交易差价和其他资本公积。资本盈余是调节银行资本金、制定资本计划以及相关政策的一个重要项目。根据各国有关的法律规定，商业银行可以通过将资本盈余划转股本的方式增加银行资本金，也可以通过动用适量资本盈余的方式来发放股息。②留存盈余，也称未分配利润。留存盈余是指尚未动用的银行税后利润部分，也即银行税后利润减去普通股股息和红利后的余额，是商业银行以前年度实现的税后利润中应分给股东而未分的部分，因此，其属于商业银行产权的一部分，是银行所有者权益的一个项目。这种盈余是由银行的内部来源形成的。按利润的留存时间，留存盈余可以分为以前年度累计留存和当年留存两部分。用留存盈余增加银行资本，是商业银行在难以进入资本市场筹集资金或者是难以通过金融市场快速融资等情况下增加资本的较好方式。留存盈余的大小，主要取决于商业银行的盈利大小、股息政策、税率以及国家相关政策的状况。盈余公积包括法定盈余公积、任意盈余公积和法定公益金。

参考文献：

马丽娟：《商业银行经营与管理》，经济科学出版社2012年版。

（马丽娟）

附属资本
Supplementary Capital

根据《巴塞尔协议》的规定,商业银行的资本包括核心资本和附属资本两大部分。其中,附属资本是商业银行的债务型资本,其最高额可以等于核心资本,但不得超过核心资本。

附属资本也被称为补充资本或二级资本,具体包括:(1)非公开储备,也称隐蔽准备。由于各国的法律以及会计制度不同,巴塞尔委员会认为,非公开储备只包括虽未公开、但已反映在银行损益账上,并为银行的监管机构所接受的储备。(2)重估储备。商业银行对固定资产进行重估时,固定资产公允价值与账面价值之间的正差额为重估储备。通常有两种形式:一是对记入银行资产负债表内银行自身房产的正式重估。在一些国家中,法律允许银行和其他商业公司不时地重估它们的固定资产,以和变化的市值保持一致。二是具有隐蔽价值的资本的名义增值,这部分是指以历史的成本价格反映的银行所持有的长期证券。以上两种类型的储备可以包括在附属资本中,但前提条件是必须慎重估价资产,并充分反映价格波动与被迫抛售的可能性。一般地,计入附属资本的部分不超过重估储备的70%。(3)普通准备金或普通呆账准备金。用于防备当前尚不能确定的损失,当损失一旦出现随时用以弥补,但不能用于已确认的损失或某项特别资产产值明显下降的部分。各国的商业银行一般提取普通准备金、专项准备金和特别准备金。其中,只有普通准备金是应对商业银行当前尚不能确定的损失。(4)混合资本债券。是商业银行发行的带有一定股本性质,又带有一定债务性质的资本工具。由于这些资本工具与股本极为相似,特别是它们能够在不必清偿的情况下承担损失、维持经营,因此可以列为附属资本。按照银监会的规定,商业银行发行混合资本债券需要符合一定要求才可以计入附属资本。如:债券期限在15年以上(含15年),发行之日起10年内不得赎回;又如:债券到期时,若银行无力支付索偿权在该债券之前的银行债务,或支付该债券将导致无力支付索偿权在该债券之前的银行债务,可以延期支付该债券的本金和利息。(5)长期次级债务。长期次级债务是指商业银行发行的无担保的、不以银行资产为抵押或质押的长期次级债务工具和不可赎回的优先股。20世纪90年代中后期在大多数国家,长期次级债务已成为商业银行附属资本的重要来源。长期次级债务的特点是:①固定期限不低于5年(包括5年),除非银行倒闭或清算,不用于弥补银行日常经营损失;②该项债务的受偿权排在存款和其他有抵押的债权之后、优先股和普通股之前;③作为债券持有人只能获得发行条件载明的固定利息,债券到期后收回本金;④承担了较大的违约风险,如果银行倒闭,持有者将在最后才能得到清偿,这就意味着也许根本得不到清偿;⑤属于债权融资;⑥向机构投资者定向募集资金,而不是通过证券市场向所有投资者来融资。目前,国际上统一规定了次级债务计入资本条件:不得由银行或第三方提供担保,并且不得超过商业银行核心资本的50%。商业银行应在次级定期债务到期前的5年内,按每年累计折扣20%的比例折算计入资产负债表中的“次级定期债务”项下:剩余期限在4年(含4年)以上的,以100%计;剩余期限在3~4年的,以80%计;剩余期限在2~3年的,以60%计;剩余期限在1~2年的,以40%计;剩余期限在1年以内的,以20%计。其比例最多仅相当于核心资本的50%,并应有足够的分期摊还要求。

我国商业银行的资本金构成,在不同历史阶段具有明显的不同。1993年以前我国银行的资本主要包括:国家财政预算的拨款、银行积累基金和待分配盈余。1994年2月25日,中国人民银行制定并颁布了《关于对商业银行实行资产负债比例管理的通知》,第一次对我国商业银行的资本构成、资产风险权数以及资本充足率进行了详细规定。1996年12月,中国人民银行部分调整了商业银行的资产负债管理比例以及银行资本成分的规定。2004年2月,根据《巴塞尔协议》的变化要求以及我国的基本情况,银监会对外颁布了《商业银行资本充足率管理办法》,对我国商业银行的资本构成进行了界定。2007年7月3日,根据情况变化,银监会对外公布了《关于修改〈商业银行资本充足率管理办法〉的决定》,部分修改了我国银行业的资本构成,并形成了至今我国商业银行的资本构成:核心资本包括实收资本、资本公积、盈余公积、未分配利润和少数股权。附属资本包括:重估准备、一般准备、优先股、可转换债券、混合资本债券、长期次级债务。

在我国商业银行的附属资本中,除《巴塞尔协议》的相关项目外,还包括优先股和可转换债券。计入附属资本的可转换债券必须符合以下条件:第一,债券持有人对银行的索偿权位于存款人及其他普通债权人之后,并不以银行的资产为抵押或质押;第二,债券不可由持有者主动回售,未经银监会事先同意,发行人不准赎回。

参考文献:
马丽娟:《商业银行经营与管理》,经济科学出版社2012年版。

(马丽娟)

资本充足率
Capital Adequacy Ratio

资本充足率是一国银行保持必要资本数额的依据和标准。资本充足是指银行拥有的资本数量达到或超过管理当局所规定的最低限额，同时资本的构成符合银行总体经营目标，即银行所持有的资本中，一级资本和二级资本要合理搭配，以尽可能降低银行的经营风险和成本。在1988年《巴塞尔协议》颁布之前，各国商业银行与金融管理部门就银行在某个时期最佳资本需要量的确定，有自己的衡量方法、测定比率以及管理标准。《巴塞尔协议》颁布之后及至目前，世界各国的商业银行大多是根据1988年7月、2004年6月《巴塞尔协议》所规定的资本充足性标准来计算并保持其资本金需要量。

1988年巴塞尔协议将商业银行资本对加权风险资产的比率称为“资本充足率”。根据规定，到1992年底，签约国中较具规模的商业银行，全部资本与加权风险资产的比率也即全部资本充足率应达到8%，核心资本与加权风险资产的比率也即核心资本充足率应达到4%。计算资本充足率的基本公式如下：

$$\text{资本充足率} = \frac{\text{资本}}{\text{加权风险资产}} = \frac{(\text{核心资本} + \text{附属资本})}{\sum(\text{资产} \times \text{风险权数})}$$

公式中的资本数额可以根据资本构成的内容加以确定。加权风险资产数额的确定首先要将商业银行的资产分为两类：一类是表内资产，一类是表外资产。然后根据为两类资产所规定的、基本的风险权数，以及具体的银行资产数额来确定其加权风险资产的额度。资产负债表内的加权风险资产的计算公式：风险资产＝表内资产×风险权数；资产负债表外的加权风险资产的计算公式：风险资产＝表外资产（本金）×信用转换系数×表内相同性质资产风险权数。其中，信用转换系数是依据表外信用规模、信贷敞口风险发生的可能性以及巴塞尔委员会在1988年3月公布的“银行资产负债表外项目管理问题监管透视”文件所确定的信贷风险的相对程度推算出来的。

2004年6月公布的巴塞尔新资本协议仍然要求银行的全部资本充足率应达到8%，核心资本充足率应达到4%。但在计算风险加权资产总额时，须将市场风险与操作风险所要求的资本乘以12.5（即资本充足率8%的倒数），然后在此基础上加上信用风险加权资产总额。也就是说，银行资本比率的分母包括两部分：其一是信用风险的所有加权风险资产，其二是12.5倍的市场风险与操作风险的资本。如此，银行全部资本充足率和核心资本充足率的计算公式就改变为：

$$\text{全部资本充足率} = \frac{\text{银行全部资本}}{\text{信用风险的所有风险加权资产} + 12.5\text{倍的市场风险和操作风险的资本}} \times 100\%$$

$$\text{核心资本充足率} = \frac{\text{银行核心资本}}{\text{信用风险的所有风险加权资产} + 12.5\text{倍的市场风险和操作风险的资本}} \times 100\%$$

2004年的巴塞尔新资本协议的计算公式的调整，表明国际银行资本监管理念进一步强化，即虽然计算公式没有明显的变化，但由于公式中分母的变化是在原有的资本充足率目标比率之下，银行必须扩充资本数额（分子部分）才能达到监管要求。

参考文献：
马丽娟：《商业银行经营与管理》，经济科学出版社2012年版。

（马丽娟）

拨备覆盖率
Provision Coverage Ratio

拨备覆盖率是指商业银行为预防贷款违约风险所计提的准备金与不良贷款的比率。计算公式为：贷款损失准备金计提余额/不良贷款余额。因此，拨备覆盖率越高越好，该比率越高，说明银行为贷款违约损失所作的准备越充分；当实际损失发生时，对银行的盈利水平影响就越小。拨备覆盖率是衡量商业银行贷款损失准备金计提是否充足的一个重要指标。依据《股份制商业银行风险评级体系（暂行）》，该比率最佳状态为100%。这实际上是从另一个角度来评价贷款损失准备是否充分，并用于判断谁的业绩水分最大。

根据我国《银行贷款损失准备计提指引》规定，银行应按季计提一般准备，一般准备年末余额不得低于年末贷款余额的1%。银行可以参照以下比例按季计提专项准备：对于关注类贷款，计提比例为2%；对于次级类贷款，计提比例为25%；对于可疑类贷款，计提比例为50%；对于损失类贷款，计提比例为100%。其中，次级和可疑类贷款的损失准备，计提比例可以上下浮动20%。特种准备由银行根据不同类别（如国别、行业）贷款的特种风险情况、风险损失概率及历史经验，自行确定按季计提比例。

参考文献：
孙天琦、杨岚：《有关银行贷款损失准备制度的调查报告——以我国五家上市银行为例的分析》，载于《金融研究》2005年第6期。
李怀珍：《银行业动态拨备制度研究》，载于《金融监管研究》2012年第2期。

（黄志刚）

不良资产比率
Non-performing Asset Ratio

不良资产比率是不良资产占全部资产的比例。通常采用如下公式计算：不良资产比率＝年末不良资产总额/年末资产总额×100%。

银行不良资产主要指不良贷款,因此银行的不良资产比率也称为不良贷款率,计算公式为:不良贷款率=不良贷款/各项贷款×100%。根据银行贷款质量五级分类法,将贷款分为正常、关注、次级、可疑和损失。其中后三类合称为不良贷款。

银行不良贷款的形成包括银行外部因素和银行内部因素。外部因素包括如下几类:(1)借款人因素。借款人可能是内部经营不善、产品市场萎缩,也有可能是借款人故意逃废银行债务,缺乏还款意识。(2)政策因素。由于宏观经济政策缺乏连续性,经济波动的频率高、幅度大,使信贷扩张和收缩的压力相当大,在宏观紧缩、经济调整时期,往往形成大量贷款沉淀。(3)行政干预因素。主要表现为地方政府施压,迫使银行发放大量指使性贷款和救济贷款,贷款行为行政化,信贷资金财政化,直接削弱了贷款产生经济效益的基础。

外部因素包括:(1)决策失误。银行的高级管理人员对借款人的现状及市场形势的判断偏差或失误引起重大信贷决策上的失败导致不良贷款的形成。(2)信贷人员素质。部分人员素质不高,难以进行贷款的科学决策和有效管理,违规放贷时有发生;在执行信贷政策方面,有的信贷人员随意性很大,存在“人情代替制度”现象。(3)贷款结构不合理。贷款组合结构性失衡,如贷款投向不合理引起贷款过度集中等造成不良贷款的形成。(4)道德因素。部分信贷员“在其位而不谋其职”,工作主动性差,缺乏开拓创新精神,不能干好自己的本职工作;甚至蓄意营私舞弊、违规违纪、违法犯罪,引起不良贷款的形成。

改革开放以来,我国银行系统内逐步形成了规模巨大的不良贷款。国有银行不良贷款率从1984年的0.1%快速上升到1998年的33.1%。随后通过不良贷款剥离和内部消化,不良贷款率逐步降低,2005年下降到10.5%,2010年下降到1.3%。我国不良贷款形成的主要原因是在企业制度改革过程中,采用银行贷款作为企业的资本金,加重了企业的负担。同时,国有企业经营不善,连年亏损加重了这一问题。我国银行业的不良贷款问题主要是政策性因素所致。不良贷款的消化伴随着我国银行业的改革进行,主要采取了通过设立资产管理公司专门剥离和处理银行的不良贷款,同时在货币政策上,通过管制利率为银行提供足够的资金内部消化不良贷款。从改革的结果来看,我国不良贷款问题的解决是很成功的,在保持银行业持续稳健运行的基础上成功降低了不良贷款率。

参考文献:

易纲:《中国的货币化进程》,商务印书馆2003年版。
孙天琦、杨岚:《有关银行贷款损失准备制度的调查报告——以我国五家上市银行为例的分析》,载于《金融研究》2005年第6期。

(黄志刚)

存款保险制度
Deposit Insurance System

存款保险制度是一种涉及存款安全的保障制度,通常由特设的保险机构对商业银行所吸收的存款承担保险义务来完成。其通常的做法是,由各类存款机构作为投保人按其存款余额的一定比例向特设的保险机构缴纳保险费,建立存款保险准备金。当成员机构发生经营危机或面临破产倒闭时,存款保险机构向其提供财务救助或在规定的受保范围直接向存款人偿付一定数额或全部存款,从而保护存款人利益,维护银行信用,稳定金融秩序。对商业银行存款提供保险的保险机构经营上不同于一般的商业化运作的保险公司,不以营利为经营目标。

目前国际上通行的理论是把存款保险分为隐性存款保险和显性存款保险两种。隐性的存款保险制度多见于发展中国家或者国有银行占主导的银行体系中,指国家没有对存款保险做出制度安排,但在银行倒闭时,政府会采取某种形式保护存款人的利益,因而形成了公众对存款保护的预期。显性的存款保险制度是指国家以法律的形式对存款保险机构设置以及有问题银行的处置作出明确规定,其优势在于:(1)明确银行倒闭时存款人的赔付额度,稳定存款人的信心;(2)建立专业化机构以明确方式处置有问题银行,节约处置成本;(3)事先进行基金积累,以用于赔付存款人和处置银行;(4)增强银行体系的市场约束,明确银行倒闭时各方责任。

存款保险制度是在20世纪30年代初世界经济危机爆发导致美国大批商业银行倒闭后,于1933年首先在美国建立的。在1929~1933年世界经济大危机中,企业纷纷破产,工人大量失业。与此同时,近半数的银行机构倒闭,造成存款人存款损失,对银行的信心受到打击。在这种社会背景下,罗斯福以消除危机,稳定经济作为其新政目标,在金融方面主要是三个具体目标:(1)通过注资恢复银行的经营;(2)使有问题银行的存款得到补偿,以保护存款人利益;(3)通过提供一定政府担保帮助存款人恢复和确保对银行的信心,避免挤兑及产生的银行恐慌危及银行甚至整个银行体系的稳定,进而可能造成社会动荡。1933年,联邦存款保险公司成立。

美国政府对存户规定了最高保险金额,在数额之内给予全部赔偿,在数额之外给予部分赔偿。如美国在1934年1月存款保险生效之际,授保额2500美元,以后逐年提升,到1980年规定为10万美元,同时,特定退休账户为永久性保额25万美元。2009年5月20日，美国总统奥巴马签署《拯救家庭储蓄法案》，将其他存款账户10万美元保额提高到25万美元，但为临时性措施以保护存款人在金融危机中的安全和信心，执行日期直到2013年12月31日。

20世纪60年代后，商业银行经营中利率与汇率波动的影响因素作用增强。为防止金融危机发生或者在金融危机发生后尽量减少金融危机对金融制度和实体经济造成混乱和损失，许多国家建立了存款保险制度。如印度1961年、菲律宾1963年、加拿大1967年、日本1971年、德国1976年、荷兰1979年、法国1980年、英国1982年建立了存款保险制度。

从目前已实行该制度的国家来看，存款保险制度主要有三种形式：一是由政府出面建立，如美国；二是由政府与银行界共同建立，如希腊；三是银行业自己建立，如德国。各国存款保险制度提供的最高保险金额和保险资金来源各不相同。

2015年我国正式建立存款保险制度。2007年年初，全国金融工作会议决定建立存款保险制度；2007年8月中国人民银行与美国联邦存款保险公司签署谅解备忘录，双方约定合作、培训等事项；2008年3月，温家宝总理在政府工作报告中明确提出建立存款保险制度；2013年11月，《中共中央关于全面深化改革若干重大问题的决定》中明确提出"建立存款保险制度，完善金融机构市场化退出机制"。2015年3月31日，《存款保险条例》颁布，并于5月1日正式实施。《存款保险条例》规定，存款保险实行限额偿付，最高偿付限额为人民币50万元。

参考文献：

Ronald MacDonald: Deposit Insurance, *Handbooks in Central Banking* No. 9, Bank of England.

Asli Demirgüç-Kunt, Baybars Karacaovali, Luc Laeven: Deposit Insurance around the World: A Comprehensive Database, *World Bank Policy Research Working Paper* No. 3628, June 2005.

（马丽娟）

金融法制建设

Construction of Financial Legal System

金融法制是指国家调整金融关系、规范金融活动的各种法律规范。包括金融法律、金融行政法规、地方性法规、金融部门规章、自律性规范和金融司法解释等，是社会各主体从事金融活动的基本行为规范，也是国家组织金融活动、管理金融体系、维护金融秩序的基本手段和方法。加强金融法制建设，对于防范金融风险、保证金融稳定、促进金融发展具有重要意义。

我国的金融法制建设与经济体制和金融体制的变革紧密相关。从新中国成立到改革开放前的近30年间，由于实行高度集中统一的计划经济体制和金融体制，我国对金融活动的规范和管理主要采用行政手段，金融法制基本属于空白状态。改革开放以后，国家对经济和金融的管理方式发生了巨大变化，金融法制建设开始启动。改革开放至今，我国的金融法制建设大体上可以分为三个阶段：

20世纪70年代末期～80年代后期，是金融法制建设的起步阶段。这段时期主要由国务院和中国人民银行主导了各种金融法规的制定和实施。主要有：《中华人民共和国外汇管理暂行条例》、《中华人民共和国金银管理条例》、《中华人民共和国财产保险合同条例》、《借款合同条例》、《中华人民共和国经济特区外资银行、中外合资银行管理条例》、《保险企业管理暂行条例》、《中华人民共和国银行管理暂行条例》、《企业债券管理暂行条例》、《现金管理暂行条例》、《银行结算办法》等。这个阶段的金融法规虽然不够成熟与完善，但是它们对于调整和理顺各种金融关系、维护金融秩序、推动金融体制改革仍然发挥了重要作用。

20世纪90年代是我国金融法制建设飞速发展期。《公司法》、《中国人民银行法》、《商业银行法》、《担保法》、《票据法》、《保险法》、《证券法》相继颁布。1997年修订后的《中华人民共和国刑法》第一次用专节规定了金融犯罪的内容，在我国金融立法领域具有重要意义。同时伴随着一系列金融行政法规和金融部门规章的相继出台，我国金融法律体系的基本框架已经形成。

2000年至今，是我国金融法制建设成熟期。2001年我国正式加入世界贸易组织，国内金融业开始全面对外开放，遵守金融活动的国际规则成为国内金融业面临的迫切问题，金融法制建设的重点转移到修订和清理金融法律法规，实现金融法律体系与国际规则接轨。2003年全国人大颁布了修订的《中国人民银行法》和《商业银行法》，2006年又颁布了修订的《证券法》和《公司法》，2008年颁布了修订的《中华人民共和国外汇管理条例》，金融法律法规逐步与国际接轨。与此同时，为适应金融体系发展的需要，相继制定颁布了多部新的金融法律法规，包括：2001年的《信托法》、2002年的《外资金融机构管理条例实施细则》、2003年的《银行业监督管理法》和《证券投资基金法》、2006年的《反洗钱法》、2007年的《物权法》以及2000年的《人民币管理条例》和《个人存款账户实名制规定》。金融部门规章包括：2000年中国人民银行颁布的《企业集团财务公司管理办法》和《金融租赁公司管理办法》、2001年中国人民银行制定颁布的《信托投资公司管理办法》。

对我国金融法制建设而言，2003年是一个非常重要的年度。全国人大颁布了修订的《中国人民银行法》和《商业银行法》,通过了《银行业监督管理法》,这三部同时出台的法律确认了国家对金融监管体制的重大调整,强调中央银行职能的集中性和独立性,强化对银行业金融机构的监管,形成了一个由中国人民银行、银监会、证监会和保监会等多个监管机构构成的分业监管体系。各个金融监管机构在各自监管的金融领域出台了大量的规范性文件,推动了金融监管的完善。

2003年后,中国人民银行的主要职能转变为制定和实施货币政策,全面规范金融机构涉及货币信贷、金融稳定、金融统计、会计、支付结算、货币发行、国库、征信、反洗钱、外汇等方面的服务与管理事项,制定颁布的行政法规包括:《贷款通则》、《中国人民银行假币收缴、鉴定管理办法》、《中国人民银行残缺污损人民币兑换办法》、《人民币银行结算账户管理办法》、《现金管理条例》、《全国银行间债券市场买断式回购业务管理规定》、《银行间债券市场登记托管结算管理办法》、《全国银行间债券市场金融债券发行管理操作规程》、《电子商业汇票业务管理办法》、《境内机构境外直接投资外汇管理规定》、《跨境贸易人民币结算试点管理办法》和《跨境贸易人民币结算试点管理办法实施细则》等,并负责制定《征信管理条例》、《黄金市场管理条例》和《存款保险条例》等新的行政法规。

中国银监会是对银行业实施监管的机构,其制定颁布的行政法规的范围主要涉及:银行业的市场准入、银行业的持续监管(包括现场检查和非现场监管、业务监管、业务范围、审慎经营、风险管理、资本充足率监管等)和银行业的市场退出。银监会建立以来颁布的行政法规和规范性文件包括:《汽车金融公司管理办法》、《企业集团财务公司管理办法》、《信托公司管理办法》、《金融租赁公司管理办法》、《信托公司净资本管理办法》、《金融许可证管理办法》、《中国银行业监督管理委员会行政许可实施程序规定》、《中资商业银行行政许可事项实施办法》、《外资金融机构行政许可事项实施办法》、《外资银行管理条例实施细则》、《村镇银行管理暂行规定》、《商业银行服务价格管理暂行办法》、《商业银行个人理财业务管理暂行办法》、《电子银行业务管理办法》、《银团贷款业务指引》、《商业银行金融创新指引》、《商业银行境外机构监管指引》、《境外金融机构管理方法》、《商业银行信息披露办法》、《银行业金融机构内部审计指引》、《商业银行合规风险管理指引》、《商业银行授信工作尽职指引》《商业银行集团客户授信业务风险管理指引》、《汽车贷款管理办法》、《商业银行房地产贷款风险管理指引》、《支付结算办法》、《票据管理实施办法》、《人民币银行结算账户管理办法》、《商业银行资本充足率管理办法》、《信托投资公司资金信托办法》等。

中国证监会负责对证券市场、基金市场和期货市场进行监管,其内容涉及市场准入、持续监管和退出监管。市场准入包括:证券发行和上市准入、证券公司准入、证券服务机构准入和从业人员资格准入;持续监管包括:证券交易监管、上市公司信息披露和收购监管、证券公司和证券服务机构治理结构内部控制和业务规范监管、外商投资监管等;退出监管包括证券公司退出监管和市场禁入等。证监会制定了一系列行政法规和规范性文件,包括:《证券投资基金管理公司管理办法》、《证券投资基金运作管理办法》、《证券投资基金信息披露管理办法》、《证券投资基金销售管理办法》、《证券投资基金行业高级管理人员任职管理办法》、《证券投资基金托管资格管理办法》、《证券投资基金公司内部控制指导意见》、《证券投资基金管理公司治理准则》、《期货交易管理条例》、《期货公司管理办法》、《期货公司风险监管指标管理试行办法》、《期货公司金融期货结算业务试行办法》等。

目前我国保险法律体系主要由保险法律、保监会制定的行政法规和规范性文件组成,具体包括:《保险法》、《外资保险公司管理条例》、《保险公司管理规定》、《保险代理机构管理规定》、《保险经纪机构管理规定》和《保险公估机构管理规定》等,内容涉及:保险公司的设立;保险公司的变更、整顿、接管、终止、清算;保险公司经营和业务范围;保险中介机构、保险代理机构和经纪机构的设立、变更和终止以及经营规则等。

参考文献:

中国金融年鉴编辑部:《中国金融年鉴》(1986~2011年),中国金融出版社1987~2012年版。

(左毓秀)

反洗钱

Anti-money Laundering

反洗钱是指采取一定的措施,预防和打击洗钱行为。反洗钱的核心问题是:(1)确定什么行为是洗钱,这是立法机构和反洗钱行政管理部门的职责。(2)掌握和判断谁在洗钱,这是商业银行和其他金融机构,如,证券、期货业、保险业的职责。因为绝大多数的"洗钱"行为都要在银行和其他金融机构间流转并留下记录,实践中,房地产、博彩业、贵金属交易机构、珠宝店也应该是反洗钱的重要领域。(3)如何抓住洗钱者,并使之受到法律制裁?这是执法部门和司法部门的职责。

"洗钱"是指为隐瞒或掩饰财产的非法来源,或为协助任何涉及此类犯罪的人逃避其行为的法律后果而转移或转让财产的行为。我国《刑法》第191条对"洗钱"所做的定义是:明知是毒品犯罪、黑社会性质的组织犯罪、恐怖活动犯罪、走私犯罪、贪污贿赂犯罪、破坏金融管理秩序犯罪、金融诈骗犯罪的所得及其产生的收益,而掩饰、隐瞒其来源和性质的行为。

洗钱犯罪所涉及的资金流动量大,因而洗钱的影响已经不仅仅是洗钱者获得高额回报,而是洗钱对社会与经济发展将会产生极为不利的影响。比如,对金融市场的影响,洗钱者的投资和再投资行为不易被察觉,其巨额资金的自由进出会直接冲击一个开放的货币市场和资本市场,进而影响到利率水平和经济安全。全球每年非法洗钱的数额约占世界各国 GDP 总和的 5%,且以每年 1000 亿美元递增。反洗钱可以有效地剥夺和限制犯罪分子运用犯罪所得的能力,对打击与洗钱相关的诸多上游犯罪均有十分重要的作用,因而反洗钱成为一国国内和国际上的一项重要工作。

反洗钱的制度建设是指在反洗钱领域的一系列规制建设和机构设置等。主要包括四个方面的建设:以上游犯罪最大化进行反洗钱的规制建设;建立专业反洗钱机构;加强反洗钱国际合作;建立大额和可疑交易报告制度。

反洗钱金融行动特别工作组(FATF)是 1989 年由欧盟及其他西方国家成立的一个独立的专门进行国际反洗钱的政府组织,是目前扮演领导者角色的机构,FATF 的组织成员资格,已成为一国金融业走向世界的"绿色通行证"。1990 年,FATF 基于国际社会已形成的将洗钱的上游犯罪范围最大化的共识,拟订了《四十条建议》,作为国际反洗钱的基本框架。FATF 提出各国在规定洗钱罪的上游犯罪时至少应包括《四十条建议》所明确的 20 种"指定的犯罪类型",即:参加有组织犯罪集团和进行敲诈活动;恐怖主义活动,包括恐怖融资;贩卖人口以及偷渡;利用他人进行色情活动,包括利用儿童进行色情活动;非法贩卖毒品和精神性药品;非法贩卖军火;非法贩卖盗窃物和其他赃物;贪污和贿赂;诈骗;制假币;产品制假和非法翻印;环境类犯罪;杀人、重伤害;绑架、非法监禁和劫持人质;抢劫或盗窃;走私;勒索;伪造文书;盗版;内幕交易和操纵市场。2001 年 10 月,FATF 将恐怖融资问题纳入工作范围,并扩大反洗钱范围,最终形成当今国际上通用的《40+9 条建议》。

反洗钱国际协作的内容主要是:(1)加入并实施有关公约;(2)司法协助和引渡;(3)其他形式的合作,包括对等主管机关之间的合作和金融情报中心相互交换与反洗钱有关的信息和资料。

反洗钱制度建设中的交易报告制度内容构成了一国反洗钱的主要特色。可疑交易报告制度是指金融机构按反洗钱行政主管部门规定的标准,怀疑或者有理由怀疑某项资金属于犯罪活动的收益,按照要求要立即向金融情报机构报告。而大额交易报告制度是指金融机构对规定金额以上的资金交易依法向金融情报机构报告,包括大额现金交易报告和大额转账交易报告。美国建立的是以大额现金交易报告为主、可疑交易报告为辅的交易报告制度。直接权限最大的机构是财政部,其下属部门——金融犯罪执法局(FinCEN)为反洗钱的核心部门,负责制定相关法规并监督执行,预防与发现洗钱犯罪。同时搭建起多部门、多种机构(如,全美各类金融机构、各类金融监管机构、司法部、海关总署)配合监管、各部门间数据库联网的蛛网式反洗钱制度框架。FinCEN 的工作包括两个方面:要求金融机构报告可疑交易、保存交易记录;为案件侦破提供情报和分析支持。在 FinCEN 的示范作用下,各国陆续建立起金融情报中心。英国建立的是基于真实怀疑的、可疑交易报告制度,而且反洗钱发力于各行业。其特点是:(1)不设定现金交易的报告上线;(2)把交易是否可疑的判断权下放给各行业的具体从业人员,根据行业特点及反洗钱规定,独立判断,及时向反洗钱中心机构 ECB(国家犯罪情报局下设的经济犯罪处)报告;(3)金融机构和其他行业,如汽车交易市场、珠宝商店、赌场、大型娱乐场所、律师事务所、会计事务所、房地产中介都有相应的从业人员;(4)由于不以交易金额的大小作为衡量和判断依据,所以对从业人员要求极高,如,对本行业交易特点十分熟悉;较高的金融素质,才能透过现象看本质;强调执法自觉性。欧洲国家建立的反洗钱制度与英国大致相似。

我国反洗钱的制度建设始于 2002 年 10 月,时任国家主席江泽民在亚太地区领导人会议上代表我国政府签署文件,承诺将建立中国的反洗钱情报机构。2004 年 4 月中国反洗钱检测分析中心建立。2006 年 10 月 31 日我国《反洗钱法》通过,2006 年 11 月 14 日中国人民银行颁布《金融机构反洗钱规定》、《金融机构大额交易和可疑交易报告管理办法》,2007 年 6 月 21 日,人民银行会同银监会、证监会和保监会根据《反洗钱法》共同颁布了《金融机构客户身份识别和交易记录保存管理办法》,建立了在实践操作运用中的三个制度——客户身份识别制度、可疑交易报告制度和交易记录保存制度。2007 年 6 月 28 日成为 FATF 正式成员。至此,我国反洗钱框架搭建完成。但是,我国存在较为特殊的国别环境,在洗钱领域与国外有很大不同。比如,国外洗钱后相当部分留在境内,而我国大量流到境外;在国外,以贩毒收入和恐怖主义融资为主,我国则以贪污腐败收入为主;此外,我国的洗钱行为有时难以界定或更隐蔽,如行贿者代为购买国外房地产、资助子女出国等。因此,在我国反洗钱仍是一个全新课题,《反洗钱法》也还需要完善。

参考文献:

王燕之:《中国反洗钱国际合作进入了一个新的历史发展时期》,中国反洗钱监测分析中心/文献库/中心文稿。
张自力:《国际反洗钱可疑交易报告制度改革:英国的

实践与启示》，载于《上海金融学院学报》2006 年第 2 期。
屈文洲、许文彬：《反洗钱监管：模式比较及对我国的启示》，载于《国际金融研究》2007 年第 7 期。

（马丽娟）

征信体系
Credit Information System

征信是指征信机构从事的收集、整理、加工自然人、法人和其他组织的信用信息，建立信用档案，提供信用报告、信用评估和信用信息咨询等服务的活动。征信体系是基于征信活动而形成的，涉及征信制度、信息采集、征信机构和市场、征信产品和服务、征信监管等方面的一系列安排。在现代经济活动中征信体系发挥着重要的作用，完善的征信体系有助于解决市场交易中的信息不对称问题，降低市场参与者甄别失信和欺诈行为的成本，阻止交易主体的失信行为，提高社会诚信水平，维护良好的经济和金融秩序，提高经济和金融运行效率，促进金融发展和经济发展。

我国现代征信业是在改革开放后出现的，经过 20 多年的发展已经形成了一个多层次的征信体系格局。从征信机构来看，包括了行业征信体系、地方联合征信体系和社会征信体系；从征信对象来看，既有企业征信体系也有个人征信体系。在我国的征信体系中，中国人民银行具有重要的地位，中国人民银行征信管理局承担对全国征信业的协调管理职能，负责征信法规、征信制度的制定和征信行业标准的规范化建设；中国人民银行征信中心则主持全国企业和个人信用信息基础数据库建设，运行和管理覆盖全国的金融业统一的企业征信系统和个人征信系统。

中国人民银行的企业征信系统始建于 1997 年，当时筹建的是银行信贷登记咨询系统；2002 年建成地市、省市和总行三级数据库体系，实现以地市级数据库为基础的省内数据共享；2005 年银行信贷登记咨询系统升级成为全国集中统一的企业信用信息基础数据库；2006 年 7 月企业信用信息基础数据库实现全国联网查询；2011 年 6 月 25 日，企业信用报告接口查询项目上线，实现了信用报告的单笔和批量自动化查询。企业信用信息基础数据库信息主要来源于两大部门：商业银行等金融机构部门和环保、税收质检等非金融机构部门。来源于商业银行等金融机构的信息主要是：企业的基本信息、在金融机构的借款、担保等信贷信息、企业主要的财务指标等；来源于非金融机构部门的信息主要是：企业环保信息、缴纳各类社会保障费用信息、质检信息和企业拖欠工资信息等。2004 年中国人民银行组织商业银行启动了个人征信系统建设工作，2004 年 12 月 15 家全国性商业银行和 8 家城市商业银行在全国 8 个城市联网试运行个人征信系统，2005 年 8 月完成与全国所有商业银行和部分有条件的农村信用社的联网运行，2006 年 1 月全国集中统一的个人信用信息基础数据库建成并正式运行；2011 年 5 月 14 日，个人身份信息库系统上线运行，实现了自然人同一证件下不同数据源的基本信息的整合。个人信用信息基础数据库的信息来源主要是商业银行等金融机构，收录的信息包括个人的基本身份信息、在金融机构的借款、担保等信用交易信息、住房公积金信息、养老保险信息以及缴纳电信费用信息等。企业和个人信用信息基础数据库可将属于同一个企业和个人的所有信息进行整合，形成企业或个人的信用档案，并在金融机构查询时生成信用报告。截至 2014 年末，中国人民银行的企业征信系统和个人征信系统已分别为近 1969 万户企业和 8.57 亿自然人建立了信用档案；企业征信系统累计查询量达到 5.23 亿次，个人征信系统累计查询量达到 20.83 亿次。根据中国人民银行征信中心调查显示，2010 年第三季度至 2014 年底，全国商业银行利用个人征信系统拒绝了个人贷款申请 4938.7 亿元，拒绝信用卡申请 2116.2 万笔，预警高风险贷款 2598.7 亿元，清收不良贷款 497.9 亿元；利用企业征信系统拒绝高风险客户信贷业务申请 12518.7 亿元，预警高风险贷款 10809.7 亿元，清收不良贷款 755.1 亿元。

参考文献：

中国金融年鉴编辑部：《中国金融年鉴》（1997 ~ 2011 年），中国金融出版社 1998 ~ 2012 年版。

（左毓秀）

金融压抑论
Financial Repression Theory

金融压抑是指政府通过对金融活动和金融体系的过多干预抑制了金融体系的发展，而金融体系的发展滞后又阻碍了经济发展，从而造成了金融压抑和经济落后的恶性循环。金融压抑论是美国经济学家麦金农和肖在 20 世纪 70 年代研究发展中国家的经济特点提出来的。麦金农和肖在批判传统货币利率和凯恩斯主义理论的基础上，论证了金融发展与经济发展相互制约、相互促进的辩证关系。金融压抑的主要形式包括：名义利率限制、外汇管制和本币高估、高准备金要求、政府通过干预限制外源融资、特别的信贷机构。

麦金农和肖认为，金融压抑产生的重要原因是政府对金融市场的过度干预。政府对信贷利率的限制，使得利率无法准确反映资金的供求关系和资金短缺的程度。由于多数发展中国家都存在较高的通货膨胀，而利率限制的是名义利率上限，因此实际利率就很低，甚至为负数。此时，储蓄者不愿意增加储蓄，借款者的借款需求却格外旺盛,这必然导致资金的需求严重大于资金供给,金融机构只能以“配给”的方式发放信贷。在这种情况下,大多数贷款被享有特权的国有企业和与政府有特别联系的私人企业获得,这给寻租提供了条件,而大量私营企业得不到资金。由于信息不充分,信贷配给通常不能将资金全部运用到效率最高的项目中,大量低效率的项目在低实际利率环境下得以生存,大大降低了资金的使用效率,经济增长变得缓慢。

外汇管制、高估货币是金融压抑的另外一种表现。这种外汇政策导致发展中国家外汇严重短缺。外汇短缺决定了外汇使用的配给制,只有享受特权的机构和阶层才能以官方汇率获得外汇,这必然助长黑市盛行。在外汇配给下,持有官方执照的进口商能利用所享受的特权获取超额利润。很多发展中国家实行的“进口替代”政策更加引起这些国家对重工业的关注和对农业、轻工业的轻视,导致更深的内部经济扭曲。

正是因为金融压抑产生的各种经济金融扭曲,它会给经济带来诸多的消极影响。第一,金融压抑会降低资本市场的效率。由于资金的价格受到扭曲,资金难以得到有效配置,降低了资金的使用效率。第二,金融压抑会降低经济增长率。由于实际利率很低或为负数,人们的储蓄意愿极低,低储蓄降低资本形成速度,从而降低经济增长速度。第三,金融压抑限制了银行体系适应经济增长的需要。学者认为,最适银行体系规模应满足银行持有货币的实际收益加上银行提供服务的边际成本等于新投资的边际收益,而在金融压抑下,银行体系的扩张受到了限制,达不到最适规模。第四,金融压抑加剧了经济上的分化。各种金融财政政策的扭曲让贫者愈贫,富者愈富。第五,金融压抑使融资形式受到限制。在金融压抑下,政府通常对外源融资进行限制,特别是对中小企业的外源融资采取限制措施,这阻止了大批企业进行获得最佳生产技术的连续投资。

参考文献:

[美]约翰·G·格利、[美]爱德华·S·肖:《金融理论中的货币》,上海三联书店 1994 年版。

[美]爱德华·S·肖:《经济发展中的金融深化》,上海三联书店 1988 年版。

[美]罗纳德·I·麦金农:《经济发展中的货币与资本》,上海三联书店 1994 年版。

[美]罗纳德·I·麦金农:《经济自由化的顺序——向市场经济过渡中的金融控制》,中国金融出版社 1993 年版。

(黄志刚)

金融自由化

Financial Liberalization

金融自由化是美国经济学家麦金农和肖在 20 世纪 70 年代,针对当时发展中国家普遍存在的金融市场不完善、资本市场严重扭曲和政府对金融过度干预的状况提出来的。他们论证了金融自由化与储蓄、就业和经济增长的正向关系,认为发展中国家存在的普遍的金融压抑是经济停滞不前的重要原因,因此,他们提出发展中国家应该实行金融自由化政策,促进经济增长。

金融自由化也称“金融深化”,金融压抑的对称。金融自由化理论主张改革金融制度,改革政府对金融的过渡干预,放松对金融机构和金融市场的限制,增强国内的筹资功能以改变对外资的过度依赖;放松利率和汇率的管制,从而使利率反映资金供求,汇率反映外汇的供求,促进国内储蓄率的提高,最终达到抑制通货膨胀、刺激经济的目的。金融自由化政策主要包括如下方面:利率自由化、合业经营、业务范围自由化、金融机构准入自由化、资本流动自由化。金融自由化政策的关键在于放松利率管制,正如肖所说:“金融自由化和金融深化的实质是放松利率,使之反映储蓄的稀缺性和刺激储蓄。”

金融自由化理论经历了两个阶段的发展。第一阶段是 20 世纪六七十年代,包括麦金农、肖、格利和戈德史密斯等一批西方学者对发展中国家经济的“欠发达性”进行分析,认为发展中国家普遍存在的金融市场不完善、资本市场严重扭曲和政府对金融的过度干预是欠发达性的主要表现,并导致了储蓄率低和经济发展缓慢,因此,他们提出金融深化理论。第二阶段的理论革命发生在 20 世纪 90 年代初,以麦金农和弗农等一些学者为代表在总结发展中国家金融改革的基础上,提出金融自由化次序理论。该理论认为,金融自由化是有先后次序的,如果金融自由化按照一定的次序进行,就能够保证经济发展的稳健性,否则有可能发生混乱和危机。

金融自由化理论提出之后,立即引起了经济理论界的广泛关注,并成为 20 世纪 70 年代和 80 年代发展中国家进行金融改革的主要理论依据。然而,在该理论指导下的改革暴露出许多问题,在理论上受到了很多批评。后凯恩斯主义学派从有效需求角度对金融自由化理论进行了反驳。他们认为,不是储蓄决定投资,而是投资决定储蓄。过高的实际利率将抑制投资,从而抑制储蓄,投资减少通过乘数作用进一步降低经济增长率。

另外,金融自由化到底会给我们带来什么,人们对此进行了广泛的讨论。支持金融自由化的观点认为金融自由化有如下好处:(1)金融自由化会增强金融市场的竞争性,提高全球金融市场的效率,促进全球银行业的发展。(2)在自由化条件下,金融信息更加公开,能够更为准确、迅速的反应市场的供求,有利于市场价格的形成。(3)自由化为金融企业提供了更多的盈利机会,推动金融资本的形成,而分业管理制度的取消为金融企业提供更加灵活的经营手段。(4)金融自由化推动全球性的金融一体化,资本流动加速,有利于形成全球性的金融市场,促使资本在全球范围内最优配置。然而反对金融自由化的观点强调金融自由化存在的不利之处要远远大于有利之处,包括:(1)金融自由化在提高部分金融市场效率的同时,却在其他方面降低金融市场效率。(2)金融自由化使得金融创新失去了动力。(3)金融自由化加大了客户和金融业自身的风险,增加了金融脆弱性。以上观点表明,金融自由化并非有利无害,因此不能把金融自由化理想化。只有用积极、审慎的态度客观地评估每一项具体措施的利弊,权衡利害,大胆推进金融体制改革才是根本出路。

参考文献:
[美]约翰·G·格利、[美]爱德华·S·肖:《金融理论中的货币》,上海三联书店1994年版。
[美]爱德华·S·肖:《经济发展中的金融深化》,上海三联书店1988年版。
[美]罗纳德·I·麦金农:《经济发展中的货币与资本》,上海三联书店1994年版。
[美]罗纳德·I·麦金农:《经济自由化的顺序——向市场经济过渡中的金融控制》,中国金融出版社1993年版。

（黄志刚）

金融约束论

Financial Restraint Theory

金融约束论由赫尔曼、墨多克和斯蒂格利茨等经济学者提出,其核心观点是:政府通过一系列金融政策在民间部门创造租金机会,以达到既防止金融压抑的危害又能促使银行主动规避风险的目的。

发展中国家金融自由化的结果曾一度令人失望,许多经济学家开始对以往经济发展理论的结论和缺陷进行反思和检讨。斯蒂格利茨在新凯恩斯主义学派分析的基础上概括了金融市场中市场失败的原因,他认为政府对金融市场监管应采取间接控制机制,并依据一定的原则确立监管的范围和监管标准。在此基础上,赫尔曼、墨多克和斯蒂格利茨在1997年发表的《金融约束:一个新的分析框架》一文提出了金融约束的理论分析框架。

赫尔曼等人提出,政府通过一系列金融政策,如对存贷款利率的控制、市场准入的限制,甚至对直接竞争加以管制,以影响租金在生产部门和金融部门之间的分配,并通过租金机会的创造,调动金融企业、生产企业和居民等各个部门的生产、投资和储蓄的积极性。政府在此可以发挥积极作用,采取一定的政策为银行体系创造条件鼓励其积极开拓新的市场进行储蓄动员,从而促进金融深化。

赫尔曼等人认为,虽然金融约束理论从不同方面论证了金融约束对发展中国家来说是合理的金融政策,但金融约束与金融压抑在某些方面还是有相同之处。金融约束的政策在执行过程中可能会因为种种原因而效果很差或受到扭曲,其中最大的危险是金融约束变为金融压抑。因此,要保证金融约束达到最佳效果,必须具备一些前提条件,如稳定的宏观经济环境,较低的通货膨胀率,正的实际利率,银行是真正的商业银行,政府对企业和银行的经营没有或有很少的干预,以保证银行和企业的行为符合市场要求。

赫尔曼等人指出,因为金融约束创造的是租金机会,而金融压抑下只产生租金转移,租金机会的创造与租金转移是完全不同的。在金融压抑下,政府造成的高通胀使其财富由家庭部门转移至政府手中,政府又成为各种利益集团竞相施加影响进行寻租活动的目标,其本质是政府从民间部门夺取资源。而金融约束政策则是为民间部门创造租金机会,尤其是为金融中介创造租金机会,这会使竞争性的活动递增收益和福利。这些租金机会是因存款利率控制造成的存贷利差而形成的,银行通过扩张其存款基数和对贷款资产组合实施的监控获得了这些租金,由此促进金融深化。

赫尔曼等人认为,资本要求虽然也是一个防止银行发生道德风险的工具,但在发展中国家,存款利率控制比对银行资本控制更为有效。在金融约束环境下,银行只要吸收到新增存款,就可获得租金,这就促使银行寻求新的存款来源。如果这时政府再对市场准入进行限制,就更能促使银行为吸收更多的存款而增加投资,从而增加资金的供给。建立合理数量的储蓄机构,可以吸收更多的存款,金融机构吸引更多的储户是发展中国家金融深化的一个重要组成部分,因此,金融约束可以促进金融深化。

金融约束论是赫尔曼、墨多克和斯蒂格利茨等对东南亚经验观察后的理论思考。东南亚金融危机的爆发使他们又重新研究了他们的金融约束论,并认为这一危机从反面证明了他们的理论。事实上,金融约束是发展中国家从金融抑制状态走向金融自由化过程中的一个过渡性政策,它针对发展中国家在经济转轨过程中存在的信息不畅、金融监管不力的状态,发挥政府在市场失灵下的作用,因此并不是与金融深化完全对立的政策,相反是金融深化理论的丰富与发展。

参考文献：

[美]约翰·G·格利、[美]爱德华·S·肖：《金融理论中的货币》，上海三联书店1994年版。

[美]爱德华·S·肖：《经济发展中的金融深化》，上海三联书店1988年版。

[美]罗纳德·I·麦金农：《经济发展中的货币与资本》，上海三联书店1994年版。

[美]罗纳德·I·麦金农：《经济自由化的顺序——向市场经济过渡中的金融控制》，中国金融出版社1993年版。

（黄志刚）

金融结构

Financial Structure

金融结构指组成金融整体的各个部分（包括金融机构、金融市场、金融工具、金融产品价格、金融业务活动、金融资产分布等）的具体规模、比重和组合状态。由于金融整体的庞大和组成的复杂性，金融结构也没有一个整体的和统一的分析方法。学者们一般是根据所研究问题的需要选择某一个或几个方面来研究金融结构。

金融机构体系结构，指各种金融机构之间的设置比例和金融机构内部的组织状况。金融机构体系由众多的金融机构组成，包括中央银行、商业银行、保险公司、证券公司、信托投资公司、信用合作社等。这些机构在金融机构体系中所处的地位和规模便是金融机构体系结构的主要内容。在金融机构内部，分支机构的设立、业务部门与管理部门的比例等也是金融机构体系的结构问题。金融市场结构，指各类子市场之间的规模和比例状况。按照不同的标准，金融市场可划分为许多子市场。如短期金融市场与长期金融市场；货币市场与资本市场；发行市场与流通转让市场；现货市场与期货市场；以及票据市场、证券市场、保险市场、外汇黄金市场，等等。其中各自的规模和比例构成便是它们各自的结构。金融工具结构，指在金融市场上各种金融工具，如现金、支票、汇票、股票、债券等所使用的范围和在金融交易量中所占的比重。金融价格结构，指以利率、汇率为核心的各类金融产品价格的构成状况，它反映的是各种金融工具的质量、收益和期限的组合。金融业务活动结构，指各种金融业务所占的比重、覆盖的范围等，具体内容又通过资产负债表等反映出来。金融资产结构，就一个金融机构来说，是指各类金融资产的比例状况；就全部金融机构来说，是指各类或各个金融机构所占全部金融资产的市场份额；就社会整体来说，是指金融资产在社会成员中的分布状况。货币结构、信贷结构、信用结构、融资结构也是重要的金融结构分析内容。货币结构是指货币总量的层次结构；信贷结构是指贷款的投向和投量结构，信用结构是指银行信用、商业信用、国家信用、民间信用的比例结构，融资结构是指实体经济从金融机构和金融市场获得资金支持的比例结构等。更广泛的金融结构还包括金融从业人员结构，如从业人员的数量、受教育程度、工作时间、年龄构成等。

一般来说，一个国家或地区的金融结构是金融发展过程中由内在机制决定的自然的客观结果或金融发展状况的现实体现，在金融总量或总体发展的同时，金融结构也随之变动。当考察某一时点的金融总量或总体时，金融结构便有一个既定的状态确定下来，但这并不意味着金融结构一定是合理的。恰恰相反，透过金融结构，我们可以观察金融发展是否存在问题，是否具有理想的效率以及是否符合金融发展的内在规律。在现代经济中，经济运行与金融活动是相伴进行的。经济的发展必然伴随着金融总量的增长，金融总量的增长对经济增长起着十分重要的推动作用，提供着强有力的支持。在经济与金融相互促进的增长关系中，二者的增长速度不一定完全一致，特别是在经济货币化与金融化加速进行的过程中，金融总量的增长往往比经济的增长更快。正是由于经济与金融之间存在的这种内在关系，金融分析便具有两方面的意义，一是观察、判断金融发展本身是否健康、合理；二是通过金融分析观测经济增长的状况。金融分析中的总量分析是重要的，金融总量的增长在一定意义上反映着经济增长的总体水平和经济金融化推进的广度。同时，金融分析中的结构分析也具有十分重要的意义。金融结构在一定程度上反映着金融与经济发展的层次和经济金融化的深度。在经济与金融发展过程中形成的金融结构，既是经济与金融发展的客观结果，又是经济与金融发展的重要体现，它还反映着经济金融化过程中的虚拟程度或泡沫程度，亦即反映着经济与金融发展中的风险程度。

改革开放以来，中国的金融事业一直保持了快速发展的趋势，在这个过程中，金融结构也发生了很大的变化。在金融结构分析中，中国学者目前研究较多的是金融资产结构、货币结构和融资结构。

金融资产结构的分析有多种选择方法。其中最主要的有两种：一种是分析金融资产的构成变化，另一种是分析金融资产的分布变化。

分析金融资产的构成，是把全社会的金融资产进行分类，如划分为三大类：①货币性金融资产，主要包括现实中的货币和各类存款；②证券类金融资产，主要包括各类有价证券（政府债券、金融债券、企业债券、股票、企业及银行票据以及各类投资基金凭证）；③具有专门指定用途、以保障为中心的各类专项基金，包括商业保险基金、失业保险基金、养老保险基金、医疗基金、住房基金以及各类公积金等。以社会金融总资产作为分析的基础，金融结构便是指各类金融资产在总量构成中占的比重。

分析金融资产的分布，是按金融资产持有者的身份来划分，以观察金融资产在社会各部门如居民家庭、企业部门、政府部门、金融部门等持有的比重。其中，金融机构持有的金融资产比重反映了金融中介对社会金融资产支配的集中程度，各类金融机构分别持有的份额又反映了金融机构内部的结构。

货币结构是指构成货币总量各层次货币的比重大小。货币结构反映不同层次货币的支付能力和流动性的强弱，货币总量与经济总量的比值又反映了经济货币化的程度。由于货币总量直接体现为全社会的购买支付能力，并且在社会金融资产中占有主体地位，因此，货币总量的结构分析对于考察经济运行和宏观调控具有特殊意义。改革以来，中国货币总量增长很快，总体趋势是 M_2 的增长快于 M_1 的增长，M_1 的增长又快于 M_0 的增长，这反映了经济货币化的一个基本规律。由此货币结构也发生了很大的变化。M_0 占广义货币 M_2 的比重逐年下降，1978 年该比值为 23.83%，2000 年降至 10.89%，2014 年又降至 4.91%。M_1 占广义货币 M_2 的比重也逐年下降，1978 年该比值为 65.24%，2000 年降至 39.48%，2014 年又降至 28.33%。

融资结构是指实体经济从金融机构和金融市场获得资金支持的比例结构。证券融资为代表的直接融资与以贷款为代表的间接融资之间的比例基本上能够反映主要的融资结构。在改革开放之前和之初的一段时期内，中国的金融机构主要是银行业且金融产品单一，金融市场很不发达，实体经济的融资主要是通过银行贷款，其他形式的融资比重很小。随着改革开放的深入和中国经济金融的快速发展，情况发生了很大变化，间接融资的比重逐步上升。

总之，金融结构分析可以在多层面和多角度展开，全面的分析便表现为一系列开放式的指标体系，其中每一种分析都会反映不同的内容。在实际应用中，可根据不同的分析目的去选取相关的分析指标。美国经济学家雷蒙德·W·戈德史密斯对金融结构的研究采用的是金融工具分析法，他用金融工具总值代表金融资产总量，用各类金融工具在金融工具总值中的比率代表金融结构。他认为金融工具结构的变化代表了金融发展和进步。

参考文献：

[美]雷蒙德·W·戈德史密斯：《金融结构与金融发展》，上海三联书店、上海人民出版社 1994 年版。
[美]J. A. 熊彼特：《经济发展理论》，商务印书馆 1990 年版。
[美]P. 金德尔伯格：《西欧金融史》，中国金融出版社 1991 年版。
李健：《中国金融发展中的结构问题》，中国人民大学出版社 2004 年版。
戴相龙、黄达：《中华金融辞库》，中国金融出版社 1998 年版。
中国大百科全书编委会：《中国大百科全书（财政 税收 金融 价格）》，中国大百科全书出版社 1993 年版。

（王广谦 李健）

金融创新
Financial Innovation

金融创新是指金融领域中种种创造性的变革。这是 20 世纪 70 年代后被广泛使用的新词汇，可以简单地理解为金融制度、金融机构、金融活动和金融工具在短期内集中出现的新的发展。按照这一理解，有些经济学家把历史上的金融变革都看作当时的金融创新。例如，古罗马货币的出现，17 世纪商业银行的出现，18 世纪中央银行的建立，19 世纪支票的广泛使用等，都是金融创新的里程碑。但大多数经济学家所说的金融创新，是指 20 世纪 70 年代以来在西方发达国家金融领域中不断出现的新做法和新发展。

创新理论是著名经济学家熊彼特在 1912 年出版的《经济发展理论》一书中最先提出的。他把创新定义为通过引进新产品、新技术、新市场、新原料、新组织"实现生产要素的新组合"，用以解释经济周期和经济增长。20 世纪 50 年代开始，特别是 70 年代之后，西方金融领域发生了大规模、全方位的巨大变革，一些西方学者开始把创新理论引入金融研究中，提出了金融创新的新概念。

西方国家 20 世纪 70 年代以来不断出现的金融创新有其深刻的社会、经济和技术背景。一方面，各国大量的财政赤字和世界性的通货膨胀，导致了利率的上升和市场动荡，提高了那些无息和利率受限制的金融资产的机会成本，使金融活动的交易成本和风险增大。另一方面，经济全球化的进展和国际竞争的加剧，对金融活动在数量、质量、种类、服务上的要求都日益增多，在这种情况下，传统的业务活动方式、金融工具和管理条例便显得很不适应。例如对利率的严格限定，对各类金融机构业务活动的严格区分等等，严重地限制了金融业的发展。竞争的需要使金融体系内部产生了变革的要求，新技术革命的出现，又为这种变革提供了便利和可能，于是出现了一系列的金融创新。主要内容包括新技术在金融业的应用，如资料处理、票据清算、市场交易电算化，全球性电子财务管理服务等；金融活动中各种新工具、新方式、新服务的出现，如电话提款业务、金融期货交易、自动划转账户、可调换债券、可转让存款证、抵押贷款证券化等;银行管理方面的改进,如全球性资产负债管理、权宜性资金管理等;金融机构业务限制的放松,如银行与非银行金融机构之间业务的相互交叉渗透、金融联合体的形成等;国际性、区域性新市场的形成,如欧洲美元市场、亚洲美元市场、新兴国家金融市场等。

金融创新促进了金融业的发展。对投资者来说,增加了资产选择的机会,提高了持有金融资产的实际收益,提高了金融资产的流动性和安全性;对筹资者来说,融资渠道多样化、融资形式灵活化,能够满足时间不一、数量不同的资金需求;对金融机构来说,扩大了资金来源和运用的规模,减少了支付成本,节约了业务处理时间,提高了效率;对经济发展来说,克服了资金融通障碍,促进了经济的繁荣和国际经济一体化的进程等。但是,金融创新也带来了不少新问题。由于出现了许多货币性极强的新的金融工具,增加了货币政策制定和实施的困难。同时,金融创新增强了金融业的竞争,使金融体系的稳定性减弱,增加了金融风险和金融管理的难度。

不论在哪个领域,创新都是发展的重要推动力。国家间、行业间、机构间的竞争在很大程度上是它们各自创新力的竞争。因此,创新的重要性怎么看都不为过。但是创新是一个复杂的问题,它要受理念的支配和规律的约束,还要平衡创新与传统、创新与行为规范之间的关系。创新并不简单是为竞争而竞争,为利润而利润,而更应着眼于其所能带来的经济与社会效果。好的金融创新必定能为经济和社会发展提供更好的条件和支持,为服务对象提供更好的便利和福利,使经济更快发展,社会更加和谐。创新要符合经济、社会发展的阶段,适合创新主体的特点和服务对象的客观需求。不同类型、不同优势的机构其创新内容的选择应该是不同的,即使是急需的金融创新也不是同时适宜于所有的金融机构。成功的创新还要建立在对传统和规范有一个正确的分析与判断基础之上,传统与规范是先期创新沉淀的结果。随着社会的发展,传统会变化,规范会调整,需要根据现实发展而打破一些传统和规范,但也需要尊重和恪守那些长期证明是好的传统与规范。因此,创新总体上是无止境的,需要不断追求和实践,但在具体的或个体的方面,也有一个“止于至善”和适当或适时“节制”的问题。发展需要不断地创新,也需要不断地形成新规范,其最终目的是更好地服务于经济和社会,更好地服务于人们的客观需要,促进生活质量的提高。

在金融创新的过程中,有几点需要特别的关注:第一,虽然金融在现代经济中的先导作用已十分突出,但金融为经济服务的本质并未改变。金融的基本作用仍然是为资金盈余者和资金需求者提供投资、融资和结算等服务,所有金融机构的业务活动及其创新都必须始终围绕着为实体经济部门服务这一宗旨,不能脱离实体经济而自我循环,避免金融资产的过度膨胀和经济的过度虚拟化。第二,金融机构在为实体经济部门提供服务的同时,这种“服务”也逐渐具有了“产品”的性质,金融机构成为经营货币和提供“金融服务产品”的特殊企业,金融业也就形成一种特殊“行业”或“产业”,所有金融机构及其从业人员必须遵守这一行业的行为规范和基本行为准则,保持良好的行业运行秩序。第三,金融机构在为实体部门提供服务、促进其他部门发展的同时,也具有了相对独立发展的空间和可能性。在中央银行提供的货币具有无限法偿权力和信用无限创造机制条件下,金融中介的经营行为具有内在的膨胀动力和趋势。因而,金融业又是一个充满风险且对整个国民经济影响巨大的行业,金融机构必须建立良好的风险防范机制,确保金融稳定和经济的健康发展。因此,创新过程中的金融监管和宏观调控是极为重要的。

参考文献:

[美]J. A. 熊彼特:《经济发展理论》,商务印书馆 1990 年版。

[美]P. 金德尔伯格:《西欧金融史》,中国金融出版社 1991 年版。

李健:《金融创新与发展》,中国经济出版社 1998 年版。

戴相龙、黄达:《中华金融辞库》,中国金融出版社 1998 年版。

中国大百科全书编委会:《中国大百科全书(财政 税收 金融 价格)》,中国大百科全书出版社 1993 年版。

(王广谦　李健)

金融贡献度

Financial Contribution

金融贡献度是指金融体系(金融市场和金融机构)通过它自身所具有的特点,如货币方便商品流通、信用促进资金融通等,对实体经济运行所起到的直接或者间接的促进作用,以及金融部门作为经济的重要组成部分所创造的价值在整个经济体中的重要程度。更具体来说,是金融对经济增长的贡献大小的数量化表示。

金融在经济发展中的作用可概括为四个方面:(1)通过金融自身的特点为经济发展提供条件;(2)通过促进储蓄向投资转化(包括数量和质量)为经济发展提供资本投入;(3)通过金融机构的经营运作实现全社会合理的资源配置;(4)通过金融业的自身产值增长直接为经济增长做贡献。把这些作用与增长因素分析方法结合起来,可以把金融对经济增长的贡献分为以下三个部分:对要素投入量提高的贡献、对要素生产率提高的贡献和直接增加经济总量的贡献。

首先,在要素投入方面,金融促进了资本的形成和扩大,同时对劳动投入的增长也起着积极作用。在要素投入量的增长中,劳动的增长取决于人口的增长和劳动力的增长,资本的增长取决于储蓄的增长。储蓄是资本形成的本源,金融不但能通过自身发展促使可能消费(或可能储蓄)转化为实际储蓄,而且能够促进储蓄向投资的转化。一方面,金融的发展使储蓄转变为未来消费变得非常容易,如货币储蓄显然比实物储蓄更为方便,同时利息的存在使储蓄能够带来增值从而为将来更多的消费创造条件;另一方面,在现实生活中投资并非可以无限细分的,而金融使得资本的聚敛、重组都更容易实现,从而促使储蓄最大限度地转化为有效投资,增加总的资本投入量。在促进就业量的增长方面,金融不仅可以通过促进资本投入量的增加以吸纳更多的就业人数,同时金融领域直接吸纳了就业量。

其次,在要素生产率方面,金融通过提高生产率来对经济增长做出贡献的方式主要有两种:一是促进技术进步,二是促进资源再配置和规模节约。技术进步是生产率提高的最主要内动力,技术进步的源头是发明和创新,而生产率的提高在于发明和创新成果的大面积推广和普及。金融不但在源头上为发明和创新提供动力,同时金融业可以对科学技术在生产应用中面临的风险进行分散和重新配置,更重要的是金融的支持使科技成果迅速传播和普及并现实地转化为生产力。资源再配置和规模节约是推动生产率提高的重要外部因素,金融市场的出现,使得企业日趋多样化的融资需求得到解决,同时也便利了资本集中、转移和重组,并且改变着生产、经营部门的融资比重。

最后,金融直接作用于经济总量的增加。在现代经济中,最主要的经济总量指标是国民生产总值(GNP)或国内生产总值(GDP)。服务业产值在国民生产总值中的比重高低从一个方面反映了这个国家的发达程度,而服务业产值比重提高的过程也反映了不发达国家向发达国家发展的进程。金融业是服务业中极其重要的组成,因而经济总量的增加与金融业的发展有直接的联系。

金融贡献度的测算也从以上三方面出发:对要素投入量提高的贡献、对要素生产率提高的贡献和通过自身产值增长对经济的直接贡献。王广谦(1997 年)所著《经济发展中金融的贡献与效率》是研究金融贡献度的开创性著作,书中分别用投资与储蓄之比的增长率衡量金融对资本投入量的贡献,用金融化程度的提高比率来近似地估量金融通过促进技术进步在生产率方面对经济增长的贡献,用金融业产值增加来衡量金融对经济总量增长率的贡献,从而测算出在中国金融间接和直接地作用在经济总增长率中占到了19.6%。此后,国内部分学者开始采用类似的方法对金融机构子行业如银行业贡献度、金融市场子市场如股票市场对经济增长的贡献度进行了估算;还有部分研究者则直接将金融作为独立的要素纳入到生产函数中,利用一定年份的时间序列数据进行估算。

金融贡献度的研究至少有两方面的重大意义:其一,为研究经济结构问题提供支持。现代金融业越来越成为经济运转的核心,然而金融业既促进也依托于实体经济,研究金融贡献度有助于解决金融业适度规模问题;其二,不同国别、不同地区、不同时段的数据能够反应一定的经济规律,通过比较可以为政策和战略制定提供支持。

参考文献:

王广谦:《现代经济发展中的金融因素及金融贡献度》,载于《经济研究》1996 年第 5 期。

史恩义:《金融成长与产业发展内在机理》,载于《商业研究》2012 年第 1 期。

林毅夫、章奇、刘明兴:《金融结构与经济增长:以制造业为例》,载于《世界经济》2003 年第 1 期。

[美]戈德史密斯:《金融结构与金融发展》,中国社会科学出版社 1993 年版。

Eric C. Wang. A Dynamic Two-sector Model for Analyzing the Interrelation between Financial Development and Industrial Growth, *International Review of Economics and Finance*, 2000(9).

Raghuram G. Rajan, Luigi Zingales. Financial Dependence and Growth, NBER Working Paper Series, 1998(3).

(李建军　陶鹏)

区域经济学

区域经济学
Regional Economics

区域经济学是一门以区域为着眼点，运用以经济学为主的各种理论，并借助经济学、区位分析和数学分析等方法，研究并探索国内外不同区域的经济发展及其变化规律、空间组织以及相互关联的综合性应用科学。区域经济学以研究人类经济活动空间规律为核心，所谓的经济活动是由特定区域内的企业、家庭和公共机构（政府）作为行为主体的决策及其相互作用的结果。作为一门应用性很强的经济科学，区域经济学具有区域性、综合性和应用性三个最基本的特征。区域经济学的主要研究内容大体上可以概括为经济活动区位、区域供给与需求、区域经济发展、区际经济关系、区域经济政策与管理等方面。

由于众多研究者研究问题的视点不同，因而对区域经济学研究对象有着不同的看法。概括起来，目前主要有以下三种代表性的理论观点：第一种观点从经济学视角出发，认为区域经济学是研究特定地理范围的经济学；第二种观点从人类经济活动的地理分布和空间组织来界定，认为区域经济学是研究为人们所忽视的经济空间秩序、研究稀有资源的地理分布的科学，研究对象是国民经济的地域组织规律，涉及空间经济学或新经济地理学；第三种观点则是从区域内外两个层次加以界定，认为区域经济学是以经济学的观点和方法，研究在资源不均匀分配且不能完全自由流动的世界中，各个地区的差异以及地区间的关联的科学。除此之外，还有从宏观层面和政策适用层面上定义的观点，等等。目前，后两种观点受到的支持较多。

从研究任务来看，区域经济学不仅要研究区域经济发展的历史与现状，以及各区域当前的经济结构是否合理，更为重要的是，区域经济学还要面向未来，研究并规划各个区域在今后的发展过程中，应当如何不断地更新和深化自身的产业结构，并相应地不断调整与加强区际经济联系，使其在全国乃至全世界整体范围内的地域分工日趋合理和完善。

西方区域经济的研究，最早可以追溯到1826年德国经济学家冯·杜能提出的农业区位理论。此后的区域经济发展过程，大体上经历了酝酿、兴起及发展三个阶段。20世纪20~50年代，受到凯恩斯主义的影响，区域经济研究的重点还主要局限在区位选择和空间经济方面；在20世纪60~80年代，研究的重点开始转向区域经济发展与区域政策问题；而在80年代之后，则比较注重实证研究和计量分析等现代研究手段的运用。

研究内容方面，随着区位研究由微观领域向宏观领域的不断拓展，经济地理学作为研究区域经济发展的重要力量，形成了区位论等核心理论，奠定了生产要素的不可流动性（区位条件的不可交换性）、经济活动的不可分性、人力资本与创新和空间的距离几大理论基石，使得区域经济理论逐步完善。其间，以区域发展、区域关联和区域政策为框架的理论体系开始形成，并形成了工业区位理论（韦伯）、增长极理论（佩鲁）、循环累积因果理论（缪尔达尔）、点轴开发理论，以及网络发展理论几大理论板块。在此理论体系基础之上，区域经济学还涌现出了新经济地理学派、新制度学派、区域管理学派、行为学派和结构学派等主要流派。

我国区域经济学的研究和发展历程，如果以1978年为界，大致可以划分为两个主要阶段。1978年之前，是以建设内地为主的平稳发展阶段。原因是我国受限于资源的匮乏以及效仿苏联的高度集中的指令性计划经济体制，当时的经济基础十分薄弱、分布畸形，基本上不存在相对独立的区域经济。相反，与大一统的体制相适应，当时区域研究和规划的重点，主要集中在"全国一盘棋"的生产力布局方面。1978年之后，对应的则是从沿海地区的梯度推移到东中西部不平衡的协调阶段。随着我国经济发展战略和经济体制的转轨，以及经济运行机制的变化，特别是宏观经济分级调控体系的建立，我国区域经济发生了一系列新的变化。传统的生产布局理论已经不能适应区域经济发展的需要。在新形势下，理论界开始探讨社会主义市场经济条件下的经济布局理论问题。同时，针对区域经济实践中出现的一系列新现象、新问题，逐步拓展区域经济的研究领域，包括区域经济结构、区域经济发展战略、区域经济增长、区际分工与区际贸易、区域发展差异、区域政策和区域经济体制与管理，等等，并且将理论体系建设、影响机制分析、区域关系协调以及区域经济政策和区域开发战略等，作为当前我国区域经济研究的主要课题。总之，无论是从国民经济大系统的角度，还是从计划管理的角度，或是改革的角度，区域经济学对我国的经济发展和建设均有着十分重要的指导意义。

参考文献：
[美]胡佛：《区域经济学导论》，上海远东出版社1992年版。
[英]克拉克等：《牛津经济地理学手册》，商务印书馆2005年版。
王铮等：《理论经济地理学》，科学出版社2003年版。
魏后凯：《现代区域经济学》，经济管理出版社2006年版。
吴福象：《中国区域经济交互关系评价与协调研究》，南京大学出版社2010年版。

（吴福象　靳小倩）

经济地理学
Economic Geography

经济地理学是研究经济活动区位、空间组织及其与地理环境相互关系的学科。作为以人类经济活动的地域系统为中心内容的交叉学科，经济地理学是人文地理学的一门重要分支学科，包括经济活动的区位、空间组合类型和发展过程等内容。在经济地理学的理论范畴中，以生产活动为主体内容的人类经济活动，包括生产、交换、分配和消费的整个过程，通过物质流、商品流、人口流和信息流把乡村和城镇居民点、交通运输站点、商业服务设施以及金融等经济中心连接在一起，进而组成一个经济活动系统。而所有这些经济活动，都是在具体的地域内进行的。因此，以地域为单元，研究世界各国、各地区经济活动的系统和它们的发展过程，成为经济地理学研究的特殊领域。

在理论观点方面，经济地理学的学科性质决定了其研究对象的客观性质。关于经济地理学的学科性质，存在三种主要观点：观点之一认为，经济地理学属于社会科学，因为产业布局规律是一种社会现象；观点之二认为，经济地理学属于自然科学的地理学中的技术经济科学分支，因为经济地理学的研究对象是客观存在的经济环境，具体地说是生产力的地域组合；观点之三认为，经济地理学是介于自然、技术、经济三者之间的边缘科学，因为经济地理学研究对象的发展要受到这三方面因素的制约。多数学者同意第三种观点。

经济地理学的特性，表现在其所特有的地域性（区域性）和综合性。地域性是经济地理学的根本特性，指的是地表的空间。经济地理学所研究的对象，都必须落实到一定的地表空间上，即落实到地域上，这就是地域性。经济地理学的综合性具有三层含义：含义一，经济地理学学科性质要求对自然、技术、经济等条件进行综合；含义二，经济地理学的地域性要求对特定地域内的诸多条件进行综合，也要求对地域之间的差异与分工进行综合；含义三，经济地理学研究对象的历史性和发展性，要求对产业布局的历史、现状与发展方向进行综合。

经济地理学根据研究对象和范围的不同，可分为综合经济地理学、部门经济地理学和区域经济地理学三类。主要是对经济地理学中一些带普遍性的综合问题和基本理论、方法论等问题进行规律性研究，如经济活动和自然环境之间的相互关系，自然资源的经济评价、经济发展对资源的远景需求及进行地区间平衡的可能性、生产布局的一般规律和原则、经济活动地域系统的形成和发展规律、经济地理学方法的革新、经济地理学史等。

参考文献：
李小建、李国平、曾刚等：《经济地理学》，高等教育出版社 2006 年版。
杨吾扬、梁进社：《高等经济地理学》，北京大学出版社 1997 年版。
王铮等：《理论经济地理学》，科学出版社 2002 年版。
[美]保罗·克鲁格曼：《发展、地理学与经济理论》，北京大学出版社 2001 年版。

（吴福象　黄一桐）

新经济地理学
New Economic Geography

新经济地理学是 20 世纪 90 年代以后才出现的经济学学科新分支，是经济学与地理学的交织领域，同时也是经济学、数学、计算科学不断融合的新学科。20 世纪 90 年代，以克鲁格曼等为代表的西方经济学者，以全新的视角重新审视空间要素，把城市经济学、区域经济学等研究空间经济现象的传统经济学科联系起来，从而形成了“新经济地理学”。在理论假设方面，新经济地理学以规模收益递增作为理论基础，并引入区位聚集中的“路径依赖”现象，来研究经济活动的空间集聚效应。

众所周知，在理论假设方面，多数经济学理论都是建立在完全竞争市场和稳定报酬的假定前提之下。然而，在现实的经济发展过程中，特别是在经济全球化大背景下，信息和知识具有可共享性、扩散性和外溢性等特征，决定了知识经济领域具有边际收益递增而不是递减的规律，并且不完全竞争和规模报酬递增的假定更加符合现实的复杂性。比如，新经济地理学的有关理念认为，不完全竞争及规模报酬递增的假定，往往比完全竞争及规模报酬不变对贸易、专业化和集聚等更为重要，也更符合经济实际。

新经济地理学理论演化的主要脉络是，自从 1977 年迪克西特（Dixit）与斯蒂格利茨（Stiglitz）对张伯伦的垄断竞争理论加以形式化的论文发表以后，基于不完全竞争与规模报酬递增理念的新研究方法得到迅猛的发展。20 世纪 80 年代盛行的新增长理论和新贸易理论，对传统增长理论与传统贸易理论做了大幅度的补充，对行业内贸易、无限增长及专业化等方面给出了更好的解释。目前，新增长理论与新贸易理论中关于报酬递增假设及其建立的分析框架，均以新的视角对经济活动中所出现的集聚现象进行了较好的解释。然而，新增长理论与新贸易理论并没有把运输成本内生化。

而伴随着经济全球化的迅速发展，带来了一些关于贸易、投资、要素流动以及区域政策等方面的新问题，也在一定程度上促进了经济地理学研究的发展。

正是基于此背景,在20世纪90年代开始,就兴起了新经济地理学。凭借迪克西特—斯蒂格利茨(Dixit-Stiglitz)修正后的垄断竞争模型(即D-S模型),在新贸易理论与新增长理论所掀起的第三次浪潮的联合推动下,带来了以规模报酬递增为基础的经济学领域的第四次变革,再一次极大地促进了经济理论的新发展。在此方面,如果把著作《市场结构和对外贸易》(赫尔普曼)、《世界经济中的创新和增长》(克鲁格曼,1985),以及《内生增长理论》(格罗斯曼和赫尔普曼,1991)看作是新经济地理学领域的指向标的话,那么,《报酬递增和经济地理》(克鲁格曼,1991)和《空间集聚的垄断竞争模型:细分产品方法》(藤田,1988),则被视为该领域的开山之作。

新经济地理学的建模思路是,在D-S模型的假设框架下,假定生产分工程度与消费品种类都是市场规模的内生变量。首先,消费者的偏好是不同的,消费需求具有多样性特征,因此效用水平随着消费品种类的增加而提高;其次,厂商在消费品上的大规模生产能带来规模经济效应,但是由于资源是有限的,因此消费的多样化与规模经济之间是相互冲突的。当人口规模增加抑或可用资源增加时,若有更大的市场空间对上述冲突进行平衡,那么厂商就能既满足消费需求生产更多产品,也能进一步分工实现规模经济,还能提高效用。

D-S模型分析框架也为解决经济地理中的复杂问题,提供了一个重要的分析思路。此时,在不完全竞争和规模报酬递增的条件下,世界经济活动已不再是简单的线性变化,而是呈现非线性的动态变化特征。同时,空间集聚着的各种经济活动,会表现出循环累积因果关系,出现大量类似于非线性蛛网模型图解的活生生的例子。只要规模经济效应足够强,那么所有的厂商都会选择以单个的区位为基础为一国市场服务,并且会选择需求较大的区位,以减少交通和运输成本。而只有当许多厂商都在某一地区选址时,才会形成一个相当大的需求区域。一旦建立了某一个产业带,如果没有外力的介入,这种循环将会长期持续下去,这体现了布赖恩·亚瑟产业集聚路径依赖(Path-dependent)的基本特性。就某种意义而言,产业集聚的产生,很可能仅仅源自于一种历史的偶然性。也就是说,当进行专业化生产或进行贸易的原因,是由报酬递增而不是比较优势驱动时,产业聚集的空间,往往会具有很大的随意性而不是在规律作用下的结果,也就是所谓的"历史依赖"(History-dependent)的结果。但是,不管具体的原因是什么,一旦某种专业化生产或某种贸易格局建立起来,这种贸易利益将累积循环,使得这种生产或贸易格局,得到不断的强化而形成锁定(Locked-in)。因此,在不完全竞争和规模报酬递增假设框架下,研究新经济地理学是自然而然的事情。

参考文献:

苗长虹等:《新经济地理学》,科学出版社2011年版。

[美]保罗·克鲁格曼:《发展、地理学与经济理论》,北京大学出版社2001年版。

Baldwin, Richard et al., *Economic Geography and Public Policy*, Princeton University Press, 2003.

Dixit, A. K. and J. E. Stiglitz, Monopolistic competition and optimum product diversity. *American Economic Review* 67, 1977.

Helpman, E. and P. R. Kurgan, *Market Structure and Foreign Trade*, Cambridge, MA: MIT Press, 1985.

Kurgan, P. R., Increasing Returns, Monopolistic Competition, and International Trade, *Journal of International Economics* 9, 1979.

Kurgan, P. R., Scale Economies, Product Differentiation, and the Pattern of Trade, *American Economic Review* 70, 1980.

(吴福象　董也琳)

产业集群理论
Industrial Cluster Theory

产业集群理论,最早可以追溯到19世纪90年代现代微观经济学体系奠基人阿尔弗雷德·马歇尔(Alfred Marshall)的相关著述。马歇尔在其传世之作《经济学原理》中,分别从劳动联合、要素共享及知识溢出三个方面论述了外部性原理。随后,1909年德国经济学家阿尔弗雷德·韦伯(Alfred Weber)又在《工业区位论》这一经典之作中,对其进行了更深入的论述。其理论主要从燃料和原料费用、劳动力费用以及集聚效益三个因子出发,运用范力农砝码等基于几何或物理的方法,通过建立模型对企业的空间布局进行分析。不过,尽管产业集群理论的源头向前可以追溯到19世纪末20世纪初,也即以上所述马歇尔和韦伯理论的有关思想,但是这一理论真正系统的被提出来却是在20世纪的八九十年代,由美国哈佛大学商学院教授迈克尔·波特(Michael E. Porter)正式提出来的。波特在其著名的竞争三部曲《竞争优势》《竞争战略》《国家竞争优势》中,对这一理论进行了较为系统的论述。

产业集群反映的是与产业联系紧密的大量企业及其支撑机构在某一特定空间上的集聚,通常表现为以一个主导产业为核心的集聚,并由此形成持续的具有强劲竞争优势的集聚经济现象。它还涉及整合体系的其他方面,包括上游提供原材料、机械设备以及零部件等的供应商;下游的销售商及销售网络、客户等;还包括向侧面延伸的互补品和替代品的制造商,以及技术技能培训、行业中介等其他关联企业。目前,产业集群的指标主要是用来衡量在实际生活中的集聚程度和集聚效果。产业集群的概念为分析和解决国家或地区经济发展及制定相应的经济政策提供一种新视角。

在产业集群的理论体系方面,大致包括五种框架:一是建立在古典区位论(即韦伯的工业区位论)基础上的集聚;二是建立在马歇尔外部性产业区理论基础上的集聚,即产业集群是由知识溢出、劳动联合、要素共享三种机制共同驱动的结果;三是建立在新产业区理论基础上的集聚,是一种传统产业集聚的理论,研究的内容包括第三意大利模式等;四是建立在迈克尔·波特的价值链的竞争理论基础之上的集聚;五是建立在新经济地理学与空间经济学基础之上的集聚。在上述所有理论框架或理论范畴之中,几乎所有产业集聚的形成机制,都要涉及本地化效应和城市化效应。对应的,衡量产业集群状况的指标有很多种。常用的指标有绝对集中率指标和相对集中率指标,它们通常是衡量产业聚集效果的最主要的两个指标。

目前,在我国已经出现了比较成功的产业集群的实践,并且形成了许多特定的区域与产业相融合的集群发展模式。其中比较典型的有:

一是中小企业集群模式。最具代表性的是浙江与江苏地区的中小企业集群模式。其中,浙江地区的产业集群建立在传统产业之上,整个集群区内的企业将近15万家,其总产值约为全省的60%。而这些集群主要分布在宁波、绍兴、温州、杭州、嘉兴、台州等浙东北环杭州湾与东南沿海一带。

二是"内外结合"的集群模式。最为典型的是宁波产业集群。对外,它依托港口优势,形成港口型产业集群;对内,它能发展具有本土化特色的纺织、服装、小家电、磨具等产业集群。

三是外资主导的集群模式。这一产业集群的典型代表是珠三角产业集群。20世纪80年代,外资(港澳台)进入珠江三角洲,极大地推动了该地区经济的发展,使得珠三角电子信息制造业的产值占全国电子信息制造业产值的35%以上。

四是全球化背景下与跨国公司对接的集群模式。典型的例子有青岛某些大企业同国际知名公司的对接,以及浙江在其产业集群内吸引跨国公司等。

就产业集群理论的研究内容而言,研究范围非常广泛,涉及产业集群形成的机理、组织与技术创新、社会资本,产业集群与经济增长之间的关系,产业集群基础上的产业政策以及对产业集群的实证研究等各个方面。产业集群存在与发展的原因可以从以下三个方面归纳总结:

一是外部规模经济效应。尽管单个企业的生产规模可能并不大,但是由于集群内有大量的企业存在,并且这些企业彼此之间进行高度的分工协作,大大地提高了生产效率,所生产的产品源源不断地出口到外面的市场,整个产业集群也因此获得了外部规模经济。

二是节约空间交易成本。空间交易成本包含运输成本、搜寻成本、信息成本、执行成本与谈判成本等。由于产业集群内的企业往往是在地理上相互毗邻的,所以企业之间容易建立起相互信赖的信用机制,这就大大降低了机会主义发生的概率。

三是学习效应与创新效应。产业集群通常被认为是企业提高学习能力和创新能力的温床。这是因为集群内的企业往往彼此接近,某家企业的知识创新能够比较容易地外溢到其他企业,这种创新的外部溢出效应就会使得整个产业集群具有较大的竞争优势。不仅如此,产业集群也有利于培养企业家才能、不断激励新企业的诞生。

参考文献:

[英]阿尔弗雷德·马歇尔:《经济学原理》,商务印书馆1965年版。

[德]阿尔弗雷德·韦伯:《工业区位论》,商务印书馆2010年版。

[美]迈克尔·波特:《竞争优势》,华夏出版社2003年版。

[美]迈克尔·波特:《竞争战略》,华夏出版社2003年版。

[日]藤田昌久、[美]保罗·克鲁格曼、[英]安东尼·J·维纳布尔斯:《空间经济学:城市、区域与国际贸易》,中国人民大学出版社2005年版。

[日]藤田昌久、[比]雅克-弗朗科斯·蒂斯:《集聚经济学》,西南财经大学出版社2004年版。

(刘志彪　吴福象)

绝对集中率和相对集中率

Absolute Concentration Ratio and Relative Concentration Ratio

衡量产业集群状况的指标有很多种。最常用的指标就是绝对集中率指标和相对集中率指标,它们是衡量产业聚集效果最主要的两个指标。

绝对集中率是一个用来描述市场结构类型的标志性概念,同时它还是判断市场结构是趋于竞争还是更偏向垄断的重要依据。在实际操作中,绝对集中度常用某一行业中排名在前几名的企业的某项指标之和占整个产业对应指标总和的比重来表示。

上述所说的指标既可以是诸如总资产、劳动力、资金等投入方面的指标;也可以是诸如销售收入、产值、利润等产出方面的指标,最常使用的指标有企业的销售总额、产量、职工总数以及资本总量等。不过,现实中用绝对集中度指标来刻画市场结构有一定的局限性,因为它主要反映的是市场上最大几家企业的集中程度,不仅比较片面,而且不能反映个别情况,也不能反映整个行业中所有企业的规模差异,因此它只是一个静态的测算结果。但是由于其计算方便,在总体上能反映市场结构状况,因此它是目前最常用和最基本的集中度衡量指标,也常常被称为行业集中度指标。

绝对集中度指标是衡量行业集中程度的重要指标,它是最基本的集中度衡量指标,用下列公式表示。

$$CR_n = \sum_{i=1}^{n} X_i / \sum_{i=1}^{N} X_i$$

其中,CR_n 为绝对集中度指标,X_i 为行业中某个企业的销售总额(或产量、职工总数、资本总量等),N为该行业中的企业总数。

相对集中率是除绝对集中率指标之外的最为常用的衡量产业集中度的指标,常用洛伦茨曲线与基尼系数来反映。洛伦茨曲线反映的是某市场中企业由小到大排列后的累积百分比同市场占有率之间的关系,反映的是市场相对集中程度。基尼系数是反映市场相对集中程度的另一指标,它是在洛伦茨曲线的基础上建立起来的,其值等于洛伦茨曲线与均等分布线(即对角线)所围面积与均等分布线以下所围直角三角形的面积之比。

比较绝对集中度和相对集中度可以发现,绝对集中度仅仅考虑市场中最大的前几家企业的市场集中程度,而不考虑整个市场内所有企业的市场规模差异程度;而相对集中度,尽管考虑了整个市场上所有企业的规模差异,却没有考虑单个企业特别是最大的前几位厂商在竞争、价格等方面对市场的控制程度和影响能力。

用洛伦茨曲线和基尼系数表示的相对集中度指标,可以反映某一特定市场上所有企业的规模分布状况。但是,这种相对集中度指标也有其局限性,当两条不同形状的洛伦茨曲线所围的面积大小相等时,可以得到相同的基尼系数。因此,基尼系数并不代表某一特定市场中唯一的企业规模分布。此外还要注意,洛伦茨曲线以及相应的基尼系数作为相对集中度的指标,所反映的是特定市场中企业规模分布的不均匀程度,是相对集中度的量度而不是绝对集中度的量度。例如,2 家各自拥有 50% 的市场占有率企业组成的市场,会与 100 家各自拥有 1% 市场占有率企业组成的市场具有同样的洛伦茨曲线(与均等分布线重合),它们的基尼系数都为零。然而,这两种情况下的市场结构显然是不同的。

参考文献:
魏后凯:《现代区域经济学》,经济管理出版社 2006 年版。
[法]皮埃尔 - 菲利普 · 库姆斯、蒂里 · 迈耶、雅克 - 弗朗索瓦 · 蒂斯:《经济地理学:区域和国家一体化》,中国人民大学出版社 2011 年版。
Ellison, G. , and E. L. Glaeser, Geographic Concentration in U. S. Manufacturing Industries: a Dartboard Approach, *Journal of Political Economy*, 105: 889-927, 1997.

(王发明　王新新)

产业集聚与扩散
Industrial Cluster and Diffusion

产业集聚是指同一产业在某个特定地理区域内高度集中,产业资本要素在空间范围内不断汇聚的一个过程。产业集聚问题的研究产生于 19 世纪末,马歇尔在 1890 年就开始关注产业集聚这一经济现象,并提出了两个重要的概念即"内部经济"和"外部经济"。马歇尔之后,产业集聚理论有了较大的发展,出现了许多流派。比较有影响的有韦伯区位集聚论、熊彼特的创新产业集聚论、E. M. 胡佛的产业集聚最佳规模论、波特的企业竞争优势与钻石模型等。

产业扩散是指产业的生产(包括产品和服务的生产)区位不断增多,但新增生产区位的发展,并未淘汰原有区位该产业的存在。比较有影响力的理论如弗农的"产品生命周期理论"和赤松的"雁行模式"等。从相互关系来看,产业扩散是产业集聚的必然结果。在产业聚集发展到一定程度之后,会出现劳动力价格提高、地价上升、交通拥挤、原料与能源价格提高等区位因素的变化引起的产业竞争力下降、利润减少,为了解决这个问题,产业需要进行重新布局,向区位更优的区域扩散,产业扩散由此产生。

空间经济学理论认为,产业集聚与产业扩散是两种方向相反的作用力,产业空间布局实际上是两种作用力达到平衡时的结果。其中,导致产业集聚形成的向心力,是本土市场效应与价格指数效应共同作用所形成的集聚力;而导致扩散的离心力,则是市场竞争效应带来的分散力。尽管产业的生产(指产品生产和服务生产)区位在增多,然而边际生产区位即新增的一个生产区位的形成,不会对原有的产业区位产生影响。在这里,这种产业区位在空间上拓展或增加的演变过程,就是产业扩散(Industrial Dispersion)。

从作用力角度看,产业表现为集聚或扩散,主要是由区域向心力与离心力的大小对比决定的。产业集聚所带来的外部经济效应,如金融外部性及技术外部性等是向心力的主要来源;而产业的过度集聚所造成的拥挤成本和过度竞争带来的盈利下降,则是离心力形成的重要原因。通常情况下,产业扩散会在经济条件比较相似的地区间发生。一般而言,某一产业区位的产业的关联度越高、劳动力密集程度越低,以及中间投入品占比越高,则产业的离心化(去集群化)倾向或产业扩散强度越低;反之,某一产业区位的产业关联度越低、劳动力密集程度越高、中间投入品占比越低，则产业的离心化（去集群化）倾向或产业扩散表现越明显。在中国经济转型的现阶段，政府行为不可避免地会对产业的空间布局产生重大影响，产业政策的雷同及地方保护等，都成为推动产业扩散的重要力量，这使得产业区位可能偏离仅在比较优势及收益递增作用下的区位格局。

基于多国家或多部门的相关模型表明，经济增长与产业扩散之间具有高度的相关性，并且通常表现为一种非线性关系。不过，经济增长最终是否带来产业扩散，主要还是由核心国或核心地区的后向联系与工资上涨之后的净效应决定。例如，当工资的上涨大于后向联系带来的利益时，产业便会由核心国或核心地区向外围扩散；如果工资上涨不足以抵消后向联系效应，那么核心国或核心地区仍保持产业集聚，不会出现产业扩散。然而，在实际经济活动当中，当经济持续不断地增长时，必然会导致工资上涨大于后向联系效应，即分散力的作用最终会强于集聚力的作用，产业扩散必然会发生。

就宏观层面而言，在多国或多部门模型中，产业扩散实际上是对地方过程的一种抽象概括。例如，国家工业部门的工资率演变情况，就是产业是否扩散的决定力量。根据各国工业工资率的相对变化及与后向联系效应的具体情况，企业在不同国家选择具体的工业区位。相应地，各国劳动力根据工业工资与农业工资之间的相对变化，选择到工业部门或农业部门就业。

就微观层面而言，产业是否扩散，起决定作用的因素有劳动密集度、前后向关联度，还有上下游产业间的关联强度，等等。产业扩散的一般规律表现为：首先，各国获得初始优势的次序，决定了产业在国家之间的扩散。一般表现为由核心国向外围国扩散。其次，劳动密集型产业对工资变化非常敏感，因此劳动密集度高的产业通常最先转移，由核心国向外扩散出去。最后，消费指向型产业及中间投入品需求少的产业，往往较早的出现扩散或转移。总的来说，世界经济是分为富国俱乐部与穷国俱乐部的发展过程，远非简单平滑的收敛过程。各国的发展过程，都是由这个俱乐部向那个俱乐部依次过渡的过程。因此，不同的国家具有不同的产业特征，这就决定了各国经济发展表现为生命周期特征，即在国家发展过程中，开始比较依赖某种产业，随后把这些产业扩散转移给后来的继承者，而自己则转向新的更为宽阔的发展空间。

参考文献：

[德]阿尔弗雷德·马歇尔：《经济学原理》，商务印书馆 1965 年版。
[德]阿尔弗雷德·韦伯：《工业区位论》，商务印书馆 2010 年版。
[日]藤田昌久、[比]雅克－弗朗科斯·蒂斯：《集聚经济学》，西南财经大学出版社 2004 年版。
Baldwin, Richard et al., *Economic Geography and Public Policy*, Princeton University Press, 2003.

（吴福象　王发明）

城市化效应
Urbanization Effect

城市化进程往往会带来多种效应。所谓城市化效应，是指在一个区域内各行为主体，包括不同行业的企业及其他组织，其活动的成果受经济活动所处环境的总影响，包括积极影响和消极影响。基于产业角度而言，城市化效应通常发生在区域中的不同行业、不同企业、不同行为主体之间，体现的是总体环境对各经济主体的经济活动的影响。这里的主体，指社会化的服务机构、共用基础设施以及专业化的生产服务性第三产业等。

城市化效应既包括积极效应也包括消极效应。其中，积极效应主要体现在下列几个方面：第一，它扩大了销售市场；第二，它形成规模化且高素质的劳动力市场；第三，它完善了生产服务机构、科研机构以及交通基础设施等；第四，它具备了同决策主体或其他企业之间直接进行经济社会联系的可能性；第五，它还形成了专门化的供给体系，涉及文化、业余生活及消费等方面（如各种餐馆、剧院、美术馆以及各种专业商店等）。

城市化效应的另一方面是消极效应，即城市化劣势。主要体现在经济活动集中与人口聚集等导致的交通拥挤、空气污染、地价房价过高及要素成本过高等方面。正是由于这些负面效应的存在导致经济活动向区域外分散。

2001 年的诺贝尔经济学奖得主斯蒂格利茨曾讲过："中国的城市化与美国的高科技发展，将是深刻影响人类 21 世纪发展的两大主题。"可见，中国城镇化发展的迫切性和重要性。此外，城市联盟、大都市圈、城市首位度、城市最佳规模以及大道定理等都属于城市化理论体系研究的核心问题。

参考文献：

谢文蕙等：《城市经济学》，清华大学出版社 1996 年版。
[日]藤田昌久、[比]雅克－弗朗科斯·蒂斯：《集聚经济学》，西南财经大学出版社 2004 年版。
[美]彼得·尼茨坎普：《区域和城市经济学手册》第一卷，经济科学出版社 2001 年版。
[美]埃德温·S·米尔斯：《区域和城市经济学手册》

第二卷,经济科学出版社 2003 年版。
[英]保罗·切希尔、[美]埃德温·S·米尔斯:《区域和城市经济学手册》第三卷,经济科学出版社 2003 年版。
Fujita, M., *Urban Economic Theory: Land Use and City Size*, Cambridge University Press, 1989.
Fujita, M. and J.-F. Thisse, *Economics of Agglomeration: Cities, Industrial Location and Regional Growth*, Cambridge University Press, 2002.
Fujita, M., P. Kurgan and A. J. Enables, *The Spatial Economy: Cities, Regions and International Trade*, Cambridge, MA: MIT Press, 1999.

(吴福象　董也琳)

城市联盟
Cities Alliance

城市联盟指的是两个或多个城市基于共同的愿景和目标,采取一种跨越组织边界的合作安排。城市联盟作为一种城市间的合作博弈,是以市场机制为发展导向,以共同利益为驱动力,合理有效地配置各种资源,实现共赢的城市联盟目标。城市联盟的优点,是通过对核心城市的功能与角色进行重新定位,把某些工业产业向周边更有优势的中小城市转移,实现产业在城市之间的区域性优化组合,这不仅缓解了原有工业产业对核心城市发展的影响,而且通过这些转移的工业产业带动周边相对落后城市的发展,推动了城市化进程,实现区域经济与城市化的协同发展。

当然,城市间可能出于多种愿景和目标,而结成城市联盟。根据愿景和目标的不同,可将城市联盟划分为下列几种常见的类型:第一种是技术合作基础上的城市联盟,这种城市联盟中各成员城市之间建立联盟的目的,就是为了共同完成研发、技术创新以及科技成果转化;第二种是市场一体化基础上的城市联盟,这种城市联盟中各联盟城市之间,生产要素可以自由流动,消除了彼此之间的市场壁垒,从而提高了资源配置效率,实现了经济的快速发展;第三种是资源互补基础上形成城市联盟,这种城市联盟大多是资源城市与消费城市之间的联盟,目的是实现资源的合理配置;第四种是产业结构基础上的城市联盟,即城市联盟建立的目的是实现产业结构的调整,促进产业结构优化升级;第五种是信息文化交流基础上的城市联盟,城市通常是地域的信息文化中心和源泉,通过建立各种城市联盟,可以促进城市间的信息交流以及提升各城市居民的文化艺术生活水平;第六种是资本联接基础上的城市联盟,即以资本在联盟城市之间实现自由合理流动为目的建立城市联盟,使得资本配置实现合理优化;第七种是规模经济基础上的城市联盟,通过建立城市联盟,可以达到规模经济,促进产业的空间聚集,进而促进城市经济的快速发展;第八种是人居环境基础上的城市联盟,通过建立这种城市联盟不仅能够提高居民的居住质量而且还可以促进人才在城市间的合理流动;第九种是数字化基础上的城市联盟,建立这种城市联盟的目的就是为了推进各同盟城市的城市数字化进程;第十种是健康基础上建立的城市联盟,这种城市同盟建立的目的是为了改善居民的医疗保健条件,提高居民的健康状况。虽然将城市联盟划分为上述十种类型,但实际生活中已经建立的城市联盟往往是多种类型的复合体,仅凭单一愿景目的建立联盟的非常少。不仅如此,现在的城市联盟更趋向于全方位的合作,以期实现经济社会一体化。

城市联盟发展到一定程度就会形成大都市区或称大都市圈。大都市区是城市集群的一种地域空间表现形式。大都市圈中通常包含一个或两三个核心城市,并以它们为中心连接周边城镇形成覆盖整个地域空间范围的,具有密切经济社会联系的,呈圈层状分布的一种空间组织形式。也可以说,大都市圈是大的中心城市与外围中小城市紧密连结形成的一体化区域。当今世界公认的著名国际大都市区有:纽约都市圈、多伦多与芝加哥都市圈、东京都市圈、巴黎与阿姆斯特丹都市圈、伦敦与曼彻斯特都市圈和我国的长三角城市群。目前,中国较少提及城市联盟概念,但是,都市圈、城市群等概念在内涵上均与之相近。

参考文献:

陆大道:《区位论及区域研究方法》,科学出版社 1991 年版。
谢文蕙等:《城市经济学》,清华大学出版社 1996 年版。
[日]藤田昌久、[比]雅克－弗朗科斯·蒂斯:《集聚经济学》,西南财经大学出版社 2004 年版。
[美]彼得·尼茨坎普:《区域和城市经济学手册》第一卷,经济科学出版社 2001 年版。
[美]埃德温·S·米尔斯:《区域和城市经济学手册》第二卷,经济科学出版社 2003 年版。
[英]保罗·切希尔、[美]埃德温·S·米尔斯:《区域和城市经济学手册》第三卷,经济科学出版社 2003 年版。
Fujita, M., *Urban Economic Theory: Land Use and City Size*, Cambridge University Press, 1989.
Fujita, M. and J.-F. Thisse, *Economics of Agglomeration: Cities, Industrial Location and Regional Growth*, Cambridge University Press, 2002.
Fujita, M., P. Kurgan and A. J. Enables, *The Spatial Economy: Cities, Regions and International Trade*, Cam-

bridge, MA: MIT Press, 1999.

（王发明　吴福象）

城市首位度
Urban Primacy Ratio

城市首位度是与最佳城市规模概念关系最为密切的概念。将某国或某地区内所有城市按人口数排名，位于首位的城市人口数与位于第二位的人口数之比值称为城市首位度。一般而言，城市首位度可以用来反映在一国或地区的城市人口规模结构中首位城市的人口集中程度、进而反映整个国家或地区的情况，是最常用的衡量城市规模状况的指标之一。通常情况下，城市首位度小于2时，认为城市规模结构的集中度是正常的；大于2时，则认为是过度集中的。

1939年由马克·杰斐逊（M. Jefferson）提出的城市首位律（Law of the Primate City）与城市首位度密切相关。尽管两城市指数便于计算也易于理解，但是它们都有以偏概全之嫌。有人进一步提出4城市指数以及11城市指数对两城市指数加以改进。对于人口规模，我国常用省内非农业人口数量表示。

改革开放使得我国经济整体上有了较快发展的同时也使得我国经济发展不平衡，东南沿海地区经济发展迅速且持久，且在竞争中形成了"雁阵式齐飞"发展格局，这就导致我国的城市首位度在省际间具有较大差异。在《新世纪中国国际城市的展望》一文中周一星（2000）指出随着我国综合实力的增强，中国沿海的某些大城市在不远的未来将有可能迈入国际先进城市的行列。早在1982年，弗里德曼和沃尔夫（Friedman and Wolff）就提出一个城市要成为世界性城市的两个标准：第一，该城市通过怎样的特定方式参与经济全球化；第二，在国际资本流通新形势下该城市具有怎样的空间优势。

周一星在这些标准的基础上，通过分析世界500强企业在华投资空间分布，我国进出口额排名前500的企业空间分布，外国计算机企业与电信企业等在华办事处数量、外资金融机构数量、国际航班数量及接待国外旅游者人数等，再加上对我国货物进出口产生影响的海关城市分布状况等，明确提出了我国形成国际化城市的次序：首先，形成以香港—深圳—广州为中心的珠三角国际化都市圈；其次，形成以上海为核心城市的长三角国际化城市群；再次，形成以北京—天津为中心的国际化都市圈；最后，形成以大连—沈阳为中心的国际化城市带。在实证分析中，多应用齐普夫定律（Zipf's Law）来测算城市首位度，该定律的内容是：按照人口数量对城市进行等级排列后，相邻位数的两个城市人口之比呈现出某种对数关系。

参考文献：

陆大道：《区位论及区域研究方法》，科学出版社1991年版。
周一星：《城市地理学》，商务印书馆1995年版。
周一星：《新世纪中国国际城市的展望》，载于《管理世界》2000年第3期。
[日]藤田昌久、[比]雅克－弗朗科斯·蒂斯：《集聚经济学》，西南财经大学出版社2004年版。
[美]彼得·尼茨坎普：《区域和城市经济学手册》第一卷，经济科学出版社2001年版。
[美]埃德温·S·米尔斯：《区域和城市经济学手册》第二卷，经济科学出版社2003年版。
[英]保罗·切希尔、[美]埃德温·S·米尔斯：《区域和城市经济学手册》第三卷，经济科学出版社2003年版。
Friedman, J. and Wolff, G., World City Formation: An Agenda for Research and Action, *International Journal of Urban and Regional Research*, 1982, 6(3).

（吴福象　隋鑫）

精明增长
Smart Growth

精明增长是一项综合的应对城市蔓延的发展策略，目标是通过规划紧凑型社区，充分发挥已有基础设施的效力，提出"城市增长边界"（Urban Growth Boundary）、公共交通导向的土地开发模式（Transit-oriented Development，"TOD"）以及城市内部废弃地的再利用（Brownfield Redevelopment）等，提供更多样化的交通和住房选择来努力控制城市蔓延。它还是一项将交通和土地利用综合考虑的政策，促进更加多样化的交通出行选择，通过公共交通导向的土地开发模式将居住、商业及公共服务设施混合布置在一起，并将开敞空间和环境设施的保护置于同等重要的地位。精明增长最直接的目标就是控制城市蔓延，其具体目标包括四个方面：一是保护农地；二是保护环境，包括自然生态环境和社会人文环境两个方面；三是繁荣城市经济；四是提高城乡居民生活质量。

2000年，美国规划协会联合60家公共团体组成了"美国精明增长联盟"（Smart Growth America），确定精明增长的核心内容是：用足城市存量空间，减少盲目扩张；加强对现有社区的重建，重新开发废弃、污染工业用地，以节约基础设施和公共服务成本；城市建设相对集中，密集组团，生活和就业单元尽量拉近距离，减少基础设施、房屋建设和使用成本。

精明增长的主要原则是：土地的混合利用，在城市中通过自行车或步行能够便捷地到达任何商业、居住、娱乐、教育场所等；建筑设计遵循紧凑原理；各社区应适合于步行；提供多样化的交通选择，保证步行、自行车和公共交通间的连通性；保护公共空间、农业用地、自然景观等；引导和增强现有社区的发展与效用，提高已开发土地和基础设施的利用率，降低城市边缘地区的发展压力。

参考文献：
［美］英格拉姆等：《精明增长政策评估》，科学出版社2011年版。
［美］安德烈斯等：《精明增长指南》，中国建筑工业出版社2014年版。
周一星：《城市地理学》，商务印书馆1995年版。

（陈雯　孙伟）

城市增长理论
Urban Growth Theory

城市增长（Urban Growth）指城市数量的增长和城市质量的提高。城市数量的增长包含城市规模的扩大和城市个数的增多两个方面，通常又称为城市的扩张。其中，城市规模的扩大包括城市人口的增加、城市空间规模和城市经济规模的增长等方面的内容。城市质量的提高则侧重于城市发展内涵的提升。一般情况下，由城市供给和需求两方面的相互作用反映出城市的增长状况。

内生增长理论认为经济增长的原因有以下三个方面：第一，获取新知识（包括革新、技术进步、人力资本积累等概念）；第二，刺激新知识运用于生产（市场条件、产权、政治稳定以及宏观经济稳定）；第三，提供运用新知识的资源（人力、资本、进口品等）。内生经济增长理论分别从规模经济理论、人力资本理论、知识等生产要素外溢理论和集聚理论等角度对经济增长做出了解释。城市增长理论认为，城市是集聚的产物，并因集聚而增长。集聚是规模经济的产物，规模经济是城市的重要特点。规模经济又来源于知识和信息等生产要素的外溢。因而，内生增长理论在解释城市增长方面有着极大的优越性。

外生经济增长理论（The Theory of Exogenous Growth）认为经济增长是由经济理论不能预见的所谓外生的技术进步推动，该理论主要从影响经济增长的各种因素以及决定增长过程的机制做出说明。外生增长理论应用于解释城市增长方面，认为影响城市外生增长的主要因素包括地方政府的作用、大型土地开发商的投资，以及交通环境的变化等。当然，该理论也强调城市外生增长和城市内生增长存在着一定的关系：地方政府能够对内生增长理论中的知识和信息提供更有效的投入；城市化和城市规模互动理论也是外生增长理论的一部分。城市化通过影响增长的效率和收入差距强烈影响着城市的增长进程。相应地，城市增长又通过推动人口的集聚和生产的空间扩张影响城市化进程。

增长极（Growth Pole）概念最早由法国经济学家佩鲁（Perroux，1955）提出。通过借喻了磁场内部运动在磁极最强这一规律，称经济发展过程中存在的区域极化现象为增长极。首先，他提出了一个完全不同于地理空间的经济空间，该空间以抽象的数字空间为基础，经济单位不是存在于地理上的某一区位，而是存在于产业间的数学关系中，表现为存在于经济元素之间的经济关系。其次，他认为经济发展的主要动力是技术进步与创新。创新集中于那些规模较大、增长速度较快、与其他部门的相互关联效应较强的产业中。具有这些特征的产业称为推进型产业。推进型产业与被推进型产业通过经济联系建立起非竞争性联合体，通过后向、前向连锁效应带动区域的发展，最终实现区域发展的均衡。这种推进型产业就起着增长极的作用。最后，增长极理论的核心是推进型企业对被推进型企业的支配效应。

自组织理论（Self-organizing Theory）是该理论的核心，该项理论出现于20世纪60年代末期，是系统理论的发展，它的研究对象主要是复杂自组织系统的形成和发展机制问题，即在一定条件下，系统是如何自动地由无序走向有序，由低级有序走向高级有序的。自组织理论由六个方面构成：耗散结构论、协同论、突变论、协同动力论、演化路径论和混沌论。

城市作为一个开放、复杂的巨大系统，也明显地具有自组织现象和空间演化功能。一般认为，城市的区位择优和不平衡发展过程就是一种比较典型的自组织现象。具体而言，城市发展的空间最先在优势区位得到发展，此后，由于区位之间存在着差异进而产生了位势，促使人类活动从低位势向高位势流动，从而形成从无序走向有序，使区域产生了城市自组织现象。在这一演化过程中，由于人口流、信息流等共同作用，形成了空间聚集，而聚集的结果，使区位规模发生了变化。在规模效应的作用下，产生了新的位势和信息流以及人口流，这进一步促使新的自组织现象产生，使城市空间继续聚集和演化。从这个意义上说，没有城市自组织过程，大都市经济区不可能形成。

参考文献：
陈顺清：《城市增长与土地增值》，科学出版社2000年版。
［美］菲利普·阿吉翁、彼得·霍依特：《内生增长理论》，北京大学出版社2004年版。
唐子来：《西方城市空间结构研究的理论与方法》，载于《城市规划汇刊》1997年第6期。
王宏伟、袁中金、侯爱敏：《城市增长理论述评与启示》,载于《国外城市规划》2003 年第 3 期。

C. Cindy Fan, The Vertical and Horizontal Expansion of China's City System, *Urban Geography*, 1999, (6).

Fischer, M. M., *Spatial Choice and Process*, Elsevier Science Publishers, 1990.

G. L. Gaile, *Spatial Statistics and Models*, British: D. Reidel Publishing Company, 1984.

John M. Levy, *Contemporary Urban Planning*, New Jersey: prentice hall, 1999.

Lo, L., Structure and Spatial Interaction, a Simulation Approach, *Environment and Planning*, A, 1991, (23).

Lo, L., Destination Interdependence and Competing Destination Model, *Environment and Planning*, A, 1992, (24).

Lowry, I. S., *A Model of Metropolis. Rand Corporation*, Santa Monica, 1994.

M. Gottdiener, *The Social Production of Urban Space*, USA: University of Texas Press, 1985.

Thill, J. & Thomas, I., *Toward Conceptualizing Trip-Chaining Behaviour: a Review*, Geographical Analysis, 1967.

（罗建兵　隋鑫）

等级扩散
Hierarchy Diffusion

所谓扩散是指资源、要素和部分经济活动等在地理空间上的分散趋向及过程。扩散机制的形成主要源于以下四个方面:不可移动要素的作用、土地租金的上升、纯粹外部不经济和企业间的激烈竞争。扩散机制有就近扩散、跳跃式扩散、等级扩散和随机扩散四种形式。

等级扩散(Hierarchy Diffusion)理论是哈德森(Hudson)在 1969 年提出来的。所谓等级扩散,是指经济或社会现象的扩散是沿着一定等级规模的地理区域来进行的,这种扩散过程并不一定按地理邻近性,而是按区域或城市的重要等级跳跃式扩散。等级扩散理论认为,生产要素和产业活动的扩散空间非均质,决定了扩散方向和速度不是距离远近,而是区域的接受能力。生产要素和产业活动在非均质扩散空间中按照区域的等级大小呈跳跃式扩散,等级效应(Hierarchy Effect)十分明显。该理论强调了生产要素和产业活动在区域间扩散的有序性,适用于发达国家和地区间较为复杂与先进技术的扩散。

等级扩散有多种形式,集中式扩散是其中的一种形式,与等级扩散相对应的是蔓延式扩散,波浪式扩散和涓滴效应等属于蔓延式扩散。

集中式扩散(Centralized Diffusion)又称点轴式扩散(点轴开发),即由中心城市沿主要交通干线,呈串珠状向外延伸,形成若干聚集轴线或产业聚集轴或带。点轴式扩散反映交通干线往往是产业向外扩散的基本传递手段,这是一种非常常见和有效的扩散类型。该理论的核心是,社会经济客体大都在点上集聚,通过线状基础设施而联成一个有机的空间结构体系。

点轴开发(集中式扩散)模式最早由中国科学院陆大道院士提出并系统阐述的。点轴开发是一种地带开发,在空间结构上是点线面的结合,基本呈现出一种立体网络结构的态势。它一方面可以转化城乡二元结构,另一方面又可以促使整个区域逐步走向经济网络系统发展。它需要具备一定的条件:第一,初步形成了启动区域经济发展的增长极;第二,具备了一定的物质技术基础和经济实力,能够提供进行大规模开发所需要的资金、技术和人才;第三,初步建立了一个高效畅通的交通网络系统,并具备一两条能作为重点开发轴线的主要交通干道。

国外城市化的集中式扩散的发展表明:这一进程既是不同产业对土地高度竞争的结果,又是居民自发地理性地迁移的结果;同时也深受政府城市宏观发展政策的推动;其对城市化的进程起着极大的推动作用,也适应了高科技企业对区位的新要求。但也产生了一些新的城市问题,如以私人小汽车为主要交通工具的通勤交通方式不仅造成交通混杂,大气污染,而且导致道路维护费的增长;大量中高收入的居民从中心城市外迁,造成中心城市的衰退等。

蔓延式扩散(Spread Type Diffusion)主要是指城市圈经济以中心城市为核心,逐渐地、由近及远地向周围地区延伸、推进,从而不断扩大城市圈半径,扩散强度随距离的阻碍作用而逐渐减弱。

蔓延式扩散作为城市圈经济空间扩散的基本规律,在城市和区域发展规划实践中非常普遍。纵观国内外大城市圈经济的发展,大多是按照蔓延式扩散规律展开的。随着中心城市与大城市圈半径的扩大,其城市经济圈势能越来越强,又使其辐射的区域更远。之所以呈现这种规律,是由于产业集群缩短了企业或个人的创新决策时间,企业在地理集中的过程中形成了统一的本地化网络,即"根植性"在推动创新扩散的过程中更多地是来自于近距离的相互学习"相互追随",决策更加注重先前采纳者的经济效果。在空间结构演变中,蔓延式扩散会在某些特定的地域空间内小跨度展开,并呈现随距离衰减的规律。

蔓延式扩散的城市化,也会导致一系列的问题。首先,人口的快速聚集和膨胀使城镇在基础设施建设和服务等方面面临着巨大的压力,基础设施和服务会"无可奈何地"处于"滞后"状态。其次,环境受到严重破坏。蔓延式扩展城镇规模意味着需要更大的地域空间来满足人们的住房建设和产业发展用地,导致了生物多样性的剧减。最后,蔓延式发展不仅导致了与基础设施建设、垃圾处理、自然资源利用和能源消耗相关的经济和环境成本的增加,也容易使原来的城镇区域出现“衰退”,造成极大的浪费。

蔓延式扩散也见于创新的空间扩散中。在不发达地区,创新的扩散主要依赖人们的直接接触,距离和时间构成创新扩散的主要因素。这种创新接近于蔓延式扩散;创新也可能从核心区域向边缘区域做蔓延式扩散。

波浪式扩散(Wave Mode Diffusion)亦称扩展式扩散,是莫里尔(Morrill)于1968年运用城市中心向外扩散的近邻效应提出的以城市为中心向周边地区波浪式扩散的空间模式。后来,学者在研究创新在核心区域向边缘区域扩散,以及在核心区域之间扩散时,也借用了波浪式扩散这一概念。该理论认为,区域技术创新由创新中心向外围腹地扩散,在均质空间上以同心圆的形式展开,并严格遵循距离衰减规律。

在创新扩散的技术形态上来看,波浪式扩散类似于产业在地理空间上扩散的雁形模式(Flying Geese Pattern)产业空间布局结构。依据技术差距论,对于早期模仿国或地区有可能向后进模仿国发展贸易,形成与创新国家或地区的相关对应的理论格局。在国际贸易具体实践中,发展中国家把从欧美等技术先进国家引进技术生产的商品,进一步向最不发达的国家转移。雁形产业的空间发展形态表明,后进国家可以通过进口来利用和消化先进国的资本和技术、同时利用低工资优势再打回先行国市场。这种由于后起国通过引进先行国的资本和技术,扩张其自身的生产能力,使先行国已有产业受到国外竞争压力威胁的现象,叫做“反回头效应”。如果后起国善于把握好时机,就能在进口—国内生产—出口的循环中缩短工业化乃至重工业化、高加工度化的过程。最初,雁形产业发展形态说主要用来说明日本的工业成长模式。根据该模式理论,本国产业发展必须与国际市场紧密地结合起来,使产业结构国际化。同时,后起的国家可以通过四个阶段来加快本国工业化进程,产业发展政策是要根据“雁形形态论”的特点制定。

一般来讲,发达地区由于聚集了各种高级要素,通常是高技术的创新中心和扩散源,在其外围则是次等级的先进制造中心。因此,技术扩散往往在这些区域之间波浪式传播。

涓滴效应(Trickle-down Effect)又译作渗漏效应、滴漏效应、滴入论、垂滴说等,其理论称作“涓滴理论”,又译作利益均沾论、渗漏理论、滴漏理论等。“涓滴效应”最初是发展经济学家在研究区域间不平衡条件下的经济增长和社会发展所使用的一个概念。它指在经济发展过程中,并不给予贫困阶层、弱势群体或贫困地区特别的优待,而是由优先发展起来的群体或地区通过消费、就业等方面惠及贫困阶层或地区,带动其发展和富裕。或认为政府财政津贴可经过大企业再陆续流入小企业和消费者之手,从而更好地促进经济增长的理论。将这一概念套用在收入差距方面就是,在经济增长过程中,增长的成果既能为高收入者获得,也会以一定方式流入低收入者手中,以缩小高低收入群体之间差距。这一过程中通过富人消费投资,刺激经济发展,最终惠及穷人,如水之向下“涓滴”。

反对“涓滴效应”的如凯恩斯主义者,提倡财政政策应覆盖整个经济体,而非照顾特定群体。此外,“喷涌理论”认为,在经济发展过程中若不给予贫困阶层、弱势群体特别的优待,而是期望富人群体通过消费、就业等方面惠及贫困阶层,以达到带动其富裕的做法,其结果将不但不会给贫困阶层带去富裕,而会使富人像喷涌的泉水一样获取大量的财富,穷人依旧是穷人。

参考文献:
周一星:《城市地理学》,商务印书馆1995年版。
何念如:《中国当代城市化理论研究:1979~2005》,复旦大学博士论文,2006年。
白光润:《应用区位论》,科学出版社2009年版。
[美]刘易斯·芒福德:《城市发展史:起源、演变和前景》,中国建筑工业出版社2005年版。
郭鸿懋等:《城市空间经济学》,经济科学出版社2002年版。
张秀生、卫鹏鹏等:《区域经济理论》,武汉大学出版社2007年版。
陆大道:《我国区域开发的宏观战略》,载于《地理学报》1987年第2期。
魏后凯:《走向可持续协调发展》,广东经济出版社2001年版。
康凯:《技术创新扩散理论与模型》,天津大学出版社2004年版。

(罗建兵　黄一桐)

极化效应
Polarization Effect

极化效应是经济地理学或区域经济学中的一个重要概念,最早是由美国经济学家A.赫希曼1958年在《经济发展战略》中提出来的。极化效应是指增长极的推动性产业吸引和拉动周围地区的要素和经济活动不断趋向增长极,从而加快增长极自身的成长。

赫希曼认为,如果一个国家的经济增长率先在某个区域发生,那么它就会对其他区域产生作用。为了解释方便,他把经济相对发达区域称为“北方”,欠发达区域称为“南方”。北方的增长对南方将产生不利和有利的作用,分别称之为极化效应和涓滴效应。极化效应体现在以下几个方面。

其一,随着北方区域的发展,南方的要素向北方流动,从而削弱了南方的经济发展能力,导致其经济发展恶化。由于北方的经济增长对劳动力需求上升,特别是对技术性劳动力的需求增加较快,同时,北方的劳动力收入水平高于南方,这样,就导致南方的劳动力在就业机会和高收入的诱导下向北方迁移。结果,北方因劳动力和人口的流入而促进了经济的增长,南方则因劳动力外流特别是技术人员和富于进取心的年轻人的外流,导致劳动力(包括智力)对经济增长的贡献减小。再就是资金的流动。北方的投资机会多,投资的收益率高于南方,南方有限的资金也流入北方。而且资金与劳动力的流动还会相互强化。从而使南方的经济发展能力被削弱。其二,在国内贸易中,北方由于经济水平相对高,在市场竞争中处于有利地位。特别是,如果北方生产进口替代性产品,南方原来可以按较低价格进口的这些产品,现在不得不在高额关税保护下向北方购买。在出口方面,南方由于生产效率相对较低,无法与北方竞争,导致出口的衰退。其三,南方本来可以向北方输出初级产品,但是,如果南方的初级产品性能差或价格有所上涨,那么,北方就有可能寻求进口。这样,就使南方的生产受到压制。

缪尔达尔认为,极化效应是指一个地区只要它的经济发展达到一定水平之后,超过了起飞阶段,就会具有一种自我发展的能力,可以不断地积累有利因素,为自己进一步发展创造有利条件。在市场机制的自发作用下,如果发达地区越富,则落后地区越穷,造成了两极分化。也就是,迅速增长的推动性产业吸引和拉动其他经济活动,不断趋向增长极的过程。在这一过程中,首先出现经济活动和经济要素的极化,然后形成地理上的极化,从而获得各种集聚经济,即规模经济。规模经济反过来又进一步增强增长极的极化效应,从而加速其增长速度和扩大其吸引范围。

参考文献:
李小建:《经济地理学》,高等教育出版社 2006 年版。
郭鸿懋等:《城市空间经济学》,经济科学出版社 2002 年版。
魏后凯:《现代区域经济学》,经济管理出版社 2006 年版。
[日]藤田昌久、[比]雅克 - 弗朗科斯 · 蒂斯:《集聚经济学》,西南财经大学出版社 2004 年版。
[法]皮埃尔 - 菲利普 · 库姆斯、[法]蒂里 · 迈耶、[比]雅克 - 弗朗索瓦 · 蒂斯:《经济地理学》,中国人民大学出版社 2011 年版。

(陈欢　孙伟)

区位基尼系数
Regional Gini Coefficient

美国统计学家洛伦茨(M. Lorenz,1907)在研究居民收入分配时,发现将居民家庭户数累积百分比与居民收入百分比联系在一起,可以揭示收入分配的均衡性。这种揭示社会分配公平程度的曲线即为洛伦茨曲线。洛伦茨曲线直观形象地反映了社会分配的均衡程度,却不能达到精确计量要求。为此,意大利经济学家基尼(Gini,1912)创造性地提出精确计算收入分配均衡程度的统计指标——基尼系数。基伯尔等(Keeble et al. ,1986)将洛伦茨曲线和基尼系数用于度量某行业在地区间分布的集中程度,发展成为区位基尼系数。其计算公式如下:

$$G_i = \frac{1}{2n^2\mu}\sum_j\sum_i |s_{ij} - s_{ik}|$$

其中,s_{ij} 和 s_{ik} 是产业 i 在区域 j 和 k 的比重,μ 是产业在各个区域比重的平均值,n 为区域个数。基尼系数等于洛伦茨曲线与 45°线之间面积的两倍,洛伦茨曲线是基于 s_{ij} 递增顺序,并将累计 s_{ij} 置于纵轴,而累计的区域数置于横轴绘制而成的。如果产业在各区域平均分布,基尼系数为 0,如果产业集中在一个区域,基尼系数为 1。

衡量产业地理集中与集聚的指标较多,区位基尼系数相对于其他指标主要有三个优点:第一,区位基尼系数可以采用多种指标来计算,有较强的适用性。计算时,可根据实际情况采用产业产值、产业人口就业、产值增加值及贸易额等指标。第二,区位基尼系数可用来衡量产业集聚的不同层次,包括中观层次(企业外部、产业内部的集聚经济,又称为“区位经济”)和宏观层次(多个行业向城市地理集中形成的集聚经济,又称为“城市化经济”)。第三,区位基尼系数有多种算法。经济学家和统计学家相继发展出平均差方法、协方差方法及矩阵方法等,便于在各种情况下计算区位基尼系数。

参考文献:
[英]约翰 · 伊特韦尔等:《新帕尔格雷夫经济学大辞典》,经济科学出版社 1996 年版。
安虎森:《区域经济学通论》,经济科学出版社 2004 年版。
梁琦:《产业集聚论》,商务印书馆 2004 年版。
孙久文:《区域经济学教程》,中国人民大学出版社 2003 年版。
魏后凯:《现代区域经济学》,经济管理出版社 2006 年版。

(张谊浩　董也琳)

地区专业化
Regional Specialization

地区专业化也称区域专业化。所谓地区专业化，是指区域经济或区域生产的专业化，即根据劳动地域分工的客观要求，区域内的某些优势产业或部门的生产规模和市场范围不断扩大的过程或趋势，是商品经济和社会生产力发展到一定程度时的一种区域经济现象。区域专业化的产生，主要有以下三点原因：一是区域生产要素差异的客观存在，这一点构成了区域经济专业化的自然基础，即某一区域内的优势要素组合的生产部门构成该区域的地区优势。二是商品经济的不断发展，这一点构成了区域专业化在经济关系方面的原因。当商品经济进入到比较发达的阶段时，一方面，区域差异会导致生产同一种产品的劳动消耗或成本利益的地区差异；另一方面，商品交换、流通规模的扩大和市场竞争的加剧，又会导致商品生产具有向能实现最大利益的地区集中的趋势，这样一些在区域中最有力的生产部门便逐渐发展壮大，形成区域专业化的生产部门。三是科学技术和生产力的发展，这一点构成了区域专业化在生产力方面的原因。科技的进步和生产力的发展通过促进生产、技术、流通和管理等水平的提高使处于分散状态的部门分工或一般分工逐步向最有利的区域转移。

从来源上讲，地区专业化是依靠一系列企业专业化形成的。二者的目的都是通过发挥分工协作的优越性，节约社会劳动和提高劳动生产率。但是，企业专业化是通过生产领域内部的分工协作，实现产品专业化、零部件生产专业化、工艺专业化，以及修配服务专业化来加速生产的发展。而地区专业化则主要靠发挥各地区自然条件、社会经济条件以及地理位置的优势，达到提高劳动生产率和促进全区经济迅速发展的目的。

随着数据的可获得性及数据质量的提高，涌现了大量地区专业化的实证研究，衡量地区专业化的指标主要有 Hoover 的地方化系数、克鲁格曼的行业分工指数及 γ_j 系数等。其中比较常用的 Hoover 地方化系数，测算的是一个行业的地方化水平，定义为由行业地方化曲线与 45°直线所围成的面积与曲线所在三角形面积的比值，取值范围为[0,1]。如果行业 j 在地区间均匀分布，Hoover 地方化系数为 0；反之，如果行业 j 集中在一个地区，Hoover 地方化系数为 1。

在区域经济学中通常用区位商（Location Quotient）来判断一个产业是否构成地区的专业化部门或主导产业部门。区位商又称专门化率，由哈格特（P. Haggett）首先提出并运用于区位分析中，一般以该部门可以用于输出部分的产值与该部门总产值之比来衡量，即一个地区特定部门的产值在地区工业总产值中所占的比重与全国该部门产值在全国工业总产值中所占比重之间的比值。但也可以用增加值或就业水平等经济活动水平来衡量。其计算公式为：

$$LQ_{ij} = (L_{ij}/L_j)/(L_i/L)$$

其中，LQ_{ij} 为 j 区域 i 产业的区位商，L_{ij} 为 j 区域 i 产业的经济活动水平（以总产值、增加值或就业水平、销售额等表示），L_j 为 j 区域所有产业的总水平，L_i 为基准经济（通常为全国）i 产业总水平，L 为基准经济总水平。通常，如果 $LQ_{ij} > 1$，表明该部门的产品除了区域内消费，还可以向区域外输出，属于地区的专业化生产部门；如果 $LQ_{ij} < 1$，表明该部门的产品不能满足区域内消费，需要从区域外调入，属于地区的非专业化部门或者自给性部门；如果 $LQ_{ij} = 1$，表明该部门产品在区域内供需平衡。所以 LQ_{ij} 值越大，i 产业的专业化程度就越高，其转化为主导产业的可能性就越大；反之亦然。

在实际应用中，地区某产业专业化系数还可以用 1 减去区位商的倒数来表示，用来衡量某一产业的某一方面在一特定区域的相对集中程度；也可以在产业结构研究中用来衡量区域优势产业的状况。

参考文献：
陈栋生：《区域经济学》，河南人民出版社 1993 年版。
胡兆量：《中国区域发展导论》，北京大学出版社 2000 年版。
刘树成等：《中国地区经济发展研究》，中国统计出版社 1994 年版。
王一鸣：《中国区域经济政策研究》，中国计划出版社 1998 年版。
［德］廖什：《经济空间秩序：经济财货与地理间的关系》，商务印书馆 1998 年版。
［英］阿姆斯特朗、泰勒：《区域经济学与区域政策》，上海人民出版社 2007 年版。
樊福卓：《地区专业化的度量》，载于《经济研究》2007 年第 9 期。

（陈爱贞　宋晨）

地区多样化
Regional Diversification

地区多样化是与地区专业化相对应的概念，通常是指地区产业发展的多样化程度。地区专业化程度越高，其多样化程度越低。通常，具有产业多样性特征的地区，其经济发展不依赖少数几个产业部门。一般衡量地区多样化的指标有区域化程度、区位商、产业多样化等。其中，产业多样化指的是某地区有多个不同的产业并存时，该地区经济活动在这些产业之间分布的均衡程度，也就是该地区产业空间分布格局的多样化程度。地区多样化的公式可表示为：

$$D_{ij} = (VA_{ij}/VA_i) \times \log_2(VA_{ij}/VA_i)$$

其中，VA_{ij}为一省区增加值总量，VA_{ij}为i省区j产业的增加值。当所有产业j的增加值占省区i的比重都相等时，即$VA_{ij}/VA_i = 1/n$，省区i的地区多样化达到最大值；当i省区增加值都来自于某一产业k的贡献，而其他产业j(j≠k)占i省增加值比重都为零，此时i省区的多样化水平取最小值零。

地区的多样化生产是区域分工的重要表现形式，也是区域分工发展的原动力。相比于区域专业化生产，地区多样化经济性的主要表现在，分工将复杂的劳动分解为简单的甚至机械的标准化劳动，分工所引起的生产工具的变革直接促进了迂回生产方式的发展，从而直接提高劳动生产率；区域分工使各地具有比较优势的资源条件得到充分利用，从而提高区域经济发展水平，并增加区域经济福利；区域分工也可以产生规模经济、聚集经济效益和范围经济效应；地区多样化还能带来正的外部性，具有相对优势的区域在分工发展过程中可以通过区位因素在空间经济活动中产生乘数效应，带动周围区域相关活动的发展，还可以带来产业间知识溢出效应。

参考文献：
陈栋生：《区域经济学》，河南人民出版社1993年版。
郝寿义、安虎森：《区域经济学》，经济科学出版社1999年版。
胡兆量：《中国区域发展导论》，北京大学出版社2000年版。
刘树成等：《中国地区经济发展研究》，中国统计出版社1994年版。
张敦富：《区域经济开发研究》，中国轻工业出版社1998年版。
孙久文：《区域经济学教程》，中国人民大学出版社2003年版。
王一鸣：《中国区域经济政策研究》，中国计划出版社1998年版。
[英]阿姆斯特朗、泰勒：《区域经济学与区域政策》，上海人民出版社2007年版。

（陈爱贞　刘志彪）

地租梯度

Rent Gradient

在地租理论中，地租梯度是相当直观的表示方法。地租梯度所表示的是使用一单位土地应付的租金，是与某一参照点（通常为城市中心）距离的函数。大多数城市区位模式的分析表明，现实中存在着一种负的租金梯度，即人们越远离市中心，租金越低。

在冯·杜能（Von Thunen）的土地租金模型中，由于农业土地利用类型和农业土地经营集约化程度，不仅取决于土地的自然特性，而且与其交通地理位置，尤其是与它到农产品消费市场的距离有重大关系。因此，农用土地价格将随着运输距离的增加而下降，以便节省较高的运输成本。在该模型中，当该土地所生产的商品提高时，土地租金梯度曲线的截距将上升；当运输费率下降时，租金梯度曲线的斜率将变大。

韦伯（A. Weber）工业区位论，通过对运输、劳力及集聚因素间相互作用的分析和计算，可以发现：对于不同区位条件的工业企业，同一工业产品的成本是不同的。克里斯泰勒（Christaller）城市区位论（也称中心地理论）研究了城市中心地的空间分布形态与规模因素、市场因素、交通因素、行政因素等的相互影响关系。由于不同用途的土地其区位条件的影响因素也各不相同，再加上不同土地使用者对土地区位的利用程度也不一样，因此，同类行业在不同区位上获得的经济收益会相差很大，不同行业在同一区位上获得的经济收益也会相差很大。

通过对美国芝加哥的地域分析，伯吉斯1925年提出了同心圆模式。他认为，城市各地带在向心、专业化、分离、离心、向心性离心五种力的共同作用下，不断发展与调整，呈同心圆式的扩散，逐渐形成由五个同心圆构成的空间结构，也即城市内部空间结构是以不同用途的土地围绕单一核心，有规则地从内到外扩展，形成圆层式结构。所谓同心圆模式，是指受区位地租这一经济因素影响而形成的，从城市中心的CBD到城市建城区以外的非城市用地，完全按照土地利用效益分布，各种功能单位将依照支付地租能力的大小成圈层状分布，支付地租能力越大的功能单位将越接近市中心。在地租理论的基础上，后来的城市学者对此模式赋予了新的解释：由于不同功能所要求的交通条件不同，不同用地类型的承担能力随距离递减的梯度也不同；在完全竞争条件下，占用各个圈层的用地类型就是在这一距离内承租能力最高的一种。

对地租理论较为精确而系统研究的当属阿朗索（Alonso）于1964年所提出的投标竞租模型（The Bid-Rent Model）。在投标租金模型中，由于投入品可以相互替代，投标租金曲线由模型的直线变为曲线。根据投标竞租模型，在完全竞争条件下，城市土地在不同产业之间进行分配时，遵循“最高租金”原则，即由愿意支付最高租金者使用。而不同的使用者，对于城市不同区位上的土地，所给出的投标租金是不同的。当然不论选址在投标租金曲线上的哪一点，企业的获利都是一样的。一般来说，由于商业对位置敏感性最强，投标租金曲线最陡峭；住宅由于对位置的敏感性相对较弱，对空间的要求更为敏感，投标租金曲线较为平缓；制造业租金线居于两者之间。由此形成的一条包络线即为实际的城市土地市场地租曲线，按此原则进行土地分配,能够实现城市土地经济效益的最大化。

从经济的角度来看,在城市空间构成的重要因素中,土地已成为主要的研究对象。一定面积的土地,在经济活动中必然产生地租,位置不同地租也不同。这种位置级差地租的客观存在,导致了土地价值的差异,形成了不同地价的城市区位图。离市中心越近,盈利越高,地价也是越高。城市区位与经济价值直接相连,这是一种竞争机制的结果。

不过,从社会文化角度来看,城市的发展不能仅由经济利益驱动,一些社会资本虽然没有直接的经济价值,但却为社会所承认。如风景区、名胜古迹、传统文化、社会治安、社区服务、公共绿地等,由此而产生的隐形效应也直接影响着城市空间的区位条件。这种社会环境效应是城市发展区位的重要因素,特别是在一些历史文化名城的保护地段、风景控制区以及城市有特殊要求的重要地段,决不能以区位的经济利益代替社会效益。

参考文献:

[德]约翰·冯·杜能:《孤立国同农业和国民经济的关系》,人民体育出版社1958年版。

[德]阿尔弗雷德·韦伯:《工业区位论》,商务印书馆2010年版。

段进:《城市空间发展论》,江苏科学技术出版社1999年版。

丁健:《现代城市经济》,同济大学出版社2001年版。

江曼琦:《城市空间结构优化的经济分析》,人民出版社2001年版。

Alonso, W., *Location and Land Use*, Cambridge, MA: Harvard University Press, 1964.

Mills, E. S., *Studies in the Structure of the Urban Economy*, Baltimore, MD: The Johns Hopkins Press, 1972.

Muth, R. F., Migration: Chicken or Egg? *Southern Economic Journal*, 1971(3).

(王发明 刘丹鹭)

工业园区
Industrial Park

在经济活动实践中,人们把在特定区域,集聚了一部分相同类型的企业,它们不仅有着相同的发展目标,并且享受一定政策优惠的特定地理区域,叫做工业园区。它是指在划定的区域内,通过科学的规划、优惠的政策、完善的管理和配套的服务,形成适宜企业成长的“经济大棚”,筑巢引凤,吸引外来企业,实现项目、资金、人才、技术等要素的聚集,从而构筑一个在地理空间上相对集中的企业群体。联合国环境规划署(UNEP)认为,所谓工业园区,是指在一大片的土地上聚集若干工业企业的区域。

工业园区主要有三个基本特征:其一,工业园区是政府推进工业化的有效管理和组织形式。在政府的强力推动下,工业园区可以快速实现经济发展环境的优化,从而吸引大量的资金进入,并通过聚集效应较低单位产品成本,实现投资和经济发展环境的良性循环;其二,工业园区是产业集群的主要载体。在区域竞争日趋激烈的今天,产业集群已成为提高区域竞争力的重要途径,工业园区有利于产业向产业集群的方向发展,工业园区是形成产业集群的有效载体;其三,工业园是一种特殊的区域环境。这一特殊性主要体现在:特殊的产业政策支持、分工合作、避免重复建设的特殊生产环境,人口集中、人才荟萃的独特创新环境。

一般来讲,工业园区具有以下基本功能:资源集聚功能、企业孵化功能、技术渗透功能、示范带动功能及外围辐射功能。同时,工业园区还具有一些地域功能,可以促进规模经济形成,优化区域产业结构,并增强城市功能,促进城市新区迅速形成,进而促进区域经济社会的发展。

工业园区是改善区域环境,提高区域经济竞争力的有效助推器。园区的建立会逐渐形成一种经济环境,这种环境的外部效应会不断加大,同时随着政府公共物品的大力投入又不断改善和促进这种外部效应,慢慢会形成产业集聚和企业的集聚,形成影响力,在这种情况下,就会出现园区经济。它一旦形成就会像磁石一样既增强其内部的凝聚力,又对外加强了辐射力和带动力,从而整体上提高了区域竞争力。

工业园区以其特有的政策优势和强有力的行政推动,加上良好的基础设施条件,从集聚外贸企业起步,然后进一步集聚内资企业,产业集聚规模不断扩大,成为地区经济发展的增长极,形成了巨大的经济效益和社会效益。中国自改革开放后建立的工业园区正逐步成为中国科技创新和产业升级的重要基地,并成为促进区域结构调整的重要推动力。

参考文献:

国务院:《全国主体功能区规划》,2010年12月12日。

世界银行:《2009年世界发展报告:重塑世界经济地理》,清华大学出版社2009年版。

程工:《中国工业园区发展战略》,社会科学文献出版社2006年版。

范晓屏:《工业园区与区域经济发展:基于根植性、网络化与社会资本的研究》,航空工业出版社2005年版。

陆立军、裘小玲:《中国工业园区发展》,中国经济出版社2003年版。

顾朝林、赵玲勋:《中国高技术产业与园区》,中信出版社 1998 年版。

(侯赟慧　朱蕾)

城乡结合部

Rural-Urban Continuum

城乡结合部或称城市边缘区,指建成区周边一定范围内的环状地带,它位于城市和乡村之间,以城市和乡村土地的利用方式相混合为典型特征,是人口和社会特征具有城乡过渡性质的一个独特地域。

城市边缘区应符合三个条件:一是与城市建成区毗连,兼具城市与乡村的某些功能与特点,但在行政上不属于城区街道管辖,而属于郊区乡(镇)管辖;二是非农产业比较发达,在经济收益结构中都占有较大比重,但依然存在一定数量的纯农业和兼业农业,且兼业农业在农业中占有较大比重;三是人口密度介于城市建成区与一般的郊区乡村之间。

城市边缘区形成的动力机制表现在:首先,城市的发展演变促使了城市边缘区的形成;其次,农村发展的需要推动了城市边缘区的形成与发展。该动力机制为城市边缘区的形成提供了潜在可能性。城市边缘区形成的客观条件有:一是科技进步是城市边缘区形成的至关重要的客观条件。一方面,科技进步所带来的农业在技术和经济生产活动方面的巨大变革,会对边缘区的形成产生强烈的影响;另一方面,科技进步中交通技术的突破性发展,使城乡之间的联系进一步加强,为城市人口向边缘区的扩散提供了可能。二是生活水平提高到一定程度的结果。生活水平的提高,让人们开始关心所居住的环境,城市边缘区没有城市病的影响或影响较小,仍然保有较高质量的自然环境,成为居住的理想环境。三是与中心城市建立起紧密的联系,是城市边缘区形成的一个重要条件。这些联系的存在使城市向外扩散的事物被城市边缘区良好的承接,刺激了城市边缘区的形成和发展,并随着交通、通信设施的改善,空间距离相对缩短,城市与边缘区之间的联系也变得日益频繁而密切。

城市边缘区的特征有:地域空间结构上的动态、过渡性特征;多元化的人口社会学特征;经济发展的复合型特征;竞争激烈的多样化土地利用特征。从弗里德曼核心—外围的理论来看,城市和城市边缘区是核心与外围的关系。在空间结构上,城市是核心区,它不仅是地域上有组织的社会一级系统,而且能够产生和吸收创新变化,向城市边缘区传播创新成果。而城市边缘区则是由核心区机构决定其发展途径的次级系统,并与核心区存在一种坚实的依存关系。城市作为人类和经济活动集中的场所,是创新活动的主要发源地,它的发展决定和支配着其外围的城市边缘区的发展道路。

参考文献:

郭鸿懋:《城市空间经济学》,经济科学出版社 2002 年版。
白光润:《应用区位论》,科学出版社 2009 年版。
魏后凯:《现代区域经济学》,经济管理出版社 2006 年版。
安虎森:《区域经济学通论》,经济科学出版社 2004 年版。
张秀生、卫鹏鹏:《区域经济理论》,武汉大学出版社 2005 年版。

(王洪亮　刘小静)

集中的和分散的区位模式

Centralized and Decentralized Location Model

区位要素的空间差异,对企业经济活动的影响是完全不同的。如果在某一个城市内选择产业区位,此时土地成本是一个非常重要的区位要素。相反,劳动力供给和气候条件在同一地区微观层面上变化较小,但在不同区域的宏观层面上差异很大。区位选择通常是基于某些特定层面的地理空间而提出的。与区位选择所对应的空间是多层面的,可以是邻里之间、城区之间,城市之间、区域之间或者国家之间。只有明确了所考虑的空间层面,才能有效地分析区位要素、区位偏好、区位模式以及区位选择之间的关系。

最简单的区位要素的空间分布模式是均匀模式,也就是所要考察的区位要素对所有不同尺度的空间而言都是相等的,例如,对不同的空间层面上都存在的某种服务而言,该种服务机构所提供的有效服务可以看成是均匀的。不同区位要素对应着不同的吸引力,不同的吸引力对应着不同的区位模式,也就是不同的区位要素对应着不同的区位模式。有四种区位模式值得我们分析,它们是运输成本决定的区位模式、市场决定的区位模式、外部经济性决定的区位模式以及劳动力特征决定的区位模式。

集中的区位模式的理论基础,主要是"集聚论"。其基本思想是:生产区位的空间集中,既是现代化大生产发展的基本要求,也是现代化大生产发展的必然趋势。根据马歇尔的外部性原理,企业的空间集中,可以产生各种组合效应,从而产生规模经济效益,即形成相当大的成本优势,使这一区位优于其他区位。正是集聚效益,使城市化、城市大型化以至大城市带的产生成为必然趋势。集聚论认为,尽管集聚达到很高程度时会带来一些矛盾和问题,但同集聚效益比起来,这些矛盾和问题是相对次要的,而且有了经济基础矛盾和问题也不难解决。

集中的区位模式形成机制在于，经济活动的特性在于需要一个最低的需求量，才能保证具有盈利的供给，它们集中在那些有较大需求的地区。例如，像银行、咨询机构、研究机构、文化产业，就主要采取集中的区位模式。同时，经济活动之间的相互联系，即聚集效应的作用，如汽车工业，企业容易获得生产服务（广告、企业咨询、市场研究等）和配套产品，通过专业化降低成本，也会促使企业采取集中的区位模式。此外，基础设施的状况，不仅能提高吸引力，也会强化区域经济活动的集中。

分散的区位模式对应于集中的区位模式，其理论基础是“消聚论”。消聚论认为，集聚虽然可以产生效益，但集聚并不永远同效益成正相关关系。集聚的节约，不能无限制地继续下去，因为同时存在着一些不利因素的制约：一是集聚到一定程度后，可能导致因运输、电力、劳力、用地、水源、原材料的短缺而提高生产要素的价格，从而提高基础设施建设投资和生产成本。二是可能引起销售方面的问题，即产品最大运输范围内的需求趋于饱和，进一步扩张，就要延长产品的运距和追加过多的运输支出。三是组织管理上的不利。集聚程度越高，区内外的经济技术联系越复杂，增加组织、管理特别是决策上的难度。

区位决策作为决策主体（又称区位决策单位）的区位选择过程，在一定的经济活动空间，各区位所处的地位不同，区位因素各异，市场、成本、技术、资源约束不同。为追逐最大化经济利益，各决策主体将根据自身的需要和相应的约束条件选择最佳的区位，这就是区位决策。企业作为经济活动的一种主体，必然要占据一定的空间位置。企业区位选择以实现利润最大化为主要目的，由于各种资源的分布是不均匀的，企业区位的选择，受资源的获取难易程度、要素价格以及经济政策等因素影响。企业区位决策作为企业决策的一个重要组成部分，是每一个理性企业所必须考虑的因素，其目标服从于企业整体目标。

韦伯在其《工业区位论》中把影响企业区位的经济因素分为区域因素和位置因素。通过对企业区位理论的全面分析和研究，试着把影响企业区位决策的因素分为三类：一是区域因素，即区位或空间所特有的资源状态。它是决定企业在这个区域而不是那个区域生产的因素，包括经济及非经济条件，如运输费用、劳动力成本、市场需求、地区政策、政治制度、文化习俗和自然环境等。二是集聚因素。主要指许多企业由于地理上的邻近而具有的经济效应，是单个企业孤立地在某个区位生产所无法获得的优势，包括专业化分工、交易费用的节约、企业之间以及企业与大学、研究机构的合作、信息共享、知识与技术的扩散等。三是创新因素。指人们把它划分成两种类别：区域所具有的本地化创新环境和企业由于在地理上集中而形成的协同创新。也就是说，区域中所特有的制度、文化和环境等良好的创新氛围会促进创新；同时，企业由于地理上集中而形成的专业化分工，企业之间以及企业与大学、研究机构的合作，知识和技术的扩散也会激发创新。之所以把创新单列出来主要是因为在现代经济条件下，创新对一个企业甚至一个产业或国家的发展与成长有着重大的影响，而且创新的形成以及延续是建立在区域因素和集聚因素之上的。

分散的区位模式的形成机制主要是，由于区域存在垄断倾向，避免竞争者相互靠近，几乎所有行业都存在这样的情况。不过，其内在机理却有差别，如矿山、木材加工和食品工业等以原料为指向的行业围绕资源竞争；而农业、旅游业、纺织业、电子工业等，则对要素价格反应敏感，寻找要素方面存在过剩供给的区位。总之，经济活动集中带来的聚集负效应，促使空间分散化，最终会导致分散的区位模式。

参考文献：

陈秀山、张可云：《区域经济理论》，商务印书馆2003年版。

［德］阿尔弗雷德·韦伯：《工业区位论》，商务印书馆2010年版。

［美］埃德加·M·胡佛：《区域经济学导论》，商务印书馆1990年版。

［德］克里斯泰勒：《德国南部中心地原理》，商务印书馆1995年版。

［德］奥古斯特·勒施：《经济空间秩序：经济财货与地理间的关系》，商务印书馆2010年版。

（吴福象　董也琳）

空间价格歧视
Spatial Price Discrimination

空间价格歧视作为一项重要的竞争战略手段，是指由于不同地区产品生产成本不同，以及消费者对产品需求存在的差异，厂商实施差别化的定价。其中，“空间”的概念有相当的延展性，可以理解为消费者偏好、转换成本、交易费用等所有附加在同质产品上的差异性因素。价格歧视类似于庇古在1920年所提出的价格歧视的概念，即“一个垄断厂商在不同市场中或针对不同类型的消费者购买不同数量的产品索取不同的价格，以期获得最大利润”。施蒂格勒于1987年给出了关于价格歧视的比率定义，即一个产品的价格与其成本的比率不等于另一个产品价格成本比。

空间价格歧视作为一种竞争战略手段，还指针对距离发货地不同位置的消费者，以及产品运费属性，在统一消费者价格和统一出厂价格之间进行权衡的差别化手段。总之，生产者根据消费者所在的区位而区别对待,确定不同的消费者价格,即价格歧视战略。其动力机理是,生产者力图使每一距离范围内的利润贡献最大化。所谓利润贡献,是一定距离内的销量和这个距离内的平均收益与边际成本之间差额的产物,即市场边界位于利润贡献为零的地方。在区域价格歧视战略中,生产者的产量和利润比实行其他两个价格战略要大,其市场区也大。

在卖方垄断的市场结构中,生产过程占据了控制市场的地位,不但可以灵活采取统一出厂价格,也可以灵活采用统一消费者价格,当然还可以实行其他的价格战略。即厂商可以对每一距离范围内确定不同的消费者价格。

为了使厂商的利润达到最大,生产过程关注的是,使每一距离范围内的利润贡献最大化。厂商之所以这样做,是因为在这种价格战略中,在一定的距离范围内,消费者的价格不依赖于他为另外的消费者确定的价格。换言之,在一定的距离范围内,其利润贡献简单的作为在这个距离范围内销售和在这个距离范围的平均收益与边际成本之间的差额的产物。如果能确定根据价格的利润贡献来源为零,那么就可以得出最佳的和。在这个距离范围内,消费者的需求量将与生产者所确定的价格相适应。总生产量是由市场区的多个距离内的销售量形成的,这里在价格歧视条件下的市场边际位于利润贡献为零的地方。

理论上讲,在价格歧视战略中,生产过程的产量比实行统一出厂价和统一消费者价两种战略的情况要大,因而其市场区边界也大。因为现有的生产者是根据利润标准确定其在每一个距离范围内的价格,并且不是像在实行统一出厂价和统一消费者价格情况下那样有一个既定的价格结构的价格水平,所以在价格歧视战略中利润要大。

根据需求法则,在价格歧视下的曲线走向,是其他两种价格战略曲线平均的结果。相对于统一出厂价格,在价格歧视条件下靠近生产地的消费者受损,距离生产地较远的消费者受益。因为价格歧视比其他两种战略给生产者带来的利润大,且企业只要拥有区域垄断就可以确定战略性的价格。

统一出厂价格(Unified Ex-factory Price)是指在一个集中的供给者面对分散的需求者的区域市场中,由于产品从产地运到需求地将产生运输费用,从而导致采购市场和销售市场上产品价格的差异。在这种情形下,区域垄断者为了保证每单位商品能获得一个不变的平均收益,制定一个既定的统一出厂价格(即离岸价 FOB),而由消费者承担除此以外的运输费用。由于离生产地越远,消费者所需承担的运输费用越高,从而导致消费者的需求持续下降。在消费者需求下降到零的临界点上,将形成区域市场的边界。

与其他垄断者一样,区域垄断者也面临着一条下降的需求曲线和边际收益曲线。实行统一出厂价格时,生产者会选择一个给他带来最大利润的平均收益。根据利润最大化原则,生产者的最佳产量位于边际收益曲线与边际成本相交的一点上,这一点相对应的生产者的平均收益即为最优的统一出厂价格。

统一消费者价格(Unified Consumer Price)是指在供给集中而需求分散的区域市场中,垄断生产者不管每个消费者距离的远近,对所有的消费者制定相同的价格,称为统一消费者价格(即到岸价 CIF)。与统一出厂价格不同,因为统一消费者价格实际上是将全部运输费用在所有的消费者之间平摊,所以距离较近的消费者承担的运输费用要比距离较远的消费者承担的运输费用多。

在这一价格战略中,垄断生产者确定统一的消费者价格使其利润最大化,所以,此时生产者的利润与统一出厂价格情形下相同。但由于生产者承担了运输成本,其平均收益随着消费者的距离增加而下降,导致生产者的供给也随着距离的增加而下降。在生产者的生产费用和平均收益相等的距离点上,生产者的供给量将下降为零,从而形成区域市场的边界。

参考文献:
陈秀山、张可云:《区域经济理论》,商务印书馆 2003 年版。
郭鸿懋:《城市空间经济学》,经济科学出版社 2002 年版。
白光润:《应用区位论》,科学出版社 2009 年版。
魏后凯:《现代区域经济学》,经济管理出版社 2006 年版。
[英]阿姆斯特朗、泰勒:《区域经济学与区域政策》,上海人民出版社 2007 年版。
[美]埃德加·M·胡佛:《区域经济学导论》,商务印书馆 1990 年版。
[瑞典] Tord F. Palander, *Beiträge zur Standortstheorie*, Stockholm: Almqvist & Wiksell, 1935.
[德]奥古斯特·勒施:《经济空间秩序:经济财货与地理间的关系》,商务印书馆 2010 年版。

(吴福象　王洪亮)

倒“U”型理论
Inverted-U Theory

在区域经济发展理论的演进过程中,理论界对区域经济发展将会导致中心与外围之间差异缩小还是扩大的问题上,区域经济发展的新古典均衡理论和非均衡的极化理论之间一直存在着意见分歧。而倒“U”型曲线理论则首次从实证角度,给出了区域经济发展的动态变化趋势的证据。

所谓区域经济发展的倒"U"型曲线,是指经济增长与区域平衡之间呈现出的倒"U"型曲线关系。这一观点是由威廉姆森(J. G. Williamson)于1965年发表的论文《区域不平衡与国家发展过程》(Regional Inequality and the Process of National Development)中提出的。威廉姆森利用英格兰东部长达110年的经济统计资料进行了分析,同时根据全世界24个国家的资料进行了剖面和时间序列分析,提出了倒"U"型理论,即在国家经济发展的早期阶段,区域间成长的差异将会扩大,则倾向不平衡增长;随着总体经济增长,区域间不平衡程度将趋于稳定;当经济进入成熟增长阶段后,区域间成长差异将逐渐缩小,则倾向均衡增长。

产生倒"U"型变动关系的原因在于,在工业化的过程中,由于各个地区之间的区位优势不同,资源禀赋不同,经济基础差异甚大,各种生产要素必然向平均利润率高的地区转移和积聚,导致区域之间经济发展水平差距拉大。当发达地区的工业化水平达到一定程度之后,由于发达地区生产要素价格的上涨,平均利润率降低,而欠发达地区的生产要素成本低的优势会逐步显现出来,加之政府的引导,生产要素会向欠发达地区转移,促进经济增长,缩小区域之间的发展差距。

威廉姆森的研究结果揭示了经济增长与区域发展不平衡之间的依存关系,为制定区域发展战略提供了理论依据。它调和了区域均衡发展与非均衡发展的两种对立观点,也说明了扩散效应和回流效应的强弱关系及渗透效应和极化效应的影响力大小。当扩散效应小于回流效应时会导致区域差距加大,造成不均衡增长;反之,当渗透效应强过极化效应时,区域差距会缩小,进入均衡发展过程。

参考文献:
陈秀山、张可云:《区域经济理论》,商务印书馆2003年版。
魏后凯:《现代区域经济学》,经济管理出版社2006年版。
[英]阿姆斯特朗、泰勒:《区域经济学与区域政策》,上海人民出版社2007年版。
[英]菲利普·麦卡恩:《城市与区域经济学》,格致出版社,上海人民出版社2010年版。
Williamson, J. G., Regional Inequality and the Process of National Development, *Economic Development and Cultural Change*, 14, 1965.

(张晔 邱晓东)

空间均衡
Spatial Equilibrium

空间均衡,作为一种空间经济活动的结果,不仅代表着一定地域范围内人与人、人与地之间的各种复杂关系,也代表着空间与空间之间的分工与协作的相互关系。由于各类空间的经济、资源、环境条件不同,因此空间上收入增长与生态保护的均衡点是不同的,这也意味着各地区可持续的经济社会增长方式和结构有着较大的差异。一些开发条件优越、生态约束较弱的地区,收入增长的空间配置份额可能要大于生态保护的份额;相反地,一些开发条件不足、生态约束较强的地区,生态保护的空间配置份额要大于收入增长份额。这就意味着,要保持经济活动的高速、持续增长,将尽可能多的经济社会活动配置在低成本(资源供给约束小)、高需求的空间,这样可以充分发挥有限的空间潜力,最大限度地发挥各地的经济潜力和优势,同时又能够维持生态保护和敏感空间以及发展的后备空间。由此可见,地区之间可以通过分工协作,实现成本最小化、收益最大化的收入增长和生态保护整体均衡。而空间尺度越大,收入增长和生态保护的份额的均等性越大。

因此,空间均衡正是基于地区经济、社会、资源、环境的长期差异性,既是通过空间供给能力与开发—保护的需求相匹配,实现空间收入增长与生态保护的协调,也是通过空间之间分工协作,形成经济社会开发和自然生态保护的物品及活动的最优空间配置,实现空间供需总体平衡与综合效益最大化的空间配置模式,是完全理性人在充分考虑经济、社会、环境的综合成本和效益的前提下的合理选择和规划解。

参考文献:
陈雯:《空间均衡的经济学分析》,商务印书馆2008年版。
郭鸿懋:《城市空间经济学》,经济科学出版社2002年版。
江曼琦:《城市空间结构优化的经济分析》,人民出版社2001年版。
[法]皮埃尔-菲利普·库姆斯、蒂里·迈耶、雅克-弗朗索瓦·蒂斯:《经济地理学:区域和国家一体化》,中国人民大学出版社2011年版。
[德]奥古斯特·勒施:《经济空间秩序:经济财货与地理间的关系》,商务印书馆2010年版。

(陈雯 孙伟)

区域空间结构理论
Regional Spatial Structure Theory

所谓区域空间结构,是指在一定的发展时期和条件下区域内各种经济组织进行空间分布与组合的结果。区域空间结构理论的演变主要有经典区位论、区域经济空间结构演化理论和新经济地理学理论。

空间结构理论是在古典区位理论基础上发展起来

的、总体的、动态的区位理论,是反映一定区域范围内社会经济各组成部分及其组合类型的空间相互作用和空间位置关系,以及反映这种关系的空间集聚规模和集聚程度的学说。该理论认为,任何一个国家或区域在不同的发展阶段都其有不同特点的空间结构形态和特征,为此完善、协调与区域自然基础相适应的空间结构对区域社会经济的发展具重要意义。该理论的主要论点是:社会经济各发展阶段的空间结构特征,合理集聚与最佳规模,区域经济增长与平衡发展间的倒"U"型相关,位置级差地租与以城市为中心的土地利用空间结构,城镇居民体系的空间形态,社会经济客体在空间的相互作用,"点—轴渐进式扩散"与"点—轴系统"等。空间结构理论在实践中可用来指导制定国土开发和区域发展战略,是地理学和区域科学的重要理论基础。

区域空间结构理论还认为,由于各种经济活动的经济技术特点及由此而决定的区位特征存在差异,它们在地理空间上所表现出的形态是不一样的。如工业、商业等表现为点状,交通、通讯等则表现为线状,农业多表现为面状。这些具有不同特质或经济意义的点、线、面依据其内在的经济技术联系和空间位置关系相互连接在一起,就形成了有特定功能的区域空间结构。区域空间结构可以从不同的角度来界定,一般是指一个地区各种要素的相对位置和空间分布形式。从经济活动角度定义,区域空间结构是由区域核心、网络系统和外围空间共同组成的。从广义角度理解,区域空间结构是由乡村地域和城镇地域共同组成的。

参考文献:
陈秀山、张可云:《区域经济理论》,商务印书馆 2003 年版。
陆大道:《区位论及区域研究方法》,科学出版社 1991 年版。
郭鸿懋:《城市空间经济学》,经济科学出版社 2002 年版。
张敦富:《区域经济开发研究》,中国轻工业出版社 1998 年版。
[德]奥古斯特·勒施:《经济空间秩序:经济财货与地理间的关系》,商务印书馆 2010 年版。
[英]阿姆斯特朗、泰勒:《区域经济学与区域政策》,上海人民出版社 2007 年版。

(吴福象　刘丹鹭)

网络式空间结构
Network-Based Spatial Structure

网络式空间结构是指在区域空间结构中通过交通、通信、信息传输等形成复杂的空间网络。在区域空间结构中,网络式空间结构实质上是在已有点、轴系统基础上的延伸,通过提高各节点间、各域面之间生产要素交流的广度和密度,点与点形成多路径的联系通道,最终形成纵横交错的交通、通信、动力供给网络的空间结构。

网络式空间结构作为区域经济和社会活动进行空间分布与组合的框架,一般适用于较发达地区或经济重心地区。网络式空间结构在其点轴式系统的发展过程中,位于轴线上的不同等级的点之间的联系会进一步加强,一个点可能与周围的多个点发生联系,以满足获取资源和要素、开拓市场的需要。相应地,在点与点之间,就会建设多路径的联系通道,并且形成纵横交错的交通、通信、动力供给网络。网络上的各个点,对周围农村地区的经济和社会发展产生很强的组织和带动作用,并通过网络而构成区域的增长中心体系。同时,网络沟通了区域内各地区之间的联系,在全区范围内传输各种资源和要素,进而构成了区域的网络空间结构。

此外,网络式空间结构作为区域经济和社会活动进行空间分布与组合的系统框架,依托网络空间结构能充分利用各种经济社会联系,整合区域内分散的资源、要素、企业、经济部门及地区组织,最终成为一个具有不同层次、功能各异、分工合作的区域经济系统。

参考文献:
陈秀山、张可云:《区域经济理论》,商务印书馆 2003 年版。
段进:《城市空间发展论》,江苏科学技术出版社 1999 年版。
郭鸿懋:《城市空间经济学》,经济科学出版社 2002 年版。
陆大道:《区位论及区域研究方法》,科学出版社 1991 年版。
[德]奥古斯特·勒施:《经济空间秩序:经济财货与地理间的关系》,商务印书馆 2010 年版。
[英]阿姆斯特朗、泰勒:《区域经济学与区域政策》,上海人民出版社 2007 年版。

(于成永　吴福象)

双核空间结构
Dual-Nuclei Spatial Structure

所谓双核空间结构,指由港口城市与区域中心城市及其连线所组成的空间结构,揭示两种不同功能的城市之间在区位和功能上的互补所形成的空间契合关系。比如,中国的北京—天津、济南—青岛、沈阳—大连;而全球最大的双核型空间结构是最大港口鹿特丹与杜伊斯堡之间的连线所形成的空间结构。双核型空间结构是一种特殊的港城关系，其主要具有三种基本类型：一是港口在市区之内；二是港口在市区之外；三是混合式，即一部分在市区之内，一部分在市区之外。

通常，双核式空间结构的形成，是在点轴式空间结构基础上形成的，同时也有可能在极核式空间结构的基础上发展起来。在区域经济发展的初期，虽然也出现了增长极，但是还存在一些其他的结点，这些结点也是经济活动相对集中的地方。增长极在发展过程中，将会对周围的点产生多种影响：其一，增长极需要从周围的点就近获得发展所需的资源、要素，客观上释放了这些点所蕴藏的经济增长潜力，使它们在向增长极提供资源和要素的同时增加了经济收益；其二，增长极在开发周围市场时也给周围的点输送了发展所需的生产资料和相应的生产技术，带去了新的信息、新的观念，这样就提高了它们原有的发展能力，刺激了它们的发展欲望，同时也给了它们发展的机会；其三，伴随着经济联系的增强，增长极与周围点的社会联系也会密切起来，带动和促进这些点的发展。

在增长极与周围点的交往中，必然产生越来越多的商品、人员、资金、技术和信息等运输要求。从供需关系看，意味着增长极与周围的点之间建立了互补关系。为了实现它们之间的互补性，就会加强建设连接它们的各种交通线路、通讯线路、动力供给线路等。这些线路的建成，不仅有利于增长极的形成和相关点的发展，也改善了沿线地区的区位条件，刺激了沿线地区的经济发展。区域的资源和要素在继续向增长极及相关点集聚的同时，也开始向沿线地区集中。于是，沿线地区逐渐发展成区域的经济活动密集区，变成区域发展所依托的轴线。

轴线形成后，位于轴线上的点将因发展条件的改善而加速发展。这时，会出现以下情况：增长极和轴线上点的规模不断增大，轴线的规模也随之扩大，它们又会向外进行经济和社会扩散，在新的地区与新的点之间再现上述点轴形成的过程。这样，在区域中形成了不同等级的点和轴线。它们相互连接构成了分布有序的点轴空间结构。在轴线的两个端点，就形成了双核式空间结构。

参考文献：

陆玉麒：《区域发展中的空间结构研究》，南京师范大学出版社1998年版。

陈秀山、张可云：《区域经济理论》，商务印书馆2003年版。

郭鸿懋：《城市空间经济学》，经济科学出版社2002年版。

[德]奥古斯特·勒施：《经济空间秩序：经济财货与地理间的关系》，商务印书馆2010年版。

[英]阿姆斯特朗、泰勒：《区域经济学与区域政策》，上海人民出版社2007年版。

（于成永　吴福象）

极核式空间结构

Polar Nuclei Spatial Structure

极核式空间结构是指区域资源和要素在增长极聚集的空间结构。由于各地区之间不同的资源禀赋，产生了经济活动的集聚点。当若干个集聚点的经济规模和居民规模明显超过其他点时，就形成了区域的增长极。增长极一经形成，由于其投资环境优于区域中的其他地方，投资收益率高，发展机会多，对周围地区的资金、劳动力、技术等要素产生巨大的吸引力，就产生区域要素极化过程。在经济活动的极化过程中，区域的资源和要素不断向增长极集聚，与周边的地区形成明显的差异，因此也形成了极核式空间结构。

在区域发展的早期，虽然内部的经济发展水平差异不很显著，但是各地区之间的资源禀赋并不相同。同时，由于区位条件不一样，一些在空间分布上有集聚需求的经济部门及组织就会选择区位条件相对好的地方作为发展场所。这样，便产生了经济活动的集聚地，即通常所说的极点。假定区域中已经形成了若干个经济活动集聚的点，这些点在经济活动的行业构成、经济发展的资源基础、区位条件等方面必然存在着差别，因此，它们的发展潜力与可依赖的现实基础，往往是不相同的，从而决定了它们之间的经济发展将出现快慢之分。这是一种经济发展的自然结果。在这样的背景下，如果有个别的经济发展比较好的点，得到了良好的发展机遇，如区域行政机关设立于此或开辟了通往区外的交通线路，则经济发展将步入"快车道"，在若干个点中异军突起实现经济快速增长，最终它发展到经济规模和居民点规模都明显超过其他点时，便成了区域的增长极。

增长极一经形成，就会对区域内的经济活动分布格局产生重大影响。由于增长极的投资环境优于区域中的其他地方，投资的收益率高，发展的机会多，因此会对周围地区的资金、劳动力、技术等要素产生越来越大的吸引力。这些要素为追求高收益和寻找更好的发展机会而向增长极集聚。它们的集聚必然伴随区域内各种自然和人文资源的集聚，产生区域要素流动的极化过程。在极化过程中，区域的资源和要素不断向增长极集聚，各种经济组织、社会组织和人口也向增长极集中，从而导致区域的空间分异。从发展水平观察，增长极的经济和社会发展水平都比其他地方高出许多，二者之间形成明显的发展差异。该增长极就变成了区域经济和社会活动的极核，对其他地方的经济和社会发展产生着主导作用。

参考文献：
陈秀山、张可云：《区域经济理论》，商务印书馆 2003 年版。
郭鸿懋：《城市空间经济学》，经济科学出版社 2002 年版。
白光润：《应用区位论》，科学出版社 2009 年版。
魏后凯：《现代区域经济学》，经济管理出版社 2006 年版。
安虎森：《区域经济学通论》，经济科学出版社 2004 年版。
张秀生、卫鹏鹏：《区域经济理论》，武汉大学出版社 2005 年版。

（于成永　吴福象）

空间相互作用
Spatial Interaction

空间相互作用是起点到目的地之间人员、货物或信息的转移。从地理空间角度来看，它是区域需求与供给之间的关系。空间相互作用包括多种形式，如出差、移民、出境旅游信息或资本的流动、国际贸易及货运集散等，由此产生的相互效应就称之为空间相互作用效应。空间相互作用效应可以理解为事物在普遍的相互作用中所实现的时空转化中的信息凝结效应，并进而导致时间的空间化和空间的时间化，其理论基础主要有中心—外围理论、空间扩散效应、相互作用理论、城市整合发展理论等。

客观地讲，作为城市之间、城市和区域之间不断进行的物质、能量、人员和信息交流方式的空间相互作用无处不在。为了保障生产、生活的正常运行，城市之间、城市和区域之间不断进行着的物质、能量、人员和信息的交换，称为空间相互作用。正是这种相互作用，才把空间上彼此分离的城市结合为具有一定结构和功能的有机整体。

1972 年，哈格特（P. Haggett）借用物理学中热传递的三种方式，把空间相互作用的形式，细分为对流、传导和辐射三种类型：一是以物质和人的移动为特征。比如，产品、原材料在生产地和消费地之间的运输，邮件和包裹的输送以及人口的移动等；二是各种各样的交易过程，其特点是不通过具体的物质流动来实现，而只是通过簿记程序来完成，表现为货币流；三是信息的流动和创新（新思维、新技术）的扩散等。

关于空间相互作用产生的条件，1957 年美国学者厄尔曼（E. Ullman）认为主要有三个：

一是互补性。最初人们认为地区间的职能差异是产生相互作用的条件，后来发现，这个假设并不充分，因为并非任何地方彼此之间都存在着相互作用。厄尔曼认为，从供需关系角度出发，两地间的相互作用需要有这样一个前提条件，即它们之中的一个有某种东西提供，而另一个对此种东西恰有需求，这时才能实现两地间的作用过程。厄尔曼称这种关系为互补性（Complementarity）。正是这种特殊的互补性，构成了空间相互作用的基础。厄尔曼提出的互补性侧重于两地间的贸易关系，互补性越大，两地间的流动量也越大。

二是干预机会（Intervention Opportunity）。如果说由于两地间的互补性导致了货物、人口和信息的移动和流通，但是也可能存在以下情况：即当货物在 A 和 B 两地间运输时，两地间介入了另一个能够提供或消费货物的 C 地，从而产生所谓的干预机会（Intervening Opportunities），并引起货物运输原定起始点的替换，这时即使 A 和 B 两地间存在互补性，相互作用也难以产生。实际上，与其说干预机会是产生相互作用的条件，不如说是改变原有空间相互作用格局的因素。一般说来，干预机会起两种作用：首先，可以节省运输费用，这是商品流通的一个显著要求。假设 B 地和 C 地提供同一商品给 A 地，如果 C 地与 A 地间的距离较 B 地与 A 地间的距离更近些，C 地就能起干预机会的作用。货物由 C 地运往 A 地的费用将比由 B 地运往 A 地便宜，结果 C 地的这项货物在 A 地的价格就将下降而富有销路。其次，干预机会具有影响运输，特别是影响人口移动的过滤器作用，它导致地点上的置换，减少了长距离的空间相互作用。

三是可运输性（Transportability）。尽管当代的交通运输和通讯工具已经十分发达，距离因素仍然是影响货物和人口移动的重要因素。距离影响运输时间的长短和运费。距离越长产生相互作用的阻力越大。如果两地间的距离过长，克服距离过长的成本超过了可接受的程度，那么，即使两地间存在某种互补性，空间相互作用也不会发生。所以，距离的摩擦效果导致空间组织中的距离衰减规律（Rule of Distance Decay）。不同的货物对距离的敏感性也不同，这和它们的可运输性有关。一般而言，货物的可运输性是由单位重量的价值所决定的。单位重量价值低的货物运输距离较短，单位重量价值高的货物运输距离较长。可运输性除了对货物的运输有影响外，对人的购物出行也有显著影响。人们通常跑较少的路购买价值低的货物，跑较多的路得到价值高的货物，从而促成商业中心等级体系的出现。不过，货物的可运输性会随着时间而变化。这主要是受到运输工具改革、生产发展和资源减少等因素的影响。

由于厄尔曼提出空间相互作用的三个条件是在 1957 年，因而对物质流的讨论较多。事实上，相比较而言，他对货币流和信息流的讨论较少，由产业组织的演变对空间相互作用产生的影响也未提及。例如，货币的流动受距离衰减规律的影响较小，在通讯手段高度发达、全球金融网络业已形成的今天，国际金融业务可以24小时运转。随着经济与社会的发展,货币流和信息流在空间相互作用中的地位将日益重要,因此有必要进一步研究它们独自的特点。

参考文献:
安虎森:《空间经济学原理》,经济科学出版社2005年版。
[日]藤田昌久、[美]保罗·克鲁格曼、[英]安东尼·J·维纳布尔斯:《空间经济学:城市、区域与国际贸易》,中国人民大学出版社2005年版。
[日]藤田昌久、[比]蒂斯:《集聚经济学》,西南财经大学出版社2004年版。
[法]皮埃尔-菲利普·库姆斯、蒂里·迈耶、雅克-弗朗索瓦·蒂斯:《经济地理学:区域和国家一体化》,中国人民大学出版社2011年版。
赵伟、[日]藤田昌久、郑小平:《空间经济学:理论与实证新进展》,浙江大学出版社2009年版。
Baldwin, Richard et al., *Economic Geography and Public Policy*, Princeton University Press, 2003.
Ullman E., *American Commodity Flow*, Seattle: University of Washington Press, 1957.

(蒋天颖　肖伊甸)

本地市场效应
Home Market Effect

在空间经济学理论体系中,本地市场效应是指,垄断型企业具有选择市场规模较大的区位进行生产并向规模较小的市场区出售其产品的行为偏好。这样,如果某种外生冲击改变原有需求的空间分布,扩大了某一区域的需求,则大量的企业将改变原来的区位,向该区域集中。

例如,在C-P模型中,

$$\frac{dS_H}{d\varepsilon}=\mu\frac{1+a\sigma+(1-a\sigma)(\phi/\phi^B)}{(1-a^2\sigma^2)(1-\phi/\phi^B)}$$

可以用来表示本地市场放大效应,ε是设定的参数,可以外生地扩大特定市场规模。$\frac{dS_H}{d\varepsilon}$作为反映区内市场循环累积效应的导数,度量随着特定市场规模的扩大而发生的产业活动向其迁移的量。其值>1,表明随贸易自由度的变大而变大。

不过,在区域经济实践中,本地市场效应还可以指向扩展效应(Expansion Effect)。主要表现在以下几个方面:

第一是使经济不发达的低梯度地区的初级产品和初级产业得到发展。随着高梯度地区的发展将会扩大对经济不发达低梯度地区的原材料与初级产品的购买量,如果区域间产业结构形成了投入产出相互衔接的互补型关系,高梯度地区的产业为自己建立原材料与初级产品基地,常常会进行相应的投资与技术转移。这种投资与转移随着高梯度地区的经济发展与资本积累的充裕而增加。因此,高梯度地区产业的发展会促使经济不发达的低梯度地区的相应发展。

第二是产业变迁与转移在动态发展中丧失比较效益,或因过度集聚而不经济的产业会逐步向经济不发达的低梯度地区转移。例如,简单劳动密集型产业向外扩散。随着高梯度地区的产业部门由创新阶段演进为成熟和衰退阶段,便由技术密集型转为劳动密集型,并向低梯度地区转移,产生所谓"外流"现象。

第三是经济不发达的低梯度地区旅游业等第三产业得到发展,高梯度地区税收增加,国家通过税收支持落后地区发展。

第四是一些污染严重的产业"外流"或分散到经济不发达的低梯度地区。此种情况下,扩散效应首先在一些相对条件较好的交通线上或点上起作用,形成一批中小城镇。它们达到一定规模之后,在规模经济、集聚经济及乘数效应的作用下也会不断扩大,甚至有形成新城市的可能(形成点—轴系统)。

通常,本地市场效应与极化效应、回程效应的关系较为密切。首先,极化效应、扩展效应和回程效应,共同制约着地区生产分布的集中与分散状况。极化效应的作用结果会使生产进一步向条件好的地区集中;扩展效应会促使生产向其周围条件不好的地区扩散;回程效应的作用则是削弱条件不好地区,促使发达地区进一步发展。其次,扩展效应的对偶效应是极化效应,它会促使生产向其周围的低梯度地区扩散,对周围地区的经济发展产生带动作用。而在这些效应发挥作用的背后,都存在着本地市场放大效应的内在作用。

参考文献:
安虎森:《空间经济学原理》,经济科学出版社2005年版。
[日]藤田昌久、[美]保罗·克鲁格曼、[英]安东尼·J·维纳布尔斯:《空间经济学:城市、区域与国际贸易》,中国人民大学出版社2005年版。
[日]藤田昌久、[比]蒂斯:《集聚经济学》,西南财经大学出版社2004年版。
[法]皮埃尔-菲利普·库姆斯、蒂里·迈耶、雅克-弗朗索瓦·蒂斯:《经济地理学:区域和国家一体化》,中国人民大学出版社2011年版。
赵伟、[日]藤田昌久、郑小平:《空间经济学:理论与实证新进展》,浙江大学出版社2009年版。
Baldwin, Richard et al., *Economic Geography and Public Policy*, Princeton University Press, 2003.

(吴福象　董也琳)

循环累积因果关系
Circular and Cumulative Causality

累积因果理论由著名经济学家缪尔达尔在1957年提出，后经卡尔多、迪克逊和瑟尔沃尔等人发展并具体化为模型。缪尔达尔等人认为，在一个动态的社会过程中社会经济各因素之间存在着循环累积的因果关系。某一因素的变化，会引起另一社会经济因素的变化，后一因素的变化反过来又加强了前一因素的变化，导致社会经济过程沿着最初那个因素变化的方向发展，形成累积性的循环发展趋势。在空间上，就好像是缪尔达尔(Myrdal)的循环累积因果关系(Circular and Cumulative Causation)过程，当经济上处于劣势的外围地区的居民希望持有中心地区发行的流动性更强的资产时，会进一步降低外围地区资产的流动性。

垄断型企业选择市场规模较大的区位进行生产并向规模较小的市场区位出售其产品，称为本地市场放大效应。企业的集中对当地居民生活成本的影响称为价格指数效应，这两者促进企业的空间集聚。本地市场效应和价格指数效应再加上人口流动，就形成了循环累积因果关系或“前后向联系”。

循环因果链包括成本关联和需求关联的循环。成本关联是指人口转移导致生产活动的转移，生产活动集中在某种程度上降低了价格指数，价格指数的降低进一步激励人口向特定地区转移。需求关联指人口转移导致消费支出的转移，消费支出的转移导致生产活动的转移，生产活动的转移又激励人口的转移。

从源头上讲，循环累积因果理论最早起源于佩鲁的增长极理论。一方面，它阐述了增长极对自身和其他地区发展的积极作用，但另一方面，却忽视了增长极对其他地区发展的消极影响。在缪尔达尔提出了“地理上的二元经济”结构理论之后，利用扩散效应和回波效应概念，则很容易阐释经济发达地区优先发展对其他落后地区的促进作用和不利影响。

缪尔达尔在批判新古典主义经济发展理论所采用的传统静态均衡分析方法的基础上，认为市场机制能自发调节资源配置，从而使各地区的经济得到均衡发展，这不符合发展中国家的实际。事实上，长期信奉市场机制的发达国家也没有实现地区的均衡发展。于是，缪尔达尔提出，应采用动态非均衡和结构主义分析方法来研究发展中国家的地区发展问题。缪尔达尔认为，市场力的作用一般倾向于增加而非减少地区间的不平衡，地区间发展不平衡使得某些地区发展要快一些，而另一些地区发展则相对较慢，一旦某些地区由于初始优势而超前于别的地区获得发展，那么这种发展优势将保持下去。因此，那些发展快的地区将会发展得更快，发展慢的地区将发展得更慢，这就是循环累积因果原理。这一原理的作用就导致“地理上的二元经济”结构的形成。

缪尔达尔用循环累积因果关系解释了“地理上二元经济”的消除问题，认为循环累积因果关系对地区经济发展产生两种效应：一是回波效应，即劳动力、资金、技术等生产要素收益差异的影响，由落后地区向发达地区流动。回波效应将导致地区间发展差距的进一步扩大。二是由于回波效应的作用往往并不是无节制的，地区间发展差距的扩大也是有限度的，当发达地区发展到一定程度后，由于人口稠密、交通拥挤、污染严重、资本过剩，自然资源相对不足等原因，使其生产成本上升，外部经济效益逐渐变小，从而减弱了经济增长的势头。这时发达地区生产规模的进一步扩大将变得不经济，资本、劳动力、技术就自然而然地向落后地区扩散，缪尔达尔把这一过程称之为扩散效应。扩散效应有助于落后地区的发展。缪尔达尔还认为，发达地区经济增长的减速会使社会增加对不发达地区产品的需求，从而刺激这些地区经济的发展，进而导致落后地区与发达地区发展差距的缩小。

在缪尔达尔之后，卡尔多又对循环累积因果理论予以发展。卡尔多提出了效率工资概念，并用以解释循环累积效应的形成。卡尔多指出，各地区的效率工资即货币工资与生产率的比值的大小，决定了各地区的经济增长趋势。效率工资低的地区，经济增长率高；效率工资高的地区，经济增长率低。从理论上来讲，一国内各地区的效率工资应该相同。但在繁荣地区，由于经济聚集引致规模报酬递增，生产率较高，降低了效率工资，因而经济增长率高。经济增长率的提高又提高了生产率，进而又降低了效率工资，反过来，又使经济增长率提高。如此循环累积，繁荣地区将更加繁荣，落后地区将更加落后。

繁荣地区经济的过度繁荣也会出现集聚不经济，即规模报酬递减。若繁荣地区的高生产率被高货币工资所抵消，当货币工资增长率高于生产率增长率时，繁荣地区的效率工资将得以提高，这样繁荣地区的增长率将下降，落后地区的增长率将相对提高，区域发展差距趋于缩小。要促进区域经济的协调发展，政府必须进行有效干预。这一理论对于中国这样一个发展中国家解决区域经济发展不平衡问题具有重要的指导作用。

参考文献：

安虎森：《空间经济学原理》，经济科学出版社2005年版。

[日]藤田昌久、[美]保罗·克鲁格曼、[英]安东尼·J·维纳布尔斯：《空间经济学：城市、区域与国际贸易》，中国人民大学出版社2005年版。

[日]藤田昌久、[比]蒂斯：《集聚经济学》，西南财经大学出版社2004年版。

[法]皮埃尔-菲利普·库姆斯、蒂里·迈耶、雅克-

弗朗索瓦·蒂斯:《经济地理学:区域和国家一体化》,中国人民大学出版社 2011 年版。

赵伟、[日]藤田昌久、郑小平:《空间经济学:理论与实证新进展》,浙江大学出版社 2009 年版。

Baldwin, Richard et al., *Economic Geography and Public Policy*, Princeton University Press, 2003.

（于成永　吴福象）

区位因子

Location Factor

区位因子是指决定区位主体分布状态的原因,也就是经济活动在某个或某些特定点上而不是其他点上发生的原因即其所具有的优势。韦伯最早提出了区位因子(Standort Factor)的概念,他认为某种经济活动发生特定地点的区位优势是在该地点进行这种产品生产能够使费用降到最低。不同的经济学家对区位因子的称谓有所不同,哈特向与格林哈特把它叫做区位因素(Location Factors),而艾萨德用区位力量(Locational Forces)来表示相类似的含义。区位因子不仅包括能够用货币来度量的价值标准,而且还包括无法用货币来测度的非经济因子,如格林哈特在《工厂区位》一书中提出的纯粹个人因子(Purely Personal Factors)。

韦伯在其工业区位理论中把影响经济活动的区位因子划分为七大类:第一大类是自然因子。主要指自然资源与自然条件,包括气候、土壤、水力、动力、矿产原料、植被、森林等。第二大类是市场因子。包括最终产品、原材料及半成品在内的所有商品的销售市场与生产场所。第三大类是运输因子。主要指反映货物运输和人员往来便利程度的交通工具,交通线路及港站、枢纽等的设备情况以及运输能力的大小、送达速度的快慢、运费率的高低以及中转环节的多少等运输状况。第四大类是劳动力因子。劳动力的概念与人口概念密切相关。劳动力因子主要包括劳动力的数量、劳动力的素质以及劳动力的价格三个方面。其中劳动力素质综合反映了劳动力的体能、劳动技能以及科学文化水平等。生产力水平以及科技文化水平是制定劳动力素质衡量的标准的前提条件。第五大类是集聚因子。产业集中与分散是经济区位形成过程的两个方面,产业集中是几个产业向同一区域聚集的过程,产业分散是一定区域内的产业向更大地域范围扩散的过程。在合理的范围内,两个过程都能产生较好的经济效果。第六大类是社会因子。例如,国际政治环境、国家法律法规、国防安全、管理体制、产业政策、规划计划、资本状况等。第七大类是行为因子。主要是指生产者、消费者、决策者等行为主体的主观因素在企业区位选择过程中的作用。这与特定的文化习惯、科学文化水平以及社会心理定势等密切相关。

韦伯的工业区位论认为区位因子体系包含三个方面:第一,根据区位因子的作用范围不同,可将其分为一般区位因子及特殊区位因子。一般区位因子对所有的产业都会产生影响,如地租、劳动力成本、运输成本等;特殊区位因子只与特定工业有关,如地质条件与气候等。第二,根据区位因子的空间作用性质不同,可将其分为区域性因子、集聚因子和分散因子。所谓区域性因子,是指促使工业企业布局于特定地点的因子,比如水资源、矿产资源等。集聚因子是指生产在某特定区域集中能够降低生产成本的因子。分散因子是指对抗工业过分集中的因子,如运费增加、地价上升等。第三,区位因子因种类与特性的不同可分为自然技术因子与社会文化因子。自然技术因子包括劳动力技术水平、自然资源以及自然条件等;社会文化因子包括居民的消费水平、消费习惯,以及地区间利息差异等。在该分析框架中,价格和成本是韦伯的理论关注的核心。韦伯认为,区位应选在费用最小的地方。为此,经过反复推导与筛选韦伯从众多的区位因子中选择了费用、劳动费以及集聚(分散)作为一般区位因子,因为它们在最小费用目标下对区位的选择起决定性作用。

参考文献:

[德]阿尔弗雷德·韦伯:《工业区位论》,商务印书馆 2010 年版。

[美]埃德加·M·胡佛:《区域经济学导论》,商务印书馆 1990 年版。

[德]克里斯泰勒:《德国南部中心地原理》,商务印书馆 1995 年版。

[德]奥古斯特·勒施:《经济空间秩序:经济财货与地理间的关系》,商务印书馆 2010 年版。

Launhardt, W., Mathematische Begründung der Volkswirtschaftslehre, 1885.

Hartshorne R., Location as a Factor in Geography, *Annals of the Association of American Geographers*, 1927, 10.

Isard W., *Location and Space-Economy: A General Theory Relating to Industrial Location, Market Areas, Land Use, Trade, Urban Structure*, New York: John Wiley & Sons, 1956.

（于成永　刘小静）

区位指向理论

Location-orientated Theory

所谓区位指向理论是指以经济行为主体进行空间选择与从事经济活动的企业之间的空间组合为对象进行研究的理论。一般可根据研究对象的不同,将其分为以杜能的理论为代表的农业区位论、以韦伯的理论为代表的工业区位论以及以克里斯泰勒中心地理论为代表的商业服务区位论三大类。

韦伯的工业区位论指出，企业经济活动的区位指向深受其所处空间分布着的各类区位因子的影响。这里的经济活动既包括生产活动、流通活动也包括消费活动等，其中最基本的是生产活动。

经济活动的区位指向本质上是所有区位因子共同发挥作用所形成的合力。不同因子在不同的产业、不同的经济活动中对区位指向合力的作用不同，有些起主导作用，有些起次要作用。起主导作用因子往往决定了经济活动的区位指向。常见的有以下几种情况：

自然资源与自然条件指向。典型的就是农业和采矿业，前者对自然条件依赖性较大，后者对自然资源的依赖性较强，因此，它们的区位指向是自然资源与自然条件指向。如粮食生产基地、能源重化工基地及石油生产基地等。

燃料动力指向。一般高耗能产业的区位指向，大都是属于这类，包括铝、镁、钛等有色金属的精练，火电站，稀有金属生产，电冶合金，石油化工以及合成橡胶生产等。比如建火电站、有色冶金基地建在水电站附近等。

原料地指向。另外一些物耗高的产业多位原料地指向产业，包括建材、化纤、钢铁、有色金属粗炼、重型机械制造、森林工业、制糖、罐头、水产加工、乳肉加工及对棉花、茶叶、毛皮等的初加工等。

市场指向。消费服务业的区位指向一般就是市场指向，如食品、服装以及第三产业等。并且大多集中于大城市或者超大城市。

劳动力指向。像纺织、缝纫、制鞋、制药、烟草、塑料制品等劳动力需求量大的产业，其区位指向一般是劳动力指向，企业建在劳动力资源丰富且劳动力价格低廉的地区；其他如新型材料、微电子、电子、宇航等高科技产业则指向劳动力素质非常高的地区。

交通枢纽指向。有些产业需要发达的运输系统，因此它们多分布在综合运输枢纽、铁路枢纽、河港、海港、航空港附近，其区位指向属于交通枢纽指向。“临河型”、“临海型”及“临空型”等布局类型也由此产生。典型的产业有汽车制造业、造船业以及炼油业等。

参考文献：

[德]阿尔弗雷德·韦伯：《工业区位论》，商务印书馆2010年版。

[美]埃德加·M·胡佛：《区域经济学导论》，商务印书馆1990年版。

[德]克里斯泰勒：《德国南部中心地原理》，商务印书馆1995年版。

[德]奥古斯特·勒施：《经济空间秩序：经济财货与地理间的关系》，商务印书馆2010年版。

[英]阿姆斯特朗、泰勒：《区域经济学与区域政策》，上海人民出版社2007年版。

（蒋天颖　刘小静）

运费指向性

Freight Directivity

在韦伯的工业区位理论体系中，运费指向性，是指企业为了最大限度地降低成本，一般寻求运费最低的地点，工厂偏向运输费用最低的区位。“指向”是指某种因素对某企业具有特殊的吸引力，使企业被吸引到某个区位上。由于不同企业在原材料、劳动力、技术设备、生产工艺和销售市场等方面存在明显差别，这使企业在选择布局地点时，表现出一定的指向性，其中运输费用指向就是比较重要的一种形式。

运费指向性最早是由韦伯提出来的。韦伯认为工业企业的区位因子，也即区位选择的要素（主要包括运费、劳动力、聚集等），是影响企业选择布局的主要因素。从经济意义上说，企业为了使成本和运费最低，必须将其场所放在生产和流通上最节约的地点。运费指向论是在给定原料产地和消费地条件下，如何确定仅考虑运费的工厂区位，即运费最小的区位，亦称最小费用法则。

由于运费主要取决于货物重量和运距，而其他因素如运输方式、货物的性质等都可以换算为重量和距离，且货物运输重量主要来源于原料（包括燃料）以及最终产品的重量。因此，运费指向论也就是主要指使用原料指数（Material Index）判断工业区位指向。其中原料指数为产品重量与局地原料重量之比，即原料指数（MI）= 局地原料重量/产品重量。根据韦伯的最小费用原理：MI > 1 时，工厂区位在原料地；MI = 1 时，工厂区位在原料地、消费地均可；MI < 1 时，工厂区位在消费地。由此可见，原料指数表明生产一个单位产品时需要多少重要的局地原料，而在整个工业生产与分配中，需要运送的总重量为最终产品和局地原料重量之和，由此可定义每单位产品需要运送的总重量为区位重（区位重（LW）=（局地原料重量 + 产品重量）/产品重量）。一般地说，具有高区位重的工业会被引向原料地，低区位重的工业会被引向消费地。

由于韦伯运费指向性理论仅考虑最小费用法则，因而缺乏实用性，对此学者不断加以改进。如胡佛、艾萨德等认为原料或产品易碎、易腐、易爆情况，产品加工后过大过重难以运输等也是影响企业的区位选择的主要因素，企业最优选址原则：一是在考虑产地、燃料产地和消费市场等多个点情况下，如果有一个点的换算重量比值超过其他各点之和，那么企业的最优区位应在这一点上；二是如果各点的换算重量比值超过其他各点之和，那么企业应按照运输网分布的特点以不同原则确定最优选址。

运费最小区位(Freight Minimum Location)是韦伯工业区位论中重要的研究结论之一,其核心问题是,如果只把运输费用作为企业地域性因子进行研究,在原料产地和消费地给定的情况下,企业的区位该如何确定。他将工业生产与分发中的运输重量分为原料(包括燃料)和最终产品的重量,并提出原料指数、区位重量、综合等费用线的概念研究运费与工业区位选择的关系。其中,原料按空间分布状况可分为遍在原料和局地原料。遍在原料是分布广泛,没有稀缺性的原料,如阳光、空气、水等;局地原料是存在于特定地点的原料,如煤炭、石油、天然气等。局地原料根据生产时的重量转换状况的不同,又可分为纯原料和失重原料。原料指数是产品重量与局地原料重量之比,即生产单位产品需要的局地原料量。区位重量是整个工业生产与分配过程中需要运送的总重量,等于生产每单位产品需要运送的最终产品和局地原料的重量之和。综合等费用线是运费相等点的连线。

韦伯的运费最小区位论认为,在生产工艺不可分割并且消费地和局地原料地只有一个的条件下,如果只使用遍在性原料,说明在产品消费地布局要比在原料地布局的运费低,那么企业的区位选择更倾向于消费地指向;若只使用失重性原料,在原料地布局比在产品消费地布局的运费低,那么企业的区位选择更倾向于原料地指向;若只使用纯原料,在原料地和消费地或者两者之间的任何其运费都相同,那么企业的区位选择属于自由指向性区位。

在生产工艺不可分割,消费地或原料地分散的情况下,由于企业区位选择不能只考虑原料指数,为此韦伯采用力学中的"范力农架构"对企业区位进行求解。韦伯研究指出,当原料地为多个(包括两个),原料地与市场分布在不同的点上时,则区位图形是一个多边形(包括三角形),工业区位在多边形的重力中心。

韦伯的运费最小区位论为工业区位理论的发展完善奠定了基础,当然也有明显缺陷,一方面,实际运费的构成远比韦伯提出的设想复杂。例如,由于现代运输业的兴起,运费更多的是由交通运输网络或运输枢纽决定,而不是根据韦伯使用的"范力农架构"求解出来的。另一方面,韦伯对运费最小区位的研究属于局部均衡研究,主要考虑单个企业的运输成本,没有涉及整个工业的研究。

尽管韦伯的运费最小区位论有很多不足,工业区位论也存在诸多缺陷,但是这并不影响他作为近代区位理论奠基人的地位。

参考文献:

[德]阿尔弗雷德·韦伯:《工业区位论》,商务印书馆 2010 年版。

[美]埃德加·M·胡佛:《区域经济学导论》,商务印书馆 1990 年版。

[德]克里斯泰勒:《德国南部中心地原理》,商务印书馆 1995 年版。

[德]奥古斯特·勒施:《经济空间秩序:经济财货与地理间的关系》,商务印书馆 2010 年版。

周起业:《区域经济学》,中国人民大学出版社 1989 年版。

陈振汉:《工业区位理论》,人民出版社 1982 年版。

李小建、李国平、曾刚等:《经济地理学》,高等教育出版社 2006 年版。

杨云彦:《区域经济学》,中国财政经济出版社 2004 年版。

Isard W., *Location and Space-Economy: A General Theory Relating to Industrial Location, Market Areas, Land Use, Trade, Urban Structure*, New York: John Wiley & Sons, 1956.

(万伦来 刘小静)

劳动力成本指向
Labor Cost Directivity

在一般经济术语中,工业的劳动力成本是指赋予特定生产过程的劳动支出,通常是以工资的形式出现。韦伯则从工业区位选择的视角研究指出,劳动力成本是每单位产品的工资,可以产品的"重量单位"计量,不仅能反映工资水平,同时也能体现劳动能力的差距,进而提出了劳动力成本指向论断。韦伯认为若节约劳动力成本大于因偏离运费最低点而增加的运输费用,则工业区位由运费指向转为劳动力成本指向。

为了进一步揭示劳动力成本指向的本质特征,韦伯引入了诸如劳动力成本指数、劳动力系数等进行研究分析。劳动力成本指数是指每单位重量产品的平均劳动力成本,而劳动力系数是指每单位区位重量的劳动力成本。工业区位选择不仅受到劳动力成本指数的影响,而且也受到劳动力系数的影响。如果某行业的劳动力成本指数较高,则最小运费区位转向廉价劳动力区域的可能性较大;如果某行业的劳动力系数大,则表示远离运费最小区位的可能性较大,即企业更向廉价劳动力地域集中。

劳动力成本指向工业区位选择不仅受到劳动力成本指数、劳动力系数的重要影响,而且也受到人口密度、运费率等环境条件的影响。一般地,人口密度低地区的劳动力密度也低,劳动力成本差别不大,这些地区工业区位倾向于运费指向,反之则倾向于劳动力成本指向。此外,运费率的高低能够决定工业区位的转向,如果运费率较低,即使远离运费最小地点也不至于增加很多运费,则倾向于运费最小区位。

此外,在劳动力成本指向论中,韦伯还论述了技术进步对区位指向的影响。他认为改进运输工具会降低运费率,则更倾向于劳动费供给地指向。随着机械化程度的提高,劳动生产率将不断提高,这使得每单位区位重量的劳动力成本下降,从而导致劳动力指向的工业不断向运输指向的工业转换。

参考文献:
[德]阿尔弗雷德·韦伯:《工业区位论》,商务印书馆2010年版。
[美]埃德加·M·胡佛:《区域经济学导论》,商务印书馆1990年版。
[德]克里斯泰勒:《德国南部中心地原理》,商务印书馆1995年版。
[德]奥古斯特·勒施:《经济空间秩序:经济财货与地理间的关系》,商务印书馆2010年版。
[英]阿姆斯特朗、泰勒:《区域经济学与区域政策》,上海人民出版社2007年版。
李小建、李国平、曾刚等:《经济地理学》,高等教育出版社2006年版。
杨云彦:《区域经济学》,中国财政经济出版社2004年版。

(万伦来　刘小静)

利润最大化区位理论
The Profit Maximization Location Theory

以廖什为代表的市场区位理论,在传统区位论的基础上,从不完全竞争角度研究一般均衡工业区位理论,系统地论述了利润最大化区位理论。廖什等研究认为,按照利润最大化原则,企业最佳区位应是收入和费用的差最大点,即利润最大化点。他们把利润最大化原则同产品的销售范围联系在一起,认为一个经济个体的区位选择不仅受其他相关经济个体的影响,也受消费者、供给者的影响。

企业区位的均衡取决于两个基本因素,即对于个别经济单位而言,是追求利润最大化,而对整个经济来说,是独立经济单位数最大化,且后者是来自外部竞争的作用,前者是内部经营努力的结果。这就是说,个别经济单位如企业生产者会把自己的生产区位选择在能够得到最大利润的地点,而消费者将自己的消费空间选择在价格最便宜的区位点。但对整个经济而言通常存在许多竞争,当新的竞争中加入市场时,各经济单位所占有的空间会缩小到各自利益消失点,这样经济整体内部存在两个力的作用,一个是对空间的获取,另一个是其他经济单位对空间的再争夺,各方的动机都是追求利润最大化。

综上所述,利润最大化区位理论从市场需求、规模经济和交通成本三大因子出发,不仅将传统区位理论从单纯生产拓展到市场,而且也将传统区位理论从单个厂商扩展到了整个产业,这对区位理论的发展和完善具有重要意义。但也存在一些不足,如对空间的费用差异考虑不足,认为最佳区位点是由收入和费用这两因子所决定的也与现实不大相符。

参考文献:
[德]阿尔弗雷德·韦伯:《工业区位论》,商务印书馆2010年版。
[美]埃德加·M·胡佛:《区域经济学导论》,商务印书馆1990年版。
[德]克里斯泰勒:《德国南部中心地原理》,商务印书馆1995年版。
[德]奥古斯特·勒施:《经济空间秩序:经济财货与地理间的关系》,商务印书馆2010年版。

(万伦来　刘小静)

冰山贸易成本
Iceberg Trade Cost

冰山贸易成本最早由萨缪尔森(Samuelson,1954)提出,是指区际贸易或国际贸易中产生的运输成本。在不存在关税等其他贸易摩擦的前提下,冰山贸易成本就是唯一的贸易成本。为了能更好地在理论模型中处理运输成本,萨缪尔森提出商品在起运地有a个单位(a大于1),但是经过运输到达目的地后只剩下1个单位的商品,运输成本就是(a-1)。将(a-1)这一运输成本被称为冰山贸易成本的原因是这种设定用商品本身的一部分来表示运输成本,这就类似于冰山在移动过程中会不断融化,融化的这部分就是运输成本。

这种设定的方便之处在于:一方面,经济模型中不需要采取其他复杂方式来衡量运输成本,例如不需要引入运输服务的供给等;另一方面,这意味着如果起运地商品价格为1,那么到达目的地后商品价格必然为a,起运地和目的地的同商品价格存在以上比例。冰山贸易成本是贸易过程中发生的可变成本,价格更高的商品对应的冰山贸易成本也越高;它改变了一国消费者面对的国内商品和进口商品之间的相对价格,从而会影响世界范围内该商品的生产和消费。

经过克鲁格曼等人的推广,冰山贸易成本已经成为国际贸易学、区域经济学和空间经济学等诸多学科中的一个核心概念。理论模型能很方便地采用冰山贸易成本将运输成本因素纳入分析框架,但是在经验研究中冰山贸易成本的估计有一定难度。有一种做法是用国家或区域间的距离来替代冰山贸易成本,这种做法的合理性在于起运地到目的地的距离越远,显然在运输过程中的损耗更多,冰山贸易成本更多。但是这种做法并不精确，只能近似地反映冰山贸易成本。例如随着运输技术的发展，显然冰山贸易成本会下降，但是这种做法就难以反映出这一趋势。

另外，冰山贸易成本意味着，由于高价商品比低价商品支付的绝对运输成本更高，如果考虑到运费，这就变得不确定，可能前者反而更低。有学者（Irarrazabal，2011）挑战了这种贸易成本的设定，提出一部分贸易成本是冰山贸易成本，是商品自身的一定比例，但另一部分贸易成本是在商品价格之外加上的一个绝对金额；研究结果表明非冰山成本类型的贸易成本对世界贸易的影响更大，而冰山贸易成本对世界贸易的影响相对有限。

参考文献：

郭鸿懋：《城市空间经济学》，经济科学出版社2002年版。

魏后凯：《现代区域经济学》，经济管理出版社2006年版。

安虎森：《区域经济学通论》，经济科学出版社2004年版。

［英］阿姆斯特朗、泰勒：《区域经济学与区域政策》，上海人民出版社2007年版。

Alfonso Irarrazabal, Andreas Moxnes and Luca David Opromolla, The Tip of the Iceberg: A Quantitative Framework for Estimating Trade Costs, *FREIT Working Paper*, WP. 343, 2011.

Paul A. Samuelson, The Transfer Problem and Transport Cost, II: Analysis of Effects of Trade Impediments, *Economic Journal*, Vol. 64, June 1954.

（巫强　吴福象）

区际劳动力迁移
Interregional Labor Migration

劳动力从农村移动到城市、从后发达区域移动到先行发展区域，这是经济发展过程中的常见现象。在统一的劳动力要素市场前提下，区际劳动力迁移是市场机制的自然体现，体现了劳动力市场对不同区域的劳动力需求与供给的协调，使得劳动力在空间分布上供需平衡。

通常，区际劳动力迁移有两种基本形式：一种是伴随着居住地的变动，即人口迁移；另一种是居住地不变而工作地点变动，即跨区域就业。无论是哪种形式的区际劳动力迁移，其直接动机都是为了获取更高的劳动力要素报酬。影响区际劳动力迁移的具体原因包括行为主体的行为取向、来源区域和目标区域所具有的环境条件以及来源区域和目标区域之间存在的进入障碍等。

哈里斯－托达罗模型是解释发展中国家城乡劳动力迁移现象的经典模型。它认为劳动力的城乡迁移是理性的经济行为，迁移决策取决于城乡之间预期工资的差异，该差异越大，从农村流入城市的人口越多。而流入城市的人口越多，在城市部门就业的概率就越小，这又会抵消城乡之间预期工作的差异。所以在均衡状态下，城市中大量的公开失业与农村向城市的劳动力流动并存，这种城市公开失业事实上来自于农村的隐蔽失业。

后发达区域劳动力迁移到先行发展区域会直接减少前者的劳动力供给，并增加后者的劳动力供给，其效果就是提高前者劳动力的边际产出并降低后者劳动力的边际产出。这将缩小地区间的工资水平差异，后发达区域的实际工资上升，而先行发展区域的实际工资下降；同时这将有利于地区间经济收敛。

参考文献：

郭鸿懋：《城市空间经济学》，经济科学出版社2002年版。

白光润：《应用区位论》，科学出版社2009年版。

魏后凯：《现代区域经济学》，经济管理出版社2006年版。

张秀生、卫鹏鹏：《区域经济理论》，武汉大学出版社2005年版。

严超、常志霄：《中国省际劳动力迁移对地区经济增长的影响研究：基于1995～2005年数据的实证分析》，载于《经济科学》2011年第6期。

许召元、李善同：《区域间劳动力迁移对地区差距的影响》，载于《经济学（季刊）》2008年第1期。

John R. Harris and Michael P., Todaro, Migration, Unemployment and Development: A Two Sector Analysis, *American Economic Review*, Vol. 60, No. 1, March, 1970.

（巫强　孙银）

农业区位论
Agricultural Location Theory

在古典区位理论中，杜能农业区位理论是19世纪德国（普鲁士）特殊社会经济背景下的产物，由冯·杜能（J. H. von Thünen）于1826年在其著作《孤立国农业和国民经济的关系》中提出。该理论试图解释进行农业制度改革后的普鲁士企业型农业时代的农业生产方式问题，回答以合理经营农业为目标的农业生产一般地域配置原理。

杜能对于其假定的“孤立国”，给出了以下六个基本前提条件：第一，肥沃的平原中央只有一个城市；第二，不存在可用于航运的河流与运河，马车是唯一的交通工具；第三，土质条件一样，任何地点都可以耕作且收成相同;第四,距城市80公里之外是荒野,与其他地区隔绝;第五,人工产品供应只来源于中央城市,而城市的食物供给则只来源于周围平原;第六,矿山和食盐坑都在城市附近。在这些基本假设的基础上,针对追求利润最大化的农业企业竞争者,杜能采用了“孤立化”的方法(即演绎方法)来考察问题,即不考虑所有的自然条件差异,而只考察在一个均质的假想空间里,农业生产方式的配置与距城市距离的关系,即所谓的区位或经济地租:同一集约程度单一产品的区位地租、不同集约程度单一产品的区位地租以及土地合理利用的经营品类选择等。

根据区位地租理论,杜能阐述了六种农作制度,每种制度构成一个区域。每个区域围绕城市中心呈向心环带状分布,这就是著名的“杜能环”。

第一圈:自由式农业圈。为距离城市最近的农业地带,主要种植或生产易腐难运的作物或产品,本圈大小由城市人口规模所决定。第二圈:林业圈。生产供给城市用的薪材、建筑用材、木炭等,由于重量和体积均较大,从经济性角度考虑必须在城市近处(第二圈)种植。第三圈:轮作式农业圈。没有休闲地,在所有耕地上种植农作物,以谷物和饲料作物的轮作为主要特色。第四圈:谷草式农业圈。为谷物、牧草、休耕轮作地带。第五圈:三圃式农业圈。此圈是距城市最远、也是最粗放的谷作农业圈。第六圈:畜牧业圈。此圈层也是杜能圈的最外圈层,生产谷麦作物仅用于自给,而生产牧草用于养畜,以畜产品如黄油、奶酪等供应城市市场。

杜能农业区位论的理论和实践意义:第一,为地理学、区位学、经济学创建了一种思维和研究方法;第二,第一次从理论上系统地阐明了空间摩擦对人类经济活动的影响,有较高的理论研究价值;第三,农业活动、经济活动即使自然条件一致、投入的生产要素一致,但所获得的经地租回报有一定的空间分异。此外。杜能在构建其农业区位理论体系时,他采用了科学抽象法,设定了“孤立国”这样一个假想空间。因此,杜能的农业区位理论并非说明当时普鲁士实际的农业区位状况,而是一种关于农业经营方式区位的理想模式。

参考文献:
杨吾扬:《区位论原理》,甘肃人民出版社1989年版。
李小建、李国平、曾刚等:《经济地理学》,高等教育出版社2006年版。
[德]约翰·冯·杜能:《孤立国同农业和国民经济的关系》,人民体育出版社1958年版。
[德]阿尔弗雷德·韦伯:《工业区位论》,商务印书馆2010年版。
[美]埃德加·M·胡佛:《区域经济学导论》,商务印书馆1990年版。
[德]克里斯泰勒:《德国南部中心地原理》,商务印书馆1995年版。

(朱英明　吴福象)

工业区位论
Industrial Location Theory

1909年德国经济学家韦伯(A. Weber)《工业区位论》的发表标志着工业区位论的建立。韦伯从费用角度来分析企业经营者的区位决策,他认为,经营者一般在所有费用支出总额最小的空间进行布局,也就是说费用最低点即为企业最佳生产区位点。在韦伯的最小费用区位论之后,分别形成了廖什(A. Lösch)的利润最大化区位论、史密斯(D. M. Smith)的盈利空间界限区位论以及普赖德(A. Pred)的行为区位论,这些区位论构成了完整的工业区位论理论体系。

韦伯工业区位理论的中心思想就是,区位因子决定生产场所。区位因子即经济活动发生在某特定地点,而不是发生在其他地点所获得的优势。从工业区位论角度讲,也即是在某特定地点生产某产品比在别的地点生产能够降低费用的可能性,分为一般区位因子和特殊区位因子。韦伯追求的区位为生产费用最小的地点或节约费用最大的地点,所涉及的乃是经济活动的地理分布问题。他研究了一般区位因子的作用与规律,探讨了工业区位的普遍理论,他确定了三个一般区位因子:运费、劳动力费、集聚(分散)。

韦伯分三个阶段逐步构筑其工业区位理论。第一阶段:运费指向论。不考虑运费以外的一般区位因子,即假定不存在运费以外的成本区域差异,影响工业区位的因子只有运费一个,由运费指向形成地理空间中的基本工业区位格局。第二阶段:运费指向基础上的劳动力成本指向论。将劳动力成本作为考察对象,考察其对由运费所决定的基本工业区位格局的影响,即考察运费与劳动力成本合计为最小时的区位。它使运费指向所决定的基本工业区位格局发生第一次偏移。第三阶段:运费指向和劳动力指向基础上的集聚指向论。将集聚与分散因子作为考察对象,考察集聚与分散因子对由运费指向与劳动力指向所决定的工业区位格局的影响,使得运费指向与劳动力指向所决定的基本工业区位格局再次偏移。

以廖什为代表的利润最大化区位理论从需求出发,认为最佳区位不是费用最小点,也不是收入最大点,而是收入和费用差的最大点,即利润最大化点。史密斯盈利空间界限区位理论的基本原理是,得到最大利润的区位是总收入超过总费用最大的地点。他的这一原理是通过空间费用曲线和空间收入曲线来反映。普赖德行为区位理论的重要思想是,经济活动区位是从事经济活动的行为主体的决策结果,区位决策是决策者在占有或多或少的信息量基础上，在自身对信息的判断与加工后的决定。进行怎样的区位决策、区位决策是否合理或合理性如何，取决于在决策时点的信息占有量以及决策者的信息利用能力。

参考文献：
魏后凯：《现代区域经济学》，经济管理出版社 2011 年版。
杨吾扬：《区位论原理》，甘肃人民出版社 1989 年版。
陈才、谭慕蕙、张文奎等：《经济地理学》，高等教育出版社 2009 年版。
李小建、李国平、曾刚等：《经济地理学》，高等教育出版社 2006 年版。
[德]阿尔弗雷德·韦伯：《工业区位论》，商务印书馆 2010 年版。
[美]埃德加·M·胡佛：《区域经济学导论》，商务印书馆 1990 年版。
[德]克里斯泰勒：《德国南部中心地原理》，商务印书馆 1995 年版。

（朱英明　吴福象）

市场区位论
Market Location Theory

1940 年，德国经济学家廖什（A. Lösch）在《区域经济学》一书中，利用克里斯泰勒理论的分析框架，提出了与中心地理论相似的市场区位理论，进而形成了他的市场网络理论，即市场区位理论。以廖什为代表的利润最大化区位理论从需求出发，认为需求随着价格的变化和市场圈的大小不同而变化，与选择的生产区位有关。

廖什在其市场区位理论中，不仅提出了以垄断代替韦伯的自由竞争，以利润最大化代替最低成本，而且还提出了动态区位的模式和理论。廖什在建立理论模型之前，也提出了一系列假设条件：第一，所研究的对象位于平原地区，区域内各个方向上具有相同的运输条件，资源和自然条件均质分布；第二，区域内农业人口也均匀分布，最初他们的生产自给自足，且具有共同的消费行为；第三，所有的工业生产方法都是公开的，技术知识可以到处传播，区域内所有的人都可以获得进行生产的机会；第四，除经济因素外，其他因素都可以不考虑。在上述假设条件下，廖什的市场区位理论的主要内容包括三个方面。

廖什对六边形市场区的形成作了严密的经济论证后，提出了需求圆锥体的概念。廖什认为产品价格随距离的增加而增加，消费者对产品的消费量与价格成反比。廖什用他的需求圆锥体方法把这一简单的比例关系与市场区联系起来。将需求曲线围绕纵轴旋转后得到需求圆锥体和市场区。

在需求圆锥体的基础上，廖什阐述了市场区由圆形转变为六边形的过程。他认为，要充分消除圆与圆之间的空隙地区，除正六边形外，还有等边三角形和正方形。相比之下，六边形的面积最接近于圆的面积。因此，在三种可能的几何形状中，六边形的单位需求最大。

市场区网络。在均匀的人口分布的情况下，每种工业产品的六边形市场大小相同。整个市场区域分成各种各样的六边形蜂房状市场。有多少种商品就有多少种市场网，它们复杂地交织在一起，形成六边形市场区网络。但这些市场至少有一个共同点，该点由于是各种市场区的集结点，它的总需求量增大，而形成大城市，整个市场网都交织在大城市周围。

参考文献：
许学强、周一星、宁越敏：《城市地理学》，高等教育出版社 1997 年版。
陈才、谭慕蕙、张文奎等：《经济地理学》，高等教育出版社 2009 年版。
[德]约翰·冯·杜能：《孤立国同农业和国民经济的关系》，人民体育出版社 1958 年版。
[德]阿尔弗雷德·韦伯：《工业区位论》，商务印书馆 2010 年版。
[美]埃德加·M·胡佛：《区域经济学导论》，商务印书馆 1990 年版。
[德]克里斯泰勒：《德国南部中心地原理》，商务印书馆 1998 年版。
[德]奥古斯特·勒施：《经济空间秩序：经济财货与地理间的关系》，商务印书馆 2010 年版。

（朱英明　吴福象）

最小费用区位理论
Minimum Cost Location Theory

最小费用区位论又称成本学派，是最早的区位论流派。最小费用区位论的代表人物是德国学者龙赫德（W. Launhardt），其主要贡献是提出“区位三角形”的概念。德国经济学家韦伯（A. Weber）对最小费用区位理论进行了系统的归纳总结。他认为费用最小点就是最佳区位点，且决定工业区位的因子有三个，即运输成本、劳动力成本和聚集，合理的工业区位应位于三个指向总费用最小的地方。

运输费用指向论所要解决的问题是，在给定原料产地和消费地下，如何确定仅考虑运费的工厂区位，即运费最小的区位。在生产过程不可分割、消费地和局地原料地只有一个的前提下，依据最小运费原理的区位为：第一，仅使用遍在原料时，为消费地区位；第二，仅使用纯原料时，为自由区位；第三，仅使用失重原料时，为原料地区位。

劳动费用不同于运输费用，属于地区差异性因子，是导致运费形成的区位格局发生变形的因子。韦伯劳动费用指向论的思路是：工业区位由运费指向转为劳动力成本指向仅限于节约的劳动力成本大于由此增加的运费，即在低廉劳动力成本地点布局带来的劳动力成本节约额比由最小运费点移动产生的运费增加额大时，那么，劳动力成本指向就占主导地位。此外，韦伯还考虑所谓的“环境条件”，其中主要包括人口密度和运费率。他认为，假如人口密度与劳动力密度呈正相关，那么劳动力指向与人口密度的关系为：人口稀疏地区的工业区位倾向于运费指向；人口稠密地区则倾向于劳动力成本指向。

在集聚指向论中，韦伯将集聚因子的作用分为两种形态：一是由经营规模的扩大而产生的生产集聚，这种集聚一般是由“大规模经营的利益”或“大规模生产的利益”所引发；二是由多种企业在空间上集中产生的集聚，这种集聚利益主要来自企业间的协作、分工和基础设施的共同利用等。在此基础上，韦伯进一步研究了集聚利益对运费指向或劳动力成本指向区位的影响。他认为，当集聚节约额大于因运费（或劳动力成本）指向带来的生产费用节约额时，便产生集聚。

韦伯之后，许多学者对其理论给予具体的应用，较著名的是胡佛（E. M. Hoover）的转运点区位论。他认为，运输成本由两部分构成：一是线路运营费用；二是装卸费用。前者是距离的函数，随距离的增长而增加；后者则相对固定，并被分摊到运输费用。若原料和市场之间无直达运输，必须通过转运，则转运点成为合理区位。

参考文献：

李小建、李国平、曾刚等：《经济地理学》，高等教育出版社 2006 年版。

［德］阿尔弗雷德·韦伯：《工业区位论》，商务印书馆 2010 年版。

［美］埃德加·M·胡佛：《区域经济学导论》，商务印书馆 1990 年版。

［德］克里斯泰勒：《德国南部中心地原理》，商务印书馆 1995 年版。

［德］奥古斯特·勒施：《经济空间秩序：经济财货与地理间的关系》，商务印书馆 2010 年版。

（朱英明　吴福象）

区域创新理论

Regional Innovation Theory

所谓区域创新，是指特定地域范围内发生的所有创新活动和创新成果的总称，包括创新环境、创新主体、创新网络、创新活动四个方面的内容。其中，创新环境是基础，创新网络是平台，创新主体和创新活动是核心，这几个方面的结合和相互作用，能显示区域创新的能力和质量。区域创新作为一个区域性、社会性的互动过程，它不仅依赖于当地的创新网络和创新环境，更依赖于当地的知识结构和存量，特别是地方性的和隐含性的知识，还依赖于与其他地区的相互作用和联系，包括资源流动、知识扩散、制度学习。

区域创新理论是解释知识经济背景下区域经济发展模式的一种新理论，一方面强调科技知识、研发投入、人力资本等在区域经济发展中的作用，另一方面注重制度、法律、组织、文化等创新环境对区域创新水平的影响。

创新理论最早于 1912 年由熊彼特在其著作《经济发展理论》中提出，认为创新是生产体系中生产要素和生产条件的形成的“新组合”，并将创新分为产品创新、过程创新、组织创新、市场创新和投入创新五种类型。此后，对熊彼特创新理论的两个发展，一个是超竞争理论（Hypercompetition），另一个是演化效率理论（Evolutionary Efficiency）。前者是在分析高技术领域激烈的竞争压力提出的，并归纳了 4 种动态效率：生产效率、创新效率、获取效率和资源效率。后者是从经济学演化增长理论和生物进化论中发展而来的。此外，技术创新理论、知识溢出理论、内生增长理论、演化理论、网络理论等的发展和应用丰富了区域创新理论的内容。

区域创新是针对不同的区域所具备的资源条件（自然资源、资本、人才等）和经济、文化特色，发展适合本区域的创新成果，并最终形成产业化优势。一般来说，区域创新具有路径依赖和锁定的特征，这种特征要求保持其以往的发展路径，积累以往的发展特征，并呈现出区域差异性。在这种情况下，一个国家的创新活动在地理分布上往往呈现出明显的不均衡性。研究表明，无论是发达国家还是发展中国家，其创新活动都高度集中在少数地区。

不同区域之间在整个体系上存在创新差别，奥地利学者麦尔（G. Maier）和托特林（F. Todtling）提出了一个关于区域创新差别的构造框架，认为创新是企业核心技术的变化，如引入新产品和方法，或者新的生产组织形式，这种变化是外部和内部因素共同作用的结果。

外部因素首先是与创新行为相关的区域创新环境，如研究和教育机构的状况、劳动者的技能、竞争的强度和竞争方式；其次是政府的影响，政府既可以通过技术政策和创新政策，也可以通过区域政策影响区域内的创新能力。内部因素包括区域的战略目标特性，以及与创新相关的资源配置。

在新古典理论中，创新因素在很大程度上被忽略了,他们没有考虑到技术水平的差别,假定技术只是具有完全的流动性,所以空间因素在创新过程和经济发展中没有独立的作用。创新扩散地理论认为,信息传播在创新扩散和吸收过程中起着核心作用,但他们只研究创新在空间上的扩散而不研究它的形成,且缺乏理论上的解释。

此外,区域创新差别还源自创新的社会属性的差别。这里,不仅指的是与公司外部的其他公司、知识提供者、金融部门和培训部门等的合作关系,而且指的是公司多个部门之间的集体学习过程。换句话说,区域创新系统以合作创新活动和支持创新文化为特色,前者指公司和大学、培训组织、R&D 研发部门、技术转移机构等知识创造和扩散组织之间的相互作用的创新活动,而后者指的是使公司和系统不断演进的创新文化。

最后,由于区域创新系统还与新产业区理论密切相关,决定了区域创新在创新集群的空间分布上也存在着天然的差别。比如,新产业区理论跟踪了硅谷和"第三意大利"等地的经济发展,对地区性的企业家精神、企业的迅速繁衍以及根植于本地社会文化的"集体学习型"创新模式给予极大的关注。强调区域间的行为主体通过地域上的交流和学习,以及竞争合作发生知识共享,同时结成一些正式或非正式的关系,以减少不确定性和降低交易成本。新产业区理论认为,创新来源于地方文化中的网络环境,包括蕴涵的企业家精神、企业竞争合作的制度和社会结构,具有很强的地域根植性。

参考文献:
陈秀山、张可云:《区域经济理论》,商务印书馆 2003 年版。
郭鸿懋:《城市空间经济学》,经济科学出版社 2002 年版。
白光润:《应用区位论》,科学出版社 2009 年版。
丁焕峰:《区域创新理论的形成与发展》,载于《科技管理研究》2007 年第 9 期。
王海溥:《区域创新理论探讨》,载于《中国经济评论》2005 年第 4 期。
白光润:《应用区位论》,科学出版社 2009 年版。
[英]阿姆斯特朗、泰勒:《区域经济学与区域政策》,上海人民出版社 2007 年版。
D'Aveni, Richard, *Hypercompetition: Managing the Dynamics of Strategic Management*, New York: Free Press, 1994.
[美]熊彼特:《经济发展理论》,商务印书馆 1990 年版。

(魏守华　朱英明)

区域创新环境
Regional Innovative Environment

20 世纪 80 年代早期 GREMI 小组成员提出的"创新环境"(Innovative Milieu)概念,集中在作为地方和国家经济"增长发动机"的公司创新,他们认为,创新基本上是一个集体过程,创新是一个复杂的互动过程,创新源于一般技能和特殊能力的创造性结合。在此基础上,卡马尼(Camagni,1991)将推动创新的创新环境定义为包含不同生产体系、经济社会主体、价值观念、文化传统和集体学习过程的区域关系的集合。因此,创新环境概念强调公司间联系引起的公司创新活动的重要性、区域社会经济植根性的重要性以及集体学习过程的重要性。

区域创新环境是指高新技术产业发展所必须的社会文化环境,它是地方行为主体(大学、科研院所、企业、地方政府等机构及其个人)之间,在长期正式或非正式的合作与交流基础上,所形成的相对稳定的系统。更为广义的创新环境,还包括制度、物质基础、生活环境等方面,可视为创新综合环境。

与区域创新环境紧密联系的、强调集体学习的概念是"学习区域"。从早期"国家创新经济"的概念,符合逻辑地扩展为"学习经济"的概念,进而得出"学习区域"的概念。学习经济和学习区域的文献与"国家创新体系"和"区域创新体系"文献密切相关。学习区域和区域创新体系文献表明,在现代资本主义经济中,知识是经济发展最具战略性的资源,学习是最重要的过程,成功的创新区域可以被看作是"外部化的学习制度",这种类型的学习区域的特征是,战略上集中于技术支持的制度、学习和经济发展的特殊结构的组合。

区域创新环境是区域内一组纵横交错、不可贸易的相互依存关系,是区域内包括政府、企业、研发机构、金融机构、协会、个人等主体,为实现互动学习和创新活动,并在互动学习和创新环境中形成的正式或非正式关系的总和,是在地理位置上相互靠近的经济主体之间通过某种方式而形成的一系列长期交易的集合。按照其动力形成机制,区域创新环境大体分两种类型:内生性创新环境,以区域或地方为基础产生的中小企业集群,集群内的企业有长期的互动和相互学习的历史;外生性创新环境,以科学院和技术集团的形式存在。

区域创新环境具有开放性、高弹性、平等性等特征,它有利于企业和其他主体之间的互动学习、合作和创新,同时区域创新环境以成员间的信任关系为基础。区域创新环境的形成,可以减少其成员互动学习和创新的交易成本,降低企业因外部环境不确定产生的决策风险,而网络的维持则取决于成员们所拥有的各种资源以及个人影响力。

参考文献：
朱英明：《创新环境、学习区域、集体学习与城市群竞争力研究》，载于《江海学刊》2007年第5期。
陈秀山、张可云：《区域经济理论》，商务印书馆2003年版。
郭鸿懋：《城市空间经济学》，经济科学出版社2002年版。
白光润：《应用区位论》，科学出版社2009年版。
魏后凯：《现代区域经济学》，经济管理出版社2006年版。
安虎森：《区域经济学通论》，经济科学出版社2004年版。
张秀生、卫鹏鹏：《区域经济理论》，武汉大学出版社2005年版。
［英］阿姆斯特朗、泰勒：《区域经济学与区域政策》，上海人民出版社2007年版。

（朱英明　董也琳）

区域创新系统
Regional Innovation System

区域创新系统的概念最早是于1992年由英国学者库克（Cooke）提出来的，他将区域创新系统定义为企业及其他机构经由根植性为特征的制度环境，系统地从事交互学习。库克的这一定义大致可以从三个方面进行理解：一是“交互学习”，相当于知识在生产系统内，通过交互作用结合而成的各类不同行为主体的一种集体资产；二是“环境”，主要指一个开放的地域综合体，包括规则、标准、价值观以及人力和物资资源；三是“根植性”，包括企业内外创造和复制经济及知识的过程，这些过程一般是通过某种特定的社会交互形式来完成的，可以呈现不同的形式而增加复制的难度。中国学者王缉慈（2001）则将区域创新系统界定为“区域网络各个节点（企业、大学、研究机构、政府等）在协同作用中结网而创新，并融入区域的创新环境中而组成的系统”。

区域创新系统中有四个最基本的行为主体，即政府、企业、院校和研究机构、中介机构。政府是创新系统的建设主体，它的行为动因是不断地促进科技与经济结合，使创新成果有效地拉动地方经济的发展，并且通过发挥政府的组织功能优势，建立与完善推动区域创新的市场环境与政策，促进区域创新系统资源的整合与创新环境的优化。大学和研究机构是重要的知识与技术的创新源和主力，在科学技术的生产和创新型人才的培养方面起着关键作用。企业是区域创新的主体与核心，它的行为动因是在市场机制的激励下，从事创新并将创新成果快速转化为现实生产力，为企业不断注入新的活力与发展潜力。中介机构是区域创新系统中的主要结点，是沟通知识和技术转移、流动的一个重要环节，是推动知识和技术扩散的重要途径。除此以外，活跃的风险投资也是区域创新系统的重要部分。

提高区域创新系统的运行绩效，一方面取决于各个行为主体的创新能力，另一方面则取决于行为主体之间的相互作用和相互协同。在市场竞争日益激烈和创新成果日新月异的今天，寻求与关注区域创新成功的路径至关重要。而区域创新的最简捷的路径是多元主体参与、协同与协作。

参考文献：
陈秀山、张可云：《区域经济理论》，商务印书馆2003年版。
郭鸿懋：《城市空间经济学》，经济科学出版社2002年版。
白光润：《应用区位论》，科学出版社2009年版。
魏后凯：《现代区域经济学》，经济管理出版社2006年版。
安虎森：《区域经济学通论》，经济科学出版社2004年版。
张秀生、卫鹏鹏：《区域经济理论》，武汉大学出版社2005年版。
［英］阿姆斯特朗、泰勒：《区域经济学与区域政策》，上海人民出版社2007年版。

（刘丹鹭　吴福象）

区域创新扩散
Regional Innovation Diffusion

20世纪80年代以来，经济全球化、信息化、市场化日益发展，技术创新成为经济发展的动力。从地理角度来看，技术扩散是技术在空间上的流动和转移，它是由新技术的提供方、受让方、传递渠道组成。新技术的提供方是新技术的发源地，受让方是技术的引进者，它们是位于不同地区的两个经营实体，如科研机构、企业单位等。技术传递渠道则是指技术由提供方到受让方的传递通道和组织过程，受经济发展水平、社会体制、经济政策、科技政策等的强烈影响。由于技术扩散对推动区域技术创新、提升区域核心竞争力具有十分重要的影响，加上经济全球化以来世界各区域之间的经济竞争日趋激烈，技术扩散因而受到了学术界、政府管理部门、经济界的广泛关注。

创新扩散理论（The Diffusion of Innovation）作为传播效果研究的经典理论之一，是由美国著名传播学者埃弗雷特·罗杰斯（Everett M. Rogers）于20世纪60年代提出来的，是一个关于通过媒介劝服人们接受新观念、新事物和新产品的理论，侧重大众文化对社会和文化的影响。创新扩散模型是对创新采用的各类人群进行研究归类的一种模型，它的理论指导思想是在创新面前，一部分人会比另一部分人思想更开放，愿意采纳创新。这个理论模型也被称之为创新扩散理论（Diffusion of Innovations Theory），或多步创新流动理论（Multi-Step Flow Theory）、创新采用曲线（Innovation Adoption Curve）。此外，罗杰斯在《创新的扩散》（*Diffusion of Innovations*）一书中，对创新扩散的过程进行了描述，认为创新的传播包含五个步骤：认知（Knowledge）、说服（Persuasion）、决定（Decision）、实施（Implementation）以及确认（Confirmation）。创新扩散的受众可分为五类：创新者（Innovator）、早期采用者（Early Adopters）、早期大众（Early Majority）、晚期大众（Late Majority）以及落后者（Laggards）。

创新扩散因子（Innovation Diffusion Factor）是影响技术扩散的因素，主要有三个：技术势能、距离和扩散通道。技术势能是指一个特定地域技术水平的高低。沈越、傅家骥等学者认为，技术创新使创新者与周围空间之间产生了"位势差"，为了消除这种差异，一种平衡力量就会促使技术创新者将创新向外扩散和传播，或者是周边地区对创新进行学习、模仿和借鉴。技术的扩散可以发生在人群、企业（厂商）或地区之间，通过技术转让、信息交流、人才流动以及国际技术贸易和投资等方式实现。总体来讲，技术势差越大，扩散条件就越高，技术扩散就难以发生；反之，扩散条件就相对较低，技术扩散则比较容易发生，技术扩散的二元性特征明显。其在不同空间尺度上的表现也各不相同，在宏观上表现为跳跃式扩散，而在微观上则多表现为扩展扩散和梯度扩散。

距离是影响技术微观尺度扩散最主要的因素。技术潜在采用者之间相互联系、相互制约、相互促进，直接影响着企业间信息、观念、物资、人才、资金等要素的空间流动，影响着技术扩散。技术扩散过程首先通过创新者与最早的接受者之间的信息传输实现，然后首批接受者又作为新的扩散源继续扩散。由于距离影响企业间信息传播和物资流通，技术势能的强度具有明显随距离增大而衰减的特征，因而距离成为影响技术扩散的重要因素之一。接受技术的企业距离技术的扩散源越近，其获得扩散技术的可能性就越大，反之则较小。因此，在区域的微观空间尺度上，距离因子要求高新技术企业的空间集聚，以减少技术引进、技术交流合作的时间和费用成本。美国的硅谷、韩国的大德、日本的筑波、印度班加罗尔，以及中国台湾的新竹、北京中关村等国内外著名高科技园区的发展表明，高新技术企业在空间上主要是以簇群的形式，集聚于城市科教文化区、经济特区及经济技术开发区、大工业区和新区四类地区。

技术扩散通道是指技术扩散的内外环境。这里，技术扩散的外环境，是指区域经济体制、政策、法律、社会环境系统；相应地，扩散的内环境，则是指经济发展水平、技术结构、市场结构、产业结构、信息流通体系、资源禀赋、企业素质等要素组成的区域系统。畅通的技术扩散通道有利于技术扩散；反之，则阻碍技术扩散。技术扩散通道具有非均质性和动态性的特点，具有相同技术势能的国家或地区由于经济制度、产业结构、市场结构以及社会文化环境的差异，可能会有不同的技术开发和技术引进偏好，继而采取相异的技术发展策略，技术扩散涉及的内容和水平也因此而各不相同。

参考文献：

陈秀山、张可云：《区域经济理论》，商务印书馆 2003 年版。

郭鸿懋：《城市空间经济学》，经济科学出版社 2002 年版。

白光润：《应用区位论》，科学出版社 2009 年版。

魏后凯：《现代区域经济学》，经济管理出版社 2006 年版。

张秀生、卫鹏鹏：《区域经济理论》，武汉大学出版社 2005 年版。

［英］阿姆斯特朗、泰勒：《区域经济学与区域政策》，上海人民出版社 2007 年版。

（魏守华　吴福象）

区域发展模式
Regional Development Mode

简单地讲，区域发展模式是对一国或地区所采取的发展战略和发展路径的理论概括，是不同地区根据其面临的特定约束条件（地理位置、要素禀赋、制度安排、历史、文化）而选择的特定发展模式，是经过长时期实践所形成的较为固定的发展方式。有关区域经济发展的理论很多，其中最具影响力的是新古典主义的区域均衡发展理论和二元结构主义的区域经济非均衡发展理论。

前者源于发展经济学的经济增长理论，代表性理论有罗森斯坦・罗丹（1943）的大推进理论、纳克斯（1953）的贫困恶性循环理论。他们的基本观点为：市场是有效的，在价格机制作用下，要素在各部门间自由流动会实现要素价格的均等化，各部门由此相互关联，彼此影响。因此为了实现区域经济的发展，应采用均衡战略，以一定的速度和规模持续投资于众多产业部门。

后者针对均衡发展理论的基石——要素自由化流动假定提出质疑，放弃了完全竞争市场结构和市场"看得见的手"总是有效的假定，打破了均衡发展理论的一般均衡分析方法，得出相反的结论：为了实现区域经济的发展,应该把有限的资源投资于生产效率高、创新能力强、产业关联性大的支柱产业,通过外部经济和产业间的关联乘数效应拉动相关产业增长,进而实现区域经济的增长。代表性理论主要有佩鲁(1950)的增长极理论、缪尔达尔(1957)的循环累计因果理论,以及赫希曼(1958)的"核心—边缘区"理论等。

在两大区域发展理论指导下,不同国家根据现实条件(如拥有的资源、发展阶段、经济基础)选择了相应的模式来发展区域经济。纵观发展中国家区域经济发展实践,在经济发展初期优先采取体现效率的非均衡发展战略,在经济发展后期会逐渐从非均衡战略过渡到更加体现公平的均衡战略。这是因为从现代经济学理论的视角来看,资源相对于无限需求来说总是稀缺的,且资源空间分布呈现非均匀特征,因而在资源短缺的约束下,将有限资源投入到特定行业的非均衡发展战略就成为落后地区的首选。伴随初期发展的资金积累和一定工业基础的形成以及公民希望更加平等享受发展成果的诉求,开始逐步调整回均衡发展路径上。

事实上,我国区域经济发展也是遵循了从非均衡向均衡发展过渡的演化路径。新中国成立初期,为了实现快速的赶超战略,采取了优先发展重工业战略。通过工农产品剪刀差,为工业生产提供资金支持,这种农村支持城市的战略尽管实现了快速的工业化和城市化进程,但同时也拉大了城市和农村的差距。自从改革开放以来,在"摸着石头过河"的思想指导下,采取了优先发展东部沿海地区的非均衡发展战略,由此出现了中国沿海地区三大区域发展模式——苏南模式、珠江模式和泉州模式,实现了东部经济的快速腾飞的同时,东中西区域间的贫富差距也越来越大。拉美国家经济发展历程告诉我们,贫富差距过大不仅不利于经济的持续增长,甚至会引起社会的动荡。于是政府启动了"城市反哺农村""社会主义新农村建设"等缩小城市、农村收入差距政策,通过鼓励"中部地区崛起""西部大开发战略""推进主体功能区战略"推动区域经济协调发展。

总之,任何一个区域发展模式都是在特定约束条件下的必然选择,因而不存在一成不变的模式可以确保区域经济的持续发展。伴随客观条件的变化,区域发展模式的内涵和外延必然会随之改变。

参考文献:

孙翠兰:《区域经济学教程》,北京大学出版社 2008 年版。

[日]速水佑次郎:《发展经济学》,社会科学文献出版社 2009 年版。

陈华、尹苑生:《区域经济增长理论与经济非均衡发展》,载于《区域经济》2006 年第 3 期。

国务院发展研究中心发展战略和区域经济研究部课题组:《中国区域科学发展研究》,经济日报出版社 2007 年版。

(郑江淮　沈春苗)

区域关联效应
Regional Correlation Effect

在现实经济中,经济增长在空间上通常表现为不平衡增长。随着分工演进和专业化,经济增长在空间上会出现增长极,形成城市和乡村、中心和外围、多城市中心和城际等级。区域之间存在的关联关系和交互作用可以统称为区域关联效应,包括极化效应、虹吸效应、扩散效应、溢出效应等。产业发展不是同步发展的,经济增长在空间上也不是同时实现的。

佩鲁(Francois Perroux,1950;1955)提出产业不均衡增长和增长极理论,认为创新和发展总是在某些领域率先出现,表现为推进型产业或企业,率先实现的创新和发展会引起相关产业和企业的仿效,进而带动整个经济的发展。布代维尔于 20 世纪 60 年代提出极化空间概念。极化空间是指地理空间根据经济联系强弱和集聚程度可以划分为多个不同等级的增长极,如城市等级结构。在极化空间中,主要增长极与周边次要增长极之间的经济联系要远大于次级增长极之间的联系,增长极与周边非增长极区域之间存在双向互动联系。

缪尔达尔(1957)提出循环累积因果原理,分析了增长极对周边的正面和负面作用,即"扩散效应"和"回波效应"。扩散效应是增长极对周边地区产生扩散和辐射,存在溢出效应,进而带动周边地区经济增长加快,周边地区的发展进一步促进增长极的发展,形成循环发展累积过程。与扩散效应相对应,回波效应是增长极对周边地区的人才、资本等各项资源产生极化和虹吸,造成增长极的孤立发展和周边地区发展愈加停滞的循环累积过程。根据循环累积效应理论,增长极通过循环累积效应不断强化,市场规模不断扩大,产业分工进一步深化,规模报酬递增形成良性循环。

弗里德曼(John Friedman)提出核心—边缘理论,又称为核心—外围理论,认为创新集聚形成发展的核心区域如城市,创新往往是从大城市各周边外围区域扩散,外围区域对核心区域存在依附关系。根据核心—外围理论,增长极可以视为核心区域,增长极周边区域可视为外围。核心区域对外围当增长极强化到一定程度后,增长极会由于过度集中而导致离心力超过向心力。增长极通常表现为城市区域,并在中心城区周边形成卫星城区。弗里德曼还提出了前向关联效应和后向关联效应。前向关联效应指中心地区能够在供给上获得的优势,后向关联效应指中心地区能够获得需求上的优势。

普雷维什(Raúl Prebisch,1949;1959)提出中心—外围理论,根据国际经济分工关系,国别经济可以划分为生产结构同质和多样化的中心(西方发达国家)和生产结构异质和专业化的外围(初级产品和原料供应国),国际分工体系加强了发达国家和发展中国家产业联系,但固化的国际分工使外围国家贸易条件恶化。赫希曼(Albert Otto Hirschman,1958)通过极化效应和涓滴效应(溢出效应),分析了区域间的不平衡增长。他把一个国家分为发达地区和落后地区两部分。发达地区的经济增长对落后地区具有极化和溢出两种效应。极化效应是指由于发达地区具有工资收入高、投资收益率高、生产条件完善、投资环境较好等优势,从而不断吸引落后地区的资金、技术和人才,使落后地区的经济发展日益衰落,这对落后地区的经济增长是不利的。溢出效应则是指,由于发达地区向落后地区购买投入品、进行投资以及落后地区向发达地区移民,从而提高落后地区的劳动边际生产率和人均消费水平,促进落后地区的经济发展,这种效应有助于缩小区域经济发展差距。

城市和乡村是分工演进的结果,分工导致城市和乡村的分离和要素向城市的集聚,形成城乡二元经济结构。刘易斯(A. Lewis,1954)较早地揭示了发展中国家农村以传统生产方式从事农业和城市以现代方式从事制造业的二元经济结构,提出农业剩余劳动力的非农化转移能够促使二元经济结构问题减弱。费景汉和拉尼斯(H. Fei and G. Ranis,1964)进一步修正了刘易斯模型假设,在考虑工农业两个部门平衡增长的基础上,完善了农业剩余劳动力转移的二元经济发展思想。利普顿(1976)指出农村地区落后主要源于政府采取了偏向城市的不平衡发展政策,包括对城市大规模投资、工农业产品价格剪刀差和要素价格扭曲政策。

在国家经济发展中,利用区域关联效应可以通过政策引导和财政投入,制定城镇等级体系发展战略增长极的形成,但是,缺乏产业增长基础的增长极政策也面临着失败风险。我国大城市发展政策和中小城镇发展战略可以视为利用增长极的发展政策。为缓解城乡二元经济结构问题,我国采取区域统筹、城乡统筹、工业反哺农业、城市反哺农村等政策。

参考文献:

郭鸿懋:《城市空间经济学》,经济科学出版社2002年版。

白光润:《应用区位论》,科学出版社2009年版。

魏后凯:《现代区域经济学》,经济管理出版社2006年版。

安虎森:《区域经济学通论》,经济科学出版社2004年版。

张秀生、卫鹏鹏:《区域经济理论》,武汉大学出版社2005年版。

[美]埃德加·M·胡佛:《区域经济学导论》,商务印书馆1990年版。

[德]克里斯泰勒:《德国南部中心地原理》,商务印书馆1995年版。

[德]奥古斯特·勒施:《经济空间秩序:经济财货与地理间的关系》,商务印书馆2010年版。

[英]阿姆斯特朗、泰勒:《区域经济学与区域政策》,上海人民出版社2007年版。

(史先诚　吴亚宁)

市场拥挤效应
Market Crowding Effect

市场拥挤效应也被称为本地竞争效应,是指企业因过于集聚会导致相互之间的负面影响,进而促使企业倾向于选择竞争者较少的区位。在某一空间范围内集中众多的企业,都会诱发企业间争夺消费者的激烈竞争,促进产品价格出现相互压价现象,这种竞争降低企业的销售收入。同时,企业间为开展业务会展开对人力资本的竞争,导致企业人工成本不断上升。经济集聚也会导致企业对其他生产要素的争夺,比如对土地的争夺,带来房价和房租的提高。此外,由于城市规模扩大,就业者将面临交通不畅、住房价格上涨或房租提高的问题,增加了工人居住成本和往返企业的时间和经济成本。最后,政府对集聚区域的管理成本也会上升。因此,形成了经济集聚的一种离心力,遏制了中心地区进一步集聚和极化的趋势。

区域经济学理论研究会涉及外生因素对经济活动空间分布的影响,但区域经济研究起点通常是对称的初始空间,主要探讨经济系统的内生力量是如何决定空间分布演变模式。把空间因素引入经济分析框架中,那么必须考虑因空间变化而产生的成本问题,这种成本就是通常所说的贸易成本,既包括运输成本又包括各种制度成本。通常,我们用市场开放度来表示贸易成本的大小,贸易成本越小则市场开放度越大,反之亦然。

集聚经济的重要特征之一是,聚集力和分散力都随贸易成本下降而上升,且分散力上升的更快一些。在贸易成本较高的情况下,分散力通常更大一些。随着贸易成本的降低,在某一临界点之前,聚集力大于分散力,对称的初始空间分布模式被打破,经济活动向某一区域集中。达到某一临界点之后,市场拥挤效应显著增加,即分散力处于主导地位。集聚经济是内在的负反馈机制,使产业分布格局集聚趋势和分散趋势达到平衡。但是在理想状态下,交易活动完全自由,没有交易成本和交通成本,经济空间分布情况与现实是不同的,即任何区域的消费价格都一样,产业布局和人口居住与区位是无关的。

参考文献：
安虎森：《空间经济学原理》，经济科学出版社 2005 年版。
[日]藤田昌久、[美]保罗·克鲁格曼、[英]安东尼·J·维纳布尔斯：《空间经济学：城市、区域与国际贸易》，中国人民大学出版社 2005 年版。
[日]藤田昌久、[比]蒂斯：《集聚经济学》，西南财经大学出版社 2004 年版。
[法]皮埃尔－菲利普·库姆斯、蒂里·迈耶、雅克－弗朗索瓦·蒂斯：《经济地理学：区域和国家一体化》，中国人民大学出版社 2011 年版。
[美]彼得·尼茨坎普：《区域和城市经济学手册》第一卷，经济科学出版社 2001 年版。
[美]埃德温·S·米尔斯：《区域和城市经济学手册》第二卷，经济科学出版社 2003 年版。
[美]保罗·切希尔、[美]埃德温·S·米尔斯：《区域和城市经济学手册》第三卷，经济科学出版社 2003 年版。
Baldwin, Richard et al., *Economic Geography and Public Policy*, Princeton University Press, 2003.

（史先诚　江肃伟）

生活成本效应

Cost of Living Effect

生活成本效应也称价格指数效应（Price Index Effect），是指企业的区位选择对当地消费者生活成本的影响，主要指经济集聚带来的价格优势和劣势。经济集聚地区可以自己生产各类工业品，减少了运往异地市场的运输成本，价格上更有优势，最终导致居民物价水平更低，即前向联系。前向联系主要指中心地区能够获得供给上的优势：经济集聚地区工人多，厂商就能够方便地寻找到需要的专业劳动力，在时间和人力上都能节省相当的成本，消费者以更低的价格获得更高的工业品多样性，时间的间接效用函数最大化。

价格指数效应还指核心地区厂商集聚程度越高，商品种类越丰富，该地区产品的均衡价格指数就越低，对劳动力的吸引力也越大。厂商的区位选择对于当地居民生活成本有影响，在产业集聚的地区，商品（这里指制造品）一般来说比其他地区要便宜一些。这是因为本地生产的产品种类和数量较多，从外地输入的产品种类和数量较少，因而本地居民支付较少的运输成本。

通常，可以把本地市场放大效应和价格指数效应称为聚集力，把市场拥挤效应称为分散力。如果聚集力大于分散力，则任何初始的冲击将进一步得到加强，促使所有制造业工人和制造业企业集中到一个区域。如果分散力大于聚集力，那么工人迁移等这种初始冲击将降低集聚区域的实际工资水平，实际工资水平的降低反过来抑制住初始冲击的强化过程，使得初始均衡处于稳定状态。当分散力占主导地位时，人口迁移等初始冲击会自我减弱，但是当聚集力占主导地位时，人口迁移等初始冲击将会自我强化。

聚集力和分散力的相对大小决定了区际非均衡力，正因为区域间存在这种非均衡力，区域经济具有块状特征，区际经济变量的变化不是连续的而是非连续的过程，常常是间断的并具有突发性。总之，区域经济为块状经济，不同区域之间存在一种内生的非均衡力，这种非均衡力常表现为聚集力，这种聚集力促使要素的流动。正因为这种非均衡力的存在，区际经济变量的变化具有非连续和突发性特征。

参考文献：
安虎森：《空间经济学原理》，经济科学出版社 2005 年版。
[日]藤田昌久、[美]保罗·克鲁格曼、[英]安东尼·J·维纳布尔斯：《空间经济学：城市、区域与国际贸易》，中国人民大学出版社 2005 年版。
[日]藤田昌久、[比]蒂斯：《集聚经济学》，西南财经大学出版社 2004 年版。
[法]皮埃尔－菲利普·库姆斯、蒂里·迈耶、雅克－弗朗索瓦·蒂斯：《经济地理学：区域和国家一体化》，中国人民大学出版社 2011 年版。
Baldwin, Richard et al., *Economic Geography and Public Policy*, Princeton University Press, 2003.

（史先诚　江肃伟）

市场接近效应

Market Accessing Effect

市场接近效应也称本地市场效应（Home Market Effect），是指企业选择市场规模较大的区位进行生产并向市场规模较小的区位出售其产品的倾向。本地市场效应是指经济集聚带来的需求数量上的优势，即后向联系。后向联系主要指中心地区能够获得消费需求上的优势：经济集聚地区消费者很多，市场容量大，厂商因此能够节省运输成本，获得更大的经济利润；经济集聚地区企业多，劳动力需求大，劳动者就能够方便地找到需要的工作，不会产生结构性失业。

在国际经济视角下，存在报酬递增和贸易成本的世界中也存在本地市场效应，那些拥有相对较大国内市场需求的国家将成为净出口国。一个更大的本地市场对选址在其中的厂商是不是个有利条件？对于非对称的市场规模对产业空间结构的影响，克鲁格曼的垄断竞争模型给出了两个相关的结论。首先，克鲁格曼（Krugman，1980）证明了即使两国有相同的偏好、技术和禀赋，由于规模收益递增也会导致两国贸易，对某种产品拥有更多消费者的国家将是此种产业的贸易剩余者。其次，埃尔普曼和克鲁格曼（Helpman and Krugman，1985）进一步发展了此模型，证明了在规模报酬递增产业，更大国家的厂商份额要超过其消费者比例。对于规模收益递增产品，本地市场效应意味着有相对大需求的区域将会有更大比例的产出。换句话说，在厂商水平有规模收益递增特征的产业，两个区域中相对大的区域将是净出口者（Head and Mayer，2003）。

相比之下，在不变规模收益的比较优势框架下，需求大的市场往往是此种产品的进口国。因此，本地市场效应可以将以递增规模收益（Increasing Return to Scale，IRS）为特征的经济地理和以不变规模收益（Constant Return to Scale，CRS）为特征的比较优势两种范式区分开来。

从一定意义上讲，本地市场效应是新经济地理（NEG）的重要理论基石（Head et al.，2002）。不过，假说本身是否是对现实世界的有力抽象需要不断修正和检验，才能得到其是否有效的结论。由于克鲁格曼以及 H-K（Helpman and Krugman，1985）依赖于特殊的假设条件（称为 D-S 建模技巧），模型的推导往往也异常复杂，很多研究试图修改克鲁格曼模型的严格假定，以获取本地市场效应有关存在性和稳定性的结论。修改主要集中在贸易成本、农业部门、贸易空间单元数量、市场结构和企业战略行为假设等。这些修改一方面完善了本地市场效应的内在机制、存在性及稳定性的研究；另一方面，相对于集聚经济机制的研究，地理要素的丰富和新经济部门的引入使得模型抽象更加贴近现实经济。

参考文献：

安虎森：《空间经济学原理》，经济科学出版社 2005 年版。

［日］藤田昌久、［美］保罗·克鲁格曼、［英］安东尼·J·维纳布尔斯：《空间经济学：城市、区域与国际贸易》，中国人民大学出版社 2005 年版。

［日］藤田昌久、［比］蒂斯：《集聚经济学》，西南财经大学出版社 2004 年版。

［法］皮埃尔 - 菲利普·库姆斯、蒂里·迈耶、雅克 - 弗朗索瓦·蒂斯：《经济地理学：区域和国家一体化》，中国人民大学出版社 2011 年版。

Baldwin，Richard et al.，*Economic Geography and Public Policy*，Princeton University Press，2003.

（史先诚　宋晨）

区域经济合作
Regional Economic Cooperation

从理论上讲，区域经济合作有广义与狭义之分。广义的区域经济合作是特定区域内两个或两个以上的国家或地区，通过采取某些共同的经贸政策，促进商品和资本、技术、劳务等要素在相邻国家之间的移动来提高成员国（或参加国）的经济利益和政治利益，改善成员国的国民福利水平，是建立在区域差异和地区优势基础上的一种高层次的国家间经济合作。区域性经济合作是世界经济生活越来越国际化的产物和表现，是生产社会化和经济生活国际化发展的历史趋势，有其深刻的现实基础和客观必然性。狭义的区域经济合作，是指在一个国家内部不同地区基于要素禀赋特征形成的地域分工基础上，通过各要素间和产业间、地域间的市场供求和经济技术联系，在地区之间合理配置资源和产业的所有经济要素有序运动的综合体。由于狭义的区域经济合作与地域经济分工概念类似，这里主要阐释广义的区域经济合作。

区域经济合作的形式很多，主要包括：一是部门一体化，是指区域内各成员国的一种或几种产业实行一体化，如欧洲煤钢联营经济一体化组织，内容包括逐步取消成员国之间煤钢产品进出口关税和限额，成立煤钢共同市场，通过控制投资、产品价格、原料分配等调节共同体成员国的煤钢生产，并建立有超国家性质的“协调机构”，对各成员国、企业和个人实行约束。类似的还有欧洲原子能共同体（EAEC）。二是优惠贸易安排，主要是通过协定或其他形式，减少成员国之间的进口关税。这是市场经济一体化最低级最松散的一种形式，如东盟和非洲优惠贸易区等属此类。三是自由贸易区，指由签订有自由贸易协定的国家组成的贸易区，在成员国之间取消工业品贸易限额，减免或废除关税，使商品在区域内各成员国之间逐步自由移动，但不涉及建立共同的关税和共同贸易政策，不建立超国家的机构。例如，欧洲自由贸易联盟和拉丁美洲自由贸易协会等。四是关税同盟。关税同盟指由两个或两个以上国家签订协定，相互间免征关税和取消其他壁垒，并对非同盟国家实行统一的关税率而缔结的同盟。它在一体化程度上高于自由贸易区，除了包括自由贸易区的基本内容外，成员国之间对外还建立统一的关税率。五是共同市场，是在共同市场成员国内完全废除关税与数量限制，并建立对非成员国的统一关税，同时也允许成员国间资金、劳动力等生产要素的自由流动。如欧洲经济共同体在 1986 年就已经实现农业共同市场。六是经济同盟，就是各成员国之间不但商品和生产要素可以完全自由流动，对外建立统一关税，而且要求成员国制定和执行某些共同经济政策和社会政策，逐步废除政策方面的差异，使一体化的程度从商品交换扩展到生产、分配乃至整个国民经济,形成一个庞大的经济集团。七是完全经济一体化,指区域内各国在经济、金融、财政等政策上完全统一化,这是经济一体化的最高阶段。在各成员国内完全消除商品、资本、劳动力及服务贸易等自由流通的人为障碍,进而在政治、经济上结成更紧密的联盟,统一对外的政治、外交和防务政策及经济政策,建立统一的金融机构,发行统一的货币。如欧盟,不仅包括了货币在内的经济的完全一体化,而且是一种政治、外交与防务的一体化。

世界上存在的主要区域经济合作组织:欧洲自由贸易联盟。欧洲联盟是第二次世界大战后第一个成立的区域经济集团,它的前身是欧洲经济共同体。1957年在意大利的罗马签订了无限期有效的《欧洲经济共同体条约》,通称《罗马条约》,该条约于 1958 年 1 月 1 日正式生效。亚太经济合作组织。1989 年 11 月,在澳大利亚前总统霍克的倡议下,亚太经济合作组织第一届部长级会议在堪培拉召开,它标志着亚太经济合作由过去的民间论坛发展成政府间的磋商,从而拉开了亚太地区更为广泛的经济合作。此后,亚太经济合作组织的成员国不断增加,由最初的 12 个创始国发展到当前的 18 个成员国,并且在制度化建设方面也取得了较大的进展。亚太经济合作组织有三个特征:一是合作形式的灵活性;二是合作方式的多样性;三是开放性。北美自由贸易区。1987 年,美国与墨西哥签署贸易协定大纲,以此为基础,两国总统于 1990 年 12 月宣布将就有关两国间的自由贸易展开谈判,加拿大也表示出极大的兴趣。1992 年年底,三国总统共同签署了《北美自由贸易协定》,1992 年又增补了一个"补充协定",1994 年 1 月 1 日正式生效。

简言之,区域经济合作以贸易自由化为起点,通过国家间的协议,逐步消除对商品流动的限制,贸易自由化是区域经济合作的基础;区域经济合作促使区内贸易和投资出现"内敛"的趋势;区域经济合作具有排他性和歧视性,所以具有对内自由和对外保护的双重特征;贸易创造和贸易转移双重效应兼备;区域经济合作由于地缘政治和经济因素由地缘性向广泛性扩展,一些较大区域经济集团出现了次区域经济组织,如中国—新西兰自由贸易区。区域经济合作的效应可从静态和动态两个角度考察:静态方面,区域经济合作产生了贸易创造效应;动态方面,主要有规模经济效应、刺激竞争效应、刺激投资效应和资源配置效应等。

参考文献:
安虎森:《区域经济学通论》,经济科学出版社 2004 年版。
白光润:《应用区位论》,科学出版社 2009 年版。
陈秀山、张可云:《区域经济理论》,商务印书馆 2003 年版。
郭鸿懋:《城市空间经济学》,经济科学出版社 2002 年版。
魏后凯:《现代区域经济学》,经济管理出版社 2006 年版。
吴福象:《中国区域经济交互关系评价与协调研究》,南京大学出版社 2010 年版。
[英]阿姆斯特朗、泰勒:《区域经济学与区域政策》,上海人民出版社 2007 年版。

(魏守华　董也琳)

区域一体化
Regional Integration

区域一体化作为一个科学概念,发轫于企业组合与联盟的拓展,其实质就是各区域为获取经济集聚及互补效应,通过各种制度安排及其地域功能的合理配置,促使区域整体效益最大化的状态和过程。狭义理解为区域经济的一体化,即多国或多地区形成的经济区域内,贸易壁垒被削弱或消除,生产要素趋于自由流动的过程。世界银行 2009 年报告《重塑世界经济地理》中指出,在一体化区域内经济是日趋集中的,而生活水准是最终趋同的,区域一体化是一个增加开发密度、缩短联系距离、减少相互分割的过程。

在全球化、信息化和市场化背景下,区域一体化对区域增长溢出、社会公平发展以及资源环境利用产生了根本性的影响,成为近 20 年来国家和地区增强彼此合作、提高整体竞争力的重要方式之一。区域一体化的内涵可以逐步延伸为经济、社会、政治等不同维度的一体化:在政治方面上,区域一体化成为调节国家间冲突、创造正和博弈和经济福利的手段;在经济方面,强调区域在全球竞争和解决公共产品供给问题方面的优势地位,并为新的多边全球体系营造良好的环境;在文化方面,区域一体化允许内部差异化、跨文化的重叠以及新文化的创造。

区域一体化理论的提出由来已久,如维纳和李普西的关税同盟理论、小岛清的国际协议分工理论等,这些理论认为,通过建立区域统一市场使各成员国获取贸易创造、贸易转移、贸易扩大、促进竞争等经济效益是区域一体化的主要推动力。区域贸易分工理论则从资源要素(劳动力、资源、资本)的成本差异、技术差异解释了区域分工的现象,认为一体化的驱动力来自于生产过程的分化、区域和国际劳动分工的日益精细以及与之相伴随的专业化、行业内部和公司内部跨国贸易的发展。从经济学角度来看,一体化是市场化、国际化和城市化相互作用的结果,同时要素禀赋、产业分工、制度变迁、组织协调、地区博弈、区位条件等因素变化,也是区域一体化形成的重要动力因素。

参考文献：

［法］皮埃尔－菲利普·库姆斯、蒂里、迈耶、雅克－弗朗索瓦·蒂斯：《经济地理学：区域和国家一体化》，中国人民大学出版社 2011 年版。

［英］阿姆斯特朗、泰勒：《区域经济学与区域政策》，上海人民出版社 2007 年版。

世界银行：《2009 年世界发展报告：重塑世界经济地理》，清华大学出版社 2009 年版。

Padoan, P. C., Technology Accumulation and Diffusion: is There a Regional Dimension? *World Bank Policy Working Paper*: 1997.

Fawcett, L., Hurrell, A., *Regionalism in World Politics*, Oxford: Oxford University Press, 1995.

Gamble, A., Payne, A., *Regionalism and Global Order*, London: Macmillan Press, 1996.

（孙伟　王珏）

区域经济一体化
Regional Economic Integration

区域经济一体化有广义与狭义之分。广义的区域经济一体化，是在谋求最佳国际生产分工的原则下，两个或两个以上的国家或地区在现有生产力水平和国际分工的基础上，由政府通过某种协定或条约，消除成员国之间的贸易障碍，促进成员国之间的协作分工和生产要素自由流动，从而实现成员国共同的经济利益和经济目标的多国经济联盟。这里的“区域”是指一个能够进行多边经济合作的地理范围，这一范围往往大于一个主权国家的地理范围。狭义的区域经济一体化，是一个国家内部不同地区在地域经济分工的基础上，形成具有紧密经济社会联系的地区合作体，通过分工与协作实现协同效应。由于狭义的区域经济一体化与地域经济分工概念类似，这里主要阐释广义的区域经济一体化。

区域经济一体化的雏形可以追溯到 1921 年，当时的比利时与卢森堡结成经济同盟，后来荷兰加入，组成比荷卢经济同盟。1932 年，英国与英联邦成员国组成英帝国特惠区，成员国彼此之间相互减让关税，但对非英联邦成员的国家仍维持着原来较高的关税，形成了一种特惠关税区。经济一体化的迅速发展，始于第二次世界大战之后，并形成三次较大的发展高潮，如目前的欧盟、北美自由贸易区等。

区域经济一体化发展的主要原因：第一，联合一致抗衡外部强大势力是区域经济一体化的直接动因；第二，科学技术和社会生产力的高速发展是区域经济一体化的客观基础；第三，维护民族经济利益与发展及其政治利益是地区经济一体化形成与发展的内在动因，以维护自身的经济、贸易等利益，为本国经济的发展和综合国力的提高创造更加良好的外部环境；第四，贸易与投资自由化是区域经济一体化产生并持续发展的经济源泉；第五，贸易创造等各种积极的经济效应是区域经济一体化产生并持续发展的重要原因。总体来看，全球范围内的区域经济一体化浪潮的兴起和发展同整个世界经济和政治格局的多极化是相一致的，换言之，当前区域经济一体化的实质是世界经济多极化和世界政治多极化。组织形式：经济一体化的形式根据不同标准可分为不同类别。

美国著名经济学家巴拉萨把经济一体化的进程分为四个阶段：第一，贸易一体化，即取消对商品流动的限制阶段；第二，要素一体化，即实行生产要素的自由流动阶段；第三，政策一体化，即在集团内达到国家经济政策的协调一致；第四，完全一体化，即所有政策的全面统一。与这四个阶段相对应，经济一体化组织可以根据市场融合的程度，分为以下六类：优惠贸易安排；自由贸易区；关税同盟；共同市场；经济同盟；经济一体化——这是经济一体化的最高阶段。成员国在经济、金融、财政等政策上完全统一，在国家经济决策中采取同一立场，区域内商品、资本、人员等完全自由流动，使用共同货币。除以上分类外，近年还有学者根据成员国构成的不同，把经济一体化组织分为三类：发达国家型，即由发达国家组建的经济一体化组织，典型的如欧洲联盟；发展中国家型，即由发展中国家组成的经济一体化组织，如东南亚国家联盟；南北型，即由发达国家和发展中国家共同组建的经济一体化组织，如北美自由贸易协定。

区域经济一体化的根本特征，可以简单地概括为“对内自由贸易，对外保护贸易”。因此，它对多边贸易体制和全球经济的影响必然是双重的，既有一定的积极影响，又具有一定的消极影响。

积极的影响主要有：一为区域经济一体化在区域内奉行自由贸易原则，清除各种贸易壁垒。自由贸易政策实施所带来的各种好处将有助于成员国增强自由贸易意识，同时区域内部保护贸易的约束机制对于成员国内部贸易保护主张起到一定的遏制作用。二为区域经济一体化可以成为多边贸易体制的基础。三为区域谈判与多边谈判具有重要的“协同作用”。四为区域经济一体化可以为多边贸易谈判提供经验和技巧。

消极的影响：一是区域性经济集团都实行对内自由贸易、对外保护贸易的贸易政策，这种“内外有别”的政策明显背离多边贸易体制的非歧视原则，形成保护主义的贸易壁垒。二是区域经济一体化组织都具有不同程度的“贸易转移效应”，背离比较优势原则，对区域外的国家造成损害，往往导致区域内外的贸易摩擦和冲突，使世界贸易组织经常处于“救急”状态。三是区域经济一体化组织增加了国际市场上的垄断力量，抑制了竞争，削弱了 WTO 体制的作用。

参考文献：
陈秀山、张可云：《区域经济理论》，商务印书馆 2003 年版。
郭鸿懋：《城市空间经济学》，经济科学出版社 2002 年版。
白光润：《应用区位论》，科学出版社 2009 年版。
魏后凯：《现代区域经济学》，经济管理出版社 2006 年版。
安虎森：《区域经济学通论》，经济科学出版社 2004 年版。
［英］阿姆斯特朗、泰勒：《区域经济学与区域政策》，上海人民出版社 2007 年版。

（魏守华 董也琳）

区域经济动力学
Regional Economic Dynamics

区域经济动力学是一门运用系统动力学的原理和方法研究区域经济增长的学科。系统动力学（System Dynamics）是 1956 年由美国麻省理工学院福瑞斯特（Forrester）教授最早提出，是一种对社会经济问题进行系统分析的方法论和定性与定量相结合的分析方法。该方法以系统反馈控制理论为基础，以计算机仿真技术为主要手段，定量地研究系统发展的动态行为。

在区域经济发展过程中，不同的地区之间由于资源的不同而产生吸引和排斥，处于资源优势的地区对于其他区域的资源有吸收作用，优势越大，吸引力越大，处于经济劣势的地区资源不断地流出。根据空间动力学的原理，在相互作用的驱动下，区域不断的发生变化，形成区域地域结构和资源（如人口等）的变化，出现资源聚集和反聚集。作为相互作用的两个方面，吸引使资源产生空间聚集，排斥使空间的资源再分布，出现反聚集现象。由此，区域经济学动力学研究的经典理论有二元增长核模型和三元生产调制模式，通过构建包含内生变量的非平凡时间序列的动态模型或理论的结构方程，研究区位、互动流、空间结构以及外生变量所引致的区域商品和要素的增加与下降。在建立区域经济系统动力学模型之前，首先就要分析系统内各变量间的关系，尤其是要确定主体变量与辅助变量之间的关系，有的变量之间关系密切，有的则不密切，找出系统的主要关系，为分析研究提供必要的基础。

在区域经济发展的动力作用模型中，各种分力是相互联系相互影响的。这些力在时间上有时是同时发挥作用，有时是重点突出某一个分力的作用，犹如一个物体当其开始起动时，作用于物体的各种力都会表现出不同的作用，而当其运动到一定阶段时，其中某一阻力的作用将会凸显。区域经济发展也是如此，当区域经济在发展初期时，各种影响区域经济发展的作用力量都起着不同作用，如当区域经济发展到成长期和成熟期时，各种力就会表现不同的作用。影响区域经济持续发展的各种分力在区域经济发展过程中是此起彼伏地交替发挥作用。区域经济合动力是区域经济发展动力之和与区域经济发展阻力之和的差值，即：

$$\sum F_{合} = \sum F_{动} - \sum F_{阻}$$

如果从区域经济发展速度与区域经济的动力、阻力和区域经济规模的关系看，区域经济发展速度与区域经济发展动力之和与阻力之和的差值成正比，与区域经济规模成反比，根据这一关系，区域经济发展动力相互作用模型的表达式为：

$$G = (\sum F_{合} - \sum F_{阻})/M = MA/M$$

G——区域经济发展速度；M——区域经济规模；$\sum F_{阻}$——区域经济发展的阻力之和；$\sum F_{动}$——区域经济发展的动力之和（$\sum F_{动} = MA + \sum F_{阻}$）；$MA = \sum F_{合}$。

区域经济动力学还表现为区域的可持续发展。可持续发展的定义是："既满足当代人的需要，又不对后代人满足其需要的能力构成危害的发展"。它至今仍是可持续发展的权威定义。其核心思想是：健康的经济发展应建立在生态可持续能力、社会公正和人民积极参与自身发展决策的基础上。它所追求的目标是既要使人类的各种需要得到满足、个人得到充分发展，又要保护资源和生态环境、不对后代人的生存和发展构成威胁。

参考文献：
郭鸿懋：《城市空间经济学》，经济科学出版社 2002 年版。
白光润：《应用区位论》，科学出版社 2009 年版。
魏后凯：《现代区域经济学》，经济管理出版社 2006 年版。
［英］阿姆斯特朗、泰勒：《区域经济学与区域政策》，上海人民出版社 2007 年版。
刘继承、徐玖平：《一类区域经济发展的系统动力学模型》，载于《经济数学》2001 年第 1 期。
谷国锋：《区域经济发展的动力系统研究》，东北师范大学博士学位论文，2005 年。
［荷］尼茨坎普：《区域和城市经济学手册》，经济科学出版社 2001 年版。

（魏守华 董也琳）

区域经济增长
Regional Economics Growth

区域增长理论是研究一定时期内区域增长的源泉、阶段、结构、路径等机制的理论。通常意义上的经济增长是指一个国家或地区商品和劳务总量的增加。狭义的经济增长只涉及纯经济因素,如国民生产总值和国民收入。广义的经济增长除经济指标外,还涉及国民的健康状况、文化水平、安全程度、快乐程度、自由和休闲、生态环境,包括经济系统、生态系统和社会生活系统。

美国经济学家库兹涅茨给经济增长下了一个经典式的定义,称之为现代经济增长。他认为"一个国家的经济增长可以定义为给它的居民提供种类日益增多的经济产品的能力长期上升,这种不断增长的能力是建立在先进技术以及所需要的制度和意识形态相应调整的基础之上的"。从这个定义可以看出,广义的区域经济增长定义,不仅应包括经济数量的增加,而且还应包括产品结构的相应变化;不仅应包括经济方面,而且应包括非经济方面,如社会制度和意识形态的改变等。广义的区域经济增长则还包括对人口数量的控制,人均国民生产总值的提高,以及产品需求量的增加等。

同时,广义的区域经济增长和可持续发展的内涵有一定交叉。可持续发展经济的本质,既要考虑当前经济发展的需要,又要考虑未来经济发展的需要,而且不以牺牲后代人的经济福利为代价来满足当代人的经济福利。其核心问题是人们的经济活动与经济发展不能超过资源与环境的承载能力,使之相协调,可持续发展经济十分注重经济活动和发展行为的生态合理性,尤其强调对资源与环境有利的经济行为应给予鼓励,反之则应予以摈弃,保证经济行为的可持续性,实现经济发展的眼前利益与长远利益(或当代人的利益与后代人的利益)、局部利益与全局利益、个别利益与共同利益有机结合与协调发展,促使经济能够沿着健康运行轨道可持续发展。因此,可持续性经济是广义区域经济增长的重要内容。

基于广义的区域经济增长定义,广义的区域经济学是指研究经济活动的空间分布与协调,以及相关的区域决策的科学,包括区际经济学和区内经济学,主要研究区内外资源的优化配置与组合,以及经济运行规律,探讨区外经济合作和区域经济联系,制定区域经济政策,实施区域经济管理。相应地,广义的区域政策包括经济政策、行政政策、社会政策、环境政策等,但主要指区域经济政策,因为区域政策首先是为解决区域经济问题而产生的,区域的其他问题直接或间接都是由区域经济问题而引发的,区域经济发展水平直接影响区域的行政改革、社会状况、环境状况等。

狭义的区域经济增长,简单来讲指一个地区社会财富即社会总产品量的增加。它一般是用实际的国民生产总值(GNP)或国内生产总值(GDP)的增长率来表示。所谓"实际"是指扣除了物价变动因素。GNP或GDP的变动只是反映一个地区产品量的真实变动,用实际的GNP或GDP除以地区总人口,便得到人均GNP或人均GDP。它作为反映一个地区居民收入水平的综合指标,常常被用来评价和比较经济绩效。

影响区域经济增长的因素众多,主要包括:

一是自然条件因素。自然条件状况如何,直接或间接地影响着各地区劳动生产率的高低。特别是,自然条件直接决定了各地区农业、采掘业以及水力发电等部门劳动生产率的不同水平,进而间接影响到原材料工业和加工工业劳动生产率的高低。各地区优越的地理位置如交通便利、接近原料产地和消费地区,同样也影响着社会劳动生产率的提高。需要指出的是,随着科学技术的发展,自然条件因素对区域经济增长的作用在逐渐削弱。

二是人口和劳动力因素。人口是生产行为和消费行为的载体,一定的人口数量和适度的人口增长是保证区域劳动力有效供给的前提条件;同时,人口素质的高低直接影响着区域劳动力素质和劳动生产率的水平。一个区域劳动力资源丰富,即为该区域的经济增长提供基本的条件。劳动力资源缺乏,推动区域经济增长所必要的人力得不到保证,就必然会影响甚至延缓和阻碍经济的进一步增长。

三是资金因素。生产资金(即生产基金)包括固定资金(原有固定资产和新增投资)和流动资金两个部分,它是生产资料在价值形态上的体现。生产资金对区域经济增长的作用主要表现在三个方面;首先,在一般情况下,资金投入的增加可以提高区域的产出水平。一般来说,资金投入的增加同经济增长成正比,一个区域投入生产的资金越多,能容纳的劳动力就越多,生产增长就越快。其次,资金产出率的提高是加快区域经济增长的重要途径。资金产出率的提高意味着用同样多的生产资料或等量的资金,可以生产出更多数量的产品。最后,固定资产投资是保证区域社会再生产和经济增长的物质技术条件。一般来说,区域经济要获得一定数量的增长,固定资产投资应保持同步或略快的增长。固定资产投资的增加可以使区域不断采用先进的技术装备,提高生产能力,降低原材料和燃料消耗,改善劳动条件和生产条件,促进产品升级换代,调整产品结构,增加花色品种以及合理布局生产力等,从而加快区域经济的增长。

四是科技进步因素。科技进步对区域经济增长的影响已越来越大,日趋居于主导性的地位,现代化生产的发展在更大程度上依靠提高劳动生产率,依靠提高对现有资源的利用程度,而这又在很大程度上取决于科学技术进步。先进的科学技术不仅会改善资本装备的质量,也会提高劳动者的素质,从而使生产要素的产出能力发生质的飞跃。依靠先进的科学技术方法还可以大大提高经营管理水平,优化现有资源的配置,改善区域生产力组织,从而加快区域经济增长。

五是资源优化配置因素。劳动力、资金和技术是区域经济增长中三个最基本的生产要素。这些要素既相互制约又相互联系和相互作用，对区域经济增长产生综合的影响，单一要素投入的增加，如果没有其他要素的相互配合，往往起不到应有的作用。所谓资源优化配置，就是在区域生产过程中，通过对各种要素投入的合理分配和相互组合，最大限度地提高区域要素投入的总体产出水平。不断调整企业生产结构，优化产业结构和组织结构，合理布局生产力等，都是实际区域资源优化配置的重要途径。

六是区际贸易因素。区际贸易包括区域对外贸易，也是影响区域经济增长的重要因素。一般说来，区际商品贸易（包括商品输入和输出）对区域经济增长具有乘数作用。也就是说，区际贸易量一定程度的增长，可以使区域社会总产品或收入成倍地增长。区际贸易量的大小一般取决于区域输出商品的比较优势、区际贸易障碍（如地区间距离、运输成本以及一些其他的人为障碍）和区域外部需求三个方面。区域可输出商品比较优势越大，输出商品的市场竞争力越强，也就越能促进区际贸易的发展；区际贸易障碍减少，则降低贸易成本，扩大贸易交流；区域外部对本区的需求增加，促使本区增加输出，从而有利于区域经济增长。

狭义的区域经济学作为研究区域经济学发展和区域关系的科学，它要回答一个区域是如何实现经济增长和经济发展的，各个地区以及主要城市在全国劳动地域分工中具有什么样的优势，应该处于什么样的地位，承担什么样的功能；应该与其他地区建立什么样的技术经济关系，如何建立这样的联系。这是区域经济学必须回答的问题，是研究任何区域经济发展起码要解决的问题，也是别的学科不能替代的研究领域。因此，狭义的区域经济增长以区域经济政策制定和区域经济管理实施为研究目的，以区域内经济活动空间布局为研究基础，探讨区域内经济活动所需的各部门的相互匹配，包括主导产业、基础产业、辅助产业、区内市场、人力资源、社会保障制度、金融机构、行政机构、咨询机构、各种法规以及众多的基础设施之间的相互匹配。此外，狭义的区域政策主要指区域经济政策。区域经济政策可以区分为三个层次，即超国家的经济合作组织内的经济协调政策、国家层次的区域经济政策以及一国地方层次的经济政策。就超国家的区域经济政策而言，最成功的是欧共体的区域经济政策。

参考文献：

杨云彦：《区域经济学》，中国财政经济出版社 2004 年版。

郭鸿懋：《城市空间经济学》，经济科学出版社 2002 年版。

白光润：《应用区位论》，科学出版社 2009 年版。

魏后凯：《现代区域经济学》，经济管理出版社 2006 年版。

［英］阿姆斯特朗、泰勒：《区域经济学与区域政策》，上海人民出版社 2007 年版。

［美］库兹涅茨、郭熙保：《现代经济增长：发现与思考》，中国经济出版社 1998 年版。

［美］尼茨坎普：《区域和城市经济学手册》，经济科学出版社 2001 年版。

（魏守华　董也琳）

增长极开发
Growth Pole Development

增长极概念最初是由法国经济学家弗郎索瓦·佩鲁（Francois Perroux）提出来的：如果把发生支配效应的经济空间看作力场，那么位于这个力场中推进性单元就可以描述为增长极；增长极是围绕推进性的主导工业部门而组织的有活力的高度联合的一组产业，它不仅能迅速增长，而且能通过乘数效应推动其他部门的增长。后来，法国经济学家布代维尔（Boudeville）又将其引入到区域经济理论中，形成区域增长极理论：一个国家要实现平衡发展只是一种理想，在现实中是不可能的，经济增长通常是从一个或数个“增长中心”逐渐向其他部门或地区传导，因此应选择特定地理空间作为增长极以带动经济发展。该理论被认为是西方区域经济学中经济区域观念的基石，是不平衡发展论的依据之一。

增长极理论的基本要素包括：第一，其地理空间表现为一定规模的城市；第二，必须存在推进性的主导工业部门和不断扩大的工业综合体；第三，具有扩散和回流效应。相应地，增长极体系有三个层面：先导产业增长；产业综合体与增长；增长极的增长与国民经济的增长。在此理论框架下，经济增长被认为是一个由点到面、由局部到整体依次递进，有机联系的系统。其物质载体或表现形式包括各类别城镇、产业、部门、新工业园区、经济协作区等。

许多国家运用增长极理论来解决不同的区域发展和规划问题，并取得了显著的成效，主要得益于增长极理论的优点：一是增长极理论准确地把握了经济增长的空间特征。新古典经济学信奉均衡说，认为空间经济要素配置可以达到帕累托最优，即使短期内出现偏离，长期内也会回到均衡位置，佩鲁则主张非对称的支配关系，认为经济一旦偏离初始均衡，就会继续沿着这个方向运动，除非有外在的反方向力量推动才会回到均衡位置。二是增长极概念非常重视创新和推进型企业的重要作用，鼓励技术革新，符合社会进步的动态趋势。三是增长极概念形式简单明了，易于把握，对政策制定者很有吸引力。同时，增长极理论提出了一些便于操作的有效政策，使政策制定者容易接受。例如，佩鲁认为现代市场充满垄断和不完善，无法自行实现对推进型企业的理性选择和环境管理问题，因此，提出政府应对某些推进型企业进行补贴和规划。

增长极理论有助于核心区域增长，但往往以牺牲其腹地经济增长为代价，导致地区间差距，尤其是城乡差距，该理论存在以下缺陷：一是增长极的极化作用。增长极主导产业和推动性工业的发展，具有相对利益，产生吸引力和向心力，使周围地区的劳动力、资金、技术等要素转移到核心地区，剥夺了周围区域的发展机会，使核心区域与周围地区的经济发展差距扩大，增长极对周围区域产生负的效果。二是新区开发给投资带来一定难度。增长极一般为新区，这些地方交通一般不便，生活服务设施相对较差，投资者往往不愿意为这种新区投资，而基础设施的建设需要大量的投入，如果政府不采取积极的态度，增长极政策的实施困难很大。三是增长极理论是一种"自上而下"的区域发展政策，它单纯依靠外力（外来资本及本地自然资源禀赋等），可能造成脆弱的地区，而在全球化与本地化趋势并存的时代，基于知识和技术的区域发展战略越来越受到许多国家的重视。

从全球范围看，落后地区一般采取增长极点开发模式，如苏联的生产地域综合体模式。这类地区往往具有较广阔的地域与较丰富的自然资源，但物质技术基础薄弱，交通不便，自然地理条件较差，开发程度较低。在建设资金十分有限，而基础设施建设又需要巨额社会资本投资的情况下，要促进这类地区的经济开发，关键是配置若干规模较大、增长迅速且具有较大地区乘数作用的区域增长极，实行重点开发。这些增长极能否发挥作用，既需要主导工业和推进型企业，又需要适当的周围环境。一般说来，在增长极中心都有一类占统治地位的大型推进型企业，发挥着主导性作用，这种企业可能是一个工厂，也可能是各个企业所组成的群体。在这一过程中，经济活动会在空间上极化，并导致产业分布在地理上的极化，从而获得各种集聚经济，包括内部和外部规模经济。利用增长极来开发落后地区或实施国家工业分散化计划，尽管有不少失败的例子，如20世纪50年代末巴西政府在东北部沿海选择的萨尔瓦多等，但增长极模式已在西方国家取得了显著的成就并越来越被人们所重视，如意大利在解决南北问题，法国、苏格兰及爱尔兰将工业活动从城市中心扩散到落后地区，巴西的马瑙斯在引进外资开发亚马孙流域方面都取得了显著的成就。

参考文献：

郭鸿懋：《城市空间经济学》，经济科学出版社2002年版。

白光润：《应用区位论》，科学出版社2009年版。

魏后凯：《现代区域经济学》，经济管理出版社2006年版。

段进：《城市空间发展论》，江苏科学技术出版社1999年版。

［英］阿姆斯特朗、泰勒：《区域经济学与区域政策》，上海人民出版社2007年版。

（魏守华　董也琳）

点轴开发理论

Pole-Axis Development Theory

点轴开发理论（点轴理论）最早由波兰经济家萨伦巴和马利士提出，在中国最早由陆大道院士提出。其实，点轴理论实质上是增长极理论的延伸，从区域经济发展的过程看，经济中心总是首先集中在少数条件较好的区位，成斑点状分布，这些经济中心既可称为区域增长极，也可称之为点轴开发模式的点。随着区域经济的发展，经济中心逐渐增加，同时点与点之间由于经济联系的逐渐加强，必然会建设各种形式的交通线路使之相联系，这一线路即为轴。轴线一经形成，对人口和产业就具有极大的吸引力，吸引企业和人口向轴线两侧聚集，并产生新的增长点。点轴贯通就形成点轴系统，甚至由轴带面，最终促进整个区域经济的发展。

"点轴"开发理论将中心城市、交通干线、市场作用范围等统一在一个增长模式之中，在三者交互关系中，点居于主导地位，轴是多层次中心点之间沟通连接的通道，而通过市场配置资源要素，是点与点之间、点与轴之间发生联系的根本动因之所在。"点轴"开发理论的实践意义，在于首先揭示了区域经济发展的非均衡性，即可能通过点与点之间跳跃式配置资源要素，进而通过轴带的功能，对整个区域经济发挥牵动作用。因此，必须确定中心城市的等级体系，确定中心城市和生长轴的发展时序，逐步使开发重点转移扩散。"点轴"开发理论是在经济发展过程中采取空间线性推进方式，它是增长极理论聚点突破与梯度转移理论线性推进的完美结合。

点轴开发模式关键是选好重点开发轴。选择重点开发轴的主要条件有：一是由经济核心区和发达的城市工业带组成；二是以水陆交通干线为依托；三是自然条件优越，建设用地条件好，农业发展水平较高；四是矿产资源和水资源丰富。重点开发轴线的数量不宜太多，一般以一两条为宜，如韩国的南部沿海地区、马来西亚的马来半岛西海岸、日本的太平洋沿岸重点开发轴线的选择，主要根据以下原则：一是以水陆交通干线为依托，实现产业布局与交通运输的空间最佳组合；二是工业、城市发展已具有一定的基础，有较大的经济发展潜力；三是自然条件优越，农业经济发展水平较高，这是工业、城镇集中发展的基础；自然资源特别是水资源丰富，或者可供给性良好。

严格地说,点轴开发是一种地带开发,它对区域经济增长的推动作用要大于单纯的点状开发。因为点轴开发在空间结构上是点与面的结合,基本上呈现出一种立体结构和网络态势。它一方面可以转化城乡二元结构,另一方面又可促使整个区域逐步向经济网络系统发展。

参考文献:
白光润:《应用区位论》,科学出版社 2009 年版。
段进:《城市空间发展论》,江苏科学技术出版社 1999 年版。
郭鸿懋:《城市空间经济学》,经济科学出版社 2002 年版。
陆大道:《区位论及区域研究方法》,科学出版社 1991 年版。
魏后凯:《现代区域经济学》,经济管理出版社 2006 年版。
[英]阿姆斯特朗、泰勒:《区域经济学与区域政策》,上海人民出版社 2007 年版。

(魏守华　董也琳)

网络开发模式
Network Development Mode

网络开发模式是点轴渐进扩散的结果。通过形成人口、经济和基础设施的复合集聚,在空间上形成经济网络。当一个区域的经济发展到一定阶段以后,各类增长极(即各类中心城镇)和增长轴的影响范围不断扩大,在较大的区域内已经形成了商品、资金、技术、信息、劳动力等生产要素的流动网及交通、通讯网。在此基础上,通过网络的外延,加强了与区外其他区域经济网络的联系,在更大的空间范围内,将更多的生产要素进行优化配置,促进整个区域经济的全面发展。从理论上看,区域开发会逐步呈现出增长极点开发—点轴开发—网络开发三个不同发展阶段。而交通网络、通讯网络以及信息网络等是构成网络开发模式的核心,它们构成网络开发模式的关键因素。

网络开发模式较适合经济发达地区,但新区开发一般应先采取点轴开发模式。较发达地区一般是由若干个工业枢纽和若干个工业城镇所组成,其物质技术基础雄厚,资金、技术、劳动力密集,经济地位在全国举足轻重,如中国的长三角区域、京津唐区域、珠三角区域。实施网络开发要有一定的依据,最重要的是网络内城市的定位。在空间一体化过程中,随着第一级中心城市实力的增强,原有的城市无法满足其发展需求,其部分功能将向具有战略地位的次中心转移,上一级的中心城市和下一级的中心城市之间功能互补,层次分明,带动整个区域的共同发展,而次级中心城市的形成不但与城市的经济、社会条件相关,还与地理位置有关。

严格地说,这类地区属整治开发区,一方面要对老区进行整治,对部分传统产业进行扩散、转移,或国家采取工业分散化政策,以配合落后地区的增长极点开发;另一方面又要全面开发新区,以达到经济的空间均衡。新区的开发一般也是采取点轴开发形式,而不是分散投资、全面铺开。这种新、旧点轴的不断渐进扩散和经纬交织,将逐渐在空间上形成一个经济网络体系。较发达地区之所以采取网络开发形式,主要有以下两个原因:第一,由于区域整体经济已达到高度发展阶段,开始越过转折点。这时,经济的空间均衡即地区差异的缩小就成为区域经济发展的必要条件,同时资金供给对区域开发的约束已不像前两个阶段那么明显,区域经济力已允许或能够全面开发新区,进行大幅度的区域空间结构调整,以便促使区域经济逐步趋向均衡。第二,极化效应所产生的集聚规模经济是有其限度的,当区域经济在少数点、地带上过度集聚,将导致一系列"膨胀病",如交通紧张,能源、电力短缺,用地和用水困难,环境质量下降,公共服务成本及基础设施建设成本迅速增加等,又将使集聚产生的规模不经济超过集聚带来的利益。在国外企业为了分摊风险,正在向多产品、多工厂、分散化的方向发展。对企业家说,集中带来的外部经济重要性正在逐步下降。如果说点状开发、点轴开发是以集中化为特征的话,则网络开发是以分散化为特征的。

参考文献:
陈秀山、张可云:《区域经济理论》,商务印书馆 2003 年版。
郭鸿懋:《城市空间经济学》,经济科学出版社 2002 年版。
白光润:《应用区位论》,科学出版社 2009 年版。
魏后凯:《现代区域经济学》,经济管理出版社 2006 年版。
陆大道:《区位论及区域研究方法》,科学出版社 1991 年版。
张建军、李琳英:《区域网络开发模式的理论研究与实践探索》,载于《西安文理学院学报:社会科学版财贸研究》2006 年第 2 期。
[英]阿姆斯特朗、泰勒:《区域经济学与区域政策》,上海人民出版社 2007 年版。

(魏守华　刘丹鹭)

TOD 开发模式
Transit-Oriented-Development Mode

TOD 开发模式,是指"以公共交通为导向"的开发模式。这个概念最早由美国建筑设计师哈里森·弗雷克提出,是为了解决第二次世界大战后美国城市的无限制蔓延而采取的一种以公共交通为中枢、综合发展的步行化城区。其中,公共交通主要是以地铁、轻轨等轨道交通及巴士为主干线,然后以公交站点为中心、以400~800米(5~10分钟步行路程)为半径,建立以集工作、商业、文化、教育、居住等为一体的城区,以实现各个城市组团紧凑型开发的有机协调模式。TOD是国际上具有代表性的城市社区开发模式,也是新城市主义最具代表性的模式之一。

20世纪50年代,美国很多城市居民向郊区迁移居住,中心呈现衰败趋势,出现逆城市化现象,波特兰通过建设有轨电车使老城区重新繁荣起来,实现了再城市化。这条线路是区域性的循环公共交通系统通过TOD开发模式使居民对小汽车的依赖降低了35%,这也是TOD开发模式最早的成功实践之一。同时,城市规划学界内公认美国TOD开发最好的案例之一是华盛顿周边的一个郡,在整个区域内建设公交系统和轨道交通大通道。通道内不只是一条干线,其他交通可以接入,通道两侧是最高密度的开发,使双向公交都非常有效,整个通道设施利用率达到最大,不仅抑制了潮汐交通流,还有效减少了人均车公里数。TOD开发模式目前还被广泛应用于城市尚未成片开发的地区,即通过先期对规划发展区的用地以较低的价格征用,导入公共交通,形成开发地价的时间差,然后,出售基础设施完善的"熟地",政府从土地升值的回报中回收公共交通的先期投入。

TOD开发模式的涵义,从字面上对"交通引导开发"的理解就是,城市要开发哪里,先要把路开通到哪里,道路先行,这就是交通引导开发。TOD模式的目标原则之一就是通过提高密度来增加土地使用的效率,遏制蔓延。TOD模式强调对土地的综合利用和开发,以经济效益为核心,按照经济价值原则形成的是中心商业区、办公区、外围居住的类"同心圆结构",这种类"同心圆结构"是建立在经典的城市经济学理论基础上的,实现了土地的级差密度开发,合理的开发从而引起土地的升值,进一步加剧城市轨道交通站点附近区域的高密度开发,从而导致土地从地下到地面,从地面到地下空间的立体开发倾向,成为紧凑城市的典型区域。TOD模式在微观尺度上,以传统经济理论为级差,利用级差密度,注重土地的高效、集约化发展,类同心圆结构的实现并没有丢失人性化的设计理念,同时也实现了良性环境的塑造和公共空间的打造,从而有效避免"公地悲剧"的发生,实现土地高效、集中开发和宏观上的分散布局相对应。TOD社区以轨道交投站点为中心,由轨道交通线相连,呈现"珍珠项链"式开发,整体分散与局部集中性相协调,塑造宜人生活空间,实现了城市结构的优化。

中国大陆正经历快速城镇化阶段,是TOD开发模式发挥作用的最佳时机。2010年我国的城市化水平已达到45%,城市化过程有两种基本形式:一种是在原有城市边缘摊大饼式扩展,另一种是发展新城或在原有的半城市化地区有选择地发展卫星城市。城市以第一种形式发展到一定规模时,会产生一些阻碍城市进一步发展的因素,诸如自然环境、地域结构等,城市规模越大限制性因素越强。从趋势上看,给予各类交通枢纽为载体的TOD开发提供了大量的机会。城市轨道交通是面向城市轨道交通的土地开发战略,即一方面在开展城市交通规划时,以大运量、高效率、环境友好的轨道交通为骨干,配合步行及地面公交,从而减少市民出行对地面交通和私家车的需求;另一方面,在开展城市规划时,要以轨道交通车站为中心,进行高密度的商业、写字楼、住宅等综合开发,使住房、就业集中在车站吸纳范围内,使周边土地价值最大化。此外,中国是世界上机动车、私人小汽车增长最快的国家,根据国际能源协会(International Energy Agency,IEA)预测,到2050年中国大陆地区机动车拥有量将达到10亿辆,相当于目前全世界机动车的拥有量。我国的北京、广州、南京等对TOD开发模式处于试探阶段,如中国政府对京津城际铁路等城际高速铁路的建设给予极大的支持,深圳也对TOD开发模式进行投融资,天津的中新生态城对于TOD进行了全方位实践,同时进行轻轨、清洁能源动力车等多种低碳交通方式的开发。

参考文献:

陆大道:《区位论及区域研究方法》,科学出版社1991年版。

周一星:《城市地理学》,商务印书馆1995年版。

[美]埃德加·M·胡佛:《区域经济学导论》,商务印书馆1990年版。

[德]克里斯泰勒:《德国南部中心地原理》,商务印书馆1995年版。

[德]奥古斯特·勒施:《经济空间秩序:经济财货与地理间的关系》,商务印书馆2010年版。

[英]阿姆斯特朗、泰勒:《区域经济学与区域政策》,上海人民出版社2007年版。

国务院发展研究中心发展战略和区域经济研究部课题组:《中国区域科学发展研究》,经济日报出版社2007年版。

（魏守华　吴福象）

SOD 开发模式

Service-Orient-Development Mode

SOD开发模式即服务导向开发模式,就是在要促进发展的地区,政府有意识地进行大型社会服务设施以及某些商业型设施的建设,改善某地区的环境,从而对期望集聚的要素产生巨大吸引力,带动这一地区的发展后,才将周围升值后的土地出让,如上海市创造的“先建绿、后建房”的经验。

与TOD开发模式相比,SOD是近年来中国城市规划与建设中产生的一种新方式。SOD的实质就是,城市政府利用行政垄断权的优势,通过规划将行政或其他城市功能进行空间迁移,使新开发地区的市政设施和社会设施同步形成,进一步加大“生熟”地价差,从而同时获得空间要素功能调整和所需资金保障。一个成功的经典案例是,当年青岛市政府出让了老城区用地,而率先进入新区,实现了城市功能转移、空间疏解与优化、政府财政状况改善等多重目标。此外还需要指出的是,SOD尤其是以政府为核心的行政中心转移,给社会带来的巨大示范效应和心理预期效应,是无法衡量的。

除此以外,城市开发还包括AOD开发模式(Anticipation-Oriented-Development),即规划理性预期引导,这是一种城市规划—城市经营整合概念,是一种城市经营的新手段。

综合对比TOD、SOD和AOD三种开发模式,可以发现:如果说TOD是政府利用垄断规划信息带来的优势而进行城市经营,AOD是政府充分利用发布规划信息的诱导作用来进行城市经营,那么SOD则是政府通过前期的基础设施和公共服务建设来直接推动新区的城市经营,总体上,三者都是政府通过预先发布某些地区的规划消息,公开相关信息,来激发、引导市场力量进行先期的相关投入,以尽快形成与规划目标相一致的外围环境和所需氛围,以便于政府在最为适合的时机,以较小的投入即可实现原先的规划建设意图。不论是TOD、SOD还是AOD模式,都是基于政府垄断了城市规划的信息,以及政府手中拥有的投资资金,甚至掌握了城市开发投资组织权的条件,以操纵城市地区土地的增值。

参考文献:
陈秀山、张可云:《区域经济理论》,商务印书馆2003年版。
[美]埃德加·M·胡佛:《区域经济学导论》,商务印书馆1990年版。
[德]克里斯泰勒:《德国南部中心地原理》,商务印书馆1995年版。
[德]奥古斯特·勒施:《经济空间秩序:经济财货与地理间的关系》,商务印书馆2010年版。
[英]阿姆斯特朗、泰勒:《区域经济学与区域政策》,上海人民出版社2007年版。
国务院发展研究中心发展战略和区域经济研究部课题组:《中国区域科学发展研究》,经济日报出版社2007年版。

(魏守华　刘丹鹭)

区域平衡理论
Regional Equilibrium Theory

区域平衡理论又称区域均衡发展理论(Balanced Development Theory),该理论是以哈罗德—多马新古典经济增长模型为基础的平衡发展理论发展起来的。平衡发展理论认为,由于各经济要素间的相互依赖性和互补性,一味地侧重某一个部门或地区的投资影响了相关部门和地区的发展,由于落后的部门和地区的阻碍作用,所有的部门和地区都不会得到发展。因此所有的经济部门和地区应该齐头并进,共同发展。

从区域发展的实现条件来看,区域经济增长取决于资本、劳动力和技术三个要素的投入状况,而各个要素的报酬取决于其边际生产力。在自由市场竞争机制下,生产要素为实现其最高边际报酬率而流动。在市场经济条件下,资本、劳动力与技术等生产要素的自由流动,将导致区域发展的均衡。因此,尽管各区域存在着要素禀赋和发展程度的差异,由于劳动力总是从低工资的欠发达地区向高工资的发达地区流动,以取得更多的劳动报酬。同理,资本从高工资的发达地区向低工资的欠发达地区流动,以取得更多的资本收益。要素的自由流动最后将导致各要素收益平均化,从而达到各地区经济平衡增长的结果。

区域平衡理论中又有两种代表性理论,即罗森斯坦·罗丹的大推进理论和纳克斯的平衡增长理论。推进理论的核心是外部经济效果,即通过对相互补充的部门同时进行投资,一方面可以创造出互为需求的市场,解决因市场需求不足而阻碍经济发展的问题;另一方面可以降低生产成本、增加利润、提高储蓄率,进一步扩大投资,消除供给不足的瓶颈。平衡增长理论认为,落后国家存在两种恶性循环,即供给不足的恶性循环(低生产率—低收入—低储蓄—资本供给不足—低生产率)和需求不足的恶性循环(低生产率—低收入—消费需求不足—投资需求不足—低生产率),而解决这两种恶性循环的关键,是实施平衡发展战略,即同时在各产业、各地区进行投资,既促进各产业、各部门协调发展,改善供给状况,又在各产业、各地区之间形成相互支持性投资的格局,不断扩大需求。因此,平衡发展理论强调产业间和地区间的关联互补性,主张在各产业、各地区之间均衡部署生产力,实现产业和区域经济的协调发展。

参考文献:
陈秀山、张可云:《区域经济理论》,商务印书馆2003

年版。
郭鸿懋:《城市空间经济学》,经济科学出版社 2002 年版。
陆大道:《区位论及区域研究方法》,科学出版社 1991 年版。
周一星:《城市地理学》,商务印书馆 1995 年版。
张秀生、卫鹏鹏:《区域经济理论》,武汉大学出版社 2005 年版。
[英]阿姆斯特朗、泰勒:《区域经济学与区域政策》,上海人民出版社 2007 年版。
[美]彼得·尼茨坎普:《区域和城市经济学手册》第一卷,经济科学出版社 2001 年版。
[美]埃德温·S·米尔斯:《区域和城市经济学手册》第二卷,经济科学出版社 2003 年版。
[美]保罗·切希尔、埃德温·S·米尔斯:《区域和城市经济学手册》第三卷,经济科学出版社 2003 年版。

(吴福象 张杰)

区域需求分析

Regional Demand Analysis

区域需求分析是区域投入产出的重要分析方法,包括区域支出模型、区域投资需求模型、雅各布斯外部性原理以及区域消费需求和区域支出模型(Regional Payment Model)等。

支出模型是凯恩斯理论中的重要内容,基本形式为:$Y = C + I + G + X - M$,消费支出和进口取决于GDP,因此实际GDP和总支出之间存在联系。在其他情况不变时,实际GDP的增加将增加总支出,而当把支出模型用于分析区域经济问题时,则具体了支出模型的内容。

影响区域经济增长的因素错综复杂,一般可分为内部增长因素和外部增长因素两大部分。区域内部增长因素主要包括供给因素、需求因素和空间结构三个方面。供给因素就是生产要素的增加、生产效率的提高,一般包括劳动力、资本和技术三个因素。劳动力素质提高、生产管理的改善、储蓄增加和技术进步都会促进经济增长。一般可以用生产函数来表示这些因素变化对经济增长的贡献。

需求因素包括消费和投资两方面。消费与投资之和即为区域总需求。总需求的变动往往会通过函数效应刺激经济增长。区域空间结构对经济效率具有制约作用。充分利用集聚经济、区位经济,建立合理的经济结构,可提高经济效率,促进经济增长。空间结构对经济增长的作用可归结为资源空间配置的改善,是宏观管理改善的组成部分。

影响区域增长的外部因素包括区际生产要素流动和区际贸易。前者包括劳动力迁移、资本流动和技术知识扩散等。影响劳动力迁移的非经济因素(如区位偏好、地理、气候等)与经济因素同等重要,但由于非经济因素难以把握,一般就只考虑经济因素。一个高收入的区域将吸引劳动力迁入,资本则都由低资本收益率区域流向高收益率区域。从理论上讲,区域间资本收益率将趋于均等,但由于风险不等、信息不完全等不确定因素和资本的空间集聚效益的存在,区间资本收益率无法达到均等。此外,资本存量及其不可分割性也会阻碍资本的流动。技术知识则从高度发达地区扩散到其他区域,教育和通讯的改善将有助于技术知识的传播。影响区际贸易的因素,包括区间需求和区间贸易障碍。外部对区域需求增加,区域输出就增加,将促进区域经济增长。后者可用区间距离、区间运输成本表示。贸易障碍减少可以降低贸易成本,促进区际贸易。

参考文献:
陈秀山、张可云:《区域经济理论》,商务印书馆 2003 年版。
杨云彦:《区域经济学》,中国财政经济出版社 2004 年版。
白光润:《应用区位论》,科学出版社 2009 年版。
魏后凯:《现代区域经济学》,经济管理出版社 2006 年版。
安虎森:《区域经济学通论》,经济科学出版社 2004 年版。
张秀生、卫鹏鹏:《区域经济理论》,武汉大学出版社 2005 年版。
[英]阿姆斯特朗、泰勒:《区域经济学与区域政策》,上海人民出版社 2007 年版。

(葛和平 董也琳)

资本创造模型

Constructed Capital Model

1999年,鲍德温基于迪克希西特—斯蒂格利茨的垄断竞争框架和克鲁格曼的CP模型,提出了区域经济增长的资本创造模型(简称"CC模型")。在CC模型框架中,产业重新布局的关键在于资本的创造与折旧。该模型中资本在区域间是不流动的,区域经济的增长或衰退取决于该区域资本创造与折旧快慢的比较。随着资本的创造和折旧,资本份额发生的空间变化会引起市场份额的空间分布发生变化,从而引起区域间资本收益率的空间差异,进而又对资本份额的空间配置产生影响,形成所谓的需求关联的累积因果关系,即繁荣区域通过更多的资本创造增加资本存量,区域市场规模随之扩大;而衰退区域因为更多的资本损耗减少了资本存量,区域市场规模随之萎缩。

在市场开放度较大的情况下，这种累积因果关系一方面促使产业空间聚集形成聚集力，另一方面引起市场拥挤提高市场竞争强度，促进资本空间发散形成分散力，这两种力量的相互作用，构成了产业空间分布的动力机制。

CC模型既具有与FC模型相同的解析能力，又具有更多CP模型特征：一是本地市场放大效应，即区域市场规模的变化会引起更大生产份额比例的变化；二是循环累积因果关系，但CC模型中不存在价格指数效应，因而不存在与成本关联的累积因果关系；三是内生的非对称，当市场开放度达到某一临界值，内生的CC模型会产生内生的非对称分布，资本向某一区域集中；四是突发性聚集，当市场开放度达到某一临界值时，产业空间分布模式向非对称模式变动；五是区域黏性，即所谓的路径依赖，经济系统的外部冲击很难改变这种路径；六是驼峰状聚集租金，即随着市场开放度的提高，聚集租金先升后降而呈现出驼峰状。七是重叠区和预期的自我实现，指CC模型没有重叠区，因而对人们预期的某种冲击不能导致产业分布的重新调整。

同时，CC模型还具有一些新的特征：一是经济增长强化区位优势。资本积累会影响经济区位，即某一区域的经济开始增长，则该区域的区位优势也得到增强，这也表明经济增长本身就是一种聚集力；二是区位优势促进经济增长。当资本不能流动时，至少在中期区位优劣会影响经济增长，此时，经济系统具有佩鲁(1995)的"增长极"和"塌陷区"特征；三是持久性收入差异。区际人均实际收入的差距，即使在区际市场开放度很高的情况下也不会消失，而且核心区与边缘区居民之间还存在名义收入上的差距；四是区域经济一体化。当市场更加开放时，发生经济增长，但资本是不能流动的，因而最终形成核心—边缘结构并出现区际收入差异。

参考文献：

安虎森：《新经济地理学原理》，经济科学出版社2009年版。

皮埃尔－菲利普·库姆斯、蒂里·迈耶、雅克－弗朗索瓦·蒂斯：《库姆斯经济地理学：区域和国家一体化》，中国人民大学出版社2011年版。

[日]藤田昌久、[美]保罗·克鲁格曼、[英]安东尼·J·维纳布尔斯：《空间经济学：城市、区域与国际贸易》，中国人民大学出版社2005年版。

Baldwin, Richard et al., *Economic Geography and Public Policy*, Princeton University Press, 2003.

Forslid, R., and G. I. P. Ottaviano, An Analytically Solvable Core-periphery Model, *Journal of Economic Geography*, No. 3, 2003.

Martin, P., and C. A., Rogers Industrial Location and Public Infrastructure, *Journal of International Economics*, Vol. 39, 1995.

Ottaviano G., Home Market Effects and the(in)Efficiency of International Specialization, *Mimie*, *Graduate Institute of International Studies*, 2001.

（吴福象　钱玲玲）

全域溢出模型
Global Spillover Model

马丁和奥塔维诺(1999)首次根据内生经济增长理论讨论了空间因素对经济增长的影响，提出全域溢出模型(简称GS模型)。在他们的模型中，知识资本生产成本遵循学习曲线，由于知识的溢出效应，知识资本的积累可以提高现期知识资本生产效率，现期知识资本的边际生产成本下降，从而促进了资本积累。由于知识溢出效应的存在，企业对新资本持续投资是最优的。假设单位资本只生产一种产品，持续投资使得产品种类增加，价格指数随之下降，从而提高实际产出和实际收入水平，经济体实现内生增长。不过，GS模型中知识的溢出可以发生在不同地区的企业之间，知识的溢出强度不受空间距离的影响。

GS模型的基本特征与CP模型类似，也具有本地市场放大效应、循环累积因果关系、内生的非对称、突发性集聚、区位黏性、驼峰状聚集租金、重叠区和预期的自我实现的特征。GS模型也包含CC模型的新特征：一是经济增长强化区位优势。在GS模型中，资本积累过程就是经济增长过程，同时资本收益都支付在本地，因此经济增长可以强化本地的区位优势。二是经济增长极和塌陷区。当市场开放度达到某一临界值时，从对称结构向非对称结构转变过程中，产业聚集区因资本投资较早，资本积累和经济增长速度较高而形成"增长极"，而失去原有产业的地区相应成为经济增长的"塌陷区"。三是区际永久性收入差距。区际产业分布的非对称性既决定区际要素禀赋的非对称性，同时又受其影响，因此核心区的人均资本存量高，人均收入水平也高，并且这种收入差距不像CP模型中那样随着市场开放度的提高而消失。四是经济一体化的内涵。CP模型没有涉及市场开放度与资本转移之间的关系，而GS模型不仅包括贸易自由化还包括知识资本的区际溢出，因此该模型较为完整地解释经济一体化。GS模型还有一个重要的新特征，即经济的内生增长，而不像CC模型中那样是外生增长，这种长期的内生增长意味着，在GS模型中，资本重新调整带来的影响是一个长期的动态过程。当资本存量的区际分布为非对称、私人知识资本完全可以流动时，市场开放度大小决定资本的流向。当市场开放度很大时，资本从资本匮乏地区流向资本比较丰富的地区，此时聚集力占优势;反之,资本从资本比较丰富的地区流向资本匮乏地区,说明市场拥挤效应较强,分散力占优势。总体而言,GS 模型尽管包含了空间维度,但假定知识溢出不受空间维度的影响,即空间距离对经济系统的影响是"中性"的,这显然与现实经济不符。

参考文献:

安虎森:《新经济地理学原理》,经济科学出版社 2009 年版。

[法]皮埃尔－菲利普·库姆斯、蒂里·迈耶、雅克－弗朗索瓦·蒂斯:《经济地理学:区域和国家一体化》,中国人民大学出版社 2011 年版。

[日]藤田昌久、[美]保罗·克鲁格曼、[英]安东尼·J·维纳布尔斯:《空间经济学:城市、区域与国际贸易》,中国人民大学出版社 2005 年版。

Baldwin, Richard et al., *Economic Geography and Public Policy*, Princeton University Press, 2003.

Forslid, R. and G. I. P. Ottaviano, An Analytically Solvable Core-periphery Model, *Journal of Economic Geography*, No. 3, 2003.

Martin, P. and C. A. Rogers, Industrial Location and Public Infrastructure, *Journal of International Economics*, Vol. 39, 1995.

Martin, R. and G. Ottaviano, Growing Locations: Industry in a Model of Endogenous Growth, *European Economic Review*, Vol. 43, 1999.

Ottaviano G., Home Market Effects and the (in) Efficiency of International Specialization, *Mimie*, *Graduate Institute of International Studies*, 2001.

（丛海彬　陈鹏）

局部溢出模型
Local Spillover Model

空间距离对知识传播具有阻碍作用,知识资本的溢出强度随空间距离的增大而衰减,使得空间因素影响不同空间的资本成本。基于对知识资本空间溢出效应的这种认识,鲍德温、马丁和奥塔维诺(2001)在全域溢出(GS)模型的基础上引入知识空间溢出衰减规律,建立了更贴近现实经济的局部溢出理论模型(简称 LS 模型)。在该模型中,资本存量的溢出效应对不同空间新资本的形成成本产生不同的影响,本地资本的积累更加有利于本地资本的创造。资本的这种"本地溢出效应"增加了一种"聚集力",显现了空间的"非中性"特征。

LS 模型与 GS 模型、CC 模型类似,也具有本地市场放大效应、循环累积因果关系、内生的非对称、区位黏性、驼峰状聚集租金的基本特征,但不具有突发性集聚、叠加区和自我实现的预期特征。同时,LS 模型还具有 GS 模型的经济增长强化区位优势、增长极和塌陷区、永久性区际收入差异、经济一体化内涵的特征。除此之外,LS 模型还具有不同于 GS 模型和 CC 模型的新特征。一是经济一体化拥有更丰富的内涵。经济一体化含义除了包括市场开放度和资本自由流动外,降低公共知识溢出成本也是实现经济一体化的重要手段;二是内生经济增长为聚集力。当区域间没有知识溢出时,不管市场开放度为何值,核心—边缘结构总是稳定的,原先资本份额较大的区域经济快速增长,并且加速资本的聚集;三是知识溢出为分散力。当区域间知识完全溢出时,如果市场开放度足够低,则对称均衡是稳定的,这说明知识溢出是促进经济分散的力量;四是一体化既为集聚力又为分散力。经济一体化既包括市场开放度的增长,对经济是一种聚集力量,又包括知识跨区域溢出成本的降低,对经济是一种分散力量;五是非均衡战略与经济起飞。当市场开放度大于某一临界值,核心—边缘结构变成唯一的稳定均衡,此时的经济增长率要大于对称结构时的增长率,因而可以采用非均衡战略,通过经济聚集提高经济增速;六是有条件的福利补偿作用。如果边缘区对制造业产品的支出份额足够大,那么边缘区从核心区经济增长中获得的动态收益占主导,最终福利水平超过起飞前水平,这样核心区经济增长就可以补偿边缘区。

参考文献:

安虎森:《新经济地理学原理》,经济科学出版社 2009 年版。

[法]皮埃尔－菲利普·库姆斯、蒂里·迈耶、雅克－弗朗索瓦·蒂斯:《经济地理学:区域和国家一体化》,中国人民大学出版社 2011 年版。

[日]藤田昌久、[美]保罗·克鲁格曼、[英]安东尼·J·维纳布尔斯:《空间经济学:城市、区域与国际贸易》,中国人民大学出版社 2005 年版。

Baldwin, Richard et al., *Economic Geography and Public Policy*, Princeton University Press, 2003.

Baldwin, R., P. Martin and G. Ottaviano, Global Income Divergence, Trade and Industrialization: The Geography of Growth Take-off, *Journal of Economic Growth*, No. 6, 2001.

Martin, P., and C. A. Rogers, Industrial Location and Public Infrastructure, *Journal of International Economics* Vol. 39, 1995.

Ottaviano G., Home Market Effects and the (in) Efficiency of International Specialization, *Mimie*, *Graduate Institute of International Studies*, 2001.

（陈鹏　蔡悦）

区域经济增长阶段

Stage of Regional Economic Growth

区域经济增长阶段理论是研究区域经济增长阶段特征的理论,其最为显著的特点是通过主导部门的动态演替来刻画区域经济增长。区域经济增长可以细分为两类,即空间经济增长阶段论和非空间经济增长阶段论。

空间经济增长阶段论把区域与城市作为一个整体进行研究。英国经济学家詹姆斯·斯图尔特最早通过对空间人口集中、经济活动区位、城市和区域成长原因分析,提出空间经济长期演化的三阶段理论,即单部门的原始农业阶段、城市化阶段、区域分工阶段。随后,德国经济学家杜能、韦伯第一次明确地将经济增长分为农业、基本工业活动、二次工业活动三个阶段。20世纪50年代以后,随着研究对象的分离,空间经济增长阶段研究分成两大学派:以汤普森和诺顿为代表的学派主张研究城市经济的长期演变过程,提出“出口专业化阶段、出口综合体阶段、经济成熟阶段、区域中心城市阶段、技师职业精湛化阶段”的五阶段论;而以胡佛和查理森为代表的另一学派着重研究区域,胡佛和费希尔(1949)认为任何区域经济增长都经历“自给自足、乡村工业崛起、农业生产结构转化、工业化、服务业”五个阶段,查理森则提出“初始集中阶段、集中的分散阶段、分散的集中阶段”的三阶段论。

非空间经济增长阶段论发展较晚,主要有罗斯托(1960)提出的“传统社会阶段、起飞前期准备阶段、起飞阶段、向成熟推进阶段、高额群众消费阶段”的五阶段论,以及熊彼特和杜因从技术创新角度提出的创新生命周期理论、麦迪森从某类历史偶然事件或制度的震动角度提出的阶段标准等。近年来,经济增长阶段理论取得新进展,其中最具代表性的是迈克尔·波特(1990)以竞争优势来考察经济表现,并从竞争现象中分析经济发展过程,提出经济发展的“要素(劳动、土地等初级要素)推动阶段、投资推动阶段、创新推动阶段、财富推动阶段”的四阶段论。

参考文献:

安虎森等:《新区域经济学》,东北财经大学出版社2010年版。

龙翠红、吴福象、洪银兴:《收入不平等与经济增长:基于中国省际面板数据的实证分析》,载于《世界经济文汇》2010年第5期。

[美]埃德加·M·胡佛:《区域经济学导论》,商务印书馆1990年版。

[美]迈克尔·波特:《国家竞争优势》,华夏出版社2002年版。

吴福象:《中国区域经济交互关系评价与协调研究》,南京大学出版社2010年版。

吴福象、朱蕾:《中国三大地带间的产业关联及其溢出和反馈效应:基于多区域投入产出分析技术的实证研究》,载于《南开经济研究》2010年第5期。

赵伟、[日]藤田昌九、郑小平:《空间经济学:理论与实证新发展》,浙江大学出版社2009年版。

(陈鹏　朱蕾)

区域政策效率

Regional Policy Efficiency

效率是指给定投入和技术的条件下,经济资源没有浪费,或对经济资源作了能带来最大可能的满足程度的利用。经济学中的效率标准一般指的是帕累托效率(Pareto Efficiency),也称为帕累托最优(Pareto Optimality),在经济学、工程学和社会科学中有着广泛的应用。帕累托最优是指资源分配的一种理想状态,即假定固有的一群人和可分配的资源,从一种分配状态到另一种状态的变化中,在没有使任何人境况变坏的前提下,也不可能再使某些人的处境变好。换句话说,就是不可能再改善某些人的境况,而不使任何其他人受损。

政策效率是指政策投入与产出之间的比例。按评估内容的不同,政策效率又可分为预期政策效率和实际政策效率两种类型,其数学公式可分别作如下表达:

预期政策效率 =(政策目标效果 - 政策实施前效果)/耗费的时间

实际政策效率 =(政策实施后效果 - 政策实施前效果)/耗费的时间

从政策效率数学表达公式可知,预期政策效率是指在政策方案中预先设定的、在计划时间内政策客体应该被改变的程度;实际政策效率是指政策实施后导致政策客体实际被改变的程度与所耗费时间的比值。可见,政策效率在反映政策实现目标的程度以及实施政策前后状态的实际改变速度方面,是具有指标意义的。但是,与政策效果评估相比,效率评估也存在一些缺陷。例如,政策效率评估一般不能反映出非目标领域的效果改变情况,对目标领域潜在效果的评估也具有很大局限性。事实上,政策效率评估和政策效果评估有着不同的目的和应用范围,在政策实践中应根据不同的需要有针对性地进行选择。对于一个完整的政策评估而言,这两方面是相互联系、缺一不可的(牟杰、杨诚虎,2006)。

清晰地界定区域政策目标非常重要,原因有三:一是为了确定合适的政策适用范围;二是为了形成有效的政策工具组合;三是为了科学地评价政策实施效果。确定明确的区域政策目标对于选择政策工具非常重要,因为不同的政策目标需要借助不同的政策工具来实现。如果没有明确的区域政策目标,区域评价就只能考察政策的实施效果,而不是政策的实施效率,如果区域政策目标通过定量方式来实现,政策评价就易操作,这要求:(1)每个目标都要设立具体的数字标准;(2)实现目标的时间界限要明确;(3)各个目标的权重要明确(如经济效率与社会公平)。

参考文献:
龙翠红、吴福象、洪银兴:《收入不平等与经济增长:基于中国省际面板数据的实证分析》,载于《世界经济文汇》2010年第5期。
[美]克拉克等:《牛津经济地理学手册》,商务印书馆2005年版。
魏后凯:《现代区域经济学》,经济管理出版社2006年版。
吴福象:《中国区域经济交互关系评价与协调研究》,南京大学出版社2010年版。
[德]阿尔弗雷德·韦伯:《工业区位论》,商务印书馆2010年版。
[德]廖什:《经济空间秩序:经济财货与地理间的关系》,商务印书馆1998年版。
[日]藤田昌久、[美]保罗·克鲁格曼、[英]安东尼·J·维纳布尔斯:《空间经济学》,中国人民大学出版社2005年版。
[英]阿尔弗雷德·马歇尔:《经济学原理》,商务印书馆1965年版。
[英]阿姆斯特朗、泰勒:《区域经济学与区域政策》,上海人民出版社2007年版。
牟杰、杨诚虎:《公共政策评估:理论与方法》,中国社会科学出版社2006年版。

(吴福象　时磊)

最佳市场边界
Best Market Boundary

市场区边界是德国城市地理学家克里斯泰勒创立的中心地理论和德国经济学家奥古斯特·廖什(August Losch)1940年创建的市场区理论中的一个概念。通常情况下,市场区边界是指企业的某种产品的市场供给区域范围,该区域由生产者的生产条件、消费者的需求状况以及运输条件共同决定。克里斯泰勒使用正常利润和超额利润两个指标将供给范围设定为一个围绕着中心地的圆环形界面,能使得供给者获得正常利润的圆为r,表示供给范围的最低限度,若小于这个范围就会是供给者亏损,从而不进行生产;供给范围的最大限度为R,如果超出这个范围,不能满足消费者对其产品的需求,也会亏损。当R = r,获得正常利润;R > r,获得超额利润。这两种市场区边界划分方式有时候也被称为"市场区上边界"和"市场区下边界"(见图1)。

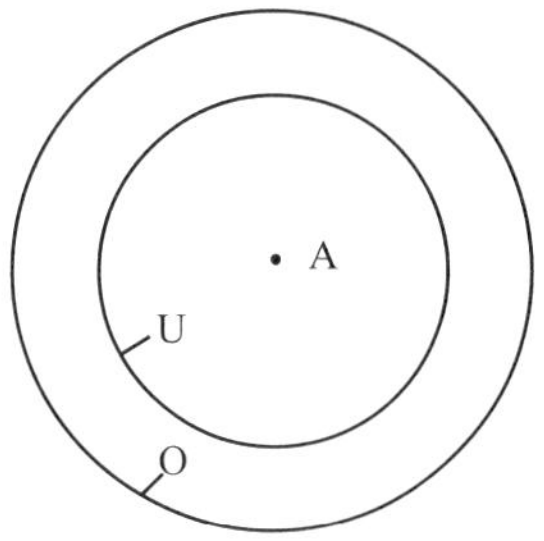

图1　市场区边界

最佳的市场区边界的形成机制:在市场区边界之外,生产者不能满足消费者对其产品的需求,就会有其他生产者进入,逐渐占满区域市场。新进入市场者与已有生产者相互靠近,各个市场区相互交叉;结果使部分生产者达不到最低需求量,这些生产者会亏损从市场上退出,最终达到了一个稳定的均衡状态;每个生产者正好供给其最低需求量,利润为零。不存在没有得到供给的区域,市场区所有面积内都能以最小的运输费用得到供给。

所谓市场区上边界(Market Up-boundary)是指在生产者的市场区空间范围内,当有效价格在一定距离上过高时,其产品就不再有需求,这样就形成一个市场区的边界即市场区的"上边界",在生产成本和价格既定的条件下,这一边界由消费者的行为决定。下面使用一个理论研究模型来阐述市场区上边界的构建方式,这里核心假设是消费者位于呈线性分布的市场区域。假设一:购买某一商品的消费者均匀地沿着一条笔直的线性街道分布,第一个消费者的位置与出售该商品厂商的位置重合,第二个消费者距该厂商1个距离单位,第三个消费者距该厂商2个距离单位,依此类推;假设二:厂商区位上商品的初始价为出厂价;假设三:运费率不变,即单位距离运费的变化是恒定的。于是每一位消费者需要付出的交货价格是出厂价加上转移到他的位置上的转移费用。

如果把厂商区位上商品的初始价定为p_0,如图2(a)所示。从图中可看到,随着距离厂商越来越远,相应的由厂商到消费者之间的转移成本(即交货价格中所含的产品运费)也越来越高。如果进一步假定市场中所有的人都有同样的需求曲线,且每一个人对商品的需求量均取决于交货价格(出厂价格加上运费),就会得到图2(b)中的需求曲线D。为得到消费者的商品需求量与离厂商距离之间的函数关系图,需要利用图2(c)作为转换工具进行过渡。在最终得到的需求量—距离函数关系图2(d)中反映了距离厂商的距离与消费者需求量之间的关系。从图2(d)可以看到,挨近厂商的消费者由于不需要支付运费,其需求量是q_0,而在距厂商R处,由于消费者不得不支付高昂的运费,因而需求量便成了0。这一点上的消费者显然就成为这个企业产品市场区的一个边界。

如果把研究的视野放大,不再拘泥于消费者呈线性排列的情况,而是允许消费者分散在厂商周围的整个区域中,那么在这种情况下会发现消费者在任何可能的方向上都会遇到与图2(d)相似的需求量—距离函数关系。如果在图2(d)中让需求量—距离曲线围绕纵轴(需求量轴)旋转,就会得到需求圆锥。从厂商区位到市场边界的距离称为市场半径,在图3中为R,距离厂商为R的这些消费者由于有效价格过高,导致了需求量变为0,他们就构成了厂商市场区的上边界。

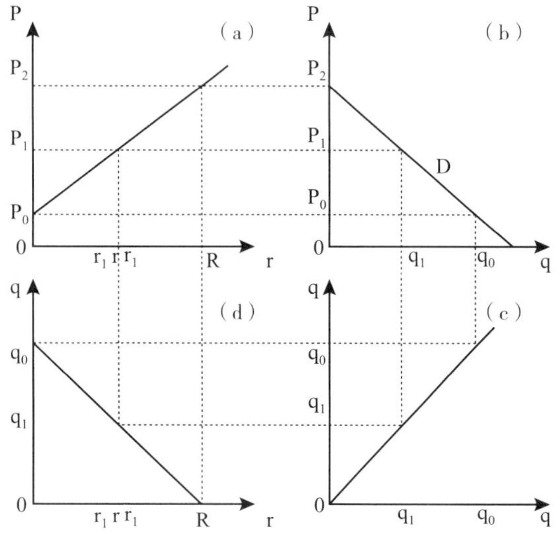

图2 需求量—距离函数推导示意

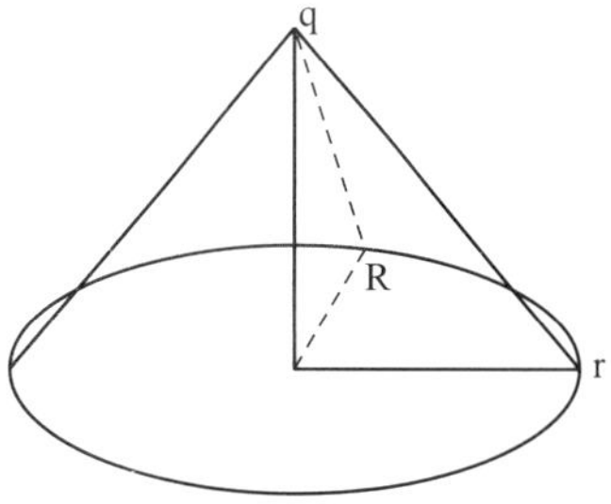

图3 需求圆锥

所谓市场区的下边界(Market Down-boundary)是指如果生产者的成本固定,就需要有一个最低限度的销售量才能进行生产,与这个最低限度销售量相对应的就是最低限的市场区,其边界称之为市场区的"下边界"。它主要是取决于生产者的生产函数和消费者的密度以及消费者行为。"市场区下边界"也可以采取前文"市场区上边界"的理论模型构建得到一个需求圆锥,不同的是这里的需求圆锥的半径稍小。

与单纯考虑消费者状况确定的"市场区上边界"不同,"市场区下边界"构建过程中需要考虑厂商的生产函数性质,尤其是在大多数物质资料生产过程中存在固定成本的状况。假定各个厂商的生产成本函数相同,具有相同的固定成本和可变成本结构,基础价格相同,并且产品运输成本具有相同的线性递增关系。在这种情形下,任何两个厂商的线性需求市场边界都是直线,而在消费者线性排列的状况下,市场区范围是与基础价格所对应的销售距离旋转而成的圆锥。

参考文献:
[英]阿尔弗雷德·马歇尔:《经济学原理》,商务印书馆1965年版。
[德]阿尔弗雷德·韦伯:《工业区位论》,商务印书馆2010年版。
[美]埃德加·M·胡佛:《区域经济学导论》,商务出版社1990年版。
杨云彦:《区域经济学》,中国财政经济出版社2004年版。
陈秀山、张可云:《区域经济理论》,商务印书馆2003年版。
[德]奥古斯特·勒施:《经济空间秩序:经济财货与地理间的关系》,商务印书馆2010年版。
[德]克里斯泰勒:《德国南部中心地原理》,商务印书馆2010年版。

(吴福象 时磊)

梯度理论

Gradient Theory

梯度理论分广义梯度理论和狭义梯度理论。

广义梯度概念的内涵用公式可以表述为:区域梯度水平可以表示为反映区域梯度的硬性或软性指标与反映区域的经济距离的比值。其中,区域梯度的硬性或软性指标主要是指区域间在自然资源、制度、GDP、科学技术水平、产业结构状况、人口密度等方面的梯度分布等;经济距离指由于制度、交通、通信基础等设施改善而使人们产生的心理距离。随着交通、通信业的发展,技术进步和市场机制的完善,经济距离会缩短,促进交易成本的下降。

广义梯度推移理论强调区域间梯度分布的多样性,认为梯度分布包含三方面的内容:一是自然界中物质能量等客观事物的梯度分布,二是经济、文化、社会发展水平的梯度分布,三是生态环境优劣程度的梯度分布。三种梯度分布互相区别,又互相联系。物质和能量的梯度分布是一切人类活动的基础与前提。经济、社会、文化发展水平在各区域间的梯度分布,是人类在此基础与条件下自主活动的人文结果;生态环境的梯度分布是自然和人类活动的自然结果。三种意义上的梯度分布在同一区域可能存在很大差异。一个资源富集区可能是也可能不是经济社会发达的区域,一个经济发达区域不一定是生态环境良好的区域。只有资源、环境、经济、社会协调发展的区域才可能成为完整意义上的高梯度区域。

关于区域广义梯度分布评价问题,代表性的成果有李国平等(2004)从资源、经济、社会、文化和生态环境五大方面设计的一套描述区域梯度分布状况的评价指标体系(见表1)。

表1　区域广义梯度分布的指标体系

一级指标	二级指标	三级指标	四级指标
区域梯度分布综合指数	自然资源梯度分布	土地资源保障程度	人均土地面积
		土地资源利用程度	人均耕地面积
		水资源保障程度	人均水资源总量
		常规能源资源保障程度	人均常规能源资源占有量
	经济发展梯度分布	经济发展水平	人均 GDP
		经济实力	人均财政收入
		产业机构	非农产业比重
		经济外向度	地区进出口总额占 GDP 比重
		经济密度	GDP 总量/土地面积
	社会发展梯度分布	生活水平	恩格尔系数
		医疗水平	人均病床位数
		居住水平	人均住房面积
		城市化水平	非农人口占总人口比重
		就业水平	就业率
	文化发展梯度分布	文化水平	文盲率
		教育水平	高中以上学历人员比重
		科技水平	地区科技人员比重
		教育投入水平	教育经费
		科技投入水平	科技经费
	生态环境梯度分布	森林保障程度	森林覆盖率
		绿化水平	绿化覆盖率
		废气处理能力	废气处理率 = 废气处理量/废气排放量
		废水处理能力	废水处理率 = 废水处理量/废水排放量
		工业固体废物处理能力	固体废物处理能力 = 废物处理量/废物排放量

广义梯度推移理论使得梯度推移理论在区域可持续发展的背景下更具可操作性。与狭义梯度推移理论相比,广义梯度推移理论的创新表现在:第一,对梯度概念的广义解释。广义梯度推移理论拓展了区域经济学视域中"梯度"概念的内涵,提出梯度应包含区域之间经济、技术、社会、自然资源、生态环境、制度、文化等差异形成的梯度。第二,广义梯度推移理论为区域开发过程中的代际公平、代内公平和区际公平的实现提供了理论基础。广义梯度推移理论主张区域开发应在可持续发展的前提下分阶段、有重点推进,反对实施不考虑环境成本、生态代价和社会效益的区域开发,强调区域开发应以可持续发展为基础。第三,广义梯度推移理论是对狭义梯度推移理论的融合和发展。在广义梯度推移理论框架内,梯度推移、反梯度推移实际上可视为广义梯度推移理论中各种梯度单向和双向推移的范例。

狭义梯度理论是与广义梯度理论相对应的一对范畴,特指以区际经济技术梯度为出发点的梯度推移理论。狭义梯度推移理论主要包括以下几个内容:第一,区域之间客观上存在经济、技术发展水平的梯度差异。由于资源禀赋、地理条件以及历史技术等原因,经济技术的发展在各区域之间是不平衡的,从而客观上形成了区际经济技术梯度。

第二,产业结构的优劣是衡量区域经济梯度水平的核心。一个区域经济的兴衰,往往取决于其产业结构的优劣,而产业结构的优劣则取决于区域经济产业主导部门在产品生命周期中所处的阶段。如果某个区域的主导产业部门主要由产品生命周期中的成熟部门构成,则该区域经济高速增长,那么该区域则成为高梯度区域。相反,若一个区域的主导产业部门主要由衰退产业部门构成,则该区域为低梯度区域。

第三,经济技术存在由高梯度区域向低梯度区域推移的趋势。一般情况下,拥有较高技术水平的产业往往发端于高梯度区域,并遵循生命周期阶段的更替次序,向低梯度区域推移。这种推移之所以能进行,一方面是作为扩散源的核心区有进行推移的内在动力和外在的市场压力;另一方面是作为接受地的边缘区存在着吸收扩散的需要,因为推移有助于促进边缘区经济技术的发展。

第四,梯度推移主要依托多层次城镇系统展开。经济要素由中心城市向中小城镇,进而向农村推移,由发达区域向次发达地区推移,是经济梯度推移的一般形式。梯度推移往往是按"梯度最小律"推移。一般而言,只有处于第二梯度上的城市,才具备较强的能力,接受并消化第一梯度的产业。随着产业成熟的老化,逐渐向处于第三梯度、第四梯度的城镇推移,直至乡镇和农村。

第五,各区域所处的梯度是相对的和动态的。将循环累积因果理论应用于梯度理论,把梯度理论从静态分析提升到动态分析,融合了循环累积因果理论的梯度理论,可称为动态梯度理论。动态梯度理论认为,各区域所处的梯度是不断发展变化的。高梯度区域若不注重创新,就会导致产业结构老化,退化为低梯度区域。反之,处于低梯度的区域,若能有效组织技术创新并大量引进技术和人才,则可促进产业的高级化,就会以更快的速度发展,升级为高梯度区域。

总之,狭义梯度推移理论从一个侧面揭示了技术、产业经济活动空间位移的客观规律性,但同时也是一种并不十分完善的理论。目前,有关狭义梯度推移理论已经有了较大的拓展。狭义梯度推移理论在20世纪80年代初期被引入中国国土开发总体布局规划与区域经济发展战略研究中,成为80年代以来中国应用最为广泛、影响最为深远的一种区域经济不平衡增长(发展)理论。此外,根据梯度推移理论,不少学者认为,国内区域经济发展不平衡的特点使国内形成了明显的经济技术梯度,主张应将国民经济发展的重点放在具有比较优势的东部地区,随着经济的发展,将先进的技术依梯度指向中部地区、西部地区推移,从而缩小东、中、西地带的区际经济差距。学术界围绕这种观点展开了持续、广泛争论,催生出一系列新的空间推移理论,如反梯度推移理论、多种梯度并存论、梯度推移主导论,从而推动了狭义梯度推移理论的发展。

参考文献:

[美]阿瑟·奥莎利文:《城市经济学》,北京大学出版社2008年版。

[英]菲利普·麦卡恩:《城市与区域经济学》,格致出版社、上海人民出版社2010年版。

郭鸿懋:《城市空间经济学》,经济科学出版社2002年版。

魏后凯:《现代区域经济学》,经济管理出版社2006年版。

安虎森:《区域经济学通论》,经济科学出版社2004年版。

[美]埃德加·M·胡佛:《区域经济学导论》,商务印书馆1990年版。

李国平、许扬:《梯度理论的发展及其意义》,载于《经济学家》2002年第4期。

李国平、刘静:《中国区域梯度分布的综合评价》,载于《工业技术经济》2004年第5期。

白光润:《应用区位论》,科学出版社2009年版。

张秀生、卫鹏鹏:《区域经济理论》,武汉大学出版社2005年版。

(张少军　熊青)

梯度推移战略

Gradient Transfer Strategy

梯度推移战略是一种"非平衡"区域发展战略。中国区域梯度推移发展战略从最初提出到现在,经历了多次演变。夏禹龙、冯之浚(1982)首先提出梯度推移理论,他们认为由于中国经济发展的不平衡,形成了一定序列的梯度,大致可以分为三级:第一级梯度即沿海发达地区;第二梯度即中国内陆腹地;第三梯度即内地和边远不发达地区。通过转移的加速逐步缩小地区差距。这是中国实施梯度推移战略的理论基础。在这个基础上,中国充分考虑了目前发展的现状和面临的国际形势,决定开始实施非均衡发展战略。随后,梯度推移战略经过几次主要的演变(见表1):

表 1　　中国梯度推移战略的演变

提出时间		东部省份	中部省份	西部省份
首次提出	20 世纪 80 年代提出沿海地区率先发展战略和不平等发展战略	广西、广东、海南、福建、浙江、上海、江苏、山东、河北、天津、北京、辽宁 12 个省市自治区	黑龙江、吉林、内蒙古、山西、河南、安徽、湖南、江西等 9 个省和自治区	四川、贵州、云南、西藏、陕西、甘肃、青海、宁夏、新疆 9 个省和自治区
第一次突破	2000 年提出西部大开发战略	在原有的区域划分基础上实施西部大开发战略，重庆以及内蒙古和广西，同时湖北的恩施和湖南的湘西两个自治州享受西部大开发政策		
第二次突破	2004 年"泛珠三角"经济区的形成	内陆 9 省区与香港、澳门形成了"泛珠三角"经济区，包括了东中西的部分省份，形成了对三大经济带的第二次突破		
第三次突破	2005 年 10 月，继续推进西部大开发，振兴东北地区等老工业基地，促进中部崛起	这次调整将中部地区减少为山西、河南、湖北、湖南、江西、安徽 6 省，而不是原三大经济带中的 9 省		

参考文献：

[英]阿瑟·奥莎利文：《城市经济学》，北京大学出版社 2008 年版。

[英]菲利普·麦卡恩：《城市与区域经济学》，格致出版社、上海人民出版社 2010 年版。

郭鸿懋：《城市空间经济学》，经济科学出版社 2002 年版。

白光润：《应用区位论》，科学出版社 2009 年版。

魏后凯：《现代区域经济学》，经济管理出版社 2006 年版。

安虎森：《区域经济学通论》，经济科学出版社 2004 年版。

张秀生、卫鹏鹏：《区域经济理论》，武汉大学出版社 2005 年版。

[美]埃德加·M·胡佛：《区域经济学导论》，商务印书馆 1990 年版。

夏禹龙、冯之浚：《梯度理论与区域经济》，载于《研究与建议》1982 年第 8 期。

（张少军　熊青）

新产业区理论
New Industrial District Theory

新产业区是产业地域集中的一种新的形式，以特定的地方为基础的由社会分工紧密联系在一起的企业所组成的本地网络化，除了一般的集聚意义之外，特别强调专业化和小企业集群，强调企业之间的合作与竞争，以及制度的建设。国外典型范例为"第三意大利模式"。

简单地讲，新产业区理论大体上可以分为四种类型：一是由低内源力、低竞争力企业组成的无政府干预的地方生产系统；二是由低内源力、低竞争力企业组成的、存在政府干预的、具有一定创新能力的地方生产系统；三是由区域内高内源力、高竞争力企业组成的、中小企业密切合作的、无政府干预的、创新力较强的地方生产系统；四是由高内源力、高竞争力企业组成的、有政府干预的、高水平创新能力的地方生产系统。

从产业组成的分类来看，中国的新产业区大致包括三种类别：一是高新技术产业开发区，指由研究、开发和生产高新技术产品的大学、科研机构及企业在一定地域内组成的技术——工业综合体。如科技园、技术城、高新技术产品加工区等。二是新工业区，指不限定区内的企业是否为高新技术企业，而是以发展现代制造业为主体，形成产业的聚集。如工业园区、出口加工区、专业型产业聚集区等。三是现代农业园区，该类区域主要是推广先进农业技术，加快农业现代化的进程，加快培育区域的农业主导产业，形成农业的产业化经营；较一般农业区的技术、资金密集，能够大幅度地提高农业的劳动生产率。

新产业区是企业集聚而形成的在高度专业化分工基础上的一种组织形式。企业集聚在传统意义上是指企业向某一地区的集中。新产业区理论除了这种传统意义上的好处以外更多地强调的是因企业集聚而形成的一种共同体组织。这种组织，在其内部，通过高度专业化分工或转包合同结成一种长期的稳定关系。企业之间的依赖和信任关系是这种组织形成的关键因素。

本地结成产业网络是新产业区的核心内容。网络是指区内行为主体，包括企业、大学、科研机构、政府机构等，有选择地与其他行为主体进行长期合作，在此基础上所结成的长期的稳定关系。这种网络是企业发展和区域经济发展的一种制度性手段，它可以活化资源、扩大信息交流、增强柔性、减少不确定性。在高技术时代，独立企业之间的这种网络也是技术创新的需要。

企业本地化是企业的植根性。一般来讲企业的竞争力取决于国家环境，但更多的是取决于企业所在区域和地方环境。在新产业区，各行为主体，不论其规模大小，都是相对独立的，没有支配与依附的关系，都以平等的地位参加本地的结网，传统产业区以支配与受支配为主要特征的等级制被伙伴关系和以合同为基础的网络所取代。在新产业区里，大型企业与小型企业并存，国际联系与区内联系并存，贸易联系与非贸易联系并存。

总之，新产业区理论的核心就是依靠内源力量来发展区域经济。区内各行为主体通过中介机构建立长期的稳定关系，结成一种合作网络，共同造成一种独特的区域经济环境。

参考文献：

安虎森：《新区域经济学》，东北财经大学出版社2008年版。

程工：《中国工业园区发展战略》，社会科学文献出版社2006年版。

国务院发展研究中心发展战略和区域经济研究部课题组：《中国区域科学发展研究》，经济日报出版社2007年版。

［英］菲利普・麦卡恩：《城市与区域经济学》，格致出版社、上海人民出版社2010年版。

郭鸿懋：《城市空间经济学》，经济科学出版社2002年版。

［美］埃德加・M・胡佛：《区域经济学导论》，商务印书馆1990年版。

王辑慈等：《创新的空间》，北京大学出版社2002年版。

［英］阿姆斯特朗、泰勒：《区域经济学与区域政策》，上海人民出版社2007年版。

Putnam, R. , *Making Democracy Work*, Princeton University Press, 1993.

Rabellotti, R. , Collective Effects in Italian and Mexican Footwear Industrial Clusters, *Small Business Economics*, 1998, 10.

Sccot, A. , *New Industrial Space*, London: Pion, 1988.

（张少军　吴福象）

柔性专业化

Flexibility Specialization

柔性专业化又称弹性专业化，是指企业运用多功能机器和适应性强、训练有素的劳动力，进行各种各样、不断提高自身的专业化产品集中生产。在这里，主要行为主体是那些中小型企业以及它们之间形成的网络，而很少有大企业。

皮奥勒（Piore）和塞伯尔（Sabel）于1984年出版了《第二次产业分水岭》一书。他们指出，资本主义的发展是一种周期性的运动，其主要标志为机械专业化、劳动力非技能化、产品生产标准化，然而，从1970年开始大规模生产的福特体系由于国外激烈的市场竞争，地位正在逐渐下降。自此，一种柔性专业化的全新的生产组织形式产生了，其主要原理为过去的手工业方式。

所谓柔性是指企业在无法预知、不断变化的环境中的生存能力，也指内部和外部环境同时变化时，企业的应对能力。柔性生产方式重点强调各个企业之间的协作与动态集成。虚拟企业是其最高形式。这类生产方式的基础为柔性专业化，其主要过程为以产品为源头组织生产，设计和装配之外的生产过程转包给柔性专业化的企业，以此来达到企业的集成。这种动态集成或虚拟企业，当一种机遇产品的生产结束时，其寿命也结束。这显然不同于今天的集团公司，更不同于大批量标准化产品生产的刚性生产方式。

人们把"第三意大利"产业区作为柔性专业化最理想的例子。这一区域有大量的高度专业化的产业区，众多中小企业从事设计集约和技能集约的专门化产品生产，如皮件、制鞋、服装、陶瓷和机器制造业。近年来，在中国的一些区域，尤其是在江苏和浙江地区，形成了一个具有类似特性的新产业区。柔性专业化的倡导者们，在这些区域中看到了更多的成功范例，并且把它们作为一种内生的区域发展模式，即根植于中小企业、分工协作及现有资源和能力基础上实现发展。

参考文献：

［英］菲利普・麦卡恩：《城市与区域经济学》，格致出版社、上海人民出版社2010年版。

郭鸿懋：《城市空间经济学》，经济科学出版社2002年版。

魏后凯：《现代区域经济学》，经济管理出版社2006年版。

张秀生、卫鹏鹏：《区域经济理论》，武汉大学出版社2005年版。

王缉慈等：《创新的空间》，北京大学出版社2002年版。

［英］阿姆斯特朗、泰勒：《区域经济学与区域政策》，上海人民出版社2007年版。

Putnam, R. , *Making Democracy Work*, Princeton University Press, 1993.

Rabellotti, R. , Collective Effects in Italian and Mexican Footwear Industrial Clusters, *Small Business Economics*, 1998, 10.

Sccot, A. , *New Industrial Space*, London: Pion, 1988.

（黄德春　邱晓东）

总部经济理论

Headquarters Economic Theory

所谓总部经济是指区域利用有利条件吸引区域外

部大型企业总部入驻，通过扩散效应和极化效应，形成总部集群在本区域、生产加工基地向成本较低的周边地区或外地扩散的布局。总部经济的主要特点：一是知识性。企业价值链中的研发、营销、资本运作、战略管理等环节知识含量最高，集中在企业总部。二是集约性。企业的产业空间结构按照收益最大化原则布局：总部利用中心城市智力资源密集、服务业发达优势；工程利用生产基地的土地、劳动力、能源优势。三是层次性。总部经济模式发挥不同地区的资源优势，形成了全球总部、国内总部、地区总部以及研发总部、营销总部、行政总部等多个层次，各个层次所在区域、所属产业以及功能和规模均不相同。四是延展性。总部经济链接第二产业与第三产业，形成了由第二产业向第三产业、由知识性服务业向一般性服务业的延展。五是辐射性和共赢性。通过总部与工厂之间的价值链以及价值链上的分工与合作，增强中心城市对周边地区的拉动效应，与此同时，可以实现总部区域与工厂区域的共同发展。

在总部经济理论中，最重要的应当是关于总部与工厂的空间分离。在生产力的空间布局上，企业总部作为公司组织结构中发挥核心控制作用、对内部资源进行协调整合、同时建立企业内部与外部之间的联系通道的部门总和，工厂则是劳动力利用机器，对原料进行加工、生产中间产品或最终产品的生产基地。也就是说，企业按照总部经济的模式进行空间布局，在获取中心城市低成本的战略资源的同时获得欠发达地区低成本的常规资源。一方面，利用中心城市服务业发达和智力资源密集的优势特征，将总部布局在发达的中心城市；另一方面，往往将工厂安排在土地、劳动力、能源等要素成本较低的欠发达地区。由此，有效利用中心城市总部的人才、信息、技术资源和欠发达地区工厂的制造资源，降低企业资源配置的综合成本。

公司总部一般具有战略决策、资源配置、资本经营、业绩管理及外部公关等职能，根据不同的分类标准，可以将总部分为不同的类型。按总部的功能分类，可将总部分为管理型总部、研发型总部和产业型总部。管理型总部是指以管理为核心目标、协调公司各分支机构之间关系、保证公司战略得以实现的一种公司组织结构形式；研发型总部是指以技术研究开发为主要任务、利用所掌握的资源为公司提供强大技术保障的一种公司组织形式；产业型总部是指为保证完成生产任务目标而建立的一种公司组织形式。

按总部管辖的区域范围，可将总部划分为全球性总部和区域性总部。前者是指视野覆盖全球、制定并实施公司发展战略的经济枢纽部门，后者指制订公司区域性经营战略、有权控制或管理区内的办事处、生产基地、子公司的运作或业务的组织形式。区域性总部仅掌管某一地区内人、财、物资源方面的统筹安排以及该地区的战略部署；而全球性总部不仅决定不同部门与区域的资金分配，还要代表公司与其他公司高层进行协商谈判，与政府部门或组织交涉，地点上基本趋向于选择中心大都市。

参考文献：

陈建成、张新伟：《总部经济理论与实践研究》，中国科学技术出版社 2006 年版。

赵弘：《总部经济》，中国经济出版社 2004 年版。

［英］阿姆斯特朗、泰勒：《区域经济学与区域政策》，上海人民出版社 2007 年版。

［英］阿尔弗雷德·马歇尔：《经济学原理》，商务印书馆 1965 年版。

［德］阿尔弗雷德·韦伯：《工业区位论》，商务印书馆 2010 年版。

（吴福象　黄德春）

地缘经济区

Geo-Political Economic Zone

地缘经济区一般是指地区位置邻近或地体毗连的国家或地区所采取的资源互补、经济合作，求共同发展的一种特殊类型的经济地域组织形式。地缘经济区是世界经济一体化和区域集团化在地域上的一种特殊形式。资源与优势互补是地缘经济区存在发展的前提条件。通过合作开发地缘经济区，能加快世界空间经济系统的运动与融合；参与国别或地区提供更多的外部发展空间和参与国际合作的机会；为地缘经济区所在地经济社会的发展提供新的契机与国际合力；有利于开发沿边地带这一特殊的空间资源。

目前，世界上存在着三个层次的地缘经济区：一是世界范围的地缘经济区，如欧盟经济区、北美经济区和未来的亚太经济区等。其中欧盟地缘经济区发展最为充分，共有欧洲 28 个国家参加，已发展成为经济、政治联盟，并开始使用欧元这个统一货币。二是洲内的地缘经济区，在各大洲均有分布，但以东南亚联盟（简称“东盟”）最为典型，东盟现有 10 个国家参加，有统一的组织机构并定期协商推进，又与欧盟和中、日、韩定期会晤联系，不断推进其一体化进程。三是基层地缘经济区，遍布于世界各州的各国交界地域，由两个或两个以上的国家相邻的地区组成。基层地缘经济区以欧洲最为发达，有大小不等的边境经济合作区 60 多个。以欧洲的上莱茵地缘经济区为例，它地跨德、法、瑞三国，面积约 1.9 万平方公里，人口近 500 万，合作区内有健全的合作机构和较为灵活的运行机制，自 1989 年以来，其相互投资和建设项目已超过 1 亿欧元。

地缘经济学者认为世界经济正在逐渐转化为三个

相互竞争的经济集团:环太平洋经济区,包括韩国、东南亚等地区;西半球经济区,未来将包括拉丁美洲在内;欧洲经济区,未来可能包含北非一些国家。三个集团的内在规模、地理位置、人口、文化、政治等因素决定了三大集团谁能获得较大优势。各自优势:欧洲经济区是最成熟的经济区,享受最多集团利益;美洲经济区巩固自身原有的经济势力范围,并向太平洋和大西洋扩展,因此经济实力不断增强,也是最优潜力的经济集团;亚洲经济区整体经济水平相对较低,随着经济合作方式的多样化发展,其发展的速度是不容小觑的。

参考文献:
中华人民共和国国务院:《全国主体功能区规划》,2010 年。
中华人民共和国国务院:《国务院关于印发全国主体功能区规划的通知》,2010 年 12 月 21 日。
世界银行:《2009 年世界发展报告:重塑世界经济地理》,清华大学出版社 2009 年版。
陈才:《区域经济地理学》,科学出版社 2009 年版。
[英]克拉克等:《牛津经济地理学手册》,商务印书馆 2005 年版。
[英]阿姆斯特朗、泰勒:《区域经济学与区域政策》,上海人民出版社 2007 年版。
[英]菲利普·麦卡恩:《城市与区域经济学》,格致出版社、上海人民出版社 2010 年版。

(刘和东　董也琳)

中国经济特区
Special Economic Zones in China

经济特区主要是指在一个国家或地区中,为刺激经济发展而提供特殊政策和制度安排的行政区域。1980 年,中国先后在东南沿海的广东和福建省设立了深圳、珠海、汕头和厦门四个经济特区,这是中国实施对外开放政策的产物。它最初是作为出口加工区而存在的,通过促进国内出口,吸引国外的资金和技术以促进我国的现代化建设。后来,逐渐发展成为综合性的经济特区,并通过在体制转轨和经济发展方面的成功实践,不仅使特区自身实现了经济的发展,而且促进了全国的改革开放进程和现代化建设。

中国经济特区作为改革开放初期在国内划定一定范围在对外经济活动中采取较国内其他地区更加开放和更加灵活的特殊政策的特定地区。1979 年 7 月,中共中央、国务院同意在广东省的深圳、珠海、汕头三市和福建省的厦门市试办出口特区。1980 年 5 月,中共中央和国务院决定将深圳、珠海、汕头和厦门这四个出口特区改称为经济特区。1988 年,海南省被批准为经济特区。2010 年 5 月,中央新疆工作会议上中央正式批准喀什设立经济特区。截至目前中国共有 6 个经济特区。

经济特区实行特殊经济政策和经济管理体制,在基本建设上以吸收利用外资为主。设立经济特区是改革开放之初邓小平的改革开放思想的重要内容之一,经济特区作为对外交流的窗口,在一定时期内通过中央政府给予的政策优势和区位优势二者合力,促进经济以超出一般地区很大幅度的速度成长。设置经济特区的目的和作用,主要可以概括为五个方面:一是扩大本国的对外贸易;二是引进更多的国外资金、技术和管理经验;三是增加就业机会,扩大社会就业;四是加快特定地区经济发展与经济开发的速度,形成新的产业结构和社会经济结构,对全国(地区)经济发展形成吸纳和辐射作用;五是获得更多的土地出售、出让和出租收益。最为重要的是在体制和政策上先行先试。

中国发展经济特区的基本经验有以下三个大的方面:一是完善投资环境,包括完善投资的物质环境和人际环境等。前者为基础设施结构中以通电、通水、通路、通讯、通煤气、通排污、通排洪和平整土地为主体的"七通一平"等;后者包括政治条件(政治、社会、政策等的稳定和法制的健全)、管理水平(政府的效率等)、经营条件(货币和物价、外汇管制、金融、信息服务和自主权等状况)、人口素质和市场、政策优惠(税费等)等;二是外引内联有机结合,发挥特区的"四个窗口"(包括技术、知识、管理和对外政策),以及对内和对外两个扇面辐射的"枢纽"性作用;三是努力探求建立一种灵活而有效地适应国际市场规律的特区经济体制模式。为此,需在计划管理体制、企业管理体制、基本建设管理体制、流通体制、价格体制、劳动人事制度和工资制度以及财政金融体制等方面进行一系列改革。

参考文献:
《邓小平文选》第 3 卷,人民出版社 1993 年版。
中华人民共和国国务院:《国务院关于印发全国主体功能区规划的通知》,2010 年 12 月 21 日。
国务院发展研究中心发展战略和区域经济研究部课题组:《中国区域科学发展研究》,经济日报出版社 2007 年版。
[英]克拉克等:《牛津经济地理学手册》,商务印书馆 2005 年版。
[美]刘海善:《中国经济特区》,上海人民出版社 2008 年版。
李红锦、李胜会:《中国经济特区建立的理论背景及启示》,载于《特区经济》2010 年第 8 期。

(吴福象　吴亚宁)

沿海开放城市
Coastal Open City

沿海开放城市是中国沿海地区率先对外开放、在对外经济活动中允许实行经济特区的某些特殊政策的港口城市,是经济特区的延伸。这是邓小平倡导的对外开放的又一重大战略决策。1984 年,大连、秦皇岛、天津、烟台、青岛、连云港、南通、上海、宁波、温州、福州、广州、湛江、北海 14 个沿海城市,被国务院批准为全国首批对外开放城市。

沿海港口城市实行对外开放后,在扩大地方权限和给予外商投资者优惠方面,实行了下列政策和措施:(1)放宽利用外资建设项目的审批权限。生产性项目,凡属建设和生产条件不需要国家综合平衡、产品不要国家包销、出口不涉及配额、又能自己偿还贷款的项目,均放宽审批权限。(2)积极支持利用外资、引进先进技术改造老企业。在关税、进口工商统一税、企业所得税、上缴利润、生产计划等方面实行扶植政策。(3)对中外合资、合作经营及外商独资企业,给予优惠待遇。(4)兴办经济技术开发区。大力引进中国急需的先进技术,集中举办三资企业和中外合作的科研机构。在开发区内,放宽利用外资项目的审批权限,产品出口、内销执行经济特区的政策,税收政策更加优惠。(5)增加外汇使用额度和外汇贷款。

沿海开放城市的设置旨在通过这些交通方便、基础良好、技术和管理水平较高的港口城市,开展对外经济技术合作,积极吸引外资,消化吸收先进技术和管理方法,加快这些城市经济的发展,并通过它们来带动内地经济的发展。这些城市交通方便,工业基础好,技术水平和管理水平总体比较高,科研文教事业比较发达,既有开展对外贸易的经验,又有进行对内协作的网络,经济效益较好,是中国经济比较发达的地区。这些城市实行对外开放,能发挥优势,更好利用其他国家和地区的资金、技术、知识和市场,推动老企业的更新改造和新产品、新技术的开发创造,增强产品在国际市场上的竞争能力,促使这些城市从内向型经济向内外结合型经济转化;将四大经济特区和海南包括在内,从南到北形成一条对外开放的前沿阵地;实现从东到西,从沿海到内地的信息、技术、人才、资金的战略转移,以便发展对内对外的辐射作用,带动内地经济的发展。

1992 年,中共中央、国务院又决定对五个长江沿岸城市,东北、西南和西北地区十三个边境市、县,十一个内陆地区省会(首府)城市实行沿海开放城市的政策。中共十四大指出,对外开放的地域要扩大,形成多层次、多渠道、全方位开放的格局。继续办好经济特区、沿海开放城市和沿海经济开放区。扩大开放沿边地区,加快内陆省、自治区对外开放的步伐。

参考文献:

《邓小平文选》第 3 卷,人民出版社 1993 年版。
中华人民共和国国务院:《国务院关于印发全国主体功能区规划的通知》,2010 年 12 月 21 日。
安虎森:《新区域经济学》,东北财经大学出版社 2008 年版。
[英]克拉克等:《牛津经济地理学手册》,商务印书馆 2005 年版。
白光润:《应用区位论》,科学出版社 2009 年版。

(章寿荣　吴亚宁)

沿边开放城市
Open Cities Along Borders

十一届三中全会以后,沿海地区对外开放进展快、成效大。相比之下,地处边疆的民族地区的对外开放起步较晚,发展缓慢。1987 年,中共中央、国务院在批转《关于民族工作几个重要问题的报告》中强调指出,新疆、西藏、云南等省区和其他一些少数民族地区,具有对外开放的优越地理条件,又有丰富的地下、地上资源和独特的旅游资源,进一步搞好开放,就能把某些劣势变成优势,加快经济的发展。1991 年,国务院批转了《关于积极发展边境贸易和经济技术合作、促进边疆繁荣稳定的意见》,推动了边境贸易的顺利发展。1992 年,国家实施沿边开放战略,国务院陆续批准珲春、黑河、绥芬河、满洲里、二连浩特、伊宁、博乐、塔城、畹町、瑞丽、河口、凭祥、东兴 13 个城市为沿边开放城市,加上辽宁丹东,共批准设立了 14 个国家级边境经济合作区,并给予了一些优惠政策。1996 年 1 月,国务院发出《关于边境贸易有关问题的通知》,对边境贸易管理形式、税收等若干问题作出具体规定,强调要"积极支持边境贸易和边境地区对外经济合作的发展"。党的十六大之后,国家进一步加大了实施"走出去"战略的力度。在这些优惠政策的支持下,少数民族地区的对外开放步伐明显加快,周边区域经济技术合作更趋活跃,边境贸易迅速发展,逐步变成了中国对外开放的前沿阵地。

参考文献:

《邓小平文选》第 3 卷,人民出版社 1993 年版。
中华人民共和国国务院:《全国主体功能区规划》,2010 年。
中华人民共和国国务院:《国务院关于印发全国主体功能区规划的通知》,2010 年 12 月 21 日。
国务院发展研究中心发展战略和区域经济研究部课题组:《中国区域科学发展研究》,经济日报出版社 2007 年版。
[英]克拉克等:《牛津经济地理学手册》,商务印书馆

2005 年版。
白光润:《应用区位论》,科学出版社 2009 年版。
吴福象:《中国区域经济交互关系评价与协调研究》,南京大学出版社 2010 年版。

(章寿荣 吴亚宁)

中国(上海)自由贸易试验区
China(Shanghai) Pilot Free Trade Zone

中国(上海)自由贸易试验区简称上海自由贸易区或上海自贸区,是中国政府设立在上海的区域性自由贸易园区,也是中国境内第一个自由贸易区。2013 年 8 月,国务院正式批准设立中国(上海)自由贸易试验区。试验区总面积为 28.78 平方公里,范围涵盖上海外高桥保税区、上海外高桥保税物流园区、洋山保税港区和上海浦东机场综合保税区 4 个海关特殊监管区域。

自由贸易园区是在某一国家或地区境内设立的实行优惠税收和特殊监管政策的小块特定区域,它除了具有自由港的功能之外,还可增加吸引外资、引进技术、开展工业加工、旅游服务、金融保险等多项业务,是扩大出口、增加就业和外汇收入的综合自由经济区。中国(上海)自由贸易试验区的总体目标是要加快转变政府职能,积极推进服务业扩大开放和外商投资管理体制改革,大力发展总部经济和新型贸易业态,加快探索资本项目可兑换和金融服务业全面开放,探索建立货物状态分类监管模式,努力形成促进投资和创新的政策支持体系,着力培育国际化和法治化的营商环境,力争建设成为具有国际水准的投资贸易便利、货币兑换自由、监管高效便捷、法制环境规范的自由贸易试验区,为我国扩大开放和深化改革探索新思路和新途径。

2013 年上半年,中华人民共和国商务部、上海市人民政府会同国务院有关部门拟定了《中国(上海)自由贸易试验区总体方案(草案)》,并且上报了国务院审批。2013 年 7 月 3 日,中华人民共和国国务院常务会议原则通过《中国(上海)自由贸易试验区总体方案》。2013 年 9 月 29 日,中国(上海)自由贸易试验区正式挂牌成立,并于 2013 年 9 月 30 日公布自贸区的负面清单。负面清单管理模式是此次中国(上海)自由贸易试验区的关键内容,负面清单包括了国民经济所有 18 个经济行业门类,涉及 89 个大类、419 个中类和 1069 个小类,编制特别管理措施共 190 项。该项目立项的过程中曾遭遇阻力,但国务院总理李克强“力排众议”努力促成该项目通过。

参考文献:

中华人民共和国国务院:《中国(上海)自由贸易试验区总体方案》,2013 年。
中华人民共和国国务院:《全国主体功能区规划》,2010 年。
中华人民共和国国务院:《国务院关于印发全国主体功能区规划的通知》,2010 年 12 月 21 日。
国务院发展研究中心发展战略和区域经济研究部课题组:《中国区域科学发展研究》,经济日报出版社 2007 年版。
白光润:《应用区位论》,科学出版社 2009 年版。

(侯赟慧 董也琳)

苏州工业园区
Suzhou Industrial Park

苏州工业园区(Suzhou Industrial Park, SIP)全称中国—新加坡苏州工业园区(China-Singapore Suzhou Industrial Park),是苏州市所辖的国家级经济技术开发区,于 1994 年 2 月经国务院批准设立,是中国和新加坡两国政府的合作项目,开创了中外经济技术互利合作的新形式。园区位于中国江苏省苏州市姑苏区东侧,总面积 288 平方公里,含中新合作区 80 平方公里,下辖四个街道,东邻昆山,西接苏州城区,以沪宁铁路、沪宁高速公路、312 国道、机场路与上海衔接。

苏州工业园区由中国和新加坡合资建设,主要特点是引进新加坡的管理经验。目标是建设成为具有国际竞争力的高科技工业园区和国际化、现代化、信息化的生态型、创新型、幸福型新城区。园区启动以来,开发建设持续保持快速健康发展。连续多年名列“中国城市最具竞争力开发区”排行榜首,综合发展指数居国家级开发区第二位。

进入“十二五”以来,苏州工业园区积极探索,走出了一条转型发展的道路:一是,纳米光电新能源、生物医药、融合通信、软件与动漫游戏和生态环保等新兴产业发展迅速,成为全国唯一“国家纳米高新技术产业化基地”;二是,产业结构不断优化,坚持先进制造业和现代服务业“双轮驱动”;三是,集约发展水平领先,注重生态环境保护和资源有效利用,生态环保指数居全国开发区首位,成为全国首批“国家生态工业示范园区”;四是,创新型园区建设步伐加快,形成 10 多个国家级创新基地,建成 20 多个公共技术服务平台,拥有 10 余个国际科技合作交流平台。五是,东部新城快速崛起,以金鸡湖金融商贸区、独墅湖科教创新区、阳澄湖生态旅游度假区等功能板块为主的东部新城初具雏形。六是,深化中新合作,推动体制机制创新,构建了“小政府大社会、小机构大服务”和“精简、统一、效能”的管理体制。七是,园区经验加快推广辐射,积极实施“走出去”战略,江苏省南北共建项目——苏宿工业园实现三年打基础目标任务,跨江联动项目——

苏通科技产业园一期基础设施全面建成，园区还派出干部援疆、援藏，园区经验加快辐射。

参考文献：

中华人民共和国国务院：《全国主体功能区规划》，2013年。

中华人民共和国国务院：《国务院关于印发全国主体功能区规划的通知》，2010年12月21日。

洪银兴、刘志彪：《长江三角洲地区经济发展的模式和机制》，清华大学出版社2003年版。

白光润：《应用区位论》，科学出版社2009年版。

程工：《中国工业园区发展战略》，社会科学文献出版社2006年版。

[英]克拉克等：《牛津经济地理学手册》，商务印书馆2005年版。

世界银行，《2009年世界发展报告：重塑世界经济地理》，清华大学出版社2009年版。

（章寿荣　董也琳）

全国主体功能区规划
National Development Priority Zones Planning

所谓全国主体功能区规划是指2010年前后出台的根据不同区域的资源环境承载能力、现有开发密度和发展潜力，统筹谋划未来人口分布、经济布局、国土利用和城镇化格局，将国土空间划分为优化开发、重点开发、限制开发和禁止开发四大类，来确定主体功能定位，明确开发方向，控制开发强度，规范开发秩序，完善开发政策，逐步形成人口、经济、资源环境相协调的空间开发格局。2010年12月21日，《全国主体功能区规划——构建高效、协调、可持续的国土空间开发格局》正式发布。从副标题可以看出，全国主体功能区规划是全国性生产力总体布局规划，是全国性的经济空间布局战略规划，是民族未来整体利益的总导演，是实现区域协调可持续发展的蓝图，是区域经济社会活动的行动路线图。该《规划》是中国国土空间开发的战略性、基础性和约束性规划。从一定意义上讲，《规划》的编制和实施，是深入贯彻落实科学发展观的重大战略举措，对于推进形成人口、经济和资源环境相协调的国土空间开发格局，加快转变经济发展方式，促进经济长期平稳较快发展和社会和谐稳定，实现全面建设小康社会目标和社会主义现代化建设长远目标，具有重要战略意义。

《规划》细分规划背景、指导思想与规划目标、国家层面主体功能区、能源与资源、保障措施、规划实施六篇，包含规划背景、指导思想、开发原则、战略目标、优化开发区域、重点开发区域、限制开发区域（农产品主产区）、限制开发区域（重点生态功能区）、禁止开发区域、能源与资源、区域政策、绩效考核评价、规划实施十三章内容。

《规划》中指出，推进形成主体功能区，要以邓小平理论和“三个代表”重要思想为指导，深入贯彻落实科学发展观，全面贯彻党的十七大精神，树立新的开发理念，调整开发内容，创新开发方式，规范开发秩序，提高开发效率，构建高效、协调、可持续的国土空间开发格局，建设中华民族美好家园。

《规划》的主要目标：空间开发格局清晰；空间结构得到优化；空间利用效率提高，单位面积城市空间创造的生产总值大幅度提高，城市建成区人口密度明显提高，粮食和棉油糖单产水平稳步提高，单位面积绿色生态空间蓄积的林木数量、产草量和涵养的水量明显增加；区域发展协调性增强，不同区域之间城镇居民人均可支配收入、农村居民人均纯收入和生活条件的差距缩小，扣除成本因素后的人均财政支出大体相当，基本公共服务均等化取得重大进展；可持续发展能力提升，生态系统稳定性明显增强，生态退化面积减少，主要污染物排放总量减少，环境质量明显改善。生物多样性得到切实保护，森林覆盖率提高，草原植被覆盖率明显提高，自然灾害防御水平提升，应对气候变化能力明显增强。

主体功能区与各层级战略的统一：推进形成主体功能区是为了更好地落实我国区域发展的总体战略，深化细化区域政策，更有力地支持区域协调发展。这就要求我国主体功能区的规划要与我国区域总体发展战略保持一致。把环渤海、长三角和珠三角确定为优化开发区，引导该类地区率先转变经济发展方式，能够为我国产业转移提供推力，为东部地区的发展腾出更多发展空间，同时为中西部地区提供新的发展机会。很显然这一规划不仅符合我国区域发展总体战略要求，也符合沿海地区本身的发展需求实施前景自然比较乐观。但是，中国政治考核通常以经济指标为主，导致地方发展战略常常是经济优先，而主体功能区规划秉持的是环境优先原则，因此两者在实施过程中发生冲突难以避免。

开展主体功能区划，要坚持局部试点在先，全面铺开在后；主体功能区建设，要坚持典型示范、模范带动，经验总结、全面推广。进行主体功能区划，首先必须对资源环境承载力、开发密度及开发潜力进行仔细测评，然后在认真评估政府推进形成主体功能区能力的基础上拟定主体功能区划初步方案，最后在反复平衡主体功能区建设的投资需求和政府推进形成主体功能区能力的基础上确定主体功能区划的法定方案。

参考文献：

中华人民共和国国务院：《全国主体功能区规划》，

2010 年。
中华人民共和国国务院:《国务院关于印发全国主体功能区规划的通知》,2010 年 12 月 21 日。
国务院发展研究中心发展战略和区域经济研究部课题组:《中国区域科学发展研究》,经济日报出版社 2007 年版。
世界银行:《2009 年世界发展报告:重塑世界经济地理》,清华大学出版社 2009 年版。
吴殿廷:《区域分析与规划高级教程》,高等教育出版社 2004 年版。
陈秀山:《中国区域经济问题研究》,商务印书馆 2005 年版。
孙久文:《区域经济规划》,商务印书馆 2004 年版。

(吴福象　徐宁)

国家战略区域规划

National Strategy of Regional Planning

国家战略区域规划是国家在区域层面落实宏观调控政策、实现经济社会发展目标的重要手段。国家战略区域规划是国家出台或批准的,从宏观规划角度出发,具有战略意义的经济社会发展规划。成为国家战略的区域发展规划具备两个要素,首先必须是国家出台的政策,由国务院批准或发文通过的;其次是区域经济规划,具有鲜明的区域发展目标性。

近年来我国出现了重塑经济地理格局的趋势:一是在地区发展战略层面,单一的城市发展正逐渐演变为区域性城市群的一体化发展;二是在国家发展战略层面,一些对国家发展具有重大战略意义的区域发展规划陆续进入了国家战略。

国家战略区域主要包括四个方面:一是国家级新区(副省级新区);二是跨省域的大区域规划;三是省区区域规划;四是国家综合配套改革试验区。具体地,(1)国家级新区(副省级区),目前主要有浦东新区、滨海新区、两江新区等;(2)跨省域的大区域规划主要包括西部大开发、东北振兴、中部崛起;(3)省区区域规划主要包括京津冀都市圈、山东蓝色经济区、山东黄河三角洲高效生态经济区、辽宁沿海经济带、中国图们江区域合作开发区、长江三角洲经济区、江苏沿海地区、浙江海洋经济发展示范区、海峡西岸经济区、珠江三角洲经济区、广东横琴经济合作区、海南国际旅游岛、安徽皖江城市带——承接产业专业示范区、江西鄱阳湖生态经济区、成渝经济区、广西北部湾经济区、关中—天水经济区等;(4)国家综合配套改革试验区包括上海浦东新区综合配套改革试验区、天津滨海新区综合配套改革试验区、重庆市和成都市全国统筹城乡综合配套改革试验区、武汉城市圈和长株潭城市群全国资源节约型和环境友好型社会建设综合配套改革试验区、深圳市综合配套改革试点、沈阳经济区国家新型工业化综合配套改革试验区、山西省国家资源型经济转型综合配套改革试验区、义乌市国际贸易综合改革试验区等。

如果说十八大以前国家战略区域规划主要包括国家级新区、跨省域的大区域规划、省区区域规划和国家综合配套改革试验区,那么十八届三中全会以来国家区域发展战略正在发生重大的调整,目前"二带一路"战略规划的轮廓正逐渐清晰起来。"二带一路"包含21 世纪海上丝绸之路、长江流域经济带、丝绸之路经济带。21 世纪海上丝绸之路彰显了国家海洋新战略、丝绸之路经济带,提升了中国与欧盟经贸联系、长江流域经济带,强化了中国沿海与腹地的联系。

参考文献:
中华人民共和国国务院:《全国主体功能区规划》,2010 年。
中华人民共和国国务院:《国务院关于印发全国主体功能区规划的通知》,2010 年 12 月 21 日。
国务院发展研究中心发展战略和区域经济研究部课题组:《中国区域科学发展研究》,经济日报出版社 2007 年版。
洪银兴、刘志彪:《长江三角洲地区经济发展的模式和机制》,清华大学出版社 2003 年版。
吴殿廷:《区域分析与规划高级教程》,高等教育出版社 2004 年版。
[英]克拉克等:《牛津经济地理学手册》,商务印书馆 2005 年版。
世界银行:《2009 年世界发展报告:重塑世界经济地理》,清华大学出版社 2009 年版。

(吴福象　吴亚宁)

21 世纪海上丝绸之路

21st Century Maritime Silk Road

东南亚地区自古以来就是"海上丝绸之路"的重要枢纽。公元前 200 年秦汉之际兴起的海上丝绸之路,在历史延伸中不断拓展为交通贸易的黄金路线。这条海道自中国东南沿海,穿过南中国海,进入印度洋、波斯湾,远及东非、欧洲,构成四通八达的网络,海上丝绸之路成为沟通全球文明的重要走廊。

2013 年 9 月和 10 月,中国国家主席习近平在出访中亚和东南亚国家期间,先后提出了共建"丝绸之路经济带"和"21 世纪海上丝绸之路"(简称"一带一路")的重大倡议,得到国际社会高度关注。21 世纪海上丝绸之路作为重要推力和载体,将从规模和内涵上进一步提升中国与东盟的贸易关系。21 世纪"海上丝绸之路"体现了中国政府致力于加强同东盟国家的互联互通建设，倡议筹建亚洲基础设施投资银行，愿支持本地区发展中国家包括东盟国家开展基础设施互联互通建设的坚强意志和美好愿景。

中国同东盟国家共同建设21世纪“海上丝绸之路”，目的是加强海上合作，使用好中国政府设立的中国—东盟海上合作基金，发展好海洋合作伙伴关系，通过扩大同东盟国家各领域务实合作，互通有无、优势互补，同东盟国家共享机遇、共迎挑战，实现共同发展、共同繁荣。建设21世纪海上丝绸之路旨在倡导和建设新时代的海洋新秩序，推动建设基于海上航行开放自由、海上共同安全和海洋资源共同开发的新秩序，合作发展的沿海经济带。

为推进实施“一带一路”重大倡议，让古丝绸之路焕发新的生机活力，2015年3月8日，中国政府发布了《推动共建丝绸之路经济带和21世纪海上丝绸之路的愿景与行动》，分别从时代背景、共建原则、框架思路、合作重点、合作机制、中国各地方开放态势、中国积极行动和共创美好未来八个方面进行了系统的阐述，该愿景和行动纲领旨在倡导和建设新时代的海洋新秩序。

21世纪海上丝绸之路战略下的内容不仅仅是打通基于开放安全的航海通道，而且还要推进发展合作，与海上相关国家共同打造沿海发展经济带，通过港口连接，港口经济、沿海经济可创建新的发展空间。“21世纪海上丝绸之路”表明了中国既不走西方列强走向海洋的扩张、冲突、殖民的老路，也不走海洋霸权对抗的邪路，而是寻求有效规避传统全球化风险，开创人海合一、和谐共生、可持续发展的新型海洋文明。

从空间角度来讲，21世纪海上丝绸之路的战略合作伙伴并不仅仅局限于东盟国家和地区，而是以点带线，以线带面，增进同沿边国家和地区的交往，将串起连通东盟、南亚、西亚、北非、欧洲等各大经济板块的市场链，最终发展面向南海、太平洋和印度洋的战略合作经济带，以亚欧非经济贸易一体化为发展的长期目标。由于东盟地处海上丝绸之路的十字路口和必经之地，将是新海上丝绸战略的首要发展目标，而中国和东盟有着广泛的政治基础，坚实的经济基础，21世纪海丝战略符合双方共同利益和共同要求。

“一带一路”贯穿亚欧非大陆，一头连接活跃的东亚经济圈，一头连接发达的欧洲经济圈，中间广大腹地国家经济发展潜力巨大。丝绸之路经济带重点畅通中国经中亚、俄罗斯至欧洲(波罗的海)；中国经中亚、西亚至波斯湾、地中海；中国至东南亚、南亚、印度洋。21世纪海上丝绸之路重点方向，一是从中国沿海港口过南海到印度洋，延伸至欧洲；二是从中国沿海港口过南海到南太平洋。通过以重点港口为节点，共同建设通畅安全高效的运输大通道。21世纪海上丝绸之路参与建设的海港有上海、天津、宁波—舟山、广州、深圳、湛江、汕头、青岛、烟台、大连、福州、厦门、泉州、海口、三亚等沿海城市港口。

打造21世纪海上丝绸之路，虽然存在一些风险和挑战，但沿线国家加强与中国合作是大势所趋。实施策略将从现有区域合作机制着手，把这些国家和地区串联起来，搭建战略平台，携手重现海上丝绸之路繁荣，促进沿线国家的经济发展与共同富强。不仅保证了中国的国际战略安全，并能让沿线国家和中国互惠互利共赢。

“一带一路”共建不仅惠及全球，而且将给我国经济和社会发展带来重大的历史机遇，一是构建复合型对外经济的新机遇，提供复合型对外经济发展的巨大空间；二是产业发展与转型升级的新机遇，扩大国内产业的需求规模，推动国内产业的转型升级；三是人民币国际化进程加快的新机遇，显著推动人民币国际化。“一带一路”重大倡议，不仅获得了沿线国家的积极响应和支持，为沿线各国开展非物质文化遗产的传承和保护带来新机遇，为非物质文化遗产领域的国际合作创造了更多可能性。

“一带一路”以“政策沟通、设施联通、贸易畅通、资金融通、民心相通”为主要内容，各方参与主体加强互联互通建设，加快实施自由贸易区战略，设立丝路基金，广泛开展经贸合作，扎实推进重点项目建设，以点带面，从线到片，全方位推进沿线国家双边、多边和区域次区域合作，沿线各国积极对接、共同参与，推动“一带一路”建设取得了可喜进展。

参考文献：
隆国强：《“一带一路”大国发展战略》，载于《中国经济报告》2015年第5期。
张蕴岭：《如何认识“一带一路”大战略》，载于《中国经济报告》2015年第5期。
中国新闻网：《21世纪海上丝绸之路国际研究会——打造命运共同体　携手共建21世纪海上丝绸之路》，http://news.china.com.cn/hssczl/node_7219532.htm。
郑新立：《“一带一路”是完善开放型经济体系的重大战略》，http://www.qstheory.cn/economy/2015-04/30/c_1115148275.htm。
国家发展改革委、外交部、商务部：《推动共建丝绸之路经济带和21世纪海上丝绸之路的愿景与行动》，2015年3月8日。

（洪银兴　吴福象）

丝绸之路经济带
Silk Road Economic Belt

丝绸之路的历史可以追溯到汉武帝派遣张骞出使西域之前的数千年。公元2100多年前，西汉张骞率领使团凿通西域,开辟了由亚洲的汉朝和欧洲的罗马帝国两大经济中心驱使、彼此商贸往来、文化互通带动的国际交往与合作模式,对人类的贸易互通和思想文化交流产生极其深远的影响。丝绸之路是指起始于古代中国,连接亚洲、非洲和欧洲的古代路上商业贸易路线。从运输方式上分为陆上丝绸之路和海上丝绸之路。陆上丝绸之路以汉唐的长安、洛阳为起点,丝绸之路是一条东方与西方之间经济、政治、文化进行交流的主要道路。它的最初作用是运输中国古代出产的丝绸。德国地理学家李希霍芬最早在19世纪70年代将之命名为“丝绸之路”后被广泛接受。丝绸之路是古代东西方经贸往来、文化交往的国际大通道,其对于古代亚欧各国经济社会发展作出了巨大贡献。

新丝绸之路经济带是由中国国家主席习近平提出。2013年9月7日,习近平主席在哈萨克斯坦纳扎尔巴耶夫大学作重要演讲,提出共同建设“丝绸之路经济带”。此后又在2013年10月3日在印度尼西亚国会发表重要演讲时强调中国愿同东盟国家共建21世纪“海上丝绸之路”。中共十八届三中全会《决定》提出,加快同周边国家和区域基础设施互联互通建设,推进丝绸之路经济带、海上丝绸之路建设,形成全方位开放新格局。由此,“一带一路”建设在内政外交中均确立为中国实现下一阶段发展的重大国家战略。新丝绸之路经济带就成为目前区域经济学研究的一个新概念和主题。

2015年3月8日,国家发展改革委、外交部和商务部经国务院授权发布《推动共建丝绸之路经济带和21世纪海上丝绸之路的愿景与行动》,提出了“坚持开放合作、坚持和谐包容、坚持市场运作、坚持互利共赢”的共建原则。提出了丝绸之路经济带的框架思路“陆上依托国际大通道,以沿线中心城市为支撑,以重点经贸产业园区为合作平台,共同打造新亚欧大陆桥、中蒙俄、中国—中亚—西亚、中国—中南半岛等国际经济合作走廊”。推进“一带一路”建设,中国将充分发挥国内各地区比较优势,实行更加积极主动的开放战略,加强东中西互动合作,全面提升开放型经济水平。

新丝绸之路经济带实质上是为我国确定一个面向欧亚内陆开放的新战略,建设新丝绸之路经济带为中国营造良好的周边政治、国防、民族环境;推进区域之间包括基础设施在内的各种互联互通,有利于推进区域合作水平;构筑以开放促中国新阶段西部大开发的格局。这一地区资源丰富,建设丝绸之路经济带,将对世界经济和中国对外开放产生重要影响。构建丝绸之路经济带事关国防安全、经贸安全、能源安全、边疆安全等重要领域的全局性国家安全问题,具有极大的战略意义,有利于我国的经济安全、地区稳定、区域发展。

从区域范围来看,新丝绸之路经济带是在古丝绸之路概念基础上形成的一个新的经济发展区域。陆上丝绸之路经济带东边连着亚太经济圈,中间串着资源丰富的中亚地区,西边接着发达的欧洲经济圈。国内部分包括西北地区的陕西、甘肃、青海、宁夏、新疆和西南地区的重庆、四川、云南、广西。从丝绸之路经济带的区域范围来看,以古丝绸之路路线为基础,始于东亚,途经中亚,延至欧洲,辐射蒙古、南亚、俄罗斯、西亚、北非等周边区域,形成以中亚为中心,世界上距离最长、面积最大、人口最多、发展潜力最大的经济合作走廊。在空间范围上,新丝绸之路经济带可以划分为核心区、扩展区、辐射区三个层次,其中核心区包括中国、俄罗斯和中亚五国,扩展区包括上海合作组织和欧亚经济共同体的其他成员国及观察员国,辐射区包括西亚、欧盟等国家和地区。核心区与拓展区构成狭义的丝绸之路经济带,核心区、拓展区与辐射区构成广义的丝绸之路经济带。

按照《推动共建丝绸之路经济带和21世纪海上丝绸之路的愿景与行动》规划,共建“一带一路”旨在促进经济要素有序自由流动、资源高效配置和市场深度融合,推动沿线各国实现经济政策协调,开展更大范围、更高水平、更深层次的区域合作,这些合作领域包括:(1)基础设施的互联互通。基础设施互联互通是“一带一路”建设的优先领域。在尊重相关国家主权和安全关切的基础上,沿线国家宜加强基础设施建设规划、技术标准体系的对接,共同推进国际骨干通道建设,逐步形成连接亚洲各次区域以及亚欧非之间的基础设施网络。强化基础设施绿色低碳化建设和运营管理。(2)能源合作领域。加强能源基础设施互联互通合作,共同维护输油、输气管道等运输通道安全,推进跨境电力与输电通道建设,积极开展区域电网升级改造合作。共同推进跨境光缆等通信干线网络建设,提高国际通信互联互通水平,畅通信息丝绸之路。加快推进双边跨境光缆等建设,规划建设洲际海底光缆项目,完善空中(卫星)信息通道,扩大信息交流与合作。(3)产业合作领域。推动新兴产业合作,按照优势互补、互利共赢的原则,促进沿线国家加强在新一代信息技术、生物、新能源、新材料等新兴产业领域的深入合作,推动建立创业投资合作机制。(4)贸易合作领域。中国与中亚地区的经贸关系非常密切,且存在着很大的提升空间,贸易潜力巨大。拓宽贸易领域,优化贸易结构,挖掘贸易新增长点,促进贸易平衡。创新贸易方式,发展跨境电子商务等新的商业业态。建立健全服务贸易促进体系,巩固和扩大传统贸易,大力发展现代服务贸易。把投资和贸易有机结合起来,以投资带动贸易发展。(5)金融合作。深化金融合作,推进亚洲货币稳定体系、投融资体系和信用体系建设。扩大沿线国家双边本币互换、结算的范围和规模。推动亚洲债券市场的开放和发展。共同推进亚洲基础设施投资银行、金砖国家开发银行筹建,有关各方就建立上海合作组织融资机构开展磋商。加快丝路基金组建运营。深化中国—东盟银行联合体、上合组织银行联合体务实合作，以银团贷款、银行授信等方式开展多边金融合作。支持沿线国家政府和信用等级较高的企业以及金融机构在中国境内发行人民币债券。(6)物流合作领域。从物流通道的发展来看，中国目前已经与丝绸之路经济带沿线国家连通公路、铁路、航空和管道等多方面的交通运输线路；从物流节点发展来看，中国西部地区面向丝绸之路经济带的物流节点建设已经初见成果，建立了综合保税区、综合物流园区（物流交易中心）和边境合作中心等综合性的物流节点。(7)旅游合作领域。扩大旅游规模，互办旅游推广周、宣传月等活动，联合打造具有丝绸之路特色的国际精品旅游线路和旅游产品，提高沿线各国游客签证便利化水平。推动21世纪海上丝绸之路邮轮旅游合作。积极开展体育交流活动，支持沿线国家申办重大国际体育赛事。(8)教育合作领域。在建设丝绸之路经济带过程中，中国与中亚的教育合作方式或构想主要包括：建立孔子学院、成立上海合作组织大学，以及构建中亚教育经济圈；中国与俄罗斯的教育合作主要包括合作办学，人才交流和学术交流。(9)科技合作领域。共建联合实验室（研究中心）、国际技术转移中心、海上合作中心，促进科技人员交流，合作开展重大科技攻关，共同提升科技创新能力。(10)民间组织的交流合作。重点面向基层民众，广泛开展教育医疗、减贫开发、生物多样性和生态环保等各类公益慈善活动，促进沿线贫困地区生产生活条件改善。加强文化传媒的国际交流合作，积极利用网络平台，运用新媒体工具，塑造和谐友好的文化生态和舆论环境。

按照《推动共建丝绸之路经济带和21世纪海上丝绸之路的愿景与行动》的规划推进“一带一路”建设，中国将充分发挥国内各地区比较优势，加强东中西互动合作，全面提升开放型经济水平。西北、东北地区。发挥新疆独特的区位优势和向西开放重要窗口作用，深化与中亚、南亚、西亚等国家交流合作，形成丝绸之路经济带上重要的交通枢纽、商贸物流和文化科教中心，打造丝绸之路经济带核心区。西南地区。发挥广西与东盟国家陆海相邻的独特优势，加快北部湾经济区和珠江—西江经济带开放发展，构建面向东盟区域的国际通道，打造西南、中南地区开放发展新的战略支点，形成21世纪海上丝绸之路与丝绸之路经济带有机衔接的重要门户。沿海和港澳台地区。利用长三角、珠三角、海峡西岸、环渤海等经济区开放程度高、经济实力强、辐射带动作用大的优势，加快推进中国（上海）自由贸易试验区建设，支持福建建设21世纪海上丝绸之路核心区。内陆地区。利用内陆纵深广阔、人力资源丰富、产业基础较好优势，依托长江中游城市群、成渝城市群、中原城市群、呼包鄂榆城市群、哈长城市群等重点区域，推动区域互动合作和产业集聚发展。

新丝绸之路经济带的总人口近30亿，市场规模和潜力独一无二，丝绸之路经济带的复兴为中国和中亚各国开辟了新的合作空间，我国将在“新丝绸之路”上培育新的经济增长极，将会引进产业、聚集人口，这将使西部地区更快发展。丝绸之路从“交通走廊”转向“经济发展带”，成为西部大开发战略之后又一个新的“增长极”，能够带动新阶段西部地区区域经济和产业实现新的发展。丝绸之路经济带建设，可以综合交通通道为展开空间，依托沿线交通基础设施和中心城市，对域内贸易和生产要素进行优化配置，促进区域经济一体化，最终实现区域经济和社会同步发展，促进中国对外开放方式的转变。

参考文献：
［日］长泽和俊：《丝绸之路史研究》，天津古籍出版社1990年版。
夏文斌、刘志尧：《中国现代化视角下的向西开放》，载于《北京大学学报（哲学社会科学版）》2013年第5期。
胡鞍钢、马伟、鄢一龙：《丝绸之路经济带：战略内涵、定位和实现路径》，载于《新疆师范大学学报（哲学社会科学版）》2014年第2期。
马莉莉：《丝绸之路经济带的发展与合作机制》，载于《人文杂志》2014年第5期。
马莉莉、任保平：《丝绸之路经济带发展报告：2014》，中国经济出版社2014年版。
中华人民共和国国务院：《国务院关于印发全国主体功能区规划的通知》，2010年12月21日。
国家发展改革委、外交部和商务部：《推动共建丝绸之路经济带和21世纪海上丝绸之路的愿景与行动》，载于《人民日报》2015年3月29日。

（任保平　吴福象）

长江流域经济带

Yangtze River Economic Belt

长江流域经济带是指长江黄金水道上东起上海、西至云南，涉及上海、江苏、浙江、安徽、江西、湖北、湖南、重庆、四川、云南、贵州9个省2个直辖市。

建设长江经济带已有近30年的呼吁和谋划。早在20世纪80年代，我国著名经济地理学家陆大道就提出了“T”字形发展战略。2013年，长江经济带建设重提议程。习近平总书记在湖北考察时指出：“长江流域要加强合作，发挥内河航运作用，把全流域打造成黄金水道”。随后，李克强总理在有关报告上批示：“依托长江这条横贯东西的黄金水道，带动中上游腹地发展，促进中西部地区有序承接沿海产业转移，打造我国经济新的支撑带。”2013 年 9 月 23 日，国家发展和改革委员会与交通运输部在北京启动了《依托长江建设中国经济新支撑带指导意见》的研究起草工作。发挥黄金水道独特优势，建设长江经济带，是新时期我国区域协调发展和对内对外开放相结合、推动发展向中高端水平迈进的重大战略举措。2014 年 9 月 25 日，《国务院关于依托黄金水道推动长江经济带发展的指导意见》（以下简称《指导意见》）正式出台。《指导意见》明确了长江经济带四大战略定位：一是具有全球影响力的内河经济带；二是东中西互动合作的协调发展带；三是沿海沿江沿边全面推进的对内对外开放带；四是生态文明建设的先行示范带。

《指导意见》还从提升长江黄金水道功能、建设综合立体交通走廊、创新驱动促进产业转型升级、全面推进新型城镇化、培育全方位对外开放新优势、建设绿色生态廊道、创新区域协调发展体制机制 7 个方面 44 个角度，对如何充分发挥市场配置资源的决定性作用，更好发挥政府规划和政策的引导作用，并且以改革激发活力、以创新增强动力、以开放提升竞争力，同时依托长江黄金水道，高起点高水平建设综合交通运输体系，推动上中下游地区协调发展、沿海沿江沿边全面开放，构建横贯东西、辐射南北、通江达海、经济高效、生态良好的长江经济带进行全面的论述。

提升长江黄金水道功能，就是要充分发挥长江运能大、成本低、能耗少等优势，加快推进长江干线航道系统治理，整治浚深下游航道，有效缓解长江中上游瓶颈，改善支流通航条件，优化港口功能布局，加强集疏运体系建设，发展江海联运和干支直达运输，打造畅通、高效、平安、绿色的黄金水道。包括增强干线航运能力、改善支流通航条件、优化港口功能布局、加强集疏运体系建设、扩大三峡枢纽通过能力、健全智能服务和案例保障系统、合理布局过江通道 7 个方面。

建设综合立体交通走廊，就是要依托长江黄金水道，统筹铁路、公路、航空、管道建设，加强各种运输方式的衔接和综合交通枢纽建设，加快多式联运发展，建成安全便捷、绿色低碳的综合立体交通走廊，增强对长江经济带发展的战略支撑力。包括形成快速大能力铁路通道、建设高等级广覆盖公路网、推进航空网络建设、完善油气管道布局、建设综合交通枢纽、加快发展多式联运 6 个方面。

创新驱动促进产业转型升级，就是要顺应全球新一轮科技革命和产业变革趋势，推动沿江产业由要素驱动向创新驱动战略转变，大力发展战略性新兴产业，加快改造提升传统产业，大幅提高服务业比重，引导产业合理布局和有序转移，培育形成具有国际水平的产业集群，增强长江经济带产业竞争力。包括增强自主创新能力、推进信化与产业融合发展、培育世界级产业集群、加快发展现代服务业、打造沿江绿色能源产业带、提升现代农业和特色农业发展水平、引导产业有序转移和分工协作 7 个方面。

全面推进新型城镇化，主要是按照沿江集聚、组团发展、互动协作、因地制宜的思路，推进以人为核心的新型城镇化，优化城镇化布局和形态，增强城市可持续发展能力，创新城镇化发展体制机制，全面提高长江经济带城镇化质量。主要包括优化沿江城镇化格局、提升长江三角洲城市群国际竞争力、培育发展长江中游城市群、促进成渝城市群一体化发展、推动黔中和滇中区域性城市群发展、科学引导沿江城市发展、强化城市群交通网络建设、创新城镇化发展体制机制 8 个方面。

培育全方位对外开放新优势，要发挥长江三角洲地区对外开放的引领作用，建设向西开放的国际大通道，加强与东南亚、南亚、中亚等国家的经济合作，构建高水平对外开放平台，形成与国际投资、贸易通行规则相衔接的制度体系，全面提升长江经济带开放型经济水平。主要包括发挥上海对沿江开放的引领带动作用、增强云南面向西南开放重要桥头堡功能、加强与丝绸之路经济带的战略互动、推动对外开放口岸和特殊区域建设、构建长江大体制 5 个方面。

建设绿色生态廊道，就是要顺应自然，保育生态，强化长江水资源保护和合理利用，加大重点生态功能区保护力度，加强流域生态系统修复和环境综合治理，稳步提高长江流域水质，显著改善长江生态环境。主要包括切实保护和利用好长江水资源、严格控制和治理长江水污染、妥善处理江河湖泊关系、加强流域环境综合治理、强化沿江生态保护和修复、促进长江岸线有序开发 6 个方面。

创新区域协调发展体制机制方面，要打破行政区划界限和壁垒，加强规划统筹和衔接，形成市场体系统一开放、基础设施共建共享、生态环境联防联治、流域管理统筹协调的区域协调发展新机制。包括建立区域互动合作机制、推进一体化市场建设、加大金融合作创新力度、建立生态环境协同保护治理机制、建立公共服务和社会治理协调机制 5 个方面。

长江流域经济带的战略，在空间上主要是依托城市群的发展来实现。一是依托长三角城市群、长江中游城市群、成渝城市群；二是做大上海、武汉、重庆三大航运中心；三是推进长江中上游腹地开发；四是促进“两头”开发开放，即上海及中巴（巴基斯坦）、中印缅经济走廊。依托这 4 个战略定位，拓展中国经济发展空间，形成转型升级新的支撑带。

长江流域经济带建设重点在交通网络建设。主要是以沿江重要港口为节点和枢纽，统筹推进水运、铁路、公路、航空、油气管网集疏运体系建设，打造网络化、标准化、智能化的综合立体交通走廊；并且推动“综合立体交通”与综合物流、现代服务业结合。按照长江流域经济带的规划要求，一是要抓好长江航运发展规划与长江三大城市群发展规划的有效衔接，着力构建连通三大城市群的长江干线航运“主轴”，积极支持沿江地方依托长江航运调整产业布局，大力发展临港产业和外向型经济。二是要大力推进长江上三大航运中心建设，强化港口枢纽物流节点与集疏运功能，促进以沿江枢纽港口为主要节点的交通运输网络的有效衔接，完善江海直达、干支直达、江海转运。三是要大力发展长江航运物流服务。要鼓励发展商贸流通、金融保险、信息咨询、电子商务等现代航运服务业，形成多层次的航运服务业体系，提高辐射腹地的能力与水平。四是要积极支持沿江城镇化战略实施。支持、吸引城镇化建设需要的大宗建材及其他大用量货物、城镇新兴产业发展需要的大宗工矿业原材料及产成品更多地通过水路运输，大幅降低物流运输成本。五是大力培育新的经济增长点。大力发展长江经济带旅游经济，支持发展邮轮经济、客流运输等，积极培育流域经济发展新的增长点。在产业政策方面，国家将运用产业、环境、土地等政策手段，参照负面清单管理模式，加强产业转移的引导和调控，防止出现污染转移，避免低水平重复建设，严禁落后产能向中上游地区转移。

参考文献：

中华人民共和国国务院：《国务院关于依托黄金水道推动长江经济带发展的指导意见》，2014 年。

中华人民共和国国务院：《全国主体功能区规划》文本，2010 年。

中华人民共和国国务院：《国务院关于印发全国主体功能区规划的通知》，2010 年 12 月 21 日。

［英］克拉克等：《牛津经济地理学手册》，商务印书馆 2005 年版。

世界银行：《2009 年世界发展报告：重塑世界经济地理》，清华大学出版社 2009 年版。

（吴福象　魏守华）

西部大开发

Development of the West Regions in China

西部大开发是中共中央贯彻邓小平关于中国现代化建设“两个大局”战略思想、面向新世纪作出的重大战略决策，全面推进社会主义现代化建设的一个重大战略部署。中国西部大开发区域的范围包括重庆、四川、贵州、云南、西藏自治区、陕西、甘肃、青海、宁夏回族自治区、新疆维吾尔自治区、内蒙古自治区、广西壮族自治区等 12 个省、自治区、直辖市，面积 685 万平方公里，占全国的 71.4%。2002 年年末总人口为 3.67 亿人，占全国的 28.8%。实施西部大开发战略、加快中西部地区发展，关系经济发展、民族团结、社会稳定，关系地区协调发展和最终实现共同富裕，是实现第三步战略目标的重大举措。

西部大开发战略起源于 1999 年 11 月召开的中央经济工作会议。会议提出，要不失时机地实施西部大开发战略，这直接关系到扩大内需，促进经济增长，关系到民族团结、社会稳定和边防巩固，关系到东西部协调发展和最终实现共同富裕。要从大局、从战略的高度充分认识实施西部大开发的重大意义，将其作为党和国家一项重要的战略任务，摆在更加突出的位置。2000 年 1 月，国务院成立了西部地区开发领导小组，国务院西部开发办于 2000 年 3 月正式开始运作。

2001 年 3 月，九届全国人大四次会议通过的《中华人民共和国国民经济和社会发展第十个五年计划纲要》对实施西部大开发战略再次进行具体部署。纲要指出，实施西部大开发，就是要依托亚欧大陆桥、长江水道、西南出海通道等交通干线，发挥中心城市作用，以线串点，以点带面，逐步形成中国西部有特色的西陇海兰新线、长江上游、南（宁）贵、成昆（明）等跨行政区域的经济带，带动其他地区发展，有步骤、有重点地推进西部大开发。

2006 年 12 月，国务院常务会议审议并原则通过《西部大开发“十一五”规划》。目标是努力实现西部地区经济又好又快发展，人民生活水平持续稳定提高，基础设施和生态环境建设取得新突破，重点区域和重点产业的发展达到新水平，教育、卫生等基本公共服务均等化取得新成效，构建社会主义和谐社会迈出扎实步伐。西部大开发总的战略目标是：经过几代人的艰苦奋斗，建成一个经济繁荣、社会进步、生活安定、民族团结、山川秀美、人民富裕的新西部。

2012 年，西部大开发已进入第 12 个年头。回顾过去发现，“十一五”时期是改革开放以来西部地区经济发展速度首次超过东部地区的五年，也是西部地区经济社会发展速度最快、质量最好、人民群众得实惠最多、对国家贡献最大的五年。因此，在认真总结经验的基础上，国家又编制了《西部大开发“十二五”规划》，进一步明确了深入实施西部大开发战略部署的奋斗目标、基本思路和政策措施。其中，根据全国主体功能区规划要求，提出要统筹做好重点经济区、农产品主产区、重点生态区、资源富集区、沿边开放区、特殊困难地区六类区域发展工作，并为此确定了在基础设施建设、生态建设和环境保护、特色优势产业发展，以及以保障和改善民生为重点的社会事业建设等方面的政策措施。

参考文献：

中华人民共和国国务院：《全国主体功能区规划》，2010 年。

中华人民共和国国务院：《“十五”西部开发总体规

划》,2001 年。
中华人民共和国国务院:《西部大开发"十一五"规划》,2006 年。
中华人民共和国国务院:《西部大开发"十二五"规划》,2012 年。
中华人民共和国国务院:《国务院关于印发全国主体功能区规划的通知》,2010 年 12 月 21 日。
国务院发展研究中心发展战略和区域经济研究部课题组:《中国区域科学发展研究》,经济日报出版社 2007 年版。
世界银行:《2009 年世界发展报告:重塑世界经济地理》,清华大学出版社 2009 年版。

(高传胜　吴福象)

东北振兴规划
Plan of Revitalizing Northeast China

东北振兴规划不是指某一个具体的规划,而是自 2003 年以来为振兴东北老工业基地,国家所出台和实施的一系列政策文件、实施意见和规划方案。2003 年的《关于实施东北地区等老工业基地振兴战略的若干意见》、2007 年的《东北地区振兴规划》,2009 年 9 月,国务院出台了《关于进一步实施东北地区等老工业基地振兴战略的若干意见》;2010 年 8 月,又通过《大小兴安岭林区生态保护和经济转型规划》和《关于加快东北地区农业发展方式转变建设现代农业的指导意见》;2012 年 3 月,国务院批复了由国家发展改革委组织编制的《东北振兴"十二五"规划》。规划范围包括辽宁省、吉林省、黑龙江省和内蒙古东部地区,土地面积 145 万平方公里,总人口约 1.2 亿。这一系列规划和政策,站在了发展的新高度和新起点上,提出要基本建设成为具有国际竞争力的装备制造业基地、国家新兴原材料和能源保障基地、国家重要商品粮和农牧业生产基地以及重要技术研发与创新基地,面向东北亚开放的重要枢纽。

2014 年 8 月,国务院还专门出台了《关于近期支持东北振兴若干重大政策举措的意见》(以下简称《意见》),《意见》从激发市场活力、提升产业竞争力、推动城市转型等 11 个方面提出了 35 条具体举措。东北振兴规划对我国东北地区的经济和社会发展具有里程碑式的意义,为东北地区在全国乃至全球的区域格局中迎来了新的发展活力和竞争优势,也为未来跃上新的发展高度奠定了坚实基础。自东北地区振兴战略和规划实施以来,振兴东北老工业基地工作取得了重要的阶段性成果。以国有企业改革为重点的体制机制创新取得重大突破,多种所有制经济蓬勃发展,经济结构进一步优化,自主创新能力显著提升,对外开放水平明显提高,基础设施条件得到改善,重点民生问题逐步解决,城乡面貌发生很大变化。但是,东北老工业基地体制性、结构性等深层次矛盾有待进一步解决,区域失调、资源枯竭等新难题急需突破,已经取得的成果有待进一步巩固,后发优势的巨大潜力仍需进一步发挥。

升级版的东北振兴规划包含九大类 28 条。一是优化经济结构,建立现代产业体系。包括加快推进企业兼并重组,大力发展非公有制经济和中小企业,做优做强支柱产业,积极培育潜力型产业,加快发展现代服务业,扶持重点产业集聚区加快发展。二是加快企业技术进步,全面提升自主创新能力。包括加大企业技术改造力度,提高自主创新能力,促进自主创新成果产业化。三是加快发展现代农业,巩固农业基础地位。包括大力发展现代农业,加强农业和农村基础条件建设。四是加强基础设施建设,为全面振兴创造条件。包括加快构建综合交通运输体系,优化能源结构。五是积极推进资源型城市转型,促进可持续发展。包括培育壮大接续替代产业,构建可持续发展长效机制,进一步加大财政政策支持力度。六是切实保护好生态环境,大力发展绿色经济。包括加强生态建设,积极推进节能减排,加强环境污染治理。七是着力解决民生问题,加快推进社会事业发展。包括千方百计扩大就业,积极完善社会保障体系,解决好住房、冬季取暖等突出民生问题,促进教育、卫生等社会事业发展。八是深化省区协作,推动区域经济一体化发展。包括推进区域一体化发展,建立东北地区合作机制。九是继续深化改革开放,增强经济社会发展活力。包括深化国有企业改革,加快推进其他领域改革,进一步扩大对外开放。加快推进辽宁沿海经济带和长吉图地区开发开放。

参考文献:

中华人民共和国国务院:《全国主体功能区规划》,2010 年。
《东北振兴"十二五"规划》,http://www.chinaneast.gov.cn/zxdbsewgh.pdf。
中华人民共和国国务院:《国务院关于印发全国主体功能区规划的通知》,2010 年 12 月 21 日。
国务院发展研究中心发展战略和区域经济研究部课题组:《中国区域科学发展研究》,经济日报出版社 2007 年版。
中华人民共和国国务院:《关于近期支持东北振兴若干重大政策举措的意见》,2003 年。
世界银行:《2009 年世界发展报告:重塑世界经济地理》,清华大学出版社 2009 年版。

(吴福象　张超)

长三角区域规划
Yangtze Delta Regional Planning

2010 年 5 月 24 日，国务院正式批准实施长三角区域发展规划。规划的范围包括上海市、江苏省和浙江省，规划以上海市和江苏省的南京、苏州、无锡、常州、镇江、扬州、泰州、南通，浙江省的杭州、宁波、湖州、嘉兴、绍兴、舟山、台州 16 个城市为核心区，统筹两省一市发展，辐射泛长三角地区。通常所讲的长三角城市群或长三角都市圈，是指长三角核心区的 16 个城市。

长三角区域规划提出的发展战略定位是：亚太地区重要的国际门户、全球重要的现代服务业和先进制造业中心、具有较强国际竞争力的世界级城市群。其中，全球重要的现代服务业中心定位是首次提出。根据规划，长三角将形成以上海为核心的“一核九带”空间格局。在完善和提升各类城市功能方面，规划明确提出“提升上海核心地位”，进一步强化上海国际大都市的综合服务功能，充分发挥服务全国、联系亚太、面向世界的作用，建成具有国际影响力和竞争力的大都市。规划提出，完善区域性中心城市功能，进一步提升南京、苏州、无锡、杭州、宁波等区域性中心城市的综合承载能力和服务功能，错位发展，扩大辐射半径，带动区域整体发展。同时，无论是核心区城市还是辐射区城市，均被赋予明确定位，这些定位充分发挥了各个城市自身优势，各具特色、功能互补，有效避免了城市间的恶性竞争。

核心城市上海，不仅是长江三角洲经济实力最强的城市，也是经济扩散的中心和产业空间布局的重心。围绕着上海经济增长极，这一都市圈的经济空间扩散为三个圈层：

第一扩散圈层是苏州、无锡、杭州和宁波。这一圈层的第三产业所占比重较大，乡镇企业发达，普遍成为当地的经济支柱和财税来源。第二扩散圈层是南京、嘉兴、绍兴、常州和镇江。这一圈层产业结构处于“二、三、一”阶段，工业发展迅速，主要向装备制造、电子信息方向发展。第三扩散圈层是扬州、南通、湖州和舟山。这一圈层的乡镇企业发展较晚，第一产业所占比重较大，产业结构水平较低。因此，从总体上来看，上海这个增长极主要是沿着铁路扩散的，沿江扩散轴和沿海扩散轴，成为次一级的扩散轴。

长三角都市圈形成的过程，可以说是一个“递进式”的城市发展进程，城市建设由粗放式逐步转向集约式。过去几十年来，这一转变过程大致可细分为四个阶段：第一，小城镇建设阶段，即城镇化阶段；第二，中小城市建设阶段，以县治所在镇为基础的中小城市发展受两大趋势的推动：一是部分农村企业的高层主管、村镇干部、务工青年农民、中小企业主及个体工商业者开始进城居住；二是产业集中发展趋势加快；第三，大城市和特大城市阶段，如前面所述，中心城市作用不可代替，由分散化走向集中化是城市化的一般规律；第四，形成都市圈。在目前的长三角城市群当中，已经形成了分别以上海、南京和杭州为中心的三大都市圈结构（见图 1）。

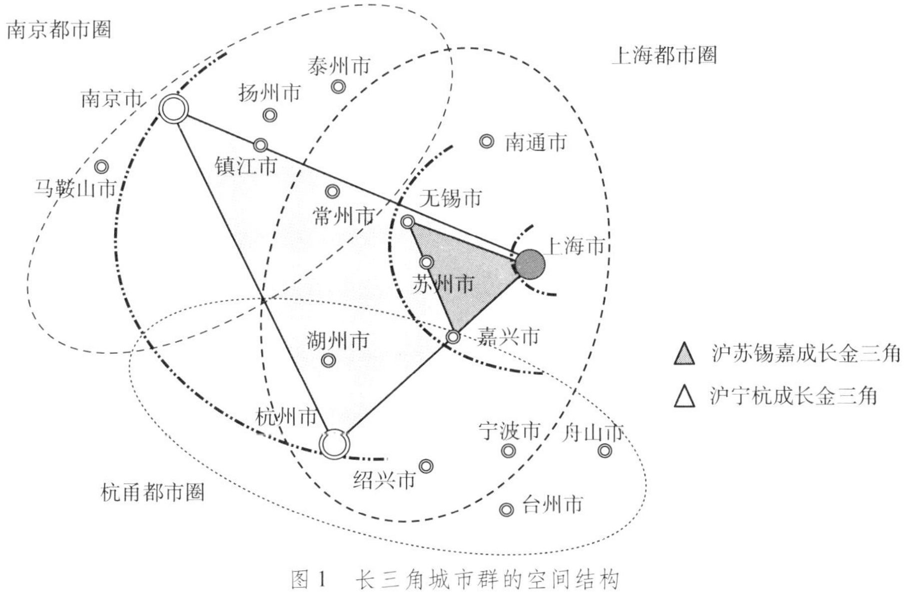

图 1　长三角城市群的空间结构

参考文献：
周一星：《城市地理学》，商务印书馆 1995 年版。
中华人民共和国国务院：《全国主体功能区规划》，2010 年。
中华人民共和国国务院：《长江三角洲地区区域规划》，2010 年。

中华人民共和国国务院:《国务院关于印发全国主体功能区规划的通知》,2010 年 12 月 21 日。
国务院发展研究中心发展战略和区域经济研究部课题组:《中国区域科学发展研究》,经济日报出版社 2007 年版。
洪银兴、刘志彪:《长江三角洲地区经济发展的模式和机制》,清华大学出版社 2003 年版。
刘志彪、吴福象等:《中国长三角区域发展报告》,中国人民大学出版社 2013 年版、2014 年版。
[英]克拉克等:《牛津经济地理学手册》,商务印书馆 2005 年版。
世界银行:《2009 年世界发展报告:重塑世界经济地理》,清华大学出版社 2009 年版。

(赵玻　刘小静)

珠江三角洲经济区
Pearl River Delta Economic Zone

珠三角经济区最早由广东省政府在 1994 年确立,是中国改革开放的先行地区,在全国经济社会发展和改革开放大局中具有突出的带动作用和举足轻重的战略地位。珠三角经济区是我国重要的经济中心区域,对全国经济社会发展具有深远的影响,在改革开放大局具有举足轻重的战略地位。2009 年 12 月国务院接受并批复了《珠江三角洲地区改革发展规划纲要(2008~2020 年)》对珠江三角洲地区进行了新的目标定位,赋予珠江三角洲地区发展更大的自主权,支持率先探索经济发展方式转变,大力将珠江三角洲地区建设成全国具有重要影响力的经济中心。

珠江三角洲经济区是指位于中国广东省珠江三角洲区域的 9 个地市组成的经济圈,包括广州市、深圳市、珠海市、佛山市、惠州市、肇庆市、江门市、中山市和东莞市。土地总面积 41698 平方公里,占据全省总面积的 23.4%。总人口 4230 万。它地处广东省的东南部,毗邻港澳,与东南亚地区隔海相望,海陆交通便利,近年来该地区实现国内生产总值占全省国内生产总值的 70% 左右。

珠江三角洲地区经济发展具有以下特征:第一,高新技术产业发展迅速。第二,具有较高的外向型经济水平。第三,产业结构优化合理并取得一定成果。第四,农业产业化格局框架已经初步成型。第五,城乡发展均衡。第六,社会要素流动导向有条不紊。在以上六个特征中,给本地区创造最大经济收益的是外向型经济。依托本身具有天然的海港交通条件、临近港澳的区位、充足的劳动力等优势,并结合国家的区域优惠政策,珠江三角洲经济区创造了由地方政府主导的外向型快速工业化经济发展模式,走出一条具有中国特色的沿海地区新工业化发展道路。

珠三角经济区的建设重心在于探索科学发展模式、深化改革、扩大开放、在发展世界先进制造业的同时抓紧对现代服务业的建设。未来珠三角地区的产业优先发展现代服务业,加快发展先进制造业,大力发展高技术产业,改造提升优势传统产业,积极发展现代农业,建设以现代服务业和先进制造业双轮驱动的主体产业群,形成产业结构高级化、产业发展集聚化、产业竞争力高端化的现代产业体系。

参考文献:

中华人民共和国国务院:《全国主体功能区规划》,2010 年。
中华人民共和国国务院:《珠江三角洲地区改革发展规划纲要(2008~2020)》,2008 年。
中华人民共和国国务院:《国务院关于印发全国主体功能区规划的通知》,2010 年 12 月 21 日。
[英]克拉克等:《牛津经济地理学手册》,商务印书馆 2005 年版。
世界银行:《2009 年世界发展报告:重塑世界经济地理》,清华大学出版社 2009 年版。

(刘和东　谢婷)

京津冀都市圈
Beijing-Tianjin-Hebei Metropolitan Region

从地域空间看,京津冀都市圈有两个圈层,一个是由北京、天津、廊坊、唐山等城市组成 1 小时核心圈,其中北京、天津是核心圈内的"双核",在核心圈内基本实现了产业、资源、基础设施等较广泛、紧密的互补合作;另一个是由核心圈和秦皇岛、承德、张家口、保定、沧州、石家庄等城市组成的经济腹地更广的 2~3 小时大都市圈。目前,京津冀都市圈占地约 1.8 万平方公里,占全国总面积的 1.9%,人口约 7600 万,占全国总人口的比重为 5.8%,2012 年北京和天津的经济规模(GDP)在全国城市比较中分居第二位和第四位。北京市的发展定位是国家首都、国际城市、文化名城、宜居城市,天津市的发展定位是国际港口城市、北方经济中心和宜居生态城市。

早在 2004 年 2 月,京津冀三地政府就一体化事项达成"廊坊共识",被认为是铺就了京津冀一体化的深度合作之路。国家发改委也于 2004 年启动和 2010 年完成了京津冀都市圈区域规划编制,即《京津冀都市圈区域规划》。其中,对北京、天津和河北省的八市产业结构和布局的规划提出,北京重点发展以微电子、计算机、通信、汽车制造、光机电一体化、新材料、生物工程等为主的高新技术产业和现代制造业,以科研、文化、教育为主的创意文化产业,以及以金融、保险、商贸、物流、会展、旅游等为代表的现代服务业;天津在加工制造业优势与港口优势基础上，大力发展电子信息、汽车、生物技术与现代医药、装备制造、新能源及环保设备等先进制造业，发展现代物流、现代商贸、金融保险、中介服务等现代服务业，适当发展大运量的临港重化工业；河北8市定位在原材料重化工基地、现代化农业基地和重要的旅游休闲度假区域，也是京津高技术产业和先进制造业研发转化及加工配套基地。

京津冀都市圈未来发展面临的挑战主要是，北京和天津的两个核心经济社会发展十分突出，而作为腹地的其他城市发展则明显落后，并形成了区域二元特征明显的较大落差，这使得京津的集聚效应大于辐射效应，周边中小城市则难以分享中心城市的发展成果，这将在很长时间内阻碍资源的合理流动配置和彼此之间的互补合作，甚至导致区域和城市之间竞争加剧、分隔加剧。

2014年习近平总书记在听取京津冀协同发展工作汇报时强调，实现京津冀协同发展是一个重大国家战略，要坚持优势互补、互利共赢、扎实推进，加快走出一条科学持续的协同发展路子。

京津冀一体化由京津唐工业基地的概念发展而来，包括北京市、天津市以及河北省的保定、唐山、石家庄、邯郸、邢台、衡水、沧州、秦皇岛、廊坊、张家口和承德，涉及京津和河北省11个地级市的80多个县(市)。国土面积约为12万平方公里，人口总数约为9000万人。

为深入贯彻落实京津冀协同发展重大国家战略，加快推进京津双城联动发展，京津两市于2014年8月6日在京签署《贯彻落实京津冀协同发展重大国家战略推进实施重点工作协议》(以下简称《协议》)。根据《协议》制定协同建立规划编制合作机制、协同构建互联互通现代交通网络体系、协同改善生态环境、协同打造合作示范区、协同推动科技创新一体化发展、协同深化口岸合作、协同促进区域投资贸易便利化、协同推进资源要素对接对流与协同完善合作工作机制9个方面、30个重点领域内容，两市将进一步深化互利合作，实现共赢发展。

参考文献：

中华人民共和国国务院：《全国主体功能区规划》，2010年。

中华人民共和国国务院：《京津冀都市圈区域规划》，2010年。

中华人民共和国国务院：《国务院关于印发全国主体功能区规划的通知》，2010年12月21日。

[英]克拉克等：《牛津经济地理学手册》，商务印书馆2005年版。

世界银行：《2009年世界发展报告：重塑世界经济地理》，清华大学出版社2009年版。

(张超　蔡悦)

横琴新区
Hengqin New District

横琴新区位于广东省珠海市横琴岛，地处广东省珠海市南部，毗邻港澳，是中国第一个粤港澳紧密合作示范区，于2009年12月16日挂牌成立。

横琴岛是珠海最大的海岛，土地总面积为106.46平方公里，处于"一国两制"的交会点和"内外辐射"的结合部，地理位置极为优越。1992年，横琴岛被广东定为扩大开放四个重点开发区之一。2004年，广东提出将横琴岛创建为"泛珠三角横琴经济合作区"。2008年年底，国务院通过《珠江三角洲地区改革发展规划纲要(2008～2020)》，明确要"规划建设珠海横琴新区等合作区域，作为加强与港澳服务业、高新技术产业等方面合作的载体"。2009年，国务院正式批复了《横琴总体发展规划》，实行更加开放的产业和信息化政策，立足促进粤港澳三地的紧密合作发展，促进港澳繁荣稳定。2009年12月16日，继天津滨海新区和上海浦东新区之后，中国第三个国家级新区在珠海市横琴挂牌成立。2011年7月14日，国务院正式批复了横琴岛将实行"比经济特区更加特殊的优惠政策"，拥有特区立法权限，拥有特殊的通关政策，拥有特殊的税收政策，拥有特殊的产业政策，拥有创新的金融政策，横琴成为国内开放度最高、创新空间最大、体制最宽松的地方。

横琴新区将以合作、创新和服务为主题，充分发挥横琴地处粤港澳结合部的优势，推进与港澳紧密合作、融合发展，逐步把横琴建设成为带动珠三角、服务港澳、率先发展的粤港澳紧密合作示范区。横琴经济合作的目标定位是建设"四基地"：即建设粤港澳地区的区域性商务服务基地，建设与港澳配套的国际知名旅游度假基地、建设珠江口西岸的区域性科教研发平台和建设融合港澳优势的国际级高新技术产业基地。根据《横琴总体发展规划》，横琴新区的产业发展重点在于商务服务、休闲旅游、科研开发和高新技术等产业。

配套产业发展需求重大基础设施建设充分考虑现有珠澳空间框架，布局在珠海市范围内通盘考虑，以利区域共享、避免重复建设。空间布局依据横琴的发展目标，采用系统推进、滚动开发的空间发展模式，构建科学合理、与产业体系相配套、与资源环境相协调的布局体系，形成各具特色、紧凑发展、紧密关联的"三片、十区"的功能布局。"三片、十区"为：(1)商务服务片，包括口岸服务区、中心商务区、国际居住社区；(2)休闲旅游片，包括休闲度假区、生态景观区；(3)科教研发片，包括教学区、综合服务区、文化创意区、科技研发区、高新技术产业区。

构建横琴内部高水平功能完善的独立功能组团，搭建体现"9+2"合作构想的物质空间平台，紧凑化布局以保证城市建设目标和保护生态本底条件的同步达成，并且打造高水平对外交通体系，规划“一轴两带三核”的总体结构，划分“9＋2”合作共建区、口岸服务区、商贸会展区、商务中心区（CBD）、旅游度假区、综合居住组团、研发基地、公园系统8大主题功能片区。

参考文献：

中华人民共和国国务院：《全国主体功能区规划》，2010年。

中华人民共和国国务院：《珠江三角洲地区改革发展规划纲要（2008～2020）》，2008年。

中华人民共和国国务院：《横琴总体发展规划》，2009年。

中华人民共和国国务院：《国务院关于印发全国主体功能区规划的通知》，2010年12月21日。

［英］克拉克等：《牛津经济地理学手册》，商务印书馆2005年版。

世界银行：《2009年世界发展报告：重塑世界经济地理》，清华大学出版社2009年版。

（吴福象　王新新）

江苏沿海地区

Coastal Area of Jiangsu

江苏沿海地区是我国沿海、长江和陇海兰新线三大生产力布局主轴线的交汇区域，包括连云港、盐城和南通三市所辖全部行政区域，陆域面积3.25万平方公里，海岸线954公里。江苏沿海地区区位优势独特，土地后备资源丰富，在提升长江三角洲地区整体实力、促进全国区域协调发展中具有重要战略地位。

为了更好地贯彻落实科学发展观，推动江苏沿海地区又快又好发展，增强服务带动中西部地区发展的能力，加强与中亚、欧洲和东北亚国家的交流与合作，完善全国沿海经济布局，国务院制定了江苏沿海地区发展规划。2009年6月10日，国务院常务会议讨论并原则通过《江苏沿海地区发展规划》。2009年7月，《江苏沿海地区发展规划》获国务院批复，标志着江苏沿海开发上升为国家战略。

江苏沿海地区的战略定位是：立足沿海，依托长三角，服务中西部，面向东北亚，建设中国重要的综合交通枢纽，沿海新型的工业基地，重要的土地后备资源开发区，生态环境优美、人民生活富足的宜居区，成为中国东部地区重要的经济增长极和辐射带动能力强的新亚欧大陆桥东方桥头堡。江苏沿海地区的发展目标是：到2020年，人均地区生产总值达到或高于东部地区平均水平，产业结构进一步优化，服务业比重大幅上升，人民生活更加富足，享有相对均等的基本公共服务，覆盖城乡的社会保障体系基本建成，城镇化率达到65%左右，生态环境良好，到规划末期或更长一些时间初步实现现代化。江苏沿海地区的开发要以连云港、盐城和南通三市的市区为极点，促进生产要素集聚，注重发展高技术产业，提升服务业发展水平，加快推进城市化进程，提升对周边地区的辐射带动能力；以沿海地区主要交通运输通道为轴线，加快沿线城镇发展，进一步强化腹地产业优势，构建产业和城镇带；以临近深水海港的区域为节点，加快布局临港产业，建设临港工业集中区和物流园区，培育和壮大临海城镇；以三极为中心，以产业和城镇带为依托，以沿海节点为支撑，促进互动并进，形成“三极、一带、多节点”的空间布局框架。

江苏沿海经济区的产业发展依托连云港、盐城、南通三市产业基础和比较优势，实施错位定位，建立区域产业分工体系，形成以现代农业为基础、先进制造业为主体、生产性服务业为支撑的产业协调发展新格局。产业发展重点在于现代农业、先进制造业、新能源产业和服务业等产业。

加快江苏沿海地区发展，要统筹城市与农村、陆地与海洋、经济与社会发展，坚持科学布局、合理分工、保护环境、开放合作。在新形势下加快江苏沿海地区发展事关全局，具有重大战略意义，对于长江三角洲地区产业优化升级和整体实力提升，完善全国沿海地区生产力布局，促进中西部地区发展，加强中国与中亚、欧洲和东北亚国家的交流与合作，具有重要意义。

参考文献：

中华人民共和国国务院：《全国主体功能区规划》，2010年。

中华人民共和国国务院：《江苏沿海地区发展规划》，2009年。

中华人民共和国国务院：《国务院关于印发全国主体功能区规划的通知》，2010年12月21日。

国务院发展研究中心发展战略和区域经济研究部课题组：《中国区域科学发展研究》，经济日报出版社2007年版。

［英］克拉克等：《牛津经济地理学手册》，商务印书馆2005年版。

世界银行：《2009年世界发展报告：重塑世界经济地理》，清华大学出版社2009年版。

吴福象：《中国区域经济交互关系评价与协调研究》，南京大学出版社2010年版。

（侯赟慧　钱玲玲）

黄河三角洲高效生态经济区

Yellow River Delta High-Efficient Ecological Economic Zone

黄河三角洲高效生态经济区是以黄河历史冲积平

原和鲁北沿海地区为基础，向周边延伸扩展形成的经济区域，包括东营、滨州两个市和潍坊北部寒亭区、寿光市、昌邑市，德州乐陵市、庆云县，淄博高青县，烟台莱州市，共涉及6个市的19个县（市、区），总面积2.65万平方公里，约占山东全省面积的1/6。2009年12月1日，国务院通过了《黄河三角洲高效生态经济区发展规划》，标志着黄河三角洲的开发建设正式上升为国家战略。

黄河三角洲是我国三大三角洲之一，自然资源较为丰富、生态系统独具特色、地理区位优势优越、土地资源优势突出，在我国区域经济布局中具有重要的战略位置。黄河三角洲既是环渤海经济圈经济低谷地带，也是国家重要的能源基地和新兴的经济增长地区。加快发展黄河三角洲高效生态经济，不仅关系到环渤海地区整体实力的提升和区域协调发展的全局，也关系到环渤海和黄河下游生态环境的保护。

黄河三角洲高效生态经济区是我国第一个以“高效生态”为主题的区域发展战略。依据国务院的《黄河三角洲高效生态经济区发展规划》，黄河三角洲高效生态经济区的战略定位是：建设全国重要的高效生态经济示范区、全国重要的特色产业基地、全国重要的后备土地资源开发区和环渤海地区重要的增长区域。按照生态建设和经济发展协调推进的要求，充分发挥区位和资源优势，推动产业结构优化升级，形成以高效生态农业为基础、环境友好型工业为重点、现代服务业为支撑的高效生态产业体系。重点发展绿色种植业、生态畜牧业、生态渔业等生态农业，高技术产业、装备制造业、轻纺工业等环境友好型工业，以及现代物流业、生态旅游业、金融保险业、商务服务业等现代服务业。到2020年，形成人与自然和谐相处，生态环境和经济发展高度融合，可持续发展能力明显增强，生态文明建设取得显著成效，形成竞争力较强的现代生态产业体系，开放型经济水平大幅提高，社会事业蓬勃发展，率先建成经济繁荣、环境优美、生活富裕的国家级高效生态经济区。

参考文献：

中华人民共和国国务院：《全国主体功能区规划》，2010年。

世界银行：《2009年世界发展报告：重塑世界经济地理》，清华大学出版社2009年版。

中华人民共和国国务院：《国务院关于印发全国主体功能区规划的通知》，2010年12月21日。

中华人民共和国国务院：《黄河三角洲高效生态经济区发展规划》，2009年。

李硕雅：《黄河三角洲高效生态经济区发展战略研究》，载于《河南商业高等专科学校学报》2012年第5期。

（侯赟慧　姜凤珍）

山东半岛蓝色经济区

Shandong Peninsula Blue Economic Zone

山东半岛蓝色经济区是山东省以青岛为龙头城市，带动周边部分城市经济发展为首要目的的经济规划特区。山东半岛蓝色经济区主体区范围包括山东全部海域和青岛、东营、烟台、潍坊、威海、日照6市及滨州市的无棣、沾化2个沿海县所属陆域，海域面积15.95万平方公里，陆域面积6.4万平方公里。2011年1月6日，国务院正式批复《山东半岛蓝色经济区发展规划》，标志着山东半岛蓝色经济区建设正式上升为国家战略，成为国家海洋发展战略和区域协调发展战略的重要组成部分。山东半岛蓝色经济区是全国海洋科技产业发展的先导区，生态文明建设和社会和谐进步的示范区，海陆一体开发和城乡一体发展的先行区。

山东半岛是环渤海地区与长江三角洲地区的重要结合部、黄河流域地区最便捷的出海通道、东北亚经济圈的重要组成部分，海洋经济发展基础良好，在促进黄海和渤海科学开发、深化沿海地区改革开放、提升我国海洋经济综合竞争力中具有重要的战略地位。根据《山东半岛蓝色经济区发展规划》，其战略定位是建设成为具有较强国际竞争力的现代海洋产业集聚区、具有世界先进水平的海洋科技教育核心区、国家海洋经济改革开放先行区和全国重要的海洋生态文明示范区。

山东半岛蓝色经济区的战略定位：根据资源环境承载能力、现有基础和发展潜力，按照以陆促海、以海带陆、海陆统筹的原则，优化海洋产业布局，提升胶东半岛高端海洋产业集聚区核心地位，壮大黄河三角洲高效生态海洋产业集聚区和鲁南临港产业集聚区两个增长极；优化海岸与海洋开发保护格局，加快形成海岸开发保护带、近海开发保护带和远海开发保护带，从而不断完善海岸与海洋协调发展的产业格局建设；优化沿海城镇布局，培育烟台—威海、青岛—潍坊—日照、东营—滨州三个城镇组团，形成“一核、两极、三带、三组团”的总体开发框架，达到合理调整沿海城镇经济布局结构框架。

参考文献：

中华人民共和国国务院：《全国主体功能区规划》，2010年。

中华人民共和国国务院：《山东半岛蓝色经济区发展规划》，2011年。

中华人民共和国国务院：《国务院关于印发全国主体功能区规划的通知》，2010年12月21日。

［英］克拉克等：《牛津经济地理学手册》，商务印书馆2005年版。

世界银行：《2009年世界发展报告：重塑世界经济地理》，清华大学出版社2009年版。

（刘和东　雷纶源）

辽宁沿海经济带
Liaoning Coastal Economic Belt

辽宁沿海经济带位于我国东北地区，毗邻渤海和黄海，包括大连、丹东、锦州、营口、盘锦、葫芦岛6个沿海城市所辖行政区域，陆域面积5.65万平方公里，海岸线长2920公里，海域面积约6.8万平方公里。该经济带南临渤海，是环渤海经济圈的重要组成部分；北接以沈阳为中心的沈阳经济区，是东北振兴规划区域的重要组成部分和主要出海通道；从更广阔的区域看，也是东北亚经济圈的重要组成部分。

2005年，为落实中央、国务院振兴东北的战略部署，辽宁省委、省政府决定实施"五点一线"沿海经济带开放开发战略。"五点"即大连长兴岛临港工业区、营口沿海产业基地、盘锦沿海经济区、锦州沿海经济区、丹东产业园区和大连花园口经济区，"一线"即指西起葫芦岛市绥中县、东至丹东东港市，连接"五点"全长1443公里的滨海公路。2009年7月经国务院批准，"五点一线"沿海经济带上升为国家战略，辽宁沿海经济带也在"五点一线"的基础上进一步拓展和优化。其空间总体布局确定为"一核、一轴、两翼"框架，进一步提升大连核心地位，强化大连—营口—盘锦主轴，壮大渤海翼（盘锦—锦州—葫芦岛渤海沿岸）和黄海翼（大连—丹东黄海沿岸及主要岛屿），强化核心、主轴、两翼之间的有机联系。

辽宁沿海经济带产业发展的重点，一是创新升级和集聚发展以大型压缩机、大型重载精密轴承、大型船用曲轴、数控机床等为代表的先进装备制造业，以集成电路、电力电子、应用电子等为代表的电子信息产业和以化工原料、化工材料、精细化工为代表的石化产业；二是加快发展以大连国际物流中心和锦州、营口、丹东等区域性物流中心为代表的现代物流业，以大连软件开发和服务外包产业基地为代表的信息服务业，以及改造提升和做大做强商贸流通业；三是大力发展现代农业，打造一批农业产业化国家重点龙头企业和特色农产品生产加工基地。

参考文献：
中华人民共和国国务院：《全国主体功能区规划》，2010年。
中华人民共和国国务院：《辽宁沿海经济带发展规划》，2009年。
中华人民共和国国务院：《国务院关于印发全国主体功能区规划的通知》，2010年12月21日。
［英］克拉克等：《牛津经济地理学手册》，商务印书馆2005年版。
世界银行：《2009年世界发展报告：重塑世界经济地理》，清华大学出版社2009年版。

（张超　钱玲玲）

浙江海洋经济发展示范区
Zhejiang Marine Economic Development Demonstration Area

国务院于2011年2月正式批复《浙江海洋经济发展示范区规划》（以下简称《规划》），浙江海洋经济发展示范区建设上升为国家战略，批复认为，建设好浙江海洋经济发展示范区关系到我国实施海洋发展战略和完善区域发展总体战略的全局。这是我国第一个海洋经济发展示范区规划，也是浙江省第一个国家级经济发展战略。

浙江海洋经济发展示范区规划范围包括浙江全部海域和杭州、宁波、温州、嘉兴、绍兴、舟山、台州等市的市区及沿海县（市）的陆域（含舟山群岛、台州列岛、洞头列岛等岛群），海域面积26万平方公里，陆域面积3.5万平方公里，其中海岛的陆域总面积约0.2万平方公里。规划区海洋资源丰富，区位优势突出，产业基础较好，体制机制灵活，科教实力较强，在全国海洋经济发展中具有重要地位。《规划》确定浙江海洋经济发展示范区的发展定位是：我国重要的大宗商品国际物流中心、我国海洋海岛开发开放改革示范区、我国现代海洋产业发展示范区、我国海陆协调发展示范区以及我国海洋生态文明和清洁能源示范区。

《规划》指出要坚持以海引陆、以陆促海、海陆联动、协调发展，注重发挥不同区域的比较优势，优化形成重要海域基本功能区，推进构建"一核两翼三圈九区多岛"的海洋经济总体发展格局。其中，宁波—舟山港海域、海岛及其依托城市是核心区，环杭州湾产业带为北翼，温州台州沿海产业带为南翼，分别以杭州、宁波、温州为中心形成三大沿海都市圈以增强现代都市服务功能和科技支撑功能，在此基础上形成九个沿海产业集聚区，并推进舟山、温州、台州等地诸多岛屿的开发和保护。

浙江海洋经济发展示范区的建设，要以深化改革为动力，着力优化海洋经济结构，加强海洋生态文明建设，提高海洋科教支撑能力，创新体制机制，统筹海陆联动发展，推进海洋综合管理，使之成为综合实力较强、核心竞争力突出、空间配置合理、生态环境良好、体制机制灵活的海洋经济发展示范区，成为我国东部沿海地区重要的经济增长极。

参考文献：
中华人民共和国国务院：《全国主体功能区规划》，2010年。

中华人民共和国国务院:《浙江海洋经济发展示范区规划》,2011 年。
中华人民共和国国务院:《国务院关于印发全国主体功能区规划的通知》,2010 年 12 月 21 日。
[英]克拉克等:《牛津经济地理学手册》,商务印书馆 2005 年版。
世界银行:《2009 年世界发展报告:重塑世界经济地理》,清华大学出版社 2009 年版。

（张超　蒋天颖）

海峡西岸经济区
Economic Zone on the West Coast of the Straits

海峡西岸经济区的战略构想,首先由福建省在 2003 年下半年提出,并于 2004 年在福建省十届人大二次会议上被完整、公开地阐述。2009 年 5 月,国务院出台了《关于支持福建省加快建设海峡西岸经济区的若干意见》(以下简称《意见》)。标志着海峡西岸经济区建设进入了一个新的阶段。根据《意见》,研究和制定的《海峡西岸经济区发展规划》(以下简称《规划》)。《规划》在 2011 年 3 月获得国务院批复。

根据《规划》,海峡西岸经济区范围包括福建省全境以及浙江省温州市、衢州市、丽水市,广东省汕头市、梅州市、潮州市、揭阳市,江西省上饶市、鹰潭市、抚州市、赣州市,陆域面积约 27 万平方公里,人口约为 8000 万。规划期从 2011 ~ 2020 年。

海峡西岸经济区区位优越,对台合作优势独特,山海资源丰富,生态环境良好,经济发展水平较高,具备加快发展的有利条件。而经济全球化和区域经济一体化深入发展,国际间产业转移不断加快,两岸关系和平发展不断推进,这些都为海峡西岸经济区加强与台湾地区的合作、实现较快发展提供了重要机遇。

《规划》将经济区战略定位确定为两岸人民交流合作先行先试区域、服务周边地区发展新的对外开放综合通道、东部沿海地区先进制造业的重要基地以及中国重要的自然和文化旅游中心。并在东部沿海临港产业发展区,中部、西部集中发展区及生态保护和生态产业发展区等功能区定位基础上,统筹区域发展空间布局,加快形成分工明确、布局合理、功能互补、错位发展的“一带、五轴、九区”的网状空间开发格局。其中,通过大力发展先进制造业和现代服务业、推动临港产业和高新技术产业集聚、优化提升城市功能、建成海峡西岸城市群等加快建设沿海发展带;纵深推进福州—宁德—南平—鹰潭—上饶发展轴、厦门—漳州—龙岩—赣州发展轴、泉州—莆田—三明—抚州发展轴、温州—丽水—衢州—上饶发展轴和汕头—潮州—揭阳—梅州—龙岩—赣州发展轴五个发展轴;培育壮大厦门湾、闽江口、湄洲湾、泉州湾、环三都澳、温州沿海、粤东沿海以及闽粤赣互动发展区、闽浙赣互动发展区九个集中发展区。

《规划》明确,未来将利用 10 ~ 15 年的时间,通过实施重大项目、加快产业集聚和构建现代产业体系、加快基础设施和生态建设、壮大中心城市、发展县域经济、提升民营经济、全面深化改革开放、加强自主创新、建设海洋经济强省和建设文化强省等举措,把海峡西岸经济区建设成为一个经济一体化、投资贸易自由化、产业高级化、区域城镇化、社会文明化的在全国具有重要影响力的发达区域,成为服务祖国统一大业的前沿平台。

参考文献:

中华人民共和国国务院:《全国主体功能区规划》,2010 年。
中华人民共和国国务院:《海峡西岸经济区发展规划》,2011 年。
中华人民共和国国务院:《国务院关于印发全国主体功能区规划的通知》,2010 年 12 月 21 日。
国务院发展研究中心发展战略和区域经济研究部课题组:《中国区域科学发展研究》,经济日报出版社 2007 年版。
[英]克拉克等:《牛津经济地理学手册》,商务印书馆 2005 年版。
世界银行:《2009 年世界发展报告:重塑世界经济地理》,清华大学出版社 2009 年版。

（张超　丁胡送）

海南国际旅游岛
Hainan International Tourism Island

2010 年 1 月,国务院出台《国务院关于推进海南国际旅游岛建设发展的若干意见》(以下简称《意见》),把海南国际旅游岛建设作为国家的重大战略部署。根据《意见》,海南国际旅游岛发展确定了六大战略方向:一是充分发挥经济特区优势,加快体制机制创新,推动海南旅游业及相关现代服务业在改革开放和科学发展方面走在全国前列,成为中国旅游业改革创新的试验区;二是充分发挥区位和资源优势,推进旅游要素转型升级,开发特色旅游产品,全面提升旅游基础设施和管理服务,建成世界一流的海岛休闲度假旅游目的地;三是坚持生态立省、环境优先,建成全国生态文明建设示范区;四是依托博鳌亚洲论坛的品牌优势,全方位开展区域性、国际性经贸文化交流活动以及高层次的外交外事活动,使海南成为中国立足亚洲、面向世界的重要国际经济合作和文化交流平台;五是加大开发力度和加强科研保障,建成为我国南海资源开发的物资供应、综合利用和产品运销基地；六是充分发挥热带农业资源优势，大力发展热带现代农业，建成国家热带现代农业基地，成为全国冬季菜篮子基地、热带水果基地、南繁育制种基地、渔业出口基地和天然橡胶基地。

海南国际旅游岛的发展目标：到2015年，旅游管理、营销、服务和产品开发的市场化、国际化水平显著提升。旅游业增加值占地区生产总值比重达到8%以上，第三产业增加值比重达到47%以上，第三产业从业人数比重达到45%以上，力争全省人均生产总值、城乡居民收入达到全国中上水平，教育、卫生、文化、社会保障等社会事业发展水平明显提高，综合生态环境质量保持全国领先水平。到2020年，旅游服务设施、经营管理和服务水平与国际通行的旅游服务标准全面接轨，初步建成世界一流的海岛休闲度假旅游胜地，使海南国际旅游岛成为开放之岛、绿色之岛、文明之岛、和谐之岛。

参考文献：
中华人民共和国国务院：《全国主体功能区规划》，2010年。
中华人民共和国国务院：《国务院关于推进海南国际旅游岛建设发展的若干意见》，2010年。
[英]克拉克等：《牛津经济地理学手册》，商务印书馆2005年版。
中华人民共和国国务院：《国务院关于印发全国主体功能区规划的通知》，2010年12月21日。
国务院发展研究中心发展战略和区域经济研究部课题组：《中国区域科学发展研究》，经济日报出版社2007年版。
世界银行：《2009年世界发展报告：重塑世界经济地理》，清华大学出版社2009年版。

（张超　丁胡送）

皖江城市带承接产业专业示范区
Specialized Demonstration Zone to Undertake Industry along the River Belt in Anhui Province

在支撑未来中国区域经济增长的新战略区域中，皖江城市带承接产业转移示范区是我国首个获批复的国家级承接产业转移示范区。示范区的规划范围为安徽省长江流域，包括合肥市、芜湖市、马鞍山市、铜陵市、安庆市、池州市、滁州市、宣城市和六安市（金安区、舒城县）九市，共59个县（市、区），辐射安徽全省，对接长三角地区。

1995年，安徽省委、省政府出台了《关于进一步推进皖江开发开放若干问题的意见》，制定了《安徽省长江经济带开发开放规划纲要（1996～2010）》，提出实施“外向带动、整体推进、重点突破、形成支柱”的总体战略，以芜湖为突破口、沿江城市全面跟进的开发开放格局初步形成。2006年，国家将皖江城市带纳入中部地区崛起战略重点发展区域。2010年1月12日，国务院正式批复《皖江城市带承接产业转移示范区规划》（以下简称《规划》），标志着皖江城市带承接产业转移示范区上升为国家战略。

根据《规划》要求，皖江城市带承接产业转移示范区的战略定位是：立足安徽，依托皖江，融入长三角，连接中西部，积极承接产业转移，不断探索科学发展新途径，努力构建区域分工合作、互动发展新格局，加快建设长三角拓展发展空间的优选区，长江经济带协调发展的战略支点，引领中部地区崛起的重要增长极，将皖江城市带承接产业转移示范区打造成为“合作发展的先行区”“科学发展的试验区”“中部地区崛起的重要增长极”和“全国重要的先进制造业和现代服务业基地。”

皖江城市带承接产业转移示范区的规划期为2010～2015年，重大问题展望到2020年。《规划》确定皖江城市带承接产业转移示范区的发展目标是：“到2015年，示范区经济总量大幅增长，产业结构进一步优化，现代产业体系基本建立，生态环境更加良好，人民生活水平显著提高，基本建成全面小康社会，在带动安徽发展、促进中部地区崛起中发挥更大作用。到2020年，示范区整体经济实力大幅提升，以先进制造业和现代服务业为主的产业体系进一步完善，主导产业核心竞争力明显增强，自主创新能力居于全国前列，生态环境优美，社会文明和谐，人民生活富裕，与长三角分工合作、优势互补、一体化发展，成为在全国具有重要影响力的城市带”。

围绕皖江城市带承接产业转移示范区的战略定位和发展目标，《规划》提出了构筑“一轴双核两翼”的产业空间格局。“一轴”即“沿江发展轴”，包括安庆、池州、铜陵、芜湖、马鞍山等沿江区域，这是承接产业转移的主轴线；“双核”即“合肥、芜湖双核”，这是安徽省目前乃至今后一个时期经济发展最具活力和潜力的两大增长极，是承接产业转移的核心区域；“两翼”即“滁州、宣城两翼”，着力打造承接我国沿海地区特别是长三角产业转移的前沿地带。

《规划》提出了示范区产业承接发展重点：以汽车、机械设备为代表的装备制造业，以冶金、化工、非金属材料为代表的原材料产业，以家用电器、农产品加工纺织服装为代表的轻纺产业，以电子信息、生物产业、公共安全产业为代表的高技术产业，以现代物流、金融服务、文化、旅游为代表的现代服务业和以种植业、养殖业、林业为主的现代农业。

参考文献：
中华人民共和国国务院：《全国主体功能区规划》，2010年。
中华人民共和国国务院：《国务院关于印发全国主体功能区规划的通知》，2010年12月21日。
中华人民共和国国务院：《国务院关于皖江城市带承接产业转移示范区规划的批复》，2010年1月12日。
中华人民共和国国家发改委：《皖江城市带承接产业转移示范区规划》，2010年1月。
安徽省人民政府：《安徽省长江经济带开发开放规划纲要（1996～2010）》，1995年8月18日。
世界银行：《2009年世界发展报告：重塑世界经济地理》，清华大学出版社2009年版。

（吴福象　于胡送）

鄱阳湖生态经济区

Poyang Lake Ecological Economic Zone

2009年12月，国务院正式批复，同意《鄱阳湖生态经济区规划》（以下简称《规划》），这标志着鄱阳湖生态经济区规划已上升为国家战略，成为新中国成立以来江西省第一个国家战略层面的区域性发展规划。经济区规划范围包括南昌、景德镇、鹰潭3市，以及九江、新余、抚州、宜春、上饶、吉安市的部分县（市、区），共38个县（市、区）和鄱阳湖全部湖体在内，面积为5.12万平方公里，占江西省面积的30%，人口占江西省50%，经济总量占江西省60%。

鄱阳湖生态经济区是中国重要的生态功能保护区，是世界自然基金会划定的全球重要生态区，承担着调洪蓄水、调节气候、降解污染等多种生态功能。该区域还是长江三角洲、珠江三角洲、海峡西岸经济区等重要经济板块的直接腹地，是中国中部地区正在加速形成的重要增长极，是中部制造业重要基地和中国三大创新地区之一，具有发展生态经济、促进生态与经济协调发展的良好条件。

根据《规划》，鄱阳湖生态经济区的发展定位是"三区一平台"，即建成全国大湖流域综合开发示范区、长江中下游水生态安全保障区、加快中部崛起重要带动区、国际生态经济合作重要平台。围绕上述定位，着力构建安全可靠的生态环境保护体系、调配有效的水利保障体系、清洁安全的能源供应体系、高效便捷的综合交通运输体系；重点建设区域性优质农产品生产基地，生态旅游基地，光电、新能源、生物及航空产业基地，改造提升铜、钢铁、化工、汽车等传统产业基地。根据自然生态系统的不同特征和经济地域的内在联系，鄱阳湖生态经济区划分为湖体核心保护区、滨湖控制开发带和高效集约发展区。

依据各区域资源环境承载能力、发展现状和开发潜力，界定区域功能，明确发展方向。构建以鄱阳湖为"绿心"，以南昌为中心，以九江、景德镇、鹰潭、新余和抚州等城市为主要支撑，以环鄱阳湖交通走廊为环状的空间开发格局；强化南昌科技创新、文化和综合服务功能，推进形成"一小时经济圈"，建设区域性的先进制造业基地和商贸物流中心；强化九江临港产业和商贸、旅游功能，建成港口城市和旅游城市、区域性的物流枢纽，培育形成区域副中心；发展壮大景德镇、鹰潭、新余和抚州等城市的特色优势产业。

鄱阳湖生态经济区建设的规划期为2009～2015年，远期展望到2020年。其中，2009～2015年为先行先试、强基固本阶段，是重点规划期，主要任务是创新体制机制，夯实发展基础，壮大生态经济实力，初步形成生态与经济协调发展新模式；这一时期的主要奋斗目标是：生态建设取得显著成效，生态产业体系初步形成，生态文明社会初步构建。2016～2020年为深入推进、全面发展阶段，主要任务是构建保障有力的生态安全体系，形成先进高效的生态产业集群，建设生态宜居的新型城市群，为到21世纪中叶基本实现现代化打下良好基础。

参考文献：
中华人民共和国国务院：《全国主体功能区规划》，2010年。
中华人民共和国国务院：《国务院关于印发全国主体功能区规划的通知》，2010年12月21日。
世界银行：《2009年世界发展报告：重塑世界经济地理》，清华大学出版社2009年版。
中华人民共和国国家发改委：《鄱阳湖生态经济区规划》，2009年12月。
江西省人民政府：《〈鄱阳湖生态经济区规划〉实施方案》，2010年8月27日。

（陈柳　熊青）

成渝经济区

Chengdu-Chongqing Economic Zone

成渝经济区位于长江上游，地处四川盆地，北接陕甘，南连云贵，西通青藏，东邻湘鄂，是中国重要的人口、城镇、产业集聚区，是引领西部地区加快发展、提升内陆开放水平、增强国家综合实力的重要支撑，在中国经济社会发展中具有重要的战略地位。

2003年，中国科学院《中国西部大开发重点区域规划前期研究》首次提出成渝经济区的概念；2004年，国务院西部开发办规划组在《中国西部大开发中重点经济带研究》中指出："长江上游经济带的空间布局特征是'蝌蚪型经济带'，区域中心是成渝经济区。"2006

年,《西部大开发“十一五”规划》中,提出重点建设成渝、关中—天水、北部湾等重点经济区,把其建设成为带动和支撑西部大开发的战略高地。2007年4月,四川与重庆发改委联合向国家上报《关于编制成渝经济区发展规划的请示》;2008年,国家发改委牵头成立《规划》编制协调指导小组和规划编制工作组;2009年7月,国家发展改革委在成都召开了编制工作会,会议初步讨论成渝经济区区域规划。2011年5月,国务院正式批复《成渝经济区区域规划》(以下简称《规划》)。规划期为2011~2015年,展望到2020年。《规划》是成渝经济区当前和今后一个时期发展改革的行动纲领和编制相关规划的依据。规划范围包括重庆市的万州、涪陵等31个区县,以及四川省的成都、德阳、绵阳等15个市,区域面积20.6万平方公里。

《规划》确定成渝经济区战略定位为“一中心四区”,即西部地区的经济中心、西部地区的产业聚集区、内陆推进开放的试验区、全国统筹城乡发展的示范区、长江上游生态安全的保障区。《规划》明确依托中心城市和长江黄金水道、主要陆路交通干线,形成以重庆、成都为核心,沿江、沿线为发展带的“双核五带”空间格局。其中,双核是以成都、重庆为核心,加强重庆、成都城市之间的资源整合,优化城市功能,实现错位发展,打造带动成渝经济区发展的双引擎和对外开放的门户城市;五带分别为沿长江发展带、成绵乐发展带、成内渝发展带、成南(遂)渝发展带、渝广达发展带。重点推动重庆城市群、成都城市群、经济区南部城市群、经济区东北部城市群以及毗邻地区快速发展。

参考文献:
中华人民共和国国务院:《全国主体功能区规划》,2010年。
中华人民共和国国务院:《成渝经济区区域规划》,2011年。
国务院发展研究中心发展战略和区域经济研究部课题组:《中国区域科学发展研究》,经济日报出版社2007年版。
中华人民共和国国务院:《国务院关于印发全国主体功能区规划的通知》,2010年12月21日。
世界银行:《2009年世界发展报告:重塑世界经济地理》,清华大学出版社2009年版。

(陈柳　丁胡送)

广西北部湾经济区
Guangxi Beibu Gulf Economic Zone

广西北部湾经济区(以下简称“北部湾经济区”)地处中国沿海西南端,主要由南宁、北海、钦州、防城港四市所辖行政区域组成,另外加上玉林、崇左两个市物流区,即“4+2”,陆地国土面积4.25万平方公里。北部湾经济区位于华南经济圈、西南经济圈和东盟经济圈的结合部,是西部大开发地区唯一的沿海区域,也是中国和东盟国家海陆走廊,区位优势明显,是我国西部大开发和面向东盟开放合作的重点地区,对于国家实施区域发展总体战略和互利共赢的开放战略具有重要意义。北部湾经济区岸线、土地、海洋、农林、旅游等资源丰富,且开发密度低,发展潜力较大。此外,在中国沿海地区规划布局中,北部湾经济区规划为新的现代化港口群、产业群和高质量的宜居城市。

2008年1月,国家批准实施《广西北部湾经济区发展规划》(以下简称《规划》),规划期为2006~2020年。《规划》确定北部湾经济区功能定位为:以北部湾为立足点,服务西南、华南和中南,成为东中西部的交汇点、联系东南亚的桥头堡,充分发挥其连接多区域的交流桥梁和合作平台作用,以着力发展开放型经济来促进开发建设,打造成中国—东盟开放合作的物流基地、商贸基地、加工制造基地和信息交流中心,成为带动西部大开发的战略高地和开放高地,建成辐射力强、经济繁荣、社会和谐、生态良好的新的南部沿海国际区域经济合作区。

北部湾经济区发展的战略重点:一是优化国土开发,形成开放合作的空间优势。二是完善产业布局,形成开放合作的产业优势。三是提升国际大通道能力,构建开放合作的支撑体系。四是深化国际国内合作,拓展开放合作的新空间。五是加强社会建设,营造开放合作的和谐环境。《规划》提出经过10~15年的努力,将北部湾地区建设成为沿海重要经济增长区,率先在西部地区建成全面小康社会,经济实力显著增强,经济结构更加优化,开放合作不断深入,生态文明建设进一步加强,人民生活全面改善。

北部湾经济区发展的核心是产业发展,《规划》提出要抓住工业化、信息化、城镇化、市场化和国际化全面发展的机遇,充分发挥区位优势、资源优势,加强引导扶持,承接产业转移,加快形成现代产业体系。工业主要发展石油化工业、造纸业、冶金业、轻工食品业、海洋产业和高新技术产业。农业主要发展种植业、畜牧业和海洋渔业。服务业着力发展物流业、金融业、信息服务业、会展业、房地产业和旅游业。

参考文献:
中华人民共和国国务院:《全国主体功能区规划》,2010年。
中华人民共和国国务院:《广西北部湾经济区发展规划》,2008年。
国务院发展研究中心发展战略和区域经济研究部课题组:《中国区域科学发展研究》,经济日报出版社

2007 年版。
中华人民共和国国务院:《国务院关于印发全国主体功能区规划的通知》,2010 年 12 月 21 日。
世界银行:《2009 年世界发展报告:重塑世界经济地理》,清华大学出版社 2009 年版。

(陈柳 丁胡送)

广西桂东承接产业转移专业示范区
Specialized Demonstration Zone to Undertake Industry East of Guilin in Guangxi Province

2010 年 10 月,广西桂东承接产业转移示范区规划方案已获国家发改委同意设立,标志着示范区建设正式启动。广西桂东承接产业转移示范区的承接对象为珠三角和港澳。桂东承接产业转移示范区主要包括毗邻广东的四个市:梧州、贵港、贺州和玉林。

根据发展规划,国家和广西壮族自治区将为广西桂东承接产业转移示范区建设提供各项政策支持,先行先试,重点打造装备制造业、原材料产业、轻纺化工、高技术产业、现代农业、现代服务业六大产业的承接转移。桂东示范区将是广西"十二五"期间的新经济增长极,也是目前正在大力推进的西江经济带的重中之重。而西江经济带除了平衡广西内北部湾经济区以外地区的发展外,同时也将把西南地区、东盟经济圈和珠三角串联起来。

桂东示范区的另一个重要任务是加强生态文明建设。桂东地区森林覆盖率高,自然生态系统保持较好,绿水青山、生态良好是桂东地区参与区域竞争的优势和财富。示范区在加快承接产业转移的同时,不但要利用好更要保护好这块生态牌。要设置绿色门槛,严格执行"承接项目准入制",严格控制承接高污染、高能耗产业,坚决拒绝承接超出环保指数的项目;完善节能减排措施,大力发展低碳经济和循环经济,从源头上控制污染;提高能源资源利用效率,发展节能型、生态型和环保型产业;建立科学的污染检查制度和报告制度,积极有效地控制污染排放并及时处理污染物。使生态保护理念贯穿承接产业转移的整个过程中,实现经济与生态环境的协调可持续发展。

参考文献:

中华人民共和国国务院:《全国主体功能区规划》,2010 年。
中华人民共和国国务院:《广西桂东承接产业转移示范区》,2010 年。
国务院发展研究中心发展战略和区域经济研究部课题组:《中国区域科学发展研究》,经济日报出版社 2007 年版。
中华人民共和国国务院:《国务院关于印发全国主体功能区规划的通知》,2010 年 12 月 21 日。
世界银行:《2009 年世界发展报告:重塑世界经济地理》,清华大学出版社 2009 年版。

(陈柳 朱蕾)

关中—天水经济区
Guanzhong-Tianshui Economic Zone

2009 年 6 月《关中—天水经济区发展规划(2009～2020)》(以下简称《规划》)获国务院批复。关中—天水经济区简称"关天经济区",其范围包括陕西省的关中平原地区及甘肃省天水地区,共六市一区,面积 7.98 万平方公里,2007 年年末总人口为 2842 万人。经济区以大西安(含咸阳)为中心城市,宝鸡为副中心城市,天水、铜川、渭南、商洛、杨凌等为次核心城市。依托陇海铁路(欧亚大陆桥)和连霍高速公路,形成中国西部发达的城市群和产业集聚带与关中城市群相呼应,直接辐射区域包括陕西省陕南的汉中、安康,陕北的延安、榆林,甘肃省的平凉、庆阳和陇南地区。

关天经济区地处亚欧大陆桥中心,处于承东启西、连接南北的战略要地,是中国西部地区经济基础好、自然条件优越、人文历史深厚、发展潜力较大的地区。加快经济区建设与发展,有利于增强区域经济实力,形成支撑和带动西部地区加快发展的重要增长极;有利于深化体制机制创新,为统筹科技资源改革探索新路径、提供新经验;有利于构建开放合作的新格局,推动西北地区经济振兴;有利于深入实施西部大开发战略,建设大西安、带动大关中、引领大西北;有利于应对当前国际金融危机的影响,承接东中部地区产业转移,促进区域协调发展。

《规划》确定关天经济区战略定位为,全国内陆型经济开发开放战略高地、统筹科技资源改革示范基地、全国先进制造业重要基地、全国现代农业高技术产业基地以及彰显华夏文明的历史文化基地。《规划》明确指出根据资源环境承载能力、现有开发强度和发展潜力,科学划定城市地区、农村地区和生态地区等功能分区,并构筑"一核、一轴、三辐射"的空间发展框架体系。其中,"一核"即西安(咸阳)大都市,是经济区的核心,对西部和北方内陆地区具有引领和辐射带动作用。"一轴"即宝鸡、铜川、渭南、商洛、杨凌、天水等次核心城市作为节点,依托陇海铁路和连霍高速公路,形成西部发达的城市群和产业集聚带。"三辐射"即分别以包茂高速公路、西包铁路为轴线,向北辐射带动陕北延安、榆林等地区发展;以福银高速公路、宝鸡至平凉、天水至平凉等高速公路和西安至银川铁路为轴线,向西北辐射带动陇东平凉、庆阳等地区发展;以沪陕、西康、西汉等高速公路和宝成、西康、宁西铁路为依托,向南辐射带动陕南汉中、安康和甘肃陇南等地区发展。

《规划》指出未来该区域的重点产业方向是航空航天、装备制造、资源加工、文化产业、旅游产业、现代服务业以及现代农业。其中,航空航天是关天经济区的重要特色产业,加快大型运输机、涡桨支线飞机、通用飞机等主干产业,航空发动机及配套产业、机载系统等分支产业,以及航空关键部件、专用设备、维修业务等配套产业在这一区域充分集聚。这一区域还有数个国家民用航天产业基地为载体,重点培育和发展航天运载动力产业集群、卫星及卫星应用。

参考文献:

中华人民共和国国务院:《全国主体功能区规划》,2010 年。

中华人民共和国国务院:《关中—天水经济区发展规划》,2009 年。

国务院发展研究中心发展战略和区域经济研究部课题组:《中国区域科学发展研究》,经济日报出版社 2007 年版。

中华人民共和国国务院:《国务院关于印发全国主体功能区规划的通知》,2010 年 12 月 21 日。

世界银行:《2009 年世界发展报告:重塑世界经济地理》,清华大学出版社 2009 年版。

(陈柳　朱蕾)

苏南现代化建设示范区
Modernization Demonstration Zone of Southern Jiangsu

经国务院同意,国家发展改革委 2013 年 4 月 25 日正式印发《苏南现代化建设示范区规划》,标志着中国第一个以现代化建设为主题的区域规划正式颁布实施。江苏苏南地区包括南京、无锡、常州、苏州和镇江五市,地处长江三角洲核心区,是近代中国民族工业发祥地之一,也是中国经济社会最发达的地区之一。改革开放以来,苏南全面小康社会建设走在全国前列,为率先基本实现现代化奠定了坚实基础。建设苏南现代化建设示范区,有利于苏南创新经济社会发展模式,进一步提升经济社会发展质量,在更高层次上加快区域现代化建设;有利于促进长江三角洲地区乃至东部地区提升综合实力和国际竞争力,为中西部地区提供更大的发展空间,推动全国区域协调发展;有利于推动科学发展、加快转变经济发展方式,实现共同富裕和人的全面发展,为全国跨越中等收入阶段提供示范和借鉴;有利于探索社会主义现代化建设一般规律,推动我国现代化建设“三步走”战略实施。

规划明确,当前和今后一个时期,按照我国现代化建设“三步走”战略部署,积极推进苏南现代化建设,完善苏南地区现代化建设指标体系,充分发挥苏南现代化建设示范区在全国现代化建设中的示范引领作用。到 2020 年,在全面建成小康社会的基础上,基本实现区域现代化,成为全国现代化建设示范区。以创新为发展动力的科学发展方式基本建立,现代服务业为主体的现代产业体系基本形成,城乡发展一体化基本实现,人民生活更加富足安定,社会更加繁荣和谐,生态环境更加宜居优美,民主法治制度更加完备。人均地区生产总值达到 18 万元,城镇居民人均可支配收入超过 7 万元,农村居民人均纯收入接近 4 万元,科技进步贡献率超过 65%,城镇化率达到 75%。到 2030 年全面实现区域现代化、经济发展和社会事业达到主要发达国家水平的目标,重点推进经济现代化、城乡现代化、社会现代化和生态文明、政治文明建设,促进人的全面发展,将苏南地区建成自主创新先导区、现代产业集聚区、城乡发展一体化先行区、开放合作引领区、富裕文明宜居区。

参考文献:

中华人民共和国国务院:《全国主体功能区规划》,2010 年。

中华人民共和国国务院:《苏南现代化建设示范区》,2013 年。

国务院发展研究中心发展战略和区域经济研究部课题组:《中国区域科学发展研究》,经济日报出版社 2007 年版。

中华人民共和国国务院:《国务院关于印发全国主体功能区规划的通知》,2010 年 12 月 21 日。

(刘薇　李丹丹)

国家级新区
National New District

国家级新区是指新区的成立乃至于开发建设上升为国家战略,总体发展目标、发展定位等由国务院统一进行规划和审批,相关特殊优惠政策和权限由国务院直接批复,在辖区内实行更加开放和优惠的特殊政策,鼓励新区进行各项制度改革与创新的探索工作。

国家级新区得到的政策支持,包括税收上的减免、项目落户上的照顾、土地政策上的优惠以及其他经济社会发展中方方面面的先行先试权。国家级新区是一种由多个单一功能区组成的复合型功能区,其发展的关键在于协调不同功能区的定位和产业布局,统筹规划,形成发展合力。国家级新区的设置,对发展开放型经济,构建现代产业体系,推进自主创新,加强资源社会事业,促进区域协调发展中具有重要作用。

目前,全国共有 10 个国家级新区。分别是上海浦东新区(1992 年 10 月 11 日,国务院批复设立上海市浦东新区）、天津滨海新区（2006年5月26日，《国务院推进天津滨海新区开发开放有关问题的意见》批准滨海新区成为继上海浦东新区之后的中国第二个综合配套改革试验区）、重庆两江新区（2010年5月5日，国务院正式印发《关于同意设立重庆两江新区的批复》，批准设立重庆两江新区）、浙江舟山群岛新区（2011年6月30日，国务院正式批准设立浙江舟山群岛新区，舟山群岛新区是首个以海洋经济为主题的国家级新区）、甘肃兰州新区（2012年8月20日，国务院印发了《国务院关于同意设立兰州新区的批复》，同意设立第五个国家级新区兰州新区，原则同意《兰州新区建设指导意见》）、广州南沙新区（2012年9月6日，国务院印发了《国务院关于广州南沙新区发展规划的批复》，原则同意《广州南沙新区发展规划》）、陕西西咸新区（2014年1月6日，国务院印发了《国务院关于陕西西咸新区发展规划的批复》同意设立陕西西咸新区）、贵州贵安新区（2014年1月6日，国务院印发了《国务院关于同意设立贵州贵安新区的批复》同意设立贵州贵安新区）、青岛西海岸新区（2014年6月3日，国务院印发了《国务院关于同意设立青岛西海岸新区的批复》同意设立青岛市西海岸新区）和大连金普新区（2014年6月23日，国务院印发了《国务院关于同意设立大连金普新区的批复》同意设立大连金普新区）。其中，浦东新区和天津滨海新区系行政区，设立区委区政府，其余新区都是行政管理区，只设立管理委员会。

一般来说，国家级新区通常有着明确的发展定位。具体地，浦东新区是上海国际金融中心和国际航运中心核心功能区；滨海新区是中国北方对外开放的门户、高水平的现代制造业和研发转化基地、北方国际航运中心和国际物流中心；两江新区是统筹城乡综合配套改革试验的先行区，内陆重要的先进制造业和现代服务业基地，长江上游地区的经济中心、金融中心和创新中心等，内陆地区对外开放的重要门户，科学发展的示范窗口；舟山群岛新区为浙江海洋经济发展的先导区、海洋综合开发试验区、长江三角洲地区经济发展的重要增长极；兰州新区是西北地区重要的经济增长极、国家重要的产业基地、向西开放的重要战略平台和承接产业转移示范区；南沙新区是打造粤港澳全面合作示范区；陕西西咸新区的建设是深入实施西部大开发战略的重要举措；贵安新区的发展是深入实施西部大开发战略、探索欠发达地区后发赶超路子的重要举措；青岛西海岸新区是山东半岛蓝色经济区的战略支点和全国海洋经济发展的示范平台；大连金普新区的发展要引领辽宁沿海经济带加速发展，带动东北地区振兴发展，进一步深化与东北亚各国各领域的合作。其各自有着不同的区位和产业特色。

参考文献：

中华人民共和国国务院：《全国主体功能区规划》，2010年。

中华人民共和国国务院：《国务院关于印发全国主体功能区规划的通知》，2010年12月21日。

世界银行：《2009年世界发展报告：重塑世界经济地理》，清华大学出版社2009年版。

国务院发展研究中心发展战略和区域经济研究部课题组：《中国区域科学发展研究》，经济日报出版社2007年版。

《中国20年设6个国家级新区》，载于《中国对外贸易》2012年第11期。

程若曦：《国家级新区为何这么抢手》，载于《中国经济周刊》2011年第27期。

王佳宁、罗重谱：《国家级新区管理体制与功能区实态及其战略取向》，载于《改革》2012年第3期。

（刘和东　董也琳）

天津滨海新区
Tianjin Binhai New District

天津滨海新区是继上海浦东新区后的第二个国家级新区。天津滨海新区是天津市下辖的国家级新区和国家综合配套改革试验区。天津滨海新区位于天津东部沿海，处于环渤海经济圈的中心地带，拥有海岸线153公里，陆域面积2270平方公里，海域面积3000平方公里，是中国北方对外开放的门户、高水平的现代制造业和研发转化基地、北方国际航运中心和国际物流中心、宜居生态型新城区，被誉为“中国经济的第三增长极”。

滨海新区区位条件优越，地处环渤海经济带和京津冀城市群的交汇点，距首都北京120公里，内陆腹地广阔，辐射北方12个省市区，是亚欧大陆桥最近的东部起点；拥有世界吞吐量第五的综合性港口，是东、中亚内陆国家重要的出海口；拥有北方最大的航空货运机场；四通八达的立体交通和信息通讯网络，使之成为连接国内外、联系南北方、沟通东西部的重要枢纽。

国务院明确了滨海新区的功能定位：依托京津冀、服务环渤海、辐射“三北”、面向东北亚，努力建设成为我国北方对外开放的门户、高水平的现代制造业和研发转化基地、北方国际航运中心和国际物流中心，逐步成为经济繁荣、社会和谐、环境优美的宜居生态型新城区。

为实现国家赋予其开发开放的历史使命，滨海新区确定了“一城双港、九区支撑”的总体规划布局。“一城”就是滨海新区核心城区，“双港”就是南部港区和北部港区，“九区”就是九个产业功能区。每个功能区集中力量发展3~4个主导产业，努力形成“东港口、西高新、南重化、北旅游、中服务”五大产业板块。其中,东部现代港口物流板块,重点发展国际中转、国际配送、国际采购、国际转口贸易和出口加工,建成中国内地第一个自由港;西部先进制造业板块,重点发展生物医药、新能源、新材料等战略性新兴产业,成为高端产业聚集区和自主创新领航区;南部重化重装板块,重点发展石油化工、现代冶金、造修船、海上工程设备、高速机车等产业,建成世界级重化产业和重型装备制造业基地;北部休闲旅游板块,着力发展海滨旅游、总部经济、商务会展、服务外包、文化创意,以及高科技生态型产业;中部金融服务板块,发展现代金融、现代商业、高端商务等现代服务业,建成世界占地面积最大的金融服务区。

参考文献:

中华人民共和国国务院:《全国主体功能区规划》,2010年。

中华人民共和国国务院:《国务院关于推进天津滨海新区开发开放有关问题的意见》,2006年。

中华人民共和国国务院:《天津滨海新区综合配套改革试验总体方案》,2009年。

《天津滨海新区综合配套改革试验总体方案三年实施计划(2008～2010年)》,2008年。

《天津滨海新区综合配套改革试验第二个三年实施计划(2011～2013年)》,2011年。

王家庭、张换兆:《设立国家综合配套改革试验区的理论基础与准入条件探索》,南开大学中国城市与区域经济研究中心论文,2008年1月。

李家祥:《中国“第三极”战略——天津滨海新区开发开放研究》,天津人民出版社2009年版。

(高传胜　吴福象)

重庆两江新区

Chongqing Liangjiang New District

2010年6月18日,重庆两江新区正式挂牌成立,成为继上海浦东新区、天津滨海新区之后,由国务院直接批复的第三个国家级新区,也是中国内陆地区第一个国家级新区。新区位于重庆主城区长江以北、嘉陵江以东,以北部新区和两路寸滩保税港区为核心,涵盖江北区、渝北区、北碚区三个行政区部分区域。

根据国务院批复,国家赋予两江新区五大战略功能定位,即统筹城乡综合配套改革试验的先行区,内陆重要的先进制造业和现代服务业基地,长江上游地区的金融中心和创新中心,内陆地区对外开放的重要门户,科学发展的示范窗口。据此,重庆市明确了两江新区“立足重庆市、服务大西南、依托长江经济带、面向国内外”的战略思路,确立了“三步走”发展战略,即“两年初见成效,五年形成框架、十年基本建成”,力争2020年建成功能现代、产业高端、总部集聚、生态宜居,具有国际影响力和中国内陆开放示范效应的新区。

根据总体规划,两江新区综合考虑功能发展和资源特征,将整合十大组团形成江北嘴金融城、嘉陵知识城、龙盛产业城和空港产业城四大片区。从产业发展上看,两江新区着眼长远发展,综合考虑区位交通、资源环境、战略定位和发展基础,与城市功能分区相衔接,在南部区域重点发展现代服务业,中西部区域重点突出城市综合功能,东北部区域重点发展先进制造业,由东向西逐步推进形成“1心4带”的产业总体战略格局,即金融商务中心、都市功能产业带、高新技术产业带、物流加工产业带、先进制造产业带。具体而言,打造汽车、电子信息、高端装备、新能源新光源、轨道交通、航空产业、节能环保以及生物医药八大先进制造业基地,云计算产业、国际会展业、总部经济、服务外包业、综合运输物流和商贸商务业六大现代服务业集群,以及长江上游地区金融中心、长江上游地区创新中心两大中心。

参考文献:

中华人民共和国国务院:《全国主体功能区规划》,2010年。

国务院发展研究中心发展战略和区域经济研究部课题组:《中国区域科学发展研究》,经济日报出版社2007年版。

中华人民共和国国务院:《国务院关于印发全国主体功能区规划的通知》,2010年12月21日。

世界银行:《2009年世界发展报告:重塑世界经济地理》,清华大学出版社2009年版。

(高传胜　吴福象)

浙江舟山群岛新区

Zhejiang Zhoushan Islands District

2011年6月30日,国务院正式批准设立浙江舟山群岛新区,舟山成为继上海浦东、天津滨海和重庆两江新区之后,国务院批准设立的第四个国家级新区,也是中国首个以海洋经济为主题的国家级新区。舟山是全国第一个以群岛设市的地级行政区划,下辖2区2县,即定海区、普陀区和岱山县、嵊泗县。新区涵盖浙江省舟山市行政管辖区域,包括1390个岛屿及其邻近海域,陆域面积1440平方公里,海域面积2.08万平方公里。舟山作为我国唯一的群岛型设区市,区位、资源、产业等综合优势明显,是浙江海洋经济发展的先导区和长江三角洲地区海洋经济发展的重要增长极。加快舟山群岛开发开放,全力打造国际物流岛,建设海洋综合开发试验区，探索设立舟山群岛新区，对于促进中国海洋经济发展、创新海岛开发模式具有特殊意义。

根据2013年1月国务院正式批复的《浙江舟山群岛新区发展规划》，舟山群岛新区的战略定位是：浙江海洋经济发展的先导区，长江三角洲地区经济发展的重要增长极，海洋综合开发试验区。根据该规划，舟山群岛新区未来10～20年的总体发展目标是：建成中国大宗商品储运中转加工交易中心、东部地区重要的海上开放门户、国家重要的现代海洋产业基地、海洋海岛科学保护开发示范区、陆海统筹发展先行区。为此，还进一步确定了分别到2015年、2020年和2030年的三个阶段性发展目标，进而努力打造面向环太平洋经济圈的桥头堡。

根据舟山群岛新区的战略定位、发展目标以及自身发展基础，舟山群岛新区未来空间总体开发格局为"一体一圈五岛群"。"一体"即开发开放主体区域，按照"南生活、中生态、北生产"方向建设舟山岛，打造南部花园城市带、中部重点生态带、北部海洋新兴产业带；"一圈"即港航物流核心圈，涵盖岱山岛、衢山岛、大小洋山岛、大小鱼山岛和大长涂岛等深水岸线资源最佳、发展潜力和空间最大的区域；"五岛群"，即五大功能岛群：普陀国际旅游岛群、六横临港产业岛群、金塘港航物流岛群、嵊泗渔业和旅游岛群、重点海洋生态岛群。

参考文献：

中华人民共和国国务院：《全国主体功能区规划》，2010年。

中华人民共和国国务院：《浙江舟山群岛新区发展规划》，2011年。

中华人民共和国国务院：《中华人民共和国国民经济和社会发展第十二个五年规划纲要》，2013年。

国务院发展研究中心发展战略和区域经济研究部课题组：《中国区域科学发展研究》，经济日报出版社2007年版。

中华人民共和国国务院：《国务院关于印发全国主体功能区规划的通知》，2010年12月21日。

（高传胜　吴福象）

兰州新区
Lanzhou New District

2012年8月国务院印发《国务院关于同意设立兰州新区的批复》，同意设立兰州新区，使其成为继上海浦东新区、天津滨海新区、重庆两江新区、浙江舟山群岛新区之后，国务院批准设立的第五个国家级新区，也是西北地区第一个国家级新区。新区位于兰州市北部，《兰州新区总体规划（2011～2030）》确定新区规划控制范围806平方公里，核心区460平方公里，辖永登、皋兰两县五镇一乡，2011年年末总人口为10万人。

国务院确定兰州新区建设的战略定位为：西北地区重要的经济增长极、国家重要的产业基地、向西开放的重要战略平台、承接产业转移示范区。兰州新区的发展目标，即产业强城、生态绿城、多湖水城、现代新城的发展目标，以及国家战略实施重要平台、西部区域复兴重要增长极、兰州城市拓展重要空间的总体目标；规划至2030年实现人口规模100万人，城市建设用地面积约160平方公里，并形成包括战略性新兴产业、高新技术产业、石油化工、装备制造、新材料、生物医药、现代农林业、现代物流仓储和劳动密集型产业等十大主导产业。

兰州新区在区位条件、土地资源、水电资源、交通运输以及产业基础与格局等方面优势明显。新区地处兰州、西宁、银川三个省会城市共生带的中间位置，在西北五省区具有"坐中四连"的区位优势，同时还是欧亚"大陆桥"的重要连接点。新区土地集中连片、平坦开阔、价格低廉，储备丰富。同时，新区水源充足优良，电力资源丰富充裕，中川机场和高速公路网提供了便捷的对外交通。正是根据其自然地理特点、产业发展基础及未来发展定位，兰州新区在空间规划上分为现代农业建设示范区、生态林业建设示范区和核心发展区。

综合其资源和生产要素禀赋、区位条件及其在甘肃省乃至西北地区发展中所承担的功能，新区未来重点发展方向主要包括：着力推进产业结构调整，重点打造先进装备制造、石油化工、生物医药、现代服务业等产业集群；着力加强生态环境保护与建设；着力推进城乡统筹发展；着力深化改革开放。为此，国务院要求从支持体制机制创新、实施差别化土地政策、加大基础设施建设与生态环境保护支持力度、优先布局重大项目，以及加大金融支持等方面给予扶持政策。同时，国务院还强调，有关部门要加强对兰州新区建设发展的指导，在有关规划编制、政策支持、项目布局、资金安排、对外开放等方面给予大力支持，帮助解决兰州新区发展过程中遇到的困难和问题，为推动兰州新区发展营造良好的政策环境。

参考文献：

中华人民共和国国务院：《全国主体功能区规划》，2010年。

中华人民共和国国务院：《兰州新区建设指导意见》，2012年。

中华人民共和国国务院：《兰州新区总体规划（2011～2030）》，2012年。

国务院发展研究中心发展战略和区域经济研究部课题组：《中国区域科学发展研究》，经济日报出版社

2007 年版。
中华人民共和国国务院:《国务院关于印发全国主体功能区规划的通知》,2010 年 12 月 21 日。

（高传胜 吴福象）

西咸新区

Xi'an-Xianyang New District

2009 年 6 月,国务院批复颁布《关中—天水经济区发展规划》,提出“加快推进西咸一体化建设,着力打造西安国际化大都市”,2010 年 12 月,国务院印发《全国主体功能区规划》,提出“推进西安咸阳一体化进程和西咸新区建设”,西咸新区建设上升至国家战略层面。规划中的西咸新区有五个战略定位:一是西安国际化大都市的主城功能新区和生态田园新城;二是引领内陆型经济开发开放战略高地建设的国家级新区;三是彰显秦汉文明、推动国际文化交流的历史文化基地;四是统筹科技资源的新兴产业集聚区;五是城乡统筹发展的一体化建设示范区。2014 年 1 月,国务院发布《国务院关于同意设立陕西西咸新区的批复》(以下简称《批复》),正式批复陕西设立西咸新区,西咸新区正式成为国家级新区,是中国的第七个国家级新区。

西咸新区位于陕西省西安市和咸阳市建成区之间,规划控制面积 882 平方公里。西咸新区是关中—天水经济区的核心区域,区位优势明显、经济基础良好、教育科技人才汇集、历史文化底蕴深厚、自然生态环境较好,具备加快发展的条件和实力。《批复》提出要把建设西咸新区作为深入实施西部大开发战略的重要举措,探索和实践以人为核心的中国特色新型城镇化道路,推进西安、咸阳一体化进程,为把西安建设成为富有历史文化特色的现代化城市、拓展我国向西开放的深度和广度发挥积极作用。西咸新区建设需紧紧围绕创新城市发展方式,走资源集约、产业集聚、人才集中、生态文明的发展道路,促进工业化、信息化、城镇化、农业现代化同步发展,着力建设丝绸之路经济带重要支点,着力统筹科技资源,着力发展高新技术产业,着力健全城乡发展一体化体制机制,着力保护生态环境和历史文化,着力创新体制机制,努力把西咸新区建设成为我国向西开放的重要枢纽、西部大开发的新引擎和中国特色新型城镇化的范例。

在空间布局方面,西咸新区沿承西安国际化大都市的空间结构,在新区形成“一河两带四轴五组团”的空间结构:“一河”指渭河,即以渭河为纽带,渭河两岸集中高端服务业,着力构建横贯东西的百里渭河生态长廊,建设大都市渭河核心区带。两带指五陵塬遗址、周秦汉都城遗址。“四轴”分别指沿正阳大道拓展城市功能,对接西安钟楼南北线,构建大都市南北主轴带;以沣泾大道为轴带,对接大都市开发区经济发展带;以红光大道为轴带对接大都市东西主轴带,完善大都市发展格局;以秦汉大道为轴带,连接秦咸阳宫与汉长安城遗址,构建大都市秦汉文化主轴带。“五组团”分别指空港新城、沣东新城、秦汉新城、沣西新城、泾河新城。其中,空港新城规划范围 141 平方公里(其中规划建设用地 36 平方公里),建设国家重要的国际航空枢纽、西部地区临空经济示范区和西安国际化大都市的门户新城;沣东新城规划范围 161 平方公里(其中规划建设用地 75 平方公里),建设国家统筹科技资源示范基地、西部地区能源中心和体育会展中心;秦汉新城规划范围 291 平方公里(其中规划建设用地 50 平方公里),建设具有世界影响的秦汉历史文化聚集彰显区和西安国际化大都市生态田园示范新城;沣西新城规划范围 143 平方公里(其中规划建设用地 64 平方公里),建设西安国际化大都市综合服务副中心和战略性新兴产业基地。五是泾河新城:规划范围 146 平方公里(其中规划建设用地 47 平方公里),建设西安国际化大都市北部中心,高端制造业、现代物流业、地理信息产业基地和统筹城乡发展示范区。

在产业定位方面,西咸新区综合分析国际产业分工趋势、国内生产力布局以及比较优势,策划布局十大产业园区,包括沣东统筹科技资源示范区、空港综合保税区、沣西信息服务产业园区、秦汉周陵信息产业园区、泾河物流交易园区、沣西国际教育文化园区、秦汉五陵塬文化产业园区、六村堡新加坡现代产业园区、空港临工产业园区、泾河地理信息产业园区。其中,西咸新区将以发展信息产业作为产业定位的重中之重,信息产业园,将大力发展大数据、云计算、物联网、电子政务、电子商务等产业。

参考文献:

中华人民共和国国务院:《全国主体功能区规划》,2010 年。
中华人民共和国国务院:《西咸新区总体规划》,2014 年。
国务院发展研究中心发展战略和区域经济研究部课题组:《中国区域科学发展研究》,经济日报出版社 2007 年版。
中华人民共和国国务院:《国务院关于印发全国主体功能区规划的通知》,2010 年 12 月 21 日。
世界银行:《2009 年世界发展报告:重塑世界经济地理》,清华大学出版社 2009 年版。

（高传胜 吴福象）

大连金普新区

Jinpu New District of Dalian City

2014 年 7 月 23 日,《大连金普新区总体方案》已经国务院批准同意,国家发改委正式对外发布:该新区将构筑起我国面向东北亚区域开放合作的战略高地,引领东北地区全面振兴的重要增长极,老工业基地转变发展方式的先导区,体制机制创新与自主创新的示范区,新型城镇化和城乡统筹的先行区。大连金普新区是东北三省地区唯一一个国家级新区。大连金普新区实际上由大连市行政区划调整后的金州新区、保税区、普湾新区三区(功能区)共同组成的,其中金州新区1040平方公里,保税区251.3平方公里,普湾新区1008.5平方公里,合计2299.8平方公里。该《方案》重点推进"双核七区"协调发展格局。"双核"发展区包括普湾城区和金州城区。普湾城区将建设成为便捷高效的行政办公、生活服务、文化教育中心和生态宜居的城市综合服务核心区;金州城区将建设成为面向东北亚区域产业、技术和人才合作的核心区。"七区"包括大小窑湾区、金石滩区、登沙河—杏树屯区、金渤海岸区、七顶山—三十里堡区、复州湾—炮台区和华家—登沙河区。

该《方案》指出,将研究在新区重点先行先试城乡管理、金融管理、行政管理、社会管理、涉外经济、生态文明建设等方面的体制改革创新。在对外开放政策、自主创新政策、产业发展政策、金融政策方面,加大对新区的支持。该《方案》提出,到2020年,大连金普新区要基本建立起与定位相适应的开发建设和运行管理体制,初步形成与国际接轨的开放合作和自主创新政策环境。新区综合经济实力、辐射带动能力、国内外影响力迈上一个大台阶,基础设施进一步完善,现代产业集群国际竞争力显著增强,生态文明建设取得新进展。

参考文献:

中华人民共和国国务院:《全国主体功能区规划》,2010年。

中华人民共和国国务院:《大连金普新区总体方案》,2014年。

国务院发展研究中心发展战略和区域经济研究部课题组:《中国区域科学发展研究》,经济日报出版社2007年版。

中华人民共和国国务院:《国务院关于印发全国主体功能区规划的通知》,2010年12月21日。

(刘薇　李丹丹)

国家综合改革配套试验区
National Comprehensive Support Reforms Experimental Zone

国家综合配套改革试验区除了具有"经济开发区""经济特区"、农村综合改革试验区的内涵,还涉及社会经济生活的多个方面改革,是一项以全面制度体制建设的方式推进改革的系统过程。

国家设立综合配套改革试验区的目的,是通过选择一批有特点和有代表性的区域进行综合配套改革,以期为全国的经济体制改革、政治体制改革、文化体制改革和社会各方面的改革提供新的经验和思路。这是中国社会主义市场经济发展到特定历史阶段,应对特殊的经济发展环境做出的现实选择,必将对未来改革和区域经济的发展产生深远的影响。

综合配套改革试验区设立的核心在于"综合配套",其宗旨是要改变多年形成的单纯强调经济增长的发展观,要从经济发展、社会发展、城乡关系、土地开发和环境保护等多个领域推进改革,形成相互配套的管理体制和运行机制。实施综合配套改革试点是中国改革向纵深推进的战略部署。实施综合配套改革,能够合理解决经济体制改革的系统性和配套性,增强各方面、各领域、各层次改革的协调性、联动性和配套性,有利于建立健全充满活力、富有效率、更加开放的体制机制,建立起完善的社会主义市场经济体制。

国家选择一些符合条件的地区开展综合配套改革试点,一方面,可以以试点地区为载体,把改革和发展有机结合起来,把解决本地实际问题与攻克共性难题结合起来,实现重点突破与整体创新,率先建立起完善的社会主义市场经济体制,为全国其他地区的综合改革起示范作用。另一方面,可以把改革风险和试错成本控制在一定区域之内,平稳有序推进改革进程。

国家综合配套改革试验区设立的条件:一是地域有代表性。试点地区在全国范围或东中西部区域内有一定影响力和带动力,能够代表处于不同生产力发展的阶段性特点。二是内容有典型性。试点地区所面临的体制机制问题能代表本地区的普遍性,所确定的改革任务能反映本地区改革发展的特点和现实需要,对推动全国或一定区域面上的改革具有示范意义。三是有较强的组织领导。领导班子高度重视改革工作,把改革放在突出位置,有较为健全的领导体制、组织机构和推进机制,能够为试点工作的推进提供强有力的组织保障。四是有较好的工作基础。在一些领域已经进行了有益的改革探索,并已走在全国前列,积累了一定的实践经验,具备了先行先试、率先突破的工作基础。通过试点,能够在体制创新上取得新突破、创造新经验,为其他地区的新体制建设提供示范。五是有相应的发展潜力和承受能力。具备一定的经济实力,能够支付必要的改革成本。群众对改革的认识程度深,支持改革、参与改革的积极性高,能正确对待改革成果,社会承受能力比较强。

截至2014年6月,国务院已经先后批准了上海浦东新区综合配套改革试验区、天津滨海新区综合配套改革试验区、重庆市和成都市(成渝)全国统筹城乡综合配套改革试验区、武汉城市圈和长株潭城市群全国资源节约型和环境友好型社会建设综合配套改革试验区、深圳市综合配套改革试点、沈阳经济区国家新型工业化综合配套改革试验区、山西省国家资源型经济综合配套改革试验区、义乌市国际贸易综合改革试验区、厦门市深化两岸交流合作综合配套改革试验区、黑龙江省“两江平原”现代农业综合配套改革试验区等国家综合改革配套试验区;以及温州市金融综合改革试验区、珠江三角洲金融改革创新综合试验区、泉州市金融服务实体经济综合改革试验区、云南省广西壮族自治区沿边金融综合改革试验区、青岛市财富管理金融综合改革试验区等“金融试验区”。

参考文献:
中华人民共和国国务院:《全国主体功能区规划》,2010年。
国务院发展研究中心发展战略和区域经济研究部课题组:《中国区域科学发展研究》,经济日报出版社2007年版。
中华人民共和国国务院:《国务院关于印发全国主体功能区规划的通知》,2010年12月21日。
世界银行:《2009年世界发展报告:重塑世界经济地理》,清华大学出版社2009年版。

(陈柳　蔡悦)

上海浦东新区综合配套改革试验区
Comprehensive Complementary Reforms Experimental Zone of Shanghai Pudong New District

1990年,中共中央和国务院决策开发浦东。1992年,国务院批准设立浦东新区,范围包括原川沙县,上海县的三林乡,黄浦区、南市区、杨浦区的浦东部分。上海浦东新区位于上海市黄浦江东岸,地处中国沿海开放带的中心和长江入海口的交汇处,是中国第一个国家级新区,范围包括东到长江口之间的三角形区域。2009年,原南汇区并入浦东新区,新浦东雄踞东海之滨、杭州湾畔,内连扬子江、外眺太平洋,面积1210平方公里,占全市1/5左右。使得浦东新区成为上海市第二大的行政区。

2005年6月21日,上海浦东新区被国务院正式批准为国家综合配套改革试验区。浦东新区按照“全国能借鉴、上海能推广、浦东能突破”的原则要求,确定的综合配套改革目的就是围绕发展、促进发展,率先建立有利于科学发展的体制机制;改革的突破口则是以制度创新推动金融发展和自主创新,加快形成服务经济为主的产业结构和创新驱动为主的发展模式;改革的路径是要以开放促改革;改革的对象是政府自身,即通过推进政府职能转变和管理体制创新,创造良好发展环境,提供优质公共服务。

浦东新区综合配套改革在一些重点领域和关键环节进行了有效探索。首先,转变政府职能,深化行政管理体制改革。主要推进创新政府管理体制,强化社会管理和公共服务职能,弱化微观经济管理职能,提高政府行政效能四方面的改革。其次,转变经济运行方式,促进经济增长方式转变。主要是推进金融体制改革和创新、推进科技体制改革和创新以及深化涉外经济体制改革三方面改革。再次,改变城乡二元经济与社会结构,努力构建和谐社会。在改变城乡二元经济与社会结构方面,浦东新区结合多心组团的规划布局,建立了以统筹发展、整合资源为主要职能的功能区域管理体制等。

经过8年多的探索,浦东新区逐步形成了一整套推进工作的模式和做法。第一,在改革试点推进过程中,浦东建立起“按照总体方案、三年行动计划、年度计划滚动有序推进”的改革试点机制。目前,浦东正在完成第三轮综合配套改革三年行动计划。第二,上下联动,形成合力,才能事半功倍。浦东整个改革试点工作得到了国家发改委等各有关部委的指导和支持。目前,国家有关部委已在浦东开展了70多项改革试点。同时,一些部门与上海市政府签署合作备忘录,系统推进相关领域改革。市各有关部门也不断加大改革试点的支持力度,积极主动依托浦东综合配套改革试点的平台,推进重点领域和关键环节的改革试点,形成了市、区联手推进改革的态势。第三,改革试点采取了项目化的推进方式。分阶段明确改革事项及责任、时间节点,确保浦东先行先试的各项改革试点和政策措施落实到位。同时,浦东制定形成了推进落实改革事项的计划任务书,对各项改革试点任务进行分解分工。在整个试点推进中,还建立了专项改革推进小组、专家咨询、评估论证反馈、目标考核等一整套推进机制,最大限度地确保改革试点决策的科学性。

参考文献:
中华人民共和国国务院:《全国主体功能区规划》,2010年。
国务院发展研究中心发展战略和区域经济研究部课题组:《中国区域科学发展研究》,经济日报出版社2007年版。
中华人民共和国国务院:《国务院关于印发全国主体功能区规划的通知》,2010年12月21日。

(高传胜　吴福象)

重庆市和成都市(成渝)全国统筹城乡综合配套改革试验区

Unified Urban-Rural National Comprehensive Complementary Reforms Experimental Zone in Chengdu and Chongqing

2007年6月,经国家发改委报请国务院同意,重庆市和四川省成都市正式成为全国统筹城乡综合配套改革试验区,这是中国首次设立的统筹城乡综合配套改革试验区。重庆市和成都市(成渝)全国统筹城乡综合配套改革试验区是第一个主题性"综合配套改革试验区"。统筹城乡发展的最终目标是要使农村居民、进城务工人员及其家属与城市居民一样,享有各个方面平等的权利、均等化的公共服务和同质化的生活条件。因此,重庆市和成都市(成渝)全国统筹城乡综合配套改革试验区的设立是加快建立改变城乡二元结构体制机制的需要,是探索构建和谐社会体制的需要,也是探索中西部地区发展模式的需要。

2009年4月国务院正式批复《重庆市统筹城乡综合配套改革试验总体方案》,提出围绕推进城乡经济社会协调发展、城乡劳务经济健康发展、土地流转和节约集约利用三条主线,探索建立以城带乡、以工促农的长效机制,积极推进城乡规划、行政管理、社会保障、基本公共服务、生态建设和环境保护的体制改革创新,加快就业培训、土地利用、金融市场和内陆开放的改革发展步伐。并着力攻克农村土地制度创新、农民工转移就业和安居扶持机制创新、城乡社会保障制度建设、公共财政制度改革、行政管理体制改革五大难点。

2009年5月国务院正式批复《成都市统筹城乡综合配套改革试验总体方案》,确定了试验区建设的主要目标、阶段性目标和基本思路,并提出了允许成都市在9大方面进行先行先试的主要任务。其中,主要目标是:努力把成都试验区建设成为全国深化改革、统筹城乡发展的先行样板、构建和谐社会的示范窗口和推进灾后重建的成功典范,带动四川全面发展,促进成渝经济区、中西部地区协调发展,圆满完成试验区建设任务。把成都建设成为西南物流和商贸中心、金融中心、科技中心及交通枢纽、通信枢纽;把成都建设成为中国重要的高新技术产业基地、现代制造业基地、现代服务业基地和现代农业基地。允许成都进行先行先试的9大任务包括:建立三次产业互动发展机制;构建新型城乡形态;创新统筹城乡的管理体制;探索耕地保护和土地节约集约利用的新机制;探索农民向城镇转移的办法和途径;健全城乡金融服务体系;健全城乡一体化的就业和社会保障体系;实现城乡基本公共服务均等化;建立促进城乡生态文明建设的体制机制。

参考文献:

中华人民共和国国务院:《全国主体功能区规划》,2010年。

中华人民共和国国务院:《国务院关于印发全国主体功能区规划的通知》,2010年12月21日。

中华人民共和国国务院:《国家发展改革委关于批准重庆市和成都市设立全国统筹城乡综合配套改革试验区的通知》,2009年。

中华人民共和国国务院:《国务院关于推进重庆市统筹城乡改革和发展的若干意见》,2009年。

中华人民共和国国务院:《重庆市统筹城乡综合配套改革试验总体方案》,2009年。

中华人民共和国国务院:《成都市统筹城乡综合配套改革试验总体方案》,2009年。

(高传胜　邓若冰)

甘肃省国家循环经济示范区

National Circular Economy Demonstration Zone of Gansu Province

2009年12月,国务院正式批复《甘肃省循环经济总体规划》(以下简称《规划》),提出把甘肃省建成国家循环经济示范区。这是国务院批准实施的第一个地区性循环经济发展规划,实现了循环经济由理论到实践的重大突破。甘肃省循环经济的目标定位是国家循环经济示范区,地域范围包括整个甘肃省。

《规划》明确,到2015年,将立足建成甘肃国家循环经济示范区,着力打造16个产业链条,逐步形成覆盖全省的七大循环经济专业基地:即兰州、白银石油化工、有色冶金循环经济基地,平凉、庆阳煤电化工、石油化工循环经济基地,金昌有色金属新材料循环经济基地,酒泉、嘉峪关清洁能源、冶金新材料循环经济基地,天水装备制造循环经济基地,张掖、武威、定西特色农副产品加工循环经济基地,甘南、临夏、陇南生态循环经济基地。

《规划》分两个阶段实施。第一阶段目标(2009~2010年):为与国民经济与社会发展的五年规划相协调,在现有32户国家和省级试点企业、10个省级试点园区、4个试点城市的基础上,把试点提升为示范,并使示范企业增加到6个。在全省范围内打造16条循环经济主导产业链,重点建设七个循环经济基地。第二阶段目标(2011~2015年):在经过第一阶段的重点突破和全面铺开后,继续深化省级试点示范工作,到2012年,使省级示范试点企业达到100家,示范试点园区达到36家,示范试点城市增加到8个,并选择50家企业重点培育为示范企业。到2015年,建立起循环型农业、工业、服务业产业体系,再生资源回收体系得到完善,生态环境得到明显改善,资源出产率等指标在

2010 年基础上实现重大进展,成为国内发展循环经济的省级示范区。

到 2015 年,建立起较为完善的循环经济发展的法规政策体系、科技支撑体系;通过改造提升,形成一批符合循环经济要求的试点示范企业、园区和城镇;建立起比较完善的再生资源回收网络体系;形成以循环经济模式为核心的农业、工业、服务业的新型产业体系;形成资源节约和环境友好的增长方式和消费模式;依托甘肃丰富的水能、风能、太阳能资源,把甘肃建成中国新能源大省,可再生能源比例进一步提高;拥有一批具有自主知识产权的循环经济技术,经济发展对资源的依赖性明显降低,产业生态化水平显著提升,生态环境明显改善,可持续发展能力显著增强,重点产业、重点区域循环经济发展处于全国前列,为中国全面发展循环经济提供典范。

参考文献:
中华人民共和国国务院:《全国主体功能区规划》,2010 年。
中华人民共和国国务院:《甘肃省循环经济总体规划》,2009 年。
国务院发展研究中心发展战略和区域经济研究部课题组:《中国区域科学发展研究》,经济日报出版社 2007 年版。
世界银行:《2009 年世界发展报告:重塑世界经济地理》,清华大学出版社 2009 年版。

(李平华　吴亚宁)

青海省柴达木循环经济试验区
Experimental Zone for Circular Economy in Qinghai Qaidam Basin

2005 年 10 月,国家发改委等六部委批准青海省柴达木循环经济试验区为国家首批循环经济产业试点园区;2006 年 3 月,《青海省柴达木循环经济试验区实施方案》编制完成,并上报国家发改委;2010 年 3 月,国务院批复《青海省柴达木循环经济试验区总体规划》(以下简称《规划》),试验区建设由地方战略上升为国家战略。国务院批复要求,按照“减量化、再利用、资源化”原则,综合考虑资源优势、环境承载能力、现有开发强度和发展潜力,统筹传统产业的改造升级和新兴产业的健康发展,积极培育循环经济产业链和循环经济骨干企业,加大循环经济支撑技术的研发推广力度,努力把试验区建成国家循环经济示范区,青海省柴达木循环经济试验区是目前国内面积最大、资源较为丰富、唯一布局在青藏高原少数民族地区的循环经济产业试点园区。该试验区位于青藏高原北部、青海省西北部,地处青、甘、新、藏四省区交汇的中心地带,主体为举世闻名的柴达木盆地,南有昆仑山,北、东有祁连山,西有阿尔金山,东西长约 850 公里,南北宽 350 ~ 450 公里,面积 25.6 万平方公里。试验区是青海主要的经济发展区,产业发展的聚集优势明显,具备工业发展的优势条件,一直是地方财政重要来源区。

《规划》重点落实十大政策:一是将试验区的重大项目纳入国家的产业发展规划;二是对合理配置生产要素和延伸产业链的配套项目,可适当地放宽准入条件;三是对试验区用于循环经济产业化项目的天然气优先保障资源配额;四是对试验区的机场、铁路、给排水、污水垃圾处理等基础设施项目建设给予支持;五是在试验区内,企业用于绿化的土地视为实施生态工程用地,享用国家的土地划拨政策;六是对试验区急需解决的公共技术、延长产业链的关键技术给予研发经费的支持;七是进一步加大对试验区职业技能培训设施建设的支持力度;八是加强规划水利枢纽、绿洲灌区改造、节水农业项目建设;九是进一步支持资源开发集中区域公路基础设施建设;十是进一步支持电网建设。此外,国家在发展循环经济方面还有一些价格、税收方面的优惠政策。

《规划》突出强调了五个方面的内容:一是按照合理配置、集约开发、循环利用、永续发展的原则,注重处理好加快发展与转变方式的关系,处理好发展速度、开发强度与生态建设之间的关系。二是用循环经济“减量化、再利用、资源化”的原则,重点规划建设格尔木工业园、德令哈工业园、乌兰工业园、大柴旦工业园四个循环经济工业园,构建以盐湖化工为核心的六大循环经济主导产业体系,形成资源、产业和产品多层面联动发展的循环型产业格局,努力做到“吃干榨尽”,争取在整个区域,在经济发展的同时实现废水、废气、废渣等“零排放”或者是最少的排放。三是做好矿产、能源、土地、水资源的支撑能力分析,在矿产资源方面,规划期的钾肥、金属镁等重点资源产品,年原矿开采消耗量均不足各类资源探明保有储量的 1%,可以保持这个地区的长期可持续发展。四是把环境保护与生态建设放在突出的位置,提出了 15 项环境保护和生态建设措施,确保经济发展与资源环境效益的统一。五是强化政策支持,从产业、土地、投资以及基础设施建设等方面提出了国家对加快柴达木试验区发展的十项具体政策。

《规划》突出了六大主导产业体系。一是以钾资源开发为龙头的盐湖化工循环型产业体系:以钾、钠资源开发为基础,以镁资源利用为突破口,深化盐湖资源的综合开发、合理利用,构建盐湖化工产业群和产业链,做大做强盐湖化工产业,建设全国最大、有世界影响的盐湖化工基地。二是以配套盐湖资源开发为主导的油气化工循环型产业体系:以平衡盐湖资源综合利用副产氯气、氯化氢气体为核心,利用天然气资源,积极推动石化与盐化产业融合，发展低碳烯烃、苯、聚氯乙烯、聚丙烯、环己酮等下游产品，构建区域性石油天然气化工基地。三是以配套盐湖资源开发为前提的煤化工综合利用产业体系：以平衡盐湖资源综合利用副产氯气、氯化氢气体为核心，围绕盐湖资源综合利用，构建煤化工综合利用、清洁利用与盐湖化工产业相融合的盐化—能源—煤焦化产业链。四是以盐湖资源综合利用为基础的金属产业体系：以柴达木地区盐湖轻金属资源开发为龙头，优化产品结构，适度发展有色冶炼产业，合理规划布局金属冶炼项目，适度发展冶炼产业和精深加工产品，构建有色冶金产业链。同时，有效利用冶金项目副产的硫酸与盐湖化工相结合，发展盐化工产品，延伸盐化工产业链。五是高原特色生物循环经济产业体系：以高原特色生物资源开发为核心，构建生物农牧业产业、生物医药产业、生物环保产业等特色生物产业体系，通过生物产业重大项目的实施带动技术突破和产业壮大，形成具有明显竞争优势的生物产业集群和产业基地。六是可再生能源产业体系：以科学开发太阳能、风能等可再生能源为核心，加快构建以装备制造—光伏发电、风电及风光互补、水光互补、光热发电—产业消纳产业链为主导的新能源循环经济利用产业体系。

参考文献：
中华人民共和国国务院：《全国主体功能区规划》，2010年。
国务院发展研究中心发展战略和区域经济研究部课题组：《中国区域科学发展研究》，经济日报出版社2007年版。
世界银行：《2009年世界发展报告：重塑世界经济地理》，清华大学出版社2009年版。

（李平华　吴亚宁）

武汉城市圈和长株潭城市群全国资源节约型和环境友好型社会建设综合配套改革试验区 National Comprehensive Complementary Reforms Experimental Zone for Resource-Saving and Environment-Friendly Social Construction in Wuhan City Circle and Changsha-Zhuzhou-Xiangtan City Group

2007年12月，经国务院同意，国家发改委批准武汉城市圈和长株潭城市群为全国资源节约型和环境友好型社会建设综合配套改革试验区。简称"两型社会"综合配套改革试验区。该试验区旨在重点探索新型工业化、新型城市化发展之路，以此促进区域协调发展和城乡统筹。

武汉城市圈是以武汉市为中心，由武汉及周边100公里范围内的黄石、鄂州、孝感、黄冈、咸宁、仙桃、天门、潜江9市构成的区域经济联合体，是湖北省产业和生产要素最密集、最具活力的地区，是湖北省经济发展的核心区域。长株潭城市群是以长沙、株洲、湘潭三市为核心，辐射周边岳阳、常德、益阳、衡阳、娄底五市的区域，总面积9.68万平方公里，人口4073万，分别占全省的45.8%和60%。其中，作为城市群核心的长株潭三市，沿湘江呈品字形分布，两两之间半小时车程，总面积2.8万平方公里，人口1325万，分别占全省的13.3%和19.2%，一直是湖南省经济发展的核心区域。

《国家发展改革委关于批准武汉城市圈和长株潭城市群为全国资源节约型和环境友好型社会建设综合配套改革试验区的通知》要求，武汉城市圈和长株潭城市群要从各自实际出发，根据资源节约型和环境友好型社会建设综合配套改革试验的要求，全面推进各个领域的改革，在重点领域和关键环节率先突破，大胆创新，尽快形成有利于能源资源节约和生态环境保护的体制机制，加快转变经济发展方式，推进经济又好又快发展，促进经济社会发展与人口、资源、环境相协调，切实走出一条有别于传统模式的工业化、城市化发展新路，为推动全国体制改革、实现科学发展与社会和谐发挥示范和带动作用。

武汉城市圈和长株潭城市群全国资源节约型和环境友好型社会建设综合配套改革试验区的目标定位：围绕"两型社会"，推进经济又好又快发展，促进经济社会发展与人口、资源、环境相协调，希望在解决资源、环境与经济发展的矛盾问题上有所探索，避免走"先发展、后治理"的老路，切实走出一条有别于传统模式的工业化、城市化发展新路，为推动全国体制改革、实现科学发展与社会和谐发挥示范和带动作用。

参考文献：
中华人民共和国国务院：《全国主体功能区规划》，2010年。
国务院发展研究中心发展战略和区域经济研究部课题组：《中国区域科学发展研究》，经济日报出版社2007年版。
世界银行：《2009年世界发展报告：重塑世界经济地理》，清华大学出版社2009年版。

（蒋天颖　邓若冰）

深圳市综合配套改革试点 Shenzhen Comprehensive Complementary Reforms Pilot

2009年5月，《深圳市综合配套改革总体方案》获国务院批准，深圳市综合配套改革试点的目标定位是：

争当科学发展示范区、改革开放先行区、自主创新领先区、现代产业集聚区、粤港澳合作先导区、法制建设模范区，强化全国经济中心城市和国家创新型城市地位、加快建设国际化城市和中国特色社会主义示范市。地域范围包括整个深圳市。

综合配套改革的基本思路是：过去已进行的改革要继续深化，当前中央已作出部署的改革要率先推进，符合未来发展方向的改革要积极探索。按照国家改革发展的战略部署，做到四个“先行先试”：一是对国家深化改革、扩大开放的重大举措先行先试；二是对符合国际惯例和通行规则，符合中国未来发展方向，需要试点探索的制度设计先行先试；三是对深圳经济社会发展有重要影响，对全国具有重大示范带动作用的体制创新先行先试；四是对国家加强内地与香港经济合作的重要事项先行先试。力争在重要领域和关键环节取得新的突破，在全国率先形成科学发展的体制机制，为发展中国特色社会主义创造新鲜经验。

根据试点方案的要求，深圳将在六个方面实现重点突破，：一是深化行政管理体制改革，率先建成公共服务型政府。改革重点为转变政府职能，完善管理体制；严格依法行政，建设法治政府；探索城市行政区划及管理体制改革；创新公务员管理制度；深化事业单位改革等。二是全面深化经济体制改革，率先建立完善的社会主义市场经济体制。改革重点为完善要素配置的体制机制；深化财政体制和税制改革；深化投融资体制改革；建立金融改革创新综合试验区；深化土地管理制度改革；继续推进企业改革；深化市场监管体制改革等。三是积极推进社会领域改革，加快构建社会主义和谐社会。改革重点为争创国家教育综合改革示范区；推进医药卫生体制改革；深化就业、社会保障、收入分配和住房制度改革；深化文化管理体制改革和完善公共文化服务体系；创新社会管理体制，大力培育发展社会组织；积极推进依法治市，率先建成社会主义法治城市等。四是完善自主创新体制机制，加快建设国家创新型城市。改革重点为构建开放型创新体系；促进创新资源高效配置；完善创新服务体制；创新人才管理体制；深化知识产权管理体制改革等。五是以深港紧密合作为重点，全面创新对外开放和区域合作的体制机制。改革重点为全面推进深港紧密合作；创新对外经贸发展方式；积极推进区域合作；积极主动应对开放风险等。六是建立资源节约环境友好的体制机制，加快建设国家生态文明示范城市。改革重点为探索建立环境资源的综合管理机制；建立资源节约、环境友好的激励和约束机制；探索适应经济增长的生态发展模式等。

参考文献：

中华人民共和国国务院：《全国主体功能区规划》，2010 年。

国务院发展研究中心发展战略和区域经济研究部课题组：《中国区域科学发展研究》，经济日报出版社 2007 年版。

《深圳市综合配套改革总体方案》，2012 年。

世界银行：《2009 年世界发展报告：重塑世界经济地理》，清华大学出版社 2009 年版。

（李平华　沈浩平）

沈阳经济区国家新型工业化综合配套改革试验区 National Comprehensive Complementary Reforms Experimental Zone for New Style Industrialization in Shenyang Economic Zone

2010 年 4 月，经国务院同意，国家发展改革委正式批复沈阳经济区为国家新型工业化综合配套改革试验区。沈阳经济区以沈阳为中心、半径 100 公里范围内涵盖了沈阳、鞍山、抚顺、本溪、营口、阜新、辽阳、铁岭 8 个省辖市，是东北经济区和环渤海都市圈的重要组成部分，区域面积 7.5 万平方公里。

试验区的目标定位是，以区域发展、企业重组、科技研发、金融创新四个方面体制机制创新为重点，紧扣走新型工业化道路主题率先突破；配套推进资源节约、环境保护、城乡统筹、对外开放、行政管理等体制机制创新，为走新型工业化道路提供支撑平台和配套措施。

试验区规划要求，要将沈阳经济区在 10 年内建成东北亚重要经济中心，到 2020 年沈阳经济区基本实现区域经济一体化，综合实力达到中等发达国家水平，成为东北亚地区重要的经济中心。具体来讲，就是要按照新型工业化“科技含量高、经济效益好、资源消耗低、环境污染少、人力资源得到充分发挥”的要求，力争经过 5～10 年的努力实现五大目标：一是建设国家新型产业基地重要增长区。打造具有国际竞争力的先进装备制造业基地，高加工度原材料工业基地，全国重要的技术研发、转化、创新基地，东北地区现代商贸、物流、金融中心。二是建设老工业基地体制机制创新先导区。针对老工业基地振兴发展中的深层次矛盾和问题，先行先试、率先突破，创新体制机制，建设区域创新体系，形成较为完善的综合配套改革政策体系。三是建设资源型城市经济转型示范区。以资源型城市经济转型为重点，大力扶持发展接续替代产业，培植多元化产业发展模式。四是建设以新型工业化带动现代农业发展的先行区。建立以工促农，以城带乡长效机制，壮大县域经济，形成城乡经济社会发展一体化格局。五是建设节约资源、保护环境、和谐发展的生态文明区。提高经济增长的质量和效益，节约利用资源，建设以循环经济为核心的新型工业体系、可持续利用的资源保障体系、和谐宜居的生态环境体系。

沈阳经济区的战略重点是着力构建“一核、五带、十群”。“一核”即建设沈阳经济核心区。充分发挥沈阳的核心带动和辐射作用，整合发展空间，拓展城市功能，打造世界级先进装备制造业研发基地，建设区域性商贸物流、科教文服务中心，打造区域金融中心，做大做强经济总量，提升沈阳区域中心城市地位，逐步发展成为东北亚国际性中心城市。“五带”即开发建设5条城际连接带。在连接带上完善城市功能，加快基础设施、生态环境建设，布局产业发展新空间。形成若干经济新区、新城镇，以点连线，以线带面，推进一体化建设。

五带的具体内容：一是沈阳—抚顺城际连接带。大力发展先进装备制造业、新材料产业和现代服务业，加速推进沈阳与抚顺同城化发展。二是沈阳—本溪城际连接带。重点发展电子信息、航空制造和生物医药产业，大力发展新型旅游休闲服务业，开发建设本溪生态新城。三是沈阳—阜新城际连接带。大力发展林产品加工、新型能源、农产品深加工和装备制造配套产业，规划建设沈彰新城，形成沈阳、阜新、吉林三角区域的重要交通物流节点。四是沈阳—辽阳—鞍山—营口城际连接带。发挥已有产业基地和营口港的双重优势，重点发展装备制造、钢铁深加工、石化产业、开发建设鞍海经济带，辽阳河东新城。五是沈阳—铁岭城际连接带。加快城市功能延伸，重点建设专用车改装产业，发展光电信息、农产品深加工和现代物流服务业。

“十群”是指以五条城际连接带为载体，打造十个主业突出、优势明显的重点产业集群。

参考文献：

中华人民共和国国务院：《全国主体功能区规划》，2010年。

中华人民共和国国务院：《沈阳经济区：国家新型工业化综合配套改革试验区》，2010年。

国务院发展研究中心发展战略和区域经济研究部课题组：《中国区域科学发展研究》，经济日报出版社2007年版。

世界银行：《2009年世界发展报告：重塑世界经济地理》，清华大学出版社2009年版。

（吴福象　王新新）

山西省国家资源型经济转型综合配套改革试验区
National Comprehensive Complementary Reforms Experimental Zone for Economic Transformation in Shanxi Province

2010年12月，经国务院同意，国家发改委正式批复设立“山西省国家资源型经济转型综合配套改革试验区”，旨在通过深化改革，加快产业结构的优化升级和经济结构的战略性调整，加快科技进步和创新的步伐，实现建设资源节约型和环境友好型社会，统筹城乡发展，保障和改善民生的综合配套改革试验区。

山西省的资源型经济转型综合配套改革试验区是我国第一个全省域、全方位、系统性的国家级综合配套改革试验区。与其他几个区域改革试验主题不同，山西省的试点是紧紧围绕产业的优化升级、战略性新兴产业的发展，在全省进行整个产业结构的调整和资源型经济转型。

山西省是我国重要的资源和能源基地，长期以来为国家的能源安全、经济发展做出了巨大的贡献。与此同时，也形成了相对单一的产业结构，煤炭、焦炭、冶金、电力四大产业是工业产值的重要支撑。因此，处理好传统产业转型和三次产业协调发展的关系，在经济转型的同时，实现绿色发展、可持续发展，使山西省新时期面临的重要任务，也是我国对资源型经济转型的重要探索。

山西省的综合配套改革试验方案确定试验区主要目标是：到2015年，初步形成“以煤为基、多元发展”的产业体系，资源型产业改造提升取得明显成效，接续替代产业和服务业比重显著提高，经济对煤炭资源的依赖明显降低，促进资源型经济转型的体制机制初步建立，把山西建设成为国家新型能源基地、全国重要的现代制造业基地、中西部现代物流中心和生产性服务业大省、中西部经济强省和文化强省。到2020年，山西省资源型经济转型综合配套改革取得重大进展，支撑资源型经济转型的政策体系和体制机制基本建立，产业结构调整取得重大进展、生态环境显著改善、城乡区域发展协调性不断提高，以民生改善为重点的社会建设明显加强；综合经济竞争力和城乡居民收入达到全国中等偏上水平，生态破坏、环境污染、安全事故、能源消耗问题明显改观，基本实现全面建设小康社会目标。力争通过20～30年的努力，综合配套改革效应持续显现，结构合理、新型多元、竞争力强的现代产业体系全面建立，综合经济竞争力、人民生活水平和可持续发展能力达到全国上游水平，呈现经济发达、人民富裕、生态良好、社会和谐的崭新面貌。

试验区资源型经济转型的主要任务有：以循环经济和技术进步为基本路径，全面推进产业优化升级；以生态环境保护和治理修复为主要抓手，着力提高可持续发展能力；以城乡统筹为基本方略，协调推进城镇发展和社会主义新农村建设；以改善民生为重点，努力构建和谐社会。并进一步提出创新完善产业转型促进机制、深化财税体制改革、改革完善土地管理制度、健全科技创新体制机制、加强金融创新和改革、完善资源能源节约和生态环境保护修复机制、改革创新城乡统筹体制机制、加快社会体制改革、推进行政管理和投资体制改革以及加大开放力度等资源型经济转型综合配套改革主要措施。

参考文献：
中华人民共和国国务院：《全国主体功能区规划》，2010年。
中华人民共和国国务院：《山西省国家资源型经济转型综合配套改革试验区总体方案》，2010年。
国务院发展研究中心发展战略和区域经济研究部课题组：《中国区域科学发展研究》，经济日报出版社2007年版。
世界银行：《2009年世界发展报告：重塑世界经济地理》，清华大学出版社2009年版。

（李平华　王新新）

义乌市国际贸易综合改革试验区
Yiwu Comprehensive Complementary Reforms Experimental Zone for International Trade

2011年3月，国务院正式批复《浙江省义乌市国际贸易综合改革试点总体方案》，这是全国首个由国务院批准的县级市综合改革试点。

浙江省义乌市拥有我国最大的小商品市场，是重要的国际贸易窗口。改革开放以来，义乌市积极探索对外贸易新模式，在扩大出口、增加就业、带动中小企业发展等方面取得积极成效。在义乌开展国际贸易综合改革试点，通过大胆探索、先行先试，充分发挥市场在资源配置中的基础性作用，充分发挥义乌市场在全球分工体系中的独特作用，将有利于我省更好地利用国际国内两个市场、两种资源，促进区域、产业、内外贸联动发展，形成经济全球化条件下参与国际经济合作和竞争新优势。

《浙江省义乌市国际贸易综合改革试点总体方案》（以下简称《方案》）明确了义乌试点的目标，到2015年，基本形成有利于科学发展的新型贸易体制框架。到2020年，率先实现贸易发展方式转变。提升义乌在国际贸易中的战略地位，使义乌成为转变外贸发展方式示范区、带动产业转型升级的重要基地、世界领先的国际小商品贸易中心和宜商宜居宜游的国际商贸名城。

《方案》提出了建立新型贸易方式、优化出口商品结构、加强义乌市场建设、探索现代流通新方式、推动产业转型升级、开拓国际市场、加快"走出去"步伐、推动内外贸一体化发展、应对国际贸易摩擦和壁垒9方面的试点主要任务。并进一步提出优化国际贸易发展环境、健全金融机构体系、提升金融服务能力、改善金融生态环境、构筑区域合作优势和新型公共服务体系6方面的保障措施。

国务院在关于浙江省义乌市国际贸易综合改革试点总体方案的批复中指出，义乌要在国际贸易重点领域和关键环节深化改革、先行先试，探索建立新型贸易体制机制，尽快在贸易管理和服务、现代商贸流通体系建设、开放型经济体系建设、政府职能转变等方面取得突破，促进出口产品结构优化和产业转型升级，推动区域经济社会协调发展。义乌市国际贸易综合改革试点在内涵上体现为"四个转变"：一是加快推进外贸增长由规模数量型向质量效益型转变，二是加快推进义乌市场由单纯的商品供应者向具有综合服务功能的提供商转变，三是加快推进产业发展由要素驱动向创新驱动转变，四是加快推进政府管理由偏重监管向服务与监管并重转变。

参考文献：
中华人民共和国国务院：《全国主体功能区规划》，2010年。
中华人民共和国国务院：《义乌市国际贸易综合改革试验区》，2011年。
国务院发展研究中心发展战略和区域经济研究部课题组：《中国区域科学发展研究》，经济日报出版社2007年版。
世界银行：《2009年世界发展报告：重塑世界经济地理》，清华大学出版社2009年版。

（李平华　蒋天颖）

厦门市深化两岸交流合作综合配套改革试验区
Xiamen Comprehensive Complementary Reforms Experimental Zone for the Deepening of Cross-Strait Exchange and Cooperation

2011年12月21日，国务院批准实施《厦门市深化两岸交流合作综合配套改革试验总体方案》。按照党中央、国务院推动两岸交流合作、推动两岸关系和平发展的总体战略部署，在推动科学发展和深化两岸交流合作的重点领域和关键环节率先试验，创新体制机制，以配套推进区域合作、行政管理、对外开放等支撑体系建设为基础，构建两岸交流合作先行区。通过促进两岸产业深度对接，促进生产要素进一步融合，形成两岸经贸合作最紧密区域；通过推动文化以及科技、教育、卫生、体育等全方位、多层次的交流合作，形成两岸文化交流最活跃平台；通过完善两岸直接"三通"（通商、通航、通邮）基础条件，提升对台开放合作整体功能，形成两岸直接往来最便捷通道；通过完善新型高效的社会管理体系，优化保护和服务台胞正当权益的法制政策环境，形成两岸同胞融合最温馨家园。《方案》总目标是到2015年，初步建立适应科学发展、深化两岸交流合作的体制机制。两岸产业对接和经贸合作进一步深化，经济转型升级初显成效，厦门岛内外一体化和基本公共服务均等化体系基本建立，厦漳泉大都市区同城化框架基本形成，对外开放的窗口作用更加显现，政府行政管理水平进一步提高，对台交流合作的前沿平台功能更加凸显。到2020年，建立充满活力、富有效率、更加开放，有利于科学发展和密切两岸交流合作的体制机制，形成两岸新兴产业、高端服务业深度合作集聚区，城乡一体化、基本公共服务均等化、厦漳泉大都市区同城化、经济国际化水平全面提升，形成完善的服务型政府行政管理体制，两岸交流合作不断加强，形成两岸共同发展的新格局。

参考文献：

中华人民共和国国务院：《全国主体功能区规划》，2010年。

中华人民共和国国务院：《厦门市深化两岸交流合作综合配套改革试验总体方案》，2011年。

国务院发展研究中心发展战略和区域经济研究部课题组：《中国区域科学发展研究》，经济日报出版社2007年版。

中华人民共和国国务院：《国务院关于印发全国主体功能区规划的通知》，2010年12月21日。

（刘薇　李丹丹）

黑龙江省“两大平原”现代农业综合配套改革试验区

Comprehensive Complementary Reforms Experimental Zone for Modern Agriculture in Songnen Plain and Sanjiang Plain, Heilongjiang Province

2014年6月国务院批复黑龙江省“两大平原”现代农业综合配套改革试验总体方案。《方案》实施要以转变农业发展方式为主线，以提高农业综合生产能力和农民收入为目标，发挥垦区引领作用，着力在创新农业生产经营体制、建立现代农业产业体系、创新农村金融服务、完善农业社会化服务体系、统筹城乡发展等方面开展改革试验，着力破解制约现代农业发展的体制机制问题和深层次矛盾，促进黑土资源永续利用、水资源科学开发和高效利用，努力把“两大平原”建成国家商品粮基地核心区、绿色食品生产样板区、高效生态农业先行区和统筹城乡发展先导区，为全国粮食主产区实现“四化同步”发挥示范引领作用。要加强改革试验的统筹规划，做好与经济社会发展重大规划、政策的衔接，把保护生态环境摆在突出位置，坚持农村基本经营制度，尊重农民意愿和基层首创精神，切实保障农民合法权益。

参考文献：

中华人民共和国国务院：《全国主体功能区规划》，2010年。

中华人民共和国国务院：《黑龙江省“两大平原”现代农业综合配套改革试验总体方案》，2013年。

国务院发展研究中心发展战略和区域经济研究部课题组：《中国区域科学发展研究》，经济日报出版社2007年版。

中华人民共和国国务院：《国务院关于印发全国主体功能区规划的通知》，2010年12月21日。

（刘薇　李丹丹）

温州市金融综合改革试验区

Wenzhou Comprehensive Complementary Reforms Experimental Zone for Finance

2012年3月28日，国务院常务会议决定设立温州市金融综合改革试验区，批准实施《浙江省温州市金融综合改革试验区总体方案》，引导民间融资规范发展，提升金融服务实体经济能力，为全国金融改革提供经验。这是国家给予浙江的一大支持政策。温州国家金融综合改革试验区将在地方金融组织体系、金融服务体系、民间资本市场体系、金融风险防范体系等方面先行试验。温州国家金融综合改革试验区的建立，以期在地方金融组织体系、金融服务体系、民间资本市场体系、金融风险防范体系等方面先行试验。“加快实施小额贷款公司三年行动计划，分批公开向社会招投标设立机构，年内先行启动10～15家，为高位运行的民间资金‘减压’，提供投资出路。”温州市金融综合改革的十二项主要任务：

一是规范发展民间融资。制定规范民间融资的管理办法，建立民间融资备案管理制度，建立健全民间融资监测体系。

二是加快发展新型金融组织。鼓励和支持民间资金参与地方金融机构改革，依法发起设立或参股村镇银行、贷款公司、农村资金互助社等新型金融组织。符合条件的小额贷款公司可改制为村镇银行。

三是发展专业资产管理机构。引导民间资金依法设立创业投资企业、股权投资企业及相关投资管理机构。

四是研究开展个人境外直接投资试点，探索建立规范便捷的直接投资渠道。

五是深化地方金融机构改革。鼓励国有银行和股份制银行在符合条件的前提下设立小企业信贷专营机构。支持金融租赁公司等非银行金融机构开展业务。推进农村合作金融机构股份制改造。

六是创新发展面向小微企业和“三农”的金融产品与服务，探索建立多层次金融服务体系。鼓励温州辖区内各银行机构加大对小微企业的信贷支持。支持发展面向小微企业和“三农”的融资租赁企业。建立小微企业融资综合服务中心。

七是培育发展地方资本市场。依法合规开展非上市公司股份转让及技术、文化等产权交易。

八是积极发展各类债券产品。推动更多企业尤其是小微企业通过债券市场融资。建立健全小微企业再担保体系。

九是拓宽保险服务领域，创新发展服务于专业市场和产业集群的保险产品，鼓励和支持商业保险参与社会保障体系建设。

十是加强社会信用体系建设。推进政务诚信、商务诚信、社会诚信和司法公信建设，推动小微企业和农村信用体系建设。加强信用市场监管。

十一是完善地方金融管理体制，防止出现监管真空，防范系统性风险和区域性风险。建立金融业综合统计制度，加强监测预警。

十二是建立金融综合改革风险防范机制。清晰界定地方金融管理的职责边界，强化和落实地方政府处置金融风险和维护地方金融稳定的责任。

参考文献：

中华人民共和国国务院：《全国主体功能区规划》，2010年。

中华人民共和国国务院：《浙江省温州市金融综合改革试验区总体方案》，2012年。

国务院发展研究中心发展战略和区域经济研究部课题组：《中国区域科学发展研究》，经济日报出版社2007年版。

中华人民共和国国务院：《国务院关于印发全国主体功能区规划的通知》，2010年12月21日。

（刘薇　李丹丹）

经济统计学

一、理论与方法

统计学
Statistics

统计学是研究如何测定、收集、整理、归纳和分析反映客观现象总体数量的数据，以帮助人们正确认识客观世界数量规律的方法论科学。

统计是人们认识客观世界总体数量变动关系和变动规律活动的总称。一般有以下三种涵义：统计工作、统计数据和统计学。

统计工作作为一种社会实践活动已有悠久的历史。据历史记载，我国在西周朝代就已初步建立了统计报告制度。在英文中，统计与"国家"为同一词根；因为最初，统计只是为统治者管理国家提供数量依据。随着社会经济和科技的发展以及统计自身的进步，统计应用领域不断扩大。现在，统计不仅被用于经济管理领域，而且在其他领域也得到广泛的应用。

人们通过统计实践活动所得到的反映客观世界情况的数据即统计数据。既是统计工作的成果，也是进一步开展统计研究的基础。

统计学是在统计实践的基础上，产生并逐步发展起来的一门科学。

从统计学产生之初直至今日，对于统计学的基本定义，不同学派一直存在不同的意见。根据统计学界当前的主流观点，可以给出以下关于统计学的基本定义。"统计学是研究如何测定、收集、整理、归纳和分析反映客观现象总体数量的数据，以帮助人们正确认识客观世界数量规律的方法论科学。"首先，统计学研究的目的是帮助人们更好地认识客观世界的数量规律。其次，统计学是一门方法论的科学，统计学的主要内容并不是对客观世界的数量规律本身及其产生的机理进行研究，而是为这一研究提供合适的方法和工具。最后，统计学的研究是围绕反映客观现象总体数量的数据展开的。统计学又被称为"数据科学"。这里需要特别说明的是：为什么要在基本定义中加入"测定"？这是因为，开展统计研究的第一步，就是要根据所要研究问题的性质，制定统计指标和统计分类，给出统一的定义、标准。也就是说只有很好地解决"如何测定"的问题，才能开展后续的数据收集与分析。在基本定义中，加入"如何测定"，可更完整地涵盖统计学研究的主要内容。

经过长期的发展，现代统计学已演变成横跨社会科学和自然科学领域的多科性方法论科学。从横向看，各种统计学都具有上述共同点，因而能够形成一个学科"家族"。从纵向看，统计学方法应用于各种实质性科学，同它们相结合，产生了一系列专门领域的统计学。由此可见，现代统计学可以分为两大类：一类是以抽象的数量为研究对象，研究一般的收集数据、整理数据和分析数据方法的理论统计学。另一类是以各个不同领域的具体数量为研究对象的应用统计学。

理论统计学把研究对象一般化、抽象化，从纯理论的角度，对统计方法加以推导论证，其中心内容是以归纳方法研究随机变量的一般规律。例如统计分布理论、统计估计与假设检验理论、相关与回归分析、方差分析、时间序列分析等。不论是自然现象还是社会现象这些方法都是适用的。因此，理论统计学的特点是计量不计质，它具有通用方法论的理学性质。

应用统计学则与各不同领域的实质性学科有着非常密切的联系，它是有具体对象的方法论既包括一般统计方法的应用，更包括各自领域实质性科学理论的应用。应用统计学必须坚持在定性分析的基础上开展定量分析。首先，要从所研究的问题出发，通过对现象的定性分析，提出科学的范畴，并将其提炼成可以量化的指标，同时建立指标体系与分类体系。然后，才能去收集数据，并选用适当的方法进行数据处理。最后，还要结合对现象的定性认识对数据分析的结果作出判断，为决策提供依据。所以，应用统计学需要有关的实质性科学的理论作指导，它通常具有边缘交叉和复合型学科的性质。

在统计科学发展的道路上，理论统计学和应用统计学总是互相促进，共同提高的。理论统计学的研究为应用统计学的数量分析提供方法论基础，大大提高了统计分析的认识能力，而应用统计学在对统计方法的实际应用中，又常常会对理论统计学提出新的问题，开拓了理论统计学的研究领域。

数学是与统计学关系非常密切的一门科学。数学中的概率论为统计学提供了数量分析的理论基础。从某种意义上说，统计学中的理论统计学以抽象的数量为研究对象，计量不计质，其大部分内容也可以看作是数学的一个分支。

统计学虽然与数学有密切的联系，但两者之间也存在本质的区别。从研究对象看，数学撇开具体的对象，以最一般的形式研究数量的联系和空间形式。而统计学特别是其中的应用统计学则总是与具体的客观对象联系在一起的。从研究方法看，数学的研究方法主要是逻辑推理和演绎论证的方法。而统计的方法，主要是归纳的方法，要根据实验或调查观察到大量情况，来归纳判断总体的情况。统计学家特别是应用统计学家需要深入实际，通过调查或实验去取得数据，开展研究时不仅要运用统计的方法，而且还要掌握某一专门领域的知识，才能得到有意义的成果。从成果评价标准看，数学注意方法推导的严谨性和正确性。统计学则更加注意方法的适用性和可操作性。因此，从整体而言,统计学并不是数学的分支,而是一门独立的一级学科。

参考文献:

黄良文、曾五一:《统计学原理》,中国统计出版社2000年版。

曾五一、肖红叶:《统计学导论》,科学出版社2006年版。

曾五一、孙蕾:《关于进一步推动我国统计学发展的思考》,载于《统计研究》2007年第8期。

袁卫:《机遇与挑战——写在统计学成为一级学科之际》,载于《统计研究》2011年第11期。

(曾五一)

经济统计学
Economic Statistics

经济统计学是一门以社会经济现象的数量方面为特定研究对象的应用统计学。经济统计学既包括一般统计方法的应用,更包括经济理论的应用。要在社会经济领域应用统计方法,首先必须解决如何科学地测定社会经济现象即如何科学地设置指标的问题,这就离不开对有关社会经济现象的质的研究。要对社会经济问题进行统计分析,也必须以有关的经济与社会理论为指导。经济统计学的特点是在质与量的紧密联系中,研究事物的数量特征和数量表现。不仅如此,由于社会经济现象所具有的复杂性和特殊性,社会经济统计学不仅要应用一般的数理统计方法,而且还需要研究自己独特的方法,如核算的方法、指数的方法、综合评价的方法、经济计量的方法等。因此,经济统计学具有边缘交叉与复合学科的性质。它既是统计学的(主流)主要分支,也是经济学下重要的二级学科。

经济统计学研究包括两大类:第一类以国民经济核算以及经济领域各种指标的测度方法为主要内容;第二类以数理统计方法和各种计量模型在经济领域的应用为主要内容。两类研究共同构成了经济统计学的完整体系。

经济统计学与经济学有着十分密切的联系。首先,统计学是开展经济研究不可或缺的重要工具。经济学对经济现象及其发展变化规律进行研究时,除了要做规范性的理论分析和定性分析外,还要进行实证的数量分析。由于社会经济现象所具有的特殊性,对其数量规律的认识只能通过统计观测去进行。因此,无论是宏观经济研究还是微观经济研究,都需要运用大量的统计方法。通过统计的实证研究,可以帮助人们认识有关的数量规律,同时检验经济学理论的真实性和完善程度。统计归纳分析所获得的新知识常常为实质性学科的研究开辟新的领域,这在经济学的发展历史上是屡见不鲜的。已经有多位经济学家因为在成功地将统计方法运用于有关经济问题分析方面做出贡献,而获得诺贝尔经济学奖。其次,经济学对经济统计学起着十分重要的指导作用。不仅经济统计指标的设定和统计结果的解释,离不开经济学的指导,而且应用统计方法也在很大程度上受所研究对象性质的影响。通常是实质性的学科提出了问题,统计学才提出相应的方法。因此,经济统计学具有复合型学科的性质,既是经济学下的二级学科,也是统计学的重要分支。

经济统计学与其他经济学科也有着明显的区别。经济学研究经济领域现象的本质关系并对有关规律做出合理的解释和论证。而经济统计学只是为经济学研究和认识数量规律提供方法和工具,并不直接对规律产生的原因和机理作进一步的分析。例如,利用统计方法对居民食品支出在总消费支出中所占比重(即恩格尔系数)的变动趋势进行分析,可以得出收入水平越高,恩格尔系数越低的结论,而为什么会出现这一趋势?仅仅依靠统计学是无法说明的,必须由经济学和社会学的理论作出解释。

参考文献:

黄良文、曾五一:《统计学原理》,中国统计出版社2000年版。

曾五一、肖红叶:《统计学导论》,科学出版社2006年版。

曾五一、尚卫平:《关于经济统计学若干问题的思考》,载于《统计研究》1999年第11期。

肖红叶:《中国经济统计学科建设30年回顾与评论》,载于《统计研究》2010年第1期。

邱东、宋旭光:《中国经济统计学60年》,载于《统计研究》2010年第1期。

(曾五一)

统计学的产生与发展
Emergence and Development of Statistics

关于统计学的来源,学术界有着不同的看法。统计学这一术语最早来源于德国阿亨瓦尔(G. Achenwall)的著作。因此,一些统计学说史著作中将德国作为统计学最早的发源地。马克思(K. Marx)在《资本论》第一卷中说:"配第是政治经济学之父,在某种程度上也可以说是统计学的创始人。"英国统计学家肯德尔(G. Kendall)在探讨统计学的起源时,指出:"任何人读了格朗特于1662年发表的《对死亡表的自然观察和政治观察》著作都必定会认为,统计学正是从这一点开始起步。"而一些数理统计学家则认为,帕斯卡(B. Pascal)与费马(P. Fermat)是概率论的奠基人,统计学是在概率论的基础上才发展起来的。我们认为,以上几种说法都有其存在的道理。统计学的来源并不是单一的,对于统计学的来源及发展的论述应采用兼容并蓄的观点。

从统计学发展的历史来看,曾经产生过较大影响的主要有以下几个流派:

(1)国势学派(Potential State School)。国势学派兴起于17世纪中期的德国。康令(H. Conring)是奠基人,阿亨瓦尔(G. Achenwall)则是康令的继承者和完成者。这一学派比较有影响的学者还有舒勒兹(A. L. V. Schlozer)等。

康令首先以"国势学"为题,讲授政治活动家应具备的知识。阿亨瓦尔继承和发扬了康令的思想,1749年,他在《近代欧洲各国国势学概要》一书中,首创了一个新的德文词汇——Statistik,即统计学。他认为,统计学是关于国家显著事项的学问,主要通过有关事项的记述对国情国力进行研究。舒勒兹是阿亨瓦尔的学生,他于1804年提出了"统计学是静态的历史,历史是动态的统计学"的观点。国势学派虽然创造了"统计学"这一术语,但他们主要使用文字记述的方法进行研究,其学科内容与现代统计学有较大的差别。

(2)政治算术学派(Political Arithmetic School)。与德国国势学派差不多同一时期,英国出现了政治算术学派。这一学派的代表人物有格朗特(J. Graunt)、威廉·配第(W. Petty)等人。

格朗特1662年出版的《对死亡表的自然观察和政治观察》被认为是政治算术学派的雏形。在该书中,他对有关人口数据进行整理归纳,发现了生命运动中的大数法则,创制了人口寿命分析表,并推导了测算人口的计算公式。配第在1676年出版了《政治算术》,他在书中写道:本书"不用比较级、最高级进行思辨或议论,而是用数字……来表达自己想说的问题……借以考察在自然中有可见的根据的原因。"配第的贡献则在于把统计方法引入到更为宽广的社会和经济领域,同时提出了用数字来说明问题的思想,为统计学的发展开辟了广阔的前景。

(3)社会统计学派(School of Social Statistics)。19世纪中后期,包括人口统计、经济统计、犯罪统计、社会统计等多方面内容的"社会统计学"一词开始出现,并成为统计学中的一个重要流派。其早期的代表人物有克尼斯(K. G. A. Knies)、恩格尔(E. Engel)和梅尔(G. V. Mayr)等。

1850年,克尼斯发表了题为《独立科学的统计学》的论文,提出统计学是一门独立的社会科学,是对社会经济现象进行数量对比分析的科学,他主张以"国家论"作为国势学的科学命名,而以"统计学"作为"政治算术"的科学命名。恩格尔提出了用食品支出占总消费支出的比重即"恩格尔系数"来反映经济发展水平的方法。梅尔为社会统计学建立了比较完整的理论体系。他给统计学下的定义是"以集团的定量观察为基础,对实际发生的事实以及根据这些事实所推演出的人类社会生活规律,作出系统的说明和解释"。

社会统计学派着重对社会经济领域的统计方法及其应用进行研究,其理论与方法对各国政府统计工作的实践发挥了重要指导作用。该学派曾经在德国、日本、苏联和中国有较大的影响。各国社会经济统计学者在社会经济统计指标的设定与计算、指数的编制、资料的收集与整理、统计调查的组织和实施、经济社会的数量分析和预测等方面做出的贡献已成为现代统计学的重要组成部分。例如,"恩格尔系数"至今仍为人们广泛使用。由库兹涅茨(Simon Kuznets)和斯通(Richard Stone)等人开发的国民收入和国内生产总值的核算方法被称为"20世纪最伟大的发明之一"。

(4)数理统计学派(School of Mathematical Statistics)。数理统计学的创始人是比利时的凯特勒(Adolphe Quetelet)。他的代表作《概率论书简》和《社会物理学》将概率论和统计方法引入到社会经济方面的研究。此后,以概率论为基础建立的统计理论与方法被称为数理统计。从19世纪中叶到20世纪中叶,数理统计学得到迅速发展,其代表人物有高尔登(F. Galton)、皮尔逊(Karl Pearson)、费雪(Ronald Aylmer Fisher)等。

高尔登利用正态曲线研究社会和自然现象,他还提出了"相关"和"回归"的概念。皮尔逊进一步发展了相关与回归的理论,提出了计算复相关和偏相关的方法和χ^2分布。费雪在数理统计基础理论的建立、方差分析、实验设计等方面的研究中做出了重要贡献。到20世纪中期,数理统计学的基本框架已经形成。内曼(J. S. Neyman)、沃尔德(A. Wald)等人都从不同的角度充实了数理统计学的学科内容,使得费雪构建的数理统计学框架趋于完整。

随着社会经济的发展和科学技术的进步,统计研究的领域不断扩大,数理统计方法的运用也日益广泛和深入,同时还出现了一些新的统计方法和统计思想。如最优抽样设计、非参数统计、序贯分析、统计决策、时序分析、多元统计分析等。在一段时期内,数理统计学派成为英美等国统计学界的主流。

在数理统计学派内部,围绕着对概率的不同认识,又可分为"经典学派"和"贝叶斯学派"。"经典学派"以实际观测的频率作为测度概率的基础,开展各种统计推断。"贝叶斯学派"则借鉴了17世纪英国学者贝叶斯的思想,提出综合利用先验信息和后验信息来确定概率,并在此基础上进行统计推断的思路和方法。杰弗里斯(S. H. Jeffreys)1939年出版的《概率论》成为贝叶斯学派的经典著作,沃尔德(A. Wald)等人也对贝叶斯统计的发展做出了相应的贡献。

自20世纪80年代以来，统计学的发展又出现了一些新的动向。

首先，作为方法论科学的统计学与各实质性学科的结合越来越紧密。统计学渗透到许多领域，并由此产生不少新的学科，对其他科学的发展具有极大的支撑作用，反过来，这种结合又促进了统计学的发展。例如，统计学与经济学的结合产生了计量经济学这一新的学科。在诺贝尔经济学获奖者中，2/3以上的研究成果与统计和经济定量分析有关。随着统计学的发展，在不少原来似乎很难与统计挂钩的领域如红楼梦研究等领域，也开始引进统计学的思想和研究方法。

其次，国际统计学界的主流从原来的偏重数理统计理论研究，向更加重视应用统计研究转变。我国统计学家陈希孺院士在就“统计学发展前景展望”答记者问时曾提到：“统计学研究应努力与其他实用学科结合而形成交叉或边缘学科。这一点目前已有一定的表现，如生物统计、医药统计、工业统计、金融统计等，都是当前发展很快的热点”。国际知名的统计学家拉奥(C. R. Rao)也提出“统计学基本上是寄生的：靠研究其它领域内的工作而生存。”主张统计学必须与另一门专门的学问相结合，才有可能做出有重要意义的成果。

最后，统计学与计算机科学和信息科学的结合越来越紧密。在统计数据的采集方面，电话和互联网的迅速普及，为统计调查提供了电脑辅助电话调查和网络调查等新的统计调查方式，不仅使统计调查的效率大大提高，而且还可能带来统计数据收集方式的重大变革。在统计计算方面，统计学与计算机技术结合，产生了不少新的统计和计量分析的软件和编程软件。如用于编程的R语言、用于统计分析的SAS软件和SPSS软件、用于计量分析的EVIEWS软件等。近年来，针对现实生活中海量数据的出现，统计科学与计算机科学和数学等相结合还产生了数据挖掘等新的研究领域。

综上所述，我们可以发现：统计学最初是从研究社会经济现象的数量，为国家管理服务开始的。随着社会的发展，为了适应实践的需要，统计方法和理论不断丰富和完善，统计学也在不断发展和演变。如今，统计学已经成为研究客观世界数量规律的最有力工具。统计学的作用与功能从描述事物现状、反映事物规律，向进行抽样推断、预测未来、提供决策依据的方向扩张。统计学自身也从单一的实质性社会科学，演变成横跨社会科学和自然科学领域的多科性的方法论科学。

参考文献：

《马克思恩格斯全集》第23卷，人民出版社1974年版。

陈善林、张浙：《统计发展史》，上海立信会计图书用品社1987年版。

陈希孺：《数理统计学简史》，湖南教育出版社2002年版。

高庆丰：《欧美统计学史》，中国统计出版社1987年版。

龚鉴尧：《世界统计名人传记》，中国统计出版社2000年版。

李慧村：《欧美统计学派发展简史》，中国统计出版社1984年版。

曾五一、朱建平：《统计学》，上海财经大学出版社2012年版。

蒋萍：《社会统计学》，中国统计出版社2009年版。

D. V. Lindley, The Philosophy of Statistics, *The Statistician*, 2000(49).

Gregory F. Cooper, Edward Herskovits, A Bayesian Method for the Induction of Probabilistic Networks from Data, *Machine Learning*, 1992, 9(4).

M. G. Kendall, *The Advanced Theory of Statistics*, London: Charles Griffin & Company Ltd., 1961.

（曾五一　胡荣华）

统计指标
Statistical Indicator

统计指标是说明总体数量特征的科学概念。指标的具体数量表现称为指标值，有时也把统计指标理解为“概念加数值”。统计指标有以下几个特征：(1)总体性。统计指标说明的对象是统计总体，而不是个别的总体单位。(2)数量性。统计指标是用数字来说明总体特征的。(3)综合性。统计指标是所有总体单位特征数量综合的结果。(4)具体性。任何统计指标都具有一定的客观存在的内容，都是一定具体现象的量的反映，而不是抽象的概念和数字，因而在运算时一定要注意指标的质的规定性和运算结果的具体意义。一个统计指标必须包括三个构成要素：指标名称、计量单位和计算方法。当含有指标值时还应包括：指标数值、时间范围和空间范围。

统计指标按所说明现象内容的不同，分为外延指标和内涵指标。外延指标又称数量指标，是描述研究总体外延范围大小的统计指标，也即反映总体的规模和总量的统计指标。外延指标是根据总体单位或各总体单位的某一标志值直接计算的合计数。它反映的是总体的绝对总量，是对所研究现象认识的起点，是统计中最基本的指标，其他指标都是派生指标。外延指标按反映的内容不同分为总体单位总量和总体标志总量；按指标值所属的时间不同分为时期指标和时点指标。

内涵指标，又称质量指标，是描述总体内部数量关系和总体单位一般水平的统计指标。内涵指标的数值一般是由两个外延指标进行对比得到的。它反映总体的内部结构、发展速度、联系程度和总体单位的一般水平。内涵指标可分为平均指标和相对指标。平均指标是描述总体各单位在某一特征方面的一般水平的统计指标，如职工平均工资、产品平均成本等。相对指标是两个有联系的指标相比较而形成的一种综合统计指标，反映两个指标之间的数量关系。相对指标主要有结构相对指标、比例相对指标、静态比较相对指标、动态比较相对指标、强度相对指标、计划完成相对指标等。

统计指标按所反映现象的性质不同，分为客观指标和主观指标。客观指标描述客观事物及其运动过程，具有实在性和明确的客观性质。客观指标较易计量。根据计量单位的不同，又可细分为实物指标、劳动量指标和价值指标。主观指标描述人们的精神活动过程，具有主观性和偶然性。这类指标主要集中在社会指标和科技指标中，其计量要比客观指标的计量困难得多。主观指标是在理论分析的基础上形成的，因而在计量和应用过程中，理论分析极为重要，一定要主观与客观相结合、统计学与直觉的逻辑性和创造性相结合。

统计指标的测量是一个重要问题。测量就是用数字来反映所研究（认识）现象的特征和关系。要测量就必须有一定的测量尺度和计量单位。根据事物的性质不同和人们认识事物的能力、程度不同，测量尺度具体可分为四个层次：定类尺度、定序尺度、定距尺度、定比尺度。这四种尺度具有一定的层次性，是一个由低级到高级不断提高的过程。后一尺度具有以前各种尺度的功能，又具有其独特的特点。而且可以用较高层次尺度测量的现象，一定可以用较低层次的尺度来测量，但能用较低层次尺度计量的现象却不一定能用较高层次的尺度来测量。在进行测量时，使用何种测量尺度取决于认识客体的性质、统计研究目的以及分类方法。一般应尽量使用较高层次的测量尺度。计量单位是测量的另一个重要问题。不规定计量单位就不能进行任何计量。在对所研究的现象进行分析测量时，选择何种计量单位主要取决于被测量现象的性质和同类性程度。此外，还要考虑研究目的和任务、运用的方便性和灵活性。一般常用的计量单位有实物单位、货币单位等。对自然现象来说，其性质最稳定，同类性程度最高，计量的是被测量现象的自然性，因而，尽管所采用的计量单位是人为的，但却有十分稳定的标准，如米、千克、秒等。对社会现象来说，其同类性程度较低，且各种现象的同类性程度差别较大。按照社会现象同类性递减程度依次分为：实物形态、自然资源和生产资源；劳动现象和人口现象；价值现象；人的主观世界现象。测量自然现象的物理计量单位体系已基本形成，并得到了国际的公认。但对社会现象来说，至今还没有一个公认的计量单位体系。

社会经济现象是一个复杂的总体，各类现象之间存在着相互依存和相互影响的关系。要了解和掌握现象的整体特征和规律性，不能只根据某一个统计指标做出评价和判断，必须使用一套科学的统计指标体系。统计指标体系就是由若干个具有各种相互联系的统计指标所构成的有机整体，用来反映所研究现象各个方面的相互依存和相互制约关系。从广义的社会领域来看，统计指标体系有以下几种分类：按其说明的问题不同，分为基本统计指标体系和专题统计指标体系；按其说明的内容不同，可分为经济指标体系、社会指标体系和科技指标体系；按其服务的层次不同，可分为宏观指标体系、中观指标体系和微观指标体系。

统计指标和统计指标体系的设计主要包括以下内容：（1）确定指标体系中包括的具体指标及其相互联系。一个指标体系中究竟包含哪些指标要取决于研究目的。（2）确定统计指标的概念。统计指标的概念是对统计总体本质属性的客观描述，必须具体确定指标的内涵、外延和指标口径。（3）确定统计指标的测量尺度和计量单位。测量尺度的选择应根据被研究对象的性质、统计研究目的以及分类方法来确定。计量单位的选择主要依据被研究对象的性质和同类性程度，同时还要考虑研究目的和任务、运用的灵活性和方便性等因素。（4）确定统计指标的计算方法。在指标设计时必须明确规定使用何种计算方法以及达到什么样的计算精度。（5）确定统计指标的空间标准和时间标准。任何现象都存在于一定的空间和时间。空间标准有两种情况：一是以地区范围为标准，二是以组织管理范围为标准。时间标准也有两种情况：一是以时期为标准，二是以某一时点为标准。

统计指标体系的设计应遵循以下原则：（1）目的性。以研究目的和使用者的信息需求作为统计指标和统计指标体系设计的出发点。（2）科学性。要符合统计认识对象本身的性质和特征，与实质性科学的理论范畴协调一致。（3）可比性。在静态上要保持各地区、各部门的一致性和统一性；在动态上要保持相对稳定性，以保证其可比性。在必须修改时，要规定相应的调整和换算方法。（4）可量性。被研究现象总体的数量特征在量化层次、计量单位、量化方法和形式等方面具有可操作性。

参考文献：

邱东：《多指标综合评价方法的系统分析》，中国统计出版社 1991 年版。

王振龙：《统计学》，陕西人民出版社 2001 年版。

王振龙:《统计哲学研究》,中国统计出版社 2002 年版。

（王振龙）

统计分组
Statistical Grouping

统计分组又称统计分类,是指根据研究目的,结合研究对象的特点,将统计总体的全部个体区分为若干组成部分的统计方法,统计分组法是统计学的基本方法之一。

统计分组是许多其他统计研究方法得以产生和应用的基础。例如,抽样调查中的分层抽样,须先将总体单位按某一特征分为若干层,整群抽样也需要将总体单位归并为若干互不交叉、互不重叠的群,显然,这种“分层”或“分群”,本质上就是分组,对总体单位分组的科学性直接影响着抽样结果的客观性。对产业部门的科学分类、对机构部门的科学分类等等,是开展国民核算研究的基础;系统归集整理的国民经济运行数据,是开展宏观经济研究的基础。

统计分组的思想萌芽,可以追溯到我国原始社会,当时的人们将事情分为大事和小事,大事用绳子系个大结,小事则系个小结,以此分类记事。正式对此有文字记载的则是三千年前的《周易》,其“方以类聚,物以群分”的思想与现代统计分组思想可谓异曲同工。

统计分组作为统计学的基本研究方法,伴随统计学科的深化而发展。17 世纪中叶至 19 世纪中叶,政治算术学派主张通过数据观察,运用计量方法分析社会经济现象,统计分组成为其比较分析的基础。如格朗特(John Graunt)在《对死亡表的自然观察和政治观察》中,通过按性别分组、按季节分组,得到了不同性别的出生率比较,不同季节的瘟疫流行程度的比较。19 世纪中叶到 20 世纪上半叶,政治算术学派基础上发展起来的社会统计学派,通过对事实数据的收集、分类、观察、记录、整理、分析和比较来开展工作,统计分组法在其方法体系中占有核心地位。到 20 世纪,随着现代统计学方法的日趋深化,随着统计学与其他各类学科的紧密结合,统计分组法成为整个统计学研究方法的基础,同时在自然科学和社会科学各学科中都得到了广泛的应用。

统计分组的核心思想,是依照“组内同质性、组间异质性”原则,将总体的全部个体分门别类归集为若干个组,从而将组内个体作为同质个体处理,观察组间差异的大小、变动及其原因。科学分组,关键在于两条,一是分组标志的选择,二是组数和组限的确定。

关于分组标志,可以是品质标志,如人口按性别分组、企业按经济类型分组等。按品质标志分组时,组数和组限的确定通常是明确和易操作的。

许多情况下,统计分组是按数量标志进行的,如人口按年龄分组、企业按经营规模分组等。

按数量标志分组时,首先要确定分组的形式。(1)采用单变量分组还是组距式分组,基本原则是:当分组标志为离散型数量标志且变异较小时,原则上采用单变量分组,这时可以达到分组的目的同时又保持最多的原始数据所拥有的信息,当分组标志为离散型数量标志但变异较大,或分组标志为连续型数量标志时,则采用组距式分组。(2)采用等距分组还是异距分组,基本原则是:当标志值分布很不均匀时,一般采用异距分组,如学生成绩一般密集于某一区间,低于这一区间的学生为少数,高于这一区间的学生也为少数,合理的做法是在密集区间内使用较短的组距,在稀少区间内使用较长的组距。根据这一原则,某些时候采用公比为 10 的不等距分组,如商场按营业额分组时,可以分为 5 万元以下、5 万 ~ 50 万元、50 万 ~ 500 万元、500 万 ~ 5000 万元……这通常符合企业规模分布的一般特点。当等量的标志值不具有相同的意义时,一般采用异距分组,如对于新生儿和成人的年龄,同样的一年或一月,其意义是不同的,进行人口疾病研究的年龄分组时,一般 1 岁以下按月分组,1 ~ 10 岁按年分组,11 ~ 20 岁按 5 年分组……(3)采用开口式分组(最小组缺下限或最大组缺上限)还是闭口式分组(各组的上下限均不缺),原则是:看极端变量值(最大标志值、最小标志值)偏离其所在组分布中心的程度,一般地,极端变量值远离分布中心的,采用开口式分组,反之采用闭口式分组。

按数量标志分组时,还需要确定组数和组限。原则上,组数不宜过多,否则导致某些组内单位数太少就不能代表这些组的水平,级数也不宜过少,否则达不到通过分组归类以反映规律的目的。关于分组的组数,美国统计学家斯特吉斯(Sturges)提出了一个经验公式:组数 $= 1 + 3.322\log N$(N 为不同数据的个数),适用于 N 很大,标志值小和标志值大的两端单位较少,居中的标志值单位多,且基本上呈单峰对称分布的情况。至于分组的组限应确定在哪一个变量水平上,原则上以体现分布规律的变化为原则,对于分组标志为连续型数量标志的,必须采用连续型组限,分组标志为离散数量标志的,可以采用间断型组限。

参考文献:

黄寿祺、张善文:《周易译注》,上海古籍出版社 2007 年版。

黄良文、曾五一:《统计学原理》,中国统计出版社 2000 年版。

（钱雪亚）

统计调查
Statistical Survey

统计调查是根据统计研究的目的，运用一定的科学方法，对客观事物的数量进行事后观察，以获得有关统计数据的过程。

开展统计调查的具体方式有以下几种：

(1)普查。普查是专门组织的一种全面调查。普查主要是用来搜集某些不能或不宜用定期报表搜集的统计资料。

普查有两个主要特点，第一，它是非经常性的调查，一般间隔较长的时间才进行一次。第二，它是一种全面调查，它比任何一种调查形式更能掌握大量、详细、全面的统计资料。普查的组织形式有两种：一种是经过组织的普查机构，配备一定数量的普查人员，对调查单位直接进行登记。另一种是利用调查单位的原始记录和核算资料，由调查单位自行填报调查表格。

我国目前正在实施的普查主要有：人口普查、农业普查和经济普查等。

(2)统计报表制度。统计报表制度是根据国家的统一规定，按统一的表格形式、统一的指标内容、统一的报送时间，自下而上逐级提供统计资料的统计报告制度。

统计报表的优点有：第一，报表资料的来源是建立在各个基层单位的原始记录的基础上，基层单位可利用其资料对生产、经营活动进行监督管理。第二，由于统计报表是逐级上报和汇总的，各级领导部门能获得管辖范围内的报表资料，了解本地区、本部门的经济和社会发展情况。第三，由于统计报表是属于经常性(连续性)调查，调查项目相对稳定，有利于积累资料，并进行动态对比分析。

统计报表包括全面报表与非全面报表。全面统计报表的实施范围是调查对象的全部单位。非全面统计报表的实施范围只要求调查对象中的部分单位填报。

(3)抽样调查。抽样调查是一种非全面调查。通常所说的抽样调查一般指的是概率抽样，它是按随机原则从调查对象中抽取一部分单位作为样本进行观察，然后根据样本数据推断现象的总体特征。

(4)重点调查。重点调查是指在调查对象中，只选择少数重点单位进行的非全面调查。所谓重点单位，是着眼于现象的量的方面而言，尽管这些单位在全部单位中只是一部分，但它们在所研究现象的标志总量中却占有绝大的比重，在总体中具有举足轻重的作用。对这些单位进行调查，能够从数量上反映整个总体在该标志总量方面的基本情况。重点调查的特点是省时、省力，能反映总体的基本情况。

(5)典型调查。典型调查是从众多的调查研究对象中，有意识地选择若干个具有代表性的典型单位进行深入、周密、系统地调查研究。进行典型调查的主要目的不在于取得社会经济现象的总体数值，而在于了解与有关数字相关的生动具体情况。

不同的统计调查的方式方法，各有其特点和作用。在实际工作中，常常需要将多种方式方法加以结合运用。一个国家开展统计调查的方法和制度体系称为统计调查体系。

以往，我国的统计调查体系以全面统计报表制度为基础。改革开放以来，随着社会主义市场经济的发展，一方面，社会经济现象空前复杂化，统计调查对象的规模迅猛扩展，给准确把握统计口径带来困难。另一方面，训练有素的基层统计人员日显匮乏。由于利益格局的变化很大，被调查者对统计调查的合作与支持程度降低，统计信息在采集过程中的人为干扰现象增多，信息失真的风险性增大。这些都使得以全面统计报表为主的调查体系越来越难以满足政府与社会公众的对统计信息的需求。

近年来，为了适应社会主义市场经济发展的需要，我国政府统计系统在总结实践经验的基础上，借鉴国际上成功的作法，对传统统计调查方法体系进行了一系列的改革。我国统计调查体系改革的目标模式是：建立以必要的周期性的普查为基础，经常性的抽样调查为主体，同时辅之以重点调查、科学推算和部分全面报表综合运用的统计调查方法体系。

在这一体系中，普查是基础。这是因为只有通过普查，才能搜集到全面和详细的数据，同时为开展抽样调查和统计推断提供必要的基础资料。但是，由于普查要耗费大量的人力、物力、财力和时间，无法及时反映社会经济现象日新月异的变化状况，因此，对大量的社会经济现象，必须采用抽样调查方式才能及时地捕获各类信息。所以，新的统计调查体系要以经常性的抽样调查为主体。重点调查、典型调查和统计报表是我国过去统计实践中常用的方式，在新形势下也仍可发挥一定的作用。此外，还需要采用科学的推算方法。所谓统计推算，是在不可能或不必直接通过调查取得资料的情况下，根据已掌握的资料，运用各种统计方法进行科学的估计推算，以间接方式取得所需的资料。

总而言之，为了更加及时、准确地获得各种的信息，并尽可能降低调查的成本。在统计调查中，应根据调查的目的和调查对象的特点，综合运用不同的调查方式，同时还要很好地解决各种调查方式之间的协调问题。

参考文献：

黄良文、曾五一：《统计学原理》，中国统计出版社 2000 年版。

曾五一、肖红叶：《统计学导论》，科学出版社

2006 年版。
袁卫、庞皓、曾五一、贾俊平:《统计学》第三版,高等教育出版社 2009 年版。
曾五一:《统计调查体系与调查方法问题研究》,中国统计出版社 2009 年版。

(曾五一)

抽样调查
Survey Sampling

抽样调查是一种非全面调查,最通俗的理解就是从总体中抽取样本,然后根据样本调查结果对总体数量特征作出推断。一个完整的抽样调查过程大致包括方案设计、编制抽样框和调查表、试抽样调查、正式抽样调查、数据处理、推断分析和总结评估等七个基本步骤。

根据样本抽取方法的不同,抽样调查可以分为两类:非概率抽样调查和概率抽样调查。

非概率抽样调查也称非随机抽样调查,是一种不按照随机原则抽取样本的调查,其主要形式有以下几种(Kish,1965):(1)随意抽样调查,也称任意抽样调查,即抽样者随意或任意地从总体中抽取样本进行调查,例如实验人员随手从笼子里抓取几只小白鼠做试验、利用不完整名册或号簿抽取住户进行访问、在街口向过往行人发放问卷等,都属于这类情况。(2)判断抽样调查,也称有目的抽样调查,即抽样者根据自己的知识、经验和判断从总体中挑选出"有代表性"的单位进行调查,例如从所在区域抽取几家"规模中等、生产经营比较稳定"的企业来了解其能源消费状况等。(3)定额抽样调查,也称配额抽样调查,即抽样者先对总体进行分类,然后在每类判断选取一定份额的单位构成样本进行调查。它最先由美国盖洛普咨询公司发明使用,目的是增进判断抽样的样本代表性。(4)流动总体抽样调查(也称"捕获—标记—再捕获"调查)。此外,还有志愿者样本调查等方式。如果运用得当,非概率抽样调查能给出有用的结果,但经不起抽样理论发展的检验,因为这些方法不包含任何随机抽选的因素。

概率抽样调查也称随机抽样调查,是一种以概率论和随机原则为依据来抽取样本的抽样调查,它使总体中的每个单位都有一个事先已知的、非零的抽中概率(Kish,1965),具体有简单随机抽样、分层抽样、系统抽样、整群抽样和多阶段抽样等方式。概率抽样调查的特点是:(1)样本的抽取遵循随机原则,排除了人的主观随意性或目的性。随机与随意(或随便)的区别在于,"随机"的结果可以用概率来描述,而"随意"不能。(2)可以根据样本与总体的内在联系关系,运用概率估计的方法,对总体数量特征作出具有一定概率保证程度的推断。(3)因抽样的非全面性和样本抽取的随机性所引起的抽样误差,可以根据抽样分布而加以计算和控制。需要说明的是,概率抽样不同于等概率抽样,当抽样单位大小不等时可能会采用非等概率抽样,要根据具体情况而定。

抽样调查是人类在利用统计认识社会的实践中产生、发展并不断完善的。这方面的先行者首推法国数学家拉普拉斯(Laplace),早在 1786 年他就建议用某些地区的出生率来推算整个法国人口,并于 1802 年进行了法国人口抽样估计,还对推算误差进行了研究。1853 年,比利时统计学家凯特勒(Quetelet)主持召开了第一次国际统计会议,提出在家庭收支调查方面采用"代表性"调查。1861 年,英国的威廉·法尔(Farr)在人口普查中利用了部分抽样。

1895 年是一个重要的转折点,挪威首任中央统计局局长凯尔(Kiaer)在瑞士伯尔尼召开的第五届国际统计学会会议上,提出了所谓"代表性调查"的抽样方法,首次引入了抽样的概念。他将代表性调查定义为"根据抽样设计,从总体的正常'代表'中合理地收集数据",认为"调查结果的准确性,不是取决于观察数量的多少,而是取决于正确的代表性方法",这就是前面所说的有目的抽样。但由于凯尔没有提出完善的推断理论和解决"代表性"检验的问题,因此他的观点引起了激烈的争论,尤其是遭到了普查拥护者的坚决反对。

1899 年,在俄国彼得堡召开的第七届国际统计学会会议上,凯尔继续捍卫"代表性调查"的方法,并且强调该方法也适用于农业和林业。1903 年,在柏林召开的第九届国际统计学会会议,对凯尔的"代表性调查"方法给予了有保留的肯定。在此后的一段时期里,相继出现了随意抽样、判断抽样、定额抽样等非概率抽样方式。

随着代表性方法逐步被接受,争论的焦点开始集中在了如何保证样本的代表性上,产生了随机抽样与有目的抽样的争论。早在 1901 年,德国统计学家波特基维茨(Bortkiewicz)就曾指出凯尔的代表性调查缺乏数理基础。1906 年,英国统计学家鲍莱(Bowley)指出:"用概率抽样方法能得到我们满意的结果,并且通常只要很小的样本就够了。唯一的难点就是保证被考察的对象(每个人或事)都有同等的机会被抽中。"1924 年,国际统计学会成立"抽样方法应用研究委员会"。1925 年,在罗马举行的第十六届国际统计学会会议上,抽样方法应用研究委员会发布了鲍莱的《抽样精确度的测定》和丹麦统计学家詹森(Jensen)的《代表性方法的实践》两个报告,第一次对随机抽样和有目的抽样进行了比较研究,提出了随机抽样要按照概率原理给每个单位都有被抽中机会的观点,从理论上充分肯定了抽样方法的科学性。事实上,1936 年美国《文学摘要》杂志用随意抽样方式、1948 年美国盖洛普公司用定额抽样方式对总统选举所作的推断预测都遭遇了失败。英国统计学家戈塞特(Gosset)、费雪(Fisher),波兰统计学家内曼(Neyman)和印度统计学家马哈拉诺比斯(Mahalanobis)等都为抽样调查理论的发展作出了重要的贡献。

联合国统计局对抽样调查的发展和推广作出了积极贡献,它于1947年专门设立了"统计委员会抽样分会",于1950年发行了《当前各国抽样调查要况》。之后,联合国统计局(1960)出版了《抽样调查理论基础》一书,向各国政府推荐了22种社会经济抽样调查方法,之后推荐的方法增加至32种。20世纪80年代,又编制出版了《工业普查实用抽样调查》一书。

实践证明,抽样调查具有节省费用、时效性强、精确度高和应用范围广等优点(Cochran,1977),因此迅速得到推广应用。美国从1937年开始相继开展了全国失业情况抽样调查、消费品购买量抽样调查、农业抽样调查、劳动力月报抽样调查(后来发展成为现时人口调查)等。苏联从1925年开始在农业经济、雇佣劳动力、作物面积、牲畜、农产量、集市农庄市场价格、农民和职工家庭收支、工业产品质量检查等方面广泛采用抽样调查,但随机抽样调查则主要始于20世纪50年代。印度于20世纪30、40年代也曾一度在农产量抽样调查等方面处于世界领先地位。

中国对抽样调查的研究与应用也不晚。清华大学陈达教授曾于1943~1944年主持云南户籍示范人口普查,并用抽样方法抽取部分人口以核对普查结果,这是中国第一次抽样调查。1946年,上海曾进行工人生活状况抽样调查。1955年,新中国进行了第一次抽样调查——农民家计抽样调查。1963年,我国成立第一支专业抽样调查队伍——全国农产量调查队。"文革"十年,抽样调查工作被迫中断。1980年后,我国恢复并逐步扩大抽样调查领域,并于1994年开始确立抽样调查的主体地位,在人口调查、经济调查、社会调查和其他专题调查方面发挥着核心作用。

参考文献:

龚鉴尧:《抽样调查》,经济科学出版社1987年版。

李金昌:《应用抽样技术》,科学出版社2007年版。

联合国统计局:《抽样调查理论基础》,上海人民出版社1984年版。

黄良文、吴国培:《应用抽样方法》,中国统计出版社1991年版。

高庆丰:《欧美统计学史》,中国统计出版社1987年版。

陈善林、张浙:《统计发展史》,立信会计图书用品社1987年版。

Cochran, W. G., *Sampling Techniques*, John Wiley & Sons, New York, 1997.

Kish, L., *Survey Sampling*, John Wiley & Sons, New York, 1985.

(李金昌)

统计描述

Statistical Interpretation

统计描述是指对调查或实验得到的数据进行登记、审核、整理、归类,从而计算出各种能反映总体数量特征的统计量,并在此基础上,进一步开展测度与分析从中吸取有用的信息,并通过表格、图表、指标等形式加以表现。统计描述是统计研究的基础,它为统计推断、统计决策提供必要的事实依据。统计学中与统计描述相对应的部分称为描述统计学。

在统计学发展历史上,一些重要学派对统计描述的发展起过重要作用。20世纪70年代以来,随着现代统计学的进步,描述统计学也有比较大的发展,其中比较有代表性是美国著名统计学家约翰·图基于70年代提出了探索性数据分析,其中包括了许多新的统计描述性工具。如新的统计量四分展布、中位绝对差等,新的描述性图形工具茎叶图、箱线图等,大大开拓了统计描述的范围和提高了统计描述的作用。

对统计数据特征进行测度的工具一般称为统计量,它们的值由数据本身决定。统计描述的主要内容之一就是对各种描述统计量的定义,计算方法进行界定。统计数据具有多方面的特征,主要包括集中趋势、离散程度、偏斜程度和扁平程度等。与这些特征相对应的常见描述统计量包括平均数、方差、偏度和峰度等。

平均数是测度数据集中趋势的描述统计量。数据的集中趋势是数据的一个重要特征,集中趋势是指一组数据向其中心值靠拢的倾向,测度集中趋势就是寻找数据一般水平的代表值或中心值。取得集中趋势的代表值的方法通常有两种:一是以一组数据中各个变量值为基础计算出的反映其一般水平的代表值,这种平均数称为数值平均数,根据其适用情况的不用,数值平均数又可以分为三种形式:算术平均数、调和平均数和几何平均数。二是先将一组数据的变量值按一定的顺序排列,然后取某一位置的变量值来反映这些数据的一般水平,把这个特殊位置上的数值看作是平均数,称为位置平均数。位置平均数有众数、中位数等形式。

算术平均数(Arithmetic Mean)是一般意义上的平均数,如没有特殊说明,一般提到平均数都是指算术平均数。算术平均数是使用一个近似值来代表一组观测值最古老的方法之一。根据帕拉克特(Plackett,1958)的文章,算术平均数的概念起源于古希腊天文学家伊巴谷(Hipparchus)。平均数在经济学当中有着广泛的应用,例如常见的经济指标人均消费支出就是一个平均数。从统计思想上看,平均值是一组数据的中心所在,是数据误差相互抵消后的必然结果。

对于一组数据来说,算术平均数为这组数据之和除以数据的个数。用 $x_1, x_2, \cdots, x_n$ 代表一组数据,用 $\bar{x}$ 代表算术平均数,则:

$$\bar{x} = \frac{1}{n}\sum_{i=1}^{n} x_i$$

调和平均数(Harmonic Mean)是对数据的倒数求算术平均值,然后再取倒数而得到的平均数。它在数学形态上具有独立性,是幂平均数的一种,但在应用上是算术平均数的另一种表现,即用调和平均数的形式来计算算术平均数。一般用 H_m 表示,其计算公式为:

$$H_m = \frac{n}{\sum_{i=1}^{n}\frac{1}{x_i}}$$

几何平均数(Geometric Mean)是 n 个变量值乘积的 n 次方根,一般用 G_m 表示,计算公式为:

$$G_m = \sqrt[n]{\prod_{i=1}^{n} x_i}$$

在实际应用中,几何平均数主要用于计算社会经济现象的平均发展速度,例如计算国内生产总值的年平均发展速度就应采取几何平均数的形式。

众数是一组数据形成数列后,出现频数最多或频率最高的那个数据,一般用 M_o 表示。如果是组距式数列,则要根据如下公式确定:

$$M_o = L + \frac{\Delta_1}{\Delta_1 + \Delta_2} \times d$$

其中,L 为众数所在组的下限,d 为众数所在组的组距,Δ_1 为众数组频数与前一组频数之差,Δ_2 为众数组频数与后一组频数之差。

中位数是一组数据按大小顺序排列后,处于最中间位置的那个数据(数据个数为奇数时)或最中间两个数据的平均数(数据个数为偶数时),一般用 M_e 表示。如果是组距式数列,则要根据如下公式确定:

$$M_e = L + \frac{\frac{\sum f_i}{2} - S_{me-1}}{f_{me}} \times d$$

其中,L 为中位数所在组的下限,d 为中位数所在组的组距,f_{me} 为中位数所在组的频数,S_{me-1} 为向上累计至中位数所在组前一组止的累计频数。

数据的分散程度是数据分布的另一个重要特征。方差和标准差是数据分散程度的最常用的测度值。各变量值与其平均数离差平方的平均数,称为方差(Variance)。用 s^2 表示样本方差,则其计算公式为:

$$s^2 = \frac{1}{n-1}\sum_{i=1}^{n}(x_i - \bar{x})^2$$

方差的平方根,称为标准差(Standard deviation)。用 s 表示样本标准差,其计算公式为:

$$s = \sqrt{\frac{1}{n-1}\sum_{i=1}^{n}(x_i - \bar{x})^2}.$$

还有其他的用于测度数据离散程度的统计量,如四分位差、极差和平均差等。

除了集中趋势和离散程度两类特征外,数据还有其他方面的特征,如数据分布的形状是否对称,偏斜的程度以及分布的扁平程度等。偏度和峰度就是对数据分布形状的测度。

偏度由统计学家皮尔逊于 1895 年首次提出,它是对数据分布对称性的测度。数据分布的不对称性,称为偏度(Skewness),数据分布不对称性的度量值,称为偏度系数,记作 SK。偏度系数的计算方法有多种,常见的有皮尔逊偏度系数、分位数偏度系数等。皮尔逊偏度系数的思想是利用数据的原点距和中心距来定义偏度系数,最常用的无偏的偏度系数公式为:

$$SK = \frac{n}{(n-1)(n-2)}\sum_{i=1}^{n}\left(\frac{x_i - \bar{x}}{s}\right)^3,$$

其中,s 表示样本标准差。在计算 SK 时,将离差三次方的平均数除以 s^3 是将偏度系数转化为相对数。当偏度系数为 0 时,表示数据的分布是对称的;当偏度系数不为 0,表明数据的分布是不对称的,当为正时,为正偏或右偏;当为负时,为负偏或左偏。SK 的绝对值越大,表示偏斜的程度就越大。

峰度最先由统计学家皮尔逊于 1905 年提出,它是对数据分布的平峰或尖峰程度的测度。数据分布的平峰或尖峰程度,称为峰度(Kurtosis),对数据分布峰度的度量值,称为峰度系数,记为 K,最常用的无偏的峰度系数为:

$$K = \frac{n(n+1)}{(n-1)(n-2)(n-3)}\sum_{i=1}^{n}\left(\frac{x_i - \bar{x}}{s}\right)^4 - \frac{3(n-1)^2}{(n-2)(n-3)},$$

其中,s 表示样本标准差。峰度通常是与标准正态分布相比较而言的,标准正态分布的峰度系数为 0,当峰度系数大于 0 时为尖峰分布,当峰度系数小于 0 时为扁平分布。

统计描述除了可以使用上面的统计量来得到数据分布特征外,还可以使用统计图形工具对数据进行展示。

参考文献:

贾俊平:《统计学》,清华大学出版社 2006 年版。

向书坚、张学毅:《统计学》,中国统计出版社 2010 年版。

Dodge, Y., *The Concise Encyclopedia of Statistics*, Springer, 2008.

Everitt, B., *The Cambridge Dictionary of Statistics*, New York: Cambridge University Press, 2002.

Salkind, N., *Encyclopedia of Measurement and Statistics*,

Thousand Oaks: SAGE Publications, Inc, 2007.

（刘洪）

统计图表
Statistical Charts

统计图和统计表是展示数据的两种主要方式。正确地使用统计表和统计图是做好统计分析的基本技能。

统计表（Tables）是把整理后形成的统计数据按一定顺序和方式列成一种表格形式。统计表使统计资料条理化、系统化；便于对照比较各项目之间的关系；便于检查数据的完整性和准确性；用统计表的形式表达统计资料比文字叙述的方式表达简明易懂，节省篇幅；并可以使人一目了然。

统计表主要由表头（或称总标题）、行标题、列标题和数字资料四部分组成，必要时，可以在统计表的下方加上表外附加。表头应放在统计表的上方，它说明统计表的主要内容。行标题和列标题通常安排在统计表的第一列和第一行，它们所表示的主要是所研究的类别名称和指标名称；横行和纵列交叉位置，填写具体的数字资料。表外附加应放在统计表的下方，主要包括资料来源、指标解释和必要的说明等内容。

统计表的形式多种多样，根据使用者的要求和统计数据本身的特点，可以绘制形式多样的统计表。表1就是一种比较常见的统计表。

表1　2009年中国东、西部城镇居民家庭抽样调查材料*　}表头

	单位	东部地区	西北地区
一、调查户数	户	28418	18099
二、平均每户家庭人口数	人	2.93	2.91
三、平均每户就业人口数	人	1.54	1.48
四、平均每人全部年收入	元	23153.21	15842.64
五、平均每人实际消费性支出**	元	14619.75	10641.98

（列标题：单位、东部地区、西北地区；行标题：一至五；数字资料：表中数值）

资料来源：《中国统计年鉴（2010）》，中国统计出版社2010年版，第345页。
*本表为城市和县城的城镇居民家庭抽样调查材料。
**消费性支出项目包括：食品、衣着、家庭设备用品及服务、医疗保健、交通和通讯、娱乐教育文化服务、居住、杂项商品和服务。
} 附加

统计图是利用几何图形或具体形象表现统计资料的一种形式。用统计图表现统计资料，具有鲜明醒目、富于表现、易于理解的特点，统计图可以表明现象的规模、水平、结构、对比关系、依存关系、发展趋势和分布状况，有利于进行统计分析和研究。常见的图形有：

（1）条形图：是用宽度相同的条形的高度或长短来表示数据多少的图形。条形图有简单条形图、对比条形图等形式。如图1所示。

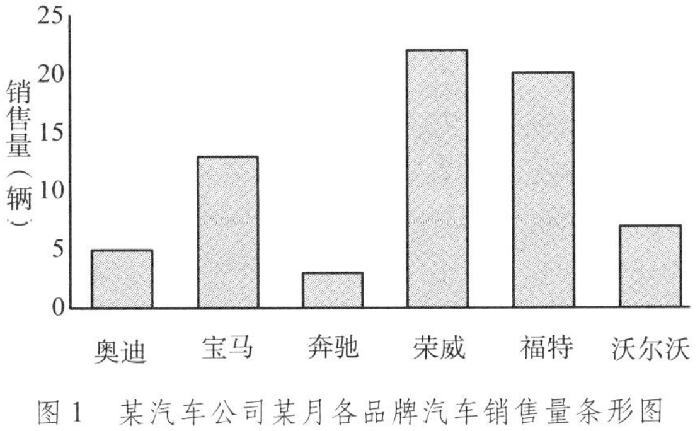

图1　某汽车公司某月各品牌汽车销售量条形图

（2）直方图：是用矩形的宽度和高度（及面积）来表示频数分布的图形。绘制该图形时，在平面直角坐标中，用横轴表示数据分组，用纵轴表示频数或频率，这样各组与相应的频数就形成了一个矩形即直方图。该图主要用于展示分组数据分布情况。如图2所示。

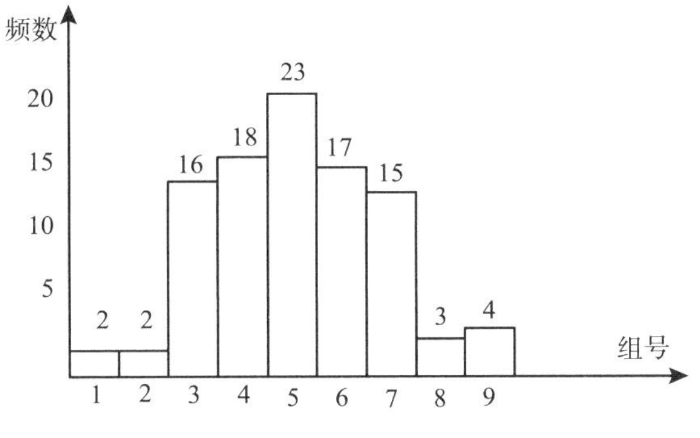

图2　直方图

（3）帕累托图：该图是以意大利经济学家帕累托（V. Pareto）的名字而命名的。是按各类别数据出现的频数多少排序后绘制的柱形图。通过对柱形图的排序，容易看出哪类数据出现得多，哪类出现得少。该图在质量控制研究中有广泛应用，对于不同类型的缺陷、失效方式和其他感兴趣的类，可以用帕累托图观察各个类的影响顺序。如图3所示。

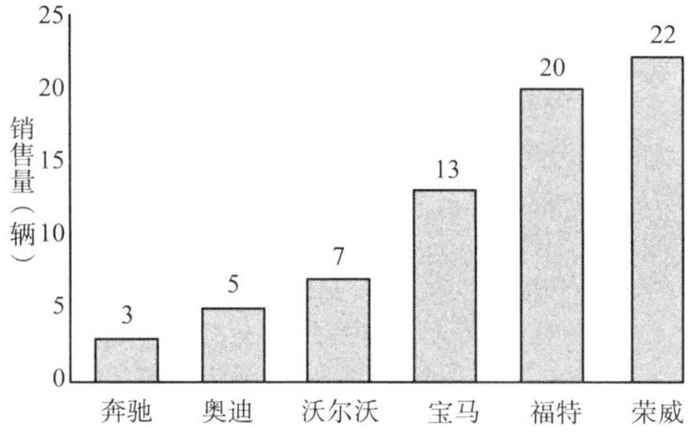

图3　某汽车公司某月各品牌汽车销售量帕累托图

（4）饼图：是用圆形及圆内扇形的角度来表示数值大小的图形，它主要用于表示一个样本（或总体）中各组成部分占全部数据的比重，对于研究结构问题十分有用。如图4所示。

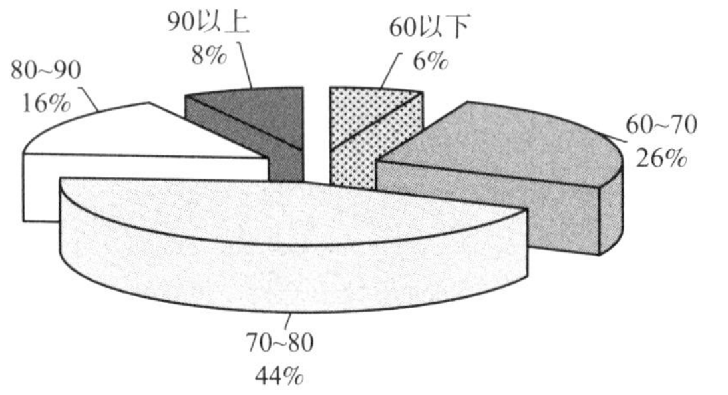

图4　某班学生统计学考试成绩结构图

（5）环形图：它与饼图类似，但又有区别。环形图中间有一个“空洞”。样本或总体中的每一部分数据用环中的一段表示。饼图只能显示一个样本或总体各部分所占的比例，而环形图可以同时绘制多个样本或总体的数据系列，每个样本或总体的数据系列为一个环。因此，环形图可显示多个样本或总体各部分所占的相应比例，从而有利于进行比较研究。如图5所示。

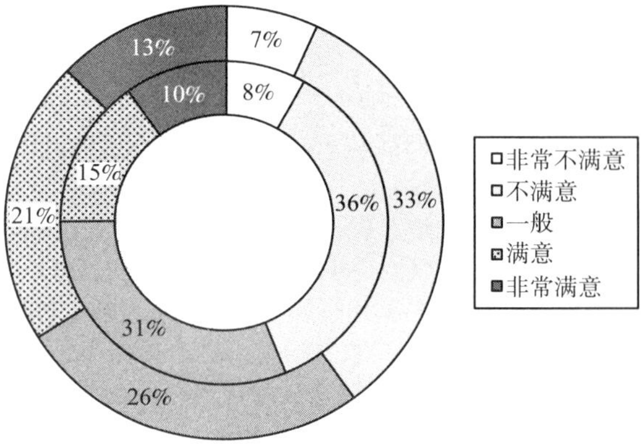

图5　甲、乙两城市对政府服务满意程度的环形图

（6）折线图：是在平面坐标上用折线表现数据变化特征和规律的图形。主要用于显示连续型变量的次数分布和现象的动态变化。如图6所示。

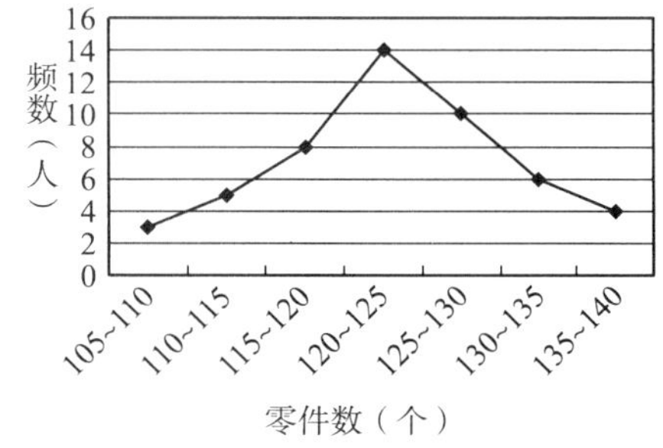

图6　某生产车间50名工人日加工零件频数分布折线图

（7）散点图：是用坐标横轴代表变量x，纵轴代表变量y，每组数据（x_i，y_i）在坐标系中用一个点表示，n组数据在坐标系中形成的n个点称为散点，由坐标及散点形成的图形称为散点图。主要用来观察变量之间的相互关系，也可以显示数量随时间的变化情况。如图7所示。

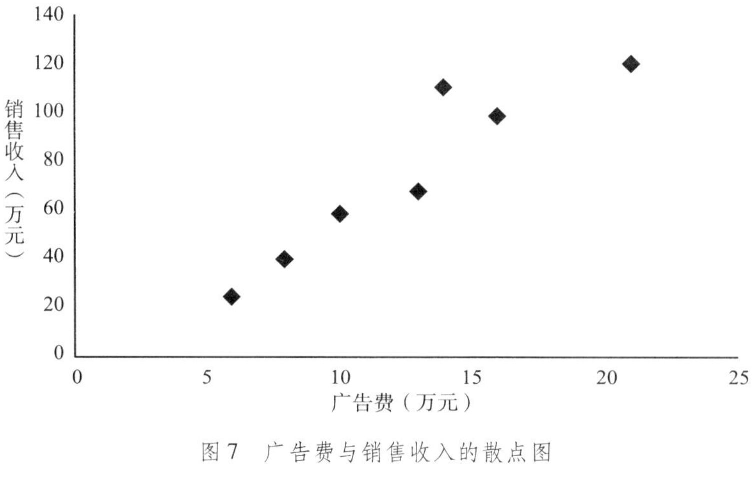

图7　广告费与销售收入的散点图

(8)气泡图：可用于展示三个变量之间的关系。它与散点图类似，绘制时将一个变量放在横轴，另一个变量放在纵轴，而第三个变量则用气泡的大小来表示。如图8所示。

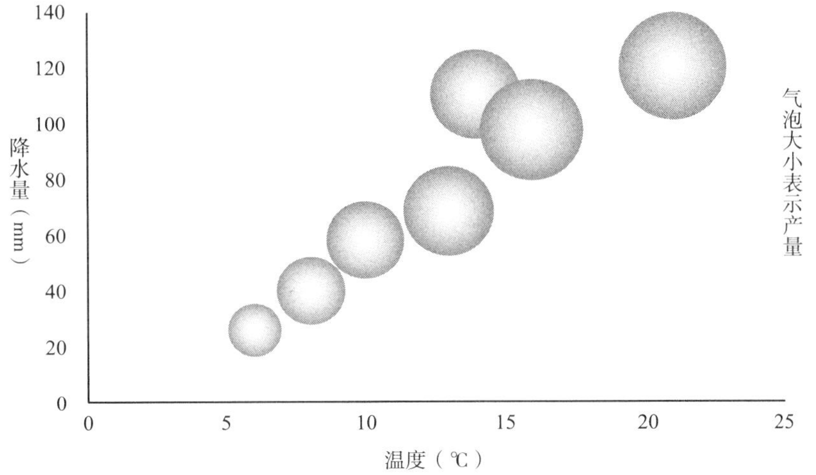

图8　玉米产量与降水量和温度的气泡图

除了以上介绍的几种常见图形外，还有许多统计图形，像茎叶图、箱线图、雷达图、统计地图等。在图形选择时，可根据数据的类型和研究的目的不同进行选择。

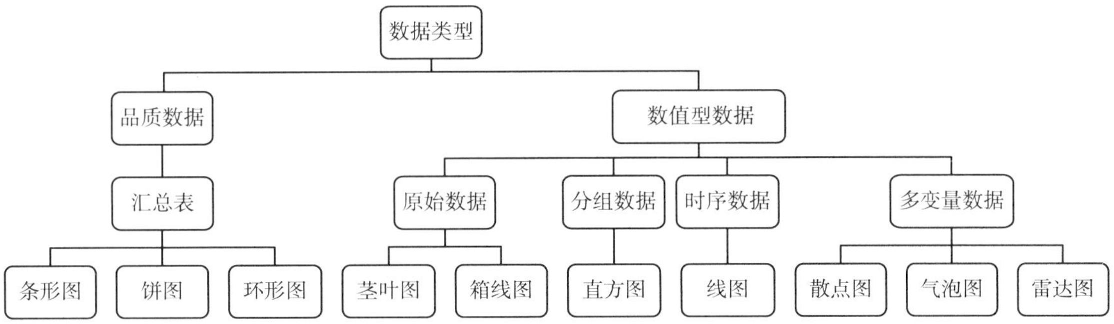

图9

参考文献：
贾俊平、何晓群、金勇进：《统计学》，中国人民大学出版社2007年版。
茆诗松：《统计手册》，科学出版社2003年版。
[美]Mario F. Triola：《初级统计学》，清华大学出版社2008年版。

（袁岩）

统计指数
Statistical Index

指数作为经济分析的重要工具，能够为制定宏观经济政策、抑制通货膨胀等提供重要的依据，但对于指数迄今尚未有一个较为统一的科学概念。国内外文献对指数有不同的定义，可以归纳为以下几种主要观点：

(1)1999年版《辞海》中，统计指数是表明社会经济现象在不同时期的数量对比关系的相对数。

(2)刘汉良等认为指数的涵义有广义和狭义两种：广义的指数是指一切说明社会经济现象数量变动或差异程度的相对数；狭义的指数是一种特殊的相对数，也即专指说明不能直接相加的复杂社会经济现象综合变动的相对数。

(3)英国亚瑟·哈蒙德·霍尔(Arthur Hammond Holzer, 1983)认为指数的最简单形式仅仅是若干组相互关联数值的加权平均数。

(4)张维达认为指数是一种反映不能直接相加、不能直接对比的现象综合变动的相对数。

(5)美国理查德·艾文(Richard Irwin, 1986)认为指数是一种动态相对数。

(6)英国马斯顿·保罗(Marston Paul,1982)认为指数主要是反映商品、工资或其他经济变量在不同时期的价格变动。

(7)美国托马斯·旺斯科特(Thomas H. Wonnacott)等、日本山根太郎和《英国百科全书》均认为指数是一种相对数,可用于经济现象在时间、空间上的对比。

(8)指数包括两层含义:一是指数的一般概念,即综合反映由多种因素组成的经济现象在不同时间或空间条件下平均变动的相对数;二是指数因素分析法,即通过计算各种指数来反映某一经济现象的数量总变动及其组成要素对总变动影响程度的统计分析方法。

国内外学术界对指数定义有不同的见解,究其原因主要有以下几个方面:

第一,随着经济和社会的发展以及指数自身理论与实践的进步,指数的定义也在发生变化。最早由赖斯·沃汉(Rice Voughan,1965)编制了反映货币交换价值变化的物价指数,其后,意大利经济学家卡利(G. R. Garli)、英国著名经济学家杰文斯(W. S. Jevons)和费雪(Irving Fisher)为了同一目的分别于1764年、1863年和1900年相继编制了物价指数。于是就产生了观点(6)的定义。到了20世纪初,指数的定义不仅仅局限于物价指数,而是把所有反映经济现象动态变化的相对数都称为指数,于是产生了观点(5)的定义。到了现代,指数的应用不仅突破了动态对比的范畴,而且应用于经济现象在不同地区、不同部门和不同国家之间的对比,认为相对数都是指数,于是产生了观点(7)的定义。

第二,在把握指数概念的内涵方面存在差异。科学概念的内涵是指概念所反映对象的特有属性的总和,包括特有属性和非特有属性,如果只考虑对象的部分特有属性,就不能把握概念的内涵,也就不能给概念以明确的定义。指数的基本特点是它的综合性和平均性。综合性是指它综合反映了现象总体的数量变化关系。平均性是指它反映了现象总体中各单位变动的平均水平。上述第(3)种观点就没有把握指数概念的全部内涵。从指数的产生和发展看,指数是一种相对数,而任何相对数都具有平均数的含义,但就此认为指数就是平均数是欠妥的。第(4)种观点认为"指数是一种反映不能直接相加、不能直接对比的现象综合变动的相对数",这种定义也只考虑了指数概念的部分特有属性,它把那些能反映直接相加和直接对比的现象的相对变化排除在指数之外,如各种总额指数:$K = (\sum P_1Q_1 / \sum P_0Q_0) \times 100\%$ 和非加权的价格指数:$K_P = (\sum P_1 / \sum P_0) \times 100\%$。至于第(1)种和第(2)种观点,实际上是第(4)、第(5)和第(7)种观点的综合。我们基本上赞同第(8)种观点中的第一层含义,即指数是综合反映由多种因素组成的经济现象在不同时间和空间条件下平均变动的相对数,但对该观点中的第二层含义,即指数分析法,我们同意其文字说明,但利用这种传统的指数因素分析法来反映某一经济现象的数量总变动及其组成要素对总变动的影响方向和影响程度会得出错误的结论,因此,还有必要对指数分析法作进一步的理论研究和方法改进。

统计指数的作用体现在以下五个方面:

第一,反映复杂社会经济现象总体的综合变动方向和变动程度,这是总指数最基本的作用。统计研究社会经济现象的变动时,不仅要说明个别现象的变动情况,如说明某种产品产量的变动,某种商品价格的变动,还要说明由许多个别现象组成的总体的数量总变动情况,如说明全部产品产量的总变动,全部商品销售量的总变动,全部产品单位成本的总变动等等,而这些组成现象总体的个别事物不能直接相加或不能直接对比,通过编制统计指数可以使它们过渡到可以相加、可以对比,从而综合反映现象总体的变动方向和变动程度。

第二,分析现象总体变动中各因素的影响方向和影响程度。许多社会经济现象都是复杂现象,其变动要受多种因素影响。如商品销售额的变动是受商品价格和销售量两因素共同变动影响的结果;产品总成本的变动是受单位产品成本和产量两因素共同变动影响的结果。通过编制各种因素指数,可以分析各因素影响的方向和影响程度。如分别编制销售量指数和价格指数,分析它们对销售额的影响方向和影响程度;分别编制产量指数和单位产品成本指数,分析它们对总成本的影响方向和影响程度。另外,还可以利用指数法,分析总平均指标变动中各因素的影响作用。例如,全体职工平均工资水平的变动,不仅取决于各组职工工资水平的变动,还取决于各组人数占总人数比重的变动。

第三,对社会经济现象进行综合评价和测定。随着指数法在实际应用中的发展,许多经济现象都可以运用统计指数进行综合评定,以便对某种经济现象的水平作出综合的数量判断。例如,用综合经济指数评价一个地区或单位经济效益的高低;用平均数指数评价和测定技术进步的程度,及其在经济增长中的作用等。

第四,分析研究社会经济现象在长时间内的发展变化趋势。利用连续编制的动态指数数列,进行长时间的现象发展趋势分析。不仅如此,还可以把相互联系指标的指数数列加以比较分析,如工农业产品的综合比价指数数列,即是从农产品收购价格指数和工业品零售价格指数两个数列的联系中进行的分析。

第五,在金融产品创新中发挥重要作用。进入20世纪以来,随着金融领域的不断发展,金融创新工具层出不穷。由于指数能够反映经济现象的综合变动，因此许多国家和金融机构纷纷围绕指数推出金融衍生产品，如联邦通货膨胀保护债券（TIPS）用通货膨胀指数（依据消费价格指数）对本金进行调整；指数期货（Index Futures）、指数联动债券（Index-Linked Bond）等以股票价格指数为标的物。

统计指数的分类主要有以下三种：按所反映现象的特征不同，分为质量指标指数和数量指标指数；按所反应现象的范围不同，分为个体指数和总指数；按所反映对象的对比性不同，分为动态指标指数和静态指标指数。

参考文献：

《辞海》，上海辞书出版社1999年版。

孙慧钧：《指数理论研究》，东北财经大学出版社1998年版。

徐国祥等：《统计指数理论、方法和应用研究》，上海人民出版社2011年版。

张维达：《统计指数理论与方法》，吉林人民出版社1983年版。

［英］哈蒙德·霍尔：《统计学入门》，知识出版社1983年版。

［美］理查德·艾文：《管理统计学》，电子工业出版社1986版。

［日］山根太郎：《统计学》，福建人民出版社1983年版。

Marson Paul, *Applied Business Statistics*, New York: Holt, Rinehart and Winston, 1982.

Thomas H. Wonnacott et al., *Introductory Statistics for Business and Economics*, New York: Wiley, 1990.

（徐国祥　刘新姬）

统计指数的编制方法
Compilation Method of Statistical Index

统计指数的编制方法主要有简单指数法、加权综合指数法和加权平均数指数法三种。

简单指数法是指不用权数编制总指数的方法。简单指数法的实质是排除所反映对象的各自不同的重要性和影响力（也即权数），而单独研究其某一特性变化的方法。简单指数法的主要表现形式有简单综合法、简单算术平均法、简单调和平均法、简单几何平均法、简单中位数法和简单众数法。

简单综合法是将指数化因素报告期取值的总和，与其基期的取值总和进行比较。如简单综合法的物价指数计算公式为：

$$\bar{K} = \frac{\sum p_1}{\sum p_0} \quad (1)$$

其中，$\bar{K}$ 表示总指数；p 表示价格；q 表示数量；下标 0 表示基期的取值；下标 1 表示报告期的取值（下同）。

简单算术平均法是个体指数之和的简单算术平均。如简单算术平均法的物价指数计算公式为：

$$\bar{K} = \frac{1}{N}\sum \frac{p_1}{p_0} \quad (2)$$

其中，N 表示个体指数的个数。

简单调和平均法是对指数化因素的个体指数计算调和平均数，即各个体指数倒数的算术平均数的倒数。如简单调和平均法的物价指数的计算公式为：

$$\bar{K} = \frac{1}{\frac{1}{N}\sum \frac{1}{\frac{p_1}{p_0}}} = \frac{N}{\sum \frac{P_0}{P_1}} \quad (3)$$

简单几何平均法就是对个体指数计算简单几何平均数。如用简单几何平均法的物价指数计算公式为：

$$\bar{K} = \sqrt[N]{\prod \frac{P_1}{P_0}} \quad (4)$$

简单中数法就是以指数化因素个体指数数列中的中位数作为总指数的方法。用简单中数法的物价指数计算公式为：

$$\bar{K} = \left(\frac{p_1}{p_0}\right)_{\frac{N+1}{2}} \quad (5)$$

简单众数法是选取指数化因素个体指数数列中的众数作为总指数的方法。如用简单众数法的物价指数计算公式为：

$$\bar{K} = \left(\frac{p_1}{p_0}\right)_{M_0} \quad (6)$$

简单指数法的主要缺陷是没有结合商品的重要性和影响力去测算，因此不是一种编制指数的完美方法，在目前的指数编制实践中，已很少使用。仅限于由于种种客观条件的限制，而无法取得权数资料时，才被作为一种替代方法而采用。

加权综合指数法是将不可同度量的诸经济变量通过另一个有关的称为同度量因素的变量转换成可相加的总量指标，然后以总量指标对比所得到的相对数来说明复杂现象量的综合变动的一种指数编制方法。其主要特点是先综合而后对比。

1864年，德国经济学家埃蒂恩·拉斯贝尔（Etienne Laspeyres）提出将同度量因素固定在基期的指数编制公式，故利用该公式编制的指数也称为拉斯贝尔指数，简称拉氏指数。从经济意义上来看，拉氏指数将同度量因素固定在基期，是为了单纯反映指数化因素的综合变动。用拉氏指数公式编制两因素的物量指数和物价指数分别如（7）式和（8）式。

$$\bar{K}_q = \frac{\sum q_1 p_0}{\sum q_0 p_0} \quad (7)$$

$$\bar{K}_p = \frac{\sum p_1 q_0}{\sum p_0 q_0} \tag{8}$$

另一种情况就是把同度量因素固定在报告期，这种指数编制公式由德国经济学家哈曼·派许（Hermann Paasche）在1874年提出的，编制出的指数简称派许指数。从经济意义上来看，派许指数将同度量因素固定在报告期是为了反映在报告期同度量因素条件下，指数化因素的综合变动。用派许指数公式编制两因素的物量指数和物价指数分别如（9）式和（10）式。

$$\bar{K}_q = \frac{\sum q_1 p_1}{\sum q_0 p_1} \tag{9}$$

$$\bar{K}_p = \frac{\sum p_1 q_1}{\sum p_0 q_1} \tag{10}$$

拉氏指数和派许指数都是以实际资料为权数的综合指数，而固定权数指数则是以同度量因素在某一特定时期的取值为权数。用该公式计算两因素的物量指数和物价指数分别如（11）式和（12）式。

$$\bar{K}_q = \frac{\sum q_1 p_s}{\sum q_0 p_s} \tag{11}$$

$$\bar{K}_p = \frac{\sum p_1 q_s}{\sum p_0 q_s} \tag{12}$$

其中下标s表示特定期的取值。编制加权综合指数时需要注意的方面主要三点。第一，若编制公式由多因素构成，则计算其中一个因素的报告期相对于基期的变动程度（即这个因素的指数），就要把其他所有因素固定起来。第二，运用不同的指数编制公式计算结果有所不同。从形式上看，拉氏指数与派许指数的区别只是权数的差异。在实际编制总指数时，究竟采用哪一个时期的同度量因素，要根据不同的研究对象、目的，以及资料取得的难易程度，来选用相应的计算公式。在现实中，人们一般更多地以拉氏数量指数作为编制数量指数的基本公式；而采用派许质量指数作为编制质量指数的基本公式。第三，指数编制应根据具体情况进行某些修正，使得到的指数合乎客观实际。

在运用综合指数法编制总指数时，如果研究范围较大，对象种类较多时，要取得两个时期的指标取值及其权重相当繁琐，这给实际应用带来了很大困难。因此，编制总指数还经常采用另一种形式——平均数指数。平均数指数是根据个体指数加权平均计算而得。按平均法编制的总指数称为平均法总指数。平均法总指数的编制特点是先求得个体指数，后对个体指数平均得到总指数。人们常用这种方法根据抽样调查取得的代表商品的资料，计算物量或物价总指数。按指数化因素指标的性质和平均方法不同，平均数指数分为加权算术平均数指数和加权调和平均数指数两种。

加权算术平均数指数是对个体指数采用加权算术平均法计算的总指数。通常用于计算物量指数，也可用于计算物价指数。以物量指数为例，计算公式为：

$$\bar{K}_q = \frac{\sum k_q q_0 p_0}{\sum q_0 p_0} = \sum k_q \frac{q_0 p_0}{\sum q_0 p_0} \tag{13}$$

其中，k_q 为个体物量指数 q_1/q_0。权数为基期各商品价值占所有商品价值的比重。

加权调和平均数指数是对个体指数用加权调和平均法计算的总指数。通常用于计算物价指数。以物价指数为例，计算公式为：

$$\bar{K}_p = \frac{\sum p_1 q_1}{\sum \frac{1}{k_p} p_1 q_1} = \frac{1}{\sum \frac{1}{k_p} \frac{p_1 q_1}{\sum p_1 q_1}} \tag{14}$$

其中，k_p 为个体价格指数 p_1/p_0。权数为报告期各商品价值占所有商品价值的比重。

和加权综合指数法一样，加权平均数指数法也可采用固定权数计算，得到固定权数指数。在实际工作中，往往采用经济发展比较稳定的某一时期的价值总量结构作为固定的权数，一经确定便沿用5~10年不变。固定权数的比重形式，即 $pq/\sum pq$，用w表示pq，加权算术平均数指数中的物量指数和加权调和平均数指数中的物价指数计算公式分别见（15）式和（16）式。

$$\bar{K}_q = \frac{\sum k_q w}{\sum w} \tag{15}$$

$$\bar{K}_p = \frac{\sum w}{\sum \frac{1}{k_p} w} \tag{16}$$

采用固定权数的加权平均数指数，避免了每次编制指数权数资料来源的困难，也便于前后不同时期的比较。

平均数指数和综合指数的经济内容是一致的。它们的区别是，除了计算方法不同（综合指数是先综合后对比，平均数指数是先对比后综合）、资料来源不同（综合指数通常采用全面资料，平均数指数则是采用抽样资料）之外，综合指数的分子分母之差说明了由于价格变动或物量变动而带来的价值总量指标的增减量，而平均数指数的分子分母之差却不具有这一经济含义。特别是采用固定权数的平均数指数，只具有相对数的意义。

参考文献：

陈善林、徐国祥：《因素分析的理论和方法》，中国统计出版社1990年版。
《辞海》，上海辞书出版社1999年版。

徐国祥:《指数理论及指数体系研究》,上海财经大学出版社 1999 年版。

Klaus Hinkelmann, *Current Index to Statistics: Applications, Methods and Theory*, New York: Amer Statistical Assn, 2002.

W. E. Diewert, A. O. Nakamura, *Essays in Index Number Theory*, New York: North Holland, 1993.

(徐国祥 刘新姬)

指数因素分析方法
Factor Analysis Method of Index

指数因素分析法是研究现象总变动中各因素影响程度的一种方法。具体的分析办法是:首先,根据总量指标与构成因素之间的关系,把它们分解为各个因素的乘积形式,使总量指标指数等于各个因素指标指数连乘之积的指数体系;其次,分析某个因素变化对总量指标的影响时,先要假定其他因素不变,然后测定其中一个因素的影响程度和影响方向;最后,若干因素指数的乘积应当等于总量指标总变动的指数,若干因素影响总量指标的影响值之和,应当等于两个总量指标之差。所以,指数因素分析法的分析结果既可以用相对数表示,也可以用绝对数表示。

传统的指数因素分析法根据分析指标种类的不同,可以分为总量指标因素分析和平均指数因素分析,根据所包括因素的多少又可分为两因素指数分析和多因素指数分析。根据同度量因素选择基准的不同,可建立三种不同的指数体系进行分析。此处仅对总量指标中的两因素指数分析法为例进行介绍。

第一种,在分析数量指标的变动时,把质量指标固定在基期;在分析质量指标的变动时,把数量指标固定在报告期,这样就形成包括总变动指数和总变动差额的指标体系,其中相对数体系和绝对数体系分别见(1)式和(2)式。

$$\frac{\sum p_1q_1}{\sum p_0q_0}=\frac{\sum p_1q_1}{\sum p_0q_1}\times\frac{\sum p_0q_1}{\sum p_0q_0} \quad (1)$$

$$\sum p_1q_1-\sum p_0q_0=(\sum p_1q_1-\sum p_0q_1)+(\sum p_0q_1-\sum p_0q_0) \quad (2)$$

第二种,在分析数量指标的变动影响时,把质量指标固定在报告期;在分析质量指标的变动影响时把数量指标固定在基期,则产生的相对数体系和绝对数体系分别见(3)式和(4)式。

$$\frac{\sum p_1q_1}{\sum p_0q_0}=\frac{\sum p_1q_0}{\sum p_0q_0}\times\frac{\sum p_1q_1}{\sum p_1q_0} \quad (3)$$

$$\sum p_1q_1-\sum p_0q_0=(\sum p_1q_0-\sum p_0q_0)+(\sum p_1q_1-\sum p_1q_0) \quad (4)$$

第三种,在分析数量指标和质量指标的变动影响时,都分别把同度量因素固定在基期,则产生的指数体系相对数体系和绝对数体系分别见(5)式和(6)式。

$$\frac{\sum p_1q_1}{\sum p_0q_0}=\frac{\sum p_1q_0}{\sum p_0q_0}\times\frac{\sum p_0q_1}{\sum p_0q_0}\times\left(\frac{\sum p_1q_1}{\sum p_0q_1}\div\frac{\sum p_1q_0}{\sum p_0q_0}\right) \quad (5)$$

$$\sum p_1q_1-\sum p_0q_0=(\sum p_1q_0-\sum p_0q_0)+(\sum p_0q_1-\sum p_0q_0)+[(\sum p_1q_1-\sum p_0q_1)-(\sum p_1q_0-\sum p_0q_0)] \quad (6)$$

传统的指数因素分析法主要存在四大缺陷。第一,利用相对数和绝对数分析时常会出现矛盾,影响指数分析的科学性。第二,由于人们对各因素所选择的同度量因素的基准可以是不同的,导致结果具有不确定性。第三,按上述指数体系计算的各个因素变动影响指标中,有的只包括本身因素单纯变动的影响值外,而有的还包括各因素的交互影响值,因此不具有可比性。第四,只有一个因素的变动对总体的影响,而其他因素是固定不变的这一假设条件存在问题。因为对于因果因素或主从因素来说,在前一因素变动的同时已经引起后面的各个因素的变动,假定后面各个因素不变,则违背了事实,造成分析结果失真,即使同度量因素选择正确也不可能得出正确的结论。

由于传统指数因素分析法存在上述缺陷,影响其科学性,所以必须在此基础上对指数因素分析法进行改进。采用增量分析法、因素分配法和积分分析法可使指数因素分析法更臻完善。

增量分析法根据数学分析中有关多元函数增量分析的理论,在处理各因素之间客观存在的交互影响时,把它单独进行分析,可使指数分析法更臻完善。增量分析法对于一些比较复杂的函数关系的分析就尤为适宜,步骤为:第一,确定总量指标与因素指标之间的经济关系式,我们可以把这种关系式用函数形式来表示:$w=f(a,b,c,d,\cdots,z)$。其中,w 为总量指标;$a,b,c,d,\cdots,z$ 为各因素指标。第二,计算总量指标和各个因素指标的增量:$\Delta w=w_1-w_0$,$\Delta a=a_1-a_0$,$\Delta b=b_1-b_0$,$\Delta c=c_1-c_0$,$\Delta d=d_1-d_0$,$\cdots$,$\Delta z=z_1-z_0$。第三,计算各个因素的单纯变动影响值,将各个因素指标的报告期数值分别代入到基期的经济关系式中,计算各个因素单纯变动后的替代函数值,再将这个替代函数值减去基期总量的数值,得到各因素变动影响总量指标变动的影响值。第四,计算交互影响值,把总体的增量减去各个因素指标对总体的单纯影响值,就可以求得交互影响值。增量分析法在处理这种交互影响时,把它单独进行分析,但是怎样把这种交互影响值分配到各个因素中去,如实地反映各个因素的影响程度,并分清各个因素的主次地位，是有重要的经济意义的。

因素分配分析法就是研究如何把交互影响值分配到各个因素中去的一种分析方法，从而解决因素分析中交互影响值的归宿问题，使因素分析更臻完善。因素分配分析法是在增量分析法的基础上把交互影响分配到各因素的方法。首先，分别计算每个因素在其他所有因素固定于基期的情况下单独变动的影响；其次，计算各因素的交互影响；最后，将交互影响按科学合理的比例分配到各因素之上。所以因素分配分析法的核心在于确定交互影响因素的分配比例。例如，在两因素构成的指数体系中，假定 p_0、p_1 分别代表基期和报告期的商品销售价，q_0、q_1 分别代表基期和报告期的商品销售量，Δp、Δq 分别表示销售价格和销售量报告期相对基期的变动量，即 $\Delta p = p_1 - p_0$，$\Delta q = q_1 - q_0$，则 $e\% = (\Delta p\Delta q)/(p_0q_0)$ 表示交互影响的相对数，$E = (p_1q_1 - p_0q_0) - [(p_1q_0 - p_0q_0) + (p_0q_1 - p_0q_0)]$ 表示交互影响的绝对数。则对 e% 的表达式进行变形得到：

$$e\% = \frac{\Delta p\Delta q}{p_0q_0} = \left(\frac{p_1q_1}{p_0q_0} - 1\right) - \left[\left(\frac{p_1q_0}{p_0q_0} - 1\right) + \left(\frac{p_0q_1}{p_0q_0} - 1\right)\right] \quad (7)$$

令 $k_1 = (p_1q_0)/(p_0q_0) - 1$，$k_2 = (p_0q_1)/(p_0q_0) - 1$，且 d_i 为分配到各因素中交互影响的相对数，D_i 为分配到各因素中交互影响的绝对数，$i = 1、2$，则：

$$d_i = e\% \frac{|k_i|}{\sum_{i=1}^{2}|k_i|} \quad (8)$$

$$D_i = E\frac{|k_i|}{\sum_{i=1}^{2}|k_i|} \quad (9)$$

多因素分配分析法与两因素分配分析法类似。分配分析法的前提条件是假定各个因素同时变动，毫无疑问，这对于并行因素是适用的，其实，对于因果因素也是适用的。这是由于因果因素之间，虽然有相关的一面，也有无关的一面。“果”的变动，在很大程度上具有并行因素的性质，因果因素的数值变化，固然存在着由因及果的理论上的顺序，然而并不存在时间上的先后差别；“因”因素对“果”因素的影响，在前者变动的当时，就已体现在后面的变化值之中了。必须指出的是，对于继起因素，它的数值是依次变动的，不存在同时变动的问题，分析时仍可用指数分析法进行。可见，除了继起因素之外，其他提及的因素关系都可用因素分配分析法进行分析。

但是，因素分配分析法缺乏严密的数理基础，所以不能说它是完美无缺的。因素分析法所研究的问题既然是总量指标与有关因素指标在变化过程中的数量关系，因此，在运用经济理论进行定性分析的基础上，还必须运用数学方法。

积分因素分析法就是利用数学分析中的微积分原理来描述总量指标与因素指标变动之间的联系，并能正确计算各个因素的影响结果的方法。所谓微分，就是无限细分，它描述的是事物的变化率。微分的逆运算是积分，积分就是无限求和的意思。

一般来说，我们可把总量指标看作为多变量函数，即：$\omega = \omega(x, y)$，$\omega = \omega(x, y, z)$ 等。则：$\Delta\omega = \omega_1 - \omega_2$，$\Delta x = x_1 - x_2$，$\Delta y = y_1 - y_2$。

在增量分析法中，利用全微分公式计算各个因素指标对总量指标的影响，计算公式为：

$$\Delta\omega = \omega'_x(x_0, y_0)\Delta x + \omega'_y(x_0, y_0)\Delta y + \varepsilon \quad (10)$$

其中，$\omega'_x(x_0, y_0)$ 和 $\omega'_y(x_0, y_0)$ 分别为 ω 关于 x 和 y 在点 (x_0, y_0) 处的偏导数，其数值表示 x 和 y 因素对总量指标变动的影响，因为偏导数说明了各个变量的函数变动的速度；ε 指函数实际增量和微分之间的差数，即交互影响值。

要提高计算的准确性就得缩小因素的增量。因此，把真值 Δx 和 Δy 分成 n 个相当小的增量，同时使 x 和 y 因素顺序具有这些相当小的增量。运用全微分公式，Δω 更精确的计算公式为：

$$\Delta\omega = \sum_{i=1}^{n-1}\omega'_x\left(x_0 + \frac{i}{n}\Delta x, y_0 + \frac{i}{n}\Delta y\right)\frac{\Delta x}{n} + \sum_{i=1}^{n-1}\omega'_y\left(x_0 + \frac{i}{n}\Delta x, y_0 + \frac{i}{n}\Delta y\right)\frac{\Delta y}{n} + \varepsilon \quad (11)$$

上式中第一个数值是对 x 因素影响（用 ω_x 来表示）的评价，第二个数值则是对 y 因素影响（用 ω_y 来表示）的评价。如果我们研究当 n→∞ 时的极限情况，于是便得出了以下计算公式：

$$\omega_x = \lim_{n\to\infty}\sum_{i=1}^{n-1}\omega'_x\left(x_0 + \frac{i}{n}\Delta x, y_0 + \frac{i}{n}\Delta y\right)\frac{\Delta x}{n} = \int_{Te}\omega'_x dx \quad (12)$$

$$\omega_y = \lim_{n\to\infty}\sum_{i=1}^{n-1}\omega'_y\left(x_0 + \frac{i}{n}\Delta x, y_0 + \frac{i}{n}\Delta y\right)\frac{\Delta y}{n} = \int_{Te}\omega'_y dy \quad (13)$$

其中，Te 表示联结 (x_0, y_0) 和 (x_1, y_1) 两点的直线定向线段。在极限的情况下，（11）式的差数 ε 为零。即有 Δω 的计算公式：

$$\Delta\omega = \omega_x + \omega_y = \int_{Te}\omega'_x dx + \int_{Te}\omega'_y dy \quad (14)$$

积分因素分析法的最重要特点是它的准确性和单值性。在利用指数分析法进行因素分析时，若有 n 个因素，就有 n!次替代，在这种情况下，因素的影响值是非单值的；而积分因素分析法对各种 x 不同的经济指标模型，都能提供共同的解决方法，而且能够排除在进行分析前对各种因素的作用做任何主观的推测，并且积分因素分析法运用数学分析中的微积分描述总量指标与因素指标变动之间的联系，使指数因素分析更具严密的数理基础。

参考文献：
陈善林、徐国祥：《因素分析的理论和方法》，中国统计出版社1990年版。
孙慧钧：《指数理论研究》，东北财经大学出版社1998年版。
徐国祥等：《统计指数理论、方法和应用研究》，上海人民出版社2011年版。
徐国祥：《指数理论及指数体系研究》，上海财经大学出版社1999年版。
徐国祥：《简论微积分因素分析法》，载于《统计研究》1985年第4期。
姚卫红：《指数因素分析法的缺陷及其改进》，载于《统计与预测》2001年第12期。

（徐国祥　刘新姬）

综合评价
Comprehensive Evaluation

综合评价全称为多指标综合评价（Multi-Indicators Comprehensive Evaluation），是指评价者通过一定的指标体系对被评价对象与所研究问题有关的水平进行描述，并采用一定的方法进行综合集成，以测量、比较和判别其综合水平的高低、优劣顺序与类别类型的一种统计分析过程。

从形式上看，综合评价的核心思想是将描述特定问题的多个指标转化为综合性的评价指标，因此，综合评价技术是一种数据降维的方法，一种构造综合性统计测度（指标）的方法。从内容上看，综合评价的根本任务是对特定被评对象的水平进行综合比较、分析与识别，因此，综合评价技术又是一种决策分析方法，一种定量认识复杂性问题的方法。

综合评价需要回答：谁来评、去评谁、评什么、怎么评、是什么等五个问题，与之相对应就有五个基本要素：评价主体、评价客体、评价指标体系、评价模型、评价结果，其基本关系为：$Y=F(U,O,X)$。

评价主体（U）是指评价意见的表达者，可以是特定个人，或者特定的组织（通过单个或多个个人来实施）。可以是单一主体，也可以是多个主体。后者称为“群组评价”。

评价客体（O）是指被评价单元集，可以是个人、组织、单位、部门、地区，也可以是状态、行为、事件、方案、认识。可以是一个单元，也可以是多个单元构成的对象集。可以是同一时间点的不同单元，也可以是同一单元的不同时间点。后者称为动态评价。如果时间点是“将来时”，则又称为预期评价。

评价指标体系（X）是基于特定评价目的与任务而设计的，用于全面描述、刻画评价主题的多个代表性指标构成的有机整体，它是评价信息的载体，是综合评价的关键。与一般的统计指标不同，综合评价指标体系中的指标可以是定性的，也可以是定量的。

评价模型（F）是指将描述评价对象水平的多个指标“转变”为可直接解读单个综合性指标或评价结论的处理系统或机制。它是综合评价方法的核心。通常所说的“综合评价方法”多指评价模型。评价模型由评价标准、权数体系、评价参数、集成规则等构成。它可以是一个显性的函数式，也可以是一系列规则的集合。目前综合评价模型大致可分为：定性综合评价法、当量评价法、多元统计方法、模糊综合评价法、灰色系统综合评价方法、运筹优化与决策方法、智能化评价方法。

评价结果（Y）是综合评价模型系统的最后输出。可以表现为评价量化值（定距尺度），也可以表现为评价排序（定序尺度）或评价类别（定类尺度），分别称为“价值评价”、“排序评价”与“分类评价”。

综合评价的基本过程为：确定评价目的；建立评价指标体系（包括指标体系的优化和指标量化等内容）；确定指标权重；选择评价模型或方法；实施综合评价；对评价结果进行评估与检验；评价结果的分析与再运用等（苏为华，2001）。

如果把一切基于多个因素来综合判断评价对象水平或状态或类型的认识过程，都视为综合评价活动，那么可以说综合评价的思想与实践自古有之。自商周开始，我国的政治家、思想家、军事家、医学家在“识人用人”、“察事考绩”、“观景品物”等过程中都有过丰富的综合评价思想或做法。但通过多个指标进行全面的定量分析，作为一种社会经济统计方法纳入到统计学的视野进行研究，则是当代的事情了。

早在20世纪60～70年代，国内相关学界就已经在环境评价、科技评价、矿产资源评价、土地资源评价等领域提出了多指标综合评价的思想。但国内统计学界从理论层面开展综合评价方法的研究，则是始于80年代有关经济效益综合评价问题的讨论。庞皓、谢胜智（1982）提出了后来生产很大影响的“功效系数法”。钱昆润等（1981）、刘亮等（1983）先后介绍或应用了综合指数法。自此，越来越多来自不同学术背景的专家、学者关注并研究综合评价理论与方法及其应用。多元统计、模糊数学等方法在各类综合评价实践中得到了广泛的应用。

参考文献：
庞皓、谢胜智：《多目标规划与综合经济效果指标》，载于《财经科学》1982年第4期。
钱昆润等：《建筑技术经济评价方法的探讨》，载于《基建优化》1981 年第 5 期。
郭亚军:《多属性综合评价》,东北大学出版社 1996 年版。
陈晓剑、梁裸:《系统综合评价方法》,中国科学技术大学出版社 1993 年版。
王岳能、苏为华:《经济效益综合评价方法研究》,杭州大学出版社 1997 年版。
胡永宏、贺思辉:《综合评价方法》,科学出版社 2000 年版。
郭亚军:《综合评价理论、方法及应用》,科学出版社 2007 年版。
邱东:《多指标综合评价的系统分析》,中国统计出版社 1991 年版。
苏为华:《多指标综合评价理论与方法研究》,中国物价出版社 2001 年版。
苏为华:《我国多指标综合评价技术与应用研究的回顾与认识》,载于《统计研究》2012 年第 8 期。

(苏为华　庞皓)

综合评价方法

Comprehensive Evaluation Method

广义地说,综合评价建模、组织、实施等过程中所有的技术或方法,都可称为"综合评价方法",包括评价指标体系构建与优化方法、权数方法、合成方法、同度量化方法等。但通常从分类学意义所讲的综合评价方法,则为狭义的。主要是从评价模型(F)角度划分的。

目前,可应用于具体综合评价活动的方法很多,每种方法各具特色与假设,内部细节与表述方式也多有不同,但大致可分为八大类型,分别是:定性综合评价法、效用函数综合评价法、多元统计综合评价法、模糊综合评价法、灰色系统综合评价法、决策运筹方法、智能化评价法、组合与集成评价方法。

定性综合评价法,是指借助评价者的主观判断开展综合评价活动的方法的统称。专家评议法、民意调查法均属此类方法,其包含了大量观察法的统计思想,在各式各样的"评选"工作中被广泛应用。此类方法实施统一,可信度也较高,但评价主体的选择会直接影响到评价结果。

效用函数综合评价法的基本思路是,将每一个评价指标按照一定的方法量化,变成对评价问题测量的一个"效用函数值",再按一定的合成模型加权合成。其直接含义是:综合评价结果是单项指标无量纲化结果的加权平均值。由于此类方法简洁、易操作,被国内外许多研究机构采用,普遍见诸各类评价报告中。效用函数综合评价思想是所有综合评价方法的核心,因为"同度量化"、"加权"、"集成"是其他所有评价方法中不可或缺的三大要素。区别在于:在其他评价方法中,这三大要素或是以一个整体过程形式出现的,或是以"黑箱"状态存在的,或是在前置或后置环节中进行各种特色化处理之后出现的。

多元统计综合评价法是在直接引用或改造多元统计的数据降维技术和分类技术形成的。其中的主成分分析法、因子分析法、多维标度法、投影寻踪法、数量化技术Ⅲ等,可用于排序评价;聚类分析、判别分析、典型相关分析,则可用于分类评价。邱东(1992)对这一类评价方法的性质作了系统的研究。周忠明、陈述云、李玉平、王惠文、陈骥、孟生旺、何晓群等一批学者就加权主成分、非线性主成分、非负约束主成分、区间主成分、主成分选择等理论与应用问题提出了新的方法或思想。苏为华(2001)对有关问题进行了系统分析,并就主成分综合评价、因子分析综合评价等问题提出了更加一般化的思路。

模糊综合评价法则是在扎德(L. A. Zadeh)模糊理论有关概念的基础上,直接引用或改造模糊数学中有关"模糊综合评判"、"模糊聚类"与"模式识别"等过程而获得的。"模糊综合评判"是通过构造评价对象价值水平高低的标尺——评语等级论域、相应指标对各等级的"模糊隶属函数"或隶属度,计算模糊合成结果的方法,利用模糊合成结果可进行排序、分类。核心问题是评语等级的划分、隶属度函数的确定、模糊关系矩阵的计算、模糊合成算子的选择等。"模糊聚类"与"模式识别"则是基于相似性或相近性测度(贴近度)进行分类与判别评价。模糊综合评价方法具有一定的数学依据,无论是定性或定量指标构成的指标体系均可采用,且隶属度、模糊合成算子、相似或相近指标计算等均有多种公式可供选择,变化性大,因此实践中获得相当广泛的运用。但邱东(1991)、苏为华(2001)等多位学者研究表明,直接套用模糊数学中的某些方法将会导致不合理的结果,邱东提出了最大隶属度原则的相对有效性测度,苏为华(2005)提出了幂平均系列模糊算子。陈守煜(1994)将模糊评语等级退化,提出"模糊隶属优度"概念并应用于水文评价。

灰色系统评价法是根据邓聚龙(1987)提出的灰色系统理论,直接引用或改造相关概念与方法,根据综合评价的思想而改造的方法。该类方法根据其要素的不同,可分为两种模式:基于灰色白化权函数的评价、基于灰色关联系数的评价。前者通过划分"灰类"、确定白化权函数、计算标定权,再合成,据之进行排序或分类;后者通过设计"参考序列",计算关联度序列及相应关联系数,并据之进行排序或分类。苏为华(2001)对之应用于综合评价的不足进行了讨论。在近三十多年的历史中,灰色系统理论也获得了完善与发展(刘思峰,2010),其在综合评价中的应用也十分普遍。

决策运筹评价法是,指将运筹决策中关于方案优选的思想运用于综合评价问题而形成的方法体系。应用较广的有:基于查纳斯(A. Charnes)、库珀(W. W. Cooper)、罗兹(E. Rhodes)提出的"相对有效性评价"(数据包络分析法,简记 DEA)、萨迪(T. L. Satty)提出的层次分析法(AHP)以及以贴近理想解的排序方法(TOPSIS)等为代表的决策方法(陈珽,1987)。其中,DEA 适用于由投入产出指标构成的相对效率评价。最近几年,DEA 理论发展迅速,人们提出了不同规模收益的 DEA 模型、含有偏好的 DEA 模型、多样化决策单元的 DEA 模型、样本 DEA 模型等(马占新,2012),并且在实践中获得了很好的应用。AHP 法不仅用于评价权重的构造,还用于定性问题的定量化评价,用于定性变量的数量化处理。国内学者在 AHP 权系数解法、AHP 标度体系、区间 AHP、模糊 AHP、群组 AHP 等方面有过相应的研究(许树柏,1988),并应用于综合评价实践。

智能化评价方法是指借助人工智能的相关研究成果,开展综合评价中的分类与排序的方法。该类方法中较多采用了"模拟"的思路,主要有神经网络法、遗传算法以及支持向量机等。智能化评价方法的优点是将评价集成过程黑箱化处理,从而解决了集成模型选择的困难,且评价拟合精度高。不足之处是数学过程复杂,总评价结果无法通过构成因素进行分解分析。这种评价方法的关键是:拥有一个具有强泛化预测能力的训练样本。金菊良等(2008)对智能化评价技术进行了系统的总结研究。

组合与集成评价方法,是在传统单一评价方法的基础上的扩展研究,它通过将不同评价主体、不同方法的评价中间结果或者最终结果进行综合,以产生更加有代表性的评价结论。目前从组合的研究角度的较多,包括不同构权方法的组合、不同评价结果的组合、不同无量纲化方法的组合、指标体系中不同系统层次的组合、不同数据类型的组合等问题。此类方法准确性、可靠性较高,适用于复杂性问题的综合评价系统,但集成模型的选择难度较大。

通过引用与创新,综合评价方法日益丰富与复杂。但必须注意的是,综合评价方法的应用研究应该避免过于注重评价方法的复杂性,而忽视方法的简明性、适用性与实质性含义的误区;应该充分认识到综合评价结论的合理性、科学性与评价模型的复杂性、新奇性无关;应该正确处理综合评价方法与其"源理论"之间的关系,应该及时关注"源理论"的最新成果,按照综合评价思想对"源理论"中的方法进行必要的改造。

参考文献:

邱东:《多指标综合评价的系统分析》,中国统计出版社 1991 年版。

苏为华:《多指标综合评价理论与方法研究》,中国物价出版社 2001 年版。

苏为华:《综合评价学》,中国市场出版社 2005 年版。

陈守煜:《系统模糊决策理论与应用》,大连理工大学出版社 1994 年版。

邓聚龙:《灰色系统基本方法》,华中工学院出版社 1987 年版。

刘思峰等:《灰色系统理论及其应用》,科学出版社 2010 年版。

陈珽:《决策分析》,科学出版社 1987 年版。

马占新:《广义数据包络分析方法》,科学出版社 2012 年版。

许树柏:《层次分析法原理》,天津大学出版社 1988 年版。

金菊良、魏一鸣:《复杂系统广义智能评价方法与应用》,科学出版社 2008 年版。

蒋萍:《社会统计学》,中国统计出版社 2009 年版。

(苏为华　陈骥)

无量纲化方法

Dimensionless Method

在综合评价过程中,不同的评价指标往往具有不同的计量单位(量纲)、不同的数量级别、不同的取值含义。因此,要通过特定的评价模型实现这些指标的科学合成,通常需要对指标的取值进行专门的处理,转化为具有相同的计量单位、相同的数量级别、相同的取值含义,这一过程通常称为"同度量化"。从取值形式看,变换后的结果其实是一种无名数,是消除计量单位的过程,所以又称"无量纲化"。而从物理含义看,变换后的指标无论是值域还是每一个代数值,都是统一的;相同代数值所指向的评价含义是相同的,是一种标化的计量,一种评价当量,所以也被称为"当量化";偶尔也有学者称之为"标准化"、"规范化"、"正规化"。上述过程所采用的方法称为"同度量化方法"或"无量纲化方法"或"当量化方法",其变换结果对应地被称为"同度量值"(Equivalent Scale)、"无量纲值"、"当量值"(Equivalency)。

若记原始评价指标为 x,其无量纲值 y,则无量纲化过程为:$y=\phi(x)$,其中,无量纲化函数 ϕ 又称为"无量纲化方法"。

虽然目前学术界提出的无量纲化方法的名称很多,但根据其基本形式,大致可分为四类:广义指数法、广义线性功效系数法、非线性函数法、分段函数法。

广义指数法是指所有采用相对指标进行无量纲化的形式,它是单项指标实际值与标准值进行对比的结果(苏为华,2001)。在实际应用中,充当标准值的往往有变量的最大值、最小值或平均值(数值平均或位置平均),变量总值(有人称之为"比重法"或"总和法",实际上就是算术平均法),变量平方和的开方值(邱东,1991),分位点值(如四分位数、某一百分位点),变量初始值(适用于动态指数),历史标准值或经验标准值或目标值等。郭亚军(2007)提出的线性比例法、归一化处理法、向量规范法等都属于广义指数法的范畴。国外在20世纪60年代提出的各种各样的环境指数(如美国橡树岭空气质量指数、密特大气质量指数)都是采取实际值与标准值之间的对比进行同度量化。原始评价指标x的广义指数y基本形式为(其中x_B标准值):

$$y=\begin{cases}x/x_B & (\text{正指标})\\ x_B/x & (\text{逆指标})\end{cases}$$ 或百分制形式:

$$y=\begin{cases}100\times x/x_B & (\text{正指标})\\ 100\times x_B/x & (\text{逆指标})\end{cases}$$

广义线性功效系数法是指功效系数法(庞皓、谢胜智,1982)及与之类似的线性无量纲化函数的统称。与广义指数法不同的是,广义功效系数法需要两个标准值:不容许值(即下限,记为x_0)和满意值(即上限,记为x_1)。而根据两者的取值的不同情况,苏为华(2001)将之分为"极差变换法"、"高中差变换法"、"低中差变换法",并认为"标准化"(Z-score)也是其中的类型之一(取$x_0=\bar{x}$, $x_1=\bar{x}+\sigma$,从这个思路解释,广义指数法也是广义线性功效系数法的特例)。原始评价指标x的广义线性功效系数值y基本形式为:

$$y=\frac{x-x_0}{x_1-x_0}$$ 或者 $$y=a+\frac{x-x_0}{x_1-x_0}\times b$$(可取 $a=60$, $b=40$)

非线性函数法是针对现实生活中许多评价对象的价值水平与指标值之间的非线性关系而提出的。邱东(1991)介绍了五种曲线型无量纲方法,即升半Γ型分布、升半正态分布、升半柯西分布、升半凹(凸)分布、升半岭型分布;陈湛匀(1991)提出了指数型功效系数法;王学全(1993)提出了指数型计分曲线;苏为华(1993)提出的对数型功效系数法;苏为华(2001)介绍了递增与递减、上凸与下凸、正S型与反S型等十余种曲线型无量纲化函数,并且给出了非线性无量纲化函数生成的两种基本思路:或是先通过相对化以消除量纲,再实施非线性函数变换,或是先通过非线性变换再进行相对化以消除量纲。

分段函数法则是采用分段函数的方法来设计无量纲化公式,可以是多段线性的(即"折线型"),也可以是线性与非线性的分段混合。"折线型"无量纲化方法是人们经常采用的方法(王晓军,1993)。折线型无量纲化方法实际上也是一种线性方法,在应用中,也完全可以利用曲线函数来进行分段组合。

上述各种无量纲化方法中,作为折算当量值依据的标准值是关键因子,因为它是一个参照系。标准值可以是由部分或全部参评单位相应指标实际水平计算生成,也可以独立于参评单位实际值另行选定,相应的评价可分别称为"相对评价"与"绝对评价"。

在综合评价无量纲化问题的研究中,除了对无量纲化函数的设计进行的讨论之外,还有部分研究从无量纲化的构造原理、基本性质及影响等角度进行了分析。苏为华(2001)提出了无量纲化函数的原理及无量纲化函数的充分必要条件;郭亚军和易平涛(2008)认为理想的线性无量纲化方法应具有单调性、差异比不变性、平移无关性、缩放无关性、区间稳定性和总量恒定性;郭亚军等(2011)具体分析了无量纲化方法对拉开档次法的影响。

由于敏感性问题的存在,如何有效地选择无量纲化方法成为理论研究中的重要内容。邱东(1991)、苏为华(2001)均提出了选择无量纲函数的基本思路。张立军等(2010)提出构建兼容度指标来测度并选择无量纲化方法,并认为如果在某种无量纲化方法下各种评价结果的兼容度越高,则该无量纲化方法相对于其他方法越有效。

另外,随着动态时序数据在综合评价中应用的日趋广泛,其指标的无量纲化问题也引起人们的重视。而对于动态数据的无量纲化,若仍沿用静态评价视角下的处理模式,即同一指标在不同时期的数据采用一致的无量纲化方法,将势必会消除同一指标在不同时刻的变动信息及现象发展过程中特殊情况。易平涛等(2009)提出了标准序列法、全序列法以及增量权法对动态数据进行无量纲化。

参考文献:

苏为华:《多指标综合评价理论与方法研究》,中国物价出版社2001年版。

邱东:《多指标综合评价的系统分析》,中国统计出版社1991年版。

郭亚军:《综合评价理论、方法及应用》,科学出版社2007年版。

陈湛匀:《现代决策分析概论》,上海科学技术文献出版社1991年版。

庞皓、谢胜智:《根据多目标规划原理确定综合经济效果指标》,载于《经济研究》1982年第12期。

王学全:《多指标综合评分法中单向指标的非线性记分法》,载于《统计研究》1993年第5期。

苏为华:《对数型功效系数法初探》,载于《统计研究》1993年第3期。

王晓军:《多指标综合评价中无量纲化方法的探讨》,载于《人口研究》1993年第4期。

郭亚军、易平涛:《线性无量纲化方法的性质分析》,载于《统计研究》2008年第2期。

郭亚军等:《无量纲化方法对拉开档次法的影响分

析》，载于《管理科学学报》2011 年第 5 期。
易平涛等：《动态综合评价中的无量纲化方法》，载于《东北大学学报（自然科学版）》2009 年第 6 期。
蒋萍：《社会统计学》，中国统计出版社 2009 年版。

（苏为华　庞皓）

综合评价权数
Weight of Comprehensive Evaluation

综合评价结果是由相关评价要素的取值水平加权集成的。若记某评价要素第 i（$i=1,2,\cdots,n$）个组成单元的评价值（必须满足同度量要求：同量纲同数量级别；可参阅无量纲化方法词条）为 x_i，集成模型（可参阅"综合评价合成方法"词条）为 f，集成结果为 Y，有：

$$Y=f(w_i(\cdot),x_i)(i=1,2,\cdots,n)$$

其中，$w_i(\cdot)$ 即为第 i 个组成部分的评价权数。当 $w_i(\cdot)=C>0$ 时，f 为"不加权合成模型"。可见，权数是直接影响综合评价集成结果的重要因素之一。它体现了各组成单元要素取值 x_i 对集成结果 Y 的相对贡献程度。若记 $x_i^*=w_i(\cdot)x_i$，则 $Y=f(x_i^*)(i=1,2,\cdots,n)$ 是一个"不加权合成模型"。因此，权数又可以视为是对 x_i 的一种修正或调整。

在多指标综合评价过程中，权数具有十分广泛的应用。无论是何种综合评价模型，都直接或间接地包括了"加权集成"这一最基本的综合思想。邱东和曾宪报（1997）探讨了统计权数的起源及发展问题，曾宪报（1998）对权数的有关问题进行系统研究。对于权数的分类，许多学者都提出过相关观点。郭亚军（2002）则以权数方法命名评价方法，进而提出了"差异驱动评价方法"、"功能驱动评价方法"、"协调评价方法"、"动态评价方法"等。

第一种分类：从权数对象来看，与综合评价的五大要素相对应，权数有评价指标体系权（体现评价者对评价指标体系中单项指标重要性程度的认识，也体现了单项指标评价能力的大小）、评价主体权（主要是群组评价过程中）、评价客体权（主要是对象类别权）、评价模型（方法）权（主要是组合评价过程中）、评价结果权（主要是群组评价或组合评价中）。

第二种分类：按表现形式可分为绝对权数与比重权数。以绝对数（频数）表示的权数叫绝对数权数，用相对数（频率）表示相对数权数，又叫比重权数。苏为华（2001）认为，虽然二者没有实质性区别，但比重权数更直观地揭示出统计权数的本质，因此，其应用更为广泛。当然，也可以通过计算比重而将绝对权数转化为比重权数，这个转化过程称"归一化"。

第三种分类：按统计权数与待加权的单项评价值之间是否相关，可划分为独立权数和相关权数。独立权数，是指某单项指标的权重与其指标值的具体取值没有直接数量关系，即权值与指标值之间是独立的。基于这种权数的综合评价模型可称为"定权综合"。定权综合因为权数体系固定，评价过程与结果好理解、易把握，所以被广泛应用于综合评价实践。但汪培庄（1985）认为，在特殊情况下，权数与指标值之间并非独立，有可能呈现函数关系，并藉此提出了变权思想，苏为华（1991）将此类权数称为相关权数。基于这种相关权数的综合评价模型属于"变权综合"。目前变权综合评价方法已经被广泛应用于环境和工程等领域。但从国内综合评价应用领域的情况来看，"变权综合"最具有应用价值的应该是有关环境质量方面的评价，因为在环境问题中常常出现这样的情况：某一子系统中某单项环境指标"严重超标"，即使该子系统中的其他指标仍然属于正常，但整个子系统却因为这个指标而被认为"严重恶化了"。

第四种分类：按权数的内容将权数分为实质性权数、估价权数、信息量权数、可靠性权数和系统效应权数（邱东，1991；1992）。

实质性权数包括统计平均数中的标志值频率权数、频数权数及统计指数中的同度量因素权数。这种权数与其被加权因素的乘积是有实质性的社会经济统计指标，并且权数总是构成这个指标的一个实质性因素。

估价权数，是从评价者的角度认定各评价指标项目重要性程度大小而确定的一种权数，这种重要性权数是一个"估计"值。

信息量权数，则是从评价指标所包含的对各评价对象分辨信息量的多少（区分度的高低）来确定的一种统计权数。孙慧钧（2009）从评价指标所揭示被评事物有效信息的不同角度，将信息量权数分为变异权数、比重权数、排序权数、距离权数、影响权数、独立性权数和系统效应权数。

可靠性权数，则是根据评价指标的数据可靠性高低来判断其权数之大小。若数据的可靠性越高，则所赋的权重也越大。在专家评价中，可靠性权数较多被采用。

系统效应权数，则是从某评价指标与被评价事物总水平的关系来制定权数的。它有正负之分，若评价指标的变动与被评价事物总变动是同向的（正相关），则这种权数为正，反之，若是异向的（负相关），则这种权数为负。权值的大小则取决于评价指标变动对被评价事物总变动的影响程度，若这种影响程度较大，则相应的权数也较大。

第五种分类：按权数的形成方式可分为自然权数和人工权数。

自然权数，是指通过变换统计资料的表现形式与统计指标合成方式而得到的一种统计权数。人工权数，是指研究者根据一定的标准主观地构造或选择确定的权数。苏为华(1991)将人工权数的构权方法分为基础构权法与扩展构权法。其中,基础构权法是构造人工权数的“原子”方法,而扩展构权法则是对基础构权方法在某方面的拓广,更多的是一种构权思想。

在基础构权方法中,大致可分为直接构权、特殊构权、对比构权、信息构权等四类方法。在对比构权法中,按比较基数不同,可分为比例对比构权(即AHP构权法,这是最常用的构权方法)与结构对比构权(即分配型判断构权法);按对比基础不同,可分为环比构权与定比构权;按信息完整与否,又分为完全对比与不完全对比。由于对比构权是由构权者进行主观判断给出相应的“对比数值”或“对比关系”的,故常被称为“主观构权法”。

信息构权分为相关信息构权(如R型主成分构权法)、变异信息构权、相关变异构权(艾玛法或S型主成分构权法)、熵权法等四种。由于这一类权数是基于特定样本数据生成的,无需进行主观判断,因此常被称为“客观构权法”。

扩展构权方法是通过对构权过程某些环节的特殊处理而形成的。通常的方法有:群组构权法(又称专家构权法,它是由多个构权者独立或协商方式给出一组权值。根据构权过程是否存在反馈机制,又可分为“有反馈系统的群组构权”与“无反馈系统的群组构权”,前者即为Delphi构权法)、组合构权法(多种权数方法获得结果的集成)、分层构权法(把评价对象或影响权数的因素进行分类,获得一个树形或网状的分层体系,逐层构权并汇总以获得总的权重。至于各层或各系统采用什么权数方法,可以不作统一规定。分别称“对象分层构权方法”与“因素分层构权方法”)、系统变换构权法(对某一初始化的权数结果,采取某严格单调函数进行变换并归一化,以实现放大或缩小权值离散程度的目的)。

最近几年,综合评价过程中的权数方法日益复杂,其表现形式出现区间化(区间权数)、动态化(动态权数)、集值化(集值权数)等趋势。

参考文献:

邱东、曾宪报:《权数的起源与发展》,载于《中国统计》1997年第12期。

郭亚军:《综合评价理论与方法》,科学出版社2002年版。

曾宪报:《统计权数论》,东北财经大学博士学位论文,1998年。

苏为华:《多指标综合评价理论与方法问题研究》,中国物价出版社2001年版。

汪培庄:《模糊集与随机集落影》,北京师范大学出版社1985年版。

邱东:《多指标统计综合评价方法的系统分析》,中国统计出版社1991年版。

苏为华:《论统计权数理论》,载于《统计研究》1991年第4期。

邱东:《论统计权数的扩展》,载于《财经问题研究》1992年第7期。

苏为华:《Delphi-AHP统计构权时专家意见分歧度指标的设计》,载于《统计研究》2004年第1期。

孙慧钧:《关于权数与赋权方法分类的探讨》,载于《东北财经大学学报》2009年第4期。

(苏为华 陈骥)

综合评价合成方法
Synthesis Method for Comprehensive Evaluation

从形式上看,多指标综合评价其实就是将多个指标值集结成或合并成一个综合值的过程,这是一个多指标(因素)输入单(综合)指标输出的信息系统,这个过程即为“综合评价合成”。无论哪一种综合评价方法,合成是不可或缺的环节,只不过是合成的过程可能是一个“黑箱”,也可能是一个“白箱”。

不同的合成方法代表了不同的评价原则,进而就有不同的评价结论。在有些情况之下,不同合成方法所得的结论存在较大的差异。因此,选择合适的合成方法也成为综合评价理论研究中的重要问题之一。目前对合成方法进行系统研究的成果不多,大致可归纳为以下四种类型。

第一类是平均合成方法。统计学甚至于数学上的平均数计算方法均可以纳入到此类集成方法中。包括位置平均方法与数值平均方法。前者主要指众数与中位数,后者则可统一用幂平均合成模型来概括(虽然数学意义的平均并不限于幂平均)。

$$M(k)=\left(\frac{\sum_{i=1}^{p} y_i^k w_i}{\sum_{i=1}^{p} w_i}\right)^{1/k}$$

式中,y_i为第i指标的当量化值;w_i为第i指标的评价权数;k为幂平均阶数。当权数全部相等时,即$w_1=w_2=\cdots=w_n$时,称为简单平均,否则,称为加权平均。M(k)称为k阶幂平均值。从纯数学角度看,幂次k可取任意实数值,但在综合评价实践中,通常取整数。k取值为-1、1、趋于零、2时,分别对应于调和平均、算术平均、几何平均和平方平均。邱东(1991;1992)曾对加法合成(算术平均)、乘法合成(几何平均)的性质、优缺点进行了系统的分析;苏为华(1998)则从平均数的角度,提出了概括加法合成、乘法合成、平方合成以及任意阶次的平均方法。对于越大越好的合成值,以算术为中心,当$k<1$时,M(k)属于惩罚性平均(鼓励均衡,惩罚落后),k越小,惩罚力度越大;当$k>1$时,

M(k)属于激励型平均(鼓励抓重点搞突出),k 越大,激励力度也越大。对于越小越好的合成值,上述结论是相反的。

第二类是特殊类合成方法。此类方法可视为第一类方法的补充,大致又可分为代换法、分段法、混合法以及二次合成法等。代换法是一种"部分取优则整体为优"与"部分为劣则整体为劣"的合成思路。其最早的合成理念就是"一票否决法"或"一好百好"。

记 y_i 为第 i 单项指标评价值(i=1,2,…,p),且取值上限、下限分别为 HI 与 LO,w_i 为相应指标的归一化权数,代换法合成值为 F,则有:

$F = HI - \prod_{i=p_1}^{p}(HI - y_i)^{w_i}$ (F 取值越大越好时,即"一好百好",否则为"一票否决")

$F = LO + \prod_{i=1}^{p}(y_i - LO)$ (F 取值越小越好时,即"一票否决",否则为"一好百好")

苏为华(2001)对上述的代换法进行推广,给出了兼顾了代换法与普通幂平均方法的合成公式:

$$F(k) = HI - [(\sum_{i=1}^{p}(HI - y_i)^k w_i)/\sum_{i=1}^{p} w_i]^{1/k}$$

$$F(k) = LO + [(\sum_{i=1}^{p}(y_i - LO)^k w_i/\sum_{i=1}^{p} w_i)]^{1/k}$$

在上式中,当 k→0 时,当分别为"一好百好"和"一票否决"而当 K=1 时,即为加权算术平均。

混合法是指采用两种或两种以上的不同合成函数进行合成的方法,如加法合成与乘法合成的混合法,而合成方法的选择并没有很大的限制。混合法既可以应用于指标体系中某些子体系之间的合成,也可以应用于某类具体指标之间的合成。

二次合成法是在上述一些合成方法的结果之上,再附加考虑一些特殊情况(例如考虑极值情况)进行第二步的合成。陈湛匀(1991)提出指数型功效系数法时设想了如下的最终合成模式:$y = a_1\bar{y} + a_2 y_{max} + a_3 y_{min}$,即最终合成值 y 是算术平均合成值 $\bar{y}$、最大值(最优指标值)y_{max}、最小值(最劣指标值)y_{min}的加权算术平均。

多目标决策中著名的 TOPSIS 法(即逼近理想点的排序方法,Technique for Order Preference by Similarity to Ideal Solution)(陈珽,1991)实质上也是一种二次合成。

分段法则是为了避免代换法的缺陷(即过分强调取值接近于目标值的单项指标的影响)而提出的;其主要思想是,只有指标取值达到某一阈值之后,才能对综合评价结论有效。苏为华(2001)给出了一种分段合成的基本规则;郭亚军(2007)提出的"增益型线性加权综合法"则是分段合成思想的具体应用。

第三类是考虑指标值序次的合成方法。主要思想是将指标值按大小排序,以各个序次上的权重进行加权合成。郭亚军(2007)认为这一方法提供了一种通过指标值的排序与位置权重的设置实现"柔性合成"。此类合成方法多从多属性决策角度提出,目前的研究非常活跃,如:有序加权平均算子(OWA)(Yager,1988)、有序加权几何平均算子(OWGA)(Xu and Da,2002)、广义有序加权几何平均算子以及其扩展算子(Zeng and Su,2011)。

第四类是考虑指标值分布的合成方法。该方法的基本出发点是,认为数据越集中、信息的一致性程度越高,而通过对数据组一致性强弱的判断,实现综合评价值合成。主要借助密度加权平均中间算子(DWA),与其他合成方法,如有序加权平均算子、加权平均算子等合成函数结合(张发明等,2010;易平涛等,2007)。从近期这些方法的应用来看,主要应用于群组评价或群决策的意见集成环节。

综合评价的合成方法直接决定了综合评价的研究结论,因此,如何选择一个合理有效的合成方法是研究中需要解决的问题。而评价者对评价原则的把握、对评价合成方法的性质的理解则是正确选择合成方法的关键。邱东(1992)、苏为华(2001)均对相关合成方法的性质进行了系统的研究。

参考文献:

邱东:《多指标综合评价中合成方法的系统分析》,载于《财经问题研究》1991 年第 6 期。

邱东:《多指标综合评价的系统分析》,中国统计出版社 1991 年版。

苏为华:《统计指标理论与方法研究》,中国物价出版社 1998 年版。

苏为华:《多指标综合评价理论与方法研究》,中国物价出版社 2001 年版。

陈珽:《决策分析》,科学出版社 1987 年版。

陈湛匀:《现代决策分析概论》,上海科学技术文献出版社 1991 年版。

郭亚军:《综合评价理论、方法及应用》,科学出版社 2007 年版。

张发明等:《基于密度算子的多阶段群体评价信息集结方法及其应用》,载于《控制与决策》2010 年第 7 期。

易平涛等:《密度加权平均中间算了及其在多属性决策中的应用》,载于《控制与决策》2007 年第 5 期。

Yager, R. R. , On Ordered Weighted Averaging Aggregation Operators in Multi-criteria Decision Making, *IEEE Transactions on Systems, Man, and Cybernetics*, Vol. 18, No. 1, 1988.

Xu, Z. S. and Da, Q. L. , The Ordered Weighted Geometric Averaging Operators, *International Journal of Intelligent Systems*, Vol. 17, No. 7, 2002.

S. Z. Zeng and W. H. Su, Intuitionistic Fuzzy Ordered Weighted Distance Operator, *Knowledge-Based Systems*, Vol. 24, No. 8, 2011.

（苏为华　陈骥）

统计推断

Statistical Inference

在进行统计研究时，常常存在这种情况，由于各种原因，我们所掌握的数据只是部分单位的数据或有限单位的数据，而我们所关心的却是整个总体的数量特征。例如，要说明一批灯泡的平均使用寿命，只能从该批灯泡中抽取一小部分进行检验，利用对样本观测的结果去推断这一批灯泡的平均使用寿命，这种利用带有随机性的观测数据（样本），对未知的总体数量特征做出估计和判断的方法称为统计推断。统计推断是现代统计学的重要组成部分，其理论基础是数学中的概率论。统计推断包括两大类问题：一是参数估计；二是假设检验。

所谓参数估计（Parameter Estimation），就是利用根据从总体中随机抽取的样本观测值计算的随机变量（即统计量），去估计总体的未知参数（如总体均值、总体比率或方差等）。参数估计可采用两种形式：点估计和区间估计。在前种情况，参数是按单一数值估计的，常用的点估计方法有矩估计法和最大似然估计法。矩估计法是用样本矩去估计总体矩；最大似然估计法的基本思想是把待估计的总体参数看作是一个可以取不同数值的变量，然后计算当总体参数取上述不同数值时现有样本观测值产生的概率，如发现总体参数取某一数值时其发生的概率最大，则把该数值作为对总体参数的估计结果。

对于同一个未知参数，可能有多种可供选择的点估计量。因此就产生了在不同估计量中选择最优或满意估计量的问题。具体来说，点估计的优良性包括以下四条标准：

一是无偏性。$\hat{\theta}$ 的数学期望值等于 θ。即有：$E(\hat{\theta})=\theta$。

二是有效性又称最小方差性。估计量仅仅无偏还是不够的，通常还希望其样本观测值能够尽量集中在总体参数的附近。也就是说，在 θ 的所有各种无偏估计量中，$\hat{\theta}$ 的方差应该最小。

三是一致性，这是指随着样本容量不断增大，样本统计量接近总体参数的可能性应该越来越大。

四是充分性。估计量 $\hat{\theta}$ 应包含样本中关于 θ 的全部信息。

点估计能够给出总体参数的具体估计值，但这个估计值的可靠性如何？点估计则无从回答。区间估计则弥补了点估计这方面的不足。所谓区间估计，就是用两个互相联系的样本统计量给出 θ 的区间。即以 $\hat{\theta}_1$ 和 $\hat{\theta}_2$ 分别作为总体参数 θ 区间估计的下限与上限，同时要求该区间将 θ 包含在内的概率应达到一定的程度。即：$P(\hat{\theta}_1\leq\theta\leq\hat{\theta}_2)=1-\alpha$。

上式中被 $\hat{\theta}_1$ 和 $\hat{\theta}_2$ 框定的区间叫做置信区间。置信区间能够包含 θ 的概率叫作置信度，即式中的 $1-\alpha$。$|\bar{\theta}_i-\theta|=\Delta$ 叫做抽样极限误差，它可以反映抽样估计误差的最大范围。

作为参数的区间估计，应满足以下两个要求：一是估计的精度要求，二是可靠性要求。所谓精度要求就是估计误差必须控制在一定的范围内。允许误差的最大值，可通过极限误差来反映。所谓可靠性是指估计结果正确的概率保证，可用置信度来反映。在区间估计中，置信度十分重要。只有精度而没有置信度的估计是毫无意义的。能够给出置信度的前提条件是，能够证实估计量 $\hat{\theta}$（精确地或是近似地）服从某种已知的常见分布。应当指出，区间估计中的精度要求与可靠性要求常常是一对矛盾。例如，通过抽样估计某班学生某课程平均成绩的范围，这时我们要考虑这个估计正确的概率大小问题。一种极端估计是：平均成绩在 0 与 100 分之间（百分制）。显然这个范围的估计，正确的概率是 100%，但这个估计无精度可言。如要提高精度，估计平均成绩在 70 分到 80 分之间，这时估计正确的概率肯定低于 1。要想同时提高精度与可信度，只有扩大样本容量，才有可能办到。

所谓假设检验（Hypothesis Test）就是事先对总体的参数或总体分布形式做出一个假设，然后利用抽取的样本信息来判断这个假设（原假设）是否合理，即判断总体的真实情况与原假设是否存在显著的系统性差异，所以假设检验又被称为显著性检验。

一个完整的假设检验过程，包括以下几个步骤：

一是提出假设；提出的假设包括两个：一个称为原假设或零假设，另一个称为备择假设或对立假设。原假设一般用 H_0 表示，通常是设定总体参数等于某值，如假设这批灯泡的平均寿命超过 2000 小时；备择假设是与原假设互相排斥的假设，如假设这批灯泡的平均寿命小于 2000 小时。原假设与备择假设不可能同时成立。所谓假设检验问题实质上就是要判断 H_0 是否正确，若拒绝原假设 H_0，则意味着接受备择假设 H_1。

二是构造适当的检验统计量；在给出假设的基础上，有必要构造检验统计量。所谓检验统计量，就是根据所抽取的样本计算的用于检验原假设是否成立的随机变量。检验统计量中应当含有所要检验的总体参数，以便在“总体参数等于某数值”的假定下研究样本统计量的观测结果。检验统计量还应该在“H_0 成立”的前提下有已知的分布，从而便于计算出现某种特定的观测结果的概率。

三是规定显著性水平，建立检验规则；假设检验是以小概率原理为标准，对总体参数或分布形式的假设进行判断。“小概率原理”即认为概率很小的事件在一次试验中一般是不可能出现的。在假设检验的应用中，通常以显著性水平 $\alpha(0<\alpha<1)$ 作为小概率的界限。α 越小，做出拒绝原假设判断的说服力就越强。

四是做出判断。如果在原假设成立的前提下，根据样本计算的统计量观测值出现的概率小于所给定的显著性水平，则否定原假设，接受备择假设。反之则不能否定原假设。

由于样本具有随机性，因此根据样本对总体进行假设检验，有可能出现两类错误判断。第一类错误是“弃真错误”，即原假设是真实的，而判断时却拒绝了原假设。第二类错误是“取伪错误”，即原假设是不真实的，而判断时却未予以拒绝。犯第一类错误的概率大小等于显著性水平 α。所以统计学上，又称第一类错误为 α 错误。犯第二类错误的概率记为 β，因此，统计学上称第二类错误为 β 错误。犯第二类错误的概率与犯第一类错误的概率是密切相关的，如果样本容量 n 不变，二者不能同时变小，减小 α 必然导致 β 增大，反之减小 β 必然导致 α 增大。在假设检验中，存在一个对两类错误进行控制的问题。在应用中通常的做法是，首先控制犯第一类错误的大小。因此当拒绝原假设时，我们能够以较大的把握肯定备择假设的成立，这也是为什么在检验中，一般将希望成立的结论作为备择假设；然而当接受原假设时，纳伪错误并没有得到控制，因此我们只能说“没有充分的理由拒绝原假设”。

参考文献：

曾五一、肖红叶：《统计学导论》第二版，科学出版社 2013 年版。

George Casella, Roger L. Berger, *Statistical Inference*, Duxbury Press, 2001.

S. M. Stigler, *A History of Statistics: The Measurement of Uncertainty before 1990*, Belknap Press of Harvard University Press, 1990.

S. E. Fienberg and D. V. Hinkley, R. A. Fisher, *An Appreciation*, *Lecture Notes in Statistics*, New York: Springer-Verlag, 1980.

James E. Lightner, A Brief Look at the History of Probability and Statistics, *Mathematics Teacher*, Vol. 22, No. 3, October 1991.

Jessica M. Utts, Robert F. Heckard, *Mind on Statistics*, Thomson Learning, 2002.

（曾五一　张小斐）

方差分析
Variance Analysis

方差分析简称 ANOVA，是由费雪（R. A. Fisher）于 20 世纪 20 年代发明的，用于两个或两个以上总体均值差别的显著性检验。

在实际生活中，对于某一事物或事件来说，其影响因素往往是很多的，方差分析就是根据实验的结果进行分析，鉴别各个因素对实验结果影响大小的一种有效方法。下面以一个简单的例子（单因素方差实验）说明方差分析的基本思想。

表 1 列出了四种不同类型设备的单位时间内的产量，问设备的类型对于单位时间内产量是否有显著的影响？

表 1　　不同设备单位时间内的产量

设备 1 $N(\mu_1,\sigma^2)$	设备 2 $N(\mu_2,\sigma^2)$	设备 3 $N(\mu_3,\sigma^2)$	设备 4 $N(\mu_4,\sigma^2)$
19	20	16	18
22	21	15	22
20	33	18	19
18	27	26	17
$\overline{x_1}=19.75$	$\overline{x_2}=25.25$	$\overline{x_3}=18.75$	$\overline{x_4}=19$

这里有四个正态总体 $N(\mu_1,\sigma^2)$，$N(\mu_2,\sigma^2)$，$N(\mu_3,\sigma^2)$ 和 $N(\mu_4,\sigma^2)$。四组数据分别来自四个总体的样本，问题是 μ_1，μ_2，μ_3 和 μ_4 是否有显著差异。

由 $\overline{x_1}$，$\overline{x_2}$，$\overline{x_3}$ 和 $\overline{x_4}$ 不相等，并不能直接得出 μ_1，μ_2，μ_3 和 μ_4 不尽相等的结论，因为造成 $\overline{x_1}$，$\overline{x_2}$，$\overline{x_3}$ 和 $\overline{x_4}$ 不相等可能有两方面的因素：一是由于随机误差 u_1，u_2，u_3 和 u_4 不相等，二是即使随即误差相等，但是由于存在抽样误差，也会使得 $\overline{x_1}$，$\overline{x_2}$，$\overline{x_3}$ 和 $\overline{x_4}$ 不相等。现在问题的关键在于通过样本推断 μ_1，μ_2，μ_3 和 μ_4 之间是否有显著差异。如果没有，则它们的差异是由抽样误差带

来的,设备类型对于单位时间产量没有显著影响,反之,若有显著差异,说明设备类型对于单位时间产量有显著影响。

方差分析的实质是按照指定来源分解变异,方差分析有以下四种类型:

一是单因素方差分析。单因素方差分析是指对单因素实验结果进行分析,检验因素对实验结果有无显著影响的方法。它是两个样本平均数比较的延伸,区别在于,单因素方差分析是用来检验多个平均数之间的差异,从而确定因素对实验结果是否有显著影响的方法。

借上例来说明单因素方差分析的过程。

与通常的统计推断问题一样,方差分析的任务也是先根据实际情况提出原假设 H_0 与备择假设 H_1,然后寻找适当的检验统计量进行假设检验。

在上例中,因素 A(即设备类型)有 s(=4)个水平,在每一个水平 $A_j(j=1,2\cdots s)$ 下进行了 $n_j=4$ 次独立实验,按问题需检验假设 $H_0:\mu_1=\mu_2=\cdots=\mu_4$

$H_1:\mu_1,\mu_2,\mu_3$ 和 μ_4 不全相等

为了方便讨论,引入总平均 μ:

$\mu=\frac{1}{n}\sum_{j=1}^{s}n_j\mu_j$,其中 $n=\sum_{j=1}^{s}n_j$

再引入水平 A_j 的效应 σ,显然有 $n_1\sigma_1+n_2\sigma_2+\cdots n_s\sigma_s=0$,$\sigma_j$ 表示水平 A_j 下的总体平均值与总平均的差异。利用这些记号,本例的假设就等价于假设

$H_0:\sigma_1=\sigma_2=\cdots=\sigma_S=0$

$H_1:\sigma_1,\sigma_2,\cdots,\sigma_S$ 不全为零

因此,单因素方差分析的任务就是检验 s 个总体的均值 μ_j 是否相等。

假设各总体服从正态分布,且方差相同,且设不同水平下的各个样本相互独立,则单因素方差分析所需的检验统计量可以从总平方和的分解导出来。下面先引入:

水平 A_j 下的样本平均值:$\overline{x_j}$,数据的总平均:$\bar{x}$,总平方和:S_T。

总平方和能表示全部实验数据之间的差异,因此又称之为总变差。将其分解为:

$$S_T=S_A+S_E$$

其中 S_A 叫做因素 A 的效应平方和,S_E 叫做误差平方和。

可以证明 S_A 与 S_E 相互独立,且当 H_0 为真时,S_A 与 S_E 分别服从自由度为 $s-1,n-s$ 的 χ^2 分布。于是

$$F=\frac{S_A/(s-1)}{S_E/(n-s)}=\frac{S_A/\sigma^2}{s-1}\bigg/\frac{S_E/\sigma^2}{n-s}\sim F(s-1,n-s)$$

这就是单因素方差分析所需的服从 F 分布的检验统计量。

通过上面的分析可得,在显著性水平 α 下,本检验问题的拒绝域为:

$$F=\frac{S_A/(s-1)}{S_E/(n-s)}\geqslant F_\alpha(s-1,n-s)$$

需要注意的是,使用单因素方差分析有个前提,即不同水平下的各总体服从方差相等的正态分布。

二是多因素方差分析。多因素方差分析旨在检验若干个观测因素各自对于观测对象影响的大小。例如,对于企业的年度盈利状况而言,其影响因素往往是多方面的,为了分析出哪些因素具有影响以及各个因素的影响的大小,就需要借助多因素方差分析。多因素方差分析的应用条件包括正态性和方差齐性。下面以两个控制变量为例说明多因素方差分析的基本思路。

构造统计量:总变差平方和(S_T),误差平方和(S_E),因素 A 的效应平方和(S_A),因素 B 的效应平方和(S_B)和 A,B 交互效应平方和(S_{AB})。且有

$$S_T=S_A+S_B+S_E+S_{A\times B}$$

跟单因素方差分析一样,对于观测结果进行 F 检验,可以得知不同的观测因素在不同交叉水平下的总体均值是否存在显著差异。

三是协方差分析。协方差分析旨在将无法或者很难控制的因素作为协变量,在排除协变量影响的条件下更精确的分析控制变量对于观察对象的影响。例如,不同的饲料是否会对小猪体重增加产生显著影响就可以应用协方差分析来解决。

四是多元方差分析。多元方差分析与多因素方差分析的区别在于它的观测变量个数在两个以上。多元方差分析的提出是由于有时候控制变量的不同水平会同时对多个因变量产生影响等情况。应用多元方差分析的前提包括:各个观测变量服从正态分布,各个观测变量具有方差齐性,各个观测变量具有较强的相关性。

多元方差分析不同于以上三种方差分析方法,它具有多种检验方法。其中 Pillai 最保守也最稳健,也是多元方差分析中常用的检验方法。

参考文献:

盛骤、谢千式、潘承毅:《概率论与数理统计》,高等教育出版社 2008 年版。

[美]约翰逊:《实用多元统计分析》,清华大学出版社 2008 年版。

马禄义:《Excel 统计分析典型实例》,科学出版社 2009 版。

张磊:《教育统计分析方法》,西安交通大学出版社 1986 年版。

汪荣鑫:《数理统计》,重庆大学出版社 2008 年版。

李红:《统计分析软件及应用实验》,经济科学出版社 2008 年版。

[英]伊特韦尔等:《新帕尔格雷夫经济学大辞典》,经济科学出版社 1996 年版。

胡代光、高鸿业:《西方经济学大辞典》,经济科学出版社 2000 年版。

(张虎)

统计决策
Statistical Decision

统计决策是指将未来情况的发生视为随机事件,根据样本中所包含的关于未知参数的信息,依据概率统计提供的理论和方法进行的决策。统计决策提供了在未来情况具有不确定性时,处理问题的原理和方法。

统计决策的概念是与统计决策理论(Statistical Decision Theory)联系在一起的。统计决策理论最初是由沃尔德(A. Wald)提出的一种数理统计学的理论,这种理论把统计学中各种常见问题,如参数估计、置信区间和假设检验等统一起来,以决策理论的观点来研究。在统计决策理论出现以前,人们对于统计学,主要是着眼于其推断的功能,亦即从观测数据出发对总体做出某种论断。至于由此应该采取什么决策或行动,会产生什么后果,则被认为不属于统计的范畴。沃尔德的理论则把后面这一部分内容也纳入统计的范围之内,拓展了统计学的内容和范围。

不确定情况下的决策问题是决策理论的核心部分。现在称为"期望损益决策"的概念在 17 世纪就出现了。法国数学家帕斯卡(Pascal)在 1670 出版的一本著作中最先提出期望决策。1738 年,瑞士数学家丹尼尔·伯努利(Daniel Bernoulli)在其发表的一篇著名的论文《风险测量:一个新理论的阐述》中用"圣彼得堡悖论"的例子指出了期望决策理论中存在的问题,同时他定义"效用函数"并计算"期望效用"来解决决策问题。比利时数学家拉姆齐(Ramsey)和美国数学家萨维奇(Savage)等人倡导的主观概率理论扩充了期望效用理论的使用范围。同时,冯·诺伊曼(Von Neumann)期望效用理论证明了期望效用最大化符合理性行为的基本假定。1939 年,美国统计学家沃尔德(A. Wald)在前面理论的基础上,首次在论文《统计估计和假设检验理论的贡献》中指出基于抽样分布的统计理论中两个中心问题:参数估计和假设检验是广义决策理论的特殊情况,引进了损失函数、风险函数、极小极大原则和最不利先验分布等重要概念。他于 1950 年出版了专著《统计决策函数》(中译本,上海科技出版社 1960 年版),系统地总结了他在这一理论研究中的成果,同时也宣布了统计决策理论的正式创立。沃尔德的理论受到统计学界的重视,成为第二次世界大战后统计学史上的一个重大事件。但决策理论这个词则首先是由统计学家莱曼(Lehmann)在 1950 年最先开始使用。此后,阿莱(Allais)和艾斯伯格(Ellsberg)的研究表明人类的行为具有惯性,有时候会严重偏离期望效用的最大化。针对这些问题,卡尼曼(Kahneman)和特沃斯基(Tversky)提出了风险决策的前景理论(Prospect Theory),前景理论较少强调经济行为实证研究中的理性假设基础,但却为近年来的行为决策理论提供了理论依据。

在一个统计问题中,掌握的资料是样本,其总体分布中包含的参数为未知,而只知道未知参数所属的集合。但是,采取什么决策最好,则取决于未知参数的值。人们可以根据样本中所包含的关于未知参数的信息,做出良好的决策,采取行动取得尽可能好的效果,或者使"行动不当"造成的损失尽可能小,这就是统计决策所要做的工作。例如,一家销售公司根据抽样决定是否接受供应商的产品;一家企业根据市场调查的结果决定某种产品生产数量等。可以通过三个要素把一个统计决策问题表达出来:(1)样本空间和样本分布族。样本空间是样本可能的取值范围,而样本分布族是样本所可能服从的分布的集合。(2)行动空间。是统计工作者可以采取的行动的集合。(3)损失函数。设参数的真值为 θ,采取的行动为 a,则所遭受的损失可表为 a 与 θ 的函数 $L(\theta,a)$,称之为损失函数。在一个具体问题中,采取什么损失函数最好,是一个需要进行大量调查研究以至理论分析的问题,这也是在使用决策理论时的一个难点。当 3 个要素都已给定时,采取什么行动,取决于所掌握的样本。统计决策函数是定义子样本空间而取值于行动空间的函数,即为采取的策略。

对一个统计决策问题,为选定一个较优的决策函数,需要建立反映决策函数优劣的指标。风险函数就是这样的指标。它是采取决策函数 δ 而参数真值为 θ 时所遭受的平均损失,即为决策函数 δ 和参数 θ 的函数。风险函数愈小,决策愈好。选择具体决策方案时可行的准则有容许性准则、最小化最大准则、贝叶斯准则和最优同变性准则等。一旦选定了优良性标准,统计决策问题的解决就相当于一个数学上的最优化问题。决策函数的观点使统计更注重了所采取行动的效果,也使统计问题的提法更加多样化,从而开拓了统计学新的研究领域。

参考文献:

暴奉贤、陈宏立:《经济预测与决策方法》,暨南大学出版社 2008 年版。

李正龙:《经济预测与决策方法》,安徽大学出版社 2002 年版。

徐国祥、胡清友:《统计预测和决策》,上海财经大学出版社 2005 年版。

A. Wald, *Statistical Decision Functions*, John Wiley & Sons, New York, 1950.

J. O. Berge, *Statistical Decision Theory*, John Wiley &

Sons, New York, 1980.

Dodge, Y., *The Concise Encyclopedia of Statistics*, Springer, 2008.

Everitt, B., *The Cambridge Dictionary of Statistics*, New York: Cambridge University Press, 2002.

Salkind, N., *Encyclopedia of Measurement and Statistics*, Thousand Oaks: SAGE Publications, Inc, 2007.

Kotz, S., Read, C., Banks, D., *Encyclopedia of Statistical Sciences*, Hoboken, New Jersey: John Wiley, 2006.

Lovric, M., *International Encyclopedia of Statistical Science*, Springer, 2010.

（刘洪）

非参数统计

Nonparametric Statistics

所谓非参数统计，是根据数据本身提供的信息建立检验统计量，进而对总体的某些参数或总体分布进行假设检验的统计推断方法。不假定总体分布，尽量从数据本身获得所需要的信息，这就是非参数统计的宗旨。只要是和总体分布无关的方法都可以称为非参数方法。与参数方法相比，非参数方法可减少模型设定偏差，更具稳健性。此外，即使总体信息极为匮乏时，非参数方法也能可靠地获得结论。

非参数统计兴起于20世纪40年代。它的形成主要归功于威尔科克森（Wilcoxon）等人的工作。1942年，沃尔福威茨（J. Wolfowitz）首先使用非参数统计一词。1945年，威尔科克森（Wilcoxon）提出两样本秩和检验；1947年，曼恩（Mann）和怀特尼（Whitney）将秩和检验推广到两组样本不等的一般情况；早期的非参数统计主要是对参数检验的扩充，以使传统检验过程可用于小样本和不同类型分布的数据。1948年，皮特曼（Pitman）回答了非参数统计方法相对于参数方法来说的相对效率方面的问题；20世纪60年代中后期，考克斯（Cox）和佛格森（Ferguson）最早将非参数方法应用于生存分析；20世纪70年代到80年代，非参数统计借助计算机技术获得更稳健的估计和预测，以休伯（P. J. Huber）和汉佩尔（F. Hampel）为代表的统计学家从计算技术的实现角度，为衡量估计量的稳定性提出了新准则。20世纪90年代以来，由于统计理论的进一步发展和计算机收集处理数据能力的提高，非参数密度、非参数回归等内容正在成为新的内容和应用主题。非参数统计将模型建立在数据基础上的建模方法，使其成为统计学领域的研究热点，有着广泛的应用前景。

非参数统计主要包括总体特征参数的估计与检验、总体分布类型的估计与检验、非参数密度估计和非参数回归等内容。

第一，总体特征参数估计与检验。总体特征参数估计和检验非参数方法运用的主要工具是秩。大体的思路是，首先通过某种规则对一组数据（或混合数据）排秩，然后构造与秩有关的统计量进行检验和估计。

较简单的非参数检验是符号检验，它常用于检验总体分布的分位点是否在某一指定位置。其基本思想是，设 $X_1, \cdots, X_n$ 是来自连续总体的一个样本，Q_π 是总体的 π 分位数，若 $Q_\pi = q_0$ 成立，则样本中小于（大于）q_0 的点数 s^-（s^+）与 n 之比应该约为 $\pi(1-\pi)$，如果与此相差很远，假设就可能有问题。

较典型的非参数检验是 Wilcoxon 秩和检验。它适用于两样本位置参数检验，检验统计量为：$W_Y = \sum_{i=1}^{n} R_i$，其中 R_i 为 Y_i 在两混合样本中的秩。其基本思想是若两样本 $X_1, \cdots, X_m$ 和 $Y_1, \cdots, Y_n$ 差异不显著，则两样本的秩和相差应当不大，即：$W_Y = \sum_{i=1}^{n} R_i$ 的取值应当适中。

第二，总体分布类型检验。总体分布类型的非参数检验的典型方法有 Pearson χ^2 检验和 Kolmogorov-Smirnov 检验。

Pearson χ^2 检验运用的工具是频数。其检验统计量的数学定义为：

$$\chi^2 = \sum_{i=1}^{k} \frac{(f_i^0 - f_i^e)^2}{f_i^0} \tag{1}$$

其中，k 为子集个数，f_i^0 是观测值的频数，f_i^e 为期望频数。

基本思想是，从一个随机变量 X 中随机抽取若干个观察样本，若样本是来自假定分布，则 f_i^0 与 f_i^e 相差应不大，即 χ^2 值应适中。

Kolmogorov-Smirnov 检验的主要工具是经验分布函数。随机样本 $X_1, \cdots, X_n$ 的经验分布函数为：

$$S(x) = \frac{X_i \leqslant x \text{ 的个数}}{n} \tag{2}$$

它表示样本中小于等于 x 的值的比例，是总体分布 F(x) 的估计。

Kolmogorov-Smirnov 检验的主要思想是，若两样本 $X_1, \cdots, X_m$ 和 $Y_1, \cdots, Y_n$ 来自同一总体，则两者经验分布函数距离相差应不大。检验统计量为：

$$D_n = \max\{\max_i(|F_m(x_i) - G_n(x_i)|),\ \max_j(|F_m(y_j) - G_n(y_j)|)\} \tag{3}$$

显然，D_n 表示两样本的经验分布函数 $F_m(x)$ 和 $G_n(x)$ 的最大距离。若两样本来自同一总体，则 D_n 取值应适中。

根据这些检验统计量的分布表，我们可以很容易地得到相应的区间估计。

第三，非参数密度估计。常见的非参数密度估计方法有：直方图估计、核密度估计、k－近邻估计等。

直方图估计是最为简单的估计方法，但很难给出较精确的密度估计。另外三种密度估计方法的基本思想都是进行加权。核密度估计是对某点周围各点用核函数赋予不同的权值，越临近权值越大。若数据为 $x_1,\cdots,x_n$，则在点 x 处的一种和密度估计为：

$$\tilde{f}(x) = \frac{1}{nh}\sum_{i=1}^{n} K\left(\frac{x-x_i}{h}\right) \quad (4)$$

其中，h 为带宽，K(·)为核函数。

k－近邻估计是让离 x_i 最近的 k 个点参与加权。一种常见的 k－近邻估计为：

$$\tilde{f}(x) = \frac{k-1}{2nd_k(x)} \quad (5)$$

$d_k(x)$表示 x 到各样本点的欧氏距离的顺序统计量。

第四，非参数回归。假设已知一组数据$(x_1,y_1),\cdots,(x_n,y_n)$，我们可以建立一个 X 与 Y 变量的关系：

$$y_i = m(x_i) + \varepsilon_i, i = 1,\cdots,n \quad (6)$$

回归的主要目的即估计 m(x)，实际上是把原始的数据点光滑化。

非参数回归使用的方法与上面讲述的非参数密度估计类似。有三点滑动平均、核光滑、k－近邻光滑等。

最初等的平滑是大家熟知的三点滑动平均，即将每一点的 Y 值用该点和邻近两点的平均值代替。其他三种回归的方法思路与此类似，只不过是要进行加权处理。核光滑是按照核函数进行加权平均。k－近邻光滑是将最为临近的 k 个点按照权函数进行平均。

参考文献：

［英］伊特韦尔等：《新帕尔格雷夫经济学大辞典》，经济科学出版社 1996 年版。

谢邦昌、黄向阳：《统计学：方法与应用》，中国人民大学出版社 2009 年版。

吴喜之等：《非参数统计》，中国统计出版社 2009 年版。

吴喜之、王兆军：《非参数统计方法》，经济科学出版社 1996 年版。

王星：《非参数统计》，中国人民大学出版社 2005 年版。

叶阿忠：《非参数计量经济学》，南开大学出版社 2003 年版。

（张虎）

时间序列分析
Time Series Analysis

时间序列是指将时间间隔相等的某一变量的观测值，按照时间先后顺序排列而成的序列。该序列记录了所研究现象历史行为的全部信息。时间序列分析就是研究时间序列的动态结构特征和变化规律的统计方法。

最早对时间序列的研究是尝试揭示序列中的周期性。法国数学家傅里叶（Fourier，1807）的思想是这类分析方法的起源。根据傅里叶的观点，任意一个时间序列都可以看作是由不同频率的正余弦波叠加而成的。但是，时间序列往往具有某种随机性，通常的做法是增加一个随机分量，这样问题就转化为估计时间序列隐藏的周期性的长度。这就是周期图分析，最早由斯托克斯（Stokes，1879）提出，并由舒斯特（Schuster，1967）应用于对太阳黑子资料的分析，后来被威廉姆·贝弗里奇（William Beveridge，1921、1922）用于分析经济时间序列。

如果时间序列是完全随机的，周期图分析就不再适用。谱分析是一种经过修正的周期图分析方法，该方法的关键假定是，任何无趋势的时间序列都能分解成一定数量展现周期性的谱图，它考虑的是整个时间序列而不仅仅是扰动分量的随机性。谱分析对分析时序特征是有用的，但对样本期外的预测就不是很明确。

经验表明，时间序列的变动具有多种模式。如果时间序列变动的基本样式是由确定性趋势决定的，那么时间序列分析就是设法消除随机性变动，拟合确定型趋势。如果时间序列的变动是由许多偶然因素共同作用的随机型变动，那么时间序列就可以看作是一个随机过程的一次样本实现。因此，可以根据随机理论对时间序列进行分析。这类分析方法起源于 1927 年英国统计学家 G. U. 尤尔（G. U. Yule，1921，1926，1927）提出的自回归模型（Auto Regressive Model，AR）和俄国统计经济学家尤金·斯卢茨基（Eugen Slutsky，1927）提出的移动平均模型（Moving Average Model，MA）。20 世纪 20 年代以来，随机时间序列分析的理论和方法得到迅速发展，其中以 Box-Jenkins 方法（1970）的应用最为广泛，成为时间序列建模的主要分析方法。

确定性时间序列分析是将时间序列的变动分解成趋势变动(T_t)、循环变动(S_t)、季节变动(C_t)和不规则变动(I_t)，通过拟合确定型趋势，揭示序列变化的数量规律性。常用的确定性时间序列模型有：加法模型$(X_t = T_t + S_t + C_t + I_t)$、乘法模型$(X_t = T_t \times S_t \times C_t \times I_t)$、混合模型$(X_t = T_t \times S_t + I_t$ 或 $X_t = S_t + T_t \times C_t \times I_t)$，式中 X_t 是观测目标的观测记录，$E(I_t) = 0$，$E(I_t^2) = \sigma^2$。

确定性时序分析研究的仅是现象全部动态特征中确定性的那部分，不考虑随机影响。主要的分析方法有发展水平分析、趋势变动分析、季节变动分析和长期趋势加季节变动分析。

随机时间序列分析是把时间序列视为对某一随机过程的一次观测结果，运用随机过程理论和统计方法分析、刻画序列中依存关系即序列的动态规律性。描述时间序列动态性的分析工具有三种：格林函数、自相关函数和谱密度，相应的分析方法为系统分析法、时域分析法和频域分析法。

系统分析法从系统的观点出发，将时间序列作为某一系统的响应，用记忆函数来刻画序列的依存关系。对一个随机变量 X(t)，令 $t\in T$，T 为整数集，无穷多个随机变量 $\{X(t),t\in T\}$ 是一个随机过程，$X_t(t=1,2,\cdots)$ 是在时刻 t 对过程 X(t) 的一个观测值。序列 X_t 的动态性可用以下模型来描述：

$$X_t=\varphi_0W_{t-0}+\varphi_1W_{t-1}+\varphi_2W_{t-2}+\cdots \quad (1)$$

其中，$\varphi_j(j=0,1,2,\cdots)$ 表示 t 时刻系统对 W_{t-j} 的记忆程度，称为记忆函数。

时域分析根据时间序列的观测依时间顺序被观察的这一事实，用自协方差函数描述时间序列不同时刻取值的相关关系。对一个时间序列 $X_t(t=1,2,\cdots)$，如果其一、二阶矩存在，且对于任意时刻 t 有：

$$EX_t=\mu$$

$$\gamma_k=E(X_{t+k}-\mu)(X_t-\mu) \quad (2)$$

其中，γ_k 是仅依赖于时间间隔 k 的自协方差函数，X_t 和 X_{t+k} 的自相关函数为 $\rho_k=\frac{\gamma_k}{\gamma_0}$。如果时间序列 X_t 满足(2)式，称该序列为宽平稳时间序列；如果序列 X_t 的分布函数与时间 t 无关，称该序列为严平稳序列；如果序列 X_t 的任何过去、现在、未来的观测值都不存在相关性，称该序列为白噪声序列，即序列 X_t 满足 $EX_t=0$、$EX_t^2=\sigma^2$、$E(X_tX_s)=0(t\neq s)$。

频域分析法又称谱分析法，将时间序列看成不同谐波的叠加，通过研究波动的频率特征来刻画时间序列的特征。周期图和谱密度（即功率谱）是谱分析两个主要分析工具。根据傅里叶的思想，时间序列 X_t 可以表示为：

$$X_t=\sum_{i=1}^{t}C_i\cos(2\pi f_it+\varphi_i)+\varepsilon_t \quad i=1,2,\cdots,k \quad (3)$$

其中 k 为常数，是周期分量的个数即主周期（基波）及其谐波的个数；C_i、f_i、$\frac{1}{f_i}$、φ_i 分别表示第 i 个周期波的振幅、频率、周期、和相位；ε_t 是独立于 φ_i 的纯随机序列，$E(\varepsilon_t)=0$，$E(\varepsilon_t^2)=\sigma_\varepsilon^2$。具有 N 个观测值的序列 X_t 的周期图为：

$$I(f_i)=\frac{N}{2}(a_i^2+b_i^2) \quad (4)$$

其中，$a_i=C_i\cos\varphi_i$，$b_i=-C_i\sin\varphi_i$。当时间序列 X_t 含有确定性的周期分量时，可通过 $I(f_i)$ 的极大值点寻找这些分量的周期。

如果平稳时间序列的谱分布函数 G(λ) 存在谱密度 g(λ)（即功率谱）时，可用周期图的平滑值估计 g(λ)。当平稳序列的自相关函数绝对可和时，与谱密度是一傅里叶变化对，即

$$\gamma_t=\int_{-\infty}^{+\infty}g(\lambda)e^{-ak}d\lambda$$

$$g(\lambda)=\frac{1}{2\pi}\int_{-\infty}^{+\infty}\gamma_ie^{-at}dk \quad (5)$$

上式称之为维纳－辛钦公式或平稳过程自相关函数的谱表示式。它揭示了从时间角度描述平稳过程 X_t 的统计规律和从频率角度描述 X_t 统计规律之间的联系。对谱密度和分布函数的估计和分析，在所有时间序列分析中都占据重要地位。更详细的论述见杜布（1953）、费什曼（Fishman，1969）、科普曼斯（Koopmans，1974）、富勒（Fuller，1976）、纳洛夫等（Nerlove，1979）及普里斯特利（Priestley，1981）。

参考文献：

王振龙：《应用时间序列分析》，科学出版社 2007 年版。

Nerlove，M.，Grether，D. M. and Carvalho，J. L.，*Analysis of Economic Time Series*，New York：Academic Press，1979.

Hamilton，J. D.，*Time Series Analysis*，Princeton University Press，1994.

Mills，T. C.，*Time Series Techniques for Economists*，Cambridge University Press，1990.

（王振龙）

时间序列预测
Time Series Forecasting

时间序列预测就是利用所建立的时间序列模型对未来进行预测。根据所选择了的时间序列模型，可以基于信息集 $X_t(t=1,2,\cdots,t)$ 对 t+1 时刻的观测值 X_{t+1} 进行预测，这种预测称为以 t 为原点，向前期或步长为 l 的预测，预测值记为 $\hat{X}_t(l)$。通常考虑预测值 $\hat{X}_t(l)$ 使均方预测误差最小，即 $\min E[X_{t+i}-\hat{X}_t(l)]^2$。常用的预测方法有指数平滑法、条件期望预测、适时修正预测和卡尔曼滤波法。

指数平滑法。一般来说历史数据对未来值的影响是随着时间间隔的增长而递减的，指数平滑法是对各期观测值依时间顺序进行加权平均作为预测值，计算公式为：

$$\hat{X}_t(l)=\sum_{j=0}^{m}\theta(1-\theta)^jX_{t-j} \quad (1)$$

其中，θ 为加权系数，0<θ<1。常用的两个指数平滑公式为：

$$\hat{X}_t(1)=\hat{X}_{t-1}(1)+\theta[X_t-\hat{X}_{t-1}(1)] \quad (2)$$

$$\hat{X}_t(1)=\theta X_t+(1-\theta)\hat{X}_{t-1}(1) \quad (3)$$

(2)式表明下期的预测值是本期预测与本期预测误差的加权平均数；(3)式用 θ 的预测误差进行修正。指数平滑法最早由布朗（Rober G. Brown，1962）提出，霍尔特（C. C. Holt，1957）和温特斯（Winters，1960）把指数平滑法推广到含有更多复合趋势和季节性分类的

模型上。进一步的推广以及最优性的证明由泰尔和韦格(1964)以及纳洛夫和韦格(1964)给出。

条件期望预测。如果生成时间序列的过程是平稳的或者能转换为平稳的,可以用 X_{t+1} 的条件期望作为 X_{t+1} 的预测值,这就是条件期望预测。从 ARMA 模型做预测的原理非常简单,对一个能够由 MA(q)描述的 0 均值序列,其前 l 步预测为:

$$\hat{X}_{t+1} = \sum_{j=0}^{q} \theta_{j+1} a_{i-j} \quad (4)$$

其中,$\theta_0 = 1$ 且对于 $j + 1 > 1$,$\theta_{j+1} = 0$。l 步预测误差为 $a_{t+1} = X_{t+1} - \hat{X}_{t+1} = \sum_{j=0}^{l-1} \theta_j a_{t+i-j}$。给定 a_i 是白噪声序列,$E(a_{i+1}) = 0$,预测误差的均方值(SPE(l))为:

$$\delta(\tau) = \sigma_\alpha^2 \sum_{j=0}^{l-1} \theta_j^2 \quad (5)$$

X_{t+1} 的 95% 置信水平预测区间为($\hat{X}_{i+1} \mp 196\sqrt{\delta(l)}$)。由于对任一平稳序列模型,都可以用 MA 模型逼近,即 $X_i = \sum_{j=0}^{m} G_j a_{t-j}$。因此其前 l 步预测为 $\hat{X}_t(l) = \sum_{j=1}^{m} G_j \alpha_{t+l-j}$,($j \to \infty$,$G_j \to 0$)。相应的预测误差为 $\delta(l) = \sigma^2 \sum_{j=0}^{l-1} G_j^2$。

可以证明条件期望预测与最小均方误差预测是一致的。因此,任何一个 ARMA 模型,其任意超前时刻的预测都可以用条件期望最简单的计算出来,并且可以通过格林函数 G_j 求得相应的误差方差和预测区间。

适时修正预测。假定时刻 t 有预测 $\hat{X}_t(l)$,在时刻 t + 1 时,观测值 X_{t+1} 变为已知。基于新的信息集 X_{t+1},对旧的预测值 $\hat{X}_t(l)$ 进行修正,得到新的预测值 $\hat{X}_{t+1}(l-1)$,就是适时修正预测,计算公式为:

$$\hat{X}_{t+1}(l-1) = \hat{X}_{t+1}(l) + G_{l-1} a_{t+1} \quad (6)$$

其中,$a_{t+1} = X_{t+1} - \hat{X}_t(1)$。(6)式表明,新的预测值可以由旧的预测值和新的观测值推算出来。

卡尔曼滤波法。如果时间序列是非平稳的,可以用卡尔曼(Kalman)滤波法进行预测。该方法是一种以状态变量的线性最小方差递推估算的方法,其基本思想是:采用信号与噪声的状态空间模型,利用前一时刻的估计值和现时刻的观测值来更新对状态变量的估计,求出现时刻的估计值。预测时,需要分析时间序列过程的状态空间形式。

参考文献:

Box, G. E. P. and Jenkins, G. M., *Time-Series Analysis: Forecasting and Control*, Holden Day, San Francisco, 1970.

Fuller, W. A., *Introduction to Statistical Time Series*, New York: John Wiley, 1976.

Koopmans, L. H., *The Spectral Analysis of Time Series*, New York: Academic Press, 1974.

(王振龙)

季节调整
Seasonal Adjustment

季节调整是一个从时间序列中提取季节成分,凸显趋势变动的过程。某些经济现象在一年时间范围内按固定时间间隔(如按月或季)进行观测,得到的时间序列数据会呈现出有规律的周期性变动。这种变动是受自然界的季节变化或其他社会、政治、经济因素影响而形成的,通常称之为季节变动,也叫季节性。这种季节性往往会遮盖或混淆经济中其他客观变化规律,对于深入研究和解释经济规律造成困难。因此,需要从原始观测序列中除去季节变动,这就是季节调整问题。

早期的季节调整方法以非参数方法为主。1919 年,珀森斯(W. M. Persons)首次提出季节调整问题,并用乘法模型分解时间序列中的 4 个未观测分量。1931 年,麦考利(Macauly)提出的移动平均比率法是第一个完整的季节调整方法,成为很多季节调整方法的核心算法。X-11 系列方法是基于移动平均法的非参数季节调整方法。1954 年美国普查局开发的"普查局方法 I"是第一种由计算机执行的季节调整方法。随后该方法不断进行改进,每次改进用 X 加上序号表示。1965 年开发的 X-11 是比较完整的季节调整程序,很快被各国官方统计机构广泛使用。加拿大统计局开发的 X-11-ARIMA 在 X-11 的基础上引入随机建模的思想,在进行季节调整之前,通过建立 ARIMA 模型对序列进行向前预测和向后预测的预处理,从而克服了移动平均技术产生的序列端值丢失问题。20 世纪 90 年代中期美国普查局开发的 X-12-ARIMA 保留了 X-11-ARIMA 的所有特点,并且可以在程序的 regARIMA 预调整模块中对序列做更丰富的预处理,从而逐渐替代了 X-11-ARIMA。

由于没有明确的统计模型,X-11 系列方法一直受到统计学界批评。以明确统计模型为基础的参数季节调整方法是季节调整的另一个发展方向,根据趋势分量和季节分量是否具有随机性,分为确定性模型和随机模型。确定性模型的季节调整用确定的行为曲线描述序列中的趋势分量和季节分量,不确定性分量的作用是使时间序列的"观测值"偏离了曲线。随机模型的季节调整将趋势分量和季节分量视为不确定性的,用随机模型进行描述,主要的随机模型是 ARIMA 模型和结构模型。

基于确定性模型的季节调整方法主要有:20 世纪 70 年代后期欧盟统计局开发的 DAINTIES 和德国中央统计局使用的 BV4,二者都是基于移动回归模型的参数季节调整方法。

以 ARIMA 模型为基础的季节调整方法对原始序列建模,根据估计的模型得到各分量的模型。80 年代中期英格兰银行最先将 ARIMA 模型应用到实际分析。西班牙银行的奥古斯丁·马拉瓦利(Augustin Maravall)在此基础上开发出 TRAMO/SEATS 程序(Gómez and Maravall,1997)。随后美国普查局和 Agustin Maravall 联合开发的 X-12-SEATS 是在 X-12-ARMIA 中加入 SEATS,可以对 X-11/X-12 型调整诊断、使用同一频谱诊断的 SEATS 调整、历史修正诊断和移动平滑诊断进行比较。其改进版 X-13-ARIMA-SEATS(2006)季节调整程序增加了 TRAMO 方法中的自动建模过程。与 X-12-ARIMA 用移动平均的非参数方法提取分量不同,SEATS 算法使得 X-13-ARIMA-SEATS 可以用估计的 regARIMA 模型提取分量。

以结构模型为基础的季节调整方法直接对序列的各分量进行估计。20 世纪 80 年代,英国统计学家和计量经济学家哈维(A. C. Harvey,1989)等人采用现代时间序列分析理论和方法提出的“结构时间序列模型”,成为经济时间序列季节调整的有力工具。该方法将结构时间序列表示为状态空间形式,用状态向量表示不可观测分量,通过估计模型中的状态向量和未知参数来达到季节调整的目的,其核心算法是卡尔曼滤波。日本统计学家赤池·弘次(Hirotugu Akaike,1980)开发的 BAYSEA 程序是一种通过选择基于最小化目标函数的最优模型进行季节调整的方法。该方法解决了 X-11 方法中序列端值丢失的问题,并建立了模型的选择标准,使调整结果具有客观性。

因素分解法。该方法将一个时间序列(X_t)看作是由趋势变动(T_t)、循环变动(C_t)、季节变动(S_t)和不规则变动(I_t)四种未观测分量组成,并根据各分量之间存在的关系设定相应的模型,常用的模型有三种:

加法模型:$X_t = T_t + C_t + S_t + I_t$

乘法模型:$X_t = T_t \times C_t \times S_t \times I_t$

混合模型:$X_t = T_t \times S_t + I_t$ 或 $X_t = S_t + T_t \times C_t \times I_t$

如果各分量是独立的,X_t 服从加法模型;如果是非独立的,X_t 服从乘法或混合模型。一般用移动平均法、周期点平均法、回归法、X-11 等方法对未观测分量进行估计,从而将季节因素从原始序列中剔除。

周期点平均法。该方法假定序列不存在明显的长期趋势,通过对原始时间序列计算季节指数进行季节调整。周期点是指周期内的各个时间点。以年为周期的月度数据为例,每个月都是一个周期点,共 12 个周期点,基本步骤为:

(1)计算各年同月平均数。

(2)计算各年所有月份的总平均数。

(3)计算各月季节指数,即各年同月平均数与月总平均数的比值。

(4)用各月季节指数去除原始观测值,得到季节调整序列。

季节指数之和应等于周期点数(如月度季节指数之和等于 12)。如果不相等,对其进行标准化,用各月季节指数除以季节指数之和再乘以周期数。

周期点平均法计算简单,只适用于只有季节变动且变动程度比较一致的现象。为准确测定季节变动,一般要用三年以上的时间序列数据。

移动平均比法。如果时间序列不仅有规则性季节变动,还呈现出明显的长期趋势,这时可用移动平均比估计季节变动,对原序列进行季节调整。以月度时间序列数据为例,基本步骤为:

(1)计算序列 X_t 的 12 个月移动平均数 $M_{12}(X_t)$,作为趋势变动的估计值,其中 M 表示对序列 X_t 做移动平均,12 表示移动平均项数。

(2)从原序列 X_t 中剔除趋势变动,用移动平均比 $X_t/M_{12}(X_t)$ 作为季节变动的估计值。

(3)计算各年同月移动平均比的平均值,用各月平均值除以各月平均值之和再乘以季节数,得到各月季节指数。

(4)用季节指数除以原始序列观测值(各年使用相同的一组季节指数),得到季节调整序列。

移动平均比法的主要缺陷是对原始序列计算 12 个月移动平均数时,会导致序列两端数据的缺失。

X-11 系列方法。该方法是基于移动平均比的季节调整方法,以具有乘法模型的月度时间序列为例,基本步骤为:

(1)估计初始趋势分量,用原始序列的 2×12 移动平均估计初始趋势-循环分量,$C_t^{(1)} = M_{2\times12}(X_t)$。用移动平均比估计初始季节-不规则分量,$(SI)_t^{(1)} = X_t/C_t^1$。

(2)估计初始季节分量,用移动平均拟合初始季节-不规则分量的趋势线,估计季节调整因子 $S_t^{(1)}$。

(3)估计初始季节调整序列,$A_t^{(1)} = X_t/S_t^{(1)}$。

(4)对初始季节调整序列重复(1)~(3),得到最终季节调整序列 $A_t^{(2)}$。

(5)用移动平均法估计最终趋势分量,$C_t^{(3)} = M(A_t^{(2)})$;将其从 $A_t^{(2)}$ 移除,得到最终不规则分量,$I_t^{(3)} = A_t^{(2)}/C_t^{(3)}$。

提取趋势-循环分量的移动平均技术一直是X-11 系列方法改进的重点。普查局方法Ⅰ用 12 个月移动平均和 5 个月移动平均,方法Ⅱ改用 Spencer15 个月加权移动平均,X-11 中用复合简单移动平均、Henderson 移动平均。但这些方法始终无法解决对称移动平均导致的序列两端数据缺失问题。马斯格雷夫(Musgrave)提出一组非对称移动平均作为 Henderson 移动平均的补充,从而得到序列端值的估计值。X-11-ARIMA 和

X-12-ARIMA 中引入了 Musgrave 移动平均。

X-11-ARIMA 在对时间序列进行调整之前,通过建立 ARIMA 模型对序列进行延伸,解决了 X-11 方法中的“端点”问题,并减少了对序列末端估计值的修正,基本步骤为:

(1)对原始序列建立 ARIMA 模型。

(2)根据 ARIMA 模型的拟合和预测数据对原始序列进行延伸。

(3)使用移动平均估计序列各组成分量。

X-11-ARIMA/88 和 X-11-ARIMA/2000 用哑变量回归模型估计确定性分量、贸易日变化、复活节效应等,并将其从原始序列中移除,然后再对序列进行(1)~(3)的步骤。

X-12-ARIMA 在 X-11、X-11-ARIMA 和 X-11-ARIMA/88(达格姆,1988)的基础上,使用信号噪声比法在一组固定的移动平均过滤器(通常称之为 X-11 型过滤器)之间选择。该方法包含了贸易日分析、节假日和异常值效应的处理,并增加了几种模型和季节调整诊断方法。

参考文献:

Akaike, H. and Ishiguro, M., BAYSEA, a Bayesian Seasonal Adjustment Program, Computer Science Monographs N13, *The Institute of Statistical Mathematics*: Tokyo, 1980.

Gomez, V. and A. Maravall, *Programs TRAMO and SEATS*, Instructions for the User, Beta Version, November, 1997.

Harvey, A. C., A Unified View of Statistical Forecasting Procedures, *Journal of Forecasting*, Vol. 3, 1984.

Ladiray, D. and B. Quenneville, Seasonal Adjustment with the X-11 Method, New York: Springer, *Lecture Notes in Statistics*, Vol. 158, 2001.

Macaulay, F. R., *The Smoothing of Time Series*, *The National Bureau of Economic Research*, 1931.

U. S. Census Bureau, *X-12-ARIMA Reference Manual*, Final Version 0. 2, Washington, D. C., 2002.

U. S. Census Bureau, *X-13A-S Reference Manual* Version 0. 3, Washington, D. C., 2006.

(王振龙)

多元统计分析

Multivariate Statistics Analysis

多元统计分析是运用数理统计方法来研究解决多变量问题的理论和方法。近 30 年来,随着计算机应用技术的发展和科研生产的迫切需要,多元统计分析技术被广泛地应用于地质、气象、水文、医学、工业、农业和经济等许多领域,已经成为解决实际问题的有效方法。然而,随着互联网的日益普及,各行各业都开始采用计算机及相应的信息技术进行管理和决策,这使得各企事业单位生成、收集、存储和处理数据的能力大大提高,数据量与日俱增,大量复杂信息层出不穷。在信息爆炸的今天,人们已经意识到数据最值钱的时代已经到来。显然,大量信息在给人们带来方便的同时也带来一系列问题。例如,信息量过大,超过了人们掌握、消化的能力;一些信息真伪难辨,从而给信息的正确应用带来困难;信息组织形式的不一致性导致难以对信息进行有效统一处理,等等,这种变化使传统的数据库技术和数据处理手段已经不能满足要求。互联网的迅猛发展也使得网络上的各种资源信息异常丰富,在其中进行信息的查找如大海捞针。这样又给多元统计分析理论的发展和方法的应用提出了新的挑战。

多元统计分析起源于 20 世纪初,1928 年维希特(Wishart)发表论文《多元正态总体样本协差阵的精确分布》,可以说是多元分析的开端。20 世纪 30 年代 R. A. 费雪(R. A. Fisher)、H. 霍特林(H. Hotelling)、S. N. 罗伊(S. N. Roy)、许宝騄等人作了一系列的奠基性工作,使多元分析在理论上得到了迅速发展。20 世纪 40 年代在心理、教育、生物等方面有不少的应用,但由于计算量大,使其发展受到影响,甚至停滞了相当长一段时间。20 世纪 50 年代中期,随着电子计算机的出现和发展,使多元分析方法在地质、气象、医学、社会学等方面得到广泛的应用。20 世纪 60 年代通过应用和实践又完善和发展了理论,由于新的理论、新的方法不断涌现又促使它的应用范围更加扩大。20 世纪 70 年代初期在我国才受到各个领域的极大关注,并在多元统计分析的理论研究和应用上也取得了很多显著成绩,有些研究工作已达到国际水平,并已形成一支科技队伍,活跃在各条战线上。在 20 世纪末与 21 世纪初,人们获得的数据正以前所未有的速度急剧增加,产生了很多超大型数据库,遍及超级市场销售、银行存款、天文学、粒子物理、化学、医学以及政府统计等领域,多元统计与人工智能和数据库技术相结合,已在经济、商业、金融、天文等行业得到了成功的应用。重要的多元统计分析方法有:参数估计与假设检验、多重回归分析(简称回归分析)、判别分析、聚类分析、主成分分析、因子分析、相应分析、典型相关分析、多维标度法、多元方差分析等。

多元统计分析有狭义与广义之分,当假定总体分布是多元正态分布时,称为狭义的,否则称为广义的。近年来,狭义多元分析的许多内容已被推广到更广的分布之中,特别是推广到一种称为椭球等高分布族之中。

多元统计分析方法在经济管理、农业、医学、教育学、体育科学、生态学、地质学、社会学、考古学、环境保护、军事科学、文学等方面都有广泛的应用，多元分析方法从研究问题的角度可以分为不同的类，相应有具体解决问题的方法。

（1）数据或结构性化简。尽可能简单地表示所研究的现象，但不损失很多有用的信息，并希望这种表示能够很容易的解释。多元回归分析、聚类分析、主成分分析、因子分析、相应分析、多维标度法就是解决这类问题的方法。

（2）分类和组合。基于所测量到的一些特征，给出好的分组方法，对相似的对象或变量分组，这往往是一切科学研究的基础和开端。判别分析和聚类分析是解决这类问题的方法。

（3）变量之间的相依关系。分析变量之间是否存在相依关系，相依关系又是怎样体现。多元回归、典型相关、主成分分析、因子分析、相应分析、多维标度法是解决这类问题的有效方法。

（4）假设的提出及检验。检验由多元总体参数表示的某种统计假设，能够证实某种假设条件的合理性。

多元统计分析的数学计算比较复杂，在实际应用中需要借助于计算机，各种统计软件包如 SAS、SPSS 等，使实际工作者利用多元统计分析方法解决实际问题更简单方便。

参考文献：

张尧庭、方开泰：《多元统计分析引论》，科学出版社 1982 年版。

王学仁、王松桂：《实用多元统计分析》，上海科学技术出版社 1990 年版。

于秀林、任雪松：《多元统计分析》，中国统计出版社 2002 年版。

张润楚：《多元统计分析》，科学出版社 2006 年版。

朱建平：《应用多元统计分析》，科学出版社 2006 年版。

R. A. Johnson, D. W. Wichern, *Applied Multivariate Statistical Analysis*, (4th Ed), New York: Prentice-Hall, 1998.

M. L. Eaton, *Multivariate Statistics: A Vector Space Approach*, New York: John Wiley & Sons 1983.

L. Lebart, A. K. Morineau, M. Warwick, *Multivariate descriptive Statistical Analysis*, New York: John Wiley & Sons. ,1984.

K. V. Mardia, J. H, Kert, J. M. Bibby, *Multivariate Analysis*, London: Academic Press, 1979.

T. W. Anderson, *An Introduction to Multivariate Statistical Methods(2th Ed)*, New York: John Wiley, 1984.

（朱建平）

判别分析
Discriminant Analysis

在我们的日常生活和工作实践中，常常会遇到判别分析问题，即根据历史上划分类别的有关资料和某种最优准则，确定一种判别方法，判定一个新的样本归属哪一类。例如，某医院有部分患有肺炎、肝炎、冠心病、糖尿病等病人的资料，记录了每个患者若干项症状指标数据。想利用现有的这些资料找出一种方法，使得对于一个新的病人，当测得这些症状指标数据时，能够判定其患有哪种病。这些问题都可以应用判别分析方法予以解决。

把这类问题用数学语言来表达，可以叙述如下：设有 k 个样本，对每个样本测得 p 项指标（变量）的数据，已知每个样本属于 k 个类别（或总体）$G_1, G_2, \cdots, G_k$ 中的某一类。我们希望利用这些数据，找出一种判别函数，使得这一函数具有某种最优性质，能把属于不同类别的样本点尽可能地区别开来，对测得同样 p 项指标（变量）数据的一个新样本，能判定这个样本归属于哪一类。

判别分析内容很丰富，方法很多。判断分析按判别的总体数来区分，有两个总体判别分析和多总体判别分析；按区分不同总体所用的数学模型来分，有线性判别和非线性判别；按判别时所处理的变量方法不同，有逐步判别和序贯判别等。判别分析可以从不同角度提出问题，因此有不同的判别准则，如马氏距离最小准则、费雪（Fisher）准则、平均损失最小准则、最小平方准则、最大似然准则、最大概率准则等，按判别准则的不同又提出多种判别方法。这里我们重点介绍常用的几种判别分析方法：距离判别法、贝叶斯（Bayes）判别法和费雪（Fisher）判别法。

一是距离判别法。

马氏距离的概念。我们引入一种由印度著名统计学家马哈拉诺比斯（Mahalanobis, 1936）提出的“马氏距离”的概念。

设 $\mathbf{X} = (X_1, X_2, \cdots, X_p)'$ 和 $\mathbf{Y} = (Y_1, Y_2, \cdots, Y_p)'$ 是来自均值向量为 $\boldsymbol{\mu}$，协方差为 $\boldsymbol{\Sigma}(>0)$ 的总体 G 中的 p 维样本，则总体 G 内两点 $\mathbf{X}$ 与 $\mathbf{Y}$ 之间的马氏距离定义为

$$D^2(\mathbf{X}, \mathbf{Y}) = (\mathbf{X} - \mathbf{Y})'\boldsymbol{\Sigma}^{-1}(\mathbf{X} - \mathbf{Y}) \quad (1)$$

定义点 $\mathbf{X}$ 到总体 G 的马氏距离为

$$D^2(\mathbf{X}, G) = (\mathbf{X} - \boldsymbol{\mu})'\boldsymbol{\Sigma}^{-1}(\mathbf{X} - \boldsymbol{\mu}) \quad (2)$$

这里应该注意到，当 $\boldsymbol{\Sigma} = \mathbf{I}$（单位矩阵）时，即为欧氏距离的情形。

距离判别的思想及方法。

第一，两个总体的距离判别问题。设有协方差矩阵 $\boldsymbol{\Sigma}$ 相等的两个总体 G_1 和 G_2，其均值分别是 $\boldsymbol{\mu}_1$ 和 $\boldsymbol{\mu}_2$，对于一个新的样品 $\mathbf{X}$，要判断它来自哪个总体。

一般的想法是计算新样品 $\mathbf{X}$ 到两个总体的马氏距离 $D^2(\mathbf{X},G_1)$ 和 $D^2(\mathbf{X},G_2)$，并按照如下的判别规则进行判断：

$$\begin{cases}\mathbf{X}\in G_1, \text{如果 } D^2(\mathbf{X},G_1)\leqslant D^2(\mathbf{X},G_2)\\ \mathbf{X}\in G_2, \text{如果 } D^2(\mathbf{X},G_1)>D^2(\mathbf{X},G_2)\end{cases} \quad (3)$$

这个判别规则的等价描述为：

$$\begin{cases}\mathbf{X}\in G_1, \text{如果 } W(\mathbf{X})\geqslant 0\\ \mathbf{X}\in G_2, \text{如果 } W(\mathbf{X})<0\end{cases} \quad (4)$$

其中 $W(\mathbf{X})=\boldsymbol{\alpha}'(\mathbf{X}-\bar{\boldsymbol{\mu}})$，$\bar{\boldsymbol{\mu}}=\frac{1}{2}(\boldsymbol{\mu}_1+\boldsymbol{\mu}_2)$ 是两个总体均值的平均值，$\boldsymbol{\alpha}=\boldsymbol{\Sigma}^{-1}(\boldsymbol{\mu}_1-\boldsymbol{\mu}_2)$，这里称 $W(\mathbf{X})$ 为两总体距离判别的判别函数，由于它是 $\mathbf{X}$ 的线性函数，故又称为线性判别函数，$\boldsymbol{\alpha}$ 称为判别系数。

第二，多个总体的距离判别问题。设有 k 个总体 $G_1,G_2,\cdots,G$，其均值和协方差矩阵分别是 $\boldsymbol{\mu}_1,\boldsymbol{\mu}_2,\cdots,\boldsymbol{\mu}_k$ 和 $\boldsymbol{\Sigma}_1,\boldsymbol{\Sigma}_2,\cdots,\boldsymbol{\Sigma}_k$，而且 $\boldsymbol{\Sigma}_1=\boldsymbol{\Sigma}_2=\cdots=\boldsymbol{\Sigma}_k=\boldsymbol{\Sigma}$。对于一个新的样品 $\mathbf{X}$，要判断它来自哪个总体。

该问题与两个总体的距离判别问题的解决思想一样。相应的判别规则为：

$$\mathbf{X}\in G_i \quad \text{如果 } W_i(\mathbf{X})=\max_{1\leqslant\alpha\leqslant k}(\mathbf{I}'_\alpha\mathbf{X}+C_\alpha) \quad (5)$$

这里 $\mathbf{I}_\alpha=\boldsymbol{\Sigma}^{-1}\boldsymbol{\mu}_\alpha$，$C_\alpha=-\frac{1}{2}\boldsymbol{\mu}'_\alpha\boldsymbol{\Sigma}^{-1}\boldsymbol{\mu}_\alpha$，$\alpha=1,2,\cdots,k$。

判别分析的实质。判别分析问题实质上就是在某种意义上，以最优的性质对 p 维空间构造一个"划分"，这个"划分"就构成了一个判别规则。

所谓划分就是，针对 p 维空间的 k 个子集 $R_1,R_2,\cdots,R_k$，如果它们互不相交，且它们的和集为 R^p，则称 $R_1,R_2,\cdots,R_k$ 为的一个划分。

二是贝叶斯(Bayes)判别法。设有 k 个总体 $G_1,G_2,\cdots,G$，其各自的分布密度函数 $f_1(\mathbf{x}),f_2(\mathbf{x}),\cdots,f_k(\mathbf{x})$ 互不相同，假设 k 个总体各自出现的概率分别为 $q_1,q_2,\cdots,q$（先验概率），$q_i\geqslant 0$，$\sum_{i=1}^{k}q_i=1$。假设已知若将本来属于 G_i 总体的样品错判到总体 G_j 时造成的损失为 $C(j|i)$，$i,j=1,2,\cdots,k$。在这样的情形下，对于新的样品 $\mathbf{X}$ 判断其来自哪个总体。

首先应该清楚 $C(i|i)=0$、$C(j|i)\geqslant 0$，对于任意的 $i,j=1,2,\cdots,k$ 成立。设 k 个总体 $G_1,G_2,\cdots,G$ 相应的 p 维样本空间为 $R_1,R_2,\cdots,R_k$，即为一个划分，故我们可以简记一个判别规则为 $R=(R_1,R_2,\cdots,R_k)$。从描述平均损失的角度出发，如果原来属于总体且分布密度为 $f_i(\mathbf{x})$ 的样品，正好取值落入了 R_j，我们就将会错判为属于 G_j。故在规则 R 下，将属于 G_i 的样品错判为 G_j 的概率为：

$$P(j|i,R)=\int_{R_j}f_i(\mathbf{x})\,d\mathbf{x} \quad i,j=1,2,\cdots,k \quad i\neq j$$

如果实属 G_i 的样品，错判到其他总体 $G_1,\cdots,G_{i-1},G_{i+1},\cdots,G$ 所造成的损失为 $C(1|i),\cdots,C(i-1|i),C(i+1|i),\cdots,C(k|i)$，则这种判别规则 R 对总体而言，样品错判后所造成的平均损失为：

$$r(i|R)=\sum_{j=1}^{k}[C(j|i)P(j|i,R)] \quad i=1,2,\cdots,k$$

其中 $C(i|i)=0$

由于 k 个总体 $G_1,G_2,\cdots,G$ 出现的先验概率分别为 $q_1,q_2,\cdots,q$，则用规则 R 来进行判别所造成的总平均损失为：

$$g(R)=\sum_{i=1}^{k}q_i r(i,R)=\sum_{i=1}^{k}q_i\sum_{j=1}^{k}C(j|i)P(j|i,R) \quad (6)$$

所谓贝叶斯判别法则，就是要选择 $R_1,R_2,\cdots,R_k$，使得(6)式表示的总平均损失 $g(R)$ 达到极小。

这样，以贝叶斯判别的思想得到的划分 $R=(R_1,R_2,\cdots,R_k)$ 为：

$$R_i=\{\mathbf{x}|h_i(\mathbf{x})=\min_{1\leqslant j\leqslant k}h_j(\mathbf{x})\} \quad i=1,2,\cdots,k \quad (7)$$

其中，$h_j(\mathbf{x})=\sum_{i=1}^{k}q_iC(j|i)f_i(\mathbf{x}))$，$j=1,2,\cdots,k$。

具体说来，当抽取了一个未知总体的样本值 $\mathbf{X}$，要判断它属于哪个总体，只要前计算出 k 个按先验分布加权的误判平均损失

$$h_j(\mathbf{x})=\sum_{i=1}^{k}q_iC(j|i)f_i(\mathbf{x})),j=1,2,\cdots,k \quad (8)$$

然后再比较这 k 个误判平均损失 $h_1(\mathbf{x}),h_2(\mathbf{x}),\cdots,h_k(\mathbf{x})$ 的大小，选取其中最小的，则判定样品 $\mathbf{X}$ 来自该总体。

三是费雪判别法。费雪(Fisher)判别法是 1936 年提出来的，该方法的主要思想是通过将多维数据投影到某个方向上，投影的原则是将总体与总体之间尽可能地放开，然后再选择合适的判别规则，将新的样品进行分类判别。

费雪判别的基本思想。从 k 个总体中抽取具有 p 个指标的样品观测数据，借助方差分析的思想构造一个线性判别函数：

$$U(\mathbf{X})=u_1X_1+u_2X_2+\cdots+u_pX_p=\mathbf{u}'\mathbf{X} \quad (9)$$

其中系数 $\mathbf{u}=(u_1,u_2,\cdots,u_p)'$ 确定的原则是使得总体之间区别最大，而使每个总体内部的离差最小。有了线性判别函数后，对于一个新的样品，将它的 p 个指标值代入线性判别函数(9)式中求出 $U(\mathbf{X})$ 值，然后根据一定的判别规则，就可以判别新的样品属于哪个总体。

费雪判别函数的构造。假设有 k 个总体 $G_1,G_2,\cdots,G$，其均值和协方差矩阵分别为 $\boldsymbol{\mu}_i$ 和 $\boldsymbol{\Sigma}_i(>0)$ $(i=1,2,\cdots,k)$。同样，我们考虑线性判别函数 $\mathbf{u}'\mathbf{X}$，在 $\mathbf{X}\in G_i$ 的条件下，有：

$$E(\mathbf{u}'\mathbf{X})=E(\mathbf{u}'\mathbf{X}|G_i)=\mathbf{u}'E(\mathbf{X}|G_i)=\mathbf{u}'\boldsymbol{\mu}_i$$
$$i=1,2,\cdots,k$$
$$D(\mathbf{u}'\mathbf{X})=D(\mathbf{u}'\mathbf{X}|G_i)=\mathbf{u}'D(X|G_i)\mathbf{u}=\mathbf{u}'\boldsymbol{\Sigma}_i\mathbf{u}$$

$$i=1,2,\cdots,k$$

令

$$b=\sum_{i=1}^{k}(\mathbf{u}'\boldsymbol{\mu}_i-\mathbf{u}'\bar{\boldsymbol{\mu}})^2=\mathbf{u}'\mathbf{B}\mathbf{u}$$

$$e=\sum_{i=1}^{k}\mathbf{u}'\boldsymbol{\Sigma}_i\mathbf{u}=\mathbf{u}'(\sum_{i=1}^{k}\boldsymbol{\Sigma}_i)\mathbf{u}=\mathbf{u}'\mathbf{E}\mathbf{u}$$

这里 $\bar{\boldsymbol{\mu}}=\frac{1}{k}\sum_{i=1}^{k}\boldsymbol{\mu}_i$，$\mathbf{B}=\mathbf{M}'\left(\mathbf{I}-\frac{1}{k}\mathbf{J}\right)\mathbf{M}$，$\mathbf{E}=\sum_{i=1}^{k}\boldsymbol{\Sigma}_i$，其中 $\mathbf{I}_{p\times p}$ 为 $p\times p$ 的单位阵，$\mathbf{J}=\begin{pmatrix}1&\cdots&1\\ \vdots&\vdots&\vdots\\ 1&\cdots&1\end{pmatrix}$，$\mathbf{M}'\mathbf{M}=\sum_{i=1}^{k}\boldsymbol{\mu}_i\boldsymbol{\mu}'_i$。选择 $\mathbf{u}$ 使得目标函数 $\Phi(\mathbf{u})=\frac{b}{e}=\frac{\mathbf{u}'\mathbf{B}\mathbf{u}}{\mathbf{u}'\mathbf{E}\mathbf{u}}$

达到极大。

具体计算是针对矩阵 $\mathbf{E}^{-1}\mathbf{B}$，其最大特征值所对应的特征向量 $\mathbf{u}=(u_1,u_2,\cdots,u_p)'$ 为我们所求的结果。

这里我们应该说明的是，如果我们得到线性判别函数 $\mathbf{u}'\mathbf{X}$，对于一个新的样品 $\mathbf{X}$ 可以这样构造一个判别规则，如果：

$$|\mathbf{u}'\mathbf{X}-\mathbf{u}'\boldsymbol{\mu}_j|=\min_{1\leq i\leq k}|\mathbf{u}'\mathbf{X}-\mathbf{u}'\boldsymbol{\mu}_i| \qquad (10)$$

则判定 $\mathbf{X}$ 来自总体 G_j。

参考文献：

张尧庭、方开泰：《多元统计分析引论》，科学出版社 1982 年版。

于秀林、任雪松：《多元统计分析》，中国统计出版社 2002 年版。

张润楚：《多元统计分析》，科学出版社 2006 年版。

朱建平：《应用多元统计分析》，科学出版社 2006 年版。

R. A. Johnson, D. W. Wichern, *Applied Multivariate Statistical Analysis*, (*4th Ed*), New York: Prentice-Hall, 1998.

L. Lebart, , A. K. Morineau, M. Warwick, *Multivariate descriptive Statistical Analysis*, New York: John Wiley & Sons, 1984.

K. V. Mardia, J. H. Kert, J. M. Bibby, *Multivariate Analysis*, London: Academic Press, 1979.

T. W. Anderson, *An Introduction to Multivariate Statistical Methods*(*2th Ed*), New York: John Wiley, 1984.

L. Breiman, J. Feiedman, R. Olshen and C. Stone, *Classification and Regression Trees*, Belmont, CA: Wadsworth, Inc, 1984.

D. J. Hand, *Discrimination and Classification*, New York: John Wiley, 1981.

（朱建平）

聚类分析
Cluster Analysis

“物以类聚，人以群分”。对事物进行分类，是人们认识事物的出发点，也是人们认识世界的一种重要方法。因此，分类学已成为人们认识世界的一门基础科学。

在生物、经济、社会、人口等领域的研究中，存在着大量量化分类研究。但历史上诸多的分类方法多半是人们主要依靠经验做定性分类，致使许多分类带有主观性和任意性，不能很好地揭示客观事物内在的本质差别与联系。特别是对于多因素、多指标的分类问题，定性分类的准确性不好把握。为了克服定性分类存在的不足，人们把数学方法引入分类中，形成了数值分类学。后来随着多元统计分析的发展，从数值分类学中逐渐分离出了聚类分析方法。随着计算机技术的不断发展，利用数学方法研究分类不仅非常必要而且完全可能，因此近年来，聚类分析的理论和应用得到了迅速的发展。这里我们将要介绍相似性的量度、系统聚类、K—均值聚类和有序聚类。

聚类分析就是分析如何对样品（或变量）进行量化分类的问题。通常聚类分析分为 Q 型聚类和 R 型聚类。Q 型聚类是对样品进行分类处理，R 型聚类是对变量进行分类处理。

（1）相似性的量度。

①样品相似性的度量。在聚类之前，首先要分析样品间的相似性。Q 型聚类分析，常用距离来测度样品之间的相似程度。每个样品有 p 个指标（变量）从不同方面描述其性质，形成一个 p 维的向量。如果把 n 个样品看成 p 维空间中的 n 个点，则两个样品间相似程度就可用 p 维空间中的两点距离公式来度量。两点距离公式可以从不同角度进行定义，令 d_{ij} 表示样品 $\mathbf{X}_i$ 与 $\mathbf{X}_j$ 的距离，存在以下的距离公式：

第一，明考夫斯基（Minkowski）距离。

$$d_{ij}(q)=(\sum_{k=1}^{p}|X_{ik}-X_{jk}|^q)^{1/q} \qquad (1)$$

明考夫斯基距离简称明氏距离，按 q 的取值不同又可表示为：

绝对距离（q = 1）

$$d_{ij}(1)=\sum_{k=1}^{p}|X_{ik}-X_{jk}| \qquad (2)$$

欧氏距离（q = 2）

$$d_{ij}(2)=(\sum_{k=1}^{p}|X_{ik}-X_{jk}|^2)^{1/2} \qquad (3)$$

切比雪夫（Chebyshev）距离（q = ∞）

$$d_{ij}(\infty)=\max_{1\leq k\leq p}|X_{ik}-X_{jk}| \qquad (4)$$

第二，马氏距离。

设 $\mathbf{X}_i$ 与 $\mathbf{X}_j$ 是来自均值向量为 $\boldsymbol{\mu}$，协方差为 $\boldsymbol{\Sigma}(>0)$ 的总体 G 中的 p 维样品，则两个样品间的马氏距离为

$$d_{ij}^2(M)=(\mathbf{X}_i-\mathbf{X}_j)'\mathbf{\Sigma}^{-1}(\mathbf{X}_i-\mathbf{X}_j) \quad (5)$$

马氏距离又称为广义欧氏距离。显然,马氏距离与上述各种距离的主要不同就是它考虑了观测变量之间的相关性。如果各变量之间相互独立,即观测变量的协方差矩阵是对角矩阵,则马氏距离就退化为用各个观测指标的标准差的倒数作为权数的加权欧氏距离。马氏距离还考虑了观测变量之间的变异性,不再受各指标量纲的影响。将原始数据作线性变换后,马氏距离不变。

第三,兰氏距离。

$$d_{ij}(L)=\frac{1}{p}\sum_{k=1}^{p}\frac{|X_{ik}-X_{jk}|}{X_{ik}+X_{jk}} \quad (6)$$

由兰斯(Lance)和威廉姆斯(Williams)最早提出的。它仅适用于一切 $X_{ij}>0$ 的情况,这个距离也可以克服各个指标之间量纲的影响。这是一个自身标准化的量,由于它对大的奇异值不敏感,它特别适合于高度偏倚的数据。虽然这个距离有助于克服明氏距离的第一个缺点,但它也没有考虑指标之间的相关性。

②变量相似性的度量。多元数据中的变量表现为向量形式,在几何上可用多维空间中的一个有向线段表示。在对多元数据进行分析时,相对于数据的大小,我们更多地对变量的变化趋势或方向感兴趣。因此,变量间的相似性,我们可以从它们的方向趋同性或"相关性"进行考察,从而得到"夹角余弦法"和"相关系数"两种度量方法。

第一,夹角余弦。两变量 $\mathbf{X}_i$ 与 $\mathbf{X}_j$ 看作 p 维空间的两个向量,这两个向量间的夹角余弦可用下式进行计算:

$$\cos\theta_{ij}=\frac{\sum_{k=1}^{p}X_{ik}X_{jk}}{\sqrt{(\sum_{k=1}^{p}X_{ik}^2)(\sum_{k=1}^{p}X_{jk}^2)}} \quad (7)$$

显然,$|\cos\theta_{ij}|\leqslant 1$。

第二,相关系数。相关系数经常用来度量变量间的相似性。变量 $\mathbf{X}_i$ 与 $\mathbf{X}_j$ 的相关系数定义为:

$$r_{ij}=\frac{\sum_{k=1}^{p}(X_{ik}-\bar{X}_i)(X_{jk}-\bar{X}_j)}{\sqrt{\sum_{k=1}^{p}(X_{ik}-\bar{X}_i)^2\sum_{k=1}^{p}(X_{jk}-\bar{X}_j)^2}} \quad (8)$$

显然也有,$|r_{ij}|\leqslant 1$。

无论是夹角余弦还是相关系数,它们的绝对值都小于1,作为变量近似性的度量工具,我们把它们统记为 c_{ij}。当 $|c_{ij}|=1$ 时,说明变量 $\mathbf{X}_i$ 与 $\mathbf{X}_j$ 完全相似;当 $|c_{ij}|$ 近似于1时,说明变量 $\mathbf{X}_i$ 与 $\mathbf{X}_j$ 非常密切;当 $|c_{ij}|=0$ 时,说明变量 $\mathbf{X}_i$ 与 $\mathbf{X}_j$ 完全不一样;当 $|c_{ij}|$ 近似于0时,说明变量 $\mathbf{X}_i$ 与 $\mathbf{X}_j$ 差别很大。据此,我们把比较相似的变量聚为一类,把不太相似的变量归到不同的类内。

在实际聚类过程中,为了计算方便,我们把变量间相似性的度量公式作一个变换为:

$$d_{ij}=1-|c_{ij}| \quad (9)$$

或者

$$d_{ij}^2=1-c_{ij}^2 \quad (10)$$

用 d_{ij} 表示变量间的距离远近,d_{ij} 小则 $\mathbf{X}_i$ 与 $\mathbf{X}_j$ 先聚成一类,这比较符合人们的一般思维习惯。

(2)系统聚类分析法。

①系统聚类的基本思想。距离相近的样品(或变量)先聚成类,距离相远的后聚成类,过程一直进行下去,每个样品(或变量)总能聚到合适的类中。系统聚类过程是:假设总共有 n 个样品(或变量),第一步将每个样品(或变量)独自聚成一类,共有 n 类;第二步根据所确定的样品(或变量)"距离"公式,把距离较近的两个样品(或变量)聚合为一类,其他的样品(或变量)仍各自聚为一类,共聚成 n-1 类;第三步将"距离"最近的两个类进一步聚成一类,共聚成 n-2 类;……以上步骤一直进行下去,最后将所有的样品(或变量)全聚成一类。为了直观地反映以上的系统聚类过程,可以把整个分类系统画成一张谱系图。所以有时系统聚类也称为谱系分析。

②类间距离与系统聚类法。在进行系统聚类之前,我们首先要定义类与类之间的距离,由类间距离定义的不同产生了不同的系统聚类法。常用的类间距离定义有8种之多,与之相应的系统聚类法也有8种,分别为最短距离法、最长距离法、中间距离法、重心法、类平均法、可变类平均法、可变法和离差平方和法。它们的归类步骤基本上是一致的,主要差异是类间距离的计算方法不同。以下用 d_{ij} 表示样品 $\mathbf{X}_i$ 与 $\mathbf{X}_j$ 之间距离,用 D_{ij} 表示类 G_i 与 G_j 之间的距离。

兰斯(Lance)和威廉姆斯(Williams)于1967年给出了一个统一的类与类之间距离的公式。

$$D_{kr}^2=\alpha_p D_{kp}^2+\alpha_q D_{kq}^2+\beta D_{pq}^2+\gamma|D_{kp}^2-D_{kq}^2| \quad (11)$$

其中 α_p、α_q、β、γ 是参数,不同的系统聚类法,它们取不同的数,详见表1。

表1 系统聚类法参数

方法	α_p	α_q	β	γ
最短距离法	1/2	1/2	0	-1/2
最长距离法	1/2	1/2	0	1/2

续表

方法	α_p	α_q	β	γ
中间距离法	1/2	1/2	-1/4	0
重心法	n_p/n_r	n_q/n_r	$-\alpha_p\alpha_q$	0
类平均法	n_p/n_r	n_q/n_r	0	0
可变类平均法	$(1-\beta)n_p/n_r$	$(1-\beta)n_q/n_r$	$\beta(<1)$	0
可变法	$(1-\beta)/2$	$(1-\beta)/2$	$\beta(<1)$	0
离差平方和法	$(n_p+n_k)/(n_r+n_k)$	$(n_q+n_k)/(n_r+n_k)$	$-n_k/(n_k+n_r)$	0

这里应该注意,不同的聚类方法结果不一定完全相同,一般只是大致相似。如果有很大的差异,则应该仔细考查,找到问题所在;另外,可将聚类结果与实际问题对照,看哪一个结果更符合经验。

(3)K—均值聚类分析。系统聚类法需要计算出不同样品或变量的距离,还要在聚类的每一步都要计算"类间距离",相应的计算量自然比较大;特别是当样本容量很大时,需要占据非常大的计算机内存空间,这给应用带来一定的困难。而K—均值法是一种快速聚类法,采用该方法得到的结果比较简单易懂,对计算机的性能要求不高,因此应用也比较广泛。

K—均值法是麦奎因(MacQueen,1967)提出的,这种算法的基本思想是将每一个样品分配给最近中心(均值)的类中,具体的算法至少包括以下三个步骤:

第一,将所有的样品分成K个初始类;

第二,通过欧氏距离将某个样品划入离中心最近的类中,并对获得样品与失去样品的类,重新计算中心坐标;

第三,重复步骤2,直到所有的样品都不能再分配时为止。

K—均值法和系统聚类法一样,都是以距离的远近亲疏为标准进行聚类的,但是两者的不同之处也是明显的:系统聚类对不同的类数产生一系列的聚类结果,而K—均值法只能产生指定类数的聚类结果。具体类数的确定,离不开实践经验的积累;有时也可以借助系统聚类法以一部分样品为对象进行聚类,其结果作为K—均值法确定类数的参考。

(4)有序样品的聚类分析。以上的系统聚类和K—均值聚类中,样品的地位是彼此独立的,没有考虑样品的次序。但在实际应用中,有时样品的次序是不能变动的,这就产生了有序样品的聚类分析问题。例如对动植物按生长的年龄段进行分类,年龄的顺序是不能改变的,否则就没有实际意义了;又例如在地质勘探中,需要通过岩心了解地层结构,此时按深度顺序取样,样品的次序也不能打乱。如果用 $X_{(1)}, X_{(2)}, \cdots, X_{(n)}$ 表示n个有序的样品,则每一类必须是这样的形式,即 $X_{(i)}, X_{(i+1)}, \cdots, X_{(j)}$,其中 $1 \leqslant i \leqslant n$,且 $j \leqslant n$,简记为 $G_i = \{i, i+1, \cdots, j\}$。在同一类中的样品是次序相邻的。这类问题称为有序样品的聚类分析。

n个有序样品分成k类,则一切可能的分法有 C_{n-1}^{k-1} 种。

因此,对于有限的n和k,有序样品的所有可能分类结果是有限的,可以在某种损失函数意义下,求得最优解。所以有序样品聚类分析又称为最优分割,该算法是费雪最先提出来的,故也称之为费雪最优求解法。

设有序样品依次是 $X_{(1)}, X_{(2)}, \cdots, X_{(n)}$($X_{(i)}$ 为p维向量)。费雪最优求解法按以下步骤计算:

第一,定义类的直径。设某一类G包含的样品是 $X_{(i)}, X_{(i+1)}, \cdots, X_{(j)}$,用 $D(i,j)$ 表示这一类的直径,直径可定义为:

$$D(i,j) = \sum_{t=i}^{j} (X_{(t)} - \bar{X}_G)'(X_{(t)} - \bar{X}_G)$$

其中

$$\bar{X}_G = \frac{1}{j-i+1} \sum_{t=i}^{j} X_{(t)} \tag{12}$$

第二,定义分类的损失函数。费雪最优求解法定义的分类损失函数要求分类后产生的离差平方和的增量最小。用 $b(n,k)$ 表示将n个有序样品分为k类的某一种分法:

$$G_1 = \{i_1, i_1+1, \cdots, i_2-1\},$$
$$G_2 = \{i_2, i_2+1, \cdots, i_3-1\}, \cdots,$$
$$G_k = \{i_k, i_k+1, \cdots, n\}$$

其中 $i_1 = 1 < i_1 < \cdots < i_k \leqslant n$。定义上述分类法的损失函数为:

$$L[b(n,k)] = \sum_{t=1}^{k} D(i_t, i_{t+1} - 1) \tag{13}$$

上式中的 $i_{k+1} = n+1$。

对于固定的n和k,$L[b(n,k)]$ 越小,表示各类的离差平方和越小,分类就是越有效的。因此,要求寻找一种分法 $b(n,k)$,使分类的损失函数 $L[b(n,k)]$ 最小,这种最优分类法记为 $p(n,k)$。

第三,求最优分类法的递推公式。具体计算最优分类的过程是通过递推公式获得的。

因此,我们得到费雪最优求解法的递推公式为:

$$\begin{cases} L[p(n,2)] = \min\limits_{2 \leq j \leq n} \{D(1,j-1) + D(j,n)\} \\ L[p(n,k)] = \min\limits_{k \leq j \leq n} \{L[p(j-1,k-1)] + D(j,n)\} \end{cases} \quad (14)$$

第四，费雪最优求解法的实际计算。实际计算过程中是从计算 j_2 开始的，一直到最后计算出 j_k 为止。总之，为了求最优解，主要是计算 $\{D(i,j), 1 \leq i < j \leq n\}$ 和 $\{L[p(l,k)], 3 \leq l \leq n, 2 \leq k < l, k \leq n-1\}$。

参考文献：

张尧庭、方开泰：《多元统计分析引论》，科学出版社1982年版。

方开泰：《实用多元统计分析》，华东师范大学出版社1989年版。

于秀林、任雪松：《多元统计分析》，中国统计出版社2002年版。

张润楚：《多元统计分析》，科学出版社2006年版。

朱建平：《应用多元统计分析》，科学出版社2006年版。

R. A. Johnson, D. W. Wichern, *Applied Multivariate Statistical Analysis* (4th Ed), New York: Prentice-Hall, 1998.

M. L. Eaton, *Multivariate Statistics*: A Vector Space Approach, New York: John Wiley & Sons 1983.

B. S. Everitt, *Cluster Analysis* (3th Ed), London: Edward Arnold, 1993.

B. J. T. Morgan and A. P. G. Ray, Non-uniqueness and Inversions in Cluster Analysis, *Applied Statistics*, 44, No. 1, 1995.

R. N. Shepard, Multidimensional Scaling, Tree-Fitting, and Clustering, Science, 210, No. 4468, 1978.

（朱建平）

主成分分析
Principal Components Analysis

主成分分析也称为主分量分析，由卡尔·皮尔逊(Karl Pearson, 1901)发明，后来由霍特林(Hotelling, 1933)发展的一种处理数据的多元统计分析方法。国内张尧庭与方开泰合著的《多元统计分析引论》已成为几代中国统计工作者的标准参考书。

人们在处理数据时，为了更全面、准确地反映事物的特征及其规律，往往选择多个指标（统计中也称为变量），由于指标多，一方面增加了分析问题的复杂性，另一方面不可避免地会造成信息在一定程度上的重叠（即相关性），这种信息的重叠有时会抹杀事物的真正特征与内在规律。主成分分析就是在保证信息损失量最小的原则下，尽可能提取问题的主要方面，从而对多变量数据进行最佳综合简化，也就是说对高维变量空间进行降维处理。显然在一个低维空间作系统分析比在高维空间容易得多。比如，如果能将一个 p 维变量系统有效地降为 2 维，就可以在一个平面上描绘出每一个样本点，从而直接观察样本点之间的相似关系及样本点群的分布特点和结构，主成分分析使高维空间中数据点的可视性成为可能。一个著名的减少维数的经济例子是由斯通(Stone, 1947)提供的，他从1922～1938年美国国民经济核算中取出了17个时间数列。它们描述和消费者、生产者以及政府相关联的一些收入和支出总数。在此期间前3个主成分解释了这17个时间数列的总方差的97%以上（第一个80.8%，第二个10.6%，第三个6.1%）。第一个主要成分表现出和总收入高度相关，第二个和收入的每年变化高度相关，第三个和时间高度相关。应该强调通常这样简单的解释是不能得到的。更多细节由斯通(Stone, 1947)给出，也由泰尔(Theil, 1971～1993)给出。

主成分分析的工作对象是一张样本点乘以变量指标的数据表，从数据表内提取的综合变量称为主成分。如果在数据表中有 p 个变量 $X_1, X_2, \cdots, X_p$，主成分分析就是对数据表中的信息进行重新调整组合，从中提取 m 个主成分 $F_1, F_2, \cdots, F_m$ $(m < p)$，主成分的方差依次递减，使这 m 个主成分能最多地概括原始数据表中的信息。

一般说来，利用主成分分析得到的主成分与原始变量之间有如下基本关系：(1)每个主成分都是原始变量的线性组合；(2)主成分的个数大大少于原始变量的个数；(3)主成分保留了原始变量的绝大多数信息；(4)各主成分之间互不相关（何晓群，2008）。

统计学中，说到数据集合的信息，一般指这个集合中数据变异的情况。在一张数据表中，数据集合的变异信息可以用全部变量方差的总和测量，方差越大，数据中包含的信息就越多。

主成分保留原始变量的绝大多数信息，在几何的意义上表现为对原有坐标轴进行旋转变换。它借助于一个正交变换，将其分量相关的原随机向量转化成其分量不相关的新随机向量，将原坐标系变换成新的正交坐标系，使之指向样本点散布最开的 p 个正交方向，然后对多维变量系统进行降维处理，使之能以一个较高的精度转换成低维变量系统。常见的比较容易理解的是二维变量的旋转情形，通过坐标旋转，第一主成分即为数据差异最大方向，用第一主成分代替二维空间所造成的信息损失最小，具体的数学描述可见于各种多元统计分析的书籍中。对同一事物研究涉及的 p 个指标构成的 p 维随机向量 $X = (X_1, X_2, \cdots, X_p)'$，求解主成分的过程就是满足前述基本关系的原始变量的线性组合过程。在实际的求解过程中，总是，从原始变量的协方差矩阵或相关矩阵的结构分析入手，需注意的是，从原始变量的协方差矩阵或相关矩阵出发得到的主成分是不同的。把 $X_1, X_2, \cdots, X_p$ 的协方差矩阵 Σ 的非零特征值 $\lambda_1 \geqslant \lambda_2 \geqslant \cdots \geqslant \lambda_p > 0$ 对应的特征向量 $\gamma_1, \gamma_2, \cdots, \gamma_p$ 分别作为系数向量,则第 i 个主成分为:

$$F_i = \gamma_{1i}X_1 + \gamma_{2i}X_2 + \cdots + \gamma_{pi}X_p \quad (i = 1, 2, \cdots, p) \tag{1}$$

主成分分析把 p 个原始变量的总方差重新分解成了 p 个互不相关变量 $F_1, F_2, \cdots, F_p$ 的方差之和 $\sum_{i=1}^{p} \lambda_i$。这种新分解最大限度使得在总方差的份额分配上越是靠前的主成分越可能得到尽可能多的照顾,以致前面的少数几个主成分往往在总方差中占有相当大的份额,从而有利于变量的降维。

总方差中属于第 i 主成分 F_i(或被 F_i 所解释)的比例为:

$$\frac{\lambda_i}{\sum_{i=1}^{p} \lambda_i} \tag{2}$$

称为主成分 F_i 的贡献率。第一主成分 F_1 的贡献率最大,$F_2, F_3, \cdots, F_p$ 的解释能力依次递减。主成分分析的目的是为了减少变量的个数,因而一般不会使用所有的 p 个主成分,忽略一些较小方差的主成分将不会给总方差带来多大的影响。前 m 个主成分的贡献率之和:

$$\frac{\sum_{i=1}^{m} \lambda_i}{\sum_{i=1}^{p} \lambda_i} \tag{3}$$

称为前 m 个主成分的累计贡献率,通常取 m 小于 p,至于 m 取多少合适,通常的做法是使得前 m 个主成分的累计贡献率达到一个较高的百分比(如 80% ~90%),这样既能减少变量,而原始变量的信息损失较少。另外,选取主成分还可根据特征值的变化即碎石图来确定(何晓群,2008)。至于习惯保留特征值大于 1 的那些主成分则缺乏完善的理论支持。还有一种假设检验方法可供使用(于秀林等,1999)。实践中,如果多留一个主成分,累积方差增加无几,便不再多留。

通常有两种情形不适合直接从协方差矩阵出发进行主成分分析。一种是各变量的单位不全相同的情形,这样作出的分析一般是没有意义的。另一种是各变量的单位虽然相同,但变量的方差差异较大(在应用中常表现为各变量数据间的数值大小相差较大)的情形,以致主成分分析的结果过于照顾方差大的变量,而方差小的变量几乎被忽略了(王学民,2010)。对上述情形,人们可以先将各原始变量进行标准化处理,然后以标准化变量的协方差矩阵出发求主成分。标准化变量的协方差矩阵就是原始变量的相关矩阵。常用的标准化变换是:

$$X^* = \frac{X_i - \mu_i}{\sqrt{\sigma_{ii}}} \quad (i = 1, 2, \cdots, p) \tag{4}$$

从相关矩阵 R 出发求主成分与从协方差矩阵 $\sum$ 出发是类似的,且主成分的一些性质更简洁。用 λ_i^*, γ_i^* 分别表示相关矩阵 R 的特征值与对应的标准正交特征向量,则主成分与原始变量的关系是:

$$F_i = \gamma_i^{*'} X^* \, (i = 1, 2, \cdots, p) \tag{5}$$

第 k 个主成分的方差贡献率为 λ_k/p,前 m 个主成分的累计方差贡献率为 $\sum_{i=1}^{m} \lambda_i/p$。

在实际研究工作中,总体协方差矩阵 $\sum$ 与相关矩阵 R 通常是未知的,一般通过样本数据来估计,其计算方法同利用总体资料计算时是类似的。

主成分分析是原始变量的新型组合,它不能简单地解释为单变量的属性作用,因而不能直接说明单个原始变量属性对主成分的作用,而应同时看一些起主要作用的原始变量的综合作用,依此给主成分一个合理解释。

主成分分析的应用已非常广泛,经济、管理、社会、环境等领域均有应用。但应用中有些问题需注意:

首先是主成分分析与时间序列数据。主成分分析更多时候用于截面数据的分析应用,当用于时间序列数据时应特别小心,因为时间序列数据之间不是独立的,而是相关的,此时用样本相关系数矩阵估计总体相关系数矩阵会存在较大的偏差,因而所进行的主成分分析是没有意义的。两个不同时期的主成分是不能直接比较的,即使原始变量相同,也可能存在线性关系的不同即内涵的差异。

其次是主成分分析与综合评价。在文献中常见有利用主成分和相应的贡献率构造评价函数用于综合评估和排序的研究,但有人对此提出了不同看法。这一方法是对主成分思想和方法的误解,是不科学的,没有任何理论和应用上的价值(王学民,2007)。有人建议用第一主成分建立评估函数用于评价,由于第一主成分对应于数据变异最大的方向也就是使数据信息损失最小,精度最高的一维综合变量。但这种方法的应用需要所有评估指标变量都是正相关的(于秀林等,1999),所以即使用第一主成分作为评估函数也需要特别小心。

再次是主成分分析与回归分析。在多重回归中,当自变量间高度相关时,某些回归参数的估计值极不稳定,甚至出现有悖常理、难以解释的情形。这时,可先采用主成分分析产生若干主成分,它们必定会将相关性较强的变量综合在同一个主成分中,而不同的主成分又是互相独立的。只要多保留几个主成分,原变量的信息不致过多损失。然后,以这些主成分为自变量进行多重回归就会克服多重共线性的困扰。如果原有 p 个自变量 $X_1, X_2, \cdots, X_p$,那么,采用全部 p 个主成分所做回归完全等价于直接对原变量的回归;采用一部分主成分所做回归虽不完全等价于对原变量的回归,但往往能摆脱某些虚假信息,从而出现较合理的结果。

最后是主成分分析与因子分析。主成分分析是因子分析的基础,因子分析的具体内容参见"因子分析"词条。

参考文献:

白雪梅、赵松山:《对主成分分析综合评价方法若干问题的探讨》,载于《统计研究》1995 年第 6 期。

方开泰:《实用多元统计分析》,华东师范大学出版社 1989 年版。

何晓群:《多元统计分析》,中国人民大学出版社 2008 年版。

王学民:《统计分析方法及应用》,上海财经大学出版社 2010 年版。

于秀林、任雪松:《多元统计分析》,中国统计出版社 1999 年版。

张尧庭、方开泰:《多元统计分析引论》,科学出版社 1982 年版。

Hotelling, H., Analysis of A Complex of Statistics Variables into Principal Components, *Journal of Educational Psychology*, 24, July, 1933.

Pearson, K., On Lines and Planes of Closest Fit to Systems of Points in Space (PDF), *Philosophical Magazine*, 2(6), 1901.

Stone, J. R. N., On the Interdependence of Blocks of Transactions, *Journal of the Royal Statistical Society*, Series B 9, Supplement, 1947.

Theil, H., *Principles of Econometrics*, Amsterdam: North-Holland: New York: Wiley, 1971.

(张东光)

因子分析
Factor Analysis

因子分析是研究从变量群中提取共性因子的统计技术。因子分析从研究变量内部相关的依赖关系出发,在许多具有错综复杂关系的变量中找出少数几个隐藏的具有代表性的综合因子,并将相同本质的变量归入一个因子,可减少变量的数目,还可检验变量间关系的假设。因子分析的主要目的是用来描述隐藏在一组测量到的变量中的一些更基本的,但又无法直接测量到的隐性变量(Latent Variable, Latent Factor)。

因子分析的基本思想是将观测变量进行分类,将相关性较高,即联系比较紧密的分在同一类中,而不同类变量之间的相关性则较低,那么每一类变量实际上就代表了一个基本结构,即公共因子。对于所研究的问题就是试图用最少个数的不可测的所谓公共因子的线性函数与特殊因子之和来描述原来观测的每一分量。

因子分析的基本数学模型如下:

假设有 n 个样本,每个样本观测 p 个变量(指标),记为 $X_1, X_2, \cdots, X_p$,原始数据资料矩阵为:

$$X=\begin{bmatrix} x_{11} & x_{12} & \cdots & x_{1p} \\ x_{21} & x_{22} & \cdots & x_{2p} \\ \vdots & \vdots & \cdots & \vdots \\ x_{n1} & x_{n2} & \cdots & x_{np} \end{bmatrix}=(X_1, X_2, \cdots X_p)$$

则因子分析的一般数学模型为:

$$\begin{cases} X_1 = a_{11}F_1 + a_{12}F_2 + \cdots + a_{1m}F_m + \varepsilon_1 \\ X_2 = a_{21}F_1 + a_{22}F_2 + \cdots + a_{2m}F_m + \varepsilon_2 \\ \cdots \\ X_p = a_{p1}F_1 + a_{p2}F_2 + \cdots + a_{pm}F_m + \varepsilon_p \end{cases}$$

简记为: $X = AF + \varepsilon$

其中 $F=(F_1, F_2, \cdots, F_M)^T$ 是因子变量或公共因子,可以将它们理解为在高维空间中互相垂直的 m 个坐标轴。其系数 $A=[a_{ij}]$ $(i=1,2\cdots,p; j=1,2,\cdots,m)$ 为因子载荷矩阵,a_{ij} 是因子载荷,是第 i 个原有变量在第 j 个因子变量(公共因子)上的负荷,是不可观测的潜在因子。如果把变量 X_i 看成是 m 维因子空间中的一个向量,则 a_{ij} 为 X_i 在坐标轴 F_j 上的投影,相当于多元回归中的标准回归系数。$\varepsilon(\varepsilon_1, \varepsilon_2, \cdots, \varepsilon_m)^m$ 是特殊因子,表示了原有变量不能被前 m 个公共因子所解释的部分,相当于多元回归分析中的残差部分。

因子分析有两个核心问题:一是如何构造因子变量;二是如何对因子变量进行命名解释。其分析过程包括四个基本步骤:

第一,确定待分析的原有若干变量是否适合于因子分析。

因子分析需要检验众多的原有变量之间是否具有较强的相关性。最简单的方法就是计算变量之间的相关系数矩阵。主要的统计检验方法有巴特利特球形检验(Bartlett Test of Sphericity)、反映像相关矩阵检验(Anti-Image Correlation Matrix)、KMO(Kaiser-Meyer-Olkin)检验。

第二,构造因子变量。

构造因子变量是因子分析的关键步骤之一。确定因子变量的方法有基于主成分模型的主成分分析法和基于因子分析模型的主轴因子法、最小二乘法、极大似然法等。

第三,利用旋转使得因子变量更具有可解释性。

因子变量的命名解释是因子分析的另外一个核心问题。对于因子变量的解释,可以进一步说明影响原变量系统构成的主要因素和系统特征。在实际分析工作中,主要是通过对载荷矩阵 A 的值进行分析,得到因子变量和原变量的关系,从而对新的因子变量进行命名。通过正交旋转、斜交旋转、方差极大法，其中最常用的是方差极大法进行因子矩阵的旋转。

第四，计算因子变量得分。

因子变量确定以后，对每一样本数据，希望得到它们在不同因子上的具体数据值，这些数值就是因子得分，它和原变量的得分相对应。有了因子得分，我们在以后的研究中，就可以针对维数少的因子得分来进行。估计因子得分的方法有回归法，Bartlette 法、Anderson-Rubin 法等。

计算因子得分首先将因子变量表示为原有变量的线性组合，即：

$$F_j = \beta_{j1}x_1 + \beta_{j2}x_2 + \beta_{jp}x_p \quad (j = 1, 2, \cdots, m)$$

因子分析的基本思想是寻找公共因子以达到降维的目的。在寻找公共因子的过程中，是否利用先验信息，产生了探索性因子分析和验证性因子分析的区别。

探索性因子分析（Exploratory Factor Analysis, EFA）是在事先不知道影响因素的基础上，将具有错综复杂关系的变量综合为少数几个核心因子。探索性因子分析完全依据资料数据进行因子分析，最后得出因子的过程。

而验证性因子分析（Confirmatory Factor Analysis, CFA）是相对于探索性因子分析（Exploratory Factor Analysis, EFA）的一种因子分析方法。验证性因子分析充分利用了先验信息，是在已知因子的情况下检验所搜集的数据资料是否按事先预定的结构方式产生作用。研究者根据理论或实际需要对模型施加条件约束，观察不同因子结构模型与数据的拟合程度，用来检验已知的特定结构是否按照预期的方式产生作用。

因此，探索性因子分析（EFA）致力于找出事物内在的本质结构，即主要是为了找出影响观测变量的因子个数，以及各个因子和各个观测变量之间的相关程度；而验证性因子分析（CFA）是用来检验已知的特定结构是否按照预期的方式产生作用。验证性因子分析的主要目的是决定事前定义因子的模型拟合实际数据的能力。

因子分析源于教育心理学研究，后来扩展应用于行为科学、市场营销管理等社会、经济研究的其他领域。

因子分析首先由查尔斯·斯皮尔曼运用于心理学，后来雷蒙德·卡特尔（Raymond Cattell, 1905～1998）在查尔斯·斯皮尔曼的研究基础上将智力能力两因素理论扩展为包括动机和人格等多因素智力能力解释理论，最突出的贡献在于将因子分析法应用于人格心理学的研究（1966 年出版的《多元实验心理学手册》）。在经济学研究中，因子分析最早用于需求分析的是美国统计学家斯通（Stone, 1945）。斯通的假说是：商品需求可用三种影响来解释：国民收入、自身价格和其他价格；社会对时尚的影响和市场条件；某一特定社会的特有力量。他运用了类似于因子分析的三因子合流分析模型，辨认影响消费的因素。其次，黄等（Huang et al., 1980）进行现代因子分析市场需求的研究。斯通（Stone, 1947）和吉尔里（Geary, 1948）用因子分析研究时间序列的相互作用模式。斯通利用 1927～1938 年美国国民收入和产品的时间序列数据，得到 17 个反映国民收入与支出的变量要素，经过因子分析，用所得到的 3 个新变量，解释 17 个原始变量 97.5% 的信息，这样使得问题得到极大简化。班克斯（Banks, 1954）在农业研究中使用了因子分析，从少数几种谷物的生产率数据中预测农业总生产率。因子分析在经济学中用的最多的场合是在经济发展方面。阿德尔曼（Adelman）和莫里斯（Morris, 1967）考察了发展过程中的经济、社会和政治现象之间的相互依赖关系。其他的应用场合还有教育经济学艾格纳（Aigner）和戈尔德贝格（Goldberg, 1977）以及股票市场价格研究（King, 1966）。英国统计学家莫泽·斯科特（Moser Scott, 1961）运用因子分析法对英国 157 个城镇发展水平进行研究，将原始测量的变量由 57 个降到 5 个因子，并且可以解释 95% 的原始信息。

参考文献：

于秀林、任雪松：《多元统计分析》，中国统计出版社 1999 年版。

何晓群：《多元统计分析》第二版，中国人民大学出版社 2011 年版。

Adelman, I. and Morris, C. T., *Society, Politics, and Economic Development: A Quantitative Approach*, Baltimore: Johns Hopkins Press, 1967.

Anderson. T. W., *An Introduction to Multivariate Statistical Analysis*, New York: Wiley, 1958.

Banks. C., The Factorial Analysis of Crop Productivity: a Reexamination of Professor Kendall's Data, *Journal of the Royal Statistical Society*, 1954, Series B16, 100-111.

Cattell, R. B., Cultural and Political-economic Psychology, In R. B. Cattell (Ed.), *Handbook of Multivariate Experimental Psychology*, Chicago: Rand McNally, 1966.

Tucker, L. & Mac Callum R., *Exploratory Factor Analysis-A Book Manuscript* 1993 Retrieved June 8, 2006.

（王晓红）

相应分析

Correspondence Analysis

相应分析，又称对应分析，即通过分析原始数据结构，利用降维的思想，以简洁、明了的方式揭示变量之间、变量的各种状态之间关系的统计分析方法。

相应分析的起源较多，一般认为首先由理查森

(Richardson)和库勒(Kuder)在1933年提出,后来法国统计学家让·保罗·贝内泽(Jean-Paul Benzécri)等人对该方法进行了详细的论述使其得到了发展。长期以来,相应分析在法国和日本都非常流行,广泛地应用于医学统计、生物统计、社会学研究和犯罪研究等方面,这离不开统计学家在各自国家所起的推动作用。随着国内计算技术的不断进步,相应分析的优势越来越被人们认知和接受,其在国内的应用也在不断的推广。国内市场研究专业机构也开始使用相应分析方法(柯惠新、丁立宏,2000)。

相应分析是将R型和Q型因子分析结合起来进行的统计分析,它是从R型因子分析出发,直接获得Q型分析的结果,克服了由样本量大,做Q型分析所带来的计算上的困难。

相应分析的基本思想是将多维数据在较低维的空间中表示出来。它的最大特点是能把众多的样品和众多的变量同时做到同一张图解上,将样品的大类及其变量在图上直观而又明了地表示出来,具有直观性。另外,它还省去了因子选择和因子轴旋转等复杂的数学运算及中间过程,可以从因子载荷图上对样品进行直观的分类,而且能够指示分类的主因子以及分类的依据,是一种直观、简单、方便的多元统计方法。

相应分析的基本原理如下:

假定原始资料阵X有p个变量,n个样品点,$X=\begin{bmatrix} x_{11} & x_{12} & \cdots & x_{1p} \\ x_{21} & x_{22} & \cdots & x_{2p} \\ \vdots & \vdots & & \vdots \\ x_{n1} & x_{n2} & \cdots & x_{np} \end{bmatrix}$。为了消除量纲的影响,由原始资料阵X出发,计算规格化的概率矩阵$P=(p_{ij})=\left(\frac{x_{ij}}{T}\right)$(其中$T=\sum_i\sum_j x_{ij}$)。计算过渡矩阵$Z=(z_{ij})$,(其中$z_{ij}=\frac{x_{ij}-x_{i.}x_{.j}/T}{\sqrt{x_{i.}x_{.j}}}$,$(i=1,2,\cdots,n;j=1,2,\cdots,p)$ $x_{i.}=\sum_{j=1}^{p}x_{ij}$,$x_{.j}=\sum_{i=1}^{n}x_{ij}$)。由于变量点的协差阵$A=Z'Z$和样品点的协差阵$B=ZZ'$有相同的非零特征根,记为$\lambda_1\geqslant\lambda_2\geqslant\cdots\geqslant\lambda_m$,$0\leqslant m\leqslant\min(p,n)$,如果A的特征根$\lambda_i$对应的特征向量为$U_i$,则B的特征根$\lambda_i$对应的特征向量就是$V_i\overset{\Delta}{=}ZU_i$。根据这个理论就可以很方便地借助R型因子分析得到Q型因子分析的结果。

由于A和B具有相同的非零特征根,而这些特征根又正是各个公共因子的方差,因此变量空间R^p的第一公共因子、第二公共因子……直到第m个公共因子与样品空间R^n中对应的各个公共因子在总方差中所占的百分比相同,按其累计百分比$\sum_{a=1}^{m}\lambda_a/\sum_{a=1}^{p}\lambda_a\geqslant 85\%$,取前m个特征根$\lambda_1\geqslant\lambda_2\geqslant\cdots\geqslant\lambda_m$,并计算相应的单位特征向量。在两两因子轴上作变量点图。实际操作时,经常只取两个公共因子,于是可以得到在一个两维图上展示的分类结果。从几何的意义来看,即R^p中诸样品点与R^p中各因子轴的距离和R^n中诸变量与R^n中相对应的各因子轴的距离完全相同,因此可以把变量点和样品点同时反映在同一个因子轴的确定平面上(即取同一个坐标系),按照接近程度,将变量点和样品点一起考虑分类。

根据R型和Q形分析的内在联系,图形上邻近的一些样品点表示它们的关系密切,归为一类,同样邻近的一些变量点则表示它们的关系密切,归为一类。属于同一类型的样品点,可用邻近的变量点来表征。因此,相应分析概括起来可提供如下三方面的信息,即变量之间的关系、样品之间的关系以及变量与样品之间的关系。

参考文献:

张尧庭、方开泰:《多元统计分析引论》,科学出版社1982年版。

于秀林、任雪松:《多元统计分析》,中国统计出版社1999年版。

何晓群:《现代统计分析方法与应用》,中国人民大学出版社2007年版。

柯惠新、丁立宏:《市场调查与分析》,中国人民大学出版社2000年版。

陈峰、杨树勤:《相应分析及其在多种疾病聚集性分析中的应用》,载于《中国卫生统计》1999年第16期。

卢林耿、柯建利、王中民:《中医辨证论治的对应分析方法》,载于《数理医药学杂志》2000年第3期。

朱建平、谢邦昌:《数据挖掘中关联规则的提升及其应用》,载于《统计研究》2004年第12期。

肖飞、沈雪梅、张骏、纪文静:《江苏省台湾客源核心细分市场筛选及旅游资源吸引力相应分析》,载于《旅游学刊》2010年第6期。

A. Leclerc et al., Correspondence Analysis and Logistic Modeling: Complementary Using the Analysis of a Health Survey among Nurses, *Statistics in Med*, 1988.

(栾文英)

二、国民经济核算

国民经济核算体系
System of National Accounts

国民经济核算体系(或国民账户体系)是国际公认与建议采用的、用符合经济学原理的核算惯例来测算经济活动的国际标准,包括概念、定义、分类和核算规则;它是为满足经济分析、决策和政策分析而设计的、用来编制数据与展示数据的核算框架;它把经济运行过程中的大量信息进行了综合,详细而全面地记录了经济体内发生的复杂经济活动,以及发生在不同经济体之间、经济体不同组成之间的活动与影响;它是一套用账户体系表现的、兼具全面性、一致性与综合性的宏观经济统计工具。

在国民经济核算的发展过程中,曾有两种受国际组织推荐的国民经济核算体系:第一种是物质产品平衡表体系(System of Material Product Balances, MPS),它产生于计划经济土壤,为计划经济管理而设计,由苏联始创并主要为经互会(Council of Mutual Economic Assistance)国家使用;第二种是国民经济账户体系(System of National Accounts,简称 SNA),它产生于市场经济土壤,主要为市场经济国家管理服务。1990 年以后,随着苏联的解体、东欧国家的转型,也由于 MPS 自身的重大缺陷,原使用 MPS 的国家着手核算制度改革并向 SNA 过渡。目前,国民经济核算体系多指 SNA。

物质产品平衡表体系(MPS)是世界上第一个以官方形式存在的国民经济核算体系,苏联是这一体系的始创者。早在 1918 年,苏联就编制了谷物饲料平衡表。后来,苏联统计局局长 P. I. 波波夫领导了物质产品平衡表体系的创立和改进工作。1926 年公布的"苏联 1923 ~ 1924 年国民经济平衡表",这是官方国民收入统计实践的一个创举。在国际上,1965 年 MPS 开始得到系统阐述。1971 年,《国民经济平衡表体系的基本原理》以联合国统计委员会的名义公布。1984 年,经互会统计合作常设委员会又对 MPS 进行了重大修订,形成了《编制国民经济统计平衡表的基本方法原则》。与同期存在的 SNA 比较起来,MPS 在两个方面不能适应市场经济发展的需要(邱东,2003):从核算内容上看,MPS 核算范围过窄,侧重于反映物质生产等;从核算方法上看,MPS 以单式平衡表为主要核算形式,没有在方法上形成一个整体结构。

国民经济核算体系(SNA)有四个著名的版本,分别是 SNA(1953)、SNA(1968)、SNA(1993)和 SNA(2008),其中 SNA(1953)和 SNA(1968)是由联合国单独编写的,而 SNA(1993)是由联合国(UN)、世界银行(WB)、国际货币基金组织(IMF)、经济合作和发展组织(OECD)、欧洲经济共同体委员会等共同编写的。在此之后,上述机构又颁布了新的 SNA,这就是 SNA(2008)。

整体上看,SNA 的账户体系由一系列账户组成:一是产品(货物和服务)账户,旨在反映全部货物和服务的来源和使用情况;二是国民经济总体完整账户序列,旨在完整地描述一个国家各环节经济运行的情况;三是机构部门完整账户序列,旨在完整地描述每个机构部门(含非金融企业、金融机构、政府、住户、为住户服务的私人非营利机构)参与国民经济运行各环节的情况;四是产业部门简短账户序列,旨在描述每个产业部门生产过程的投入和产出以及增加值的分配情况;五是国外账户,该账户序列是站在国外的角度编制的,旨在反映一国的全部对外经济联系(杨灿,2008)。除了中心框架的内容之外,SNA 还包括其他核算内容,如供给表和使用表、价格和物量核算、人口和劳动投入核算等。在 SNA 框架下,国民经济核算的应用日益重要(联合国等,1993,2008):(1)用于监测经济活动;(2)为宏观经济分析提供数据支持;(3)为制定经济政策和决策提供帮助;(4)用于国际比较。

国民经济核算研究的先驱是威廉·配第(钱伯海,1992),而现代国民经济核算体系(SNA)的形成与发展是在 20 世纪。SNA 是由多个国际组织、众多学者历时半个多世纪共同研发,并由联合国等国际组织颁布和付诸实施的。SNA 的修订史几乎贯穿了整个 20 世纪并且延续至今,"三版多次"的持续修订反映了国民经济核算方法内在的发展和统计业务国际标准外在的需求(杨仲山、何强,2008):三版,即 SNA(1953)、SNA(1968)和 SNA(1993)为代表的 SNA 发展的三个重要阶段和三个著名的版本;多次,即半个多世纪中现代国民经济核算体系(SNA)除了以 SNA(1953)、SNA(1968)和 SNA(1993)为标志性的修订外,还有若干次小的调整,其中以联合国正式手册公布的就有 SNA(1960)、SNA(1964)和 SNA(2008),此外还有包括为 SNA 确立、修订提供基础或以 SNA 为基础发展的其他核算体系及相关草案,如 1947 年由理查德·斯通(Richard Stone)撰写的联合国报告及其附录"国民收入和相关总量的定义与计算"奠定了 SNA(1947)的基础。又如 1950 年欧洲经济合作组织(OEEC)公布的《标准化国民经济核算体系》为联合国 1952 年出版的标准化国民经济核算体系(它是 SNA(1953)的一个草案)奠定了基础。

在这一过程中,许多统计学家和经济学家为 SNA 的发展和完善做出了杰出的贡献,比如其中就有多位诺贝尔经济学奖得主在这一领域做出了直接的贡献:西蒙·库兹涅茨(1971,国民收入统计和各国经济增长)、瓦西里·里昂惕夫(1973,投入产出分析和经济结构研究)、詹姆斯·米德(1977,社会账户和国际收支核算)和理查德·斯通(1984,国民经济核算体系和社会人口统计体系)。

我国最早进行国民经济核算研究的先行者是巫宝三和刘大中(Ta-chung Liu)(邱东,2003;钟兆修,2009)。当时任职于中央研究院社会科学研究所的巫宝三核算了 1933 年、1936 年和 1937 年中国的国民收入,在联合国出版物《国民收入统计,1938~1947年》中收录了由巫宝三提供的有关数据。1946年,旅居美国的刘大中出版了其学位论文《China's National Income,1931~1936》,其中不仅计算了这一时期中国的国民收入,而且以人均国民收入同美国进行了比较。新中国建立以后,中国采用了MPS体系,与此相对应的是部门统计学研究的繁荣。改革开放之后,国民经济核算体系(SNA)研究才得以长足发展,经历了SNA引进及其中国化研究的不同过程(肖红叶,2010),其特点是:从对国民经济核算一般理论研究的关注逐步转向跟踪国际核算的前沿问题研究(曾五一、许永洪,2010)。

从官方核算制度层面来看,中国国民经济核算体系经历了三个发展阶段(许宪春,2010):第一个阶段从1952年开始,是MPS体系建立和发展的阶段,以建立MPS体系的工农业总产值核算为标志;第二阶段从1985年开始,是MPS体系向SNA体系转换的阶段,以建立SNA体系的国内生产总值核算为标志;第三阶段从1993年开始,是SNA体系的发展阶段,以取消MPS体系的国民收入核算为标志。在向SNA体系转换的过程中,我国结合自身的国情分别于1992年和2002年颁布并实施了《中国国民经济核算体系(试行方案)》和《中国国民经济核算体系(2002)》。

参考文献:
联合国等:《国民经济核算体系(1993)》,中国统计出版社1995年版。
联合国等:《2008国民账户体系》,中国统计出版社2012年版。
邱东:《谁是政府统计的最后东家》,中国统计出版社2003年版。
杨灿:《国民经济核算教程》,中国统计出版社2008年版。
钱伯海:《国民经济核算通论》,中国统计出版社1992年版。
杨仲山、何强:《国民经济核算体系(1993SNA)修订问题研究》,东北财经大学出版社2008年版。
钟兆修:《中国国民经济核算的历史考察与展望》,中国环境科学出版社2009年版。
巫宝三:《中国国民所得(一九三三年)》,商务印书馆2011年版。
肖红叶:《中国经济统计学科建设30年回顾与评论》,载于《统计研究》2010年第1期。
曾五一、许永洪:《中国国民经济核算研究30年回顾》,载于《统计研究》2010年第1期。
许宪春:《中国国民经济核算统计问题研究》,北京大学出版社2010年版。
许宪春:《中国国民经济核算统计问题研究》,北京大学出版社2010年版。
蒋萍:《核算制度缺陷、统计方法偏颇与经济总量失实》,中国统计出版社2011年版。
邱东、蒋萍:《国民经济核算》,经济科学出版社2002年版。
邱东:《国民经济核算史论》,载于《统计研究》1997年第4期。

(杨仲山)

核算账户
National Accounts

核算账户(National Accounts)是国民经济账户体系(System of National Accounts,SNA)采用的分析形式。

在1993年版SNA中核算账户体系由下列五大账户序列组成:一是产品(货物和服务)账户,旨在反映全部货物和服务的来源和使用情况;二是国民经济总体完整账户序列,旨在完整地描述一个国家经济运行各环节的情况,该账户序列包括的子账户有:生产账户、收入分配和支配账户(含收入形成账户、原始收入分配账户、收入再分配账户和收入使用账户)、积累账户(含资本账户、金融账户、资产物量其他变化账户和重估价账户)、资产负债表(含期初、期末资产负债表和资产负债变动表);三是机构部门完整账户序列,旨在完整地描述每个机构部门(含非金融企业、金融机构、政府、住户、为住户服务的私人非营利机构)参与国民经济运行各环节的情况,该账户序列所包括的子账户与国民经济总体完整账户序列大同小异;四是产业部门简短账户序列,旨在描述每个产业部门生产过程的投入和产出以及增加值的分配情况,该账户序列仅包括生产账户和收入形成账户;五是国外账户,该账户序列是站在国外的角度编制的,旨在反映一国的全部对外经济联系,其设置与机构部门完整账户序列类似,但无需反映与本国无关的纯属国外的经济活动(如生产、最终消费、资本形成等),所以该账户序列仅包括如下几个子账户:国外货物和服务账户、国外原始收入和经常转移账户、国外积累账户、国外资产负债表(杨灿,2008)。

蒋萍曾归纳了核算账户的主要特点:(1)采用T形账户。右方为资源(或负债与净值),左方为使用(或资产),资源方合计值等于使用方合计值,与会计账户的原理一致。这也是国民核算账户平衡计算的基础。(2)国民核算账户是以序列的形式出现,该序列反映的是国民经济运行过程的活动序列,而非时间序列。(3)账户序列具有可分性。在整个SNA中,账户结构是一致的。这种结构既适用于机构单位、子部门、部门,也适用于经济总体。国民账户序列在纵向上的可分性由经济活动序列的特点决定，在横向上的可分性由国民经济活动总量的可加性决定。(4)可以采用两种方式对国民核算账户进行综合。比如，为了对国民经济运行过程的全貌进行分析，用T形账户把账户序列中各个账户综合在一起，就会得到综合经济账户；如果将各个账户用矩阵平衡表的方式综合起来，就形成了矩阵表。(5)国民核算账户记录的变量既可以是流量，也可以是存量。

为了科学合理地在国民核算账户中记录有关经济信息，1993年版和2008年版SNA都要求按照市场价格、复式记账原则、权责发生制对经济活动及其结果进行记录，并对汇总、合并和取净额等数据处理方法做了专门的规定。

2003年以来，中国政府统计开始全面实施《中国国民经济核算体系(2002)》。该体系充分采纳了1993年版SNA的基本核算原则、内容和方法(许宪春，2010)。其国民经济账户包括国内机构部门账户、经济总体账户和国外部门账户。国内机构部门账户由生产账户、收入分配及支出账户、资本账户、金融账户和资产负债账户组成。经济总体账户也由生产账户、收入分配及支出账户、资本账户、金融账户和资产负债账户组成，它们分别是国内机构部门对应账户的汇总账户。国外部门账户反映常住单位与非常住单位之间发生的各种交易活动以及相应的存量状况，包括经常账户、资本账户、金融账户和资产负债账户。经常账户反映常住单位与非常住单位之间的经常性交易；资本账户、金融账户和资产负债账户与国内机构部门的相应账户所反映的内容相类似。

参考文献：

联合国等：《国民经济核算体系(1993)》，中国统计出版社1995年版。

联合国等：《2008国民账户体系》，中国统计出版社2012年版。

邱东、蒋萍、杨仲山：《国民经济核算》，经济科学出版社2002年版。

杨灿：《国民经济核算教程》，中国统计出版社2008年版。

邱东：《国民经济核算分析》，上海人民出版社2009年版。

许宪春：《中国国民经济核算与统计问题研究》，北京大学出版社2010年版。

杨仲山、何强：《国民经济核算体系(1993SNA)的修订、影响及启示》，载于《统计研究》2008年第9期。

蒋萍：《核算制度缺陷、统计方法偏颇与经济总量失实》，中国统计出版社2011年版。

(杨仲山　何强)

国民经济核算中的价格
Price in the National Accounts

价格作为各价值总量指标的构成要素，在国民经济核算中发挥着同度量的作用。

在SNA中，市场价格是估价的基础。市场价格是市场上交易双方认定的成交价格。它是货物或服务的单位价值表现，是通过价值流量与实物流量对比得到的。SNA界定了三种价格形式：基本价格、生产者价格和购买者价格。基本价格是生产者向购买者收取的单位货物和服务的价格，减去该单位货物和服务的应付产品税，再加上生产和销售中的所有补贴。基本价格中不包括生产者在发票上单列的运输费用。生产者价格是生产者应向购买者收取的单位货物和服务的价格，减去开给购买者发票上列出的增值税或其他类似的可抵扣税。生产者价格也不包括生产者在发票上单列的运输费用。购买者价格是购买者购买单位货物或服务所支付的价格，其中包括任何不可抵扣的增值税或类似的可扣除税，也包括生产者在发票上单列的运输费用。

对于产出，可以使用基本价格或生产者价格进行估价；对于货物和服务的使用，如中间消耗、固定资本形成和最终消费，按照购买者价格进行估价。与此对应，SNA界定了两种不同形式的增加值：按基本价格计算的总增加值和按生产者价格计算的总增加值。前者等于按基本价格估价的产出减去按购买者价格估价的中间消耗；后者等于按生产者价格估价的总产出减去按购买者价格估价的中间消耗。由于统计数据上的问题，中国目前对于产出估价只使用生产者价格，并没有采纳基本价格。而且，在中国的国民经济核算体系中，生产者价格包括开给购买者发票上单列的增值税，换句话说，增值税是作为价内税处理的。

对于不在市场上交易的货物和服务(如自产自用的货物、政府服务)，由于没有现成的市场价格，要使用虚拟价格进行估价。确定虚拟价格的方法通常有两种：一是用在市场上交易的类似货物和服务的价格来虚拟没有在市场上交易的货物和服务的价值，如农民自产自用的粮食；二是如果不存在可供参照的市场价格，则要模拟市场价格的形成过程对其进行估价，即按照实际发生的成本进行估价，如政府提供的教育服务。

在SNA中，根据价格有无经济意义将产出划分为市场产出和非市场产出。市场产出是指在市场上按(或打算按)有经济意义的价格出售或处置的产出。其中，有经济意义的价格是指对生产者愿意提供的产品数量和购买者希望购买的数量有显著影响的价格。与之相反，非市场产出是指以免费或无经济意义的价格提供的产出。

对于资产和负债，按照编制资产负债表时的现价估价。价格水平是变化的，这将影响资产和负债的价值。在SNA中设立了重估价账户，用来记录由于价格水平的变化引起的资产和负债的价值变化，这类变化被称为持有损益。其中，由于资产价格的实际变化给其持有者带来的收益或损失叫做名义持有损益，它可以分解为中性持有损益和实际持有损益。中性持有损益是资产价格变化与一般价格水平的变动幅度相同时所产生的持有损益的价值；实际持有损益是资产价格的总变化中不同于全社会一般价格水平变化的部分所导致的持有损益。

为反映一定时期内价格与物量的变化，需要将按现行价格计算的价值变化分解为价格变化和物量变化两个部分，这就需要借助指数这一工具。价格指数是经济学的伟大发明之一（Nordhaus，1998）。经过300多年的发展，价格指数方法已经形成5种主要方法流派，分别是指数的固定篮子方法、指数的检验方法（公理化方法）、指数的随机方法、指数的经济方法和Divisia方法（Diewert，1993）。目前，价格指数仍然是国际统计学界一个非常活跃的研究领域。近些年来，国际组织成为指数研究的有力推动者，出版了一系列关于价格指数的国际统计标准，如《国民经济核算中的价格与物量测算手册》（Eurostat，2001）、《消费者价格指数手册：理论与实践》（ILO，2004）、《生产者价格指数手册：理论与实践》（IMF，2004）、《出口和进口价格指数手册：理论与实践》（IMF，2009）等。国内的研究者也对指数问题开展了一系列研究。孙慧钧（1998）分析了现行指数体系中存在的各种矛盾，探讨了现行指数理论存在的根本性缺陷及其原因，提出了一套新的指数理论体系。徐国祥（1999；2011）对统计指数的发展作了详细的分析，并对统计指数在多个社会经济生活领域的应用进行了实证分析。伍超标（2000）对指数的随机方法进行了专门研究。杨灿（2001；2002）对指数的经济方法和指数的检验方法分别进行了深入的分析。高艳云（2008）对价格指数的理论、方法以及CPI的编制问题进行了系统的研究。徐强（2011）研究了CPI编制的基本问题和方法，研究了基于价格指数的通货膨胀测度方法和基于物量指数的经济增长率测度方法。

中国目前编制的主要价格指数有工业品价格指数（包括工业品出厂价格指数和原材料、燃料、动力购进价格指数）、农业生产价格指数、固定资产投资价格指数、房地产价格指数、商品零售价格指数、居民消费价格指数等，形成了一套涵盖生产、建设、流通、消费领域的价格指数体系。

国民经济核算中还会计算GDP价格指数（也称为GDP缩减指数、GDP隐含价格缩减指数）。它并不是直接编制的价格指数，而是通过将现价GDP与可比价GDP相除得到的。SNA建议使用链式指数公式计算GDP价格指数。

在对不同时期按现行价格计算的价值指标进行比较时，需要使用可比价格以扣除价格变动的影响。新中国成立之后，统计部门曾长期使用固定价格法（也称为不变价格法）进行工农业产品的物量核算。它的基本做法是，将产品价格固定在某一个年份，然后用这个固定年份的价格来衡量其他年份产出或支出的价值。中国曾经采用过1952年、1957年、1970年、1980年和1990年五种不变价格。不变价格在使用若干年之后就需要更新基期，确定新的不变价格，工作量十分浩大。目前，中国在进行物量核算时已经很少使用这种方法，转而使用价格指数缩减法和物量指数外推法。

为了对不同国家的GDP进行国际比较，应考虑各国价格水平的差异，为此需要计算各国的购买力平价（Purchasing Power Parity，PPP）。购买力平价表现为在不同国家购买一篮子产品所需各国货币的比率。购买力平价本质上是一个空间价格指数，反映国家与国家之间GDP所包含的所有货物和服务的价格比例关系，衡量各国之间国内价格水平的差异。

在世界银行的资助下，联合国统计机构从1968年开始了基于购买力平价的国际比较项目（International Comparison Project，ICP）的研究工作，并逐渐发展成为一项全球性的统计活动。目前，ICP由世界银行组织实施。ICP的实施按照计划分阶段进行，目前正在进行第八阶段的工作，参与的国家已经从最初的十多个增加到199个。中国从第六阶段开始部分地区参加亚洲地区的ICP活动，接着以"部分地区、进行GDP全部支出项目比较"的方式参加了第七轮ICP活动，之后全面参与了第八轮ICP活动。

参考文献：

联合国等：《国民经济核算体系（1993）》，中国统计出版社1995年版。

联合国等：《2008国民账户体系》，中国统计出版社2012年版。

邱东、蒋萍、杨仲山：《国民经济核算》，经济科学出版社2002年版。

邱东：《国民经济统计学》，高等教育出版社2011年版。

孙慧钧：《指数理论研究》，东北财经大学出版社1998年版。

徐国祥：《统计指数理论、方法与应用研究》，上海人民出版社2011年版。

高艳云：《价格指数的理论与方法》，中国财政经济出版社2008年版。

徐强：《基于指数的宏观经济价格与物量测度论》，中国财政经济出版社2011年版。

ILO，IMF，OECD，UNECE，Eurostat，and the World Bank，

Consumer Price Index Manual: *Theory and Practice*. Geneva: International Labour Office, 2004.
Eurostat, Handbook on Price and Volume Measures in National Accounts. Luxembourg: Office for Official Publications of the European Communities, 2001.
François Lequiller and Derek Blades, Understanding National Accounts. Paris: OECD, 2006.

（杨仲山　何强）

交易和交易者分类

Classification of Trading and Traders

交易和交易者是国民经济核算体系中的一组重要概念。其中，交易泛指各种经济活动，包括两个机构单位之间按照相互协议而进行的活动以及一个机构单位内部的经济行为。交易是国民经济核算的基本对象。从事各种交易的经济主体就是交易者。

交易有不同的表现形式。市场交换是交易的主要形式。通过交换，在两个机构单位之间会出现两个对等发生的流量，一个单位以某一种形式的经济价值来换取对方的另一种形式的经济价值，比如以现金换取货物服务，以劳动换取工资薪金，通过资金使用权转让获得利息红利等。除市场交换之外，还有两类活动也作为交易看待。第一是无偿转移，是指一个机构单位自愿地向另一个单位转移某种经济价值却没有收到对等价值的回报，此类交易过程中只出现一个流量，比如企业或住户对政府的纳税支出、政府对低收入者支付社会救济、社会范围内的无偿捐赠等。第二是各个机构单位内部发生的某些自给性经济活动，比如农民自己生产粮食供自己使用，企业自己建造供自己使用的固定资产。这些活动只涉及一个机构单位，但可以视为是两种身份之间发生的交易，因此被称为单位内部交易。

在市场经济条件下，多数交易是以货币为媒介直接发生的，此类交易就是货币性交易。货币交易的独有特征是交易各方以货币形式表示他们之间的相互协议，交易规模是可以直接以货币单位观测到的。比如，货物的购买与出售直接按每单位货物一定数量的货币单位计价并结算，劳动力的雇佣与提供直接按每时或每天一定数量的货币单位计价并结算，资金借贷直接按一定的货币数额表示。除货币性交易之外，还存在各种非货币交易，即那些原本不以货币单位表示的交易。两个机构单位之间的易货交易、实物报酬、实物转移，单位内部交易，都属于此类非货币性交易。其中，易货交易是交易双方直接向对方提供货物、服务或现金以外的资产作为交换；实物劳动报酬不同于货币工资薪金，是指雇主向雇员直接提供货物、服务作为劳动报酬；实物转移与现金转移不同，是指一方直接将货物、服务或非金融资产转移给另一方。显然，非货币性交易的价值是无法直接观测到的，国民经济核算要记录这些交易，必须通过各种方法间接计量或“虚拟”估算其价值。

按照经济活动的内容不同，可将交易分为货物和服务交易、收入分配交易、金融交易和其他积累交易。货物和服务交易是指与货物和服务的生产、消费和使用相联系的交易，通过这类交易，货物和服务实现了从供应（生产和进口）到使用（消费、积累和出口）的流动过程。收入分配交易涉及两个层次：一是将当期新创造价值分配给各生产要素（劳动、资本）所有者和政府的交易；二是对财产和收入的再分配行为。金融交易是指通过各种金融工具发生的各经济单位之间的资金借入和贷出交易。除此之外，固定资本消耗、土地和专利等非生产非金融资产的获得或处置也属于交易的范畴，可称为“其他积累交易”，在SNA中被归入“其他积累流量”（肖红叶、周国富，2004）。

按照一定的标志对交易者进行分类，把具有某些共同特征的交易者集合在一起，结果就是交易者类别。通过交易者分类，整个国民经济被区分为若干不同的部门，由此可以反映国民经济的部门结构以及各部门之间的关系。国民经济核算中最基本的交易者分类是机构部门分类和产业部门分类，此外还可以按照各经济单位的组织结构、所有制特征、所处空间位置等予以分类。

机构部门分类是根据机构单位的经济性质而对经济总体进行的交易者分类。所谓机构单位，是指能够独立拥有资产、承担负债、从事经济活动并与其他经济单位进行交易的经济实体，它一般具备以下四个方面的属性：(1)有权拥有货物或资产，能够通过与其他机构单位的交易变更货物或资产的所有权；(2)能够做出经济决策，从事经济活动并在法律上直接承担相应的法律责任；(3)能够代表自身利益承担负债或其他义务，做出承诺以及订立合同；(4)能够编制出一套包括资产负债表在内的全套账户。现实生活中有两类机构单位：一类是个人或由个人组成的住户；另一类是法律或社会实体，包括公司、政府以及非营利机构。根据所从事经济活动的性质，一国范围内的所有常住机构单位被归纳为以下五个机构部门：非金融公司部门、金融公司部门、政府部门、住户部门和为住户服务的非营利机构部门。

产业部门分类（简称“产业分类”）是依据基层单位的生产活动性质而对经济总体进行的交易者分类。所谓基层单位，是指在一个地点、从事一种或主要从事一种生产活动、原则上具有相应收支核算资料的生产单位。与以上定义的机构单位比较，多数机构单位只从事一种性质的生产活动，此时机构单位与基层单位是重合的；但有些机构单位会同时涉及不同类别的生产活动,对那些大型公司尤其如此,比如一个钢铁企业主要从事钢铁生产但同时还进行运输活动,此时即认为该机构单位包含不止一个基层单位。一个产业部门是从事相同或类似活动的基层单位的集合,联合国制定的《全部经济活动的国际标准产业分类》为进行产业部门分类提供了标准。当前使用的是2007年颁布的第四版(ISIC,Ren.4)。它是一个由四级分类组成的体系,包括21个门类、88个大类、238个中类和420个小类。其分类依据比较复杂,主要关注一项活动之主产品的性质,同时考虑产品的用途以及生产的投入、工艺过程和技术。

《中国国民经济核算体系(2002)》遵循国民经济核算的基本规范构造了交易者分类体系,包括机构部门分类和产业部门分类,同时结合中国的实际情况在具体处理上有所变通。

在机构部门分类方面,中国基于机构单位定义,确立了四个机构部门,即住户部门、非金融企业部门、金融机构部门和政府部门。可以发现,第一,到目前为止,中国尚没有单独设立为住户服务的非营利机构部门;第二,在各个机构部门的具体称谓上有所不同,以非金融企业、金融机构替代了非金融公司和金融公司。此外在具体部门归类上,也包含一些特别的处理。

在产业部门分类方面,中国参照国际标准制定了《国民经济行业分类》,并作为国家标准颁布实施。1984年首次发布,后来分别于1994年、2002年和2011年进行了三次修订。从2011年11月1日起执行的《国民经济行业分类》(GB/T 4754-2011)具体包括20个门类、96个大类、432个中类、1094个小类。其中20个门类包括:农、林、牧、渔业;采矿业;制造业;电力、热力、燃气及水生产和供应业;建筑业;批发和零售业;交通运输、仓储和邮政业;住宿和餐饮业;信息传输、软件和信息技术服务业;金融业;房地产业;租赁和商务服务业;科学研究和技术服务业;水利、环境和公共设施管理业;居民服务、修理和其他服务业;教育;卫生和社会工作;文艺、体育和娱乐业;公共管理、社会保障和社会组织;国际组织。

参考文献:

联合国等:《国民经济核算体系(1993)》,中国统计出版社1995年版。

联合国等:《2008国民账户体系》,中国统计出版社2012年版。

国家统计局:《中国国民经济核算体系2002》,中国统计出版社2004年版。

高敏雪等:《国民经济核算原理与中国实践(第二版)》,中国人民大学出版社2007年版。

肖红叶、周国富:《国民经济核算概论》,中国财政经济出版社2004年版。

许宪春:《中国国民经济核算体系的建立、改革和发展》,载于《中国社会科学》2009年第6期。

吴涧生:《国民经济核算体系中的几个基本概念》,载于《统计研究》1993年第1期。

郭志方、李宝瑜:《国民经济核算原理》,中国商业出版社1996年版。

国家统计局:《2011国民经济行业分类注释》,中国统计出版社2011年版。

蒋萍:《核算制度缺陷、统计方法偏颇与经济总量失实》,中国统计出版社2011年版。

邱东、蒋萍:《国民经济核算》,经济科学出版社2002年版。

（高敏雪　付海燕）

生产核算范围

Scope of Production Accounting

生产核算范围是指在开展国民经济核算时,将哪些活动作为生产活动,纳入国民经济核算体系。生产作为一种活动,一般是指利用投入获得产出的过程。在国民经济核算中,所谓生产是指经济生产,即以经济资源投入获得经济产出的活动过程。其中,投入的经济资源包括劳动、资本、自然资源,以及由其他单位生产的货物和服务;获得的经济产出一般包含两种形态,一是有形的货物,二是各种无形的服务,它们以不同方式满足了人们的需求。

从一般生产到经济生产,其间摒除了与以下两个关系有关的活动。第一是经济生产与自然生产的关系。经济生产的核心特征是人类劳动的参与,没有人类参与或管理的纯自然过程不属于经济意义上的生产。例如,自然水域中鱼类的自然生长繁殖不是生产,养殖场的渔业养殖活动才属于生产。第二是经济生产与人类一般活动之间的关系。那些无法由他人代替进行的基本人类活动不属于生产活动,例如,吃饭、喝水、睡觉、锻炼等活动(尽管也要消耗经济资源,人是这些活动的主体),只有那些可以向其他人或单位提供产出的活动才属于经济生产的范畴,例如,洗衣、烹调、照顾老人和孩子、看护病人等活动。基于上述,在国民经济核算中,所谓经济生产,是指在机构单位控制和负责下,利用劳动、资本、货物和服务作为投入以生产货物和服务的活动。

需要指出的是,上述经济生产概念及其范围的定义不是一蹴而就的,其形成是历史演变的结果,与经济学的发展密切相关。早期重农学派认为只有农业生产才是生产活动,因为只有农业才能通过生产过程在实物上将投入转化为更多的产出(一粒种子变成一个谷穗)。伴随工业化过程的兴起,此后的古典经济学扩展了原有的生产概念,将制造业等货物生产活动也包括在生产范围之中,形成了所谓的物质生产概念。与物质生产概念形成对比的是,基于效用理论逐渐形成的综合生产概念,即从有用性角度入手确定生产活动,只要对他人提供了一种有形或无形的有用性,则该活动就属于生产活动,由此决定了生产范围中既包括各种有形货物的生产,也包括各种无形服务的生产。相比起来,物质生产概念的范围明显小于综合生产概念,因此,文献中常将物质生产概念称为限制性生产观。

在国民经济核算的发展过程中,物质生产概念曾作为马克思主义经济学的经典思想传承下来,在20世纪秉承计划经济体制的经济体如苏联、东欧等国家中得到长期应用,形成了物质产品平衡表体系(MPS);同时在欧美等发达市场经济体中基于综合生产观建立了一套国民账户体系(SNA)。此后伴随苏东国家经济体制转型,国民账户体系(SNA)成为全球各国统一遵循的国际标准,物质产品平衡表体系(MPS)以及限制性生产观就此成为历史。可以说,现代经济学当前所秉承的是综合生产观,国民经济核算也是基于此确定生产核算范围的。

但是,并非所有的经济生产活动都能够纳入国民经济核算的生产核算范围。第一是受核算目的的限制,原则上,纳入核算的生产活动应该具有提供给他人的属性,尤其要与市场相关联;第二是受核算手段的限制,纳入核算的生产活动原则上应该是具有核算依据的。因此国民经济核算中确定的生产范围要比一般经济生产范围更加严格。根据最新国民经济核算体系(SNA2008),生产核算范围内包括以下几类活动:

第一,生产者提供或准备提供给其他单位的所有货物或服务的生产,不仅包括供最终使用的货物或服务的生产,也包括供中间消耗的货物或服务的生产;

第二,生产者为自身最终使用(最终消耗或资本形成)的所有货物或知识载体产品的自给性生产;

第三,自有住房者的自有住房服务。

换言之,SNA的生产核算范围包括:①所有的货物生产,不管这种生产是否为其他单位提供,生产者用于自身消费和积累的自给性货物生产也包括在内;②提供给其他单位的服务生产和自有住房者的自有住房服务。被SNA生产核算范围排除在外的生产活动主要涉及住户内部发生的服务生产:付酬雇员提供的家庭服务、自有住房提供的住房服务,被包括在生产核算范围之内;而由家庭成员所进行的家务活动则排除在生产核算范围之外。

为什么生产核算范围中不包括住户范围内家庭成员提供的自给性服务生产?有大量文献讨论家庭成员所提供服务对于福利测算的重要性,但直到SNA2008,仍然没有将其纳入生产核算范围。其主要理由是,国民经济核算是为了在广泛范围内满足分析和政策的需要(福利测算不是其唯一的目的甚至不是其主要目的),为达此目标,一方面需要核算覆盖的范围尽可能全面,另一方面又不能包括过多的非市场经济行为以避免给市场失衡分析带来负面影响,生产核算范围的确定就是在这二者之间寻求平衡的结果。具体到住户生产而言,付酬雇员完成的家庭服务生产是市场性生产活动,但家庭成员的家务活动在其提供服务之前就明确是为家庭自身服务的非市场生产。此外,劳动力统计中定义的经济活动人口与SNA的生产范围具有直接联系,如果将生产范围扩展到包括住户成员为其自身最终消费所从事的个人和家庭服务的生产,那么所有从事这些活动的人口都将是自雇人口,这将导致无法对失业做出定义。

此外还需要说明一点,在实践中,上述属于SNA生产核算范围的活动未必都能被观测到,各国核算实施过程中总要面对"未被观测"的经济活动。所谓未被观测经济,是指由于某种原因在统计调查中未被观测到的活动,其原因可能是这项活动是非正规的,从而避开了面向正规活动开展的调查;或者是这项活动是非法活动,如麻醉品的制造和销售、货物走私、色情服务、人口偷渡等非法运输;或者是这项活动本身是合法的,但生产者出于自身的利益意欲掩盖它,如避税、避免社会保障缴款、避免遵从某些法定标准、逃避监管等。未观测经济也属于SNA生产核算范围,如何解决其核算问题备受国内外学者的关注。

历史地看,中国国民经济核算体系经历了三个阶段,这三个阶段的基本特征与生产观及其生产核算范围有着直接联系。第一阶段(1952～1984年)是物质产品平衡表体系(MPS)的建立和发展阶段,所秉承的是物质生产观,与之相对应的生产核算范围主要限于农业、工业、建筑业三个物质生产部门以及运输邮电业、商业饮食业等物质产品流通部门的生产活动,合称五大物质生产部门,其他如教育、卫生、文化等非物质性服务业生产活动不包括在内。第二阶段(1985～1992年)是从MPS向国民账户体系(SNA)的转换阶段,突出特点是两套核算体系并存,与此对应的是同时提供基于不同生产概念和核算范围的总量指标和相关数据,其中包括按照物质生产概念核算的社会总产值、国民收入,也开始建立基于综合生产概念核算的国民生产总值(GNP)和国内生产总值(GDP)等指标的核算基础,并力图为二者之间的数据转换提供路径和方法。第三阶段(1993～)是基于SNA的中国国民经济核算体系的发展阶段,其突出特征是与国际接轨实现了从MPS到SNA的全面转变。与此相对应,所遵循的生产核算范围原则上与SNA保持了一致,货物生产活动和服务生产活动都包括在内,由此覆盖了所有的产业部门。

在当前应用的《中国国民经济核算体系(2002)》

中,明确规定生产核算范围“包括以下三部分:第一,生产者提供或准备提供给其他单位的货物或服务的生产;第二,生产者用于自身最终消费或固定资本形成的所有货物的自给性生产;第三,自有住房提供的住房服务和付酬家庭雇员提供的家庭服务的自给性生产。”

参考文献:

联合国等:《国民经济核算体系(1993)》,中国统计出版社 1995 年版。

联合国等:《2008 国民账户体系》,中国统计出版社 2012 年版。

国家统计局:《中国国民经济核算体系(2002)》,中国统计出版社 2004 年版。

高敏雪等:《国民经济核算原理与中国实践(第二版)》,中国人民大学出版社 2007 年版。

许宪春:《中国国民经济核算体系的建立、改革和发展》,载于《中国社会科学》2009 年第 6 期。

孙秋碧:《国民经济核算演进评析》,载于《统计研究》1999 年第 4 期。

蒋萍:《核算制度缺陷、统计方法偏颇与经济总量失实》,中国统计出版社 2011 年版。

邱东、蒋萍:《国民经济核算》,经济科学出版社 2002 年版。

蒋萍:《非法生产与 GDP》,载于《经济科学》2006 年第 6 期。

蒋萍:《未观测经济:概念框架与测算思路》,载于《统计研究》2009 年第 3 期。

（高敏雪　付海燕）

常住性
Residence

常住性是指附着于各经济单位、体现其与一国经济体之关系的属性。一国经济总体是由一国经济领土上的常住单位组成的,在此定义中包含两项并列的规定性:一个是在一国地理领土基础上形成的经济领土,另一个就是依据常住性规定而界定的常住单位。

如果一个经济单位在某国经济领土上拥有一定的活动场所(住宅、厂房或其他建筑物),从事并有意持续(无限期或相当长期限,一般以一年以上为标准)从事一定规模的经济活动,即可认为该单位在这个国家具有经济利益中心,对于该经济领土而言具有常住性,是组成该经济总体的常住单位。如果不具备上述属性,就称为该国的非常住单位。国民经济核算的对象是一国常住单位的经济活动,只有常住单位的经济活动才会被纳入国民经济范畴中。非常住单位被视为国外,其自身活动不属于该国的国民经济范围,其与该国常住单位之间的交易作为该国的对外交易。

可以看出,国民经济核算中的常住性属性定义不是建立在国籍或法律标准之上,而与经济单位所处的空间位置及其时间的长期性有关。从空间位置看,常住单位一般总是存在于一国经济领土之上进行活动;从时间规定性看,一个单位只有长期存在于一国经济领土上才会被视为常住单位。比如中国境内的外商投资企业,尽管从财产所有关系上看权属外国,但由于位于中国经济领土范围内并从事长期的经济活动,因此属于中国的常住单位;同样,中国在境外建立的经济单位应视为国外,而不属于中国的国民经济范围。与此相反的另一种情况是短期内在一国经济领土内旅游、访问、工作的人员,尽管也地处某国家经济领土之上,但由于只涉及短期经济活动,不能作为该国的常住单位看待。

一国经济领土上存在众多经济单位,包括个人或住户,以及企业、政府和为住户服务的非营利机构等法律或社会实体。以上给出了判别各经济单位常住性的一般准则——在该国经济领土上具有经济利益中心,但面对不同类别的经济单位,所采用的具体判别方法不尽相同。以下分类说明之。

第一,个人和住户的常住性。个人的常住性取决于其所属的住户而不是其工作地。

住户的常住性依照其主要住所来确定。如果住户在一国经济领土内保有或意图保有一处住所或住所的继承,该住所是其住户成员的主要住所,则该住户就是该经济领土的常住单位。如果住户在多个经济领土保有住所而不能明确哪一处是其主要住所时,应根据住户成员在各住所的停留时间长短来确定,若其在某个经济领土内停留或意图停留一年及一年以上,则认为其在该领土拥有主要住所,该住户就是该领土的常住单位。以下是一些需要特殊处理或说明的情况:

学生和病人。对那些赴国外进行全日制学习的学生(及其陪读成员),无论其学习过程是否超过一年,一般都继续将其作为出国学习前常住领土的常住单位。但如果学业完成后仍意欲继续停留在学习所在地,此时的身份就发生了转变,应该将其视为学习所在地的常住单位。与此类似,赴国外就医的病人(及其陪同人员),无论治疗时间是否超过一年,都依然属于就医前常住领土的常住单位。

流动设备上的成员。船舶、飞机、石油钻探设备、空间站或其他类似流动设备会跨越一个或多个经济领土运行,在其上活动的成员属于其总部所在领土的常住单位。

飞地工作人员。在境外本国政府飞地工作的外交官、军人和其他公务员及其家眷,应视为本国政府所在经济领土的常住单位。但在当地招聘的工作人员则应视为其主要住所所在地的常住单位。

跨境工作者和其他频繁移动的人员。跨境工作者的常住性取决于其主要住所而不是就业的领土所在地。因此,单凭在境外工作本身,不能认定这个人不是本国常住者。如果只是短期在境外工作,他应该仍然与其家庭成员一起作为国内的常住住户;但如果在境外工作、生活时间超过了一年,此时其经济利益中心就发生了变化,应该将其视为长期生活所在国的常住单位而不是其家庭所在地的常住单位。对其他那些与两个及以上经济体保持密切联系的个人,需要按照主要住所原则判定其常住性,如果没有主要住所,则要按照其停留时间长短做判断。

第二,企业的常住性。一般而言,如果一个企业在一国经济领土上的某个活动场所进行了一定规模的货物或服务生产,就可以认为其在该国具有经济利益中心,是该国的常住单位。

如果企业的活动场所是一国经济领土内某具体的物理场所,其运营活动是在物理存在的经济领土范围内进行的,此时不难判断它应属于该国的常住单位。但在某些情况下,企业的生产活动不涉及具体的物理场所,比如银行、保险、投资基金、证券化机构以及其他一些特殊目的实体,会以将其管理完全外包给其他实体的方式进行经营,许多持有私人财产的信托基金、法人团体或基金会几乎或完全没有物理存在,此时无法通过物理场所确认其常住性,而应通过其运营活动的注册或法律处所来判断,即企业是按哪个经济领土上的法律登记或注册成立的,它就是哪个经济领土上的常住单位。

第三,其他实体的常住性。其他实体包括一般政府、国际组织、为住户服务的非营利机构。

属于一国经济领土之常住单位的政府机构包括,该国领土内的中央和地方政府的所有部门、机关,以及在国外飞地上的驻外使(领)馆、军事基地和其他政府实体。

如果一个为住户服务的非营利机构在某国经济领土内具有经济利益中心,那么它就是该国的常住单位。绝大多数非营利机构的常住性可以据此做出明确判断。但如果某非营利机构从事国际范围的慈善或救济工作,则需要依据在活动所在国所设立的分支机构确定其常住性。

国际组织的情况比较特殊,要视其为自己经济领土上的常住单位,而不是其物理所在地经济体的常住单位。比如,联合国总部在美国,同时在许多国家设有分支机构,但联合国不能作为美国的一个常住单位,其分支机构也不能作为所在国的常住单位。

中国国民经济核算体系是按照上述一般原则确定经济单位的常住性的。《中国国民经济核算体系(2002)》中明确指出,"在我国的经济领土上具有经济利益中心的经济单位称为我国的常住单位。……一经济单位在我国的经济领土范围内具有一定的场所,如住房、厂房或其他建筑物,从事一定规模的经济活动并超过一定时期(一般以一年为操作准则),则该经济单位在我国具有经济利益中心。"还进一步对各类常住单位做了以下具体说明:"一个法人企业,如果它的全部经济活动发生在我国经济领土范围内,那么它就是我国的常住单位。一个企业虽然它的经济活动并非全部发生在我国的经济领土范围内,但在我国经济领土内建立了一个子企业,从事生产经营活动一年以上,则该子企业也是我国的一个常住单位。一个住户,如果它在我国的经济领土范围内拥有住房,该住房为它的主要住所,则认为是我国的常住单位。一个政府单位是它行使管辖权的经济领土范围内的常住单位。中央政府组成单位,包括位于国外的使馆、领馆等,均为我国的常住单位。"

参考文献:

联合国等:《国民经济核算体系(1993)》,中国统计出版社 1995 年版。

联合国等:《2008 国民账户体系》,中国统计出版社 2012 年版。

高敏雪等:《国民经济核算原理与中国实践(第二版)》,中国人民大学出版社 2007 年版。

吴润生:《国民经济核算体系中的几个基本概念》,载于《统计研究》1993 年第 1 期。

国家统计局国民经济核算司:《中国国民经济核算》,中国统计出版社 2004 年版。

国家统计局:《中国国民经济核算体系(2002)》,中国统计出版社 2003 年版。

邱东、蒋萍:《国民经济核算》,经济科学出版社 2002 年版。

(高敏雪　付海燕)

经济流量和经济存量
Economic Flows and Economic Stocks

经济流量是指一定时期内的经济行为和所发生事件的效果,表现为经济价值的产生、转换、交换、转移或消失;而经济存量是指经济体在某一时点持有的资产、负债以及其他经济资源的状况,也即人、财、物力资源的持有状况(杨灿,2008)。二者都是刻画一个经济体基本特征的不可或缺的总量指标。从根本意义上说,国民经济核算的目标就是针对一个经济体在特定时期内的经济流量和特定时点的经济存量做记录。

经济流量涵盖了一段时期内所发生的各种经济活动。日常经济管理与分析中常用的经济指标,大部分都属于经济流量指标。比如衡量经济产出总量的国内生产总值(GDP),衡量对外贸易规模的出口总额、进口总额,表现收入分配状况的税收总额、工资总额、利润总额等。在这些流量指标的定义中,有一个共同的标志:都可以冠之以"一定时期"做定语,说明这个指标是对一段时期内所发生的某类活动或现象的定量描述,比如一定时期内生产的经济产出、一定时期内获得的收入、一定时期内发生的投资。

各种经济统计体系或多或少都会提供表现经济流量的指标,但国民经济核算的不同之处在于,它并不是对某单个经济流量的记录,而是记录了与宏观经济有关的所有经济流量,并通过账户记录使得各经济流量之间联系为一体。为此,有必要对这些经济流量加以分类。

从流量发生方式区分,大部分流量是经济交易的结果。可能是两个机构单位之间基于共同协议发生的,比如住户对货物和服务的消费支出、企业对劳动者支付的工资和薪金、企业向政府缴纳的税金,都属于此类流量;也可能是一个机构单位内部基于两种身份进行交易的结果,比如由住户自己生产并在同一住户内消费的农产品,企业自己制造供自己使用的专用设备,一方面形成生产者的产出流量,另一方面形成消费者或投资者的消费或固定资本形成流量。但是,也存在一些与经济交易无关但会对资产负债存量产生影响的流量,国民经济核算将其称为"非交易流量"或"其他流量"。在这些流量中,有些是由经济体系以外的因素引发的,比如可开采地下资源储量的发现、自然林木的生长以及贵重物品首次被发现或承认等,都会形成导致资产增加的流量;自然灾害或战争造成的财产毁坏,会形成导致资产减少的流量。还有一些其他流量虽然和经济有关,但却无法体现为两个机构单位之间的协议行动,比如企业破产导致大额坏账,政府实施的无偿没收,由于价格水平变化而导致的资产或负债升值或贬值。国民经济核算将这些其他流量分为两类记录:一类称为资产物量其他变化;另一类称为持有资产损益。

与交易的类别相对应,经济流量可以区分为:货物和服务交易、收入分配交易和金融交易和其他积累流量。其中,货物和服务交易具体反映当期货物和服务的生产、进口、消费、积累和出口等总量;收入分配交易则反映当期各种分配性收支所形成的收入总量以及财产的转移;金融交易反映当期各种金融工具下的借入和贷出总量;而其他积累流量则既包括固定资本消耗、非生产非金融资产的获得或处置这样的"其他积累交易",也包括资产物量其他变化、持有资产损益这样的"非交易流量"(肖红叶、周国富,2004),其共同特点是都会引起资产或负债存量的变动。

在国民经济核算中,经济存量是指特定时点上的资产和负债总额。

资产是一种价值储备,拥有一笔资产,意味着其所有者在未来一定时期内通过持有或使用该资产实体,会产生一次性或连续性的经济利益,这些经济利益就代表了该项资产的价值。国民经济核算所定义的资产是指经济资产,它包含两个基本规定性,第一是所有权明确,第二是未来收益性。如果不能确定一个实体的所有权,或者如果拥有或使用该实体不能在未来给其所有者带来经济利益,则该实体不能视为资产。例如海洋和空气尽管有用,但由于无法确定其所有权而不能看作资产;已知存在但不能在可见的未来予以开采的地下矿藏,由于其无法直接产生经济利益也不能看作资产。

资产可以分为金融资产和非金融资产。顾名思义,金融资产是建立在信用基础上的资产,非金融资产则是指各种以实物或非实物形态存在的非金融性的资产;与金融资产对应存在的是金融负债。对一个经济体(国家或者部门)而言,一方面会持有资产,包括金融资产和非金融资产,另一方面会承担负债,资产与负债相抵后的余值代表该经济体所拥有的资产净值。有关资产、负债的具体分类可参见"资产负债核算"。这里需要明确的是,资产、负债、资产净值是表现经济存量的三个基本要素。

参考文献:
联合国等:《国民经济核算体系(1993)》,中国统计出版社 1995 年版。
联合国等:《2008 国民账户体系》,中国统计出版社 2012 年版。
国家统计局:《中国国民经济核算体系(2002)》,中国统计出版社 2004 年版。
高敏雪等:《国民经济核算原理与中国实践(第二版)》,中国人民大学出版社 2007 年版。
杨灿:《国民经济核算教程》,中国统计出版社 2008 年版。
肖红叶、周国富:《国民经济核算概论》,中国财政经济出版社 2004 年版。
蒋萍:《核算制度缺陷、统计方法偏颇与经济总量失实》,中国统计出版社 2011 年版。
邱东、蒋萍:《国民经济核算》,经济科学出版社 2002 年版。

(高敏雪　付海燕)

货物与服务
Goods and Service

货物与服务是指在机构单位的控制和负责下,利用劳动、资本、土地和其他投入,创造出来的能够交付或提供给其他机构单位的生产成果。换句话说,货物与服务都是生产过程的产出,都是人类劳动的成果,只是形态不同而已。

货物与服务的最基本区别在于,货物作为一种有形产出,可以被储存和多次转售,从而其生产与使用可以分离,如当前生产以后使用,或甲地生产乙地使用等。而服务则是一种无形产出,目的在于"改变消费单位的状况,或促进产品或金融资产的交换"(SNA2008,第6.17段);由于多数服务的生产与使用需同时进行,因而消费者一般需介入服务生产过程,或者说服务生产需要消费者的配合;并且,某些服务的效果短期内无法体现出来(如教育和某些医疗服务等)。此外,大多数服务无法像货物生产那样实现产品的标准化,因为同一服务过程在不同的时空背景下,其参数设定会有所差别;即使是同一生产程序和相同的参数设置,不同的消费者所感知的服务质量也会有所不同,这一特征说明服务生产具有相当的异质性。

需要说明的是,在人类经济核算的发展进程中,并非一开始就将全部货物和服务都视为生产成果,而且到了20世纪仍存在着两种不同的生产观:一是限制性生产观(狭义生产观),认为只有物质产品才具有价值,其生产能够创造财富。在这种认识下,农业、工业和建筑业显然属于生产部门,其产品要作为产出来核算;商业、运输和邮电业虽没有创造物质产品,但所从事的流通活动联结了生产与使用环节,增加了商品价值,因而也被归属于生产部门。但是,除此之外的其他部门(非物质生产部门)都被认为不创造价值,不是生产部门,其提供的服务也不作为产出记录。二是综合性生产观(广义生产观),认为货物与服务都是生产成果,货物生产和服务生产均能创造价值。与这两种不同的生产观对应,形成了两种不同的产出核算范围和国民经济核算体系:MPS秉承限制性生产观,认为仅需测算农业、工业、建筑业、商业、运输和邮电业等部门的生产总量;而SNA则秉承综合性生产观,其核算范围涵盖所有货物与服务的生产。现行国民经济核算体系中的生产总量核算建立在综合性生产观的基础之上,将经济生产定义为"在机构单位控制和负责下,利用劳动、资本、货物和服务作为投入以生产货物或服务的活动"(SNA2008,第6.24段)。

随着生产力水平的提高和人民生活水平的改善,人们对服务的需求不断攀升,服务在生产总量中所占的份额也日趋增大,服务业不仅吸纳了大量的就业,而且促进了劳动分工的细化和消费结构的转型。所以,截至目前,服务业核算范围和分类的变动仍在进行之中。例如,SNA-2008将服务区分为"变化促成服务"(Change-Effecting Services)和"增值服务"(Margin Services)两种类型:前者改变消费单位的状况,包括消费品状况的改变(如运输、销售、修理和清洁等)、消费者身体状况的改变(如客运、旅宿、医疗、卫生等)和消费者精神状况的改变(如教育、咨询和娱乐等);后者为机构单位间所有权变更交易提供便利,其生产者为批发商、零售商和各类金融机构(如保险、金融中介、保护和担保等)。此外,与SNA-1993不同的是,SNA-2008明确了"知识载体产品"(Knowledge-capturing Products)这一服务形式,这类服务有助于消费单位重复获取知识(如信息、咨询)和感受娱乐,而且具有一些货物的特征,能被储存在纸质媒体或电子媒体之中,能像货物一样进行交易和重复使用。这类服务主要包括信息、新闻、咨询报告、电脑程序、电影和音乐等产出形式。

需要指出的是,传统的观点认为服务是无形的,但科技发展使许多服务具有了物质载体:消费者可以购买光盘欣赏音乐观看表演而无须亲自去音乐厅和电影院,购买支出减去光盘本身的价值即为艺术家所提供的服务价值。可以说,正是因为有了光盘、磁盘等物质载体,才使服务的不可分离性和不可存储性发生了变化,使一部分服务能够像货物那样实施标准化生产。总之,尽管一些传统的服务产品(如美容美发、清洁卫生、诊疗护理等)其生产与消费仍需同时进行,但一些以知识密集为特征的新兴服务产品(如"知识载体产品")已突破了传统服务的特征限定,与货物的界线区分越来越模糊,或没有绝对的分界。可以预期,随着新技术革命尤其是信息技术的发展及互联网运用,这一发展趋势将会愈益明显,有关服务理论与核算方法研究必须正视这一现象。

参考文献:

联合国等:《国民经济核算体系(1993)》,中国统计出版社1995年版。
联合国等:《2008国民账户体系》,中国统计出版社2012年版。
邱东、蒋萍、杨仲山:《国民经济核算》,经济科学出版社2002年版。
袁寿庄、赵彦云、高敏雪、阮健弘:《国民经济核算原理》,中国人民大学出版社1999年版。
王德发、朱建中:《国民经济核算概论》,上海财经大学出版社2006年版。
李连友:《国民经济核算学》,经济管理出版社2001年版。
杨灿:《国民核算与分析通论》,中国统计出版社2005年版。
蒋萍:《核算制度缺陷、统计方法偏颇与经济总量失实》,中国统计出版社2011年版。

(罗良清　李海东)

机构部门分类
Classification of Institutional Sectors

机构部门分类是SNA(1993、2008)关于经济活动主体的一种重要分类,是指将国民经济总体中的全部常住机构单位按照其经济目的、功能和行为表现的同质性或相似性划分为不同的部门。其中,机构单位(Institutional Unit)是指"能够以自己的名义拥有资产、发生负债、从事经济活动并与其他实体进行交易的经济实体"(SNA2008,第4.2段)。而常住机构单位是指在该国的经济领土上具有经济利益中心的机构单位。

在现实生活中,常见的机构单位是住户和被法律或社会承认的实体,按其经济目的、功能和行为表现等方面的特性,具体可区分为以下五种类型:(1)住户(Household)。即共同居住、共享部分或全部收入与财产,且共同消费的个人群体,包括住户所拥有的非法人企业。(2)非金融公司(Non-Financial Corporation)。即为市场生产货物与非金融服务,为其所有者创造利润或其他财务收益的法律实体。(3)金融公司(Financial Corporation)。即为市场提供金融服务,为其所有者创造利润或其他财务收益的法律实体。(4)一般政府(General Government)。通过政治程序建立的、对某一特定区域内的其他机构单位拥有立法、司法和行政权的法律实体,包括受政府控制的社会保障基金。(5)为住户服务的非营利机构(NPIs Serving Households)。即免费或以无经济意义的价格向住户提供货物与服务的非营利机构。将上述常住机构单位分别组合在一起,就构成了住户、非金融公司、金融公司、一般政府和为住户服务的非营利机构这样5个机构部门。

需要说明的是,非营利机构并非不能赢利,只是其非营利属性不允许它们为其所有者、创建者和资助方提供收入、利润或其他财务收益,而是必须将赢利用于非营利活动。由于非营利部门是介于政府和公司之间的"第三部门",因此在结构运作方面一些非营利机构类似于公司而另一些非营利机构却与政府相似。基于此,SNA-2008将那些以显著经济意义价格销售其大部分产出或全部产出的非营利机构(如学校、学院、大学、诊所、医院;商会、同业公会、雇主组织、研究或测试实验室等)定义为从事市场生产的非营利机构,依据其产出类型分别划归非金融公司部门和金融公司部门;至于那些免费或以无经济意义价格提供货物与服务的非市场非营利机构,若被政府控制则划入一般政府部门;余下的那些免费或以无经济意义价格向住户提供货物与服务的非市场非营利机构被组合为一个单独的机构部门,即为住户服务的非营利机构部门,包括专业或学术团体、政党、工会、消费者协会、教会或宗教团体,以及社会、文化、娱乐、体育等俱乐部。

在具体划分机构部门时,首先需要确认机构单位的常住性,即将那些在本国经济领土内具有经济利益中心的机构单位(也即常住单位)分离出来,它们共同构成一国的国民经济总体;然后对住户以外的其他常住单位(即被法律或社会承认的实体)再按是否属于市场生产者、是否受政府控制和提供的服务类型等标准进行细分。一般情况下,公司从事的经济活动包括生产和积累,但无消费功能;政府代表全社会进行生产、消费和积累活动,通过转移实施收入及财产的再分配;住户可能直接从事生产活动,也可能为其他机构单位的生产经营提供生产要素,其消费目的仅在于满足自身的需要;而非营利机构是一个"混合体"或"过渡层",其中的市场非营利机构与公司一样没有消费功能,而非市场非营利机构或者则代表住户或者代表全社会进行消费。

此外,上述五大机构部门也仅仅是第一层次的机构部门分类,每个部门还可以根据分析的需要进一步细分。比如,可以将住户部门按居住地划分为城镇居民家庭和农村居民家庭两个子部门,或者按其社会经济状况细分为雇主、自营劳动者、雇员、财产和转移收入的接受者等几个子部门;可以将非金融公司部门(或金融公司部门)按是否受政府、私人或外国控制的情况分为本国公营、本国私营和外国控制三个子部门;还可以将一般政府部门分为中央政府、州或省政府、地方政府等几个层级。特别地,在划分子部门的基础上,还可以重新组合:把公营的金融公司和非金融公司与政府部门一起统称为公营部门;把本国私营的金融公司和非金融公司、住户和为住户服务的非营利机构一起统称为本国私营部门;而把由外国控制的本国常住金融公司和非金融公司统称为外国控制的部门。SNA认为,对重新安排后的这些公营、本国私营和外国控制部门进行单独的核算是十分有益的,因为它能够提供一组新的关于国民经济运行全过程的信息,其中,尤其是便于分析它们各自在增加值、各种收入(如原始收入余额、可支配收入、调整后的可支配收入)和储蓄中所占的份额,分析它们在进出口、就业等方面各自所起的作用;还有助于对它们相互之间的交易情况进行分析,以了解它们之间的相互依存关系(肖红叶、周国富,2004)。

机构部门分类不同于产业部门分类,但二者有着紧密的联系。因为当一个机构单位只拥有一处场所且从事一种或主要从事一种活动时,该单位同时也是一个基层单位;而当一个机构单位拥有多处场所或从事多种性质不同的活动时,则可划分为多个基层单位。所以,每个常住(机构)单位也都可以分解为一个或几个基层单位。这样,由一国的所有常住单位组成的国民经济总体,也可以视为由所有常住单位所属的基层单位所组成。于是,我们可以依据每个基层单位的生产活动的性质来对经济总体中所有常住单位所属的基层单位进行分类,由此形成的交易者分类正是产业部门分类。这说明,机构部门分类和产业部门分类都是关于经济总体的分类(肖红叶、周国富,2004),只是二者的分类标志不同、分类单位不同而已。这也正好解释了为什么在SNA中,反映生产总量的GDP指标既可以按产业部门核算,也可以按机构部门核算;类似地,与生产有关的生产账户和收入形成账户既可以按产业部门编制,也可以按机构部门编制,二者在经济总体层面的合计数相等。当然,机构部门分类更强调每个机构单位财务决策方面的同质性,作为分类单位的每个机构单位都有资格参与经济活动的全过程;而产业部门分类则更强调每个基层单位生产活动的同质性,作为分类单位的每个基层单位仅具有生产决策权,仅能提供有关生产活动的核算资料。这一方面决定了我们能够为每个机构部门编制完整的账户序列,却只能为每个产业部门编制简短的账户序列;另一方面也决定了机构部门分类和产业部门分类在经济分析中的作用不同。

参考文献:

联合国等:《国民经济核算体系(1993)》,中国统计出版社1995年版。

联合国等:《2008国民账户体系》,中国统计出版社2012年版。

邱东、蒋萍、杨仲山:《国民经济核算》,经济科学出版社2002年版。

袁寿庄、赵彦云、高敏雪、阮健弘:《国民经济核算原理》,中国人民大学出版社1999年版。

王德发、朱建中:《国民经济核算概论》,上海财经大学出版社2006年版。

李连友:《国民经济核算学》,经济管理出版社2001年版。

杨灿:《国民核算与分析通论》,中国统计出版社2005年版。

肖红叶、周国富:《国民经济核算概论》,中国财政经济出版社2004年版。

蒋萍:《机构部门分类法及其特点》,载于《管理世界》2001年第2期。

蒋萍:《核算制度缺陷、统计方法偏颇与经济总量失实》,中国统计出版社2011年版。

(罗良清　李海东)

国内生产总值

Gross Domestic Product(GDP)

国内生产总值是指一个国家(或地区)所有常住单位(常住单位的概念请参考本书“常住性”词条)在一定时期内生产活动的最终成果。

美国经济学家、诺贝尔经济学奖获得者萨缪尔森和诺德豪斯在他们的著名教科书《经济学》中指出:国内生产总值是20世纪最伟大的发明之一。与太空中的卫星能够描述整个大陆的天气情况非常相似,国内生产总值能够提供经济状况的完整图像,它能够帮助总统、国会和联邦储备委员会判断经济是在萎缩还是在膨胀,是需要刺激还是需要控制,是处于严重衰退还是处于通胀威胁之中。没有像国内生产总值这样的总量指标,政策制定者就会陷入杂乱无章的数字海洋而不知所措。

从英文字面上理解,国内生产总值可以被理解为一定空间范围内的(Domestic)产品(Product)的毛额(Gross)。

其中,“Domestic”兼有国内及家庭内等多重意义,实际上是对统计空间的一个限定,准确的理解应为区域内。因此,国内生产总值这一总量指标是对某一特定空间内经济总量的描述,而不是仅仅对国家层次经济总量的称谓,在2004年以前,经常有“某某省国内生产总值”、“某某市国内生产总值”等提法,这并不规范。2004年1月,国家统计局发出关于改进和规范地区GDP核算的通知,决定将某地GDP的中文叫法改为“地区生产总值”,特定地区的GDP可用行政区的名字作定语,如“某某省生产总值”,简称为“某某省GDP”。

“Product”是一个名词,它不是“生产”而是指生产成果——产品,包括货物与服务两方面的内容。但不是所有的产品都在国内生产总值统计范围内,只有最终产品才在国内生产总值的统计范围内。所谓最终(Final)产品是指本期完成生产,被用于最终消费、积累和出口的产品。与它相对应的概念是中间(Intermediate)产品,即在一个生产过程中生产出来又在另一个生产过程中被完全消耗掉或形态被改变的产品。显然,中间产品只是用以获得最终产品的过渡性产品。GDP只包括最终产品是为了防止核算上的重复计算。但这并不是说国内生产总值统计中不存在重复计算问题,因为要核算最终产品,不仅要扣除生产中作为原材料的中间产品,还要扣除生产设备等资产的转移价值(固定资产折旧)。但在国内生产总值统计的过程中,受到折旧难以准确估算等因素的影响,通常没有扣除固定资产折旧部分,从这个意义上说,国内生产总值还只是一个“毛”(Gross)值,而扣除固定资产折旧后的国内生产总值被称为国内生产“净”值。

国内生产总值有三种核算方法,分别是生产法、收入法和支出法。

生产法又被称为增加值法,它是直接根据国内生产总值的最终产品属性来设计的。基本思想通过汇总各生产环节的增加值(总产出减中间投入),形成全社会的国内生产总值(总增加值)。

当然对于一个国家而言,其生产过程是非常复杂的,要先计算基层单位层次或机构单位(企业)层次的增加值,再计算行业的总增加值,再汇总出全国的国内生产总值。或者,计算完基层单位层次或机构单位层次的增加值后,直接汇总得到全国的国内生产总值。

国内生产总值核算的生产法如实地反映了GDP这块“蛋糕”做大的过程。那么,还有没有其他途径算出GDP这块蛋糕有多大呢?我们知道,“蛋糕”生产出来是要分配的,如果能知道都有谁分到了“蛋糕”以及它们分到的蛋糕有多大,再把各部分数量加总在一起,同样可以推知所生产的“蛋糕”到底有多大,这就引出了国内生产总值核算的收入法。

收入法的基本思想是计算各生产要素得到的要素收入。能获得收入的生产要素归纳起来有劳动、政府服务、固定资产及企业管理等,在中国现行国民经济核算体系中,它们分别对应于劳动者报酬、生产税净额、固定资产折旧和营业盈余四个部分。

因此,收入法国内生产总值 = 劳动者报酬 + 生产税净额 + 固定资产折旧 + 营业盈余

其中,劳动者报酬是指劳动者从事生产活动所应得的全部报酬。包括劳动者应得的工资、奖金和津贴,既有货币形式的,也有实物形式的,还有劳动者所享受的公费医疗和医药卫生费、上下班交通补贴和单位为职工缴纳的社会保险费等。

生产税净额指生产税减生产补贴后的差额。生产税指政府对生产单位从事生产、销售和经营活动以及因从事生产活动使用某些生产要素所征收的各种税、附加费和规费。生产补贴与生产税相反,是政府对生产单位单方面的转移支付,因此视为负生产税处理,包括政策性亏损补贴、价格补贴等。

固定资产折旧指一定时期内为弥补固定资产损耗按照核定的固定资产折旧率提取的固定资产折旧,或按国民经济核算统一规定的折旧率虚拟计算的固定资产折旧。它反映了固定资产在当期生产中的转移价值。

营业盈余是企业的营业净利润,相当于常住单位创造的增加值扣除劳动者报酬、生产税净额和固定资产折旧后的余额。

值得指出的是,在国际上,劳动者报酬通常被称为雇员报酬,固定资产折旧通常被称为固定资本消耗。其中,个体经济所形成的劳动报酬和经营利润通常被称作混合收入,它通常被计入营业盈余,而不计入劳动者报酬。我国的国民经济核算体系在这些方面有一定的特殊性。

与收入法原理相同,除了在生产、收入环节来测量以外,还可以在支出环节来间接地统计国内生产总值。也就是说,“蛋糕”生产出来是要吃的,统计出当期蛋糕是如何被消费和使用掉的,也就可以推知生产的“蛋糕”有多大。这是国内生产总值支出法的基本思想。

支出法国内生产总值是从最终使用的角度反映一个国家或地区一定时期内生产活动最终成果的一种方法。最终使用包括最终消费、资本形成总额及净出口三部分,计算公式为:

支出法国内生产总值 = 最终消费 + 资本形成总额 + 净出口

最终消费、资本形成总额和净出口是国民经济核算中的术语,它们通常被通俗地称为消费、投资和(净)出口。由于三者之和即为国内生产总值,任何一项的增减都会显著影响经济增长水平,因此,它们三者也被通俗地称为经济增长的“三驾马车”。

中国年度国内生产总值核算包括如下几个过程:初步核算过程、初步核实过程、最终核实过程。初步核算过程一般在每年年终和次年年初进行。有关数据在12月份的进度统计资料的基础上估算,并在次年年初发布。随着数据的逐步完善,要在次年第二季度对国内生产总值数据进行初步核实,有关数据在次年9月出版的《中国统计年鉴》上公布。最终核实过程一般在次年的第四季度进行。此时,国内生产总值核算所需要的和所能搜集到的各种统计资料、会计决算资料和有关业务核算资料基本齐备,可进行国内生产总值的最终核实。国内生产总值最终核实数据通常在隔年(第三年)5月出版的《中国统计摘要》和9月出版的《中国统计年鉴》上公布。

除此之外,国内生产总值数据还会受到经济普查等重大统计事件的影响而进行大的调整。比如,我国曾在2004年和2008年根据经济普查结果对国内生产总值历史数据进行了较大幅度的调整。

尽管国内生产总值指标在衡量经济总量和经济增长方面有着不可替代的重要作用,但它不是万能的。我们要认识到,国内生产总值核算并不等于福利核算,如果盲目追求GDP增长不考虑其他经济社会可持续发展目标,容易造成经济行为短期化、环境污染、资源浪费、重复建设、福利水平降低等不良后果。因此,要科学地理解国内生产总值内涵,合理地使用国内生产总值指标。

参考文献:

联合国等:《国民经济核算体系(1993)》,中国统计出版社1995年版。

联合国等:《2008 国民账户体系》,中国统计出版社2012年版。

国家统计局国民经济核算司:《中国年度国内生产总值计算方法》,中国统计出版社1997年版。

邱东等:《国民经济统计前沿问题》,中国统计出版社2008年版。

邱东:《国民经济核算分析》,格致出版社、上海人民出版社2009年版。

邱东:《国民经济统计学》,高等教育出版社2012

年版。
宋旭光:《统计学》,东北财经大学出版社 2012 年版。
高敏雪、李静萍、许健:《国民经济核算原理与中国实践》,中国人民大学出版社 2006 年版。
许宪春:《国内生产总值核算的重要意义和作用》,载于《中国统计》2003 年第 2 期。
蒋萍:《核算制度缺陷、统计方法偏颇与经济总量失实》,中国统计出版社 2011 年版。
蒋萍:《也谈 GDP 的口径与算法》,载于《统计研究》2008 年第 8 期。

(宋旭光)

不变价国内生产总值
Real Gross Domestic Product

不变价国内生产总值也称为可比价国内生产总值,是以某一固定时期的物价水平来计算其他年份的国内生产总值,目的是消除因物价变化而引起的国内生产总值的名义增加。

为了真实地反映每个时期国民经济的运行情况,国民经济核算体系通常是按当期的市场价格估价的。但由于供需变化,商品和服务的价格总是在不断变化着的,即便是同样数量和同等质量的商品在不同年份核算出来的价值总量也有可能存在差异,这就无端的夸大或者缩小了实际的经济总量。因此,为了增强不同时期经济总量指标的可比性,反映经济总量的真实变化,就需要核算不变价国内生产总值。

在计划经济年代,乃至改革开放后的一个时期,我国曾经采用固定价格法来核算不同年份的不变价工农业总产值。目前国际上一般采用价格指数对用当年价格核算的价值量指标进行缩减,或者采用物量指数对基期物量进行外推来得到当年的不变价国内生产总值。因此,在实践中,不变价国内生产总值的计算也有价格指数缩减法、物量外推法和固定价格法三种方法。

第一,价格指数缩减法。价格指数缩减法主要是利用价格指数对现价价值量进行缩减,因此此种方法依赖于一套能够合理衡量价格变化的价格指数。同时,根据具体的缩减方式,价格指数缩减法又可以细分为单指标缩减法(单缩法)和双指标缩减法(双缩法)。

从生产角度看,国内生产总值是各部门的增加值加总,也即用各部门的总产出减去其中间投入,得到各部门的增加值,然后相加得到国内生产总值。在这个过程中,价格对生产总值有着双重影响,一是中间投入价格对增加值的影响,一是总产出价格对增加值的影响,且两者的作用相反。为了得到不变价国内生产总值,就需要分别对现价中间投入和总产出进行价格缩减,然后利用缩减后的数据相减得到不变价国内生产总值。这一方法被形象地称为双缩法。双缩法计算国内生产总值的公式如下:

$$\text{不变价国内生产总值} = \sum \text{不变价增加值} = \text{不变价总产出} - \text{不变价中间投入} = \sum \frac{\text{现价总产出}}{\text{产出价格指数}} - \sum \frac{\text{现价中间投入}}{\text{中间投入价格指数}}$$

在实践中,如果中间投入的价格指数无法得到,也可以假定各产业部门的中间投入价格指数等于产出价格指数,也即用各产业部门的产出价格指数直接缩减该部门的现价增加值(这被称为单缩法),得到各部门的不变价增加值,再汇总得到不变价国内生产总值。但是这个假定在很多的产业部门中不成立,所以利用此种方法计算得到的不变价国内生产总值会有一定的偏差。

从理论上看,双缩法优于单缩法,但是其结果受到总产出及中间投入两方面的影响,增加值作为两者的差值只占很小一部分,因此它对于两者的测量误差极其敏感。在实际运用中,究竟使用单缩法还是双缩法需视具体情况而定。

第二,物量外推法。物量外推法是指通过物量指数乘以基期的国内生产总值,外推出报告期的不变价国内生产总值。采用物量外推法核算不变价国内生产总值,根据具体的外推方式,又可以细分为单外推法和双外推法。

单外推法一般是利用总产出物量指数乘以基期不变价增加值,求得报告期不变价增加值,进而汇总得到不变价国内生产总值。公式如下:

$$\text{不变价国内生产总值} = \sum (\text{基期增加值} \times \text{产出物量指数})$$

此种计算方式暗含着一个假定,即:在基期价格水平上,报告期和基期每单位产出所提供的增加值(即增加值率)相同(肖红叶、周国富,2004)。

双外推法是在基期不变价总产出和中间投入的基础上,分别用总产出物量指数和中间投入物量指数外推出当期不变价总产出和中间投入,然后用当期不变价总产出减不变价中间投入得出当期不变价增加值,进而汇总得到不变价国内生产总值。公式如下:

$$\text{不变价国内生产总值} = \sum (\text{基期总产出} \times \text{产出物量指数} - \text{基期中间投入} \times \text{中间投入物量指数})$$

第三,固定价格法。固定价格法是指将所有产品的价格固定在某一时期来进行核算,等于报告期产品的数量乘以固定价格水平从而得到报告期的不变价价值量。理论上,在用固定价格法核算报告期的不变价国内生产总值时,应仅局限于报告期的各种最终产品,公式如下:

$$\text{不变价国内生产总值} = \sum(\text{报告期各种最终产品数量} \times \text{固定价格})$$

此种方法的关键是具有一份关于各种产品的固定价格的详细目录。在现实中，由于产品的多样性和多变性，一般很少采用此种方法计算不变价增加值和不变价国内生产总值。

在2000年以前，我国一直采用统一的不变价格编制产出物量指数。国家统计局先后五次制定了全国统一的工业及农业产品不变价格，分别为1952年、1957年、1970年、1980年和1990年不变价格。但是随着市场经济的发展，产品种类的丰富，此种方法的工作量浩大。鉴于此种情况，我国目前已逐渐转为采用价格指数间接推算有关物量和物量指数。

由于目前我国的现价国内生产总值主要采用生产法和收入法相结合的方法来计算，同时中间投入价格指数也十分缺乏，所以，只有农林牧渔业的不变价增加值采用双缩法来计算，而其他行业不变价增加值的计算主要依赖于单缩法和物量外推法。其中，工业的不变价增加值利用工业品出厂价格指数进行缩减得到；建筑业的不变价增加值利用固定资产投资价格指数中的建筑安装工程价格指数进行缩减得到；批发和零售、住宿和餐饮的不变价增加值则采用商品零售价格指数进行缩减得到；金融业的不变价增加值采用居民消费价格指数与固定资产投资价格指数的加权指数进行缩减得到；房地产业的固定资产折旧采用固定资产价格指数进行缩减、净增加值则采用房地产价格指数进行缩减。交通运输、仓储和邮政业利用物量外推法核算不变价增加值，其中交通运输部门以旅客周转量和货物周转量为物量指标进行外推，邮政业采用邮电业务总量指标进行外推。

由于不变价国内生产总值的计算依赖于各种价格指数及物量指数，所以价格指数及物量指数编制质量的高低、数据质量的好坏和产品分类的合理性都影响着不变价国内生产总值的数据质量。目前，我国所编制的价格指数质量仍不高，加之市场经济下商品更新换代加快，大大增加了准确编制价格指数的难度。尤其在计算服务业不变价增加值方面，我国还处于比较薄弱的境地，需要按照国际产业分类标准细化产品类指数，改进现行价格及物量指数的编制方法，进一步完善不变价增加值的核算。

最后，需要指出的是，《中国统计年鉴》中公布的"国内生产总值指数"实际是国内生产总值物量指数。作为非统计人员，也可以利用官方公布的现价国内生产总值和国内生产总值（物量）指数，采用下面两种途径来计算不变价国内生产总值：

$$\text{报告期不变价国内生产总值} = \text{基期国内生产总值} \times \text{国内生产总值（物量）指数} \qquad (1)$$

$$\text{报告期不变价国内生产总值} = \frac{\text{报告期国内生产总值}}{\text{国内生产总值价格指数}} \qquad (2)$$

$$\text{其中，国内生产总值价格指数} = \frac{\text{报告期国内生产总值/基期国内生产总值}}{\text{国内生产总值（物量）指数}}$$

显然，上述（1）式、（2）式两种算法是等价的。

参考文献：
联合国等：《国民经济核算体系（1993）》，中国统计出版社1995年版。
联合国等：《2008国民账户体系》，中国统计出版社2012年版。
吴润生：《关于不变价国内生产总值核算的几个问题》，载于《统计与决策》1997年第8期。
杨灿：《国民经济统计学——国民经济核算原理》，科学出版社2008年版。
付红妍：《国民经济统计学》，首都经济贸易大学出版社2008年版。
向蓉美、黎春：《国民经济统计学》，西南财经大学出版社2009年版。
肖红叶、周国富：《国民经济核算概论》，中国财政经济出版社2004年版。
刘长新、蒋萍：《国民经济统计学》，中国财政经济出版社1995年版。
徐强：《基于指数的宏观经济价格与物量测度论》，中国财政经济出版社2011年版。

（刘小瑜）

国民总收入
Gross National Income

国民总收入（Gross National Income，GNI），是指一个国家所有常住单位在一定时期内通过收入初次分配所获得的原始收入的总和。其中，收入初次分配是指产品价值在生产领域内部进行的直接分配；而原始收入是指由于机构单位介入生产过程或拥有生产所需的资产而产生的各种收入，包括各种要素收入以及所有的生产税和进口税。可见，国民总收入是一个与生产有着紧密联系的收入总量指标，它反映了一个国家所有常住单位参与国内与国外的收入初次分配的最终结果。

在国民经济核算发展的历史上，国民总收入曾经也叫做国民生产总值（Gross National Product，GNP），并一度被误认为是一个产值指标。原因在于，国民生产总值与国内生产总值存在如下换算关系：

国民生产总值 = 国内生产总值 + 来自国外的净要素收入
= 国内生产总值 +（来自国外要素收入 −

对外支付要素收入）

据此，长期以来国民生产总值一直被认为是一个反映生产成果的总量指标。按照当时人们的理解，GDP 与 GNP 的区别仅在于，前者是按"国土原则"核算的，而后者是按"国民原则"核算的。但事实上，这两个指标都是关于全体常住单位的总量指标（SNA，1993），二者的最大区别在于，GDP 是"所有常住单位所从事的生产活动的最终成果"，而 GNP 则是"所有常住单位所拥有的生产要素参与国内和国外的生产活动所获得的收入"（杨灿，2008）。由于生产要素可以在国际间流动，常住单位从事生产活动所使用的生产要素并不限于常住单位所拥有的生产要素（可简称为"常住生产要素"）而完全有可能也使用非常住单位所拥有的生产要素（可简称为"非常住生产要素"），相反，常住生产要素也可以被非常住生产者使用，因此，需要从 GDP 中扣除非常住生产要素参与常住单位的生产活动所应得的要素收入（即"对外支付的要素收入"），同时加上常住生产要素参与非常住单位的生产活动所应得的要素收入（即"来自国外的要素收入"），才是常住生产要素参与国内和国外的生产活动所获得的全部收入（即 GNP）。

正因如此，为了消除人们对国民生产总值概念的模糊认识，联合国 1993 年 SNA 特别强调：GNP 实质上不是一个生产指标，而是一个收入分配指标；GDP 与 GNP"两者之间的差别不在于覆盖范围，而在于一项核算产出、另一项核算收入"。为此，1993 年 SNA 建议，把"国民生产总值"改名为"国民总收入"（Gross National Income，GNI），以便强调它实际上是一个收入概念。目前，各国都已采纳 1993 年 SNA 的这一建议。中国国家统计局在 2004 年以后也以"国民总收入"取代了"国民生产总值"这一术语。

要准确地理解国民总收入这一总量指标，还需要搞清楚"原始收入"和"要素收入"的区别与联系。如前所述，原始收入是指由于机构单位介入生产过程或拥有生产所需的资产而产生的各种收入，既包括各种要素收入，也包括所有的生产税和进口税。1993 年 SNA 之所以定义这一概念，是希望用它来代替传统意义的"要素收入"（肖红叶、周国富，2004）。因为从部门来看，收入的初次分配也就是在生产领域对增加值的分配，所涉及的收支形式既包括劳动者报酬、固定资本消耗、营业盈余以及在营业盈余的基础上进一步形成的财产收入，也包括生产税和进口税，而后者并不属于传统意义上的"要素收入"；而且，劳动者报酬、财产收入、生产税和进口税等收支不仅可以发生在常住单位之间，从理论上也都可以发生在常住单位与非常住单位之间。所以，1993 年 SNA 建议，用"原始收入"这一概念替代原来的"要素收入"这一术语，用它来代表收入初次分配环节发生的各种生产性收入，并将国民总收入与国内生产总值的换算关系式重新表述为：

国民总收入 = 国内生产总值 + 来自国外的原始收入 − 支付国外的原始收入

由此不难看出，国内生产总值是一定时期所有常住单位的生产活动所创造的原始收入的总和，其中大部分分配给了国内的常住单位，但也会有一部分支付给国外的非常住单位；而国民总收入则是一定时期所有常住单位的生产要素因参与国内和国外的生产活动而分配得到的原始收入余额（在我国，也叫做"初次分配收入"）的总和。

既然国民总收入是在国内生产总值基础上，加上来自国外的原始收入，再减去支付国外的原始收入形成的，那么很显然，当一国"来自国外的原始收入净额"为正时，该国的国民总收入就大于国内生产总值；反之，则该国的国民总收入小于国内生产总值。换句话说，一国对国外的劳务净输出越多、对外净金融投资规模越大，则来自国外的原始收入净额也越大，其国民总收入往往大于国内生产总值，这样的国家通常是经济发达国家；相反，发展中国家的国民总收入往往小于国内生产总值。因此，国民总收入以及在此基础上计算的人均 GNI 指标，较之国内生产总值和人均 GDP，更能体现一个国家的收入水平和生活富裕程度。

参考文献：

联合国等：《国民经济核算体系（1993）》，中国统计出版社 1995 年版。

联合国等：《2008 国民账户体系》，中国统计出版社 2012 年版。

钱伯海：《国民经济核算原理》，中国经济出版社 2003 年版。

邱东：《国民经济核算分析》，格致出版社、上海人民出版社 2009 年版。

杨灿：《国民经济核算教程》，中国统计出版社 2008 年版。

肖红叶、周国富：《国民经济核算概论》，中国财政经济出版社 2004 年版。

（向书坚　周国富）

总投入与总产出

Total Input and Total Output

总投入是指生产过程中消耗的各种货物和服务以及使用的劳动力、注入的资本等生产要素。总产出是指生产单位在一定时期内所生产的全部货物和服务的总价值。在现实中，任何一个经济主体为了生产一定数量的货物和服务，都需要投入一定的生产要素，并且消耗一定数量的原材料、燃料、动力等其他经济主体所提供的货物和服务。因此，任何一个生产过程都是一个投入产出过程。

按生产过程中发生的各种投入的来源及其性质来划分，总投入可分为中间投入和最初投入两个部分。

中间投入又称中间消耗，是指生产单位在生产或提供货物与服务的过程中所消耗和使用的所有非耐用货物和服务的价值，包括消耗的原材料、燃料、动力及各种服务。中间投入是一种生产性消耗，是对货物和服务的一种使用，其价值一次性地转移到产品中去。在核算中间投入时，一般按购买者价格计算，而且必须与总产出的计算范围保持一致。计入中间投入的货物与服务必须是为生产特定的产出所发生的消耗，而且是对非固定资产的货物和服务的消耗。由于中间投入属于在生产过程中一次性转移到产品价值中去的部分，不是生产者自己创造的价值，因此在生产核算中，对中间投入的核算往往处于次要的地位，通常是在按生产法计算增加值的过程中，将中间投入作为总产出的一个减项来处理。但也正因为如此，中间投入的核算质量直接影响到按生产法计算的增加值的数据质量。

最初投入也就是增加值，是指生产单位在生产过程中通过对劳动、资本、管理等生产要素的使用新创造的价值和固定资产的转移价值，具体包括劳动者报酬、生产税净额、固定资产折旧和营业盈余等四个构成部分。与中间投入来自其他生产过程不同，这四个构成部分在产品价值中是第一次出现，因而被统称为最初投入。在国民经济账户体系中，增加值以生产账户的平衡项出现，反映生产的净成果，体现生产过程的“附加值”；同时，增加值又结转到收入形成账户，形成收入分配的起点。与此一致，增加值的核算有生产法和收入法（或称分配法）两种算法。如上所述，按生产法核算增加值，就等于总产出减去中间投入；而按收入法核算增加值，则等于上述四个构成项（劳动者报酬、生产税净额、固定资产折旧和营业盈余）之和。理论上，两种算法的结果是一致的。

从产品形态上来看，总产出有货物和服务两种类型。其中，前者是有形的，可以被储存和多次转售，因而生产和使用可以分开进行；而后者一般是无形的，生产和使用需同时进行。但随着生产力的发展，也有一些服务逐渐具有了一些货物的特征，能被储存在纸质媒体或电子媒体之中，能像货物一样进行交易和重复使用。这类服务主要包括信息、新闻、咨询报告、电脑程序、电影和音乐等产出形式，联合国 2008 年 SNA 将其统称为“知识载体产品”（Knowledge-Capturing Products）。

按照生产成果的使用去向来划分，总产出可分为中间产品和最终产品两个部分。其中，中间产品是指在一个生产过程生产出来之后，又在另一个生产过程中被消耗掉或形态已发生改变的产品。换句话说，中间产品也就是生产出来之后用作其他生产单位的中间投入的产品。中间产品和中间投入的关系，反映了国民经济各部门间相互提供、相互消耗产品的物质技术联系。最终产品是指当期生产出来之后被用于最终使用的产品，包括消费品、投资品和净出口的产品。需要注意的是，这里关于中间产品和最终产品的区分是从全社会着眼的，也即一种产品究竟属于中间产品还是最终产品，不能根据产品本身的完成程度来区分，而应从全社会的角度根据产品的实际用途来确定。

总产出的核算方法有多种，一般根据产出的具体形态特征和产品种类的多寡来选择适宜的核算方法。货物总产出可以采用“企业法”和“产品法”来核算。其中，企业法也叫工厂法，是以单个企业作为基本统计单位，按其生产经营活动的最终成果计算总产出。产品法是以具体产品为统计对象，凡是某一生产过程的预期有效成果（通常就是统计目录中规定的产品），无论是否属于有关经济单位的最终生产活动成果，均应计入该单位的总产出。由于货物总产出是由农业、工业以及建筑业三个部门提供的，而它们的生产过程和生产成果各有不同的特点，所以，农业（农林牧渔业）总产出通常采用“产品法”来核算，即以农产品为单位，将各种农产品的产量乘以相应的单价，计算各种农林牧渔产品的价值总和；工业总产出通常采用“工厂法”计算，即以工业企业作为一个整体，按企业工业生产活动的最终成果计算总产出，同一企业不同生产环节相互间提供的产品不允许重复计算；建筑业总产出也采用“产品法”来核算，即从建筑产品所有方的建筑工程造价入手，核算建筑业总产出。服务业所包含的具体产业门类很多，各具特点，因而其总产出的核算方法也灵活多样，主要有：追加价值法、营业收入法、服务费用法、成本费用法、虚拟推算和抽样推断方法（杨灿，2008）。具体地，交通运输、仓储及邮电通讯业总产出等于其营业收入；批发、零售业总产出等于商品销售收入减去商品销售成本；住宿、餐饮业的总产出等于其营业收入；金融业总产出等于金融中介服务产出与其他辅助金融服务收入之和；房地产业中的房地产开发经营业总产出等于经营房屋销售的差价收入与从事房地产租赁活动获得的租金收入之和，物业管理总产出等于物业管理服务的经营收入，房地产中介服务总产出等丁从事房地产经纪与代理中介活动取得的收入；其他服务业总产出按其是否是营利性单位，分别按营业收入与业务活动支出进行计算。

在各产业部门的总投入与总产出及其各个构成部分之间，存在如下的数量关系：

总投入 = 中间投入（中间消耗）+ 最初投入（增加值）　（1）

总产出 = 中间产品（中间使用）+ 最终产品（最终使用）　（2）

$$某部门总投入 = 该部门总产出 \quad (3)$$

$$\sum 各部门中间投入 = \sum 各部门中间产品 \quad (4)$$

$$\sum 各部门最初投入 = \sum 各部门最终产品 \quad (5)$$

上述各指标的数量平衡关系,也可以通过投入产出表加以集中反映,具体见表1。

表1　投入产出简表

		中间使用 部门1 …部门n 合计	最终使用	总产出
中间投入	部门1 ⋮ 部门n 合计	第Ⅰ象限 X_{ij} (中间产品)	第Ⅱ象限 Y_i(最终产品)	X_i (总产出)
最初投入	固定资本折旧 劳动者报酬 生产税净额 营业盈余 合计	第Ⅲ象限 G_j (最初投入)		
总投入		X_j(总投入)		

可以看出,表1的第Ⅰ、Ⅱ象限结合,通过每个横行体现了总产出与中间产品及最终产品间的数量平衡关系;第Ⅰ、Ⅲ象限结合,通过每个纵列体现了总投入与中间投入及增加值间的数量平衡关系;同一部门所在的纵列之和与横行之和相等,则体现了同一部门的总投入与总产出的数量平衡关系。表1全面反映了国民经济各部门的总投入的来源和总产出的使用去向。

参考文献:

联合国等:《国民经济核算体系(1993)》,中国统计出版社1995年版。

联合国等:《2008国民账户体系》,中国统计出版社2012年版。

高敏雪、李静萍、许健:《国民经济核算原理与中国实践》,中国人民大学出版社2006年版。

邱东:《国民经济核算分析》,格致出版社、上海人民出版社2009年版。

杨灿:《国民经济核算教程》,中国统计出版社2008年版。

肖红叶、周国富:《国民经济核算概论》,中国财政经济出版社2004年版。

邱东、蒋萍:《国民经济核算》,经济科学出版社2002年版。

(向书坚)

可支配收入
Disposable Income

可支配收入(Disposable Income)是指经济主体在一定核算期内通过收入初次分配和再分配最终获得的、可以自由支配的全部收入。原则上,这个概念对于每个机构单位、机构部门和经济总体都适用,因为不论哪一级经济主体,只要具有财务决策权,通过参与收入初次分配和再分配都可以获得一定的可支配收入。经济总体的可支配收入也就是国民可支配收入(National Disposable Income,NDI),它是一国所有常住单位或机构部门的可支配收入之和。

可支配收入在宏观经济学理论中有着非常重要的地位。凯恩斯认为,在决定消费的众多因素中,起决定作用的是可支配收入,并把消费对可支配收入的关系叫做消费函数或消费倾向,由此奠定了国民收入决定理论的基础。同时,可支配收入也是分配理论的重要内容,是观察和分析地区之间、城乡之间、城乡内部不同群体之间收入分配差距的最重要经济指标,对研究收入水平、收入分配格局等有着不可替代的作用。因而,可支配收入常常成为国家宏观经济政策制定的重要参考依据。

可支配收入作为国民经济核算体系中的一个重要总量指标,是通过收入分配核算得到的。现实中的收入分配非常复杂,但从性质上区分无外乎初次分配和再分配两个环节。每个机构单位或机构部门以其创造的增加值为分配的起点,通过初次分配既支付一定的原始收入,也可能得到一定的原始收入,初次分配的结果形成每个机构单位或机构部门的原始收入余额(在我国,也叫做"初次分配收入"),然后进一步发生一些转移性的再分配收支(也即经常转移收支),最后就形成了可支配收入,所以在国民经济核算的账户体系中,尽管可支配收入是作为收入再分配账户的平衡项出现的，但它实际上是每个机构单位或机构部门参与初次分配和再分配的最终结果。与增加值有总增加值和净增加值之分类似，按照是否包含固定资产折旧，初次分配收入有初次分配总收入和初次分配净收入之分，可支配收入也有可支配总收入和可支配净收入之分。特别地，把各个常住机构单位或机构部门最终获得的可支配净收入相加，就是整个经济总体的国民可支配净收入；把各个常住机构单位或机构部门最终获得的可支配总收入相加，就是整个经济总体的国民可支配总收入。

上述各指标间的数量关系可表示为如下的核算等式：

部门初次分配总收入 = 部门增加值 + 应收原始收入 − 应付原始收入 (1)

部门可支配总收入 = 部门初次分配总收入 + 经常转移收入 − 经常转移支出 (2)

$$\text{国民可支配总收入} = \sum(\text{部门可支配总收入}) \quad (3)$$

将(2)式代入(3)式，同时注意到部门初次分配总收入之和就是国民总收入，而且国内各常住单位之间的经常转移收支在汇总时会相互抵消，而国内常住单位支付国外非常住单位的经常转移和从国外非常住单位得到的经常转移则未必能抵消，于是，有下式成立：

国民可支配总收入 = 国民总收入 + 来自国外的经常转移 − 支付国外的经常转移 (4)

这里需要指出的是，在 SNA 中，还区分了可支配总(净)收入和调整后的可支配总(净)收入。这与特定的核算方式有关。具体地，是因为在 1993 年和 2008 年 SNA 中，定义了一类特殊的经常转移——实物社会转移(特指政府部门和为住户服务的非营利机构向住户提供的实物社会福利以及个人非市场货物和服务转移)，并将它和其他各种经常转移分开来核算，从而把整个收入再分配过程人为地分成了两个阶段：一是收入二次分配阶段，二是实物收入再分配阶段。其中，收入二次分配核算以初次分配的结果(原始收入余额)为起点，记录除实物社会转移之外的其他所有经常转移收支，分配的结果形成可支配总(净)收入；而实物收入再分配核算则以可支配总(净)收入为起点，记录进一步发生的实物社会转移，分配结果形成调整后的可支配总(净)收入。但是，由于实物社会转移仅发生在国内的三个部门(政府部门、住户和为住户服务的非营利机构)之间，虽然这三个部门的可支配总(净)收入与其调整后的可支配总(净)收入不等，但在经济总体层面，国民可支配总(净)收入和调整后的国民可支配总(净)收入仍然恒等。

在中国的国民经济核算体系中，没有区分可支配总(净)收入和调整后的可支配总(净)收入。但是，除了在资金流量表中公布每个机构部门的可支配总收入之外，我国还通过城调队和农调队对城乡居民家庭的抽样调查，提供了丰富的有关城镇居民家庭人均可支配收入和农村居民家庭人均纯收入的统计资料。不过，这两个指标并不具有完全的可比性。由于中共“十八大”提出 2020 年城乡居民人均收入比 2010 年翻一番，需要统计局尽快拿出统一的城乡居民一体化数字，为此，国家统计局已于 2012 年 12 月 1 日在全国启动城乡一体化的住户调查，并计划从 2013 年 4 月开始对外公布按照统一的“人均可支配收入”指标测算新的城乡差距，同时给出全国居民收入指标和反映贫富差距的基尼系数(肖明，2012)。据称，开展城乡一体化的住户调查之后，城乡住户的收入内容都会有重大调整。其中，城镇居民居住自有房屋，将计算租金净收入(即按照市场价的房租计算虚拟的房租收入，再扣除过去购房分摊的成本)，这部分增值将纳入城镇居民人均可支配收入；而农村居民人均可支配收入，将在原先人均纯收入的基础上减去转移性支出和财产性支出。

参考文献：

联合国等：《国民经济核算体系(1993)》，中国统计出版社 1995 年版。

联合国等：《2008 国民账户体系》，中国统计出版社 2012 年版。

[美]保罗・萨缪尔森、[美]威廉・诺德豪斯：《经济学》第 18 版，人民邮电出版社 2008 年版。

钱伯海：《国民经济核算原理》，中国经济出版社 2003 年版。

邱东：《国民经济核算分析》，格致出版社、上海人民出版社 2009 年版。

杨灿：《国民经济核算教程》，中国统计出版社 2008 年版。

肖红叶、周国富：《国民经济核算概论》，中国财政经济出版社 2004 年版。

肖明：《城乡收入差距将重新测算，2013 年 4 月统计局将给出数据》，载于《21 世纪经济报道》2012 年 12 月 7 日。

蒋萍：《核算制度缺陷、统计方法偏颇与经济总量失实》，中国统计出版社 2011 年版。

(向书坚)

经常转移与资本转移
Current Transfers and Capital Transfers

转移是指一个机构单位或部门向另一个机构单位

或部门提供货物、服务或资产,而同时又不从后者取得任何货物、服务或资产作为相应回报的一种交易。这种交易的显著特点是,交易为单方面的,且具有非交换性与非契约性。从转移的目的和性质上看,转移可分为经常转移和资本转移。

经常转移亦称为现期转移,是指经常地、有规律地发生并会影响转移双方现期收入水平和消费水平的无偿转移。在一定时期,每个机构单位或部门都可能既得到一些经常转移收入,也发生一些经常转移支出。经常转移的形式主要有:(1)所得税和财产税等经常税。它是住户部门、非金融企业和金融机构部门当期应支付的所得税、利润税、资本收益税和定期支付的财产税及其他经常收入税,是政府的转移收入。(2)社会缴款和社会福利。社会缴款是住户部门为保证在未来某个时期能获取社会福利金,而对政府组织的社会保险计划或各单位监理的基金所交纳的款项。社会福利是住户从政府及其他部门收到的经常转移,形成住户部门的转移性收入,具体包括社会保险福利和社会救济福利。社会保险福利是社会保险计划向投保人支付的保险金,如失业金、退休金和报销医疗费等,形成住户部门的转移性收入,它以支付社会缴款为前提;社会救济福利是指通过社会福利计划向符合条件的住户做出的支付,如住户从政府及相关机构单位领取的各种困难补助、救济金和助学金等,它不受以前是否支付社会缴款的限制,此项目在中国国民经济核算中也称为社会补助。(3)其他经常转移。其他经常转移是指除上述各项之外的经常性转移收支,包括政府内部的转移、各国政府间的转移、政府向国际组织缴纳的会费、各种罚没、住户间转移、非寿险保费与索赔、抽彩赌博以及赔偿等。经常转移可以是现金转移,也可以是实物转移。经常转移会减少转出方的收入,增加接受方的收入,但通常并不对交易双方的资产数量产生直接的影响。

资本转移是指以资产所有权被转让造成转移双方资产增减为前提而不涉及现期收入的转移。这种转移会减少转出方的资产,增加接受方的资产,从而会直接影响其转移双方的投资水平或财富水平。资本转移可以是现金转移,也可以是实物转移。资本转移的具体类型包括资本税、投资补助和其他资本转移等。(1)资本税,即政府财政部门对机构单位所拥有的资产或净值不定期征收的财产税(如地产增值税)或对机构单位接受的资本转移所征收的税(如遗产税和赠与税);(2)投资补助,即政府对各机构单位拨付的用于这些单位购买固定资产的款项或实物;(3)其他资本转移,是指除上述类别以外的资本转移,如债务豁免、政府向国有或私营企业提供的长期巨额亏损补贴、各单位之间的遗产转移或赠与、政府及其他单位对非营利机构固定资产形成的特大捐赠等。在中国,受过去经济体制的影响,资本转移在很大程度上是由政府主导的,除了资本税以外,主要表现为政府预算内投资拨款以及预算外用于固定资产投资的支出,民间的资本转移较少。

国民经济核算之所以要区分经常转移与资本转移,是因为经常转移与资本转移间存在一定的差异。经常转移的特点是转移次数频繁,存在一定的规律性,规模较小,其结果会直接影响交易双方核算期的可支配收入,并会影响到对货物和服务的最终消费,故此经常转移构成收入再分配的内容,在收入再分配环节进行核算。资本转移的特点是转移次数少,也无规律,通常规模较大,它一般不会直接影响交易双方的可支配收入,从而不会直接影响交易双方的当期消费,但是会影响转移双方的资产负债存量,故资本转移与投资和积累有关,在资本账户中加以反映并进行核算。

从上述二者的差异可以看出,区分经常转移与资本转移的主要标准有三个:一是转移的频率是否具有经常性和规律性,如果转移频繁,有一定规律性,则是经常转移,否则为资本转移;二是转移支付的基础和来源,即转移是否与现期收入有关,如果对现期收入有影响,则是经常转移,否则是资本转移;三是转移的使用目的,如果用于积累,那么是资本转移,如果用于消费,则是经常转移。可见,区分二者的基本依据是转移的对象是否是资产,或是否与资产形成有关。如果是资产,则为资本转移,否则为经常转移;如果转移的对象本身并不是资产,但转入方要以形成资产为目的,那么所获得的转移归入资本转移,否则为经常转移。但经常转移与资本转移都可以有现金转移(货币或其他金融资产的转移)和实物转移(货物、服务及非金融资产的转移)两种形式,这加大了区分经常转移与资本转移的难度。如果实物转移是资产所有权的转移而不是存货的转移,那么该转移是资本转移;如果现金转移与交易一方或双方资产(而不是存货)的获得或处置有关系或以此为条件,那么该转移也是资本转移;当发生现金转移支出的机构单位将该笔交易作为冲减本期的可支配收入处理,而接受该笔现金转移的机构单位作为增加本期可支配收入处理时,这笔转移即为经常转移;当实物转移被接受的机构单位作为虚拟消费支出记录时,此笔转移作为实物经常转移处理。

在国民经济核算中,经常转移作为收入再分配交易,记录在收入再分配账户中,具体形式见表1。可见,经常转移是收入再分配核算的核心内容。在初次分配总收入的基础上,加上获得的经常转移收入,再减去发生的经常转移支出,就是可支配总收入。

表1 收入再分配账户

使用	来源
经常转移支出 可支配总收入	初次分配总收入 经常转移收入
合计	合计

资本转移作为积累交易,记录在资本账户中,具体形式见表2。可以看出,应收资本转移与应付资本转移(后者作为减项)都反映在资本账户的"负债和净值变化"方,这主要是由于无论应收资本转移还是应付资本转移(后者作为减项)都会引起资产净值的变化,将二者集中放在"负债和净值变化"一方,与净储蓄并列,可以更方便地反映储蓄和资本转移引起的净值变化。

表2 资本账户

资产变化	负债和净值变化
资本形成总额 减:固定资产折旧 非生产非金融资产获得减处置 资金余缺	总储蓄 减:固定资产折旧净储蓄 应收资本转移净额 应收资本转移 应付资本转移(-)
合计	合计

总之,经常转移和资本转移都属于无偿转移,而且都有现金转移和实物转移两种形态,因而具有很多相似之处,但是,二者的目的和性质不同。SNA将经常转移作为收入再分配交易处理,而将资本转移作为积累交易处理,分别记录在收入再分配账户和资本账户中,有助于更真实地反映经常转移和资本转移对转移双方经济行为的影响。

参考文献:

联合国等:《国民经济核算体系(1993)》,中国统计出版社1995年版。

联合国等:《2008国民账户体系》,中国统计出版社2012年版。

高敏雪、李静萍、许健:《国民经济核算原理与中国实践》,中国人民大学出版社2006年版。

邱东:《国民经济核算分析》,格致出版社、上海人民出版社2009年版。

杨灿:《国民经济核算教程》,中国统计出版社2008年版。

中华人民共和国国家统计局:《中国国民经济核算体系(2002)》,中国统计出版社2003年版。

肖红叶、周国富:《国民经济核算概论》,中国财政经济出版社2004年版。

邱东、蒋萍:《国民经济核算》,经济科学出版社2002年版。

(向书坚)

最终消费
Final Consumption

最终消费是指人类直接使用货物和服务来满足自身物质文化生活需要的行为和过程,包括居民(住户)个人的物质精神生活需要和社会公众对安全、秩序等公共产品需要的全部货物和服务。最终消费过程与生产过程不同,它是一种区别于中间消耗和资本形成的对生产成果的使用方式,是人类社会生产的最终目的,是构成社会经济活动必不可少的重要一环。

消费与生产既相互区别、又相互联系。一种活动如果是生产,就不是消费,反之,如果是消费,就不是生产。但经济学意义上的消费通常是指对作为生产成果的产品(货物和服务)的消费,生产范围的界定方式不同,构成消费对象的产品内容也将不同。消费与生产这两种性质不同的活动或过程可以是相对独立进行的,如货物的生产、仓储、运输、购销等与居民相对应货物的消费;也可以是同步进行的,如旅客运输、医疗服务、文艺演出、新闻播报、教育培训、保安执勤等,生产者在提供有关服务之时,消费者已经在享用相应的服务了。在后一种情形下,生产与消费似乎构成了同一活动或过程的两个侧面,但两者仍然不应混淆。历史上,尽管物质产品平衡表体系(MPS)与国民账户体系(SNA)两大核算体系的生产范围(以及消费范围)差别显著,但区分消费与生产的这些基本规则却是共通的。

在早期的古典经济学中,消费并未被放到一个足够重要的地位,英国古典政治经济学创始人威廉·配第(William Petty)消费思想的核心是少消费、多积累,他对各种消费支出的认识体现出"一切为了积累"。其后的著名经济学家亚当·斯密(Adam Smith)首次提出了生产的唯一目的是为了消费,他对消费思想的突出贡献在于第一次真正认识到消费的作用和地位。法国古典政治经济学的完成者西斯蒙第(Sismondi)的消费思想是以消费占优先地位为基本原则,他强调生产应服从于消费,消费是生产的动力和目的。法国经济学家萨伊(Jean-Baptiste Say)是经济学说史上把消费正式纳入政治经济学理论体系的第一人。人口学家马尔萨斯(Thomas Robert Malthus)首次提出"有效消费的概念",认为有效消费即是人们能够而且愿意支付这样一种价格来购买产品的消费。20世纪30年代的经济大危机之后,凯恩斯(John Maynard Keynes)经济思想大行其道,凯恩斯在《就业、利息与货币通论》中提出了绝对收入假说,其有效需求理论的重要组成部分消费函数理论认为当前消费依赖于当前收入。之后,经济学家们又提出了"生命周期假说"、"持久收入假说"等理论,对消费的研究进一步深入。

经济学和国民经济核算中的消费,与消耗(中间消耗)、投资(资本形成)、出口共同构成社会产出的完整使用去向。

在国民经济核算中,消费的主体涉及住户、政府和为住户服务的非营利机构部门,金融和非金融公司部门作为纯粹的生产主体没有消费功能。"最终消费"有两种度量标准:一是以承担货物和服务的支出为标准,从支出者的角度核算最终消费,称为"最终消费支出";二是以货物和服务的实际获得为标准,从获得者的角度核算最终消费,称为"实际最终消费"。

多数情况下,消费支出的承担者同时也是实际消费的获得者。在经济总体层面上,所有部门的消费支出与实际消费是相等的;但分部门看,却不尽一致。譬如,享受义务教育的学生是义务教育服务的获得者,但相应的教育费用由政府负担,义务教育最终消费的支出承担者与实际获得者之间发生了实物社会转移。类似的实物社会转移多是从政府部门、为住户服务的非营利机构部门向住户部门转移,使得后者的实际最终消费大于最终消费支出。某部门最终消费支出与实际最终消费之差,等于该部门应收或应付的实物社会转移。当然,这种差异只是结构性的,所有三个部门的消费支出和实际最终消费总额相等。

应该注意的是,不能将消费支出等同于货币性支出。消费支出既包括直接的购买支出,也包括虚拟购买支出,例如,消费者消费自产自用的货物和服务的价值,以及以实物报酬和实物转移形式计入收入的货物和服务的价值。

在我国的机构部门分类中,并没有单独列出"为住户服务的非营利机构部门",这一部门实际被并入住户等部门;同时,企业从职工福利基金或工会经费中向雇员支付的保健、文体、教育等项费用,作为实物劳动报酬分别计入住户(居民)的收入和消费之中。因此,消费指标只需对住户部门和政府部门加以核算。

改革开放以来,我国的最终消费额一直保持持续增长的态势,由1978年的2239.1亿元增加到2011年的228561.3亿元,名义增长了102.08倍。但是与世界水平相比,我国最终消费率(最终消费支出占支出法GDP的比重)却长期偏低并有走低之势。1978年最终消费率为62.1%,而2011年最终消费率仅为49.1%。2011年消费支出总额中居民消费支出占72.2%。

研究表明,城镇居民可支配收入和农村居民纯收入增长持续滞后于GDP的增长、收入分配差距扩大、社会保障体系不完善等,抑制了居民的消费需求扩张。社会发展的重心从经济高增长向关注民生转移,将推动最终消费,从而提升居民的物质文化生活水平。

参考文献:

联合国等:《国民经济核算体系(1993)》,中国统计出版社1995年版。

联合国等:《2008国民账户体系》,中国统计出版社2012年版。

国家统计局:《中国国民经济核算体系(2002)》,中国统计出版社2003年版。

杨灿:《国民经济核算教程》,中国统计出版社2008年版。

杨灿:《国民经济统计学——国民经济核算原理》,科学出版社2008年版。

肖红叶、周国富:《国民经济核算概论》,中国财政经济出版社2004年版。

邱东:《国民经济核算分析》,格致出版社、上海人民出版社2009年版。

高敏雪等:《国民经济核算原理与中国实践》,中国人民大学出版社2007年版。

[美]N. 格里高利·曼昆:《宏观经济学(第六版)》,中国人民大学出版社2009年版。

国家统计局:《中国统计年鉴(2012)》,中国统计出版社2012年版。

(孙秋碧)

固定资产投资总额与资本形成总额
Gross Fixed Assets Investment and Gross Capital Formation

固定资产是连续使用年限在一年以上,单位价值在规定金额以上的物品。固定资产投资总额又称固定资产投资完成额,是以货币形式表现的全社会一定时期内建造和购置固定资产的工作量以及与此有关的费用的总称,是反映固定资产投资规模、结构、速度和使用方向的综合性指标。

随着经济社会的发展,我国固定资产投资统计口径和统计起点也发生了变化。20世纪80年代后,统计范围包括国有经济单位投资、城乡集体经济单位投资、各种经济类型的单位投资和城乡居民个人投资;固定资产投资总额分为基本建设、更新改造、房地产开发投资、其他固定资产投资四个部分。自2004年起,调整为城镇投资、农村投资及城镇工矿区私人建房投资三大部分。2011年起,全社会固定资产投资由固定资产投资(不含农户)和农户投资两部分组成。固定资产投资项目的统计起点出现过三次调整,第一次调整将统计起点由计划总投资2万元及以上提高到5万元及以上;第二次调整将统计起点由计划总投资5万元及以上提高到50万元及以上,第三次调整在2011年,将统计起点由计划总投资50万元及以上提高至500万元及以上。

资本形成是指各机构单位通过经济交易获得或处置生产资产的行为,反映经济过程中用于积累从而增加了生产资产的货物与服务价值。"资本形成总额是以固定资本形成总额、存货变化和贵重物品获得减去处置的总价值来度量的"(SNA2008)。

固定资本形成总额是指生产者在核算期获得的固定资产减处置的固定资产,加上固定资产所有权转移的服务费用。获得的固定资产可以是新的,也可以是二手的,即通过市场交易获得的使用过的资产——SNA2008称为"现有固定资产"。处置的固定资产可能出售给其他生产者继续使用,也可能废弃不再使用,还可能是作为可再用废料出售的部分。

从价值角度看,固定资产获得项有:(1)购买的固定资产价值;(2)通过易货贸易获得的固定资产价值;(3)作为资本转移而接受的固定资产价值;(4)生产者自己生产留作自用的固定资产价值。这些项目中包括新固定资产、现有固定资产、对现有固定资产进行重大改良的价值和与这三项所有权转移如安装成本、运输费用、法律费用等有关的费用。

固定资产处置项有:(1)出售的现有固定资产价值;(2)通过易货贸易交付的现有固定资产价值;(3)作为资本转移而交付的固定资产价值。包括出售、废弃、作为可再用废料出售部分的价值和生产领域的单位与住户之间进行交易的价值。

通过市场交易购买(获得)或出售(处置)的使用过的固定资产,其估价往往低于新固定资产的价格,这会影响购买方和出售方应用永续盘存法估算资本存量总额。对处置方而言,是按现行市场价值来记录固定资产的出售,则用永续盘存法记录的"获得减处置"为正数,使得账面的固定资本形成总额大于实际的固定资本形成总额;对获得方正好相反,其购买使用过的固定资产本来应该用"作为新资产"(指不考虑资产的实际使用年限和状况)价值记录,但是它是用现行市场价值购买的,当然会以这个价值入账,用永续盘存法记录的"获得减处置"为负数,使得账面的固定资本形成总额小于实际的固定资本形成总额。如果以处置方偏高的价值与获得方偏低的价值进行调整,在经济总体层面,记录误差将会抵消,但是以下情况记录误差不能被抵消掉:使用过的固定资产交易是在常住单位与非常住单位之间进行、在生产领域的单位与住户之间进行,如企业生产用车辆转移给住户作最终消费,或企业获得住户拥有的车辆。

固定资本形成总额分有形资产形成总额和知识产权产品。有形资产包括住宅、其他建筑和构筑物、机器和设备、武器系统、培育性生物资产。值得指出的是,2008 SNA建议将1993 SNA中的"无形固定资产"更名为"知识产权产品",并将其进一步细分为:(1)研究与开发R&D,即为了增加有关人类、文化和社会知识储备,并利用这些储备开发新的应用、系统从事创造性工作而支出的价值;(2)矿藏开发和评估,即对石油、天然气和其他矿藏资源进行勘探并对其进行评估所支出的价值;(3)计算机软件和数据库,包括计算机软件初始的开发,随后的升级和属于支出的复制品,允许访问和使用的数据文件,一般按生产成本估价,数据文件用总费用估价;(4)娱乐、文学和艺术原作,包括戏剧表演、广播电视节目、音乐表演、体育比赛、文学和艺术作品的影片、录音、手稿、磁带、模型等,按生产成本估价;(5)其他知识产权产品。

存货变化是常住单位在一定时期内存货实物量变动的市场价值,指进入存货价值(获得)减去退出存货价值(处置)和存货中所持有货物的持有收益或损失,它等于期末存货价值减期初存货价值,再加上当期由于价格变动而产生的正或负的持有收益。存货包括暂时退出生产过程还没有进入生产的在制品、培育性生物资源在制品、打算用于生产的库存材料和用品、军事存货、待购买的货物。

存货变化在与GDP的变化趋势方面和在GDP中的占比方面表现出很强的顺周期特征:一般经济复苏阶段,存货不断增加,在GDP中的占比也增加;经济萧条阶段,存货不断减少,在GDP中的占比也减少。所以尽管存货变化占资本形成总额的比重很小,更是国内生产总值的一小部分,但是,它是国内生产总值变化的一大部分,是表现和分析经济周期的一个重要指标。

贵重物品指作为投资的贵金属和宝石、古董与其他艺术品,以及其他贵重物品(如有公认市场价值的邮票、硬币、瓷器、书籍等)。

固定资产投资总额与资本形成总额间的主要区别在于:固定资产投资额不包括500万元以下的固定资产投资以及无形资产的净增加额,而固定资本形成总额则包括这两类;固定资本形成总额中扣除了由于出售、易货交易和实物资本转移而转出的旧固定资产价值,而固定资产投资总额则不扣除。

固定资产投资总额是计算固定资本形成的基本资料来源,但计入固定资本形成的固定资产投资还必须做上述差别的处理。

相比较而言,固定资本形成总额能更准确地反映社会总投资的实际情况,但由于它只有年度数据,时效性差一些。而固定资产投资总额有月度数据,可以更及时地反映当前的投资需求状况。所以,固定资产投资总额指标运用得更普遍一些。

参考文献：
联合国等：《国民经济核算体系（1993）》，中国统计出版社1995年版。
联合国等：《2008国民账户体系》，中国统计出版社2012年版。
经济合作与发展组织：《资本测算手册——关于资本存量、固定资本消耗及资本服务测算》，中国统计出版社2004年版。
国家统计局：《中国统计年鉴（2011）》，中国统计出版社2011年版。

（向蓉美）

资金流量表

Fund Flow Statement

资金流量表是指以全社会资金运动为对象，记录各机构部门资金的来源和运用，反映各类资金在部门间的流量、流向及相互关系的平衡表。

第二次世界大战后，各国把注意力由财政政策转向货币政策，由此直接推动了对资金流量核算及其应用的研究。美国康奈尔大学教授莫里斯·A·科普兰（Morris A. Copeland）提出的货币流量表奠定了资金流量分析的理论基础，在Copeland以及其他一些学者的努力下，美联储从1948年开始具体研究资金流量核算及其账户编制方法，并于1955年正式发布《1939～1953年美国资金流量表》。从1959年开始，美联储按季度公布资金流量表，进一步推动了资金流量数据的即时可得性和实用性。日本、加拿大、南斯拉夫也分别于1954年、1959年和1960年编制资金流量表。1968年，由英国剑桥大学R.斯通教授主持，联合国在对SNA进行修订时，把资金流量表正式纳入SNA，从而完善了SNA，并使资金流量核算逐步国际化。1985年，在国务院国民经济核算领导小组的领导下，我国官方开始研究资金流量核算，国家统计局在1986年试编了全国资金流量简表，1987年组织七个省市统计局开展资金流量核算的试编工作，1992年正式开始了资金流量核算工作。从20世纪80年代初开始，很多学者对中国资金流量表的编制进行了讨论。如许宪春（2002），贝多广、骆峰（2006），李宝瑜、张帅（2009），胡秋阳（2010），蒋萍、贾帅帅（2012）等学者都曾对国内外资金流量分析方法的发展和应用进行了研究。美国、日本等发达国家资金流量统计较完善，研究成果也较多，发表了一些在国际上有影响的研究成果（Bain，1973；Zhang N.，2003；Boncia and Columba，2008；Leung Danny and Secrieru Oana，2012）。

各国资金流量核算的范围并不完全相同。资金流量核算的范围有以下三种类型。第一种是只核算金融交易，交易项目主要由金融交易组成，核算的起点是净金融投资。第二种是除金融交易外，核算范围还包括总储蓄和资本形成总额。第三种是既包括金融交易，也包括实物交易，将金融交易与资本交易、积累交易与经常交易结合起来，更完整地反映了各部门投资资金的来源和形成过程。中国采用的是第三种核算范围。

资金流量表采用平衡表的方式编制，有两种表式，一是账户式，二是矩阵式。账户式表是按国民经济核算中的机构部门分类，每个部门一个账户，账户中记录各项交易，每个账户有来源方和使用方，来源和使用合计相等，即账户内部各自平衡。每项交易有收方和支方，收支双方相等，即外部平衡。矩阵式资金流量表是将部门与交易的来源方和使用方分开，按相同的顺序分别排列在表的行和列中，行表示收入，列表示支出，成为一张相互交错的平衡表。账户式平衡表便于直观地观察每个部门的收支对应关系，所以公布统计数据一般采用账户式，而矩阵式更便于建立数学模型进行经济分析。

中国的资金流量表分为两张表，分别称为“资金流量表（实物交易）”和“资金流量表（金融交易）”，它们是以账户式表的形式给出的。在实物交易表中，包含了国民收入全部流量和消费支出、资本形成；在金融交易表中，包含了全部金融交易项目（基本格式见表1）。

表1 中国资金流量（实物交易或金融交易）表

	非金融企业部门		金融机构部门		政府部门		住户部门		国外部门		合计	
	使用	来源	使用	来源	使用	来源	使用	来源	使用	来源	使用	来源
交易分类项目（实物交易或金融交易）												
合计												

资金流量实物交易表反映的资金流动过程主要是从增加值开始，经过收入初次分配（劳动报酬、生产税净额、财产收入）、收入再分配（收入税、社会保险缴款、社会保险福利、社会补助等其他经常转移）到可支配收入的形成和使用（消费、资本形成总额、净出口）。金融交易表反映的资金流动过程主要是各类金融资金在部门间的流动，主要项目有通货、存款、贷款、债券、股票、保险准备金、资本转移、非生产资产交易、国际储

备资产变动以及其他金融交易。编制资金流量表要求表中每项交易的收支总额相等,每个部门的来源总额和使用总额相等,全表实现收支平衡。

账户式资金流量表可以转化为矩阵式表。将部门账户的收入(负债)和支出(资产),分别排列在行和列中,账户式表就转换成为矩阵式表,分别形成国民收入与支出流量矩阵表和金融与投资流量矩阵表(见表2、表3)。

表2 国民收入与支出流量表(矩阵式)

	机构部门	分配收入	增加值	收入合计
机构部门				
分配支出				
消费与储蓄				
支出合计				

表3 金融与投资流量表(矩阵式)

	机构部门	金融交易	储蓄	负债合计
机构部门				
金融交易				
资本形成				
资产合计				

在矩阵式国民收入与支出流量表中,每个部门行的平衡关系是:增加值 + 初次分配收入 + 再分配收入 = 总收入,列的平衡关系是:初次分配支出 + 再分配支出 + 消费 + 储蓄 = 总支出,每个部门的总收入等于总支出,同时,所有各部门增加值总和等于消费加储蓄。

在金融与投资流量矩阵表中:每个部门行的平衡关系是:储蓄 + 金融交易收入 = 总负债,列的平衡关系是:金融交易支出 + 资本形成总额 = 总资产,每个部门的总资产等于总负债,同时,所有各部门的储蓄总和等于资本形成总额之和。

通过编制资金流量表,可以追踪资金流动过程和环节,分析资金供需平衡状态,研究资金的部门结构和交易结构,分析收入、消费、储蓄、金融和投资等关系。利用矩阵式资金流量表,可以计算各类收支系数,也可以计算各种乘数,进而进行部门间直接和间接依存关系分析。利用资金流量表可以建立各种模型,进行财政政策和货币政策模拟分析。

参考文献:

许宪春:《中国资金流量分析》,载于《金融研究》2002年第9期。

贝多广、骆峰:《资金流量分析方法的发展和应用》,载于《经济研究》2006年第2期。

李宝瑜、张帅:《我国部门间金融资金流量表的编制与分析》,载于《统计研究》2009年第12期。

胡秋阳:《投入产出式资金流量表和资金关联模型》,载于《数量经济技术经济研究》2010年第3期。

蒋萍、贾帅帅:《基于矩阵式资金流量表的涉外交易考察》,载于《统计研究》2012年第4期。

Bain, A. D., Surveys in Applied Economics: Flow of Funds Analysis, *Economic Journal*, Dec., Vol. 83, 1973.

Zhang N. The Flows of Funds in East Asia, *Journal of Economic Sciences*, Vol. 6, No. 2, 2003.

Boncia R. and Columba F., Monetary Policy Effects: New Evidence from the Ltalian Flow-of-funds, *Applied Economics*, Vol. 40, 2008.

Leung Danny & Secrieru Oana; Real-Financial Linkages in the Canadian Economy: An Input-Output Approach, *Economic Systems Research*, Vol. 24, Iss. 2, June 2012.

(张帅 周南南)

资产负债核算

Assets and Liabilities Accounting

宏观意义上的资产负债核算是针对国民经济的各种财力和物力资源存量而组织的核算,旨在系统反映国民经济总体及其各部门的资产和负债的规模、结构、相互关系(包括对外资产负债关系)及其变动情况。在国民经济核算体系中,资产负债核算与其他核算的主要不同之处在于,资产负债核算是关于经济存量及其变动的核算,而其他核算则是专门针对某种国民经济流量(如投入和产出流量、收入分配和支出流量、资本交易和金融交易流量以及有关的各种国际收支流量等)组织的核算。通过资产负债等核算将经济流量与经济存量互相衔接,可以适当地建立起它们之间的内在循环关系:核算期初的资产负债等存量构成国民经济运行的前提条件,而核算期末的资产负债等存量则是各种经济交易和经济变化的结果,它同时又构成下一个核算期国民经济运行的初始条件,如此周而复始,循环不已。

在微观层次上,资产负债核算一直就是企业会计核算的主要方法论支柱。表面上看,从企业的资产负债核算到国民经济的资产负债核算似乎只有一步之遥。然而,宏观层面的资产负债核算在理论和实践两方面都存在一些更为困难的问题。这方面的突破性工作是由各国的经济和统计学家们共同完成的。在美国,迪金森(H. D. Dickinson)等人曾于1936年发表《国民经济资产负债表》一文,首次提出把企业会计的资产负债表编制技术应用于国民经济的构想。这一领域中更为深入、系统的研究,则是1955年由曾任国际收入与财富研究协会主席的雷蒙德·戈德史密斯做出的,他在三卷本的《美国储蓄研究》一书中,分别采用现行价格和不变价格估算了美国1896~1949年的国民财富(此后又把该估算延伸到1958年),并就某些年份编制出国民资产负债表。1963年,他又与人合作完成两卷本的《美国资产负债表研究》,更为系统地发展了国民资产负债表的编制技术,提出了分部门的国民资产负债表。其后,由肯德里克(J. W. Kendrick)主持的美国经济研究局专题小组提出《国民财富的计量》研究报告,对有关国民财富计量的理论和方法问题作出具有权威性的综合阐述。在英国,剑桥大学的雷维尔(J. Revell)教授于1967年出版了《国民财富》一书;1971年,在英国中央统计局和英格兰银行的资助下,他又与人合作发表题为《国民资产负债表和国民账户》的研究报告,开辟了对各部门资产负债估算方法的研究。

在有关国家的国民经济资产负债核算取得长足进展的同时,联合国也在不遗余力地推进国民经济存量核算的系统化、制度化和标准化工作。1953年,联合国颁布的《国民经济账户体系和辅助表式》中首次提出将分部门的资产负债表纳入国民经济核算体系的设想;在此后修订颁布的《国民经济账户体系(SNA-1968)》中,初步建立了一个将国民经济流量核算与资产负债核算熔为一炉的描述体系;1977年,联合国再度公布了一个《关于国民经济账户体系的国民和部门资产负债表及协调账户的临时国际指导》,对有关的核算方法、原则和标准作了更为具体、详细的说明,制订了相应的账户和表式;在1993年和2008年修订的《国民经济账户体系》中,关于资产负债等存量核算的内容获得了进一步的发展和完善。流量核算与存量核算的有机结合,进一步充实和规范了整个国民经济核算体系的结构,极大地增强了核算体系的分析功能,也是国民经济核算的理论与方法趋于成熟的重要标志之一。

宏观意义上的资产负债核算主要考虑三个方面的问题:资产负债存量核算、资产负债变动核算、相应的资产负债估价问题。

一是资产负债估价问题。国民经济核算中的基本计价原则,就是按核算期的现行市场价格对有关的经济流量和经济存量进行统一估价。为了保证整个核算体系的一致性和科学性,资产负债核算必须遵循这一基本估价原则。

企业会计核算所提供的资产负债存量资料通常是按"原始价格"或"历史成本"计量的。严格地说,同时期的历史成本之间同度量性很低,即便是相同的资产金额,在不同核算期也可以代表不同的实际内容;而将它们直接加总的结果,既不能表明某一经济主体为持有资产实际占用的资金总额,也不能表明该经济主体拥有财富的多寡,至多只能大致反映该经济主体为取得有关资产所累计开支的费用。为此,需要按统一的计价标准和方式核算资产负债存量,这就要求对不同时间获得或形成的资产(负债)进行适当的重估价。在国民经济核算实践中,针对各种资产或负债存量的形成特点,往往需要分别采用不完全相同的估价或重估价方法。以固定资产为例,通常采用按重置价格计算的固定资产耗余价值(重估价的净值)。

二是资产负债存量核算。通常意义的资产负债核算就是指资产负债存量核算,它是通过编制专门的资产负债表来进行的。资产负债表(见表1)旨在完整反映某一时点上各种经济资产与负债的总量、结构和平衡关系。国民经济核算的资产负债表与企业会计核算的资产负债表结构相似,通常采用左右排列的"账户式"结构,左方(借方)反映有关经济主体(国民经济总体或各部门)的各种金融资产和非金融资产,右方则反映同一经济主体的各种金融负债和净值(净资产或所有者权益);左右两方的基本平衡关系是:

$$资产总额 = 负债总额 + 净资产(净值),$$

$$\frac{非金融资}{产总额} + \frac{金融资}{产总额} = 负债总额 + 净资产(净值)$$

其中,净资产(净值)指标既是一个核算上的平衡项(差额),又是衡量财富水平的重要分析指标。以此为基础,从横向划分不同的资产负债类别,从纵向划分不同的国民经济部门,经过适当扩充,就可以用于组织整个国民经济的资产负债核算。

表1　资产负债表

借方(资产方)	贷方(负债方)
非金融资产	金融负债
生产资产	(各种金融工具)
非生产资产	
金融资产	
(各种金融工具)	净值
资产总额	负债总额和净值

国民经济核算中的资产负债表可以在三个不同的层次上加以编制:其一是对单个机构部门编制的资产负债表;其二是综合国民经济各部门资料的资产负债表;其三是对整个国民经济总体编制的简化的国民财富表。其中,又以第二种层次的国民经济(各部门)资产负债表结构较为复杂、信息较为完整。

利用国民资产负债表的丰富数据,可以考察一国(或某一部门)的资产(负债)总量规模以及人均资产(财富)水平;分析资产(负债)的结构比例,尤其是金融相关比(即金融资产总额与非金融资产总额或国民财富之比）和金融中介率（常住金融机构在经济总体的全部金融资产中占有的相对份额）等金融结构指标；研究负债比率、资产利用率和累积的资金余缺状况，等等。

三是资产负债变动核算。资产负债核算不仅要考察特定时点上（期初和期末）的经济存量状况，还要考察相应时期内（从期初到期末）的经济存量变动及其原因。从期初资产负债表到期末资产负债表，其间的变化受多种因素的影响。归纳起来，这些因素大体分为两类：一类是核算期内发生的各种“积累交易”，另一类则是其他“非交易因素”。其中，“积累交易”包括固定资本形成、存货变动及贵重物品净获得，其他非生产性非金融资产的买卖，以及各种金融交易；它们分别影响到有关金融资产（负债）或非金融资产的变动，并通过储蓄和资本转移最终影响到资产负债表中净值的变动。影响资产负债变动的“非交易因素”又有两类。一类是纯粹的资产或负债的数量变动，主要包括由于战争或重大自然灾害等造成的资产损毁，由于资源或历史遗产等的经济发现或再证实所引起的资产数额的增加，由于无偿没收或分类变化等引起的资产负债数额变动，由于特别提款权的分配或撤销、黄金的货币化或非货币化引起的国际储备资产的变动，以及知识产权和其他非生产无形资产的创造等。所有这些变动都是在核算期的经济交易系统之外发生的，并与资产负债项目的价格变动无关，通常称作资产（负债）的“外生物量变动”。另一类是由于资产负债项目的价格变动所引起的持有同样数量资产负债的经济价值的变化，以及由此产生的经济损失或收益（这种影响在出现通货膨胀或通货紧缩的时期尤为显著），一般称作资产负债的“持有损益”。

各种因素对资产负债变动的综合影响可以表示为：

资产（或负债）总变动 = 交易引致的资产（或负债）变动 + 资产（或负债）外生物量变动 + 资产（或负债）持有损益

资产负债表存在以下动态平衡关系：

期初资产（或负债） + 交易引致的资产（或负债）变动 + 资产（或负债）外生物量变动 + 资产（或负债）持有损益 = 期末资产（或负债）

参考文献：

联合国等：《国民经济核算体系（1993）》，中国统计出版社1995年版。

联合国等：《2008国民账户体系》，中国统计出版社2012年版。

国家统计局：《中国国民经济核算体系（2002）》，中国统计出版社2003年版。

杨灿：《国民核算与分析通论》，中国统计出版社2005年版。

杨灿：《国民经济核算教程》，中国统计出版社2008年版。

杨灿：《国民经济统计学——国民经济核算原理》，科学出版社2008年版。

肖红叶、周国富：《国民经济核算概论》，中国财政经济出版社2004年版。

邱东：《国民经济核算分析》，格致出版社、上海人民出版社2009年版。

高敏雪等：《国民经济核算原理与中国实践》，中国人民大学出版社2007年版。

蒋萍：《核算制度缺陷、统计方法偏颇与经济总量失实》，中国统计出版社2011年版。

（杨灿）

经济资产
Economic Assets

国民经济核算体系中的资产，即国民资产负债表中的“经济资产”，是指在特定时点核算的财力和物力存量指标。SNA 2008中定义并反复强调：资产是一种价值存量，代表经济所有者在一定时期内通过持有或使用某实体所产生的一次性或连续性经济利益。它是价值从一个核算期向另一个核算期结转的载体。SNA 1993中对经济资产的属性则有更为明确的界定：（1）机构单位个别地或集体地对其行使所有权；（2）其所有者由于在一段时间内持有它们或使用它们可以从中获得经济利益。这两个条件对于经济资产缺一不可。根据第一个条件，那些不在任何单位的有效控制之下的实体，如空气、公海等，不是经济资产，尽管使用它们能获得经济利益；按照第二个条件，如果拥有或使用该实体不能给其所有者带来经济利益（如某地区虽然拥有丰富的地下矿藏，但在可预见的将来不具有商业开发价值），也不计入现行的资产负债表中。当然，随着经济的发展，技术的进步，或者该商品的价格发生重大变动，这些地下矿藏可能变得具有开采价值从而构成经济资产。SNA 2008对经济资产的界定与SNA 1993基本一致，在核算细节上略有调整。

经济资产由非金融资产和金融资产两部分构成。

非金融资产主要是在实物交易过程中积累起来的。非金融资产进一步分为生产资产和非生产资产。生产资产与非生产资产的区别在于是否为生产过程的产出：生产资产是“生产”出来的资产；非生产资产为自然形成或存在，或以生产范围以外（未被计入产出或GDP）的方式产生的资产，分为自然资源、合约和租约及许可、外网商誉和营销资产等三类，包括未经改良的土地、非培育的原始森林、野生鱼类、地下矿藏等有形非生产资产,以及专利权、商标权、商誉、资源开采权和可转让合同等无形非生产资产。

非金融资产中的生产资产是资产负债核算的主要内容,包括固定资产、存货和贵重物品。固定资产是在生产过程中被重复或连续使用一年以上的生产资产。固定资产具有三个基本特征:(1)生产资产,不包括非生产资产(如土地、矿藏、专利权和商标权等);(2)为生产目的而持有的资产,非生产者拥有的任何资源都不是固定资产(如同样的汽车,由企业拥有是固定资产,而由居民拥有就是消费品);(3)在生产过程中反复使用的资产,其使用价值一次性投入生产过程,而其价值则逐渐损耗、逐期转移、逐步补偿。作为固定资产,这三个特征缺一不可。固定资产可以是有形的,也可以是无形的(如用于生产的电脑软件或文学艺术品原件);固定资产并不等同于不动产,如土地本身不是固定资产,运输用的飞机和船舶却是固定资产;固定资产可以是无生命的建筑物和构筑物(如厂房、住宅、道路、桥梁等),也可以是有生命的培育资产(如果树、橡胶园、役畜、奶牛和产毛绵羊等)。此外,在现代规范的经济核算和经济分析概念体系中,不存在"非生产固定资产"。与固定资产有所不同,非金融资产中的存货也是为了生产目的而持有的生产资产,但尚未投入具体使用且大多不具有耐用性;贵重物品则是主要作为价值贮藏手段而持有的生产资产,并不用于一般的生产或消费。

非金融资产(包括生产资产和非生产资产)大多是有形的,但也可以是无形的。无形的生产资产(所谓"无形固定资产",包括文学艺术品原作、计算机软件等)在SNA 2008中被称作"知识产权产品";但无形的非生产资产(包括专利权、商标权、商誉和可转让契约等)尽管也属于通常的"知识产权"范畴,却不具备"产品"或"生产资产"属性,因而并非"知识产权产品"。

金融资产主要包括货币黄金和特别提款权、通货和存款、债务性证券、贷款、股权和投资基金份额、保险、养老金和标准化担保计划、金融衍生工具和雇员股票期权、其他应收/应付款、备忘项目。金融资产大多具有债权性质,也即使其所有人有权得到债务人一次或连续的付款,会形成相应的负债;但诸如货币黄金这样的金融资产却是例外,它没有对应的负债方,成为"单方面的金融资产"或"非债权类的金融资产"。一直以来,关于特别提款权(SDRs)是否具有核算上的负债方曾经存在争议:在SNA 1993中,SDRs被归类为没有对应负债的资产;但新近颁布的SNA 2008则确认了特别提款权负债(将其视为对该计划参与者的集体求偿权)。此外,股票持有者虽然不能对发行者提出偿还或支付要求(只能通过出售或抵押等方式处置该项资产),通常还是将发行方视为该项资产在核算上的负债方。除此之外,负债(即金融负债)的分类方式与金融资产是一致的。根据金融资产的属性,各机构单位或机构部门,都有可能同时存在金融资产和金融负债,换言之,有可能同时作为债权人和债务人。在SNA中,"金融资产"一词可同时覆盖金融资产和金融负债。

参考文献:

联合国等:《国民经济核算体系(1993)》,中国统计出版社1995年版。

联合国等:《2008国民账户体系》,中国统计出版社2012年版。

国家统计局:《中国国民经济核算体系(2002)》,中国统计出版社2003年版。

杨灿:《国民经济核算教程》,中国统计出版社2008年版。

杨灿:《国民经济统计学——国民经济核算原理》,科学出版社2008年版。

肖红叶、周国富:《国民经济核算概论》,中国财政经济出版社2004年版。

邱东:《国民经济核算分析》,格致出版社、上海人民出版社2009年版。

高敏雪等:《国民经济核算原理与中国实践》,中国人民大学出版社2007年版。

(孙秋碧　杨灿)

重估价与持有损益

Revaluation and Holding Gains/Loss

重估价是指从核算期初到期末,由于价格变化的原因,会使资产、负债和净值的价值发生变化,因此必须按核算编制资产负债表的时点对其进行重新估价,以反映价格变化的影响。持有损益是指由于价格变化而形成的资产(负债)收益和损失。重估价账户首先反映资产和负债的名义持有损益,然后分解成中性持有损益和实际持有损益两个账户。

有三种方法进行重估价:一是利用编表时点的市场价格或基于市场价格而估算的价格,如金融资产或负债估价常常使用的、根据无关联交易双方在市场交易中价值的近似值得到的"公平价值"。此外,运输设备、大牲畜、新生产的固定资产和存货也常用这种方法进行重估价。二是通过累积和重估交易得到的价值,即通过一个同等新的资产的现行市场价值减累积折旧而得到的价值,也称为"折后重置成本",对大多数非金融资产都可以获得这样的价值。对资本存量进行估价的永续盘存法,属于这一类方法。三是利用未来收益的现值,即用贴现率来计算未来收益的现值。一般对收益被延迟和使用时间很长的资产可以采用这种方

法,如林木、地下资产等。金融资产或负债的另一种"公平价值"就是这样计算的,其公式可以表示为:

$$公平价值=\frac{\sum_{i=1}^{n}(现金流量)_t}{(1+i)^t}$$

其中,t 表示未来某个时间;i 表示贴现率,实际中通常将当前或预计的市场利率作为贴现率。

对资产和负债的所有者而言,随着时间的推移,因资产货币价值的变化而使其拥有的资产和负债的价格发生了变化,就可能产生正值或负值的名义持有收益或损失。持有收益包括固定资产、土地、金融资产等"资本的收益",也包括各种类型的存货、在制品的收益,常常称为"存货升值"。当资产产生正的或负的持有收益时,其对称的负债的持有收益价值与资产的持有收益数量相等,符号相反。负的持有收益即为持有损失。

名义持有损益分为中性持有损益和实际持有损益,即:

$$名义持有损益\begin{cases}反映一般价格水平变化的中性持有损益\\反映相对价格水平变化的实际持有损益\end{cases}$$

名义持有损益是指假定资产和负债本身的质量和数量不变,由于随时间的推移资产或负债货币价值的变化对该笔资产或负债所有者产生的利益的价值。非金融资产的名义持有损益指因资产的价格随时间发生变化而对资产所有者产生的收益价值;金融资产的名义持有损益指该项资产在交易和资产其他物量变化之外发生的价值增加;负债的名义持有损益指该项负债在交易和负债其他物量变化之外发生的价值减少。

名义持有损益取决于一定时期内资产和负债的价格变化,这里的价格指资产可能在市场上出售的价格。如果用 p_t 和 p_0 表示报告期和基期资产或负债的价格,q 表示资产或负债的数量,G 表示名义持有损益,则:

名义持有损益 = 报告期货币价值 - 基期货币价值

即:

$$G=(p_t-p_0)q$$

对于纯粹以货币标价的货币资产,如现金和存款,其名义持有损益始终为零,因为它们的数量单位就是货币单位本身。

对质量和数量发生改变的资产和负债,无论其价值增加还是减少,都不应该算成是持有损益。比如固定资产,其正常损耗或事故损坏造成的价值下降,属于固定资本消耗,不是负的持有损益;存货储存的时间长短不同和地点不同,其质量和价格也不同,发生的价值差异算作存货本身的变化,而不是持有损益;具有固定偿还期、应计利息的证券、票据等资产和负债,越接近偿还期价值越高,高出部分实际上是累计的未付利息,是资产本身的升值,不是价格的提高,所以也不是持有损益。

名义持有损益按照权责发生制原则计算,因此有的名义持有损益可能实现了,有的名义持有损益可能没有实现。实现了名义持有损益的情况有:期初持有的资产在核算期内出售了,其名义持有损益是处置的价值减去期初资产负债表记录的价值;核算期内获得并处置了的资产,名义持有损益是处置的价值减去获得的价值。没有实现名义持有损益的情况有:在整个核算期内持有的资产,其名义持有损益是期末资产负债表记录的价值减去期初资产负债表记录的价值;核算期内获得资产并持有到了期末,其名义持有损益是期末资产负债表记录的价值减去获得资产的价值。

中性持有损益是指在不发生交易和资产物量其他变化的情况下,一笔资产为保持其能够交换到与期初相同数量的货物服务而增加或减少的价值。在这种情况下,资产的实际价值不变,即它换取其他货物和服务的数量不变,可以称为"需要保持实际价值不变的名义持有收益"。为了计算资产的中性持有损益,最好是选用一种能涵盖尽可能多的货物、服务和资产的综合价格指数。由于有的资产在持有很短的时间就可能产生收益,所以还要求所采用的综合价格指数最好是能按月编制的价格指数,以满足及时性的需要。按这样的条件,消费价格指数(CPI)是最好的选择。如果用$\frac{r_t}{r_0}$表示价格指数,NG 表示中性持有损益,其余符号同前,则有:

中性持有损益 = 基期资产的货币价值 × 一般价格指数的变化值,即:

$$NG=p_0q\left(\frac{r_t}{r_0}-1\right)$$

实际持有损益是指一段时期内在不发生交易和资产物量其他变化前提下一项资产价值增加或降低超过中性持有收益的量。实际持有损益等于名义持有损益与中性持有损益之差。如果以 RG 表示实际持有损益,其余符号同前,则有:

$$\begin{aligned}RG&=G-NG\\&=(p_t-p_0)q-p_0q\left(\frac{r_t}{r_0}-1\right)\\&=p_tq-p_0q-p_oq\frac{r_t}{r_0}+p_0q\\&=p_tq-p_0q\frac{r_t}{r_0}\\&=\frac{p_t}{p_0}p_0q-\frac{r_t}{r_0}p_0q\\&=\left(\frac{p_t}{p_0}-\frac{r_t}{r_0}\right)p_0q\end{aligned}$$

上式实际上是资产基期货币价值同资产的价格指数与一般价格指数之差的乘积,充分表明了实际持有损益的概念。只要资产的价格变化与一般价格变化幅度不一样，都会产生实际持有损益。从公式中也看出，实际持有损益度量的是期末相对于期初一笔资产可能获得的收益价值，所以称其为"实际"持有损益。

如果 r_0 是期初的综合价格指数，$r_0=1$，上式就为：

$$\left(\frac{p_t}{p_0}-r_t\right)p_0q$$

价值用货币固定的金融资产和负债（如通货和存款）的名义持有损益始终为0。在通货膨胀期间，其中性持有损益一定是正数，因而实际持有损益一定是负数。

由于不同资产的价格变化相对于一般价格变化的幅度是不同的，可能一些资产的所有者得到正的实际持有收益，而另一些资产所有者得到的是实际持有损失。所以实际持有损益可能导致净值在机构单位之间、机构部门之间、甚至常住单位与非常住单位之间的重大再分配，改变资产所有者的实际购买力，从而对他们的经济行为产生影响。

参考文献：
联合国等：《国民经济核算体系（1993）》，中国统计出版社 1995 年版。
联合国等：《2008 国民账户体系》，中国统计出版社 2012 年版。
国际货币基金组织：《货币与金融统计手册》，国际货币基金组织 2000 年版。
向蓉美等：《国民经济核算与分析》，西南财经大学出版社 2005 年版。

（向蓉美）

投入产出表
Input-Output Table

投入产出表是将国民经济各生产部门排列在一起，记录每个部门的投入和产出及其产品来源和使用去向的矩阵表，它反映国民经济总投入和总产出的关系。利用投入产出表，可以研究部门之间、产品之间的相互关系，既可以量化它们之间的直接联系，也可以量化间接联系。这种是通过计算部门之间的直接消耗系数和完全消耗系数来实现的。在计算消耗系数的基础上，可以建立投入产出数学模型进行经济分析。目前，在投入产出技术的基础上已经形成了经济学的一个重要分支：投入产出经济学。投入产出表的应用范围也从原来经济领域扩展到了人口、劳动、资源、环境等诸多领域（Thomas Wiedmann，2009；Manfred Lenzen，2011）。在现代国民经济核算体系中，投入产出表已经成为最重要的组成部分。

1936 年，美国经济学家里昂惕夫在美国《经济统计评论》上发表了"美国经济系统中的投入与产出数量关系"一文（Leontief，1936），代表了投入产出方法的提出。1941 年，哈佛大学出版社出版了列昂惕夫的著作《美国经济结构，1919～1929》一书，该书系统地论述了投入产出技术的原理和方法，并利用美国的统计资料编制了美国 1919 年和 1929 年投入产出表。之后围绕投入产出分析方法形成了一系列的研究成果，许多国家开始编制投入产出表。美国、英国、荷兰、丹麦、加拿大、挪威、澳大利亚、日本、马来西亚、埃及、苏联和一些东欧国家都较早地开始编制本国的投入产出表。中国于 20 世纪 70 年代开始编制全国实物型投入产出表，之后编制了 1981 年、1983 年、1987 年全国投入产出表。此后每 5 年编制一次，每逢 2、7 年份编制基本表，在基本表的基础上，每逢 0、5 年份编制延长表。

投入产出表按计量单位可以分为价值型表和实物型表，价值型表采用货币单位计量，实物型表采用实物单位计量。按时间期限分为静态表和动态表，静态表不考虑时间变化因素，只是反映一个确定时期内的经济数量关系，动态表将时间因素纳入，能够反映经济的发展与变化。按编制范围分为国际表、地区间表、全国表、地区表、部门表、企业表；按产品的可替代性分为竞争型表和非竞争型表；按表式结构分为供给使用表和对称型表。投入产出表一般采用矩阵形式。

价值型投入产出表的基本表式，主要由三部分组成，称为第Ⅰ、Ⅱ、Ⅲ象限（参见表 1）。

表 1　　价值型投入产出简化表

		中间产品（产品或部门）			最终产品			总产出
		1	…	n	1	…	m	
中间投入（产品或部门）	1	第Ⅰ象限（X）			第Ⅱ象限（Y）			Q
	……							
	n							
增加值	1	第Ⅲ象限（F）			第Ⅳ象限			
	……							
	p							
总投入		Q						

第Ⅰ象限X是投入产出表的基本象限,由名称相同、排列次序相同、数目一致的若干产品或部门纵横交叉而成的中间产品矩阵,反映各部门相互之间的产品消耗关系;第Ⅱ象限Y是第Ⅰ象限在水平方向上的延伸,反映最终产品(消费、投资、出口)的结构和总量;第Ⅲ象限F是第Ⅰ象限在垂直方向的延伸,反映增加值(固定资产折旧、劳动者报酬、生产税净额、营业盈余)的项目构成;第Ⅳ象限不属于投入产出表内容,但可以在此基础上将投入产出表扩展成为社会核算矩阵(SAM)。

投入产出表中对于每个部门的主要平衡关系是:(1)中间投入+增加值=总投入,(2)中间产品+最终产品=总产出,(3)总投入=总产出;对于所有部门的平衡关系是:(1)中间投入之和=中间产品之和,(2)增加值之和=最终产品之和,(3)总投入之和=总产出之和。

利用投入产出表可以计算直接消耗系数矩阵:$A = X\hat{Q}^{-1}$,矩阵A中的元素a_{ij}表示j部门生产单位产品时对i部门产品的直接消耗。在直接消耗系数矩阵的基础上,可以计算完全消耗系数矩阵:$B = (I-A)^{-1} - I$,它描述了一个部门生产每单位最终产品时对其他部门的直接消耗和间接消耗量之和。$(I-A)^{-1}$矩阵称为里昂惕夫逆矩阵。在计算直接消耗系数和完全消耗系数的基础上,可以建立各种投入产出数学模型,用来进行经济分析。

投入产出表问世以来,为经济分析提供了一个极其有效的工具。投入产出表可用分析产业部门间的相互依赖关系,分析部门间的直接联系和间接联系,分析产业结构的变化,分析产品之间的关系,分析中间投入和最终产品之间、最终需求与增加值之间的关系。利用基本形式的投入产出表进行分析的领域包括价格、工资、税收、消费、投资、进口和出口等诸多领域。除投入产出表的基本应用之外,投入产出技术在很多重大的经济社会问题中都有广泛的应用,通过编制专门的投入产出表,可以开展对外贸易、能源、水利、环境、人口、教育等各专业领域的投入产出分析(陈锡康等,2010)。

参考文献:

陈锡康、王会娟:《投入占用产出技术理论综述》,载于《管理学报》2010年第11期。

范金、万兴:《投入产出表和社会核算矩阵更新研究评述》,载于《数量经济技术经济研究》2007年第5期。

J. H. Cumberl, A Regional Interindustriy Model for Analysis of Development Objectives, *The Regional Science Association*, Vol. 17, No. 4, 1966.

D. A. Gilchrist and L. V. St Louis, Completing Input-Output Tables Using Partial Information-with an Application to Canadian Data, *Economic Systems Research*, Vol. 18, No. 3, 1999.

Leontief, Quantitative Input and Output Relations in the Economic System of the United States, *The Review of Economics and Statistics*, Vol. 18, No. 3, 1936.

Manfred Lenzen, Aggregation versus Desegregation in Input-Output Analysis of the Environment, *Economic Systems Research*, Vol. 23, No. 1, 2011.

T. T. Raa and J. M. Rueda-Cantuche, The Construction of Input-Output Coefficients Matrices in an Axiomatic Context: Some Further Consideration, *Economic Systems Research*, Vol. 15, No. 4, 2003.

Thomas Wiedmann, Carbon Footprint and Input-Output Analysis-an Introduction, *Economic Systems Research*, Vol. 21, No. 3, 2009.

（李宝瑜　张靖）

国际收支核算

Balance of Payments Accounting

国际收支核算是对一个国家与其他国家在经济交流过程中实际发生的商品、服务、利息、股息、援助、直接投资和证券投资以及储备资产的交易结果所作的系统记录和分析。它是国际收支的一种反映方式,其主要内容是编制和分析国际收支平衡表国际投资头寸表。

国际收支平衡表记录了一定时期内常住单位与非常住单位之间的交易,它包括经常账户、资本账户和金融账户。其基本组成部分如表1所示。

表1　国际收支平衡表

	贷方	借方	余额
经常账户			
货物	462	392	70
服务	78	107	-29
货物和服务	540	499	41
雇员报酬	6	2	
利息	13	21	
公司分配收入	36	17	
再投资收益	14	0	
初次收入	69	40	29
收入、财产等经常税	1	0	
非寿险保费净额	2	11	
非寿险债权	12	3	
国际经常转移	1	31	
各种经常转移	1	10	
二次收入	17	55	-38

续表

	贷方	借方	余额
经常账户余额			32
资本账户			
非生产资产的获得减处置	0	0	
资本转移	1	4	
资本账户余额			-3
净借出(+)/净借入(-)(来自经常账户和资本账户)			29
金融账户(按功能分类)	金融资产净获得	负债净发生	余额
直接投资	-4	8	
证券投资	17	7	
金融衍生工具(除储备资产)和ESOs	3	0	
其他投资	42	22	
储备资产	8		
资产/负债总变化	66	37	
净借出(+)/净借入(-)(来自金融账户)			29
净误差与遗漏			0

资料来源:IMF,Balance of Payments and International Position Manual,Sixth Edition(BPM6),2008,table 2. 1.

经常账户又称经常项目,记录货物和服务的进出口以及收入分配交易,具体区分为货物和服务、收入初次分配和收入二次分配(即经常转移)三个项目。这些项目的平衡项称为经常账户余额。经常账户余额是出口与应收收入总和扣除进口与应付收入总和之后的差额(出口和进口指的是货物和服务,收入指的是初次收入与二次收入)。经常账户余额的值等于经济体的储蓄—投资缺口,因此,经常账户余额与理解国内交易有关。

资本账户又称资本项目,涉及各种非金融投资,记录的是常住单位与非常住单位之间非生产、非金融资产和资本转移的交易。即,它记录非生产金融资产的获得与处置,例如出售给大使馆的土地、租约与许可证;以及资本转移,例如一方出于资本目的提供的资源,而不要求给该方任何直接回报的经济价值。

金融账户又称金融项目,记录各种金融资产的获得与处置。金融账户交易出现在国际收支平衡表中,其关于资产和负债存量的影响也出现在国际投资头寸表中。经常账户与资本账户余额的和表示本国经济体对国外的净借出(盈余)或净借入(赤字)。它等于金融账户的净余额。

从国际收支统计原理上看,国际收支平衡表应该是平衡的,但在实践中常常出现不平衡的现象,这主要是由于数据来源和编制上存在缺陷。不平衡已经成为国际收支平衡表数据的一个常见特征,通常记录为净误差与遗漏。净误差与遗漏是根据金融账户减去经常账户和资本账户的相同项目而得到的净借出(净借入)的剩余。

中国国际收支核算工作始于1981年。1997年以前中国使用的标准国际收支平衡表表式是按《国际收支手册》第四版进行划分的。随着新的国际收支申报办法(1996年1月1日开始实行)的实施和不断完善,中国已于1998年(公布的是1997年的国际收支数据)开始按《国际收支手册》第五版的口径和表式来公布国际收支平衡表。中国国际收支核算目前基本上沿用《国际收支手册》的表式,但也有自己的特点。主要体现在储备资产部分的处理。其储备资产与《国际收支手册》不同,没有包括在金融账户中,而是作为独立的项目列示;受此影响,其金融账户所记录的内容仅限于除了储备资产之外的金融交易。也就是说,中国的国际收支平衡表实际上包括以下三个部分:经常账户、资本和金融账户、储备资产。

国际投资头寸表(International Investment Position, IIP)是反映特定时点上(如年末)一个国家或地区对世界其他国家或地区的金融资产和负债存量(余额)的统计报表。其基本表式见表2。在表2的横栏中,主要突出的是资产和负债之间的区别,两者之间的差额反映了净头寸的规模。同国际收支平衡表金融账户的标准组成部分完全一致,详细划分是按功能进行的。资产细分为直接投资、证券投资、金融衍生工具、其他投资和储备资产;负债以同样的方式划分(储备资产除外)。

国际投资头寸统计包括两个主要内容,一是期初、期末的投资头寸存量;二是核算期内引起投资头寸变化的各种流量。原则上,金融资产和负债都应该按照统计时点(期初和期末)的当期市场价格估价。

在表2的纵栏中,期初期末造成头寸变化的各种因素都被记录下来。第一个项目是同标准组成部分(即对于直接投资和证券投资等而言)联系在一起的各项交易。重估价影响各组成部分的计价变化,如直接投资和储备资产项下的股本和债务证券在一个时期的期末记录投资头寸之前,还要加进第四个项目(其他物量变化)。其他物量变化中包括特别提款权分配/撤消所引起的变化、黄金货币化/非货币化所引起的变化,重新分类(如在股本额达到10%的界限时,证券投资转变为直接投资),债权人单方面取消债务,和没收或不加偿还的占有。

表 2　国际投资头寸表

	期初头寸	交易	其他物量变化	重估价	期末头寸
资产(按功能分类)					
直接投资	42	-4	0	1	39
证券投资	40	17	0	2	59
金融衍生工具(除储备资产)和 ESOs	0	3	0	0	3
其他投资	152	42	0	0	194
储备资产	63	8	0	0	71
总资产	297	66	0	3	366
负债(按功能分类)					
直接投资	132	8	0	2	142
证券投资	180	7	0	5	192
金融衍生工具(除储备资产)和 ESOs	0	0	0	0	0
其他投资	261	22	0	0	283
总负债	573	37	0	7	617
净 IIP	-276	29	0	-4	-251

资料来源:IMF,Balance of Payments and International Position Manual,Sixth Edition(BPM6),2008,table 2.1.

2000 年国家外汇管理局内部已经开始编制中国国际投资头寸表。国家外汇管理局 2006 年 6 月 25 日发布 2005 年末的中国国际投资头寸表,这是中国首次公布国际投资头寸统计数据。发布中国国际投资头寸表可以使国际社会对中国利用国际资本和输出本国资本有一个清晰的了解。目前,中国国际投资头寸表根据国际货币基金组织《国际收支手册》(第五版)的标准编制并公布,记录的是特定时点上(每年 12 月 31 日)中国(不含中国香港、澳门和台湾)对世界其他国家或地区的金融资产和负债存量状况。其项目按资产和负债设置。资产细分为对外直接投资、证券投资、其他投资和储备资产四部分;负债细分为来华直接投资、证券投资、其他投资三部分。净头寸是指对外资产减去对外负债。

参考文献:

陈之为等:《国际收支统计的修订及对我国的影响》,载于《统计研究》2008 年第 6 期。

李俊:《〈国际收支手册〉的最新修订及对中国对外贸易数据的影响》,载于《对外经贸统计》2009 年第 3 期。

国际货币基金组织:《国际收支手册(第五版)》,中国金融出版社 1995 年版。

邱东:《国民经济统计学》,高等教育出版社 2011 年版。

邱东、蒋萍等:《国民经济统计前沿问题》,中国统计出版社 2008 年版。

International Monetary Fund, *Balance of Payments and International Investment Position Manual*, *Sixth Edition* (*BPM6*), Washington, DC: International Monetary Fund, 2008.

(王亚菲)

非市场产出核算
Non-Market Output Accounting

非市场产出是指“由为住户服务的非营利机构(NPISH)或政府生产的、免费或以没有显著经济意义的价格提供给其他机构单位或全社会的货物和个人/公共服务”(SNA 2008)。进一步,SNA 2008 指出:“如果某一价格对生产者准备提供的产品数量没有或只有很少影响,并且对需求量的影响也很小,则称该价格没有显著经济意义”。

对于在市场中销售的货物或服务来说,产出的价值可通过观察购买者所支付的价格来核算,而对于非市场货物或服务来说,由于是免费提供,或是其价格不是具有显著经济意义的,因此,无法通过购买者(使用者)的价格支付形式来计算相关货物或服务的产出。这样就需要一个原则来评价非市场货物或服务的产出。SNA(2008)指出“以没有显著经济意义的价格出售的非市场货物和服务的产出的估价方法,与那些免费提供的货物或服务的估价方法一样,应按照其生产成本计算”,即:

非市场货物或服务产出 = 中间消耗 + 雇员报酬 + 固定资本消耗 + 其他生产税(减生产补贴)

由于非市场产出不是大量地在市场上出售,特别是公共服务,如国家机关的行政管理和国防是没有市场的,提供给住户的非市场性教育、卫生或者其他非市场服务也没有适当的价格。因此,一旦需要用价格来衡量,基于行政管理、社会或政治方面的原因,其价格会远远低于使市场供求平衡的均衡价格。这种价格既不反映相应的生产成本,也不反映消费者的偏好,不能为计算相应的产出提供一个适当的标准。同时,与非市场货物或服务相类似的按市场导向生产的货物或服务也不常见,即便有,两者往往在质量和数量上也存在很大的差别。因此,SNA(2008)规定,按照其生产期间发生的成本之和估价,虽然改变了产出的性质,但从核算可行性角度来看,统一的核算理论依据,使得 SNA 更加容易被接受。

20 世纪 90 年代以来,OECD、欧盟统计局等国际组织和一些国家的统计机构一直致力于非市场产出核算研究,并试图对非市场产出核算的现行方法进行改进。相关研究的重点在于政府提供的非市场服务产出,并根据服务被利用的范围和性质将非市场服务分为公共服务(Pure Public Service)、准公共服务(Semi-Public Service)和为个人提供的非市场服务(Private Service)(蒋萍,2005)。区分上述三类非市场服务主要是为了研究非市场服务的可测性。在现有的研究中,准公共服务和为个人提供的非市场服务均可以采用产出指标来直接测算产出,而对于公共服务,欧盟统计局(2001)认为按照其成本计算产出仍然是可接受的。

较早提出从产出角度对教育部门产出进行核算的是乔根森和弗劳梅尼(Jorgenson and Fraumeni,1992)。他们认为"可以利用教育对个人终生收入的影响作为教育产出的一个度量"。但他们忽略了一个问题,那就是对教育进行人力资本投资所带来的未来的收益反映的并不是教育服务的产出,而是整个教育生产过程的结果,即教育的间接产出。而从国民经济核算的角度来说,教育产出应该是教育活动所提供的服务的价值总和,即各类学校的学生获得的教学服务的总量,即教育的直接产出。在教育产出核算实践中,学者们普遍接受了用学生小时数来反映教育的直接产出。为了反映教学活动质量的变化,各国学者在测算教育产出时采用了不同的质量调整方法:

第一,从投入角度对产出进行质量调整。考虑师生比和教师的工作经验对教学质量的影响,Michael(2006)构造了调整后的教育产出函数:

$$Q = PT^{\alpha} e^{-\beta XP}(RE + SE) \quad (1)$$

式(1)中,Q 为调整后的教育产出,PT 为师生比,α 为师生比变化带来的考试成绩变化,XP 为教学经验低于 n 年的教师比例,β 为教师教学经验变化带来的考试成绩变化,RE 为正规教育的入学人数,SE 为特殊教育的入学人数。

第二,从产出角度对产出进行质量调整。根据教育活动的后果对教育产出进行质量调整,常见的指标是考试成绩,英国用 GCSE(General Certificate of Secondary Education)平均分的变化,美国用 NAEP(National Assessment of Educational Progress)中数学考试的平均成绩变化。

另外,李金华(1996)讨论了教育活动核算范围、教育账户设计和教育矩阵表设计三方面问题;高艳云(2001)进一步讨论了非市场服务的性质、现有核算方法的弊端并介绍了不变价核算教育产出的方法;李宝瑜(2003)以 SARS 为引例,分析了教育的核算难点和核算方法。罗良清(2003)研究了如何更好地对教育的产出进行核算的问题。

1997 年,澳大利亚统计局开始着手用产出指标核算医疗产出,并对住院服务、家庭照顾、内科服务和急救服务的产出进行了估计。根据澳大利亚统计局的研究,对于住院病人而言,住院天数是一个合适的产出指标,而单位病人每天花费的数据也是可得的,这样,利用单位病人每天的花费作为权数,就可以建立年度加权医疗产出指数。蒋萍(2002)指出"机械地将各种治疗活动进行简单综合,而不考虑病人的整个治疗过程时,就会出现低估物量指数、高估价格指数的情况"。鉴于"住院天数"在的问题,欧盟统计局(2001)将"完整治疗"的概念引入到医疗产出的定义中,完整治疗指病人在医院接受的全部治疗活动。引入"完整治疗"的概念,即将手术治疗和护理服务看成一种完整治疗,而非两种单项治疗,将每种完整治疗看成一种"产品",该产品存在相应的价格,根据完整治疗的价格信息(而非单项治疗的价格信息)计算的物量指数和价格指数就会正确地反映实际情况。蒋萍(2005)构造了完整治疗的拉氏物量指数:

$$L_q = \sum \left[\frac{T_{it}(q_{it})}{T_{i,t-1}(q_{i,t-1})}\right] w_i \quad (2)$$

其中,T_i 为完整治疗,i 为按治疗类型进行的分组,q_i 为质量调整,w_i 为权数。

蒋萍(2002)同时指出:完整治疗产出的定义虽然合理,但完整治疗 T 不易获得,而且没有权数 w 的信息。在目前医疗卫生服务产出的研究中,很多文献都是对质量调整 q 进行研究的,并对某些疾病的质量调整进行了实际计算,如对白内障治疗和心脏病治疗的质量调整都取得了很好的效果。

其他一般政府服务是为满足国家组织管理需要而对全体居民提供的基本公共服务,其本质属于"预防性"的。因此,很难观察并记录这种预防性服务的实际交付,所以很难从产出的角度核算该类服务的规模和水平。澳大利亚统计局(1999)认为一般政府产出指标的选择应遵循以下原则:(1)必须与按法律规定的机构任务有关;(2)可以重复使用;(3)能直接反映组织单位的工作量大小；(4)能反映产出的质量变化(比如对质量变化进行调整)；(5)能反映某个财政年度所完成的工作量；(6)是"最终产出"，就是说，产出的最后接受者是某些个人或单位而不是提供服务的机构。总体来说，一般政府服务产出进行估算仍处于研究的初级阶段，许多问题还存在着较大的分歧。如什么是一般政府服务的产出？每类服务的产出指标是一个还是多个？这些问题都是以后一般政府服务产出核算研究中需要解决的问题。

参考文献：

高艳云：《对教育产出核算的研究》，载于《统计研究》2001年第3期。

蒋萍：《非市场服务产出核算》，中国统计出版社2005年版。

李金华：《教育活动核算方法的统计研究》，载于《统计研究》1996年第5期。

李宝瑜：《由SARS引发的对非市场教育服务产出核算的思考》，载于《统计研究》2003年第10期。

蒋萍：《政府部门非市场服务产出核算的有关问题》，载于《统计研究》2001年第5期。

蒋萍：《非市场服务生产、非市场服务交易与非市场服务产出》，载于《统计研究》2003年第8期。

罗良清：《非市场服务产出核算问题研究》，中国统计出版社2003年版。

邱东、蒋萍等：《国民经济统计前沿问题》，中国统计出版社2008年版。

Michael Christian, Measuring the Education Function of Government in the United States, paper prepared for the joint OECD/ONS/Government of Norway workshop, London, Brunei Gallery, October 3-5, 2006.

Eurostat, Handbook on Price and Volume Measures in National Accounts, Luxembourg: Office for Official Publications of the European Communities, 2001.

Australia Bureau of Statistics, Non-Market Output-Recent Work by the ABS (Australia), OECD Meeting of National Accounts Experts, September 1999.

(杨仲山　金钰)

卫星账户

Satellite Accounts

卫星账户，又译为附属账户，是适应特定需要对国民经济核算体系的中心框架加以灵活应用的一类方法。它与中心体系相连接但又不同于中心体系。需要注意的是，卫星账户可能有多个，尽管每个卫星账户都与中心体系一致，但它们彼此之间未必是一致的。

卫星账户方法发端于20世纪70年代。那时，针对国民核算体系中心框架未能充分描述和测量某些重要社会经济现象(诸如旅游、卫生、环境等)的局面，法国统计学界的专家们率先提出一种设想，尝试在遵从SNA基本原则的前提下构建具有特定功能分析子账户的新方法，并称之为"卫星账户"。自那时起，全球范围内的卫星账户研究与实践活动可谓方兴未艾。SNA 1993采纳了卫星账户的概念之后，在提高SNA灵活性的方向上迈出了一大步。

广义而言，卫星账户有两类。第一类是涉及重新排列中心分类并可能引入补充内容。这种卫星账户主要包括为教育、旅游和环境保护支出等领域量身定制的账户，可视为相关的关键部门账户的扩展。它们可能与中心体系有些不同，如对辅助活动采取了另一种处理方法，但并未从根本上改变SNA的概念。开发这种卫星账户的主要原因是：如果将感兴趣的所有部门的全部细节都纳入到标准核算体系中，会使该体系负担过重，并可能分散对账户整体主要特征的注意力。第二类卫星分析主要以对SAN概念的替代为基础，包括生产范围的不同选择、消费概念或资本形成概念的扩大、资产范围的扩展等，如住户生产卫星账户。

最新发布的SNA 2008认为，卫星账户有望继续为具有挑战性的核算(例如环境核算问题中的测算)提出有用的解决议案，赋予其更高的可信度。利用卫星账户来扩展相关国民经济核算账户，同时又不影响用于经济决策之中心框架的可比性，这一做法已经被用来开发和检验各种新的数据来源与方法。SNA 2008增加专门篇章，介绍了各类卫星账户的功能原理、表式编制以及如何与主体账户保持经济完整性和一致性，描述了四个领域的卫星账户——旅游卫星账户(TSA)、环境核算(SEEA)、卫生卫星账户(SHA)和未付酬住户活动和相关的概念、总量指标和核心表格。上述内容，凝聚着各国以及诸多国际机构为推进卫星账户的发展所取得的宝贵成果和取得的共识，表明卫星账户用于开发和检验各种新数据来源与方法的较高可信度、可行性和可比性，预示着卫星账户在国民核算及宏观经济分析等领域的广泛应用前景。

我国在卫星账户领域的开发与实践主要是环境账户和旅游卫星账户。我国学术界和国家统计局等单位，对建立我国的环境账户做了大量工作，对培养公民的环境意识、推动我国的可持续发展进程产生了积极的影响。我国旅游卫星账户的研究与构建始于2000年。在学术界、国家统计局、国家旅游局以及许多省市统计局和旅游局的共同努力下，经过了方法研究和TSA试点之后，国家统计局和国家旅游局共同制定我国的TSA实施方案并有效实施，基本实现了我国旅游经济测量与他国具有可比性、与其他产业的相关经济指标具有可比性和较高可信度的要求。

参考文献：

联合国等:《国民经济核算体系(1993)》,中国统计出版社 1995 年版。

联合国等:《2008 国民账户体系》,中国统计出版社 2012 年版。

高敏雪:《环境统计与环境经济核算》,中国统计出版社 2000 年版。

高敏雪:《环境保护宏观核算理论与方法》,中国统计出版社 2004 年版。

赵丽霞、魏巍贤:《旅游卫星账户(TSA)——1998 的构建》,载于《统计研究》2001 年第 8 期。

史蒂夫·L·J·史密斯:《旅游测度与旅游卫星账户》,中国统计出版社 2004 年版。

蒋萍:《SNA 研究的最新进展:中心框架、卫星账户和扩展研究》,载于《统计研究》2013 年第 3 期。

(赵丽霞)

社会核算矩阵
Social Accounting Matrix(SAM)

社会核算矩阵(Social Accounting Matrix)简称 SAM,联合国 2008 年 SNA 中对 SAM 的表述为:“SAM 是用一个完整的矩阵型账户来实现对货物和服务等账户的整体描述”。所以,SAM 就是用矩阵形式表示的一个简化而完整的国民经济账户体系。它依据经济流量循环过程,通过对经济运行各环节关键账户的有序整合,形成一个综合的宏观经济数据框架,用来对一个国家的经济状况进行整体性描述,同时为宏观经济总体模型的构建提供数据基础。

第一张 SAM 源于 20 世纪 60 年代以理查德·斯通(Richard Stone)、阿兰·布朗(Alan Brown)为代表的剑桥增长项目(Cambridge Growth Project)团队所编制的英国 SAM。1968 年,联合国统计机构在其出版的《国民账户体系》(SNA)一书中首次提供了一个供各国参考使用的包含有 88 个账户的样表。在 1993 年和 2008 年 SNA 中更进一步说明了 SAM 的应用。

国际上,很多国家、国际组织和研究机构、专家都在研究和编制 SAM。联合国、世界银行、国际劳工组织、国际农业研究磋商组织(CGIAR)、国际食品政策研究机构(IFPRI)、欧洲中央银行(ECB)等国际和地区组织都在积极参与 SAM 国际标准的制订及实际编制工作。荷兰、英国、意大利、美国、加拿大、印度、南非等数十个国家也都独立或者与国际组织合作编制了本国的 SAM 表。我国国务院发展研究中心曾经编制了中国 1987 年、1990 年、1992 年、1995 年、1997 年以及 2000 年度的 SAM,也有一些研究人员分别研究编制了江苏省、广东省、甘肃省、云南省、新疆维吾尔自治区、北京市、厦门市、沈阳市等地的 SAM。

但是由于研究目的不同或是可获得的资料限制,SAM 表式设计也是多种多样。一个完整的 SAM 强调经济循环的整体性。SAM 不是简单的账户的矩阵表示,它必须完整体现宏观经济的各个方面(商品、活动、增加值、收入初次分配、收入再分配、消费、资本形成、金融和国外、经济存量),缺少了国外账户或缺少了收入再分配账户和金融账户的一个矩阵,不能认为是一个完整的 SAM。当然,SAM 也是灵活的,可以根据实际可获得的资料情况进行账户的进一步合并和细分,例如国际食品政策研究机构的研究目的更多偏向于收入分配、贫困问题、粮食安全等方向,因此设计的 SAM 表式更多是从商品、要素、住户部门等角度进行细分,以体现商品生产到收入分配的相关细节内容。一个细分类的 SAM 中往往包含很多子矩阵,这些子矩阵可以是“交易 × 部门”型,也可以是“部门 × 部门”型,如果一个 SAM 的子矩阵全部是“交易 × 部门”型,可以称为 Ⅰ 型表(SNA,1968),如果子矩阵是“交易 × 部门”与“部门 × 部门”混合型,可以称为 Ⅱ 型表(SNA,2008)。

表 1　　联合国 2008 年 SNA 中 SAM 简化的流量表

			生产		收入与支出			积累		国外
			1	2	3	4	5	6	7	8
生产	货物和服务账户	1		中间消耗			最终消费	资本形成总额		出口
	产出账户	2	总产出							
收入与支出	收入初次分配账户	3		增加值	财产收入					财产收入
	收入再分配账户	4			初次分配余额	经常转移				经常转移收入
	收入使用账户	5				可支配收入	收入调整			

续表

			生产		收入与支出			积累		国外
			1	2	3	4	5	6	7	8
积累	资本账户	6		固定资本消耗			储蓄	资本转移	借入	资本转移收入
	金融账户	7						贷出		贷出
国外	国外账户	8	进口		财产收入支付	经常转移支付		资本转移支付	借入	经常项目差额

SAM 应用领域非常广泛,它提供了一个能够反映经济活动全貌的数据框架,也是宏观数据平衡衔接和质量改进的工具。SAM 中各个构成账户是依据经济循环理论排列组合、相互衔接的,不仅账户内部的"来源"和"使用"严格平衡,并且上一个账户的"使用"为下一个账户提供"来源"。整个矩阵中账户与账户之间既有顺次联系又有交叉联系,将整个宏观经济中的平衡关系尽数涵盖,这就为宏观数据的核准提供了依据。在 SAM 的基础上,可以建立国民经济全局性的乘数模型,它突破了传统的投入产出乘数分析的范围,将乘数分析扩展到了宏观经济循环过程的所有环节。在乘数模型之外,可以建立诸如投入产出模型、国民收入与支出流量模型、金融流量与投资模型、国际收支模型等分块模型,也可以将这些分块模型链接在一起建立国民经济总循环模型。既可以建立粗分类模型,也可以建立详细分类数据模型。利用不同年份的时间序列数据,可以建立动态模型。近年来,很多人已经在 SAM 的基础上建立了可计算一般均衡模型(CGE)。在 SAM 原始数据的基础上,经过进一步的开发,可以建立非线性计量经济模型。利用这些模型,能够进行各种各类经济与政策分析。

参考文献:

联合国等:《国民经济核算体系(1993)》,中国统计出版社 1995 年版。

联合国等:《2008 国民账户体系》,中国统计出版社 2012 年版。

段志刚、冯珊、岳超源:《北京市社会核算矩阵的编制》,载于《统计研究》2003 年第 12 期。

李宝瑜、马克卫:《中国社会核算矩阵编制方法研究》,载于《统计研究》2011 年第 9 期。

中国经济的社会核算矩阵研究小组(李善同、李强、齐舒畅、翟凡):《中国经济的社会核算矩阵》,载于《数量经济技术经济研究》1996 年第 1 期。

B. B. King, What is a SAM? A Layman's Guide to Social Accounting Matrices, *World Bank Staff Working Paper* No. 463, 1981.

G. Pyatt and J. I. Round (eds), *Social Accounting Matrices: A Basis for Planning*, The World Bank, 1985.

S. Robinson, A. Cattaneo and M. El-Said, Updating and Estimating a Social Accounting Matrix Using Cross Entropy Methods, *Economic Systems Research*, Vol. 13, No. 1, 2001.

Steven J. Keuning and Willem A. De Ruijter, Guidelines to the Construction of A Social Accounting Matrix, *Review of Income and Wealth*, Vol. 34, No. 1, 1988.

(李宝瑜　马克卫)

国际比较项目
International Comparison Programme(ICP)

国际比较项目(ICP)是指联合国统计委员会于 20 世纪 60 年代末发起的一项全球性统计活动,被认为是迄今为止全球最复杂、最庞大的一项国际统计合作项目。其主要目的是通过购买力平价(PPP)作为货币转换因子进行国际比较,并以此推进各国统计标准化和能力建设。

根据国际比较项目,要求各国收集可比的价格数据并编制详细的国内生产总值(Gross Domestic Products, GDP)支出数据,估计各种货币的购买力平价(Purchasing Power Parities, PPP),用 PPP 代替汇率作为转换系数,将各经济体的产出和居民福利转换为用统一货币单位表示的可比的实际项目(即控制价格水平差异进行 GDP 物量比较),从而便于比较和评价各国的实际经济规模和结构。

在福特基金和世界银行的捐助下,联合国统计部与宾夕法尼亚大学国际比较单位,于 1968 年联合发起了国际比较项目。1975 年国际比较之后,ICP 成为联合国统计部工作项目的常规部分。1980 年 ICP 的区域化是 ICP 有史以来最主要的变化,各国按区域分组。随着 ICP 区域化,20 世纪 80 年代早期出现了欧盟统计局和经济合作与发展组织(Eurostat-OECD)的 PPP 项目。1990 年后,该项目按照 3 年一个调查周期进行运作,范围扩展到所有的欧洲国家。欧盟统计局对欧盟成员国及其联系国进行每年的基准比较,OECD 对全部参与该项目的国家进行每三年的基准比较。1993 年全球所有区域首次都加入了 ICP,但没有进行全球比较。2002 年,世界银行成功地筹集到了主要的资金,联合国统计委员会同意进行 2005 年的国际比较。2005 年一轮的 ICP 成功完成后,联合国统计委员会第 39 次会议要求世界银行委托全球办公室开始 2011 年一轮全球比较项目的协调工作。对 ICP 评估后,联合国统计委员会第 40 次会议最终正式批准了 2011 年第八轮的国际比较项目。

对 GDP 最终支出的比较,已经完成了 1970、1973、1975、1980、1985、1993 和 2005 年份的比较,分别包括 10、16、34、60、64、117 和 146 个参与国。目前进行的 2011 年 ICP 有 200 个左右的国家参加。中国最早参与 ICP 是 1993 年,在上海市和广东省开展了试点调查,进行上海与日本、广东与香港的试验性地双边比较。2005 年北京、上海等 11 个城市参加了试点调查。2011 年 ICP,中国 30 个省、自治区和直辖市(西藏除外)全面参与。

ICP 的实际工作可分为四个环环相扣的步骤:划分 GDP 支出类别;确定产品规格表;收集与处理数据;计算购买力平价。ICP 工作核心是 PPP 的测算。在 PPP 的研究进程中,最具有开创性的工作是由欧文·克拉维斯(Irving Kravis)、阿兰·赫斯顿(Alan Heston)和罗伯特·萨默斯(Robert Summers)等共同组织完成。他们分别以 1967 年、1970 年和 1975 年为基准年进行研究并形成了一套完整的理论体系和方法。这些方法后来被普拉萨德·拉奥(Prasada Rao)进行了理论证明,近年,欧文·达尔沃特(Erwin Diewert)等在 PPP 方法方面也作出了重要贡献。

"一价定律"是购买力平价的理论基础。其主要思想是指在自由贸易条件下,同一商品在世界各地的价格是一致的。即同一商品在各国以不同货币标示的价格经换算后应是一致的,否则,会产生国际间的商品套利行为,商品的国际流动最终会消除同一商品在各国间的价格差别。简言之:同一商品,同一价格。

计算购买力平价的一般思路是:在各国价格和支出数据调查基础上,首先计算对比国之间每一商品和服务的价格比率,即单个商品(或服务)的 PPP;然后,根据组成某一基本类的所有单个商品(或服务)的购买力平价,计算对比国之间每一基本类的价格比率,即基本类 PPP;最后,根据两参比国中所有的基本类购买力平价,计算对比国之间基本分类以上的购买力平价,即汇总 PPP。

基本类 PPP 的计算方法最常用的是 EKS 法和 CPD 法。EKS 法是建立在双边比较基础上的多边比较方法,由三位学者(Elteto, Koves, Szulc)各自独立地提出,由三人人名首字母命名为 EKS 法。EKS 法的基本思路是:将不具有可传递性的双边购买力平价指数调整为具有可传递性的多边购买力平价指数。对原始 EKS 法的改进,主要从引入"代表性"或"重要性"和"无偏性"等几个角度展开。

CPD 法即国家产品虚设法(Country Product Dummy Method),最初由罗伯特·萨默斯在 1973 年提出,目的是填补缺失的价格数据,后用于估计基本类购买力平价。CPD 法认为,一个基本类中某种规格品的价格比主要由该基本类购买力平价指数决定,此外还受到一些次要因素的影响,使其实际取值围绕细类购买力平价指数波动,这些次要因素则通过随机误差项加以综合。在 CPD 模型中给各系数赋予一定权数,既可以反映平均价格数据的可靠性,又可以反映产品的重要程度,或者说产品代表性的强弱,若产品所占支出份额较大,其代表性强,更加重要。

将"代表性"引入 CPD 模型,1988 年由詹姆斯(James)和玛格丽特卡斯伯特(Margaret Cuthbert)提出,他们认为,传统 CPD 模型未说明代表性/非代表性偏差。不难看出,如果能够取得产品代表性或非代表性信息,则可以将 CPD 基本模型扩展到包含代表性或非代表性产品引起的价格差异"。在 2011 年 ICP 中,谢尔盖耶夫(Sergeev)建议将"重要性"引入 CPD 模型,"代表性或重要性"作为虚拟变量的 CPRD 方法作为估计区域内基本类 PPP 的方法。

将基本类 PPP 汇总为全球 PPP 的三种主要方法是:星形法、GK 法和最小间隔树法。星形法是确定一个中心国后与周围国家进行国际比较,周围国家间的两两比较通过中心国实现。在星形体系中,通过双边比较法用星形中心国去估价所有对比国家的物量而获得统计的转换性。

GK 法最早由吉尔里(Geary)于 1958 年提出,哈米斯(Khamis)在 1972 年证明了 GK 结果数据的存在与独特性。GK 法的出发点是以本币衡量的支出与以国际价格衡量的支出之比为购买力平价,建立联立方程组求出各国家相对于国际价格的 PPP。GK 法需要首先计算各类商品的国际价格和各国货币的相对购买力,然后计算得到物量比较指数,即 PPP。

最小间隔树法又称最佳组合树法(The Mnimum Spanning Tree Method, MST),是 Robert Hill 在 1993 年亚太地区 ICP 数据处理时提出一种新的 PPP 汇总方法。最小间隔树法是通过筛选对比国家的最佳组合,尽可能地在经济规模和消费模式以及经济发展水平相近的国家之间进行比较,然后根据国家的相似程度依次比较,连接成多边比较,从而保证对比国之间的同质性,取得更可靠的结果。它实际上是一种双边比较方法,在一定程度上既弥补了 EKS 法的不足,又避免了星形法中比较结果受"中心国"影响的问题。它最大特点是增强了对比国之间的特征性,在最小间隔树内,两个对比国之间消费模式、经济规模和经济发展水平差距最小。

2011 年全球新一轮 ICP 项目在认真总结和吸收前几轮经验教训基础上,详细列出了在 GDP 支出分类和 PPP 测算过程中难度大的 10 大技术方法问题,以期完善ICP项目的理论方法和实践操作过程,提高数据质量,增强比较结果的可靠性。这10个方面包括:住房支出项目问题;金融服务的处理;政府产出的测算;调查框架的设计及代表性指标的使用;净出口、居民境外净购买项目的处理;PPP的汇总和连接方法问题;机械设备、建筑项目的国际比较;贫困PPP问题;非基准年的外推PPP方法。

参考文献:

柏满迎、任若恩:《国际比较及其方法论浅析》,载于《中国软科学》2001年第1期。

王成岐:《联合国国际比较项目(ICP)若干问题研究》,东北财经大学出版社1994年版。

余芳东:《2011年新一轮国际比较项目(ICP)方法改进》,载于《统计研究》2011年第1期。

余芳东:《当前全球国际比较项目(ICP)的进展及其基本方法》,载于《统计研究》2007年第1期。

张迎春:《探究中国与全球ICP的差距》,人民出版社2009年版。

Eurostat and OECD(Organisation for Economic Co-operation and Development), *Eurostat-OECD Methodological Manual on Purchasing Power Parities*, Paris: OECD, 2007.

International Comparison Program, *ICP Book-Measuring the Size of the World Economy*, Washington, DC: World Bank, 2011.

International Comparison Program, *Global Purchasing Power Parities and Real Expenditures-2005 International Comparison Program*, Washington, DC: World Bank, 2008.

International Comparison Program, *ICP Methodological Handbook*, 2003-2006, Washington, DC: World Bank, 2006.

(王亚菲)

综合环境与经济核算体系
System of Integrated Environmental and Economic Accounting(SEEA)

综合环境与经济核算体系(System of Integrated Environmental and Economic Accounting, SEEA)是国民经济核算体系(SNA)的卫星账户体系,是可持续发展观的产物。它通过建立经济－环境的投入产出关系,把经济活动过程中的资源环境因素反映在国民经济核算体系中,将资源耗减成本、环境退化成本、生态破坏成本以及污染治理成本(或环境保护成本)从GDP中加以扣除,得到经济环境调整的国民经济指标。

综合环境与经济核算体系的重点在于配合经济活动,收集自然资源与环境的信息,以评估环境退化、自然资源耗减和自然资源服务价值,计算一国调整环境退化与自然资源耗减后的绿色GDP。其最大功能在于提供完整的经济与环境整合信息,以支撑经济发展、生态环境保护等决策分析。此点功能与联合国SNA相同,因为经济活动相关的信息资料的收集与揭示正是SNA的核心存在价值。因此,目前国际上各种环境与经济整合账表体系不论其编制内容有何差异,最终都必须和SNA体系整合,也必须回归到SNA的分类原则与系统,才能提供完整的经济与环境整合信息,而此正是SEEA所遵守的原则。此外,SEEA已融合其他各种环境与经济整合账表在账表体系、自然资源耗减和环境退化等方面的精髓和做法,成为目前最完整的综合环境与经济核算体系。

1993年联合国统计司(UNSD)出版了SEEA 1993初稿,第一次建立了与SNA相一致的、系统地核算环境资源存量和资本流量的框架。但是SEEA并不是SNA的更新或替代,而是在不改变SNA的基础上,考虑环境因素,对以SNA为核心的账户体系的补充(United Nations, 1993)。2000年联合国统计司出版了SEEA指导手册,该手册没有阐述SEEA的全部内容或模块,只是描述那些在目前可行的,至少数据充分并能与SNA连接的部分内容(联合国,2000)。2003年联合国统计司推出了SEEA的版本"Integrated Environmental and Economic Accounting 2003",又进一步扩大了SNA 1993的核算内容与范围,促进了SNA1993与资源、环境信息直接联系的概念变化(United Nations, 2003)。联合国等6大国际组织几经努力,于2012年发布了《环境与经济核算体系》的中心框架(System of Environmental-Economic Accounting-Central Framework),为世界各国及地区进行绿色国民经济核算工作提供指南。

SEEA有三个子账户体系,即环境实物流量账户、内部卫星账户和外部卫星账户。环境实物流量账户和SNA中描述货物和劳务流量的供给使用表或投入产出表的格式类似,可呈现不同经济活动对环境的影响,也可表示经济活动间的重要性。SEEA体系中的流量包括产品、自然资源、生态系统投入以及残余物,流量可以实物或货币为单位表示,为使编制体系与SNA一致,实物流量账户和货币流量账户一样,多以供给使用表的方式表现。产品是在经济系统生产和使用的货物和劳务,包括:经济系统和其他经济系统之间货物和劳务的流量;产品来自于国内生产和国外进口,可供中间消耗、居民最终消费、政府最终消费、资本形成和出口的使用;自然资源仅能由环境系统提供,可以产品或原始状态作为中间消耗和最终消费(含出口);生态系统投入为燃烧氧化所需的氧气及维持生命的空气和水,其性质和自然资源相似,仅能由环境系统提供,唯生态系统投入不会以产品方式进入经济系统。由于生态系统投入难以依目前的统计体系估算,加上容易与自然资源中的生态体系混淆,因此,SEEA暂不考虑此项目;残余物为经济系统生产与消费过程中所产生的副产品,以气体、液体或固体废弃物形态流入环境系统。

产品流量是经济体系内或经济体系之间流量,由环境进入经济体系的流量为自然资源,残余物为经济体系流至环境体系的流量。产品流量可以货币或实物单位表示,在目前SNA体系中是以货币单位表示,而部分自然资源和残余物流量因无市场价格无法以货币账户方式表现,仍以实物流量表示。如果要同时表现产品、自然资源和残余物,需将实物单位和货币单位混合在一起,称为混合型使用表,也就是将产品流量以货币单位,而自然资源与残余物流量以实物单位同时表现在一张矩阵式账表上。

内部卫星账户将SNA中现有的交易项目重新组合,以不同方式表现,并未加入新的流量项目,有时加总现有系统中的交易记录,有时拆解某部分资料,使其从现行记录中分类出来。内部卫星账户编制的目的在于将现行SNA中维护可持续发展的相关支出统计出来,以表示一个经济系统对维护环境系统所做的努力,可用以分析经济和环境的各种关联性。外部卫星账户延伸现有系统的范畴,在现行SNA系统外添加新的存量、流量或交易项目。主要作用在于呈现自然资源和残余物的现状,并利用相关账表所显示的资料,评估环境质量、自然资源耗减与自然资源服务的货币价值,进而调整传统的国民收入指标,成为一个更符合可持续发展精神的福利指标。

内部卫星账户所展现的资料较供给使用表详尽,通过拆解和重新安排SNA账表中和内部卫星账户锁定的议题相关的交易(例如,环境保护支出),并由SNA账表的顺序,可呈现包括收入分配与再分配的完整流程系统(例如,财产收入形成以及转移情形)。SEEA内部卫星账户,包括环境保护支出与自然资源管理利用支出、环境税赋、环境使用许可、自然资源产生的收入以及资产负债表中的财富衡量等。虽然内部卫星账户所要表现的内容为SAN体系中的交易项目,理论上可由国民收入账户加以拆解与调整,但以目前国民收入账户的编制内容和方式,暂时无法直接从国民收入账户体系中直接分离环境相关支出。因此,实务上各国以各种产业调查、家计收支调查或者政府预算等资料,配合国民收入账户的分类和部分内容加以估算。

SEEA对外部卫星账户着墨不多,主要原因是外部卫星账户的内容弹性较大,可依不同特性和资料情况加以调整。原则上,外部卫星账户和内部卫星账户内容之间的差异在于,内部卫星账户所表现的是国民收入账户原有和环境有关的交易项目,而外部卫星账户是加入环境信息的账表和统计,两者都同时表现环境和经济的整合资料信息。

综观SEEA自然资源账户的编制,矿物资源、水资源与森林资源的编制最为完整,并有正式的手册出版。其他自然资源与生态系统则仍处于试编或研究中。

参考文献:

联合国等:《国民经济核算体系(1993)》,中国统计出版社1995年版。

联合国等:《2008国民账户体系》,中国统计出版社2012年版。

蒋萍:《SNA研究的最新进展:中心框架、卫星账户和扩展研究》,载于《统计研究》2013年第3期。

United Nations, Intergrated Environmenlal and Economic Accounting: An Operational Mannual. New York, 2000.

United Nations. Integrated Environmental and Economic Accounting. Interim Version. http://unstats.un.org/unsd/publication/SeriesF/SeriesF_61E.pdf, 1993.

United Nations, European Commission, International Monetary Fund, Organisation for Economic Co-operation and Development, World Bank. 2003: Integrated Environmental and Economic Accounting. http://unstats.un.org/unsd/envaccounting/seea2003.pdf, 2003.

United Nations, European Commission, Food and Agriculture Organization, International Monetary Fund, Organisation for Economic Co-operation and Development, World Bank. System of Environmental-Economic Accounting-Central Framework. 2012. http://unstats.un.org/unsd/envaccounting/White_cover.pdf.

(朱启贵)

物质流核算

Material Flow Accounting(MFA)

物质流核算(Material Flow Accounting, MFA)是运用系统思想研究经济活动中物质资源新陈代谢的一种方法。它基于经济活动中物质流动的分析,测度投入到经济系统中的物质量、流出经济系统的物质量以及留在经济系统中的物质存量,是利用物理量对物质采掘、生产、转换、消费、循环使用直到最终处理进行的核算,分析的物质包括元素、原材料、基本材料、产品、制成品,以及废弃物。物质流核算的内容有两个方面:一是物质总量核算模型,核算与分析一定经济规模所需要的物质投入、消耗和总循环量;二是物质使用强度模型,核算与分析一定生产或消费规模下,物质的使用强度、消耗强度和循环强度。物质流核算的基本观点是,人类活动对环境产生影响主要取决于输入经济系统的自然资源和物质的质量与数量,以及从经济系统排入环境的废弃物的质量与数量。前者引起环境的耗减和退化,后者引起环境污染。

20 世纪 90 年代初,欧洲国家应用物质流核算研究经济系统中自然资源和物质的流动状况。MFA 的研究通常分为三个层次——宏观、中观及微观。宏观层次指国家级的物质流核(National Material Flow Accounting,NMFA);中观层次指区域的物质流核算(Local Material Flow Accounting,LMFA);微观层次的物质流核算乃针对具体企业。现在的研究大多集中在宏观的和微观的 MFA,完成国家级 MFA 研究的工业国家有奥、日、德、英、荷、意、美、芬兰、瑞典、澳大利亚等。欧盟为普及 MFA,还设立特殊基金帮助欧盟以外的国家开展研究,亚马逊国家(包括玻利维亚、哥伦比亚、巴西、委内瑞拉)的国家级 MFA 已于 2001 年完成。除欧盟外,世界资源研究所(World Resources Institute,WRI)是世界上研究 MFA 的第二个大机构,1997 年他们完成了"工业经济的物质基础"(The Material Basis of Industrial Economics)的研究报告,对德、日、奥、荷兰和美国的物质投入流进行分析(Iddo and Frances,2005)。2000 年,WRI 专家组又完成了"国家之重"(The Weight of Nations)的研究,对德、日、奥、荷兰和美国的物质排出流进行了分析(Layke et al.,2000)。2001 年,欧盟统计局公布物质流核算指标的指导性原则文件,它对全球物质流核算指标的深入研究起了很大的作用(Eurostat,2001)。

欧盟推荐的国家层面的物质流核算账户体系包括 11 个分账户:(1)直接物质投入账户;(2)国内物质消费账户;(3)实物贸易平衡账户;(4)国内生产排出账户;(5)存量净增账户;(6)实物存量账户;(7)直接物质流账户;(8)国内非直接使用开挖量账户;(9)非直接流账户;(10)物质总需求账户;(11)物质总消费账户。

物质流核算的主要指标如下:

一是物质投入指标。主要包括:①直接物质投入(Direct Material Input,DMI):所有具有经济价值的直接进入经济生产和消费活动的物质,包括国内直接物质输入和进口物质两部分。②物质总投入(Total Material Input,TMI):直接物质投入加上未被使用的开挖量(国内潜在流)。③物质总需求(Total Material Requirement,TMR):国内物质需求量与进口的物质需求量之和,其中进口物质的隐流虽然对出口地区产生环境压力,但仍计入进口地区的物质需求总量之中,这样,物质总需求便是一个区域的经济系统动用整个自然界物质总量的指标。④国内物质总需求(Domestic Total Material Requirement,DTMR):国内使用量加上未被使用的开挖量,等于物质总投入减去进口。

二是物质消费指标。主要包括:①国内物质消费(Domestic Material Consumption,DMC):经济系统内部直接使用的物质总量,它等于直接物质投入减去出口物质。隐流不计入国内物质消费。②物质总消费(Total Material Consumption,TMC):生产和消费活动中所消费的物质总量,它等于物质需求总量减去出口物质以及出口物质的隐流。③存量净增量(Net Addition Stock,NAS):经济系统的年度存量物质净增长量,主要包括新建房屋和基础设施的建筑材料和一些新生产的耐用消费品,比如汽车和工业器械。④实物贸易平衡(Physical Trade Balance,PTB):经济系统的年度物质进口与出口的差额,等于进口物质量减去出口物质量。实物贸易平衡可用来衡量经济系统物质投入对国内资源和进口物质的依赖程度。

三是物质排出指标。主要包括:①国内生产排出量(Domestic Processed Output,DPO):从经济系统进入自然环境且不能再循环使用的排放到水域、大气、土地的各种物质。②国内总排出量(Total Domestic Output,TDO):国内生产排出量与未被使用开挖量的总和便是国内总排出量。该指标表示因经济活动而排放到环境中的物质总量。③物质总排出量(Total Material Output,TMO):物质总排出量,包括国内物质排出、国内潜在、出口物质三个部分。

上述指标中最为重要的指标是物质总需求。由于人类对自然环境的最根本影响是通过自然物质的投入产生的,并且投入在很大程度上决定着排出,因此,可用物质总需求来量度一个国家或地区的可持续性。一般而言,物质总需求越小,排出到环境中的废物就越少,生态环境的质量也就越好,经济系统运行的可持续性则越强;反之,物质总需求越大,排出到环境中的废物就越多,生态环境的质量也就越差,经济系统运行的可持续性则越弱。

参考文献:

Eurostat-Statistical Office of the European Communities. Economy-Wide Material Flow Accounts and Derived Indicators, *A Methodological Guide*, *Luxembourg*, ISBN 92-894-0459-0, 2001.

Iddo, K. W. and Frances, H. I. Material Flows Accounts—A Tool for Making Environmental Policy, Washington, DC: *World Resources Institute*, 2005.

International Atomic Energy Agency(IAEA), United Nations Department of Economy and Social Affairs(UNDESA), International Energy Agency(IEA), Eurostat, European Environment Agency(EEA), *Energy Indicators for Sustainable Development*: *Methodologies and Guidelines*, IAEA Publishing Section, Vienna, Austria, 2005.

Layke, C. et al., The Weight of Nations: Material Outflows from Industrial Economies, Washington, DC: World Resources Institute, 2000.

(朱启贵)

国民财富
National Wealth

国民财富是指一个国民经济总体所拥有的全部非金融资产和净金融资产的总和。它是从宏观角度综合计量全部经济资产的最为概括的指标。保持和增加财富是人类可持续发展的基本目标,而关于国民财富的性质和原因的探索则是经济学中一个既古老又常新的话题。

所谓“财富”,作为一般的社会经济范畴,其内容可以泛及一切物质财富和精神财富,前者包括各种生产出来的或自然存在的物质财富及其等价物,后者则主要包括科学技术、生产技能、文学艺术和文化遗产,等等。在经济统计和分析中作为专门存量范畴使用的“国民财富”指标,通常是指某个国家在特定时点上所拥有的各种生产性资产(固定资产、存货资产和贵重物品)、已经探明且具有经济利用价值的自然资源以及净金融资产的总和。尽管以往在一些实行 MPS 的国家还使用过一个与“国民财富”有所区别的“国民财产”指标(两者的不同之处在于:国民财产一般不包含未经人类劳动作用过的自然资产即有形的非金融非生产资产,而国民财富则包含这一部分自然资产),但这种区分现在已经趋于消失。另一方面,自 20 世纪 90 年代起,“国民财富”范畴所涵盖的内容范围呈现出某种扩充的趋势。例如,在世界银行所倡导的《新国民财富计算法》中,就将这种广义的“国民财富”从传统理解的人造资产和自然资源领域,扩展到了人力资源和社会资本等方面。

一般说,财富、资源、财产和资产这些概念之间是既相互联系,又相互区分的。

“资源”与财富在概念上颇有类似之处,且在宏观经济核算和分析中常常被作为同义语使用;只是两者的观察角度有所不同,资源侧重于从经济条件和投入过程的角度考虑问题,而财富侧重于从过程结果或断面状况的角度考虑问题,社会再生产过程周而复始的特点又使它们彼此间具有某种共通性。

有关“财产”的概念常常被人们在不同的意义上使用。从微观层面看,财产的意义类似于“经济资产”,泛指各种能够给其持有者带来一定经济收益的价值物,包括固定资产、存货资产、贵重物品、土地和地下资产、其他有形或无形的非生产资产,以及各种金融资产等。从宏观层面看,国民财产即国民财富,它将整个经济总体内部(常住经济单位之间)相互持有的金融资产与相互承担的金融负债彼此抵销,再扣除对外的金融负债,只反映一国拥有的非金融资产和对外持有的净金融资产的总规模。可见,在微观意义上,任何资产都属于财产;但在宏观意义上,金融资产只有在扣除了全部金融负债之后的净额,才属于国民财产或国民财富。

关于“国民财富”的经济学和统计学研究不仅历史悠久、积淀丰厚,而且从可持续发展的角度看,这一领域的研究尤其具有重大意义和广阔前景。

参考文献:

联合国等:《国民经济核算体系(1993)》,中国统计出版社 1995 年版。

联合国等:《2008 国民账户体系》,中国统计出版社 2012 年版。

[美]J. 迪克逊等:《扩展衡量财富的手段——环境可持续发展指标》,中国环境科学出版社 1998 年版。

杨灿:《国民核算与分析通论》,中国统计出版社 2005 年版。

杨灿:《国民经济核算教程》,中国统计出版社 2008 年版。

杨灿:《国民经济统计学——国民经济核算原理》,科学出版社 2008 年版。

(杨灿)

三、经济统计

农业和渔业统计
Agricutural and Fishery Sector Statistics

农业统计学是统计学的一个分支,是研究农业经济现象数量方面的理论和方法的学科,属于部门统计学范畴。它以统计学基本理论与方法为基础,揭示农业经济现象的数量关系、本质特征及其变化规律。

农业统计学起源于研究农业经济管理问题的需要,杰出的农业经济学家张心一是我国农业统计学的奠基人。1929 年,他担任南京国民政府立法院统计处的农业统计科长期间,曾经在全国 23 个省、600 多个县内聘请了 1700 多名小学教员、农耕工作人员等完全尽义务的农情报告员,建立起“农情报告”制度。根据这些报告表,结合各地的人口、土地、面积等数据估算出各省和全国的农业生产情况,如各种农作物播种面积、收获指数、灾害分布、牲畜头数等,并进行农业经济预测;从而建立起我国近代史上第一个较科学的农业统计工作体系。他还利用这些资料对一些专门问题进行研究,如编写的《中国农业概况》一书,以较详实的数据和图表反映出全国 25 个省、市、自治区的农业基本情况,受到国内外学者高度评价。张心一从事的农业调查统计,开创了我国近代农业统计工作的先河。

我国农业统计学的学科体系发展还受到苏联农业统计学的影响,20 世纪 50 年代,苏联的农业统计学家邵里兹编写的《农业统计学》曾经被中国人民大学统计教研室翻译出版,作为国内从事农业统计学学习与研究的重要参考文献，对我国农业统计学的构建产生了较大的影响。

农业统计学发展至今，其研究内容逐渐完善。它阐述的是如何运用统计理论与方法研究农业经济现象的数量方面；如何调查整理和分析农业统计资料，研究农业经济的发展规律。其具体内容包括：农业生产条件统计、农业生产产品统计、农业产值统计、农业生产增长和农业产业结构的分析、农业经济效益统计、农产品供需和价格统计、农村经济收入分配和农村居民消费统计、农村合作经济组织统计等。

渔业统计(Fishery Statistics)是依据统计学基本理论与方法，收集、整理、分析渔业中有关数量方面的统计资料，研究渔业经济现象数量方面的专业统计，是农业统计学的重要组成部分。借助渔业统计能反映渔业经济现象发展的总水平、内部结构，分析其变化规律，预测未来发展前景。其统计内容大体可分为以下4类：(1)渔业基本情况统计。主要内容有从事渔业的劳动力与人口，渔船的种类、马力、吨位与数量，水产品总产量与分类数量，各类养殖面积与产量，渔民收益分配等。(2)渔业生产统计。主要内容有按渔业生产部门分类的各渔场或各养殖区的捕捞力量、单位产量、分类产量、质量、产值等。(3)水产品加工、流通和贸易统计。主要内容包括冷冻、冷藏和加工生产的能力、产品的种类、数量，流通上市商品的数量、流向、金额以及贸易方式、价格变化、流通费用、商业利润等。(4)渔业经济统计。主要内容侧重于渔业的投资、成本以及经济效益、渔业的部门构成、渔业生产关系、生产现状和历史演变等。

参考文献：
邱东：《国民经济统计学》，高等教育出版社 2011 年版。
张俊飚：《农业统计学》，中国农业出版社 2009 年版。
尹德光：《农业统计学》，中国统计出版社 1995 年版。
黄建：《从中美农业统计体系差异看我国农业统计体系改革》，载于《江苏统计》2003 年第 1 期。
杨娜：《美国国家农业统计体系及其启示》，载于《世界农业》2012 年第 7 期。

（罗良清）

能源统计
Energy Sector Statistics

能源统计是国民经济统计的重要组成部分，它综合运用能源系统经济指标体系和特有的计量形式，采用科学统计分析方法，研究能源的勘探、开发、生产、加工、转换、输送、储存、流转、使用等各个环节运动过程、内部规律性以及能源系统流程的平衡状况等数量关系的一门专门统计。能源统计包括能源资源统计、能源生产统计、能源加工转换统计、能源运输(输送)统计、能源消费统计等几部分，其中能源消费统计是能源统计的重点。

我国能源统计起始于 20 世纪 80 年代初期，其发展历程是伴随着国民经济对能源需求的发展变化而不断建立和完善的。在我国能源统计实践中，能源统计曾经是物质统计、工业能源统计的重要内容。1982年，国家统计局在工业交通统计司中设立了能源统计处，负责能源统计调查，收集、整理和提供资源统计数据。1984 年建立了专门的能源统计报表制度，主要内容有：能源产品的加工与转换，主要工业产品的单位能耗、地区能源平衡表等，其中能源产品产量统计由工业报表制度负责，能源消费与库存统计由物质报表制度负责。1993 年国家统计局在全国的统计方法制度改革中，将能源统计报表制度与物质统计报表制度合并为原材料、能源统计报表制度。1998 年，原材料、能源统计报表制度取消，有关能源统计的一些内容并入工业统计报表制度。进入 21 世纪，由于我国国民经济的快速发展带动了能源需求快速增长，能源消费与国民经济可持续发展、生态环境保护、能源供给等一系列矛盾明显加剧。为此，中央提出了建设资源节约型、环境友好型社会的发展目标，把节约能源、节约资源作为一项基本国策，对能源统计工作提出了更高层次的要求，这要求能源统计的内容从工业统计报表制度中逐步分离出来，重新设立能源统计报表制度。2006 年国家统计局专门编辑出版了《能源统计工作手册》，对省、市统计部门能源统计人员进行了多次业务培训，以提高从事能源统计人员的业务素质。2008 年，国家统计局成立了能源统计司，31 个省(区、市)、一半以上的地市和部分县级统计局成立了专门的能源统计机构。

从国外能源统计发展看，联合国统计司在 1978 年3 月专门组织了一个能源统计专家组，其他一些地区性组织也有专门的能源统计机构。随着专门机构的建立，能源统计工作趋于成熟和正规化。1951 年英国首次出版了《BP 世界能源统计年鉴》，该统计刊物在过去的半个多世纪里始终对不断变化的世界能源市场进行分析和跟踪，从而推动了世界能源统计的发展与完善。目前是能源经济领域最广为关注且富有权威性能源统计的出版物之一，广泛地被媒体、学术界、各国政府和能源公司使用。成立于 1977 年的美国能源信息管理局(The U. S. Energy Information Administration, EIA)是隶属于美国能源部的一个能源统计与分析机构，它负责收集、分析和独立和公正地传播的能源信息。其数据收集涵盖了完整的光谱能量来源、最后使用和能量流动。EIA 还进行每月的短期美国能源市场趋势预测和长期的国际能源前景分析。

目前我国已经建立了具有中国特色的能源平衡核

算制度；不仅国家层面的能源统计得到了进一步完善，各地区也相继建立了较为规范的能源统计体系；能源统计机构、人员力量也得到很大加强。但与国外能源统计相比，我们还存在许多方面差异，如能源品种分类、能源计量单位和折算系数、能源消费部门分类、终端能源消费概念等方面均没有与国际接轨。此外，我国能源统计与世界的差距还表现在数据可获得性差，数据质量不够理想等。例如，美国能源情报署（EIA）定期及时公布能源相关信息，我国国家统计局每年仅出版一次统计年鉴，而相关网站的数据大部分要收费，况且提供的信息也很有限，给能源统计数据的使用者带来很大不便。

参考文献：

美国能源情报署，http://www.eia.gov/about。

英国 BP 世界能源统计，http://www.bp.com/sectionbodycopy.do? categoryId = 2&contentId = 7065607。

邱东：《国民经济统计学》，高等教育出版社 2011 年版。

吴国华：《能源统计与世界接轨的建议》，载于《统计与决策》2009 年第 12 期。

李艳梅、张雷：《我国能源统计亟待与国际接轨》，载于《中国能源》2006 年第 8 期。

（罗良清）

工业统计
Industry Sector Statistics

工业统计是从物质和价值两种运动形式上研究工业的生产和经营过程。从物质运动来看，它研究劳动力、劳动资料和劳动对象的占用情况及工业生产的技术状况和生产能力；研究工业的各种物质条件消耗量和利用水平，以及由此而产生的产品产量、产品品种和产品质量。从价值运动来看，它研究工业占用的固定资金、流动资金以及各种资金的利用水平和补偿；研究工业生产经营的总消耗——产品成本，以及工业生产经营的各种价值成果——工业总产值、商品产值、销售值、净资产、工业增加值及利润。

我国工业统计工作的萌芽出现在民国时期，统计机关和政府其他部门曾对工业进行过一些统计调查，内容包括各行业工厂登记家数、抗战前后工矿业的状况比较。但资料零散，缺乏较完整的工业统计报表制度和工业统计资料。新中国成立后，经过"一五"、"二五"及"三线建设"几个时期的重点建设。国家对工业定期统计报表和统计年报进行了一些调整。将原公营及公私合营工业企业统计报表制度改为国营、地方国营及公私合营的工业企业统计制度。1952 年工业总产值按国营、公私合营、私营、合作社营及个体手工业五种经济类型分组，为各级党政总结国民经济恢复时期的成就和制定第一个五年计划提供了重要资料。

"一五"时期，工业统计工作实行"双轨制"，企业按照国家统计部门规定执行基本的统计报表，在报送主管部门的同时报当地统计部门一份。这一时期，国家统计局先后制定了 1952 年工业产品不变价格和 1957 年不变价格。明确了工业企业的涵义，统一企业划分标准，确定工业统计报表的基层填报单位。"大跃进"和调整时期，印发了《1965 年工业年报和 1966 年工业定期报表改革说明》。1966 年"文化大革命"开始，当年工业统计只保留了一些最基本的表种和指标。1967～1969 年，统计工作停顿，只间断收集了部分工业总产值、主要产品产量资料，工业统计年报中断了三年。1970 年 5 月，国家计委发出《关于建立统计报表制度的通知》后，才开始逐步恢复了工业总产值、主要产品产量等定期报表。

1978 年中共十一届三中全会以后，工业统计工作进入新的发展时期。工业统计受到各级党政部门和企业的普遍重视。企业建立健全计量、质量检验、原始记录、统计台账等制度，各工业部门和工矿企业统计力量有所加强。国家对工业统计制度方法和指标体系也进行了一系列改革，统计范围扩大，内容进一步充实。1985 年进行了第二次全国工业普查工作，对全国工业企业的核算管理基础工作进行了一次普遍的整顿和加强，工业统计工作出现新的局面。

按现行的统计制度，工业统计范围由《国民经济行业分类和代码》（国标 GB4754-2002）界定，从事采掘业、制造业、电力煤气和水的生产与供应的全部工业，即各种登记注册类型的独立核算法人工业企业和从事工业生产活动的非独立核算产业活动单位（分别简称为工业企业和工业单位，两者同时简称工业）。

工业统计的调查单位包括各种登记注册类型的工业企业和工业单位。根据统计报表调查项目的侧重不同，填报单位覆盖面不同。现行工业统计包括三大部分：一是工业统计报表制度的三个子系统，分别是以了解全国工业经济基本状况和作为宏观经济调控决策依据的国家工业统计报表制度；以满足行业主管部门管理需要的工业部门的行业统计报表制度，即专业统计报表制度；以了解本地区工业经济基本状况和作为区域经济调控决策依据的地方工业统计报表制度。二是工业统计报表制度的两大系列，分别是分为月报、季报和半年报的工业定期报表制度。三是涉及工业统计信息的其他全国性统计调查和企业调查队调查。新中国成立以来，我国共进行了三次工业企业普查。1950 年 3 月，对 3000 多家公营、公私合营和生产合作社的工矿企业进行了全国性的普查，后来被称为第一次全国工业普查。1985 年，进行了第二次全国工业普查，共涉及工业企业和工业生产单位 500 多万家。1995 年，进行了第三次全国工业普查,共调查了700多万家工业企业和生产单位。

依照《中华人民共和国统计法》的规定,工业统计报表制度按时间分为年报和定期报表,按统计范围原则上分为规模以上工业统计报表制度和规模以下工业抽样调查统计报表制度。规模以上工业法人企业是指年主营业务收入500万元及以上的工业法人企业。规模以上工业统计报表制度除"主要工业产品产量"由国务院有关部(局、公司)及直管行业协会按照各自的调查方法布置和报送外,其他报表均由各省、自治区、直辖市统计局负责组织实施,调查方法为全面调查。规模以下工业抽样调查主要反映规模以下工业的基本情况、基本总量。其调查总体根据国民经济核算要求可分成两个子总体,即年主营业务收入500万元以下的工业企业和全部个体经营工业单位。调查内容包括年主营业务收入500万元以下的工业企业的基本情况,如:企业详细名称、地址、组织机构代码、登记注册类型、人员及企业资产与生产经营状况等;个体经营工业单位的基本情况、人员及生产经营状况等。调查分为年报和季报两种。

1975年建立了全国性的工业经济考核指标体系,制定了工业企业八项经济技术指标完成情况统计报表。1977年,国家统计局制发了《工业企业八项经济技术指标统计考核办法》,以产品产量、品种、质量、原材料燃料动力消耗、流动资金、成本、利润和劳动生产率等八项指标,对地区、行业和企业进行考核。80年代工业经济效益状况逐渐成为政府关注的焦点。因此在1982年,国家经委、国家计委、国家统计局、财政部、劳动人事部和中国人民银行等六部委联合制发了《定期公布主要经济效益指标的实施细则》,建立了以"工业总产值及增长率"、"主要工业产品产量完成计划情况"、"主要工业产品质量稳定提高率"、"主要工业产品原材料燃料动力消耗降低率"、"工业产品优质品率"、"万元产值消耗能源和降低率"、"工业企业产品销售收入及增长率"、"工业企业实现利润和增长率"、"工业企业上缴利润和增长率"、"工业企业产值利税率和增长率"、"工业企业销售收入利润率和增长率"、"工业企业定额流动资金周转天数和加速率"、"工业企业产成品资金占用额和降低率"、"可比产品成本减低额和降低率"、"工业企业全员劳动生产率和增长率"、"工业企业职工重伤死亡人员和降低率"等16项主要指标,用于计算工业综合经济效益变化。由于该考核指标体系存在着追求产值忽视效益现象,1992年,国家计委、国务院生产办和国家统计局共同制定了一套工业经济效益评价考核方案。方案以"产品销售率"、"资金利税率"、"成本费用利润率"、"全员劳动生产率"、"流动资金周转率"和"净产值率"(后来改为"增加值率")等六项指标为基础,通过计算"工业经济效益综合指数",来综合评价不同地区和企业的工业经济效益状况。为了更好地引导工业经济向提高增长质量和经济效益的方向发展,1998年,对指标体系进行了比较大的修改。取消了"资金利税率"和"增加值率"指标,新增了"总资产贡献率"、"资产负债率"和"资本保值增值率"三项指标。形成了新的以七项指标为基础的经济效益评价考核指标体系。

依据现行的工业统计指标体系,其主要指标包括价值量指标、实物量指标与财务状况指标。价值量指标包括工业总产值、工业销售产值和工业增加值;实物量指标主要指工业产品产量指标;而财务状况指标是从财务的角度反映工业企业一定时期的经济流量和一定时点的经济存量。其指标数值基本可从"资产负债表"、"损益表"等会计报表中取得,主要考察工业企业资产与负债以及工业企业损益与分配状况。

从全球范围来看,经济正朝着一体化的趋势发展;从国内来看,我国的社会主义市场经济体制正日臻完善,我国已经成为WTO的成员,并加入了GDDS。新经济情况的变化对工业统计工作提出了新的要求。在今后的工业统计工作中,应该注意以下三个方面的问题:首先制定统计目标时要充分考虑统计任务和统计力量之间的均衡;其次统计工作过程中要理顺统计系统内部的职责分工;最后对于统计数据的处理要保持其客观性与权威性。

参考文献:

工业统计学编写组:《工业统计学》,中国财政经济出版社1981年版。

上海财经学院统计系:《工业统计学》,上海知识出版社1984年版。

陈振裕:《国外工业企业统计工作简介》,载于《统计研究》1988年第6期。

工业交通统计司:《新中国的工业统计》,载于《统计研究》2002年第8期。

董逢谷:《中国工业统计十年变革》,载于《上海统计》2003年第4期。

薛钰:《我国工业统计的主要问题及对策》,载于《中国经贸导刊》2011年第4期。

蒋萍:《核算制度缺陷、统计方法偏颇与经济总量失实》,中国统计出版社2011年版。

(罗良清　郭露)

服务业统计
Services Sector Statistics

服务业统计是指根据服务业生产活动的盈利性和非盈利性,对服务业的市场产出、自给性产出和非市场产出进行核算。

服务业的判断标准一直是个存有争议的问题。服务业早期被称为第三产业，这一概念源于1935年英国经济学家阿·费希尔所著的《安全与进步的冲突》一书。1940年学界开始正式运用第一、第二、第三产业的概念，克拉克(Cohn Clark，1940)在统计上采用三次产业分类方法。但是在1957年《经济进步的条件》的第三版中，克拉克以“服务性行业”代替了“第三产业”的称谓，认为前者比后者更明确。现代西方经济学中“服务业”已取代了“第三产业”。世界银行等国际组织也用农业、工业、服务业来表示三次产业的划分。在我国由于“服务”一词的特定含义容易使人对服务业的理解产生偏差，我国一直沿用“第三产业”这个术语。

服务业的概念与三次产业的划分有关，在行业构成上，服务业十分接近第三产业，但是又不完全等同于第三产业。许宪春(2002)明确指出服务业与第三产业的区别即：“服务业 = 第三产业 - 国际组织 + 农、林、牧、渔服务业”。黄维兵(2002)从所包括的行业数量、界定方法、传统经济思想、市场范围四个方面概括了服务业与第三产业的区别。徐国祥和常宁(2004)将现代服务业归纳为：“现代服务业是在工业化高度发展阶段产生的，主要依托电子信息技术和现代管理理念而发展起来的知识密集型的生产性服务业”。刘志彪(2006)认为现代服务业，是指那些依靠高新技术和现代管理方法、经营方式及组织形式发展起来的，主要为生产者提供中间投入的知识、技术、信息密集型服务部门，其核心是为现代生产者服务，特别是为高级生产者服务。在我国的统计体系中，只有“第三产业”的概念，作为一种产业的服务业，是指除了第三产业中的政府部门、公检法活动等以外，其余都是服务业的范围。当然由于社会经济活动是在不断变化的，服务业是一个动态的、相对的、既抽象又具体的概念。

按照《国民经济行业分类》(GB/T4754-2002)和《统计用产品分类目录》(2010版)，对服务业统计范围从行业和产品两个层次进行界定。

行业范围包括交通运输、仓储和邮政业，信息传输、计算机服务和软件业，批发和零售业，住宿和餐饮业，金融业，房地产业，租赁和商务服务业，科学研究、技术服务和地质勘查业，水利、环境和公共设施管理业，居民服务和其他服务业，教育，卫生、社会保障和社会福利业，文化、体育和娱乐业，公共管理和社会组织等。以上共14个国民经济行业门类，具体包括46个大类、179个中类和339个小类。相关服务业行业的详细分类及代码参见《国民经济行业分类》(GB/T4754-2002)。

服务业各行业的活动成果主要体现为服务业产品。对服务业产品的统计依据产品分类进行，具体的产品范围包括46个大类(代码51－96)、245个中类和477个小类产品。相关服务业产品的详细分类及代码参见《统计用产品分类目录》(2010版)。关于高技术服务业、家庭服务业等特定服务业的统计范围，由国家统计局根据《国民经济行业分类》和《统计用产品分类目录》，协商有关部门制定相关的分类标准，确定统计范围。

服务业常规统计的基本单位，主要包括从事服务业活动的法人、产业活动单位和个体经营户等三个类别。民航、银行、证券、保险、电信、邮政、石油等系统所属企事业法人的省、地级分支机构，视同法人单位参加服务业统计。而服务业统计的基本内容主要包括企业(单位)基本情况、财务指标、业务指标和服务业增加值等。

我国现行服务业统计主要采取政府统计部门与服务业行业主管部门两种渠道、周期性普查和常规统计相结合的统计调查模式。政府统计部门主要开展批发零售业、住宿餐饮业、房地产业等“块”上统计。行业主管部门根据自身业务管理的需要开展“条”上统计。而周期性普查则是由国家统计局牵头，有关部门共同参与实施。迄今为止，服务业普查已进行了三次，分别是1993年的第三产业普查、2004年和2008年的两次全国经济普查。常规统计是指除经济普查年度以外在常规年度、季度、月度开展的服务业统计调查，如批发零售住宿餐饮统计、房地产开发经营企业统计等，以及行业主管部门系统内开展的经常性统计调查等。

按照目前实施统计调查的主体来归纳，我国服务业统计调查主要由三部分构成：一是由国家统计局组织并由各级统计系统负责实施的服务业统计调查项目。项目分为两种类型，第一种是专门针对服务业中某些门类和行业大类进行的统计调查项目，如批发和零售业、住宿和餐饮业统计调查，成品油批发和零售统计调查，房地产开发统计调查，部分服务业抽样调查统计等；第二种是不专门针对服务业但涵盖全部服务业门类或部分服务业门类的统计调查项目，主要包括经济普查、基本单位统计调查、固定资产投资统计调查、劳动统计调查、能源统计调查、科技综合统计、高技术产业综合统计、企业集团统计、企业景气调查等。二是由国务院各有关部门对其管理系统或行业实施的统计调查项目。主要有以下两种情况：第一种是部门统计调查项目的统计调查内容可以在某种程度上反映某一服务行业的生产发展情况；第二种情况是部门统计调查项目的调查内容只是反映该部门管理职能范围内的客观环境情况或业务处理情况，而不是反映某一服务行业的生产运行等情况，此类调查项目不属于服务业统计调查项目。三是由各地区组织并实施的服务业统计调查项目。

从国际范围来看,对服务业统计的忽视是一个普遍现象。世界各国的现代统计调查制度都是在工业化时代建立起来的,由于当时服务业在国民经济中所占比重还很低,且其统计难度很大,因而没有获得足够的重视和相应的研究。20 世纪 80 年代前后,服务业统计才开始在部分发达国家发展起来。

我国的服务业统计不仅严重滞后于第一、二产业统计,而且相对滞后于其他发达国家。由于我国经济界和统计界在理论上长期坚持“物质生产”观念,不承认第三产业的多数服务业属于生产领域;相应地,在统计实务中长期实行旧核算体系 MPS(物质产品平衡表体系),不重视第三产业或服务业统计。虽然我国的国民核算体系改革后,这种情况有所改观。但核算体系的改革本身也是一个循序渐进的过程,在其早期阶段自然将重点工作放在第一、二产业的统计改革上,对于服务业统计还缺乏足够的重视和整体性的研究;致使我国服务业统计的基础条件目前仍然十分薄弱,理论方法和实务操作方面存在种种问题。

服务业与其他行业相比,涉及面广,行业复杂,调查难度大。我国还没有出台能够满足地方政府决策和国民经济核算需要的服务业统计方法制度。现行服务业统计主要存在以下问题:(1)服务业统计范围不全面。服务业行业主管部门负责系统内单位的业务统计,以满足行业管理需要。但随着市场经济的不断发展,非国有成分慢慢占据主导,原有的主管部门已很难对这些单位实施统计调查。新兴行业不断涌现,其服务业活动没有纳入统计调查范围。(2)部门统计缺乏系统性和规范性。服务业部门统计一般根据部门管理需要和所属系统特点设置统计指标,往往忽视部门之间服务业指标的衔接,指标设计缺少系统性和规范性。(3)服务业统计力量薄弱。一直以来,各级政府普遍存在着“对工业统计特别重视,对服务业统计明显忽视”的现象,基层统计部门的服务业统计人员配备和工作部署呈现弱化趋势。(4)服务业增加值核算缺少依据。除五年一次的经济普查以外,在常规年度和季度国民经济核算中,一直缺少完整的服务业统计调查资料。

社会主义市场经济的发展,宏观经济管理部门及社会各方面对服务业统计提出了越来越高的要求。为适应这种要求,使服务业统计能够客观、准确、及时地反映服务业发展的情况。长期来看要做以下几个方面的工作:(1)改进调查方法,在服务业统计中大力推广抽样调查方法;(2)进一步完善服务业增加值核算方法;(3)开展服务业周期性普查;(4)逐步建立服务业统计指标体系;(5)加强与部门统计的协调。

参考文献:

许宪春等:《中国服务业统计的现状及其改革与发展》,中国经济出版社 2004 年版。

杨德、毛健:《改进现代服务业统计指标体系及调查方法》,载于《统计研究》2007 年第 12 期。

服务业核算课题组:《服务业统计与发展研究》,载于《中国统计》2003 年第 9 期。

徐国祥、常宁:《现代服务业统计标准的设计》,载于《统计研究》2004 年第 12 期。

蒋萍、谷彬:《中国服务业 TFP 增长率与效率演进》,载于《数量经济技术研究》2009 年第 8 期。

杨灿:《关于服务业统计若干问题的探讨》,载于《统计研究》2009 年第 1 期。

郑学工:《我国服务业统计的难点》,载于《中国统计》2010 年第 1 期。

黄微分、高勇:《建立规范统一的服务业统计调查制度的基本思路》,载于《统计研究》2009 年第 11 期。

颜海彬、卢欣:《服务业统计方法制度改革的探索与实践》,载于《中国统计》2009 年第 8 期。

(罗良清　郭露)

劳动统计
Labor Statistics

劳动统计是社会经济统计的一个分支。它是借助调查法、整理法和分析预测法等方法,对劳动经济领域的有关信息进行量化,为实际经济分析和宏观经济决策(尤其是与人事、就业相关的政策决策)提供依据的统计活动。

在中国,劳动统计工作的实施由国家统计局、人力资源和社会保障部共同完成,其调查方法包括了统计学中的普查、抽样调查、典型调查等;统计分析方法包括了综合指标、动态数列和统计指数的应用。

劳动统计的内容主要包括:劳动资源统计、社会劳动者统计(又称劳动力统计)、干部统计、时间利用统计、劳动生产率统计、劳动定额统计、劳动竞赛统计、劳动保护统计、劳动报酬统计、劳动保险与福利统计、劳动者生活水平统计、劳动力培训统计。

将劳动统计的内容进行归纳整理,并考虑劳动歧视、工资差别、失业统计等问题,可将劳动统计的主要内容分为劳动投入统计、劳动保护统计、劳动成果统计和其他相关劳动统计四个大类(见图 1)。

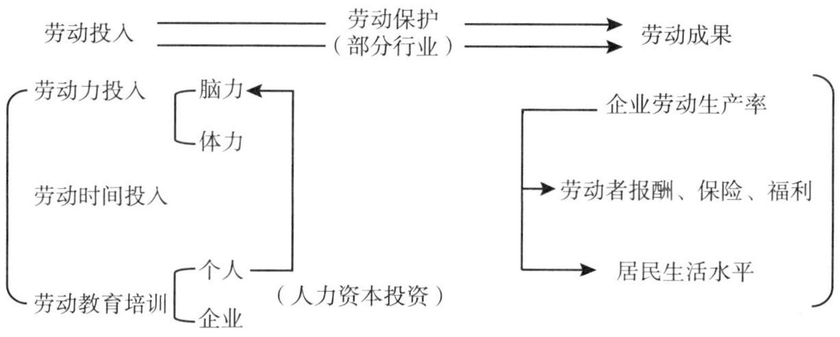

图1 劳动统计主要内容逻辑框架

一是劳动投入统计。劳动投入统计包括劳动力统计、劳动时间利用统计以及劳动力培训统计。其中劳动力统计和劳动时间利用统计是关于劳动力资源自身的劳动投入、时间投入的统计;劳动力培训统计是关于劳动力附加值提升的统计,即人们通常所说的人力资本投资统计。

劳动力统计主要包括劳动力资源统计、社会劳动者统计和干部统计,实际工作中常对劳动力进行数量统计、构成统计、变动统计和预测统计。

劳动时间利用统计主要是考核生产者的劳动时间利用情况,核算单位一般为工时或工日。生产者的劳动时间按性质可划分为可利用劳动时间、未利用劳动时间和实际利用劳动时间。劳动力的时间构成可用图2明确表示。实际工作中也常对劳动力时间利用情况、劳动力个人时间构成和利用进行统计。

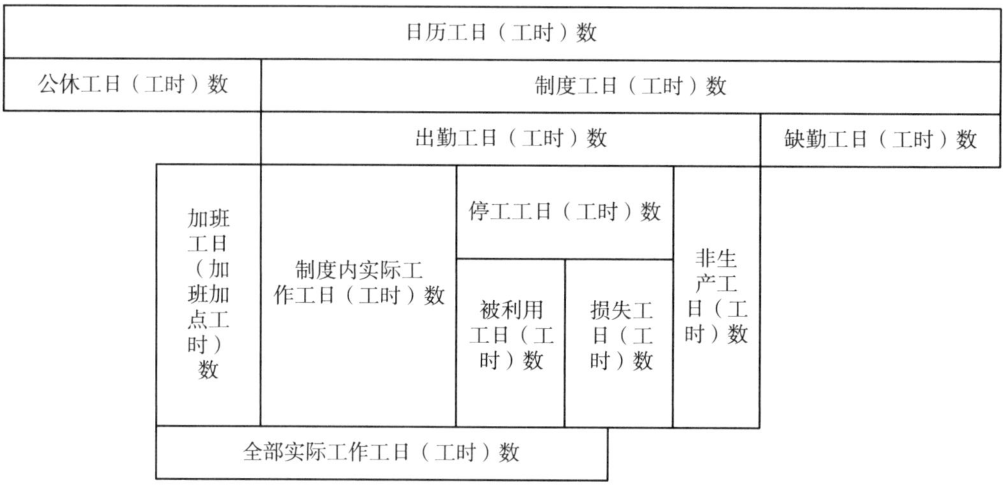

图2 劳动力时间构成

劳动力培训包括劳动力就业前的技术培训和就业后的培训两部分。

就业前培训主要由各类职业技术学校承担,常用的分析指标包括:某类职业技术在校生所占比重、专职教员负担学生系数、毕业生社会录用率、职业教育经费占全部教育经费的比例、工种结构分类指标、技工学校学生毕业率等。

就业后培训指对已经参加社会劳动的劳动者进行的再教育。就业后培训的主要分析指标包括:职工入学率、结业率、教师负担系数、全员培训率、办学面。劳动力培训有助于提高经济效益,常用的反映职工在职教育经济效益的统计分析包括:培训前后工人平均技术等级的变化分析、提供合理化建议被采纳且实施的变化分析、完成定额的变化分析、文化结构变化与实现经济价值的关系分析、文化程度高低与劳动生产率的变化分析等。

人力资源统计与劳动力统计中有些指标是相通的,如劳动力利用率、闲置率;同时,人力资源统计包含了健康、教育、医疗、培训等质量化的要素。

与劳动力资源相比,人力资源统计更注重劳动者投入到生产中的劳动的质的方面。常用的人力资源统计指标包括人力资源开发指标(现状、存量核算、投资指标)、人力资源配置指标、人力资源利用指标。

二是劳动保护统计。劳动保护统计主要是劳动现象发生过程中涉及的对劳动和生产产生影响的一些非生产性统计,主要包括三个方面的内容,即劳动保护措施统计、安全生产与伤亡事故统计、职业病统计。

劳动保护措施统计主要通过考查劳动保护措施项目完成率和报告期劳动保护措施项目累计完成率来检查项目实施计划执行情况,通过安全保护措施费用计划完成率和报告期劳动保护措施费用累计计划完成率来检查费用完成情况,通过安全监察工作的专兼职人员数、专业技术人员的技术构成及比例来考查劳动安全人员的配备情况。

由于部分行业生产的特殊性等原因,生产过程中不能够完全避免事故发生,并由此可能造成伤亡和损失。常用的伤亡事故统计指标包括反映事故规模的指标、反映事故严重程度的指标以及反映造成损失的指标。

职业病是由于生产环境因素对职工造成职业危害而引起的疾病。常用的职业病统计指标包括:职业病患病人数、职业病病例数、职业病受检单、职业病发病率、职业病患病率、某种职业病平均发病年龄、职业病痊愈率。

三是劳动成果统计。劳动成果统计具体包括劳动生产率统计、劳动收入统计、劳动保险福利统计、居民生活水平统计。

劳动生产率统计主要包括劳动生产率的计算方法、劳动生产率动态统计(劳动生产率变动和计划完成情况、劳动生产率变化对社会产品产量变动与生产占用劳动力变动的影响)以及劳动生产率变动的影响因素分析四个方面。

劳动收入统计主要对职工工资总额及变动、职工平均工资及变动进行统计。职工工资总额是国家和集体在一定时期内,以货币和实物形式,实际支付给全部职工的劳动报酬总额,由计时工资、计件工资、奖金、津贴和补贴、加班加点工资、其他工资六部分组成。对工资总额的变动统计,可以计算动态指标,也可以对其变动原因采用指数法进行分析。职工平均工资是一定时期内每一职工所得劳动报酬的平均水平,其变动统计一般通过计算平均工资指数实现。为确切反映职工实际生活水平,可扣除物价变动因素,计算实际工资指数。

劳动收入统计还涉及与经济效益挂钩的统计和乡村劳动者的劳动收入统计。与经济效益挂钩的统计指标包括本年效益指数基数、挂钩浮动比例、本年实际应提高效益总额等等。乡村劳动者收入指乡村劳动者从事农业(农林牧渔)各项生产劳动所取得的劳动收入,不包括非生产性收入,主要通过平均劳动收入和实际劳动收入动态指数来表示。

劳动保险费用包括离休退休退职金和职工死亡丧葬及抚恤费,职工福利费包括医疗卫生费、职工生活困难补助、农副业生产补助、文娱体育宣传费、集体福利事业补贴、集体福利设施费和其他。为明确反映保险和福利费用情况,现行的保险和福利统计把在职职工和非在职职工保险和福利费用分别统计,各自包含具体的统计项目。对保险和福利费用的统计分析,包含四个方面,即职工人均享有保险福利费用、保险福利费用构成分析、劳动保险和福利费用总额的变动分析、保险福利费用和工资的关系。

居民生活水平是指在一定的社会经济条件下,一定时期内(一般为一年)城乡居民所必需的生活资料和劳务总量以及对这种需要的享用程度。由于从生活质量方面统计有一定困难,目前居民生活水平一般是从量的方面来衡量,主要包括城乡居民的收入统计、消费统计以及生活水平对比。实践中常引入指数体系对城乡居民收入水平进行动态统计和因素分析。常用的城乡居民消费指标包括实物消费量指标和消费额指标、反映城乡居民消费构成的恩格尔系数指标、城乡居民消费动态分析指标、城乡生活水平对比统计(一般包括城乡居民总消费水平对比、物质消费水平对比和主要消费品的实物消费水平对比)。

四是其他劳动统计。其他相关劳动统计主要研究与劳动统计相关但不适于归入前三类的内容,包括劳动歧视、工资差别、失业统计等。

世界上大多数国家采用两种失业统计方法。一种是行政登记失业率,另一种是劳动力抽样调查失业率。中国公布的城镇登记失业率属于行政登记失业率。由于存在统计指标范围过于狭窄、统计指标年龄结构设置不合理、不符合失业所应反映的时期性特征、不能体现隐性失业问题、不能反映“民工潮”现象等问题,实际失业率高于城镇登记失业率。

劳动力市场存在就业歧视,包括大学生就业歧视、农民工就业歧视以及女性就业歧视。就业歧视也属于劳动统计的边缘内容之一。目前学术界关于就业歧视方面的统计学研究相对缺乏。

参考文献:
邱东:《国民经济统计学》,高等教育出版社 2011 年版。
张广照、吴其同:《当代西方新兴学科词典》,吉林人民出版社 2003 年版。
蒋萍:《社会统计学》,中国统计出版社 2009 年版。

(金剑　郭朝援)

科技统计
Science and Technology Statistics

科技统计是对科学技术活动的统计,是用一套可以有效测度国家科技系统复杂机制的指标,对一国范围内科技活动的规模、结构及功能进行连续的年度数量测定,为国家科技政策的制定与评价提供准确、系统的年度科技统计数据及统计分析报告。

从发展历史看,科技统计最早包含于社会和经济统计两个体系之中,没有形成独立的统计体系。20 世纪后期以来,伴随着科技在社会经济中作用的提高,科技统计也从社会经济统计中慢慢分离出来,逐步发展成为一个独立的统计体系。在这个体系中,研究与试验发展(Research and Development, R&D)统计居于核心地位,但在 20 世纪 60 年代以前,R&D 统计没有形成法定制度,也没有通用的规范和标准。直到 1963 年 6 月,经济合作与发展组织(Organization for Economic Co-operation and Development, OECD)在意大利的弗拉斯卡蒂市举行成员国 R&D 统计专家会议,通过了《弗拉斯卡蒂手册》(即《R&D 调查推荐标准》),成为世界上第一本关于 R&D 统计的标准文件。联合国教科文组织以该手册为核心,分别于 1978 年和 1984 年通过了《科技统计国际标准化建议案》和《科学技术统计工作手册》,科技统计逐渐成熟和完善起来。至 20 世纪 80 年代,世界上大多数国家普遍建立以 R&D 活动为主体的科技统计制度。

联合国教科文组织《科学技术统计工作手册》中指出,对"科技活动"的统计,就是对三类活动的统计,即:研究与发展(R&D)活动;整个第三阶段的科学技术教育和培训活动;与 R&D 密切相关的科技服务活动。科技统计的核心总量指标是:"投入研究与发展(R&D)活动的人员、资金、物质"。对常规科技统计而言,其"科技活动"主要限定在"研究与发展(R&D)活动"这一专门的领域内。

从科技统计的实施情况看,目前主要只对科技活动中的 R&D 活动进行统计。由于 R&D 统计不能完全满足科技管理与决策的需要,有些国家根据本国的需求对 R&D 之外的部分科技活动也进行了统计。在我国,进入科技统计的科技活动有三类:(1) R&D;(2)R&D成果应用;(3)科技服务。

从统计的具体内容看,科技统计主要包括科技投入统计和科技产出统计两个方面。科技投入统计主要统计用于科技活动的人员、经费等投入情况。从事科技活动人员系指直接参加某个机构或单位的科技活动并领取报酬的人员,包括实际参加科研课题研究工作的人员、科技活动的管理人员和科技服务人员。在具体统计时,可从文化程度及学位类别、职称、学科领域、性别、年龄、国籍等多个角度进行分类统计。科技活动经费包括机构用于各种科技活动的支出,包括来自科研渠道以及其他各种渠道实际用于科技活动支出的费用,包括科技活动筹集经费、科技活动支出经费、财政科技拨款、R&D 活动经费等。在具体统计时,按经费的来源、经费的内部支出与外部支出、经费支出类别等多个角度进行分类统计。科技产出反映机构科技活动的各种产出,具体指标包括论文和著作、专利、集成电路布图设计登记数、植物新品种权授予数、形成国家或行业标准数、软件著作权数和新药证书数等等,这些是科学技术活动所取得的创造性技术成果的主要表现形式,最能体现技术的新颖性和创造性。

参考文献:

[法]经济合作与发展组织:《弗拉斯卡蒂手册——研究与试验发展调查实施标准》第 6 版,科学技术文献出版社 2010 年版。

张治河、赵刚、孙丽杰、温雯:《全球化背景下 R&D 调查的标准——〈弗拉斯卡蒂手册〉(第六版)述评》,载于《中国软科学》2007 年第 11 期。

察志敏:《国外科技统计发展与我国科技统计改革思路》,载于《统计研究》2000 年第 4 期。

刘树梅:《我国科技统计发展概况》,载于《科技管理研究》2007 年第 2 期。

人口和社会科技统计司:《中国科技统计发展历程》,载于《统计研究》2002 年第 7 期。

中国科学技术指标研究会:《科技统计与科技指标(讲义)》,2004 年 11 月。

蒋萍:《社会统计学》,中国统计出版社 2009 年版。

(顾六宝　王孟欣)

政府财政统计
Government Finance Statistics

政府财政统计(Government Finance Statistics, GFS)是根据经济发展规律与会计准则等相关知识,为全面准确反映政府财政状况,提高政府财政管理的透明度和责任感,制定和编制的普遍适用于政府财政核算的体系和方法,用以反映政府财政资金的分配、使用及其平衡和变动情况。政府财政统计的宗旨是为财政统计的编制人员、财政分析人员和财政数据的其他使用者提供一个全面完整的、适于财政政策分析和评估的综合概念和会计框架。

早在 1974 年,国际货币基金组织(IMF)制定了《政府财政统计手册:草稿》,详细阐述了财政统计的理论、原则、方法、分类和分析框架,这标志着 GFS 作为一个独立的经济核算体系的创立。1985 年 IMF 组织多国统计专家总结十年的经验教训,对 GFS 进行修订,并于 1986 年正式出版了第一版《政府财政统计手册》(简称 1986 年版 GFS)。2001 年,IMF 两次总结了 15 年的统计实践,特别是墨西哥金融危机和东南亚金融危机的教训,对 1986 年版 GFS 进行全面修订和大量的革命性创新,出版了《2001 年政府财政统计手册》(简称 2001 版 GFS)。这套体系是在总结近年来世界上一些主要市场经济国家政府财政统计制度和实践经验的基础上建立起来的，是目前政府财政统计领域的国际通用语言。

在内容上，2001 年政府财政统计体系主要包括以下四个组成部分：(1)财政统计范围。IMF 政府财政统计体系覆盖的是广义政府部门，采用的统计单位是机构单位。所有政府机构单位和所有由政府机构单位控制并主要由政府机构单位提供融资的非市场非营利性机构单位，统称为广义政府部门(General Government)。(2)会计核算原则。为了真实地反映特定会计期间政府活动状况和结果，IMF 新的政府财政统计体系采用了以权责发生制为基础的会计核算原则。(3)收支分类体系。财政收入按经济性质分为税收、社会缴款、赠与和其他收入四大类。财政支出有两套分类体系，一是按经济性质分为雇员补偿、商品和服务的使用、固定资本消耗、利息、补贴、赠与、社会福利和其他支出；二是按支出按功能分为一般公共服务、国防、公共秩序和安全、经济事务、环境保护、住房和社会服务设施、医疗保健、娱乐文化和宗教、教育和社会保护。(4)统计分析框架。新的政府财政统计分析框架是建立在资产负债表、政府运营表、其他经济流量表的基础上的。此外，统计分析框架还包括一个现金来源与使用表，以便提供有关流动性的关键信息。

与 1986 年 GFS 相比，葛守中(2011)认为 2001 年 GFS 做出了以下四大革命性变革：(1)扩大核算范围。2001 年 GFS 从管理一国经济的角度专门定义了一个“财政性”的广义政府，与传统的政府财政统计相比，将从事市场性活动的部分划出了政府，并将政府财政核算范围扩大到受政府控制的非营利机构和公共公司。正是这扩大的部分，使得 2001 年 GFS 比以往的财政统计更能“尽早发现”政府财政运行的“脆弱性根源”。(2)以权责发生制取代现金收付制。与到期支付制、承诺制和现金收付制相比，权责发生制能对政府财政活动作出最及时、最全面、最符合实际的描述和反映，最好地估计了政府财政政策的宏观经济影响。(3)重新定义财政收入和支出。增加广义政府财富的交易即财政收入，减少广义政府财富的交易即财政开支。(4)废除财政赤字指标。2001 年 GFS 废弃了财政赤字，取而代之的是由一组指标组成的核心指标体系：净运行余额、总运行余额和净贷款/借款。

国际上，特别是发达国家，一般都建立了两套各有重点而又相互补充的经济核算体系：一是由联合国创导的综合反映整个国民经济总体运行状况的“国民经济核算体系(SNA)”；二是由国际货币基金组织制订的反映政府管理活动及其对国民经济影响的“政府财政统计核算体系(GFS)”。尽管 IMF 在修订政府财政统计体系的过程中尽可能使其与 1993 年 SNA 保持一致，但两者还是存在着一些差异。范立夫、杨仲山和刘昊(2010)等从方法协调的“横向”角度，剖析了 GFS(2001)与 SNA(1993)的统一与差别。GFS 是一个专门性的分析框架，主要用于核算政府活动，而 SNA 是一个综合性的核算体系，核算范围覆盖整个经济活动。因此 GFS 的协调，是与 SNA 的协调，是以 SNA 基本原则、基本框架为基础的协调与一致；GFS 的补充，是指在 SNA 基本原则和分析框架下对政府活动专门领域的拓展和细化核算。由于核算主体和侧重点不同，GFS 与 SNA 在一些“技术环节”上仍然存在较大的差异：如核算目的不同；理论基础不同；采用的核算表格基本形式不同；平衡项不同；核算原则不同；收支分类体系不同；收支分类体系不同；特定交易处理不同等。

我国虽然从 1999 年开始，对政府财政收支分类体系进行了全面系统的变革，并于 2007 年在全国范围内实施新的财政收支分类办法，使我国的政府财政统计体系向国际标准迈进了一大步。但是我们必须看到，我国的政府财政收支分类体系与 2001 版 GFS 还有很大差距：政府财政统计内容不够完整；财政收支口径不一致、分类标准不规范；行政事业单位财务会计制度不统一；统计分析框架不完整等。因此，我国应进一步深化部门预算改革，调整财政收支口径和分类体系，完善行政事业单位财务会计制度，以完善我国政府财政统计体系(杨远根，2004)。

参考文献：
IMF：《政府财政统计手册》(1986 年中文版)，中国金融出版社 1988 年版。
IMF：《政府财政统计手册》(2001 年中文版)，IMF 网站，2003 年。
联合国等：《国民经济核算体系(1993)》，中国统计出版社 1995 年版。
葛守中：《对国际货币基金组织〈2001 版政府财政统计〉再研究》，载于《统计研究》2011 年第 4 期。
范立夫、杨仲山、刘昊：《政府财政统计体系(GFS)的比较分析》，载于《财政研究》2010 年第 7 期。
杨远根：《国际货币基金组织新的政府财政统计体系借鉴》，载于《财政研究》2004 年第 4 期。
蒋萍、杨仲山：《货币与金融统计学》，立信会计出版社 2006 年版。

(任英华)

货币与金融统计
Monetary and Financial Statistics

2000 年，国际货币基金组织(IMF)颁布了世界上第一部金融领域的统计国际准则——货币与金融统计手册(Monetary and Financial Statistics Manual，MFS)，自此，我国统计工作和统计科学之中开始出现一个新名词——“货币与金融统计”。此前，与此对应的工作和科学领域人们习惯上称为“金融统计”。

从1948年至今，IMF一直努力为各成员国货币统计数据的编制提供指导，但将重点放在各国中央银行和其他存款机构资产负债表数据的编制上。1984年12月IMF推出了《国际金融统计中的货币与金融统计指南》，它虽然不是正式公布的国际统计准则，但还是被成员国广泛使用。20世纪90年代以来，鉴于金融危机的教训和经济全球化的需要，IMF多次组织成员国专家会议研究如何健全国际货币与金融统计体系，经过多轮次讨论和修订，其统计部于2000年10月正式发布了MFS。并且，为增强MFS的可操作性，IMF统计部于2008年7月推出了《货币与金融统计编制指南》（Monetary and Financial Statistics Compilation Guide，MFSCG）。该指南是在参照有关国家成功经验的基础上，对各国编制货币与金融统计数据提供指导性框架，是对MFS在操作意义上的一个重要补充。

IMF建立货币与金融统计体系的目的，一是为了实施货币金融政策，监测货币金融的运行，并为分析金融发展与国民经济运行提供金融数据；二是为运用金融规划制定金融政策提供依据；三是为了对金融机构的活动进行有效的监管；四是为了货币与金融统计的国际比较。货币与金融统计是一国宏观经济统计体系的重要和特殊部分，它与国民经济核算体系、国际收支统计、政府财政统计等一起构成宏观经济统计的完整体系。与宏观经济统计的其他部分相比，多数国家更加及时和频繁地编制和发布货币与金融统计数据。

MFS包括8章，分别为：“导论”、“基本框架”、“机构部门与机构单位”、“金融资产和其他金融工具的特征及分类”、“金融资产负债的存量和流量核算”、“货币、信贷及其他金融总量”、“货币统计框架”和“其他金融统计和资金流量”。归纳起来，其核心内容主要包括货币统计和金融统计两个部分。

所谓货币统计，主要是货币供应量及其构成统计。国民经济核算体系（SNA）并没有明确界定货币，而MFS则鲜明地提出货币、信贷和债务等总量，关于货币统计的概述是包括一整套关于经济体中金融性公司部门的金融和非金融资产负债的存量和流量数据，并建议货币统计的组织和表述采用两个基本的数据框架——部门资产负债表和概览。关于货币统计的基本思路是：首先将金融公司部门进行分解，形成金融公司部门的分类体系；其次，在金融公司部门分类的基础上，对金融公司的所有机构单位进行各个层次的货币统计汇总，最终形成金融公司部门概览表。

金融统计则扩展了货币统计的范围，它是对融资的工具、融资的形式、融资的主体、融资的中介机构和融资的网络场所等要素的统计。金融统计将货币统计的范围扩展到包括经济体内各部门之间以及它们与国外部门之间的所有金融资产与负债的流量和存量。从数据资料表现形式上说，金融统计包括金融账户、资产负债表、资产其他变化账户，在某种意义上也要包括资本账户，因为净借入和净贷出就来自该账户。除了包括所有部门之外，金融统计使用的格式与货币统计是类似的。金融统计的组织和表述形式依据内容不同而有所差异，如对金融机构间接融资的统计可以采取编制信贷收支表的形式，对股票和债券融资的统计可以采取编制股票和债券统计表的形式；要全面反映经济中所有部门的金融资产负债的流量和存量则需采取资金流量表的形式。

货币统计与金融统计的区别主要有：（1）统计的范围不同。货币统计的范围是“货币”本身，统计的主体是金融机构单位和部门，即金融性公司部门；金融统计的范围是全社会，统计的主体不仅包括金融部门，也包括非金融性公司（企业）、住户、政府等机构单位和部门。（2）统计的内容不同。货币统计的内容是中央银行和其他金融机构的资产与负债，目的在于反映全社会货币供应量；金融统计的内容是金融部门和非金融部门的金融流量与存量，目的在于反映全社会资金融通状况。作为金融活动载体的金融工具，主要表现为金融部门的金融资产与负债，如通货、存款、贷款、外汇、银行票据、金融债券、同业拆借和回购协议等，但也有部分金融工具是非金融部门发售的，如企业发售的债券、股票和商业票据，政府发售的各种债券等。金融统计既要反映金融部门的间接融资情况，也要反映非金融部门的直接融资情况，还要反映金融流量在各部门之间的流动情况，因此，它的统计内容比货币统计要广泛和丰富得多。（3）数据表述方式不同。货币统计数据的基本表述方式是资产负债表，金融统计数据的基本表述方式则是资金流量表。

货币统计与金融统计虽有区别，但两者关系上更显著的特征是交叉和从属，即货币统计无论在范围上、内容上还是数据表述方式上都从属于金融统计。IMF也承认，货币统计从属于金融统计。既然如此，为什么IMF在金融统计之外还要来一个货币统计呢？这主要是因为，货币在现代经济体系中的作用日渐增强，因而货币统计在金融统计中的地位显著提高，所占比重不断扩大；而且，从统计工作的程序上说，货币统计是基础，金融统计一般是在货币统计的基础之上进行的。

据IMF网站公布的数据，截至2012年6月，已有至少115个成员国（地区）按照MFS的要求，向IMF发布货币统计数据，MFS及其编制指南已与IMF颁布的其他统计国际准则一道在指导成员国的统计活动中发挥了重要作用。

中国的金融统计是伴随着中国金融事业的发展而逐步建立起来的。1979年起，中国人民银行开始向

IMF报送金融统计数据。随后建立了系列统计法规，1984年实施了《金融统计暂行规定》和《其他金融机构统计管理暂行办法》,1995年出台了《金融统计管理规定》。为规范金融统计信息,中国人民银行1997年起对金融统计方式实行了重大改革,在金融系统按新的指标体系上报统计数据,也就是“全科目上报”制度。1998年,中央银行取消了贷款规模控制,实行“计划指导、比例管理、自求平衡、间接调控”对各金融机构实施资产负债管理,金融统计又转向金融机构的存贷比等各项指标。MFS及相关国际统计准则出台后,中国人民银行在积极组织学习培训的同时,逐步推进了金融系统统计的国际接轨,初步建立了中国的货币与金融统计体系。同时,中国人民银行还开展了一系列货币与金融统计领域的调查和分析,例如,建立了工业景气调查统计制度、居民储蓄调查统计制度、央行物价调查统计制度(生产资料购进价格、批发物价调查)、通货膨胀统计等;为了做好分析预测工作,建立了金融与宏观经济信息数据库和经济分析模型。

参考文献:

IMF:《货币与金融统计手册》(中文版),IMF网站,2003年。

庞浩、黎实、聂富强:《中国货币与金融统计体系研究》,中国统计出版社2003年版。

许涤龙:《货币与金融统计学》,科学出版社2008年版。

许涤龙:《货币与金融统计的国际准则及国际接轨》,引自中国统计学会:《纪念新中国政府统计机构成立五十周年暨全国统计科学研讨会学术论文集》,2002年。

许涤龙、李正辉:《SNA中的货币与金融统计研究》,载于《财经理论与实践》2002年第3期。

许涤龙、王芳:《货币与金融统计的国际准则及其启示》,载于《统计与信息论坛》2003年第2期。

许涤龙:《中国货币与金融统计国际接轨的制度经济学解释》,载于《金融理论与实践》2006年第10期。

聂富强、崔名铠、郭永强:《货币与金融统计编制指南(MFSCG2008)的比较与思考》,载于《统计研究》2009年第9期。

许涤龙、欧阳胜银:《货币与金融统计国际准则体系的发展与启示》,载于《财经理论与实践》2012年第1期。

蒋萍、杨仲山:《货币与金融统计学》,立信会计出版社2006年版。

蒋萍、贾小爱:《FISIM核算方法的演进与研究进展》,载于《统计研究》2012年第8期。

(许涤龙　欧阳胜银)

国际服务贸易统计

Statistics of International Trade in Services

国际服务贸易统计的对象是国与国之间发生的服务贸易活动。要想有效使用有关国际服务贸易统计数据,必须首先把握国际服务贸易统计的基本规范;要想把握国际服务贸易统计的基本规范,需要首先了解国际服务贸易的发生特点。

一是国际服务贸易的多种模式。直观解析,国际服务贸易是指国与国之间所发生的与服务有关的贸易活动,其基本特征是交易双方分属于不同国家,通过贸易获取对方提供的服务。但由于服务具有与一般货物不同的性质,因此有关国际服务贸易的定义比货物贸易要复杂得多。

服务是无形的,一般而言无法储存也无法运输,必须供求直接见面方能实现服务的供应和消费,也就是说,服务的贸易过程与生产过程、消费过程是统一的。然而,作为两个国家之间发生的国际贸易,一个突出特征是要跨越国境,供应者在一个国家、需求者在另一个国家,如果无法保证供应与需求直接见面,这笔贸易就无法实现。正因如此,在国际贸易领域有一个传统说法:服务是不可贸易的,至少贸易是不容易实现的。通常,国际服务贸易必然要借助于一个载体发生:比如国际运输服务,是借助于运输设备或港口,由一个国家的运输机构为另一个国家的货物承担运输;通讯服务,要借助于通讯电缆和通讯设备,使得地处两国的人能够实现沟通;还有保险服务,要借助于一个保底(一批货物或一个人)在异国之间提供投保承保业务。

现实中,此类跨境服务贸易的规模确实在日益扩大。一方面得益于国际间物流和人流规模的扩大,带动了依附于人、物之上的传统国际服务贸易;同时更重要的是科技创新为开展跨境贸易提供了更多形式的技术支持。信息技术发展促进了服务外包在国际间大量出现,某国企业可以将其一部分业务流程外包给处于另一个国家的企业或个人;例如,通过网络,即可实现由印度人为美国人提供诸如报税、软件设计等业务;同样是借助于信息技术,各种文化娱乐产品和知识性无形产品如唱片、电影、游戏、计算机应用软件等,可以通过光盘、网络等媒介在两国之间提供在线或单体服务,甚至网络本身所提供的异国中介服务(比如阿里巴巴提供的B2B、B2C服务)也已经成为国际服务贸易的一个种类。就是说,借助于技术支持,服务的可贸易性提高了,结果是扩大了跨境服务贸易的存在领域。

但上述例子仍然属于传统的跨境服务贸易。除此之外,国际经济体系在传统跨境服务基础上进一步创建了新的贸易形式,使服务的可贸易性得到根本性的提高,其基本思路是:设法从根本上克服生产者和消费者分属异国所带来的障碍,促进服务贸易实现。一种办法是消费者移动,到服务提供者所在地就地享受服务;另一种办法就是生产者移动,到服务消费者所在地就地提供服务。

消费者移动的例子非常多见,最典型的是旅游,其次是教育。例如,中国接待来自境外的旅游者,由此获得的收入是中国的服务贸易出口,反过来,中国人出境到国外旅游所花费的支出,是中国的服务贸易进口;把孩子送到国外上学,是中国服务贸易进口,接待来自他国的留学生则属于中国服务贸易出口。伴随全球化进程,此类贸易的规模在不断扩展。

生产者移动有两种途径。第一是异国机构派人员到消费地提供服务,比如国内的通讯设备供应商派员到非洲提供通讯设备安装维护服务(相当于中国的服务贸易出口),国外科学家来中国的大学和科研机构讲学(相当于中国的服务贸易进口);但更常见的途径是异国企业通过直接投资在消费地市场设立外国分支机构,就地生产提供服务,最典型的例子是美国四大会计师事务所在中国注册建立分支机构,然后为中国企业提供财务审计和咨询服务(这相当于中国的服务贸易进口)。在这两种途径中,前者要通过人员流动实现,后者则要以资本流动为前提。

综上所述,就是WTO之《服务贸易总协定》(GATS)在国际服务贸易谈判中确认的四种服务贸易模式:跨境贸易、消费者移动、外国附属机构、自然人移动。

二是国际服务贸易统计的国际规范。针对国际服务贸易统计的国际规范,第一是《国际收支》手册中与服务有关的内容,第二是《国际服务贸易统计》手册。

国际收支是指一国与他国之间发生的全部经济往来活动,其中就包含国际服务贸易。国际收支平衡表(BOP)在其经常账户项下专门设置了"服务"作为国际交易项目,可以全面记录一国在特定时期发生的服务进口和出口总价值(借方记录进口总额,贷方记录出口总额),同时按照服务活动分类提供各类服务进出口总额数据,按照最新第六版国际收支核算手册,在服务项下共包括以下12个类别:①制造性服务;②维修服务;③运输;④旅行;⑤建筑服务;⑥保险和养老金服务;⑦金融服务;⑧知识产权使用费;⑨通讯、计算机和信息服务;⑩其他商务服务;⑪个人、文化和娱乐服务;⑫未另行分类的政府服务。通过该记录,可以将服务贸易进出口放在整个国际收支架构之下观察,为分析服务贸易与国际收支之间的互动关系提供了前提。国际货币基金组织(IMF)一直致力于国际收支核算中国际规范的开发、修订以及在各国的推广应用,因此,在此框架下的国际服务进出口数据在核算范围、定义方面是具有国际可比性的。

但是,国际收支平衡表中记录的服务进出口是有特定含义的。第一,从范围上看,它只覆盖以上所述前两种服务贸易模式,即跨境贸易和消费者移动所引起的服务进出口,却无法显示后两种服务贸易模式的相关信息;第二,国际收支核算仅关注对外交易本身,不能提供交易背后的相关信息,比如它可以记录国际旅游收支总额,但无法提供有关旅游人数、距离、时间等相关信息,无法提供进口来源国、出口目的国分组数据,也无法提供反映国内地区、旅游者身份等分组数据。就是说,仅靠国际收支平衡表不能替代全面的国际服务贸易统计,尤其无法满足国际服务贸易新模式下的数据需求。

《国际服务贸易统计》手册由联合国等六大国际机构在2002年首次发布,可视为国际服务贸易统计建设的标志性事件。该手册一方面注重与现有相关规范——包括《国际收支手册》、《外国直接投资基准定义》、《国民账户体系》等——的衔接,同时直接对应于《服务贸易总协定》认可的国际服务贸易定义,明确地将统计范围扩展到包括上述四种模式,并在统计内容上做了扩展。

根据该手册的要求,各国国际服务贸易统计可以提供三组并列但不可直接相加的数据:第一组是跨境服务贸易数据,其中包括有关服务贸易的详细分组数据;第二组是有关通过外国附属机构(FATS)所实现服务贸易的一组指标,具体包括就业人数、销售额、研发支出等,分别由内向FATS和外向FATS提供;第三组是有关自然人移动的数据。就当前状况而言,借助于国际收支核算,提供第一组数据的条件相对比较成熟;关于FATS统计,各国正在建设之中,多数只有单方向的统计,尤其集中于内向FATS。

到目前为止,国际服务贸易统计仍然处于不断开发建设过程中。2010年版《国际服务贸易统计》手册即将发布,其背景与全球化发展进程中不断出现的新现象有关,与其他相关国际规范的开发修订也不无关系。其中一个最突出的例子是有关来料加工贸易的处理:加工贸易承接国的厂商接收发包国厂商提供的原材料,经加工后提交成品。依据物流原则,接收来料时要根据来料价值记录为承接国的货物进口,交付成品时要作为其货物出口;但依据所有权变更原则,来料加工的来料价值在未支付价款从而未变更所有权的前提下,不应作为国际商品贸易记录。与此对应,加工后的成品价值也不能作为国际商品贸易的统计对象,而是仅将加工费价值作为国际服务贸易记录。不同记录方法对于一国国际收支而言不会有根本性影响,但如果就货物和服务分别观察,由此带来的影响会比较显著,尤其对于来料加工规模比较显著的国家来说更是如此。

三是中国国际服务贸易统计状况。中国近年国际服务贸易发展迅速,但无论进出口贸易规模还是贸易差额，都还难以与国际商品贸易水平相比。随着经济发展以及不断融入国际经济一体化的进程，中国将不仅是国际商品贸易大国还会是国际服务贸易大国，中国市场将变为具有显著规模的国际服务贸易市场，中国服务产业将成为国际服务贸易的重要竞争者。在此背景下，政府、商贸界和经济分析研究人员对服务贸易统计数据都具有越来越多的要求，以便用来支持国际间贸易谈判、监督国际协议的履行情况、分析中国在国际服务贸易方面的优势与劣势，并为国内企业提高服务贸易竞争力提供信息支持。显然，建立一套完善的国际服务贸易统计体系至关重要。

中国已经具备在国际收支平衡表之经常账户项下编制服务进出口总额的能力，每年、每半年发布相关数据，该方面的统计基础在逐步加强。但总体而言，中国国际服务贸易统计能力尚且有限。第一，所提供的主要限于依据国际收支统计的跨境服务贸易统计数据，还无法满足《国际服务贸易总协定》(GATS)的要求，提供通过外国附属机构自然人实现的国际服务贸易统计数据；第二，基于国际收支统计提供的跨境贸易数据主要依据国际支付系统记录和申报估算而来，只关注贸易收支环节，尚没有建立起针对国内供应商和国内市场的完善的服务贸易统计。2006年商务部作为行政主管部门成立了国际服务贸易司，自此逐步开始进行国际服务贸易统计建设，搭建了中国国际服务贸易统计整体框架，每年发布《中国服务贸易发展报告》，努力以更宽阔的视角提供相关统计数据。

参考文献：

贾怀勤：《从〈服务贸易总协定〉到〈国际服务贸易统计手册〉》，载于《国际商务研究》2003年第5期。

高敏雪等：《追寻中国经济与世界的联系》，经济科学出版社2011年版。

高敏雪：《提高可贸易性是国际服务贸易发展的关键》，载于《中国统计》2009年第6期。

中华人民共和国商务部：《中国服务贸易发展报告》，中国商务出版社历年版。

UNetc, Manual on Statistics of International Trade in Services (Draft), http://unstats.un.org/unsd/statcom/doc10/BG-MSITS2010.pdf, 2010.

UNetc, Manual on Statistics of International Trade in Services, http://unstats.un.org/unsd/publication/Seriesm/Seriesm_86e.pdf, 2002.

IMF, Balance of Payments and International Investment Position Manual, Sixth Edition(BPM6), http://www.imf.org/external/pubs/ft/bop/2007/bopman6.htm.

(高敏雪)

生产者价格指数
Producer Price Index(PPI)

生产者价格指数也称工业品价格指数，包括工业品出厂价格指数和工业中间投入价格指数两类。前者是反映全部工业产品出厂价格总水平的变动趋势和程度的相对数，包括工业企业售给本企业以外所有单位的各种产品和直接销售给居民用于生活消费的产品；后者是反映工业中间产品消耗的货物和服务购进价格的变动趋势和变动程度的相对数。

生产者价格指数反映了市场上的价格变动关系，能反映国家通货膨胀程度，为宏观调控提供依据。该指数调查了八大类商品：燃料及动力类、黑色金属类、有色金属材料类、化工原料类、木材及纸浆类、建材类(钢材、木材、水泥)、农副产品类、纺织原料类。由于食物价格易受季节和供需关系的影响，能源价格也经常出现意外波动，所以一般将食物及能源的价格变化剔除后，计算“核心生产者价格指数”，用以正确判定物价的真正走势。

关于生产者价格指数的编制和研究，一些国家已经有相当长的历史。英国被货币基金组织(IMF)评定为生产者价格指数编制最先进的国家之一。英国生产者价格指数是反映英国工厂出售和购买(也称产出和投入)的商品价格变动的相对数。英国投资者价格指数可以分成四种类型：总部门产出指数、净部门产出指数、总部门投入指数和净部门投入指数。美国生产者价格指数是反映商品生产者所接受的价格的平均变化的相对数。该指数由美国劳工局负责编制，以问卷调查的方式向各大厂商搜集调查商品最初的大批量交易价格，以生产或加工的商品净销售价值为权数，采取拉氏指数的计算方法计算，基期为1982年。

我国编制工业品出厂价格指数始于1957年，并将指数数据追溯到1952年。后来由于单一调拨价格制度导致工业品价格长期保持不变，故于1962年停编。改革开放以后，我国工业产品价格逐步形成了国家定价、计划外加价、浮动价、市场自由价等多种价格并存的局面。为了适应价格体制改革的需要，国家统计局从1984年起恢复生产者价格指数的编制工作。经过1985~1987年3年的试编，1988年正式由全国各省、自治区、直辖市编制，并上报国家统计局。1991年国家统计局正式制定了《工业品价格统计调查方案》。

我国编制生产者价格指数具有十分重要的意义，具体体现在以下五个方面：第一，生产者价格指数是我国价格指数体系的重要组成部分；第二，生产者价格指数是观测与分析产品比价关系的依据；第三，生产者价格指数是国民经济计划管理与预测的依据；第四，生产者价格指数是测量一定地区、一定时期内，对工业品货币购买力的依据；第五，生产者价格指数中的工业品出厂价格指数是计算不变价工业增加值和工业发展速度的依据。

我国目前主要编制的生产价格指数为工业品出厂价格指数和原材料、燃料、动力购进价格指数。工业品出厂价格指数共有四种分组:轻工业及重工业分组、生产资料及生活资料分组、工业部门分组和工业行业分组。原材料、燃料、动力购进价格指数有两种分组:材料类别分组和工业行业分组。

生产者价格调查采用重点调查与典型调查相结合的调查方法。重点调查将全部国有企业和年销售收入500万元以上的非国有企业列为调查对象,采用主观选择的方法选择调查企业;典型调查是把年销售收入500万元以下的非国有企业作为抽样对象,采用随机抽样的调查方法。

编制我国生产者价格指数,可以通过以下五个步骤进行:

第一步,选择代表品。即制定科学的、完善的工业品价格调查目录,对生产者价格指数能否正确反映工业品价格变动的实际情况影响极大。制定调查目录的五大原则为:第一,按工业行业选择代表产品;第二,选择对国计民生影响大的产品,我国目前代表产品所代表的行业销售额(购进额)超过当年全国工业品销售总额(购进额)的70%;第三,选择生产较为稳定的产品;第四,选择有发展前景的产品;第五,选择具有地方特色的产品。调查目录一般五年修订一次,在产品更新换代快等特殊情况下可提前修订。

第二步,选择代表企业。应遵循以下原则:第一,按工业行业选择调查企业,原则上,各中类行业都要有调查企业;第二,大型企业应尽量都选上(或占相当大比重),同时也应采用抽样方法适当选择一些中小企业;第三,选择生产稳定、正常的企业作为调查对象;第四,选择企业时要兼顾不同所有制形式。

第三步,确定价格调查方式。我国均采用企业报表的形式,每月有两万多家工业企业上报数据。

第四步,确定权数。编制生产者价格指数时,工业品出厂价格指数的权数为工业品销售额,原材料、燃料、动力购进价格指数的权数为工业部门各种物资消耗额。现行工业品出厂价格指数采用按行业分层分摊权数的方法确定权数,即根据各行业的销售额占总销售额的比重计算各行业的权数,然后再根据本行业代表产品的销售额计算代表产品的权数,本行业代表产品权数之和等于本行业的权数。实际上,这种方法就是将所有非代表产品的权数,按比例分摊到各代表产品上。原材料、燃料、动力购进价格指数采用直接权数。以代表产品的销售额相加所得的总量作为100%或1000‰来计算各个代表产品的比重,用这种比重作为每个代表产品的权数,这样计算的权数叫直接权数。权数的调整与国外通行的做法一致,一般五年更换一次。在五年期间,若出现产品更新换代快,以致影响权数代表性时,可及时进行合理修正。权数计算资料来源于工业普查数据。若近期没有工业普查数据时,可以用工业统计资料和部门统计资料来推算。

第五步,计算价格总指数。由于生产者价格指数的调查对象涉及多层分类,代表规格品众多,所以计算价格总指数不能一步到位。

首先,由调查企业计算代表规格品的个体价格指数。代表规格品个体价格指数,是用报告期平均单价除以基期平均单价计算的相对数。例如,计算企业i的第j种代表规格品价格指数:$K_{ij}=P_{1ij}/P_{0ij}$,其中P_{1ij}、P_{0ij}分别指报告期和基期企业i第j种代表规格品的平均单价。

其次,综合部门汇总代表规格品价格指数。全国(省、市)代表规格品的价格指数是由调查企业的代表规格品价格指数采用简单几何平均法计算的。计算公式为:

$$K_j=\sqrt[n]{K_{1j}\times K_{2j}\times\cdots K_{nj}} \tag{1}$$

其中,K_j为全国(省、市)第j种代表规格品的价格指数;K_{nj}为企业n第j种代表规格品的价格指数。

然后,计算代表产品的个体价格指数。由于一种产品往往又分成若干个不同规格,不同规格产品的价格不同,有的甚至相差悬殊,用销售量加权求出的混合平均单价,容易受不同规格产品之间销售量变化的影响。这种由于不同规格之间销售量变化引起的结构性价格变动,不属于价格本身的变动,由此计算的价格指数也就不能准确地反映产品的价格变动。但是用简单算术平均法计算的代表产品个体价格指数,则可以消除这种结构性变动对价格变动的影响。所以代表产品个体价格指数用简单算术平均法计算。计算公式为:

$$K=\frac{K_1+K_2+\cdots K_m}{m} \tag{2}$$

其中,m为代表产品包括的代表规格品的个数。

最后,计算价格总指数。计算价格总指数,可以采用两种方法:一种是用代表产品个体价格指数直接加权计算;另一种是按照特定的分组,分层计算,即利用加权平均法逐级计算行业小类、行业中类、行业大类的价格指数,最后再利用行业大类的价格指数计算生产者价格总指数。第二种自下而上地计算指数的方法,脉络清楚,可以提供多种层次的价格指数,满足不同层次管理部门的需求。

参考文献:

曹振良:《价格指数概论》,南开大学出版社1998年版。

刘建伟:《工业品价格统计》,载于《中国经济景气月报》2002年第1期。

徐国祥等:《统计指数理论、方法和应用研究》,上海人民出版社 2011 年版。
张国华:《中美价格指数比较》,载于《江苏统计》1995 年第 2 期。
徐强:《基于指数的宏观经济价格与物量测度论》,中国财政经济出版社 2011 年版。

(徐国祥　刘新姬)

消费者价格指数
Consumer Price Index(CPI)

消费者价格指数也称居民消费价格指数或消费者物价指数。是度量一组代表性消费商品及服务项目价格水平随时间变化的变动水平指标,反映居民家庭购买的消费品及服务价格水平的变动的相对数。它是宏观经济分析和决策、价格总水平监测和调控以及国民经济核算的重要指标。其按年度计算的变动率通常被用来作为反映通货膨胀(或紧缩)程度的指标。这一指标影响着政府制定货币、财政、消费、价格、工资、社会保障等政策,同时也直接影响居民的生活水平评价。

消费者价格指数是世界各国普遍编制的指数。美国消费者价格指数是计算城市消费者购买固定数量食品和劳务所支付价格平均变动的指标。美国劳工统计局通过概率抽样,抽取约 22000 个零售商店,调查 71000 种商品和劳务的对交易价格,并在约 35000 个房屋出租(和住宅)单位调查居住服务价格,每 5 年轮换一次调查单位。劳工统计局编制食品和饮料、居住、衣着、交通运输、医疗、娱乐、其他商品和劳务等大类指数,每个大类指数又细分成许多中类指数。权数资料来自消费者支出调查,每 10 年更新一次。基本指数计算采用修改的拉氏公式,汇总公式采用标准拉氏公式。

英国消费者价格指数是用于计算英国绝大多数住户以消费为目的的购买货物和服务价格平均变化的指标。总体范围包括了除人口 4% 的高收入和 1/3 以上收入靠国家福利领养老金的住户以外的英国全部私人住户。采用概率抽样方法,根据地区支出规模和场所人口规模分层随机抽样,选取 146 个场所的 17000 个调查单位。同质项目价格指数采用简单平均比率,类指数采用相对数加权平均。指数汇总月度指数采用拉氏公式计算,年度指数采用链式拉氏公式计算。利用权数期和基期间价格变动重新估算支出数据,以更新每年的权数。

日本消费者价格指数反映的是全国居民消费者购买同等质量(固定篮子)商品和服务价格变动的幅度。调查居民总体范围包括 2 人以上居民家庭,不包括单身家庭以及从事农业、林业和渔业的家庭。价格调查对象为零售企业和房屋出租单位,全国抽取了 167 个市的 34000 个商业企业、服务业基本单位和 24000 个出租单位。调查商品根据劳工组织的标准,选择了 10 个大类 580 种项目。基本价格指数采用每个市每个基本项目价格简单平均与基期比计算。汇总指数采用固定权数加权平均方法计算。价格基期与权数每 5 年调整一次,商品的品种也同时进行调整。

我国港澳台地区和大陆的消费者价格指数不同。香港消费物价指数由香港特别行政区政府统计处,反映住户一般所购买的消费商品和服务价格水平变动情况。香港消费物价指数主要有四种:甲类消费物价指数、乙类消费物价指数、丙类消费物价指数和综合消费物价指数。甲、乙、丙三类消费物价指数分别根据较低、中等及较高开支范围的住户消费模式编制而成。丙类消费物价指数前身是恒生消费物价指数,恒生消费物价指数由香港恒生银行于 1974 年开始编制,1999 年 7 月易名为丙类消费物价指数,并由香港特别行政区政府统计处接收编制。综合消费物价指数是根据甲、乙、丙三类指数的所有住户的整体开支模式编制,其住户数达到了香港的 90%。指数的权数每五年更新一次。综合、甲类、乙类和丙类消费物价指数的分类基本相同,都包括:食品、住房、电力和燃气及水、烟酒、服装和鞋、耐用物品、杂项物品、交通、服务等九大类商品,但丙类消费物价指数中的“住房”类不包括公营房屋租金。澳门消费物价指数反映的是一般家庭不同时间购买商品和服务的消费价格变动情况。包括综合、甲类和乙类消费物价指数三种,每种指数都包括粮食及饮品、衣履、租金及住屋开支、烟酒、家居用品、医疗、交通及通讯、教育及消闲、其他商品及服务九项,涵盖 90 种商品和服务。中国台湾消费物价指数仅包括七项商品,分别为食品、衣着、居住、交通、医药保健、教育娱乐和杂项。台湾消费物价指数由台湾地区当局“行政院主计处”编制并发布。

我国大陆消费者价格指数的前身是职工生活费用价格指数。1926 ~ 1927 年,中国效法西方,在天津、上海与北平三大城市编制工人生活费指数,调查对象为不同类型的工人。新中国成立后,商业部物价局采用总值法(固定数量加权综合法)编制了京、津、沪三市的职工生活费用价格指数。1994 年,国家取消了职工生活费用价格总指数,开始编制居民消费价格总指数。全部商品和服务项目共分为食品类、衣着类、家庭设备及用品类、医疗保健用品类、交通和通讯工具类、娱乐教育文化用品类、居住类、服务项目类等八个大类和 43 个种类。根据实际情况,各地区可适当增加部分类别的商品和服务,但总的来说不超过 45 种。

我国大陆消费者价格指数可以通过以下六个步骤进行编制:第一步,选择代表商品和代表规格品。代表商品是那些消费量大、价格变动有代表性的商品。第二步,选择调查市县和调查点。消费者价格指数采用划类选择法抽选价格调查市县和价格调查点。第三步,调查并计算价格。首先定人、定点、定时地调查价格,其次利用简单算术平均法计算代表规格品的平均价格。将报告期平均价格除以基期平均价格便可代表规格品的单项指数(即个体指数)。第四步,权数的确定。消费者价格指数的计算权数根据10万多户城乡居民家庭消费支出构成确定。第五步,价格指数的计算。首先计算基本分类指数,进而利用加权平均的方法逐级计算类别指数及总指数,然后计算全省(区)指数,最后再计算全国指数。

计算基本分类指数时,首先利用几何平均方法月环比指数,计算公式为:

$$K_t = \sqrt[n]{G_{t1} \times G_{t2} \times \cdots \times G_{tn}} \times 100\% \quad (1)$$

其中,G_{t1}、G_{t2}、…G_{tn}分别为第1至n个规格品报告期t时刻价格与t-1时刻价格对比的相对数。其次,在月环比指数的基础上计算定基指数,计算公式为:

$$I_{基} = K_1 \times K_2 \times \cdots \times K_t \quad (2)$$

其中,K_1、K_2、…K_t分别表示基期至报告期间各期的月环比指数。我国大陆消费者价格指数的首轮基期为2000年,每5年更换一次基期。

计算了基本分类指数后,再逐级计算类别及总指数,计算公式为:

$$L_t = \sum \left(W_{t-1} \times \frac{P_t}{P_{t-1}} \right) \times L_{t-1} \quad (3)$$

其中,W表示权数;P表示价格;t和t-1分别表示报告期和报告期的上一时期;P_t/P_{t-1}表示本期环比指数。

全省(区)指数根据全省(区)城市和农村指数按城乡居民人均消费支出金额和人口数加权平均计算。全国城市(农村)指数根据各省(区、市)指数按各地人均消费支出金额和人口数加权平均计算。最后以城乡居民人均消费支出金额和人口数计算权重,计算全国城市和农村指数的加权平均数,即得全国指数。

第六步,指数的换算。换算公式为:

$$L_{环比} = \frac{报告期(月)定基指数}{上期(月)定基指数} \quad (4)$$

$$L_{同比} = \frac{报告期(月)定基指数}{上年同期(月)定基指数} \quad (5)$$

$$L_{年度} = \frac{本年累计定基指数的平均数}{上年累计定基指数的平均数} \quad (6)$$

消费者价格指数的应用主要体现在以下四个方面:

第一,测定通货膨胀。通货膨胀是货币发行过多,超过商品流通正常需要,引起物价上涨、货币贬值的一种经济现象。计算通货膨胀率的方法很多,最常见的是用消费者价格指数的增长率表示。

第二,反映居民购买力水平。消费者价格指数的倒数,就是货币购买力指数。消费者价格指数上升,意味着货币购买力下降,货币贬值;反之,消费者价格指数下降,意味着货币购买力上升,货币增值。

第三,测定职工的实际工资水平(或居民的实际可支配收入、实际消费支出水平)。为确切地反映职工实际生活水平的变动,可以用消费者价格指数来推算职工货币工资实际能够购买到的消费品和服务数量的变动,即计算职工实际工资指数。计算公式为:

$$职工实际工资指数 = \frac{职工平均工资指数}{消费者价格指数} \times 100\% \quad (7)$$

第四,计算不变价增加值。为使各行业各期的增加值具有可比性,需消除各期价格变动的影响,使现价增加值变成不变价增加值,计算公式为:

$$不变价增加值 = \frac{现价增加值}{消费者价格指数} \quad (8)$$

参考文献:

蔡利标:《香港消费物价指数的编制》,载于《粤港澳市场与价格》2008年第3期。

曹振良:《价格指数概论》,南开大学出版社1998年版。

丁西峰:《如何对当前居民消费价格指数进行分析》,载于《陕西综合经济》2005年第3期。

顾海兵:《居民消费价格指数统计仍需进一步完善》,载于《价格理论与实践》2001年第1期。

国家统计局城市社会经济调查总队:《居民消费价格指数将作重大修改》,载于《中国统计》2001年第1期。

李惠村:《日本消费物价指数的编制方法》,载于《现代财经-天津财经学院学报》1983年第2期。

上海统计局城市社会经济调查队:《上海流通和消费价格统计调查工作手册》,2002年。

苏月中:《我国居民消费价格指数的历史演变及其发展趋势》,载于《教育统计》2003年第3期。

徐国祥:《指数理论及指数体系研究》,上海财经大学出版社1999年版。

张英花:《中外消费价格指数统计方法比较研究》,载于《北京统计》2001年第1期。

徐强:《基于指数的宏观经济价格与物量测度论》,中国财政经济出版社2011年版。

(徐国祥　刘新姬)

投资者信心指数

Investment Confidence Index(ICI)

投资者信心指数是反映市场上投资者信心变动幅度和变动趋势的相对数。在当前的经济社会中,投资者信心是影响经济波动和经济环境表现的重要因素之一。投资者的信心提高时,投资倾向于增加,而信心下降则导致风险承担意愿的减少。投资者信心是由基本面、资金面、政策导向、制度变革、投资理念、投资者情绪等一系列因素综合作用的结果,投资者对于市场的看法可能受各种信息的影响,缺乏一致清晰的逻辑,并会随着外部环境的改变而做出快速调整。一般情况下,投资者都能感觉到信心的存在及作用,但是,却很难精确地加以度量,在很大程度上,信心是可意会而不可言传的。另一方面,由于不同的投资者面对不一样的环境,拥有不尽相同的信息以及迥异的个人特性。即使在同一个时点上,不同的投资者感受到的信心也是各异的。信心作为一种内心感受,也会随着外部环境的改变而调整。因而,仅凭局部的经验和非正式的观察很难及时全面地掌握投资者的信心状况及其波动。只有通过广泛、系统、定期和有效的调查,才能为了解投资者对市场的态度和观点提供有价值的信息。投资者信心指数正是基于以上目标而构建的,它可以作为反映一个国家或一个地区经济状况的重要参数,对投资者信心走向的准确、全面的了解将对金融市场研究、预测和监管提供重要的帮助。

关于投资者信心指数的研究与开发问题,尤以美国的投资者信心指数研究和使用最多,目前对投资者信心的研究中最负盛名的是由耶鲁大学经济学教授罗伯特·希勒(Robert J. Shiller)教授指导的耶鲁国际金融中心对美国证券投资者信心指数进行的研究项目。该项目是迄今为止历史最长的测量投资者信心和投资态度的定量研究,在相关市场产生了重要的影响。该指数从1984年开始收集问卷调查数据,首次发布于1989年,至今一直在连续定期发布,得到了机构投资者和个人投资者的普遍重视和应用。

由哈佛大学弗鲁特(Kenneth Froot)教授等研究开发的State Street投资者信心指数(The State Street Investor Confidence Index),是一个用于测量北美、欧洲和亚太地区投资者信心的指数。该指数与一般以调查为基础的指数不同的是它基于实际投资决策。在研究该指数过程中,Ken Froot教授等提出了一个研究模型,利用该模型对世界上非常成熟的投资者所持有的证券投资组合的配置变化和风险进行评估,投资者愿意投入至股票的份额越大,则存在的风险偏好和投资者信心越大。这项研究所涉及的投资者跨越了超过45个国家,每年的交易数超过2200万次。State Street投资者信心指数于2003年首次推出,并于2009年5月将基期重新定于一个新水平:指数高于100说明投资者将较多的资产配置于高风险中,投资者信心较好,指数低于100说明投资者将较少的资产配置于高风险中,投资者信心较差。

除此之外,还有很多其他类型的指数,比如由全球商业政策委员会(Global Business Policy Council)研究开发的外资直接投资信心指数。日本大阪大学的筒井喜郎教授和日本证券研究所的今矢文子共同研究开发的投资者信心指数于1989年开始发布。

在我国,关于投资者信心指数研究和开发起步较晚,从2005年7月开始,耶鲁大学国际金融研究中心和北京大学中国经济研究中心共同发起编制"耶鲁-CCER中国股市投资者信心指数"。该指数首次将中国股市投资者信心评估纳入标准化的全球投资者信心指数体系中,但是该指数近年在北京大学中国经济研究中心没有进一步的发布。

国海富兰克林基金与第一财经联合编制的"中国投资者信心指数(CIC)"于2011年4月11日正式发布,CIC指数综合反映中国投资者对宏观经济和资本市场的投资信心。该指数由宏观信心指数、即期信心指数和预期信心指数三个分指数组成。CIC指数取值介于0和100之间,50是信心强弱的临界点,表示投资者信心为中等水平。如指数越接近100,表示信心越强;反之,指数越接近0,表示信心越弱。

除此之外,我国还有高等院校编制了地方投资者信心指数,如上海财经大学从2007年第三季度开始正式发布的上海市投资者信心指数(SHUFE Investors Confidence Index,SHUFEICI)。该指数的发布及时、准确地反映了上海投资者信心和各主要方面的心态及其变化趋势,测定投资者投资信心总变动中投资环境、投资收益、宏观经济等因素的变动情况对总变动的影响。SHUFEICI指数由反映投资者多方面预期的一系列指数构成,其核心部分包括投资环境信心指数、企业家投资信心指数、机构投资者信心指数和个人投资者信心指数四种分类指数。

关于投资者信心指数的计算,有多种计算方法,例如,宋军(2003)在研究证券投资者信心指数中,将指数计算分为两个阶段,第一个阶段是确定各个分指标的计算方法,第二个阶段是通过加权平均方法组合各分指标,得到总的投资者信心指数。在计算时,先分别对个人投资者和机构投资者计算,然后根据上期成交量比例加权,得到所有投资者的信心指数。苏继伟(2004)在建立固定资产投资信心指数的过程中,运用扩散指数的方法进行指数计算。考虑不同行业、不同规模企业以及不同调查指标的重要性差异,在指数合成中进行了三次加权,从而使指数计算结果更为科学、合理。

参考文献:

鲁直、施欢欢:《证券市场投资者信心指数自议》,载于《证券市场导报》2008年8月。

苏继伟:《固定资产投资信心指数的测定和应用》,载于《陕西农业科学》2004年第3期。

宋军:《证券投资者信心指数开发研究》(研究报告),2003年5月16日,深证综研字第0072号。

王黎明、杨楠、徐国祥:《上海市投资者信心指数的测定及其应用研究》,载于《上海财经大学学报》2008年第4期。

徐国祥等:《统计指数理论、方法和应用研究》,上海人民出版社2011年版。

《耶鲁-CCER投资者情绪指数》(北京色诺芬信息服务有限公司研究报告),2009年10月。

国海富兰克林基金与第一财经研究院课题研究组:《第一财经·国海富兰克林基金中国投资者信心指数》,载于《第一财经日报》2011年9月3日。

《State Street投资者信心指数》,http://www. statestreet.com/investorconfidenceindex/。

徐强:《基于指数的宏观经济价格与物量测度论》,中国财政经济出版社2011年版。

(徐国祥 刘新姬)

消费者信心指数
Consumer Confidence Index(CCI)

消费者信心指数是反映消费者信心的变动幅度和变动趋势的相对数。最早由美国密歇根大学消费者调查中心的乔治·卡托纳(George Katona)于20世纪40年代后期提出的。第二次世界大战结束初期,美国经济学界许多人担心经济出现大萧条,但实际情况却完全出乎人们意料,消费者对未来经济发展表现出了极大的信心。对于这种预测失误,诺贝尔经济学奖获得者劳伦斯·克莱因(Lawrence Klein)认为是对消费者预期估计错误导致政策建议的失败。他认为,预测模型中应该增加消费者的收入、决定消费者的消费-储蓄决策变化的经济和心理因素的信息。由此,经济学界开始关注消费者的经济行为。1946年,密歇根大学的调查研究中心SRC(Survey Research Center)接受了美国联邦储备委员会的委托,进行居民家庭资产负债调查,目的是编制当年的财政平衡表。乔治·卡托纳设计了消费者调查的问卷。通过询问消费者对经济形势、对就业、收入、物价的看法入手调查消费者的收入和财产。问卷取得了成功,联邦储备委员会不仅取得了所需要的经济生活中的“硬数据”,且得到了消费者态度和看法方面的“软数据”。根据这一调查结果,卡托纳又进一步提出了计算消费者情绪指数ICS的方法。后来人们又将这种情绪称作“消费者信心”,故又称消费者信心指数。

目前世界上已有30几个国家和地区在编制和公布自己的消费者信心指数,还有地区性的组织在研究并发布地区范围的消费者信心指数。在美国,密歇根大学SRC的消费者调查问卷包括约50个问题,内容主要围绕个人财务状况和经济发展形势,调查消费者对目前的看法和对未来的预期。每个问题共3个选项:很好(提高)、不变(相同)、变差(下降)。SRC从1950年起每月定期在美国50个州随机抽取至少500个家庭进行电话调查,编制并公布每月消费者情绪(信心)指数。SRC指数的计算分为两步。首先,根据调查资料计算各题相对得分X_i。设:$X_{i乐}$为第i问题持乐观看法的消费者比例;$X_{i悲}$为第i问题持悲观看法的消费者比例;$X_i=X_{i乐}-X_{i悲}+100$,为第i问题的得分,$i=1,2,3,4,5$。其次,计算指数现状指数、预期指数和消费者信心指数分别见(1)式、(2)式和(3)式。

$$ICC=\frac{X_1+X_2}{2.6424}+2.0 \quad (1)$$

$$ICE=\frac{X_2+X_3+X_4}{4.1134}+2.0 \quad (2)$$

$$\text{消费者信心指数 } ICS=\frac{X_1+X_2+X_3+X_4+X_5}{6.7558}+2.0 \quad (3)$$

其中:“2.6424”和“4.1134”分别是1966年的现状问题和预期问题的得分和。“2.0”为自20世纪50年代起由于抽样设计调整采用的修正系数。从计算方法看,卡托纳的消费者信心指数取值在0~200之间。若指数大于100,说明多数消费者对经济发展形势持积极看法,对未来的收入预期看好,整体上消费者信心比较强。指数越高,消费者信心越强。理论上,100为中性值,说明消费者不存在倾向性态度和预期。

欧盟不单独编制和公布消费者信心指数,其消费者信心指数是公布的经济信心指数ESI(The Economic Sentiment Indicator)的组成部分。ESI是1985年设计的,旨在概括所有欧盟成员国的生产者和消费者对欧盟目前和未来的经济发展的态度、看法和判断,用来跟踪和监测部分地区或欧洲大陆整体的经济运行和景气周期。ESI是包括企业生产者和消费者在一起的市场各方参与者的信心指数。编制ESI时,采用问卷调查方式,对经济进行定性调查。主要调查消费者对过去1年和未来1年中家庭收入、国家经济形势、消费价格涨跌、目前的购买大件消费品时机、储蓄时机的判断和估计。在月度调查外补充部分季度调查内容,例如,未来1年购家用汽车等耐用消费品的态度。计算ESI时,共15个问题,其中反映消费者信心的有4个。从这4个问题可见,欧盟的消费者信心仅指消费者预期。ESI的计算可分为两步。第一步,汇总计算每个问题的比例差异结果。如某问题有3个选项:“积极”、“中立”和“消极”,分别用P、E和M表示各选项比例,每个问题的比例差异为:$B=P-M$。若有5个选项:“非常积极”、“积极”、“中立”、“消极”和“非常消极”,新增PP和MM符号,分别表示“非常积极”和“非常消极”,则每个问题的比例差异为:$B=(PP+0.5P)-(0.5M+MM)$。第二步,计算ESI。ESI是一个合成指数,4个产业的权数分别为:制造业为40%,服务业30%,消费者为20%,建筑业和零售业各为5%。首

先,计算各问题比例差异的标准分,计算公式为:

$$Y_{j,t} = \frac{X_{j,t} - \bar{X}_j}{S_j} \quad (4)$$

其中,

$$\bar{X}_j = \frac{1}{T'} \sum_{t=1}^{T'} X_{j,t} \quad (5)$$

$$S_j = \sqrt{\frac{1}{T'-1} \sum_{t=1}^{T} (X_{j,t} - \bar{X}_j)^2} \quad (6)$$

其中,$j = 1 \cdots 15$,问题 j 的均值和标准差是为 1990 年 1 月到当前月 T' 样本的简单算术平均值。其次,计算加权平均标准分 Z_j,计算公式为:

$$Z_t = \frac{\sum_j W_j Y_{j,t}}{(\sum_j W_j)_t} \quad (7)$$

W_j 是用各行业权数除行业问题数得到。最后,计算指数 ESI,计算公式为:

$$ESI = \left(\frac{Z_t - \bar{Z}}{S_Z}\right) \times 10 + 100 \quad (8)$$

其中,$\bar{Z}$为 Z_t 的平均数,S_Z 为 Z_t 的标准差。ESI 基数为 100,10 为标度因子。当指数大于 100 时,经济信心在平均值之上。

1997 年 12 月,中国国家统计局也开始着手中国消费者信心调查和指数的编制,并与 1998 年 8 月开始定期发布《中国消费者信心监测报告》。随后,我国一些地方统计局也开始编制地方消费者信心指数。在我国,由高等院校编制消费者信心指数的情况也较为常见。例如,上海财经大学从 2007 年第二季度开始编制并发布了上海市社会经济指数系列,这是第一个由高校发布、我国第一个城市指数系列;我国台湾中央大学从 1999 年每月编制"台湾消费者信心指数";首都经贸大学和中央财经大学联手我国香港、澳门及台湾的大学定期发布的海峡两岸和香港、澳门消费者信心指数,等等。

中国消费者信心指数由我国国家统计局景气监测中心每季度发布一次,目前主要通过对全国 20 个主要城市进行随机抽样的调查问卷编制而成。调查问卷的问题主要涉及五个方面,即:受访者对当前经济形势的判断、对家庭收入的看法、对目前购买商品时机的判断、对未来整体经济的判断以及对自身收入的评判。在对消费者进行调查过程中,抽样的地域比较广,覆盖了东部、西部、中部和东北四个区域,包括大中小城市,样本量超过 3400 份问卷。调查的方式为,一线城市通过在线访问,包括北京、广州和上海;其他城市通过电话访问;农村的调查样本,多半是采用固定样本、跟踪调查,以保证每次调查的可比性。

上海财经大学上海市消费者信心指数由上海市消费者评价指数和消费者预期指数组成,主要调查消费者对当前宏观经济形势、就业、收入变化、物价水平、耐用消费品购买时机的看法,以及对未来半年里经济发展形势、家庭收入、消费价格、购买时机、储蓄时机的预期。调查问卷涉及问题 30 个左右,参与指数计算的问题有 8 个,每季度调查一次。调查问题选项分为很好、较好、一般、较差和很差五档,各选项依次以 1、0.5、0、-0.5、-1 表示。首先,计算各问题的分值。假设:$PP_i, P_i, E_i, M_i, MM_i$ 分别表示第 i 个问题的上述五档选项的百分比。则第 i 个问题的得分值 I_i为:

$$\begin{aligned} I_i &= [(1 \times PP_i + 0.5 \times P_i) - (0.5 \times M_i + 1 \times MM_i)] \times 100 + \text{基数} \\ &= [PP_i + 0.5 \times P_i - 0.5 \times M_i - MM_i] \times 100 + \text{基数} \end{aligned} \quad (9)$$

若计算的问题选项为三档,则各问题的得分计算公式为:

$$I_i = (P_i - M_i) \times 100 + \text{基数} \quad (10)$$

其中,基数设定为 100,与我国经济指数的数值表示形式保持一致。

其次,采用算术平均的方法计算各分类指数和总指数。指数值介于 0~200 之间,100 为中性值。大于 100 时,表示消费者信心整体偏向乐观。指数值越高,表示消费者整体信心越强。

参考文献:

郭洪伟:《我国消费者信心指数编制及存在的问题》,载于《商业时代》2010 年第 33 期。

郭洪伟:《消费者信心指数的编制比较》,载于《中国统计》2010 年第 6 期。

李晓玉、常宁、陈颖:《上海财经大学上海市消费者信心指数编制研究》,载于《上海财经大学学报》2008 年第 5 期。

李晓玉:《消费者信心指数的理论背景与实际意义》,载于《统计教育》2006 年第 1 期。

徐国祥等:《统计指数理论、方法和应用研究》,上海人民出版社 2011 年版。

钟铭:《消费者信心指数编制方法》,载于《广东经济》2004 年第 5 期。

Abraham, Katharine G., Toward a Cost-of-Living Index: Progress and Prospects, *Journal of Economic Perspectives*, Vol. 17, No. 1, 2003.

Abraham, Katharine G., Greenlees, John S.; and Moulton, Brent R., Working to Improve the Consumer Price Index, *Journal of Economic Perspectives*, Vol. 12, No. 1, 1998.

Boskin, M. J. Dulberger E. R., Gordon R. J. et al., Consumer Prices, the Consumer Price Index, and the Cost of Living, *The Journal of Economic Perspectives*, Volume 12, Issue 1, 3-26, 1998.

Lawrence Klein, A Post-mortem on Transition of National

Product, *Journal of Political Economy*, 1946, 54(4).
Richard T. Curtin, *The Intersection of Psychology and Macroecnomics*, University of Michigan Press, 2001: 1-3.

（徐国祥　刘新姬）

通货膨胀的测算方法
Measurement of Inflation

通货膨胀是社会整体的物价水平在一段时间内出现持续上涨的现象。凯恩斯学派认为，通货膨胀的产生是由社会总需求与总供给所决定的，是社会经济中相关生产资料的稀缺性决定的；货币学派认为，通货膨胀主要是一种货币现象，通货膨胀只有在货币数量的增长比产量的增长更快时才能产生。

按照通货膨胀率的高低及其影响程度，可将通货膨胀分为爬行的通货膨胀、温和的通货膨胀、恶性通货膨胀和超级通货膨胀。其中，爬行的通货膨胀是指一般物价水平上涨幅度在1%～3%，该类通货膨胀一般不会对经济发展带来不利影响，相反有时还会起到促进经济增长的作用；温和的通货膨胀是指一般物价水平上涨幅度在3%～10%；恶性通货膨胀是指年通货膨胀率在10%～100%；超级通货膨胀是指通货膨胀率在100%以上。

不同程度的通货膨胀水平对经济产生的影响存在很大差异，故能否对通胀状况进行正确的测度便显得极为重要。

目前，国内外一般运用以下三个指标来衡量通货膨胀率：

（1）生产者价格指数（PPI）（见相应词条）。

（2）消费者价格指数（CPI）（见相应词条）。

（3）国内生产总值（GDP）平减指数。该指标是将国内生产总值的名义值转化为实际值的价格指数，即按当年价格计算的国内生产总值与按基期价格计算的国内生产总值的比率，是一个能综合反映物价水平变动情况的指标。GDP平减指数的计算公式为：

GDP平减指数＝［（名义GDP）/（实际GDP）］×100%

GDP平减指数与CPI的区别主要体现在三个方面：①GDP平减指数衡量生产出来的所有产品与服务的价格，而CPI只衡量消费者购买的产品与服务的价格。因此，企业或政府购买的产品的价格变动反映在GDP平减指数上，而不反映在CPI上。②GDP平减指数只包括国内生产的产品，故进口品价格的波动并不会反映在GDP平减指数上，而消费者购买的产品中既包括本国产品，又包含国外产品，故进口品价格的波动会在CPI指数上有所反映。③CPI是对固定的一篮子产品来计算的，而GDP平减指数允许篮子内的产品种类发生变化。例如，某一种产品在该国本年内并没有生产，但是仍有消费，故该种产品的价格波动只反映在CPI中，并不在GDP平减指数中反映。

能否准确地对通货膨胀率进行测算，对于一个国家财政与货币政策的制定至关重要。由于传统的通货膨胀测算指数并不能很好地度量物价的变化趋势，近年来核心通胀便成为人们关注的热点。核心通胀在政策层面的最早探讨出现在1972年美国《总统经济报告》中，而在理论层面上，一般认为，核心通胀作为术语最初是由埃克斯坦于1981年提出的。目前测度核心通胀的方法主要有五种：

第一，扣除法。将构成篮子的各个分类子项中价格易受供给影响、短期波动最为频繁的项目扣除，然后重新分配其他子项的权重后再计算出调整后的通货膨胀率即为核心通货膨胀率。比如，最常见的是剔除食品和能源价格后所得到的核心CPI。欧元区和英国剔除能源和未加工食品价格后得到核心CPI；日本剔除包括间接税、鲜菜价格等的8个最大波动项后得到核心CPI；秘鲁剔除食品、水果、蔬菜、市内交通等9项后得到核心CPI。在我国，核心通胀率通常是通过剔除食品因素后得出的。扣除法的优点在于简单易行、易于解释，同时由于方法简单透明，可防止数据的人为主观调整。

第二，截尾平均法与加权中位数法。由于核心通胀率试图度量通胀的中长期趋势，从统计的概率分布来讲，与靠近价格波动分布中间的变动相比，处于分布两尾的变动一般可能蕴含了关于通胀趋势更少的信息，极端的分布则可能反映的是季节性变动或噪声，也可能是不完全有弹性的价格变动。具体来说，截尾平均法就是：首先，在每个CPI测量期间，将CPI篮子中价格变动最大和最小的分类指数均按一定的百分比扣除；其次，再将剩余子项权重重新分配，由此计算出调整后的通货膨胀率即为核心通货膨胀率。加权中位数法（Median）其实是截尾平均法的特殊情形。在每个测量期间，将篮子中每个分类指数的价格变动均计算出来，然后按价格变动的幅度大小将每个分类指数排序，价格变动幅度处于中位数的那个分类指数的价格变动率即为核心通货膨胀率。

第三，方差加权价格指数法。该方法用物价子项的方差大小占总方差的比重来调节子项的权重。这种方法的根本思想与截尾平均法相同，但截尾平均法是将波动大的信息完全剔除，而方差加权价格指数法对在截尾平均法和扣除法中被剔除但可能含有通货膨胀长期趋势信息的分类指数（如食品）并未完全舍弃，只是赋予了较小的权重，而且权重可以随着时间的变化不断进行调整。

第四，平滑技术法。就是使用简单移动平均法、季节调整法，或者Hodrick-Prescot滤波法，消除或减少价格指数中的短期波动，从而将暂时性的通货膨胀波动分离出来，剩下的长期成分即为核心通货膨胀。很多欧洲国家在20世纪80年代测算核心通货膨胀率时使用了这种方法。

第五,模型法。随着计量经济学技术的发展,开始出现了运用经济理论模型度量核心通货膨胀的方法。该方法对核心通胀的基本过程及其与CPI表示的通胀偏差给予了明确的经济学解释,并试图利用其他变量与核心通胀可能存在的潜在关系来获取对核心通胀更准确的度量,但由于缺少一个大家一致认可的模型,且过程较为复杂,结果不易理解、解释和再次校验,因此,模型法很少被统计部门或央行采用。

基于透明度、公信力等角度的考虑,扣除法是各国统计部门测量核心通胀率所广泛使用的方法。与此同时,为了追求对物价趋势更精准的把握,不少国家央行也将截尾平均法、加权中位数法等作为内部使用、检验核心通胀率的测算方法。

参考文献:

王金明:《我国通货膨胀决定因素的计量分析》,载于《统计研究》2012年第4期。

[美]罗伯特·C·盖尔:《经济学:基本原理与热点问题》,武汉大学出版社2007年版。

[美]N. 格里高利·曼昆:《宏观经济学》,中国人民大学出版社2009年版。

龙革生、曾令华、黄山:《我国核心通货膨胀的实证比较研究》,载于《统计研究》2008年第3期。

汪圣明、鲁政委、肖丽:《核心CPI:概念及应用》,载于《中国金融》2010年第5期。

傅强、朱映凤:《通货膨胀及其影响因素的动态分析》,载于《华东经济管理》2011年第4期。

Friedman, M., *Inflation: Causes and Consequences*, Asian Publishing House, 1963.

(陈黎明)

区域经济结构统计

Structure Statistics of Regional Economy

区域经济结构统计,是指从整个国民经济地域分布特点角度进行结构划分的统计指标及其分析;也可以是从单个区域经济结构特点角度统计形成的度量指标。

第一,描述区域经济整体结构的统计指标。从宏观角度反映区域经济的均衡程度,可以采用产值密度变异系数、产值区域分布总差数、产值区域分布的基尼系数和区域产值集中指数等统计指标。

产值密度变异系数。区域产值密度(x)是用区域单位面积上的产出(这里的产出,可以是国内生产总值等经济总量指标)的多少来反映经济活动区域分布状况的指标,其计算公式是:

$$x = \frac{\text{本区域内国内生产总值}}{\text{本区域地理面积}}$$

由于经济发展的空间不平衡性,各区域的产值密度也各不相同。为了从总体上反映区域经济发展水平的差距,可以计算产值密度的标准差,但变异系数不仅取决于变量的离散程度,而且取决于变量平均值的高低。产值密度平均值呈单向递增趋势,从而导致产值密度标准差时间序列的扩大趋向。为了消除这种影响,更准确地反映产值区域分布的不均衡程度及其倾向,就需要计算产值密度变异系数。

设全国区域个数为n,各区域产值密度为x_i,各区域产值密度平均值为$\bar{x}$,产值密度标准差为σ_x,产值密度变异系数为υ_x,其计算公式是:

$$\upsilon_x = \frac{\sigma_x}{\bar{x}} = \frac{1}{\bar{x}}\sqrt{\frac{\sum_{i=1}^{n}(x_i - \bar{x})^2}{n}}$$

同理,也可以计算各区域人均产值的变异系数。产值密度变异系数是从经济发展与地域空间的联系来反映区域经济结构状况的,而人均产值变异系数则是从经济发展与区域人口的联系来反映区域经济结构状况的。以上变异系数计算公式的应用前提是所研究区域的规模比较接近。而所研究的区域规模相差很大时(如我国省级行政区,无论是人口规模还是地域面积规模差别都相当大),计算这类变异系数,就应当采用加权变异系数公式,以便更准确、更客观地反映区域分布的不均衡程度。如计算各区域人均产值变异系数就要以各区域的人口比重(p_i)为权数,其计算公式是:

$$\upsilon_{x\omega} = \frac{1}{\bar{x}}\sqrt{\frac{\sum_{i=1}^{n}(x_i - \bar{x})^2 p_i}{\sum_{i=1}^{n} p_i}}$$

这个公式就是反映人均收入水平区域总体差异程度的威廉逊系数。式中,变量x表示人均产值;p_i为i区域的人口数。同样,平均数$\bar{x}$也应当采用加权算术平均数公式计算。

产值区域分布总差数。产值区域分布总差数是一国内各区域国内生产总值比重与其人口比重(或地理面积比重)之差绝对值的总和,即:

$$\text{产值区域分布总差数} = \sum_{i=1}^{n}\left|\frac{Y_i}{\sum_{i=1}^{n} Y_i} - \frac{P_i}{\sum_{i=1}^{n} P_i}\right|$$

式中,Y为国内生产总值;P为人口数;i为区域个数。

产值区域分布总差数具有如下性质:其一,是一个说明区域经济结构的综合性指标,既可以对不同空间的同一指标作横向比较,也可以对不同时期的同一指数作纵向比较,还可以与其他区域分布差数指数(如人口区域分布总差数)作对比分析。其二,取值范围是 0 ~ 2 之间。其三，是一个逆指标，数值越接近 0，区域经济分布就越均衡；反之，数值越接近 2，则区域分布越不均衡。

由于区域产值分布总差数的指标数量级较小，不利于比较，而且是一个逆指标，所以，在实际计算时可作如下调整：将总差数除以 2，化为 0 ~ 1 区间的数，再用 1 减之，化成正指标，最后乘上一个正整数（如 100），将其放大，即：

$$\text{产值区域分布总差数} = 100 \times \left(1 - \frac{1}{2}\sum_{i=1}^{n}\left|\frac{Y_i}{\sum_{i=1}^{n} Y_i} - \frac{P_i}{\sum_{i=1}^{n} P_i}\right|\right)$$

区域产值集中指数。区域产值集中指数是指集中了全国一半产值的区域人口在全国总人口中的比重，其计算公式为：

$$C = (1 - H/T) \times 100$$

式中，T 为全国总人口数；H 为集中了全国一半产值的地域人口数，计算 H 时需将各区域的国内生产总值从高到低依次排列，然后顺次相加到占全国国内生产总值的一半时为止。

区域产值集中指数说明了区域经济结构的不均衡程度，它是一个适度指标。当 C = 50 时，各区域经济分布最均衡；C 值向 100 或 0 趋近，则说明过少的人口集中了过多的国内生产总值，也就是区域经济发展分布不均衡。

产值区域分布的基尼系数。计算产值区域分布的基尼系数可采用如下公式：

$$\text{产值区域分布基尼系数} = \sum_{i=1}^{n}\left(\frac{A_i}{\sum_{i=1}^{n} A_i} \cdot \frac{Y_i}{\sum_{i=1}^{n} Y_i}\right) + 2\sum_{i=1}^{n}\left[\frac{A_i}{\sum_{i=1}^{n} A_i}(1 - K_i)\right] - 1$$

式中，K_i 为各区域的国内生产总值比重累计数，$K_i = \frac{x_i}{\sum_{i=1}^{n} x_i} + K_{i-1}$。

产值区域分布的基尼系数具有如下性质：其一，与产值区域分布总差数、产值密度变异系数等指标相同，也是一个说明产值区域分布整体结构的综合性指标。其二，属于结构相对数，取值范围在 0 ~ 1 之间。其三，是以零为标准值的逆指标，指标数值越小，说明区域经济分布越均衡；反之，指标数值越大，则区域经济分布越不均衡。其四，具有几何直观性，一个基尼系数值可以对应着无数条洛伦茨曲线，因此可以用相对应的洛伦茨图表现并比较其发展变化。

以上四个指标，都可用于区域经济分布整体结构的描述分析；但是它们衡量区域均衡的标准不同。变异系数衡量总体差距的标准是实际收入水平的平均数；而基尼系数衡量总体差距的标准则是理论上的累计收入水平的平均数，几何意义上即洛伦茨图中的绝对平均线（对角线）；绝对平均线意味着无论多大比重的人口一定对应着相同比重的收入总量水平。这种内在一致性保证了两种指标结论应该是一致的。集中指数则以 50% 的人口（或地域面积）占有 50% 的收入总量那一点为衡量标准，其几何解释则是以洛伦茨图中对角线上 X = Y = 50 为衡量标准，集中指数值不过是当 Y = 50 时 X 的对应值。它与基尼系数属于同类型的方法，只是计算上比基尼系数简单，当然也更粗糙；它不能反映除 Y = 50 以外各点的均衡状况。因此，指标运算所使用的信息量越少，指标相对越粗糙，效能也就越差。所以，应当把它们结合起来运用，以便更准确地揭示区域布局整体结构的特征。

第二，描述区域经济结构特点的统计指标。描述区域经济结构特点的指标，是指反映区域经济发展与一般水平相比的差异程度、区域专门化产业的状况以及区域经济发展优势等方面的统计指标。

产值密度比例。产值密度比例定义为各区域产值密度与全国产值密度平均值之比，即：

$$\text{产值密度比例} = \frac{x_i}{X_i} = \frac{Y_i/A_i}{\sum_{i=1}^{n} Y_i / \sum_{i=1}^{n} A_i} = \frac{Y_i/\sum_{i=1}^{n} Y_i}{A_i/\sum_{i=1}^{n} A_i}$$

式中，X 为产值密度；Y 为国内生产总值；A 为土地面积；i 为全国区域个数。

产值密度比例是分区域计算的，它反映了该区域经济发展与全国平均水平的差异程度。同理，也可以采用“人均产值比例”指标，其计算方法和性质与产值密度比例类似。

产值密度比例指标取值以 1 为标准，区域比例越接近 1，说明该区域经济发展与平均水平的差距越小；大于 1，说明该区域经济发展高于平均水平；小于 1，则低于平均水平。

区位商和区域专门化率。区位商是衡量区域某产业专业化水平的指标。其计算公式为：

$$Q_{ij} = h_{ij}/H_j \quad (i = 1, 2, \cdots, n)$$

式中，Q_{ij} 为 i 区域 j 产业的区位商；h_{ij} 为 i 区域 j 产业的国内生产总值（或就业人数）在本区域国内生产总值（或总就业人数）中的比重；H_j 为全国 j 产业国内生产总值（或就业人数）在国内生产总值（或总就业人数）中的比重。

如果 $Q_{ij} > 1$，那么 j 产业就是 i 区域的专门化产业，Q_{ij} 值越大，专门化程度越高。

区域资源优势系数和生产能力裕度系数。区域资源优势系数可分为绝对优势系数和相对优势系数。绝对优势系数是区域某产业关键资源的拥有量与全国总拥有量之比；相对优势系数是区域某产业关键资源的人均占有量与全国人均占有量之比。必须把资源的绝对优势和相对优势结合起来考虑,才能正确估价资源潜力,充分发挥区域资源优势。区域资源优势系数值越大,说明该区域发展某产业的资源优势越充分。

区域生产能力裕度系数是区域某产业现有生产能力与标准生产能力之比。其中,标准生产能力要根据具体情况来确定。若该产业以资源约束为主,则标准生产能力是该产业在本区域关键资源合理开发条件下应达到的生产能力;若该产业以市场需求约束为主,则标准生产能力采用该产业现有市场及潜在市场的需求量来代替;如果是两种约束并存,则可用加权的方法来确定标准生产能力。

效率工资系数。人力资本优势与劳动力绝对成本和相对成本有关。效率工资系数是表明一个区域劳动力资源相对优势的指标,也叫做卡尔多系数。其计算公式为:

$$\text{效率工资系数}=\frac{\text{某区域单位劳动力货币工资}}{\text{该区域劳动生产率}}\times 100\%$$

效率工资系数指标把劳动力工资水平与其素质结合起来考虑,可以准确地反映区域的劳动力资源优势程度。

从形成投资引力角度看,效率工资系数是一个逆指标,它的数值越低,说明为取得一个特定生产效率需付出的工资越少,该区域劳动力资源优势越充分。在有的区域经济结构研究中,计算效率工资的分子和分母采用了货币工资指数和劳动生产率指数,这种处理实际上反映的是效率工资的动态。

在研究区域经济结构特点时,也可以计算两个不同区域的结构相似性系数和结构偏离度系数,以反映区域间经济结构上的距离。

参考文献:
邱东、杨仲山等:《当代国民经济统计学主流》,东北财经大学出版社 2004 年版。
邱东:《国民经济统计学》,东北财经大学出版社 2001 年版。
白雪梅等:《地区基本资源优势度的综合比较研究》,载于《财经问题研究》1998 年第 9 期。
李刚等:《谈变异系数在区域比较中的应用问题》,载于《统计研究》1999 年第 S1 期。
王维国等:《我国区域城市化水平的度量》,载于《财经问题研究》2002 年第 8 期。

(肖红叶)

贫困统计
Poverty Statistics

贫困是经济、社会、文化贫困落后现象的总称,但首先是指经济范畴的贫困,即物质生活贫困。可定义为一个人或一个家庭的生活水平达不到一种社会可以接受的最低标准。奥本海姆(Oppenheim,1993)认为:“贫困是指物质上的、社会上的和情感的匮乏,它意味着在食物、保暖、衣着方面的开支要少于平均水平。”而世界银行(2001)认为:“贫困不仅仅指收入低微和人力发展不足,它还包含人对外部冲击的脆弱性,包括缺少发言权、权力和被社会排斥在外。”贫困统计主要研究如何对贫困进行判定和数量测定,如何运用统计描述方法反映贫困人口的经济特征和社会特征,相关的统计结果对于贫困理论研究与实践具有重要的基础性支撑作用。

第一,贫困线的测定。贫困线是一个收入界限,若社会个体的收入小于这一界限,即为贫困成员,反之为非贫困成员。但由于社会生活的复杂性及个体情况差异,这一收入界限较难确定。贫困线概念有绝对贫困线和相对贫困线之分,在绝对贫困线以下的贫困人口可通过提高其收入达到消除贫困的目的;而相对贫困线理论中贫困线的确定会随全社会生活水平的提高而提高,因此社会在任何时段都会存在一定数量的相对人口。

测定贫困线的方法主要有以下几种:

市场菜篮子法。又称“标准预算法”,是指根据维持个人或家庭最基本的生活需要罗列出物品的种类及其数量,然后依据市场价格计算相应的货币金额,收入低于这一货币金额的人群界定为贫困人口。例如英国是先确定保证健康的最低收入,再将这一最低收入乘以 120% 或 140% 计算贫困线,美国是用农业部测定的保证最低需要食品的价值量乘以 3 作为贫困线。

恩格尔系数法。恩格尔系数是指食品支出总额占个人消费支出总额的比重,由 19 世纪德国统计学家恩格尔提出。恩格尔根据统计资料,对消费结构的变化得出一个规律:一个家庭收入越少,家庭收入中(或总支出中)用来购买食物的支出所占比例就越大,随着家庭收入的增加,家庭收入中(或总支出中)用来购买食物的支出比例则会下降。国际上常常用恩格尔系数来衡量一个国家和地区人民生活水平的状况,一个国家或家庭生活越贫困,恩格尔系数就越大;反之,生活越富裕,恩格尔系数就越小。根据联合国粮农组织提出的标准,恩格尔系数在 59% 以上为贫困,50% ~59% 为温饱,40% ~50% 为小康,30% ~40% 为富裕,低于 30% 为最富裕。

恩格尔系数法的优点是简单易行,便于理解。缺点是各国在消费结构和价格水平上往往有较大差异,因此难以运用统一的恩格尔系数确定贫困线标准。

生活形态法。生活形态法从生活形态入手展开调查,调查表中提出一系列与人们生活方式和消费行为等相关的问题,根据调查者的反馈,选择若干“缺憾指标”,再根据这些“缺憾指标”确定哪些人属于贫困者。

生活形态法的优点在于既考虑了贫困者在物质方面的缺憾,又顾及了他们在社会文化等方面的缺憾,综合了物质贫困和精神贫困两方面的因素,缺点是缺憾指标的选择和调查者的回答具有一定的主观性。

国际贫困标准法。将不同国家的贫困定义统一起来,使社会救助制度及社会保障制度确立在相同的国际贫困标准之上,已成为亟待解决的问题之一。基于这一考虑,在20世纪70年代中期,经济合作与发展组织对其成员国的社会救助标准作了一次调查。调查结果发现大多数成员国的个人社会救助标准大约相当于个人社会中位收入的2/3,于是提出以此作为制订贫困线的基础,并据此推算出两口之家(一对夫妇)的社会救助的标准相当于个人社会中位收入。1979年,贝克曼参考上述数据,计算出一整套系统的国际贫困标准。他以英国政府的社会救助量度表为基础,为不同人口规模的家庭制定出不同的贫困标准,即单身救助对象的贫困标准相当于个人社会中位收入的50%,两口之家的贫困标准相当于个人社会中位收入或两口之家的社会中位收入的50%,三口之家的贫困标准相当于三口之家的社会中位收入的50%,以此类推。欧洲共同体也正在为欧洲的贫困线的统一作出努力,在欧洲反贫困计划中将界定贫困的标准具体落实到每一个成员国的成人可自由使用的平均收入的50%,以此为基础,12个成员国对贫困的统计统一了口径。

国际贫困标准法的优点在于简单、易操作,也利于不同国家之间的比较。但此方法受到了一些学者的质疑,例如国际贫困标准提出的"占社会中位收入或平均收入的50%"的定值是否能在国际上通用,也是值得怀疑的。事实上,有许多国家和地区的贫困线都只占本国或本地社会中位收入或平均收入的30%~40%,如美国、日本、加拿大、中国台湾,等等。

第二,贫困指数。贫困线测定的主要作用在于贫困的识别,而并未涉及贫困程度的测定。贫困指数是贫困程度的度量指标,同时也可以用于评价反贫困成效的好坏。

贫困发生率。又称贫困人口比重指数,指可支配收入(或消费支出)低于贫困线的人口在总人口中所占的比重,是测度贫困的广度指标,计算公式为:$P_1 = \frac{n}{N}$。贫困发生率的特点是:一旦确定了贫困线,贫困发生率就可以简单地概括一个国家或地区贫困相对范围的大小,比较简单直观。不足之处在于过于粗略,包含的信息量少,无法反映贫困人口内部的收入分布状况,不能全面反映贫困程度。

贫困深度指数。又称贫困差距指数,基于贫困人口收入水平(或消费水平)相对于贫困线的累加贫困差距,是建立在贫困人口收入水平相对于贫困线的距离基础上的。计算公式为:

$$P_2 = \frac{\sum_{i=1}^{n}\left[1 - \frac{\mu_i}{X^*}\right]}{N}$$

μ_i 表示第 i 个贫困人口的收入水平,X^* 为贫困线,n 为贫困人口,N 为总人口。

在贫困发生率一定的条件下,P_2 的值越大,说明贫困人口的收入水平偏离贫困线越远,贫困程度越严重。虽然贫困深度指数在一定程度上反映了贫困人口分布的变化,但仍不能全面地反映贫困人口分布的实际情况。

贫困相对程度指数。刘建平、王选选(2003)提出了贫困相对程度指数,其计算公式为:

$$P_4 = F(X^*)\frac{X^* - \mu^*}{\mu}$$

其中,$F(X^*)$ 表示贫困发生率,X^* 表示贫困线,μ^* 表示贫困人口的平均收入,μ 表示全部居民的平均收入。

贫困相对程度指数可解释为:为了能使每一个贫困线以下的贫困人口的收入提高到贫困线规定的收入(脱贫),需要从非贫困人口转移到贫困人口的收入占总收入的比重。据此我们可以计算出要使所有的贫困人口脱贫所需要的财力,衡量该地区对扶贫资金的承受能力,为民政等有关社会保障部门确定扶贫资金的总规模提供依据。

以上三个指数分别从广度、深度方面反映了贫困的程度,能比较全面地反映贫困的分布状况,但不能为政府提供这些人口究竟需要多大的财力可以脱贫的依据,也不能说明贫困相对于整个社会的程度。还有一些学者从伦理和社会福利的角度,认为贫困即代表社会福利丢失,运用社会福利函数来测度贫困,如布兰科比和唐纳森(Blackorby and Donaldson,1980)提出的BD贫困指数、查克拉瓦蒂(Chakravarty,1983)提出的Ch贫困指数、沃恩(Vaughan,1987)提出的V指数等。基于社会福利方法构建的贫困指数都具有明确的经济意义,考虑到了贫困者内部的不平等,但由于社会福利函数的不确定性,实际应用中受到一定的限制。

在近年的贫困测度研究中,关于贫困的多维度测度指数,如海格拉斯(Hagenaars,1987)提出的HM指数,联合国发展计划署(UNDP,1997)构建的HPI人类贫困指数等较有影响力。赛瑞丽和尚尼(Cerioli and Zani,1990)利用模糊理论给出了计算贫困指数的步骤。总的来看,贫困的多维属性和模糊测度是客观科学的,但在实践中操作性不强。

参考文献:

刘建平、王选选:《贫困程度测度方法与实证分析》,载于《暨南学报(哲学社会科学)》2003年第3期。
邱东、蒋萍等:《国民经济统计前沿问题(下)》,中国统计出版社 2008 年版。
洪兴建:《贫困指数理论研究述评》,载于《经济评论》2005 年第 5 期。
张建华、陈立中:《总量贫困测度研究述评》,载于《经济学季刊》2006 年第 5 卷第 3 期。
Oppenheim, *Poverty: the Facts*, London: CPAG, 1993.
UNDP. *Human Development Report*. Oxford: Oxford University Press, 1997.
Blackorby, C. , and D. Donaldson, A Theoretical Treatment of Indices of Absolute Inequality, *International Economic Review*, Vol. 21, No. 1, Feb. , 1980.
Chakravarty, S. R. , Ethically Flexible Measures of Poverty, *Canadian Journal of Economics*, 16, 1983.
Cerioli, A. and Zani, S. , A Fuzzy Approach to the Measurement of Poverty, in C. Dagum and M. Zenga, eds. , *Income and Wealth Distribution, Inequality and Poverty. Studies in Contemporary Economics*, Springer Verlag: Berlin, 1990.
Vaughan, R. , Welfare Approaches to the Measurement of Poverty, *Economic Journal*(Conference), 98, 1987.
Aldi Hagenaars, A Class of Poverty Indices, *International Economic Review*, 1987.

（罗良清　平卫英）

数据公布的国际标准
Data Dissemination Standard

数据公布的国际标准主要是指由国际货币基金组织(IMF)提出的两套数据公布标准:一般数据发布制度(General Data Dissemination System, GDDS)和特别数据发布标准(Special Data Dissemination Standard, SDDS)。

这两套数据标准的提出与 20 世纪 90 年代发生的金融危机直接相关。1994 年的墨西哥金融危机,导致国际金融市场剧烈动荡,1997 年的东南亚金融危机影响了亚洲乃至整个世界。两次金融危机使得以稳定成员国汇率、维持成员国国际收支平衡为主要职能的国际机构——国际货币基金组织认识到,只有在信息充分、制度健全、执法严格的情况下,市场经济才能更好地运作。在总结经验教训的基础上,IMF 认为,在新的国际经济、金融形势下,必须制定统一的数据发布标准,使各成员国按照统一程序提供全面、准确的经济金融信息。在这样的背景下,统计数据的质量得到广泛重视,诞生了两套国际标准。1996 年 3 月,IMF 颁布了 SDDS,要求参加国报告主要宏观经济和金融数据,以及生产和发布这些数据的过程及对数据的诠释,并对数据发布的频率、时效性、诚信度、公开性和透明度等方面作了具体规定,指明凡是满足了这些要求的国家才可加入。SDDS 主要适用于已经或寻求进入国际资本市场的国家,由于这一标准要求较高,参加国基本上都是具有良好统计基础的国家,有鉴于此,1997 年 12 月,IMF 又颁布了 GDDS。与 SDDS 不同的是,GDDS 在加入方面没有严格的条件限制,只要求参加国承诺用 GDDS 作为统计体制发展的框架。加入 GDDS 也不要求参加国提供统计数据,而只是描述该国统计体制的现状,并根据 GDDS 的总体框架提出改进统计体制的计划。之后,IMF 根据每个国家的不同情况给予技术援助和培训,帮助参加国逐步改革原有的统计体制,最终达到国际社会接受的统计标准。GDDS 适用于所有成员国,特别是适用于统计基础比较薄弱的发展中国家。从某种意义上说,GDDS 是 SDDS 的基础,或是通往 SDDS 的桥梁。

SDDS 和 GDDS 的基本框架一致,都是从四个维度来指导数据的生产及公布:数据的范围、频率和及时性;所公布数据的质量;所公布数据的完整性;公众对数据的可获得性。在统计范围方面包括实际部门、财政部门、金融部门、对外部门以及社会人口部门的核心数据,指标体系基本相同,只是 GDDS 把 SDDS 的人口数据扩展为社会人口数据,增加了一些关于教育、健康和贫困的指标。

维度一主要强调数据统计范围、数据公布频率和公布的及时性。对每一部门各选定一组能够反映其主要活动,并且有助于帮助理解经济发展和结构变化的最为重要的数据类别。系统提出了五大部门综合框架和相关的数据类别以及指标编制、公布的目标,鼓励以适当的、反映成员国需要和能力的频率和及时性来开发和公布指标。GDDS 选定的数据类别和指标分为规定的和受鼓励的两类。规定的数据类别包括:(1)来自综合框架中的核心部分,如实际部门的国民账户总量、财政部门的中央政府预算总量、金融部门的广义货币和信贷总量、对外部门的国际收支总量。(2)追踪分析统计类目,如实际部门的各种生产指数、财政部门的中央政府财政收支和债务统计、金融部门的中央银行分析账户、对外部门的国际储备和商品贸易统计。(3)与该部门相关的统计指标,如实际部门的劳动市场和价格指数统计。(4)社会人口数据,包括人口、保健、教育、卫生等方面统计。除规定的数据类别以外,GDDS 鼓励成员国发布更多的统计信息,以增强成员国经济实绩和政策的透明度。如实际部门列出储蓄、国民总收入指标,财政部门列出利息支付和偿债预计统计等。

SDDS 则将选定的数据类别分为:必须的、受鼓励和"视相关程度"三类。与 GDDS 相比,SDDS 中必须的数据没有包括社会人口数据。除必须公布的数据外,SDDS 还提供了一些受鼓励的指标和"视相关程度"指标。如国民账户中的储蓄、国内总收入是受鼓励的指标,股票市场中的股票价格指数为视相关程度指标。

两套标准都鼓励改进数据的公布频率。GDDS 对列出的数据类别的公布频率作了统一规定。例如，GDDS 要求国民账户体系、国际收支平衡表按年公布，广义货币概览按月公布，汇率则每日公布。而 SDDS 则对数据公布频率和及时性提出了更高的要求，目的是使社会公众对数据的掌握更快、更新，能够更好地理解和把握经济运行。

维度二主要强调数据质量。GDDS、SDDS 选定两条规则作为评估统计数据质量的标准：一是成员国提供数据编制方法和数据来源方面的资料；二是提供每个部门（如实际部门）的分类细项、相关的统计数据编制，以及支持统计交叉检验并保证数据合理性的统计框架。

维度三强调数据的完整性。为了监督统计数据的完整性，GDDS、SDDS 规定了 4 条检查规则：一是成员国必须公布编制统计数据的条件和规定，特别是为信息提供人保密的规定。为信息提供人保密是形成使用者对官方统计客观性信任的关键所在，GDDS、SDDS 建议在国家的统计立法和统计主管官员权限中反映出来，或者明文规定官方必须为个人调查答卷保密。二是关于数据公布前政府机构从内部获取数据的说明。三是政府部门在数据公布时的评述。四是必须提供数据修正方面的信息并提前通知统计方法的重大修改。

维度四则强调公众对数据的获取性。统计数据在一定程度上属于公共产品，SDDS、GDDS 对此制定了两项规划：一是成员国要预先公布各项统计的发布日历表；二是统计发布必须同时发送所有相关主体。

总体来说，GDDS 比 SDDS 的要求宽松一些，其差异可概括为如下几点：第一，GDDS 面向所有 IMF 成员国，而 SDDS 面向寻求进入国际资本市场的国家。第二，SDDS 主要侧重于数据质量方面已经达到较高标准的国家的数据公布问题，即主要关注数据公布的频率和及时性，而 GDDS 则侧重于鼓励成员国生产出更高质量的数据，并在数据发布方面取得改善。第三，GDDS 并没有设定具体的日期来规定要达到的改进，相反，SDDS 的参与国则必须要在规定的日程表内达到其要求。第四，在数据统计方面，GDDS 把 SDDS 的人口数据扩展为社会人口数据，增加了一些教育、健康和贫困指标。

从 2000 年开始，中国为加入 GDDS 积极做准备，通过举办 GDDS 研讨会、成立协调小组和研究小组等方式，于 2002 年成功加入 GDDS，俗称"统计入世"。这标志着中国要按照国际标准来生产和公布统计数据，这对中国未来的统计能力建设既是机遇，也是挑战。尽管在有些方面存在差距，但中国已基本能够按照 GDDS 的要求来生产及公布数据。中国加入 GDDS 也有助于国际社会更好地认识中国、研究中国经济，从而促进中国和世界其他国家、地区的经济交流和合作。

参考文献：

《背景：GDDS、SDDS——数据公布的国际标准》，国家统计局网，http://www. stats. gov. cn/tjdt/zgjrgdds/t20020331_15702. htm，2000 年 9 月 7 日。

《加入 GDDS，促进我国统计体制改革》，国家统计局网，http://www. stats. gov. cn/_oldweb/tjdt/zgjrgdds/t20020331_15703. htm，2001 年 12 月 21 日。

宋旭光、王良穆、高慧颖：《GDDS 及其对我国国际金融发展的影响》，载于《国际金融研究》2003 年第 11 期。

International Monetary Fund, The General Data Dissemination System: Guide for Participants and Users, http://dsbb. imf. org/gddsindex. htm.

International Monetary Fund, The Special Data Dissemination System: Guide for Subscribers and Users, http://dsbb. imf. org/sddsindex. htm.

（高艳云）

数据质量评估的国际标准

Data Quality Assessment Standard

国际货币基金组织（IMF）、国际经济合作组织（OECD）和欧盟统计局（Eurostat）等组织以及多个国家的统计机构都对数据质量概念界定、评估标准进行过相关研究，但应该说最详细、最具权威性的是由国际货币基金组织发布的数据质量评估框架（Data Quality Assessment Framework，DQAF）。DQAF 是国际货币基金组织实施的数据质量计划（Data Quality Program，DQP）的核心，它植根于联合国官方统计的基本原则，并在数据公布的两套标准即一般数据发布制度（GDDS）与特别数据发布标准（SDDS）基础上发展而来，充分考虑了 GDDS 与 SDDS 执行中的良好实践，并进行了广泛的意见征求。由此产生的数据质量评估框架是一种评估方法，旨在对如何评估数据质量提供基本结构和共同语言。

之所以提出构建数据质量评估的国际标准，是在世界经济交往越来越频繁、经济一体化程度不断提高的背景下，人们在识别经济形势、制定宏观经济政策时越来越重视统计数据所提供的信息。同时随着 20 世纪 90 年代以来金融危机的爆发，如何保证统计数据质量，成为众多国际组织重视的问题。国际货币基金组织针对数据的质量提出了数据质量评估框架（DQAF），旨在为统计数据的质量概念界定及评估等提供一个指导性框架，为参照最佳做法评估现行做法提供一个良好的框架。

国际货币基金组织提出的 DQAF 框架包括通用框架和针对个别数据组的框架，可用于国民账户统计、价格统计、货币统计、政府财政统计、国际收支统计。国际货币基金组织还与世界银行合作,开发了用于分析贫困的住户收入数据质量评估框架模块。同时也与其他国际组织合作开发其他统计项目,如与劳工统计局合作开展劳工统计等。

DQAF 框架被用来全面评估一国的数据质量,它包括机构环境、统计过程和统计产品的特征。DQAF 的通用框架采用了阶式结构,首先给出数据质量的五个维度(保证诚信、方法健全性、准确性和可靠性、适用性、可获得性)和一组前提条件。在每个质量方面之下,DQAF 还包括了 3 ~5 个良好方法要素;并在每一个要素中包括了若干指标。在具体的数据方面,根据各个数据组的需要,还列出了焦点问题和要点,以指导数据质量的评估。前提条件主要是指法律和机构环境及可用于统计规划的资源。维度一是保证诚信,是指在收集、处理和公布数据方面严格遵守客观性原则。维度二是方法的健全性,是指统计的方法论基础遵循国际公认的标准、指南或良好做法。维度三是准确性和可靠性,是指源数据和统计技术健全,且产出的数据能充分反映实际。维度四是适用性,是指数据具有恰当的频率和及时性,并遵循一个可预测的修正政策。维度五是可获得性,是指数据和数据诠释容易获得,并对用户提供适当的帮助。表 1 列出了 DQAF 的通用框架。

DQAF 较为全面地考虑了数据质量的定义,指出各种质量尺度之间的相互关系,包括其利弊取舍,并允许着重点可根据不同的数据类别和用户而异。它促进了同国家统计机构和各国当局更加一般地进行对话。DQAF 框架在如下三个方面发挥着重要作用:第一,该框架可以用来指导 IMF 工作人员使用数据进行政策评估、编写标准和准则执行情况报告(ROSCs)以及设计技术援助方案。第二,该框架通过提供自我评估工具来指导各国加强其统计制度,并可指明未来可能需争取资助做进一步改善的领域。第三,它可以协助数据用户为其本身的用途衡量数据的质量。在这个意义上,它可以有益地补充 SDDS 和 GDDS 所包含的质量尺度。

DQAF 框架在推出之后得到了广泛的应用。使用 DQAF 框架的国际组织包括国际货币清算组织、欧洲中央银行等,如欧洲中央银行每年根据 DQAF 框架公布欧元区的国际收支及国际投资头寸统计的质量报告。香港特别行政区也根据 DQAF 对国际收支统计数据质量进行自评估。

作为国际货币基金组织的数据质量计划组成部分之一,DQAF 在执行过程中也不断总结回顾,旨在总结经验和发现问题,以加强各国的统计能力,目前已经组织了五次讨论和评价。同时也参照其他组织如欧盟统计局等提出的数据质量概念进行比较,未来也将继续加强与其他机构如欧盟统计局及 OECD 等所提出的数据质量框架的进一步融合与统一。同时将推进与其他国际组织合作开展包括外债统计、教育统计、劳工统计等数据在内的评估框架。

表 1　　DQAF 的通用框架(2003 年 7 月版)

质量方面	要素	指标
0. 质量的前提条件	0.1 法律和机构环境 ——环境能够对统计提供支持	0.1.1 明确规定了收集、处理和公布数据的责任。 0.1.2 生产数据的机构之间有充分的数据共享和协调。 0.1.3 为数据报告者的数据加以保密,并只用于统计目的。 0.1.4 通过法律框架或者手段保证统计申报和/或鼓励填报。
	0.2 资源 ——能够满足统计规划的要求	0.2.1 满足统计规划需要的人力、设备和计算机资源。 0.2.2 采取能够确保资源有效使用的措施。
	0.3 相关性 ——统计涵盖了主题领域的相关信息	0.3.1 对现有数据的相关性和实用性能否满足用户的需要进行检测。
	0.4 其他的质量管理 ——质量是统计工作的基础	0.4.1 建立了以质量为重点的程序。 0.4.2 建立了检测统计规划质量的程序。 0.4.3 建立了在统计规划中处理质量方面关注的程序。
1. 保证诚信 在收集、处理和公布数据方面严格遵守客观性原则	1.1 专业化 ——按专业化原则指导统计政策和做法	1.1.1 在公正的基础上编制数据。 1.1.2 完全从统计的角度来考虑选择数据源、统计技术和公布方面的决策。 1.1.3 适当的统计实体有权对数据的错误解释和滥用进行评论。
	1.2 透明度 ——统计政策和做法保持透明度	1.2.1 向公众公开关于如何收集、处理和公布统计数据的方法和要求。 1.2.2 向公众明示政府内部在公布之前所获得的数据。 1.2.3 明确注明数据的编制机构/单位。 1.2.4 提前宣布有关方法、源数据和统计技术方面的主要变化。
	1.3 职业道德标准 ——以职业道德标准指导统计政策和做法	1.3.1 具有指导工作人员行为的指南,并且使工作人员熟知。

续表

质量方面	要素	指标
2. 方法健全性 统计的方法论基础遵循国际公认的标准、指南或良好做法	2.1 概念和定义 ——所使用的概念和定义遵循了国际公认的统计框架 2.2 范围 ——统计范围遵循了国际公认的标准、指南或良好做法 2.3 分类/部门划分 ——分类和部分划分遵循了国际公认的标准、指南或良好做法 2.4 记录基础 ——根据国际公认的标准、指南或良好做法对流量和存量进行定值和记录	2.1.1 概念和定义的整体框架遵循了国际公认的标准、指南或良好做法。 2.2.1 范围与国际公认的标准、指南或良好做法广为相符。 2.3.1 使用的分类/部门划分体系与国际公认的标准、指南或良好做法广为相符。 2.4.1 使用市场价格为流量和存量定值。 2.4.2 按权责发生制进行记录。 2.4.3 加总/轧差程序与国际公认的标准、指南或良好做法广为相符。
3. 准确性和可靠性 源数据和统计技术健全且产出的数据能够充分反映实际情况	3.1 源数据 ——可以获得的源数据为编制统计提供了恰当的基础 3.2 评估源数据 ——定期评估源数据 3.3 统计技术 ——使用的统计技术符合健全的统计程序 3.4 评估和确认中间数据和统计产出 ——定期评估和确认中间数据和产出的数据 3.5 修正研究 ——作为衡量可靠性的一个方法，通过追踪和分析修正，寻找其中可能包含的信息	3.1.1 源数据来自反映了一国具体情况的综合数据收集规划。 3.1.2 源数据在相当程度上接近在定义、范围、分类、定值和记录时间方面的要求。 3.1.3 源数据是及时的。 3.2.1 定期对源数据（包括普查、抽样调查和管理记录）进行评估，如评估范围、抽样误差、回复误差和非抽样性误差；对评估的结果进行监测并用于指导统计工作程序。 3.3.1 数据编制使用健全的统计技术来拆成源数据。 3.3.2 其他统计程序（如数据调查和格式转换、数据分析等）采用健全的统计技术。 3.4.1 根据相应的其他信息确认中间结果。 3.4.2 对中间数据中出现的差异进行评估和调查。 3.4.3 调查产出的数据中出现的统计差异和其他的迹象和问题。 3.5.1 定期对修正进行研究和分析，并用来在内部对于统计程序提供信息。
4. 适用性 数据具有恰当的频率和及时性，并遵循一个可预测的修正政策	4.1 频率和及时性 ——频率和及时性遵循国际公认的公布标准 4.2 一致性 ——数据与其所在的数据组相一致，在一段时间内相一致，与主要数据组相一致 4.3 修正政策和做法 ——根据定期和公开的程序修正数据	4.1.1 频率遵循公布标准。 4.1.2 及时性遵循公布标准。 4.2.1 数据与其所在的数据组相一致。 4.2.2 在适当的一段时期内，数据具有一贯性或可核对性 4.2.3 数据与来自其他数据源和/或统计框架的数据相一致或者可核对。 4.3.1 根据一个定期而透明的时间表进行修正。 4.3.2 明确指出原始数据和/或修正数据。 4.3.3 向公众公开对于修正的研究和分析。
5. 可获得性 数据和数据诠释容易获得，并对用户提供适当的帮助	5.1 数据的可获得性 ——清楚和通俗易懂地提供数据，公布方式充足，并且公正地提供数据 5.2 数据诠释的可获得性 ——提供最新更新的和充分的数据诠释 5.3 对用户的帮助 ——能够及时提供有见地的支持服务	5.1.1 按照方便正确解释和有意义比较的形式公布数据（文字、表格和图示的格式与清晰程度）。 5.1.2 公布的媒介和格式恰当。 5.1.3 按照预先公布的时间表发布数据。 5.1.4 同时向所有用户公布数据。 5.1.5 对于不例行公布的数据，若有要求，则进行提供。 5.2.1 可以获得关于概念、范围、分类、记录基础、数据来源和统计技术的说明文件，并且注明与国际公认标准、指南或良好做法的不同之处。 5.2.2 根据用户对象的需要调整数据诠释的详细程度 5.3.1 公布每个统计领域的联系人。 5.3.2 广泛提供包括任何收费信息在内的出版物、文件和其他服务的目录。

资料来源：http://dsbb.imf.org/pages/dqrs/dqafchn.aspx.

参考文献：
国际货币基金组织，http://dsbb.imf.org/images/pdfs/dqrs_factsheet.pdf。
国际货币基金组织，http://dsbb.imf.org/images/pdfs/dqrs_cpi.pdf。
国际货币基金组织，http://dsbb.imf.org/images/pdfs/dqrs_ppi.pdf。
国际货币基金组织，http://dsbb.imf.org/images/pdfs/dqrs_nag.pdf。
国际货币基金组织，http://dsbb.imf.org/images/pdfs/dqrs_gfs.pdf。
国际货币基金组织，http://dsbb.imf.org/images/pdfs/dqrs_MonetaryAcc.pdf。
国际货币基金组织，http://dsbb.imf.org/images/pdfs/dqrs_bop.pdf。

（高艳云）

上证指数系列

Shanghai Stock Exchange Index

上证指数系列的全称为上海证券交易所证券指数系列，是一个以上证综指、上证50、上证180、上证380指数，以及上证国债、企业债和上证基金指数为核心的指数系列。上证指数系列的建立是随着我国证券市场的不断完善和发展而逐步形成的，指数种类在不断的扩充，原有指数也在不断的完善。为了保证指数编制的科学性和指数运作的规范性，上海证券交易所成立了指数专家委员会，就指数编制方法、样本股选择等提供咨询意见。

上证指数系列从总体上和各个不同侧面反映了上海证券交易所上市证券品种价格的变动情况，可以反映不同行业的景气状况及其价格整体变动状况，从而给投资者提供不同的投资组合分析参照系。随着证券市场在国民经济中的地位日渐重要，上证指数也将逐步成为观察中国经济运行的“晴雨表”。

按指数成分股的性质分类，上证指数系列包括股价指数系列、债券价格指数系列和基金指数系列，除此之外，上证指数系列衍生出的大量行业、主题、风格、策略指数，为市场提供更多、更专业的交易品种和投资方式，提高市场流动性和有效性。上海证券交易所还根据客户的需求，从沪市中小市值股票中，挑选财富增长速度最快的200家公司作为样本编制了上证财富中小盘指数这一定制指数。

上证股价指数系列是一系列能够动态地反映某个时期上海证券交易所股市总体水平的指标体系。上证股价指数系列主要包括上证综合指数系列、上证成分股指数系列和上证分类指数系列，其中最早编制的是上证综合指数。综合指数有上证综合指数和新上证综指，成分股指数主要有上证30指数、上证180指数、上证380指数、上证50指数、上证红利指数、上证180金融股指数和上证公司治理指数，等等。上证成分股指数系列主要经历了三个发展阶段，即1996年6月至2002年6月的上证30指数阶段、2002年6月以后在上证30指数基础上发展起来的上证180指数阶段和上证50指数阶段。这一发展是股价指数适应市场发展的需要。

上证综合指数全称上海证券交易所股价指数。该指数自1991年7月15日起正式发布，以1990年12月19日为基日，基点为100点。该指数以现有所有上市的股票（包括A股和B股）为样本，以样本股的发行股本数为权数采用派许加权方法进行编制。编制特点有：第一，以在上海证券交易所挂牌上市的全部股票作为编制对象；第二，以发行量作为权数；第三，指数基期定为100点。新上证综指简称新综指，是以当前沪市所有G股（股权分置改革后的股票）为样本，以总股本为权数进行编制。实施股权分置改革的股票在方案实施后的第二个交易日纳入新上证综指的计算样本。

上证30指数是以在上海证券交易所上市的A股股票中选取最具市场代表性的30种样本股票为计算对象，并以这30家流通股数为权数的加权综合股价指数。该指数于1996年7月1日起正式发布。2002年6月，上海证券交易所对原上证30指数进行了调整并更名为上证成分指数（简称上证180指数）。上证180指数是在所有A股股票中抽取最具市场代表性的180种样本股票，以成分股的调整股本数为权数进行加权计算。作为上证30指数的延续，上证180的基点为2002年6月28日上证30指数的收盘指数3299.05点。

上证公司治理指数是以上证公司治理板块的股票作为样本股编制而成的指数。推出公司治理指数的目的是鼓励和促进上市公司进一步改善公司治理，提升上市公司的整体质量。为综合反映上证公司治理板块的走势，上海证券交易所与中证指数有限公司于2008年第一个交易日正式发布上证公司治理指数，该指数以上证公司治理板块中的所有股票作为样本股，基日为2007年6月29日，基点为1000点。

上证分类指数主要包括两类：一类是A股指数和B股指数，对上交所上市的A股和B股分别计算，以反映A股和B股的股价整体变动状况；另一类是行业分类指数，对在上交所上市的股票按工业、商业、房地产、公用事业和综合类等五大类分别计算，以反映不同行业的景气状况及股票股价变动情况。

上证债券指数系列是一个反映上海证券交易所债券市场价格总体走势的指标体系，其数值反映当前市场的平均价格相对于基期市场平均价格的位置。目前上证指数系列总共包括四个债券指数，分别为上证国债指数、上证企债指数、上证公司债指数和上证分离债指数。

上证国债指数是以上海证券交易所上市的剩余期限在一年以上的所有固定利率付息和一次还本付息的国债为样本,以发行量为加权计算编制的指数。上证国债指数是上证指数系列的第一只债券指数,它的推出使我国证券市场股票、债券、基金三位一体的指数体系基本形成。上证国债指数的目的是反映我们债券市场整体变动状况,是我们债券市场价格变动的“指示器”。上证国债指数既为投资者提供了精确的投资尺度,也为金融产品创新夯实了基础。

上证企债指数是按照科学客观的方法,从国内交易所上市企业债中挑选了满足一定条件的具有代表性的债券组成样本,按照债券发行量加权计算的指数。上证企债指数是上海证券交易所编制的反映中国企业债整体走势和收益状况的指数。

上证公司债指数是首只综合反映上海证券交易所市场剩余期限在一年以上的所有固定利率付息和一次还本付息公司债券整体价格变动趋势的指数。该指数的样本由在沪市交易的公司债券组成,上证所和中证指数公司每日实时计算并向市场发布,为债券投资者提供新的业绩评价基准和分析工具。

上证分离债指数是首只综合反映上海证券交易所市场剩余期限在一年以上的所有固定利率付息和一次还本付息的分离交易可转换债券整体价格变动趋势的指数。该指数的样本是由在沪市交易的分离交易可转换债券组成,上证所和中证指数公司每日实时计算并向市场发布,为债券投资者提供新的业绩评价基准和分析工具。

上证基金指数由上交所发布,反映了在上交所上市的所有证券投资基金价格的综合变动情况。该指数自 2000 年 6 月 9 日公布,初次公布时样本股仅为截至 2000 年 4 月 26 日在上交所上市的 12 只证券投资基金。

参考文献:
徐国祥:《指数理论及指数体系研究》,上海财经大学出版社 1999 年版。
《上证国债指数》,载于《上海证券报》2007 年 10 月 12 日,http://www.cnstock.com/newgmxx/2007-10/12/content_2643150.htm。

(徐国祥　刘新姬)

深证指数系列
Shenzhen Stock Exchange Index

深证指数系列全称为深圳证券交易所证券指数系列,包括深证股价指数系列、深证基金指数以及其他衍生类指数。目前深圳证券交易所还没有编制债券指数系列。深证指数系列中编制最早的指数是深证综合指数,该指数从 1991 年 4 月 4 日开始编制,随着证券市场的不断发展完善,深证指数系列的指数种类在不断地扩充。为了保证指数编制的科学性和指数运作的规范性,深圳证券交易所成立了指数专家委员会,就指数编制方法、样本股选择等提供咨询意见。截止到 2011 年 9 月 1 日,深证指数系列对外公布了 94 只指数。

深证股价指数系列主要包括深证综合指数、深证成分股指数和深证分类指数等。下文将介绍深证综合指数、深证新指数、深证成分指数、深证 100 指数和深证分类指数,其中深证综合指数和深证新指数为综合指数,深证成分指数和深证 100 指数属于深证成分股指数。关于其他深证股价指数请参见深圳证券交易所。

深证综合指数简称深证综指,是以发行量作为权数来计算的,以所有在深圳证券交易所上市的股票为采样股。该指数以 1991 年 4 月 3 日为基日,基点为 100 点。当有新股上市时,在其上市后第二天纳入采样股计算,若某一采样股暂停买卖时,将其剔除于指数的计算之外。若其在交易时间内突然停牌,则取其最后成交价格按盘计算即时指数,直至收市后,再进行必要的调整,将其剔除。计算公式为:

$$\text{报告期指数} = \frac{\text{报告期市价总值}}{\text{基期市价总值}} \times 100 \qquad (1)$$

若采样股的股本结构或股票名单有所变动,则变动之日为新基日,并以新基数计算,同时用“连锁”方法将计算所得的指数溯源于原有基日,以维持指数的连续性。每日连锁方法之环比公式为:

$$\text{今日即时指数} = \text{上日收市股价指数} \times \frac{\text{本日现时总市值}}{\text{上日收市总市值}} \qquad (2)$$

其中:今日现时总市值为各采样股的市价与已发行股数的乘积;上日收市总市值是根据上日采样股的股本或采样股变动而作调整后的总市值,也就是理论意义下作调整后的总市值。

深证新指数是以 G 股(股权分置改革后的股票)公司为主体编制,反映深圳证券交易所 G 股总体走势的指数,该指数的编制目的是为了配合股权分置改革的推进,适应当前的市场需求,建立和健全有特色的、有深度的、覆盖面广的指数体系。深证新指数于 2006 年 2 月 16 日起编制和发布,以 2005 年 12 月 30 日为基点,基点为 1107。

深证新指数的样本为完成股权分置改革的、正常交易的各类行业股票的集合。随着股权分置改革进程的深入推进,新指数将逐步涵盖绝大部分的公司和市值,成为新的市场基准指数。

深证成分指数简称深证成指,是从上市公司中挑选出来的40家上市公司为编制对象的指数，综合反映深交所上市A、B股的股价走势。指数采用派许加权综合价格指数公式计算编制。编制特点为：第一，新股上市不用调整；第二，以流通量为权数；第三，成分股可重新选择与更换；第四，基点为1000点；第五，按行业分编指数；第六，成分股中个别股票的权重过大。

深证100指数是中国证券市场第一只定位投资功能和代表多层次市场体系的指数，该指数选取在深圳证券交易所上市的100只A股作为成分股，以流通量为权重进行编制。深证100指数以2002年12月31日为基准日，基点为1000点。深证100指数有效解决了个别成分股比重过大的问题，深发展在成分股中的比重已经降到9%左右，成分股指数能够更客观全面地反映深市股价变动的情况。

深证分类指数包括两类：一类是A股指数和B股指数，其基日分别为1991年4月3日和1992年2月28日，基点均为100点，分别于1992年10月4日和1992年10月6日开始发布；另一类是行业分类指数，深证行业分类指数的行业分类非常细，包括农林牧渔、采掘、制造（又分为食品饮料、纺织服装、木材家具、造纸印刷、石化塑胶、电子、金属非金属、机械设备、医药生物9大类）、水电煤气、建筑、运输仓储、信息技术、批发零售、金融保险、房地产、社会服务、传播文化、综合共13个门类，分类指数以1991年4月3日为基日，基点100点，从2001年7月2日起开始发布。

深证基金指数是深圳证券交易最早编制的基金指数，该指数从1996年3月18日开始编制，基点为1000点。截至2011年9月1日，深圳证券交易所总共编制了两只证券投资基金价格指数，深证基金指数和深市基金指数，其中深证基金指数是深市基金指数的前身。深证基金指数计算范围为可在深圳证券交易所直接交易或联网交易的10只老基金，以可流通基金单位数为权数，计算方法与深证成份股指数计算方法相同。但是随着深圳证券交易所基金的发展，深证基金指数不能满足市场的需求，为了反映证券投资基金的总体价格走势，深交所经研究决定自2000年7月3日终止深证基金指数的编制与发布，同时推出以证券投资基金为样木的新基金指数，名称为深市基金指数。

深市基金指数是以在深圳证券交易所上市的所有证券投资基金为样本编制的能反映深圳证券交易所投资基金总体价格走势的指数。深市基金指数以2000年6月30日为基日，基点为1000。深市基金指数的计算采用派许加权综合指数法，以各证券投资基金的总发行规模为权数。新上市的证券投资基金，自上市后第二个交易日起纳入指数计算范围。

参考文献：
徐国祥：《指数理论及指数体系研究》，上海财经大学出版社1999年版。

（徐国祥　刘新姬）

中证指数系列
China Securities Index

中证指数系列是指中证指数有限公司编制、管理和发展的指数系列。2005年8月25日，中证指数有限公司由上海证券交易所和深圳证券交易所共同出资成立，是一家从事指数编制、运营和服务的专业性公司。该公司的成立是为了整合沪深证券交易所现有指数资源，编制在全国乃至海外市场具有影响力的全市场统一指数，为股指期货等金融衍生品提供标的指数。中证指数有限公司于2006年2月20日成立了由境内外九名专家组成的中证指数专家委员会。专家委员会讨论通过了中证指数编制规则和中证指数体系架构。

中证指数系列主要包括：中证股价指数系列、中证债券指数系列、中证基金指数系列、中证商品期货综合指数系列和中证海外指数系列。另外中证指数公司还根据客户要求，合作定制了小康指数、光大指数和财富大盘等八只客户类定制指数系列。

中证股价指数系列由五类指数组成：中证规模指数、中证行业指数、中证风格指数、中证主题指数和中证策略指数。中证规模指数反映了沪深A股市场中不同规模特征股票的整体表现，包括沪深300、中证100和中证流通等指数。中证行业指数反映了沪深A股市场中不同行业公司股票的整体表现，为投资者提供分析工具，并为指数化产品提供新的标的指数，包括300能源和300工业等指数。中证风格指数反映了不同风格特征股票的整体表现，为投资者提供了新的业绩基准和资产配置工具，包括300成长和300价值等指数；中证主题指数，从主题角度刻画市场，为指数化产品提供新的标的指数，包括中证央企和中证民企等指数。中证策略指数反映了投资策略市场表现，实现投资策略的指数化，包括基本面50和基本面200等指数。

中证债券指数系列综合反映了银行间债券市场和沪深证券交易所债券市场的整体表现。截到2011年9月1日，中证指数有限公司已经正式发布了中证券债指数、中证综合债券指数和中期国债指数等21只债券指数。

中证基金指数系列反映了中国开放式基金市场的整体绩效表现，为投资者在该市场的投资提供更为丰富的分析工具和收益评价基准。中证基金指数系列包括中证开放式基金指数和中证股票型、中证混合型、中证债券型3个分类基金指数，以及中证ETF基金指数、中证货币基金指数和中证QDII基金指数。中证基金指数系列均以2002年12月31日为基日,基点为1000点。样本空间为当前市场上的所有开放式基金(不包括货币型基金和保本型基金)。在样本空间内根据各分类基金的特征选取样本:中证开放式基金指数样本由当前市场上的所有开放式基金(不包括货币型和保本型)组成;中证股票型基金指数样本由中证开放式基金指数样本中的股票型基金组成;中证混合型基金指数样本由中证开放式基金指数样本中的混合型基金组成;中证债券型基金指数样本由中证开放式基金指数样本中的债券型基金组成。中证基金指数系列的计算采用简单平均加权方法。当指数样本、基金单位净值出现非交易因素的变动时,采用"除数修正法"进行修正,以保证指数的连续性。需要修正的情况有:凡有样本基金分红时,基金指数在样本基金除息日前按照除息后的净值进行修正;凡有样本基金进行份额拆分时,基金指数在样本基金拆分日前按照拆分后的净值进行修正;当指数样本定期或临时调整生效时,在生效日之前修正指数;其他需要修正的事件。当样本基金有特殊事件发生时,如新基金的发行、基金契约终止、基金合并或分拆等,则中证基金指数系列将进行样本的临时调整。

中证商品期货综合指数系列综合反映了沪深交易所商品期货市场价格的整体变动趋势,该指数的推出进一步丰富了中证指数有限公司的指数体系。中证商品期货综合指数系列包括:一只综合指数,即中证商品期货综合指数;四只主要类别综合指数,即中证农产品期货综合指数、中证金属期货综合指数、中证化工材料期货综合指数和中证能源期货综合指数;四只细分类别综合指数,即中证粮食期货综合指数、中证工业金属期货综合指数、中证纺织材料期货综合指数和中证油脂期货综合指数。中证商品期货综合指数系列的样本为上市时间满一年的商品期货品种的所有合约。当指数由于非价格因素引起指数点位变化时,采用"除数修正法"修正,需要修正的情况包括但不限于以下三种:每年权重定期调整;新品种上市满一年即可进入指数,如果新品种上市日期在每年十月第一个交易日和次年一月第一个交易日之间(包括首尾两天),则新品种进入指数与定期调整同步实施;旧品种退市当日立即调出相应指数。

中证海外指数系列反映了全球各证券交易所上市的中国概念股票的整体表现。截至2011年9月1日,中证指数有限公司已经正式发布了包括中证香港100指数和非内地指数等在内的二十五只中证海外指数。

参考文献:
徐国祥:《指数理论及指数体系研究》,上海财经大学出版社1999年版。

(徐国祥　刘新姬)

采购经理人指数
Purchasing Managers' Index(PMI)

采购经理指数(PMI)是对企业采购经理调查所得到的关于企业生产经营前置环节中各项指标运行状况的定性判断,用以反映企业生产经营的前置各环节如何发生、何时发生以及整个经济活动的发展趋势的相对数。20世纪80年代以来,国内外众多企业原材料成本已达到甚至超过营业收入的一半,加上近期原油、铁矿石等资源类原材料价格持续高企,国内外贸易摩擦升级等诸多因素,一些企业陷入了生存与发展步履维艰的窘境,因而企业生产、订货、采购等一系列生产经营的前置环节变得至关重要,同时这些环节也影响着整个经济活动的发展趋势。为进一步加强国民经济的监测和预警能力,为宏观调控提供及时、准确、有效的信息,为区域经济平稳、协调、健康发展提供参考依据,让企业及时了解市场变化和地区行业走势,提供相关信息和导向性建议已成为各地政府的当务之急。作为对症的一剂良方,调查编制采购经理指数适逢其时。采购经济指数PMI是月度发布的综合性经济先行指标体系,分为制造业PMI、服务业PMI和建筑业PMI等。该体系包括新订单、产量、雇员、供应商配送、库存、价格、新出口订单、进口等商业活动指标。

采购经理指数是国际上通行的国内生产总值(GDP)公布前的宏观经济监测指标,是衡量经济发展的重要指针,也是全球备受关注的先行性指标之一。它涵盖了生产与流通、制造业与非制造业的宽广领域,反映了生产与流通领域订货、发货和库存的动态水平,是经济运行监测的重要指标和反映经济增长和衰减的晴雨表。目前,采购经理指数已得到各国政府、商界和广大经济学家、预测专家的普遍认同和采用。

目前,全球已有20个国家和地区建立了PMI体系。美国供应管理协会(Institute for Supply Management,ISM)是全美最大的采购与供应管理研究教育机构。早在20世纪30年代,ISM开始创建PMI体系并发布PMI指数和商业报告。包括制造业PMI和非制造业PMI两大部分。制造业领域,选取的指标有产量、新订单、库存、产品价格、供应商配送、新出口订单、进口订单和积压订单;非制造业方面,是对SIC中9个类别的62个不同行业小类、超过370个服务业企业的采购经理调查的结果汇总而成。

欧元区采购经理调查主要来自欧洲采购与供应理事会成员(ECPS),包括制造业PMI和服务业PMI。每月调查超过5000家公司的采购经理,这些企业样本分布采用了各国官方统计中的机构。制造业PMI调查了德国、法国、意大利、西班牙、荷兰、奥地利、希腊和爱尔兰共八个国家,代表了整个欧洲制造业产出的92%;服务业PMI调查了德国、意大利、西班牙、法国和爱尔兰五个国家,代表了欧元区服务业活动的83%。欧元区PMI有助于对欧元区的整体经济、重点行业及国家发展状况进行分析和预测,也有助于将欧元区作为一个经济整体与其他国家或经济体进行比较。

全球制造业PMI是由摩根大亨(J. P. Morgan)、国际经济指数研究机构(NTC Research Ltd.)、国际采购联盟和美国ISM共同发起组织发起的、根据全球22个国家7000个采购经理的调查数据,根据各国制造业对全球制造业GDP的贡献度进行加权汇总计算得到的指数。这些国家制造业GDP占全球制造业GDP的76%,制造业产出占全球制造业产出的80%。商务报告中共发布了五个主要指数,包括全球制造业产出指数、全球制造业新订单指数、全球制造业采购品(投入品)价格指数、全球制造业雇员指数和全球制造业供应商配送时间指数。该指数的制定有助于对世界经济及行业发展状况进行分析和预测。在众多国家和地区纷纷建立起PMI体系的时候,建立了全球制造业PMI。

中国制造业PMI由国家统计局和中国物流与采购联合会,于2005年开始合作编制。为了与国际接轨,双方在共同负责编制调查问卷、调查方案和指标体系设置上基本与国外一致。对700多家公司采购经理进行调查。制造业PMI调查时,将所有制造业合并为20个行业,按照各行业对GDP的贡献来确定调查的样本数。

我国采购经理指数是一个综合指数,可以分两步进行计算。

第一步,计算采购经理指数系统中所包括的各项商业活动指标指数。首先统计出问卷中各问题回答"升高/增多"、"持平/不变"和"降低/减少"的百分数,然后将回答"升高/增多"的百分数加上回答"降低/减少"的百分数的一半得出该指数,计算公式为:

$$\text{指标指数(扩散指数)} = \frac{1}{n}\sum_{i=1}^{n} d_i \times 100\% \quad (1)$$

其中,当回答"升高/增多"时,$d_i = 1$;当回答"持平/不变"时,$d_i = 0.5$;当回答"降低/减少"时,$d_i = 0$;n为被调查企业数。数值的上升与经济增长方向一致的指数为正指数,方向相反的指数为逆指数,反指数需反向计算。各指标数值取值范围为[0%,100%]。指数大于50%时,表明该项指数比上月增长;指数小于50%时,表明该指数比上月下降。指数与临界值50%的距离,表明了指数增长和下降的程度。

第二步,计算采购经理指数的综合指数。如计算制造业PMI综合指数时,根据各指标对GDP的先行影响程度,选取新订单(O)、产量(P)、就业(E)、供应商配送(I)和存货(D)五项指标作为计算制造业PMI综合指数的主要指标,分别赋予不同的权数,计算该五项指标的加权平均数,同时引入季节因子(S),计算公式为:

$$\begin{aligned}\text{制造业PMI综合指数} = &(O/So) \times 30\% + (P/Sp) \times \\ &25\% + (E/Se) \times 20\% + (I/Si) \times \\ &15\% + (D/Sd) \times 10\% \end{aligned} \quad (2)$$

其中,季节因子(S)的计算方法,可以利用目前的专用程序X-11、X-12-ARIMA等,这两个程序的核心是X-11算法,其目标是将月度数据分解为趋势分量T_t、季节因子S_t、循环分量C_t和不规则分量I_t(小标t为月份),时间序列数据(Y_t)的乘法模型为:

$$Y_t = T_t \times S_t \times C_t \times I_t \quad (3)$$

对序列趋势TC_t进行估计,采用移动平滑法,例如对于PMI月度数据,可以采用2×12的趋势平滑方法,计算公式为:

$$\begin{aligned}TC_t = (&0.5 \times Y_{t+6} + Y_{t+5} + \cdots + Y_t + Y_{t-5} \\ &+ 0.5 \times Y_{t-6})/12\end{aligned} \quad (4)$$

通过趋势因素过滤,得到含季节因子(S_t)和不规则分量(I_t)的新序列,称为SI_t比率,其计算公式为:

$$SI_t = \frac{Y_t}{TC_t} \quad (5)$$

根据时序数据积累期长短和不规则分量影响程度来选择算术平均平均或移动平均,此处暂对SI_t进行3×3的移动平均,得到初步季节因素估计序列S_t,其计算公式为:

$$S_t = \frac{1}{9}SI_{t-24} + \frac{2}{9}SI_{t-12} + \frac{3}{9}SI_t + \frac{2}{9}SI_{t+12} + \frac{1}{9}SI_{t+24} \quad (6)$$

通过对不规则分量(I_t)异常值调整,可进一步用Henderson过滤来计算趋势,从而得到无偏季节因子。将得到的无偏季节因子代入(2)式便可计算制造业PMI综合指数。

采购经理指数主要具有以下四大特点:第一,及时性与先导性,PMI指数是经济监测的先行指标;第二,综合性和指导性,PMI是一个综合的指数体系,涵盖了经济活动的多个方面,其综合指数反映了经济总体情况和总的变化趋势,各项指标则反映了企业供应与采购活动的各个方面;第三,科学性和可靠性;第四,可操作性。PMI问卷采用了非定量的调查,既容易回答,又不涉及商业机密。

参考文献:

[美]乔尔·D·威斯纳等:《供应链管理》,机械工业出版社2006年版。

加拿大统计局、中国国家统计局项目组:《调查技能教程》,2001年。

宋跃征:《宋跃征在中国制造业 PMI 新闻发布会上的讲话》,2005 年。
[美]约翰·E·汉克等:《商业预测》,清华大学出版社 2006 年版。
刘仕国:《关于时序数据的季节调整、季节变化率与年度变化率的推导及年度化方法》,载于《世界经济统计研究》2003 年第 1 期。
余杨:《PMI 在中国的应用和南京引入 PMI 指数的可行性研究》,载于《科技咨询导报》2007 年第 6 期。
《国外 PMI 的发展》,http://intl.ce.cn/zhuanti/data/pmi/pmidata/200911/13/t20091113_20414637.shtml。

（徐国祥　刘新姬）

国际竞争力统计测度与评价
Measurement and Evaluation of International Competitiveness

国际竞争力统计测度,指对宏观或微观经济体国际竞争力水平的数量测度与评价。20 世纪中期,在经济全球化大趋势背景下,各国高度关注如何提高企业和国家的国际竞争力。1980 年美国的波特(Michael Porter)发表《竞争战略》,提出企业获得竞争优势的成本领先、差别化和目标聚集的三大战略。1985 年和 1990 年波特又相继发表《竞争优势》和《国家竞争优势》,提出国家竞争优势理论和分析框架,给出全球化条件下不同于比较优势理论的,决定国际经济活动水平新的理论解释。

1981 年欧洲经济论坛的达沃斯举行年会,提出企业竞争力概念及其比较评价问题。各国高度重视,形成持续研究竞争力的热点。世界经济论坛(World Economic Forum,WEF)与瑞士洛桑国际管理学院(International Institute for Management Development,IMD)共同研究,1986 年发表《世界竞争力报告(The World Competitiveness Report)》。报告通过数据评价,展示了世界主要经济强国正在经历的变化,勾画出未来经济发展趋势的轮廓,引发全球广泛关注。自此形成每年度发表一个《世界竞争力报告》的规范形式。基于其越来越大的全球影响力,WEF 与 IMD 的理论方法已成为国际竞争力测度评价研究的一个经典范式。

竞争力测度评价存在竞争力概念的界定,以及如何将竞争力概念转换为数量测度的统计指标并对其水平做出评价的问题。

不同竞争主体,如国家、区域、产业、企业,存在对应的竞争力概念。其中企业和产业经济活动竞争界面比较清晰,大家对其竞争力的认识也比较集中。国家与区域经济体的竞争力概念则复杂得多,人们的认识也存在分歧。WEF 与 IMD 的观点具有重要影响和启发。

20 世纪 80 年代,WEF 与 IMD 世界竞争力报告的合作研究,是基于 OECD 提出的"国际竞争力是一个国家或企业在国际市场上,能够比竞争对手生产更多财富的能力"观点。1995 年 WEF 与 IMD 对这一竞争力概念的认知产生分歧。IMD 认为虽然企业是创造财富的核心,但企业行为受其国家环境约束。"一个国家维护企业创造更多增加值的环境能力"为该国竞争力。2003 年进一步提出一国"竞争力是分析国家营造与维护企业创造更多价值的环境,并增进人民福祉能力的行为与政策"的观点。1996 年起,IMD 通过测度为企业提供环境优劣的国家行为,每年发表《IMD 世界竞争力年鉴》(*IMD World Competitiveness Yearbook*)。WEF 则认为生产率是国家繁荣和国民生活水平长期持续提高的源泉,将竞争力定义为提高生产率的能力。其并不否认政治稳定、法律健全和社会制度以及正确的微观经济政策对提高企业生产率的促进作用。2005 年 WEF 进一步明确"竞争力是考察决定一国生产率水平,进而决定国家经济繁荣和人们生活福祉水平的要素、政策、制度的集合。"的观点。1996 年起,WEF 通过测度提高生产率的国家行为,每年发表《全球竞争力报告》(*The global Competitiveness Report*)。

遵循牛顿的还原论思想,将复杂的竞争力概念层层分解,最后简化为统计指标,是对其数量测度的基本方法。通过标准化和影响力赋权的统计处理,即可给出竞争主体相互比较的竞争力指数评价信息。例如,2012 年 IMD 的世界 59 个国家和经济体的国际竞争力比较测度指数,通过设置经济运行、政府效率、商务效率和基础设施 4 个竞争力决定要素,要素下设 20 个子要素,子要素下再设 329 个统计指标体系的测度信息,并采用要素与子要素等权处理方法完成。同样 2012 年 WEF 的全球 144 个国家和经济体的竞争力指数,由基础条件、效率提升,创新与企业成熟性 3 个决定要素,要素下设 12 个支柱要素,支柱要素下再设 111 个统计指标体系的测度信息,并按经济发展水平赋予不同权重的方法完成。进一步深入了解,可参阅参考文献 13。

我国对竞争力研究的全球兴起也给予了高度关注。自 20 世纪 80 年代中期开始对其研究。1995 年我国正式加入 WEF 和 IMD 的世界竞争力评价体系。1997 年,由国家体改委、中国人民大学和深圳综合开发研究院联合组成的课题组根据世界竞争力评价信息及其他的相关资料,发表了《中国国际竞争力发展报告(1996)》。该报告首次对我国国际竞争力状态进行了系统描述与分析,推动了国内相关研究。其中针对我国是一个疆域广大、人口众多的大国,国内各区域发展不平衡,而且各个区域之间也存在相对的经济利益的特点,开展我国区域竞争力研究。针对改革开放、技术进步的作用开展企业、产业竞争力研究,取得一批较有影响的研究成果。包括赵彦云教授主持的中国国际竞争力发展报告(1997)、金碚教授的中国企业竞争力报告(2003)、肖红叶教授主持的中国区域竞争力发展报告(2004)、倪鹏飞教授主持的中国城市竞争力报告(2003)、王松奇教授的中国商业银行竞争力报告(2006)、刘迎秋主持的中国民营企业竞争力报告(2004)、李建平主持的中国省域经济综合竞争力发展报告(2007)等。

参考文献:

[瑞士]斯蒂芬·格瑞理:《顶级竞争力——国家、企业和个人如何在新世界的竞争中取得成功》,东方出版社2008年版。

[美]迈克尔·波特:《国家竞争力优势》,华夏出版社2003年版。

国家体改委经济体制改革研究院、中国人民大学、综合开发研究院(中国·深圳)联合研究组:《中国国际竞争力发展报告(1996)》,中国人民大学出版社1997年版。

金碚:《中国企业竞争力报告(2003)》,社会科学文献出版社2003年版。

肖红叶:《中国区域竞争力发展报告(1985~2004)》,中国统计出版社2004年版。

肖红叶、郑华章:《IMD - WEF 国际竞争力评价比较研究——以中国为例》,载于《统计与信息论坛》2008年第1期。

倪鹏飞:《中国城市竞争力报告 No.1,推销:让中国城市沸腾》,社会科学文献出版社2003年版。

王松奇:《中国商业银行竞争力报告(2006)》,社会科学文献出版社2006年版。

刘迎秋、徐志祥:《中国民营企业竞争力报告 No.1:竞争质量与竞争力指数》,社会科学文献出版社2004年版。

李建平、李闽榕、高燕京:《中国省域经济综合竞争力发展报告:2005~2006》,社会科学文献出版社2007年版。

WEF and IMD, The World Competitiveness Report 1994, Switzerland:1994.

Stéphane Garelli, The Four Fundamental Forces Of Competitiveness, The World Competitiveness Yearbook 1997, Switzerland:IMD, 1997.

Michael E Porter, The Microeconomic Foundations of Economic Development, The Global Competitiveness Report 1998, Switzerland:WEF, 1998.

Stéphane Garelli, Competitiveness Of Nations:The Fundamentals, The World Competitiveness Yearbook 2003, Switzerland:IMD, 2003.

Augusto Lopez-Claros, Jennifer Blanke, Margareta Drzeniek, Irene Mia, Saadia Zahidi, Policies and Institutions Underpinning Economic Growth:Results from the Competitiveness Indexes, WEF, The Global Competitiveness Report 2005, New York:Palgrave Macmillan, 2005.

IMD, IMD *World Competitiveness Yearbook* 2012, Switzerland:2012.

WEF, The Global Competitiveness Report 2012-2013, Switzerland:2012.

(郑华章　肖红叶)

社会经济发展水平测度
Measurement of Social and Economic Development

最早对发展提出测量的是17世纪英国政治算术学派的代表人物威廉·配第,其在《政治算术》一书中,提出了用数量科学研究社会经济现象和发展的方法,强调通过计量和比较来研究社会经济现象及其规律性。此后,关于社会经济发展测度的研究不断发展。

社会经济发展水平测度与社会经济发展内涵密切相关,可以从可持续发展、社会发展、科技进步、竞争力提升等多个角度来界定。这些不同概念间是紧密联系的,社会经济发展包括可持续发展、社会发展、竞争力提升,可持续发展、社会发展、竞争力提升是社会经济发展的重要内容和必要条件,社会经济发展是可持续发展、社会发展、竞争力提升的重要目标与结果。

国际上与社会经济发展测度相关的研究,包括人类发展指数、可持续发展评价、国际竞争力指标等。

人类发展指数。1990年,联合国开发计划署提出人类发展指数(Human Development Index, HDI),它是从收入、寿命和教育三个方面衡量联合国各成员国人类发展水平,其理论依据是人类发展的核心内涵,应当是能过上健康长寿的生活,能够到学校接受必要的教育,并能够得到较好的生活资源。由于HDI的综合性很强,被普遍认为是能够代替人均国民生产总值来测量地区社会经济发展水平的一种方法。HDI指数的取值在0和1之间,取值越高,人文发展水平越高;取值越低,人文发展水平越低。之后在1991年的《人类发展报告》中,又增加了环境破坏和居民自由程度两个因素。

联合国千年发展目标。2000年联合国千年首脑会议就《千年宣言》达成了一致,提出了8项"千年发展目标",即消灭极端贫穷和饥饿、普及小学教育、促进男女平等并赋予妇女权利、降低儿童死亡率、改善产妇保健、与艾滋病、疟疾和其他疾病做斗争、确保环境的可持续能力以及全球合作促进发展,并提出了相关的18项具体目标和48项指数,已经成为衡量社会发展进程的重要标准。

可持续发展评价体系。1996年,联合国在"经济、社会、环境和制度四大系统"的概念模型和"驱使力—状态—响应"概念模型的基础上，结合《21 世纪议程》中的各章节内容提出了可持续发展核心指标框架，旨在帮助各国制定可持续发展政策。其中驱使力指标用以表征那些造成发展不可持续的人类的活动和消费模式或经济系统一些因素，状态指标用以表征可持续发展过程中的各系统的状态，响应指标用以表征人类为促进可持续发展进程所采取的对策。英国于 1996 年出版发行《英国的可持续发展指标体系》，成为全球首个公布全套可持续发展指标的国家。

国际竞争力评价体系。国际竞争力，指一个国家在世界经济的大环境下，各国的竞争力相比较，其创造增加值和国民财富持续增长的能力。同时协调资产与过程、引进吸收能力与输出扩张能力、全球化与本地化经济活动、经济发展与社会发展的能力。1980 年，位于日内瓦的瑞士世界经济论坛（World Economic Forum，WEF）初步创立了一套评价国家和地区经济增长与国际竞争力的理论原则、研究方法、评估体系以及数据指标，开始对全球主要国家和地区的经济与国际竞争力进行评价和排序，并出版《世界竞争力报告》来公布研究和分析的结果。1989 年，位于瑞士洛桑的国际管理发展学院（International Institute for Management Development，IMD）加盟 WEF，共同组织国际竞争力研究和出版年度报告，考察一个国家或地区为企业和产业竞争力的提升提供良好经济和制度环境的能力。

中国发展指数。中国人民大学在借鉴国际成功经验的基础上，编制并发布中国发展指数，以全面测量我国地区社会与经济发展的状况及差异。中国发展指数总指数由四个分指数（中国健康发展指数、中国教育发展指数、中国生活水平发展指数、中国社会环境发展指数）总计十五个指标组成。分指数与总指数的合成均采取了等权数的几何平均方法，反映了每个指标在分指数的合成计算中具有同等重要的地位，每个分指数在总指数的合成计算中具有同等重要的地位，体现了综合发展、协调发展的思想。评价指标主要采用国家统计部门的数据。体系的建立参照了国际上的成功经验（借鉴了联合国人类发展指数（HDI），HDI 共有三个分指数，总计五个指标组成）并予以改进。

综合发展评价。《中华人民共和国国民经济和社会发展第十二个五年规划纲要》提出"加快制定并完善有利于推动科学发展、加快转变经济发展方式的绩效评价考核体系和具体考核办法。考核结果作为各级政府领导班子调整和领导干部选拔任用、奖励惩戒的重要依据。"为引导和促进发展方式转变，2010 年国家统计局根据科学发展观的内涵与要求构建了一套综合发展评价指标体系，并据此对各地区综合发展指数（Scientific Development Index，SDI）进行测算。综合发展评价指标体系，具体包含经济发展、民生改善、社会进步、生态文明、科技创新、公众评价六个方面 45 项指标，涵盖经济、民生、社会、生态、科技、民意等领域，体现科学发展观"以人为本"的核心理念和"全面协调可持续"的基本要求，突出资源节约和环境友好，强调科技创新对于转变发展方式、推动科学发展的重要支撑作用。

科学发展评价体系。中国科学院从"科学发展动力、科学发展质量、科学发展公平"三个有机统一的整体出发，构建了包括"总体层、系统层、状态层、变量层、要素层"五个等级的科学发展指标体系（CSD）。该体系由科学发展总水平及创新发展指数、资源节约指数、环境友好指数、社会公平指数、管理质量指数五个分指数共 70 个要素指标构成。中国社科院城市发展与环境研究中心构建了中国城市科学发展评价指标体系，包含发展指数、协调指数和支撑能力指数三项一级指标。其中，发展指数由经济发展水平、社会发展水平两个二级指标构成；协调指数由城乡协调、经济社会协调、发展与资源环境协调三个二级指标构成；支撑能力指数由基础设施、环境条件、科技研发、体制支撑四个二级指标构成。大连理工大学迟国泰教授主持完成国家社会科学基金重大招标项目《全面贯彻落实科学发展观的综合评价体系》，建立了一套涉及经济、生态、社会、人的全面发展和科学技术五个方面共计 79 个指标的全面贯彻落实科学发展观的科学发展评价指标体系。

小康社会进程评价。中共十六大报告提出了全面建设小康社会的奋斗目标，如何监测全面建设小康社会进程也就成为有关部门及学术界关心的问题。中国社科院李培林、朱庆芳等学者根据小康社会和现代化的内涵，参考英格尔斯提出的十个现代化指标，提出了包括社会结构、科技和教育发展、人口素质、生活质量和环境保护、法制和社会治安等五大类共 28 个指标构成的指标体系。中国科学院可持续发展战略研究组根据全面小康社会的内涵，提出了由发展动力、发展质量和发展公平三大类、四个层次共 40 个基层指标构成的全面建设小康社会指标体系。国家发改委宏观经济研究院课题组提出了由人均 GDP、农业增加值比重、服务业增加值比重、非农就业比重、人口城镇化率、成人识字率、大学普及率、每千人拥有的医生数、平均预期寿命、人口自然增长率、基尼系数、社会保障覆盖率、国家信息化指数和国家资源环境安全系数等 14 个指标构成的指标体系。国家统计局统计科学研究所提出全面建设小康社会统计监测指标体系，2005 年，以国家统计局名义就《全面建设小康社会统计监测指标体系》征求了国家发改委等有关部委的意见，同时将此印发给各地试运行，此后对全国全面小康进程进行连续监测。

参考文献：

黄运成、赵彦云、王永根：《中国证券评级理论方法与应用》,中国人民大学出版社1993年版。
中国人民大学国际竞争力研究组:《中国国际竞争力发展报告(1996)》,中国人民大学出版社1997年版。
胡宗义、李峰:《经济增长方式转变的评价指标体系研究》,载于《湖南大学学报(社会科学版)》2002年第1期。
赵彦云:《国际竞争力统计模型及其应用》,中国标准出版社2005年版。
李静萍、赵彦云:《中国经济增长方式转变的国际竞争力分析和管理》,中国标准出版社2007年版。
纪宝成、赵彦云:《中国走向创新型国家的要素:来自创新指数的依据(中国创新指数研究报告No.1)》,中国人民大学出版社2008年版。
牛文元:《中国科学发展报告2011》,科学出版社2011年版。
杨志、赵彦云、王岩:《中国低碳经济年度发展报告(2011)》,石油出版社2011年版。
彭非、张延松:《发展测度论:中国的实践与思考》,中国社会出版社2012年版。
赵彦云等:《中国产业竞争力研究》,经济科学出版社2009年版。
鲜祖德、吕庆喆、施凤丹、谷彬:《2010年地区综合发展指数报告》,载于《调研世界》2012年第1期。
赵彦云、周芳、付文静:《北京市产业结构高端化实证研究》,首都师范大学出版社2012年版。
叶文虎、仝川:《联合国可持续发展指标体系述评》,载于《中国人口·资源与环境》1997年第3期。
国际竞争力比较课题组:《1997年中国国际竞争力评价》,载于《战略与管理》1998年第2期。
金晓斌、易理强、王慎敏、周寅康:《基于协调发展视角的区域发展差异研究——以江苏省为例》,载于《长江流域资源与环境》2008年第4期。
罗志军:《关于建立科学发展评价考核体系的调研报告》,载于《群众》2008年第10期。
Gregory Chow, Lin An loh, Accounting for Economic Growth in Taiwan and Mainland China: A Comparative Analysis, *Journal of Comparative Economics*, Vol. 30, 2002.
H. Chenery, M. Syrquin, *Patterns of Development* 1950-1970, Oxford University Press, 1975.
Pearce D. W., Atkinson G., Capital Theory and the Measurement of Sustainable Development: an Indicator of Weak Sustainability, *Ecological Economics*, Vol. 8, 1993.
Y. Ahmad, S. El Serafy and E. Lutz eds., *Environmental Accounting for Sustainable Development*, World Bank, 1989.

(赵彦云 谷彬)

全部经济活动的国际标准产业分类 International Standard Industrial Classification(ISIC)

《全部经济活动的国际标准产业分类》(International Standard Industrial Classification, ISIC)是生产性经济活动的国际分类基准,是联合国制定的国际通用的统计分类中的一种,其主要目的是提供一套根据该类活动类别编制统计数据的准则与对应标准,它通常也被简称为国际标准产业分类。由于ISIC是基于一系列国际认可的概念、定义、原则及分类规则、经济活动的一致分类结构构成,它为统一收集和提供经济数据确定了一个完整的框架,为经济分析和决策设计统一了结构,其分类结构又提供了根据经济原则及认识对经济状况的具体信息进行整理的格式,进而能为各国制订国家活动分类提供指导,因此,它已成为在国际一级比较经济活动中统计数据的一项重要工具。

ISIC的起源可以追溯到20世纪40年代。在国际联盟时期,国际联盟统计专家委员会(League of Nations Committee of Statistical Experts)就已经开始了对产业分类基本准则的研究工作。在1947年1月召开的统计委员的第一次会议上,选举产生了"产业分类委员会",其中心任务就是推进产业分类的国际化、标准化进程。考虑到各国经济发展水平、自然资源、气候等方面的不同,各国的产业结构也具有很大的差异,因此联合国统计委员会构建的国际标准产业分类体系只是提供一个产业分类的框架,各国可根据该框架制定出符合本国国情的新的产业分类体系,也可通过调整本国原有的产业分类体系使其和该框架保持一致,从而使各国的数据具有可比性。

ISIC是一个复杂系统的有机整体,其分类体系不断演化。从诞生至今,ISIC一共经历了六次修订。ISIC修订本第1版经统计委员会第10届会议审议后于1958年印发。修订本第2版在1968年统计委员会第15届会议审查和批准了修订建议后于当年印发。1989年,统计委员会第25届会议审查和批准了ISIC修订本第3版,该版印发于1990年。2002年统计委员会第33届会议审议并批准了第3版更新版(修订本第3.1版),并于2004年印发。在2006年3月统计委员召开的第37届会议上审议并通过了ISIC修订本第4版的结构,使之正式成为国际公认的标准,并于2008年印发,现在它将取代自1989年和2002年以来的ISIC修订本第3版及修订本第3.1版,它共含21个门类,进一步分为88个类,238个大组和419个组。与修订本第3.1版相比,详细程度的提高大大增加了这些类别的数目。与此同时,世界范围内由于经济技术的不断和迅速发展,促成了新的经济分工,并不断出现新的活动领域,产生新的经济部门,对ISIC的修订无疑仍在继续着,ISIC 整个分类体系也仍处在不断演化中。

在 ISIC 分类体系的演化过程中,其分类原则、分类符号都发生了重大的变化。ISIC 分类原则演化如下:1948 年 ISIC 初稿分类的一般原则是:(1)该体系对全部经济活动分类是按照产业来划分,而不是按照职业或商品;(2)该体系的分类基础是多数国家现存的产业结构,而不是任何单一的原则,诸如工作方法、原材料特性或产品用途等;(3)各机构是按照产业进行分类,与该产业的所有制形式等无关;(4)该体系的分类单位应最小化;(5)对于有多种业务的机构,按其主要产品的类型对该机构予以分类。ISIC1.0 版的分类原则是:(1)该体系对全部经济活动分类是按照经济活动或产业来划分,而不是按照职业或商品。各机构完全按照经济活动类型进行分类。因此,即使所有制形式不同,只要从事的经济活动类型相同,这些机构就被分在同一个组。同样,在制造业中,只要所从事的经济活动类型相同,那么它们也被分在同一组;(2)确定分类机构的原则是:该机构应该能利用它所拥有的资源相对独立地进行有关经济活动,并向一个或多个地区提供与该活动有关的产品或服务、原材料、劳动力、直接或间接的物质资源;(3)该体系的分类基础是多数国家存在的经济活动;(4)对于有多种业务的机构,按其主要产品的类型对该机构予以分类。与 ISIC 初稿相比,ISIC1.0 版中分类原则更具体,更具有操作性。此后的 ISIC2.0 版、ISIC3.0 版和 ISIC3.1 版和 ISIC4.0 版都延续了 ISIC1.0 版的分类原则。

国民经济行业分类标准作为中国的国家标准首次于 1984 年发布实施,伴随着经济的快速发展,新兴行业不断涌现,我国的产业结构也发生了巨大的变化。我国对国民经济行业的分类标准进行了两次修订,分别形成了 1994 年的《国民经济行业分类与代码》和 2002 年的《国民经济行业分类》,现行的是《国民经济行业分类》(2002 年),它分为门类、大类、中类和小类四个层次,共 20 个门类,95 个大类,396 个中类和 913 个小类。向铁梅和黄静波(2008)认为 ISIC 与我国《国民经济行业分类》的关系主要表现在产业分类方面,二者在分类原则和方法上具有一致性,可以相互转换。我国 2002 年的《国民经济行业分类》遵循国际经济活动的同质性原则,采用了与国际标准产业相同的分类体系,二者在分类层次上都包括了门类、大类、中类和小类。另外,它们二者在小类层次上也存在一定的对应关系,可以相互衔接。而 ISIC 与中国《国民经济行业分类》的差异,可以从总体框架结构和内部结构两个方面进行。从总体框构结构来看,ISIC4.0 共有 21 个门类、88 个大类、238 个中类和 419 个小类。相比而言,我国的《国民经济行业分类》大类、中类和小类数目都比 ISIC4.0 要多。从内部结构来看,二者在各行业的划分详细程度上仍存在差异。由于制造业在我国国民经济中处于主导地位,是拉动我国经济增长的主要行业,我国《国民经济行业分类》中制造业分为 30 个大类、169 个中类和 482 个小类,这三个层次上的分类数目均比要多 ISIC。其次,二者在农林牧渔业,交通运输、仓储和邮政业,批发和零售业,公共管理和社会组织等行业在各个分类层次上都有不同程度的差异,这些差异主要体现在各行业的主要产品分类上。

参考文献:

联合国:《所有经济活动的国际标准产业分类》(修订本第 3.1 版),2004 年。

联合国:《所有经济活动的国际标准产业分类》(修订本第 4 版),2009 年。

石小玉:《主要国际标准统计分类简介——国际标准产业分类》,引自石小玉:《世界经济统计研究新进展》,中央广播电视大学出版社 2002 年版。

向铁梅、黄静波:《国民经济行业分类与国际标准产业分类中制造业大类分类的比较分析》,载于《国际商务论坛》2008 年第 11 期。

赵耀、袁勤俭:《国际标准产业分类体系中管理及支持性服务活动的分类演化及启示》,载于《统计研究》2010 年第 3 期。

袁勤俭:《国际标准产业分类体系的演化》,载于《统计与信息论坛》2004 年第 1 期。

Jacob Ryten, Fifty Years of ISIC: Historical Origins and Future Perspectives, UN, Department of Economic and Social Affairs, Statistics Division, Fourth Meeting of Expert Group on International Economic and Social Classifications, 1998.

(任英华)

国际贸易标准分类
Standard International Trade Classification

国际贸易标准分类(Standard International Trade Classification, SITC)由联合国统计司主持制订、联合国统计委员会审议通过、联合国秘书处出版颁布,是用于国际贸易有形产品统计和对比的标准分类方法。SITC 主要以分析为目的,采用《商品名称及编码协调制度》(Harmonized Commodity Description and Coding System, 简称《协调制度》,缩写 HS)的品目和子目作为其类别的结构单位,是目前世界各国政府普遍采纳的商品贸易分类体系。

为提高国际商品贸易统计的可比性,国际联盟 1938 年公布了基于《关税分类草案(1937 年修订本)》而制订的《国际贸易统计基本商品名称表》。以此为基础,联合国于 1950 年 7 月发布了最初的《国际贸易标准分类》(即 SITC 原本)。

由于当时在许多国家,海关税则目录的基础是海关合作理事会的 1955 年《税则名目》,重新将《税则名目》数据编入《国际贸易标准分类》原本的表格中涉及《税则名目》项目的许多分类。因此,大量统计资源仍须重新分组,这给发达国家带来严重不便,并且在统计资源有限的国家尝试使用《国际贸易标准分类》和《税则名目》原本时,给它们构成几乎难以克服的障碍。为了表明《国际贸易标准分类》和《税则名目》之间的联系,1961 年联合国统计委员会发布了《国际贸易标准分类(修订 1)》。随着世界贸易量迅速增加,地理分布和商品构成发生了根本性的变化,联合国统计委员会经修订本后于 1975 年发布了《国际贸易标准分类(修订 2)》。为了与《海关合作理事会税则名目》修订版和《商品名称及编码协调制度》保持协调一致,联合国统计委员会以《协调制度》(HS88)的名目为基础,与各国政府和有关国际组织的专家协商后,在专家小组的协助下,编写了《国际贸易标准分类(修订 3)》,并于 1985 年 2 月获得通过。鉴于《协调制度》累积的变化日益增多,为与《协调制度》第四修订版(HS07)保持协调统一,联合国统计委员会于 2004 年中期开始编写《国际贸易标准分类(修订 4)》,并于 2006 年 3 月第 37 届会议通过。

《国际贸易标准分类》自 1950 年颁布实施以后,除大类框架不动以外,其他类目在修订中随着层次的增加相应扩大。其中,SITC 原本把所有国际贸易商品分为 10 大类、50 章、150 组和 570 个细类。SITC 修订 1 将商品分为 10 大类、63 章、233 组、786 个分组和 1924 个基本目,SITC 修订 2 将商品分为 10 大类、63 章、233 组、786 个分组和 1924 个基本目,SITC 修订 3 是根据 1988 年《协调制度》界定的,将商品分为 10 大类、67 章、261 组、1033 个分组和 3118 个基本目,SITC 修订 4 中的所有基本(911.0 和 931.0 除外)都是按照 2007 年《协调制度》的分组定义的,它保留了 SITC 修订 3 的总体结构,部门、类和组的数目相同,只有基本的目和一些分组有变动之处,最终将商品分为 10 大类、67 章、262 组、1023 个分组和 3993 个基本品目和子目。

SITC 采用经济分类标准,依照商品及其生产所用材料的性质、加工阶段、市场惯例及产品用途、商品在世界贸易中的重要性和技术变革等诸多因素,按照原料、半制品、制成品顺序,对国际贸易商品进行分类。SITC 倾向于反映商品的产业来源部门和加工阶段,属于生产口径。

SITC 用 5 位阿拉伯数字作为其五级分类体系的分类符号,分别代表商品的部门、大类、组、分组和基本目,分组前有一圆点。除货币黄金、金币和通行硬币外,目前实施的《国际贸易标准分类(修订 4)》涵盖了《协调制度》中可分类的所有货物。它将 2007 年《协调制度》中的 6 位数分组作为基本要素,同时考虑到保持与《国际贸易标准分类》前几个版本连续性的需要,将商品分为 10 大部门、67 类、262 组、1023 个分组和 2970 个基本目。通常将 0 ~ 4 类初级产品归为资源密集型产品,第 6、8 类工业制成品归为劳动密集型产品,第 5、7 类工业制成品归为资本和技术密集型产品。

《国际贸易标准分类》是主要以分析为目的的国际贸易商品综合分类,它与《商品名称及编码协调制度》(HS)、《经济大类分类》(Classification by Broad Economic Categories, BEC)和《产品总分类》(Central Product Classification, CPC)等国际产品分类标准和《国际标准行业分类》(International Standard Industrial Classification of All Economic Activities, ISIC)等经济活动分类标准之间存在密切联系(见图 1)。

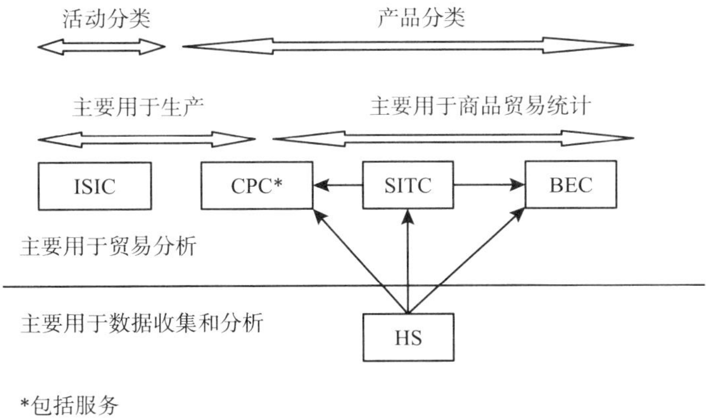

图 1 与贸易相关的不同分类体系之间的关系

SITC在国际上已得到广泛的应用。1960年以来，许多国家的政府已按照SITC编制商品贸易统计，一些拉美国家和英联邦国家还采用它编制本国的海关税则。联合国自1976年开始按照SITC编制国际贸易的统计资料，《国际贸易统计年鉴》、《商品贸易统计》、《统计月报》和《世界贸易年报》都据此规范定期发表统计资料。

联合国统计司2006年所进行的《关于使用商品分类法的问题（百分比）》调查也表明，SITC依然是大多数国家的一个重要数据传播工具，尤其对发达国家来说更是如此（确认使用它的国家占83.9%）。在所有132个国家或地区中，已按照SITC公布统计数据者占63.6%，在发达经济体中，该占比为83.9%；在发展中和转型期经济体中，该占比为57.4%。

SITC在中国的应用分为两个阶段。1980年至1991年，中国《海关统计商品目录》是以联合国《国际贸易标准分类》第二次修订本（SITC，Rev.2）为基础编制的。自1992年起，中国《海关统计商品目录》改为以海关合作理事会制定的《商品名称和编码协调制度》（HS）为基础编制，然后依据SITC与HS编码的相互转换对照表，发布有关SITC分类的统计信息，如在《中国统计年鉴》、《外贸统计年鉴》发布中采用SITC编码的对外贸易统计信息和发布基于SITC分类的对外贸易指数等，以满足各种分析需求。

参考文献：

联合国统计司：《国际商品贸易统计：编纂者手册》，联合国出版物，编号C.02.XVII.17，2003年。

联合国统计司：《国际贸易标准分类：修订4》，联合国出版物，编号C.06.XVII.10，2008年。

联合国统计司：《所有经济活动的标准行业分类》（修订本第4版），联合国出版物，编号C.08.XVII.25，2009年。

联合国统计司：《国际商品贸易统计：编纂手册补编》，联合国出版物，编号C.08.XVII.9，2010年。

联合国统计司：《国家商品贸易统计：概念和定义（2010）》，联合国出版物，编号C.10.XVII.13，2011年。

（张芳）

国际标准职业分类
International Standard Classification of Occupations

国际标准职业分类（International Standard Classification of Occupations，ISCO）是国际劳工组织（ILO）为各国提供统一准则而制定的职业分类标准。ISCO将职业区分为大类（Major Group）、小类（Minor Group）和细类（Unit Group），后来又在大类和小类之间增加了中类（Sub-Major Group），使分类更加细致完整。

1958年第一版《国际标准职业分类》指出，国际标准职业分类的主要目的有三个：一是为了便于各国统计数据间的比较；二是指导各国政府进行国家职业分类体系的修订；三是为在国际背景下辨识某些特殊的地域性职业提供途径。

国际劳工组织进行国际标准职业分类的具体用途是：(1)有助于国家对职工队伍进行分类管理，根据不同的职业特点和工作要求，采取相应的录用、调配、考核、培训、奖惩等管理方法，使管理更具针对性；(2)给各个职业确定了工作责任以及履行职责、完成工作所需要的职业素质，为实行岗位责任制提供了依据；(3)有助于建立合理的职业结构和职工配制体系；(4)是对职工进行考核和智力开发的重要依据。职业分类中规定的各个职业岗位的责任和工作人员的从业条件，不仅是考核的基础，同时也是进行培训的重要依据。

社会分工是职业分类的依据。在分工体系的每一个环节上，劳动对象、劳动工具以及劳动的支出形式都各有特殊性，这种特殊性决定了各种职业之间的区别。世界各国国情不同，其划分职业的标准有所区别。根据西方国家的一些学者提出的理论，职业分类的依据主要有：(1)脑力劳动和体力劳动的性质、层次。这种分类依据把工作人员划分为白领工作人员和蓝领工作人员两大类。白领工作人员包括：专业性和技术性的工作，农场以外的经理和行政管理人员、销售人员、办公室人员。蓝领工作人员包括：手工艺及类似的工人、非运输性的技工、运输装置机工人、农场以外的工人、服务性行业工人。这种分类方法明显地表现出职业的等级性。(2)心理的个别差异。这种分类是根据美国著名的职业指导专家霍兰创立的“人格—职业”类型匹配理论，把人格类型划分为六种，即现实型、研究型、艺术型、社会型、企业型和常规型。与其相对应的是六种职业类型。(3)各个职业的主要职责或“从事的工作”。这种分类较为普遍，以两种代表示例。其一是国际标准职业分类，这种分类方法便于提高国际间职业统计资料的可比性和国际交流。其二是加拿大《职业岗位分类词典》中的职业分类，这种分类对每种职业都有定义，逐一说明了各种职业的内容及从业人员在普通教育程度、职业培训、能力倾向、兴趣、性格以及体质等方面的要求，有较大的参考价值。

国际标准职业分类经历了多次更新。早在1923年的第一届国际劳工统计学家会议上就讨论了制定职业分类国际标准的需要；1949年，该项工作正式启动；1958年《国际标准职业分类》出版发行；之后又先后经1968年、1988年、2008年三次修订，形成目前的最新版本《国际标准职业分类（2008）》（简称ISCO-2008）。

ISCO的前两版ISCO-1958和ISCO-1968对职业进行分类所依据的基本标准是该职业所要完成的工作类

型(Type of Work Performed),这其中暗含着完成该工作所具备的技能。到了ISCO-1988和ISCO-2008,技能水平(Skill Level)和技能的专业程度(Skill Specialization)作为划分标准被明确提出来并得到了进一步的强调。

ISCO目前的最新版本是ISCO-2008,它通过于2007年12月国际劳工组织召开的国际标准职业分类修订大会。2008版在维持1988版的基本原则和主要框架的基础之上,进行了一系列的改变。这些改变一是鉴于各国在参照ISCO-1988进行分类并投入实际应用时所获取的一些经验,二是基于世界范围内工作的最新发展。

表1　ISCO-1988与ISCO-2008分类比较

类别	ISCO-1988	ISCO-2008
大类	1. 立法者、高级管理员和管理者 2. 专业人员 3. 技术人员进和专业人员助理 4. 办事员 5. 服务人员及商店和市场营销人员 6. 农业和渔业技术员 7. 工艺及有关人员 8. 机械机床操作员和装配工 9. 非技术工人 0. 军人	1. 管理者 2. 专业人员 3. 技术人员进和专业人员助理 4. 办事员 5. 服务人员及销售人员 6. 农业、林业和渔业技术员 7. 工艺及有关人员 8. 机械机床操作员和装配工 9. 非技术工人 0. 军人
中类	28	43
小类	116	125
细类	390	436

从表中可以看出ISCO-1988与ISCO-2008大类的变化及中、小、细类的增加。总体而言,2008版比1988版分类更加细化,其中新增或更新的中类有:生产及专门服务管理人员,招待、零售及其他服务管理人员,工商管理专业人员,资讯及通讯科技专业人员,法律、社会和文化专业人员,商业及行政专业助理人员,法律、社会、文化及有关专业助理人员,资讯及通讯技术人员,数字和材料记录人员,个人护理工作者,电气和电子行业工人,食品加工、木材加工、服装及其他工艺及相关行业工人,清洁工及佣工,食品制作助理人员,垃圾工人和其他基层劳工,有军衔的军队士官,其他军阶的军人。

此外,与以往各版本相比,2008版很多更新的内容可能是出于对1988版在应用中所产生问题的补救。这体现在1968版一些被1988版废除的类别又重新出现在2008版上,例如,重新将店主从其他的管理者中分离出来,以及重新引入自行车修理员、炊事助理等。

1982年,参照《国际标准职业分类》(ISCO-1968),中国国家统计局和国家标准局首次编制了供第三次全国人口普查使用的《职业分类与代码》。1986年经过修订,国家标准局颁布了国家标准《职业分类与代码》(GB6565-1986)。1992年,原劳动部会同国务院各部委编制了中国《工种分类目录》。1995年2月,原劳动部、国家质量技术监督局和国家统计局联合中央各部委编制了《中国职业分类大典》,并于1999年5月正式颁布实施。

《职业分类大典》是我国第一部对职业进行科学分类的权威性文献。它突破了过去以行业管理机构为主体,以归口部门、单位甚至用工形式来划分职业的传统模式,采用了以从业人员工作性质的同一性作为职业划分标准的新原则,并对各个职业的定义、工作活动的内容和形式以及工作活动的范围等作了具体描述,体现了职业活动本身固有的社会性、目的性、规范性、稳定性和群体性特征,科学、客观、全面地反映了我国社会的职业构成,填补了我国长期以来在国家统一职业分类领域存在的空白,具有深远的意义和广泛的应用领域。

2000年以来,我国经济、社会、科学技术迅速发展,由此带来的经济结构变化、产业结构变化、职业构成变化都十分巨大。由新技术、新工艺带来的新职业不断产生,传统的技术工艺逐步淘汰,使一些职业逐渐消亡。为了充分地反映这些变化,人力资源社会保障部、国家质量监督检验检疫总局和国家统计局,需要采用国际通用标准,加快我国职业分类工作与国际接轨的步伐。

参考文献：

张迎春：《国际标准职业分类的更新及其对中国的启示》，载于《中国行政管理》2009 年第 1 期。

苗月霞、于欣、蔡学军：《关于完善我国〈职业分类大典〉的建议》，载于《人事天地》2011 年第 20 期。

沈冰：《CCPA 参与修订〈中华人民共和国职业分类大典〉(99 版)工作》，载于《混凝土世界》2011 年第 8 期。

国家职业分类大典和职业资格工作委员会：《中华人民共和国职业分类大典》，中国劳动出版社 1999 年版。

李迪蓉：《从经济发展与职业关系谈高等职业技术教育改革》，载于《赤峰学院学报(自然科学版)》2008 年第 11 期。

曾令萍：《国际和世界主要国家与地区职业分类概况》，载于《职业》2001 年第 1 期。

International Labour Office, International Standard Classification of Occupations, www. ilo. org, 2008.

（陈黎明）

计量经济学

计量经济学
Econometrics

计量经济学,又译为经济计量学,经济学的一个分支学科。计量经济学创始人弗里希(Frisch,1933)最早提出:"经验表明,统计学、经济理论和数学这三者对于真正了解现代经济生活的数量关系来说,都是必要的,但本身并非是充分条件。三者结合起来,就是力量,这种结合便构成了计量经济学。"萨缪尔森等(Samuelson et al. ,1954)简洁地表达为:"计量经济学可以定义为实际经济现象的数量分析。这种分析基于理论与观测的并行发展,而理论与观测又是通过适当的推断方法得以联系。"戈登伯格(Goldberger,1964)认为:"计量经济学可以定义为这样的社会科学:它把经济理论、数学和统计推断作为工具,应用于经济现象的分析。"计量经济学理论体系的核心问题就是如何实现经济理论、数学和统计学的科学的结合。经济理论是指导,经济数据是原料,数学是工具,在这些条件下发展计量经济学模型理论,包括模型设定理论、数据诊断理论、模型估计理论、模型检验理论等,是计量经济学的任务,是计量经济学的学科特征。

计量经济学诞生于20世纪20年代末30年代初。其标志性事件包括:1926年挪威经济学家弗里希提出"Econometrics"一词,旨在促进经济学理论与统计学和数学相结合的世界性学术组织——世界计量经济学会(The Econometric Society)于1930年成立;世界计量经济学会的会刊Econometrica于1933年创刊。计量经济学从诞生之日起,就显示了极强的生命力,经过20世纪四五十年代的发展和60年代的扩张,已经在经济学科中占据重要的地位。

计量经济学的诞生与经济学方法论的发展具有紧密的联系。经济学作为一门科学,演绎法一直是它的基本研究方法,这在经济学发展的早期表现得尤为突出。也就是说,经济学的前提是不证自明的公理;从这样的前提出发按照逻辑推出的结论一定是正确的,无须检验;归纳法在经济学中几乎没有位置。但是,实际情况是,理论上认为一定是正确的结论却经常与现实不符,那么就提出了经验检验,即归纳在经济学方法论中的地位问题。20世纪20年代以后,随着现代逻辑实证主义哲学的诞生,归纳法在主流经济学研究中的重要性迅速上升,并且由对演绎法的补充和修正,转变成对经济理论或假说的检验和"判决",经济理论需要经验检验这一点从此确立了。毫无疑问,计量经济学的诞生,集中体现了归纳法或者说经验检验在经济学研究中的兴起。然而,不应由此而简单地断言,计量经济学仅仅是经验归纳法。计量经济学研究包含两大基本步骤:设定模型和检验模型。前者属于演绎法的范畴,后者属于归纳法的范畴。演绎法和归纳法是紧密结合在一起的,这种结合不仅意味着彼此补充,也导致了彼此限制。由于计量经济研究中归纳法的作用在于检验演绎法得出的理论假说,故而演绎阶段对归纳阶段形成了根本性的限制。计量经济学模型设定阶段的演绎与模型检验阶段的归纳相结合,构成了完整的、辨证的计量经济学方法论。

计量经济学与理论经济学、经济统计学、数学,以及各个应用经济学科之间,既有联系又有区别。理论经济学,特别是采用理论实证作为方法论的理论经济学,例如微观经济学和宏观经济学等,其经过演绎推理得到的理论模型是计量经济学模型设定的最重要的依据。在计量经济学应用研究中,任何模型的建立都离不开经济理论和在经济理论指导下进行的经济行为关系分析。计量经济学对于经济统计学的依赖表现于两个方面。一是按照经济统计学理论和方法所采集的数据。二是经济统计分析方法,包括描述统计和推断统计方法,它们构成了计量经济分析的基本方法,或者说,统计分析是计量经济分析的重要组成部分。计量经济学利用数理统计学作为主要的数学工具,但是它与数理统计学是有严格区别的。数理统计学作为一门数学学科,它可以应用于经济领域,也可以应用于其他领域。但它与经济理论、经济统计学结合而形成的计量经济学,则限于经济领域。另外,特别重要的是,在计量经济分析中,数理统计学是工具,它的正确应用离不开经济理论。从逻辑上说,一个统计关系式,不管多强或多么有启发性,本身不可能意味着任何因果关系。要谈因果关系,必须来自统计学之外,来自于经济理论和经济行为分析。在许多应用经济学科普遍采用计量经济学模型方法进行应用研究的今天,应用计量经济学与其他应用经济学科关系变得越来越紧密,甚至难以区分。例如,金融计量经济学,既可以作为金融学的一个分支,也可以作为计量经济学的一个分支;劳动经济学在研究中广泛采用微观计量经济学模型,它已经成为应用微观计量经济学的同义语。区别仍然是存在的。例如,作为金融学的金融计量经济学,核心是金融市场理论的发展和金融计量经济学理论模型的设定;作为计量经济学的金融计量经济学,核心是针对金融市场的研究对象和数据特征,发展金融计量经济学模型的理论方法,重点是估计理论和检验理论。

按照研究对象可以将计量经济学分为理论计量经济学和应用计量经济学。理论计量经济学是以介绍、研究计量经济学的理论与方法为主要内容,侧重于理论与方法的数学证明与推导,与数理统计联系极为密切,应用了广泛的数学知识。而应用计量经济学则以建立与应用计量经济学模型为主要内容,强调应用模型的经济学和经济统计学基础,侧重于建立与应用模型过程中实际问题的处理。按照应用研究的对象可以将计量经济学分为微观计量经济学和宏观计量经济学。微观计量经济学集中于微观计量经济学模型理论、方法与应用研究，对微观个体，例如个人、家庭、企业的经济行为进行实证分析，一般利用通过调查获得的微观数据，微观数据表现为截面数据或者面板数据。宏观计量经济学集中于宏观计量经济学模型理论、方法与应用研究，对宏观总体的经济行为进行实证分析，一般利用通过统计获得的宏观数据，宏观数据表现为时间序列数据。宏观计量经济学又可以分为经典宏观计量经济学和现代宏观计量经济学，二者的内容体系和研究方向显著不同。按照模型理论的发展和模型体系可以将计量经济学分为经典计量经济学和非经典计量经济学或者现代计量经济学。经典计量经济学一般指20世纪70年代以前发展的计量经济学模型及其理论方法。非经典（现代）计量经济学一般指20世纪70年代以后发展并广泛应用的计量经济学理论、方法及应用模型。

参考文献：

Frisch Ragnar, Editor's Note, *Econometrica*, Vol. 1, No. 1, 1933.

Goldberger S., *Econometric Theory*, New York: John Wiley & Sons, 1964.

Samuelson P. A., Koopmans T. C., and Stone J. R., Report of the Evaluative Committee for Econometrica, *Econometrica*, Vol. 22, No. 2, 1954.

（李子奈）

计量经济模型

Econometric Models

计量经济模型即依据计量经济学理论方法研究经济、社会等问题所建立的定量分析模型。其中使用时间最久的是回归模型，如果以高斯提出最小二乘估计为标志，则已经有200年的历史了。但真正建立起一套完整的估计、推断、检验体系是在20世纪的30年代。20世纪40年代以前建立的基本上是单方程回归模型。40年代以后随着计算机技术的发展，以及人们着眼于对宏观经济的研究，开始建立联立方程模型。20世纪五六十年代是联立方程模型最辉煌的时代，其代表人物是美国的克莱因（L. R. Klein）。20世纪70年代初，博克斯－詹金斯（Box-Jenkins）提出研究时间序列的单整自回归移动平均模型（Autoregressive Integrated Moving Average Models, ARIMA）。20世纪70年代以后随着计算机以及计算机专用软件的普及，各种模型被提出，研究成果呈爆炸式增长。

建立计量经济模型主要包括四个步骤。（1）确定研究对象，根据对研究对象的观察、分析，确定其影响因素。（2）为研究对象及其影响因素找到合理的测量变量，并通过普查，抽样的方式收集数据，或者间接地从专门渠道，例如统计年鉴、数据库、网站引用数据。（3）依据经济理论和变量散点图、时间序列图确定变量的变化特征以及被解释变量与解释变量间的变化规律。（4）对模型进行设定、估计、诊断、检验，分析回归系数实际含义，对被解释变量预测。即在前三步的基础上，进而确定模型的具体形式，以样本数据为基础采用适当的估计方法对模型进行估计和诊断，检验模型的合理性，系数的显著性，进而确定模型的最终结果。对解释变量的回归系数做出解释，或者对被解释变量做出预测。

在以往的计量经济学文献中都是强调以经济理论为依据确立计量经济模型的具体形式，这只是问题的一个方面。但经济理论中涉及的变量毕竟有限，在实际研究中碰到大量的问题，经济理论并未提供模型的具体形式，而且即便是有些问题经济理论已给出具体的模型形式，但随着时代、地域、社会制度，以及特定条件的不同，经济变量之间的模型形式未必永远不变。已有的经济理论同样是前人利用经济数据进行定量分析得出的结论。从这个意义上说，具体问题具体分析，深入调查研究，根据数据确定变量之间的具体形式，才是确定计量经济模型形式的最可靠方法。

计量经济模型，如果按模型体系分类，可分为回归模型和时间序列模型两大类。

回归模型，如果按方程个数分类，可分为单方程回归模型和多方程回归模型两类。单方程回归模型是只分析一个经济变量与解释变量关系的模型；而多方程回归模型是同时分别分析多个经济变量与解释变量关系的模型。

单方程回归模型，如果按被解释变量性质分类，可分为四类模型。（1）经典的回归模型，其中包括线性回归模型，可线性化的非线性回归模型，以及非线性回归模型。（2）分位数回归模型，是研究被解释变量分位数与解释变量关系的一类模型。（3）离散被解释变量模型，其中包括二元离散选择模型、多元离散选择模型、定序被解释变量模型和计数数据模型等。（4）受限被解释变量模型，主要包括选择性样本模型和持续时间数据模型。

多方程回归模型，如果按数据的性质分类，可分为三类模型。（1）联立方程模型（还可分为结构模型、简化型模型和递归模型）。（2）面板数据模型和状态空间模型。（3）向量自回归模型（包括向量误差修正模型）。

时间序列模型虽然起步相对较晚，但发展很快。随着计算机专用软件的普及，时间序列模型又进一步派生出许多类型的模型。其规模远远超过回归模型。时间序列模型分为单变量时间序列模型和向量时间序列模型两类。单变量时间序列模型已经取得丰富的研究成果，而对向量时间序列模型的研究才刚刚起步。

单变量时间序列模型按描述对象的性质和模型的形式又可进一步分为线性时间序列模型、非线性时间序列模型、二阶矩模型和久期模型。线性和非线性时间序列模型是描述时间序列水平值变化规律的模型；二阶矩模型是描述时间序列方差变化规律的模型；久期模型是描述经济事件发生时间间隔变化规律的模型。(1)线性时间序列模型主要是从模型的最终形式看是线性的。其中包括两类模型。一类是博克斯－詹金斯(Box-Jenkins)提出的非季节ARIMA模型和季节ARIMA模型；另一类是把季节性时间序列分解为趋势、循环、季节、不规则四种成分的成分分解模型。此外，还衍生出两类模型。一类是ARIMA模型与回归模型相结合，即把回归模型的误差项进一步描述为ARIMA形式的一类模型，称作回归与ARIMA组合模型(regARIMA模型)。另一类是季节ARIMA模型与时间序列的成分分解模型相结合又形成了一种季节调整模型。季节调整模型中也包括很多种形式，其中最流行的是两种，一类是由美国普查局提出的X-13季节调整模型，另一类是由西班牙银行提出的TRAMO SEATS季节调整模型。季节调整模型用来剔除时间序列内的季节成分，从而为计算季节时间序列的环比增长率做准备。(2)非线性时间序列模型中主要包括广义自回归模型、双线性模型、门限自回归模型和平滑转移模型。(3)二阶矩模型包括两类模型，其中一类称作自回归条件异方差(Autoregressive Conditional Heteroskedasticity, ARCH)模型、广义自回归条件异方差(Generalized Autoregressive Conditional Heteroskedasticity, GARCH)模型族(包括几十种GARCH模型，所以称作模型族)。另一类称作随机波动模型。(4)久期模型主要包括两类模型，一类称作自回归条件久期模型，另一类称作随机条件久期模型。

向量时间序列模型按模型结构可分为向量自回归模型、向量移动平均模型和向量ARIMA模型。而从时间序列角度提出的向量自回归模型与克里斯托弗·西姆斯(Christopher Sims)在1980年提出的VAR模型(Vector Autoregression Model)是同一个概念。

参考文献：

陈善林、张浙：《统计发展史》，立信会计图书用品社1987年版。

Quantitative Micro Software, LLC., *EViews 7 User's Guide*, Quantitative Micro Software, LLC. 2009.

Sims Christopher, Macroeconomics and Reality, *Econometrica*, Vol. 48, 1980.

（张晓峒）

总体回归函数与样本回归函数
Population Regression Function and Sample Regression Function

总体回归函数是指将总体被解释变量 Y_i 的条件期望表现为解释变量的某种函数。样本回归函数是指将被解释变量的样本条件均值 $\hat{Y}_i$ 表示为解释变量的某种函数。

计量经济分析研究特定总体被解释变量随解释变量的变动而变动的数量规律性，是从设定总体回归函数开始的。如果用 Y_i 表示被解释变量，用 $(X_{1i}, X_{2i}, \cdots, X_{ki})$ 表示所有对 Y_i 有显著影响的 k 个解释变量，假如对所研究经济总体的被解释变量 Y_i 和解释变量所有的取值都能够获得，当解释变量分别取某固定值的条件下，被解释变量 Y_i 的值并不确定，由 Y_i 的条件分布所确定的期望 $E(Y \mid X_{1i}, X_{2i}, \cdots, X_{ki})$，称为被解释变量的条件期望。显然，被解释变量 Y_i 的条件期望是随解释变量的变动而变动的。如果将随解释变量而变动的总体被解释变量 Y_i 的条件期望表现为解释变量的某种线性或非线性函数 $E(Y \mid X_{1i}, X_{2i}, \cdots, X_{ki}) = f(X_{1i}, X_{2i}, \cdots, X_{ki})$，这个函数即称为总体回归函数的条件期望表现形式。由于被解释变量 Y_i 还会受其他因素的影响，经济变量之间具体的数量规律在经济现象的个别观测值中难以直接观测，只有从变量条件期望的角度，才能揭示经济现象数量关系的规律性。

即使解释变量包含了所有对 Y_i 有显著影响的恒常性因素，由于还存在影响被解释变量 Y_i 的其他随机性因素，被解释变量的各实际值 Y_i 也不一定等于条件期望，而是分布在 $E(Y \mid X_{1i}, X_{2i}, \cdots, X_{ki})$ 的周围，若令各个 Y_i 与条件期望 $E(Y \mid X_{1i}, X_{2i}, \cdots, X_{ki})$ 的偏差为 μ_i，μ_i 称为随机误差项(或随机扰动项)。格林(Greene, 2006)指出"没有一个模型可以涵盖影响经济生活的方方面面，因为这些因素在本质上都是随机出现的。因此，就有必要在模型中引入随机因素"。伍德里奇(Wooldridge, 2000)强调："μ_i 被叫做关系式中的误差项或者扰动项，表示除了 X 之外影响 Y 的因素"。显然随机扰动项 μ_i 是个随机变量，并有 $Y_i = E(Y \mid X_{1i}, X_{2i}, \cdots, X_{ki}) + \mu_i$，这是总体回归函数的实际值表现形式，某些著作中也称为总体回归模型。其中，$E(Y \mid X_{1i}, X_{2i}, \cdots, X_{ki})$ 是 Y_i 随解释变量而变动的系统变动部分，μ_i 是 Y_i 的随机变动部分。

总体回归函数中的随机误差项 μ_i 在计量经济研究中有特别重要的地位，是计量经济模型区别于其他经济数学模型的主要特征。经济学理论所揭示的是理想的经济世界，而计量经济模型描述的是现实的经济世界，模型是否包含随机误差项是理论经济模型与计量经济模型的根本区别。在经济问题的研究中，事实上不可能把无数非显著性影响因素都纳入到模型中，

Y_i 的实际值与其条件期望总会有偏差，只有在总体回归函数中纳入了随机误差项，才能表现经济变量实际值之间的真实关系。而且，随机误差项及其分布性质往往决定着计量经济分析结果的性质和计量经济方法的选择。

总体回归函数中引入随机误差项 μ_i 的原因是多方面的，格林(2011)指出："没有什么模型可以期望处理经济显示的无数偶然因素，因此在经验模型中纳入随机要素是必需的，被解释变量的观察值不仅要归于已经清楚了解的变量，也要考虑来自人们并不清楚了解的偶然性和无数微弱因素的影响"。他还强调："在确定性模型中引入随机扰动，并不是为了掩盖确定性模型的不足之处。因此，如果所谓的未被解释的随机扰动并不是真正的不能被解释的因素，模型就是不适当的。牢记这一点对计量经济学是非常重要的"。李子奈(2011)具体论证了随机误差项的源生性和衍生性。作为源生性的随机误差是指"无数非显著因素对被解释变量的影响"，源生性随机误差是"不能被解释的因素"，反映了经济行为的内在随机性。在随机抽样的截面数据经典计量经济模型中，源生性的随机误差项由大数定理保证其高斯假设，由中心极限定理可以证明其服从正态分布，因此统计推断具有可靠性。衍生性的随机误差指会引起设定误差的"不是真正不能被解释的因素"，如果研究者对经济现实了解并不充分，所设定的模型可能存在设定误差(变量或函数形式的设定不准确)，或者模型中变量可能存在观测误差，这就会使随机扰动项包括"衍生性"的误差，就可能引起不服从高斯假定和正态性假定。

总体回归函数通常是未知的，研究者只能根据对总体某些信息的认识，以及实践经验或经济理论，在一定的假设前提下，去对总体回归函数加以设定。对于总体回归函数的设定，莫瑞(Murray，2006)认为："如果包括数据来源的各种假定，也可以说是在设定总体被解释变量数据的生成过程"。李子奈(2011)指出了计量经济模型总体设定的"唯一性"和"一般性"原则。作为研究对象的被解释变量，它和所有影响因素之间只能存在一种客观的正确的关系，所以正确的总体模型(即真实的总体回归函数)只能是一个。为此，计量经济模型的总体设定必须遵循"一般性"，总体模型必须包含所有对被解释变量产生影响的变量，尽管其中某些变量会因为显著性不高或者不满足正交性条件等原因在后来的约化过程中被排除。因为一旦总体模型被设定，利用样本数据进行的经验检验只能发现已经包含其中的哪些变量是不显著的，而不能发现没有包含其中的显著变量；只能发现已经被采用的函数关系是不恰当的，而不能发现没有被采用的正确的函数关系。这些关于总体回归函数与计量经济模型总体设定关系的研究，论证了"从简单到一般"建模思路的局限性，以及"从一般到简单"建模思路的合理性。

由于总体的规模通常比较大，总体中变量的每个观测值事实上无法实际观测，被解释变量的条件期望也无从直接确定。对于解释变量 $X_{1i},X_{2i},\cdots,X_{ki}$ 的一定值，研究者可能获得的只是被解释变量 Y_i 的样本观测值，可以计算被解释变量 Y_i 的样本条件均值 $\hat{Y}_i$。被解释变量样本观测值的条件均值 $\hat{Y}_i$ 随解释变量而变动的轨迹，称为样本回归线。如果把被解释变量的样本条件均值 $\hat{Y}_i$ 表示为解释变量的某种函数 $\hat{Y}_i=f(X_{1i},X_{2i},\cdots,X_{ki})$，这个函数即是样本回归函数的条件均值表现形式。样本回归函数会随抽样而变动，是不唯一的。被解释变量的各实际值 Y_i 并不一定等于样本条件均值 $\hat{Y}_i$，各个实际值 Y_i 与样本条件均值 $\hat{Y}_i$ 的偏差称为剩余项或残差，用 e_i 表示，则 Y 的实际值为 $Y_i=\hat{Y}_i+e_i$，这是样本回归函数的实际值表现形式。

样本回归函数与所设定的计量经济模型体现的总体回归函数既有区别又有联系：(1)总体回归函数是未知但确定的；样本回归线是随抽样波动而变化的。在现实的经济研究中只能从总体中抽取一定的样本，设法获得样本回归函数，并用样本回归函数对总体回归函数去作统计推断。(2)样本回归函数是对总体回归函数的估计。样本回归线还不是总体回归线，它至多只是未知的总体回归线的近似表现。(3)总体回归函数的参数 $\beta_1,\beta_2,\cdots,\beta_k$ 是确定的常数；而样本回归函数的参数 $\hat{\beta}_1,\hat{\beta}_2,\cdots,\hat{\beta}_k$ 是随抽样而变化的随机变量，是对总体回归函数参数的估计。(4)总体回归函数中的随机误差项 μ_i 不可直接观测；而样本回归函数中的残差 e_i 是可以通过样本回归计算的数值。残差 e_i 在概念上类似总体回归函数中的 μ_i，残差 e_i 所表现出的统计性质，在计量经济研究中往往可以提供 μ_i 的某些信息。(5)被解释变量的样本条件均值 $\hat{Y}_i$ 是对总体条件期望 $E(Y\mid X_{1i},X_{2i},\cdots,X_{ki})$ 的估计。

多元线性回归模型的参数与简单线性回归模型的参数有重要区别。在多元线性回归模型中，解释变量对应的参数是偏回归系数，表达的是控制其他解释变量不变的条件下，该解释变量的单位变动对被解释变量期望值(或平均值)的"净"影响。

参考文献：

李子奈：《计量经济学模型方法论》，清华大学出版社 2011 年版。

威廉・H・格林：《经济计量分析》第六版，中国人民大学出版社 2011 年版。

Michael P. Murray, *Econometrics: A Modern Introduction*, Prentice-Hall, Inc. 2006.

Jeffrey M. Wooldridge, *Introductory Econometrics: A Modern Approach*, South Western College Publishing, 2000.

(庞皓)

计量经济模型经典假定
Classical Hypothesis of Econometric Models

计量经济模型描述或刻画了变量之间的经济关系，实际上是对变量的联合分布的一组约束。要对这种约束形式做出统计推断，就需要对变量的生成过程做出基本的假定，它是由高斯（C. F. Gauss）于 1821 年首先提出，此后被作为范式或标准，被称为计量经济学模型的经典假定。将满足经典假定的模型称为经典线性回归模型（Classical Linear Regression Model, CLRM），这种模型已成为大部分计量经济学理论的基石，对经典线性回归模型进行参数估计，普通最小二乘法是一种适用的方法。

多元线性回归模型的经典假定包括：

假定 1：线性回归模型。总体回归模型可表述为

$$Y = \beta_0 + \beta_1 X_1 + \beta_2 X_2 + \cdots + \beta_k X_k + \mu$$

其中，$\beta_0, \beta_1, \beta_2, \cdots, \beta_k$ 是未知参数，μ 是无法观测的随机误差项。回归模型对参数而言是线性的，但它对变量而言不一定是线性的。

假定 2：解释变量之间无完全线性关系。在假定 1 的回归模型中，任意两个或几个解释变量间不存在严格的线性关系，也就是说解释变量的样本矩阵 **X** 是满列秩，秩等于参数个数。这一假定可保证参数估计值的唯一性。

假定 3：解释变量外生性。给定解释变量的任何值，随机误差项 μ_i 的条件期望为 0，即：$E(\mu_i \mid X_{s1}, X_{s2}, \cdots, X_{sk}) = 0, i, s = 1, 2, \cdots, n$。这里，解释变量既可以是确定性变量，也可以是随机变量，只要其产生机制与随机误差项 μ_i 无关。该假定意味着经验分析所用的模型中不存在设定偏误，也就是说，总体回归模型设定是正确的。由假定 3 可以得到：解释变量与随机误差项不相关，即：$Cov(\mu_i, X_{sj}) = 0(i, s = 1, 2, \cdots, n, j = 1, 2, \cdots, k)$。这时，即认为模型具有外生解释变量。在时间序列样本情况下，如果误差项 μ_t 与时间下标为 t 的解释变量不相关，即 $Cov(\mu_t, X_{tl}) = 0$，称解释变量是同期外生的。假定 3 不仅要求同期外生性，还要求 μ_t 与解释变量异期无关，称为解释变量严格外生。在截面样本情形下，通常认为样本是随机的，μ_i 自动独立于第 i 个样本以外其他观察中的解释变量，因此，该假定可以放松为：$E(\mu_i \mid X_{i1}, X_{i2}, \cdots, X_{ik}) = 0, i = 1, 2, \cdots, n$。

假定 4：随机误差项同方差。给定任意解释变量，随机误差项 μ_i 都具有相同的方差，即：$Var(\mu_i \mid \mathbf{X}_i) = \sigma^2, i = 1, 2, \cdots, n$。该假设表明，对于每个样本点，$\mu_i$ 的方差都是某个等于 σ^2 的正常数。

假定 5：随机误差项无序列相关。以 X 为条件，任意两个样本点的随机误差项都不相关，即：$Cov(\mu_i, \mu_s \mid X) = 0, \forall i \neq s$。忽略以 X 为条件，该假定可以表示 $Cov(\mu_i, \mu_s) = 0$。在截面样本情况下，如果样本是独立随机抽样取得，以样本中所有解释变量为条件，不同观测的误差是独立的，因此，不需要随机误差项是无关的假设。在时间序列样本情况下，随机误差项无序列相关是一个关键假定。

可以证明，在假定 1 ~ 假定 5 下，模型普通最小二乘估计量 $\hat{\beta}_j(j = 1, \cdots, k)$ 是线性、无偏、有效估计量，这就是著名的高斯 - 马尔科夫定理。因此，假定 1 ~ 假定 5 又被称为高斯 - 马尔科夫假定。

假定 6：随机误差项的正态性假定。随机误差项 μ_i 独立于解释变量，而且服从均值为零方差为 σ^2 的正态分布，即：$\mu_i \sim N(0, \sigma^2)$。当模型设定是正确的，统计学中著名的中心极限定理为随机误差项 μ_i 的正态性假定提供了理论基础（S. M. Ross, 2000）。正态性假定是一个非常强的假定，它包含了假定 3、假定 4 和假定 5。在处理小样本或有限样本时，它起到了关键作用，不仅有助于推导出普通最小二乘估计量精确的概率分布，而且是采用 t 检验、F 检验和 χ^2 检验对模型进行统计检验的前提。

参考文献：

［美］达莫达尔·N·古扎拉蒂、唐·C·波特：《计量经济学基础》第五版，中国人民大学出版社 2011 年版。

李子奈、潘文卿：《计量经济学》，高等教育出版社 2005 年版。

［美］威廉·H·格林：《计量经济分析》第五版，中国人民大学出版社 2007 年版。

Sheldon M. Ross, *Introduction to Probability and Statistics for Engineers and Scientists*, *2d ed*, New York: Harcourt Academic Press, 2000.

James H. Stock, Mark W. Watson, *Introduction to Econometrics*, Boston: Addison-Wesley, 2003.

Jeffrey M. Wooldridge, *Introductory Econometrics: A Modern Approach*（*4th Edition*）. Mason, Ohio: South Western Cengage Learning, 2009.

（杨冬梅）

最小二乘估计
Least Squares Estimation

最小二乘估计是基于最小二乘原理实现计量经济学模型参数估计的一类估计方法，也称为最小二乘法，包括普通最小二乘法（Ordinary Least Squares, OLS）、非线性最小二乘法（Nonlinear Least Squares, NLS）、广义最小二乘法（Generalized Least Square Method, GLS）、两阶段最小二乘法（Two-Stage Least Square Method, TSLS）等。最小二乘法是源于天文学和测地学上的应用需要，于 18 世纪初提出并发展的测量工作和科学实

验中常用的一种数据处理方法，构成数理统计学的重要内容，自计量经济学诞生时起，就成为计量经济学模型参数估计的最重要和常用的方法，也成为计量经济学教科书的重要内容，例如格林（Greene，2003）、古扎拉蒂（Gujarrati，2003）、伍德里奇（Woodldridge，2003）的中、高级计量经济学教科书。

对于经典线性单方程计量经济学模型，其总体回归模型为：

$$Y_i = \beta_0 + \beta_1 X_{i1} + \beta_2 X_{i2} + \cdots + \beta_k X_{ik} + \mu_i, i = 1, 2, \cdots, n \quad (1)$$

随机抽取解释变量和被解释变量的 n 组样本观测值 $\{(X_{i1}, X_{i2}, \cdots, X_{ik}, Y_i): i = 1, 2, \cdots, n\}$，如果参数估计值已经得到，则样本回归函数为：

$$\hat{Y}_i = \hat{\beta}_0 + \hat{\beta}_1 X_{i1} + \hat{\beta}_2 X_{i2} + \cdots + \hat{\beta}_k X_{ik}, i = 1, 2, \cdots, n \quad (2)$$

根据最小二乘原理，（2）式中的参数估计值应使得残差平方和达到最小：

$$Q = \sum_{i=1}^{n} e_i^2 = \sum_{i=1}^{n} (Y_i - \hat{Y}_i)^2 \quad (3)$$

那么，只需要求得 Q 关于待估参数 $\hat{\beta}_j (j = 0, 1, \cdots, k)$ 的偏导数，并令其值为零，得到关于待估参数估计值的正规方程组，求解该线性代数方程组，即可得到待估参数的最小二乘估计值。该估计被称为普通最小二乘估计。

如果总体回归模型满足计量经济学模型的经典假定，其普通最小二乘估计具有线性性（参数估计量是被解释变量的线性组合）、无偏性（参数估计量的期望等于真实参数）、有效性（参数估计量是所有无偏估计中方差最小者）。如果总体回归模型（1）的随机项 μ_i 同时满足正态性，模型结构参数 $\beta_j (j = 0, 1, \cdots, k)$ 的普通最小二乘估计与最大似然估计等价。

如果总体回归模型不满足计量经济学模型的所有经典假定，其普通最小二乘估计将不具有良好性质，即不再适用。例如，如果模型随机项存在异方差性，需要采用加权最小二乘法（Weighted Least Square Method，WLS），是一种特殊的广义最小二乘法。如果模型随机项存在序列相关性，需要采用广义最小二乘法。如果模型解释变量中存在随机解释变量，并且与模型随机项相关，则需要采用两阶段最小二乘法，对于单方程模型，也称工具变量方法。在计量经济学模型应用研究中，违背经典假定的情况十分普遍，因此，必须慎重采用普通最小二乘估计。

如果总体回归模型的被解释变量 Y_i 不是服从正态分布的连续随机变量，例如，对于离散被解释变量模型（包括离散选择模型、计数数据模型等）和受限被解释变量模型（包括选择性样本模型、持续时间数据模型等），最小二乘估计将不再适用。因此，在现代微观计量经济学模型研究中，最小二乘估计不再占据重要的地位。

对于经典非线性单方程计量经济学模型，其总体回归模型为：

$$Y_i = f(X_{i1}, X_{i2}, \cdots, X_{ik}, \beta_0, \beta_1, \cdots, \beta_k) + \mu_i, i = 1, 2, \cdots, n \quad (4)$$

如果模型随机项服从 0 均值、同方差的正态分布，且无序列相关，最小二乘估计仍然适用。只是由残差平方和的一阶极值条件所构成的关于待估参数估计值 $\hat{\beta}_j (j = 0, 1, \cdots, k)$ 的正规方程组不再是线性代数方程组，需要采用迭代方法求解，例如高斯－牛顿（Gauss-Newton）迭代法、牛顿－拉夫森（Newton-Raphson）迭代法。即为非线性最小二乘法。

对于经典联立方程计量经济学模型，某个结构方程的解释变量可能是内生变量，是另外结构方程的被解释变量。欲实现该结构方程的参数估计，普通最小二乘不再适用，两阶段最小二乘法成为应用最为普遍的估计方法。如果不同结构方程的随机项之间存在相关性，为了充分利用这些相关性信息，则三阶段最小二乘法是更好的估计方法。

参考文献：

William H. Greene, *Econometric Analysis (Fifth Edition)*, Prentice-Hall Inc. ,2003.

Damodar N. Gujarrati, *Basic Econometrics (Fourth Edition)*, McGraw-Hill Higher Education, 2003.

Jeffrey M. Woodldridge, *Introductory Econometrics (2E)*, Thomson, South-Western, 2003.

（郭俊艳　李子奈）

极大似然估计
Maximum Likelihood Estimation

统计学家罗纳德·费雪（R. A. Fisher）在 1912 年至 1922 年间提出了一种根据样本数据集推断和估计样本总体概率密度函数参数的一种统计方法，后来被称为极大似然法。极大似然法被誉为 20 世纪统计学的最大发现之一。当随机变量 Y 的分布已知但总体分布参数未知时，可以通过求解随机抽取该样本的联合概率最大的最大化问题来估计总体分布的未知参数，称为极大似然原理。按照极大似然原理实现计量经济学模型参数的估计，成为极大似然估计。

实现极大似然估计，首先要构造条件似然函数，一般简称为似然函数。如果 $(y_1, y_2, \cdots, y_n)$ 是随机变量 Y 的 n 个样本，对于给定的 **Z**，则称 $L(\boldsymbol{\theta}) = f(y_1, y_2, \cdots, y_n \mid \mathbf{Z}; \boldsymbol{\theta})$ 是参数 $\boldsymbol{\theta}$ 的条件似然函数（Conditional Likelihood Function）。对于离散的随机变量 Y，它是 Y 的联合条件概率函数；对于连续的随机变量 Y，它是 Y 的联合条件概率密度函数。如果样本 $(y_1, y_2, \cdots, y_n)$

是随机变量 Y 的 n 个独立样本，则条件似然函数可以表述为 $L(\boldsymbol{\theta}) = f(y_1 \mid Z_1;\boldsymbol{\theta})f(y_2 \mid Z_2;\boldsymbol{\theta})\cdots f(y_n \mid Z_n;\boldsymbol{\theta})$，并且称它的对数形式 $\log L(\boldsymbol{\theta}) = \sum_{i=1}^{n}\log f(y_i \mid Z_i;\boldsymbol{\theta})$ 为对数条件似然函数。当从总体中随机抽取容量为 n 的样本观测值时，在任意一次随机抽样中，样本观测值都以一定的概率出现。于是，如果已知总体的概率分布函数，在每一次随机抽样中，就可以计算出抽取该样本的概率，并且，可以通过联合分布函数计算出抽取该样本的概率。

在参数空间 Θ 中，若存在参数 $\tilde{\boldsymbol{\theta}}$，使得 $\tilde{\boldsymbol{\theta}}$ 是似然函数 $L(\boldsymbol{\theta})$ 的极大值点，则称 $\tilde{\boldsymbol{\theta}}$ 是参数 $\boldsymbol{\theta}$ 的极大似然估计，即 $L(\tilde{\boldsymbol{\theta}}) = \max_{\theta\in\Theta} L(\boldsymbol{\theta})$。显然，$\tilde{\boldsymbol{\theta}}$ 是似然函数 $L(\boldsymbol{\theta})$ 的极大值当且仅当 $\tilde{\boldsymbol{\theta}}$ 是对数似然函数 $\log L(\boldsymbol{\theta})$ 的极大值，似然函数极大等价于对数似然函数极大。

设 $f(y;\boldsymbol{\theta})$ 是随机分布族 $P = \{P_\theta \mid \boldsymbol{\theta}\in\boldsymbol{\Theta}\}$ 中随机变量的概率密度函数，其中，Θ 为参数空间，则称下述条件为极大似然估计的正则条件：①$(y_1, y_2, \cdots, y_n)$ 是具有概率密度函数 $f(y;\boldsymbol{\theta})$ 的独立同分布随机变量；②最大化问题 $\theta_0 = \arg\max_{\theta_0\in\Theta} E_{\theta_0}\log f(y;\theta)$ 的解 θ_0 在紧致参数空间 Θ 的内部，并且真实的未知参数 θ_0 是可识别的，即 $E_{\theta_0}\log f(y;\theta) = \int \log f(x;\theta)f(x;\theta_0)dx$；③对数似然函数 $\log L(\boldsymbol{\theta})\ \sum_{i=1}^{n}\log f(y_i;\boldsymbol{\theta})$ 是 $\boldsymbol{\theta}$ 的连续函数；④$\frac{1}{n}\sum_{i=1}^{n}\log f(y_i;\boldsymbol{\theta})$ 几乎处处（依概率）一致收敛于 $E_{\theta_0}\log f(y;\theta)$；⑤在 θ_0 的邻域对数似然函数是二阶连续可微的；⑥信息矩阵 $I_0 = -E\left[\frac{\partial^2}{\partial\boldsymbol{\theta}\partial\boldsymbol{\theta}'}(\log f(y;\boldsymbol{\theta}))\Big|_{\theta=\theta_0}\right]$ 是非奇异的。于是，在正则条件下，参数的极大似然估计是渐近有效的、一致性估计。即，当 $n\to\infty$ 时，$\sqrt{n}(\tilde{\boldsymbol{\theta}}-\theta_0)\xrightarrow{d}N(\boldsymbol{0},\mathbf{I}_0^{-1})$，$\mathbf{I}_0 = E\left[\left(\frac{\partial}{\partial\boldsymbol{\theta}}\log f(y;\boldsymbol{\theta})\right)\left(\frac{\partial}{\partial\boldsymbol{\theta}}\log f(y;\boldsymbol{\theta})\right)'\Big|_{\boldsymbol{\theta}=\boldsymbol{\theta}_0}\right]$。

对于满足基本假设的经典多元线性回归模型，其总体回归模型为：

$$Y_i = \beta_0 + \beta_1 X_{i1} + \beta_2 X_{i2} + \cdots + \beta_k X_{ik} + \mu_i,\ \mu_i \sim N(0,\sigma^2),\ i = 1,2,\cdots,n$$

Y 的随机抽取的 n 组样本观测值的联合概率为：

$$L(\hat{\beta},\sigma^2) = P(Y_1,Y_2,\cdots,Y_n) = \frac{1}{(2\pi)^{\frac{n}{2}}\sigma^n}e^{-\frac{1}{2\sigma^2}(\mathbf{Y}-\mathbf{X}\boldsymbol{\beta})'(\mathbf{Y}-\mathbf{X}\boldsymbol{\beta})}$$

这就是变量 Y 的似然函数。对数似然函数为：

$$L^* = \ln(L) = -n\ln(\sqrt{2\pi}\sigma) - \frac{1}{2\sigma^2}(\mathbf{Y}-\mathbf{X}\boldsymbol{\beta})'(\mathbf{Y}-\mathbf{X}\boldsymbol{\beta})$$

对似然函数求极大值，等价于对对数似然函数求极大值，也等价于对 $(\mathbf{Y}-\mathbf{X}\boldsymbol{\beta})'(\mathbf{Y}-\mathbf{X}\boldsymbol{\beta})$ 求极小值，就可以得到一组参数估计量 $\hat{\boldsymbol{\beta}}$，即为参数的极大似然估计 $\hat{\boldsymbol{\beta}} = (\mathbf{X}'\mathbf{X})^{-1}\mathbf{X}'\mathbf{Y}$。显然，对于正态分布的线性回归模型，回归系数的极大似然估计与最小二乘估计相同，但是，随机误差项方差的估计不同。在有限样本下，随机误差项方差的极大似然估计值是有偏的，而最小二乘估计值是无偏的。

一般而言，绝大多数模型不存在极大似然估计的解析形式，通常使用数值计算方法求解似然函数极值问题。普遍使用的数值计算方法有 Newton 爬山法（Hill-Climbing Optimization Techniques）、BFGS 算法（Broyden-Fletcher-Goldfarb-Shanno algorithm）和模拟退火算法（Simulated Annealing Algorithm，SA 算法）。另外，对于存在隐性变量或存在缺失观测值的模型，一般使用邓普斯特等（Dempster et al.，1977）提出的期望最大化算法（Expectation-maximization Algorithm，EM 算法），EM 算法是一种寻找含隐性变量模型参数的最大似然估计的迭代计算方法（McLachlan and Krishnan，2008）。

在建立经典计量经济学参数模型时，需要假定参数模型满足适当的模型设定条件。一般模型设定条件有两类，一类是设定被解释变量的一些条件矩函数的形式；另一类是对被解释变量条件概率分布类型的设定。对于前一类设定的模型，一般采用普通最小二乘、矩估计和广义矩估计等方法求解极值问题以实现对条件矩函数中参数的估计；对于后一类模型设定条件，一般采用极大似然估计方法估计被解释变量分布函数中的参数。但是，如果对被解释变量的条件概率分布类型存在设定错误时，则不能采用极大似然估计方法。在可能存在模型误设定的情况下，Gourieroux 等（Gourieroux et al.，1984）提出了一种新的估计方法——拟极大似然估计（Pseudo Maximum Likelihood，PML）方法。

许多计量经济模型包含着不可观测样本的隐变量，或者模型的一些变量存在缺失样本，例如，线性混合模型（Searle et al.，1992）、广义线性混合模型（McCulloch and Searle，2001）和分层模型（Hobert，2000）等。对于这类模型，关于可观测样本的似然函数是边缘似然，即全部变量联合概率密度函数关于隐变量的积分。并且，在多数情况下，这些多重积分不存在解析形式。于是，基于可观测变量的样本数据难以使用极大似然估计方法估计模型参数。对于似然函数不存在解析形式的计量经济模型，格韦克（Geweke，1989）和李（Lee，1990）提出了模拟极大似然估计（Simulated Maximum Likelihood Estimators，SML）方法。

参考文献:

Dempster, Nan Laird, and Donald Rubin, Maximum Likelihood from Incomplete Data Via the EM Algorithm, *Journal of the Royal Statistical Society*, *Series B*, Vol. 39, No. 1, 1977.

Geweke, J., Statistical Inference in Dynamic Behavioral Models Using the Simulated Multinomial Likelihood Function, North Carolina University, Discussion Paper, 1989.

Gourieroux, C., Monfort, A. and Trognon, A Pseudo Maximum Likelihood Methods: Theory, *Econometrica*, Vol. 52, 1984.

Hobert, J. P., Hierarchical models: A Current Computational Perspective, *Journal of the American Statistical Association*, Vol. 95, No. 452, 2000.

Lee, L. F., On the Efficiency of Methods of Simulated Moments and Maximum Simulated Likelihood Estimation of Discrete Response Models, University of Minnesota, Discussion Paper 260, 1990.

P. McCullagh and J. A. Nelder, *Generalized Linear Models*, New York: Chapman & Hall Publish Press, 1989.

G. J. McLachlan and T. Krishnan, *The EM Algorithm and Extensions*, *2nd Edition*, New Jersey: Wiley Publish Press, 2008.

McCulloch, C. E., Maximum Likelihood Algorithms for Generalized Linear Mixed Models, *Journal of the American Statistical* Association, Vol. 92, No. 437, 1997.

C. E. McCulloch and S. R. Searle, *Generalized*, *Linear*, *and Mixed Models*, New York: John Wiley and Sons Press, 2001.

S. R. Searle, G. Casella and C. E. McCulloch, *Variance Components*, New York: Wiley Publish Press, 1992.

(白仲林)

广义矩估计
Generalized Method of Moments Estimators(GMM)

广义矩估计方法(GMM)是从矩条件出发对计量经济学模型参数进行估计的一类方法。由于广义矩估计可以充分利用工具变量的信息,且无需考虑模型形式的设定以及可能由此引起的设定误差等问题,因此,从方法论的角度上具有十分重要的理论意义。而从应用上讲,广义矩估计是传统的矩方法(Method of Moments Estimators, MM)的推广,而普通最小二乘估计(Ordinary Least Squares, OLS)、工具变量估计(Instrumental Variables, IV)、两阶段最小二乘估计(Two-Stage Least Square, 2SLS)等是它的特例,因此具有更为广泛的应用优势。

广义矩估计起源于1980年汉森(L. P. Hansen)和萨金特(T. J. Sargent)关于线性合理预期模型的研究。当时所面临的问题是,线性合理预期模型中,所包含的经济因素被设定为若干变量的加权和,权重为无限几何衰减的形式。但一些经济学家在使用这些加权和时,所采用的信息仅仅是上述经济因素信息集中变量的一个子集,造成了模型中的随机扰动项序列相关,且扰动项与这些所选变量子集中变量的当前值和过去值也不是正交的,这就严重违反了外生性条件假设。于是汉森和萨金特开始研究如何估计和检验这类模型。与此同时,麦克卡鲁(McCallum)于1979年以及库姆贝等(Cumby, Huizinga and Obstfeld)于1981年在研究线性合理预期模型的估计问题时,也遇到了类似的外生性假设违反的问题。他们采用工具变量或两阶段最小二乘等方法予以解决,但仍未在理论上有所突破。汉森和萨金特在估计非线性合理预期模型的参数时,尽管也采用工具变量法进行估计,但构造工具变量的思路不同。他们利用非线性随机尤拉(Euler)方程,在一定假设条件下,导出了新的工具变量,构造了广义工具变量估计量。正是在这些前续的研究基础上,汉森(Hansen, 1982)正式创立广义矩估计方法。汉森所创立的广义矩估计方法在统计意义上更具有一般性,而前期研究的估计方法均可视为是广义矩估计的某些特殊情况。从发展沿革看,广义矩估计还可追溯到更早的时期。在其长期发展过程中,产生了许多具有重要学术价值的结论。

广义矩估计通过引入矩条件的加权矩阵,解决了矩估计在矩条件个数大于未知参数个数时无解的问题。其基本思想是"最小距离估计量",即总体矩条件为0,通过构造二次型最小化样本矩与0的距离而获得估计量。

广义矩估计的一般理论和方法如下。设θ是$k\times1$的未知参数向量;$m(z,\theta)$是$\ell\times1$的向量函数($\ell\geq k$),满足矩条件$E[m(z,\theta)]=0$。对于样本容量n,设$\bar{g}(\theta)=\frac{1}{n}\sum_{i=1}^{n}m(z_i,\theta)$。如果$\ell=k$(称为恰好识别),由$\bar{g}(\theta)=0$,可得矩估计量(MM)$\hat{\theta}$。而一般更常见的,$\ell>k$时(称为过度识别),即方程个数多于未知参数个数,这时由于$\bar{g}(\theta)$是一个向量,可能没有估计量使得$\bar{g}(\theta)=0$成立,于是希望$\bar{g}(\theta)$尽可能接近于0,那么有:$\min J(\theta)=n\,\bar{g}(\theta)'W\,\bar{g}(\theta)$,W为加权矩阵。由此可得到广义矩估计量:

$$\hat{\theta}_{GMM}=\operatorname{argmin}\left[\frac{1}{n}\sum m(z_i,\theta)\right]'\hat{W}\left[\frac{1}{n}\sum m(z_i,\theta)\right] \quad (1)$$

其中,$\hat{W}$为L维的对称正定矩阵,且只依赖于样本。广义矩估计量$\hat{\theta}_{GMM}$具有一致性、渐近正态性等良好的统计性质。

对于多元线性回归模型：$y_i = z'_i\beta + \varepsilon_i$，如果存在 $E(x_i\varepsilon_i) = 0$，其中 $z_i(k\times 1)$ 是 $x_i(\ell\times 1)$ 的部分或函数 $(\ell \geqslant k)$。这里的 $m(z_i,\beta) = x_i\varepsilon_i = x_i(y_i - z'_i\beta)$。或者将模型表示为矩阵形式：$Y = Z\beta + \varepsilon$，存在 $E(X'\varepsilon) = 0$，其中 $Z' = (z_1,\cdots,z_n)$，$X' = (x_1,\cdots x_n)$。Z 的第 i 行是 z'_i，X 的第 i 行是 x'_i。在此情形下，$\bar{g}(\beta) = \frac{1}{n}\sum_{i=1}^{n} m(z_i,\beta) = \frac{1}{n}X'\varepsilon = \frac{1}{n}X'(Y - Z\beta)$。

那么若取 $W = \Omega^{-1}$（此时的 $\Omega = E[m(z,\beta)m(z,\beta)'] = E(x_ix_i\varepsilon_i)$），可以得到等价于(1)式的未知参数 β 的广义矩估计量：

$$\begin{aligned}\hat{\beta} &= \operatorname{argmin}J(\beta) = \operatorname{argmin}n\bar{g}(\beta)'\Omega^{-1}\bar{g}(\beta)\\ &= (Z'X\Omega^{-1}X'Z)^{-1}Z'X\Omega^{-1}X'Y \qquad (2)\end{aligned}$$

其中，$\Omega = E[m(z,\beta)m(z,\beta)'] = E(x_ix_i'\varepsilon_i^2)$。该估计量具有一致性，即：$\sqrt{n}(\hat{\beta} - \beta) \xrightarrow{d} N(0,(\Gamma'\Omega^{-1}\Gamma)^{-1})$。其中，$\Gamma = \frac{\partial}{\partial\beta}E[m(z,\beta)] = -E(x_iz'_i) = -\frac{1}{n}X'Z$。在具体应用广义矩估计时，由于(2)式中的 Ω 未知，需要首先求得 Ω 的一致估计量 $\hat{\Omega}$。然后进一步得到 β 的广义矩估计量：$\hat{\beta} = (Z'X\hat{\Omega}^{-1}X'Z)^{-1}Z'X\hat{\Omega}^{-1}X'Y$。已经发展了许多求得一致估计量 $\hat{\Omega}$ 的方法。

广义矩估计允许使用的矩条件的数目 ℓ 多于未知参数的数目 k，使得变量信息得到充分利用，这是它的一个主要优点。但是，这一优点也带来了一个问题：有必要使用这么多的矩条件吗？对该问题的检验称为过度识别约束（Over-identifying restrictions）检验，零假设为所有的矩条件都是正确有用的矩条件，即，$H_0: E[m(z_i,\theta)] = 0$。用于检验的统计量为依分布收敛于 χ^2 分布的 J 统计量：$J = J(\hat{\theta}_{GMM}) = n\bar{g}(\hat{\theta})'W\bar{g}(\hat{\theta}) \xrightarrow{d} \chi^2(\ell - k)$。如果 $J > \chi_{\alpha^2}$，则拒绝 H_0，即拒绝矩条件。

参考文献：

A. K. Bera and Y. Bilias, The MM, ME, ML, EL, EF and GMM Approaches to Estimation: a Synthesis. *Journal of Econometrics*, Vol. 107, 2002.

A. Hall, *Generalized Method of Moments*, Oxford University Press, 2005.

L. Hansen, Large Sample Properties of Generalized Method of Moments Estimators, *Econometrica*, Vol. 50, 1982.

L. Hansen, J. Heaton & A. Yaron, Finite Sample Properties of Some Alternative GMM Estimators, *Journal of Business & Economic Statistics*, 14, 1996.

L. Hansen, *Econometrics*: Manuscript: University of Wisconsin, 2008.

F. Hayashi, *Econometrics*, Princeton University Press, 2005.

G. Imbens, Generalized Method of Moments and Empirical Likelihood, *Journal of Business & Economic Statistics*, Vol. 20, 2002.

（张卫东）

分位数回归

Quantile Regression

通常所说的回归模型是研究被解释变量的条件期望与解释变量存在什么关系。在回归模型中，如果分析被解释变量的分位数与解释变量呈何种回归关系，这就是分位数回归。分位数回归最早由肯克和巴斯特（Koenker and Bassett, 1978）提出，是估计一组回归变量 *X* 与被解释变量 *Y* 的分位数之间线性关系的建模方法。

分位数回归的优点是能够更加全面的描述被解释变量在分布的不同位置与解释变量的关系，可以分析解释变量如何影响被解释变量的中位数、分位数等。而不是仅仅分析被解释变量的条件期望（均值）与解释变量的关系。从而使对被解释变量的了解更为全面。不同分位数下的回归系数估计值常常不同，即解释变量对被解释变量的不同分位数影响不同。另外，中位数回归的估计方法与最小二乘法相比，估计结果对离群值则表现得更加稳健。由于分位数回归对误差项并不要求很强的假设条件，因此对于非正态分布而言，分位数回归系数估计量则更加稳健。

普通最小二乘（OLS）估计量的计算是基于残差平方和最小化，而分位数回归估计量的计算是基于一种非对称形式的残差绝对值和的最小化，称作加权最小绝对离差和法（Weighted Least Absolute Deviation, WLAD），其中，中位数回归运用的是最小绝对值离差估计（Least Absolute Deviations Estimator, LAD）。它和 OLS 主要区别在于回归系数的估计方法和其估计量的渐近分布。而在残差检验、回归系数检验、模型设定、预测等方面则基本相同。

求第 τ 分位数回归系数的估计量 $\hat{\beta}_{(\tau)}$ 的方法是求下式（目标函数）最小：

$$\begin{aligned}Q &= -\sum_{\hat{u}_{(\tau)t}<0}^{T}(1-\tau)\hat{u}_{(\tau)t} + \sum_{\hat{u}_{(\tau)t}\geqslant 0}^{T}\tau\hat{u}_{(\tau)t}\\ &= -\sum_{t:y_t<X'\hat{\beta}_{(\tau)}}^{T}(1-\tau)(y_t - X'\hat{\beta}_{(\tau)})\\ &\quad + \sum_{t:y_t\geqslant X'\hat{\beta}_{(\tau)}}^{T}\tau(y_t - X'\hat{\beta}_{(\tau)}) \qquad (1)\end{aligned}$$

其中，$\hat{u}_{(\tau)t}$ 表示第 τ 分位数回归方程的残差。$\tau\in(0,1)$。第 τ 分位数的回归方程表达式是：

$$\hat{\mathbf{y}}_{(\tau)t} = \mathbf{X}'_t\hat{\boldsymbol{\beta}}_{(\tau)}$$

其中，$\mathbf{X}_t$，$\hat{\boldsymbol{\beta}}_{(\tau)}$ 都是 $k\times 1$ 阶列向量。$\hat{\boldsymbol{\beta}}_{(\tau)}$ 称作分位数回归系数估计量，或最小绝对离差和估计量。

当 $\tau=0.5$ 时,式(1)变为:

$$Q=-\sum_{t:y_t<X'\hat{\beta}(0.5)}^{T}0.5(y_t-\mathbf{X}'\hat{\boldsymbol{\beta}}_{(0.5)})+\sum_{t:y_t\geq X'\hat{\beta}(0.5)}^{T}0.5(y_t-\mathbf{X}'\hat{\boldsymbol{\beta}}_{(0.5)})=\sum_{t=1}^{T}0.5|y_t-\mathbf{X}'\hat{\boldsymbol{\beta}}_{(0.5)}|$$

$\hat{Y}_{(0.5)t}=\mathbf{X}'_t\hat{\boldsymbol{\beta}}_{(0.5)}$ 称作中位数回归方程,$\hat{\boldsymbol{\beta}}_{(0.5)}$ 称作中位数回归系数估计量。

对一个样本,估计的分位数回归式越多,对被解释变量 y_t 条件分布的理解就越充分。

由于目标函数(1)不可微,因此传统的对目标函数求导的方法不再适用。估计分位数回归系数 $\boldsymbol{\beta}_{(\tau)}$ 的一种较好的方法是线性规划方法。基于巴罗达理—罗伯特(Barrodale and Roberts,1973,以下简写为 BR)提出的单纯形法(Simplex Algorithm),肯克—欧里(Koenker and D'Orey,1987)提出一种估计分位数回归系数的方法。

在弱条件下,分位数回归系数渐近服从正态分布(Koenker,2005)。回归系数的方差协方差矩阵的计算在分位数回归的系数估计中占有重要位置。其方差协方差矩阵的估计方法根据分位数密度函数是否与解释变量相关分为三种方法:①误差项独立同分布(i. i. d.)假设下的直接估计方法。由肯克和巴斯特(Koenker and Bassett,1978)提出。得出分位数回归系数渐近服从正态分布。直接估计法的关键是估计稀疏函数 $s_{(\tau)}$(Sparsity Function)或分位数密度函数(Quantile Density Function)。②误差项独立但不同分布(i. n. i. d.)条件下的直接估计方法。③误差项独立同分布(i. i. d.)和独立但不同分布(i. n. i. d.)条件下都可使用的自举法。已经提出多种估计稀疏函数 $s_{(\tau)}$ 的方法。比较常用的有两种:一种是在斯迪(Siddiqui,1960)的方法基础上分别提出的差分商方法(Siddiqui Difference Quotient)(Koenker,1994;Bassett and Koenker,1982),一种是核密度(Kernel Density)估计法。

分位数回归模型的拟合优度评价主要通过拟合优度 $R^*_{(\tau)}$ 统计量完成。它与一般回归分析中的拟合优度 R^2 很类似。$R^*_{(\tau)}$ 表达式为:

$$R^*_{(\tau)}=1-\frac{\hat{Q}_{(\tau)}}{\tilde{Q}_{(\tau)}}$$

其中,$\hat{Q}_{(\tau)}$ 和 $\tilde{Q}_{(\tau)}$ 分别表示无约束分位数回归的目标函数(最小绝对离差和)和约束的分位数回归目标函数(最小绝对离差和)的极小值。

分位数回归系数的检验主要包括 3 个统计量:t 统计量、拟似然比(QLR)统计量和 Wald 统计量。t 统计量用来检验每个分位数回归系数的显著性。拟似然比统计量可以对一个或者多个分位数回归系数同时做显著性检验。Wald 统计量除了同时可以对一个或者多个分位数回归系数做显著性检验外,还可以对分位数回归系数的特定约束进行假设检验。

分位数回归模型的检验主要包括 2 项内容。①不同分位数回归系数的斜率相等检验。例如,可以检验 0.1 分位数回归系数是否等于 0.8 分位数回归系数。②不同分位数回归系数的对称性检验。对称性检验指的是关于 0.5 对称的两两分位数回归系数估计量的平均值是否等于中位数回归参数的检验。

以发现恩格尔定律的 198 个比利时家庭的收入与食物支出数据为例,笔者进行分位数回归发现,高分位点对应的关于食物支出和家庭收入的分位数回归系数大于低分位点对应的分位数回归系数值。这说明,当家庭收入发生变化时,食物支出相对较高家庭的食物支出变化比食物支出相对较低家庭的食物支出变化更敏感。

参考文献:

Barrodale I. and Roberts F. D. K. ,Solution of an Overdetermined System of Equations in the l1 Norm, *Communications of the ACM*, Vol. 17, No. 6, 1973.

Bassett G. J. and Koenker R. , An Empirical Quantile Function for Linear Models with i. i. d. Errors, *Journal of the American Statistical Association*, Vol. 77, No. 378, 1982.

Koenker R. and Bassett G. , Regression Quantiles, *Econometrica*, Vol. 46, No. 1, 1978.

Koenker R. W. and D'Orey V. , Algorithm AS 229: Computing Regression Quantiles, *Applies Statistics*, Vol. 36, No. 3, 1987.

Koenker R. , Confidence Intervals for Regression Quantiles, in P. Mandl and M Huskova, eds. , *Asymptotic Statistics*, New York: Springer-Verlag, 1994.

Koenker R. , *Quantile Regression*, New York: Cambridge University Press, 2005.

Siddiqui M. M. , Distribution of Quantiles in Samples from a Bivariate Population, *Journal of Research of the National Bureau of Standards*-B, Vol. 64, No. 3, 1960.

(张晓峒)

稳健估计

Robust Estimation

在经典回归分析中,如果线性回归模型满足回归基本假设,尽管回归模型参数的最小二乘(OLS)估计量是最佳线性无偏估计量(BLUE),但它不是稳健的,即使变更样本数据集中的 1 个数据,都可能引起估计量的显著变化。为了得到对违背基本假设和变更样本数据不敏感的估计量,人们提出了若干稳健估计方法,并且称对违背模型基本假设和样本数据变更不敏感的参数估计量为稳健估计量。例如，M－估计（M-Estimation）和L－估计（Least Absolute Value Estimation）等。另外，在实际建模中，当模型包含的解释变量较多，存在多重共线性和可观测变量的样本容量较小（样本容量可能小于解释变量个数）时，模型系数的OLS估计量也不是稳健的。然而，当人们放弃对参数估计无偏性的要求时，相继提出了一些有偏的稳健估计方法，例如，主成分回归（Principal Components Regression，PCR）和偏最小二乘（Partial Least Square，PLS）估计方法。

M－估计。对于多元线性回归模型：$y_i=\mathbf{X}_i\boldsymbol{\beta}+\varepsilon_i$，$i=1,2,\cdots,N$，将最小化问题 $\min\limits_{b}\sum\limits_{i=1}^{N}\rho(y_i-\mathbf{X}_i\mathbf{b})$ 的解 $\mathbf{b}$ 称为模型系数 $\boldsymbol{\beta}$ 的M－估计，其中，目标函数 $\rho(\cdot)$ 满足下列条件：①$\rho(e)\geqslant0$；②$\rho(0)=0$；③$\rho(e)=\rho(-e)$；④如果 $|e_i|>|e_j|$，则 $\rho(e_i)\geqslant\rho(e_j)$。显然，$\rho(e)=e^2$ 时，M－估计就是OLS估计。另外，设 ψ 是目标函数 $\rho(\cdot)$ 的导数，$w(e)=\frac{\psi(e)}{e}$ 是加权函数，则M－估计是加权系数为 $w_i=w(e_i)$ 的加权最小二乘估计。特别，当选择不同的目标函数 $\rho(\cdot)$ 和加权函数 $w(\cdot)$ 时，求解正规方程组可得到线性回归模型的各种M－估计。例如，OLS估计、Huber估计和Turkey双加权估计的目标函数和加权函数都是不同的。

L－估计。对于多元线性回归模型：$y_i=\mathbf{X}_i\boldsymbol{\beta}+\varepsilon_i$，$i=1,2,\cdots,N$，将最小化问题 $\min\limits_{b}\sum\limits_{i=1}^{N}|y_i-\mathbf{X}_i\mathbf{b}|$ 的解 $\mathbf{b}$ 称为回归系数 $\boldsymbol{\beta}$ 的L－估计。显然，与回归系数 $\boldsymbol{\beta}$ 的OLS估计量比较，L－估计量对于一些样本的变更是稳健的。并且，线性回归模型L－估计的最小化问题等价于线性规划问题 $\min\limits_{b}\sum\limits_{i=1}^{N}(d_i^{+}+d_i^{-})$，使得 $\hat{Y}_i-(\mathbf{X}_i\mathbf{b}+d_i^{+}+d_i^{-})=0$，$i=1,2,\cdots,N$，其中，$d_i^{+}$、$d_i^{-}\geqslant0$ 分别是L－估计的第 i 个观测值残差的正、负离差。

博斯科维克（Boscovich，1757，1760）最早讨论了根据误差绝对值和最小拟合回归直线的方法，埃奇沃斯（Edgeworth）早在1888年讨论了L－估计方法与单纯形方法（Simplex Approach）的关系，查恩斯等（Charnes et al.，1955）首次使用单纯形方法解决了L－估计的计算问题。20世纪90年代以来，提出了许多解决LAV回归问题的单纯形算法，肯克（Koenker，2000）指出L－估计的计算与OLS估计一样简单。并且，在 $N\to\infty$ 时 $\left(\frac{1}{N}\right)\mathbf{X}'\mathbf{X}$ 收敛于正定矩阵的假设下巴塞特和肯克（Bassett and Koenker，1978，1985）发现L－估计量是渐近正态一致估计的。

主成分回归。是解决回归模型中解释变量高度相关问题的估计方法之一，其基本思想是首先对线性回归模型的解释变量进行主成分分析，构造具有最优预测能力的主成分；然后，原模型的被解释变量关于解释变量的主成分进行回归（Massy，1965）。所以，主成分回归的几何意义就是将被解释变量的向量投影在解释变量的主成分向量张成的子空间。对于多元线性回归模型：$y_i=\mathbf{X}_i\boldsymbol{\beta}+\varepsilon_i$，$\varepsilon_i\sim i.i.d(0,\sigma^2)$，$i=1,2,\cdots,N$，主成分回归的一般步骤如下：①对解释变量观测值矩阵 $\mathbf{X}$ 的列向量进行标准化；②计算相关矩阵 $\mathbf{X}'\mathbf{X}$ 的非零特征值 $\lambda_j(\lambda_1>\lambda_2>\cdots>\lambda_p>0)$ 及其对应的单位特征向量 γ_j；③确定能够最优化模型预测能力的前 m 个相互正交的主成分 $\mathbf{Z}_m=(\mathbf{X}\boldsymbol{\gamma}_1,\mathbf{X}\boldsymbol{\gamma}_2,\cdots,\mathbf{X}\boldsymbol{\gamma}_m)$；④估计被解释变量关于解释变量的前 m 个主成分的回归模型 $\mathbf{y}=\mathbf{Z}_m\boldsymbol{\alpha}_m+\boldsymbol{\varepsilon}$ 进行最小二乘估计，得到参数 $\boldsymbol{\alpha}_m$ 的最小二乘估计量 $\hat{\boldsymbol{\alpha}}_m=(\mathbf{Z}'_m\mathbf{Z}_m)^{-1}\mathbf{Z}'_m\mathbf{y}$；⑤计算原模型参数的主成分估计量 $\hat{\boldsymbol{\beta}}_{PCR}=\mathbf{V}_m\hat{\boldsymbol{\alpha}}_m$，其中，$V_m$ 是前 m 个单位特征向量组成的矩阵。显然，如果主成分回归使用了解释变量的所有主成分，则主成分估计量 $\hat{\boldsymbol{\beta}}_{PCR}$ 就是最小二乘估计量 $\hat{\boldsymbol{\beta}}_{OLS}$。一般而言，主成分估计量 $\hat{\boldsymbol{\beta}}_{PCR}$ 是参数的有偏估计量；并且，主成分回归估计量的偏差大小取决于主成分个数的选择，通常，依据使参数估计偏差协方差矩阵 $E[(\hat{\boldsymbol{\beta}}_{PCR}-\boldsymbol{\beta})(\hat{\boldsymbol{\beta}}_{PCR}-\boldsymbol{\beta})']$ 的迹 $MSE(\hat{\boldsymbol{\beta}}_{PCR})$ 最小，或者，使模型的残差平方和 $RSS=(\mathbf{y}-\mathbf{X}\hat{\boldsymbol{\beta}}_{PCR})'(\mathbf{y}-\mathbf{X}\hat{\boldsymbol{\beta}}_{PCR})$ 最小的原则确定主成分个数。显然，因个别解释变量样本数据的变更对模型解释变量主成分的影响十分有限，所以，主成分回归估计量比OLS估计量稳健。当然，主成分回归方法也存在不足。例如，当一些主要解释变量的相关性很低时，选取的主成分很可能会遗漏掉这些变量，使得最终的主成分回归模型的预测可靠性下降。

偏最小二乘回归。对于包含太多解释变量的线性回归模型，系数的OLS估计量关于样本数据的随机误差也不是稳健的，即线性回归模型存在维灾（Dimension Disaster）问题。为了减少线性回归模型中解释变量的个数，沃德（Herman Wold）于1966年基于偏回归方法首先构造具有最佳预测能力的相互正交因子，使得这些因子均是解释变量的线性组合；然后计算被解释变量关于这些正交因子的线性回归模型的OLS估计量，称这些OLS估计量的线性组合为偏最小二乘估计。显然，偏最小二乘回归类似于主成分回归。但是，偏最小二乘回归中构造的正交因子不同于主成分回归构造的解释变量主成分，它们不仅仅受解释变量的影响，还受被解释变量的影响。偏最小二乘回归方法不仅能够解决多元线性回归模型的维灾问题，而且也是一种处理多重共线性和样本容量小于解释变量个数问题的方法。例如，对于建立具有较多解释变量、较少样本容量的预测模型问题，赫斯库尔德松（Höskuldsson，1988）指出偏最小二乘回归特别有用。然而，偏最小二

乘回归方法主要适合于模型预测,并不关注正交因子及其对被解释变量的效应。对于多元线性回归模型:

$$y_i = \beta_0 + \beta_1 x_{1i} + \beta_2 x_{2i} + \cdots + \beta_m x_{mi} + \varepsilon_i, \varepsilon_i \sim i.i.d(0, \sigma_\varepsilon^2), i = 1, 2, \cdots, N$$

偏最小二乘回归方法的核心是估计回归模型:

$$y_i = \alpha_0 + \alpha_1 f_{1i} + \alpha_2 f_{2i} + \cdots + \alpha_p f_{pi} + \mu_i, \mu_i \sim i.i.d(0, \sigma_\mu^2), i = 1, 2, \cdots, N$$

其中,$f_1, f_2, \cdots, f_p$ 是正交因子。构造正交因子的一般思想是对标准化的被解释变量和解释变量,利用被解释变量分别对解释变量线性回归估计值的加权平均为第一个正交因子;再根据被解释变量和解释变量关于第一个正交因子的回归残差,类似于构造第一个正交因子的方法构造第二个正交因子;依此方法迭代 $p-2$ 次,即可得到因子 $f_1, f_2, \cdots, f_p$。显然,由于回归残差与解释变量正交,所以,因子 $f_1, f_2, \cdots, f_p$ 相互正交。另外,赫斯库尔德松(Hoskuldsson,1988)和加思威特(Garthwaite,1994)研究了多个被解释变量的多元线性回归模型的偏最小二乘估计方法,提出了构造估计多个被解释变量共同因子的算法。在偏最小二乘回归的应用中,因子个数 p 的确定是一个棘手的问题,通常需要使用某种交叉验证(Cross-Validation)方法选择因子个数。

近年来,由于各种突发事件的频频发生,为了提高计量模型的抗干扰性,各种稳健估计方法备受关注。例如,L-估计在贫困线确定和工资决定等问题研究中的广泛应用;使用 PCR 和 POLS 回归方法建立静(动)态因子模型研究经济波动问题。

参考文献:

Bassett, G. W. and Koenker, R. W., Asymptotic Theory of Least Absolute Error Regression, *Journal of the American Statistical Association*, Vol. 73, No. 363, 1978.

Boscovich, R. J., De litteraria expeditione per pontificiam ditioned. et. synopsis amplioris operis, ac habentur plura ejus ex exemplaria eliam sensorum impressa. *Bommiensi Scientiarum et Artum Instituto Atque Academiai Commentarii*. Vol. 4, No. 3, 1757.

Boscovich, R. J., De recentissimis graduum dimensionibus. et figura, ac magnitudine terrac inde derivanda. Philosophiae Recentioris. a Benedicto Stay inRomano Archigynasis Publico Eloquentare Professore, vesibus traditae, Libri X. cum adnotianibus et Supplementis P. Rogerii Joseph Boscovich, S. J., Vol. 2, No. 2, 1760.

Charnes A., Cooper, W. W. and Ferguson, R., Optimal Estimation of Executive Compensation by Linear Programming, *Management Science*, Vol. 1, No. 2, 1955.

Garthwaite, Paul H., An Interpretation of Partial Least Squares, *Journal of the American Statistical Association*, Vol. 89, No. 425, 1994.

Höskuldsson, P., PLS Regression Methods, *Journal of Chernometrics*, Vol. 2, No. 3, 1988.

Koenker. R. and Bassett, G. W., On Boscovich's Estimator, *The Annals of Statistics*, Vol. 13, No. 4, 1985.

Koenker, R., Galton, Edgeworth, Frisch, and Prospects for Quantile Regression in Econometrics, *Journal of Econometrics*, Vol. 95, No. 2, 2000.

Massy, W. F., Principal Component Regression in Exploratory Statistical Research, *Journal of the American Statistical Association*, Vol. 60, No. 309, 1965.

(白仲林)

计量经济模型设定检验
Specification Tests for Econometric Models

计量经济学模型的正确设定是估计和检验的前提。模型设定检验用于诊断所设定的模型对数据描述的合理性,当一个模型的各种假定得到数据的支持时,称该模型在统计上是适切的(Statistically Adequate)。早期的计量经济学研究假定模型设定是先验给定的,即该设定是对真实数据生成过程的一个正确刻画,研究重点主要集中于先验模型的识别和估计问题。随着计量模型方法在经济学各个领域的广泛应用,对计量模型先验设定可靠性的质疑也逐渐增多。因为传统研究中对模型的先验设定(如线性回归模型中的外生性假定、球形扰动假定等)并不一定能够得到实际观测数据的支持;若实际数据不支持这些设定,基于该设定进行的统计推断就会产生错误结论。必须指出的是,模型设定检验是一种统计学检验,是对模型设定的必要性检验而不是充分性检验。

拉姆齐(Ramsey,1969)提出的 RESET 检验是早期模型设定检验的典型代表。对于线性回归模型 $Y_t = \mathbf{X}'_t\boldsymbol{\beta} + \varepsilon_t$,原假设为模型正确设定,$H_0: E(\varepsilon_t \mid \mathbf{X}_t) = 0$,此时有 $E(Y_t \mid \mathbf{X}_t) = \mathbf{X}'_t\boldsymbol{\beta}$;若原假设不成立,则 $E(Y_t \mid \mathbf{X}_t) \neq \mathbf{X}'_t\boldsymbol{\beta}$,进而假设 $E(Y_t \mid \mathbf{X}_t) = g(\mathbf{X}'_t\boldsymbol{\beta})$,其中$g(\cdot)$是形式未知的可微函数,可用 p 阶多项式逼近。一般而言,p=2 已经可以得到较为准确的近似:

$$E(Y_t \mid \mathbf{X}_t) = \gamma_0 + \gamma_1(\mathbf{X}'_t\boldsymbol{\beta}) + \gamma_2(\mathbf{X}'_t\boldsymbol{\beta})^2 = \delta_1 + \delta_2 X_{2t} + \cdots + \delta_K X_{Kt} + \gamma_2(\mathbf{X}'_t\boldsymbol{\beta})^2,$$

其中,$\delta_1 = \gamma_0 + \gamma_1\beta_1$、$\delta_k = \gamma_1\beta_k$,$k = 2, \cdots, K$。将 $\hat{Y}_t^2 = (\mathbf{X}'_t\hat{\boldsymbol{\beta}})^2$ 作为新的解释变量引入原模型,可得

$$Y_t = \delta_1 + \delta_2 X_{2t} + \cdots + \delta_K X_{Kt} + \gamma_2 \hat{Y}_t^2 + \varepsilon_t$$

若 γ_2 显著不为 0,就表明模型存在误设。如果还将 $\hat{Y}$ 的 3 次、4 次等更高次幂引入上述模型,则需进行 $\gamma_2 = \gamma_3 = \gamma_4 = 0$ 的联合显著性检验。RESET 检验的一个优点是它隐含着将解释变量的高次幂及其交叉项引入模型,因而不会损失过多的自由度;缺点在于没有明

确的备择假设,无法仅就该检验判断模型误设的具体原因,而且该检验的功效(Power)也较低。

正如豪斯曼(Hausman,1978)所指出的,早期模型设定检验理论发展的一个主要障碍在于,缺少精确设定的备择假设。自豪斯曼(Hausman,1978)和怀特(White,1982)对模型设定检验进行开创性的研究后,模型设定检验在理论和实证研究中都得到了较快发展。现代计量经济学已经形成庞大的模型方法体系,每一种模型方法下的设定检验都是理论计量的重要议题,随模型方法的不同而不同,它们本身就是现代计量经济学研究内容的重要组成部分。虽然具体的模型设定检验看似千差万别,但实际上有一些共同的构造方法与思路,可以概括为以下三种类型。

第一类思路也是最重要的思路,是针对模型结论的可靠性进行检验,进而判断模型设定是否正确,而不是对模型设定本身的检验。怀特(White,1994)将其基本思想总结为:模型正确设定下的估计结果与错误设定下的估计结果会有很大的差异,根据这一差异,可以构建统计量来判别模型设定是否正确。

"豪斯曼检验"是这一种思路的典型代表。当一个模型是正确设定时,对于关注的参数,可以得到多个一致估计量(如最小二乘估计量、加权最小二乘估计量等),这些估计量数值之间的差异不应很大;如果实际数据估计的结果显示这些估计量的数值之间有显著差异,就提供了模型存在错误设定的证据。豪斯曼(Hausman,1978)基于这一思想提出了对两个估计量进行比较的豪斯曼检验统计量:一个在原假设下是一致、渐近有效估计量,但备择假设下是不一致估计量;另一个在原假设是一致估计量但不满足渐近有效性,但备择假设下是一致估计量。因此,在原假设下,两个估计量的数值应没有系统性差别,当 n 充分大,它们的差将收敛于零。豪斯曼检验通过构造一个渐近服从中心化的卡方分布的统计量来判断原假设是否成立。只要涉及两个特定的估计量,一个是在相对较弱设定下的一致但非有效估计量,另一个是在较强设定下的有效估计量,都可以采用这种检验方法,其具体运用参见词条"豪斯曼检验"。

怀特(1982)提出的信息矩阵检验也是这一思路的重要体现。进行极大似然估计时,模型正确设定意味着信息矩阵等式成立,此时参数估计量的渐近方差等于海赛矩阵之逆的相反数;当估计的模型是错误设定时,信息矩阵等式不成立。这说明信息矩阵等式是否成立可以作为模型设定正确与否的一种检验方法。考虑对数似然函数 $\ln L(y,\boldsymbol{\theta}) = \sum_{t=1}^{T} \ln L_t(y_t,\boldsymbol{\theta})$ 刻画的模型,信息矩阵检验的原假设是:

$$E\left(\frac{\partial^2 \ln L(\boldsymbol{\theta})}{\partial\boldsymbol{\theta}\partial\boldsymbol{\theta}'}\right) + E\left(\frac{\partial \ln L(\boldsymbol{\theta})}{\partial\boldsymbol{\theta}}\frac{\partial \ln L(\boldsymbol{\theta})}{\partial\boldsymbol{\theta}'}\right) = 0$$

式中的两个矩阵均是对称的,因此待检验的条件共有 $\frac{k(k+1)}{2}$ 个,其中 k 为 θ 的维度。根据这 $\frac{k(k+1)}{2}$ 个总体矩条件,可以构造如下样本矩条件:

$$\bar{m}(\hat{\theta}) = \frac{1}{T}\sum_{t=1}^{T} \text{vech}\left[\frac{\partial^2 \ln L_t(\hat{\boldsymbol{\theta}})}{\partial\boldsymbol{\theta}\partial\boldsymbol{\theta}'} + \frac{\partial \ln L_t(\hat{\boldsymbol{\theta}})}{\partial\boldsymbol{\theta}}\frac{\partial \ln L_t(\hat{\boldsymbol{\theta}})}{\partial\boldsymbol{\theta}'}\right]$$

进而由样本矩条件 $\bar{\mathbf{m}}(\hat{\boldsymbol{\theta}})$ 得到相应的检验统计量 $IM = T\bar{\mathbf{m}}(\hat{\boldsymbol{\theta}})'[\hat{\mathbf{V}}(\hat{\boldsymbol{\theta}})]^{-1}\bar{\mathbf{m}}(\hat{\theta})$,其中 $\hat{\mathbf{V}}(\hat{\boldsymbol{\theta}})$ 是 $\sqrt{T}\bar{\mathbf{m}}(\hat{\boldsymbol{\theta}})$ 的渐近方差阵的一致估计量。怀特(1982)证明了统计量 IM 渐近服从自由度为 $\frac{k(k+1)}{2}$ 的卡方分布。

模型正确设定时,很多性质可以表现为各种条件矩(Conditional Moments),这些条件矩虽然是纯粹的理论性条件,但可以通过计算样本矩条件并借此判断此条件成立与否。在具体的环境下,条件矩检验的一般形式就可以转化为诸如过度识别约束检验、偏度和峰度检验等。佩根和韦拉(Pagan and Vella,1989)进一步将经典回归模型下的各种模型设定统一成各种条件矩检验的形式。而豪斯曼检验、信息矩阵检验、条件矩检验又都可以纳入更一般的模型设定检验——m 检验的框架(White,1994)。

第二类思路是经典假设检验中的拉格朗日乘子(Lagrangian Multiplier,LM)检验统计量。该检验统计量大量运用于模型设定检验,一方面是计算上的简便,LM 检验仅需用到原假设下的估计结果;另一方面是备择假设具有与原假设同等明确的形式,使得对于预想中的错误设定形式具有检验功效。戈弗雷(Godfrey, 1978)的自相关检验、布鲁奇和佩根(Breusch and Pagan,1980)的异方差检验等都是其具体应用。

第三类思路是根据不同经济理论建立的模型或者一些辅助假定很可能是非嵌套的,此时不同于 LM 检验,总可以通过在备择假设模型上施加约束条件得到原假设。非嵌套检验通过对两个待检验的模型同时施加约束构造出超级模型(Super-Model),可转化为对关注参数的约束检验,Cox 检验,戴维森和麦金农(Davidson and MacKinnon,1981)的 J 检验就是常用的非嵌套模型设定检验方法。

近年来,在经典计量经济学中,模型设定检验的研究主要集中于工具变量的有效性问题。此外,在非参数计量经济学以及金融计量经济学中模型设定检验也取得了较大的进展。例如,霍洛维茨(Horowitz,2012)研究了非参数工具变量估计的设定检验,可用于判别非参数工具变量估计的解是否存在。

值得一提的是,理论研究往往只是针对模型设定中存在的某一问题给出假设并推导检验统计量,这些检验统计量都有其具体的适用条件，其构建还往往建立在其他模型设定成立的条件之上。实际应用中，研究者面临的问题更加复杂，必须同时对多个模型设定条件进行检验，这就面临着某个检验的可靠性是以其他检验得以通过为前提的问题。因此，不仅要明确各个模型设定检验的适用条件，而且还要厘清各类设定检验的关系，将各种设定检验有机结合起来才能得到一个科学可靠的检验步骤（王美今等，2012）。

参考文献：

王美今、林建浩、胡毅：《IV 估计框架下模型设定检验问题的讨论》，载于《统计研究》2012 年第 2 期。

Breusch, T. S., Pagan, A. R., The Lagrange Multiplier Test and its Applications to Model Specification in Econometrics, *The Review of Economic Studies*, Vol. 47, No. 1, 1980.

Davidson, R., MacKinnon, J. G., Several Tests for Model Specification in the Presence of Alternative Hypotheses, *Econometrica*, Vol. 49, No. 3, 1981.

Godfrey, L. G., Testing Against General Autoregressive and Moving Average Error Models When the Regressors Include Lagged Dependent Variables, *Econometrica*, Vol. 46, No. 6, 1978.

Hausman, J., Specification Tests in Econometrics, *Econometrica*, Vol. 46, No. 6, 1978.

Horowitz, J. L., Specification Testing in Nonparametric Instrumental Variable Estimation, *Journal of Econometrics*, Vol. 167, No. 2, 2012.

Pagan, A., Vella, F., Diagnostic Tests for Models Based on Individual Data: A Survey, *Journal of Applied Econometrics*, Vol. 4, No. S1, 1989.

Ramsey, J. B., Tests for Specification Errors in Classical Linear Least Squares Regression Analysis, *Journal of the Royal Statistical Society*, Series B., Vol. 31, No. 2, 1969.

White, H., Maximum Likelihood Estimation of Misspecified Models, *Econometrica*, Vol. 50, No. 1, 1982.

H. White, *Estimation, Inference and Specification Analysis*, Cambridge: Cambridge University Press, 1994.

（王美今）

拟合优度检验
Goodness-of-Fit Test

拟合优度检验（简称 R^2 检验）是关于回归模型对样本观测值的拟合程度的检验。在一元或多元线性回归模型中，它是通过运用判决系数 R^2（Coefficient of Determination）检验模型对样本观测值的拟合程度；而在非线性回归模型中，它是通过伪 R^2（Pseudo-R^2）来检验模型对样本观测值的拟合程度。拟合优度检验最早由英国统计学家皮尔森（K. Pearson）于 1900 年提出。

在含有常数项的经典线性回归模型 $Y = \mathbf{X\beta} + \mu$ 中，其判决系数 R^2 定义为：$R^2 = \frac{ESS}{TSS} = 1 - \frac{RSS}{TSS}$。其中，$TSS = ESS + RSS = \sum_{i=1}^{n}(y_i - \bar{y})^2$ 为总离差平方和，$ESS = \sum_{i=1}^{n}(\hat{y}_i - \bar{y})^2$ 为回归平方和，$RSS = \sum_{i=1}^{n}(y_i - \hat{y}_i)^2$ 为残差平方和。显然有：$0 \leqslant R^2 \leqslant 1$。当 R^2 越接近 1，说明回归平方和在总离差平方和中所占的比重越大，从而模型对样本的拟合优度越高，因而 R^2 又被称作拟合优度统计量；一般认为 R^2 越大，模型的拟合效果越好。当模型解释变量增多时，R^2 显然只会增加而不会减少；但是，在样本容量一定的情况下，增加解释变量必定使得自由度减少。因此，在多元回归模型之间比较拟合优度，R^2 不是一个适合的统计量，必须加以调整。常用的调整的判决系数（Adjusted Coefficient of Determination）为 $\bar{R}^2$：$\bar{R}^2 = 1 - \frac{RSS/(n-k-1)}{TSS/(n-1)}$。其中，$n-k-1$ 为残差平方和 RSS 的自由度，$n-1$ 为总离差平方和 TSS 的自由度。

在多元线性回归中，拟合优度检验与方程总体显著性检验（通常称为 F－检验）具有一定的关系。F－检验是对模型中被解释变量与解释变量之间的线性关系在总体上是否显著做出推断，它是从样本观测值出发检验模型总体线性关系的显著性。拟合优度检验是从已经得到估计的模型出发，检验它对样本观测值的拟合程度。模型对样本观测值的拟合程度高，模型总体线性关系的显著性就强。调整的 R^2 与 F－检验统计量的关系为：$F = \frac{R^2/k}{(1-R^2)/(n-k-1)}$。由此可知，F－检验值与 R^2 同向变化。当 $R^2 = 0$ 时，$F = 0$；当 $R^2 = 1$ 时，F 为无穷大；R^2 值越大，F－检验值越大。

对于非线性模型，普通的 R^2 失去了拟合的含义，通常采用伪 R^2 统计量进行拟合优度检验。伪 R^2 与线性回归模型中的 R^2 相对应，其解释也相似。很多学者提出了各种伪 R^2 统计量并进行了相关研究。例如，针对二元离散选择模型，埃弗龙（Efron，1978）提出的伪 R^2 统计量为：$R^2 = 1 - \frac{\sum_{i=1}^{N}(y_i - \hat{\pi}_i)^2}{\sum_{i=1}^{N}(y_i - \bar{y})^2}$，其中，$\hat{\pi}_i$ 为模型预测概率；麦克法登（McFadden，1973）提出的伪 R^2 统计量为：$R^2 = 1 - \frac{\ln \hat{L}(M_{Full})}{\ln \hat{L}(M_{intercept})}$，其中，$\hat{L}(M_{Full})$ 为包

含所有解释变量的无约束的似然函数值，$\hat{L}(M_{intercept})$为仅含有截距项的有约束的似然函数值。马德拉(Maddala,1983)发展了一种基于最大似然方法的可用于任何模型检验的伪 R^2，其计算公式为：$R^2_{CS} = 1 - \left(\frac{L(\tilde{\theta})}{L(\hat{\theta})}\right)^2$，这里的 $L(\tilde{\theta})$ 是不含任何预测因子的最大似然函数值，$L(\hat{\theta})$ 是包含全部预测因子的似然函数值。

参考文献：

Efron, B, Regression and ANOVA with Zero-One Data: Measures of Residual Variation. *Journal of the American Statistical Association*, Vol. 73, 1978.

Laitila, T. A., Pseudo-R^2 Measure for Limited and Qualitative Dependent Variable Models, *Econometrica*, Vol. 56, 1993.

Maddala, G. S., *Limited-Dependent and Qualitative Variables in Economics*, New York: Cambridge University Press, 1983.

McFadden, D., Conditional Logit Analysis of Qualitative Chioce Behavior, *Frontiers of Econometrics*, New York: Academic Press, 1973.

（刘满凤）

多重共线性
Multicollinearity

在多元线性回归模型中，如果某两个或多个解释变量之间出现了相关性，则称为多重共线性。例如，在研究人均消费水平时，由于其影响因素有人均可支配收入、消费价格指数以及滞后的人均可支配收入等，如果将这些因素全部作为解释变量引入模型，则由于这些变量之间的相关性将会导致模型存在多重共线性。

经典线性总体回归模型为：

$$Y_i = \beta_0 + \beta_1 X_{i1} + \beta_2 X_{i2} + \cdots + \beta_k X_{ik} + \mu_i, i = 1, 2, \cdots, n \quad (1)$$

该模型的基本假设之一是解释变量 $X_1, X_2, \cdots, X_k$ 之间是相互独立的。如果存在一组不完全为零的实数 $c_0, c_1, c_2, \cdots, c_k$ 使得等式(2)成立，则称为完全共线性(Perfect Multicollinearity)。

$$c_0 + c_1 X_1 + c_2 X_2 + \cdots + c_k X_k = 0 \quad (2)$$

如果式(2)近似成立，或者说需要通过添加一个随机变量 ξ，使得等式(3)成立，则称为近似共线性(Approximate Multicollinearity)。

$$c_0 + c_1 X_1 + c_2 X_2 + \cdots + c_k X_k + \xi = 0 \quad (3)$$

产生多重共线性的原因是多方面的。一是经济变量之间存在共同的变化趋势。如经济繁荣时，多数宏观经济指标都呈现增长趋势，这些指标之间相关程度很高，此时如果都作为解释变量出现在同一个模型中，则会引发多重共线性。二是滞后解释变量的引入也可能诱发多重共线性。在经济活动中，滞后效应是广泛存在的，为了体现出这种滞后效应，需要引入解释变量的若干滞后期作为解释变量，例如分布滞后模型就属于这类模型。由于变量与其滞后变量，特别是滞后期较短的滞后变量具有较高的线性相关程度，因此易引发多重共线性；另外，样本资料自身由于采用了不正确的收集方法，也是产生多重共线性的原因之一。

多重共线性会带来一定的后果，根据共线性程度不同引发的后果也不同。当存在完全共线性时，由于 $(\mathbf{X'X})^{-1}$ 不存在，就无法得到普通最小二乘参数估计量 $\hat{\boldsymbol{\beta}} = (\mathbf{X'X})^{-1}\mathbf{X'Y}$。对于近似共线性，由于 $(\mathbf{X'X})^{-1}$ 主对角线元素较大，致使参数估计值的方差较大，导致参数估计量非有效，并进一步导致假设检验失效，预测精度降低。

检验解释变量之间是否存在共线性，归根结底是检验解释变量之间是否线性相关及其程度问题。第一种方法是相关系数检验方法。计算解释变量之间的相关系数以及与被解释变量的相关系数得到相关系数矩阵，如果某两个解释变量之间的相关系数较高且通过显著性检验，特别地还要高于它们与被解释变量之间的相关系数，那么就有理由认为这两个解释变量存在共线性。第二种方法是从回归的角度出发，在有 k 个解释变量的模型中，分别用一个解释变量对其他所有解释变量进行线性回归。如果某个回归的拟合优度很高(接近于1)，说明该解释变量可以用其他解释变量的线性组合代替。或者采用逐步回归方法，先将被解释变量对每个解释变量作一元回归，称为基本回归方程。再对每一个基本回归方程进行统计检验，并根据经济理论分析选出最优基本方程，然后再将其他解释变量逐一引入，建立一系列回归方程，根据每个新引入的解释变量对模型的拟合优度的影响做以选择。第三种方法是计算每个解释变量的方差膨胀因子(Variance Inflation Factor, VIF)：当估计全变量回归模型时，可以得到第 j 个解释变量 X_j 回归系数估计值 $\hat{\beta}_j$ 的方差 $Var(\hat{\beta}_j) = \frac{\sigma^2}{\sum(x_{jl} - \bar{x}_j)^2}\frac{1}{1 - R_j^2}$，称 $\frac{1}{1 - R_j^2}$ 为解释变量 X_j 的方差膨胀因子，其中，R_j^2 为以 X_j 为被解释变量，对其他解释变量回归的拟合优度指标。一般认为，方差膨胀因子超过10则认为解释变量之间存在较为严重的多重共线性。第四种方法就是计算条件指数：由于 $R(X) = R(X'X)$，如果存在多重共线性，则 $|X'X|$ 接近0，或者等价地说，矩阵 $X'X$ 的特征根至少有一个趋向0，定义条件指数 CI 为：$CI = \sqrt{\frac{\lambda_{max}}{\lambda_{min}}}$，$\lambda_{max}$ 和 λ_{min} 分别为矩阵 $X'X$ 的最大和最小特征根。一般认为

该值小于10为不存在共线性,位于10~100之间为存在较强的共线性,超过100为存在严重的共线性。

克服多重共线性的方法主要有四种:第一种方法是剔除变量法。找出引起多重共线性的解释变量,将其剔除掉,是最为有效的修正多重共线问题的方法。这种方法虽然简单,但是需要特别注意的是,保留变量的参数估计量的数值和经济意义都发生了变化。第二种方法是岭回归法(Ridge Regression)。霍尔(Hoerl, 1962)提出以引入偏误为代价减小参数估计量的方差。具体方法是:引入矩阵**D**,使参数估计量为 $\hat{\boldsymbol{\beta}} = (\mathbf{X}'\mathbf{X} + \mathbf{D})^{-1}\mathbf{X}'\mathbf{Y}$,其中矩阵**D**一般选择为主对角阵,即 $\mathbf{D} = l\mathbf{I}$。第三种方法是主成分回归法。通过提取解释变量的主成分进行主成分回归,该方法由Massy(1965)提出。以原解释变量 $X_1, X_2, \cdots, X_k$ 的若干个主成分 $F_j = a_{j1}X_1 + a_{j2}X_2 + \cdots + a_{jk}X_k, j = 1, 2, \cdots, m$ 为解释变量(主成分之间不相关,不存在共线性)替代原始的解释变量进行回归,然后再把主成分还原成原解释变量,合并同类项系数就得到最终的估计结果。第四种方法是偏最小二乘法(Partial Least Squares Regression, PLSR),由沃德等(Wold et al.,1983)提出,它吸取了主成分回归分析从解释变量中提取信息的思想,同时还考虑了解释变量对被解释变量的解释问题。

多重共线性是建立多元线性回归模型时最常见的问题之一,同时也是一个几乎不可避免的问题。如何看待多重共线性问题是需要认真权衡的。由于结构分析和经济预测是建立模型的两个最为常见的应用目的。根据应用目的的不同,可以采取不同的原则,不能仅着眼于考虑模型的统计性质,还要兼顾模型的经济学意义。如果是为了进行结构分析,解释变量的显著性和经济问题上的重要性是需要着重要考虑的问题。如果是为了预测,则解释变量对被解释变量是整体显著的,且解释变量对被解释变量的影响符合经验期望或经济理论,则一定程度的多重共线性是可以容忍的。正是由于结构分析的目的就是为了判断每个解释变量对被解释变量的独特贡献,多重共线性的存在将会扭曲单个解释变量的解释能力,所以需要更加重视多重共线性问题。

参考文献:

Hoerl A. E., Application of Ridge Analysis to Regression Problems, *Chemical Engineering Progress*, Vol. 58, 1962.

Hoerl A. E. and Kennard R. W., Ridge Regression: Biased Estimation for Nonorthogonal Problems, *Eechnometrics*, Vol. 42, No. 1, 1970.

Massy W. F., Principal Components Regression in Exploratory Statistical Research, *Journal of the American Statistical Association*, Vol. 60, No. 309, 1965.

Ronald D. Snee and Donald W. Marquardt, Collinearity Diagnostics Depend on the Domain of Prediction, the Model and the Data, *The American Statistician*, Vol, 38, No. 2, 1984.

Wold S., The Collinearity Problem in Linear Regression-The Partial Least Squares (PLS) Approach to Generalized Inverses, *SIAM J. Sci. and Stat. Comput*, Vol. 5, No. 3, 1983.

(陶长琪)

异方差性
Heteroscedasticity

计量经济学模型的随机误差项的方差不满足同方差假定,称为异方差性。例如,经典线性总体回归模型为

$$Y_i = \beta_0 + \beta_1 X_{i1} + \beta_2 X_{i2} + \cdots + \beta_k X_{ik} + \mu_i, i = 1, 2, \cdots, n \quad (1)$$

对于该模型,如果相对于不同的i,随机误差项 μ_i 的方差不同,即 $Var(\mu_i \mid x_{i1}, \cdots, x_{ik}) = \sigma_i^2, i = 1, 2, \cdots, n$,则称该模型存在异方差性。异方差性问题的研究始于斯通(Stone, 1954)以及普莱斯和霍萨克(Prais and Houthakker, 1955)的两篇具有启发性的专题研究论文,几十年来一直是计量经济学模型理论方法的重要研究课题,受到广泛的重视。

在计量经济学模型的应用研究中,异方差性可以从经济行为方面得到合理的解释。例如,如果模型(1)中被解释变量 Y_i 为居民家庭消费,解释变量中包括家庭收入等对消费产生显著影响的变量,而无数不显著因素对消费的影响则归入随机误差项 μ_i,根据极限法则,它们的期望为0。但对于不同的家庭,这些不显著因素给消费 Y_i 带来的波动是不同的,于是表现为随机误差项 μ_i 具有不同的方差。另外,如果存在样本观测值的观测误差,或者模型函数关系的设定误差,也可能造成模型的异方差性。一般经验表明,对于采用截面数据作样本的计量经济学问题,由于在不同截面个体上解释变量以外的其他因素的差异较大,所以往往存在异方差性;对于采用时间序列数据作样本的计量经济学问题,在同一个个体的不同时点上,解释变量以外的其他因素的差异较小,所以出现异方差性的频率少于截面数据计量经济学问题。可以进一步将异方差分为纯异方差和非纯异方差。纯异方差是由正确设定模型的随机误差项所引起,通常所说的"异方差"就是纯异方差;如果异方差是由于模型的错误设定或者样本观测值的错误观测所导致的,则称之为非纯异方差。

计量经济学模型一旦出现异方差性,如果仍采用普通最小二乘法估计模型参数,会产生一系列不良的后果:参数估计量仍然具有线性性、无偏性,但不具有

有效性；变量的显著性检验失去意义；预测区间偏大或偏小，预测功能失效。

已经发展了十多种异方差性的检验方法，例如：图示检验、斯皮尔曼（Spearman）等级相关检验、帕克（Park）检验、戈里瑟（Gleiser）检验、巴特列特（Bartlett）检验、戈德菲尔特—夸特（Goldfeld—Quandt）检验、布劳特—佩根—戈弗雷（Breusch-Pagen-Godfrey）检验、怀特（White）检验等。这些方法尽管不同，但存在一个共同的思路。异方差性，即相对于不同的样本点，也就是相对于不同的解释变量观测值，模型随机误差项具有不同的方差，那么检验异方差性，也就是检验随机误差项的方差与解释变量观测值之间的相关性。各种检验方法就是在这个思路下发展起来的。问题在于用什么来表示随机误差项的方差。一般的处理方法是，首先采用普通最小二乘法估计模型，以求得随机误差项的“近似估计量”，用 $\tilde{e}_i$ 表示，$\tilde{e}_i = Y_i - (\hat{Y}_i)_{OLS}$；然后用 $\tilde{e}_i^2$ 来表示随机误差项的方差，$Var(\mu_i \mid x_{i1},\cdots,x_{ik}) = E(\mu_i^2) \approx \tilde{e}_i^2$。在所有检验方法中，怀特（White，1980）提出的检验方法在实际研究中被广泛采用。

如果模型被证明存在异方差性，则需要发展新的方法估计模型，最常用的方法是加权最小二乘法。加权最小二乘法是对原模型加权，使之变成一个新的不存在异方差性的模型，然后采用普通最小二乘法估计其参数。对于模型（1），如果通过检验已经知道：

$$Var(u_i \mid x_{i1},\cdots x_{ik}) = E(u_i^2) = \sigma_i^2 = f(X_{ji})\sigma^2 \quad (2)$$

即随机误差项的方差与解释变量 X_j 之间存在相关性，那么可以用 $\sqrt{f(X_j)}$ 去除原模型，使之变成如下形式的新模型：

$$\frac{1}{\sqrt{f(X_{ji})}}Y_i = \beta_0\frac{1}{\sqrt{f(X_{ji})}} + \beta_1\frac{1}{\sqrt{f(X_{ji})}}X_{1i} + \beta_2\frac{1}{\sqrt{f(X_{ji})}}X_{2i} + \cdots + \beta_k\frac{1}{\sqrt{f(X_{ji})}}X_{ki} + \frac{1}{\sqrt{f(X_{ji})}}u_i \quad (3)$$

模型（3）满足同方差性，于是可以用普通最小二乘法估计其参数，得到关于参数 $\beta_0,\beta_1,\cdots,\beta_k$ 的无偏的、有效的估计量。在该加权最小二乘估计中，权数就是 $\frac{1}{\sqrt{f(X_{ji})}}$。

加权最小二乘法的关键是寻找模型随机误差项 μ_i 的方差与解释变量之间的适当的函数形式，而这并非一件易事。怀特（1980）提出了克服异方差性后果的稳健标准误差方法（Heteroskedasticity-robust Standard Error），为解决异方差性问题开辟了另一条道路。由于模型随机误差项出现异方差时，普通最小二乘法只是影响参数估计量方差或标准差的正确估计，从而无法保证估计量的有效性，但并不影响估计量的无偏性。因此，针对异方差性的修正的估计方法是：仍采用普通最小二乘估计量，但修正相应的方差，使得以修正的估计量方差为基础的各种统计检验不再失效，建立的预测区间也更加可信，从而克服了异方差性造成的不良后果。如何修正普通最小二乘估计量相应的方差？用普通最小二乘估计的残差的平方 $\tilde{e}_i^2$ 作为相应的随机误差项方差 σ_i^2 的代表，然后对它进行修正。例如，在一元线性模型中，参数估计量 $\hat{\beta}_1$ 修正后的方差为 $Var(\hat{\beta}_1) = \frac{\sum(x_i-\bar{x})^2\sigma_i^2}{(\sum(x_i-\bar{x})^2)^2} \approx \frac{\sum(x_i-\bar{x})^2\tilde{e}_i^2}{(\sum(x_i-\bar{x})^2)^2}$。

参考文献：

Praise, S. J. and Houthakker, H. S. , *The Analysis of Family Budgets*, Cambridge: Cambridge University Press. 1955.

Stone, J. R. N. , *The Measurements of Consumers' Expenditure and Behaviour in the United Kingdom, 1920-1938.* Cambridge: Cambridge University Press, Vol. 1. 1954.

White, H. , A Heteroscedasticity-consistent Covariance Martix Estimator and a Direct Test for Heteroscedasticity, *Econometrica*, 48, 1980.

（刘满凤　李子奈）

序列相关性
Serial Correlation

计量经济学模型的随机误差项不满足相互独立的假定，出现相互相关，称为序列自相关性。例如，经典线性总体回归模型为：

$$Y_i = \beta_0 + \beta_1X_{i1} + \beta_2X_{i2} + \cdots + \beta_kX_{ik} + \mu_i, i = 1,2,\cdots,n \quad (1)$$

该模型基本假设之一是模型的随机误差项相互独立或不相关，即

$$COV(\mu_i,\mu_j) = E(\mu_i\mu_j) = 0, (i,j \in T, i \neq j), \quad (2)$$

如果对于不同的样本点，随机误差项之间存在某种相关性

$$COV(\mu_i,\mu_j) \neq 0, (i,j \in T, i \neq j), \quad (3)$$

则称随机误差项 μ_i 存在序列相关。如果仅存在 $E(\mu_i\mu_{i-1}) \neq 0$，称 μ_i 存在一阶序列相关或者自相关（Autocorrelation），其形式为

$$\mu_i = \rho\mu_i + \varepsilon_i, |\rho| < 1 \text{ 且 } \rho \neq 0 \quad (4)$$

其中 ρ 被称为一阶自相关系数。否则称为高阶序列相关，如：

$$\mu_i = \rho_1\mu_{i-1} + \rho_2\mu_{i-2} + \cdots + \rho_k\mu_{i-k} + \varepsilon_i, |\rho_k| < 1 \quad (5)$$

则称 μ_i 存在 k 阶序列相关。

产生序列相关性的原因很多。例如，在时间序列数据模型中，许多经济行为都具有时间上的惯性，导致时间序列在不同时期上存在关联。在经济高涨时期，

较高的经济增长率会持续一段时间，而在经济衰退期，较高的失业率也会持续一段时间。居民当期可支配收入的增加，由于人们的消费观念的改变客观上存在自适应期，并不会使居民的消费水平在当期就达到应有水平，而是要经过若干期才能达到。即经济系统的惯性、经济活动的滞后效应都会导致序列相关性的产生。

序列自相关性的检验方法有多种，但共同思路是：首先采用普通最小二乘法（OLS）估计模型，以求得随机干扰项的"近似估计量"，用 $\tilde{e}_t$ 表示（由于自相关多出现在以时间序列数据为样本的模型中，下面的下标 i 都用 t 表示）：$\tilde{e}_t = Y_t - (\hat{Y}_t)_{OLS}$；然后通过分析这些"近似估计量"之间的相关性，达到判断随机误差项是否具有序列相关性的目的。具体方法包括图示法、DW（Durbin-Watson）检验法、拉格朗日乘数（Lagrange Multiplier）检验法、回归检验法等。DW 检验法是由杜宾等（Durbin and Watson，1951）提出的通过 D. W 统计量来进行一阶自相关性检验的方法，被广泛采用。该统计量的定义式为：

$$D.W = \frac{\sum_{t=2}^{T}(e_t - e_{t-1})^2}{\sum_{t=1}^{T}(e_t)^2} \approx 2(1-\hat{\rho}) \qquad (6)$$

$D.W \in [0,4]$，其精确分布非常复杂，但利用蒙特卡洛模拟方法得到两个临界值 d_L、d_U，然后按照 D. W 值落入的区间进行判别。但 D. W 检验有几个前提：首先是解释变量 X 是非随机的；其次是模型中必须含有截距项无缺失数据，而且为了提高近似效果，样本容量必须要尽可能大；最重要的是解释变量 X 中不能含有滞后被解释变量。针对这种情况，杜宾（Durbin，1970）提出了修正的 Durbin-h 统计量，但没有被广泛采用。拉格朗日乘数检验法是克服了 DW 检验的缺陷，适合于高阶序列相关及模型中存在滞后被解释变量的情形的检验方法。它是由布鲁奇和戈弗雷（Breusch and Godfrey，1978）提出的，也被称为 BG 检验。主要是通过计算的 LM 统计量和临界值比较，得出拒绝还是接受存在 p 阶序列相关的假设。回归检验法的检验思想是，以 $\tilde{e}_t$ 为被解释变量，以 $\tilde{e}_{t-1}$，$\tilde{e}_{t-2}$，$\tilde{e}_t^2$ 等为解释变量，进行回归并进行显著性检验，如果存在某一种函数形式，使得方程显著成立，则说明原模型存在序列相关。

当线性回归模型的随机误差项存在序列相关时，就违背了线性回归模型的经典假定。如果仍采用 OLS 估计未知参数，将会产生不良后果。包括：所得到的参数估计量虽是无偏的，但却非有效；参数的显著性检验失去意义；模型的预测失效。

如果模型的随机误差项存在序列相关，首先应分析产生的原因。如果序列相关是由模型的错误设定所致，称为"虚假序列相关"，那么就应当修改模型。如何查明序列相关是由模型函数关系的设定错误造成的？可以利用 OLS 估计的残差 e_t 对解释变量的较高次幂进行回归，然后对新的残差作 DW 检验，如果此时自相关消失，则说明模型函数关系设定存在错误。如何查明序列相关是由遗漏重要解释变量引起的？可以利用 OLS 估计的残差 e_t 对那些可能影响被解释变量但又未被列入模型的解释变量作回归，并作显著性检验，从而确定该解释变量的重要性。只要当以上两种引起序列相关的模型设定错误都被排除后，才能认为随机误差项 u_t"真正"存在序列相关。

如果模型被检验证明存在序列相关性，则需要发展新的方法估计模型。有两种解决途径：一条途径是变换原模型为不存在序列相关的新模型，再采用 OLS 估计，这就是所谓的广义最小二乘法（Generalized Least Squares，GLS）或广义差分法（Generalized Difference Method）；另一条途径是仍采用 OLS 估计原模型，之后再对参数估计量的方差或标准差进行修正，以消除序列相关性造成的影响，使得参数的显著性检验和模型的预测仍然有效，称为序列相关稳健估计法（Serial Correlation-robust Method）。采用广义最小二乘法和广义差分法有赖于序列相关系数 ρ 的值。以一阶自相关为例，计算序列相关系数的方法主要有三种：一是 DW 统计量值计算法。首先利用 OLS 估计方程的残差 e_t，求出 DW 统计量的值，再利用 $\hat{\rho} = 1 - \left(\frac{DW}{2}\right)$ 求出自相关系数 ρ 的估计值。二是杜宾两步法。第一步是通过打开广义差分回归式中的括号求 ρ 的估计值 $\hat{\rho}$；第二步是利用 $\hat{\rho}$ 进行广义差分变换，然后对原模型求广义最小二乘估计值。三是科克伦—奥克特（Cochrane-Orcutt）迭代法。采用逐次逼近的方法来求出 ρ 的估计值。一般是事先给出一个精度，当相邻两次的 ρ 值的估计值之差小于这一精度时，迭代终止。

参考文献：

Breusch T. S. , Testing for Autocorrelation in Dynamic Linear Models, *Australian Economic Papers*, Vol. 17, 1978.

Breusch T. S. and Pagan A. R. , The Lagrange Multiplier Test and its Applications to Model Specification in Econometrics, *The Review of Economic Studies*. Vol. 47, No1, 1980.

Cochrane D. , Orcutt G. H. , Application of Least Squares Regression to Relationships Containing Auto-Correlated Error Terms, *Journal of the American Statistical Association*, Vol. 44, No. 245, 1949.

Durbin J. and Watson G. S. , Testing for Serial Correlation in Least Squares Regression, Ⅰ, *Biometrika*, Vol. 37, No. 3/4, 1950.

Durbin J. and Watson G. S. , Testing for Serial Correlation

In Least Squares Regression, II, *Biometrika*, Vol. 38, No. 1/2, 1951.

Durbin J., Tests for Serial Correlation in Regression Analysis Based on the Periodogram of Least-Squares Residuals, *Biometrika*, Vol. 56, No. 1, 1969.

Durbin J., Testing for Series Correlation in Least-Squares Regression When Some of the Regressors are Lagged Dependent Variables, *Economerica*, Vol. 38, No. 3, 1970.

Godfrey L. G., Testing for Higher Order Serial Correlation in Regression Equations When the Regressors Include Lagged Dependent Variables, *Econometrica*, Vol. 46, No. 6. 1978.

（陶长琪）

瓦尔德检验
Wald Test

瓦尔德(Wald)检验是计量经济学中三种重要的假设检验方法之一，是以统计学家亚伯拉莫·瓦尔德(Abraham Wald)的名字命名的一种参数化的统计检验方法。它的一个主要的功能是对相应计量经济学模型中参数的约束条件进行检验，这些约束条件可以是线性的，也可以是非线性的。瓦尔德检验可以看作是对一般线性模型中的参数检验方法的推广，其检验思路很直观：先对无约束的参数化模型求得参数的估计值，然后代入约束条件，构造Wald统计量看约束条件是否成立(Wald, 1943)。

一般瓦尔德统计量的构造比较简单。如果 $\boldsymbol{\theta}$ 为模型的参数，为了考察参数的约束条件 $\mathbf{h}(\boldsymbol{\theta}_0)=\mathbf{0}$ 是否成立，首先在对模型参数不加以约束的情况下求得参数的一致估计量 $\hat{\boldsymbol{\theta}}$，然后带入到约束条件中。如果 $\mathbf{h}(\hat{\boldsymbol{\theta}})$ 渐近的服从正态分布，即 $\mathbf{h}(\hat{\boldsymbol{\theta}})\overset{a}{\sim}\mathbf{N}[0,\mathbf{V}[\hat{\boldsymbol{\theta}}]]$，那么显然就可以以 $H_0:\mathbf{h}(\boldsymbol{\theta}_0)=\mathbf{0}$ 为原假设去构造一个渐近的服从卡方分布的统计量：

$$W=\mathbf{h}(\hat{\boldsymbol{\theta}})'[\mathbf{V}[\mathbf{h}(\hat{\boldsymbol{\theta}})]]^{-1}\mathbf{h}(\hat{\boldsymbol{\theta}})\overset{a}{\sim}\chi^2(h) \quad (1)$$

这里的h是约束条件的个数。显然，得到统计量的关键是依据约束函数 $\mathbf{h}$ 和估计量 $\hat{\boldsymbol{\theta}}$ 求出方差 $\mathbf{V}[\mathbf{h}(\hat{\boldsymbol{\theta}})]$。如果参数的估计量 $\hat{\boldsymbol{\theta}}$ 有如下的渐进性质：$\sqrt{\mathbf{n}}(\hat{\boldsymbol{\theta}}-\boldsymbol{\theta}_0)\overset{d}{\rightarrow}$ ●$[\mathbf{0},\mathbf{C}_0])$，令 $\mathbf{R}(\boldsymbol{\theta})=\frac{\partial\mathbf{h}(\boldsymbol{\theta})}{\partial\boldsymbol{\theta}'}$，在原假设下利用泰勒级数对 $\mathbf{h}(\hat{\boldsymbol{\theta}})$ 在 $\boldsymbol{\theta}_0$ 处展开得到：$\mathbf{h}(\hat{\boldsymbol{\theta}})=\mathbf{h}(\boldsymbol{\theta}_0)+\left.\frac{\partial\mathbf{h}}{\partial\boldsymbol{\theta}'}\right|_{\boldsymbol{\theta}^+}(\hat{\boldsymbol{\theta}}-\boldsymbol{\theta}_0)$，$\boldsymbol{\theta}^+$ 是 $\hat{\boldsymbol{\theta}}$ 和 $\boldsymbol{\theta}_0$ 中的某一点。那么可以得到：$\sqrt{n}(\mathbf{h}(\hat{\boldsymbol{\theta}})-\mathbf{h}(\boldsymbol{\theta}_0))=\mathbf{R}(\boldsymbol{\theta}^+)\sqrt{n}(\hat{\boldsymbol{\theta}}-\boldsymbol{\theta}_0)$。因为 $\mathbf{R}(\boldsymbol{\theta}^+)\overset{p}{\rightarrow}\mathbf{R}(\boldsymbol{\theta}_0)\triangleq\mathbf{R}_0$，由极限分布定理可以推出：$\sqrt{n}(\mathbf{h}(\hat{\boldsymbol{\theta}})-\mathbf{h}(\boldsymbol{\theta}_0))\overset{d}{\rightarrow}N[0,\mathbf{R}_0\mathbf{C}_0\mathbf{R}_0']$。$\mathbf{h}(\hat{\boldsymbol{\theta}})$ 在原假设下是渐进正态分布的，且期望是 $\mathbf{0}$，方差是 $\mathbf{R}(\boldsymbol{\theta}_0)\mathbf{C}_0\mathbf{R}(\boldsymbol{\theta}_0)'$，即 $\sqrt{n}\mathbf{h}(\hat{\boldsymbol{\theta}})\overset{d}{\rightarrow}N[\mathbf{0},\mathbf{R}_0\mathbf{C}_0\mathbf{R}_0']$，继而有

$$W=n\mathbf{h}(\hat{\boldsymbol{\theta}})'[\mathbf{R}_0\mathbf{C}_0\mathbf{R}_0']^{-1}\mathbf{h}(\hat{\boldsymbol{\theta}})\overset{d}{\rightarrow}\chi^2(h) \quad (2)$$

令 $\hat{\mathbf{R}}=\mathbf{R}(\hat{\boldsymbol{\theta}})$，$\hat{\mathbf{h}}=\mathbf{h}(\hat{\boldsymbol{\theta}})$，$\hat{\mathbf{C}}$ 为 $\mathbf{C}_0$ 的任意的一致估计量，然后把 $\mathbf{C}_0$ 和 $\mathbf{R}_0$ 分别用一致估计量进行替换，就可以构造出一般意义下渐近地服从卡方分布的Wald检验统计量：

$$n\hat{\mathbf{h}}'[\hat{\mathbf{R}}\hat{\mathbf{C}}\hat{\mathbf{R}}']^{-1}\hat{\mathbf{h}}\overset{d}{\rightarrow}\chi^2(h) \quad (3)$$

特别地，如果参数的估计量是极大似然估计量，那么Wald统计量有着特别的表示。记 $\hat{\boldsymbol{\theta}}_u$ 为参数的极大似然估计量，如果原假设成立，那么 $h(\hat{\boldsymbol{\theta}}_u)$ 应该比较接近于 $\mathbf{0}$。令：$\mathbf{A}_0=\text{plimn}^{-1}\frac{\partial^2\ln L}{\partial\boldsymbol{\theta}\partial\boldsymbol{\theta}'}$，$\hat{\mathbf{h}}=\mathbf{h}(\hat{\boldsymbol{\theta}}_u)$，$\hat{\mathbf{R}}=\mathbf{R}(\hat{\boldsymbol{\theta}}_u)$，$\hat{\mathbf{A}}$ 为 $\mathbf{A}_0$ 的一致估计量，对于极大似然估计有 $\mathbf{V}(\hat{\boldsymbol{\theta}}_u)=-n^{-1}\mathbf{A}_0^{-1}$，可以得到相应的服从卡方分布的Wald检验统计量：

$$W=-n\hat{\mathbf{h}}'[\hat{\mathbf{R}}\hat{\mathbf{A}}^{-1}\hat{\mathbf{R}}']^{-1}\hat{\mathbf{h}} \quad (4)$$

在一般的Wald统计量的基础上，利用各个随机变量的分布性质还可以发展出Wald-t型、Wald-z型等统计量，这些统计量可以为针对各种不同原假设的检验提供帮助(Kodde and Palm 1986, Lafontaine and White, 1986)。

在具体应用中，对于不同类型模型及不同的约束检验，Wald检验统计量有其特定的简约形式。例如，对于线性模型 $\mathbf{y}=\mathbf{X}'\boldsymbol{\beta}+\mathbf{u}$ 的线性约束条件检验，在原假设 $H_0:\mathbf{R}\boldsymbol{\beta}_0-\mathbf{r}=0$ 下，可以构造瓦尔德检验统计量：

$$W_1=(\mathbf{R}\hat{\boldsymbol{\beta}}-\mathbf{r})'[\sigma_0^2\mathbf{R}(\mathbf{X}'\mathbf{X})^{-1}\mathbf{R}']^{-1}(\mathbf{R}\hat{\boldsymbol{\beta}}-\mathbf{r}) \quad (5)$$

用方差的估计量 s^2 去替代 W_1 中的 σ_0^2，继而可以得到瓦尔德统计量：

$$\mathbf{W}_1=(\mathbf{R}\hat{\boldsymbol{\beta}}-\mathbf{r})'[s^2\mathbf{R}(\mathbf{X}'\mathbf{X})^{-1}\mathbf{R}']^{-1}(\mathbf{R}\hat{\boldsymbol{\beta}}-\mathbf{r}) \quad (6)$$

该统计量虽然不服从 χ^2 分布，但是服从渐近的 $\chi^2(h)$ 分布，依然可以在大样本情况下根据 $\chi^2(h)$ 分布的性质完成对原假设 H_0 的检验。再例如，对于广义矩估计(GMM)中矩条件进行瓦尔德检验，$H_0:\mathbf{m}(\boldsymbol{\beta})=0$，可以构造相应的瓦尔德统计量：

$$\mathbf{W}=\mathbf{m}(\hat{\boldsymbol{\beta}})'[\mathbf{m}_1\mathbf{V}(\hat{\boldsymbol{\beta}})\mathbf{m}_1']^{-1}\mathbf{m}(\hat{\boldsymbol{\beta}})\overset{a}{\sim}\chi^2(J) \quad (7)$$

其中，$\mathbf{m}_1=\left.\frac{\partial\mathbf{m}(\boldsymbol{\beta})}{\partial\boldsymbol{\beta}'}\right|_{\beta=\hat{\beta}}$。可以看到瓦尔德统计量利用距离度量了无约束限制估计量不满足约束限制的程度，利用这个估计量可以完成矩条件显著性的检验。

Wald检验能够以相对比较小的计算量完成对模型参数的非线性约束的假设检验，对分布假设的依赖性比较小，在参数的显著性检验方面也非常有效(Lafontaine and White 1986, Engle 1984)。瓦尔德检验

经过变形发展也可以用于离散选择模型的参数约束条件的显著性检验(Davidson and Mackinnon,1984)。然而Wald检验也存在一个问题。在运用Wald检验时,原假设参数化表达式的不唯一性对检验有着显著的影响,即当运用不同的数学表达式表达同样的约束条件,并进行检验,可能会得到不同的Wald统计量和检验结果。例如,$H_0:h(\boldsymbol{\beta})=\beta_1/\beta_2-1=0$ 等价于 $H_0:h(\boldsymbol{\beta})=\beta_1-\beta_2=0$,但是运用这两个表达同样约束的不同公式,会得到不同的统计量,虽然可以证明它们是渐近等价的,但是在样本数不充分的情况会得到不同的瓦尔德统计值,结果对同一个原假设可能会导致不同统计推断结果。

参考文献:

Cameron, A. C. and Pravin K. Trivedi, *Microeconometrics Methods and Applications*, New York: Cambridge University Press, 2005.

David A. Kodde and Franz C. Palm, Notes and Comments, Wald Criteria for Jointly Testing Equality and Inequality Restrictions, *Econometrica*, Vol. 54, No. 5. 1986.

Engle, R., Wald, Likelihood Ratio and Lagrange Multiplier Tests in Econometrics, *Handbook of Econometrics*, Amsterdam: North Holland Press. 1984.

Francine Latfontaine and Kenneth J. White, Obtaining any Wald Statistic You Want, *Economics Letters*, Vol. 21, No. 1., 1986.

Gordon C. R. Kemp, Invariance and the Wald Test, *Journal of Econometrics*, Vol. 1, No. 3, 2001

Phillips, P. C. B. and Park, J. Y., On the Formulation of Wald Tests of Nonlinear Restrictions, *Econometrica*, Vol. 56, No. 4, 1988.

Russell Davidson and Jams G. Mackinnon, Convenient Specification Tests for Logit and Probit Models, *Journal of Econometrics*, Vol. 25, No. 3, 1984.

Wald, A., Test of Statistical Hypotheses Concerning Several Parameters When the Number of Observations is Large, *Transactions of the American Mathematical Society*, Vol. 54, No. 2, 1943.

(宁瀚文)

似然比检验
Likelihood Ratio Test

似然比检验(一般称为LR检验)是计量经济学中三种重要的假设检验方法之一。该检验的基本思想是,如果对模型参数施加的约束有效,则有约束模型似然函数的最大值与无约束模型似然函数的最大值相等,于是,如果根据样本计算的有约束模型与无约束模型的对数似然函数最大值很接近,则可以推断对模型参数施加的约束有效。

对于零假设 $H_0:\mathbf{C}(\boldsymbol{\theta})=\mathbf{q}$,首先在零假设和备择假设下,分别计算模型的最大似然值:

$$\tilde{L}_R=\max_{\tilde{\beta},\tilde{\sigma}^2\ \text{s.t.}\ H_0} L(\tilde{\boldsymbol{\beta}},\tilde{\sigma}^2)=\left(\frac{2\pi}{n}\right)^{-\frac{n}{2}}\exp\left(-\frac{n}{2}\right)(SSR_R)^{-\frac{n}{2}}$$

$$\tilde{L}_U=\max_{\tilde{\beta},\tilde{\sigma}^2} L(\tilde{\boldsymbol{\beta}},\tilde{\sigma}^2)=\left(\frac{2\pi}{n}\right)^{-\frac{n}{2}}\exp\left(-\frac{n}{2}\right)(SSR_U)^{-\frac{n}{2}}$$

然后,计算它们的比值:$\lambda=\frac{\tilde{L}_R}{\tilde{L}_U}=\left(\frac{SSR_U}{SSR_R}\right)^{-\frac{n}{2}}$,并定义似然比统计量为:

$$LR=-2\ln\left(\frac{\tilde{L}_R}{\tilde{L}_U}\right)$$

一般来说,似然比统计量的精确分布难以确定。威克斯(Wilks,1938)发现,在满足一定的正则条件时,在原假设“约束条件成立”的条件下,似然比统计量渐近服从自由度为约束条件个数的 χ^2 分布,即:

$$LR=-2\ln\left(\frac{\tilde{L}_R}{\tilde{L}_U}\right)\overset{Asy.}{\sim}\chi^2(m)$$

其中,m是约束条件的个数,等于无约束参数空间维数与有约束参数空间维数的差。因此,LR检验只适合于约束条件改变参数空间维数的情况。并且,由尼曼—皮尔森(Neyman-Pearson)基本引理容易证明,对于简单的原假设和备择假设,似然比检验就是一致最优功效检验(Uniformly Most Powerful Test)。

对于误差项服从正态分布的线性回归模型,如果零假设是线性约束 $H_0:\mathbf{R}\boldsymbol{\theta}=\mathbf{q}$,则F统计量是LR统计量的单调变换,即 $F=\frac{n-K}{m}(\lambda^{\frac{2}{n}}-1)$。但是,LR检验必须同时估计无约束模型和有约束模型,对于一些复杂的模型,不具有可行性。并且,LR检验也不能检验改变分布的约束条件,即当无约束模型与有约束模型的误差项分布不同时,不能使用LR检验。例如,LR检验不能推断GARCH模型中是否存在GARCH效应的检验。另外,对于在零假设下部分参数不可识别的模型,检验零假设的LR统计量的渐近分布是非标准的。例如,对于一些非线性模型的线性零假设的检验,LR统计量的渐近分布就是非标准的,汉森(Hansen,1996)等推荐使用自举方法模拟LM统计量的经验分布进行非线性检验。

参考文献:

Hansen, B. E., Inference When a Nuisance Parameter is not Identified under the Null Hypothesis, *Econometrica*,

Vol. 64, 1996.

Konstas, P, and M. Khouja, The Keynesian Demand for Money Function, *Journal of Money, Credit and Banking*, 1, 1969.

Wilks, S. S., The Large-sample Distribution of the Likelihood Ratio for Testing Composite Hypotheses, *Annals of Mathematical Statistics*, Vol. 9, No. 1, 1938.

（张 虎 李海平 白仲林）

拉格朗日乘数检验
Lagrange Multiplier Test

拉格朗日乘数检验（一般称为 LM 检验）是计量经济学中三种重要的假设检验方法之一，该检验将假设看成对模型施加的约束，满足约束的模型估计可以看成是约束最优化，通常在满足约束的情形下对模型的似然函数最大化，利用微积分，对每一个约束引入一个拉格朗日乘数来求最大化。若样本恰好满足约束，则拉格朗日乘数为 0；乘数是约束的影子价格，乘数越小，相应的约束起的作用越少，而作为约束影子价格的度量，它非常直观，只要求模型在满足约束下可估计，计算比较简单。

设线性回归模型 $\mathbf{Y}=\mathbf{X\beta}+\boldsymbol{\mu}$ 满足线性假设 $\mathbf{R\beta}=\mathbf{r}$，$\mathbf{R}$ 是 $m\times k$ 阶矩阵，且秩为 m，设估计的乘数为向量 $\hat{\boldsymbol{\lambda}}$，为 $m\times 1$ 列向量，估计满足约束的 $\boldsymbol{\beta}$ 是最简单的约束优化，寻找满足 m 个约束使得残差平方和最小的估计。拉格朗日函数为：$(\mathbf{Y}-\mathbf{X\beta})'(\mathbf{Y}-\mathbf{X\beta})-2\hat{\lambda}'(\mathbf{R\beta}-\mathbf{r})$，用该函数对 $\boldsymbol{\beta}$ 的 k 个分量求微分，并对 $\hat{\lambda}$ 的 m 个参数求微分，并令二式为 0，得到：$-2\mathbf{X'Y}+2\mathbf{X'X}\tilde{\boldsymbol{\beta}}-2\mathbf{R'}\hat{\boldsymbol{\lambda}}=0$ 和 $-2(\mathbf{R}\tilde{\boldsymbol{\beta}}-\mathbf{r})=0$。由此可得到：

$$\tilde{\boldsymbol{\beta}}=(\mathbf{X'X})^{-1}\mathbf{X'Y}+(\mathbf{X'X})^{-1}\mathbf{R'}\hat{\boldsymbol{\lambda}}=\hat{\boldsymbol{\beta}}+(\mathbf{X'X})^{-1}\mathbf{R'}\hat{\boldsymbol{\lambda}}$$

$$\tilde{\boldsymbol{\beta}}-\hat{\boldsymbol{\beta}}=(\mathbf{X'X})^{-1}\mathbf{R'}\hat{\boldsymbol{\lambda}},\ \hat{\boldsymbol{\lambda}}=[\mathbf{R}(\mathbf{X'X})^{-1}\mathbf{R'}]^{-1}\mathbf{R}(\tilde{\boldsymbol{\beta}}-\hat{\boldsymbol{\beta}})$$

其中，$\tilde{\boldsymbol{\beta}}$ 和 $\hat{\boldsymbol{\beta}}$ 分别为模型的有约束和无约束参数估计量。令检验统计量 $LM=\hat{\boldsymbol{\lambda}}'[\hat{\mathbf{V}}(\hat{\boldsymbol{\lambda}})]^{-1}\hat{\boldsymbol{\lambda}}$，$\hat{\mathbf{V}}(\hat{\boldsymbol{\lambda}})$ 为 $\hat{\boldsymbol{\lambda}}$ 的方差矩阵，$\hat{\mathbf{V}}(\hat{\boldsymbol{\lambda}})=\sigma^2[\mathbf{R}(\mathbf{X'X})^{-1}\mathbf{R'}]^{-1}$，得到：

$$\begin{aligned}LM&=\hat{\boldsymbol{\lambda}}'[\mathbf{R}(\mathbf{X'X})^{-1}\mathbf{R'}]^{-1}\hat{\lambda}/s^2\\&=(\tilde{\boldsymbol{\beta}}-\hat{\boldsymbol{\beta}})'\mathbf{X'X}(\tilde{\boldsymbol{\beta}}-\hat{\boldsymbol{\beta}})/s^2\end{aligned}$$

其中，s^2 是 σ^2 的估计量．。定义约束残差：$\tilde{\mathbf{e}}=\mathbf{Y}-\mathbf{X}\tilde{\boldsymbol{\beta}}=\mathbf{Y}-\mathbf{X}\hat{\boldsymbol{\beta}}+\mathbf{X}(\hat{\boldsymbol{\beta}}-\tilde{\boldsymbol{\beta}})=\hat{\mathbf{e}}+\mathbf{X}(\hat{\boldsymbol{\beta}}-\tilde{\boldsymbol{\beta}})$，计算约束残差平方和 RRSS 和无约束残差平方和 URSS，以及 RRSS − URSS，因此有：

$$LM=(n-k)\left(\frac{RRSS}{URSS}-1\right)=(n-k)\frac{R_u^2}{1-R_u^2}$$

其中，$R_u^2=1-\dfrac{URSS}{RRSS}$。由此可知：$LM\sim kF(k,n-k)$。而当 $n\to\infty$，$kF(k,n-k)\sim\chi_k^2$，因此，在大样本中，$LM\sim\chi_m^2$。同样，在大样本中若约束正确时，$R_u^2\to 0$，$LM=(n-k)R_u^2\sim\chi_m^2$。

在计量经济学模型中经常采用拉格朗日乘数检验。例如，检验回归方程随机误差项序列相关的应用最广泛的方法就是 LM 检验。对于线性回归模型 $\mathbf{Y}=\mathbf{X\beta}+\boldsymbol{\mu}$，假设随机误差项 $\mu_t\sim N(0,\sigma^2)$，同时 μ_t 服从 p 阶自回归模式，即 $\mu_t=\rho_1\mu_{t-1}+\rho_2\mu_{t-2}+\cdots+\rho_p\mu_{t-p}+v_t$。原假设 $H_0:\rho_1=\rho_2=\cdots=\rho_p=0$，说明随机误差项不存在序列自相关。构造 LM 统计量 $LM=(n-k)R_u^2\sim\chi_m^2$，其中，$R_u^2$ 是辅助回归 $\hat{e}_t=\alpha X_t+\hat{\rho}_1\hat{e}_{t-1}+\hat{\rho}_2\hat{e}_{t-2}+\cdots+\hat{\rho}_p\hat{e}_{t-p}+\varepsilon_t$ 的拟合优度，$\hat{e}_t$ 是用 OLS 估计原模型得到的残差估计量。直观看，如果原模型随机误差项存在序列自相关，那么辅助回归方程应该有比较高的拟合优度，计算得到的 LM 统计量的值也比较大，进而在比较高的显著性水平下拒绝不存在序列自相关的原假设。该序列相关性检验是由统计学家布鲁奇（Breusch）和戈德弗利（Godfrey）利用拉格朗日乘数原理提出的，因而也称为 B − G 检验。但要注意一点，该方法适用于大样本，在有限样本中，通常采用的是 F 检验，而不是 χ^2 检验，因为 χ^2 检验使用近似的极限分布，而 F 检验使用精确分布。类似地，布鲁奇和佩根（Pagan）也利用同样的原理，提出了检验异方差的 LM 检验，或称为 BPG 检验。

参考文献：

A. Buse, The Likelihood Ratio, Wald and Lagrange Multiplier Tests: An Expository Note, *American Statistician*, Vol. 36, 1982.

T. S. Breusch and A. R. Pagan, The Lagrange Multiplier Test and its Applications to Model Specification in Econometrics, *The Review of Economic Studies*, Vol. 47, No. 1 Econometrics Issue (Jan. 1980).

（李占风）

豪斯曼检验
Hausman Test

豪斯曼检验是计量经济学模型设定检验的重要方法，最早由豪斯曼（Hausman, 1978）提出。该统计量的基本思想见词条“计量经济模型设定检验”。具体而言，考虑两个估计量 $\hat{\boldsymbol{\beta}}_1$ 和 $\hat{\boldsymbol{\beta}}_2$，假设在模型正确设定（原假设）下，$\hat{\boldsymbol{\beta}}_1$ 和 $\hat{\boldsymbol{\beta}}_2$ 均是一致估计量，$\sqrt{T}(\hat{\boldsymbol{\beta}}_1-\boldsymbol{\beta})\overset{a}{\sim}N(\mathbf{0},\mathbf{V}_1)$，$\sqrt{T}(\hat{\boldsymbol{\beta}}_2-\boldsymbol{\beta})\overset{a}{\sim}N(\mathbf{0},\mathbf{V}_2)$，且 $\hat{\boldsymbol{\beta}}_1$ 是有效估计量。在模型错误设定（备择假设）下，$\hat{\boldsymbol{\beta}}_1$ 不一致，但 $\hat{\boldsymbol{\beta}}_2$ 仍然是一致估计量。令 $\mathbf{d}=\hat{\boldsymbol{\beta}}_2-\hat{\boldsymbol{\beta}}_1$，$\sqrt{T}\mathbf{d}$ 的渐近分布的方差为 $\mathbf{V}(\mathbf{d})$，$\hat{\mathbf{V}}(\mathbf{d})$ 是该方差的一致估计，豪斯曼统计量定义为 $H=T\mathbf{d}'[\hat{\mathbf{V}}(\mathbf{d})]^{-1}\mathbf{d}$。豪斯曼（1978）证明了，在原假设下有 $\mathbf{Cov}(\hat{\boldsymbol{\beta}}_1,\mathbf{d})=0$，进而可得：

$$H=T\mathbf{d}'[\hat{\mathbf{V}}_2-\hat{\mathbf{V}}_1]^{-1}\mathbf{d}\overset{a}{\sim}\chi_K^2 \tag{1}$$

计量经济学模型的内生性检验是豪斯曼检验最重

要的一个应用。线性回归模型 $Y_t = \mathbf{X}'_t\boldsymbol{\beta} + \varepsilon_t$ 中，若解释变量与随机误差项相关，则该模型存在内生性。用统计量(1)检验是否存在内生性，所关注的原假设和备择假设是：

$$H_0: E(\varepsilon_t \mid \mathbf{X}_t) = 0 \text{ vs } H_1: E(\varepsilon_t \mid \mathbf{X}_t) \neq 0 \quad (2)$$

如果原假设不成立，则模型存在内生性，此时最小二乘估计(LS)不能使用，而必须采用工具变量(IV)估计。设 $\hat{\boldsymbol{\beta}}_{LS}$ 和 $\hat{\boldsymbol{\beta}}_{IV}$ 分别代表 LS 和 IV 估计量，在原假设下，$\text{plim}\hat{\boldsymbol{\beta}}_{IV} = \text{plim}\hat{\boldsymbol{\beta}}_{LS} = \boldsymbol{\beta}$，且 $\mathbf{AVar}(\hat{\boldsymbol{\beta}}_{LS} \mid \mathbf{X}) \leqslant \mathbf{AVar}(\hat{\boldsymbol{\beta}}_{IV} \mid \mathbf{X})$，即 LS 和 IV 估计都是一致估计，且 LS 估计更有效；反之，则 LS 估计不是一致估计，但 IV 估计仍然是一致估计。定义 $\mathbf{d} = \hat{\boldsymbol{\beta}}_{IV} - \hat{\boldsymbol{\beta}}_{LS}$，根据豪斯曼(1978)的结论，$\mathbf{d}$ 的渐近方差可由 **Est. AVarEst. AVar**$(\hat{\boldsymbol{\beta}}_{IV} \mid \mathbf{X})$ − **Est. AVar**$(\hat{\boldsymbol{\beta}}_{LS} \mid \mathbf{X}) = \hat{\mathbf{V}}_{IV} - \hat{\mathbf{V}}_{LS}$ 计算；这样，检验式的豪斯曼统计量为：

$$H = \mathbf{d}'[\hat{\mathbf{V}}_{IV} - \hat{\mathbf{V}}_{LS}]^{-1}\mathbf{d} \overset{a}{\sim} \chi^2_K \quad (3)$$

其中，K 为解释变量个数；$\hat{\mathbf{V}}_{IV} = \hat{\sigma}^2_{IV}[\mathbf{X}'\mathbf{Z}(\mathbf{Z}'\mathbf{Z})^{-1}\mathbf{Z}'\mathbf{X}]^{-1} = \hat{\sigma}^2_{IV}[\hat{\mathbf{X}}'\hat{\mathbf{X}}]^{-1}$，$\hat{\mathbf{V}}_{LS} = \hat{\sigma}^2_{LS}[\mathbf{X}'\mathbf{X}]^{-1}$，$\mathbf{X}$ 和 $\mathbf{Z}$ 分别是模型的解释变量和工具变量矩阵，$\hat{\mathbf{X}}$ 则是 $\mathbf{X}$ 对 $\mathbf{Z}$ 回归的拟合值矩阵。在 H_0 下，σ^2 的估计量既可以用 IV 估计的残差计算，也可以用 LS 估计的残差计算，二者都是一致估计。理论上，(3)式统计量的值会大于 0，但是，其方差阵在使用一致估计时，特别是 σ^2 使用不同估计时，由于样本随机性的特点，有时会出现豪斯曼统计量的值小于 0 的情形。为了避免这种情形，σ^2 通常采用相同的估计式；如果都采用 $\hat{\sigma}^2_{LS}$，则豪斯曼统计量转换为：

$$H = \mathbf{d}'\{\hat{\sigma}^2_{LS}[(\hat{\mathbf{X}}'\hat{\mathbf{X}})^{-1} - (\mathbf{X}'\mathbf{X})^{-1}]\}^{-1}\mathbf{d} \overset{a}{\sim} \chi^2_K \quad (4)$$

虽然从形式上看，(4)式的统计量是对所有解释变量的参数进行比较，但实际上并不是所有的解释变量都具有内生性；对于外生解释变量，它们自身就作为工具变量使用，因此，(4)式中解释变量和工具变量之间通常含有共同变量(至少都包含常数项)，此时矩阵 $[(\hat{\mathbf{X}}'\hat{\mathbf{X}})^{-1} - (\mathbf{X}'\mathbf{X})^{-1}]$ 不可逆，即豪斯曼检验统计量中估计系数之差的协方差阵奇异，实际应用中可采用其 MP 广义逆。

式(4)的豪斯曼检验还可以直接通过比较向量 $\mathbf{d} = \hat{\boldsymbol{\beta}}_{IV} - \hat{\boldsymbol{\beta}}_{LS}$ 的子向量得到。不妨记 $\mathbf{X} = (\mathbf{X}_1, \mathbf{X}_2)$，其中 $\mathbf{X}_1$ 为外生解释变量，$\mathbf{X}_2$ 为 $\mathbf{K}_2$ 维的内生解释变量，工具变量矩阵 $\mathbf{Z} = (\mathbf{X}_1, \mathbf{Z}_2)$，$\mathbf{Z}_2$ 为其他外部工具变量。$Y_t = \mathbf{X}'_t\boldsymbol{\beta} + \varepsilon_t$ 可写为分块回归的形式：$Y_t = \mathbf{X}'_{t1}\boldsymbol{\beta}_1 + \mathbf{X}'_{t2}\boldsymbol{\beta}_2 + \varepsilon_t$，引入矩阵 $\mathbf{M}_1 = \mathbf{I} - \mathbf{X}_1(\mathbf{X}'_1\mathbf{X}_1)^{-1}\mathbf{X}'_1$，可得：$\mathbf{Y}^* = \mathbf{X}_2^*\boldsymbol{\beta}_2 + \boldsymbol{\varepsilon}^*$，其中 $\mathbf{Y}^* = \mathbf{M}_1\mathbf{Y}$，$\mathbf{X}_2^* = \mathbf{M}_1\mathbf{X}_2$，$\boldsymbol{\varepsilon}^* = \mathbf{M}_1\boldsymbol{\varepsilon}$。以 $\mathbf{Z}$ 作为 $\mathbf{X}_2^*$ 的工具变量，$\boldsymbol{\beta}_2$ 的 IV 估计和 LS 估计分别为 $\hat{\boldsymbol{\beta}}_{2,LS}$ 和 $\hat{\boldsymbol{\beta}}_{2,IV}$，令 $\mathbf{d}_2 = \hat{\boldsymbol{\beta}}_{2,IV} - \hat{\boldsymbol{\beta}}_{2,LS}$，可构造豪斯曼检验统计量如下：

$$H_2 = \mathbf{d}'_2\{\hat{\sigma}^{*2}_{LS}[(\hat{\mathbf{X}}_2^{*\prime}\hat{\mathbf{X}}_2^*)^{-1} - (\mathbf{X}_2^{*\prime}\mathbf{X}_2^*)^{-1}]\}^{-1}\mathbf{d}_2 \quad (5)$$

其中，$\hat{\sigma}^{*2}_{LS}$ 是 $\mathbf{Y}^* = \mathbf{X}_2^*\boldsymbol{\beta}_2 + \boldsymbol{\varepsilon}^*$ 的 OLS 残差估计。注意到 $(\hat{\mathbf{X}}_2^{*\prime}\hat{\mathbf{X}}_2^*)^{-1} - (\mathbf{X}_2^{*\prime}\mathbf{X}_2^*)^{-1}$ 是正定矩阵，所以在 H_0 下，有 $H_2 \xrightarrow{d} \chi^2_{K_2}$，它与(4)式等价。

上述基于线性回归模型的内生性检验方法，最初可以追溯至杜宾(Durbin，1954)的著名论文，此后吴德民(Wu，1973)和豪斯曼(1978)对此进行了实质性扩展，因此这一检验也经常被称为 Durbin-Wu-Hausman 检验，简称 DWH 检验。由于豪斯曼(1978)的工作最具一般性，其检验统计量的构造思路超越了线性回归模型框架，因此大多数计量经济学家仍只使用豪斯曼检验这一说法。

豪斯曼检验在计量模型的设定中具有广泛的应用。例如，面板数据模型用它考察究竟采用随机效应模型还是采用固定效应模型。所构造的检验统计量为：

$$H = (\hat{\boldsymbol{\beta}}_{FE} - \hat{\boldsymbol{\beta}}_{RE})'[\mathbf{AVar}(\hat{\boldsymbol{\beta}}_{FE} \mid \mathbf{X}) - \mathbf{AVar}(\hat{\boldsymbol{\beta}}_{RE} \mid \mathbf{X})]^{-1}(\hat{\boldsymbol{\beta}}_{FE} - \hat{\boldsymbol{\beta}}_{RE}) \quad (6)$$

其中，$\hat{\boldsymbol{\beta}}_{FE}$ 和 $\hat{\boldsymbol{\beta}}_{RE}$ 分别是固定效应模型和随机效应模型的参数估计。再例如，在离散选择模型设定中，豪斯曼检验可用于检验 IIA(Independence from Irrelevant Alternatives)假定是否成立。无论是条件变量不随备选方案变化的多项 Logit 模型(MNL)，还是允许个体选择依赖于方案特征的条件 Logit 模型(CL)，都潜在地假定了任意两种方案的选择概率之比独立于第三方案，这就是 IIA 假定的本质含义，体现为第三方案的特征没有进入两种方案的概率比的决定方程。如果 IIA 假定满足，使用多项选择的所有选择还是去掉其中的一些选择，都能够获得参数的一致估计，但去掉其中的一些选择后的系数估计不是有效的；如果 IIA 假定不满足，去掉部分选择的系数估计将是不一致的。因此，豪斯曼和麦克法登(Hausman and McFadden，1984)建议使用如下设定检验来检验 IIA 假定：

$$H = (\hat{\boldsymbol{\beta}}_s - \hat{\boldsymbol{\beta}}_f)'[\hat{\mathbf{V}}_s - \hat{\mathbf{V}}_f]^{-1}(\hat{\boldsymbol{\beta}}_s - \hat{\boldsymbol{\beta}}_f) \quad (7)$$

其中 $\hat{\boldsymbol{\beta}}_s$ 和 $\hat{\boldsymbol{\beta}}_f$ 分别对应使用部分选择和使用全部选择下得到的系数估计，$\hat{\mathbf{V}}_s$ 和 $\hat{\mathbf{V}}_f$ 分别为对应的渐近协方差估计。豪斯曼和麦克法登(1984)证明了在 IIA 假定下，上述的豪斯曼设定检验统计量收敛于卡方分布，自由度为解释变量的个数。

总结豪斯曼检验的各种应用可以看出，原假设下的两种估计都是一致估计，备择假设下只有一种估计是一致估计。也就是说，其中某种估计量在原假设和备择假设下的一致性是 Hausman 检验前提条件，实际运用这一统计量时要注意该条件是否满足。

参考文献：

Durbin，J.，Errors in Variables，*Review of the International*

Statistical Institute, Vol. 22, 1954.

Hausman, J. A., Specification Tests in Econometrics, *Econometrica*, Vol. 46, No. 6, 1978.

Hausman, J. A., McFadden, D., A Specification Tests for the Multinomial Logit Model, *Econometrica*, Vol. 52, 1984.

Wu D. M., Alternative Tests of Independence between Stochastic Regressors and Disturbances, *Econometrica*, Vol. 41, 1973.

（王美今 朱喜安）

内生性与外生性

Endogeneity and Exogeneity

内生性与外生性是计量经济学模型中关于变量性质的界定。一般认为，如果一个变量只影响模型（或者模型系统），而本身不受模型（或者模型系统）的影响，则具有外生性；反之，如果一个变量受到模型（或者模型系统）的影响，则具有内生性。凡是经济变量，都是状态变量，都是由系统的数据生成过程生成的，因此它们在本质上都是内生的。但是在建立计量经济学模型时，相对于不同的系统，又必须将一些经济变量设定为外生的。所以，关于变量内生性与外生性的界定问题，转变为外生性设定问题。

自计量经济学诞生以来，外生性设定问题就一直为研究者所关注。考尔斯委员会（The Cowles Commission）在 20 世纪 50 年代初将外生性定义为：对于模型中的解释变量 X_i 和随机项 μ_i，若对任何 s 都有 X_i 和 μ_{i+s} 随机独立，则称 X_i 是外生的（Christ, 1994）。考尔斯委员会关于外生性的定义一直被计量经济学界所沿用，但是到恩格尔等（Engle et al., 1983）专门讨论外生性的论文出现，计量经济学界对内生性和外生性的认识产生突破性的改变。恩格尔等丰富了外生性理论，将外生性进行分类，分为弱外生性（Weak Exogeneity）、强外生性（Strong Exogeneity）和超外生性（Super Exogeneity）。这种分类方法是根据研究者的目的来定义的：弱外生性是对模型中关注的参数进行估计和检验所必需；强外生性则为模型预测目的而定义；超外生性则是模型用于政策评价所必需。

根据变量的内生性与外生性，将计量经济学模型中的变量分为内生变量和外生变量。在单方程模型中，被解释变量是内生变量，解释变量被假定为外生变量；在联立方程模型中，内生变量既是方程的被解释变量，又可以作为其他方程的解释变量，而外生变量只能作为解释变量。在计量经济学模型中，凡是政策变量、制度变量、环境变量等，以及反映个体特征的定性变量，都具有外生性，作为外生变量；而经济变量的内生性与外生性，是作为内生变量还是外生变量，则具有相对性。因此，正确认识经济变量内生性与外生性设定的相对性，是计量经济学模型理论与应用研究一个重要问题。

同一个经济变量，相对于不同的研究对象，即相对于不同的模型或者模型系统，可能有不同的设定。例如，如果研究居民个体的商品需求行为，那么在建立的商品需求模型中，价格可以设定为外生变量，因为对于居民个体来讲，其需求量并不足以影响价格，只能接受由市场总供给和总需求所决定的价格，并且在该价格下决定其商品需求量。但是，如果研究的是商品总需求，模型中的价格就不能设定为外生，因为它必须受到商品总需求量的影响。再例如，如果研究居民个体的消费行为，那么在建立的居民消费模型中，收入可以设定为外生变量，因为对于居民个体来讲，收入水平影响消费水平，而消费水平并不反过来影响收入水平。但是，如果研究的是社会总消费，模型中的收入就不能设定为外生变量，因为社会总消费会反过来影响社会总收入。根据恩格尔等关于外生性的定义，甚至在同一个模型系统中，同一个经济变量，相对于不同的结构参数，就可能有不同的设定。例如，在一个粮食供求模型系统中，如果关注的参数是价格的需求弹性，即价格与需求量之间的关系，那么需求量是弱外生性变量，具有外生性。但是如果关注的参数是描述该供求系统的稳定性的参数，那么需求量不再是弱外生性变量，不具有外生性。

同一个经济变量，相对于模型不同的应用目的，它在模型中扮演的角色不同，也可能有不同的设定。例如，欲建立一个关于我国 GDP 增长的结构分析模型，目的是分析各个要素对经济增长的贡献，仅将投资作为一种投入要素，具有弱外生性，可以设定为外生的。但是，如果试图建立的是关于我国 GDP 增长的预测模型，并且将投资作为控制 GDP 增长的政策变量，那么就不能将它设定为外生。在这种情况下，称该变量仅具有"弱外生性"而不具有"超外生性"。

在实际应用研究中，主要需要考虑两种原因引起的解释变量的内生性。一是解释变量影响被解释变量，反过来也受被解释变量的影响。二是解释变量本身受到其他解释变量的影响。这两种原因引起的解释变量的内生性的直接后果，是造成解释变量和模型的随机项相关，违背了考尔斯委员会关于外生性的定义，也违背了计量经济学模型的基本假设。

外生性检验是计量经济学理论方法体系中重要的组成部分，也是实际建立计量经济学应用模型时必须进行的一项工作。既然外生性按照研究需要分为三类：弱外生性、强外生性和超外生性，则检验外生性也必须分为不同的类型。弱外生性检验常用的方法是 LM 检验，它是根据弱外生性的定义设计的，其实质与考尔斯委员会的外生性检验是一致的。强外生性的检验则要求首先进行弱外生性检验，然后进行格兰杰

(Granger)因果关系检验。超外生性检验是分步骤进行。如果存在弱外生性,又证明了条件分布的参数是恒常不变的,而边缘分布的参数则不是,那么超外生性将成立。

变量的内生性和外生性与变量的随机性和确定性是既有联系又有区别的两个问题。内生变量一定具有随机性,但是具有随机性的变量并不一定具有内生性。例如,在时间序列数据模型中,经常以滞后被解释变量作为模型的解释变量,而滞后被解释变量毫无疑问是随机变量。但是,如果模型的随机项不存在序列相关,在模型中可以将它设定为外生的(前定的)。

参考文献:

Carl F. Christ, The Cowls Commission's Contribution to Econometrics at Chicago, 1939-1955, *Journal of Economic Literature*, Vol. XXXII, 1994.

Robert F. Engle, David F. Hendry, Jean-Francois Richard, Exogeneity, *Econometrica*, Vol. 51, No. 2, 1983.

(李子奈　师应来)

联立方程模型

Simultaneous Equations Model

联立方程模型是计量经济学中最重要的模型形式之一。所谓联立方程模型是指若干个相互关联的单一方程,同时表示一个经济系统中经济变量相互依存关系的模型,即联立方程模型表现的是多个变量间互为因果的联立关系。自从丁伯根创立了第一个宏观经济联立方程模型(Tinbergen,1939),哈维尔莫为联立方程模型建立了重要的概率论方法基础(Haavelmo,1943;1944),联立方程模型有力地推动了计量经济学理论与方法的发展。联立方程模型有其坚实的经济学基础,已有的经济学的发展成果为联立方程模型的产生奠定了基础,有四个特别重要的渊源影响了早期的联立方程模型和以后的发展(Bodkin, Klein, Marwah, 1991)。一是由瓦尔拉斯(Walras,1874)提出的一般均衡模型;二是分别由弗里希(Frisch,1933)和卡拉斯基(Kalecki,1935)提出的关于经济周期的两个模型;三是凯恩斯(Keynes,1936)的《通论》;四是关于凯恩斯宏观经济理论的若干文献。

单一方程模型中只有一个被解释变量,而有一个或多个解释变量,这类模型最主要的特征是被解释变量与解释变量之间为一种单向的因果关系,通常解释变量是变化的原因,被解释变量是变化的结果。单一方程模型中所研究的对象是单一的变量。但是,经济现象是错综复杂的,许多情况下所研究的问题不只是一个单一的变量,而是一个由多变量构成的经济系统。在经济系统中多个经济变量之间可能存在着双向的或多向的因果关系。因此,只用单一方程已经不能正确反映经济系统中诸多因素间的复杂关系了,而需要采用能够表现互为因果关系的联立方程模型。联立方程模型的出现可以归结为以下原因,一个是研究对象为经济系统;另一个是建立联立方程模型发展的新理论和新方法。

相比单一方程模型,联立方程模型就是若干单一方程的组合,但这个组合中的经济变量是相互依存和相互关联的。直观地看在每一个方程中,被解释变量就是内生变量,解释变量则可以是外生变量,也可以是内生变量,而且有些方程包含了两个或更多的内生变量,这样的联立方程模型有更复杂的因果关系描述,因为每个内生变量的变动是由整个联立方程模型决定的。在联立方程模型里,经济学家把变量区分为内生变量和外生变量,前者由假定的模型体系确定,后者由该体系以外的因素确定,并且,外生变量的变动原因是不能由内生变量的变动来解释的。所以,联立方程模型的"联立性"也可以看成是计量经济学中,除了分布滞后模型和设定误差中存在"内生性"问题外的,另一个重要的"内生性"问题(Wooldridge,2003),尽管有的时候这种"内生性"是一个非常复杂和富有争议的问题。

在联立方程模型中,有一些变量本来是内生变量,但模型中可能出现了这些变量过去时期的滞后值,像这样代表内生变量滞后值的变量称为滞后内生变量。滞后内生变量与外生变量,包括滞后的外生变量,一起称为前定变量。当有滞后变量出现在联立方程模型里的时候,这就是动态联立方程模型。动态联立方程模型的另一个发展方向是向量自回归模型(VAR),通过这一类模型能够较好地解决自回归参数的估计问题,不过需要十分注意的是自由度对模型的影响和如何解释模型的经济学意义。

按照经济行为理论和经济活动规律,构建结构型联立方程模型是非常自然的事情。结构型模型表现了变量之间直接的经济联系,其特点是某个内生变量表示为前定变量和另外内生变量的函数。一个结构型模型可以用如下形式的向量方程来表示

$$\mathbf{Y} = \mathbf{BY} + \mathbf{\Gamma X} + \boldsymbol{\mu} \qquad (1)$$

其中,$\mathbf{Y}$ 是内生变量的 $g\times 1$ 列向量,$\mathbf{X}$ 是前定变量的$k\times 1$ 列向量,$\boldsymbol{\mu}$ 是随机扰动的 $g\times 1$ 列向量;$(\mathbf{I}-\mathbf{B})$ 表示内生变量的 $g\times g$ 参数矩阵,$\mathbf{\Gamma}$ 表示前定变量的 $g\times k$ 参数矩阵。构建模型(1)必须把握:一是模型中的内生变量个数应与方程的个数一致,即满足模型的完备性,这是求解模型的重要条件;二是$(\mathbf{I}-\mathbf{B})$矩阵必须是非奇异的,否则许多估计方法完全不能采用;三是由于同一个方程里会出现有的内生变量起解释变量的作用(即内生解释变量),已经证实这时的内生解释变量与随机扰动相关,那么估计方程参数的普通最小二乘方法有非常差的统计性质(Haavelmo,1943);四是

来自经济问题得到的递归方程模型、分段递归方程模型和似乎不相关模型可以看成是结构型模型的特殊情况。例如,若 **B** 是一个下三角矩阵时,这个模型的内生变量将是递归的,即可得到一个递归方程模型;若 **B** 是一个零矩阵时,这个模型就是似乎不相关方程模型。对于似乎不相关方程模型有专门的参数估计方法。

若参数矩阵$(\mathbf{I}-\mathbf{B})$非奇异,则可得到称为简化型的如下联立方程模型

$$\mathbf{Y}=(\mathbf{I}-\mathbf{B})^{-1}\mathbf{\Gamma}\mathbf{X}+(\mathbf{I}-\mathbf{B})^{-1}\boldsymbol{\mu}=\mathbf{\Pi}\mathbf{X}+\boldsymbol{\nu} \qquad (2)$$

模型(2)的重要意义在于能够直接用普通最小二乘方法对参数进行估计,并且参数估计具有良好的统计性质。但是,对于简化型模型来说,又出现了新的问题。简化型模型的参数是结构型模型参数的非线性函数,通过非线性函数将结构型模型的经济学意义传导到简化型模型是困难的,因此,简化型模型除了有预测功能外,是不能利用它来进行结构分析的。由此看来,结构型模型与简化型模型之间是此消彼长,各有所长。通常的做法是先估计简化型模型的参数,然后利用两种类型模型参数之间的关系,将简化型模型的参数估计"还原"出结构型模型的参数估计。而"还原"的条件是结构型模型必须每一个结构方程可识别,并且是恰好识别,这便产生了联立方程模型的识别问题。在实际操作中,这样完成联立方程模型的识别非常麻烦,而是采用更为规范的识别方法,即模型识别的结构式条件和简化式条件,包括阶条件和秩条件。需要强调的是,识别问题是属于联立方程模型的设定问题,它与经济理论有关,而与观测数据的样本多少关系不大。

按照方法的逻辑性,先有对联立方程模型中的结构方程的识别,才有结构方程参数的估计,在此意义下,便产生了各种联立方程模型的参数估计方法。归纳起来主要有两大类方法,一类是单一方程估计法(又称有限信息估计法),比如工具变量法(IV)、间接最小二乘法(ILS)、两阶段最小二乘法(2SLS)、有限信息最大似然法(LIML)等;另一类是系统估计法(又称完全信息估计法),比如三阶段最小二乘法(3SLS)、完全信息最大似然估计法(FIML)等。当然上述方法在实际运用中可根据联立方程模型的不同形式、模型的不同识别条件和建立模型的不同目的有不同的选择。

参考文献:

Basmann, R. L., A Generalized Classical Method of Linear Estimation of Coefficients in a Structural Equation, *Econometrica*, Vol. 25, 1957.

Dhrymes, P. J., Small Sample and Asymptotic Relations Between Maximum Likelihood and Three-Stage Least Squares, *Econometrica*, Vol. 41, 1973.

Haavelmo, T., The Statistical Implications of a System of Simultaneous Equations, *Econometrica*, Vol. 11, 1943.

Koopmans, T. C. and O. Reiers, The Identification of Structural Characteristics, *Annals of Mathematical Statistics*, Vol. 21, 1950.

Ronald G. Bodkin, Lawrence R. Klein, Kanta Marwah, Edward Elger Publishing Limited, *A History of Macroeconometric Model Building*, 1991.

Sargan, J. D., On the Estimation of Economic Relationships by Means of Instrumental Variables, *Econometrica*, Vol. 26, 1958.

Zellner, A. and H. Theil, Three-Stage Least Squares: Simultaneous Estimation of Simultaneous Equations, *Econometrica*, Vol. 30, 1962.

(李南成)

工具变量
Instrumental Variable

工具变量(IV)是在模型估计过程中用以替代模型中与随机误差项相关的内生解释变量的变量。如果模型的解释变量存在内生性,解释变量与随机误差项不相关的假设一般不再成立,从而用普通最小二乘法(OLS)得到的参数估计量将是有偏的且不具有一致性。此时,采用工具变量方法进行参数估计可得到模型参数的一致估计量。

工具变量方法最早于 1928 年提出,伍里特(Wright)采用工具变量估计了黄油和亚麻籽的需求和供给弹性,但该工作并没有得到学术界的重视(Goldberger,1972)。工具变量法的快速发展主要始于 20 世纪 40 年代。哈维尔莫(Haavelmo,1944)和考尔斯委员会(Cowles Commission)对结构方程的研究为模型识别和工具变量的使用创造了条件。雷尔斯勒(Reiersl,1945)采用工具变量解决含误差变量的问题。巴斯曼(Basmann,1957)和瑟尔(Theil,1958)提出两阶段最小二乘法,有效解决了单方程中多个工具变量问题。萨根(Sargan,1958)在联立方程系统中引用工具变量法。

在线性回归模型中,工具变量的选择需满足以下四个条件:工具变量与内生解释变量高度相关;工具变量是外生的,且与扰动项不相关;工具变量与模型中的其他外生解释变量不相关;多个工具变量之间不相关。一个重要的概念是,工具变量方法没有改变模型,即工具变量并没有替代模型中的解释变量,而只是在参数估计过程中被作为"工具"使用。

对于多元线性回归模型 $\mathbf{Y}=\mathbf{X}\boldsymbol{\beta}+\boldsymbol{\mu}$,其中 **X** 为解释变量矩阵。**Z** 为工具变量矩阵。如果 **X** 中存在 i 个与随机误差项相关的内生变量 $\mathbf{X}^1$ 和$(k-i)$个不相关的外生变量 $\mathbf{X}^2$,此时 $\mathbf{X}^1$ 需要选择新的工具变量,而

$\mathbf{X}^2$ 则为自身最好的工具变量，即有 $\mathbf{X}=[\mathbf{X}^1 \quad \mathbf{X}^2]$，$\mathbf{Z}=[\mathbf{Z}^1 \quad \mathbf{X}^2]$。若工具变量的数目等于原模型中解释变量的数目，称工具变量估计量是恰好识别的，参数的工具变量估计量为：$\hat{\boldsymbol{\beta}}_{IV}=(\mathbf{Z}'\mathbf{X})^{-1}\mathbf{Z}'\mathbf{Y}$；如果工具变量的数目大于原模型中解释变量的数目，称工具变量估计量是过度识别的，此时，参数估计需采用两阶段最小二乘法（Two－Stage Least Squares，2SLS），估计结果为：$\hat{\boldsymbol{\beta}}_{2SLS}=(\hat{\mathbf{X}}'\mathbf{X})^{-1}\hat{\mathbf{X}}'\mathbf{Y}$，其中 $\hat{\mathbf{X}}=\mathbf{Z}(\mathbf{Z}'\mathbf{Z})^{-1}\mathbf{Z}'\mathbf{X}$。两阶段最小二乘法相当于开展了两次最小二乘估计：第一次是内生解释变量对工具变量 $\mathbf{Z}$ 的估计 $\mathbf{X}_j=\mathbf{Z}\boldsymbol{\delta}_j+\boldsymbol{\varepsilon}_j$，估计结果为 $\hat{\mathbf{X}}_j=\mathbf{Z}\hat{\boldsymbol{\delta}}_j=\mathbf{Z}(\mathbf{Z}'\mathbf{Z})^{-1}\mathbf{Z}'\mathbf{X}_j$，即有 $\hat{\mathbf{X}}=\mathbf{Z}(\mathbf{Z}'\mathbf{Z})^{-1}\mathbf{Z}'\mathbf{X}$；第二次是被解释变量 $\mathbf{Y}$ 对 $\hat{\mathbf{X}}$ 的估计 $\mathbf{Y}=\hat{\mathbf{X}}\boldsymbol{\beta}+\boldsymbol{\mu}$，估计结果为 $\hat{\boldsymbol{\beta}}=(\hat{\mathbf{X}}'\mathbf{X})^{-1}\hat{\mathbf{X}}'\mathbf{Y}$。因此，两阶段最小二乘估计量也是工具变量估计量，工具变量为 $\hat{\mathbf{X}}$。

与最小二乘估计量相比，工具变量估计量和两阶段最小二乘估计量在大样本情况下都具有一致性。但若选择的工具变量和解释变量相关程度较低，工具变量估计量和两阶段最小二乘估计量都将产生较大的标准误，即所谓的弱工具（Weak Instruments）问题。此外，弱工具还会增加工具变量估计量的有偏。为了判断选择的工具变量是否是弱工具，斯托格等（Staiger et al.，1997）建议将内生变量对外生解释变量 $\mathbf{X}^2$ 和工具变量 $\mathbf{Z}^1$ 做回归分析，并采用 $\mathbf{F}$ 统计量检验工具变量的显著性（原假设为 $\mathbf{Z}^1$ 对应的系数都为 0）。如果所得 F 统计量较小，则认为选择的工具变量和内生变量没有显著的相关性。

另外，还需要说明的是工具变量和随机误差项的不相关性检验问题。由于随机误差项无法观测，工具变量与随机误差项是否相关不能被统计检验。从理论上讲，由于内生解释变量与随机误差项相关，才需要工具变量，而又要求选择的工具变量与内生解释变量高度相关，那么，要求工具变量和随机误差项之间完全不相关是不可能的，只能说它们的相关性程度相对较低。当一个内生解释变量可以有多个工具变量时，可以检验工具变量中的一部分是否与随机误差项相关，即对 2SLS 中所有的过度约束进行检验（Over-Identification Test）。

参考文献：

Angrist，J. and A. Krueger，Instrumental Variables and the Search for Identification：From Supply and Demand to Natural Experiments，*Journal of Economic Perspectives*，Vol. 15，No. 4，2001.

Christopher F. Baum，Mark E. Schaer & Steven Stillman，Instrumental Variables and GMM：Estimation and Testing，http://fmwww. bc. edu/ec-p/WP545. pdf.

Kurt Schmidheiny，Instrumental Variables，2011，http://kurt. schmidheiny. name/teaching/iv2up. pdf.

Måns Söderbom，Instrumental Variables，2SLS and GMM，2009，http://www. soderbom. net/lec2n_final. pdf.

Murray，Michael P.，Avoiding Invalid Instruments and Coping with Weak Instruments，*Journal of Economic Perspectives*，Vol. 20，No. 4，2006.

Nelson，C. R. and R. Startz，Some Further Results on the Small Sample Properties of the Instrumental Variable Estimator，*Econometrica*，Vol. 58，No. 4，1990.

Stock，J. H.，Instrumental Variables in Statistics and Econometrics，*in International Encyclopedia of the Social and Behavioral Sciences*，New York：Elsevier Science Ltd. 2001.

Stock，J.，J. Wright and M. Yogo，A Survey of Weak Instruments and Weak Identification in Generalized Method of Moments，*Journal of the American Statistical Association*，Vol. 20，No. 4，2002.

（朱波　杭斌）

虚拟变量
Dummy Variable

计量经济学模型中，作为解释变量的除了可以定量测度的经济变量以外，还有一些对被解释变量具有显著影响的定性变量，例如职业、性别对收入的影响，战争、自然灾害对国内生产总值的影响，季节对某些产品销售额的影响等等。为了在模型中能够反映这些因素的影响，以提高模型的解释能力，需要将它们“量化”，这种“量化”通常是通过引入虚拟变量来完成的。虚拟变量（也称哑变量）是用一个取值为 0 和 1 的变量来表示定性变量中的属性类别，1 表示出现该属性，0 表示没有出现该属性。虚拟变量也被称为设计变量（Design Variables）和代理变量（Proxy Variables）等。

采用虚拟变量可有效地衡量不同属性类别对应回归参数的差异性。以加法方式引入虚拟变量可以反映不同类别对应截距的不同，即将虚拟变量当作解释变量直接引入模型；$Y_i=\alpha+\delta D_i+\beta X_i+\mu_i$，其中 D 为虚拟变量。以乘法方式引入虚拟变量可以反映不同类别对应斜率的不同，即引入虚拟变量和解释变量的变更乘积项 DX：$Y_i=\alpha+\beta X_i+\gamma D_i X_i+\mu_i$。如果不同属性类别对应的截距项和斜率项都是有差异的，可在回归模型中同时引入虚拟变量的加法方式和乘法方式，即：$Y_i=\alpha+\delta D_i+\beta X_i+\gamma D_i X_i+\mu_i$。对于这两个类别，有总体回归函数如下：

$$E(Y_i)=\begin{cases}(\alpha+\delta)+(\beta+\gamma)X_i & D_i=1\\ \alpha+\beta X_i & D_i=0\end{cases}$$

由此可见，δ 和 γ 分别表示不同类别在截距和斜率上的差异。

在回归分析时，用虚拟变量来表征不同类别的一般原则是：如果定性变量包含 m 个类别，则需构建 m－1 个虚拟变量，省略的那个类别可视为参照组。虽然从数学角度省略哪个类别作为参照组都不会对结果造成影响，但这种选择有时是根据事先考虑做出的。如果构建 m 个虚拟变量，则会陷入虚拟变量陷阱（Dummy Variable Trap），即产生了完全的多重共线性。在没有截距项的模型中，对于包含 m 个类别的定性因素，构建 m 个虚拟变量虽不会产生虚拟变量陷阱，但此时检验截距的差值将变得更困难，而且没有截距项时怎样计算 R^2 也没有一个一致同意的方法，所以该方法很少人使用。

如果模型中包含不止一个定性变量，利用虚拟变量还可以研究定性变量对被解释变量的交互影响。例如，解释变量中包含性别（男，女）和婚姻状况（已婚，未婚）两个因素，构建虚拟变量如下：

$$D_1 = \begin{cases} 1 & \text{男性} \\ 0 & \text{女性} \end{cases}, D_2 = \begin{cases} 1 & \text{已婚} \\ 0 & \text{未婚} \end{cases}$$

如果考虑定性变量 D_1 和 D_2 之间有交互作用，则它们对被解释变量均值的影响不是简单可加的，此时可以加法方式引进两个虚拟变量的交互乘积项 D_1D_2，构建模型如下：

$$Y_i = \alpha + \delta_1 D_{1i} + \delta_2 D_{2i} + \gamma(D_{1i} \times D_{2i}) + \beta X_i + \mu_i$$

其中，γ 反映了性别和婚姻的交互影响，如果 γ 在统计上是显著的，两种属性同时发生将冲淡或加强这些属性的个别效应。

对于定序定性变量，如果所分等级不多，也可根据虚拟变量数目比分类数少 1 个的原则引进虚拟变量。例如，考虑教育背景（大学以下，大学，大学以上）因素对居民消费的影响，可构建 2 个虚拟变量：

$$D_1 = \begin{cases} 1 & \text{大学} \\ 0 & \text{其他} \end{cases}, D_2 = \begin{cases} 1 & \text{大学以上} \\ 0 & \text{其他} \end{cases}$$

如果定序定性变量所分等级过多，则很难对每个水平都设置一个虚拟变量。此时，可将定序变量分为几个类别，再构建虚拟变量。

另外，虚拟变量不仅可以代表质的因素，还可以代表数量因素。在经济关系中常有这样的现象：当解释变量 X 的值达到某一水平 X^* 之前，与被解释变量 Y 存在某种线性关系；当解释变量 X 的值达到某一水平 X^* 之后，与被解释变量 Y 的关系就会发生变化。这就是所谓的分段线性回归（Piecewise Linear Regression）。此时，可设定虚拟变量：$D = \begin{cases} 1 & X \geqslant X^* \\ 0 & X < X^* \end{cases}$，构建包含门槛水平 X^* 的分段线性回归模型：$Y_i = \alpha + \beta X_i + \gamma(X_i - X^*)D_i + \mu_i$。于是，有两个不同阶段的回归函数：

$$E(Y_i) = \begin{cases} (\alpha - \gamma X^*) + (\beta + \gamma)X_i & D = 1 \\ \alpha + \beta X_i & D = 0 \end{cases}$$

显然，虚拟变量方法可有效地实现分段回归，其中两阶段的截距分别为 α 和 $(\alpha - \gamma X^*)$，斜率分别为 β 和 $(\beta + \gamma)$。实际应用中，如果分为 K 个阶段时，则需构建 K－1 个虚拟变量。

特别需要指出的是，在应用虚拟变量技术时，应检验模型是否出现异方差。如存在严重的异方差性，虚拟变量就是不实用的。以变截距变斜率模型为例：

$$Y = \begin{cases} (\alpha + \delta) + (\beta + \gamma)X + \mu_1 & D = 1 \\ \alpha + \beta X + \mu_2 & D = 0 \end{cases}$$

令 $var(\mu_1) = \sigma_1^2$，$var(\mu_2) = \sigma_2^2$。此时，如果 σ_1^2 和 σ_2^2 相差很大，即使 δ 和 γ 在统计上不显著，在估计模型 $Y_i = \alpha + \delta D_i + \beta X_i + \gamma D_i X_i + \mu_i$ 时，虚拟变量系数的估计结果也可能是显著的。反之，若 δ 和 γ 显著不为零，虚拟变量回归模型也往往会给出相反的结论（Maddala，1992）。

参考文献：

Keith M. Bower, On the Use of Indicator Variables in Regression Analysis, *International Society of Six Sigma Professionals: EXTRA Ordinary Sense* 2, No. 6, 2001.

Maddala, G. S., *Introduction to Econometrics*, Macmillan Pub. Co., 1992.

Susan Garavaglia & Asha Sharma, A Smart Guide to Dummy Variables: Four Applications and a Macro, *Proceedings of NESUG*, 1998.

Suits, Daniel B., Use of Dummy Variables in Regression Equations, *Journal of the American Statistical Association*, Vol. 52, No. 280, 1957.

（朱波　杭斌）

单位根检验
Unit Root Test

单位根检验是对时间序列的平稳性进行统计检验的一类方法的统称，它是通过检验时间序列是否含有单位根来实现的。单位根是指生成时间序列的自回归移动平均（ARMA）过程的特征方程中数值为 1 的特征根。如果一个时间序列含有单位根，那么该序列就是非平稳序列，生成该序列的随机过程是一单位根过程。单位根过程被称为单整（Integrated）过程（也被译为单积过程或者和分过程）。如果一个时间序列经过一次差分变成平稳的，就称原序列是一阶单整（Integrated of 1）序列，记为 I(1)。一般地，如果一个时间序列经过 d 次差分后变成平稳序列，则称原序列是 d 阶单整（Integrated of d）序列，记为 I(d)。显然，I(0) 代表一平稳时间序列。

时间序列的平稳性是时间序列分析中的一个重要概念。以时间序列为样本的经典计量经济学模型是以平稳时间序列为条件的，但是，大多数实际经济时间序列是非平稳的，于是时间序列平稳性的单位根检验成为现代时间序列分析的一个重要组成部分。已经发展了多种单位根检验方法，最常用的方法是DF检验（Dickey-Fuller检验）以及ADF检验（Augment Dickey-Fuller检验），此外，PP检验（Phillips-Perron检验）、ERS检验（Elliott-Rothenberg-Stock检验）、KPSS检验（Kwiatkowski-Phillips-Schmidt-Shin检验）、NP检验（Ng-Perron检验）等，都有较好的应用价值。

DF检验是迪基和富勒（Dickey and Fuller，1976）最先提出的检验时间序列是否存在单位根的方法。对于随机游走模型 $y_t = \rho y_{t-1} + \varepsilon_t$（$\varepsilon_t$ 为白噪声过程），0假设和备择假设分别为 $H_0: \rho = 1$ 和 $H_1: \rho < 1$，如果经检验不拒绝 $\rho = 1$，则序列 y_t 就是一个非平稳序列。为了与常用的检验回归系数是否为0的显著性检验（t检验）相一致，变换随机游走模型为 $\Delta y_t = \alpha y_{t-1} + \varepsilon_t$，式中 $\alpha = \rho - 1$，于是检验变量 y_t 是否具有单位根的原假设和备择假设就可分别写为：$H_0: \alpha = 0$，$H_1: \alpha < 0$，如果经检验不拒绝 $\alpha = 0$，则序列 y_t 就是一个非平稳序列。这样，DF检验可以通过OLS法下的t检验思路来完成。考虑到随机游走过程所生成的时间序列可能表现出明显的持续上升或下降的趋势，因此设定如下三种辅助回归模型：

$$y_t = \rho y_{t-1} + \varepsilon_t, y_t = \mu + \rho y_{t-1} + \varepsilon_t,$$
$$y_t = \mu + \delta t + \rho y_{t-1} + \varepsilon_t \tag{1}$$

其等价的三种检验模型为：

$$\Delta y_t = \alpha y_{t-1} + \varepsilon_t, \Delta y_t = \mu + \alpha y_{t-1} + \varepsilon_t,$$
$$\Delta y_t = h + \delta t + \alpha y_{t-1} + \varepsilon_t \tag{2}$$

但是研究发现，在零假设（序列非平稳）下，即使在大样本下t统计量也是有偏误的（向下偏倚），通常的t分布表无法使用。迪基和富勒采用Monte Carlo模拟的方法编制出了这一情形下t统计量服从的分布（这时的t统计量也称为τ统计量，相应的分布称为DF分布）。而且，在对(2)中三个模型进行检验时，有各自相应的临界值表。

ADF检验是DF检验的扩展。标准的DF检验假设序列的真实生成过程为简单的随机游走过程，如果序列的真实生成过程具有高阶移动平均项，那么使用模型(1)或(2)所估计得出的残差序列就会存在序列相关。为了消除残差序列中的序列相关，可以在各个模型中添加序列一阶差分的滞后项 Δy_{t-i}，也就是使用高阶自回归过程来近似表示数据生成过程，从而将检验模型扩展为：

$$\Delta y_t = \alpha y_{t-1} + \sum_{i=1}^{p} \beta_i \Delta y_{t-i} + \varepsilon_t \tag{3}$$

$$\Delta y_t = \mu + \alpha y_{t-1} + \sum_{i=1}^{p} \beta_i \Delta y_{t-i} + \varepsilon_t \tag{4}$$

$$\Delta y_t = \mu + \delta t + \alpha y_{t-1} + \sum_{i=1}^{p} \beta_i \Delta y_{t-i} + \varepsilon_t \tag{5}$$

使用辅助回归模型(3)～(5)式进行单位根检验，称为ADF检验，其检验原假设 $\alpha = 0$ 的t统计量的临界值以及联合检验的F统计量的临界值与标准Dickey-Fuller检验中的临界值完全相同。使用ADF单位根检验，辅助回归模型中差分变量滞后阶数p的设定是一个重要的实际问题。如果设定的滞后阶数p太小，那么辅助回归模型的残差序列中余留的序列相关将会使得检验统计量产生偏误；反之，如果设定的滞后阶数p太大，那么将会影响检验的功效。塞德和迪基（Said and Dickey，1984）、尼格和佩龙（Ng and Perron，1995）、施威特（Schwert，1989）分别提出了一些准则和经验规则。在实际进行ADF检验时，经常采用拉格朗日乘子检验（LM检验）事先确定滞后阶数。

ADF检验和DF检验的辅助回归模型都有三个，实际检验中究竟选择哪一个，对检验的结果影响很大。如果数据生成过程含有漂移项和趋势项，但检验的辅助回归中遗漏了这两项，则将会导致 α 估计值有偏，使单位根检验的实际水平偏离其名义水平，产生检验水平的扭曲；反过来，如果数据生成过程不含有漂移项和趋势项，但辅助回归中包含了这两项，则将会导致检验功效的降低，产生不能拒绝单位根假设的错误。鉴于此，多拉多等（Dolado et al.，1990）提出了一个在数据生成过程完全未知的情况下使用ADF方法检验单位根的序贯程序。即从模型(5)开始，然后模型(4)、模型(3)。何时检验拒绝零假设，即原序列不存在单位根，为平稳序列，何时停止检验。否则，就要继续检验，直到检验完模型(3)为止。如果出现矛盾现象，例如对于模型(5)，α 等于0的原假设不能被拒绝，而趋势项又是显著的，那么就用标准正态分布对 α 是否为0的原假设再进行检验。

PP检验是由菲利普斯和佩龙（Phillips and Perron，1988）提出的单位根检验方法。对于使用标准DF检验辅助回归残差序列中存在序列相关的问题，他们提出了另一种解决方法，不是在辅助回归中添加额外的变量以消除残差中的序列相关，以避免自由度损失降低检验效力，而是通过对标准DF检验统计量的非参数修正，即直接采用Newey-West一致估计式作为调整因子，修正一阶自回归模型得出的统计量，来消除序列相关对检验统计量的渐近分布的影响。

ERS检验是由埃利奥特等（Elliott、Rothenberg and Stock，1996）提出的退势检验方法。虽然DF检验和PP检验都很简便，但二者的检验统计量的分布都依赖于截距和趋势参数是否存在。ERS检验方法的基本思路是：对于包含确定性趋势的时间序列，首先进行去势处理；然后对去势后的序列进行ADF检验。在检验过程中采用GLS而不是OLS估计检验模型，模拟试验证明具有更良好的性质。埃利奥特等给出了点最优检验统计量，并用模拟方法给出了该检验统计量的临界值。

KPSS 检验不同于前述各种单位根检验，克沃特克威斯基等（Kwiatkowski et al. ,1992）提出将时间序列具有平稳性作为原假设，而将具有单位根作为备择假设，然后对所考察的时间序列进行是否平稳的检验。他们给出了检验的 LM 统计量的极限分布，并分别给出了水平平稳和趋势平稳零假设下各自 LM 统计量的临界值。

NP 检验是尼格和佩龙（Ng and Perron,1996,2001）对 PP 检验统计量以及 ERS 检验统计量进行修正，而提出的单位根检验。当误差过程的根接近于单位圆时，通常使用的多种单位根检验方法都会产生实际检验水平的扭曲。鉴于这一点，尼格和佩龙提出了修正的检验统计量，通过数值模拟方法计算得出统计量的极限分布的临界值。

参考文献：

Dickey, D. A. and W. A. Fuller, Likelihood Ratio Statistics for Autoregressive Time Series with a Unit Root, *Econometrica*, Vol. 49, 1981.

Dolado, J. , Jenkinson, T. and S. Sosvilla-Rivero, Cointegration and Unit Roots, *Journal of Economic Survey* Vol. 4. , No. 3, 1990.

Elliott, G. , Rothenberg, T. and J. H. Stock, Efficient Tests for an Autoregressive Unit Root, *Econometrica*, Vol. 4, No. 4, 1996.

Kwiatkowski, D. , Phillips, P. C. B. , Schmidt, P. and Y. Shin, Testing the Null Hypothesis of Stationarity Against the Alternative of a Unit Root. How Sure Are We that Economic Time Series Have a Unit Root? *Journal of Econometrics*, Vol. 54, 1992.

Newey, W. K. and K. D. West, A Simple Positive Definite Heteroskedasticity and Autocorrelation Consistent Covariance Matrix, *Econometrica*. Vol. 55, 1987.

Ng, S. and P. Perron, Lag Length Selection and the Construction of Unit Root Tests with Good Size and Power, *Econometrica*, Vol. 69, No. 6, 2001.

Perron, P. and S. Ng, Useful Modifications to Some Unit Root Tests with Dependent Errors and their Local Asymptotic Properties, *Review of Economic Studies*, Vol. 63, 1996.

Phillips, P. C. B. and P. Perron, Testing For a Unit Root in a Time Series Regression, *Biometrica*, Vol. 75, 1988.

Said, S. E. and D. Dickey, Testing for Unit Roots in Autoregressive Moving-Average Models with Unknown Order, *Biometrica*, Vol. 71, 1984.

Schwert, G. W. , Tests for Unit Roots: A Monte Carlo Investigation, *Journal of Business and Economic Statistics*, Vol. 7, 1989.

（雷钦礼）

协整分析
Cointegration Analysis

协整（也译为协积或协和）分析是关于两个或多个非平稳时间序列的线性组合能否构成平稳时间序列的统计分析方法。许多经济时间序列都是非平稳序列，使用传统的方法估计非平稳序列的回归模型，很可能出现虚假回归（Granger and Newbold,1974）。然而，如果所考察的非平稳序列之间存在一个线性组合是平稳序列，那么其回归模型就可能描述了这些序列变量之间的长期均衡关系。所以，协整分析成为现代时间序列分析的一个重要组成部分。一般地，协整概念定义为：对于向量 $y'_t=(y_{1t},y_{2t},\cdots,y_{nt})$，如果其中的每个变量都是 I(d)，并且存在一个非零向量 $\boldsymbol{\beta}$，使得这些变量的线性组合 $\boldsymbol{\beta}'\mathbf{y}_t \sim I(d-b)$，其中 $b>0$，则称向量 y_t 的各分量是(d,b)阶协整，表示为 $y_t \sim CI(d,b)$，并称 $\boldsymbol{\beta}$ 为协整向量。实践中常见的非平稳序列大多都是 I(1)序列，所以通常所指的协整都是 $d=b=1$，即 CI(1,1)的情形。协整检验是协整分析的基本内容，目前已提出的方法已有多种，而实践中最常用的是基于单方程的 E-G（Engle-Granger）方法和基于方程组系统的 J-J（Johansen-Juselius）方法。

E-G 方法是基于协整的定义，通常被称为 E-G 两步法。假设变量 y_t 和 $x_{1t},x_{2t},\cdots,x_{kt}$ 都是存在一个单位根的 I(1)序列，如果存在协整关系，则根据定义就可列出一个协整方程式为：

$$y_t=\beta_0+\beta_1x_{1t}+\beta_2x_{2t}+\cdots+\beta_kx_{kt}+\varepsilon_t \qquad (1)$$

式中的随机误差 ε_t 也是变量 y_t 与其长期均衡值 $\beta_0+\beta_1x_{1t}+\beta_2x_{2t}+\cdots+\beta_kx_{kt}$ 之间的误差，称为非均衡误差。E-G 检验的步骤是，首先用普通最小二乘法估计线性回归模型(1)，并计算出非均衡误差的估计值序列 $\hat{\varepsilon}_t$，然后用类似 ADF 或者其他单位根检验方法检验序列 $\hat{\varepsilon}_t$ 是否存在单位根，即构建残差序列的辅助回归方程：

$$\Delta\hat{\varepsilon}_t=\alpha\hat{\varepsilon}_{t-1}+\phi_1\Delta\hat{\varepsilon}_{t-1}+\phi_2\Delta\hat{\varepsilon}_{t-2}+\cdots+\phi_{p-1}\Delta\hat{\varepsilon}_{t-p+1}+v_t \qquad (2)$$

并检验 $\alpha=0$ 的零假设，如果拒绝此零假设，那么就表明残差序列 $\hat{\varepsilon}_t$ 是平稳的，从而就可以认定变量 y_t 和 $x_{1t},x_{2t},\cdots,x_{kt}$ 存在协整关系。需要指出，虽然这里检验残差序列 $\hat{\varepsilon}_t$ 是否存在单位根的方法与通常的 ADF 单位根检验方法类似，但由于协整回归的残差序列 $\hat{\varepsilon}_t$ 并不是真正的非均衡误差序列 ε_t，回归估计中使用的最小二乘法令残差平方和最小，将使残差序列比真正的非均衡误差序列平缓，波动小，从而导致辅助回归模型(2)中系数 α 的估计值向下偏倚,因此对协整回归残差序列 $\hat{\varepsilon}_t$ 进行单位根检验的临界值不能使用通常的ADF单位根检验的临界值。恩格尔和格兰杰(Engle and Granger,1987)用Monte Carlo模拟方法给出该检验统计量的临界值。当变量之间存在一个协整关系时,尽管使用普通最小二乘法所得到的协整方程的回归系数估计量是"超一致"的,但对于有限样本来说却是有偏的。萨克奥勒(Saikkonen,1991)、菲利普斯等(Phillips and Laretan,1991)等曾提出在协整方程中添加解释变量差分的超前和滞后项以校正此偏差,而菲利普斯和汉森(Phillips and Hansen,1990)则提出使用完全修正的OLS估计来校正此估计偏差。

E-G检验方法只适用于变量间可能存在一个协整关系的情形。如果变量间可能存在多个协整关系,则可使用约汉森(Johansen,1988)和朱塞柳斯(Juselius,1990)的系统方法进行估计和检验。对于由n个非平稳I(1)变量 $y_{1t}, y_{2t}, \cdots, y_{nt}$ 组成的向量 y_t,根据是否含有确定性成分,可以表示为不含或含有常数项和趋势项的向量自回归形式。只含有常数项的向量自回归模型为:

$$\mathbf{y_t} = \boldsymbol{\mu} + \boldsymbol{\Phi}_1 \mathbf{y}_{t-1} + \boldsymbol{\Phi}_2 \mathbf{y}_{t-2} + \cdots + \boldsymbol{\Phi}_p \mathbf{y}_{t-p} + \boldsymbol{\varepsilon}_t \quad (3)$$

经过变换,又可以将其表示成误差修正形式:

$$\Delta y_t = \prod \mathbf{y}_{t-1} + \boldsymbol{\Gamma}_1 \Delta \mathbf{y}_{t-1} + \boldsymbol{\Gamma}_2 \Delta \mathbf{y}_{t-2} + \cdots + \boldsymbol{\Gamma}_{p-1} \Delta \mathbf{y}_{t-p+1} + \boldsymbol{\mu} + \boldsymbol{\varepsilon}_t \quad (4)$$

其中,$\prod = -(\mathbf{I_n} - \boldsymbol{\Phi}_1 - \boldsymbol{\Phi}_2 - \cdots - \boldsymbol{\Phi}_p)$,$\boldsymbol{\Gamma}_i = -(\boldsymbol{\Phi}_{i+1} + \boldsymbol{\Phi}_{i+2} + \cdots + \boldsymbol{\Phi}_p)$,$i = 1, 2, \cdots, p-1$。根据Granger表述定理,如果向量 $\mathbf{y_t}$ 的各分量之间存在 $r < n$ 个协整关系,则系数矩阵 $\prod$ 的秩为r,并且存在两个 $n \times r$ 矩阵 $\boldsymbol{\alpha}$ 和 $\boldsymbol{\beta}$,使得:$\prod = \boldsymbol{\alpha\beta}'$,其中,$\boldsymbol{\beta}'$ 为r个协整向量组成的矩阵,$\boldsymbol{\beta}'\mathbf{y}_{t-1}$ 为均衡误差向量,$\boldsymbol{\alpha}$ 则为误差调整系数矩阵。由此可见,要检验向量 $\mathbf{y_t}$ 的各分量之间是否存在协整以及协整关系的个数,只要检验矩阵 $\prod$ 的秩即可。如果矩阵 Π 的秩为0,则向量 $\mathbf{y_t}$ 不存在协整;如果矩阵 $\prod$ 的秩为n,即矩阵 $\prod$ 满秩,则 $\mathbf{y_t}$ 为平稳向量,也不存在协整;只有当矩阵 $\prod$ 是降秩时,向量 $\mathbf{y_t}$ 的各分量之间才存在CI(1,1)的协整关系。如果矩阵 $\prod$ 的秩为 $r<n$,则向量 $\mathbf{y_t}$ 的各分量之间存在r个协整关系。为了检验向量 $\mathbf{y_t}$ 是否存在 $r = k < n$ 个协整关系,可以使用似然比方法进行检验。通常,对于所要检验的零假设 $H_0: r = k < n$,备择假设可有两种设定方法,一种是设定备择假设为 $H_1: r = n$,检验的似然比统计量为:

$$\lambda_{trace}(k) = -T\left[\sum_{i=k+1}^{n} \log(1 - \lambda_i)\right] \quad (5)$$

称为迹统计量;另一种备择假设为 $H_1: r = k+1$,检验的似然比统计量为:

$$\lambda_{max}(k) = -T\log(1 - \lambda_{k+1}) \quad (6)$$

这称为最大特征根统计量。迹统计量 $\lambda_{trace}(k)$ 和最大特征根 $\lambda_{max}(k)$ 的渐近分布依赖于随机趋势的个数 $(n-r)$,以及误差修正模型中是否含有常数项和趋势项及其约束状况,各种情形下的检验临界值已由约汉森等(Johansen and Juselius,1990)用Monte Carlo模拟方法得出,并得到进一步拓展(Osterwald-Lemun,1992;MacKinnon et al.,1999)。如果检验统计量的值大于临界值,就要拒绝零假设。

协整检验是统计检验,能否将通过协整检验的协整回归方程认定为长期均衡方程?这是一个值得讨论的问题。李子奈等(2012)认为,协整方程不一定是均衡方程。它们之间至少存在以下差异:第一,协整方程具有统计意义,而均衡方程具有经济意义。时间序列之间在经济上存在均衡关系,在统计上一定存在协整关系;反之,在统计上存在协整关系的时间序列之间,在经济上并不一定存在均衡关系。协整关系是均衡关系的必要条件,而不是充分条件。第二,均衡方程中应该包含均衡系统中的所有时间序列,而协整方程中可以只包含其中的一部分时间序列。第三,协整关系只要求随机项是平稳的,而均衡方程要求随机项是白噪声。所以,不能由协整关系导出均衡关系,只能用协整关系检验均衡关系。

参考文献:

Engle, R. F. and C. W. J. Granger, Co-integration and Error Correction: Representation, Estimation, and Testing, *Econometrica*, Vol. 55, 1987.

Granger, C. W. J. and P. Newbold, Spurious Regressions in Econometrics, *Journal of Econometrics*, Vol. 2, 1974.

Johansen, S., Statistical Analysis of Cointegration Vectors, *Journal of Economic Dynamics and Control*, Vol. 12, 1988.

Johansen, S. and K. Juselius, Maximum Likelihood Estimation and Inference on Cointegration—with Applications to the Demand for Money, *Oxford Bulletin of Economics and Statistics*, Vol. 52, 1990.

Phillips, P. C. B. and B. E. Hansen, Statistical Inference in Instrumental Variable Regression with I(1) Processes, *Review of Economic Studies*, Vol. 57, 1990.

Phillips, P. C. B. and M. Loretan, Estimating Long-Run Economic Equilibria, *Review of Economic Studies*, Vol. 58, 1991.

Saikkonen, P., Asymptotically Efficient Estimation of Cointegration Regressions, *Econometric Theory*, Vol. 7, 1991.

李子奈、叶阿忠:《高级应用计量经济学》,清华大学出版社 2012 年版。

(雷钦礼)

误差修正模型
Error Correction Model

误差修正模型(简称为 ECM)是用来研究经济时间序列(变量)之间关系,具有特定形式的计量经济学模型。其表现形式是描述变量之间的短期关系,但引入了长期非均衡误差,体现了长期均衡关系对短期关系的制约,是一类具有明确经济意义的具有广泛应用价值的时间序列模型。误差修正模型的思想最初是在研究稳定政策的反馈控制机制时引入经济分析;萨甘(Sargan,1964)用误差修正模型去估计残差自相关的结构方程;戴维森等(Davidson et al.,1978)提出误差修正模型的数学形式,又称为 DHSY 模型;亨德利(Hendry,1979)在一系列论文中扩展了误差修正模型在计量经济学中的应用。恩格尔和格兰杰(Engel and Granger,1987)提出了具有里程碑意义的格兰杰表述定理(Granger Representation Theorem),又称协整表述定理,把 ECM 与协整理论相整合,将向量自回归(VAR)转换为协整关系(在协整存在时),然后基于协整派生出 ECM。

对于不满足动态稳定性假设的时间序列来说,需要先将序列进行平稳化,才可以建立经典的回归分析模型。按照传统方法,任何不平稳的时间序列都可通过取差分(一阶或高阶)而化为平稳序列。建立被解释变量 y_t 与解释变量 x_t 之间的回归模型:

$$y_t = \beta_0 + \beta_1 x_t + \mu_t \qquad (1)$$

如果模型中的变量 y_t 与 x_t 都是一阶单整(I(1))序列,取它们的一阶差分,使 Δy_t 与 Δx_t 成为平稳序列,建立差分回归模型:

$$\Delta y_t = \beta_1 \Delta x_t + v_t \qquad (2)$$

其中,$v_t = \mu_t - \mu_{t-1}$,就可按照通常的方法进行统计推断。然而,这种做法会导致如下问题:首先,如果 y_t 与 x_t 之间存在长期稳定的均衡关系,且模型(1)的随机误差项不存在序列相关,但模型(2)的误差项是一阶移动平均时间序列,因而是序列相关的。其次,差分回归模型(2)只能解释 y_t 与 x_t 之间的短期关系,而无法揭示它们之间的长期关系,从长期均衡的观点看,y 在第 t 期的变化不仅取决于 x 本身的变化,还取决于 x 与 y 在 t-1 期的不平衡程度。模型(2)虽然解决了统计方法问题,但是关于变量水平值的重要信息被忽略了,带来经济分析上的缺陷。最后,使用差分变量往往不能得到令人满意的回归方程。例如,使用 Δy_t 与 Δx_t 回归时,通常会得到如下形式的回归方程:

$$\Delta y_t = \hat{\gamma}_0 + \hat{\beta}_1 \Delta x_t + \hat{v}_t \qquad (3)$$

其中,$\hat{\gamma}_0 \neq 0$。也就是说,实际的应用研究很少能得到形如(2)式的回归方程,方程(3)不是方程(1)的差分形式。可见,简单的差分不能解决非平稳时间序列所遇到的全部问题。

假设两个 I(1)变量 y_t 与 x_t 的长期均衡关系如方程(1),而现实经济观测到的只是 y_t 与 x_t 间的短期的或非均衡的关系,假设短期非均衡模型具有 ARDL(1,1)形式:

$$y_t = \alpha_0 + \alpha_1 x_t + \alpha_2 x_{t-1} + \mu y_{t-1} + \varepsilon_t \qquad (4)$$

该模型显示 y_t 不仅与 x_t 有关,而且还与 t-1 期的 y 和 x 的状态值有关。对方程(4)适当变形得:

$$\Delta y_t = \alpha_1 \Delta x_t - \lambda\left(y_{t-1} - \frac{\alpha_0}{\lambda} - \frac{\alpha_1 + \alpha_2}{\lambda} x_{t-1}\right) + \varepsilon_t \qquad (5)$$

将方程(5)等式右边第二个括号内的部分与方程(1)的形式相对应,对应的参数有 $\beta_0 = \frac{\alpha_0}{\lambda}$,$\beta_1 = \frac{(\alpha_1 + \alpha_2)}{\lambda}$,其中 $\lambda = 1 - \mu$。该括号内的项就是 t-1 期的非均衡误差项。方程(5)即是 ARDL(1,1)模型的误差修正模型的表述。该模型表明:y_t 的变化决定于 x_t 的变化以及前一期的非均衡程度,弥补了简单差分回归模型(2)的不足。

根据格兰杰表述定理,如果非平稳变量之间存在协整关系,则它们间的短期非均衡关系总能由一个误差修正模型表述。假设变量 y_t 和向量 $\mathbf{x}_t$ 的分量都为 I(1),它们之间存在协整关系,如果协整关系中还含有外生因素 $\mathbf{z}_t$,那么更一般的 ECM 可表述为:

$$\Delta y_t = \mathbf{z}'_t \gamma + \text{lagged}(\Delta y_t, \Delta x_t) - \lambda \hat{\mu}_{t-1} + \varepsilon_t \qquad (6)$$

在方程(6)中,$\hat{\mu}_{t-1}$ 代表非均衡误差,λ 代表时期 t 对前一期失衡的校正力度,称为误差修正系数。lagged(Δy_t,$\Delta \mathbf{x}_t$)表示 Δy_t 和 Δx_t 的滞后项的函数,变量差分滞后项的多少,可以依据残差项序列是否存在自相关性来判断。y_t 的短期变化 Δy_t,既联系到 x_t 的短期变化 Δx_t,也反映了对偏离长期趋势的校正作用。该模型揭示的基本思想是:若变量间存在长期均衡关系,这种长期均衡(稳定)关系是由变量之间存在的内在均衡机制,通过短期的不断调整的动态过程实现的。如果存在多个协整关系,同样可以使用格兰杰表述定理进行表述,只是方程(6)中的变量变成多维向量。

建立 ECM 模型通常使用恩格尔—格兰杰(E-G)两步法:第一步,进行协整回归(OLS 法),检验变量间的协整关系,估计协整向量(长期均衡关系参数);第二步,若协整性存在,则以第一步求得的残差作为非均衡误差项加入到误差修正模型中,如果随机误差项存在自相关,则应加入变量差分的滞后项,然后用 OLS 法估计相应参数。

ECM 的优点在于:①一阶差分项的使用消除了变量可能存在的趋势因素,从而避免了伪回归问题;②一阶差分项的使用同时降低了模型可能存在的多重共线性问题；③误差修正项保留了变量水平值的信息，使模型既考虑了长期线性均衡关系，又考虑了短期动态关系；④由于误差修正项本身的平稳性，使得模型可以用经典的回归方法进行估计，模型中差分项可以使用通常的 t 检验与 F 检验进行选取。因而，ECM 在非平稳时间序列的建模实践中具有较强的适用性和实用性。

自格兰杰表述定理以后，误差修正模型研究有许多新的进展。约翰逊（Johanson，1988）研究了向量误差修正模型（VECM）的统计分析。泽沃特（Zivot，1992）初步提出了基于 ECM 的 F 协整检验，并且将基于水平 VAR 模型的格兰杰因果关系检验扩展到 ECM 上。基于残差检验方法的协整检验必须使用对协整回归的有效估计技术，菲利普斯和汉森（Phillips and Hansen，1990）提出了完全修正最小二乘（FM-OLS）估计，被证明是渐进有效的。巴尔克和弗比（Balke and Fomby，1997）提出了阈值协整回归，协整关系的研究由线性向非线性扩展，该模型允许对长期均衡进行非线性调整，此后，非线性协整方法成为研究的热点。菲利普斯和穆恩（Phillips and Moon，1999）推广了菲利普斯和汉森的 FM-OLS 估计技术，使其可以进行面板协整回归。由此面板误差修正模型（Panels of Vector Error Correction Models）成为新的研究方向。

参考文献：

Balke，N. S. and Fomby，T. B.，Threshold Cointegration，*International Economic Review*，Vol. 38，1997.

Davidson，J. E. H.，David F. Hendry，Frank Srba and Steven Yeo，Econometric Modelling of the Aggregate Time-series Relationship Between Consumer's Expenditure and Income in the United Kingdom，*Economic Journal*，Vol. 88，1978.

Engle，R. F. and C. W. J. Granger，Co-Integration and Error Correction：Representation，Estimation and Testing，*Econometrica*，Vol. 55，1987.

Hendry，D. F.，*Predictive Failure and Econometric Modelling in MacroEconomics：The Transactions Demand for Money*，*Economic Modelling*（*P. Ormerod*，*ed.*），London：Heinemann，1979.

Johansen，S.，Statistical Analysis of Cointegration Vectors，*Journal of Economic Dynamics and Control*，Vol. 12，1988.

Phillips，P. C. B. and B. E. Hansen，Statistical Inference in Instrumental Variables Regression with I(1) Processes，*Review of Economic Studies*，Vol. 57，1990.

Phillips，P. C. B. and H. R. Moon，Linear Regression Limit Theory of Nonstationary Panel Data，*Econometrica*，Vol. 67，1999.

Sargan，J. D.，Wages and Prices in the United Kingdom：A Study in Econometric Methodology，*Econometric Analysis for National Economic Planning*（R. E. Hart，G. Mills，J. K. Whittaker，eds.），Vol. 25-54. London：Butterworths. 1964.

Zivot，E. and Andrews，D. W. K.，Further Evidence on the Great Crash，the Oil-Price Shock，and the Unit-Root Hypothesis，*Journal of Business and Economic Statistics*，Vol. 10，No. 3，1992.

（刘建平）

自回归分布滞后模型
Autoregressive Distributed Lag Model

在时间序列数据回归模型中，如果既包含解释变量的当前值和滞后值，又包含被解释变量的滞后值作为解释变量，就称为自回归分布滞后模型。自回归分布滞后（ARDL）模型是分布滞后方法在存在自相关的时间序列中的应用。

在现实经济运行过程中，由于心理预期、技术和制度等因素的影响，经济现象广泛地存在时间滞后效应。如果假设的理论模型存在滞后效应，而观察到的为含自相关的时间序列数据，可以用一个规范的动态形式来表示：

$$y_t = \sum_{i=1}^{p} \alpha_i y_{t-i} + \sum_{j=0}^{q} \gamma'_j \mathbf{x}_{t-j} + \mu_t, \mu_t \sim \mathrm{IIDN}(0, \sigma^2) \quad (1)$$

该模型方程包含了被解释变量 y_t 的 p 阶滞后和解释变量向量 $\mathbf{x}_t$ 的 q 阶滞后，解释变量向量中可以包含截距项，γ'_j 为行向量。该方程称为 ARDL(p,q) 模型。现实中许多有特殊经济意义的模型可看成一般 ARDL(p,q) 模型的特例。若引入滞后算子 L 可以将 ARDL(p,q) 模型简洁地表示为：

$$A(L) y_t = B'(L) x_t + \mu_t \quad (2)$$

其中 L 为滞后算子，有：

$$A(L) = 1 - \alpha_1 L - \alpha_2 L^2 - \cdots - \alpha_P L^P,$$

$$B(L) = \gamma_0 - \gamma_1 L - \gamma_2 L^2 - \cdots - \gamma_q L^q$$

虽然 ARDL 模型在解释变量中出现了被解释变量的滞后值，但依然是一个含有经典随机误差项的线性模型。滞后的被解释变量虽然使问题复杂化，往往导致方程(1)右边 y_t 的滞后值与随机误差项 μ_t 相关，但是并没有出现对基本假定的明显背离，所以普通最小二乘法（OLS）仍然是首选的估计方法。亨德利等（Hendry et al.，1984）证明使用瓦尔德检验统计量的检验程序是渐近有效的。

对于 ARDL 模型来说，动态方程的稳定性依赖于模型自回归部分的特征方程：$A(z) = 0$，其中 $|z| > 1$，$z \in \mathbb{C}$。在这种条件下，被解释变量系数多项式的倒数的展开式为：$A(L)^{-1} = \sum_{j=0}^{\infty} \alpha_j^* L^j$，$\sum_{j=0}^{\infty} |\alpha_j^*| < \infty$。所以

ARDL 模型可以表示为：

$$y_t = \frac{B'(L)}{A(L)}x_t + e_t, A(L)e_t = \mu_t \quad (3)$$

其中，e_t 有稳定的 p 阶自回归结构。利用 A(L)的倒数展开式可以将 ARDL 模型表示为：

$$y_t = (\sum_{j=0}^{\infty}\alpha_j^* L^j)(\sum_{j=0}^{q}\gamma_j L^j)'\mathbf{x}_t + e_t$$
$$= \sum_{j=0}^{\infty}\mathbf{b}'_j\mathbf{x}_{t-j} + e_t \quad (4)$$

其中，$\mathbf{b}_j$ 为用待定系数法得到的动态乘数向量。令滞后算子 L 为 1，可以计算 ARDL(p,q) 长期乘数向量：$\beta = \frac{B(1)}{A(1)} = \sum_{j=0}^{\infty}\mathbf{b}_j$。原始的 ARDL 模型容易被估计，而经过转换后的模型参数容易得到其经济解释。ARDL 模型的一个很好的特性就是可以变成多种形式而不影响模型对样本数据的解释能力，也不改变回归参数的 OLS 估计量。除了使用 OLS 估计之外，亨德利等(Hendry et al.,1984)还使用过标准渐近正态理论来估计和推断模型的长期性质。

为了能够设定正确的 ARDL 模型，现代分析中最常见的方法是从一个大模型开始，然后去掉那些惯常统计量显示为多余的变量，称为"一般到特殊"建模法。由于在初始模型中包括多个变量，回归系数的 OLS 估计将不会出现因丢失变量而引起的误差，使得由于变量选择所带来的设定误差减到最小，但是也要注意该程序通常容易导致模型过度拟合。

对于一阶单整变量，传统的自回归分布滞后方法不再适用。一种最重要的参数化转换形式是帕萨兰和辛(Pesaran and Shin,1998)提出的使用协整的方法来估计和检验 ARDL 模型，该方法可分析当变量为一阶单整(I(1))时 ARDL(p,q)模型的长期关系。当 ARDL 模型阶数适当扩大后，短期参数的 OLS 估计量与渐近的奇异协方差矩阵一致，基于 ARDL 模型的长期系数的估计是高度一致的，并且可以使用渐近正态分布理论有效地推断长期参数。模拟显示基于该方法具有非常好的小样本性质。帕萨兰和辛(1998)通过重新组合 $\mathbf{x}_t$ 将 ARDL 模型表示为：

$$y_t = \sum_{i=1}^{p}\alpha_i y_{t-i} + A(1)\boldsymbol{\beta}'\mathbf{x}_t$$
$$- \sum_{i=0}^{q-1}(\sum_{j=i+1}^{q}\gamma_j)'\Delta\mathbf{x}_{t-j} + \mu_t \quad (5)$$

其中，$\Delta = 1 - L$，y_t 与自己的滞后值、同期的 $\mathbf{x}_t$ 以及差分 $\Delta\mathbf{x}_{t-j}$ 有关。使用这种形式的 ARDL 模型可做协整分析。该模型存在进一步的变换，对解释变量和应变量同时做差分，可得：

$$y_t = \frac{-1}{A(1)}\sum_{i=0}^{p-1}(\sum_{j=i+1}^{p}\alpha_j)\Delta y_{t-i} + \boldsymbol{\beta}'\mathbf{x}_t$$
$$- \frac{1}{A(1)}\sum_{i=0}^{q-1}(\sum_{j=i+1}^{q}\gamma_j)'\Delta\mathbf{x}_{t-j} + \mu_t \quad (6)$$

该模型的优点是长期乘数 $\boldsymbol{\beta}$ 为 $\mathbf{x}_t$ 的回归系数。缺点在于方程右边的 Δy_t 与随机误差项 μ_t 之间存在相关性，使得最小二乘估计方法失效。但是，使用工具变量法可以得到一致估计。

恩格尔和格兰杰(Engle and Granger,1987)对非平稳过程的协整关系进行了研究，发现非平稳过程的协整关系等同于数据生成的误差修正过程。当把 ARDL 模型转换为协整形式时，就可以使用误差修正方法来对模型进行估计推断。但是使用误差修正方法对模型进行估计推断还需要一些假设条件，帕萨兰和辛(1998)给出了这些假设。ARDL 模型在协整分析和误差修正模型中的应用成为一个研究重点。

参考文献：

Engle, R. F. and C. W. J. Granger, Cointegration and Error Correction Representation: Estimation and Testing, *Econometrica*, Vol. 55, 1987.

Hendry, D., A. Pagan and J. Sargan, Dynamic Specifications, Chapter 18 in *Handbook of Econometrics*, Vol II (ed., Z. Griliches and M. Intriligator), London: North-Holland, 1984.

Pesaran, M. H., Shin, Y., An autoregressive distributed-lag modeling approach to cointegration analysis. Chapter 11 in *Econometrics and Economic Theory in the 20th Century* (ed., Steinar Strφm), Cambridge: Cambridge University, 1998.

（刘建平）

向量自回归模型

Vector Autoregression Model

向量自回归模型(简称 VAR)有简化型(Reduced Form)和结构型(Structural Form)两种形式。简化型 VAR 模型是单变量 AR 模型的推广，它把经济系统中的每一个内生变量视为所有内生变量滞后项的函数来构造模型；结构型 VAR 则在模型的解释变量中引入当期变量。通过施加必要的识别约束，可以实现从简化型 VAR 到结构型 VAR 的转化。文献中，在没有特别说明的情况下，简化型 VAR 直接简称 VAR 模型，结构型 VAR 则简称 SVAR 模型。20 世纪六七十年代，宏观经济学实证研究的主流是考尔斯委员会(Cowles Commission)所倡导的大型联立方程结构模型，需要区分前定变量、外生变量和内生变量，同时施加诸多很强的外部约束来识别每一个结构方程。西姆斯(Sims,1980)质疑这些约束的可靠性，并认为经济系统中的变量都是相互依赖的，应该视为内生变量，进而首次在宏观经济学实证研究中使用向量自回归模型，以最少的约束去刻画经济变量间的动态依存关系。由于其预测精度高于联立方程模型，而且估计方法更为简单，VAR 模型逐渐取代了联立方程模型，成为宏观经济实证研究的主流工具。

记 $\mathbf{Y}_t=(y_{1t},y_{2t},\cdots,y_{Nt})'$ 表示 N 个平稳内生变量所构成的向量，则 VAR(p)模型的向量形式为：

$$\mathbf{Y}_t=\mathbf{c}+\mathbf{A}_1\mathbf{Y}_{t-1}+\cdots+\mathbf{A}_p\mathbf{Y}_{t-p}+\mathbf{u}_t \tag{1}$$

与单变量的 AR 模型分析类似，假定 $E(\mathbf{Y}_{t-s}\mathbf{u}'_t)=0\ \forall s>0$；$\mathbf{u}_t\sim$ i. i. d. $(\mathbf{0},\sum)$，其中 $\sum$ 为 N 维的有限正定矩阵。VAR 模型假定 $\mathbf{u}_t$ 存在同期相关，但是异期之间不相关，因为通过增加模型中内生变量的滞后项可以对 $\mathbf{u}_t$ 进行白噪声化。引入滞后算子多项式，式(1)可表示为：

$$\mathbf{C}(\mathbf{L})\mathbf{Y}_t=\mathbf{c}+\mathbf{u}_t \tag{2}$$

其中，$\mathbf{C}(\mathbf{L})=\mathbf{I}_N-\mathbf{A}_1\mathbf{L}-\mathbf{A}_2\mathbf{L}^2-\cdots-\mathbf{A}_p\mathbf{L}^p$，VAR(p)过程的平稳性条件为：特征方程 $|\mathbf{C}(\mathbf{L})|=\mathbf{0}$ 所有的根的模全都大于 1。

估计 VAR 模型的一个重要问题是滞后阶数 p 的确定。研究者一方面希望滞后阶数足够大，以完整刻画经济变量的动态关系，并克服误差项的序列相关问题；另一方面也想控制模型的自由度损失，以保证模型参数估计的精度。实际研究中，往往使用 AIC 信息准则和 SC 准则来确定最优滞后阶数。对形如式(1)的 VAR 模型直接采用 OLS 方法可以得到一致有效估计量。虽然此时 u_t 存在同期相关，但由于所有方程具有相同的回归元，因此 OLS 估计与广义最小二乘估计(GLS)等价，是有效估计。

基于 VAR 模型可以进行以下三种分析：Granger 因果关系检验、脉冲响应函数分析和方差分解。所谓 Granger 因果关系，是指某一组变量的滞后值有助于预测或解释另一组变量的当期值，这可以通过滞后项的联合显著性检验来进行统计判断。在 VAR 模型中，脉冲响应函数(Impulse Response Function，IRF)用于分析当一个扰动发生变化，或者说模型受到某种冲击时对系统中内生变量的动态影响。将 VAR 模型转换为向量移动平均 VMA(Vector Moving Average)形式：

$$\mathbf{Y}_t=\boldsymbol{\mu}+\mathbf{C}^{-1}(\mathbf{L})\mathbf{u}_t=\boldsymbol{\mu}+\boldsymbol{\Phi}(\mathbf{L})\mathbf{u}_t=\boldsymbol{\mu}+\sum_{s=0}^{\infty}\mathbf{f}_s\mathbf{u}_{t-s} \tag{3}$$

其中，$\boldsymbol{\mu}=\mathbf{C}^{-1}(\mathbf{L})\mathbf{c}$，系数矩阵 $\frac{\partial\mathbf{Y}_{t+s}}{\partial\mathbf{u}'_t}=\mathbf{f}_s$ 的第 i 行 j 列元素表示在时期 t 第 j 个变量的随机扰动的一单位冲击对第 i 个变量在(t+s)时期的影响，这就是脉冲响应函数；由系数 $\mathbf{f}_s$ 在不同时期的取值形成的脉冲响应函数图，可以直观地了解各种冲击对变量 $\mathbf{Y}_{t+s}$ 影响的变化过程。由于不同变量对应冲击的方差不同，为了使不同冲击的脉冲之间具有可比性，一般需要对冲击进行标准化。基于 VMA 形式，研究者还可以进行预测误差方差分解，即计算序列中由其自身冲击及其他变量冲击所导致的预测误差方差变动的比例。

利用简化型 VAR 模型进行经济分析，存在以下局限性：将当期关系隐含在误差项的相关结构中，不能用于分析变量之间的当期关系；未施加任何经济关系约束，不能赋予误差项以任何经济结构的解释；允许误差项同期相关，在对某种冲击进行脉冲响应函数分析或者方差分解时，未能分离出其他冲击的影响。为此，往往需要将 VAR 转化为如下的 SVAR：

$$\mathbf{B}_0\mathbf{Y}_t=\mathbf{B}_0\mathbf{c}+\mathbf{B}_1\mathbf{Y}_{t-1}+\cdots+\mathbf{B}_p\mathbf{Y}_{t-p}+\boldsymbol{\varepsilon}_t \tag{4}$$

其中，$\boldsymbol{\varepsilon}_t$ 为结构新生(Innovations)或结构冲击，$\varepsilon_t\sim$ i. i. d. $(\mathbf{0},\boldsymbol{\Lambda})$。假定矩阵 $\mathbf{B}_0$ 可逆，SVAR 和 VAR 的参数之间存在以下关系：$\mathbf{A}_1=\mathbf{B}_0^{-1}\mathbf{B}_1$，$\mathbf{u}_t=\mathbf{B}_0^{-1}\boldsymbol{\varepsilon}_t$，$\sum=(\mathbf{B}_0\boldsymbol{\Lambda}^{-1}\mathbf{B}'_0)^{-1}(l=1,2,\cdots,p)$。矩阵 $\mathbf{B}_0$ 的元素体现了内生变量之间的同期关系，其对角元素通常设定为 1；设定不同变量对应的结构新生之间同期不相关，即 $\boldsymbol{\Lambda}$ 为对角阵，不同变量之间的同期相关性由 $\mathbf{B}_0$ 矩阵的非对角元素来捕捉。

要获得 SVAR 模型的参数估计，需要对 SVAR 施加至少 N(N-1)/2 个约束条件，从而识别出结构冲击。当约束条件数为 N(N-1)/2 时称恰好识别，可获得 SVAR 模型的唯一参数估计值。实际应用中，如果无法利用经济理论推出 N(N-1)/2 个约束条件，常用的另一种处理方法是假定 $\mathbf{B}_0$ 为下三角阵，根据协方差逆矩阵的 Cholesky 分解 $\sum=(\mathbf{B}_0\boldsymbol{\Lambda}^{-1}\mathbf{B}'_0)^{-1}$ 得到 $\mathbf{B}_0$ 的估计。同样地，对 SVAR 模型可以构建其 VMA 形式并进行结构冲击的脉冲响应函数分析和方差分解，以克服简化型 VAR 下相应分析的局限性。

目前，VAR 模型已经广泛应用于数据描述、预测、结构推断以及政策分析。两种形式的 VAR 对于完成上述四种经济学研究任务的能力与效果，是有所区别的。它们的发展可以概括为以下两个方面。

SVAR 模型识别(Identification Problem)的实质是揭示变量的因果(Causation)关系，它需要结合经济理论与制度背景等先验信息识别出结构冲击，不是单纯依赖统计分析就能解决的问题。因此，在 VAR 模型的发展历程中，结构冲击的识别方法成为第一个重要发展方向。西姆斯(1980)最早提出的识别策略是使用 Cholesky 分解得到主对角线元素为 1 的下三角矩阵 $\mathbf{B}_0$，称为"递归识别(Recursive Identification)"。该方法假定某些冲击只是影响当期变量的子集，它由于简便并可以得到一些符合预期的结果而被广泛使用。递归识别中，如果简化型误差项相关程度较高，则变量的排序对于脉冲响应分析和方差分解会有影响，为此西姆斯(1986)强调该方法的使用需要有经济理论的基础为某种特定的排序提供依据。伯南克(Bernanke, 1986)以及布兰查德和沃特森(Blanchard and Watson,

1986)进一步提出了非递归识别策略。这些方法的共同点是关注同期系数矩阵 $\mathbf{B}_0$,相应的约束条件因而称为短期约束。布兰查德和佩罗蒂(Blanchard and Perotti,2002)以及伯南克和米霍夫(Bernanke and Mihov,1998)基于短期约束分别分析了财政政策冲击和货币政策冲击的影响。也有部分经济学家转而关注于矩阵 $\mathbf{B}_l(l=1,2,\cdots,p)$,即直接对脉冲响应施加约束,称之为长期约束。例如,布兰查德和奎阿(Blanchard and Quah,1989)根据自然率假说认为需求不会对真实GDP产生长期影响从而识别出需求冲击;金等(King et al.,1991)则根据货币中性假说识别出货币政策冲击;然而,浮士德和利珀(Faust and Leeper,1997)认为基于无限未来的长期约束方法并不具有统计可靠性。乌利希(Uhlig,2005)的研究则摈弃了上述方法中的等式约束(大多数是零约束),转向探讨对脉冲响应只使用非等式的符号约束(Sign Restriction)时的推断方法。

VAR模型的第二个重要发展方向是模型形式的扩展。第一种是具有随机波动率的时变参数向量自回归模型(TVP-SV-VAR)。斯托克和沃特森(Stock and Watson,1996)发现VAR模型的参数存在结构变化,此时基于不变参数设定的SVAR模型识别是有问题的。随着对宏观经济波动大稳健现象(Great Moderation)的关注,越来越多的学者开始使用随机波动率模型来刻画宏观经济变量波动的时变性,由此,结合时变系数和随机波动率的TVP-SV-VAR模型得到广泛的应用。另一方面,传统VAR建模都属于低维模型,其关注变量个数一般在10个以下,然而现实经济系统中各个元素是息息相关的,低维VAR模型很可能存在遗漏变量问题。为此,伯南克等(Bernanke et al.,2005)在分析货币政策效应时,引入大量的时间序列构造共同因子,由共同因子和关注变量构建的动态系统称为因子扩展的向量自回归模型(FAVAR),从而克服了维度限制和信息遗漏的矛盾。值得注意的是,FAVAR模型与上述TVP-SV-VAR模型的结合将成为未来的发展趋势。

参考文献:

Bernanke, B. S., Alternative Explanations of the Money-Income Correlation, *National Bureau of Economic Research Working Paper Series*, No. 1842, 1986.

Bernanke, B. S., J. Boivin and P. Eliasz, Measuring the Effects of Monetary Policy: A Factor-Augmented Vector Autoregressive (FAVAR) Approach, *The Quarterly Journal of Economics*, Vol. 120, No. 1, 2005.

Blanchard, O. J. and D. Quah, The Dynamic Effects of Aggregate Demand and Supply Disturbances, *The American Economic Review*, Vol. 79, No. 4, 1989.

Blanchard, O. and R. Perotti, An Empirical Characterization of the Dynamic Effects of Changes in Government Spending and Taxes on Output, *The Quarterly Journal of Economics*, Vol. 117, No. 4, 2002.

Faust, J. and E. M. Leeper, When Do Long-Run Identifying Restrictions Give Reliable Results? *Journal of Business & Economic Statistics*, Vol. 15, No. 3, 1997.

King, R. G., C. I. Plosser, J. H. Stock and M. W. Watson, Stochastic Trends and Economic Fluctuations, *The American Economic Review*, Vol. 81, No. 4, 1991.

Sims, C. A., Macroeconomics and Reality, *Econometrica*, Vol. 48, No. 1, 1980.

Stock, J. H. and M. W. Watson, Evidence on Structural Instability in Macroeconomic Time Series Relations, *Journal of Business & Economic Statistics*, Vol. 14, No. 1, 1996.

Uhlig, H., What are the Effects of Monetary Policy on Output? Results from an Agnostic Identification Procedure, *Journal of Monetary Economics*, Vol. 52, No. 2, 2005.

(王美今)

结构突变检验
Structural Break Test

由于受到经济政策改变、体制变化、金融危机、自然灾害、气候变化以及内部机制改变等因素的冲击,经济变量依时间的变化规律,或者经济变量之间的变化规律常常会随之发生改变。在计量经济学中称这种改变为结构突变或结构变化。结构突变可分为内生性结构突变和外生性结构突变。结构突变检验就是判断经济变量依时间或者经济变量之间是否存在结构性变化的一种检验。结构突变检验最常见的有四种方法:邹突变点检验、邹模型稳定性检验、匡特-安德瑞突变点检验和虚拟变量检验,其中匡特·安德瑞突变点检验属于内生性结构突变检验。

邹突变点检验(Chow Breakpoint Test)是邹至庄于1960年提出的突变点检验(Chow,1960)方法。其基本思路是,当用不同时段的子样本数据估计同一形式的回归模型时,如果对应的回归系数都相等,则说明在整个样本期间变量关系不存在结构变化。否则,存在结构变化。这一检验既适用于检验经济变量是否随时间发生结构变化;也适用于检验经济变量之间的关系是否发生结构变化。

给定数据的总样本容量为T,并可分为 n_1 和 n_2 两个子样本,有 $T = n_1 + n_2$。假定用总样本T、子样本 n_1 和 n_2 分别建立的多元回归模型为:

$Y_t = \theta_0 + \theta_1 X_{t1} + \theta_2 X_{t2} + \cdots + \theta_{k-1} X_{tk-1} + \mu_t$(样本T)

$Y_t = \alpha_0 + \alpha_1 X_{t1} + \alpha_2 X_{t2} + \cdots + \alpha_{k-1} X_{tk-1} + \mu_{t1}$(子样本 n_1)

$Y_t = \beta_0 + \beta_1 X_{t1} + \beta_2 X_{t2} + \cdots + \beta_{k-1} X_{tk-1} + \mu_{t2}$(子样本 n_2)

对上述模型进行估计，用 SSE_T、SSE_1、SSE_2 分别表示用总样本 T 和子样本 n_1、n_2 数据回归得到的残差平方和。采用 F 统计量检验 $\alpha_j=\beta_j, j=0,1,2,\cdots,k-1$ 是否成立，判断回归系数是否发生结构变化。原假设为：$H_0:\alpha_j=\beta_j, j=0,1,2,\cdots,k-1$，备择假设为 α_j, β_j，不全对应相等。则所用 F 统计量为：

$$F=\frac{[SSE_T-(SSE_1+SSE_2)]/k}{(SSE_1+SSE_2)/(T-2k)}\sim F(k,T-2k)$$

如果两个子回归式中随机误差项相互独立，都服从均值为 0、方差为 σ^2 的正态分布，则 F 统计量精确服从以第一自由度为 k，第二自由度为 T－2k 的 F 分布。相应检验规则是，如果用样本数据计算的 $F>F_\alpha(k,T-2k)$，则拒绝 H_0，即回归系数显著不同，变量之间的关系存在结构变化。如果用样本数据计算的 $F\leq F_\alpha(k,T-2k)$，则接受 H_0，即变量之间的关系不存在结构变化。

邹突变点检验法也可以检验 T 样本内存在多个突变点的情形。以检验两个突变点为例，3 个子样本分别为 n_1、n_2、n_3，对应的回归模型的残差平方和分别为 SSE_1、SSE_2 和 SSE_3 检验原假设为：$H_0:\alpha_j=\beta_j=\gamma_j, j=0,1,2,\cdots,k-1$，备择假设为 $\alpha_j, \beta_j, \gamma_j$，不全对应相等。其中 γ_j 为与样本 n_3 对应的回归模型的参数。则所用 F 统计量为：

$$F=\frac{[SSE_T-(SSE_1+SSE_2+SSE_3)]/2k}{(SSE_1+SSE_2+SSE_3)/(T-3k)}\sim F(2k,T-3k)$$

回归系数稳定性检验也是由邹至庄提出，检验一个经济序列随时间是否存在结构变化的另一种方法，也称为邹预测检验（Chow's forecast test）。其基本思路是，在以一定样本容量数据进行的回归基础上，如果再增加若干个样本值并用同样的模型形式回归后，回归系数是否存在显著性差异。如果对应的回归系数值差异显著，说明模型回归系数是不稳定的；如果差异不显著，说明模型回归系数是稳定的。

首先对同一形式模型（含 k 个被估参数）用 T 容量的样本值和 T＋ n 容量的样本值分别进行回归估计：

$$Y_t=\beta_0+\beta_1X_{t1}+\beta_2X_{t2}+\cdots+\beta_{k-1}X_{tk-1}+\mu_{t2}\text{（样本 T）}$$

$$Y_t=\alpha_0+\alpha_1X_{t1}+\alpha_2X_{t2}+\cdots+\alpha_{k-1}X_{tk-1}+\mu_{t1}\text{（样本 T＋ n）}$$

用 T 样本容量回归的误差平方和用 SSE_1 表示；用 T＋n 样本容量回归的误差平方和用 SSE_2 表示。原假设为：$H_0:\alpha_j=\beta_j, j=0,1,2,\cdots,k-1$，回归系数稳定；备择假设为 α_j, β_j，不全对应相等，回归系数不稳定。所用 F 检验的统计量定义为：

$$F=\frac{(SSE_2-SSE_1)/n}{SSE_1/(T-k)}\sim F(n,T-k)$$

匡特·安德瑞突变点检验（Quandt-Andrews Break-point test）的思路是，在设定回归模型条件下，当结构突变位置未知，或者只在一定范围内已知时，可以在样本的一定范围内，通过连续使用邹突变点检验的方法检验突变点发生的位置。该检验适用于检验原回归模型中是否全部系数都发生突变，以及其中部分系数发生突变。匡特·安德瑞突变点检验既可识别单个离散突变点，也可以识别多个离散突变点，还可以识别模型回归系数的缓慢演变。

匡特·安德瑞突变点检验统计量可提出两种形式，一种称作似然比 F（LR F）统计量，另一种称作 Wald F 统计量。LR F 统计量是通过计算约束模型和非约束模型的残差平方和得到。Wald F 统计量是通过计算不同子样本中对应回归系数相等的约束条件是否成立得到。匡特·安德瑞突变点检验的一种表示方法称作 MaxF 统计量，即 $MaxF=\max\limits_{\tau_1<\tau<\tau_2}(F(\tau))$。其中 τ_1, τ_2 表示样本中检验发生突变的起始点和终止点。即在 $[\tau_1, \tau_2]$ 范围内计算每一个拟结构突变点对应的 F 值，并从中挑选最大的那一个。因为 MaxF 统计量是多个 F 统计量中的最大的一个，因此，MaxF 的分布与 F 统计量的分布不同，而且不服从正态分布。MaxF 统计量服从一种特殊的分布，这个分布与约束条件个数（包括对常数项的约束）与检验结构突变发生区域的边界点 τ_1, τ_2 有关。安德瑞（Andrews，1993）和汉森（Hansen，1997）分别给出 MaxF 统计量的检验临界值。为了保证 MaxF 统计量分布的准确性，τ_1, τ_2 不能太接近总样本端点。通常取 $\tau_1=0.15T, \tau_2=0.85T$（T 为总样本容量）。即以检验突变点发生在总样本 70% 的中心区段计算 F 统计量的值。

虚拟变量检验的思路是，对于认定的结构突变点可以通过设定虚拟变量的方法检验变量之间是否发生结构变化。如果加入到回归模型中的虚拟变量的回归系数显著不为零，则说明变量之间存在结构变化；否则，不存在结构变化。虚拟变量检验既可以检验模型截距项是否发生变化，也可以检验模型斜率是否发生变化，以及模型的截距项和斜率是否同时发生变化。虚拟变量可以描述若干类型的结构变化。例如，变量发生单个离群值变化可以用脉冲式虚拟变量描述；变量发生水平值变化，可以用阶跃式或渐进式虚拟变量描述；变量存在季节性变化，可以用季节虚拟变量描述。虚拟变量检验既可以检验一个经济变量是否随时间发生结构变化，也可以检验经济变量与变量之间是否存在结构变化；既可以检验是否存在一个结构突变点，也可以同时检验是否存在多个结构突变点。

参考文献：

Andrews Donald W. K.，Tests for Parameter Instability and Structural Change with Unkown Change Point，*Econometrica*，Vol. 61，No. 4，1993.

Chow Gregory C. ,Tests of Equality between Sets of Coefficients in Two Linear Regressions, *Econometrica*, Vol. 28,1960.

Fisher Franklin M. ,Tests of Equality between Sets of Coefficients in Two Linear Regressions: An Expository Nots,*Econometrica*,Vol. 38,1970.

Hansen, B. E. , Approximate Asymptotic P Values for Structural-Change Tests, *Journal of Business and Economic Statistics*,Vol. 15,No. 1,1997.

Quandt Richard,Tests of the Hypothesis That a Linear Regression System Obeys Two Separate Regimes, *Journal of the American Statistical Association*,Vol. 55,No. 290, 1960.

（张晓峒）

格兰杰因果关系检验

Granger Causality Test

格兰杰因果检验是指由格兰杰提出(Granger, 1969),经西姆斯(Sims,1972)推广的一种基于统计数据检验因果关系的方法。人们关注格兰杰因果检验原因有二:一是因果关系广泛应用于各个研究领域。真正的科学知识是关于原因的知识。自古以来,探讨事物之间因果关系就是哲学、自然科学、社会科学、医学等几乎所有科学研究的最终目的。二是格兰杰因果关系检验不仅在数学上非常优美,而且易于进行实证研究。经济领域中的因果关系研究在这之前已经被人们广泛关注,但格兰杰因果才是现代实证因果关系分析和检验的基石。格兰杰因果关系检验也成为计量经济学模型设定检验的基准工具之一。格兰杰因果检验建立的两个公理分别是:原因将在结果前发生(严格的时间优先);原因包含有关结果的唯一信息。因此,格兰杰因果关系的真实含义是时间上的“先于”关系,并不是通常意义的因果关系。

格兰杰因果的定义是指对于平稳时间序列,如果关于所有的 $s>0$,基于$(y_t,y_{t-1},\cdots)$预测 y_{t+s}得到的均方误差,与基于$(y_t,y_{t-1},\cdots)$和$(x_t,x_{t-1},\cdots)$两者而得到的均方误差相同,则 y 不是由 x Granger 引起的。即 x 关于未来的 y 无线性影响信息。注意“x Granger 引起 y”的表达式并不意味着 y 是 x 的效果或结果。格兰杰因果检验测度的是对 y 进行预测时 x 的前期信息对均方误差的减少是否有贡献,并以此作为因果关系判断的基准。为了得到一个可检验的形式,因果关系的定义约定为“就一个指定的集合而言,均值上的线性因果关系”。

格兰杰因果关系检验基于 VAR 来实现。以基于水平的 VAR(2)的检验为例。对于双变量模型:令 x_t、y_t 是两个均值为零的平稳时间序列,简单因果关系模型为:

$$x_t = \alpha_0 + \sum_{j=1}^{m} a_j x_{t-j} + \sum_{j=1}^{m} b_j y_{t-j} + \varepsilon_t \qquad (1)$$

$$y_t = \beta_0 + \sum_{j=1}^{m} c_j x_{t-j} + \sum_{j=1}^{m} d_j y_{t-j} + \eta_t \qquad (2)$$

其中,ε_t、η_t 是两个不相关的白噪声序列,即 $E[\varepsilon_t\varepsilon_s]=0=E[\eta_t\eta_s]$,$s\neq t$,且对于所有的 t、s 有 $E[\varepsilon_t\eta_s]=0$。式(1)中,m 为滞后阶数。实践中由于可获得数据长度有限,m 被假定为有限且小于样本长度。

因果关系检验包括两个方面,即分别检验“y_t 不是 x_t 的格兰杰原因”和“x_t 不是 y_t 的格兰杰原因”。具体过程如下:

检验“y_t 不是 x_t 的格兰杰原因”。建立 x_t 关于 y 和 x 滞后变量的回归模型,如式(1)。对“y_t 不是 x_t 的格兰杰原因”的判断等价于对原假设 $H_0:b_1=b_2=\cdots=b_m=0$ 进行 F 检验。用 RSS_{UR} 和 RSS_R 分别表示式(1)无约束条件下和在原假设 H_0 成立时约束条件下的残差平方和,则检验统计量:$F=\dfrac{\dfrac{(RSS_R-RSS_{UR})}{m}}{\dfrac{RSS_{UR}}{(n-2m-1)}}$在 H_0 成立的条件下服从第一自由度为 m,第二自由度为 $n-2m-1$ 的 F 分布。其中,n 为样本数据长度。当$F>F_\alpha(m, n-2m-1)$,则在$(1-\alpha)$的置信度下,可认为 y_t 是 x_t 的格兰杰原因,否则,接受原假设:y_t 不是 x_t 的格兰杰原因。

检验“x_t 不是 y_t 的格兰杰原因”。建立 y_t 关于 y 和 x 的滞后变量的回归模型,如式(2)。对“x_t 不是 y_t 的格兰杰原因”的判断等价于对统计原假设 $H_0:c_1=c_2=\cdots=c_m=0$ 进行 F 检验。过程相似,略。

上述因果关系检验表明,如果拒绝 $b_1=b_2=\cdots=b_m=0$,而接受 $c_1=c_2=\cdots=c_m=0$,表明存在 y_t 到 x_t 的单向因果关系;如果拒绝 $c_1=c_2=\cdots=c_m=0$,而接受$b_1=b_2=\cdots=b_m=0$,表明存在 x_t 到 y_t 的单向因果关系。如果拒绝 $b_1=b_2=\cdots=b_m=0$,$c_1=c_2=\cdots=c_m=0$,那么就说 y_t 和 x_t 之间存在一个反馈,即它们互为因果关系。如果接受 $b_1=b_2=\cdots=b_m=0$,$c_1=c_2=\cdots=c_m=0$,那么就说 y_t 和 x_t 之间是各自独立的。

艾希礼、格兰杰和施马兰西(Ashley、Granger and Schmalensee,1979)提出了一个基于五步骤的检验过程。第一步,使用一组平稳样本序列,建立 ARMA 模型,预先白噪声化每个序列以得到 ε_t、η_t。第二步,检查交叉—相关图 $\rho_{\varepsilon\eta}(k)$以观察是否存在可能的因果关系依据。第三步,对于每个指定的可能因果关系,根据残差项 ε_t、η_t 建立模型。如果认为是一个单方向因果关系,可利用博克斯和詹金斯(Box and Jenkins, 1970)的转换函数方法,如果看起来像一个两个方向的因果关系,可使用格兰杰和纽伯德(Granger and Newbold,1977)提出的模型方法。第四步,将在第一步和第三步阶段的模型结合起来,必要时采用差分形式的模型。估计该模型、删除不显著的项得到一个最终模型。第五步,使用过去样本数据计算一步均方预测误差,比较二元变量模型和单序列 ARMA 模型的预测能力。如果二元变量模型显著地预测得好,那么就可发现因果关系的依据。

格兰杰因果关系不同于一般经济分析中的因果关系。前者关注基于数据的因果关系的统计推断,变量 x 是变量 y 的格兰杰原因,并不意味着 x 是外生性的,尽管格兰杰因果关系对于强外生性来说是必要的(但不是充分的)。后者强调在复杂的经济系统中,假设存在一种作用机制,在该作用机制下,一些变量作为“结果”,其他一些变量作为结果的“原因”引入模型,基于理论与经验的假设,决定引入模型中的变量具有内生性或外生性,并通过变量的内生与外生性体现因果关系的有序性。格兰杰(Granger,1983)指出,如果 x_t、y_t 均是 I(1)并且是协整的,那么它们可以由“误差修正模型”(ECM)生成。基于 ECM 的因果关系检验至少有一个成立因果关系(Granger,1988),它刻画了因果关系的动态性,从而丰富了因果检验的含义。

格兰杰因果检验的应用条件是:假定两个变量序列是平稳序列,如果变量在水平形式上不平稳,则需要采用适当方法使其平稳;因果关系检验中引入的滞后期个数是一个重要问题,它影响因果关系的方向,滞后期的选择可以根据分布滞后模型中所使用的赤池或施瓦茨信息准则来处理,并满足滞后期变量信息的引入有助于改进预测误差;假定进入因果关系检验的误差项是无关的,若相关,则需要采取适当的变换。

在经济学中因果关系是一个重要的概念,但证实因果关系通常很困难。尽管使用统计方法能够从观测数据中对格兰杰因果关系进行推断。但在格兰杰因果关系检验中还存在诸多问题:格兰杰因果检验的任何一种检验结果都和滞后长度的选择有关,并对处理序列非平稳性的方法选择结果极其敏感,变量的变换或残差的预白化可能会扭曲原始变量间的因果关系;记录现象的时间与实际情况不吻合时(如闪电与雷鸣的关系)也可能出现错误的推论;由于统计推断的或然性,即使由数据拒绝了原假设,即认为 x 是 y 的格兰杰原因,也不能断然肯定 x 就一定是 y 的原因;西姆斯(Sims,1977)认为控制变量的选择对因果关系会形成影响;萨金特(Sargent,1976)曾指出测量误差也会扭曲格兰杰因果关系;双变量序列的格兰杰因果关系的统计模型还忽略了其他变量序列可能有的影响,且未考虑非线性因果关系。

参考文献:

R. Ashley, C. W. J. Granger and R. Schmalensee, *Advertising and Aggregate Consumption: An Analysis of Causality*, *Research Report*, Department of Economics, University of California. San Diego, CA, 1979.

G. E. R. Box, G. M. Jenkins, *Time Series Analysis, Forecasting and Control*, Holden Day. San Francisco, CA, 1970.

C. W. J. Granger, Investigating Causal Relations by Econometric Models and Cross-Spectral Methods, *Econometrica*, Vol. 37, 1969.

C. W. J. Granger, P. Newbold, *Forecasting Economic Time Series*, New York: Academic Press, 1977.

C. W. J. Granger, Co-Integrated Variables and Error-Correcting Models, Unpublished UCSD Discussion Paper, 1983.

C. W. J. Granger, Some Recent Developments in a Concept of Causality, *Journal of Econometrics*, Vol. 39, 1988.

T. J. Sargent, A Classical Macro-econometric Model for the US, *Journal of Political Economy*, Vol. 84, No. 2, 1976.

C. A. Sims, Money, Income, and Causality, *American Economic Review*, Vol. 62, 1972.

C. A. Sims, Exogeneity and Causal Ordering in Macro-economic Models, *in New Methods in Business Cycle Research*, *Proceedings of a Conference*, Federal Reserve Bank, Minneapolis, MN, 1977.

(徐映梅)

自回归条件异方差模型族 Autoregressive Conditional Heteroskedasticing Model

经济或金融时间序列常常存在不确定性(或称波动性)。在经济金融分析中,用方差来刻画和度量不确定性是最简单和常用的方法。但是许多经济金融时间序列的方差本身并不是固定不变的,而是与该序列的当前状态有关,存在波动集聚现象。恩格尔(Engle,1982)首先提出用自回归条件异方差模型(一般称为 ARCH 模型)对具有时变波动聚集性的时间序列进行建模。实践中人们发现 ARCH 模型可以很好地刻画金融时间序列的波动聚集特性,因而得到大量应用和推广。后来人们为适应不同的应用情形,又在 ARCH 模型的基础上提出各种变形,统称为 ARCH 模型族。

自回归条件异方差模型(Autoregressive Conditional Heteroskedastic Model,简称 ARCH 模型)的一般性定义为:假设时间序列$\{y_t\}$满足 $y_t = X'_t\xi + u_t$,其中 X′是解释变量向量,ξ 是回归参数向量,如果扰动项满足条件:$u_t \mid \Omega_{t-1} \sim N(0, h_t)$, $h_t = h(u_{t-1}, \cdots, u_{t-q})$,其中 Ω_{t-1}为 t 时期以前的信息集,h 是非负函数,则称$\{u_t\}$服从 ARCH(q)模型。在实际应用中,为了简化模型,

可以对$\{u_t\}$的生成过程假定为某种特殊形式。一种简便的处理方法是,假定$\{u_t\}$满足:$u_t=\sqrt{h_t}\varepsilon_t$, $h_t=\alpha_0+\alpha_1u_{t-1}^2+\cdots+\alpha_qu_{t-q}^2$, $\varepsilon_t\sim iidN(0,1)$,其中系数$\alpha_0>0$, $\alpha_i\geqslant0(i=1,\cdots,q)$。显然,对于上述模型,有:

$$E(u_t\mid\Omega_{t-1})=E(\sqrt{h_t}\varepsilon_t\mid\Omega_{t-1})=\sqrt{h_t}E(\varepsilon_t\mid\Omega_{t-1})=0$$

$$Var(u_t\mid\Omega_{t-1})=E(u_t^2\mid\Omega_{t-1})=E[(\sqrt{h_t}\varepsilon_t)^2\mid\Omega_{t-1}]=h_tE(\varepsilon_t^2\mid\Omega_{t-1})=h_t$$

即$u_t\mid\Omega_{t-1}\sim N(0,h_t)$,从而$\{u_t\}$服从自回归条件异方差ARCH(q)模型。有些金融时间序列的无条件分布往往比正态分布具有更厚的尾部,为了更精确地描述尾部特征,也可以假定扰动项$\{u_t\}$服从其他分布(例如t分布)来进行刻画。

估计ARCH模型的常用方法是最大似然方法。对于上述回归模型,有:$y_t\mid\Omega_{t-1}\sim N(X'_t\xi,h_t)$,从而$y_t$的条件密度函数为:

$$f(y_t\mid X_t,\Omega_{t-1})=\frac{1}{\sqrt{2\pi h_t}}\exp\left\{\frac{-(y_t-X'_t\xi)^2}{2h_t}\right\}$$

其中,$h_t=\alpha_0+\alpha_1u_{t-1}^2+\cdots+\alpha_qu_{t-q}^2=\alpha_0+\alpha_1(y_{t-1}-X'_{t-1}\xi)^2+\cdots+\alpha_q(y_{t-q}-X'_{t-q}\xi)^2$。

样本$(y_1,y_2,\cdots,y_T)$的对数似然函数为:

$$L(\theta)=\sum_{t=1}^{T}\ln f(y_t\mid X_t,\Omega_{t-1};\theta)=-\frac{T}{2}\ln(2\pi)-\frac{1}{2}\sum_{t=1}^{T}\ln(h_t)-\frac{1}{2}\sum_{t=1}^{T}\frac{(y_t-X'_t\xi)^2}{h_t}$$

求$L(\theta)$关于θ的一阶微分,可以得到θ的最大似然估计$\hat{\theta}$。

如果在h_t中,$\alpha_1,\alpha_2,\cdots,\alpha_q$不全为零,则随机扰动项$u_t$具有ARCH效应。恩格尔(Engle,1982)提出用拉格朗日乘子检验法来检验ARCH效应。步骤如下:第一步:在原假设$H_0:\alpha_1=\alpha_2=\cdots=\alpha_q=0$下,用OLS方法对模型的参数进行估计。第二步:计算残差平方序列$\{\hat{u}_t^2\}$。估计如下辅助回归模型:$\hat{u}_t^2=\alpha_0+\alpha_1\hat{u}_{t-1}^2+\alpha_2\hat{u}_{t-2}^2+\cdots+\alpha_q\hat{u}_{t-q}^2+v_t$,得到辅助回归的可决系数$R^2$。第三步:计算拉格朗日乘数统计量LM的值$LM=T\cdot R^2$,可以证明,零假设下的检验统计量$TR^2$收敛到自由度为q的$\chi^2$分布。因此,在给定显著性水平下,如果$TR^2$大于临界值,则拒绝不存在ARCH效应的原假设;如果TR^2小于临界值,则认为不存在ARCH效应。

广义自回归条件异方差模型(Generalized Autoregressive Conditional Heteroskedastic Model, GARCH模型)是ARCH模型族中最具有应用价值的一种模型。为了描述变量的变异聚类特性,有时需要运用高阶ARCH模型,但高阶ARCH模型需要估计较多的参数。面对这一困难,玻尔斯勒夫(Bollerslev,1986)借助ARMA模型的思路,提出了GARCH模型。假设扰动项序列$\{u_t\}$具有如下结构:$u_t=\sqrt{h_t}\varepsilon_t$, $h_t=a_0+\sum_{i=1}^{q}\alpha_iu_{t-i}^2+\sum_{i=1}^{p}\beta_ih_{t-i}$, $\varepsilon_t\sim iidN(0,1)$,其中$\alpha_0>0$, $\alpha_i\geqslant0$, $\beta_i\geqslant0$。由于$\{\varepsilon_t\}$是白噪声过程且与u_{t-i}的过去值独立,所以u_t的条件和无条件均值都为零。但是条件方差$Var(u_t\mid\Omega_{t-1})=E(u_t^2\mid\Omega_{t-1})=h_t$。这种条件异方差中同时存在自回归项与滑动平均项的模型,称为GARCH(p,q)模型,p、q分别为自回归项与滑动平均项的阶。在一定条件下,GARCH(p,q)过程与无限阶的ARCH过程可以相互转化,所以在实际应用中,对于一个高阶ARCH模型,可以用一个比较简洁的GARCH模型来表示,以减少待估计参数,并便于模型的识别和估计。与ARCH模型一样,估计GARCH模型最常见的方法是最大似然方法。GARCH效应可用拉格朗日乘数检验法进行检验,也可用相关图检验方法检验。由于服从GARCH模型的扰动项条件方差为:$E(u_t^2\mid u_{t-1},u_{t-2},\cdots)=\alpha_0+\sum_{i=1}^{q}\alpha_iu_{t-i}^2+\sum_{i=1}^{p}\beta_ih_{t-i}$,因此可以将序列$\{u_t^2\}$看成遵从ARMA(p,q)过程,如果扰动项具有GARCH效应,则模型的残差平方序列$\{\hat{u}_t^2\}$的自相关函数(ACF)可以帮助识别GARCH过程的阶,$\{\hat{u}_t^2\}$的相关图会给出这种过程的诊断提示。

均值自回归条件异方差模型(ARCH in Mean)(简称ARCH-M模型)是在ARCH模型的基础上,将条件方差引入均值方程,能够刻画时变风险收益补偿。条件方差有时会直接影响被解释变量的条件期望值,比如投资中风险增大时,投资者要求的风险补偿也需要增大。为了描述这种情形,恩格尔等(Engle et al.,1987)建立了ARCH-M模型。常用的ARCH—M模型一般设定为如下形式:$y_t=X'_t\xi+\delta f(h_t)+u_t$, $u_t\mid\Omega_{t-1}\sim N(0,h_t)$,其中$f(h_t)$是条件方差$h_t$的单调函数,一般取$f(h_t)=\sqrt{h_t}$或$f(h_t)=\ln(h_t)$。条件方差$h_t$分别取ARCH或GARCH形式,就分别得到ARCH-M模型或GARCH-M模型。与ARCH模型一样,该模型通常也使用最大似然方法进行估计,但最大似然函数是待估计参数的非线性函数不能得到显示解,但可以通过计算机得到数值解。

指数GARCH模型(EGARCH模型)由尼尔森(Nelson,1991)提出。ARCH模型或GARCH模型在应用中存在不足,一是参数的非负约束;二是外部冲击对条件方差的影响程度只取决于外部冲击的大小,而与冲击的符号或方向无关。但金融市场中坏消息对波动性的影响常常比好消息大,显示出非对称性。EGARCH模型可以刻画这种非对称性。EGARCH(p,q)模型的条件方差形式为:$\ln h_t=\alpha_0+\sum_{i=1}^{q}\alpha_i g(\varepsilon_{t-i})+\sum_{i=1}^{p}\beta_i\ln h_{t-i}$,

$g(\varepsilon_t)=\phi\varepsilon_t+\gamma(|\varepsilon_t|-E|\varepsilon_t|)$，$\varepsilon_t=u_t/\sqrt{h_t}$。等式左侧是 h_t 的对数，避免了对参数的非负约束，从而模型参数估计更为容易。参数 γ 刻画了过去冲击不同幅度对当前条件方差的影响，ϕ 刻画了过去冲击不同符号对当前条件方差的影响，通过这种方式可以刻画正负冲击影响的非对称性。与 ARCH 模型一样，该模型通常也使用最大似然方法进行估计，可以通过计算机得到数值解。

非对称 GARCH 模型（Asymmetric GARCH，AGARCH）由恩格尔等（Engle et al.，1991）提出，为了刻画冲击的非对称性影响。模型的条件方差结构形如：$h_t=a_0+\sum_{i=1}^{q}\alpha_i(u_{t-i}-\xi)^2+\sum_{i=1}^{p}\beta_i h_{t-i}$，其中，$\alpha$、$\beta\geqslant 0$。如果 $\xi>0$，则体现负的外部冲击会比正的外部冲击导致更大的条件方差；如果 $\xi<0$，则反映正的外部冲击会比负的外部冲击导致更大的条件方差。因此根据 ξ 取值符号的不同，可以刻画出正负冲击的非对称影响，揭示"杠杆效应"。该模型通常也使用最大似然方法进行估计，通过计算机得到数值解。

门限 ARCH 模型（Threshold ARCH，TARCH）是分析非对称波动效应的各种 ARCH 模型中结构简洁并能直接反映波动受正负冲击影响差异程度的一类模型，由扎克伊安（Zakoian，1990）和戈罗斯顿（Glosten et al.，1993）提出。TARCH（p，q）模型的条件方差结构是：$h_t=a_0+\sum_{i=1}^{q}\alpha_i u_{t-i}^2+\gamma u_{t-1}^2D_{t-1}+\sum_{i=1}^{p}\beta_i h_{t-i}$，其中，$D_t=\begin{cases}1, & u_t<0\\0, & u_t\geqslant 0\end{cases}$，$u_t>0$ 表示正（好）外部冲击，$u_t<0$ 表示负（坏）外部冲击。当出现利好消息时，波动的平方项的系数是 α_1。当出现利坏消息时，波动的平方项的系数是 $\alpha_1+\gamma$。当 $\gamma=0$ 时，条件方差对冲击的反应是对称的。当 $\gamma\neq 0$ 时，条件方差对冲击的反应是非对称的，反映了正负冲击对波动影响的差异及其程度，从而刻画了杠杆效应。

单整 GARCH 模型（IGARCH）是刻画条件方差序列非平稳性的一种 GARCH 模型。在波动性建模中，如果外部冲击对波动性的影响以比较快的速度衰减，可用 GARCH 模型进行建模。但有时外部冲击带来的影响衰减缓慢，即条件方差序列存在冲击影响的"持续记忆"特性，条件方差序列呈现非平稳性。如果 GARCH（p，q）模型 $h_t=a_0+\sum_{i=1}^{q}\alpha_i u_{t-i}^2+\sum_{i=1}^{p}\beta_i h_{t-i}$ 满足：$\sum_{i=1}^{q}\alpha_i+\sum_{i=1}^{p}\beta_i=1$，就称为 IGARCH 模型。IGARCH 模型刻画了波动受外部冲击影响的"持续记忆"特性，冲击对条件方差的影响是永远的，条件方差序列非平稳。

参考文献：

史代敏、谢小燕等：《应用时间序列分析》，高等教育出版社 2011 年版。

Bollerslev，Tim，Generalized Autoregressive Conditional Heteroskedasticity，*Journal of Econometrics*，Vol. 31，1986.

Engle，Robert F.，Autoregressive Conditional Heteroscedasticity with Estimates of Variance of United Kingdom Inflation，*Econometrica*，Vol. 50，1982.

Engle，R. F.，Lilien，D. M.，Robins，R. P.，Estimating Time Varying Risk Premia in the Term Structure：the ARCH-M Model，*Econometrica*，Vol. 55，No. 2，1987.

Engle，R. F.；Ng，V. K. Measuring and Testing the Impact of News on Volatility，*Journal of Finance*，Vol. 48，No. 5，1991.

Glosten，Jaganathan and Runkle，Relationship between the Expected Value and the Volatility of the Nominal Excess Return on Stocks，*Journal of Finance*，1993.

Hacker，R. S. and Hatemi-J，A.，A Test for Multivariate ARCH Effects，*Applied Economics Letters*，Vol. 12，No. 7.

Hentschel，Ludger. All in the Family Nesting Symmetric and Asymmetric GARCH models，*Journal of Financial Economics*，Vol. 39，No. 1，1995.

Nelson，D. B.，Conditional Heteroskedasticity in Asset Returns：A New Approach，*Econometrica*，Vol. 59，1991.

Zakoian，*Threshold Heteroskedastic Model*，INSEE，Paris，1990.

（刘田　史代敏）

蒙特卡洛模拟

Monte Carlo Simulation

蒙特卡洛（Monte Carlo）模拟是一种通过设定随机过程，反复生成时间序列，计算参数估计量和统计量，进而研究其分布特征的方法。蒙特卡洛模拟方法的原理是，当问题或对象本身具有概率特征时，可以用计算机模拟的方法产生抽样结果，根据抽样计算统计量；随着模拟次数的增多，可以通过对统计量或参数的估计量求平均值的方法得到稳定结论。由于涉及时间序列的反复生成，蒙特卡洛模拟法是以高容量和高速度的计算机为前提条件的。蒙特卡洛方法于 20 世纪 40 年代由乌拉姆（Ulam）和诺伊曼（Neumann）首先提出。数学家诺伊曼用驰名世界的赌城——摩纳哥的 Monte Carlo 来命名这种方法。事实上，这种方法在这之前就已经存在，早在 1777 年，法国巴芬（Buffon）提出用投针实验的方法求圆周率，被认为是蒙特卡洛方法的起源。

蒙特卡洛方法主要包如下几个基本步骤：①根据

提出的问题构造一个简单、适用的概率模型或随机模型,使问题的解对应于该模型中随机变量的某些特征(如概率、均值和方差等),所构造的模型在主要特征参数方面要与实际问题或系统相一致。②根据模型中各个随机变量的分布,在计算机上产生随机数,实现一次模拟过程所需的足够数量的随机数。通常先产生均匀分布的随机数,然后生成服从某一分布的随机数,方可进行随机模拟试验。③根据概率模型的特点和随机变量的分布特性,设计和选取合适的抽样方法,并对每个随机变量进行抽样(包括直接抽样、分层抽样、相关抽样、重要抽样等)。④按照所建立的模型进行仿真试验、计算,求出问题的随机解。⑤统计分析模拟试验结果,给出问题的概率解以及解的精度估计。

蒙特卡洛方法的收敛性可以得到证明。利用随机变量 $X_1, X_2, \cdots, X_N$ 计算平均值:$\overline{X}_N = \frac{1}{N}\sum_{i=1}^{N} X_i$,作为所求解的近似值。由大数定理可知,如果 $X_1, X_2, \cdots, X_N$ 独立同分布,$E(X) < \infty$,则 $[P(\lim_{N\to\infty}\overline{X}_N = E(X)] = 1$。即当 N 充分大时,随机变量 X 的平均值 $\overline{X}_N$ 依概率收敛于它的期望值 E(X)。蒙特卡洛方法的近似值与真值的误差问题,概率论的中心极限定理给出了证明。如果随机变量序列 $X_1, X_2, \cdots, X_N$ 独立同分布,且具有有限非零的方差 σ^2,即 $0 \neq \sigma^2 = \int [x - E(X)]^2 f(x)\,dx < \infty$。令 f(x) 为随机变量 x 的分布密度函数,则

$$\lim P\left\{\frac{\sqrt{N}}{\sigma} \mid x - E(X) \mid < x\right\} = \frac{1}{\sqrt{2\pi}}\int_{-x}^{x} e^{-t2/2}\,dt。$$

当 N 充分大时,有如下的近似式子:

$$P\left\{ \mid \overline{X}_N - E(X) \mid < \frac{\lambda_\alpha \sigma}{\sqrt{N}}\right\} \approx \frac{2}{\sqrt{2\pi}}\int_{0}^{\lambda_\alpha} e^{-t2/2}\,dt = 1 - \alpha$$

其中,$1-\alpha$ 称为置信水平。这表明,不等式 $\mid \overline{X}_N - E(X) \mid < \frac{\lambda_\alpha \sigma}{\sqrt{N}}$ 近似地以概率 $1-\alpha$ 成立,且误差收敛速度的阶为 $O(N^{-1/2})$。

蒙特卡洛方法的误差 ε 定义为:$\mid \overline{X}_N - E(X) \mid < \frac{\lambda_\alpha \sigma}{\sqrt{N}}$。由误差定义可知,在给定置信水平下,蒙特卡洛的收敛速度为 $O(N^{-1/2})$,与问题本身的维数无关。维数的变化只影响抽样和估计量的计算时间,不会影响误差。也就是说,使用蒙特卡洛方式时,抽取的子样总数 N 与维数 s 无关。这一特点决定了蒙特卡洛方法对多维方法问题的适应性。而一般数值问题,比如,计算定积分,计算时间随维数的幂次方而增加;而且,由于分位数与维数的幂次方成正比,需占用相当数量的计算机内存。这些都是一般数值方法计算高维积分时难以克服的问题。因此,蒙特卡洛方法常用于高维积分和其他复杂问题。

随着计算机的快速发展,蒙特卡洛方法在统计、物理、生物医学、核医学、量子力学、分子动力学、仿真学、仪器设计与校正、可靠性设计、石油测井、物探、金融、信息和航天、参数估计等领域内有广泛应用。

蒙特卡洛方法在回归方程的显著性检验中得到很好的应用。在多元回归模型中,对所得到的回归方程要进行可靠性和稳定性的统计检验。检验的一般做法是把所有的观测数据分为两部分,一部分用于检验模型。但当检验的数据样本量不多时,应用这种检验方法是有困难的。为了克服这种困难,可以利用模拟方法来检验回归预测的有效性。随机生成被解释变量 y,保持解释变量不变,进行多元回归并计算被解释变量的预测值,求出相应的复相关系数 R。多次重复这一程序,可得到在 y 与 x 无关的条件下 y 与 x 的 R 的经验分布。利用这一经验分布,即可对模型的 R 进行检验。若对于给定的显著水平 α,$P(R > R^*) > \alpha$ 成立,则回归预测的效果与随机预测的效果的差异没有显著性。

在统计推断中,用蒙特卡洛方法去逼近统计量的分布已成为非常重要研究分支。其主要思想是通过产生参考数据,构造新的分布区逼近观测数据得到的统计量分布。在很多情况下,在假设检验中很难得到统计量在原假设下的精确分布或者极限分布,无法确定是否接受原假设的临界值点,此时可借助蒙特卡洛逼近的方法。蒙特卡洛逼近是一种容易实施的方法。如果没有冗余参数,蒙特卡洛检验可能达到精确的显著性水平,即使与一致最优(UMP)检验作比较,它的功效也很高。

马尔科夫链蒙特卡洛方法(Markov Chain Monte Carlo,MCMC)是一种特殊的蒙特卡洛方法,它将随机过程中的马尔科夫过程引入到蒙特卡洛模拟中,实现动态模拟(即抽样分布随模拟的进行而改变)。本质上,MCMC 方法是使用马尔科夫链的蒙特卡洛积分。已知历史数据,即已知变量的后验分布,估计均值、方差或分位数等参数可归结为对高维后验分布进行积分计算。目前常用的 MCMC 方法主要有两种,Gibbs 抽样和 Metropolis-Hastings 算法。

参考文献:

刘辉等:《蒙特卡洛方法与拟蒙特卡洛方法的历史、现状及展望》,载于《东华理工大学学报(自然科学版)》2010 年第 4 期。

裴鹿成:《计算机随机模拟》,湖南科学技术出版社 1989 年版。

《现代数学手册》编纂委员会:《现代数学手册 · 随机数学卷》,华中科技大学出版社 2000 年版。

朱力行、许王莉:《非参数蒙特卡洛检验以及应用》,科学出版社 2008 年版。

George S. Fishman, *Monte Carlo: Concepts, Algorithms, and Application.* Library of Congress Cataloging-in-pulication Data, 1995.

Jun S. lin, *Monte Carlo Strategies in Scientific Computing*, Department of Statistics Harvard University, 2001.

Reuven Y. Rubinstein, Dirk P. Kroese, *Simulation and the Monte Carlo Method* (2nd), John Wiley & Sons, Inc., Hoboken, New Jersey. John Wiley & Sons, Inc., 2008.

（王群勇）

自举法

Bootstrap

自举法又叫做自助法，顾名思义，就是不依靠外界帮助，依靠自己的力量提升自己的性质的一种方法。自举法是美国统计学家埃弗龙（Efron）在1979年首次提出，之后，许多学者针对不同模型对该方法作出了大量的发展。该方法在理论和应用研究领域，尤其是医药、金融、经济学等领域得到了广泛的应用。参数估计是计量经济学和统计学的重要内容之一。很多时候人们所关心的不仅仅是参数估计量本身，而是估计量的某些性质，如偏差、方差、置信区间以及其他假设检验。事实上，大多数情况下，研究者所面临的仅仅是样本，而不知道数据的总体，通常需要对参数进行一系列假设，但这些假设的真实性往往无法保证。自举法提供了一种有效地解决上述问题的方法，可以在不对参数进行假设情况下，仅依靠对有限样本实行有放回的重复抽样，完成对参数统计量性质的探索。自举法尤其适用于当统计量的理论分布比较复杂甚至未知，或者样本容量比较低不足以进行有效的统计推断的情况。

假设 $\mathbf{X}=\{X_1,\cdots,X_n\}$ 是服从未知总体分布 F 的观测数据集，$X_i \sim$ i. i. d. F，$i=1,2,\cdots,n$。$\theta=T(F)$ 为来自分布 F 的某一总体参数，例如 $T(F)=\int x dF(x)$ 为总体期望。研究者所关心的问题通常并不单是参数 θ，而是可以用一个特殊的随机变量 $R(\mathbf{X},F)$ 表示的更为复杂的问题。$R(\mathbf{X},F)$ 既依赖于样本数据 $\mathbf{X}$，又依赖于总体分布 F，它的分布往往是未知的，自举法提供了以经验分布函数 F_n 近似总体分布 F，进而得到 $R(\mathbf{X},F)$ 分布 G_n 的近似的一种方法。其主要步骤是：步骤1：将样本数据 $\mathbf{X}=\{X_1,\cdots,X_n\}$ 视为有限成员总体，将经验分布函数 $F_n(x)=\frac{1}{n}\sum_{i=1}^{n} I(X_i\leq x)$ 视为总体分布。步骤2：从 $\mathbf{X}$ 中有放回抽取独立同分布样本 $\mathbf{X}^*=\{X_1^*,\cdots,X_n^*\}$，$X_i^*\sim$ i. i. d. F_n，$i=1,2,\cdots n$，称为自举样本。步骤3：以 $\mathbf{X}^*$ 代替 $\mathbf{X}$，F_n 代替 F，求出 $R(\mathbf{X}^*,F_n)$ 作为 $R(\mathbf{X},F)$ 的近似。每完成一次步骤2和步骤3称为对 $\mathbf{X}$ 的一次自举。步骤4：重复对 $\mathbf{X}$ 进行 B 次自举（这里 B 应是一个足够大的数，视自举的应用而不同），得到 B 个随机变量 $R_1(\mathbf{X}_1^*,F_n),\cdots,R_B(\mathbf{X}_B^*,F_n)$，记为 $R_1^*,\cdots,R_B^*$，并以这 B 个随机变量的经验分布 G_B^* 来近似 $R(\mathbf{X}^*,F_n)$ 的分布 G_n^*，从而进一步近似 $R(\mathbf{X},F)$ 的分布 G_n，并进行推断。这里用 G_B^* 近似 G_n 有两种误差：一是 G_B^* 逼近 G_n^* 的误差，因为 G_B^* 的分布依赖于样本 $\mathbf{X}$，这一误差本身就是随机的，但由于 B 可以非常大，这一误差可任意小，因而不是主要的；另一个是 G_n^* 逼近 G_n 的误差，在适当条件下，一般可以证明 G_n^* 和 G_n 有相同的极限，因此，只要 n 足够大，这个误差也可很小。与大样本方法对分布 F 进行极限逼近不同，自举法更强调模拟，它的理论基础是用经验分布代替未知的总体分布，由格雷文括（Glivenko）定理，当 n 很大时 F_n 和 F 很接近，这一替代的可行性是自举法行之有效的根本所在。

自举法可用于偏差修正。当以某种方法求得参数的估计 $\hat{\theta}=T(F_n)$ 时，偏差 $\text{bias}=E(\hat{\theta}-\theta)=E(\hat{\theta})-\theta$ 反映了估计量对真实参数的偏离程度。此时，人们感兴趣的自然是 $R(X,F)=T(F_n)-T(F)$，根据自举法基本思想，可以求取偏差的自举估计 $\bar{R}^*=\bar{\theta}^*-\hat{\theta}$，其中 $\bar{\theta}^*=\frac{1}{B}\sum_{i=1}^{B}T(F_{ni}^*)$，$F_{ni}^*$ 表示第 i 个自举样本的经验分布，$T(F_{ni}^*)$ 是基于自举样本得到的参数估计。例如，当 $\theta=T(F)$ 表示一元总体均值，$\hat{\theta}=\int x d\hat{F}_n(x)=\sum_{i=1}^{n}\frac{X_i}{n}$ 即为样本均值，此时有 $R(\mathbf{X},F)=\bar{X}-\mu$，$\bar{R}^*=\bar{\theta}^*-\hat{\theta}$，其中 $\bar{\theta}^*=\frac{1}{B}\sum_{i=1}^{B}\sum_{j=1}^{n}\frac{X_{ij}^*}{n}$。

自举法可用于方差估计。假设想要估计的是 $T(F_n)$ 的方差，便可以通过求取 $S_B^2=\frac{1}{B-1}\sum_{i=1}^{B}(T(F_{ni}^*)-\bar{T}^*)^2$ 来完成，其中 $\bar{T}^*$ 是基于自举样本 $\{X_1^*,\cdots,X_B^*\}$ 的 $T(F_{ni}^*)$ 的样本均值，$\bar{T}^*=\frac{1}{B}\sum_{i=1}^{B}T(F_{ni}^*)$。

自举法可用于置信区间估计。一般来说，一种常用的构造参数 θ 置信区间的方法是找到某一个（枢轴）量，不妨记为 $g(T,\theta)$，其中 T 为某一统计量，通过利用概率等式 $P(g_{\alpha/2}\leq g(T,\theta)\leq g_{1-\alpha/2})=1-\alpha$，来求得参数 θ 的置信区间。当枢轴量 $g(T,\theta)$ 的分布不易求取时，$g_{\alpha/2}$ 和 $g_{1-\alpha/2}$ 也就无法通过查表等方式得到，于是可以通过自举法对分位数进行估计或者近似。

自举法可用于假设检验。假设检验与置信区间，实际上是同一原理的不同应用，求出了某一参数的 $100(1-\alpha)\%$ 置信区间后，便可得知在检验水平 α 下，是否可以拒绝参数值的原假设。当然，也可类似地计算出基于自举的 p 值，通过比较 p 值和检验水平的大小来判断是否应该拒绝原假设。

自举法可用于回归分析。考虑经典条件下的多元

回归模型 $y_i = \mathbf{X}_i'\boldsymbol{\beta} + \varepsilon_i$，$i = 1,\cdots,n$，其中假设 $\varepsilon_i \sim$ i. i. d. $(0,\sigma^2)$ 是均值为零方差为常数的独立同分布随机变量，$\mathbf{X}_i$ 和 $\boldsymbol{\beta}$ 分别是 p 维的解释变量和回归系数。利用普通最小二乘法可得参数的估计为 $\hat{\boldsymbol{\beta}} = (\mathbf{X}'\mathbf{X})^{-1}\mathbf{X}'\mathbf{y}$。研究表明，用自举法求出的参数估计方差与经典条件下最小二乘法求出的方差 $\mathrm{Var}(\hat{\boldsymbol{\beta}}) = \sigma^2(\mathbf{X}^{\mathrm{T}}\mathbf{X})^{-1}$ 是一致的，并且，当回归模型是非线性时，用自举方法往往会取得更好的效果。应用自举残差求解回归模型的方法如下：先由观测数据拟合回归模型，然后获得被解释变量的估计值 $\hat{y}_i$ 和标准化残差 $\hat{\varepsilon}_i = \dfrac{y_i - \mathbf{X}'_i\hat{\boldsymbol{\beta}}}{\sqrt{1 - h_{ii}}}$，其中 h_{ii} 是帽子矩阵 $\mathbf{X}(\mathbf{X}'\mathbf{X})^{1}\mathbf{X}'$ 的对角线上的第 i 个元素；从拟合残差集合 $\{\hat{\varepsilon}_1,\cdots,\hat{\varepsilon}_n\}$ 中有放回随机抽取自举残差集合 $\{\hat{\varepsilon}_1^*,\cdots,\hat{\varepsilon}_n^*\}$，再进一步得到 $y_i^* = \hat{y}_i + \hat{\varepsilon}_i^*$，$i = 1,\cdots,n$；用 y^* 对 $\mathbf{X}$ 进行回归从而获得自举参数估计 $\hat{\boldsymbol{\beta}}^*$，重复多次该过程可得到 $\hat{\boldsymbol{\beta}}^*$ 的经验分布函数，就可以用它进行推断。自举残差法依赖于选定的模型是否能够给予观测数据适当的拟合，以及残差序列具有常数方差的假设，如果无法保证这些条件的成立，则需要考虑其他的自举法，比如成对自举法。

以上介绍的自举应用，都是在观测数据 $\mathbf{X}_i$ 独立服从于相同未知分布 F 的假设下进行的。但在很多情况下，观测数据之间并不能满足这一假设，而是呈一定的相关关系，例如时间序列的 ARMA 模型等，此时可使用"块状自举法"来克服这一缺陷。由于数据内部存在相关关系，因此不能对单个数据点进行自举，否则数据间的相关结构就会被破坏了，因此，在重复抽样时必须设法保留数据的整"块"被放在同一单元中抽取，这就是"块状"的由来。具体的操作步骤是：首先将 n 样本数据 $\mathbf{X} = \{X_1,\cdots,X_n\}$ 按照它们的顺序拆分为 m 块，每块数据长度为 l，即 $\mathbf{Z}_1 = (X_1,\cdots,X_l)$，$\mathbf{Z}_2 = (X_2,\cdots,X_{l+1})$，$\cdots$，$\mathbf{Z}_m = (X_m,\cdots,X_n)$，则有 $m = n - l + 1$，以 $\mathbf{Z} = (\mathbf{Z}_1,\cdots,\mathbf{Z}_m)$ 为新的样本数据集进行自举重复抽样，得到 B 个自举样本 $Z_1,\cdots,Z_n$，仍利用前面所述方法计算相应的估计值、统计量的近似分布等。块状自举法的关键在于如何划分样本区间，也即如何"分块"。除了上面介绍的方法外，还有不重叠的块状自举，即划分块状区间时每个区间不相互重叠的方法等。

在自举法的实现过程中，因为涉及大量的模拟计算，显然，自举次数越多，模拟越接近真实情况，当 $B\to\infty$ 时，估计的误差也相应地趋近于 0。但精确程度的增加会随着 B 的增加而递减，即当 B 超过一定数值后，这种效果便不再明显。如果 B 选得过大，反而会造成计算机运行上的困难，从而耗费大量的时间，得不偿失。研究表明，在用自举方法估计偏差和方差时，取 $B = 50$ 便可达到理想的效果，但在估计置信区间时却要取得较大，通常需要 $B > 1000$。其他一些更为复杂的应用，则需要在反复的试验中得到理想的结论。

参考文献：

Efron Bradley, Bootstrap Methods: Another Look at the Jackknife, *The Annals of Statistics*, Vol. 7, No. 1, 1979.

Eron Bradley, Tibshirani Robert, *An Introduction to the Bootstrap*, New York: Chapman & Hall Ltd, 1993.

C. Davison, D. V. hinkley, *Bootstrap Methods and Their Application*, Cambridge University Press, 1997.

Peter J. Bickel, David A. Freedman, Some Asymptotic Theory for the Bootstrap, *The Annals of Statistics*, Vol. 9, No. 6, 1981.

（王群勇）

离散选择模型
Discrete Choice Model

在社会、经济决策中经常面临许多选择问题，人们需要在可供选择的有限多个方案中做出抉择。如果以选择结果作为被解释变量，以影响选择结果的各个原因变量作为解释变量，所建立的模型称为离散选择模型。与通常模型被解释变量是连续变量的假设相反，此时被解释变量只能取有限多个离散的值，所以，离散选择模型是一类离散被解释变量模型（Models with Discrete Dependent Variables）。根据被解释变量可取离散值的多少可以将离散选择模型分为二项（元）选择模型（Binary Choice Model）和多项（元）选择模型（Model for Multiple Choices）。二项选择模型，是指被解释变量只有两种互斥离散的选项，例如是否参加工作，是否购买某种商品等。不失一般性，将两种选项分别赋值为 1 和 0。对于这类情况，通常根据模型随机项的分布假设不同，有两种常用的模型，分别是 Logit 模型和 Probit 模型。多项选择模型，是指被解释变量有多种离散的选项，例如出行方式，可能有步行、自行车、私家车、公共交通等多种选择。不失一般性，将各种选项分别赋值为 0，1，2，3，…。对于这类情况，通常根据选择行为可以建立三种常用的模型，分别是一般多项选择模型、排序选择模型（Ordered Multivariate Choice）和嵌套选择模型（Nested Multiple Choices）。其中一般多项选择模型又根据解释变量的不同选择分为条件 Logit 模型（Conditional Logit Model）和多项 Logit 模型（Multinomial Logit Model）。

二项选择模型的原始模型被称为线性概率模型，直接将离散被解释变量的条件期望表示为解释变量的线性组合，此时被解释变量的条件期望等价于其取值为 1 的条件概率。该线性概率模型存在许多问题，最重要的是模型左右端矛盾。模型的左端为条件概率，取值不可能超出[0,1]的范围,而右端为解释变量的线性组合,取值无限制。另外,模型随机扰动项不满足正态性假定和同方差假定;使用可决系数作为衡量模型的拟合优度不再合适等。因此线性概率模型不能作为描述二项选择问题的模型,必须将其做适当的变换,形成更加合理的模型:

$$E(Y \mid X) = g^{-1}(\mathbf{X}\boldsymbol{\beta}) \tag{1}$$

模型(1)被称为广义线性模型,其中 g 称为链接函数(Link Function)。由于 Y 的条件期望取值范围为[0,1],通常将 g^{-1} 设定为某类累积分布函数。由于模型(1)为非线性模型,因此解释变量对被解释变量的边际效应不为常数,而是随解释变量的变化而变化,其表达式可以通过被解释变量的条件期望对解释变量求导而获得。当 g^{-1} 被设定为逻辑斯蒂(Logistic)分布的累积分布函数时,模型(1)被称为 Logit 模型。起初,Logit 公式是卢斯(Luce)于 1959 年通过对选择概率的特性进行假设推导而得,他引入了被称为"不相关选项的独立性"特征,通过允许从二元选择的实验中推断多元选择概率来简化实验选择数据的收集。在 Logit 模型中,**X** 的系数 $\boldsymbol{\beta}$ 表示为 **X** 每变化一个单位时,被解释变量对数机会比例变化 $\boldsymbol{\beta}$,其中对数机会比例定义为 $\ln\left(\frac{p}{1-p}\right)$。当 g^{-1} 被设定为标准正态分布的累计分布函数时,模型(1)被称为 Probit 模型。Probit 模型中的参数 $\boldsymbol{\beta}$ 没有明显的经济学含义。Logit 模型和 Probit 模型克服了线性概率模型存在的主要问题,是离散选择模型中常用的模型设定形式。极大似然估计为以上模型最常见的估计方法。如果模型设定正确,参数的极大似然估计式满足一致性和渐近正态性,可用于模型的统计推断。对于二项选择模型,通常所计算的拟合优度 R^2 没有太多的现实意义。更为常用的为麦克法登(McFadden,1974)提出的度量方法,被称为 McFadden R^2,简记为 R^2_{McF}。根据定义 $R^2_{McF} = 1 - (LIF_{ur}/LLF_r)$,其中 LIF_{ur} 是模型包含所有解释变量时无约束对数似然函数值,LLF_r 是回归模型中仅含有截距项时的有约束的对数似然函数值。

一般多元选择模型也称为无序多元选择模型,即离散的被解释变量选项没有天然的顺序,例如选择不同的交通方式,选择不同的商品等。对于这类模型,其模型设定通常按照随机效用模型(Random Utility Model)的思想进行,即对于每个样本,不同的选项都有其相应的效用,样本会选择其中效用最高的选项。设被解释变量 Y 有 m 个无序的选项,其中第 j 个选择所对应的效用设定为:

$$U_{ij} = V_{ij} + \varepsilon_{ij} \tag{2}$$

其中,ε_{ij} 表示均值为零的随机扰动项,V_{ij} 表示其固定效用,可设定为解释变量的线性组合。根据解释变量的不同,由可识别条件,V_{ij} 通常设定为 $V_{ij} = \mathbf{X}_{ij}\boldsymbol{\beta}$(称为条件 Logit 模型)或者 $V_{ij} = \mathbf{X}_i\boldsymbol{\beta}_j$(称为多项 Logit 模型)。其中 $\mathbf{X}_{ij}$ 中包含选项 j 的属性和选择者 i 的属性;$\mathbf{X}_i$ 中只包含选择者 i 的属性。由可识别条件,当解释变量随选项变化而变化时,只有单一的参数可以识别,表示为一个单位的 **X** 变化,引起 $\boldsymbol{\beta}$ 个单位的效用变化;当解释变量不随选项变化而变化时,有 m - 1 个对应的参数可以识别(通常设定 $\beta_1 = 0$ 作为基准项),表示为一个单位的 **X** 变化,相对于基准项,第 j 个选项的效用引起 β_j 个单位的变化。最初瑟尔斯通(Thurstone)从心理激励的角度,引入了比较判定定律(Law of Comparative Judgment)。定律认为人类的选择取决于对选择项感知到的不同的刺激,麦夏克(Marschak)于 1960 年将这种感知到的刺激理解为效用,并对包含随机因素的效用最大化的模型进行了理论推导,使之成为随机效用最大化(Random Utility Maximization,RUM)模型。由随机效用模型的思想,可以将模型设定为:

$$\begin{aligned} p_{ij} &= P(Y_i = j \mid \mathbf{X}_i) = P(U_{ij} \geqslant U_{ik}, k \neq j) \\ &= P(\varepsilon_{ik} - \varepsilon_{ij} \leqslant V_{ij} - V_{ik}, k \neq j) \end{aligned} \tag{3}$$

其中,对 ε_{ij} 不同的设定形成不同的无序多项选择模型,最为常见的设定为,假设 ε_{ij} 为独立同分布的第一类极值分布,则(3)式变为

$$p_{ij} = \frac{e^{V_{ij}}}{e^{V_{i1}} + e^{V_{i2}} + \cdots + e^{V_{im}}} \tag{4}$$

(4)式可以看作 Logit 模型的一个简单推广,但是必须满足各个选项之间相互独立的假设。但是独立性的假设在某些情况下是不成立的,如某人因为其他交通工具(小轿车)的存在而不喜欢乘公交车出行,那么可能对乘火车也会做出相似的反应。那么影响乘公交车和火车的不可观测因素就具有相关性而不是独立的。麦克法登(McFadden,1978)提出广义极值模型(Generalized Extreme Value Models,GEV),从而描述这种选项之间的相关性。GEV 模型的共性在于所有选项的效用不可观测部分服从于广义极值的联合分布。这一分布允许选项间存在相关性,并且是一种能够用于标准的 logit 模型的广义单变量极值分布。GEV 模型的家族中,使用最为广泛的模型被称为嵌套的 Logit(Nested Logit)模型。丹利等(Daly et al.)、麦克法登(McFadden)于 1978 年和威廉姆斯(Williams)于 1977 年分别采用不同的方式证明嵌套的 Logit 模型与效用最大化相一致。这一模型被广泛应用于许多领域。与其他的 GEV 模型相比,嵌套的 Logit 模型相对更为简单。在嵌套的 Logit 模型中,在一个嵌套内部的选项的不可观测因素之间存在着相同的相关性,而嵌套之间没有相关性。

相对于无序的情况,实际应用中也常出现离散被解释变量的选项存在天然的顺序,例如顾客满意度(满意,一般,不满意)。对于这类离散选择模型,常见

的方法是引入连续潜变量(Latent Variable)和门槛值(Threshold),将潜变量模型设定为:

$$y_i^* = \mathbf{X}_i\boldsymbol{\beta} + u_i \quad (5)$$

其中,y_i^* 为第 i 个样本的不可观测潜变量。以三个选项的情况为例,C_1,C_2 为不可观测门槛值,当 $y_i^* > C_1$ 时,样本选择第 1 个选项;当 $C_2 < y_i^* \leqslant C_1$ 时,样本选择第 2 个选项;当 $y_i^* \leqslant C_2$ 时,样本选择第 3 个选项。y_i^* 虽然不可观测,但通常情况其有明显的经济学含义,例如顾客的满意程度等。对扰动项不同的设定即可设定不同的有序多项选择模型,例如,通常设定其为标准正态分布(扰动项的方差和门槛值不能同时识别,因此通常设定扰动项方差为 1)。那么有:

$$p_{i1} = P(Y_i = 1 \mid \mathbf{X}_i) = P(y_i^* > C_1) = \Phi(\mathbf{X}_i\boldsymbol{\beta} - C_1)$$
$$p_{i2} = P(Y_i = 2 \mid \mathbf{X}_i) = P(C_2 < y_i^* \leqslant C_1) = \Phi(C_1 - \mathbf{X}_i\boldsymbol{\beta}) - \Phi(C_2 - \mathbf{X}_i\boldsymbol{\beta})$$
$$p_{i3} = P(Y_i = 3 \mid \mathbf{X}_i) = P(y_i^* \leqslant C_2) = \Phi(C_2 - \mathbf{X}_i\boldsymbol{\beta}) \quad (6)$$

更一般的,对于 m 个选项的有序离散选择模型需要引入 m-1 个门槛值。

在各种多选择模型中,一般都将模型随机项 ε_{ij} 设定为逻辑斯蒂分布。如果将 ε_{ij} 设定多元正态分布,模型被称为多元 Probit 模型,但是其识别和估计都相对较困难。对于多项选择模型,通常假设样本之间是独立的,并且使用极大似然估计对其参数进行估计与统计推断。

以上均为离散被解释变量模型中最为常见最为简单的部分,在实际应用中,往往会出现一些特殊情况需要特别考虑。例如以上模型均为参数模型,需要对模型进行参数设定然后应用极大似然对其参数进行估计和统计推断,其中暗含假设模型设定必须正确,否则参数估计的一致性和渐近正态性将难以满足,因此模型的稳健性相对较差,为了克服这样的问题,非参数以及半参数模型可引入模型的设定当中。另外对于多项选择模型,选项之间的相关性可用多种方式进行描述,例如嵌套模型,顺序选择模型(Sequential Model)等,对于模型的选择问题也是一个可以考虑的方面。在对模型进行极大似然估计的时候,有时会遇到似然函数中包含积分的情况,例如随机参数模型,此时可以考虑使用模拟极大似然估计或者使用贝叶斯的方法进行分析。近来,离散选择模型也不仅出现在对截面数据的分析上,也会出现在面板数据等更复杂的数据结构中,其分析方法和应用也在进一步的完善当中。

参考文献:

Amemiya, T., *Advanced Econometrics*, Cambridge: Harvard University Press, 1985.

A. Colin Cameron and Pravin K. Trivedi, *Microeconometrics Methods and Applications*, Cambridge: Cambridge University Press, 2005.

Greene, W. H., *Econometric Analysis*, Upper Saddle River: Prentice Hall, 2003.

Maddala, G. S., *Limited Dependent and Qualitative Variables in Economics*, Cambridge: Cambridge University Press, 1983.

McFadden, D., The Measurement of Urban Travel Demand, *Journal of Public Economics*, Vol. 3, No. 4, 1974.

McFadden, D., Modeling the Choice of Residential Location, *Cowles Foundation Discussion Paper*, No. 477, 1978.

(李伊)

计数数据模型
Count Data Model

计数数据模型是一类广泛应用的微观计量经济学模型。模型的被解释变量观测值表现为非负整数,为计数事件的结果。非负整数属于离散数据,计数数据模型是一类离散被解释变量计量经济学模型。

社会经济研究中,许多研究对象的观测数据表现为计数数据。例如,不同雇员在一定时间内更换工作的次数,各种型号汽车在一个时期内发生事故的次数,个人在一年内到医院就诊的次数,等等。计数数据作为事件的结果,为了分析产生这些结果的原因,就必须以它们作为被解释变量建立计量经济学模型。

20 世纪 60 年代以来,许多学者在计数数据模型的理论方法方面作出了较大贡献。其中,最先提出的泊松分布在研究计数数据模型问题中应用十分广泛。乔根森(Jorgensen, 1961)最早提出泊松过程的多元回归模型;莱姆库勒(Leimkuhler, 1963)用泊松回归模型研究了放射性物质运输过程中发生事故的影响因素;沙哈尔(Sahal, 1974)用泊松回归模型研究了不同产业中创新过程的特点。豪斯曼等(Hausman et al., 1984)提出了基于极大似然估计的负二项回归模型,也获得了广泛的应用。米尔拉赫(Mullahy, 1986)最先提出了一个零变换模型,用伯努利分布来描述被解释变量分别为零值和正值的概率。米尔拉赫(1986)和兰伯特(Lambert, 1992)提出了零变换模型的一种扩展模型。近年来,计数数据模型正在向两个方向发展。一是将计数数据模型由截面数据扩展到面板数据,面板计数数据模型的理论方法已经成为重点研究领域,由于获得面板计数数据存在诸多困难,目前应用研究还比较少见。二是由参数模型扩展到非参数、半参数模型。由于非参数、半参数计数数据模型解释变量的数目受到限制,而实际应用研究中的计数数据模型一般都包含较多的解释变量,特别是为数众多的定性变量,因此，非参数、半参数计数数据模型缺少良好的应用前景。

以离散计数变量为被解释变量建立的计量经济学模型的共同特点是：被解释变量观测值表现为非负整数。假设 Y 是计数变量，**X** 是一组解释变量，建立如下的线性模型：

$$Y_i = \mathbf{X}_i\boldsymbol{\beta} + \mu_i \quad E(\mu_i) = 0 \quad i = 1, 2, \cdots, n \tag{1}$$

则有：

$$E(Y_i \mid \mathbf{X}_i) = \mathbf{X}_i\boldsymbol{\beta} \quad i = 1, 2, \cdots, n \tag{2}$$

式(2)左端为非负整数，而右端并无限制，致使左右端矛盾。如果对 Y 采用对数变换，可以解决非负限制问题，但是实际应用中难以实现，因为在一般的计数数据问题中，相当比例的 Y 取值为 0。当 Y 没有上界时，也可以采用指数函数模型解决非负限制问题，但效果不理想，因为所有计数数据的分布都存在异方差。因此，被解释变量观测值的非负整数特征，计数数据中零元素和绝对值较小的数据出现得较为频繁，而且离散特征十分明显，以及模型的异方差特征，决定了有必要引进描述非负整数特征的概率分布建立离散计数数据模型。

泊松回归模型(Poisson Regression Model)是最具实际应用价值的一类计数数据模型。如果模型被解释变量(例如，在一定时间内的工作更换次数)Y_i 服从参数为 λ 的标准泊松分布：

$$P(Y_i = k) = \frac{(\lambda_i)^k \exp(-\lambda_i)}{k!} \tag{3}$$

其中，λ_i 与解释变量 $\mathbf{X}_i$ 存在某种关系。泊松回归模型的初始方程为：

$$Prob(Y_i = y_i) = \frac{e^{-\lambda_i}\lambda_i y_i}{y_i!}, y_i = 0, 1, 2, \cdots$$

最常用的关于 λ_i 的方程是对数线性模型，即 $\ln\lambda_i = \mathbf{X}_i\boldsymbol{\beta}$，根据泊松分布的性质得到：

$$E[Y_i \mid \mathbf{X}_i] = Var[Y_i \mid \mathbf{X}_i] = \lambda_i = e^{X_i\beta} \tag{4}$$

模型(4)是一个非线性模型，一般采用最大似然估计方法估计其参数。对数似然函数为：

$$\ln L = \sum_{i=1}^{n} [-e^{X_i\beta} + Y_i\mathbf{X}_i\boldsymbol{\beta} - \ln Y_i!] \tag{5}$$

求解该对数似然函数最大化的一阶条件，可以得到方程的参数估计值。可以证明，当模型设定正确时，该估计是一致估计。泊松分布(3)是计数过程最常见的一类分布。它的一个最重要的特征是均值和方差相等，称为分散均衡(Equidispersion)。这是一个非常强的假设，人们完全有理由对此提出质疑。所以，必须对该假设进行检验，这是泊松回归模型最重要的检验，通常采用的检验包括基于回归的检验方法和拉格朗日乘子检验法。

负二项分布回归模型(Negative Binomial Regression Model)也是一类具实际应用价值的计数数据模型。如果计数过程 Y_i 的均值小于方差，称为分散过度(Overdispersion)。对于这样的计数过程，一般服从参数为 α 和 θ 的负二项分布。即

$$P(Y = k) = \frac{\Gamma(\alpha + k)}{\Gamma(\alpha)\Gamma(k+1)}\left(\frac{1}{1+\theta}\right)^{\alpha}\left(\frac{\theta}{1+\theta}\right)^{k} \tag{6}$$

其中，$0 < \theta < 1$，α 为正实数。负二项分布回归模型的一种形式为：

$$f(Y_i \mid \mathbf{X}_i) = \frac{\Gamma(\theta + Y_i)}{\Gamma(Y_i + 1)\Gamma(\theta)} r_i^{y_i}(1 - r_i)^{\theta}, \ r_i = \frac{\lambda_i}{\lambda_i + \theta} \tag{7}$$

其条件均值为 λ_i，条件方差为 $\lambda_i(1 + (1/\theta)\lambda_i)$。由概率密度可以求得最大似然函数，再通过迭代法得到参数估计。

二项分布回归模型(Binomial Distribution Regression Model)也是一类计数数据模型。如果计数过程 Y_i 的均值大于方差，称为分散不足(Underdispersion)。对于这样的计数过程，一般服从参数为 n 和 p 的二项分布。即

$$P(Y_i = k) = \binom{n}{k} p^k (1 - p)^{n-k} \tag{8}$$

其中，$0 < p < 1$。容易得到：$E(Y_i) = np$，$Var(Y_i) = np(1 - p)$，显然存在：$E(X) > Var(X)$。对于服从二项分布的计数数据问题，宜于建立二项分布回归模型。由于均值大于方差的问题在实际应用研究中比较少见，二项分布回归模型很少被采用。

零变换泊松模型(Hurdle and Zero-Altered Poisson Models)描述了被解释变量观测值为零值的两种产生过程。在某些情况下，被解释变量为零值的产生过程与它取正值的过程差异很大。例如，计数数据问题为个人 1 年内到医院就诊的次数，一般情况下，身体健康的人就诊次数为 0，身体不健康的人就诊次数大于 0；但是，身体不健康的人就诊次数也可能为 0。这样，被解释变量观测值为零值的产生过程就有两种。最先提出的零变换模型用伯努利分布来描述被解释变量分别为零值和正值的概率。零变换模型的一种扩展，即假定被解释变量的零值产生于两个区域中的一个。在一个区域里，被解释变量总是零，而另一个区域里，被解释变量的取值符合泊松过程，既可能产生零，也可能产生其他数值。进一步，还采用许多方法，包括 Logit 和 Probit 模型，来描述两个区域各自的发生概率。这些修正的方法都改变了泊松过程，即均值和方差不再相等。

参考文献：

Hausman, J., Hall, B. H. and Griliches, Z., Econometric Models for Count Data with an Application to the Patents-R&D Relationship, *Econometrica*, Vol. 52, No. 4, 1984.

Jorgensen, D. W., Multiple Regression of a Poisson Process,

Journal of American Statistical Association, Vol. 56, No. 294, 1961.

Lambert, D., Zero-Inflated Poisson Regression with Application to Defects in Manufacturing, *Technometrics*, Vol. 34, No. 1, 1992.

Leimkuhler, F. F., *Trucking of Radioactive Materials: Safety vs. Economy in Highway Transport*, Baltimore, Md: The Jones Hopkins Press, 1963.

Mullahy, J., Specification and Testing of Some Modified Count Data Models, *Journal of Econometrics*, Vol. 33, No. 3, 1986.

Sahal, D., Generalized Poisson and Related Models of Technological Innovation, *Technological Forecasting and Social Change*, Vol. 6, 1974.

（李子奈）

选择性样本模型

Sample Selection Model

选择性样本模型是一类广泛应用的微观计量经济学模型。如果被解释变量的样本观测值并不是在截面个体中独立随机抽取的，称为选择性样本；以选择性样本数据建立的计量经济学模型称为选择性样本模型。由于模型被解释变量的样本观测受到限制，也称为受限被解释变量模型（Models with Limited Dependent Variable）。

经济社会研究中的选择性样本问题主要包括两类。一是“截断”（Truncation）问题。即不能从全部截面个体，而只能从一部分个体中随机抽取被解释变量的样本观测值。“截断”问题又可以分为两种情况。一是，所抽取的部分个体的观测值都大于或者小于某个确定值，即出现“掐头”或者“去尾”的现象，存在明显的“截断点”。二是所抽取的样本观测值来自于具有某些特征的部分个体，但是样本观测值的大小与其他个体的观测值相比较，并不存在明显的“截断点”。另一类是“归并”（Censoring）问题，也译为“删失”问题或者“检查”问题。即样本是随机抽取的，但被解释变量的某些样本观测值无法观测，都用一个相同的值代替。无论是“截断数据”，还是“归并数据”，都违背了经典计量经济学模型关于样本是独立随机抽取的假定，被解释变量样本观测值受到了限制。所不同的是，“截断”问题的限制出现在样本的选择中，而“归并”问题的限制出现在被解释变量样本观测值的观测上。从这样的样本数据出发，如果采用经典的方法估计模型，显然是不合适的，需要发展专门的模型理论方法。

20 世纪 70 年代以来，许多学者在选择性样本模型的理论方法方面作出了重大贡献。托宾（Tobin, 1958）最早在研究美国家庭耐用品消费支出的决定因素时，发现了归并问题，指出如果采用经典模型方法估计，必将是有偏和不一致的。托宾的模型成功解决了此类问题，这就是常用的 Tobit 模型。和托宾的研究有所不同，豪斯曼等（Hausman et al., 1976）研究了一类不同的数据，即截断数据。他们在新泽西进行的一项负所得税实验研究中，发现所有的收入在 1～1.5 倍贫困线间的家庭都被排除在外了，从而导致模型估计结果偏误，于是提出一种极大似然法解决了估计的一致性和渐近有效性问题，使得一系列存在抽样偏差的社会经济调查问题得到了解决。赫克曼（Heckman, 1974）研究参加工作的已婚妇女的工资决定问题，在参加工作的已婚妇女中抽取样本，发现并提出了选择性样本问题；赫克曼（1979）提出了消除选择性偏误的“两步法”，即引入一个新的行为选择方程，从而得出了一致和渐近有效的估计。他的模型也成为处理类似问题的标准方法，并因此获得 2000 年诺贝尔经济学奖。近 10 多年来，将选择性样本模型由截面数据扩展到面板数据，面板数据选择性样本模型的理论方法和应用研究成为重点研究领域。

对于计量经济学模型：

$$Y_i = \mathbf{X}_i\boldsymbol{\beta} + \mu_i \qquad \mu_i \sim N(0, \sigma^2) \qquad i = 1, 2, \cdots, n \tag{1}$$

如果被解释变量样本观测值存在选择性，例如 Y_i 只能在大于 a 的范围内取得观测值，那么正确的模型应该是：

$$Y_i \mid Y_i > a = E(Y_i \mid Y_i > a) + \mu_i = \mathbf{X}_i\boldsymbol{\beta} + \sigma\lambda(\alpha_i) + \mu_i \tag{2}$$

其中，$\alpha_i = \dfrac{\alpha - \mathbf{X}_i\boldsymbol{\beta}}{\sigma}$。如果仍然采用普通最小二乘法直接估计该模型（1），实际上忽略了一个非线性项 λ_i，这就造成参数估计量的偏误，称为“选择性偏误”。

对于具有明确截断点的截断数据计量经济学模型，可以采用最大似然法直接估计。首先求得被解释变量样本观测值的“截断分布”，然后构造如下的对数似然函数：

$$\ln L = -\frac{n}{2}(\ln(2\pi) + \ln\sigma^2) - \frac{1}{2\sigma^2}\sum_{i=1}^{n}(Y_i - \mathbf{X}_i\boldsymbol{\beta})^2 - \sum_{i=1}^{n}\ln\left(1 - \Phi\left(\frac{a - X_i\boldsymbol{\beta}}{\sigma}\right)\right) \tag{3}$$

求解该对数似然函数的极大化条件，即可以得到模型的参数估计量。从式（3）可见，该对数似然函数与不考虑截断分布情况下的对数似然函数比较，多了最后一项，而该项肯定为正，所以考虑截断分布情况下的对数似然函数值必然大于不考虑截断分布情况下的对数似然函数值。而不考虑截断分布情况下的最大似然估计等价于普通最小二乘估计，从这里也可以看出，对于实际的截断样本，如果采用最小二乘估计，将得到有偏的估计结果。

对于不具有明确截断点的截断数据计量经济学模型,最大似然估计无法采用,必须采用两步修正法。例如,为了研究全部企业经理报酬 W 与影响因素 $\mathbf{X}$ 之间的关系,在上市公司中随机抽取 n_1 个企业为样本,建立了如下的经理报酬模型:

$$W_i = \mathbf{X}_i\boldsymbol{\beta}_1 + \varepsilon_{1i} \quad i = 1,2,\cdots,n_1 \tag{4}$$

这是一个选择性样本问题,直接采用普通最小二乘估计该模型,必然存在选择性偏误。为了修正该偏误,应该将模型修正为:

$$W_i = \mathbf{X}_i\boldsymbol{\beta}_1 + \rho\sigma_1\lambda_i + \mu_i \quad i = 1,2,\cdots,n_1 \tag{5}$$

为了估计模型(5),需要在全部企业(包括上市和未上市)中随机抽取 n_2 个企业为样本,建立了如下的二元离散选择模型(上市倾向模型):

$$Y_i^* = \mathbf{Z}_i\boldsymbol{\beta}_2 + \varepsilon_{2i} \quad i = 1,2,\cdots,n_2 \tag{6}$$

其中,Y^* 表示上市倾向,上市企业的上市倾向大于(等于)0,非上市企业的上市倾向小于0;$\mathbf{Z}$ 表示影响上市倾向的所有因素。利用 n_2 个样本估计模型(6);利用估计结果 $\hat{\boldsymbol{\beta}}_2$,$\hat{\sigma}_2$ 计算"逆米尔斯比"(Inverse Mills Ratio)$\hat{\lambda}_i$;利用选择性样本观测值和计算得到的 $\hat{\lambda}_i$,将$(\rho\sigma_1)$作为一个待估计参数,采用普通最小二乘法估计模型(5),得到 $\boldsymbol{\beta}_1$ 的无偏估计量 $\hat{\boldsymbol{\beta}}_1$。

对于"归并"数据计量经济学模型,如果不可观测的样本观测值和可观测的样本观测值具有相同的分布,例如都服从正态分布,可以采用最大似然法直接估计。构造如下的对数似然函数:

$$\ln L = \sum_{Y_i>0} -\frac{1}{2}\left(\ln(2\pi) + \ln\sigma^2 + \frac{(Y_i - X_i\beta)^2}{\sigma^2}\right) + \sum_{Y_i=0}\ln\left(1 - \Phi\left(\frac{X_i\beta}{\sigma}\right)\right) \tag{7}$$

这里,样本观测值以0为界,凡小于0的都归并为0,大于0的则取实际值。求解该对数似然函数的极大化条件,即可以得到模型的参数估计量。式(7)的对数似然函数由两部分组成:一部分对应于没有限制的观测值,即前一部分,是经典回归部分;一部分对应于受到限制的观测值,即后一部分。与不考虑归并数据情况下的对数似然函数比较,该对数似然函数值必然大于后者。而不考虑归并数据情况下的最大似然估计等价于最小二乘估计,从这里也可以看出,对于实际的归并样本,如果采用最小二乘估计,同样将得到有偏的估计结果。对数似然函数(7)假设归并数据中不可观测的部分和可观测的部分都服从正态分布。如果这一条件得不到满足,就不能得到该似然函数,最大似然估计将遇到困难。这时,两步修正法是一种合适的估计方法。

参考文献:

Hausman, J. A. and D. A. Wise, The Evaluation of Results from Truncated Samples: the New Jersey Income Maintenance Experiment, *Annals of Economic and Social Measurement*, Vol. 5, No. 4, 1976.

Heckman, J. J., Shadow Prices, Market Wages and Labour Supply, *Econometrica*, Vol. 42, No. 4, 1974.

Heckman, J. J., Sample Selection Bias as a Specification Error. *Econometrica*, Vol. 47, No. 1, 1979.

Tobin, J., Estimation of Relationships for Limited Dependent Variables, *Econometrica*, Vol. 26, No. 1, 1958.

(李子奈)

持续时间数据模型
Duration Data Model

持续时间数据模型是一类具有应用价值的微观计量经济学模型。模型被解释变量的样本观测值表示事件已经持续的时间,称为持续时间数据,以持续时间数据建立的模型称为持续时间数据模型,是一类受限被解释变量计量经济学模型。持续时间分析(Duration Analysis)也被称为转换分析(Transition Analysis)。在各个专门领域也采用其他专门术语。例如,在生物统计学中被称为生存分析(Survival Analysis);在运行管理研究中被称为失效时间分析(Failure Time Analysis);在保险研究中被称为风险分析(Hazard Analysis)等。

社会经济生活中的持续时间问题十分普遍。例如,仍然处于失业状态的失业者,希望知道自己在最近的短期间内能够重新就业的可能性有多大;已经持续了一段时间的罢工能否在最近结束,等等。以某项活动的持续时间作为研究对象的持续时间数据分析,早就被用于自然科学领域,而在社会经济研究领域引入持续时间分析的历史并不长。20世纪80年代,持续时间数据模型的理论方法和应用研究得到了很大的发展。卡尔布弗莱斯等(Kalbfleisch et al., 1980)提出了转换比率函数模型及其最大似然估计。赫克曼等(Heckman et al., 1984)借鉴可靠性理论和生物统计学成果,建立了生存函数模型,并在其后的应用研究领域获得了广泛应用。凯南(Kennan, 1985)建立了罢工问题持续时间数据模型,成为应用研究的典范。考克斯等(Cox et al., 1985)提出了比例转换比率模型的半参数方法。兰开斯特(Lancaster, 1990)讨论了多种分布的转换比率模型。

持续时间数据模型具有其特殊性。以失业的持续时间分析为例。以失业的持续时间 t 作为被解释变量,以年龄、受教育程度、家庭状况、工作经历、健康状况等作为解释变量,建立如下失业持续时间模型:

$$T_i = \mathbf{X}_i\boldsymbol{\beta} + \varepsilon_i \quad i = 1,2,\cdots,n \tag{1}$$

该模型有3个特殊之处。第一,必须将失业持续时间样本观测值分为两类,一类是对已经重新工作的失业者进行的调查,另一类是对仍处于失业状态的失业者进行的调查。对于前者,失业持续时间的观测值是真实的;而对于后者,样本观测值实际上是“归并”数据。第二,取得解释变量的样本观测值存在困难。因为在失业持续的时间内,年龄、家庭状况、健康状况等是变化的。第三,也是最重要的,失业者关心的不是如何解释失业已经持续的时间,而是希望知道在观测值 t 时刻之后的最短时间内能够重新就业的可能性为多大。基于以上特殊之处,必须发展专门的模型方法,研究持续时间数据模型问题。

持续时间数据模型的总体回归模型并不采取模型(1)的形式,而是采取生存函数、转换比率函数或者累计转换比率函数的形式。生存函数描述事件持续时间不少于 t 的概率,表示为:

$$S(t)=1-F(t)=P(T\geqslant t) \tag{2}$$

转换比率函数描述事件在 t 之后的一个短时间 Δ 内转换的概率,可以表示为:

$$\begin{aligned}\lambda(t)&=\lim_{\Delta\to 0}\frac{P(t\leqslant T\leqslant t+\Delta\mid T\geqslant t)}{\Delta}\\&=\lim_{\Delta\to 0}\frac{F(t+\Delta)-F(t)}{\Delta S(t)}=\frac{f(t)}{S(t)}\end{aligned} \tag{3}$$

转换比率与 t 的概率密度函数 f(t) 和生存函数 S(t) 之间存在如下关系:$\lambda(t)=\frac{-\mathrm{dln}S(t)}{\mathrm{d}t}$,$f(t)=S(t)\lambda(t)$。定义累计转换比率函数为:$\Lambda(t)=\int_0^t\lambda(z)\mathrm{d}z$,于是有:

$$\Lambda(t)=-\ln S(t),S(t)=e^{-\Lambda(t)} \tag{4}$$

转换比率模型是常见的持续时间数据模型。因为在持续时间分析中,人们最关心的是“转换”,即从已经持续的状态转换为相反的状态。例如,从生存到死亡,从正常运行到失效,从罢工到复工,从失业到就业。所以,以转换比率为被解释变量的模型具有直接的意义。例如,对于生存函数 S(t) 服从韦伯分布的情况,建立如下转换比率模型:

$$\lambda_i=e^{-X_i\beta} \tag{5}$$

并且假设在持续的时间内,解释变量 $\mathbf{X}_i$ 具有不变的观测值。构造与模型(5)等价的线性模型:

$$w_i=p\ln(\lambda_i t_i)=p(\ln t_i-\mathbf{X}_i\boldsymbol{\beta}) \tag{6}$$

对服从韦伯分布的概率密度函数和生存函数进行变量置换,显然有:

$$f(w_i)=p\exp(w_i-e^{w_i}),S(w_i)=\exp(-e^{w_i})$$

前者为模型(6)的概率密度函数,后者为它的生存函数。可以采用最大似然法估计模型(6),考虑到持续时间样本观测值分为两类。如果持续时间观测值取自已经转换事件的个体,令 $\delta_i=1$;如果持续时间观测值取自尚未转换事件的个体,令 $\delta_i=0$。于是对数似然函数为:

$$\ln L=\sum_{i=1}^{n}(\delta_i\ln f(w_i)+(1-\delta_i)\ln S(w_i)) \tag{7}$$

对式(7)求极大,得到关于参数估计量的方程组,采用牛顿迭代方法求解方程组,即得到参数估计量。经常被作为生存函数 S(t) 的分布假设的有指数分布、韦伯分布、对数正态分布、对数逻辑分布等。

转换比率模型包括比例转换比率模型和加速转换比率模型两类。如果考虑外生变量的转换比率函数可以表示为 2 个分离的函数相乘,即:

$$\lambda(t\mid\mathbf{X})=\lambda_0(t,\alpha)\phi(\mathbf{X},\beta) \tag{8}$$

那么该类转换比率模型就被称为比例转换比率模型,或比例风险比率模型(Proportional Hazards Model,PH)。其中,$\lambda_0(t,\alpha)$ 为转换基准线,是已经持续的时间 t 的函数,与外生变量 **X** 无关,多项式函数被广泛采用;$\phi(\mathbf{X},\beta)$ 是外生变量 **X** 的函数,与已经持续的时间 t 无关,其通常的形式为 $\exp(\mathbf{X}'\beta)$。显然,转换比率与转换基准线成比例,比例因子为 $\phi(\mathbf{X},\beta)$。在估计比例转换比率模型的参数 β 时,并不需要设定 $\lambda_0(t,\alpha)$ 的函数形式,因此在应用研究中被广泛采用。例如,服从韦伯分布的生存函数,其对应的转换比率函数可以表示为 $\alpha t^{\alpha-1}\exp(\mathbf{X}'\beta)$,即为一种比例转换比率模型。

如果将持续时间模型的原始模型表示为:$\ln t=\mathbf{X}'\boldsymbol{\beta}+\mu$,于是有:$t=\exp(\mathbf{X}'\boldsymbol{\beta})v$,$v=e^{\mu}$。转换比率函数为:$\lambda(t\mid\mathbf{X})=\lambda_0(v)\exp(\mathbf{X}'\boldsymbol{\beta})$,将 $v=t\exp(-\mathbf{X}'\boldsymbol{\beta})$ 代入得到:

$$\lambda(t\mid\mathbf{X})=\lambda_0(t\exp(-\mathbf{X}'\boldsymbol{\beta}))\exp(\mathbf{X}'\boldsymbol{\beta}) \tag{9}$$

那么该类转换比率模型就被称为加速转换比率模型,或者加速失效时间模型(Accelerated Failure Time Model,AFT)。这里的“加速”体现于转换基准线 $\lambda_0(v)$,它不仅仅取决于已经持续的时间 t,也取决于 $\exp(-\mathbf{X}'\boldsymbol{\beta})$ 是否大于 1(加速)或者小于 1(减速)。例如,服从对数正态分布或者对数逻辑分布的生存函数,其对应的转换比率函数可以表示为一种加速转换比率模型。

对于前述的持续时间数据参数模型,如果已知生存函数或者转换比率函数,其参数估计是相对简单的。但是,如果模型存在设定偏误,其参数估计将是不一致的,而正确地设定生存函数或者转换比率函数是困难的。因此,将持续时间数据模型和非参数模型相结合,所形成的半参数比例转换模型,在实际持续时间问题研究中得到广泛应用。该方法最早由考克斯提出,也称为考克斯比例转换比率模型(Cox PH Model)。半参数比例转换模型中,转换基准线 $\lambda_0(t)$ 以非参数模型表示,比例因子 $\phi(\mathbf{X},\beta)$ 以参数模型表示。模型估计的任务是求得比例因子模型中参数 β 的估计量。将 N 个样本的持续时间观测值排序并分组,令 $t_1<t_2<\cdots<t_j<\cdots<t_k$ 表示观测到的离散的转换(失效,死亡)时间,其中 $k<N$。定义风险集 $R(t_j)$ 为在时刻 t_j 以前没

有发生转换的所有个体的集合，$D(t_j)$为在时刻t_j发生转换的子集，d_j为在时刻t_j发生转换的个体的数目。对数似然函数为：

$$\ln L_P = \sum_{j=1}^{k}\Big[\sum_{m\in D(t_j)}\ln\phi(X_m,\beta) - d_j\ln\Big(\sum_{l\in \mathbf{R}(t_j)}\phi(\,|X_l,\beta)\Big)\Big] \quad (10)$$

考虑到没有发生转换的样本只出现在对数似然函数的第二项，式(10)可以改写为：

$$\ln L_P(\beta) = \sum_{i=1}^{N}\delta_i\Big[\ln\phi(X_i,\beta) - \ln\Big(\sum_{l\in \mathbf{R}(t_i)}\phi(\,|X_l,\beta)\Big)\Big] \quad (11)$$

其中，示性变量δ_i等于1或0分别表示已经发生转换的观测值和没有发生转换的观测值。求解对数似然函数(11)的1阶极值条件，就可以得到参数β的估计量。如果仅仅为了分析某个变量的变化对转换基准线的影响，研究工作到此为止。如果研究者还关注转换基准线函数或者生存函数，则需要在参数β的局部最大似然估计量的基础上进行转换基准线函数或者生存函数的非参数估计。

参考文献：

Cox, D. and D. Oakes, *Analysis of Survival Data*, New York: Chapman and Hall, 1985.

Heckman, J. J. and B. Singer, Econometric Duration Analysis, *Journal of Econometrics*, Vol. 24, 1984.

Kalbfleisch, J. and R. Prentice, *The Statistical Analysis of Failure Time Data*, New York: John Wiley and Sons, 1980.

Kennan, J., The Duration of Contract Strikes in U. S. Manufacturing, *Journal of Econometrics*, Vol. 28, 1985.

Lancaster, T., *The Analysis of Transition Data*, New York: Cambridge University Press, 1990.

（李子奈）

面板数据模型
Panel Data Model

面板数据模型是利用面板数据构建的模型。面板数据系一组个体在一段时间内的观测值形成的数据集，这里"个体"可以是个人、家庭、企业、行业、地区或国家。1966年，贝尔斯特拉(Balestra)和纳洛夫(Nerlove)发表了第一篇利用面板数据模型研究天然气需求的论文，此后，面板数据模型这一新的计量分析方法在理论和应用上得到迅速发展，已形成现代计量经济学的一个相对独立的分支。萧政(Hsiao, 2003)指出，面板数据模型由于同时使用了截面数据和时间序列数据，因而可以控制个体的异质性，识别、测量单纯使用这两种数据无法估计的效应；并且具有包含更多的信息、更大的变异和自由度、变量间的共线性也更弱的特性，可得到更精确的参数估计。

面板数据涉及个体(N)和时间(T)两个维度，有微观面板(Micro Panels)和宏观面板(Macro Panels)之分，它们涉及不同的计量建模方法。微观面板通常研究T固定而N较大时(简称"大N小T")的渐近性质，而宏观面板则是同时考虑T和N都较大时(简称"大N大T")的渐近性质，涉及时序和截面二维的对角极限、序贯极限和联合极限。对于宏观面板，通常需要考虑数据的非平稳(如单位根和协整)与结构变化、个体之间的相关性即截面相关等特征；而在微观面板中，样本数据的内生性来源则是关乎估计可靠性的重要问题。

假设有N个个体T期的观测值y_{it}和X_{kit}，$i=1,\cdots,N$，$t=1,\cdots,T$，$k=1,\cdots,K$；y_{it}是在给定$\mathbf{X}_{it}$、$\mathbf{Z}_{it}$和一组固定参数$\boldsymbol{\theta}$的条件下，概率分布$f(y_{it}|\mathbf{X}_{it},\mathbf{Z}_{it},\boldsymbol{\theta})$产生的随机结果，其中$\mathbf{Z}_{it}$是不可观测的影响因素。面板数据建模的目的是利用全部的样本信息来对$\boldsymbol{\theta}$进行推断。假定关注的是$\mathbf{X}_{it}$的效应，通常的做法是通过$\boldsymbol{\theta}$在时间和个体上的变化，即$\boldsymbol{\theta}_{it}$来反映不可观测的异质性($\mathbf{Z}_{it}$的影响)；因此，给定$\mathbf{X}_{it}$，y_{it}的条件密度为$\tilde{f}(y_{it}\mid \mathbf{X}_{it},\theta_{it})$。此时需要对$\boldsymbol{\theta}_{it}$施加约束，常用的约束条件是将$\boldsymbol{\theta}_{it}$分解为$(\boldsymbol{\beta},\lambda_{it})$，其中$\boldsymbol{\beta}$不随时间和个体变动，称为结构参数(Structural Parameters)，λ_{it}称为冗余参数(Incidental Parameters)，迄今，面板数据的文献主要集中在控制了λ_{it}后如何对$\boldsymbol{\beta}$进行推断。一般的处理思路是：假定可观测变量$\mathbf{X}_{it}$的影响不随时间和个体变化，由$\boldsymbol{\beta}$描述；冗余参数λ_{it}代表了$\mathbf{X}_{it}$以外随个体和时间变化的异质性影响，这种影响可以分解为个体效应u_i、时间效应γ_t以及随个体和时间变化的随机扰动ε_{it}。

经典的面板数据模型可以分为静态模型和动态模型。各自又可以设定为截面个体截距和系数不变模型、截面个体变截距模型、截面个体变系数模型、截面个体和时点变截距模型等具体模型。从理论上讲，面对一组面板数据，设定何种类型的模型，需要首先进行模型设定检验。而在实际应用中，经常采用变截距模型。静态面板数据截面个体和时点变截距模型的设定为：

$$y_{it}=\alpha+\mathbf{X}'_{it}\boldsymbol{\beta}+u_i+\gamma_t+\varepsilon_{it}, i=1,\cdots,N; t=1,\cdots,T \quad (1)$$

其中，ε_{it}与$\mathbf{X}_{it}$不相关。若u_i(或γ_t)与x_{it}相关，式(1)即固定效应模型；为了避免虚变量(Dummy)陷阱，设定$\sum_{i=1}^{N}u_i=0$，$\sum_{t=1}^{T}\gamma_t=0$。u_i(或γ_i)与x_{it}不相关，模型(1)称为随机效应模型。固定效应模型的合适估计方法是"组内估计"，随机效应模型则通常采用可行广义最小二乘(FGLS)方法来估计。两种效应的设定各有特点。固定效应模型个体(时间)效应与解释变量

$\mathbf{X}_{it}$相关，但待估参数个数随样本容量增大，即存在冗余参数问题；个体固定效应模型中不能包含非时变的变量。随机效应模型中，待估参数个数不随样本容量变化；模型可包含非时变的变量。当随机个体（时间）效应与$\mathbf{X}_{it}$不相关时能够得到更有效的估计量，但是当随机个体（时间）效应与$\mathbf{X}_{it}$相关时，FGLS 估计是不一致估计量。通过豪斯曼（Hausman）检验，可以判断采用何种设定更为合适。

很多经济关系具有动态性，可以建立动态面板数据模型来刻画。截面个体变截距动态面板数据模型的设定为：

$$y_{it} = \gamma y_{i,t-1} + \mathbf{X}'_{it}\boldsymbol{\beta} + u_i + \varepsilon_{it}, i = 1, \cdots, N; t = 1, \cdots, T \quad (2)$$

其中，个体效应 u_i 可以是固定或随机的；若 u_i 随机，则假定 u_i 与 ε_{it}不相关。式（2）在时间上的记忆性来自两个方面：一是 $y_{i,t-1}$ 作为解释变量所引起的自相关；二是由复合扰动包含个体效应所引发的自相关。此时，无论将 u_i 设定为固定效应还是随机效应，即使 ε_{it}满足 i. i. d 的条件，式（2）也会产生内生性问题，相应的 OLS 和 GLS 估计量均不一致。为了解决这一问题，早期的研究采取的方法是对式（2）进行一阶差分，然后进行工具变量估计或广义矩（GMM）估计。阿雷拉诺和邦德（Arellano and Bond，1991）扩展了一般的 GMM 估计，建议使用变量水平值的所有滞后项作为差分变量的工具变量以提高估计的有效性，这一方法称为差分 GMM 估计。差分 GMM 估计的缺点之一是差分会导致模型扰动项出现序列相关，为此，阿雷拉诺和博韦尔（Arellano and Bover，1995）建议通过正交离差（Orthogonal Deviation）的变换来消除个体效应的影响。差分 GMM 估计的另一个缺陷是估计量在有限样本下存在较大的偏差，当自回归系数 γ 接近 1 时尤为严重；布伦德尔和邦德（Blundell and Bond，1998）发现，差分 GMM 估计的这一不良表现源于使用变量水平值的滞后项作为差分变量的工具变量所导致的弱工具变量问题，因而提出系统 GMM 估计的方法，建议在进行差分 GMM 估计的同时使用另一组矩条件来估计参数，即使用变量差分值的滞后项作为水平变量的工具变量。布伦德尔和邦德（Blundell and Bond，1998）的推导与模拟表明，系统 GMM 估计能有效克服弱工具变量的问题，极大地改进了估计量的有限样本表现，在降低偏差的同时提高了估计的精度。阿尔瓦雷斯和阿雷拉诺（Alvarez and Arellano，2003）认为，动态面板数据模型当前的发展方向正由传统的“大 N 小 T”的情形发展到“大 N 大 T”的情形。

早期的面板数据模型均假定个体之间相互独立，忽略个体之间的相关（截面相关）将会影响估计量的有效性甚至导致估计量的不一致。近年来，面板数据模型的一个重要发展方向是考虑截面相关的面板数据模型的估计与推断。常用的方法除了构造直接刻画不同个体扰动项同期相关的“似无关”（Seemingly Uncorrelated Regression，SUR）模型外，还引入了空间的方法和因子的方法，但后两种方法必须对模型施加很强的假定。由“似无关”和空间方法刻画的截面相关反映不同个体之间存在一般的相关性，即截面相关阵的特征根有界，是一种截面弱相关。空间的方法是通过空间加权矩阵建立起个体之间的相依性，往往用于刻画由于经济活动的相互依赖、相互影响而呈现的相关。理论上空间加权矩阵可以出现在模型中的任何位置（因变量、自变量和扰动项），因为自变量的空间相关不会产生新的估计问题，所以相关研究集中在因变量和扰动项的空间相关，对应的模型分别称为空间滞后模型和空间误差模型。这两类模型一般采用工具变量估计（广义矩估计）或极大似然估计。因子方法描述的是凌驾于所有截面单位的经济波动或制度性冲击造成的结果，表现为一种共同冲击，即不同个体之间的相关性是由某个共同的因子引起，因此截面相关阵存在 O(n) 阶的发散特征根，属于截面强相关。因子模型的一般形式为：

$$\begin{aligned} y_{it} &= \mathbf{X}'_{it}\boldsymbol{\beta} + \varepsilon_{it} \\ \varepsilon_{it} &= \boldsymbol{\Lambda}'_i\mathbf{F}_t + v_{it} \end{aligned} \quad i = 1, \cdots, N; t = 1, \cdots, T \quad (3)$$

其中，$\mathbf{F}_t = (f_{1t}, \cdots, f_{rt})'$是 r 维的随机因子，$\boldsymbol{\Lambda}_i = (\lambda_{1i}, \cdots, \lambda_{ri})'$是 r 维的非随机因子载荷系数；$v_{it}$代表异质的冲击，与 $\mathbf{F}_t$ 相互独立，且在截面之间相互独立。白聚山（Bai，2009）对式（3）所刻画的因子模型的估计和推断做了详细的讨论。帕森拿和托塞蒂（Pesaran and Tosetti，2011）考虑了更一般的模型来同时刻画截面强相关与截面弱相关，并提出可以采用帕森拿（Pesaran，2006）的 CCEP 方法来得到参数的一致估计。

其他类型的面板数据模型，例如，微观计量模型中的离散被解释变量模型（包括静态和动态）、受限被解释变量模型（包括截断和删失）在面板数据下的扩展，非线性面板数据模型（阈值面板数据模型、平滑转移的面板数据模型等），以及多方程面板数据模型等，是未来面板数据模型理论和应用研究的重要发展方向。

参考文献：

Alvarez, J. and Arellano, M., The Time Series and Cross-Section Asymptotics of Dynamic Panel Data Estimators, *Econometrica*, Vol. 71, No. 4, 2003.

Arellano, M. and Bond, S., Some Tests of Specification for Panel Data: Monte Carlo Evidence and an Application to Employment Equations, *Review of Economic Studies*, Vol. 58, No. 2, 1991.

Arellano, M., and Bover, O., Another Look at the Instrumental Variable Estimation of Error-Components Models, *Journal of Econometrics*, Vol. 68, No. 1, 1995.

Bai, J. S., Panel Data Models with Interactive Fixed Effects, *Econometrica*, Vol. 77, No. 4, 2009.

Balestra, P. and Nerlove, M., Pooling Cross-Section and Time Series Data in the Estimation of a Dynamic Model, The Demand for Natural Gas, *Econometrica*, Vol. 34, No. 3, 1966.

Blundell, R. and Bond, S., Initial Conditions and Moment Restrictions in Dynamic Panel Data Models, *Journal of Econometrics*, Vol. 87, No. 1, 1998.

C. Hsiao, *Analysis of Panel Data. 2nd ed*, New York: Cambridge University Press, 2003.

Pesaran, M. H., Estimation and Inference in Large Heterogeneous Panels with a Multifactor Error Structure, *Econometrica*, Vol. 74, No. 4, 2006.

Pesaran, M. H. and Tosetti, E., Large Panels with Common Factors and Spatial Correlation, *Journal of Econometrics*, Vol. 161, No. 2, 2011.

（王美今）

面板数据单位根检验
Panel Date Unit Root Test

面板数据系一组个体在一段时间内的观测值形成的数据集，是关于 N 个不同对象的 T 个观测时期所得到二维结构数据，记为 Y_{it}，其中，i 表示 N 个不同对象，t 表示 T 个观测期。如果面板数 Y_{it} 由 $Y_{it} = \alpha_i + \beta_i t + \delta_i Y_{i,t-1} + u_{it}, i = 1, 2, \cdots, N; t = 1, 2, \cdots, T$ 生成的，面板数据单位根检验则是指关于 δ_i 中是否存在 N_1 $\left(\frac{N_1}{N} \to c > 0\right.$，不同检验对于 c 的要求不同）个 $\delta_i = 1$ 的检验。若面板数据存在单位根过程，则会对面板数据回归、统计检验形成不良影响（例如，伪回归、较低的检验势等问题）。

面板数据单位根检验是同时检验时间长度为 T 时 N 个时间序列的平稳性问题，有别于时间序列单位根检验仅检验 1 个时间序列的平稳性。对 N 个不同对象的时间序列的相关性设定了不同的假设条件，面板数据单位根检验方法研究由此逐步深入，发展出了第一代、第二代等面板数据单位根检验方法。

第一代单位根检验是基于截面不同对象的时间序列不相关的假定而发展的。巴尔加瓦等人（Bhargava et al.，1982）基于具有固定个体效应的动态模型利用修正的 DW 统计量提出了一种可以检验动态模型残差是否为随机游走过程的面板单位根检验方法，首次对面板数据进行了平稳性检验。借助于时间序列单位根检验中的 ADF 和 PP 检验统计的思路，马德拉等（Maddala et al.，1999）、崔仁（Choi，2001）、布瑞塔格（Breitung，2002）、哈德瑞（Hadri，1999）等人提出了费雪（Fisher）类的面板数据平稳性检验统计量。目前，在第一代面板数据单位根检验中，应用较为广泛是勒文等的 LLC（Levin，Lin and Chu，2002）检验和景小林等人的 IPS（Im，Pesaran and Shin，2003）检验。

LLC 检验的基本思路是，对设定为截面独立的 N 个不同对象时间序列，检验是否同时存在 N 个同质单位根（也被称为同根），即关于零假设 $H_0: \delta_1 = \delta_2 = \cdots = \delta_n = \delta \geqslant 0$，备择假设 $H_1: \delta_1 = \delta_2 = \cdots = \delta_n = \delta < 0$ 的检验。设 LLC 检验的数据生成过程为：

$$\Delta Y_{it} = \delta_i Y_{i,t-1} + \sum_{L=1}^{p_i} \theta_{ij} \Delta Y_{i,t-L} + \alpha_{mi} d_{mt} + \varepsilon_{it}, m = 1, 2, 3$$

勒文等采用双残差方法进行回归，获得 N 个不同对象的残差时间序列。在标准化处理和相应的调整后，在零假设 $H_0: \delta_1 = \delta_2 = \cdots = \delta_n = \delta = 0$ 成立条件下，得到关于 δ_i 的面板数据估计量 $\bar{\delta}$，以及相应的渐近分布为标准正态分布的面板数据单位根检验统计量，进行面板数据单位根检验。

IPS 检验的基本思路是，对设定为截面独立的 N 个不同对象时间序列，检验是否存在 N_1 个异质单位根（也被称为不同根），即关于零假设 $H_0: \delta_1 = \delta_2 = \cdots = \delta_n = \delta \geqslant 0$；备择假设 $H_1: \delta_i < 0, i = 1, \cdots, N_1, \delta_i = 0, i = N_1 + 1, \cdots, N_{if}$，其中 $0 < N_1 < N$ 的检验。其区别在于备则假设是否同根。设 IPS 检验的数据生成过程为：

$$\Delta Y_{it} = \delta_i Y_{i,t-1} + \sum_{L=1}^{p_i} \theta_{ij} \Delta Y_{i,t-L} + \alpha_i + \varepsilon_{it}$$

景小林等人提出了如下的面板数据单位根检验量：$\tilde{t}_{barNT} = \frac{1}{N} \sum_{i=1}^{N} \tilde{t}_{iT}$，其中，$\tilde{t}_{iT} = \Delta y'_i M_\tau y_{i,-1} [\hat{\delta}_{iT} (y'_{i,-1} M_\tau y_{i,-1})^{\frac{1}{2}}]^{-1}$，$\hat{\delta}^2_{iT} = \frac{\Delta y'_i M_\tau \Delta y_i}{T-1}$，M 为投影矩阵。当 $T > 5, N \to \infty$ 时可得 $\tilde{t}_{barNT}$ 收敛于标准正态分布。

第二代单位根检验放宽截面 N 个不同对象的时间序列独立的假定。其中帕森兰（Pesaran，2003；2004；2006；2007；2008；2009）、白聚山等人（Bai and Ng，2001；2004；2007）的系列工作具有代表性。帕森兰在其系列工作中，提出了先消除截面相关影响再单位根检验的思路，构造了截面相关条件下的 ADF 检验统计量 CADF。设数据生成过程为：

$$\Delta y_{it} = \alpha_i + \beta_i y_{i,t-1} + u_{it} i = 1, \cdots, N; t = 1, \cdots, T$$

其中，$u_{it} = \gamma_i f_t + \varepsilon_{it}$。$f_t$ 是一个不可观测的共同效应，以描述截面相关影响。CADF 检验的基本思想是，在截面相关的 N 个不同对象时间序列中，检验是否存在 N_1 个异质单位根（也被称为不同根），即关于零假设 $H_0: \beta_i = 0$；备择假设的检验。其中 $i = N_1 + 1, N_1 + 2, \cdots, N$，且假设 $N_1/N \to c$，当 $N \to \infty$。帕森兰（Pesaran，2003）在其 IPS 统计量的基础上，提出了考虑截面相关性的面板数据单位根检验统计量：$\overline{CADF^*} = N^{-1} \sum_{i=1}^{N} CADF^*_{if}$，其中，$CADF_{if}=\Delta y_i\widehat{M}_\omega y_{i,-1}(\widehat{\sigma}_i^2(y'_{i,-1}\widehat{M}_\omega y_{i,-1}))^{-\frac{1}{2}}$与IPS检验中的$\tilde{t}_{iT}$相似，区别在于$\widehat{\sigma}_i^2$，$\widehat{M}_\omega$中考虑了截面相关性，以及具体的$CADF_{if}$的取值规则：$CADF_{if}^*=CADF_{if}$，如果$-k_1<CADF_{if}<k_2$；$CADF_{if}^*=-k_1$，如果$CADF_{if}\leqslant -k_1$；$CADF_{if}^*=k_2$，如果$CADF_{if}\geqslant k_2$。帕森兰在给出$k_1$，$k_2$模拟值后，还证明了零假设$H_0:\beta_i=0$条件下，统计量$\overline{CADF_{if}^*}$在序贯收敛（$N\to\infty$，$T\to\infty$）与联合收敛$[(N,T)_j\to\infty]$条件下均有相同的极限分布。

白聚山等提出的PANIC检验，使用空间面板的因子结构去解释非平稳数据的属性。PANIC检验使用主成分估计得到公共因子和异质性因子两部分，数据模型为：$y_{it}=D_{it}+\lambda'_iF_t+e_{it}$，其中$D_{it}$是使P阶的多项式趋势项，$F_t$是$r\times1$的公共因子向量，$\lambda'_i$是因子载荷向量。这样$y_{it}$就是确定成分$D_{it}$、公共成分$\lambda'_iF_t$和表示异质性的残差$e_{it}$之和。如果公共因子和异质性因子都是平稳的，则$y_{it}$是平稳的；如果公共因子和异质性因子至少有一个是不平稳的，则y_{it}是不平稳的。对于异质性因子$\hat{e}_{it}$情况，PANIC检验采用POOL的方法进行联合检验。对N个异质性序列分别进行DF检验，得到$DF_e(i)$的P值$P(i)$，构造统计量：$P=-2\sum_{i=1}^{N}\log P(i)$，由马德拉等（1999）可知，P标准化后为渐近标准正态分布。考虑共同因子$\hat{F}_{mt}$，分为两种情况：只有一个共同因子（$r=1$）和大于一个共同因子（$r>1$）。当$r=1$时，直接使用ADF检验$\hat{F}_{1t}$的平稳性：$\Delta\hat{F}_{1t}=c+\delta\hat{F}_{1t-1}+\sum_{j=1}^{p}\Delta\hat{F}_{1t-j}+\varepsilon_t$，其极限分布为$DF_F(i)\to\int_0^1W_{ui}(s)dW_{ui}(s)\left(\int_0^r W_{ui}(s)^2ds\right)^{-\frac{1}{2}}$。当$r>1$时，PANIC检验则是要检验自回归系数矩阵的最小单位根是否显著。其采用了斯托克等（Stock et al.，1988）的方法计算MQ_c和MQ_f统计量。

到目前为止，面板数据单位根检验已经取得很大进展，但是仍存在不少问题。如果数据之间存在复杂的相关关系，那么已有的共同因子方法就将不再适用。库巴达等（Cubadda et al.，2008）指出当共同参数中包含共同循环的时候，共同因子方法就不再有效。布雷坦等（Breitung et al.，2011）认为当面板数据存在更为复杂的动态相关关系（格兰杰因果关系），那么传统的单位根方法就将不再适用。其中提出了新的基于非参方法估计的最大特征值的检验，它能够适应截面之间的相关关系，文中将之称为“第三代”面板单位根和协整检验。

总的看来，随着面板数据单位根检验的研究深入，对于面板数据的截面特征研究成为这方面进展的方向，这一系列的研究对于面板数据的应用产生了重要影响。目前在计量软件Eviews中可以进行LLC、IPS等第一代单位根检验；而Stata和R中还能实现第二代单位根中的CADF检验。总之，面板数据单位根检验作为面板数据的基础应用研究将不断深入发展。

参考文献：

Bai, J. and Ng, S., A PANIC Attack on Unit Roots and Cointegration, Mimeo, Boston College, *Department of Economics*, 2001

Bai, J. and Ng, S., A PANIC Attack on Unit Roots and Cointegration, *Econometrica*, Vol. 72, No. 4, 2004.

Bhargava, A., L. Franzini and M. Narendranathan, Serial Correlation and Fixed Effects Models, *Review of Economic Studies*, Vol. 49, 1982.

Breitung. J., Gianluca Cubadda, Testing for Cointegration in High-dimensional Systems. 2011, http://www.ect.unibonn.de/mitarbeiter/joerg-breitung/.

Cubadda, G., Alain Hecq, Franz C. Palm. Macro-panels and Reality. *Economics letters*, 2008.

Fisher, R. A., Statistical Methods for Research Workers, *Oliver & Boyd*, *Edinburgh*, *4th Edition*, 1932.

Im K. S., M. H. Pesaran and Y. Shin, Testing for Unit Roots in Heterogeneous Panels, *Journal of Econometrics*, Vol. 115, 2003.

Levin A. and C. F. Lin, Unit Root Tests in Panel Data, Asymptotic and Finite-sample Properties, UC San Diego, *Unpublished manuscript* 1993.

Levin, A., C. F. Lin and C. S. J. Chu, Unit Root Tests in Panel Data, Asymptotic and Finite-sample Properties, *Journal of Econometrics*, Vol. 108, 2002.

Maddala G. S. and Wu Shaowen, A Comparative Study of Unit Root Tests with Panel Data and a New Simple Test, *Oxford Bulletin of Economics and Statistics*, Vol. 61, 1999.

Pesaran, H. M., A Simple *Panel Unit Root Test in the Presence of Cross Section Dependence*, Mimeo, University of Southern California, 2003.

Pesaran M. H., Estimation and Inference in Large Heterogeneous Panels with Cross Section Dependence, *Econometrica*, Vol. 74, 2006.

Stock, J. H and Watson, M. W., Testing for Common Trends, *Journal of the American Statistical Association*, Vol. 83, 1998.

（黎实）

面板数据协整检验
Panel Cointegration Test

协整检验是时间序列分析的重要内容，协整关系表明几个不平稳变量至少存在一个线性组合是平稳的，通常解释为变量之间存在长期稳定关系。面板数据协整检验是对多个不平稳面板随机变量之间是否存在平稳的线性组合的检验，它基本延续了时序分析中协整检验的思路，主要分为两类：基于残差的检验与基于系统的检验。菲利普斯和穆恩（Phillips and Moon，1999）指出，由于面板数据包含时序和截面两个维度，检验统计量的渐近分析从原来一维的时序收敛转变为二维的序贯收敛或共同收敛，分析变得更为复杂。概括而言，大多数面板协整检验的研究是寻求某个序贯收敛于标准正态分布的统计量；不同研究的差别主要体现于如何在收敛过程中调整一些特征参数的影响，例如内生性、自相关与确定性趋势。

基于残差的面板协整检验是时序中 EG 两步检验在面板数据下的推广，其基本思想是将变量之间的协整关系检验转化为回归残差的面板单位根检验，具体的检验统计量包括 LM 统计量、DF－t 统计量、Panel-t 统计量和 Group-t 统计量。基本模型如下：

$$y_{it} = \alpha_i + \beta x_{it} + e_{it}, x_{it} = x_{i,t-1} + \varepsilon_{it}$$

其中，$i = 1, \cdots, n; t = 1, \cdots, T; e_{it} = \phi e_{i,t-1} + v_{it}, \phi \in (-1,1]$。当 $\phi = 1$ 时，y_{it} 和 x_{it} 不存在协整关系；当 $\phi < 1$ 时，y_{it} 和 x_{it} 存在协整关系。麦卡斯基和高志华（McCoskey and Kao，1998）基于基本模型的回归残差 $\{\hat{e}_{it}\}$ 构造了如下 LM 检验统计量：

$$LM = \frac{\left[\frac{1}{\sqrt{n}T^2}\sum_{i=1}^{n}\sum_{t=1}^{T}S_{it}^2\right]}{s^2}$$

其中，$S_{it} = \sum_{s=1}^{t}\hat{e}_{is}, s^2 = (nT)^{-1}\sum_{i=1}^{n}\sum_{t=1}^{T}\hat{e}_{it}^2$。为了消除解释变量内生性与误差项自相关的影响，他们建议在计算上述统计量时采用 FMOLS 估计的残差；并且证明了在存在协整关系的零假设下，上述 LM 统计量经过标准化调整会收敛于标准正态分布。

高志华（Kao，1999）建议使用 DF 统计量对基本模型的 OLS 残差 $\{\hat{e}_{it}\}$ 进行面板单位根检验，检验方程如下：$\Delta\hat{e}_{it} = \rho\hat{e}_{i,t-1} + \hat{V}_{it}$，其中，$H_0: \rho = 0$，即 y_{it} 和 x_{it} 不存在协整关系。此时，面板协整检验对应该检验方程中参数 ρ 估计值的 t 检验。同样的，为了消除确定性趋势、解释变量内生性与误差项自相关的影响，对应的 t 统计量需要经过标准化调整才能保证收敛于标准正态。

与高志华（1999）不同，佩德罗尼（Pedroni，2004）关注的是具有个体异质性的面板协整检验，相应的，检验方程对应如下的表示形式：$\Delta\hat{e}_{it} = \rho_i\hat{e}_{i,t-1} + \hat{V}_{it}$，其中，$H_0: \rho_i = 0 \quad \forall i = 1, \cdots, N$，即所有个体不存在协整关系。基于该方程的 OLS 估计，佩德罗尼提出如下两个 t 统计量：

$$\text{Panel} - t = \left[\tilde{\sigma}_{nT}^2\sum_{i=1}^{n}\sum_{t=2}^{T}\hat{e}_{i,t-1}^2\right]^{-1/2}\left[\sum_{i=1}^{n}\sum_{t=2}^{T}(\hat{e}_{i,t-1}\Delta\hat{e}_{it} - \hat{\lambda}_i)\right]$$

$$\text{Group} - t = \frac{1}{\sqrt{n}}\sum_{i=1}^{n}\left[\left(\hat{\sigma}_i^2\sum_{t=2}^{T}\hat{e}_{i,t-1}^2\right)^{-1/2}\sum_{t=2}^{T}(\hat{e}_{i,t-1}\Delta\hat{e}_{it} - \hat{\lambda}_i)\right]$$

其中，$\tilde{v}_{it} = \Delta\hat{e}_{it} - \hat{\rho}_i\hat{e}_{i,t-1}, \hat{\lambda}_i = T^{-1}\sum_{s=1}^{K}w_{sK}\sum_{t=s+1}^{T}\tilde{v}_{it}\tilde{v}_{i,t-s}, w_{sK} = 1 - s/(1+K), \hat{s}_i^2 = T^{-1}\sum_{t=2}^{T}\tilde{v}_{it}^2, \hat{\sigma}_i^2 = \hat{s}_i^2 + 2\hat{\lambda}_i, \tilde{\sigma}_{nT}^2 = n^{-1}\sum_{i=1}^{n}\hat{\sigma}_i^2$。佩德罗尼证明了在零假设下，上述的 Panel-t 和 Group-t 统计量经过标准化调整会收敛于标准正态，其中调整参数须通过模拟得到。

基于系统的面板协整检验是时序中 JJ 检验的推广，其常用的检验统计量是 LR-bar 统计量。已知 p 维随机变量 $z_{it} = (y_{it}, x'_{it})'$ 可表示为如下的误差修正模型：$\Delta z_{it} = \prod_i z_{i,t-1} + \sum_{s=1}^{k_i-1}\Gamma_{is}\Delta z_{i,t-s} + \boldsymbol{\omega}_{it}$，其中，$\prod_i$ 为 $p \times p$ 的矩阵，如果 $\prod_i$ 不满秩，则总可以表示为 $\prod_i = \boldsymbol{\alpha}_i\boldsymbol{\beta}'_i$，$\boldsymbol{\alpha}_i$ 和 $\boldsymbol{\beta}_i$ 为 $p \times r_i$ 的满列秩矩阵。根据 Granger 表述定理，对任意的 i，关于 z_i 存在多少个协整关系的检验可以转为了对 $\prod_i$ 秩的维度检验；零假设为至多有 r 个协整关系，$H_0: \text{rank}(\prod_i) \leq r < p, r = 0, 1, \cdots, p-1$，备择假设为 $H_1: \text{rank}(\prod_i) = p$。该检验是序贯检验，依次检验 $r = 0, 1, \cdots, p-1$，直至被接受。JJ 检验建议使用如下的迹统计量：$LR_i(r) = -T\sum_{j=r+1}^{p}\ln(1-\lambda_{i,j})$，其中，$\lambda_{i,j}$ 为 $\prod_i$ 的第 j 个特征根（$\lambda_{i,1} \leq \cdots \leq \lambda_{i,j} \leq \cdots \leq \lambda_{i,p}$）。对于面板数据的情形，零假设和备择假设对应如下：

$$H_0: \text{rank}(\prod_i) = r_i \leq r < p(r = 0, 1, \cdots, p-1),$$
$$\forall i = 1, \cdots, N$$
$$H_1: \text{rank}(\prod_i) = p, \forall i = 1, \cdots, N$$

拉尔森等（Larsson et al.，2001）提出如下标准化 LR-bar 统计量：

$$\overline{LR}(r) = \frac{1}{\sqrt{n}}\sum_{i=1}^{n}\frac{[LR_i(r) - \mu_r]}{v_r}$$

其中，调整参数 $\{\mu_r, v_r\}$ 需要通过模拟得到。他们证明了在零假设下，上述标准化 LR-bar 统计量收敛于标准正态。检验过程与时序下的检验过程类似。

佩德罗尼和拉尔森等将个体异质性引入了面板协整检验，这具有重要的意义。个体异质性是面板数据有别于时序数据的重要特征，其引入标志着面板协整检验从真正意义上有别于时序下的协整检验，面板协整检验开始拥有了自己特有的体系。除了个体的异质性,面板协整检验也开始考虑作为面板数据固有特征的截面相关。哥根巴赫等(Gengenbach et al.,2006)的研究表明,当随机变量含有非平稳共同因子时,高志华的 DF-t 统计量和佩德罗尼的 Panel-t 和 Group-t 统计量发散,不再适合进行面板协整检验。

韦斯特隆德(Westerlund,2008)在用面板数据检验 Fisher 效应时提出了考虑截面相关的 Durbin-Hausman 检验统计量,可在非常一般的条件下使用,其检验模型设定为:

$$i_{it} = \alpha_i + \beta_i \pi_{it} + z_{it}, z_{it} = \lambda'_i \mathbf{F}_t + e_{it}, F_{jt} = \rho_j F_{jt-1} + u_{jt}, e_{it} = \phi_i e_{it-1} + v_{it}$$

$$\pi_{it} = \delta_i \pi_{i,t-1} + w_{it}$$

其中,i_{it}和π_{it}分别是国家 i 在 t 时期的名义利率和实际通胀率,$\mathbf{F}_t$ 是 $K \times 1$ 的共同因子向量,λ_i 是因子载荷向量;韦斯特隆德假定 $\mathbf{F}_t$ 平稳,因此复合扰动 z_{it}的单整性仅来源于个体误差项 e_{it},Fisher 效应的检验(即i_{it}和π_{it}是否有协整关系)归因于 e_{it}是否平稳。检验思路是先求出 e_{it}的一致估计量 $\hat{e}_{it}$,然后对 $\hat{e}_{it}$进行单位根检验,模型为:$\hat{e}_{it} = \phi_i \hat{e}_{it-1} + error$。Durbin-Hausman 统计量有 Panel 检验(DH_p)和组平均检验 DH_g 两种形式。Panel 检验:$H_0: \phi_i = 1, H_1^p: \phi_i = \phi < 1$,对所有的 $i = 1, \cdots, N$;组平均检验:$H_0: \phi_i = 1, H_1^g: \phi_i < 1$。韦斯特隆德证明零假设下,$DH_p$ 和 DH_g 统计量都渐近服从正态分布。

如果面板协整检验结果表明变量之间存在协整关系,就需要进一步估计协整关系的系数,常用的估计方法有 OLS、FMOLS 和 DOLS 三种。高志华和蒋(Kao and Chiang,2000)证明了 OLS、FMOLS 和 DOLS 估计量都是一致估计量,其中由于解释变量内生性的影响,FMOLS 和 DOLS 估计量的收敛速度要快于 OLS 估计量;模拟的结果表明,DOLS 估计量的表现比 OLS 和 FMOLS 估计量要好。帕森兰等(Pesaran et al.,1999)建议可以直接基于误差修正模型来估计协整系数和短期参数,他们在模型设定中允许不同个体的短期调整系数以及误差项方差异质,但约束长期系数相同,因此,其估计量也称为 PMG 估计量(Pool Mean Group Estimator)。相对于 DOLS 等方法,PMG 方法有其独特的优点:它能够一次性估计出具有协整关系的动态面板数据模型,既能更有效地估计长期关系,又可以避免过多的不符合实际的短期约束导致估计有偏;在提高估计效率的同时还可以进行长短期经济分析。

此外,为了捕捉误差项截面相关的影响,穆恩和佩龙(Moon and Perron,2005)在 DOLS 估计的基础上提出了动态似无关(Dynamic Seemingly Unrelated Regression,DSUR)估计量。总体说来,协整检验从时序数据走向面板数据的过程中,截面的特征(个体异质性与截面相关)越来越被重视,尤其是截面相关的引入改变了原有面板协整检验统计量的性质,对这一领域的研究产生了全局性的重要影响,面板协整检验作为一个独立的体系正在发展之中。

参考文献:

C. Gengenbach, F. C. Palm and J. P. Urbain, Cointegration Testing in Panels with Common Factors, *Oxford Bulletin of Economics and Statistics*, Vol. 68, No. S1, 2006.

C. Kao and M. H. Chiang, On the Estimation and Inference of a Cointegrated Regression in Panel Data, *Advances in Econometrics*, Vol. 15, 2000.

C. Kao, Spurious Regression and Residual-based Tests for Cointegration in Panel Data, *Journal of Econometrics*, Vol. 90, No. 1, 1999.

R. Larsson, J. Lyhagen and M. Lothgren, Likelihood-based Cointegration Tests in Heterogeneous Panels, *Econometrics Journal*, Vol. 4, No. 1, 2001.

S. McCoskey and C. Kao, A Residual-based Test of the Null of Cointegration in Panel Data, *Econometric Reviews*, Vol. 17, No. 1, 1998.

R. Moon and B. Perron, Efficient Estimation of the SUR Cointegration Regression Model and Testing for Purchasing Power Parity, *Econometrics Review*, Vol. 23, No. 4, 2005.

P. Pedroni, Panel Cointegration: Asymptotic and Finite Sample Properties of Pooled Time Series Tests with an Application to the PPP Hypothesis, *Econometric Theory*, Vol. 20, No. 3, 2004.

M. H. Pesaran, Y. Shin and R. Smith, Pooled Mean Group Estimation of Dynamic Heterogeneous Panels, *Journal of the American Statistical Association*, Vol. 94, No. 446, 1999.

P. C. B. Phillips and H. Moon, Linear Regression Limit Theory for Nonstationary Panel Data, *Econometrica*, Vol. 67, No. 5, 1999.

J. Westerlund, Panel Cointegration Tests of the Fisher Effect, *Journal of Applied Econometrics*, Vol. 23, No. 2, 2008.

(王美今)

空间计量模型

Spatial Econometric Model

按照安瑟林(Anselin,1988)给出的定义,空间计量模型是在传统截面数据或面板数据模型的基础上,引入空间效应而发展的一类计量经济学模型,是在 20 世纪七八十年代开始出现的现代计量经济学的一个新的分支。实际经济社会活动中,几乎所有的空间数据都具有空间依赖或者空间自相关特征，这种空间依赖性打破了传统计量经济学模型中截面个体相互独立的基本假设。将空间效应纳入计量模型分析面临着两方面的问题：一是如何正确地将空间效应引入既有的模型，或者根据空间效应的特殊性构造新的计量经济模型；二是对于新的模型，如何进行估计和检验。相比于时间的单一维度性质，空间的多维度性质是空间计量分析的一个重要特点。空间多维度性既提高了模型描述经济联系的真实性，同时又增加了计量经济分析的难度。

空间效应可以分为空间相关性（Spatial Dependence）和空间异质性（Spatial Heterogeneity）。空间相关性是描述经济变量存在相关性的一种方法，而这一相关性是体现在空间结构上的。当然，空间相关性并不是局限在地理意义上的相关性。而空间异质性描述的是不同经济个体间存在的差异性，并且强调这一差异是由于（广义的）空间分布或者空间结构特点导致的。空间相关性的根源包括：观测数据地理位置接近、截面上个体间互相竞争和合作、模仿行为、溢出效应，以及测量误差等。空间异质性的概念与根源与传统截面数据模型相同。

空间效应的描述是空间计量模型的核心和基础。因为空间异质性可以用传统的计量经济学方法进行处理，所以这里只关注空间相关性。空间相关性可以用空间权重矩阵 W（Spatial Weighting Matrix）来刻画。该矩阵通常定义为一个二元对称矩阵，是一个无量纲的矩阵，其每个元素 w_{ij} 表示个体 i 与 j 的邻近关系，称为空间自回归系数，表示空间相关性在给定空间结构下的方向和强弱。对于空间矩阵的构造，一直是一个有争议的问题。因为无法找到一个完全描述空间相关结构的空间矩阵，也就是说，从理论上讲不存在最优的空间矩阵。一般来讲，空间矩阵的构造必须满足“空间相关性随着‘距离’的增加而减少”的原则。这里的“距离”是广义的，不仅仅是地理上的距离，也可以是经济意义上合作关系的远近，甚至可以是社会学意义上的人际关系的亲疏。空间矩阵设定方法包括：① 空间矩阵的常规设定。包括简单的二进制（0－1 相关）邻接矩阵和基于距离的二进制空间权重矩阵。② 基于邻近概念的空间权重矩阵（Contiguity Based Spatial Weights）设定。包括一阶邻近矩阵和高阶邻近矩阵两种。空间相关性除了可以用空间权重矩阵来表达外，也发展了一些用于表达空间相关性的指标（统计量）。当然，在空间计量模型中一般不采用这些指标，但这些指标与模型中采用的空间矩阵可以起到相互验证的作用。Moran 指数和 Geary 指数是两个用来度量空间自相关的全局指标，局部空间自相关指标包括空间联系的局部指标（LISA）和 G 统计量等。

空间计量模型的类型依赖于对空间相关性的识别。空间相关性主要表现在两个方面：空间实质相关（Spatially Substantive Dependence）和空间扰动相关（Spatial Nuisance Dependence）。实质相关反映现实中存在的空间交互作用，而扰动相关是由归入随机误差项的，没有作为解释变量的影响因素的空间相关性所引起的。空间相关性表现出的空间效应可以用不同的模型来表征和刻画：当被解释变量之间的空间依赖性对模型显得非常关键而导致了空间相关时，即为空间滞后模型；当模型的随机误差项在空间上相关时，即为空间误差模型。空间滞后模型和空间误差模型是空间计量经济学模型的基本类型。

空间滞后模型（Spatial Lag Model，SLM）描述的是空间实质相关。其模型表达式为：

$$\mathbf{Y} = \rho\mathbf{WY} + \mathbf{X}\boldsymbol{\beta} + \boldsymbol{\varepsilon}, \boldsymbol{\varepsilon} \sim N[0, \sigma^2\mathbf{I}] \qquad (1)$$

其中，$\mathbf{Y} = (Y_1, \cdots, Y_N)'$ 为被解释变量，$\mathbf{X} = (\mathbf{X}_1, \cdots, \mathbf{X}_k)$ 是解释变量矩阵，ρ 为空间效应系数，$\boldsymbol{\beta} = (\beta_1, \cdots, \beta_k)'$ 为参数向量；**W** 为空间矩阵。由于 SLM 模型与时间序列中的自回归模型相类似，因此也被称作空间自回归模型（Spatial Autoregressive Model，SAR）。该模型的经济含义是，如果所关注的经济变量存在利用空间矩阵表示的空间相关性，则仅仅考虑其自身的解释变量 **X** 不足以很好的估计和预测该变量的变化趋势。空间滞后模型的解释变量中出现随机变量，OLS 将不再适用，IV、GMM 和 ML 是合适的估计方法。

空间误差模型（Spatial Error Model，SEM）描述的是空间扰动相关和空间总体相关（Spatially Global Dependence）。其模型表达式为：

$$\mathbf{Y} = \mathbf{X}\boldsymbol{\beta} + \boldsymbol{\varepsilon}, \boldsymbol{\varepsilon} = \lambda\mathbf{W}\boldsymbol{\varepsilon} + \boldsymbol{\mu}, \boldsymbol{\mu} \sim N[0, \sigma^2\mathbf{I}] \qquad (2)$$

其中，λ 为空间误差相关系数，度量了邻近个体关于被解释变量的误差冲击对本个体观察值的影响程度；空间矩阵 **W** 的元素 w_{ij} 描述了第 j 个截面个体与第 i 个截面个体误差项之间的相关性；其他符号的含义同前。由于 SEM 模型与时间序列中的序列相关问题类似，也被称为空间自相关模型（Spatial Autocorrelation Model）或者空间残差自回归模型（Spatial Residual Autoregressive Model，SRAR）。空间误差模型的经济意义在于，在某一个个体发生的冲击会随着这一特殊的协方差结构形式 **W** 而传递到相邻个体，而这一传递形式是具有很长的时间延续性并且是衰减的，也即是说，空间影响具有高阶效应。空间误差模型的随机误差项出现了空间相关性，若直接采用 OLS 估计，虽然参数估计具有无偏一致性，但不是有效估计，GMM 和 ML 是更合适的估计方法。

空间自回归—残差自回归模型（Spatial Autoregressive-Residual Autoregressive Model）同时描述空间实质相关和空间扰动相关，是空间滞后模型和空间误差模型的综合。其模型表达式为：

$$\mathbf{Y} = \rho\mathbf{W}_1\mathbf{Y} + \mathbf{X\beta} + \boldsymbol{\varepsilon}, \boldsymbol{\varepsilon} = \lambda\mathbf{W}_2\boldsymbol{\varepsilon} + \boldsymbol{\mu}, \boldsymbol{\mu} \sim N[0, \sigma^2\mathbf{I}] \quad (3)$$

其中，$\mathbf{W}_1$ 和 $\mathbf{W}_2$ 分别描述不同截面个体被解释变量之间的相关性和随机误差项之间的相关性。需要注意的是，在该模型中，通常 $\mathbf{W}_1 \neq \mathbf{W}_2$，否则便会遇到空间关系重复设定的问题。该类模型在应用中不太常见。

空间残差移动平均模型（Spatial Residual Moving Average Model）描述的是空间扰动相关和空间局部相关性（Spatially Local Dependence）。其模型表达式为：

$$Y = \mathbf{X\beta} + \boldsymbol{\varepsilon}, \boldsymbol{\varepsilon} = \lambda\mathbf{W}\boldsymbol{\mu} + \boldsymbol{\mu}, \boldsymbol{\mu} \sim N[0, \sigma^2\mathbf{I}] \quad (4)$$

注意该模型与模型（2）的区别，该模型误差项的空间相关性是采用移动平均结构描述，而模型（2）的误差项的空间相关性是采用自回归结构描述。在实际应用中，模型（2）与（4）实际上很难区分，因为当利用统计量来检验模型（2）时，往往对于模型（4）也具有检验效力。该类模型在应用中也十分少见。

除了上述截面数据模型外，对于面板数据模型，也存在空间效应问题。于是，空间面板模型得到了发展与应用，包括空间残差相关固定系数（随机系数）模型、空间自回归固定系数（随机系数）模型、空间残差相关固定影响（随机影响）模型和空间自回归固定影响（随机影响）模型等。同样，对于非经典的截面数据模型，例如离散被解释变量数据模型和受限被解释变量数据模型，也存在空间效应问题。于是，相应的空间计量模型也得到了发展和应用。另外，与单方程空间模型对应的，还有空间联立方程模型。

空间计量模型的检验是空间模型设定中一个重要内容。早在 1972 年，克利夫（Cliff）和奥德（Ord）应用莫兰（Moran）于 1948 年提出的检验统计量，给出了基于 Moran'I 统计量检验残差是否存在空间相关性的方法。由于该统计量具有较好的小样本性质，至今仍被广泛采用。但是，利用 Moran'I 统计量进行检验不存在明确的备择假设，只能够通过该统计量确定是否存在空间效应。而当原假设被拒绝时，不能够确定存在空间相关性的空间计量模型的具体形式，从而无法利用 Moran'I 检验确定空间效应是空间自回归还是空间残差相关。之后的空间计量模型的检验主要是基于 LM 检验构造的。伯恩里德杰（Burridge，1980）提出了不存在空间自回归时空间残差相关的 LM 检验，原假设 $H_0: \mathbf{Y} = \mathbf{X\beta} + \varepsilon$，两个备择假设分别为 $H_1: \boldsymbol{\varepsilon} = \lambda\mathbf{W}\boldsymbol{\varepsilon} + \boldsymbol{\mu}$ 和 $H_1: \boldsymbol{\varepsilon} = \lambda\mathbf{W}\boldsymbol{\mu} + \boldsymbol{\mu}$，统计量称为 LMERR。即是说，该统计量对于空间残差自相关和空间残差移动平均两种空间效应均有检验效力。贝拉等（Bera and Yoon，1993）提出了存在空间自回归时空间残差相关的 LM 检验，原假设 $H_0: \mathbf{Y} = \rho\mathbf{WY} + \mathbf{X\beta} + \varepsilon$，两个备择假设 $H_1: \boldsymbol{\varepsilon} = \lambda\mathbf{W}\boldsymbol{\varepsilon} + \boldsymbol{\mu}$ 和 $H_1: \boldsymbol{\varepsilon} = \lambda\mathbf{W}\boldsymbol{\mu} + \boldsymbol{\mu}$，统计量称为 R-LMERR。即是说，该统计量对于空间残差自相关和空间残差移动平均两种空间效应均有检验效力。安瑟林（Anselin，1988）提出了不存在空间残差相关时空间自回归效应的 LM 检验，原假设 $H_0: \mathbf{Y} = \mathbf{X\beta} + \boldsymbol{\varepsilon}$，备择假设是 $\mathbf{Y} = \rho\mathbf{WY} + \mathbf{X\beta} + \boldsymbol{\varepsilon}$，统计量称为 LMLA。贝拉等（Bera and Yoon，1993）提出了存在空间残差相关性时空间自回归效应的 LM 检验，原假设是 $H_0: \mathbf{Y} = \mathbf{X\beta} + \lambda\mathbf{W}\boldsymbol{\varepsilon} + \boldsymbol{\mu}$，备择假设是 $\mathbf{Y} = \rho\mathbf{WY} + \mathbf{X\beta} + \lambda\mathbf{W}\boldsymbol{\varepsilon} + \boldsymbol{\mu}$，统计量称为 R-LMLAG。安瑟林等（Anselin and Florax，1995）提出了如下判别准则：如果在空间效应的检验中发现 LMLAG 较之 LMERR 在统计上更加显著，且 R-LMLAG 显著而 R-LMERR 不显著，则可以断定适合的模型是空间滞后模型；相反，如果 LMERR 比 LMLAG 在统计上更加显著，且 R-LMERR 显著而 R-LMLAG 不显著，则可以断定空间误差模型是恰当的模型。

参考文献：

Anselin, L. , *Spatial Econometrics: Methods and Models*, Kluwer Academic, Dordrecht, 1988.

Anselin, L. and R. J. G. M. Florax (Eds.), *New Directions in Spatial Econometrics*, Berlin: Springer-Verlag, 1995.

Anselin, L. , Spatial Externalities. *International Regional Science Review*, Vol. 26, No. 2, 2003.

Bera, A. and M. Yoon, Specification Testing with Locally Misspecified Alternatives, *Econometric Theory*, Vol. 9, 1993.

Burridge, P. , On the Cliff-Ord Test for Spatial Autocorrelation, *Journal of the Royal Statistical Society*, Vol. 42, 1980.

Cliff, A. D. and J. K. Ord, Testing for Spatial Autocorrelation among Regression Residuals, *Geographical Analysis*, Vol. 4, 1972.

（朱平芳　金玉国　李子奈）

非参数计量模型
Nonparametric Econometric Model

如果不事先设定计量经济学模型的结构关系（即函数形式），而是采用适当的方法从样本观测数据信息中估计出模型结构关系，这类模型称为非参数计量经济学模型，简称非参数模型。非参数模型是当前理论计量经济学研究中的一个重要方向，也是应用计量经济学研究中所广泛使用的一类模型。沃森（Watson，1964）和那达拉亚（Nadaraya，1964）同时提出了一种称为核函数估计的统计方法，利用非参数密度估计的思想，直接对未知函数形式的回归模型进行估计。阿弗雷特（Afrait，1967）最早将非参数方法用于生产和消费活动研究中，以检验经济理论的预测能力。

非参数计量模型解释变量与被解释变量的分布仅需要存在性的限制，没有其他任何约束，因而具有很强的适应性。当线性或非线性参数回归模型在应用中存在设定误差时,更强调数据驱动建模思想的非参数回归模型具有更好的拟合效果。但是,由于非参数模型对研究对象的结构关系没有做出假设,非参数估计量倾向于比正确设定的参数估计量更慢地收敛于被研究的对象。并且,参数模型参数估计量的收敛速度不依赖于变量数目,而非参数估计量的收敛速度是随着变量个数的增加而指数递减,即存在"维数诅咒"(Curse of Dimensionality)。因此,如果模型包含的变量过多,非参数模型的估计将产生困难。另外,既然非参数模型的结构关系依赖于样本数据而不是先验假定,所以充足的样本数据是必要的。总体来讲,非参数计量模型主要适用于人们对于待估参数分布了解较少、变量的数量较少并且拥有大量的观察数据集合的计量经济学问题。

由于非参数模型不存在模型设定问题,所以其理论的核心是估计方法,非参数计量模型的发展就是模型估计理论与方法的发展。非参数模型估计理论与方法在近四十年获得了较迅速的发展。从密度函数的非参数估计发展到条件密度函数的非参数估计;从非参数模型发展到半参数模型;从非参数回归函数估计发展到非参数条件分位数函数估计;从横截面数据或时间序列数据的非参数模型估计发展到面板数据的非参数模型估计;从解释变量都是连续变量的非参数模型发展到解释变量为混合离散和连续变量的非参数模型。但是,就非参数计量模型估计的方法类型来讲,主要有两大类估计方法:局部逼近(权函数方法)和整体逼近(级数估计)。目前应用较为普遍的仍然是权函数估计,最常见的权函数估计是核估计和局部线性估计。

经典非参数回归模型可分为随机设定模型和固定设定模型。设 Y 为随机被解释变量,$\mathbf{X}$ 为 p 维连续解释变量向量,当 $\mathbf{X}$ 为随机变量向量时,$(\mathbf{X},Y)\in R^{p+1}$,$E|Y|<\infty$,假定$\{(\mathbf{X}_i,Y_i)\}_{i=1}^N$为$(\mathbf{X},Y)$的独立同分布观测样本。称未知的实值函数 $m(x)=E(Y|\mathbf{X}=x)$,$x\in R^p$为 Y 对 $\mathbf{X}$ 的回归函数,可写为 $Y=m(x)+u$,u 为不可观测的随机误差项。经典非参数回归模型为:$Y_i=E(Y_i|\mathbf{X}=\mathbf{X}_i)+u_i=m(\mathbf{X}_i)+u_i,i=1,2,\cdots,N$,满足 $E[u_i|\mathbf{X}_i]=0,E[u_i^2|\mathbf{X}_i]=\sigma^2$,称该模型为随机设定模型。当 $\mathbf{X}$ 为 p 维确定变量向量时,设 $\mathbf{X}_1,\cdots,\mathbf{X}_n$ 为 R 中某个集合的 N 个试验点列,$Y_1,\cdots,Y_N$ 分别为固定在 $\mathbf{X}_1,\cdots,\mathbf{X}_N$ 上的 N 次独立观测,则 $Y_i=g(\mathbf{X}_i)+u_i,i=1,2,\cdots,N$,其中 $g(\cdot)$是定义在 R 上的某个未知实值光滑函数,随机误差项 u_i 为相互独立同分布随机变量序列,$E[u_i|\mathbf{X}_i]=0,E[u_i^2|\mathbf{X}_i]=\sigma^2$。此时,称模型为固定设定模型。沃森(Watson,1964)和那达拉亚(Nadaraya,1964)给出了经典非参数回归模型的核函数估计方法,其核心思想是利用核权函数对被解释变量的样本观测进行加权平均。

如果解释变量中含有离散变量,考虑如下的非参数回归模型:$Y_i=m(\mathbf{X}_i)+u_i,i=1,2,\cdots,N$,其中 $\mathbf{X}_i=(\mathbf{X}_i^c,\mathbf{X}_i^d)$,$\mathbf{X}_i^c\in R^q$ 为 $q(q\geq1)$维连续随机变量向量,$\mathbf{X}_i^d\in R^r$ 为 $r(r\geq0)$维离散随机变量向量。处理离散变量的传统方法是将样本进行分割,然后在给定的离散区间内估计回归函数。但是该方法会导致不可靠的估计结果,当数据的离散程度较大时基本不可行。李奇和瑞鑫讷(Li and Racine,2007)详细地介绍了离散与连续解释变量共存时非参数回归模型的估计,该估计可避免对样本进行分割,即使离散程度远远大于样本数目,也能获得可行的估计。蔡宗武等(Cai et al.,2009)给出了离散与连续解释变量共存的非参数回归模型及其估计的一个简略综述。

在应用研究中,人们经常关心外生变量的所谓"结构关系"。假定$\{(\mathbf{X}_i,Y_i,\mathbf{Z}_i)\}_{i=1}^N$为独立同分布的观测样本数据,数据的生成过程为:$Y_i=g(\mathbf{X}_i,\mathbf{Z}_{i1})+u_i$,$i=1,2,\cdots,N$,其中 $g(\cdot)$是未知的实值结构函数,$\mathbf{Z}_{i1}$ 为 d_1 维的外生解释变量向量,u_i 为随机误差项序列。特殊的,随机误差项与解释变量 $\mathbf{X}_i$ 相关,即 $E[u_i|\mathbf{X}_i]\neq0$。如果对于每一个 i,获得了另外的一些观测数据 $\mathbf{Z}_i=(\mathbf{Z}_{i1},\mathbf{Z}_{i2})$,满足 $E[u_i|\mathbf{Z}_i]=0$,$\mathbf{Z}_{i2}$是一个 d_2 维的向量,就是所谓的工具变量向量。很明显,非参数结构模型与经典的非参数模型不同,$E[u_i|\mathbf{X}_i,\mathbf{Z}_{i1}]\neq0$ 且未知结构函数 $g(\cdot)$并不是由回归 $E[Y_i|\mathbf{X}_i,\mathbf{Z}_{i1}]$给出。对$Y_i=g(\mathbf{X}_i,\mathbf{Z}_{i1})+u_i$ 取条件期望,得到:$\pi(z)\equiv E[Y_i|\mathbf{Z}_i=z]=E[g(X_i,z_1)|\mathbf{Z}_i=z]=\int g(x,z_1)dF_{x|z}(x|z)$,其中 $F_{x|z}(x|z)$为给定 $\mathbf{Z}_i=z$ 时 $\mathbf{X}_i$ 的条件分布函数。虽然 $\pi(z)$和 $F_{x|z}(x|z)$可以依赖数据$\{(\mathbf{X}_i,Y_i,\mathbf{Z}_i)\}_{i=1}^n$进行估计,是可识别的,但是 $g(\cdot)$的可识别性依赖于 $\pi(z)=\int g(x,z_1)dF_{x|z}(x|z)$ 存在唯一解。纽维和鲍威尔(Newey and Powell,2003)指出,即使解是存在的,$\hat{\pi}(\cdot)$和 $\hat{F}_{x|z}(\cdot)$是一致估计的,也不能保证 $\hat{g}(\cdot)$是一致的。达罗斯等(Darolles et al.,2011)讨论了非参数结构模型的估计问题,给出工具变量估计。

在应用研究中,时间序列数据模型被广泛使用。如果样本数据是平稳的时间序列数据,可建立模型:$Y_t=g(\mathbf{X}_t)+\sigma(\mathbf{X}_t)\varepsilon_t,t=1,2,\cdots,N$,其中 $g(\cdot)$为均值函数,$\sigma(\cdot)$为方差函数,ε_t 为随机误差项,$E[\varepsilon_t|\mathbf{X}_t]=0,E[\varepsilon_t^2|\mathbf{X}_t]=1$。对于相依时间序列,与线性移动平均自回归(ARMA)模型、自回归条件异方差(GARCH)模型、门限自回归(TAR)等模型类似,可构建模型形式更为一般的非参数自回归条件异方差(NARCH)模型:$\mathbf{X}_t=f(\mathbf{X}_{t-1},\mathbf{X}_{t-2},\cdots,\mathbf{X}_{t-p})+\sigma(\mathbf{X}_{t-1},\mathbf{X}_{t-2},\cdots,\mathbf{X}_{t-p})$

ε_t，其中 p 为模型的滞后阶数，$\{\varepsilon_t\}$ 为均值为 0 和方差为 1 的独立随机变量序列，而 $f(\cdot)$、$\sigma(\cdot)>0$ 为未知函数，分别表示在给出过去观测值上 $\mathbf{X}_t$ 的条件期望和条件标准差。如果 $\sigma(\cdot)$ 是常数，则称为非参数自回归（NAR）模型。门限模型的一个推广可得到函数系数自回归（FAR）模型，其形式为：$X_t = f_1(\mathbf{X}_{t-d})\mathbf{X}_{t-1} + \cdots + f_p(\mathbf{X}_{t-d})\mathbf{X}_{t-p} + \sigma(\mathbf{X}_{t-d})\varepsilon_t$，其中 $d>0$，$f_1(\cdot),\cdots,f_p(\cdot)$ 是未知的系数函数。考虑到如上模型的估计可能出现“维数诅咒”问题，AR(p) 模型的一个自然推广是非参数可加自回归（AAR）模型：$\mathbf{X}_t = f_1(\mathbf{X}_{t-1}) + \cdots + f_p(\mathbf{X}_{t-p}) + \varepsilon_t$。范剑青和姚奇伟（Fan and Yao，2003）对时间序列变量一阶距的非参数自回归模型及其估计方法进行了较为完整详细的讨论。当考虑平稳时间序列二阶距的非参数建模时，常用的模型是非参数广义自回归条件异方差（NGARCH）模型，该模型的均值方程为 $Y_t = g(\mathbf{X}_t) + \sigma(\mathbf{X}_t)\varepsilon_t$，方差方程为 $\sigma_t^2 = f(R_{t-1},\cdots,R_{t-p},\sigma_{t-1}^2,\cdots,\sigma_{t-q}^2)$，其中 $\{\varepsilon_t\} \sim IID(0,1)$ 且存在有限四阶矩，ε_t 与 $\{\mathbf{X}_s; s\leq t\}$ 相互独立，并且 f 为 $R\times R_+ \to R_+$ 的严格正值函数，σ_t^2 就是 Y_t 或 $\mathbf{X}_t$ 的条件方差，σ_t 就是通常所说的波动率。李竹渝等（2007）考虑了该模型的估计，并利用该模型研究了股市收益率的波动性。时间序列非参数模型近期的发展是关于非平稳时间序列的非参数建模。菲利普斯和帕克（Phillips and Park，1998）最早研究了非平稳数据非参数估计的渐近理论，考虑了如下数据来自一个单位根过程的非参数自回归模型：$Y_t = m(Y_{t-1}) + \varepsilon_t \equiv Y_{t-1} + u_t$，其中 $u_t \sim IID(0,\sigma_u^2)$。

如果截面和时序都发生变化的数据为面板数据，一个一般的非参数面板数据模型为：$Y_{it} = g(\mathbf{X}_{it}) + \varepsilon_{it}$，$i=1,2,\cdots,N$，$t=1,2,\cdots,T$，其中 $g(\cdot)$ 为未知的光滑函数，$\mathbf{X}_{it} = (\mathbf{X}_{it,1},\cdots,\mathbf{X}_{it,q})$ 为 q 维解释变量向量，ε_{it} 为通常的随机误差项且 $E[\varepsilon_{it} \mid \mathbf{X}_{i1},\cdots,\mathbf{X}_{iT}] = 0$。面板数据模型的随机误差项通常采用一元误差设定形式 $\varepsilon_{it} = \mu_i + \nu_{it}$，其中 ν_{it} 为零均值有限方差的扰动项，μ_i 为随机或固定的个体效应。李奇和瑞鑫讷（Li and Racine，2007）讨论了随机效应和固定效应非参数面板数据模型的估计。模型的进一步发展是为了克服“维数诅咒”问题所产生的半参数面板数据模型和半参数微观面板计量模型，如半参数面板离散选择模型和半参数面板删失模型等。

参考文献：

李竹渝、鲁万波、龚金国：《经济、金融计量学中的非参数估计技术》，科学出版社 2007 年版。

Afrait, S. N., The Construction of Utility Functions from Expenditure Data, *International Economic Review*, Vol. 8, No. 1, 1967.

Cai, Z., Gu, J. and Li, Q., Some Recent Development on Nonparametric Econometric, *Advances in Ecomometrics*, Vol. 25, 2009.

Daroles, S., Florens, J. P. Florens and Renault, E., Nonparametric Instrumental Regression, *Econometrica*, Vol. 79, No. 5, 2011.

Fan, J. and Yao, Q. W., *Nonlinear Time Series: Nonparametric and Parametric Methods*, New York: Springer Verlag, 2003.

Li, Q. and Racine, J. S., *Nonparametric Econometrics: Theory and Practice*, New Jersey: Princeton University Press, 2007.

Nadaraya, E. A., On Estimating Regression, *Theory of Probability and Its Applications*, Vol. 9, No. 1, January 1964.

Newey, W. K. and Powell, J. L., Instrumental Variable Estimation of Nonparametric Models, *Econometrica*, Vol. 71, No. 5, 2003.

Phillips, P. C. B. and Park, J., *Nonstationary Density Estimation and Kernel Autoregression*, Manuscript, 1998.

Watson, G. S., Smooth Regression Analysis, *Sankhya: The Indian Journal of Statistics*, *Series A*, Vol. 26, No. 4, 1964.

（鲁万波）

半参数计量模型

Semiparametric Econometric Model

如果模型既包含待估的未知参数，又包含待估的未知非参数函数，则称该模型为半参数计量模型。参数回归操作简便，可以外延，适于预测，但模型形式的正确设定十分困难；非参数计量模型形式灵活，可以精确拟合复杂曲线曲面，但是操作复杂一些，难以较大幅度外延预测，特别是存在“维数诅咒”。半参数计量模型结合了两者的优势，且避开了两者的劣势，成为一类具有重要应用价值的计量经济学模型。

斯通（Stone，1977）提出如下半参数计量模型：$Y_i = \mathbf{B}'\mathbf{Z}_i + g(\mathbf{X}_i) + u_i$，$i=1,\cdots,N$，其中 $\mathbf{Z}_i = (Z_{1i},\cdots,Z_{d_0 i})$，$\mathbf{X}_i = (X_{1i},\cdots,X_{d_1 i})$，$\mathbf{B}$ 是未知参数向量，$g(\cdot)$ 是未知函数，$u_i(i=1,\cdots,N)$ 是均值为零的随机误差序列，假定 u_i 与解释变量 $\mathbf{Z}_i$ 和 $\mathbf{X}_i$ 不相关。该模型的特点是有线性主体部分 $\mathbf{B}'\mathbf{Z}_i$ 和非参数部分 $g(\mathbf{X}_i)$。由于该模型结合了参数模型和非参数模型，所以称为部分线性回归模型。该模型没有常数项，因为有了常数项的模型不可识别，不能唯一估计出常数项和未知函数 $g(\cdot)$，将常数项合并到未知函数 $g(\cdot)$ 中去，这样模型可识别，可唯一估计出参数向量 $\mathbf{B}$ 和未知函数 $g(\cdot)$。模型的估计方法有许多种。例如，最小二乘核估计、最小二乘近邻估计、最小二乘局部线性估计、最小二乘正交序列估计和最小二乘样条估计等。因为最小二乘局部线性估计可以估计出非参数部分函数的导数，因而，该估计方法在实际应用中被广泛使用。最小二乘局部线性估计方法思路如下：先假定参数部分的参数已知，获得非参数部分函数 g(·)的初始估计 $\hat{g}(\cdot, \mathbf{B})$；再对参数模型 $Y_i = \mathbf{B}'\mathbf{Z}_i + \hat{g}(\mathbf{X}_i, \mathbf{B}) + v_i$ 进行估计，获得参数向量 **B** 的估计 $\hat{\mathbf{B}}$；最后，获得非参数部分函数 g(·)的最终估计 $\hat{g}(\cdot, \hat{\mathbf{B}})$。汉密尔顿等(Hamilton et al.,1997)证明了参数部分参数估计的收敛速度为 $O(N^{-1/2})$，非参数部分函数估计在内点处的收敛速度为 $O(N^{-2/(d_1+4)})$。在估计过程中，窗宽 h_n 不仅控制了半参数线性回归模型中非参数部分函数的局部线性估计效果，而且也控制了模型参数部分参数最小二乘估计的效果。当模型的解释变量出现内生变量时，帕克斯等(Pakes et al.,1995)和帕克(Park,2003)提出并发展了模型的局部线性工具变量估计方法。

半参数计量模型的适用性主要包括：线性主体部分可以把握被解释变量的大势走向，适于外延预测；非参数部分可以对被解释变量作局部调整，使模型更好地拟合样本观测值，而且非参数部分函数导数的变化可以反映非参数部分解释变量对被解释变量影响的变化。由于这种模型既含参数部分，又含非参数部分，可以概括和描述众多实际问题，因而引起广泛的应用。例如，安格林等(Anglin et al.,1996)将其应用于价格函数研究；布兰德尔等(Blundell et al.,1998)应用于恩格尔曲线的研究；恩格尔等(Engle et al.,1986)用其来获得天气与电力销售关系的估计；亚撤等(Yatchew et al.,2001)让价格和年龄作为非参数部分解释变量引入模型，允许价格内生性情况下估计了价格和收入弹性。

常用的半参数计量模型除了部分线性模型外，还有半参数面板数据模型和半参数二元离散选择模型等。

对于面板数据，王、卡农尔和林(Wang, Carroll, Lin,2005)建立如下部分线性回归模型：$Y_{it} = \mathbf{B}'\mathbf{Z}_{it} + g(\mathbf{X}_{it}) + \mu_i + v_{it}, i = 1,2,\cdots,N, t = 1,2,\cdots,T$。该模型中，$\mu_i$ 反映个体差异，参数 **B** 可以反映参数部分解释变量对被解释变量的影响，非参数部分函数导数变化可以反映非参数部分解释变量对被解释变量影响的变化。模型估计的思路类似于截面数据半参数计量模型。该模型可以应用于个体(区域、行业、企业、家庭、个人)间经济行为差异的分析。

二元离散选择参数模型都是基于潜在被解释变量回归方程随机误差项分布已知的假定，而错误的分布设定必然导致错误的推断。半参数二元离散选择模型将该随机误差项的分布设定为待估计的未知函数，这样就可以有效克服参数二元离散选择参数模型的应用缺陷。依曲母拉(Ichimura,1993)提出了半参数二元离散选择模型：$Y_i = \mathbf{1}\{\mathbf{X}'_i\boldsymbol{\alpha} + \boldsymbol{\mu} + v_i > 0\}, i = 1,2,\cdots, N$，其中 $\mathbf{1}\{\cdot\}$ 为示性函数，当括号里为真时取值为 1，否则，取值为 0；v_i 为随机误差项，其分布函数F(·)未知。因为 $E(Y_i) = F(\mathbf{X}'_i\boldsymbol{\alpha} + \boldsymbol{\mu})$，所以，模型也可以写为：$Y_i = F(\mathbf{X}'_i\boldsymbol{\alpha} + \boldsymbol{\mu}) + u_i$。模型的估计思路如下：先假定参数 **α** 和 **μ** 已知，获得 F(·)的初始估计 $\hat{F}(\cdot;\boldsymbol{\alpha}, \boldsymbol{\mu})$；再估计参数模型 $Y_i = \hat{F}(\mathbf{X}'_i\boldsymbol{\alpha} + \boldsymbol{\mu}; \boldsymbol{\alpha}, \boldsymbol{\mu}) + u_i^*$，获得参数 **α** 和 **μ** 的估计 $\hat{\boldsymbol{\alpha}}$ 和 $\hat{\boldsymbol{\mu}}$；最后，获得 F(·)的最终估计 $\hat{F}(\cdot;\hat{\boldsymbol{\alpha}}, \hat{\boldsymbol{\mu}})$。半参数二元离散选择模型可广泛应用于微观个体面临两个选择时的影响因素分析。例如，瑞鑫讷(Racine)于 2002 年应用半参数二元离散选择模型研究邮寄目录对直销的作用，发现半参数离散选择模型对后续数据得出的预测表现要优于参数模型，且在对确实做出购买的这类人的预测上，半参数模型优于参数模型。

参考文献：

Blundell, R., Duncan A. and Pendakur K., Semiparametric Estimation and Consumer Demand, *Journal of Applied Econometrics*, Vol. 13, 1998.

Hamilton, S. A. and Truong, Y. K., Local Linear Estimation in Partly Linear Models, *J. Multivariate Anal.*, Vol. 60, 1997.

Ichimura, H., Semiparametric Least Squares (SLS) and Weighted SLS Estimation of Single-index Models, *Journal of Econometrics*, Vol. 58, 1993.

Pakes, A., Olley, S., A Limit Theorem for a Smooth Class of Semiparametric Estimators, *Journal of Econometrics*, Vol. 65, 1995.

Park, S., Semiparametric Instrumental Variables Estimation, *Journal of Econometrics*, Vol. 112, 2003.

Powell, J. L., Stock J. H. and Stoker T. M., Semiparametric Estimation of Index Coefficients, *Econometrica*, Vol. 57, No. 6, 1989.

Stock, J. H., Nonparametric Policy Analysis, *Journal of the American Statistical Association*, Vol. 84, 1989.

Stone, C. J., Consistent Nonparametric Regression, *Annals of Statistics*, Vol. 5, 1977.

Wang, N., Carroll R. J. And Lin X., Efficient Semiparametric Marginal Estimation for Longitudinal/Clustered Data, *Journal of the American Statistical Association*, Vol. 100, 2005.

（叶阿忠）

连接函数

Copula Function

连接函数一般直接称为 Copula 函数，或者简称为 Copula。Copula 一词源于拉丁语，本意为"连接"。连接函数的概念最早出现在数学与概率统计领域中，并由斯克拉(Sklar,1959)对其给出了正式定义：假设对于一组多元随机变量 $\mathbf{X}=(x_1,\cdots,x_n)$，其边际分布函数分别为 $F_1,\cdots,F_n$，一定存在一个连接函数使得这组变量的联合分布函数 $F(x_1,\cdots,x_n)$ 可以表示为 $C(F_1(x_1),\cdots,F_n(x_n))$，其中 $C(\cdot)$ 为 Copula 函数。直观地讲，Copula 是一种可以将多元联合分布函数与各变量的边际分布函数联系起来的连接函数。从数学上讲，Copula 是一个定义在 $[0,1]^n$ 上的 n 维随机向量的联合分布函数，$C:[0,1]^n\to[0,1]$，其中要求 $C(\cdot)$ 的一维边际分布函数为定义在 $[0,1]$ 上的均匀分布函数。施魏策尔和沃尔夫（Schweizer and Wolff，1981）首次将连接函数用来研究随机变量之间的相关结构。直到 20 世纪 90 年代，连接函数得到了迅速发展，乔（Joe，1997）和纳尔逊（Nelson，1999）对连接函数的数理基础及其相关性质进行了系统总结。

连接函数能在较短时间内得到蓬勃发展的原因是它在刻画不同变量间相关结构方面具有众多优点。例如，若对连接函数定义中多元联合分布函数求导，可得到其多元联合密度函数，即 $f(x_1,\cdots,x_n)=c(F_1(x_1),\cdots,F_n(x_n))\cdot f_1(x_1)\cdots f_n(x_n)$，其中 $c=\partial C(u_1,\cdots,u_n)/\partial u_1\cdots\partial u_n$ 为连接函数对应的密度函数形式，$f_i(x_i)$ 表示边际密度函数。上述分解形式清晰地显示，使用连接函数可以将联合分布中的边际分布和相关结构分开来考虑，其中边际分布的信息包含在 $f_i(x_i)$ 中，而变量之间的相关结构则完全由连接密度函数 $c(\cdot)$ 来刻画。此外，连接函数可以刻画随机向量的非线性相关结构，与线性的方差协方差矩阵不同，连接函数允许处于分布中间和分布尾部的相关程度（Dependence Degree）有所不同。特别地，特定的连接函数还可以捕捉到随机变量极端值之间的尾部相关性（Tail Dependence）。

正是因为连接函数在分析随机变量之间相关结构所具有的独特优势，因此被广泛应用在金融、保险、生物和医药等领域，尤其是金融领域。在金融领域，连接函数是一种可以被用来对金融资产收益率分布复杂特征进行细腻刻画的天然工具：金融数据常呈现“尖峰”“厚尾”“非正态”等典型特性；同时，彼此之间的联系也相当复杂，相关结构呈现出“非线性”和“非对称”等特性。而连接函数的优点恰好允许人们先灵活地设定边际分布以捕捉金融资产收益率序列的“尖峰”“厚尾”“非正态”等典型特性，然后再寻找合适的连接函数类型来刻画不同序列之间的“非线性”和“非对称”的相关结构。值得一提的是，特定连接函数所具有的尾部相关性特征，可以很好地度量金融中不同市场或不同资产同时暴涨（或暴跌）的可能性大小，分别对应上尾（或下尾）相关性。在投资组合、金融风险管理、资产定价以及金融危机是否传染等实际经济金融问题中，如何准确刻画复杂金融产品间的联合分布及其相关结构都是至关重要的。因此，从 20 世纪 90 年代末开始，连接函数作为一种更为灵活的相关性建模工具被广泛应用于金融领域，切卢比尼等（Cherubini et al.，2004）对连接函数在金融领域中的相关应用进行了较为详细说明。

不同的连接函数代表着不同的相关结构模式，也对应有不同的尾部相关特征。发展至今，已出现了各种不同的连接函数形式，主要可以分为两类：第一类为椭圆类连接函数（Elliptical Copula），包括高斯连接（Gaussian Copula）和 t 连接（Student t Copula）。这两种连接函数类型均为对称的，其中高斯连接不具有尾部相关性，常被用作基准模型，其函数形式为 $C_R^{Ga}(u)=\Phi_R(\Phi^{-1}(u_1),\Phi^{-1}(u_2),\cdots,\Phi^{-1}(u_n))$，其中 Φ_R 为相关系数矩阵为 R 的多元标准正态分布，Φ^{-1} 为一元标准正态分布的逆函数；而 t 连接具有同等程度的上尾和下尾相关性，其函数形式为 $C_{R,\upsilon}^t(u)=t_{R,\upsilon}(t_\upsilon^{-1}(u_1),t_\upsilon^{-1}(u_2),\cdots,t_\upsilon^{-1}(u_n))$，其中 $t_{R,\upsilon}$ 为相关系数矩阵为 R，自由度为 υ 的多元标准化 t 分布，t_υ^{-1} 为自由度为 υ 的一元标准化 t 分布的逆函数。自由度参数 υ 须大于 2，且自由度越大尾部相关性越弱，当自由度趋于无穷大时，t 连接函数会退化到高斯连接函数，尾部相关性消失。第二类为阿基米德类连接函数（Archimedean Copula），其定义为：设 $\phi:[0,1]\to[0,\infty]$ 为连续、严格递减的凸函数，$\phi(1)=0$，则函数 $C:C(u,v)=\phi^{[-1]}(\phi(u)+\phi(v))$ 就可以被称为由 $\phi(\cdot)$ 生成的阿基米德类连接函数，而 $\phi(\cdot)$ 称为该连接函数的生成函数。常用的阿基米德类连接函数有古贝尔连接（Gumbel Copula）、克莱顿连接（Clayton Copula）以及弗兰克连接（Frank Copula）等。其中，古贝尔连接和克莱顿连接可以刻画非对称的相关结构：古贝尔连接在上尾处概率密集程度大于下尾，在上尾处（右尾）有较高的相依性，通常被用来刻画在“牛市”时期金融市场之间的上尾相依性；克莱顿连接在下尾处概率的密集程度远大于上尾，在下尾处（左尾）有较高的相依性，通常被用来刻画金融市场在“熊市”时期之间的下尾相依性；弗兰克连接在尾部两端概率的密集程度几乎相同，表现出具有“对称”的相关结构。在实践中，可以采取不同标准来选取较为恰当的连接函数对随机向量的相关结构进行建模，杰内斯特等（Genest et al.，2009）对不同标准的优劣进行了全面回顾和比较。

目前，连接函数的相关研究呈现出了一些新的趋势：随着国家宏观经济政策的调整、外部市场环境的变化，复杂金融产品之间的相关结构也会呈现动态变化，因此衍生出了刻画这种动态相关结构的动态连接函数模型，主要包括时变连接函数模型和变结构连接函数模型。时变连接函数模型主要聚焦在连接函数参数如何随时间变化来进行建模，曼纳和列兹尼科娃（Manner and Reznikova，2012）对时变连接函数模型进行了总结与展望;变结构模型主要涉及连接函数类型和参数结构的变化,加西亚和沙法克(Garcia and Tsafack,2011)建立了连接函数类型与参数结构同时变化的转换机制连接函数模型。由于参数估计的困难与维数灾难,自2005年后,高维连接函数的理论与应用研究才有了一定程度的发展,艾斯等(Aas et al.,2009)探讨了目前被广泛使用的多元相依结构藤(Pair-Copula)的构建。关于动态连接函数模型、高维连接函数模型以及相应连接函数的模型选择等前沿课题将构成连接函数领域未来研究的重点,也将为连接函数在经济金融等领域中的应用带来新的方向。

参考文献:

Aas, K., Czado, C., Frigessi, A. and Bakken, H., Pair-copula Constructions of Multiple Dependence, *Insurance: Mathematics and Economics*, Vol. 44, No. 2, 2009.

Cherubini U, Luciano E, Vecchiato W., *Copula Methods in Finance*, West Sussex: John Wiley & Sons, 2004.

Garcia, R., Tsafack, G., Dependence Structure and Extreme Comovements in International Equity and Bond Markets, *Journal of Banking & Finance*, Vol. 35, No. 8, 2011.

Genest, C., Remillard, B., Baeudion D., Goodness-of-fit Tests for Copulas: A Review and a Power Study, *Insurance: Mathematics and Economics*, Vol. 44, No. 2, 2009.

Joe, H., *Multivariate Models and Dependence Concepts*, London: Chapman & Hall, 1997.

Manner, H., Reznikova, O., A Survey on Time-Varying Copulas: Specification, Simulations, and Application, *Econometric Reviews*, Vol. 31, No. 6, 2012.

Nelson, R. B., *An Introduction to Copulas*, New York: Springer, 1999.

Schweizer, B., Wolff, E. F., On Nonparametric Measures of Dependence for Random Variables, *The Annals of Statistics*, Vol. 9, No. 4, 1981.

(龚金国)

非线性时间序列模型

Nonlinear Time Series Model

时间序列数据往往表现出具有非正态性、非对称性、双形态、延迟变量间的非线性关系、时间上不可逆性,以及对初始值敏感性等特征。称这些非标准特征为非线性特征,在此基础上构建的时间序列模型统称为非线性时间序列模型。经济理论及经济现象均表明许多经济时间序列具有非线性特征,例如,名义工资具有向下刚性特征;在经济周期波动中,经济衰退很迅速,而经济恢复却很缓慢;在股票市场中,股票价格下跌的速度通常快于价格上涨时的速度,等等。这些非线性特征使得传统的线性时间序列模型无法充分刻画经济时间序列的动态波动特征,因此非线性时间序列模型的应用越来越广泛。

基本的非线性模型通常是由线性的时间序列模型扩展而来,其形式可表示为:$y_t=f(\mathbf{w}_t;\boldsymbol{\theta}_t)+\varepsilon_t$,其中 $\mathbf{w}_t=(1,y_{t-1},\cdots,y_{t-p},x_{1t},\cdots,x_{kt})'$,$\boldsymbol{\theta}_t$ 表示参数,$f(\cdot)$ 表示为一个非线性函数。非线性时间序列的最重要特点是 $\boldsymbol{\theta}_t$ 可以是解释变量 $\mathbf{w}_t$ 的函数,从而形成非线性变参数(Varying Parameters)模型。如果不知道 $f(\cdot)$ 的具体形式,实际上是无法区分序列的非线性行为是源于变量还是源于时变的参数。因此,通常在构建非线性时间序列模型时,需要在特定模型形式下进行检验和估计。常用的参数估计方法主要是非线性最小二乘法与极大似然估计方法。

最常用的有四类非线性时间序列模型:门限自回归模型(Threshold Autoregressive model,简称TAR模型)、平滑转移自回归模型(Smooth Transition Autoregressive model,简称STAR模型)、马尔柯夫区制转换模型(Markov Regime Switching model,简称MRS模型)、人工神经网络模型(Artificial Neural Network model,简称ANN模型)。

汤(Tong,1990)系统介绍了TAR模型,以单变量序列两区制TAR模型为例,其模型设定形式为:

$$y_t=(\phi'_1\mathbf{z}_t+\varepsilon_{1t})I(s_t\leqslant c_1)+(\phi'_2\mathbf{z}_t+\varepsilon_{2t})I(s_t>c_1)$$

其中,$\mathbf{z}_t=(1,y_{t-1},\cdots,y_{t-p})'$,$\phi_i=(\phi_{0i},\phi_{1i},\cdots,\phi_{pi})'$,$i=1,2$,且 $\phi_1\neq\phi_2$;$I(A)$ 表示指示函数,当A发生时 $I(A)=1$,否则 $I(A)=0$;s_t 表示转换变量,当 $s_t=y_{t-d}$,$d>0$ 时,称为自我激励的门限自回归模型(Self-exciting TAR,SETAR),简称TAR模型;当 $s_t=\Delta y_{t-d}$,$d>0$,称为冲量门限自回归模型(Momentum-TAR,MTAR),该模型由恩德斯和格兰杰(Enders and Granger,1998)提出,可用于增长率序列的动态调整分析;c_1 称为门限值或者阈值;$\varepsilon_{it}\sim iid(0,\sigma_i^2)$,$i=1,2$。如果门限已知,那TAR模型的估计就很简单了,可以直接使用OLS估计。但是大多数情况下门限是未知的,这样,门限值就必须和其他参数一起估计。常用的门限值超一致估计方法为:首先对序列值进行排序,并去掉序列前15%和序列后15%的数据,从中间的70%的样本中寻找门限值,然后逐个试验门限值,并采用OLS对模型进行估计,得到残差平方和最小的那个门限值就是未知门限值的超一致估计量。

对于单变量时间序列 y_t,p 阶的两区制STAR模型STAR(p)可以表述为:

$$\begin{aligned}y_t=&(\phi_{10}+\phi_{11}y_{t-1}+\cdots+\phi_{1p}y_{t-p})[1-F(s_t;\gamma,c)]\\&+(\phi_{20}+\phi_{21}y_{t-1}+\cdots+\phi_{2p}y_{t-p})F(s_t;\gamma,c)\\&+\varepsilon_t,t=1,2,\cdots,T\end{aligned}$$

或者,

$$y_t=(\phi_{10}+\phi_{11}y_{t-1}+\cdots+\phi_{1p}y_{t-p})+(\theta_{20}+\theta_{21}y_{t-1}+\cdots+\theta_{2p}y_{t-p})F(s_t;\gamma,c)+\varepsilon_t,t=1,2,\cdots,T$$

其中,$\theta_{20}=\phi_{20}-\phi_{10}$,$\theta_{2j}=\phi_{2j}-\phi_{1j}$,$\phi_{1j}\neq\phi_{2j}$,$j=1,2,\cdots,p$,如果 $\phi_{1j}=\phi_{2j}$,则上述模型退化为线性的AR模型。$F(s_t;\gamma,c)$表示平滑转移函数,是一个取值在[0,1]之间的平滑连续函数,s_t,γ,c分别表示转移变量,转移速度参数及转移发生的位置参数,c的取值称作阈值或门限值。特瑞斯沃塔等(Teräsvirta et al.,2010)认为转移变量既可以是内生变量的滞后项 $s_t=y_{t-d}$,也可以是其他外生变量($s_t=z_t$),或者是滞后内生变量的函数,甚至是确定性时间变量($s_t=t$)。常用的$F(s_t;\gamma,c)$有两种函数形式:逻辑斯蒂(Logistic)函数 $F(s_t;\gamma,c)=(1+\exp\{-\gamma(s_t-c)\})^{-1}$,$\gamma>0$,与指数函数 $F(s_t;\gamma,c)=1-\exp\{-\gamma(s_t-c)^2\}$,$\gamma>0$ 它们所对应的STAR模型分别被称作LSTAR模型及ESTAR模型。Logistic函数是单调递增函数,随着转移变量取值的增加,$F(s_t;\gamma,c)$的值增大,转移速度系数γ与门限值c决定着转移函数曲线的形态和位置。当转移变量取值超过门限值时,系统由一个区制转向另一个区制。当$\gamma\to\infty$时,$F(s_t;\gamma,c)$的值在$s_t=c$处会瞬间在0与1之间转换,从而使得系统从一个区制转移到另一个区制,此时LSTAR模型退化为门限自回归模型(TAR);而当$\gamma\to 0$时,$F(s_t;\gamma,c)$的取值接近常数0.5,从而数据生成过程近似为AR模型。对于STAR模型的研究,最关键的是线性性检验(Linearity Test)问题,研究者们多采用特瑞斯沃塔等(Teräsvirta,1994)提出的在泰勒展开的基础上构建LM或Wald类统计量,以克服参数在原假设下的不可识别性;此外,冈扎勒兹和特瑞斯沃塔等(González and Teräsvirta,2006)采用Monte Carlo检验技术,通过构建最大LM统计量(SupLM)、简单平均LM统计量(AveLM)、指数加权LM统计量(ExpLM)以及加权LM统计量(wLM)的方法进行线性性检验。

与TAR模型不同的是,MRS模型的状态转换变量是不可观测的,以 θ_t 表示该转换变量,并且假定其服从一个有限状态r的马氏链过程,在经济应用研究中,通常假设为一阶马氏链过程,r个不同的状态可由一个集合$\{\nu_1,\cdots,\nu_r\}$表示,其转换概率可表示为:

$$p_{ij}=\Pr\{\theta_t=\nu_j\mid\theta_{t-1}=\nu_i\},i,j=1,\cdots,r$$

MRS模型的设定形式为:

$$y_t=\sum_{j=1}^{r}(\phi'_j\mathbf{w}_t+\varepsilon_{jt})I(\theta_t=\nu_j)$$

其中,ε_{jt}与θ_t独立,并通常假定ε_{jt}为独立同分布过程且方差为常数。在经济应用研究中,通常r=2或3,超过3个状态的MRS模型很少见,r值通常是由研究者主观设定的。最常用到的是由汉密尔顿(Hamilton,1989)提出的MRS模型,其表达形式为:

$$y_t=\mu(\theta_t)+\sum_{i=1}^{p}\phi_i\{y_{t-i}-\mu(\theta_{t-i})\}+\varepsilon_t$$

$$=\left\{\mu(\theta_t)-\sum_{i=1}^{p}\phi_i\mu(\theta_{t-i})\right\}+\sum_{i=1}^{p}\phi_i y_{t-i}+\varepsilon_t$$

其中,$\mu(\nu_i)\neq\mu(\nu_j)$。从式中可以看出,自回归系数保持不变,而截距项却具有状态转移特征,可以形成r^{p+1}个不同的截距值,从而使得模型变得更加灵活。常用的估计MRS模型的方法有两种。汉密尔顿(Hamilton,1989)采用EM算法及非线性滤波直接对似然函数进行最大化处理;艾尔伯特、车波(Albert and Chib,1993)采用贝叶斯方法来估计MRS模型。

ANN模型越来越受到人们的关注,因为它为解决大复杂度问题提供了一种相对来说比较有效的简单方法。该模型适用于有众多输入变量,但却无法获悉每个变量对输出的独立影响的领域,如图像分类和声音识别等。近20年来,经济学家们开始尝试将其应用到经济领域,匡和怀特(Kuan and White,1994)从计量经济学的角度对ANN模型进行了系统阐述。一个简单的ANN模型可由如下形式表示:

$$y_t=\boldsymbol{\beta}'_0\mathbf{w}_t+\sum_{j=1}^{q}\beta_j G(\gamma'_j\mathbf{w}_t)+\varepsilon_t$$

其中,y_t是输出序列,$\mathbf{w}_t=(1,y_{t-1},\cdots,y_{t-p},x_{1t},\cdots,x_{kt})'$表示输入变量,$\boldsymbol{\beta}'_0\mathbf{w}_t$表示线性部分;$\boldsymbol{\beta}=(\beta_{00},\beta_{01},\cdots,\beta_{0,p+k})'$,$\beta_j$,$j=1,\cdots,q$是参数,在人工神经网络的文献中被称为"连接力量"(Connection Strengths);G(.)表示一个单调递增且有界的函数,通常为Logistic函数,γ_j,$j=1,\cdots,q$为参数向量。在式中,输入层$\boldsymbol{\beta}'_0\mathbf{w}_t$与输出层$y_t$均是可以观测到的,而另外一项线性组合则不可观测,因而构成了ANN模型中的隐含层。当$w_t=(1,y_{t-1},\cdots,y_{t-p})$时,变成了单变量的ANN模型,称之为自回归ANN模型。

最近几年,非线性时间序列领域的研究热点包括非线性非平稳性时间序列的建模、非线性框架下的单位根检验研究、多区制的非线性时间序列建模研究和阈值协整研究等(欧阳志刚,2010)。这些前沿课题将构成非线性时间序列领域未来研究的重点。

参考文献:

Albert, J. and Chib, S., Bayesian Inference Via Gibbs Sampling of Autoregressive Time Series Subject to Markov Mean and Variance Shifts, *Journal of Business and Economic Statistics*, Vol. 11, No. 1, 1993.

Enders, W. and Granger, C. W. J., Unit Root Tests and Asymmetric Adjustment with an Example Using the Term Structure of Interest Rates, *Journal of Business and Economic Statistics*, Vol. 16, No. 3. 1998.

Fan, J. Q., Yao, Q. W., *Nonlinear Time Series: Nonparametric and Parametric Methods*, Berlin: Springer, 2003.

González, A. and Teräsvirta, T., Simulation-based Finite Sample Linearity Test Against Smooth Transition Models, *Oxford Bulletin of Economics and Statistics*, Vol. 68, No. S1. 2006.

Hamilton, J. D., A New Approach to the Economic Analysis of Nonstationary Time Series and the Business Cycle, *Econometrica*, Vol. 57, No. 2, 1989.

Kuan, C. M. and White, H., Artificial Neural Networks: An Econometric Perspective, *Econometric Reviews*, Vol. 13, No. 1, 1994.

Teräsvirta, T., Specification, Estimation, and Evaluation of Smooth Transition Autoregressive Models, *Journal of the American Statistical Association*, Vol. 89, No. 1. 1994.

Teräsvirta, T., Tjφstheim, D. and Granger, C. W. J., *Modelling Nonlinear Economic Time Series*, Oxford: Oxford University Press, 2010.

Tong, H. Non-Linear *Time Series: A Dynamical System Approach*, Oxford: Oxford University Press, 1990.

欧阳志刚:《非线性阈值协整理论及其在中国的应用研究》,中国社会科学出版社 2010 年版。

（张凌翔）

状态空间模型
State Space Model

状态空间模型是动态时域模型,以隐含着的时间为自变量。20 世纪 60 年代初,由于工程控制领域的需要,产生了卡尔曼滤波(Kalman Filtering)。进入 70 年代初,人们明确提出了状态空间模型的标准形式,并开始将其应用到经济领域。80 年代以后,状态空间模型已成为一种有力的建模工具。利用状态空间形式表示动态系统主要有两个优点:第一,状态空间模型将不可观测的变量(状态变量)并入可观测模型并与其一起得到估计结果;第二,状态空间模型是利用强有力的迭代算法——卡尔曼滤波(Kalman Filter)来估计的。

状态空间模型一般应用于多变量时间序列。设 $\mathbf{y}_t$ 是包含 k 个经济变量的 $k \times 1$ 维可观测向量。这些变量与 $m \times 1$ 维向量 $\boldsymbol{\alpha}_t$ 有关,$\boldsymbol{\alpha}_t$ 被称为状态向量。定义"量测方程"(Measurement Equation)或称"信号方程"(Signal Equation)为:

$$\mathbf{y}_t = \mathbf{Z}_t \boldsymbol{\alpha}_t + \mathbf{d}_t + \mathbf{u}_t \quad t = 1, 2, \cdots, T \qquad (1)$$

其中,T 表示样本长度,$\mathbf{Z}_t$ 表示 $k \times m$ 矩阵,$\mathbf{d}_t$ 表示 $k \times 1$ 向量,$\mathbf{u}_t$ 表示 $k \times 1$ 向量,是均值为 0,协方差矩阵为 $\mathbf{H}_t$ 的连续的不相关扰动项,即 $E(\mathbf{u}_t) = 0$, $var(\mathbf{u}_t) = \mathbf{H}_t$。一般地,$\alpha_t$ 的元素是不可观测的,然而可表示成一阶马尔科夫(Markov)过程。定义转移方程(Transition Equation)或称状态方程(State Equation)为:

$$\boldsymbol{\alpha}_t = \mathbf{T}_t \boldsymbol{\alpha}_{t-1} + c_t + \mathbf{R}_t \varepsilon_t \quad t = 1, 2, \cdots, T \qquad (2)$$

其中,$\mathbf{T}_t$ 表示 $m \times m$ 矩阵,$\mathbf{c}_t$ 表示 $m \times 1$ 向量,$\mathbf{R}_t$ 表示 $m \times g$ 矩阵,ε_t 表示 $g \times 1$ 向量,是均值为 $\mathbf{0}$,协方差矩阵为 $\mathbf{Q}_t$ 的连续的不相关扰动项,即 $E(\boldsymbol{\varepsilon}_t) = 0$, $var(\boldsymbol{\varepsilon}_t) = \mathbf{Q}_t$。式(2)的中 $\mathbf{R}_t \boldsymbol{\varepsilon}_t$ 表示状态方程的扰动项可以是 $\boldsymbol{\varepsilon}_t$ 的线性函数。式(1)和式(2)的 $\mathbf{c}_t$ 和 $\mathbf{d}_t$ 中出现的参数仅影响确定性的可观测变量和状态的期望值。在状态空间模型中可以引入外生变量作为解释变量,也可以引入 $\mathbf{y}_t$ 的延迟变量,这些都可以放到 $\mathbf{c}_t$ 和 $\mathbf{d}_t$ 中去。若使上述的状态空间模型成立,还需要满足下面两个假定:①初始状态向量 $\boldsymbol{\alpha}_0$ 的均值为 $\mathbf{a}_0$,协方差矩阵为 $\mathbf{P}_0$,即 $E(\boldsymbol{\alpha}_0) = a_0$, $var(\boldsymbol{\alpha}_0) = \mathbf{P}_0$。②在所有的时间区间上,扰动项 $\mathbf{u}_t$ 和 $\boldsymbol{\varepsilon}_t$ 相互独立,而且它们和初始状态 $\boldsymbol{\alpha}_0$ 也不相关,即 $E(\mathbf{u}_t \boldsymbol{\varepsilon}'_s) = 0$, $s, t = 1, 2, \cdots, T$,且 $E(\mathbf{u}_t \boldsymbol{\alpha}'_0) = 0$, $E(\boldsymbol{\varepsilon}_t \boldsymbol{\alpha}'_0) = 0$, $t = 1, 2, \cdots, T$。

量测方程中的矩阵 $\mathbf{Z}_t$, $\mathbf{d}_t$, $\mathbf{H}_t$ 与转移方程中的矩阵 $\mathbf{T}_t$, $\mathbf{c}_t$, $\mathbf{R}_t$, $\mathbf{Q}_t$ 统称为系统矩阵。如不特殊指出,它们都被假定为非随机的。因此,尽管它们能随时间改变,但是都是可以预先确定的。对于任一时刻 t, $\mathbf{y}_t$ 能够被表示为当前的和过去的 $\mathbf{u}_t$ 和 $\boldsymbol{\varepsilon}_t$ 及初始向量 $\boldsymbol{\alpha}_0$ 的线性组合,所以模型是线性的。对于任何特殊的统计模型,$\boldsymbol{\alpha}_t$ 的定义由结构确定。它的元素一般包含具有实际解释意义的成分,如趋势或季节要素。状态空间模型的目标是:所建立的状态向量 $\boldsymbol{\alpha}_t$ 包含了系统在时刻 t 的所有有关信息,同时又使用尽可能少的元素。所以如果状态空间模型的状态向量具有最小维数,也就是对同一个问题所设定的不同状态空间模型中状态向量 $\boldsymbol{\alpha}_t$ 的维数(m)最小,则称为最小实现(Minimal Realization)。对一个好的状态空间模型,最小实现是一个基本准则。系统矩阵 $\mathbf{Z}_t$, $\mathbf{H}_t$, $\mathbf{T}_t$, $\mathbf{R}_t$, $\mathbf{Q}_t$ 可以依赖于一个未知参数的集合。状态空间模型的一个主要的任务就是估计这些参数,这些参数将通过 ψ 向量表示,并被称为超参数(Hyperparameters)。超参数确定了模型的随机性质,如果 $\mathbf{c}_t$ 或 $\mathbf{d}_t$ 是未知参数的一个线性函数,这些未知参数也可以作为状态变量或者超参数的一部分元素。

当一个模型被表示成状态空间形式就可以对其应用一些重要的算法求解。这些算法的核心是卡尔曼滤波。卡尔曼滤波是在时刻 t 基于所有可得到的信息计算状态向量的最理想的递推过程。在某些工程问题中,状态向量的当前值具有重要影响(例如,它可以表示火箭在空间的坐标)。卡尔曼滤波的主要作用是:当扰动项和初始状态向量服从正态分布时,能够通过预测误差分解计算似然函数,求解出系统矩阵的未知参数向量 ψ,并且当新的观测值一旦得到,利用卡尔曼滤波连续地修正状态向量的估计。

以下设 $\mathbf{Y}_T$ 表示在 t = T 时刻所有可利用信息的集合,即 $\mathbf{Y}_T(\{\mathbf{y}_T, \mathbf{y}_{T-1}, \cdots, \mathbf{y}_1\})$,则到 t - 1 为止的信息集合为 $\mathbf{Y}_{t-1}$。进一步,假定 $\mathbf{a}_{t|t-1}$ 和 $P_{t|t-1}$ 分别表示以

信息集合 $\mathbf{Y}_{t-1}$ 为条件的状态向量 $\boldsymbol{\alpha}_t$ 的条件均值和条件误差协方差矩阵，即 $\mathbf{a}_{t|t-1}=E(\boldsymbol{\alpha}_t|Y_{t-1})$，$\mathbf{P}_{t|t-1}=var(\boldsymbol{\alpha}_t|\mathbf{Y}_{t-1})$。设初始状态向量 α_0 的均值和误差协方差矩阵的初值为 $\mathbf{a}_0$ 和 $\mathbf{P}_0$，并假定 $\mathbf{a}_0$ 和 $\mathbf{P}_0$ 是已知的。考虑状态空间模型(1)和(2)，设 $\mathbf{a}_{t-1}$ 表示基于信息集合 $\mathbf{Y}_{t-1}$ 的 $\boldsymbol{\alpha}_{t-1}$ 的估计量，$\mathbf{P}_{t-1}$ 表示估计误差的 $m\times m$ 协方差矩阵，即 $\mathbf{P}_{t-1}=E[(\boldsymbol{\alpha}_{t-1}-\mathbf{a}_{t-1})(\boldsymbol{\alpha}_{t-1}-\mathbf{a}_{t-1})']$。当给定 $\mathbf{a}_{t-1}$ 和 $\mathbf{P}_{t-1}$ 时，$\boldsymbol{\alpha}_t$ 的条件分布的均值由下式给定，即：

$$\mathbf{a}_{t|t-1}=\mathbf{T}_t\mathbf{a}_{t-1}+c_t \qquad (3)$$

在扰动项和初始状态向量服从正态分布的假设下，$\boldsymbol{\alpha}_t$ 的条件分布的均值 $\mathbf{a}_{t|t-1}$ 是 $\boldsymbol{\alpha}_t$ 在最小均方误差意义下的一个最优估计量。估计误差的协方差矩阵是：

$$\mathbf{P}_{t|t-1}=\mathbf{T}_t\mathbf{P}_{t-1}\mathbf{T}'_t+\mathbf{R}_t\mathbf{Q}_t\mathbf{R}'_t,\ t=1,2,\cdots,T \qquad (4)$$

式(3)和式(4)称为预测方程(Prediction Equations)。一旦得到新的预测值 $\mathbf{y}_t$，就能够修正 $\boldsymbol{\alpha}_t$ 的估计 $\mathbf{a}_{t|t-1}$，更新方程(Updating Equations)是：

$$\mathbf{a}_t=\mathbf{a}_{t|t-1}+\mathbf{P}_{t|t-1}\mathbf{Z}'_t\mathbf{F}_t^{-1}(\mathbf{y}_t-\mathbf{Z}_t\mathbf{a}_{t|t-1}-\mathbf{d}_t) \qquad (5)$$

和

$$\mathbf{P}_t=\mathbf{P}_{t|t-1}-\mathbf{P}_{t|t-1}\mathbf{Z}'_t\mathbf{F}_t^{-1}\mathbf{Z}_t\mathbf{P}_{t|t-1} \qquad (6)$$

其中

$$\mathbf{F}_t=\mathbf{Z}_t\mathbf{P}_{t|t-1}\mathbf{Z}'_t+\mathbf{H}_t,\ t=1,2,\cdots,T \qquad (7)$$

上述式(3)~式(7)一起构成卡尔曼滤波的公式。哈维(Harvey,1989)给出了卡尔曼滤波的公式的推导。

卡尔曼滤波的初值可以按 $\mathbf{a}_0$ 和 $\mathbf{P}_0$ 或 $\mathbf{a}_{1|0}$ 和 $\mathbf{P}_{1|0}$ 指定。这样，每当得到一个观测值时，卡尔曼滤波提供了状态向量的最优估计。当所有的 T 个观测值都已处理，卡尔曼滤波基于信息集合 $\mathbf{Y}_T$，产生当前状态向量和下一时间条件状态向量的最优估计。这个估计包含了产生未来状态向量和未来观测值的最优预测所需的所有信息。

如果量测方程(1)的扰动项和初始状态向量服从多元正态分布，则 $\mathbf{y}_t$ 关于 $\mathbf{Y}_{t|1}$ 的条件分布也是正态的。且这个条件分布的均值和协方差矩阵可以直接由卡尔曼滤波给定。$\mathbf{y}_t$ 的条件均值记为 $E_{t-1}(\mathbf{y}_t)$ 或 $\tilde{\mathbf{y}}_{t|t-1}$，

$$E_{t-1}(\mathbf{y}_t)=\tilde{\mathbf{y}}_{t|t-1}=\mathbf{Z}_t\mathbf{a}_{t|t-1}+\mathbf{d}_t \qquad (8)$$

预测误差向量 $\mathbf{v}_t$ 被称为新息(Innovations)，因为它代表在 $\mathbf{Y}_{t|1}$ 的基础上新观测值 $\mathbf{y}_t$ 所带来的信息，即 $\mathbf{v}_t=\mathbf{y}_t-\tilde{\mathbf{y}}_{t|t-1}$，$t=1,2,\cdots,T$。条件均值 $\tilde{\mathbf{y}}_{t|t-1}$ 是 $\mathbf{y}_t$ 的最小均方误差意义(MMSE)的最优估计量。因此可以利用式 $\mathbf{v}_t=\mathbf{y}_t-\tilde{\mathbf{y}}_{t|t-1}$，以及 Kalman 滤波公式(3)~(7)，对 $\mathbf{y}_t$，$\boldsymbol{\alpha}_t(t=T+1,T+2,\cdots)$ 进行预测。

状态空间模型被用来估计不可观测的时间变量：理性预期、测量误差、长期收入和不可观测因素(趋势和循环要素)等。许多时间序列模型，包括 ARIMA 模型、可变参数模型、季节调整模型、马尔科夫转换模型、S-W 景气指数等都能作为特例写成状态空间的形式，并估计未知的参数值和状态变量。

参考文献：

Aoki, M., *State Space Modeling of Time Series*, Berlin and New York: Springer-Verlag, 1987.

Aoki, M., *State Space Modeling of Time Series* (*2nd edition*), Berlin and New York: Springer-Verlag, 1990.

Aoki, M., Two Complementary Representations of Multiple Time Series in State Space Innovation Forms, *Journal of Forecasting*, Vol. 13, 1994.

Kim, C. and Nelson, C. R., *State Space Models with Markov Switching-Classical and Gibbs Sampling Approach with Applications*, MIT Press, 1994.

Harvey, A. C, *Forecasting*, *Structural Time Series Models and the Kalman Filter*, Cambridge University Press, 1989, Chapter 3, 4.

Hamilton, James D., *Time Series Analysis*, Princeton University Press, 1994, Chapter 13.

Harvey, A. C., Modeling the Phillips Curve with Unobserved Components, Cambridge University Working Paper, CWPE0805, 2008.

Stathopoulos Anthony, Karlaftis Matthew G., A Multivariate State Space Approach for Urban Traffic Flow Modeling and Prediction, *Emerging Technologies*, Vol. 11, 2003.

Stock, J. H. and Mark, W. Watson, New Indexes of Coincident and Leading Economic Indicators, *NBER Macroeconomics Annual*, 1989.

(高铁梅)

随机波动模型
Stochastic Volatility Model

随机波动(简称 SV)模型是在研究金融资产定价的扩散过程时，描述金融资产的时变波动率的一类模型。SV 类模型在波动率的处理方式上与自回归条件异方差(ARCH)类模型有所区别，ARCH 类模型使用明确的函数形式来考虑波动率的演化过程，而 SV 类模型则使用随机方程来描述波动率的波动行为。SV 模型由泰勒(Taylor, 1982; 1986)等提出，其产生既有数理金融背景，又有金融计量根源。目前，SV 模型已经成为金融经济与数理金融领域处理金融市场时变波动率的主流工具，自 20 世纪 80 年代中期开始，连续时间 SV 模型在期权定价领域受到了越来越多的重视与应用；自 20 世纪 90 年代末期开始，SV 模型研究主要集中于高频数据“已实现”波动进行波动率预测，极大地拓展了 SV 模型在金融风险评价与金融资产配置中的应用领域。迄今，SV 模型已经形成了一个庞大的家

族,常用的SV模型也有几十种之多。SV模型包含离散时间SV模型和连续时间SV模型两种。以下如不做特别说明,均指离散时间SV模型。

对于一个金融资产收益随机过程$\{y_t\}$,标准一元SV模型表示为:

$$\begin{cases} y_t = \sigma e^{h_t/2}\varepsilon_t \\ h_t = \beta h_{t-1} + \eta_t \end{cases}$$

其中,σ为刻度参数,表示平均波动水平;h_t为潜在的对数波动率;$\varepsilon_t \sim i.i.dN(0,1)$,$\eta_t \sim i.i.dN(0,\sigma_\eta^2)$,并且$\varepsilon_t$与$\eta_t$之间相互独立。波动性模型选择的一个重要标准就是模型能否准确刻画时间序列所表现出来的典型特征,其中比较重要的两个特征就是"高峰厚尾"和"平方收益的长记忆性"。可以证明标准一元SV模型可以捕获这两个典型特征。对于一元标准SV模型,其代表性的估计方法包括广义矩估计方法、伪极大似然估计方法、卡尔曼滤波方法和MCMC算法。

若同时考虑多个金融资产或金融市场的波动率,需要建立多元随机波动(Multivariate Stochastic Volatility,简记为MSV)模型。哈维等(Harvey et al.,1994)提出了一个标准的MSV模型。对于由N个金融资产收益组成的向量随机过程$\{y_t\}$,$\mathbf{y}_t=(y_{1t},y_{2t},\cdots,y_{Nt})'$,标准MSV模型表示如下:

$$\begin{cases} \mathbf{y}_t = \mathbf{H}_t^{1/2}\varepsilon_t \\ \mathbf{H}_t^{1/2} = \mathrm{diag}\{e^{h_{1t}/2},e^{h_{2t}/2},\cdots,e^{h_{Nt}/2}\} \\ \mathbf{h}_t = \boldsymbol{\mu} + \boldsymbol{\beta}\circ\mathbf{h}_{t-1} + \boldsymbol{\eta}_t \\ \begin{pmatrix} \boldsymbol{\varepsilon}_t \\ \boldsymbol{\eta}_t \end{pmatrix} \sim N\left[\begin{pmatrix} \mathbf{0} \\ \mathbf{0} \end{pmatrix},\begin{pmatrix} \boldsymbol{\rho}_\varepsilon & \mathbf{O} \\ \mathbf{O} & \sum_\eta \end{pmatrix}\right] \end{cases}$$

其中,$\mathrm{diag}\{e^{h_{1t}/2},e^{h_{2t}/2},\cdots,e^{h_{Nt}/2}\}$为对角矩阵;$\mathbf{h}_t=(h_{1t},h_{2t},\cdots,h_{Nt})'$为由N个不可观测的对数波动率构成的向量;"$\circ$"为Hadamard算子;N[,]为多元正态分布,ρ_ε为误差向量$\boldsymbol{\varepsilon}_t$的相关系数矩阵,$\sum_\eta$为误差向量$\boldsymbol{\eta}_t$的协方差矩阵。为解决MSV模型中的"维数灾难"问题,文献中出现了各种简化形式的MSV模型,主要包括因子MSV模型、时变相关MSV模型等。哈维等(Harvey et al.,1994)提出了含有潜在随机波动因子的MSV模型。后来,因子MSV模型建模工作得到进一步发展,例如基于相关系数的Fisher转换建立的时变相关二元SV模型和基于Wishart分布建立的时变相关MSV模型。对于标准MSV模型,常用的参数估计方法包括伪极大似然估计方法、模拟极大似然估计方法和MCMC算法。实际上,在SV模型的参数估计中,汇集了多种估计方法,主要有三类方法:矩方法、似然函数方法、模拟方法等。每一类方法又包括若干具体的方法,矩方法包括广义矩估计、模拟矩估计、有效矩估计等;似然函数方法包括极大似然估计、伪极大似然估计等;模拟方法包括重要抽样算法、MCMC估计等。一般地,矩方法与似然函数法具有渐近一致性与渐近正态性,而模拟方法则比矩方法与似然函数法更加有效。但是,模拟方法往往比较耗时,因此对于大样本,适宜采用矩方法与似然函数方法,并且似然函数方法能够比矩方法提供更高的精度;对于有限样本,适宜采用模拟方法。

随着应用的需要,发展了许多SV模型的扩展形式。特别是考虑外生解释变量对波动性的影响,发展了带有外生解释变量的SV模型、带有虚拟变量与季节变量的SV模型等,这些外生变量的引入增强了模型的解释能力。一些典型的扩展模型包括:① SV-M模型。SV模型可以包含两个方程:均值方程与方差方程,均值方程用于描述金融资产的收益情况,而方差方程则描述金融资产的风险变动。为研究风险与预期收益的关系,库普曼等(Koopman et al.,2002)发展了均值方程中含有风险补偿收益的SV模型,称为SV-M(Stochastic Volatility in Mean)模型。② 厚尾SV模型。由于标准SV模型难以同时描述金融市场的"高峰厚尾"和"平方收益的长记忆性"特征,研究者基于两个厚尾分布:t分布与广义误差分布(GED),提出了两个厚尾SV模型:SV-t模型与SV-GED模型,并且证明,厚尾SV模型比标准SV模型更能刻画金融市场的两大典型特征。③ 连续SV模型。在连续型SV模型研究中,代表性的工作当属郝尔等(Hull et al.,1987)的研究成果,他们将波动过程设定为一个扩散过程,解决了期权定价过程中的波动聚集性,拓展了经典期权定价模型的研究成果。④ 长记忆SV模型。金融时间序列常常表现出长记忆性,为了刻画波动过程中表现出来的长记忆特征,布赖特等(Breidt et al.,1998)和哈维(Harvey,1998)独立地将ARFIMA过程引入到离散时间标准SV模型框架中,将对数波动率设计成分整过程,建立了长记忆随机波动(Long Memory Stochastic Volatility)模型。⑤ 变结构SV模型。在金融市场中,由于金融政策、金融监管等变化,金融市场结构变化是不可避免的。为此,需要充分考虑金融市场结构变化特征,建立变结构SV模型。此外,一些学者将Markov转换机制引入SV模型框架中,建立了具有Markov转换性质的SV模型,并给出了变结构SV模型表达形式及估计方法。⑥ 非对称SV模型。丹尼尔逊(Danielsson,1994)在SV模型中使用了在EGARCH模型中类似的指数形式设定,提出了指数SV(Exponential Stochastic Volatility)模型。在指数SV模型中,进一步通过让SV模型中的均值方程中的误差项ε_t与方差方程中的误差项η_t存在同期相关,以讨论杠杆效应,得到非对称SV(Asymmetric Stochastic Volatility)模型。也可以将门限模型引入SV模型框架,研究门限随机波动(Threshold Stochastic Volatility)模型。⑦ 非线性SV模型。于等(Yu et al.,2006)基于Box-Cox变换,提出了非线性SV模型：Box-Cox-SV模型，该模型具有较强的包容性，通过模型参数的不同取值，容易得到其他多种SV模型。并且这一模型容易扩展到非对称Box-Cox-SV模型。⑧面板数据SV模型。以上SV模型使用的数据结构都是时间序列数据。北泽(Kitazawa，2003)基于面板数据，针对大N、小T情形，给出了SV模型建模理论与方法，建立了面板数据SV模型。

自SV模型提出以来，经历了从一元到多元、从线性到非线性、从参数到非参数、从对称结构到非对称结构等一系列的扩展，形成了一个庞大的家族，取得了丰硕的研究成果。随着金融理论与实践的深入、金融计量方法与工具的发展，SV模型必将获得进一步发展。在建模理论上，为解释更多的金融市场典型特征，也会发展新的SV模型，例如，考虑金融波动的跳跃性，可以建立带跳过程的SV模型；多元SV模型依然是研究重点，它可以讨论金融资产之间的相关性，从而不仅可以提升模型的解释能力、预测能力，而且可以应用于组合投资决策与金融风险管理。在建模方法上，可以利用金融高频数据提供的日内信息，从已实现波动中获得随机波动的信息，或者直接建立高频数据SV模型，给出波动率的估计与预测方法；在波动率的确定问题上，需要讨论波动率与宏观经济不确定性之间的关系，关键在于解决如何将宏观经济信息纳入SV模型。

参考文献：

Breidt F. J.，Crato N.，De Lima P.，The Detection and Estimation of Long Memory in Stochastic Volatility，*Journal of Econometrics*，Vol. 83，No. 1-2，1998.

Danielsson J.，Stochastic Volatility in Asset Prices Estimation with Simulated Maximum Likelihood，*Journal of Econometrics*，Vol. 64，No. 1-2，1994.

Harvey A.，Ruiz E.，Shephard N.，Multivariate Stochastic Variance Models，*The Review of Economic Studies*，Vol. 61，No. 2，1994.

Harvey A. C.，Long Memory in Stochastic Volatility，In Knight J.，Satchell S.（ed.），*Forecasting Volatility in the Financial Markets*，1998.

Hull J.，White A.，The Pricing of Options on Assets with Stochastic Volatilities，*Journal of finance*，Vol. 42，No. 2，1987.

Kitazawa Y.，Estimation of Persistence in Log-volatility Using Panel Data，*Applied Financial Economics*，Vol. 13，No. 6，2003.

Koopman S. J.，Hol Uspensky E.，The Stochastic Volatility in Mean Model：Empirical Evidence from International Stock Markets，*Journal of Applied Econometrics*，Vol. 17，No. 6，2002.

Taylor S.，Financial Returns Modeled by the Product of Two Stochastic Processes-a Study of the Daily Sugar Prices 1961-75，In Anderson O. D.（ed.），*Time Series Analysis：Theory and Practice*，North-Holland：Amsterdam，1982.

Taylor S.，*Modeling Financial Time Series*. Chichester：John Wiley and Sons，1986.

Yu J.，Yang Z. L.，Zhang X. B.，A Class of Nonlinear Stochastic Volatility Models and Its Implications for Pricing Currency Options，*Computational Statistics & Data Analysis*，Vol. 51，No. 4，2006.

（许启发）

词条英汉对照目录

（按英文字母顺序排列）

A

B

C

D

E

F

G

H

I

J

L

M

N

O

P

Q

R

S

T

Z